Duden Band 1

Duden

Die deutsche Rechtschreibung

26., völlig neu bearbeitete und erweiterte Auflage

Herausgegeben von der Dudenredaktion

Auf der Grundlage der aktuellen
amtlichen Rechtschreibregeln

Duden Band 1

Weltbild
Sonderausgabe

Redaktionelle Bearbeitung
Dr. Werner Scholze-Stubenrecht (Projektleiter),
Angelika Haller-Wolf, Ursula Kraif, Dr. Ralf Osterwinter, Dr. Christine Tauchmann
Unter Mitwirkung des österreichischen und des schweizerischen Dudenausschusses.

Herstellung Oswald Immel

Bibliografische Information der Deutschen Nationalbibliothek
Die Deutsche Nationalbibliothek verzeichnet diese Publikation in der Deutschen Nationalbibliografie; detaillierte bibliografische Daten sind im Internet über http://dnb.d-nb.de abrufbar.

Bibliographisches Institut GmbH, Mecklenburgische Straße 53, 14197 Berlin

Typografisches Konzept Farnschläder & Mahlstedt Typografie, Hamburg
Umschlaggestaltung Bender+Büwendt, Berlin
Satz Bibliographisches Institut GmbH, Mannheim
Druck und Bindung GGP Media GmbH,
Karl-Marx-Straße 24, 07381 Pößneck
Printed in Germany
ISBN 978-3-411-02733-0
www.duden.de

Genehmigte Sonderausgabe für Weltbild Retail GmbH & Co. KG,
Steinerne Furt 68-72, 86167 Augsburg

Einkaufen im Internet: www.weltbild.de

Vorwort

Was 1880 als recht schmales Bändchen mit einem Umfang von gerade 187 Seiten und 27 000 Stichwörtern erstmals erschien, liegt nun in der 26. Auflage vor: das millionenfach bewährte Standardwerk »Duden – Die deutsche Rechtschreibung«.

Diese neue Ausgabe des Rechtschreibdudens ist so umfassend und aktuell wie nie zuvor. Der Stichwortteil wurde abermals erheblich erweitert und enthält jetzt rund 140 000 Einträge mit sämtlichen Schreibvarianten, die nach der gültigen amtlichen Rechtschreibregelung zulässig und begründbar sind. Mit rund 5 000 neu aufgenommenen Wörtern sowie Entlehnungen aus fremden Sprachen – wie beispielsweise *Energiewende, Liebesschloss* und *QR-Code* – trägt das Wörterverzeichnis den jüngsten Entwicklungen im Wortschatz der deutschen Gegenwartssprache angemessen Rechnung.

Bewährte Kapitel und Abschnitte wie das Verzeichnis wichtiger grammatischer Fachausdrücke, die alphabetisch angeordnete Darstellung der Regeln zur Rechtschreibung und Zeichensetzung oder die Hinweise für die Verarbeitung von Texten und E-Mails sind an gewohnter Stelle in benutzerfreundlichem Layout zu finden.

Die Dudenredaktion ist davon überzeugt, dass die Fähigkeit, korrekt zu schreiben, ihren hohen Stellenwert auch im Zeitalter computergestützter Informations- und Kommunikationsprozesse behaupten wird. Diese neueste Auflage des Rechtschreibdudens leistet dazu einen wesentlichen Beitrag.

Allen Personen und Institutionen, die an der Neubearbeitung mitgewirkt oder die Arbeit der Redaktion allgemein durch unterschiedliche Kontakte und Kooperationen gefördert haben, insbesondere den Mitgliedern des österreichischen und des schweizerischen Dudenausschusses sowie der Gesellschaft für deutsche Sprache (GfdS) in Wiesbaden und dem Institut für Deutsche Sprache (IDS) in Mannheim, sei an dieser Stelle herzlich gedankt.

Berlin, im Juli 2013
Die Dudenredaktion

Vorwort

Inhalt

Zur Wörterbuchbenutzung

I. Zeichen von besonderer Bedeutung

. Ein untergesetzter Punkt kennzeichnet die kurze betonte Silbe, z. B. Referẹnt.

_ Ein untergesetzter Strich kennzeichnet die lange betonte Silbe, z. B. Fassade.

| Der senkrechte Strich dient zur Angabe der möglichen Worttrennungen am Zeilenende, z. B. Mor|ta|del|la, mü|he|voll.

® Das Zeichen ® macht als Marken geschützte Wörter (Bezeichnungen, Namen) kenntlich. Sollte dieses Zeichen einmal fehlen, so ist das keine Gewähr dafür, dass das Wort als Handelsname frei verwendet werden darf.

- Der waagerechte Strich vertritt das unveränderte Stichwort bei den Beugungsangaben des Stichworts, z. B. Insel, die; -, -n (vgl. S. 11, Abschnitt 3 a).

... Drei Punkte stehen bei Auslassung von Teilen eines Wortes, z. B. Eindruck, der; -[e]s, ...drücke; oder: Anabolikum, das; -s, ...ka.

[] Die eckigen Klammern schließen Aussprachebezeichnungen, Zusätze zu Erklärungen in runden Klammern und beliebige Auslassungen (Buchstaben und Silben, wie z. B. in abschnitt[s]weise, Wissbegier[de]) ein.

() Die runden Klammern schließen Erklärungen und Hinweise zum heutigen Sprachgebrauch ein, z. B. orakeln (in dunklen Andeutungen sprechen). Sie enthalten außerdem stilistische Bewertungen, fachsprachliche Zuordnungen und Angaben zur räumlichen und zeitlichen Verbreitung des Stichwortes.

⟨⟩ Die Winkelklammern schließen Angaben zur Herkunft des Stichwortes ein, z. B. Affäre ⟨franz.⟩.

K Die Abschnitte zur Rechtschreibung und Zeichensetzung (S. 24 ff.) sind zur besseren Übersicht mit Kennziffern versehen, auf die im Wörterverzeichnis mit einem Pfeil verwiesen wird, z. B. ↑K 71.

Die Texte in den Abschnitten zur Rechtschreibung und Zeichensetzung, die mit diesem Symbol markiert sind, enthalten weiterführende Hinweise, Erläuterungen oder Empfehlungen der Dudenredaktion zu (insbesondere orthografischen) Zweifelsfällen.

Zur gelben Unterlegung vgl. Abschnitt III 1. Zu den gelb unterlegten Infokästen vgl. Abschnitt VII.

II. Auswahl der Stichwörter

Der Duden erfasst den für die Allgemeinheit bedeutsamen Wortschatz der deutschen Sprache. Er enthält Erbwörter, Lehnwörter und Fremdwörter der Hochsprache, auch umgangssprachliche Ausdrücke und landschaftlich verbreitetes Wortgut, ferner Wörter aus Fachsprachen, aus Gruppen- und Sondersprachen, z. B. der Medizin oder Chemie, der Jagd oder des Sports. Er verzeichnet darüber hinaus eine begrenzte Anzahl von Namen, z. B. Personennamen oder geografische Namen, sowie allgemein gebräuchliche Abkürzungen.
Die Grundlage für die Wortschatzerfassung bilden eine traditionelle Sprachdatensammlung (Duden-Sprachkartei) und eine umfassende, elektronisch aufbereitete Textzusammenstellung aus Zeitungs-

jahrgängen, Zeitschriften und Büchern (Dudenkorpus) im Umfang von derzeit rund 2,1 Milliarden laufenden Wortformen. Für die Auswahl waren neben der allgemeinen Gebräuchlichkeit hauptsächlich rechtschreibliche und grammatische Gründe maßgebend. Aus dem Fehlen eines Wortes darf also nicht geschlossen werden, dass es vollkommen ungebräuchlich oder nicht korrekt ist. Bei fehlenden Fremdwörtern oder Bedeutungserklärungen sei auf das Duden-Fremdwörterbuch oder das Duden-Universalwörterbuch verwiesen.

III. Anordnung und Behandlung der Stichwörter

1. Allgemeines

a) Die Stichwörter sind **halbfett** gedruckt.

b) Wo die Rechtschreibregeln mehrere Schreibungen zulassen, stehen beide Formen durch Komma getrennt nebeneinander. Das bedeutet, dass nach geltender Rechtschreibung beide Schreibungen gleichberechtigt sind (vgl. auch Abschnitt c).

Beispiel: Geograf, Geograph

Eine Ausnahme bilden stilistische, regionale oder als fachsprachlich markierte Schreibungen. Diese werden mit der entsprechenden Angabe versehen an die Hauptform angeschlossen.

Beispiel: Zellulose, *fachspr.* Cellulose

Fügt sich die Schreibung, die an zweiter Position steht, nicht in das Alphabet ein, steht an der entsprechenden Alphabetstelle ein Verweis.

Beispiel: Cellulose *vgl.* Zellulose

Bei der Anordnung der gleichberechtigten Schreibungen werden [im Haupteintrag] die von der Dudenredaktion empfohlenen Schreibungen in der Regel zuerst angeführt (s. dazu Abschnitt c).

Beispiel: Gebrauchsgrafik, Gebrauchsgraphik

c) Für alle, die sich nicht selbst zwischen den erlaubten Schreibvarianten entscheiden möchten, sind die Varianten, die im Dudenverlag selbst bevorzugt verwendet werden, gelb unterlegt. Zur Begründung der jeweiligen Auswahl vgl. Abschnitt VIII.

d) Die geltenden Regeln zur Worttrennung lassen – besonders bei Fremdwörtern – häufig mehrere unterschiedliche Trennmöglichkeiten zu. Der Duden kennzeichnet bei jedem Stichwort alle Trennmöglichkeiten durch senkrechte Striche.

Beispiel: Chi|r|ur|gie

e) Die Anordnung der Stichwörter ist alphabetisch.

Die Umlaute ä, ö, ü, äu werden wie die nicht umgelauteten Vokale (Selbstlaute) a, o, u, au behandelt. Die Schreibungen ae, oe, ue (in Namen) werden nach ad usw. eingeordnet. Der Buchstabe ß wird wie ss eingeordnet. Bei gleichlautenden Wörtern steht das Wort mit ss vor dem mit ß.

Beispiele:

harken	Godthåb	Mäßchen
Härlein	Goes	Masse
Harlekin	Goethe	Maße
Harlem	Gof	Massegläubiger

Kleinbuchstaben werden vor Großbuchstaben eingeordnet, Ziffern folgen nach dem letzten Buchstaben des Alphabets.

Einträge aus mehreren Wörtern werden wie einfache Einträge behandelt.

Beispiele:

Arles	Gyroskop	Laokoon
arm	G-7-Staat	La Ola
Arm	G-8-Staat	La-Ola-Welle
Armada	h	Laon

Abweichend von der alphabetischen Ordnung gibt es an manchen Stellen Infokästen mit Wörtern, die wegen ihrer ungewöhnlichen Schreibung häufig nicht am richtigen Ort gesucht werden.

f) Stichwörter, die sprachlich (etymologisch) verwandt sind, werden aus Platzgründen gelegentlich zu kurzen, überschaubaren Wortgruppen (»Nestern«) zusammengefasst, soweit die alphabetische Ordnung das zulässt.

g) Gleich geschriebene Stichwörter werden durch hochgestellte Zahlen (Indizes) unterschieden.

Beispiel: ^{1}Elf (Naturgeist)
^{2}Elf (Zahl)

2. Verben (Tätigkeitswörter, Zeitwörter)

a) Bei den schwachen Verben werden im Allgemeinen keine Beugungsformen angegeben, da sie regelmäßig im Präteritum (erste Vergangenheit) auf -te und im Partizip II (2. Mittelwort) auf -t ausgehen.

Bei den starken und unregelmäßigen Verben werden in der Regel folgende Formen angegeben: die 2. Person Singular (Einzahl) im Indikativ des Präteritums (Wirklichkeitsform der ersten Vergangenheit), die [umgelautete] 2. Person Singular im Konjunktiv des Präteritums (Möglichkeitsform der ersten Vergangenheit), das Partizip II (2. Mittelwort), der Singular des Imperativs (Befehlsform). Andere Besonderheiten werden nach Bedarf angegeben.

Beispiel: biegen; du bogst; du bögest; gebogen; bieg[e]!

Bei den Verben, deren Stammvokal e (ä, ö) zu i wechselt, und bei Verben, die Umlaut haben, werden ferner angegeben: 2. u. 3. Person Singular im Indikativ des Präsens (Wirklichkeitsform der Gegenwart).

Beispiele: (e/i-Wechsel:) geben; *du gibst, er gibt;* du gabst; du gäbest; gegeben; *gib!* (mit Umlaut:) fallen; *du fällst, er fällt;* du fielst; du fielest; gefallen; fall[e]!

Für zusammengesetzte oder mit einer Vorsilbe gebildete Verben sind die grammatischen Hinweise beim einfachen Verb nachzuschlagen, z. B. vorziehen bei ziehen, behandeln bei handeln, abgrenzen bei grenzen.

b) Bei den Verben, deren Stamm mit einem s-Laut oder Zischlaut endet (s, ß, sch, z, tz), wird die 2. Person Singular im Indikativ des Präsens (Wirklichkeitsform der Gegenwart) angegeben, weil -e- oder -es- der Endung gewöhnlich ausfällt.

Beispiele: zischen; du zischst; lesen; du liest; sitzen; du sitzt

Bei den starken Verben, deren Stamm mit -ß endet, steht wegen des Wechsels von ss und ß zusätzlich die 1. Person Singular im Indikativ des Präteritums (Wirklichkeitsform der ersten Vergangenheit).

Beispiel: beißen; du beißt; *ich biss;* du bissest

3. Substantive (Hauptwörter)

a) Bei einfachen Substantiven sind mit Ausnahme der Fälle unter b der Artikel (das Geschlechtswort), der Genitiv

Singular (Wesfall der Einzahl) und, soweit gebräuchlich, der Nominativ Plural (Werfall der Mehrzahl) angeführt.

Beispiel: Knabe, der; -n, -n (das bedeutet: der Knabe, des Knaben, die Knaben)

Substantive, die nur im Plural (Mehrzahl) vorkommen, werden durch ein nachgestelltes *Plur.* gekennzeichnet.

Beispiel: Ferien *Plur.*

b) Die Angabe des Artikels und der Beugung fehlt gewöhnlich bei abgeleiteten Substantiven, die mit folgenden Silben gebildet sind:

-chen:	Mädchen	das; -s, -
-lein:	Brüderlein	das; -s, -
-ei:	Bäckerei	die; -, -en
-er:	Lehrer	der; -s, -
-heit:	Keckheit	die; -, -en
-in:	Lehrerin	die; -, -nen
-keit:	Ähnlichkeit	die; -, -en
-ling:	Jüngling	der; -s, -e
-schaft:	Landschaft	die; -, -en
-tum:	Besitztum	das; -s, ...tümer
-ung:	Prüfung	die; -, -en

Ausnahmen: Bei Ableitungen, die in Artikel und Beugung von diesen Beispielen abweichen, sind die grammatischen Angaben hinzugefügt, z. B. bei denen, die keinen Plural bilden, wie: Müdigkeit, die; - oder: Christentum, das; -s.

c) Bei zusammengesetzten Substantiven und bei Substantiven, die zu zusammengesetzten Verben oder zu solchen mit Vorsilbe gebildet sind, fehlen im Allgemeinen Artikel und Beugungsendungen. In diesen Fällen ist beim Grundwort oder bei dem zum einfachen Verb gebildeten Substantiv nachzusehen.

Beispiele: Eisenbahn bei Bahn, Fruchtsaft bei Saft; Abschluss (Bildung zu abschließen) und Verschluss (Bildung zu verschließen) bei Schluss (Bildung zu schließen)

Artikel und Endungen werden dann angegeben, wenn sie sich von denen des Grundwortes unterscheiden, wenn von zwei Bildungsmöglichkeiten nur eine zutrifft oder wenn keine augenfällige (inhaltliche) Verbindung zwischen den vom einfachen und vom nicht einfachen Verb abgeleiteten Substantiven besteht.

Beispiele: Stand, der; -[e]s, Stände, *aber:* Ehestand, der; -[e]s (kein Plural); Teil, der *od.* das; -[e]s, -e, *aber:* Vorteil, der; -[e]s, -e (nur Maskulinum); Sage, die; -, -n; ebenso: Absage, die; -, -n

4. Adjektive (Eigenschaftswörter)

Bei Adjektiven sind vor allem Besonderheiten und Schwankungen in der Bildung der Steigerungsformen vermerkt.

Beispiele: alt, älter, älteste; glatt, glatter, *auch* glätter, glatteste, *auch* glätteste

IV. Herkunft der Wörter

Die Herkunft der Fremdwörter und einiger jüngerer Lehnwörter wird in knapper Form in Winkelklammern angegeben; meist wird die gebende Sprache, nicht die Ursprungssprache genannt. In einigen Fällen werden die Ursprungssprache und die vermittelnde Sprache, verbunden durch einen Bindestrich, angegeben.

Beispiel: Bombast ⟨pers.-engl.⟩

Steht eine Sprachbezeichnung in runden Klammern, so heißt das, dass auch diese Sprache die gebende Sprache gewesen sein kann.

Beispiel: Bronze ⟨ital.(-franz.)⟩

Durch das Semikolon (Strichpunkt) zwischen den Herkunftsangaben wird deutlich gemacht, dass es sich beim Stichwort um eine Zusammensetzung aus Wörtern oder Wortteilen der angegebenen Sprachen handelt.

Beispiel: bipolar ⟨lat.; griech.⟩

Die wörtliche Bedeutung eines Wortes wird gelegentlich in Anführungszeichen an die Herkunftsangabe angeschlossen.

Beispiel: Wodka ⟨russ., »Wässerchen«⟩

Aus Platzgründen wird die Herkunftsangabe bei Ableitungen und Zusammensetzungen in der Regel nicht wiederholt.

V. Bedeutungserklärungen

Der Rechtschreibduden ist kein Bedeutungswörterbuch; er enthält daher keine ausführlichen Bedeutungsangaben. Nur wo es für das Verständnis eines Wortes erforderlich ist, werden kurze Hinweise zur Bedeutung gegeben, etwa bei schwierigen Fremdwörtern, Fachtermini, umgangssprachlichen, landschaftlichen und veralteten Ausdrücken. Solche Erklärungen stehen in runden Klammern. Zusätze, die nicht notwendig zu den Erklärungen gehören, stehen innerhalb der runden Klammern in eckigen Klammern.

Beispiele: Akteur (Handelnder; Spieler; Schauspieler), Amortisation ([allmähliche] Tilgung), Rabatz (*ugs. für* Krawall, Unruhe), Karfiol (*österr. für* Blumenkohl), Gleisner (*veraltet für* Heuchler)

VI. Aussprache

Aussprachebezeichnungen stehen in eckigen Klammern hinter Fremdwörtern und einigen deutschen Wörtern, deren Aussprache von der sonst üblichen abweicht. Die verwendete Lautschrift folgt dem Zeichensystem der International Phonetic Association (IPA).

Die Ausspracheangaben bei Fremdwörtern beziehen sich auf die in der deutschen Standardsprache übliche Lautung, die oft nicht exakt mit derjenigen der fremden Sprache übereinstimmt. Das gilt vor allem bei häufig und schon länger im Deutschen gebrauchten Wörtern und oft auch für Eigennamen. Deshalb steht zum Beispiel beim Stichwort Shakespeare die Aussprache ['ʃeːkspiːɐ̯] und nicht, wie im Englischen korrekt, ['ʃeɪkspɪə]. Wer sich für zusätzliche und ausführlichere Ausspracheangaben interessiert, sollte das Duden-Aussprachewörterbuch zurate ziehen. Dies gilt besonders für fremdsprachliche Aussprachen sowie für die Aussprache unbetonter Silben.

Die übliche Aussprache wurde nicht angegeben bei

c	[k]	vor a, o, u (*wie in* Café)
c	[t͜s]	vor e, i, ä, ae [ɛ(ː)], ö, ü, y (*wie in* Celsius)
i	[i̯]	vor Vokal in Fremdwörtern (*wie in* Union)
sp	[ʃp]	im Stammsilbenanlaut deutscher und im Wortanlaut eingedeutschter Wörter (*wie in* Spiel, Spedition)
sp	[sp]	im Wortinlaut (*wie in* Knospe, Prospekt)
st	[ʃt]	im Stammsilbenanlaut deutscher und im Wortanlaut eingedeutschter Wörter (*wie in* Bestand, Strapaze)

st	[st]	im Wortin- und -auslaut (*wie in* Fenster, Existenz, Ast)
ti	[t͜si̯]	vor Vokal in Fremdwörtern (*wie in* Aktion, Patient)
v	[f]	vor Vokal im Anlaut (*wie in* Vater)

Zeichen der Lautschrift, Beispiele und Umschreibung

[a]	Butler [ˈbat...]
[aː]	H-Milch [ˈhaː...]
[ɐ]	Bulldozer [...doːzɐ]
[ɐ̯]	Friseur [...ˈzøːɐ̯]
[ã]	Centime [sãˈtiːm]
[ãː]	Franc [frãː]
[a͜i]	live [la͜if]
[a͜u]	Browning [ˈbra͜u...]
[ç]	Bronchie [...çi̯ə]
[d͜ʒ]	Gin [d͜ʒɪn]
[e]	Descartes [deˈkart]
[eː]	Attaché [...ˈʃeː]
[ɛ]	Handicap [ˈhɛndikɛp]
[ɛː]	fair [fɛːɐ̯]
[ɛ̃]	Impromptu [ɛ̃prõˈtyː]
[ɛ̃ː]	Timbre [ˈtɛ̃ːbrə]
[eɪ]	Rating [ˈreɪtɪŋ]
[ə]	Bulgarien [...i̯ən]
[i]	Citoyen [sito̯aˈjɛ̃ː]
[iː]	Creek [kriːk]
[i̯]	Linie [...i̯ə]
[ɪ]	City [ˈsɪti]
[l̩]	Shuttle [ˈʃatl̩]
[n̩]	Action [ˈɛkʃn̩]
[ŋ]	Dubbing [ˈdabɪŋ]
[o]	Logis [loˈʒiː]
[oː]	Plateau [...ˈtoː]
[ɔ]	Cognac [kɔnˈjak]
[ɔː]	Firewall [ˈfa͜iɐwɔːl]
[õ]	Bonmot [bõˈmoː]
[õː]	Chanson [ʃãˈsõː]
[ø]	Pasteurisation [...tø...]
[øː]	Friseuse [...ˈzøːzə]
[œ]	Portefeuille [...ˈfœj]
[œ̃]	Dunkerque [dœ̃ˈkɛrk]
[œ̃ː]	Verdun [...ˈdœ̃ː]
[o̯a]	chamois [ʃaˈmo̯a]
[o̯aː]	Memoiren [...ˈmo̯aːrən]
[oʊ]	Soap [soʊp]
[ɔ͜y]	Boykott [bɔ͜y...]
[s]	City [ˈsɪti]
[ʃ]	Charme [ʃarm]
[t͜s]	Peanuts [ˈpiːnat͜s]
[t͜ʃ]	Match [mɛt͜ʃ]
[u]	Routine [ru...]
[uː]	Route [ˈruː...]
[u̯]	Louis-quatorze [lu̯ikaˈtɔrs]
[ʊ]	Mouche [mʊʃ]
[v]	Cover [ˈkavɐ]
[w]	Walking [ˈwɔːkɪŋ]
[x]	Chuzpe [x...]
[y]	Budget [byˈd͜ʒeː]
[yː]	Avenue [avəˈnyː]
[y̆]	Habitué [(h)abiˈty̆eː]
[ʏ]	de luxe [- ˈlʏks]
[z]	Bulldozer [...doːzɐ]
[ʒ]	Genie [ʒe...]
[θ]	Thrill [θrɪl]
[ð]	on the rocks [- ðə -]
[|]	Disagio [...ˈ|aːd͜ʒo]

Ein Doppelpunkt nach dem Vokal bezeichnet dessen Länge, z. B. Plateau [...ˈtoː]. Lautbezeichnungen in runden Klammern bedeuten, dass der betreffende Laut nicht mitgesprochen werden muss, z. B. Habitué [(h)abiˈty̆eː]. Der Hauptakzent [ˈ] steht vor der betonten Silbe, z. B. Catenaccio [kateˈnat͜ʃo].

Die beim ersten Stichwort stehende Ausspracheangabe ist im Allgemeinen für alle nachfolgenden Wortformen eines Stichwortartikels oder einer Wortgruppe gültig, sofern diese nicht eine neue Angabe erfordern.

VII. Infokästen

In den gelb unterlegten Infokästen werden zum einen orthografisch besonders schwierige Stichwörter behandelt, oft mit ausführlichen und übersichtlich gegliederten Beispielen. Zum anderen gibt es Kästen mit grammatischen Besonderheiten oder mit Warnhinweisen, wenn Wörter als diskriminierend empfunden werden können.

VIII. Variantenempfehlungen

a) Die Empfehlungen der Dudenredaktion sollen all denen eine richtige und einheitliche Rechtschreibung ermöglichen, die dies wünschen und keine eigenen Entscheidungen bei der Variantenauswahl treffen möchten. Es geht dabei ausschließlich um Schreibungen. Wo unterschiedliche Wortformen wie »gern« und »gerne« oder »Verdopplung« und »Verdoppelung« nebeneinander gebräuchlich sind, geben wir keine Empfehlungen. Auch wenn fachsprachliche oder regionale Schreibvarianten angeführt werden, wird keine Bevorzugung angezeigt, da man sich hier in der Schreibung am besten nach dem jeweiligen Textzusammenhang richtet.
Bei der Auswahl der Varianten hat sich die Dudenredaktion an folgenden drei Kriterien orientiert:
Erstens soll nach Möglichkeit der tatsächliche Schreibgebrauch, wie ihn die Dudenredaktion beobachtet, berücksichtigt werden.
Zweitens wollen wir den Bedürfnissen der Lesenden nach optimaler Erfassbarkeit der Texte möglichst umfassend gerecht werden.
Und drittens sollen auch die Bedürfnisse der Schreibenden nach einfacher Handhabbarkeit der Rechtschreibung weitgehend befriedigt werden.
Diese Gesichtspunkte, die nicht selten im Widerspruch zueinander stehen, waren sorgfältig gegeneinander abzuwägen. Es gibt Bereiche, wo die Dudenredaktion den Schreibenden überzeugt die neuere Schreibvariante empfehlen kann, und andere, in denen sie eher zur konservativen Variante rät.

b) Zur Schreibung von Fremdwörtern:

Wörter aus dem Französischen mit é/ee:
»Dragee«, »Frottee« und »Separee« sind nach unserer Einschätzung auch in diesen Schreibungen schon so gebräuchlich, dass man auf das Akzent-e verzichten kann. Eine Ausnahme bildet hier der Schreibgebrauch in der Schweiz, wo Fremdwörter aus dem Französischen generell eher in der nicht angeglichenen Form (»Dragée«, »Separée«) geschrieben werden.

Das ph in Wörtern aus dem Griechischen:
fon/phon
Entsprechend der Schreibung »Telefon« empfehlen wir jetzt auch »Megafon«, »Saxofon«oder »Xylofon«. Eine Ausnahme bilden einige Fachwörter wie »Phonologie« und »Phonometrie«.

fot/phot
Nach »Foto« und »fotokopieren« bevorzugen wir nun auch die f-Schreibung für Fachwörter wie »Fotochemie«, »Fotosynthese« usw. Eine Ausnahme bilden die Wörter »Phot« und »Photon«.

graf/graph
Nach »Fotografie« und »Grafikerin« empfehlen wir nun auch »Paragraf«, »Geografie«, »Telegraf«, »Biografie« usw. Als Ausnahmen betrachten wir einige Fachwörter wie »Graph« und »Graphem«.

fan/phan
Für die sehr oft gebrauchten Wörter »Fantasie«, »fantastisch« usw. erscheint die f-Schreibung angemessen, bildungssprachliche Wörter wie »Phantasmagorie« sollten dagegen das ph behalten (»Phantom« ist nach wie vor auf ph festgelegt).

tial/zial, tiell/ziell:
Wenn eine Zuordnung zu einem Grundwort mit z plausibel ist, dann empfehlen wir für Wörter wie »existenziell« und »Existenzialismus« (wegen: Existenz) generell die z-Schreibung.

Sonstige:
Bei den sonstigen Varianten in der Laut-Buchstaben-Beziehung, etwa hinsichtlich der c- oder k-Schreibung, der ch- oder sch-Schreibung, der ou- oder u-Schreibung, der e- oder ä-Schreibung u.a., lässt sich kaum eine systematische Richtlinie aufstellen. Hier hat die Dudenredaktion in jedem Einzelfall geprüft, ob eine Tendenz zugunsten einer Variante im Schreibgebrauch feststellbar ist. So gibt es in unseren Quellen eine eindeutige Bevorzugung der c-Schreibung des Wortes »Belcanto«, obwohl auch schon vor der Rechtschreibreform die k-Schreibung zulässig und im Duden verzeichnet war. Solchen Beobachtungen folgen die Empfehlungen in diesem Wörterbuch.

c) Zur Getrennt- und Zusammenschreibung:

mithilfe / mit Hilfe:
Bei Fügungen dieser Art empfehlen wir jeweils die zusammengeschriebene Variante, da (nur zusammenzuschreibende) Fälle wie »beiseite«, »inmitten« oder »zuliebe« eine gewisse Tendenz zur Einwortschreibung erkennen lassen.

gewinnbringend / Gewinn bringend:
Bei der Verbindung von Substantiv und erstem Partizip empfehlen wir in einer größeren Zahl von Fällen die früher vorwiegend übliche Zusammenschreibung.

Alleinerziehende / allein Erziehende:
Bei den substantivierten Verbindungen mit einem Partizip als zweitem Bestandteil haben sich eine Reihe von Zusammensetzungen im Schreibgebrauch fest etabliert (z. B. »das Kleingedruckte«, »Alleinerziehende«, »Festangestellte«, »Ratsuchende« usw.). Hier empfehlen wir in der Regel die Beibehaltung der Zusammenschreibung.

stehenlassen / stehen lassen:
Die Grundregel, nach der zwei Verben getrennt geschrieben werden, ist so eindeutig und einfach, dass wir ihre Anwendung auch bei übertragenem Gebrauch empfehlen. Eine Ausnahme bildet »kennenlernen«.

kleinschneiden / klein schneiden:
Auch bei der Verbindung von Adjektiv und Verb ist bei nicht übertragener Bedeutung die Getrenntschreibung immer die einfachste Lösung. Sobald das Adjektiv erweitert oder gesteigert ist (»ganz klein schneiden«, »kleiner schneiden«), darf ohnehin nur getrennt geschrieben werden.

vielsagend / viel sagend:
Einige Verbindungen aus Adjektiv oder Adverb und Partizip sind so geläufig, dass sie meist als Zusammensetzung und seltener als Wortgruppe empfunden werden. Hier empfehlen wir die Zusammenschreibung.

Achtzigerjahre / achtziger Jahre:
Hier empfehlen wir die Zusammenschreibung, wie sie in schon länger üblichen Wörtern wie »Sechserpack« oder »Zweierbeziehung« vorgegeben ist.

d) Ein Bindestrich kann grundsätzlich in jedem mehrteiligen Wort gesetzt werden, in dem man einen Bestandteil aus irgendeinem Grund besonders hervorheben oder das man besser lesbar machen möchte. Im Folgenden geht es jedoch nur um die Frage einer generellen Bindestrichschreibung für besondere Fallgruppen:

Lotto-Annahmestelle / Lottoannahmestelle:
Bei längeren unübersichtlichen sowie bei nicht eindeutigen Zusammensetzungen empfehlen wir Bindestrichschreibungen, also z. B. »Lotto-Annahmestelle« oder »Druck-Erzeugnis«. Dasselbe gilt auch für Fremdwörter wie »Desktop-Publishing« oder »Bungee-Jumping«.

blaurot / blau-rot:
Bei zusammengesetzten Farbbezeichnungen können die Abtönung einer Farbe (z. B. ein bläuliches Rot) durch Zusammenschreibung (»blaurot«), das Nebeneinander zweier Farben durch Bindestrichschreibung (ein Kleid in Blau und Rot ist ein »blau-rotes« Kleid) ausgedrückt werden. Diese Unterscheidung hilft, Missverständnisse zu vermeiden, und wird deshalb von uns empfohlen.

Kick-down / Kickdown:
Für englisch-amerikanische Fremdwörter, die auf ein Verb plus Präposition oder Adverb zurückgehen, empfehlen wir die Bindestrichschreibung, da eine Zusammenschreibung in Fällen wie »Sit-in« zu einem ungewohnten und ziemlich schlecht lesbaren Schriftbild führen würde. Wenn das Wort allerdings im Englischen bereits zusammengeschrieben wird (z. B. »Blackout« oder »Countdown«), sollte es in dieser Form beibehalten werden.

New Yorker / New-Yorker:
Bei Ableitungen auf -er von mehrteiligen getrennt geschriebenen Städtenamen ziehen wir die Schreibung ohne Bindestrich vor, also »New Yorker«, »Sankt Galler«, »Bad Wörishofener« usw., da so das Schriftbild des zugrunde liegenden Namens besser bewahrt wird.

e) Zur Groß- und Kleinschreibung:

auf das Beste geregelt / auf das beste geregelt:
Die Großschreibung erspart eine Unterscheidung zwischen »ihre Wahl fiel auf das Beste aus dem Angebot« und »sie hatte auf das Beste gewählt«. Der Artikel »das« legt die Großschreibung noch zusätzlich nahe.

jedem das Seine / jedem das seine:
Auch hier ist wegen des Artikels »das« die Großschreibung die rechtschreiblich einfachere Lösung; also: »jedem das Seine«, »grüße die Deinen« usw.

von Neuem / von neuem:
Um Diskrepanzen zwischen »ohne weiteres« und »des Weiteren« oder zwischen »aufs Neue« und »von neuem« zu vermeiden, empfehlen wir auch in diesen Fällen die Großschreibung.

Adieu sagen / adieu sagen:
Bei »etwas sagen« erwartet man statt des grammatischen Platzhalters »etwas« in den meisten Fällen ein Substantiv (z. B. »die Wahrheit sagen«); analog

dazu empfehlen wir auch bei den Grußformeln die Großschreibung.

Hunderte fleißiger Ameisen / hunderte fleißiger Ameisen:
In solchen Fällen empfehlen wir die Großschreibung von »Hunderte«, »Tausende« und »Dutzende«, da vor allem die Kleinschreibung von »Dutzende« sehr ungewohnt sein dürfte.

etwas anderes / etwas Anderes:
Die Großschreibung der Wörter »eine«, »andere«, »wenig« und »viel« wird in der amtlichen Rechtschreibregelung nur als Ausnahme betrachtet. Das stimmt mit dem bisherigen Schreibgebrauch überein.

das Schwarze Brett / schwarze Brett:
Wird eine Verbindung aus Adjektiv und Substantiv als »fester Begriff« aufgefasst, findet sich häufig die Großschreibung des Adjektivs. Sofern es sich dabei nicht um Eigennamen handelt, sollte diese rechtschreibliche Hervorhebung eher sparsam verwendet werden. Die Dudenredaktion empfiehlt sie in einer überschaubaren Anzahl von Fällen und vor allem dann, wenn die Großschreibung schon vor der Rechtschreibreform etabliert war.

Reduktion von Schreibvarianten

Der Rat für deutsche Rechtschreibung hat in seinem Bericht 2010 empfohlen, die folgenden heute ungebräuchlichen Schreibvarianten aus dem amtlichen Wörterverzeichnis zu entfernen:

Butike, Fassette, Kabrio, Katarr, Krem, Kreme, Kupee, Maffia, Maläse, Mohär, Myrre, Scharm, scharmant, Schikoree, Schose, Sketsch, Sutane, transchieren.

Als neu aufzunehmen werden die folgenden Varianten genannt:

Caprice, Clementine, Crème, Schmand.

Die Dudenredaktion berücksichtigt diese Empfehlungen seit April 2011 in den Nachdrucken und Neuauflagen ihrer Wörterbücher.

Im Wörterverzeichnis verwendete Abkürzungen

Abkürzungen, bei denen nur -isch zu ergänzen ist, sind nicht aufgeführt, z. B. ägypt. = ägyptisch. Das Wortbildungselement -lich wird gelegentlich mit ...l. abgekürzt, z. B. ähnl. = ähnlich.

Abk.	Abkürzung
afrik.	afrikanisch
Akk.	Akkusativ
allg.	allgemein
amerik.	amerikanisch
Amtsspr.	Amtssprache
Anat.	Anatomie
Anm.	Anmerkung
Anthropol.	Anthropologie
aram.	aramäisch
Archit.	Architektur
astron.	astronomisch
Astron.	Astronomie
A.T.	Altes Testament
Ausspr.	Aussprache
Bankw.	Bankwesen
Bauw.	Bauwesen
Bed.	Bedeutung
Bergmannsspr.	Bergmannssprache
Berufsbez.	Berufsbezeichnung
bes.	besonders
Bez.	Bezeichnung
bild. Kunst	bildende Kunst
Biol.	Biologie
Börsenw.	Börsenwesen
Bot.	Botanik
Buchw.	Buchwesen
chin.	chinesisch
Dat.	Dativ
Druckerspr.	Druckersprache
Druckw.	Druckwesen
dt.	deutsch
EDV	elektronische Datenverarbeitung u. -übermittlung
ehem.	ehemals, ehemalig
Eigenn.	Eigenname
eigtl.	eigentlich
Elektrot.	Elektrotechnik
eskim.	eskimoisch
etw.	etwas
europ.	europäisch
ev.	evangelisch
fachspr.	fachsprachlich
Fachspr.	Fachsprache
fam.	familiär
Familienn.	Familienname
Finanzw.	Finanzwesen
Fliegerspr.	Fliegersprache
Flugw.	Flugwesen
Forstwirtsch.	Forstwirtschaft
fotogr.	fotografisch
Fotogr.	Fotografie
franz.	französisch
Funkw.	Funkwesen
Gastron.	Gastronomie
Gaunerspr.	Gaunersprache
gebr.	gebräuchlich
geh.	gehoben
Gen.	Genitiv
Geogr.	Geografie
Geol.	Geologie
Geom.	Geometrie
germ.	germanisch
Ggs.	Gegensatz
hebr.	hebräisch

hist.	historisch
Hüttenw.	Hüttenwesen
idg.	indogermanisch
ital.	italienisch
Jägerspr.	Jägersprache
jap.	japanisch
Jh.	Jahrhundert
jmd., jmdm., jmdn., jmds.	jemand, jemandem, jemanden, jemandes
Jugendspr.	Jugendsprache
kath.	katholisch
Kaufmannsspr.	Kaufmannssprache
Kinderspr.	Kindersprache
Konj.	Konjunktion
Kunstw.	Kunstwort
Kunstwiss.	Kunstwissenschaft
Kurzw.	Kurzwort
l.	linker, linke, linkes
landsch.	landschaftlich
Landwirtsch.	Landwirtschaft
lat.	lateinisch
lit.	litauisch
Literaturwiss.	Literaturwissenschaft
m.	männlich
MA.	Mittelalter
math.	mathematisch
Math.	Mathematik
mdal.	mundartlich
med.	medizinisch
Med.	Medizin
Meteor.	Meteorologie
mexik.	mexikanisch
milit.	militärisch
Mineral.	Mineralogie
mitteld.	mitteldeutsch
mittelhochd.	mittelhochdeutsch
mlat.	mittellateinisch
mong.	mongolisch
Münzw.	Münzwesen
Mythol.	Mythologie
nationalsoz.	nationalsozialistisch
niederl.	niederländisch
nlat.	neulateinisch
Nom.	Nominativ
nordamerik.	nordamerikanisch
nordd.	norddeutsch
norw.	norwegisch
N.T.	Neues Testament
o. ä.	oder ähnlich
o. Ä.	oder Ähnliche[s]
od.	oder
ökum.	ökumenisch (nach den Loccumer Richtlinien von 1971)
Ortsn.	Ortsname
ostd.	ostdeutsch
österr.	österreichisch
Österr.	Österreich
ostmitteld.	ostmitteldeutsch
Päd.	Pädagogik
Pharm.	Pharmazie
philos.	philosophisch
Philos.	Philosophie
Physiol.	Physiologie
Plur.	Plural
port.	portugiesisch
Postw.	Postwesen
Präp.	Präposition
Psychol.	Psychologie
r.	rechter, rechte, rechtes
Rechtsspr.	Rechtssprache
Rechtswiss.	Rechtswissenschaft
Rel.	Religion[swissenschaften]
Rhet.	Rhetorik
sanskr.	sanskritisch
scherzh.	scherzhaft
Schülerspr.	Schülersprache

Schulw.	Schulwesen
schweiz.	schweizerisch
Seemannsspr.	Seemannssprache
Seew.	Seewesen
Sing.	Singular
skand.	skandinavisch
Soldatenspr.	Soldatensprache
Soziol.	Soziologie
Sportspr.	Sportsprache
Sprachwiss.	Sprachwissenschaft
Steuerw.	Steuerwesen
stud.	studentisch
südamerik.	südamerikanisch
südd.	süddeutsch
südwestd.	südwestdeutsch
svw.	so viel wie
Textilind.	Textilindustrie
Theol.	Theologie
Tiermed.	Tiermedizin
u.	und
u. a.	und andere
u. ä.	und ähnlich
u. Ä.	und Ähnliche[s]
übertr.	übertragen
ugs.	umgangssprachlich
ung.	ungarisch
urspr.	ursprünglich
Verbindungsw.	Verbindungswesen
Verhaltensf.	Verhaltensforschung
Verkehrsw.	Verkehrswesen
Versicherungsw.	Versicherungswesen
vgl. [d.]	vergleiche [dort]
Vorn.	Vorname
w.	weiblich
Werbespr.	Werbesprache
westd.	westdeutsch
westgerm.	westgermanisch
westmitteld.	westmitteldeutsch
Wirtsch.	Wirtschaft
Zahnmed.	Zahnmedizin
Zigeunerspr.	Zigeunersprache (Es handelt sich hier um eine in der Sprachwissenschaft übliche Bezeichnung, die nicht diskriminierend zu verstehen ist.)
Zollw.	Zollwesen
Zool.	Zoologie
Zus.	Zusammensetzung

Wichtige grammatische Fachausdrücke

Dieses Verzeichnis soll dazu dienen, die wichtigsten im Rechtschreibduden verwendeten grammatischen Fachwörter verständlich zu machen. Es stellt keine Einführung in die Grammatik dar und erhebt auch keinen Anspruch auf Vollständigkeit.

Adjektive (Eigenschaftswörter) sind z. B. *schön, dick, alt.* Sie verändern ihre Form nach Geschlecht, Zahl und Fall und können in der Regel Steigerungsformen bilden: *schön* (Positiv/Grundstufe) – *schöner* (Komparativ/1. Steigerungsstufe) – *am schönsten* (Superlativ/2. Steigerungsstufe).

Adverbien (Umstandswörter) sind z. B. *dahin, heute, sofort.* Ihre Form ist nicht veränderbar. Sie geben die näheren Umstände eines Geschehens an.

Akkusativ Vgl. ↑Substantive.

Artikel (Geschlechtswörter) verändern ihre Form nach Geschlecht, Zahl und Fall. Sie sind Begleiter des Substantivs. Unterschieden werden zwei Arten: die bestimmten Artikel (z. B. *<u>der</u> Hund, <u>die</u>* Katze, *<u>das</u> Haus*) und die unbestimmten Artikel (z. B. *<u>ein</u> Mann, <u>eine</u> Geschichte, <u>ein</u> Haus*).

Beugung Unter Beugung versteht man die Veränderung/Konjugation von Verben (z. B. *sie <u>sitzt</u>, ihr <u>gabt</u>*) sowie die Veränderung/Deklination von Substantiven (z. B. *in <u>Häusern</u>*), Artikeln (z. B. *<u>dem</u> Mann*), Pronomen (z. B. *<u>ihrer</u> Mutter*) oder Adjektiven (z. B. *der <u>teure</u> Wein*).

Dativ Vgl. ↑Substantive.

Genitiv Vgl. ↑Substantive.

Infinitive (Nenn- oder Grundformen) sind z. B. *kommen, lesen, denken.* Sie sind die Formen, in denen Verben genannt und in denen sie auch in Wörterbüchern angeführt werden.

Konjunktionen (Bindewörter) gehören zu den unveränderlichen Wörtern. Sie haben die Aufgabe, Sätze, Satzteile und Wörter miteinander zu verbinden (z. B. *und, oder, weil, dass*). Manchmal lässt sich nicht ohne Weiteres feststellen, ob es sich bei einem Wort um eine Konjunktion oder um ein Adverb handelt. Hier hilft ein Blick auf die Wortstellung: Adverbien können in einem einfachen Satz allein vor das gebeugte Verb treten, Konjunktionen nicht. Bisweilen kann ein Wort sowohl als Konjunktion als auch als Adverb gebraucht werden:
(*doch* ist Konjunktion:) *Wir möchten gerne bleiben, doch wir haben keine Zeit.*
(*doch* ist Adverb:) *Wir möchten gerne bleiben, doch haben wir keine Zeit.*

Konjunktiv (Möglichkeitsform) stellt als Aussageweise (Modus) des Verbs ein Geschehen als erwünscht, möglich oder nicht wirklich dar, z. B. *er <u>habe</u>* (so behauptet er) *das Buch gelesen; ich <u>käme</u>* gerne (aber ich kann nicht, da ich keine Zeit habe); *<u>Würde</u>* sie mir doch helfen!

Konsonanten (Mitlaute) sind z. B. *m, p, s.* Gegensatz: ↑Vokale.

Nominativ Vgl. ↑Substantive.

Partizipien (Mittelwörter) Bei Partizipien unterscheidet man zwischen Partizip I (Mittelwort der Gegenwart), z. B. *hoffend, weinend, bindend, lügend,* und Partizip II (Mittelwort der Vergangenheit), z. B. *gehofft, geweint, gebunden, gelogen.*

Plural (Mehrzahl) Vgl. ↑Substantive.

Präpositionen (Verhältniswörter) sind z. B. *auf, aus, in, nach, über, von, zu.* Sie kennzeichnen die Beziehung, das Verhältnis zwischen Wörtern: *Sie sitzt auf dem Stuhl. Er geht in den Garten.* Präpositionen sind in ihrer Form unveränderlich (nicht beugbar) und bestimmen den Fall des folgenden Substantivs.

Pronomen (Fürwörter) sind z. B. *er, sie; mein* Auto, *dieses* fröhliche Kind. Sie vertreten oder begleiten ein Substantiv (bzw. eine Substantivgruppe) und verändern ihre Form nach Fall, Geschlecht und Zahl.

Singular (Einzahl) Vgl. ↑Substantive.

Substantive (Nomen, Hauptwörter) sind z. B. *Meer, Tag, Luft, Richtung, Wetterlage.* Sie haben in der Regel ein festes Geschlecht, verändern ihre Form aber nach Zahl und Fall:

Geschlecht

maskulin/männlich	*der Regen*
feminin/weiblich	*die Luft, die See*
neutral/sächlich	*das Wetter, das Meer*

Zahl

Singular/Einzahl	*die Richtung*
Plural/Mehrzahl	*die Richtungen*

Fall

Nominativ/1. Fall (wer oder was?)	*der Tag*
Genitiv/2. Fall (wessen?)	*des Tages*
Dativ/3. Fall (wem?)	*dem Tag*
Akkusativ/4. Fall (wen oder was?)	*den Tag*

Substantivierungen sind z. B. *das Lesen, das Schöne, etwas Neues.* Bei einer Substantivierung wird aus einem Wort, das einer anderen Wortart angehört, ein ↑Substantiv gebildet.

Superlativ (2. Steigerungsstufe/Höchststufe) Vgl. ↑Adjektive.

Verben (Zeitwörter) sind z. B. *geben, werden, wünschen.* Sie können ihre Form meist nach Person und Zahl verändern und verschiedene Zeitformen bilden (z. B. *gibt – gab – wird geben, wünscht – wünschte – wird wünschen*).

Vokale (Selbstlaute) sind *a, e, i, o, u.* Gegensatz: ↑Konsonanten.

Zahladjektive/Zahlwörter bezeichnen entweder eine Zahl (z. B. *ein, vier, drittel, achtel*) oder geben eine unbestimmte Menge bzw. ein unbestimmtes Maß an (z. B. *viel, wenig*). Die Letzteren werden unbestimmte Zahladjektive genannt.

Rechtschreibung und Zeichensetzung

Einleitung

Die folgende, mit Kennziffern gegliederte Darstellung beruht auf den amtlichen Regeln für die deutsche Rechtschreibung und Zeichensetzung. Sie enthält darüber hinaus einige zusätzliche, mit dem Symbol gekennzeichnete Abschnitte, in denen die Dudenredaktion weiterführende Hinweise, Erläuterungen oder Empfehlungen zu bestimmten rechtschreiblichen oder anderen Zweifelsfällen gibt.

Um den Nachschlagenden ein schnelles Auffinden der gewünschten Informationen zu ermöglichen, werden die Regelungen und Hinweise unter alphabetisch geordneten Suchbegriffen wie »Apostroph«, »Bindestrich«, »Datum«, »Fremdwörter« oder »Getrennt- und Zusammenschreibung« angeführt. Dabei wird die eine oder andere Rechtschreibregelung an mehreren Stellen gezeigt, sodass zum Beispiel für ein Problem mit der Groß- und Kleinschreibung in Straßennamen sowohl unter »Groß- und Kleinschreibung« als auch unter »Straßennamen« sofort die Lösung gefunden werden kann.

Für diejenigen, die sich für den genauen Wortlaut der zugrunde liegenden amtlichen Regeln interessieren, wurden zahlreiche Verweise auf die Paragrafen und Unterabschnitte des Regelwerks eingearbeitet, das über die Internetadresse http://rechtschreibrat.ids-mannheim.de für jedermann kostenfrei einsehbar ist und heruntergeladen werden kann.

Übersicht

Abkürzungen

In diesem Abschnitt geht es um die häufig auftretenden Fragen „Mit oder ohne Punkt?“ und „Mit oder ohne Beugungsendung?“.

Zu weiteren Informationen:
↑Apostroph (K 15)
↑Bindestrich (K 26, 28 u. 29)
↑Groß- und Kleinschreibung (K 97)

Außerdem:
↑Textverarbeitung und E-Mails (S. 98)

Zusätzliche Erläuterungen zur sinnvollen Bildung und Verwendung von Abkürzungen und Kurzwörtern finden sich in DIN 2340.

Der Punkt bei Abkürzungen

K 1 Nach bestimmten Abkürzungen steht ein Punkt ‹§ 101›. (Vgl. K 2, K 3 und K 4.)	▪ Dr. (*für:* Doktor) ▪ usw. (*für:* und so weiter) ▪ a. D. (*für:* außer Dienst) ▪ Abk.-Verz. (*für:* Abkürzungsverzeichnis) ▪ Weißenburg i. Bay. (*für:* Weißenburg in Bayern)
Diese Abkürzungen werden in der gesprochenen Sprache meist nicht verwendet. Ausnahmen sind Fälle wie a. D. (auch gesprochen: a-de).	

K 2 Bei national oder international festgelegten Abkürzungen für Maßeinheiten in Naturwissenschaft und Technik, für Himmelsrichtungen und für bestimmte Währungseinheiten setzt man im Allgemeinen keinen Punkt ‹§ 102 (1)›.	▪ m (*für:* Meter) ▪ g (*für:* Gramm) ▪ s (*für:* Sekunde) ▪ W (*für:* Watt) ▪ Bq (*für:* Becquerel) ▪ MHz (*für:* Megahertz) ▪ NO (*für:* Nordost[en]) ▪ CAD (*für:* Kanadischer Dollar)

K 3 Bei sogenannten Initialwörtern oder Kürzeln setzt man im Allgemeinen keinen Punkt ‹§ 102 (2)›.	▪ BGB (*gesprochen:* be-ge-be, *für:* Bürgerliches Gesetzbuch) ▪ TÜV (*gesprochen:* tüf, *für:* Technischer Überwachungs-Verein) ▪ Na (*gesprochen:* en-a, *für:* Natrium)

K 4 Viele fachsprachliche Abkürzungen (vor allem von längeren Zusammensetzungen und Wortgruppen) werden ohne Punkt geschrieben ‹§ 102 E_1›.	▪ MBliV (*für:* Ministerialblatt der inneren Verwaltung) ▪ BStMdI (*für:* Bayerisches Staatsministerium des Innern) ▪ RücklVO (*für:* Rücklagenverordnung) ▪ LadschlG (*für:* Ladenschlussgesetz) ▪ StUffz (*für:* Stabsunteroffizier) ▪ OStRin (*für:* Oberstudienrätin)

K 5 In einigen Fällen gibt es Doppelformen ‹§ 102 E_2›.	▪ Co. od. Co (*für:* Compagnie) ▪ M. d. B. od. MdB (*für:* Mitglied des Bundestages)

K 6 Steht eine Abkürzung mit Punkt am Satzende, dann ist der Abkürzungspunkt zugleich der Schlusspunkt des Satzes ‹§ 103›.	▪ Er verwendet gern Zitate von Goethe, Schiller u. a. ▪ Ihr Vater ist Regierungsrat a. D. *Aber:* ▪ Ist er wirklich Regierungsrat a. D.? ▪ Er ist wirklich Regierungsrat a. D.!

Steht am Satzende eine Abkürzung, die an sich ohne Punkt geschrieben wird, dann muss trotzdem der Schlusspunkt gesetzt werden.

- Diese Bestimmung finden Sie im BGB.
- Er fährt einen roten Pkw.

Aber:

- Fährt er einen roten Pkw?
- Er fährt in der Tat einen roten Pkw!

Die Beugung der Abkürzungen

Bei Abkürzungen, die nur in geschriebenen Texten verwendet werden, wird meist keine Beugungsendung gezeigt.

- lfd. J. (*für:* laufenden Jahres)
- im Ndl. (*für:* im Niederländischen)
- d. M. (*für:* dieses Monats)

Wenn man die Beugungsendung wiedergeben will, z. B. um Missverständnisse zu vermeiden, gilt üblicherweise Folgendes:

1. Endet eine Abkürzung mit dem letzten Buchstaben des abgekürzten Wortes, so wird die Beugungsendung unmittelbar angehängt.
   - die Bde. (*für:* die Bände)
   - OStRinnen (*für:* Oberstudienrätinnen)
2. Bei Namen ist es üblich, die Endung nach dem Abkürzungspunkt zu setzen.
   - B.s Werke (*für:* Brechts Werke)
3. Gelegentlich wird der Plural durch Buchstabenverdoppelung ausgedrückt.
   - Jgg. (*für:* Jahrgänge)
   - ff. (*für:* folgende [Seiten])

Bei Abkürzungen, die auch als solche gesprochen werden, ist im Plural die Beugung häufiger. Das gilt vor allem bei weiblichen Abkürzungen, weil bei ihnen der Artikel im Singular und Plural gleich lautet. Im Singular bleiben jedoch auch die sprechbaren Abkürzungen oft ohne Beugungsendung.

- die Lkws, *seltener:* die Lkw (*weil im Singular:* der Lkw)
- die MGs, *seltener:* die MG
- die GmbHs, *selten:* die GmbH (*weil der Singular gleich lautet:* die GmbH)
- des Pkw (*auch:* des Pkws)
- des EKG (*auch:* des EKGs)

Anführungszeichen

In den folgenden Hinweisen werden die sogenannten „Gänsefüßchen" als Anführungszeichen verwendet, die in der Schulschreibschrift üblich sind. In der Textverarbeitung und im grafischen Gewerbe sind heute auch andere Formen der Anführungszeichen sehr verbreitet. (Zu halben Anführungszeichen ↑K12.)

Zu weiteren Informationen:
↑Groß- und Kleinschreibung (K 92 u. 94)
Außerdem:
↑Textverarbeitung und E-Mails (S. 99)

Bei wörtlicher Rede

K 7 Anführungszeichen stehen vor und hinter wörtlich wiedergegebenen Äußerungen und Gedanken (direkter Rede) sowie wörtlich wiedergegebenen Textstellen (Zitaten) ‹§ 89›.

- Sie sagte: „Hier gefällt es mir."
- „Wenn doch nur alles vorüber wäre", dachte Petra.
- Er schreibt in seinen Memoiren: „Nie werde ich den Tag vergessen, an dem der erste Zeppelin über der Stadt schwebte."

Wird eine angeführte direkte Rede oder ein Zitat unterbrochen, so setzt man die einzelnen Teile in Anführungszeichen.

- „Wir sollten nach Hause gehen", meinte sie. „Hier ist jede Diskussion zwecklos."
- „Der Mensch", so heißt es in diesem Buch, „ist ein Gemeinschaftswesen."

Zur Hervorhebung

K 8 Anführungszeichen können vor und hinter Wörtern oder Textstücken stehen, die hervorgehoben werden sollen ‹§ 94›. Dazu gehören: **1.** Wörter oder Wortgruppen (z. B. Sprichwörter, Äußerungen), über die man eine Aussage machen will; **2.** ironische Hervorhebungen; **3.** zitierte Überschriften, Werktitel (z. B. von Büchern, Filmen, Musikstücken), Namen von Zeitungen und Ähnliches.	**1.** In dem Wort „Tri“athlon steckt das griechische „tri-“ (= drei). ▪ Das Sprichwort „Geteiltes Leid ist halbes Leid“ tröstet nicht immer. ▪ Mit einem lauten „Mir reichts!“ verließ sie den Raum. **2.** Sie hat „nur“ die Silbermedaille gewonnen. ▪ Dieser „treue Freund“ verriet ihn als Erster. **3.** „Das Parfum“ ist ein Roman von Patrick Süskind. ▪ Das Zitat stammt aus dem Film „Casablanca“.
1. Der zu einem Titel gehörende Artikel kann mit in die Anführungszeichen gesetzt werden, wenn der volle Titel unverändert bleibt. **2.** Ändert sich der Artikel durch die Deklination, dann bleibt er außerhalb der Anführungszeichen. **3.** Wenn eindeutig erkennbar ist, dass ein Titel o. Ä. vorliegt, werden die Anführungszeichen häufig weggelassen.	**1.** Wir mussten „Das Lied von der Glocke“ (oder: das „Lied von der Glocke“) auswendig lernen. **2.** Sie hatte eine Strophe aus dem „Lied von der Glocke“ vorgetragen. **3.** Goethes Faust wurde schon mehrfach verfilmt. ▪ Der Artikel erschien vorige Woche im SPIEGEL.

Mit anderen Satzzeichen

K 9 **1.** Treffen Frage- oder Ausrufezeichen mit Anführungszeichen zusammen, so stehen sie vor dem Schlusszeichen, wenn sie zum wörtlich wiedergegebenen Text gehören ‹§ 90›. **2.** Wenn nach dem wörtlich wiedergegebenen Text der Begleitsatz (übergeordnete Satz) folgt oder weitergeführt wird, setzt man ein Komma nach dem Schlusszeichen ‹§ 93›	**1.** Sie fragte: „Wie geht es dir?“ ▪ Er brüllte: „Bleib sofort stehen!“ **2.** „Sie fahren sofort nach Hause!“, befahl er. ▪ Sie rief: „Weshalb darf ich das nicht?“, und sah mich wütend an. ▪ Als er sagte: „Das war ja wohl eine Schnapsidee!“, wurde ich sehr verlegen.

K 10

1. Treffen Punkt, Frage- oder Ausrufezeichen mit Anführungszeichen zusammen, so stehen sie nach dem Schlusszeichen, wenn sie zum Begleitsatz (übergeordneten Satz) gehören ‹§ 90›.
2. Gelegentlich können sowohl der angeführte Text als auch der Begleitsatz mit Frage- oder Ausrufezeichen enden ‹§ 91›.

1. Ich habe die „Buddenbrooks“ gelesen und den „Zauberberg“.
   - Wer kennt das Theaterstück „Der Stellvertreter“?
   - Sie verwies darauf, „dass niemand den Angeklagten am Tatort gesehen hat“.
   - Ich brauche dringend den Text von „Figaros Hochzeit“!
2. Gefällt dir der Roman „Quo vadis?“?
   - Lass doch dieses ewige „Ich will nicht!“!

K 11

1. Vor dem Komma zwischen wörtlich wiedergegebenem Text und Begleitsatz (übergeordnetem Satz) verliert der wörtlich wiedergegebene Satz seinen Schlusspunkt ‹§ 92›.
2. Ein eingeschobener Begleitsatz wird in Kommas eingeschlossen ‹§ 93›.
3. Folgt der wörtliche Text dem Begleitsatz (übergeordneten Satz), dann steht nach dem Schlusszeichen kein Punkt mehr ‹§ 92›.

1. „Gehen wir doch ins Kino“, schlug sie vor.
   - „Nachdem du das gelesen hast, wirst du verstehen, was ich meine“, sagte Großvater.
2. „Morgen früh“, versprach er, „komme ich zurück.“
   - „Wenn du willst“, meinte seine Frau, „kann ich den Wagen morgen in die Werkstatt fahren.“
3. Er stellte fest: „Das muss jeder selbst entscheiden.“
   - Auf meine Frage nach der Zahl der Gäste erwiderte sie: „Fünfzehn.“
   - Wir schrien: „Pass auf!“
   - Sie fragte: „Bist du bereit?“

Halbe Anführungszeichen

K 12

Eine Anführung innerhalb einer Anführung wird durch halbe Anführungszeichen gekennzeichnet ‹§ 95›.

- Sie schreibt in ihrem Brief: „Ich kann Ihnen nur empfehlen, sich den ‚Besuch der alten Dame‘ in der Neuinszenierung anzusehen.“
- „Mit wie vielen h schreibt man ‚Rhythmus‘?“, wollte er wissen.
- „Die Sendung heißt ‚Kennzeichen D‘ “, sagte sie.

Apostroph

Der Apostroph zeigt an, dass in einem Wort ein oder mehrere Buchstaben ausgelassen worden sind (vgl. aber K 16). In vielen Fällen können die Schreibenden selbst entscheiden, ob sie einen Apostroph setzen wollen oder nicht (vgl. K 14).

Zu weiteren Informationen:
↑Groß- und Kleinschreibung (K 96)
↑Textverarbeitung und E-Mails (S. 101)

Bei Auslassungen

K 13 Man setzt einen Apostroph bei Wörtern mit Auslassungen, wenn die verkürzten Wortformen sonst schwer lesbar oder missverständlich wären ‹§ 96 (2)›.

- Schlaf nun selig und süß, schau im Traum ’s Paradies.
- Dass aber der Wein von Ewigkeit sei, daran zweifl’ ich nicht ...
- Ein einz’ger Augenblick kann alles umgestalten.
- ’s ist schon spät.
- Das Wasser rauscht’, das Wasser schwoll ...

Solche Formen treten oft in dichterischen Texten auf. Als gut lesbar und unmissverständlich gelten dagegen im Allgemeinen die folgenden Fälle:
1. Ein unbetontes -e- im Wortinnern entfällt und die kürzere Form ist allgemein gebräuchlich.
2. Es entfällt ein Schluss-e bei bestimmten Verbformen.
3. Es liegt eine verkürzte, aber häufig gebrauchte Nebenform eines Substantivs, Adverbs oder Adjektivs vor.
4. Es liegt eine Fügung vor, in der ein Adjektiv oder Pronomen ungebeugt verwendet wird.

1. ich wechsle (wechsele)
- trockner (trockener) Boden

2. Das hör ich gern.
- Ich lass das nicht zu.
- Leg den Mantel ab.

3. Bursch (*neben:* Bursche)
- öd (*neben:* öde)
- trüb (*neben:* trübe)
- heut (*neben:* heute)

4. um gut Wetter bitten
- ruhig Blut bewahren
- Wir wollen sein ein einzig Volk von Brüdern ...

K 14 Man kann einen Apostroph setzen, wenn Wörter der gesprochenen Sprache mit Auslassungen schriftlich wiedergegeben werden und sonst schwer verständlich sind ‹§ 97›.

- So ’n Blödsinn!
- Nimm ’ne andere Farbe.
- Gehen S’ ’nauf!
- Er hat g’nug.
- Sie saß auf’m Tisch.
- Wir gehen in ’n Zirkus.
- Wie du’s haben willst.
- Da fährt sich’s schlecht.

1. Bei den allgemein üblichen Verschmelzungen von Präposition (Verhältniswort) und Artikel setzt man in der Regel keinen Apostroph.
2. Auch die mit r- beginnenden Kürzungen von Wörtern wie heran, herauf, herein, herüber usw. werden meist ohne Apostroph verwendet.
3. Ebenso steht bei bestimmten Wörtern und Namen mundartlicher Herkunft im Allgemeinen kein Apostroph.
4. Bei umgangssprachlichen Verbindungen des Pronomens „es" mit dem vorangehenden Wort ist der Apostroph entbehrlich, wenn das Lesen nicht erschwert wird.

1. ans, aufs, durchs, fürs, hinters, ins, übers, unters, vors
- am, beim, hinterm, überm, unterm, vorm
- hintern, übern, untern, vorn; zur

2. Runter vom Balkon!
- Bitte reich mir mal das Buch rüber.
- Sie ließ ihn rauswerfen.
- Was für ein Reinfall!

3. Brettl
- Dirndl
- Hansl
- Rosl

4. Wie gehts (*auch:* geht's) dir?
- Sie machte sichs (*auch:* sich's) bequem.
- Wenns (*auch:* Wenn's) weiter nichts ist …

K 15 Man setzt einen Apostroph bei Wörtern mit Auslassungen im Wortinneren ‹§ 96 (3)›.

- D'dorf (*für:* Düsseldorf)
- Ku'damm (*für:* Kurfürstendamm)
- Lu'hafen (*für:* Ludwigshafen)
- M'gladbach (*für:* Mönchengladbach)

Bei Namen

K 16 1. Der Apostroph steht zur Kennzeichnung des Genitivs (Wesfalls) von Namen, die auf s, ss, ß, tz, z, x, -ce enden und keinen Artikel o. Ä. bei sich haben. Das gilt auch, wenn diese Endungen im Nominativ nicht ausgesprochen werden ‹§ 96 (1)›.

2. Nicht als Auslassungszeichen, sondern zur Verdeutlichung der Grundform eines Personennamens wird der Apostroph gelegentlich in folgenden Fällen gebraucht:
a) vor der Adjektivendung -sch,
b) vor dem Genitiv-s ‹§ 97E›.

1. Hans Sachs' Gedichte, Le Mans' Umgebung, Grass' Blechtrommel, Voß' Übersetzung, Ringelnatz' Gedichte, Càdiz' Hafen, Marx' Philosophie, das Leben Johannes' des Täufers, Maurice' Freundin, Amiens' Kathedrale (*aber:* die Gedichte des Hans Sachs, das Leben des Johannes)

2. a) die Grimm'schen Märchen (*neben:* die grimmschen Märchen)
- der Ohm'sche Widerstand (*neben:* der ohmsche Widerstand)

b) Andrea's Blumenecke (*zur Unterscheidung vom männlichen Vornamen Andreas*)
- Willi's Würstchenbude

Normalerweise wird vor einem Genitiv-s kein Apostroph gesetzt. Das gilt auch für Genitiv-s und Plural-s bei Initialwörtern und Abkürzungen.

- Brechts Dramen
- Hamburgs Reedereien
- des Lkws, die GmbHs, B.s Dramen,
- des Bds.

Auslassungspunkte

Zu weiteren Informationen:
↑Textverarbeitung und E-Mails (S. 102)

K 17 Drei Auslassungspunkte zeigen an, dass in einem Wort, Satz oder Text Teile ausgelassen worden sind ‹§ 99›.	▪ Verd…! ▪ Der Horcher an der Wand … ▪ Die Erhebung fand in den nachfolgend genannten Städten … zum ersten Mal statt.
Vor allem in wissenschaftlichen Texten werden Auslassungen in Zitaten zusätzlich durch eckige Klammern kenntlich gemacht.	▪ Weiter oben schrieb der Autor bereits: „Die Forschungen auf dem Gebiet der Gentechnologie […] haben zu politischen Kontroversen geführt."

K 18 Stehen Auslassungspunkte am Satzende, entfällt der Satzschlusspunkt ‹§ 100›.	▪ Ich würde es dir sagen, wenn … ▪ Viele Märchen beginnen mit den Worten: „Es war einmal …"
Frage- und Ausrufezeichen werden jedoch meist gesetzt. Nicht in die Auslassungspunkte am Satzende einbezogen wird der Schlusspunkt eines vorangehenden Satzes.	▪ Ist er denn noch …? ▪ Dass dich der …! ▪ Das Arbeitsverhältnis wird zum Jahresende entfristet. … läuft zu unveränderten Konditionen weiter.

Ausrufezeichen

Zu weiteren Informationen:
↑Anführungszeichen (K 9 u. 10)
↑Klammern (K 99)

K 19

1. Das Ausrufezeichen verleiht dem Vorangehenden einen besonderen Nachdruck ‹§ 69›.
2. Es kann auch nach frei stehenden Zeilen, z. B. nach einer Anrede, stehen ‹§ 69 E_2 u. E_3›.

1. Guten Tag!
   - Prosit Neujahr!
   - Welch ein Glück!
   - Ruhe!
   - Verlassen Sie den Raum, wenn Sie sich nicht anständig benehmen können!
2. Meine Damen und Herren!
   - Sehr geehrte Frau Präsidentin!

   (*Zur Anrede im Brief vgl. auch* K 132.)

1. Ein Ausrufezeichen steht auch bei Ausrufesätzen, die die Form einer Frage haben.
2. Ein eingeklammertes Ausrufezeichen kann in bestimmten Fällen anzeigen, dass eine Angabe innerhalb eines Textes hervorgehoben werden soll.
3. Gelegentlich werden ein Fragezeichen und ein Ausrufezeichen gesetzt, um einen Fragesatz gleichzeitig als Ausrufesatz zu kennzeichnen.

1. Wie lange soll ich denn noch warten!
   - Ist denn das zu fassen!
2. Nach Zeugenaussagen hatte der Angeklagte 24 (!) Schnäpse getrunken, bevor er sich ans Steuer setzte.
3. Was fällt dir denn ein?!

K 20

Aneinandergereihte nachdrückliche Sätze oder Wörter können mit Komma verbunden werden. Das Ausrufezeichen steht dann nur am Ende der Aneinanderreihung ‹§ 69 E_1›.

- „Nein, nein!“, rief er. (*Oder:* „Nein! Nein!“, rief er.)
- Au, das tut weh! (*Oder:* Au! Das tut weh!)
- Das ist ja hervorragend, herzlichen Glückwunsch! (*Oder:* Das ist ja hervorragend! Herzlichen Glückwunsch!)

Bindestrich

Der Bindestrich *kann* zur Hervorhebung einzelner Bestandteile in Zusammensetzungen und Ableitungen verwendet werden, die normalerweise in einem Wort geschrieben werden (K 21–25). Er *muss* gesetzt werden, wenn die Zusammensetzungen mit (einzelnen) Buchstaben, Ziffern oder Abkürzungen gebildet werden und wenn es sich um mehrteilige Zusammensetzungen mit Wortgruppen handelt (K 26–30).
Darüber hinaus markiert er, als sogenannter „Ergänzungsstrich", bei der Zusammenfassung mehrerer Wörter das Ersparen von Wortteilen (K 31).

Steht ein Bindestrich am Zeilenende, dann gilt er zugleich als Trennungsstrich.

Zu weiteren Informationen:
↑Fremdwörter (K 41 u. 42)
↑Groß- und Kleinschreibung (K 68, 81 u. 97)
↑Namen (K 136–139, 143–149)
↑Schrägstrich (K 156)

Zur Hervorhebung und Verdeutlichung

K 21 Zur Hervorhebung einzelner Bestandteile von Zusammensetzungen und Ableitungen kann ein Bindestrich gesetzt werden ‹§ 45 (1)›.	▪ Ich-Sucht (*neben:* Ichsucht) ▪ Soll-Stärke (*neben:* Sollstärke) ▪ etwas be-greifen *(um besonders zu betonen, dass ein konkretes Greifen gemeint ist)* ▪ die Hoch-Zeit der Renaissance *(um deutlich hervorzuheben, dass hier die Blütezeit der Renaissance gemeint ist)*

K 22 Man kann einen Bindestrich in unübersichtlichen Zusammensetzungen setzen ‹§ 45 (2)›. Dies gilt auch für fremdsprachliche Fügungen aus zwei Substantiven ‹§ 45 E_1›.	▪ Mehrzweck-Küchenmaschine ▪ Lotto-Annahmestelle ▪ Umsatzsteuer-Tabelle ▪ Desktop-Publishing ▪ Shopping-Center
Dabei sollte der Bindestrich eine Haupttrennfuge markieren.	Flüssigwasserstoff-Tank (*nicht:* Flüssigwasser-Stofftank *oder* Flüssig-Wasserstofftank)

K 23 In unübersichtlichen oder sonst schlecht lesbaren Zusammensetzungen aus gleichrangigen Adjektiven wird ein Bindestrich gesetzt ‹§ 44›.

- ein französisch-deutsches Wörterbuch
- die medizinisch-technische Assistentin
- geistig-kulturelle Strömungen

1. Es steht kein Bindestrich, wenn das erste Adjektiv nur die Bedeutung des zweiten Adjektivs näher bestimmt (vgl. K 57).
2. Zusammengesetzte Farbbezeichnungen werden meist ohne Bindestrich geschrieben, wenn eine Mischfarbe/Farbtönung gemeint ist.

   Ein Bindestrich wird häufig gesetzt, um das Nebeneinander zweier Farben deutlich zu machen.

1. schwerreich
   - tiefblau
   - lauwarm
2. das blaurote Kleid (die Farbe des Kleids ist ein bläuliches Rot)
   - eine gelbgrün gestreifte Bluse (eine Bluse mit gelblich grünen Streifen)
   - das blau-rote Kleid (das Kleid hat die Farben Blau und Rot)
   - eine gelb-grün gestreifte Bluse (eine Bluse mit gelben und grünen Streifen)

K 24 Einen Bindestrich kann man setzen, um Missverständnisse zu vermeiden ‹§ 45 (3)›.

- Druck-Erzeugnis (*für:* Erzeugnis einer Druckerei)
- Drucker-Zeugnis (*für:* Zeugnis eines Druckers)

K 25 Ein Bindestrich kann beim Zusammentreffen dreier gleicher Buchstaben in Zusammensetzungen gesetzt werden ‹§ 45 (4)› (vgl. auch K 22).

- Kaffee-Ersatz (*neben:* Kaffeeersatz)
- Schwimm-Meisterschaft (*neben:* Schwimmmeisterschaft)
- Auspuff-Flamme (*neben:* Auspuffflamme)

Bei Zusammensetzungen mit Adjektiven und Partizipien als zweitem Bestandteil ist die Bindestrichschreibung in diesen Fällen zwar zulässig, aber nicht empfehlenswert.

- seeerfahren (*besser nicht:* See-erfahren)
- fetttriefend (*besser nicht:* Fett-triefend)
- helllila (*besser nicht:* hell-lila)

Bei Aneinanderreihungen

K 26 In Aneinanderreihungen und Zusammensetzungen mit Wortgruppen setzt man Bindestriche zwischen die einzelnen Wörter. Das gilt auch, wenn Buchstaben, Ziffern oder Abkürzungen Teile einer Zusammensetzung sind ‹§ § 43, 44 u. 45 E_2›.	▪ das Sowohl-als-auch, das Als-ob ▪ Magen-Darm-Katarrh ▪ Mund-zu-Mund-Beatmung ▪ Links-rechts-Kombination ▪ Chrom-Molybdän-legiert ▪ Make-up, Abend-Make-up ▪ Latte-macchiato-Glas ▪ Vertriebs-Joint-Venture ▪ September-Oktober-Heft (*auch:* September/Oktober-Heft) ▪ A-Dur-Tonleiter ▪ 400-m-Lauf ▪ E.-T.-A.-Hoffmann-Straße ▪ 1.-Klasse-Kabine ▪ Giro-d'Italia-Gewinner ▪ 4-2-4-System ▪ St.-Johann-Kindergarten
Manche Verbindungen von Buchstaben und Ziffern werden als Einheit empfunden und im Schreibgebrauch gelegentlich nicht durch einen Bindestrich getrennt.	G-8-Staaten, *auch:* G8-Staaten W-3-Professur, *auch:* W3-Professur DIN-A4-Heft

K 27 Substantivisch gebrauchte Infinitive mit mehreren Bestandteilen schreibt man mit Bindestrichen, wenn sonst unübersichtliche und schwer lesbare Aneinanderreihungen entstehen ‹§ 43›.	▪ zum Aus-der-Haut-Fahren ▪ das Nicht-mehr-fertig-Werden *Aber:* ▪ das Sichausweinen ▪ das Motorradfahren ▪ das Inkrafttreten

Bei Abkürzungen, Ziffern und Zeichen

K 28 Ein Bindestrich steht in Zusammensetzungen mit Abkürzungen. Das gilt auch für Zusammensetzungen, bei denen mehrere Bestandteile abgekürzt sind ‹§ 40 (2)›.	▪ Kfz-Papiere, UKW-Sender ▪ Lungen-Tbc, Musik-CD ▪ US-amerikanisch, CO-haltig, BND-intern ▪ km-Zahl, dpa-Meldung ▪ Dipl.-Ing., Reg.-Rat, Abt.-Leiterin ▪ röm.-kath. ▪ Rechng.-Nr. ▪ ca.-Preis

K 29 Ein Bindestrich steht in Zusammensetzungen mit einzelnen Buchstaben und Ziffern ‹§ 40 (1 u. 3)›.	▪ i-Punkt, A-Dur, a-Moll ▪ s-förmig, *auch:* S-förmig (*vgl.* K 97) ▪ Dehnungs-h, Super-G ▪ n-Eck, y-Achse ▪ 8-Zylinder, 3-Tonner, 3/4-Takt ▪ 8,5-fach (*vgl.* K 30) ▪ 100-prozentig, x-beliebig, 8,5-mal ▪ 17-jährig, alle 17-Jährigen ▪ 400-m-Lauf ▪ eine 2:3-Niederlage ▪ ein 5:2-(2:0-)Sieg, *auch:* 5:2 (2:0)-Sieg

K 30 **1.** Vor Nachsilben (Suffixen) steht nur dann ein Bindestrich, wenn sie mit einem Einzelbuchstaben verbunden werden ‹§ 41›.	**1.** n-fach, n-tel, die x-te Wurzel *aber:* die 68er, 32stel, 5%ig, FKKler
2. Zusammensetzungen mit Ziffer und Nachsilbe als erstem Bestandteil schreibt man mit einem Bindestrich ‹§ 42›.	**2.** 68er-Generation
3. Der Wortbestandteil „-fach“ kann mit oder ohne Bindestrich an die Ziffer angehängt werden. Bei Substantivierungen ist nach dem Bindestrich großzuschreiben.	**3.** 8fach *oder* 8-fach, 8,5fach *oder* 8,5-fach das 8fache *oder* 8-Fache der Summe (*aber:* die 8fache oder 8-fache Menge)

Als Ergänzungsstrich

K 31 Einen Ergänzungsstrich (Bindestrich als Ergänzungszeichen) setzt man, um anzuzeigen, dass ein gleicher Bestandteil von Zusammensetzungen oder Ableitungen eingespart wird ‹§ 98›.	▪ Ein- und Ausgang ▪ Ein-/Ausgang ▪ Balkon-, Garten- und Campingmöbel ▪ Rechtschreibreform-Befürworter und -Kritiker ▪ saft- und kraftlos ▪ 2- bis 3-mal ▪ das 2-/3-/4fache *oder* das 2-/3-/4-Fache ▪ Privat- und öffentliche Mittel (*aber:* öffentliche und Privatmittel) ▪ Textilgroß- und -einzelhandel

Datum

Zu weiteren Informationen:

↑Komma (K 108)
↑Punkt (K 153)
Außerdem:
↑Textverarbeitung und E-Mails (S. 103)

Eine ausführliche Darstellung der internationalen Datumsnorm findet sich in DIN ISO 8601.

K 32 Datumsangaben nach einem Wochentag schließt man in Kommas ein, sofern der Satz danach weitergeführt wird. Das schließende Komma kann jedoch weggelassen werden, auch wenn der Wochentag im Dativ steht ‹§ 77 (3)›.	▪ Die Familie kommt Montag, den 5. September[,] an. ▪ Die Familie kommt Montag, den 5. September[,] um 12 Uhr[,] an. ▪ Die Familie kommt am Montag, dem 5. September[,] an. ▪ Die Familie kommt am Montag, den 5. September[,] an. ▪ Der Brief ist vom Mittwoch, dem 30. Juli[,] datiert.
Bei entsprechenden Datumsangaben ohne „am" oder „vom" steht der Monatstag im Akkusativ.	▪ Wir haben heute Sonntag, den 14. Juli. ▪ Die Spiele beginnen nächsten Sonntag, den 14. Juli. ▪ *Aber:* Heute ist Sonntag, der 14. Juli.

Doppelpunkt

Zu weiteren Informationen:
↑Groß- und Kleinschreibung (K 93)

K 33 Der Doppelpunkt steht vor angekündigten wörtlich wiedergegebenen Äußerungen, Gedanken oder Textstellen ‹§ 81 (1)›.	▪ Friedrich der Große sagte: „Ich bin der erste Diener meines Staates." ▪ Eva dachte: „Nur das nicht!" ▪ Im Vertrag heißt es: „Mündliche Nebenabreden sind nicht getroffen."

K 34 Der Doppelpunkt steht vor angekündigten Aufzählungen, Angaben, Erläuterungen, Titeln usw. ‹§ 81 (2)›.	▪ Folgende Teile werden nachgeliefert: Rohre, Muffen, Schlauchklemmen und Dichtungen. ▪ Familienstand: verheiratet ▪ Gebrauchsanweisung: Man nehme ... ▪ Robert Gernhardt: Lichte Gedichte

K 35 Der Doppelpunkt steht vor Sätzen, die das vorher Gesagte zusammenfassen oder eine Schlussfolgerung daraus ziehen ‹§ 81 (3)›.	▪ Der Wald, die Felder, der See: All das gehörte früher einem einzigen Mann. ▪ Du arbeitest bis spät in die Nacht, rauchst eine Zigarette nach der anderen, gehst kaum noch an die frische Luft: Du machst dich kaputt, mein Lieber!

Fragezeichen

Zu weiteren Informationen:
↑ Anführungszeichen (K 9 u. 10)
↑ Klammern (K 99)

Regel	Beispiele
K 36 1. Das Fragezeichen kennzeichnet einen Satz als Frage ‹§ 70›. 2. Das gilt auch für frei stehende Zeilen, z. B. bei einer Überschrift ‹§ 70 E_2›.	1. Wo wohnst du? Wie heißt du? ▪ Was gibt es zu essen? Wann? Warum? ▪ „Weshalb darf ich das denn nicht?“, fragte sie. ▪ Kommt er bald nach Hause? ▪ Sie heißen auch Meier? 2. Volksentscheid in Bayern? ▪ Wer hat Angst vor Virginia Woolf?
1. Bei untergeordneten Teilsätzen richtet sich das Schlusszeichen nach dem übergeordneten Teilsatz. 2. Ein eingeklammertes Fragezeichen kann in bestimmten Fällen anzeigen, dass eine Angabe innerhalb eines Textes bezweifelt wird. 3. Gelegentlich werden ein Fragezeichen und ein Ausrufezeichen gesetzt, um einen Fragesatz gleichzeitig als Ausrufesatz zu kennzeichnen.	1. Sie fragte, wann sie kommen solle. ▪ Sag mir sofort, woher du das Geld hast! ▪ Weiß man schon, wer gewonnen hat? 2. Das Mädchen behauptet, das Geld gefunden (?) zu haben. ▪ Nach Zeugenaussagen hatte der Angeklagte 24 (?) Schnäpse getrunken, bevor er sich ans Steuer setzte. 3. Was fällt dir denn ein?!
K 37 Aneinandergereihte Fragen oder Fragewörter können mit Komma verbunden werden. Das Fragezeichen steht dann nur am Ende der Aneinanderreihung ‹§ 70 E_1›.	▪ Was höre ich, wie viele Mitglieder sind aus dem Verein ausgetreten? (*Oder:* Was höre ich? Wie viele Mitglieder sind aus dem Verein ausgetreten?) ▪ Wie denn, wo denn, was denn? (*Oder:* Wie denn? Wo denn? Was denn?) ▪ Soll man sich ärgern, soll man sich den Tag verderben lassen? (*Oder:* Soll man sich ärgern? Soll man sich den Tag verderben lassen?)

Fremdwörter

Durch die Neuregelung der deutschen Rechtschreibung hat sich die Zahl der möglichen Schreibvarianten bei den Fremdwörtern deutlich erhöht. Es empfiehlt sich, innerhalb eines Textes auf eine einheitliche Schreibweise zu achten.

Zu weiteren Informationen:
↑Worttrennung (K 164–167)

Die Angleichung (Integration) der Fremdwörter

K 38 Häufig gebrauchte Fremdwörter können sich nach und nach der deutschen Schreibweise angleichen. In diesen Fällen sind oft sowohl die eingedeutschten (integrierten) als auch die nicht eingedeutschten Schreibungen korrekt ‹§ 20 (2), § 32 (2)›.

- Delfin *oder* Delphin
- Frisör *oder* Friseur
- Grafit *oder* Graphit
- Jogurt *oder* Joghurt
- Majonäse *oder* Mayonnaise
- Panter *oder* Panther
- Portmonee *oder* Portemonnaie
- Creme *oder* Crème
- Tunfisch *oder* Thunfisch

1. Die Wortbestandteile „graph", „phon" und „phot" können grundsätzlich auch „graf", „fon" und „fot" geschrieben werden.
2. Der weitaus größte Teil der Fremdwörter ist (noch) nicht vollständig an die deutsche Schreibung angeglichen.

1. Geografie *oder* Geographie
   - Mikrofon *oder* Mikrophon
   - Saxofon *oder* Saxophon
   - Telefon *(nur noch so)*
   - Fotograf *oder* Photograph
2. Milieu, Jalousie, Jeans, Moiré, online, Computer, Aerobic, Macho, Chance, Metapher, Philosophie, synthetisch, Thron, Rheuma, Paläolithikum

K 39 Wörter und Wortgruppen, die als aus einer fremden Sprache zitiert angesehen werden, bleiben in der Schreibung meist völlig unverändert ‹A 0 (3.1) a›.

- Carnegie Hall
- High Church
- New Deal
- cherchez la femme
- in dubio pro reo
- Es ist ein für die englische detective novel typisches Handlungsmuster.

Häufig werden solche „Zitatwörter" durch Anführungszeichen oder eine andere Schriftart markiert.

- Wir wurden zu einem „business lunch" eingeladen.
- Sie schreibt einen Aufsatz über den *nouveau roman.*

Zur Groß- oder Kleinschreibung

K 40

1. Bei mehrteiligen Substantiven und substantivischen Aneinanderreihungen werden das erste Wort und die substantivischen Bestandteile großgeschrieben ‹§ 55 (3)›.
2. Bei festen fremdsprachlichen adverbiellen Fügungen gilt jedoch Kleinschreibung der Substantive (auch bei damit gebildeten Aneinanderreihungen) ‹§ 55 E_2›.

1. Sie aßen ein Cordon bleu.
- Es bleibt alles beim Status quo.
- eine Multiple-Choice-Aufgabe
- Duty-free-Shop
- Go-go-Girl
- Walkie-Talkie

2. a cappella singen
- A-cappella-Chor
- de facto anerkennen
- De-facto-Anerkennung

Zusammengesetzte Fremdwörter

K 41

1. Zusammengesetzte Fremdwörter werden zusammengeschrieben ‹§ 37 (1)›. Besteht die Zusammensetzung aus Substantiven, kann zur besseren Lesbarkeit ein Bindestrich gesetzt werden ‹§ 45 E_1›.
2. Ist der erste Bestandteil ein Adjektiv, kann zusammengeschrieben werden, wenn die gemeinsame Hauptbetonung auf dem ersten Bestandteil liegt. Andernfalls gilt in Anlehnung an die Herkunftssprache nur Getrenntschreibung ‹§ 37 E_4›.
3. Bei Substantivierungen aus dem Englischen, die auf eine Verbindung aus Verb und Partikel (Adverb) zurückgehen, setzt man gewöhnlich einen Bindestrich; daneben ist auch Zusammenschreibung möglich ‹§ 43 und § 37 (2)›.

1. Desktoppublishing (*auch:* Desktop-Publishing)
- Airconditioning (*auch:* Air-Conditioning)
- Sciencefiction (*auch:* Science-Fiction)
- Midlifecrisis (*auch:* Midlife-Crisis)

2. Lọngdrink *oder* Lọng Drink
- Họtspot *oder* Họt Spot

  Aber nur:
- Hi̲gh Fidẹlity, Electrọnic Comme̲rce, Tọp Tẹn

3. Black-out (*auch:* Blackout)
- Count-down (*auch:* Countdown)
- Kick-off (*auch:* Kickoff)

K 42

Aneinanderreihungen und Zusammensetzungen mit Wortgruppen schreibt man mit Bindestrich ‹§ 43 u. 44›.

- Boogie-Woogie
- Do-it-yourself-Programm
- No-Future-Generation

Zusammensetzungen aus Fremdwörtern und Nicht-Fremdwörtern werden entsprechend den allgemeinen Regeln behandelt.

- Computerfachabteilung (*auch:* Computer-Fachabteilung)
- Cornedbeefbüchse (*auch:* Corned-Beef-Büchse, Cornedbeef-Büchse)

Gedankenstrich

Der Gedankenstrich wird häufig dort verwendet, wo man in der gesprochenen Sprache eine deutliche Pause macht. Oft könnten in solchen Fällen auch andere Satzzeichen wie Kommas oder Klammern gesetzt werden.

Der einfache Gedankenstrich

K 43 Ein Gedankenstrich kündigt etwas Folgendes, oft etwas Unerwartetes an ‹§ 82›. (Gelegentlich kann an dieser Stelle auch ein Doppelpunkt oder ein Komma stehen.)	▪ Er glaubte sich in Sicherheit – ein verhängnisvoller Irrtum. ▪ Plötzlich – ein gellender Aufschrei! *Auch möglich:* Plötzlich: ein gellender Aufschrei! *Oder:* Plötzlich, ein gellender Aufschrei! ▪ Du kannst das Auto haben – und zwar geschenkt! *Auch möglich:* Du kannst das Auto haben, und zwar geschenkt!
In manchen Texten kennzeichnet der Gedankenstrich auch (statt Auslassungspunkten) das Verschweigen eines Gedankenabschlusses.	▪ „Sei still, du –!", schrie er ihn wütend an.

K 44 Zwischen Sätzen kann der Gedankenstrich den Wechsel des Themas oder des Sprechers anzeigen ‹§ 83›.	▪ Wir sprachen in der letzten Sitzung über die Frage der Neustrukturierung unserer Abteilung. – Ist übrigens heute schon die Post gekommen? ▪ „Mein Sohn, was birgst du so bang dein Gesicht?" – „Siehst, Vater, du den Erlkönig nicht?"

Der doppelte (paarige) Gedankenstrich

K 45 Mit Gedankenstrichen kann man Zusätze oder Nachträge deutlich vom übrigen Text abgrenzen ‹§ 84›. (Meist können an den entsprechenden Stellen auch Kommas stehen; Klammern wären oft ebenso möglich.)	▪ Dieses Bild – es ist das letzte und bekannteste der Künstlerin – wurde vor einigen Jahren nach Amerika verkauft. *Auch möglich:* Dieses Bild, es ist das letzte und bekannteste der Künstlerin, wurde ... *Oder:* Dieses Bild (es ist das letzte und bekannteste der Künstlerin) wurde ...

K 46

1. Ausrufe- oder Fragezeichen, die zu einem eingeschobenen Zusatz oder Nachtrag gehören, stehen unmittelbar hinter diesem, also vor dem zweiten Gedankenstrich. Zum umschließenden Text gehörende Satzzeichen dürfen nicht weggelassen werden ‹§ 85›.

1. Unsere kleine Absprache – Sie erinnern sich noch? – sollte besser unter uns bleiben.
- Sie verschweigt – leider! –, wen sie mit ihrem Vorwurf gemeint hat.

2. Es steht jedoch kein Punkt vor dem zweiten Gedankenstrich, auch wenn es sich bei dem Einschub um einen vollständigen Satz handelt.

2. Verächtlich sagte er – er wandte kaum den Kopf dabei –: „Das ist eine Fälschung."

Endet der eingeschobene Teil mit einem Nebensatz, steht kein Komma vor dem schließenden Gedankenstrich.

- Philipp verließ – im Gegensatz zu seinem Vater, der 40 weitere Reisen unternommen hatte – Spanien nicht mehr.

Getrennt- und Zusammenschreibung

Die Unterscheidung von getrennt geschriebenen Wortgruppen und zusammengeschriebenen Zusammensetzungen ist nicht immer eindeutig möglich. Wo die nachstehenden Hinweise und das amtliche Regelwerk keine Klarheit schaffen, sollte sowohl Getrenntschreibung als auch Zusammenschreibung toleriert werden.

Die Getrenntschreibung von substantivischen Zusammensetzungen, die aus grafischen oder anderen Gründen vor allem in Eigennamen und Produktbezeichnungen gelegentlich verwendet wird, entspricht nicht der amtlichen Regelung der Rechtschreibung (Abenteuer Verlag, Wildschwein Pastete). Korrekt ist dagegen die unverbundene Nachstellung von genaueren Bestimmungen (Universität Mannheim, Aldi Süd).

Die folgende Darstellung behandelt die Getrennt- und Zusammenschreibung unter diesen Gesichtspunkten:

- **Zusammensetzungen und Wortgruppen mit Verben** (K 47–56)
  (auffallen/auf fällt, dass ...; aufeinanderprallen, klein schneiden/kleinschneiden, schwarzarbeiten, preisgeben, davonkommen/davon kommen; da sein, getrennt schreiben, Schlittschuh laufen, einkaufen gehen)
- **Zusammensetzungen und Wortgruppen mit Adjektiven und Partizipien** (K 57–62)
  (bitterkalt, teilnehmend, mondbeschienen; gestochen scharf, riesig groß, schwer verständlich/schwerverständlich)
- **Präposition (Verhältniswort) und Substantiv** (K 63)
  (anstatt, anstelle/an Stelle, zu Fuß)
- **Geografische Namen auf „-er"** (K 64)
  (Schweizergarde, Walliser Alpen)
- **Zahlen** (K 65 u. 66)
  (neunzehnhundertneunundneunzig, zwei Millionen)

Zu weiteren Informationen:
↑Bindestrich (K 21–31)
↑Fremdwörter (K 41 u. 42)
↑Groß- und Kleinschreibung (K 72)
↑Namen (K 136–139, 143–149)
↑Straßennamen (K 162 u. 163)

Zusammensetzungen und Wortgruppen mit Verben

Getrennt schreibt man alle eindeutigen Wortgruppen wie „zusammen verreisen", „klein beigeben", „schwindlig machen", „schwanger werden" usw. Wegen der Komplexität der Getrennt- und Zusammenschreibung kann es Fälle geben, die mithilfe der nachstehenden Regelungen nicht eindeutig zu klären sind. Wenn auch das Wörterverzeichnis nicht weiterhilft, stehen den Schreibenden gewisse Freiräume für eigene Entscheidungen offen.

K 47 Verben können mit **1.** Präpositionen (z. B. „auf" in „auffallen"), **2.** Adverbien (z. B. „hin" in „hingehen"), **3.** Adjektiven (z. B. „schwarz" in „schwarzarbeiten") **4.** oder [verblassten] Substantiven (z. B. „Teil" in „teilnehmen") sogenannte trennbare oder unfeste Zusammensetzungen bilden, die nur im Infinitiv, in den beiden Partizipien sowie bei Endstellung im Nebensatz zusammengeschrieben werden ‹§ 34 (1–3)›.	**1.** auffallen, eine auffallende Ähnlichkeit ▪ er war ihr aufgefallen, um aufzufallen ▪ ... weil es auffällt, auffallen sollte uns ... *aber:* auf fällt, dass ...; ich falle auf **2.** hingehen, wir sind hingegangen ▪ ohne hinzugehen, sobald er hingeht ... ▪ hingehen will ich nicht *aber:* hin gehe ich nicht, wir gehen hin **3.** schwarzarbeiten, hat sie schwarzgearbeitet? ▪ um nicht schwarzzuarbeiten ▪ schwarzarbeiten dürfen sie nicht *aber:* schwarz arbeiten sie nie, sie arbeiten schwarz **4.** teilnehmen, alle haben teilgenommen, ohne daran teilzunehmen, wenn man daran teilnimmt ... *aber:* sie nahm an der Tagung teil, teil nahm sie vorerst nicht

K 48 Zusammensetzungen mit Verben können gelegentlich aus denselben oder ähnlichen Wörtern bestehen wie getrennt geschriebene Wortgruppen. Bei den Zusammensetzungen aus Adverb und Verb ist das Adverb meist deutlich stärker betont als das Verb. Bei den entsprechenden Wortgruppen sind die Bestandteile in der Regel etwa gleich betont ‹§ 33 E, § 34 E_1›.

- Wir sind noch einmal davongekommen.
  Aber: Die Flecken sind davon gekommen, dass …
- Die Richterin hat ihn freigesprochen.
  Aber: Sie hat frei gesprochen (ohne Manuskript).
- Er hat am Wettbewerb teilgenommen.
  Aber: Er hat sich seinen Teil genommen.
- Sie soll dableiben (nicht weggehen).
  Aber: Sie soll da bleiben, wo sie hingehört.
- Wir werden uns einer starken Opposition gegenübersehen.
  Aber: Das Haus, das Sie gegenüber sehen …
- aufeinanderprallen, *aber:* aufeinander zugehen
- rückwärtsfahren, *aber:* rückwärts einparken

In gleicher Bedeutung:

- marathonlaufen *oder* Marathon laufen

K 49 Verbindungen mit dem Verb „sein" werden generell getrennt geschrieben ‹§ 35›.

- da sein, da gewesen
- dabei sein, um dabei zu sein
- aus sein, wenn es aus ist
- hinüber sein
  (*Aber als Substantive:* das Dasein, das Dabeisein usw.)

K 50 Bei bestimmten Zusammensetzungen aus Adverb oder Präposition + Verb zeigt die Betonung, ob es sich um ein trennbares oder untrennbares Verb handelt ‹§ 33 (3)›.

- durchlaufen (*trennbar:* sie lief vorhin hier durch)
- durchlaufen (*nicht trennbar:* das Projekt durchlief verschiedene Stadien)
- übersetzen (*trennbar:* der Fährmann setzte über)
- übersetzen (*nicht trennbar:* sie übersetzte den Brief ins Deutsche)

K 51 Zusammenschreibung gilt in der Regel, wenn der erste Bestandteil als frei vorkommendes Wort ungebräuchlich ist ‹§ 34 (1.3)›.	▪ abhandenkommen ▪ anheimstellen ▪ einhergehen ▪ übereinstimmen ▪ zunichtemachen ▪ zuteilwerden
Man schreibt jedoch getrennt, wenn der erste Bestandteil auch in zwei Wörtern geschrieben werden kann ‹vgl. § 55 (4), Beispiele›.	zugrunde liegen, *weil auch* zu Grunde liegen *möglich ist.*

K 52 Zusammenschreibung gilt, wenn der erste Bestandteil in der Verbindung mit dem Verb nicht mehr eindeutig einer Wortart zugerechnet werden kann ‹§ 34 E_4›.	▪ fehlgehen ▪ feilbieten ▪ heimkommen ▪ kundtun ▪ wettmachen

K 53 Ist der erste Bestandteil ein Partizip, wird in der Regel getrennt geschrieben ‹§ 34 (2.3)›.	▪ getrennt schreiben ▪ gefangen nehmen, halten, setzen ▪ geschenkt bekommen ▪ rasend werden (*Aber als Substantive:* das Getrenntschreiben, das Gefangennehmen usw.)

K 54 Ist der erste Bestandteil ein [nicht verblasstes] Substantiv, schreibt man in den meisten Fällen getrennt. Ist das Substantiv verblasst oder hat es in Verbindung mit dem Verb seine Eigenständigkeit verloren, schreibt man zusammen ‹§ 34 (3)›.	▪ Schlittschuh laufen ▪ Auto fahren ▪ Rad fahren ▪ Schlange stehen ▪ Klavier spielen ▪ Kuchen backen *Aber:* – eislaufen – kopfstehen – teilhaben – wundernehmen (*Aber als Substantive:* das Schlittschuhlaufen, das Autofahren usw.)

K 55 Ist der erste Bestandteil ein Verb, wird in der Regel getrennt geschrieben. Verbindungen mit „bleiben" und „lassen" als zweitem Bestandteil dürfen jedoch bei übertragener Bedeutung auch zusammengeschrieben werden ‹§ 34 (4), E_7›. Bei der Verbindung aus „kennen" und „lernen" ist sowohl die Getrennt- als auch die Zusammenschreibung möglich.	▪ einkaufen gehen ▪ spazieren fahren ▪ schreiben lernen ▪ Er ist auf dem Stuhl sitzen geblieben. ▪ Er ist in der Schule zweimal sitzen geblieben *oder* sitzengeblieben (nicht versetzt worden). ▪ Wir haben uns im Urlaub kennen gelernt *oder* kennengelernt. ▪ Sie haben die Schrecken des Krieges kennen gelernt *oder* kennengelernt. (*Aber als Substantive nur:* das Spazierengehen, das Sitzenbleiben usw.)

K 56 **1.** Ist der erste Bestandteil ein einfaches Adjektiv, mit dem das Ergebnis einer mit dem Verb genannten Tätigkeit bezeichnet wird, kann getrennt oder zusammengeschrieben werden ‹§ 34 (2.1)›. Nur getrennt schreibt man bei abgeleiteten oder erweiterten oder zusammengesetzten Adjektiven ‹§ 34 (2.3)› und bei zusammengesetzten Verben. Ebenso gilt Getrenntschreibung bei intransitiven und reflexiven Verben. **2.** Ergibt die Verbindung von Adjektiv und (meist einfachem) Verb eine neue, als solche verfestigte Gesamtbedeutung, schreibt man zusammen ‹§ 34 (2.2)›. Wenn dies nicht klar entschieden werden kann, ist Getrennt- oder Zusammenschreibung zulässig ‹§ 34 E_5›.	**1.** klein schneiden *oder* kleinschneiden ▪ warm machen *oder* warmmachen *Aber nur:* ▪ kleiner schneiden, ganz klein schneiden ▪ lauwarm machen, zu warm machen ▪ schmutzig (*Ableitung von* Schmutz) machen ▪ ein Fernglas scharf einstellen ▪ das Gartenmöbel grün anstreichen ▪ Das Essen war kalt geworden. ▪ Das Baby hat sich bloß gestrampelt. *In Fällen wie* festtreten, totschlagen *oder* volltanken *ist die (nach den Regeln nicht ausgeschlossene) Getrenntschreibung ungebräuchlich.* **2.** jmdn. freihalten (für ihn bezahlen) ▪ den Verkehr lahmlegen ▪ etwas satthaben ▪ eine Arbeit fertigstellen *oder* fertig stellen

Zusammensetzungen und Wortgruppen mit Adjektiven und Partizipien

K 57 1. Zusammensetzungen können einfache, unflektierte Adjektive als bedeutungsverstärkende oder bedeutungsmindernde erste Bestandteile haben, mit denen sich oft längere Reihen bilden lassen ‹§ 36 (1.5)›.	1. bitterkalt, bitterböse, bitterernst ▪ halbamtlich, halboffiziell, halbstaatlich ▪ ganzleinen, ganzledern, ganzwollen ▪ dunkelrot, dunkelgrün, dunkelblau ▪ superklug, superbequem, superschnell
2. Zusammensetzungen können aus gleichrangigen Adjektiven gebildet werden ‹§ 36 (1.4)›. Zur Schreibung mit Bindestrich vgl. K 23.	2. dummdreist, feuchtwarm, nasskalt

K 58 Partizipien richten sich nach den zugrunde liegenden Verbindungen mit Verben. Hier ist jedoch neben der Getrenntschreibung auch die Zusammenschreibung zulässig. Dasselbe gilt für die entsprechenden Substantivierungen ‹§ 36 (2.1)›. Je nach dem Zusammenhang können Wortgruppen oder Zusammensetzungen vorliegen ‹§ 36 E_3›.	▪ teilnehmend (*wegen:* teilnehmen) ▪ irregeleitet (*wegen:* irreleiten) ▪ verloren gegangen *oder* verlorengegangen ▪ Eisen verarbeitend *oder* eisenverarbeitend ▪ Erdöl fördernd *oder* erdölfördernd ▪ die allein Erziehenden *oder* die Alleinerziehenden ▪ eine [großen] Gewinn bringende Investition ▪ eine [äußerst] gewinnbringende Investition

K 59 Zusammensetzungen mit einem Substantiv als erstem Bestandteil sind oft Verkürzungen von Wortgruppen. Es wird dabei ein Artikel oder eine Präposition (ein Verhältniswort) eingespart ‹§ 36 (1)›.	▪ mondbeschienen (= vom Mond beschienen) ▪ sagenumwoben (= von Sagen umwoben) ▪ herzerquickend (= das Herz erquickend) ▪ meterhoch (= einen/mehrere Meter hoch)

K 60

1. Für Fälle, die in K 57 bis 59 nicht beschrieben sind, gilt in der Regel Getrenntschreibung ‹§ 36›.
2. Verbindungen mit „nicht" als erstem Bestandteil können getrennt oder zusammengeschrieben werden ‹§ 36 (2.3)›.

1. gestochen scharfe Fotos
   - rasend eifersüchtig
   - abstoßend hässlich
   - kochend heißes Wasser
   - ein blendend weißes Kleid
   - riesig groß
   - verführerisch leicht
   - grünlich gelb
2. nicht öffentliche *oder* nichtöffentliche Sitzungen
   - nicht amtliche *oder* nichtamtliche Verlautbarungen

K 61

Längere, in Zusammenschreibung unübersichtliche Zusammensetzungen aus gleichrangigen Adjektiven schreibt man mit Bindestrich ‹§ 44 (2)›.

- die römisch-katholische Kirche
- der öffentlich-rechtliche Rundfunk
- ein lateinisch-deutsches Wörterbuch
- medizinisch-technische Assistentinnen

K 62

Ist der erste Bestandteil gesteigert oder erweitert, gilt Getrenntschreibung ‹§ 36 E_4›.

- dunkler rot
- schwerer wiegend
- besonders leicht verdaulich

Präposition (Verhältniswort) und Substantiv

K 63

Man schreibt ein [verblasstes] Substantiv mit einer Präposition zusammen, wenn die Fügung zu einer neuen Präposition oder einem Adverb geworden ist. In vielen Fällen kann die Fügung auch als Wortgruppe angesehen und getrennt geschrieben werden ‹§ 39 (1) u. (3), E_3 (1) u. (3)›.

- anstatt, inmitten, zuliebe
- anstelle *oder* an Stelle
- aufgrund *oder* auf Grund
- infrage *oder* in Frage [stellen, kommen]
- zugrunde *oder* zu Grunde [gehen, richten]
- aufseiten *oder* auf Seiten

  aber nur getrennt: zu Fuß, zu Ende, von Sinnen, bei der Hand

Vgl. im Einzelnen das Wörterverzeichnis.

Geografische Namen auf „-er"

K 64 **1.** Ableitungen von geografischen Namen auf „-er" schreibt man mit dem folgenden Substantiv zusammen, wenn sie Personen bezeichnen ‹§ 37 E_1›. **2.** Man schreibt sie in der Regel getrennt, wenn sie die geografische Lage bezeichnen ‹§ 38›.	**1.** Schweizergarde (päpstliche Garde, die aus Schweizern besteht) ▪ Römerbrief (Brief an die Römer) ▪ Danaergeschenk (Geschenk der Danaer) **2.** Walliser Alpen (die Alpen im Wallis) ▪ Glatzer Neiße (die von Glatz kommende Neiße) ▪ Köln-Bonner Flughafen
Es gibt geografische Namen, die keine Ableitungen der oben genannten Art sind. Hier gilt Zusammenschreibung.	▪ Glocknergruppe ▪ Brennerpass

Zahlen

(Zu Fällen wie *32stel, 8-silbig, 61er-Bildröhre* vgl. K 29 u. 30.)

K 65 In Buchstaben geschriebene Zahlen schreibt man zusammen, wenn sie kleiner als eine Million sind, und getrennt, wenn sie größer als eine Million sind. Ordinalzahlen werden generell zusammengeschrieben ‹§ 36 (1.6)›. Dezimalzahlen schreibt man als Wortgruppe.	▪ zweitausendzehn ▪ neunzehnhundertneunundneunzig ▪ tausendsechsundsechzig ▪ siebzehn Milliarden ▪ zehn Millionen fünfhunderttausend ▪ zwei Millionen (*aber:* der zweimillionste Teil) ▪ achteinhalb (*aber:* acht Komma fünf)

K 66 Ableitungen von in Buchstaben geschriebenen Zahlen und entsprechende Zusammensetzungen schreibt man zusammen ‹§ 37 (1)›.	▪ Achtpfünder ▪ Achteinhalbpfünder ▪ Zweierbeziehung ▪ Viererbob

Groß- und Kleinschreibung

Die Grundregel lautet, dass Substantive (Nomen, Hauptwörter), Satzanfänge und Eigennamen mit großem Anfangsbuchstaben geschrieben werden. Schwierigkeiten können dadurch entstehen, dass nicht immer klar zu erkennen ist, ob ein Substantiv, ein Satzanfang oder ein Eigenname vorliegt.

Im Wortinnern erscheinen Großbuchstaben in der Regel nur bei (fachsprachlichen) Abkürzungen, in Zusammensetzungen mit Bindestrich und bei durchgehender Großschreibung.

- EDV (elektronische Datenverarbeitung), H_2O (Wasser)
- BVerfG (Bundesverfassungsgericht), OStudDir (Oberstudiendirektor[in])
- Schiller-Theater, Fulltime-Job, U-Bahn, 8-Zylinder
- NEUERÖFFNUNG, RÄUMUNGSVERKAUF

In bestimmten Kontexten gebräuchlich, aber nicht Gegenstand der amtlichen Rechtschreibregelung, sind Großbuchstaben im Wortinnern

- zur Vermeidung der Doppelnennung männlicher und weiblicher Formen (BürgerInnen, KollegInnen),
- als gestalterisches Mittel zur Bezeichnung von Firmen, Produkten und Dienstleistungen (ProMarkt, MiniDisc, TeleBanking).

Solche Schreibungen werden kontrovers diskutiert und für den allgemeinen Schreibgebrauch häufig abgelehnt.

Die folgende Darstellung behandelt die Groß- und Kleinschreibung unter diesen Gesichtspunkten:

- **Substantive und ehemalige Substantive** (K 67–71)
  (vorgestern Nacht, abends, ich nehme teil)
- **Substantivierungen (Gebrauch von Wörtern anderer Wortarten als Substantive)** (K 72–82)
  (das Gute, im Dunkeln tappen, eine Acht schreiben, jeder Dritte, das Rechnen)
- **Anrede** (K 83–85)
  (Was hast du dir dabei gedacht? Haben Sie alles besorgen können?)
- **Titel und Namen** (K 86–91)
  (Klein Dora, italienischer Salat, das Ulmer Münster, kafkaeske Gestalten)
- **Satzanfang** (K 92–96)
  (De Gaulle starb am 9. November 1970. ’s ist geradezu unglaublich!)
- **Einzelbuchstaben und Abkürzungen** (K 97)
  (das A und O, US-amerikanisch)

Zu weiteren Informationen:
↑Fremdwörter (K 40)
↑Namen (K 134 u. 135, 140–142, 150 u. 151)

Substantive und ehemalige Substantive

K 67 Substantive schreibt man groß ‹§ 55›. (Vgl. aber K 70 u. 71.)	Erde, Kindheit, Verständnis, Reichtum, Verwandtschaft, Verantwortung, Aktion, Genie, Rhythmus, Computer, Pizza, Karaoke, Make-up
Das gilt auch für Namen.	Franziska, Thomas, Goethe, Beethoven, Müller-Lüdenscheid, Winnetou, Lassie, Berlin, Schweiz, Mosel, Großglockner

K 68 Auch in Zusammensetzungen und Aneinanderreihungen mit Bindestrich werden die Substantive großgeschrieben ‹§ 55 (2)›. Das erste Wort einer substantivischen Zusammensetzung oder Aneinanderreihung schreibt man auch dann groß, wenn es kein Substantiv ist ‹§ 57 (2)›.	▪ Mehrzweck-Küchenmaschine ▪ Schwimm-Meisterschaft ▪ das Schaurig-Schöne ▪ Moskau-freundlich ▪ in den 90er-Jahren ▪ Mund-zu-Mund-Beatmung ▪ Chrom-Molybdän-legiert ▪ Pro-Kopf-Verbrauch ▪ Ad-hoc-Arbeitsgruppe ▪ das Auf-der-faulen-Haut-Liegen

K 69 Die Bezeichnungen von Tageszeiten nach Adverbien wie „gestern", „heute", „morgen" werden als Substantive angesehen und großgeschrieben ‹§ 55 (6)›.	▪ vorgestern Nacht ▪ gestern Abend ▪ heute Morgen ▪ übermorgen Vormittag ▪ heute Nachmittag ▪ morgen Mittag
In Österreich wird „Früh" in Verbindungen wie „heute Früh" oder „morgen Früh" großgeschrieben, in Deutschland dagegen schreibt man meistens klein.	heute Früh *oder* früh

K 70 Aus Substantiven entstandene Wörter anderer Wortarten werden kleingeschrieben. Dabei kann es sich um **1.** Adverbien, **2.** bestimmte (mit „sein" oder „werden" verbundene) Adjektive, **3.** Präpositionen (Verhältniswörter), **4.** unbestimmte Pronomen (Fürwörter) und Zahlwörter handeln ‹§ 56 (1, 3, 4 u. 5)›.	**1.** abends, morgens, sonntags, anfangs, rings, teils, mitten, willens, rechtens, kreuz und quer (*aber:* eines Abends, jenes Morgens, des letzten Sonntags usw.) **2.** Mir ist angst. (*Aber:* Ich habe Angst.) ▪ Sie ist mir gram. ▪ Du bist schuld daran. **3.** dank, kraft, laut, statt, trotz, seitens, angesichts, namens, um ... willen **4.** ein bisschen (= ein wenig) ▪ ein paar (= einige), *aber:* ein Paar (= zwei zusammengehörende) Schuhe

K 71 Aus Substantiven entstandene Verbzusätze werden auch in getrennter Wortstellung kleingeschrieben ‹§ 56 (2)›.	▪ teilnehmen, ich nehme an der Veranstaltung teil

Substantivierungen (Gebrauch von Wörtern anderer Wortarten als Substantive)

K 72 **1.** Als Substantive gebrauchte Adjektive und Partizipien werden in der Regel großgeschrieben. **2.** Häufig zeigen vorangehende Wörter wie „alles", „etwas", „nichts", „viel", „wenig" den substantivischen Gebrauch an. **3.** Die Großschreibung gilt auch in festen Wortgruppen und in [nicht deklinierten] Paarformeln zur Bezeichnung von Personen ‹§ 57 (1)›. **4.** Kleinschreibung gilt dagegen in festen adverbialen Wendungen aus Präposition und artikellosem, nicht dekliniertem Adjektiv ‹§ 58 (3)›. Ist das Adjektiv dekliniert, kann es sowohl groß- als auch kleingeschrieben werden.	**1.** das Gute, die Angesprochene, Altes und Neues; und Ähnliches (Abk. u. Ä.), wir haben Folgendes/das Folgende geplant; der zuletzt Genannte (*oder* Zuletztgenannte), die zu spät Gekommenen (*oder* Zuspätgekommenen); die Rat Suchenden (*oder* Ratsuchenden); das der Schülerin Bekannte, das zu Beachtende, das dort zu Findende; etwas auf Englisch sagen; im Allgemeinen; der Einzelne; in Blau und Gelb; die Russisch-Orthodoxen **2.** alles Gewollte, etwas [besonders] Gutes, nichts Wichtiges, viel Unnötiges, wenig Durchdachtes **3.** im Dunkeln tappen, im Trüben fischen, auf dem Laufenden sein, zum Besten geben ▪ ein Programm für Jung und Alt **4.** durch dick und dünn, über kurz oder lang ▪ von Nahem *oder* nahem, bis auf Weiteres *oder* weiteres

K 73 Adjektive und Partizipien mit Artikel werden kleingeschrieben, wenn sie Beifügung (Attribut) zu einem vorangehenden oder folgenden Substantiv sind ‹§ 58 (1)›.	▪ Mir gefallen alle Krawatten sehr gut. Besonders mag ich die gestreiften und die gepunkteten (= die gestreiften und gepunkteten Krawatten). ▪ Sie war die aufmerksamste und klügste unter allen Zuhörerinnen. ▪ Das blaue ist mein Auto.
K 74 Superlative mit „am", nach denen man mit „wie?" fragen kann, schreibt man klein ‹§ 58 (2)›. (In diesen Fällen ist „am" nicht zu „an dem" auflösbar.)	▪ Diese Regel ist (wie?) am leichtesten zu lernen. ▪ Etwas zu essen brauchen wir (wie?) am nötigsten. *Aber:* Es fehlt uns am (= an dem) Nötigsten.
K 75 In festen adverbialen Wendungen aus „aufs" oder „auf das" und Superlativ, die sich mit „wie?" erfragen lassen, kann das Adjektiv groß- oder kleingeschrieben werden ‹§ 58 E_1›.	▪ Er erschrak aufs Äußerste *oder* aufs äußerste. ▪ Alles hatte sich auf das Schönste *oder* auf das schönste geregelt. ▪ Wir werden uns aufs Königlichste *oder* aufs königlichste amüsieren. *Aber:* Wir sind (worauf?) aufs Schlimmste gefasst.
K 76 **1.** Als Substantive gebrauchte Pronomen (Fürwörter) schreibt man groß ‹§ 57 (3)›. (Meist steht in diesen Fällen ein Artikel.) **2.** Sonst schreibt man sie klein, auch wenn sie als Stellvertreter von Substantiven verwendet werden ‹§ 58 (4)›. **3.** Possessivpronomen (besitzanzeigende Fürwörter) in Verbindung mit dem bestimmten Artikel können auch großgeschrieben werden ‹§ 58 E_3›.	**1.** jemandem das Du anbieten ▪ ein gewisser Jemand ▪ Der Hund ist eine Sie. **2.** Kommst du? ▪ Da ist doch jemand! ▪ Hier hat sich schon mancher verirrt. ▪ Wenn einer eine Reise tut ... ▪ Es ist alles bereit. **3.** Er sorgt für die Seinen *oder* seinen. ▪ Wir haben das Unsere *oder* unsere zur Finanzierung des Projekts geleistet.

K 77 **1.** Die Wörter „viel", „wenig", „[der] eine", „[der] andere" können großgeschrieben werden, wenn ihr substantivischer Charakter hervorgehoben werden soll ‹§ 58 E_4›. **2.** In der Regel werden sie jedoch mit allen ihren Beugungs- und Steigerungsformen kleingeschrieben ‹§ 58 (5)›.	**1.** Das Lob der vielen *oder* Vielen (= der breiten Masse) war ihr nicht wichtig. ▪ Auf der Suche nach dem anderen *oder* Anderen (= nach einer neuen Welt) sein. ▪ Die einen *oder* Einen sahen zu, die anderen *oder* Anderen halfen mit. ▪ Die meisten *oder* Meisten blieben zu Hause. **2.** Es gab viele, die nicht mitmachen wollten. ▪ Den wenigsten war das bekannt.
K 78 **1.** Als Substantive gebrauchte Grundzahlen schreibt man groß, wenn sie Ziffern bezeichnen ‹§ 57 (4)›. **2.** Sonst werden Grundzahlen unter einer Million kleingeschrieben ‹§ 58 (6)›.	**1.** eine Acht schreiben ▪ vier Einsen im Zeugnis haben ▪ die verhängnisvolle Dreizehn ▪ eine Sechs würfeln ▪ eine Zwölf schießen **2.** Alle vier waren jünger als zwanzig. ▪ Es hatten sich an die fünfzig gemeldet. ▪ Sie kam erst gegen zwölf. ▪ Der Redner ist schon über achtzig. ▪ Er fuhr über hundertsechzig. ▪ die ersten zehn (*aber:* die zehn Ersten; *vgl.* K 80)
K 79 Die Wörter „hundert", „tausend" oder „Dutzend" können klein- oder großgeschrieben werden, wenn mit ihnen unbestimmte, nicht in Ziffern schreibbare Mengen angegeben werden ‹§ 58 E_5›.	▪ Auf dem Platz drängten sich Hunderte *oder* hunderte von Menschen. ▪ Viele Hundert *oder* hundert kamen bei dem Erdbeben ums Leben. ▪ Einige Tausend *oder* tausend kleiner Vögel verdunkelten die Sonne. ▪ Es gab Dutzende *oder* dutzende von Reklamationen. *Aber nur:* ▪ Wir erwarteten hundert Gäste (= 100 Gäste). ▪ Der Schrank kostete tausend Euro (= 1 000 Euro). ▪ Ich kaufte zwei Dutzend Eier (= 24 Eier).

K 80 Als Substantive gebrauchte Bruchzahlen und Ordnungszahlen schreibt man groß ‹§ 56 E_4 u. § 57 (1)›.

- ein Zehntel des Kuchens (*aber:* ein zehntel Gramm)
- um Viertel vor fünf (*aber:* um viertel fünf)
- Wenn zwei sich streiten, freut sich der Dritte.

Die Unterscheidung zwischen Ordnungszahlen, die eine Reihenfolge angeben, und denen, die eine Rangfolge angeben, hat keinen Einfluss mehr auf die Schreibung.

- Jeder Dritte, der hereinkam, trug einen Hut.
- Sie wurde Dritte im Weitsprung.
- Als Erstes werden wir mal im Kühlschrank nachsehen.
- Den Letzten beißen die Hunde.

K 81 Als Substantive gebrauchte

1. Adverbien,
2. Präpositionen (Verhältniswörter),
3. Konjunktionen (Bindewörter),
4. Interjektionen (Ausrufewörter)
   schreibt man groß ‹§ 57 (5)›.
5. Bei mehrteiligen, mit einem Bindestrich verbundenen Konjunktionen gilt das nur für das erste Wort ‹§ 57 E_4›.

1. Sie lebt nur im Heute, ein Gestern oder Morgen kennt sie nicht.
   - Auf das ganze Drum und Dran könnte ich verzichten.
2. Wir müssen das Für und Wider abwägen.
3. Entscheidend ist nicht nur das Ob, sondern auch das Wie.
4. Mit dem üblichen Weh und Ach gab er ihr schließlich das Geld.
5. Es gibt hier nur ein Sowohl-als-auch, kein Entweder-oder.

K 82 1. Als Substantive gebrauchte Infinitive (Grundformen) schreibt man groß ‹§ 57 (2)›.
2. Infinitive ohne Artikel, Präposition oder nähere Bestimmung können in bestimmten Fällen entweder als Substantiv oder als Verb aufgefasst und demnach groß- oder kleingeschrieben werden ‹§ 57 E_3›.

1. das Rechnen, das Lesen, das Schreiben, [das] Verlegen von Rohren, im Sitzen und Liegen, für Hobeln und Einsetzen [der Türen], zum Verwechseln ähnlich, lautes Schnarchen
   - das Zustandekommen, beim Kuchenbacken sein (*vgl.* K 49–55)
   - das In-den-Tag-hinein-Leben (*vgl.* K 27)
2. ... weil Geben *oder* geben seliger denn Nehmen *oder* nehmen ist.
   - Wir lernen [das] Segeln *oder* [ein Boot] segeln.

Anrede

K 83 1. Die [vertraulichen] Anredepronomen „du“ und „ihr“ sowie die entsprechenden Possessivpronomen „dein“ und „euer“ werden im Allgemeinen kleingeschrieben ‹§ 66›. 2. In Briefen kann auch großgeschrieben werden ‹§ 66 E›.	1. Was hast du dir dabei gedacht? (*Aber:* Sie hat ihm das Du angeboten; *vgl.* K 76). ▪ Ich habe euch heute in der Stadt gesehen. ▪ Wir wollen euretwegen keinen Ärger bekommen. 2. Liebe Stefanie, wie hat Dir (*oder* dir) Dein (*oder* dein) Weihnachtsgeschenk gefallen? ... Herzliche Grüße Deine (*oder* deine) Petra
K 84 1. Die Höflichkeitsanrede „Sie“ und das entsprechende Possessivpronomen „Ihr“ werden immer großgeschrieben ‹§ 65›. 2. Das rückbezügliche Pronomen „sich“ schreibt man dagegen klein ‹§ 66›.	1. Haben Sie alles besorgen können? ▪ Wie geht es Ihnen und Ihren Kindern? ▪ Mit Ihrer Tochter ist unsere Personalabteilung sehr zufrieden. 2. Bei diesen Zahlen müssen Sie sich geirrt haben. ▪ Sie können sich nicht vorstellen, was mir gestern passiert ist!
K 85 Die Pronomen in bestimmten älteren Anredeformen und Titeln schreibt man groß ‹§ 65 E_1, E_2›.	▪ Schweig Er! ▪ Höre Sie mir gut zu! ▪ Wollt Ihr Euch selbst überzeugen, edler Herr? ▪ Führen Sie mich zu Seiner Exzellenz. ▪ Auf das Wohl Ihrer Majestät, der Königin!

Titel und Namen

K 86 Das erste Wort eines Buch-, Film- oder Zeitschriftentitels, einer Überschrift o. Ä. wird großgeschrieben ‹§ 53 (1)›.	▪ Der Artikel stand in der Neuen Rundschau. ▪ Er hat in dem Film „Der Totmacher" die Hauptrolle gespielt. ▪ Sie spielte die Hauptrolle in den „Gefährlichen Liebschaften". ▪ Der Aufsatz hat die Überschrift „Mein schönstes Ferienerlebnis".

K 87 Das erste Wort eines Straßennamens wird großgeschrieben, ebenso alle zum Namen gehörenden Adjektive und Zahlwörter ‹§ 60 (2.2)›.	▪ Lange Gasse ▪ Neuer Markt ▪ Auf dem Sand ▪ An den Drei Pfählen ▪ In der Mittleren Holdergasse ▪ Von-Repkow-Platz

K 88 **1.** Alle zu einem mehrteiligen Namen gehörenden Adjektive, Partizipien, Pronomen und Zahlwörter schreibt man groß ‹§ 60›. **2.** Nicht am Anfang des Namens stehende Adjektive werden gelegentlich auch kleingeschrieben ‹§ 60 E_2›.	**1.** Klein Dora, Friedrich der Große, der Große Kurfürst, der Alte Fritz, der Schiefe Turm von Pisa, die Ewige Stadt (Rom), der Große Bär (Sternbild), der Indische Ozean, das Kap der Guten Hoffnung, die Schwäbische Alb, Vereinigte Staaten von Amerika, Gasthaus zur Alten Post, Medizinische Klinik des Städtischen Krankenhauses Wiesbaden, Statistisches Bundesamt, Börsenverein des Deutschen Buchhandels, Institut für Deutsche Sprache, der Westfälische Friede, das Elisabethanische Zeitalter **2.** Gesellschaft für deutsche Sprache, Institut für angewandte Umweltforschung

K 89 **1.** Es gibt Wortgruppen (feste Begriffe), die keine Namen sind, obwohl sie oft als Namen angesehen werden. Hier schreibt man die Adjektive in der Regel klein ‹§ 63›.

2. Ausnahmen bilden die folgenden Fälle:
a) Titel und Ehrenbezeichnungen,
b) Amtsbezeichnungen,
c) besondere Kalendertage.

3. Adjektive, die mit dem folgenden Substantiv einen idiomatisierten Gesamtbegriff bilden, können großgeschrieben werden; die Kleinschreibung der Adjektive ist jedoch auch hier der Regelfall ‹§ 63 E›. Im fachsprachlichen Schreibgebrauch hat sich in einigen Fällen die Adjektivgroßschreibung verfestigt ‹§ 64 E›.

1. künstliche Intelligenz
- das schwarze Schaf
- das neue Jahr
- die mittlere Reife
- der olympische Gedanke

2. a) Königliche Hoheit
b) Erste Vorsitzende (*als Amtsbezeichnung, sonst:* erste Vorsitzende)
– Regierender Bürgermeister (*als Amtsbezeichnung, sonst:* regierender Bürgermeister)
c) Weißer Sonntag, Heiliger Abend

3. der letzte *oder* Letzte Wille
- das zweite *oder* Zweite Gesicht
- das gelbe *oder* Gelbe Trikot
- die aktuelle *oder* Aktuelle Stunde
- italienischer *oder* Italienischer Salat
- *Vorwiegend in Großschreibung:* die Erste Hilfe, die Große Kreisstadt

In der Botanik und Zoologie werden die deutschen Bezeichnungen der Arten, Unterarten und Rassen konsequent großgeschrieben.

- das Fleißige Lieschen (Impatiens walleriana)
- die Schwarze Mamba (Dendroaspis polylepis)

K 90 Von geografischen Namen abgeleitete Wörter auf „-er" schreibt man immer groß, die von geografischen Namen abgeleiteten Adjektive auf „-isch" schreibt man klein, wenn sie nicht Teil eines Namens sind ‹§ 61 u. 62›.

- das Ulmer Münster
- eine Kölner Firma
- die Schweizer Uhrenindustrie
- die Wiener Kaffeehäuser
- chinesische Seide
- böhmische Dörfer

aber: der Atlantische Ozean (*vgl.* K 88)

K 91 Von Personennamen abgeleitete Adjektive werden kleingeschrieben, wenn sie nicht Teil eines Namens sind ‹§ 62›.

- kafkaeske Gestalten, eulenspiegelhaftes Treiben, vorlutherische Bibelübersetzungen
  aber: die Cansteinsche Bibelanstalt (*vgl.* K 88)
- die heinesche Ironie (*auch:* die Heine'sche Ironie; *vgl.* K 16)

Die Bedeutung des Adjektivs hat keinen Einfluss auf die Schreibung.

- das ohmsche Gesetz (von Ohm stammend)
- der ohmsche Widerstand (nach Ohm benannt)

Satzanfang

K 92 Das erste Wort eines Ganzsatzes (eines selbstständigen Satzes, zu dem auch ein oder mehrere Teilsätze gehören können) schreibt man groß ‹§ 54›.

- Wir fangen um 9 Uhr an.
- Was ist das?
- Komm!
- Wenn das Wetter so bleibt, fahren wir ins Grüne.
- De Gaulle starb am 9. November 1970.
- Vgl. hierzu das Nachfolgende.

K 93 Auch nach einem Doppelpunkt und bei angeführten Sätzen wird das erste Wort eines Ganzsatzes großgeschrieben ‹§ 54 (1) u. (2)›.

- Gebrauchsanweisung: Soweit nicht anders verordnet, sollte alle zwei Stunden eine Tablette eingenommen werden.
- Er konnte seine Kredite nicht mehr zurückzahlen, sprich: Er war pleite.
- Sie rief: „Es ist alles in Ordnung!"
- Mit seinem ständigen „Ich mag nicht!" ging er uns allen auf die Nerven.

1. Nach einem Doppelpunkt kann groß- oder kleingeschrieben werden, wenn der folgende Satz (wie ein Teilsatz) auch mit Gedankenstrich oder Komma angeschlossen werden könnte.
2. Man schreibt nach einem Doppelpunkt klein, wenn der folgende Text nicht als Ganzsatz aufgefasst wird. Das ist in der Regel bei Aufzählungen, bei speziellen Angaben in Formularen o. Ä. der Fall.

1. Das Haus, die Wirtschaftsgebäude, die Stallungen: Alles *oder* alles war den Flammen zum Opfer gefallen. (*Denn man könnte auch schreiben:* Das Haus, die Wirtschaftsgebäude, die Stallungen – alles war den Flammen zum Opfer gefallen.)
2. Er hat alles verspielt: sein Haus, seine Jacht, seine Pferde.

- 1000 €, in Worten: eintausend Euro
- Rechnen: sehr gut
- Familienstand: verheiratet

K 94 Nach Anführungen innerhalb eines Ganzsatzes schreibt man klein ‹§ 54 (3)›.	▪ „Wohin gehst du?“, fragte er. ▪ „Nach Hause“, antwortete sie. ▪ Sie schrie: „Niemals!“, und schlug die Tür zu.

K 95 Bei in Gedankenstriche oder Klammern eingeschlossenen eingeschobenen Sätzen wird das erste Wort – sofern es kein Substantiv o. Ä. ist – kleingeschrieben ‹§ 54 (4)›.	▪ Mein Bruder (du hast ihn doch kennengelernt?) heiratet im September. ▪ Der Staat hat – das behauptet jedenfalls die Regierung – keinen Spielraum für Steuersenkungen.

K 96 Mit Apostroph beginnende sowie auf Auslassungspunkte folgende Wörter bleiben am Satzanfang unverändert ‹§ 64 (6)›.	▪ ’s ist geradezu unglaublich! ▪ ’nen neuen Bleistift bräuchte ich. ▪ ’ne Menge Geld hat das gekostet. ▪ ’nauf mit euch! ▪ ... und fertig ist das Mondgesicht!
Ein mit Anführungszeichen oder anderer Schriftart gekennzeichnetes zitiertes Wort bleibt ebenfalls häufig unverändert.	▪ „von“ ist eine Präposition. ▪ *dass* wurde früher mit ß geschrieben.

Einzelbuchstaben und Abkürzungen

Wie Substantive gebrauchte einzelne Buchstaben schreibt man üblicherweise groß. Meint man aber den Kleinbuchstaben, wie er im Schriftbild vorkommt, schreibt man meist klein.	▪ das A und O ▪ jemandem ein X für ein U vormachen ▪ der Punkt auf dem i ▪ das n in Land

K 97 Die Groß- und Kleinschreibung von Abkürzungen, zitierten Wörtern und Einzelbuchstaben ändert sich in Zusammensetzungen mit Bindestrich nicht ‹§ 55 (1 u. 2)›.	▪ US-amerikanisch ▪ TÜV-geprüft ▪ n-Eck ▪ pH-Wert ▪ ca.-Preis ▪ dass-Satz (*aber ohne Bindestrich:* Dasssatz) ▪ das Dehnungs-h (*groß oder klein:* das Zungen-R, das Zungen-r; s-förmig, S-förmig; *aber nur:* T-förmig)

Klammern

Allgemein gebräuchlich sind runde Klammern. In bestimmten Textsorten werden daneben auch eckige Klammern verwendet.

Zu weiteren Informationen:

↑Auslassungspunkte (K 17)
↑Textverarbeitung und E-Mails (S. 109 u. S. 118)

K 98 Mit Klammern kann man Zusätze und Nachträge deutlich vom übrigen Text abgrenzen ‹§ 86›. Das gilt auch für längere Abschnitte ‹§ 87›.

- Frankfurt (Oder)
- Rentnerin Lehmann (78, begeisterte Bergsteigerin) versteht die Welt nicht mehr.
- Als Hauptwerk Matthias Grünewalds gelten die Gemälde des Isenheimer Altars. (Der Zeitpunkt ihrer Vollendung ist umstritten. Einige nehmen 1511 an, andere 1515.)

(Oft können an den entsprechenden Stellen auch Kommas oder Gedankenstriche stehen.)

- In seiner Jugend (nur wenige kannten ihn noch von früher) gab es manchen dunklen Punkt. *Auch möglich:* In seiner Jugend, nur wenige kannten ihn noch von früher, gab es ... *Oder:* In seiner Jugend – nur wenige kannten ihn noch von früher – gab es ...

1. Erläuterungen zu einem bereits eingeklammerten Zusatz werden häufig in eckige Klammern gesetzt.
2. Auch bei eigenen Zusätzen in zitierten Texten oder bei Ergänzungen in nicht lesbaren oder zerstörten Texten werden oft eckige Klammern verwendet.
3. Häufig werden Buchstaben, Wortteile oder Wörter in Klammern eingeschlossen, um Verkürzungen, Zusammenfassungen, Alternativen o. Ä. zu kennzeichnen.
4. Werden Teile eines zusammengesetzten Substantivs eingeklammert, kann auch ein Ergänzungsstrich gesetzt werden.
5. Bei weglassbaren Buchstaben, Wortteilen oder Wörtern werden in Wörterbüchern, auf Formularen o. Ä. oft eckige Klammern verwendet.

1. Mit dem Wort Bankrott (vom italienischen „banca rotta" [zusammengebrochene Bank]) bezeichnet man die Zahlungsunfähigkeit.
2. In ihrem Tagebuch heißt es: „Ich habe das große Ereignis [gemeint ist die Verleihung des Friedenspreises] selbst miterlebt und war sehr beeindruckt."
3. Mitarbeiter(in) (*als Kurzform für:* Mitarbeiterin oder Mitarbeiter)
   - Lehrer(innen) (*als Kurzform für:* Lehrerinnen und/oder Lehrer)
   - Kolleg(inn)en (*als Kurzform für:* Kolleginnen und/oder Kollegen)
4. (Wieder)eintritt *oder* (Wieder-)Eintritt
   - Gewinn(anteil) *oder* Gewinn(-Anteil)
5. Kopp[e]lung, acht[und]einhalb, gern[e], sieb[en]tens
   - Eltern mit [schulpflichtigen] Kindern

K 99	
1. Ausrufe- oder Fragezeichen, die zum eingeklammerten Text gehören, stehen vor der schließenden Klammer. **2.** Zum übergeordneten Text gehörende Satzzeichen dürfen nicht weggelassen werden. **3.** Der Schlusspunkt steht nur dann vor der schließenden Klammer, wenn ein ganzer Satz eingeklammert ist, der nicht an den vorhergehenden Satz angeschlossen sein soll ‹§ 88›.	**1.** Den Antrag sollten Sie vollständig ausgefüllt (bitte deutlich schreiben!) an die Bank zurücksenden. ▪ Es gab damals (erinnern Sie sich noch?) eine furchtbare Aufregung. **2.** Wir wohnen in Ilsenburg (Harz). ▪ Sie wundern sich (so schreiben Sie), dass ich so wenig von mir hören lasse. **3.** Dies halte ich für das wichtigste Ergebnis meiner Untersuchungen. (Die entsprechenden Dokumente sind auf S. 225 abgedruckt.) *Oder:* Dies halte ich für das wichtigste Ergebnis meiner Untersuchungen (die entsprechenden Dokumente sind auf S. 225 abgedruckt).

Komma

Das Komma ist ein Gliederungszeichen. Innerhalb eines Ganzsatzes grenzt es bestimmte Wörter, Wortgruppen oder Teilsätze voneinander oder vom übrigen Text des Satzes ab.

Werden solche Wörter, Wortgruppen oder Teilsätze von zwei Kommas eingeschlossen, weil sie in den übergeordneten Text eingeschoben sind, so spricht man auch vom „paarigen" Gebrauch des Kommas.

Die folgende Darstellung behandelt die Kommasetzung unter diesen Gesichtspunkten:

- **Bei Aufzählungen** (K 100–102)
  (Feuer, Wasser, Luft und Erde. Sie wirkte ruhig, gelassen, entspannt.)
- **Bei nachgestellten Zusätzen** (K 103–107)
  (Das ist Michael, mein Bruder. Sie liest viel, vor allem Krimis.)
- **Bei Datums-, Wohnungs-, Literaturangaben** (K 108–110)
  (Sie kommt Mittwoch, den 13. März. Herr Meier aus Bonn, Lindenstraße 12[,] hat zwei Freikarten gewonnen. Ich zitiere aus dem Brockhaus, 21. Auflage, Band 14.)
- **Bei Konjunktionen (Bindewörtern)** (K 111–113)
  (Er stand auf und ging. Wir waren arm, aber gesund.)
- **Bei Partizip- und Infinitivgruppen** (K 114–117)
  (Das ist[,] grob gerechnet[,] die Hälfte. Sie weigerte sich[,] uns zu helfen.)
- **Bei Teilsätzen (selbstständigen Teilsätzen und Nebensätzen)** (K 118–125)
  (Hier stehe ich, ich kann nicht anders. Nimm das Geld[,] oder lass es bleiben. Ich freue mich, dass du wieder gesund bist.)
- **Bei mehrteiligen Nebensatzeinleitungen** (K 126–128)
  (Angenommen[,] dass morgen gutes Wetter ist ...)
- **Bei Hervorhebungen, Ausrufen, Anreden** (K 129–132)
  (Deine Mutter, die habe ich gut gekannt. Ach, das ist aber schade. Harry, fahr bitte den Wagen vor.)

Zu weiteren Informationen:

↑Anführungszeichen (K 9 u. 11)
↑Gedankenstrich (K 43, 45 u. 46)
↑Klammern (K 98 u. 99)

Bei Aufzählungen

K 100 Das Komma steht bei Aufzählungen, zwischen gleichrangigen Wörtern und Wortgruppen, wenn sie nicht durch Wörter wie „und" oder „oder" (vgl. K 111 u. 113) verbunden sind ‹§ 71 (2) u. 72›.	▪ Feuer, Wasser, Luft und Erde. ▪ Sie wirkte ruhig, gelassen, entspannt. ▪ Möchten Sie ein Menü aus drei, aus vier oder aus fünf Gängen? ▪ Ich wollte nur am Strand sitzen, keine Berge besteigen, keine Museen besuchen, an keiner Weinprobe teilnehmen.
Am Schluss der Aufzählung steht kein Komma, wenn der Satz weitergeht.	▪ Er sägte, hobelte, hämmerte die ganze Nacht. ▪ Sie ist viel, viel schöner.

K 101 Zwischen nicht gleichrangigen Adjektiven (von denen das erste die folgende Fügung näher bestimmt) steht kein Komma. Gelegentlich hängt es vom Sinn des Satzes ab, ob Gleichrangigkeit vorliegt oder nicht ‹§ 71 E_1›.	▪ die jüngsten politischen Entwicklungen ▪ ein Glas dunkles bayerisches Bier („bayerisches Bier" *wird hier als Einheit angesehen, die durch* „dunkles" *näher bestimmt ist*) ▪ höher liegende unbewaldete Hänge *(ohne Komma, weil es auch tiefer liegende unbewaldete Hänge gibt)* ▪ höher liegende, unbewaldete Hänge *(mit Komma, weil die tiefer liegenden Hänge bewaldet sind)*
Davon zu unterscheiden sind Fälle, in denen ein Adjektiv durch eine folgende Adjektiv- oder Partizipgruppe näher bestimmt wird (vgl. K 105 u. 113).	▪ Das Buch enthält viele farbige, [und zwar] mit der Hand kolorierte Holzschnitte.

K 102 Mehrere vorangestellte Namen und Titel werden nicht durch Komma getrennt. Angaben mit „geb.", „verh.", „verw." usw. können ohne Komma stehen oder als Zusätze angesehen und mit Kommas abgetrennt werden ‹§ 77 E_2›.	▪ Hans Albert Schulze (*aber:* Schulze, Hans Albert) ▪ Direktor Professor Dr. Max Müller ▪ Seine Heiligkeit Papst Johannes Paul II. ▪ Martha Schneider[,] geb. Kühn ▪ Frau Tanja Schuster-Lehmann[,] geb. Lehmann[,] und ihr Ehemann Peter[,] geb. Schuster[,] verpflichten sich hiermit ...

Bei nachgestellten Zusätzen

K 103 Das Komma trennt den nachgestellten Beisatz (die Apposition) ab; eingeschobene Beisätze werden von Kommas eingeschlossen ‹§ 77 (2)›.

- Das ist Michael, mein Bruder.
- Das Auto, Massenverkehrsmittel und Statussymbol zugleich, hat das Gesicht unserer Städte nachhaltig geprägt.
- Johannes Gutenberg, der Erfinder der Buchdruckerkunst, wurde in Mainz geboren. (*Vgl. auch* K 104 u. 107.)

Gelegentlich zeigt allein das Komma, ob eine Aufzählung oder ein Beisatz vorliegt. In diesen Fällen kann also das Komma den Sinn des Satzes verändern.

- Sabine, meine Schwester, und ich wohnen in demselben Haus *(Beisatz; Sabine ist meine Schwester; es ist von zwei Personen die Rede).*
- Sabine, meine Schwester und ich wohnen in demselben Haus *(Aufzählung; Sabine und meine Schwester und ich; es ist von drei Personen die Rede).*

K 104 Wenn der Beisatz Teil des Namens ist, steht kein Komma ‹§ 77 E_2›.

- Heinrich der Löwe wurde im Dom zu Braunschweig begraben.
- Das ist ein Gemälde von Hans Holbein dem Jüngeren.

K 105

1. Das Komma trennt nachgestellte Erläuterungen ab. (Solche Erläuterungen werden häufig durch „und zwar", „nämlich", „z. B.", „insbesondere" oder ähnliche Wörter und Fügungen eingeleitet.)
2. Eingeschobene Nachträge werden von Kommas eingeschlossen; stehen sie jedoch zwischen Adjektiv und Substantiv oder zwischen Verb und Hilfsverb, entfällt das schließende Komma ‹§ 77 (4)›.

1. Sie liest viel, vor allem Krimis.
   - Das Schiff verkehrt wöchentlich einmal, und zwar sonntags.
   - Wir müssen etwas unternehmen, und das bald.
   - Es gibt vier Jahreszeiten, nämlich Frühling, Sommer, Herbst und Winter.
2. Bei unserer nächsten Sitzung, also am Donnerstag, werde ich diese Angelegenheit zur Sprache bringen.
   - Das Buch enthält viele farbige, und zwar mit der Hand kolorierte Holzschnitte.
   - Er wurde erst ruhiger, als er sein Herz ausgeschüttet, d. h. alles erzählt hatte.

K 106 **1.** Das Komma trennt einem Substantiv oder Pronomen nachgestellte Adjektive und Partizipien sowie entsprechende Wortgruppen ab. Sind sie in den Satz eingeschoben, werden sie von Kommas eingeschlossen ‹§ 77 (7)›. (Vgl. auch K 114.) **2.** Das Komma steht aber nicht, wenn in bestimmten festen Fügungen (oder in poetischen Texten) ein allein stehendes Adjektiv nachgestellt ist ‹§ 77 E_3›.	**1.** Sie erzählte allerlei Geschichten, erlebte und erfundene. ▪ Dein Wintermantel, der blaue, muss in die Reinigung. ▪ Er, das leere Glas in der Hand [haltend], ging zur Theke. ▪ Kabeljau, gedünstet **2.** Aal blau ▪ Karl Meyer junior ▪ Bei einem Wirte wundermild … ▪ Ich arme Jungfer zart, ach, hätt ich genommen den König Drosselbart!
K 107 Oft können die Schreibenden durch die Kommasetzung selbst entscheiden, ob sie Wörter oder Satzteile als Zusatz kennzeichnen wollen oder nicht. Das gilt besonders **1.** bei mit „wie" oder mit einer Präposition (einem Verhältniswort) eingeleiteten Wortgruppen (vgl. auch K 112) und **2.** bei Namen, die auf eine vorausgehende Bezeichnung zu beziehen sind ‹§ 78 (1 u. 4)›. (Vgl. auch K 103.)	▪ Du hast mir leider nicht alles gesagt. *Oder mit besonderer Hervorhebung:* Du hast mir, leider, nicht alles gesagt. **1.** Öffentliche Verkehrsmittel[,] wie Busse und Bahnen[,] sollen stärker gefördert werden. ▪ Alle[,] bis auf Robert[,] wollen mitfahren. **2.** Der Angeklagte[,] Max Müller[,] erschien nicht zur Verhandlung.
Dies gilt auch, wenn die einem Namen vorangestellte Bezeichnung durch Beifügungen umfänglicher ist.	▪ Der Erfinder der Buchdruckerkunst[,] Johannes Gutenberg[,] wurde in Mainz geboren.

Bei Datums-, Wohnungs-, Literaturangaben

K 108 Mehrteilige Datums- und Zeitangaben gliedert man durch Kommas. Man kann diese Angaben als Aufzählungen oder als Fügungen mit Beisatz auffassen; deshalb ist das letzte (schließende) Komma vor der Weiterführung des Satzes freigestellt ‹§ 77 (3)›. (Vgl. auch K 32.)	▪ Sie kommt Mittwoch, den 13. März. ▪ Wir treffen uns am Freitag, dem 12. August, [um] 20 Uhr. ▪ Sie kommt Montag, [den] 5. April[,] wieder zurück. ▪ Sie kommt am Montag, dem 5. April[,] wieder zurück. ▪ Mittwoch, den 25. Juli[,] um 14 Uhr[,] findet eine Sitzung statt. ▪ Die Sitzung findet Mittwoch, den 25. Juli, 14 Uhr[,] im großen Besprechungszimmer statt.
Im Briefkopf steht zwischen Orts- und Datumsangabe im Allgemeinen ein Komma.	▪ Mannheim, [den] 31. 10. 2012

K 109 Mehrteilige Wohnungsangaben gliedert man durch Kommas. Man kann diese Angaben als Aufzählungen oder als Fügungen mit Beisatz auffassen; deshalb ist das letzte (schließende) Komma vor der Weiterführung des Satzes freigestellt ‹§ 77 (3)›.	▪ Sie wohnt in Berlin, Kurfürstendamm 37. ▪ Herr Meier aus Bonn, Lindenstraße 12[,] hat zwei Freikarten gewonnen. ▪ Frau Schmitt ist von Bonn, Königstraße 20[,] nach Mannheim, Eberbacher Platz 14[,] umgezogen. (*Aber:* Frau Anke Meyer wohnt in Heidelberg in der Hauptstraße 15.)

K 110 Mehrteilige Literaturangaben gliedert man durch Kommas. Man kann diese Angaben als Aufzählungen oder als Fügungen mit Beisatz auffassen; deshalb ist das letzte (schließende) Komma vor der Weiterführung des Satzes freigestellt. Bei Hinweisen auf Gesetze, Verordnungen usw. setzt man jedoch kein Komma ‹§ 77 (3)›.	▪ Ich zitiere aus dem Brockhaus, 21. Auflage, Band 12. ▪ Es ist ein Zitat aus Goethes „Tasso", 2. Akt, 1. Szene. ▪ Der Artikel ist im „Spiegel", Heft 48, 2008, S. 25[,] erschienen. ▪ Wir beziehen uns auf § 6 Abs. 2 Satz 2 der Personalverordnung.

Bei Konjunktionen (Bindewörtern)

K 111 Werden gleichrangige Wörter und Wortgruppen durch eine der folgenden Konjunktionen verbunden, so setzt man kein Komma ‹§ 72 (2)›: **1.** und **2.** oder **3.** beziehungsweise (bzw.) **4.** entweder – oder **5.** nicht – noch **6.** sowie **7.** sowohl – als [auch] **8.** sowohl – wie [auch] **9.** weder – noch **10.** wie **11.** Das schließende Komma eines vorangehenden Einschubs oder Nebensatzes o. Ä. bleibt jedoch erhalten ‹§ 72 E_1›. (Vgl. auch K 116.)	**1.** Er stand auf und ging. ▪ Sie grübelte und grübelte und grübelte. ▪ Sie hört gern Musik und liebt besonders die Oper. **2.** Gib mir einen Stock, einen Schirm oder etwas Ähnliches. **3.** Das Geld haben mir meine Verwandten geschenkt beziehungsweise geliehen. **4.** Du musst dich entweder für uns oder gegen uns entscheiden. **5.** Wir werden nicht rasten noch ruhen ... **6.** Die Präsidentin sowie ihre Stellvertreterin sind berechtigt ... **7.** Der Vorfall war sowohl ihm als auch seiner Frau sehr peinlich. **8.** Wir können das Modell sowohl mit Benzinmotor wie auch mit Dieselmotor liefern. **9.** Ich weiß weder seinen Vornamen noch seinen Nachnamen. **10.** Der Becher war innen wie außen vergoldet. **11.** Mein Onkel, ein großer Tierfreund, sowie seine vierzehn Katzen leben jetzt in einer alten Mühle. ▪ Wir hoffen, dass wir Ihre Bedenken hiermit zerstreut haben, und grüßen Sie ... ▪ Wir hoffen, Ihre Bedenken hiermit zerstreut zu haben, und grüßen Sie ...
Auch die Konjunktion „respektive" ist (als Synonym zu „beziehungsweise") zu den oben genannten zu zählen.	▪ Das Geld haben mir meine Verwandten geschenkt respektive geliehen.

K 112 1. Wenn die vergleichenden Konjunktionen „als" oder „wie" nur Wörter oder Wortgruppen verbinden (also keine Nebensätze einleiten), setzt man kein Komma ‹§ 74 E_3›. (Vgl. auch K 116.)
2. Bei nachgestellten Zusätzen, die mit „wie" eingeleitet werden, können Kommas gesetzt werden ‹§ 78 (2)›.

1. Die Wunde heilte besser als erwartet. (*Aber:* Die Wunde heilte besser, als wir erwartet hatten.)
- Wir haben mehr Stühle als nötig. (*Aber:* Wir haben mehr Stühle, als nötig sind.)
- Die neuen Geräte gingen weg wie warme Semmeln.
- Wie schon bei den ersten Verhandlungen konnte auch diesmal keine Einigung erzielt werden.

2. Ihre Auslagen[,] wie Post- und Fernsprechgebühren, Eintrittsgelder, Fahrtkosten und dergleichen[,] werden wir Ihnen ersetzen.

K 113 Bei den in K 111 und K 112 nicht genannten nebenordnenden, entgegensetzenden und einschränkenden Konjunktionen gilt die Grundregel der Kommasetzung zwischen gleichrangigen Wörtern und Wortgruppen (vgl. K 100) ‹§ 71›.

- Wir waren arm, aber gesund.
- Das war kein Pkw, sondern ein Lastwagen.
- Die Investition ist einerseits mit hohen Gewinnchancen, andererseits mit hohem Risiko verbunden.
- Sie hat ihn nicht nur abgewiesen, sondern auch ausgelacht.

Bei der entgegensetzenden Konjunktion „aber" lässt sich nicht immer zweifelsfrei entscheiden, ob sie nur einen nebengeordneten Satzteil oder einen nachgestellten Zusatz anschließt. In diesen Fällen ist das schließende Komma freigestellt.

- Sie waren arm, aber nicht unglücklich[,] und hatten viele Freunde.
- Die meisten Eltern, aber auch einige Schüler[,] waren gegen die Klassenfahrt.

Bei Partizip- und Infinitivgruppen

K 114

1. Partizipgruppen kann man durch Komma[s] abtrennen, um die Gliederung des Satzes deutlich zu machen oder um Missverständnisse auszuschließen. (Vgl. aber K 115.)
2. Das gilt auch für Adjektivgruppen und entsprechende andere Wortgruppen ‹§ 78 (3)›.

1. Das ist[,] grob gerechnet[,] die Hälfte.
- Er fiel[,] von einer Kugel getroffen[,] vom Pferd.
- Die Renovierung Ihrer Wohnung betreffend[,] möchte ich Ihnen den folgenden Vorschlag machen.
- Sie stand[,] ein Glas in der Hand haltend[,] an der Theke.

2. Seit mehreren Jahren kränklich[,] hatte er sich in ein Sanatorium zurückgezogen.
- Sie stand[,] ein Glas in der Hand[,] an der Theke.

K 115

1. Partizipgruppen werden durch Komma[s] abgetrennt, wenn sie
   a) mit einem hinweisenden Wort oder einer Wortgruppe angekündigt oder wieder aufgenommen werden,
   b) als einem Substantiv oder Pronomen nachgestellte Zusätze oder Erläuterungen anzusehen sind.
2. Das gilt auch für Adjektivgruppen und entsprechende andere Wortgruppen ‹§ 77 (5 u. 7)›. (Vgl. K 106.)

1. a) Genau so, mit viel Salami belegt, hat er die Pizza am liebsten.
- Aus vollem Halse lachend, so kam sie auf uns zu.
- Auf diese Weise, jeden Stein einzeln umdrehend, hatten wir schließlich Erfolg mit unserer Suche.

   b) Er, tödlich getroffen, fiel vom Pferd.
- Das ist falsch, logisch betrachtet.

2. Nur so, bleich und ganz in Schwarz, ist mir mein Großvater in Erinnerung geblieben.
- Sie, ihr Glas in der Hand [haltend], stand an der Theke.

K 116

Infinitivgruppen kann man durch Komma[s] abtrennen, um die Gliederung des Satzes deutlich zu machen oder um Missverständnisse auszuschließen (vgl. aber K 117) ‹§ 75 E_{33}›.

- Sie weigerte sich[,] zu helfen.
- Sie weigerte sich[,] uns zu helfen.
- Wir versuchten[,] die Torte mit Sahne zu verzieren.
- Sich selbst zu besiegen[,] ist der schönste Sieg.
- Wir empfehlen[,] ihm zu folgen.
- Wir empfehlen ihm[,] zu folgen.

K 117 Infinitivgruppen werden durch Komma abgetrennt, wenn sie

1. mit „als", „anstatt", „außer", „ohne", „statt" oder „um" eingeleitet werden ‹§ 75 (1)›,
2. von einem Substantiv abhängen ‹§ 75 (2)›,
3. mit einem hinweisenden Wort angekündigt oder wieder aufgenommen werden ‹§ 75 (3)›.
4. Man kann bei einem einfachen, nicht eingeleiteten Infinitiv (nur Verb + „zu") die Kommas auch weglassen, sofern keine Missverständnisse entstehen können ‹§ 75 E›.

1. Ich kenne nichts Schöneres, als mit einem guten Buch am Kamin zu sitzen.
   - Anstatt einen Brief zu schreiben, könntest du auch einfach anrufen.
   - Ihr könnt nichts tun, außer abzuwarten.
   - Er antwortete, ohne gefragt worden zu sein.
   - Wir wollen helfen, statt nur zu reden.
   - Sie ging nach Hause, um sich umzuziehen.
2. Mein Vorschlag, ins Kino zu gehen, wurde verworfen.
   - Er gab uns den Rat, erst einmal in Ruhe zu überlegen.
3. Zu tanzen, das ist ihre größte Freude.
   - Erinnere mich daran, den Mülleimer auszuleeren.
   - Ihre Absicht ist es, im nächsten Jahr nach Mallorca zu fahren.
4. Seine Angst[,] zu versagen[,] war unbegründet.
   - Wir zweifeln nicht daran[,] zu gewinnen.

In den folgenden Fällen (in denen der Infinitiv mit einem übergeordneten Verb ein mehrteiliges Prädikat bildet) werden Infinitivgruppen im Allgemeinen nicht durch Komma abgetrennt:

1. Wenn die Infinitivgruppe von einem Hilfsverb oder von „brauchen", „pflegen", „scheinen" abhängig ist.
2. Wenn die Infinitivgruppe
   a) mit dem übergeordneten Satz verschränkt ist,
   b) den übergeordneten Satz einschließt,
   c) in der verbalen Klammer steht.

1. Die Spur war ganz deutlich zu sehen.
   - Sie haben uns gar nichts zu befehlen!
   - Du brauchst dich wegen dieser Sache nicht zu schämen.
   - Sie pflegt abends ein Glas Wein zu trinken.
   - Er scheint heute schlecht gelaunt zu sein.
2. **a)** Diesen Vorgang wollen wir zu erklären versuchen. (*Übergeordneter Satz:* „wir wollen versuchen"; *Infinitivgruppe:* „diesen Vorgang zu erklären".)
   b) Den genannten Betrag bitten wir auf unser Konto zu überweisen. (*Übergeordneter Satz:* „wir bitten".)
   c) Wir hatten den Betrag zu überweisen beschlossen. (*Verbale Klammer:* „hatten ... beschlossen"; *Infinitivgruppe:* „den Betrag zu überweisen".)

Bei Teilsätzen (selbstständigen Teilsätzen und Nebensätzen)

Zu den Teilsätzen rechnet man alle zu einem Ganzsatz zusammengefassten Sätze, also auch diejenigen, die nicht von einem übergeordneten Satz abhängig sind.

Wir gehen voraus, die Älteren kommen später nach. (*Beide Teilsätze könnten auch unverbunden stehen:* Wir gehen voraus. Die Älteren kommen später nach.)

K 118 Das Komma steht zwischen gleichrangigen selbstständigen Teilsätzen, wenn diese nicht durch Wörter wie „und" oder „oder" (vgl. aber K 119) verbunden sind ‹§ 71 (1) u. 72›.

- Hier stehe ich, ich kann nicht anders.
- Die Sonne versank hinter dem Horizont, die Schatten der Nacht senkten sich über das Land.
- Die Zeiten ändern sich, sie ändern sich sogar sehr schnell.
- Wo hört die Toleranz auf, wo beginnt die Gleichgültigkeit?

K 119 **1.** Werden gleichrangige selbstständige Teilsätze durch Konjunktionen wie „und" oder „oder" verbunden, so setzt man in der Regel kein Komma ‹§ 72 (1)›.

2. Ein Komma kann jedoch auch in diesen Fällen gesetzt werden, um die Gliederung des Ganzsatzes deutlich zu machen (besonders, um Missverständnisse zu vermeiden) ‹§ 73›.

3. Das schließende Komma eines vorangehenden Einschubs oder Nebensatzes o. Ä. bleibt generell erhalten ‹§ 72 E_1›. (Vgl. auch K 121.)

1. Nimm das Geld oder lass es bleiben.
- Wir können zu Fuß gehen oder wir können die Straßenbahn nehmen.
- Seien Sie bitte so nett und geben Sie mir das Buch.
- Sie machten es sich bequem, die Kerzen wurden angezündet und der Gastgeber versorgte sie mit Getränken.

2. Entweder ich sage es ihm[,] oder du sagst es ihm selbst.
- Er schimpfte auf die Regierung[,] und sein Publikum applaudierte.

3. Entweder ich sage es ihm, und zwar heute noch, oder du sagst es ihm morgen selbst.
- Wir hoffen, dass wir Ihnen weiterhelfen konnten, und verbleiben mit freundlichen Grüßen …

K 120 Eingeschobene selbstständige Teilsätze werden von Kommas eingeschlossen ‹§ 77 (1)›. (Im Allgemeinen könnten an den entsprechenden Stellen auch Gedankenstriche oder Klammern stehen.)	▪ Sie hat, das weiß ich genau, ihr Examen mit Auszeichnung bestanden. ▪ Das Tier, es wird wohl ein Wiesel gewesen sein, war plötzlich verschwunden. *Auch möglich:* Das Tier – es wird wohl ein Wiesel gewesen sein – war plötzlich verschwunden. *Oder:* Das Tier (es wird wohl ein Wiesel gewesen sein) war plötzlich verschwunden.
K 121 Das Komma steht zwischen Haupt- und Nebensatz; eingeschobene Nebensätze werden von Kommas eingeschlossen ‹§ 74›.	▪ Ich freue mich, dass du wieder gesund bist. ▪ Dass du wieder gesund bist, freut mich. ▪ Über die Nachricht, dass du wieder gesund bist, habe ich mich gefreut. ▪ Ich hoffe, dass du wieder gesund bist, und grüße dich herzlich.
K 122 **1.** Zwischen gleichrangigen (nebengeordneten) Nebensätzen steht ein Komma ‹§ 71 (1)›. **2.** Man setzt aber kein Komma, wenn sie durch eine Konjunktion wie „und" oder „oder" verbunden sind ‹§ 72 (1)›.	**1.** Wenn das wahr ist, wenn du ihn wirklich nicht gesehen hast, dann brauchst du dir keine Vorwürfe zu machen. ▪ Er kannte niemanden, der ihm geholfen hätte, an den er sich hätte wenden können. **2.** Sie wird schon wissen, wem sie vertrauen kann und wem sie besser nichts erzählt. ▪ Wir erwarten, dass er die Ware liefert oder dass er das Geld zurückzahlt.

K 123 1. Zwischen aneinandergereihten Satzgliedern und Nebensätzen steht vor Konjunktionen wie „und" oder „oder" kein Komma. 2. Ein Komma zwischen Nebensatz und übergeordnetem Satz wird gesetzt, wenn beide unmittelbar aneinandergrenzen ‹§ 74 E_2›.	1. Sie kaufte ihrer Tochter einen Koffer, einen Mantel, ein Kleid und was sonst noch für die Reise gebraucht wurde. ▪ Was du für die Reise brauchst sowie die Geschenke für deine Gastgeber besorgst du dir am besten selbst. 2. Sie hatte ihrer Tochter einen Koffer, einen Mantel, ein Kleid und was sonst noch für die Reise gebraucht wurde, gekauft. ▪ Die Geschenke für deine Gastgeber und was du für die Reise brauchst, besorgst du dir am besten selbst.

K 124 Das Komma trennt Nebensätze verschiedenen Grades ‹§ 74›.	▪ Die Genehmigung kann nicht erteilt werden, wenn die Gefahr besteht, dass sie missbraucht wird.

K 125 Bei formelhaft gebrauchten [verkürzten] Nebensätzen kann das Komma weggelassen werden ‹§ 76›.	▪ Er ging[,] wie immer[,] nach dem Essen spazieren. ▪ Wir wollen die Angelegenheit[,] wenn möglich[,] heute noch erledigen. (*Aber:* Wir wollen die Angelegenheit, wenn es möglich ist, heute noch erledigen.)
Sonst gelten für verkürzte Teilsätze dieselben Richtlinien wie bei vollständigen Sätzen.	▪ Vielleicht, dass er noch eintrifft. ▪ Ende gut, alles gut.

Bei mehrteiligen Nebensatzeinleitungen

K 126 Wird ein Nebensatz von einer mehrteiligen Fügung eingeleitet, so steht zwischen den Teilen der Fügung im Allgemeinen kein Komma ‹§ 74 E_1 (1)›.	▪ Der Plan ist viel zu umständlich, als dass wir ihn ausführen könnten. ▪ Er tut, wie wenn er von der ganzen Angelegenheit nichts wisse. ▪ Anstatt dass der Direktor kam, erschien nur sein Stellvertreter.

K 127 Bei einigen mehrteiligen Fügungen kann ein Komma zwischen die Teile der Fügung gesetzt werden ‹§ 74 E_1 (2)›.

- angenommen[,] dass
- ausgenommen[,] wenn
- besonders[,] wenn
- geschweige[,] dass
- geschweige denn[,] dass
- gleichviel[,] ob
- je nachdem[,] ob

Das Komma entspricht hier einer deutlich wahrnehmbaren Pause im gesprochenen Text.

- Angenommen[,] dass morgen gutes Wetter ist, wohin wollen wir fahren?
- Er ist sehr umgänglich, ausgenommen[,] wenn er schlechte Laune hat.
- Egal[,] welche Farbe sie sich aussucht ...

K 128 Gelegentlich kann der Gebrauch des Kommas verdeutlichen, welche Wörter als Einleitung des Nebensatzes verstanden werden ‹§ 74 E_1 (3)›.

- Sie freut sich, auch wenn du ihr nur eine Postkarte schreibst.
- Sie freut sich auch, wenn du ihr nur eine Postkarte schreibst.

Bei Hervorhebungen, Ausrufen, Anreden

K 129 Mit einem hinweisenden Wort oder einer Wortgruppe angekündigte oder wieder aufgenommene Satzteile sind aus dem übrigen Satzzusammenhang hervorgehoben.
Man grenzt sie durch Komma ab ‹§ 77 (5)›.

- Deine Mutter, die habe ich gut gekannt.
- Nur er, der Kommissar selbst, konnte der Täter gewesen sein.
- In diesem Krankenhaus, da haben sie mir die Mandeln herausgenommen.
- Genau so, mit viel Salami, hat er die Pizza am liebsten.
- Mit viel Salami, genau so hat er die Pizza am liebsten.
- Im engsten Familienkreis und ohne große Feierlichkeiten, so erlebte sie ihren Ehrentag.

Regel	Beispiele
K 130 Das Wort „bitte" steht als bloße Höflichkeitsformel oft ohne Komma. Bei besonderer Hervorhebung wird es jedoch durch Komma abgetrennt ‹§ 79 (3)›.	▪ Bitte nehmen Sie doch Platz. ▪ Kann ich bitte mal dein Telefon benutzen? ▪ Wenn Sie mir bitte nach nebenan folgen würden. ▪ Aber bitte, so nehmen Sie doch Platz! ▪ Bitte, lass mich dein Telefon benutzen! ▪ Wenn Sie mir, bitte, nach nebenan folgen würden.
K 131 Ausrufe, kommentierende Äußerungen, Bekräftigungen werden durch Komma abgetrennt. Das Komma entfällt jedoch, wenn keine Hervorhebung gewollt ist ‹§ 79 (2 u. 3)›.	▪ Ach, das ist aber schade! ▪ Wie eklig, igitt! ▪ Sie hatte, leider, keine Zeit für uns. ▪ Ja, ein Gläschen nehme ich noch. ▪ Es geht uns gut, danke. ▪ Ach das ist aber schade. ▪ Sie hatte leider keine Zeit für uns. ▪ Der ach so liebe Kleine hatte mir vors Schienbein getreten.
K 132 1. Das Komma trennt die Anrede vom übrigen Satz ‹§ 79 (1)›. 2. Bei der Briefanrede kann statt des Kommas auch ein Ausrufezeichen gesetzt werden; in der Schweiz endet die Anredezeile gewöhnlich ohne Satzzeichen. In diesen beiden Fällen beginnt der folgende Text mit Großschreibung ‹§ 69 E_3›.	1. Harry, fahr bitte den Wagen vor. ▪ Das, mein Lieber, kann ich dir nicht versprechen. ▪ Danke für euer Verständnis, Freunde. 2. Sehr geehrter Herr Schneider, gestern erhielt ich ... ▪ Sehr geehrter Herr Schneider! Gestern erhielt ich ... ▪ Sehr geehrter Herr Schneider Gestern erhielt ich ...
In modernen und weniger förmlichen Briefanreden besteht die Neigung, das Komma vor dem Namen wegzulassen.	▪ Guten Tag[,] Frau Schneider, gestern erhielt ich ... ▪ Hallo[,] Sabine, wir sind jetzt umgezogen ...

Laut-Buchstaben-Zuordnung

Für die Schreibung des Deutschen verwenden wir eine Buchstabenschrift, in der Sprachlaute und Buchstaben als einander zugeordnet betrachtet werden. Rechtschreibliche Schwierigkeiten ergeben sich vor allem dort, wo gleiche Laute durch unterschiedliche Buchstaben repräsentiert sind.

Einige nur selten vorkommende alte Laut-Buchstaben-Zuordnungen wurden deshalb an vergleichbare Schreibungen angeglichen, z. B. *Känguru* (früher: Känguruh, jetzt wie Emu, Gnu, Kakadu), *rau* (früher: rauh, jetzt wie blau, genau, schlau), *Zierrat* (früher: Zierat, jetzt wie Verrat, Vorrat).

Zu weiteren Informationen:

↑Fremdwörter (K 38)
↑ss und ß (K 159)

K 133 Die richtige Schreibung eines Wortes kann häufig aus der Schreibung verwandter Wörter abgeleitet werden ‹Regelabschnitt A, Vorbemerkung (2.2)›.

- Gewähr (Garantie), *aber:* Gewehr (*zu:* Wehr, wehrhaft)
- Rechen (Harke), *aber:* sich rächen (*zu:* Rache)
- Bändel (*zu:* Band)
- Karamell (*wegen:* Karamelle)
- nummerieren (*wegen:* Nummer)

Dabei wird nach der Neuregelung der deutschen Rechtschreibung nicht nur die sprachgeschichtliche Verwandtschaft, sondern in einigen Fällen auch eine inhaltliche Verwandtschaft zugrunde gelegt.

- Quäntchen *(Eigentlich zu* „Quent“, *dem Namen eines früheren deutschen Handelsgewichts, das seinerseits auf das lateinische* „quintus“ *[fünfter Teil] zurückgeführt werden kann. Heute wird das Wort eher mit* „Quantum“ *in Verbindung gebracht; daher die neue Schreibung mit „ä“.)*

Namen

In diesem Abschnitt wird auch die Schreibung der von Namen abgeleiteten Wörter behandelt. Die Darstellung ist nach folgenden Punkten gegliedert:

- **Personennamen** (K 134–139)
  (Katharina die Große, platonische Schriften, Dieselmotor, Schiller-Theater)
- **Geografische (erdkundliche) Namen** (K 140–149)
  (die Hohe Tatra, der Hamburger Hafen, indischer Tee, Berlin-Schöneberg)
- **Sonstige Namen** (K 150 u. 151)
  (der Kleine Bär, Zur Neuen Post, Schwarzer Holunder)

Zu weiteren Informationen:
↑Apostroph (K 15 u. 16)
↑Groß- und Kleinschreibung (K 67, 86–91)
↑Straßennamen (K 161–163)

Personennamen

Die Schreibung der Familiennamen unterliegt nicht den allgemeinen Richtlinien der Rechtschreibung und ist deshalb auch nicht von der Neuregelung der deutschen Rechtschreibung betroffen. Für Familiennamen gilt vielmehr die standesamtlich jeweils festgelegte Schreibung.

1. Auch die Schreibung der Vornamen wird standesamtlich festgehalten; man folgt dabei weitgehend den üblichen Schreibweisen, für die es eine Reihe von allgemein anerkannten Varianten gibt.
2. Zwei Vornamen stehen gewöhnlich unverbunden nebeneinander; einige werden jedoch als Doppelnamen angesehen und dann mit Bindestrich oder in einem Wort geschrieben.

1. Klaus, *auch* Claus
- Maike, *auch* Meike
- Otmar, *auch* Ottmar *oder* Othmar

2. Johann Wolfgang
- Johanna Katharina
- Karl-Heinz, Karlheinz *neben:* Karl Heinz

K 134 Zu einem mehrteiligen Personennamen gehörende
- Adjektive,
- Partizipien,
- Pronomen (Fürwörter)
- und Zahladjektive

werden großgeschrieben ‹§ 60 (1)›.

- Katharina die Große
- der Alte Fritz
- der Große Kurfürst
- Klein Erna
- Albrecht der Entartete
- Unsere Liebe Frau (= Maria als Mutter Gottes)
- Heinrich der Achte

K 135 **1.** Von Personennamen abgeleitete Adjektive werden im Allgemeinen kleingeschrieben. **2.** Bei Ableitungen auf „-sch" kann man einen Apostroph setzen, um die Grundform des Namens zu verdeutlichen. Dann wird der Name großgeschrieben ‹§ 62›.	**1.** platonische Schriften, platonische Liebe ▪ die heineschen Reisebilder, eine heinesche Ironie (*Aber, da als Ganzes ein Name:* der Halleysche Komet) ▪ eulenspiegelhaftes Treiben, kafkaeske Gestalten, vorlutherische Bibelübersetzungen, darwinistische Auffassungen **2.** die darwinsche (*auch:* Darwin'sche) Evolutionstheorie ▪ die goetheschen (*auch:* Goethe'schen) Dramen

K 136 **1.** Zusammensetzungen mit einfachen Personennamen schreibt man im Allgemeinen ohne Bindestrich ‹§ 37 E_1›. **2.** Einen Bindestrich kann man setzen, wenn der Name hervorgehoben werden soll oder wenn dem Namen ein zusammengesetztes Grundwort folgt ‹§ 51›.	**1.** Dieselmotor ▪ Röntgenstrahlen ▪ Achillesferse ▪ Bachkantate ▪ goethefreundlich **2.** Schiller-Theater *neben:* Schillertheater ▪ Paracelsus-Ausgabe *neben:* Paracelsusausgabe ▪ Goethe-freundlich *neben:* goethefreundlich ▪ Mozart-Konzertabend *neben:* Mozartkonzertabend
Eine Hervorhebung des Personennamens ist nicht zu empfehlen, wenn die Zusammensetzung zu einer Gattungsbezeichnung geworden ist.	▪ Bunsenbrenner (*besser nicht:* Bunsen-Brenner) ▪ Kneippkur (*besser nicht:* Kneipp-Kur)

K 137 Bindestriche setzt man bei Zusammensetzungen mit mehreren oder mehrteiligen Namen ‹§ 50›.	▪ Goethe-und-Schiller-Denkmal ▪ Richard-Wagner-Festspiele ▪ Johann-Sebastian-Bach-Gymnasium ▪ Sankt-Marien-Kirche, St.-Marien-Kirche ▪ de-Gaulle-treu ▪ Van-Allen-Gürtel
Bei einer substantivischen Zusammensetzung schreibt man den Namenszusatz am Anfang des Wortes groß.	▪ De-Gaulle-Denkmal ▪ Van't-Hoff-Regel

K 138 Einen Bindestrich setzt man bei Zusammensetzungen mit einem Namen als zweitem Bestandteil und bei Zusammensetzungen aus zwei Namen ‹§ 46 (1)›. Handelt es sich aber um eine Gattungsbezeichnung, steht kein Bindestrich ‹§ 47›.	▪ Möbel-Müller ▪ Getränke-Wagner ▪ der Huber-Franz ▪ die Hofer-Marie ▪ die Bäcker-Anna ▪ Müller-Frankenfeld ▪ Suppenkaspar ▪ Wurzelsepp

K 139 Von mehrteiligen Namen abgeleitete Adjektive schreibt man mit Bindestrich ‹§ 49›.	▪ die heinrich-mannschen Romane (*auch:* die Heinrich-Mann'schen Romane) ▪ die von-bülowschen Zeichnungen (*auch:* die von-Bülow'schen Zeichnungen)

Geografische (erdkundliche) Namen

1. Die Schreibung von Städte- und Gemeindenamen ist behördlich festgelegt. Sie folgt im Prinzip dem allgemeinen Schreibgebrauch.	**1.** Freudental ▪ Freiburg im Breisgau ▪ Zell
2. In vielen Fällen ist jedoch an alten Schreibweisen festgehalten worden.	**2.** Frankenthal ▪ Freyburg/Unstrut ▪ Celle
3. Fremde geografische Namen werden gewöhnlich in der fremden Schreibweise geschrieben; in einigen Fällen gibt es jedoch eingedeutschte Formen.	**3.** Toulouse ▪ Philadelphia ▪ Rio de Janeiro ▪ Brüssel (*für:* Bruxelles) ▪ Ostende (*für:* Oostende) ▪ Kopenhagen (*für:* København)

K 140 Adjektive und Partizipien, die Bestandteil eines geografischen Namens sind, werden großgeschrieben ‹§ 60 (2)›. Das gilt auch für inoffizielle Namen ‹§ 60 (5)›.	▪ die Hohe Tatra ▪ der Kleine Belt ▪ das Schwarze Meer ▪ der Bayerische Wald ▪ der Ferne Osten ▪ die Neue Welt (Amerika)

K 141 Die von geografischen Namen abgeleiteten Wörter auf „-er" schreibt man immer groß ‹§ 61›.	▪ der Hamburger Hafen ▪ ein Frankfurter Sportverein ▪ Schwarzwälder Rauchschinken ▪ die Schweizer Banken
K 142 Die von geografischen Namen abgeleiteten Adjektive auf „-isch" werden kleingeschrieben, wenn sie nicht Teil eines Eigennamens sind ‹§ 62›.	▪ indischer Tee ▪ italienischer Salat ▪ russisches Roulette *aber:* ▪ die Holsteinische Schweiz ▪ die Spanische Hofreitschule (in Wien)
K 143 Zusammensetzungen mit geografischen Namen schreibt man im Allgemeinen ohne Bindestrich ‹§ 37 (3)›. Man kann jedoch einen Bindestrich setzen bei unübersichtlichen Zusammensetzungen oder wenn man den Namen hervorheben will ‹§ 45 (2), 51›.	▪ Nildelta, Rheinfall, Manilahanf, Großglocknermassiv, Kleinasien, Mittelfranken, Ostindien, Norddeutschland ▪ rheinabwärts, moskaufreundlich ▪ Mosel-Winzergenossenschaft ▪ Jalta-Abkommen ▪ Moskau-freundlich
K 144 **1.** Ein Bindestrich steht bei Zusammensetzungen aus zwei geografischen Namen. **2.** Er wird auch gesetzt, wenn nur der zweite Bestandteil ein geografischer Name ist und die ganze Zusammensetzung keinen offiziellen Namen bildet ‹§ 46 (2), E_2›.	**1.** Berlin-Schöneberg, München-Schwabing, Hamburg-Altona, Leipzig-Grünau, Rheinland-Pfalz, Nordrhein-Westfalen, Mecklenburg-Vorpommern **2.** Alt-Wien, Groß-London, Alt-Heidelberg (*Bei behördlich festgelegten Schreibungen gibt es unterschiedliche Formen:* Neuruppin, Groß Pankow, Klein-Auheim.)
K 145 **1.** Bei Ableitungen von mit Bindestrich geschriebenen Namen bleibt der Bindestrich erhalten ‹§ 48›. **2.** Ableitungen von mehrteiligen geografischen Namen erhalten einen Bindestrich, der jedoch bei Ableitungen auf „-er" auch weggelassen werden kann ‹§ 49 u. 49 E›.	**1.** alt-heidelbergisch ▪ Alt-Wiener Theater ▪ Schleswig-Holsteiner ▪ schleswig-holsteinisch **2.** sri-lankisch (*zu:* Sri Lanka) ▪ Sri-Lanker *oder* Sri Lanker ▪ New-Yorker *oder* New Yorker

K 146 Bindestriche setzt man bei Zusammensetzungen mit mehreren oder mehrteiligen Namen ‹§ 50›.	▪ Dortmund-Ems-Kanal, Saar-Nahe-Bergland, Rio-de-la-Plata-Bucht, Sankt-Gotthard-Tunnel, St.-Lorenz-Strom, Kaiser-Franz-Josef-Land, König-Christian-IX.-Land ▪ Mount-Everest-erprobt
K 147 **1.** Die Wörter „Sankt" und „Bad" stehen vor einfachen geografischen Namen ohne Bindestrich und getrennt ‹§ 46 E_2›. (Vgl. aber K 146.) **2.** Die zugehörigen Ableitungen auf „-er" schreibt man mit Bindestrich. Dieser Bindestrich kann aber auch weggelassen werden ‹§ 49 E›.	**1.** Sankt Blasien, St. Blasien ▪ Sankt Gotthard, St. Gotthard ▪ Bad Elster ▪ Bad Kissingen ▪ Stuttgart-Bad Cannstatt **2.** Sankt-Galler *oder* Sankt Galler (*aber nur:* sankt-gallisch) ▪ Bad-Kreuznacher *oder* Bad Kreuznacher
K 148 Nachgestellte Substantive können ohne oder mit Bindestrich stehen ‹§ 52›.	Frankfurt Stadt *oder* Frankfurt-Stadt Wiesbaden Süd *oder* Wiesbaden-Süd
K 149 **1.** Gleichrangige (nebengeordnete) Adjektive kann man zusammen- oder mit Bindestrich schreiben ‹§ 45 (2)›. **2.** Nur zusammen schreibt man, wenn der erste Bestandteil im Deutschen nicht selbstständig gebraucht wird ‹§ 36 (2)›.	**1.** die Entwicklung des deutschamerikanischen *oder* deutsch-amerikanischen Schiffsverkehrs ▪ die deutschschweizerischen *oder* deutsch-schweizerischen Verhandlungen **2.** afroamerikanische Beziehungen ▪ die afroamerikanische Kultur ▪ finnougrisch ▪ galloromanisch
Nicht gleichrangige Verbindungen dieser Art schreibt man in der Regel zusammen.	▪ die deutschamerikanische Literatur (Literatur der Deutschamerikaner) ▪ die schweizerdeutsche Mundart

Sonstige Namen

K 150 Alle zu einem mehrteiligen Namen gehörenden Adjektive, Partizipien, Pronomen und Zahlwörter schreibt man groß ‹§ 60›. Nicht am Anfang des Namens stehende Adjektive werden gelegentlich auch kleingeschrieben ‹§ 60 E_2›.	▪ der Kleine Bär (Sternbild) ▪ Römisch-Germanisches Museum ▪ Institut für Angewandte Geodäsie ▪ die Hängenden Gärten der Semiramis ▪ Vereinigte Evangelisch-Lutherische Kirche Deutschlands ▪ Gasthof zur Alten Schmiede ▪ die Französische Revolution ▪ Institut der deutschen Wirtschaft e. V. ▪ Gesellschaft für musikalische Aufführungs- und mechanische Vervielfältigungsrechte
K 151 **1.** Es gibt Wortgruppen (feste Begriffe), die keine Namen sind, obwohl sie oft als Namen angesehen werden. Hier schreibt man die Adjektive in der Regel klein ‹§ 63›. **2.** Ausnahmen bilden die folgenden Fälle: **a)** Titel und Ehrenbezeichnungen, **b)** Amtsbezeichnungen, **c)** besondere Kalendertage. **3.** Adjektive, die mit dem folgenden Substantiv einen idiomatisierten Gesamtbegriff bilden, können großgeschrieben werden; die Kleinschreibung der Adjektive ist aber auch hier der Regelfall ‹§ 64 E_1›. Im fachsprachlichen Schreibgebrauch hat sich in einigen Fällen die Adjektivgroßschreibung verfestigt ‹§ 64 E›.	**1.** schwarzer Tee ▪ das große Einmaleins ▪ die alten Bundesländer ▪ die angewandten Naturwissenschaften **2. a)** der Heilige Vater (der Papst) **b)** Erster Staatsanwalt **c)** Tag der Deutschen Einheit **3.** der letzte *oder* Letzte Wille ▪ das zweite *oder* Zweite Gesicht ▪ das gelbe *oder* Gelbe Trikot ▪ die aktuelle *oder* Aktuelle Stunde ▪ *Vorwiegend in Großschreibung:* die Erste Hilfe, die Große Kreisstadt
In der Botanik und Zoologie werden die deutschen Bezeichnungen der Arten, Unterarten und Rassen konsequent großgeschrieben.	▪ Schwarzer Holunder (Sambucus nigra) ▪ Nordische Wühlmaus (Microtus oeconomus)

Punkt

Zu weiteren Informationen:
↑Abkürzungen (K 1–6)
↑Anführungszeichen (K 10–11)
↑Klammern (K 99)

K 152 Der Punkt ist das neutrale Satzschlusszeichen. Er steht nach einem abgeschlossenen [auch mehrteiligen] Ganzsatz ‹§ 67› (sofern dieser nicht durch ein Fragezeichen als Frage ‹§ 70› oder durch ein Ausrufezeichen als besonders nachdrücklich gekennzeichnet ist ‹§ 67 E_2›).	▪ Es wird Frühling. ▪ Wir freuen uns auf euren Besuch. ▪ Wenn du willst, kannst du mitkommen. ▪ Das geht nicht. (*Als Frage:* Das geht nicht? *Mit Nachdruck:* Das geht nicht!)
Bei Ganzsätzen mit Nebensätzen ist der übergeordnete Satz für die Setzung des Schlusszeichens entscheidend.	▪ Sie weiß, wann er kommt. ▪ Weiß sie, wann er kommt? ▪ Sie sollte doch wissen, wann er kommt!
K 153 Der Punkt steht nicht nach frei stehenden (vom übrigen Text deutlich abgehobenen) Zeilen ‹§ 68›. Das gilt z. B. für: Überschriften, Buch- und Zeitungstitel ‹§ 68 (1)›, Anschriften in Briefen und auf Umschlägen, Datumszeilen, Grußzeilen, Unterschriften ‹§ 68 (3)› (Zur Briefanrede vgl. K 132.)	▪ Der Frieden ist gesichert Nach schwierigen Verhandlungen zwischen den Vertragspartnern ... ▪ Jedermann Das Spiel vom Sterben des reichen Mannes ▪ Die Aktion Wochenschrift für Politik, Literatur, Kunst ▪ Herrn K. Meier Rüdesheimer Straße 29 65197 Wiesbaden ▪ Mannheim, den 27. 7. 2012 ▪ Mit herzlichem Gruß Ihre Veronika Meier
K 154 Der Punkt steht nach Zahlen, um sie als Ordnungszahlen zu kennzeichnen ‹§ 104›. Steht eine Ordnungszahl mit Punkt am Satzende, so wird kein zusätzlicher Schlusspunkt gesetzt ‹§ 105›.	▪ Sonntag, den 15. April ▪ Friedrich II., König von Preußen ▪ Katharina von Aragonien war die erste Frau Heinrichs VIII.

Schrägstrich

K 155 Der Schrägstrich kann zur Angabe von Größen- oder Zahlenverhältnissen im Sinne von „je" oder „pro" gebraucht werden ‹§ 106 (3)›.	▪ Wir fuhren durchschnittlich 120 km/h. ▪ 100 Ew./km² (= 100 Einwohner je Quadratkilometer)
K 156 Der Schrägstrich fasst Wörter oder Zahlen zusammen. Das gilt vor allem für **1.** die Angabe mehrerer Möglichkeiten, **2.** die Verbindung von Personen, Institutionen, Orten u. a., **3.** Jahreszahlen oder andere kalendarische Angaben ‹§ 106 (1)›.	**1.** Ich/Wir überweise[n] von meinem/unserem Konto ... ▪ für Männer und/oder Frauen ▪ die Kolleginnen/Kollegen vom Betriebsrat ▪ unsere Mitarbeiter/-innen ▪ Bestellungen über 50/100/200 Stück **2.** das Wörterbuch von Muret/Sanders ▪ Die Pressekonferenz der CDU/CSU wurde mit Spannung erwartet. ▪ In dieser Bootsklasse siegte die Renngemeinschaft Ratzeburg/Kiel. **3.** 1870/71; im Wintersemester 98/99; so um den 4./5. Mai ▪ der Katalog für Herbst/Winter 2012 ▪ der Herbst/Winter-Katalog *oder* Herbst-Winter-Katalog ▪ der Beitrag für März/April/Mai ▪ Ende April/Anfang Mai
K 157 Der Schrägstrich gliedert Akten- oder Diktatzeichen o. Ä. ‹§ 106 (2)›.	▪ M/III/47 ▪ Dr. Dr/Ko ▪ Rechn.-Nr. 1427/09

Semikolon

K 158	
Das Semikolon kann zwischen gleichrangigen Sätzen oder Wortgruppen stehen, wo der Punkt zu stark, das Komma zu schwach trennen würde ‹§ 80›. Es kann auch verwendet werden, um zusammengehörige Gruppen in Aufzählungen zu markieren.	▪ Man kann nicht jede Frage nur mit Ja oder Nein beantworten; oft muss man etwas weiter ausholen. *(Hier könnte statt des Semikolons auch ein Punkt oder ein Komma stehen.)* ▪ Unser Proviant bestand aus gedörrtem Fleisch, Speck und Rauchschinken; Ei- und Milchpulver; Reis, Nudeln und Grieß. *(Hier könnten statt der Semikolons auch Kommas stehen.)*

ss und ß

Zur Schreibung in Namen vgl. auch S. 82 u. 91.

K 159	
1. Für den stimmlosen s-Laut nach langem Vokal oder Doppellaut (Diphthong) schreibt man ß. **2.** Dies gilt jedoch nur, wenn der s-Laut in allen Beugungsformen stimmlos bleibt und wenn im Wortstamm kein weiterer Konsonant folgt. ‹§ 23 u. 25›. **3.** Für den stimmlosen s-Laut nach kurzem Vokal schreibt man ss. Das gilt auch im Auslaut der Wortstämme ‹§ 2›. **4.** Wörter auf „-nis" und bestimmte Fremdwörter werden nur mit einem s geschrieben, obwohl ihr Plural mit Doppel-s gebildet wird ‹§ 4 u. 5›.	**1.** Blöße, Maße, Maß, grüßen, grüßte, Gruß außer, reißen, es reißt, Fleiß, Preußen *Ausnahmen:* aus, heraus usw. **2.** Haus (*stimmhaftes s in* Häuser) ▪ Gras (*stimmhaftes s in* Gräser) ▪ sauste (*stimmhaftes s in* sausen) ▪ meistens *(folgender Konsonant im Wortstamm)* **3.** Masse, Kongress, wässrig, Erstklässler, dass (Konjunktion) ▪ hassen, ihr hasst ▪ Fluss, Flüsse ▪ essen, du isst, iss! ▪ Missetat, missachten *Ausnahmen:* das (Pronomen, Artikel), was, des, wes, bis **4.** Zeugnis (*trotz:* Zeugnisse) ▪ Geheimnis (*trotz:* Geheimnisse) ▪ Bus (*trotz:* Busse) ▪ Atlas (*trotz:* Atlasse)
In Personennamen oder geografischen Namen kann die Schreibung des stimmlosen s-Lauts von den amtlichen Regeln abweichen.	▪ Theodor Heuss (erster deutscher Bundespräsident) ▪ Neuss (Stadt am Niederrhein)

K 160

1. Fehlt das ß auf der Tastatur eines Computers oder einer Schreibmaschine, schreibt man dafür ss. In der Schweiz kann das ß generell durch ss ersetzt werden ‹§ 25 E_2›.
2. Auch bei Verwendung von Großbuchstaben steht SS für ß ‹§ 25 E_3›.
3. Bei der Worttrennung wird dieses ss wie andere Doppelkonsonanten behandelt ‹§ 108›.

1. Strasse (*statt:* Straße), aussen (*statt:* außen), Fussball (*statt:* Fußball)
2. STRASSE, AUSSEN, FUSSBALL
3. Stras-se, aus-sen, Fuss-ball

In Dokumenten kann bei Namen aus Gründen der Eindeutigkeit auch bei Großbuchstaben das ß verwendet werden.
Für den im internationalen Standard-Zeichensatz „Unicode" (ISO/IEC 10646) verzeichneten Großbuchstaben für das ß gibt es derzeit noch keine allgemein verwendete Schriftform.
Er ist nicht Gegenstand der amtlichen Rechtschreibregelung.

- HEINZ GROßE

Straßennamen

Für die Schreibung der Namen von öffentlichen Straßen, Plätzen, Brücken u. Ä. gelten im Allgemeinen dieselben Regeln wie für sonstige Namen. Abweichende Einzelfestlegungen durch die jeweils zuständigen Behörden kommen jedoch vor.

K 161 Das erste Wort eines Straßennamens wird großgeschrieben, ebenso alle zum Namen gehörenden Adjektive und Zahlwörter ‹§ 60 (2.2)›.	▪ Im Trutz ▪ Am Alten Lindenbaum ▪ Kleine Bockenheimer Straße ▪ An den Drei Tannen
K 162 **1.** Zusammengesetzte Straßennamen schreibt man zusammen ‹§ 37 E_2›. **2.** Getrennt schreibt man jedoch, wenn eine Ableitung auf „-er" von einem Orts- oder Ländernamen vorliegt ‹§ 38 u. 49 E›. **3.** Straßennamen, die mit mehrteiligen Namen zusammengesetzt sind, schreibt man mit Bindestrichen ‹§ 50›.	**1.** Bahnhofstraße, Rathausgasse, Bismarckring, Beethovenplatz, Schlossallee ▪ Neumarkt, Langgasse, Hochstraße (*Aber bei gebeugtem Adjektiv:* Neuer Markt, Lange Gasse, Hohe Straße) **2.** Leipziger Straße, Am Saarbrücker Tor, Thüringer Platz, Kalk-Deutzer Straße, Bad Homburger Weg *oder* Bad-Homburger Weg (*Aber, da keine Ableitungen, sondern selbst auf „-er" endende Orts-, Völker- oder Familiennamen:* Drusweilerweg, Römerplatz, Herderstraße) **3.** Georg-Büchner-Straße, Kaiser-Friedrich-Ring, Van-Dyck-Weg, E.-T.-A.-Hoffmann-Straße, Carl-Maria-von-Weber-Allee, Berliner-Tor-Platz, Am St.-Georgs-Kirchhof, Bad-Kissingen-Straße, Sankt-Blasien-Weg, Von-Repkow-Platz, Bürgermeister-Dr.-Meier-Allee
In der Schweiz werden Straßennamen, die die Ableitung eines geografischen Namens auf „-er" enthalten, gewöhnlich zusammengeschrieben.	▪ Zürcherallee ▪ Engadinerweg ▪ Hottingerplatz

K 163 Bei der Zusammenfassung mehrerer Straßennamen setzt man einen Ergänzungsstrich, wenn ein Teil einer Zusammensetzung erspart wird ‹§ 98›.	▪ Ecke [der] Motz- und Kleiststraße ▪ Ecke Motz-/Kleiststraße ▪ Ecke [der] Motz- und Ansbacher Straße ▪ Ecke Motz-/Ansbacher Straße ▪ Ecke [der] Motz- und Albrecht-Dürer-Straße ▪ Ecke Motz-/Albrecht-Dürer-Straße ▪ Ecke [der] Albrecht-Dürer- und Motzstraße ▪ Ecke Albrecht-Dürer-/Motzstraße ▪ Ecke [der] Ansbacher und Motzstraße

Worttrennung

Da jede Worttrennung das Lesen erschwert, sollte am Zeilenende möglichst nur dann getrennt werden, wenn sich so ein angemessener Raumgewinn ergibt.

Für die Trennung der Wörter am Zeilenende gibt es zwei Grundprinzipien: Man trennt einfache Wörter nach Sprechsilben, wie sie sich beim langsamen Vorlesen ergeben, und man trennt zusammengesetzte Wörter und Wörter mit Vorsilben nach ihren erkennbaren Bestandteilen.

Dabei können folgende Schwierigkeiten auftreten:
1. Bei mehreren aufeinanderfolgenden Konsonanten führt auch das langsame Vorlesen nicht immer zu einer eindeutigen Festlegung der Silbengrenze. Deshalb gibt es hier eine „mechanische" Regelung, nach der nur der letzte Konsonant auf die neue Zeile kommt (vgl. K 164). Diese Regel gilt generell bei einheimischen Wörtern; für Fremdwörter ist sie aber in bestimmten Fällen nur eine Kannregel (vgl. K 166).
2. Nicht immer sind die Bestandteile von Zusammensetzungen klar erkennbar. In solchen Fällen ist neben der Trennung nach Bestandteilen auch die Trennung nach Sprechsilben korrekt.

Die Trennung einfacher Wörter

K 164

1. Mehrsilbige einfache Wörter trennt man so, wie sie sich beim langsamen Vorlesen in Silben zerlegen lassen ‹§ 107›. Einzelne Vokalbuchstaben am Wortanfang oder -ende werden jedoch nicht abgetrennt. Das gilt auch bei Zusammensetzungen ‹§ 107 E_1›.

1. Freun-de, Män-ner, Mül-ler, Mül-le-rin, for-dern, wei-ter, Or-gel, kal-kig, Bes-se-rung, Brau-e-rei, fe-en-haft, Se-en-plat-te
- Bal-kon, Bal-ko-ne, Fis-kus, Ho-tel, Pla-net, Kon-ti-nent, Re-mi-nis-zenz, Na-ti-on, Na-ti-o-nen, El-lip-se, po-e-tisch, In-di-vi-du-a-list
- aber-mals, Über-see, Fluss-aue
- Fei-er-abend, Olym-pia-dorf

2. Ein einzelner Konsonant im Wortinneren kommt in der Regel auf die neue Zeile; von mehreren Konsonanten trennt man nur den letzten ab ‹§ 110› (vgl. aber K 166).

2. tre-ten, nä-hen, Ru-der, rei-ßen, bo-xen, Ko-kon, Na-ta-li-tät, Kre-ta, Chi-na
- An-ker, Fin-ger, war-ten, Fül-lun-gen, Knos-pen, Kat-zen, Städ-ter, neh-men, Ar-sen, Kas-ko, Pek-tin, Un-garn, At-lan-tik, Kas-ten, bes-tens, Hus-ten
- kämp-fen, Karp-fen, Drechs-ler, dunk-le, gest-rig, and-re, Bess-rung
- schöns-te, be-deu-tends-te
- Grü-ße, hei-ßen

3. Steht ss als Ersatz für ß zwischen zwei Vokalen, dann wird zwischen den beiden s getrennt ‹§ 110›.

3. Grüs-se (*statt:* Grü-ße), heis-sen (*statt:* hei-ßen) (*Aber:* scheuss-lich)

Das frühere Verbot der Trennung von st gilt nicht mehr.

- las-ten, läs-tig, sechs-te, er brems-te, des Diens-tes, Akus-tik, Hys-te-rie

K 165

Die Konsonantenverbindungen ch, ck und sch, in Fremdwörtern auch ph, rh, sh und th, bleiben ungetrennt, wenn sie für einen einfachen Laut stehen ‹§ 111›.

- Bü-cher, Zu-cker, ba-cken, Fla-sche
- Ma-che-te, Pro-phet, Myr-rhe, Ca-shew-nuss, ka-tho-lisch

Die Doppellaute (Diphthonge) ai, au, äu, ei, eu, oi [gesprochen o̯y] werden nicht abgetrennt. Auch in Wörtern aus dem Französischen bleibt oi [gesprochen o̯a, vor n: o̯ɛ̃] besser ungetrennt. Die stummen Dehnungsbuchstaben e und i werden ebenfalls nicht abgetrennt. Das stumme w in der Namensendung „-ow" wird wie andere Konsonanten behandelt.

- Kai-ser, Trau-ung, Räu-ber, ei-nig, Eu-le, Broi-ler
- Cloi-son-né, moi-riert, Poin-te
- Wie-se
- Coes-feld [*gesprochen* 'ko:s...]
- Trois-dorf [*gesprochen* 'tro:s...]
- Tel-to-wer Rübchen

K 166 In Fremdwörtern können Konsonantengruppen wie die folgenden ungetrennt bleiben ‹§ 112›: ▪ bl, cl, fl, gl, kl, phl, pl ▪ br, cr, dr, fr, gr, kr, phr, pr, thr, tr, vr ▪ gn, kn	▪ Pu-bli-kum *oder* Pub-li-kum ▪ Re-gle-ment *oder* Reg-le-ment ▪ Zy-klus *oder* Zyk-lus ▪ Di-plom *oder* Dip-lom ▪ Fe-bru-ar *oder* Feb-ru-ar ▪ Hy-drant *oder* Hyd-rant ▪ Ar-thri-tis *oder* Arth-ri-tis ▪ In-dus-trie *oder* In-dust-rie ▪ Li-vree *oder* Liv-ree ▪ Ma-gnet *oder* Mag-net

Die Trennung zusammengesetzter Wörter

K 167 **1.** Zusammengesetzte Wörter und Wörter mit Vorsilben werden nach ihren Bestandteilen getrennt ‹§ 108›. **2.** Die einzelnen Bestandteile trennt man nach den voranstehenden Regeln. **3.** Wird ein Wort nicht mehr als Zusammensetzung erkannt oder empfunden, so ist auch die Trennung nach Sprechsilben korrekt ‹§ 113›.	**1.** Diens-tag, Stadt-staat, Kahl-schlag, tod-schick, Ver-kauf, be-stimmt, ge-treu ▪ Sweat-shirt, Hard-ware, Pro-gramm, Ex-press ▪ Neu-stadt, Inns-bruck **2.** Klei-der-schrank, Ho-sen-trä-ger, ge-ra-ten, Ver-bin-dung ▪ Trans-ak-ti-on, ka-pi-tal-in-ten-siv **3.** wa-rum *oder* war-um ▪ ei-nan-der *oder* ein-an-der ▪ He-li-kop-ter *oder* He-li-ko-pter ▪ in-te-res-sant *oder* in-ter-es-sant ▪ Mai-nau *oder* Main-au

K 168 Trennungen, die den Leseablauf stören oder den Wortsinn entstellen, sollte man vermeiden ‹§ 107 E_2›.	*Man trennt also nach Möglichkeit* ▪ Spar-gelder *statt* Spargel-der ▪ be-inhalten *statt* bein-halten ▪ An-alphabet *statt* Anal-phabet
Auch die Trennung bei Apostrophen und Schrägstrichen ist nicht zu empfehlen.	▪ Bis-marck'sche *und nicht* Bismarck'-sche Schöne-feld/Mayer *und nicht* Schönefeld/-Mayer

Zahlen und Ziffern

Zu weiteren Informationen:
↑Bindestrich (K 26 u. 29–31)
↑Getrennt- und Zusammenschreibung (K 65 u. 66)
↑Groß- und Kleinschreibung (K 78–80)

Außerdem:
↑Textverarbeitung und E-Mails (S. 117)

1. Ganze Zahlen aus mehr als drei Ziffern können von der Endziffer aus durch Zwischenräume in dreistellige Gruppen gegliedert werden.
2. Postleitzahlen werden im Allgemeinen nicht gegliedert.
3. Bei Zahlen, die eine Nummer darstellen, sind auch andere Gruppierungen als die Dreiergliederung gebräuchlich.

1. 3 000 000 EUR
   - 4 512 richtige Einsendungen
   - 34 512 zahlende Zuschauer
   - 134 512 Einwohner
2. 68167 Mannheim
3. Tel. 0621 709614
   - BLZ 500 914 00
   - ISBN 978-3-411-04012-2

Zusammentreffen von drei gleichen Buchstaben

K 169 Treffen bei Zusammensetzungen drei gleiche Buchstaben aufeinander, kann zur besseren Lesbarkeit ein Bindestrich gesetzt werden ‹§ 45 (4)›.

- Kaffeeersatz *oder* Kaffee-Ersatz
- Kunststoffflasche *oder* Kunststoff-Flasche
- Kongressstadt *oder* Kongress-Stadt
- Geschirrreiniger *oder* Geschirr-Reiniger
- Kennnummer *oder* Kenn-Nummer

Bei der Zusammenschreibung ohne Bindestrich darf keiner der drei Buchstaben entfallen. (Eine Ausnahme bilden die Wörter „dennoch", „Drittel" und „Mittag" ‹§ 4 (8)›.)

Brennnessel, Schifffahrt, Balletttruppe, schneeerhellt, helllila, grifffest, schnelllebig, stickstofffrei, fetttriefend (*Vgl. auch* K 25.)

Textverarbeitung und E-Mails

Die folgenden, nach Schlagwörtern alphabetisch geordneten Hinweise gelten für Satzsysteme und für moderne Textverarbeitungssysteme. Diese nähern sich im hier behandelten Bereich den Möglichkeiten von Satzsystemen immer mehr an.

Für die Textverarbeitung und E-Mails gilt die DIN 5008, deren Empfehlungen immer dann angeführt werden, wenn sich Abweichungen zu den allgemeinen Richtlinien ergeben.

Um eine problemlose Umwandlung elektronisch gespeicherter Texte in Schriftsatz zu gewährleisten, sollte schon die Texterfassung in Absprache mit der Druckerei erfolgen.

Einzelheiten, die im Folgenden nicht erfasst sind, und sachlich begründete Abweichungen sollten – als Anleitung für Korrektoren und Setzer – in einer besonderen Satzanweisung für das betreffende Werk festgelegt werden.

Abkürzungen

Vgl. hierzu auch K1–K6 und K28 im Abschnitt »Rechtschreibung und Zeichensetzung«.

1. Leerschritte und Zwischenräume

Nach Abkürzungen folgt ein Leerschritt. Das gilt nach DIN 5008 auch für mehrere aufeinanderfolgende Wörter, die jeweils mit einem Punkt abgekürzt sind. In der Textverarbeitung wird innerhalb von Abkürzungen zwischen den einzelnen Elementen ein sogenannter »geschützter Leerschritt« gesetzt, der einen Zeilenumbruch an dieser Stelle unterbindet und mit einem kleineren Zwischenraum (Festabstand) verbunden ist.	... desgl. ein paar Strümpfe ... ... z. B. ein Zeppelin ... ... Hüte, Schirme, Taschen u. a. m.

2. Am Satzanfang

Abkürzungen, die für mehr als ein Wort stehen, werden am Satzanfang in der Regel nicht verwendet.	*nicht:* Z. B. hat ... M. a. W. ... *sondern:* Zum Beispiel hat ... Mit anderen Worten ...

3. S., Bd., Nr., Anm.

Abkürzungen wie S., Bd., Nr., Anm. sollten nur verwendet werden, wenn ihnen kein Artikel und keine Zahl vorangeht.	S. 5, Bd. 8, Nr. 4, Anm. B *aber:* die Seite 5, der Band 8, die Nummer 4, die Anmerkung B 5. Seite, 8. Band, 4. Nummer

4. Trennung

Die Trennung von mehrteiligen Abkürzungen sollte nach Möglichkeit vermieden werden. Ebenso sollten auch abgekürzte Maß- und Währungseinheiten nicht von den dazugehörigen Zahlen getrennt werden. Vgl. auch ↑Festabstände.	*nicht:* Die Hütte liegt 2 800 m ü. d. M. *sondern:* Die Hütte liegt 2 800 m ü. d. M. *nicht:* Für die Umstellung werden 160 € berechnet. *sondern:* Für die Umstellung werden 160 € berechnet.

Anführungszeichen

Im deutschen Schriftsatz werden im Allgemeinen die Anführungszeichen „…“ und »…« sowie ihre einfachen Formen ‚…‘ und ›…‹ verwendet. Sie stehen ohne Zwischenraum vor und nach den eingeschlossenen Textabschnitten, Wörtern u. a. In anderen Sprachen finden sich: “…”, ‘…’, «…», ‹…›, ”…”, „…”, »…».

„Ja“, sagte er.
Sie rief: »Ich komme gleich!«

Bei einzelnen aus fremden Sprachen angeführten Wörtern und Wendungen werden die Anführungszeichen wie im deutschen Text gesetzt.

Der „guardia“ ist so etwas wie ein Abschnittsbevollmächtigter.

Werden dagegen ganze Sätze oder Absätze aus fremden Sprachen zitiert, dann verwendet man die in dieser Sprache üblichen Anführungszeichen.

Ein englisches Sprichwort lautet: “Early to bed and early to rise makes a man healthy, wealthy, and wise.”
Cavours letzte Worte waren: «Frate, frate! Libera chiesa in libero stato!»

Vgl. auch K7–K12 im Abschnitt »Rechtschreibung und Zeichensetzung«.

Anmerkungszeichen

↑Fußnoten- und Anmerkungszeichen

Anrede und Gruß in Briefen

Anrede und Grußformel werden vom übrigen Brieftext durch jeweils eine Leerzeile abgesetzt.

Sehr geehrter Herr Schmidt,

gestern erhielten wir Ihre Nachricht vom …
Wir würden uns freuen, Sie bald hier begrüßen zu können.

Mit freundlichen Grüßen

Kraftwerk AG

Vgl. auch S. 120 ff.

Anschrift

Anschriften auf [nicht elektronischen] Postsendungen werden zeilenweise ohne Leerzeilen gegliedert. Man unterteilt hierbei wie folgt:

[Art der Sendung];
[Firmen]name;
Postfach oder Straße und Hausnummer [Wohnungsnummer];
Postleitzahl, Bestimmungsort
[Bestimmungsland]

Die Postleitzahl wird nicht ausgerückt, der Bestimmungsort nicht unterstrichen.
Bei Postsendungen ins Ausland empfiehlt die Deutsche Post, Bestimmungsort und Bestimmungsland in Großbuchstaben zu schreiben. Das früher übliche Voranstellen des Landeskennzeichens vor die Postleitzahl des Bestimmungsortes (z. B. A- für Österreich) wird nicht mehr empfohlen.
Am Zeilenende stehen keine Satzzeichen; eine Ausnahme bilden Abkürzungspunkte sowie die zu Kennwörtern o. Ä. gehörenden Anführungs-, Ausrufe- oder Fragezeichen.

Bei E-Mails besteht die international standardisierte Adresse aus dem Empfängernamen, dem Zeichen @ und der organisatorischen oder geografischen Kennung des Rechnerstandortes. Leerzeichen (Blanks) werden nicht gesetzt; als Abgrenzungszeichen dienen Punkt, Bindestrich oder Unterstrich. Die Umlaute ä, ö, ü werden als ae, oe, ue geschrieben; ß wird durch ss ersetzt.

Einschreiben
Bibliographisches Institut GmbH
Mecklenburgische Straße 53
14197 Berlin

Herrn
Helmut Schildmann
Jenaer Straße 18 a
99425 Weimar

Frau
Maria Baeren
Münsterplatz 8
3000 BERN
SCHWEIZ

Herrn Major a. D.
Kurt Meier
Postfach 90 10 98
60450 Frankfurt am Main

Reisebüro Bauer
Kennwort »Ferienlotterie«
Postfach 70 96 14
1121 WIEN
ÖSTERREICH

c_mueller@klinikum.rwth-aachen.de

Cornelia.Rimmler@auto-welker.de

Gert.Seibler@t-online.de

Antiqua im Fraktursatz

1. Wörter aus Fremdsprachen

Fremdsprachige Wörter und Wortgruppen, die nicht durch Schreibung, Beugung oder Lautung als eingedeutscht erscheinen, müssen im Fraktursatz in Antiqua gesetzt werden. Dies gilt besonders für die italienischen Fachausdrücke in der Musik. Solche fremdsprachigen Wörter werden aber dann in Fraktur gesetzt, wenn sie in Schreibung, Beugung oder Lautung eingedeutscht sind oder mit einem einheimischen Wort zusammengesetzt werden.	en avant, en vogue, all right, in praxi, in petto, a conto, dolce far niente Agent Provocateur, Tempi passati, Agnus Dei andante, adagio, moderato, vivace *usw.* Er spielte ein Adagio (*nicht:* adagio). Die Firma leistete eine Akontozahlung (*nicht:* A-conto-Zahlung).

2. Bindestriche im gemischten Satz

Treffen bei zusammengesetzten Wörtern Teile in verschiedener Schriftart aufeinander, dann wird der Bindestrich aus der Textschrift gesetzt.	Das sinkende Schiff sandte SOS-Rufe.

Apostroph

Dem Apostroph am Wortanfang geht im Allgemeinen der regelmäßige Wortzwischenraum voran. Bei umgangssprachlichen Zusammenziehungen mit 's (für »es«) wird aber der Zwischenraum meistens weggelassen. Vgl. auch K13–K16 im Abschnitt »Rechtschreibung und Zeichensetzung«.	Aber 's kam anders. So 'n Mann hat gesagt ... Wie geht's dir? Wenn's weiter nichts ist. Hab ich's nicht gesagt?

Auslassungspunkte

Um eine Auslassung in einem Text zu kennzeichnen, werden drei Punkte gesetzt. Vor und nach den Auslassungspunkten wird jeweils ein Wortzwischenraum gesetzt, wenn sie für ein selbstständiges Wort oder mehrere Wörter stehen. Bei Auslassung eines Wortteils werden sie unmittelbar an den Rest des Wortes angeschlossen.	Keiner der genannten Paragrafen ... ist im vorliegenden Fall anzuwenden. Sie glaubten in Sicherheit zu sein, doch plötzlich ... Mit »Para...« beginnt das gesuchte Wort.
Am unmittelbaren Satzende wird kein zusätzlicher Schlusspunkt gesetzt. Satzzeichen werden ohne Zwischenraum angeschlossen.	Vielen Dank für Ihr Schreiben vom ... Wir freuen uns über Ihre Zusage. Bitte wiederholen Sie den Abschnitt nach »Wir möchten Sie auffordern ...«.

Ausrufezeichen

↑Satzzeichen

Bindestrich

Der Bindestrich entspricht typografisch dem Trennstrich (Divis) der jeweiligen Schrift.	Hals-Nasen-Ohren-Arzt, C-Dur-Tonleiter ... Maschendraht- zaun ...
Als Ergänzungsstrich steht der Bindestrich unmittelbar vor oder nach dem zu ergänzenden Wortteil. Bei der Kopplung oder Aneinanderreihung gibt es zwischen den verbundenen Wörtern oder Schriftzeichen und dem Bindestrich ebenfalls keine Leerschritte. Darüber hinaus findet der Bindestrich Verwendung als Trennstrich bei der Worttrennung. Nach DIN 5008 kann er auch als Gedankenstrich, als Rechenzeichen, als Strich für Strecken, beim Datum, als Untersatzzeichen, bei Unterführungen und als Strich für »bis« und »gegen« dienen. Vgl. auch K21–K31 im Abschnitt »Rechtschreibung und Zeichensetzung«.	Laub- und Nadelbäume Eisengewinnung und -verarbeitung Textilgroß- und -einzelhandel Hals-Nasen-Ohren-Arzt St.-Martins-Kirche C-Dur-Tonleiter Berlin-Schöneberg Hawaii-Insel UKW-Sender 3- bis 4-mal

»bis«

↑Strich für »gegen« und »bis«

Datum

1. Reihenfolge Die im deutschsprachigen Raum übliche Reihenfolge ist: Tag, Monat, Jahr. Nach DIN 5008 soll gemäß internationaler Norm die Reihenfolge Jahr, Monat, Tag eingehalten werden. Tag und Monat sollen bei der reinen Zahlenangabe zweistellig angegeben werden. Die Jahreszahl wird vorzugsweise mit vier Ziffern geschrieben.	Mannheim, den 1. 9. 2012 am 10. 5. 1963 geboren 2012-09-01
2. Abstände In der Textverarbeitung wird zwischen Tag und Monat ein kleinerer Zwischenraum (Festabstand, geschützter Leerschritt), vor dem Jahr ein normaler Wortabstand gesetzt. Erfolgt die Jahresangabe nur zweistellig, wird auch davor ein kleinerer Zwischenraum gesetzt.	15. 08. 2014 27. 12. 1993
Nach DIN 5008 wird das nur in Zahlen angegebene Datum ohne Leerschritte gegliedert. Schreibt man den Monatsnamen in Buchstaben, setzt man zwischen den einzelnen Angaben je einen Leerschritt.	05.07.2014 21. Juli 2014
3. Gliederungszeichen Bei der traditionellen Datumsangabe mit der Reihenfolge Tag, Monat, Jahr wird ein Punkt nach den Zahlen für Tag und Monat gesetzt. Die Jahresangabe steht ohne Punkt.	13.12.2013 23.08.2008
Bei der Datumsangabe nach DIN 5008 mit der Reihenfolge Jahr, Monat, Tag wird durch Trennstriche gegliedert.	2013-09-24
Zur Zusammenfassung von aufeinanderfolgenden oder aus der Geschichte geläufigen Jahreszahlen wird ein Schrägstrich verwendet.	2013/2014 1914/18
Die allein stehende zweistellige Jahresangabe steht ohne Apostroph.	in den Jahren 08 und 09

Divis

↑Bindestrich

Doppelpunkt

↑Satzzeichen

Einheitenzeichen

Besteht die Ziffer vor einer Einheit oder die Einheit aus nur einem Zeichen, so ist ein kleinerer Zwischenraum (Festabstand, geschützter Leerschritt) zu setzen. Die Trennung von Ziffer und Einheit am Zeilenende sollte vermieden werden.	300 V Höchstgewicht: 2kg
Nach DIN 5008 werden Einheitenzeichen mit einem Leerschritt hinter der Ziffer geschrieben. In Fachtexten unterscheidet man die Einheitenzeichen durch gerade Schrift von den kursiv zu setzenden Formelzeichen (vgl. den Abschnitt »Formeln«).	5 000 km ein Luftdruck von 998 hPa

Einrücken

↑Hervorhebungen

Et-Zeichen (&)

Das Et-Zeichen & ist gleichbedeutend mit »und«, wird aber nur bei Firmenbezeichnungen und in daran angelehnten Titeln, Überschriften usw. angewendet. In allen anderen Fällen steht »u.« als Abkürzung für »und«.	C & A Müller & Co. Meyer & Neumann Giraffe, Erdmännchen & Co. (Fernsehserie) Erscheinungstermin für Bd. I u. II die Hochzeit von Lisa u. Heinz

Fehlende Zeichen

Auf der Tastatur fehlende Zeichen können in einigen Fällen durch Kombinationen anderer Zeichen ersetzt werden: Die Umlaute ä, ö, ü kann man als ae, oe, ue schreiben. Das ß kann durch ss wiedergegeben werden. Besonders im internationalen E-Mail-Verkehr kann der Verzicht auf Umlaute, Sonderzeichen (z. B. Akzente) und den Buchstaben ß sinnvoll sein, da diese Zeichen von den Mailprogrammen der Empfänger/-innen oft nicht angemessen umgesetzt werden.	südlich – suedlich SÜDLICH – SUEDLICH mäßig – maessig Fußsohle – Fusssohle

Festabstände

Festabstände sind nicht variable, meist kleinere Zwischenräume zwischen Zeichen. Sie dienen sowohl der Ästhetik als auch der besseren Lesbarkeit von Texten, indem sie Zusammengehöriges verbinden oder Unübersichtliches gliedern. Ihre Eingabe lässt sich – heute auch am PC – mit einer Trennungssperre verbinden (geschützter Leerschritt), sodass auf diese Weise verbundene Zeichen am Zeilenende nicht auseinandergerissen werden können. Festabstände werden beispielsweise verwendet bei Abkürzungen, beim Datum, bei der Gliederung von Nummern, bei Paragrafzeichen, Rechenzeichen, Zahlen und Einheiten.	v. l. n. r. d. Gr. a. D. 28. 8. 2003 16.12. 04 Güteklasse 1 a § 17 ff. 6 + 2 = 8 7 513 499 €

Formeln

Mathematische, physikalische und chemische Formeln sollten nach Möglichkeit eingerückt und auf eine eigene Zeile gestellt werden sowie ungetrennt bleiben. Ist eine Trennung der Formel unvermeidlich, dann sollte nur am Gleichheitszeichen (oder einem ähnlichen Zeichen wie ≡, ≈, ≤, ~), wenn auch das nicht möglich ist, an einem Rechenzeichen umbrochen werden. Nach DIN 1338 werden Formelzeichen im Satz durch kursive Schrift von den gerade zu setzenden Einheitenzeichen unterschieden.	$CH_3—CHCl_2$ $10^{-6} = \frac{1}{1\,000\,000}$ $= 0{,}000\,001$ *m* (Masse) m (Meter) *V* (Volumen) V (Volt)

Fragezeichen

↑Satzzeichen

Fraktursatz

↑Antiqua im Fraktursatz, Ligaturen, s-Laute im Fraktursatz

Fußnoten- und Anmerkungszeichen

Als Fußnoten- und Anmerkungszeichen sind heute fast nur noch hochgestellte Ziffern ohne Klammern üblich.

Die verschiedenen Holzsorten[1] werden mit Spezialklebern[2] verarbeitet und später längere Zeit[3] getrocknet.

[1] Zum Beispiel Fichte, Eiche, Buche.

[2] Vorwiegend Zweikomponentenkleber.

[3] Etwa 4 bis 6 Wochen.

Treffen Fußnotenzeichen mit Satzzeichen zusammen, gilt folgende Grundregel: Wenn sich die Fußnote auf den ganzen Satz bezieht, steht die Ziffer nach dem schließenden Satzzeichen; wenn die Fußnote sich nur auf das unmittelbar vorangehende Wort oder eine unmittelbar vorangehende Wortgruppe bezieht, steht die Ziffer vor dem schließenden Satzzeichen.

Im Tagungsbericht heißt es, der Vortrag behandele »einige Aspekte der Internetkommunikation«.[1]

[1] Das Skript finden Sie auch auf unserer Homepage.

(Anmerkung zu dem ganzen Satz.)

Im Tagungsbericht heißt es, der Vortrag behandele »einige Aspekte der Internetkommunikation«[1].

[1] Tagungsbericht S. 12.

(Stellenangabe für das Zitat.)

Im Tagungsbericht heißt es, der Vortrag behandele »einige Aspekte der Internetkommunikation[1]«.

[1] Besonders das Sprachverhalten in E-Mails.

(Anmerkung zu einem einzelnen Wort des Zitats.)

Fußnoten werden nach DIN 5008 mit einem Fußnotenstrich vom übrigen Text abgegrenzt und mit einfachem Zeilenabstand geschrieben. Zwischen Fließtext und Fußnotenstrich muss mindestens eine Leerzeile stehen.

Die Untersuchung befasst sich vor allem mit »dem massenhaften Gebrauch der Heiligennamen«[1].

---

[1] P. Müller, 189.

Gedankenstrich

Der Gedankenstrich ist länger als der Bindestrich und in der Regel kürzer als das Minuszeichen. Gesetzt wird er mit vorausgehendem und folgendem Wortabstand. Er soll nach Möglichkeit nicht am Zeilenanfang stehen.
Vgl. auch ↑Streckenstrich, ↑Strich bei Währungsangaben, ↑Strich für »gegen« und »bis«; K43–K46 im Abschnitt »Rechtschreibung und Zeichensetzung«.

Diese Frau – ich habe sie schon vor vielen Jahren kennengelernt – hat eine außergewöhnliche Begabung.

»gegen«

↑Strich für »gegen« und »bis«

Genealogische Zeichen

Aus Gründen der Platzersparnis können genealogische Zeichen in entsprechenden Texten verwendet werden.	* = geboren (geb.); (*) = außerehelich geboren; †* = tot geboren; *† = am Tag der Geburt gestorben; ~ = getauft (get.); ° = verlobt (verl.); ⚭ = verheiratet (verh.); ⚮ = geschieden (gesch.); ⚯ = außereheliche Verbindung; † = gestorben (gest.); ⚔ = gefallen (gef.); ▭ = begraben (begr.); ⚱ = eingeäschert

Geschützter Leerschritt

↑Festabstände

Gliederung von Nummern

Die fünfstellige **Postleitzahl** wird in der Regel nicht untergliedert.	14328 Berlin
Postfachnummern werden, von der letzten Ziffer ausgehend, durch einen kleinen Zwischenraum in Zweiergruppen gegliedert.	14 23 3 69
In Telefon- und Telefaxnummern wird nach DIN 5008 jeweils ein Leerzeichen zwischen Kennziffer des Netzbetreibers, Vorwahlnummer, Ortsnetzkennzahl und Rufnummer des Teilnehmers gesetzt.	06281 4391 0172 3701458
Durchwahlnummern werden mit Bindestrich angeschlossen.	06281 2346-0 (Zentralnummer) 06131 345765-224
Gibt eine Sondernummer die Höhe des Tarifs an, so wird davor und dahinter ein Leerschritt gesetzt.	0180 2 55972
Bei internationalen Telefon- und Faxnummern wird der Landesvorwahl (ohne doppelte Null) ein + unmittelbar vorangestellt.	+49 221 943612 +49 30 26011-231
Im Schriftsatz ist es auch möglich, die Zahlen von rechts beginnend zweistellig zu gliedern. Die Vorwahlnummer wird dann in Klammern gesetzt.	(07720) 387-134 (0172) 3 7014 58
Internationale Telefon- und Faxnummern werden im Schriftsatz üblicherweise ohne Klammern gesetzt.	+49 30 26 12 31

Kontonummern bestehen aus maximal zehn Ziffern. Sie können von der Endziffer aus jeweils in Dreiergruppen gegliedert werden.	8 582 404 1 843 462 527
Häufig erfolgt keine Gliederung durch Zwischenräume.	8582404 1843462527
Nationale **Bankleitzahlen** bestehen aus acht Ziffern. Sie werden von links nach rechts in zwei Dreiergruppen und eine Zweiergruppe gegliedert.	BLZ 670 409 20
Internationale Kontonummern gliedern sich in fünf Vierergruppen und eine Zweiergruppe.	IBAN DE89 6704 0920 0858 2404 00
In **Inhaltsverzeichnissen** können zur Gliederung der Abschnitte arabische Ziffern verwendet werden. Zwischen den einzelnen Teilnummern stehen Punkte, jedoch nicht hinter der letzten Nummer.	1 Der Punkt 2 Das Komma 2.1 Das Komma zwischen Satzteilen 2.1.1 Das Komma bei Aufzählungen 2.1.2 Das Komma bei herausgehobenen Satzteilen 2.2 Das Komma bei Partizipial- und Infinitivgruppen
Die einzelnen Zahlenblöcke der **ISBN** (Internationale Standardbuchnummer) werden durch Bindestrich oder Zwischenraum voneinander getrennt. Vgl. auch ↑Festabstände, ↑Zahlen.	ISBN 978-3-411-04014-8 ISBN 978 3 503 09863 7

Gradzeichen

Bei Temperaturangaben steht zwischen der Zahl und dem Gradzeichen ein kleinerer Zwischenraum (Festabstand, geschützter Leerschritt), nach DIN 5008 ein ganzer Leerschritt. Der Kennbuchstabe der Temperaturskala folgt ohne weiteren Zwischenraum.	-3 °C +17 °C
Bei anderen Gradangaben wird das Gradzeichen ohne Zwischenraum an die Zahl angeschlossen.	ein Winkel von 30° 50° nördlicher Breite

Hervorhebung

↑Schriftauszeichnung

Hochgestellte Zahlen

Hochzahlen und Fußnotenziffern werden ohne Leerschritt angeschlossen.	eine Entfernung von 10^8 Lichtjahren ein Gewicht von 10^{-6} Gramm Nach einer anderen Quelle[4] hat es diesen Mann nie gegeben.

Inhaltsverzeichnisse

↑Gliederung von Nummern

Klammern

Klammern schreibt man ohne Leerschritt vor und nach den Textabschnitten, Wörtern, Wortteilen oder Zeichen, die von ihnen eingeschlossen werden.	Das neue Serum (es wurde erst vor Kurzem entwickelt) hat sich bewährt. Der Grundbetrag (12 EUR) wird angerechnet. Lehrer(in) für Deutsch gesucht.

Ligaturen

Ligaturen fassen Buchstaben zu einem Zeichen zusammen. Sie dienen der besseren Lesbarkeit. Wenn sie verwendet werden, muss dies innerhalb eines Druckwerks einheitlich geschehen. Ligaturen sind im Bleisatz üblich, können aber auch von manchen elektronischen Satzsystemen erzeugt werden. Typische Ligaturen (bei Verwendung von Antiqua-Schriften) sind: **ff, fi, fl,** zum Teil auch **ft, ch, ck.**	scha**ff**en, scha**ff**t, er**fi**nden, Pfi**ff**, ab**fl**auen, Leidenscha**ft**, he**ft**ig
Eine Ligatur wird nur gesetzt, wenn die Buchstaben im Wortstamm zusammengehören.	
Keine Ligatur steht zwischen Wortstamm und Endung (Ausnahme: fi).	ich schaufle, ich kaufte, höflich; *aber:* strei**fi**g, a**ff**ig
Keine Ligatur steht in der Wortfuge von Zusammensetzungen.	Schaffell, Kaufleute, Schilfinsel
In Zweifelsfällen wird die Ligatur entsprechend der Gliederung des Wortes nach Sprechsilben gesetzt.	Rohsto**ff**frage, Schi**ff**fahrt, kni**ff**lig, scha**ff**ten
Schließt eine Abkürzung mit zwei Buchstaben, die eine Ligatur bilden können, dann wird diese angewendet.	Au**fl**. (*aber:* Auflage), ge**fl**. (*aber:* gefällig, gefälligst)
Fremdsprachige Ligaturen wie Œ, œ, Æ, æ werden als ein Zeichen betrachtet. Im Fraktursatz und vereinzelt auch in anderen Schriften können die nebenstehenden Ligaturen gebraucht werden. (Die Ligatur ß gilt als ein Buchstabe.) Für die Anwendung dieser Ligaturen gilt das oben Gesagte. In gesperrter Schrift werden ch, ck und tz nicht mitgesperrt. Die Ligaturen fi und ſi werden wie Antiqua-fi behandelt.	ch, ck, ff, fi, fl, ft, ll, ſch, ſi, ſſ, ſt, tt, tz

Namen

↑Schriftauszeichnung (1)

Nummerngliederung

↑Gliederung von Nummern

Paragrafzeichen

In Verbindung mit einer nachgestellten Zahl wird das Wort Paragraf als Zeichen § wiedergegeben. Nach DIN 5008 wird zwischen Ziffer und §-Zeichen ein ganzer Leerschritt, in der Textverarbeitung ein kleinerer Zwischenraum (Festabstand, geschützter Leerschritt) gesetzt.	§ 9 § 17 ff. der § 17 § 17 Abs. 3 Satz 2
Zwei Paragrafzeichen (§§) kennzeichnen den Plural.	§§ 10 bis 15, §§ 10–15 die §§ 10 bis 15, die §§ 10–15
Ohne Zahlenangabe wird das Wort Paragraf ausgeschrieben. Vgl. auch ↑Festabstände, ↑Zahlen.	Der entsprechende Paragraf wurde geändert.

Prozent- und Promillezeichen

Vor dem Prozent- und dem Promillezeichen wird ein kleinerer, fester Zwischenraum, nach DIN 5008 ein ganzer Leerschritt gesetzt. Der Zwischenraum entfällt bei Ableitungen.	25 % 5 %-Hürde 0,5 ‰ ein 25%iger Umsatzrückgang

Rechenzeichen

Rechenzeichen werden zwischen den Zahlen mit vorausgehendem und folgendem kleinerem, festem Zwischenraum, nach DIN 5008 mit einem ganzen Leerschritt gesetzt.	6 + 2 = 8 6 − 2 = 4 6 · 2 = 12; 6 × 2 = 12 6 : 2 = 3
Vorzeichen werden aber ohne Zwischenraum (kompress) gesetzt. Vgl. auch ↑Formeln.	−2a +15

Satzzeichen

Die Satzzeichen Punkt, Komma, Semikolon, Doppelpunkt, Fragezeichen und Ausrufezeichen werden ohne Leerschritt an das vorangehende Wort oder Schriftzeichen angehängt. Das nächste Wort folgt nach einem Leerschritt. Zu Satzzeichen in der Hervorhebung vgl. auch ↑Schriftauszeichnung.	Wir haben noch Zeit. Gestern, heute und morgen. Am Mittwoch reise ich ab; mein Vertreter kommt nicht vor Freitag. Es muss heißen: Hippologie. Wie muss es heißen? Hör doch zu!

Schrägstrich

Vor und nach dem Schrägstrich wird im Allgemeinen kein Leerschritt angeschlagen. Der Schrägstrich kann als Bruchstrich verwendet werden; er steht außerdem bei Diktat- und Aktenzeichen sowie bei zusammengefassten Jahreszahlen.	2/3, 3 1/4 % Zinsen Aktenzeichen c/XII/14 Ihr Zeichen: Dr/Ls Er begann sein Studium im Wintersemester 1998/99.

Schriftauszeichnung

Die wichtigsten Schriftauszeichnungen sind: halbfette und kursive Schrift, Versalien und Kapitälchen. Darüber hinaus wird auch gesperrte Schrift verwendet.

1. Hervorhebung von Eigennamen

Bei der Hervorhebung von Eigennamen wird das Genitiv-s mit hervorgehoben. Die Ableitung -sche usw. wird dagegen aus der Grundschrift gesetzt.	*Meyers* Lexikon, **Meyers** Lexikon, MEYERS Lexikon, M e y e r s Lexikon der *virchow*sche Versuch, der **virchow**sche Versuch, der VIRCHOWsche Versuch, der v i r c h o w sche Versuch

2. Satzzeichen und Klammern

Satzzeichen und Klammern werden – auch am Ende eines ausgezeichneten Textteils – in der Regel in der Auszeichnungsschrift gesetzt. Ausnahmen, z. B. aus ästhetischen oder inhaltlichen Gründen, sind möglich.	**anstrengend:** *ermüdend, strapaziös:* eine anstrengende Arbeit. **Vieraugen[fische]** **Vieraugen**[**fische**]
Wird ein gemischt gesetzter Textteil von Klammern eingeschlossen, so werden im Allgemeinen beide Klammern in der Grundschrift gesetzt. Überwiegt die gerade Schrift in der Klammer, so werden beide Klammern gerade gesetzt.	(xxx *xxx* xxx) (*xx* xxxxx *xx*)

Beginnt oder endet ein Text unterschiedlich mit kursivem oder gerade stehendem Text, so werden beide Klammern gerade gesetzt.	(*xxx* xxx xxx) (xxx xxx *xxx*)
Ist kursiver Text eingeklammert, werden auch die Klammern kursiv gesetzt; das nachfolgende Satzzeichen kann kursiv oder gerade gesetzt werden. Divis, Gedankenstrich und das Gleichheitszeichen in Verbindung mit halbfetter oder fetter Schrift werden immer halbfett bzw. fett gesetzt.	xxx *(xxxxx);* xxx *(xxxxx)*?

3. Sperren

Die Satzzeichen werden im Allgemeinen mit gesperrt. Allerdings gilt dies in der Regel nicht für den Punkt und die Anführungszeichen. Auch Zahlen werden nicht gesperrt.	W a r u m ? D a r u m ! D e r T a g e s a u s s t o ß b e t r ä g t 10 000 S t ü c k.

4. Hervorhebungen bei E-Mails und Maschinenschreiben

Hervorhebungen sind möglich durch Einrücken und Zentrieren, Unterstreichen und Sperren, durch Anführungszeichen und Großbuchstaben. Moderne Schreibmaschinen ermöglichen auch fette und kursive Schrift sowie Wechsel der Schriftart. Moderne E-Mail-Programme bieten diese Möglichkeiten der Textauszeichnung auch, allerdings empfiehlt es sich nicht, diese einzusetzen, da sie durch die elektronische Übertragung unter Umständen verloren gehen. Ebenso ist das Einrücken und Zentrieren bei E-Mail-Texten nicht sinnvoll. Beim Unterstreichen werden Wortzwischenräume und Satzzeichen mit unterstrichen. Beim Sperren werden vor und nach der Sperrung je drei Leerschritte angeschlagen. Vgl. auch ↑Schriftauszeichnung, Kap. 3, Sperren.	Wir werden auf alle Fälle kommen. Vorsicht Glas! Diese Übungen finden immer nur m o n t a g s statt.

s-Laute im Fraktursatz

Das s der Antiqua wird in der Fraktur (sog. *deutsche Schrift*) durch ſ oder s wiedergegeben. Für ß steht ß, für ss im Inlaut steht ſſ. Näheres wird in den folgenden Richtlinien geregelt.

1. Das lange ſ

Für Antiqua-s im Anlaut einer Silbe steht langes ſ.	ſagen, ſehen, ſieben, ſezieren, Heldenſage, Höhenſonne, Erbſe, Rätſel, wachſen, kleckſen; leſen, Roſe, Baſis, Friſeur, Muſeum; Mikroſkop; Manuſkript, Proſzenium
Das gilt auch dann, wenn ein sonst im Silbenanlaut stehender s-Laut durch den Ausfall eines unbetonten e in den Auslaut gerät.	auserleſne (*für:* auserleſene), ich preiſ (*für:* ich preiſe), Verwechſlung (*für:* Verwechſelung); Wechſler (*zu:* wechſeln)
In Zusammensetzungen mit trans-, deren zweiter Bestandteil mit einem s beginnt, ist das s von trans (trans-) meist ausgefallen. Deshalb steht hier ſ.	tranſpirieren, tranſzendent, Tranſkription (*aber:* transſibiriſch, Transſubſtantiation)
In polnischen Namen wird der Laut [sch] durch ſz (nicht ß oder sz) wiedergegeben; das ſ steht auch in der Endung -ſki (nicht: -ski).	Lukaſzewſki
Das lange ſ steht in den Buchstabenverbindungen ſch, ſp, ſt.	ſchaden, Fiſch, maſchinell; Knoſpe, Weſpe, Veſper; geſtern, Herbſt, Optimiſt, er lieſt
Kein ſ steht aber, wenn in Zusammensetzungen s + ch, s + p und s + t zusammentreffen.	Zirkuschef, Lackmuspapier, Dispens, transparent, Dienstag, Preisträger

2. Das Schluss-s

Für Antiqua-s im Auslaut einer Silbe steht Schluss-s.	dies, Gans, Maske, Muskel, Riesling, Klausner, bösartig, Desinfektion, ich las, aus, als, bis; Dienstag, Donnerstag, Ordnungsliebe, Häschen; Kindes, Vaters, welches; Gleichnis, Kürbis, Globus, Atlas, Kirmes; Kubismus, Arabeske, Ischias, Schleswig
Dasselbe gilt für -sk in bestimmten Fremdwörtern.	brüsk, grotesk, Obelisk
In skandinavischen Personennamen, die auf -ſen oder -ſon enden, wird der vorangehende s-Laut mit Schluss-s gesetzt.	Gulbransſen, Jonasſon

3. Das ſſ

Für Doppel-s der Antiqua im Inlaut steht ſſ.	Maſſe, Miſſetat, Flüſſe, Diſſertation, Aſſeſſor, Gleichniſſe
Kein ſſ steht aber, wenn s + s an der Wortgrenze von Zusammensetzungen aufeinandertreffen.	Ausſatz, desſelben, Reisſuppe, transſilvaniſch

4. Sonderregelung zu ſs

Das nach der Neuregelung der Rechtschreibung häufiger zu schreibende Doppel-s im Auslaut sollte im Fraktursatz aus ästhetischen Gründen mit ſs wiedergegeben werden.	Schuſs, ich muſs, laſs (*aber bei Schreibung mit Apostroph:* laſſ'), Verſchluſsſache

Sperren

↑ Schriftauszeichnung

ss/ß

1. Im deutschsprachigen Satz

In der Schweiz wird das ß generell durch ss wiedergegeben. Diese Regelung darf sonst im deutschsprachigen Satz nur angewendet werden, wenn in einer Schrift oder einem Zeichensatz das ß nicht vorhanden ist. Manuskripte ohne ß müssen deshalb den Regeln entsprechend umgesetzt werden.	Fusssohle, Reissschiene, massstabgerecht
Stößt für ß verwendetes ss innerhalb eines Wortes mit s zusammen, dann werden drei s gesetzt.	
Will man nur Großbuchstaben verwenden, so wird das ß durch SS wiedergegeben.	STRASSE, MASSE (*für:* Maße)
Vgl. auch ↑ Fehlende Zeichen und K 159 f. im Abschnitt »Rechtschreibung und Zeichensetzung«.	

2. Im fremdsprachigen Satz

Wenn ein deutsches Wort mit ß latinisiert wird oder wenn ein deutscher Name mit ß im fremdsprachigen Satz erscheint, dann bleibt das ß erhalten.	Weißenburg – der Codex Weißenburgensis Madame Aßmann était à Paris.

Streckenstrich

Bei Streckenangaben wird der Gedankenstrich als Streckenstrich gesetzt. Strich und Ortsbezeichnungen werden dabei traditionell ohne Zwischenraum miteinander verbunden, d. h. kompress gesetzt. Nach DIN 5008 wird vor und nach dem Streckenstrich ein Leerschritt verwendet. Vgl. ↑Gedankenstrich.	Berlin–Leipzig Köln–München Berlin – Leipzig

Strich bei Währungsangaben

Der Gedankenstrich kann bei glatten Währungsbeträgen statt der Ziffern hinter dem Komma stehen. Vgl. ↑Gedankenstrich.	25,– EUR *neben* 25,00 EUR *oder* 25 EUR

Strich für »gegen« und »bis«

Als Zeichen für »gegen« und »bis« findet der Gedankenstrich Verwendung. Für »gegen« (z. B. in Sportberichten) wird er mit Zwischenraum gesetzt.	Schalke 04 – Eintracht Frankfurt 3 : 3 Becker/Stich – Agassi/Sampras 7 : 5, 6 : 4
Für »bis« wird er ohne Zwischenraum (kompress) gesetzt. Nach DIN 5008 wird in beiden Fällen ein Leerschritt vor und nach dem Strich verwendet. Ersatzweise kann der Bindestrich gesetzt werden.	Das Buch darf 10–12 Euro kosten. Sprechstunde 8–11, 14–16 Uhr 1991 - 94
Bei Hausnummern kann auch der Schrägstrich stehen. Das »bis«-Zeichen sollte nicht mit anderen Strichen zusammentreffen. Am Zeilenende oder -anfang ist statt des Striches das Wort »bis« auszuschreiben, ebenso in der Verbindung »von … bis«.	Burgstraße 14–16 Burgstraße 14/16 *nicht:* vier-–fünfmal *sondern:* vier- bis fünfmal
In der Rechtssprache wird ./. als Zeichenkombination für »gegen« verwendet, z. B. in Schriftsätzen bei Gerichtsverfahren.	In Sachen Müller ./. Schneider ist die Beweisaufnahme abgeschlossen.

Uhrzeit

Für die Uhrzeit sind im deutschsprachigen Raum verschiedene Schreibweisen mit Ziffern üblich. Ziffern und Punkte werden ohne Leerschritt geschrieben. Nach DIN 5008 wird mit dem Doppelpunkt gegliedert; jede Zeiteinheit ist zweistellig anzugeben. Vor und nach dem Doppelpunkt wird kein Leerschritt angeschlagen.	Es ist 9 Uhr. 17:30 Uhr 0.12 Uhr Das Spiel beginnt um 19^{30} Uhr. 14:31:52 Uhr 00:25:35 Uhr

Umlaut

↑Fehlende Zeichen

Unterführungszeichen

Als Unterführungszeichen dienen die Anführungszeichen. Sie werden im Schriftsatz unter die Mitte des zu unterführenden Wortes gesetzt. Die Unterführung gilt auch für Bindestrich und Komma. Zahlen dürfen nicht unterführt werden.	Hamburg-Altona „ Finkenwerder „ Fuhlsbüttel „ Blankenese 1 Regal, 50 cm × 80 cm mit Rückwand 1 „ 50 cm × 80 cm ohne „
Ist mehr als ein Wort zu unterführen, so wird das Unterführungszeichen auch dann unter jedes einzelne Wort gesetzt, wenn die Wörter nebeneinanderstehend ein Ganzes bilden.	Unterlauterbach b. Treuen „ „ „
In der Schweiz wird als Unterführungszeichen das schließende Anführungszeichen der Schweizer Form (») verwendet. Nach DIN 5008 gelten, besonders für E-Mails und Maschinenschreiben, die folgenden Bestimmungen:	Basel-Stadt » Landschaft
Unterführungszeichen stehen jeweils unter dem ersten Buchstaben des zu unterführenden Wortes.	Duden, Band 2, Stilwörterbuch „ „ 5, Fremdwörterbuch „ „ 7, Herkunftswörterbuch 1 Hängeschrank mit Befestigung 1 Regalteil „ „ 1 „ ohne Rückwand 1 „ „ Zwischenwand

Ein übergeordnetes Stichwort, das in Aufstellungen wiederholt wird, kann durch den Bindestrich ersetzt werden. Er steht unter dem ersten Buchstaben des Stichwortes. In E-Mail-Texten sind Unterführungen nicht sinnvoll.	Nachschlagewerke; deutsche und fremdsprachige Wörterbücher -; naturwissenschaftliche und technische Fachbücher -; allgemeine Enzyklopädien -; Atlanten

Unterstreichen

↑Hervorhebungen

Worttrennung

Zur Worttrennung wird der Bindestrich ohne Leerschritt an den Wortteil angehängt. In Mitteilungen, die zur elektronischen Übertragung bestimmt sind, sollte auf die Eingabe von Worttrennungen verzichtet werden.	... Vergiss- meinnicht ...

Zahlen

Zahlen mit mehr als drei Stellen links oder rechts des Kommas werden unter Verwendung eines kleineren Zwischenraums (Festabstand, geschützter Leerschritt) vom Komma ausgehend in 3-stellige Gruppen gegliedert. Nach DIN 5008 soll ein ganzer Leerschritt gesetzt werden.	7 162 354,53 € 0,37218 g
Bei 4-stelligen Zahlen hat sich neben der Schreibung mit Zwischenraum auch die ohne eingebürgert.	5 340 *neben* 5340
Bei Geldbeträgen können nach DIN 5008 aus Sicherheitsgründen auch Punkte zur Gliederung verwendet werden.	3.947.775 €
Jahreszahlen, Seiten- und Paragrafenangaben sind nicht zu gliedern. Die Zahlen vor Zeichen und Abkürzungen von Maßen, Gewichten, Geldsorten usw. sind in Ziffern zu setzen.	21,5 kg 6 € 14 $^{1}/_{2}$ cm

Besteht die Ziffer vor einer Einheit oder die Einheit aus nur einem Zeichen, ist ein kleinerer Zwischenraum (Festabstand) zu setzen. Die Trennung von Ziffer und Einheit sollte grundsätzlich vermieden werden. Nach DIN 5008 werden Einheiten u. Ä. mit einem ganzen Leerzeichen hinter der Ziffer geschrieben. Wählt man bei der Einheit die ausgeschriebene Form, dann kann die Zahl in Ziffern oder in Buchstaben gesetzt werden.	2 kg 6 Mio. € 37 TEUR 2 Euro *oder:* zwei Euro (*nicht:* zwei €)
Bei Ableitungen mit Zahlen wird kein Zwischenraum hinter die Zahl gesetzt.	5%ig, ein 32stel, eine 70er-Bildröhre
Vgl. auch ↑Datum, ↑Festabstände, ↑Gliederung von Nummern, ↑Rechenzeichen, ↑Uhrzeit.	

Zeichen

↑Et-Zeichen, ↑Genealogische Zeichen, ↑Gradzeichen, ↑Paragrafzeichen, ↑Prozent- und Promillezeichen, ↑Rechenzeichen

Ziffern

↑Gliederung von Nummern, ↑Uhrzeit, ↑Zahlen

Zusätze in Wortverbindungen

Erklärende Zusätze am Anfang von und innerhalb von Wortverbindungen werden in Klammern gesetzt (vgl. dazu K 98 im Abschnitt »Rechtschreibung und Zeichensetzung«).	Gemeinde(amts)vorsteher (= Gemeindevorsteher oder Gemeindeamtsvorsteher), *aber:* Gemeinde-(Amts-)Vorsteher (= Gemeindevorsteher oder Amtsvorsteher); Privat-(Haus-)Briefkasten, Magen-(und Darm-)Beschwerden, Ostende-Belgrad-(Tauern-)Express, *aber ohne Klammer:* Fuhr- u. a. Kosten
In Wörterverzeichnissen werden Erklärungen oft mithilfe von eckigen Klammern zusammengezogen.	[Gewebe]streifen (= Gewebestreifen und auch: Streifen)
Soll am Zeilenende nach der schließenden Klammer getrennt werden, sind die nebenstehenden Formen zu empfehlen.	Gemeinde(amts)- vorsteher Gemeinde-(Amts-) Vorsteher

Gestaltung von Geschäftsbriefen

Die folgenden Angaben basieren auf den Gestaltungsvorschriften der DIN 5008:2011, die festlegen, wo bestimmte Informationen auf dem Briefbogen (DIN-A4-Format) und in E-Mails angeordnet werden. Das Ziel ist es, Briefe und E-Mails zweckmäßig und übersichtlich zu gestalten und so eine schnelle Erfassung und Verarbeitung der Informationen zu gewährleisten.

Geschäftsbrief

Der Geschäftsbrief setzt sich aus folgenden Teilen zusammen:

Absenderangabe: Die Absenderangabe besteht aus dem Namen, der Straße oder dem Postfach, dem Ort und im internationalen Schriftverkehr auch dem Land. Auf Briefbogen ohne Vordruck des Absenders beginnt die Angabe in der fünften Zeile von der oberen Blattkante. Die einzelnen Bestandteile der Absenderangabe werden nicht durch Leerzeilen voneinander abgesetzt.

Anschriftfeld: Das Anschriftfeld ist in eine dreizeilige Zusatz- und Vermerkzone und eine sechszeilige Anschriftzone gegliedert. Die Zusatz- und Vermerkzone enthält Angaben zur Art der Sendung wie z. B. »Einschreiben« oder Vermerke wie z. B. »Nicht nachsenden!«. Die Zusatz- und Vermerkzone beginnt in der neunten bzw. dreizehnten Zeile von der oberen Blattkante, die Anschriftzone in der zwölften bzw. sechzehnten Zeile. Zur Gestaltung des Anschriftfeldes s. S. 100.

Bezugszeichenzeile: Bezugszeichen, Name, Telefonnummer und Datum stehen eine Zeile unter den vorgedruckten Leitwörtern (»Ihr Zeichen«, »Ihre Nachricht vom«, »Unser Zeichen«, »Telefon«, »Datum«) der Bezugszeichenzeile. Das erste Schriftzeichen wird unter den Anfangsbuchstaben des jeweils ersten Leitwortes gesetzt (vgl. Seite 121). Weitere Kommunikationsangaben wie Telefaxnummer oder E-Mail-Adresse können in einer Kommunikationszeile rechts neben dem Anschriftfeld in Höhe der letzten Zeile des Anschriftfeldes stehen. Wenn keine vorgedruckten Leitwörter auf dem Briefbogen vorhanden sind oder in der Kommunikationszeile mehr als zwei Angaben benötigt werden, können die Angaben auch in einem Informationsblock rechts neben dem Anschriftfeld angeordnet werden (vgl. Seite 222). Der Informationsblock beginnt in Höhe der ersten Zeile des Anschriftfeldes. Zwischen den Bezugszeichen und dem Leitwort »Name« sowie zwischen den Durchwahlmöglichkeiten und dem Leitwort »Datum« ist eine Leerzeile einzufügen. Die Leitwörter können ergänzt, modifiziert oder auch weggelassen werden. In einfachen Briefen kann die Bezugszeichenzeile auch entfallen; es wird dann nur das Datum rechts oben auf dem Briefbogen auf Höhe der ersten Zeile der Absenderangabe gesetzt (vgl. Seite 123).

Betreffzeile: Der Betreff ist eine stichwortartige Inhaltsangabe, die mit dem Abstand von zwei Leerzeilen unter den Bezugszeichen oder dem Informationsblock steht. Das Leitwort »Betreff« ist heute im Schriftverkehr in Wirtschaft und Verwaltung nicht mehr üblich. Das erste Wort der Betreffzeile wird großgeschrieben, ein Schlusspunkt wird nach dem Betreff nicht gesetzt. Der Betreff wird häufig durch Farbe und/oder durch fette Schrift hervorgehoben.

Anrede: Die Anrede wird zwei Leerzeilen unter den Betreff geschrieben. Als Anreden sind heute das neutrale »Sehr geehrte(r)« und das vertrauliche »Liebe(r)« am gebräuchlichsten. Nach der Anrede steht heute üblicherweise ein Komma, nicht mehr ein Ausrufezeichen. Das erste Wort der folgenden Zeile schreibt man nach dem Komma klein (wenn es kein Substantiv ist), nach dem Ausrufezeichen groß.

Text: Der Text ist durch eine Leerzeile von der Anrede abgesetzt und wird mit einfachem Zeilenabstand geschrieben. Absätze werden durch jeweils eine Leerzeile getrennt.

Grußzeile: Die Grußformel wird mit einer Leerzeile Abstand unter den Text gesetzt. Als Grußformeln sind im Geschäftsbereich heute meist »Mit freundlichen Grüßen«, »Mit freundlichem Gruß« oder »Freundliche Grüße« üblich; die Formel »Hochachtungsvoll« wird heute in der Regel als veraltet empfunden und nur noch selten verwendet. Die Grußformel steht ohne Komma, Punkt oder Ausrufezeichen.

Firmenbezeichnung: Der Name des Unternehmens oder der Behörde wird mit einer Leerzeile Abstand unter die Grußformel gesetzt.

Maschinenschriftliche Angabe der Unterzeichner: Die maschinenschriftliche Angabe der Unterzeichner steht unter der Firmenbezeichnung. Die Leerzeilen zwischen dieser Angabe und der Firmenbezeichnung werden nach Bedarf eingefügt.

Zusätze: Zusätze wie *i. A., i. V.* oder *ppa.* werden zwischen die Firmenbezeichnung und die maschinenschriftliche Namenswiedergabe oder vor die handschriftliche Namenszeichnung gesetzt. Zur Schreibung von *i. A.* und *i. V.* vgl. das Wörterverzeichnis.

Anlagen- und Verteilervermerke: Der Anlagen- oder Verteilervermerk wird durch mindestens drei Leerzeilen von der Grußformel oder von der Firmenbezeichnung abgesetzt. Bei maschinenschriftlicher Angabe der Unterzeichner wird das Wort »Anlage(n)« bzw. »Verteiler« mit einer Leerzeile Abstand daruntergesetzt. Gibt es sowohl einen Anlagen- als auch einen Verteilervermerk, dann steht der Verteilervermerk mit einer Leerzeile Abstand unter dem Anlagenvermerk. Die Wörter »Anlage(n)« und »Verteiler« können durch Fettschrift hervorgehoben werden.

50,8

63,5

Feld für Postanschrift des Absenders

101,6

114,3

WINCO Werkzeuge GmbH
Uhlandstraße 170
91438 Bad Windsheim

Ihr Zeichen, Ihre Nachricht vom	Unser Zeichen, unsere Nachricht vom	Telefon, Name	Datum
		04421 1234-	
	Hi-Wd	711 Petra Hillmann	2012-06-15

mind. 10

Anfrage Werkzeugkästen

Sehr geehrte Damen und Herren,

durch Ihre Anzeige im »Werkmarkt«, Ausgabe 6/12, sind wir auf Ihr Unternehmen aufmerksam geworden.

Bitte schicken Sie uns den Katalog und die Preisliste Ihres Sortiments einschließlich Verkaufs- und Lieferbedingungen. Außerdem benötigen wir die (Staffel)preise für Abnahmemengen von 1 000, 3 000 und 5 000 Stück, alternativ den Preis für einen Abrufauftrag für 5 000 Stück bei einer Mindestabrufmenge von 500 Stück.

25

ca. 20 (mind. 10, höchstens 45)

Mit freundlichen Grüßen

Baumarkt Müller KG

i. V.

Petra Hillmann

Anlage
1 Werbeprospekt

Feld für Geschäftsangaben

33,9

46,6

Feld für Postanschrift des Absenders

Kurt Schneider GmbH
Herrn Toni Paulsen
Rebenweg 4
71384 Weinstadt

Ihr Zeichen: Pa-Fe
Ihre Nachricht vom: 2010-03-23
Unser Zeichen: akm-rf

Telefon: 0711 88765-432
Telefax: 0711 88765-431
E-Mail: Klaus.Patschke@GLZ.com

125 Datum: 2012-04-25

mind. 10

Unsere Bestellung vom 19.03.2010
5 Kartons 1998er Michelstaler Spätlese

Sehr geehrter Herr Paulsen,

am 23.03.2012 haben Sie unseren Auftrag schriftlich bestätigt und die Lieferung der 5 Kartons Spätlese für den 05.04.2012 zugesichert.

Wir haben Ihnen schriftlich am 11.04.2012 eine Nachfrist zur Lieferung bis zum 20.04.2012 gesetzt. Die Ware ist bis heute nicht bei uns eingetroffen.

25 Da uns wegen des Lieferverzugs erhebliche Nachteile entstanden sind, treten wir von unserer Bestellung zurück. ca. 20 (mind. 10, höchstens 45)

Mit freundlichen Grüßen

Feld für Geschäftsangaben

Manfred Kühn
Engelbertstraße 11
68309 Mannheim

29.04.2013

Reisegepäckversicherung »Sorglos reisen«
Essener Straße 89
22419 Hamburg

Beschädigtes Gepäckstück
Reisegepäckversicherung 12/456Z

Sehr geehrte Damen und Herren,

bei meiner letzten Reise wurde ein Koffer so beschädigt, dass er unbrauchbar geworden ist.

Leider konnte ich den Schaden bei der Übergabe nicht sofort feststellen, weil sich der Riss an der Seite befindet. Vermutlich ist er durch einen scharfen Gegenstand verursacht worden.

Der Koffer ist aus Leder und hat vor 3 Jahren 289,00 EUR gekostet. Eine Rechnungskopie und eine Kopie des Gepäckscheins habe ich diesem Brief beigelegt.

Die Reise fand statt am 26.04.2013 mit dem ICE 77 von Mannheim nach Karlsruhe, Abfahrtszeit 16:43 Uhr.

Ich bitte, den entstandenen Schaden zu ersetzen.

Mit freundlichen Grüßen

Anlagen
Rechnungskopie
Kopie des Gepäckscheins

Gestaltung von geschäftlichen E-Mails

Die Gestaltungsvorschriften der DIN 5008:2011 für E-Mails gelten nur für die Verwendung als Ersatz für Geschäftsbriefe, nicht jedoch für die rein unternehmensinterne E-Mail-Kommunikation. Grundsätzlich gelten für geschäftliche E-Mails die gleichen Höflichkeits- und Stilangaben wie für Geschäftsbriefe. So darf in einer geschäftlichen E-Mail die Anrede nicht fehlen, auch der Schluss einer E-Mail sollte alle Bestandteile des Schlussteils eines Geschäftsbriefes enthalten; auf das flapsige „MfG“ als Grußformel ist in geschäftlichen E-Mails zu verzichten.

Anschrift, Verteiler und Betreff sind die vorgegebenen Zeilen bzw. Felder im Kopf einer E-Mail (s. Beispiel).

An-Zeile: In dieses Feld muss die Anschrift, d. h. die E-Mail-Adresse des Empfängers bzw. der Empfänger, eingetragen werden. Zum Aufbau von E-Mail-Adressen vgl. S. 100.

cc-Zeile: In diese Zeile (cc = carbon copy; Durchschlag) werden die E-Mail-Adressen der Personen eingetragen, die eine Kopie der E-Mail erhalten sollen.

bcc-Zeile: Diese Zeile (bcc = blind carbon copy; Blindkopie) ist für die E-Mail-Adressen derjenigen Personen vorgesehen, die ohne Wissen des Empfängers/der Empfänger eine Kopie der E-Mail erhalten sollen.

Betreffzeile: Diese Zeile enthält eine stichwortartige Inhaltsangabe.

Textfeld: In diesem Feld wird die eigentliche E-Mail verfasst.

Sie beginnt in der ersten Zeile mit der Anrede, die vom folgenden Text durch eine Leerzeile abgesetzt ist.

Der **Text** wird als Fließtext ohne Worttrennungen geschrieben, da der Umbruch durch die Software des Empfängers/der Empfänger geregelt wird. Absätze werden vom folgenden Text durch jeweils eine Leerzeile getrennt.

Der **Schlussteil** einer E-Mail wird meist in Form eines elektronischen Textbausteins eingefügt. Er besteht in der Regel aus der Grußformel, dem Firmennamen, dem Namen des Bearbeiters, der Firmenadresse, der Telefon- und Telefaxnummer sowie der E-Mail- und Internetadresse.

An: info@buerosysteme-meyer.com
Cc:
Bcc:
Betreff: Informationsbroschüre Schrankwände und Lagersysteme

Sehr geehrte Damen und Herren,

durch einen Prospekt Ihres Hauses wurden wir darauf aufmerksam, dass Sie auch Schrankwände und Lagersysteme in Ihrem Programm haben.

Wir planen einen Umbau unserer Geschäftsräume und würden gern genauere Informationen über Ihr Angebot erhalten.

Für die Zusendung umfangreicherer Broschüren wären wir Ihnen deshalb dankbar.

Mit freundlichen Grüßen

Autohaus Weller

i. A. Tanja Rimmler

Autohaus Weller
Karl-Liebknecht-Str. 12
63303 Dreieich

Tel.: +49 6103 84275-33
Fax: +49 6103 84275-30
E-Mail: tanja.rimmler@auto-weller.de

Textkorrektur

Hauptregeln

Jedes eingezeichnete Korrekturzeichen ist auf dem Rand zu wiederholen. Die erforderliche Änderung ist rechts neben das wiederholte Korrekturzeichen zu ~~zeichn~~en, sofern dieses nicht (wie ⌐ , ⊣) für sich selbst spricht. schreib

Korrekturzeichen müssen den Korrekturstellen schnell und eindeutig zugeordnet werden können. Darum ist es bei großer Fehlerdichte wichtig, verschiedene, frei zu wählende Korrekturzeichen – gegebenenfalls auch in verschiedenen Farben – zu benutzen.

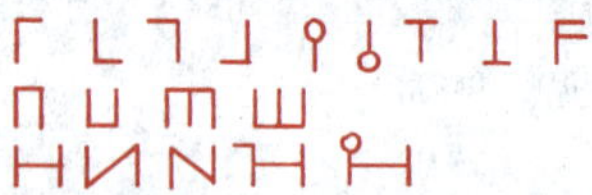

usw.

Wichtigste Korrekturzeichen nach DIN 16 511

Andere Schrift oder Schriftgröße wird verlangt, indem man die betreffende Stelle unterstreicht und auf dem Rand die gewünschte Schrift, Schriftart (fett, kursiv usw.) oder die gewünschte Schriftgröße (8p, 9p usw.) oder beides (8p fett, 9p kursiv usw.) vermerkt. Gewünschte Kursivschrift wird oft nur durch eine Wellenlinie unter dem Wort und auf dem Rand bezeichnet. Versehentlich falsch Hervorgehobenes wird ebenfalls UNTERSTRICHEN; die Anweisung auf dem Rand lautet dann: »Grundschrift« oder »gewöhnlich«. halbfett Times 9p kursiv gewöhnlich

Fälschlich aus anderen Schriften gesetzte Buchstaben (Zwiebelfische) werden durchgestrichen und auf dem Rand zweimal unterstrichen. R m

Falsche Buchstaben oder **Wörter** werden durchgestrichen und auf dem Rond durch die richtigen ersetzt. a

Falsche Trennungen werden am Ende der Zeile und am folgenden Zeilenanfang angezeichnet. en

Wird nach Streichung eines Bindestrichs oder **Buchstabens** die Schreibung der verbleibenden Teile zweifelhaft, dann wird außer dem Tilgungs-zeichen die Zusammennschreibung durch einen Doppelbogen, die Getrenntschreibung durch das Zeichen ⌊ angezeichnet, z. B. blend-weiß.

Fehlende Buchstaben werden angezeichnet, indem der vorangehnde oder folgende uchstabe durchgestrichen und zusammen mit dem fehlenden wiederholt wird. Es kann auch das ganze ~~Wrt~~ oder die Silbe durchge~~sti~~chen und auf dem Rand berichtigt werden.

Fehlende Wörter (Leichen) werden in der Lücke durch Winkelzeichen ⌈ gemacht und auf dem Rand angegeben.
Bei größeren Auslassungen wird auf die Manuskriptseite verwiesen. Die Stelle ist auf der Manuskriptseite zu kennzeichnen.

Diese Presse bestand aus ⌈ befestigt war.

Zu tilgende Buchstaben oder **Wörter** werden durchgestrichen unnd auf ~~auf~~ dem Rand durch ₰ (für: deleatur, d. h. »es werde getilgt«) angezeichnet.

Fehlende oder **zu tilgende** ,**Satzzeichen** werden wie fehlende oder zu tilgende Buchstaben angezeichnet

Verstellte Buchstaben werden durchgesrtichen und auf dem Rand in der richtigen Reihenfolge angegeben.
Verstellte Wörter durch werden das Umstellungszeichen gekennzeichnet.

Die Wörter werden bei größeren Umstellungen beziffert.
Ist die Verstellung schlecht zu überschauen, empfiehlt es sich, den verstellten Text ganz zu tilgen und ihn auf dem Korrekturrand zu wiederholen.
Verstellte Zahlen sind immer ganz durchzustreichen und in der richtigen Ziffernfolge auf den Rand zu schreiben, z. B. ~~1684~~

Für unleserliche oder **zweifelhafte Manuskriptstellen,** die noch nicht blockiert sind, sowie für noch **zu ergänzenden Text** wird vom Korrektor eine Blockade verlangt, z. B.:

~~Hyladen~~ sind Insekten mit unbeweglichem Prothorax (s. S. ...).

Sperrung oder **Aufhebung einer Sperrung** wird wie beim V e r l a n g e n einer anderen Schrift durch Unterstreichung gekennzeichnet.

Fehlender Wortzwischenraumwird mit ⌊ bezeichnet. **Zu weiter Zwischenraum** wird durch ⊤, zu enger Zwischenraum durchangezeichnet. Soll ⊤ ein **Zwischenraum**ganz **wegfallen,** so wird dies durch zwei Bogen ohne Strich ange deutet.

Fehlender Zeilenabstand (Durchschuss) wird durch einen zwischen die Zeilen gezogenen Strich mit nach außen offenem Bogen angezeichnet.
Zu großer Zeilenabstand (Durchschuss) wird durch einen zwischen die

Zeilen gezogenen Strich mit einem nach innen offenen Bogen angezeichnet.

Ein **Absatz** wird durch das Zeichen ⌐ im Text und auf dem Rand verlangt:

Die ältesten Drucke sind so gleichmäßig schön ausgeführt, dass sie die schönste Handschrift übertreffen. ⌐ Die älteste Druckerpresse scheint von der, die uns Jost Amman im Jahre 1568 im Bilde vorführt, nicht wesentlich verschieden gewesen zu sein.

Das Anhängen eines Absatzes verlangt man durch eine den Ausgang mit dem folgenden Text verbindende Linie:

Die Presse bestand aus zwei senkrechten Säulen, die durch ein Gesims verbunden waren.
In halber Manneshöhe war auf einem verschiebbaren Karren die Druckform befestigt.

Zu tilgender Einzug erhält am linken Rand das Zeichen ├──, am rechten Rand das Zeichen ──┤, z. B.:

Die Buchdruckerpresse ist eine faszinierende Maschine, deren kunstvollen ──┤
├── Mechanismus nur der begreift, der selbst daran gearbeitet hat.

Fehlender Einzug wird durch ⊏ möglichst genau bezeichnet, z. B. (wenn der Einzug um ein Geviert verlangt wird):

… über das Ende des 14. Jahrhunderts hinaus führt keine Art des Metalldruckes.
Der Holzschnitt kommt in Druckwerken ebenfalls nicht vor dem 14. Jahrhundert vor.

Aus Versehen falsch Korrigiertes wird rückgängig gemacht, indem man die Korrektur auf dem Rand durchstreicht und Punkte unter die fälschlich korrigierte Stelle setzt.

Ligaturen (zusammengezogene Buchstaben) werden verlangt, indem man die fälschlich einzeln nebeneinandergesetzten Buchstaben durchstreicht und auf dem Rand mit einem Bogen darunter wiederholt, z. B. Schiff.
Fälschlich gesetzte Ligaturen werden durchgestrichen, auf dem Rand wiederholt und durch einen Strich getrennt, z. B. Auflage.

Weitere Empfehlungen

Kammen in einer Zeele mehrere Fehler vor, dann erhalten sie ihrer Reihenfolge nach verschiedene Zeichen. Für ein und denselben falschen Buchstaben wird aber nur ein Korrekturzeichen verwendet, das om Rond mehrfoch vor den richtigen Buchstaben gesetzt wird.

Fehlende Zeilen signalisiert man mit ⊢— am linken Textrand zwischen vorangehender und folgender Zeile.

erste Zeile
dritte Zeile

⊢— zweite Zeile

Bei der Korrektur ist auf **zu häufige Trennungen** hinzuweisen, die die Setzerei nach Möglichkeit durch Umsetzen verringern sollte. Bei langen Zeilen sollten nicht mehr als 3, bei kurzen (z. B. im Wörterbuch oder Lexikon) nicht mehr als 5 Trennungen aufeinanderfolgen.

mmmmmmmmmmmmm-
mmmmmmmmmmmmm-
mmmmmmmmmmmmm-
mmmmmmmmmmmmm-
mmmmmmmmmmmmm-
mmmmmmmmmmmmm-

6 Trennungen

Bei der Korrektur sollten auch **sinnentstellende** und **unschöne Trennungen** aufgelöst werden, um einen mühelosen Lesefluss zu gewährleisten. Zu diesem Zweck darf im Flattersatz das Zeichen ⌐ verwendet werden, im Blocksatz sind die umzustellenden Zeichen zu umkreisen und mit einer Schleife zu versetzen.

Spargel-
der

Walzer-
zeugnisse

bein-
halten

Steuerer-
hebung

Vergleichster-
min

Wasserstoffio-
nen

Mit Randvermerken wird auf eine umfangreiche Korrektur hingewiesen, die rechts neben dem Text zu viel Platz einnehmen würde.

siehe oben
siehe unten
siehe Anlage

Der **auf Mitte zu setzende Punkt,** z. B. der Multiplikationspunkt bei mathematischem Satz, wird mit nebenstehendem Zeichen angegeben.

Verstellte Zeilen werden mit waagerechten Randstrichen versehen und in der richtigen Reihenfolge nummeriert, z. B.:

Sah ein Knab' ein Röslein stehn, —— 1
lief er schnell, es nah zu sehn, —— 4
war so jung und morgenschön, —— 3
Röslein auf der Heiden, —— 2
sah's mit vielen Freuden. —— 5

Goethe —— 6

In den neuen Bundesländern übliche Korrekturzeichen

In den neuen Bundesländern werden neben den Zeichen der DIN-Norm häufig auch Korrekturzeichen verwendet, die bis 1990 in der DDR nach dem Standard TGL 0-16511 gültig waren. Dies gilt vor allem für die folgenden Fälle:

Mit dem Zeichen _ _ _ werden zu sperrende Wörter oder Wortteile unterstrichen. Das Zeichen wird auf dem Rand wiederholt.

Einfügungen in Form eines Wortes oder mehrerer Wörter werden durch eins der Zeichen kenntlich gemacht; der fehlende Textteil wird neben das auf Rand wiederholte Zeichen geschrieben. dem

Sollen Zeilen oder ganze Abschnitte umgestellt werden, so erfasst man
von der aus ein Pfeil zur richtigen Stelle führt. Das Zeichen ist am
sie seitlich (in der Regel am linken Satzrand) mit einer Klammer,
rechten Rand zu wiederholen.

Als Exponenten oder Indizes zu setzende Ziffern werden wie folgt gekennzeichnet: Exponent 1. Ordnung mit dem Zeichen ∨, Exponent 2. Ordnung mit dem Zeichen ⩔ (das Zeichen wird unter die Ziffer oder unter den Buchstaben gesetzt):

exn (e^{x^n})

Index 1. Ordnung mit Zeichen ∧, Index 2. Ordnung mit dem Zeichen ⩓ (das Zeichen wird über die Ziffer oder über den Buchstaben gesetzt):

H2O, yn3 (H_2O, y_{n_3})

Korrekturzeichen aus dem Bleisatz

Beschädigte Buchstaben werden durchgestrichen und auf dem Rand einmal unterstrichen. R

Um **unleserliche Textpassagen, verschmutzte Buchstaben** und **zu stark erscheinende Stellen** wird eine Linie gezogen. Dieses Zeichen wird auf dem Rand wiederholt.

Auf dem Kopf stehende Buchstaben ▮ (Fliegenköpfe) werden durchgestrichen und auf dem Rand durch die richtigen ersetzt. Dies gilt auch für quer stehende und umgedrehte Buchstaben. s h

Spieße, d. h. im Satz mitgedruckter Ausschluss, Durchschuss oder ebensolche Quadrate, werden unterstrichen und auf dem▮Rand durch ⋕ angezeigt. ⋕

Nicht Linie haltende Stellen werden durch über und unter der Zeile gezogene parallele Striche angezeichnet.

Das griechische Alphabet

Buchstabe	Name	Buchstabe	Name	Buchstabe	Name
Α, α	Alpha	Ι, ι	Jota	Ρ, ρ	Rho
Β, β	Beta	Κ, κ	Kappa	Σ, σ, ς	Sigma
Γ, γ	Gamma	Λ, λ	Lambda	Τ, τ	Tau
Δ, δ	Delta	Μ, μ	My	Υ, υ	Ypsilon
Ε, ε	Epsilon	Ν, ν	Ny	Φ, φ	Phi
Ζ, ζ	Zeta	Ξ, ξ	Xi	Χ, χ	Chi
Η, η	Eta	Ο, ο	Omikron	Ψ, ψ	Psi
Θ, θ	Theta	Π, π	Pi	Ω, ω	Omega

Die Umsetzung der amtlichen Rechtschreibregelung in Pressetexten

Seit dem 1. August 2007 entsprechen sämtliche Texte der folgenden deutschsprachigen Nachrichtenagenturen uneingeschränkt dem offiziellen Regelwerk:

AFP (Agence France-Presse)
APA (Austria Presse Agentur)
dadp (Deutscher Auslands-Depeschendienst)
Dow Jones
dpa (Deutsche Presse-Agentur)
epd (Evangelischer Pressedienst)
KNA (Katholische Nachrichtenagentur)
Reuters
sid (Sport-Informations-Dienst)

Detaillierte Informationen zur Anwendung der Rechtschreibregeln durch die Agenturen sowie ergänzende umfangreiche Wortlisten sind über die Internetadresse http://www.die-nachrichtenagenturen.de zu finden.

Sprache in Zahlen

Vorbemerkung

Schon seit vielen Jahren erreichen die Dudenredaktion immer wieder Fragen z.B. nach dem längsten deutschen Wort, dem Wort mit den meisten aufeinanderfolgenden Konsonanten oder den häufigsten Wörtern im Deutschen ganz allgemein. Dank der großen elektronischen Textdatenbanken, die heute verfügbar sind, und des verstärkten Einsatzes computerlinguistischer Methoden in der Wörterbucharbeit können solche Fragen inzwischen recht gut beantwortet werden.

Möchte man wissen, wie häufig bestimmte Phänomene im Deutschen vorkommen, stellt sich die Frage, auf welcher Basis man denn solche Berechnungen anstellen kann bzw. muss, damit diese auch repräsentativ für »das Deutsche« sind. Vorweggenommen sei, dass es »die« deutsche Text- bzw. Sprachbasis zur Erforschung »der« deutschen Sprache [bislang] nicht gibt. Es gibt jedoch relativ zuverlässige Annäherungen von verschiedenen Seiten, die im besten Fall in ihren Ergebnissen übereinstimmen.

Die in den folgenden Abschnitten präsentierten Grafiken und Tabellen beruhen auf Untersuchungen, die die Dudenredaktion auf der Grundlage eigener Datenbasen vorgenommen hat. Eine zentrale Basis stellt das vorliegende Werk dar, der Rechtschreibduden, der in dieser Auflage rund 140 000 Stichwörter verzeichnet, eine andere das Dudenkorpus. Das Dudenkorpus ist eine von der Dudenredaktion aufgebaute elektronische Volltextdatenbank mit mehr als 2,4 Milliarden Wortformen (Stand Frühjahr 2013). Bei den Texten handelt es sich um journalistische und belletristische Texte sowie um Sach-, Fach- und Gebrauchstexte, wobei die journalistischen Texte den größten Anteil ausmachen. In zeitlicher Hinsicht deckt das Korpus die Jahre 1995 bis heute ab.

Die Zahlen, die in den folgenden Abschnitten in Bezug auf den Rechtschreibduden präsentiert werden, beziehen sich immer auf die dort verzeichneten Stichwörter, also auf das, was fett gedruckt ist, z.B. »gutschreiben« im folgenden Artikel:

gut|schrei|ben (anrechnen); sie versprach, den Betrag gutzuschreiben

Bei den Zahlen, die sich im Folgenden auf das Dudenkorpus beziehen, unterscheiden wir zwischen den *Wortformen,* wie sie in einem Fließtext vorkommen, und den mittels einer (maschinellen) Analyse auf ihre *Grundform* zurückgeführten Wortformen.

Unter einer *Wortform* verstehen wir jedes einzelne Wort eines Fließtextes. Dieses kann, je nach Wortart, entweder gebeugt oder ungebeugt vorkommen. Der Satz *Sie versprach, den Betrag gutzuschreiben* beispielsweise besteht aus den Wortformen »Sie«, »versprach«, »den«, »Betrag« und »gutzuschreiben«.

Die *Grundform* eines Wortes ist zum Beispiel bei Verben der Infinitiv, bei Substantiven normalerweise der Nominativ Singular oder bei Artikeln der Nominativ Singular. Die Grundformen zu dem oben angeführten Beispiel lauten «sie«, »versprechen«, »der«, »Betrag«, »gutschreiben«. Diese Grundformen sind gleichzeitig auch die Stichwörter, die in einem Wörterbuch wie dem Duden verzeichnet sind.

Wortform im Korpus	Grundform im Korpus/Stichwort im Duden
Sie	sie
versprach	versprechen
den	der
Betrag	Betrag
gutzuschreiben	gutschreiben

In einem Wörterbuch kommt jedes Stichwort normalerweise nur einmal vor. In einem Text hingegen können Wortformen mehrmals vorkommen, so zum Beispiel in dem Satz:

»Wer täglich das tut, was täglich getan werden muss, hat viel zu tun.«

Aus wie vielen Wörtern besteht dieser Satz? Beim einfachen Zählen kommt man auf 13; zählt man aber nur die verschiedenen Wörter, sind es nur 12, denn »täglich« kommt zweimal vor. Reduziert man alle Wörter auf ihre Grundform und zählt nur, wie viele verschiedene Grundformen es gibt, dann heißt das Ergebnis 10, denn »tun« kommt dreimal (in den Formen tut, getan, tun) vor.

Wenn in diesem Kapitel die Rede von Wortformen und Grundformen ist, ist mit Wortformen immer die erste Zählweise (13), mit Grundformen immer die letzte Zählweise (10) gemeint.

Zum Umfang des deutschen Wortschatzes

Exakte Angaben über den Umfang des deutschen Wortschatzes sind nicht nur deshalb unmöglich, weil ständig Wörter neu gebildet und aus anderen Sprachen entlehnt werden. Eine genaue Feststellung wird auch dadurch erschwert, dass die Abgrenzung der festen Bestandteile unseres (Allgemein)wortschatzes von den Situations- oder Gelegenheitsbildungen (etwa »Autohimmel« in dem Satz »Der neue Sportwagen ist ein Stern am Autohimmel«) und den fach- und sondersprachlichen Wörtern nicht möglich ist. Im Allgemeinen setzt man den Wortschatz der deutschen Gegenwartssprache auf zwischen 300000 und 500000 Wörter (Grundformen) an. Der aktive Wortschatz eines deutschen Durchschnittssprechers wird heute auf 12000 bis 16000 Wörter (davon etwa 3 500 Fremdwörter) geschätzt. Ohne Schwierigkeiten verstanden werden mindestens 50000 Wörter.

Der Rechtschreibduden enthält rund 140000 Stichwörter, das »Deutsche Wörterbuch« (1852–1971) von Jacob und Wilhelm Grimm etwa 450000, von denen aber zahlreiche nicht mehr in Gebrauch sind. Das Dudenkorpus hat nach heutigem Stand (Frühjahr 2012) einen Umfang von rund 10 Millionen unterschiedlichen Wörtern (Grundformen). Die enorme Diskrepanz zum Umfang eines Wörterbuchs erklärt sich dadurch, dass die meisten Wörter im Dudenkorpus nur ein- bis wenige Male vorkommen und deshalb keine Aufnahmekandidaten für ein Wörterbuch sind. Es handelt sich dabei oft um Namen oder um mehrteilige Zusammensetzungen, deren Bedeutung sich leicht aus der Bedeutung der einzelnen Bestandteile erschließt (z.B. »Vampirdarstellerin« oder »Vogelschutzgutachten«). Während die einzelnen Bestandteile möglichst lückenlos in einem Wörterbuch wie dem Duden verzeichnet sein sollten, können die vielfältigen Zusammensetzungen, die im Deutschen möglich sind, schon allein aus Platzgründen niemals vollständig in einem gedruckten Wörterbuch enthalten sein.

Die Stichwortzahlen der Dudenauflagen

Mit jeder Auflage ist der Umfang des Dudens gewachsen. Als Konrad Dudens »Vollständiges Orthographisches Wörterbuch der deutschen Sprache« 1880 erschien, enthielt dieser sogenannte Urduden 27000 Stichwörter. Bis heute hat sich der Umfang, wie die folgende Grafik zeigt, verfünffacht:

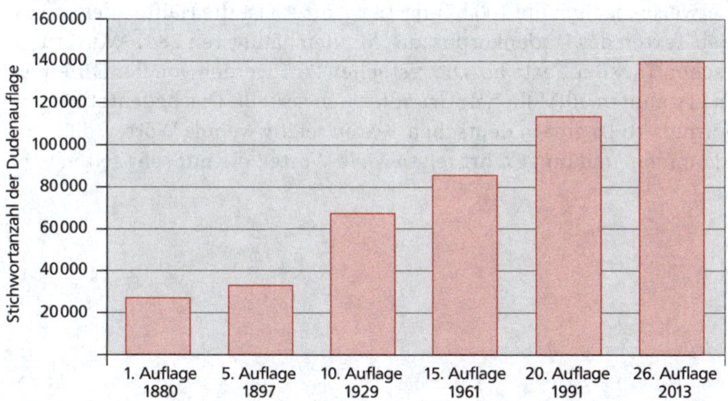

Die häufigsten Wörter in deutschsprachigen Texten

Von den knapp 10 Millionen unterschiedlichen Wörtern (Grundformen), die im Dudenkorpus enthalten sind, kommen die folgenden am häufigsten vor:

Rang	Wort
1.	der, die, das [bestimmber Artikel]
2.	in
3.	und
4.	sein
5.	ein
6.	zu
7.	von
8.	haben
9.	werden
10.	mit
11.	an
12.	auf
13.	der, die, das [Relativpronomen]
14.	sich

Rang	Wort
15.	für
16.	nicht
17.	es
18.	sie
19.	er
20.	auch
21.	als
22.	bei
23.	dies
24.	dass
25.	können
26.	aus
27.	eine
28.	nach
29.	wie
30.	ihr
31.	ich
32.	um

Rang	Wort
33.	aber
34.	Jahr
35.	so
36.	nur
37.	noch
38.	über
39.	wir
40.	viel
41.	man
42.	oder
43.	vor
44.	müssen
45.	sollen
46.	all
47.	kein
48.	bis
49.	neu
50.	wollen

Erstaunlicherweise machen die 100 häufigsten Wörter fast die Hälfte aller Wörter in den Texten des Dudenkorpus aus. Mit den häufigsten 2841 Wörtern deckt man schon 75% der Texte ab. Die restlichen 25% werden von der Differenz zu den oben erwähnten 10 Millionen Grundformen gestellt. Das bedeutet ganz allgemein formuliert: Es gibt in deutschen Texten relativ wenige Wörter, die sehr oft vorkommen, und umgekehrt relativ viele Wörter, die nur sehr selten vorkommen.

Schlüsselt man die häufigsten Wörter des Dudenkorpus nach Wortarten auf, ergeben sich folgende Rangfolgen:

Im gesamten Dudenkorpus

Rang	Die häufigsten Substantive	Die häufigsten Adjektive	Die häufigsten Verben
1.	Jahr	neu	werden
2.	Uhr	ander...	haben
3.	Prozent	groß	sein
4.	Euro	viel	können
5.	Million	erst...	müssen
6.	Zeit	deutsch	sollen
7.	Tag	gut	sagen
8.	Land	weit	geben
9.	Mensch	eigen	kommen
10.	Frau	klein	wollen

Rang	Die häufigsten Substantive	Die häufigsten Adjektive	Die häufigsten Verben
11.	Deutschland	letzt...	machen
12.	Mann	alt	gehen
13.	Kind	hoch	stehen
14.	Ende	jung	lassen
15.	USA	nahe	sehen
16.	Seite	zweit...	finden
17.	Woche	vergangen	bleiben
18.	Stadt	lang	liegen
19.	Berlin	wenig	dürfen
20.	Unternehmen	politisch	stellen

Die Liste der häufigsten Substantive zeigt, dass das Korpus stark durch Zeitungstexte geprägt ist. Betrachtet man zum Beispiel nur Romane oder Sach- und Fachtexte, verändert sich im Vergleich zu oben die Rangfolge und es tauchen neue Wörter in der Liste auf. Welche Substantive, Adjektive oder Verben in deutschsprachigen Romanen am häufigsten vorkommen, zeigt die folgende Tabelle:

In Romanen des Dudenkorpus

Rang	Die häufigsten Substantive	Die häufigsten Adjektive	Die häufigsten Verben
1.	Mann	ander...	haben
2.	Frau	klein	sein
3.	Hand	groß	werden
4.	Auge	gut	können
5.	Tag	erst...	sagen
6.	Zeit	viel	sehen
7.	Jahr	alt	müssen
8.	Kopf	ganz	kommen
9.	Mutter	letzt...	gehen
10.	Gesicht	neu	wollen

Rang	Die häufigsten Substantive	Die häufigsten Adjektive	Die häufigsten Verben
11.	Vater	lang	machen
12.	Kind	jung	geben
13.	Blick	weit	wissen
14.	Leben	nahe	sollen
15.	Haus	eigen	lassen
16.	Tür	einzig	stehen
17.	Mensch	schwarz	fragen
18.	Wort	einig...	tun
19.	Stimme	wenig	nehmen
20.	Herr	lieb	halten

Die häufigsten Buchstaben in deutschen Wörtern

Die folgende Grafik zeigt die Rangfolge der am häufigsten vorkommenden Buchstaben in allen Wortformen des Dudenkorpus, wobei Groß- und Kleinbuchstaben jeweils zusammengefasst sind:

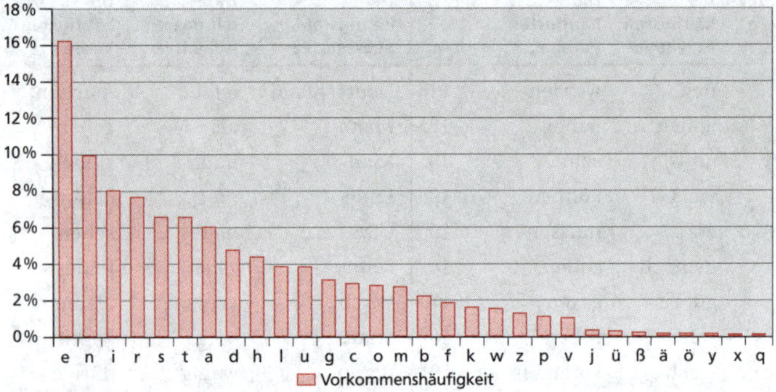

Die längsten Wörter im Duden

Die folgende Tabelle zeigt die im Rechtschreibduden enthaltenen Stichwörter mit den meisten Buchstaben. Bei der Auswertung nicht berücksichtigt wurden Stichwörter, die aus mehreren mit Leerzeichen voneinander getrennten Wörtern bestehen, z.B. »Vereinigtes Königreich [Großbritannien und Nordirland]«, »vorgelesen, genehmigt, unterschrieben« oder »non scholae, sed vitae discimus«.

Die meisten Wörter stammen inhaltlich betrachtet aus den Bereichen Recht und Verwaltung. Bei allen handelt es sich um Substantive, und zwar Zusammensetzungen aus mindestens zwei, meistens sogar drei und mehr Bestandteilen:

Rang	Stichwort im Duden	Anzahl der Buchstaben (ohne Bindestriche)
1.	Kraftfahrzeug-Haftpflichtversicherung	36
2.	Donau-Dampfschifffahrtsgesellschaft	34
3.	Rhein-Main-Donau-Großschifffahrtsweg	33
4.	Arbeiterunfallversicherungsgesetz	33
5.	Bundesausbildungsförderungsgesetz	33
6.	Straßenverkehrs-Zulassungs-Ordnung	32
7.	Behindertengleichstellungsgesetz	32
8.	Steuervergünstigungsabbaugesetz	31
9.	Nahrungsmittelunverträglichkeit	31
10.	Lebensversicherungsgesellschaft	31

Die längsten Wörter im Dudenkorpus

Begibt man sich auf die Suche nach dem längsten Wort im Dudenkorpus, entdeckt man zum einen sehr individuelle, kreative Augenblicksbildungen wie »Schauspielerbetreuungsflugbuchungsstatisterieleitungsgastspielorganisationsspezialist«[1] (85 Buchstaben) oder eher nüchterne wie »Steuerentlastungsberatungsvorgesprächskoalitionsrundenvereinbarungen«[2] (68 Buchstaben). Zum anderen findet man viele ausgeschriebene Zahlwörter, z.B. »[Das] Neunmilliardeneinhundertzweiundneunzigmillionensechshunderteinunddreißigtausendsiebenhundertsiebzigfache« (104 Buchstaben). Solche Wörter kommen in Korpora in der Regel nur einmal vor.

Möchte man diese Bildungen ausschließen, kann man die Suche auf Wörter beschränken, die beispielsweise mindestens 5-mal im Korpus vorkommen.

Welche Wörter die Liste der so ermittelten längsten Wörter (Grundformen) im Dudenkorpus anführen, zeigt die folgende Tabelle. Sie stammen, wie im Duden, vorwiegend aus der Rechts- und Verwaltungssprache und sind ebenfalls substantivische Zusammensetzungen. Die längsten dieser »Bandwurmwörter« weisen allerdings bis zu 6 Bestandteile und rund 30 Buchstaben mehr auf als das längste Wort im Duden:

Rang	Wort im Dudenkorpus (Grundformen, mindestens 5-mal belegt)	Anzahl der Buchstaben
1.	Grundstücksverkehrsgenehmigungszuständigkeitsübertragungsverordnung	67
2.	Rindfleischetikettierungsüberwachungsaufgabenübertragungsgesetz	63
3.	Verkehrsinfrastrukturfinanzierungsgesellschaft	46
4.	Gleichgewichtsdichtegradientenzentrifugation	44
5.	Elektrizitätswirtschaftsorganisationsgesetz	43
6.	Mitarbeiterkapitalbeteiligungsgesellschaft	42
7.	Infrastrukturplanungsbeschleunigungsgesetz	42
8.	Verkehrswegeplanungsbeschleunigungsgesetz	41
9.	Hochleistungsflüssigkeitschromatographie	40
10.	Restriktionsfragmentlängenpolymorphismus	40

1 *Neue Zürcher Zeitung* vom 23. 10. 2002
2 *Die Tageszeitung* vom 29. 5. 1997

Durchschnittliche Länge eines deutschen Wortes

Die durchschnittliche Länge eines Stichwortes im Duden beträgt 10,6 Buchstaben. Wie sich die Anzahl der Stichwörter dabei auf die unterschiedlichen Wortlängen verteilt, zeigt die folgende Grafik:

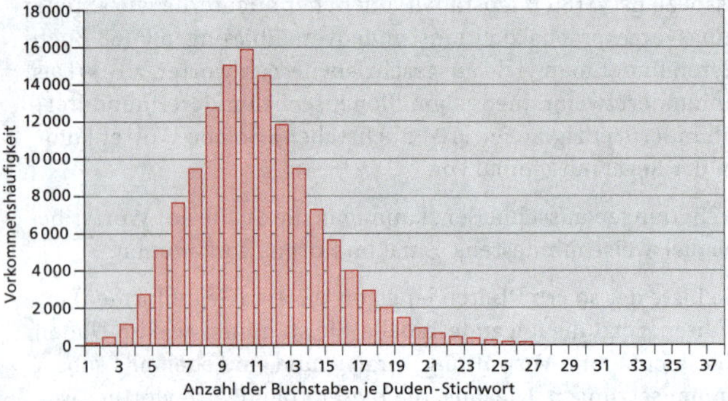

Betrachtet man hingegen die durchschnittliche Wortlänge im Dudenkorpus, kommt man zu sehr unterschiedlichen Ergebnissen. Errechnet man den Durchschnitt aller im Dudenkorpus vorkommenden Wörter, also der 2,4 Milliarden Wortformen, ergibt sich ein Durchschnitt von 5,7 Buchstaben. Nimmt man als Berechnungsgrundlage hingegen nur die unterschiedlichen Wörter, also die 10 Millionen Grundformen, beträgt die durchschnittliche Länge 14,3 Buchstaben. Die relative Kürze der Wortformen resultiert aus der Tatsache, dass die meisten Wörter in Texten sehr kurz sind, z. B. »der«, »und«, »zu« usw. (s. dazu die Liste der häufigsten Wörter in deutschsprachigen Texten weiter oben). Die relative Länge der Grundformen verdankt sich der hohen Anzahl von Zusammensetzungen im Korpus.

Die Wörter mit den meisten aufeinanderfolgenden Vokalen

Die drei Stichwörter aus dem Rechtschreibduden mit den meisten aufeinanderfolgenden Vokalen, und zwar insgesamt 5, sind:

- zweieiig
- Donauauen *od.* Donau-Auen
- Treueeid

Bei diesen Wörtern handelt es sich um Zusammensetzungen. Einfache, also nicht zusammengesetzte oder abgeleitete Wörter mit 5 aufeinanderfolgenden Vokalen gibt es im Deutschen nicht.

Beispiele für Wörter, die 4 aufeinanderfolgende Vokale aufweisen, zeigt die folgende Tabelle, in der zwischen einfachen Wörtern und zusammengesetzten Wörtern unterschieden wird. Sie zeigt außerdem an, wie oft ein bestimmtes Vokalmuster, z.B. »iuea«, im Stichwortbestand des Rechtschreibdudens insgesamt vorkommt:

Einfaches Wort mit 4 aufeinanderfolgenden Vokalen	Häufigkeit der Vokalkombination in Dudenstichwörtern
niueanisch	3
hawaiianisch	3
Queue	2
desavouieren	2
Hawaiiinsel	2
Sequoia	2
Hygieia	1
miauen	1
Montesquieu	1
Pistoiaer	1
pistoiaisch	1
tatauieren	1

Zusammengesetztes Wort mit 4 aufeinanderfolgenden Vokalen	Häufigkeit der Vokalkombination in Dudenstichwörtern
beieinander	14
Parteiausweis	6
armeeeigen	5
Lotterieeinnehmer[in]	4
Neuausgabe	4
Prärieauster	4
Bauaufsicht	3
Neueinstellung	3
grauäugig	2
Blaueisenerz	1
Niveauunterschied	1
Schneeeule	1
Seeaal	1
Videoaufzeichnung	1
Zweieurostück	1

Betrachtet man die Aneinanderreihung von Vokalen im Dudenkorpus, kommt man zu sehr ähnlichen Ergebnissen. Über die oben bereits zitierten Wörter »zweieiig«, »Donauauen« und »Treueeid« hinaus finden sich hier noch die folgenden Wortformen mit 5 aufeinanderfolgenden Vokalen:

- Bioeier
- Batterieeier
- Teeeier
- dreieiig
- Niveauausgleich
- Queueing (EDV)
- Milieuaufklärer (bei der Polizei)

Darüber hinaus finden sich im Dudenkorpus zahlreiche Namen mit 5 aufeinanderfolgenden Vokalen, z.B. »Azzaaoui«, »Maaouiya« oder »Zaouia«, sowie Anlehnungen an die gesprochene Sprache mit Schreibungen wie »uiuiuiui«, »neeeeiin« oder »süüüüüß«.

Wörter mit 4 aufeinanderfolgenden Vokalen gibt es im Dudenkorpus aufgrund des wesentlich größeren Umfangs deutlich mehr als im Rechtschreibduden. Darunter befinden sich zahlreiche Zusammensetzungen (z.B. »Technologieausrüster«), viele Personen- oder geografische Namen (z.B. »Miricioiu« oder

»Kilauea«) oder auch einfach Tippfehler (z.B. »Gleisdreieick«). Aus der Fülle ergeben sich viele Vokalkombinationsmuster, die über das hinausgehen, was die Tabelle oben zeigt.

Die Wörter mit den meisten aufeinanderfolgenden Konsonanten

Der »Borschtsch«, eine russische Suppe, ist das einzige einfache (also nicht zusammengesetzte oder abgeleitete) deutsche Wort mit 8 aufeinanderfolgenden Konsonanten.

Lässt man bei der Suche nach dem Wort mit den meisten aufeinanderfolgenden Konsonanten auch Zusammensetzungen zu, findet man im Rechtschreibduden außerdem die folgenden Wörter mit jeweils 8 Konsonanten:

- Deutschschweiz, Deutschschweizer[in], deutschschweizerisch
- Welschschweizer[in], welschschweizerisch
- Angstschweiß
- Geschichtsschreibung
- Rechtsschrift
- Unterrichtsschritt

Das Dudenkorpus weist ebenfalls den »Borschtsch« als das (einfache) Wort mit den meisten aufeinanderfolgenden Konsonanten aus. Die Liste der Zusammensetzungen mit 8 Konsonanten hintereinander ist recht lang, sodass hier nur einige repräsentative Beispiele gezeigt werden können. Wie in den oben angeführten Wörtern auch beginnt der zweite Bestandteil der Korpuswörter meistens mit der Buchstabenkombination *sch + l, m, n, r* oder *w*, etwa in:

- angstschlotternd
- Weihnachtsschmuck
- nächstschnellere
- Kunstgeschichtsschreibung
- Herbstschwimmfest

Die Verteilung der Artikel (Genusangabe) im Rechtschreibduden

Die meisten deutschen Substantive werden von einem Artikel begleitet, zum Beispiel »*der* Bumerang« (maskulin), »*die* Untersuchung« (feminin) oder »*das* Gewinnspiel« (neutral). Einige wenige Substantive werden auch artikellos gebraucht, z.B. »Aids«, »Allerheiligen« oder »Donnerlittchen«. Sie machen im Rechtschreibduden weniger als 0,1 % aus.

Von den Substantiven mit Artikel, die im Rechtschreibduden verzeichnet sind, weisen 98,7 % nur einen einzigen Artikel auf. Knapp 1,3 % der Substantive können mit zwei Artikeln gebraucht werden, wobei einer der Artikel oft nur selten, regional begrenzt oder fachsprachlich gebraucht wird. Lediglich 0,02 % der Substantive können alle drei Artikel mit sich führen.

Wie sich die Artikel innerhalb der Gruppe der Substantive mit lediglich einem Artikel mengenmäßig verteilen, zeigt die folgende Grafik:

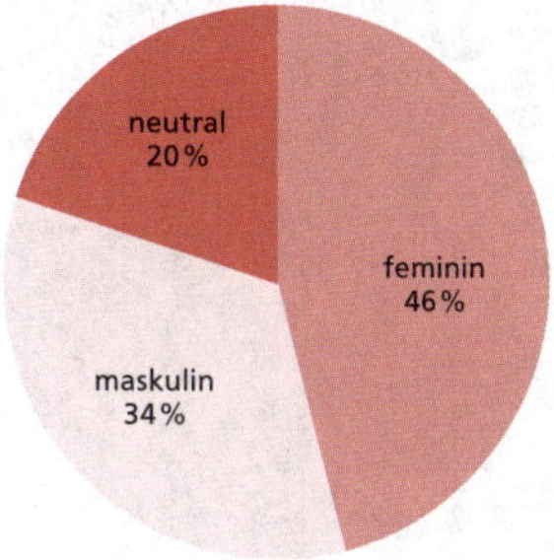

Die häufigste Kombination der Artikel von Substantiven mit zwei Artikeln ist die Kombination maskulin/neutral (knapp 70 %), z.B. bei

der oder *das* Alcopop
der oder *das* Terminal
der oder *das* Virus

An zweiter Stelle steht die Kombination maskulin/feminin (18 %), z.B. bei

der oder *die* Abscheu
der oder *die* Appendix
der oder *die* Fussel

An letzter Stelle steht die Kombination feminin/neutral (gut 12 %), z.B. bei

die oder *das* Aerobic
die oder *das* Consommé
die oder *das* E-Mail

Es gibt nur sehr wenig Wörter (unter 20), die alle drei Artikel aufweisen. Hierzu zählen z.B:

der, die oder *das* Bookmark
der, die oder *das* Joghurt
der, die oder *das* Triangel

Die Verteilung der Wortarten im Rechtschreibduden

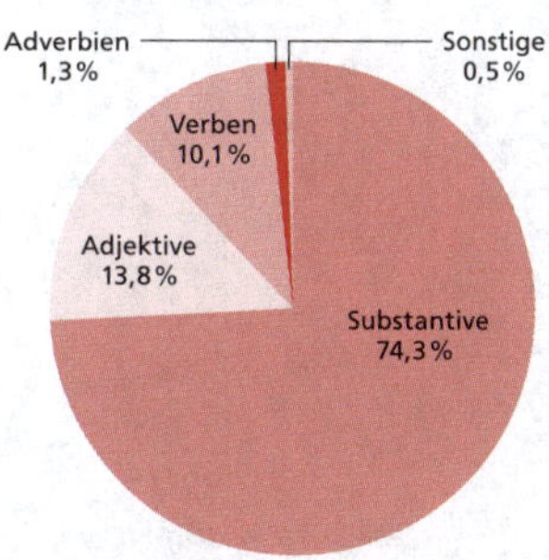

Wie die Grafik links zeigt, stellen die Substantive mit 74,3 % die größte Gruppe der im Rechtschreibduden verzeichneten Stichwörter dar. Mit großem Abstand folgen die Adjektive (13,8 %), dann die Verben (10,1 %). Adverbien machen lediglich 1,3 % der Stichwörter aus.

Deutlich unterhalb der 1-Prozent-Grenze liegen Interjektionen, Präpositionen und Pronomen (insgesamt rund 540), das Schlusslicht bilden die Konjunktionen, Partikeln und Artikel, deren Zahl sich zusammengenommen auf nicht einmal 100 beläuft.

a A

a = [1]Ar; Atto...
a (*Zeichen für* a-Moll); in a
a, A, das; -, - (Tonbezeichnung)
a. = am (*bei Ortsnamen,* z. B. Frankfurt a. Main)
a. = anno
a. = alt (*schweiz.; vor Amtsbezeichnungen,* z. B. a. Bundesrat)
A (Buchstabe); das A; des A, die A, *aber* das a in Land; der Buchstabe A, a; von A bis Z (*ugs. für* alles, von Anfang bis Ende); das A und [das] O (der Anfang und das Ende, das Wesentliche [nach dem ersten und letzten Buchstaben des griech. Alphabets]); a-Laut ↑K29
A (*Zeichen für* A-Dur); in A
A = Ampere; Autobahn
Ä (Buchstabe; Umlaut); das Ä; des Ä, die Ä, *aber* das ä in Bäcker; der Buchstabe Ä, ä
A, α = Alpha
à [a] ‹franz.› (*bes. Kaufmannsspr.* zu [je]); 3 Stück à 20 Euro, *dafür besser* ... zu [je] 20 Euro
Å = Ångström
@ [ɛt] ‹ursprünglich das Zeichen für »at« [= zu, je] auf amerik. Schreibmaschinentastaturen› = At-Zeichen (Gliederungszeichen in E-Mail-Adressen)
a. a. = ad acta
[1]**Aa,** das; -[s] (*Kinderspr.* Kot); Aa machen
[2]**Aa,** die; - (Name europäischer Flüsse u. Bäche); Engelberger Aa
[1]**AA,** das; - = Auswärtiges Amt
[2]**AA** *Plur.* = Anonyme Alkoholiker
Aa|chen (Stadt in Nordrhein-Westfalen); **Aa|che|ner;** Aachener Printen (ein Gebäck); der Aachener Dom; **Aa|che|ne|rin**
AAD = analoge Aufnahme, analoge Bearbeitung, digitale Wiedergabe (bei CD-Aufnahmen)
Aal, der; -[e]s, -e; *vgl. aber* Älchen
aa|len, sich (*ugs. für* behaglich ausgestreckt sich ausruhen)
aal|glatt
Aall [o:l] (norw. Philosoph)
Aal|tier|chen (ein Fadenwurm)
a. a. O. = am angeführten Ort; *auch* am angegebenen Ort
Aar, der; -[e]s, -e (*geh. für* Adler)
Aa|r|au (Hauptstadt des Kantons Aargau)
Aa|re, die; - (schweiz. Fluss)
Aar|gau, der; -[e]s (schweiz. Kanton); **Aar|gau|er; Aar|gau|e|rin; aar|gau|isch**
Aar|hus [ˈɔɐ̯hu:s] *vgl.* Århus
Aa|ron (bibl. m. Eigenn.)
Aas, das; -es, *Plur.* -e *u.* (*nur als* Schimpfwort:) Äser
Aas|blu|me (Pflanze, deren Blütengeruch Aasfliegen anzieht)
aa|sen (*ugs. für* verschwenderisch umgehen); du aast, er aas|te
Aas|fres|ser; Aas|gei|er
aa|sig (gemein; ekelhaft)
Aast, das; -[e]s, Äs|ter (landsch. Schimpfwort)

ab

Adverb:

- ab und an (von Zeit zu Zeit); von ... ab (*ugs. für* von ... an)
- ab und zu (gelegentlich) nehmen; *aber* ↑K31 : ab- und zunehmen (abnehmen und zunehmen)
- weil die Hütte weit ab sein soll; da die Hütte weit ab ist

Präposition mit Dativ:

- ab Bremen, ab [unserem] Werk
- ab erstem März

Bei Zeitangaben, Mengenangaben o. Ä. auch mit Akkusativ:

- ab erstem oder ersten März
- ab vierzehn Jahre[n]
- ab 50 Exemplare[n]

AB, der; -[s], -s = Anrufbeantworter
A. B. = Augsburger Bekenntnis
ab... (*in Zus. mit Verben,* z. B. abschreiben, du schreibst ab, abgeschrieben, abzuschreiben)
Aba, die; -, -s ‹arab.› (weiter, kragenloser Mantel der Araber)
Aba|kus, der; -, *Plur.* -se *u.* ...ki ‹griech.› (Rechenbrett der Antike; *Archit.* Säulendeckplatte)
Abä|lard [...ˈlart, *auch* ˈabɛ...] (französischer Philosoph)
ab|än|der|lich
ab|än|dern
Ab|än|de|rung
Ab|än|de|rungs|an|trag
Ab|än|de|rungs|vor|schlag
Aban|don [abãˈdõ:], der; -s, -s ‹franz.› (*Rechtsspr.* Abtretung, Preisgabe von Rechten od. Sachen); **aban|don|nie|ren**
ab|ar|bei|ten; Ab|ar|bei|tung
Ab|art
ab|ar|ten (*selten für* von der Art abweichen)
ab|ar|tig; Ab|ar|tig|keit
Aba|sie, die; -, ...ien ‹griech.› (*Med.* Unfähigkeit zu gehen)
ab|as|ten, sich (*ugs. für* sich abplagen)
ab|äs|ten; einen Baum abästen
Aba|te, der; -[n], *Plur.* ...ti *od.* ...ten ‹ital.› (*kath. Kirche* Titel der Weltgeistlichen in Italien)
Aba|ton [ˈa(:)batɔn], das; -s, ...ta ‹griech.› (*Rel.* das Allerheiligste, der Altarraum in den Kirchen des orthodoxen Ritus)
Abb. = Abbildung
Ab|ba ‹aram. »Vater!«› (neutestamentl. Anrede Gottes im Gebet)
ab|ba|cken
ab|bal|lern (*ugs. für* abschießen)
Ab|ba|si|de, der; -n, -n (Angehöriger eines aus Bagdad stammenden Kalifengeschlechtes)
Ab|bau, der; -[e]s, *Plur.* (*Bergmannsspr. für* Abbaustellen:) Abbaue *u.* (*landsch. für* abseits gelegene Anwesen, einzelne Gehöfte:) Abbauten
ab|bau|bar
ab|bau|en
Ab|bau|feld *(Bergbau);* **Ab|bau|ge|rech|tig|keit** *(Rechtsspr.);* **Ab|bau|pro|dukt**
ab|bau|wür|dig
Ab|be (dt. Physiker)
Ab|bé, der; -s, -s ‹franz.› (*kath. Kirche* Titel der niederen Weltgeistlichen in Frankreich)
ab|be|din|gen (*Rechtsspr.* außer Kraft setzen); abbedungen; **Ab|be|din|gung**
ab|bei|ßen
ab|bei|zen; Ab|beiz|mit|tel, das
ab|be|kom|men
ab|be|ru|fen; Ab|be|ru|fung
ab|be|stel|len; Ab|be|stel|lung
ab|beu|teln (*bayr., österr. für* abschütteln)
Ab|be|vil|li|en [abəvɪˈli̯ɛ̃:], das; -[s] ‹nach der Stadt Abbeville in Nordfrankreich› (Kultur der frühesten Altsteinzeit)
ab|be|zah|len; Ab|be|zah|lung
ab|bie|gen; Ab|bie|ge|spur; Ab|bie|gung
Ab|bild; ab|bil|den; Ab|bil|dung (*Abk.* Abb.)

Abend

der; -s, -e	*Kleinschreibung:*
Großschreibung:	– abends ↑K70
– des, eines Abends; am Abend; gegen Abend; diesen Abend; den Abend über	– von morgens bis abends
– es wird Abend; [zu] Abend essen; wir wollen nur Guten, *auch:* guten Abend sagen	– abends spät, *aber* spätabends
– gestern, heute, morgen Abend; bis, von gestern, heute, morgen Abend ↑K69	– [um] 8 Uhr abends, abends [um] 8 Uhr
	– dienstagabends *od.* dienstags abends (*vgl.* Dienstagabend)

ab|bim|sen (*ugs. für* abschreiben)
ab|bin|den; Ab|bin|dung
Ab|bit|te; Abbitte leisten, tun; **ab|bit|ten**
ab|bla|sen
ab|blas|sen
ab|blät|tern
ab|blen|den; Ab|blend|licht *Plur.* ...lichter; **Ab|blen|dung**
ab|blit|zen (*ugs. für* abgewiesen werden)
ab|blo|cken (*Sport* abwehren)
Ab|brand (*Hüttenw.* Metallschwund beim Schmelzen)
ab|brau|sen
ab|bre|chen
ab|brem|sen; Ab|brem|sung
ab|bren|nen
Ab|bre|vi|a|ti|on, Ab|bre|vi|a|tur, die; -, -en ‹lat.› (Abkürzung); **ab|bre|vi|ie|ren**
ab|brin|gen
ab|brö|ckeln; Ab|brö|cke|lung, Ab|bröck|lung
ab|bro|cken (*bayr., österr. für* abpflücken)
Ab|bruch, der; -[e]s, ...brüche; der Sache [keinen] Abbruch tun
Ab|bruch|ar|beit *meist Plur.;* **Ab|bruch|ge|neh|mi|gung; Ab|bruch|haus**
ab|bruch|reif
Ab|bruchs|ar|beit usw. (*österr. für* Abbrucharbeit usw.)
ab|brü|hen *vgl.* abgebrüht
ab|bu|chen; Ab|bu|chung
ab|bü|geln (*ugs. auch für* zurechtweisen)
ab|bum|meln (*ugs. für* [Überstunden] durch Freistunden ausgleichen)
ab|bürs|ten
ab|bus|seln (*ugs., bes. österr. für* abküssen)
Abc, Abe|ce, das; -[s], -[s]
ab|ca|shen [...kɛʃn̩] ‹dt.; engl.› (*ugs., bes. österr.* abkassieren)
Abc-Buch, Abe|ce|buch (*veraltet für* Fibel)
Abc-Code, der; -s (internationaler Telegrammschlüssel)
Ab|cha|se [apˈxa:...], der; -n, -n (Einwohner von Abchasien); **Ab|cha|si|en** (autonome Republik innerhalb Georgiens); **Ab|cha|sin; ab|cha|sisch**
ab|che|cken (*ugs. für* überprüfen)
abc|lich, abe|ce|lich *(selten)*
Abc-Schüt|ze, Abe|ce|schüt|ze;
Abc-Schüt|zin, Abe|ce|schüt|zin
ABC-Staa|ten *Plur.* (Argentinien, Brasilien u. Chile)
ABC-Waf|fen *Plur.* (atomare, biologische u. chemische Waffen); **ABC-Waf|fen-frei;** eine ABC-Waffen-freie Zone ↑K26
ab|da|chen; Ab|da|chung
Ab|dampf *(Technik);* **ab|damp|fen** (*ugs. auch für* abfahren)
ab|dämp|fen (mildern)
Ab|dampf|wär|me *(Technik)*
ab|dan|ken; Ab|dan|kung (*schweiz. auch für* Trauerfeier)
ab|de|cken
Ab|de|cker (jmd., der Tierkadaver beseitigt); **Ab|de|cke|rei**
Ab|deck|plat|te; Ab|de|ckung
Ab|de|ra (altgriech. Stadt); **Ab|de|rit,** der; -en, -en (Bewohner von Abdera; *übertr. für* einfältiger Mensch, Schildbürger)
ab|dich|ten; Ab|dich|tung
Ab|di|ka|ti|on, die; -, -en ‹lat.› (*veraltet für* Abdankung)
ab|ding|bar (*Rechtsspr.* durch freie Vereinbarung ersetzbar)
ab|di|zie|ren ‹lat.› (*veraltet für* abdanken)
Ab|do|men, das; -s, *Plur.* - *u.* ...mina ‹lat.› (*Med.* Unterleib, Bauch; *Zool.* Hinterleib der Gliederfüßer); **ab|do|mi|nal**
ab|drän|gen; jmdn. abdrängen
ab|dre|hen
Ab|drift, die; -, -en (*bes. Seemannsspr., Fliegerspr.* durch Wind od. Strömung hervorgerufene Kursabweichung); **ab|drif|ten**
ab|dros|seln; Ab|dros|se|lung, Ab|dross|lung
Ab|druck, der; -[e]s, *Plur.* (in Gips u. a.:) ...drücke *u.* (*für* Drucksachen:) ...drucke; im letzten Abdruck (*österr. für* im letzten Augenblick)
ab|dru|cken; ein Buch abdrucken
ab|drü|cken
ab|du|cken *(Boxen)*
Ab|duk|ti|on, die; -, -en ‹lat.› (*Med.* das Bewegen von Körperteilen von der Körperachse weg)
Ab|duk|tor, der; -s, ...oren (eine Abduktion bewirkender Muskel, Abziehmuskel)
Ab|d|ul|lah (urspr. arab. m. Vorn.)
ab|dun|keln
ab|du|schen
ab|dü|sen (*ugs. für* sich rasch entfernen)
ab|eb|ben
Abe|ce usw. *vgl.* Abc usw.
Abee [*auch* ˈa...], der *u.* das; -s, -s (*landsch. für* [1]Abort)
ab|ei|sen (*österr. veraltend für* abtauen)
Abel (bibl. m. Eigenn.)
Abel|mo|schus [*auch* ˈa:...], der; -, -se ‹arab.› (eine Tropenpflanze)
Abend *s. Kasten*
Abend|aka|de|mie (Abendkurse anbietendes Lehrinstitut, oft an Volkshochschulen)
Abend|blatt (Abendzeitung)
Abend|brot; Abend|däm|me|rung
aben|de|lang; *aber* drei od. mehrere Abende lang
abend|es|sen (*österr. für* [zu] Abend essen); gehen wir abendessen; hast du schon abendgegessen?; *vgl.* mittagessen
Abend|es|sen; Abend|frie|de[n], der; ...dens
abend|fül|lend
Abend|gar|de|ro|be; Abend|ge|bet; Abend|got|tes|dienst; Abend|gym|na|si|um; Abend|him|mel
Abend|kas|sa *(österr.);* **Abend|kas|se**
Abend|kleid
Abend|kurs; Abend|kur|sus
Abend|land, das; -[e]s; **Abend|län|der,** der; **Abend|län|de|rin,** die; **abend|län|disch**

aber

I. *Konjunktion:*
- er sah sie, hörte sie aber (jedoch) nicht
- er sah sie, aber er hörte sie nicht
- ein kleiner, aber gepflegter Garten
- sie ist streng, aber gerecht

II. *Adverb in veralteten Fügungen wie:*
- aber und abermals (wieder und wiederum)
- tausend und aber[mals] tausend
- tausend- und aber[mals] tausendmal

III. *Klein- oder Großschreibung in Verbindungen mit »hundert« und »tausend«* ↑K79:
- Aberhundert *od.* aberhundert Sterne
- Abertausend *od.* abertausend Vögel
- Aberhunderte *od.* aberhunderte kleiner Vögel
- Abertausende *od.* abertausende von kleinen Vögeln
- das Jubilieren Aberhunderter *od.* aberhunderter von Vögeln

abend|lich
Abend|licht, das; -[e]s
Abend|mahl *Plur.* ...mahle; **Abend|mahl[s]|kelch**
Abend-Make-up
Abend|mes|se *(kath. Kirche)*
Abend|öff|nung (Öffnung eines Geschäfts, eines Museums o. Ä. in den Abendstunden)
Abend|pro|gramm
Abend|rot, das; -s, **Abend|rö|te,** die; -
abends *vgl.* Abend
Abend|schu|le; Abend|son|ne
Abend|spit|ze (*bes. österr., schweiz. für* Stoßverkehr am Abend)
Abend|stern; Abend|stun|de; Abend|ver|an|stal|tung; Abend|ver|kauf; Abend|zei|tung
Aben|teu|er, das; -s, -
Aben|teu|er|film; Aben|teu|er|ge|schich|te; Aben|teu|e|rin, Aben|teu|re|rin, die; -, -nen
aben|teu|er|lich
Aben|teu|er|lust, die; -; **aben|teu|er|lus|tig**
aben|teu|ern; ich abenteu[e]re; geabenteuert
Aben|teu|er|ro|man; Aben|teu|er|spiel|platz; Aben|teu|er|ur|laub
Aben|teu|rer; Aben|teu|re|rin, Aben|teu|e|rin, die; -, -nen
aber *s. Kasten*
Aber, das; -[s], -[s]; viele Wenn und Aber vorbringen ↑K81
Aber|glau|be, *seltener* **Aber|glau|ben**
aber|gläu|big *(veraltet)*
aber|gläu|bisch
aber|hun|dert *vgl.* aber
ab|er|ken|nen; ich erkenne ab, *selten* ich aberkenne; ich erkannte ab, *selten* ich aberkannte; **Ab|er|ken|nung**
aber|ma|lig; aber|mals
Ab|er|ra|ti|on, die; -, -en ‹lat.› (*fachspr. für* Abweichung)
Aber|see, der; -s ↑K143 ([Ort am] Wolfgangsee)
aber|tau|send *vgl.* aber
Aber|witz, der; -es (*geh. für* völliger Unsinn); **aber|wit|zig**
ab|es|sen
Abes|si|ni|en (*ältere Bez. für* Äthiopien); **abes|si|nisch**
Abf. = Abfahrt
ABF, die; -, -s = Arbeiter-und-Bauern-Fakultät *(DDR)*
ab|fa|ckeln (*Technik* überflüssige Gase abbrennen); **Ab|fa|cke|lung, Ab|fack|lung**
ab|fä|deln; Bohnen abfädeln
ab|fahr|be|reit
ab|fah|ren
Ab|fahrt (*Abk.* Abf.)
Ab|fahrt[s]|be|fehl; Ab|fahrt[s]|gleis
Ab|fahrts|lauf; Ab|fahrts|ren|nen
Ab|fahrt[s]|si|g|nal
Ab|fahrts|stre|cke
Ab|fahrt[s]|zei|chen; Ab|fahrt[s]|zeit
Ab|fall, der
Ab|fall|auf|be|rei|tung; Ab|fall|be|sei|ti|gung; Ab|fall|ei|mer
ab|fal|len
Ab|fall|hau|fen
ab|fäl|lig; abfällig beurteilen
Ab|fall|kü|bel (*bes. österr. für* Abfalleimer)
Ab|fall|pro|dukt; Ab|fall|quo|te
Ab|fall|rohr *(Bauw.)*
Ab|fall|wirt|schaft
ab|fäl|schen *(Ballspiele, Eishockey);* den Ball [zur Ecke] abfälschen
ab|fan|gen
Ab|fang|jä|ger (ein Jagdflugzeug); **Ab|fang|sa|tel|lit** *(Militär)*
ab|fär|ben
ab|fa|sen (*fachspr. für* abkanten)
ab|fas|sen (verfassen; *ugs. für* abfangen); **Ab|fas|sung**
ab|fau|len
ab|fe|dern; Ab|fe|de|rung
ab|fe|gen
ab|fei|ern
ab|fei|len
ab|fer|ti|gen (*österr. auch für* abfinden); **Ab|fer|ti|gung** (*österr. auch für* Abfindung)
Ab|fer|ti|gungs|hal|le; Ab|fer|ti|gungs|schal|ter
ab|feu|ern
ab|fie|ren (*Seemannsspr.* an einem Tau herunterlassen)
ab|fie|seln (*bes. südd., österr. ugs. für* abnagen, ablösen)
ab|fil|men
ab|fin|den; Ab|fin|dung
Ab|fin|dungs|sum|me
ab|fi|schen
ab|fla|chen; sich abflachen
Ab|fla|chung
ab|flau|en (schwächer werden)
ab|flie|gen
ab|flie|ßen
Ab|flug; ab|flug|be|reit
Ab|flug|tag; Ab|flug|ter|mi|nal; Ab|flug|zeit
Ab|fluss
Ab|fluss|hahn; Ab|fluss|rohr
Ab|fol|ge
ab|for|dern
ab|fo|to|gra|fie|ren
Ab|fra|ge *(bes. EDV)*
ab|fra|gen; jmdn. *od.* jmdm. etw. abfragen
ab|fres|sen
ab|fret|ten, sich (*südd., österr. ugs. für* sich abmühen)
ab|frie|ren
ab|frot|tie|ren
ab|früh|stü|cken (*ugs. für* erledigen, abspeisen); abgefrühstückt
ab|füh|len
Ab|fuhr, die; -, -en
ab|füh|ren; Ab|führ|mit|tel, das; **Ab|führ|tee; Ab|füh|rung**
ab|fül|len; Ab|fül|lung
ab|füt|tern; Ab|füt|te|rung
Abg. = Abgeordnete
Ab|ga|be; ab|ga|ben|frei
Ab|ga|ben|last; ab|ga|ben|pflich|tig
Ab|ga|be|preis; Ab|ga|be|ter|min
Ab|gang, der
Ab|gän|ger (von der Schule Abgehender); **Ab|gän|ge|rin**
ab|gän|gig
Ab|gän|gig|keits|an|zei|ge (*österr. für* Vermisstenmeldung)

Ab|gangs|zeug|nis
Ab|gas
ab|gas|arm; ab|gas|frei
Ab|gas|ka|ta|ly|sa|tor; Ab|gas|rei|ni|ger; Ab|gas|rei|ni|gung
Ab|gas|un|ter|su|chung (Messung des Kohlenmonoxidgehalts im Abgas bei Leerlauf des Motors; *Abk.* AU)
Ab|gas|wert *meist Plur.*
ABGB, das; - = Allgemeines Bürgerliches Gesetzbuch (für Österreich)
ab|ge|ar|bei|tet
ab|ge|ben
ab|ge|blasst
ab|ge|brannt (*ugs. auch für* ohne Geldmittel)
ab|ge|brüht (*ugs. für* [sittlich] abgestumpft, unempfindlich); **Ab|ge|brüht|heit**
ab|ge|dreht (*ugs. für* verrückt, überspannt)
ab|ge|dro|schen; abgedroschene Redensarten; **Ab|ge|dro|schen|heit,** die; -
ab|ge|fah|ren (*ugs. auch für* begeisternd, toll)
ab|ge|feimt (durchtrieben); **Ab|ge|feimt|heit**
ab|ge|fuckt [...fa...] ‹dt.; engl.› (*derb für* heruntergekommen)
ab|ge|grif|fen
ab|ge|hackt
ab|ge|han|gen
ab|ge|härmt
ab|ge|här|tet
ab|ge|hen
ab|ge|hetzt
ab|ge|kämpft
ab|ge|kar|tet *(ugs.);* eine abgekartete Sache
ab|ge|klärt; Ab|ge|klärt|heit
ab|ge|la|gert
ab|ge|lau|fen; abgelaufene Schuhe; ein abgelaufenes Verfallsdatum
Ab|geld (*selten für* Disagio)
ab|ge|lebt; Ab|ge|lebt|heit, die; -
ab|ge|le|dert (*landsch. für* abgenutzt); eine abgelederte Hose
ab|ge|le|gen
ab|ge|lei|ert; abgeleierte (*ugs. für* [zu] oft gebrauchte) Worte
ab|gel|ten; Ab|gel|tung (*österr., schweiz. auch für* Vergütung)
Ab|gel|tungs|steu|er, Ab|gel|tung|steu|er, die *(Steuerw.)*
ab|ge|macht *(ugs.)*
ab|ge|ma|gert
ab|ge|mer|gelt (erschöpft; abgemagert); *vgl.* abmergeln
ab|ge|mes|sen *(geh.)*
ab|ge|neigt; Ab|ge|neigt|heit, die; -
ab|ge|nutzt
ab|ge|ord|net; Ab|ge|ord|ne|te, der *u.* die; -n, -n (*Abk.* Abg.)
Ab|ge|ord|ne|ten|haus; Ab|ge|ord|ne|ten|kam|mer; Ab|ge|ord|ne|ten|man|dat
ab|ge|plat|tet
ab|ge|rech|net
ab|ge|ris|sen; abgerissene Kleider; **Ab|ge|ris|sen|heit,** die; -
ab|ge|run|det
ab|ge|sagt; ein abgesagter (*geh. für* erklärter) Feind des Nikotins
Ab|ge|sand|te, der *u.* die; -n, -n
Ab|ge|sang (*Verslehre* abschließender Strophenteil)
ab|ge|schabt
ab|ge|schie|den (*geh. für* einsam [gelegen]; verstorben); **Ab|ge|schie|de|ne,** der *u.* die; -n, -n *(geh.);* **Ab|ge|schie|den|heit,** die; -
ab|ge|schlafft *vgl.* abschlaffen
ab|ge|schla|gen; Ab|ge|schla|gen|heit, die; - (Erschöpfung)
ab|ge|schlos|sen
ab|ge|schmackt (geistlos, platt); **Ab|ge|schmackt|heit**
ab|ge|se|hen; abgesehen von ...; abgesehen davon, dass ...
ab|ge|son|dert
ab|ge|spannt; Ab|ge|spannt|heit, die; -
ab|ge|spielt
ab|ge|stan|den
ab|ge|stor|ben
ab|ge|sto|ßen
ab|ge|stuft
ab|ge|stumpft; Ab|ge|stumpft|heit, die; -
ab|ge|ta|kelt (*ugs. auch für* heruntergekommen, ausgedient); *vgl.* abtakeln
ab|ge|tan; die Sache war schnell abgetan (erledigt); *vgl.* abtun
ab|ge|tra|gen
ab|ge|wetzt
ab|ge|wichst (*derb für* heruntergekommen)
ab|ge|win|nen
ab|ge|wirt|schaf|tet
ab|ge|wo|gen; Ab|ge|wo|gen|heit, die; -
ab|ge|wöh|nen; ich werde es mir abgewöhnen; **Ab|ge|wöh|nung**
ab|ge|zehrt
ab|ge|zir|kelt
ab|ge|zo|gen
ab|gie|ßen
Ab|glanz
Ab|gleich, der; -[e]s, -e; **ab|glei|chen** (*fachspr. für* angleichen, vergleichen)
ab|glei|ten
ab|glit|schen *(ugs.)*
Ab|gott, der; -[e]s, Abgötter; **Ab|göt|te|rei; Ab|göt|tin**
ab|göt|tisch
Ab|gott|schlan|ge
ab|gra|ben; jmdm. das Wasser abgraben
ab|gra|sen (*ugs. auch für* absuchen)
ab|gra|ten; ein Werkstück abgraten
ab|grät|schen; vom Barren abgrätschen
ab|grei|fen
ab|gren|zen; Ab|gren|zung
Ab|grund
ab|grün|dig; ab|grund|tief
ab|gu|cken, ab|ku|cken *(ugs.);* [von *od.* bei] jmdm. etwas abgucken *od.* abkucken
Ab|guss
ab|ha|ben *(ugs.);* wenn sie ihre Brille abhat; er soll sein[en] Teil abhaben
ab|ha|cken
ab|hä|keln
ab|ha|ken
ab|half|tern; Ab|half|te|rung
ab|hal|ten; Ab|hal|tung
ab|han|deln
ab|han|den|kom|men; das Buch kam uns abhanden, ist uns abhandengekommen; **Ab|han|den|kom|men,** das; -s
Ab|hand|lung
Ab|hang
[1]**ab|hän|gen,** *schweiz. auch* **ab|han|gen;** das hing von ihm ab, hat von ihm abgehangen; *vgl.* [1]hängen
[2]**ab|hän|gen** (*ugs. auch für* abschütteln); er hängte das Bild ab; sie hat alle Konkurrenten abgehängt; *vgl.* [2]hängen
ab|hän|gig; Ab|hän|gig|keit; Ab|hän|gig|keits|ver|hält|nis
ab|här|men, sich
ab|här|ten; Ab|här|tung
ab|hau|en (*ugs. auch für* davonlaufen); ich hieb den Ast ab; wir hauten ab
ab|häu|ten
ab|he|ben
ab|he|bern (*bes. Chemie* eine Flüssigkeit mit einem Heber entnehmen); ich hebere ab
ab|hef|ten; Ab|hef|tung

abheften

Bei »etwas abheften in« steht gewöhnlich der Dativ:

– Sie heftete den Brief im Ordner ab.

ạb|hei|len; Ạb|hei|lung
ạb|hel|fen; einem Mangel abhelfen
ạb|het|zen; sich abhetzen
ạb|heu|ern *(Seemannsspr.);* jmdn. abheuern; er hat abgeheuert
Ạb|hil|fe
Ạb|hit|ze *vgl.* Abwärme
ạb|ho|beln
ạb|hold; jmdm., einer Sache abhold sein
ạb|ho|len; Ạb|ho|ler; Ạb|ho|le|rin; Ạb|hol|markt; Ạb|ho|lung
ạb|hol|zen; Ạb|hol|zung
ạb|hor|chen
ạb|hö|ren; jmdn. *od.* jmdm. etwas abhören; **Ạb|hör|ge|rät; ạb|hör|si|cher; Ạb|hör|wan|ze** *(ugs.)*
ạb|hun|gern
ạb|hus|ten
Ạbi, das; -s, -s (*ugs.; kurz für* Abitur)
Abi|d|jan [...ˈdʒa:n] (Stadt in der Republik Côte d'Ivoire)
Abio|ge|ne|se, Abio|ge|ne|sis [*auch* ...ˈge:...], die; - ‹griech.› (Entstehung von Lebewesen aus unbelebter Materie)
ạb|ir|ren
ạb|iso|lie|ren; Ạb|iso|lier|zan|ge
Ab|i|tur, das; -s, -e *Plur. selten* ‹lat.› (Reifeprüfung)
Ab|i|tu|ri|ẹnt, der; -en, -en (Reifeprüfling); **Ab|i|tu|ri|ẹn|tin**
Ab|i|tur|zeug|nis
ạb|ja|gen
Ab|ju|di|ka|ti|on, die; -, -en ‹lat.› (*veraltet für* Aberkennung); **ab|ju|di|zie|ren** *(veraltet)*
Abk. = Abkürzung
ạb|ka|cken (*derb für* völlig versagen)
ạb|käm|men
ạb|kan|ten; ein Blech abkanten
ạb|kan|zeln (*ugs. für* scharf tadeln); ich kanz[e]le ab; **Ạb|kan|ze|lung, Ạb|kanz|lung** *(ugs.)*
ạb|ka|pi|teln (*landsch. für* schelten)
ạb|kap|seln; ich kaps[e]le ab; **Ạb|kap|se|lung, Ạb|kaps|lung**
ạb|kas|sie|ren
Ạb|kauf; ạb|kau|fen
Ạb|kehr, die; -; **ạb|keh|ren**
ạb|kip|pen
ạb|klap|pern (*ugs. für* suchend, fragend ablaufen)
ạb|klä|ren; Ạb|klä|rung
Ạb|klatsch; ạb|klat|schen
ạb|kle|ben
ạb|klem|men
ạb|klin|gen
Ạb|kling|kon|s|tan|te *(Physik);* **Ạb|kling|zeit**
ạb|klop|fen
ạb|knab|bern
ạb|knal|len *(ugs.)*
ạb|knap|pen (*landsch. für* abknapsen); **ạb|knap|sen** (*ugs. für* wegnehmen)
ạb|kni|cken
ạb|knöp|fen; jmdm. Geld abknöpfen (*ugs. für* abnehmen)
ạb|knut|schen *(ugs.)*
ạb|ko|chen
ạb|kom|man|die|ren
Ạb|kom|me, der; -n, -n (*geh. für* Nachkomme)
ạb|kom|men
Ạb|kom|men, das; -s, -
Ạb|kom|men|schaft *(selten)*
ạb|kömm|lich
Ạb|kömm|ling
ạb|kön|nen (*nordd. ugs. für* aushalten); ich kann das nicht ab
ạb|kon|ter|fei|en (*meist scherzh. für* abmalen, abzeichnen)
ạb|kop|peln; Ạb|kop|pe|lung, Ạb|kopp|lung
ạb|kra|gen (*Bauw.* abschrägen)
ạb|krat|zen (*derb auch für* sterben)
ạb|krie|gen *(ugs.)*
ạb|ku|cken (*nordd. für* abgucken *[vgl. d.]*)
ạb|küh|len; Ạb|küh|lung
ạb|kün|di|gen (von der Kanzel verkünden); **Ạb|kün|di|gung**
Ạb|kunft, die; -
ạb|kup|fern (*ugs. für* [unerlaubt] übernehmen; abschreiben)
ạb|kür|zen; Ạb|kür|zung (*Abk.* Abk.)
Ạb|kür|zungs|spra|che *vgl.* Aküsprache
Ạb|kür|zungs|ver|zeich|nis
ạb|küs|sen
ạb|la|chen (*ugs. für* ausgiebig, herzhaft lachen)
ạb|la|den; *vgl.* ^{1}laden; **Ạb|la|de|platz; Ạb|la|der; Ạb|la|dung**
Ạb|la|ge (*schweiz. auch für* Annahme-, Zweigstelle)
ạb|la|gern; Ạb|la|ge|rung
ạb|lan|dig (*Seemannsspr.* vom Lande her wehend od. strömend); ablandiger Wind
Ạb|lass, der; -es, Ablässe *(kath. Kirche);* **Ạb|lass|brief**
ạb|las|sen
Ab|la|ti|on, die; -, -en ‹lat.› (*fachspr. für* Abschmelzung; *Med.* Wegnahme; Ablösung, bes. der Netzhaut)
Ạb|la|tiv, der; -s, -e (*Sprachwiss.* Kasus in indogermanischen Sprachen); **Ạb|la|ti|vus ab|so|lu|tus,** der; - -, ...vi ...ti (*Sprachwiss.* eine bestimmte Konstruktion in der lateinischen Sprache)
Ạb|lauf
Ạb|lauf|da|tum (*bes. österr. für* Haltbarkeitsdatum)
ạb|lau|fen
Ạb|lauf|rin|ne
ạb|lau|gen
Ạb|laut (*Sprachwiss.* gesetzmäßiger Vokalwechsel in der Stammsilbe von Wortformen u. etymologisch verwandten Wörtern, z. B. »singen, sang, gesungen«); **ạb|lau|ten** (Ablaut haben)
ạb|läu|ten (zur Abfahrt läuten)
ạb|le|ben (*geh. für* sterben); **Ạb|le|ben,** das; -s
ạb|le|cken
ạb|le|dern (*ugs. für* mit einem Leder trockenwischen; *landsch. für* verprügeln); *vgl.* abgeledert
ạb|le|gen
Ạb|le|ger (Pflanzentrieb; *ugs. scherzh. für* Sohn *od.* Tochter)
ạb|leh|nen; einen Vorschlag ablehnen; **Ạb|leh|nung**
ạb|leis|ten; Ạb|leis|tung
ạb|lei|ten
Ạb|lei|tung (*auch Sprachwiss.* Bildung eines Wortes durch Lautveränderung [Ablaut] od. durch das Anfügen von Elementen, z. B. »Trank« von »trinken«, »königlich« von »König«)
Ạb|lei|tungs|mor|phem *(Sprachwiss.)*
ạb|len|ken; Ạb|len|kung; Ạb|len|kungs|ma|nö|ver
ạb|le|sen; Ạb|le|ser; Ạb|le|se|rin
ạb|leug|nen; Ạb|leug|nung
ạb|lich|ten; Ạb|lich|tung
ạb|lie|fern; Ạb|lie|fe|rung; Ạb|lie|fe|rungs|soll *vgl.* ^{2}Soll
ạb|lie|gen (*landsch. auch für* durch Lagern gut, reif werden); weit abliegen
ạb|lis|ten; jmdm. etwas ablisten
ạb|lo|cken
ạb|lö|schen (*fachspr. für* mit kalter Flüssigkeit übergießen)
Ạb|lö|se, die; -, -n (*kurz für* Ablösesumme); **ạb|lö|se|frei**
ab|lo|sen [ˈaplu:zn̩] ‹dt.; engl.› (*ugs. für* versagen, keinen Erfolg haben); *vgl.* ^{3}losen
ạb|lö|sen; Ạb|lö|se|sum|me; Ạb|lö|sung; Ạb|lö|sungs|sum|me
ạb|luch|sen (*ugs. für* ablisten); jmdm. etwas abluchsen
Ạb|luft, die; - (*Technik* verbrauchte, abgeleitete Luft); **Ạb|luft|trock|ner**

ABM, die; -, -[s] = Arbeitsbeschaffungsmaßnahme
ab|ma|chen; Ab|ma|chung
ab|ma|gern; ich magere ab; **Ab|ma|ge|rung; Ab|ma|ge|rungs|kur**
ab|mah|nen; Ab|mah|nung
ab|ma|len; ein Bild abmalen
Ab|marsch, der; **ab|mar|schie|ren**
ab|meh|ren (*schweiz. für* abstimmen durch Handerheben)
ab|mei|ern; jmdn. abmeiern (entmachten; abqualifizieren; *früher für* jmdm. das Pachtgut, den Erbhof entziehen); ich meiere ab; **Ab|mei|e|rung**
ab|mel|den; Ab|mel|dung
Ab|melk|wirt|schaft (Rinderhaltung nur zur Milchgewinnung)
ab|mer|geln, sich (*landsch. für* sich abmühen); ich merg[e]le mich ab; *vgl.* abgemergelt
ab|mes|sen; Ab|mes|sung
ab|mil|dern; Ab|mil|de|rung
ab|mi|schen *(Film, Rundfunk, Fernsehen)*
ab|mon|tie|ren
ABM-Stel|le ↑K28
ab|mü|hen, sich
ab|murk|sen (*ugs. für* umbringen)
ab|mus|tern (*Seemannsspr.* entlassen; den Dienst aufgeben); **Ab|mus|te|rung**
ab|na|beln; ich nab[e]le ab
ab|na|gen
ab|nä|hen; Ab|nä|her
Ab|nah|me, die; -, -n *Plur. selten*
ab|neh|men; *vgl.* ab
Ab|neh|mer; Ab|neh|me|rin
Ab|neh|mer|land
Ab|nei|gung
ab|nib|beln (*landsch. ugs. für* sterben); ich nibb[e]le ab
ab|ni|cken (*ugs. für* [diskussionslos] genehmigen); ich nicke ab
ab|norm (von der Norm abweichend, regelwidrig; krankhaft)
ab|nor|mal (*bes. österr., schweiz. für* unnormal, ungewöhnlich)
Ab|nor|mi|tät, die; -, -en
ab|nö|ti|gen; jmdm. etwas abnötigen
ab|nu|deln (*ugs. für* ausdruckslos [ab]spielen, vortragen; abnutzen); abgenudelte Sketche
ab|nut|zen, *bes. südd., österr.* **ab|nüt|zen; Ab|nut|zung,** *bes. südd., österr.* **Ab|nüt|zung**
Ab|nut|zungs|ge|bühr
Abo, das; -s, -s (*kurz für* Abonnement)
A-Bom|be ↑K29 (Atombombe)
Abon|ne|ment [...ˈmãː, *schweiz.* ...əˈmɛnt, *auch* abɔnˈmãː], das; -s, *Plur.* -s *u.* (bei deutscher Aussprache:) -e ⟨franz.⟩ (Dauerbezug von Zeitungen u. Ä.; Dauermiete für Theater u. Ä.)
Abon|ne|ment[s]|preis; Abon|ne|ments|vor|stel|lung
Abon|nent, der; -en, -en (Inhaber eines Abonnements); **Abon|nen|tin; abon|nie|ren;** auf etwas abonniert sein
Abo|preis (*ugs. kurz für* Abonnement[s]preis)
ab|ord|nen; Ab|ord|nung
[1]**Ab|o|ri|gi|ne** [*auch* ɛbəˈrɪdʒiniː], der; -s, -s ⟨lat.-engl.⟩ (Ureinwohner [Australiens]); [2]**Ab|o|ri|gi|ne,** die; -, -s
[1]**Ab|ort** [*schweiz. nur* ˈabɔrt], der; -[e]s, -e (Toilette)
[2]**Ab|ort,** der; -s, -e ⟨lat.⟩ (*Med.* Fehlgeburt; Schwangerschaftsabbruch); **ab|or|tie|ren**
Ab|or|ti|on, die; -, -en (Abtreibung); **ab|or|tiv** (abtreibend)
ab ovo ⟨lat.⟩ (von Anfang an)
ab|pa|cken
ab|pa|schen (*österr. ugs. für* weglaufen)
ab|pas|sen
ab|pau|sen; ein Bild abpausen
ab|per|len
ab|pfei|fen *(Sport);* **Ab|pfiff**
ab|pflü|cken
ab|pin|nen (*ugs. für* abschreiben)
ab|pla|gen, sich
ab|plat|ten (platt, flach machen); **Ab|plat|tung**
Ab|prall, der; -[e]s, -e *Plur. selten*
ab|pral|len; von etwas abprallen
Ab|pral|ler *(Ballspiele)*
ab|pres|sen
Ab|pro|dukt (*fachspr. für* Abfall, Müll; Abfallprodukt)
ab|prot|zen (*Militär; derb auch für* seine Notdurft verrichten)
ab|puf|fern (*ugs. für* abmildern)
ab|pum|pen
Ab|putz ([Ver]putz)
ab|put|zen
ab|quä|len, sich
ab|qua|li|fi|zie|ren; Ab|qua|li|fi|zie|rung
ab|ra|ckern, sich *(ugs.)*
Ab|ra|ham (bibl. m. Eigenn.)
Ab|ra|ham a San[c]|ta Cla|ra (dt. Prediger)
ab|rah|men; Milch abrahmen
Ab|ra|ka|da|b|ra, das; -s (Zauberwort; [sinnloses] Gerede)
Ab|ra|sax *vgl.* Abraxas
ab|ra|sie|ren
Ab|ra|si|on, die; -, -en ⟨lat.⟩ (*Geol.* Abtragung der Küste durch die Brandung; *Fachspr.* Ab-, Ausschabung)
ab|ra|ten
Ab|raum, der; -[e]s (*Bergmannsspr.* Deckschicht über Lagerstätten; *landsch. für* Abfall)
ab|räu|men
Ab|raum|hal|de; Ab|raum|salz
ab|rau|schen (*ugs. für* sich rasch entfernen)
Ab|ra|xas, Ab|ra|sax (Zauberwort)
ab|re|agie|ren; sich abreagieren
ab|re|beln (*österr., auch nordwestd. für* [Beeren] einzeln abpflücken)
ab|rech|nen; Ab|rech|nung; Ab|rech|nungs|ter|min
Ab|re|de; etwas in Abrede stellen
ab|re|geln (*Fachjargon* regulieren)
ab|re|gen, sich *(ugs.)*
ab|reg|nen
ab|rei|ben; Ab|rei|bung
Ab|rei|se *Plur. selten;* **ab|rei|sen**
Ab|reiß|block *vgl.* Block
ab|rei|ßen *vgl.* abgerissen
Ab|reiß|ka|len|der
ab|rei|ten
ab|rich|ten
Ab|rich|ter (Dresseur); **Ab|rich|te|rin; Ab|rich|tung**
Ab|rieb, der; -[e]s, *Plur.* (*Technik für* abgeriebene Teilchen:) -e
ab|rieb|fest; Ab|rieb|fes|tig|keit
ab|rie|geln; Ab|rie|ge|lung, Ab|rieg|lung
ab|rin|gen; jmdm. etwas abringen
Ab|riss, der; -es, -e
Ab|riss|bir|ne (beim Abriss von Gebäuden verwendete Stahlkugel); **Ab|riss|haus**
ab|rol|len
ab|rub|beln (*ugs. für* abreiben, trocken reiben)
ab|rü|cken
Ab|ruf *Plur. selten;* auf Abruf
ab|ruf|bar; ab|ruf|be|reit
ab|ru|fen
ab|run|den; eine Zahl [nach unten, *seltener* oben] abrunden; **Ab|run|dung**
ab|rup|fen
ab|rupt ⟨lat.⟩ (abgebrochen, zusammenhanglos, plötzlich)
ab|rüs|ten
Ab|rüs|tung; ab|rüs|tungs|fä|hig; Ab|rüs|tungs|kon|fe|renz
ab|rut|schen
Ab|ruz|zen *Plur.* (Gebiet im südl. Mittelitalien; *auch für* Abruzzischer Apennin)
Ab|ruz|zi|sche Apen|nin, der; -n -s (Teil des Apennins)
Abs. = Absatz; Absender

ABS, das; - = Antiblockiersystem
ab|sa|cken (*ugs. für* [ab]sinken)
Ab|sa|cker, der; -s, - (*ugs. für* letztes alkoholisches Getränk am Abend)
Ab|sa|ge, die; -, -n; **ab|sa|gen**
ab|sä|gen
ab|sah|nen (die Sahne abschöpfen; *ugs. für* sich bereichern)
Ab|sa|lom, *ökum.* Ab|scha|lom (bibl. m. Eigenn.)
Ab|sam (österr. Ort)
ab|sam|meln (*österr. für* einsammeln)
Ab|satz, der; -es, Absätze (*Abk.* Abs. [*für* Textabschnitt])
Ab|satz|flau|te (*Kaufmannsspr.*)
Ab|satz|kick (*Fußball*)
Ab|satz|kri|se; Ab|satz|markt; Ab|satz|plus, das; - (*Kaufmannsspr.*)
Ab|satz|trick (*Fußball*)
ab|satz|wei|se
ab|sau|fen (*ugs.*)
ab|sau|gen
ab|scha|ben
ab|schä|deln (*ugs. für* sich hemmungslos betrinken)
ab|schaf|fen; schaffte ab, hat abgeschafft; **Ab|schaf|fung**
Ab|scha|lom *vgl.* Absalom
ab|schal|ten; Ab|schal|tung
ab|schat|ten
ab|schat|tie|ren; Ab|schat|tie|rung
Ab|schat|tung
ab|schätz|bar; ab|schät|zen; ab|schät|zig
ab|schau|en (*bes. südd., österr., schweiz.*)
Ab|schaum, der; -[e]s
ab|schei|den *vgl.* abgeschieden
Ab|schei|der (*Fachspr.*)*;* **Ab|schei|dung**
ab|sche|ren *vgl.* ¹scheren
Ab|scheu, der; -s, *seltener* die; -
ab|scheu|er|re|gend, **Ab|scheu er|re|gend;** eine abscheuerregende, *auch* Abscheu erregende Tat; *aber nur* eine großen Abscheu erregende Tat, eine äußerst abscheuerregende, noch abscheuerregendere Tat ↑K58
ab|scheu|lich; Ab|scheu|lich|keit
ab|schi|cken
Ab|schie|be|haft, die; -
ab|schie|ben
Ab|schie|be|stopp (*ugs.*)
Ab|schie|bung
Ab|schied, der; -[e]s, -e
Ab|schieds|be|such; Ab|schieds|brief; Ab|schieds|fei|er; Ab|schieds|ge|schenk; Ab|schieds|gruß; Ab|schieds|re|de; Ab|schieds|schmerz; Ab|schieds|spiel (*bes. Fußball*)*;* **Ab|schieds|stun|de; Ab|schieds|sze|ne; Ab|schieds|vor|stel|lung**
ab|schie|ßen
ab|schif|fen (*ugs. für* scheitern)
ab|schil|fern (*landsch.*)*;* **Ab|schil|fe|rung** (Abschuppung)
ab|schin|den, sich (*ugs.*)
Ab|schirm|dienst (*Militär*)
ab|schir|men; Ab|schir|mung
ab|schir|ren; Pferde abschirren
ab|schlach|ten; Ab|schlach|tung
ab|schlaf|fen (*ugs.*)
Ab|schlag; auf Abschlag kaufen
ab|schla|gen
ab|schlag|frei *vgl.* abschlagsfrei
ab|schlä|gig; jmdn. *od.* etwas abschlägig bescheiden (etwas nicht genehmigen)
ab|schläg|lich (*veraltet*)*;* abschlägliche Zahlung (Abschlagszahlung)
ab|schlags|frei, *fachsprachlich auch* ab|schlag|frei (ohne Abschlag [gezahlt])
Ab|schlags|zah|lung, *fachspr. auch* **Ab|schlag|zah|lung**
ab|schläm|men (als Schlamm absetzen; von Schlamm befreien)
ab|schle|cken (*südd., österr., schweiz.*)
ab|schlei|fen
Ab|schlepp|dienst
ab|schlep|pen
Ab|schlepp|seil; Ab|schlepp|stan|ge
ab|schlie|ßen; ab|schlie|ßend; Ab|schlie|ßung
Ab|schluss
Ab|schluss|be|richt; Ab|schluss|exa|men; Ab|schluss|fei|er; Ab|schluss|kund|ge|bung; Ab|schluss|prü|fung; Ab|schluss|trai|ning; Ab|schluss|ver|an|stal|tung; Ab|schluss|zeug|nis
ab|schmal|zen (*bayr., österr. für* abschmälzen)
ab|schmäl|zen (*Kochkunst* mit gebräunter Butter übergießen)
ab|schme|cken
ab|schmel|zen; das Eis schmilzt ab; *vgl.* ¹schmelzen, ²schmelzen
ab|schmet|tern (*ugs.*)
ab|schmie|ren; Ab|schmier|fett
ab|schmin|ken
ab|schmir|geln (durch Schmirgeln glätten, polieren, entfernen)
Abschn. = Abschnitt
ab|schnal|len
ab|schnei|den
Ab|schnitt (*Abk.* Abschn.)
Ab|schnitts|be|voll|mäch|tig|te, der *u.* die; -n, -n (in der DDR für ein bestimmtes [Wohn]gebiet zuständige[r] Volkspolizist[in]; *Abk.* ABV)
ab|schnitts|wei|se, ab|schnitt|wei|se
ab|schnü|ren; Ab|schnü|rung
ab|schöp|fen; Ab|schöp|fung
ab|schot|ten; Ab|schot|tung
ab|schrä|gen
ab|schram|men (*derb auch für* sterben)
ab|schrau|ben
ab|schre|cken *vgl.* schrecken; **ab|schre|ckend; Ab|schre|ckung; Ab|schre|ckungs|stra|fe**
ab|schrei|ben; Ab|schrei|bung; ab|schrei|bungs|fä|hig
ab|schrei|ten (*geh.*)
Ab|schrift; ab|schrift|lich (*Amtsspr.* in Abschrift)
Ab|schrot, der; -[e]s, -e (meißelförmiger Ambosseinsatz); **ab|schro|ten** (Metallteile auf dem Abschrot abschlagen)
ab|schrub|ben (*ugs.*)
ab|schuf|ten, sich (*ugs.*)
ab|schup|pen; Ab|schup|pung
ab|schür|fen; Ab|schür|fung
Ab|schuss; Ab|schuss|be|fehl
ab|schüs|sig; Ab|schüs|sig|keit, die; -
Ab|schuss|lis|te; Ab|schuss|ram|pe
ab|schüt|teln
ab|schüt|ten
ab|schwä|chen; Ab|schwä|chung
ab|schwat|zen, *landsch.* **ab|schwät|zen**
ab|schwei|fen; Ab|schwei|fung
ab|schwel|len *vgl.* ¹schwellen
ab|schwem|men
ab|schwin|gen
ab|schwir|ren (*ugs. auch für* weggehen)
ab|schwö|ren
Ab|schwung
ab|seg|nen (*ugs. für* genehmigen)
ab|seh|bar; in absehbarer Zeit
ab|se|hen *vgl.* abgesehen
ab|sei|fen
ab|sei|len; sich abseilen
ab sein *vgl.* ab
¹**Ab|sei|te,** die; -, -n (*landsch. für* Nebenraum, -bau)
²**Ab|sei|te** (Stoffrückseite); **Ab|sei|ten|stoff** (*für* ¹Reversible)
ab|sei|tig; Ab|sei|tig|keit
ab|seits; *Präp. mit Gen.:* abseits des Weges; *Adverb:* der Stürmer war abseits (*Sport* stand im Abseits)
Ab|seits, das; -, - (*Sport*)*;* Abseits pfeifen, im Abseits stehen
Ab|seits|fal|le
ab|seits|hal|ten; sie hatte sich

meist abseitsgehalten, *aber* wir hatten ein Stück abseits [der Straße] gehalten

Ab|seits|po|si|ti|on; Ab|seits|re|gel

ab|seits|ste|hen; *aber* im Abseits stehen ↑K48; die abseitsstehenden Kinder, *aber* die ein Stück abseits [der Straße] stehenden Kinder; eine abseitsstehende Stürmerin; alle Abseitsstehenden herbeirufen; ↑K47: abseits stand eine Hütte

Ab|seits|stel|lung; Ab|seits|tor

Ab|sence [aˈpsã:s], die; -, -n ‹franz.› (*Med.* kurzzeitige Bewusstseinstrübung, bes. bei Epilepsie)

ab|sen|den; Ab|sen|der (*Abk.* Abs.); **Ab|sen|der|an|ga|be; Ab|sen|de|rin; Ab|sen|dung**

ab|sen|ken

Ab|sen|ker (vorjähriger Trieb, der zur Vermehrung der Pflanze in die Erde gelegt wird)

Ab|sen|kung

ab|sent ‹lat.› (*veraltet für* abwesend)

ab|sen|tie|ren, sich (*veraltend für* sich entfernen)

Ab|senz, die; -, -en (*österr., schweiz., sonst veraltend für* Abwesenheit, Fehlen)

ab|ser|beln (*schweiz. für* dahinsiechen); ich serb[e]le ab

ab|ser|vie|ren (*ugs. auch für* seines Einflusses berauben)

ab|setz|bar; Ab|setz|bar|keit

Ab|setz|be|trag (*österr. für* Freibetrag)

ab|set|zen; sich absetzen

Ab|setz|pos|ten *(österr.)*

Ab|set|zung

ab|si|chern; Ab|si|che|rung

Ab|sicht, die; -, -en

ab|sicht|lich [*österr. u. schweiz. nur so, sonst auch* ...ˈzɪçt...]; **Ab|sicht|lich|keit**

Ab|sichts|er|klä|rung

ab|sichts|los; ab|sichts|voll

Ab|sin|gen, das; -s; unter Absingen (*nicht:* unter Absingung)

ab|sin|ken

Ab|sinth, der; -[e]s, -e ‹griech.› (Wermutbranntwein)

ab|sit|zen

ab|so|lut ‹lat.› (völlig; ganz u. gar; uneingeschränkt); absoluter Nullpunkt, absolute Atmosphäre *(Physik)* ↑K89

Ab|so|lut|heit

Ab|so|lu|ti|on, die; -, -en (Los-, Freisprechung, bes. Sündenvergebung)

Ab|so|lu|tis|mus, der; - (uneingeschränkte Herrschaft eines Monarchen, Willkürherrschaft); **ab|so|lu|tis|tisch**

Ab|so|lu|to|ri|um, das; -s, ...rien (*österr. für* Bestätigung eines Hochschulabschlusses)

Ab|sol|vent, der; -en, -en (Schulabgänger mit Abschlussprüfung); **Ab|sol|ven|tin**

ab|sol|vie|ren (erledigen, ableisten; [eine Schule] durchlaufen; *Rel.* Absolution erteilen); **Ab|sol|vie|rung**

ab|son|der|lich; Ab|son|der|lich|keit

ab|son|dern; Ab|son|de|rung

Ab|sor|bens, das; -, *Plur.* ...benzien *u.* ...bentia ‹lat.› (*Technik* der bei der Absorption aufnehmende Stoff); **Ab|sor|ber,** der; -s, - ‹engl.› (Vorrichtung zur Absorption von Gasen, Strahlen)

ab|sor|bie|ren ‹lat.› (aufsaugen; [gänzlich] beanspruchen)

Ab|sorp|ti|on, die; -, -en; **Ab|sorp|ti|ons|spek|t|rum** *(Physik);* **ab|sorp|tiv** (zur Absorption fähig)

ab|spal|ten; Ab|spal|tung

ab|spa|nen, ¹ab|spä|nen (*Technik* ein metallisches Werkstück durch Abtrennung von Spänen formen)

²ab|spä|nen (*landsch. für* entwöhnen)

Ab|spann, der; -[e]s, -e *u.* ...spänne; *vgl.* Nachspann

ab|span|nen; Ab|spann|mast, der *(Elektrot.);* **Ab|span|nung**

ab|spa|ren, sich; du hast es dir vom Munde abgespart

ab|spe|cken (*ugs. für* [gezielt] abnehmen)

ab|spei|chern *(EDV)*

ab|spei|sen; Ab|spei|sung

ab|spens|tig; jmdm. jmdn. *od.* etwas abspenstig machen

ab|sper|ren (*bayr., österr. auch für* abschließen)

Ab|sperr|hahn; Ab|sperr|ket|te

Ab|sper|rung

ab|spie|geln; Ab|spie|ge|lung, Ab|spieg|lung

Ab|spiel, das; -[e]s, -e *(Sport);* **ab|spie|len; Ab|spiel|feh|ler**

Ab|spiel|ge|rät

ab|split|tern; Ab|split|te|rung

Ab|spra|che; ab|spra|che|ge|mäß

ab|spre|chen

ab|sprei|zen

ab|sprin|gen; Ab|sprung; Ab|sprung|ha|fen *(Militär)*

ab|spu|len

ab|spü|len; Geschirr abspülen

ab|stam|men; Ab|stam|mung

Ab|stand; von etwas Abstand nehmen (etwas nicht tun)

Ab|stand|hal|ter (am Fahrrad)

ab|stän|dig; abständiger (*Forstwirtsch.* absterbender) Baum

Ab|stands|sum|me

ab|stat|ten; jmdm. einen Besuch abstatten *(geh.);* **Ab|stat|tung**

ab|stau|ben (*ugs. auch für* unbemerkt mitnehmen; *Sport* ein Tor mühelos erzielen)

ab|stäu|ben (*landsch. für* abstauben)

Ab|stau|ber; Ab|stau|be|rin; Ab|stau|ber|tor

ab|ste|chen; Ab|ste|cher; einen Abstecher machen

ab|ste|cken *vgl.* ²stecken

ab|ste|hen

ab|stei|fen *(Bauw.);* **Ab|stei|fung**

Ab|stei|ge, die; -, -n *(ugs. abwertend)*

ab|stei|gen

Ab|stei|ge|quar|tier, *österr.* **Ab|steig|quar|tier**

Ab|stei|ger *(Sport);* **Ab|stei|ge|rin**

Ab|stell|bahn|hof

ab|stel|len

> **abstellen**
>
> *Nach »abstellen auf/in/unter« steht gewöhnlich der Dativ:*
>
> – Wir stellten das Gepäck auf dem Bahnsteig ab.
> – Hast du das Auto im Hof abgestellt?
> – Stell das Paket bitte unter dem Vordach ab.

Ab|stell|gleis; Ab|stell|kam|mer; Ab|stell|platz; Ab|stell|raum

Ab|stel|lung

ab|stem|peln; Ab|stem|pe|lung, Ab|stemp|lung

ab|step|pen

ab|ster|ben

Ab|stich

Ab|stieg, der; -[e]s, -e

Ab|stiegs|ge|fahr *(Sport);* **ab|stiegs|ge|fähr|det; Ab|stiegs|kampf** *(Sport);* **Ab|stiegs|kan|di|dat** *(Sport);* **Ab|stiegs|kan|di|da|tin; Ab|stiegs|zo|ne** *(Sport)*

ab|stil|len

ab|stim|men

Ab|stimm|kreis *(Elektrot.);* **Ab|stimm|schär|fe** *(Elektrot.)*

Ab|stim|mung; Ab|stim|mungs|er|geb|nis

ab|s|ti|nent ‹lat.› (enthaltsam,

alkoholische Getränke meidend); **Ab|s|ti|nent,** der; -en, -en (*schweiz. für* Abstinenzler); **Ab|s|ti|nen|tin**

Ab|s|ti|nenz, die; -; **Ab|s|ti|nenz|ler** (enthaltsam lebender Mensch, bes. in Bezug auf Alkohol); **Ab|s|ti|nenz|le|rin**

Ab|s|ti|nenz|tag (*kath. Kirche* Tag, an dem die Gläubigen kein Fleisch essen dürfen)

ab|stop|pen

Ab|stoß; ab|sto|ßen; ab|sto|ßend; Ab|sto|ßung

ab|stot|tern (*ugs. für* in Raten bezahlen)

Ab|s|tract [ˈɛpstrɛkt], das *u.* der; -s, -s ⟨lat.-engl.⟩ (kurze Inhaltsangabe eines Artikels od. Buches)

ab|stra|fen; Ab|stra|fung

ab|s|tra|hie|ren ⟨lat.⟩ (das Allgemeine vom Einzelnen absondern, verallgemeinern)

ab|strah|len; Ab|strah|lung

ab|s|trakt ⟨lat.⟩ (begrifflich, nur gedacht); abstrakte (nicht gegenständliche) Kunst; **Ab|s|trakt|heit**

Ab|s|trak|ti|on, die; -, -en

Ab|s|trak|tum, das; -s, ...ta (*Philos.* allgemeiner Begriff; *Sprachwiss.* Substantiv, das etwas Nichtgegenständliches benennt, z. B. »Liebe«)

ab|stram|peln, sich (*ugs.*)

ab|strän|gen ([ein Zugtier] abspannen)

ab|strei|chen; Ab|strei|cher

ab|strei|fen; Ab|strei|fer

ab|strei|ten

Ab|strich

ab|s|t|rus ⟨lat.⟩ (verworren, schwer verständlich)

ab|stu|fen; Ab|stu|fung

ab|stump|fen; Ab|stump|fung

Ab|sturz; ab|stür|zen

ab|stüt|zen; sich abstützen

ab|su|chen

Ab|sud [*auch* ...ˈzuːt], der; -[e]s, -e (*veraltet für* durch Abkochen gewonnene Flüssigkeit)

ab|surd ⟨lat.⟩ (sinnwidrig, sinnlos); absurdes Drama (eine moderne Dramenform) ↑K89

Ab|sur|di|s|tan, das; -s *meist ohne Artikel* (fiktives Land, in dem absurde Verhältnisse herrschen)

Ab|sur|di|tät, die; -, -en

Ab|s|zess, der, *österr. auch* das; -es, -e ⟨lat.⟩ (*Med.* eitrige Geschwulst)

Ab|s|zis|se, die; -, -n ⟨lat.⟩ (*Math.* auf der Abszissenachse abgetragene erste Koordinate eines Punktes); **Ab|s|zis|sen|ach|se**

Abt, der; -[e]s, Äbte (Kloster-, Stiftsvorsteher)

Abt. = Abteilung

ab|ta|keln; ein Schiff abtakeln (das Takelwerk entfernen, außer Dienst stellen); *vgl.* abgetakelt; **Ab|ta|ke|lung, Ab|tak|lung**

ab|tan|zen (*ugs. für* weggehen; ausdauernd tanzen)

ab|tas|ten; Ab|tast|na|del; Ab|tas|tung

ab|tau|chen

ab|tau|en

Ab|tausch; ab|tau|schen

Ab|tau|ung

Ab|tei (Kloster, dem ein Abt od. eine Äbtissin vorsteht)

Ab|teil [*schweiz.* ˈa...], das; -[e]s, -e

ab|tei|len

[1]**Ab|tei|lung,** die; - (Abtrennung)

[2]**Ab|tei|lung** [*schweiz.* ˈa...] (abgeteilter Raum; Teil eines Unternehmens, einer Behörde o. Ä.; *Abk.* Abt.); **Ab|tei|lungs|lei|ter; Ab|tei|lungs|lei|te|rin**

ab|teu|fen (*Bergmannsspr.*); einen Schacht abteufen (senkrecht nach unten bauen)

ab|tip|pen (*ugs.*)

Äb|tis|sin (Kloster-, Stiftsvorsteherin)

Abt.-Lei|ter[in] = Abteilungsleiter[in]

ab|tö|nen; Ab|tön|far|be; Ab|tö|nung

ab|tör|nen (*ugs. für* die Laune verderben; verdrießen)

ab|tö|ten; Ab|tö|tung

Ab|trag, der; -[e]s, Abträge; jmdm. *od.* einer Sache Abtrag tun (*geh. für* schaden)

ab|tra|gen

ab|träg|lich (schädlich); jmdm. *od.* einer Sache abträglich sein (*geh.*); **Ab|träg|lich|keit**

Ab|tra|gung

ab|trai|nie|ren; zwei Kilo abtrainieren

Ab|trans|port; ab|trans|por|tie|ren

ab|trei|ben (*österr. auch für* cremig verrühren); **Ab|trei|bung**

Ab|trei|bungs|geg|ner; Ab|trei|bungs|geg|ne|rin

Ab|trei|bungs|kli|nik (*ugs.*)

Ab|trei|bungs|pa|ra|graf, Ab|trei|bungs|pa|ra|graph (*ugs. für* § 218 des Strafgesetzbuches); **Ab|trei|bungs|pil|le** (zur Auslösung einer Fehlgeburt); **Ab|trei|bungs|recht; Ab|trei|bungs|ver|such**

ab|trenn|bar; ab|tren|nen; Ab|tren|nung

ab|tre|ten; Ab|tre|ter; Ab|tre|tung

Ab|trieb, der; -[e]s, -e (das Abtreiben des Viehs von der Weide; *Forstwirtsch.* Abholzung; *österr. auch für* Rührteig)

Ab|trift usw. *vgl.* Abdrift usw.

ab|trin|ken

Ab|tritt (*veraltend, noch landsch. auch für* [1]Abort)

ab|trock|nen

ab|trop|fen; Ab|tropf|scha|le

ab|trot|zen; jmdm. etwas abtrotzen

ab|trump|fen (*Kartenspiele*)

ab|trün|nig; Ab|trün|ni|ge, der *u.* die; -n, -n; **Ab|trün|nig|keit,** die; -

Abts|stab; Abts|wür|de

ab|tun (*schweiz. auch für* töten); etwas als Scherz abtun

ab|tup|fen

ab|tur|nen [...tøːɐ̯...]; *vgl.* abtörnen

Abt|wahl

Abu [*auch* ˈa...] ⟨arab., »Vater«⟩ (Bestandteil von Eigenn.)

Abu Dha|bi [- d...] (Scheichtum der Vereinigten Arabischen Emirate; deren Hauptstadt); **abu-dha|bisch**

Abu|ja [...dʒ...] (Hauptstadt von Nigeria)

ab|un|dant ⟨lat.⟩ (*bes. fachspr. für* häufig [vorkommend])

Ab|un|danz, die; - ([große] Häufigkeit; Fülle)

ab und zu; *vgl.* ab

ab ur|be con|di|ta ⟨lat., »seit Gründung der Stadt« [Rom]⟩ (altröm. Zeitrechnung, beginnend mit 753 v. Chr.; *Abk.* a. u. c.)

ab|ur|tei|len; Ab|ur|tei|lung

Abu Sim|bel (Ort am Nil mit in Felsen gehauenen Tempelanlagen)

Ab|usus, der; -, - ⟨lat.⟩ (*Med.* Missbrauch [z. B. von Arznei- od. Genussmitteln])

ABV, der *u.* die; -, -s = Abschnittsbevollmächtigte[r]

Ab|ver|kauf (*österr. auch für* Ausverkauf); **ab|ver|kau|fen**

ab|ver|lan|gen

ab|vie|ren (*fachspr. für* vierkantig zuschneiden); **Ab|vie|rung**

ab|wä|gen; du wägst ab; du wägtest, wogst ab; abgewogen, abgewägt; **Ab|wä|gung**

Ab|wahl; ab|wäh|len

ab|wäl|len *vgl.* wällen

ab|wäl|zen

ab|wan|deln; Ab|wan|de|lung, Ab|wand|lung

ab|wan|dern; Ab|wan|de|rung

ab|wärts

Man schreibt »abwärts« als Verbzusatz mit dem folgenden Verb zusammen ↑K48:
- abwärtsfahren, abwärtsfallen, abwärtsfließen
- wir sind zwei Stunden lang nur abwärtsgegangen
- mit seiner Gesundheit ist es abwärtsgegangen

Aber:
- abwärts dahinfließen, sich abwärts entwickeln
- abwärts ging es schneller als aufwärts
- wir wollen abwärts gehen, nicht fahren

Ab|wär|me (*Technik* nicht genutzte Wärmeenergie)
ab|wär|men *(Sport selten);* sich auf- und abwärmen
Ab|wart (*schweiz. für* Hausmeister, Hauswart)
ab|war|ten
Ab|war|tin *(schweiz.)*
ab|wärts *s. Kasten*
Ab|wärts|ent|wick|lung
ab|wärts|fah|ren *vgl.* abwärts; **ab|wärts|ge|hen; ab|wärts|rich|ten; ab|wärts|rut|schen**
Ab|wärts|trend
[1]**Ab|wasch,** der; -[e]s, Abwäsche (Geschirrspülen; schmutziges Geschirr; *seltener für* Spülstein)
[2]**Ab|wasch,** die; -, ...wäschen (*landsch. für* Abwaschbecken)
ab|wasch|bar
Ab|wä|sche (*österr. für* Spülbecken)
ab|wa|schen
Ab|wä|scher (*österr. für* Tellerwäscher); **Ab|wä|sche|rin**
Ab|wasch|fet|zen (*österr. für* Spültuch)
Ab|wa|schung
Ab|wasch|was|ser *Plur.* ...wässer
Ab|was|ser *Plur.* ...wässer; **Ab|was|ser|auf|be|rei|tung; Ab|was|ser|ka|nal**
ab|wat|schen (*bayr., österr. ugs. für* ohrfeigen; scharf kritisieren)
ab|wech|seln; sich abwechseln
ab|wech|selnd; Ab|wech|se|lung, Ab|wechs|lung
ab|wechs|lungs|hal|ber; ab|wechs|lungs|los; ab|wechs|lungs|reich
Ab|weg *meist Plur.*
ab|we|gig; Ab|we|gig|keit
Ab|wehr, die; -; **ab|weh|ren**
Ab|wehr|kampf; Ab|wehr|kraft *meist Plur.;* **Ab|wehr|me|cha|nis|mus; Ab|wehr|ra|ke|te; Ab|wehr|re|ak|ti|on**
Ab|wehr|spie|ler *(Sport);* **Ab|wehr|spie|le|rin**
[1]**ab|wei|chen;** ein Etikett abweichen; *vgl.* [1]weichen
[2]**ab|wei|chen;** vom Kurs abweichen; *vgl.* [2]weichen
Ab|weich|ler (jmd., der von der politischen Linie einer Partei abweicht); **Ab|weich|le|rin**

Ab|wei|chung
ab|wei|den
ab|wei|sen; Ab|wei|ser (*Bauw.* Prellstein); **Ab|wei|sung**
ab|wend|bar
ab|wen|den

abwenden

Das Wort kann in den meisten Fällen auf zwei Arten konjugiert werden:
- ich wandte *od.* wendete mich ab, habe mich abgewandt *od.* abgewendet
- sie wandte *od.* wendete den Blick ab, hat den Blick abgewandt *od.* abgewendet
- *Aber nur:* er hat das Unheil abgewendet

ab|wen|dig (*veraltet für* abspenstig, abgeneigt)
Ab|wen|dung
ab|wer|ben; Ab|wer|ber; Ab|wer|be|rin; Ab|wer|bung
ab|wer|fen
ab|wer|ten; Ab|wer|tung
ab|we|send; Ab|we|sen|de, der *u.* die; -n, -n; **Ab|we|sen|heit**
ab|wet|tern; einen Sturm abwettern (*Seemannsspr.* auf See überstehen); einen Schacht abwettern (*Bergmannsspr.* abdichten)
ab|wet|zen (*ugs. auch für* schnell weglaufen)
ab|wich|sen; sich einen abwichsen (*derb für* onanieren)
ab|wi|ckeln; Ab|wi|cke|lung, Ab|wick|lung
ab|wie|geln; Ab|wie|ge|lung, Ab|wieg|lung
ab|wie|gen *vgl.* [1]wiegen
ab|wim|meln (*ugs. für* [mit Ausflüchten] abweisen)
Ab|wind (*Meteorol.* absteigender Luftstrom)
ab|win|ken; er hat abgewinkt (*häufig auch* abgewunken); ↑K82 : bis zum Abwinken *(ugs.)*
ab|wirt|schaf|ten; abgewirtschaftet
ab|wi|schen
ab|woh|nen
ab|wra|cken; ein Schiff abwracken (verschrotten); **Ab|wrack|fir|ma; Ab|wrack|prä|mie**
Ab|wurf; Ab|wurf|vor|rich|tung
ab|wür|gen
abys|sisch ⟨griech.⟩ (aus der Tiefe der Erde stammend; zum Tiefseebereich gehörend; abgrundtief); **Abys|sus,** der; - (*veraltet für* Tiefe der Erde, Abgrund)
ab|zah|len
ab|zäh|len; Ab|zähl|reim
Ab|zah|lung; Ab|zah|lungs|ge|schäft
ab|zap|fen; Ab|zap|fung
ab|zap|peln, sich
ab|zäu|men
ab|zäu|nen; Ab|zäu|nung
Ab|zeh|rung (Abmagerung)
Ab|zei|chen
ab|zeich|nen; sich abzeichnen
Ab|zieh|bild; ab|zie|hen *vgl.* abgezogen; **Ab|zie|her**
ab|zie|len; auf etw. abzielen
ab|zin|sen (*Bankw.* das Anfangskapital vor der Verzinsung ermitteln); abgezinste Wertpapiere; **Ab|zin|sung**
ab|zipp|bar; abzippbare Ärmel
ab|zip|pen (mithilfe eines Reißverschlusses vom Kleidungsstück abtrennen)
ab|zir|keln; Ab|zir|ke|lung, Ab|zirk|lung
ab|zi|schen (*ugs. für* sich rasch entfernen)
Ab|zo|cke, die; -, -n (*ugs. für* Übervorteilung); **ab|zo|cken** (*ugs. für* jmdn. [auf betrügerische Art] um sein Geld bringen); **Ab|zo|cker; Ab|zo|cke|rin**
Ab|zug

ab|züg|lich

(Kaufmannsspr.)

Präposition mit Genitiv:
- abzüglich des gewährten Rabatts
- abzüglich der Unkosten

Ein allein stehendes, stark gebeugtes Substantiv steht im Singular ohne Beugungsendung:
- abzüglich Rabatt
- abzüglich Porto

ab|zugs|fä|hig; ab|zugs|frei
Ab|zugs|ka|nal; Ab|zugs|schacht
ab|zup|fen
ab|zwa|cken (*ugs. für* entziehen)
ab|zwe|cken *(selten);* auf eine Sache abzwecken
Ab|zweig (*Amtsspr.* Abzweigung); **Ab|zweig|do|se**
ab|zwei|gen; Ab|zweig|stel|le; Ab|zwei|gung
a c. = a conto
Ac (*chem. Zeichen für* Actinium)
AC = Assessment-Center
à c. = à condition
Aca|dé|mie fran|çaise [...de... frã'sɛ:z], die; - - ‹franz.› (Akademie für französische Sprache u. Literatur)
a cap|pel|la ‹ital.› (*Musik* ohne Begleitung von Instrumenten); **A-cap|pel|la-Chor**
Aca|pul|co (Stadt in Mexiko)
acc. c. inf. = accusativus cum infinitivo; *vgl.* Akkusativ
ac|cel. = accelerando; **ac|ce|le|ran|do** [atʃe...] ‹ital.› (*Musik* schneller werdend)
Ac|cent ai|gu [aksã:tɛ'gy:], der; - -, -s -s [a'ksã:zɛ'gy:] (*Sprachwiss.* Akut; *Zeichen* ´, z. B. é)
Ac|cent cir|con|flexe [a'ksã: sɪrkõ'flɛks], der; - -, -s -s [a'ksã: sɪrkõ'flɛks] (*Sprachwiss.* Zirkumflex; *Zeichen* ˆ, z. B. â)
Ac|cent grave [a'ksã: 'gra:f], der; - -, -s -s [a'ksã: 'gra:f] (*Sprachwiss.* Gravis; *Zeichen* `, z. B. è)
Ac|ces|soire [aksɛ'soa:ɐ̯], das; -s, -s *meist Plur.* ‹franz.› (modisches Zubehör, z. B. Gürtel, Schmuck)
Ac|count [ə'kaunt], der *od.* das; -s, -s ‹engl., »Konto«› (Zugangsberechtigung zum Internet od. zu einer Mailbox)
Ac|count-Ma|na|ger, Ac|count|ma|na|ger [ə'kaunt...] (für Kundenberatung u. -betreuung zuständiger Vertriebsspezialist)
Ac|count-Ma|na|ge|rin, Ac|count|ma|na|ge|rin
Ac|cra (Hauptstadt von Ghana)
Ac|cro|cha|ge [...'ʃa:ʒə], die; -, -n ‹franz.› (Ausstellung einer Privatgalerie)
ACE, der; - = Auto Club Europa
Ace|tat usw. *vgl.* Azetat usw.
Ace|to bal|sa|mi|co [a'tʃe:to -], der; - -, Aceti balsamici [a'tʃe:ti bal'za:mitʃi] ‹ital.› (eine dunkle, süße Essigsorte; Balsamessig)
Ace|ton *vgl.* Azeton
Ace|ty|len usw. *vgl.* Azetylen usw.
Ace|tyl|sa|li|cyl|säu|re *vgl.* Azetylsalizylsäure
ach!; ach so!; ach ja!; ach je!
Ach, das; -s, -[s]; mit Ach und Krach; mit Ach und Weh; Ach und Weh *od.* ach und weh schreien ↑K81
Achä|er (Angehöriger eines altgriech. Stammes); **Achä|e|rin**
Acha|ia [...ja, *auch* a'xaia] (griech. Landschaft)
Achä|me|ni|de, der; -n, -n (Angehöriger einer altpersischen Dynastie)
Achä|ne, die; -, -n ‹griech.› (*Bot.* Schließfrucht)
Achat, der; -[e]s, -e ‹griech.› (ein Schmuckstein); **acha|ten** (aus Achat)
Ache [*auch* 'a:...], die; - (Bestandteil von Flussnamen); Tiroler Ache
acheln ‹jidd.› (*landsch. für* essen); ich ach[e]le
Achen|see, der; -s (See in Tirol)
Ache|ron, der; -[s] (Unterweltsfluss der griech. Sage)
Acheu|lé|en [aʃøle'ẽ:], das; -[s] ‹nach dem Fundort Saint-Acheul in Nordfrankreich› (Kultur der älteren Altsteinzeit)
Achill, Achil|les (Held der griech. Sage); **Achil|le|is,** die; - (Heldengesang über Achill)
Achil|les|fer|se (verwundbare Stelle); **Achil|les|seh|ne**
Achil|leus *vgl.* Achill
Achim (m. Vorn.)
Ach|laut, Ach-Laut
Ach|med (m. Vorn.)
a. Chr. [n.] = ante Christum [natum]
Achro|ma|sie [...k...], die; -, ...ien ‹griech.› (*Physik* Brechung der Lichtstrahlen ohne Zerlegung in Farben)
Achro|mat, der; -[e]s, -e (Linsensystem, das Lichtstrahlen nicht in Farben zerlegt)
achro|ma|tisch [*österr.* 'a...] (Achromasie aufweisend)
Achro|ma|t|op|sie, die; -, ...ien (*Med.* Farbenblindheit)
Achs|bruch, Ach|sen|bruch; **Achs|druck** *Plur.* ...drücke
Ach|se, die; -, -n
Ach|sel, die; -, -n
Ach|sel|griff; Ach|sel|höh|le; Ach|sel|klap|pe
ach|sel|stän|dig (*Bot.* in der Blattachsel stehend)
Ach|sel|zu|cken, das; -s
ach|sel|zu|ckend
Ach|sen|bruch, Achs|bruch
ach|sig (*für* axial)
...ach|sig (z. B. einachsig)
Ach|sig|keit (*für* Axialität)
Achs|ki|lo|me|ter (Maßeinheit bei der Eisenbahn); **Achs|la|ger** *Plur.* ...lager; **Achs|last**
achs|recht (*für* axial)
Achs|schen|kel|bol|zen *(Kfz-Technik)*
acht *s. Kasten Seite 156*
[1]**Acht,** die; -, -en (Ziffer, Zahl); die Zahl Acht, die Ziffer Acht; eine arabische Acht, eine römische Acht; eine Acht schreiben; mit den Rollschuhen, Schlittschuhen eine Acht fahren; mit der Acht (*ugs. für* [Straßenbahn]linie 8) fahren
[2]**Acht,** die; - (*veraltet für* Aufmerksamkeit; Fürsorge); [auf jmdn., etwas] achtgeben *od.* Acht geben; gib acht! *od.* gib Acht!; *aber nur* sehr, gut, genau achtgeben; gib gut acht!; große, allergrößte Acht geben; auf etwas achthaben *od.* Acht haben; habt acht! *od.* habt Acht!; *aber nur* habt gut acht!; sich in Acht nehmen; etwas [ganz] außer Acht lassen; etwas außer aller Acht lassen; das Außerachtlassen ↑K27 *u.* 54
[3]**Acht,** die; - (*früher für* Ächtung); in Acht und Bann tun
Acht|ach|ser (*mit Ziffer* 8-Achser)
acht|ar|mig; acht|bän|dig
acht|bar; Acht|bar|keit, die; -
ach|te; das achte Gebot; das achte Weltwunder ↑K89; der achte Mai, am achten Januar; *aber* der Achte, den ich treffe; sie wurde Achte im Weitsprung; jeder Achte; der Achte, am Achten [des Monats]; am achten Achten (8. August); Heinrich der Achte
Acht|eck; acht|eckig
acht|ein|halb, acht|und|ein|halb
ach|tel; ein achtel Zentner, drei achtel Liter, *aber* (Maß): ein Achtelliter
Ach|tel, das, *schweiz. auch* der; -s, -; ein Achtel Rotwein; drei Achtel des Ganzen, *aber* im Dreiachteltakt; *mit Ziffern* im $^{3}/_{8}$-Takt ↑K29
Ach|tel|fi|na|le; Ach|tel|li|ter (*vgl.* achtel); **Ach|tel|los; Ach|tel|no|te**
ach|ten
äch|ten
Acht|en|der (Hirsch mit acht Geweihenden)
ach|tens

A
Acht

acht

I. *Zahlwort:*
- die Zahlen von acht bis zwölf; acht Millionen; im Jahre acht; die Linie acht
- er ist über acht [Jahre]; Kinder von acht [bis zehn] Jahren; mit acht [Jahren] hatte sie die Masern
- es ist acht [Uhr]; um acht [Uhr]; es schlägt eben acht; [ein] Viertel auf, vor acht; halb acht; drei viertel acht (*vgl.* viertel, Viertel); Punkt, Schlag acht
- wir sind [unser] acht; eine Familie von achten (*ugs.);* wir sind zu acht
- diese acht [Leute]; die ersten, letzten acht
- das macht acht fünfzig (*ugs. für* 8,50 €); er sprang acht zweiundzwanzig (*ugs. für* 8,22 m)
- acht und eins macht, ist (*nicht:* machen, sind) neun; acht mal zwei (8 mal 2); acht zu vier (8 : 4), acht Komma fünf (8,5)

II. *Ableitungen und Zusammensetzungen:*
- acht[und]einhalb; achtundzwanzig; der achtmillionste Kunde
- achterlei, achtfach (8-fach *od.* 8fach); achtjährig (8-jährig; *vgl. d.*); achtmal (8-mal; *vgl. d.*); achtmalig (8-malig); achtteilig (8-teilig)
- achtens; achtel; das Achtel
- Achtmetersprung (8-Meter-Sprung ↑K26)
- der Achter

Vgl. [1]Acht, [2]Acht

Ach|ter (Ziffer 8; Form einer 8; ein Boot für acht Ruderer)
ach|ter|aus (*Seemannsspr.* nach hinten)
Ach|ter|bahn; [auf, mit der] Achterbahn fahren; **Ach|ter|bahn|fahrt**
Ach|ter|deck (Hinterdeck)
Ach|terl, das; -s, -[n]; *vgl.* Pickerl (*österr. für* Achtelliter [Wein])
ach|ter|las|tig (*Seemannsspr.* achtern tiefer liegend als vorn)
ach|ter|lei
ach|ter|lich (*Seemannsspr.* von hinten kommend)
ach|tern (*Seemannsspr.* hinten); nach achtern
Ach|ter|pa|ckung
Ach|ter|rei|he
Ach|ter|ren|nen *(Rudersport)*
Ach|ter|ste|ven *(Seemannsspr.)*
acht|fach (*mit Ziffer* 8-fach *od.* 8fach ↑K30); die achtfache Menge; **Acht|fa|che** (*mit Ziffer* 8-Fache *od.* 8fache ↑K30), das; -n; [um] ein Achtfaches; um das Achtfache
Acht|flach, das; -[e]s, -e, **Acht|fläch|ner** (*für* Oktaeder)
Acht|fü|ßer (*für* Oktopode)
acht|ge|ben, acht|ha|ben *vgl.* [2]Acht
acht|ge|schos|sig, *südd., österr. auch* **acht|ge|scho|ßig** (*mit Ziffer* 8-geschossig)
acht|hun|dert
acht|jäh|rig (*mit Ziffer* 8-jährig)
Acht|jäh|ri|ge, der *u.* die; -n, -n mit Ziffer: 8-Jährige; die unter Achtjährigen
Acht|kampf *(Sport)*
acht|kan|tig
Acht|kläss|ler *vgl.* Erstklässler; **Acht|kläss|le|rin**
acht|köp|fig (*mit Ziffer* 8-köpfig)
acht|los; Acht|lo|sig|keit
acht|mal (*mit Ziffer* 8-mal); *bei besonderer Betonung auch* acht Mal (8 Mal); *aber* acht mal zwei (*mit Ziffern* 8 mal 2) ist (*nicht:* sind) sechzehn; achtmal so groß wie (*seltener* als) ...; acht- bis neunmal ↑K31; *vgl.* bis
acht|ma|lig (*mit Ziffer* 8-malig)
acht Mil|li|o|nen Mal, acht Mil|li|o|nen Ma|le
acht|mil|li|ons|te; der achtmillionste Besucher
acht|mo|na|tig *mit Ziffer:* 8-monatig (acht Monate dauernd)
acht|mo|nat|lich *mit Ziffer:* 8-monatlich (alle acht Monate)
acht|pro|zen|tig (*mit Ziffer* 8-prozentig)
acht|sam; Acht|sam|keit, die; -
acht|sei|tig (*mit Ziffer* 8-seitig); **acht|spän|nig; acht|stö|ckig**
Acht|stun|den|tag; acht|stün|dig (acht Stunden dauernd)
acht|tä|gig *mit Ziffer:* 8-tägig (acht Tage dauernd)
acht|tau|send; Acht|tau|sen|der ([über] 8 000 m hoher Berg)
acht|tei|lig (*mit Ziffer* 8-teilig)
Acht|ton|ner (*mit Ziffer* 8-Tonner ↑K29 *u.* 66); **Acht|uhr|zug** (*mit Ziffer* 8-Uhr-Zug ↑K26)
acht|und|ein|halb, acht|ein|halb
Acht|und|sech|zi|ger, der; -s, - (Teilnehmer an der Studentenrevolte Ende der Sechzigerjahre); **Acht|und|sech|zi|ge|rin**
acht|und|zwan|zig
Ach|tung, die; -
Äch|tung
Ach|tung ge|bie|tend, ach|tung|ge|bie|tend; eine Achtung gebietende *od.* achtunggebietende Persönlichkeit; *aber nur* große Achtung gebietend; sehr achtunggebietend, noch achtunggebietender ↑K58
Ach|tungs|ap|plaus; Ach|tungs|be|zei|gung; Ach|tungs|er|folg
Ach|tung|stel|lung, die; - (*schweiz. milit. für* Strammstehen)
ach|tungs|voll
acht|wö|chig *mit Ziffer:* 8-wöchig (acht Wochen dauernd)
acht|zehn; im Jahre achtzehn; *vgl.* acht; **Acht|zehn|en|der** (Hirsch mit achtzehn Geweihenden)
acht|zehn|hun|dert
acht|zehn|jäh|rig *vgl.* achtjährig

acht|zig
- er ist, wird achtzig, achtzig Jahre alt
- die achtzig erreichen; in die achtzig kommen; mit achtzig ist sie immer noch sehr rüstig; der Mensch über achtzig [Jahre]; er ist schon um die achtzig; die beiden sind Mitte achtzig
- Wein aus dem Jahr achtzig
- Tempo achtzig; mit achtzig [Sachen] (*ugs. für* mit achtzig Stundenkilometern) fahren; auf achtzig bringen (*ugs. für* wütend machen)

Vgl. acht, achtziger

Acht|zig, die; -, -en (Zahl); *vgl.* [1]Acht
acht|zi|ger (*mit Ziffern* 80er); die Achtzigerjahre *od.* achtziger Jahre [des vorigen Jahrhunderts] (*mit Ziffern* 80er-Jahre *od.* 80er Jahre); in den Achtzigerjahren *od.* achtziger Jahren (über achtzig Jahre alt) war sie noch rüs-

tig; in den Achtzigern (über achtzig Jahre alt) sein; Mitte der Achtziger
Acht|zi|ger (jmd., der [über] 80 Jahre ist; Wein aus dem Jahre achtzig [eines Jahrhunderts]; *österr. auch für* 80. Geburtstag); **Acht|zi|ge|rin** (Frau, die über 80 Jahre alt ist)
Acht|zi|ger|jah|re [*auch* 'a...'ja:...] *Plur.; vgl.* achtziger
acht|zig|fach *vgl.* achtfach
acht|zig|jäh|rig *vgl.* achtjährig
acht|zig|mal *vgl.* achtmal
acht|zigs|te (*Großschreibung:* er feiert seinen Achtzigsten [= 80. Geburtstag]; *vgl.* achte)
acht|zigs|tel *vgl.* achtel
Acht|zigs|tel, das, *schweiz. auch* der; -s, -; *vgl.* Achtel
acht|zöl|lig, *auch* **acht|zol|lig**
Acht|zy|lin|der (*mit Ziffer* 8-Zylinder ↑K29; *ugs. für* Achtzylindermotor od. damit ausgerüstetes Kraftfahrzeug); **Acht|zy|lin|der|mo|tor; acht|zy|lin|d|rig**
äch|zen; du ächzt
a. c. i. = accusativus cum infinitivo; *vgl.* Akkusativ
Acid ['ɛsɪt], das; -s ‹engl.› (moderne [computererzeugte] Tanzmusik mit schnellen Rhythmen)
Aci|di|tät, die; - ‹lat.› (*Chemie* Säuregrad einer Flüssigkeit)
Aci|do|se, die; -, -n (*Med.* krankhafte Vermehrung des Säuregehaltes im Blut)
Acker, der; -s, Äcker; 30 Acker Land; **Acker|bau,** der; -[e]s
[1]Acker|bau|er (*veraltet für* Landwirt; *vgl.* [2]Bauer)
[2]Acker|bau|er, der; -s, -[n] *meist Plur.* (*Völkerkunde* Bebauer von Äckern)
Acker|bau|e|rin (zu [2]Ackerbauer)
Acker|bäu|e|rin (zu [1]Ackerbauer)
Acker|bau trei|bend, acker|bau|trei|bend; die Ackerbau treibenden *od.* ackerbautreibenden Bewohner ↑K58
Acker|bo|den
Äcker|chen
Acker|flä|che; Acker|gaul *(ugs.);* **Acker|land,** das; -[e]s
Acker|mann *vgl.* Ackersmann
Acker|men|nig, Oder|men|nig, der; -[e]s, -e (eine Heilpflanze)
ackern; ich ackere
Acker|nah|rung, die; - (*Landwirtsch.* Ackerfläche, die zum Unterhalt einer Familie ausreicht)
Ackers|mann, Acker|mann *Plur.* ...leute *u.* ...männer
Ack|ja, der; -[s], -s ‹schwed.› (lappischer Schlitten in Bootsform; *auch für* Rettungsschlitten)
AC-Me|tho|de = Assessment-Center-Methode
à con|di|ti|on [a kõdi'si̯õ:] ‹franz.› (*Kaufmannsspr.* mit Rückgaberecht; *Abk.* à c.)
a con|to ‹ital.› (*Bankw.* auf [laufende] Rechnung von ...; *Abk.* a c.); *vgl.* Akontozahlung
Ac|re ['e:kɐ], der; -[s], -s ‹engl.› (Flächenmaß); 7 Acre Land
Ac|ryl, das; -s ‹griech.› (eine Chemiefaser)
Ac|ryl|amid, das; -[e]s, -e (krebserregende Substanz)
Ac|ryl|far|be (eine wasserlösliche Farbe); **Ac|ryl|glas; Ac|ryl|harz; Ac|ryl|ma|le|rei; Ac|ryl|säu|re** (stechend riechende Säure)
ACS, der; - = Automobil-Club der Schweiz
Act [ɛkt], der; -s, -s ‹engl.› (*ugs. für* Popgruppe; Auftritt; *auch für* großer Aufwand)
Ac|ti|ni|um, das; -s ‹griech.› (chemisches Element)
Ac|tion ['ɛkʃn̩], die; - ‹engl.› (spannende [Film]handlung; lebhafter Betrieb); *vgl. aber* Aktion
Ac|tion|film
Ac|tion-Pain|ting, Ac|tion|pain|ting [...pe:n...], das; -[s] ‹engl.› (Richtung in der amerik. abstrakten Malerei)
ad ‹lat., »zu«›; z. B. ad 1 = zu Punkt 1
a d. = a dato
a. d. = an der (bei Ortsnamen, z. B. Bad Neustadt a. d. Saale)
a. D. = außer Dienst
A. D. = Anno Domini
Ada (w. Vorn.)
Ada|bei, der; -s, -s (*bayr., österr. ugs. für* jmd., der sich überall wichtig u. dazugehörig fühlt)
ad ab|sur|dum ‹lat.›; ad absurdum führen (das Widersinnige nachweisen)
ADAC, der; -[s] = Allgemeiner Deutscher Automobil-Club
ad ac|ta ‹lat., »zu den Akten«› (*Abk.* a. a.); ad acta legen (als erledigt betrachten)
ada|gio [...dʒo] ‹ital.› (*Musik* langsam, ruhig); **Ada|gio,** das; -s, -s
Adal|bert, Adel|bert (m. Vorn.); **Adal|ber|ta,** Adel|ber|ta (w. Vorn.)
Adam (m. Vorn.); *vgl.* [3]Riese
Ada|mit, der; -en, -en (Angehöriger einer bestimmten Sekte); **Ada|mi|tin; ada|mi|tisch**
Adams|ap|fel; Adams|kos|tüm
Ad|ap|ta|ti|on, die; -, -en ‹lat.› (Anpassung[svermögen])
Ad|ap|ter, der; -s, - ‹engl.› (*Technik* Verbindungsstück)
ad|ap|tie|ren ‹lat.› (anpassen *[Biol. u. Physiol.];* ein literarisches Werk für Film u. Funk umarbeiten; *österr. auch für* eine Wohnung, ein Haus o. Ä. herrichten); **Ad|ap|tie|rung**
Ad|ap|ti|on, die; -, -en; *vgl.* Adaptation; **ad|ap|tiv** (*fachspr. für* auf Anpassung beruhend)
ad|äquat ‹lat.› (angemessen); **Ad|äquat|heit,** die; -
a da|to ‹lat.› (vom Tage der Ausstellung [an]; *Abk.* a d.)
ADB = Allgemeine Deutsche Biographie
ad ca|len|das grae|cas ‹lat.› (niemals)
ADD = analoge Aufnahme, digitale Bearbeitung, digitale Wiedergabe; *vgl.* AAD
ad|den ['ɛdn̩] ‹engl.› (*EDV* als Kontakt in einem sozialen Netzwerk hinzufügen); du addest (*seltener:* addst); geaddet
Ad|den|dum, das; -s, ...da *meist Plur.* ‹lat.› (*veraltet für* Zusatz, Nachtrag)
ad|die|ren (zusammenzählen); **Ad|die|r|ma|schi|ne**
Ad|dis Abe|ba [- 'a(:)..., *auch* - a'be:...] (Hauptstadt Äthiopiens)
Ad|di|ti|on, die; -, -en ‹lat.› (Zusammenzählung)
ad|di|ti|o|nal (*fachspr. für* zusätzlich)
ad|di|tiv (*fachspr. für* hinzufügend, auf Addition beruhend); **Ad|di|tiv,** das; -s, -e ‹engl.› (*Chemie* Zusatz, der einen Stoff verbessert)
ad|di|zie|ren ‹lat.› (*fachspr. für* zusprechen, zuerkennen)
Add-on [ɛt...], das; -[s], -s ‹engl.› (*EDV* Hilfsprogramm; Erweiterungskomponente)

Adresse
Wie im Französischen, aus dem das Wort gegen Ende des 18. Jahrhunderts entlehnt wurde, schreibt man *Adresse* nur mit einem *d.*

Ad|duk|ti|on, die; -, -en ⟨lat.⟩ (*Med.* das Bewegen von Körperteilen zur Körperachse hin)
Ad|duk|tor, der; -s, ...oren (Adduktion bewirkender Muskel)
ade! *(veraltend, noch landsch.); vgl.* adieu!
Ade, das; -s, -s; Ade *od.* ade sagen
Ade|bar, der; -s, -e (*bes. nordd. für* Storch)
[1]**Adel,** der; -s
[2]**Adel,** *bayr. meist* Odel, der; -s (*bes. bayr. u. österr. für* Mistjauche)
[1]**Ade|laide** [ˈɛdəle:t] (Hauptstadt Südaustraliens)
[2]**Ade|la|i|de** (w. Vorn.)
Adel|bert, Adal|bert (m. Vorn.)
Adel|ber|ta, Adal|ber|ta (w. Vorn.)
Ade|le (w. Vorn.)
Adel|heid (w. Vorn.)
ade|lig, ad|lig
adeln; ich ad[e]le
Adels|brief; Adels|fa|mi|lie; Adels|ge|schlecht; Adels|haus; Adels|prä|di|kat; Adels|ti|tel
Ade|lung
Aden (Hafenstadt in Jemen)
Ade|nau|er (erster deutscher Bundeskanzler)
Ade|nom, das; -s, -e ⟨griech.⟩ (*Med.* Drüsengeschwulst); **ade|no|ma|tös**
Ad|ept, der; -en, -en ⟨lat.⟩ (*früher für* [als Schüler] in eine Geheimlehre Eingeweihter)
Ader, die; -, -n; **Äder|chen**
ade|rig, äde|rig, ad|rig, äd|rig
Ader|lass, der; -es, ...lässe
Äder|lein
ädern; ich ädere; **Äde|rung**
à deux mains [a ˈdø: ˈmɛ̃:] ⟨franz.⟩ (*Klavierspiel* mit zwei Händen)
ADFC, der; -[s] = Allgemeiner Deutscher Fahrrad-Club
ad|hä|rent ⟨lat.⟩ (*fachspr. für* anhaftend)
Ad|hä|si|on, die; -, -en (*fachspr. für* Aneinanderhaften von Stoffen od. Körpern); **Ad|hä|si|ons|ver|schluss** (mit einer Haftschicht versehener Verschluss)
ad|hä|siv (anhaftend)
ad hoc [*auch* - ˈho:k] ⟨lat.⟩ ([eigens] zu diesem [Zweck]; aus dem Augenblick heraus); **Ad-hoc-Bil|dung** ↑K26
ADHS = Aufmerksamkeitsdefizit-Hyperaktivitätsstörung *(Med., Psychol.)*
adi|a|ba|tisch ⟨griech.⟩ (*Physik, Meteorol.* ohne Wärmeaustausch)
Adi|a|pho|ra *Plur.* ⟨griech.⟩ (*Philos., Theol.* sittlich neutrale Werte)
adi|eu! [aˈdi̯ø:] ⟨franz.⟩ (*landsch., sonst veraltend für* lebe [lebt] wohl!)
Adi|eu, das; -s, -s (Lebewohl); jmdm. Adieu *od.* adieu sagen
Adi|ge [...dʒe] (*ital. Name für* Etsch); *vgl.* Alto Adige
Ädil, der; *Gen.* -s *u.* -en, *Plur.* -en (altröm. Beamter)
ad in|fi|ni|tum, in in|fi|ni|tum ⟨lat.⟩ (ohne Ende, unaufhörlich)
adi|pös ⟨lat.⟩ (*Med.* fett[reich], fettleibig); **Adi|po|si|tas,** die; - (*Med.* Fettleibigkeit, -sucht)
à dis|cré|ti|on [...kreˈsi̯õ:] ⟨franz.⟩ (*bes. schweiz. für* nach Belieben)
Ad|jek|tiv, das; -s, -e ⟨lat.⟩ (*Sprachwiss.* Eigenschaftswort, z. B. »schön«); **ad|jek|ti|visch**
Ad|ju|di|ka|ti|on, die; -, -en ⟨lat.⟩ (richterliche Zuerkennung); **ad|ju|di|zie|ren**
Ad|junkt, der; -en, -en, *schweiz. auch* -s, -e ⟨lat.⟩ (österr. u. schweiz. Beamtentitel)
ad|jus|tie|ren ⟨lat.⟩ (*Technik* [Werkstücke] zurichten; eichen; fein einstellen; *österr. auch für* ausrüsten, dienstmäßig kleiden); **Ad|jus|tie|rung** (*österr. auch für* Uniform)
Ad|ju|tant, der; -en, -en ⟨lat.⟩ (beigeordneter Offizier); **Ad|ju|tan|tin; Ad|ju|tan|tur,** die; -, -en (Amt, Dienststelle des Adjutanten)
Ad|ju|tum, das; -s, ...ten (*veraltet für* [Bei]hilfe; *österr. für* Entlohnung während einer Ausbildungs- od. Probezeit)
ad l. = ad libitum
Ad|la|tus, der; -, ...ten ⟨lat.⟩ (Gehilfe; Helfer)
Ad|ler, der; -s, -; **Ad|ler|blick**
Ad|ler|farn *(Bot.)*
Ad|ler|horst; Ad|ler|na|se
ad lib. = ad libitum
ad li|bi|tum ⟨lat.⟩ (nach Belieben; *Abk.* ad l., ad lib., a. l.)
ad|lig, ade|lig
Ad|li|ge, der *u.* die; -n, -n
ad ma|io|rem Dei glo|ri|am, om|nia ad ma|io|rem Dei glo|ri|am ⟨lat., »[alles] zur größeren Ehre Gottes«⟩ (Wahlspruch der Jesuiten)
Ad|mi|nis|t|ra|ti|on, die; -, -en ⟨lat.⟩ (das Verwalten; Verwaltung; verwaltende Behörde)
ad|mi|nis|t|ra|tiv (zur Verwaltung gehörend)
Ad|mi|nis|t|ra|tor, der; -s, ...oren (Verwalter); **Ad|mi|nis|t|ra|to|rin**
ad|mi|nis|t|rie|ren (verwalten)
ad|mi|ra|bel ⟨lat.⟩ (*veraltet für* bewundernswert)
Ad|mi|ral, der; -s, *Plur.* -e, *seltener* ...räle ⟨franz.⟩ (Marineoffizier im Generalsrang; ein Schmetterling); **Ad|mi|ra|lin**
Ad|mi|ra|li|tät, die; -, -en
Ad|mi|ra|li|täts|in|seln *Plur.* (Inselgruppe in der Südsee)
Ad|mi|rals|rang
Ad|mi|ral|stab (oberster Führungsstab einer Kriegsmarine)
Ad|mont (Stift u. Marktort in der Steiermark)
ADN, der; - = Allgemeiner Deutscher Nachrichtendienst *(in der DDR)*
ad no|tam ⟨lat.⟩ (*veraltet für* zur Kenntnis); ad notam nehmen
ad ocu|los ⟨lat., »vor Augen«⟩; ad oculos demonstrieren (*veraltet für* vorzeigen; klar darlegen)
Ado|les|zenz, die; - ⟨lat.⟩ (späterer Abschnitt des Jugendalters)
Adolf (m. Vorn.)
Ado|nai ⟨hebr., »mein Herr«⟩ (alttestamentl. Name Gottes)
[1]**Ado|nis** (schöner Jüngling der griech. Sage)
[2]**Ado|nis,** der; -, -se (schöner Jüngling, Mann)
ado|nisch (schön wie Adonis)
ad|op|tie|ren ⟨lat.⟩; ein Kind adoptieren; **Ad|op|ti|on,** die; -, -en
Ad|op|tiv|el|tern; Ad|op|tiv|kind; Ad|op|tiv|mut|ter; Ad|op|tiv|sohn; Ad|op|tiv|toch|ter; Ad|op|tiv|va|ter
ad|o|ra|bel ⟨lat.⟩ (*veraltet für* anbetungswürdig); ...a|b|le Heilige
Ad|o|ra|ti|on, die; -, -en (*veraltet für* Anbetung; Huldigung)
ad|o|rie|ren (*veraltet für* anbeten)
Ador|no, Theodor Wiesengrund (dt. Philosoph, Soziologe, Musiktheoretiker u. Komponist)
Adr. = Adresse
ad rem ⟨lat.⟩ (zur Sache [gehörend])
Ad|re|na|lin, das; -s ⟨nlat.⟩ (*Med.* ein Hormon des Nebennierenmarks); **Ad|re|na|lin|spie|gel; Ad|re|na|lin|stoß**
Adress|an|ga|be
Ad|res|sant, der; -en, -en ⟨lat.⟩ (Absender); **Ad|res|san|tin**
Ad|res|sat, der; -en, -en (Empfänger; [bei Wechseln:] Bezogener); **Ad|res|sa|tin**
Ad|ress|buch

Ad|res|se, die; -, -n (*Abk.* Adr.); **Ad|res|sen|ver|zeich|nis**

ad|res|sie|ren; Ad|res|sier|ma|schi|ne

Ad|ress|ver|zeich|nis

ad|rett ‹franz.› (nett, hübsch, ordentlich, sauber)

Ad|ria, die; - (Adriatisches Meer)

Ad|ri|an (m. Vorn.); *vgl.* Hadrian

Ad|ri|a|na, Ad|ri|a|ne (w. Vorn.)

Ad|ri|a|ti|sche Meer, das; -n -[e]s ↑K140 (Teil des Mittelmeers)

ad|rig, äd|rig, ade|rig, äde|rig

Ad|rio, das; -s, -s (*schweiz.* in ein Schweinsnetz eingenähte Bratwurstmasse aus Kalb- od. Schweinefleisch)

ADS, das; - = Aufmerksamkeitsdefizitsyndrom *(Med., Psychol.)*

ad|sor|bie|ren ‹lat.› (*fachspr. für* [Gase od. gelöste Stoffe an feste Körper] anlagern); **Ad|sorp|ti|on,** die; -, -en; **ad|sorp|tiv** (zur Adsorption fähig)

Ad|strin|gens, das; -, *Plur.* ...genzien, *auch* ...gentia ‹lat.› (*Med.* zusammenziehendes, Blutungen stillendes Mittel)

ad|strin|gie|ren

Ädu|er (Angehöriger eines gallischen Stammes); **Ädu|e|rin**

Adu|lar, der; -s, -e (ein Feldspat [Schmuckstein])

adult ‹lat.› (*Med.* erwachsen)

A-Dur [*auch* 'a:'du:ɐ̯], das; -[s] (Tonart; *Zeichen* A); **A-Dur-Ton|lei|ter** ↑K26

ad us. = ad usum

ad usum ‹lat., »zum Gebrauch«› (*Abk.* ad us.); **ad usum Del|phi|ni** (für Schüler bestimmt)

Ad|van|tage [ɛt'va:ntɪtʃ], der; -s, -s ‹engl.› (*Sport* der erste gewonnene Punkt nach dem Einstand beim Tennis)

Ad|vent

[Aussprache ...v..., österr. u. schweiz. auch ...f...]
der; -[e]s, -e *Plur. selten* ‹lat., »Ankunft«› (Zeit vor Weihnachten)

Zusammensetzungen mit »Advent« werden im Allgemeinen mit Fugen-s gebildet:

– Adventskalender, Adventskranz

In Österreich entfällt das Fugen-s:

– Adventkalender, Adventkranz

Ad|ven|tist, der; -en, -en ‹engl.› (Angehöriger einer christl. Glaubensgemeinschaft); **Ad|ven|tis|tin; ad|ven|tis|tisch**

Ad|ven|tiv|pflan|ze (*Bot.* in einem Gebiet ursprünglich nicht heimische Pflanze)

Ad|vent|ka|len|der *(österr.)*; **Ad|vent|kranz** *(österr.)*

ad|vent|lich

Ad|vent|sams|tag *(österr.)*

Ad|vents|ka|len|der; Ad|vents|kranz

Ad|vent|sonn|tag *(österr.)*

Ad|vents|sams|tag

Ad|vents|sonn|tag

Ad|vents|zeit, Ad|vent|zeit

Ad|verb, das; -s, -ien ‹lat.› (Umstandswort, z. B. »dort«)

ad|ver|bi|al; adverbiale Bestimmung; **Ad|ver|bi|al,** das; -s, -e (Umstandsbestimmung)

Ad|ver|bi|al|be|stim|mung; Ad|ver|bi|a|le, das; -s, ...lien (Umstandsbestimmung); **Ad|ver|bi|al|satz**

ad|ver|bi|ell (*seltener für* adverbial)

ad|ver|sa|tiv ‹lat.› (entgegensetzend); adversative Konjunktion (*Sprachwiss.;* z. B. »aber«)

Ad|ver|ti|sing ['ɛtvɐtaizɪŋ], das; -s, -s ‹engl.› (*fachspr. für* Werbung)

Ad|vo|ca|tus Dei, der; - -, ...ti - ‹lat.› (Geistlicher, der im kath. kirchl. Prozess für eine Heilig- od. Seligsprechung eintritt)

Ad|vo|ca|tus Di|a|bo|li, der; - -, ...ti - (Geistlicher, der im kath. kirchl. Prozess Gründe gegen die Heilig- od. Seligsprechung vorbringt; *übertr. für* jmd., der bewusst Gegenargumente in eine Diskussion einbringt)

Ad|vo|kat, der; -en, -en (*geh. für* [Rechts]anwalt); **Ad|vo|ka|tin**

Ad|vo|ka|tur, die; -, -en (*fachspr., sonst veraltend für* [Rechts]anwaltschaft; *schweiz., sonst veraltend für* Anwaltsbüro); **Ad|vo|ka|tur|bü|ro** *(schweiz.)*

AdW, die; - = Akademie der Wissenschaften

AE = astronomische Einheit

Aech|mea, die; -, ...meen ‹griech.› (eine Zimmerpflanze)

ae|ro... ‹griech.› (luft...); **Ae|ro...** (Luft...)

ae|rob (*Biol.* Sauerstoff zum Leben brauchend)

Ae|ro|bic [ɛ'ro:bɪk], das; -s, *auch* die; - *meist ohne Artikel* ‹engl.-amerik.› (Fitnesstraining mit tänzerischen u. gymnast. Übungen)

Ae|ro|bi|er ‹griech.› (*Biol.* Organismus, der nur mit Luftsauerstoff leben kann); **Ae|ro|bi|ont,** der; -en, -en (*svw.* Aerobier)

Ae|ro|dy|na|mik (*Physik* Lehre von der Bewegung gasförmiger Körper; Eigenschaften in Bezug auf den Luftwiderstand); **ae|ro|dy|na|misch**

Ae|ro|flot, die; - ‹griech.; russ.› (russ. Luftfahrtgesellschaft)

Ae|ro|gramm, das; -s, -e (Luftpostleichtbrief)

Ae|ro|lith, der; *Gen.* -en *u.* -s, *Plur.* -e[n] ‹griech.› (*veraltet für* Meteorstein)

Ae|ro|lo|gie, die; - (Wissenschaft von der Erforschung der höheren Luftschichten)

Ae|ro|me|cha|nik, die; - (*Physik* Lehre von dem Gleichgewicht u. der Bewegung der Gase)

Ae|ro|me|ter, das; -s, - (Gerät zum Bestimmen der Luftdichte)

Ae|ro|nau|tik, die; - (*veraltet für* Luftfahrt)

Ae|ro|plan, der; -[e]s, -e ‹griech.; lat.› (*veraltet für* Flugzeug)

Ae|ro|sa|lon, der; -s, -s ‹griech.; franz.› (Luftfahrtausstellung)

Ae|ro|sol, das; -s, -e ‹griech.; lat.› (feinste Verteilung fester od. flüssiger Stoffe in Gas)

Ae|ro|sta|tik, die; - ‹griech.› (*Physik* Lehre von den Gleichgewichtszuständen bei Gasen); **ae|ro|sta|tisch**

AF, die; - = Air France

AFC, die; - ‹engl.› = automatic frequency control (automatische Frequenzabstimmung)

Af|fä|re, die; -, -n ‹franz.› (Angelegenheit; [unangenehmer, peinlicher] Vorfall; Streitsache)

Äff|chen

Af|fe, der; -n, -n

Af|fekt, der; -[e]s, -e ‹lat.› ([heftige] Gemütsbewegung)

Af|fek|ta|ti|on, die; -, -en (*selten für* Getue, Ziererei)

af|fekt|be|tont

Af|fekt|hand|lung

af|fek|tiert (geziert, gekünstelt); **Af|fek|tiert|heit**

Af|fek|ti|on, die; -, -en (*Med.* Befall eines Organs mit Krankheitserregern)

af|fek|tiv (gefühlsbetont); **Af|fek|ti|vi|tät,** die; -, -en

Af|fekt|stau *(Psychol.)*

äf|fen (*veraltend für* nachahmen; narren)

Af|fen|art; af|fen|ar|tig

Af|fen|brot|baum (eine afrik. Baumart); *vgl.* Baobab
af|fen|geil (*ugs. für* großartig)
Af|fen|hit|ze *(ugs.)*; **Af|fen|lie|be; Af|fen|schan|de** *(ugs.)*; **Af|fen|the|a|ter** *(ugs.)*; **Af|fen|zahn** *(ugs.)*; **Af|fen|zeck,** der; -s (*ugs. abwertend für* Affentheater)
Af|fe|rei (*ugs. abwertend für* eitles Gebaren); **Äf|fe|rei** (*veraltet für* Irreführung)
Af|fi|che [...ʃ(ə), *auch* 'a...], die; -, -n ‹franz.› (*schweiz. für* Aushang, Plakat); **af|fi|chie|ren** (*österr., schweiz. für* ankleben)
Af|fi|da|vit, das; -s, -s ‹lat.› (eidesstattl. Versicherung)
af|fig (*ugs. abwertend für* eitel); **Af|fig|keit** *(ugs. abwertend)*
Af|fi|li|a|ti|on, die; -, -en ‹lat.› (Wechsel der Loge eines Freimaurers; *Wirtsch.* Tochtergesellschaft)
af|fin ‹lat.›; affine Abbildung (eine geometrische Abbildung)
Äf|fin, die; -, -nen
af|fi|nie|ren ‹franz.› (*Chemie* läutern; scheiden [z. B. Edelmetalle])
Af|fi|ni|tät, die; -, -en ‹lat.› (Verwandtschaft; Ähnlichkeit; *Chemie* Verbindungsneigung von Atomen od. Atomgruppen)
Af|fir|ma|ti|on, die; -, -en ‹lat.› (Bejahung, Zustimmung); **af|fir|ma|tiv** (bejahend, zustimmend); **af|fir|mie|ren** *(geh.)*
äf|fisch
Af|fix, das; -es, -e ‹lat.› (*Sprachwiss.* an den Wortstamm vorn od. hinten angefügtes Wortbildungselement); *vgl.* Präfix *u.* Suffix
af|fi|zie|ren ‹lat.› (*Med.* reizen; krankhaft verändern)
Af|fo|dill, As|pho|dill, der; -s, -e ‹griech.› (ein Liliengewächs)
Af|fri|ka|ta, Af|fri|ka|te, die; -, ...ten ‹lat.› (*Sprachwiss.* Verschlusslaut mit folgendem Reibelaut, z. B. pf)
Af|front [a'frõ:, *auch* a'frɔnt], der; -s, *Plur.* -s [a'frõ:s] *u.* -e [a'frɔntə] ‹franz.› (Beleidigung)
Af|gha|ne [...'ga:...], der; -n, -n (Angehöriger eines vorderasiat. Volkes; *auch* eine Hunderasse)
Af|gha|ni, der; -[s], -[s] (afghanische Währungseinheit)
Af|gha|nin; af|gha|nisch; Af|gha|nisch, das; -[s]; *vgl.* Paschtu
Af|gha|ni|s|tan (Staat in Vorderasien)
Afi|ci|o|na|do [...fiθ...], der; -[s], -s ‹span.› (begeisterter Anhänger)
AFL [e:|ɛf'|ɛl], die; - = American Federation of Labor (amerikanischer Gewerkschaftsbund)
Af|la|to|xin, das; -s, -e ‹lat.› (Giftstoff in Schimmelpilzen)
AFN [e:|ɛf'|ɛn] = American Forces Network (Rundfunkanstalt der außerhalb der USA stationierten amerik. Streitkräfte)
à fonds per|du [a fõ: ...'dy:] ‹franz.› (ohne Aussicht auf Gegenleistung od. Rückerhalt)
AFP, die; - = Agence France-Presse
Af|ra (w. Vorn.)
a fres|co ‹ital.› (auf den noch feuchten Verputz [gemalt]); **A-fres|co-Ma|le|rei**
Af|ri|ka ['a(:)f...]
af|ri|kaans; die afrikaanse Sprache; **Af|ri|kaans,** das; - (Sprache [der Weißen] in Südafrika)
Af|ri|ka|na *Plur.* (Werke über Afrika)
Af|ri|ka|ner; Af|ri|ka|ne|rin
af|ri|ka|nisch; der Afrikanische Elefant *(Zool.)*
Af|ri|ka|nist, der; -en, -en; **Af|ri|ka|nis|tik,** die; - (wissenschaftl. Erforschung der Geschichte, Sprachen u. Kulturen Afrikas); **Af|ri|ka|nis|tin; af|ri|ka|nis|tisch**
Af|ro|ame|ri|ka|ner ['a(:)f...] (Amerikaner schwarzafrikanischer Abstammung); **Af|ro|ame|ri|ka|ne|rin; af|ro|ame|ri|ka|nisch** (die Afroamerikaner betreffend; *auch für* Afrika u. Amerika betreffend); afroamerikanische Beziehungen, Musik
af|ro|asi|a|tisch ['a(:)f...] (Afrika u. Asien betreffend)
af|ro|deutsch ['a(:)f...]; **Af|ro|deut|sche,** der *u.* die (Deutsche[r] schwarzafrikanischer Herkunft)
Af|ro|look, der; -s, -s ‹engl.› (aus stark gekrausten, dichten Locken bestehende Frisur)
Af|ter, der; -s, -
Af|ter|le|der (Hinterleder des Schuhes)
Af|ter|sales ['a:ftɐse:ls], das; - ‹engl.› (*Wirtsch.* Geschäftsbereich, der für die Kundennachbetreuung zuständig ist)
Af|ter|sau|sen (*derb für* Angst)
Af|ter|shave [...ʃe:f], das; -[s], -s (*kurz für* Aftershave-Lotion)
Af|ter|shave-Lo|ti|on, Af|ter|shave|lo|ti|on ‹engl.› (Rasierwasser zum Gebrauch nach der Rasur)
Af|ter-Show-Par|ty, Af|ter|show|par|ty [...(')ʃo:...], die; -, -s ‹engl.› (nach einer Show o. Ä. stattfindende Party)
Af|ter-Work-Par|ty, Af|ter|work|par|ty, die; -, -s ‹engl.› ['a:ftɐ(')vø:ɐk...] (Party, die [unmittelbar] nach Arbeitsende beginnt)
A-Füh|rer|schein *(Kfz-Wesen)*
a. G. = auf Gegenseitigkeit; *(beim Theater)* als Gast
Ag = Argentum
[1]AG, die; -, -s = Aktiengesellschaft
[2]AG, die; -, -s = Arbeitsgemeinschaft
[3]AG, das; - = Amtsgericht
Aga, der; -[s], -s ‹türk.› (früherer türkischer Titel)
Äga|di|sche In|seln *Plur.* (Inselgruppe westlich von Sizilien ↑K140)
Ägä|is, die; - (Ägäisches Meer); **Ägä|i|sche Meer,** das; -n -[e]s ↑K140
Aga Khan [- k...], der; - -s, - -e ‹türk.› (Oberhaupt eines Zweiges der Ismailiten)
Aga|mem|non (sagenhafter König von Mykenä)
Aga|pe, die; -, -n ‹griech.› (schenkende [Nächsten]liebe *[nur Sing.]*; gemeinsames Mahl nach einem Gottesdienst)
Agar-Agar, der *od.* das; -s ‹malai.› (Gallerte aus ostasiat. Algen)
Aga|the (w. Vorn.); **Aga|thon** [*auch* 'a...] (m. Eigenn.)
Aga|ve, die; -, -n ‹griech.› ([sub]trop. Pflanze)
AGB, die; - = allgemeine Geschäftsbedingungen
Agence France-Presse [a'ʒã:s 'frã:s 'prɛs], die; - - ‹franz.› (Name einer französischen Nachrichtenagentur; *Abk.* AFP)
Agen|da, die; -, ...den ‹lat.› (Merkbuch; Liste von Gesprächspunkten); **Agen|da 21** (*bes. Politik* Zusammenstellung zukunftsweisender Themen); **Agen|da-21-Pro|zess**
Agen|de, die; -, -n (*ev. Kirche* Gottesdienstordnung); **Agen|den** *Plur.* (*bes. österr. für* Obliegenheiten, Aufgaben)
Agens, das; -, Agenzien ‹lat.› (*Philos.* tätiges Wesen od. Prinzip; *Med.* wirkendes Mittel; *Sprachwiss.* Träger eines im Verb genannten aktiven Verhaltens)

Agent, der; -en, -en ‹lat.› (Spion; Vermittler von Engagements); **Agen|ten|ring; Agen|ten|tä|tig|keit**

Agen|tie [...'tsi:], die; -, ...tien ‹ital.› (*österr. veraltet für* Geschäftsstelle)

Agen|tin

Agent Pro|vo|ca|teur, **Agent pro|vo|ca|teur** [a'ʒã: ...'tøːɐ̯], der; - -, -s -s [a'ʒã: ...'tøːɐ̯] ‹franz.› (Lockspitzel)

Agen|tur, die; -, -en ‹lat.› (Geschäftsstelle, Vertretung; Nachrichtenbüro; Vermittlungsbüro); Agentur für Arbeit (staatl. Arbeitsvermittlungsstelle); **Agen|tur|mel|dung**

Agen|zi|en (*Plur. von* Agens)

Age|si|la|os, Age|si|la|us (König von Sparta)

Ag|glo, die; -, -s (*schweiz. kurz für* [städtische] Agglomeration)

Ag|glo|me|rat, das; -[e]s, -e ‹lat.› (*fachspr. für* Anhäufung; *Geol.* Ablagerung loser Gesteinsbruchstücke); **Ag|glo|me|ra|ti|on**, die; -, -en (*fachspr. für* Zusammenballung; Ballungsraum); **ag|glo|me|rie|ren**

Ag|glu|ti|na|ti|on, die; -, -en ‹lat.› (*Med.* Verklebung, Verklumpung; *Sprachwiss.* Anfügung von Bildungselementen an das unverändert bleibende Wort); **ag|glu|ti|nie|ren;** agglutinierende Sprachen

Ag|gre|gat, das; -[e]s, -e ‹lat.› (Maschinensatz; aus mehreren Gliedern bestehender mathematischer Ausdruck)

Ag|gre|ga|ti|on, die; -, -en (*Chemie* Zusammenlagerung [von Molekülen])

Ag|gre|gat|zu|stand (*Chemie, Physik* Erscheinungsform eines Stoffes)

Ag|gres|si|on, die; -, -en ‹lat.› (Angriff[sverhalten], Überfall); **Ag|gres|si|ons|krieg; Ag|gres|si|ons|trieb**

ag|gres|siv (angriffslustig); **Ag|gres|si|vi|tät**, die; -, -en

Ag|gres|sor, der; -s, ...oren (Angreifer); **Ag|gres|so|rin**

Ägid, Ägi|di|us (m. Vorn.)

Ägi|de, die; - ‹griech.› (Schutz, Obhut); unter der Ägide von ...

agie|ren ‹lat.› (handeln; *Theater* als Schauspieler auftreten)

agil ‹lat.› (flink, wendig, beweglich); **Agi|li|tät**, die; -

Agi|lol|fin|ger (Angehöriger eines alten bayr. Herzogsgeschlechts); **Agi|lol|fin|ge|rin**

Ägi|na (griech. Insel; Stadt)

Ägi|ne|te, der; -n, -n (Bewohner Äginas); **Ägi|ne|ten** *Plur.* (Giebelfiguren des Tempels von Ägina)

Agio [...dʒo, *auch* ...ʒio], das; -s, *Plur.* -s *u.* Agien [...dʒn, *auch* ...ʒiən] ‹ital.› (*Wirtsch.* Aufgeld)

Agio|ta|ge [aʒio'ta:ʒə, *österr.* ...ʃ], die; -, -n ‹franz.› (Ausnutzung von Börsenkursschwankungen)

Agio|teur [...'tøːɐ̯], der; -s, -e (Börsenmakler); **Agio|teu|rin; agio|tie|ren**

Ägir (*germ. Mythol.* Meerriese)

Ägis, die; - (Schild des Zeus u. der Athene)

Agi|ta|ti|on, die; -, -en ‹lat.› (politische Hetze; intensive politische Aufklärungs-, Werbetätigkeit)

Agi|ta|tor, der; -s, ...oren (jmd., der Agitation betreibt); **Agi|ta|to|rin; agi|ta|to|risch; agi|tie|ren**

Agit|prop, die; - (*Kurzw. aus* Agitation u. Propaganda); **Agit|prop|the|a|ter** (Laientheater der Arbeiterbewegung in den 1920er-Jahren)

Ag|la|ia [...ja] ‹»Glanz«› (eine der drei griech. Göttinnen der Anmut, der Chariten; w. Vorn.)

Ag|nat, der; -en, -en ‹lat.› (Blutsverwandte[r] der m. Linie); **ag|na|tisch**

Ag|nes (w. Vorn.)

Ag|ni (ind. Gott des Feuers)

Ag|no|sie, die; -, ...ien ‹griech.› (*Med.* Störung des Erkennens; *Philos.* Nichtwissen)

Ag|nos|ti|ker (Verfechter des Agnostizismus); **Ag|nos|ti|ke|rin**

Ag|nos|ti|zis|mus, der; - (philosophische Lehre, die das übersinnliche Sein für unerkennbar hält)

ag|nos|zie|ren ‹lat.› (*österr. Amtsspr. für* identifizieren); einen Toten agnoszieren; **Ag|nos|zie|rung**

Ag|nus Dei, das; - -, - - ‹lat., »Lamm Gottes«› (Bezeichnung Christi *[nur Sing.]*; Gebet; geweihtes Wachstäfelchen)

Ago|gik, die; - ‹griech.› (*Musik* Lehre von der individuellen Gestaltung des Tempos); **ago|gisch**

à go|go [a'go:go:] ‹franz.› (*ugs. für* in Hülle u. Fülle, nach Belieben)

Agon, der; -s, -e ‹griech.› (Wettkampf der alten Griechen; Streitgespräch als Teil der attischen Komödie); **ago|nal** (kämpferisch)

Ago|nie, die; -, ...ien (Todeskampf)

Ago|nist, der; -en, -en (Teilnehmer an einem Agon)

[1]**Ago|ra**, die; -, Agoren (Markt u. auch die dort stattfindende Volksversammlung im alten Griechenland)

[2]**Ago|ra**, die; -, Agorot ‹hebr.› (Untereinheit des Schekels)

Ago|ra|pho|bie, die; -, ...ien ‹griech.› (Platzangst beim Überqueren freier Plätze)

Ag|raf|fe [*schweiz. auch* 'a...], die; -, -n ‹franz.› (Schmuckspange; *Bauw.* klammerförmige Rundbogenverzierung; *Med.* Wundklammer; Drahtbefestigung von Sektkorken; *schweiz. auch für* Krampe)

Agra|fie, Agra|phie, die; -, ...ien ‹griech.› (*Med.* Verlust des Schreibvermögens)

Ag|ram (*früherer dt. Name von* Zagreb)

Agra|phie *vgl.* Agrafie

Ag|rar|be|völ|ke|rung; Ag|rar|fa|b|rik *(abwertend)*

Ag|ra|ri|er ‹lat.› (Großgrundbesitzer, Landwirt); **Ag|ra|ri|e|rin; ag|ra|risch**

Ag|rar|land; Ag|rar|markt

Ag|rar|po|li|tik; ag|rar|po|li|tisch

Ag|rar|pro|dukt; Ag|rar|re|form; Ag|rar|roh|stoff *meist Plur.*; **Ag|rar|staat; Ag|rar|tech|nik; Ag|rar|wirt|schaft**

Ag|ree|ment [ɛ'gri:mɛnt], das; -s, -s ‹engl.› (Abmachung; *Politik* formlose Übereinkunft im zwischenstaatlichen Verkehr)

Ag|ré|ment [agre'mã:], das; -s, -s ‹franz.› (*Politik* Zustimmung zur Ernennung eines diplomat. Vertreters; *[nur Plur.:] Musik* Verzierungen)

Aggression
Das auf das Lateinische zurückgehende Substantiv schreibt sich mit einem im Deutschen eher ungewöhnlichen doppelten *g*. Ebenso *aggressiv, Aggressivität, Aggressor.*

Ag|ri|co|la, Georgius (dt. Naturforscher)

Ag|ri|kul|tur ‹lat.› (Ackerbau, Landwirtschaft); **Ag|ri|kul|tur|che|mie**

Ag|rip|pa (röm. m. Eigenn.)
Ag|rip|pi|na (röm. w. Eigenn.)
Ag|ro|gen|tech|nik, **Ag|ro-Gen|tech|nik** (Anwendung der Gentechnik in der Landwirtschaft)
Ag|ro|nom, der; -en, -en ‹griech.› (wissenschaftlich ausgebildeter Landwirt); **Ag|ro|no|mie**, die; - (Landwirtschaftswissenschaft); **Ag|ro|no|min; ag|ro|no|misch**
Ag|ro|sprit (*ugs. für* Biokraftstoff)
Ag|ro|tech|nik (Landwirtschaftstechnik)
Ägyp|ten; Ägyp|ter; Ägyp|te|rin
ägyp|tisch; eine ägyptische (tiefe) Finsternis; *vgl.* deutsch/Deutsch; **Ägyp|tisch**, das; -[s] (Sprache); **Ägyp|ti|sche**, das; -n; *vgl.* ²Deutsche
Ägyp|to|lo|ge, der; -n, -n; **Ägyp|to|lo|gie**, die; - (wissenschaftl. Erforschung des ägypt. Altertums); **Ägyp|to|lo|gin; ägyp|to|lo|gisch**
ah!; ah so!; ah was!; **Ah**, das; -s, -s; ein lautes Ah ertönte
Ah = Amperestunde
A. H. = Alter Herr (einer stud. Verbindung)
äh! [*auch* ɛ]
aha! [*od.* aˈha:]
Aha-Er|leb|nis, **Aha|er|leb|nis** (*Psychol.*)
Ahag|gar (Gebirge in der algerischen Sahara [Fundort alter Felsbilder])
Ahas|ver [*auch* aˈha...], der; -s, *Plur.* -s *u.* -e, **Ahas|ve|rus**, der; -, -se *Plur. selten* ‹hebr.-lat.› (ruhelos umherirrender Mensch; der Ewige Jude); **ahas|ve|risch**
ahd. = althochdeutsch
ahis|to|risch (nicht historisch)
Ahl|beck, See|bad (Stadt auf Usedom)
Ah|le, die; -, -n (nadelartiges Werkzeug); *vgl.* Pfriem
ähm (füllt ein Pause beim Sprechen od. drückt Verlegenheit aus)
Ah|ming, die; -, *Plur.* -e *u.* -s (*Seemannsspr.* Tiefgangsmarke)
Ahn, der; *Gen.* -[e]s *u.* -en, *Plur.* -en (Stammvater, Vorfahr)
ahn|den (*geh. für* strafen; rächen); **Ahn|dung**
¹Ah|ne, der; -n, -n (*geh. Nebenform von* Ahn)
²Ah|ne, die; -, -n (Stammmutter, Vorfahrin)
äh|neln; ich ähn[e]le
ah|nen
Ah|nen|ga|le|rie; Ah|nen|kult; Ahnen|rei|he; Ah|nen|ta|fel
Ahn|frau; Ahn|herr; Ah|nin

ähn|lich

- zwei ähnliche Bilder
- einander, sich, jmdm. ähnlich sehen (*vgl. aber* ähnlichsehen)
- eine dem Efeu ähnliche Pflanze, *aber* eine efeuähnliche Pflanze

Großschreibung der Substantivierung ↑K72:

- das Ähnliche und das Verschiedene
- Ähnliches und Verschiedenes
- etwas, viel, nichts Ähnliches
- ich habe Ähnliches erlebt
- oder Ähnliche[s] (*Abk.* o. Ä.); Hüte, Mützen o. Ä. (*aber* Hüte, Mützen o. ä. Kopfbedeckungen)
- es ging um Abgaben und Ähnliches (*Abk.* u. Ä.)

Ähn|lich|keit
ähn|lich|se|hen (von jmdm. nicht anders zu erwarten sein); es sieht ihm ähnlich, hat ihm ähnlichgesehen, uns nicht zu informieren; *aber* einander ähnlich sehen; *vgl.* ähnlich
Ah|nung
ah|nungs|los; Ah|nungs|lo|sig|keit
ah|nungs|voll
ahoi! (*Seemannsspr.* Anruf [eines Schiffes]); Boot ahoi!
Ahorn, der; -s, -e (ein Laubbaum)
Ahorn|si|rup
Ahr, die; - (linker Nebenfluss des Rheins)
Äh|re, die; -, -n; **Äh|ren|le|se**
...äh|rig (z. B. kurzährig)
AHS, die; -, - (*österr. für* allgemeinbildende höhere Schule, Gymnasium); **AHS-Leh|rer** (*österr.*); **AHS-Leh|re|rin** (*österr.*)
Ahu|ra Mas|dah (Gestalt der iran. Religion); *vgl.* Ormuzd
AHV, die; - = Alters- und Hinterlassenenversicherung (Schweiz)
Ai, das; -s, -s ‹indian.› (ein Dreizehenfaultier)
Ai|chin|ger (österr. Schriftstellerin)
Ai|da (Titelgestalt der Oper von Verdi)
Aide [ɛ:t], der; -n, -n ‹franz.› (Mitspieler, Partner, bes. im Whist)
Aide-Mé|moire [ˈɛ:tmeˈmo̯a:ɐ̯], das; -[s], -[s] (*Politik* Niederschrift von mündlich getroffenen Vereinbarungen)
Aids [e:ts], das; - *meist ohne Artikel* ‹Kurzwort für engl. acquired immune deficiency syndrome› (erworbenes Immunschwächesyndrom, eine gefährliche Infektionskrankheit)
Aids|be|ra|tung; Aids|be|ra|tungs|stel|le
aids|in|fi|ziert; aids|krank; Aids|kran|ke; Aids|test (HIV-Test); **Aids|vi|rus**
Ai|g|ret|te [ɛˈgrɛtə], die; -, -n ‹franz.› ([Reiher]federschmuck; büschelförmiges Gebilde)
Ai|ki|do, das; -[s] ‹jap.› (jap. Form der Selbstverteidigung)
Ai|nu, der; -[s], -[s] (Ureinwohner der jap. Inseln u. Südsachalins)
¹Air [ɛ:ɐ̯], das; -s, -s *Plur. selten* ‹franz.› (Aussehen, Haltung; Fluidum)
²Air, das; -s, -s (alte Form der Vokal- od. Instrumentalmusik, z. B. in der Suite)
Air|bag [ˈɛ:ɐ̯bɛk], der; -s, -s ‹engl.› (Luftkissen im Auto, das sich bei einem Aufprall automatisch aufbläst)
Air|brush [...braʃ], der; -[s], -s, *auch* die; -, -s (ein Farbsprühgerät)
Air|bus® [ˈɛ:ɐ̯...], der; -ses (*auch* -), -se ‹nach dem gleichnamigen Hersteller› (ein Großraumflugzeug)
Air|con|di|tion, **Air-Con|di|tion** [...kɔndɪʃn̩], die; -, -s, **Air|con|di|tio|ner**, **Air-Con|di|tio|ner**, der; -s, -, **Air|con|di|tio|ning**, **Air-Con|di|tio|ning** [...kɔndɪʃ(ə)nɪŋ], das; -s, -s ‹engl.› (Klimaanlage)
Aire|dale|ter|ri|er [ˈɛ:ɐ̯de:l...] ‹engl.› (eine Hunderasse)
Air France [ɛ:ɐ̯ˈfrã:s], die; - - (franz. Luftfahrtgesellschaft; *Abk.* AF)
Air|line [ˈɛ:ɐ̯la̯in], die; -, -s ‹engl.› (*engl. Bez. für* Fluggesellschaft)
Air|port [ˈɛ:ɐ̯...], der; -s, -s ‹engl.› (*engl. Bez. für* Flughafen)
ais, Ais, das; -, - (Tonbezeichnung)
Ai|scha, Ai|sche (w. Vorn.)
Ais|chy|los [...ç...] *vgl.* Äschylus
Ai|tel, der; -s, -[n] (*bayr., österr. für* ¹Döbel [ein Fisch])
Ait|ma|tow, Tschingis (kirgisischer Schriftsteller)
Aix-en-Pro|vence [ɛksãprɔˈvã:s] (Stadt in Südfrankreich)
Aja, die; -, -s ‹ital.› (*veraltet für* Erzieherin [fürstlicher Kinder])
Ajac|cio [*franz.* aʒakˈsjo, *ital.* aˈjatʃo] (Stadt auf Korsika)
Aja|tol|lah, *engl. Schreibung* Ayatollah, der; -[s], -s ‹pers.› (schiitischer Ehrentitel)

Ajax (griech. Sagengestalt)

[1]**à jour** [a ˈʒuːɐ̯] ⟨franz., »bis zum [heutigen] Tag«⟩; à jour sein (auf dem Laufenden sein)

[2]**à jour** ⟨franz., *zu* jour »Fenster«, eigtl. = durchbrochen⟩ (*Bauw.* frei gegen den Raum stehend; durchbrochen [von Geweben]); à jour gefasst (nur am Rande gefasst [von Edelsteinen]); **Ajour|ar|beit; ajou|rie|ren** (*österr. für* Ajourarbeit machen)

A-Ju|gend *(Sport);* **A-Ju|ni|or; A-Ju|ni|o|ren-Bun|des|li|ga; A-Ju|ni|o|rin**

[1]**AK,** das; -, - = Armeekorps

[2]**AK,** der; -, -s = Arbeitskreis

[3]**AK** = Alaska

aka ⟨= also known as⟩ (*engl. für* auch bekannt als)

Aka|de|mie, die; -, ...ien ⟨griech.⟩ (wissenschaftliche Gesellschaft; [Fach]hochschule; *österr. auch für* literarische od. musikalische Veranstaltung)

Aka|de|mi|ker (Person mit Hochschulausbildung); **Aka|de|mi|ker|ar|beits|lo|sig|keit; Aka|de|mi|ke|rin; Aka|de|mi|ker|quo|te**

aka|de|misch; das akademische Viertel

Akan|thit, der; -s ⟨griech.⟩ (ein Mineral)

Akan|thus, der; -, - (stachliges Staudengewächs); **Akan|thus|blatt**

Aka|ro|id|harz ⟨griech.; dt.⟩ (ein Baumharz)

aka|ta|lek|tisch ⟨griech.⟩ (*Verslehre* unverkürzt)

Aka|tho|lik, der; -en, -en ⟨griech.⟩ (nicht katholischer Christ); **Aka|tho|li|kin** [*auch* ...ˈliː...]; **aka|tho|lisch** [*auch* ...ˈtoː...]

Aka|zie, die; -, -n ⟨griech.⟩ (tropischer Laubbaum od. Strauch)

Ake|lei, die; -, -en ⟨mlat.⟩ (eine Zier- u. Wiesenpflanze)

AKH, das; -[s] = Allgemeines Krankenhaus

Aki, das; -[s], -[s] (*kurz für* Aktualitätenkino)

Akk. = Akkusativ

Ak|kad (ehemalige Stadt in Babylonien); **ak|ka|disch** *vgl.* deutsch / Deutsch; **Ak|ka|disch,** das; -[s] (Sprache); **Ak|ka|di|sche,** das; -n; *vgl.* [2]Deutsche

Ak|kla|ma|ti|on, die; -, -en ⟨lat.⟩ (*geh. für* Zuruf; Beifall); **ak|kla|mie|ren** *(geh.)*

Ak|kli|ma|ti|sa|ti|on, die; -, -en ⟨lat.⟩ (Anpassung an veränderte Klima-, Umwelt- od. Lebensbedingungen)

ak|kli|ma|ti|sie|ren, sich; **Ak|kli|ma|ti|sie|rung** *vgl.* Akklimatisation

Ak|ko|la|de, die; -, -n ⟨franz.⟩ (feierliche Umarmung beim Ritterschlag u. a.; *Druckw.* Klammer ⏞)

Ak|kom|mo|da|ti|on, die; -, -en ⟨franz.⟩ (*fachspr. für* Anpassung); **ak|kom|mo|die|ren**

Ak|kom|pa|g|ne|ment [...panjəˈmãː], das; -s, -s ⟨franz.⟩ (*Musik* Begleitung); **ak|kom|pa|g|nie|ren**

Ak|kord, der; -[e]s, -e ⟨lat.⟩ (*Musik* Zusammenklang; *Wirtsch.* Bezahlung nach Stückzahl)

Ak|kord|ar|beit; Ak|kord|ar|bei|ter; Ak|kord|ar|bei|te|rin

Ak|kor|de|on, das; -s, -s; **Ak|kor|de|o|nist,** der; -en, -en (Akkordeonspieler); **Ak|kor|de|o|nis|tin**

ak|kor|die|ren (*österr. für* vereinbaren)

Ak|kord|lohn *(Wirtsch.)*

ak|kre|di|tie|ren ⟨*Politik* franz., *Bankw.* ital.⟩ (*Politik* beglaubigen; bevollmächtigen; *Bankw.* Kredit einräumen); jmdn. bei einer Bank für einen Betrag akkreditieren; **Ak|kre|di|tie|rung**

Ak|kre|di|tiv, das; -s, -e ⟨franz.⟩ (*Politik* Beglaubigungsschreiben eines Botschafters; *Bankw.* Handelsklausel, Kreditbrief)

Ak|ku, der; -s, -s (*Kurzw. für* Akkumulator)

Ak|kul|tu|ra|ti|on, die; -, -en ⟨lat.⟩ (kultureller Anpassungsprozess); **ak|kul|tu|rie|ren**

Ak|ku|mu|lat, das; -[e]s, -e ⟨lat.⟩ (*Geol.* Anhäufung von Gesteinstrümmern); **Ak|ku|mu|la|ti|on,** die; -, -en (Anhäufung)

Ak|ku|mu|la|tor, der; -s, ...oren (ein Stromspeicher; ein Druckwasserbehälter; *Kurzw.* Akku)

ak|ku|mu|lie|ren (anhäufen; sammeln, speichern)

Akupunktur

Das Wort ist mit »akut« verwandt, dessen lateinischer Ursprung »scharf, spitz« bedeutet. Daher die Schreibung mit nur einem *k*.

ak|ku|rat ⟨lat.⟩ (sorgfältig, ordentlich; *landsch. für* genau); **Ak|ku|ra|tes|se,** die; - ⟨franz.⟩

Ak|ku|sa|tiv, der; -s, -e ⟨lat.⟩ (*Sprachwiss.* Wenfall, 4. Fall; *Abk.* Akk.); Akkusativ mit Infinitiv, *lat.* accusativus cum infinitivo (eine grammatische Konstruktion; *Abk.* acc. c. inf. *od.* a. c. i.); **Ak|ku|sa|tiv|ob|jekt**

Ak|me, die; - ⟨griech.⟩ (*Med.* Höhepunkt [einer Krankheit])

Ak|mo|la (*früherer Name von* Astana)

Ak|ne, die; -, -n ⟨griech.⟩ (*Med.* Hautausschlag)

Ako|luth (*selten für* Akolyth); **Ako|lyth,** der; *Gen.* -en *u.* -s, *Plur.* -en ⟨griech.⟩ (Laie, der während der Messe bestimmte Dienste am Altar verrichtet; *früher* katholischer Kleriker im 4. Grad der niederen Weihen)

Akon|to, das; -s, *Plur.* ...ten *u.* -s ⟨ital.⟩ (*österr., schweiz. für* Anzahlung); **Akon|to|zah|lung** (*Bankw.* Abschlagszahlung); *vgl.* a conto

AKP = Afrika, Karibik und pazifischer Raum; **AKP-Staa|ten** *Plur.* (mit den EU-Staaten assoziierte Entwicklungsländer aus Afrika, der Karibik u. dem Pazifik)

ak|qui|rie|ren [akvi...] ⟨lat.⟩ (anschaffen; *Wirtsch.* Kunden werben); **Ak|qui|rie|rung**

Ak|qui|se, die; -, -n (Akquisition)

Ak|qui|si|teur [...ˈtøːɐ̯], der; -s, -e ⟨franz.⟩ (Kunden-, Anzeigenwerber); **Ak|qui|si|teu|rin**

Ak|qui|si|ti|on, die; -, -en (Anschaffung; *Wirtsch.* Kundenwerbung)

Ak|qui|si|tor, der; -s, ...oren (*österr. für* Akquisiteur); **Ak|qui|si|to|rin** *(österr.);* **ak|qui|si|to|risch**

Ak|ri|bie, die; - ⟨griech.⟩ (höchste Genauigkeit); **ak|ri|bisch**

Ak|ro|bat, der; -en, -en ⟨griech.⟩; **Ak|ro|ba|tik,** die; - (große körperliche Gewandtheit, Körperbeherrschung); **Ak|ro|ba|tin; ak|ro|ba|tisch**

Ak|ro|le|in, das; -s ⟨griech.; lat.⟩ (eine chemische Verbindung)

Ak|ro|nym, das; -s, -e ⟨griech.⟩ (aus den Anfangsbuchstaben mehrerer Wörter gebildetes Wort, z. B. »Aids«)

Ak|ro|po|lis, die; -, ...polen (altgriech. Stadtburg [von Athen])

Ak|ros|ti|chon, das; -s, *Plur.* ...chen *u.* ...cha (Anfangsbuchstaben, -silben od. -wörter der Verszeilen eines Gedichtes, die ein Wort od. einen Satz ergeben)

Ak|ro|ter, der; -s, -e, **Ak|ro|te|ri|on,**

das; -s, ...ien (*Archit.* Giebelverzierung)
Ak|ro|ze|pha|lie, die; -, ...ien (*Med.* Spitzschädeligkeit)
äks! (*ugs. für* pfui!)
Akt, der; -[e]s, -e ‹lat.› (Abschnitt, Aufzug eines Theaterstückes; Handlung, Vorgang; künstler. Darstellung des nackten Körpers); *vgl.* Akte
Ak|tant, der; -en, -en ‹franz.› (*Sprachwiss.* abhängiges Satzglied)
Ak|te, die; -, -n, *bes. österr. auch* Akt, der; -[e]s, *Plur.* -e, *österr.* -en ‹lat.›; zu den Akten (erledigt; *Abk.* z. d. A.)
Ak|tei (Aktensammlung)
Ak|ten|de|ckel; Ak|ten|ein|sicht; Ak|ten|kof|fer
ak|ten|kun|dig
Ak|ten|la|ge; nach Aktenlage (*Amtsspr.*)
Ak|ten|ord|ner; Ak|ten|schrank; Ak|ten|ta|sche; Ak|ten|ver|merk
Ak|ten|zahl (*österr. für* Aktenzeichen)
Ak|ten|zei|chen (*Abk.* AZ *od.* Az.)
Ak|teur [...ˈtøːɐ̯], der; -s, -e ‹franz.› (Handelnder; Spieler; Schauspieler); **Ak|teu|rin**
Ak|tie, die; -, -n ‹niederl.› (Anteil[schein])
Ak|ti|en|bör|se; Ak|ti|en|fonds; Ak|ti|en|ge|sell|schaft (AG); **Ak|ti|en|ge|setz** (*Rechtsspr.*)
Ak|ti|en|in|dex (*Finanzw.* Kennziffer für die Kursentwicklung am Aktienmarkt); **Ak|ti|en|in|ha|ber** (Aktionär); **Ak|ti|en|in|ha|be|rin**
Ak|ti|en|ka|pi|tal; Ak|ti|en|kauf; Ak|ti|en|kurs; Ak|ti|en|markt; Ak|ti|en|op|ti|on; Ak|ti|en|pa|ket; Ak|ti|en|recht
Ak|ti|nie, die; -, -n ‹griech.› (*Zool.* eine sechsstrahlige Koralle)
ak|ti|nisch (*Physik* radioaktiv; *Med.* durch Strahlung hervorgerufen, z. B. von Krankheiten)
Ak|ti|no|me|ter, das; -s, - (*Meteorol.* Strahlungsmesser); **ak|ti|no|morph** (*Biol.* strahlenförmig)
Ak|ti|on, die; -, -en ‹lat.› (Handlung, Unternehmung; *schweiz. auch für* Sonderangebot; *vgl. aber* Action)
Ak|ti|o|när, der; -s, -e ‹franz.› (Aktienbesitzer); **Ak|ti|o|nä|rin; Ak|ti|o|närs|ver|samm|lung**
Ak|ti|o|nis|mus, der; - ‹lat.› (Bestreben, durch [provozierende, künstlerische] Aktionen die Gesellschaft zu verändern; übertriebener Tätigkeitsdrang); **Ak|ti|o|nist,** der; -en, -en; **Ak|ti|o|nis|tin; ak|ti|o|nis|tisch**
Ak|ti|ons|art (*Sprachwiss.* Geschehensweise beim Verb, z. B. perfektiv: »verblühen«)
Ak|ti|ons|bünd|nis; Ak|ti|ons|ge|mein|schaft; Ak|ti|ons|ko|mi|tee
Ak|ti|ons|kunst, die; - (Kunstform, die künstlerische Aktionen an die Stelle von Kunstobjekten stellt); **Ak|ti|ons|künst|ler; Ak|ti|ons|künst|le|rin**
Ak|ti|ons|preis (*Werbespr.*)
Ak|ti|ons|pro|gramm
Ak|ti|ons|ra|di|us (Reichweite; Fahr-, Flugbereich)
Ak|ti|ons|tag; Ak|ti|ons|wo|che
Ak|ti|um (griech. Landzunge)
ak|tiv [*auch* ˈa...] ‹lat.› (tätig; wirksam; im Dienst stehend; *seltener für* aktivisch); aktive Bestechung; aktive Bilanz; aktives Wahlrecht; aktiv werden
¹Ak|tiv, das; -s, -e *Plur. selten* (*Sprachwiss.* Tatform, Tätigkeitsform)
²Ak|tiv, das; -s, *Plur.* -s, *seltener* -e (*regional für* Personen, die gemeinsam an der Lösung bestimmter Aufgaben arbeiten)
Ak|ti|va, Ak|ti|ven (*Plur. von* Aktivum)
Ak|tiv|be|zug (*österr. für* Beamtengehalt im Ggs. zur Pension)
Ak|tiv|bür|ger (*schweiz. für* Bürger im Besitz des Stimm- u. Wahlrechts); **Ak|tiv|bür|ge|rin**
Ak|tiv|for|de|rung (*Kaufmannsspr.* ausstehende Forderung)
ak|ti|vie|ren (in Tätigkeit setzen; Vermögensteile in die Bilanz einsetzen); **Ak|ti|vie|rung**
ak|ti|visch ‹lat.› (*Sprachwiss.* das ¹Aktiv betreffend)
Ak|ti|vis|mus, der; - (Tätigkeitsdrang; zielstrebiges Handeln)
Ak|ti|vist, der; -en, -en (zielbewusst Handelnder; *in der DDR* jmd., der für vorbildliche Leistungen ausgezeichnet wurde); **Ak|ti|vis|tin; ak|ti|vis|tisch**
Ak|ti|vi|tas, die; - (*Verbindungsw.* Gesamtheit der zur aktiven Beteiligung in einer Studentenverbindung Verpflichteten)
Ak|ti|vi|tät, die; -, -en (Tätigkeit[sdrang]; Wirksamkeit)
Ak|tiv|koh|le (staubfeiner, poröser Kohlenstoff); **Ak|tiv|koh|le|fil|ter**
Ak|tiv|le|gi|ti|ma|ti|on (im Zivilprozess die Rechtszuständigkeit auf der Klägerseite)
Ak|tiv|pos|ten; Ak|tiv|sal|do (Einnahmeüberschuss)
Ak|ti|vum, das; -s, ...va *u., bes. österr.,* ...ven *meist Plur.* ‹lat.› (*Wirtsch.* Vermögenswert eines Unternehmens); **Ak|tiv|ver|mö|gen** (wirkliches Vermögen)
Ak|t|ri|ce [...sə], die; -, -n ‹franz.› (*veraltend für* Schauspielerin)
ak|tu|a|li|sie|ren ‹lat.› (aktuell machen); **Ak|tu|a|li|sie|rung**
Ak|tu|a|li|tät, die; -, -en (Gegenwartsbezogenheit, Zeitnähe); **Ak|tu|a|li|tä|ten|ki|no** (*Kurzw.* Aki)
Ak|tu|ar, der; -s, -e ‹lat.› (Versicherungs- u. Wirtschaftsmathematiker; *schweiz. für* Schriftführer); **Ak|tu|a|rin**
ak|tu|ell ‹franz.› (gegenwartsnah, zeitgemäß); die Aktuelle *od.* aktuelle Stunde (im Parlament) ↑K89
Aku|pres|sur, die; -, -en ‹lat.› (Heilbehandlung durch leichten Druck der Fingerkuppen)
Aku|punk|teur [...ˈtøːɐ̯], der; -s, -e (Person, die Akupunkturen durchführt); **Aku|punk|teu|rin**
aku|punk|tie|ren
Aku|punk|tur, die; -, -en (Heilbehandlung durch Einstechen von Nadeln an best. Körperpunkten)
Akü|spra|che, die; - (*kurz für* Abkürzungssprache)
Akus|tik, die; -, -en ‹griech.› (Lehre vom Schall, von den Tönen; Klangwirkung); **akus|tisch**
akut ‹lat.›; akutes (dringendes) Problem; akute (unvermittelt auftretende, heftig verlaufende) Krankheit; akut werden
Akut, der; -[e]s, -e (*Sprachwiss.* ein Betonungszeichen: ´, z. B. é)
AKW, das; -[s], -[s] = Atomkraftwerk; **AKW-Geg|ner; AKW-Geg|ne|rin** ↑K28; **AKW-Lauf|zeit**
Ak|ze|le|ra|ti|on, die; -, -en ‹lat.› (Beschleunigung); **Ak|ze|le|ra|tor,** der; -s, ...oren (Beschleuniger); **ak|ze|le|rie|ren**
Ak|zent, der; -[e]s, -e ‹lat.› (Betonung[szeichen]; Tonfall, Aussprache; Nachdruck); **Ak|zent|buch|sta|be**
ak|zent|frei; ak|zent|los
Ak|zen|tu|a|ti|on, die; -, -en (Betonung); **ak|zen|tu|ie|ren** (betonen); **Ak|zen|tu|ie|rung**
Ak|zent|wech|sel
Ak|zept, das; -[e]s, -e ‹lat.› (*Bankw.* Annahmeerklärung des

Bezogenen auf einem Wechsel; der akzeptierte Wechsel selbst)
ak|zep|ta|bel (annehmbar); ...a|b|le Bedingungen; **Ak|zep|ta|bi|li|tät,** die; -
Ak|zep|tant, der; -en, -en (*Bankw.* der zur Bezahlung des Wechsels Verpflichtete; Bezogener)
Ak|zep|tanz, die; -, -en (Bereitschaft, etwas zu akzeptieren)
Ak|zep|ta|ti|on, die; -, -en (Annahme)
ak|zep|tie|ren (annehmen; hinnehmen); **Ak|zep|tie|rung**
Ak|zep|tor, der; -s, ...oren (*Bankw.* Empfänger)
Ak|zes|si|on, die; -, -en ⟨lat.⟩ (Zugang; Erwerb; Beitritt)
Ak|zes|so|ri|e|tät, die; -, -en (*Rechtswiss.* Abhängigkeit des Nebenrechtes von dem zugehörigen Hauptrecht); **ak|zes|so|risch** (nebensächlich)
Ak|zi|dens, das; -, *Plur.* ...denzien *u.* ...dentia ⟨lat.⟩ (das Zufällige, was einer Sache nicht wesenhaft zukommt)
ak|zi|den|tell, ak|zi|den|ti|ell (zufällig; unwesentlich)
Ak|zi|denz, die; -, -en *meist Plur.* (Druckarbeit, die nicht zum Buch-, Zeitungs- u. Zeitschriftendruck gehört [z. B. Formulare]); **Ak|zi|denz|druck** *Plur.* ...drucke; **Ak|zi|denz|set|zer; Ak|zi|denz|set|ze|rin**
Ak|zi|se, die; -, -n ⟨franz.⟩ (*früher für* Verbrauchssteuer; Zoll)
a. l. = ad libitum
Al. = Alinea
[1]**AL,** die; - = Alternative Liste
[2]**AL** = Alabama
ä. L. = ältere[r] Linie *(Geneal.)*
à la [a la] ⟨franz.⟩ (im Stil, nach Art von)
alaaf! (Karnevalsruf); Kölle alaaf!
à la baisse [- - ˈbɛːs] ⟨franz.⟩ (*Börsenw.* auf Fallen der Kurse [spekulieren])
Ala|ba|ma (Staat in den USA; *Abk.* AL)
Ala|bas|ter, der; -s, - *Plur. selten* ⟨griech.⟩ (eine Gipsart); **ala|bas|tern** (aus od. wie Alabaster)
à la bonne heure! [- - bɔˈnøːɐ̯] ⟨franz.⟩ (so ist es recht!)
à la carte [- - ˈkart] ⟨franz.⟩ (nach der Speisekarte); à la carte essen; **À-la-carte-Es|sen** ↑K26; **À-la-carte-Re|s|tau|rant** ↑K26
Ala|din (m. Eigenn.; Gestalt aus »1001 Nacht«)
à la hausse [- - ˈoːs] ⟨franz.⟩ (*Börsenw.* auf Steigen der Kurse [spekulieren])
Al-Ak|sa-Mo|schee, die; - (auf dem Tempelberg in Jerusalem)
à la longue [- - ˈlõːk] (auf längere Zeit)
à la mode [- - ˈmɔt] ⟨franz.⟩ (nach der neuesten Mode)
Ala|mo|de|li|te|ra|tur, die; -; **Ala|mo|de|zeit,** die; -
Aland, der; -[e]s, -e (ein Fisch)
Åland|in|seln [ˈoː...] *Plur.* (finn. Inselgruppe in der Ostsee)
Ala|ne, der; -n, -n (Angehöriger eines alten Nomadenvolkes)
Alant, der; -[e]s, -e (eine Heilpflanze)
Ala|rich (König der Westgoten)
Alarm, der; -[e]s, -e ⟨ital.⟩; **Alarm|an|la|ge; alarm|be|reit; Alarm|be|reit|schaft; Alarm|glo|cke**
alar|mie|ren ⟨ital.-franz.⟩
Alarm|ka|me|ra (*österr. für* Überwachungskamera); **Alarm|si|g|nal; Alarm|stu|fe**; Alarmstufe Rot; **Alarm|zei|chen; Alarm|zu|stand**
Alas|ka (nordamerik. Halbinsel; Staat der USA; *Abk.* AK); **alas|kisch**
Alaun, der; -s, -e ⟨lat.⟩ (*Chemie* ein Salz); **alau|ni|sie|ren** (mit Alaun behandeln); **Alaun|stein**
a-Laut ↑K29
[1]**Alb,** der; -[e]s, -en (Naturgeist; *auch für* gespenstisches Wesen; Albdrücken); *vgl. aber* [2]Alp
[2]**Alb,** die; - (Gebirge); Schwäbische, Fränkische Alb ↑K140
Al|ban, Al|ba|nus (m. Vorn.)
Al|ba|ner; Al|ba|ne|rin
Al|ba|ni|en (Balkanstaat)
al|ba|nisch *vgl.* deutsch / Deutsch; **Al|ba|nisch,** das; -[s] (Sprache); **Al|ba|ni|sche,** das; -n; *vgl.* [2]Deutsche
Al|ba|nus *vgl.* Alban
Al|ba|t|ros, der; -, -se ⟨angloind.-niederl.⟩ (ein Sturmvogel)
Alb|druck, Alp|druck, der; -[e]s, ...drücke; **Alb|drü|cken**, Alp|drü|cken, das; -s
Al|be, die; -, -n ⟨lat.⟩ (weißes liturgisches Gewand)
Al|be|do, die; - (*Physik* Rückstrahlungsvermögen nicht selbst leuchtender Oberflächen [z. B. Schnee od. Eis])
Al|be|rei
Al|be|rich (den Nibelungenhort bewachender Zwerg)
[1]**al|bern;** ich albere
[2]**al|bern;** alberne Witze
Al|bern|heit
Al|bert (m. Vorn.)
[1]**Al|ber|ta** [*auch* ɛlˈbøːɐ̯ta] (kanadische Provinz)
[2]**Al|ber|ta, Al|ber|ti|ne** (w. Vorn.)
Al|ber|ti|na, die; - (Sammlung grafischer Kunst in Wien)
al|ber|ti|ni|sche Li|nie, die; -n - (sächsische Linie der Wettiner ↑K89)
Al|ber|ti|num, das; -s (Museum in Dresden)
Al|ber|tus Ma|g|nus (dt. Theologe, Philosoph u. Naturforscher)
Al|bi|gen|ser, der; -s, - (*svw.* Katharer); **Al|bi|gen|se|rin**
Al|bin, Al|bi|nus (m. Vorn.)
Al|bi|nis|mus, der; - ⟨lat.⟩ (Unfähigkeit, Farbstoffe in Haut, Haaren u. Augen zu bilden)
Al|bi|no, der; -s, -s ⟨span.⟩ (Mensch, Tier od. Pflanze mit fehlender Farbstoffbildung); **al|bi|no|tisch**
Al|bi|nus *vgl.* Albin
Al|bi|on ⟨kelt.-lat.⟩ (*alter dichterischer Name für* England)
Al|bo|in, Al|bu|in (langobardischer König)
Al|b|recht (m. Vorn.)
Alb|traum, Alp|traum
Al|bu|in *vgl.* Alboin
[1]**Al|bu|la,** die; - (Fluss in der Schweiz); [2]**Al|bu|la,** der; -[s] (Berg u. Pass in der Schweiz)
Al|bu|la|pass, **Al|bu|la-Pass,** der; -es
Al|bum, das; -s, ...ben ⟨lat.⟩ (Gedenk-, Sammelbuch; *auch für* Tonträger mit mehreren Musikstücken)
Al|bu|men, das; -s (*Biol., Med.* Eiweiß); **Al|bu|min,** das; -s, -e *meist Plur.* (ein Eiweißstoff); **al|bu|mi|nös** (eiweißhaltig); **Al|bu|mi|n|u|rie,** die; -, ...ien ⟨lat.; griech.⟩ (*Med.* Ausscheidung von Eiweiß im Harn)
Al|bus, der; -, *Plur.* - *u.* -se (Weißpfennig, alte deutsche Münze)
Al|can|ta|ra®, das; -[s] ⟨Kunstwort⟩ (Velourslederimitat)
Al|ca|traz [ɛlkəˈtrɛs] (Felseninsel in der Bucht von San Francisco [frühere Gefängnisinsel])
Al|cä|us *vgl.* Alkäus
Al|ces|te *vgl.* Alkeste
Al|che|mie, die; - ⟨arab.⟩ (Chemie des MA.s; vermeintl. Goldmacherkunst; Schwarzkunst); **Al|che|mist,** der; -en, -en; **Al|che|mis|tin; al|che|mis|tisch**
Äl|chen (kleiner Aal; *Zool.* Fadenwurm)

Al|chi|mie usw. *vgl.* Alchemie usw.
Al|ci|bi|a|des *vgl.* Alkibiades
Al|co|pop, **Al|ko|pop**, das *od.* der; -[s], -s ‹engl.› (alkoholhaltiges Limonadenmischgetränk)
Al|co|test® (Test[gerät] zur Ermittlung des Alkoholspiegels im Blut)
Al|cy|o|ne [*auch* ...ˈtsy̆o:nə] usw. *vgl.* ¹Alkyone usw.
Al|de|ba|ran [*auch* ...ˈba:...], der; -s ‹arab.› (ein Stern)
Al|de|hyd, der *od.* das; -s, -e (*Chemie* eine organ. Verbindung)
al den|te ‹ital.› (*Gastron.* bissfest)
Al|der|man [ˈo:ldɐmən], der; -s, ...men ‹engl.› (Ratsherr in angelsächsischen Ländern)
¹**Al|di|ne**, die; -, -n (Druckwerk des venezianischen Druckers Aldus Manutius)
²**Al|di|ne**, die; - (*Druckw.* halbfette Antiqua)
Ale [e:l], das; -s, -s ‹engl.› (engl. Bier)
alea iac|ta est ‹lat., »der Würfel ist geworfen«› (die Entscheidung ist gefallen)
Ale|a|to|rik, die; - ‹lat.› (*Musik* moderner Kompositionsstil mit Zufallselementen); **ale|a|to|risch** (vom Zufall abhängig)
Alek|to (eine der drei Erinnyen)
Ale|man|ne, der; -n, -n (Angehöriger eines germanischen Volksstammes); **Ale|man|nin; ale|man|nisch** *vgl.* deutsch / Deutsch; **Ale|man|nisch**, das; -[s] (deutsche Mundart); **Ale|man|ni|sche**, das; -n; *vgl.* ²Deutsche
Alep|po|kie|fer ‹nach der syrischen Stadt Aleppo› (Kiefernart des Mittelmeerraumes)
alert ‹ital.› (*landsch. für* munter, flink)
Aleu|ron [*od.* ˈa(:)lɔy̆...], das; -s ‹griech.› (*Biol.* Reserveeiweiß der Pflanzen)
Ale|u|ten *Plur.* (Inseln zwischen Beringmeer u. Pazifischem Ozean)
Ale|vit, der; -en, -en ‹arab.› (Anhänger einer islamischen Religionsgemeinschaft in Vorderasien); **Ale|vi|tin**
Alex (m. Vorn.)
Ale|xa (w. Vorn.); **Ale|x|an|der** (m. Vorn.)
Ale|x|an|der Lu|cas, die; - -, - - (eine Birnensorte)
Ale|x|an|d|ra (w. Vorn.)
Ale|x|an|d|ria [*auch* ...ˈdri:a], **Ale|x|an|d|ri|en** (ägypt. Stadt)
Ale|x|an|d|ri|ner (Bewohner von Alexandria; ein Versmaß); **ale|x|an|d|ri|nisch**
Ale|xi|a|ner, der; -s, - ‹griech.› (Angehöriger einer Laienbruderschaft); **Ale|xi|a|ne|rin**
Ale|xie, die; - ‹griech.› (*Med.* Leseunfähigkeit bei erhaltenem Sehvermögen)
Ale|xin, das; -s, -e *meist Plur.* ‹griech.› (*Biochemie* ein Abwehrstoff gegen Bakterien)
Alf (m. Vorn.)
Al|fa|gras ‹arab.; dt.› (zur Papierherstellung verwendete Grasart)
Al|fons (m. Vorn.)
Al|f|red (m. Vorn.)
al fres|co (*häufig für* a fresco)
Al|f|ried (m. Vorn.)
ALG, **Alg** = Arbeitslosengeld
Al|gar|ve, die *u.* der; - (südlichste Provinz Portugals)
Al|ge, die; -, -n ‹lat.›
Al|ge|b|ra [*österr.* ...ˈge:...], die; -, *Plur.* (*für* algebraische Strukturen:) ...ebren ‹arab.› (Lehre von den mathematischen Gleichungen); **al|ge|b|ra|isch;** algebraische Gleichungen
Al|ge|nib, der; -[s] ‹arab.› (ein Stern)
Al|gen|pest (übermäßiges Auftreten von Algen)
Al|ge|ri|en (Staat in Nordafrika); **Al|ge|ri|er; Al|ge|ri|e|rin**
al|ge|risch
Al|gier [...ʒi:ɐ̯, ...gir] (Hauptstadt Algeriens)
Al|gol [*auch* ˈa...], der; -[s] ‹arab.› (ein Stern)
ALGOL, das; -[s] ‹Kunstwort aus engl. **algo**rithmic **l**anguage› (eine Programmiersprache)
Al|go|lo|ge, der; -n, -n; **Al|go|lo|gie**, die; - ‹lat.; griech.› (Algenkunde); **Al|go|lo|gin**
Al|gon|kin, das; -[s] (eine indian. Sprachfamilie in Nordamerika)
al|go|rith|misch ‹arab.› *(Math., EDV);* **Al|go|rith|mus**, der; -, ...men (nach einem bestimmten Schema ablaufender Rechenvorgang)
Al|gra|fie, **Al|gra|phie**, die; -, ...ien ‹lat.; griech.› (Flachdruckverfahren u. danach hergestelltes Kunstblatt)
Al|ham|b|ra, die; - ‹arab.› (Palast bei Granada)
Ali [*auch* ˈali, aˈli:] (m. Vorn.)
ali|as ‹lat.› (anders; sonst, auch ... genannt); **Ali|as** [*auch* ˈe:liəs], der *od.* das; -, -[se] ‹lat.-engl.› (*EDV* Ersatzname)
Ali|bi, das; -s, -s ([Nachweis der] Abwesenheit vom Tatort des Verbrechens; Rechtfertigung)
Ali|bi|frau (Frau, die als Beweis für die Verwirklichung der Chancengleichheit angeführt wird); **Ali|bi|mann**
Ali|ce [...sə, *österr.* ...s] (w. Vorn.)
Ali|en [ˈe:lɪən], der *od.* das; -s, -s ‹engl.› (außerirdisches Lebewesen)
Ali|e|na|ti|on, die; -, -en ‹lat.› (*veraltet für* Entfremdung; Verkauf); **ali|e|nie|ren** *(veraltet)*
Ali|g|ne|ment [alɪnjəˈmã:], das; -s, -s ‹franz.› ([Abstecken einer] Richtlinie); **ali|g|nie|ren**
Ali|men|ta|ti|on, die; -, -en ‹lat.› (Lebensunterhalt)
Ali|men|te *Plur.* (*ugs. für* Unterhaltsbeiträge, bes. für nicht eheliche Kinder); **ali|men|tie|ren** (mit Geldmitteln unterstützen)
Ali|nea, das; -s, -s ‹lat.› (*veraltet für* [mit Absatz beginnende] neue Druckzeile; *Abk.* Al.)
ali|pha|tisch ‹griech.› *(Chemie);* aliphatische Verbindungen (Verbindungen mit offenen Kohlenstoffketten)
ali|quant ‹lat.› (*Math.* mit Rest teilend)
ali|quot [*auch* ...ˈkvo:t] ‹lat.› (*Math.* ohne Rest teilend; *österr. für* anteilmäßig); **ali|quo|tie|ren** (*österr. für* anteilmäßig aufteilen)
Al|ita|lia, die; - ‹ital.› (ital. Luftfahrtgesellschaft)
Ali|za|rin, das; -s ‹arab.› (ein [Pflanzen]farbstoff)
Alk, der; *Gen.* -[e]s *od.* -en, *Plur.* -e[n] ‹nord.› (ein arktischer Meeresvogel)
Al Kai|da *vgl.* El Kaida
Al|kai|os *vgl.* Alkäus; **al|kä|isch** (nach Alkäus benannt)
Al|kal|de, der; -n, -n ‹span.› (spanischer Bürgermeister, Dorfrichter)
Al|ka|li [*auch* ˈa...], das; -s, ...alien *meist Plur.* ‹arab.› (*Chemie* eine stark basische Verbindung); **Al|ka|li|me|tall** *(Chemie)*
al|ka|lisch (basisch; laugenhaft)
Al|ka|lo|id, das; -[e]s, -e ‹arab.; griech.› (meist giftige natürliche Stickstoffverbindung)
Al|kä|us (griech. Dichter)
Al|ka|zar [...zar, *österr.* ...ˈsar], der;

all

alle, alles

- all[e] diese; alle beide
- alle, die eingeladen waren; sie kamen alle
- sie alle (*als Anrede:* Sie alle)
- er opferte sich für alle; ich grüße euch alle
- in, vor, bei allem
- bei, in, mit, nach, trotz, von, zu allem dem *od.* all[e]dem, all[em] diesem
- das, dies[es], was, wer alles
- all[es] das, dies[es]
- ich werde alles tun, was in meiner Macht steht
- für, um alles
- dem allen (*häufiger für* dem allem)
- diese alle
- diesem allen (*auch* diesem allem)
- alle Anwesenden
- alles Gute
- die Freude an allem Schönen; die Freunde alles Schönen
- allen Übels (*meist für* alles Übels)
- all[e] die Sorgen; all[e] die Mühe
- all der Schmerz; all das Schöne
- alle ehrlichen Menschen; aller erwiesener Respekt
- die Bedingung allen (*auch* alles) geistigen Lebens
- trotz aller vorherigen Planung
- mit all[er] seiner Habe

In festen Verbindungen, Redewendungen und Zusammensetzungen:

- mein Ein und [mein] Alles
- alles und jedes; alles oder nichts
- alles in allem; alles in einem
- alles andere
- ein für alle Mal[e], *aber* allemal *(vgl. d.)*
- alle neun[e] (beim Kegeln)
- alle (*landsch.* aller) nase[n]lang, naslang *(ugs.)*
- allen Ernstes
- aller guten Dinge sind drei
- all[e]zeit *(vgl. d.);* allesamt; allenfalls; allenthalben; allerart *(vgl. d.);* allerdings; allerhand *(vgl. d.);* allerlei *(vgl. d.);* allerorten, allerorts; all[er]seits; allerwärts; alle[r]wege *(vgl. d.);* alltags *(vgl. d.);* allwöchentlich; allzu *(vgl. d.)*

-[s], ...zare ⟨arab.-span.⟩ (Burg, Palast [in Spanien])

Al|ke, Alk|je (w. Vorn.)

Al|kes|te (w. Gestalt der griech. Mythol.)

Al|ki, der; -s, -s (*ugs. kurz für* Alkoholiker)

Al|ki|bi|a|des (griech. Staatsmann)

Alk|je, Al|ke (w. Vorn.)

Alk|man [*auch* 'a...] (griech. Dichter); **alk|ma|nisch;** alkmanischer Vers ↑K 89

Alk|me|ne (Gattin des Amphitryon, Mutter des Herakles)

Al|ko|hol [*auch* ...'ho:l], der; -s, -e ⟨arab.⟩

al|ko|hol|ab|hän|gig; Al|ko|hol|ab|hän|gig|keit

Al|ko|hol|ein|fluss, der; -es

Al|ko|hol|ex|zess; Al|ko|hol|fah|ne *(ugs.);* **al|ko|hol|frei; Al|ko|hol|ge|halt,** der; **Al|ko|hol|ge|nuss,** der; -es; **al|ko|hol|hal|tig,** *österr.* **al|ko|hol|häl|tig**

Al|ko|ho|li|ka *Plur.* (alkoholische Getränke)

Al|ko|ho|li|ker; Al|ko|ho|li|ke|rin; al|ko|ho|lisch

al|ko|ho|li|sie|ren (mit Alkohol versetzen; *scherzh. für* unter Alkohol setzen); **al|ko|ho|li|siert** (betrunken)

Al|ko|ho|lis|mus, der; -

Al|ko|hol|kon|sum

al|ko|hol|krank; Al|ko|hol|kran|ke, der *u.* die; -n, -n

Al|ko|hol|miss|brauch, der; -[e]s; **Al|ko|hol|pro|b|lem**

Al|ko|hol|schloss (*Kfz-Technik* Vorrichtung, die den Alkoholspiegel des Fahrers überprüft u. ein Starten des Fahrzeugs nur dann ermöglicht, wenn er nüchtern ist)

Al|ko|hol|spie|gel; Al|ko|hol|sucht; Al|ko|hol|sün|der; Al|ko|hol|sün|de|rin; Al|ko|hol|test; Al|ko|hol|ver|bot; Al|ko|hol|ver|gif|tung

Al|ko|len|ker (*österr. für* alkoholisierter Autofahrer); **Al|ko|len|ke|rin**

Al|ko|li|mit, das; -s, -s (*österr. für* Promillegrenze)

Al|ko|mat, der; -en, -en (Gerät zur Messung des Alkoholspiegels im Blut)

Al|ko|pop *vgl.* Alcopop

Al|kor [*auch* 'a...], der; -[s] ⟨arab.⟩ (ein Stern)

Al|ko|test *vgl.* Alcotest

Al|ko|ven [*auch* 'a...], der; -s, - ⟨arab.⟩ (Nebenraum; Bettnische)

Al|ku|in (angelsächsischer Gelehrter)

Al|kyl, das; -s, -e ⟨arab.; griech.⟩ (*Chemie* einwertiger Kohlenwasserstoffrest); **al|ky|lie|ren** (eine Alkylgruppe einführen)

[1]**Al|ky|o|ne** [*auch* al'ky:one] (Tochter des Äolus)

[2]**Al|ky|o|ne** [*auch* al'ky:one] (ein Stern)

al|ky|o|nisch (*geh. für* friedlich, windstill)

all *s. Kasten*

All, das; -s (Weltall)

all|abend|lich

al|la bre|ve ⟨ital.⟩ (*Musik* im ½- statt ¼-Takt); **Al|la-bre|ve-Takt**

Al|lah ⟨arab.⟩ (*islam. Rel.* Gott)

al|la mar|cia [- ...tʃa] ⟨ital.⟩ (*Musik* marschmäßig)

al|la po|lac|ca ⟨ital.⟩ (*Musik* in der Art der Polonaise)

Al|lasch, der; *Gen.* -[e]s *u.* -, *Plur.* -e (ein Kümmellikör)

al|la te|des|ca ⟨ital.⟩ (*Musik* in der Art eines deutschen Tanzes)

al|la tur|ca ⟨ital.⟩ (*Musik* in der Art der türkischen Musik)

al|la zin|ga|re|se ⟨ital.⟩ (*Musik* in der Art der Zigeunermusik)

all|be|kannt

all|da *(veraltend)*

all|dem, al|le|dem; bei all[e]dem; *aber* sie sagte nichts von all dem, was sie wusste

all|die|weil, die|weil *(veraltet)*

al|le *vgl.* all

al|le|dem, all|dem; bei all[e]dem

Al|lee, die; -, Alleen ⟨franz.⟩; *Schreibung in Straßennamen:* ↑K 162 *u.* 163

Al|le|ghe|nies [ɛli'geɪni:s] *Plur.* (*svw.* Alleghenygebirge); **Al|le|ghe|ny|ge|bir|ge** [...ni...], das; -s (nordamerik. Gebirge)

Al|le|go|rie, die; -, ...ien ⟨griech.⟩ (Sinnbild; Gleichnis); **Al|le|go|rik,** die; -; **al|le|go|risch; al|le|go|ri|sie|ren** (versinnbildlichen)

al|le|g|ret|to ⟨ital.⟩ (*Musik* mäßig schnell, mäßig lebhaft); **Al|le|g|ret|to,** das; -s, *Plur.* -s *u.* ...tti

al|lein

- von allein[e] *(ugs.)*

Schreibung in Verbindung mit Verben und Adjektiven ↑K89 *u.* 58:

- allein sein, bleiben
- die Kinder allein erziehen
- jmdn. allein lassen (ohne Gesellschaft), *aber* jmdn. alleinlassen (im Stich lassen)
- das allein gültige *od.* alleingültige Zahlungsmittel
- die allein selig machende *od.* allein seligmachende Kirche
- das Kind kann schon allein stehen, *aber* er wollte im Alter nicht alleinstehen
- sie ist eine alleinstehende Frau (lebt nicht mit einem [Ehe]partner zusammen)
- eine alleinerziehende *od.* allein erziehende Mutter
- die Alleinerziehenden *od.* die allein Erziehenden

al|le|g|ro (*Musik* lebhaft); **Al|le|g|ro,** das; -s, *Plur.* -s *u.* ...gri
al|lein *s. Kasten*
al|lei|ne (*ugs. für* allein)
Al|lein|er|be; Al|lein|er|bin
al|lein|er|zie|hend, al|lein er|zie|hend *vgl.* allein
Al|lein|er|zie|hen|de, der *u.* die; -n, -n, **al|lein Er|zie|hen|de,** der *u.* die; - -n, - -n ↑K58
Al|lein|er|zie|her (*österr. für* Alleinerziehender); **Al|lein|er|zie|he|rin**
Al|lein|flug; Al|lein|gang, der
al|lein gül|tig, al|lein|gül|tig *vgl.* allein
Al|lein|heit, die; - *(Philos.)*
Al|lein|herr|schaft; Al|lein|herr|scher; Al|lein|herr|sche|rin
al|lei|nig
Al|lein|in|ha|ber; Al|lein|in|ha|be|rin
al|lein|las|sen (im Stich lassen); *aber* allein lassen (ohne Gesellschaft lassen)
Al|lein|schuld, die; -
Al|lein|sein, das; -s
al|lein se|lig ma|chend, al|lein se|lig|ma|chend *vgl.* allein
Al|lein|spie|ler *(bes. Skat);* **Al|lein|spie|le|rin**
al|lein|ste|hen *vgl.* allein
al|lein|ste|hend *vgl.* allein
Al|lein|ste|hen|de, der *u.* die; -n, -n; *vgl.* allein
Al|lein|stel|lungs|merk|mal *(Marketing)*
Al|lein|un|ter|hal|ter; Al|lein|un|ter|hal|te|rin
al|lein ver|bind|lich, al|lein|ver|bind|lich; allein verbindliche *od.* alleinverbindliche Regeln
Al|lein|ver|die|ner; Al|lein|ver|die|ne|rin; Al|lein|ver|tre|tung; Al|lein|ver|trieb
al|lel ‹griech.›; allele Gene; **Al|lel,** das; -s, -e *meist Plur.* (eines von zwei einander entsprechenden Genen in homologen Chromosomen)
al|le|lu|ja! usw. *vgl.* halleluja! usw.
al|le|mal (*ugs. für* natürlich, in jedem Fall); das kann sie allemal besser; *aber* ein für alle Mal, ein für alle Male
Al|le|man|de [al(ə)ˈmã:...], die; -, -n ‹franz.› (alter dt. Tanz)
Al|len [ˈɛlən], Woody [ˈwʊdɪ] (amerik. Regisseur u. Schauspieler)
al|len|falls; al|lent|hal|ben
Al|ler, die; - (Nebenfluss der Weser)
al|ler|al|ler|letz|te *vgl.* letzte
al|ler|art (allerlei); allerart Dinge, *aber* Dinge aller Art
All|er|bar|mer, der; -s (religiöse Bezeichnung für Gott)
al|ler|bes|te; das kann sie am allerbesten; *aber* ↑K72 : es ist das Allerbeste, dass ...; *vgl.* beste
al|ler|christ|lichs|te; Al|ler|christ|lichs|te Ma|jes|tät, die; -n - (*früher* Titel der franz. Könige)
al|ler|dings
al|ler|durch|lauch|tigs|te; Al|ler|durch|lauch|tigs|ter ... (*früher* Anrede an einen Kaiser)
al|ler|ers|te *vgl.* erste
al|ler|frü|hes|tens
al|l|er|gen ‹griech.› (*Med.* Allergien auslösend); **Al|l|er|gen,** das; -s, -e *meist Plur.* (*Med.* Stoff, der eine Allergie hervorrufen kann)
Al|l|er|gie, die; -, ...ien (Überempfindlichkeit); **al|l|er|gie|ge|tes|tet; Al|l|er|gie|schock,** der; **Al|l|er|gie|test**
Al|l|er|gi|ker; Al|l|er|gi|ke|rin
al|l|er|gisch (überempfindlich)
Al|l|er|go|lo|ge, der; -n, -n; **Al|l|er|go|lo|gie,** die; - (wissenschaftliche Erforschung der Allergien); **Al|l|er|go|lo|gin; al|l|er|go|lo|gisch**
al|ler|größ|te *vgl.* groß
al|ler|hand *(ugs.);* allerhand Neues ↑K72 ; das ist ja allerhand
Al|ler|hei|li|gen, das; -, *österr. Plur.* (kath. Fest zu Ehren aller Heiligen); **Al|ler|hei|li|gen|fest**
al|ler|hei|ligs|te; die allerheiligsten Güter; **Al|ler|hei|ligs|te,** das; -n
Al|ler|heil|mit|tel (*bes. schweiz. neben* Allheilmittel)
al|ler|höchs|te; allerhöchstens; auf das, aufs Allerhöchste *od.* auf das, aufs allerhöchste ↑K75
Al|ler|ka|tho|lischs|te Ma|jes|tät, die; -n - (Titel der span. Könige)
al|ler|lei; allerlei Wichtiges ↑K72 ; **Al|ler|lei,** das; -s, -s; Leipziger Allerlei (Mischgemüse)
al|ler|letz|te; zuallerletzt; *zur Groß- u. Kleinschreibung vgl.* letzte
al|ler|liebst; Al|ler|liebs|te, der *u.* die; -n, -n
Al|ler|manns|har|nisch (Pflanze)
al|ler|meis|te; die allermeisten *od.* Allermeisten glauben ... ↑K77
al|ler|min|des|te; das allermindeste *od.* Allermindeste wäre ...; *vgl.* mindeste
al|ler|nächs|te; *zur Groß- u. Kleinschreibung vgl.* [1]nächst
al|ler|neu|e|s|te, al|ler|neus|te; das Allerneu[e]ste ↑K72
al|ler|nö|tigs|te; das Allernötigste ↑K72
al|ler|or|ten *(geh.);* **al|ler|orts** *(geh.)*
Al|ler|see|len, das; - (kath. Gedächtnistag für die Verstorbenen); **Al|ler|see|len|tag**
al|ler|seits, all|seits
al|ler|spä|tes|te; al|ler|spä|tes|tens
al|ler|wärts (überall)
al|le[r]|we|ge, al|ler|we|gen, al|ler|wegs (*veraltet für* überall, immer)
al|ler|weil *vgl.* allweil
Al|ler|welts|kerl *(ugs.);* **Al|ler|welts|mit|tel,** das; **Al|ler|welts|na|me; Al|ler|welts|wort** *Plur.* ...wörter
al|ler|we|nigs|te ↑K77 : das allerwenigste *od.* Allerwenigste, was ...; am allerwenigsten; allerwenigstens
Al|ler|wer|tes|te, der; -n, -n (*ugs. scherzh. für* Gesäß)
al|les *vgl.* all; **al|le|samt** *(ugs.)*
Al|les|bes|ser|wis|ser *(ugs.);* **Al|les|bes|ser|wis|se|rin** *(ugs.)*

all|ge|mein

Kleinschreibung:

- die allgemeine Schul-, Wehrpflicht
- allgemeine Geschäftsbedingungen (*Abk.* AGB), *aber* Gesetz zur Regelung des Rechts der Allgemeinen Geschäftsbedingungen

Großschreibung der Substantivierung:

- im Allgemeinen (gewöhnlich; *Abk.* i. Allg.)
- er bewegt sich stets nur im Allgemeinen (beachtet nicht das Besondere)

Großschreibung als Bestandteil von Namen ↑K 88:

- Allgemeine Deutsche Biographie (*Abk.* ADB)
- Allgemeiner Deutscher Automobil-Club (*Abk.* ADAC)
- Allgemeiner Studierendenausschuss (*Abk.* AStA)
- Allgemeines Bürgerliches Gesetzbuch (in Österreich geltend; *Abk.* ABGB)
- Deutsches Allgemeines Sonntagsblatt (Zeitung)

In Verbindung mit einem Adjektiv kann je nach Betonung getrennt oder zusammengeschrieben werden:

- die allgemeingültigen *od.* allgemein gültigen Bestimmungen
- eine allgemein verbindliche *od.* allgemeinverbindliche Regelung
- ein allgemein verständlicher *od.* allgemeinverständlicher Text

Aber nur:

- die allgemein anerkannten Verfahren
- die allgemein übliche Verschwendung

In Verbindung mit adjektivisch gebrauchten Partizipien kann getrennt oder zusammengeschrieben werden ↑K 58:

- die allgemeinbildenden *od.* allgemein bildenden Schulen

Al|les|bren|ner (Ofen)
Al|les|fres|ser; Al|les|fres|se|rin
Al|les-in|klu|si|ve-Ur|laub
Al|les|kle|ber
Al|les|kön|ner; Al|les|kön|ne|rin
Al|les|schnei|der (ein Küchengerät)
al|le|we|ge *vgl.* alle[r]wege
al|le|weil *vgl.* allweil
al|lez! [aˈleː] ⟨franz., »geht!«⟩ (vorwärts!)
al|le|zeit, all|zeit (*veraltend, noch landsch. für* immer)
all|fäl|lig [*österr.* alˈfɛl...] (*österr., schweiz. für* etwaig, allenfalls [vorkommend], eventuell); **All|fäl|li|ge,** das; -n *meist ohne Artikel* (*österr., schweiz. für* letzter Punkt einer Tagesordnung)
All|gäu, das; -s; **All|gäu|er; All|gäu|e|rin; all|gäu|isch**
All|ge|gen|wart; all|ge|gen|wär|tig
all|ge|mein *s. Kasten*
All|ge|mein|arzt; All|ge|mein|ärz|tin; All|ge|mein|be|fin|den
all|ge|mein|bil|dend, all|ge|mein bil|dend *vgl.* allgemein; **All|ge|mein|bil|dung,** die; -
all|ge|mein|gül|tig, all|ge|mein gül|tig *vgl.* allgemein; **All|ge|mein|gül|tig|keit**
All|ge|mein|gut
All|ge|mein|heit
All|ge|mein|me|di|zin, die; -; **All|ge|mein|me|di|zi|ner; All|ge|mein|me|di|zi|ne|rin**
All|ge|mein|platz (abgegriffene Redensart)
all|ge|mein|sprach|lich; der allgemeinsprachliche Wortschatz
all|ge|mein ver|bind|lich, all|ge|mein|ver|bind|lich *vgl.* allgemein
All|ge|mein|ver|bind|lich|keit
all|ge|mein ver|ständ|lich, all|ge|mein|ver|ständ|lich *vgl.* allgemein
All|ge|mein|wis|sen; All|ge|mein|wohl; All|ge|mein|zu|stand
All|ge|walt *(geh.)*; **all|ge|wal|tig** *(geh., oft iron.)*
All|heil|mit|tel, das
All|heit *(Philos.)*
Al|li|anz, die; -, -en ⟨franz.⟩ ([Staaten]bündnis); die Heilige Allianz
Al|li|ga|tor, der; -s, ...oren ⟨lat.⟩ (eine Panzerechse)
al|li|ie|ren, sich ⟨franz.⟩ (sich verbünden); **Al|li|ier|te,** der *u.* die; -n, -n
all-in|clu|sive [ˈɔːlɪnˈkluːsɪf] ⟨engl.⟩ (alles [ist im Preis] enthalten); wir reisen all-inclusive; eine Woche all-inclusive; **All-in|clu|sive-Ur|laub**
Al|li|te|ra|ti|on, die; -, -en ⟨lat.⟩ (*Verslehre* Anlaut-, Stabreim); **al|li|te|rie|rend** (stabreimend)
all|jähr|lich
all|lie|bend *(geh.)*
All|macht, die; - *(geh.)*
all|mäch|tig; All|mäch|ti|ge, der; -n (Gott); Allmächtiger!
all|mäh|lich
All|meind, All|mend, die; -, -en (*schweiz. für* Allmende); **All|men|de,** die; -, -n (*früher für* gemeinsam genutztes Gemeindegut); **All|mend|recht**
all|mo|nat|lich; all|mor|gend|lich
All|mut|ter, die; - *(dichter.)*; Allmutter Natur
all|nächt|lich
al|lo|ch|thon [...x...] ⟨griech.⟩ (*Geol.* an anderer Stelle entstanden)
Al|lod, das; -[e]s, -e (*MA.* dem Lehensträger persönlich gehörender Grund u. Boden); **al|lo|di|al** ⟨germ.-mlat.⟩ (zum Allod gehörend)
Al|lo|ga|mie, die; - ⟨griech.⟩ (*Bot.* Fremdbestäubung)
Al|lo|ku|ti|on, die; -, -en ⟨lat.⟩ (feierliche [päpstliche] Ansprache [an die Kardinäle])
Al|lon|ge [aˈlõːʒə], die; -, -n ⟨franz.⟩ (*Wirtsch.* Verlängerungsstreifen [bei Wechseln])
Al|lon|ge|pe|rü|cke (langlockige Perücke des 17. u. 18. Jh.s)
Al|lo|pa|thie, die; - ⟨griech.⟩ (ein Heilverfahren der Schulmedizin); **al|lo|pa|thisch**
Al|lo|t|ria *Plur., heute meist* das; -[s] ⟨griech.⟩ (Unfug)
All|par|tei|en|re|gie|rung
All|rad, der; -s (*kurz für* Allradantrieb); **All|rad|an|trieb; all|rad|be|trie|ben** (*seltener für* allradgetrieben); **all|rad|ge|trie|ben;** allradgetriebene Fahrzeuge
all right! [ˈoːl ˈrai̯t] ⟨engl.⟩ (richtig!, in Ordnung!)
All|roun|der [ˈoːlˈrau̯ndɐ], der; -s, -, **All|round|man** [...ˈrau̯ntmɛn], der; -s, ...men [...mən] ⟨engl.⟩ (jmd., der viele Bereiche beherrscht); **All|roun|de|rin**
all|sei|tig; All|sei|tig|keit; all|seits, al|ler|seits

All-Star-Band ['o:lsta:ɐ̯...], die; -, -s ‹engl.› (Jazzband, die aus berühmten Spielern besteht)
all|stün|d|lich
All|tag *Plur. selten*
all|täg|lich ['a... (= alltags), al'tɛ:... (= üblich, gewöhnlich)]; **All|täg|lich|keit**
all|tags ↑K70, *aber* des Alltags; alltags wie feiertags
All|tags|be|schäf|ti|gung; All|tags|er|fah|rung; All|tags|kleid; All|tags|le|ben; All|tags|sor|gen *Plur.*; **All|tags|spra|che; all|tags|taug|lich; All|tags|trott**
all|über|all *(geh.)*; **all|um|fas|send**
Al|lü|re, die; -, -n *meist Plur.* ‹franz.› *(meist abwertend für* eigenwilliges Benehmen)
al|lu|vi|al ‹lat.› *(Geol.* angeschwemmt, abgelagert)
Al|lu|vi|on, die; -, -en (angeschwemmtes Land)
Al|lu|vi|um, das; -s *(ältere Bez. für* Holozän)
All|va|ter, der; -s *(Bez. für* Gott)
all|weil, al|le[r]|weil *(bes. österr. ugs. für* immer)
All|wet|ter|klei|dung
all|wis|send; Doktor Allwissend (Märchengestalt); **All|wis|sen|heit**, die; -
all|wö|chent|lich
all|zeit, al|le|zeit *(veraltend, noch landsch. für* immer)
all|zu; allzu bald, allzu oft, allzu sehr, allzu selten usw. *immer getrennt, aber* allzumal
all|zu|mal *(veraltet für* alle zusammen; immer)
All|zweck|tuch *Plur.* ...tücher; **All|zweck|waf|fe**
Alm, die; -, -en (Bergweide)
Al|ma (w. Vorn.)
Al|ma-A|ta (frühere Hauptstadt Kasachstans)
Alm|ab|trieb
Al|ma Ma|ter, die; - - ↑K40 ‹lat.› *(geh. für* Universität)
Al|ma|nach, der; -s, -e ‹niederl.› (Kalender, Jahrbuch)
Al|man|din, der; -s, -e (Abart des [2]Granats)
Al|ma|ty *(kasachische Form von* Alma-Ata)
Alm|dud|ler® *(bes. österr. für* eine Kräuterlimonade)
al|men *(österr. für* Vieh auf der Alm halten)
Al|men|rausch, Alm|rausch, der; -[e]s (Alpenrose)
Al|mer *(westösterr. neben* Senner); **Al|me|rin**, die; -, -nen
Al|mo|sen, das; -s, - ‹griech.› (kleine Gabe, geringes Entgelt)
Al|mo|sen|emp|fän|ger; Al|mo|sen|emp|fän|ge|rin
Al|mo|se|nier, der; -s, -e (geistlicher Würdenträger)
Alm|rausch *vgl.* Almenrausch
Alm|ro|se *(südd., österr., auch ostmitteld. neben* Alpenrose)
Al|mut (w. Vorn.)
Aloe [...loe], die; -, -n [...loən] ‹griech.› (eine Zier- u. Heilpflanze); **Aloe|ex|trakt; Aloe ve|ra**, die; - -, - -s ‹griech.; lat.› *(Pharm.* Pflanze, aus der Hautpflegemittel gewonnen werden)
alo|gisch ‹griech.› (nicht logisch)
alo|ha! ‹hawaiisch› (hawaiischer Gruß)
Alo|is [...ɪs, ...i:s], **Alo|i|si|us** [*auch* a'lɔy...] (m. Vorn.)
Alo|i|sia [*auch* a'lɔy...] (w. Vorn.)
[1]**Alp** usw. *alte Schreibung für* [1]Alb usw.
[2]**Alp**, die; -, -en *(landsch., bes. schweiz. für* Alm)
[1]**Al|pa|ka**, das; -s, -s ‹indian.-span.› (südamerik. Lamaart)
[2]**Al|pa|ka**, das *u.* *(für* Gewebeart:) der; -s (Wolle vom [1]Alpaka; bestimmte Webart)
[3]**Al|pa|ka**®, das; -s (Neusilber)
al pa|ri ‹ital.› *(Bankw.* zum Nennwert [einer Aktie]); *vgl.* pari
Alp|druck, Alb|druck, der; -[e]s, ...drücke; **Alp|drü|cken**, Alb|drü|cken, das; -s
Al|pe, die; -, -n *(schweiz., westösterr. für* Alm)
Alpe-d'Hu|ez [alp'dy̯ɛs] (franz. Wintersportzentrum in den Alpen)
al|pen *(schweiz. für* Vieh auf einer [2]Alp halten)
Al|pen *Plur.* (Gebirge)
Al|pen|glü|hen, das; -s
Al|pen|jä|ger *(Militär)*
Al|pen|land *Plur.* ...länder (Land, dessen Territorium [überwiegend] einen Teil der Alpen umfasst); **al|pen|län|disch**
Al|pen|re|pu|b|lik *(ugs. scherzh. für* Österreich [*im Plur. für* Österreich u. die Schweiz])
Al|pen|ro|se; Al|pen|veil|chen; Al|pen|ver|ein; Al|pen|vor|land, das; -[e]s, *Plur.* ...lande *od.* ...länder
Al|pha, das; -[s], -s (griechischer Buchstabe: *A, α*); das Alpha und [das] Omega *(geh. für* der Anfang und das Ende)
Al|pha|bet, das; -[e]s, -e (Abc); **al|pha|be|tisch**
al|pha|be|ti|sie|ren (alphabetisch ordnen; Analphabeten lesen u. schreiben lehren); **Al|pha|be|ti|sie|rung**
Al|pha Cen|tau|ri, der; - - (hellster Stern im Sternbild Zentaur)
Al|pha|mäd|chen *(ugs. für* durchsetzungsfähige junge Frau)
Al|pha|männ|chen *(Zool.* ranghöchstes männliches Tier in einer Gruppe)
al|pha|me|risch, al|pha|nu|me|risch ‹griech.; lat.› *(EDV* Buchstaben u. Ziffern enthaltend)
Al|phard, der; -[s] ‹arab.› (ein Stern)
Al|pha|strah|len, α-Strah|len *Plur.* ↑K29 *(Physik* beim Zerfall von Atomkernen bestimmter radioaktiver Elemente auftretende Strahlen)
Al|pha|tier *(Zool.* ranghöchstes Tier in einer Gruppe)
Al|phei|os, Al|phi|os, der; - (peloponnes. Fluss)
Alp|horn *Plur.* ...hörner; **Alp|hüt|te**
al|pin ‹lat.› (die Alpen, das Hochgebirge betreffend od. darin vorkommend); alpine Kombination *(Skisport)*
Al|pi|na|ri|um, das; -s, ...ien (Wildpark im Hochgebirge)
Al|pin|gen|darm *(österr. für* Gendarm für Gebirgseinsätze); **Al|pin|gen|dar|me|rie** *(österr.)*
Al|pi|ni *Plur.* ‹ital.› (italienische Alpenjäger)
Al|pi|nis|mus, der; - ‹lat.› (sportl. Bergsteigen); **Al|pi|nist**, der; -en, -en (sportl. Bergsteiger im Hochgebirge); **Al|pi|nis|tik**, die; - *(svw.* Alpinismus); **Al|pi|nis|tin**
Al|pin|ski (Ski für den alpinen Skisport)
Al|pin|sport, der; -[e]s *(bes. österr., schweiz. für* alpiner [Ski]sport)
Al|pi|num, das; -s, ...nen (Anlage mit Alpenpflanzen)
Älp|ler *(meist abwertend für* Alpenbewohner); **Älp|le|rin; älp|le|risch; Älp|ler|ma|g|ro|nen, Älp|ler|mak|ka|ro|nen** *Plur.* (schweiz. Gericht aus Teigwaren, Kartoffeln u. Käse)
Alp|traum, Alb|traum
al-Qai|da [...k...]; *vgl.* El Kaida
Al|rau|ne, die; -, -n (menschenähnlich aussehende Zauberwurzel; Zauberwesen)

als

- als ob
- sie ist klüger als ihr Freund, *aber (bei Gleichheit):* sie ist so klug wie ihre Freundin

Kommasetzung:

- ↑K 112 : er ist größer als sein Bruder; er ist größer, als sein Bruder im gleichen Alter war
- ↑K 116 : ich konnte nichts Besseres tun, als nach Hause zu gehen

al s. = al segno
als|bald [*schweiz.* 'a...]; **als|bal|dig** [*schweiz.* 'a...]; **als|dann** [*schweiz.* 'a...]
als dass; es ist zu schön, als dass es wahr sein könnte ↑K126
al se|g|no [- ...njo] ⟨ital.⟩ (*Musik* bis zum Zeichen [bei Wiederholung eines Tonstückes]; *Abk.* al s.)
al|so
Als-ob, das; - *(Philos.);* **Als-ob-Phi|lo|so|phie**
Al (*chem. Zeichen für* Aluminium)
Als|ter, die; - (rechter Nebenfluss der unteren Elbe)
Als|ter|was|ser *Plur.* ...wässer (*landsch. für* Getränk aus Bier u. Limonade)
alt *s. Kasten*
Alt, der; -s, -e ⟨lat.⟩ (tiefe Frauen- od. Knabenstimme; Sängerin mit dieser Stimme)
Alt... (z. B. Altbundespräsident; in der Schweiz gewöhnlich so geschrieben: alt Bundesrat)
Alt|acht|und|sech|zi|ger, Alt-68er *vgl.* Achtundsechziger
Al|tai, der; -[s] (Gebirge in Zentralasien)
Al|ta|ir, der; -[s]; *vgl.* Atair
al|ta|isch; altaische Sprachen
Al|ta|mi|ra (Höhle in Spanien mit altsteinzeitlichen Malereien)
Al|tan, der; -[e]s, -e ⟨ital.⟩ (Balkon; Söller)
Alt|an|la|ge, die; -, -n *(Fachspr.)*
Al|tar, der; -[e]s, ...täre ⟨lat.⟩; **Al|tar|bild**
Al|tar[s]|sa|k|ra|ment, das; -[e]s
alt|ba|cken; altbackenes Brot; altbackene Vorstellungen
Alt|bau, der; -[e]s, -ten
Alt|bau|woh|nung
alt|be|kannt
Alt-Ber|lin ↑K144
alt|be|währt
Alt|be|wer|ber; Alt|be|wer|be|rin
Alt|bier (obergäriges Bier)
Alt|bun|des|kanz|ler; Alt|bun|des|prä|si|dent; Alt|bun|des|trai|ner
Alt|bür|ger|meis|ter; Alt|bür|ger|meis|te|rin
alt|deutsch
Alt|dorf (Hauptort des Kantons Uri)
Alt|dor|fer (deutscher Maler)
Al|te, der *u.* die; -n, -n
alt|ehr|wür|dig *(geh.)*
alt|ein|ge|ses|sen; Alt|ein|ge|ses|se|ne, der *u.* die; -n, -n
Alt|ei|sen, das; -s
Al|te Land, das; -n -[e]s (Teil der Elbmarschen)
Al|te|na (Stadt im Sauerland); **Al|te|na|er; Al|te|na|e|rin; al|te|na|isch**
alt|eng|lisch
Al|ten|heim; Al|ten|hil|fe; Al|ten|pfle|ge
Al|ten|pfle|ger; Al|ten|pfle|ge|rin
Al|ten|teil, das; sich auf das/sein Altenteil zurückziehen
Al|ten|wohn|heim
Al|ter, das; -s, -; eine Frau mittleren Alters, *aber* ↑K70 : seit alters *(geh.),* von alters her *(geh.)*
Al|te|ra|ti|on, die; -, -en ⟨lat.⟩ (*Musik* chromatische Veränderung eines Akkordtones; *Med.* krankhafte Veränderung)
Al|ter|chen
Al|ter Ego [*auch* -'ɛ...], das; - -[s], - -s ⟨lat.⟩ (anderes Ich; vertrauter Freund)
al|te|rie|ren ⟨franz.⟩; sich alterieren (sich aufregen); alterierter Klang (*Musik* Alteration)
al|tern; ich altere; **Al|tern,** das; -s

alt

äl|ter, äl|tes|te

- alt aussehen; sich alt fühlen; alt werden
- *Vgl.* alt machen, altmachen

Kleinschreibung ↑K 89:

- alte Sprachen
- die alten Griechen, Römer
- die alten Bundesländer
- alter Mann (*auch Bergmannsspr. für* abgebaute Teile der Grube)
- alten Stils (Zeitrechnung; *Abk.* a. St.)

Großschreibung der Substantivierung ↑K 72:

- etwas Altes
- der Alte (Greis), die Alte (Greisin)
- er ist immer noch der Alte (derselbe); wir bleiben die Alten (dieselben)
- es bleibt alles beim Alten; alles beim Alten lassen
- am Alten hängen
- Altes und Neues
- eine Mischung aus Alt und Neu *od.* aus alt und neu
- aus Alt mach Neu, aus Alt wird Neu *od.* aus alt mach neu, aus alt wird neu
- Alte und Junge
- der Konflikt zwischen Alt und Jung (den Generationen)
- ein Fest für Alt und Jung (für jedermann)
- die Alten (alte Leute, Völker)
- der Älteste (Kirchenälteste); die Ältesten (der Gemeinde)
- mein Ältester (ältester Sohn), *aber* er ist der älteste meiner Söhne

Großschreibung als Bestandteil von Namen und in bestimmten namenähnlichen Verbindungen ↑K 88 u. 89:

- der Ältere (*Abk.* d. Ä.; als Ergänzung bei Eigennamen)
- der Alte Fritz (Friedrich II., der Große, König von Preußen)
- Alter Herr (*Verbindungsw. für* Altmitglied einer studentischen Verbindung; *Abk.* A. H.)
- mein alter Herr *od.* Alter Herr (*ugs. für* mein Vater)
- das Alte Testament (*Abk.* A. T.)
- die Alte Welt (Europa, Afrika und Asien im Gegensatz zu Amerika)

Al|ter|nanz, die; -, -en ‹lat.› (Wechsel, Abwechslung)
al|ter|na|tiv (wahlweise; zwischen zwei Möglichkeiten die Wahl lassend; für als menschen- u. umweltfreundlicher angesehene Formen des [Zusammen]lebens eintretend; im Gegensatz zum Herkömmlichen stehend); alternative Wählervereinigungen; alternative Energien; **Al|ter|na|tiv|be|we|gung**
¹Al|ter|na|ti|ve, die; -, -n (Entscheidung zwischen zwei [od. mehr] Möglichkeiten; Möglichkeit des Wählens; eine von zwei od. mehr Möglichkeiten)
²Al|ter|na|ti|ve, der *u.* die; -n, -n (jmd., der einer Alternativbewegung angehört)
Al|ter|na|tiv|ener|gie; Al|ter|na|tiv|kul|tur
al|ter|na|tiv|los
Al|ter|na|tiv|me|di|zin (von der Schulmedizin abweichende Lehre der Erkennung u. Behandlung von Krankheiten)
Al|ter|na|tiv|pro|gramm; Al|ter|na|tiv|sze|na|rio
al|ter|nie|ren ([ab]wechseln)
al|ter|nie|rend; alternierende Blattstellung *(Bot.)*
Al|terns|for|schung (*für* Gerontologie)
al|terns|ge|recht; alternsgerechte Arbeitszeiten
Al|terns|vor|gang
alt|er|probt
al|ters *vgl.* Alter
Al|ters|ar|mut
al|ters|be|dingt
Al|ters|be|schwer|den *Plur.;* **Al|ters|de|menz; Al|ters|di|a|be|tes; Al|ters|dis|kri|mi|nie|rung**
Al|ters|fleck (altersbedingte Hautverfärbung)
Al|ters|ge|nos|se; Al|ters|ge|nos|sin
al|ters|ge|recht
Al|ters|gren|ze; Al|ters|grün|de *Plur.;* aus Altersgründen; **Al|ters|grup|pe**
Al|ters|heil|kun|de, die (*für* Geriatrie)
Al|ters|heim
Al|ters|jahr (*schweiz. für* Lebensjahr); **Al|ters|klas|se**
al|ters|los
Al|ters|py|ra|mi|de (graf. Darstellung des Altersaufbaus einer Bevölkerung in Form einer Pyramide)
Al|ters|ren|te; Al|ters|rück|stel|lung *(Versicherungsw.);* **Al|ters|ru|he|geld**
al|ters|schwach; Al|ters|schwä|che
Al|ters|si|che|rung; Al|ters|sich|tig|keit; Al|ters|starr|sinn; Al|ters|struk|tur; Al|ters|stu|fe; Al|ters|teil|zeit; Al|ters|un|ter|schied; Al|ters|ver|si|che|rung; Al|ters|ver|sor|gung
al|ters|ver|wirrt; Al|ters|vor|sor|ge; Al|ters|werk
Al|ter|tum, das; -s; das klassische Altertum
Al|ter|tü|me|lei; al|ter|tü|meln (Stil u. Wesen des Altertums nachahmen); ich altertüm[e]le
Al|ter|tü|mer *Plur.* (Gegenstände aus dem Altertum); **al|ter|tüm|lich; Al|ter|tüm|lich|keit**
Al|ter|tums|for|scher; Al|ter|tums|for|sche|rin; Al|ter|tums|for|schung
Al|ter|tums|kun|de, die (*für* Archäologie); **Al|ter|tums|wis|sen|schaft**
Al|te|rung (*auch für* Reifung; Veränderung durch Altern); **Al|te|rungs|pro|zess**
Äl|tes|te, der *u.* die; -n, -n
Äl|tes|ten|rat; Äl|tes|ten|recht (Seniorat)
alt|frän|kisch (*geh. für* altmodisch)
alt|ge|dient
Alt|gei|ge (Bratsche)
Alt|ge|sel|le; Alt|ge|sel|lin
alt|ge|wohnt
Alt|glas, das; -es; **Alt|glas|be|häl|ter; Alt|glas|con|tai|ner**
Alt|gold
Alt|grad (*veraltet für* Grad als 90. Teil des rechten Winkels)
alt|grie|chisch; Alt|grie|chisch, das; -[s] (Sprache); *vgl.* Deutsch; **Alt|grie|chi|sche,** das; -n; *vgl.* ²Deutsche
Al|thee, die; -, -n ‹griech.› (Eibisch)
Alt-Hei|del|berg ↑K144
alt|her|ge|bracht
Alt|her|ren|mann|schaft *(Sport)*
Alt|her|ren|schaft *(Verbindungsw.)*
alt|hoch|deutsch (*Abk.* ahd.); *vgl.* deutsch; **Alt|hoch|deutsch,** das; -[s] (Sprache); *vgl.* Deutsch; **Alt|hoch|deut|sche,** das; -n; *vgl.* ²Deutsche
Al|tist, der; -en, -en ‹lat.› (Knabe mit Altstimme); **Al|tis|tin** (Altsängerin)
Alt|jahr|abend, Alt|jahrs|abend [*auch* ...'ja:...] (*landsch., schweiz. für* Silvesterabend); **Alt|jahrs|tag** (*österr., schweiz. für* Silvester)
alt|jüng|fer|lich
Alt|kanz|ler; Alt|kanz|le|rin
Alt-Ka|tho|lik, Alt|ka|tho|lik *(die Kirchengemeinschaft selbst verwendet den Bindestrich)*
Alt-Ka|tho|li|kin, Alt|ka|tho|li|kin
alt-ka|tho|lisch, alt|ka|tho|lisch
Alt-Ka|tho|li|zis|mus, Alt|ka|tho|li|zis|mus
alt|klug; alt|klu|ger, alt|klugs|te
Alt|last *meist Plur.*
ält|lich
alt ma|chen, alt|ma|chen; die Erfahrungen haben ihn frühzeitig alt gemacht *od.* altgemacht; Kleider, die alt machen *od.* altmachen
Alt|mark, die; - (Landschaft westlich der Elbe); **alt|mär|kisch**
Alt|ma|te|ri|al
Alt|meis|ter (*urspr.* Vorsteher einer Innung; [als Vorbild geltender] altbewährter Meister in einem Fachgebiet); **Alt|meis|te|rin**
Alt|me|tall
alt|mo|disch
Alt|mühl, die; - (linker Nebenfluss der Donau)
alt|nor|disch *vgl.* deutsch; **Alt|nor|disch,** das; -[s] (älteste nordgermanische Sprachstufe); *vgl.* Deutsch; **Alt|nor|di|sche,** das; -n; *vgl.* ²Deutsche
Al|to Adi|ge [-...dʒe] (*ital. Name für* Südtirol)
Alt|öl; Alt|öl|ent|sor|gung
Al|to|na (Stadtteil von Hamburg); **Al|to|na|er; Al|to|na|e|rin; al|to|na|isch**
Alt|pa|pier, das; -s; **Alt|pa|pier|be|häl|ter; Alt|pa|pier|samm|lung**
Alt|par|tei|en *Plur.*
Alt|phi|lo|lo|ge; Alt|phi|lo|lo|gie (klassische Philologie); **Alt|phi|lo|lo|gin; alt|phi|lo|lo|gisch**
Alt|ro|cker; Alt|ro|cke|rin
alt|rö|misch
alt|ro|sa
Al|t|ru|is|mus, der; - ‹lat.› (Selbstlosigkeit); **Al|t|ru|ist,** der; -en, -en; **Al|t|ru|is|tin; al|t|ru|is|tisch**
alt|sprach|lich; altsprachlicher Zweig
Alt|stadt; Alt|stadt|sa|nie|rung
Alt|stein|zeit, die; - (*für* Paläolithikum)
Alt|stim|me
Alt|stoff *meist Plur.;* **Alt|stoff|sam|mel|zen|t|rum** (*österr. für* Recyclinghof); **Alt|stoff|samm|lung**
alt|tes|ta|men|ta|risch

Alt|tes|ta|ment|ler (Erforscher des A. T.); **Alt|tes|ta|ment|le|rin; alt|tes|ta|ment|lich**

Alt|tier (*Jägerspr.* Muttertier beim Rot- u. Damwild)

Alt|ti|rol (das historische Tirol bis 1919)

alt|über|lie|fert

alt|vä|te|risch (altmodisch); **alt|vä|ter|lich** (ehrwürdig)

alt|ver|traut

Alt|vor|de|re, der *u.* die; -[e]n, -[e]n (*geh. für* Vorfahr[in], Ahn[in])

Alt|wa|ren *Plur.*; **Alt|wa|ren|händ|ler; Alt|wa|ren|händ|le|rin**

Alt|was|ser, das; -s, ...wasser (ehemaliger Flussarm mit stehendem Wasser)

Alt|wei|ber|fas[t]|nacht (*landsch. für* letzter Donnerstag vor Aschermittwoch)

Alt|wei|ber|ge|schwätz

Alt|wei|ber|som|mer (warme Nachsommertage; vom Wind getragene Spinnweben)

Alt-Wi|en ↑K144; **alt-wie|ne|risch**

Alu, das; -s (*kurz für* Aluminium); **Alu|fo|lie**

Alu|mi|nat, das; -[e]s, -e ⟨lat.⟩ (*Chemie* Salz der Aluminiumsäure)

alu|mi|nie|ren (Metallteile mit Aluminium überziehen)

Alu|mi|nit, der; -s (ein Mineral)

Alu|mi|ni|um, das; -s (chemisches Element, Leichtmetall; *Zeichen* Al); **Alu|mi|ni|um|fo|lie**

Alum|na, die; -, ...nae (w. Form zu ²Alumnus)

Alum|nat, das; -[e]s, -e ⟨lat.⟩ (Schülerheim; *österr. veraltend für* Einrichtung zur Ausbildung von Geistlichen)

Alum|ne, der; -n, -n, **¹Alum|nus,** der; -, ...nen *u.* ...ni (Alumnatszögling)

²Alum|nus, der; -, ...ni ⟨lat.-engl.⟩ (ehem. Student einer Hochschule)

Al|ve|o|lar, der; -s, -e ⟨lat.⟩ (*Sprachwiss.* am Gaumen unmittelbar hinter den Zähnen gebildeter Laut, z. B. d)

Al|ve|o|le, die; -, -n (*Med.* Zahnmulde im Kiefer; Lungenbläschen)

Al|win (m. Vorn.); **Al|wi|ne** (w. Vorn.)

Al|zerl, das; -s, -n *Plur. selten* (*ostösterr. ugs. für* geringe Menge)

Alz|hei|mer (*kurz für* Alzheimerkrankheit); **Alz|hei|mer|krank|heit, Alz|hei|mer-Krank|heit,** die; - ↑K136 ⟨nach dem dt. Neurologen Alzheimer⟩ (mit fast völligem Gedächtnisverlust verbundene Gehirnkrankheit)

Am (*chem. Zeichen für* Americium)

am (an dem; *Abk.* a. [*bei Ortsnamen, z. B.* Ludwigshafen a. Rhein]; *vgl.* an); am Sonntag, dem (*od.* den) 27. März ↑K32; am Boden (*österr. auch für* auf dem Boden); am Programm (*österr. auch für* auf dem Programm)

Ama|de|us (m. Vorn.)

Ama|ler, Ame|lun|gen *Plur.* (ostgot. Königsgeschlecht)

Amal|gam, das; -s, -e ⟨mlat.⟩ (Quecksilberlegierung); **Amal|gam|fül|lung**

amal|ga|mie|ren (mit Quecksilber legieren; mit Quecksilber aus Erzen gewinnen)

Ama|lia, Ama|lie (w. Vorn.)

Aman|da (w. Vorn.)

am an|ge|führ|ten, an|ge|ge|be|nen Ort (*Abk.* a. a. O.)

Ama|rant, der; -s, -e ⟨griech.⟩ (eine Zierpflanze)

ama|ran|ten (dunkelrot)

Ama|ranth, der, *auch* das; -s (ein Farbstoff)

ama|rant|rot

Ama|rel|le, die; -, -n ⟨lat.⟩ (eine Sauerkirschensorte)

Ama|ret|to, der; -s, ...tti ⟨ital.⟩ (ein Mandellikör)

Ama|ro|ne, der; -[s], - ⟨ital.⟩ (ein ital. Rotwein)

Ama|ryl, der; -s, -e ⟨griech.⟩ (künstl. Saphir); **Ama|ryl|lis,** die; -, ...llen (eine Zierpflanze)

Ama|teur [...ˈtøːɐ̯], der; -s, -e ⟨franz.⟩ (jmd., der Kunst, Sport usw. aus Liebhaberei ausübt; Nichtfachmann)

Ama|teur|film

Ama|teur|funk; Ama|teur|fun|ker; Ama|teur|fun|ke|rin

Ama|teur|fuß|ball

ama|teur|haft

Ama|teu|rin

Ama|teur|sport, der; -[e]s; **Ama|teur|sta|tus**

¹Ama|ti (italienischer Meister des Geigenbaus); **²Ama|ti,** die; -, -s (von der Geigenbauerfamilie Amati hergestellte Geige)

Ama|zo|nas, der; - (südamerikanischer Strom)

Ama|zo|ne, die; -, -n (Angehörige eines kriegerischen Frauenvolkes der griechischen Sage; *auch für* Turnierreiterin); **Ama|zo|nen|sprin|gen,** das; -s, - (Springreiten, an dem nur Reiterinnen teilnehmen)

Am|bas|sa|deur [...ˈdøːɐ̯], der; -s, -e (*veraltet für* Botschafter)

Am|be, die; -, -n ⟨lat.⟩ (*Math.* Verbindung zweier Größen in der Kombinationsrechnung)

Am|ber, der; -s, -[n], **Am|b|ra,** die; -, -s ⟨arab.⟩ (Ausscheidung des Pottwals; Duftstoff)

am bes|ten *vgl.* beste

Am|bi|ance [ãˈbi̯ãːs], die; - ⟨franz.⟩ (*schweiz. für* Umgebung, Stimmung)

Am|bi|en|te, das; - ⟨ital.⟩ (Umwelt, Atmosphäre)

am|big, am|bi|gue [...gu̯ə] ⟨lat.⟩ (mehrdeutig, doppelsinnig); **Am|bi|gu|i|tät,** die; -, -en

Am|bi|ti|on, die; -, -en (Ehrgeiz); **am|bi|ti|o|niert** (ehrgeizig, strebsam); **am|bi|ti|ös** (*meist abwertend für* ehrgeizig)

am|bi|va|lent ⟨lat.⟩ (doppeldeutig; zwiespältig); **Am|bi|va|lenz,** die; -, -en (Doppelwertigkeit)

¹Am|bo, der; -s, *Plur.* -s *u.* ...ben ⟨lat.⟩ (*österr. für* Doppeltreffer beim Lotto)

²Am|bo, der; -s, -s, **Am|bon,** der; -s, ...bonen (erhöhtes Lesepult in christl. Kirchen)

Am|boss, der; -es, -e

Am|b|ra *vgl.* Amber

Am|b|ro|sia, die; - ⟨griech.⟩ (Götterspeise in der griech. Sage)

am|b|ro|si|a|nisch ⟨*zu* Ambrosius⟩; ambrosianische Hymnen (*kath. Kirche*) ↑K89 *u.* 135

am|b|ro|sisch ⟨griech.⟩ (*geh. veraltend für* himmlisch)

Am|b|ro|si|us (Kirchenlehrer)

am|bu|lant ⟨lat.⟩ (wandernd; *Med.* nicht stationär); ambulantes Gewerbe (Wandergewerbe); ambulante Behandlung

Am|bu|lanz, die; -, -en (bewegliches Lazarett; Krankentransportwagen; Abteilung einer Klinik für ambulante Behandlung)

am|bu|la|to|risch; ambulatorische Behandlung; **Am|bu|la|to|ri|um,** das; -s, ...ien (Raum, Abteilung, med. Einrichtung für ambulante Behandlung)

Amei|se, die; -, -n; **Amei|sen|bär; Amei|sen|hau|fen; Amei|sen|säu|re,** die; -

Ame|lia, Ame|lie [...li, *auch* ameˈliː, aˈmeːli̯ə] (w. Vorn.)

Ame|li|o|ra|ti|on, die; -, -en ‹lat.› (Verbesserung [des Ackerbodens]); **ame|li|o|rie|ren**

Ame|lun|gen *vgl.* Amaler

amen ‹hebr.›; in Ewigkeit, amen!

Amen, das; -s, - *Plur. selten* (feierliche Bekräftigung); zu allem Ja und Amen *od.* ja und amen sagen *(ugs.)*

Amen|de|ment [amãdəˈmã:], das; -s, -s ‹franz.› (Zusatz-, Abänderungsantrag zu Gesetzen); **amen|die|ren** [amɛn...]

Amen|ho|tep, Ame|no|phis (ägyptischer Königsname)

Ame|nor|rhö, die; -, -en ‹griech.› (*Med.* Ausbleiben der Menstruation); **ame|nor|rho|isch**

Ame|ri|can Foot|ball [əˈmɛrɪkən ˈfʊtbo:l] *vgl.* Football

Ame|ri|ci|um, das; -s ‹*nach* Amerika› (chemisches Element, Transuran; *Zeichen* Am)

Ame|ri|ka

Ame|ri|ka|deut|sche, der *u.* die

Ame|ri|ka|ner; Ame|ri|ka|ne|rin

ame|ri|ka|nisch; *vgl.* deutsch

ame|ri|ka|ni|sie|ren; Ame|ri|ka|ni|sie|rung

Ame|ri|ka|nis|mus, der; -, ...men (sprachliche Besonderheit im amerik. Englisch; Entlehnung aus dem Amerikanischen)

Ame|ri|ka|nist, der; -en, -en; **Ame|ri|ka|nis|tik,** die; - (Erforschung der Sprache u. Kultur Amerikas); **Ame|ri|ka|nis|tin**

Ame|thyst, der; -[e]s, -e ‹griech.› (ein Schmuckstein); **ame|thys|ten** (amethystfarben)

Ame|t|rie, die; -, ...ien ‹griech.› (Ungleichmäßigkeit; Missverhältnis); **ame|t|risch**

Am|ha|ra *Plur.* (hamitisches Volk in Äthiopien); **am|ha|risch** *vgl.* deutsch; **Am|ha|risch,** das; -[s] (Sprache); *vgl.* Deutsch

Ami, der; -s, -s (*ugs.; kurz für* Amerikaner)

Ami|ant, der; -s, -e ‹griech.› (ein Mineral)

Ami|ens [aˈmjɛ̃] (Stadt in Nordfrankreich)

Ami|go, der; -s, -s ‹span., »Freund«› (*ugs. für* Geschäftsmann als Freund u. Gönner eines Politikers)

Amin, das; -s, -e (*Chemie* organische Stickstoffverbindung)

Ami|no|säu|re (Eiweißbaustein)

Ami|sche, Amish [ˈa:mɪʃ] *Plur.* ‹nach Jakob Amman› (christl. Glaubensgemeinschaft)

Ami|to|se, die; -, -n ‹griech.› (*Biol.* einfache Zellkernteilung)

Am|man (Hauptstadt Jordaniens)

Am|mann, der; -[e]s, Ammänner *(schweiz.); vgl.* Gemeinde-, Landammann; **Am|män|nin**

Am|me, die; -, -n; **Am|men|mär|chen**

[1]Am|mer, die; -, -n, *fachspr. auch* der; -s, -n (ein Singvogel)

[2]Am|mer, *im Unterlauf* Am|per, die; - (Isarzufluss)

Am|mer|see, der; -s

Am|mon (altägyptischer Gott); Jupiter Ammon

Am|mo|ni|ak [*auch* ˈa..., *österr.* aˈmo:...], das; -s ‹ägypt.› (*Chemie* stechend riechendes Gas aus Stickstoff u. Wasserstoff)

Am|mo|nit, der; -en, -en ‹ägypt.› (Ammonshorn)

Am|mo|ni|ter, der; -s, - ‹ägypt.› (Angehöriger eines alttestamentl. Nachbarvolks der Israeliten); **Am|mo|ni|te|rin**

Am|mo|ni|um, das; -s ‹ägypt.› (*Chemie* Atomgruppe aus Stickstoff u. Wasserstoff)

Am|mons|horn, das; -[e]s, ...hörner ‹ägypt.; dt.› (Versteinerung)

Am|ne|sie, die; -, ...ien ‹griech.› (*Med.* Gedächtnisschwund); **am|ne|sisch**

Am|nes|tie, die; -, ...ien (Begnadigung, Straferlass); **am|nes|tie|ren**

Am|nes|ty In|ter|na|tio|nal [ˈɛmnɪsti ɪntɐˈnɛʃənḷ] ‹engl.› (internationale Organisation zum Schutz der Menschenrechte)

Amö|be, die; -, -n ‹griech.› (*Zool.* ein Einzeller); **amö|bo|id** (amöbenartig)

Amok [aˈmɔk], der; -[s] ‹malai.›; Amok laufen ([in einem Anfall von Paranoia] umherlaufen und blindwütig töten)

Amok|fah|rer; Amok|fah|re|rin

Amok|lauf; Amok|lau|fen, das; -s

Amok|läu|fer; Amok|läu|fe|rin

Amok|schüt|ze; Amok|schüt|zin

a-Moll [ˈa:mɔl, *auch* ˈa:ˈmɔl], das; -[s] (Tonart; *Zeichen* a); **a-Moll-Ton|lei|ter** ↑K26

Amor (röm. Liebesgott)

Amo|ral, die; - ‹lat.› (Unmoral)

amo|ra|lisch (sich über die Moral hinwegsetzend)

Amo|ra|lis|mus, der; - (gleichgültige od. feindl. Einstellung gegenüber der geltenden Moral)

Amo|ra|li|tät, die; - (amoralische Lebenshaltung)

Amo|ret|te, die; -, -n ‹franz.› (*bild. Kunst* Figur eines geflügelten Liebesgottes)

amorph ‹griech.› (gestaltlos)

amor|ti|sa|bel ‹franz.› (tilgbar); ...a|b|le Anleihen

Amor|ti|sa|ti|on, die; -, -en ‹lat.› ([allmähliche] Tilgung; Abschreibung, Abtragung [einer Schuld])

amor|ti|sier|bar; amor|ti|sie|ren

Amos (bibl. Prophet)

Amou|ren [aˈmu:...] *Plur.* ‹franz.› (*veraltend für* Liebschaften, Liebesabenteuer)

Amour fou [amur ˈfu:], die; - - ‹franz.› (rasende Liebe)

amou|rös (Liebschaften betreffend)

Am|pel, die; -, -n

Am|pel|an|la|ge *(Verkehrsw.)*

Am|pel|ko|a|li|ti|on ‹nach den Parteifarben Rot, Gelb, Grün› (Koalition aus SPD, FDP u. Grünen)

Am|pel|männ|chen (Symbol bei Fußgängerampeln)

Am|pel|schal|tung *(Verkehrsw.)*

Am|per *vgl.* [2]Ammer

Am|pere [...ˈpe:ɐ̯], das; -[s], - ‹nach dem franz. Physiker Ampère› (Einheit der elektr. Stromstärke; *Zeichen* A)

Am|pere|me|ter (Strommesser); **Am|pere|se|kun|de** (Einheit der Elektrizitätsmenge; *Zeichen* As); **Am|pere|stun|de** (Einheit der Elektrizitätsmenge; *Zeichen* Ah)

Amp|fer, der; -s, - (eine Pflanze)

Am|phe|t|a|min, das; -s, -e (als Weckamin gebrauchte chemische Verbindung)

Am|phi|bie, die; -, -n *meist Plur.* ‹griech.› (sowohl im Wasser als auch auf dem Land lebendes Wirbeltier; Lurch)

Am|phi|bi|en|fahr|zeug (Land-Wasser-Fahrzeug); **Am|phi|bi|en|pan|zer**

am|phi|bisch

Am|phi|go|nie, die; - ‹griech.› (*Biol.* zweigeschlechtige Fortpflanzung)

Am|phi|k|ty|o|ne, der; -n, -n ‹griech.› (Mitglied einer Amphiktyonie); **Am|phi|k|ty|o|nie,** die; -, ...ien (kultisch-politischer Verband altgriechischer Nachbarstaaten od. -stämme)

Am|phi|o|le®, die; -, -n (*Med.* Kombination aus Ampulle u. Injektionsspritze)

Am|phi|the|a|ter ‹griech.› (elliptisches, meist dachloses Theatergebäude mit stufenweise aufsteigenden Sitzen); **am|phi|the|a|t|ra|lisch**

Am|phi|t|ri|te (griechische Meeresgöttin)

Am|phi|t|ry|on (sagenhafter König von Tiryns)

Am|pho|ra, Am|pho|re, die; -, ...oren ‹griech.› (zweihenkliges Gefäß der Antike)

am|pho|ter ‹griech., »zwitterhaft«› (*Chemie* sich teils als Säure, teils als Base verhaltend)

Am|p|li|fi|ka|ti|on, die; -, -en ‹lat.› (*fachspr. für* Erweiterung; kunstvolle Ausweitung einer Aussage); **am|p|li|fi|zie|ren**

Am|p|li|tu|de, die; -, -n (*Physik* Schwingungsweite, Ausschlag)

Am|pul|le, die; -, -n ‹griech.› (Glasröhrchen [bes. für Injektionslösungen])

Am|pu|ta|ti|on, die; -, -en ‹lat.› (operative Abtrennung eines Körperteils); **am|pu|tie|ren**

Am|rum (Nordseeinsel)

Am|sel, die; -, -n

a. m. = ante meridiem; ante mortem

Ams|ter|dam [*auch* 'a...] (Hauptstadt der Niederlande); **Ams|ter|da|mer; Ams|ter|da|me|rin**

Amt, das; -[e]s, Ämter; von Amts wegen; ein Amt bekleiden; **Ämt|chen**

am|ten (*schweiz. für* amtieren, tätig sein)

Äm|ter|häu|fung; Äm|ter|pa|t|ro|na|ge; äm|ter|über|grei|fend

Amt|frau

> **Amtfrau / Amtmännin**
>
> Die weibliche Entsprechung zu »Amtmann« lautet *Amtfrau* od. *Amtmännin.* In der Anrede kann man also wahlweise *Frau Amtfrau* od. *Frau Amtmännin* verwenden.

am|tie|ren; der amtierende deutsche Meister *(Sport);* die amtierende Bürgermeisterin

amt|lich; amt|li|cher|seits

Amt|mann *Plur.* ...männer *u.* ...leute; **Amt|män|nin,** die; -, -nen

Amts|an|tritt

Amts|an|walt (*Rechtsspr.* Beamter, der die Funktion des Staatsanwalts beim Amtsgericht ausübt); **Amts|an|wäl|tin**

Amts|arzt; Amts|ärz|tin; amts|ärzt|lich

amts|be|kannt *(österr. Amtsspr.)*

Amts|blatt (Zeitung mit amtlichen Bekanntmachungen u. Mitteilungen)

Amts|bo|nus; Amts|bru|der; Amts|deutsch; Amts|eid; Amts|ein|füh|rung; Amts|ent|he|bung

amts|füh|rend (*bes. österr. für* amtierend); amtsführender Stadtrat (mit eigenem Ressort); nicht amtsführender Stadtrat; **Amts|füh|rung** *Plur. selten*

Amts|ge|bäu|de; Amts|ge|heim|nis

Amts|ge|richt (*Abk.* AG); **Amts|ge|richts|rat** *Plur.* ...räte; **Amts|ge|richts|rä|tin**

Amts|ge|schäft *meist Plur.*

amts|hal|ber

amts|han|deln *(österr.);* ich amtshand[e]le; amtsgehandelt; **Amts|hand|lung**

Amts|haus *(bes. österr.)*

Amts|hel|fer (*österr. für* Leitfaden für Behördenwege)

Amts|hil|fe

Amts|in|ha|ber; Amts|in|ha|be|rin

Amts|ka|len|der (*österr. für* Verzeichnis der öffentlichen Dienststellen)

Amts|kappl, das; -s, -n (*österr. ugs. für* engstirniger Beamter)

Amts|kir|che

Amts|kol|le|ge; Amts|kol|le|gin

Amts|miss|brauch

amts|mü|de

Amts|pe|ri|o|de; Amts|per|son

Amts|rich|ter; Amts|rich|te|rin

Amts|schim|mel, der; -s *(ugs.)*

Amts|schwes|ter; Amts|sitz; Amts|spra|che

Amts|stel|le (*schweiz. für* Dienststelle); **Amts|stu|be**

Amts|ta|fel (*österr. für* offizielles Anschlagbrett); **Amts|tag** (*bes. österr. auch für* Sprechtag bei Behörden); **Amts|ti|tel**

Amts|trä|ger; Amts|trä|ge|rin

Amts|über|ga|be; Amts|über|nah|me; Amts|vor|gän|ger; Amts|vor|gän|ge|rin

Amts|weg; amts|we|gig *(österr.);* **Amts|we|gig|keit,** die; - (*österr. Rechtsspr. für* Prinzip, dass eine Behörde von Amts wegen vorzugehen hat)

Amts|zeit; Amts|zim|mer

Amu|lett, das; -[e]s, -e ‹lat.› (Gegenstand, dem Unheil abwehrende Kraft zugeschrieben wird)

Amund|sen (norwegischer Polarforscher)

Amur [*auch* a'mu:ɐ̯], der; -[s] (asiatischer Fluss)

amü|sant ‹franz.› (unterhaltend; vergnüglich)

Amuse-Bouche [amy:z'bu:ʃ], das; -[s], -s ‹franz.› (*svw.* Amuse-Gueule)

Amuse-Gueule [amy:z'gœl], das; -[s], -s ‹franz.› (Appetithäppchen)

Amü|se|ment [...'mã:], das; -s, -s

Amü|sier|be|trieb

amü|sie|ren; sich amüsieren

amu|sisch ‹griech.› (ohne Kunstverständnis)

Amyg|da|lin, das; -s ‹griech.› (Geschmacksstoff in bitteren Mandeln u. Ä.)

> **an**
>
> – am (an dem; *vgl.* am)
> – ans (an das; *vgl.* ans)
> – an [und für] sich (eigentlich)
> – ab und an (*landsch. für* ab und zu)
> – Gemeinden von an [die] 1 000 Einwohnern
>
> *Mit Dativ (zur Angabe einer Position) oder Akkusativ (zur Angabe einer Richtung):*
>
> – an dem Zaun stehen, *aber* an den Zaun stellen
> – an der Kante liegen, *aber* an die Kante legen
>
> *Getrenntschreibung in Verbindung mit »sein«* ↑K 49:
>
> – an sein (*ugs. für* eingeschaltet sein); das Radio ist an gewesen
>
> *Abkürzung bei Ortsnamen:*
>
> – Neustadt a. d. Weinstraße
> – Bad Neustadt a. d. Saale

an... (*in Zus. mit Verben,* z. B. anbinden, du bindest an, angebunden, anzubinden)

...a|na *Plur.* ‹lat.› (z. B. Afrikana [*vgl. d.*])

Ana|bap|tis|mus, der; - ‹griech.› (Wiedertäuferlehre); **Ana|bap|tist,** der; -en, -en (Wiedertäufer); **Ana|bap|tis|tin**

ana|bol ‹griech.›; anabole Medikamente; **Ana|bo|li|kum,** das; -s, ...ka ‹griech.-lat.› (*Pharm.* muskelbildendes Präparat)

Ana|cho|ret [...ç..., ...x..., *auch* ...k...], der; -en, -en ‹griech.› (frühchristlicher Einsiedler)

Ana|cho|re|ten|tum, das; -s
ana|cho|re|tisch
Ana|chro|nis|mus [...k...], der; -, ...men ⟨griech.⟩ (falsche zeitliche Einordnung; veraltete, überholte Einrichtung); **Ana|chro|nist,** der; -en, -en; **ana|chro|nis|tisch**
Ana|dy|o|me|ne [...ne, *auch* ...ˈme:nə] ⟨griech., »die [aus dem Meer] Aufgetauchte«⟩ (Beiname der griech. Göttin Aphrodite)
an|ae|rob ⟨griech.⟩ (*Biol.* ohne Sauerstoff lebend)
Ana|gly|phen|bril|le ⟨griech.; dt.⟩ (für das Betrachten von dreidimensionalen Bildern)
Ana|gramm, das; -s, -e ⟨griech.⟩ (durch Umstellung von Buchstaben od. Silben eines Wortes entstandenes neues Wort; Buchstabenrätsel)
An|a|ko|luth, das, *auch* der; -s, -e ⟨griech.⟩ (*Sprachwiss.* Satzbruch); **an|a|ko|lu|thisch**
Ana|kon|da, die; -, -s (eine Riesenschlange)
Ana|kre|on (altgriech. Lyriker)
Ana|kre|on|ti|ker (Nachahmer Anakreons); **ana|kre|on|tisch**
anal ⟨lat.⟩ (*Med.* den After betreffend)
Ana|lek|ten *Plur.* ⟨griech.⟩ (gesammelte Aufsätze, Auszüge)
Ana|lep|ti|kum, das; -s, ...ka ⟨griech.⟩ (*Pharm.* anregendes Mittel); **ana|lep|tisch**
Anal|ero|tik ⟨lat.; griech.⟩ (*Psychol.* [frühkindliches] sexuelles Lustempfinden im Bereich des Afters); **Anal|fis|sur** *(Med.)*
An|al|ge|sie, An|al|gie, die; -, ...ien ⟨griech.⟩ (*Med.* Schmerzlosigkeit); **An|al|ge|ti|kum,** das; -s, ...ka (schmerzstillendes Mittel)
An|al|gie *vgl.* Analgesie
ana|log ⟨griech.⟩ (entsprechend; *EDV* stufenlos, kontinuierlich; *Physik* einen Wert durch eine physikal. Größe darstellend); analoge Technik; analog [zu] diesem Fall; **Ana|lo|gie,** die; -, ...ien; **Ana|lo|gie|bil|dung**
Ana|lo|gon, das; -s, ...ga (ähnlicher Fall)
Ana|log|rech|ner (eine Rechenanlage); **Ana|log|schin|ken** (minderwertiges Schinkenimitat); **Ana|log|uhr** (Uhr mit Zeigern)

An|al|pha|bet [*auch* ˈa...], der; -en, -en ⟨griech.⟩ (jmd., der nicht lesen u. schreiben gelernt hat)

Analphabet
Das Wort *Analphabet* und seine Ableitungen sollten nicht zwischen *l* und *p* getrennt werden, da sonst eine irritierende und das Lesen hemmende Trennung entsteht.

An|al|pha|be|ten|tum, das; -s
An|al|pha|be|tin
An|al|pha|be|tis|mus (Unfähigkeit, zu lesen u. zu schreiben)
Anal|ver|kehr ⟨lat.; dt.⟩ (Variante des Geschlechtsverkehrs)
Ana|ly|sand, der; -en, -en ⟨griech.⟩ (*Psychoanalyse* die zu analysierende Person)
Ana|ly|se, die; -, -n (Zergliederung, Untersuchung); **ana|ly|sie|ren**
Ana|ly|sis, die; - (Gebiet der Mathematik, in dem mit Grenzwerten u. veränderlichen Größen gearbeitet wird; Voruntersuchung beim Lösen geometrischer Aufgaben)
Ana|lyst, der; -en, -en (Fachmann, der das Geschehen an der Börse, auf den Finanzmärkten u. a. beobachtet u. analysiert); **Ana|lys|tin**
Ana|ly|tik, die; - (Kunst od. Lehre der Analyse); **Ana|ly|ti|ker; Ana|ly|ti|ke|rin; ana|ly|tisch;** analytische Geometrie
An|ä|mie, die; -, ...ien ⟨griech.⟩ (*Med.* Blutarmut); **an|ä|misch**
Ana|m|ne|se, die; -, -n ⟨griech.⟩ (*Med.* Vorgeschichte einer Krankheit); **ana|m|nes|tisch, ana|m|ne|tisch**
Ana|nas, die; -, *Plur.* - *u.* -se ⟨indian.-span.⟩ (tropische Frucht)
Ana|ni|as, *ökum.* Ha|na|ni|as (bibl. m. Eigenn.)
An|an|kas|mus, der; -, ...men ⟨griech.⟩ (*Psychol.* krankhafter Zwang zu bestimmten Handlungen)
Ana|päst, der; -[e]s, -e ⟨griech.⟩ (ein Versfuß); **ana|päs|tisch**
Ana|pha|se, die; -, -n ⟨griech.⟩ (*Biol.* dritte Phase der indirekten Zellkernteilung)
Ana|pher, die; -, -n, **Ana|pho|ra,** die; -, ...rä ⟨griech.⟩ (*Rhet.* Wiederholung des Anfangswortes [in aufeinanderfolgenden Sätzen], z. B.: mit all meinen Gedanken, mit all meinen Wünschen ...); **ana|pho|risch** (*Sprachwiss.* rückweisend)
ana|phy|lak|tisch ⟨griech.⟩ *(Med.);* anaphylaktischer Schock; **Ana|phy|la|xie,** die; -, ...ien (schockartige allergische Reaktion)
An|ar|chie, die; -, ...ien ⟨griech.⟩ ([Zustand der] Herrschafts-, Gesetzlosigkeit; Chaos in polit., wirtschaftl. o. ä. Hinsicht)
an|ar|chisch
An|ar|chis|mus, der; -, ...men (Lehre, die sich gegen jede Autorität richtet u. für unbeschränkte Freiheit eintritt)
An|ar|chist, der; -en, -en; **An|ar|chis|tin; an|ar|chis|tisch**
An|ar|cho, der; -s, -s (*ugs. für* jmd., der sich gegen die bürgerliche Gesellschaft mit [gewaltsamen] Aktionen auflehnt); **An|ar|cho|sze|ne**
Anas|ta|sia (w. Vorn.); **Anas|ta|si|us** (m. Vorn.)
An|äs|the|sie, die; -, ...ien ⟨griech.⟩ (*Med.* Schmerzunempfindlichkeit; Schmerzbetäubung); **an|äs|the|sie|ren,** an|äs|the|ti|sie|ren; **An|äs|the|sist,** der; -en, -en (Narkosefacharzt); **An|äs|the|sis|tin**
An|äs|the|ti|kum, das; -s, ...ka (schmerzstillendes Mittel)
an|äs|the|tisch; an|äs|the|ti|sie|ren, an|äs|the|sie|ren
An|as|tig|mat, der; -en, -en, *auch* das; -s, -e ⟨griech.⟩ (*Fotogr.* ein Objektiv); **an|as|tig|ma|tisch** (unverzerrt)
Ana|s|to|mo|se, die; -, -n ⟨griech.⟩ (*Med.* Verbindung, z. B. zwischen Blut- od. Lymphgefäßen)
Ana|them, das; -s, -e, **Ana|the|ma,** das; -s, ...themata ⟨griech.⟩ (*Rel.* Verfluchung, Kirchenbann); **ana|the|ma|ti|sie|ren**
Ana|tol (m. Vorn.)
Ana|to|li|en (asiatischer Teil der Türkei); **Ana|to|li|er; Ana|to|li|e|rin; ana|to|lisch**
Ana|tom, der; -en, -en ⟨griech.⟩ (*Med.* Wissenschaftler auf dem Gebiet der Anatomie)
Ana|to|mie, die; -, ...ien (Lehre von Form u. Körperbau der [menschlichen] Lebewesen; anatomisches Institut); **ana|to|mie|ren** (sezieren); **Ana|to|min; ana|to|misch**
Ana|xa|go|ras (altgriechischer Philosoph)
an|ba|cken
an|bag|gern (*ugs. für* [herausfor-

ạn|de|re, ạnd|re

Im Allgemeinen wird »andere, andre« kleingeschrieben ↑K77:
- der, die, das and[e]re
- eine, keine, jeder, alles and[e]re
- die, keine, alle and[e]ren, andern
- ein, kein and[e]rer
- ein, kein, etwas, allerlei, nichts and[e]res
- der eine, der and[e]re
- die einen und die and[e]ren
- einer, eins nach dem and[e]ren
- und and[e]re, und and[e]res (*Abk.* u. a.)
- und and[e]re mehr, und and[e]res mehr (*Abk.* u. a. m.)
- von etwas and[e]rem, anderm sprechen
- unter and[e]rem, anderm (*Abk.* u. a.)
- zum einen ..., zum and[e]ren
- sich eines and[e]ren, andern besinnen
- ich bin and[e]ren, andern Sinnes
- and[e]res gedrucktes Material
- and[e]re ähnliche Fälle
- andere Gute
- ein andermal, *aber* ein and[e]res Mal
- das and[e]re Mal
- ein um das and[e]re Mal
- ein und das and[e]re Mal

Bei Substantivierung ist auch Großschreibung möglich ↑K77, *beispielsweise:*
- der, die, das and[e]re *od.* And[e]re
- eine, keine, jeder, alles and[e]re *od.* And[e]re
- ein, kein, etwas, allerlei, nichts and[e]res *od.* And[e]res
- die einen und die anderen *od.* die Einen und die And[e]ren
- die Suche nach dem and[e]ren *od.* And[e]ren (nach einer neuen Welt)

dernd] ansprechen u. sein Interesse zeigen)

ạn|bah|nen; Kontakte anbahnen; **Ạn|bah|nung**

ạn|ban|deln, *bes. schweiz.* **ạn|bän|deln** (*ugs. für* eine Liebesbeziehung anknüpfen; Streit anfangen); ich bänd[e]le an

Ạn|bau, der; -[e]s, -ten

ạn|bau|en; ạn|bau|fä|hig

Ạn|bau|flä|che; Ạn|bau|ge|biet; Ạn|bau|mö|bel; Ạn|bau|ver|bot

Ạn|be|ginn, der; -[e]s *(geh.)*; seit Anbeginn, von Anbeginn [an]

ạn|be|hal|ten *(ugs.)*

an|bei [*auch* 'a...] *(Amtsspr.)*

ạn|bei|ßen ↑K82: zum Anbeißen sein (*ugs. für* reizend anzusehen sein)

ạn|[be|]lan|gen; was mich an[be]langt, so ...

ạn|bel|len

ạn|be|que|men, sich (*veraltend für* sich anpassen)

ạn|be|rau|men; ich beraum[t]e an, *selten* ich anberaum[t]e; anberaumt; anzuberaumen; **Ạn|be|rau|mung**

ạn|be|ten

Ạn|be|tracht; *nur in* in Anbetracht seiner Lage; in Anbetracht dessen, dass er all dies schon hat

ạn|be|tref|fen; *nur in* was jmdn., etw. anbetrifft

ạn|bet|teln

Ạn|be|tung

ạn|bie|dern, sich *(abwertend)*; ich biedere mich an; **Ạn|bie|de|rung**

ạn|bie|ten

Ạn|bie|ter; Ạn|bie|te|rin

Ạn|bie|ter|wech|sel

ạn|bin|den; Ạn|bin|dung

Ạn|biss

ạn|blaf|fen (*ugs. abwertend für* anbellen; zurechtweisen)

ạn|bla|sen

Ạn|blick; ạn|bli|cken

ạn|blin|ken

ạn|boh|ren

Ạn|bot, das; -[e]s, -e (*österr. neben* Angebot)

ạn|bras|sen (*Seemannsspr.* die Rahen in Längsrichtung bringen)

ạn|bra|ten; das Fleisch anbraten

ạn|bräu|nen

ạn|bre|chen; der Tag bricht an *(geh.)*

ạn|bren|nen

ạn|brin|gen; etwas am Haus[e] anbringen

Ạn|bruch, der; -[e]s, ...brüche (*geh. für* Beginn; *Bergmannsspr.* bloßgelegter Erzgang)

ạn|brül|len

ạn|brum|men

ạn|brü|ten

ANC, der; -[s] ‹engl.› = African National Congress (Afrikanischer Nationalkongress, südafrik. Partei)

An|cho|rage ['ɛŋkərɪdʒ] (Stadt in Alaska)

An|chor|man ['ɛŋkɐmɛn], der; -, ...men ‹engl.› (Journalist o. Ä., der bes. in Nachrichtensendungen die verbindenden Worte u. Kommentare spricht)

An|chor|wo|man ['ɛŋkɐvʊmən], die; -, ...women; *vgl.* Anchorman

An|cho|vis, An|scho|vis [...'ʃo:...], die; -, - ‹griech.› ([gesalzene] kleine Sardelle)

An|ci|en|ni|tät [ɑ̃si̯ɛ...], die; - ‹franz.› (*veraltet für* [Reihenfolge nach dem] Dienstalter);

An|ci|en|ni|täts|prin|zip

An|ci|en Ré|gime [ɑ̃'si̯ɛ̃: re'ʒi:m], das; - - (Zeit des französischen Absolutismus [vor der Französischen Revolution])

Ạn|dacht, die; -, *Plur.* (*für* Gebetsstunden:) -en; **ạn|däch|tig; Ạn|dachts|übung; ạn|dachts|voll** *(geh.)*

An|da|lu|si|en (span. Landschaft); **An|da|lu|si|er** (*auch für* eine Pferderasse); **An|da|lu|si|e|rin; an|da|lu|sisch**

An|da|lu|sit, der; -s, -e (ein Mineral)

An|da|ma|nen *Plur.* (Inselkette im nordöstl. Indischen Ozean)

an|dạn|te ‹ital., »gehend«› (*Musik* mäßig langsam); **An|dạn|te,** das; -[s], -s (mäßig langsames Musikstück)

an|dan|ti|no (*Musik* etwas leichter akzentuiert als andante); **An|dan|ti|no,** das; -s, *Plur.* -s *u.* ...ni

ạn|dau|en (*Med.* anfangen zu verdauen)

ạn|dau|ern; ạn|dau|ernd

Ạn|dau|ung ‹*zu* andauen›

Ạn|den *Plur.* (südamerikanisches Gebirge)

ạn|den|ken; es ist angedacht, aufzustocken

Ạn|den|ken, das; -s, -

ạn|de|re, ạnd|re *s. Kasten*

ạn|de|ren|falls, ạn|dern|falls

ạn|de|ren|orts, ạn|der[n]|orts

ạn|de|ren|tags, ạn|dern|tags

ạn|de|ren|teils, ạn|dern|teils; einesteils ..., ander[e]nteils

ạn|de|rer|seits, ạn|der|seits, ạndrer|sei̲ts; einerseits macht es Spaß, andererseits Angst

A̩n|der|ge|schwis|ter|kind *[auch* ...ˈʃvɪ...] (*landsch. für* Verwandte, deren Großväter od. Großmütter Geschwister sind)

A̩n|der|kon|to (Treuhandkonto)

a̩n|der|lei *(geh.)*

a̩n|der|mal; ein andermal, *aber* ein and[e]res Mal

A̩n|der|matt (schweiz. Ortsn.)

ä̩n|dern; ich ändere

a̩n|dern|falls usw. *vgl.* anderenfalls usw.

a̩n|der[n]|orts, a̩n|de|ren|orts

a̩n|ders; jemand, niemand, wer anders (*bes. südd., österr. auch* and[e]rer); mit jemand, niemand anders (*bes. südd., österr. auch* and[e]rem, anderm) reden; ich sehe jemand, niemand anders (*bes. südd., österr. auch* and[e]ren, andern); irgendwo anders (irgendwo sonst), wo anders? (wo sonst?; *vgl. aber* woanders); anders als ... (*nicht:* anders wie ...); anders sein, denken; anders gesinnte Leute; andersdenkende *od.* anders denkende Freunde; die Andersdenkenden *od.* anders Denkenden; andersgeartete *od.* anders geartete Fehler; anderslautende *od.* anders lautende Texte; etwas Anderslautendes *od.* anders Lautendes ist nicht bekannt ↑K58

a̩n|ders|ar|tig; A̩n|ders|ar|tig|keit

A̩n|dersch (dt. Schriftsteller)

a̩n|ders|den|kend, a̩n|ders den|kend ↑K58; **A̩n|ders|den|ken|de,** der *u.* die; -n, -n, **a̩n|ders Den|ken|de,** der *u.* die; - -n, - -n ↑K58

a̩n|der|sei̲ts, a̩n|de|rer|seits, a̩nd|rer|sei̲ts

A̩n|der|sen (dän. Dichter)

a̩n|ders|far|big

a̩n|ders|ge|ar|tet, a̩n|ders ge|ar|tet ↑K58; **a̩n|ders ge|sinnt**

a̩n|ders|gläu|big; A̩n|ders|gläu|bi|ge, der *u.* die; -n, -n

a̩n|ders|he|r|um

a̩n|ders|lau|tend, a̩n|ders lau|tend ↑K58

A̩n|ders|lau|ten|de, das; -n, **a̩n|ders Lau|ten|de,** das; - -n ↑K58

a̩n|ders|rum

A̩n|ders|sein

a̩n|ders|spra|chig

a̩n|ders|wie; a̩n|ders|wo; a̩n|ders|wo|her; a̩n|ders|wo|hin

a̩n|dert|ha̩lb; in anderthalb Stunden; anderthalb Pfund; **a̩n|dert|ha̩lb|fach; A̩n|dert|ha̩lb|fa|che,** das; -n; *vgl.* Achtfache; **a̩n|dert|ha̩lb|mal;** anderthalbmal so groß wie (*seltener* als) sie; *vgl.* ¹Mal;

a̩n|dert|halb|tau̲|send

Ä̩n|de|rung; Ä̩n|de|rungs|an|trag; Ä̩n|de|rungs|kün|di|gung *(bes. Arbeitsrecht);* **Ä̩n|de|rungs|wunsch**

a̩n|der|wär|tig; a̩n|der|wärts

a̩n|der|weit, a̩n|der|wei|tig

a̩n|deu|ten; A̩n|deu|tung; a̩n|deu|tungs|wei̲|se

a̩n|dich|ten; jmdm. etwas andichten

a̩n|di|cken; eine Soße andicken

a̩n|die|nen (*Kaufmannsspr.* [Waren] anbieten); **A̩n|die|nung** *(Kaufmannsspr., Versicherungsw.);* **A̩n|die|nungs|pflicht** *(Versicherungsw.)*

an|di̲n (die Anden betreffend)

a̩n|do|cken ‹dt.; engl.› (ein Raumfahrzeug ankoppeln)

An|do̩r|ra (Staat in den Pyrenäen); **An|dor|ra̲|ner; An|dor|ra̲|ne|rin; an|dor|ra̲|nisch**

A̩n|drang, der; -[e]s; **a̩n|drän|gen**

a̩nd|re *vgl.* andere

An|d|ré̲ *[auch* ã...] (m. Vorn.); **An|d|re̲a** (w. Vorn.); **An|d|re̲|as** (m. Vorn.)

An|d|re̲|as|kreuz; An|d|re̲|as|or|den (ehem. höchster russ. Orden)

a̩n|dre|hen; jmdm. etwas andrehen (*ugs. für* aufschwatzen)

a̩nd|rer|seits, a̩n|de|rer|seits, a̩n|der|seits

an|d|ro|gy̲n ‹griech.› (*Biol.* männliche u. weibliche Merkmale vereinigend); **An|d|ro|gy|ni̲e,** die; -

a̩n|dro|hen; A̩n|dro|hung

An|d|ro|i̲|de, der; -n, -n ‹griech.› (künstlicher Mensch, menschenähnliche Maschine)

An|d|ro|lo̲|ge, der; -n, -n; **An|d|ro|lo|gi̲e,** die; - ‹griech.› (Männerheilkunde); **An|d|ro|lo̲|gin; an|d|ro|lo̲|gisch**

An|d|ro̲|ma|che [...xe] (griech. Sagengestalt, Frau Hektors)

¹**An|d|ro̲|me|da** (w. griech. Sagengestalt); ²**An|d|ro̲|me|da,** die; - (ein Sternbild)

An|d|ro|pau|se (Klimakterium des Mannes)

A̩n|druck, der; -[e]s, -e (*Druckw.* Probe-, Prüfdruck); **a̩n|dru|cken**

a̩n|drü|cken

a̩n|dü|beln

a̩n|du|deln; sich einen andudeln (*ugs. für* sich betrinken); ich dud[e]le mir einen an

a̩n|düns|ten

Äne̲|as (Held der griechisch-römischen Sage)

a̩n|ecken (an etwas anstoßen; *ugs. auch für* Anstoß erregen)

a̩n|ei|fern (*südd., österr. für* anspornen)

a̩n|eig|nen, sich; ich eigne mir Kenntnisse an; **A̩n|eig|nung**

an|ei|n|a̩n|der

Man schreibt »aneinander« mit dem folgenden Verb in der Regel zusammen, wenn es den gemeinsamen Hauptakzent trägt ↑K48:

– aneina̩nderfügen, aneina̩ndergrenzen, aneina̩ndergeraten, aneina̩nderlegen usw.

Aber:

– aneina̩nder de̩nken, sich aneinander fre̲uen, aneinander vorbe̲igehen usw.

an|ei|n|a̩n|der|fü|gen; er fügte die Teile aneinander, hat die Teile aneinandergefügt; um die Teile aneinanderzufügen

an|ei|n|a̩n|der|ge|ra|ten; sie waren heftig aneinandergeraten

an|ei|n|a̩n|der|gren|zen; die Grundstücke grenzen aneinander

an|ei|n|a̩n|der|hän|gen; wir sahen mehrere Wagen, die aneina̩nderhingen; *aber* die Geschwister, die sehr aneina̩nder hi̩ngen

an|ei|n|a̩n|der|le|gen; sie legte die Teile des Puzzles aneinander

an|ei|n|a̩n|der|rei|hen; ein Film aus aneinandergereihten Episoden; **An|ei|n|a̩n|der|rei|hung**

an|ei|n|a̩n|der|rü|cken; wir haben die Tische aneinandergerückt

an|ei|n|a̩n|der|schie|ben; wir schoben die Tische aneinander

an|ei|n|a̩n|der|sto|ßen; ohne aneinanderzustoßen

Äne̲|is, die; - (eine Dichtung Vergils)

An|ek|dö̩t|chen

An|ek|do̲|te, die; -, -n ‹griech.› (kurze, jmdn. od. etwas [humorvoll] charakterisierende Geschichte)

an|ek|do̲|ten|haft; an|ek|do̲|tisch

a̩n|ekeln; du ekelst mich an

Ane|mo|gra̲f, Ane|mo|graph, der; -en, -en ‹griech.› (*Meteorol.* selbst schreibender Windmesser); **Ane|mo|me̲|ter,** das; -s, - (Windmesser)

Ane|mo|ne, die; -, -n (Windröschen)
an|emp|feh|len *(geh.)*; ich empfehle (empfahl) an *u.* ich anempfehle (anempfahl); anempfohlen; anzuempfehlen
An|er|be, der; -n, -n (*Rechtsspr.* bäuerlicher Alleinerbe, Hoferbe); **An|er|ben|recht**
an|er|bie|ten, sich *(geh.)*; ich erbiete mich an; anerboten; anzuerbieten; *vgl.* bieten; **An|er|bie|ten,** das; -s, -; **An|er|bin**
an|er|kannt; an|er|kann|ter|ma|ßen
an|er|ken|nen; ich erkenne (erkannte) an, *seltener* ich anerkenne (anerkannte); anerkannt; anzuerkennen
an|er|ken|nens|wert
An|er|kennt|nis, das; -ses, -se *(Rechtsspr.), sonst:* die; -, -se
An|er|ken|nung
Ane|ro|id|ba|ro|me|ter (griech.) (*Meteorol.* Gerät zum Anzeigen des Luftdrucks)
an|es|sen; ich habe mir einen Bauch angegessen; ich habe mich angegessen (*österr. ugs. für* bin satt)
Anet|te *vgl.* Annette
An|eu|rys|ma, das; -s, ...men *od.* ...mata (griech.) (*Med.* Erweiterung der Schlagader)
an|fa|chen; er facht die Glut an
an|fah|ren (*auch für* heftig anreden); **An|fahrt**
An|fahrts|skiz|ze; An|fahrts|weg
An|fall, der; **an|fal|len**
an|fäl|lig; An|fäl|lig|keit
An|fang, der; -[e]s, ...fänge; *vgl.* anfangs; im Anfang; von Anfang an; zu Anfang; Anfang Januar; Anfang nächsten Jahres
an|fan|gen; sie fing an
An|fän|ger; An|fän|ge|rin
An|fän|ger|kurs
an|fang|haft *(bes. Rel.)*
an|fäng|lich; an|fangs ↑K70

anfangs / Anfang

Das Substantiv »Anfang« kann mit einer Zeitangabe gebraucht werden:

- Anfang Februar, Anfang 2013
- Anfang des Monats [Februar], Anfang des Jahres [2013]

Das Adverb »anfangs« steht ohne weitere Zeitangabe:

- Anfangs ging alles gut.
- Sie hat sich anfangs sehr zurückgehalten.

An|fangs|buch|sta|be; An|fangs|er|folg; An|fangs|ge|halt, das; **An|fangs|pha|se; An|fangs|sta|di|um; An|fangs|ver|dacht; An|fangs|zeit**
an|fas|sen *vgl.* fassen
an|fau|chen
an|fau|len
an|fa|xen (ein Fax schicken)
an|fecht|bar; An|fecht|bar|keit
an|fech|ten; das ficht mich nicht an; **An|fech|tung**
An|fech|tungs|kla|ge *(Rechtsspr.)*
an|fein|den; An|fein|dung
an|fer|ti|gen; An|fer|ti|gung
an|feuch|ten; An|feuch|ter
an|feu|ern; An|feu|e|rung
an|fi|xen (*ugs. für* jmdn. zum Einnehmen von Drogen animieren)
an|flan|schen *(Technik)*
an|fle|hen; An|fle|hung
an|flie|gen; An|flug
an|for|dern; An|for|de|rung
An|for|de|rungs|pro|fil (Eigenschaften, Fähigkeiten, die ein Stellenbewerber haben soll)
An|fra|ge; die Kleine *od.* kleine Anfrage, die Große *od.* große Anfrage, die Dringliche *od.* dringliche Anfrage [im Parlament] ↑K89
an|fra|gen; bei jmdm. anfragen, *schweiz.* jmdn. anfragen
an|fres|sen *(derb)*; *vgl.* anessen, angefressen
an|freun|den, sich; **An|freun|dung**
an|fü|gen; An|fü|gung
an|füh|len; der Stoff fühlt sich weich an
An|fuhr, die; -, -en
an|füh|ren
An|füh|rer; An|füh|re|rin
An|füh|rung; An|füh|rungs|strich; An|füh|rungs|zei|chen
an|fül|len; wir füllen den Graben mit Erde an
an|fun|ken (durch Funkspruch)
an|fut|tern, sich; du futterst dir einen Bauch an
An|ga|be (*auch [nur Sing.] ugs. für* Prahlerei, Übertreibung)
an|gän|gig (erlaubt; zulässig)
An|ga|ra [*auch* ...'ra], die; - (Fluss in Mittelsibirien)
an|geb|bar; an|ge|ben
An|ge|ber *(ugs.)*; **An|ge|be|rei; An|ge|be|rin; an|ge|be|risch**
An|ge|be|te|te, der *u.* die; -n, -n
An|ge|bin|de, das; -s, - (*geh. veraltet für* Geschenk)
an|geb|lich
an|ge|bo|ren
An|ge|bot
An|ge|bots|lü|cke *(Wirtsch.)*; **An|ge|bots|pa|ket** *(Werbespr.)*; **An|ge|bots|pa|let|te** *(Werbespr.)*; **An|ge|bots|preis** *(Wirtsch.)*
an|ge|bracht
an|ge|bro|chen; eine Flasche ist angebrochen
an|ge|bun|den; kurz angebunden (*ugs. für* abweisend) sein
an|ge|dei|hen; *nur in* jmdm. etwas angedeihen lassen
An|ge|den|ken, das; -s (*geh. für* Erinnerung, Gedenken)
an|ge|fres|sen (*ugs. für* verärgert)
an|ge|führt; am angeführten Ort (*Abk.* a. a. O.)
an|ge|ge|ben; am angegebenen Ort (*Abk.* a. a. O.)
an|ge|gos|sen; wie angegossen sitzen (*ugs. für* genau passen)
an|ge|graut; angegraute Schläfen
an|ge|grif|fen (*auch für* geschwächt); **An|ge|grif|fen|heit**
an|ge|hei|ra|tet
an|ge|hei|tert (leicht betrunken)
an|ge|hen; das geht nicht an (ist nicht vertretbar, erlaubt); es geht mich [nichts] an; jmdn. um etwas angehen (bitten)
an|ge|hend (künftig)
an|ge|hö|ren; einem Volk[e] angehören; **an|ge|hö|rig; An|ge|hö|ri|ge,** der *u.* die; -n, -n; **An|ge|hö|ri|gen|kreis; An|ge|hö|rig|keit,** die; -
an|ge|jahrt
Angekl. = Angeklagte[r]
An|ge|klag|te, der *u.* die; -n, -n (*Abk.* Angekl.)
an|ge|knackst *(ugs.)*
an|ge|krän|kelt
an|ge|kün|digt
An|gel, die; -, -n
An|ge|la [*bes. österr.* ...'ge:...] (w. Vorn.)
an|ge|le|gen; ich lasse mir etwas angelegen sein (*geh. für* ich kümmere mich darum)
An|ge|le|gen|heit
[1]**an|ge|le|gent|lich** (*geh. für* nachdrücklich); auf das, aufs Angelegentlichste *od.* auf das, aufs angelegentlichste ↑K75
[2]**an|ge|le|gent|lich** *Präp. mit Gen.* (*geh. für* anlässlich); angelegentlich des Papstbesuchs
an|ge|legt; gut angelegtes Geld
An|gel|ha|ken
[1]**An|ge|li|ka** (w. Vorn.)
[2]**An|ge|li|ka,** die; -, *Plur.* ...ken *u.* -s (Engelwurz)
An|ge|li|na [...dʒ...] (w. Vorn.)
an|geln; ich ang[e]le
An|geln *Plur.* (germ. Volksstamm)
An|ge|lo [...dʒ...] (m. Vorn.)

an|ge|lo|ben (*geh. für* zusagen, versprechen; *österr. für* feierlich vereidigen); **An|ge|lo|bung**
An|gel|punkt
An|gel|ru|te
An|gel|sach|se, der; -n, -n (Angehöriger eines germ. Volksstammes); **An|gel|säch|sin; an|gel|säch|sisch** *vgl.* deutsch / Deutsch
An|gel|säch|sisch, das; -[s] (Sprache); *vgl.* Deutsch; **An|gel|säch|si|sche,** das; -n; *vgl.* ²Deutsche
An|gel|schein
An|ge|lus, der, *auch* das; -, - ‹lat.› (kath. Gebet; Glockenzeichen); **An|ge|lus|läu|ten,** das; -s
an|ge|mes|sen; An|ge|mes|sen|heit, die; -
an|ge|nehm; etwas Angenehmes erleben
an|ge|nom|men; angenommen[,] dass … ↑K127
an|ge|passt; An|ge|passt|heit
An|ger, der; -s, -; **An|ger|dorf**
an|ge|regt
an|ge|sagt (*ugs. für* in Mode, sehr gefragt); ein angesagtes Lokal; Frühstück ist angesagt (steht an)
an|ge|säu|selt (*ugs. für* leicht betrunken); **an|ge|schi|ckert** *(ugs.)*
an|ge|schla|gen (*ugs. für* erschöpft; beschädigt)
an|ge|schmutzt (leicht schmutzig)
An|ge|schul|dig|te, der *u.* die; -n, -n
an|ge|se|hen (geachtet)
An|ge|sicht *Plur.* Angesichter *u.* Angesichte *(geh.)*
an|ge|sichts; *Präp. mit Gen.:* angesichts des Todes
an|ge|spannt
an|ge|stammt
an|ge|staubt
An|ge|stell|te, der *u.* die; -n, -n
An|ge|stell|ten|ver|si|che|rung
An|ge|stell|ten|ver|si|che|rungs|ge|setz (*Abk.* AVG)
an|ge|stie|felt *(ugs.);* angestiefelt kommen
an|ge|strebt; die angestrebte Position
an|ge|strengt; An|ge|strengt|heit
an|ge|tan; sie war sehr angetan (begeistert) von der Reise
An|ge|trau|te, der *u.* die (*scherzh. für* Ehemann, Ehefrau)
an|ge|trun|ken (leicht betrunken)
an|ge|wandt; angewandte Kunst; angewandte Mathematik, Physik ↑K89; *vgl.* anwenden
an|ge|wie|sen; auf eine Person oder eine Sache angewiesen sein
an|ge|wöh|nen; ich gewöhne mir etwas an; **An|ge|wohn|heit; An|ge|wöh|nung**
an|ge|wur|zelt; wie angewurzelt stehen bleiben
An|gi|na, die; -, …nen ‹lat.› (*Med.* Mandelentzündung)
An|gi|na Pec|to|ris, die; - - ‹lat.› (*Med.* Herzkrampf)
An|gi|om, das; -s, -e ‹griech.› (*Med.* Gefäßgeschwulst)
An|gio|sper|me, die; -, -n *meist Plur.* (*Bot.* bedecktsamige Blütenpflanze)
Ang|kor (Ruinenstadt in Kambodscha)
An|glai|se [ãˈglɛː…], die; -, -n ‹franz.› (»englischer« Tanz)
an|glei|chen; An|glei|chung
Ang|ler; Ang|le|rin
an|glie|dern; An|glie|de|rung
an|g|li|ka|nisch ‹mlat.›; anglikanische Kirche (engl. Staatskirche); **An|g|li|ka|nis|mus,** der; - (Lehre u. Wesen[sform] der engl. Staatskirche)
an|g|li|sie|ren (englische Sitten u. Gebräuche einführen; englisieren)
An|g|list, der; -en, -en (Wissenschaftler auf dem Gebiet der Anglistik); **An|g|lis|tik,** die; - (engl. Sprach- u. Literaturwissenschaft); **An|g|lis|tin**
An|g|li|zis|mus, der; -, …men (engl. Spracheigentümlichkeit in einer anderen Sprache)
An|g|lo|ame|ri|ka|ner (aus England stammender Amerikaner; *auch* Sammelname für Engländer u. Amerikaner); **An|g|lo|ame|ri|ka|ne|rin; an|g|lo|ame|ri|ka|nisch**
an|g|lo|fon, an|g|lo|phon (englischsprachig)
an|g|lo|fran|zö|sisch [*auch* ˈa…]
An|g|lo|ka|na|di|er *vgl.* Angloamerikaner; **An|g|lo|ka|na|di|e|rin**
An|g|lo|ma|ne, der; -n, -n ‹lat.; griech.› (jmd., der alles Englische in übertriebener Weise schätzt); **An|g|lo|ma|nie,** die; -
an|g|lo|nor|man|nisch
an|g|lo|phil (englandfreundlich); **An|g|lo|phi|lie,** die; -
an|g|lo|phob (englandfeindlich); **An|g|lo|pho|bie,** die; -
an|g|lo|phon *vgl.* anglofon
an|glot|zen *(ugs.)*
An|go|la (Staat in Afrika)
An|go|la|ner; An|go|la|ne|rin
an|go|la|nisch
An|go|ra|ka|nin|chen; An|go|ra|kat|ze; An|go|ra|wol|le (*nach* Angora, dem früheren Namen von Ankara)
An|gos|tu|ra®, der; -[s], -s ‹span.› (ein Bitterlikör)
an|gra|ben (*ugs. auch für* ansprechen, belästigen)
an|greif|bar; an|grei|fen *vgl.* angegriffen; **An|grei|fer; An|grei|fe|rin**
an|gren|zen; An|gren|zer (*landsch. für* Nachbar, Anlieger); **An|gren|ze|rin; An|gren|zung**
An|griff, der; -[e]s, -e; etwas in Angriff nehmen
an|grif|fig (*schweiz. für* draufgängerisch, zupackend)
An|griffs|drit|tel *(Eishockey)*
An|griffs|flä|che; An|griffs|geist, der; -[e]s; **An|griffs|krieg**
An|griffs|lust; an|griffs|lus|tig
An|griffs|punkt
An|griffs|spiel *(Sport);* **An|griffs|spie|ler; An|griffs|spie|le|rin**
An|griffs|waf|fe; an|griffs|wei|se
an|grin|sen
Angst, die; -, Ängste; in Angst, in [tausend] Ängsten sein; Angst haben; jmdm. Angst [und Bange] machen; *aber* ↑K70: mir ist, wird angst [und bange]; Angst erregen; *vgl.* angsterregend
angst|be|setzt; ein angstbesetztes Thema
ängs|ten, sich (*selten für* sich ängstigen)
angst|er|füllt; *aber* von Angst erfüllt ↑K59
angst|er|re|gend, Angst er|re|gend ↑K58; ein angsterregender *od.* Angst erregender Vorfall; *aber nur* ein große Angst erregender Vorfall; ein besonders angsterregender, noch angsterregenderer Vorfall
angst|frei; angstfreies Lernen
Angst|ge|fühl
Angst|geg|ner (*bes. Sport* Gegner, der einem nicht liegt, den man fürchtet); **Angst|geg|ne|rin**
Angst|ha|se *(ugs.);* **Angst|hä|sin**
ängs|ti|gen; Ängs|ti|gung
ängst|lich; Ängst|lich|keit
angst|lö|send; angstlösende Medikamente
Angst|neu|ro|se (*Med., Psychol.* krankhaftes Angstgefühl)
Angst|par|tie (Spiel, Unternehmen, um dessen guten Ausgang man fürchtet)
Angst|psy|cho|se *(Med., Psychol.)*
Ång|s|t|röm [ˈɔ…, *auch* ˈa…], das; -[s], - (veraltende Einheit der Licht- u. Röntgenwellenlänge; *Zeichen* Å)

Angst|ruf; Angst|schweiß
angst|ver|zerrt; angst|voll
Angst|zu|stand *meist Plur.*
an|gu|cken *(ugs.)*
an|gu|lar ⟨lat.⟩ (zu einem Winkel gehörend, Winkel...)
an|gur|ten; sich angurten
Anh. = Anhang
an|ha|ben; ..., dass er nichts anhat, angehabt hat *(ugs.);* er kann mir nichts anhaben
an|haf|ten; ein Nachteil haftet dieser Sache an
an|ha|ken
[1]**An|halt** (ehem. Land des Deutschen Reiches)
[2]**An|halt** (Anhaltspunkt)
an|hal|ten; an|hal|tend
[1]**An|hal|ter** *vgl.* Anhaltiner
[2]**An|hal|ter** *(ugs.);* per Anhalter fahren
An|hal|te|rin
An|hal|ti|ner, [1]An|hal|ter ⟨*zu* [1]Anhalt⟩; **An|hal|ti|ne|rin; an|hal|tisch**
An|halts|punkt
An|hal|tung
an|hand; *Präp. mit Gen.:* anhand des Buches; anhand von Unterlagen; *vgl.* Hand
An|hang, der; -[e]s, Anhänge (*Abk.* Anh.)
An|hän|ge|kupp|lung, An|hän|gerkupp|lung
[1]**an|hän|gen;** er hing einer Sekte an; *vgl.* [1]hängen
[2]**an|hän|gen;** sie hängte den Zettel [an die Tür] an; *vgl.* [2]hängen
An|hän|ger; An|hän|ge|rin
An|hän|ger|kupp|lung, An|hän|gekupp|lung; **An|hän|ger|schaft**
an|hän|gig (*Rechtsspr.* beim Gericht zur Entscheidung liegend); eine Klage anhängig machen (Klage erheben)
an|häng|lich (treu); **An|häng|lich|keit,** die; -
An|häng|sel, das; -s, -
an|hangs|wei|se
an|hau|chen
an|hau|en (*ugs. auch für* formlos ansprechen, um etwas bitten)
an|häu|fen; An|häu|fung
an|he|ben (*auch geh. für* anfangen); sie hob (*veraltet* hub) an[,] zu singen; **An|he|bung**
an|hef|ten; etwas am Hut *od.* an den Hut anheften
an|hei|meln; er meint, das Zimmer heim[e]le ihn an
an|heim|fal|len (*geh. für* zufallen, zum Opfer fallen); sie fiel der Vergessenheit anheim, ist anheimgefallen; ohne anheimzufallen; **an|heim|ge|ben** (*geh. für* anvertrauen, übergeben); **an|heim|stel|len** (*geh. für* überlassen); ich stelle Ihnen das anheim
an|hei|schig; *nur in* sich anheischig machen (*geh. für* sich verpflichten, sich anbieten)
an|hei|zen
an|herr|schen; jmdn. anherrschen
an|heu|ern; auf einem Schiff anheuern
An|hieb; *nur in* auf Anhieb (sofort)
an|him|meln *(ugs.)*
an|hin; bis anhin (*schweiz.* bis jetzt)
An|hö|he
an|hö|ren; An|hö|rung (*für* Hearing)
An|hy|d|rid, das; -s, -e ⟨griech.⟩ (*Chemie* durch Wasserentzug entstandene Verbindung)
An|hy|d|rit, der; -s, -e (wasserfreier Gips)
änig|ma|tisch (*ältere Schreibung für* enigmatisch)
Ani|lin, das; -s ⟨arab.-port.⟩ (Ausgangsstoff für Farben u. Heilmittel); **Ani|lin|far|be; Ani|lin|le|der; Ani|lin|rot,** das; -[s]
ani|ma|lisch ⟨lat.⟩ (tierisch; tierhaft; triebhaft)
Ani|ma|lis|mus, der; -, ...men (religiöse Verehrung von Tieren)
Ani|ma|teur [...ˈtøːɐ̯], der; -s, -e ⟨franz.⟩ (jmd., der beruflich in einem Freizeitzentrum, auf einer Reise o. Ä. die Gäste unterhält); **Ani|ma|teu|rin**
Ani|ma|ti|on, die; -, -en ⟨lat.⟩ (organisierte Sport- u. Freizeitaktivitäten für Urlauber; Belebung, Bewegung der Figuren im Trickfilm); **Ani|ma|ti|ons|film**
ani|ma|to ⟨ital.⟩ (*Musik* beseelt, belebt)
Ani|ma|tor, der; -s, ...oren ⟨lat.⟩ (Trickfilmzeichner; *schweiz. auch für* Animateur); **Ani|ma|to|rin**
Ani|me, der; -[s], -s ⟨engl.-jap.⟩ (japanischer Zeichentrickfilm)
ani|mie|ren ⟨franz.⟩ (beleben, anregen, ermuntern)
Ani|mier|knei|pe *(ugs.);* **Ani|mier|mäd|chen** *(ugs.)*
Ani|mis|mus, der; -, ...men ⟨lat.⟩ (Lehre von der Beseeltheit aller Dinge); **ani|mis|tisch**
Ani|mo, das; -s ⟨ital.⟩ (*österr. für* Schwung, Lust; Vorliebe)
Ani|mo|si|tät, die; -, -en ⟨lat.⟩ (Feindseligkeit)
Ani|mus, der; - ⟨lat., »Seele«⟩ (*scherzh. für* Ahnung)
An|ion, das; -s, -en ⟨griech.⟩ (*Physik* negativ geladenes elektrisches Teilchen)
Anis [*auch* ˈaː...], der; -[es], -e ⟨griech.⟩ (eine Gewürz- u. Heilpflanze)
Ani|sette [...ˈzɛt], der; -[s], -s ⟨franz.⟩ (Anislikör)
Ani|ta (w. Vorn.)
An|ja (w. Vorn.)
An|jou [ãˈʒuː] (altfranz. Grafschaft; Fürstengeschlecht)
Ank. = Ankunft
an|kämp|fen
An|ka|ra (Hauptstadt der Türkei)
An|ka|the|te, die; -, -n *(Geometrie)*
An|kauf; An- und Verkauf ↑K31
an|kau|fen
An|kaufs|etat; An|kaufs|recht
An|ke (w. Vorn.)
An|ken, der; -s (*schweiz. mdal. für* Butter)
An|ker, der; -s, -; vor Anker gehen, liegen
An|ker|bo|je; An|ker|ket|te
an|kern; ich ankere
An|ker|platz; An|ker|spill; An|ker|tau, das; -[e]s, -e; **An|ker|win|de**
an|ket|ten
an|kläf|fen *(ugs.)*
An|kla|ge
An|kla|ge|bank *Plur.* ...bänke
An|kla|ge|er|he|bung *(Rechtsspr.)*
an|kla|gen; An|kla|ge|punkt
An|klä|ger; An|klä|ge|rin
An|kla|ge|schrift
An|k|lam (Stadt an der Peene)
an|klam|mern; sich anklammern
An|klang; Anklang finden
an|kle|ben

ankleben

In Verbindung mit »an« kann »ankleben« sowohl mit dem Akkusativ der Richtung als auch mit dem Dativ des Ortes verbunden werden:

Wir haben einen kleinen Zettel an die Tür *od.* an der Tür angeklebt.

An|klei|de|ka|bi|ne
an|klei|den; sich ankleiden
An|klei|de|raum
an|kli|cken
an|klin|geln (*landsch. für* anrufen)
an|klin|gen
an|klop|fen

an|knab|bern
an|knack|sen (*ugs. für* schädigen); meine Gesundheit ist angeknackst
an|knip|sen *(ugs.)*
an|knüp|fen
An|knüp|fung; An|knüp|fungs|punkt
an|knur|ren
an|ko|chen
an|koh|len; jmdn. ankohlen (*ugs. für* zum Spaß belügen)
an|ko|keln (*landsch. für* anbrennen); ich kok[e]le an
an|kom|men; es kommt mir nicht darauf an
An|kömm|ling
an|kön|nen (*ugs. für* sich gegen jmdn. durchsetzen können); er kann gegen sie nicht an
an|kop|peln; ich kopp[e]le an
an|kör|nen (*Handwerk* zu bohrende Löcher mit dem Körner markieren)
an|kot|zen (*derb für* anwidern)
an|kral|len; sich an das *od.* am Gitter ankrallen
an|krat|zen; sich ankratzen (*ugs. für* sich einschmeicheln)
an|krei|den; jmdm. etwas ankreiden (*ugs. für* zur Last legen)
An|kreis *(Geometrie)*
an|kreu|zeln *(bayr., österr. ugs.);* **an|kreu|zen**
an|ku|cken (*nordd. für* angucken)
an|kün|den (*älter u. schweiz. für* ankündigen)
an|kün|di|gen; An|kün|di|gung
An|kunft, die; -, Ankünfte *Plur. selten* (*Abk.* Ank.)
An|kunfts|stem|pel; An|kunfts|zeit
an|kur|beln
An|kur|be|lung, An|kurb|lung
An|ky|lo|se, die; -, -n ⟨griech.⟩ (*Med.* Gelenkversteifung)
an|la|bern (*ugs. für* ansprechen)
an|lä|cheln; ich läch[e]le sie an
an|la|chen
An|la|ge; etwas als *od.* in der Anlage übersenden; öffentliche Anlagen (Parks)
An|la|ge|be|ra|ter *(Wirtsch.);* **An|la|ge|be|ra|te|rin**
An|la|gen|bau, der; -[e]s *(Technik)*
An|la|gen|fi|nan|zie|rung
An|la|ge|pa|pier
an|la|gern *(Chemie);* **An|la|ge|rung**
An|la|ge|ver|mö|gen
an|lan|den; etwas, jmdn. anlanden (an Land bringen); irgendwo anlanden (anlegen); **An|lan|dung**
an|lan|gen; wir waren am Ziel angelangt; *vgl.* an[be]langen
An|lass, der; -es, Anlässe; Anlass geben, haben
an|lass|be|zo|gen; anlassbezogene Kontrolle
an|las|sen; An|las|ser *(Technik)*
An|lass|fall (*österr. für* Ereignis, das eine Reaktion auslöst)
an|läss|lich *(Amtsspr.); Präp. mit Gen.:* anlässlich des Festes
an|las|ten (zur Last legen)
An|lauf; an|lau|fen
An|lauf|ge|schwin|dig|keit; An|lauf|schwie|rig|keit *meist Plur.;* **An|lauf|stel|le; An|lauf|ver|lus|te** *Plur.;* **An|lauf|zeit**
An|laut; an|lau|ten (mit einem bestimmten Laut beginnen)
an|läu|ten; jmdn., *südd. auch, schweiz. nur* jmdm. anläuten (jmdn. telefonisch anrufen)
an|le|gen; An|le|ge|platz
An|le|ger (jmd., der Kapital anlegt; *Druckw.* Papiereinführer); **An|le|ge|rin**
An|le|ge|stel|le
an|leh|nen; ich lehne mich an die Wand an
An|leh|nung; An|leh|nungs|be|dürf|nis; an|leh|nungs|be|dürf|tig
An|leh|re (*schweiz. für* Anlernzeit, Kurzausbildung)
an|lei|ern (*ugs. für* ankurbeln); ein Hilfsprogramm anleiern
An|lei|he; An|lei|he|ab|lö|sung; An|lei|he|pa|pier
an|lei|men
an|lei|nen; den Hund anleinen
an|lei|ten; An|lei|tung
An|lern|be|ruf
an|ler|nen; jmdn. anlernen; das habe ich mir angelernt *(ugs.)*
An|lern|ling; An|lern|zeit
an|le|sen
an|lie|fern; An|lie|fe|rung
an|lie|gen; eng am Körper anliegen; *vgl.* angelegen
An|lie|gen, das; -s, - (Wunsch)
an|lie|gend *(Kaufmannsspr.);* anliegend (anbei) der Bericht
An|lie|ger (Anwohner); **An|lie|ge|rin; An|lie|ger|staat** *Plur.* ...staaten; **An|lie|ger|ver|kehr**
an|lie|ken (*Seemannsspr.* das Liek an einem Segel befestigen)
an|lo|ben (*österr. für* vereidigen)
an|lo|cken
an|lö|ten
an|lü|gen
an|lu|ven (*Seemannsspr.* Winkel zwischen Kurs u. Windrichtung verkleinern)
Anm. = Anmerkung
An|ma|che, die; - *(ugs.)*
an|mä|che|lig (*schweiz. mdal. für* reizend, attraktiv)
an|ma|chen (*ugs. auch für* ansprechen; belästigen)
an|mah|nen
an|mai|len (*ugs. für* eine Mail zuschicken)
an|ma|len
An|marsch, der; **An|marsch|weg**
an|ma|ßen, sich; du maßt dir etwas an; sich so etwas anzumaßen; **an|ma|ßend; An|ma|ßung**
an|me|ckern (*ugs. für* nörgelnd belästigen); jmdn. anmeckern
an|mei|ern (*landsch. für* anführen, betrügen)
An|mel|de|for|mu|lar; An|mel|de|frist
an|mel|den
An|mel|de|pflicht; an|mel|de|pflich|tig; An|mel|de|schluss; An|mel|dung
an|men|gen *(landsch.);* Mehl [mit Sauerteig] anmengen
an|mer|ken; ich ließ mir nichts anmerken
An|mer|kung (*Abk.* Anm.)
an|mes|sen; jmdm. einen Anzug anmessen
an|mie|ten; An|mie|tung
an|mo|de|rie|ren (als Moderator[in] die Einführungsworte sprechen)
an|mon|tie|ren
an|mot|zen (*ugs. für* nörgelnd belästigen); jmdn. anmotzen
an|mus|tern (*Seemannsspr.* anwerben; den Dienst aufnehmen); **An|mus|te|rung**
An|mut, die; -
an|mu|ten; es mutet mich seltsam an (wirkt seltsam auf mich)
an|mu|tig; an|mut[s]|voll
An|mu|tung (Eindruck; bestimmte Wirkung)
[1]**An|na** (w. Vorn.); Anna selbdritt (Anna, Maria u. das Jesuskind)
[2]**An|na,** der; -[s], -[s] ⟨Hindi⟩ (frühere Münzeinheit in Indien; $^{1}/_{16}$ Rupie)
An|na|bel|la (w. Vorn.)
an|na|geln; ich nag[e]le an
an|nä|hen
an|nä|hern; sich annähern; **an|nä|hernd;** annähernd gleich groß
An|nä|he|rung; An|nä|he|rungs|ver|such
an|nä|he|rungs|wei|se
An|nah|me, die; -, -n
An|nah|me|er|klä|rung; An|nah|me|frist; An|nah|me|stel|le; An|nah|me|ver|merk; An|nah|me|ver|wei|ge|rung

An|na|len *Plur.* ‹lat.› ([geschichtliche] Jahrbücher)
An|na|pur|na, der; -[s] (Gebirgsmassiv im Himalaja)
An|na|ten *Plur.* ‹lat.› (finanzielle Abgaben an die päpstl. Kurie im MA.)
Änn|chen (w. Vorn.)
An|ne, Än|ne (*für* Anna; w. Vorn.)
An|ne|do|re (w. Vorn.)
An|ne|gret (w. Vorn.)
An|ne|heid, An|ne|hei|de (w. Vorn.)
an|nehm|bar
an|neh|men *vgl.* angenommen
an|nehm|lich *(veraltet);* **An|nehm|lich|keit** *meist Plur.*
an|nek|tie|ren ‹lat.› (sich [gewaltsam] aneignen); **An|nek|tie|rung**
An|ne|li (w. Vorn.)
An|ne|lie|se (w. Vorn.)
An|ne|lo|re (w. Vorn.)
An|ne|ma|rie (w. Vorn.)
An|ne|ro|se (w. Vorn.)
An|net|te, Anet|te (w. Vorn.)
An|nex, der; -es, -e ‹lat.› (Zubehör; Anhängsel)
An|ne|xi|on, die; -, -en ([gewaltsame] Aneignung); **An|ne|xi|o|nis|mus,** der; - (Bestrebungen, eine Annexion herbeizuführen)
An|ni, Än|ni (w. Vorn.)
An|ni|ver|sar, das; -s, -e, **An|ni|ver|sa|ri|um,** das; -s, ...ien *meist Plur.* ‹lat.› (*kath. Kirche* jährlich wiederkehrende Gedächtnisfeier für einen Toten)
an|no ‹lat.› (*geh. für* im Jahre; *Abk.* a.); anno elf; anno 1648; anno dazumal; anno Tobak (*ugs. für* in alter Zeit)
An|no Do|mi|ni (im Jahre des Herrn; *Abk.* A. D.); Anno Domini 1648
An|non|ce [aˈnõːsə, *österr.* aˈnõːs], die; -, -n ‹franz.› (Zeitungsanzeige); **An|non|cen|ex|pe|di|ti|on** (Anzeigenvermittlung)
an|non|cie|ren
An|no|ne, die; -, -n ‹indian.› (trop. Baum mit essbaren Früchten)
An|no|ta|ti|on, die; -, -en *meist Plur.* ‹lat.› (*veraltet für* Aufzeichnung, Vermerk; *Buchw.* kurze Charakterisierung eines Buches)
an|nu|ell ‹franz.› (*Bot.* einjährig)
An|nu|i|tät, die; -, -en ‹lat.› (jährliche Zahlung zur Tilgung einer Schuld)
An|nul|la|ti|on, die; -, -en (*schweiz. für* Annullierung); **an|nul|lie|ren** ‹lat.› (für ungültig erklären); **An|nul|lie|rung**
An|nun|zi|a|ten|or|den (ehem. höchster ital. Orden)
Ano|de, die; -, -n ‹griech.› (*Physik* positive Elektrode, Pluspol)
an|öden (*ugs. für* langweilen)
Ano|den|bat|te|rie *(Physik);* **Ano|den|span|nung**
an|o|mal [*od.* ...ˈmaːl] ‹griech.› (unregelmäßig, regelwidrig); **An|o|ma|lie,** die; -, ...ien
Ano|mie, die; -, ...ien ‹griech.› (*Soziol.* Zustand gestörter Stabilität der sozialen Beziehungen)
an|o|nym ‹griech.› (ohne Nennung des Namens, ungenannt); ein anonymer Anrufer, *aber* ↑K 88: Anonyme Alkoholiker
An|o|ny|ma *Plur.* (Schriften ohne Verfasserangabe)
an|o|ny|mi|sie|ren
An|o|ny|mi|tät, die; - (Unbekanntheit des Namens; Namenlosigkeit)
An|o|ny|mus, der; -, *Plur.* ...mi *u.* ...nymen (Ungenannter)
An|o|phe|les, die; -, - ‹griech.› (*Zool.* Malariamücke)
Ano|rak, der; -s, -s ‹eskim.› (Windbluse mit Kapuze)
an|ord|nen; An|ord|nung (*Abk.* AO)
An|o|rek|ti|kum, das; -s, ...ka ‹griech.› (Appetitzügler); **an|o|rek|tisch; An|o|re|xia ner|vo|sa,** die; - - ‹nlat.› (*Med.* Magersucht); **An|o|re|xie,** die; -, ...ien (*Med.* Appetitlosigkeit)
an|or|ga|nisch ‹griech.› (unbelebt); anorganische Chemie
anor|mal ‹mlat.› (regelwidrig, ungewöhnlich, krankhaft)
An|or|thit, der; -s ‹griech.› (ein Mineral)
Anouilh [aˈnuj] (franz. Dramatiker)
an|pa|cken
an|pad|deln; ich padd[e]le an; **An|pad|deln,** das; -s (jährl. Beginn des Paddelsports)
an|pass|bar
an|pas|sen; An|pas|sung
an|pas|sungs|fä|hig; An|pas|sungs|fä|hig|keit
an|pat|zen (*bayr., österr. ugs. für* bekleckern; *österr. ugs. auch für* verleumden)
an|pei|len; An|pei|lung
an|pfei|fen (*ugs. auch für* heftig tadeln); **An|pfiff**
an|pflan|zen; An|pflan|zung
an|pflau|men (*ugs. für* necken, verspotten; heftig zurechtweisen); **An|pflau|me|rei**
an|pi|cken (*bayr., österr. für* ankleben)
an|pin|keln *(ugs.)*
an|pin|nen (*ugs. für* mit Pinnen befestigen)
an|pir|schen; sich anpirschen (*ugs. für* sich heranschleichen)
an|pis|sen (*derb für* an, auf etwas urinieren; verärgern); sie war ziemlich angepisst
an|pö|beln (*ugs. abwertend für* in grober Weise belästigen)
An|prall, der; -[e]s; **an|pral|len**
an|pran|gern (öffentl. tadeln); ich prangere an; **An|pran|ge|rung**
an|prei|en (*Seemannsspr.* [ein anderes Schiff] anrufen)
an|prei|sen; An|prei|sung
An|pro|be; an|pro|bie|ren
an|pum|pen *(ugs.);* jmdn. anpumpen (sich Geld leihen)
an|pus|ten *(ugs.)*
an|quas|seln (*ugs. für* ungeniert ansprechen)
an|quat|schen (*ugs. für* ungeniert ansprechen)
an|rai|nen (angrenzen); **An|rai|ner** (*Rechtsspr., bes. österr. für* Anlieger, Grenznachbar); **An|rai|ne|rin; An|rai|ner|staat**
an|ran|zen (*ugs. für* scharf tadeln); du ranzt an; **An|ran|zer** *(ugs.)*
an|ra|ten; An|ra|ten, das; -s; auf Anraten des Arztes
an|rau|chen; die Zigarre anrauchen
an|rau|en; angeraut
an|raun|zen (*ugs. für* scharf zurechtweisen)
an|rech|nen; das rechne ich dir hoch an; **An|rech|nung;** *(Amtsspr.:)* in Anrechnung bringen, *dafür besser* anrechnen
An|recht; An|rechts|kar|te
An|re|de
An|re|de|fall, der (*für* Vokativ); **An|re|de|für|wort** (z. B. du, Sie)
an|re|den; jmdn. mit Sie, Du anreden
an|re|gen; an|re|gend
An|re|gung; An|re|gungs|mit|tel
an|rei|chern; ich reichere an; Lebensmittel mit Vitaminen anreichern; **An|rei|che|rung**
an|rei|hen; an|rei|hend (*für* kopulativ)
An|rei|se; an|rei|sen; An|rei|se|tag
an|rei|ßen
An|rei|ßer (Vorzeichner; aufdringlicher Kundenwerber); **An|rei|ße|rin**

ạn|rei|ße|risch (aufdringlich; marktschreierisch)
Ạn|reiz; ạn|rei|zen
ạn|rem|peln *(ugs.);* ich remp[e]le an; **Ạn|rem|pe|lung, Ạn|remp|lung**
ạn|ren|nen
Ạn|rich|te, die; -, -n; **ạn|rich|ten; Ạn|rich|te|tisch**
Ạn|riss, der; -es, -e (*Technik* Vorzeichnung; *Sport* kräftiges Durchziehen zu Beginn eines Ruderschlages)
ạn|rol|len; angerollt kommen
ạn|ros|ten; angerostetes Eisen
ạn|rü|chig; Ạn|rü|chig|keit
ạn|ru|cken (mit einem Ruck anfahren)
ạn|rü|cken ([in einer Formation] näher kommen)
ạn|ru|dern; Ạn|ru|dern, das; -s (jährl. Beginn des Rudersports)
Ạn|ruf; Ạn|ruf|be|ant|wor|ter
ạn|ru|fen; Ạn|ru|fer; Ạn|ru|fe|rin; Ạn|ru|fung
ạn|rüh|ren
ạns ↑K14 (an das); bis ans Ende
ạn|sä|en; Weizen ansäen
Ạn|sa|ge, die; -, -n; **Ạn|sa|ge|dienst; ạn|sa|gen**
ạn|sä|gen
Ạn|sa|ger (*kurz für* Rundfunk-, Fernsehansager); **Ạn|sa|ge|rin**
ạn|sa|men (*Forstwirtsch.* sich durch herabfallende Samen entwickeln)
ạn|sam|meln; Ạn|samm|lung
ạn|säs|sig; Ạn|säs|sig|keit, die; -
Ạn|satz; Ạn|satz|punkt; Ạn|satz|rohr *(Med.);* **Ạn|satz|stück**
ạn|satz|wei|se
ạn|sau|fen *(derb);* ich saufe mir einen an (ich betrinke mich)
ạn|sau|gen
ạn|säu|seln; ich säus[e]le mir einen an (*ugs. für* ich betrinke mich leicht); *vgl.* angesäuselt
Ạns|bach (Stadt in Mittelfranken)
Ạn|schaf|fe, die; - (*ugs.; auch für* Prostitution)
ạn|schaf|fen (*bayr., österr. auch für* anordnen); schaffte an, hat angeschafft
Ạn|schaf|fung; Ạn|schaf|fungs|kos|ten *Plur.;* **Ạn|schaf|fungs|preis**
ạn|schäf|ten; Pflanzen anschäften (veredeln)
ạn|schal|ten
ạn|schau|en
ạn|schau|lich; Ạn|schau|lich|keit
Ạn|schau|ung; Ạn|schau|ungs|ma|te|ri|al; Ạn|schau|ungs|un|ter|richt

Ạn|schein, der; -[e]s; allem, dem Anschein nach
ạn|schei|nend

anscheinend / scheinbar

Mit »anscheinend« wird die Vermutung zum Ausdruck gebracht, dass etwas so ist, wie es erscheint.

– Herr Maier ist anscheinend krank. (= Es sieht so aus/hat den Anschein, als ob Herr Maier krank sei; vermutlich ist er es tatsächlich.)

Das Adjektiv »scheinbar« besagt, dass etwas nur dem Schein nach, nicht aber in Wirklichkeit so ist, wie es sich darstellt. Dieses Wort steht im Gegensatz zu »wirklich«, »wahr«, »tatsächlich«:

– Die meisten Abstürze passieren in scheinbar harmlosem Gelände.

ạn|schei|ßen (*derb für* heftig tadeln)
ạn|schi|cken, sich
ạn|schie|ben
ạn|schie|ßen
ạn|schim|meln
ạn|schir|ren; ein Pferd anschirren
Ạn|schiss, der; -es, -e (*derb für* heftiger Tadel)
Ạn|schlag; Ạn|schlag|brett; ạn|schla|gen
Ạn|schlä|ger *(Bergmannsspr.)*
ạn|schlä|gig (*landsch. für* schlau, geschickt)
Ạn|schlag|säu|le; Ạn|schlag|ta|fel
ạn|schlei|chen; sich anschleichen
[1]**ạn|schlei|fen;** sie hat das Messer angeschliffen (ein wenig scharf geschliffen); *vgl.* schleifen
[2]**ạn|schlei|fen;** er hat den Sack angeschleift (*ugs. für* schleifend herangezogen); *vgl.* schleifen
ạn|schlep|pen
ạn|schlie|ßen; ạn|schlie|ßend
Ạn|schluss; Ạn|schluss|ka|bel
Ạn|schluss|stel|le, Ạn|schluss-Stel|le; Ạn|schluss|stre|cke, Ạn|schluss-Stre|cke
Ạn|schluss|tor *(Sport);* **Ạn|schluss|tref|fer**
Ạn|schluss|zug
ạn|schmach|ten
ạn|schme|cken (probieren; am Geschmack bemerken)
ạn|schmei|cheln, sich
ạn|schmie|gen; sich an jmdn. anschmiegen

ạn|schmieg|sam; Ạn|schmieg|sam|keit, die; -
ạn|schmie|ren (*ugs. auch für* betrügen)
ạn|schmut|zen; angeschmutzt
ạn|schnal|len; sich anschnallen
Ạn|schnall|pflicht, die; -
ạn|schnau|zen (*ugs. für* grob tadeln); **Ạn|schnau|zer** *(ugs.)*
ạn|schnei|den; Ạn|schnitt
Ạn|schop|pung (*Med.* vermehrte Ansammlung von Blut in den Kapillaren)
An|scho̱|vis [...ˈʃoː...] *vgl.* Anchovis
ạn|schrau|ben
ạn|schrei|ben; Ạn|schrei|ben
ạn|schrei|en
Ạn|schrift
Ạn|schub; Ạn|schub|fi|nan|zie|rung *(Wirtsch.)*
ạn|schul|di|gen; Ạn|schul|di|gung
Ạn|schuss *(Jägerspr.)*
ạn|schüt|ten (*österr. für* Flüssigkeit auf jmdn. schütten; verleumden)
ạn|schwär|zen (*ugs. auch für* verleumden)
ạn|schwei|gen
ạn|schwei|ßen
[1]**ạn|schwel|len;** der Strom schwillt an, war angeschwollen; *vgl.* [1]schwellen
[2]**ạn|schwel|len;** der Regen hat die Flüsse angeschwellt; *vgl.* [2]schwellen
Ạn|schwel|lung
ạn|schwem|men; Ạn|schwem|mung
ạn|schwin|deln *(ugs.);* ich schwind[e]le sie an
ạn|schwit|zen (in heißem Fett gelb werden lassen)
Ạn|schwung *(Turnen)*
Ạn|se, die; -, -n (kleine, seichte Bucht)
ạn|se|geln; ich seg[e]le an; **Ạn|se|geln,** das; -s (jährl. Beginn des Segel[flug]sports)
ạn|se|hen; ich sehe mir das an; *vgl.* angesehen
Ạn|se|hen, das; -s; ohne Ansehen der Person (ganz gleich, um wen es sich handelt)
ạn|se|hens|wert
ạn|sehn|lich; Ạn|sehn|lich|keit, die; -
ạn|sei|len; sich anseilen
ạn sein *vgl.* an
Ạn|selm (m. Vorn.); *vgl.* Anshelm
An|sẹl|ma (w. Vorn.)
ạn|sen|gen (leicht versengen)
ạn|set|zen; am oberen Ende ansetzen; einen Saum an den *od.* am Rock ansetzen; **Ạn|set|zung**
Ạns|gar (m. Vorn.)
Ạns|helm (m. Vorn.)

[1]an sich (eigentlich)
[2]an sich; etw. an sich haben, bringen
An|sicht, die; -, -en; meiner Ansicht nach (*Abk.* m. A. n.)
an|sich|tig; *mit Gen.:* des Gebirges ansichtig werden *(geh.)*
An|sichts|kar|te; An|sichts|sa|che; An|sichts|sen|dung
an|sie|deln; ich sied[e]le mich an
An|sie|de|lung, An|sied|lung
An|sied|ler; An|sied|le|rin
An|sied|lung *vgl.* Ansiedelung
An|sin|nen, das; -s, -; ein Ansinnen an jmdn. stellen
An|sitz (*Jägerspr.; österr. auch für* repräsentativer Wohnsitz)
an|sonst (*bayr., schweiz., österr. für* anderenfalls); **an|sons|ten** (*ugs. für* im Übrigen, anderenfalls)
an|span|nen; An|span|nung
an|spa|ren
an|spei|en (*geh. für* anspucken)
An|spiel, das; -[e]s, -e *(Ballspiele, Eishockey)*
an|spiel|bar; an|spie|len
An|spie|lung (versteckter Hinweis)
an|spin|nen; etw. spinnt sich an
an|spit|zen (*ugs. auch für* antreiben)
An|spit|zer
An|sporn, der; -[e]s; **an|spor|nen; An|spor|nung**
An|spra|che
an|sprech|bar
an|spre|chen; auf etw. ansprechen (reagieren); **an|spre|chend;** am ansprechendsten ↑K74
An|sprech|part|ner; An|sprech|part|ne|rin
an|sprin|gen
an|sprit|zen
An|spruch; etwas in Anspruch nehmen; **An|spruchs|den|ken**
an|spruchs|los; An|spruchs|lo|sig|keit
an|spruchs|voll
An|sprung
an|spu|cken
an|spü|len; An|spü|lung
an|sta|cheln
An|stalt, die; -, -en; keine Anstalten zu etw. machen (nicht beginnen [wollen])
An|stalts|er|zie|hung; An|stalts|lei|ter, der; **An|stalts|lei|te|rin**
An|stand, der; -[e]s, ...stände; keinen Anstand an dem Vorhaben nehmen (*geh. für* keine Bedenken haben)
an|stän|dig; An|stän|dig|keit
an|stands|hal|ber; an|stands|los
An|stands|re|gel; An|stands|wau|wau *(ugs.)*
an|stän|kern *(ugs.);* gegen etw., jmdn. anstänkern
an|star|ren
an|statt; anstatt dass ↑K126; *vgl.* [1]statt
an|stau|ben
an|stau|en
an|stau|nen
an|ste|chen; ein Fass anstechen (anzapfen)
an|ste|cken *vgl.* [2]stecken; **an|ste|ckend**
An|ste|cker; An|steck|na|del
An|ste|ckung; An|ste|ckungs|ge|fahr
an|ste|hen (*auch Bergmannsspr.* hervortreten, zutage liegen); ich stehe nicht an (habe keine Bedenken); auf jmdn. anstehen (*österr. für* angewiesen sein)
an|ste|hend; die anstehenden (bevorstehenden) Wahlen; anstehende (zu erledigende) Aufgaben
an|stei|gen

an|stel|le, an Stel|le

mit Genitiv:
- anstelle *od.* an Stelle von Worten
- anstelle *od.* an Stelle des Vaters; *aber* an die Stelle des Vaters ist der Vormund getreten

an|stel|len; sich anstellen; **An|stel|le|rei** *(abwertend)*
an|stel|lig (geschickt); **An|stel|lig|keit,** die; -
An|stel|lung; An|stel|lungs|ver|trag
an|steu|ern
An|stich (eines Fasses [Bier])
An|stieg, der; -[e]s, -e
an|stie|ren
an|stif|ten; An|stif|ter; An|stif|te|rin; An|stif|tung
an|stim|men; ein Lied anstimmen
an|stin|ken (*ugs. für* anwidern; sich auflehnen); die Sache stinkt mich an; dagegen muss man anstinken
An|stoß; an etwas Anstoß nehmen
an|sto|ßen
An|stö|ßer (*schweiz. für* Anlieger, Anrainer); **An|stö|ße|rin**
an|stö|ßig; An|stö|ßig|keit
an|strah|len; An|strah|lung
an|strän|gen; ein Pferd ansträngen (anschirren)
an|stre|ben; an|stre|bens|wert
an|strei|chen; An|strei|cher; An|strei|che|rin
an|stren|gen; sich anstrengen (sehr bemühen); einen Prozess anstrengen
an|stren|gend; An|stren|gung
An|strich
an|stü|cken
An|sturm, der; -[e]s; **an|stür|men**
an|su|chen; um etwas ansuchen (*Amtsspr.* um etwas bitten)
An|su|chen, das; -s, - (förmliche Bitte; Gesuch); auf Ansuchen;
An|su|cher; An|su|che|rin
An|t|a|go|nis|mus, der; -, ...men ‹griech.› (Widerstreit; Gegensatz); **An|t|a|go|nist,** der; -en, -en (Gegner); **An|t|a|go|nis|tin; an|t|a|go|nis|tisch**
an|tail|lie|ren (*Schneiderei* mit leichter Taille versehen)
An|tal|ya (Stadt in der Türkei)
An|ta|na|na|ri|vo (Hauptstadt Madagaskars)
an|tan|zen (*ugs. für* kommen)
An|t|a|res [*auch* 'antarɛs], der; - ‹griech.› (ein Stern)
Ant|ark|ti|ka (antarktischer Kontinent); **Ant|ark|tis,** die; - ‹griech.› (Gebiet um den Südpol); **ant|ark|tisch**
an|tas|ten
an|tau|chen (*österr. ugs. für* anschieben; sich mehr anstrengen)
an|tau|en
An|tä|us (Gestalt der griech. Sage)
an|täu|schen *(Sport)*
An|te, die; -, -n ‹lat.› (*Archit.* viereckiger Wandpfeiler)
an|tea|sen [...tiːzn̩] ‹dt.; engl.› (*bes. Werbe- u. Mediensprache* [Kunden, Konsumenten] auf etwas neugierig machen); teaste an, angeteast
an|te Chris|tum [na|tum] ‹lat.› (*veraltet für* vor Christi Geburt, vor Christus; *Abk.* a. Chr. [n.])
An|teil, der; -[e]s, -e
an|tei|lig; der anteilige Gewinn
An|teil|nah|me, die; -, -n
An|teil|schein; An|teils|eig|ner (Inhaber eines Anteilscheins);
An|teils|eig|ne|rin
an|teil[s]|mä|ßig
an|te me|ri|di|em ‹lat.› (vormittags; *Abk.* a. m.)
an|te mor|tem ‹lat.› (*Med.* kurz vor dem Tode; *Abk.* a. m.)
An|ten|ne, die; -, -n ‹lat.›
An|ten|nen|fern|se|hen
An|ten|nen|mast
An|ten|nen|wald *(ugs.)*
An|ten|tem|pel ‹lat.› (altgriech. Tempel mit Anten)

An|te|pen|di|um, das; -s, ...ien ‹lat.› (Verkleidung des Altarunterbaus)
An|the|mi|on, das; -s, ...ien ‹griech.› (*Archit.* [altgriech.] Schmuckfries)
An|the|re, die; -, -n (*Bot.* Staubbeutel der Blütenpflanzen)
An|tho|lo|gie, die; -, ...ien ([Gedicht]sammlung; Auswahl); **an|tho|lo|gisch** (ausgewählt)
An|th|ra|cen, An|th|ra|zen, das; -s, -e ‹griech.› (aus Steinkohlenteer gewonnene chem. Verbindung)
[1]**An|th|rax**, der; - ‹griech.› (*Med.* Milzbrand)
[2]**An|th|rax**, das; - (Kampfstoff mit Anthraxerregern)
An|th|ra|zen *vgl.* Anthracen
an|th|ra|zit (schwarzgrau)
An|th|ra|zit, der; -s, -e *Plur. selten* (hochwertige Steinkohle); **an|th|ra|zit|far|ben, an|th|ra|zit|far|big**
an|th|ro|po|gen ‹griech.› (durch den Menschen beeinflusst, verursacht); anthropogene Faktoren; **An|th|ro|po|ge|nie**, die; -, ...ien ([Lehre von der] Entstehung des Menschen)
an|th|ro|po|id (menschenähnlich); **An|th|ro|po|i|de**, der; -n, -n, **An|th|ro|po|id**, der; -en, -en (Menschenaffe)
An|th|ro|po|lo|ge, der; -n, -n; **An|th|ro|po|lo|gie**, die; -, ...ien (Wissenschaft vom Menschen u. seiner Entwicklung); **An|th|ro|po|lo|gin; an|th|ro|po|lo|gisch**
an|th|ro|po|morph (menschenähnlich); **an|th|ro|po|mor|phisch** (die menschliche Gestalt betreffend); **An|th|ro|po|mor|phis|mus**, der; -, ...men (Vermenschlichung [des Göttlichen])
An|th|ro|po|pha|ge, der; -n, -n (*fachspr. für* Kannibale)
An|th|ro|po|pho|bie, die; -, ...ien (*Psychol.* Menschenscheu)
An|th|ro|po|soph, der; -en, -en; **An|th|ro|po|so|phie**, die; - (von R. Steiner begründete Weltanschauungslehre); **An|th|ro|po|so|phin; an|th|ro|po|so|phisch**
an|th|ro|po|zen|t|risch (den Menschen in den Mittelpunkt stellend)
An|thu|rie, die; -, -n ‹griech.› (Flamingoblume, eine Zierpflanze)
an|ti... ‹griech., »gegen...«›; **An|ti...** (Gegen...)
An|ti-Aging, **An|ti|aging** [...ˈleːdʒɪŋ], das; -s ‹engl.› (Gesamtheit der med. u. kosmet. Maßnahmen zur Verzögerung der Alterungsprozesse)
An|ti-AKW-De|mons|t|ra|ti|on [...- |aːkaːˈveː...]
An|ti|al|ko|ho|li|ker [*auch* ˈan...] ‹griech.; arab.› (Alkoholgegner); **An|ti|al|ko|ho|li|ke|rin**
an|ti|ame|ri|ka|nisch [*auch* ˈan...] (gegen die USA gerichtet); **An|ti|ame|ri|ka|nis|mus**, der; -
An|ti|apart|heid|be|we|gung
an|ti|au|to|ri|tär [*auch* ˈan...] ‹griech.; lat.› (autoritäre Normen ablehnend)
An|ti|ba|by|pil|le [...ˈbeː...] ‹griech.; engl.; lat.› *(ugs.)*
an|ti|bak|te|ri|ell [*auch* ˈan...]
an|ti|bio|ti|ka|re|sis|tent
An|ti|bio|ti|kum, das; -s, ...ka ‹griech.› (*Pharm.* biologischer Wirkstoff gegen Krankheitserreger); **an|ti|bio|tisch**
An|ti|blo|ckier|sys|tem ‹griech.; franz.; griech.› (*Abk.* ABS)
an|ti|cham|b|rie|ren [...ʃ...] ‹franz.› (katzbuckeln, dienern)
An|ti|christ, der; -[s] (*Rel.* der Widerchrist, Teufel) *u.* der; -en, -en ‹griech.› (Gegner des Christentums); **an|ti|christ|lich**
an|ti|de|mo|kra|tisch [*auch* ˈan...]
An|ti|de|pres|si|vum, das; -s, ...va *meist Plur.* ‹griech.; lat.› (*Pharm.* Mittel gegen Depressionen)
An|ti|di|a|be|ti|kum, das; -s, ...ka ‹griech.› (*Pharm.* Medikament gegen Diabetes)
An|ti|dot, das; -[e]s, -e, **An|ti|do|ton**, das; -s, ...ta ‹griech.› (*Med.* Gegengift)
An|ti|dum|ping|ge|setz [...ˈda...] ‹griech.; engl.; dt.› *(Wirtsch.)*
An|ti|fa (*Jargon; kurz für* Antifaschismus)
An|ti|fa|schis|mus [*auch* ˈan...] ‹griech.; ital.› (Gegnerschaft gegen Faschismus u. Nationalsozialismus); **An|ti|fa|schist** [*auch* ˈan...], der; -en, -en; **An|ti|fa|schis|tin** [*auch* ˈan...]; **an|ti|fa|schis|tisch** [*auch* ˈan...]
An|ti|fon, An|ti|phon, die; -, -en, **An|ti|fo|ne**, An|ti|pho|ne, die; -, -n ‹griech.› (liturg. Wechselgesang)
An|ti|fo|na|le, An|ti|pho|na|le, das; -s, ...lien, **An|ti|fo|nar**, An|ti|pho|nar, das; -s, -ien (Sammlung von Antifonen)
An|ti|fou|ling [ˈɛntifau..., *auch* ˈa...], das; -s ‹griech.; engl.› (Anstrich für den unter Wasser befindlichen Teil des Schiffes, der pflanzl. u. tier. Bewuchs verhindert)
An|ti|gen, das; -s, -e ‹griech.› (*Med.*, *Biol.* artfremder Eiweißstoff, der im Körper die Bildung von Abwehrstoffen bewirkt)
An|ti|go|ne [...ne] (griech. Sagengestalt, Tochter des Ödipus)
An|ti|gu|a|ner; An|ti|gu|a|ne|rin; an|ti|gu|a|nisch; An|ti|gua und Bar|bu|da (Inselstaat in der Karibik)
an|ti|haft|be|schich|tet; An|ti|haft|be|schich|tung
An|ti|held ‹griech.; dt.› (inaktive od. negative Hauptfigur in der Literatur); **An|ti|hel|din**
an|ti|im|pe|ri|a|lis|tisch [*auch* ˈan...] (gegen den Imperialismus gerichtet)
an|tik ‹lat.› (altertümlich; dem klass. Altertum angehörend)
an|ti|ka|pi|ta|lis|tisch [*auch* ˈan...] (gegen den Kapitalismus gerichtet)
[1]**An|ti|ke**, die; - (das klass. Altertum u. seine Kultur)
[2]**An|ti|ke**, die; -, -n *meist Plur.* (antikes Kunstwerk)
An|ti|ken|samm|lung
an|ti|kisch (der [1]Antike nachstrebend); **an|ti|ki|sie|ren** (die [1]Antike nachahmen)
an|ti|kle|ri|kal [*auch* ˈan...] ‹griech.› (kirchenfeindlich); **An|ti|kle|ri|ka|lis|mus** [*auch* ˈan...]
An|ti|kli|max, die; -, -e *Plur. selten* ‹griech.› (*Rhet.*, *Stilkunde* Übergang vom stärkeren zum schwächeren Ausdruck)
an|ti|kli|nal ‹griech.› (*Geol.* sattelförmig)
An|ti|klopf|mit|tel (Zusatz zu Vergaserkraftstoffen)
An|ti|kom|mu|nis|mus [*auch* ˈan...] ‹griech.; lat.›; **an|ti|kom|mu|nis|tisch** [*auch* ˈan...]
an|ti|kon|zep|ti|o|nell [*auch* ˈan...] ‹griech.; lat.› (*Med.* die Empfängnis verhütend); **An|ti|kon|zep|ti|vum**, das; -s, ...va (*Med.* empfängnisverhütendes Mittel)
An|ti|kör|per *meist Plur.* ‹griech.; dt.› (*Med.* Abwehrstoff im Blut gegen artfremde Eiweiße)
An|ti|kor|rup|ti|ons|be|hör|de (Behörde zur Bekämpfung der Korruption)
An|ti|kri|tik [*auch* ˈan...] ‹griech.› (Erwiderung auf eine Kritik)
An|til|len *Plur.* (Inselgruppe in der Karibik)
An|ti|lo|pe, die; -, -n ‹franz.› (ein Huftier)

An|ti|ma|chi|a|vell [...ki̯a...], der; -[s] ⟨griech.; ital.⟩ (Schrift Friedrichs d. Gr. gegen Machiavelli)

An|ti|ma|te|rie [*auch* ...ˈteː...] ⟨griech.; lat.⟩ (*Kernphysik* Materie aus Antiteilchen)

An|ti|mi|li|ta|ris|mus [*auch* ˈan...], der; - ⟨griech.; lat.⟩ (Ablehnung militärischer Gesinnung u. Rüstung); **an|ti|mi|li|ta|ris|tisch**

An|ti|mon [*auch* ˈan...], das; -s ⟨arab.⟩ (chemisches Element, Metall; *Zeichen* Sb [*vgl.* Stibium])

an|ti|mo|n|ar|chisch [*auch* ˈan...] ⟨griech.⟩ (monarchiefeindlich)

An|ti|neu|r|al|gi|kum, das; -s, ...ka ⟨griech.⟩ (*Pharm.* Schmerzen stillendes Mittel)

An|ti|no|mie, die; -, ...ien ⟨griech.⟩ (*fachspr. für* Widerspruch eines Satzes in sich od. zweier gültiger Sätze)

An|ti|no|us (schöner griech. Jüngling an Hadrians Hof)

an|ti|o|che|nisch ⟨*zu* Antiochia, Antiochien⟩

An|ti|o|chia [*auch* ...ˈxiːa] (altsyr. Stadt)

An|ti|o|chi|en (mittelalterl. Patriarchat in Kleinasien)

An|ti|o|chi|er; An|ti|o|chi|e|rin

An|ti|o|chos, An|ti|o|chus (m. Eigenname)

An|ti|oxi|dans, **An|ti|oxy|dans**, das; -, ...dantien u. ...danzien (*Chemie* Lebensmittelzusatz, der die Oxidation verhindert)

An|ti|pas|to, der *od.* das; -[s], *Plur.* -s *u.* ...ti ⟨ital.⟩ (*ital. Bez. für* Vorspeise)

An|ti|pa|thie [*auch* ˈan...], die; -, ...ien ⟨griech.⟩ (Abneigung; Widerwille); eine Antipathie gegen jmdn., etwas *od.* gegenüber jmdm., etwas haben; **an|ti|pa|thisch** [*auch* ˈan...]

An|ti|per|so|nen|mi|ne

An|ti|phon usw. *vgl.* Antifon usw.

An|ti|po|de, der; -n, -n ⟨griech.⟩ (*Geogr.* auf dem gegenüberliegenden Punkt der Erde wohnender Mensch; *übertr. für* Gegner); **An|ti|po|din**

an|tip|pen

An|ti|py|re|ti|kum, das; -s, ...ka ⟨griech.⟩ (*Pharm.* fiebersenkendes Mittel)

An|ti|qua, die; - ⟨lat.⟩ (*Druckw.* Lateinschrift)

An|ti|quar, der; -s, -e (jmd., der mit alten Büchern handelt); **An|ti|qua|ri|at**, das; -[e]s, -e (Geschäft, in dem alte Bücher ge- u. verkauft werden; *nur Sing.:* Handel mit alten Büchern); **An|ti|qua|rin; an|ti|qua|risch**

An|ti|qua|schrift (*svw.* Antiqua)

an|ti|quiert (veraltet; altertümlich); antiquierte Überzeugungen, Methoden, Ideen; **An|ti|quiert|heit** *Plur. selten*

An|ti|qui|tät, die; -, -en *meist Plur.* (altertümliches Kunstwerk, Möbel u. a.)

An|ti|qui|tä|ten|han|del; An|ti|qui|tä|ten|händ|ler; An|ti|qui|tä|ten|händ|le|rin; An|ti|qui|tä|ten|samm|ler; An|ti|qui|tä|ten|samm|le|rin

An|ti|ra|ke|te; An|ti|ra|ke|ten|ra|ke|te

An|ti|rau|cher|kam|pa|g|ne

An|ti|se|mit, der; -en, -en; **An|ti|se|mi|tin; an|ti|se|mi|tisch; An|ti|se|mi|tis|mus**, der; -, ...men (Abneigung od. Feindschaft gegenüber Juden)

An|ti|sep|sis, An|ti|sep|tik, die; - ⟨griech.⟩ (*Med.* Vernichtung von Krankheitskeimen [bes. in Wunden]); **An|ti|sep|ti|kum**, das; -s, ...ka (keimtötendes Mittel [bes. bei der Wundbehandlung]); **an|ti|sep|tisch**

An|ti|se|rum [*auch* ˈan...], das; -s, *Plur.* ...ren *u.* ...ra ⟨griech.; lat.⟩ (*Med.* Heilserum mit Antikörpern)

An|ti|spas|mo|di|kum, das; -s, ...ka ⟨griech.⟩ (*Pharm.* krampflösendes Mittel); **an|ti|spas|tisch** (*Med.* krampflösend)

an|ti|sta|tisch ⟨griech.⟩ (*Physik* elektrostatische Aufladung aufhebend)

An|ti|s|tes, der; -, ...stites ⟨lat.⟩ (*kath. Kirche* Ehrentitel für Bischof u. Abt)

An|ti|stro|phe [...st..., *auch* ˈantiʃt...] ⟨griech.⟩ (Chorlied im antiken griech. Drama)

An|ti|teil|chen (*Kernphysik* zu einem Elementarteilchen komplementäres Teilchen mit entgegengesetzter elektr. Ladung)

An|ti|ter|ror|ein|heit; An|ti|ter|ror|krieg (militärische Bekämpfung des Terrorismus)

An|ti|the|se [*auch* ˈan...] ⟨griech.⟩ (entgegengesetzte Behauptung); **An|ti|the|tik**, die; - *(Philos.)*; **an|ti|the|tisch**

An|ti|to|xin [*auch* ˈan...], das; -s, -e ⟨griech.⟩ (*Med.* Gegengift); **an|ti|to|xisch** [*auch* ˈan...]

An|ti|tran|s|pi|rant, das; -s, *Plur.* -e *u.* -s ⟨griech.; lat.⟩ (schweißhemmendes Mittel)

An|ti|vi|ren|pro|gramm (*EDV* Programm gegen Computerviren); **An|ti|vi|ren|soft|ware** *(EDV)*

An|ti|zi|o|nis|mus [*auch* ˈan...] (Ablehnung des Zionismus)

An|ti|zi|pa|ti|on, die; -, -en ⟨lat.⟩ (Vorwegnahme; Vorgriff); **an|ti|zi|pie|ren**

an|ti|zy|k|lisch [*auch* ˈan...] (*Wirtsch.* einem Konjunkturzustand entgegenwirkend)

An|ti|zy|k|lo|ne [*auch* ˈan...] (*Meteorol.* Hochdruckgebiet)

Ant|je (w. Vorn.)

Ant|litz, das; -es, -e *(geh.)*

An|toi|net|te [antoa̯ˈnɛt(ə), *auch* ã...] (w. Vorn.)

An|ton (m. Vorn.)

an|tö|nen (*schweiz. für* andeuten)

An|to|nia, An|to|nie (w. Vorn.)

An|to|ni|us (röm. m. Eigenn.; Heiliger)

an|t|o|nym ⟨griech.⟩ (*Sprachwiss.* von entgegengesetzter Bedeutung); **An|t|o|nym**, das; -s, -e (*Sprachwiss.* Gegen[satz]wort, z. B. »gesund – krank«); **an|t|o|ny|misch** *vgl.* antonym

an|tör|nen (*ugs. für* in gute Stimmung bringen; berauschen)

An|trag, der; -[e]s, ...träge; einen Antrag auf etwas stellen; auf, *österr. auch* über Antrag von ...

an|tra|gen *(geh.)*; jmdm. ein Amt antragen

An|trags|for|mu|lar

an|trags|ge|mäß

An|trag|stel|ler; An|trag|stel|le|rin

an|trai|nie|ren

an|trau|en; angetraut

an|tref|fen

an|trei|ben

An|trei|ber; An|trei|be|rin

an|tre|ten

An|trieb

An|triebs|kraft; An|triebs|schei|be

An|triebs|sys|tem; An|triebs|wel|le

an|trin|ken; sich antrinken (*österr. ugs. für* sich betrinken); ich trinke mir einen an *(ugs.)*

An|tritt, der; -[e]s, -e *Plur. selten*

An|tritts|be|such; An|tritts|re|de; An|tritts|vor|le|sung

an|trock|nen

an|tun; sich etwas antun (*österr. ugs. auch für* sich besonders bemühen; sich [grundlos] aufregen)

[1]**an|tur|nen** (*ugs. für* herbeieilen)

²an|tur|nen [...tøːɐ̯...] ⟨dt.; engl.⟩; *vgl.* antörnen
Antw. = Antwort
Ant|wer|pen (belg. Hafenstadt)
Ant|wort, die; -, -en (*Abk.* Antw.); um [*od.* Um] Antwort wird gebeten (*Abk.* u. [*od.* U.] A. w. g.)
Ant|wort|brief
ant|wor|ten
ant|wort|lich; antwortlich Ihres Briefes (*Amtsspr.* auf Ihren Brief)
Ant|wort|schein *(Postw.);* **Ant|wort|schrei|ben**

annullieren

Die vor allem in der Rechts- und Kaufmannssprache gebräuchliche Bezeichnung geht auf das gleichbedeutende spätlateinische Verb *annullare* zurück und wird deshalb mit zwei *n* und zwei *l* geschrieben.

an und für sich [*auch* - - ˈfyːɐ̯ -]
An|u|rie, die; -, ...ien ⟨griech.⟩ (*Med.* Versagen der Harnausscheidung)
Anus, der; -, Ani ⟨lat.⟩ (*Med.* After); **Anus prae|ter,** der; - -, Ani - (*Med.* künstlicher Darmausgang)
an|ver|trau|en; jmdm. einen Brief anvertrauen; sich jmdm. anvertrauen; ich vertrau[t]e an, *seltener* ich anvertrau[t]e; anvertraut; anzuvertrauen
an|ver|wahrt (*österr. Amtsspr. für* beiliegend)
an|ver|wan|deln *(geh.);* sich etwas anverwandeln (zu eigen machen); ich verwand[e]le mir ihre Meinung an, *seltener* ich anverwand[e]le mir ...; **An|ver|wand|lung** *(geh.)*
An|ver|wand|te, der *u.* die; -n, -n *(geh.)*
an|vi|sie|ren
Anw. = Anweisung
an|wach|sen
an|wäh|len
An|wähl|pro|gramm (*svw.* Dialer)
An|walt, der; -[e]s, ...wälte; **An|wäl|tin; an|walt|lich**
An|walt|schaft, die; -, -en *Plur. selten;* **An|walts|kam|mer; An|walts|kanz|lei**
an|wan|deln; An|wan|de|lung, *häufiger* **An|wand|lung**
an|wan|zen, sich (*ugs. für* sich anbiedern)
an|wär|men
An|wär|ter; An|wär|te|rin
An|wart|schaft, die; -, -en

an was / woran

An was kommt in der gesprochenen Sprache recht häufig vor: *An was hast du das gemerkt?* Im geschriebenen Standarddeutsch wird in der Regel *woran* verwendet: *Woran hast du das gemerkt?*

an|wei|sen *vgl.* angewiesen
An|wei|sung (*Abk.* Anw.)
an|wend|bar; An|wend|bar|keit
an|wen|den; ich wandte *od.* wendete die Regel an, habe angewandt *od.* angewendet; die angewandte *od.* angewendete Regel; *vgl.* angewandt
An|wen|der; an|wen|der|freund|lich; ein anwenderfreundliches Programm; **An|wen|de|rin**
An|wen|dung
An|wen|dungs|be|reich; an|wen|dungs|be|zo|gen; An|wen|dungs|ge|biet; an|wen|dungs|ori|en|tiert
an|wer|ben; An|wer|bung
an|wer|fen
An|wert, der; -[e]s (*bayr., österr. für* Wertschätzung); Anwert finden, haben
An|we|sen (Grundstück [mit Wohnhaus, Stall usw.])
an|we|send; An|we|sen|de, der *u.* die; -n, -n
An|we|sen|heit, die; -; **An|we|sen|heits|lis|te**
an|wi|dern; es widert mich an
an|win|keln; ich wink[e]le an
An|woh|ner; An|woh|ne|rin; An|woh|ner|park|platz; An|woh|ner|schaft, die; -
An|wuchs *(Forstwirtsch.)*
An|wurf
an|wur|zeln *vgl.* angewurzelt
An|zahl, die; -; eine Anzahl gute[r] Freunde

Anzahl / Zahl

Die alte Unterscheidung, nach der »Zahl« eine Gesamtmenge ausdrückt, »Anzahl« dagegen einen Teil einer Menge, wird im heutigen Sprachgebrauch vor allem dann noch beachtet, wenn es auf eine präzise Aussage ankommt:

– Die Zahl der Zugezogenen lag bei ungefähr 800 Personen, darunter eine größere Anzahl Studenten.

an|zah|len
an|zäh|len
An|zah|lung; An|zah|lungs|sum|me
an|zap|fen; An|zap|fung
An|zei|chen
an|zeich|nen
An|zei|ge, die; -, -n; **an|zei|gen**
An|zei|gen|ak|qui|se
An|zei|ge[n]|blatt; An|zei|gen|kam|pa|g|ne, An|zei|gen|cam|pa|g|ne; **An|zei|gen|teil**
An|zei|ge|pflicht; an|zei|ge|pflich|tig; anzeigepflichtige Krankheit
An|zei|ger; An|zei|ge|ta|fel
An|zen|gru|ber (österr. Schriftsteller)
An|zet|te|ler, An|zett|ler; An|zet|te|le|rin; an|zet|teln *(abwertend);* ich zett[e]le an; **An|zet|te|lung, An|zett|lung; An|zett|le|rin**
an|zie|hen; sich anziehen
an|zie|hend (reizvoll)
An|zieh|sa|chen *Plur.* (*ugs. für* Kleidungsstücke)
An|zie|hung; An|zie|hungs|kraft; An|zie|hungs|punkt
an|zie|len (zum Ziel haben)
an|zi|schen
¹An|zucht, die; -, ...züchte (*Bergmannsspr.* Abwassergraben)
²An|zucht, die; - (Aufzucht junger Pflanzen [u. Tiere]); **An|zucht|gar|ten**
an|zu|ckern (*österr. für* mit Zucker bestreuen)
An|zug, der; -[e]s, ...züge (*schweiz. auch für* [Bett]bezug, Überzug; *schweiz. [Basel] auch* Antrag [im Parlament]); es ist Gefahr im Anzug
an|züg|lich (zweideutig; anstößig); **An|züg|lich|keit**
An|zugs|kraft
An|zug|stoff
An|zugs|ver|mö|gen, das; -s
An|zug|trä|ger
an|zün|den; An|zün|der
an|zwe|cken *(landsch.)*
an|zwei|feln; ich zweif[e]le an
An|zwei|fe|lung, An|zweif|lung
an|zwit|schern; sich einen anzwitschern (*ugs. für* sich betrinken)
AO = Abgabenordnung; Anordnung
ao., a. o. = außerordentlich
AOK, die; - = Allgemeine Ortskrankenkasse
Äo|li|en (antike Landschaft an der Nordwestküste von Kleinasien); **Äo|li|er; Äo|li|e|rin**
¹äo|lisch ⟨*zu* Äolien⟩ ↑K89: äolische Versmaße; Äolische Inseln; *vgl.* Liparische Inseln

²äo|lisch ‹*zu* Äolus› (durch Windeinwirkung entstanden); äolische Sedimente
Äols|har|fe (Windharfe)
Äo|lus (griech. Windgott)
Äon, der; -s, -en *meist Plur.* ‹griech.› (Zeitraum, Weltalter; Ewigkeit); **äo|nen|lang**
ao. Prof., a. o. Prof. = außerordentlicher Professor, außerordentliche Professorin
Ao|rist, der; -[e]s, -e ‹griech.› (*Sprachwiss.* eine Zeitform, bes. im Griechischen)
Aor|ta, die; -, ...ten ‹griech.› (*Med.* Hauptschlagader); **Aor|ten|klap|pe**
AP [eːˈpiː], die; - = Associated Press
APA, die; - = Austria Presse Agentur *(so die von den Richtlinien der Rechtschreibung abweichende Schreibung)*
Apa|che [...tʃə, *auch* ...xə], der; -n, -n (Angehöriger eines Indianerstammes); **Apa|chin**
Apa|na|ge [...ʒə, *österr.* ...ʃ], die; -, -n ‹franz.› (regelmäßige finanzielle Zuwendung)
apart ‹franz.› (geschmackvoll, reizvoll); etwas Apartes
Apart|be|stel|lung (*Buchhandel* Einzelbestellung [eines Heftes od. Bandes aus einer Reihe])
Apart|heid, die; - ‹afrikaans› (*früher* Trennung zwischen Weißen u. Farbigen in der Republik Südafrika); **Apart|heid|po|li|tik**

Apartheid
Im Gegensatz zu deutschen Substantiven auf *-heit* wie *Menschheit, Freiheit* endet das aus dem Afrikaans stammende Wort mit einem *-d.*

Apart|ment, das; -s, -s ‹engl.› (kleinere Wohnung); *vgl.* Appartement; **Apart|ment|haus**
Apa|thie, die; -, ...ien *Plur. selten* ‹griech.› (Teilnahmslosigkeit); **apa|thisch**
Apa|tit, der; -s, -e ‹griech.› (ein Mineral)
Apa|to|sau|rus, der; -, ...rier ‹griech.› (ausgestorbene Riesenechse)
Apel|les (altgriech. Maler)
Apen|nin, der; -s, **Apen|ni|nen** *Plur.* (Gebirge in Italien)
Apen|ni|nen-Halb|in|sel, **Apen|ni|nen|halb|in|sel**, die; -; **apen|ni|nisch**; *aber* die Apenninische Halbinsel
aper (*südd., schweiz., österr. für* schneefrei); apere Wiesen
Aper|çu [...ˈsyː], das; -s, -s ‹franz.› (geistreiche Bemerkung)
Ape|ri|tif, der; -s, *Plur.* -s, *auch* -e ‹franz.› (appetitanregendes alkohol. Getränk)
apern ‹*zu* aper› (*südd., schweiz., österr. für* schneefrei werden); sie sagt, es apere (taue) morgen
Apé|ro, **Ape|ro** [...pe..., *auch* ...ˈroː], der, *selten* das; -s, -s ‹franz.› (*bes. schweiz.; kurz für* Aperitif)
Aper|schnal|zen, das; -s (österr. Volksbrauch zum Vertreiben des Winters)
Aper|tur, die; -, -en ‹lat.› (*Optik* Maß für die Fähigkeit eines Systems, sehr feine Details abzubilden; *Med.* Öffnung, Eingang eines Organs)
Apex, der; -, Apizes ‹lat.› (*Astron.* Zielpunkt einer Gestirnsbewegung; *Sprachwiss.* Zeichen zur Bezeichnung langer Vokale, z. B. â, á)
Ap|fel, der; -s, Äpfel
Ap|fel|baum
Äp|fel|chen
Ap|fel|es|sig
ap|fel|för|mig
Ap|fel|ge|lee; **Ap|fel|korn**, der; -[e]s (ein Schnaps); **Ap|fel|kraut**, das; -[e]s (*landsch. für* Sirup aus Äpfeln); **Ap|fel|kren** (*österr. für* Soße aus Meerrettich u. geriebenem Apfel); **Ap|fel|ku|chen**; **Ap|fel|most**; **Ap|fel|mus**
äp|feln; das Pferd musste äpfeln
Ap|fel|saft; **Ap|fel|saft|schor|le**
Ap|fel|schim|mel *vgl.* ²Schimmel
Ap|fel|schor|le
Ap|fel|si|ne, die; -, -n; **Ap|fel|si|nen|scha|le**
Ap|fel|spal|te (einzelnes halbmondförmiges Stück eines vom Kerngehäuse befreiten Apfels)
Ap|fel|stru|del; **Ap|fel|wein**
Ap|fel|wick|ler (ein Kleinschmetterling)
Aph|ä|re|se, **Aph|ä|re|sis**, die; -, ...resen ‹griech.› (*Sprachwiss.* Wegfall eines Lautes od. einer Silbe am Wortanfang, z. B. »'s« *für* »es«)
Apha|sie, die; -, ...ien ‹griech.› (*Philos.* Urteilsenthaltung; *Med.* Verlust des Sprechvermögens)
Aph|el [aˈfeːl], **Ap|hel** [apˈheːl], das; -s, -e ‹griech.› (*Astron.* Punkt der größten Sonnenferne eines Planeten od. Kometen; *Ggs.* Perihel)
Aphe|l|an|d|ra, die; -, ...dren ‹griech.› (eine Zierpflanze)
Apho|ris|mus, der; -, ...men ‹griech.› (geistreicher, knapp formulierter Gedanke, der eine Lebensweisheit vermittelt)
Apho|ris|ti|ker; **Apho|ris|ti|ke|rin**; **apho|ris|tisch**
Aph|ro|di|si|a|kum, das; -s, ...ka ‹griech.› (*Pharm.* den Geschlechtstrieb anregendes Mittel); **aph|ro|di|sisch** (Aphrodite betreffend; den Geschlechtstrieb steigernd)
Aph|ro|di|te (griech. Göttin der Liebe); **aph|ro|di|tisch** (Aphrodite betreffend)
Aph|the, die; -, -n *meist Plur.* ‹griech.› (*Med.* kleines Geschwür der Mundschleimhaut)
Aph|then|seu|che (*Tiermed.* Maul- u. Klauenseuche)
Apia (Hauptstadt von Samoa)
api|kal ‹lat.› (den Apex betreffend)
Apis, der; - (heiliger Stier der alten Ägypter); **Apis|stier**
Api|zes (*Plur. von* Apex)
apl. = außerplanmäßig
Ap|la|nat, der; -en, -en, *auch* das; -s, -e ‹griech.› (*Optik* Linsensystem, durch das die Aberration korrigiert wird); **ap|la|na|tisch**
Ap|lomb [aˈplõː], der; -s ‹franz.› (Sicherheit im Auftreten, Nachdruck; Abfangen einer Bewegung im Balletttanz)
Ap|noe [aˈpnoːə], die; -, -n ‹griech.› (*Med.* Atemlähmung); **Ap|no|i|ker**; **Ap|no|i|ke|rin**
APO, **Apo**, die; - = außerparlamentarische Opposition [in den Sechzigerjahren]
Apo|chro|mat [...k...], der; -en, -en, *auch* das; -s, -e ‹griech.› (*Optik* Linsensystem, das Farbfehler korrigiert); **apo|chro|ma|tisch**
apo|dik|tisch ‹griech.› (sicher; keinen Widerspruch duldend)
Apo|gä|um, das; -s, ...äen ‹griech.› (*Astron.* Punkt der größten Erdferne des Mondes od. eines Satelliten; *Ggs.* Perigäum)
à point [...ˈpoɛ̃ː] ‹franz.› (*Gastron.* halb, mittel durchgebraten)
Apo|ka|lyp|se, die; -, -n ‹griech.› (*Rel.* Schrift über das Weltende, bes. die Offenbarung des Johannes; Unheil, Grauen); **apo|ka|lyp-**

tisch ↑K89: die apokalyptischen Reiter

Apo|ko|pe [...pe], die; -, ...kopen ‹griech.› (*Sprachwiss.* Abfall eines Lautes od. einer Silbe am Wortende, z. B. »hatt'« *für* »hatte«); **apo|ko|pie|ren**

apo|kryph ‹griech.› (unecht; die Apokryphen betreffend); **Apo|kryph,** das; -s, -en *meist Plur.* ‹griech.› (*Rel.* nicht anerkannte Schrift [der Bibel])

Apol|da (Stadt in Thüringen)

apo|li|tisch ‹griech.› (unpolitisch)

Apoll (*geh. für* [1]Apollo, [2]Apollo)

Apol|li|na|ris (Heiliger)

apol|li|nisch (in der Art Apollos; harmonisch, ausgeglichen)

[1]**Apol|lo** (griech.-röm. Gott [der Dichtkunst])

[2]**Apol|lo,** der; -s, -s (schöner [junger] Mann)

[3]**Apol|lo** (amerik. Raumfahrtprogramm, das die Landung bemannter Raumfahrzeuge auf dem Mond zum Ziel hatte)

Apol|lo|fal|ter (ein Schmetterling)

Apol|lon *vgl.* [1]Apollo

Apol|lo|nia (w. Vorn.)

Apol|lo|ni|us (m. Vorn.)

Apol|lo-Raum|schiff, Apol|lo|raum|schiff *vgl.* [3]Apollo

Apo|lo|get, der; -en, -en ‹griech.› (Verfechter, Verteidiger)

Apo|lo|ge|tik, die; -, -en (*bes. Theol.* Verteidigung, Rechtfertigung [der christl. Lehren])

Apo|lo|ge|tin; apo|lo|ge|tisch

Apo|lo|gie, die; -, ...ien (*geh. für* Verteidigung; Verteidigungsrede, -schrift)

Apo|ph|theg|ma, das; -s, *Plur.* ...men *u.* ...mata ‹griech.› ([witziger] Aus-, Sinnspruch); **apo|ph|theg|ma|tisch**

Apo|phy|se, die; -, -n ‹griech.› (*Med.* Knochenfortsatz)

Apo|plek|ti|ker ‹griech.› (*Med.* zu Schlaganfällen Neigender; an den Folgen eines Schlaganfalls Leidender); **Apo|plek|ti|ke|rin**

apo|plek|tisch; Apo|ple|xie, die; -, ...ien (Schlaganfall)

Apo|p|to|se, die; -, -n ‹griech.› (notwendiger, genetisch programmierter Zelltod)

Apo|rie, die; -, ...ien ‹griech.› (*Philos.* Unmöglichkeit, eine philos. Frage zu lösen)

Apo|s|ta|sie, die; -, ...ien ‹griech.› (*Rel.* Abfall [vom Glauben]); **Apo|s|tat,** der; -en, -en (Abtrünniger); **Apo|s|ta|tin**

Apo|s|tel, der; -s, - ‹griech.›

Apo|s|tel|brief (im N. T.); **Apo|s|tel|ge|schich|te**

Apo|s|tel|ku|chen (*svw.* Brioche)

a pos|te|ri|o|ri ‹lat.› (*Philos.* aus der Wahrnehmung gewonnen, aus Erfahrung; *geh. für* nachträglich); **Apos|te|ri|o|ri,** das; -, - (Erfahrungssatz); **apos|te|ri|o|risch** (erfahrungsgemäß)

Apo|s|til|le, die; -, -n ‹griech.› ([empfehlende od. beglaubigende] Nachschrift; Randbemerkung)

Apo|s|to|lat, das, *Theol. auch* der; -[e]s, -e ‹griech.› (Apostelamt)

Apo|s|to|li|kum, das; -s (*Theol.* Apostolisches Glaubensbekenntnis)

apo|s|to|lisch (nach Art der Apostel; von den Aposteln ausgehend); ↑K89: die apostolische Sukzession; die apostolischen Väter; den apostolischen Segen erteilen; *aber* ↑K150 *u.* 151: das Apostolische Glaubensbekenntnis, die Apostolische Majestät; der Apostolische Delegat, Nuntius, Stuhl

Apo|s|t|roph [*schweiz.* 'apo...], der; -s, -e ‹griech.› (Auslassungszeichen, z. B. in »wen'ge«)

Apo|s|t|ro|phe [*auch* a'pɔstrofe], die; -, -n (*Rhet.* feierliche Anrede); **apo|s|t|ro|phie|ren** ([feierlich] anreden; nachdrücklich bezeichnen); **Apo|s|t|ro|phie|rung**

Apo|the|ke, die; -, -n ‹griech.›; **Apo|the|ken|hel|fe|rin; Apo|the|ken|not|dienst**

apo|the|ken|pflich|tig

Apo|the|ker; Apo|the|ker|ge|wicht

Apo|the|ke|rin; Apo|the|ker|waa|ge

Apo|the|o|se, die; -, -n ‹griech.› (Vergöttlichung; Verklärung; *Theater* wirkungsvolles Schlussbild)

apo|tro|pä|isch ‹griech.-nlat.› (*geh. für* Unheil abwehrend)

App [ɛp], die; -, -s, *auch* das; -s, -s ‹Kurzf. von Applikation› (zusätzliches Anwendungsprogramm, das auf bestimmte Mobiltelefone heruntergeladen werden kann)

Ap|pa|la|chen *Plur.* (nordamerik. Gebirge)

Ap|pa|loo|sa [ɛpə'lu:sa], der *od.* das; -s, -s ‹indian.-amerik.› (eine Pferderasse)

Ap|pa|rat, der; -[e]s, -e ‹lat.› (Gerät, technische Vorrichtung)

Ap|pa|ra|te|bau, der; -[e]s

Ap|pa|ra|te|me|di|zin, die; - (med. Versorgung mit [übermäßigem] Einsatz technischer Apparate)

ap|pa|ra|tiv (den Apparat[ebau] betreffend); ↑K89: apparative Diagnostik

Ap|pa|rat|schik, der; -s, -s ‹russ.› (*abwertend für* bürokratisch handelnder Funktionär im Staats- u. Parteiapparat stalinistisch geprägter Staaten)

Ap|pa|ra|tur, die; -, -en (Gesamtanlage von Apparaten)

Ap|par|te|ment [...'mã:, *schweiz. auch* ...'mɛnt], das; -s, *Plur.* -s *u.* (bei deutscher Aussprache:) -e ‹franz.› (Zimmerflucht in einem Hotel); *vgl.* Apartment

Ap|pas|si|o|na|ta, die; - ‹ital.› (eine Klaviersonate von Beethoven)

Ap|peal [ɛ'pi:l], der; -s ‹engl.› (Anziehungskraft, Ausstrahlung)

Ap|pease|ment [ɛ'pi:smɛnt], das; -[s] ‹engl.› (nachgiebige Haltung, Beschwichtigungspolitik)

Ap|pell, der; -s, -e ‹franz.› (Aufruf; Mahnruf; *Militär* Antreten zum Befehlsempfang usw.)

Ap|pel|la|ti|on, die; -, -en (*schweiz., sonst veraltet für* Berufung); **Ap|pel|la|ti|ons|ge|richt**

Ap|pel|la|tiv, das; -s, -e (*Sprachwiss.* Wort, das eine Gattung gleichgearteter Dinge od. Wesen u. zugleich jedes einzelne Wesen od. Ding dieser Gattung bezeichnet, z. B. »Mensch«)

ap|pel|la|to|risch (mahnend)

ap|pel|lie|ren (sich mahnend, beschwörend an jmdn. wenden)

Ap|pell|platz

[1]**Ap|pen|dix,** der; -, *Gen. auch* -es, *Plur.* ...dizes, *auch* -e ‹lat.› (Anhängsel; *fachspr. auch* Anhang)

[2]**Ap|pen|dix,** die; -, ...dices [...tse:s], *alltagssprachlich auch* der; -, ...dizes [...tse:s] ‹lat.› (*Med.* Wurmfortsatz); **Ap|pen|di|zi|tis,** die; -, ...itiden (*Med.* Entzündung der Appendix)

Ap|pen|zell (Kanton der Schweiz [Halbkantone Appenzell Außerrhoden u. Appenzell Innerrhoden]; Hauptort von Innerrhoden)

Ap|pen|zel|ler; Ap|pen|zel|le|rin; ap|pen|zel|lisch

Ap|per|zep|ti|on, die; -, -en ‹lat.› (*Psychol.* bewusste Wahrnehmung); **ap|per|zi|pie|ren** (bewusst wahrnehmen)

Ap|pe|tẹnz, die; -, -en ‹lat.› (*Biol.* Trieb); **Ap|pe|tẹnz|ver|hal|ten**
Ap|pe|ti̱t, der; -[e]s, -e *Plur. selten*
ap|pe|ti̱t|an|re|gend; eine appetitanregende Vorspeise; es roch appetitanregend; *aber* ↑K59: den Appeti̱t anregend
Ap|pe|ti̱t|hap|pen; Ap|pe|ti̱t|hem|mer (Appetitzügler)
ap|pe|ti̱t|lich; ap|pe|ti̱t|los; Ap|pe|ti̱t|lo|sig|keit, die; -
Ap|pe|ti̱t|zü|gler (den Appetit zügelndes Mittel)
Ap|pe|ti|zer [ˈɛpətai̯zɐ], der; -s, - ‹lat.-engl.› (appetitanregendes Mittel)
ap|pla|ni̱e|ren (*österr. für* einen Streit schlichten)
ap|plau|di̱e|ren ‹lat.› (Beifall klatschen); jmdm. applaudieren
Ap|pla̱us, der; -es, -e *Plur. selten* (Beifall)
App|let [ˈɛplət], das; -s, -s ‹engl.› (*EDV* kleineres Anwendungsprogramm)
Ap|pli|ka|ti|o̱n, die; -, -en ‹lat.› (Anwendung; *Med.* Verabreichung [von Arzneimitteln]; aufgenähte Verzierung)
ap|pli|ka|ti̱v; ap|pli|zi̱e|ren
ap|pọrt! ‹franz.› (*Befehl an den Hund* bring es her!); **Ap|pọrt,** der; -s, -e (Herbeibringen); **ap|por|ti̱e|ren; Ap|por|ti̱er|hund**
Ap|po|si|ti|o̱n, die; -, -en ‹lat.› (*Sprachwiss.* substantivische Beifügung, z. B. Konrad Adenauer, der erste deutsche Bundeskanzler, …); **ap|po|si|ti|o|nẹll**
Ap|pre|teur […ˈtøːɐ̯], der; -s, -e ‹franz.› (*Textilind.* Zurichter, Ausrüster [von Geweben]); **ap|pre|ti̱e|ren** ([Gewebe] zurichten, ausrüsten); **Ap|pre|tu̱r,** die; -, -en ‹lat.› ([Gewebe]zurichtung, -veredelung)
Ap|proach [ɛˈproːtʃ], der; -[e]s, -[e]s ‹engl.› (*Wissensch.* Art der Annäherung an ein Problem; *Werbespr.* besonders wirkungsvolle Werbezeile)
Ap|pro|ba|ti|o̱n, die; -, -en ‹lat.› (staatl. Zulassung als Arzt/Ärztin od. Apotheker[in]; *österr. auch für* Genehmigung von Schulbüchern, Annahme einer Diplomarbeit); **ap|pro|bi̱e|ren;** approbierter Arzt
Ap|pro|xi|ma|ti|o̱n, die; -, -en ‹lat.› (*bes. Math.* Annäherung); **ap|pro|xi|ma|ti̱v** (annähernd)
Apr. = April
Ap|rès-Ski [aprɛˈʃiː], das; - ‹franz.; norw.› (bequeme [modische] Kleidung, die man nach dem Skilaufen trägt; Vergnügung nach dem Skilaufen)
Ap|rès-Ski̱-Klei|dung
Ap|ri|ko̱|se, die; -, -n ‹lat.›
ap|ri|ko̱|sen|far|ben
Ap|ri|ko̱|sen|kon|fi|tü|re; Ap|ri|ko̱|sen|mar|me|la|de
Ap|ri̱l, der; -[s], -e ‹lat.› (vierter Monat im Jahr, Ostermond, Wandelmonat; *Abk.* Apr.)
Ap|ri̱l|schau|er; Ap|ri̱l|scherz; Ap|ri̱l|tag; Ap|ri̱l|wet|ter
a pri̱|ma vịs|ta ‹ital.› (ohne vorherige Kenntnis)
a pri|o̱|ri ‹lat.› (*bes. Philos.* von der Wahrnehmung unabhängig; von vornherein)
Apri|o̱|ri, das; -, - (*Philos.* Vernunftsatz)
apri|o̱|risch (allein durch Denken gewonnen; aus Vernunftgründen [erschlossen]); **Apri|o|rịs|mus,** der; -, …men (philos. Lehre, die eine von der Erfahrung unabhängige Erkenntnis annimmt)
ap|ro|pos […ˈpoː] ‹franz.› (nebenbei bemerkt; übrigens)
Ap|si̱|de, die; -, -n ‹griech.› (*Astron.* Punkt der kleinsten od. größten Entfernung eines Planeten von dem Gestirn, das er umläuft; *auch für* Apsis)
Ạp|sis, die; -, …si̱den ‹griech.› (*Archit.* halbrunde, auch vieleckige Altarnische; [halbrunde] Nische im Zelt für Gepäck u. a.)
ap|ti̱e|ren ‹lat.› (*Philatelie* [einen Stempel] so ändern, dass eine weitere Benutzung möglich ist)
Apu̱|li|en (Region in Italien)
A̱qua de|s|til|la̱|ta, das; - - ‹lat.› (destilliertes Wasser)
Aquä|dụkt, der, *auch* das; -[e]s, -e (über eine Brücke geführte antike Wasserleitung)
A̱qua|jog|ging (kraftvolles Vorwärtsbewegen u. Gymnastik im brusthohen Wasser)
A̱qua|kul|tur (Bewirtschaftung des Meeres, z. B. durch Muschelkulturen)
aqua|ma|ri̱n (von der Farbe des Aquamarins); **Aqua|ma|ri̱n,** der; -s, -e (ein Edelstein)
Aqua|na̱ut, der; -en, -en (Unterwasserforscher); **Aqua|na̱u|tin**
Aqua|pla̱|ning, das; -[s] ‹lat.; engl.› (Wasserglätte; das Rutschen der Reifen bei regennasser Straße)
Aqua|rẹll, das; -s, -e ‹ital.(-franz.)› (mit Wasserfarben gemaltes Bild); in Aquarell (Wasserfarben) malen; **Aqua|rẹll|far|be; aqua|rel|li̱e|ren**
Aqua|ri|a̱|ner ‹lat.› (Aquarienliebhaber); **Aqua|ri|a̱|ne|rin**
Aqua̱|ri|en|glas *Plur.* …gläser
Aqua|rịs|tik, die; - (sachgerechtes Halten u. Züchten von Wassertieren u. -pflanzen)
Aqua̱|ri|um, das; -s, …ien (Behälter zur Pflege u. Züchtung von Wassertieren u. -pflanzen; Gebäude für diese Zwecke)
Aqua|ti̱n|ta, die; -, …ten ‹ital.› (ein Kupferstichverfahren *[nur Sing.];* nach diesem Verfahren hergestellte Grafik)
aqua̱|tisch ‹lat.› (dem Wasser angehörend); aquatische Fauna
Äqua̱|tor, der; -s ‹lat.› (größter Breitenkreis der Erde); **äqua|to|ri|a̱l** (in der Nähe des Äquators)
Äqua|to|ri|al|gui|nea (Staat in Afrika); **Äqua|to|ri|a̱l|gui|ne|er; Äqua|to|ri|a̱l|gui|ne|e|rin; äqua|to|ri|al|gui|ne|isch**
Äqua̱|tor|tau|fe
Aqua|vi̱t [*auch* …ˈvɪt], der; -s, -e ‹lat.› (ein mit Kümmel aromatisierter Branntwein)
äqui|di|s|tạnt ‹lat.› (*Math.* gleich weit entfernt)
Äqui|li|b|rịst, *fachspr. auch* Equi|li|b|rịst, der; -en, -en ‹franz.› (Gleichgewichtskünstler, bes. Seiltänzer); **Äqui|li|b|rịs|tin**
Äqui|li̱|b|ri|um, *fachspr. auch* Equi|li̱|b|ri|um, das; -s ‹lat.(-franz.)› (*geh. für* Gleichgewicht)
äqui|nok|ti|a̱l ‹lat.› (*fachspr. für* das Äquinoktium betreffend); **Äqui|nok|ti|a̱l|stür|me** *Plur.*
Äqui|nọk|ti|um, das; -s, …ien (Tagundnachtgleiche)

Akquise
Das aus dem Lateinischen stammende Wort weist die im Deutschen ungewöhnliche Schreibweise *-kqu-* auf. Ebenso *akquirieren, Akquisiteur, Akquisiteurin, Akquisition, Akquisitor, akquisitorisch.*

Aqui|ta̱|ni|en (hist. Landschaft in Südwestfrankreich)
äqui|va|lẹnt ‹lat.› (gleichwertig); **Äqui|va|lẹnt,** das; -[e]s, -e (Gegenwert; Ausgleich); **Äqui|va-**

lenz, die; -, -en (Gleichwertigkeit)

äqui|vok (mehrdeutig)

[1]Ar, das, *österr. nur so, auch* der; -s, -e ‹lat.› (ein Flächenmaß; *Zeichen* a); drei Ar

[2]Ar (*chem. Zeichen für* Argon)

AR = Arkansas

Ara, Ara|ra, der; -s, -s ‹indian.› (trop. Langschwanzpapagei)

Ära, die; -, Ären *Plur. selten* ‹lat.› (Zeitalter, Epoche)

Ara|bel|la (w. Vorn.)

Ara|bel|li|on, die; -, -en (die Aufstände und Proteste in arabischen Staaten)

Ara|ber [*auch* 'a..., *österr. u. schweiz. auch* a'ra:...], der; -s, -; **Ara|be|rin**

ara|besk ‹ital.-franz.› (*bild. Kunst* rankenförmig verziert, verschnörkelt); **Ara|bes|ke,** die; -, -n (*bild. Kunst* stilisiertes Rankenornament; *Musik* heiteres Musikstück [für Klavier])

Ara|bi|en

ara|bisch; arabische Ziffern; ↑K142 : arabisches Vollblut; ↑K150 : Arabische Republik Ägypten; Arabisches Meer; Arabische Liga; der Arabische Frühling (Machtwechsel und Demokratisierung in bestimmten arabischen Staaten seit 2010); *vgl.* deutsch

Ara|bisch, das; -[s] (eine Sprache); *vgl.* Deutsch; **Ara|bi|sche,** das; -n; *vgl.* [2]Deutsche

ara|bi|sie|ren

Ara|bist, der; -en, -en; **Ara|bis|tik,** die; - (Erforschung der arabischen Sprache u. Literatur); **Ara|bis|tin**

Arach|ni|den, Arach|no|i|den *Plur.* ‹griech.› (*Zool.* Spinnentiere)

Arach|no|lo|ge, der; -n, -n; **Arach|no|lo|gie,** die; - (Wissenschaft von den Spinnentieren); **Arach|no|lo|gin**

Ara|gón (*span. Schreibung für* Aragonien)

Ara|go|ne|se, der; -n, -n (*auch für* Aragonier); **Ara|go|ne|sin**

Ara|go|ni|en (hist. Provinz in Spanien); **Ara|go|ni|er; Ara|go|ni|e|rin; ara|go|nisch**

Ara|go|nit, der; -s (ein Mineral)

Ara|lie, die; -, -n (Pflanzengattung; Zierpflanze)

Aral|see, Aral-See, der; -s (abflussloser See in Mittelasien)

Ara|mäa ‹aram., »Hochland«› (alter Name für Syrien)

Ara|mä|er, der; -s, - (Angehöriger eines westsemit. Nomadenvolkes); **Ara|mä|e|rin**

ara|mä|isch *vgl.* deutsch; **Ara|mä|isch,** das; -[s] (eine Sprache); *vgl.* Deutsch; **Ara|mä|i|sche,** das; -n; *vgl.* [2]Deutsche

Aran|ci|ni [aran'tʃi:ni] (*italienische Schreibung von* Aranzini)

Aran|ju|ez [...ŋ'xu̯ɛs, *auch* ...ran...] (span. Stadt)

Aran|zi|ni *Plur.* ‹pers.-ital.› (*bes. österr. für* Orangeat)

Ärar, das; -s, -e ‹lat.› (Staatsvermögen; *österr. für* Fiskus)

Ara|ra *vgl.* Ara

Ara|rat ['a(:)...], der; -[s] (höchster Berg der Türkei)

ära|risch ‹lat.› (zum Ärar gehörend; staatlich)

Arau|ka|ner (chilen. u. argentin. Indianer); **Arau|ka|ne|rin**

Arau|ka|rie, die; -, -n (Zimmertanne)

Araz|zo, der; -s, ...zzi ‹ital., nach der franz. Stadt Arras› (gewirkter Bildteppich)

Ar|beit, die; -, -en ↑K58 : Arbeit suchende *od.* arbeitsuchende Menschen; die Arbeitsuchenden *od.* Arbeit Suchenden

ar|bei|ten; Ar|bei|ter

Ar|bei|ter|be|we|gung; Ar|bei|ter|dich|ter; Ar|bei|ter|fa|mi|lie; Ar|bei|ter|füh|rer

Ar|bei|te|rin

Ar|bei|ter|kam|mer (gesetzliche Interessenvertretung der Arbeitnehmer in Österreich)

Ar|bei|ter|kind

Ar|bei|ter|klas|se; Ar|bei|ter|par|tei

Ar|bei|ter|pries|ter (kath. Priester, der unter denselben Bedingungen wie die Arbeiter lebt)

Ar|bei|ter-Sa|ma|ri|ter-Bund

Ar|bei|ter|schaft

Ar|bei|ter|schutz, der; -es (*österr. für* Arbeitsschutz)

Ar|bei|ter-und-Bau|ern-Fa|kul|tät (Bildungseinrichtung in der DDR; *Abk.* ABF)

Ar|bei|ter|un|fall|ver|si|che|rungs|ge|setz; Ar|bei|ter|vier|tel; Ar|bei|ter|wohl|fahrt

Ar|beit|ge|ber; Ar|beit|ge|ber|an|teil; Ar|beit|ge|be|rin; ar|beit|ge|ber|nah; Ar|beit|ge|ber|sei|te, die; -; **Ar|beit|ge|ber|ver|band**

Ar|beit|neh|mer; Ar|beit|neh|me|rin

Ar|beit|neh|mer/-innen, Ar|beit|neh|mer(innen) (*Kurzformen für* Arbeitnehmerinnen u. Arbeitnehmer)

Ar|beit|neh|mer|schaft *Plur. selten;* **Ar|beit|neh|mer|sei|te,** die; -

Ar|beit|neh|mer|ver|an|la|gung (*österr. für* Lohnsteuerjahresausgleich)

Ar|beit|neh|mer|ver|tre|ter (im Aufsichtsrat); **Ar|beit|neh|mer|ver|tre|te|rin**

Ar|beits|ab|lauf

Ar|beits|agen|tur

Ar|beits|ago|ge, der; -n, -n (*schweiz. für* sozialpädagogischer Helfer bei schwierigen Fällen der Arbeitsvermittlung); **Ar|beits|ago|gin**

Ar|beits|all|tag

ar|beit|sam

Ar|beits|amt (*jetzt* Arbeitsagentur)

Ar|beits|auf|wand; ar|beits|auf|wen|dig, ar|beits|auf|wän|dig

Ar|beits|be|ginn, der; -[e]s; **Ar|beits|be|las|tung; Ar|beits|be|reich**

Ar|beits|be|schaf|fung; Ar|beits|be|schaf|fungs|maß|nah|me (*Abk.* ABM)

Ar|beits|be|such (*Politik*)

Ar|beits|be|wil|li|gung (*österr., schweiz. für* Arbeitserlaubnis)

Ar|beits|di|rek|tor; Ar|beits|di|rek|to|rin

Ar|beits|ei|fer; Ar|beits|ein|kom|men; Ar|beits|ein|satz; Ar|beits|en|de; Ar|beits|ent|gelt; Ar|beits|er|laub|nis; Ar|beits|es|sen

ar|beits|fä|hig; Ar|beits|fä|hig|keit, die; -

Ar|beits|feld

ar|beits|frei; [einen Tag] arbeitsfrei haben

Ar|beits|gang, der; **Ar|beits|ge|biet; Ar|beits|ge|mein|schaft; Ar|beits|ge|rät; Ar|beits|ge|richt; Ar|beits|grup|pe; Ar|beits|haus** (*früher*)*;* **Ar|beits|hy|gi|e|ne**

ar|beits|in|ten|siv

Ar|beits|ka|me|rad; Ar|beits|ka|me|ra|din

Ar|beits|kampf; Ar|beits|klei|dung; Ar|beits|kli|ma

Ar|beits|kol|le|ge; Ar|beits|kol|le|gin

Ar|beits|kos|ten *Plur.*

Ar|beits|kraft; Ar|beits|kräf|te|man|gel, der; -s

Ar|beits|kreis; Ar|beits|la|ger; Ar|beits|le|ben; Ar|beits|leis|tung; Ar|beits|lohn

ar|beits|los; Ar|beits|lo|se, der *u.* die; -n, -n

Ar|beits|lo|sen|geld; Ar|beits|lo|sen|hil|fe; Ar|beits|lo|sen|quo|te; Ar|beits|lo|sen|ra|te; Ar|beits|lo|sen-

un|ter|stüt|zung; Ar|beits|lo|sen|ver|si|che|rung; Ar|beits|lo|sen|zahl
Ar|beits|lo|sig|keit, die; -
Ar|beits|markt; der zweite Arbeitsmarkt (subventionierte Arbeitsverhältnisse); **Ar|beits|markt|po|li|tik; Ar|beits|markt|ser|vice** (*österr. für* Agentur für Arbeit)
Ar|beits|ma|te|ri|al
Ar|beits|mi|nis|ter; Ar|beits|mi|nis|te|rin; Ar|beits|mi|nis|te|ri|um
Ar|beits|mög|lich|keit; Ar|beits|mo|ral; Ar|beits|nie|der|le|gung; Ar|beits|or|ga|ni|sa|ti|on; Ar|beits|ort; Ar|beits|pa|pier; Ar|beits|pen|sum; Ar|beits|plan
Ar|beits|platz; Ar|beits|platz|ab|bau; Ar|beits|platz|ga|ran|tie; Ar|beits|platz|ver|lust
Ar|beits|pro|gramm; Ar|beits|pro|zess; Ar|beits|raum
Ar|beits|recht; Ar|beits|recht|ler; Ar|beits|recht|le|rin; ar|beits|recht|lich
Ar|beits|rich|ter; Ar|beits|rich|te|rin
ar|beits|scheu
Ar|beits|schritt; Ar|beits|schuh; Ar|beits|schutz, der; -es
Ar|beits|sieg (*Sportjargon*)
Ar|beits|spei|cher (*EDV*)
Ar|beits|stät|te; Ar|beits|stel|le
Ar|beits|stö|rung; Ar|beits|stun|de
Ar|beits|su|che, Ar|beit|su|che *Plur. selten*
ar|beits|su|chend; Ar|beits|su|chen|de, der *u.* die; -n, -n
Ar|beits|sucht; ar|beits|süch|tig
Ar|beits|tag; ar|beits|täg|lich
ar|beits|tei|lig; Ar|beits|tei|lung; Ar|beits|tier
Ar|beits|ti|tel (vorläufiger Titel eines geplanten Buchs, Theaterstücks o. Ä.)
Ar|beit|su|che *vgl.* Arbeitssuche
Ar|beit su|chend, ar|beit|su|chend ↑K 58; **Ar|beit|su|chen|de,** der *u.* die; -n, -n, **Ar|beit Su|chen|de,** der *u.* die; - -n, - -n
ar|beits|un|fä|hig; Ar|beits|un|fä|hig|keit
Ar|beits|un|fall
Ar|beits|un|ter|richt (Prinzip der Unterrichtsgestaltung)
Ar|beits|ver|hält|nis
Ar|beits|ver|mitt|ler; Ar|beits|ver|mitt|le|rin; Ar|beits|ver|mitt|lung
Ar|beits|ver|trag; Ar|beits|wei|se; Ar|beits|welt
ar|beits|wil|lig; Ar|beits|wil|li|ge, der *u.* die; -n, -n
Ar|beits|wo|che
Ar|beits|zeit; Ar|beits|zeit|kon|to; Ar|beits|zeit|ver|kür|zung; Ar|beits|zeit|ver|län|ge|rung
Ar|beits|zim|mer
Ar|bi|t|ra|ge [...ʒə, *österr.* ...ʃ], die; -, -n ‹franz.› (Schiedsgerichtsvereinbarung im Handelsrecht; [Ausnutzen der] Kursunterschiede an verschiedenen Börsen)
ar|bi|t|rär (willkürlich)
Ar|bi|t|ra|ti|on, die; -, -en (Schiedswesen für Streitigkeiten an der Börse)
ARBÖ, der; - = Auto-, Motor- und Radfahrerbund Österreichs
Ar|bo|re|tum, das; -s, ...ten ‹lat.› (*Bot.* Pflanzung verschiedener Bäume zu Studienzwecken)
Ar|bu|se, die; -, -n ‹pers.-russ.› (Wassermelone)
arc = Arcus
ARCD, der; - = Auto- u. Reiseclub Deutschland
Arc de Tri|omphe [ˈark də triˈõ:f], der; - - - (Triumphbogen in Paris)
Ar|cha|i|kum, Ar|chä|i|kum, das; -s ‹griech.› (*Geol.* ältestes Zeitalter der Erdgeschichte)
ar|cha|isch (aus sehr früher Zeit [stammend], altertümlich)
ar|chä|isch ‹*zu* Archäikum›
ar|cha|i|sie|ren (archaische Formen verwenden; altertümeln); **Ar|cha|is|mus,** der; -, ...men (altertümliche Ausdrucksform, veraltetes Wort); **ar|cha|is|tisch**
Ar|chan|gelsk [*auch* ...x...] (russ. Stadt)
Ar|chäo|lo|ge, der; -n, -n ‹griech.›; **Ar|chäo|lo|gie,** die; - (Altertumskunde, -wissenschaft); **Ar|chäo|lo|gin; ar|chäo|lo|gisch**
Ar|chä|o|p|te|ryx, der; -, *Plur.* -e *u.* ...teryges (Urvogel)
Ar|che, die; -, -n ‹lat.› (schiffähnlicher Kasten); Arche Noah
Ar|che|typ [*auch* ˈa...], der; -s, -en, **Ar|che|ty|pus,** der; -, ...pen ‹griech.› (Urbild, Urform); **ar|che|ty|pisch** (dem Urbild entsprechend)
Ar|chi|bald (m. Vorn.)
Ar|chi|di|a|kon ‹griech.› (Titel von Geistlichen [der anglikanischen Kirche])
Ar|chi|man|d|rit, der; -en, -en (*Ostkirche* Klostervorsteher; Ehrentitel für Priester)
Ar|chi|me|des (altgriech. Mathematiker); **ar|chi|me|disch** ↑K 89 *u.* 135: archimedisches Prinzip; archimedischer Punkt (Angelpunkt); archimedische Spirale
Ar|chi|pel, der; -s, -e ‹griech.-ital.› (Inselmeer, -gruppe)
Ar|chi|tekt, der; -en, -en ‹griech.›; **Ar|chi|tek|ten|bü|ro; Ar|chi|tek|ten|wett|be|werb; Ar|chi|tek|tin**
Ar|chi|tek|to|nik, die; -, -en (Wissenschaft der Baukunst *[nur Sing.]*; Bauart; planmäßiger Aufbau); **ar|chi|tek|to|nisch** (baulich; baukünstlerisch)
Ar|chi|tek|tur, die; -, -en (Baukunst; Baustil)
ar|chi|tek|tu|ral, ar|chi|tek|tu|rell (*svw.* architektonisch)
Ar|chi|tek|tur|bü|ro; Ar|chi|tek|tur|mu|se|um
Ar|chi|t|rav, der; -s, -e (*Archit.* auf Säulen ruhender Tragbalken)
Ar|chiv, das; -s, -e (Akten-, Urkundensammlung)
Ar|chi|va|le, das; -s, ...lien *meist Plur.* (Aktenstück [aus einem Archiv]); **ar|chi|va|lisch** (urkundlich)
Ar|chi|var, der; -s, -e (Archivbeamter); **Ar|chi|va|rin**
Ar|chiv|bild
ar|chi|vie|ren (in ein Archiv aufnehmen); **Ar|chi|vie|rung**
Ar|chiv|ma|te|ri|al
Ar|chon, der; -s, Archonten, **Ar|chont,** der; -en, -en ‹griech.› (höchster Beamter im alten Athen)
Ar|cus, Ar|kus, der; -, - ‹lat.› (*Math.* Kreisbogen eines Winkels; *Zeichen* arc)
ARD, die; - = Arbeitsgemeinschaft der öffentlich-rechtlichen Rundfunkanstalten der Bundesrepublik Deutschland
Ar|da|bil, Ar|de|bil, der; -[s], -s (iran. Teppich)
Ar|den|nen *Plur.* (Gebirge)
Ar|den|ner Wald, der; - -[e]s (*früher für* Ardennen)
Ar|dey, der; -s (gebirgiger Teil des Sauerlandes)
Are, die; -, -n (*schweiz. für* [1]Ar)
Are|al, das; -s, -e ([Boden]fläche, Gelände)
Are|ka|nuss ‹Malajalam-port.; dt.› (Frucht der Arekapalme; Betelnuss)
are|li|gi|ös (nicht religiös)
Ären (*Plur. von* Ära)
Are|na, die; -, ...nen ‹lat.› ([sandbestreuter] Kampfplatz; Sportplatz; Manege im Zirkus)
Arendt, Hannah (amerik. Philosophin u. Publizistin dt. Herkunft)

Are|o|pag, der; -s ‹griech.› (Gerichtshof im alten Athen)
Ares (griech. Kriegsgott)
Arez|zo (ital. Stadt)
arg; ärger, ärgste; ein arger Bösewicht, *aber* der Arge (*veraltet für* Teufel); Arges befürchten; nichts Arges denken; im Argen liegen; zum Ärgsten kommen; vor dem Ärgsten bewahren; das Ärgste befürchten, verhüten
Arg, das; -s *(geh.);* ohne Arg; kein Arg an einer Sache finden; es ist kein Arg an ihm
Ar|gan|öl, das; -[e]s ‹arab.; dt.› (ein wertvolles Speiseöl aus Marokko)
[1]**Ar|ge,** der; -n (*veraltet für* Teufel)
[2]**Ar|ge,** die; -, -n (*bes. österr.; kurz für* Arbeitsgemeinschaft)
Ar|gen|ti|ni|en (südamerik. Staat)
Ar|gen|ti|ni|er; Ar|gen|ti|ni|e|rin
ar|gen|ti|nisch; argentinische Literatur, *aber* die Argentinische Republik
Ar|gen|tit, der; -s (*Mineral.* Silberglanz)
Ar|gen|tum, das; -[s] (*lat. Bez. für* Silber; *Zeichen* Ag)
Är|ger, der; -s; **är|ger|lich**
är|gern; ich ärgere; sich über etwas ärgern; **Är|ger|nis,** das; -ses, -se

Ärgernis
Substantive auf *-nis* werden im Nominativ Singular mit einem *-s* geschrieben, obwohl der Genitiv Singular und die Pluralform mit einem Doppel-s gebildet werden: des Ärgernisses, die Ärgernisse.

Arg|list, die; -; **arg|lis|tig**
arg|los; Arg|lo|sig|keit
Ar|go, die; - ‹griech.› (Name des Schiffes der Argonauten; ein Sternbild)
Ar|go|lis (griech. Landschaft)
Ar|gon [*auch* ...ˈgo:n], das; -s ‹griech.› (chemisches Element, Edelgas; *Zeichen* Ar)
Ar|go|naut, der; -en, -en ‹griech.› (Held der griech. Sage; ein Tintenfisch)
Ar|gon|nen *Plur.* (franz. Gebirge)
Ar|got [arˈgo:], das *od.* der; -s, -s ‹franz.› (franz. Gaunersprache; Jargon bestimmter sozialer Gruppen)
Ar|gu|ment, das; -[e]s, -e ‹lat.› (Beweis[mittel, -grund])
Ar|gu|men|ta|ri|um, das; -s, ...ien (*schweiz. für* Zusammenstellung von Argumenten)
Ar|gu|men|ta|ti|on, die; -, -en (Beweisführung)
ar|gu|men|ta|tiv (mit Argumenten); **ar|gu|men|tie|ren**
[1]**Ar|gus** (Riese der griech. Sage)
[2]**Ar|gus,** der; -, -se (scharf beobachtender Wächter); **Ar|gus|au|gen** *Plur.* (scharfe, wachsame Augen); ↑K136; **ar|gus|äu|gig**
Arg|wohn, der; -[e]s *(geh.)*
arg|wöh|nen; ich argwöhne; geargwöhnt; zu argwöhnen
arg|wöh|nisch
År|hus, Aar|hus [ˈɔr̥hu:s] (dän. Stadt)
Arhyth|mie *vgl.* Arrhythmie
Ari|ad|ne (griech. weibliche Sagengestalt); **Ari|ad|ne|fa|den,** der; -s
Ari|a|ne (w. Vorn.; Name einer europ. Trägerrakete)
Ari|a|ner (*Rel.* Anhänger des Arianismus); **Ari|a|ne|rin; ari|a|nisch;** der Arianische Streit ↑K89
Ari|a|nis|mus, der; - (Lehre des Arius, wonach Christus mit Gott nicht wesenseins, sondern ihm nur wesensähnlich sei)
arid ‹lat.› (*Geogr.* trocken; wüstenhaft); **Ari|di|tät,** die; -
Arie, die; -, -n ‹ital.› (Sologesangsstück mit Instrumentalbegleitung)
[1]**Ari|el** [...ɛl, *auch* ...e:l] ‹hebr.› (alter Name Jerusalems; Name eines Engels; Luftgeist in Shakespeares »Sturm«)
[2]**Ari|el,** der; -s (Uranusmond)
Ari|er, der; -s, - ‹sanskr.› (Angehöriger eines der frühgeschichtl. Völker mit idg. Sprache; *nationalsoz.* Angehöriger der sogenannten »nordischen Rasse«); **Ari|e|rin**
Ari|es, der; - ‹lat., »Widder«› (ein Sternbild)
Ari|ma|thia, Ari|ma|täa (altpalästinensischer Ort)
Ari|on (altgriech. Sänger)
ari|o|so ‹ital.› (*Musik* liedmäßig [vorgetragen]); **Ari|o|so,** das; -s, *Plur.* -s *u.* ...si (liedhaftes Musikstück)
Ari|ost, Ari|os|to (ital. Dichter)
Ari|o|vist (Heerkönig der Sweben)
arisch ‹*zu* Arier›; **ari|sie|ren** (*nationalsoz.* jüdisches Eigentum in den Besitz sogenannter Arier überführen); **Ari|sie|rung**
Aris|ti|des (athen. Staatsmann)
Aris|to|krat, der; -en, -en ‹griech.› (Angehöriger des Adels; vornehmer Mensch); **Aris|to|kra|tie,** die; -, ...ien; **Aris|to|kra|tin; aris|to|kra|tisch**
Aris|to|pha|nes (altgriech. Lustspieldichter); **aris|to|pha|nisch;** die aristophanische Komödie; von aristophanischer Laune ↑K89 *u.* 135
Aris|to|te|les (altgriech. Philosoph); Aristoteles' Schriften ↑K16; **Aris|to|te|li|ker** (Anhänger der Lehre des Aristoteles); **Aris|to|te|li|ke|rin**
aris|to|te|lisch; die aristotelische Logik ↑K89 *u.* 135
Arith|me|tik, die; -, -en ‹griech.› (Zahlenlehre, -rechnen); **Arith|me|ti|ker; Arith|me|ti|ke|rin; arith|me|tisch** (auf die Arithmetik bezogen); ↑K89: arithmetisches Mittel (Durchschnittswert)
Arith|mo|griph, der; -en, -en (Zahlenrätsel)
Ari|us (alexandrinischer Presbyter)
Ari|zo|na (Staat in den USA; *Abk.* AZ)
Ar|ka|de, die; -, -n ‹franz.› (*Archit.* Bogen auf zwei Pfeilern od. Säulen; *meist Plur.* Bogenreihe)
Ar|ka|di|en (griech. Landschaft); **Ar|ka|di|er; Ar|ka|di|e|rin; ar|kadisch;** arkadische Poesie (Hirten- u. Schäferdichtung)
ar|kan ‹lat.› (geheim, nicht zugänglich)
Ar|kan|sas (Staat in den USA; *Abk.* AR)
Ar|ka|num, das; -s, ...na ‹lat.› (Geheimnis; Geheimmittel)
Ar|ke|bu|se, die; -, -n ‹niederl., »Hakenbüchse«› (Gewehr im 15./16. Jh.); **Ar|ke|bu|sier,** der; -s, -e (Soldat mit Arkebuse)
Ar|ko|na (Kap auf Rügen)
Ar|ko|se, die; -, -n ‹franz.› (*Geol.* feldspatreicher Sandstein)
Ark|ti|ker, der; -s, - ‹griech.› (Bewohner der Arktis); **Ark|ti|kerin**
Ark|tis, die; - (Gebiet um den Nordpol); **ark|tisch**
Ark|tur, der; -[s], **Ark|tu|rus,** der; - (ein Stern)
Ar|kus *vgl.* Arcus
Arl|berg, der; -[e]s (Alpenpass); **Arl|berg|bahn, Arl|berg-Bahn,** die; -
Arles [arl] (franz. Stadt am Rhonedelta)

arm

är|mer, ärms|te
- wir armen Kinder; *aber* wir Armen
- Arm und Reich (*veraltet für* jedermann)
- ein Konflikt zwischen Arm und Reich (armen u. reichen Menschen); Arme und Reiche, bei Armen und Reichen, der Arme und der Reiche
- arme *od.* Arme Ritter (eine Süßspeise) ↑K 89

Vgl. arm machen, armmachen

Arm, der; -[e]s, -e; ein Armvoll *od.* Arm voll Reisig
Ar|ma|da, die; -, *Plur.* ...den *u.* -s ‹span.› ([mächtige] Kriegsflotte)
Ar|ma|ged|don, das; -[s] ‹hebr.-griech.› (Katastrophe)
Ar|ma|g|nac [...manˈjak], der; -[s], -s ‹franz.› (franz. Weinbrand)
arm|am|pu|tiert; ein armamputierter Mann
Ar|ma|tur, die; -, -en ‹lat.›; **Ar|ma|tu|ren|brett**
Arm|band, das; *Plur.* ...bänder; **Arm|band|uhr**
Arm|beu|ge; **Arm|be|we|gung**; **Arm|bin|de**
Arm|blatt (Einlage gegen Achselschweiß in Kleidungsstücken)
Arm|bruch
Arm|brust, die; -, *Plur.* ...brüste, *auch* -e
Ärm|chen
arm|dick; ein armdicker Ast, *aber* einen Arm dick
Ar|me, der *u.* die; -n, -n
Ar|mee, die; -, ...meen ‹franz.› (Heer; Heeresabteilung)
ar|mee|ei|gen ↑K 25
Ar|mee-Ein|heit, **Ar|mee|ein|heit**; **Ar|mee|füh|rung**; **Ar|mee|korps** (*Abk.* AK)
Är|mel, der; -s, -
Ar|me|leu|te|es|sen; **Ar|me|leu|te|ge|ruch** *(abwertend)*; **Ar|me|leu|te|vier|tel**
...är|me|lig, ...ärm|lig (z. B. kurzärm[e]lig)
Är|mel|ka|nal, der; -s
Är|mel|län|ge; **är|mel|los**
Ar|men|haus
Ar|me|ni|en (Staat in Vorderasien)
Ar|me|ni|er; **Ar|me|ni|e|rin**
ar|me|nisch
Ar|men|pfle|ger *(veraltet)*; **Ar|men|recht**, das; -[e]s
Ar|men|sün|der|glo|cke, die; -, -n (*österr. für* Armesünderglocke);
Ar|men|sün|der|mie|ne, die; -, -n (*österr. für* reuiger Gesichtsausdruck)
Ar|men|vier|tel
Ar|mes|län|ge; auf Armeslänge an jmdn. herankommen; um Armeslänge voraus sein
Ar|me|sün|der, der; des Armesünders, die Armesünder; *bei Beugung des ersten Bestandteils Getrenntschreibung:* des armen Sünders, die armen Sünder, ein armer Sünder
Ar|me|sün|der|glo|cke, die; -, -n, **Ar|me-Sün|der-Glo|cke**, die; -, -n *(bei Beugung des ersten Bestandteils nur mit Bindestrichen)*
ar|mie|ren ‹lat.› (*Technik* ausrüsten, bestücken, bewehren)
Ar|mie|rung; **Ar|mie|rungs|ei|sen**
...ar|mig (z. B. langarmig)
Ar|min (m. Vorn.)
Ar|mi|nia ‹*zu* Arminius› (Name von Sportvereinen u. Studentenverbindungen)
Ar|mi|ni|us (Cheruskerfürst)
arm|lang; ein armlanger Stiel, *aber* einen Arm lang
Arm|län|ge; **Arm|leh|ne**
Arm|leuch|ter (*auch* Schimpfwort)
ärm|lich; **Ärm|lich|keit**
...ärm|lig *vgl.* ...ärmelig
Ärm|ling (Ärmel zum Überstreifen)
arm ma|chen, **arm|ma|chen**; ihre Spielleidenschaft hat sie arm gemacht *od.* armgemacht
Arm|mus|kel
Ar|mo|ri|ka (*kelt. Bez. für* die Bretagne); **ar|mo|ri|ka|nisch**; *aber* ↑K 140: das Armorikanische Gebirge *(Geol.)*
Arm|reif, der; -[e]s, -e
arm|se|lig; **Arm|se|lig|keit**
[1]**Arm|strong**, Louis (amerik. Jazzmusiker)
[2]**Arm|strong**, Neil [ni:l] (amerik. Astronaut)
Arm|sün|der|glo|cke *vgl.* Armesünderglocke
Ar|mu|re [...ˈmy:...], **Ar|mü|re**, die; -, -n ‹franz.› (klein gemustertes [Kunst]seidengewebe)
Ar|mut, die; -
Ar|muts|flücht|ling *(Soziol.)*
ar|muts|ge|fähr|det (von wirtschaftlicher Armut bedroht)
Ar|muts|gren|ze; **Ar|muts|ri|si|ko**; **Ar|muts|zeug|nis**
Arm|voll, **Arm voll**; *vgl.* Arm
Arndt (dt. Dichter)
Ar|ne (m. Vorn.)
Ar|ni|ka, die; -, -s ‹griech.› (eine Heilpflanze); **Ar|ni|ka|tink|tur**
Ar|nim (märk. Adelsgeschlecht)
[1]**Ar|no**, der; -[s] (ital. Fluss)
[2]**Ar|no** (m. Vorn.)
Ar|nold (m. Vorn.)
Ar|nulf (m. Vorn.)
Arom, das; -s, -e ‹griech.› (*geh. für* Aroma); **Aro|ma**, das; -s, *Plur.* ...men, -s *u. älter* -ta
aro|ma|tisch; aromatische Verbindungen *(Chemie)*; **aro|ma|ti|sie|ren** (mit Aroma versehen)
Aron|stab ‹griech.; dt.› (eine Pflanze)
Aro|sa (Ort in Graubünden); **Aro|ser**; **Aro|se|rin**
Ar|pad (erster Herzog der Ungarn); **Ar|pa|de**, der; -n, -n (Angehöriger eines ung. Fürstengeschlechtes)
Ar|peg|gia|tur [...dʒa...], die; -, -en ‹ital.› (*Musik* Reihe gebrochener Akkorde)
ar|peg|gie|ren (nach Harfenart spielen); **ar|peg|gio** (nach Harfenart); **Ar|peg|gio**, das; -s, *Plur.* -s *u.* ...ggien [...dʒi̯ən]
Ar|rak, der; -s, *Plur.* -e *u.* -s ‹arab.› (Branntwein aus Reis od. Melasse)
Ar|ran|ge|ment [arãʒəˈmã:], das; -s, -s ‹franz.› (Anordnung; Übereinkunft; Einrichtung eines Musikstücks)
Ar|ran|geur [...ˈʒø:ɐ̯], der; -s, -e (jmd., der etwas arrangiert; jmd., der ein Musikstück einrichtet, einen Schlager instrumentiert); **Ar|ran|geu|rin**
ar|ran|gie|ren; **Ar|ran|gier|pro|be** (*Theater* Stellprobe)
Ar|ras (franz. Stadt)
Ar|ray [əˈreɪ], das *u.* der; -s, -s ‹engl.› (*Fachspr., bes. EDV* bestimmte Anordnung von Objekten, Bauelementen, Schaltelementen, Daten u. a.)
Ar|rest, der; -[e]s, -e ‹lat.› (Beschlagnahme; Haft)
Ar|res|tant, der; -en, -en (*veraltend für* Inhaftierter); **Ar|res|tan|ten|wa|gen** *(österr.)*; **Ar|res|tan|tin**
Ar|rest|zel|le
ar|re|tie|ren (*Technik* anhalten; sperren; *veraltet für* verhaften); **Ar|re|tie|rung** (Sperrvorrichtung)
Ar|rhe|ni|us (schwed. Chemiker u. Physiker)
Ar|rhyth|mie, die; -, ...ien ‹griech.›

(Unregelmäßigkeit in einer sonst rhythm. Bewegung; *Med.* Unregelmäßigkeit des Herzschlags); **ar|rhyth|misch** [*od.* aˈrʏ...]

Ar|ri|val [ɛˈrai̯vl̩], das; -s, -s ‹engl.› (Ankunft [Hinweis auf Flughäfen])

ar|ri|vie|ren ‹franz.› (in der Karriere vorwärtskommen); **ar|ri|viert** (anerkannt, erfolgreich); **Ar|ri|vier|te,** der *u.* die; -n, -n

ar|ro|gant ‹lat.› (anmaßend); **Ar|ro|ganz,** die; -

ar|ron|die|ren [*auch* arõ...] ‹franz.›; Grundbesitz arrondieren (abrunden, zusammenlegen); **Ar|ron|die|rung**

Ar|ron|dis|se|ment [arõdɪs(ə)ˈmãː], das; -s, -s (Unterabteilung eines franz. Departements; Bezirk)

Ar|row|root [ˈɛroruːt], das; -s, -s ‹engl., »Pfeilwurz«› (ein Stärkemehl)

Ar|sa|ki|de, der; -n, -n (Angehöriger eines pers. u. armen. Herrschergeschlechtes)

Arsch, der; -[e]s, Ärsche *(derb)*

Arsch|ba|cke *(derb);* **Arsch|bom|be** (*derb für* Sprung ins Wasser mit nach vorne hochgezogenen Beinen); **Arsch|gei|ge** *(derb);* **Arsch|ge|weih** (*derb für* geweihähnliche Tätowierung am unteren Rücken)

arsch|kalt (*derb für* sehr kalt)

Arsch|kar|te; die Arschkarte ziehen (*derb für* den Schaden tragen); **Arsch|krie|cher** (*derb für* übertrieben schmeichlerischer Mensch); **Arsch|krie|che|rin**

Arsch|le|der *(Bergmannsspr.)*

Arsch|loch *(derb);* **Arsch|pau|ker** (*derb für* Lehrer); **Arsch|wisch** (*derb für* wertloses Schriftstück)

Ar|sen, das; -s ‹griech.› (chemisches Element; *Zeichen* As)

Ar|se|nal, das; -s, -e ‹arab.-ital.› (Geräte-, Waffenlager)

ar|se|nig ‹griech.› (arsenikhaltig)

Ar|se|nik, das; -s (*Chemie* giftige Arsenverbindung); **ar|se|nik|hal|tig; Ar|sen|kies** (ein Mineral); **Ar|sen|ver|gif|tung**

Ar|sis, die; -, Arsen ‹griech.› (*Verslehre* Hebung)

Art, die; -, -en; ein Mann [von] der Art (solcher Art); *aber* dieser Mann hat mich derart (so) beleidigt, dass ...; *vgl. auch* allerart

Art

An die Fügung »eine Art ...« kann das folgende Substantiv mit von + Dativ oder unmittelbar angeschlossen werden:

- Es war eine Art von hölzernem Gestell.
- Es war eine Art hölzerner Kasten. Sie hob den Deckel einer Art hölzernen Kastens. Er arbeitete mit einer Art hölzernem Kasten. Wir sahen eine Art hölzernen Kasten.
- *In gehobenem Sprachgebrauch auch:* Es war eine Art hölzernen Kastens.

Art. = Artikel

Art|an|ga|be (*Sprachwiss.* Umstandsangabe der Art u. Weise)

Ar|ta|xer|xes (Name altpersischer Könige)

Art dé|co [ˈaːɐ̯ de...], der *u.* das; - - ‹franz.› (Kunst[gewerbe]stil der Jahre 1920–40)

Art|di|rec|tor [...dɪrɛktɐ, *auch* ...dai̯rɛktɐ], der; -s, -s ‹engl.› (künstlerischer Leiter/künstlerische Leiterin des Layouts in einer Werbeagentur)

Art-Di|rek|tor (Berufsbez.); *vgl.* Artdirector; **Art-Di|rek|to|rin**

Ar|te|fakt, das; -[e]s, -e ‹lat.› (*Archäol.* von Menschen geformter vorgeschichtlicher Gegenstand; *geh. für* Kunstwerk)

art|ei|gen (*Biol.* einer bestimmten Art entsprechend, eigen)

Ar|tel [*auch* arˈtjɛl], das; -s, -s ‹russ., »Gemeinschaft«› ([Arbeiter]genossenschaft im alten Russland u. in der sowjet. Kollektivwirtschaft)

Ar|te|mis (griech. Göttin der Jagd)

ar|ten; nach jmdm. arten

ar|ten|reich *(Biol.);* **Ar|ten|reich|tum,** der; -s; **Ar|ten|schutz,** der; -es; **Ar|ten|viel|falt**

art|er|hal|tend

Ar|te|rie, die; -, -n ‹griech.› (*Med.* Schlagader); **ar|te|ri|ell;** arterielles Blut

Ar|te|ri|en|ver|kal|kung

Ar|te|ri|i|tis, die; -, ...iitiden (Arterienentzündung)

Ar|te|rio|skle|ro|se (Arterienverkalkung); **ar|te|rio|skle|ro|tisch**

ar|te|sisch ‹*zu* Artois› ↑K89: artesischer Brunnen (Brunnen, dessen Wasser durch Überdruck des Grundwassers aufsteigt)

art|fremd *(bes. Biol.);* artfremdes Gewebe

Art|ge|nos|se; Art|ge|nos|sin

art|ge|recht

Ar|th|ral|gie, die; -, ...ien ‹griech.› (*Med.* Gelenkschmerz)

Ar|th|ri|ti|ker (an Arthritis Leidender); **Ar|th|ri|ti|ke|rin**

Ar|th|ri|tis, die; -, ...itiden ‹griech.› (Gelenkentzündung); **ar|th|ri|tisch**

Ar|th|ro|po|den *Plur.* (*Zool.* Gliederfüßer)

Ar|th|ro|se, die; -, -n (*Med.* chronische Gelenkerkrankung)

Ar|thur *vgl.* Artur

ar|ti|fi|zi|ell ‹franz.› (künstlich)

ar|tig (gesittet; folgsam)

...ar|tig (z. B. gleichartig)

Ar|tig|keit

Ar|ti|kel [*auch* ...ˈtɪ...], der; -s, - ‹lat.› (Geschlechtswort; Abschnitt eines Gesetzes u. Ä. [*Abk.* Art.]; Ware; Aufsatz)

Ar|ti|kel|se|rie (Folge von Artikeln zu einem Thema)

ar|ti|ku|lar (*Med.* zum Gelenk gehörend)

Ar|ti|ku|la|ti|on, die; -, -en (*Sprachwiss.* Lautbildung; [deutliche] Aussprache); **ar|ti|ku|la|to|risch; ar|ti|ku|lie|ren** ([deutlich] aussprechen)

Ar|til|le|rie [*auch* ˈar...], die; -, ...ien ‹franz.›; **Ar|til|le|rist,** der; -en, -en; **Ar|til|le|ris|tin; ar|til|le|ris|tisch**

Ar|ti|scho|cke, die; -, -n ‹ital.› (eine Zier- u. Gemüsepflanze); **Ar|ti|scho|cken|bo|den; Ar|ti|scho|cken|herz**

Ar|tist, der; -en, -en ‹franz.›; **Ar|tis|tik,** die; - (Kunst der Artisten); **Ar|tis|tin; ar|tis|tisch**

Art|nap|ping, das; -s, -s ‹engl.› (Diebstahl von Kunstwerken, um für die Rückgabe ein Lösegeld zu erpressen)

Art nou|veau [ˈaːɐ̯ nuˈvoː], der, die *u.* das; - - ‹franz.› (Jugendstil in England u. Frankreich)

Ar|tois [...ˈto̯a], das; - (hist. Provinz in Nordfrankreich)

Ar|to|thek, die; -, -en ‹lat.; griech.› (Galerie, die Bilder od. Plastiken ausleiht)

Ar|tur (m. Vorn.)

Ar|tus (sagenhafter walis. König); **Ar|tus|hof** *(Geschichte)*

art|ver|wandt

Ar|ve [...və, *schweiz.* ...fə], die; -, -n (Zirbelkiefer)

Arz|nei; Arz|nei|kun|de, die
arz|nei|lich
Arz|nei|mit|tel, das; **Arz|nei|mit|tel|bud|get; Arz|nei|mit|tel|ge|setz**
Arz|nei|mit|tel|her|stel|ler; Arz|nei|mit|tel|her|stel|le|rin
Arz|nei|mit|tel|leh|re; Arz|nei|mit|tel|preis|ver|ord|nung
Arzt, der; -es, Ärzte
Ärz|te|kam|mer; Ärz|te|man|gel, der; -s; **Ärz|te|schaft,** die; -
Arzt|hel|fer; Arzt|hel|fe|rin
Arzt|hil|fe|schein (*österr. amtl. für* Krankenschein)
Ärz|tin
ärzt|lich; ärzt|li|cher|seits
Arzt-Pa|ti|en|ten-Ver|hält|nis ↑K26
Arzt|pra|xis; Arzt|rech|nung; Arzt|ro|man; Arzt|ter|min
[1]as, [1]As, das; -, - (Tonbezeichnung)
[2]as (*Zeichen für* as-Moll); in as
[2]As (*Zeichen für* As-Dur); in As
[3]As, der; Asses, Asse ‹lat.› (altröm. Gewichts- u. Münzeinheit)
[4]As (*chem. Zeichen für* Arsen)
[5]As *alte Schreibung für* [1]Ass
A-Sai|te (z. B. bei der Geige)
Asant, der; -s ‹lat.› (eine asiat. Gewürzpflanze)
asap = as soon as possible (*engl. für* so bald wie möglich)
ASB = Arbeiter-Samariter-Bund
As|best, der; -[e]s, -e ‹griech.› (feuerfeste mineralische Faser); **As|bes|to|se,** die; -, -n (*Med.* durch Asbeststaub hervorgerufene Lungenerkrankung)
Asch, der; -[e]s, Äsche (*ostmitteld. für* Napf, [tiefe] Schüssel)
[1]Aschan|ti, der; -, - (Angehöriger eines Volksstammes in Ghana)
[2]Aschan|ti, die; -, - (*ostösterr. für* Erdnuss); **Aschan|ti|nuss**
Asch|be|cher (Aschenbecher)
asch|bleich; asch|blond
Asche, die; -, -n
Äsche, die; -, -n (ein Fisch); *vgl. aber* Esche
Asche|ge|halt, der
[1]aschen (*geh. für* aschfarben)
[2]aschen ([Zigaretten]asche abstreifen, fallen lassen); du aschst
Aschen|bahn
Aschen|be|cher
Aschen|brö|del, das; -s, - (eine Märchengestalt)
Aschen|gru|be
aschen|hal|tig
Aschen|put|tel, das; -s, -; *vgl.* Aschenbrödel
Ascher (*ugs. für* Aschenbecher)
Äscher (*Gerberei* Aschen- u. Kalklauge)
Ascher|mitt|woch (Mittwoch nach Fastnacht)
Asche|wol|ke
asch|fahl
asch|far|ben, asch|far|big
Asch|ga|bat (Hauptstadt von Turkmenistan)
asch|grau; bis ins Aschgraue (bis zum Überdruss); **aschig**
Asch|ke|na|se, der; -n, -n, **Asch|ke|na|si,** der; -, ...sim [...zi:m, *auch* ...ˈzi:m], *meist im Plur. Aschkenasim verwendet* ‹hebr.› (ein ost- od. mitteleuropäischer Jude); **asch|ke|na|sisch**
Asch|ku|chen (*ostmitteld. für* Napfkuchen)
Asch|mo|dai *vgl.* [1]Asmodi
Asch|ram, der; -s, -s ‹sanskr.› (Zentrum für Meditation in Indien)
äschy|le|isch; Äschy|lus [*auch* ˈɛ:...] (altgriech. Tragiker)
ASCII-Code [ˈaski...] ‹engl. American Standard Code of Information Interchange› (*EDV* ein Zeichencode)
As|co|na (schweiz. Ort am Lago Maggiore)
As|cor|bin|säu|re, *veraltend* As|kor|bin|säu|re (Vitamin C)
As|cot [ˈɛskət] (Dorf in der Nähe von London, berühmter Austragungsort für Pferderennen)
As-Dur [ˈasdu:ɐ̯, *auch* ˈasˈdu:ɐ̯], das; -[s] (Tonart; *Zeichen* As); **As-Dur-Ton|lei|ter** ↑K26
Ase, der; -n, -n *meist Plur.* (germanische Gottheit)
ASEAN, die; - = Association of South East Asian Nations (Vereinigung südostasiatischer Staaten); **ASEAN-Staa|ten** *Plur.*
A-Sei|te (die Seite einer Singleschallplatte mit dem in der Regel bekannteren Titel)
äsen; das Rotwild äst (weidet)
Asep|sis, die; - ‹griech.› (*Med.* Keimfreiheit); **asep|tisch** (keimfrei)
Aser (*südd. für* Jagdtasche)
[1]Äser *vgl.* Aas
[2]Äser (*Jägerspr.* Maul bestimmter Tierarten)
Aser|bai|d|schan (Landschaft u. Provinz im nordwestl. Iran; Staat am Kaspischen Meer)
Aser|bai|d|scha|ner; Aser|bai|d|scha|ne|rin; aser|bai|d|scha|nisch
ase|xu|al [*auch* azɛˈksu̯a:l] ‹griech.; lat.› (geschlechtslos); **ase|xu|ell** [*auch* azɛˈksu̯ɛl] ‹griech.; lat.›
As|gard (*germ. Mythol.* Sitz der Asen)
Asi|at, der; -en, -en ‹lat.›; **Asi|a|tin; asi|a|tisch;** die asiatische Grippe, *aber* der Asiatische Elefant (*Zool.*)
Asi|en
As|ka|ni|er, der; -s, - (Angehöriger eines alten deutschen Fürstengeschlechtes); **As|ka|ni|e|rin**
As|ka|ri, der; -[s], -s ‹arab.› (eingeborener Soldat im ehemaligen Deutsch-Ostafrika)
As|ka|ris, die; -, ...iden ‹griech.› (*Med., Zool.* Spulwurm)
As|ke|se, die; - ‹griech.› (enthaltsame Lebensweise); **As|ket,** der; -en, -en; **As|ke|tik** *vgl.* Aszetik; **As|ke|tin; as|ke|tisch**
As|k|le|pi|os, As|k|le|pi|us *vgl.* Äskulap
As|kor|bin|säu|re *vgl.* Ascorbinsäure
Äs|ku|lap [*auch* ˈɛ...] (griech.-röm. Gott der Heilkunde); **Äs|ku|lap|schlan|ge; Äs|ku|lap|stab**
As|lan (m. Vorn.)
As|ma|ra (Hauptstadt Eritreas)
[1]As|mo|di, *ökum.* Asch|mo|dai ‹aram.› (ein Dämon im A. T. u. im jüdischen Volksglauben)
[2]As|mo|di (dt. Dramatiker)
as-Moll [ˈasmɔl, *auch* ˈasˈmɔl], das; -[s] (Tonart; *Zeichen* as); **as-Moll-Ton|lei|ter** ↑K26
Äsop (altgriech. Fabeldichter); **äso|pisch; Äso|pus** *vgl.* Äsop
Asow|sche Meer [*auch* aˈzɔ... -], das Asowsche Meer; des Asowschen Meer[e]s (Teil des Schwarzen Meeres)
aso|zi|al ‹griech.; lat.› (unfähig zum Leben in der Gemeinschaft; am Rand der Gesellschaft lebend); **Aso|zi|a|le,** der *u.* die; **Aso|zi|a|li|tät,** die; -
As|pa|ra|gin, das; -s ‹griech.› (chem. Verbindung)
As|pa|ra|gus [*auch* ...ˈra:...], der; - (Zierspargel)
As|pa|sia (Geliebte [u. später Frau] des Perikles)
As|pekt, der; -[e]s, -e ‹lat.› (Ansicht, Gesichtspunkt; *Sprachwiss.* [den slaw. Sprachen eigentümliche] grammat. Kategorie; *Astron.* bestimmte Stellung der Planeten zueinander)
As|per|gill, das; -s, -e ‹lat.› (*kath. Kirche* Weihwasserwedel)
As|per|si|on, die; -, -en ‹lat.› (Besprengung mit Weihwasser)

As|phạlt [*auch* 'as...], der; -[e]s, -e ⟨griech.⟩
as|phal|tie|ren; as|phạl|tisch
As|phạlt|lack; As|phạlt|stra|ße
As|pho|dịll *vgl.* Affodill
As|pịk [*auch* ...'pɪk, 'as...], der, *auch* das; -s, -e ⟨franz.⟩ (Gallert aus Gelatine od. Kalbsknochen)
As|pi|rạnt, der; -en, -en ⟨lat.⟩ (Bewerber; Anwärter; *schweiz. auch für* Offiziersschüler); **As|pi|rạn|tin; As|pi|ran|tur**, die; -, -en (besonderer Ausbildungsgang des wissenschaftlichen Nachwuchses in der DDR)
As|pi|ra|ta, die; -, *Plur.* ...ten *u.* ...tä (*Sprachwiss.* behauchter Verschlusslaut, z. B. griech. ϑ)
As|pi|ra|teur [...'tøːɐ̯], der; -s, -e ⟨franz.⟩ (Maschine zum Vorreinigen des Getreides)
As|pi|ra|ti|on, die; -, -en ⟨lat.⟩ (*Sprachwiss.* [Aussprache mit] Behauchung; *Med.* Ansaugung)
As|pi|ra|tor, der; -s, ...oren (Luft-, Gasansauger)
as|pi|ra|to|risch (*Sprachwiss.* mit Behauchung gesprochen); **as|pi|rie|ren** (*Sprachwiss.* mit Behauchung aussprechen; *österr. auch für* sich um etwas bewerben)
As|pi|rin®, das; -s, *Plur.* - *u.* -e (ein Schmerzmittel); **As|pi|rin|ta|blet|te**
aß *vgl.* essen
[1]**Ạss**, das; -es, -e ⟨franz.⟩ (Eins [auf Karten]; das od. der Beste [z. B. im Sport]; *Tennis* für den Gegner unerreichbarer Aufschlagball)
[2]**Ạss**, das; -es, -e (*österr. ugs. für* Abszess, Eitergeschwür)
Ass. = Assessor, Assessorin
As|sa|gai, der; -[s], *Plur.* -s *u.* -e ⟨berberisch⟩ (Wurfspeer der Bantu)
Ạs|sam (Bundesstaat der Republik Indien); **Ạs|sam|tee**
as|sa|nie|ren ⟨franz.⟩ (*österr. für* Grundstücke, Wohngebiete o. Ä. sanieren); **As|sa|nie|rung** *(österr.)*
As|sas|si|ne, der; -n, -n ⟨arab.-ital.⟩ (Angehöriger einer islam. religiösen Gemeinschaft)
As|saut [a'soː], das; -s, -s ⟨franz.⟩ (Übungsform des Fechtens)
As|se|ku|rạnz, die; -, -en ⟨lat.⟩ (*fachspr. für* Versicherung, Versicherungsgesellschaft)
Ạs|sel, die; -, -n (ein Krebstier)
As|sem|b|la|ge [asã...ʒə], die; -, -n ⟨franz.⟩ (*Kunst* Kombination verschiedener Objekte)
As|sem|b|ler [ɛ'sɛ..., *auch* a...], der; -s, - ⟨engl.⟩ (*EDV* eine Programmiersprache; Übersetzungsprogramm)
As|ser|ti|on, die; -, -en ⟨lat.⟩ (*Philos.* bestimmte Behauptung); **as|ser|to|risch** (behauptend)
As|ser|vat, das; -[e]s, -e ⟨lat.⟩ (*Rechtsspr.* amtlich aufbewahrte Sache); **As|ser|va|ten|kam|mer**
As|sess|ment [ə'sɛsmənt], das; -s, -s ⟨engl.⟩ (*kurz für* Assessment-Center); **As|sess|ment-Cen|ter**, **As|sess|ment|cen|ter** ↑K22, das; -s, - (ein psycholog. Eignungstest; *Abk.* AC)
As|sess|ment-Cen|ter-Me|tho|de, **As|sess|ment|cen|ter|me|tho|de**, die; - (*Abk.* AC-Methode)

Accessoire
Das Wort wird häufig am Anfang [as...] statt [aks...] ausgesprochen und dann entsprechend nicht mit *cc*, sondern auch an dieser Stelle fälschlich mit *ss* geschrieben.

As|sẹs|sor, der; -s, ...oren ⟨lat.⟩ (Anwärter der höheren Beamtenlaufbahn nach der zweiten Staatsprüfung; *Abk.* Ass.); **as|ses|so|ral; As|ses|so|rin** (*Abk.* Ass.); **as|ses|so|risch**
As|set ['ɛsɛt], das; -s, -s (*Wirtsch.* Vermögenswert eines Unternehmens; *EDV* Ergänzung zu einem Multimediaprogramm)
ạs|si (*ugs., oft abwertend für* asozial; *Jugendspr. auch für* schlecht, abzulehnen; sehr)
[1]**Ạs|si**, der; -s, -s *u.* die, -, -s (*Kurzw. für* Assistent[in])
[2]**Ạs|si**, der; -s, -s *u.* die; -, -s (*ugs., oft abwertend für* Asoziale[r]; *Jugendspr. auch für* abzulehnender Mensch)
As|si|bi|la|ti|on, die; -, -en ⟨lat.⟩ (*Sprachwiss.* Aussprache eines Verschlusslautes in Verbindung mit einem Zischlaut, z. B. z = ts in »Zahn«; Verwandlung eines Verschlusslautes in einen Zischlaut, z. B. niederdeutsch »Water« = hochdeutsch »Wasser«); **as|si|bi|lie|ren**
As|si|ẹt|te, die; -, -n ⟨franz.⟩ (flacher Behälter aus Alufolie)
ạs|sig (*Jugendspr. svw.* assi)
As|si|mi|la|ti|on, die; -, -en ⟨lat.⟩; *vgl.* Assimilierung; **as|si|mi|lie|ren**; sich assimilieren (anpassen); **As|si|mi|lie|rung** (Angleichung; *Sprachwiss.* Angleichung eines Mitlautes an einen anderen, z. B. das m in »Lamm« aus mhd. »lamb«)
As|si|si (mittelital. Stadt)
As|sist [ɛ'sɪst], der; -s, -s ⟨engl.⟩ (*Eishockey, Basketball* Zuspiel, das zum Tor *od.* Korb führt)
As|sis|tẹnt, der; -en, -en ⟨lat.⟩ (Gehilfe, Mitarbeiter [an Hochschulen]); **As|sis|tẹn|tin**
As|sis|tẹnz, die; -, -en (Beistand)
As|sis|tẹnz|arzt; As|sis|tẹnz|ärz|tin
As|sis|tẹnz|ein|satz (*österr. für* Hilfseinsatz des Bundesheeres bei staatlichen Sicherungsaufgaben o. Ä.)
As|sis|tẹnz|pro|fes|sor; As|sis|tẹnz|pro|fes|so|rin; As|sis|tẹnz|trai|ner; As|sis|tẹnz|trai|ne|rin
as|sis|tie|ren (helfen, mitwirken)
As|so|ci|a|ted Prẹss [ɛ'soːʃi̯eːtɪt -], die; - - ⟨engl.⟩ (US-amerik. Nachrichtenbüro; *Abk.* AP)
As|so|cié [...'si̯eː], der; -s, -s ⟨franz.⟩ (*veraltet für* Teilhaber)
As|so|lu|ta, die; -, -s ⟨ital.⟩ (w. Spitzenstar in Ballett u. Oper)
As|so|nạnz, die; -, -en ⟨lat.⟩ (*Verslehre* Gleichklang nur der Vokale am Versende, z. B. »haben«; »klagen«)
as|sor|tie|ren ⟨franz.⟩ (nach Warenarten ordnen u. vervollständigen)
As|sor|ti|mẹnt, das; -[e]s, -e (*veraltet für* Lager; Sortiment)

asozial
Das Adjektiv wird nur mit einem *s* geschrieben, entsprechend den Bestandteilen *a-* (= *un-, nicht*) und *sozial*, aus denen es gebildet ist.

As|so|zi|a|ti|on, die; -, -en ⟨lat.⟩ (Vereinigung; *Psychol.* Vorstellungsverknüpfung); **as|so|zi|a|tiv** (durch Vorstellungsverknüpfung bewirkt)
as|so|zi|ie|ren ⟨franz.⟩ (verknüpfen); sich assoziieren (sich zusammenschließen); **As|so|zi|ie|rung**
ASSR, die; - = Autonome Sozialistische Sowjetrepublik (bis 1991)
As|su|an [*od.* 'a...] (oberägypt. Stadt); **Ạs|su|an|stau|damm**, **As|su|an-Stau|damm**
As|sump|ti|o|nịst, der; -en, -en

(Angehöriger einer katholischen Ordensgemeinschaft)
As|sum|ti|on, die; -, -en (Mariä Himmelfahrt *[nur Sing.]*; deren bildliche Darstellung)
As|sy|rer; As|sy|re|rin; As|sy|ri|en (altes Reich in Mesopotamien); **As|sy|ri|er** usw. *vgl.* Assyrer usw.
As|sy|rio|lo|ge, der; -n, -n; **As|sy|rio|lo|gie,** die; - (Erforschung der assyrisch-babylonischen Kultur u. Sprache); **As|sy|rio|lo|gin**
as|sy|risch
Ast, der; -[e]s, Äste
a. St. = alten Stils (Zeitrechnung)
As|ta (w. Vorn.)
AStA, der; -[s], *Plur.* -[s], *auch* ASten = Allgemeiner Studentenausschuss; Allgemeiner Studierendenausschuss
As|ta|na (Hauptstadt Kasachstans)
As|tar|te (altsemitische Liebes- u. Fruchtbarkeitsgöttin)
As|tat, As|ta|tin, das; -s ‹griech.› (chem. Element; *Zeichen* At)
as|ta|tisch (*Physik* gegen den Einfluss elektrischer od. magnetischer Felder geschützt)
Äst|chen
as|ten (*landsch. für* sich abmühen); geastet
äs|ten (Äste treiben)
As|ter, die; -, -n ‹griech.› (eine Gartenblume)
As|te|risk, der; -s, -e, **As|te|ris|kus,** der; -, ...ken (*Druckw.* Sternchen; *Zeichen* *)
As|tern|strauß
As|te|ro|id, der; -en, -en (Planetoid)
ast|frei; astfreies Holz
Ast|ga|bel
As|the|nie, die; -, ...ien ‹griech.› (*Med.* allgemeine Körperschwäche); **As|the|ni|ker** (schmaler, schmächtiger Mensch); **As|the|ni|ke|rin; as|the|nisch**
Äs|thet, der; -en, -en (Mensch mit ausgeprägtem Schönheitssinn)
Äs|the|tik, die; -, -en *Plur. selten* (Wissenschaft von den Gesetzen der Kunst, bes. vom Schönen; das Schöne, Schönheit)
Äs|the|ti|ker (Vertreter od. Lehrer der Ästhetik); **Äs|the|ti|ke|rin**
Äs|the|tin
äs|the|tisch (*auch für* überfeinert)
äs|the|ti|sie|ren ([einseitig] nach den Gesetzen des Schönen urteilen *od.* gestalten); **Äs|the|ti|sie|rung**
Äs|the|ti|zis|mus, der; - (das Ästhetische betonende Haltung)
Asth|ma, das; -s ‹griech.› (anfallsweise auftretende Atemnot); **Asth|ma|an|fall; Asth|ma|spray** (zur akuten Behandlung von Atemnot); **Asth|ma|ti|ker; Asth|ma|ti|ke|rin; asth|ma|tisch**
[1]**As|ti** (ital. Stadt)
[2]**As|ti,** der; -[s], - (Wein [von [1]Asti]); Asti spumante (italienischer Schaumwein)
as|tig|ma|tisch ‹griech.› (*Optik* Punkte strichförmig verzerrend); **As|tig|ma|tis|mus,** der; -, ...men (*Med.* Stabsichtigkeit; *Optik* Abbildungsfehler von Linsen)
äs|ti|mie|ren ‹franz.› (*veraltend für* schätzen, würdigen)
Ast|loch
[1]**As|t|ra|chan** [...xa(:)n] (russische Stadt)
[2]**As|t|ra|chan,** der; -s, -s (eine Lammfellart)
As|t|ra|chan|ka|vi|ar, As|t|ra|chan-Ka|vi|ar, der; -s
as|t|ral ‹griech.› (die Gestirne betreffend; Stern...)
As|t|ral|leib (*Okkultismus* dem irdischen Leib innewohnender ätherischer Leib)
ast|rein (*ugs. auch für* völlig in Ordnung, sehr schön)
As|t|rid (w. Vorn.)
As|t|ro|graf, As|t|ro|graph, der; -en, -en ‹griech.› (Vorrichtung zur fotografischen Aufnahme von Gestirnen, zum Zeichnen von Sternkarten); **As|t|ro|gra|fie, As|t|ro|gra|phie,** die; -, ...ien (Sternbeschreibung)
As|t|ro|la|bi|um, das; -s, ...ien (altes astron. Instrument)
As|t|ro|lo|ge, der; -n, -n (Sterndeuter); **As|t|ro|lo|gie,** die; - (Sterndeutung); **As|t|ro|lo|gin; as|t|ro|lo|gisch**
As|t|ro|naut, der; -en, -en (Weltraumfahrer); **As|t|ro|nau|tik,** die; - (Wissenschaft von der Raumfahrt, *auch* die Raumfahrt selbst); **As|t|ro|nau|tin; as|t|ro|nau|tisch**
As|t|ro|nom, der; -en, -en (Stern-, Himmelsforscher); **As|t|ro|no|mie,** die; - (wissenschaftliche Stern-, Himmelskunde); **As|t|ro|no|min; as|t|ro|no|misch**
As|t|ro|phy|sik [*auch* ...ˈziːk] (Teilgebiet der Astronomie); **as|t|ro|phy|si|ka|lisch; As|t|ro|phy|si|ker; As|t|ro|phy|si|ke|rin**
Äs|tu|ar, das; -s, *Plur.* -e *u.* ...rien ‹lat.› (*fachspr. für* trichterförmige Flussmündung)
As|tu|ri|en (hist. Provinz in Spanien); **As|tu|ri|er; As|tu|ri|e|rin; as|tu|risch**
Ast|werk, das; -[e]s
ASU, die; - = Abgassonderuntersuchung (*früher; vgl.* AU)
Asun|ci|ón [...ˈsi̯on] (Hauptstadt von Paraguay)
Äsung ‹*zu* äsen›
ASVG-Pen|si|on (*österr. für* Rente nach der allgemeinen Sozialversicherung); **ASVG-Pen|si|o|nist; ASVG-Pen|si|o|nis|tin**
Asyl, das; -s, -e ‹griech.› (Zufluchtsort)
Asy|lant, der; -en, -en (*gelegentlich als diskriminierend empfunden* Bewerber um Asylrecht); **Asy|lan|tin**
Asyl|an|trag; Asyl|be|scheid
Asyl|be|wer|ber; Asyl|be|wer|ber|heim; Asyl|be|wer|be|rin
Asyl|ge|richts|hof *(österr.)*
Asyl|miss|brauch; Asyl|recht
Asyl su|chend, asyl|su|chend; Asyl|su|chen|de, der *u.* die; -n, -n, **Asyl Su|chen|de,** der *u.* die; - -n, - -n
Asyl|ver|fah|ren
Asyl|wer|ber (*österr. für* Asylbewerber); **Asyl|wer|be|rin**
Asym|me|t|rie [*auch* ...ˈtriː], die; -, ...ien ‹griech.› (Mangel an Symmetrie); **asym|me|t|risch** [*auch* ...ˈmeː...]
Asym|p|to|te, die; -, -n ‹griech.› (*Math.* Gerade, der sich eine ins Unendliche verlaufende Kurve beliebig nähert, ohne sie zu erreichen); **asym|p|to|tisch**
asyn|chron [*auch* ...ˈkroːn] ‹griech.› (nicht gleichzeitig)
asyn|de|tisch [*auch* ...ˈdeː...] ‹griech.› (*Sprachwiss.* nicht durch Konjunktion verbunden); **Asyn|de|ton,** das; -s, ...ta (*Sprachwiss.* Wort- od. Satzreihe, deren Glieder nicht durch Konjunktionen verbunden sind, z. B. »alles rennet, rettet, flüchtet«)
As|zen|dent, der; -en, -en ‹lat.› (*Genealogie* Vorfahr; Verwandter in aufsteigender Linie; *Astron.* Aufgangspunkt eines Gestirns); **As|zen|denz,** die; -, -en (Verwandtschaft in aufsteigender Linie; Aufgang eines Gestirns); **as|zen|die|ren** (*Astron.* [von Gestirnen] aufsteigen)

As|ze|tik, die; - (*kath. Kirche* Lehre vom Streben nach christlicher Vollkommenheit)
At (*chem. Zeichen für* Astat)
A. T. = Altes Testament
Ata|ir, der; -[s] ‹arab.› (ein Stern im Sternbild Adler)
Ata|man, der; -s, -e ‹russ.› (frei gewählter Stammes- u. milit. Führer der Kosaken)
Ata|ra|xie, die; - ‹griech.› (Unerschütterlichkeit, Seelenruhe [in der griech. Philosophie])
Ata|türk *vgl.* Kemal Atatürk
Ata|vis|mus, der; -, ...men ‹lat.› (*Biol.* Wiederauftreten von Merkmalen od. Verhaltensweisen aus einem früheren entwicklungsgeschichtlichen Stadium); **ata|vis|tisch**
Ate (griech. Göttin des Unheils)
Ate|li|er [atəˈli̯eː], das; -s, -s ‹franz.› (Werkstatt eines Künstlers, Fotografen o. Ä.; Gebäude für Filmaufnahmen); **Ate|li|er|auf|nah|me; Ate|li|er|fens|ter; Ate|li|er|fest; Ate|li|er|woh|nung**
Atem, der; -s; Atem holen; außer Atem sein; **atem|be|rau|bend; Atem|be|schwer|den** *Plur.*; **Atem|ho|len,** das; -s; **atem|los; Atem|luft; Atem|not,** die; -; **Atem|pau|se**
a tem|po ‹ital.› (*ugs. für* schnell, sofort; *Musik* im Anfangstempo)
atem|rau|bend; Atem|übung
Atem|we|ge *Plur.*; **Atem|wegs|er|kran|kung; Atem|zug**
Äthan (*veraltend für* Ethan)
Atha|na|sia ‹griech., »die Unsterbliche«› (w. Vorn.); **atha|na|si|a|nisch;** das Athanasianische Glaubensbekenntnis ↑K88;
Atha|na|sie, die; - (*Rel.* Unsterblichkeit)
Atha|na|si|us (Kirchenlehrer)
Ätha|nol (*veraltend für* Ethanol)
Athe|is|mus, der; - ‹griech.› (Weltanschauung, die die Existenz eines Gottes verneint); **Athe|ist,** der; -en, -en; **Athe|is|tin; athe|is|tisch**
Athen (Hauptstadt Griechenlands)
Athe|nä|um, das; -s, ...äen (Tempel der Göttin Athene); **Athe|ne** (griech. Göttin der Weisheit)
Athe|ner; Athe|ne|rin; athe|nisch
[1]**Äther,** der; -s ‹griech.› (feiner Urstoff in der griech. Philosophie; *geh. für* Himmel)
[2]**Äther,** *fachspr. auch* Ether, der; -s, - (chem. Verbindung; Betäubungs-, Lösungsmittel)
[1]**äthe|risch** (vergeistigt, zart)
[2]**äthe|risch,** *fachspr. auch* ethe|risch (ätherartig); ätherische *od.* etherische Öle; **äthe|ri|sie|ren** (mit [2]Äther behandeln)
ather|man ‹griech.› (*Physik* für Wärmestrahlen undurchlässig)
Äthi|o|pi|en ‹griech.› (Staat in Ostafrika); **Äthi|o|pi|er; Äthi|o|pi|e|rin; äthi|o|pisch**
Ath|let, der; -en, -en ‹griech.› (muskulöser Mann; Wettkämpfer im Sport); **Ath|le|tik,** die; -; **Ath|le|ti|ker** (Mensch von athletischer Konstitution); **Ath|le|ti|ke|rin; Ath|le|tin; ath|le|tisch**
Athos, der; - (Berg auf der nordgriech. Halbinsel Chalkidike)
Äthyl, *fachspr.* Ethyl, das; -s ‹griech.› (Atomgruppe zahlreicher chem. Verbindungen);
Äthyl|al|ko|hol, *fachspr.* Ethyl|al|ko|hol, der; -s; *vgl.* Ethanol;
Äthy|len, das; -s (im Leuchtgas enthaltener ungesättigter Kohlenwasserstoff)
Äti|o|lo|gie, die; - ‹griech.› (Lehre von den [Krankheits]ursachen)
At|lant, der; -en, -en ‹griech.› (*Bauw.* Gebälkträger in Form einer Männerfigur); *vgl.* [2]Atlas
At|lan|ta (Hauptstadt von Georgia)
At|lan|tik, der; -s (Atlantischer Ozean)
At|lan|tik|char|ta, die; - (1941 abgeschlossene Vereinbarung zwischen Großbritannien u. den USA über die Kriegs- u. Nachkriegspolitik)
At|lan|tik|küs|te
At|lan|tik|pakt (NATO)
At|lan|tis (sagenhaftes, im Meer versunkenes Inselreich)
at|lan|tisch ↑K89 *u.* 140: ein atlantisches Tief; der Atlantische Ozean; die Atlantische *od.* atlantische Allianz
[1]**At|las** (griech. Sagengestalt)
[2]**At|las,** der; *Gen.* - *u.* ...lasses, *Plur.* ...lanten, *auch* ...lasse (*selten für* Atlant)
[3]**At|las,** der; - (Gebirge in Nordwestafrika)
[4]**At|las,** der; *Gen.* - *u.* ...lasses, *Plur.* ...lasse *u.* ...lanten (Sammlung geografischer Karten [als Buch]; Bildtafelwerk)
[5]**At|las,** der; *Gen.* - *u.* ...lasses (*Med.* erster Halswirbel)
[6]**At|las,** der; *Gen.* - *u.* ...lasses, *Plur.* ...lasse ‹arab.› (ein Seidengewebe); **at|las|sen** (aus [6]Atlas)
at|men
At|mo, die; -, -s (*kurz für* Atmosphäre; Hintergrundgeräusche bei einer Tonaufzeichnung)
at|mos|fair®, At|mos|fair (Organisation, die mit Geldspenden von Flugreisenden Klimaschutzprojekte fördert)
At|mo|sphä|re, die; -, -n ‹griech.› (Lufthülle; *als Druckeinheit früher für* Pascal; Stimmung, Milieu, Umwelt)
At|mo|sphä|ren|über|druck *Plur.* ...drücke (*Zeichen [veraltet]* atü)
At|mo|sphä|ri|li|en *Plur.* (Bestandteile der Luft)
at|mo|sphä|risch
AT-Mo|tor = Austauschmotor
At|mung, die; -
at|mungs|ak|tiv *(Werbespr.)*
At|mungs|or|gan *meist Plur.*
Ät|na [*auch* ˈɛ...], der; -[s] (Vulkan auf Sizilien)
Äto|li|en (altgriech. Landschaft; Gebiet im westl. Griechenland);
Äto|li|er, der; -s, - (Angehöriger eines altgriech. Stammes); **Äto|li|e|rin; äto|lisch**
Atoll, das; -s, -e ‹drawid.› (ringförmige Koralleninsel)
Atom, das; -s, -e ‹griech.› (kleinste Einheit eines chem. Elements)
Atom|an|la|ge
ato|mar (das Atom, die Kernenergie betreffend; mit Atomwaffen [versehen])
Atom|aus|stieg; atom|be|trie|ben
Atom|bom|be (*kurz* A-Bombe);
Atom|bom|ben|ver|such
Atom|ener|gie, die; -
Atom|geg|ner; Atom|geg|ne|rin
Atom|ge|wicht
Ato|mi|seur [...ˈzøːɐ̯], der; -s, -e (Zerstäuber); **ato|mi|sie|ren** (in Atome auflösen; völlig zerstören); **Ato|mi|sie|rung**
Ato|mis|mus, der; - (Weltanschauung, die alle Vorgänge in der Natur auf Atome u. ihre Bewegungen zurückführt); **ato|mis|tisch**
Ato|mi|um, das; -s (Bauwerk in Brüssel)
Atom|kern
Atom|kraft, die; -; **Atom|kraft|geg|ner; Atom|kraft|geg|ne|rin**
Atom|kraft|werk (AKW)
Atom|krieg; Atom|lob|by
Atom|macht (Staat, der über Atomwaffen verfügt)

Atom|mei|ler; Atom|mi|ne
Atom|müll; Atom|müll|trans|port
Atom|phy|sik; Atom|pro|gramm; Atom|ra|ke|te; Atom|re|ak|tor; Atom|schmug|gel; Atom|spreng|kopf; Atom|stopp; Atom|strom; Atom|tech|nik
Atom|test; Atom|test|stopp|ab|kom|men
Atom-U-Boot ↑K 26
Atom|waf|fe *meist Plur.*; **atom|waf|fen|frei;** atomwaffenfreie Zone; **Atom|waf|fen|sperr|ver|trag,** der; -[e]s
Atom|wirt|schaft
Atom|zeit|al|ter, das; -s
ato|nal ‹griech.› (*Musik* an keine Tonart gebunden); atonale Musik; **Ato|na|li|tät,** die; -, -en
Ato|nie, die; -, ...ien ‹griech.› (*Med.* Muskelerschlaffung); **ato|nisch**
Atout [aˈtuː], das, *auch* der; -s, -s ‹franz.› (*Kartenspiel* Trumpf)
ato|xisch [*auch* aˈtɔ...] ‹griech.› (*fachspr. für* ungiftig)
ATP [eɪtiːˈpiː], die; - ‹*Abk. für* Association of Tennis Professionals› (Verband der männlichen Tennisprofis); **ATP-Tur|nier**
At|reus (griech. Sagengestalt)
At|ri|um, das; -s, ...ien ‹lat.› (*Archit.* nach oben offener [Haupt]raum des altrömischen Hauses; Innenhof)
Atro|phie, die; -, ...ien ‹griech.› (*Med.* Schwund von Organen, Geweben, Zellen); **atro|phisch**
At|ro|pin, das; -s ‹griech.› (Gift der Tollkirsche)
At|ro|pos (eine der drei Parzen)
ätsch! *(Kinderspr.)*; **ätsch, bätsch!** *(Kinderspr.)*
At|tac ‹franz.› = Association pour une Taxation des Transactions pour l'Aide aux Citoyens (internationale globalisierungskritische Bewegung)
At|ta|ché [...ˈʃeː], der; -s, -s ‹franz.› (Anwärter des diplomatischen Dienstes; einer Auslandsvertretung zugeteilter Berater); **At|ta|chée,** die; -, -n [...ˈʃeːən]; *vgl.* Attaché; **at|ta|chie|ren** (*veraltet für* zuteilen)
At|tach|ment [əˈtɛtʃmənt], das; -s, -s ‹engl.› (*EDV* einer E-Mail als Anhang beigefügte Datei)
At|ta|cke, die; -, -n ‹franz.›; **at|ta|ckie|ren** (angreifen)
At|ten|tat [*auch* ...ˈtaːt], das; -[e]s, -e ‹franz.› ([Mord]anschlag)
At|ten|tä|ter; At|ten|tä|te|rin
At|ter|see, der; -s (österr. See)
At|test, das; -[e]s, -e ‹lat.› (ärztliche Bescheinigung)
At|tes|ta|ti|on, die; -, -en ‹lat.› (*DDR für* Qualifikationsbescheinigung ohne Prüfungsnachweis)
at|tes|tie|ren (bescheinigen)
Ät|ti, der; -[s] (*südwestd. u. schweiz. mdal. für* Vater)
¹At|ti|ka (griech. Halbinsel)
²At|ti|ka, die; -, ...ken ‹griech.-lat.› ([Skulpturen tragender] Aufsatz über dem Hauptgesims eines Bauwerks)
At|ti|ka|woh|nung (*schweiz. für* Penthouse)
¹At|ti|la (Hunnenkönig)
²At|ti|la, die; -, -s (mit Schnüren besetzte Husarenjacke)
at|tisch (aus ¹Attika)
At|ti|tü|de, die; -, -n ‹franz.› ([innere] Einstellung; [leere] Pose; *Ballett* eine [Schluss]figur)
At|ti|zis|mus, der; -, ...men ‹griech.› (an klassischen Vorbildern orientierter Sprachstil im antiken Griechenland); **At|ti|zist,** der; -en, -en (Anhänger des Attizismus); **At|ti|zis|tin; at|ti|zis|tisch**
Att|nang-Puch|heim (österr. Ort)
At|to... ‹skand.› (ein Trillionstel einer Einheit, z. B. Attofarad = 10^{-18} Farad; *Zeichen* a)
At|trak|ti|on, die; -, -en ‹lat.› (etwas, was große Anziehungskraft hat); **at|trak|tiv** (anziehend); **At|trak|ti|vi|tät,** die; -
At|trap|pe, die; -, -n ‹franz.› ([täuschend ähnliche] Nachbildung; Schau-, Blindpackung)
at|tri|bu|ie|ren ‹lat.› (als Attribut beifügen); **At|tri|but,** das; -[e]s, -e (charakteristische Eigenschaft; *Sprachwiss.* Beifügung); **at|tri|bu|tiv** [*auch* ˈa...] (beifügend); **At|tri|but|satz**
atü = Atmosphärenüberdruck *(veraltet)*
ATX, der; - (österr. Aktienindex)
aty|pisch (nicht typisch)
Ätz|al|ka|li|en *Plur.* (ätzende Hydroxide der Alkalimetalle); **Ätz|druck** *Plur.* ...drucke
At|ze, die; -, -n (*berlin. für* Bruder, Freund *od.* Schwester, Freundin)
At-Zei|chen [ˈɛt...] (das Zeichen @); *vgl. aber* Et-Zeichen
At|zel, die; -, -n (*landsch. für* Elster)
at|zen (*Jägerspr.* [Greifvögel] füttern); du atzt
ät|zen (mit Säure, Lauge o. Ä. bearbeiten); du ätzt; **ät|zend** (*ugs. auch für* sehr schlecht)
Ätz|flüs|sig|keit
At|zung (*Jägerspr.* Fütterung, Nahrung [junger Greifvögel])
Ät|zung *(Druckw.)*
au!; au Backe!; auweh!
Au *(südd., österr. nur so)*, Aue, die; -, Auen (*landsch. od. geh. für* flaches Wiesengelände)
Au = Aurum (*chem. Zeichen für* Gold)
¹AU, die; - = Abgasuntersuchung
²AU, die; - = Afrikanische Union
aua!
AUA, die; - = Austrian Airlines (österr. Luftverkehrsgesellschaft)
au|ber|gi|ne [obɛrˈʒiːn(ə)] ‹arab.-franz.› (rötlich violett)
Au|ber|gi|ne [...nə], die; -, -n (eine Gemüsepflanze)
a. u. c. = ab urbe condita
auch; wenn auch; auch wenn ↑K 126 *u.* 128
Auck|land [ˈoːklənt] (Hafenstadt in Neuseeland)
au con|t|raire [o kõˈtrɛːr̥] ‹franz.› (im Gegenteil)
AUD (Währungscode für austral. Dollar)
Au|di®, der; -[s], -s ‹lat. »audi!« = »horch!«; nach dem Automobilkonstrukteur u. Firmengründer August Horch› (dt. Kraftfahrzeugmarke)
au|di|a|tur et al|te|ra pars ‹lat.› (römischer Rechtsgrundsatz: auch die Gegenpartei soll angehört werden)
Au|di|enz, die; -, -en (feierlicher Empfang; Zulassung zu einer Unterredung)
Au|di|max, das; - (*stud. Kurzw. für* Auditorium maximum)
Au|dio, das; -s, -s *meist ohne Artikel* (*ugs. kurz für* akustisches Element, Programm usw.)
Au|dio|book [...bʊk], das; -s, -s (gesprochener Text auf Kassette od. CD; Hörbuch)
Au|dio|da|tei (*EDV* Datei zur Speicherung von Musik, gesprochenem Text, Geräuschen u. Ä.)
Au|dio|guide [...gaid], der; -s, -s ‹lat.; engl.› (elektronischer, Tonaufnahmen abspielender Museums- od. Stadtführer)
Au|di|on, das; -s, *Plur.* -s *u.* ...onen (*Elektrot.* Schaltung in Rundfunkempfängern zur Verstärkung der hörbaren Schwingungen)

auf

- aufs (auf das)
- aufs, auf das Beste gespannt sein; *aber* aufs, auf das Beste *od.* beste (sehr gut) informiert sein
- auf einmal (*vgl. auch* [1]Mal); aufs Mal (*schweiz. svw.* auf einmal)
- auf und ab *(vgl. d.), seltener* auf und nieder
- auf und davon *(vgl. d.)*
- aufgrund *od.* auf Grund (*vgl.* Grund)
- aufseiten *od.* auf Seiten

Präposition mit Dativ (zur Angabe einer Position) oder Akkusativ (zur Angabe einer Richtung):

- auf dem Tisch liegen, *aber* auf den Tisch legen

Getrenntschreibung in Verbindung mit »sein« ↑K49:

- auf sein (*ugs. für* geöffnet sein; nicht mehr im Bett sein)

Großschreibung der Substantivierung ↑K81:

- das Auf und Nieder, das Auf und Ab

Au|dio|stream [...stri:m], der; -s, -s ⟨engl.⟩ (*EDV* Datei zum Hören im Internet)

Au|dio|vi|si|on, die; - (audiovisuelle Technik; Information durch Wort u. Bild); **au|dio|vi|su|ell** (zugleich hör- u. sichtbar, Hören u. Sehen ansprechend); audiovisueller Unterricht

Au|dit [*auch* ˈɔːdɪt], das, auch: der; -s, -s (Prüfung betrieblicher Qualitätsmerkmale); **au|di|tie|ren**

Au|di|ting [ˈɔːdɪtɪŋ], das; -s, -s ⟨lat.-engl.⟩ (Aufnahmeprüfung der Scientology-Bewegung)

au|di|tiv ⟨lat.⟩ (*Med.* das Hören betreffend; *Psychol.* vorwiegend mit Gehörsinn begabt)

Au|di|tor, der; -s, ...oren (Beamter der röm. Kurie, Richter im kanonischen Recht; *Wirtsch.* Prüfer für Qualitätssicherung; *österr. früher, schweiz.* öffentl. Ankläger bei einem Militärgericht); **Au|di|to|rin**

Au|di|to|ri|um, das; -s, ...ien (ein Hörsaal [der Hochschule]; Zuhörerschaft); **Au|di|to|ri|um ma|xi|mum**, das; - - (größter Hörsaal einer Hochschule; *stud. Kurzwort* Audimax)

[1]**Aue** *vgl.* Au

[2]**Aue** *vgl.* Hartmann von Aue

Au|en|land|schaft

Au|en|wald, Au|wald

Au|er|hahn; Au|er|hen|ne; Au|er|huhn; Au|er|och|se

Au|er|stedt (Dorf in Thüringen)

auf *s. Kasten*

auf... (*in Zus. mit Verben,* z. B. aufführen, du führst auf, aufgeführt, aufzuführen)

auf|ad|die|ren

auf|ar|bei|ten; Auf|ar|bei|tung

auf|at|men

auf|ba|cken

auf|bag|gern

auf|bah|ren; Auf|bah|rung

auf|bam|meln (*ugs. für* aufhängen)

auf|bän|ken; einen Steinblock aufbänken (auf zwei Haublöcke legen)

Auf|bau, der; -[e]s, *Plur.* (*für* Gebäude-, Schiffsteil:) -ten

Auf|bau|ar|beit; Auf|bau|dar|le|hen

auf|bau|en; eine Theorie auf einer Annahme aufbauen

Auf|bau|hel|fer *(DDR)*; **Auf|bau|hel|fe|rin; Auf|bau|hil|fe** *(Politik, Wirtsch.)*

auf|bau|meln (*ugs. für* aufhängen)

auf|bau|men (*Jägerspr.* [von Tieren] sich auf einem Baum niederlassen; auf einen Baum klettern)

auf|bäu|men, sich

auf|bau|schen (*auch für* übertreiben)

Auf|bau|schu|le

Auf|bau|spie|ler *(Ballspiele)*; **Auf|bau|spie|le|rin**

Auf|bau|stu|di|um

Auf|bau|ten *vgl.* Aufbau

Auf|bau|trai|ning *(Sport)*

auf|be|geh|ren

auf|be|hal|ten

auf|bei|ßen

auf|be|kom|men

auf|be|rei|ten; Auf|be|rei|tung

auf|bes|sern; Auf|bes|se|rung, *selten* **Auf|bess|rung**

auf|bet|ten (*landsch. für* das Bett machen; im Bett höher legen); einen Kranken aufbetten; **Auf|bet|tung**

auf|be|wah|ren

Auf|be|wah|rung; Auf|be|wah|rungs|ort, der; -[e]s, -e

auf|bie|gen

auf|bie|ten; Auf|bie|tung; unter Aufbietung aller Kräfte

auf|bin|den; jmdm. etwas aufbinden (*ugs. für* weismachen)

auf|blä|hen *vgl.* aufgebläht; **Auf|blä|hung**

auf|blas|bar; auf|bla|sen

auf|blät|tern

auf|blei|ben *(ugs.)*

auf|blen|den; Auf|blen|dung

auf|bli|cken

auf|blin|ken

auf|blit|zen

auf|blo|cken; ein Bild aufblocken

auf|blü|hen

auf|bo|cken

auf|boh|ren

auf|bra|ten

auf|brau|chen

auf|brau|sen; auf|brau|send

auf|bre|chen (*Jägerspr. auch für* ausweiden)

auf|bren|nen

auf|bre|zeln, sich (*ugs. für* sich auffällig schminken u. kleiden); ich brez[e]le mich auf

auf|brin|gen (*auch für* kapern); **Auf|brin|gung**

auf|bri|sen ⟨*zu* Brise⟩ (an Stärke zunehmen [vom Wind])

auf|bro|deln; Nebel brodelt auf

Auf|bruch, der; -[e]s, ...brüche (*Jägerspr. auch für* Eingeweide des erlegten Wildes)

Auf|bruch[s]|stim|mung

auf|brü|hen

auf|brül|len

auf|brum|men (*ugs. für* auferlegen); eine Strafe aufbrummen

Auf|bü|gel|mus|ter; auf|bü|geln

auf|bür|den *(geh.)*

auf|bürs|ten

auf|däm|mern

auf|damp|fen

auf|dämp|fen

auf dass (*veraltend für* damit)

auf|de|cken; Auf|de|ckung

auf|don|nern, sich (*ugs. für* sich auffällig schminken u. kleiden)

auf|drän|geln, sich *(ugs.)*

auf|drän|gen; jmdm. etwas auf-

drängen; sich jmdm. aufdrängen
auf|dre|hen (*südd., österr. auch für* einschalten)
auf|dring|lich; Auf|dring|lich|keit
auf|drö|seln (*landsch. für* [etwas Verheddertes, Wolle o. Ä. mühsam] aufdrehen)
Auf|druck, der; -[e]s, -e; **auf|drucken**
auf|drü|cken

auf|ei|n|an|der

Man schreibt »aufeinander« mit dem folgenden Verb in der Regel zusammen, wenn es den gemeinsamen Hauptakzent trägt ↑K 48:
- aufeinanderlegen, aufeinanderprallen, aufeinandertreffen usw.

Aber:
- aufeinander achten, aufeinander aufpassen, sich aufeinander beziehen, sich aufeinander zubewegen, aufeinander hören usw.

Auf|ei|n|an|der|fol|ge, die; -
auf|ei|n|an|der|fol|gen, auf|ei|n|an|der fol|gen; an mehreren aufeinanderfolgenden od. aufeinander folgenden Tagen
auf|ei|n|an|der|le|gen; zwei aufeinandergelegte Kissen
auf|ei|n|an|der|pral|len; die Meinungen, zwei Autos prallten aufeinander
auf|ei|n|an|der|sta|peln; aufeinandergestapelte Kisten
auf|ei|n|an|der|sto|ßen; ohne hart aufeinanderzustoßen
auf|ei|n|an|der|tref|fen; Ost und West trafen friedlich aufeinander
auf|en|tern *vgl.* entern
Auf|ent|halt, der; -[e]s, -e
Auf|ent|hal|ter (*schweiz. für* jmd., der an einem Ort nur vorübergehend seinen Wohnsitz hat); **Auf|ent|hal|te|rin**
Auf|ent|halts|be|rech|ti|gung; Auf|ent|halts|be|wil|li|gung; Auf|ent|halts|dau|er; Auf|ent|halts|er|laub|nis; Auf|ent|halts|ge|neh|mi|gung; Auf|ent|halts|ort, der; -[e]s, -e; **Auf|ent|halts|raum; Auf|ent|halts|ver|bot**
auf|er|le|gen; ich erlege ihm etwas auf, *seltener* ich auferlege; auferlegt; aufzuerlegen
auf|er|ste|hen; er ersteht auf *od.* er aufersteht; wenn er auferstünde; er ist auferstanden; **Auf|er|ste|hung**
auf|er|we|cken *vgl.* auferstehen; **Auf|er|we|ckung**
auf|es|sen
auf|fä|chern; Auf|fä|che|rung
auf|fä|deln; Auf|fä|de|lung, Auf|fäd|lung
auf|fah|ren
Auf|fahrt, die; -, -en (*nur Sing.: südd. u. schweiz. auch für* Christi Himmelfahrt)
Auf|fahrt|ram|pe, Auf|fahrts|ram|pe
Auf|fahrts|stra|ße
Auf|fahr|un|fall
auf|fal|len; damit es nicht auffällt; *aber* auf fällt, dass ... ↑K 47
auf|fal|lend; die auffallends|ten Merkmale
auf|fäl|lig; Auf|fäl|lig|keit
Auf|fang|be|cken
auf|fan|gen
Auf|fang|la|ger; Auf|fang|stel|le
auf|fas|sen
Auf|fas|sung; Auf|fas|sungs|ga|be; Auf|fas|sungs|sa|che; Auf|fas|sungs|un|ter|schied
auf|fe|gen *(bes. nordd.)*
auf|fet|ten (*österr. für* finanziell aufbessern)
auf|find|bar
auf|fin|den; Auf|fin|dung
auf|fi|schen *(ugs.)*
auf|fla|ckern; auf|flam|men
auf|flat|tern
auf|flie|gen (*ugs. auch für* entdeckt werden)
auf|for|dern; Auf|for|de|rung; Auf|for|de|rungs|satz
auf|fors|ten (Wald [wieder] anpflanzen); **Auf|fors|tung**
auf|fres|sen
auf|fri|schen; der Wind frischt auf; **Auf|fri|schung**
auf|fri|sie|ren *(ugs.);* einen Motor auffrisieren; auffrisierte Haare
auf|führ|bar; Auf|führ|bar|keit, die; -
auf|füh|ren; Auf|füh|rung; Auf|füh|rungs|pra|xis *(Musik);* **Auf|füh|rungs|recht**
auf|fül|len; Auf|fül|lung
auf|fut|tern (*ugs. für* aufessen)
Auf|ga|be
auf|ga|beln (*ugs. auch für* zufällig treffen u. mitnehmen)
Auf|ga|ben|be|reich; Auf|ga|ben|feld; Auf|ga|ben|ge|biet
Auf|ga|ben|heft
Auf|ga|ben|stel|lung; Auf|ga|ben|ver|tei|lung
Auf|ga|be|stem|pel *(Postw.)*
auf|ga|gen [...gɛ...] (mit Gags versehen, ausstatten)
Auf|ga|lopp (*Reiten* Probegalopp an den Schiedsrichtern vorbei zum Start)
Auf|gang, der
Auf|gangs|punkt *(Astron.)*
auf|ge|ben
auf|ge|bläht
auf|ge|bla|sen; ein aufgeblasener (*ugs. für* eingebildeter) Kerl
Auf|ge|bla|sen|heit *(ugs.)*
Auf|ge|bot; Auf|ge|bots|schein
auf|ge|bracht (*auch für* erzürnt)
auf|ge|don|nert *vgl.* aufdonnern
auf|ge|dreht (*ugs. für* angeregt)
auf|ge|dun|sen
auf|ge|hen
auf|gei|en (*Seemannsspr.* Segel mit Geitauen zusammenholen)
auf|geil|len *(derb);* sich aufgeilen
auf|ge|klärt; Auf|ge|klärt|heit, die; -
auf|ge|knöpft (*ugs. auch für* mitteilsam)
auf|ge|kratzt; in aufgekratzter (*ugs. für* froher) Stimmung sein
Auf|geld (*für* Agio)
auf|ge|legt (*auch für* zu etwas bereit, gelaunt; *österr. ugs. auch für* offensichtlich); zum Spazierengehen aufgelegt sein
auf|ge|löst (*auch für* außer Fassung)
auf|ge|passt!
auf|ge|räumt (*auch für* heiter); **Auf|ge|räumt|heit** *Plur. selten*
auf|ge|raut
auf|ge|regt; Auf|ge|regt|heit
Auf|ge|sang (*Verslehre* erster Teil der Strophe beim Meistersang)
auf|ge|schlos|sen; Auf|ge|schlos|sen|heit
auf|ge|schmis|sen; aufgeschmissen (*ugs. für* hilflos) sein
auf|ge|schos|sen; hoch aufgeschossen
auf|ge|schwemmt
auf|ge|setzt (unnatürlich, übertrieben)
auf|ge|ta|kelt (*ugs. für* auffällig, geschmacklos gekleidet)
auf|ge|wärmt
auf|ge|weckt; ein aufgeweckter (kluger) Junge; **Auf|ge|weckt|heit,** die; -
auf|ge|wor|fen; ein aufgeworfener Mund
auf|gie|ßen
auf|glei|sen (*Technik* auf Gleise setzen; *schweiz. auch für* in die Wege leiten); du gleist auf; er gleis|te auf; **Auf|glei|sung**

auf|glei|ten (*Meteorol.* sich [gleitend] über etwas schieben [von Luftmassen])
auf|glie|dern; Auf|glie|de|rung
auf|glim|men
auf|glü|hen
auf|gra|ben; Auf|gra|bung
auf|grät|schen; auf den Barren aufgrätschen
auf|grei|fen
auf|grund, auf Grund *Präp. mit Gen.;* aufgrund *od.* auf Grund des Wetters; aufgrund *od.* auf Grund dessen
Auf|guss; Auf|guss|beu|tel; Auf|guss|tier|chen (*für* Infusorium)
auf|ha|ben *(ugs.);* es ist schön, einen Hut aufzuhaben; für die Schule viel aufhaben; ein Laden, der mittags aufhat
auf|ha|cken; den Boden aufhacken
auf|ha|ken (einen Hakenverschluss lösen)
auf|hal|sen (*ugs. für* aufbürden)
auf|hal|ten
auf|häl|tig (*bes. Amtsspr.* sich [vorübergehend] aufhaltend)
auf|hält|lich (*svw.* aufhältig)
Auf|hal|tung
auf|hän|gen; *vgl.* ²hängen

aufhängen

In der Standardsprache gilt nur folgende Beugung als korrekt: *Wir hängten* (nicht *hingen*) *die Wäsche auf. Wir haben die Wäsche aufgehängt* (nicht *aufgehangen*).

Auf|hän|ger; Auf|hän|ge|vor|rich|tung; Auf|hän|gung
auf|hau|en *(ugs.)*
auf|häu|fen
auf|he|beln
auf|he|ben
Auf|he|ben, das; -s; [ein] großes Aufheben, viel Aufheben[s] von dem Buch machen
Auf|he|bung
Auf|he|bungs|ver|trag *(Rechtsspr.)*
auf|hei|tern; Auf|hei|te|rung
auf|hei|zen; Auf|hei|zung
auf|hel|fen
auf|hel|len; Auf|hel|ler *(Chemie);* **Auf|hel|lung**
auf|het|zen; Auf|het|zung
auf|heu|len
auf|ho|len; Auf|hol|jagd
auf|hor|chen
auf|hö|ren
auf|hüb|schen (*ugs. für* verschönern)

auf|hu|cken (*ugs. für* auf den Rücken nehmen)
auf|hus|sen (*österr. ugs. für* aufwiegeln)
auf|ja|gen
auf|jauch|zen
auf|jau|len
Auf|kauf; auf|kau|fen; Auf|käu|fer; Auf|käu|fe|rin
auf|keh|ren *(bes. südd., österr.)*
auf|kei|men
auf|klaf|fen (einen [breiten] Spalt bilden)
auf|klapp|bar; auf|klap|pen
auf|kla|ren (klar werden, sich aufklären [vom Wetter]; *Seemannsspr.* aufräumen); der Himmel klart auf
auf|klä|ren (Klarheit in etwas Ungeklärtes bringen; belehren; sich aufhellen); der Himmel klärt sich auf
Auf|klä|rer; Auf|klä|re|rin; auf|klä|re|risch; Auf|klä|rung
Auf|klä|rungs|ar|beit
Auf|klä|rungs|flug|zeug
Auf|klä|rungs|kam|pa|g|ne
auf|klat|schen
auf|klau|ben (*südd., österr. für* aufheben)
auf|kle|ben; Auf|kle|ber
auf|klin|gen
auf|klin|ken
auf|kna|cken
auf|knöp|fen *vgl.* aufgeknöpft
auf|kno|ten
auf|knüp|fen; Auf|knüp|fung
auf|ko|chen (*südd., österr. auch für* zu einem besonderen Anlass reichlich kochen)
auf|kom|men
Auf|kom|men, das; -s, - (Summe der [Steuer]einnahmen)
auf|kom|mens|neu|t|ral (keine Kosten verursachend)
auf|krat|zen *vgl.* aufgekratzt
auf|krei|schen
auf|krem|peln
auf|kreu|zen *(ugs.)*
auf|krie|gen *(ugs.)*
auf|kün|den (*älter für* aufkündigen)
auf|kün|di|gen; Auf|kün|di|gung
Aufl. = Auflage
auf|la|chen
auf|lad|bar; aufladbare Chipkarten
auf|la|den; *vgl.* ¹laden; **Auf|la|de|platz; Auf|la|der; Auf|la|dung**
Auf|la|ge (*Abk.* Aufl.); **Auf|la|ge[n]|hö|he; auf|la|gen|stark**
Auf|la|ger *(Bauw.)*
auf|lan|dig (*Seemannsspr.* auf das Land zu wehend od. strömend)
auf|las|sen (aufsteigen lassen; *Bergmannsspr.* [eine Grube] stilllegen; *Rechtsspr.* [Grundeigentum] übertragen; *bes. südd., österr. für* stilllegen, aufgeben; *ugs. für* geöffnet lassen)
auf|läs|sig (*Bergmannsspr.* außer Betrieb)
Auf|las|sung
auf|las|ten (*für* aufbürden)
auf|lau|ern; jmdm. auflauern
Auf|lauf (Ansammlung; überbackene [Mehl]speise)
Auf|lauf|brem|se *(Kfz-Technik)*
auf|lau|fen (anwachsen [von Schulden]; *Seemannsspr.* auf Grund geraten; *Sport* zum Spielbeginn aufs Spielfeld laufen)
Auf|lauf|form
Auf|lauf|kind (*Fußball* Kind, das einen Spieler beim Auflaufen aufs Spielfeld begleitet)
auf|le|ben
auf|le|cken
Auf|le|ge|ma|t|rat|ze
auf|le|gen *vgl.* aufgelegt
Auf|le|ger; Auf|le|gung
auf|leh|nen, sich; Auf|leh|nung
auf|lei|men
auf|le|sen
auf|leuch|ten
auf|lich|ten; Auf|lich|tung
Auf|lie|fe|rer *(Transportwesen);* **auf|lie|fern; Auf|lie|fe|rung**
auf|lie|gen; Auf|lie|ge|zeit (Ruhezeit der Schiffe)
auf|lis|ten; Auf|lis|tung
auf|lo|ckern; Auf|lo|cke|rung
auf|lo|dern
auf|lö|sen

auflösen

Im Sinne von »sich zerteilen, zergehen« wird sich auflösen mit dem Dativ verbunden: *Die Tablette hat sich im Wasser aufgelöst.* Bedeutet sich auflösen aber »in etwas übergehen, sich in etwas verwandeln«, dann steht es mit dem Akkusativ: *Die Wolken lösten sich in prasselnden Regen auf.*

Auf|lö|sung; Auf|lö|sungs|er|schei|nung; Auf|lö|sungs|pro|zess
Auf|lö|sungs|zei|chen *(Musik)*
auf|lüp|fisch (*schweiz. für* rebellisch, aufrührerisch)
auf|lut|schen; den Bonbon auflutschen

auf|lu|ven (*Seemannsspr.* den Winkel zwischen Kurs u. Windrichtung verkleinern)
aufm, **auf'm** (*ugs. für* auf dem, auf einem); ↑K14
auf|ma|chen; auf- und zumachen; sich aufmachen (sich auf den Weg machen)
Auf|ma|cher (wirkungsvoller Titel; eingängige Schlagzeile)
Auf|ma|chung
auf|ma|len
Auf|marsch, der; **Auf|marsch|ge|län|de; auf|mar|schie|ren**
auf|ma|scherln (*österr. ugs. für* aufputzen); aufgemascherlt
Auf|maß *(Bauw., Archit.)*
auf|mei|ßeln
auf|mer|ken
auf|merk|sam; jmdn. auf etwas aufmerksam machen
Auf|merk|sam|keit; Auf|merk|sam|keits|de|fi|zit-Syn|drom, Auf|merk|sam|keits|de|fi|zit|syn|drom (Störung der Konzentrationsfähigkeit in Verbindung mit sprunghaftem, impulsivem Handeln; *Abk.* ADS)
auf|merk|sam|keits|stark *(Werbespr.)*
auf|mes|sen *(Bauw., Archit.)*
auf|mi|schen (*ugs. auch für* verprügeln)
auf|mö|beln (*ugs. für* aufmuntern; erneuern); ich möb[e]le auf
auf|mon|tie|ren
auf|mot|zen (*ugs. für* effektvoller gestalten, zurechtmachen)
auf|mu|cken *(ugs.)*
auf|mun|tern; ich muntere auf; **Auf|mun|te|rung**
auf|müp|fig (*landsch. für* aufsässig, trotzig); **Auf|müp|fig|keit**
auf|mut|zen (*landsch. für* zum Vorwurf machen)
aufn, **auf'n** (*ugs. für* auf den, auf einen); ↑K14
auf|nä|hen; Auf|nä|her
Auf|nah|me, die; -, -n; **Auf|nah|me|be|din|gung** *meist Plur.*
auf|nah|me|fä|hig; Auf|nah|me|fä|hig|keit
Auf|nah|me|ge|bühr; Auf|nah|me|lei|ter, der *(Film);* **Auf|nah|me|prü|fung; Auf|nah|me|stopp** (*österr. auch für* Einstellungsstopp); **Auf|nah|me|tech|nik**
auf|nahms|fä|hig *(österr.);* **Auf|nahms|prü|fung** *(österr.)*
auf|neh|men; Auf|neh|mer (*landsch. für* Scheuerlappen)
äuf|nen (*schweiz. für* [Güter, Bestände, Fonds] vermehren)

auf|nes|teln
auf|nö|ti|gen; jmdm. etw. aufnötigen
Äuf|nung *(schweiz.)*
auf|ok|t|ro|y|ie|ren (aufzwingen)
auf|op|fern; sich [für jmdn. *od.* etwas] aufopfern; **Auf|op|fe|rung; auf|op|fe|rungs|voll**
auf|pa|cken
auf|päp|peln *(ugs.);* ein Kind aufpäppeln
auf|pap|pen (*ugs. für* aufkleben)
auf|pas|sen; Auf|pas|ser; Auf|pas|se|rin
auf|peit|schen
auf|pel|zen (*österr. für* aufbürden)
auf|pep|pen (*ugs. für* einer Sache Pep, Schwung geben)
auf|pflan|zen
auf|pfrop|fen
auf|pi|cken (*österr. auch für* aufkleben)
auf|plat|zen
auf|plus|tern; sich aufplustern
auf|po|lie|ren
auf|pols|tern
auf|pop|pen (*ugs. für* nach Art der Popkunst aufmachen; *EDV* sich als Pop-up öffnen)
auf|prä|gen
Auf|prall, der; -[e]s, -e *Plur. selten;* **auf|pral|len; Auf|prall|schutz**
Auf|preis (Mehrpreis)
auf|pro|bie|ren
auf|pu|deln, sich (*österr. ugs. für* sich aufspielen)
auf|pul|vern
auf|pum|pen
auf|pus|ten
auf|put|schen; Auf|putsch|mit|tel
auf|put|zen; sich aufputzen
auf|quel|len; *vgl.* [1]quellen
auf|raf|fen; sich aufraffen
auf|ra|gen
auf|rap|peln, sich (*ugs. für* sich aufraffen)
auf|rau|en
auf|räu|feln (*landsch. für* [Gestricktes] wieder auflösen); ich räuf[e]le auf
Auf|räum|ar|beit
auf|räu|men *vgl.* aufgeräumt
Auf|räu|me|rin (*österr. für* Putzfrau)
Auf|räu|mung; Auf|räu|mungs|ar|beit *meist Plur.*
auf|rech|nen; Auf|rech|nung
auf|recht; aufrecht halten, sitzen, stehen, stellen; er kann sich nicht aufrecht halten; aufrecht gehalten; aufrecht zu halten
auf|recht|blei|ben (bestehen bleiben)

auf|recht|er|hal|ten (weiterhin bestehen lassen, nicht aufgeben); um einen Anspruch aufrechtzuerhalten; **Auf|recht|er|hal|tung**
auf|re|den; jmdm. eine Versicherung aufreden
auf|re|gen; auf|re|gend; aufregends|te; **Auf|re|ger** (*ugs. für* Skandal); **Auf|re|gung**
auf|rei|ben
auf|rei|bend; aufreibends|te
auf|rei|hen; sich aufreihen; **Auf|rei|hung**
auf|rei|ßen (*auch für* im Überblick darstellen; *ugs. auch für* mit jmdm. eine [sexuelle] Beziehung anzuknüpfen versuchen); **Auf|rei|ßer,** der; -s, - *(ugs.);* **Auf|rei|ße|rin**
auf|rei|ten (*auch Zool.* [von manchen Säugetieren] begatten)
auf|rei|zen; auf|rei|zend; aufreizends|te; **Auf|rei|zung**
auf|rib|beln (*landsch. für* aufräufeln)
Auf|rich|te, die; -, -n (*schweiz. für* Richtfest)
auf|rich|ten; sich aufrichten
auf|rich|tig; Auf|rich|tig|keit
Auf|rich|tung
Auf|riss (Bauzeichnung)
auf|rol|len; Auf|rol|lung
auf|rü|cken
Auf|ruf; auf|ru|fen
Auf|ruhr, der; -[e]s, -e *Plur. selten;* **auf|rüh|ren; Auf|rüh|rer; Auf|rüh|re|rin; auf|rüh|re|risch**
auf|run|den ([Zahlen] nach oben runden); **Auf|run|dung**
auf|rü|schen (*ugs. für* herausputzen)
auf|rüs|ten; Auf|rüs|tung
auf|rüt|teln; Auf|rüt|te|lung, Auf|rütt|lung
aufs ↑K14 (auf das); *vgl.* auf
auf|sa|gen; Auf|sa|ger (*Fernsehen* vorbereiteter, in die Kamera gesprochener Text); **Auf|sa|gung** (*geh. auch für* Kündigung)
auf|sam|meln
Auf|san|dung (*österr. Rechtsspr. für* Einwilligung eines Liegenschaftseigentümers zur Belastung des Grundstücks); **Auf|san|dungs|ur|kun|de**
auf|säs|sig; Auf|säs|sig|keit, die; -
Auf|satz; Auf|satz|the|ma
auf|sau|gen
auf|schal|ten (*Telefonie* eine Verbindung zu einem besetzten Anschluss herstellen); **Auf|schal|tung**

auf|schär|fen (*Jägerspr.* [den Balg] aufschneiden)
auf|schau|en
auf|schau|keln
auf|schäu|men
auf|schei|nen (*österr. für* erscheinen, vorkommen)
auf|scheu|chen
auf|scheu|ern; ich scheu[e]re mir die Knie auf
auf|schich|ten; Auf|schich|tung
auf|schie|ben; Auf|schie|bung
auf|schie|ßen
Auf|schlag; auf|schla|gen
Auf|schlä|ger *(Sport);* **Auf|schlä|ge|rin**
Auf|schlag|feh|ler; Auf|schlag|ver|lust; Auf|schlag|zün|der
auf|schläm|men
auf|schle|cken *(südd., österr.)*
auf|schlie|ßen *vgl.* aufgeschlossen; **Auf|schlie|ßung**
auf|schlit|zen
auf|schluch|zen
Auf|schluss
auf|schlüs|seln; Auf|schlüs|se|lung, Auf|schlüss|lung
auf|schluss|reich
auf|schnap|pen
auf|schnau|fen (*südd., österr. ugs. für* aufatmen)
auf|schnei|den (*ugs. auch für* prahlen); **Auf|schnei|der; Auf|schnei|de|rei; Auf|schnei|de|rin; auf|schnei|de|risch**
Auf|schnitt, der; -[e]s
auf|schnü|ren
auf|schrau|ben
[1]**auf|schre|cken**; sie schrak *od.* schreckte auf; sie war aufgeschreckt; *vgl.* schrecken
[2]**auf|schre|cken**; ich schreckte ihn auf; sie hatte ihn aufgeschreckt; *vgl.* schrecken
Auf|schrei
auf|schrei|ben; ich schreibe mir etwas auf
auf|schrei|en
Auf|schrift
Auf|schub; Auf|schub|zeit (*Versicherungsw.* Zeit zwischen dem Beginn einer privaten Rentenversicherung u. der Auszahlung der Rente)
auf|schür|fen
auf|schüt|teln
auf|schüt|ten; Auf|schüt|tung
auf|schwat|zen, auf|schwät|zen *(ugs.)*
auf|schwei|ßen
[1]**auf|schwel|len**; der Leib schwoll auf, ist aufgeschwollen; *vgl.* [1]schwellen
[2]**auf|schwel|len**; der Exkurs schwellte das Buch auf, hat das Buch aufgeschwellt; *vgl.* [2]schwellen
Auf|schwel|lung
auf|schwem|men; Auf|schwem|mung
auf|schwin|gen; Auf|schwung
auf|se|hen; zu jmdm. aufsehen
Auf|se|hen, das; -s; Aufsehen erregen
auf|se|hen|er|re|gend, Auf|se|hen er|re|gend; ein aufsehenerregender *od.* Aufsehen erregender Fall; *aber nur* ein großes Aufsehen erregender Fall, ein äußerst aufsehenerregender Fall, ein noch aufsehenerregenderer Fall ↑K58; etwas Aufsehenerregendes *od.* Aufsehen Erregendes ↑K72
Auf|se|her; Auf|se|he|rin
auf sein *vgl.* auf
auf|sei|ten, auf Sei|ten; *mit Gen.:* aufseiten *od.* auf Seiten der Regierung
auf|set|zen; Auf|set|zer *(bes. Fußball, Handball)*
auf|seuf|zen
Auf|sicht, die; -, -en; der Aufsicht führende *od.* aufsichtführende Lehrer ↑K58
Auf|sicht|füh|ren|de, Auf|sicht Füh|ren|de, der *u.* die; -n, -n
auf|sicht|los (*seltener für* aufsichtslos)
Auf|sichts|be|am|te; Auf|sichts|be|am|tin; Auf|sichts|be|hör|de; Auf|sichts|be|schwer|de *(Rechtswiss.)*
auf|sichts|los (unbeaufsichtigt)
Auf|sichts|pflicht
Auf|sichts|rat *Plur.* ...räte; **Auf|sichts|rä|tin**
Auf|sichts|rats|chef *(ugs.);* **Auf|sichts|rats|che|fin**
Auf|sichts|rats|prä|si|dent *(österr.);* **Auf|sichts|rats|prä|si|den|tin**
Auf|sichts|rats|sit|zung
Auf|sichts|rats|vor|sit|zen|de
auf|sit|zen; jmdm. aufsitzen (auf jmdn. hereinfallen); **Auf|sit|zer** (*österr. für* Reinfall)
Auf|sitz|ra|sen|mä|her
auf|spal|ten; Auf|spal|tung
auf|span|nen
auf|spa|ren; ich spare mir etwas auf; **Auf|spa|rung**
auf|spei|chern; Auf|spei|che|rung
Auf|sperr|dienst (*österr. für* Schlüsseldienst)
auf|sper|ren
auf|spie|len; sich aufspielen
auf|spie|ßen; Auf|spie|ßung
auf|split|ten
auf|split|tern; Auf|split|te|rung
Auf|split|tung
auf|spray|en
auf|spren|gen; Auf|spren|gung
auf|sprie|ßen
auf|sprin|gen
auf|sprit|zen; Auf|sprit|zung
auf|sprü|hen; Auf|sprü|hung
Auf|sprung
auf|spu|len
auf|spü|len; Sand aufspülen
auf|spü|ren; Auf|spü|rung
auf|sta|cheln; Auf|sta|che|lung, Auf|stach|lung
auf|stal|len *(Landwirtsch.);* **Auf|stal|lung; Auf|stal|lungs|ge|bot**
auf|stamp|fen
Auf|stand
auf|stän|dern (*Technik* auf Ständern errichten); ich ständere auf; **Auf|stän|de|rung**
auf|stän|disch; Auf|stän|di|sche, der *u.* die; -n, -n
auf|sta|peln; Auf|sta|pe|lung, Auf|stap|lung
auf|star|ten (*schweiz. für* [einen Computer, ein Programm] starten, hochfahren)
Auf|stau, der; -[e]s *(Technik, Wasserbau)*
auf|stäu|ben
auf|stau|en; Auf|stau|ung
auf|ste|chen
auf|ste|cken *vgl.* [2]stecken
auf|ste|hen
auf|stei|gen (*österr. auch für* in die nächste Klasse kommen); **Auf|stei|ger; Auf|stei|ge|rin**
auf|stel|len (*schweiz. auch für* gute Laune bringen); **Auf|stel|lung**
auf|stem|men
auf|step|pen
Auf|stieg, der; -[e]s, -e
Auf|stiegs|chan|ce; Auf|stiegs|mög|lich|keit
Auf|stiegs|spiel *(Sport)*
auf|stö|bern
auf|sto|cken ([um ein Stockwerk, einen Betrag o. Ä.] erhöhen)
Auf|sto|cker (jemand, dessen Einkommen niedriger als das Arbeitslosengeld ist u. bei dem der Staat die Differenz ausgleicht); **Auf|sto|cke|rin**
Auf|sto|ckung
auf|stöh|nen
auf|stöp|seln *(ugs.);* eine Flasche aufstöpseln
auf|stö|ren; jmdn. aufstören
auf|sto|ßen; mir stößt etwas auf
auf|stre|ben; auf|stre|bend

auf|strei|chen; Auf|strich
Auf|strom, der; -[e]s (*Technik* aufsteigender Luftstrom)
auf|stu|fen (höher einstufen); **Auf|stu|fung**
auf|stül|pen; Auf|stül|pung
auf|stüt|zen
auf|sty|len [...stai...], sich ‹dt.; engl.› (*ugs. für* sich sorgfältig kleiden [u. schminken])
auf|su|chen
auf|sum|men, auf|sum|mie|ren (*EDV* Werte addieren od. subtrahieren)
auf|ta|keln (*Seemannsspr.* mit Takelwerk ausrüsten); sich auftakeln (*ugs. für* sich sehr auffällig kleiden und schminken); *vgl.* aufgetakelt; **Auf|ta|ke|lung, Auf|tak|lung**
Auf|takt, der; -[e]s, -e
Auf|takt|fol|ge (erste Folge einer Fernsehserie)
auf|tan|ken
auf|tau|chen
auf|tau|en
auf|teen [...ti:ən] ‹dt.; engl.› (*Golf* den Ball zum Abschlag auf das Tee legen)
auf|tei|len; Auf|tei|lung
auf|tip|pen; den Ball kurz auftippen
auf|ti|schen ([Speisen] auftragen; *ugs. für* vorbringen)
auf|top|pen (*Seemannsspr.* die Rahen in senkrechter Richtung bewegen)
Auf|trag, der; -[e]s, ...träge; im -[e] (*Abk.* i. A. *od.* I. A. *[vgl. d.]*)
auf|tra|gen
Auf|trag|ge|ber; Auf|trag|ge|be|rin; Auf|trag|neh|mer; Auf|trag|neh|me|rin
Auf|trags|ar|beit; Auf|trags|be|stand; Auf|trags|be|stä|ti|gung; Auf|trags|buch; Auf|trags|ein|gang; Auf|trags|flau|te (*Kaufmannsspr.*)
auf|trags|ge|mäß
Auf|trags|kil|ler (*ugs.*); **Auf|trags|kil|le|rin**
Auf|trags|la|ge (*Wirtsch.*)
Auf|trags|mord
Auf|trags|pols|ter (Vorrat an Aufträgen); **Auf|trags|rück|gang**
Auf|trag[s]|wal|ze (*Druckw.*)
Auf|trags|werk
auf|tref|fen
auf|trei|ben
auf|tren|nen
auf|tre|ten; Auf|tre|ten, das; -s
Auf|tre|tens|wahr|schein|lich|keit

Auf|trieb; Auf|triebs|kraft
Auf|tritt; Auf|tritts|ver|bot
auf|trump|fen
auf|tun; sich auftun
auf|tup|fen; Wassertropfen [mit einem Tuch] auftupfen
auf|tür|men; sich auftürmen
auf und ab; auf und ab gehen (ohne bestimmtes Ziel), *aber in Zus.* ↑K31: auf- und absteigen (aufsteigen und absteigen)
Auf und Ab, das; - - -[s]
Auf-und-ab-Ge|hen, das; -s ↑K27; ein Platz zum Auf-und-ab-Gehen, *aber* ↑K31 *u.* 82: das Auf- und Absteigen (Aufsteigen und Absteigen)
auf und da|von; sich auf und davon machen *(ugs.)*; zum Auf-und-davon-Laufen sein ↑K27
auf|wa|chen; Auf|wach|raum
auf|wach|sen
auf|wal|len; Auf|wal|lung
auf|wäl|ti|gen *(Bergmannsspr.); vgl.* gewältigen
Auf|wand, der; -[e]s, Aufwände
auf|wän|dig *vgl.* aufwendig
Auf|wands|ent|schä|di|gung
auf|wär|men; Auf|wärm|trai|ning; Auf|wär|mung
Auf|war|te|frau
auf|war|ten

auf|wärts

- auf- und abwärts
- aufwärts kompatibel *(EDV)*

Man schreibt »aufwärts« als Verbzusatz mit dem folgenden Verb zusammen ↑K48:

- aufwärtsfahren, aufwärtsschieben, aufwärtssteigen
- wir sind zwei Stunden lang nur aufwärtsgegangen
- mit ihrer Gesundheit ist es stetig aufwärtsgegangen

Aber:

- aufwärts davonfliegen
- aufwärts ging es langsamer als abwärts
- wir wollten aufwärts gehen, nicht fahren

Auf|wärts|be|we|gung; Auf|wärts|ent|wick|lung
auf|wärts|fah|ren; auf|wärts|ge|hen *vgl.* aufwärts
Auf|wärts|ha|ken
auf|wärts|rich|ten
Auf|wärts|trend
Auf|war|tung

auf was / worauf

Auf was kommt in der gesprochenen Sprache recht häufig vor: *Auf was muss ich dabei achten?* Im geschriebenen Standarddeutsch wird in der Regel *worauf* verwendet: *Worauf muss ich dabei achten?*

Auf|wasch, der; -[e]s; **auf|wa|schen; Auf|wasch|tisch; Auf|wasch|was|ser** *Plur.* ...wässer
auf|we|cken; *vgl. auch* aufgeweckt
auf|wei|chen *vgl.* [1]weichen; **Auf|wei|chung**
Auf|weis, der; -es, -e; **auf|wei|sen**
auf|wen|den; ich wandte *od.* wendete viel Zeit auf, habe aufgewandt *od.* aufgewendet; aufgewandte *od.* aufgewendete Zeit
auf|wen|dig, auf|wän|dig
Auf|wen|dung
auf|wer|fen
auf|wer|ten; Auf|wer|tung
auf|wi|ckeln; Auf|wi|cke|lung, Auf|wick|lung
Auf|wie|ge|lei *(abwertend)*; **auf|wie|geln; Auf|wie|ge|lung, Auf|wieg|lung**
auf|wie|gen
Auf|wieg|ler; Auf|wieg|le|rin; auf|wieg|le|risch; Auf|wieg|lung *vgl.* Aufwiegelung
Auf|wind *(Meteorol.)*
auf|wir|beln
auf|wi|schen; Auf|wisch|lap|pen
auf|wöl|ben
auf|wöl|ken
Auf|wuchs *(Forstwirtsch.)*
auf|wüh|len
Auf|wurf
auf|zah|len *(südd., österr. für* dazuzahlen)
auf|zäh|len
Auf|zah|lung *(südd., österr., schweiz. auch für* Aufpreis)
Auf|zäh|lung
auf|zäu|men; das Pferd am *od.* beim Schwanz aufzäumen (*ugs. für* etwas verkehrt beginnen)
auf|zeh|ren
auf|zeich|nen; Auf|zeich|nung
auf|zei|gen (dartun, darlegen)
auf Zeit (*Abk.* a. Z.)
auf|zie|hen; Auf|zucht; auf|züch|ten; Auf|zucht|sta|ti|on
auf|zu|cken
Auf|zug
Auf|zug|füh|rer; Auf|zug|füh|re|rin

Auf|zug|schacht, Auf|zugs|schacht
auf|zün|geln *(geh.)*
auf|zwin|gen
auf|zwir|beln; die Bartenden aufzwirbeln
Aug. = August
Aug|ap|fel
Au|ge, das; -s, -n; Auge um Auge; **Äu|gel|chen**
äu|geln (*veraltet für* [verstohlen] blicken; *auch für* okulieren); ich äug[e]le
äu|gen ([angespannt] blicken)
Au|gen|arzt; Au|gen|ärz|tin
Au|gen|auf|schlag
Au|gen|aus|wi|sche|rei (*bes. österr. für* Augenwischerei)
Au|gen|bank *Plur.* ...banken *(Med.)*
Au|gen|bin|de
Au|gen|blick [*auch* ...ˈblɪk]
au|gen|blick|lich [*auch* ...ˈblɪk...]; **au|gen|blicks** (*veraltend für* sofort, sogleich); **Au|gen|blicks|idee; Au|gen|blicks|sa|che**
Au|gen|braue; Au|gen|brau|en|stift
Au|gen|de|ckel
Au|gen|di|a|g|no|se
au|gen|fäl|lig
Au|gen|far|be
Au|gen|glas *(veraltend); vgl.* [1]Glas
Au|gen|heil|kun|de, die
Au|gen|hö|he; auf [gleicher] Augenhöhe (*übertr. für* gleichberechtigt)
Au|gen|klap|pe; Au|gen|kli|nik; Au|gen|kon|takt; Au|gen|krank|heit
Au|gen|licht, das; -[e]s
Au|gen|lid; Au|gen-Make-up ↑K26
Au|gen|maß, das
Au|gen|merk, das; -[e]s
Au|gen|op|ti|ker; Au|gen|op|ti|ke|rin
Au|gen|pul|ver, das; -s (*ugs. für* sehr kleine Schrift)
Au|gen|rin|ge *Plur.;* **Au|gen|schat|ten**
Au|gen|schein, der; -[e]s; **au|gen|schein|lich** [*auch* ...ˈʃai...]
Au|gen|schmaus (*scherzh. für* erfreulicher Anblick)
Au|gen|stern (*ugs. für* das Liebste)
Au|gen|trost (eine Heilpflanze)
Au|gen|wei|de, die; -, -n
Au|gen|win|kel
Au|gen|wi|sche|rei
Au|gen|zahn (oberer Eckzahn)
Au|gen|zeu|ge; Au|gen|zeu|gen|be|richt; Au|gen|zeu|gin
Au|gen|zwin|kern, das; -s; **au|gen|zwin|kernd**
Au|gi|as (Gestalt der griech. Sage); **Au|gi|as|stall** [*auch* ˈau...] (*übertr. auch für* korrupte Verhältnisse)
...äu|gig (z. B. braunäugig)
Au|git, der; -s, -e ‹griech.› (ein Mineral)
Äug|lein
Aug|ment, das; -s, -e ‹lat.› (*Sprachwiss.* Vorsilbe des Verbstammes zur Bezeichnung der Vergangenheit, bes. im Sanskrit u. im Griechischen)
Aug|men|ta|ti|on, die; -, -en (*Musik* Vergrößerung der Notenwerte)
au gra|tin [o ...ˈtɛ̃ː] ‹franz.› (*Gastron.* mit einer Kruste überbacken)
Augs|burg (Stadt am Lech)
Augs|bur|ger; Augsburger Bekenntnis (*Abk. [österr.]* A. B.); **Augs|bur|ge|rin; augs|bur|gisch;** *aber* ↑K150 : die Augsburgische Konfession
Aug|spross, der; -es, -en, **Aug|spros|se** (*Jägerspr.* unterste Sprosse am Hirschgeweih)
Au|gur, der; *Gen.* -s *u.* ...uren, *Plur.* ...uren ‹lat., »Vogelschauer«› (Priester im alten Rom; Wahrsager)
Au|gu|ren|lä|cheln, das; -s (wissendes Lächeln Eingeweihter)
[1]**Au|gust,** der; *Gen.* -[e]s *u.* -, *Plur.* -e ‹lat.› (achter Monat im Jahr, Ernting, Erntemonat; *Abk.* Aug.)
[2]**Au|gust** (m. Vorn.); der dumme August (Clown); ↑K89
Au|gus|ta, Au|gus|te (w. Vorn.)
au|gus|te|isch ↑K89 ; das Augusteische Zeitalter (Zeitalter des Kaisers Augustus); *aber* ein augusteisches (der Kunst und Literatur günstiges) Zeitalter
Au|gust|fei|er (in der Schweiz Feier am Abend des Nationalfeiertags [1. August])
[1]**Au|gus|tin** (m. Vorn.)
[2]**Au|gus|tin** *vgl.* Augustinus
Au|gus|ti|ne (w. Vorn.)
Au|gus|ti|ner, der; -s, - (Angehöriger eines katholischen Ordens)
Au|gus|ti|nus, [2]Au|gus|tin (Heiliger, Kirchenlehrer)
Au|gus|tus (Beiname des römischen Kaisers Oktavian)
Auk|ti|on, die; -, -en ‹lat.› (Versteigerung)
Auk|ti|o|na|tor, der; -s, ...oren (Versteigerer); **Auk|ti|o|na|to|rin**
auk|ti|o|nie|ren
Auk|ti|ons|haus; Auk|ti|ons|saal
Au|la, die; -, *Plur.* ...len *u.* -s ‹lat.› (Fest-, Versammlungssaal in [Hoch]schulen)
Au|le, die; -, -n (*landsch. derb für* Auswurf)
Au|los, der; -, ...oi ‹griech.› (ein antikes griechisches Musikinstrument)
au na|tu|rel [o ...ty...] ‹franz.› (*Gastron.* ohne künstlichen Zusatz [bei Speisen, Getränken])
au pair [o ˈpɛːɐ̯] ‹franz.› (ohne Bezahlung, nur gegen Unterkunft u. Verpflegung)
[1]**Au-pair,** die; -, -s *od.* das; -s, -s (*kurz für* Au-pair-Mädchen)
[2]**Au-pair,** der; -s, -s (*kurz für* Au-pair-Junge)
Au-pair-Jun|ge; Au-pair-Mäd|chen ↑K26 ; **Au-pair-Stel|le**
AU-Pla|ket|te [aːˈluː...]
Au|ra, die; -, Auren (Med.: Aurae) ‹lat.› (besondere Ausstrahlung; *Med.* Unbehagen vor epileptischen Anfällen)
Au|ra|min, das; -s ‹nlat.› (gelber Farbstoff)
Au|rar (*Plur. von* Eyrir)
au|ra|tisch (eine Aura besitzend, verbreitend)
Au|re|lia, Au|re|lie (w. Vorn.)
Au|re|li|an (römischer Kaiser)
Au|re|lie *vgl.* Aurelia
Au|re|li|us (altrömischer Geschlechtername)
Au|re|o|le, die; -, -n ‹lat.› (Heiligenschein; Hof [um Sonne u. Mond])
Au|ri|g|na|ci|en [ɔrɪnjaˈsi̯ɛ̃ː], das; -[s] ‹nach der französischen Stadt Aurignac› (Kulturstufe der jüngeren Altsteinzeit); **Au|ri|g|nac|mensch** [...ˈjak...]
Au|ri|kel, die; -, -n ‹lat.› (eine Primelart)
au|ri|ku|lar (*Med.* die Ohren betreffend)
Au|ri|pig|ment, das; -[e]s ‹lat.› (ein Mineral, Rauschgelb)
[1]**Au|ro|ra** (römische Göttin der Morgenröte)
[2]**Au|ro|ra,** die; -, -s (ein Schmetterling; Lichterscheinung in

der oberen Atmosphäre); **Au|ro|ra|fal|ter**
Au|rum, das; -[s] ‹lat.› (*lat. Bez. für* Gold; *Zeichen* Au)

aus

Präposition mit Dativ:
- aus dem Haus[e]
- aus aller Herren Länder[n]

Adverb:
- aus sein (*ugs. für* zu Ende, erloschen, ausgeschaltet sein)
- auf etwas aus sein (*ugs. für* etwas haben, erreichen wollen)
- weder aus noch ein wissen
- aus und ein gehen (verkehren)

Aber in Zusammensetzungen ↑K 31:
- aus- und eingehende (ausgehende und eingehende) Waren

Aus, das; -, -; der Ball ist im Aus
aus... (*in Zus. mit Verben,* z. B. ausbeuten, du beutest aus, ausgebeutet, auszubeuten)
aus|agie|ren *(Psychol.)*
aus|apern (*südd., österr., schweiz. für* schneefrei werden)
aus|ar|bei|ten; Aus|ar|bei|tung
aus|ar|ten; Aus|ar|tung
aus|äs|ten; Obstbäume ausästen
aus|at|men; Aus|at|mung
aus|ba|cken
aus|ba|den
aus|bag|gern
aus|ba|ken *(Seew.)*
aus|ba|lan|cie|ren
aus|bal|do|wern ‹dt.; jidd.› (*ugs. für* auskundschaften)
Aus|ball *(Ballspiele)*
Aus|bau, der; -[e]s, *Plur.* (*für* Gebäudeteile:) ...bauten
aus|bau|chen; Aus|bau|chung
aus|bau|en; aus|bau|fä|hig
Aus|bau|ge|biet; Aus|bau|ge|wer|be; Aus|bau|woh|nung
aus|be|din|gen, sich; *vgl.* ²bedingen
aus|bei|nen (*landsch. für* Knochen aus dem Fleisch lösen)
aus|bei|ßen; ich beiße mir die Zähne aus
aus|bei|zen (mit ätzendem Mittel entfernen od. reinigen)
aus|bes|sern; Aus|bes|se|rung; Aus|bes|se|rungs|ar|beit
aus|bes|se|rungs|be|dürf|tig
Aus|bes|se|rungs|werk
aus|beu|len
Aus|beu|te, die; -, -n
aus|beu|teln (*bes. österr. für* ausschütteln)
aus|beu|ten; Aus|beu|ter; Aus|beu|te|rei; Aus|beu|te|rin; aus|beu|te|risch; Aus|beu|ter|klas|se *(marx.);* **Aus|beu|tung**
aus|be|zah|len
aus|bie|gen
aus|bie|ten (feilbieten); **Aus|bie|tung** (Aufforderung zum Bieten bei Versteigerungen)
aus|bil|den
Aus|bil|den|de, der *u.* die; -n, -n
Aus|bil|der; Aus|bil|de|rin
Aus|bild|ner *(österr. u. schweiz.);* **Aus|bild|ne|rin**
Aus|bil|dung; Aus|bil|dungs|bei|hil|fe; Aus|bil|dungs|be|ruf; Aus|bil|dungs|för|de|rungs|ge|setz; Aus|bil|dungs|gang
Aus|bil|dungs|platz; Aus|bil|dungs[platz|]ab|ga|be
Aus|bil|dungs|stät|te; Aus|bil|dungs|ver|trag; Aus|bil|dungs|zeit; Aus|bil|dungs|zen|t|rum
aus|bit|ten; ich bitte mir Ruhe aus
aus|bla|sen; Aus|blä|ser (ausgebranntes, nicht explodiertes Geschoss)
aus|blei|ben
¹**aus|blei|chen** (bleich machen); du bleichtest aus; ausgebleicht; *vgl.* ¹bleichen
²**aus|blei|chen** (bleich werden); es blich aus; ausgeblichen (*auch* ausgebleicht); *vgl.* ²bleichen
aus|blen|den
Aus|blick; aus|bli|cken
aus|blü|hen (*fachspr. auch für* an die Oberfläche treten u. eine Verkrustung entstehen lassen [von Salzen]); **Aus|blü|hung**
aus|blu|ten
aus|bo|gen; ausgebogte Zacken
aus|boh|ren
aus|bo|jen (*Seew.* ein Fahrwasser mit Seezeichen versehen); er bojet aus, hat ausgebojet
aus|bom|ben *vgl.* Ausgebombte
aus|boo|ten (*ugs. auch für* entmachten, entlassen)
aus|bor|gen; ich borge mir ein Buch von ihm aus
aus|bra|ten; Speck ausbraten
aus|bre|chen; Aus|bre|cher; Aus|bre|che|rin
aus|brei|ten; Aus|brei|tung
aus|brem|sen *(Rennsport)*
aus|bren|nen
aus|brin|gen; einen Trinkspruch ausbringen
Aus|bruch, der; -[e]s, ...brüche (*auch für* Wein besonderer Güte); **Aus|bruchs|ver|such**
aus|brü|hen
aus|brü|ten
aus|bu|chen (*Kaufmannsspr.* aus dem Rechnungsbuch streichen); *vgl.* ausgebucht
aus|buch|ten; Aus|buch|tung
aus|bud|deln *(ugs.)*
aus|bü|geln (*ugs. auch für* bereinigen)
aus|bu|hen (*ugs. für* durch Buhrufe sein Missfallen ausdrücken)
Aus|bund, der; -[e]s; **aus|bün|dig** (*veraltet für* außerordentlich)
aus|bür|gern; ich bürgere aus; **Aus|bür|ge|rung**
aus|bürs|ten
aus|bü|xen (*landsch. für* weglaufen); du büxt aus
aus|che|cken ‹dt.; engl.› *(Flugw.)*
Ausch|witz (im 2. Weltkrieg Vernichtungslager der Nationalsozialisten in Polen)
Aus|dau|er; aus|dau|ernd
Aus|dau|er|sport
aus|deh|nen; sich ausdehnen; **Aus|deh|nung; Aus|deh|nungs|ko|ef|fi|zi|ent** *(Physik)*
aus|dei|chen (Landflächen durch Zurückverlegung des Deichs preisgeben)
aus|den|ken; denke dir etwas aus
aus|deu|ten (*für* interpretieren)
aus|deut|schen (*österr. ugs. für* genau erklären)
aus|die|nen *vgl.* ausgedient
aus|dif|fe|ren|zie|ren; Aus|dif|fe|ren|zie|rung
aus|dis|ku|tie|ren
aus|do|cken (*Schiffbau* aus dem Dock holen)
aus|dor|ren; aus|dör|ren
aus|dre|hen
aus|dre|schen
Aus|druck, der; -[e]s, *Plur.* ...drücke *u. (Druckw.)* ...drucke
aus|dru|cken; Texte ausdrucken
aus|drü|cken; sich ausdrücken
aus|drück|lich [*auch* ...ˈdrʏk...]
Aus|drucks|form; Aus|drucks|kraft; Aus|drucks|kunst, die; - (*auch für* Expressionismus)
aus|drucks|los; Aus|drucks|lo|sig|keit, die; -
Aus|drucks|mit|tel *meist Plur.;* **Aus|drucks|mög|lich|keit** *meist Plur.*
aus|drucks|stark
Aus|drucks|tanz (Tanzform, die Empfindungen durch Bewegungen ausdrücken soll)
aus|drucks|voll
Aus|drucks|wei|se

Aus|drusch, der; -[e]s, -e (Ertrag des Dreschens)
aus|dün|nen; Aus|dün|nung
aus|duns|ten, *häufiger* **aus|düns|ten**
Aus|duns|tung, *häufiger* **Aus|düns|tung**

aus|ei|n|an|der

Man schreibt »auseinander« mit dem folgenden Verb in der Regel zusammen, wenn es den gemeinsamen Hauptakzent trägt ↑K 48:

– auseinanderbrechen, auseinanderdividieren, auseinanderhalten, auseinandersetzen usw.

Aber:

– auseinander hervorgehen, sich auseinander ergeben

Mit »sein« immer getrennt:

– auseinander sein (sich getrennt haben)

aus|ei|n|an|der|bre|chen; das Bündnis brach auseinander, ist auseinandergebrochen
aus|ei|n|an|der|di|vi|die|ren (aufspalten, entzweien)
aus|ei|n|an|der|drif|ten; die Kontinente driften auseinander
aus|ei|n|an|der|ent|wi|ckeln; die beiden Tierarten haben sich auseinanderentwickelt (in getrennte Richtungen)
Aus|ei|n|an|der|ent|wick|lung
aus|ei|n|an|der|fal|len; alles fiel auseinander, ist auseinandergefallen; ohne auseinanderzufallen
aus|ei|n|an|der|ge|hen (*auch ugs. für* dick werden); sie sind wortlos auseinandergegangen
aus|ei|n|an|der|hal|ten; die Zwillinge sind nicht auseinanderzuhalten
aus|ei|n|an|der|klaf|fen; Traum und Wirklichkeit klafften weit auseinander
aus|ei|n|an|der|kla|mü|sern (*landsch. für* erklären, entwirren)
aus|ei|n|an|der|klapp|bar
aus|ei|n|an|der|klap|pen; er klappte seinen Liegestuhl auseinander
aus|ei|n|an|der|neh|men (*auch ugs. für* verprügeln, besiegen); sie hatte den Staubsauger auseinandergenommen
aus|ei|n|an|der|po|sa|men|tie|ren (*landsch. für* umständlich erklären)
aus|ei|n|an|der|rei|ßen; die Familie wurde durch den Krieg auseinandergerissen
aus|ei|n|an|der|set|zen; wir setzten uns mit dem Problem, dem Gegner auseinander
Aus|ei|n|an|der|set|zung
aus|ei|n|an|der|zie|hen; sie zog die Vorhänge auseinander
aus|er|ko|ren (*geh. für* auserwählt)
aus|er|le|sen
aus|er|se|hen
aus|er|wäh|len; aus|er|wählt; Aus|er|wähl|te, der *u.* die; -n, -n; **Aus|er|wäh|lung**
aus|fä|chern
aus|fä|deln, sich *(Verkehrsw.)*
aus|fahr|bar; aus|fah|ren
aus|fah|rend (heftig)
Aus|fah|rer (*bes. südd., österr. für* jmd., der Warenlieferungen ausführt); **Aus|fah|re|rin**
Aus|fahr|gleis; Aus|fahr|si|g|nal *(Eisenbahn)*
Aus|fahrt
Aus|fahrt[s]|er|laub|nis
Aus|fahrt[s]|gleis *vgl.* Ausfahrgleis
Aus|fahrts|schild, das; **Aus|fahrt[s]|si|g|nal** *vgl.* Ausfahrsignal; **Aus|fahrt[s]|stra|ße**
Aus|fall, der; **Aus|fall|bürg|schaft**
aus|fal|len
aus|fäl|len (*Chemie* gelöste Stoffe in Form von Kristallen, Flocken o. Ä. ausscheiden; *schweiz. auch für* [eine Strafe] verhängen)
aus|fal|lend, aus|fäl|lig (beleidigend)
Aus|fall[s]|er|schei|nung *(Med.)*
Aus|fall[s]|tor, das
Aus|fall|stra|ße
Aus|fäl|lung *(Chemie)*
Aus|fall|zeit
aus|falt|bar; aus|fal|ten
aus|fas|sen (*österr. für* [als Strafe o. Ä.] bekommen)
aus|fech|ten
aus|fe|gen *(landsch.)*; **Aus|fe|ger** *(landsch.)*
aus|fei|len
aus|fer|ti|gen; Aus|fer|ti|gung
aus|fet|ten
aus|fil|tern
aus|fi|nan|zie|ren (die Finanzierung für etwas sicherstellen)
aus|fin|dig; ausfindig machen; **Aus|fin|dig|ma|chen,** das; -s
aus|fit|ten ([ein Schiff] mit seemännischem Zubehör ausrüsten)
aus|flag|gen (mit Flaggen kennzeichnen)
aus|flie|gen; jmdn. aus der Gefahrenzone ausfliegen
aus|flie|ßen
aus|flip|pen (*ugs. für* sich aus der Realität zurückziehen, zum Beispiel durch Drogenkonsum; außer sich geraten); ausgeflippt sein
aus|flo|cken (Flocken bilden)
Aus|flucht, die; -, ...flüchte *meist Plur.*
Aus|flug
Aus|flüg|ler; Aus|flüg|le|rin
Aus|flugs|ort; Aus|flugs|schiff; Aus|flugs|ver|kehr; Aus|flugs|ziel
Aus|fluss
aus|fol|gen (*bes. österr. für* übergeben, aushändigen); **Aus|fol|gung** *(Amtsspr., bes. österr.)*
aus|for|men
aus|for|mu|lie|ren; Aus|for|mu|lie|rung
Aus|for|mung
aus|for|schen (*österr. auch für* ausfindig machen); **Aus|for|schung** (*österr. auch für* Ermittlung)
aus|fra|gen; Aus|fra|ge|rei *(ugs. abwertend)*
aus|fran|sen *vgl.* ausgefranst
aus|fres|sen; etwas ausgefressen (*ugs. für* verbrochen) haben
aus|fu|gen; eine Mauer ausfugen
Aus|fuhr, die; -, -en
aus|führ|bar; Aus|führ|bar|keit, die; -; **aus|füh|ren; Aus|füh|rer** (*für* Exporteur)
Aus|fuhr|land *Plur.* ...länder *(Wirtsch.)*
aus|führ|lich [*auch* ...ˈfyːɐ̯...]; Ausführlicheres in meinem nächsten Brief ↑K 72; **Aus|führ|lich|keit**
Aus|fuhr|prä|mie
Aus|füh|rung
Aus|füh|rungs|be|stim|mung
Aus|fuhr|ver|bot
aus|fül|len; Aus|fül|lung
aus|füt|tern
Aus|ga|be
Aus|ga|be|kurs (*Bankw.* Kurs, zu dem ein Wertpapier erstmals in den Handel gebracht wird)
Aus|ga|be[n]|buch; Aus|ga|ben|po|li|tik
Aus|ga|be|preis (*Bankw.* Ausgabekurs)
Aus|ga|be|stel|le; Aus|ga|be|ter|min
Aus|gang
aus|gangs *Präp. mit Gen. (Amtsspr.)*; ausgangs des Tunnels

Aus|gangs|ba|sis; Aus|gangs|la|ge; Aus|gangs|ma|te|ri|al; Aus|gangs|po|si|ti|on; Aus|gangs|punkt; Aus|gangs|si|tu|a|ti|on
Aus|gangs|sper|re
Aus|gangs|spra|che *(Sprachwiss.)*
Aus|gangs|stel|lung
Aus|gangs|wert *(Steuerw.)*
aus|gä|ren (fertig gären)
aus|ga|sen; Aus|ga|sung
aus|ge|ben; Geld ausgeben
Aus|ge|beu|te|te, der *u.* die; -n, -n
aus|ge|bil|det
aus|ge|bleicht *vgl.* [1]ausbleichen
aus|ge|bli|chen *vgl.* [2]ausbleichen
Aus|ge|bomb|te, der *u.* die; -n, -n
aus|ge|brannt
aus|ge|bucht; ein ausgebuchtes Hotel, Flugzeug
aus|ge|bufft (*ugs. für* raffiniert)
Aus|ge|burt *(geh. abwertend)*
aus|ge|dehnt
aus|ge|dient; ausgedient haben
Aus|ge|din|ge, das; -s, - (*landsch. für* Altenteil); **Aus|ge|din|ger**
aus|ge|dorrt; aus|ge|dörrt
aus|ge|fal|len
aus|ge|feilt
aus|ge|feimt (*landsch. für* abgefeimt)
aus|ge|flippt *vgl.* ausflippen
aus|ge|franst; ausgefranste Jeans
aus|ge|fuchst (*ugs. für* durchtrieben)
aus|ge|gli|chen; Aus|ge|gli|chen|heit
Aus|geh|an|zug
aus|ge|hen; es geht sich aus (*österr. ugs. für* es reicht, passt)
Aus|ge|her (*landsch. für* Bote); **Aus|ge|he|rin**
aus|ge|hun|gert (sehr hungrig)
Aus|geh|uni|form *(Militär)*
Aus|geh|ver|bot
aus|ge|klü|gelt
aus|ge|kocht (*ugs. auch für* durchtrieben)
aus|ge|las|sen (*auch für* übermütig); **Aus|ge|las|sen|heit**
aus|ge|las|tet
aus|ge|latscht *(ugs.)*
aus|ge|laugt; ausgelaugte Böden
aus|ge|lei|ert
aus|ge|lernt; ein ausgelernter Schlosser; **Aus|ge|lern|te,** der *u.* die; -n, -n
aus|ge|lit|ten; ausgelitten haben
aus|ge|lutscht (*ugs. für* kraftlos, abgenutzt)
aus|ge|macht (feststehend); ein ausgemachter (*ugs. für* großer) Schwindel
aus|ge|mer|gelt
aus|ge|mu|gelt *(österr. ugs.);* ausgemugelte (stark ausgefahrene) Skipisten
aus|ge|nom|men; alle waren zugegen, er ausgenommen (*od.* ausgenommen er); ich erinnere mich aller Vorgänge, ausgenommen dieses einen (*od.* diesen einen ausgenommen); der Tadel galt allen, ausgenommen ihm (*od.* ihn ausgenommen); ausgenommen[,] dass/wenn **↑K127**
aus|ge|picht (*ugs. für* gerissen)
[1]**aus|ge|po|w|ert** [...pauɐt] *vgl.* [1]auspowern
[2]**aus|ge|po|w|ert** *vgl.* [2]auspowern
aus|ge|prägt; Aus|ge|prägt|heit, die; -
aus|ge|pumpt (*ugs. für* erschöpft)
aus|ge|rech|net (eben, gerade)
aus|ge|reift
aus|ge|ruht
aus|ge|schamt (*landsch. für* unverschämt)
aus|ge|schla|fen (*ugs. auch für* gewitzt)
aus|ge|schlos|sen
aus|ge|schnit|ten
aus|ge|sorgt; ausgesorgt haben
aus|ge|spielt; ausgespielt haben
aus|ge|spro|chen (entschieden, sehr groß); eine ausgesprochene Abneigung; **aus|ge|spro|che|ner|ma|ßen**
aus|ge|stal|ten; Aus|ge|stal|tung
aus|ge|stellt; ein ausgestellter (nach unten erweiterter) Rock
aus|ge|steu|ert (*Versicherungsw.* keine Versicherungsleistungen mehr erhaltend); **Aus|ge|steu|er|te,** der *u.* die; -n, -n *(bes. schweiz.)*
aus|ge|stor|ben
Aus|ge|sto|ße|ne, der *u.* die; -n, -n
aus|ge|sucht; ausgesuchte (erlesene) Früchte
aus|ge|tre|ten
aus|ge|wach|sen (voll ausgereift)
aus|ge|wählt
aus|ge|wie|sen; ein ausgewiesener Fachmann
aus|ge|wo|gen; Aus|ge|wo|gen|heit
aus|ge|zehrt
aus|ge|zeich|net
aus|gie|big (reichlich); **Aus|gie|big|keit,** die; -
aus|gie|ßen; Aus|gie|ßer; Aus|gie|ßung
Aus|gleich, der; -[e]s, -e; **aus|gleich|bar; aus|glei|chen**
Aus|gleichs|ab|ga|be; Aus|gleichs|amt; Aus|gleichs|fonds
Aus|gleichs|ge|trie|be (*für* Differenzial)
Aus|gleichs|sport; Aus|gleichs|tref|fer
Aus|gleichs|ver|fah|ren (*österr. Rechtsspr. für* Vergleichsverfahren); **Aus|gleichs|ver|wal|ter** (*österr. für* Sachwalter bei einem Konkurs); **Aus|gleichs|ver|wal|te|rin**
Aus|gleichs|zu|la|ge (*österr. für* Zuschuss bei zu niedriger Rente)
aus|glei|ten
aus|glie|dern; Aus|glie|de|rung
aus|glit|schen (*landsch. für* ausrutschen)
aus|glü|hen (z. B. einen Draht)
aus|gra|ben
Aus|grä|ber; Aus|grä|be|rin
Aus|gra|bung; Aus|gra|bungs|stät|te
aus|grau|en (*EDV* auf dem Bildschirm in Grau u. damit als nicht aktiviert kennzeichnen); eine ausgegraute Schaltfläche
aus|grei|fen
aus|gren|zen; Aus|gren|zung
aus|grün|den (*Wirtsch.* einen Teil eines Betriebes getrennt als selbstständiges Unternehmen weiterführen); **Aus|grün|dung**
Aus|guck, der; -[e]s, -e; **aus|gu|cken,** aus|ku|cken; **Aus|guck|pos|ten**
Aus|guss
aus|ha|ben; ..., dass er den Mantel aushat; das Buch aushaben; um 12 Uhr Schule aushaben
aus|ha|cken; Unkraut aushacken
aus|haf|ten (*österr. für* noch zu zahlen sein); aushaftende (noch nicht zurückgezahlte) Kredite
aus|ha|ken
aus|hal|ten; es ist nicht zum Aushalten
aus|han|deln
aus|hän|di|gen; Aus|hän|di|gung
Aus|hang
Aus|hän|ge|bo|gen *(Druckw.)*
aus|han|gen (*älter u. mdal. für* [1]aushängen)
[1]**aus|hän|gen;** die Verordnung hat ausgehangen; *vgl.* [1]hängen
[2]**aus|hän|gen;** ich habe die Tür ausgehängt; *vgl.* [2]hängen
Aus|hän|ger (Aushängebogen)
Aus|hän|ge|schild, das
aus|har|ren
aus|här|ten *(Technik);* **Aus|här|tung**
aus|hau|chen *(geh.);* sein Leben aushauchen
aus|hau|en
aus|häu|sig (*landsch. für* außer Haus); **Aus|häu|sig|keit,** die; -
aus|he|beln; ich heb[e]le aus

aus|he|ben (herausheben; zum Heeresdienst einberufen; *österr. auch für* [Briefkasten] leeren)
Aus|he|ber (Griff beim Ringen)
aus|he|bern (*Med.* bes. den Magen spülen); ich hebere aus; **Aus|he|be|rung**
Aus|he|bung (*österr. auch für* Leerung des Briefkastens)
aus|he|cken (*ugs. für* mit List ersinnen)
aus|hei|len; Aus|hei|lung
aus|hel|fen; Aus|hel|fer; Aus|hel|fe|rin
aus|heu|len; sich ausheulen
Aus|hil|fe
Aus|hilfs|ar|beit; Aus|hilfs|kell|ner; Aus|hilfs|kell|ne|rin; Aus|hilfs|koch; Aus|hilfs|kö|chin; Aus|hilfs|kraft
aus|hilfs|wei|se
aus|höh|len; Aus|höh|lung
aus|ho|len
aus|hol|zen; Aus|hol|zung
aus|hor|chen; Aus|hor|cher
aus|hors|ten (*Jägerspr.* junge Greifvögel aus dem Horst nehmen)
Aus|hub, der; -[e]s, -e
aus|hun|gern *vgl.* ausgehungert
aus|hus|ten; sich aushusten
aus|ixen (*ugs. für* [durch Übertippen] mit dem Buchstaben x ungültig machen); du ixt aus
aus|jä|ten
aus|ju|di|zie|ren (*österr. für* von einem obersten Gericht entscheiden lassen)
aus|kal|ku|lie|ren
aus|käm|men; Aus|käm|mung
aus|ke|geln (*landsch. auch für* ausrenken)
aus|keh|len; Aus|keh|lung (das Anbringen einer Hohlkehle)
aus|keh|ren
aus|kei|len
aus|kei|men; Aus|kei|mung
aus|ken|nen, sich
aus|ker|ben; Aus|ker|bung
aus|ker|nen; Aus|ker|nung
aus|kip|pen
aus|kla|gen *(Rechtsspr.);* **Aus|kla|gung**
aus|klam|mern; Aus|klam|me|rung
aus|kla|mü|sern (*ugs. für* austüfteln)
Aus|klang
aus|klapp|bar; aus|klap|pen
aus|kla|rie|ren (Schiff u. Güter vor der Ausfahrt verzollen)
aus|klau|ben (*landsch. für* mit den Fingern [mühsam] auslesen)
aus|klei|den; Aus|klei|dung
aus|klin|gen
aus|klin|ken; ein Seil ausklinken; ich klinke mich aus der Sitzung aus
aus|klop|fen; Aus|klop|fer
aus|klü|geln; Aus|klü|ge|lung, Aus|klüg|lung
aus|knei|fen (*ugs. für* feige u. heimlich weglaufen)
aus|knip|sen *(ugs.)*
aus|kno|beln (*ugs. auch für* ausdenken)
aus|kno|cken [...nɔ...] ‹engl.› (*Boxen* durch K. o. besiegen)
aus|knöpf|bar; aus|knöp|fen
aus|ko|chen *vgl.* ausgekocht
aus|kof|fern (*Straßenbau* eine vertiefte Fläche für den Unterbau schaffen); ich koffere aus; **Aus|kof|fe|rung**
aus|kol|ken (*Geol.* auswaschen); **Aus|kol|kung**
aus|kom|men; Aus|kom|men, das; -s; **aus|kömm|lich**
aus|kop|peln
aus|kos|ten
aus|kot|zen *(derb);* sich auskotzen
aus|kra|gen (*Bauw.* herausragen [lassen]); **Aus|kra|gung**
aus|kra|men *(ugs.)*
aus|krat|zen
aus|kreu|zen (*Bot.* veränderte Gene auf wild wachsende Pflanzen übertragen); **Aus|kreu|zung**
aus|krie|chen
aus|krie|gen *(ugs.)*
aus|kris|tal|li|sie|ren; sich auskristallisieren; **Aus|kris|tal|li|sie|rung**
aus|ku|cken *vgl.* ausgucken
aus|ku|geln
aus|küh|len; Aus|küh|lung
Aus|kul|ta|ti|on, die; -, -en (*Med.* das Abhorchen); **aus|kul|ta|to|risch** (*Med.* durch Abhorchen); **aus|kul|tie|ren**
aus|kund|schaf|ten
Aus|kunft, die; -, ...künfte
Aus|kunf|tei; Aus|kunfts|bü|ro; aus|kunfts|freu|dig; Aus|kunfts|per|son; Aus|kunfts|stel|le
aus|kun|geln (*ugs. abwertend für* in fragwürdiger Weise aushandeln); ich kung[e]le aus
aus|kup|peln
aus|ku|rie|ren
aus|la|chen
Aus|lad, der; -[e]s (*schweiz. für* das Ausladen [von Gütern])
[1]**aus|la|den;** Waren ausladen; *vgl.* [1]laden
[2]**aus|la|den** (eine Einladung zurücknehmen); *vgl.* [2]laden
aus|la|dend (weit ausgreifend)
Aus|la|de|ram|pe; Aus|la|dung
Aus|la|ge
aus|la|gern; Aus|la|ge|rung
Aus|land, das; -[e]s
Aus|län|der; Aus|län|der|be|auf|trag|te; Aus|län|der|be|hör|de; Aus|län|der|bei|rat
aus|län|der|feind|lich; Aus|län|der|feind|lich|keit
Aus|län|de|rin; Aus|län|der|po|li|tik; Aus|län|der|recht
aus|län|disch
Aus|lands|ab|satz *(Wirtsch.);* **Aus|lands|auf|ent|halt; Aus|lands|be|zie|hun|gen** *Plur.*
Aus|land|schwei|zer; Aus|land|schwei|ze|rin
aus|lands|deutsch; Aus|lands|deut|sche, der *u.* die
Aus|lands|ein|satz; Aus|lands|ge|schäft; Aus|lands|ge|spräch; Aus|lands|in|ves|ti|ti|on *(Wirtsch.)*
Aus|lands|kor|re|s|pon|dent; Aus|lands|kor|re|s|pon|den|tin
Aus|lands|markt *(Wirtsch.)*
Aus|lands|rei|se
Aus|lands|re|por|ter; Aus|lands|re|por|te|rin
Aus|lands|schutz|brief; Aus|lands|tour|nee; Aus|lands|ver|tre|tung
aus|lan|gen (*landsch. für* zum Schlag ausholen; ausreichen); **Aus|lan|gen,** das; -s; das Auslangen finden (*österr. für* auskommen)
Aus|lass, der; -es, Auslässe
aus|las|sen (*österr. auch für* frei-, loslassen); sich [über jmdn. *od.* etw.] auslassen; *vgl.* ausgelassen; **Aus|las|sung**
Aus|las|sungs|punk|te *Plur.;* **Aus|las|sungs|satz** (*für* Ellipse); **Aus|las|sungs|zei|chen** (*für* Apostroph)
Aus|lass|ven|til *(Kfz-Technik)*
aus|las|ten; Aus|las|tung
aus|lat|schen; die Schuhe auslatschen
Aus|lauf; Aus|lauf|bahn *(Skisport)*
aus|lau|fen
Aus|läu|fer (*Meteorol., Geogr.* Randgebiet, in dem etwas allmählich endet); der Ausläufer eines Tiefdruckgebiets
Aus|lauf|mo|dell
aus|lau|gen
Aus|laut; aus|lau|ten; auf »n« auslauten
aus|läu|ten
aus|le|ben; sich ausleben
aus|le|cken
aus|lee|ren; Aus|lee|rung
aus|le|gen; Aus|le|ger
Aus|le|ger|boot; Aus|le|ger|brü|cke

Aus|le|ge|wa|re, Aus|leg|wa|re (Teppichmaterial)
Aus|le|gung
aus|lei|ern *(ugs.)*
Aus|lei|he; aus|lei|hen; ich leihe mir bei ihm ein Buch aus; **Aus|lei|hung**
aus|lei|ten; Aus|lei|tung
aus|ler|nen *vgl.* ausgelernt
Aus|le|se; aus|le|sen; Aus|le|se|pro|zess
aus|leuch|ten; Aus|leuch|tung
aus|lich|ten; Obstbäume auslichten
aus|lie|fern; Aus|lie|fe|rung
aus|lie|gen
Aus|li|nie *(Sport)*
aus|lis|ten (aus dem Sortiment nehmen); **Aus|lis|tung**
aus|lo|ben (*Rechtsspr.* als Belohnung aussetzen); **Aus|lo|bung**
aus|löf|feln; die Suppe auslöffeln
aus|log|gen; sich ausloggen
aus|lo|gie|ren (anderswo einquartieren)
aus|lös|bar
[1]**aus|lö|schen;** er löschte das Licht aus, hat es ausgelöscht; *vgl.* [1]löschen
[2]**aus|lö|schen** *(veraltet);* das Licht losch (*auch* löschte) aus, ist ausgelöscht; *vgl.* [2]löschen
Aus|lö|schung
aus|lo|sen *vgl.* [1]losen
aus|lö|sen; Aus|lö|ser
Aus|lo|sung (durch das Los getroffene [Aus]wahl)
Aus|lö|sung (pauschale Entschädigung für Reisekosten; Loskaufen [eines Gefangenen])
aus|lo|ten
Aus|lucht, die; -, -en (*Archit.* Vorbau an Häusern; Quergiebel einer Kirche)
aus|lüf|ten
Aus|lug, der; -[e]s, -e (*veraltet für* Ausguck); **aus|lu|gen** *(veraltet)*
aus|lut|schen
ausm, aus'm ↑K14 (*ugs. für* aus dem, aus einem)
aus|ma|chen *vgl.* ausgemacht
aus|mah|len; Aus|mah|lung (z. B. des Kornes)
aus|ma|len; Aus|ma|lung (z. B. des Bildes)
aus|ma|nö|v|rie|ren
aus|mar|chen (*schweiz. für* seine Rechte, Interessen abgrenzen); **Aus|mar|chung** *(schweiz.)*
aus|mä|ren, sich (*bes. ostmitteld. für* trödeln; *auch* zu trödeln aufhören)
Aus|maß, das

aus|mau|ern; Aus|mau|e|rung
aus|mei|ßeln
aus|mer|geln; Kalk mergelt aus; **Aus|mer|ge|lung, Aus|merg|lung**
aus|mer|zen (radikal beseitigen); du merzt aus; **Aus|mer|zung**
aus|mes|sen; Aus|mes|sung
aus|mie|ten *(Landwirtsch.);* Kartoffeln ausmieten; **Aus|mie|tung**
aus|mis|ten
aus|mit|teln (*veraltend für* ermitteln); ich mitt[e]le aus
aus|mit|tig, au|ßer|mit|tig (*Technik* außerhalb des Mittelpunktes)
aus|mon|tie|ren
aus|mün|den
aus|mün|zen; Aus|mün|zung (Münzprägung)
aus|mus|tern; Aus|mus|te|rung
Aus|nah|me, die; -, -n
Aus|nah|me|ath|let; Aus|nah|me|ath|le|tin
Aus|nah|me|be|stim|mung
Aus|nah|me|er|schei|nung
Aus|nah|me|fall, der; **Aus|nah|me|ge|neh|mi|gung; Aus|nah|me|re|ge|lung; Aus|nah|me|si|tu|a|ti|on; Aus|nah|me|stel|lung; Aus|nah|me|zu|stand**
Aus|nahms|fall *(österr.)*
aus|nahms|los; aus|nahms|wei|se
Aus|nahms|zu|stand *(österr.)*
aus|neh|men; sich gut ausnehmen (gut wirken); *vgl.* ausgenommen; **aus|neh|mend** (sehr)
aus|nüch|tern; ich nüchtere [mich] aus; **Aus|nüch|te|rung; Aus|nüch|te|rungs|zel|le**
aus|nut|zen, *südd., österr. u. schweiz. meist* **aus|nüt|zen; Aus|nut|zung,** *südd., österr. u. schweiz. meist* **Aus|nüt|zung**
aus|pa|cken
aus|par|ken
aus|peit|schen; Aus|peit|schung
aus|pen|deln (*auch für* täglich zu einem auswärtigen Arbeitsplatz fahren); **Aus|pend|ler** (Person, die außerhalb ihres Wohnortes arbeitet); **Aus|pend|le|rin**
aus|pen|nen (*ugs. für* ausschlafen)
aus|pfäh|len (*Bergmannsspr.* mit Pfählen abstützen)
aus|pfei|fen
aus|pflan|zen
aus|pflü|cken
Au|s|pi|zi|um, das; -s, ...ien *meist Plur.* ⟨lat.⟩ (*geh. für* Vorbedeutung; Aussichten); unter jemandes Auspizien (unter jmds. Schirmherrschaft, Oberhoheit)
aus|plau|dern

aus|plau|schen *(österr. veraltet)*
aus|plün|dern; Aus|plün|de|rung
aus|pols|tern; Aus|pols|te|rung
aus|po|sau|nen (*ugs. für* [etwas, was nicht bekannt werden sollte] überall erzählen)
[1]**aus|po|w|ern** [...pau̯...] ⟨dt.; engl.⟩ (*ugs. für* seine Kräfte vollständig aufbrauchen); sie hat sich beim Training ausgepowert (*ugs. für* völlig verausgabt)
[2]**aus|po|w|ern** [...po:...] ⟨dt.; franz.⟩ (*ugs. abwertend für* ausbeuten); ich powere aus
aus|prä|gen *vgl.* ausgeprägt; **Aus|prä|gung**
aus|prei|sen (Waren mit einem Preis versehen)
aus|pres|sen
aus|pro|bie|ren
Aus|puff, der; -[e]s, -e
Aus|puff|an|la|ge; Aus|puff|flam|me, Aus|puff-Flam|me; Aus|puff|topf *(Technik)*
aus|pum|pen *vgl.* ausgepumpt
aus|punk|ten (*Boxen* nach Punkten besiegen)
aus|pus|ten
aus|put|zen; Aus|put|zer; Aus|put|ze|rin
aus|quar|tie|ren; Aus|quar|tie|rung
aus|quat|schen *(ugs.);* sich ausquatschen
aus|quet|schen
aus|ra|deln, aus|rä|deln (mit einem Rädchen ausschneiden); ich rad[e]le *od.* räd[e]le aus
aus|ra|die|ren
aus|ran|gie|ren (*ugs. für* aussondern; ausscheiden)
aus|ra|sie|ren
aus|ras|ten (*ugs. auch für* zornig werden); sich ausrasten (*südd., österr. für* ausruhen)
aus|rau|ben; aus|räu|bern
aus|rau|chen (zu Ende rauchen)
aus|räu|chern
aus|rau|fen; ich könnte mir [vor Wut] die Haare ausraufen
aus|räu|men; Aus|räu|mung
aus|rech|nen; Aus|rech|nung
aus|re|cken
Aus|re|de; aus|re|den; jmdm. etwas auszureden versuchen
aus|reg|nen, sich
aus|rei|ben (*österr. auch für* scheuern); **Aus|reib|tuch** *Plur.* ...tücher (*österr. für* Scheuertuch)
aus|rei|chen; aus|rei|chend; er hat mit [der Note] »ausreichend« bestanden; er hat nur ein [knappes] Ausreichend bekommen ↑K72

aus|rei|fen; Aus|rei|fung, die; -
Aus|rei|se; Aus|rei|se|er|laub|nis; Aus|rei|se|ge|neh|mi|gung
aus|rei|sen
Aus|rei|se|sper|re; Aus|rei|se|ver|bot; Aus|rei|se|vi|sum
aus|rei|se|wil|lig
aus|rei|ßen; Aus|rei|ßer; Aus|rei|ße|rin
aus|rei|ten
aus|rei|zen; die Karten ausreizen
aus|ren|ken; du hast dir den Arm ausgerenkt; **Aus|ren|kung**
aus|rich|ten; etwas ausrichten
Aus|rich|ter; Aus|rich|te|rin
Aus|rich|tung
aus|rin|gen (*landsch. für* auswringen)
aus|rin|nen
aus|rip|pen (von den Rippen lösen); Tabakblätter ausrippen
Aus|riss (Ausschnitt mit Rändern, die wie durch Reißen entstanden aussehen)
Aus|ritt
aus|ro|den; Aus|ro|dung
aus|rol|len
aus|rot|ten; Aus|rot|tung
aus|rü|cken (*ugs. auch für* fliehen)
Aus|ruf; aus|ru|fen
Aus|ru|fer; Aus|ru|fe|rin
Aus|ru|fe|satz; Aus|ru|fe|wort (Interjektion; *Plur.* ...wörter); **Aus|ru|fe|zei|chen**
Aus|ru|fung
Aus|ru|fungs|zei|chen; Aus|ruf|zei|chen (*österr. für, schweiz. neben* Ausrufezeichen)
aus|ru|hen; sich ausruhen
aus|rup|fen
aus|rüs|ten; Aus|rüs|ter; Aus|rüs|te|rin; Aus|rüs|tung
Aus|rüs|tungs|ge|gen|stand; Aus|rüs|tungs|stück
aus|rut|schen; Aus|rut|scher
Aus|saat; aus|sä|en
Aus|sa|ge, die; -, -n; **Aus|sa|ge|kraft,** die; -; **aus|sa|ge|kräf|tig; aus|sa|gen**
aus|sä|gen
Aus|sa|ge|satz; Aus|sa|ge|wei|se (*Sprachwiss.* Modus); **Aus|sa|ge|wert**
Aus|satz, der; -es (eine Krankheit); **aus|sät|zig; Aus|sät|zi|ge,** der *u.* die; -n, -n
aus|sau|fen
aus|sau|gen
aus|scha|ben; Aus|scha|bung
aus|schach|ten; Aus|schach|tung
aus|schaf|fen (*schweiz. für* ausweisen, abschieben); schaffte aus; ausgeschafft; **Aus|schaf|fung; Aus|schaf|fungs|haft**
aus|scha|len (*Bauw.* Verschalung entfernen; verschalen)
aus|schä|len
aus|schal|men; Bäume ausschalmen (*Forstwirtsch.* durch Kerben kennzeichnen)
aus|schal|ten; Aus|schal|ter; Aus|schal|tung
Aus|scha|lung *(Bauw.)*
Aus|schank
aus|schar|ren
Aus|schau, die; -; Ausschau halten; **aus|schau|en** (*südd., österr. auch für* aussehen)
aus|schau|feln
aus|schäu|men
Aus|scheid, der; -[e]s, -e (*regional für* Ausscheidungskampf)
aus|schei|den; Aus|schei|dung
Aus|schei|dungs|kampf
Aus|schei|dungs|or|gan
Aus|schei|dungs|run|de; Aus|schei|dungs|spiel
aus|schei|ßen *(derb)*
aus|schel|ten
aus|schen|ken (Bier, Wein usw.)
aus|sche|ren (die Linie, Spur verlassen); der Wagen scherte aus, ist ausgeschert
aus|schi|cken
aus|schie|ßen *(Druckw.)*
Aus|schieß|plat|te *(Druckw.)*
aus|schif|fen; Aus|schif|fung
aus|schil|dern; Aus|schil|de|rung
aus|schimp|fen
aus|schir|ren
aus|schlach|ten; Aus|schlach|te|rei; Aus|schlach|tung
aus|schla|fen; sich ausschlafen; *vgl.* ausgeschlafen
Aus|schlag; aus|schla|gen
aus|schlag|ge|bend; *aber* ↑K 72: das Ausschlaggebende
aus|schläm|men (Schlamm aus etwas entfernen)
aus|schle|cken
aus|schlei|men; sich ausschleimen (*ugs. für* sich aussprechen)
aus|schlie|ßen; aus|schlie|ßend
aus|schließ|lich [*auch* ...ˈʃli:...]; ausschließlich der Verpackung; ausschließlich des genannten Betrages; ausschließlich Porto; ausschließlich Getränken; *vgl.* einschließlich; **Aus|schließ|lich|keit** [*auch* ...ˈʃli:...]
Aus|schlie|ßung
aus|schlip|fen (*schweiz. mdal. für* ausrutschen)
Aus|schlupf; aus|schlüp|fen
aus|schlür|fen
Aus|schluss
aus|schmie|ren (*ugs. auch für* übertölpeln)
aus|schmü|cken; den Saal ausschmücken; **Aus|schmü|ckung**
aus|schnap|sen (*südd., österr. ugs. für* vereinbaren, aushandeln)
aus|schnau|ben
aus|schnau|fen (*südd., österr., schweiz. für* verschnaufen)
aus|schnei|den; Aus|schnitt
aus|schnüf|feln
aus|schöp|fen; Aus|schöp|fung, die; -
aus|schop|pen (*bayr., österr. ugs. für* ausstopfen)
aus|schrei|ben; Aus|schrei|bung
aus|schrei|en; Aus|schrei|er
aus|schrei|ten; Aus|schrei|tung *meist Plur.*
aus|schu|len (aus der Schule nehmen); **Aus|schu|lung**
Aus|schuss; Aus|schuss|mit|glied
Aus|schuss|quo|te
Aus|schuss|sit|zung, Aus|schuss-Sit|zung; Aus|schuss|vor|sit|zen|de
Aus|schuss|wa|re
aus|schüt|teln
aus|schüt|ten; Aus|schüt|tung
aus|schwär|men
aus|schwe|feln
aus|schwei|fen; aus|schwei|fend; Aus|schwei|fung
aus|schwei|gen, sich
aus|schwem|men; Sand ausschwemmen; **Aus|schwem|mung**
aus|schwen|ken
aus|schwin|gen; Aus|schwin|get, der; -s (*schweiz. für* Endkampf im Schwingen)
aus|schwit|zen; Aus|schwit|zung
Aus|see, Bad (Solbad in der Steiermark); **Aus|se|er; Aus|se|e|rin; Aus|se|er|land, Aus|se|er Land** (Gebiet in der Steiermark)
aus|seg|nen (Verstorbenen den letzten Segen erteilen); **Aus|seg|nung**
aus|se|hen; Aus|se|hen, das; -s
aus sein *vgl.* aus
au|ßen; von außen [her]; nach innen und außen; nach außen [hin]; Farbe für außen und innen; außen vor lassen (*nordd. für* unberücksichtigt lassen); er spielt außen (augenblickliche Position eines Spielers), *vgl. aber* Außen; die außen liegenden *od.* außenliegenden Kabinen; eine außen gelegene *od.* außengelegene Treppe
Au|ßen, der; -, - (*Sport* Außenspie-

au|ßer

Konjunktion:

- außer dass/wenn/wo

mit Komma:

- wir fahren in die Ferien, außer [wenn] es regnet ↑K126

ohne Komma:

- niemand kann diese Schrift lesen außer er selbst

Präposition mit Dativ:

- niemand kann es lesen außer ihm selbst
- außer [dem] Haus[e]
- außer allem Zweifel
- außer Dienst (*Abk.* a. D.)
- außer Rand und Band
- ich bin außer mir (empört)
- außer Acht lassen; außer aller Acht lassen

Präposition mit Akkusativ (bei Verben der Bewegung):

- außer allen Zweifel setzen
- etwas außer jeden Zusammenhang stellen

Präposition mit Dativ oder Akkusativ:

- ich gerate außer mir *od.* mich vor Freude

Präposition mit Genitiv nur in:

- außer Landes gehen, sein

Zusammen- oder Getrenntschreibung bei:

- außerstande *od.* außer Stande sein
- sich außerstande *od.* außer Stande sehen
- außerstand *od.* außer Stand setzen
- *Aber nur:* außer Frage stehen, außer Landes sein

ler); er spielt Außen (als Außenspieler); *vgl. aber* außen

Au|ßen|als|ter

Au|ßen|an|ten|ne; Au|ßen|ar|bei|ten *Plur.;* **Au|ßen|auf|nah|me** *meist Plur.;* **Au|ßen|bahn** *(Sport);* **Au|ßen|be|zirk**

Au|ßen|bor|der ([Boot mit] Außenbordmotor); **Au|ßen|bord|mo|tor; au|ßen|bords** (außerhalb des Schiffes)

aus|sen|den

Au|ßen|dienst; Au|ßen|dienst|ler; Au|ßen|dienst|le|rin; au|ßen|dienst|lich

Aus|sen|dung (*österr. auch für* schriftliche Verlautbarung)

Au|ßen|el|be

au|ßen ge|le|gen, au|ßen|ge|le|gen; *vgl.* außen ↑K58

Au|ßen|han|del, der; -s; **Au|ßen|han|dels|bi|lanz; Au|ßen|han|dels|po|li|tik**

Au|ßen|haut (äußere Verkleidung, Verschalung, Bespannung [bes. eines Schiffes, Flugzeugs])

Au|ßen|kur|ve

au|ßen lie|gend, au|ßen|lie|gend; *vgl.* außen ↑K58

Au|ßen|mau|er

Au|ßen|mi|nis|ter; Au|ßen|mi|nis|te|rin; Au|ßen|mi|nis|te|ri|um

Au|ßen|po|li|tik; Au|ßen|po|li|ti|ker; Au|ßen|po|li|ti|ke|rin; au|ßen|po|li|tisch

Au|ßen|rist (äußere Seite des Fußrückens); **Au|ßen|sei|te**

Au|ßen|sei|ter; Au|ßen|sei|te|rin; Au|ßen|sei|ter|rol|le

Au|ßen|spie|gel

Au|ßen|stän|de *Plur.* (ausstehende Forderungen)

au|ßen|ste|hend, au|ßen ste|hend (unbeteiligt); ein außenstehender *od.* außen stehender Beobachter; **Au|ßen|ste|hen|de,** der *u.* die; -n, -n, **au|ßen Ste|hen|de,** der *u.* die; - -n, - -n ↑K58

Au|ßen|stel|le

Au|ßen|stür|mer; Au|ßen|stür|me|rin

Au|ßen|tem|pe|ra|tur; Au|ßen|trep|pe; Au|ßen|tür

Au|ßen|ver|tei|di|ger; Au|ßen|ver|tei|di|ge|rin

Au|ßen|wand; Au|ßen|welt; Au|ßen|wirt|schaft

au|ßer *s. Kasten*

Au|ßer|acht|las|sung

au|ßer|amt|lich; au|ßer|be|ruf|lich

Au|ßer|be|trieb|nah|me, die; -, -n

au|ßer|börs|lich; außerbörslicher Handel

au|ßer dass

au|ßer|dem [*auch* ...'de:m]

au|ßer|dienst|lich

äu|ße|re ↑K140 : die Äußere Mongolei; **Äu|ße|re,** das; ...r[e]n; im Äußer[e]n; sein Äußeres; ein erschreckendes Äußere[s]; Minister des Äußeren

au|ßer|ehe|lich; au|ßer|eu|ro|pä|isch; au|ßer|ge|richt|lich; au|ßer|ge|wöhn|lich

au|ßer|halb; außerhalb von München; *als Präp. mit Gen.:* außerhalb Münchens

au|ßer|ir|disch; Au|ßer|ir|di|sche, der *u.* die; -n, -n

Au|ßer|kraft|set|zung

äu|ßer|lich; Äu|ßer|lich|keit

äu|ßerln *nur im Infinitiv gebr. (österr. ugs.);* seinen Hund äußerln führen; äußerln gehen

au|ßer|mit|tig *vgl.* ausmittig

äu|ßern; ich äußere; sich äußern

au|ßer|or|dent|lich [*auch* 'au...]; außerordentlicher [Professor], außerordentliche [Professorin] (*Abk.* ao., a. o. [Prof.])

au|ßer|orts (außerhalb einer Ortschaft)

au|ßer|par|la|men|ta|risch; die außerparlamentarische Opposition (*Abk.* APO, *auch* Apo)

au|ßer|plan|mä|ßig (*Abk.* apl.)

Au|ßer|rho|den (*kurz für* Appenzell Außerrhoden)

au|ßer|schu|lisch

au|ßer|sinn|lich; außersinnliche Wahrnehmung

äu|ßerst

Kleinschreibung:

- mit äußerster Konzentration

Großschreibung der Substantivierung ↑K72:

- das Äußerste befürchten
- 20 Euro sind *od.* ist das Äußerste
- das Äußerste, was ...
- es zum Äußersten kommen lassen
- bis zum Äußersten gehen

Groß- oder Kleinschreibung ↑K75:

- auf das, aufs Äußerste *od.* auf das, aufs äußerste (sehr) erschrocken sein

au|ßer|stand [*auch* 'au...], **au|ßer Stand** *vgl.* außer

au|ßer|stan|de, au|ßer Stan|de *vgl.* außer

äu|ßers|ten|falls; *vgl. auch* [1]Fall
Au|ßer|streit|rich|ter *(österr. Rechtsspr.)*; **Au|ßer|streit|ver|fah|ren** (*österr. Rechtsspr. für* zivilrechtliches Verfahren ohne Prozess)
au|ßer|tour|lich [...tu:ɐ̯...] (*österr. für* außer der Reihe)
Äu|ße|rung
au|ßer|uni|ver|si|tär
au|ßer wẹnn/wo
aus|set|zen; **Aus|set|zer** (*ugs. auch für* Geistesabwesenheit, Erinnerungslücke); **Aus|set|zung**
Aus|si *vgl.* Aussie
Aus|sicht, die; -, -en
aus|sichts|los; **Aus|sichts|lo|sig|keit**
Aus|sichts|punkt
aus|sichts|reich
Aus|sichts|turm
aus|sichts|voll
Aus|sichts|wa|gen
Aus|sie, Aus|si, der; -s, -s *u.* die; -, -s (*ugs. für* Australier, Australierin)
aus|sie|ben
aus|sie|deln; **Aus|sie|de|lung**
Aus|sied|ler; **Aus|sied|ler|hof**; **Aus|sied|le|rin**; **Aus|sied|lung**
aus|sit|zen (*ugs. auch für* in der Hoffnung, dass sich etwas von allein erledigt, untätig bleiben)
aus|söh|nen; sich aussöhnen; **Aus|söh|nung**
aus|son|dern; **Aus|son|de|rung**
aus|sor|gen; ausgesorgt haben
aus|sor|tie|ren; **Aus|sor|tie|rung**
aus|sour|cen (*svw.* outsourcen); ich source aus; sie sourct aus; auszusourcen; ausgesourct
aus|spä|hen; **Aus|spä|hung**
Aus|spann, der; -[e]s, -e (*früher für* Wirtshaus mit Stall)
aus|span|nen; **Aus|span|nung**
aus|spa|ren; **Aus|spa|rung**
aus|spei|en
aus|spei|sen (*bayr., österr. für* beköstigen); **Aus|spei|sung**
aus|sper|ren; **Aus|sper|rung**
aus|spie|len; **Aus|spie|lung**
aus|spin|nen
aus|spi|o|nie|ren
Aus|spra|che
Aus|spra|che|an|ga|be; **Aus|spra|che|be|zeich|nung**; **Aus|spra|che|wör|ter|buch**
aus|sprech|bar; **aus|spre|chen**; sich aussprechen
aus|spren|gen; ein Gerücht aussprengen
aus|sprit|zen; **Aus|sprit|zung**
Aus|spruch
aus|spu|cken
aus|spü|len; **Aus|spü|lung**
aus|staf|fie|ren (ausstatten); **Aus|staf|fie|rung**
Aus|stand (*schweiz. auch für* vorübergehendes Verlassen eines Gremiums); in den Ausstand treten (streiken); **aus|stän|dig** (*südd., österr. für* ausstehend); **Aus|ständ|ler** (Streikender); **Aus|stän|dle|rin**
aus|stan|zen
aus|stat|ten; **Aus|stat|ter**; **Aus|stat|te|rin**; **Aus|stat|tung**; **Aus|stat|tungs|film**; **Aus|stat|tungs|stück**
aus|ste|chen
aus|ste|cken
aus|ste|hen; jmdn. nicht ausstehen können
aus|stei|fen *(Bauw.)*; **Aus|stei|fung**
aus|stei|gen; **Aus|stei|ger** (jmd., der seinen Beruf, seine gesellschaftliche Rolle o. Ä. plötzlich aufgibt); **Aus|stei|ge|rin**
aus|stei|nen; Pflaumen aussteinen
aus|stel|len
Aus|stel|ler; **Aus|stel|le|rin**
Aus|stell|fens|ter *(Kfz-Technik)*
Aus|stel|lung
Aus|stel|lungs|er|öff|nung; **Aus|stel|lungs|flä|che**; **Aus|stel|lungs|ge|län|de**; **Aus|stel|lungs|hal|le**; **Aus|stel|lungs|ka|ta|log**; **Aus|stel|lungs|pa|vil|lon**; **Aus|stel|lungs|raum**; **Aus|stel|lungs|stand**; **Aus|stel|lungs|stück**
Aus|ster|be|etat; *in Wendungen wie* auf dem Aussterbeetat stehen (*ugs. für* jede Bedeutung verlieren), auf den Aussterbeetat setzen (*ugs. für* zum Verschwinden verurteilen)
aus|ster|ben
Aus|steu|er, die; -, -n *Plur. selten*
aus|steu|ern; **Aus|steu|e|rung**
Aus|stich (das Beste [vom Wein]; *Sport schweiz. auch für* Entscheidungskampf)
Aus|stieg, der; -[e]s, -e; **Aus|stieg|lu|ke**
aus|stop|fen; **Aus|stop|fung**
Aus|stoß, der; -es, Ausstöße *Plur. selten* (z. B. von Bier)
aus|sto|ßen; **Aus|sto|ßung**
aus|strah|len; **Aus|strah|lung**
aus|stre|cken
aus|strei|chen
aus|streu|en; Gerüchte ausstreuen; **Aus|streu|ung**
Aus|strich *(Med.)*
aus|strö|men
aus|stül|pen; **Aus|stül|pung**
aus|su|chen; ich suche es mir aus
aus|sü|ßen (zu Süßwasser werden)
aus|tan|zen (*bes. Fußball* den Gegner geschickt umspielen)
aus|ta|pe|zie|ren
aus|ta|rie|ren (ins Gleichgewicht bringen)
Aus|tausch
aus|tausch|bar; **Aus|tausch|bar|keit**
Aus|tausch|dienst (Einrichtung, die den [internationalen] Austausch von Studierenden, Lehrkräften u. a. organisiert)
aus|tau|schen
Aus|tausch|mo|tor ([als neuwertig geltender] Ersatzmotor)
Aus|tausch|schü|ler; **Aus|tausch|schü|le|rin**
Aus|tausch|stoff (künstlicher Roh- u. Werkstoff)
Aus|tausch|stu|dent; **Aus|tausch|stu|den|tin**
aus|tausch|wei|se
aus|tei|len; **Aus|tei|lung**
Aus|ten [ɔ:stɪn], Jane (engl. Schriftstellerin)
Aus|te|nit, der; -s, -e ⟨nach dem engl. Forscher Roberts-Austen⟩ (ein Eisenmischkristall)
Aus|ter, die; -, -n ⟨niederl.⟩ (essbare Meeresmuschel)
Aus|tẹ|ri|ty [o:...ti], die; - (*engl. Bez. für* Strenge; wirtschaftliche Einschränkung)
Aus|ter|litz (Schlachtort bei Brünn)
Aus|tern|bank *Plur.* ...bänke; **Aus|tern|fi|scher** (Watvogel); **Aus|tern|park**; **Aus|tern|zucht**
aus|tes|ten
aus|the|ra|piert (*Med.* auf keine Therapie mehr reagierend)
aus|ti|cken (*ugs. für* durchdrehen, die Nerven verlieren)
aus|til|gen
aus|til|len (*ugs. für* die Beherrschung verlieren)
aus|to|ben; sich austoben
aus|ton|nen (*Seew.* ausbojen)
Aus|trag, der; -[e]s (*südd. u. österr. auch für* Altenteil); zum Austrag kommen *(Amtsspr.)*
aus|tra|gen; **Aus|trä|ger** (Person, die etwas austrägt); **Aus|trä|ge|rin**; **Aus|träg|ler** (*südd. u. österr. für* Bauer, der auf dem Altenteil lebt); **Aus|träg|le|rin**
Aus|tra|gung; **Aus|tra|gungs|mo|dus**; **Aus|tra|gungs|ort**
aus|trai|niert (völlig trainiert)
Aus|t|ra|li|an Open [ɔsˈtre:ljən ˈo:pn̩] *Plur.* (Tennisturnier in Australien)
Aus|t|ra|li|en; **Aus|t|ra|li|er**; **Aus|t-**

ra|li|e|rin; aus|t|ra|lisch; *aber* ↑K150: die Australischen Alpen
aus|träu|men; ausgeträumt
aus|trei|ben; **Aus|trei|bung**
aus|tre|ten
Aus|t|ria (*lat. Form von* Österreich); **aus|t|ri|a|kisch**; **Aus|t|ri|a|zis|mus**, der; -, ...men ‹lat.› (österr. Sprachvariante)
aus|trick|sen *(auch Sport)*
Aus|trieb (das Austreiben [von Pflanzen])
aus|trin|ken
Aus|tritt; **Aus|tritts|er|klä|rung**
aus|t|ro|asi|a|tisch; austroasiatische Sprachen
aus|trock|nen; **Aus|trock|nung**
Aus|t|ro|fa|schis|mus [*auch* 'aus...] (österr. Sonderform des Faschismus [1933 bis 1938]); **Aus|t|ro|mar|xis|mus** [*auch* 'aus...] (österr. Sonderform des Marxismus vor 1938)
aus|trom|pe|ten *vgl.* ausposaunen
Aus|t|ro|pop (österr. Popmusik)
aus|tru|deln
aus|tüf|teln; **Aus|tüf|te|lung**, **Aus|tüft|lung**
aus|tun; sich austun können (*ugs. für* sich ungehemmt betätigen können)
aus|tup|fen; eine Wunde austupfen
aus|üben; **Aus|übung**
aus|ufern (über die Ufer treten; das Maß überschreiten); sie sagte, die Diskussion ufere aus
aus|ver|han|deln (*österr. für* aushandeln, sich einigen)
Aus|ver|kauf; **aus|ver|kau|fen**; **aus|ver|kauft**
aus|ver|schämt (*landsch. für* dreist, unverschämt)
aus|wach|sen ↑K82: es ist zum Auswachsen (*ugs. für* zum Verzweifeln); *vgl.* ausgewachsen
aus|wä|gen (*fachspr. für* das Gewicht feststellen, vergleichen)
Aus|wahl; **aus|wäh|len**
Aus|wahl|fens|ter *(EDV)*; **Aus|wahl|mann|schaft**; **Aus|wahl|mög|lich|keit**; **Aus|wahl|spie|ler**; **Aus|wahl|spie|le|rin**; **Aus|wahl|ver|fah|ren**
Aus|wahl|wet|te (Wette, bei der bestimmte Fußballergebnisse vorausgesagt werden müssen)
aus|wal|ken (*bayr., österr. für* [Teig] ausrollen)
aus|wal|len (*schweiz., auch bayr. für* [Teig] ausrollen)
aus|wal|zen
Aus|wan|de|rer; **Aus|wan|de|rer|schiff**; **Aus|wan|de|rin**
aus|wan|dern; **Aus|wan|de|rung**
Aus|wan|de|rungs|wel|le
aus|wär|tig; auswärtiger Dienst, *aber* ↑K150: das Auswärtige Amt (*Abk.* AA); Minister des Auswärtigen ↑K72
aus|wärts; von auswärts kommen; auswärts (im Restaurant) essen
aus|wärts|bie|gen; auswärtsgebogene Gitterstäbe
Aus|wärts|er|folg *(Sport)*
aus|wärts|ge|hen (mit auswärtsgerichteten Füßen gehen)
Aus|wärts|nie|der|la|ge *(Sport)*
aus|wärts|rich|ten; auswärtsgerichtete Zugkräfte *(fachspr.)*
Aus|wärts|sieg *(Sport)*; **Aus|wärts|spiel** *(Sport)*

aus was / woraus

Aus was kommt in der gesprochenen Sprache recht häufig vor: *Aus was wird das gemacht?* Im geschriebenen Standarddeutsch wird in der Regel *woraus* verwendet: *Woraus wird das gemacht?*

aus|wa|schen; **Aus|wa|schung**
Aus|wech|sel|bank *Plur.* ...bänke
aus|wech|sel|bar
aus|wech|seln; **Aus|wech|se|lung**, **Aus|wechs|lung**
Aus|weg; **aus|weg|los**; **Aus|weg|lo|sig|keit**
Aus|wei|che; **aus|wei|chen** *vgl.* ²weichen; **aus|wei|chend**
Aus|weich|ma|nö|ver; **Aus|weich|mög|lich|keit**; **Aus|weich|stel|le**
aus|wei|den (*Jägerspr.* Eingeweide entfernen [bei Wild usw.])
aus|wei|nen; sich ausweinen
Aus|weis, der; -es, -e; **aus|wei|sen**; sich ausweisen
Aus|weis|kon|t|rol|le
aus|weis|lich (*Amtsspr.* wie aus ... zu erkennen ist); *Präp. mit Gen.:* ausweislich der Akten
Aus|weis|pa|pier *meist Plur.*
aus|wei|ßen (z. B. einen Stall)
Aus|wei|sung
aus|wei|ten; **Aus|wei|tung**
aus|wel|len; Teig auswellen
aus|wen|dig; etwas auswendig lernen, wissen; auswendig gelernte *od.* auswendiggelernte Formeln ↑K58
Aus|wen|dig|ler|nen, das; -s
aus|wer|fen; **Aus|wer|fer** *(Technik)*
aus|wer|keln; das Türschloss ist ausgewerkelt (*österr. ugs. für* ausgeleiert, stark abgenutzt)
aus|wer|ten; **Aus|wer|tung**
aus|wet|zen; eine Scharte auswetzen
aus|wi|ckeln
aus|wie|gen *vgl.* ausgewogen
aus|wil|dern; **Aus|wil|de|rung**
aus|win|den (*landsch. u. schweiz. für* auswringen)
aus|win|tern (durch Frost Schaden leiden); die Saat ist ausgewintert; **Aus|win|te|rung**, die; -
aus|wir|ken, sich; **Aus|wir|kung**
aus|wi|schen; jmdm. eins auswischen (*ugs. für* schaden)
aus|wit|tern (verwittern; an die Oberfläche treten lassen)
aus|wrin|gen; Wäsche auswringen
Aus|wuchs, der; -es, ...wüchse
aus|wuch|ten *(bes. Kfz-Technik)*; **Aus|wuch|tung**
Aus|wurf
Aus|würf|ling (*Geol.* von einem Vulkan ausgeworfenes Magma- od. Gesteinsbruchstück); **Aus|wurf[s]|mas|se** *(Geol.)*
aus|zah|len; das zahlt sich nicht aus (*ugs. für* lohnt sich nicht)
aus|zäh|len; **Aus|zähl|reim** (*bes. österr. für* Abzählreim)
Aus|zah|lung
Aus|zäh|lung
aus|zan|ken (*landsch. für* ausschimpfen)
aus|zeh|ren; **Aus|zeh|rung** (Kräfteverfall)
aus|zeich|nen; sich auszeichnen; **Aus|zeich|nung**; **Aus|zeich|nungs|pflicht**
Aus|zeit (*Sport* Spielunterbrechung)
aus|zieh|bar; **Aus|zieh|couch**
aus|zie|hen; sich ausziehen
Aus|zieh|tisch
aus|zir|keln (genau ausmessen)
aus|zi|schen (durch Zischen sein Missfallen kundtun)
Aus|zu|bil|den|de, der *u.* die; -n, -n; *Kurzw.* Azubi
Aus|zug (*südd., österr. auch für* Altenteil); **Aus|züg|ler** (*landsch. für* auf dem Altenteil lebender Bauer); **Aus|züg|le|rin**
Aus|zug|mehl *vgl.* Auszug[s]mehl
Aus|zugs|bau|er (*vgl.* ²Bauer; *österr. für* auf dem Altenteil lebender Bauer); **Aus|zugs|bäu|e|rin**
Aus|zug[s]|mehl (feines, kleiefreies Weizenmehl); **aus|zugs|wei|se**
aus|zup|fen
au|t|ark ‹griech.› (sich selbst genü-

gend; wirtschaftlich unabhängig vom Ausland); **Au|t|ar|kie,** die; -, ...ien (wirtschaftliche Unabhängigkeit vom Ausland)

Au|then|tie, die; - ‹griech.› (*svw.* Authentizität); **Au|then|ti|fi|ka|ti|on,** die; -, -en *(EDV);* **au|then|ti|fi|zie|ren** ‹griech.; lat.› (die Echtheit bezeugen; beglaubigen; *EDV* einen Benutzer identifizieren)

au|then|tisch ‹griech.› (im Wortlaut verbürgt; echt); **au|then|ti|sie|ren** (*geh. für* glaubwürdig, rechtsgültig machen)

Au|then|ti|zi|tät, die; - (Echtheit; Rechtsgültigkeit)

autorisieren
Das Wort ist mit »Autor« verwandt und wird deshalb im Deutschen (anders als im Englischen *author* und *authorize*) nicht mit *th* geschrieben.

Aut-idem-Re|ge|lung ‹lat; dt.› (Regelung, nach der der Apotheker anstelle des verordneten Arzneimittels ein preisgünstigeres, wirkstoffgleiches Präparat auswählt)

Au|tis|mus, der; - ‹griech.› (*Med.* psych. Störung, die sich in völliger Teilnahmslosigkeit, Kontaktunfähigkeit ausdrückt); **Au|tist,** der; -en, -en; **Au|tis|tin; au|tis|tisch**

Au|to, das; -s, -s ‹griech.› (*kurz für* Automobil); ↑K 54: Auto fahren; ich bin Auto gefahren

au|to... ‹griech.› (selbst...)

Au|to... (Selbst...)

Au|to|at|las

Au|to|bahn (*Zeichen* A, z. B. A 14)

Au|to|bahn|an|schluss; au|to|bahn|ar|tig; Au|to|bahn|auf|fahrt; Au|to|bahn|aus|fahrt; Au|to|bahn|brü|cke; Au|to|bahn|drei|eck; Au|to|bahn|ein|fahrt; Au|to|bahn|ge|bühr; Au|to|bahn|kno|ten *(bes. österr.);* **Au|to|bahn|kreuz; Au|to|bahn|maut**

Au|to|bahn|meis|te|rei (Dienststelle für die bautechnische Betreuung eines Autobahnabschnitts)

Au|to|bahn|pi|ckerl (*österr. für* Autobahnvignette); **Au|to|bahn|rast|stät|te; Au|to|bahn|sta|ti|on** (*österr. für* Autobahnraststätte); **Au|to|bahn|vi|g|net|te; Au|to|bahn|zu|brin|ger**

Au|to|bau|er (*ugs. für* Firma, die Autos herstellt)

Au|to|be|sit|zer; Au|to|be|sit|ze|rin

Au|to|bio|gra|fie, Au|to|bio|gra|phie, die; -, ...ien ‹griech.› (literarische Darstellung des eigenen Lebens); **au|to|bio|gra|fisch, au|to|bio|gra|phisch**

Au|to|bom|be

Au|to|bus, der; ...busses, ...busse ‹griech.; lat.›; *vgl. auch* Bus

Au|to|car, der; -s, -s ‹franz.› (*schweiz. für* [Reise]omnibus)

au|to|ch|thon [...x...] ‹griech.› (eingesessen); **Au|to|ch|tho|ne,** der *u.* die; -n, -n (Ureinwohner[in])

Au|to|cross, Au|to-Cross, das; -, -e (Geländeprüfung für Autosportler)

Au|to|dach

Au|to|da|fé, das; -s, -s ‹port.› (Ketzergericht u. -verbrennung)

Au|to|di|dakt, der; -en, -en ‹griech.› (jmd., der sich sein Wissen durch Selbstunterricht angeeignet hat); **Au|to|di|dak|tin; au|to|di|dak|tisch**

Au|to|drom, das; -s, -e ‹griech.-franz.› (ringförmige Straßenanlage für Renn- u. Testfahrten; *österr.* [Fahrbahn für] Skooter)

Au|to|ero|tik, die; - (*svw.* Masturbation); **au|to|ero|tisch**

Au|to|fäh|re

Au|to|fah|ren, das; -s ↑K 82, *aber* Auto fahren; **Au|to|fah|rer; Au|to|fah|re|rin; Au|to|fah|rer|klub, Au|to|fah|rer|club** (*österr. für* Automobilklub, Automobilclub); **Au|to|fahrt**

Au|to|fo|kus (*Fotogr.* Einrichtung zur automatischen Einstellung der Bildschärfe bei Kameras); **Au|to|fo|kus|ka|me|ra**

au|to|frei; autofreier Sonntag

Au|to|fried|hof *(ugs.);* **Au|to|gas** (Gasgemisch als Treibstoff für Kraftfahrzeuge)

au|to|gen ‹griech.› (ursprünglich; selbsttätig); autogenes Training (*Med.* eine Methode der Selbstentspannung)

Au|to|graf, Au|to|graph, das; -s, *Plur.* -e *od.* -en (eigenhändig geschriebenes Schriftstück einer bedeutenden Persönlichkeit); **Au|to|gra|fie,** Au|to|gra|phie, die; -, ...ien (*Druckw.* Umdruckverfahren)

Au|to|gramm, das; -s, -e ‹griech.› (eigenhändig geschriebener Name); **Au|to|gramm|jä|ger; Au|to|gramm|jä|ge|rin**

Au|to|graph, Au|to|gra|phie *vgl.* Autograf, Autografie

Au|to|händ|ler; Au|to|händ|le|rin

Au|to|her|stel|ler; Au|to|her|stel|le|rin

Au|to|hil|fe; Au|to|hof (Einrichtung des Güterfernverkehrs)

Au|to|hyp|no|se ‹griech.› (Selbsthypnose)

Au|to|im|mun|er|kran|kung ‹griech.; lat.; dt.› (*Med.* Erkrankung, bei der das Immunsystem Antikörper gegen körpereigene Stoffe bildet)

Au|to|in|dus|t|rie; Au|to|kar|te; Au|to|kenn|zei|chen; Au|to|ki|no

Au|to|klav, der; -s, -en ‹griech.; lat.› (Gefäß zum Erhitzen unter Druck)

Au|to|kna|cker; Au|to|ko|lon|ne; Au|to|kon|zern (*kurz für* Automobilkonzern)

Au|to|kor|rek|tur (*EDV* eine Funktion in Textverarbeitungsprogrammen)

Au|to|kor|so

Au|to|krat, der; -en, -en ‹griech.› (Alleinherrscher; selbstherrlicher Mensch); **Au|to|kra|tie,** die; -, ...ien (unumschränkte [Allein]herrschaft); **Au|to|kra|tin; au|to|kra|tisch**

Au|to|len|ker (*bes. österr. neben* Autofahrer); **Au|to|len|ke|rin**

Au|to|ly|se, die; - ‹griech.› (*Med.* Abbau von Körpereiweiß ohne Mitwirkung von Bakterien)

Au|to|mar|der (*ugs.; svw.* Autoknacker); **Au|to|mar|ke**

Au|to|mat, der; -en, -en ‹griech.›; am, auf den Automaten

Au|to|ma|ten|kna|cker; Au|to|ma|ten|re|s|tau|rant

Au|to|ma|tik, die; -, -en (Vorrichtung, die einen techn. Vorgang steuert u. regelt); **Au|to|ma|tik|ge|trie|be**

Au|to|ma|ti|on, die; -, -en ‹engl.› (vollautomatische Fabrikation; *EDV* zusammenfassende Programmierung wiederkehrender Abläufe)

au|to|ma|ti|ons|un|ter|stützt (*österr. für* computergestützt)

au|to|ma|tisch ‹griech.› (selbsttätig; zwangsläufig)

au|to|ma|ti|sie|ren (auf vollautomatische Fabrikation umstellen); **Au|to|ma|ti|sie|rung**

Au|to|ma|tis|mus, der; -, ...men (sich selbst steuernder, unbewusster Ablauf)

Au|to|me|cha|ni|ker; Au|to|me|cha|ni|ke|rin
Au|to|mi|nu|te; zehn Autominuten entfernt
au|to|mo|bil; die automobile Gesellschaft; **Au|to|mo|bil,** das; -s, -e ‹griech.; lat.›
Au|to|mo|bil|aus|stel|lung; Au|to|mo|bil|bau, der; -[e]s
Au|to|mo|bil|club *vgl.* Automobilklub; **Au|to|mo|bil|in|dus|t|rie**
Au|to|mo|bi|list, der; -en, -en (*bes. schweiz. für* Autofahrer); **Au|to|mo|bi|lis|tin; Au|to|mo|bil|klub,** Au|to|mo|bil|club; *aber* Allgemeiner Deutscher Automobil-Club (*Abk.* ADAC); Automobilclub von Deutschland (*Abk.* AvD)
Au|to|mo|bil|kon|zern
Au|to|mo|bil|sa|lon (Automobilausstellung)
Au|to|mon|teur (*schweiz. für* Automechaniker); **Au|to|mon|teu|rin**
au|to|nom ‹griech.› (selbstständig, unabhängig); **Au|to|no|me,** der *u.* die; -n, -n
Au|to|no|mie, die; -, ...ien (Selbstständigkeit, Unabhängigkeit)
Au|to|no|mie|be|hör|de (in den palästinensischen Autonomiegebieten)
Au|to|num|mer; Au|to|öl
Au|to|pa|pie|re *Plur.*
Au|to|pi|lot (automatische Steuerung von Flugzeugen u. Ä.)
Au|to|plas|tik, die (*Med.* Verpflanzung körpereigenen Gewebes)
Au|t|op|sie, die; -, ...ien ‹griech.› (*Med.* Leichenöffnung)
Au|tor, der; -s, ...oren ‹lat.› (Verfasser); des Autors; dem, den Autor
Au|to|ra|dio; Au|to|rei|fen; Au|to|rei|se|zug
Au|to|ren|film (Film, bei dem der Autor od. die Autorin des Drehbuchs auch Regie führt)
Au|to|ren|grup|pe; Au|to|ren|kol|lek|tiv *(bes. in der DDR)*
Au|to|ren|kor|rek|tur (*selten für* Autorkorrektur); **Au|to|ren|le|sung**
Au|to|ren|nen; Au|to|re|pa|ra|tur
Au|to|re|verse [...rivø:ɐ̯s], das; - ‹engl.› (Umschaltautomatik bei Kassettenrekordern)
Au|to|rin, die; -, -nen ‹lat.›
Au|to|r(inn)en (*Kurzform für* Autorinnen u. Autoren)
Au|to|ri|sa|ti|on, die; -, -en (Ermächtigung, Vollmacht); **au|to|ri|sie|ren; au|to|ri|siert** ([einzig] berechtigt; ermächtigt); **Au|to|ri|sie|rung**
au|to|ri|tär (unbedingten Gehorsam fordernd; diktatorisch)
Au|to|ri|ta|ris|mus, der; - ‹franz.› (absoluter Autoritätsanspruch)
Au|to|ri|tät, die; -, -en (Einfluss u. Ansehen; bedeutende[r] Vertreter[in] eines Faches)
au|to|ri|ta|tiv (sich auf echte Autorität stützend, maßgebend)
au|to|ri|täts|gläu|big
Au|tor|kor|rek|tur; Au|tor|re|fe|rat (Referat des Autors über sein Werk); **Au|tor|schaft**
Au|to|sa|lon (*kurz für* Automobilsalon)
Au|to|schlan|ge; Au|to|schlos|ser; Au|to|schlos|se|rin; Au|to|schlüs|sel
Au|to|sei|te (Teil einer Zeitung, in dem bes. über [neue] Autos berichtet wird)
Au|to|ser|vice
Au|to|skoo|ter *vgl.* Skooter
Au|to|speng|ler (*südd., österr., schweiz. für* Karosserieschlosser); **Au|to|speng|le|rin**
Au|to|stopp; *vgl.* ²Anhalter; **au|to|stop|pen** *nur im Infinitiv gebr. (bes. österr.);* **Au|to|stop|per; Au|to|stop|pe|rin**
Au|to|stra|ße (*österr. auch für* autobahnähnliche Schnellstraße)
Au|to|strich (*ugs. für* Prostitution an Autostraßen)
Au|to|stun|de *vgl.* Autominute
Au|to|sug|ges|ti|on [*auch* ...ˈti̯o:n], die; -, -en ‹griech.; lat.› (Selbstbeeinflussung)
Au|to|te|le|fon
Au|to|to|xin (*Med.* Eigengift)
au|to|troph ‹griech.› (*Biol.* sich von anorganischen Stoffen ernährend)
Au|to|tür
Au|to|ty|pie, die; -, ...ien ‹griech.› (*Druckw.* netzartige Bildätzung für Buchdruck)
Au|to|un|fall; Au|to|ver|kehr; Au|to|ver|lad *(schweiz.); vgl.* Verlad; **Au|to|ver|leih; Au|to|ver|mie|tung; Au|to|wä|sche; Au|to|werk|statt; Au|to|wrack**
Au|to|zoom (automatischer Zoom *[vgl. d.]*)
autsch!
Au|ver|g|ne [oˈvɛrnjə], die; - (Region in Frankreich)
Au|wald, Au|en|wald
au|weh!; au|wei!; au|weia!
Au|xin, das; -s, -e ‹griech.› (*Bot.* Pflanzenwuchsstoff)
a v. = a vista
Aval, der, *seltener* das; -s, -e ‹franz.› (*Bankw.* Wechselbürgschaft); **ava|lie|ren** ([Wechsel] als Bürge unterschreiben)
Avan|ce [aˈvã:sə], die; -, -n ‹franz.› (*veraltet für* Vorteil; Vorschuss); jmdm. Avancen machen (jmdm. entgegenkommen, um ihn für sich zu gewinnen)
Avan|ce|ment [avãsəˈmã:, *österr.* avãsˈmã:], das; -s, -s (*geh. für* Beförderung)
avan|cie|ren (befördert werden)
Avant|gar|de [avã...], die; -, -n ‹franz.› (die Vorkämpfer für eine Idee); **Avant|gar|dis|mus** [avã...], der; -; **Avant|gar|dist,** der; -en, -en; **Avant|gar|dis|tin; avant|gar|dis|tisch**
avan|ti! ‹ital.› (*ugs. für* vorwärts!)
Ava|tar [*auch* ˈɛvəta:ɐ̯], der; -s, -e [avaˈta:rə] *u.* -s [ˈɛvəta:ɐ̯s] ‹sanskr.-engl.› (*EDV* bewegliche Grafik, die den Teilnehmer eines Chats darstellt)
AvD, der; - = Automobilclub von Deutschland
Ave, das; -[s], -[s] ‹lat.› (*kurz für* Ave-Maria); **Ave-Ma|ria,** das; -[s], -[s] (»Gegrüßet seist du, Maria!«) (kath. Gebet); **Ave-Ma|ria-Läu|ten,** das; -s ↑K27
Aven|tin, der; -[s] (Hügel in Rom); **Aven|ti|ni|sche Hü|gel,** der; -n -s
Aven|tiu|re [...ˈty:...], die; -, -n ‹franz.› (mhd. Rittererzählung); *als Personifikation* Frau Aventiure
Aven|tu|rin, der; -s, -e ‹lat.-franz.› (goldflimmriger Quarzstein); **Aven|tu|rin|glas**
Ave|nue [avəˈny:], die; -, ...uen [...ˈny:ən] (Prachtstraße)
Aver|ro|es (arab. Philosoph u. Theologe im MA.)
Avers [*österr.* aˈvɛ:r], der; -es, -e ‹franz.› (*Münzw.* Vorderseite [einer Münze])
Aver|si|on, die; -, -en ‹lat.› (Abneigung, Widerwille)
aver|siv (*geh. für* Widerwillen hervorrufend)
AVG = Angestelltenversicherungsgesetz
Avi|a|ri|um, das; -s, ...ien ‹lat.› (großes Vogelhaus)
Avi|cen|na (latinisierter Name des pers. Philosophen u. Arztes Ibn Sina)
Avi|g|non [avɪnˈjõ:] (franz. Stadt)

A

Avis

Avis [aˈviː], der *od.* das; -, -, *auch* [aˈviːs], der *od.* das; -es, -e ‹franz.› (*Wirtsch.* Nachricht, Anzeige); **avi|sie|ren** (ankündigen; *schweiz. auch für* benachrichtigen)

[1]**Avi|so**, der; -s, -s ‹span.› (*früher* kleines, schnelles Kriegsschiff)

[2]**Avi|so**, das; -s, -s ‹ital.› (*österr. für* Avis)

a vis|ta ‹ital.› (*Bankw.* bei Vorlage zahlbar; *Abk.* a v.); *vgl.* a prima vista; **Avis|ta|wech|sel** *(Bankw.)*

Avi|t|a|mi|no|se, die; -, -n ‹lat.› (*Med.* durch Vitaminmangel hervorgerufene Krankheit)

avi|vie|ren ‹franz.› (*Färberei* Gewebe nachbehandeln)

Avo|ca|do, die; -, -s ‹indian.-span.› (eine Frucht)

Avo|da [...v...] *vgl.* Awoda

Avo|ga|d|ro (ital. Physiker u. Chemiker)

Avus, die; - (*Kurzw. für* Automobil-Verkehrs- u. -Übungsstraße [frühere Autorennstrecke in Berlin, heute Teil der Stadtautobahn])

[1]**AWACS** = airborne early warning and control system (Frühwarnsystem der NATO)

[2]**AWACS** [ˈavaks, *engl.* ˈeɪwæks], die; -, -, *auch* das; -, - (mit einem Frühwarnsystem ausgestattetes Aufklärungsflugzeug)

Award [əˈwɔːd], der; -s, -s (*engl. Bez. für* von einer Jury verliehener Preis)

Awa|re, der; -n, -n (Angehöriger eines untergegangenen türk.-mongol. Steppennomadenvolkes); **Awa|rin; awa|risch**

Awes|ta, das; - ‹pers.› (heilige Schriften der Parsen); **awes|tisch**; awestische Sprache

Awo|da, Avo|da [...v...], die; - ‹hebr.› (eine sozialist. Partei in Israel)

[1]**Axel** (m. Vorn.)

[2]**Axel**, der; -s, - (*kurz für* Axel-Paulsen-Sprung); **Axel-Paul|sen-Sprung** (nach dem norw. Eiskunstläufer Axel Paulsen benannter Kürsprung)

Axen|stra|ße, die; - (in der Schweiz)

axi|al ‹lat.› (in der Achsenrichtung; längs der Achse); **Axi|a|li|tät**, die; -, -en (Achsigkeit); **Axi|al|ver|schie|bung**

axil|lar ‹lat.› (*Bot.* achsel-, winkelständig); **Axil|lar|knos|pe** (Knospe in der Blattachsel)

Axi|om, das; -s, -e ‹griech.› (keines Beweises bedürfender Grundsatz); **Axi|o|ma|tik**, die; - (Lehre von den Axiomen); **axi|o|ma|tisch; axi|o|ma|ti|sie|ren**

Ax|mins|ter|tep|pich, **Ax|mins|ter-Tep|pich** [ˈɛ...] ‹nach dem engl. Ort›

Axo|lotl, der; -s, - ‹aztekisch› (mexik. Schwanzlurch)

Axon, das; -s, *Plur.* Axone *u.* Axonen (*Biol.* zentraler Strang einer Nervenfaser)

Axt, die; -, Äxte; **Axt|helm** (Axtstiel); *vgl.* [2]Helm; **Axt|hieb**

Aya|tol|lah *vgl.* Ajatollah

aye [ai] ‹engl.› (*Seemannsspr.* ja, zu Befehl); aye, aye, Käpten!

Aye-Aye, das *od.* der; -[s], -s ‹Malagassi› (Fingertier, ein Halbaffe)

Ay|ers Rock [ˈeːɐs -] (Berg in Australien)

Ay|ran [ˈai...], der *od.* das; -[s], -[s] ‹türk.› (ein Joghurtgetränk)

Ayur|ve|da, **Ayur|we|da** [ajʊr...], der; -[s] ‹sanskr.› (Sammlung der wichtigsten Lehrbücher der altindischen Medizin); **ayur|ve|disch**, **ayur|we|disch**

a. Z. = auf Zeit

AZ = Arizona

AZ, Az. = Aktenzeichen

Aza|lee, *seltener* **Aza|lie**, die; -, -n ‹griech.› (eine Zierpflanze)

Aze|tat, *fachspr.* Ace|tat, das; -s, -e ‹lat.› (*Chemie* Salz der Essigsäure; Chemiefaser); **Aze|tat|sei|de**, *fachspr.* Ace|tat|sei|de

Aze|ton, *fachspr.* Ace|ton, das; -s (ein Lösungsmittel)

Aze|ty|len, *fachspr.* Ace|ty|len, das; -s (gasförmiger Kohlenwasserstoff); **Aze|ty|len|gas**, *fachspr.* Ace|ty|len|gas; **Aze|tyl|sa|li|zyl|säu|re**, *fachspr.* Ace|tyl|sa|li|cyl|säu|re (ein schmerzstillender Wirkstoff)

Azid, das; -[e]s, -e ‹griech.› (*Chemie* Salz der Stickstoffwasserstoffsäure); **Azi|di|tät** *vgl.* Acidität; **Azi|do|se** *vgl.* Acidose

Azi|mut, das, *auch* der; -s, -e ‹arab.› (*Astron.* eine bestimmte Winkelgröße)

Azo|farb|stoff ‹griech.; dt.› (*Chemie* Farbstoff aus der Gruppe der Teerfarbstoffe)

Azo|i|kum, das; -s ‹griech.› (*Geol.* erdgeschichtl. Urzeit ohne Spuren organ. Lebens); **azo|isch**

Azoo|sper|mie [atsoo...], die; -, ...ien (*Biol., Med.* Fehlen reifer Samenzellen in der Samenflüssigkeit)

Azo|ren *Plur.* (Inselgruppe im Atlantischen Ozean); **Azo|rer; Azo|re|rin; azo|risch**

Az|te|ke, der; -n, -n (Angehöriger eines Indianerstammes in Mexiko); **Az|te|ken|reich**, das; -[e]s; **Az|te|kin; az|te|kisch**

Azu|bi [*auch* aˈtsuː...], der; -s, -s *u.* die; -, -s (*ugs. für* Auszubildende[r]); **Azu|bi|ne**, *seltener* **Azu|bie|ne**, die; -, -n (*ugs. scherzh. für* Auszubildende)

Azu|le|jo [...xɔ], der; -[s], -s *meist Plur.* ‹span.› (bunte Wandkachel)

Azur, der; -s ‹pers.› (*geh. für* Himmelsblau); **azur|blau**

Azu|ree|li|ni|en *Plur.* (waagerechtes, meist wellenförmiges Linienband auf Vordrucken [z. B. auf Schecks]); **azu|riert**

Azu|rit, der; -s (ein dunkelblaues Mineral); **azurn** (himmelblau)

azy|k|lisch ‹griech.› (*bes. Med.* zeitlich unregelmäßig)

Az|zur|ri ‹ital., »die Blauen«›, *ugs. auch* **Az|zur|ris** *Plur.* (*Bez. für* ital. Sportmannschaften)

b B

b (*Zeichen für* b-Moll); in b

b, B, das; -, - (Tonbezeichnung)

b. = bei[m]

B (*Zeichen für* B-Dur); in B

B = *Zeichen für* Bel; Bundesstraße

B (*chem. Zeichen für* Bor)

B (Buchstabe); das B; des B, die B, *aber* das b in Abend; der Buchstabe B, b

B *[auf dt. Kurszetteln]* = Brief (d. h., das Wertpapier wurde zum angegebenen Preis angeboten)

B. = Bachelor

B, β = Beta

Ba (*chem. Zeichen für* Barium)

B. A. = Bachelor of Arts; *vgl.* Bachelor

[1]**BA** = Berufsakademie

Ba|che|lor

['bɛtʃəlɐ]
der; -[s], -s
⟨engl.⟩

(unterster akademischer Grad; *Abk.* B.)
Im deutschsprachigen Raum vergebene Bachelorgrade und die zugehörigen Abkürzungen in Auswahl:

- Bachelor of Arts [- - 'a:ɐ̯ts] (Abschluss in den Geistes-, Sozial- oder Wirtschaftswissenschaften; *Abk.* B. A., z. B. Claudia Meier B. A.)
- Bachelor of Engineering [- - ɛndʒi'ni:rɪŋ] (Abschluss in den Ingenieurwissenschaften; *Abk.* B. Eng.)
- Bachelor of Laws [- - 'lɔ:s] (Abschluss in den Rechtswissenschaften; *Abk.* LL. B.)
- Bachelor of Science [- - 'saɪ̯əns] (Abschluss in den Natur-, Ingenieur- oder Wirtschaftswissenschaften; *Abk.* B. Sc.)

Vgl. Bakkalaureus

[2]**BA** [bi:'|e:], die; - = British Airways
Baal ⟨hebr.⟩ (semit. Wetter- u. Himmelsgott)
Baal|bek (Stadt im Libanon)
Baals|dienst, der; -[e]s
Baar, die; - (Gebiet zwischen Schwarzwald u. Schwäbischer Alb)
Baas, der; -es, -e ⟨niederl.⟩ (*nordd., bes. Seemannsspr.* Herr, Meister, Aufseher)
BAB = Bundesautobahn
[1]**ba|ba, bä|bä** (*Kinderspr.* schmutzig, eklig)
[2]**ba|ba** (*österr. Kinderspr.* Abschiedsgruß)
bab|beln (*landsch. für* schwatzen); ich babb[e]le
Ba|bel *vgl.* Babylon
Ba|ben|ber|ger, der; -s, - (Angehöriger eines Fürstengeschlechtes); **Ba|ben|ber|ge|rin**
Ba|bet|te (w. Vorn.)
Ba|bu|sche [*auch* ...'bu:...], Pampu|sche [*auch* ...'pu:...], die; -, -n ⟨pers.⟩ (*landsch., bes. ostmitteld. für* Stoffpantoffel)
Ba|by ['be:bi], das; -s, -s ⟨engl.⟩ (Säugling, Kleinkind)
Ba|by|ak|tie (*Wirtsch.* Aktie mit kleinem Nennwert)
Ba|by|bauch; Ba|by|bäuch|lein
Ba|by|blues, der; - ⟨engl.⟩ (depressive Verstimmung der Mutter in den ersten Tagen nach der Geburt)
Ba|by|boom (Anstieg der Geburtenzahlen); **Ba|by|boo|mer,** der; -s, - (jmd., der zu den geburtenstarken Jahrgängen gehört); **Ba|by|boo|me|rin**
Ba|by|fon®, Ba|by|phon, das; -s, -e (telefonähnliches Gerät, das Geräusche aus dem Kinderzimmer überträgt)
Ba|by|jahr (einjähriger Erziehungsurlaub)
Ba|by|klap|pe (anonyme Abgabestelle für Säuglinge); **Ba|by|korb** (*auch svw.* Babyklappe); **Ba|by|lei|che**
ba|by|leicht (*ugs. für* ganz leicht, einfach)
Ba|by|lon, Ba|bel (Ruinenstadt am Euphrat)
Ba|by|lo|ni|en (antiker Name für das Land zwischen Euphrat u. Tigris); **Ba|by|lo|ni|er; Ba|by|lo|ni|e|rin; ba|by|lo|nisch;** ein babylonisches Sprachengewirr; *aber* ↑K150: die Babylonische Gefangenschaft; der Babylonische Turm
Ba|by|nah|rung ['be:...]
Ba|by|pau|se (Unterbrechung der Erwerbstätigkeit durch die Geburt eines Kindes)
Ba|by|phon *vgl.* Babyfon
Ba|by|pup|pe
ba|by|sit|ten (*ugs.*); sie babysittet, hat babygesittet *od.* gebabysittet; **Ba|by|sit|ter,** der; -s, - ⟨engl.⟩ (jmd., der Kleinkinder bei Abwesenheit der Eltern beaufsichtigt); **Ba|by|sit|te|rin**
Ba|by|speck, der; -[e]s
Ba|by|strich (*ugs. für* [Straße mit] Prostitution von Minderjährigen)
Ba|by|zel|le (kleine Batterie)
Bac|ca|ra, Bac|ca|rat, Bak|ka|rat [...ra(t), *auch* ...'ra], das; -[s] ⟨franz.⟩ (ein Kartenglücksspiel)
Bac|ca|ra|ro|se (eine tiefrote, sehr langstielige Rose)
Bac|cha|nal [...xa..., *österr. meist* ...ka...], das; -s, *Plur.* -e *u.* -ien ⟨griech.⟩ (altröm. Bacchusfest; wüstes Trinkgelage)
Bac|chant, der; -en, -en (*geh. für* weinseliger Trinker); **Bac|chan|tin; bac|chan|tisch**
bac|chisch (nach Art des Bacchus)
Bac|chi|us, der; -, ...ien (antiker Versfuß)
Bac|chus (röm. Gott des Weines)
[1]**Bach,** der; -[e]s, Bäche
[2]**Bach,** Johann Sebastian (dt. Komponist)
bach|ab (*schweiz.*); bachab gehen (zunichtewerden); bachab schicken (verwerfen, ablehnen)
Ba|cha|ta [...'tʃa:...], die; -, -s ⟨span.⟩ (aus der Karibik stammender Musikstil; ein Tanz)
Bach|bett
Bach-Blü|ten®, **Bach|blü|ten** ⟨nach dem brit. Arzt E. Bach⟩ (Essenz aus bestimmten Blüten u. Pflanzenteilen zur Beeinflussung seelisch-geistiger Zustände); **Bach-Blü|ten-The|ra|pie,** die; -, **Bach|blü|ten|the|ra|pie**
Ba|che, die; -, -n (*Jägerspr.* weibliches Wildschwein)
Ba|che|lor *s. Kasten*
Ba|che|lor|ab|schluss
Ba|che|lor|ab|sol|vent; Ba|che|lor|ab|sol|ven|tin
Ba|che|lor|ar|beit; Ba|che|lor|grad, der; **Ba|che|lor|stu|di|en|gang; Ba|che|lor|stu|di|um**
Bach|fo|rel|le; Bach|lauf
Bäch|lein
Bach|mann (österr. Schriftstellerin)
Bach|stel|ze
Bach-Wer|ke-Ver|zeich|nis ↑K137
back (*Seemannsspr.* zurück)
[1]**Back,** die; -, -en (*Seemannsspr.* [Ess]schüssel; Esstisch; Tischgemeinschaft; Aufbau auf dem Vordeck)
[2]**Back** [bɛk], der; -s, -s ⟨engl.⟩ (*schweiz. u. österr., sonst veraltet für* [Fußball]verteidiger)
Back|blech
Back|bone ['bɛkboʊn], der *od.* das; -s, -s ⟨engl., »Rückgrat«⟩ (*EDV* Hauptstrang, Kern eines Datenübertragungsnetzes)
Back|bord, das; -[e]s, -e (linke Schiffsseite [von hinten gesehen]); **back|bord[s]**
Bäck|chen
Ba|cke, die; -, -n, *landsch.* **Ba|cken,** der; -s, -

ba|cken

Für »backen« gibt es in Präsens und Präteritum neben regelmäßigen auch unregelmäßige Formen:

- du bäckst *od.* backst
- er/sie bäckt *od.* backt
- du backtest (*älter* buk[e]st)
- du backtest (*älter* bükest)
- gebacken; back[e]!

In der Bedeutung »kleben« wird nur regelmäßig gebeugt:

- der Schnee backt, backte, hat gebackt (*vgl.* festbacken)

Ba|cken|bart; Ba|cken|streich; Ba|cken|ta|sche *(Zool.);* **Ba|cken|zahn**
Bä|cker
Back|erb|se *(bes. österr.)*
Bä|cke|rei (*österr. auch für* süßes Kleingebäck); **Bä|cke|rin**
Bä|cker|in|nung; Bä|cker|jun|ge, der *(veraltet);* **Bä|cker|la|den**
Bä|cker|meis|ter; Bä|cker|meis|te|rin; Bä|cker[s]|frau
Back|fisch (*veraltend auch für* junges Mädchen)
Back|gam|mon [bɛk'gɛmən], das; -[s] ⟨engl.⟩ (ein Würfelspiel)
Back|ground ['bɛkgraunt], der; -s, -s ⟨engl.⟩ (Hintergrund; *übertr. für* [Lebens]erfahrung)
Back|ground|sän|ger; Back|ground|sän|ge|rin
Back|hendl (*österr. für* paniertes Hähnchen)
Back|hendl|sta|ti|on *(bayr., österr.)*
Back|huhn *vgl.* Backhendl
Back|list ['bɛk...], die; -, -s ⟨engl.⟩ (Liste lieferbarer Bücher)
Back|obst; Back|ofen
Back|of|fice ['bɛk|ɔfɪs], das; -, -s (*Finanzw.* Buchhaltung)
Back|pa|cker ['bɛkpɛkɐ], der; -s, - ⟨engl.⟩ (Rucksacktourist); **Back|pa|cke|rin**
Back|pa|pier
Back|pfei|fe (*landsch. für* Ohrfeige); **back|pfei|fen** *(landsch.);* sie backpfeifte ihn, hat ihn gebackpfeift; **Back|pfei|fen|ge|sicht** *(abwertend)*
Back|pflau|me; Back|pul|ver; Back|rohr *(südd., österr.);* **Back|röh|re**
Back|schaft (*Seemannsspr.* Tischgemeinschaft)
Back|slash ['bɛkslɛʃ], der; -s, -s ⟨engl.⟩ (*EDV* Schrägstrich von links oben nach rechts unten)
Back|stag (*Seemannsspr.* den Mast von hinten haltendes Seil)
back|stage ['bɛkste:dʒ] ⟨engl.⟩ (hinter der Bühne, den Kulissen); **Back|stage,** die; -, -s (Raum hinter der Bühne); **Back|stage|aus|weis**
Back|stein; Back|stein|bau *Plur.* ...bauten; **Back|stein|mau|er**
Back|stu|be
Back-up, Back|up ['bɛk|ap], das *od.* der; -s, -s ⟨engl.⟩ (*EDV* Sicherungskopie)
Back|wa|re *meist Plur.;* **Back|werk,** das; -[e]s
[1]**Ba|con** ['be:kn̩], der; -s ⟨engl.⟩ (Frühstücksspeck)
[2]**Ba|con** ['be:kn̩], Francis ['frɑ:nsɪs] (engl. Philosoph)
Bad, das; -[e]s, Bäder; Bad Ems, Bad Homburg v. d. H., Stuttgart-Bad Cannstatt ↑K 144 *u.* 147
Bad... (*südd., österr., schweiz. in Zusammensetzungen neben* Bade..., z. B. Badanstalt)
Bad Aus|see *vgl.* Aussee, Bad
Bad Bank ['bɛt 'bɛŋk], die; - -, - -s ⟨engl.⟩ (Bank, die schlechte Kredite von anderen Banken übernimmt)
Bad Bram|bach *vgl.* Brambach, Bad
Ba|de|an|stalt; Ba|de|an|zug
Ba|de|arzt; Ba|de|ärz|tin
Ba|de|gast; Ba|de|hau|be; Ba|de|ho|se; Ba|de|kap|pe; Ba|de|kleid *vgl.* Badkleid; **Ba|de|man|tel; Ba|de|mat|te**
Ba|de|meis|ter, *schweiz. auch* Bad|meis|ter; **Ba|de|meis|te|rin,** *schweiz. auch* **Bad|meis|te|rin**
Ba|de|müt|ze
ba|den; baden gehen (*ugs. auch für* scheitern)
Ba|den (Teil des Bundeslandes Baden-Württemberg)
Ba|den-Ba|den (Badeort im nördl. Schwarzwald); **Ba|den-Ba|de|ner; Ba|den-Ba|de|ne|rin**
Ba|de|ner; Ba|de|ne|rin
Ba|den|ser (Badener); **Ba|den|se|rin**
Ba|den-Würt|tem|berg ↑K 144 *u.* 145
Ba|den-Würt|tem|ber|ger
Ba|den-Würt|tem|ber|ge|rin
ba|den-würt|tem|ber|gisch
Ba|de|ort, der; -[e]s, -e
Ba|der (*veraltet für* Barbier; Heilgehilfe); **Ba|de|rin**
Ba|de|sai|son; Ba|de|salz
Ba|de|schiff (zu einem Schwimmbad umgebautes Schiff)
Ba|de|strand; Ba|de|tuch *Plur.* ...tücher; **Ba|de|wan|ne,** *schweiz. auch* Bad|wan|ne; **Ba|de|was|ser; Ba|de|zeit; Ba|de|zim|mer,** *schweiz. auch* Bad|zim|mer; **Ba|de|zu|satz**
Bad Gas|tein (österr. Badeort [bis 1996 »Badgastein«])
ba|disch ↑K 142 (aus Baden)
Bad Ischl *vgl.* Ischl, Bad
Bad|kleid, Ba|de|kleid (*schweiz. für* Badeanzug)
Bad|meis|ter, Bad|meis|te|rin *vgl.* Bademeister, Bademeisterin
Bad|min|ton ['bɛtmɪntn̩], das; - ⟨nach dem Landsitz des Herzogs von Beaufort in England⟩ (Federballspiel)
Bad Oeyn|hau|sen *vgl.* Oeynhausen, Bad
Bad Pyr|mont *vgl.* Pyrmont, Bad
Bad Ra|gaz *vgl.* Ragaz, Bad
Bad Salz|uf|len (Stadt am Teutoburger Wald)
Bad|wan|ne *vgl.* Badewanne
Bad Wö|ris|ho|fen *vgl.* Wörishofen, Bad
Bad|zim|mer *vgl.* Badezimmer
Bae|de|ker®, der; -[s], - (ein Reisehandbuch)
Ba|fel, der; -s, - ⟨jidd.⟩ (*landsch. für* Ausschussware; *nur Sing.:* Geschwätz)
baff (*ugs. für* verblüfft); baff sein
Ba|fin, Ba|Fin, die; - ⟨= Bundesanstalt für **Fin**anzdienstleistungsaufsicht⟩
BAföG, Ba|fög, das; -[s] = Bundesausbildungsförderungsgesetz (auch für Geldzahlungen nach diesem Gesetz)
Ba|ga|ge [...ʒə, *österr.* ...ʒ], die; -, -n *Plur. selten* ⟨franz.⟩ (*veraltet für* Gepäck; *ugs. für* Gesindel)
Ba|gas|se, die; -, -n ⟨franz.⟩ (Pressrückstand bei der Rohrzuckergewinnung)
Ba|ga|tell|de|likt *(Rechtsspr.)*
Ba|ga|tel|le, die; -, -n ⟨franz.⟩ (unbedeutende Kleinigkeit)
ba|ga|tel|li|sie|ren (als unbedeutende Kleinigkeit behandeln); **Ba|ga|tel|li|sie|rung; Ba|ga|tell|sa|che; Ba|ga|tell|scha|den**
Bag|dad (Hauptstadt Iraks)
Bag|da|der; Bag|da|de|rin
Ba|gel ['be:gl̩], der; -s, -s ⟨jidd.-amerik.⟩ (ringförmiges Brotteiggebäck)
Bag|ger, der; -s, -; **Bag|ge|rer** *(ugs.)*
Bag|ger|füh|rer; Bag|ger|füh|re|rin
bag|gern; ich baggere
Bag|ger|prahm; Bag|ger|schau|fel; Bag|ger|see
Bag|gy Pants, Bag|gy|pants ['bɛgipɛnts] *Plur.* ⟨engl.⟩ (weite Hose)
Ba|g|no ['banjo], das; -s, *Plur.* -s *u.*

Bak|ka|lau|re|us

der; -, ...rei [...rei]
⟨mlat.⟩
(früherer akademischer Grad in Österreich; Inhaber des Bakkalaureats; *Abk. [bei Titeln]* Bakk.)

- Bakkalaureus/Bakkalaurea der Kommunikationswissenschaften (*Abk.* Bakk. komm., z. B. Peter Müller Bakk. komm.)
- Bakkalaureus/Bakkalaurea der Künste (*Abk.* Bakk. art.)
- Bakkalaureus/Bakkalaurea der Naturwissenschaften (*Abk.* Bakk. rer. nat.)
- Bakkalaureus/Bakkalaurea der Philosophie (*Abk.* Bakk. phil.)
- Bakkalaureus/Bakkalaurea der Rechtswissenschaften (*Abk.* Bakk. iur.)
- Bakkalaureus/Bakkalaurea der Sozial- und Wirtschaftswissenschaften (*Abk.* Bakk. rer. soc. oec.)
- Bakkalaureus/Bakkalaurea der technischen Wissenschaften (*Abk.* Bakk. techn.)

...gni ⟨ital.⟩ (*früher für* Straflager [in Italien u. Frankreich])

Ba|guette [...ˈgɛt], das; -s, -s, *auch* die; -, -s ⟨franz.⟩ (franz. Stangenweißbrot)

bah!, pah! (Ausruf der Geringschätzung, des Ekels)

bäh! (Ausruf der Schadenfreude, des Ekels)

Ba|hai, der; -[s], -[s] ⟨pers.⟩ (Anhänger des Bahaismus); **Ba|ha|is|mus,** der; - (aus dem Islam hervorgegangene Religion)

Ba|ha|ma|er; Ba|ha|ma|e|rin

Ba|ha|ma|in|seln *vgl.* Bahamas

ba|ha|ma|isch

Ba|ha|mas *Plur.* (Inselstaat im Atlantischen Ozean)

Ba|har (w. Vorn. persischer Herkunft)

bä|hen (*südd., österr., schweiz. für* [Brot] leicht rösten)

Bahn, die; -, -en; Bahn fahren; ich breche mir Bahn; eine sich Bahn brechende Entwicklung; *vgl. aber* bahnbrechend

bahn|amt|lich *(früher)*

bahn|bre|chend; eine bahnbrechende Erfindung; *vgl. aber* Bahn; **Bahn|bre|cher; Bahn|bre|che|rin**

Bahn|bus; Bahn|card® [...kaːɐ̯t] (Kundenkarte der Deutschen Bahn AG, mit der Fahrkarten verbilligt gekauft werden können); **Bahn|damm; bahn|ei|gen**

bah|nen; ich bahne mir einen Weg

bah|nen|wei|se

Bahn|fahrt; Bahn|ge|werk|schaft

Bahn|hof (*Abk.* Bf., Bhf.)

Bahn|hof|buf|fet (*schweiz. für* Bahnhofsgaststätte)

Bahn|hofs|buch|hand|lung

Bahn|hofs|bü|fett, Bahn|hofs|buf|fet

Bahn|hofs|ge|bäu|de; Bahn|hofs|hal|le; Bahn|hofs|mis|si|on; Bahn|hofs|re|s|tau|rant; Bahn|hofs|vier|tel; Bahn|hofs|vor|platz

Bahn|hofs|vor|stand (*österr. für* Bahnhofsvorsteher)

Bahn|hofs|vor|ste|her; Bahn|hofs|vor|ste|he|rin

Bahn|hof|vor|stand (*schweiz. für* Bahnhofsvorsteher)

bahn|la|gernd

Bähn|ler (*schweiz. für* Eisenbahner); **Bähn|le|rin**

Bahn|li|nie; Bahn|rei|sen|de; Bahn|schran|ke; Bahn|steig; Bahn|steig|kan|te; Bahn|steig|kar|te; Bahn|stre|cke; Bahn|streik; Bahn|tras|se; Bahn|über|gang; Bahn|ver|bin|dung

Bahn|wär|ter; Bahn|wär|te|rin

Ba|höl, der; -s (*ostösterr. ugs. für* großer Lärm, Tumult)

Bah|rain [bax...] (Inselgruppe u. Scheichtum im Persischen Golf); **Bah|rai|ner; Bah|rai|ne|rin; bah|rai|nisch**

Bah|re, die; -, -n

Bahr|tuch *Plur.* ...tücher

Baht, der; -, - (Währungseinheit in Thailand)

Bä|hung (Heilbehandlung mit warmen Umschlägen od. Dämpfen)

Bai, die; -, -en ⟨niederl.⟩ (Bucht); *vgl. aber* Bei, Bey

Bai|kal, der; -[s] (Baikalsee)

Bai|kal-Amur-Ma|gis|t|ra|le, die; - (Eisenbahnstrecke in Sibirien)

Bai|kal|see, der; -s (See in Südsibirien)

Bai|ko|nur (russ. Raumfahrtzentrum in Kasachstan)

Bai|ri|ki (Hauptstadt von Kiribati)

bai|risch (*Sprachwiss.* die bayerische Mundart betreffend)

Bai|ser [bɛˈzeː], das; -s, -s ⟨franz.⟩ (Schaumgebäck)

Bais|se [ˈbɛːs(ə)], die; -, -n ⟨franz.⟩ ([starkes] Fallen der Börsenkurse od. Preise); **Bais|si|er** [bɛˈsi̯eː], der; -s, -s (auf Baisse Spekulierender)

Ba|ja|de|re, die; -, -n ⟨franz.⟩ (ind. [Tempel]tänzerin)

Ba|jaz|zo, der; -s, -s ⟨ital.⟩ (Possenreißer; *auch* Titel einer Oper von Leoncavallo)

Ba|jo|nett, das; -[e]s, -e ⟨nach der Stadt Bayonne in Südfrankreich⟩ (Seitengewehr); **ba|jo|net|tie|ren** (mit dem Bajonett fechten)

Ba|jo|nett|ver|schluss (*Technik* [leicht lösbare] Verbindung von rohrförmigen Teilen)

Ba|ju|wa|re, der; -n, -n (*scherzh., sonst veraltet für* Bayer); **Ba|ju|wa|rin; ba|ju|wa|risch**

Ba|ke, die; -, -n (festes Orientierungszeichen für Seefahrt, Luftfahrt, Straßenverkehr; Vorsignal auf Bahnstrecken)

Ba|ke|lit®, das; -s ⟨nach dem belg. Chemiker Baekeland⟩ (ein Kunststoff)

Ba|ken|ton|ne (ein Seezeichen)

Bakk. *(in Österr.)* = baccalaureus/baccalaurea, Bakkalaureus/Bakkalaurea *(vgl. d.)*

Bak|ka|lau|rea, die; -, ...reae (*w. Form zu* Bakkalaureus *[vgl. d.]*)

Bak|ka|lau|re|at, das; -[e]s, -e ⟨lat.⟩ (unterster akadem. Grad [in Österr., England u. Nordamerika]; Abschluss der höheren Schule [in Frankreich]); **Bak|ka|lau|re|ats|ar|beit; Bak|ka|lau|re|ats|prü|fung; Bak|ka|lau|re|ats|stu|di|um**

Bak|ka|lau|re|us *s. Kasten*

Bak|ka|rat [...ra(t), *auch* ...ˈra] *vgl.* Baccara

Bakk. art. = baccalaureus/baccalaurea artium; *vgl.* Bakkalaureus

Bak|ken, der; -[s], - ⟨norw.⟩ (*Skisport* Sprungschanze)

Bakk. phil. = baccalaureus/baccalaurea philosophiae; *vgl.* Bakkalaureus

Bakk. rer. nat. = baccalaureus/baccalaurea rerum naturalium; *vgl.* Bakkalaureus

Bakk. rer. soc. oec. = baccalaureus/baccalaurea rerum socialium oeconomicarumque; *vgl.* Bakkalaureus

Bakk. techn. = baccalaureus/baccalaurea rerum technicarum; *vgl.* Bakkalaureus
Ba|k|la|va, die; -, -s *od.* das; -s, -s ⟨türk.⟩ (ein Strudelgebäck)
Bak|schisch, das; -[(e)s], -e ⟨pers.⟩ (Almosen; Trinkgeld)
Bak|te|ri|ä|mie, die; -, ...ien ⟨griech.⟩ (Überschwemmung des Blutes mit Bakterien)
Bak|te|rie, die; -, -n *meist Plur.* (einzelliges Kleinstlebewesen)
bak|te|ri|ell (durch Bakterien hervorgerufen, die Bakterien betreffend); **bak|te|ri|en|be|stän|dig; Bak|te|ri|en|trä|ger** *(Med.)*
Bak|te|rio|lo|ge, der; -n, -n; **Bak|te|rio|lo|gie,** die; - (Lehre von den Bakterien); **Bak|te|rio|lo|gin; bak|te|rio|lo|gisch**
Bak|te|rio|ly|se, die; -, -n (Auflösung von Bakterien); **Bak|te|rio|pha|ge,** der; -n, -n (Virus, das Bakterien als Wirtszelle wählt); **Bak|te|rio|se,** die; -, -n (durch Bakterien verursachte Pflanzenkrankheit); **Bak|te|ri|um,** das; -s, ...ien (*veraltet für* Bakterie)
bak|te|ri|zid (*Med.* keimtötend); **Bak|te|ri|zid,** das; -s, -e (keimtötendes Mittel)
Bak|t|ri|en (altpers. Landschaft)
Ba|ku [*auch* ...ˈku:] (Hauptstadt Aserbaidschans)
Ba|lak|la|va, die; -, -s ⟨nach der ukrain. Stadt Balaklawa⟩ (Kopf, Hals u. Gesicht bedeckende Mütze mit Öffnungen für Augen u. Mund)
Ba|la|lai|ka, die; -, *Plur.* -s *u.* ...ken (russ. Saiteninstrument)
Ba|lan|ce [...ˈlã:s(ə)], die; -, -n ⟨franz.⟩ (Gleichgewicht); **Ba|lan|ce|akt**
Ba|lan|cier|bal|ken
ba|lan|cie|ren ⟨franz.⟩ (das Gleichgewicht halten)
Ba|lan|cier|stan|ge
Ba|la|ta [*auch* ...ˈla:...], die; - ⟨indian.-span.⟩ (kautschukähnliches Naturerzeugnis)
Ba|la|ton, der; -[s] ⟨ung.⟩ (ung. Name für den Plattensee)
bal|bie|ren (*landsch. veraltet für* rasieren); jmdn. über den Löffel balbieren *od.* barbieren (*ugs. für* betrügen)
Bal|boa, der; -[s], -[s] ⟨nach dem gleichnamigen span. Entdecker⟩ (Währungseinheit in Panama)
bald; *Steigerung* eher, am ehesten; möglichst bald; so bald wie, *auch* als möglich; sie spielte bald laut, bald leise; *vgl.* sobald
Bal|da|chin, der; -s, -e ⟨nach der Stadt Baldacco, d. h. Bagdad⟩ (Trag-, Betthimmel); **bal|da|chin|ar|tig**
Bäl|de; *nur in* in Bälde (*Amtsspr. für* bald)
bal|dig; bal|digst (schnellstens); **bald|mög|lichst**
bal|do|wern (*ugs. für* nachforschen); ich baldowere
Baldr, Bal|dur (*germ. Mythol.* Lichtgott)
Bal|d|ri|an, der; -s, -e (eine Heilpflanze)
Bal|d|ri|an|tee; Bal|d|ri|an|tink|tur; Bal|d|ri|an|trop|fen *Plur.*
Bal|du|in (m. Vorn.)
Bal|dung, Hans, *genannt* Grien (dt. Maler)
Bal|dur (m. Vorn.; *auch für* Baldr)
Ba|le|a|ren *Plur.* (Inselgruppe im westl. Mittelmeer); **Ba|le|a|rer; Ba|le|a|re|rin; ba|le|a|risch**
Ba|les|ter, der; -s, - ⟨lat.⟩ (*früher* Armbrust, mit der Kugeln abgeschossen werden können)

Ballett
Das Wort geht auf das italienische »balletto« zurück und wird wie dieses mit Doppel-l geschrieben.

¹Balg, der; -[e]s, Bälge (Tierhaut; Luftsack; ausgestopfter Körper einer Puppe; *auch für* Balgen)
²Balg, der *od.* das; -[e]s, Bälger (*ugs. für* unartiges Kind)
Bal|ge, die; -, -n (*nordd. für* Waschfass; Wasserlauf im Watt)
bal|gen, sich (*ugs. für* raufen)
Bal|gen, der; -s, - (ausziehbares Verbindungsteil zwischen Objektiv u. Gehäuse beim Fotoapparat); **Bal|gen|ka|me|ra**
Bal|ge|rei *(ugs.)*
Balg|ge|schwulst
Ba|li (westlichste der Kleinen Sundainseln); **Ba|li|ne|se,** der; -n, -n; **Ba|li|ne|sin; ba|li|ne|sisch**
Bal|kan, der; -s (Gebirge; *auch für* Balkanhalbinsel); **Bal|kan|halb|in|sel, Bal|kan-Halb|in|sel**
bal|ka|nisch; bal|ka|ni|sie|ren (ein Land staatlich so zersplittern wie die Staaten der Balkanhalbinsel vor dem Ersten Weltkrieg); **Bal|ka|ni|sie|rung,** die; -
Bal|ka|nis|tik, die; - (*svw.* Balkanologie)
Bal|kan|krieg
Bal|ka|no|lo|ge, der; -n, -n; **Bal|ka|no|lo|gie,** die; - (wissenschaftl. Erforschung der Balkansprachen u. -literaturen); **Bal|ka|no|lo|gin; bal|ka|no|lo|gisch**
Bälk|chen
Bal|ken, der; -s, -
Bal|ken|de|cke; Bal|ken|dia|gramm; Bal|ken|kon|s|t|ruk|ti|on
Bal|ken|schrö|ter (Zwerghirschkäfer)
Bal|ken|waa|ge
Bal|kon [...ˈkõ:, *auch, südd., österr. u. schweiz. nur* ...ˈko:n], der; -s, *u.* -[e]s, -e [...ˈko:nə] ⟨franz.⟩
Bal|ko|ni|en *(scherzh.)*; Urlaub auf Balkonien; **Bal|kon|mö|bel; Bal|kon|pflan|ze; Bal|kon|tür**
¹Ball, der; -[e]s, Bälle; Ball spielen ↑K54, *aber* das Ballspielen ↑K82
²Ball, der; -[e]s, Bälle ⟨franz.⟩ (Tanzfest)
bal|la, bal|la|bal|la (*ugs. für* nicht recht bei Verstand)
Ball|abend
Ball|ab|ga|be *(Sport)*
Bal|la|de, die; -, -n ⟨griech.⟩ (episch-dramatisches Gedicht); **bal|la|den|haft; Bal|la|den|stoff; bal|la|desk**
Ball|an|nah|me *(Sport)*
Bal|last [*auch, österr. u. schweiz. nur* ...ˈla...], der; -[e]s, -e *Plur. selten* (tote Last; Bürde)
Bal|last|stoff *meist Plur.* (Nahrungsbestandteil, den der Körper nicht verwertet); **bal|last|stoff|reich**
Bal|last|was|ser
Bal|la|watsch *vgl.* Pallawatsch
Ball|be|hand|lung *(Sport)*
Ball|be|sitz *(Sport)*
Bäll|chen
Bal|lei ⟨lat.⟩ ([Ritter]ordensbezirk)
Ball|ei|sen, Bal|len|ei|sen (Werkzeug)
bal|len; sich ballen
Bal|len, der; -s, -
Bal|len|ei|sen *vgl.* Balleisen
Bal|len|stedt (Stadt am Harz)
Bal|le|rei (*ugs. für* lautes Schießen)
Bal|le|ri|na, *selten* **Bal|le|ri|ne,** die; -, ...nen ⟨ital.⟩ (Balletttänzerin)
¹Bal|ler|mann, der; -s, ...männer (*ugs. für* Revolver)
²Bal|ler|mann *Plur.* ...männer ⟨Verballhornung der span. Bez. Balneario (No. 6)⟩ (*ugs. scherzh. für* deutscher Tourist auf Mallorca)
bal|lern (*ugs. für* knallen, schießen); ich ballere

Bal|le|ron, der; -s, -s ‹franz.› (*schweiz. für* eine dicke Aufschnittwurst)
Bal|ler|spiel *(ugs.)*
bal|les|tern (*österr. ugs. für* Fußball spielen); ich ballestere
Bal|lett, das; -[e]s, -e ‹ital.› (Bühnentanz[gruppe]; Ballettmusik)
Bal|lett|korps (Theatertanzgruppe); **Bal|lett|meis|ter; Bal|lett|meis|te|rin; Bal|lett|mu|sik; Bal|lett|schu|le**
Bal|lett|tän|zer, Bal|lett-Tän|zer; Bal|lett|tän|ze|rin, Bal|lett-Tän|ze|rin
Bal|lett|the|a|ter, Bal|lett-The|a|ter; Bal|lett|trup|pe, Bal|lett-Trup|pe
Ball|füh|rung *(Sport)*
Ball|ge|fühl, das; -[e]s *(Sport)*
ball|hor|ni|sie|ren *vgl.* verballhornen
bal|lig (ballförmig, gerundet)
Bal|lis|te, die; -, -n ‹griech.› (antikes Wurfgeschütz)
Bal|lis|tik, die; - (Lehre von der Bewegung geschleuderter od. geschossener Körper); **Bal|lis|ti|ker; Bal|lis|ti|ke|rin; bal|lis|tisch;** ballistische Kurve (Flugbahn)
Ball|jun|ge, der (Junge, der beim Tennis die Bälle aufsammelt)
Ball|kleid; Ball|kö|ni|gin
Ball|künst|ler ([Fußball]spieler mit sehr guter Technik); **Ball|künst|le|rin**
Ball|lo|kal, Ball-Lo|kal
Ball|mäd|chen *vgl.* Balljunge
Ball|nacht
Bal|lon [...'lõ:, *auch, südd., österr. u. schweiz. nur* ...'lo:n], der; -s, *Plur.* -s *u.* -e [...'lo:nə] ‹franz.› (*auch für* Korbflasche)
Bal|lo|nett, das; -[e]s, *Plur.* -e *u.* -s (Luftkammer im Innern von Fesselballons u. Luftschiffen)
Bal|lon|fah|rer; Bal|lon|fah|re|rin
Bal|lon|rei|fen
Bal|lon|sper|re *(Militär)*
Bal|lot [...'lo:], das; -s, -s (kleiner Warenballen)
Bal|lo|ta|de, die; -, -n (Sprung des Pferdes bei der Hohen Schule)
Bal|lo|ta|ge [...ʒə], die; -, -n (geheime Abstimmung mit weißen od. schwarzen Kugeln); **bal|lo|tie|ren**
Ball|saal
ball|si|cher *(Sport)*
Ball|spiel; Ball|spie|len, das; -s; *aber* ↑K54: ich will Ball spielen;
Ball|tech|nik *(Sport)*
Bal|lung
Bal|lungs|ge|biet; Bal|lungs|raum; Bal|lungs|zen|t|rum
Ball|wech|sel *(Sport)*
Bal|ly|hoo ['bɛlihu, *auch* ...'hu:], das; - ‹engl.› (Reklamerummel)
Bal|mung (Name von Siegfrieds Schwert)
Bal|neo|gra|fie, Bal|neo|gra|phie, die; -, ...ien ‹griech.› (Bäderbeschreibung); **Bal|neo|lo|gie,** die; - (Bäderkunde); **bal|neo|lo|gisch; Bal|neo|the|ra|pie,** die; -, ...ien (Heilung durch Bäder)
Bal pa|ré [- ...'re:], der; - -, -s -s [- -] ‹franz.› (*geh. veraltet für* festlicher Ball)
Bal|sa, das; - ‹span.› (sehr leichte Holzart); **Bal|sa|holz**
Bal|sam, der; -s, ...same *Plur. selten* ‹hebr.› ([lindernde] Salbe)
Bal|sam|es|sig *vgl.* Aceto balsamico
Bal|sa|mi|co, der; -s ‹hebr.-griech.-lat.-ital.›, **Bal|sa|mi|co|es|sig** (*svw.* Balsamessig)
bal|sa|mie|ren (einsalben); **Bal|sa|mie|rung**
Bal|sa|mi|ne, die; -, -n (eine Zierpflanze)
bal|sa|misch (würzig; lindernd)
Bal|te, der; -n, -n (Angehöriger der balt. Sprachfamilie; Bewohner des Baltikums); **Bal|ten|land**
Bal|tha|sar (m. Vorn.)
Bal|ti|ca, die; - (*Geol.* europäischer Urkontinent)
Bal|ti|kum, das; -s (das Gebiet der Staaten Estland, Lettland u. Litauen)
Bal|ti|more [...mo:ɐ̯] (Stadt in den USA)
Bal|tin; bal|tisch; *aber* ↑K140: der Baltische Höhenrücken
bal|to|sla|wisch
Ba|lu|ba *vgl.* Luba
Ba|lus|ter, der; -s, - ‹franz.› (*Archit.* kleine Säule als Geländerstütze); **Ba|lus|ter|säu|le**
Ba|lus|t|ra|de, die; -, -n (Brüstung, Geländer)
Balz, die; -, -en (Paarungsspiel u. -zeit bestimmter Vögel)
Bal|zac [...'zak] (franz. Schriftsteller)
bal|zen (werben [von bestimmten Vögeln]); **Balz|ruf; Balz|zeit**
bam!; bim, bam!
BAM, die; - = Baikal-Amur-Magistrale; Bundesanstalt für Materialforschung und -prüfung
Ba|ma|ko [*auch* ...'ma...] (Hauptstadt von Mali)
Bam|berg (Stadt an der Regnitz)
Bam|ber|ger ↑K150: Bamberger Reiter (bekanntes Standbild im Bamberger Dom); **Bam|ber|ge|rin; bam|ber|gisch**
[1]**Bam|bi,** das; -s, -s (*Kinderspr.* kleines Reh)
[2]**Bam|bi,** der; -s, -s (Filmpreis)
Bam|bi|no, der; -s, *Plur.* ...ni, *ugs.* -s ‹ital.› (*ugs. für* Kind, kleiner Junge)
Bam|bu|le, die; -, -n ‹franz.› (*Gaunerspr.* Krawall protestierender Häftlinge od. Heiminsassen)
Bam|bus, der; *Gen.* - *u.* -ses, *Plur.* -se ‹malai.› (trop. baumartige Graspflanze)
Bam|bus|hüt|te; Bam|bus|rohr; Bam|bus|spross *meist Plur.*
Ba|mi|go|reng, das; -[s], -s ‹malai.› (indones. Nudelgericht)
Bam|mel, der; -s (*ugs. für* Angst)
bam|meln (*landsch. für* baumeln); ich bamm[e]le
Bam|per|letsch, Pam|per|letsch, der; -, -[en] ‹ital.› (*österr. ugs. für* kleines Kind)
[1]**Ban,** der; -s, -e, **Ba|nus,** der; -, - (früherer ung. u. kroat. Gebietsvorsteher)
[2]**Ban,** der; -[s], Bani ‹rumän.› (Untereinheit des [2]Leu)
ba|nal ‹franz.› (alltäglich, fade, flach); **ba|na|li|sie|ren; Ba|na|li|tät,** die; -, -en
Ba|na|ne, die; -, -n ‹afrik.-port.›
Ba|na|nen|flan|ke *(Fußball)*
Ba|na|nen|re|pu|b|lik *(abwertend)*
Ba|na|nen|scha|le; Ba|na|nen|split, das; -s, -s (Banane mit Eis u. Schlagsahne)
Ba|na|nen|ste|cker *(Elektrot.)*
Ba|nat, das; *Gen.* -[e]s *u.* - (Gebiet zwischen Donau, Theiß u. Maros); **Ba|na|ter; Ba|na|te|rin**
Ba|nau|se, der; -n, -n ‹griech.› (unkultivierter Mensch); **Ba|nau|sen|tum,** das; -s; **Ba|nau|sin; ba|nau|sisch**
Ban|co|mat®, der; -en, -en (*bes. schweiz. für* Geldautomat); *vgl.* Bankomat
band *vgl.* binden
[1]**Band,** das; -[e]s, Bänder ([Gewebe]streifen; Gelenkband); auf Band spielen, sprechen; am laufenden Band
[2]**Band,** der; -[e]s, Bände (Buch; *Abk. Sing.:* Bd., *Plur.:* Bde.)
[3]**Band** [bent, *engl.* bænd], die; -, -s ‹engl.› (Gruppe von Musikern, bes. Jazz- u. Rockband)
[4]**Band,** das; -[e]s, -e *meist Plur.*

(*geh. für* Bindung; Fessel); außer Rand und Band

Ban|da|ge [...ʒə], die; -, -n ‹franz.› (Stütz- od. Schutzverband); **ban|da|gie|ren**

Ban|da|gist, der; -en, -en (Hersteller von Bandagen u. Heilbinden); **Ban|da|gis|tin**

Ban|dar Se|ri Be|ga|wan (Hauptstadt von Brunei)

Band|brei|te; Bänd|chen

[1]**Ban|de,** die; -, -n (Einfassung, z. B. Billardbande)

[2]**Ban|de,** die; -, -n ‹franz.› (organisierte Gruppe von Verbrechern; *abwertend od. scherzh. für* Gruppe von Jugendlichen)

Band|ei|sen

Ban|del *vgl.* Bandl; **Bän|del,** der *(schweiz. nur so) od.* das; -s, - *(bes. südd., schweiz. für* [schmales] Band, Schnur)

Ban|den|krieg; Ban|den|kri|mi|na|li|tät; Ban|den|mit|glied

Ban|den|spek|t|rum *(Physik)*

Ban|den|wer|bung (Werbung auf der Einfassung von Spielflächen u. -feldern)

Ban|de|ril|la [...ˈrɪlja], die; -, -s ‹span.› (mit Bändern geschmückter Spieß, den der Banderillero dem Stier in den Nacken stößt)

Ban|de|ril|le|ro [...rɪlˈjeː...], der; -s, -s (Stierkämpfer, der den Stier mit Banderillas reizt)

bän|dern; ich bändere

Ban|de|ro|le, die; -, -n ‹franz.› (Verschlussband [mit Steuervermerk]); **Ban|de|ro|len|steu|er,** die (Verbrauchssteuer auf verpackte Konsumgüter)

ban|de|ro|lie|ren (mit Banderole[n] versehen; versteuern)

Bän|der|riss (*Med.* Riss in den [1]Bändern)

Bän|der|ton, der; -[e]s, ...tone *(Geol.);* **Bän|de|rung**

Bän|der|zer|rung *(Med.)*

Band|för|de|rer; Band|ge|ne|ra|tor; Band|ge|schwin|dig|keit

...bän|dig (z. B. vielbändig)

bän|di|gen

Bän|di|ger; Bän|di|ge|rin

Ban|dit, der; -en, -en ‹ital.› ([Straßen]räuber); **Ban|di|ten|we|sen; Ban|di|tin**

Band|ke|ra|mik, die; - (älteste steinzeitliche Kultur Mitteleuropas)

Bandl, Ban|del, das; -s, -[n] (*bayr., österr. für* Bändel)

Band|lea|der [ˈbɛntliːdɐ], der; -s, - ‹engl.› (Leiter einer Jazz- od. Rockgruppe); **Band|lea|de|rin**

Band|maß; Band|nu|del

Ban|do|ne|on, Ban|do|ni|on, das; -s, -s ‹nach dem dt. Erfinder Band› (ein Musikinstrument); **Ban|do|ne|o|nist,** der; -en, -en (Bandoneonspieler); **Ban|do|ne|o|nis|tin; Ban|do|ni|on** *vgl.* Bandoneon

Band|sä|ge

Band|schei|be *(Med.);* **Band|schei|ben|scha|den** *(Med.);* **Band|schei|ben|vor|fall** *(Med.)*

Bänd|sel, das; -s, - (*Seemannsspr.* dünnes Tau)

Ban|dung (Stadt in Westjava); **Ban|dung|kon|fe|renz, Ban|dung-Kon|fe|renz**

Band|wurm; Band|wurm|be|fall

bang, ban|ge

– banger *u.* bänger; am bangs|ten *u.* am bängs|ten ↑K74

Kleinschreibung:

– mir ist angst und bang[e]; ihm wird ganz bang ↑K70

Großschreibung:

– er hat keine Bange; nur keine Bange!
– sie hat mir ganz schön Bange gemacht; jemandem Angst und Bange machen
– das Bangemachen ↑K82; Bangemachen *od.* Bange machen gilt nicht

Ban|ga|le, der; -n, -n (Bangladescher); **Ban|ga|lin; ban|ga|lisch**

Ban|ga|lore [ˈbɛŋgəlɔː] (Stadt in Indien)

Bang|büx, Bang|bu|xe, Bang|bü|xe, die; -, ...xen (*nordd. scherzh. für* Angsthase)

ban|ge *vgl.* bang; **Ban|ge,** die; - (*landsch. für* Angst); *vgl.* bang

ban|gen; Ban|gig|keit

Bang|ka (eine Sundainsel)

Bang|ki|rai, das; -[s] (ein südasiat. wetterfestes Hartholz)

Bang|kok (Hauptstadt Thailands)

Bang|krank|heit, Bang-Krank|heit, die; - ‹nach dem dän. Tierarzt B. Bang› (Rinderkrankheit)

Ban|g|la|desch [baŋgla...] (Staat am Golf von Bengalen)

Ban|g|la|de|scher; Ban|g|la|de|sche|rin; ban|g|la|de|schisch

bäng|lich; Bang|nis, die; -, -se

Ban|gui [bãˈgiː] (Hauptstadt der Zentralafrikanischen Republik)

Ba|ni (*Plur. von* [2]Ban)

Ban|ja Lu|ka (Stadt in Bosnien u. Herzegowina)

Ban|jo [*auch* ˈbɛndʒo], das; -s, -s ‹amerik.› (ein Musikinstrument)

Ban|jul [bɛnˈdʒuːl] (Hauptstadt Gambias)

[1]**Bank,** die; -, Bänke (Sitzgelegenheit)

[2]**Bank,** die; -, -en ‹ital.(-franz.)› (Geldinstitut)

Ban|ka *vgl.* Bangka

Bank|ak|zept (ein auf eine [2]Bank gezogener Wechsel)

Bank|an|ge|stell|te; Bank|au|to|mat

Ban|ka|zinn ‹*zu* Bangka›

Bank|be|am|te; Bank|be|am|tin

Bank|bi|lanz; Bank|buch *(Wirtsch.)*

Bänk|chen

Bank|da|ten *Plur.;* **Bank|de|pot**

Bank|di|rek|tor; Bank|di|rek|to|rin

Bank|ein|zug

Bank|ei|sen (gelochtes Flacheisen an Tür- u. Fensterrahmen)

Bän|kel|lied; Bän|kel|sang; Bän|kel|sän|ger; Bän|kel|sän|ge|rin; bän|kel|sän|ge|risch

Ban|ker [*auch* ˈbɛŋkɐ] ‹engl.› (*ugs. für* Bankier, Bankfachmann); **Ban|ke|rin**

Ban|kerl, das; -s, -[n]; *vgl.* Pickerl (*österr. ugs. für* kleine Bank)

ban|ke|rott, Ban|ke|rott (*veraltet für* bankrott, Bankrott)

Ban|kert, der; -s, -e (*veraltend abwertend für* nicht eheliches Kind)

[1]**Ban|kett,** das; -[e]s, -e, *selten* -s ‹ital.› (Festmahl)

[2]**Ban|kett,** das; -[e]s, -e, **Ban|ket|te,** die; -, -n ‹franz.› ([unfester] Randstreifen neben einer Straße)

Bank|fach, das; -s, *Plur.* (*nur für* Schließfach:) ...fächer (Spezialgebiet der Bankkaufleute; Schließfach in einer [2]Bank)

bank|fä|hig; bankfähiger Wechsel

Bank|fei|er|tag; Bank|ge|heim|nis; Bank|ge|schäft; Bank|ge|sell|schaft; Bank|gut|ha|ben

Bank|hal|ter (Spielleiter bei Glücksspielen); **Bank|hal|te|rin**

Bank|haus

Ban|ki|er [...ˈki̯eː], der; -s, -s ‹franz.› (Inhaber einer [2]Bank); **Ban|ki|e|rin**

Bank|kauf|frau; Bank|kauf|mann

Bank|kon|to; Bank|kre|dit

Bank|kun|de; Bank|kun|din

Bank|leit|zahl (*Abk.* BLZ)

Bänk|ler (*schweiz. svw.* Banker); **Bänk|le|rin**
Bank|nach|bar; Bank|nach|ba|rin
Bank|no|te
Ban|ko|mat®, der; -en, -en (*bes. österr. für* Geldautomat); *vgl.* Bancomat; **Ban|ko|mat|kar|te**
Bank|plei|te *(ugs.)*
Bank|raub; Bank|räu|ber; Bank|räu|be|rin
ban|k|rott ‹ital.› (zahlungsunfähig; *auch übertr. für* am Ende, erledigt); bankrott sein, werden; **Ban|k|rott**, der; -[e]s, -e; Bankrott machen
Ban|k|rott|er|klä|rung
Ban|k|rot|teur [...'tøːɐ̯], der; -s, -e (Person, die Bankrott macht); **Ban|k|rot|teu|rin**
ban|k|rott|ge|hen (*ugs. für* Bankrott machen); die Firma ging bankrott; **ban|k|rot|tie|ren**
Bank|schal|ter
Bank|stel|le (*österr. für* Filiale einer ²Bank)
Bank|über|fall; Bank|ver|bin|dung; Bank|we|sen, das; -s
Bann, der; -[e]s, -e (Ausschluss [aus einer Gemeinschaft])
Bann|bruch, der *(Rechtswiss.)*; **Bann|bul|le**, die *(kath. Kirche)*
ban|nen
Ban|ner, das; -s, - (Fahne; *auch für* Werbung im Internet)
Ban|ner|trä|ger; Ban|ner|trä|ge|rin
Ban|ner|wer|bung
Bann|fluch (im MA.); **Bann|gut** *(Rechtswiss.)*
ban|nig (*nordd. ugs. für* sehr)
Bann|kreis; Bann|mei|le; Bann|strahl; Bann|wald (Schutzwald gegen Lawinen)
Bann|wa|re (*Rechtsspr.* Ware, die unter Umgehung der Zollgesetze ein- bzw. ausgeführt wird)
Bann|wart (*schweiz. für* Flur- u. Waldhüter)
Ban|se, die; -, -n, *auch* **Ban|sen**, der; -s, - (*mitteld. u. nordd. für* Lagerraum in einer Scheune)
ban|sen, *auch* **ban|seln**; Getreide bansen, *auch* banseln (*mitteld. u. nordd. für* aufschichten); du banst; ich bans[e]le
Ban|sin, Seebad (auf Usedom)
Ban|tam (Ort auf Java)
Ban|tam|ge|wicht (Gewichtsklasse in der Schwerathletik)
Ban|tam|huhn (Zwerghuhn)
Ban|tu, der; -[s], -[s] *u.* die; -, -[s] (Angehörige[r] einer Sprach- u. Völkergruppe in Afrika); **Ban|tu|frau; Ban|tu|spra|che**
Ba|nus *vgl.* ¹Ban
Ba|o|bab, der; -s, -s ‹afrik.› (Affenbrotbaum)
Ba|pho|met, der; -[e]s ‹arab.› ([angebliches] Götzenbild der Tempelherren)
Bap|tis|mus, der; - ‹griech.› (Lehre ev. Freikirchen, die als Bedingung für die Taufe ein persönliches Bekenntnis voraussetzt)
¹Bap|tist (m. Vorn.)
²Bap|tist, der; -en, -en (Anhänger des Baptismus); **Bap|tis|ten|ge|mein|de; Bap|tis|te|ri|um**, das; -s, ...ien (*christl. Rel., Kunstwiss.* Taufbecken; Taufkirche, -kapelle); **Bap|tis|tin**
¹bar = ¹Bar
²bar; aller Ehre[n] bar; bares Geld, *aber* Bargeld; bar zahlen; in bar; gegen bar; barer Unsinn
...bar (z. B. lesbar, offenbar)
¹Bar, das; -s, -s ‹griech.› (veraltende Maßeinheit des [Luft]druckes; *Zeichen* bar); 5 Bar
²Bar, die; -, -s ‹engl.› (kleines [Nacht]lokal; Theke)
³Bar, der; -[e]s, -e (ein Meistersingerlied)
¹Bär, der; -en, -en (ein Raubtier); ↑K150: der Große, der Kleine Bär (Sternbilder)
²Bär, der; -s, *Plur.* -en, *fachspr.* -e (Maschinenhammer)
Ba|rab|bas (bibl. Gestalt)
Ba|ra|ber, der; -s, - ‹ital.› (*österr. ugs. für* Schwerarbeiter); **ba|ra|bern** (*österr. ugs. für* schwer arbeiten)
Bar|ab|he|bung *(Bankw.)*
Ba|ra|cke, die; -, -n ‹franz.› (leichtes, meist eingeschossiges Behelfshaus); **Ba|ra|cken|la|ger**
Ba|rack|ler (*ugs. für* Barackenbewohner); **Ba|rack|le|rin**
Ba|ratt, der; -[e]s ‹ital.› (*Kaufmannsspr.* Austausch von Waren); **ba|rat|tie|ren**
Bar|ba|di|er (Bewohner von Barbados); **Bar|ba|di|e|rin; bar|ba|disch**
Bar|ba|dos (Inselstaat im Osten der Kleinen Antillen)
Bar|bar, der; -en, -en ‹griech.› (ungesitteter, wilder Mensch)
Bar|ba|ra (w. Vorn.)
Bar|ba|ra|zweig
Bar|ba|rei (Rohheit); **Bar|ba|rin; bar|ba|risch**
Bar|ba|ris|mus, der; -, ...men (grober sprachlicher Fehler)
Bar|ba|ros|sa ‹»Rotbart«› (Beiname des Kaisers Friedrich I.)
Bar|be, die; -, -n ‹lat.› (ein Karpfenfisch; *früher* Spitzenband an Frauenhauben)
Bar|be|cue [...bɪkjuː], das; -[s], -s ‹engl.› (Gartenfest mit Spießbraten; Grill[fleisch]); **Bar|be|cue|so|ße, Bar|be|cue|sau|ce**
bär|bei|ßig (grimmig; verdrießlich); **Bär|bei|ßig|keit**
Bär|bel (w. Vorn.)
Bar|bie®, die; -, -s; **Bar|bie|pup|pe, Bar|bie-Pup|pe**
Bar|bier, der; -s, -e ‹franz.› (*veraltet für* Herrenfriseur); **bar|bie|ren** (*veraltet für* rasieren); *vgl. auch* balbieren
Bar|bi|tu|rat, das; -s, -e ‹Kunstwort› (*Pharm.* Schlaf- u. Beruhigungsmittel)
Bar|bi|tur|säu|re (chem. Substanz mit narkotischer Wirkung)
bar|brüs|tig (mit nackter Brust); **bar|bu|sig** (mit nacktem Busen)
Bar|ce|lo|na [*auch* ...s..., *span.* ...θ...] (Hauptstadt Kataloniens); **Bar|ce|lo|ner; Bar|ce|lo|ne|rin; bar|ce|lo|nisch**
Bär|chen
Bar|chent, der; -s, -e ‹arab.› (Baumwollflanell)
Bar|code ‹engl.› (*EDV* Strichcode)
Bar|da|me
¹Bar|de, die; -, -n ‹arab.-franz.› (Speckscheibe auf gebratenem magerem Fleisch)
²Bar|de, der; -n, -n ‹kelt.-franz.› ([altkelt.] Sänger u. Dichter)
bar|die|ren (mit ¹Barden umwickeln)
Bar|diet, das; -[e]s, -e ‹germ.-lat.›, Bar|di|tus, der; -, - (Schlachtgeschrei der Germanen)
bar|disch ‹*zu* ²Barde›
Bar|di|tus *vgl.* Bardiet
Bar|do|wick [*auch* 'ba...] (Ort in Niedersachsen)
Ba|re, das; -n (*ugs. für* Bargeld); sie will Bares sehen
Ba|ren|boim (israel. Pianist u. Dirigent)
Bä|ren|dienst (schlechter Dienst); **Bä|ren|dreck** (*südd., österr., schweiz., ugs. für* Lakritze); **Bä|ren|fang**, der; -[e]s (Honiglikör); **Bä|ren|fell; Bä|ren|haut; Bä|ren|hun|ger** (*ugs. für* großer Hunger)
Bä|ren|klau, die; - *od.* der; -s (ein Doldengewächs)
Bä|ren|lauch (*svw.* Bärlauch)
Bä|ren|markt (*Börsenw.* negative Kursentwicklung)
bä|ren|mä|ßig
Bä|ren|na|tur (sehr robuste körperliche Verfassung)

bä|ren|ru|hig (*ugs. für* sehr ruhig); **bä|ren|stark** (*ugs. für* sehr stark; *auch für* hervorragend)
Bä|ren|trau|be (eine Heilpflanze); **Bä|ren|trau|ben|blät|ter|tee**
Ba|rents|see, **Ba|rents-See**, die; - ‹nach dem niederl. Seefahrer W. Barents› (Teil des Nordpolarmeeres)
Bä|ren|zu|cker (*österr. neben* Bärendreck)
Ba|rett, das; -[e]s, *Plur.* -e, *selten* -s ‹lat.› (flache, randlose Kopfbedeckung, auch als Teil einer Amtstracht)
Bar|frau (*svw.* Barkeeperin)
Bar|frei|ma|chung *(Postw.)*
Bar|frost (*landsch. für* Frost ohne Schnee)
bar|fuß; barfuß gehen, laufen
Bar|fuß|arzt ([in der Volksrepublik China] jmd., der med. Grundkenntnisse hat u. auf dem Land einfachere Krankheiten behandelt); **Bar|fuß|ärz|tin**
Bar|fü|ßer, der; -s, - (*kath. Kirche* Angehöriger eines Ordens, dessen Mitglieder ursprünglich barfuß gingen); **bar|fü|ßig; Bar|füß|ler** (*svw.* Barfüßer)
Bar|fuß|pfad (Weg, auf dem die nackten Füße unterschiedliche Materialien u. Stoffe fühlen können)
barg *vgl.* bergen
Bar|geld, das; -[e]s; **bar|geld|los**; bargeldloser Zahlungsverkehr
Bar|ge|schäft
bar|haupt *(geh.)*; **bar|häup|tig** *(geh.)*
Bar|ho|cker
Ba|ri (Stadt in Apulien)
Ba|ri|bal, der; -s, -s (nordamerik. Schwarzbär)
bä|rig (*landsch. für* bärenhaft, stark; *ugs. für* gewaltig, toll)
Bä|rin, die; -, -nen
ba|risch ‹griech.› (*Meteorol.* den Luftdruck betreffend)
Ba|ris|ta, der; -[s], -[s] *u.* die; -, -[s] ‹ital.› (jmd., der in einer Espressobar o. Ä. Kaffee zubereitet)
Ba|ri|ton ['ba(:)...], der; -s, -e ‹ital.› (Männerstimme zwischen Tenor u. Bass; *auch* Sänger mit dieser Stimme); **ba|ri|to|nal; Ba|ri|to|nist**, der; -en, -en (Baritonsänger)
Ba|ri|um, das; -s ‹griech.› (chem. Element, Metall; *Zeichen* Ba)
Bark, die; -, -en ‹niederl.› (ein Segelschiff)
Bar|ka|ro|le, die; -, -n ‹ital.› (Gondellied)
Bar|kas|se, die; -, -n ‹niederl.› (Motorboot; größtes Beiboot auf Kriegsschiffen)
Bar|kauf
Bar|ke, die; -, -n (kleines Boot)
Bar|kee|per, der; -s, - ‹engl.› (jmd., der in einer ²Bar Getränke mixt u. ausschenkt); **Bar|kee|pe|rin**
Bar|lach (dt. Bildhauer, Grafiker u. Dichter)
Bär|lapp, der; -s, -e (moosähnliche Sporenpflanze)
Bär|lauch (nach Knoblauch riechende Pflanze)
Bar|mann, der; -[e]s, ...männer (*svw.* Barkeeper)
Barm|bek (Stadtteil von Hamburg)
Bär|me, die; - (*nordd. für* Hefe)
bar|men (*nord- u. ostd. abwertend für* klagen, jammern)
Bar|men (Stadtteil von Wuppertal); **Bar|mer; Bar|me|rin**
barm|her|zig; ein barmherziger Mensch, *aber* ↑K150: Barmherzige Brüder, Barmherzige Schwestern (religiöse Genossenschaften für Krankenpflege); **Barm|her|zig|keit**, die; -
Bar|mit|tel *Plur.* (verfügbares Bargeld)
Bar|mi|xer (Getränkemischer in einer ²Bar); **Bar|mi|xe|rin**
¹**Bar-Miz|wa**, der; -s, -s ‹hebr.› (Jude nach Vollendung des 13. Lebensjahres)
²**Bar-Miz|wa**, die; -, -s ‹hebr.› (Feier zur Initiation der ¹Bar-Mizwas)
Barn, der; -[e]s, -e (*südd., österr. für* Futtertrog)
Bar|na|bas (ein urchristl. Missionar); **Bar|na|bit**, der; -en, -en (Angehöriger eines kath. Männerordens)
Bar|nim, der; -[s] (Landschaft nordöstlich von Berlin)
ba|rock ‹franz.› (im Stil des Barocks; verschnörkelt, überladen); **Ba|rock**, das *od.* der; *Gen.* -s, *fachspr. auch* - ([Kunst]stil des 17. u. 18. Jh.s)
Ba|rock|bau *Plur.* ...bauten; **Ba|rock|kir|che; Ba|rock|kunst; Ba|rock|mu|sik; Ba|rock|per|le** (unregelmäßig geformte Perle); **Ba|rock|stil**, der; -[e]s; **Ba|rock|zeit**, die; -
Ba|ro|graf, **Ba|ro|graph**, der; -en, -en ‹griech.› (*Meteorol.* Gerät zur Registrierung des Luftdrucks)
Ba|ro|me|ter, das, *österr. u. schweiz. auch* der; -s, - (Luftdruckmesser); **Ba|ro|me|ter|stand; ba|ro|me|t|risch**
Ba|ron, der; -s, -e ‹franz.› (*svw.* Freiherr); **Ba|ro|ness**, die; -, -en, *häufiger* **Ba|ro|nes|se**, die; -, -n (*svw.* Freifräulein)
Ba|ro|net ['ba..., *auch* 'bɛ...], der; -s, -s ‹engl.› (engl. Adelstitel)
Ba|ro|nie, die; -, ...ien ‹franz.› (Besitz eines Barons; Freiherrnwürde); **Ba|ro|nin** (*svw.* Freifrau); **ba|ro|ni|sie|ren** (in den Freiherrnstand erheben)
Bar|ra|ku|da, der; -s, -s ‹span.› (Pfeilhecht, ein Raubfisch)
Bar|ras, der; - (*Soldatenspr.* Heerwesen; Militär)
Bar|re, die; -, -n ‹franz.› (*Bauw.* Schranke aus waagerechten Stangen; *Geol.* Sandbank)
Bar|rel ['bɛ...], das; -s, -s ‹engl., »Fass, Tonne«› (in Großbritannien u. in den USA verwendetes Hohlmaß unterschiedl. Größe); drei Barrel[s] Weizen
bar|ren (*Pferdesport* [ein Springpferd] durch Schlagen mit einer Stange an die Beine dazu bringen, einen Abwurf zu vermeiden)
Bar|ren, der; -s, - (Turngerät; Handelsform der Edelmetalle; *südd., österr. auch für* Futtertrog; *vgl.* Barn)
Bar|ri|e|re, die; -, -n ‹franz.› (Schranke; Sperre)
Bar|ri|ka|de ([Straßen]sperre, Hindernis)
Bar|rique [ba'ri:k], die; -, -s (Weinfass aus Eichenholz)
Bar|ris|ter ['bɛ...], der; -s, - ‹engl.› (Rechtsanwalt bei den englischen Obergerichten)
barsch (unfreundlich, rau)
Barsch, der; -[e]s, -e (ein Raubfisch)
Bar|schaft; Bar|scheck (in bar einzulösender Scheck)
Barsch|heit
Bar|soi, der; -s, -s ‹russ.› (russ. Windhund)
Bar|sor|ti|ment (Buchhandelsbetrieb zwischen Verlag u. Einzelbuchhandel)
barst *vgl.* bersten
Bart, der; -[e]s, Bärte; **Bärt|chen**
Bar|te, die; -, -n (Hornplatte im Oberkiefer der Bartenwale, Fischbein); **Bar|tel**, die; -, -n *meist Plur.* (bartähnlicher Hautanhang am Maul von Fischen)
Bar|ten|wal

Bar|terl, das; -s, -[n]; *vgl.* Pickerl (*bayr. u. österr. ugs. für* Kinderlätzchen)
Bart|flech|te; Bart|haar
Bar|thel, Bar|tho|lo|mä|us (m. Vorn.)
Bär|tier|chen (mikroskopisch kleines, wurmförmiges Tier)
bär|tig; Bär|tig|keit, die; -
bart|los; Bart|lo|sig|keit, die; -
Bar|tók [...tɔk], Béla (ung. Komponist)
Bart|stop|pel; Bart|trä|ger
Bart|wisch (*österr. für* Handbesen)
Bart|wuchs
Ba|ruch (Gestalt im A. T.)
Bär|wurz (ein Gewürzkraut)
ba|ry... ⟨griech.⟩ (schwer...); **Ba|ry...** (Schwer...)
Ba|ry|on, das; -s, ...onen (*Kernphysik* schweres Elementarteilchen)
Ba|ry|sphä|re, die; - (*Geol.* Erdkern)
Ba|ryt, der; -[e]s, -e (Schwerspat)
Ba|ry|ton, das; -s, -e (ein Saiteninstrument des 18. Jh.s)
Ba|ryt|pa|pier (mit Baryt beschichtetes Papier)
ba|ry|zen|t|risch (auf das Baryzentrum bezüglich); **Ba|ry|zen|t|rum,** das; -s, *Plur.* ...tra *u.* ...tren (*Physik* Schwerpunkt)
Bar|zah|lung
ba|sal (die Basis betreffend)
Ba|salt, der; -[e]s, -e ⟨griech.⟩ (vulkanisches Gestein)
Ba|sal|tem|pe|ra|tur (*Med.* morgens gemessene Körpertemperatur bei der Frau zur Feststellung des Eisprungs)
ba|sal|ten, ba|sal|tig, ba|sal|tisch
Ba|salt|tuff, der; -s, -e
Ba|sar, Ba|zar [...ˈzaːɐ̯], der; -s, -e ⟨pers.⟩ (orientalisches Händlerviertel; Verkauf von Waren für wohltätige Zwecke)
Bäs|chen
Basch|ki|re, der; -n, -n (Angehöriger eines turkotatar. Stammes); **Basch|ki|ri|en; Basch|ki|rin; basch|ki|risch**
Basch|lik, der; -s, -s ⟨turkotatar.⟩ (kaukas. Wollkapuze)
[1]**Ba|se,** die; -, -n (*südd., sonst veraltet für* Cousine)
[2]**Ba|se,** die; -, -n ⟨griech.⟩ (*Chemie* Verbindung, die mit Säuren Salze bildet)
Base|ball [ˈbeːsboːl], der; -s ⟨engl.⟩ (amerik. Schlagballspiel); **Base|ball|kap|pe; Base|ball|schlä|ger**
Ba|se|dow [...do], der; -s (*kurz für* Basedowkrankheit)
Ba|se|dow|krank|heit, Ba|se|dow-Krank|heit, die; - ⟨nach dem Arzt K. v. Basedow⟩ (auf vermehrter Tätigkeit der Schilddrüse beruhende Krankheit)
Ba|sel (schweiz. Stadt am Rhein)
Ba|sel|biet, das; -s (*svw.* Basel-land); **Ba|sel|bie|ter; Ba|sel|bie|te|rin**
Ba|se|ler, *schweiz. nur* Bas|ler; Bas[e]ler Friede; Basler Leckerli
Ba|se|le|rin, *schweiz. nur* Bas|le|rin
Ba|se|litz (dt. Maler, Zeichner u. Grafiker)
Ba|sel-Land|schaft, Ba|sel|land (schweiz. Halbkanton); **Ba|sel-Land|schäft|ler; Ba|sel-Land|schäft|le|rin; ba|sel-land|schaft|lich** ↑K145
Ba|sel-Stadt (schweiz. Halbkanton); **Ba|sel-Städ|ter; Ba|sel-Städ|te|rin; ba|sel-städ|tisch** ↑K145
Ba|sen (*Plur. von* Base, Basis)
Ba|shing [ˈbɛʃɪŋ], das; -s ⟨engl.⟩ (heftige Kritik)
BASIC [ˈbeːsɪk], das; -[s] ⟨engl.⟩ = *Kunstwort aus* beginner's all purpose symbolic instruction code (eine einfache Programmiersprache)
Ba|sic En|g|lish [ˈbeːsɪk ˈɪŋglɪʃ], das; - - (Grundenglisch; vereinfachte Form des Englischen)
Ba|sics [ˈbeːsɪks] *Plur.* ⟨engl.⟩ (Grundlagen)
ba|sie|ren ⟨franz.⟩ (beruhen); etwas basiert auf der Tatsache (gründet sich auf die Tatsache)
...ba|siert (z. B. netzwerkbasiert)
Ba|si|li|a|ner (nach der Regel des hl. Basilius lebender Mönch)
Ba|si|li|en|kraut (*selten für* Basilikum)
Ba|si|li|ka, die; -, ...ken ⟨griech.⟩ (Kirchenbauform mit überhöhtem Mittelschiff); **ba|si|li|kal; ba|si|li|ken|för|mig**
Ba|si|li|kum, das; -s, *Plur.* -s *u.* ...ken ⟨griech.-lat.⟩ (ein Kraut)
Ba|si|lisk, der; -en, -en ⟨griech.⟩ (Fabeltier; trop. Echse); **Ba|si|lis|ken|blick** (böser, stechender Blick)
Ba|si|li|us (griech. Kirchenlehrer)
Ba|sis, die; -, Basen ⟨griech.⟩ (Grundlage; *Math.* Grundlinie, -fläche; Grundzahl; *Archit.* Fuß[punkt]; Sockel; Unterbau; *Politik* Masse des Volkes, der Parteimitglieder o. Ä.)
Ba|sis|ar|beit
ba|sisch (*Chemie* sich wie eine Base verhaltend); basische Salze; basischer Stahl
Ba|sis|de|mo|kra|tie; ba|sis|de|mo|kra|tisch; Ba|sis|grup|pe ([links orientierter] politisch aktiver [Studenten]arbeitskreis)
Ba|sis|kurs (*Börsenw.*)
Ba|sis|la|ger (*Bergsteigen*)
Ba|sis|sta|ti|on (*EDV* zentrales, fest installiertes Sende- u. Empfangsgerät für die drahtlose Telekommunikation mit Mobiltelefonen u. Ä.; *auch svw.* Basislager)
Ba|sis|ta|rif (Grundpreis, -prämie o. Ä.)
Ba|sis|te|le|fon (auf einem Sockel angebrachtes öffentliches Kartentelefon)
Ba|sis|tun|nel (durch den Fuß eines Berges führender Tunnel)
Ba|sis|wis|sen (Grundwissen)
Ba|si|zi|tät, die; - (*Chemie*)
Bas|ke, der; -n, -n (Angehöriger eines Pyrenäenvolkes); **Bas|ken|land,** das; -[e]s; **Bas|ken|müt|ze**
Bas|ket|ball ⟨engl.⟩; **Bas|ket|ball|bun|des|li|ga**
Bas|ket|bal|ler; Bas|ket|bal|le|rin
Bas|ket|ball|schuh
Bas|kin; bas|kisch *vgl.* deutsch; **Bas|kisch,** das; -[s] (Sprache); *vgl.* Deutsch; **Bas|ki|sche,** das; -n; *vgl.* [2]Deutsche
Bas|kü|le, die; -, -n ⟨franz.⟩ (Riegelverschluss für Fenster u. Türen, der zugleich oben u. unten schließt); **Bas|kü|le|ver|schluss**
Bas|le|rin *vgl.* Baselerin; **bas|le|risch**
Bas|ma|ti, der; -s (eine indische Reissorte); **Bas|ma|ti|reis**
Bas|re|li|ef [ˈbarelie̯f] ⟨franz.⟩ (*bild. Kunst* Flachrelief)
bass (*veraltet, noch scherzh. für* sehr); er war bass erstaunt
Bass, der; Basses, Bässe ⟨ital.⟩ (tiefe Männerstimme; Sänger; Streichinstrument; Bassgitarre)
Bass|arie; Bass|ba|ri|ton; Bass|blä|ser; Bass|blä|se|rin; Bass|buf|fo
Bas|se, der; -n, -n (*Jägerspr.* [älterer] starker Keiler)
Bas|se|na, die; -, -s ⟨ital.⟩ (*ostösterr. für* Wasserbecken im Flur eines Altbaus)
Bas|set [...ˈsɛ, *auch* ˈbɛsɪt], der; -s, -s (eine Hunderasse)
Basse|terre [basˈtɛːɐ̯] (Hauptstadt von St. Kitts u. Nevis)
Bas|sett|horn *Plur.* ...hörner (Blasinstrument des 18. Jh.s)

Bass|gei|ge; Bass|gi|tar|re
Bas|sin [...ˈsɛ̃ː], das; -s, -s ‹franz.› (künstliches Wasserbecken)
Bas|sist, der; -en, -en ‹ital.› (Basssänger; Kontrabassspieler); **Bas|sis|tin**
Bas|so, der; -, Bassi; Bas|so con|ti|nuo (Generalbass); Bas|so os|ti|na|to (sich oft wiederholendes Bassthema)
Bass|sän|ger, Bass-Sän|ger
Bass|schlüs|sel, Bass-Schlüs|sel
Bass|stim|me, Bass-Stim|me
Bast, der; -[e]s, -e (Pflanzenfaser)
bas|ta ‹ital.› (*ugs. für* genug!); [und] damit basta!
Bas|tard, der; -[e]s, -e ‹franz.› (*Biol.* Pflanze od. Tier als Ergebnis von Kreuzungen; *veraltet für* nicht eheliches Kind)
bas|tar|die|ren (*Biol.* Arten kreuzen); **Bas|tar|die|rung**
Bas|tar|din *(veraltet)*
Bas|tard|pflan|ze; Bas|tard|schrift (zwei Schriftarten vermischende Druckschrift)
Bas|te, die; -, -n ‹franz.› (Trumpfkarte in einigen Kartenspielen)
Bas|tei ‹ital.› (Vorsprung an alten Festungsbauten; *nur Sing.:* Felsgruppe im Elbsandsteingebirge)
Bas|tel|ar|beit
bas|teln; ich bast[e]le
bas|ten (aus Bast)
bast|far|ben, bast|far|big
Bas|ti|an (m. Vorn.)
Bas|til|le [...ˈtiːjə], die; -, -n ‹franz.› (befestigtes Schloss, bes. das 1789 erstürmte Staatsgefängnis in Paris)
Bas|ti|on, die; -, -en (Bollwerk)
Bast|ler; Bast|le|rin
Bas|to|na|de, die; -, -n ‹franz.› (Prügelstrafe, bes. Schläge auf die Fußsohlen)
BA-Stu|di|um (Studium an einer Berufsakademie)
Ba|su|to, der; -[s], -[s] (Angehöriger eines Bantustammes)
bat *vgl.* bitten
Bat. = Bataillon
BAT = Bundesangestelltentarif
Ba|tail|le [...ˈtaljə, *auch* ...ˈtaːjə], die; -, -n ‹franz.› (*veraltet für* Schlacht; Kampf)
Ba|tail|lon [...talˈjoːn], das; -s, -e (Truppenabteilung; *Abk.* Bat., Btl.); **Ba|tail|lons|kom|man|deur**
Ba|ta|te, die; -, -n ‹indian.-span.› (trop. Süßkartoffel[pflanze])
Ba|ta|ver, der; -s, - (Angehöriger eines germ. Stammes); **Ba|ta|ve|rin**
Ba|ta|via (*alter Name von* Jakarta)
ba|ta|visch
Bath|se|ba, *ökum.* Bat|se|ba (bibl. w. Eigenn.)
Ba|thy|skaph, der; -en, -en, **Ba|thy|scaphe** [...ˈskaːf], der *u.* das; -[s], - [...fə] ‹griech.› (Tiefseetauchgerät)
Ba|thy|sphä|re, die; - (*Geol.* tiefste Schicht des Weltmeeres)
Ba|tik, die; -, -en, *seltener* der; -s, -en ‹malai.› (Textilfärbeverfahren unter Verwendung von Wachs *[nur Sing.];* derart gemustertes Gewebe)
Ba|tik|druck *Plur.* ...drucke
ba|ti|ken; gebatikt
Ba|tist, der; -[e]s, -e ‹franz.› (feines Gewebe); **ba|tis|ten** (aus Batist); **Ba|tist|ta|schen|tuch**
Bat-Miz|wa, die; -, -s ‹hebr.› (*selten für* Jüdin nach Vollendung des 12. Lebensjahres)
Bat|se|ba *vgl.* Bathseba
Batt., Battr. = Batterie
Bat|te|rie, die; -, ...ien ‹franz.› (*Militär* Einheit der Artillerie [*Abk.* Batt(r).]; *Technik* Stromspeicher); **bat|te|rie|be|trie|ben**
Bat|te|rie|fach, Bat|te|ri|en|fach
Bat|te|rie|ge|rät
Battr. *vgl.* Batt.
Bat|zen, der; -s, - (*ugs. für* Klumpen; frühere Münze)

Bau

der; -[e]s, -ten *u.* -e

– sich im *od.* in Bau befinden

In der Bedeutung »Bauwerk, Gebäude« lautet der Plural:

– die Bauten (Altbauten, Neubauten, Hochbauten)

In der Bedeutung »Höhle« als Unterschlupf für Tiere und »Stollen« (in der Bergmannsspr.) lautet der Plural:

– die Baue (Fuchsbaue, Dachsbaue; Tagebaue, Abbaue)

Bau|ab|schnitt; Bau|amt; Bau|an|su|chen *(österr.);* **Bau|an|trag; Bau|ar|bei|ten** *Plur.;* **Bau|ar|bei|ter; Bau|ar|bei|te|rin; Bau|art; Bau|auf|sicht; Bau|auf|sichts|be|hör|de; Bau|ba|ra|cke** *(bes. schweiz.);* **Bau|be|ginn; Bau|be|hör|de; Bau|be|wil|li|gung** (*österr., schweiz. für* Baugenehmigung)
Bau|bio|lo|gie (Lehre von der Beziehung zwischen Mensch u. Wohnumwelt)
Bau|block *Plur.* ...blocks *od.* ...blöcke; **Bau|boom; Bau|bü|ro**
Bauch, der; -[e]s, Bäuche
Bauch|an|satz; Bauch|bin|de
Bauch|de|cke *(Anat.)*
Bauch|ent|schei|dung (Entscheidung nach Gefühl)
Bauch|fell
Bauch|fleck, der; -[e]s, -e (*österr. für* Bauchklatscher)
Bauch|fleisch
bauch|frei
Bauch|ge|fühl
Bauch|grim|men (*veraltend für* Bauchschmerzen)
Bauch|höh|le *(Anat.)*
bau|chig, bäu|chig
Bauch|klat|scher (*ugs. für* ungeschicktes Auftreffen mit dem Bauch beim Sprung ins Wasser)
Bauch|krei|fen; Bauch|knei|pen, das; -s (*ugs. für* Bauchschmerzen)
Bauch|la|den
Bauch|lan|dung
Bäuch|lein; bäuch|lings
Bauch|mus|ku|la|tur; Bauch|na|bel; Bauch|na|bel|pier|cing
bauch|re|den *meist nur im Infinitiv gebr.;* **Bauch|red|ner; Bauch|red|ne|rin**
Bauch|schmerz; Bauch|schuss
Bauch|speck
Bauch|spei|chel|drü|se; Bauch|spei|chel|drü|sen|krebs
Bauch|tanz; bauch|tan|zen *meist nur im Infinitiv gebr.;* **Bauch|tän|zer; Bauch|tän|ze|rin**
Bau|chung
Bauch|weh, das; -s *(ugs.)*
Bau|cis (*vgl.* Philemon u. Baucis)
Baud [*auch* boːt], das; -[s], - ‹nach dem franz. Ingenieur Baudot› (Maßeinheit der Telegrafiergeschwindigkeit)
Bau|de, die; -, -n (*ostmitteld. für* Unterkunftshütte im Gebirge)
Bau|de|laire [bodəˈlɛːɐ̯] (franz. Dichter)
Bau|denk|mal, das; -[e]s, *Plur.* ...mäler, *geh. auch* ...male
Bau|dou|in [boˈdu̯ɛ̃ː] (m. Vorn.)
Bau|ele|ment
bau|en
Bau|ent|wurf
[1]**Bau|er,** der; -s, - (Be-, Erbauer)
[2]**Bau|er,** der; *Gen.* -n, *selten* -s, *Plur.* -n (Landwirt; eine Schachfigur; eine Spielkarte)
[3]**Bau|er,** das, *auch* der; -s, - (Vogelkäfig)

Bäu|er|chen; [ein] Bäuerchen machen (*ugs. für* aufstoßen)
Bäu|e|rin; bäu|e|risch (*seltener für* bäurisch); **bäu|er|lich**
bau|ern (*schweiz. für* Landwirtschaft betreiben)
Bau|ern|brot; Bau|ern|bur|sche; Bau|ern|fa|mi|lie
Bau|ern|fän|ger *(abwertend);* **Bau|ern|fän|ge|rei** *(abwertend)*
Bau|ern|früh|stück (Bratkartoffeln mit Rührei u. Speck)
Bau|ern|gut; Bau|ern|haus; Bau|ern|hof
Bau|ern|krieg
Bau|ern|le|gen, das; -s (Einziehen von Bauernhöfen durch den Großgrundbesitzer vom 16. bis zum 18. Jh.)
Bau|ern|markt
Bau|ern|op|fer (*Schach* Preisgabe eines Bauern; *auch* Opfer, das dem Erhalt der eigenen Position dient)
Bau|ern|par|tei (politische Partei, die bes. die Interessen der Bauern vertritt)
Bau|ern|re|gel (altüberlieferte Lebensregel in Spruchform, bes. über das Wetter)
Bau|ern|sa|me, Bau|er|sa|me, die; - (*schweiz. veraltend für* Bauernschaft)
Bau|ern|schaft, die; -
bau|ern|schlau; Bau|ern|schläue
Bau|ern|stand, der; -[e]s; **Bau|ern|ster|ben,** das; -s; **Bau|ern|stu|be**
Bau|ern|ver|band
Bau|er|sa|me *vgl.* Bauernsame
Bau|er|schaft (*landsch. für* Bauernsiedlung)
Bau|ers|frau (*svw.* Bäuerin); **Bau|ers|leu|te** *Plur.;* **Bau|ers|mann,** der; -[e]s *(veraltet)*
Bau|er|war|tungs|land, das; -[e]s (zum Bauen vorgesehenes Land)
bau|fäl|lig; Bau|fäl|lig|keit, die; -
Bau|fir|ma; Bau|flucht *vgl.* [1]Flucht; **Bau|flucht|li|nie; Bau|form**
Bau|frau (*seltener für* Bauherrin)
Bau|füh|rer; Bau|füh|re|rin
Bau|ge|bre|chen (*österr. Amtsspr. für* Schaden am Bau)
Bau|ge|län|de; Bau|geld; Bau|ge|mein|schaft; Bau|ge|neh|mi|gung; Bau|ge|nos|sen|schaft; Bau|ge|rüst
Bau|ge|schich|te (Geschichte der Entstehung eines Bauwerks)
Bau|ge|sell|schaft
Bau|ge|spann (*schweiz. für* Stangen, die die Ausmaße eines geplanten Gebäudes anzeigen)
Bau|ge|wer|be
bau|gleich (von gleicher Bauart)
Bau|gru|be; Bau|grund
Bau|haus, das; -es (dt. Hochschule für Gestaltung, an der bekannte Maler u. Architekten der Zwanzigerjahre arbeiteten)
Bau|herr, der; -[e]n, -[e]n; **Bau|her|ren|mo|dell** (steuerbegünstigtes Finanzierungsmodell für Bauobjekte); **Bau|her|rin; Bau|hof**
Bau|holz
Bau|hüt|te; Bau|in|dus|t|rie
Bau|in|ge|ni|eur; Bau|in|ge|ni|eu|rin
Bau|jahr
Bau|kas|ten; Bau|kas|ten|sys|tem *(Technik)*
Bau|klotz, der; -es, *Plur.* ...klötze, *ugs. auch* ...klötzer; Bauklötze[r] staunen *(ugs.)*
Bau|kon|junk|tur; Bau|kon|zern
Bau|kör|per (*Archit.* Gesamtheit eines Bauwerks od. eines größeren Teils davon)
Bau|kos|ten; Bau|kos|ten|zu|schuss
Bau|kran; Bau|kunst
Bau|land, das; -[e]s (*auch* eine badische Landschaft)
Bau|lei|ter; Bau|lei|te|rin
bau|lich; Bau|lich|keit *meist Plur. (Amtsspr.)*
Bau|lö|we (*ugs. abwertend für* Bauunternehmer)
Bau|lü|cke
Baum, der; -[e]s, Bäume
Bau|markt; Bau|ma|schi|ne; Bau|maß|nah|me; Bau|ma|te|ri|al
Baum|be|stand; Baum|blü|te
Bäum|chen
Bau|mé|grad [bo'me:...] ‹nach dem franz. Chemiker Baumé› (alte Maßeinheit für das spezifische Gewicht von Flüssigkeiten; ↑K 136; *Zeichen* °Bé); 5 °Bé
Bau|meis|ter; Bau|meis|te|rin
bau|meln; ich baum[e]le
[1]**bau|men** *vgl.* aufbaumen
[2]**bau|men,** [1]**bäu|men** (mit dem Wiesbaum befestigen)
[2]**bäu|men,** sich
Baum|farn; Baum|gren|ze; Baum|haus
bäu|mig (*schweiz. für* großartig)
baum|kan|tig ([von Holzbalken] an den Kanten noch mit Rinde)
Baum|kro|ne
Baum|ku|chen
baum|lang
Baum|läu|fer (ein Vogel)
baum|los; eine baumlose Insel
Baum|nuss (*schweiz. für* Walnuss)
baum|reich
Baum|sche|re; Baum|schu|le; Baum|stamm
baum|stark
Baum|strunk; Baum|stumpf; Baum|wip|fel
Baum|wol|le; baum|wol|len
Baum|woll|garn; Baum|woll|hemd
Baum|woll|in|dus|t|rie; Baum|woll|pi|kee; Baum|woll|spin|ne|rei
Baun|zerl, das; -s, -[n]; *vgl.* Pickerl (*österr. für* längliches Milchbrötchen)
Bau|ord|nung; Bau|plan *vgl.* [2]Plan; **Bau|platz**
Bau|po|li|zei; bau|po|li|zei|lich
Bau|pro|jekt
Bau|rat *Plur.* ...räte; **Bau|rä|tin**
Bau|recht; Bau|re|fe|rat (für das Bauwesen zuständige Abteilung einer Behörde)
bau|reif; baureife Grundstücke
Bau|rei|he
bäu|risch, *seltener* bäu|e|risch
Bau|ru|i|ne; Bau|satz
Bausch, der; -[e]s, *Plur.* -e *u.* Bäusche; in Bausch und Bogen (ganz und gar)
Bäu|schel, Päu|schel, der *od.* das; -s, - (*Bergmannsspr.* schwerer Hammer)
bau|schen; du bauschst; sich bauschen; **Bau|schen,** der; -s, - (*österr. neben* Bausch)
bau|schig
Bau|schutt
Bau|se|na|tor; Bau|se|na|to|rin
bau|spa|ren

> **bausparen**
>
> *Von »bausparen« werden nur Beugungsformen verwendet, bei denen »bau« nicht für sich allein steht:*
>
> – Wir wollen bausparen.
> – Wer bauspart, ist klug.
> – Wenn du bausparst, kannst du dir bald ein Haus kaufen.

Bau|spa|rer; Bau|spa|re|rin
Bau|spar|kas|se; Bau|spar|ver|trag
Bau|stein; Bau|stel|le; Bau|stil; Bau|stoff; Bau|stopp; Bau|sub|s|tanz
Bau|ta|stein ‹altnord.› (Gedenkstein der Wikingerzeit in Skandinavien)
Bau|tä|tig|keit
Bau|te, die; -, -n (*schweiz. Amtsspr. für* Bau[werk])
Bau|teil, der (Gebäudeteil) *od.* das (Bauelement)
Bau|ten *vgl.* Bau
Bau|trä|ger; Bau|trä|ge|rin

Baut|zen (Stadt in der Oberlausitz); **Baut|ze|ner; Baut|ze|ne|rin; bautz|nisch**

Bau|un|ter|neh|men; Bau|un|ter|neh|mer; Bau|un|ter|neh|me|rin

Bau|ver|bot *(Rechtsspr.);* **Bau|vor|ha|ben; Bau|wa|gen; Bau|wei|se**

Bau|werk

Bau|wer|ker; Bau|wer|ke|rin

Bau|we|sen, das; -s

Bau|wich, der; -[e]s, -e (*Bauw.* Häuserzwischenraum)

Bau|wirt|schaft, die; -

bau|wür|dig (*Bergmannsspr.* abbauwürdig)

Bau|xerl, das; -s, -[n]; *vgl.* Pickerl (*ostösterr. ugs. für* kleines, herziges Kind)

Bau|xit, der; -s, -e ⟨nach dem ersten Fundort Les Baux in Südfrankreich⟩ (ein Mineral)

bauz!

Bau|zaun; Bau|zeit

Ba|va|ria, die; - ⟨lat.⟩ (Frauengestalt als Sinnbild Bayerns)

Bay|er; Bay|e|rin, Bay|rin; **bay|e|risch,** bay|risch; *aber* ↑K140: der Bayerische Wald; *vgl.* bairisch

Bay|er|land, das; -[e]s

Bay|ern

Bay|ram, der *u.* das; -[s], -s (türk. Bez. für Feiertag, Fest)

Bay|reuth (Stadt am Roten Main); **Bay|reu|ther;** die Bayreuther Festspiele; **Bay|reu|the|rin**

bay|risch *vgl.* bayerisch

Ba|zar [...'za:ɐ̯] *vgl.* Basar

Ba|zi, der; -[s], -[s] (*bayr., österr. ugs. für* Gauner, Taugenichts)

Ba|zil|len|trä|ger ⟨lat.; dt.⟩

Ba|zil|lus, der; -, ...llen ⟨lat.⟩ (*Biol.; Med.* Sporen bildender Spaltpilz)

BBC [bi:bi:'si:], die; - = British Broadcasting Corporation

BBk, die; - = Deutsche Bundesbank

BCG ⟨nach zwei franz. Tuberkuloseforschern⟩ = Bazillus Calmette-Guérin; **BCG-Schutz|imp|fung** [be:tse:'ge:...] (vorbeugende Tuberkuloseimpfung)

Bd. = Band

BDA, der; - = Bund Deutscher Architekten

Bde. = Bände

BDPh = Bund Deutscher Philatelisten

BDÜ, der; - = Bundesverband der Dolmetscher und Übersetzer

B-Dur ['be:du:ɐ̯, *auch* 'be:'du:ɐ̯], das; -[s] (Tonart; *Zeichen* B); **B-Dur-Ton|lei|ter** ↑K26

Be (*chem. Zeichen für* Beryllium)

BE = Broteinheit

be... (*Vorsilbe von Verben,* z. B. beabsichtigen, du beabsichtigst, beabsichtigt, zu beabsichtigen)

Bé = Baumé; *vgl.* Baumégrad

be|ab|sich|ti|gen

be|ach|ten; be|ach|tens|wert; be|acht|lich; Be|ach|tung

Beach|vol|ley|ball, Beach-Vol|ley|ball ['bi:tʃ...] (Strandvolleyball)

be|ackern ([den Acker] bestellen; *ugs. auch für* gründlich bearbeiten); **Be|acke|rung**

Bea|g|le ['bi:gl̩], der; -s, -[s] ⟨engl.⟩ (eine Hunderasse)

bea|men ['bi:mən] ⟨engl.⟩ (bis zur Unsichtbarkeit auflösen u. an einem anderen Ort wieder Gestalt annehmen lassen [in Science-Fiction-Filmen]; mit einem Beamer wiedergeben); gebeamt; **Bea|mer,** der; -s, - (Gerät, mit dem elektronisch gespeicherte Bilder auf eine Leinwand projiziert werden)

be|am|peln *(fachspr.);* eine beampelte Kreuzung

Be|am|te, der; -n, -n

Beamte

Das Wort hat folgende Beugungsformen:

- der Beamte, ein Beamter, zwei Beamte, die Beamten
- einige Beamte, alle Beamten, solche Beamte[n], beide Beamten (*seltener:* Beamte)
- die Versorgung ausscheidender Beamter
- ihm als Beamtem *od.* Beamten

Be|am|ten|an|wär|ter; Be|am|ten|an|wär|te|rin

Be|am|ten|be|lei|di|gung; Be|am|ten|bund, der; -[e]s; **Be|am|ten|deutsch; Be|am|ten|ge|werk|schaft; Be|am|ten|recht**

Be|am|ten|schaft, die; -; **Be|am|ten|stand,** der; -[e]s; **Be|am|ten|tum,** das; -s; **Be|am|ten|ver|hält|nis**

be|am|tet; Be|am|te|te, der *u.* die; -n, -n

Be|am|tin

be|ängs|ti|gend

be|an|schrif|ten *(Amtsspr.)*

be|an|spru|chen; Be|an|spru|chung

be|an|stan|den; Be|an|stan|dung

be|an|tra|gen; du beantragtest; beantragt; **Be|an|tra|gung**

be|ant|wort|bar

be|ant|wor|ten; Be|ant|wor|tung

be|ar|bei|ten; Be|ar|bei|ter; Be|ar|bei|te|rin; Be|ar|bei|tung; Be|ar|bei|tungs|ge|bühr

be|arg|wöh|nen *(geh.)*

[1]**Beat** [bi:t], der; -[s], -s ⟨engl.⟩ (*Musik* Schlagrhythmus; betonter Taktteil; *kurz für* Beatmusik)

[2]**Be|at** *vgl.* Beatus

Be|a|ta, Be|a|te (w. Vorn.)

bea|ten ['bi:tn̩] ⟨engl.⟩ (*ugs. veraltend für* Beatmusik spielen)

Beat|ge|ne|ra|tion, Beat-Ge|ne|ra|tion ['bi:tdʒɛnəˈre:ʃn̩], die; - ⟨amerik.⟩ (alles Bürgerliche radikal ablehnende amerik. [Schriftsteller]gruppe der Fünfzigerjahre)

Be|a|ti|fi|ka|ti|on, die; -, -en ⟨lat.⟩ (*kath. Kirche* Seligsprechung); **be|a|ti|fi|zie|ren**

Bea|t|le ['bi:tl̩], der; -s, -s ⟨engl.⟩; *vgl.* Beatles; **Bea|t|les** *Plur.* (brit. Popgruppe der 1960er-Jahre)

be|at|men (*Med.* Luft od. Gasgemische in die Atemwege blasen); **Be|at|mung**

Be|at|mungs|an|la|ge; Be|at|mungs|ge|rät; Be|at|mungs|stö|rung

Beat|mu|sik ['bi:t...], die; - ([Tanz]musik mit betontem Schlagrhythmus)

Beat|nik ['bi:t...], der; -[s], -s ⟨amerik.⟩ (Vertreter der Beatgeneration)

Be|a|t|ri|ce [...sə, ...tʃe], **Be|a|t|rix** (w. Vorn.)

Be|a|tus, Be|at ⟨lat.⟩ (m. Vorn.)

Beau [bo:], der; -[s], -s ⟨franz.⟩ (*spöttisch für* schöner Mann)

Beau|fort|ska|la, Beau|fort-Ska|la ['bo:fɐt...], die; - ↑K136 ⟨nach dem engl. Admiral⟩ (Skala für Windstärken)

be|auf|schla|gen (*Technik* auf etw. auftreffen); **Be|auf|schla|gung**

be|auf|sich|ti|gen; Be|auf|sich|ti|gung

be|auf|tra|gen; du beauftragtest; beauftragt; **Be|auf|trag|te,** der *u.* die; -n, -n; **Be|auf|tra|gung**

be|aug|ap|feln; ich beaugapf[e]le

be|äu|geln; ich beäug[e]le; beäugelt; **be|äu|gen;** beäugt

be|au|gen|schei|ni|gen *(Amtsspr., auch scherzh.);* der neue Wagen wurde beaugenscheinigt

Beau|jo|lais [boʒo'lɛ(:)], der; -, - ⟨franz.⟩ (ein franz. Rotwein)

Beau|mar|chais [bomar'ʃɛ:] (franz. Schriftsteller)

be|aus|kunf|ten (Auskunft geben)

Beau|té [bo'te:], die; -, -s ⟨franz.⟩ (*geh. für* schöne Frau)
Beau|ty|case, Beau|ty-Case ['bju:tike:s], das, *auch* der; -, -s ⟨engl.⟩ (Kosmetikkoffer)
Beau|ty|farm, Beau|ty-Farm ['bju:ti...], die; -, -en ⟨engl.⟩ (Schönheitsfarm)
Beau|voir, de [də bo'vo̯a:ɐ̯] (franz. Schriftstellerin)
be|bän|dern
be|bar|tet (mit Bart versehen)
be|bau|en; Be|bau|ung; Be|bau|ungs|plan
Bé|bé [be'be:], das; -s, -s ⟨franz.⟩ (*schweiz. für* Säugling, Baby)
Be|bel (Mitbegründer der dt. Sozialdemokratischen Partei)
be|ben; Be|ben, das; -s, -
be|bil|dern; ich bebildere; **Be|bil|de|rung**
Be|bop ['bi:...], der; -[s], -s ⟨amerik.⟩ (Jazzstil der 1940er-Jahre *[nur Sing.]*; Tanz in diesem Stil)
be|brillt
be|brü|ten
Be|bung *(Musik)*
be|bun|kern ([ein Schiff] mit Brennstoff versehen)
be|buscht; ein bebuschter Hang
Bé|cha|mel|kar|tof|feln [beʃa...] ⟨nach dem Marquis de Béchamel⟩; **Bé|cha|mel|so|ße, Bé|cha|mel|sau|ce**
Be|cher, der; -s, -; **be|cher|för|mig**
be|chern (*ugs. scherzh. für* tüchtig trinken); ich bechere
Be|cher|werk (*Technik* Fördergerät)
be|cir|cen *vgl.* bezirzen
Be|cken, das; -s, -; **Be|cken|bruch,** der *(Med.)*
Be|cken|rand
Be|cket, Thomas (engl. Lordkanzler u. Erzbischof)
Be|ckett (ir.-franz. Schriftsteller)
Beck|mann (dt. Maler)
Beck|mes|ser (Gestalt aus Wagners »Meistersingern«; *abwertend* kleinlicher Kritiker); **Beck|mes|se|rei; beck|mes|sern** (kleinlich tadeln, kritteln); ich beckmessere; gebeckmessert
Bec|que|rel [bekə...], das; -s, - ⟨nach dem franz. Physiker⟩ (Maßeinheit für die Aktivität ionisierender Strahlung; *Zeichen* Bq)
be|da|chen (*Handwerk* mit einem Dach versehen)
be|dacht; auf eine Sache bedacht sein; **Be|dacht,** der; -[e]s; mit Bedacht; auf etwas Bedacht nehmen *(Amtsspr.);* **Be|dach|te,** der *u.* die; -n, -n (jmd., dem ein Vermächtnis ausgesetzt worden ist)
be|däch|tig; Be|däch|tig|keit, die; -
Be|dacht|nah|me *(österr.);* unter Bedachtnahme (unter Berücksichtigung)
be|dacht|sam; Be|dacht|sam|keit, die; -
Be|da|chung *(Handwerk)*
be|damp|fen (*Technik* durch Verdampfen von Metall mit einer Metallschicht überziehen)
be|dan|ken, sich
Be|darf, der; -[e]s, *Plur. (fachspr.)* -e; nach Bedarf; der Bedarf an etwas; bei Bedarf
Be|darfs|am|pel; Be|darfs|ar|ti|kel; Be|darfs|de|ckung; Be|darfs|fall, der; im Bedarfsfall[e]
be|darfs|ge|recht
Be|darfs|gut *meist Plur.;* **Be|darfs|hal|te|stel|le**
be|dau|er|lich; be|dau|er|li|cher|wei|se; sie war bedauerlicherweise nicht zu Hause, *aber* sie hat in bedauerlicher Weise auf unsere Kritik reagiert
be|dau|ern; ich bedau[e]re; **Be|dau|ern,** das; -s; **be|dau|erns|wert**
Be|de, die; -, -n (Abgabe im MA.)
be|de|cken (*österr. auch für* finanziell abdecken); **be|deckt;** bedeckter Himmel
Be|deckt|sa|mer, der; -s, - *meist Plur.* (*Bot.* Pflanze, deren Samenanlage im Fruchtknoten eingeschlossen ist; *Ggs.* Nacktsamer); **be|deckt|sa|mig** *(Bot.)*
Be|de|ckung
be|den|ken; bedacht *(vgl. d.);* sich eines Besser[e]n bedenken; **Be|den|ken,** das; -s, -
be|den|ken|los; Be|den|ken|lo|sig|keit, die; -; **be|den|kens|wert**
Be|den|ken|trä|ger; Be|den|ken|trä|ge|rin
be|denk|lich; Be|denk|lich|keit
Be|denk|zeit
be|dep|pert (*ugs. für* ratlos, gedrückt)
be|deu|ten; be|deu|tend; am bedeutendsten; *aber* ↑K72: das Bedeutendste; etwas Bedeutendes; um ein Bedeutendes zunehmen
be|deut|sam; Be|deut|sam|keit
Be|deu|tung
Be|deu|tungs|an|ga|be; Be|deu|tungs|leh|re *(Sprachwiss.)*
be|deu|tungs|los; Be|deu|tungs|lo|sig|keit; be|deu|tungs|schwan|ger; be|deu|tungs|schwer
Be|deu|tungs|un|ter|schied
Be|deu|tungs|ver|lust
be|deu|tungs|voll
Be|deu|tungs|wan|del; Be|deu|tungs|wör|ter|buch
be|dien|bar; leicht bedienbare Armaturen; **Be|dien|bar|keit,** die; -
Be|dien|ele|ment *(Technik)*
be|die|nen; sich eines Kompasses bedienen *(geh.);* bedient sein (*ugs. für* genug haben)
Be|die|ner; Be|die|ne|rin (*bes. österr. für* Aufwartefrau)
be|diens|tet (in Dienst stehend); **Be|diens|te|te,** der *u.* die; -n, -n
Be|dien|te, der *u.* die; -n, -n (*veraltet für* Diener[in])
Be|die|nung (*österr. auch* Stelle als Bedienerin)
Be|die|nungs|an|lei|tung; Be|die|nungs|feh|ler; Be|die|nungs|geld; Be|die|nungs|kom|fort
Be|die|nungs|the|ke (Theke, an der die Kundschaft persönlich bedient wird [im Gegensatz zur Selbstbedienung])
Be|die|nungs|zu|schlag, Be|dien|zu|schlag
[1]**be|din|gen** (voraussetzen; zur Folge haben); sich gegenseitig bedingen; *vgl.* bedingt
[2]**be|din|gen** (*älter für* ausbedingen); du bedangst; bedungen; der bedungene Lohn
Be|ding|nis, das; -ses, -se (*österr. Amtsspr. für* Bedingung)
be|dingt (eingeschränkt, an Bedingungen geknüpft); bedingter Reflex; bedingte Verurteilung (*österr., schweiz. für* Verurteilung mit Bewährungsfrist)
Be|dingt|gut, das; -[e]s (*für* Kommissionsgut)
Be|dingt|heit
Be|dingt|sen|dung (*für* Kommissionssendung)
Be|din|gung; Be|din|gungs|form (*für* Konditional)
be|din|gungs|los
Be|din|gungs|satz (*für* Konditionalsatz)
be|din|gungs|wei|se
be|drän|gen; Be|dräng|nis, die; -, -se; **Be|dräng|te,** der *u.* die; -n, -n; **Be|drän|gung**
be|dripst (*nordd. für* kleinlaut; betrübt)
be|dro|hen; bedrohte Tierarten
be|droh|lich; Be|droh|lich|keit
Be|dro|hung

be|drọp|pelt (*ugs. für* kleinlaut, betrübt)
be|drụ|cken
be|drụ̈|cken; Be|drụ̈|cker
be|drụ̈ckt; Be|drụ̈ckt|heit
Be|drụ|ckung (das Bedrucken)
Be|drụ̈|ckung
Be|du|i|ne, der; -n, -n ‹arab.› (arab. Nomade); **Be|du|i|nin; be|du|i|nisch**
be|dụn|gen *vgl.* ²bedingen
be|dụ̈n|ken *(veraltet);* es will mich bedünken; **Be|dụ̈n|ken,** das; -s; meines Bedünkens (*veraltet für* nach meiner Ansicht)
be|dụ̈r|fen *(geh.); mit Gen.:* des Trostes bedürfen
Be|dụ̈rf|nis, das; -ses, -se; **Be|dụ̈rf|nis|an|stalt** *(Amtsspr.)*
be|dụ̈rf|nis|los
be|dụ̈rf|tig; *mit Gen.:* der Hilfe, des Trostes bedürftig
Be|dụ̈rf|ti|ge, der *u.* die; -n, -n
Be|dụ̈rf|tig|keit; Be|dụ̈rf|tig|keits|prü|fung
be|du|seln, sich (*ugs. für* sich leicht betrinken)
Bee|fa|lo [ˈbiː...], der; -[s], -s ‹amerik.› (Kreuzung aus Bison u. Hausrind)
Beef|ea|ter [ˈbiːf|iːtɐ], der; -s, -s ‹engl.› (Angehöriger der königl. Leibwache im Londoner Tower)
Beef|steak, das; -s, -s (Rinds[lenden]stück); deutsches Beefsteak ↑K151 ; **Beef|tea** [...tiː], der; -s, -s (Rindfleischbrühe)
be|eh|ren *(geh.);* sich beehren
be|ei|den (mit einem Eid bekräftigen); **be|ei|di|gen** (*geh. für* beeiden; *österr. für* in Eid nehmen); gerichtlich beeidigter Sachverständiger
be|ei|fern, sich (*veraltet für* sich eifrig bemühen)
be|ei|len, sich; **Be|ei|lung,** die; - *(meist als Aufforderung)*
be|ein|dru|cken; eine beeindruckende Leistung
be|ein|fluss|bar; Be|ein|fluss|bar|keit, die; -; **be|ein|flus|sen;** du beeinflusst; **Be|ein|flus|sung**
be|ein|spru|chen (*österr. für* Berufung einlegen)
be|ein|träch|ti|gen; Be|ein|träch|ti|gung
be|elen|den (*schweiz. für* nahegehen; betrüben); es beelendet mich
Beel|ze|bub [*auch* beˈɛl...], der; - ‹hebr.› (Herr der bösen Geister, oberster Teufel im N. T.)
be|en|den; beendet; **be|en|di|gen;** beendigt; **Be|en|di|gung; Be|en|dung**
be|en|gen; Be|engt|heit
Be|en|gung
Bee|per [ˈbiːpɐ], der; -s, - ‹engl.› (elektronisches Fernrufgerät)
be|er|ben; jmdn. beerben; **Be|er|bung**
be|er|den ([Pflanzen] mit Erde versehen)
be|er|di|gen; Be|er|di|gung; Be|er|di|gungs|in|s|ti|tut
Bee|re, die; -, -n
Bee|ren|aus|le|se; bee|ren|för|mig; Bee|ren|obst
Beet, das; -[e]s, -e
Bee|te *vgl.* Bete
Beet|ho|ven [...hoːfn̩], Ludwig van (dt. Komponist)
be|fä|hi|gen; ein befähigter Mensch; **Be|fä|hi|gung; Be|fä|hi|gungs|nach|weis**
be|fahl *vgl.* befehlen
be|fahr|bar; Be|fahr|bar|keit, die; -
¹**be|fah|ren;** befahrener (*Jägerspr.* bewohnter) Bau; befahrene (*Seemannsspr.* im Seedienst erfahrene) Matrosen
²**be|fah|ren;** eine Straße befahren
Be|fall, der; -[e]s; **be|fal|len**
be|fan|gen (schüchtern; voreingenommen); **Be|fan|gen|heit; Be|fan|gen|heits|an|trag**
be|fas|sen; befasst; sich mit etwas befassen; jmdn. mit etwas befassen *(Amtsspr.)*
be|feh|den (*geh. für* bekämpfen); **Be|feh|dung** *(geh.)*
Be|fehl, der; -[e]s, -e
be|feh|len; du befiehlst; du befahlst; du befählest, *älter* beföhlest; befohlen; befiehl!; **be|feh|le|risch**
be|feh|li|gen
Be|fehls|aus|ga|be; Be|fehls|emp|fän|ger; Be|fehls|emp|fän|ge|rin
Be|fehls|form (*für* Imperativ)
be|fehls|ge|mäß; Be|fehls|ge|walt
Be|fehls|ha|ber; Be|fehls|ha|be|rin; be|fehls|ha|be|risch
Be|fehls|not|stand; Be|fehls|satz; Be|fehls|ton, der; -[e]s; **Be|fehls|ver|wei|ge|rung**
be|fein|den; Be|fein|dung
be|fes|ti|gen; Be|fes|ti|gung; Be|fes|ti|gungs|an|la|ge
be|feuch|ten; Be|feuch|tung
be|feu|ern (*Seemannsspr. auch für* mit Leuchtfeuern versehen); **Be|feu|e|rung**
Beff|chen (Halsbinde mit zwei Leinenstreifen vorn am Halsausschnitt von Amtstrachten bes. evangelischer Geistlicher)
be|fie|dern; ich befiedere
be|fiehlt *vgl.* befehlen
be|fin|den; befunden; den Plan für gut befinden; sich befinden
Be|fin|den, das; -s

be|find|lich

(vorhanden)
Man kann sagen:

– der im Kasten *befindliche* Schmuck *od.* der *sich* im Kasten *befindende* Schmuck

Nicht korrekt ist dagegen:

– der *sich* im Kasten *befindliche* Schmuck

Be|find|lich|keit (seel. Zustand)
be|fin|gern (*ugs. für* betasten)
be|fi|schen; einen See befischen; **Be|fi|schung**
be|flag|gen; die Gebäude sind beflaggt; **Be|flag|gung**
be|fle|cken; Be|fle|ckung
be|fle|geln (*österr. für* beschimpfen)
be|flei|ßen, sich (*veraltet, selten noch für* sich befleißigen); du befleißt dich; ich befliss mich, du beflissest dich; beflissen (*vgl. d.);* befleiß[e] dich!
be|flei|ßi|gen, sich *(geh.); mit Gen.:* sich guter Manieren befleißigen
be|flie|gen; eine Strecke befliegen
be|flir|ten [...ˈflœr..., *auch* ...ˈflɪr...] (*ugs. für* zum Flirten zu bewegen versuchen)
be|flis|sen (eifrig bemüht); um Anerkennung beflissen; **Be|flis|sen|heit,** die; -
be|flis|sent|lich (*seltener für* geflissentlich)
be|flo|cken (*Textilind.* Stoffe mit Mustern, Bildern o. Ä. bekleben); **Be|flo|ckung**
be|flü|geln *(geh.)*
be|flu|ten (unter Wasser setzen); **Be|flu|tung**
be|foh|len *vgl.* befehlen
be|fol|gen; Be|fol|gung
be|för|der|bar; Be|för|de|rer, Be|förd|rer; **Be|för|de|rin,** Be|förd|re|rin
be|för|der|lich (*schweiz. für* beschleunigt, rasch)
be|för|dern; Be|för|de|rung
Be|för|de|rungs|be|din|gun|gen *Plur.;* **Be|för|de|rungs|kos|ten** *Plur.;* **Be|för|de|rungs|mit|tel; Be-**

för|de|rungs|stau; Be|för|de|rungs|ta|rif
Be|förd|rer, Be|för|de|rer; **Be|förd|re|rin,** Be|för|de|rin
be|fors|ten (forstlich bewirtschaften)
be|förs|tern (*Forstwirtsch.* nicht staatliche Waldungen durch Forstbeamte verwalten lassen)
Be|fors|tung
be|frach|ten; Be|frach|ter; Be|frach|te|rin; Be|frach|tung
be|frackt (einen Frack tragend)
be|fra|gen ↑K82: auf Befragen; **Be|fra|gung**
be|franst
be|frei|en; sich befreien
Be|frei|er; Be|frei|e|rin; Be|frei|ung
Be|frei|ungs|be|we|gung; Be|frei|ungs|kampf; Be|frei|ungs|krieg
Be|frei|ungs|schlag *(Eishockey)*
Be|frei|ungs|theo|lo|gie (Theologie, die die spezifische Situation der Dritten Welt berücksichtigt u. das verkündete Heil auch als diesseitige Erlösung u. Befreiung versteht)
be|frem|den; es befremdet [mich]; **Be|frem|den,** das; -s
be|frem|dend; be|fremd|lich
Be|frem|dung, die; -
be|freun|den, sich; **be|freun|det**
be|frie|den (Frieden bringen; *geh. für* einhegen); befriedet
be|frie|di|gen (zufriedenstellen); **be|frie|di|gend;** die befriedigends|te Lösung; *vgl.* ausreichend; **Be|frie|di|gung**
Be|frie|dung
be|fris|ten; be|fris|tet; ein befristetes Arbeitsverhältnis; **Be|fris|tung**
be|fruch|ten; Be|fruch|tung
be|fu|gen; Be|fug|nis, die; -, -se; **befugt;** befugt sein
be|füh|len
be|fül|len; einen Tank befüllen
be|fum|meln (*ugs. für* betasten)
Be|fund, der; -[e]s, -e (Feststellung); nach Befund; ohne Befund (*Med.; Abk.* o. B.)
be|fürch|ten; Be|fürch|tung
be|für|sor|gen (*österr., bayr. Amtsspr. für* betreuen)
be|für|wor|ten; Be|für|wor|ter; Be|für|wor|te|rin; Be|für|wor|tung
Beg, der; -[s], -s (höherer türk. Titel); *vgl.* Bei
be|ga|ben (*geh. für* mit etw. ausstatten)
be|gabt; Be|gab|te, der *u.* die; -n, -n; **Be|gab|ten|för|de|rung**
Be|ga|bung; Be|ga|bungs|re|ser|ve
be|gaf|fen *(abwertend)*
be|gan|gen *vgl.* begehen
Be|gäng|nis, das; -ses, -se (*geh. für* feierliche Bestattung)
be|gann *vgl.* beginnen
be|ga|sen; du begast; **Be|ga|sung**
be|gat|ten; Be|gat|tung
be|gau|nern (*ugs. für* betrügen)
be|geb|bar
[1]**be|ge|ben** (*Bankw.* verkaufen, in Umlauf setzen); einen Wechsel begeben
[2]**be|ge|ben,** sich (irgendwohin gehen; sich ereignen; verzichten); er begibt sich eines Rechtes (er verzichtet darauf)
Be|ge|ben|heit
Be|ge|ber (*für* Girant [eines Wechsels])
Be|geb|nis, das; -ses, -se (*veraltet für* Begebenheit, Ereignis)
Be|ge|bung; die Begebung von Aktien
be|geg|nen; jmdm. begegnen; **Be|geg|nung; Be|geg|nungs|stät|te**
be|geh|bar; Be|geh|bar|keit
be|ge|hen; ein Unrecht begehen; die begangenen Straftaten
Be|gehr, das, *auch* der; -s *(geh.)*
be|geh|ren; Be|geh|ren, das; -s, -*Plur. selten;* **be|geh|rens|wert**
be|gehr|lich; Be|gehr|lich|keit
be|gehrt; eine begehrte Tänzerin
Be|ge|hung
be|gei|fern (*auch für* beschimpfen); **Be|gei|fe|rung**
be|geis|tern; ich begeistere; sich begeistern; **be|geis|tert**
Be|geis|te|rung; be|geis|te|rungs|fä|hig; Be|geis|te|rungs|sturm; Be|geis|te|rungs|welle
be|gich|ten (*Hüttenw.* Erz in den Schachtofen einbringen); **Be|gich|tung**
Be|gier *(geh.);* **Be|gier|de,** die; -, -n; **be|gie|rig**
be|gie|ßen; Be|gie|ßung
Be|gi|ne, die; -, -n ⟨niederl.⟩ (Angehörige einer halbklösterl. Frauenvereinigung)
Be|ginn, der; -[e]s, -e *Plur. selten;* von Beginn an; zu Beginn
be|gin|nen; du begannst; du begännest, *seltener* begönnest; begonnen; beginn[e]!; **Be|gin|nen,** das; -s (Vorhaben)
be|glän|zen *(geh.)*
be|glau|bi|gen; beglaubigte Abschrift; **Be|glau|bi|gung; Be|glau|bi|gungs|schrei|ben**
be|glei|chen; eine Rechnung begleichen; **Be|glei|chung**
Be|gleit|ad|res|se (Begleitschein)
Be|gleit|agen|tur (Escortservice); **Be|gleit|brief**
be|glei|ten (mitgehen); begleitet
Be|glei|ter; Be|glei|te|rin
Be|gleit|er|schei|nung; Be|gleit|ge|setz; Be|gleit|hund; Be|gleit|mu|sik; Be|gleit|pa|pier *meist Plur.;* **Be|gleit|per|son; Be|gleit|schein** *(Zollw.);* **Be|gleit|schrei|ben; Be|gleit|text; Be|gleit|um|stand**
Be|glei|tung
Beg|ler|beg, der; -s, -s ⟨türk.⟩ (Provinzstatthalter in der alten Türkei)
be|glot|zen (*ugs. für* anstarren)
be|glü|cken; Be|glü|cker; Be|glü|cke|rin; Be|glü|ckung
be|glück|wün|schen; beglückwünscht; **Be|glück|wün|schung**
be|gna|den (*geh. für* eine Gnade zuteilwerden lassen); **be|gna|det** (hochbegabt)
be|gna|di|gen (jmdm. seine Strafe erlassen); **Be|gna|di|gung; Be|gna|di|gungs|recht**
be|gnü|gen, sich
Be|go|nie, die; -, -n ⟨nach dem Franzosen Michel Bégon⟩ (eine Zierpflanze)
be|gon|nen *vgl.* beginnen
be|gön|nern; ich begönnere
be|gö|schen (*nordd. für* beschwichtigen); du begöschst
begr. = begraben (*Zeichen* ▭)
be|gra|ben
Be|gräb|nis, das; -ses, -se
Be|gräb|nis|fei|er; Be|gräb|nis|fei|er|lich|keit; Be|gräb|nis|kos|ten *Plur.;* **Be|gräb|nis|stät|te**
be|grab|schen *vgl.* begrapschen
be|gra|di|gen ([einen ungeraden Weg od. Wasserlauf] gerade legen); **Be|gra|di|gung**
be|grannt (mit Grannen)
be|grap|schen, be|grab|schen (*landsch. abwertend für* betasten, anfassen)
be|greif|bar
be|grei|fen *vgl.* begriffen
be|greif|lich; be|greif|li|cher|wei|se
be|gren|zen
Be|gren|zer (*Technik* bei Erreichen eines Grenzwertes einsetzende Unterbrechervorrichtung)
be|grenzt; Be|grenzt|heit *Plur. selten;* **Be|gren|zung**
Be|griff, der; -[e]s, -e; im Begriff sein
be|grif|fen; diese Tierart ist im Aussterben begriffen
be|griff|lich; begriffliches Substantiv (*für* Abstraktum); **Be|griff|lich|keit**

Be|griffs|be|stim|mung; Be|griffs|bil|dung; Be|griffs|form (Kategorie)
be|griffs|mä|ßig; be|griffs|stut|zig, *österr.* **be|griffs|stüt|zig**
Be|griffs|ver|wir|rung
be|grün|den; be|grün|dend
Be|grün|der; Be|grün|de|rin
be|grün|det; Be|grün|det|heit, die; -
Be|grün|dung
Be|grün|dungs|an|ga|be (Umstandsangabe des Grundes); **Be|grün|dungs|satz** (Kausalsatz); **Be|grün|dungs|wei|se**
be|grü|nen; Be|grü|nung
be|grü|ßen (*schweiz. auch für* nach jmds. Ansicht fragen); **be|grü|ßens|wert**
Be|grü|ßung
Be|grü|ßungs|abend; Be|grü|ßungs|an|spra|che; Be|grü|ßungs|geld; Be|grü|ßungs|kuss; Be|grü|ßungs|re|de; Be|grü|ßungs|trunk
be|gu|cken *(ugs.)*
Be|gum [*auch* ...am], die; -, -en ⟨angloind.⟩ (Titel ind. Fürstinnen)
be|güns|ti|gen; Be|güns|tig|te, der *u.* die; -n, -n *(Rechtsspr.);* **Be|güns|ti|gung**
be|gut|ach|ten; begutachtet
Be|gut|ach|ter; Be|gut|ach|te|rin
Be|gut|ach|tung
Be|gut|ach|tungs|pla|ket|te (*österr. für* TÜV-Plakette); **Be|gut|ach|tungs|stel|le**
be|gü|tert
be|gü|ti|gen; Be|gü|ti|gung
be|haa|ren, sich; **be|haart; Be|haa|rung**
be|hä|big; Be|hä|big|keit
be|ha|cken
be|haf|ten *(schweiz.);* jmdn. auf od. bei etwas behaften (jmdn. auf etwas festlegen, beim Wort nehmen)
be|haf|tet; mit etwas behaftet sein
be|ha|gen; Be|ha|gen, das; -s
be|hag|lich; Be|hag|lich|keit
Be|hal|te|frist (*Finanzw.; österr. auch für* Zeitraum, in dem ein Kündigungsschutz gilt)
be|hal|ten
Be|häl|ter; Be|hält|nis, das; -ses, -se
be|häm|mern; be|häm|mert (*ugs. für* nicht bei Verstand)
be|hän|de ↑K133
be|han|deln
be|hän|di|gen (*schweiz. Amtsspr. für* an sich nehmen)
Be|hän|dig|keit, die; - ↑K133
Be|hand|lung
Be|hand|lungs|kos|ten *Plur.;* **Be|hand|lungs|me|tho|de; Be|hand|lungs|pflicht; Be|hand|lungs|raum; Be|hand|lungs|stuhl; Be|hand|lungs|wei|se**
be|hand|schuht (Handschuhe tragend)
Be|hang, der; -[e]s, Behänge (*Jägerspr. auch* Schlappohren)
be|han|gen; der Baum ist mit Äpfeln behangen
be|hän|gen *vgl.* ²hängen; **be|hängt;** eine grün behängte Wand
be|har|ken; sich beharken (*ugs. für* bekämpfen)
be|har|ren
be|harr|lich; Be|harr|lich|keit, die; -
Be|har|rung; Be|har|rungs|be|schluss (*österr. Politik* erneuter Beschluss eines Gesetzes im Nationalrat nach einem Einspruch des Bundesrates); **Be|har|rungs|ver|mö|gen,** das; -s
be|hau|chen; behauchte Laute (*für* Aspiraten); **Be|hau|chung**
be|hau|en; ich behaute den Stein
be|haup|ten; sich behaupten
be|haup|tet (*Börse* fest, gleichbleibend)
Be|haup|tung; Be|haup|tungs|wil|le, der; -ns
be|hau|sen; Be|hau|sung
Be|ha|vi|o|ris|mus [biheviə...], der; - ⟨engl.⟩ (amerik. sozialpsychologische Forschungsrichtung); **be|ha|vi|o|ris|tisch**
be|heb|bar; nicht behebbare Schäden
be|he|ben (beseitigen; *österr. auch für* abheben, abholen, z. B. Geld von der Bank); **Be|he|bung** (Beseitigung; *österr. auch für* Abhebung, Abholung)
be|hei|ma|ten; be|hei|ma|tet; Be|hei|ma|tung
be|heiz|bar; be|hei|zen; Be|hei|zung, die; -
Be|helf, der; -[e]s, -e; **be|hel|fen,** sich; ich behelfe mich, *auch* mir
Be|helfs|heim; be|helfs|mä|ßig; Be|helfs|un|ter|kunft; be|helfs|wei|se
be|hel|li|gen (belästigen); **Be|hel|li|gung**
be|helmt (einen Helm tragend)
Be|he|mot[h] [*auch* 'be:...], der; -[e]s, -s ⟨hebr., »Riesentier«⟩ (im A. T. Bezeichnung für ein nilpferdartiges Ungeheuer)
be|hen|de *alte Schreibung für* behände
Be|hen|nuss, Ben|nuss ⟨span.-dt.⟩ (ölhaltige Frucht eines afrik. Baumes)
be|her|ber|gen; Be|her|ber|gung
be|herrsch|bar; Be|herrsch|bar|keit
be|herr|schen; sich beherrschen
Be|herr|scher; Be|herr|sche|rin
be|herrscht; Be|herrsch|te, der *u.* die; -n, -n; **Be|herrscht|heit**
Be|herr|schung, die; -
be|her|zi|gen; be|her|zi|gens|wert; Be|her|zi|gung
be|herzt (entschlossen); **Be|herzt|heit,** die; -
be|he|xen
be|hilf|lich
Be|hind [bi'haind], das; -s ⟨engl.⟩ (*schweiz. für* Raum hinter der Torlinie)
be|hin|dern; be|hin|dert; geistig behindert ↑K58; **Be|hin|der|te,** der *u.* die; -n, -n; die körperlich Behinderten

> **Behinderte**
> Gelegentlich wird das Wort *Behinderte* als zu unpersönlich und sogar diskriminierend empfunden. Man spricht dann stattdessen von *behinderten Menschen* oder *Menschen mit Behinderung.*

Be|hin|der|ten|be|auf|trag|te
be|hin|der|ten|ge|recht
Be|hin|der|ten|gleich|stel|lungs|ge|setz
Be|hin|der|ten|sport; Be|hin|der|ten|sport|ler; Be|hin|der|ten|sport|le|rin
Be|hin|de|rung; Be|hin|de|rungs|fall, der; im Behinderungsfall[e]
Behm|lot ⟨nach dem dt. Physiker Behm⟩ (Echolot)
be|ho|beln
be|hor|chen (*ugs. für* abhören)
Be|hör|de, die; -, -n; **Be|hör|den|ap|pa|rat; Be|hör|den|deutsch** *(oft abwertend);* **Be|hör|den|gang** (Gang zu einer Behörde, um dort etwas zu erledigen); **Be|hör|den|schrift|ver|kehr; Be|hör|den|spra|che** (*svw.* Behördendeutsch)
Be|hör|den|ver|fah|ren (*österr. für* amtlicher Instanzenweg); **Be|hör|den|weg** *(bes. österr.)*
be|hörd|lich; be|hörd|li|cher|seits
be|host (*ugs. für* mit Hosen bekleidet)
Be|huf, der; -[e]s, -e (*Amtsspr. veraltend für* Zweck, Erfordernis); zum Behuf[e]; zu diesem Behuf[e]; **be|hufs** ↑K70 *(Amtsspr. veraltet); Präp. mit Gen.:* behufs des Verfahrens

bei|de

Man schreibt »beide« immer klein ↑K 76:

- es waren die beiden dort
- beide Mal, beide Male

Beispiele zur Beugung:

- die beiden, diese beiden
- dies beides, dieses beides
- beides; alles beides; alle beide
- man bedarf aller beider
- einer von beiden; für euch beide
- wir beide, *seltener* wir beiden
- ihr beiden, *auch* ihr beide
- uns, euch, sie beide
- wir, ihr beiden jungen Leute
- sie beide (*als Anrede* Sie beide)
- unser, euer, ihrer beider
- uns, euch, ihnen beiden
- euer beider Anteilnahme
- der Gegenstand ihrer beider Interesses
- mit unser beider Hilfe
- von beider Leben ist nichts bekannt
- euch beide jungen Leute kennt hier niemand

be|hum|sen, be|hump|sen (*ostmitteld. für* übervorteilen)
be|hü|ten; behüt' dich Gott!
Be|hü|ter; Be|hü|te|rin
be|hut|sam; Be|hut|sam|keit
Be|hü|tung, die; -

bei

(*Abk.* b.)

Präposition mit Dativ:

- beim (*vgl. d.*)
- bei der Hand sein
- bei[m] Abgang des Sängers
- bei aller Bescheidenheit
- bei all dem Treiben
- bei all[e]dem
- bei dem allen (*häufiger für* allem)
- bei diesem allem (*neben* allen)
- ↑K 72: bei Weitem *od.* weitem
- komm bei mich (*veraltet, noch landsch. für* komm zu mir)

Bei, Bey [bai], der; -s, *Plur.* -e *u.* -s ‹türk., »Herr«› (türk. Titel, *oft hinter Namen,* z. B. Ali-Bei); *vgl.* Beg *u.* Bai
bei... (*in Zus. mit Verben,* z. B. beidrehen, du drehst bei, beigedreht, beizudrehen)
bei|be|hal|ten; Bei|be|hal|tung
bei|bie|gen (*ugs. für* jmdm. etw. beibringen)
Bei|blatt
Bei|boot
bei|brin|gen; jmdm. etwas beibringen (lehren, übermitteln); eine Bescheinigung, Zeugen beibringen; jmdm. eine Wunde beibringen; **Bei|brin|gung,** die; -
Beich|te, die; -, -n; **beich|ten**
Beicht|ge|heim|nis; Beich|ti|ger (*veraltet für* Beichtvater); **Beicht|kind** (der *od.* die Beichtende); **Beicht|sie|gel,** das; -s (*svw.* Beichtgeheimnis); **Beicht|stuhl; Beicht|va|ter** (die Beichte hörender Priester)
beid|ar|mig (*bes. Sport* mit beiden Armen [gleich geschickt]); beidarmiges Reißen; beidarmiger Stürmer; **beid|bei|nig** *(bes. Sport);* beidbeiniger Absprung
bei|de *s. Kasten*
bei|der|lei; Personen beiderlei Geschlecht[e]s
bei|der|sei|tig; in beiderseitigem Einverständnis
bei|der|seits; *Präp. mit Gen.:* beiderseits des Flusses
Bei|der|wand, die; - *od.* das; -[e]s (grobes Gewebe)
beid|fü|ßig (*bes. Sport* mit beiden Füßen [gleich geschickt]); beidfüßiger Stürmer
Beid|hän|der (jmd., der mit beiden Händen gleich geschickt ist); **Beid|hän|de|rin; beid|hän|dig**
bei|dre|hen (*Seemannsspr.* die Fahrt verlangsamen)
beid|sei|tig; beidseitig furniert
beid|seits (*bes. schweiz. für* zu beiden Seiten); beidseits des Rheins

bei|ei|n|an|der

Man schreibt »beieinander« mit dem folgenden Verb in der Regel zusammen, wenn es den gemeinsamen Hauptakzent trägt ↑K 48:

- beieinanderbleiben, beieinanderhaben, beieinandersitzen, beieinanderstehen

Aber:

- es beieinander aushalten
- sich beieinander ausweinen

Mit »sein« nur getrennt:

- beieinander sein (zusammen sein)
- gut beieinander sein (gesund sein)

bei|ei|n|an|der|blei|ben; sie sind immer beieinandergeblieben
bei|ei|n|an|der|ha|ben; wir müssten jetzt alles beieinanderhaben
bei|ei|n|an|der|lie|gen; da die Ortschaften eng beieinanderliegen
bei|ei|n|an|der|sit|zen; wir hatten gemütlich beieinandergesessen
bei|ei|n|an|der|ste|hen; sie vermieden es, zu nahe beieinanderzustehen
bei|ern (*landsch. für* mit dem Klöppel läuten); ich beiere
beif. = beifolgend
Bei|fah|rer; Bei|fah|rer|air|bag
Bei|fah|re|rin; Bei|fah|rer|sitz
Bei|fall, der; -[e]s
bei|fal|len (*veraltet für* in den Sinn kommen)
Bei|fall hei|schend, bei|fall|hei|schend ↑K 58
bei|fäl|lig
Bei|fall[s]|klat|schen, das; -s
Bei|falls|kund|ge|bung; Bei|falls|sturm
Bei|fang (*Fischerei* mitgefangene, nicht zum eigentlichen Fang gehörende Fische)
Bei|film (Film im Beiprogramm)
bei|fol|gend (*Amtsspr. veraltend für* anbei; *Abk.* beif.)
bei|fü|gen; Bei|fü|gung (*auch für* Attribut)
Bei|fuß, der; -es (eine Gewürz- u. Heilpflanze)
Bei|fut|ter (Zugabe zum gewöhnlichen Futter); **bei|füt|tern**
Bei|ga|be (Zugabe)
beige [beːʃ, bɛːʃ] ‹franz.› (sandfarben); ein beige[farbenes], beiges Kleid; *vgl.* blau; [1]**Beige,** das; -, *Plur.* -, *ugs.* -s
[2]**Bei|ge,** die; -, -n (*südd. u. schweiz. für* Stoß, Stapel)
bei|ge|ben (*auch für* sich fügen); klein beigeben
beige|far|ben, beige|far|big
bei|gen (*südd. u. schweiz. für* [auf]schichten, stapeln)

Bei|ge|ord|ne|te, der *u.* die; -n, -n
Bei|ge|schmack, der; -[e]s
bei|ge|sel|len *(geh.);* sich jmdm. beigesellen
Bei|g|net [bɛnˈjeː], der; -s, -s ‹franz.› (Schmalzgebackenes mit Füllung)
Bei|heft; bei|hef|ten; beigeheftet
Bei|hil|fe; Beihilfe beantragen
bei|hil|fe|fä|hig *(Amtsspr.)*
Bei|hirsch (*Jägerspr.* im Rudel mitlaufender, in der Brunft vom Platzhirsch verdrängter Hirsch)
Bei|jing [ˈbeidʒɪŋ, *auch* ...ˈdʒɪŋ] *vgl.* Peking
Bei|klang
Bei|koch, der (Hilfskoch); **Bei|kö|chin**
bei|kom|men; ihm ist nicht beizukommen (er ist nicht zu fassen, zu besiegen); mir ist nichts beigekommen (*geh. für* nichts eingefallen)
Bei|kost (zusätzliche Nahrung)
beil. = beiliegend
Beil, das; -[e]s, -e
bei|la|den *vgl.* [1]laden; **Bei|la|dung** *(auch Rechtsspr.)*
Bei|la|ge; Bei|la|gen|hin|weis (Hinweis auf beigelegte Prospekte o. Ä.)
Bei|la|ger (*veraltet für* Beischlaf)
bei|läu|fig (*bayr., österr. auch für* ungefähr, etwa); **Bei|läu|fig|keit**
bei|le|gen; Bei|le|gung
bei|lei|be; beileibe nicht (auf keinen Fall)
Bei|leid
Bei|leids|be|kun|dung; Bei|leids|be|zei|gung, Bei|leids|be|zeu|gung; Bei|leids|kar|te; Bei|leids|schrei|ben
bei|lie|gen; bei|lie|gend (*Abk.* beil.); **Bei|lie|gen|de,** das; -n
Beiln|gries (Stadt in Oberbayern)
beim ↑K 14: bei dem; *Abk.* b.; ↑K 72: alles beim Alten lassen; ↑K 82: beim Singen und Spielen
bei|men|gen; Bei|men|gung
bei|mes|sen; Bei|mes|sung
bei|mi|schen; Bei|mi|schung
be|imp|fen
Bein, das; -[e]s, -e
Bein|ab|stand (gegenüber dem Vordersitz)
bei|nah [*auch* ...ˈnaː], **bei|na|he** [*auch* ...ˈnaːə]
Bei|na|he|zu|sam|men|stoß (bes. bei Flugzeugen)
Bei|na|me
bein|am|pu|tiert; Bein|am|pu|tier|te, der *u.* die
Bein|ar|beit *(Sport)*
Bein|brech, der; -[e]s (Liliengewächs)
Bein|bruch, der
bei|nern (aus Knochen)
Bein|fleisch (*österr. für* Suppenfleisch)
Bein|frei|heit, die; - (Raum gegenüber dem Vordersitz)
be|in|hal|ten (enthalten, bedeuten); es beinhaltete; beinhaltet

beinhalten
Das Wort *beinhalten* sollte nicht zwischen *n* und *h* getrennt werden, da sonst eine irritierende und das Lesen hemmende Trennung entsteht.

bein|hart (*ugs. für* sehr hart)
Bein|haus (Aufbewahrungsort für ausgegrabene Gebeine auf Friedhöfen)
...bei|nig (z. B. hochbeinig)
Bein|kleid (*veraltet für* Hose)
Bein|ling (Strumpfoberteil; *auch* Hosenbein)
Bein|paar (zwei zusammengehörige Beine)
Bein|pro|the|se; Bein|ring
Bein|sche|re *(Sport);* **Bein|schlag** *(Sport)*
Bein|stumpf; bein|ver|sehrt
Bein|well, der; -s (eine Heilpflanze)
Bein|zeug (Beinschutz der Ritterrüstung)
bei|ord|nen; bei|ord|nend (*für* koordinierend); **Bei|ord|nung**
Bei|pack, der; -[e]s (zusätzliches Frachtgut; *Fernmeldetechnik* um den Mittelleiter liegende Leitungen bei Breitbandkabeln)
bei|pa|cken; beigepackt
Bei|pack|zet|tel ([bes. einem Medikament] beiliegender Zettel mit Angaben zur Zusammensetzung u. Verwendung)
bei|pflich|ten
Bei|pro|gramm *(Film)*
Bei|rat *Plur.* ...räte; **Bei|rä|tin**
Bei|ried, das; -[e]s *u.* die; - (*österr. für* Rippen-, Rumpfstück)
be|ir|ren; sich nicht beirren lassen
Bei|rut [*auch* ˈbeː...] (Hauptstadt Libanons); **Bei|ru|ter; Bei|ru|te|rin**
bei|sam|men; beisammen sein (einer bei dem andern sein; *auch für* in guter körperlicher u. geistiger Verfassung sein); wir sind lange beisammen gewesen; die damals noch alle beisammen gewesenen *od.* beisammengewesenen Familienmitglieder; **bei|sam|men|blei|ben; bei|sam|men|ha|ben**
Bei|sam|men|sein, das; -s
bei|sam|men|sit|zen ↑K 48; **bei|sam|men|ste|hen** ↑K 48
Bei|sas|se, der; -n, -n (Einwohner ohne Bürgerrecht im MA., Häusler)
Bei|satz (*für* Apposition)
bei|schie|ßen (einen [Geld]beitrag leisten)
Bei|schlaf (*geh., Rechtsspr.* Geschlechtsverkehr); **bei|schla|fen**
Bei|schlä|fer; Bei|schlä|fe|rin
Bei|schlag, der; -[e]s, Beischläge (*Archit.* erhöhter Vorbau an Häusern)
bei|schla|gen (*Jägerspr.* in das Bellen eines anderen Hundes einstimmen)
bei|schlie|ßen (*österr. für* beigeben, beilegen); **Bei|schluss** (*österr. für* das Beigeschlossene; Anlage); unter Beischluss von ...
Bei|se|gel (zusätzliches Segel)
Bei|sein, das; -s; in ihrem Beisein
bei|sei|te; Spaß, Scherz beiseite!
bei|sei|te|las|sen (unerwähnt lassen)
bei|sei|te|le|gen (weglegen; sparen)
bei|sei|te|neh|men; jmdn. beiseitenehmen (mit jmdm. unter vier Augen sprechen)
bei|sei|te|schaf|fen (beseitigen); **Bei|sei|te|schaf|fung,** die; -
bei|sei|te|schie|ben
bei|sei|te|set|zen (hintansetzen); **Bei|sei|te|set|zung**
bei|sei|te|ste|hen (zurückstehen; unterstützen)
bei|sei|te|tre|ten (zur Seite treten)
bei|seits (*südwestd. für* beiseite)
Bei|sel, das; -s, -[n] (*bayr., österr. ugs. für* Kneipe)
bei|set|zen; Bei|set|zung
Bei|sit|zer; Bei|sit|ze|rin
Bei|spiel, das; -[e]s, -e; zum Beispiel (*Abk.* z. B.)
bei|spiel|ge|bend; bei|spiel|haft; bei|spiel|los
Bei|spiel|satz; Bei|spiels|fall, der
bei|spiels|hal|ber; bei|spiels|wei|se; (*Abk.* bspw.)
bei|sprin|gen (*geh. für* helfen)
Bei|ßel, der; -s, - (*mitteld. für* Beitel, Meißel)
bei|ßen; du beißt; ich biss, du bissest; gebissen; beiß[e]; der Hund beißt ihn (*auch* ihm) ins Bein; sich beißen ([von Farben] nicht harmonieren)

be|kạnnt

Getrennt- und Zusammenschreibung:
- bekannt sein; sie ist mit ihm gut bekannt gewesen; alle uns damals bekannt gewesenen *od.* bekanntgewesenen Umstände
- bekannt geben *od.* bekanntgeben; die Verfügung wurde bekannt gegeben *od.* bekanntgegeben
- bekannt machen *od.* bekanntmachen; er soll mich mit ihm bekannt machen *od.* bekanntmachen; sich mit einer Sache bekannt machen *od.* bekanntmachen; das Gesetz wurde bekannt gemacht *od.* bekanntgemacht (veröffentlicht)
- bekannt werden *od.* bekanntwerden; ich bin bald mit ihm bekannt geworden *od.* bekanntgeworden; der Wortlaut ist bekannt geworden *od.* bekanntgeworden

Großschreibung der Substantivierung ↑K 72:
- jemand Bekanntes
- etwas Bekanntes
- nach [dem] Bekanntwerden der Entscheidung

Bei|ßer; Bei|ße|rei; Bei|ße|rin
Beiß|korb; Beiß|ring
beiß|wü|tig
Beiß|zan|ge
Bei|stand, der; -[e]s, Beistände (*österr. auch für* Trauzeuge)
Bei|stand|schaft *(Rechtsspr.)*
Bei|stands|pakt
bei|ste|hen
bei|stel|len (*österr. für* [zusätzlich] zur Verfügung stellen)
Bei|stell|mö|bel; Bei|stell|tisch
Bei|stel|lung
Bei|steu|er, die *(bes. südd.);* **bei|steu|ern**
bei|stim|men
Bei|strich (*bes. österr. für* Komma)
Bei|tel, der; -s, - (meißelartiges Werkzeug)
Bei|trag, der; -[e]s, ...träge
bei|tra|gen; er hat das Seine *od.* seine, sie hat das Ihre *od.* ihre dazu beigetragen
Bei|trä|ger; Bei|trä|ge|rin
Bei|trags|be|mes|sungs|gren|ze *(Sozialversicherung)*
bei|trags|fi|nan|ziert; bei|trags|frei
Bei|trags|klas|se; Bei|trags|pflicht *(Sozialversicherung);* **Bei|trags|rück|er|stat|tung; Bei|trags|satz**
Bei|trags|zah|ler; Bei|trags|zah|le|rin; Bei|trags|zah|lung
bei|trei|ben *(Rechtsspr.);* Schulden beitreiben (eintreiben); **Bei|trei|bung**
bei|tre|ten
Bei|tritt; Bei|tritts|er|klä|rung; Bei|tritts|land *(Politik);* **Bei|tritts|ver|hand|lung** *meist Plur.;* **Bei|tritts|wer|ber** (*österr. für* Land, das der EU beitreten möchte)
Bei|wa|gen; Bei|wa|gen|fah|rer; Bei|wa|gen|fah|re|rin
Bei|werk, das; -[e]s ([schmückende] Zutat; Unwichtiges)
bei|woh|nen *(geh.);* einem Staatsakt beiwohnen; einer Frau beiwohnen (Geschlechtsverkehr mit ihr haben); **Bei|woh|nung**
Bei|wort *Plur.* ...wörter (*für* Adjektiv)
Beiz, die; -, -en (*schweiz. mdal. für* Schenke, Wirtshaus)
Bei|zäu|mung *(Reiten)*
[1]**Bei|ze,** die; -, -n (chem. Flüssigkeit zum Färben, Gerben u. Ä.)
[2]**Bei|ze,** die; -, -n (Beizjagd)
[3]**Bei|ze,** die; -, -n (*landsch. für* Wirtshaus)
bei|zei|ten ↑K 63
bei|zen; du beizt
Bei|zer (*landsch. u. schweiz. für* Besitzer einer Beiz, [3]Beize); **Bei|ze|rin**
bei|zie|hen (*bes. südd., österr., schweiz. für* hinzuziehen); **Bei|zie|hung,** die; -
Beiz|jagd
Bei|zung (Behandlung mit [1]Beize)
Beiz|vo|gel (für die Jagd abgerichteter Falke)
be|ja|gen *(Jägerspr.);* **Be|ja|gung**
be|ja|hen
be|jahrt *(geh.)*
Be|ja|hung
be|jam|mern; be|jam|merns|wert
be|ju|beln
be|ka|keln (*nordd. ugs. für* gemeinsam besprechen)
be|kämp|fen; Be|kämp|fung
be|kannt *s. Kasten*
Be|kann|te, der *u.* die; -n, -n; liebe Bekannte; **Be|kann|ten|kreis**
be|kann|ter|ma|ßen
be|kann|ter|wei|se (bekanntlich); *aber* in bekannter Weise
Be|kannt|ga|be
be|kannt ge|ben, be|kannt|ge|ben *vgl.* bekannt
Be|kannt|heit; Be|kannt|heits|grad, der; -[e]s
be|kannt|lich
be|kannt ma|chen, be|kannt|ma|chen *vgl.* bekannt; **Be|kannt|ma|chung**
Be|kannt|schaft
be|kannt wer|den, be|kannt|wer|den *vgl.* bekannt
be|kan|ten (mit Kanten versehen); **Be|kan|tung**
Be|kas|si|ne, die; -, -n ⟨franz.⟩ (Sumpfschnepfe)
be|kau|fen, sich (*landsch. für* zu teuer, unüberlegt einkaufen)
be|keh|ren; sich bekehren; **Be|keh|rer; Be|keh|re|rin; Be|kehr|te,** der *u.* die; -n, -n; **Be|keh|rung**
be|ken|nen; sich bekennen; Bekennende Kirche (Name einer Bewegung in den dt. ev. Kirchen); ↑K 150
Be|ken|ner; Be|ken|ner|brief; Be|ken|ne|rin; Be|ken|ner|schrei|ben (Schreiben, in dem sich jmd. zu einem [politischen] Verbrechen bekennt)
Be|kennt|nis, das; -ses, -se
Be|kennt|nis|buch; Be|kennt|nis|frei|heit, die; -; **Be|kennt|nis|kir|che** (Bekennende Kirche)
be|kennt|nis|mä|ßig
Be|kennt|nis|schu|le (Schule mit Unterricht im Geiste eines religiösen Bekenntnisses)
be|kie|ken (*landsch. für* betrachten)
be|kiest; bekieste Wege
be|kifft (*ugs. für* im Drogenrausch)
be|kla|gen; sich beklagen; **be|kla|gens|wert**
Be|klag|te, der *u.* die; -n, -n (*Rechtswiss.* jmd., gegen den eine [Zivil]klage erhoben wird)
be|klat|schen
be|klau|en (*ugs. für* bestehlen)
be|kle|ben; Be|kle|bung
be|kle|ckern (*ugs. für* beklecksen); sich bekleckern; **be|kleck|sen;** sich beklecksen; bekleckst
be|klei|den; ein Amt bekleiden
Be|klei|dung; Be|klei|dungs|in|dus|t|rie
be|klem|men; be|klem|mend; Be|klem|mnis, die; -, -se; **Be|klem|mung**
be|klom|men (bedrückt, ängstlich); **Be|klom|men|heit,** die; -
be|klop|fen

be|kloppt (*ugs. für* dumm; unerfreulich)
be|knab|bern
be|knackt (*ugs. für* dumm; unerfreulich)
be|kni|en; jmdn. beknien (*ugs. für* jmdn. dringend bitten)
be|ko|chen; jmdn. bekochen (*ugs. für* für jmdn. kochen)
be|kö|dern (*Angeln* mit einem Köder versehen)
be|koh|len (*fachspr. für* mit Kohlen versorgen); **Be|koh|lung**
be|kom|men; ich habe es bekommen; es ist mir gut bekommen
be|kömm|lich; ein leicht bekömmliches *od.* leichtbekömmliches Essen; *aber nur* ein leichter bekömmliches, ein besonders leicht bekömmliches Essen; **Bekömm|lich|keit**
be|kös|ti|gen; Be|kös|ti|gung
be|kot|zen *(derb)*
be|kräf|ti|gen; Be|kräf|ti|gung
be|krallt (mit Krallen versehen)
be|krän|zen; Be|krän|zung
be|kreu|zen (mit dem Kreuzzeichen segnen); bekreuzt; **be|kreu|zi|gen,** sich
be|krie|chen
be|krie|gen
be|krit|teln (*abwertend für* bemängeln, [kleinlich] tadeln); **Be|kritte|lung, Be|kritt|lung**
be|krit|zeln; Wände bekritzeln
be|krö|nen; Be|krö|nung
be|ku|cken (*nordd. für* begucken)
be|küm|mern; das bekümmert ihn; sich um jmdn. *od.* etwas bekümmern; **Be|küm|mer|nis,** die; -, -se *(geh.);* **be|küm|mert; Be|küm|mert|heit,** die; -; **Be-küm|me|rung**
be|kun|den *(geh.);* **Be|kun|dung**
Bel, das; -s, - ⟨nach dem amerik. Physiologen A. G. Bell⟩ (eine physikal. Zählungseinheit; *Zeichen* B)
Bé|la (m. Vorn.)
be|lä|cheln; be|la|chen
be|la|den *vgl.* [1]laden; **Be|la|dung**
Be|lag, der; -[e]s, ...läge
Be|la|ge|rer; Be|la|ge|rin
be|la|gern
Be|la|ge|rung; Be|la|ge|rungs|ring; Be|la|ge|rungs|zu|stand
Be|l|a|mi, der; -[s], -s ⟨franz.⟩ (Frauenliebling)
be|läm|mern (*nordd. für* [mit dauernden Bitten] belästigen); ich belämmere ihn; **be|läm|mert** (*ugs. für* betreten, eingeschüchtert; übel)
Be|lang, der; -[e]s, -e; von Belang sein
be|lan|gen; jmdn. belangen (zur Rechenschaft ziehen; verklagen)
be|lang|los; Be|lang|lo|sig|keit
be|lang|reich
Be|lang|sen|dung (*österr. für* Sendung einer Interessenvertretung in Funk u. Fernsehen)
Be|lan|gung
be|lang|voll
Be|la|rus (österr. Name für Weißrussland, auch in Deutschland im internationalen Verkehr zu benutzen); **Be|la|rus|se; Be|la|rus-sin; be|la|rus|sisch**
be|las|sen; Be|las|sung, die; -
be|last|bar; belastbare (zuverlässige) Daten; **Be|last|bar|keit**
be|las|ten; be|las|tend
be|läs|ti|gen; Be|läs|ti|gung
Be|las|tung
Be|las|tungs-EKG *(Med.)*
Be|las|tungs|gren|ze; Be|las|tungs-ma|te|ri|al; Be|las|tungs|pro|be
Be|las|tungs|stö|rung *(Psychol.)*
Be|las|tungs|zeu|ge; Be|las|tungs-zeu|gin
be|lat|schern (*ugs. für* bereden, überreden)
be|lau|ben, sich; **Be|lau|bung**
be|lau|ern; Be|lau|e|rung
[1]**Be|lauf,** der; -[e]s (*veraltet für* Betrag; Höhe [der Kosten])
[2]**Be|lauf** (Forstbezirk)
be|lau|fen; sich belaufen; die Kosten haben sich auf ... belaufen
be|lau|schen
Bel|can|to, Bel|kan|to, der; -[s] ⟨ital.⟩ (ital. Gesangsstil)
Bel|chen, der; -[s] (Erhebung im südl. Schwarzwald); ↑K 140: Großer Belchen, Elsässer Belchen (Erhebung in den Vogesen)
be|le|ben; be|lebt; Be|lebt|heit; Be-le|bung
be|le|cken
Be|leg, der; -[e]s, -e
Be|leg|arzt; Be|leg|ärz|tin
be|leg|bar
Be|leg|bett (auf einer Belegstation)
be|le|gen
Be|leg|ex|em|p|lar
Be|leg|schaft; Be|leg|schafts|ak|tie; Be|leg|schafts|stär|ke; Be|leg-schafts|ver|tre|tung
Be|leg|sta|ti|on (im Krankenhaus)
Be|leg|stück (*svw.* Belegexemplar)
be|legt; belegte Brötchen
Be|le|gung *Plur. selten;* **Be|le-gungs|dich|te**
be|leh|nen (*früher für* in ein Lehen einsetzen; *schweiz. für* beleihen); **Be|leh|nung**
be|lehr|bar; be|leh|ren ↑K 77: eines and[e]ren *od.* andern belehren, *aber* ↑K 72: eines Besser[e]n *od.* Bessren belehren; **Be|leh|rung**
be|leibt; Be|leibt|heit, die; -
be|lei|di|gen; Be|lei|di|ger; Be|lei|di-ge|rin; be|lei|digt
Be|lei|di|gung; Be|lei|di|gungs|kla-ge; Be|lei|di|gungs|pro|zess
be|leih|bar; be|lei|hen; Be|lei|hung
be|lem|mern, be|lem|mert *alte Schreibungen für* belämmern, belämmert
Be|lem|nit, der; -en, -en ⟨griech.⟩ (*Geol.* fossiler Schalenteil von Tintenfischen)
be|le|sen; Be|le|sen|heit, die; -
Bel|es|p|rit [bɛlɛsˈpri:], der; -s, -s ⟨franz.⟩ (*veraltet, noch spöttisch für* Schöngeist)
Bel|eta|ge [bɛ...ʒə], die; -, -n (*Archit.* Hauptgeschoss, erster Stock)
be|leuch|ten
Be|leuch|ter; Be|leuch|te|rin
Be|leuch|tung; Be|leuch|tungs|an|la-ge; Be|leuch|tungs|ef|fekt; Be-leuch|tungs|tech|nik
be|leum|det, be|leu|mun|det; sie ist gut, übel beleumdet
Bel|fast [*od.* ˈbɛ...] (Hauptstadt von Nordirland)
bel|fern (*ugs. für* bellen; keifend schimpfen); ich belfere
Bel|gi|en; Bel|gi|er; Bel|gi|e|rin; bel-gisch
Bel|grad (Hauptstadt Serbiens); *vgl.* Beograd; **Bel|gra|der; Bel-gra|de|rin**
Be|li|al, *ökum.* **Be|li|ar,** der; -[s] ⟨hebr.⟩ (Teufel im N. T.)
be|lich|ten
Be|lich|tung; Be|lich|tungs|mes|ser, der; **Be|lich|tungs|zeit**
be|lie|ben (*geh. für* wünschen); es beliebt (gefällt) mir *(oft iron.);* **Be|lie|ben,** das; -s; nach Belieben; es steht in ihrem Belieben

be|lie|big

- x-beliebig ↑K 29
- ein beliebiges Beispiel
- eine beliebig große Zahl
- etwas beliebig verändern

Großschreibung ↑K 72:

- etwas Beliebiges; ein Beliebiger; jeder Beliebige; alle Beliebigen; alles Beliebige

be|liebt; Be|liebt|heit, die; -; **Be|liebt|heits|ska|la**
be|lie|fern; Be|lie|fe|rung
Be|lin|da (w. Vorn.)
Be|lize [...ˈli:s] (Staat in Mittelamerika); **Be|li|zer** [...zɐ]; **Be|li|ze|rin** [...zərɪn]; **be|li|zisch**
Bel|kan|to *vgl.* Belcanto
Bel|la (w. Vorn.)
Bel|la|don|na, die; -, ...nnen ‹ital.› (Tollkirsche)
Belle-Al|li|ance [bɛlaˈli̯ã:s]; die Schlacht bei Belle-Alliance (Waterloo)
Belle Époque [ˈbɛl eˈpɔk], die; - - ‹franz.› (Zeit des gesteigerten Lebensgefühls in Frankreich zu Beginn des 20. Jh.s)
bel|len; Bel|ler
Bel|le|t|rist, der; -en, -en ‹franz.› (Unterhaltungsschriftsteller); **Bel|le|t|ris|tik,** die; - (Unterhaltungsliteratur); **Bel|le|t|ris|tin; bel|le|t|ris|tisch**
[1]**Belle|vue** [bɛlˈvy:], die; -, -n [...ˈvy:ən] ‹franz.› (*veraltet für* Aussichtspunkt)
[2]**Belle|vue,** das; -[s], -s (*Bez. für* Schloss, Gaststätte mit schöner Aussicht)
Bel|li|ni (ital. Malerfamilie; ital. Komponist)
Bel|lin|zo|na (Hauptstadt des Kantons Tessin)
Bel|li|zis|mus, der; - ‹lat.› (Befürwortung des Krieges); **Bel|li|zist,** der; -en, -en; **Bel|li|zis|tin; bel|li|zis|tisch**
Bel|lo (ein Hundename)
Bel|lo|na (röm. Kriegsgöttin)
Bel|mo|pan (Hauptstadt von Belize)
be|lo|ben (*veraltet für* belobigen)
be|lo|bi|gen; Be|lo|bi|gung
Be|lo|bi|gungs|schrei|ben
Be|lo|bung (*veraltet*)
be|loh|nen; Be|loh|nung
be|lo|rus|sisch *vgl.* belarussisch
Bel Pa|e|se®, der; - -, **Bel|pa|e|se,** der; - (ein ital. Weichkäse)
Bel|sa|zar, Bel|schaz|zar (babylon. Kronprinz, nach dem A. T. letzter König von Babylon)
Belt, der; -[e]s, -e (Meerenge); der Große Belt, der Kleine Belt ↑K 140
be|lüf|ten; Be|lüf|tung
[1]**Be|lu|ga,** die; -, -s ‹russ.› (Hausen [*vgl. d.*]; Weißwal)
[2]**Be|lu|ga,** der; -s (der aus dem Rogen des Hausens bereitete Kaviar)
be|lü|gen
be|lus|ti|gen; sich belustigen; **Be|lus|ti|gung**
Be|lu|t|sche [*auch* ...ˈlʊ...], der; -n, -n (Angehöriger eines asiat. Volkes); **Be|lu|t|schin; be|lu|t|schisch; Be|lu|t|schi|s|tan** (westpakistan. Hochland)
Bel|ve|de|re, das; -[s], -s ‹ital., »schöne Aussicht«› (Aussichtspunkt; *Bez. für* Schloss, Gaststätte mit schöner Aussicht)
[1]**bel|zen** (*landsch. für* sich vor der Arbeit drücken); *vgl.* [1]pelzen
[2]**bel|zen** (*landsch. für* [2]pelzen)
Belz|ni|ckel, der; -s, - (*westmd. für* Nikolaus)
Bem. = Bemerkung
be|ma|chen (*ugs. für* besudeln; betrügen); sich bemachen (*ugs. auch für* sich aufregen)
be|mäch|ti|gen, sich; sich des Geldes bemächtigen; **Be|mäch|ti|gung**
be|mä|keln (*ugs. für* bemängeln, bekritteln); **Be|mä|ke|lung, Be|mäk|lung**
be|ma|len; Be|ma|lung
be|män|geln; ich bemäng[e]le; **Be|män|ge|lung,** *seltener* **Be|mäng|lung**
be|man|nen; ein Schiff bemannen; **be|mannt;** die bemannte Raumfahrt; **Be|man|nung**
be|män|teln (beschönigen); ich bemänt[e]le; **Be|män|te|lung,** *seltener* **Be|mänt|lung**
be|ma|ßen (*fachspr. für* mit Maßen versehen); **Be|ma|ßung**
be|mas|ten (mit einem Mast versehen); **Be|mas|tung**
be|mau|sen (*ugs. für* bestehlen)
be|mau|ten (mit einer Maut belegen); **Be|mau|tung**
Bem|bel, der; -s, - (*landsch. für* [Apfelwein]krug; kleine Glocke)
be|meh|len; Be|meh|lung, die; -
be|mei|ern (*ugs. für* überlisten); ich bemeiere
be|meis|tern (*geh.*); seinen Zorn bemeistern
be|merk|bar; sich bemerkbar machen
be|mer|ken; Be|mer|ken, das; -s; mit dem Bemerken
be|mer|kens|wert; be|mer|kens|wer|ter|wei|se; *aber* in bemerkenswerter Weise
Be|mer|kung (*Abk.* Bem.)
be|mes|sen; sich bemessen; die Steuern bemessen sich nach dem Einkommen
Be|mes|sung; Be|mes|sungs|gren|ze (*Versicherungsw.*); **Be|mes|sungs|grund|la|ge** (*Fachspr.*)
be|mit|lei|den; be|mit|lei|dens|wert; Be|mit|lei|dung
be|mit|telt (wohlhabend)
Bemm|chen (*ostmitteld.*); **Bem|me,** die; -, -n ‹slaw.› (*ostmitteld. für* Brotschnitte mit Belag)
be|mo|geln (*ugs. für* betrügen)
be|moost
be|mü|hen; sich bemühen; er ist um sie bemüht
be|mü|hend (*schweiz. für* unerfreulich, peinlich)
be|müht (angestrengt, eifrig)
Be|mü|hung
be|mü|ßi|gen (*geh. für* sich einer Sache bedienen); **be|mü|ßigt;** ich sehe mich bemüßigt (*geh. für* veranlasst, genötigt)
be|mus|tern (*Kaufmannsspr.* mit Warenmustern versehen); **Be|mus|te|rung**
be|mut|tern; ich bemuttere; **Be|mut|te|rung**
be|mützt (eine Mütze tragend)
Ben (*bei hebr. u. arab. Eigennamen* Sohn od. Enkel)
BEN = Bestätigungsnummer
be|nach|bart
be|nach|rangt (*österr. Verkehrsw.* nicht vorfahrtberechtigt)
be|nach|rich|ti|gen; Be|nach|rich|ti|gung
be|nach|tei|li|gen; Be|nach|tei|li|gung
be|na|geln (mit Nägeln versehen); **Be|na|ge|lung**
be|na|gen
be|nam|sen (*ugs. u. scherzh. für* benennen); du benamst
be|nannt
be|narbt (mit Narben bedeckt)
Be|na|res (*früherer Name für* Varanasi)
be|näs|sen (*geh.*)
Bench|mark [ˈbɛntʃmark], die; -, -s *u.* der; -s, -s ‹engl.› (*Wirtsch.* Maßstab für Leistungsvergleiche); **Bench|mar|king,** das; -s (*Wirtsch.* das Vergleichen von Herstellungsprozessen, Managementpraktiken sowie Produkten od. Dienstleistungen)
Ben|del *alte Schreibung für* Bändel
Ben|dix (m. Vorn.)
be|ne ‹lat.› (gut)
be|ne|beln (verwirren, den Verstand trüben)
be|ne|belt (*ugs. für* [durch Alkohol] geistig verwirrt)
Be|ne|be|lung, *seltener* **Be|neb|lung**
be|ne|dei|en ‹lat.› (segnen; selig-

preisen); du benedeist; du benedeitest; gebenedeit (*auch* benedeit); die Gebenedeite *(vgl. d.)*
Be|ne|dic|tus, das; -, - ‹lat.› (Teil der lat. Liturgie)
Be|ne|dikt, Be|ne|dik|tus (m. Vorn.); Papst Benedikt XVI.; die Botschaft [Papst] Benedikts XVI.; **Be|ne|dik|ta** (w. Vorn.)
Be|ne|dikt|beu|ern (Ort u. Kloster in Bayern)
Be|ne|dik|ten|kraut, das; -[e]s (eine Heilpflanze)
Be|ne|dik|ti|ner (Mönch des Benediktinerordens; *auch* Likörsorte); **Be|ne|dik|ti|ne|rin; Be|ne|dik|ti|ner|or|den,** der; -s (*Abk.* OSB *[vgl. d.]*)
Be|ne|dik|ti|on, die; -, -en (Segnung, kath. kirchl. Weihe)
Be|ne|dik|tus *vgl.* Benedikt
be|ne|di|zie|ren (segnen, weihen)
Be|ne|fiz, das; -es, -e ‹lat.› (Wohltätigkeitsveranstaltung)
Be|ne|fi|zi|ar, der; -s, -e, **Be|ne|fi|zi|at,** der; -en, -en (Inhaber eines [kirchl.] Benefiziums)
Be|ne|fi|zi|um, das; -s, ...ien (Pfründe; mittelalterl. Lehen)
Be|ne|fiz|kon|zert; Be|ne|fiz|spiel; Be|ne|fiz|vor|stel|lung
be|neh|men *vgl.* benommen; **Be|neh|men,** das; -s; sich mit jmdm. ins Benehmen setzen
be|nei|den; be|nei|dens|wert
Be|ne|lux [*auch* ...ˈlʊks] (*Kurzw. für* die in einer Zollunion zusammengefassten Länder Belgique [Belgien], Nederland [Niederlande] u. Luxembourg [Luxemburg])
Be|ne|lux|staa|ten, **Be|ne|lux-Staa|ten** *Plur.*
be|nen|nen; Be|nen|nung
be|net|zen *(geh.)*; **Be|net|zung**
B. Eng. = Bachelor of Engineering; *vgl.* Bachelor
Ben|ga|le, der; -n, -n (Einwohner von Bengalen); **Ben|ga|len** (vorderindische Landschaft)
Ben|ga|li, das; -[s] (Sprache)
Ben|ga|lin; ben|ga|lisch ↑K89: bengalisches Feuer (Buntfeuer)
Ben|ga|lo, der; -s, -s (*ugs. für* bengalisches Feuer)
Ben|gel, der; -s, *Plur.* -, *ugs.* -s ([ungezogener] Junge; *veraltet für* Stock, Prügelholz)
Ben Gu|ri|on (israel. Politiker)
be|nie|sen; etwas beniesen
Be|nimm, der; -s (*ugs. für* Betragen, Benehmen)
Be|nimm|re|gel *meist Plur.*
Be|nin (Staat in Afrika, *früher* Dahome[y]); **Be|ni|ner** (Einwohner von Benin); **Be|ni|ne|rin; be|ni|nisch**
Be|ni|to (m. Vorn.)
¹Ben|ja|min (m. Vorn.)
²Ben|ja|min, der; -s, -e (Jüngster in einer Gruppe)
Benn (dt. Dichter)
Ben|ne, die; -, -n ‹lat.› (*schweiz. mdal. für* Schubkarren)
Ben|no (m. Vorn.)
Ben|nuss *vgl.* Behennuss
be|nom|men (fast betäubt); **Be|nom|men|heit,** die; -
be|no|ten
be|nö|ti|gen
Be|no|tung
Ben|thal, das; -s ‹griech.› (*Biol.* Bodenregion eines Gewässers)
Ben|thos, das; - (im Benthal lebende Tier- u. Pflanzenwelt)
be|num|mern; Be|num|me|rung

benutz..., benütz...
Für *benutzen, Benutzer* usw. wird im süddeutschen Raum, in Österreich und in der Schweiz meist *benützen, Benützer* usw. gebraucht.

be|nutz|bar, be|nütz|bar
Be|nutz|bar|keit, Be|nütz|bar|keit, die; -
be|nut|zen, be|nüt|zen
Be|nut|zer, Be|nüt|zer
be|nut|zer|freund|lich, be|nüt|zer|freund|lich; Be|nut|zer|freund|lich|keit, Be|nüt|zer|freund|lich|keit
Be|nut|ze|rin, Be|nüt|ze|rin
Be|nut|zer|kreis, Be|nüt|zer|kreis
Be|nut|zer|na|me, Be|nüt|zer|na|me *(bes. EDV)*
Be|nut|zer|ober|flä|che, Be|nüt|zer|ober|flä|che (*EDV* auf einem Computerbildschirm sichtbare Darstellung eines Programms)
Be|nut|zung, Be|nüt|zung
Be|nut|zungs|ge|bühr, Be|nüt|zungs|ge|bühr
Ben|ve|nu|ta (w. Vorn.); **Ben|ve|nu|to** (m. Vorn.)
Benz (dt. Ingenieur)
ben|zen (*österr. ugs. für* betteln, bitten; ständig ermahnen)
Ben|zin, das; -s, -e ‹arab.›
ben|zin|be|trie|ben; Ben|zi|ner (*ugs. für* Auto mit Benzinmotor)
Ben|zin|gut|schein; Ben|zin|hahn; Ben|zin|ka|nis|ter; Ben|zin|kut|sche (*ugs. scherzh. für* Auto); **Ben|zin|mo|tor; Ben|zin|preis; Ben|zin|preis|er|hö|hung; Ben|zin|tank; Ben|zin|uhr; Ben|zin|ver|brauch**
Ben|zo|di|a|ze|pin, das; -s, -e (*Med.* ein Tranquilizer)
Ben|zoe [...oe], die; - (ein duftendes ostind. Harz); **Ben|zoe|harz**
Ben|zoe|säu|re (ein Konservierungsmittel)
Ben|zol, das; -s, -e (Teerdestillat aus Steinkohle; Lösungsmittel)
Benz|py|ren, das; -s (*Chemie* ein als Krebs erzeugend geltender Kohlenwasserstoff)
Ben|zyl, das; -s (*Chemie* Atomgruppe in zahlreichen chem. Verbindungen); **Ben|zyl|al|ko|hol** (*Chemie* aromat. Alkohol; Grundstoff für Parfüme)
Beo, der; -s, -s ‹indones.› (Singvogel aus Indien)
be|ob|ach|ten; Be|ob|ach|ter; Be|ob|ach|te|rin; Be|ob|ach|ter|sta|tus *(Völkerrecht)*
Be|ob|ach|tung; Be|ob|ach|tungs|ga|be; Be|ob|ach|tungs|sta|ti|on
Be|o|grad [*auch* bɛˈɔ...] (*serbischer Name für* Belgrad)
be|ölen, sich (*Jugendspr.* sich sehr amüsieren)
be|or|dern; ich beordere
be|pa|cken
be|pelzt
be|pfan|den (*Fachspr.* für etw. Pfand erheben)
be|pflan|zen; Be|pflan|zung
be|pflas|tern; Be|pflas|te|rung
be|pin|keln *(ugs.)*
be|pin|seln; Be|pin|se|lung, Be|pins|lung
be|pis|sen *(derb)*
be|plan|ken (mit Planken versehen); **Be|plan|kung**
be|prei|sen (*Wirtsch.* einen Preis festsetzen); **Be|prei|sung**
be|pro|ben (*Fachspr.* eine Probe entnehmen)
be|pu|dern; Be|pu|de|rung
be|quas|seln (*ugs. für* bereden)
be|quat|schen (*ugs. für* bereden)
be|quem; be|que|men, sich
be|quem|lich (*veraltet für* bequem)
Be|quem|lich|keit
be|ran|ken; Be|ran|kung
Be|rapp, der; -[e]s (*Bauw.* rauer Verputz)
be|rap|peln, sich (*ugs. für* sich aufraffen)
¹be|rap|pen ‹*zu* Berapp›
²be|rap|pen (*ugs. für* bezahlen)
be|ra|ten; beratende Ingenieurin
Be|ra|ter; Be|ra|te|rin

Be|ra|ter|ver|trag *(Wirtsch.)*
be|rat|schla|gen; du beratschlagtest; beratschlagt; **Be|rat|schla|gung**
Be|ra|tung
Be|ra|tungs|aus|schuss; Be|ra|tungs|be|schei|ni|gung; Be|ra|tungs|ge|spräch; Be|ra|tungs|gre|mi|um; Be|ra|tungs|schein; Be|ra|tungs|stel|le; Be|ra|tungs|ver|trag *(Wirtsch.)*
be|rau|ben; Be|rau|bung
be|rau|schen; sich berauschen
be|rau|schend; be|rauscht; Be|rauscht|heit; Be|rau|schung
Ber|ber, der; -s, - (Angehöriger einer Völkergruppe in Nordafrika; Berberteppich; *auch für* Nichtsesshafter); **Ber|be|rei**, die; - (alter Name für die Küstenländer im westl. Nordafrika); **Ber|be|rin; ber|be|risch**
Ber|be|rit|ze, die; -, -n ‹lat.› (Sauerdorn, ein Zierstrauch)
Ber|ber|pferd; Ber|ber|tep|pich
Ber|ceu|se [...'sø:...], die; -, -n ‹franz.› (*Musik* Wiegenlied)
Berch|tes|ga|den (Luftkurort in Oberbayern); **Berch|tes|ga|de|ner**; Berchtesgadener Alpen; **Berch|tes|ga|de|ne|rin**
Berch|told (m. Vorn.)
Berch|tolds|tag (2. Januar; in der Schweiz vielerorts Feiertag)
be|re|chen|bar; Be|re|chen|bar|keit
be|rech|nen; be|rech|nend
Be|rech|nung; Be|rech|nungs|grund|la|ge
be|rech|ti|gen; be|rech|tigt
Be|rech|tig|te, der *u.* die; -n, -n
be|rech|tig|ter|wei|se
Be|rech|ti|gung; Be|rech|ti|gungs|schein
be|re|den; be|red|sam; Be|red|sam|keit, die; -
be|redt; Be|redt|heit, die; -

beredsam / beredt

Das Wort *beredsam* ist eine Ableitung vom Verb *bereden* und wird wie dieses nur mit *d* geschrieben. Dagegen ist beredt als Verkürzung von *beredet* entstanden, weshalb man es mit *dt* schreibt.

Be|re|dung
be|ree|dert (*Seew.* einer Reederei gehörend, von ihr betreut)
be|reg|nen; Be|reg|nung
Be|reg|nungs|an|la|ge
Be|reich, der, *selten* das; -[e]s, -e
be|rei|chern; ich bereichere mich; **Be|rei|che|rung**
Be|rei|che|rungs|ab|sicht; Be|rei|che|rungs|ver|such
be|reichs|über|grei|fend
be|rei|fen (mit Reifen versehen); das Auto ist neu bereift
be|reift (mit Reif bedeckt)
Be|rei|fung
be|rei|ni|gen; Be|rei|ni|gung
be|rei|sen; ein Land bereisen; **Be|rei|sung**

be|reit

Getrenntschreibung ↑K 49:

- [zu allem] bereit sein; wir werden bereit sein, sind bereit gewesen; wenn ihr bereit seid

Zusammenschreibung ↑K 56:

- wir werden alles rechtzeitig bereithaben
- du musst dich bereithalten
- sich zu etwas bereitfinden
- sie wird alles bereithalten, bereitlegen, bereitstellen
- es muss immer alles bereitliegen, bereitstehen

Getrennt- oder Zusammenschreibung:

- sich zu etwas bereit machen *od.* bereitmachen
- sich zu etwas bereit erklären *od.* bereiterklären

[1]**be|rei|ten** (zubereiten); bereitet
[2]**be|rei|ten** (zureiten); beritten; **Be|rei|ter** (Zureiter); **Be|rei|te|rin**
be|reit er|klä|ren, be|reit|er|klä|ren *vgl.* bereit
be|reit|fin|den; ich habe mich zu diesem Schritt bereitgefunden
be|reit|ha|ben *vgl.* bereit
be|reit|hal|ten; ich habe das Geld bereitgehalten; wir werden uns bereithalten; ↑K 31: bereit- u. zur Verfügung halten, *aber* zur Verfügung u. bereithalten
be|reit|le|gen; ich habe das Buch bereitgelegt; **be|reit|lie|gen**; die Bücher werden bereitliegen
be|reit ma|chen, be|reit|ma|chen; ich habe mich bereit gemacht *od.* bereitgemacht
be|reits
Be|reit|schaft
Be|reit|schafts|arzt; Be|reit|schafts|ärz|tin; Be|reit|schafts|dienst; Be|reit|schafts|po|li|zei
be|reit|ste|hen; das Essen hat bereitgestanden
be|reit|stel|len; Be|reit|stel|lung
Be|rei|tung
be|reit|wil|lig; Be|reit|wil|lig|keit
Be|re|ni|ce [...tsə, *auch* ...tʃe] *vgl.* Berenike; **Be|re|ni|ke** (w. Vorn.)
be|ren|nen; das Tor berennen *(Sport)*
be|ren|ten (*Amtsspr.* eine Rente zusprechen)
Be|re|si|na [*od.* ...'na], die; - (Nebenfluss des Dnjepr)
Bé|ret [berɛ], das; -s, -s ‹franz.› (*schweiz. für* Baskenmütze)
be|reu|en
[1]**Berg**, der; -[e]s, -e; zu Berg[e] fahren; die Haare stehen einem zu Berg[e] *(ugs.)*
[2]**Berg** (früheres Großherzogtum)
[3]**Berg**, Alban (österr. Komponist)
berg|ab; bergab gehen
berg|ab|wärts; *aber* den Berg abwärts
Berg|ahorn; Berg|aka|de|mie
Ber|ga|mas|ke, der; -n, -n (Einwohner von Bergamo); **Ber|ga|mas|ker; Ber|ga|mas|kin; ber|ga|mas|kisch**
Ber|ga|mo (ital. Stadt)
Ber|ga|mot|te, die; -, -n ‹türk.› (eine Birnensorte; eine Zitrusfrucht); **Ber|ga|mott|öl**
Berg|amt (Aufsichtsbehörde für den Bergbau)
berg|an; bergan gehen
Berg|ar|bei|ter; Berg|ar|bei|te|rin
berg|auf; bergauf steigen
berg|auf|wärts; *aber* den Berg aufwärts
Berg|bahn; Berg|bau, der; -[e]s; **Berg|bau|er** (*vgl.* [2]Bauer); **Berg|bäu|e|rin; Berg|be|hör|de; Berg|be|stei|gung; Berg|be|woh|ner; Berg|be|woh|ne|rin; Berg|dorf**
Ber|ge *Plur.* (*Bergbau* taubes Gestein)
ber|ge|hoch, berg|hoch
Ber|gell, das; -s (südliches Tal von Graubünden)
Ber|ge|lohn *(Seew.)*
ber|gen; [etwas in sich] bergen; du birgst; du bargst; du bärgest; geborgen; birg!
Ber|gen|gruen [...gry:n] (dt. Schriftsteller)
Ber|ges|hö|he *(geh.)*
ber|ge|wei|se *(ugs.)*
Berg|fahrt (Fahrt den Strom, den Berg hinauf; *Ggs.* Talfahrt)
berg|fern
Berg|fex (leidenschaftl. Bergsteiger)
Berg|fried, der; -[e]s, -e (Haupt-

B
Berg

turm auf Burgen; Wehrturm); *vgl. auch* Burgfried
Berg|füh|rer; Berg|füh|re|rin
Berg|gän|ger (*bes. schweiz. für* Bergsteiger); **Berg|gän|ge|rin**
Berg|geist (Märchen-, Sagenfigur)
Berg|gip|fel; Berg|hang
berg|hoch, berg|ge|hoch
Berg|ho|tel; Berg|hüt|te
ber|gig
ber|gisch (zum Lande Berg gehörend); *aber* ↑K140 : das Bergische Land (Gebirgslandschaft zwischen Rhein, Ruhr und Sieg)
Berg|isel, der; - (Berg bei Innsbruck)
Berg|ka|ra|bach (Gebiet in Kaukasien)
Berg|kä|se (ein würziger Hartkäse aus den Alpen)
Berg|ket|te; Berg|kie|fer
Berg|knap|pe *(veraltet)*
Berg|krank|heit; Berg|kris|tall, der; -s, -e (ein Mineral); **Berg|kup|pe**
Berg|land, das; -[e]s, ...länder
Berg|ler, der; -s, - (im Bergland Wohnender); **Berg|le|rin**
Berg|luft, die; -
[1]**Berg|man,** Ingmar (schwed. Regisseur)
[2]**Berg|man,** Ingrid (schwed. Filmschauspielerin)
Berg|mann *Plur.* ...leute, *seltener* ...männer; **berg|män|nisch; Berg|manns|spra|che**
Berg|mas|siv; Berg|meis|ter; Berg|not, die; -
Berg|par|te, die; -, -n (*Bergbau* Paradebeil der Bergleute)
Berg|pfad
Berg|pre|digt, die; - *(N. T.)*
berg|reich
Berg|ren|nen *(Motorsport);* **Berg|ret|tungs|dienst; Berg|rutsch**
Berg|schä|den *Plur.* (durch den Bergbau an der Erdoberfläche hervorgerufene Schäden)
Berg|schi *vgl.* Bergski
Berg|schuh
berg|schüs|sig (*Bergmannsspr.* reich an taubem Gestein)
Berg|see
berg|seits
Berg|ski, Berg|schi (bei der Fahrt am Hang der obere Ski)
Berg|spit|ze
Berg|sta|ti|on (oberer Haltepunkt einer Bergbahn)
berg|stei|gen *meist im Infinitiv gebr.; seltener:* ich bergsteige, bin berggestiegen; **Berg|stei|gen,** das; -s; **Berg|stei|ger; Berg|stei|ge|rin; berg|stei|ge|risch**
Berg|stra|ße (am Westrand des Odenwaldes); **Berg|strä|ßer;** Bergsträßer Wein; **Berg|strä|ße|rin**
Berg|tod, der; -[e]s; **Berg|tour**
Berg-und-Tal-Bahn ↑K26 ; **Berg-und-Tal-Fahrt**
Ber|gung; Ber|gungs|mann|schaft
Berg|wacht; Berg|wald; Berg|wand
berg|wan|dern *nur im Infinitiv gebr.; oft als Substantivierung:* das Bergwandern; **Berg|wan|de|rung**
berg|wärts (zum Berg hin)
Berg|welt
Berg|werk; Berg|werks|ab|ga|be
Berg|wer|tung *(Radsport)*
Berg|wet|ter (Wetterverhältnisse im Gebirge)
Be|ri|be|ri, die; - ‹singhales.› (auf einem Mangel an Vitamin B_1 beruhende Krankheit)
Be|richt, der; -[e]s, -e; Bericht erstatten
be|rich|ten; falsch, gut berichtet sein *(veraltend)*
Be|rich|ter; Be|rich|te|rin
Be|richt|er|stat|ter; Be|richt|er|stat|te|rin; Be|richt|er|stat|tung
be|rich|ti|gen; Be|rich|ti|gung
Be|richts|heft (Heft für wöchentl. Arbeitsberichte von Auszubildenden)
Be|richts|jahr; Be|richts|zeit|raum
be|rie|chen; sich beriechen (*ugs. für* vorsichtig Kontakte herstellen)
be|rie|seln; ich beries[e]le; **Be|rie|se|lung,** Be|ries|lung
Be|rie|se|lungs|an|la|ge
Be|ries|lung *vgl.* Berieselung
be|rin|gen ([Vögel u. a.] mit Ringen [am Fuß] versehen)
Be|ring|meer, Be|ring-Meer, das; -[e]s (nördlichstes Randmeer des Pazifiks); **Be|ring|stra|ße, Be|ring-Stra|ße,** die; -
Be|rin|gung (von Vögeln u. a.)
Be|ritt ([Forst]bezirk; [kleine] Abteilung Reiter); **be|rit|ten**
Ber|ke|li|um, das; -s ‹nach der Universität Berkeley in den USA› (chemisches Element, Transuran; *Zeichen* Bk)
Ber|lin (Hauptstadt u. Land der Bundesrepublik Deutschland)
Ber|li|na|le, die; -, -n (*Bez. für* die Filmfestspiele in Berlin)
Ber|lin-Dah|lem
Ber|li|ner (*auch kurz für* Berliner Pfannkuchen); ein Berliner Kind; Berliner Bär (Wappen von Berlin); Berliner Republik
Ber|li|ner Blau, das; - -[s] (ein Farbstoff)
Ber|li|ne|rin; ber|li|ne|risch
ber|li|nern (berlinerisch sprechen); ich berlinere
Ber|lin-Fried|richs|hain
ber|li|nisch
Ber|lin-Jo|han|nis|thal; Ber|lin-Kö|pe|nick; Ber|lin-Lich|ten|berg; Ber|lin-Mar|zahn; Ber|lin-Neu|kölln; Ber|lin-Pan|kow; Ber|lin-Prenz|lau|er Berg; Ber|lin-Rei|ni|cken|dorf; Ber|lin-Steg|litz; Ber|lin-Trep|tow [...ˈtreːpto, *auch* ...ˈtrɛ...]; **Ber|lin-Wed|ding; Ber|lin-Wil|mers|dorf; Ber|lin-Zeh|len|dorf**
Ber|li|oz [bɛrˈli̯oːs] (franz. Komponist)
Ber|litz|schu|le, Ber|litz-Schu|le ↑K136 ‹nach dem Gründer› (eine Sprachschule)
Ber|lo|cke, die; -, -n ‹franz.› (kleiner Schmuck an [Uhr]ketten)
Ber|me, die; -, -n (*Wasserbau, Straßenbau* Absatz, flacher Streifen an einer Böschung)
Ber|mu|da|drei|eck, Ber|mu|da-Drei|eck, das; -s (Teil des Atlantiks, in dem sich auf bisher nicht befriedigend geklärte Weise Schiffs- u. Flugzeugunglücke häufen)
Ber|mu|da|in|seln, Ber|mu|da-In|seln, Ber|mu|das *Plur.* (Inseln im Atlantik)
Ber|mu|da|shorts, Ber|mu|da-Shorts *Plur.* (fast knielange Shorts od. Badehose)
Ber|mu|der (Bewohner der Bermudainseln); **Ber|mu|de|rin; ber|mu|disch**
Bern (Hauptstadt der Schweiz, schweizerischer Kanton u. Hauptstadt dieses Kantons)
Ber|na|dette [...ˈdɛt] (w. Vorn.)
Ber|na|dotte [...ˈdɔt] (schwed. Königsgeschlecht)
Ber|na|nos (franz. Schriftsteller)
Ber|nar|di|no, der; -[s] (*ital. Form von* Bernhardin)
Bern|biet, das; -s (*svw.* Kanton Bern)
Bernd, Bernt (m. Vorn.)
Ber|ner; die Berner Alpen, das Berner Oberland; **Ber|ne|rin**
Bern|hard (m. Vorn.); **Bern|har|de** (w. Vorn.)
Bern|har|din, der; -s, **Bern|har|din|pass,** der; -es (*kurz für* Sankt-Bernhardin-Pass); *vgl.* Bernardino
Bern|har|di|ne (w. Vorn.)
Bern|har|di|ner, der; -s, - (eine

Hunderasse); **Bern|har|di|ner|hund**
Bern|hild, Bern|hil|de (w. Vorn.)
Ber|ni|na, der; -s, *auch* die; - (*kurz für* Piz Bernina, Berninapass *bzw. für* Berninagruppe, -massiv); **Ber|ni|na|bahn, Ber|ni|na-Bahn**, die; -; **Ber|ni|na|grup|pe, Ber|ni|na-Grup|pe**, die; -; **Ber|ni|na|mas|siv, Ber|ni|na-Mas|siv**, das; -s; **Ber|ni|na|pass, Ber|ni|na-Pass**, der; -es
ber|nisch ⟨*zu* Bern⟩
[1]**Bern|stein** [*auch* 'bø:ɐ̯nst...], Leonard ['lɛnəd] (amerik. Komponist u. Dirigent)
[2]**Bern|stein** ([als Schmuckstein verarbeitetes] fossiles Harz); **bern|stei|ne[r]n; bern|stein|far|ben; Bern|stein|ket|te**
Bernt *vgl.* Bernd
Bern|ward (m. Vorn.)
Bern|wards|kreuz, das; -es
Be|ro|li|na, die; - (Frauengestalt als Sinnbild Berlins)
Ber|sa|g|li|e|re [...al'je:...], der; -[s], ...ri ⟨ital.⟩ (ital. Scharfschütze)
Ber|ser|ker [*oder* ...'zɛr...], der; -s, - ⟨altnord.⟩ (wilder Krieger der altnord. Sage; *auch für* blindwütig tobender Mensch); **ber|ser|ker|haft; Ber|ser|ke|rin; Ber|ser|ker|wut**
bers|ten; es birst; es barst; geborsten; **Berst|schutz** (*Kerntechnik*)
Bert (m. Vorn.)
Ber|ta, Ber|tha (w. Vorn.)
Bert|hil|de (w. Vorn.)
Bert|hold *vgl.* Bertold
Ber|ti (w. *od.* m. Vorn.)
Ber|ti|na, Ber|ti|ne (w. Vorn.)
Ber|told, Bert|hold (m. Vorn.)
Bert|ram (m. Vorn.)
Bert|rand (m. Vorn.)
be|rüch|tigt
be|rü|cken (betören); **be|rü|ckend**
be|rück|sich|ti|gen; Be|rück|sich|ti|gung
Be|rü|ckung (*geh. für* Bezauberung)
Be|ruf, der; -[e]s, -e
be|ru|fen (*österr. auch für* Berufung einlegen); sich auf jmdn. *od.* etwas berufen
be|ruf|lich; Be|rufs|aka|de|mie
Be|rufs|an|fän|ger; Be|rufs|an|fän|ge|rin
Be|rufs|ar|mee
Be|rufs|auf|bau|schu|le (Schulform des zweiten Bildungsweges zur Erlangung der Fachschulreife)
Be|rufs|aus|bil|dung; Be|rufs|aus|sich|ten *Plur.*; **Be|rufs|be|am|te**
be|rufs|be|dingt; be|rufs|be|glei|tend; berufsbegleitendes Studium
Be|rufs|be|ra|ter; Be|rufs|be|ra|te|rin; Be|rufs|be|ra|tung
Be|rufs|be|zeich|nung
be|rufs|be|zo|gen
Be|rufs|bild; be|rufs|bil|dend; berufsbildende Schulen
Be|rufs|bil|dungs|werk (Einrichtung zur Berufsausbildung für behinderte Jugendliche)
Be|rufs|bo|xen, das; -s
Be|rufs|dich|ter; Be|rufs|dich|te|rin
Be|rufs|eig|nung
Be|rufs|ein|stei|ger; Be|rufs|ein|stei|ge|rin
be|rufs|er|fah|ren; Be|rufs|er|fah|rung
Be|rufs|ethos; Be|rufs|fach|schu|le
Be|rufs|fah|rer; Be|rufs|fah|re|rin
Be|rufs|feu|er|wehr
be|rufs|fremd
Be|rufs|ge|heim|nis; Be|rufs|ge|nos|sen|schaft; Be|rufs|grup|pe; Be|rufs|heer
Be|rufs|ju|gend|li|che (*ugs. abwertend für* sich bemüht jugendlich gebender Mensch)
Be|rufs|klas|se; Be|rufs|klei|dung
Be|rufs|kol|le|ge; Be|rufs|kol|le|gin
Be|rufs|krank|heit; Be|rufs|le|ben
Be|rufs|leh|re (*schweiz. für* Berufsausbildung)
be|rufs|los; be|rufs|mä|ßig
Be|rufs|ma|tur, Be|rufs|ma|tu|ra (*schweiz. für* Fachabitur)
Be|rufs|mu|si|ker; Be|rufs|mu|si|ke|rin
Be|rufs|or|ga|ni|sa|ti|on
Be|rufs|pä|d|a|go|gik
Be|rufs|po|li|ti|ker; Be|rufs|po|li|ti|ke|rin
Be|rufs|prak|ti|kum
Be|rufs|rei|fe|prü|fung (*österr. für* Prüfung für den Hochschulzugang ohne Matura)
Be|rufs|re|vo|lu|ti|o|när (*oft abwertend*)
Be|rufs|rich|ter; Be|rufs|rich|te|rin
Be|rufs|ri|si|ko
Be|rufs|schu|le; Be|rufs|schü|ler; Be|rufs|schü|le|rin; Be|rufs|schul|leh|rer; Be|rufs|schul|leh|re|rin
Be|rufs|sol|dat; Be|rufs|sol|da|tin
Be|rufs|spie|ler; Be|rufs|spie|le|rin
Be|rufs|sport|ler; Be|rufs|sport|le|rin
Be|rufs|stand; be|rufs|stän|disch
be|rufs|tä|tig; Be|rufs|tä|ti|ge, der *u.* die; -n, -n; **Be|rufs|tä|tig|keit**
be|rufs|un|fä|hig; Be|rufs|un|fä|hig|keit; Be|rufs|un|fä|hig|keits|ren|te; Be|rufs|un|fä|hig|keits|ver|si|che|rung
Be|rufs|ver|band; Be|rufs|ver|bot
Be|rufs|ver|bre|cher; Be|rufs|ver|kehr, der; -[e]s
Be|rufs|wahl, die; -; **Be|rufs|wech|sel; Be|rufs|weg; Be|rufs|wunsch; Be|rufs|ziel**
Be|ru|fung
Be|ru|fungs|frist (*Rechtswiss.*); **Be|ru|fungs|ge|richt; Be|ru|fungs|in|s|tanz; Be|ru|fungs|recht; Be|ru|fungs|ver|fah|ren; Be|ru|fungs|ver|hand|lung**
be|ru|hen; auf einem Irrtum beruhen; die Sache auf sich beruhen lassen
be|ru|hi|gen; sich beruhigen; ein beruhigender Kräutertee; **Be|ru|hi|gung; Be|ru|hi|gungs|mit|tel**, das; **Be|ru|hi|gungs|pil|le; Be|ru|hi|gungs|sprit|ze**
be|rüh|men, sich (sich auf etw. berufen; sich rühmen)
be|rühmt; be|rühmt-be|rüch|tigt
Be|rühmt|heit
be|rüh|ren; Be|rüh|rung
Be|rüh|rungs|angst (*Psychol.*)
be|rüh|rungs|emp|find|lich
Be|rüh|rungs|li|nie; Be|rüh|rungs|punkt
be|ru|ßen; berußt sein
Be|ryll, der; -s, -e ⟨griech.⟩ (ein Edelstein); **Be|ryl|li|um**, das; -s (chemisches Element, Metall; *Zeichen* Be)
bes. = besonders
be|sab|beln (*ugs. für* mit Speichel beschmutzen); sich besabbeln; ich besabb[e]le
be|sab|bern (*ugs. für* mit Speichel beschmutzen); sich besabbern
be|sä|en
be|sa|gen; das besagt nichts; **besagt** (*Amtsspr.* erwähnt)
be|sai|ten; zart besaitet; *vgl.* zart
be|sa|men
be|sam|meln (*schweiz. für* sammeln [der Mitglieder einer Gruppe u. Ä.]); ich besamm[e]le; sich besammeln (*schweiz. für* sich versammeln); **Be|samm|lung** (*schweiz.*)
Be|sa|mung (Befruchtung); künstliche Besamung; **Be|sa|mungs|sta|ti|on; Be|sa|mungs|zen|t|rum**
Be|san, der; -s, -e ⟨niederl.⟩ (*Seemannsspr.* Segel am hintersten Mast)
be|sänf|ti|gen; Be|sänf|ti|gung
Be|san|mast (*Seemannsspr.* hinterster Mast eines Segelschiffes)

be|sät; mit etwas besät (über u. über bedeckt) sein

Be|satz, der; -es, Besätze

Be|sat|zer, der; -s, - (*ugs. abwertend für* Angehöriger einer Besatzungsmacht); **Be|sat|ze|rin**

Be|satz|strei|fen

Be|sat|zung; Be|sat|zungs|kind; Be|sat|zungs|kos|ten *Plur.*; **Be|sat|zungs|macht; Be|sat|zungs|sol|dat; Be|sat|zungs|zo|ne**

be|sau|fen, sich (*derb für* sich betrinken); besoffen

[1]**Be|säuf|nis,** das; -ses, -se *od.* die; -, -se (*ugs. für* ausgiebiges Zechen)

[2]**Be|säuf|nis,** die; - (*ugs. für* Volltrunkenheit)

be|säu|seln, sich (*ugs. für* sich [leicht] betrinken); **be|säu|selt**

be|schä|di|gen; Be|schä|di|gung

be|schaff|bar

[1]**be|schaf|fen** (besorgen); sie beschaffte, hat beschafft

[2]**be|schaf|fen** (geartet); mit etwas ist es gut, schlecht beschaffen; **Be|schaf|fen|heit**

Be|schaf|fung

Be|schaf|fungs|kos|ten *Plur.*

Be|schaf|fungs|kri|mi|na|li|tät (kriminelle Handlungen zur Beschaffung von [Geld für] Drogen)

be|schäf|ti|gen; sich [mit etw.] beschäftigen; beschäftigt sein; **Be|schäf|tig|te,** der *u.* die; -n, -n

Be|schäf|ti|gung

Be|schäf|ti|gungs|ge|sell|schaft (Unternehmen zur Arbeitsbeschaffung, Umschulung usw.)

be|schäf|ti|gungs|los; Be|schäf|ti|gungs|lo|se, der *u.* die; -n, -n

Be|schäf|ti|gungs|po|li|tik

Be|schäf|ti|gungs|stand, der; -[e]s

Be|schäf|ti|gungs|the|ra|pie

Be|schäf|ti|gungs|ver|hält|nis

be|schä|len (begatten [von Pferden]); **Be|schä|ler** (Zuchthengst)

be|schal|len (starken Schall eindringen lassen; *Technik u. Med.* mit Ultraschall behandeln, untersuchen); **Be|schal|lung**

be|schä|men; be|schä|mend

be|schä|men|der|wei|se

Be|schä|mung

be|schat|ten; Be|schat|tung

Be|schau, die; -; **be|schau|en**

Be|schau|er; Be|schau|e|rin

be|schau|lich; Be|schau|lich|keit

Be|scheid, der; -[e]s, -e; Bescheid geben, sagen, tun, wissen

[1]**be|schei|den;** eine bescheidene Frau

[2]**be|schei|den;** beschied; beschieden; ein Gesuch abschlägig bescheiden (*Amtsspr.* ablehnen); sich bescheiden (sich zufriedengeben)

Be|schei|den|heit

be|schei|dent|lich *(geh. veraltend)*

be|schei|nen

be|schei|ni|gen; Be|schei|ni|gung

be|schei|ßen (*derb für* betrügen); beschissen

be|schen|ken; Be|schenk|te, der *u.* die; -n, -n

[1]**be|sche|ren** (beschneiden); beschoren; *vgl.* [1]scheren

[2]**be|sche|ren** (schenken; zuteilwerden lassen; *auch für* beschenken); jmdm. [etwas] bescheren; die Kinder wurden [reich] beschert; **Be|sche|rung**

be|scheu|ert (*derb für* nicht bei Verstand; ärgerlich, lästig)

be|schich|ten; Be|schich|tung

be|schi|cken

be|schi|ckert (*ugs. für* leicht betrunken)

Be|schi|ckung

be|schie|den; das ist ihm beschieden; *vgl.* [2]bescheiden

be|schie|ßen; Be|schie|ßung

be|schil|dern (mit einem [1]Schild versehen); **Be|schil|de|rung**

be|schimp|fen; Be|schimp|fung

be|schir|men

Be|schir|mer; Be|schir|me|rin

be|schirmt (*scherzh. für* mit einem Schirm ausgerüstet)

Be|schiss, der; -es (*derb für* Betrug); **be|schis|sen** (*derb für* sehr schlecht); *vgl.* bescheißen

be|schlab|bern, sich (sich beim Essen beschmutzen)

Be|schlächt, das; -[e]s, -e (hölzerner Uferschutz)

be|schla|fen (überschlafen); ich muss das noch beschlafen

Be|schlag, der; -[e]s, Beschläge; mit Beschlag belegen; in Beschlag nehmen, halten

Be|schläg, das; -s, -e (*schweiz. für* Beschlag, Metallteile an Türen, Fenstern, Schränken)

[1]**be|schla|gen;** gut beschlagen (bewandert; kenntnisreich) sein

[2]**be|schla|gen;** Pferde beschlagen; die Fenster sind beschlagen; die Glasscheibe beschlägt [sich] (läuft an); die Hirschkuh ist beschlagen [worden] (*Jägerspr. für* begattet [worden])

Be|schla|gen|heit, die; - ⟨*zu* [1]beschlagen⟩

Be|schlag|nah|me, die; -, -n; **be|schlag|nah|men;** beschlagnahmt; **Be|schlag|nah|mung**

be|schlei|chen

be|schleu|ni|gen; Be|schleu|ni|ger; be|schleu|nigt (schnell)

Be|schleu|ni|gung; Be|schleu|ni|gungs|an|la|ge *(Kernphysik);* **Be|schleu|ni|gungs|ver|mö|gen,** das; -s *(Technik);* **Be|schleu|ni|gungs|wert** *(Technik)*

be|schleu|sen (mit Schleusen versehen); einen Fluss beschleusen

be|schlie|ßen

Be|schlie|ßer (*veraltet für* Aufseher, Haushälter); **Be|schlie|ße|rin**

be|schlos|sen; be|schlos|se|ner|ma|ßen

Be|schluss

be|schluss|fä|hig; Be|schluss|fä|hig|keit, die; -; **Be|schluss|fas|sung; Be|schluss|la|ge; Be|schluss|or|gan; Be|schluss|recht**

be|schmei|ßen *(ugs.)*

be|schmie|ren

be|schmut|zen; ich beschmutze mir das Kleid; **Be|schmut|zung**

be|schnei|den; Be|schnei|dung; Beschneidung Jesu (kath. Fest)

be|schnei|en; beschneite Dächer; **Be|schnei|ung; Be|schnei|ungs|an|la|ge**

be|schnit|ten

be|schnüf|feln (*ugs. auch für* vorsichtig prüfen)

be|schnup|pern

be|schö|ni|gen; Be|schö|ni|gung

be|schot|tern *(Straßenbau, Eisenbahn);* **Be|schot|te|rung**

be|schrän|ken; sich beschränken

be|schrankt (*Eisenbahn* mit Schranken versehen); beschrankter Bahnübergang

be|schränkt (beengt); **Be|schränkt|heit; Be|schrän|kung**

be|schreib|bar; be|schrei|ben; Be|schrei|bung

be|schrei|en; etwas nicht beschreien

be|schrei|ten *(geh.)*

Be|schrieb, der; -s, -e (*schweiz. neben* Beschreibung)

be|schrif|ten; Be|schrif|tung

be|schu|hen; be|schuht

be|schul|di|gen; jmdn. eines Verbrechens beschuldigen

Be|schul|di|ger; Be|schul|di|ge|rin

Be|schul|dig|te, der *u.* die; -n, -n

Be|schul|di|gung

be|schu|len (*Amtsspr.* mit [Schulen u.] Schulunterricht versorgen); **Be|schu|lung** *Plur. selten;* **Be|schu|lungs|ver|trag**

be|schum|meln *(ugs.)*

be|schup|pen *vgl.* beschupsen
be|schuppt (mit Schuppen bedeckt)
be|schup|sen (*ugs. für* betrügen)
be|schürzt
Be|schuss, der; -es
be|schüt|zen
Be|schüt|zer; Be|schüt|ze|rin
Be|schüt|zer|in|s|tinkt
be|schwat|zen, *landsch.* **be|schwät|zen** *(ugs.)*
be|schwei|gen (nicht darüber sprechen)
Be|schwer, die; -, *auch* das; -[e]s (*veraltet für* Anstrengung, Bedrückung; *auch Rechtsspr.* ungünstige Entscheidung als Voraussetzung für die Einlegung eines Rechtsmittels)
Be|schwer|de, die; -, -n; Beschwerde führen
Be|schwer|de|buch
be|schwer|de|frei
Be|schwer|de|frist *(Rechtswiss.)*
Be|schwer|de|füh|ren|de, der *u.* die; -n, -n *(Rechtswiss.)*
Be|schwer|de|füh|rer *(Rechtswiss.);* **Be|schwer|de|füh|re|rin**
Be|schwer|de|in|s|tanz *(Rechtswiss.);* **Be|schwer|de|weg;** auf dem Beschwerdeweg
be|schwe|ren; sich beschweren
be|schwer|lich; Be|schwer|lich|keit
Be|schwer|nis, die; -, -se, *auch* das; -ses, -se; **Be|schwe|rung**
be|schwich|ti|gen; Be|schwich|ti|gung
be|schwin|deln
be|schwin|gen (in Schwung bringen); **be|schwingt; Be|schwingt|heit,** die; -
be|schwipst (*ugs. für* leicht betrunken); **Be|schwips|te,** der *u.* die; -n, -n
be|schwö|ren; du beschworst; er beschwor; du beschwörest; beschworen; beschwör[e]!
Be|schwö|rer; Be|schwö|re|rin
Be|schwö|rung; Be|schwö|rungs|for|mel
be|see|len (*geh. für* beleben; mit Seele erfüllen); **be|seelt; Be|seelt|heit,** die; -; **Be|see|lung**
be|se|geln; die Meere besegeln
Be|se|ge|lung, Be|seg|lung
be|se|hen
be|sei|ti|gen; Be|sei|ti|gung
be|se|li|gen (*geh. für* glücklich machen); **be|se|ligt** *(geh.);* **Be|se|li|gung** *(geh.)*
Be|sen, der; -s, -
Be|sen|bin|der; Be|sen|bin|de|rin
Be|sen|kam|mer
Be|sen|ma|cher (Berufsbez.); **Be|sen|ma|che|rin**
be|sen|rein
Be|sen|rei|ser *Plur. (Med.)*
Be|sen|schrank; Be|sen|stiel
Be|serl, das; -s, -[n]; *vgl.* Pickerl (*ostösterr. für* Handbesen)
Be|serl|baum (*ostösterr. ugs. für* unansehnlicher Baum)
Be|serl|park (*ostösterr. ugs. für* kleiner Park)
be|ses|sen; von einer Idee besessen; **Be|ses|se|ne,** der *u.* die; -n, -n; **Be|ses|sen|heit,** die; -
be|set|zen; Be|set|zer; Be|set|ze|rin
be|setzt; die Leitung ist besetzt; **Be|setzt|zei|chen**
Be|set|zung; Be|set|zungs|couch *(Filmjargon, Theaterjargon);* **Be|set|zungs|lis|te** (Liste der Rollenverteilung für ein Theaterstück)
be|si|chern *(Bankw.)*
be|sich|ti|gen; Be|sich|ti|gung; Be|sich|ti|gungs|tour
be|sie|deln; Be|sie|de|lung, Be|sied|lung
be|sie|geln; Be|sie|ge|lung, Be|sieg|lung
be|sie|gen
Be|sieg|lung *vgl.* Besiegelung
Be|sieg|te, der *u.* die; -n, -n
be|sin|gen
be|sin|nen, sich ↑K77: sich eines and[e]ren, andern besinnen, *aber* ↑K72 sich eines Besseren, Bessren besinnen
be|sinn|lich; Be|sinn|lich|keit
Be|sin|nung
Be|sin|nungs|auf|satz *(früher)*
be|sin|nungs|los; Be|sin|nungs|lo|sig|keit, die; -
Be|sitz, der; -es, -e; **Be|sitz|an|spruch**
be|sitz|an|zei|gend; besitzanzeigendes Fürwort (*für* Possessivpronomen)
Be|sitz|bür|ger *(meist abwertend);* **Be|sitz|bür|ge|rin; Be|sitz|bür|ger|tum**
be|sit|zen; Be|sit|zer
be|sitz|er|grei|fend; er war ihr zu eifersüchtig und besitzergreifend; **Be|sitz|er|grei|fung**
Be|sit|ze|rin
Be|sit|zer|stolz; Be|sit|zer|wech|sel
be|sitz|los; Be|sitz|lo|se, der *u.* die; -n, -n; **Be|sitz|lo|sig|keit,** die; -
Be|sitz|nah|me, die; -, -n
Be|sitz|stand; Be|sitz|stands|den|ken; Be|sitz|stands|wah|rung
Be|sitz|stö|rung (*Rechtswiss.* widerrechtliche Benutzung eines Grundstücks); **Be|sitz|tum**
Be|sit|zung
Be|sitz|ver|hält|nis|se *Plur.;* **Be|sitz|ver|tei|lung; Be|sitz|wech|sel**
Bes|ki|den *Plur.* (Teil der Karpaten)
be|sof|fen (*derb für* betrunken); **Be|sof|fen|heit,** die; - *(derb)*
be|soh|len; Be|soh|lung
be|sol|den; Be|sol|de|te, der *u.* die; -n, -n
Be|sol|dung; Be|sol|dungs|grup|pe; Be|sol|dungs|ord|nung; Be|sol|dungs|recht; Be|sol|dungs|ta|rif
be|söm|mern (*Landwirtsch.* den Boden nur im Sommer nutzen)
be|son|de|re; zur besonderen Verwendung (*Abk.* z. b. V.); insbesond[e]re; ↑K72: das Besond[e]re; etwas, nichts Besond[e]res; im Besonder[e]n, im Besondren; **Be|son|der|heit**
be|son|ders (*Abk.* bes.); besonders[,] wenn ↑K127
[1]**be|son|nen** (überlegt, umsichtig)
[2]**be|son|nen;** sich besonnen (von der Sonne bescheinen) lassen
Be|son|nen|heit, die; -
be|sonnt; besonnte Hänge
be|sor|gen
Be|sorg|nis, die; -, -se; Besorgnis erregen
be|sorg|nis|er|re|gend, Be|sorg|nis er|re|gend; ein besorgniserregender *od.* Besorgnis erregender Zustand, *aber nur* ein große Besorgnis erregender Zustand, ein äußerst besorgniserregender Zustand, ein noch besorgniserregenderer Zustand ↑K58
be|sorgt; Be|sorgt|heit
Be|sor|gung
be|span|nen; Be|span|nung
be|spa|ßen (*ugs. für* durch Spaßmachen zufriedenstellen); **Be|spa|ßung** *(ugs.)*
be|spei|en (*geh. für* bespucken)
be|spickt (dicht besteckt)
be|spie|geln; Be|spie|ge|lung, Be|spieg|lung
be|spiel|bar
be|spie|len; eine DVD bespielen
be|spi|ken [...'spai̯...] (*fachspr. für* mit Spikes versehen)
be|spit|zeln; Be|spit|ze|lung, Be|spitz|lung
be|spöt|teln; be|spot|ten
be|spre|chen; Be|spre|chung
be|spren|gen; mit Wasser besprengen
be|spren|keln
be|sprin|gen (begatten [von Tieren])
be|sprit|zen

bes|ser

– es ist besser, wenn du gleich kommst

Großschreibung der Substantivierung ↑K72:

– es ist das Bessere *od.* Bessre, wenn du gleich kommst
– jmdn. eines Besser[e]n *od.* Bessren belehren
– sich eines Besser[e]n *od.* Bessren besinnen
– eine Wendung zum Besser[e]n *od.* Bessren
– das Bessere ist des Guten Feind

Getrennt- und Zusammenschreibung in Verbindung mit Verben und Partizipien:

– du musst immer alles besser wissen!
– mit den neuen Schuhen wirst du besser gehen können
– dem Kranken wird es bald besser gehen *od.* bessergehen
– du solltest das Buch besser stellen als legen, *aber* man sollte kinderreiche Familien wirtschaftlich besserstellen
– ein heller Pullover würde dir besser stehen, *aber* wir werden uns finanziell bald besserstehen
– besser verdienende *od.* besserverdienende Angestellte
– die Besserverdienenden *od.* besser Verdienenden

Vgl. auch gut, beste

be|sprü|hen; Be|sprü|hung
be|spu|cken
Bes|sa|ra|bi|en (Gebiet nordwestl. vom Schwarzen Meer)
Bes|se|mer|bir|ne ⟨nach dem engl. Erfinder⟩ (techn. Anlage zur Stahlgewinnung)
bes|ser *s. Kasten*
bes|ser|ge|hen *vgl.* besser
Bes|ser|ge|stell|te, der *u.* die; -n, -n, **bes|ser Ge|stell|te**, der *u.* die; --n, --n; *vgl.* besser
bes|sern; ich bessere, *auch* bess|re; sich bessern
bes|ser|ste|hen *vgl.* besser
bes|ser|stel|len *vgl.* besser
Bes|se|rung, Bess|rung
Bes|ser|ver|die|nen|de, der *u.* die; -n, -n, **bes|ser Ver|die|nen|de**, der *u.* die; --n, --n; *vgl.* besser
Bes|ser|ver|die|ner; Bes|ser|ver|die|ne|rin
Bes|ser|wes|si *(ugs. abwertend)*
Bes|ser|wis|ser *(abwertend);* **Bes|ser|wis|se|rei; Bes|ser|wis|se|rin; bes|ser|wis|se|risch**
Bess|rung *vgl.* Besserung
Best, das; -[e]s, -e (*bayr., österr. für* ausgesetzter [höchster] Preis, Gewinn)
best...; z. B. bestgehasst

best...
Die mit *best...* gebildeten Adjektive drücken bereits einen höchsten Grad der Steigerung aus. Deshalb gelten Formen wie *bestmöglichste, bestbezahlteste* usw. als standardsprachlich nicht korrekt.

Best Ager [- ˈeːdʒɐ], der; - -s, - -[s] *meist Plur.* (*Werbespr.* jmd., der zur konsumfreudigen Kundengruppe der über 40-Jährigen gehört); **Best Age|rin**
be|stal|len (*Amtsspr.* [förmlich] in ein Amt einsetzen); wohlbestallt; **Be|stal|lung; Be|stal|lungs|ur|kun|de**
Be|stand, der; -[e]s, Bestände; Bestand haben; von Bestand sein; der zehnjährige Bestand (*österr. für* das Bestehen) des Vereins; ein Gut in Bestand (*österr. für* Pacht) haben, nehmen
be|stan|den (bewachsen; *schweiz. auch für* in vorgerücktem Alter); ein bestandener Mann
Be|stan|des|auf|nah|me (*schweiz. svw.* Bestandsaufnahme)
be|stän|dig; das Barometer steht auf »beständig«; **Be|stän|dig|keit**
Be|stands|auf|nah|me
Be|stands|ju|bi|lä|um (*österr. für* Jubiläum des Bestehens); **Be|stands|ver|trag**, Be|stand|ver|trag (*österr. Amtsspr. für* Pachtvertrag)
Be|stand|teil, der; **Be|stand|ver|trag** *vgl.* Bestandsvertrag
be|stär|ken; Be|stär|kung
be|stä|ti|gen; der offiziell bestätigte Wahlsieger; **Be|stä|ti|gung**
Be|stä|ti|gungs|num|mer (*EDV* zusätzliche Sicherungsnummer für elektronische Geschäftsabwicklung; *Abk.* BEN)
be|stat|ten; Be|stat|ter; Be|stat|te|rin; Be|statt|nis, die; -, -se (*westösterr. für* Beerdigung)
Be|stat|tung; Be|stat|tungs|in|s|ti|tut; Be|stat|tungs|un|ter|neh|men
be|stau|ben; bestaubt; sich bestauben (staubig werden)
be|stäu|ben *(Bot.);* **Be|stäu|bung**
be|stau|nen
best|aus|ge|rüs|tet
Best|be|set|zung *(bes. Sport)*
best|be|währt; best|be|zahlt
Best|bie|ter *(bes. österr.);* **Best|bie|te|rin**
bes|te *s. Kasten*
be|ste|chen; be|ste|chend
be|stech|lich; Be|stech|lich|keit *Plur. selten*
Be|ste|chung; Be|ste|chungs|af|fä|re; Be|ste|chungs|geld; Be|ste|chungs|skan|dal; Be|ste|chungs|sum|me; Be|ste|chungs|ver|such
Be|steck, das; -[e]s, *Plur.* -e, *ugs.* -s
be|ste|cken
Be|steck|kas|ten
Be|steg, der; -[e]s, -e (*Geol.* tonige Lage zwischen Gesteinsschichten)
be|ste|hen; auf etwas bestehen; ich bestehe auf meiner (*heute selten* meine) Forderung; die Verbindung soll bestehen bleiben; wir wollen die Regelung bestehen lassen; **Be|ste|hen**, das; -s; seit Bestehen der Firma
be|steh|len
be|stei|gen; Be|stei|gung
be|stell|bar
Be|stell|block *Plur.* ...blocks *od.* ...blöcke
be|stel|len; Be|stel|ler; Be|stel|le|rin
Be|stell|geld (*Postw.* Zustellgebühr)
Be|stell|kar|te
Be|stell|lis|te, Be|stell-Lis|te
Be|stell|num|mer
Be|stel|lung
bes|ten|falls
Bes|ten|lis|te
bes|tens
be|sternt; der besternte Himmel
be|steu|ern; Be|steu|e|rung
Best|form, die; - *(Sport)*
best|ge|hasst; best|ge|hü|tet; best|ge|pflegt

bes|te

Kleinschreibung:

- das beste [Buch] ihrer Bücher
- dieser Wein ist der beste
- sie konnte am besten von allen rechnen
- wir fangen am besten gleich an
- es ist am besten, wenn …

Großschreibung der Substantivierung ↑K72:

- ich halte es für das Beste, wenn …
- er ist der Beste in der Klasse
- er ist unser Bester, *aber* er ist unser bester Schüler
- sie hat ihr Bestes getan
- aus etwas das Beste machen
- mit ihrer Gesundheit steht es nicht zum Besten (nicht gut)
- etwas zum Besten geben
- jemanden zum Besten haben, halten
- es ist nur zu deinem Besten
- ich will nicht das erste Beste

Groß- oder Kleinschreibung ↑K75:

- wir arbeiten auf das, aufs Beste *od.* beste zusammen; *aber nur* seine Wahl ist auf das, aufs Beste gefallen

bes|ti|a|lisch ‹lat.› (unmenschlich, grausam); **Bes|ti|a|li|tät**, die; -, -en (Unmenschlichkeit, grausames Verhalten)

Bes|ti|a|ri|um, das; -s, …rien (Titel mittelalterlicher Tierbücher)

be|sti|cken

Be|stick|hö|he *(Deichbau)*

Be|sti|ckung

Bes|tie, die; -, -n (wildes Tier; Unmensch)

be|stie|felt

be|stimm|bar; be|stim|men

be|stimmt; bestimmter Artikel *(Sprachwiss.);* **Be|stimmt|heit**, die; -

Be|stim|mung; Be|stim|mungs|bahn|hof; be|stim|mungs|ge|mäß; Be|stim|mungs|ha|fen; Be|stim|mungs|ort

Be|stim|mungs|wort *Plur.* …wörter (*Sprachwiss.* erster Bestandteil einer Zusammensetzung, der das Grundwort näher bestimmt, z. B. »Schinken« in »Schinkenbrötchen«)

best|in|for|miert

be|stirnt; der bestirnte Himmel

Best|leis|tung

Best|mann, der; -[e]s, …männer (*Seemannsspr.* erfahrener Seemann, der auf Küstenschiffen den Schiffsführer vertritt)

Best|mar|ke (*Sport* Rekord)

best|mög|lich; *falsch:* bestmöglichst

be|sto|cken; Be|sto|ckung (*Bot.* Seitentriebbildung; *Forstwirtsch.* Aufforstung)

Best-of, das; -[s], -s ‹engl.› (*ugs. für* Zusammenstellung bes. beliebter u. erfolgreicher Werke [Musikstücke, Filme u. Ä.]); **Best-of-CD** (CD mit den erfolgreichsten Stücken)

be|sto|ßen (*fachspr.; schweiz. auch für* [eine Alp] mit Vieh besetzen)

best|plat|ziert *(bes. Sport);* die drei bestplatzierten Teilnehmerinnen; **Best|plat|zier|te**, der *u.* die; -n, -n

Best Prac|tice [ˈbɛst ˈprɛktɪs], die; - -, - -s ‹engl.› (*Wirtsch.* bestmögliche Methode, höchster Standard)

best|qua|li|fi|ziert *(bes. österr., schweiz.);* **Best|qua|li|fi|zier|te**, der *u.* die; -n, -n

be|stra|fen; Be|stra|fung

be|strah|len; Be|strah|lung

Be|strah|lungs|do|sis; Be|strah|lungs|zeit

be|stre|ben, sich; **Be|stre|ben**, das; -s; **be|strebt; Be|stre|bung**

be|strei|chen; Be|strei|chung

be|strei|ken; Be|strei|kung

be|strei|ten; Be|strei|tung

best|re|nom|miert; das bestrenommierte Hotel

be|streu|en; Be|streu|ung

be|stri|cken (bezaubern; für jmdn. stricken); **be|stri|ckend; Be|stri|ckung**

be|strumpft

Best|sel|ler, der; -s, - ‹engl.› (Ware [bes. Buch] mit bes. hohen Verkaufszahlen)

Best|sel|ler|au|tor; Best|sel|ler|au|to|rin; Best|sel|ler|lis|te

be|stü|cken (ausstatten, ausrüsten); **Be|stü|ckung**

be|stuh|len (mit Stühlen ausstatten); **Be|stuh|lung**

be|stür|men; Be|stür|mung

be|stür|zen; be|stür|zend

be|stürzt; bestürzt sein; **Be|stürzt|heit**, die; -; **Be|stür|zung**, die; -

be|stusst (*ugs. für* dumm)

best|vor|be|rei|tet

Best|wert (Optimum); **Best|zeit** *(Sport);* **Best|zu|stand**

Be|such, der; -[e]s, -e; auf, zu Besuch sein

be|su|chen; Be|su|cher

Be|su|cher|fre|quenz

Be|su|che|rin

Be|su|cher|re|kord

Be|su|cher|rit|ze (*svw.* Besuchsritze); **Be|su|cher|strom; Be|su|cher|zahl; Be|suchs|er|laub|nis**

Be|suchs|recht

Be|suchs|rit|ze (*scherzh. für* Spalt zwischen zwei Ehebetten)

Be|suchs|tag; Be|suchs|zeit; Be|suchs|zim|mer

be|su|deln; Be|su|de|lung, Be|sud|lung

Be|ta, das; -[s], -s (griech. Buchstabe: *B, β*); **Be|ta|blo|cker** (*kurz für* Betarezeptorenblocker)

Be|ta|ca|ro|tin, β-Ca|ro|tin (ein Provitamin); **be|ta|ca|ro|tin|reich, β-Ca|ro|tin-reich**

be|tagt (*geh. für* alt); *vgl.* hochbetagt; **Be|tag|ten|heim** (*schweiz. für* Altersheim); **Be|tagt|heit**, die; -

be|ta|keln (*Seemannsspr.* mit Takelwerk versehen; *österr. ugs. für* beschwindeln); **Be|ta|ke|lung**, *seltener* **Be|tak|lung**

Be|ta|ni|en *vgl.* Bethanien

be|tan|ken; ein Fahrzeug betanken; **Be|tan|kung**

Be|ta|re|zep|to|ren|blo|cker, β-Re|zep|to|ren-Blo|cker [ˈbeːta…] ↑K26 (Arzneimittel für bestimmte Herzkrankheiten)

be|tas|ten

Be|ta|strah|len, β-Strah|len [ˈbeːta…] *Plur.* ↑K29 *(Kernphysik);* **Be|ta|strah|ler** (*Med.* Bestrahlungsgerät); **Be|ta|strah|lung** *(Kernphysik)*

Be|tas|tung

Be|ta|test (*EDV* Test der Betaversion eines [Software]produktes); **Be|ta|tes|ter; Be|ta|tes|te|rin**

be|tä|ti|gen; sich betätigen; **Be|tä|ti|gung; Be|tä|ti|gungs|feld**

Be|ta|t|ron, das; -s, *Plur.* …one *od.* -s (*Kernphysik* Elektronenschleuder)

be|tat|schen (*ugs. für* betasten)
be|täu|ben; Be|täu|bung
Be|täu|bungs|mit|tel; Be|täu|bungs|mit|tel|ge|setz
be|tau|en; betaute Wiesen
Be|ta|ver|si|on (*EDV* Vorabversion einer Software)
Be|ta|zer|fall *(Kernphysik)*
Bet|bank *Plur.* ...bänke; **Bet|bru|der**
Be|te, Bee|te, die; -, -n (Wurzelgemüse; Futterpflanze); Rote Bete *od.* Beete ↑K 89
Be|tei|geu|ze, der; - ‹arab.› (ein Stern)
be|tei|len (*österr. für* beschenken; versorgen)
be|tei|li|gen; sich an einem Vorhaben beteiligen; die beteiligten Personen; **Be|tei|lig|te,** der *u.* die; -n, -n; **Be|tei|ligt|sein,** das; -s
Be|tei|li|gung; Be|tei|li|gungs|fi|nan|zie|rung; Be|tei|li|gungs|ge|sell|schaft
Be|tel, der; -s ‹Malajalam-port.› (Genussmittel aus der Betelnuss); **Be|tel|kau|er; Be|tel|nuss**
be|ten; Be|ter; Be|te|rin
Be|tes|da *vgl.* Bethesda
be|teu|ern; ich beteuere; **Be|teu|e|rung**
be|tex|ten
Be|tha|ni|en, *ökum.* Be|ta|ni|en (bibl. Ortsn.)
Be|thel (Heil- u. Pflegeanstalt bei Bielefeld)
Be|thes|da, *ökum.* Be|tes|da, der; -[s] (ehem. Teich in Jerusalem)
Beth|le|hem, *ökum.* Bet|le|hem (Stadt im Westjordanland); **beth|le|he|mi|tisch** ↑K 89 *u.* 142: der bethlehemitische Kindermord
Beth|männ|chen ‹nach der Frankfurter Bankiersfamilie Bethmann› (ein Gebäck aus Marzipan u. Mandeln)
Be|ti|se, die; -, -n ‹franz.› (*geh. für* Dummheit)
be|ti|teln; Be|ti|te|lung, *seltener* **Be|tit|lung**
Bet|le|hem *vgl.* Bethlehem
be|töl|peln (übertölpeln); ich betölp[e]le; **Be|töl|pe|lung**
Be|ton [be'tõ:, *auch, bes. südd., österr.* be'to:n], der; -s, *Plur. (Sorten):* -s, *auch, bes. südd., österr.* -e [...'to:nə] ‹franz.› (Baustoff aus Zement, Wasser, Sand usw.); **Be|ton|bau** *Plur.* ...bauten; **Be|ton|block** *Plur.* ...blöcke; **Be|ton|burg** (*abwertend für* großer Betonbau)
be|to|nen
Be|to|nie, die; -, -n ‹lat.› (eine Wiesenblume; Heilpflanze)
be|to|nie|ren (*auch übertr. für* festlegen, unveränderlich machen); **Be|to|nie|rer; Be|to|nie|re|rin; Be|to|nie|rung**
Be|ton|klotz (*auch ugs. für* [hässliches] großes Gebäude aus Beton); **Be|ton|kopf** (*abwertend für* völlig uneinsichtiger, auf seinen [politischen] Ansichten beharrender Mensch)
Be|ton|misch|ma|schi|ne
be|ton|nen (*Seemannsspr.* ein Fahrwasser durch Seezeichen [Tonnen usw.] bezeichnen)
be|tont; be|ton|ter|ma|ßen; Be|to|nung
be|tö|ren *(geh.);* **be|tö|rend; Be|tö|rer; Be|tö|re|rin; Be|tö|rung**
Bet|pult *(kath. Kirche)*
betr. = betreffend, betreffs
Betr. = Betreff
Be|tracht, der; *nur noch in Fügungen wie* in Betracht kommen, ziehen; außer Betracht bleiben
be|trach|ten; sich betrachten
Be|trach|ter; Be|trach|te|rin
be|trächt|lich; eine beträchtliche Summe, *aber* um ein Beträchtliches höher ↑K 72
Be|trach|tung; Be|trach|tungs|wei|se, die; **Be|trach|tungs|win|kel**
Be|trag, der; -[e]s, Beträge
be|tra|gen; sich betragen; **Be|tra|gen,** das; -s
be|tram|peln *(ugs.)*
be|trau|en; mit etwas betraut sein
be|trau|ern
be|träu|feln
Be|trau|ung
Be|treff, der; -[e]s, -e (*Amtsspr.; Abk.* Betr.); in Betreff, *aber* betreffs *(vgl. d.)* des Neubaus
be|tref|fen; was mich betrifft ...
be|tref|fend (zuständig; sich auf jmdn., etwas beziehend; *Abk.* betr.); die betreffende Behörde; den Neubau betreffend
Be|tref|fen|de, der *u.* die; -n, -n
Be|treff|nis, das; -ses, -se (*schweiz. für* Anteil; Summe, die auf jmdn. entfällt)
be|treffs (*Amtsspr.; Abk.* betr. ↑K 70); *Präp. mit Gen.:* betreffs des Neubaus (*besser:* wegen)
Be|treff|zei|le
be|trei|ben (*schweiz. auch für* jmdn. durch das Betreibungsamt zur Zahlung einer Schuld veranlassen); **Be|trei|ben,** das; -s; auf mein Betreiben
Be|trei|ber; Be|trei|ber|fir|ma; Be|trei|ber|ge|sell|schaft; Be|trei|be|rin
Be|trei|bung (Förderung, das Voranbringen; *schweiz. auch für* Beitreibung); **Be|trei|bungs|amt** (*in der Schweiz* Amt, das Zwangsvollstreckungen durchführt)
be|tresst (mit Tressen versehen)
[1]**be|tre|ten** (verlegen)
[2]**be|tre|ten** (*österr. Amtsspr. auch für* ertappen); einen Raum betreten; **Be|tre|ten,** das; -s
Be|tre|ten|heit, die; -
Be|tre|tungs|fall; im Betretungsfall (*österr. Amtsspr. für* beim Ertapptwerden)
be|treu|en; betreutes Wohnen
Be|treu|er; Be|treu|e|rin
Be|treu|te, der *u.* die; -n, -n
Be|treu|ung; Be|treu|ungs|geld
Be|treu|ungs|leh|rer; Be|treu|ungs|leh|re|rin; Be|treu|ungs|quo|te *(bes. Amtsspr.);* **Be|treu|ungs|stel|le; Be|treu|ungs|un|ter|halt**
Be|trieb, der; -[e]s, -e; eine Maschine in Betrieb setzen; die Maschine ist in Betrieb (läuft)
be|trieb|lich; betriebliche Altersversorgung, Altersvorsorge
be|trieb|sam; Be|trieb|sam|keit
Be|triebs|an|ge|hö|ri|ge
Be|triebs|an|lei|tung
Be|triebs|arzt; Be|triebs|ärz|tin
Be|triebs|aus|flug
Be|triebs|aus|schuss
be|triebs|be|dingt; betriebsbedingte Kündigungen
Be|triebs|be|ge|hung
be|triebs|be|reit
Be|triebs|be|wil|li|gung *(bes. österr., schweiz.)*
be|triebs|blind; Be|triebs|blind|heit
Be|triebs|di|rek|tor; Be|triebs|di|rek|to|rin
be|triebs|ei|gen
Be|triebs|er|geb|nis *(Wirtsch.)*
Be|triebs|er|laub|nis
be|triebs|fä|hig
Be|triebs|fe|ri|en *Plur.;* **Be|triebs|fest; Be|triebs|form**
be|triebs|fremd
Be|triebs|frie|den; Be|triebs|füh|rung; Be|triebs|ge|heim|nis; Be|triebs|ge|mein|schaft; Be|triebs|ge|sell|schaft *(Wirtsch.);* **Be|triebs|grö|ße**
Be|triebs|hof (*Fachspr.* Sammelstelle, -lager)
Be|triebs|in|ha|ber; Be|triebs|in|ha|be|rin
be|triebs|in|tern

Be|trie̲bs|ka|pi|tal; Be|trie̲bs|kli|ma, das; -s; **Be|trie̲bs|kos|ten** *Plur.*
Be|trie̲bs|kran|ken|kas|se; Be|trie̲bs|kü|che
Be|trie̲bs|lei|ter; Be|trie̲bs|lei|te|rin; Be|trie̲bs|lei|tung
Be|trie̲bs|nu|del (*ugs. für* jmd., der Stimmung zu machen versteht)
Be|trie̲bs|ob|frau; Be|trie̲bs|ob|mann
Be|trie̲bs|prü|fer; Be|trie̲bs|prü|fe|rin; Be|trie̲bs|prü|fung
Be|trie̲bs|rat *Plur.* ...räte; **Be|trie̲bs|rä|tin; Be|trie̲bs|rats|mit|glied**
Be|trie̲bs|rats|vor|sit|zen|de; Be|trie̲bs|rats|wahl
Be|trie̲bs|ren|te; Be|trie̲bs|ru|he; Be|trie̲bs|schluss
be|trie̲bs|si|cher
Be|trie̲bs|stät|te, *amtlich* **Be|trie̲b|stät|te; Be|trie̲bs|stö|rung**
Be|trie̲bs|sys|tem *(EDV)*
be|trie̲b|stö|rend
Be|trie̲bs|treue; Be|trie̲bs|un|fall
Be|trie̲bs|ver|ein|ba|rung
Be|trie̲bs|ver|fas|sung; Be|trie̲bs|ver|fas|sungs|ge|setz
Be|trie̲bs|ver|mö|gen *(Wirtsch.)*
Be|trie̲bs|ver|samm|lung
Be|trie̲bs|wirt; Be|trie̲bs|wir|tin
Be|trie̲bs|wirt|schaft
Be|trie̲bs|wirt|schaf|ter (*österr., schweiz. für* Betriebswirt); **Be|trie̲bs|wirt|schaf|te|rin**
Be|trie̲bs|wirt|schaft|ler (Betriebswirt); **Be|trie̲bs|wirt|schaft|le|rin**
be|trie̲bs|wirt|schaft|lich; Be|trie̲bs|wirt|schafts|leh|re (*Abk.* BWL)
Be|trie̲bs|zu|ge|hö|rig|keit
be|trin|ken, sich; betrunken
be|tro̩f|fen; betroffen sein; **Be|tro̩f|fe|ne,** der *u.* die; -n, -n
Be|tro̩f|fen|heit
be|trop|pezt ‹jidd.› (*österr. ugs. für* bestürzt)
be|trü̲|ben; be|trü̲b|lich; be|trü̲b|li|cher|we̲i|se
Be|trü̲b|nis, die; -, -se *(geh.)*
be|trü̲bt; Be|trü̲bt|heit, die; -
Be|tru̲g, der; -[e]s; **be|trü̲|gen; Be|trü̲|ger; Be|trü|ge|re̲i; Be|trü̲|ge|rin; be|trü̲|ge|risch**
be|tru̩n|ken; Be|tru̩n|ke|ne, der *u.* die; -n, -n
Be̲t|schwes|ter *(abwertend)*
Bett, das; -[e]s, -en; zu Bett gehen
Be̲t|tag *vgl.* Buß- und Bettag
Be̩tt|bank *Plur.* ...bänke (*österr. für* Bettcouch)
Be̩tt|be|zug; Be̩tt|couch; Be̩tt|de|cke
Be̩t|tel, der; -s (*abwertend für* minderwertiges Zeug, Kram)
be̩t|tel|arm
Be̩t|tel|arm|band (ein Schmuckstück)
Bet|te|le̲i *(abwertend)*
Be̩t|tel|mann *Plur.* ...leute *(veraltet)*; **Be̩t|tel|mönch**
be̩t|teln; ich bett[e]le
Be̩t|tel|or|den
Be̩t|tel|stab; jmdn. an den Bettelstab bringen (finanziell ruinieren)
be̩t|ten; sich betten
Be̩t|ten|bau, der; -[e]s
Be̩t|ten|burg (*ugs. abwertend für* großes Hotel)
bet|ten|füh|rend, Be̩t|ten füh|rend ↑K58 (*Fachspr.* [von Krankenhausabteilungen] mit Betten ausgestattet)
Be̩t|ten|ma|chen, das; -s; **Be̩t|ten|man|gel,** der; -s
Be̩tt|fe|der; Be̩tt|fla|sche (*südd., westösterr., schweiz. für* Wärmflasche); **Be̩tt|ge|schich|te** *(ugs.)*; **Be̩tt|ge|stell; Be̩tt|ha|se** *(ugs.)*; **Be̩tt|him|mel; Be̩tt|hup|ferl,** das; -s, -[n]; *vgl.* Pickerl (*landsch. für* Süßigkeiten vor dem Zubettgehen)
Be̩t|ti, Bet|ti̲|na, Bet|ti̲|ne (w. Vorn.)
Be̩tt|ja|cke; Be̩tt|kan|te; Be̩tt|kas|ten; Be̩tt|la|de (Bett[stelle])
be̩tt|lä|ge|rig
Be̩tt|la|ken; Be̩tt|lek|tü|re
Be̩tt|ler; Be̩tt|le|rin
Be̩tt|näs|sen, das; -s; **Be̩tt|näs|ser; Be̩tt|näs|se|rin**
Be̩tt|pfan|ne; Be̩tt|pfos|ten; Be̩tt|rand
be̩tt|reif *(ugs.)*
Be̩tt|ru|he; Be̩tt|schwe|re *(ugs.)*
Be̩tt|statt, die; -, ...stätten, *schweiz.* ...statten (*landsch. u. schweiz. für* Bett[stelle]); **Be̩tt|stel|le**
Be̩tt|sze|ne *(Film)*
Be̩tt|tru|he, Be̩tt-Tru|he
Be̩tt|tuch *Plur.* ...tücher, **Be̩tt-Tuch** *Plur.* ...-Tücher (Bettlaken)
Be̲t|tuch *Plur.* ...tücher (beim jüdischen Gottesdienst)
Be̩tt|um|ran|dung
Be̩t|tung *(Fachspr.)*
Be̩tt|vor|la|ge *(seltener)*; **Be̩tt|vor|le|ger; Be̩tt|wä|sche**
Be̩t|ty [...ti] (w. Vorn.)
Be̩tt|zeug
be|tu̩cht ‹jidd.› (*ugs. für* vermögend, wohlhabend)
be|tu̲|lich (in umständlicher Weise freundlich u. geschäftig; gemächlich); **Be|tu̲|lich|keit**
be|tu̲n (jmdn. verwöhnen); sich betun (sich zieren); betan
be|tup|fen
be|tup|pen (*landsch. für* betrügen)
be|tu̲|sam (*seltener für* betulich)
be|tü̲|tern (umsorgen); sich betütern (*nordd. ugs. für* sich einen Schwips antrinken); **be|tü̲|tert** *(nordd. ugs.)*
Beu̲|che, die; -, -n (*fachspr. für* Lauge zum Bleichen von Textilien); **beu̲|chen** (in Lauge kochen)
beug|bar (*auch für* flektierbar)
Beu̲|ge, die; -, -n (Turnübung; *selten für* Biegung)
Beu̲|ge|haft, die
Beu̲|gel, das; -s, - (*österr. für* Hörnchen)
Beu̲|ge|mus|kel
beu̲|gen (*auch für* flektieren, deklinieren, konjugieren); sich beugen
Beu̲|ger (Beugemuskel)
Beu̲|ge|stra|fe (Ordnungsstrafe)
beug|sam *(veraltet)*
Beu̲|gung (*auch für* Flexion, Deklination, Konjugation)
Beu̲|gungs|en|dung *(Sprachwiss.)*; **Beu̲|gungs-s,** das; -, - ↑K29 *(Sprachwiss.)*
Beu̲|le, die; -, -n
beu̲|len; sich beulen
Beu̲|len|pest, die; -
beu̲|lig; ein beuliger Hut
be|u̲n|ru|hi|gen; sich beunruhigen; **Be|u̲n|ru|hi|gung**
be|u̲r|grun|zen (*ugs. scherzh. für* näher untersuchen)
be|u̲r|kun|den; Be|u̲r|kun|dung
be|u̲r|lau|ben; Be|u̲r|lau|bung
be|u̲r|teil|bar; Be|u̲r|teil|bar|keit, die; -
be|u̲r|tei|len; Be|u̲r|tei|ler; Be|u̲r|tei|le|rin; Be|u̲r|tei|lung; Be|u̲r|tei|lungs|maß|stab
Beu̲|schel, das; -s, - (*österr. für* Gericht aus Lunge u. Herz)
beu̲t, beu̲tst (*veraltet u. geh. für* bietet, bietest); *vgl.* bieten
[1]**Beu̲|te,** die; -, -n *Plur. selten* (Erbeutetes)
[2]**Beu̲|te,** die; -, -n (*landsch. für* Holzgefäß; *Imkerspr.* Bienenstock)
beu̲|te|gie|rig
Beu̲|te|grei|fer *(Zool.)*
Beu̲|te|gut; Beu̲|te|kunst, die; - (im Krieg erbeutete Kunstwerke)
Beu̲|tel, der; -s, -
beu̲|teln; ich beut[e]le (*südd., österr. für* schütteln; sich bauschen); das Kleid beutelt [sich]
Beu̲|tel|rat|te; Beu̲|tel|schnei|der (*ugs. für* Taschendieb; Wuche-

rer); **Beu|tel|schnei|de|rin; Beu|tel|tier**
beu|te|lüs|tern; beu|te|lus|tig
beu|ten; Bienen beuten (*Imkerspr.* einsetzen); du beutst; er beutet; gebeutet; **Beu|ten|ho|nig**
Beu|te|recht; Beu|te|stück; Beu|te|tier; Beu|te|zug
Beut|ler (*Zool.* Beuteltier)
Beut|ner (*Imkerspr.* Bienenzüchter); **Beut|ne|rei,** die; -; **Beut|ne|rin**
beutst *vgl.* beut
Beuys [bɔys], Joseph (dt. Zeichner u. Aktionist)
be|völ|kern; ich bevölkere
Be|völ|ke|rung
Be|völ|ke|rungs|an|teil; Be|völ|ke|rungs|dich|te; Be|völ|ke|rungs|ex|plo|si|on; Be|völ|ke|rungs|grup|pe; Be|völ|ke|rungs|po|li|tik
Be|völ|ke|rungs|py|ra|mi|de (grafisch dargestellte Zusammensetzung der Bevölkerung nach Alter u. Geschlecht)
be|völ|ke|rungs|reich
Be|völ|ke|rungs|schicht; Be|völ|ke|rungs|schwund; Be|völ|ke|rungs|sta|tis|tik; Be|völ|ke|rungs|struk|tur; Be|völ|ke|rungs|wachs|tum; Be|völ|ke|rungs|wis|sen|schaft; Be|völ|ke|rungs|zahl; Be|völ|ke|rungs|zu|nah|me; Be|völ|ke|rungs|zu|wachs
be|voll|mäch|ti|gen; Be|voll|mäch|tig|te, der *u.* die; -n, -n; **Be|voll|mäch|ti|gung**
be|vor
be|vor|mun|den; Be|vor|mun|dung
be|vor|rangt (*österr. Verkehrsw.* vorfahrtberechtigt)
be|vor|ra|ten; Be|vor|ra|tung
be|vor|rech|ten (*älter für* bevorrechtigen); bevorrechtet
be|vor|rech|ti|gen; bevorrechtigt; **Be|vor|rech|ti|gung**
Be|vor|rech|tung (*älter für* Bevorrechtigung)
be|vor|schus|sen (*bes. österr., schweiz. Amtsspr.* vorläufig bezahlen); du bevorschusst; **Be|vor|schus|sung**
be|vor|ste|hen; die bevorstehenden Wahlen
be|vor|tei|len (jmdm. einen Vorteil zuwenden; *veraltet für* übervorteilen); **Be|vor|tei|lung**
be|vor|wor|ten (mit einem Vorwort versehen)
be|vor|zu|gen; die bevorzugten Standorte; **Be|vor|zu|gung**
be|wa|chen
Be|wa|cher; Be|wa|che|rin
be|wach|sen
Be|wa|chung
be|waff|nen; be|waff|net; bewaffneter Raubüberfall; **Be|waff|ne|te,** der *u.* die; -n, -n; **Be|waff|nung**
be|wah|ren (hüten; aufbewahren); Gott bewahre uns davor!, *aber* gottbewahre! *(ugs.)*
be|wäh|ren, sich
Be|wah|rer; Be|wah|re|rin
be|wahr|hei|ten, sich; **Be|wahr|hei|tung** *Plur. selten*
be|währt; Be|währt|heit, die; -
Be|wah|rung (Schutz; Aufbewahrung)
Be|wäh|rung (Erprobung)
Be|wäh|rungs|auf|la|ge *(Rechtsspr.);* **Be|wäh|rungs|frist**
Be|wäh|rungs|hel|fer; Be|wäh|rungs|hel|fe|rin
Be|wäh|rungs|pro|be; Be|wäh|rungs|stra|fe; Be|wäh|rungs|zeit
be|wal|den; be|wal|det
be|wald|rech|ten (*Forstwirtsch.* [gefällte Bäume] behauen)
Be|wal|dung
be|wäl|tig|bar; bewältigbare Aufgaben
be|wäl|ti|gen; Be|wäl|ti|gung
be|wan|dert (erfahren; unterrichtet)
be|wandt (*veraltet für* beschaffen); **Be|wandt|nis,** die; -, -se
be|wäs|sern; Be|wäs|se|rung, Bewässrung; **Be|wäs|se|rungs|sys|tem**
be|weg|bar
[1]**be|we|gen** (Lage ändern); du bewegst; du bewegtest; bewegt; beweg[e]!; sich bewegen
[2]**be|we|gen** (veranlassen); du bewegst; du bewogst; du bewögest; bewogen; beweg[e]!
be|we|gend; ein bewegendes Schauspiel
Be|weg|grund
be|weg|lich; Be|weg|lich|keit
be|wegt; Be|wegt|heit
Be|we|gung; Be|we|gungs|ab|lauf
Be|we|gungs|ap|pa|rat (*Anat.* Gesamtheit der zur Ausführung von Bewegungen erforderlichen Körperteile)
Be|we|gungs|drang; Be|we|gungs|frei|heit
be|we|gungs|los
Be|we|gungs|man|gel
Be|we|gungs|mel|der *(Technik)*
Be|we|gungs|stu|die; Be|we|gungs|the|ra|pie
be|we|gungs|un|fä|hig
be|weh|ren (*Technik* ausrüsten; *veraltend für* bewaffnen); **Be|weh|rung**
be|wei|ben, sich (*scherzh., sonst veraltet für* sich verheiraten)
be|wei|den *(Landwirtsch.);* **Be|wei|dung**
be|weih|räu|chern (*auch abwertend für* übertrieben loben); **Be|weih|räu|che|rung**
be|wei|nen
be|wein|kau|fen (*landsch. für* einen Kauf durch Weintrinken besiegeln)
Be|wei|nung; Beweinung Christi
Be|weis, der; -es, -e; etwas unter Beweis stellen *(Amtsspr.)*
Be|weis|an|trag *(Rechtswiss.);* **Be|weis|auf|nah|me**
be|weis|bar; kaum beweisbar sein; **Be|weis|bar|keit**
be|wei|sen; bewiesen
Be|weis|er|he|bung; Be|weis|füh|rung
Be|weis|kraft, die; -; **be|weis|kräf|tig**
Be|weis|la|ge *(bes. Rechtsspr.)*
Be|weis|last; Be|weis|ma|te|ri|al; Be|weis|mit|tel, das; **Be|weis|stück**
be|wen|den; *nur in* es bei etw. bewenden lassen; **Be|wen|den,** das; -s; es hat dabei sein Bewenden (es bleibt dabei)
Be|werb, der; -[e]s, -e (*Sport österr. für* Wettbewerb)
Be|werb|chen *(landsch.); nur in* sich ein Bewerbchen machen (unter Vortäuschung einer Beschäftigung ein bestimmtes Ziel verfolgen); ich mache mir ein Bewerbchen
be|wer|ben, sich; sich um, *auch* auf eine Stelle bewerben
Be|wer|ber; Be|wer|be|rin
Be|wer|bung
Be|wer|bungs|ge|spräch; Be|wer|bungs|map|pe; Be|wer|bungs|schrei|ben; Be|wer|bungs|un|ter|la|ge *meist Plur.*
be|wer|fen; Be|wer|fung
be|werk|stel|li|gen; Be|werk|stel|li|gung
be|wer|ten; Be|wer|tung
Be|wet|te|rung (*Bergmannsspr.* Versorgung der Grubenbaue mit Frischluft)
be|wi|ckeln; Be|wi|cke|lung, Be|wick|lung
be|wil|li|gen; Be|wil|li|gung
be|will|komm|nen; du bewillkommnest; bewillkommnet; **Be|will|komm|nung**
be|wim|pert
be|wir|ken; Be|wir|kung

be|wir|ten
be|wirt|schaf|ten; Be|wirt|schaf|tung
Be|wir|tung; Be|wir|tungs|ver|trag
Be|wit|te|rung (eine Methode der Werkstoffprüfung)
be|wit|zeln
be|wog, be|wo|gen *vgl.* ²bewegen
be|wohn|bar; be|woh|nen
Be|woh|ner; Be|woh|ne|rin
Be|woh|ner|par|ken, das; -s
Be|woh|ner|schaft
be|wöl|ken, sich; **be|wölkt;** bewölkter Himmel
Be|wöl|kung
Be|wöl|kungs|auf|lo|cke|rung; Be|wöl|kungs|zu|nah|me *Plur. selten*
be|wu|chern
Be|wuchs, der; -es
Be|wun|de|rer, Be|wund|rer
Be|wun|de|rin, Be|wund|re|rin
be|wun|dern; be|wun|derns|wert; be|wun|derns|wür|dig
Be|wun|de|rung *Plur. selten*
be|wun|de|rungs|wert; be|wun|de|rungs|wür|dig
Be|wund|rer, Be|wun|de|rer
Be|wund|re|rin, Be|wun|de|rin
Be|wurf
be|wur|zeln, sich (Wurzeln bilden)
be|wusst; *mit Gen.:* ich bin mir keines Vergehens bewusst; ich war mir dessen bewusst; sich eines Versäumnisses bewusst werden *od.* bewusstwerden; er hat den Fehler bewusst (mit Absicht) gemacht; *aber* sie hat mir den Zusammenhang bewusst gemacht *od.* bewusstgemacht; **Be|wusst|heit,** die; -
be|wusst|los; Be|wusst|lo|sig|keit, die; -
be|wusst ma|chen, be|wusst|ma|chen *vgl.* bewusst; **Be|wusst|ma|chung**
Be|wusst|sein, das; -s
Be|wusst|seins|bil|dung; Be|wusst|seins|er|wei|te|rung; Be|wusst|seins|trü|bung
be|wusst wer|den, be|wusst|wer|den *vgl.* bewusst
Be|wusst|wer|dung, die; -
Bey, Bei, der; -s, *Plur.* -e *u.* -s ‹türk., »Herr«› (türk. Titel, *oft hinter Namen,* z. B. Ali-Bey); *vgl.* Beg *u.* Bai
bez., bez, bz = bezahlt
bez. = bezüglich
Bez. = Bezeichnung
Bez., Bz. = Bezirk
be|zahl|bar
be|zah|len; eine gut bezahlte *od.* gutbezahlte Stellung
Be|zah|ler; Be|zah|le|rin
Be|zahl|fern|se|hen (*ugs. für* Pay-TV); **Be|zahl|sen|der**
be|zahlt (*Abk.* bez., bez, bz); sich bezahlt machen (lohnen); **Be|zah|lung**
be|zähm|bar; be|zäh|men; sich bezähmen; **Be|zäh|mung**
be|zau|bern; be|zau|bernd; Be|zau|be|rung
be|zecht (betrunken)
be|zeich|nen; be|zeich|nend
be|zeich|nen|der|wei|se
Be|zeich|nung (*Abk.* Bez.); **Be|zeich|nungs|leh|re** (*für* Onomasiologie)
be|zei|gen (*geh. für* zu erkennen geben); Gunst, Beileid, Ehren bezeigen; **Be|zei|gung**
be|zeu|gen (Zeugnis ablegen; bekunden); **Be|zeu|gung**
be|zich|ti|gen; jemanden eines Verbrechens bezichtigen; **Be|zich|ti|gung**
be|zieh|bar
be|zie|hen; sich auf eine Sache beziehen
Be|zie|her; Be|zie|he|rin
Be|zie|hung; in Beziehung setzen
Be|zie|hungs|ar|beit *(Psychol.)*
Be|zie|hungs|ge|flecht
Be|zie|hungs|kis|te (*ugs. für* Beziehung zu einem [Lebens]partner)
Be|zie|hungs|leh|re (Theorie der Soziologie)
be|zie|hungs|los; Be|zie|hungs|lo|sig|keit; be|zie|hungs|reich
Be|zie|hungs|stress
be|zie|hungs|wei|se (*Abk.* bzw.)
be|zif|fern; ich beziffere; sich beziffern auf; **Be|zif|fe|rung**
Be|zirk, der; -[e]s, -e (*Abk.* Bez. *od.* Bz.); **be|zirk|lich**
Be|zirks|amt; Be|zirks|aus|schuss
Be|zirks|bür|ger|meis|ter; Be|zirks|bür|ger|meis|te|rin
Be|zirks|ge|richt *(DDR, österr., schweiz.)*
Be|zirks|haupt|frau *(österr.);* **Be|zirks|haupt|mann** *(österr.);* **Be|zirks|haupt|mann|schaft** *(österr.);* **Be|zirks|haupt|stadt** *(österr.)*
Be|zirks|kar|te *(Geogr.)*
Be|zirks|klas|se *(Sport)*
Be|zirks|lei|ter; Be|zirks|lei|te|rin
Be|zirks|li|ga *(Sport)*
Be|zirks|mu|se|um *(österr.)*
Be|zirks|par|la|ment *(österr.)*
Be|zirks|rat; Be|zirks|rä|tin
Be|zirks|re|gie|rung
Be|zirks|rich|ter *(DDR, österr., schweiz.);* **Be|zirks|rich|te|rin**
Be|zirks|schul|rat *(österr.);* **Be|zirks|schul|rä|tin; Be|zirks|stadt|rat; Be|zirks|stadt|rä|tin**
Be|zirks|tag (in Bayern)
Be|zirks|ver|band
Be|zirks|ver|ord|ne|ten|ver|samm|lung (in Berlin); **Be|zirks|ver|tre|tung** *(österr.)*
Be|zirks|vor|sit|zen|de; Be|zirks|vor|ste|her; Be|zirks|vor|ste|he|rin
be|zirks|wei|se
be|zir|zen, be|cir|cen ‹nach der sagenhaften griech. Zauberin Circe› (*ugs. für* verführen, verzaubern); du bezirzt *od.* becirct; er wurde bezirzt *od.* becirct
Be|zo|ar, der; -s, -e ‹pers.› (in der Volksmedizin verwendeter Magenstein von Wiederkäuern)
Be|zo|ge|ne, der; -n, -n (*Bankw.* Adressat u. Akzeptant [eines Wechsels]); **Be|zo|gen|heit**
be|zopft

Be|zug

der; -[e]s, Bezüge

(*österr. auch für* Gehalt; *vgl.* Bezüge)

- in Bezug auf
- mit Bezug auf
- auf etwas Bezug haben, nehmen (sich auf etwas beziehen)
- Bezug nehmend *od.* bezugnehmend auf (mit Bezug auf)

Be|zü|ge *Plur.* (Einkünfte)
Be|zü|ger (*schweiz. für* Bezieher); **Be|zü|ge|rin**
be|züg|lich; bezügliches Fürwort (*für* Relativpronomen); *als Präp. mit Gen.* (*Amtsspr.; Abk.* bez.): bezüglich Ihres Briefes; *mit Dat., wenn der Gen. nicht erkennbar ist:* bezüglich Bewerbern; **Be|züg|lich|keit**
Be|zug|nah|me, die; -, -n
Be|zug neh|mend, be|zug|neh|mend *vgl.* Bezug
be|zugs|fer|tig; eine bezugsfertige Wohnung
Be|zugs|per|son; Be|zugs|punkt; Be|zugs|quel|le; Be|zugs|recht
Be|zug[s]|schein; Be|zug[s]|stoff; Be|zug[s]|sys|tem
be|zu|schus|sen *(Amtsspr.);* du bezuschusst; **Be|zu|schus|sung**
be|zwe|cken
be|zwei|feln; Be|zwei|fe|lung, Be|zweif|lung
be|zwing|bar; be|zwin|gen; be|zwin|gend

Be|zwin|ger; Be|zwin|ge|rin; Be|zwin|gung, die; -
be|zwun|gen
Bf. = Bahnhof; Brief
BfA, die; - = Bundesversicherungsanstalt für Angestellte
BFD, der; - = Bundesfreiwilligendienst
bfn. = brutto für netto
bfr *vgl.* Franc
B-Füh|rer|schein *(Kfz-Wesen)*
Bg. = Bogen
BG, das; - = Bundesgymnasium *(österr.)*
BGB, das; - = Bürgerliches Gesetzbuch
BGBl. = Bundesgesetzblatt
BGH = Bundesgerichtshof
BGN (Währungscode für Lew)
BGS, der; - = Bundesgrenzschutz *(früher)*; **BGS-Be|am|te; BGS-Be|am|tin**
[1]**BH** = *österr.* Bezirkshauptmannschaft; Bundesheer
[2]**BH** [beːˈhaː], der; -[s], -[s] *(ugs. für* Büstenhalter)
Bhag|wan, Bhag|van [b...], der; -[s], -s ‹Hindi› (Ehrentitel für religiöse Lehrer des Hinduismus *[nur Sing.]*; Träger dieses Ehrentitels)
Bha|rat [b...] *(amtl. Bez. für* Republik Indien)
Bhf. = Bahnhof
BHS, die; -, - *(österr. für* berufsbildende höhere Schule)
Bhu|tan [b...] (Königreich im Himalaja); **Bhu|ta|ner** (Einwohner von Bhutan); **Bhu|ta|ne|rin; bhu|ta|nisch**
bi *(ugs. für* bisexuell)
Bi = Bismutum *(chem. Zeichen für* Wismut)
BI = Bürgerinitiative
bi... ‹lat.› (zwei...; doppel[t]...)
Bi... (Zwei...; Doppel[t]...)
Bi|a|f|ra (Teil von Nigeria)
Bi|a|ły|s|tok [...ˈu̯ɪ...] (Stadt in Polen)
Bi|an|ca, Bi|an|ka (w. Vorn.)
Bi|ath|let, der; -en, -en ‹lat.; griech.›; **Bi|ath|le|tin; Bi|ath|lon,** der *u.* das; -s, -s (Kombination aus Skilanglauf u. Scheibenschießen)
bib|bern *(ugs. für* zittern); ich bibbere
Bi|bel, die; -, -n ‹griech.›
Bi|bel|druck, der; -[e]s, -e; **Bi|bel|druck|pa|pier**
Bi|be|les|käs, der; -es, **Bi|be|les|kä|se,** der; -s *(alemannisch für* Quark)
bi|bel|fest
Bi|bel|for|scher; Bi|bel|for|sche|rin; Bi|bel|for|schung
Bi|bel|kon|kor|danz
Bi|bel|le|se *(ev. Kirche)*
Bi|bel|re|gal (kleine Orgel des 16. bis 18. Jh.s)
Bi|bel|se|mi|nar; Bi|bel|spruch; Bi|bel|stel|le; Bi|bel|stun|de; Bi|bel|text; Bi|bel|vers; Bi|bel|wort *Plur.* ...worte
[1]**Bi|ber,** der; -s, - (ein Nagetier; *kurz für* Biberpelz)
[2]**Bi|ber**®, der *od.* das; -s (Rohflanell)
[3]**Bi|ber,** der; -s, - *(schweiz. für* eine Art Lebkuchen)
Bi|be|r|ach an der Riß (Stadt in Oberschwaben)
Bi|ber|bett|tuch
Bi|ber|fla|den ([3]Biber)
Bi|ber|geil, das; -[e]s (Drüsenabsonderung des Bibers)
Bi|ber|nel|le, die; -, -n *(Nebenform von* Pimpernell)
Bi|ber|pelz; Bi|ber|schwanz *(auch* Dachziegelart)
Bi|bi, der; -s, -s *(ugs. für* steifer Hut; Kopfbedeckung)
Bi|b|lio|graf, Bi|b|lio|graph, der; -en, -en ‹griech.› (Bearbeiter einer Bibliografie)
Bi|b|lio|gra|fie, Bi|b|lio|gra|phie, die; -, ...ien (Bücherkunde, Bücherverzeichnis)
bi|b|lio|gra|fie|ren, bi|b|lio|gra|phie|ren (den Titel einer Schrift bibliografisch verzeichnen, *auch* genau feststellen)
Bi|b|lio|gra|fin, Bi|b|lio|gra|phin, die; -, -nen
bi|b|lio|gra|fisch, bi|b|lio|gra|phisch (bücherkundlich)
Bi|b|lio|graph, Bi|b|lio|gra|phie usw. *vgl.* Bibliograf, Bibliografie usw.
bi|b|lio|man (krankhaft Bücher liebend); **Bi|b|lio|ma|ne,** der; -n, -n (Büchernarr); **Bi|b|lio|ma|nie,** die; -; **Bi|b|lio|ma|nin**
bi|b|lio|phil (schöne od. seltene Bücher liebend; für Bücherliebhaber); **Bi|b|lio|phi|le,** der *u.* die; -n, -n (Bücherliebhaber[in]); zwei Bibliophile[n]; **Bi|b|lio|phi|lie,** die; - (Liebe zu Büchern)
Bi|b|lio|thek, die; -, -en ([wissenschaftliche] Bücherei); Deutsche Bibliothek (in Frankfurt)
Bi|b|lio|the|kar, der; -s, -e (Verwalter einer Bibliothek); **Bi|b|lio|the|ka|rin; bi|b|lio|the|ka|risch**
Bi|b|lio|theks|be|stand; Bi|b|lio|theks|saal; Bi|b|lio|theks|si|g|na|tur; Bi|b|lio|theks|we|sen
bi|b|lisch ‹griech.›; eine biblische Geschichte (Erzählung aus der Bibel)
BIC, der; -[s], -[s] = bank identifier code (Banken-Identifizierungsschlüssel)
Bi|car|bo|nat *vgl.* Bikarbonat
Bick|bee|re *(nordd. für* Heidelbeere)
bi|cy|c|lisch *[auch* ˈbiː...] *vgl.* bizyklisch
Bi|det [...ˈdeː], das; -s, -s ‹franz.› (längliches Sitzbecken für Spülungen u. Waschungen)
Bi|don [bidõː], der *u.* das; -s, -s ‹franz.› *(schweiz. für* Kanne, Kanister)
bie|der
Bie|der|frau *(seltener)*
Bie|der|keit
Bie|der|mann *Plur.* ...männer
Bie|der|mei|er, das; *Gen.* -s, *fachspr. auch* - ([Kunst]stil in der Zeit des Vormärz [1815 bis 1848]); **bie|der|mei|er|lich**
Bie|der|mei|er|stil, der; -[e]s; **Bie|der|mei|er|zeit,** die; -; **Bie|der|mei|er|zim|mer**
Bie|der|sinn, der; -[e]s *(geh.)*
bieg|bar; Bie|ge, die; -, -n *(landsch. für* Krümmung)
bie|gen; du bogst; du bögest; gebogen; bieg[e]!; sich biegen; ↑K82: es geht auf Biegen oder Brechen *(ugs.)*
bieg|sam; Bieg|sam|keit
Bie|gung
Biel (BE) (schweiz. Stadt)
Bie|le|feld (Stadt am Teutoburger Wald); **Bie|le|fel|der; Bie|le|fel|de|rin**
Bie|ler See, der; - -s, *schweiz. auch* **Bie|ler|see,** der; -s (in der Schweiz)
Bien, der; -s *(Imkerspr.* Gesamtheit des Bienenvolkes)
Bien|chen
Bie|ne, die; -, -n; **Bie|nen|fleiß; bie|nen|flei|ßig; bie|nen|haft**
Bie|nen|haus; Bie|nen|ho|nig; Bie|nen|kö|ni|gin; Bie|nen|korb; Bie|nen|schwarm; Bie|nen|spra|che, die; -
Bie|nen|stich *(auch* Hefekuchen mit Cremefüllung u. Mandelbelag); **Bie|nen|stock** *Plur.* ...stöcke; **Bie|nen|volk; Bie|nen|wachs; Bie|nen|wachs|ker|ze**
Bie|nen|zucht; Bie|nen|züch|ter; Bie|nen|züch|te|rin
bi|en|nal ‹lat.› (zweijährlich; alle

zwei Jahre stattfindend); **Bi|en|na|le**, die; -, -n ‹ital.› (zweijährliche Veranstaltung, bes. in der bildenden Kunst u. im Film)

Bi|en|ni|um, das; -s, ...ien ‹lat.› (*österr. Amtsspr. für* Gehaltserhöhung im Abstand von zwei Jahren)

Bier, das; -[e]s, -e; 5 Liter helles Bier; 3 [Glas] Bier; untergäriges, obergäriges Bier

Bier|abend; Bier|an|stich *(bes. südd., österr.)*; **Bier|arsch** (*derb für* breites Gesäß)

Bier|bank; Bier|bank|po|li|tik, die; - *(abwertend)*

Bier|bass (*ugs. scherzh. für* tiefe Stimme); **Bier|bauch** *(ugs.)*

Bier|brau|er; Bier|brau|e|rin

Bier|chen; Bier|de|ckel; Bier|do|se; Bier|ei|fer *(ugs.)*

bier|ernst (*ugs. für* übertrieben ernst); **Bier|ernst**

Bier|fass; Bier|fla|sche; Bier|gar|ten; Bier|glas; Bier|he|fe; Bier|kas|ten; Bier|kel|ler; Bier|kis|te *(landsch.)*; **Bier|krug; Bier|krü|gel** *(österr.)*

Bier|lachs (beim Skat ein Spiel um eine Runde Bier); **Bier|lei|che** (*ugs. scherzh. für* Betrunkener); **Bier|rei|se** *(ugs. scherzh.)*

Bier|ru|he (*ugs. für* unerschütterliche Ruhe)

Bier|schin|ken (eine Wurstsorte)

Bier|sei|del

bier|se|lig *(scherzh.)*

Bier|sie|der (Berufsbez.); **Bier|sie|de|rin**

Bier|stim|me (*ugs. für* tiefe Stimme)

Bier|teig *(Kochkunst)*; **Bier|tisch**

Bier|trin|ker; Bier|trin|ke|rin

Bier|ver|lag (Unternehmen für den Zwischenhandel mit Bier)

Bier|wär|mer; Bier|wurst; Bier|zei|tung; Bier|zelt

Bie|se, die; -, -n (farbiger Streifen an Uniformen; Ziersäumchen); *vgl. aber* Bise

Bies|flie|ge (Dasselfliege)

[1]**Biest**, das; -[e]s, -er (*ugs. für* Tier; Schimpfwort)

[2]**Biest**, der; -[e]s (Biestmilch)

Bies|te|rei ‹*zu* [1]Biest› (*ugs. abwertend für* Gemeinheit); **bies|tig** (*ugs. für* gemein; unangenehm); eine biestige Kälte

Biest|milch ‹*zu* [2]Biest› (erste Kuhmilch nach dem Kalben)

bie|ten; du bietest; *vgl.* beut; du botst (*auch* botest); du bötest; geboten; biet[e]!; sich bieten

bie|ten las|sen, bie|ten|las|sen; sich etwas nicht bieten lassen *od.* bietenlassen

Bie|ter; Bie|te|rin

Bi|fi|do|bak|te|ri|um ‹lat.; griech.› (*Med.* Darmbakterie)

Bi|fo|kal|bril|le ‹lat.; dt.› (Brille mit Bifokalgläsern)

Bi|fo|kal|glas *Plur.* ...gläser (Brillenglas mit Fern- u. Nahteil)

Bi|ga, die; -, ...gen ‹lat.› (von zwei Pferden gezogener [Renn]wagen in der Antike)

Bi|ga|mie, die; -, ...ien ‹lat.; griech.› (Doppelehe); **bi|ga|misch; Bi|ga|mist**, der; -en, -en; **Bi|ga|mis|tin; bi|ga|mis|tisch**

Big Band, die; - -, - -s, **Big|band**, die; -, -s ‹engl.-amerik.› (großes Jazz- od. Tanzorchester)

Big Bang [- ˈbɛŋ], der; - -s, - -s ‹engl.› (Urknall)

Big Ben, der; - - ‹engl.› (Stundenglocke der Uhr im Londoner Parlamentsgebäude; *auch* der Glockenturm)

Big Bro|ther [- ˈbraðɐ], der; - -s, - -s ‹engl.› (Beobachter, Überwacher)

Big Busi|ness [- ˈbɪsnɛs], das; - - ‹engl.-amerik.› (Geschäftswelt der Großunternehmer)

Bi|gos, Bi|gosch, der *od.* das; - (ein polnischer Eintopf)

bi|gott ‹franz.› (engherzig fromm; scheinheilig); **Bi|got|te|rie**, die; -, ...ien

Big Point, der; - -s, - -s, **Big|point**, der; -s, -s ‹engl.› (*Tennis* [spiel]entscheidender Punkt)

Bi|jou [...ˈʒuː], das; -s, -s ‹franz.› (*schweiz. für* Kleinod, Schmuckstück); **Bi|jou|te|rie**, die; -, ...ien ([billiger] Schmuck; *schweiz. auch für* Schmuckwarengeschäft)

Bi|kar|bo|nat, *fachspr.* Bi|car|bo|nat ‹lat.› (doppeltkohlensaures Salz)

Bike [baɪk], das; -s, -s ‹engl.› (Motorrad; Fahrrad); **bi|ken** (Motorrad, Fahrrad fahren); sie bikt; gebikt; **Bi|ker** [ˈbaɪkɐ], der; -s, -; **Bi|ke|rin** [ˈbaɪkərɪn]

Bi|ki|ni, der (*schweiz.:* das); -s, -s ‹nach dem Südseeatoll› (knapper, zweiteiliger Badeanzug); **Bi|ki|ni|hös|chen**

Bi|ki|ni|li|nie (Linie, jenseits deren die Schamhaare nicht vom Bikinihöschen bedeckt werden)

bi|kon|kav [*auch* ...ˈkaːf] ‹lat.› (*Optik* beiderseits hohl)

bi|kon|vex [*auch* ...ˈvɛks] ‹lat.› (*Optik* beiderseits gewölbt)

bi|la|bi|al [*auch* ...ˈbi̯aːl] ‹lat.› (*Sprachwiss.* mit beiden Lippen gebildet); **Bi|la|bi|al**, der; -s, -e, **Bi|la|bi|al|laut**, der; -[e]s, -e (mit Ober- u. Unterlippe gebildeter Laut, z. B. p)

Bi|lanz, die; -, -en ‹ital.› (*Wirtsch.* Gegenüberstellung von Vermögen u. Schulden für ein Geschäftsjahr; *übertr. für* Ergebnis); **Bi|lanz|buch|hal|ter; Bi|lanz|buch|hal|te|rin**

bi|lan|zi|ell ‹*zu* Bilanz› *(Wirtsch.)*

bi|lan|zie|ren (*Wirtsch.* sich ausgleichen; eine Bilanz abschließen); **Bi|lan|zie|rung**

Bi|lanz|pres|se|kon|fe|renz

bi|lanz|si|cher; ein bilanzsicherer Buchhalter; **Bi|lanz|sum|me**

bi|la|te|ral [*auch* ...ˈraːl] ‹lat.› (zweiseitig); bilaterale Verträge

Bil|bao (Stadt in Spanien)

Bilch, der; -[e]s, -e ‹slaw.› (ein Nagetier); **Bilch|maus**

Bild, das; -[e]s, -er; im Bilde sein

Bild|ar|chiv; Bild|aus|schnitt; Bild|band, der; **Bild|be|ar|bei|tung; Bild|bei|la|ge**

Bild|be|richt; Bild|be|richt|er|stat|ter; Bild|be|richt|er|stat|te|rin

Bild|be|schrei|bung

Bild|chen; Bild|da|tei *(EDV)*

bil|den; sich bilden; die bildenden *od.* Bildenden Künste ↑K 151

Bil|der|at|las; Bil|der|bo|gen; Bil|der|buch

Bil|der|buch|ehe (sehr gute Ehe); **Bil|der|buch|kar|ri|e|re; Bil|der|buch|lan|dung; Bil|der|buch|tor** *(Sport)*; **Bil|der|buch|wet|ter**

Bil|der|chro|nik; Bil|der|ga|le|rie; Bil|der|ge|schich|te; Bil|der|rah|men; Bil|der|rät|sel

bil|der|reich

Bil|der|schrift

Bil|der|spra|che, Bild|spra|che

Bil|der|sturm, der; -[e]s; **Bil|der|stür|mer; Bil|der|stür|me|rei; Bil|der|stür|me|rin**

Bild|flä|che; Bild|fol|ge; Bild|for|mat; Bild|fre|quenz; Bild|funk

bild|ge|bend; ein bildgebendes Verfahren

Bild|ge|schich|te; Bild|ge|stal|tung

bild|ge|wal|tig

bild|haft; Bild|haf|tig|keit, die; -

Bild|hau|er; Bild|hau|e|rei; Bild|hau-

e|rin; bild|hau|e|risch; Bild|hau|er|kunst; bild|hau|ern; ich bildhau[e]re; gebildhauert
bild|hübsch
Bild|in|halt; Bild|kon|ser|ve; Bild|kraft, die; -
bild|kräf|tig; bild|lich
Bild|mar|ke *(Rechtsspr.)*; **bild|mä|ßig; Bild|ma|te|ri|al**
Bild|mi|scher; Bild|mi|sche|rin
Bild|mo|tiv
Bild|ner; Bild|ne|rin; bild|ne|risch
Bild|nis, das; -ses, -se
Bild|plat|te; Bild|punkt; Bild|qua|li|tät
Bild|re|dak|teur; Bild|re|dak|teu|rin
Bild|re|dak|ti|on
Bild|re|por|ta|ge; Bild|re|por|ter; Bild|re|por|te|rin
Bild|röh|re
bild|sam; Bild|sam|keit
Bild|säu|le; Bild|schär|fe
Bild|schirm; Bild|schirm|le|xi|kon
Bild|schirm|scho|ner (*EDV* Programm, das bei nicht mehr veränderter Bildschirmanzeige nach einer gewissen Zeit automatisch gestartet wird u. vorgegebene [bewegte] grafische Elemente zeigt)
Bild|schirm|text (*Abk.* Btx); **Bild|schirm|zei|tung**
bild|schön
Bild|spei|cher (*EDV* Arbeitsspeicher für Bilddaten)
Bild|spra|che, Bil|der|spra|che
Bild|stel|le; Bild|stock *Plur.* ...stöcke; **Bild|stö|rung; Bild|strei|fen**
bild|syn|chron; bildsynchroner Ton
Bild|ta|fel; Bild|te|le|fon
Bild|te|le|gra|fie, Bild|te|le|gra|phie
Bild|text (einer Abbildung beigegebener erläuternder Text)
Bild-Ton-Ka|me|ra
Bil|dung; Bil|dungs|aka|de|mie; Bil|dungs|an|ge|bot; Bil|dungs|an|stalt; Bil|dungs|ar|beit, die; -; **Bil|dungs|ar|mut; Bil|dungs|auf|trag**
bil|dungs|be|flis|sen
Bil|dungs|bür|ger; Bil|dungs|bür|ge|rin; bil|dungs|bür|ger|lich
Bil|dungs|bür|ger|tum
Bil|dungs|chan|ce; Bil|dungs|ein|rich|tung; Bil|dungs|er|leb|nis
bil|dungs|fä|hig; bil|dungs|feind|lich; bil|dungs|fern
Bil|dungs|gang, der; **Bil|dungs|ge|rech|tig|keit; Bil|dungs|gip|fel** *(Politikjargon)*; **Bil|dungs|grad; Bil|dungs|gut|schein; Bil|dungs|ka|renz** (*österr. für* Bildungsurlaub); **Bil|dungs|lü|cke**
Bil|dungs|mi|nis|ter; Bil|dungs|mi|nis|te|rin
Bil|dungs|mög|lich|keit; Bil|dungs|ni|veau; Bil|dungs|not|stand; Bil|dungs|pa|ket *(Politikjargon)*; **Bil|dungs|plan**
Bil|dungs|po|li|tik; Bil|dungs|po|li|ti|ker; Bil|dungs|po|li|ti|ke|rin; bil|dungs|po|li|tisch
Bil|dungs|pri|vi|leg; Bil|dungs|re|form; Bil|dungs|rei|se; Bil|dungs|ro|man *(Literaturwiss.)*
bil|dungs|sprach|lich
Bil|dungs|spre|cher (*bes. österr. für* bildungspolitischer Sprecher einer Partei o. Ä.); **Bil|dungs|spre|che|rin**
Bil|dungs|stand; Bil|dungs|stät|te; Bil|dungs|streik; Bil|dungs|stu|fe; Bil|dungs|sys|tem; Bil|dungs|ur|laub; Bil|dungs|weg; Bil|dungs|we|sen, das; -s; **Bil|dungs|zen|t|rum; Bil|dungs|ziel**
Bild|un|ter|schrift; Bild|vor|la|ge; Bild|wer|bung; Bild|wer|fer (Projektionsapparat)
Bild|wör|ter|buch; Bild|zu|schrift
Bil|ge, die; -, -n ⟨engl.⟩ (*Seemannsspr.* Kielraum, in dem sich das Leckwasser sammelt); **Bil|ge|was|ser,** das; -s
Bil|har|zi|o|se, die; -, -n ⟨nach dem dt. Arzt Bilharz⟩ (eine Wurmkrankheit)
bi|lin|gu|al [*auch* ˈbiː...] ⟨lat.⟩ (*fachspr. für* zwei Sprachen sprechend; zweisprachig); bilingualer Unterricht; **bi|lin|gu|isch** [*auch* ˈbiː...] (in zwei Sprachen geschrieben; zweisprachig)
Bi|li|ru|bin, das; -s ⟨lat.⟩ (*Med.* Gallenfarbstoff)
[1]**Bill,** die; -, -s ⟨engl.⟩ (Gesetzentwurf im engl. Parlament)
[2]**Bill** (m. Vorn.)
Bil|lard [ˈbɪljart, *österr. auch* biˈjaːɐ̯, bɪlˈjaːɐ̯], das; -s, *Plur.* -e, *österr.* -s ⟨franz.⟩ (Kugelspiel; dazugehörender Tisch)
bil|lar|die|ren (beim Billard in regelwidriger Weise stoßen)
Bil|lard|queue (Billardstock); **Bil|lard|tisch**
Bill|ber|gie, die; -, -n ⟨nach dem schwed. Botaniker Billberg⟩ (eine Zimmerpflanze)
Bil|le|teur [bɪljɛˈtøːɐ̯, *österr.* bijɛˈtøːr], der; -s, -e (*österr. für* Platzanweiser; *schweiz. früher für* Schaffner); **Bil|le|teu|se** [...ˈtøː...], die; -, -n
Bil|lett [bɪlˈjɛt, *österr. meist* biˈjeː, *auch* bɪˈlɛt], das; -[e]s, *Plur.* -s *u.* -e (*veraltet für* Zettel, kurzes Briefchen; *bes. österr. für* Briefkarte; *schweiz. für* Einlasskarte, Fahrkarte)

Billard
Das Wort stammt aus dem Französischen und wird im Deutschen wie dort nur mit einem *i* vor den beiden *ll* geschrieben.

Bil|li|ar|de, die; -, -n ⟨franz.⟩ (10^{15}; tausend Billionen)
bil|lig; das ist nur recht und billig; ein Produkt billig herstellen, machen; ein Produkt billig machen *od.* billigmachen (verbilligen); *aber nur* ein Produkt billiger machen, zu billig machen ↑K56
Bil|lig|air|line *vgl.* Billigfluglinie
Bil|lig|an|bie|ter; Bil|lig|an|ge|bot
bil|li|gen; billigend in Kauf nehmen
bil|li|ger|ma|ßen; bil|li|ger|wei|se
Bil|lig|flie|ger *(ugs.)*; *vgl.* Billigfluglinie; **Bil|lig|flug|li|nie** (Fluggesellschaft, die Flüge zu sehr niedrigen Preisen anbietet)
Bil|lig|hei|mer, der; -s, - (*ugs. für* Billiganbieter)
Bil|lig|job (*ugs. für* schlecht entlohnte Tätigkeit)
Bil|lig|keit, die; -
Bil|lig|lohn|land *Plur.* ...länder (Land, in dem vergleichsweise niedrige Löhne gezahlt werden)
bil|lig ma|chen, bil|lig|ma|chen *vgl.* billig; **Bil|lig|preis**
Bil|ligst|bie|ter *(bes. österr.)*; **Bil|ligst|bie|te|rin**
Bil|li|gung, die; -
Bil|lig|wa|re
Bil|li|on, die; -, -en ⟨franz.⟩ (10^{12}; eine Million Millionen *od.* tausend Milliarden)
bil|li|on[s]|tel *vgl.* achtel; **Bil|li|on[s]|tel,** das, *schweiz. meist* der; -s, -; *vgl.* Achtel
Bil|lon [bɪlˈjõː], der *od.* das; -s ⟨franz.⟩ (Silberlegierung mit hohem Kupfergehalt [für Münzen])
Bil|sen|kraut, das; -[e]s (ein giftiges Kraut)

Bil|wiss, der; -es (*landsch. für* Kobold, Zauberer)
bim!; bim, bam!
Bim, die; - (*österr. ugs. für* Straßenbahn)
Bim|bam, das; -s; *aber* heiliger Bimbam! *(ugs.)*
Bim|bes, der *od.* das; - (*landsch. für* Geld)
Bi|mes|ter, das; -s, - ⟨lat.⟩ (*veraltet für* Zeitraum von zwei Monaten)
Bi|me|tall (*Elektrot.* zwei miteinander verbundene Streifen aus verschiedenem Metall); **Bi|me|tal|lis|mus,** der; - (Doppelwährung)
Bim|mel, die; -, -n (*ugs. für* Glocke)
Bim|mel|bahn *(ugs. scherzh.)*
Bim|me|lei *(ugs. abwertend)*
bim|meln *(ugs.);* ich bimm[e]le
bim|sen (*ugs. für* schleifen, drillen; angestrengt lernen); du bimst
Bims|stein
bi|när, bi|när, bi|na|risch ⟨lat.⟩ (*fachspr. für* aus zwei Einheiten bestehend, Zweistoff...)
bi|na|ti|o|nal (zwei Nationen gemeinsam betreffend)
Bin|de, die; -, -n; **Bin|de|ge|we|be**
bin|de|ge|we|big *(Med.)*
Bin|de|ge|webs|ent|zün|dung; Bin|de|ge|webs|fa|ser; Bin|de|ge|webs|mas|sa|ge; Bin|de|ge|webs|schwä|che
Bin|de|glied
Bin|de|haut; Bin|de|haut|ent|zün|dung
Bin|de|mit|tel, das
bin|den; du bandst (bandest); du bändest; gebunden *(vgl. d.);* bind[e]!; sich binden
Bin|der; Bin|de|rei; Bin|de|rin
Bin|de-s, das; -, - ↑K29
Bin|de|strich; Bin|de|wort *Plur.* ...wörter (*für* Konjunktion)
Bind|fa|den
bin|dig; bindiger (schwerer, zäher) Boden; **Bin|dung**
Bin|ge, Pin|ge, die; -, -n (*Bergmannsspr.* durch Einsturz alter Grubenbaue entstandene trichterförmige Vertiefung)
Binge-Drin|king [ˈbɪndʒ...], das; -[s] ⟨engl.⟩ (Koma-, Rauschtrinken)
Bin|gel|kraut (ein Gartenunkraut)
Bin|gen (Stadt am Rhein); **Bin|ger;** das Binger Loch; **Bin|ge|rin; bin|ge|risch**
Bin|go, das; -[s] ⟨engl.⟩ (Glücksspiel; eine Art Lotto)
Bin|kel, der; -s, -[n] (*bayr., österr. ugs. für* Bündel; Beule)
Bin|kerl, das; -s, -[n]; *vgl.* Pickerl (*österr. für* [kleines] Bündel)

bin|nen

Präposition mit Dativ:
- binnen einem Jahr (*geh. auch mit Genitiv:* binnen eines Jahres)
- binnen drei Tagen (*auch* binnen dreier Tage)
- binnen Kurzem *od.* kurzem ↑K72
- binnen Jahr und Tag

Bin|nen|als|ter
bin|nen|bords (innerhalb des Schiffes)
bin|nen|deutsch; Bin|nen|deutsch, Bin|nen|deut|sche, das (die deutsche Sprache innerhalb Deutschlands)
Bin|nen|eis; Bin|nen|el|be; Bin|nen|fi|sche|rei; Bin|nen|ha|fen; Bin|nen|han|del; Bin|nen|land *Plur.* ...länder; **Bin|nen|markt; Bin|nen|meer; Bin|nen|nach|fra|ge** *(Wirtsch.)*
Bin|nen|schif|fer; Bin|nen|schif|fe|rin; Bin|nen|schiff|fahrt
Bin|nen|see, der
Bi|n|o|kel [*auch* ...ˈnɔ...], das; -s, - ⟨franz.⟩ (*veraltet für* Brille, Fernrohr); **bi|n|o|ku|lar** [*auch* ˈbiː...] ⟨lat.⟩ (mit beiden Augen, für beide zugleich)
Bi|nom, das; -s, -e ⟨lat.; griech.⟩ (*Math.* Summe aus zwei Gliedern); **Bi|no|mi|al|ko|ef|fi|zi|ent; Bi|no|mi|al|rei|he**
bi|no|misch (*Math.* zweigliedrig)
Bin|se, die; -, -n; in die Binsen gehen (*ugs. für* verloren gehen)
Bin|sen|wahr|heit (*svw.* Binsenweisheit); **Bin|sen|weis|heit** (allgemein bekannte Tatsache)
bio (*ugs.; kurz für* biologisch [im Sinne von unbelastet, naturrein]); sie kauft nur, was bio ist
Bio, die; - *meist ohne Artikel* (*Schülerspr.* Biologieunterricht)
bio... ⟨griech.⟩ (leben[s]...); **Bio...** (Leben[s]...)
bio|ak|tiv [*auch* ˈbiːo...] (biologisch aktiv); ein bioaktives Waschmittel
Bio|bau|er; Bio|bäu|e|rin
Bio|che|mie [*auch* ˈbiːo...] (Lehre von den chemischen Vorgängen in Lebewesen); **Bio|che|mi|ker; Bio|che|mi|ke|rin; bio|che|misch**
Bio|die|sel
bio|dy|na|misch [*auch* ˈbiːo...] (nur mit organischer Düngung)
Bio|etha|nol, das; -s, -e (aus Biomasse gewonnener Bestandteil von Kraftstoffen)
Bio|ethik (auf biol.-med. Forschung angewandte Ethik); **Bio|ethi|ker; Bio|ethi|ke|rin**
Bio|ethik|kom|mis|si|on, Bio|ethik-Kom|mis|si|on
Bio|gas
bio|gen (*Biol.* von Lebewesen stammend); **Bio|ge|ne|se,** die; -, -n (Entwicklung[sgeschichte] der Lebewesen); **bio|ge|ne|tisch**
Bio|geo|gra|fie, Bio|geo|gra|phie [*auch* ˈbiːo...], die; - (Beschreibung der geografischen Verbreitung der Lebewesen)
Bio|geo|zö|no|se, die; -, -n (Wechselbeziehungen zwischen Pflanzen od. Tieren u. der unbelebten Umwelt)
Bio|graf, Bio|graph, der; -en, -en; **Bio|gra|fie,** Bio|gra|phie, die; -, ...ien (Lebensbeschreibung); **Bio|gra|fin,** Bio|gra|phin; **bio|gra|fisch,** bio|gra|phisch
Bio|graph usw. *vgl.* Biograf usw.
Bio|in|for|ma|tik [*auch* ˈbiːo...]
Bio|ka|ta|ly|sa|tor [*auch* ˈbiːo...] (die Stoffwechselvorgänge steuernder biolog. Wirkstoff)
Bio|kost; Bio|kraft|stoff (vorwiegend aus nachwachsenden Rohstoffen erzeugter Kraftstoff); **Bio|la|den**
Bio|lo|ge, der; -n, -n; **Bio|lo|gie,** die; - (Lehre von der belebten Natur); **Bio|lo|gie|un|ter|richt; Bio|lo|gin**
bio|lo|gisch; biologische Schädlingsbekämpfung, *aber* ↑K150 : Biologische Anstalt Helgoland
bio|lo|gisch-dy|na|misch ([nach anthroposophischen Prinzipien] nur mit organischer Düngung [arbeitend])
Bio|ly|se, die; -, -n (chem. Zersetzung durch lebende Organismen); **bio|ly|tisch**
Bio|mar|ker (*Biol., Med.* Substanz, die in einem Organismus Schädigungen durch Krankheit o. Ä. anzeigt)
Bio|mas|se (Gesamtheit aller Organismen einschließlich der

von ihnen produzierten organischen Substanz an einem Ort)

Bio|me|di|zin [*auch* ...ˈtsi:n] (Fachbereich, der sich mit biologischer Grundlagenforschung auf medizinischem Gebiet beschäftigt; alternative Medizin)

Bio|me|t|rie, Bio|me|t|rik, die; - ([Lehre von der] Zählung u. [Körper]messung an Lebewesen); **bio|me|t|risch**

Bio|müll (organische Abfälle)

Bio|nik, die; - ‹*Kurzw. aus* Biologie *u.* Technik› (Wissenschaft, die technische u. elektronische Probleme nach dem Vorbild biologischer Funktionen zu lösen versucht); **bio|nisch**

Bio|phy|sik [*auch* ˈbi:o...] (Lehre von den physikalischen Vorgängen in u. an Lebewesen; heilkundlich angewandte Physik)

Bio|pic [baɪˈɔ...], das; -[s], -s ‹engl.; kurz für biographical picture = biografischer Film› (Verfilmung des Lebens einer Person, die tatsächlich lebt od. gelebt hat)

Bio|pi|ra|te|rie (*abwertend für* Patentierung bisher frei verfügbarer biologischer Substanzen)

Bi|op|sie, die; -, -n (*Med.* Untersuchung von Gewebe aus einem lebenden Organismus)

Bio|rhyth|mus (periodischer Rhythmus von Wachstum, Leistungsfähigkeit u. anderen physiologischen Vorgängen bei Lebewesen)

Bio|sphä|re [*auch* ...ˈsfɛ:...] (gesamter irdischer Lebensraum der Pflanzen u. Tiere)

Bio|sprit (*ugs. für* Biokraftstoff)

Bio|su|per|markt

Bio|tech|fir|ma [...tɛk...]; **Bio|tech|nik** [*auch* ...ˈtɛç...] (Nutzbarmachung biologischer Vorgänge); **Bio|tech|no|lo|gie** [*auch* ...ˈgi:] (Wissenschaft von den Verfahren zur Nutzbarmachung biologischer Vorgänge); **bio|tech|no|lo|gisch** [*auch* ...ˈlo:...]

bio|tisch (*fachspr. für* auf Lebewesen, auf Leben bezüglich)

Bi|o|tit, der; -[e]s, -e ‹nach dem franz. Physiker Biot› (ein Mineral)

Bio|ton|ne ‹griech.; dt.› (Mülltonne für organische [Haushalts]abfälle)

Bio|top, der *u.* das; -s, -e ‹griech.› (*Biol.* durch bestimmte Lebewesen od. eine bestimmte Art gekennzeichneter Lebensraum)

Bio|treib|stoff (*svw.* Biokraftstoff)

Bio|typ, Bio|ty|pus (*Biol.* Gruppe von Lebewesen mit gleicher Erbanlage)

Bio|waf|fe (biologische Waffe)

Bio|wis|sen|schaft

Bio|zö|no|se, die; -, -n (Lebensgemeinschaft von Pflanzen u. Tieren); **bio|zö|no|tisch**

BIP, das; -[s] = Bruttoinlandsprodukt

bi|po|lar [*auch* ...ˈla:ɐ̯] ‹lat.; griech.› (zweipolig); **Bi|po|la|ri|tät** [*auch* ˈbi:...]

Bi|qua|d|rat ‹lat.› (*Math.* Quadrat des Quadrats, vierte Potenz); **bi|qua|d|ra|tisch** [*auch* ...ˈdra(:)...]; biquadratische Gleichung (Gleichung vierten Grades)

Bir|cher|mües|li ‹nach dem Arzt Bircher-Benner› (↑K136 *vgl.* Müesli *u.* ¹Müsli); **Bir|cher|mus**

Bir|die [ˈbø:ɐ̯di], das; -s, -s ‹engl.› (*Golf* ein Schlag unter Par)

Bi|re|me, die; -, -n ‹lat., »Zweiruderer«› (antikes Kriegsschiff)

Bi|rett, das; -[e]s, -e ‹lat.› (Kopfbedeckung des katholischen Geistlichen)

Bir|ger (m. Vorn.)

Bir|git, Bir|git|ta (w. Vorn.)

birgt *vgl.* bergen

Bir|ke, die; -, -n (Laubbaum); **birken** (aus Birkenholz)

Bir|ken|stock|san|da|le® (bequeme, der Fußsohle angepasste Sandale)

Bir|ken|wald

Birk|hahn; Birk|huhn

Bir|ma (Staat in Südostasien; *vgl.* Myanmar); **Bir|ma|ne,** der; -n, -n; **Bir|ma|nin; bir|ma|nisch**

Bir|ming|ham [ˈbø:ɐ̯mɪŋəm] (engl. Stadt)

Birn|baum

Bir|ne, die; -, -n

Bir|nel, das; -s (*schweiz. für* Sirup aus gekochten Birnen)

bir|nen|för|mig, birn|för|mig

Bir|nen|weg|gen, Birn|weg|gen (ein schweizerisches Gebäck)

Birn|stab (*Archit.* Stilelement der got. Baukunst)

Birn|weg|gen *vgl.* Birnenweggen

Birr, das; -[s], -[s] (äthiop. Währungseinheit)

birst *vgl.* bersten

Bir|te (w. Vorn.)

Birth|ler-Be|hör|de, die; - ‹nach der ehem. Leiterin› (*vgl.* Gauck-Behörde)

bis

- bis [nach] Berlin; bis hierher
- bis wann?; bis jetzt
- bis nächsten Montag; bis ans Ende der Welt; bis auf wenige Ausnahmen; bis zu 50 %
- bis auf Weiteres *od.* weiteres ↑K72
- vier- bis fünfmal ↑K31 ; *mit Ziffern* 4- bis 5-mal
- bis und mit (*schweiz. für* bis einschließlich); bis und mit achtem August

In folgenden Beispielen steht nach der präpositionalen Fügung »bis zu« der Dativ:

- Gemeinden bis zu 10 000 Einwohnern
- mit einer Laufzeit bis zu 36 Monaten

Dagegen hat »bis zu« im folgenden Satz keinen Einfluss auf die Beugung, weil es adverbial gebraucht wird:

- wir können bis zu vier gebundene Exemplare abgeben

Bi|sam, der; -s, *Plur.* -e *u.* -s ‹hebr.› (Moschus *[nur Sing.]*; Pelz); **Bi|sam|rat|te**

Bis|ca|ya [...ˈka:ja] *vgl.* Biskaya

bi|schen (*mitteld. für* [ein Baby] beruhigend auf dem Arm wiegen); du bischst

bisschen

Das Wort *bisschen* im Sinne von *wenig* bedeutet eigentlich *kleiner Bissen.* Deshalb wird es mit *ss* geschrieben.

Bisch|kek (Hauptstadt Kirgisistans)

Bi|schof, der; -s, Bischöfe (kirchl. Würdenträger); **Bi|schö|fin,** die; -, -nen; **bi|schöf|lich**

Bi|schofs|hut, der; **Bi|schofs|kon|fe|renz; bi|schofs|li|la**

Bi|schofs|müt|ze; Bi|schofs|sitz; Bi|schofs|stab; Bi|schofs|stuhl; Bi|schofs|sy|n|o|de; Bi|schofs|wei|he

Bi|se, die; -, -n *Plur. selten* (*schweiz. für* Nord[ost]wind); *vgl. aber* Biese

Bi|se|xu|a|li|tät [*auch* ...ˈtɛ:t] (*Biol.*

Doppelgeschlechtigkeit; *Med., Psychol.* Nebeneinander von homo- u. heterosexuellen Veranlagungen); **bi|se|xu|ell** [*auch* ...ˈksu̯ɛl] ⟨lat.⟩ (*Biol.* doppelgeschlechtig; sowohl heterosexuell als auch homosexuell)

bis|her (bis jetzt); **bis|he|rig;** der bisherige Außenminister; *aber* das Bisherige; Bisheriges; beim Bisherigen bleiben; im Bisherigen (im bisher Gesagten, Geschriebenen)

Bis|ka|ya, Bis|ca|ya [...ˈkaːja], die; - (*kurz für* Golf von Biskaya; Bucht des Atlantiks)

Bis|kot|te, die; -, -n ⟨ital.⟩ (*österr. für* Löffelbiskuit)

Bis|kuit [...ˈkviːt, *auch* ...ˈkvɪt], das, *auch* der; -[e]s, *Plur.* -s, *auch* -e ⟨franz.⟩ (feines Gebäck aus Eierschaum)

Bis|kuit|por|zel|lan; Bis|kuit|teig

bis|lang (bis jetzt)

Bis|marck (Gründer u. Kanzler des Deutschen Reiches)

Bis|marck|ar|chi|pel, **Bis|marck-Ar|chi|pel**, der; -s (Inselgruppe nordöstlich von Neuguinea); **Bis|marck|he|ring**

bis|mar|ckisch, **bis|marcksch;** die bismarck[i]schen *od.* Bismarck'schen Sozialgesetze; ein Politiker von bismarck[i]schem *od.* Bismarck'schem Format

Bis|mark (Stadt in der Altmark)

Bis|mut, das; -[e]s; *vgl.* Wismut; **Bis|mu|tum,** das; -s (*lat. Bez. für* Wismut; *Zeichen* Bi)

Bi|son, der; -s, -s (nordamerik. Wildrind)

Biskuit

Das Wort geht auf das französische *biscuit* zurück und wird trotz der Aussprache im Deutschen nicht mit *qu* sondern mit *ku* geschrieben.

biss *vgl.* beißen

Biss, der; Bisses, Bisse

Bis|sau (Hauptstadt von Guinea-Bissau)

biss|chen; das bisschen; dieses kleine bisschen; ein bisschen (ein wenig); ein klein bisschen; mit ein bisschen Geduld

Biss|chen (kleiner Bissen)

bis|sel, bis|serl (*landsch. für* bisschen); ein bissel *od.* bisserl Brot

Bis|sen, der; -s, -; **bis|sen|wei|se**

bis|serl *vgl.* bissel

biss|fest; Nudeln bissfest kochen

Biss|gurn, die; -, - (*bayr., österr. ugs. für* zänkische Frau)

bis|sig; Bis|sig|keit; Biss|spur, Biss-Spur; Biss|ver|let|zung

Bis|ten, das; -s (Lockruf der Haselhenne)

Bis|ter, der *od.* das; -s ⟨franz.⟩ (braune Wasserfarbe)

Bis|t|ro [*auch* ...ˈtroː], das; -s, -s ⟨franz.⟩ (kleines Lokal)

Bis|tum, das; -s, ...tümer (Amtsbezirk eines kath. Bischofs)

bis|wei|len

Bis|wind, der; -[e]s (*schweiz., südbad. neben* Bise)

[1]**Bit,** das; -[s], -s ⟨aber: eine Million Bits od. Bit⟩ ⟨engl.; *Kurzw. aus* binary digit⟩ (*EDV* Informationseinheit); *Zeichen* bit

[2]**Bit,** der *od.* das; -s, -s ⟨engl.⟩ (*Technik* genormtes Einsatzstück für Bohrmaschinen od. Geräte zum Schrauben)

Bi|thy|ni|en (antike Landschaft in Kleinasien); **Bi|thy|ni|er; Bi|thy|ni|e|rin; bi|thy|nisch**

Bitt|brief

bit|te; bitte schön!; bitte wenden! (*Abk.* b. w.); geben Sie mir[,] bitte[,] das Buch ↑K130; du musst Bitte *od.* bitte sagen; **Bit|te,** die; -, -n

bit|ten; du batst (batest); du bätest; gebeten; bitt[e]!; **Bit|ten,** das; -s

bit|ter; er hat es bitter nötig; **bit|ter|bö|se**

Bit|te|re, der; Bitter[e]n, Bitter[e]n *u.* Bitt|re, der; -n, -n (bitterer Schnaps)

bit|ter|ernst; es wird bitterernst (sehr ernst); **bit|ter|kalt;** es ist bitterkalt; ein bitterkalter Wintertag

Bit|ter|keit; Bit|ter|klee

Bit|ter Le|mon, das; - -[s], - -, **Bit|ter|le|mon,** das; -[s], - [-ˈlɛmən, *auch* ...lɛmən] ⟨engl.⟩ (ein Erfrischungsgetränk)

bit|ter|lich

Bit|ter|ling (Fisch; Pflanze; Pilz)

Bit|ter|man|del; Bit|ter|man|del|öl

Bit|ter|nis, die; -, -se

Bit|ter|salz (Magnesiumsulfat)

Bit|ter|stoff (eine chemische Verbindung)

bit|ter|süß ↑K23

Bit|ter|was|ser *Plur.* ...wässer (Mineralwasser mit Bittersalzen)

Bit|ter|wurz, Bit|ter|wur|zel (Gelber Enzian)

Bit|te|schön, das; -s; sie sagte ein höfliches Bitteschön; *vgl. aber* bitte

Bitt|gang, der; **Bitt|ge|bet; Bitt|ge|such**

Bitt|re *vgl.* Bittere

Bitt|schrift

Bitt|stel|ler; Bitt|stel|le|rin

Bitt|tag, **Bitt-Tag** (*kath. Kirche*)

Bi|tu|men, das; -s, *Plur.* -, *auch* ...mina ⟨lat.⟩ (teerartige [Abdichtungs- u. Isolier]masse); **bi|tu|mig; bi|tu|mi|nie|ren; bi|tu|mi|nös**

[1]**bit|zeln** (*bes. südd. für* prickeln; [vor Kälte] beißend wehtun; *österr. auch für* zornig, gereizt sein; kleinlich genau vorgehen)

[2]**bit|zeln** (*mitteld. für* kleine Stückchen abschneiden); ich bitz[e]le

Bit|zel|was|ser (*bes. südd. für* Sprudelwasser)

Bitz|ler ⟨*zu* [1]bitzeln⟩; **Bitz|le|rin; bitz|lig**

bi|va|lent [*auch* ˈbiː...] (zweiwertig)

Bi|wak, das; -s, *Plur.* -s *u.* -e ⟨nordd.-franz.⟩ (behelfsmäßiges Nachtlager im Freien); **bi|wa|kie|ren**

bi|zarr ⟨franz.⟩ (wunderlich; seltsam); **Bi|zar|re|rie,** die; -, ...ien

Bi|zeps, der; -[es], -e ⟨lat.⟩ (Beugemuskel des Oberarmes)

Bi|zet [...ˈzeː] (franz. Komponist)

bi|zy|k|lisch, *fachspr.* bi|cy|c|lisch [*auch* ˈbiː...] (einen Kohlenstoffdoppelring enthaltend)

Björn (m. Vorn.)

Bjørn|son [ˈbjœ...] (norw. Schriftsteller)

Bk (*chem. Zeichen für* Berkelium)

BKA, das; - = Bundeskriminalamt; *österr. auch für* Bundeskanzleramt

Bl. = Blatt

Bla|bla, das; -[s] (*ugs. für* Gerede)

bla, bla, bla (*salopp* Nachahmung von langweiligem, nichtssagendem Gerede)

Bla|che, die; -, -n (*landsch. u. schweiz. Nebenform von* Blahe)

Blach|feld (*geh. veraltend für* flaches Feld)

Black|ber|ry® [ˈblækbəri], der, *auch* das; -[s], -s (mobiles Gerät zum Telefonieren, zum Senden u. Empfangen von E-Mails u. a.)

Black|box, die; -, -es, **Black Box,** die; - -, - -es [ˈblɛk..., *auch* -ˈbɔks] ⟨engl.⟩ (Teil eines kybernetischen Systems; Flugschreiber)

blank

blan|ker, blanks|te

(rein, bloß)

- ↑K 140: der Blanke Hans (*nordd. für* stürmische Nordsee)
- Drähte, Kabel sollten nicht blank liegen; blank liegende *od.* blankliegende Drähte, Kabel

Wenn »blank« das Ergebnis der mit dem folgenden einfachen Verb bezeichneten Tätigkeit angibt, kann getrennt oder zusammengeschrieben werden ↑K 56:

- blank putzen *od.* blankputzen
- blank reiben *od.* blankreiben
- blank polieren *od.* blankpolieren
- die Drähte blank legen *od.* blanklegen

Bei übertragener Bedeutung gilt Zusammenschreibung:

- der Gardist hatte blankgezogen (den Säbel aus der Scheide gezogen)

Im Zweifelsfall ist Getrennt- od. Zusammenschreibung zulässig:

- die Nerven haben blank gelegen *od.* blankgelegen

Black|jack, das; -, -, **Black Jack**, das; - -, - - [ˈblɛkdʒɛk] ⟨amerik.⟩ (Kartenspiel)

Black|out, **Black-out** [blɛkˈ|aut], der *u.* das; -[s], -s ⟨engl.⟩ (Geistesabwesenheit, Erinnerungslücke; *Theater* plötzliche Verdunkelung am Szenenschluss; totaler Stromausfall)

Black Po|w|er [ˈblɛk ˈpauɐ], die; - - (Bewegung nordamerikanischer Schwarzer gegen die Rassendiskriminierung)

blad (*österr. ugs. abwertend für* dick); **Bla|de**, der *u.* die; -n, -n

bla|den [ˈble:dn̩] ⟨*zu* Rollerblade®⟩ (mit Inlineskates fahren)

blaf|fen, bläf|fen (*ugs. für* bellen)

Blaf|fer, Bläf|fer

Blag, das; -[e]s, -en, **Bla|ge**, die; -, -n (*ugs. für* [lästiges] Kind)

Bläh|bauch (aufgeblähter Bauch)

Bla|he, *landsch.* Bla|che, *österr.* Pla|che, die; -, -n (Plane; grobe Leinwand)

blä|hen; sich blähen; **Blä|hung**

bla|ken (*nordd. für* schwelen, rußen)

blä|ken (*ugs. abwertend für* schreien)

Bla|ker ⟨*zu* blaken⟩ (metallene [Wand]leuchte mit reflektierendem Schild)

bla|kig (*nordd. für* rußend)

bla|ma|bel ⟨franz.⟩ (beschämend); ...a|b|le Geschichte

Bla|ma|ge [...ʒə], die; -, -n (Schande; Bloßstellung)

bla|mie|ren ⟨franz.⟩

blanc [blã] ⟨franz., »weiß«⟩; Sauvignon blanc (eine Weißweinrebsorte)

Blan|ca (w. Vorn.)

Blanc de Blancs [ˈblãdəˈblã:], der; - - -, -s - - ⟨franz.⟩ (nur aus weißen Trauben gekelterter [Schaum]wein)

blan|chie|ren [blãˈʃi:...] ⟨franz.⟩ (*Gastron.* überbrühen)

bland ⟨lat.⟩ (*Med.* milde, reizlos [von einer Diät]; ruhig verlaufend [von einer Krankheit])

Blan|di|ne (w. Vorn.)

blank *s. Kasten*

Blank [blɛŋk], der *od.* das; -s, -s ⟨engl.⟩ (*EDV* [Wort]zwischenraum, Leerstelle)

Blan|ka (w. Vorn.)

Blän|ke, die; -, -n (*selten für* kleiner Tümpel)

Blank|eis ([Gletscher]eis ohne Schnee)

Blan|ke|ne|se (Stadtteil von Hamburg)

Blan|kett, das; -[e]s, -e ⟨*zu* blank⟩ (unterschriebenes, noch nicht [vollständig] ausgefülltes Schriftstück)

blank le|gen, **blank|le|gen** *vgl.* blank

blank lie|gen, **blank|lie|gen** *vgl.* blank

blan|ko ⟨ital.⟩ (leer, unausgefüllt)

Blan|ko|scheck; Blan|ko|voll|macht (unbeschränkte Vollmacht)

blank po|lie|ren, **blank|po|lie|ren**; ein blank polierter *od.* blankpolierter Stiefel; *vgl.* blank

blank put|zen, **blank|put|zen** *vgl.* blank

blank rei|ben, **blank|rei|ben** *vgl.* blank

Blank|vers ⟨engl.⟩ (fünffüßiger Jambenvers)

blank|zie|hen; er hat den Säbel blankgezogen (aus der Scheide)

Bläs|chen; Bla|se, die; -, -n; ein Blasen ziehendes *od.* blasenziehendes Mittel

Bla|se|balg *Plur.* ...bälge

bla|sen; du bläst, er bläst; ich blies, du bliesest; geblasen; blas[e]!

Bla|sen|bil|dung

Bla|sen|ent|zün|dung

Bla|sen|kam|mer (*Kernphysik* Gerät zum Sichtbarmachen der Bahnspuren ionisierender Teilchen)

Bla|sen|ka|tarrh; Bla|sen|ka|the|ter; Bla|sen|lei|den; Bla|sen|schwä|che; Bla|sen|spie|ge|lung; Bla|sen|stein

Bla|sen|tang (eine Braunalgenart)

Bla|sen zie|hend, **bla|sen|zie|hend** ↑K 58; *vgl.* Blase

Blä|ser; Bla|se|rei; Blä|se|rin

bla|siert ⟨franz.⟩ (dünkelhaft-herablassend); **Bla|siert|heit**

bla|sig

Blas|in|s|t|ru|ment

Bla|si|us (m. Vorn.)

Blas|ka|pel|le; Blas|mu|sik

Bla|son [...ˈzõ:], der; -s, -s ⟨franz.⟩ (*Heraldik* Wappen[schild])

bla|so|nie|ren (Wappen fachgerecht beschreiben); **Bla|so|nie|rung**

Blas|or|ches|ter

Blas|phe|mie, die; -, ...ien ⟨griech.⟩ (Gotteslästerung); **blas|phe|mie|ren; blas|phe|misch**, *selten* **blas|phe|mis|tisch**

Blas|rohr

blass; blasser (*auch* blässer), blasseste (*auch* blässeste); blass sein; blass werden; **blass|blau**

Bläs|se, die; - (Blassheit); *vgl. aber* Blesse

blas|sen (*selten für* blass werden); du blasst; geblasst

blass|gelb; blass|grün

blau

blau|er, blau|es|te, blaus|te

Kleinschreibung ↑K 89:

- blau sein (*auch ugs. für* betrunken sein)
- blau in blau
- die blaue Blume (Sinnbild der Romantik)
- blauer *od.* Blauer Brief (*ugs. für* Mahnschreiben der Schule an die Eltern, *auch* Kündigungsschreiben)
- jemandem blauen Dunst vormachen *(ugs.)*
- blauer Fleck (*ugs. für* Bluterguss)
- unsere blauen Jungs (*ugs. für* Marinesoldaten)
- blauer Montag
- die blaue Mauritius ↑K 89
- sein blaues Wunder erleben (*ugs. für* staunen)
- Aal blau
- *im Pass o. Ä.:* Augen: blau

Großschreibung der Substantivierung ↑K 72:

- die Farbe Blau
- ins Blaue reden
- Fahrt ins Blaue
- die Farbe der Fahne ist Blau *od.* blau

In Namen und bestimmten namenähnlichen Fügungen ↑K 88 *u.* 89:

- das Blaue Band des Ozeans
- Blauer Eisenhut
- der Blaue Engel (Siegel für umweltschonende Produkte)
- das Blaue Wunder (Brücke in Dresden)
- die Blaue Grotte (von Capri)
- der Blaue Nil
- der Blaue Planet (die Erde)
- der Blaue Reiter (Name einer Künstlergemeinschaft)

Vgl. auch Blau, Blaue

Zusammensetzungen von »blau« mit einer anderen Farbbezeichnung:

- blaugrün, blaurot usw. ↑K 23

Getrennt- und Zusammenschreibung:

- ein blau gestreifter *od.* blaugestreifter Stoff ↑K 58

Wenn »blau« das Ergebnis der mit einem folgenden einfachen Verb bezeichneten Tätigkeit angibt, kann ebenfalls getrennt oder zusammengeschrieben werden:

- etwas blau färben *od.* blaufärben

Aber nur:

- etwas hellblau färben, etwas blau einfärben

Vgl. auch blaumachen, matt, metallic

Bläss|huhn, Bless|huhn
bläss|lich; blass|ro|sa
Blas|to|ge|ne|se, die; - ‹griech.› (*Biol.* ungeschlechtliche Entstehung eines Lebewesens)
Blas|tom, das; -s, -e (*Med.* Geschwulst)
Blas|tu|la, die; -, ...lae (*Biol.* Entwicklungsstadium des Embryos nach der Furchung der Eizelle)
Blatt, das; -[e]s, Blätter (*Abk.* Bl. [Papier]); 5 Blatt Papier
Blätt|chen
blat|ten (*Jägerspr.* auf einem Blatt [Pflanzenblatt od. Instrument] Rehe anlocken); **Blat|ter** (Instrument zum Blatten)
blät|te|rig *vgl.* blättrig
Blät|ter|ma|gen (Magen der Wiederkäuer)
Blat|tern *Plur.* (*älter für* Pocken)
blät|tern; ich blättere
Blat|ter|nar|be (*älter für* Pockennarbe); **blat|ter|nar|big** (*älter für* pockennarbig)
Blät|ter|teig
Blät|ter|wald (*scherzh. für* die Presse, die Zeitungen)
blät|ter|wei|se, blatt|wei|se
Blät|ter|werk *vgl.* Blattwerk
Blatt|fe|der; Blatt|gold; Blatt|grün, das; -s; **Blatt|laus; blatt|los**
Blatt|ma|cher (*ugs. für* Zeitungsjournalist, Zeitungsverleger); **Blatt|ma|che|rin**
Blatt|pflan|ze
blätt|rig, blät|te|rig
Blatt|sa|lat
Blatt|schluss, der; -es (*österr. für* Redaktionsschluss)
Blatt|schuss
Blatt|tang, Blatt-Tang, der; -[e]s
Blatt|trieb, Blatt-Trieb
blatt|wei|se, blät|ter|wei|se
Blatt|werk, Blät|ter|werk, das; -[e]s
blau *s. Kasten*
Blau, das; -[s], -[s] (blaue Farbe); in Blau gekleidet; mit Blau bemalt; Stoffe in Blau; das Blau des Himmels
blau|äu|gig
Blau|bart, der; -[e]s, ...bärte (Frauenmörder [im Märchen])
Blau|ba|salt
Blau|bee|re (Heidelbeere)
blau|blü|tig (*ugs. für* adlig)
Blau|druck *Plur.* ...drucke
Blaue, das; -n ↑K 72; das Blaue vom Himmel [herunter]reden; Fahrt ins Blaue; **Bläue,** die; - (Himmel[sblau])
Blau|ei|sen|erz
blau|en (*geh. für* blau werden)
[1]**bläu|en** (blau machen, färben)
[2]**bläu|en** (*veraltend für* schlagen)
Blau|fah|rer (*schweiz. für* unter Alkoholeinwirkung stehender Autofahrer); **Blau|fah|re|rin**
blau fär|ben, blau|fär|ben; ein blau gefärbtes *od.* blaugefärbtes Kleid; *vgl.* blau
Blau|fel|chen (ein Fisch)
Blau|frän|ki|sche der; -n, -n (österr. Weinsorte)
Blau|fuchs
blau|grau ↑K 23; **blau|grün**
Blau|helm (UN-Soldat)
Blau|ja|cke (*ugs. für* Matrose)
Blau|kraut, das; -[e]s (*landsch. u. österr. für* Rotkohl)
bläu|lich; bläulich grün, bläulich rot usw. ↑K 60
Blau|licht *Plur.* ...lichter
Blau|ling, Bläu|ling (ein Schmetterling; Fisch)
blau|ma|chen (*ugs. für* nicht zur Arbeit, Schule o. Ä. gehen)
Blau|mann *Plur.* ...männer (*ugs. für* blauer Monteuranzug)
Blau|mei|se
Blau|pau|se (Lichtpause auf bläulichem Papier)
Blau|ra|cke (ein Vogel)
blau|rot ↑K 23

Blau|säu|re, die; -; **Blau|schim|mel; Blau|schim|mel|kä|se**
blau|sti|chig; ein blaustichiges Farbfoto
Blau|strumpf (*veraltend scherzh. für* intellektuelle Frau); **blau|strümp|fig**
Blau|tan|ne
Blau|wal
Blau|weiß|por|zel|lan
Blau|zun|gen|krank|heit, die; - (eine Tierseuche)
Bla|zer ['ble:zɐ], der; -s, - ‹engl.› (Klubjacke; sportl. Jackett)
Blea|ching ['bli:tʃɪŋ], das; -s ‹engl.› (optische Aufhellung der Zähne)
Blech, das; -[e]s, -e
Blech|blä|ser; Blech|blä|se|rin
Blech|blas|in|s|t|ru|ment
Blech|büch|se; Blech|do|se
ble|chen (*ugs. für* zahlen)
ble|chern (aus Blech)
Blech|ku|chen (auf dem Kuchenblech gebackener Kuchen)
Blech|la|wi|ne (lange Kolonne dicht aufeinanderfolgender Autos)
Blech|mu|sik
Blech|ner (*südd. für* Klempner); **Blech|ne|rin**
Blech|sa|lat (*ugs. für* Autounfall mit Totalschaden)
Blech|schach|tel; Blech|scha|den; Blech|sche|re; Blech|trom|mel
ble|cken; die Zähne blecken
[1]**Blei,** das; -[e]s, -e (chemisches Element, Metall; *Zeichen* Pb [*vgl.* Plumbum]; Richtblei; *zollamtlich für* Plombe)
[2]**Blei,** der, *auch* das; -[e]s, -e (*ugs.; kurz für* Bleistift)
[3]**Blei,** der; -[e]s, -e (*svw.* Brachse)
Blei|asche
Blei|be, die; -, -n *Plur. selten* (Unterkunft)
blei|ben; du bliebst; geblieben; bleib[e]!; sie hat es bleiben lassen (*seltener* bleiben gelassen) *od.* bleibenlassen (*seltener* bleibengelassen); *aber nur* du kannst die Kinder noch ein bisschen hierbleiben lassen
blei|bend; bleibende Schäden
blei|ben las|sen, blei|ben|las|sen (unterlassen)
Blei|be|recht (Aufenthaltsrecht von Ausländern im Inland)
bleich; Blei|che, die; -, -n
[1]**blei|chen** (bleich machen); du bleichtest; gebleicht; bleich[e]!; die Sonne bleicht das Haar
[2]**blei|chen** (bleich werden); du bleichtest (*veraltet* blichst); gebleicht (*veraltet* geblichen); bleich[e]!; der Teppich bleicht in der Sonne
Blei|che|rei
Blei|chert, der; -s, -e (blasser Rotwein)
Bleich|ge|sicht *Plur.* ...gesichter
Bleich|sand (graublaue Sandschicht)
Bleich|sucht, die; -; **bleich|süch|tig**
blei|en (mit Blei versehen)
blei|ern (aus Blei)
blei|far|ben, blei|far|big
blei|frei; bleifrei (mit bleifreiem Benzin) fahren; **Blei|frei,** das; -s *meist ohne Artikel;* Bleifrei (bleifreies Benzin) tanken
Blei|fuß; mit Bleifuß (ständig mit Vollgas) fahren
Blei|gie|ßen, das; -s; **Blei|glanz** (ein Mineral); **blei|hal|tig; Blei|kris|tall; blei|schwer**
Blei|stift, der; *vgl.* [2]Blei
Blei|stift|ab|satz; Blei|stift|spit|zer; Blei|stift|stum|mel; Blei|stift|zeich|nung
Blei|weiß (Bleifarbe)
Blei|wüs|te (nicht sehr ansprechend [z. B. ohne Absätze, ohne Bilder, in sehr kleiner Schrift] gestalteter Text)
Blend, der *u.* das; -s, -s ‹engl.› (Verschnitt)
Blen|de, die; -, -n (ein Mineral; *Optik* lichtabschirmende Scheibe; *Fotogr.* Einrichtung zur Belichtungsregulierung)
Blen|ded Lear|ning ['blendɪt 'lø:ɐ̯nɪŋ], das; - -[s] ‹engl.› (Lernmodell, in dem computergestütztes Lernen – z. B. über das Internet – u. klassischer Unterricht kombiniert werden)
blen|den; Blen|den|au|to|ma|tik
blen|dend; ein blendend weißes Kleid; der Schnee war blendend weiß
Blen|der *(abwertend);* **Blen|de|rin**
blend|frei
Blend|gra|na|te; Blend|la|ter|ne
Blend|schutz; Blend|schutz|zaun
Blen|dung; Blend|werk
Bles|se, die; -, -n (weißer Stirnfleck od. -streifen; Tier mit weißem Stirnfleck); *vgl. aber* Blässe
Bless|huhn, Bläss|huhn
bles|sie|ren ‹franz.› (*veraltet für* verwunden); **Bles|sur,** die; -, -en (*geh. für* Verwundung)
bleu [blø:] ‹franz.› (blassblau); ein bleu[farbenes] Kleid; **Bleu,** das; -s, *Plur.* -, *ugs.* -s
Bleu|el, der; -s, - (*veraltet für* Schlägel [zum Wäscheklopfen])
bleu|en *alte Schreibung für* [2]bläuen
Blick, der; -[e]s, -e; **blick|dicht;** blickdichte Strumpfhosen
bli|cken
bli|cken las|sen, bli|cken|las|sen; schön, dass du dich mal wieder blicken lässt *od.* blickenlässt
Blick|fang; Blick|feld; Blick|kon|takt
blick|los
Blick|punkt; Blick|rich|tung
Blick|wech|sel (Austausch von Blicken; Wechsel der Sehweise)
Blick|win|kel
blieb *vgl.* bleiben
blies *vgl.* blasen
blind; blinder Alarm; blind sein, werden; sich blind stellen; ein blind geborenes *od.* blindgeborenes Kind; *vgl.* blindfliegen, blindschreiben, blindspielen
Blind|darm; Blind|darm|ent|zün|dung
Blind Date ['blaind 'de:t], das; - -[s], - -s ‹amerik.› (Verabredung mit einer unbekannten Person)
Blin|de, der *u.* die; -n, -n
Blin|de|kuh *ohne Artikel;* Blindekuh spielen
Blin|den|an|stalt *(veraltet)*
Blin|den|füh|rer; Blin|den|füh|re|rin
Blin|den|hund; Blin|den|schrift; Blin|den|stock; Blin|den|ver|band; Deutscher Blindenverband
Blind|fisch (*Zool.; ugs. für* Person, die etwas Offensichtliches nicht sieht)
blind|flie|gen (ohne Sicht, nur mit Instrumenten fliegen); **Blind|flie|gen,** das; -s; **Blind|flug**
Blind|gän|ger
blind ge|bo|ren, blind|ge|bo|ren ↑K58; *vgl.* blind
Blind|ge|bo|re|ne, Blind|ge|bor|ne, der *u.* die; -n, -n, **blind Ge|bo|re|ne, blind Ge|bor|ne,** der *u.* die; - -n, - -n
Blind|heit, die; -; **blind|lings**
Blind|pro|be (Art der Weinverkostung)
Blind|schacht (nicht zu Tage gehender Schacht)

Blind|schlei|che, die; -, -n
blind|schrei|ben (ohne auf die Tastatur zu schauen); um blindzuschreiben; **Blind|schreib|ver|fah|ren**
blind|spie|len (*Schach* ohne Brett u. Figuren spielen)
Blind|spie|ler; Blind|spie|le|rin
Blind|ver|kos|tung (*vgl.* Blindprobe)
blind|wü|tig; Blind|wü|tig|keit, die; -
Bling-Bling, das; -s *meist ohne Artikel* ⟨amerik.⟩ (stark glitzernder Schmuck)
Bli|ni, der; -[s], -[s] ⟨russ.⟩ (*Kochkunst* russ. Pfannkuchen)
blink; blink und blank
blin|ken; Blin|ker; Blin|ke|rei
blin|kern; ich blinkere
Blink|feu|er (Seezeichen); **Blink|leuch|te; Blink|licht** *Plur.* ...lichter; **Blink|zei|chen**
blin|zeln; ich blinz[e]le
Blis|ter, der; -s, - ⟨engl.⟩ (Kunststofffolie zur Verpackung)
Blitz, der; -es, -e
Blitz|ab|lei|ter; Blitz|ak|ti|on
blitz|ar|tig
blitz|blank, *ugs. auch* **blit|ze|blank; blitz|blau,** *ugs. auch* **blit|ze|blau**
Blitz|eis (sehr schnell zu Eis gefrorenes [Regen]wasser)
blit|zen (*ugs. auch für* mit Blitzlicht fotografieren; [in provozierender Absicht] nackt über belebte Straßen o. Ä. rennen)
Blit|zer (*ugs. für* Radarfalle)
Blit|zes|schnel|le, die; -
Blitz|ge|rät
blitz|ge|scheit
Blitz|ge|spräch
Blitz|gnei|ßer (*österr. ugs. für* Schnellmerker); **Blitz|gnei|ße|rin** *(österr. ugs.)*
Blitz|kar|ri|e|re; Blitz|krieg
Blitz|lam|pe; Blitz|licht *Plur.* ...lichter; **Blitz|licht|auf|nah|me; Blitz|licht|ge|wit|ter**
blitz|sau|ber
Blitz|schach; Blitz|schlag
blitz|schnell
Blitz|sieg; Blitz|start; Blitz|strahl; Blitz|um|fra|ge; Blitz|wür|fel
Bliz|zard [...zɐt], der; -s, -s ⟨engl.⟩ (Schneesturm [in Nordamerika])
[1]**Bloch,** der, *auch* das; -[e]s, *Plur.* Blöcher, *österr. meist* Bloche (*südd. u. österr. für* Holzblock, -stamm)
[2]**Bloch** (dt. Philosoph)
blo|chen (*schweiz. für* bohnern); **Blo|cher** (*schweiz. für* Bohner[besen])
Bloch|holz ⟨*zu* [1]Bloch⟩

Block

der; -[e]s

Plural für Beton-, Eis-, Eisen-, Fels-, Granit-, Hack-, Holz-, Metall-, Motor-, Stein-, Zylinderblock usw.:

– Blö|cke

Plural für Abreiß-, Bestell-, Brief-, Buch-, Formular-, Häuser-, Kalender-, Kassen-, Notiz-, Quittungs-, Rezept-, Schreib-, Steno[gramm]-, Wohn-, Zeichenblock usw.:

– Blocks *od.* Blö|cke, *österreichisch u. schweizerisch nur* Blöcke

Plural für Macht-, Militär-, Währungs-, Wirtschaftsblock usw.:

– Blö|cke, *selten* Blocks

Blo|cka|de, die; -, -n ⟨franz.⟩ ([See]sperre, Einschließung; *Druckw.* durch Blockieren gekennzeichnete Stelle; *Zeichen:* ▮)
Block|bil|dung
Block|buch (aus einzelnen Holzschnitten geklebtes Buch des 15. Jh.s)
Block|buch|sta|be
Block|bus|ter [ˈblɔkbastɐ], der; -s, - ⟨engl.⟩ (sehr erfolgreiches Produkt, bes. ein Kinofilm)
blo|cken (*südd. auch für* bohnern); **Blo|cker** (*südd. für* Bohnerbesen)
Block|flö|te; Block|haus
blo|ckie|ren ⟨franz.⟩ (einschließen, blocken, [ab]sperren; unterbinden, unterbrechen; *Druckw.* fehlenden Text durch ▮ kennzeichnen)
Blo|ckie|rer; Blo|ckie|re|rin
Blo|ckie|rung
blo|ckig (klotzig)
Block|malz, das; -es (Hustenbonbon[s] aus Malzzucker)
Block|po|li|tik
Blocks|berg, der; -[e]s (*in der Volkssage für* [2]Brocken)
Block|scho|ko|la|de; Block|schrift
Block|si|g|nal *(Eisenbahn)*
Block|stel|le *(Eisenbahn)*
Block|stun|de (Doppelstunde im Schulunterricht)
Blo|ckung
Block|un|ter|richt *(Schule)*
Block|werk (*Eisenbahn* Kontrollstelle für einen Streckenabschnitt)
blöd, blö|de (*ugs. für* dumm); das ist der blödes|te Witz, den ich je gehört habe; sich blöd stellen; *aber* ↑K 72: so etwas Blödes!
Blö|del, der; -s, - (*ugs. abwertend für* dummer Mensch)
Blö|del|bar|de
Blö|de|lei
blö|deln (*ugs. für* Unsinn reden, albern sein); ich blöd[e]le
blö|der|wei|se *(ugs.)*
Blöd|ham|mel (*svw.* Blödel); **Blöd|heit** (Dummheit)
Blö|di|an, der; -[e]s, -e (*svw.* Blödel); **Blö|dig|keit,** die; - (*veraltet für* Schwäche; Schüchternheit)
Blöd|ling (*svw.* Blödel); **Blöd|mann** *Plur.* ...männer (*svw.* Blödel)
Blöd|sinn, der; -[e]s *(ugs.)*; **blöd|sin|nig** (*svw.* blöd); **Blöd|sin|nig|keit**
Blog, das, *auch* der; -s, -s ⟨engl.⟩ (*kurz für* Weblog); **blog|gen** (an einem Blog [mit]schreiben); sie bloggt; er hat gebloggt; **Blog|ger** (jmd., der an einem Blog [mit]schreibt); **Blog|ge|rin**
Blo|go|sphä|re *Plur. selten* (Gesamtheit der Weblogs im Internet)
blö|ken
blond ⟨franz.⟩; blond gefärbtes *od.* blondgefärbtes Haar ↑K 58
Blond|chen (*ugs., meist abwertend für* blonde Frau)
[1]**Blon|de,** die *u.* der; -n, -n (blonde Frau; blonder Mann)
[2]**Blon|de,** die *u.* das; -n, -n (Glas Weißbier, helles Bier); zwei Blonde; ein kühles Blondes
[3]**Blon|de** [*auch* blõːd(ə)], die; -, -n (Seidenspitze)
blond ge|färbt, blond|ge|färbt *vgl.* blond
blond ge|lockt, blond|ge|lockt
Blond|haar, das; -[e]s
blon|die|ren (blond färben)
Blon|di|ne, die; -, -n (blonde Frau); **Blon|di|nen|witz**
Blond|kopf; blond|lo|ckig; Blond|schopf
[1]**bloß** (nur)
[2]**bloß** (entblößt); ↑K 56: wenn die Nerven bloß liegen *od.* bloßliegen; Mauern, Leitungen bloß legen *od.* bloßlegen; *aber nur* sich bloß strampeln; das Kind hat sich bloß gestrampelt
Blö|ße, die; -, -n
bloß|fü|ßig *(veraltend)*

bloß|le|gen (enthüllen); Hintergründe bloßlegen; *vgl.* ²bloß
bloß lie|gen, **bloß|lie|gen** *vgl.* ²bloß
bloß|stel|len (blamieren); *vgl.* ²bloß; **Bloß|stel|lung**
bloß stram|peln *vgl.* ²bloß
Blou|son [bluˈzõː], das, *auch* der; -[s], -s ‹franz.› (an den Hüften eng anliegende Jacke mit Bund)
Blow|job [ˈbloːdʒɔp] ‹engl.› (*derb für* Fellatio)
Blow-up, **Blow|up** [ˈbloːlap], das; -s, -s ‹engl.› (fotograf. Vergrößerung)
blub|bern (*nordd. für* glucksen; rasch u. undeutlich sprechen); ich blubbere
Blü|cher (preuß. Feldmarschall)
Blu|denz (österr. Stadt)
Blue|box, die; -, -es, **Blue Box,** die; - -, - -es [ˈbluː..., *auch* -ˈbɔks] ‹engl.› (Gerät für ein Projektionsverfahren, das künstliche Hintergründe schafft)
Blue|chip, der; -s, -s, **Blue Chip,** der; - -s, - -s [ˈbluːtʃɪp] ‹engl.› (erstklassiges Wertpapier)
Blue|jean [bluːˈdʒiːn], die; -, -s (*österr. für* Bluejeans)
Blue|jeans [ˈbluːdʒiːns] ‹amerik.› (blaue [Arbeits]hose aus geköpertem Baumwollgewebe)
Blues [bluːs], der; -, - (zur Kunstform entwickeltes Volkslied der nordamerik. Schwarzen; ältere Jazzform; langsamer Tanz im 4/4-Takt)
Blue|tooth® [ˈbluːtuːθ], der *od.* das; -[s] ‹engl.› (Kurzstreckenfunkstandard); **Blue|tooth|an|wen|dung**
Bluff [*auch* blœf], der; -s, -s ‹engl.› (Täuschung); **bluf|fen**
blü|hen
Blüm|chen; Blüm|chen|kaf|fee (*ugs. scherzh. für* dünner Kaffee)
Blu|me, die; -, -n; **Blu|men|beet**
Blu|men|bin|der (Berufsbez.); **Blu|men|bin|de|rin**
Blu|men|bou|quet, Blu|men|bu|kett
Blu|men|draht; Blu|men|frau; Blu|men|ge|schäft
blu|men|ge|schmückt
Blu|men|gruß; Blu|men|kas|ten; Blu|men|kind; Blu|men|kist|chen *(österr., schweiz.)*; **Blu|men|kohl; Blu|men|kü|bel; Blu|men|la|den; Blu|men|ra|bat|te**
blu|men|reich
Blu|men|schmuck
Blu|men|strauß *Plur.* ...sträuße; **Blu|men|topf; Blu|men|va|se; Blu|men|wie|se**
blü|me|rant ‹franz.› (*ugs. für* übel, flau); mir ist ganz blümerant
blu|mig; Blüm|lein
Blun|ze, die; -, -n, *auch* **Blun|zen,** die; -, - (*bayr., österr. ugs. für* Blutwurst)
Blu-Ray, Blu-ray® [ˈbluːreː], der *od.* das; -[s], -s *meist ohne Artikel* ‹*zu* engl. blu[e] ray, »blauer Strahl«› (ein Aufzeichnungs- u. Wiedergabeverfahren bei Datenträgern)
Blu-Ray-Disc, Blu-ray-Disc®, **Blu-Ray-Disk, Blu-ray-Disk,** die; -, -s (DVD mit hoher Speicherkapazität); **Blu-Ray-Lauf|werk, Blu-ray-Laufwerk**®; **Blu-Ray-Player, Blu-ray-Play|er**® (Abspielgerät für Blu-Ray-Discs)
Blu|se, die; -, -n ‹franz.›
Blü|se, die; -, -n (*Seemannsspr.* Leuchtfeuer)
blu|sig
Blust, der *od.* das; -[e]s (*südd. u. schweiz., sonst veraltet für* Blütezeit, Blühen)
Blut, das; -[e]s, *Plur. (Med. fachspr.)* -e; *vgl.* blutbildend, blutreinigend usw.
Blut|ader; Blut|al|ko|hol
¹**blut|arm** (arm an Blut)
²**blut|arm** (*ugs. für* sehr arm)
Blut|ar|mut; Blut|bad; Blut|bahn; Blut|bank *Plur.* ...banken (Sammelstelle für Blutkonserven)
blut|be|schmiert
Blut|bild
blut|bil|dend, **Blut bil|dend**; ein blutbildendes *od.* Blut bildendes Medikament ↑K 58 *u.* 59
Blut|bla|se; Blut|bu|che
Blut|di|a|mant *meist Plur.* (Edelstein, dessen Verkauf der Finanzierung bewaffneter Konflikte dient)
Blut|do|ping (leistungssteigernde Eigenblutinjektion)
Blut|druck *Plur.* ...drücke *u.* ...drucke; **blut|druck|sen|kend**
blut|durch|tränkt; blutdurchtränkte Tücher
Blut|durst; blut|dürs|tig
Blü|te, die; -, -n
Blut|egel; Blut|ei|weiß
blu|ten
Blü|ten|blatt; Blü|ten|ho|nig; Blü|ten|kelch; Blü|ten|le|se
blü|ten|los; blütenlose Pflanze
Blü|ten|pracht; Blü|ten|stand; Blü|ten|staub
Blut|ent|nah|me
blü|ten|weiß; blütenweiße Wäsche
Blü|ten|zweig
Blu|ter (jmd., der an der Bluterkrankheit leidet)
Blut|er|guss
Blu|te|rin
Blu|ter|krank|heit, die; - (erbliche Störung der Gerinnungsfähigkeit des Blutes)
Blü|te|zeit
Blut|farb|stoff; Blut|fett|wert; Blut|fleck; Blut|ge|fäß; Blut|ge|rinn|sel
blut|ge|tränkt; ein blutgetränktes Taschentuch
Blut|grup|pe; Blut|grup|pen|un|ter|su|chung
Blut|hoch|druck, der; -[e]s
Blut|hund
blu|tig
¹**...blü|tig** ‹*zu* Blut› (z. B. heißblütig)
²**...blü|tig** ‹*zu* Blüte› (z. B. langblütig)
blut|jung (*ugs. für* sehr jung)
Blut|kon|ser|ve (konserviertes Blut); **Blut|kör|per|chen; Blut|krebs; Blut|kreis|lauf; Blut|la|che**
blut|leer (ohne Blut)
...blüt|ler (z. B. Lippenblütler)
blut|mä|ßig *vgl.* blutsmäßig
Blut|oran|ge; Blut|pfropf; Blut|plas|ma; Blut|plätt|chen *(Med.)*; **Blut|pro|be; Blut|pro|fil** (*fachspr. für* durch Tests über einen längeren Zeitraum ermitteltes Blutbild eines Menschen); **Blut|ra|che; Blut|rausch**
blut|rei|ni|gend, **Blut rei|ni|gend**; blutreinigender *od.* Blut reinigender Tee ↑K 58 *u.* 59
blut|rot; blut|rüns|tig
blut|sau|gend, **Blut sau|gend**; ein blutsaugender *od.* Blut saugender Vampir ↑K 58 *u.* 59; **Blut|sau|ger; Blut|sau|ge|rin**
Bluts|bru|der; Bluts|brü|der|schaft
Blut|schan|de, die; -; **blut|schän|de|risch**
Blut-Schweiß-und-Trän|en-Re|de (bes. dramatische, schwere Zeiten ankündigende Rede)
Blut|sen|kung; Blut|se|rum
bluts|mä|ßig (durch Blutsverwandtschaft bedingt)
Blut|spen|de; Blut|spen|de|dienst; Blut|spen|der; Blut|spen|de|rin
Blut|spur
blut|stil|lend, **Blut stil|lend**; blutstillende *od.* Blut stillende Watte ↑K 58 *u.* 59
Bluts|trop|fen; Blut|sturz
bluts|ver|wandt; Bluts|ver|wand|te; Bluts|ver|wandt|schaft
blutt (*südd. mdal., schweiz. ugs. für* nackt)

Blut|tat; Blut|trans|fu|si|on
blut|trie|fend; blut|über|strömt
Blut|über|tra|gung; Blu|tung
blut|un|ter|lau|fen; blutunterlaufene Augen
Blut|un|ter|su|chung; Blut|ver|gie|ßen, das; -s; **Blut|ver|gif|tung; Blut|ver|lust**
blut|ver|schmiert; blut|voll
Blut|wä|sche; Blut|was|ser
blut|we|nig (*ugs. für* sehr wenig)
Blut|wert *(Med.)*
Blut|wurst
Blut|zel|le (*Med.* Blutkörperchen)
Blut|zeu|ge (Märtyrer); **Blut|zeu|gin**
Blut|zoll, der; -[e]s *(geh.)*
Blut|zu|cker; Blut|zu|fuhr
BLZ, die; - = Bankleitzahl
B-Ma|tu|ra (*österr. für* Beamtenaufstiegsprüfung)
BMI, der; - = Body-Mass-Index
b-Moll [ˈbeːmɔl, *auch* ˈbeːˈmɔl], das; -[s] (Tonart; *Zeichen* b); **b-Moll-Ton|lei|ter**
B-Mo|vie [ˈbiːmuːvi], das; -[s], -s ‹engl.-amerik.› (*Film* mit geringen Mitteln produzierter Film)
BMW®, der; -[s], -[s] ‹nach dem Unternehmen Bayerische Motoren Werke AG› (deutsche Kraftfahrzeugmarke)
BMX-Rad [beːlɛmˈlɪks...] ‹zu engl. bicycle moto-cross› (kleineres, bes. geländegängiges Fahrrad)
BND, der; -[s] = Bundesnachrichtendienst
BNE, das; -s = Bruttonationaleinkommen
BNP, das; -[s] = Bruttonationalprodukt
Bö, Böe, die; -, Böen (heftiger Windstoß)
Boa, die; -, -s (eine Riesenschlange; langer, schmaler Schal aus Pelz od. Federn)
boah! [bɔːɐ̯] (Ausruf des Staunens)
[1]**Board** [boːɐ̯t], das; -s, -s ‹engl.› (*kurz für* Kickboard, Skateboard, Snowboard u. Ä.)
[2]**Board** [boːɐ̯t], das *auch* der; -s, -s ‹engl.› (*Wirtsch.* für die Leitung u. Kontrolle eines Unternehmens zuständiges Gremium)
boar|den [ˈboːɐ̯dn̩] ‹engl.›; wir sind/haben geboardet (Snowboard oder Skateboard gefahren); sie sind als Erste geboardet (*Flugw.* haben das Flugzeug als Erste bestiegen); **Boar|ding,** das; -s, -s (*Flugw.* das Besteigen eines Passagierflugzeugs)
Boat|peo|p|le, Boat-Peo|p|le [ˈboːtpiːpl̩] *Plur.* ‹engl.› ↑K22; mit Booten geflohene [vietnamesische] Flüchtlinge)
[1]**Bob** (m. Vorn.)
[2]**Bob,** der; -s, -s ‹engl., *Kurzform für* Bobsleigh› (Rennschlitten); **Bob|bahn**
bob|ben (beim Bobfahren durch eine ruckweise Oberkörperbewegung die Fahrt beschleunigen)
Bob|by [...bi], der; -s, -s ‹nach dem Reorganisator der engl. Polizei, Robert (»Bobby«) Peel› (*engl. ugs. für* Polizist)
[1]**Bo|ber,** der; -s, - (schwimmendes Seezeichen)
[2]**Bo|ber,** der; -s (Nebenfluss der Oder)
Bob|fah|rer; Bob|fah|re|rin
Bo|bi|ne, die; -, -n ‹franz.› ([Garn]spule in der Baumwollspinnerei; *Bergmannsspr.* Wickeltrommel für Förderseile)
Bo|bi|net [*auch* ...ˈnɛt], der; -s, -s ‹engl.› (Gewebe; engl. Tüll)
Bob|sleigh [...sleː] *vgl.* [2]Bob
Bob|tail [...teːl], der; -s, -s ‹engl.› (Hunderasse)
Boc|cac|cio [...ˈkat͡ʃo] (ital. Dichter)
Boc|cia [...t͡ʃa], das *od.* die; -, -s ‹ital.› (ital. Kugelspiel)
Boche [bɔʃ], der; -, -s ‹franz.› (franz. Schimpfname für den Deutschen)
Bo|cholt (Stadt im Münsterland)
Bo|chum (Stadt im Ruhrgebiet); **Bo|chu|mer; Bo|chu|me|rin**
[1]**Bock,** der; -[e]s, Böcke (Ziegen-, Rehbock o. Ä.; Gestell; Turngerät; *schweiz. auch für* Sitz des Parlamentspräsidenten); Bock springen; *aber* das Bockspringen; *(bes. Jugendspr.)* auf etw. Bock (Lust) haben
[2]**Bock,** das, *auch* der; -s (*kurz für* Bockbier); zwei Bock
bock|bei|nig (*ugs. für* widerspenstig)
Bock|bier
Böck|chen
böc|keln (*landsch. für* nach [1]Bock riechen)
bo|cken; bo|ckig; Bo|ckig|keit
Bock|kä|fer; Bock|lei|ter, die
Böck|lin (schweiz. Maler)
Bock|mist (*ugs. für* Blödsinn, Fehler)
Bocks|beu|tel (bauchige Flasche; Frankenwein in solcher Flasche)
Bocks|dorn, der; -[e]s, -e (ein Strauch)
Böck|ser, der; -s, - (*Winzerspr.* fauliger Geruch u. Geschmack bei jungem Wein)
Bocks|horn *Plur.* ...hörner; lass dich nicht ins Bockshorn jagen (*ugs. für* einschüchtern)
Bocks|hörndl, das; -s, -n (*österr. ugs. für* Frucht des Johannisbrotbaumes); **Bocks|horn|klee,** der; -s (eine Pflanze)
Bock|sprin|gen, das; -s ↑K82
Bock|sprung
bock|stark (*ugs. für* sehr stark, sehr gut)
bock|still (*schweiz. ugs. für* völlig bewegungslos)
Bock|wurst
Bo|cuse [bɔˈkyːz] (franz. Koch)
Bod|den, der; -s, - (*nordd. für* Strandsee, [Ostsee]bucht)
Bo|de|ga, die; -, -s ‹span.› (span. Weinkeller, -schenke)
Bo|de|gym|nas|tik, Bo|de-Gym|nas|tik, die; - (Ausdrucksgymnastik nach Rudolf Bode)
Bo|del|schwingh (dt. ev. Theologe)
Bo|den, der; -s, Böden
Bo|den|ab|wehr; Bo|den|be|ar|bei|tung; Bo|den|be|lag
Bo|den-Bo|den-Ra|ke|te
Bo|den|ero|si|on; Bo|den|frei|heit; Bo|den|frost
Bo|den|haf|tung (*Motorsport; auch bildlich für* Realitätssinn)
Bo|den|hal|tung
Bo|den|kam|mer
bo|den|lang; ein bodenlanges Kleid
Bo|den|le|ger (Berufsbez.); **Bo|den|le|ge|rin**
bo|den|los ↑K72: ins Bodenlose fallen; **bo|den|nah**
Bo|den|ne|bel; Bo|den|per|so|nal; Bo|den|pro|be; Bo|den|re|form; Bo|den|satz; Bo|den|schät|ze *Plur.*
Bo|den|see, der; -s
Bo|den|spe|ku|la|ti|on
bo|den|stän|dig; Bo|den|stän|dig|keit, die; -
Bo|den|sta|ti|on; Bo|den|trup|pe *meist Plur.*; **Bo|den|tur|nen; Bo|den|va|se; Bo|den|wachs** (*österr. für* Bohnerwachs); **Bo|den|wel|le; Bo|den|wich|se** (Bohnerwachs)
bo|di|gen (*schweiz. für* besiegen)
Bod|me|rei (Schiffsbeleihung, -verpfändung)
Bo|do (m. Vorn.); *vgl.* Boto
Bo|dy [...di], der; -s, -s ‹engl.› (*engl. Bez. für* Körper; *kurz für* Bodysuit)
Bo|dy|buil|der [...bɪldɐ], der; -s, -

B
Body

(jmd., der Bodybuilding betreibt); **Bo̥|dy|buil|de|rin; Bo̥|dy|buil|ding,** das; -s (gezieltes Muskeltraining mit besonderen Geräten)
Bo̥|dy|check, der; -s, -s (erlaubtes Rempeln des Gegners beim Eishockey)
Bo̥|dy|guard [...ga:ɐ̯t], der; -s, -s (Leibwächter)
Bo̥|dy|lo|ti|on (Körperlotion)
Bo̥|dy-Mass-In|dex [...mɛs...] (*Med.* Verhältnis von Körpergröße u. -gewicht; *Abk.* BMI)
Bo̥|dy|pain|ting [...pe:n...], das; -[s], -s (Bemalung des ganzen Körpers als Kunstform)
Bo̥|dy|scree|ning [...skri:nɪŋ], das; -[s], -s (computergestütztes Verfahren zur Durchleuchtung von Personen)
Bo̥|dy|sto|cking [...stɔ...], der; -[s], -s (*vgl.* Bodysuit); **Bo̥|dy|suit** [...sju:t], der; -s, -s (eng anliegende, einteilige Unterkleidung)
Bo̥|dy|wrap|ping [...ræpɪŋ], das; -[s], -s (kosmetische Behandlungsmethode, bei der Körperteile mit einer besonderen Folie umwickelt werden)
Böe *vgl.* Bö
Boe|ing® [ˈbo:ɪŋ], die; -, -s ‹nach dem amerik. Flugzeughersteller Boeing› (Flugzeugtyp)
Bo|e̲|thi|us (spätröm. Philosoph)
Bo̲|fist [*auch* boˈfɪst], Bo|vist [ˈbo:vɪst, *auch* boˈvɪst], der; -[e]s, -e (ein Pilz)
bog *vgl.* biegen
Bo̲|gart, Humphrey [ˈhamfrɪ] (amerik. Schauspieler)
Bo̲|gen, der; -s, *Plur.* - *u. (bes. südd., österr. u. schweiz.)* Bögen; *Abk.* (für den Bogen Papier:) Bg.; in Bausch und Bogen (ganz und gar)
Bo̲|gen|füh|rung
Bo̲|gen|lam|pe
Bo̲|gen|ma|cher (Berufsbez.); **Bo̲|gen|ma|che|rin**
Bo̲|gen|schie|ßen, das; -s; **Bo̲|gen|schüt|ze; Bo̲|gen|schüt|zin**
Bo̲|gey [ˈbo:gi], das; -s, -s ‹engl.› (*Golf* ein Schlag über Par)
bo̲|gig
Bo̲|gis|law (m. Vorn.)
Bo̲g|ner (Bogenschütze; Bogenmacher); **Bo̲g|ne|rin**
Bo|go|tá (Hauptstadt Kolumbiens)
Bo|hei̲ *vgl.* Buhei
Bo|heme [boˈɛ:m, *auch* boˈhɛ:m], die; - (unkonventionelles Künstlermilieu); **Bo|he|mi|en** [boeˈmi̯ɛ̃:, *auch* bohe...], der; -s, -s (Angehöriger der Boheme)
Bo̲h|le, die; -, -n (starkes Brett); **Bo̲h|len|be|lag**
Bö̲h|me, der; -n, -n; **Bö̲h|men; Bö̲h|mer|land,** das; -[e]s; **Bö̲h|mer|wald,** der; -[e]s (Gebirge); **Bö̲h|mer|wäld|ler; Bö̲h|mer|wäld|le|rin**
Bö̲h|min; bö̲h|misch (*auch ugs. für* unverständlich); das kommt mir böhmisch vor; das sind für mich böhmische Dörfer, *aber* ↑K140: Böhmisches Mittelgebirge
Bö̲hn|chen
Bo̲h|ne, die; -, -n
bo̲h|nen (*landsch. für* bohnern)
Bo̲h|nen|ein|topf; Bo̲h|nen|kaf|fee; Bo̲h|nen|kraut; Bo̲h|nen|sa|lat; Bo̲h|nen|stan|ge
Bo̲h|nen|stroh; dumm wie Bohnenstroh *(ugs.)*
Bo̲h|ner (*svw.* Bohnerbesen); **Bo̲h|ner|be|sen; bo̲h|nern;** ich bohnere; **Bo̲h|ner|wachs**
bo̲h|ren; Bo̲h|rer
Bo̲hr|fut|ter
Bo̲hr|ham|mer (mit Druckluft betriebener Schlagbohrer)
Bo̲hr|in|sel; Bo̲hr|loch; Bo̲hr|ma|schi|ne; Bo̲hr|turm; Bo̲h|rung
bö̲|ig; böiger Wind (in kurzen Stößen wehender Wind)
Boi̲|ler, der; -s, - ‹engl.› (Warmwasserbereiter)
Boi̲|zen|burg (Stadt an der Elbe)
Bo|ja̲r, der; -en, -en ‹russ.› (Adliger im alten Russland; Großgrundbesitzer im alten Rumänien)
Bo̲|je, die; -, -n (*Seemannsspr.* [verankerter] Schwimmkörper als Seezeichen od. zum Festmachen); **Bo̲|jen|ge|schirr**
Bo̲k|mål [...mo:l], das; -[s] ‹norw.› (vom Dänischen beeinflusste norw. Schriftsprache [*vgl.* Riksmål *u.* Nynorsk])
Bo̲l *vgl.* Bolus
Bo̲|la, die; -, -s ‹span.› (südamerik. Wurf- u. Fangleine)

Bowle
Das auf das Englische zurückgehende Substantiv wird mit einem in der Lautung nicht hörbaren *-w-* geschrieben.

Bo|le̲|ro, der; -s, -s (Tanz; kurze Jacke); **Bo|le̲|ro|jäck|chen**
Bo|li̲|de, der; -n, -n (schwerer Rennwagen; *Astron.* Meteor)
Bo|li̲|var, der; -[s], -[s] (Währungseinheit in Venezuela)
Bo|li|vi|a̲|ner; Bo|li|vi|a̲|ne|rin; bo|li|vi|a̲|nisch
Bo|li|vi|a̲|no, der; -[s], -[s] (bolivianische Währungseinheit)
Bo|li̲|vi|en (südamerikanischer Staat); **Bo|li̲|vi|er** *vgl.* Bolivianer; **Bo|li̲|vi|e|rin** *vgl.* Bolivianerin; **bo|li̲|visch** *vgl.* bolivianisch
bö̥l|ken (*nordd. für* blöken [vom Rind, Schaf], brüllen; aufstoßen)
Bö̥ll (dt. Schriftsteller)
Bol|lan|di̥st, der; -en, -en (Mitglied der jesuit. Arbeitsgemeinschaft zur Herausgabe von Heiligenleben)
Bo̥l|le, die; -, -n (*landsch. für* Zwiebel; Loch im Strumpf)
Bo̥l|len, der; -s, - (*landsch. für* Klumpen)
Bö̥l|ler (kleiner Mörser zum Schießen, Feuerwerkskörper)
bo̥l|lern (*landsch. für* poltern, krachen); ich bollere
bö̥l|lern; ich böllere
Bo̥l|ler|wa|gen (*landsch. für* Handwagen)
Bol|le̥t|te, die; -, -n ‹ital.› (*österr. für* Zoll-, Steuerbescheinigung)
Bo̥ll|werk
Bo̥l|ly|wood [...lɪvʊt] ‹engl.› (indische Filmindustrie)
Bo|lo|g|na [...ˈlɔnja] (italienische Stadt)
Bo|lo|g|na-Pro|zess, Bo|lo|g|na|pro|zess ([in Bologna 1999 beschlossene] Vereinheitlichung des europäischen Hochschulwesens); ↑K143; **Bo|lo|g|na-Re|form, Bo|lo|g|na|re|form;** *svw.* Bologna-Prozess
Bo|lo|g|ne̲|se, der; -n, -n *(seltener);* **Bo|lo|g|ne̲|ser; Bo|lo|g|ne̲|se|rin; Bo|lo|g|ne̲|sin** *(seltener);* **bo|lo|g|ne̲|sisch**
Bo|lo|me̲|ter, das; -s, - ‹griech.› (Strahlungsmessgerät)
Bol|sche|wi̥k, der; -en, *Plur.* -i *u. (abwertend)* -en ‹russ.› (*hist. Bez. für* Mitglied der kommunistischen Partei Russlands bzw. der Sowjetunion); **Bol|sche|wi̥|kin; bol|sche|wi|si̲e|ren; Bol|sche|wi|si̲e|rung**
Bol|sche|wi̥s|mus, der; -; **Bol|sche|wi̥st,** der; -en, -en; **Bol|sche|wi̥s|tin; bol|sche|wi̥s|tisch**
Bol|scho̲i|the|a|ter (Opern- u. Ballettbühne in Moskau)
Bo̲|lus, Bo̲l, der; -, ...li ‹griech.› (Tonerdesilikat; *Med.* Bissen; große Pille)
Bol|za̲|no (*ital. Name von* Bozen)

bo̤l|zen (*Fußball* derb, systemlos spielen); du bolzt
Bo̤l|zen, der; -s, -; **bo̤l|zen|ge|ra̱|de**
Bol|ze|re̱i; Bo̤lz|platz
Bom|ba̱|ge [...ʒə], die; -, -n ⟨franz.⟩ (Biegen von Glastafeln u. Blech; Hervorwölbung des Deckels von Konservendosen mit verdorbenem Inhalt)
Bom|ba̤r|de, die; -, -n (Steinschleudermaschine des 15. bis 17. Jh.s)
Bom|bar|de|ment [...'mãː, *österr.* ...bard'mãː, *schweiz.* bɔmbardə'mɛnt], das; -s, *Plur.* -s *u.* (bei schweiz. Aussprache:) -e (Beschießung; Abwurf von Bomben); **bom|bar|di̱e|ren**
Bom|bar|di̱er|kä|fer
Bom|bar|di̱e|rung
Bom|bar|don [...'dõː], das; -s, -s (Basstuba)
Bom|ba̤st, der; -[e]s ⟨pers.-engl.⟩ ([Rede]schwulst, Wortschwall); **bom|ba̤s|tisch**
Bo̤m|bay [...be] *vgl.* Mumbai
Bo̤m|be, die; -, -n ⟨franz.⟩ (mit Sprengstoff angefüllter Hohlkörper; *ugs.* wuchtiger Schuss aufs [Fußball]tor); **bo̤m|ben**
Bo̤m|ben|alarm; Bo̤m|ben|an|griff; Bo̤m|ben|an|schlag; Bo̤m|ben|at|ten|tat; Bo̤m|ben|dro|hung
Bo̤m|ben|er|fo̤lg (*ugs. für* großer Erfolg)
Bo̤m|ben|ex|plo|si|on
[1]**bo̤m|ben|fest;** ein bombenfester Unterstand
[2]**bo̤m|ben|fe̤st** (*ugs. für* ganz sicher); sie behauptet es bombenfest
Bo̤m|ben|flug|zeug
Bo̤m|ben|fo̤rm (*ugs.*); **Bo̤m|ben|ge|schä̤ft** (*ugs.*)
Bo̤m|ben|ha|gel; Bo̤m|ben|krieg
Bo̤m|ben|le|ger; Bo̤m|ben|le|ge|rin
Bo̤m|ben|nacht
Bo̤m|ben|schṳss (*Sport*)
[1]**bo̤m|ben|si|cher;** ein bombensicherer Keller
[2]**bo̤m|ben|si̤|cher** (*ugs.*); sie weiß es bombensicher
Bo̤m|ben|sti̤m|mung (*ugs.*)
Bo̤m|ben|tep|pich; Bo̤m|ben|ter|ror
Bo̤m|ber; Bo̤m|ber|ja|cke; Bo̤m|ber|ver|band
bom|bi̱e|ren ⟨*zu* Bombage⟩ (*fachspr. für* biegen [von Glas, Blech]); bombiertes Blech (Wellblech); **Bom|bi̱e|rung**
bo̤m|big (*ugs. für* hervorragend); eine bombige Party
Bo̤m|mel, die; -, -n *u.* der; -s, - (*landsch. für* Quaste)
Bon [bɔŋ, *auch* bõː], der; -s, -s ⟨franz.⟩ (Gutschein; Kassenzettel)
bo̱|na fi̱|de ⟨lat.⟩ (guten Glaubens)
Bo|na|pa̤r|te (Familienn. Napoleons)
Bo|na|par|ti̤s|mus, der; -; **Bo|na|par|ti̤st,** der; -en, -en (Anhänger der Familie Bonaparte)
Bo|na|ven|tu̱|ra (Kirchenlehrer)
Bon|bon [bõ'bõː], der *od.* (*österr. nur*) das; -s, -s ⟨franz.⟩ (Süßigkeit zum Lutschen); **bon|bon|bunt; bon|bon|far|ben**
Bon|bon|ni|e̱|re, Bon|bo|ni|e̱|re, die; -, -n (gut ausgestattete Pralinenpackung)
bon|bon|ro|sa *vgl.* blau
Bo̤nd, der; -s, -s ⟨engl.⟩ (*Bankw.* Schuldverschreibung mit fester Verzinsung)
Bo̤ng, die; -, -s ⟨Thai⟩ (Wasserpfeife zum Haschischrauchen)
bo̤n|gen ⟨franz.⟩ (*ugs. für* einen Kassenbon tippen); ist gebongt (*ugs. für* ist abgemacht)
Bo̤n|go, das; -[s], -s *od.* die; -, -s *meist Plur.* ⟨span.⟩ (paarweise verwendete [Jazz]trommel); **Bo̤n|go|trom|mel**
Bö̱n|ha|se (*nordd. für* Pfuscher; nicht zünftiger Handwerker)
Bo̤n|hoef|fer [...hœfɐ] (ev. Theologe)
Bon|ho|mie [bɔno'miː], die; -, ...i̱en ⟨franz.⟩ (*veraltet für* Gutmütigkeit, Einfalt); **Bon|homme** [bɔ'nɔm], der; -, -s (*veraltet für* gutmütiger, einfältiger Mensch)
bo|ni̱e|ren ⟨franz.⟩ (*bes. österr. für* bongen)
Bo|ni|fa̱|ti|us, Bo|ni|fa̱z [*auch* 'boː...] (Verkünder des Christentums in Deutschland; m. Vorn.); **Bo|ni|fa̱|ti|us|brun|nen**
Bo|ni|fi|ka|ti|o̱n, die; -, -en ⟨lat.⟩ (Vergütung, Gutschrift); **bo|ni|fi|zi̱e|ren** (vergüten, gutschreiben)
Bo|ni|tä̱t, die; -, -en (*Kaufmannsspr.* [guter] Ruf einer Person od. Firma in Bezug auf ihre Zahlungsfähigkeit [*nur Sing.*]; *Forstwirtsch., Landwirtsch.* Güte, Wert eines Bodens)
bo|ni|ti̱e|ren ([Grundstück, Boden, Waren] schätzen); **Bo|ni|ti̱e|rung**
Bon|mot [bõ'moː], das; -s, -s ⟨franz.⟩ (geistreiche Wendung)
Bo̤nn (Stadt am Rhein; frühere Hauptstadt der Bundesrepublik Deutschland)
Bon|nard [...'naːɐ̯] (franz. Maler)
Bo̤n|ner ⟨*zu* Bonn⟩; **Bo̤n|ne|rin**
Bon|net [...'neː], das; -s, -s ⟨franz.⟩ (Damenhaube des 18. Jh.s)
[1]**Bo̤n|sai,** der; -[s], -s ⟨jap.⟩ (jap. Zwergbaum)
[2]**Bo̤n|sai,** das; - (Kunst des Ziehens von Zwergbäumen)
Bo̤n|sels (dt. Schriftsteller)
Bo̤nt|je, der; -s, -s (*landsch. für* Bonbon)
Bo̱|nus, der; *Gen.* - *u.* Bonusses, *Plur.* - *u.* Boni, *auch* Bonusse ⟨lat.⟩ (Vergütung; Rabatt)
Bo̱|nus|mei|le (Einheit im Rabattsystem von Fluggesellschaften); **Bo̱|nus|pro|gramm** (*Wirtsch.*); **Bo̱|nus|punkt; Bo̱|nus|track** [...trɛk], der; -s, -s ⟨engl.⟩ (als Kaufanreiz gedachte zusätzliche Aufnahme auf einer CD od. DVD); **Bo̱|nus|zah|lung**
Bon|vi|vant [bõvi'vãː], der; -s, -s ⟨franz.⟩ (*veraltend für* Lebemann; *Theater* Fach des Salonhelden)
Bo̤n|ze, der; -n, -n ⟨jap.⟩ ([buddhistischer] Mönch, Priester; *abwertend für* dem Volk entfremdeter höherer Funktionär); **Bo̤n|zen|tum,** das; -s
Bö̱ögg [...k], der; *Gen.* -s *od.* -en, *Plur.* -e *od.* -en (schweizerische Fastnachts- u. Brauchtumsfigur)
Boo|gie-Woo|gie ['bʊgi'vʊgi], der; -[s], -s ⟨amerik.⟩ (Jazzart; ein Tanz)
Book|let ['bʊklɪt], das; -s, -s ⟨engl.⟩ (kleines Beiheft)
Book|mark ['bʊkmark], der; -s, -s *od.* die; -, -s *od.* das; -s, -s ⟨engl.⟩ (*EDV* Eintrag einer Internetadresse in einem elektronischen Verzeichnis)
Book-on-De|mand [bʊk-lɔndi'maːnt], das; *Gen.* Book[s]-on-Demand, *Plur.* Books-on-Demand ⟨engl.⟩ (auf Anforderung gedrucktes Buch)
boo|le|scher Au̱s|druck, Boole'scher Au̱s|druck ['buːl...] ⟨nach dem brit. Mathematiker Boole⟩ (*Informatik* in Programmiersprachen verwendeter Ausdruck, der nur den Wert »wahr« od. »falsch« haben kann); K 89
Boom [buːm], der; -s, -s ⟨engl.⟩ ([plötzlicher] Wirtschaftsaufschwung); **boo|men** (*ugs. für* einen Boom erleben)
Boos|ter ['buːstɐ], der; -s, - ⟨engl.⟩ (*Elektronik* Zusatzverstärker für Antennen- u. Hi-Fi-Anlagen)
[1]**Bo̱ot,** das; -[e]s, *Plur.* -e, *landsch. auch* Böte; Boot fahren

[2]**Boot** [bu:t], der; -s, -s *meist Plur.* ‹engl.› (bis über den Knöchel reichender [Wildleder]schuh)
Boot|camp ['bu:tkɛmp], das; -s, -s ‹engl.› (Trainingslager für Rekruten od. straffällig gewordene Jugendliche [in den USA])
Boot|chen *vgl.* Bötchen
boo|ten ['bu:tn̩] (*EDV* einen Computer neu starten); ich boote, ich habe gebootet
Bo|o|tes, der; - ‹griech.› (ein Sternbild)
Bö|o|ti|en (altgriech. Landschaft); **Bö|o|ti|er; Bö|o|ti|e|rin**
Boot|leg [bu:t...], das; -s, -s ‹amerik.› (illegale Tonaufnahme); **Boot|leg|ger** ['bu:t...], der; -s, - ‹amerik.› (*amerik. Bez. für* Alkoholschmuggler; Hersteller illegaler Tonaufnahmen)
Boots|bau, der; -[e]s, ...bauten *Plur. selten;* **Boots|fahrt; Boots|frau; Boots|gast** (Matrose im Bootsdienst); **Boots|ha|ken; Boots|haus; Boots|län|ge**
Boots|mann *Plur.* ...leute; **Boots|manns|maat**
Boots|mo|tor; Boots|steg
boot[s]|wei|se
Bor, das; -s ‹pers.› (chemisches Element, Nichtmetall; *Zeichen* B)
Bo|ra, die; -, -s ‹ital.› (kalter Adriawind)
Bo|ra|go, der; -s ‹arab.› (Borretsch)
Bo|rat, das; -[e]s, -e ‹pers.› (borsaures Salz)
Bo|rax, der, *österr. auch* das; *Gen.* - *u.* -es (Borverbindung)
Bor|chardt (dt. Schriftsteller)
Bor|chert (dt. Schriftsteller)
[1]**Bord,** das; -[e]s, -e ([Bücher-, Wand]brett)
[2]**Bord,** der; -[e]s, -e ([Schiffs]rand, -deck, -seite; *übertr. auch für* Schiff, Luftfahrzeug); an Bord gehen; Mann über Bord!
[3]**Bord,** das; -[e]s, -e (*schweiz. für* Rand, [kleiner] Abhang, Böschung)
Bord|buch (Schiffstagebuch; Fahrtenbuch)
Bord|case [...ke:s], das *u.* der; -, -s ‹dt.; engl.› (kleiner Koffer [für Flugreisen])
Bord|com|pu|ter; Bord|dienst
Bör|de, die; -, -n (fruchtbare Ebene); Magdeburger Börde
[1]**Bor|deaux** [...'do:] (franz. Stadt); Bordeaux' [...'do:s] Hafen
[2]**Bor|deaux,** der; -, *Plur. (Sorten:)* - (ein Wein); **bor|deaux|rot** (weinrot); *vgl.* blau
Bor|de|lai|ser [...'lɛ:...]; Bordelaiser Brühe (Mittel gegen [Reben]krankheiten)
Bor|de|le|se, der; -n, -n (Einwohner von Bordeaux); **Bor|de|le|sin**
Bor|dell, das; -s, -e (Haus, in dem Prostituierte ihrem Gewerbe nachgehen)
bör|deln (Blech mit einem Rand versehen; umbiegen); ich börd[e]le; **Bör|de|lung**
Bor|der|line|syn|drom, Bor|der|line-Syn|drom [...lain...] ‹engl.› (*Med.* eine psych. Erkrankung)
Bor|de|ro, Bor|de|reau [...'ro:], der *od.* das; -s, -s ‹franz.› (*Bankw.* Verzeichnis eingelieferter Wertpapiere)
Bor|der|preis ‹engl.; dt.› (Preis frei Grenze)
Bord|funk; Bord|fun|ker; Bord|fun|ke|rin
bor|die|ren ‹franz.› (*fachspr. für* einfassen, besetzen); **Bor|die|rung**
Bord|ka|me|ra; Bord|kan|te; Bord|kar|te *(Flugw.)*
Bord|mit|tel *Plur.*
Bord|stein; Bord|stein|kan|te
Bor|dü|re, die; -, -n ‹franz.› (Einfassung, [farbiger] Geweberand, Besatz); **Bor|dü|ren|kleid**
Bord|waf|fe *meist Plur.;* **Bord|zei|tung**
bo|re|al ‹griech.› (nördlich)
[1]**Bo|re|as** (griech. Gottheit [des Nordwindes])
[2]**Bo|re|as,** der; - (Nordwind im Gebiet des Ägäischen Meeres)
Bö|rek, der *od.* das; -s, -s ‹türk.› (eine Art Strudelgebäck mit einer Füllung aus Fleisch, Käse od. Gemüse)
[1]**Borg** (das Borgen); *nur noch in* auf Borg kaufen
[2]**Borg,** der; -[e]s, -e (bereits als Ferkel kastriertes männliches Schwein)
bor|gen
Bor|ges ['bɔrxes], Jorge [xɔrxe] Luis (argentin. Schriftsteller)
Bor|ghe|se [...'ge:...] (röm. Adelsgeschlecht)
Bor|gia [...dʒa], der; -s, -s *u.* die; -, -s (Angehörige[r] eines span.-ital. Adelsgeschlechtes)
Bor|gis, die; - ‹franz.› (*Druckw.* ein Schriftgrad)
Bo|ris (m. Vorn.)
Bor|ke, die; -, -n (Rinde)
Bor|ken|kä|fer; Bor|ken|krepp
Bor|ken|scho|ko|la|de
bor|kig
Bor|kum (eine der Ostfriesischen Inseln)
Born, der; -[e]s, -e (*geh., veraltet für* Quelle, Brunnen)
Bör|ne (dt. Schriftsteller)
Bor|neo (größte der Großen Sundainseln)
Born|holm (eine dän. Ostseeinsel)
bor|niert ‹franz.› (unbelehrbar, engstirnig); **Bor|niert|heit**
Bor|re|li|o|se, die; -, -n (*Med.* durch Zecken übertragene Infektionskrankheit)
Bor|retsch, der; -[e]s (ein Küchenkraut)
Bö|ri|es (m. Vorn.)
Bor|ro|mä|i|sche In|seln *Plur.* (im Lago Maggiore); ↑K135
Bor|ro|mä|us (m. Eigenn.); **Bor|ro|mä|us|ver|ein, Bor|ro|mä|us-Ver|ein**
Bor|sal|be (ein Heilmittel); **Bor|säu|re,** die; -
Borschtsch, der; - ‹russ.› (osteuropäische Suppe mit Roter Bete u. Fleisch)
Bör|se, die; -, -n ‹niederl.› (*Wirtsch.* Markt für Wertpapiere; *veraltend für* Portemonnaie; *Boxen* Einnahme aus einem Wettkampf)
Bör|sen|auf|sicht (staatliche Überwachung der Börse auf Einhaltung der gesetzlichen Vorschriften)
Bör|sen|be|richt; Bör|sen|crash (*svw.* Börsenkrach); **Bör|sen|gang; Bör|sen|ge|schäft; Bör|sen|gu|ru** *(scherzh.)*
Bör|sen|han|del; Bör|sen|händ|ler; Bör|sen|händ|le|rin
Bör|sen|krach (Börsensturz infolge einer Wirtschaftskrise)
Bör|sen|kurs; Bör|sen|mak|ler; Bör|sen|mak|le|rin
bör|sen|no|tiert, bör|se|no|tiert *(Wirtsch.);* ein börse[n]notiertes Unternehmen; *aber* ein an der Börse notiertes Unternehmen
Bör|sen|platz; Bör|sen|schluss
Bör|sen|spe|ku|lant; Bör|sen|spe|ku|lan|tin; Bör|sen|spe|ku|la|ti|on
Bör|sen|sturz (plötzliches u. tiefes Fallen der Börsenkurse)
Bör|sen|tag (Handelstag an einer Börse); **bör|sen|täg|lich** (an einem Börsentag, an Börsentagen [stattfindend])
Bör|sen|tipp; Bör|sen|um|satz|steu|er; Bör|sen|ver|ein; Bör|sen|wert (*Wirtsch.* an der Börse gehan-

deltes Wertpapier; Kurswert der Aktien einer Firma)
Bör|sen|zo|cker (*ugs. für* jmd., der bes. riskante Börsengeschäfte tätigt); **Bör|sen|zo|cke|rin** *(ugs.)*
Bör|si|a|ner (*ugs. für* Börsenmakler, -spekulant); **Bör|si|a|ne|rin**
Bors|te, die; -, -n (starkes Haar); **Bors|ten|vieh**
bors|tig; Bors|tig|keit
Borst|wisch (*ostmitteld. für* Handfeger)
Bor|te, die; -, -n (gemustertes Band als Besatz)
Bo|rus|se, der; -n, -n (*scherzh. für* Preuße); **Bo|rus|sia**, die; - (Frauengestalt als Symbol Preußens)
Bor|was|ser, das; -s
bös *vgl.* böse
bös|ar|tig; Bös|ar|tig|keit
[1]**Bosch**, Robert (dt. Erfinder); die boschsche *od.* Bosch'sche Zündkerze
[2]**Bosch** [*auch* bɔs], Hieronymus (niederl. Maler)
bö|schen (*Eisenbahn, Straßenbau* abschrägen)
Bö|schung; Bö|schungs|win|kel
Bos|co, Don (Priester u. Pädagoge)

bö|se

Kleinschreibung:
- böser Blick; böses Wetter; eine böse Sieben; der böseste seiner Feinde

Großschreibung der Substantivierung ↑K72:
- das Böseste, was mir passieren kann; im Bösen auseinandergehen; sich zum Bösen wenden
- das Gute und das Böse unterscheiden; im Guten wie im Bösen; jenseits von Gut und Böse
- der Böse *(vgl. d.)*

Bö|se, der; -n, -n *(auch für* Teufel *[nur Sing.])*
Bö|se|wicht, der; -[e]s, -e[r]; **Bö|se|wich|tin**
bos|haft; Bos|haf|tig|keit
Bos|heit
Bos|kett, das; -s, -e ‹franz.› (Ziergebüsch)
Bos|kop, **Bos|koop**, der; -s, - ‹nach dem niederl. Ort Boskoop› (eine Apfelsorte)
Bos|ni|ak, der; -en, -en (*österr. für* Bosnier, Bosniake; *auch* ein Kümmelgebäck); **Bos|ni|a|ke**, der; -n, -n (südslaw. Moslem in Bosnien u. Herzegowina); **Bos|ni|a|kin**
Bos|ni|ckel *vgl.* Bosnigl
Bos|ni|en (Gebiet im Norden von Bosnien u. Herzegowina); **Bos|ni|en-Her|ze|go|wi|na**, -s, *amtlich* **Bos|ni|en und Her|ze|go|wi|na**, -s - -s (Staat in Südosteuropa)
Bos|ni|er; Bos|ni|e|rin
Bos|nigl, der; -s, -n, Bos|ni|ckel, der; -s, - (*bayr., österr. ugs. für* boshafter Mensch)
bos|nisch; bos|nisch-her|ze|go|wi|nisch
Bos|po|rus, der; - (Meerenge bei Istanbul)
Boss, der; Bosses, Bosse ‹amerik.› (Chef; Vorgesetzter)
Bos|sa no|va, der, *auch* die; - -, - -s ‹port.› (ein Tanz)
Bo|ßel, der; -s, - *u.* die; -, -n (*nordd. für* Kugel)
bos|se|lie|ren *vgl.* bossieren
bos|seln (*ugs. für* kleine Arbeiten [peinlich genau] machen; *auch für* bossieren); ich boss[e]le
bo|ßeln (*nordd. für* mit der [dem] Boßel werfen); ich boß[e]le
Bos|sen|qua|der; Bos|sen|werk (rau bearbeitetes Mauerwerk)
Bos|sier|ei|sen (Gerät zum Behauen roher Mauersteine)
bos|sie|ren (die Rohform einer Figur aus Stein herausschlagen; Mauersteine behauen; *auch* in Ton, Wachs od. Gips modellieren); **Bos|sie|rer; Bos|sie|re|rin**
Bos|sier|wachs
Bos|sin (*w. Form zu* Boss)
Bos|sing, das; -s ‹engl.› (ständiges Schikanieren einzelner Mitarbeiter[innen] durch den Vorgesetzten)
Bos|titch®, der; -[e]s, -e (*schweiz. für* Gerät zum Zusammenheften)
[1]**Bos|ton** [...tn̩] (Stadt in England u. in den USA)
[2]**Bos|ton**, das; -s (ein Kartenspiel)
[3]**Bos|ton**, der; -s, -s (ein Tanz)
bös|wil|lig; Bös|wil|lig|keit, die; -
bot *vgl.* bieten
Bo|ta|nik, die; - ‹griech.› (Pflanzenkunde); **Bo|ta|ni|ker; Bo|ta|ni|ke|rin**
bo|ta|nisch; botanische Gärten, *aber* ↑K150 : der Botanische Garten in München
bo|ta|ni|sie|ren (Pflanzen sammeln); **Bo|ta|ni|sier|trom|mel**
Böt|chen, Boot|chen (kleines Boot)
Bo|te, der; -n, -n
Bo|tel, das; -s, -s ‹*Kurzw. aus* Boot u. Hotel› (als Hotel ausgebautes Schiff)
Bo|tel|lón [...ˈljɔn], der; -s, Botellones ‹span., »große Flasche«› ([über das Internet organisiertes] Trinkgelage einer großen Zahl Jugendlicher auf öffentlichen Plätzen in Spanien)
Bo|ten|dienst; Bo|ten|frau; Bo|ten|gang; Bo|ten|lohn
Bo|ten|stoff (*Med., Physiol.* Überträgerstoff)
Bo|te|ro, Fernando (kolumbian. Maler u. Bildhauer)
Bo|tin
Böt|lein (kleines Boot)
bot|mä|ßig (*geh., veraltet für* untertan); **Bot|mä|ßig|keit**, die; -
Bo|to (m. Vorn.)
Bo|to|ku|de, der; -n, -n (brasilian. Indianer); **bo|to|ku|disch**
Bo|tox®, das; - ‹*Kurzw. für* Botulinumtoxin› (Nervengift, das in stark verdünnter Form bes. zum Glätten von Falten gespritzt wird)
Bot|schaft (diplomatische Vertretung); **Bot|schaf|ter; Bot|schaf|ter|ebe|ne;** auf Botschafterebene; **Bot|schaf|te|rin**
Bot|schafts|rat *Plur.* ...räte; **Bot|schafts|rä|tin; Bot|schafts|se|kre|tär; Bot|schafts|se|kre|tä|rin**
Bo|t|su|a|na (Staat in Afrika); **Bo|t|su|a|ner; Bo|t|su|a|ne|rin; bo|t|su|a|nisch**
Bo|ts|wa|na (*internationale Schreibung für* Botsuana); **bo|ts|wa|nisch** (*schweiz. für* botsuanisch)
Bott, das; -[e]s, -e (*schweiz. für* Mitgliederversammlung bestimmter Vereine u. Gesellschaften)
Bött|cher (Bottichmacher); *vgl. auch* Büttner *u.* Küfer; **Bött|cher|ar|beit; Bött|che|rei; Bött|che|rin**
bött|chern; ich böttchere
Bot|ten *Plur.* (*landsch. für* Stiefel; große, klobige Schuhe)
Bot|ti|cel|li [...ˈtʃɛl...], Sandro (ital. Maler)
Bot|tich, der; -[e]s, -e
Bot|tle|par|ty, **Bot|tle-Par|ty** [...tl̩...], die; -, -s ‹engl.› (Party, zu der die Gäste die Getränke mitbringen)
bott|nisch; *aber* ↑K140 : der Bottnische Meerbusen
Bott|rop (Stadt im Ruhrgebiet)
Bo|tu|lis|mus, der; - ‹lat.› (*Med.*

Botu

bakterielle Lebensmittelvergiftung)

¹Bou|c|lé, ¹Bu|k|lee [buˈkleː], das; -s, -s ‹franz.› (Garn mit Knoten u. Schlingen)

²Bou|c|lé, ²Bu|k|lee [buˈkleː], der; -s, -s (Gewebe u. Teppich aus ¹Bouclé)

Bou|doir [buˈdo̯aːɐ̯], das; -s, -s ‹franz.› (*veraltet für* elegantes Zimmer einer Dame)

Bou|gain|vil|lea [bugɛ̃...], die; -, ...le|en ‹nach dem Comte de Bougainville› (eine Zierpflanze)

Bou|gie [buˈʒiː], die; -, -s ‹franz.› (*Med.* Dehnsonde); **bou|gie|ren** (*Med.* mit der Dehnsonde untersuchen, erweitern)

Bouil|la|baisse [bujaˈbɛːs], die; -, -s ‹franz.› (provenzalische Fischsuppe)

Bouil|lon [bʊlˈjõː, *österr.* buˈjõː], die; -, -s (Kraft-, Fleischbrühe); **Bouil|lon|wür|fel**

Boule [buːl], das; -[s], *auch* die; - ‹franz.› (franz. Kugelspiel)

Bou|le|vard [buləˈvaːɐ̯, *österr.* bʊlˈvaːɐ̯], der; -s, -s ‹franz.› (breite [Ring]straße)

Bou|le|vard|blatt (*svw.* Boulevardzeitung); **bou|le|var|desk** (bunt, unterhaltsam); **Bou|le|vard|pres|se**, die; - (*oft abwertend*); **Bou|le|vard|the|a|ter** (mit unterhaltsamem Programm); **Bou|le|vard|zei|tung**

Bou|lez [buˈlɛːs] (franz. Komponist u. Dirigent)

Bou|lo|g|ner [buˈlɔnjɐ]; **Bou|lo|g|ne|rin; Bou|lo|g|ne-sur-Mer** [buˈlɔnjəsʏrmɛːr] (franz. Stadt)

Bou|quet [buˈkeː], das; -s, -s, Bu|kett, das; -[e]s, *Plur.* -s *u.* -e ‹franz.› ([Blumen]strauß; Duft [des Weines])

Bou|qui|nist [buki...], der; -en, -en ‹franz.› ([Straßen]buchhändler in Paris)

Bour|bon [bøɐ̯bn̩], der; -s, -s ‹amerik.› (amerikanischer Whiskey)

Bour|bo|ne [bʊr...], der; -n, -n (Angehöriger eines franz. Herrschergeschlechtes); **bour|bo|nisch**

Bour|bon|va|nil|le [burˈbõː...], die; - ‹franz.› (eine Art Vanille)

bour|geois [bʊrˈʒo̯a] ‹franz.› (der Bourgeoisie angehörend, entsprechend); bourgeoises [...ˈʒo̯aːzəs] Verhalten

Bour|geois, der; -, - (*abwertend für* wohlhabender, selbstzufriedener Bürger)

Bour|geoi|sie [...ʒo̯aˈziː], die; -, ...i̯en ([wohlhabender] Bürgerstand; *marx.* herrschende Klasse im Kapitalismus)

Bour|rée [bʊˈreː], die; -, -s ‹franz.› (ein alter Tanz; Teil der Suite)

Bour|ret|te [bʊ...], die; -, -n ‹franz.› (Gewebe aus Abfallseide)

Bour|tan|ger Moor [ˈbuːɐ̯... -], das; - -[e]s (teilweise trockengelegtes Moorgebiet westl. der mittleren Ems)

Bou|teil|le [buˈtɛːj(ə)], die; -, -n [...ˈtɛːjən] ‹franz.› (*veraltet für* Flasche)

Bou|tique [buˈtiːk, *österr.* buˈtɪk], die; -, -n ‹franz.› (kleiner Laden für meist modische Artikel)

Bou|ton [buˈtõː], der; -s, -s ‹franz.› (Ohrclip; Anstecker)

Bo|vist [ˈboːvɪst, *auch* boˈvɪst], Bofist [*auch* boˈfɪst], der; -[e]s, -e (ein Pilz)

Bow|den|zug [ˈbau̯...], der; -s, ...züge ↑K136 ‹nach dem engl. Erfinder Bowden› (*Technik* Drahtkabel zur Übertragung von Zugkräften)

Bo|wie|mes|ser [...vi...], das; -s, - ↑K136 ‹nach dem amerik. Oberst James Bowie› ([nordamerik.] Jagdmesser)

Bow|le [ˈboː...], die; -, -n ‹engl.› (Getränk aus Wein, Zucker u. Früchten; Gefäß dafür)

bow|len [ˈboː...] ‹engl.› (*Sport* Bowling spielen)

Bow|len|glas [ˈboː...] *Plur.* ...gläser

Bow|ler [ˈboːlɐ], der; -s, - ‹engl.› (Bowlingspieler); **Bow|le|rin**

Bow|ling [ˈboː...], das; -s, -s ‹engl.› (amerik. Art des Kegelspiels; engl. Kugelspiel auf glattem Rasen); **Bow|ling|bahn**

Box, die; -, -en ‹engl.› (Pferdestand; Unterstellraum; Montageplatz bei Autorennen; frühere einfache Kamera; *kurz für* Lautsprecherbox)

Box|calf, Box|kalf [*auch* ...kaːf], das; -s, -s ‹engl.› (Kalbsleder); **Box|calf|schuh**, Box|kalf|schuh

bo|xen ‹engl.›; du boxt; er boxte ihn (*auch* ihm) in den Magen

Bo|xen|gas|se (*Motorsport*)

Bo|xen|lu|der (*ugs. für* junge, attraktive Frau, die sich bei großen Autorennen im Fahrerlager aufhält u. auf Rennfahrzeugen posiert)

Bo|xen|stopp (*Motorsport*)

Bo|xer, der; -s, - (*bes. südd., österr. auch* Faustschlag; eine Hunderasse); **Bo|xe|rin**

bo|xe|risch; boxerisches Können

Bo|xer|mo|tor (*Technik*); **Bo|xer|na|se**

Bo|xer|shorts [...ʃ...] *Plur.* ‹engl.› (Herrenunterhose mit kurzem Beinteil)

Box|hand|schuh; Box|hieb

Box|kalf [*auch* ...kaːf] usw. *vgl.* Boxcalf usw.

Box|kampf; Box|ring; Box|sport

Boy [bɔy̆], der; -s, -s ‹engl.› ([Hotel]diener, Bote)

Boy|group [...gruːp], die; -, -s ‹engl.› (Popgruppe aus jungen, attraktiven Männern, deren Bühnenshow bes. durch tänzerische Elemente geprägt ist)

Boy|kott [bɔy̆...], der; -[e]s, *Plur.* -s, *auch* -e ‹nach dem geächteten engl. Gutsverwalter Boycott› (politische, wirtschaftliche od. soziale Ächtung; Nichtbeachten); **Boy|kott|auf|ruf**

boy|kot|tie|ren

Boy|kott|maß|nah|me *meist Plur.*

Boyle-Ma|ri|otte-Ge|setz [ˈbɔy̆lmaˈri̯ɔt...] *vgl.* Mariotte

Boy|scout, **Boy-Scout** [ˈbɔy̆skau̯t] (*engl. Bez. für* Pfadfinder)

Bo|zen (Stadt in Südtirol); *vgl.* Bolzano; **Boz|ner; Boz|ne|rin**

BPOL, die; - = Bundespolizei

Bq = Becquerel

Br (*chem. Zeichen für* Brom)

BR, der; - = Bayerischer Rundfunk

Bra|ban|çonne [...bãˈsɔn], die; - ‹franz.; nach der belg. Provinz Brabant› (belg. Nationalhymne)

Bra|bant (belg. Provinz); **Bra|ban|ter**; Brabanter Spitzen; **Bra|ban|te|rin**

brab|beln (*ugs. für* undeutlich vor sich hin reden); ich brabb[e]le

¹brach *vgl.* brechen

²brach (unbestellt; unbebaut); brach liegen; brachliegende *od.* brach liegende Felder; *vgl.* brachliegen

Bra|che, die; -, -n (Brachfeld)

Bra|chet, der; -s, -e (*alte Bez. für* Juni)

Brach|feld; Brach|flä|che

bra|chi|al ‹griech.› (*Med.* den Arm betreffend; mit roher Körperkraft); **Bra|chi|al|ge|walt**, die; - (rohe, körperliche Gewalt)

Bra|chio|sau|rus, der; -, ...rier (ausgestorbene Riesenechse)

brach le|gen, **brach|le|gen** (nicht bebauen; nicht nutzen); einen

Acker brach legen od. brachlegen

brach|lie|gen (nicht genutzt werden); Fähigkeiten, die brachliegen; *aber* Äcker, die brach liegen; *vgl.* ²brach

Brach|mo|nat, Brach|mond *vgl.* Brachet

Brach|se, die; -, -n, **Brach|sen,** der; -s, -, *schweiz.* **Brachs|men,** der; -s, - (ein Karpfenfisch); *vgl. auch* ¹Brasse *u.* Brassen

brach|te *vgl.* bringen

Brach|vo|gel (Schnepfenart)

bra|chy... ‹griech.› (kurz...); **Brachy...** (Kurz...); **Bra|chy|lo|gie,** die; -, ...ien (*Rhet., Stilkunde* Kürze im Ausdruck)

Brack, das; -[e]s, *Plur.* -s *od.* -en (*landsch. für* Tümpel, kleiner See; Brackwasser)

Bra|cke, der; -n, -n, *seltener* die; -, -n (Spürhundrasse)

bra|ckig (schwach salzig u. daher ungenießbar)

Brä|ckin (*w. Form zu* Bracke)

bra|ckisch (aus Brackwasser abgelagert); **Brack|was|ser,** das; -s, ...wasser (Gemisch aus Salz- u. Süßwasser)

Brae|burn [ˈbreːbøːɐ̯n], der; -s, -s ‹engl.› (eine Apfelsorte)

Brä|gen, der; -s, - (*Nebenform von* Bregen)

Bra|gi (nord. Gott der Dichtkunst)

Brah|ma ‹sanskr.› (ind. Gott)

Brah|ma|huhn *vgl.* Brahmaputrahuhn

Brah|ma|is|mus *vgl.* Brahmanismus

Brah|man, das; -[s] (*ind. Rel. u. Philos.* Weltseele); **Brah|ma|ne,** der; -n, -n (Angehöriger einer ind. Priesterkaste); **brah|ma|nisch; Brah|ma|nis|mus,** der; - (eine ind. Religion; *auch für* Hinduismus)

Brah|ma|pu|t|ra, der; -[s] (südasiatischer Strom); **Brah|ma|pu|t|ra|huhn,** Brah|ma|huhn (eine Hühnerrasse)

Brahms (dt. Komponist)

Braille|schrift [ˈbrai̯(l)...], die; - ↑K136 ‹nach dem franz. Erfinder Braille› (Blindenschrift)

Brain|drain [ˈbreːndreːn], der; -s ‹engl.-amerik.› (Abwanderung von Wissenschaftlern)

brain|stor|men [ˈbreɪnstɔːmən] ‹*zu* Brainstorming›; sie brainstormt; gebrainstormt

Brain|stor|ming, das; -s, -s (Verfahren, durch Sammeln spontaner Einfälle die [beste] Lösung für ein Problem zu finden)

Brain|trust, Brain-Trust, der; -s, -s ([wirtschaftl.] Beratungsausschuss)

Brak|te|at, der; -en, -en ‹lat.› (eine mittelalterl. Münze)

Bram, die; -, -en ‹niederl.› (*Seemannsspr.* zweitoberste Verlängerung der Masten sowie deren Takelung)

Bra|mar|bas, der; -, -se (Aufschneider); **bra|mar|ba|sie|ren** (aufschneiden, prahlen)

Bram|bach, Bad (Stadt im südl. Vogtland)

Bram|busch (*nordd. für* Ginster)

Bram|me, die; -, -n (*Walztechnik* Eisenblock); **Bram|men|walz|werk**

Bram|se|gel

bram|sig (*nordd. ugs. für* derb; protzig; prahlerisch)

Bram|sten|ge *vgl.* Bram

Bran|che [ˈbrãːʃə, *österr.* brãːʃ], die; -, -n ‹franz.› (Wirtschafts-, Geschäftszweig; *ugs. für* Fachgebiet)

Bran|chen|er|fah|rung

bran|chen|fremd

Bran|chen|füh|rer; Bran|chen|füh|re|rin; Bran|chen|ken|ner; Bran|chen|ken|ne|rin

Bran|chen|kennt|nis

bran|chen|kun|dig

Bran|chen|lea|der (*österr., schweiz. für* Marktführer in einer Branche); **Bran|chen|mix**

bran|chen|neu|t|ral

Bran|chen|pri|mus (*ugs. für* größtes, erfolgreichstes Unternehmen in einer Branche)

bran|chen|über|grei|fend

bran|chen|üb|lich

Bran|chen|ver|zeich|nis

Bran|chi|at, der; -en, -en ‹griech.› (mit Kiemen atmender Gliederfüßer); **Bran|chie,** die; -, -n *meist Plur.* (*Zool.* Kieme)

¹**Brand,** der; -[e]s, Brände (*fachspr. auch kurz für* Weinbrand, Obstbrand); in Brand stecken

²**Brand** [brænd], der, *auch* das; -[s], -s, *selten* die; -, -s ‹engl.› (*Wirtsch.* Marke, Markenartikel, Markenfirma)

brand|ak|tu|ell

Brand|an|schlag; Brand|bin|de; Brand|bla|se; Brand|bom|be

Brand|brief (*ugs.*)

Brand|di|rek|tor; Brand|di|rek|to|rin

brand|ei|lig (*ugs. für* sehr eilig)

bran|deln (*österr. ugs. für* brenzlig riechen; viel zahlen müssen)

¹**bran|den;** das Meer brandet gegen die Felsen

²**bran|den** [ˈbrɛndn̩] ‹*zu* Branding›; ein gebrandetes (mit einem Markennamen versehenes) Handy

Bran|den|burg (Stadt an der Havel; dt. Bundesland); **Bran|den|bur|ger; Bran|den|bur|ge|rin; bran|den|bur|gisch;** *aber* ↑K150: die Brandenburgischen Konzerte (von Bach)

Brand|en|te (*älter für* Brandgans)

Brand|fa|ckel

Brand|fall; im Brandfall

Brand|gans (ein Vogel)

Brand|ge|fahr; brand|ge|fähr|lich (*meist Sportjargon*)

Brand|grab (*Archäol.*)

brand|heiß

Brand|herd

bran|dig

Bran|ding [ˈbrɛndɪŋ], das; - ‹engl.› (*Wirtsch.* Entwicklung von Markennamen; Einbrennen von Mustern in die Haut)

Brand|kas|se

Brand|ka|ta|s|t|ro|phe

Brand|le|ger (*österr. für* Brandstifter); **Brand|le|ge|rin; Brand|le|gung** (*österr. für* Brandstiftung)

Brand|mal *Plur.* ...male, *selten* ...mäler (*geh.*)

brand|mar|ken; gebrandmarkt

Brand|mau|er

Brand|meis|ter; Brand|meis|te|rin

brand|neu

Brand|ort

Brand|re|de (flammende, anklagende [politische] Rede)

Brand|ro|dung (Rodung durch Verbrennen der Bäume)

brand|rot

Brand|sal|be

Brand|satz (leicht entzündliches Gemisch [bes. als Füllung von Brandbomben])

brand|schat|zen; du brandschatzt; gebrandschatzt (*früher für* durch Branddrohung erpressen); **Brand|schat|zung**

Brand|schutz

Brand|soh|le (im Schuh)

Brand|stät|te (*geh.*)

Brand|stif|ter; Brand|stif|te|rin; Brand|stif|tung

Brand|teig

Bran|dung

Brand|ur|sa|che; Brand|wa|che; Brand|wun|de

Bran|dy ['brɛndi], der; -s, -s ⟨engl.⟩ (*engl. Bez. für* Weinbrand)
Brand|zei|chen
brann|te *vgl.* brennen
Brannt|kalk (Ätzkalk)
Brannt|wein; Brannt|wei|ner (*österr. für* [Wirt einer] Branntweinschenke); **Brannt|wein|steu|er,** die
Braque [brak] (franz. Maler)
brä|sig (*bes. nordd. für* dickfellig); **Brä|sig|keit** *(bes. nordd.)*
[1]**Bra|sil,** der; -s, *Plur.* -e *u.* -s ⟨*nach* Brasilien⟩ (Tabak; Kaffeesorte)
[2]**Bra|sil,** die; -, -[s] (Zigarre)
Bra|sil|holz ↑K143
Bra|si|lia, Bra|sí|lia (Hauptstadt Brasiliens); **Bra|si|li|a|ner; Bra|si|li|a|ne|rin; bra|si|li|a|nisch; Bra|si|li|en** (südamerik. Staat)
Bra|si|li|en|holz *vgl.* Brasilholz
Brass, der; Brasses (*ugs. für* Ärger, Wut); Brass haben; in Brass kommen
Brass|band, Brass-Band ['bra:sbænd], die; -, -s ⟨engl.⟩ (Blaskapelle)
[1]**Bras|se,** die; -, -n, **Bras|sen,** der; -s, - (*nordd., mitteld. für* Brachse)
[2]**Bras|se,** die; -, -n (*Seemannsspr.* Tau zum Stellen der Segel)
Bras|se|lett, das; -s, -e ⟨franz.⟩ (*Gaunerspr.* Handschelle)
bras|sen (*Seemannsspr.* die [2]Brassen benutzen); du brasst
Bras|sen *vgl.* [1]Brasse
Bras|se|rie, die; -, ...ien ⟨franz.⟩ (Bierlokal)
Brät, *österr.* **Brat,** das; -s (fein gehacktes [Bratwurst]fleisch)
Brat|ap|fel; Brat|but|ter (*bes. schweiz. für* zum Braten verwendete, bes. fettreiche Butter)
brä|teln (*schweiz. für* grillen); ich brät[e]le
bra|ten; du brätst, er brät; du brietst; du brietest; gebraten; brat[e]!; **Bra|ten,** der; -s, -
Bra|ten|duft; Bra|ten|fett
Bra|ten|pfan|ne (*österr. für* ovaler Schmortopf mit hohem Rand)
Bra|ten|rock (*veraltend scherzh. für* Gehrock)
Bra|ten|saft; Bra|ten|so|ße, Bra|ten|sau|ce
Brä|ter (*landsch. für* Schmortopf)
brat|fer|tig
Brat|fisch; Brat|hähn|chen; Brat|hendl, das; -s, -n (*südd., österr. für* Brathähnchen); **Brat|he|ring**
Bra|ti|s|la|va (Hauptstadt der Slowakei); *vgl.* Pressburg
Brat|kar|tof|fel *meist Plur.*
Brat|ling (gebratener Kloß aus Gemüse od. Getreide)
Brät|ling (Pilz; Fisch)
Brat|pfan|ne; Brat|rohr *(südd., österr.);* **Brat|röh|re; Brat|rost**
Brat|sche, die; -, -n ⟨ital.⟩ (ein Streichinstrument); **Brat|scher** (Bratschenspieler); **Brat|sche|rin; Brat|schist,** der; -en, -en; **Brat|schis|tin**
Brat|spieß
Brat|spill (*Seemannsspr.* Ankerwinde mit waagerechter Welle)
Brat|wurst
Bräu, das; -[e]s, *Plur.* -e *u.* -s (*bes. südd., österr. für* Bier; Brauerei, z. B. in Löwenbräu)
Brauch, der; -[e]s, Bräuche; in *od.* im Brauch sein *(österr., schweiz.)*
brauch|bar; Brauch|bar|keit
brau|chen; du brauchst, er braucht; du brauchtest (*ugs. auch* bräuchtest); gebraucht; er hat es nicht zu tun brauchen; *vgl. aber* gebrauchen
Brauch|tum, das; -s, ...tümer *Plur. selten*
Brauch|was|ser (nicht zum Trinken, aber für industrielle u. a. Zwecke geeignetes Wasser)
Braue, die; -, -n
brau|en
Brau|er; Brau|e|rei; Brau|e|rin
Brau|haus; Brau|meis|ter; Brau|meis|te|rin
braun; eine braun gebrannte *od.* braungebrannte Frau ↑K58; die Sonne hat uns braun gebrannt *od.* braungebrannt ↑K56; *vgl.* blau; **Braun,** das; -[s], -[s] (braune Farbe); *vgl.* Blau
Braun|al|ge
braun|äu|gig
Braun|bär
Braun|bier (alte Biersorte)
[1]**Brau|ne,** der; -n, -n (braunes Pferd; *österr. auch für* Kaffee mit Milch)
[2]**Brau|ne,** das; -n ↑K72
Bräu|ne, die; - (braune Färbung; *veraltend für* Halsentzündung)
Braun|ei|sen|erz, das; -es, -e, **Braun|ei|sen|stein,** der; -[e]s
[1]**Brau|nel|le,** die; -, -n (ein Singvogel)
[2]**Brau|nel|le, Bru|nel|le,** die; -, -n ⟨franz.⟩ (eine Pflanze)
bräu|nen
braun ge|brannt, braun|ge|brannt *vgl.* braun
Braun|kehl|chen
Braun|koh|le; Braun|koh|len|berg|werk; Braun|koh|len|bri|kett
bräun|lich; bräunlich gelb usw. ↑K60
Braun|schweig (Stadt im nördl. Vorland des Harzes); **Braun|schwei|ger; Braun|schwei|ge|rin; braun|schwei|gisch**
Braun|stein, der; -[e]s (ein Mineral)
Bräu|nung; Bräu|nungs|stu|dio
Braus, der; *nur noch in* in Saus und Braus (verschwenderisch) leben
Brau|sche, die; -, -n (*landsch. für* Beule, bes. an der Stirn)
Brau|se, die; -, -n; **Brau|se|bad**
Brau|se|kopf (Duschkopf; *veraltend für* Hitzkopf)
Brau|se|li|mo|na|de
brau|sen; du braust; er braus|te; **Brau|sen,** das; -s
Brau|se|pul|ver; Brau|se|ta|b|let|te
Bräu|stüb|chen (*südd. für* kleines Gasthaus; Gastraum); **Bräu|stü|berl** *(bayr., österr.)*
Braut, die; -, Bräute; **Braut|el|tern** *Plur.*
Braut|füh|rer
Bräu|ti|gam, der; -s, -e
Braut|jung|fer; Braut|kleid; Braut|kranz; Braut|leu|te *Plur.*
bräut|lich
Braut|mut|ter; Braut|nacht; Braut|paar
Braut|schau; auf Brautschau gehen
Braut|schmuck; Braut|stand, der; -[e]s; **Braut|strauß; Braut|va|ter**
brav ⟨franz.⟩ (tüchtig; artig, ordentlich); **Brav|heit,** die; -
bra|vis|si|mo! ⟨ital.⟩ (sehr gut!)
bra|vo! (gut!); *vgl.* [1]Bravo
[1]**Bra|vo,** das; -s, -s (Beifallsruf); Bravo *od.* bravo rufen
[2]**Bra|vo,** der; -s, *Plur.* -s *u.* ...vi (*frühere ital. Bezeichnung für* gedungener Mörder, Räuber)
Bra|vo|ruf
Bra|vour [...'vu:ɐ̯], **Bra|vur,** die; - ⟨franz.⟩ (Tapferkeit; meisterhafte Technik); **Bra|vour|arie,** Bra|vur|arie; **Bra|vour|leis|tung,** Bra|vur|leis|tung
bra|vou|rös, bra|vu|rös (schneidig; meisterhaft)
Bra|vour|stück, Bra|vur|stück
Bra|vur usw. *vgl.* Bravour usw.
Braz|za|ville [...za'vil] (Hauptstadt der Republik Kongo)
BRD, die; - = Bundesrepublik Deutschland
break! [bre:k] ⟨engl., »trennt

breit

- ein 3 cm breiter Saum
- ein breites Lachen
- die breite Masse (die meisten)
- weit und breit

Großschreibung der Substantivierung ↑K 72:

- des Langen und Breiten (umständlich) darlegen
- des Breiter[e]n darlegen
- ein Langes und Breites (viel) sagen
- ins Breite fließen

Getrennt- und Zusammenschreibung:
Wenn »breit« das Ergebnis der mit dem folgenden einfachen Verb bezeichneten Tätigkeit angibt, kann getrennt oder zusammengeschrieben werden ↑K 56:

- die Schuhe breit treten *od.* breittreten
- einen Nagel breit schlagen *od.* breitschlagen

Schreibung mit Partizipien ↑K 58:

- ein breit gefächertes *od.* breitgefächertes Warenangebot

Wenn Adjektiv und Verb eine neue Gesamtbedeutung bilden, schreibt man zusammen ↑K 56:

- das Gerücht wurde in der Presse breitgetreten (weiterverbreitet)
- sie ließ sich breitschlagen (überreden), uns zu treffen
- er soll sich nicht so breitmachen (nicht so viel [Platz] beanspruchen)
- es hatte sich eine allgemeine Müdigkeit breitgemacht (ausgebreitet)

euch«) (Trennkommando des Ringrichters beim Boxkampf)

Break, der *od.* das; -s, -s (*Sport* unerwarteter Durchbruch; *Tennis* Durchbrechen des gegnerischen Aufschlags; *Jazz* kurzes Zwischensolo)

Break|dance [...da:ns], der; - ⟨amerik.⟩ (tänzerisch-akrobatische Darbietung zu moderner Popmusik); **Break|dan|cer,** der; -s, -; **Break|dan|ce|rin**

brea|ken ⟨*zu* Break⟩ (*Tennis* dem Gegner bei dessen Aufschlag ein Spiel abnehmen; *Funktechnik* über CB-Funk ein Gespräch führen)

Break-even [bre:kˈ|i:vn̩], der; -[s], -s ⟨engl.⟩ (*kurz für* Break-even-Point); **Break-even-Point** [bre:k-ˈ|i:vn̩pɔynt], der; -[s], -s (*Wirtsch.* Rentabilitätsschwelle)

Brec|cie [...tʃə], Brek|zie, die; -, -n ⟨ital.⟩ (*Geol.* Sedimentgestein aus kantigen Gesteinstrümmern)

brech|bar

Brech|boh|ne

Brech|durch|fall

Brech|ei|sen

bre|chen; du brichst, er bricht; du brachst; du brächest; gebrochen; brich!; sich brechen; brechend voll; er brach den Stab über ihn (*nicht* ihm); auf Biegen oder Brechen *(ugs.)*

Bre|cher (Sturzsee; Grobzerkleinerungsmaschine)

Brech|mit|tel, das; **Brech|reiz**

Brech|stan|ge

Brecht, Bert[olt] (dt. Schriftsteller)

Bre|chung; Bre|chungs|win|kel *(Physik)*

Bre|douil|le [...ˈdʊljə], die; -, -n ⟨franz.⟩ (*ugs. für* Verlegenheit, Bedrängnis); in der Bredouille sein; in die Bredouille kommen

Bree|ches [ˈbrɪtʃəs] *Plur.* ⟨engl.⟩ (Sport-, Reithose)

Bre|gen, der; -s, - (*nordd. für* Gehirn [vom Schlachttier]); *vgl. auch* Brägen

Bre|genz (Hauptstadt von Vorarlberg); **Bre|gen|zer; Bre|gen|ze|rin**

Bre|gen|zer Wald, der; - -[e]s, **Bre|gen|zer|wald,** der; -[e]s (Bergland)

Brehm (dt. Zoologe)

Brei, der; -[e]s, -e; **brei|ig**

Brein, der; -s (*österr. mdal. für* Hirse, Hirsebrei)

Brei|sach (Stadt am Oberrhein)

Breis|gau, der, *landsch.* das; -[e]s (südwestd. Landschaft)

breit *s. Kasten*

Breit|band|an|schluss *(Elektrot.)*

Breit|band|an|ti|bio|ti|kum *(Med.)*

breit|ban|dig *(Fachspr.)*

Breit|band|in|ter|net (Internetzugang mit hoher Übertragungsgeschwindigkeit)

Breit|band|ka|bel *(Elektrot.)*

breit|bei|nig

Brei|te, die; -, -n; nördliche Breite (*Abk.* n. Br.); südliche Breite (*Abk.* s. Br.); in die Breite gehen (*ugs. für* dick werden)

brei|ten; ein Tuch über den Tisch breiten

Brei|ten|ar|beit, die; -

Brei|ten|grad *(Geogr.);* **Brei|ten|kreis** *(Geogr.)*

Brei|ten|sport, der; -[e]s

brei|ten|wirk|sam; Brei|ten|wir|kung

breit ge|fä|chert, breit|ge|fä|chert *vgl.* breit

Breit|ling (Fisch)

breit|ma|chen, sich (viel Platz beanspruchen; sich ausbreiten); *vgl.* breit

breit|na|sig; breit|ran|dig

breit|schla|gen ↑K 47 (*ugs. für* überreden); er hat mich breitgeschlagen; sich breitschlagen lassen; *vgl.* breit

breit|schul|te|rig, breit|schult|rig

Breit|schwanz (ein Lammfell)

Breit|sei|te

breit|spu|rig

breit|tre|ten (*ugs. für* weitschweifig darlegen); ein Thema breittreten; *vgl.* breit

breit|wal|zen (*ugs. abwertend für* unnötig weitschweifig behandeln); *vgl.* breit

Breit|wand (im Kino); **Breit|wand|film**

Bre|me, die; -, -n (*südd., schweiz. mdal. für* Stechfliege, [2]Bremse)

Bre|men (Bundesland u. Hafenstadt an der Weser); **Bre|mer**

Bre|mer|ha|ven (Hafenstadt an der Wesermündung)

Bre|me|rin; bre|misch

Brems|ba|cke; Brems|be|lag; Brems|berg *(Bergbau)*

[1]**Brem|se,** die; -, -n (Hemmvorrichtung)

[2]**Brem|se,** die; -, -n (ein Insekt)

brem|sen; du bremst

Brem|sen|pla|ge; Brem|sen|stich

Brem|ser; Brem|ser|häus|chen; Brem|se|rin

Brems|flüs|sig|keit; Brems|he|bel; Brems|klotz; Brems|licht *Plur.* ...lichter; **Brems|pe|dal; Brems-**

pro|be; Brems|ra|ke|te; Brems-spur
Brem|sung
Brems|weg; Brems|wir|kung
brenn|bar; Brenn|bar|keit, die; -
Brenn|dau|er; Brenn|ei|sen
Brenn|ele|ment *(Kernphysik);* **Brenn|ele|men|te|steu|er**
bren|nen; du branntest; *selten* du brenntest; gebrannt; brenn[e]!; brennend gern *(ugs.)*
[1]**Bren|ner**
[2]**Bren|ner,** der; -s (ein Alpenpass); **Bren|ner|bahn, Bren|ner-Bahn,** die; - ↑K143
Bren|ne|rei
Bren|ner|pass, Bren|ner-Pass, der; -es; **Bren|ner|tun|nel,** der; -s, **Bren|ner-Tun|nel**
Brenn|glas
brenn|heiß (*österr. für* sehr heiß)
Brenn|holz, das; -es; **Brenn|ma|te-ri|al**
Brenn|nes|sel, Brenn-Nes|sel, die
Brenn|punkt; Brenn|sche|re; Brenn-spie|gel; Brenn|spi|ri|tus, der; -; **Brenn|sprit** *(bes. schweiz.);* **Brenn|stab** *(Kernphysik)*
Brenn|stoff; Brenn|stoff|fra|ge, Brenn|stoff-Fra|ge; Brenn|stoff-zel|le *(Chemie, Technik)*
Brenn|sup|pe (*südd., österr. für* Suppe aus Mehlschwitze)
Brenn|wei|te *(Optik);* **Brenn|wert**
Brent, der *od.* das; -s ⟨engl.⟩ (eine Rohölsorte)
Bren|ta|no (dt. Dichter)
Bren|te, die; -, -n (*schweiz. für* Tragbütte)
bren|zeln (*landsch. für* nach Brand riechen)
brenz|lich (*landsch. für* brenzlig)
brenz|lig
Bre|sche, die; -, -n ⟨franz.⟩ (*veraltend für* große Lücke)
Bre|scia [ˈbrɛʃʃa] (Stadt u. Provinz in Italien)
Bres|lau (*poln.* Wrocław); **Bres|lau-er; Bres|lau|e|rin**
Bre|ta|g|ne [...ˈtanjə], die; - (franz. Halbinsel)
Bre|ton [brəˈtõ:], der; -s, -s ([Stroh]hut mit nach oben gerollter Krempe)
Bre|to|ne [bre...], der; -n, -n; **Bre-to|nin; bre|to|nisch**
Brett, das; -[e]s, -er
Bret|tel, Brettl, das; -s, -[n] *meist Plur.* (*südd., österr. für* kleines Brett; Ski); **bret|teln** (*österr. ugs. für* schnell fahren; Schnee mit Skiern festtreten); ich brett[e]le
Bret|ter|bu|de
[1]**bret|tern** (aus Brettern bestehend)
[2]**bret|tern** (*ugs. für* schnell fahren)
Bret|ter|wand; Bret|ter|zaun
bret|tig; brettiger Stoff
Brettl, das; -s, - (Kleinkunstbühne; *vgl.* Brettel); **brettl|eben** (*österr. für* ganz flach); **Brettl|jau|se** (*österr. für* auf einem Brett servierte Zwischenmahlzeit)
Brett|spiel
Bret|zel, die; -, -n (*schweiz. neben* Brezel)
Breu|ghel [...gl] *vgl.* Brueg[h]el
Bre|ve, das; -s, *Plur.* -n *u.* -s ⟨lat.⟩ (kurz gefasster päpstl. Erlass)
Bre|vet [breˈve:], das; -s, -s (*früher für* Gnadenbrief des franz. Königs; *veraltet für* Schutz-, Verleihungs-, Ernennungsurkunde; *schweiz. für* Prüfungsausweis, Ernennungsurkunde)
bre|ve|tie|ren (*schweiz. für* ein Brevet erwerben, ausstellen)
Bre|vier, das; -s, -e (Gebetbuch der kath. Geistlichen; Stundengebet)
Bre|ze *vgl.* Brezen
Bre|zel, die; -, -n, *österr. auch* das; -s, -, *österr. landsch. auch* der; -s, -, *schweiz. auch* Bret|zel, die; -, -n (salziges od. süßes Gebäck); **Bre|zen,** die; -, -, Bre|ze, die; -, -n *(bayr., österr.)*
Bri|and-Kel|logg-Pakt [briˈã:...], der; -[e]s ↑K136 ⟨nach dem franz. Außenminister A. Briand u. dem nordamerik. Außenminister F. B. Kellogg⟩ (Kriegsächtungspakt von 1928)
bricht *vgl.* brechen
Bri|cke, die; -, -n (*landsch. für* Neunauge)
Bri|de, die; -, -n ⟨franz.⟩ (*schweiz. für* Kabelschelle)
Bridge [brɪtʃ], das; - ⟨engl.⟩ (Kartenspiel); **Bridge|par|tie** [ˈbr...]
Bridge|town [ˈbrɪtʃtaun] (Hauptstadt von Barbados)
Brie, der; -[s], -s (*kurz für* Briekäse)
Brief, der; -[e]s, -e (*Abk.* Bf., *auf dt. Kurszetteln* B *[vgl. d.]*)
Brief|adel; Brief|be|schwe|rer; Brief|block *vgl.* Block; **Brief|bo-gen; Brief|bom|be; Brief|druck|sa-che**
brie|fen ⟨engl.⟩ (jmdn. über einen Sachverhalt informieren)
Brief|freund; Brief|freun|din
Brief|ge|heim|nis, das; -ses
Brie|fing, das; -s, -s ⟨engl.-amerik.⟩ (Informationsgespräch)
Brief|kar|te; Brief|kas|ten; Brief-kas|ten|fir|ma (Scheinfirma); **Brief|kas|ten|on|kel; Brief|kas-ten|tan|te**
Brief|kopf; Brief|kurs *(Bankw.);* **Brief|ku|vert** (*österr., sonst veraltend für* Briefumschlag)
brief|lich
Brief|mar|ke ↑K26 : 55-Cent-Briefmarke; 1-€-Briefmarke
Brief|mar|ken|auk|ti|on; Brief|mar-ken|block *vgl.* Block; **Brief|mar-ken|kun|de,** die; -; **Brief|mar|ken-samm|ler; Brief|mar|ken|samm|le-rin**
Brief|öff|ner; Brief|pa|pier; Brief-part|ner; Brief|part|ne|rin; Brief-por|to; Brief|ro|man
Brief|schaf|ten *Plur.*
Brief|schrei|ber; Brief|schrei|be|rin; Brief|stel|ler *(veraltend);* **Brief|ta-sche**
Brief|tau|be; Brief|trä|ger; Brief|trä-ge|rin; Brief|um|schlag
Brief|wahl; Brief|wech|sel; Brief|zu-stel|ler; Brief|zu|stel|le|rin
Brie|kä|se ↑K143
Brienz (BE) (schweiz. Ort); Brienzer See (im Berner Oberland); **Brien|zer See,** der; - -s, *schweiz. auch* **Brien|zer|see,** der; -s (im Berner Oberland)
Bries, das; -es, -e, Brie|sel, das; -s, - (innere Brustdrüse bei Tieren, bes. beim Kalb)
Bries|chen, Brös|chen (Gericht aus Briesen des Kalbs)
Brie|sel *vgl.* Bries
briet *vgl.* braten
Bri|ga|de, die; -, -n ⟨franz.⟩ (größere Truppenabteilung; *DDR* kleinste Arbeitsgruppe in einem Produktionsbetrieb)
Bri|ga|de|füh|rer; Bri|ga|de|füh|re-rin; Bri|ga|de|ge|ne|ral; Bri|ga|de-ge|ne|ra|lin; Bri|ga|de|lei|ter, der; **Bri|ga|de|lei|te|rin**
Bri|ga|di|er [...ˈdi̯e:], der; -s, -s (Befehlshaber einer Brigade) *u.* [...ˈdi̯e:, *auch* ...ˈdi:ɐ̯], der; -s, *Plur.* -s [...ˈdi̯e:s] *od.* -e [...ˈdi:rə] (*DDR* Leiter einer Arbeitsbrigade); **Bri|ga|die|rin**
Bri|gant, der; -en, -en ⟨ital.⟩ (*frühere ital. Bezeichnung für* [Straßen]räuber)
Bri|gan|ti|ne, die; -, -n (*svw.* Brigg)
Brigg, die; -, -s ⟨engl.⟩ (zweimastiges Segelschiff)
Briggs (engl. Mathematiker); ↑K135 : **briggssche** *od.* Briggs'sche Logarithmen; **Briggs-Lo|ga|rith|mus**
Bri|git|ta, Bri|git|te (w. Vorn.)

Bri|kett, das; -s, *Plur.* -s, *selten* -e ‹franz.› (in Form gepresste Braun- od. Steinkohle)

bri|ket|tie|ren (zu Briketts formen); **Bri|ket|tie|rung**

bri|ko|lie|ren ‹franz.› (*Billard* durch Rückprall [von der Bande] treffen)

bril|lant [brɪl'jant] ‹franz.› (glänzend; fein)

[1]**Bril|lant,** der; -en, -en (geschliffener Diamant)

[2]**Bril|lant,** die; - (*Druckw.* ein Schriftgrad)

Bril|lant|bro|sche; Bril|lant|col|li|er; Bril|lant|feu|er|werk

Bril|lan|tin, das; -s, -e (*österr. neben* Brillantine); **Bril|lan|ti|ne,** die; -, -n (Haarpomade)

Bril|lant|na|del; Bril|lant|ring; Bril|lant|schliff; Bril|lant|schmuck

Bril|lanz, die; - (Glanz; Virtuosität)

Bril|le, die; -, -n

Bril|len|etui; Bril|len|fut|te|ral; Bril|len|ge|stell; Bril|len|glas *Plur.* ...gläser

Bril|len|schlan|ge (*ugs. scherzh. auch für* Brillenträger[in])

Bril|len|trä|ger; Bril|len|trä|ge|rin

Bril|li, der; -s, -s (*ugs. scherzh. für* [1]Brillant)

brillant, Brillant

Das Adjektiv und das Substantiv gehen auf das französische Verb briller (= glänzen) zurück. Beide werden im Deutschen nur mit einem i vor dem Doppel-l geschrieben.

bril|lie|ren [brɪl'ji:..., *auch, bes. österr.* brɪ'li:...] (glänzen; sich hervortun)

Brim|bo|ri|um, das; -s ‹lat.› (*ugs. für* Gerede; Umschweife)

Brim|sen, der; -s, - ‹rumän.› (*österr. für* Frischkäse aus Schafsmilch)

Bri|nell|här|te, die; - ‹nach dem schwed. Ingenieur Brinell› (↑K136 Maß der Härte eines Werkstoffes; *Zeichen* HB)

brin|gen; du brachtest; du brächtest; gebracht; bring[e]!

Brin|ger (*veraltend für* Überbringer; *ugs. für* jmd., der Erfolg hat, etwas Erfolgreiches)

Bring|schuld (*Rechtsspr.* beim Gläubiger zu bezahlende Schuld)

Bri|oche [...ɔʃ], die; -, -s ‹franz.› (ein Gebäck)

Bri|o|ni|sche In|seln *Plur.* (Inselgruppe vor Istrien)

bri|sant ‹franz.› (hochexplosiv; sehr aktuell); **Bri|sanz,** die; -, -en (Sprengkraft; *nur Sing.:* brennende Aktualität)

Bris|bane [...be:n, *auch* ...bn̩] (australische Stadt)

Bri|se, die; -, -n ‹franz.›

Bri|so|lett, das; -s, -e, **Bri|so|let|te,** die; -, -n ‹franz.› (gebratenes Kalbfleischklößchen)

[1]**Bris|sa|go** (Schweizer Ort am Lago Maggiore)

[2]**Bris|sa|go,** die; -, -s ‹nach dem Ort [1]Brissago› (Zigarrensorte aus der Schweiz)

Bris|tol ['brɪstl̩] (engl. Stadt am Avon); **Bris|tol|ka|nal,** der; -s (Bucht zwischen Wales u. Cornwall); **Bris|tol|kar|ton** ↑K143 (Zeichenkarton aus mehreren Lagen)

Brit (w. Vorn.)

Bri|tan|nia|me|tall, das; -[e]s ↑K143 (Zinnlegierung)

Bri|tan|ni|en; bri|tan|nisch

Bri|te, der; -n, -n; **Bri|tin; bri|tisch;** *aber* ↑K150: die Britischen Inseln, das Britische Museum

Bri|tisch-Hon|du|ras (*früher für* Belize)

Bri|tisch-Ko|lum|bi|en (kanad. Provinz)

Bri|ti|zis|mus, der; -, ...men (Spracheigentümlichkeit des britischen Englisch)

Brit|ta (w. Vorn.)

Brit|ten (engl. Komponist)

Brno ['bɪrnɔ] (Stadt in Mähren; *vgl.* Brünn)

Broad|way ['bro:tve:], der; -s ‹engl.› (Hauptstraße in New York)

Broc|co|li *vgl.* Brokkoli

Broch (österr. Schriftsteller)

Bröck|chen; bröck|chen|wei|se

brö|cke|lig, bröck|lig; **Brö|cke|lig|keit,** Bröck|lig|keit, die; -

brö|ckeln; ich bröck[e]le

bro|cken (einbrocken; *bayr. u. österr. auch für* pflücken)

[1]**Bro|cken,** der; -s, - (das Abgebrochene)

[2]**Bro|cken,** der; -s (höchster Berg im Harz)

Bro|cken|haus (*schweiz. für* Stelle, die gebrauchten Hausrat o. Ä. entgegennimmt u. zu wohltätigen Zwecken weiterverwendet od. -verkauft)

bro|cken|wei|se

Brö|ckerl, das; -s, -[n]; *vgl.* Pickerl (*österr. ugs. für* Stückchen; *scherzh. auch für* kräftiger Mensch)

Bro|ckes (dt. Dichter)

bröck|lig, brö|cke|lig; **Bröck|lig|keit** *vgl.* Bröckeligkeit

Brod (österr. Schriftsteller)

bro|deln (dampfend aufsteigen, aufwallen; *österr. ugs. für* Zeit vertrödeln); ich brod[e]le

Bro|dem, der; -s (*geh. für* Qualm, Dampf, Dunst)

Bro|de|rie, die; -, ...ien ‹franz.› (*veraltet für* Stickerei)

Brod|ler (*österr. ugs. für* jmd., der die Zeit vertrödelt); **Brod|le|rin**

Broi|ler, der; -s, - ‹engl.› (*regional für* Hähnchen zum Grillen); **Broi|ler|bu|de; Broi|ler|mast,** die

Bro|kat, der; -[e]s, -e ‹ital.› (kostbares [Seiden]gewebe)

Bro|ka|tell, der; -s, -e, **Bro|ka|tel|le,** die; -, -n (ein Baumwollgewebe)

bro|ka|ten *(geh.);* **Bro|kat|vor|hang**

Bro|ker, der; -s, - ‹engl.› (*engl. Bez. für* Börsenmakler); **Bro|ke|rin**

Brok|ko|li, Broc|co|li, der; -[s], -[s] ‹ital.› (Spargelkohl)

Brom, das; -s ‹griech.› (chemisches Element, Nichtmetall; *Zeichen* Br)

Brom|bee|re; Brom|beer|strauch

brom|hal|tig

Bro|mid, das; -[e]s, -e ‹griech.› (Salz des Bromwasserstoffs)

Bro|mit, das; -s, -e (Bromsilber [ein Mineral])

Brom|säu|re, die; -; **Brom|sil|ber; Brom|sil|ber|pa|pier**

bron|chi|al ‹griech.›

Bron|chi|al|asth|ma; Bron|chi|al|ka|tarrh (Luftröhrenkatarrh)

Bron|chie [...çi̯ə], die; -, -n *meist Plur.* (*Med.* Luftröhrenast)

Bron|chi|tis, die; -, ...iti̲den (Bronchialkatarrh)

Bron|to|sau|rus, der; -, ...rier ‹griech.› (eine ausgestorbene Riesenechse)

Bronx, die; - (Stadtteil von New York)

Bron|ze ['brõ:sə, *österr.* brõ:s], die; -, -n ‹ital.(-franz.)› (Metallmischung; Kunstgegenstand aus Bronze; *nur Sing.:* Farbe)

bron|ze|far|ben, bron|ze|far|big

Bron|ze|kunst, die; -; **Bron|ze|me|dail|le**

bron|zen (aus Bronze)

Bron|ze|plas|tik, die

Bron|ze|zeit, die; - (vorgeschichtliche Kulturzeit); **bron|ze|zeit|lich**

bron|zie|ren (mit Bronze überziehen)
Bron|zit, der; -s (ein Mineral)
Brook|lyn ['brʊklın] (Stadtteil von New York)
Bro|sa|me, die; -, -n *meist Plur.*
brosch. = broschiert
Bro|sche, die; -, -n ‹franz.›
Brös|chen, Bries|chen (Gericht aus Briesen des Kalbs)
bro|schie|ren ‹franz.› (Druckbogen in einen Papierumschlag heften od. leimen); **bro|schiert**
[1]**Bro|schur,** die; - (das Heften od. Leimen); [2]**Bro|schur,** die; -, -en (broschierte Druckschrift)
Bro|schü|re, die; -, -n (leicht geheftetes Druckwerk)
Brö|sel, der, *bayr., österr.* das; -s, - *meist Plur.* (Krümel, Bröckchen)
brö|se|lig, brös|lig
brö|seln (bröckeln); ich brös[e]le
Brös|me|li, das; -[s], -; *vgl. auch* Götti (*schweiz. für* Krümel; Semmelbrösel)
Brot, das; -[e]s, -e
Brot|auf|strich
Brot|be|ruf (Beruf, der den Lebensunterhalt sichert)
Brot|beu|tel *(veraltend)*
Bröt|chen; Bröt|chen|ge|ber (*scherzh. für* Arbeitgeber)
Bröt|chen|tas|te (*ugs. für* Taste am Parkscheinautomaten für kostenloses kurzes Parken)
Brot|ein|heit (*Med.; Abk.* BE)
Brot|er|werb; Brot|fa|b|rik; Brot|ge|trei|de; Brot|kas|ten; Brot|korb; Brot|kru|me; Brot|krü|mel; Brot|krus|te; Brot|laib
brot|los; brotlose Kunst
Brot|ma|schi|ne; Brot|mes|ser; Brot|neid; Brot|preis; Brot|schei|be; Brot|schnei|de|ma|schi|ne; Brot|schnit|te
Brot|stu|di|um, das; -s
Brot|sup|pe; Brot|teig; Brot|trunk®
Brot|zeit (*landsch. für* Zwischenmahlzeit [am Vormittag])
Brow|nie ['braʊni], der; -s, -s ‹engl.› (ein Schokoladengebäck)
Brow|ning ['braʊ...], der; -s, -s ‹nach dem amerik. Erfinder› (eine Schusswaffe)
Brow|ser ['braʊzɐ], der; -s, - ‹engl.› (Software zum Verwalten, Finden u. Ansehen von Dateien)
brr! (*Zuruf an Zugtiere* halt!)
BRT = Bruttoregistertonne
[1]**Bruch,** der; -[e]s, Brüche (*ugs. auch für* Einbruch); zu Bruch gehen; in die Brüche gehen
[2]**Bruch** [*auch* bru:x], der *u.* das; -[e]s, *Plur.* Brüche, *landsch.* Brücher (Sumpfland)
Bruch|band, das; *Plur.* ...bänder *(Med.)*
Bruch|bu|de (*ugs. abwertend für* schlechtes, baufälliges Haus)
bruch|fest; Bruch|fes|tig|keit
bru|chig [*auch* 'bru:...] (sumpfig)
brü|chig; Brü|chig|keit, die; -
bruch|lan|den; bruchgelandet; **Bruch|lan|dung**
bruch|los
bruch|rech|nen *nur im Infinitiv üblich;* **Bruch|rech|nen,** das; -s; **Bruch|rech|nung**
Bruch|scha|den
Bruch|scho|ko|la|de
bruch|si|cher; bruchsicher verpackt
Bruch|stein; Bruch|stel|le; Bruch|strich
Bruch|stück; bruch|stück|haft
Bruch|teil, der; **Bruch|zahl**
Brück|chen
Brü|cke, die; -, -n
Brü|cken|bau *Plur.* ...bauten; **Brü|cken|ge|län|der; Brü|cken|kopf** *(Militär);* **Brü|cken|pfei|ler**
Brü|cken|schlag (Herstellung einer Verbindung)
Brü|cken|tag (Tag zwischen zwei arbeitsfreien Tagen, der sich als Urlaubstag anbietet)
Bruck|ner (österr. Komponist)
Brü|den, der; -s, - (*Technik* Schwaden, Abdampf); *vgl.* Brodem
Bru|der, der; -s, Brüder; die Brüder Grimm; **Brü|der|chen**
Brü|der|ge|mei|ne, die; -, -n ‹*Kurzform von* Herrnhuter Brüdergemeine› (pietistische Freikirche)
Bru|der|hand; Bru|der|herz (*noch scherzh. für* Bruder, Freund)
Bru|der|krieg; Bru|der|kuss
Brü|der|lein; brü|der|lich; Brü|der|lich|keit, die; -
Bru|der Lus|tig, der; *Gen.* Bruder Lustigs *u.* Bruder[s] Lustig, *Plur.* Brüder Lustig (*veraltend für* leichtlebiger Mensch)
Bru|der|mord
Brü|der|paar
Bru|der|schaft ([rel.] Vereinigung)
Brü|der|schaft (brüderliches Verhältnis); Brüderschaft trinken
Bru|der|volk; Bru|der|zwist
Brue|g[h]el ['brɔygl̩] (fläm. Malerfamilie)
Brüg|ge (belg. Stadt)
Brü|he, die; -, -n; **brü|hen**
brüh|heiß
Brüh|kar|tof|feln *Plur.*
brüh|warm *(ugs.)*
Brüh|wür|fel; Brüh|wurst
Brüll|af|fe
brül|len; Brül|ler
Bru|maire [bry'mɛ:ɐ̯], der; -[s], -s ‹franz., »Nebelmonat«› (2. Monat des Kalenders der Franz. Revolution: 22. Okt. bis 20. Nov.)
Brumm|bär *(ugs.);* **Brumm|bass**
brum|me|lig; brum|meln (*ugs. für* leise brummen; undeutlich sprechen); ich brumm[e]le
brum|men; Brum|mer *(ugs.)*
Brum|mi, der; -s, -s (*ugs. scherzh. für* Lastkraftwagen)
brum|mig; Brum|mig|keit, die; -
Brumm|krei|sel; Brumm|schä|del *(ugs.)*
Brunch [brantʃ], der; -[e]s, *Plur.* -[e]s *u.* -e ‹engl.› (ausgedehntes u. reichhaltiges, das Mittagessen ersetzendes Frühstück)
brun|chen ['brantʃn̩]; ich brunche, gebruncht
Bru|nei Da|rus|sa|lam (Staat auf Borneo); **Bru|nei|er; Bru|nei|e|rin; bru|nei|isch**
Bru|nel|le, Brau|nel|le, die; -, -n ‹franz.› (eine Pflanze)
Bru|nel|lo di Mon|tal|ci|no [- - ... tʃi:no], der; - - - (ein ital. Rotwein)
brü|nett (braunhaarig, -häutig); **Brü|net|te,** die; -[n], -[n] (brünette Frau); zwei Brünette[n]
Brunft, die; -, Brünfte (*Jägerspr.* Brunst beim Wild)
brunf|ten; Brunft|hirsch
brunf|tig; ein brunftiger Hirsch
Brunft|schrei; Brunft|zeit
Brun|hild, Brun|hil|de (dt. Sagengestalt; w. Vorn.)
brü|nie|ren ‹franz.› (*fachspr. für* [Metall] bräunen)
Brünn (*tschech.* Brno)
Brünn|chen
Brün|ne, die; -, -n (Nackenschutz der mittelalterl. Ritterrüstung)
Brun|nen, der; -s, -
Brun|nen|fi|gur; Brun|nen|kres|se (Salatpflanze); **Brun|nen|ver|gif|ter** (*abwertend für* Verleumder); **Brun|nen|ver|gif|tung**
Brünn|lein *(geh.)*
[1]**Bru|no** (m. Vorn.)
[2]**Bru|no,** Giordano [dʒɔr...] (ital. Philosoph)
Brunst, die; -, Brünste (Periode der geschlechtl. Erregung u. Paarungsbereitschaft bei einigen Tieren); *vgl. auch* Brunft
bruns|ten; brüns|tig; Brunst|zeit
brun|zen (*landsch. derb für* urinieren)

Brus|chet|ta [brʊsˈkɛta, bruˈskɛta], die; -, -s *u.* ...tte [...ˈkɛte] ⟨ital.⟩ (geröstetes Weißbrot mit Tomaten)
brüsk; brüskes|te (barsch; schroff)
brüs|kie|ren (barsch, schroff behandeln); **Brüs|kie|rung**
Brüs|sel, *niederl.* **Brus|sel** [ˈbrʏsl̩] (Hauptstadt Belgiens); *vgl.* Bruxelles; **Brüs|se|ler,** *seltener* **Brüss|ler; Brüs|se|le|rin,** *seltener* **Brüss|le|rin**
Brust, die; -, Brüste
Brust|bein; Brust|beu|tel; Brust|bild; Brust|brei|te
Brüst|chen
brüs|ten, sich
Brust|fell; Brust|fell|ent|zün|dung
brust|hoch
Brust|höh|le *(Med.)*
...brüs|tig (z. B. engbrüstig)
Brust|kas|ten *Plur.* ...kästen; **Brust|kind; Brust|korb**
Brust|krebs; Brust|la|ge
brust|schwim|men, Brust schwimmen; *aber nur:* er schwimmt Brust; **Brust|schwim|men,** das; -s
Brust|spitz, der; -es, -e *(südd., österr., schweiz. für* Brustfleisch von Rind od. Kalb)
Brust|stim|me; Brust|ta|sche
Brust|tee; Brust|ton *Plur.* ...töne; **Brust|um|fang**
Brüs|tung
Brust|ver|grö|ße|rung; Brust|ver|klei|ne|rung; Brust|war|ze; Brust|wehr, die; **Brust|wi|ckel**
brut [bryt] ⟨franz.⟩ *(von Schaumweinen* sehr trocken)
Brut, die; -, -en *Plur. selten*
bru|tal ⟨lat.⟩ (roh; gefühllos; gewalttätig; rücksichtslos)
bru|ta|li|sie|ren; Bru|ta|li|sie|rung
Bru|ta|li|tät, die; -, -en
bru|talst|mög|lich
Brut|ap|pa|rat
brü|ten; brü|tend; brütende Hitze; ein brütend heißer Tag
Brü|ter *(Kernphysik* Brutreaktor); schneller Brüter ↑K89
Brut|hit|ze *(ugs.)*
brü|tig (zum Brüten bereit)
Brut|kas|ten; Brut|ofen; Brut|pfle|ge; Brut|re|ak|tor *(svw.* Brüter); **Brut|schrank; Brut|stät|te**
brut|to ⟨ital.⟩ (mit Verpackung; ohne Abzug der [Un]kosten; *Abk.* btto.); brutto für netto *(Abk.* bfn.)
Brut|to|ein|kom|men; Brut|to|er|trag (Rohertrag); **Brut|to|ge|halt,** das; **Brut|to|ge|wicht**
Brut|to|in|lands|pro|dukt *(Wirtsch.; Abk.* BIP)
Brut|to|lohn
Brut|to|mas|se
Brut|to|na|ti|o|nal|ein|kom|men *(Wirtsch.; Abk.* BNE)
Brut|to|na|ti|o|nal|pro|dukt *(österr. für* Bruttosozialprodukt; *Abk.* BNP)
Brut|to|raum|zahl *(Abk.* BRZ); **Brut|to|re|gis|ter|ton|ne** *(früher für* Bruttoraumzahl; *Abk.* BRT)
Brut|to|so|zi|al|pro|dukt *(Wirtsch. älter für* Bruttonationaleinkommen; *Abk.* BSP)
Brut|to|ver|dienst, der
Bru|tus (röm. Eigenn.)
brut|zeln *(ugs. für* in zischendem Fett braten); ich brutz[e]le
Bru|xelles [bryˈsɛl] *(franz. Form von* Brüssel)
Bru|yère|holz [bryˈjɛːɐ̯...] ⟨franz.; dt.⟩ (Wurzelholz der Baumheide)
Bryo|lo|gie, die; - ⟨griech.⟩ (Mooskunde)
BRZ = Bruttoraumzahl
BSA, der; - = Bund schweizerischer Architekten
B. Sc. = Bachelor of Science; *vgl.* Bachelor
BSE, die; - *meist ohne Artikel* = bovine spongiforme Enzephalopathie (Rinderwahnsinn); **BSE-frei**
B-Sei|te [ˈbeː...] (die Seite einer Singleschallplatte, auf der in der Regel ein weniger bekannter Titel zu hören ist)
BSE-Test
BSI, der; -[s], - = Bezirksschulinspektor *(österr.)*
Bsp. = Beispiel
BSP, das; -[s] = Bruttosozialprodukt
bspw. = beispielsweise
BSR, der; -[s], - = Bezirksschulrat *(österr.)*
bst! *vgl.* pst!
BStU = Bundesbehörde für die Stasi-Unterlagen
Btl. = Bataillon
btto. = brutto
Bttr. = Batterie *(Militär)*
Btx = Bildschirmtext
Bub, der; -en, -en *(südd., österr., schweiz. für* Junge)
Büb|chen; büb|chen|haft
Bu|be, der; -n, -n *(veraltend für* niederträchtiger Mensch; Spielkartenbezeichnung)
bu|ben|haft
Bu|ben|streich *(auch veraltend für* übler Streich); **Bu|ben|stück** *(veraltend);* **Bü|be|rei** *(veraltend)*
Bu|bi, der; -s, -s *(Koseform von* Bub)
Bu|bi|kopf (Damenfrisur)
Bü|bin *(abwertend)*
bü|bisch
Bu|bo, der; -s, ...onen ⟨griech.⟩ *(Med.* entzündl. Lymphknotenschwellung im Leistenbereich)
Buch, das; -[e]s, Bücher; Buch führen; die Buch führende *od.* buchführende Geschäftsstelle ↑K58; zu Buche schlagen
[1]**Bu|cha|ra** (Landschaft u. Stadt in Usbekistan)
[2]**Bu|cha|ra,** der; -[s], -s (ein Teppich)
Bu|cha|re, der; -n, -n; **Bu|cha|rin**
Buch|aus|stat|tung; Buch|be|spre|chung
Buch|bin|der; Buch|bin|de|rei; Buch|bin|de|rin; buch|bin|dern; ich buchbindere; gebuchbindert
Buch|block *vgl.* Block; **Buch|de|ckel**
Buch|druck, der; -[e]s
Buch|dru|cker; Buch|dru|cke|rei; Buch|dru|cke|rin; Buch|dru|cker|kunst, die; -
Buch|druck|ge|wer|be, das; -s
Bu|che, die; -, -n; **Buch|ecker**
Bu|chel, die; -, -n *(landsch. für* Buchecker)
Bü|chel|chen
[1]**bu|chen** (aus Buchenholz)
[2]**bu|chen** (in ein Rechnungsbuch eintragen; reservieren lassen)
Bu|chen|holz; Bu|chen|klo|ben
Bu|chen|land, das; -[e]s (dt. Name der Bukowina); **bu|chen|län|disch**
Bu|chen|scheit; Bu|chen|stamm; Bu|chen|wald
Bü|cher|bord, das; **Bü|cher|brett**
Bü|cher|bus (mit einer Leihbücherei ausgestatteter Bus)
Bü|che|rei; Deutsche Bücherei *(früher; Abk.* DB)
Bü|cher|kun|de, die; -; **bü|cher|kund|lich**
Bü|cher|re|gal
Bü|cher|re|vi|sor (Buchprüfer); **Bü|cher|re|vi|so|rin**
Bü|cher|schrank; Bü|cher|stu|be
Bü|cher|tisch (Tisch, auf dem Bücher zum Verkauf od. zur Information ausgelegt sind)
Bü|cher|ver|bren|nung
Bü|cher|wand
Bü|cher|wurm, der *(scherzh.)*
Buch|fink
Buch|form; *nur in:* in Buchform [veröffentlicht]
Buch füh|rend, buch|füh|rend *vgl.* Buch

B Buch

Buch|füh|rung; Buch|ge|mein|schaft; Buch|ge|wer|be
Buch|hal|ter; Buch|hal|te|rin; buch|hal|te|risch; Buch|hal|tung
Buch|han|del *vgl.* [1]Handel; **Buch|händ|ler; Buch|händ|le|rin; buch|händ|le|risch; Buch|hand|lung**
Buch|kri|tik; Buch|kunst, die; -
Büchl, das; -s, -n (*bayr., österr. ugs. für* Büchlein; Notiz-, Sparbuch)
Buch|la|den; Buch|lauf|kar|te
Büch|lein
Buch|ma|cher; Buch|ma|che|rin
Buch|markt; Buch|mes|se
Büch|ner (dt. Dichter); **Büch|ner|preis**
Buch|preis|bin|dungs|ge|setz
Buch|prü|fer (Bücherrevisor); **Buch|prü|fe|rin**
Buchs, der; -es, -e (*svw.* Buchsbaum); **Buchs|baum**
Buch|se, die; -, -n (Steckdose; Hohlzylinder als Lager einer Welle, eines Zapfens usw.)
Büch|se, die; -, -n (zylindrisches Gefäß mit Deckel; Feuerwaffe)
Büch|sen|fleisch
Büch|sen|licht, das; -[e]s (zum Schießen ausreichende Helligkeit); **Büch|sen|ma|cher; Büch|sen|ma|che|rin**
Büch|sen|milch; Büch|sen|öff|ner
Büch|sen|schuss
Buch|sta|be, der; *Gen.* -ns, *selten* -n, *Plur.* -n
buch|sta|ben|ge|treu; buch|sta|ben|gläu|big
Buch|sta|ben|kom|bi|na|ti|on; Buch|sta|ben|rät|sel
buch|sta|bie|ren
...buch|sta|big (z. B. vierbuchstabig; *mit Ziffer* 4-buchstabig ↑K 66)
buch|stäb|lich (genau nach dem Wortlaut)
Buch|stüt|ze
Bucht, die; -, -en
Buch|tel, die; -, -n ‹tschech.› (*österr. für* ein Hefegebäck; *bayr. für* Dampfnudel)
buch|tig
Buch|ti|tel
Bu|chung; Bu|chungs|ma|schi|ne
Buch|ver|leih; Buch|ver|sand
Buch|wei|zen (eine Nutzpflanze); **Buch|wei|zen|mehl**
Buch|wert (*Wirtsch.* Wert, mit dem ein Vermögens- od. Schuldposten verbucht wird)
Buch|we|sen, das; -s; **Buch|wis|sen** *(abwertend);* **Buch|zei|chen**

Bu|cin|to|ro [...tʃ...], der; -s ‹ital.› (*ital. für* Buzentaur)
Bü|cke, die; -, -n (Turnübung)
[1]**Bu|ckel,** der; -s, -, *auch* die; -, -n (erhabene Metallverzierung)
[2]**Bu|ckel,** der; -s, - (Höcker, Rücken)
Bu|ckel|flie|ge
bu|cke|lig, buck|lig
Bu|ckel|kra|xe, die; -, -n (*bayr., österr. ugs. für* eine Rückentrage); **bu|ckel|kra|xen** (*österr. für* huckepack); buckelkraxen tragen
bu|ckeln (*ugs. für* einen Buckel machen; auf dem Buckel tragen; *abwertend für* sich unterwürfig verhalten); ich buck[e]le
Bu|ckel|pis|te
Bu|ckel|rind (Zebu); **Bu|ckel|wal**
bü|cken, sich
Bu|ckerl, das; -s, -[n]; *vgl.* Pickerl (*österr. ugs. für* Verbeugung)
Bü|cking, Bück|ling (geräucherter Hering)
Bu|ck|ing|ham [ˈbakɪŋəm] (engl. Orts- u. Familienn.); **Bu|ck|ing|ham-Pa|last,** der; -[e]s
buck|lig usw. *vgl.* buckelig usw.; **Buck|li|ge,** der *u.* die; -n, -n
[1]**Bück|ling** (*scherzh., auch abwertend für* Verbeugung)
[2]**Bück|ling,** Bü|cking (geräucherter Hering)
Buck|ram, der *od.* das; -s ‹nach der Stadt Buchara› (stark appretiertes Gewebe [für Bucheinbände])
Buck|skin, der; -[s], -s ‹engl.› (gerautes Wollgewebe)
Bück|wa|re (*DDR für* offiziell nicht vorhandene Ware, die unter dem Ladentisch verkauft wird)
Bu|cu|re|ști [bukuˈrɛʃtj] (*rumän. Form von* Bukarest)
Bu|da|pest (Hauptstadt Ungarns); **Bu|da|pes|ter; Bu|da|pes|te|rin**
Büd|chen (kleine Bude)
Bud|del, But|tel, die; -, -n (*ugs. für* Flasche)
Bud|de|lei *(ugs.)*
Bud|del|kas|ten *(landsch.)*
bud|deln (*ugs. für* [im Sand] graben); ich budd[e]le
Bud|del|schiff (*Seemannsspr.* in eine Flasche hineingebautes Schiffsmodell)
Bud|den|brooks (Romantitel)
[1]**Bud|dha** [...da] ‹sanskr., »der Erwachte, der Erleuchtete«› (Ehrenname des ind. Religionsstifters Siddhartha)
[2]**Bud|dha,** der; -s, -s (Abbild, Statue Buddhas)

Bud|dhis|mus, der; - (Lehre Buddhas)
Bud|dhist, der; -en, -en; **Bud|dhis|tin; bud|dhis|tisch**
Budd|leia, Budd|le|ja, die; -, -s ‹nach dem engl. Botaniker A. Buddle› (ein Gartenstrauch)
Bu|de, die; -, -n
Bu|del, die; -, -[n] (*bayr. u. österr. ugs. für* Verkaufstisch)
Bu|den|zau|ber (*ugs. für* ausgelassenes Fest in der Wohnung)
Bud|get [byˈdʒeː], das; -s, -s ‹franz.› ([Staats]haushaltsplan, Voranschlag)
bud|ge|tär
Bud|get|aus|schuss (*österr. für* Haushaltsausschuss)
Bud|get|be|trag; Bud|get|de|fi|zit; Bud|get|ent|wurf; Bud|get|ho|heit
bud|ge|tie|ren (ein Budget aufstellen); **Bud|ge|tie|rung**
Bud|get|loch *(bes. österr., schweiz.);* **Bud|get|mit|tel** *Plur.;* **Bud|get|ver|hand|lung** *meist Plur.;* **Bud|get|vor|an|schlag** (*österr., schweiz. für* Haushaltsplan)
Bu|di|ke, die; -, -n ‹franz.› (*landsch. veraltend für* kleiner Laden; kleine Kneipe); **Bu|di|ker** (Kneipenbesitzer); **Bu|di|ke|rin**
Büd|ner (*landsch. für* Kleinbauer); **Büd|ne|rin**
Bu|do, das; -[s] ‹jap.› (Sammelbegriff für Kampfsportarten)
Bu|do|ka, der; -[s], -[s] *u.* die; -, -[s] (Budosportler[in])
Bu|e|nos Ai|res (Hauptstadt Argentiniens)
[1]**Buf|di,** der; -[s] (*kurz für* Bundesfreiwilligendienst)
[2]**Buf|di,** der; -s, -s *u.* die; -, -s (Dienstleistende[r] im Bundesfreiwilligendienst)
Bü|fett, das; -[e]s, *Plur.* -s *u.* -e, *bes. österr. u. schweiz.* Buf|fet [bʏˈfeː, *bes. schweiz.* ˈbʏfe], das; -s, -s ‹franz.› (Anrichte; Theke; Geschirrschrank); kaltes Büfett, Buffet (zur Selbstbedienung angerichtete kalte Speisen)
Bü|fet|ti|er [...ˈti̯eː], der; -s, -s ([Bier]ausgeber, Zapfer); **Bü|fet|ti|e|re**
Büf|fel, der; -s, - (wild lebende Rinderart)
Büf|fe|lei *(ugs.)*
Büf|fel|her|de
büf|feln (*ugs. für* angestrengt lernen); ich büff[e]le
Buf|fet [bʏˈfeː, *bes. schweiz.* ˈbʏfe] *vgl.* Büfett
Buf|fo, der; -s, *Plur.* -s *u.* Buffi ‹ital.› (Sänger komischer Rollen)

buf|fo|nesk (im Stil eines Buffos)

[1]**Bug,** der; -[e]s, *Plur.* (*für* Schiffsvorderteil:) -e *u.* (*für* Schulterstück [des Pferdes u. des Rindes]:) Büge

[2]**Bug,** der; -s (Fluss in Osteuropa); der Westliche, Südliche Bug

[3]**Bug** [bak], der; -s, -s ‹engl.› (*EDV* Fehler in Hard- od. Software)

Bü|gel, der; -s, -

Bü|gel|au|to|mat

Bü|gel-BH

Bü|gel|brett; Bü|gel|ei|sen; Bü|gel|fal|te

bü|gel|fest; bü|gel|frei

bü|geln; ich büg[e]le

Bü|gel|sä|ge

Bug|gy ['bagi], der; -s, -s ‹engl.› (leichter [offener] Wagen; kleines Auto mit offener Karosserie; zusammenklappbarer Kindersportwagen)

Büg|ler (*ugs. auch für* Bügelautomat); **Büg|le|rin**

bug|sie|ren ‹niederl.› ([ein Schiff] schleppen, ins Schlepptau nehmen; *ugs. für* mühsam an einen Ort befördern); **Bug|sie|rer** (*Seemannsspr.* Bugsierschiff)

Bug|spriet, das *u.* der; -[e]s, -e (*Seemannsspr.* über den Bug hinausragende Segelstange)

Bug|wel|le

buh! (Ausruf als Ausdruck des Missfallens); **Buh,** das; -s, -s (*ugs.*); es gab viele Buhs

Bu|hei, Bo|hei, das; -s (*landsch. für* Aufheben); großes Buhei, Bohei [um etw.] machen

Bü|hel, der; -s, -, **Bühl,** der; -[e]s, -e (*südd., österr. für* Hügel, *bes. in geogr. Namen*)

bu|hen (*ugs. für* durch Buhrufe sein Missfallen ausdrücken)

Buh|frau

Bühl *vgl.* Bühel

[1]**Buh|le,** der; -n, -n (*geh. veraltet für* Geliebter); [2]**Buh|le,** die; -, -n (*geh. veraltet für* Geliebte)

buh|len (*veraltet*); um jmds. Gunst buhlen (*geh.*)

Buh|ler (*veraltet*); **Buh|le|rei** (*veraltet*); **Buh|le|rin** (*veraltet*)

buh|le|risch (*veraltet*); **Buhl|schaft** (*veraltet für* Liebesverhältnis)

Buh|mann *Plur.* ...männer (*ugs. für* Schreckgespenst)

Buh|ne, die; -, -n (künstlicher Damm zum Uferschutz)

Büh|ne, die; -, -n (*südd., schweiz. auch für* Dachboden; *vgl.* Heubühne)

Büh|nen|ar|bei|ter; Büh|nen|ar|bei|te|rin; Büh|nen|aus|spra|che; Büh|nen|be|ar|bei|tung

Büh|nen|bild; Büh|nen|bild|ner; Büh|nen|bild|ne|rin

Büh|nen|fas|sung; Büh|nen|ge|stalt; Büh|nen|haus

Buh|nen|kopf (äußerstes Ende einer Buhne *[vgl. d.]*)

büh|nen|mä|ßig

Büh|nen|mu|sik; Büh|nen|raum

büh|nen|reif

Büh|nen|schaf|fen|de, der *u.* die; -n, -n

Büh|nen|show; Büh|nen|stück; Büh|nen|tech|nik; Büh|nen|werk

büh|nen|wirk|sam

Buh|ruf

Bu|hurt, der; -[e]s, -e ‹franz.› (mittelalterl. Reiterkampfspiel)

Bu|jum|bu|ra [...ʒʊm...] (Hauptstadt von Burundi)

buk *vgl.* backen

Bu|ka|ni|er, der; -s, - ‹engl.› (westindischer Seeräuber im 17. Jh.); **Bu|ka|nie|rin** (*selten*)

Bu|ka|rest (Hauptstadt Rumäniens); *vgl.* București; **Bu|ka|res|ter; Bu|ka|res|te|rin**

Bu|kett, das; -[e]s, *Plur.* -s *u.* -e, **Bou|quet** [bu'ke:], das; -s, -s ‹franz.› ([Blumen]strauß; Duft [des Weines])

Bu|k|lee *vgl.* [1]Bouclé, [2]Bouclé

Bu|ko|lik, die; - ‹griech.› (*Literaturwiss.* Hirtendichtung); **bu|ko|lisch;** bukolische Dichtung

Bu|ko|wi|na, die; - (Karpatenlandschaft; *vgl.* Buchenland); **Bu|ko|wi|ner; Bu|ko|wi|ne|rin; bu|ko|wi|nisch**

Bu|kow|s|ki (amerik. Schriftsteller)

bul|bös ‹lat.› (*Med.* zwiebelartig, knollig); bulböse Schwellung

Bul|bus, der; -, *Plur.* ...bi *od., Bot. nur,* ...ben (*Bot.* Zwiebel; *Med.* Augapfel; Anschwellung)

Bü|lent (m. Vorn.)

Bu|let|te, die; -, -n ‹franz.› (*landsch. für* Frikadelle)

Bul|ga|re, der; -n, -n; **Bul|ga|ri|en** [...iən]; **Bul|ga|rin; bul|ga|risch**

Bul|ga|risch, das; -[s] (Sprache); *vgl.* Deutsch; **Bul|ga|ri|sche,** das; -n; *vgl.* [2]Deutsche

Bul|gur, der; -s ‹arab.› (gekochter, getrockneter Weizen)

Bu|li|mie, die; - ‹griech.› (*Med.* Ess-Brech-Sucht); **Bu|li|mi|ker; Bu|li|mi|ke|rin; bu|li|misch**

Bulk|car|ri|er ['balkkɛriɐ], der; -s, - ‹engl.› (Massengutfrachtschiff)

Bulk|la|dung (*Seemannsspr.* Schüttgut)

Bull|au|ge (rundes Schiffsfenster)

Bull|dog®, der; -s, -s ‹engl.› (Zugmaschine)

Bull|dog|ge (eine Hunderasse)

Bull|do|zer [...do:zɐ], der; -s, - (schweres Raupenfahrzeug)

[1]**Bul|le,** der; -n, -n (Stier, männliches Zuchtrind; *auch* männliches Tier verschiedener großer Säugetierarten; *ugs. oft abwertend für* Polizist; *Börsenw.* Optimist hinsichtlich der Kursentwicklung)

[2]**Bul|le,** die; -, -n ‹lat.› (mittelalterliche Urkunde; feierlicher päpstlicher Erlass); die Goldene Bulle ↑K 150

Bul|len|bei|ßer (*svw.* Bulldogge; *ugs. für* grober Mensch)

Bul|len|hit|ze, die; - (*ugs.*)

Bul|len|markt (*Börsenw.* Marktphase mit steigenden Kursen); *vgl.* Bärenmarkt

bul|len|stark (*ugs.*)

bul|le|rig, bull|rig (*landsch. für* polternd, aufbrausend)

bul|lern (*ugs. für* dumpfe, unregelmäßige Geräusche machen); er sagte, der Ofen bullere

Bul|le|tin [bʏl'tɛ̃:], das; -s, -s ‹franz.› (amtliche Bekanntmachung; Krankenbericht)

Bull|finch [...fɪntʃ], der; -s, -s ‹engl.› (Hecke als Hindernis beim Pferderennen)

bul|lig

bull|rig *vgl.* bullerig

Bull|shit [...ʃɪt], der; -s ‹engl.› (*ugs. abwertend für* Unsinn, dummes Zeug)

Bull|ter|ri|er (engl. Hunderasse)

Bul|ly [...li], das; -s, -s ‹engl.› (Anspiel im [Eis]hockey)

Bü|low [...lo] (Familienname)

Bult, der; -s, *Plur.* Bülte *od.* Bulten, **Bül|te,** die; -, -n (*nordd. für* feste, grasbewachsene [Moor]stelle; Hügelchen)

Bult|sack (*früher für* Seemannsmatratze)

bum!; bum, bum!

Bum|bass, der; -es, -e (ein altes Musikinstrument [der Bettelmusikanten])

Bum|boot (kleines Händlerboot zur Versorgung großer Schiffe)

Bum|bum, das; -s (*ugs. für* Gepolter)

Bu|me|rang [*auch* 'bʊ...], der; -s, *Plur.* -s *od.* -e ‹engl.› (gekrümmtes Wurfholz)

[1]**Bum|mel,** der; -s, - (*ugs. für* Spaziergang)

[2]**Bum|mel** *vgl.* Bommel
Bum|me|lant, der; -en, -en *(ugs.);* **Bum|me|lei** *(ugs.);* **bum|me|lig** *(ugs.);* **Bum|me|lig|keit,** die; -
bum|meln *(ugs.);* ich bumm[e]le
Bum|mel|streik
Bum|mel|zug *(ugs.)*
Bum|merl, das; -s, -[n]; *vgl.* Pickerl (*österr. ugs. für* Verlustpunkt beim Kartenspiel; Tor im Sport)
Bum|merl|sa|lat (*österr. für* Eisbergsalat)
bum|mern (*ugs. für* dröhnend klopfen); ich bummere
Bumm|ler *(ugs.);* **Bumm|le|rin**
bumm|lig; Bumm|lig|keit, die; - *(ugs.)*
bumm|voll (*österr. ugs. für* sehr voll)
bums!; Bums, der; -es, -e (*ugs. für* dumpfer Schlag)
bum|sen (*ugs. für* dröhnend aufschlagen; koitieren); du bumst
Bums|lo|kal (*ugs. abwertend für* zweifelhaftes Vergnügungslokal)
Bums|mu|sik (*ugs. abwertend für* laute, dröhnende Musik)
bums|voll (*ugs. für* sehr voll)
Bu|na®, der *od.* das; -[s] (synthet. Gummi); **Bu|na|rei|fen**
[1]**Bund,** der; -[e]s, Bünde (»das Bindende«; Vereinigung; oberer Rand an Rock od. Hose); der Alte, Neue Bund ↑K 150
[2]**Bund,** das; -[e]s, -e, *österr.* der; -[e]s, Bünde (»das Gebundene«; Gebinde); vier Bund Stroh
BUND, der; -[s] = Bund für Umwelt und Naturschutz Deutschland
Bun|da, die; -, -s ‹ung.› (Schaffellmantel ung. Bauern)
Bünd|chen
Bün|del, das; -s, -; **Bün|de|lei**
bün|deln; ich bünd[e]le; **Bün|de|lung**
Bün|den (*schweiz.; kurz für* Graubünden)
Bun|des|ab|ga|be (*österr. für* vom Bund erhobene Steuer, Gebühr)
Bun|des|ad|ler
Bun|des|agen|tur für Ar|beit (*Abk.* BA); **Bun|des|amt; Bun|des|an|ge|stell|ten|ta|rif** (*Abk.* BAT); **Bun|des|an|lei|he; Bun|des|an|stalt**
Bun|des|an|walt; Bun|des|an|wäl|tin; Bun|des|an|walt|schaft
Bun|des|ar|beits|ge|richt
Bun|des|ar|beits|mi|nis|ter; Bun|des|ar|beits|mi|nis|te|rin; Bun|des|ar|beits|mi|nis|te|ri|um
Bun|des|aus|bil|dungs|för|de|rungs|ge|setz (*Abk.* BAföG)
Bun|des|au|ßen|mi|nis|ter; Bun|des|au|ßen|mi|nis|te|rin; Bun|des|au|ßen|mi|nis|te|ri|um
Bun|des|au|to|bahn
Bun|des|bahn (*österr., schweiz. für* die staatliche Eisenbahn); die Österreichischen Bundesbahnen (*Abk.* ÖBB); die Schweizerischen Bundesbahnen (*Abk.* SBB)
Bun|des|bank, die; -
Bun|des|be|am|te; Bun|des|be|am|tin; Bun|des|be|auf|trag|te; Bun|des|be|diens|te|te; Bun|des|be|hör|de
Bun|des|be|treu|ung (*österr. für* staatliche Grundversorgung von Asylbewerbern)
Bun|des|bru|der *(Verbindungsw.)*
Bun|des|bür|ger; Bun|des|bür|ge|rin
Bun|des|denk|mal|amt *(österr.)*
bun|des|deutsch; Bun|des|deut|sche, der *u.* die
Bun|des|ebe|ne, die; -; auf Bundesebene
bun|des|ei|gen
Bun|des|fi|nanz|mi|nis|ter; Bun|des|fi|nanz|mi|nis|te|rin; Bun|des|fi|nanz|mi|nis|te|ri|um
Bun|des|frau|en|mi|nis|te|rin
Bun|des|frei|wil|li|gen|dienst (freiwillige, staatlich organisierte Tätigkeit im Rahmen gemeinnütziger Projekte u. Einrichtungen)
Bun|des|ge|biet, das; -[e]s
Bun|des|ge|nos|se; Bun|des|ge|nos|sin; bun|des|ge|nös|sisch
Bun|des|ge|richt; Bun|des|ge|richts|hof, der; -[e]s
Bun|des|ge|setz; Bun|des|ge|setz|blatt (*Abk.* BGBl.)
Bun|des|grenz|schutz, der; -es (*Abk.* BGS; seit dem 1. Juli 2005 Bundespolizei)
Bun|des|gym|na|si|um (*österr.; Abk.* BG)
Bun|des|haupt|stadt; Bun|des|haus; Bun|des|haus|halt
Bun|des|heer *(österr.)*
Bun|des|hym|ne *(österr.)*
Bun|des|in|nen|mi|nis|ter; Bun|des|in|nen|mi|nis|te|rin; Bun|des|in|nen|mi|nis|te|ri|um
Bun|des|ka|bi|nett
Bun|des|kanz|ler; Bun|des|kanz|ler|amt; Bun|des|kanz|le|rin
Bun|des|kar|tell|amt; Bun|des|kri|mi|nal|amt, das; -[e]s (*Abk.* BKA)
Bun|des|la|de *(jüd. Rel.)*
Bun|des|land *Plur.* ...länder
Bun|des|lehr|an|stalt (*österr. für* Schule für bestimmte Berufe); die Höhere Bundeslehranstalt (*Abk.* HBLA) für Tourismus
Bun|des|leh|rer (*österr. für* staatlich angestellter [Gymnasial]lehrer); **Bun|des|leh|re|rin**
Bun|des|li|ga (höchste deutsche Spielklasse in verschiedenen Sportarten); die Erste, Zweite Bundesliga
Bun|des|li|ga|klub, Bun|des|li|ga|club; Bun|des|li|ga|spiel; Bun|des|li|ga|spie|ler; Bun|des|li|ga|spie|le|rin; Bun|des|li|gist, der; -en, -en
Bun|des|ma|ri|ne, die; -
Bun|des|mi|nis|ter; Bun|des|mi|nis|te|rin; Bun|des|mi|nis|te|ri|um
Bun|des|nach|rich|ten|dienst (*Abk.* BND)
Bun|des|netz|agen|tur, die; - (*vgl.* Netzagentur)
Bun|des|par|tei (Partei in ihrer überregionalen Organisationsform); **Bun|des|par|tei|tag**
Bun|des|po|li|tik; Bun|des|po|li|ti|ker; Bun|des|po|li|ti|ke|rin; bun|des|po|li|tisch
Bun|des|po|li|zei (*Abk.* BPOL)
Bun|des|prä|si|dent; Bun|des|prä|si|den|tin; Bun|des|prä|si|di|al|amt
Bun|des|pres|se|amt
Bun|des|rat; Bun|des|rä|tin (in Österreich u. der Schweiz); **Bun|des|rech|nungs|hof,** der; -[e]s; **Bun|des|recht,** das; -[e]s; **Bun|des|re|gie|rung**
Bun|des|re|pu|b|lik; bun|des|re|pu|b|li|ka|nisch; Bun|des|re|pu|b|lik Deutsch|land (*nicht amtliche Abk.* BRD)
Bun|des|si|cher|heits|rat, der; -[e]s; **Bun|des|so|zi|al|ge|richt,** das; -[e]s; **Bun|des|staat** *Plur.* ...staaten
Bun|des|stadt, die; - (*schweiz. für* Bern als Sitz von Bundesregierung u. -parlament; *auch für* Bonn als ehemalige bundesdeutsche Hauptstadt)
Bun|des|stra|ße (*Zeichen* B, z. B. B 38)
Bun|des|tag
Bun|des|tags|ab|ge|ord|ne|te; Bun|des|tags|de|bat|te; Bun|des|tags|frak|ti|on; Bun|des|tags|man|dat; Bun|des|tags|prä|si|dent; Bun|des|tags|prä|si|den|tin; Bun|des|tags|sit|zung; Bun|des|tags|wahl; Bun|des|tags|wahl|kampf
Bun|des|the|a|ter *(österr.)*
Bun|des|trai|ner; Bun|des|trai|ne|rin

Bun|des|tro|ja|ner (*EDV-Jargon* Computerprogramm, mit dem eine Bundesbehörde die privaten Daten eines Internetnutzers einsehen kann)
Bun|des|um|welt|mi|nis|ter; Bun|des|um|welt|mi|nis|te|rin; Bun|des|um|welt|mi|nis|te|ri|um
Bun|des|ver|band
Bun|des|ver|dienst|kreuz
Bun|des|ver|ei|ni|gung
Bun|des|ver|fas|sung (*österr., schweiz. für* das nationale Grundgesetz); **Bun|des|ver|fas|sungs|ge|richt,** das; -[e]s; **Bun|des|ver|fas|sungs|ge|setz**
Bun|des|ver|kehrs|mi|nis|ter; Bun|des|ver|kehrs|mi|nis|te|rin; Bun|des|ver|kehrs|mi|nis|te|ri|um
Bun|des|ver|samm|lung
Bun|des|ver|wal|tung; Bun|des|ver|wal|tungs|ge|richt
Bun|des|vor|sit|zen|de
Bun|des|vor|stand
Bun|des|wahl|aus|schuss *Plur. selten;* **Bun|des|wahl|be|hör|de** *Plur. selten (österr.)*
Bun|des|wehr; Bun|des|wehr|ein|satz
bun|des|weit
Bun|des|wett|be|werbs|be|hör|de, die; - *(österr.)*
Bun|des|wirt|schafts|mi|nis|ter; Bun|des|wirt|schafts|mi|nis|te|rin; Bun|des|wirt|schafts|mi|nis|te|ri|um
Bund|fal|ten|ho|se; Bund|ho|se
bün|dig (bindend; *Bauw.* in gleicher Fläche liegend); kurz und bündig; **Bün|dig|keit,** die; -
bün|disch (der freien Jugendbewegung angehörend); die bündische Jugend
Bünd|ner (*schweiz. für* Graubündner); **Bünd|ner Fleisch,** *schweiz. meist* **Bünd|ner|fleisch** (luftgetrocknetes mageres Rindfleisch); **Bünd|ne|rin; bünd|ne|risch** (*schweiz. für* graubündnerisch)
Bünd|nis, das; -ses, -se; Bündnis 90/Die Grünen (*Kurzform* die Grünen, *auch* Bündnisgrünen)
Bünd|nis|block *vgl.* Block
bünd|nis|grün; Bünd|nis|grü|ne, der *u.* die; -n, -n (Mitglied der Partei Bündnis 90/Die Grünen)
Bünd|nis|part|ner; Bünd|nis|part|ne|rin; Bünd|nis|sys|tem; Bünd|nis|treue; Bünd|nis|ver|trag
Bund|schuh (Bauernschuh im MA.)
Bund|steg; Bund|wei|te
Bun|ga|low [...lo], der; -s, -s ⟨Hindi-engl.⟩ (eingeschossiges Wohn- od. Sommerhaus mit flachem Dach)
Bun|ge, die; -, -n (kleine Fischreuse aus Netzwerk od. Draht)
Bun|gee-Jum|ping, Bun|gee|jum|ping ['bandʒidʒa...], das; -s ⟨engl.⟩ (Springen aus großer Höhe mit Sicherung durch ein starkes Gummiseil)
Bun|ker, der; -s, - (Behälter für Massengut [Kohle, Erz]; Betonunterstand; *Golf* Sandloch); **bun|kern** (in den Bunker füllen; Brennstoff aufnehmen [von Schiffen]; *ugs. für* horten); ich bunkere
Bun|ny ['bani], das; -s, -s ⟨engl.⟩ (als Häschen kostümierte Serviererin in bestimmten Klubs)
Bun|sen|bren|ner ⟨nach dem Erfinder Bunsen⟩ ↑K 136
bunt; die buntes|ten Farben; ein bunter Abend; er ist bekannt wie ein bunter Hund; ↑K 56 : ein Kleid bunt färben *od.* buntfärben; Ostereier bunt bemalen; ↑K 58 : ein bunt gefiederter *od.* buntgefiederter Vogel; ein bunt gestreifter *od.* buntgestreifter Pullover; ein bunt gemischtes *od.* buntgemischtes Programm; bunt schillernde *od.* buntschillernde Fische; *vgl. aber* buntscheckig
Bunt|barsch (Aquarien- od. Speisefisch)
Bunt|bart|schlüs|sel
Bunt|druck *Plur.* ...drucke
bunt fär|ben, bunt|fär|ben; bunt gefärbte *od.* buntgefärbte Stoffe
Bunt|film; Bunt|fo|to
bunt ge|fie|dert, bunt|ge|fie|dert *vgl.* bunt; **bunt ge|mischt, bunt|ge|mischt** *vgl.* bunt; **bunt ge|streift, bunt|ge|streift** *vgl.* bunt
Bunt|heit, die; -
Bunt|me|tall; Bunt|pa|pier
Bunt|sand|stein (Gestein; *nur Sing.: Geol.* unterste Stufe der Trias)
bunt|sche|ckig
bunt schil|lernd, bunt|schil|lernd *vgl.* bunt
Bunt|specht
Bunt|stift; Bunt|wä|sche
Bu|ñu|el [bʊnju'ɛl], Luis (span. Filmregisseur)
Bunz|lau (Stadt in Niederschlesien); **Bunz|lau|er;** Bunzlauer [Stein]gut; **Bunz|lau|e|rin**
Bünz|li, der; -[s], -[s]; *vgl.* Götti (*schweiz. ugs. für* Spießbürger); **bünz|lig** (*schweiz. ugs. für* spießig)
Bu|o|nar|ro|ti, Michelangelo (ital. Künstler)
Burck|hardt (schweiz. Kunst- u. Kulturhistoriker)
Bür|de, die; -, -n
Bu|re, der; -n, -n (Nachkomme der niederländischen u. deutschen Ansiedler in Südafrika)
Bu|ren|krieg
Bu|ren|wurst (*ostösterr. für* eine Brühwurst)
Bü|ret|te, die; -, -n ⟨franz.⟩ (Messröhre für Flüssigkeiten)
Burg, die; -, -en
Bür|ge, der; -n, -n
bür|gen
Bur|gen|land, das; -[e]s (österr. Bundesland); **Bur|gen|län|der; Bur|gen|län|de|rin; bur|gen|län|disch**
[1]**Bur|ger,** der; -s, - (*schweiz. landsch. für* Ortsbürger)
[2]**Bur|ger** ['bøːɐ̯gɐ], der; -s, - (*ugs. kurz für* [2]Hamburger)
Bür|ger
Bür|ger|be|geh|ren, das; -s, -; **Bür|ger|be|we|gung; Bür|ger|ent|scheid; Bür|ger|fo|rum**
bür|ger|freund|lich; Bür|ger|gre|mi|um; Bür|ger|haus
Bur|ge|rin (*w. Form zu* [1]Burger)
Bür|ge|rin
Bür|ger|in|i|ti|a|ti|ve (*Abk.* BI); **Bür|ger|ko|mi|tee**
Bür|ger|krieg; bür|ger|kriegs|ähn|lich
bür|ger|lich; bürgerliche Ehrenrechte; bürgerliches Recht, *aber* ↑K 150 : das Bürgerliche Gesetzbuch (*Abk.* BGB); **Bür|ger|lich|keit**
Bür|ger|meis|ter [*auch* ...'mai...]; **Bür|ger|meis|ter|amt; Bür|ger|meis|te|rei; Bür|ger|meis|te|rin**
bür|ger|nah; bürgernahe Politik; **Bür|ger|nä|he**
Bür|ger|pflicht
Bür|ger|recht; Bür|ger|recht|ler; Bür|ger|recht|le|rin; Bür|ger|rechts|be|we|gung
Bür|ger|schaft; bür|ger|schaft|lich; Bür|ger|schafts|ab|ge|ord|ne|te; Bür|ger|schafts|wahl
Bür|ger|schreck, der; -s, -e (Mensch mit provozierendem Verhalten)
Bür|ger|sinn, der; -[e]s (*svw.* Gemeinsinn)
Bür|gers|mann *Plur.* ...leute *(veraltet)*
Bür|ger|sprech|stun|de

Bür|ger|steig
Bür|ger|te|le|fon
Bür|ger|tum, das; -s
Bür|ger|ver|samm|lung
Bür|ger|ver|si|che|rung (Sozialversicherung, die alle Bevölkerungsgruppen einschließt)
Bür|ger|ver|tre|ter; Bür|ger|ver|tre|te|rin
Bür|ger|wehr (*Geschichte* von Gemeindebürgern [zur Selbstverteidigung] gebildete bewaffnete Einheit)
Burg|fried *vgl.* Bergfried
Burg|frie|de[n]; Burg|gra|ben
Burg|graf; Burg|grä|fin; Burg|hof
Bür|gin
Burgk|mair (dt. Maler)
Bur|gos (span. Stadt)
Burg|ru|i|ne
Bürg|schaft
Burg|the|a|ter (österr. Nationaltheater in Wien)
Bur|gund (franz. Landschaft u. früheres Herzogtum)
Bur|gun|de, der; -n, -n (Angehöriger eines germ. Volksstammes); **Bur|gun|der** (Einwohner von Burgund; franz. Weinsorte; *auch für* Burgunde); **bur|gun|der|far|ben; Bur|gun|de|rin**
Bur|gun|der|wein
bur|gun|disch; *aber* ↑K140 : die Burgundische Pforte
Burg|ver|lies; Burg|vogt *(früher)*
Bu|rin ⟨*zu* Bure⟩; **bu|risch**
Bur|ja|te, Bur|jä|te, der; -n, -n (Angehöriger eines mongol. Volksstammes); **bur|ja|tisch, bur|jä|tisch**
Bur|ka, die; -, -s ⟨arab.⟩ (den ganzen Körper bedeckender Umhang mit einem Einsatz aus Netzgewebe für die Augen)
Burk|hard (m. Vorn.)
Bur|ki|na|be [...be:], der *u.* die; -, - (Burkiner[in])
Bur|ki|na Fa|so (Staat in Westafrika, früher Obervolta); **Bur|ki|ner; Bur|ki|ne|rin**
Bur|ki|ni, der; -s, -s ⟨gebildet aus »Burka« u. »Bikini«⟩ (islam. Vorschriften entsprechender, den ganzen Körper bedeckender Badeanzug für Frauen)
bur|ki|nisch
bur|lesk ⟨franz.⟩ (possenhaft); **Bur|les|ke,** die; -, -n (Schwank)
Bür|li, das; -[s], -[s] (*österr. ugs. für* Bub, Bübchen)
Bür|li, das; -[s], -[s]; *vgl.* Götti (*schweiz. für* Brötchen)
Bur|ma (*bes. engl. u. schweiz. für* Myanmar; *vgl.* Birma); **Bur|me|se,** der; -n, -n; **bur|me|sisch**
Bur|ner [ˈbəːnɐ], der; -s, - ⟨engl.⟩; der *od.* ein Burner sein (*bes. Jugendspr.* eine tolle Sache sein)
Burn-out, Burn|out [bəːnˈ|aut], das; -[s], -s ⟨engl.⟩ (*kurz für* Burn-out-Syndrom)
Burn-out-Syn|drom, Burn|out-Syndrom, Burn|out|syn|drom ⟨engl.⟩ (*Med.* Syndrom der völligen seel. u. körperl. Erschöpfung)
Burns [bøːɐ̯...] (schott. Dichter)
Bur|nus, der; *Gen.* - *u.* -ses, *Plur.* -se ⟨arab.⟩ (Beduinenmantel mit Kapuze)
Bü|ro, das; -s, -s ⟨franz.⟩
Bü|ro|an|ge|stell|te; Bü|ro|ar|beit
Bü|ro|au|to|ma|ti|on (Ausstattung eines Büros mit moderner Datenverarbeitung)
Bü|ro|be|darf; Bü|ro|flä|che; Bü|ro|ge|bäu|de; Bü|ro|ge|mein|schaft; Bü|ro|haus; Bü|ro|hengst (*ugs. abwertend für* Büroangestellter)
Bü|ro|kauf|frau; Bü|ro|kauf|mann
Bü|ro|klam|mer
Bü|ro|kom|mu|ni|ka|ti|on
Bü|ro|krat, der; -en, -en; **Bü|ro|kra|tie,** die; -, ...ien; **Bü|ro|kra|tin; bü|ro|kra|tisch; bü|ro|kra|ti|sie|ren; Bü|ro|kra|ti|sie|rung**
Bü|ro|kra|tis|mus, der; - (*abwertend für* bürokratische Pedanterie); **Bü|ro|kra|ti|us,** der; - (Personifizierung des Bürokratismus); heiliger Bürokratius!
Bü|ro|list, der; -en, -en (*schweiz. veraltend für* Büroangestellter); **Bü|ro|lis|tin**
Bü|ro|ma|te|ri|al; Bü|ro|mensch *(ugs.);* **Bü|ro|mö|bel; Bü|ro|raum**
Bü|ro|schluss, der; ...schlusses; **Bü|ro|turm; Bü|ro|zeit**
Bur|ri|to, der; -s, -s ⟨span.⟩ (mexik. Gericht)
Bursch *vgl.* Bursche; **Bürsch|chen**
Bur|sche, der; -n, -n, *auch (bayr., österr. nur)* **Bursch,** der; -en, -en (junger Mann; *Verbindungsw.* Verbindungsstudent mit allen Rechten)
Bur|schen|schaft; Bur|schen|schaf|ter, Bur|schen|schaft|ler; bur|schen|schaft|lich
Bür|scherl, das; -s, -[n]; *vgl.* Pickerl (*bayr., österr. ugs. für* Bürschchen)
bur|schi|kos ([betont] ungezwungen; formlos); **Bur|schi|ko|si|tät,** die; -, -en
Bur|se, die; -, -n (*früher für* Studentenheim)
Bürst|chen
Bürs|te, die; -, -n; **bürs|ten**
Bürs|ten|ab|zug (*Druckw.* Probeabzug); **Bürs|ten|bin|der**
Bürs|ten|[haar|]schnitt
Bu|run|di (Staat in Afrika); **Bu|run|di|er; Bu|run|di|e|rin; bu|run|disch**
Bür|zel, der; -s, - (Schwanz[wurzel], bes. von Vögeln); **Bür|zel|drü|se** *(Zool.)*
Bus, der; Busses, Busse (*kurz für* Autobus, Omnibus; *EDV* Sammelleitung zur Datenübertragung zwischen mehreren Funktionseinheiten); **Bus|bahn|hof**
[1]**Busch** (deutscher Maler, Zeichner u. Dichter); die buschschen *od.* Busch'schen Gedichte
[2]**Busch,** der; -[e]s, Büsche; **Busch|boh|ne; Büsch|chen**
Bü|schel, das; -s, -
bü|sche|lig, büsch|lig
bü|scheln (*südd. u. schweiz. für* zu einem Büschel, Strauß zusammenbinden); ich büsch[e]le
bü|schel|wei|se
Bu|schen, der; -s, - (*bayr., österr. ugs. für* [Blumen]strauß)
Bu|schen|schank, Bu|schen|schen|ke, die, **Bu|schen|schän|ke,** die (*österr. für* Straußwirtschaft)
Busch|funk, der; -s (*ugs. für* das Weitersagen, das inoffizielle Verbreiten von Nachrichten)
Busch|hemd
bu|schig
büsch|lig, bü|sche|lig
Busch|mann *Plur.* ...männer (Angehöriger eines in Südwestafrika lebenden Volkes); **Busch|mann|frau**
Busch|mes|ser, das
Busch|trom|mel ([früher] im Dschungel zur Nachrichtenübermittlung verwendete Trommel; *im Plural auch ugs. svw.* Buschfunk)
Busch|werk, das; -s
Busch|wind|rös|chen
Bu|sen, der; -s, -; **bu|sen|frei**
Bu|sen|freund; Bu|sen|freun|din
Bu|sen|grap|schen, das; -s *(ugs.)*
Bu|sen|grap|scher *(ugs.)*
Bus|fah|rer; Bus|fah|re|rin
Bus|hal|te|stel|le
Bu|shel [...ʃl̩], der; -s, -s ⟨engl.⟩ (engl.-amerik. Getreidemaß); 6 Bushel[s]
Bü|si, das; -[s], -[s]; *vgl.* Götti (*schweiz. für* Katze)
bu|sig *(ugs.);* eine busige Schönheit

Busi|ness ['bɪsnɛs, *auch* 'bɪznɪs], das; - ⟨engl.⟩ (Geschäft[sleben])
busi|ness as usu|al ['bɪznɪs əz 'ju:ʒʊəl] ⟨engl.⟩ (alles geht seinen Gang [im Geschäftsleben])
Busi|ness|class, **Busi|ness-Class** [...kla:s], **Busi|ness|klas|se,** die; - (bes. für Geschäftsreisende eingerichtete Reiseklasse im Flugverkehr); **Busi|ness|plan** (Geschäfts-, Unternehmensplan); **Busi|ness-to-Busi|ness** [bɪznɪstʊ'bɪznɪs], das; - ⟨engl.⟩ (Handel zwischen Unternehmen, bes. im Internet)
Bus|li|nie
bus|per (*südwestd. u. schweiz. mdal. für* munter, lebhaft)

Bus

Autobus, Omnibus und die Kurzform *Bus* werden wie das zugrunde liegende lateinische Wort *omnibus* (= für alle) im Nominativ, Dativ und Akkusativ Singular nur mit einem *-s* geschrieben, obwohl der Genitiv Singular und die Pluralformen mit Doppel-s gebildet werden *(des Busses, die Busse).*

Buß|an|dacht *(kath. Kirche)*
Bus|sard, der; -s, -e ⟨franz.⟩ (ein Greifvogel)
Bu|ße, die; -, -n (*auch für* Geldstrafe)
bus|seln (*südd., österr. ugs. für* küssen); ich buss[e]le
bü|ßen (*schweiz. auch für* jmdn. mit einer Geldstrafe belegen); du büßt; **Bü|ßer; Bü|ßer|hemd; Bü|ße|rin**
Bus|serl, das; -s, -[n]; *vgl.* Pickerl (*südd., österr. ugs. für* Kuss)
buß|fer|tig *(Rel.)*; **Buß|fer|tig|keit**
Buß|geld; Buß|geld|be|scheid; buß|geld|be|wehrt *(Rechtsspr.)*; **Buß|geld|ver|fah|ren**
Buß|got|tes|dienst *(kath. Kirche)*
Bus|si, das; -s, -s (*kurz für* Busserl)
Bus|so|le, die; -, -n ⟨ital.⟩ (Magnetkompass)
Buß|pre|di|ger; Buß|pre|di|ge|rin; Buß|sa|k|ra|ment *(kath. Kirche)*; **Buß|tag**
Bus|stopp (*ugs. für* Bushaltestelle)
Buß- und Bet|tag
Büs|te [*auch* 'by:...], die; -, -n; **Büs|ten|hal|ter** (*Abk.* BH)
Bus|ti|er [bʏs'ti̯e:], das; -s, -s ⟨franz.⟩ (miederartig anliegendes Damenunterhemd ohne Ärmel)
Bu|s|t|ro|phe|don, das; -s ⟨griech.⟩ (Art des Schreibens, bei der die Schrift abwechselnd nach rechts u. nach links läuft [in alten Inschriften])
Bu|su|ki, die; -, -s ⟨neugriech.⟩ (griech. Lauteninstrument)
Bu|ta|di|en, das; -s (*Chemie* ungesättigter gasförmiger Kohlenwasserstoff)
Bu|tan, das; -s ⟨griech.⟩ (gasförmiger Kohlenwasserstoff)
Bu|tan|gas (Heiz- u. Treibstoff)
bu|ten (*nordd. für* draußen, jenseits [der Deiche])
Bu|ti|ke *vgl.* Budike
But|ja|din|gen (Halbinsel zwischen der Unterweser u. dem Jadebusen)
But|ler ['bat...], der; -s, - ⟨engl.⟩ (Diener in vornehmen [engl.] Häusern); **But|le|rin**
Bu|tor [by...] (franz. Schriftsteller)
But|scher *vgl.* Buttje[r]
Buts|kopf (Schwertwal)
Butt, der; -[e]s, -e (Flunder)
Bütt, die; -, -en (*landsch. für* fassförmiges Vortragspult für Karnevalsredner)
But|te, die; -, -n (*südd., schweiz. u. österr. für* Bütte); **Büt|te,** die; -, -n (wannenartiges Gefäß)
But|tel *vgl.* Buddel
Büt|tel, der; -s, - (*veraltend, noch abwertend für* Ordnungshüter, Polizist)
Büt|ten, das; -s ⟨*zu* Bütte⟩ (Papierart); **Büt|ten|pa|pier**
Büt|ten|re|de
But|ter, die; -; **But|ter|berg**
But|ter|bir|ne; But|ter|blu|me
But|ter|brot; But|ter|brot|pa|pier
But|ter|creme, **But|ter|crème; But|ter|creme|tor|te**, **But|ter|crème|tor|te**
But|ter|do|se
But|ter|fahrt (*ugs. für* Schiffsfahrt mit der Möglichkeit, [zollfrei] billig einzukaufen)
But|ter|fass
But|ter|fly ['batɐflai̯], der; -[s] ⟨engl.⟩, **But|ter|fly|stil,** der; -[e]s (*Schwimmsport* Schmetterlingsstil)
But|ter|ge|bäck; But|ter|ge|ba|cke|ne, das; -n
but|ter|gelb
but|te|rig, butt|rig
But|ter|kä|se; But|ter|ku|chen; But|ter|milch
but|tern; ich buttere
But|ter|schmalz; But|ter|stul|le *(landsch.)*
but|ter|weich
Butt|je[r], But|scher, der; -s, -s (*nordd. für* Junge, Kind)
Bütt|ner (*landsch. für* Böttcher)
But|ton ['batn̩], der; -s, -s ⟨engl.-amerik.⟩ (Ansteckplakette)
butt|rig, but|te|rig
Bu|tyl|al|ko|hol ⟨griech.; arab.⟩ (chem. Verbindung)
Bu|ty|ro|me|ter, das; -s, - ⟨griech.⟩ (Fettgehaltmesser)
¹Butz *vgl.* ¹Butze
²Butz, der; -en, -en (*österr. für* Kerngehäuse)
Bütz|chen (*rhein. für* Kuss)
¹But|ze, der; -n, -n (*landsch. für* Kobold; Knirps)
²But|ze, die; -, -n (*nordd. für* Verschlag, Wandbett)
But|ze|mann *Plur.* ...männer (*svw.* Kobold, Kinderschreck)
But|zen, der; -s, - (*landsch. für* Kerngehäuse)
büt|zen (*rhein. für* küssen)
But|zen|schei|be (in der Mitte verdickte [runde] Glasscheibe)
Büx, die; -, Büxen, **Bu|xe,** die; -, Buxen (*nordd. für* Hose)
Bux|te|hu|de (Stadt südwestl. von Hamburg)
Buy-out, **Buy|out** ['bai̯|au̯t], das *od.* der; -s, -s (*kurz für* Management-Buy-out)
Bu|zen|taur, der; -en, -en ⟨griech.⟩ (Untier in der griech. Sage; Prunkschiff der Dogen von Venedig); *vgl.* Bucintoro
Buz|zer ['bazɐ], der; -s, - ⟨engl.⟩ (Gerät, das auf Knopfdruck einen Summton erzeugt)
BV, die; - = [schweizerische] Bundesverfassung
BVG = Berliner Verkehrs-Betriebe; Bundesversorgungsgesetz
b. w. = bitte wenden!
BWL = Betriebswirtschaftslehre
BWV = Bach-Werke-Verzeichnis
bye! [bai̯], **bye-bye!** ['bai̯'bai̯] ⟨engl.⟩ (auf Wiedersehen!)
By|pass ['bai̯...], der; -es, ...pässe ⟨engl.⟩ (*Med.* Überbrückung eines krankhaft veränderten Abschnittes der Blutgefäße)
By|pass|ope|ra|ti|on
BYR (Währungscode für Belarus-Rubel)
By|ron ['bai̯rən] (engl. Dichter)
Bys|sus, der; - ⟨griech.⟩ (*Zool.* Haftfäden mancher Muscheln)
Byte [bai̯t], das; -[s], -s ⟨*aber:* eine

Million Bytes *od.* Byte) ⟨engl.⟩ (*EDV* Einheit von acht Bits)
By|zan|ti|ner (Bewohner von Byzanz); **By|zan|ti|ne|rin**
by|zan|ti|nisch; *aber* ↑K 150 : das Byzantinische Reich
By|zan|ti|nis|mus, der; -, ...men (*abwertend für* Kriecherei, Schmeichelei)
By|zan|ti|nist, der; -en, -en; **By|zan|ti|nis|tik,** die; - (Wissenschaft von der byzantinischen Literatur u. Kultur); **By|zan|ti|nis|tin**
By|zanz (*alter Name von* Istanbul)
bz, bez, bez. = bezahlt
Bz., Bez. = Bezirk
bzw. = beziehungsweise
B2B [bi:tʊ'bi:] ⟨engl.⟩ = Business-to-Business (zwischen Firmen); **B2B-Ge|schäft**
B2C [bi:tʊ'si:] ⟨engl.⟩ = Business-to-Customer (zwischen Firma und Kunden); **B2C-Ge|schäft**

c C

c, ch *s. Kasten*
c = Cent, Centime; Zenti...
c, C, das; -, - (Tonbezeichnung); das hohe C
c (*Zeichen für* c-Moll); in c
C (Buchstabe); das C; des C, die C, *aber* das c in Tacitus
C (*Zeichen für* C-Dur); in C
C = Carboneum (*chem. Zeichen für* Kohlenstoff); Celsius (*fachspr.* °C); Coulomb
C = 100 (röm. Zahlzeichen)
C. = Cajus; *vgl.* Gajus
ca. = circa, zirka
CA = California; *vgl.* Kalifornien
Ca (*chem. Zeichen für* Calcium)
Ca. = Carcinoma; *vgl.* Karzinom
ca.-An|ga|be ↑K 28 *u.* 97
Cab [kɛp], das; -s, -s ⟨engl.⟩ (einspännige engl. Droschke)
Ca|bal|le|ro [...bal'je:...], der; -s, -s ⟨span.⟩ (*früher für* span. Edelmann, Ritter)
Ca|ban [...'bã:], der; -s, -s ⟨franz.⟩ (kurzer Mantel)
Ca|ba|ret [...'re:, *auch* 'kabare] *vgl.* Kabarett
Ca|ber|net [...'ne:], der; -[s], -s ⟨franz.⟩ (eine Wein- u. Rebsorte); Cabernet Sauvignon
Ca|bo|chon [...'ʃõ:], der; -s, -s ⟨franz.⟩ (ein gewölbt geschliffener Edelstein)
Ca|b|rio, das; -[s], -s (*kurz für* Cabriolet)
Ca|b|ri|o|let [*auch, österr. nur,* ...'le:], das; -s, -s ⟨franz.⟩ (Pkw mit zurückklappbarem Verdeck)
Ca|b|rio|li|mou|si|ne
Cache [kɛʃ, *auch* kaʃ], der; -, -s ⟨franz.-engl.⟩ (*EDV* Zwischenspeicher für Dateien)
Ca|che|nez [...ʃ(ə)'ne:], das; -, - ⟨franz.⟩ ([seidenes] Halstuch)
Ca|chet [kaʃɛ], das; -s, -s ⟨franz.⟩ (*schweiz. für* Gepräge; Eigentümlichkeit)
Ca|che|te|ro [...tʃ...], der; -s, -s ⟨span.⟩ (Stierkämpfer, der dem vom Matador verwundeten Stier den Gnadenstoß gibt)
Cä|ci|lia, Cä|ci|lie (w. Vorn.)
Cä|ci|li|en-Ver|band, der; -[e]s ↑K 136 (Vereinigung für kath. Kirchenmusik)
[1]**CAD** = computer-aided design (*EDV* computerunterstütztes Konstruieren)
[2]**CAD** (Währungscode für kanad. Dollar)
Cad|die, [1]**Cad|dy** ['kɛdi], der; -s, -s ⟨engl.⟩ (jmd., der für den Golfspieler die Schlägertasche trägt; ® Einkaufswagen im Supermarkt; Wagen zum Transportieren der Golfschläger)
[2]**Caddy** ['kɛdi], der; -s, -s ⟨engl.⟩ (*EDV* Schutzhülle für eine CD-ROM od. DVD)
Ca|dil|lac® [*franz.* ...di'jak, *engl.* 'kɛdilɛk], der; -s, -s ⟨nach dem franz. Offizier Antoine de la Mothe Cadillac, dem Gründer der amerik. Autostadt Detroit⟩ (amerik. Kraftfahrzeug)
Cá|diz [...dɪs] (span. Hafenstadt u. Provinz)
Cad|mi|um *vgl.* Kadmium
Cae|li|us, der; - (Hügel in Rom)
Caen [kã] (Stadt in Frankreich)
Cae|sar *vgl.* [1]Cäsar
Cae|si|um *vgl.* Cäsium
Ca|fard [kafa:r], der; -[s] ⟨franz.⟩ (*schweiz. für* Überdruss)
Ca|fé, das; -s, -s ⟨franz.⟩ (Kaffeehaus, -stube); *vgl.* Kaffee; **Café au Lait** [kafeo'lɛ], der; - - -, -s - - ⟨franz.⟩ (Milchkaffee); **Ca|fé com|p|let** [kafe kõ'plɛ], der; - -, -s -s (*schweiz. für* Kaffee mit Milch, Brötchen, Butter u. Marmelade); **Ca|fé crème, Ca|fé Crème** [kafe 'krɛ:m], der; - -, -s - (*schweiz. für* Kaffee mit Sahne)
Ca|fe|te, die; -, -n ⟨gek. aus Cafeteria⟩ *(Jargon)*
Ca|fe|te|ria, die; -, *Plur.* -s *u.* ...ien ⟨amerik.-span.⟩ (Café od. Restaurant mit Selbstbedienung)
Caf|fè Lat|te ['kafe -], der; - -, - - ⟨ital.⟩ (Milchkaffee)
Ca|g|li|os|t|ro [kal'jɔ...] (ital. Abenteurer)
Cai|pi|rin|ha [kaipi'rinja], der; -s, -s *u.* die; -, -s ⟨port.⟩ (ein Mixgetränk)
Ca|is|sa (Göttin des Schachspiels)
Cais|son [kɛ'sõ:], der; -s, -s ⟨franz.⟩ (Senkkasten für Bauarbeiten unter Wasser); **Cais|son|krank|heit,** die; - *(Med.)*
Ca|jus *vgl.* Gajus
cal = Kalorie
Ca|lais [...'lɛ:] (franz. Stadt)

c, ch

Häufig gebrauchte Fremdwörter, die ein c *oder* ch *enthalten, können sich nach und nach der deutschen Schreibweise angleichen.*

Dabei wurde c *in der Regel zu* k *vor* a, o, u *und vor Konsonanten (Mitlauten):*

- Kalzium, *fachsprachlich* Calcium
- Kopie *für* Copie
- Akkusativ *für* Accusativ
- Spektrum *für* Spectrum

Dagegen wurde c *zu* z *vor* e, i, y, ä *und* ö:

- Zentrum *für* Centrum
- Zitrone *für* Citrone
- Zäsur *für* Cäsur

In manchen Fremdwörtern kann ch *der ursprünglichen Aussprache entsprechend auch* sch *geschrieben werden:*

- Schimäre, Chimäre (Trugbild)

Ca|la|ma|res *Plur.* ‹span.› (Gericht aus Tintenfischstückchen)

Ca|la|mus, der; -, ...mi ‹lat.› (antikes Schreibgerät)

ca|lan|do ‹ital.› (*Musik* an Tonstärke u. Tempo gleichzeitig abnehmend)

Ca|lau (Stadt in der Niederlausitz)

Cal|be (Saa|le) (Stadt an der unteren Saale); *vgl. aber* Kalbe (Milde)

Cal|cit *vgl.* Kalzit

Cal|ci|um usw. *vgl.* Kalzium usw.

Cal|de|rón [...'rɔn] (span. Dichter)

Cal|ga|ry [kɛlgəri] (Stadt in Kanada)

Ca|li|for|ni|um, das; -s (radioaktives chemisches Element, ein Transuran; *Zeichen* Cf)

Ca|li|gu|la (röm. Kaiser)

Ca|lixt, Ca|lix|tus *vgl.* Kalixt, Kalixtus

Cal|la, Kal|la, die; -, -s ‹griech.› (eine Zierpflanze)

Cal|la|ne|tic® [kɛlə...], das; -s, *auch* die; - *meist o. Art.*, **Cal|la|ne|tics®**, das; - *meist o. Art.* ‹nach der Erfinderin Callan Pinckney› (ein Fitnesstraining)

Cal|las (griech. Sängerin)

Call|boy ['kɔ:l...], der; -s, -s ‹engl.› (*vgl.* Callgirl)

Call-by-Call ['kɔ:lbai̯'kɔ:l], das; -s *meist ohne Artikel* ‹engl.› (Auswahl einer bestimmten Telefongesellschaft per Vorwahl); **Call-by-Call-An|bie|ter**

Call|cen|ter, **Call-Cen|ter** ['kɔ:lsɛntɐ], das; -s, - ‹engl.-amerik.› (Büro für telefonische Dienstleistungen); **Call|cen|ter|agent**, **Call-Cen|ter-Agent** (jmd., der in einem Callcenter Anrufe beantwortet); **Call|cen|ter|agen|tin**, **Call-Cen|ter-Agen|tin**

Call|girl, das; -s, -s (Prostituierte, die auf telefonischen Anruf hin kommt od. jmdn. empfängt)

Call-in [kɔ:l'|ɪn], das; -[s], -s ‹engl.› (Anrufsendung)

Cal|mette [...'mɛt] (franz. Bakteriologe)

ca|lo|ri|sie|ren (*chem. fachspr. für* kalorisieren)

Ca|lu|met [*auch* ...ly'mɛ] *vgl.* Kalumet

Cal|va|dos, der; -, - ‹franz.› (ein Apfelbranntwein)

Cal|vin [*österr.* 'ka...] (Genfer Reformator); **cal|vi|nisch**, kal|vinisch; das calvinische *od.* kalvinische Bekenntnis

Cal|vi|nis|mus, Kal|vi|nis|mus, der; - (evangelisch-reformierter Glaube); **Cal|vi|nist**, Kal|vi|nist, der; -en, -en (Anhänger des Calvinismus); **Cal|vi|nis|tin**, Kal|vi|nis|tin; **cal|vi|nis|tisch**, kal|vi|nis|tisch

Calw [kalf] (Stadt a. d. Nagold); **Cal|wer** [...vɐ]; **Cal|we|rin**

Ca|lyp|so [...'lɪ...], der; -[s], -s (Tanz im Rumbarhythmus); *vgl. aber* Kalypso

Cal|zo|ne, die; -, -n ‹ital.› (zusammengeklappte, gefüllte Pizza)

CAM = computer-aided manufacturing (computerunterstütztes Fertigen)

Ca|margue [...'mark], die; - (südfranz. Landschaft)

Cam|bridge ['ke:mbrɪtʃ] (engl. u. nordamerik. Ortsn.)

Cam|burg (Stadt a. d. Saale)

Cam|cor|der *vgl.* Kamerarekorder

Ca|mem|bert [...be:ɐ̯, *auch* ...mã'bɛ:ɐ̯], der; -s, -s ‹nach dem franz. Ort› (ein Weichkäse)

Ca|meo ['kɛmjo], der; -s, -s ‹ital.-engl.› (kurzer Filmauftritt eines Prominenten)

Ca|me|ra ob|s|cu|ra, die; - -, ...rae ...rae ‹lat.› (Lochkamera)

Ca|mil|la (w. Vorn.); **Ca|mil|lo** (m. Vorn.)

Ca|mi|on [kami̯õ:], der; -s, -s ‹franz.› (*schweiz. für* Lastkraftwagen); **Ca|mi|on|na|ge** [kami̯ɔna:ʒə], die; -, -n (*schweiz. für* Spedition); **Ca|mi|on|neur** [kami̯ɔnø:ɐ̯], der; -s, -e (*schweiz. für* Spediteur)

Ca|mõ|es [...'mõ:ɪʃ] (port. Dichter)

Ca|mor|ra, Ka|mor|ra, die; - ‹ital.› (Geheimbund im ehemaligen Königreich Neapel)

Ca|mou|f|la|ge [...mu...ʒə], die; -, -n ‹franz.› (*veraltet für* milit. Tarnung); **ca|mou|f|lie|ren** (*veraltet*)

Camp [kɛmp], das; -s, -s ‹engl.› ([Feld-, Gefangenen]lager)

Cam|pa|g|na [kam'panja], die; - (ital. Landschaft)

Cam|pa|g|ne [...'panjə] *vgl.* Kampagne

Cam|pa|ni|le, der; -[s], -[s] (*bes. österr. neben* Kampanile)

Cam|pa|ri®, der; -s, - ‹ital.› (ein Bitterlikör)

Cam|pe|che|holz [...'pɛtʃə...] *vgl.* Kampescheholz

cam|pen ['kɛ...] ‹engl.› (im Zelt od. Wohnwagen leben); **Cam|per; Cam|pe|rin**

Cam|pe|si|no [ka...], der; -s, -s ‹span.› (armer Landarbeiter, Bauer [in Lateinamerika])

cam|pie|ren (*österr. für, schweiz. neben* campen); *vgl.* kampieren

Cam|ping ['kɛ...], das; -s ‹engl.› (Leben auf Zeltplätzen im Zelt od. Wohnwagen); **Cam|ping|an|hän|ger; Cam|ping|ar|ti|kel; Cam|ping|aus|rüs|tung; Cam|ping|bus; Cam|ping|füh|rer; Cam|ping|ko|cher; Cam|ping|platz; Cam|ping|rei|se; Cam|ping|ur|laub; Cam|ping|zelt**

Cam|pus [*auch* 'kɛmpəs], der; -, *Plur.* - *u.* -se ‹lat.-engl.› (Universitätsgelände)

Cam|pus|maut (*ugs. scherzh. für* Studiengebühren)

Ca|mus [ka'my:] (franz. Schriftsteller)

Can [dʒan] (m. Vorn.)

Ca|na|da (*engl. Schreibung von* Kanada)

Ca|nail|le *vgl.* Kanaille

Ca|na|let|to (ital. Maler)

Ca|na|pé [...'pe:], das; -s, -s (*franz. Schreibung für* Kanapee)

Ca|nas|ta, das; -s ‹span.› (ein Kartenspiel)

Ca|na|ve|ral *vgl.* Kap Canaveral

Can|ber|ra ['kɛnbərə] (Hauptstadt Australiens)

Can|can [kã'kã:], der; -[s], -s ‹franz.› (ein Tanz)

can|celn ['kɛnts̮l̩n] ‹engl.› (streichen, absagen, rückgängig machen); ich canc[e]le die Buchung; gecancelt

cand. = candidatus; *vgl.* Kandidat

Can|de|la, die; -, - ‹lat.› (Lichtstärkeeinheit; *Zeichen* cd)

Can|di|da (w. Vorn.); **Can|di|dus** (m. Vorn.)

Can|dle-Light-Din|ner, **Can|dle|light-Din|ner** ['kɛndl̩lait...] ‹engl.› (festliches Abendessen mit Kerzenbeleuchtung)

Ca|net|ti (deutschsprachiger Schriftsteller)

Can|na, Kan|na, die; -, -s ‹sumer.-lat.› (eine Zierpflanze)

Can|na|bis, der *u.* das; - ‹griech.-lat.› (Hanf; *auch für* Haschisch)

Can|nae *vgl.* Kannä

Can|nel|lo|ni *Plur.* ‹ital.› (gefüllte Röllchen aus Nudelteig)

Cannes [kan] (Seebad an der Côte d'Azur)

Cann|statt, Bad ↑K147 (Stadtteil von Stuttgart); **Cann|stat|ter;** Cannstatter Wasen (Volksfest)

Ca|ñon [...njɔn, *auch* 'kɛnjən], der; -s, -s ‹span.› (enges, tief einge-

C
Caño

schnittenes Tal, bes. im westl. Nordamerika)
Ca|no|pus *vgl.* [2]Kanopus
Ca|nos|sa, das; -[s], -s, Ka|nos|sa, das; -s, -s ‹nach der Felsenburg Canossa in Norditalien›; ein Gang nach Canossa (*übertr. für* Demütigung); **Ca|nos|sa|gang**, Ka|nos|sa|gang, der ↑K143
Can|stein|sche Bi|bel|an|stalt, die; -n - ↑K150 ‹nach dem Gründer Frhr. von Canstein›
can|ta|bi|le ‹ital.› (*Musik* gesangartig, ausdrucksvoll)
can|tan|do ‹ital.› (*Musik* singend)
Can|ta|te *vgl.* [2]Kantate
Can|ter|bu|ry ['kɛntəbəri] (engl. Stadt)
Can|tha|ri|din *vgl.* Kantharidin
Can|to, der; -s, -s ‹ital.› (Gesang)
Can|tus fir|mus, der; - -, - ['kantu:s] ...mi ‹lat.› (Hauptmelodie eines mehrstimmigen Chor- od. Instrumentalsatzes)
Can|vas ['kɛnvəs], der *od.* das; - (*engl. Bez. für* Leinwand, Segeltuch); **Can|vas|ta|sche**
Can|yon ['kɛnjən], der; -s, -s ‹engl.› (*engl. Bez. für* Cañon)
Can|yo|ning ['kɛnjənɪŋ], das; -s ‹engl.› (als Sport betriebenes Durchwandern von Gebirgsschluchten u. -flüssen)
Cap [kɛp], die; -, -s, *auch* der *od.* das; -s, -s ‹engl.› (Baseballmütze)
Ca|pa, die; -, -s ‹span.› (roter Umhang der Stierkämpfer)
Cape [ke:p], das; -s, -s ‹engl.› (ärmelloser Umhang)
Ca|pe|a|dor [ka...], der; -s, -es ‹span.› (Stierkämpfer, der den Stier mit der Capa reizt)
Ca|pel|la *vgl.* Kapella
Ca|po|ei|ra [...'pu̯e:..., *brasilian.* ka'pu̯eirɐ], die; - ‹brasilian.› (eine Tanz- u. Kampftechnik)
Ca|pone [kə'po:n], Al [ɛl] (amerik. Gangster)
Ca|po|te [kə'po:ti], Truman ['tru:mən] (amerik. Schriftsteller)
Cap|puc|ci|no [...'tʃi:...], der; -[s], -[s] *u.* ...ccini ‹ital.› (Kaffeegetränk)
ca.-Preis ↑K28 *u.* 97
Ca|p|re|se, der; -n, -n (Bewohner von Capri); **Ca|p|re|sin; ca|p|re|sisch**
Ca|p|ri (Insel im Golf von Neapel)
Ca|p|ric|cio [...'prɪtʃo], das; -s, -s ‹ital.› (scherzhaftes, launiges Musikstück); **ca|p|ric|cio|so** (*Musik* scherzhaft, launig)
Ca|p|ri|ce, Ka|p|ri|ce [...sə], die; -, -n ‹franz.› (Laune)
Ca|p|ri|ho|se (Damenhose mit engen, dreiviertellangen Beinen)
Cap|tain ['kɛptn̩], der; -s, -s ‹engl.› (*schweiz. für* Mannschaftsführer, -sprecher)
Cap|ta|tio Be|ne|vo|len|ti|ae, die; - - ‹lat.› (Redewendung, mit der man das Wohlwollen des Publikums zu gewinnen sucht)
Cap|t|cha ['kɛptʃɐ], der *od.* das; -s, -s ‹engl.; Akronym aus »completely automated public Turing test to tell computers and humans apart«; nach dem engl. Mathematiker A. M. Turing› (*EDV* Test, mit dem festgestellt werden kann, ob sich ein Mensch od. ein Computer eines Programms bedient)
Ca|pua (ital. Stadt)
Ca|put mor|tu|um, das; - - ‹lat.› (Eisenrot, rote Malerfarbe)
Ca|quel|lon [kak(ə)'lõ:], das; -s, -s ‹franz.› (*schweiz. für* feuerfestes irdenes Gefäß)
Car, der; -s, -s ‹franz.› (*schweiz.; kurz für* Autocar)
Ca|ra|bi|ni|e|re, Ka|ra|bi|ni|e|re, der; -[s], ...ri ‹ital.› (Angehöriger einer italienischen Polizeitruppe)
Ca|ra|cal|la (röm. Kaiser)
Ca|ra|cas (Hauptstadt Venezuelas)
ca|ram|ba! ‹span.› (*ugs. für* Donnerwetter!, Teufel!)
Ca|ra|mel, das; -s, -s (*schweiz. für* Karamell)
Ca|ra|vag|gio [...'vadʒo] (ital. Maler)
Ca|ra|van ['ka(:)..., *auch* ...'va:n, 'kɛrəvɛn], der; -s, -s ‹engl.› (kombinierter Personen- u. Lastenwagen; Wohnwagen); **Ca|ra|va|ner; Ca|ra|va|ne|rin** *(selten)*; **Ca|ra|va|ning**, das; -s (Leben im Wohnwagen)
Car|bid *vgl.* [2]Karbid
Car|bo... usw. *vgl.* Karbo... usw.
Car|bo|nat *vgl.* [2]Karbonat
Car|bo|ne|um, das; -s ‹lat.› (*veraltete Bez. für* Kohlenstoff, chemisches Element; *Zeichen* C)
Car|bo|run|dum® *vgl.* Karborund
Car|ci|no|ma *vgl.* Karzinom
Car|diff ['kɑ:dɪf] (Hauptstadt von Wales)
Car|di|gan, der; -s, -s ‹engl.› (lange Strickweste)
CARE [kɛ:ɐ̯] = Cooperative for American Remittances to Europe (eine Hilfsorganisation)
care of ['kɛ:ɐ̯ ɔf] ‹engl.› (*in Briefanschriften usw.* wohnhaft bei ...; per Adresse; *Abk.* c/o)
Care|pa|ket ['kɛ:ɐ̯...] *vgl.* CARE
Car|go, Kar|go, der; -s, -s ‹span.› (*Verkehrsw.* Fracht)
Ca|ri|na *vgl.* Karina
Ca|rin|thia (*lat. Name für* Kärnten); **ca|rin|thisch**
Ca|ri|o|ca, die; -, -s ‹indian.-port.› (lateinamerik. Tanz)
Ca|ri|tas, die; - (Deutscher Caritasverband); *vgl.* Karitas
Car|ja|cking, **Car-Ja|cking** ['ka:ɐ̯dʒɛkɪŋ], das; -[s], -s ‹engl.› (Vorgang, bei dem ein Auto unter Androhung von Gewalt seinem Fahrer weggenommen wird)
Car|los (m. Vorn.)
Car|lyle [ka:ɐ̯'lail] (schott. Schriftsteller u. Historiker)
Car|ma|g|no|le [...man'jo:...], die; - (franz. Revolutionslied)
Car|men (w. Vorn.)
Car|nal|lit, Kar|nal|lit, der; -s ‹nach dem Geologen R. v. Carnall› (ein Mineral)
Car|ne|gie [ka:ɐ̯'nɛgi] (nordamerik. Milliardär); **Car|ne|gie Hall** [... 'ho:l], die; - - (Konzerthalle in New York)
Car|net [de Pas|sa|ges] [...'ne: (də ...ʒə)], das; - - -, -s [...'ne:] - - (Zollbescheinigung zur Einfuhr von Kraftfahrzeugen)
Car|not|zet [...tsɛ], das; -s, -s ‹franz. mdal.› (*schweiz. für* Weinlokal, kleiner Weinkeller)
Ca|ro|la *vgl.* Karola
Ca|ros|sa (dt. Schriftsteller)
Ca|ro|tin *vgl.* Karotin
Car|pac|cio [kar'patʃo], das *u.* der; -s, -s ‹ital.› (kalte [Vor]speise aus rohen, dünn geschnittenen Zutaten)
Car|port, der; -s, -s ‹engl.-amerik.› (überdachter Abstellplatz für Autos)
Car|ra|ra (ital. Stadt); **Car|ra|rer; car|ra|risch;** carrarischer Marmor
Car|roll ['kɛrəl], Lewis ['lu:ɪs] (engl. Schriftsteller)
Car|sha|ring, **Car-Sha|ring** ['ka:ɐ̯ʃɛ:rɪŋ], das; -[s] ‹engl.› (organisierte Nutzung eines Autos von mehreren Personen)
Cars|ten *vgl.* Karsten
Cars|tens (fünfter dt. Bundespräsident)

Carte blanche [kart ˈblãːʃ], die; - -, -s -s [kart ˈblãːʃ] ‹franz.› (unbeschränkte Vollmacht)
car|te|si|a|nisch, car|te|sisch *vgl.* kartesianisch, kartesisch; **Car|te|si|us** (*lat. Form von* Descartes)
Car|tha|min *vgl.* Karthamin
Car|toon [...ˈtuːn], der *od.* das; -[s], -s ‹engl.› (Karikatur, Witzzeichnung; kurzer Comicstrip); **Car|too|nist,** der; -en, -en (Cartoonzeichner); **Car|too|nis|tin**
Ca|ru|so (ital. Sänger)
car|ven ‹engl.› (mit Skiern od. Snowboard auf der Kante fahren, ohne zu rutschen); wir sind ohne Stöcke gecarvt; **Car|ver,** der; -s, -; **Car|ve|rin; Car|ving,** das; -[s] ‹engl.› (beim Ski- u. Snowboardfahren das Fahren auf der Kante, ohne zu rutschen); **Car|ving|ski, Car|ving-Ski**
Ca|sa|blan|ca (Stadt in Marokko)
Ca|sals (span. Cellist)
[1]**Ca|sa|no|va** (ital. Abenteurer, Schriftsteller u. Frauenheld)
[2]**Ca|sa|no|va,** der; -[s], -s (*ugs. für* Frauenheld, -verführer)
[1]**Cä|sar** (röm. Feldherr u. Staatsmann; m. Vorn.)
[2]**Cä|sar,** der; Cäsaren, Cäsaren (Ehrenname der röm. Kaiser); **Cä|sa|ren|wahn,** der; -[e]s; **cä|sa|risch** (kaiserlich; selbstherrlich)
Cä|sa|ris|mus, der; - (unbeschränkte [despotische] Staatsgewalt); **Cä|sa|ro|pa|pis|mus,** der; - (Staatsform, bei der der weltl. Herrscher zugleich geistl. Oberhaupt ist)
cash [kɛʃ] ‹engl.› (bar); **Cash,** das; - (*Wirtsch.* Kasse, Bargeld, Barzahlung); **Cash-and-car|ry-Klau|sel** [ˈkɛʃl̩ntˈkeri...], die; - (*Überseehandel* Klausel, nach der der Käufer die Ware bar bezahlen u. im eigenen Schiff abholen muss)
Cash|cow [ˈkɛʃkau̯], die; -, -s ‹engl.› (hohen Gewinn bringender Bereich eines Unternehmens od. Konzerns)
Ca|shew|nuss [ˈkɛʃu...] ‹port.-engl.; dt.› (trop. Nusssorte)
Cash|flow [...floː], der; -s, -s ‹engl.› (*Wirtsch.* Überschuss an finanziellen Mitteln nach Abzug der Ausgaben von den Einnahmen)
Cash|mere [ˈkɛʃmiːɐ̯] ‹engl.› (*engl. Bez. für* Kaschmir)
Ca|si|mir *vgl.* Kasimir
Ca|si|no (*österr. neben* Kasino)
Cä|si|um, Cae|si|um, *nicht fachspr. auch* Zä|si|um, das; -s ‹lat.› (chemisches Element, Metall; *Zeichen* Cs)
Cas|sa|ta, die; -, -s (Speiseeisspezialität)
Cas|si|rer, Ernst (dt.-schwed. Philosoph)
Cas|sis, der; -, - ‹lat.-franz.› ([Likör aus dem] Sirup Schwarzer Johannisbeeren)
Cas|si|us (Name eines röm. Staatsmannes)
Cas|tel Gan|dol|fo (ital. Stadt am Albaner See; Sommerresidenz des Papstes)
cas|ten ‹engl.› (*Film* [von jmdm.] Probeaufnahmen machen); gecastet
Cas|ter, der; -s, - (für die Rollenbesetzung bei Film u. Fernsehen zuständige Person); **Cas|te|rin**
Cas|ting, das; -s, -s (Rollenbesetzung; Wettkampf in der Sportfischerei); **Cas|ting|show, Cas|ting-Show**
Cas|tor®, der; -s, -s *u.* ...oren ‹engl.›, **Cas|tor|be|häl|ter** (Spezialbehälter für radioaktives Material); **Cas|tor|trans|port**
Cas|t|ries [...rɪs, *auch* kaˈstriː] (Hauptstadt von St. Lucia)
Cas|t|ro, Fidel (kuban. Politiker)
Cast|rop-Rau|xel (Stadt im Ruhrgebiet)
Ca|sus Bel|li, der; - -, - - ‹lat.› (Grund für einen Konflikt)
Ca|sus ob|li|quus, der; - -, - ...qui (*Sprachwiss.* abhängiger Fall, z. B. Genitiv, Dativ, Akkusativ); **Ca|sus rec|tus,** der; - -, - ...ti (*Sprachwiss.* unabhängiger Fall, Nominativ)
Ca|ta|nia (Stadt auf Sizilien)
Cat|boot [ˈkɛ...], das; -[e]s, -e ‹engl.; dt.› (kleines Segelboot)
Catch-as-catch-can [ˈkɛt͜ʃ|ɛsˈkɛt͜ʃkɛn], das; - ‹amerik.› (Freistilringkampf)
cat|chen; Cat|cher; Cat|che|rin
Ca|te|nac|cio [...t͜ʃo], der; -[s] ‹ital.› (Verteidigungstechnik im Fußball)
Ca|te|rer [ˈkeːtərɐ], der; -s, - ‹engl.› (auf Catering spezialisiertes Unternehmen); **Ca|te|ring** [ˈkeːtərɪŋ], das; -[s] (Verpflegung)
Ca|ter|pil|lar® [ˈkɛtɐpɪlɐ], der; -[s], -[s] ‹engl.› (Raupenschlepper)
Cat|gut [ˈkɛtgat] *vgl.* Katgut
Ca|ti|li|na (röm. Verschwörer); *vgl.* katilinarisch
Ca|to (röm. Zensor)
Cat|ta|ro (*ital. Name von* Kotor)
Ca|tull, Ca|tul|lus (röm. Dichter)
Cat|walk [ˈkɛtvɔːk], der; -s, -s (*engl. Bez. für* Laufsteg)
Cau|dil|lo [...ˈdɪljo], der; -[s], -s ‹span.› (Diktator)
Cau|sa, die; -, ...sae ‹lat.› (Grund, Ursache, [Streit]sache); **Cause cé|lè|b|re** [ˈkoːs seˈlɛːbrə], die; - -, *Plur.* -s -s [- -] ‹franz.› (berühmter Rechtsstreit)
Cau|seur [...ˈzøːɐ̯], der; -s, -e (*veraltet für* Plauderer)
Ca|va|li|e|re, der; -, ...ri ‹ital.› (italienischer Adelstitel)
Ca|yenne [...ˈjɛn] (Hauptstadt von Französisch-Guayana); **Ca|yenne|pfef|fer,** der; -s
Cay|man Is|lands [ˈkeːmən ˈai̯lənts] (*engl. Bez. für* Kaimaninseln)
CB [t͜seːˈbeː] = Citizen-Band ‹engl.-amerik.› (für den privaten Funkverkehr freigegebener Wellenbereich); **CB-Funk**
cbm = Kubikmeter (*früher für* m^3)
cc = carbon copy ‹engl.› (Durchschlag; Kopie)
CC, das; -, -s = Corps consulaire (konsularisches Korps)
ccm = Kubikzentimeter (*früher für* cm^3)
cd = Candela
Cd (*chem. Zeichen für* Cadmium)
[1]**CD,** das; -, -s = Corps diplomatique (diplomatisches Korps)
[2]**CD,** die; -, -s (*zu* engl. compact disc) (Datenträger in Form einer runden, silbrigen Scheibe; Kompaktschallplatte)
CD-Bren|ner (Gerät zum Beschreiben von CDs); **CD-Co|ver; CD-Lauf|werk** (für CDs *od.* CD-ROMs); **CD-Play|er** (CD-Spieler)
CD-R, die; -, -[s] (*zu* engl. compact disc recordable) (einmal bespielbare CD); **CD-Roh|ling** (noch unbespielte CD)
CD-ROM, die; -, -[s] (CD, deren Inhalt vom Benutzer nicht gelöscht od. überschrieben werden kann); **CD-ROM-Lauf|werk; CD-RW** ‹compact disc rewritable› (mehrfach bespielbare CD); **CD-Spie|ler**
CDU, die; - = Christlich Demokratische Union [Deutschlands]; (*früher mit Bindestrichschreibung:* Christlich-Demokratische Union); **CDU/CSU-Frak|ti|on; CDU-Frak|ti|on; CDU-ge|führt;** die CDU-geführten Länder
C-Dur [ˈt͜seːduːɐ̯, *auch* ˈt͜seːˈduːɐ̯],

das; -[s] (Tonart; *Zeichen* C); **C-Dur-Ton|lei|ter** ↑K26
Ce (*chem. Zeichen für* Cer)
CeBIT®, Ce|bit, die; - ‹= Centrum für Büro-, Informations- und Telekommunikationstechnik› (internationale Messe der Informations- u. Telekommunikationsindustrie)
Ce|dil|le [se'di:jə], die; -, -n ‹franz.› (*Sprachwiss.* Häkchen als Aussprachezeichen, z. B. bei franz. ç als stimmloses s vor a, o, u)
Ce|lan (deutschsprachiger Schriftsteller)
Ce|le|bes [tse..., *auch* 'tse:...] (*früherer Name von* Sulawesi)
Ce|le|b|ri|ty [sə'lɛbriti], die; -, *Plur.* -s *u.* ...ties ‹engl.› (berühmte Person)
Ce|les|ta [tʃ...], die; -, *Plur.* -s *u.* ...sten ‹ital.› (ein Tasteninstrument)
Ce|li|bi|da|che [tʃ...ke] (rumän. Dirigent)
Cel|la, die; -, Cellae ‹lat.› (*Med.* Zelle)
Cel|le (Stadt an der Aller); **Cel|ler; Cel|le|rin**
Cel|li|ni [tʃ...] (ital. Bildhauer)
cel|lisch, cel|lesch ‹*zu* Celle›
Cel|list [tʃ...], der; -en, -en ‹ital.› (Cellospieler); **Cel|lis|tin**
Cel|lo, das; -s, *Plur.* -s *u.* ...lli ‹ital.› (*kurz für* Violoncello); **Cel|lo|kon|zert**
Cel|lo|phan®, das; -s, **Cel|lo|pha|ne®,** die; - ‹lat.; griech.› (glasklare Folie); *vgl.* Zellophan; **cel|lo|pha|nie|ren** *vgl.* zellophanieren
Cel|lu|li|te, die; -, -n ‹lat.› (Degeneration des Zellgewebes)
Cel|lu|li|tis, Zel|lu|li|tis, die; -, ...itiden; *vgl.* Cellulite
Cel|lu|loid *vgl.* Zelluloid; **Cel|lu|lo|se** *vgl.* Zellulose
Ce|lo|vec [tse'lɔvets] (*slowen. Form von* Klagenfurt)
Cel|si|us ‹nach dem Schweden Anders Celsius› (Gradeinheit auf der Celsiusskala; *Zeichen* C; *fachspr.* °C); 5° C (*fachspr.* 5 °C)
Cem [dʒɛm] (m. Vorn.)
Cem|ba|lo [tʃ...], das; -s, *Plur.* -s *u.* ...li ‹ital.› (ein Tasteninstrument)
Ce|mi|le [dʒemi'lɛ] (w. Vorn.)
Cen|giz [dʒɛŋ'gɪs] (m. Vorn.)
Cent [s..., ts...], der; -[s], -[s] ‹engl.› (Untereinheit von Euro, Dollar u. anderen Währungen [*Abk.* c, ct]); 5 Cent
Cen|ta|vo [s...], der; -[s], -[s] ‹port. *u.* span.› (Untereinheit süd- u. mittelamerik. Währungen)
¹Cen|ter [s...], das; -s, - ‹amerik.› (Geschäftszentrum; Großeinkaufsanlage)
²Cen|ter, der; -s, - (zentraler Spieler im Basketball); **Cen|te|rin**
Cen|ter|park (Feriendorf mit vielen Freizeiteinrichtungen)
Cen|te|si|mo [tʃ...], der; -[s], ...mi ‹ital.› (ehem. ital. Münze)
Cen|té|si|mo [s...], der; -[s], -[s] ‹span.› (Untereinheit süd- u. mittelamerik. Währungen)
cent|ge|nau; centgenaue Beträge
Cen|time [sã'ti:m], der; -[s], -s ‹franz.› (Untereinheit des Franc, des Gourde u. des marokkan. Dirham; *Abk.* c, ct; *schweiz. früher neben* Rappen)
Cén|ti|mo [s...], der; -[s], -[s] ‹span.› (Währungsuntereinheit in Mittel- u. Südamerika)
Cent|mün|ze
Cen|tre-Court, Cen|tre|court ['sɛntɐ...], der; -s, -s ‹engl.› (Hauptplatz großer Tennisanlagen)
CEO [si:|i:'|o:], der; -[s], -s = Chief Executive Officer (*engl. Bez. für* Vorstandsvorsitzende[r])
Cer, Zer, das; -s ‹lat.› (chem. Element, Metall; *Zeichen* Ce)
Ce|ran|feld® (Kochfeld aus Glaskeramik)
Cer|be|rus *vgl.* Zerberus
Cer|c|le ['sɛrkl̩], der; -s, -s ‹franz.› (*österr. für* die ersten Reihen im Theater u. Konzertsaal); **Cer|c|le|sitz** (*österr.*)
Ce|re|a|li|en ‹lat.› (altröm. Fest zu Ehren der Ceres); *vgl. aber* Zerealie
Ce|re|bel|lum *vgl.* Zerebellum
Ce|re|b|rum *vgl.* Zerebrum
Ce|res (röm. Göttin des Ackerbaus)
Ce|re|sin *vgl.* Zeresin
Cer|to|sa [tʃ...], die; -, ...sen ‹ital.› (Kartäuserkloster in Italien)
Cer|van|tes [s...] (span. Dichter)
Cer|ve|lat ['sɛrvəla], der; -s, -s ‹franz.› (*schweiz.; eine* Brühwurst aus Rindfleisch); *vgl.* Servela *u.* Zervelatwurst
Cer|vix *vgl.* Zervix
ces, Ces, das; -, - (Tonbezeichnung); **Ces** (*Zeichen für* Ces-Dur); in Ces; **Ces-Dur** ['tsɛsdu:ɐ̯, *auch* 'tsɛs'du:ɐ̯], das; -[s] (Tonart; *Zeichen* Ces); **Ces-Dur-Ton|lei|ter** ↑K26
c'est la vie [sɛla'vi:] ‹franz., »so ist das Leben nun einmal«› (als Ausdruck der Resignation)
ce|te|rum cen|seo ‹lat., »übrigens meine ich«› (als Einleitung einer immer wieder vorgebrachten Forderung)
Ce|vap|ci|ci, Če|vap|či|ći [tʃe'vaptʃitʃi] *Plur.* ‹serbokroat.› (gegrillte Hackfleischröllchen)
Ce|ven|nen [s...] *Plur.* (franz. Gebirge)
Cey|lon [*österr., schweiz.* 'tsei...] (*früherer Name von* Sri Lanka; Insel im Ind. Ozean); **Cey|lo|ne|se,** der; -n, -n; **Cey|lo|ne|sin; cey|lo|ne|sisch; Cey|lon|tee** ↑K143
Cé|zanne [se'zan] (franz. Maler)
cf = cost and freight ‹engl.› (*Überseehandel* Verladekosten u. Fracht im Preis inbegriffen)
cf. = confer!
Cf. (*chem. Zeichen für* Californium)
C-Fal|ter ['tse:...] (ein Tagfalter)
C-Füh|rer|schein (*Kfz-Wesen*)
cg = Zentigramm
CH = Confoederatio Helvetica
Cha|b|lis [ʃa'bli:], der; -, - ‹franz.› (franz. Weißwein)
Cha-Cha-Cha ['tʃa'tʃa'tʃa], der; -[s], -s (ein Tanz)
Cha|conne [ʃa'kɔn], die; -, *Plur.* -s *u.* -n ‹franz.›, **Cia|co|na** [tʃa...], die; -, -s ‹ital.› (ein Tanz; Instrumentalstück)
Cha|gall [ʃa...] (russ. Maler)
Cha|g|rin [ʃa'grɛ̃:], das; -s, -s (Leder mit künstl. Narben); **cha|g|ri|nie|ren** (Leder mit Narben versehen); **Cha|g|rin|le|der**
Chai|ber|pass ['kaibɐ...] *vgl.* Khaiberpass
Chai Lat|te [tʃai -], der; - -, - - ‹chin.; ital.› (Tee mit aufgeschäumter Milch)
Chai|ne ['ʃɛ:n(ə)], die; -, -n ‹franz.› (*Weberei* Kettfaden)
Chair|man ['tʃɛ:ɐ̯mɛn], der; -, ...men ‹engl.› (*engl. Bez. für* Vorsitzender); **Chair|per|son** ['tʃɛ:ɐ̯pə:sn̩], die; -, -s (*engl. Bez. für* Vorsitzende *od.* Vorsitzender); **Chair|wo|man** ['tʃɛ:ɐ̯vʊmən], die; -, ...women [...wɪmɪn] (*engl. Bez. für* Vorsitzende)
Chai|se ['ʃɛ:zə], die; -, -n ‹franz.› (*ugs. abwertend für* altes Auto); **Chai|se|longue** [ʃɛzə'lɔŋ], die; -, *Plur.* -n [...'lɔŋən] *od.* -s, *ugs. auch* das; -s, -s (gepolsterte Liege mit Kopflehne)
Cha|k|ra ['tʃa...], das; -[s], *Plur.* -s

u. ...kren ‹sanskr.› (Energiezentrum im menschl. Körper)
Chal|däa [kal...] (*A. T.* Babylonien); **Chal|dä|er** (Angehöriger eines aramäischen Volksstammes); **Chal|dä|e|rin; chal|dä|isch**
Cha|let [ʃaˈleː, *auch* ʃaˈlɛ], das; -s, -s ‹franz.› (Sennhütte; Landhaus)
Chal|ki|di|ke [çalˈkiːdikeː], die; - (nordgriech. Halbinsel)
chal|ko|gen ‹griech.-lat., »Erz bildend«› *(Chemie);* **Chal|ko|gen,** das; -s, -e *meist Plur.* (Element einer chem. Gruppe)
Chal|ko|li|thi|kum [*auch* ...ˈlɪt...], das; -s (späte Stufe der Jungsteinzeit)
Chal|len|ger [ˈtʃɛlindʒə(r)], die; - ‹engl., »Herausforderer«› (eine amerik. Raumfähre)
Chal|ze|don [kal...], der; -s, -e (ein Mineral)
Cham [kaːm] (Stadt am Regen; Gemeinde im schweiz. Kanton Zug)
Cha|ma|de [ʃa...] *vgl.* Schamade
Cha|mä|le|on [ka...], das; -s, -s ‹griech.› (eine Echse; *abwertend für* oft seine Überzeugung wechselnder Mensch); **cha|mä|le|on|ar|tig**
Cha|ma|ve [çaˈmaːvə], der; -n, -n (Angehöriger eines germ. Volksstammes); **Cha|ma|vin**
Cham|ber|lain [ˈtʃe(ː)mbə(r)lin] (engl. Familienn.)
Cham|b|re sé|pa|rée [ˈʃãːbr(ə) sepaˈreː], das; - -, -s -s [ˈʃãːbr(ə) sepaˈreː] ‹franz.› (*veraltet für* kleiner Nebenraum für ungestörte Zusammenkünfte)
Cha|mis|so [ʃa...] (dt. Dichter)
cha|mois [ʃaˈmo̯a] ‹franz.› (gämsfarben, bräunlich gelb); ein chamois[farbenes] Hemd; **Cha|mois,** das; - (chamois Farbe; weiches Gämsen-, Ziegen-, Schafleder); Stoffe in Chamois; **Cha|mois|le|der**
Champ [tʃɛmp], der; -s, -s ‹engl.› (*Kurzw. für* Champion)
Cham|pa|g|ne [ʃãˈpanjə], die; - (franz. Landschaft)
Cham|pa|g|ner [ʃamˈpanjɐ], der; -s, - (ein Schaumwein)
Cham|pa|g|ner|du|sche (das Übergießen od. Nassspritzen mit Champagner [zur Feier eines sportlichen Erfolgs]); **cham|pa|g|ner|far|ben, cham|pa|g|ner|far|big; Cham|pa|g|ner|lau|ne; Cham|pa|g|ner|wein**
Cham|pi|g|non [ˈʃampɪnjɔŋ], der; -s, -s (ein Edelpilz)
Cham|pi|on [ˈtʃɛmpi̯ən, *auch* ʃãˈpi̯õː], der; -s, -s ‹engl.› (Meister in einer Sportart); **Cham|pi|o|nat** [ʃa...], das; -[e]s, -e ‹franz.› (Meisterschaft)
Cham|pi|ons League, Cham|pi|ons|league [ˈtʃɛmpi̯əns ˈliːk], die; - - ‹engl.› (*Sport* Wettbewerb für europ. Spitzenmannschaften)
Champs-Ély|sées [ʃãzeliˈzeː] *Plur.* (eine Hauptstraße in Paris)
Chan [k..., *auch* x...] *vgl.* Khan
Chan|ce [ˈʃãːs(ə), *auch* ˈʃaŋsə], die; -, -n ‹franz.› (günstige Gelegenheit; *meist Plur.:* Aussichten auf Erfolg)
Chan|cel|lor [ˈtʃaːnsəlɐ], der; -s, -s ‹engl.› (*engl. Bez. für* Kanzler)
Chan|cen|ge|rech|tig|keit
chan|cen|gleich; Chan|cen|gleich|heit, die; -
chan|cen|los; chan|cen|reich
Chan|cen|tod (*Jargon abwertend* Stürmer, der häufig Torchancen vergibt)
[1]**Change** [tʃeɪndʒ], der; - (*engl. Bez. für* [Geld]wechsel)
[2]**Change** [ʃãːʒ], die; - (*franz. Bez. für* [Geld]wechsel)
chan|geant [ʃãˈʒãː] ‹franz.› (in mehreren Farben schillernd [von Stoffen]); ein changeant Stoff; **Chan|geant,** der; -[s], -s (schillernder Stoff; Edelstein mit schillernder Färbung)
chan|gie|ren (schillern [von Stoffen]; *Jägerspr.* die Fährte wechseln [vom Jagdhund])
Chang Ji|ang, Chang|ji|ang [tʃaŋˈdʒi̯aŋ]; *vgl.* Jangtse
Chan|nel [tʃɛnl̩], der; -s, -s ‹engl. »Kanal«› (*EDV* Gesprächsgruppe beim Chat im Internet)
Chan|son [ʃãˈsõː], das; -s, -s ‹franz.› ([Kabarett]lied); **Chan|son|net|te, Chan|so|net|te,** die; -, -n (Chansonsängerin; kleines Chanson); **Chan|son|ni|er, Chan|so|ni|er** [...ˈni̯eː], der; -s, -s (Chansonsänger, -dichter); **Chan|son|ni|è|re, Chan|so|ni|e|re** [...ˈni̯eːrə], die; -, -n (Chansonsängerin, -dichterin)
Chan|teu|se [ʃãˈtøːzə], die; -, -n ‹franz.› (Sängerin)
Cha|nuk|ka [x...], die; - ‹hebr.› (ein jüd. Fest); **Cha|nuk|ka|leuch|ter** (Leuchter, der zur Chanukka angezündet wird)
Cha|os [k...], das; - ‹griech.› (wüstes Durcheinander, Auflösung aller Ordnung)
Cha|os|ta|ge *Plur.* (mehrtägiges, oft mit Krawallen verbundenes Treffen von Punkern); **Cha|os|the|o|rie** (eine mathematisch-physikalische Theorie)
Cha|ot, der; -en, -en (jmd., der die bestehende Gesellschaftsordnung durch Gewaltaktionen zu zerstören versucht; *ugs. für* sprunghafter Mensch, Wirrkopf); **Cha|o|tin; cha|o|tisch**
Cha|peau [ʃaˈpoː], der; -s, -s ‹franz.› (*scherzh., sonst veraltet für* Hut); Chapeau! (Hut ab!, Respekt!); **Cha|peau claque, Cha|peau Claque** [ʃaˈpoː ˈklak], der; - -, -x -s [- -] (Klappzylinder)
Chap|lin [ˈtʃɛ...] (engl. Filmschauspieler, Schriftsteller u. Regisseur); **Chap|li|na|de** [tʃa...], die; -, -n (komischer Vorgang [wie in Chaplins Filmen]); **chap|li|nesk**
Cha|ra|de [ʃ...]; *ältere Schreibung für* Scharade
Cha|rak|ter [k...], der; -s, ...ere ‹griech.›; **Cha|rak|ter|an|la|ge; Cha|rak|ter|bild; Cha|rak|ter|bil|dung; Cha|rak|ter|dar|stel|ler; Cha|rak|ter|dar|stel|le|rin; Cha|rak|ter|ei|gen|schaft; Cha|rak|ter|feh|ler**
cha|rak|ter|fest; Cha|rak|ter|fes|tig|keit, die; -
cha|rak|te|ri|sie|ren; Cha|rak|te|ri|sie|rung
Cha|rak|te|ris|tik, die; -, -en (Kennzeichnung; [treffende] Schilderung); **Cha|rak|te|ris|ti|kum,** das; -s, ...ka (kennzeichnendes Merkmal); **cha|rak|te|ris|tisch; cha|rak|te|ris|ti|scher|wei|se**
Cha|rak|ter|kopf; Cha|rak|ter|kun|de, die; - (*für* Charakterologie)
cha|rak|ter|lich; cha|rak|ter|los; Cha|rak|ter|lo|sig|keit
Cha|rak|te|ro|lo|gie, die; - (Charakterkunde); **cha|rak|te|ro|lo|gisch**
Cha|rak|ter|rol|le; Cha|rak|ter|schwä|che; Cha|rak|ter|schwein (*derb abwertend für* unmoralischer Mensch); **Cha|rak|ter|stär|ke; Cha|rak|ter|stu|die; cha|rak|ter|voll; Cha|rak|ter|zug**
Char|cu|te|rie [ʃarkytˈriː], die; -, -n ‹franz.› (*schweiz. für* Wurstwaren[abteilung])
Char|don|nay [ʃardɔˈnɛ], der; -[s], -s ‹franz.› (eine Wein- u. Rebsorte)
Char|ge [ˈʃarʒə], die; -, -n ‹franz.› (Amt; Rang; *Militär* Dienstgrad;

Pharm. eine bestimmte Serie von Arzneimitteln; *Technik* Ladung, Beschickung; *Theater* Nebenrolle [mit einseitigem Charakter]); **Chạr|gen|num|mer** *(Pharm.)*; **char|gie̲|ren** (*Technik* beschicken; *Theater* eine Charge spielen)

Char|gi̲er|te, der; -n, -n (Mitglied des Vorstandes einer stud. Verbindung)

Cha|ris [ˈça(ː)...], die; -, ...i̲ten *meist Plur.* ‹griech.› (eine der griech. Göttinnen der Anmut [Aglaia, Euphrosyne, Thalia])

Cha|ris|ma [ˈça(ː)... *od.* ˈka(ː)..., *auch* ...ˈrɪs...], das; -s, *Plur.* ...rịsmen *u.* ...rịsmata (besondere Ausstrahlung)

Cha|ris|ma̲|ti|ker (jmd., der Charisma besitzt); **Cha|ris|ma̲|ti|ke|rin; cha|ris|ma̲|tisch**

Cha|ri|té̲ [ʃ...], die; -, -s ‹franz., »[Nächsten]liebe«› (Name von Krankenhäusern)

Cha|ri̲|ten [ça...] *vgl.* Charis; **Cha|ri̲|tin,** die; -, -nen ‹griech.› (*svw.* Charis)

Cha|ri|ty [ˈt͜ʃɛrɪti], die; - *meist ohne Artikel* ‹engl.; franz.› (*Jargon* Wohltätigkeit)

Cha|ri|va̲|ri [ʃ...], das; -s, -s ‹franz.› (*veraltet für* Durcheinander; Katzenmusik; *bayr. für* [Anhänger für die] Uhrkette)

Chạr|kow [ç..., *auch* x...] (Stadt in der Ukraine)

Charles [ʃarl] (franz. m. Vorn.), [t͜ʃaːɐ̯ls] (engl. m. Vorn.)

Charles|ton [ˈt͜ʃaːɐ̯lstn̩], der; -, -s ‹engl.› (ein Tanz)

Cha̲r|ley, Cha̲r|lie [t͜ʃ...] (m. Vorn.)

Char|lọt|te [ʃ...] (w. Vorn.)

Char|lọt|ten|burg (Stadtteil Berlins); *vgl.* Berlin

char|mạnt [ʃ...] ‹franz.› (liebenswürdig)

Charme [ʃarm], der; -s ‹franz.› (liebenswürdig-gewinnende Wesensart); **Charme|bol|zen** [ˈʃarm...] (*ugs. für* Charmeur); **Char|meur** [...ˈmøːɐ̯], der; -s, *Plur.* -s *od.* -e (charmanter Plauderer); **Char|meu|rin** *(seltener)*

Char|meuse [...ˈmøːs], die; - (maschenfeste Wirkware [aus synthet. Fasern])

Cha̲|ron [ç...] (in der griech. Sage Fährmann in der Unterwelt)

Cha̲rt [t͜ʃ...], der *od.* das; -s, -s ‹engl.› (grafische Darstellung von Zahlenreihen); *vgl.* Charts

Chạr|ta [k...], die; -, -s ‹lat.› ([Verfassungs]urkunde)

Chạr|te [ʃ...], die; -, -n ‹franz.› (wichtige Urkunde im Staats- u. Völkerrecht)

cha̲r|ten [t͜ʃ...] ‹engl.› (*ugs. für* in die Charts kommen)

Chạr|ter [t͜ʃ..., ʃ...], die; -, -, *auch* der; -s, -s ‹engl.› (Freibrief, Urkunde; Miet- od. Frachtvertrag); **Chạr|te|rer** (Mieter eines Schiffes od. Flugzeugs); **Chạr|ter|flug; Chạr|ter|ge|schäft; Chạr|ter|ge|sell|schaft; Chạr|ter|ma|schi|ne**

chạr|tern ‹engl.› (ein Schiff od. Flugzeug mieten); ich chartere; gechartert

Char|t|res [ˈʃartrə] (franz. Stadt)

¹Char|t|reu|se [ʃarˈtrøː...], die; - ‹franz.› (Hauptkloster des Kartäuserordens)

²Char|t|reu|se®, der; - (Kräuterlikör der Mönche von ¹Chartreuse)

³Char|t|reu|se, die; -, -n (Pudding aus Gemüse u. Fleischspeisen)

Cha̲rts [t͜ʃ...] *Plur.* ‹engl.› (*svw.* Hitliste[n])

Cha|ry̲b|dis [ç...], die; - ‹griech.› (Meeresstrudel in der Straße von Messina); *vgl.* Szylla

Chas|si̲d [xas...], der; -[s], ...di̲m, *auch* -en *meist Plur.* ‹hebr.› (Anhänger einer religiösen Bewegung des osteuropäischen Judentums); **chas|si̲|disch**

Chas|sis [ʃaˈsiː], das; -, - ‹franz.› (Fahrgestell von Kraftfahrzeugen; Montagerahmen)

Cha|su|ble [ʃaˈzyːbl̩, ˈt͜ʃɛzjubl̩], das; -s, -s ‹franz.› (westenähnliches Überkleid)

Chat [t͜ʃɛt], der; -s, -s ‹engl.› ([zwanglose] Kommunikation im Internet)

Châ|teau, **Cha|teau** [ʃaˈtoː], das; -s, -s (*franz. Bez. für* Schloss)

Cha|teau|bri|and [ʃatobriˈãː], das; -[s], -s ‹nach dem franz. Schriftsteller u. Politiker› (gebratenes Rinderfilet)

Chat|group, **Chat-Group** [ˈt͜ʃɛtgruːp], die; -, -s ‹engl.› (Gruppe, die miteinander chattet)

Cha|ti|quet|te [t͜ʃɛtiˈkɛtə], die; -, -n (Umgangsformen beim Chatten)

Chat|line, **Chat-Line** [ˈt͜ʃɛtla͜in], die; -, -s ‹engl.› (Internetleitung, über die man chatten kann)

Chat|room, **Chat-Room** [ˈt͜ʃɛtruːm], der; -s, -s ‹engl.› (Internetdienst, der das Chatten ermöglicht)

Cha|t|scha|tur|ja̲n [x...] (armen. Komponist)

Chạt|te [k..., *auch* ç...], der; -n, -n (Angehöriger eines westgerm. Volksstammes)

chat|ten [ˈt͜ʃɛtn̩] ‹engl.› (sich [meist unter einem Decknamen] im Internet mit anderen zwanglos über bestimmte Themen austauschen); gechattet; **Chat|ter,** der; -s, - (jmd., der chattet); **Chat|te|rin**

Chạt|tin ‹*zu* Chatte›

Chau|cer [ˈt͜ʃoːsɐ] (engl. Dichter)

Chau|deau [ʃoˈdoː], das; -[s], -s ‹franz.› (Weinschaumsoße)

Chauf|feur [ʃɔˈføːɐ̯], der; -s, -e ‹franz.› (Fahrer); **Chauf|feu|rin**

Chauf|feu|se [...ˈføːzə] (*bes. schweiz. für* Chauffeurin); **chauf|fie̲|ren**

Chau̲|ke [ç...], der; -n, -n (Angehöriger eines westgerm. Volksstammes); **Chau̲|kin**

Chaus|se̲e [ʃɔ...], die; -, ...sse̲en ‹franz.› (*veraltend für* Landstraße); ↑K 162 *u.* 163; **Chaus|se̲e|baum; Chaus|se̲e|gra|ben**

Chau|vi [ˈʃoː...], der; -s, -s (*ugs. für* Mann, der sich Frauen gegenüber überlegen fühlt, der ein übertriebenes männliches Selbstwertgefühl hat); **Chau|vi|nịs|mus,** der; - ‹franz.› (übersteigerter Nationalismus, Patriotismus; übertriebenes männliches Selbstwertgefühl)

Chau|vi|nịst, der; -en, -en; **Chau|vi|nịs|tin; chau|vi|nịs|tisch**

Chaux-de-Fonds [ʃotˈfõː] *vgl.* La Chaux-de-Fonds

Che [t͜ʃe] (*volkstüml. Name von* Guevara)

Chẹb [x...] (tschech. Stadt in Westböhmen; *vgl.* Eger)

¹Check [ʃɛk] *vgl.* ¹Scheck

²Chẹck [t͜ʃ...], der; -s, -s ‹engl.› (Prüfung, Kontrolle; *Eishockey* Behinderung, Rempeln)

che̲|cken (*Eishockey* behindern, [an]rempeln; *bes. Technik* kontrollieren; *ugs. auch für* begreifen); **Check-ị̲n** [*auch* ˈt͜ʃɛklɪn], das *od.* der; -[s], -s ‹engl.› (das Einchecken); **Check-in-Au|to|mat; Chẹck|lis|te** (Kontrollliste); **Check-out** [t͜ʃɛkˈla͜ut, *auch* ˈt͜ʃɛkla͜ut], das *od.* der; -[s], -s ‹engl.› (das Auschecken); **Chẹck|point,** der; -s, -s (Kontrollpunkt an Grenzübergängen); **Check-up** [ˈt͜ʃɛklap, *auch* ...ˈlap], der *od.* das; -[s], -s ‹engl.› (med. Vorsorgeuntersuchung; Überprüfung)

chee|rio!, cheers! ['tʃi:...] ‹engl.› (*ugs. für* auf Wiedersehen!; zum Wohl!)
Cheer|lea|der ['tʃi:ɐli:dɐ], der; -s, -[s] ‹engl.› (Mitglied einer Gruppe von Frauen (seltener auch Männern), die bei Sportveranstaltungen das Publikum zur Anfeuerung einer Mannschaft ermuntern sollen); **Cheer|lea|de|rin**
cheers! ['tʃi:...] ‹engl.› (*ugs. für* auf Wiedersehen!; zum Wohl!)
Cheese|bur|ger ['tʃi:sbø:ɐ...], der; -s, - ‹engl.› ([2]Hamburger mit Käse)
Chef [ʃ..., *österr.* ʃe:f], der; -s, -s ‹franz.›; **Chef|arzt; Chef|ärz|tin; Chef|coach**
Chef de Mis|si|on [- də ...'si̯õ:], der; -[s] - -, -s - - ‹franz.› (Leiter einer [sportl.] Delegation)
Chef|di|ri|gent; Chef|di|ri|gen|tin; Chef|eta|ge; Che|fin
Chef|in|ge|ni|eur; Chef|in|ge|ni|eu|rin; Chef|koch; Chef|kö|chin; Chef|lek|tor; Chef|lek|to|rin; Chef|pi|lot; Chef|pi|lo|tin
Chef|re|dak|teur; Chef|re|dak|teu|rin; Chef|re|dak|ti|on
Chef|sa|che
Chef|se|kre|tär; Chef|se|kre|tä|rin
Chef|ses|sel
Chef|trai|ner; Chef|trai|ne|rin
Chef|vi|si|te
Cheib [x...] *vgl.* Keib

Che|mie

die; - ‹arab.›

In der Standardlautung gilt nur die Aussprache çe'mi: *als korrekt; süddeutsch und österreichisch wird die Aussprache* ke'mi: *verwendet.*

Che|mie|ar|bei|ter; Che|mie|ar|bei|te|rin
Che|mie|fa|ser
Che|mie|in|ge|ni|eur; Che|mie|in|ge|ni|eu|rin
Che|mie|kon|zern
Che|mie|la|bo|rant; Che|mie|la|bo|ran|tin; Che|mie|wer|ker; Che|mie|wer|ke|rin
Che|mi|graf, Che|mi|graph, der; -en, -en ‹arab.; griech.› (Hersteller von Druckplatten)
Che|mi|gra|fie, Che|mi|gra|phie, die; - (fotomechanische Bildreproduktion u. Druckplattenherstellung)
Che|mi|gra|fin, Che|mi|gra|phin
Che|mi|ka|lie, die; -, -n
Che|mi|kant, der; -en, -en (Chemiefacharbeiter); **Che|mi|kan|tin**
Che|mi|ker; Che|mi|ke|rin
Che|mi|née ['ʃmine:], das; -s, -s ‹franz.› (*schweiz. für* offener Kamin in einem Wohnraum)
che|misch [ç..., *südd., österr.* k...] ‹arab.›; chemische Reinigung; chemisches Element; chemische Keule (Tränengasspray) ↑K89
che|misch-tech|nisch ↑K26
Che|mi|sett, das; -[e]s, *Plur.* -s *u.* -e, **Che|mi|set|te**, die; -, -n ‹franz.› (Hemdbrust; Einsatz an Damenkleidern)
Che|mis|mus, der; - (Gesamtheit chemischer Vorgänge)
Chem|nitz [k...] (Stadt u. Fluss in Sachsen); **Chem|nit|zer; Chem|nit|ze|rin**
Che|mo, die; -, -s (*ugs.; kurz für* Chemotherapie)
Che|mo|keu|le [ç..., *südd., österr.* k...] ‹arab.; dt.› (*ugs. abwertend für* starker chem. Wirkstoff)
che|mo|tak|tisch; Che|mo|ta|xis, die; -, ...xen ‹arab.; griech.› (*Biol.* durch chem. Reizung ausgelöste Orientierungsbewegung niederer Organismen)
Che|mo|tech|ni|ker; Che|mo|tech|ni|ke|rin
Che|mo|the|ra|peu|ti|kum *(Pharm.)*; **che|mo|the|ra|peu|tisch; Che|mo|the|ra|pie** (Heilbehandlung mit chemischen Mitteln)
...chen (z. B. Mädchen, das; -s, -)
Che|nil|le [ʃə'nɪljə, *auch* ...'ni:jə], die; -, -n ‹franz.› (Garn mit flauschig abstehenden Fasern)
Chen|nai ['tʃenai̯] (Stadt in Indien [*früherer Name* Madras])
Che|ops [ç..., *südd., österr.* k...] (altägypt. Herrscher); **Che|ops-py|ra|mi|de, Che|ops-Py|ra|mi|de**, die; -
Cheque [ʃɛk] *vgl.* [1]Scheck
Cher|bourg [ʃɛr'bu:ɐ] (franz. Stadt)
cher|chez la femme! [ʃɛr'ʃe: la 'fam] ‹franz., »sucht nach der Frau!«› (hinter der Sache steckt bestimmt eine Frau)
Cher|ry-Bran|dy, Cher|ry|bran|dy ['tʃɛribrɛndi], der; -s, -s ‹engl.› (Kirschlikör)
Che|rub [ç..., *auch* k...], **Ke|rub**, der; -s, *Plur.* -im *u.* -inen ‹hebr.› (das Paradies bewachender Engel); **che|ru|bi|nisch** (engelgleich); *aber* ↑K150: der Cherubinische Wandersmann (eine Sinnspruchsammlung)
Che|rus|ker [ç...], der; -s, - (Angehöriger eines westgerm. Volksstammes); **Che|rus|ke|rin**
Ches|ter [tʃ...] (engl. Stadt)
Ches|ter|field (engl. Stadt)
Ches|ter|kä|se ↑K143
che|va|le|resk [ʃə...] ‹franz.› (ritterlich)
Che|va|li|er [...'li̯e:], der; -s, -s (franz. Adelstitel)
Che|vau|le|ger [...vole'ʒe:], der; -s, -s (*Militär früher für* leichter Reiter)
Che|v|reau [ʃə'vro:, *auch* 'ʃɛvro], das; -[s], -s ‹franz.› (Ziegenleder); **Che|v|reau|le|der**
Che|v|ron [ʃə'vrõ:], der; -s, -s (Gewebe mit Fischgrätenmusterung; franz. Dienstgradabzeichen; *Heraldik* Sparren [nach unten offener Winkel])
Che|w|ing|gum ['tʃu:ɪŋgam], der; -[s], -s (*engl. Bez. für* Kaugummi)
Chey|enne [ʃai̯'ɛn], der *u.* die; -, - (Angehörige[r] eines nordamerik. Indianerstammes)
CHF (Währungscode für Schweizer Franken)
[1]**Chi** [ç...], das; -[s], -s (griech. Buchstabe: *Χ, χ*)
[2]**Chi** [tʃi:] *vgl.* Qi
Chi|an|ti [k...], der; -[s], -s (ein ital. Rotwein)
Chi|as|mus [ç...], der; -, ...men ‹griech.› (*Sprachwiss.* Kreuzstellung von Satzgliedern, z. B.: »der Einsatz war groß, gering war der Gewinn«)
Chi|as|so [k...] (schweiz. Ortsn.)
chi|as|tisch [ç...] (*Sprachwiss.* in der Form des Chiasmus)

chic

[ʃɪk] ‹franz.›

In der Grundform sind die Schreibweisen *chic* und *schick* korrekt: *Das Abendkleid ist besonders chic/schick.* In den gebeugten Formen wird jedoch nur die eingedeutschte Schreibung gebraucht: *Sie trägt ein schickes Abendkleid.*

Chic, der; -s, **Schick**, der; -[e]s ([modische] Feinheit); die Dame hat Chic *od.* Schick
Chi|ca|go [ʃ...] (Stadt in den USA); **Chi|ca|go|er; Chi|ca|go|e|rin**
Chi|chi [ʃi'ʃi:], das; -[s] ‹franz.›

(Getue, Gehabe; verspielte Accessoires)
Chi|cken|wing [ˈtʃɪkn̩wɪŋ], der; -s, -s ‹engl.› (knusprig gebratener Hähnchenflügel)
Chi|co [ˈtʃiːko], der; -[s], -s (*span. Bez. für* kleiner Junge)
Chi|co|rée [ʃ...re, *auch* ...ˈreː], der; -s, *auch* die; - ‹franz.› (ein Gemüse)
Chief [tʃiːf], der; -s, -s (*engl. Bez. für* Chef, Häuptling)
Chi|em|see [k...], der; -s
Chif|fon [ˈʃɪfõ, *österr.* ʃiˈfoːn], der; -s, *Plur.* -s, *österr.* -e (feines Gewebe); **Chif|fon|kleid**
Chif|f|re [ˈʃɪfrə, *auch* ˈʃɪfɐ], die; -, -n ‹franz.› (Ziffer; Geheimzeichen; Kennwort); **Chif|f|re|schrift** (Geheimschrift)
chif|f|rie|ren (in Geheimschrift abfassen); **Chif|f|rier|kunst**
Chi|g|non [ʃɪnˈjõː], der; -s, -s ‹franz.› (im Nacken getragener Haarknoten)
Chi|hu|a|hua [tʃiˈu̯au̯a], der; -[s], -s ‹span.› (eine Hunderasse)
Chi|ka|go [ʃ...] (*dt. Form von* Chicago)
Chi|kun|gun|ya [tʃikʊnˈgʊnja], das; -[s] ‹Suaheli› (eine trop. Infektionskrankheit); **Chi|kun|gun|yafie|ber**
Chil|bi [x...], die; -, Chilbenen (*schweiz. für* Kirchweih)
Chi|le [ˈtʃiːle, *österr. u. schweiz. nur so, auch* ˈçiːle] (südamerik. Staat); **Chi|le|ne,** der; -n, -n; **Chi|le|nin; chi|le|nisch**
Chi|le|sal|pe|ter ↑K143
Chi|li [tʃ...], der; -s, -s ‹span.› (ein scharfes Gewürz)
Chi|li|as|mus [ç...], der; - ‹griech.› (Lehre von der Erwartung des Tausendjährigen Reiches Christi); **Chi|li|ast,** der; -en, -en; **Chi|li|as|tin; chi|li|as|tisch**
Chi|li con Car|ne [tʃ... - -], das; -[s] - - ‹span.-engl.› (mit Chilischoten gewürztes mexik. Rinderragout mit Bohnen)
Chi|li|pul|ver
chil|len [tʃ...] ‹engl.› (*ugs. für* sich entspannen); **Chill-out-Room** [tʃɪlˈaʊtruːm], der; -s, -s ‹engl.› (Erholungsraum für Raver)
Chi|mä|ra [ç...ra], [1]**Chi|mä|re** [ç...rə], die; - ‹griech.› (Ungeheuer der griech. Sage)
[2]**Chi|mä|re** usw. *vgl.* Schimäre usw.
[3]**Chi|mä|re,** die; -, -n (*Biol.* aus genetisch verschiedenen Zellen aufgebauter Organismus)
Chim|bo|ras|so [tʃ...], der; -[s] (ein südamerik. Berg)
Chi|na [ç..., *südd., österr.* k...]
Chi|na|kohl, der; -[e]s
Chi|na|rin|de [ç..., *südd., österr.* k...] (eine chininhaltige Droge)
Chi|na|town [ˈtʃaɪnətaʊn], die; -, -s, *auch* das; -s, -s ‹engl.› (überwiegend von Chinesen bewohntes Stadtviertel in Städten außerhalb Chinas)
[1]**Chin|chil|la** [tʃɪnˈtʃɪl(j)a], die; -, -s *od., österr. nur,* das; -s, -s ‹indian.-span.› (ein Nagetier)
[2]**Chin|chil|la,** das; -s, -s (Kaninchenrasse; Fell von [1,2]Chinchilla)

Chi|ne|se
der; -n, -n
In der Standardlautung gilt nur die Aussprache çiˈneːzə usw. *als korrekt; süddeutsch und österreichisch wird die Aussprache* kiˈneːzə usw. *verwendet.*

Chi|ne|sin; chi|ne|sisch; *aber* ↑K150: die Chinesische Mauer; **Chi|ne|sisch,** das; -[s] (Sprache); *vgl.* Deutsch; **Chi|ne|si|sche,** das; -n; *vgl.* [2]Deutsche
Chi|nin [ç..., *südd., österr.* k...], das; -s ‹indian.› (Alkaloid der Chinarinde als Arznei gegen Fieber); **chi|nin|hal|tig**
Chi|no [ˈtʃiːno], die; -, -s *meist Plur.* ‹span.-amerik.› (Baumwollhose)
Chi|noi|se|rie [ʃinoazə...], die; -, ...ien ‹franz.› (kunstgewerbl. Arbeit in chinesischem Stil)
Chintz [tʃ...], der; -[es], -e ‹Hindi› (bedrucktes, glänzendes [Baumwoll]gewebe)
Chip [tʃ...], der; -s, -s ‹engl.› (Spielmarke [bei Glücksspielen]; *meist Plur.:* roh in Fett gebackene Kartoffelscheiben; *Elektronik* sehr kleines Halbleiterplättchen mit elektronischen Schaltelementen; *Golf* Schlag über eine kurze Distanz)
Chip|kar|te (Plastikkarte mit einem elektronischen Chip)
chip|pen (mit einem Chip versehen; eine Chipkarte aufladen; *Golf* den Ball über eine kurze Distanz schlagen)
Chip|pen|dale [ˈtʃɪpn̩deːl, ˈʃ...], das; -[s] ‹nach dem engl. Tischler› ([Möbel]stil)
Chip|satz *(Elektronik)*
Chi|rac [ʃiˈrak] (franz. Staatspräsident)
Chi|r|a|g|ra [ç..., *südd., österr.* k...], das; -s ‹griech.› (*Med.* Handgicht)
Chi|ro|mant, der; -en, -en (Handliniendeuter); **Chi|ro|man|tie,** die; -; **Chi|ro|man|tin**
Chi|ro|prak|tik, die; - (manuelle Behandlung von Funktionsstörungen am menschlichen Bewegungsapparat); **Chi|ro|prak|ti|ker; Chi|ro|prak|ti|ke|rin**
Chi|r|urg [ç...], der; -en, -en; **Chi|r|ur|gie,** die; -, ...ien; **Chi|r|ur|gin; chi|r|ur|gisch**
Chi|și|nău [kiʃiˈnəʊ] (Hauptstadt der Republik Moldau)
Chi|tin [ç..., *südd., österr.* k...], das; -s ‹semit.› (hornähnlicher Stoff im Panzer der Gliederfüßer); **chi|ti|nig; Chi|tin|pan|zer**
Chi|ton, der; -s, -e (altgriech. Untergewand)
chlad|nisch [k...] ‹nach dem dt. Physiker Chladni›; **chlad|nische** *od.* Chlad|ni'sche Klangfigur ↑K89 *u.* 135
Chla|my|di|en [kla...] *Plur.* ‹griech.› (*Med.* verschiedene Infektionen auslösende Bakterien)
Chla|mys [ç..., *auch* k...], die; -, - ‹griech.› (altgriech. Überwurf für Reiter u. Krieger)
ch-Laut [tseːˈhaː...]
Chlod|wig [k...] (fränk. König)
Chloe [ˈkloːe] (w. Vorn.)
Chlor [k...], das; -s ‹griech.› (chemisches Element; *Zeichen* Cl); **Chlo|ral,** das; -s (*Chemie* eine Chlorverbindung); **chlo|ren** (mit Chlor behandeln; *Chemie* Chlor in eine chem. Verbindung einführen); **chlor|frei; chlor|hal|tig**
Chlo|rid, das; -[e]s, -e (*Chemie* eine Chlorverbindung)
chlo|rie|ren (*svw.* chloren); **chlo|rig**
[1]**Chlo|rit,** der; -s, -e (ein Mineral)
[2]**Chlo|rit,** das; -s, -e (*Chemie* ein Salz)
Chlor|kalk
Chlo|ro|form, das; -s ‹griech.; lat.› (Betäubungs-, Lösungsmittel); **chlo|ro|for|mie|ren** (mit Chloroform betäuben)
Chlo|ro|phyll, das; -s ‹griech.› (*Bot.* Blattgrün)
Chlo|ro|se, die; -, -n (*Med.* Bleichsucht)
Chlo|rung
Chlot|hil|de [k...] (*vgl.* Klothilde)
Cho|do|wi|e|cki [k...tski, *auch* x...] (dt. Kupferstecher)

Choke [tʃo:k], der; -s, -s ⟨engl.⟩, **Cho|ker,** der; -s, - (*Kfz-Technik* Kaltstarthilfe)

Cho|le|ra [k...], die; - ⟨griech.⟩ (*Med.* eine Infektionskrankheit); **Cho|le|ra|epi|de|mie**

Cho|le|ri|ker (leicht erregbarer, jähzorniger Mensch); **Cho|le|ri|ke|rin; cho|le|risch**

Cho|les|te|rin, *fachspr.* Cho|les|te|rol [k..., *auch* ç...], das; -s, -e (eine in tierischen Geweben vorkommende organ. Verbindung; Hauptbestandteil der Gallensteine); **Cho|les|te|rin|spie|gel; Cho|les|te|rin|wert**

Cho|les|te|rol [k..., *auch* ç...], das; -s, -e; *vgl.* Cholesterin

Cho|mai|ni [x...] *vgl.* Khomeini

Cho|pin [ʃoˈpɛ̃:] (poln. Komponist)

Chop|per [tʃ...], der; -s, -[s] ⟨engl.⟩ (Motorrad mit hohem Lenker u. langer Gabel)

Chop|su|ey [tʃɔpˈsu:i], das; -[s], -s ⟨chin.-engl.⟩ (Gericht aus Fleisch- od. Fischstückchen mit Gemüse u. anderen Zutaten)

Chor [k...], der; -[e]s, Chöre ⟨griech.⟩ ([erhöhter] Kirchenraum mit [Haupt]altar; Gruppe von Sängern; Komposition für Gruppengesang); gemischter Chor; **Cho|ral,** der; -s, ...räle (Kirchengesang, -lied); **Cho|ral|buch; Cho|ral|vor|spiel; Chör|chen**

Chor|da [k...], die; -, ...den ⟨griech.-lat.⟩ (*Biol.* knorpeliges Gebilde als Vorstufe der Wirbelsäule); **Chor|dat,** der; -en, -en, **Chor|da|te,** der; -n, -n, **Chor|da|tier,** das; -[e]s, -e *meist Plur.* (*Zool.* Angehöriger eines Tierstammes, dessen Kennzeichen die Chorda ist)

Chor|di|rek|tor; Chor|di|rek|to|rin

Cho|rea [k...], die; - ⟨griech.⟩ (*Med.* ein Nervenleiden); Chorea Huntington

Cho|reo|graf, Cho|reo|graph [k...], der; -en, -en; **Cho|reo|gra|fie, Cho|reo|gra|phie,** die; -, ...ien (Gestaltung, Einstudierung eines Balletts); **cho|reo|gra|fie|ren, cho|reo|gra|phie|ren;** ein Ballett choreografieren; **Cho|reo|gra|fin, Cho|reo|gra|phin; cho|reo|gra|fisch, cho|reo|gra|phisch**

Cho|reut [ç...], der; -en, -en (altgriech. Chortänzer)

Chor|ge|bet [k...]; **Chor|ge|sang; Chor|ge|stühl; Chor|herr** *(kath. Kirche)*

...chö|rig (z. B. zwei-, dreichörig)

Cho|rin [k...] (Ort u. ehem. Zisterzienserkloster bei Angermünde)

cho|risch [k...] ⟨griech.⟩; **Cho|rist,** der; -en, -en ([Berufs]chorsänger); **Cho|ris|tin**

Cho|ri|zo [tʃ...], die; -, -s ⟨span.⟩ (eine span. Wurstsorte)

Chor|kna|be; Chor|kon|zert

Chör|lein (kleiner Erker an mittelalterlichen Wohnbauten)

Chor|lei|ter, der; **Chor|lei|te|rin**

Chor|mu|sik; Chor|pro|be

Chor|re|gent (Leiter eines kath. Kirchenchors); **Chor|re|gen|tin**

Chor|sän|ger; Chor|sän|ge|rin

Cho|rus, der; -, -se (Sängerchor; *Jazz* das mehrfach wiederholte u. improvisierte Thema)

> **Koryphäe**
> Das Substantiv wird, obwohl es auch aus dem Griechischen stammt und den gleichen Anlaut wie *Chor, Choral* hat, nicht mit *Ch-* geschrieben, sondern mit *K-*.

Cho|se [ʃ...], die; -, -n *Plur. selten* ⟨franz.⟩ (*ugs. für* Sache, Angelegenheit)

Chow-Chow [ˈtʃau̯ˈtʃau̯, *auch* ˈʃau̯ˈʃau̯], der; -s, -s ⟨chin.-engl.⟩ (chin. Spitz)

Chres|to|ma|thie [k...], die; -, ...ien ⟨griech.⟩ (Auswahl von Texten bekannter Autoren)

Chri|sam [ˈçri:zam], das *od.* der; -s, **Chris|ma** [çrɪs...], das; -s ⟨griech.⟩ (Salböl der kath. Kirche)

[1]**Christ** [k...] ⟨griech.⟩ (*veraltet für* Christus)

[2]**Christ,** der; -en, -en (Anhänger des Christentums)

Chris|ta (w. Vorn.)

Christ|baum (*landsch. für* Weihnachtsbaum); **Christ|baum|ku|gel; Christ|baum|schmuck**

Christ|de|mo|krat, der; -en, -en (Anhänger einer christlich-demokratischen Partei); **Christ|de|mo|kra|tin; christ|de|mo|kra|tisch**

Chris|tel (w. Vorn.)

Chris|ten|ge|mein|de; Chris|ten|ge|mein|schaft; Chris|ten|glau|be[n]

Chris|ten|heit, die; -

Chris|ten|leh|re, die; - (kirchl. Unterweisung der konfirmierten ev. Jugend; *regional für* christl. Religionsunterricht)

Chris|ten|tum, das; -s

Chris|ten|ver|fol|gung

Christ|fest (*landsch. für* Weihnachten); **Christ|ge|schenk**

Chris|ti|an (m. Vorn.); **Chris|ti|a|ne** (w. Vorn.); **Chris|ti|a|nia** (*früherer Name von* Oslo; *ältere Schreibung von* [1]Kristiania)

chris|ti|a|ni|sie|ren; Chris|ti|a|ni|sie|rung

Chris|tin

Chris|ti|na, Chris|ti|ne (w. Vorn.)

christ|ka|tho|lisch (*schweiz. für* altkatholisch)

Christ|kind; Christ|kindl|markt, Christ|kind|les|markt *(bayr., österr.)*

Christ|kö|nigs|fest *(kath. Kirche)*

Christl (*bayr., österr. Form von* Christel)

christ|lich; christliche Seefahrt, *aber* ↑K150: die Christlich Demokratische Union [Deutschlands] (*Abk.* CDU), die Christlich-Soziale Union (*Abk.* CSU); **Christ|lich|keit,** die; -

Christ|met|te; Christ|mo|nat, Christ|mond (*veraltet für* Dezember)

Chris|to|lo|gie, die; -, ...ien (*Theol.* Lehre von Christus); **chris|to|lo|gisch**

Chris|toph (m. Vorn.); **Chris|to|pher** (m. Vorn.)

Chris|to|pher Street Day [ˈkrɪstɔfə ˈstri:t de:], der; - - -s, - - -s ⟨amerik.⟩ (internat. Gedenktag der Homosexuellen; *Abk.* CSD)

Chris|to|pho|rus (legendärer Märtyrer)

Christ|ro|se

christ|so|zi|al (christlich-sozial)

Christ|stol|le[n]

Christ|tag (*bayr., österr. für* erster Weihnachtsfeiertag)

Chris|tus ⟨»Gesalbter«⟩ (Jesus Christus); Christi Himmelfahrt; nach Christo *od.* nach Christus (*Abk.* n. Chr.), nach Christi Geburt (*Abk.* n. Chr. G.); vor Christo *od.* vor Christus (*Abk.* v. Chr.), vor Christi Geburt (*Abk.* v. Chr. G.)

Chris|tus|dorn, der; -[e]s, -e (Zierpflanze); **Chris|tus|kopf; Chris|tus|mo|no|gramm; Chris|tus|or|den** (päpstl. Orden)

Christ|ves|per (Abendgottesdienst am Heiligen Abend)

Chrom [k...], das; -s ⟨griech.⟩ (chemisches Element, Metall; *Zeichen* Cr)

Chro|ma|tik, die; - (*Physik* Farbenlehre; *Musik* Veränderung der Grundtöne um einen Halbton);

chro|ma|tisch; chromatische Tonleiter

Chro|ma|to|gra|fie, **Chro|ma|to|gra|phie**, die; -, ...ien (*Chemie* Verfahren zur Trennung von Gemischen aus organischen Stoffen)

Chro|ma|to|phor, das; -s, -en *meist Plur.* (*Bot.* Farbstoffträger in der Pflanzenzelle; *Zool.* Farbstoffzelle bei Tieren, die den Farbwechsel der Haut ermöglicht)

chrom|blit|zend

Chrom|gelb (eine Farbe); **Chrom|grün**, das; -[s] (eine Farbe); **Chrom|leis|te**

Chro|mo|lith, der; *Gen.* -s *u.* -en, *Plur.* -e[n] (unglasiertes, farbig gemustertes Steinzeug); **Chro|mo|li|tho|gra|fie**, **Chro|mo|li|tho|gra|phie** (Farbdruck, farbiger Steindruck)

Chro|mo|som, das; -s, -en *meist Plur.* (*Biol.* das Erbgut tragendes, fadenförmiges Gebilde im Zellkern); **chro|mo|so|mal**; **Chro|mo|so|men|satz**; **Chro|mo|so|men|zahl**

Chro|mo|sphä|re, die; - (glühende Gasschicht um die Sonne)

Chrom|rot (eine Farbe)

Chro|nik [k...], die; -, -en ⟨griech.⟩ (Aufzeichnung geschichtl. Ereignisse nach ihrer Zeitfolge; *im Sing. auch für* Chronika); **Chro|ni|ka** *Plur.* (Geschichtsbücher des A. T.); **chro|ni|ka|lisch**

Chro|ni|ker (*Med.* chronisch Kranker); **Chro|ni|ke|rin**

Chro|nique scan|da|leuse [...ˈniːk skãdaˈløːs], die; - -, -s -s [- -] ⟨franz.⟩ (Skandalgeschichten)

chro|nisch ⟨griech.⟩ (*Med.* langwierig; *ugs. für* dauernd); *vgl. auch* Kranke

Chro|nist, der; -en, -en (Verfasser einer Chronik); **Chro|nis|ten|pflicht**; **Chro|nis|tin**

Chro|no|bio|lo|ge; **Chro|no|bio|lo|gie** (Wissenschaft von den zeitlichen Gesetzmäßigkeiten im Ablauf von Lebensvorgängen); **Chro|no|bio|lo|gin**; **chro|no|bio|lo|gisch**

Chro|no|graf, **Chro|no|graph**, der; -en, -en (Gerät zur Übertragung der Zeitangabe einer Uhr auf einen Papierstreifen); **Chro|no|gra|fie**, **Chro|no|gra|phie**, die; -, ...ien (Geschichtsschreibung nach der zeitl. Abfolge); **chro|no|gra|fisch**, **chro|no|gra|phisch**

Chro|no|lo|gie, die; -, -n (*nur Sing.:* Wissenschaft von der Zeit[messung]; Zeitrechnung; zeitliche Folge); **chro|no|lo|gisch**

Chro|no|me|ter, das, *ugs. auch* der; -s, - (genau gehende Uhr); **chro|no|me|t|risch**

Chru|scht|schow [x...] (sowjet. Politiker)

Chry|s|an|the|me [k...], die; -, -n, **Chry|s|an|the|mum** [*auch* ç...], das; -s, ...men ⟨griech.⟩ (Zierpflanze mit großen strahligen Blüten)

Chry|so|be|ryll [ç...] ⟨griech.⟩ (ein Schmuckstein); **Chry|so|lith**, der; *Gen.* -s *u.* -en, *Plur.* -e[n] (ein Mineral); **Chry|so|pras**, der; -es, -e (ein Edelstein)

Chry|sos|to|mus [ç...] (griech. Kirchenlehrer)

chtho|nisch [ç...] ⟨griech.⟩ (der Erde angehörend; unterirdisch)

Chur [k...] (Hauptstadt des Kantons Graubünden)

Chur|chill [ˈtʃøːɐ̯tʃɪl] (engl. Familienname; brit. Politiker)

Chur|firs|ten [k...] *Plur.* (schweiz. Bergkette)

Chut|ney [ˈtʃatni], das; -[s], -s ⟨Hindi-engl.⟩ (Paste aus Früchten u. Gewürzen)

Chuz|pe [x...], die; - ⟨hebr.-jidd.⟩ (*ugs. für* Dreistigkeit)

Chy|mo|sin [ç...], das; -s ⟨griech.⟩ (*Biol.* Labferment)

Chy|mus, der; - (*Med.* Speisebrei)

Ci = Curie

CIA [siːa̯iˈeː], die *od.* der; - = Central Intelligence Agency (US-amerik. Geheimdienst)

Cia|bat|ta [tʃa...], die; -, ...te, *auch* das; -s, -s ⟨ital.⟩ (ital. Weißbrot)

Cia|co|na *vgl.* Chaconne

ciao! *vgl.* tschau!

[1]**Ci|ce|ro** (röm. Redner)

[2]**Ci|ce|ro**, die, *schweiz.:* der; -, - (ein Schriftgrad); 3 Cicero

Ci|ce|ro|ne [tʃitʃe...], der; -[s], *Plur.* -s *u.* ...ni ⟨ital.⟩ (*scherzh. für* Fremdenführer)

Ci|ce|ro|ni|a|ner [tsitse...] ⟨lat.⟩ (Anhänger der mustergültigen Schreibweise Ciceros); **ci|ce|ro|ni|a|nisch** *(seltener)*, **ci|ce|ro|nisch** (*auch für* mustergültig, stilistisch vollkommen); ciceronische Beredsamkeit

Ci|cis|beo [tʃitʃɪ...], der; -[s], -s ⟨ital.⟩ (Hausfreund)

Cid [s...], der; -[s] ⟨»Herr«⟩ (span. Nationalheld)

Ci|d|re [s..., *auch* ...dɐ], der; -[s], -s, **Zi|der**, der; -s, - ⟨franz.⟩ (franz. Apfelwein)

Cie. (*schweiz., sonst veraltet für* Co.)

cif [ts..., s...] = cost, insurance, freight [ˈkɔst ɪnˈʃuːrəns ˈfreːt] ⟨engl.⟩ (*Klausel im Überseehandel* frei von Kosten für Verladung, Versicherung, Fracht)

Cil|li, **Cil|ly** [ˈtsɪli] (w. Vorn.)

Cinch|ste|cker [ˈsɪntʃ...] ⟨engl.; dt.⟩ (*Elektrot.* Stecker aus Hülse u. zentralem Stift)

Cin|cin|na|ti [sɪnsɪˈnɛ...] (Stadt in den USA)

Cin|cin|na|tus (röm. Staatsmann)

Ci|ne|ast [s...], der; -en, -en ⟨griech.⟩ (Filmfachmann; Filmfan); **Ci|ne|as|tin**; **ci|ne|as|tisch**

Ci|ne|cit|tà [tʃ...tʃ...] ⟨ital.⟩ (ital. Filmproduktionszentrum bei Rom)

Ci|ne|ma|scope® [s...ˈskoːp], das; - ⟨engl.⟩ (besonderes Breitwand- u. Raumtonverfahren)

Ci|ne|ma|thek [s...], die; -, -en ⟨griech.⟩ (*svw.* Kinemathek)

Ci|ne|max® [s...], das; -, -e ⟨engl.; lat.⟩ (Kinocenter); **Ci|ne|ra|ma**®, das; - (besonderes Breitwand- u. Raumtonverfahren)

Cin|que|cen|tist [tʃ...tʃɛ...], der; -en, -en ⟨ital.⟩ (Dichter, Künstler des Cinquecentos); **Cin|que|cen|tis|tin**; **Cin|que|cen|to**, das; -[s] (Kunst u. Kultur in Italien im 16. Jh.)

CIO [siːa̯iˈoː], der; - = Congress of Industrial Organizations (Spitzenverband der amerik. Gewerkschaften)

Ci|pol|lin, **Ci|pol|li|no** [tʃ...], der; -s ⟨ital.⟩ (Zwiebelmarmor)

cir|ca, zir|ka ⟨lat.⟩ (ungefähr, etwa; *Abk.* ca.)

Cir|ca|an|ga|be, Zir|ka|an|ga|be; *Abk.* ca.-Angabe; **Cir|ca|preis**, Zir|ka|preis; *Abk.* ca.-Preis

Cir|ce, die; -, -n (verführerische Frau; *nur Sing.:* eine Zauberin der griech. Mythologie); *vgl.* bezirzen

Cir|cu|lus vi|ti|o|sus, der; - -, ...li ...si (Zirkelschluss; Teufelskreis)

Cir|cus usw. *vgl.* Zirkus usw.

[1]**cis**, [1]**Cis**, das; -, - (Tonbezeichnung)

[2]**cis** (*Zeichen für* cis-Moll); in cis

[2]**Cis**, das; -, - (*Zeichen für* Cis-Dur); in Cis; **Cis-Dur** [ˈtsɪsduːɐ̯, *auch* ˈtsɪsˈduːɐ̯], das; -[s] (Tonart; *Zeichen* Cis); **Cis-Dur-Ton|lei|ter** ↑K26

Cis|jor|da|ni|en (*schweiz. neben* Westjordanland)

Cis|la|weng *vgl.* Zislaweng

cis-Moll ['tsɪsmɔl, *auch* 'tsɪs'mɔl], das; -[s] (Tonart; *Zeichen* cis); **cis-Moll-Ton|lei|ter** ↑K26
Ci|to|y|en [sitoa'jẽ:], der; -s, -s ‹franz.› (*franz. Bez. für* Bürger)
Ci|t|rat, Ci|t|rin *vgl.* Zitrat, ²Zitrin
Ci|ty ['sɪti], die; -, -s ‹engl.› (Innenstadt)
Ci|ty|bike [...baik], das; -s, -s ‹engl.› (Fahrrad für die Stadt); **Ci|ty|la|ge; Ci|ty|maut** (beim Befahren des Innenstadtbereichs zu entrichtende Maut)
ci|ty|nah; Ci|ty|nä|he
Ci|vet [si've:], das; -s, -s ‹franz.› (Wildragout)
Ci|vi|tas Dei, die; - - ‹lat.› (der kommende [jenseitige] Gottesstaat [nach Augustinus])
Cl (*chem. Zeichen für* Chlor)
cl = Zentiliter
c. l. = citato loco ‹lat.› (am angeführten Ort)
Claim [kle:m], der *u.* das; -s, -s ‹engl.› (Anspruch, Besitztitel; Anteil an einem Goldgräberunternehmen; Werbeslogan)
Clair-ob|s|cur [klɛrɔps'ky:ɐ̯], das; -[s] ‹franz.› (*Kunstwiss.* Helldunkelmalerei)
Clair|vaux [klɛr'vo:] (ehemalige franz. Abtei)
Clan [kla:n, *engl.* klɛn] ‹engl.›, Klan, der; -s, *Plur.* -e, *bei engl. Ausspr.* -s ([schott.] Lehns-, Stammesverband; Gruppe von Personen, die jmd. um sich schart); **Clan|chef; Clan|che|fin**
Claque [klak], die; -, -n ‹franz.› (eine bestellte Gruppe von Claqueuren); **Cla|queur** [...'kø:ɐ̯], der; -s, -e (bezahlter Beifallklatscher); **Cla|queu|rin**
Clash [klɛʃ], der; -s, -s ‹engl.› (Zusammenprall, Kollision)
Clau|del [klo...] (franz. Schriftsteller)
Clau|dia, Clau|di|ne (w. Vorn.)
Clau|dio (m. Vorn.)
¹Clau|di|us (röm. Kaiser)
²Clau|di|us, Matthias (dt. Dichter)
Claus *vgl.* Klaus
Clau|se|witz (preuß. General)
Claus|thal-Zel|ler|feld (Stadt im Harz)
Cla|vi|cem|ba|lo [...'tʃɛ...], das; -s, *Plur.* -s *u.* ...li ‹ital.› (*älter für* Cembalo; *vgl.* Klavizimbel)
Cla|vi|cu|la *vgl.* Klavikula
clean [kli:n] ‹engl.› (*ugs. für* nicht mehr [drogen]abhängig)
Clea|ring ['kli:...], das; -[s], -s ‹engl.› (*Wirtsch.* Verrechnung[sverfahren]); **Clea|ring|ver|kehr,** der; -[e]s
Cle|ma|tis (*fachspr. für* Klematis)
Cle|mens (m. Vorn.); **Cle|men|tia** (w. Vorn.)
¹Cle|men|ti|ne (w. Vorn.)
²Cle|men|ti|ne, Kle|men|ti|ne, die; -, -n ‹vermutl. nach dem franz. Trappistenmönch Père Clément› (kernlose Mandarine)
Clerk [kla:ɐ̯k], der; -s, -s ‹engl.› (kaufmänn. Angestellter, Verwaltungsbeamter in England u. in den USA)
cle|ver ‹engl.› (klug, gewitzt); **Cle|ver|le,** das; -s, -[s] (schlauer Mensch, bes. aus Schwaben); wir sind vielen Cleverle[s] begegnet; **Cle|ver|ness,** die; -
Cli|ché [...'ʃe:] *alte Schreibung für* Klischee
Cli|ent ['klaiənt], der; -s, -s ‹engl.› (*EDV* Rechner, der vom Server Dienste abruft)
Clinch [...ntʃ], der; -[e]s ‹engl.› (Umklammerung des Gegners im Boxkampf); mit jmdm. im Clinch liegen (*ugs. für* Streit haben); **clin|chen** *(Boxen)*
Clin|ton [...tn̩] (Präsident der USA)
Clip, Klipp, der; -s, -s ‹engl.› (Klemme; Schmuckstück [am Ohr]); *vgl.* Videoclip
¹Clip|art, die; - ‹engl.› (*EDV* Angebot von computerisierten [kleineren] Bildern); **²Clip|art,** das; -s, -s *meist Plur.* (*EDV* [kleineres] computerisiertes Bild)
Clip|per® ‹engl.› (Langstreckenflugzeug); *vgl. aber* Klipper
Clip|ping, das; -s, -s ‹engl.› (*fachspr. für* [Zeitungs]ausschnitt, Pressebeleg)
Clips *vgl.* Klips
Cli|que ['klɪkə, *auch* 'kli:...], die; -, -n (Freundeskreis [junger Leute]; Klüngel); **Cli|quen|bil|dung; Cli|quen|we|sen,** das; -s; **Cli|quen|wirt|schaft**
Cli|via, Kli|vie, die; -, ...ien ‹nach Lady Clive [klaiv]› (eine Zierpflanze)
Clo|chard [...'ʃa:ɐ̯], der; -[s], -s ‹franz.› (*franz. Bez. für* Stadt- od. Landstreicher)
Clog, der; -s, -s *meist Plur.* ‹engl.› (Holzpantoffel mit dicker Sohle)
Cloi|son|né [kloa...], das; -[s], -s ‹franz.› (Art der Emailmalerei)
Clo|qué [...'ke:], der; -[s], -s ‹franz.› (¹Krepp mit blasiger Oberfläche)
Close-up ['klo:s|ap], das; -[s], -s ‹engl.› (*Film, Fernsehen* Nah-, Großaufnahme)
Cloth [klɔθ], der *od.* das; -[s], -s ‹engl.› (ein Baumwollgewebe)
Clou [klu:], der; -s, -s ‹franz.› (Glanzpunkt)
Cloud [klaud], die; -, -s ‹engl.› (*EDV* Netzwerk des Cloud-Computings)
Cloud-Com|pu|ting, Cloud|com|pu|ting ['klaudkɔmpju:tɪŋ], das; -s ‹engl.› (*EDV* Nutzung mehrerer verteilter Rechner über ein Netzwerk, z. B. das Internet)
Clown [klaun, *seltener auch* klo:n], der; -s, -s ‹engl.›; **Clow|ne|rie,** die; -, ...ien (Betragen nach Art eines Clowns); **clow|nesk** (nach Art eines Clowns); **Clown|fisch; Clow|nin**
Club usw. *vgl.* Klub usw.
club|ben ['klabn̩] ‹*zu* Club› (mehrere Discos, Tanzklubs am selben Abend besuchen; an einem Clubbing teilnehmen); sie clubbt gern; wir haben geclubbt; **club|big** ['klabɪç] (für eine Disco, einen Tanzklub charakteristisch); clubbige Musik; **Club|bing,** das; -s, -s (größere Tanz-, Festveranstaltung einer Disco, eines Tanzklubs o. Ä.)
Clu|ny [kly'ni:] (franz. Stadt; Abtei)
Clus|ter ['kla...], der, *auch* das; -s, - ‹engl.› (*Chemie, Physik* aus vielen Teilen od. Molekülen zusammengesetztes System; *Musik* Klangballung; *Sprachwiss.* ungeordnete Menge semantischer Merkmale)
Clutch [klatʃ], die; -, -[e]s ‹engl.› (kleine Damenhandtasche ohne Schulterriemen *od.* Griff)
cm = Zentimeter
Cm (*chem. Zeichen für* Curium)
cm^2 = Quadratzentimeter
cm^3 = Kubikzentimeter
cmm = Kubikmillimeter (*früher für* mm^3)
c-Moll ['tse:mɔl, *auch* 'tse:'mɔl], das; -[s] (Tonart; *Zeichen* c); **c-Moll-Ton|lei|ter** ↑K26
cm/s, cm/sec = Zentimeter in der Sekunde
CNY (Währungscode für Yuan)
c/o = care of
¹Co = Cobaltum (*chem. Zeichen für* Kobalt)
²Co, Co. = Compagnie, Kompanie
CO = Colorado
Coach [ko:tʃ], der; -[e]s, -[e]s ‹engl.› (Sportlehrer, Trainer;

C
Coac

jmd., der durch Beratung u. Übungen das professionelle Potenzial von Berufstätigen zu optimieren versucht)
coa|chen (trainieren, betreuen); sie coacht das Team, hat gecoacht
Coa|chin (*w. Form zu* Coach)
Coa|ching, das; -[s], -s (das Coachen, bes. während des Wettkampfs)
Coat [ko:t], der; -[s], -s ⟨engl.⟩ (dreiviertellanger Mantel)
Co|balt *vgl.* Kobalt; **Co|bal|tum**, das; -s (*lat. Bez. für* Kobalt; *Zeichen* Co)
Cob|b|ler, der; -s, -[s] ⟨engl.⟩ (Cocktail mit Fruchtsaft)
COBOL, Co|bol, das; -[s] ⟨engl.⟩ (*Kunstwort aus* common business oriented language; eine Programmiersprache)
Co|burg (Stadt in Oberfranken)
[1]**Co|ca** *vgl.* Koka
[2]**Co|ca**, das; -[s], -s *od.* die; -, -s (*ugs. kurz für* Coca-Cola); **Co|ca-Co|la**®, das; -[s] *od.* die; - (Erfrischungsgetränk); 5 [Flaschen] Coca-Cola
Co|ca|in (*chem. fachspr. für* Kokain)
Co|chem (Stadt a. d. Mosel)
Co|che|nil|le [...ʃəˈnɪljə] *vgl.* Koschenille
Co|cker|spa|ni|el, der; -s, -s ⟨engl.⟩ (engl. Jagdhundeart)
Cock|ney [...ni], das; -[s] ⟨engl.⟩ (Londoner Mundart)
Cock|pit, das; -s, -s ⟨engl.⟩ (Pilotenkabine in Flugzeugen; Fahrersitz in einem Rennwagen; vertiefter Sitzraum für die Besatzung von Jachten u. Ä.)
Cock|tail [...te:l], der; -s, -s ⟨engl.⟩ (alkohol. Mischgetränk)
Cock|tail|emp|fang; Cock|tail|kir|sche; Cock|tail|kleid; Cock|tail|par|ty; Cock|tail|to|ma|te (kleine Tomatensorte)
Co|coo|ning [kəˈku:nɪŋ], das; -s ⟨engl.⟩ (das Zu-Hause-Bleiben während der Freizeit)
Coc|teau [kɔkˈto:] (franz. Dichter)
Co|da, Ko|da, die; -, -s ⟨ital.⟩ (*Musik* Schlussteil eines Satzes)
Code, Kode [ko:t], der; -s, -s ⟨franz.-engl.⟩ (System verabredeter Zeichen; Schlüssel zum Dechiffrieren)
Code ci|vil [ˈko:t s...], der; - - (bürgerliches Gesetzbuch in Frankreich)
Co|de|in, Ko|de|in, das; -s ⟨griech.⟩ (ein Beruhigungsmittel)
Code Na|po|lé|on [ˈko:t ...leˈõ:], der; - - (Bez. des Code civil im 1. u. 2. franz. Kaiserreich)
Code|num|mer, Kode|num|mer; **Code|wort**, Kode|wort *Plur.* ...wörter
Co|dex *vgl.* Kodex
co|die|ren, ko|die|ren (durch einen Code verschlüsseln); **Co|die|rung**, *fachspr. seltener* Ko|die|rung
Coes|feld [ˈko:...] (Stadt in Nordrhein-Westfalen)
Cœur [kø:ɐ̯], das; -[s], -[s] ⟨franz.⟩ (Herz im Kartenspiel); **Cœur|ass, Cœur-Ass** [ˈkø:ɐ̯|as, *auch* ˈkø:ɐ̯ˈ|as], das; -es, -e
Cof|fee|shop, Cof|fee-Shop [ˈkɔfɪ...], der; -s, -s ⟨engl.⟩ (Café; Kaffeegeschäft [mit Verkauf von Drogen])
Cof|fe|in *vgl.* Koffein
co|gi|to, er|go sum ⟨lat., »ich denke, also bin ich«⟩ (Grundsatz Descartes')
co|g|nac [ˈkɔnjak] (goldbraun); ein cognac Hemd; *vgl. auch* beige; in Cognac ↑K 72
[1]**Co|g|nac** [kɔnˈjak] (franz. Stadt)
[2]**Co|g|nac**® [ˈkɔnjak], der; -s, -s (franz. Weinbrand); *vgl. aber* Kognak; **co|g|nac|far|ben**
Co|hi|ba®, die; -, -s ⟨indian.⟩ (kubanische Zigarre)
Coif|feur [koaˈfø:ɐ̯], der; -s, -e (*schweiz., sonst geh. für* Friseur); **Coif|feu|se** [koaˈfø:...], die; -, -n; **Coif|fure** [koaˈfy:ɐ̯], die; -, -n (*franz. Bez. für* Frisierkunst; *schweiz. auch für* Coiffeursalon, Haartracht)
Co|ir, das; -[s] *od.* die; - ⟨engl.⟩ (Faser der Kokosnuss)
Co|i|tus usw. *vgl.* Koitus usw.
Coke® [ko:k], das; -[s], -s *od.* die; -, -s ⟨amerik.⟩ (*Kurzw. für* Coca-Cola)
col. = columna (Spalte)
Co|la, das; -[s], -s *od.* die; -, -s (*ugs. kurz für* koffeinhaltiges Erfrischungsgetränk)
Co|la|ni *vgl.* Kolani
Cold|cream, die; -, -s, Cold Cream, die; - -, - -s ⟨engl.⟩ (kühlende Hautcreme)
Cö|les|tin *vgl.* [2]Zölestin; **Cö|les|ti|ne** *vgl.* Zölestine; **Cö|les|ti|nus** *vgl.* Zölestinus
Co|li|g|ny [...lɪnˈji:] (franz. Hugenottenführer)
Col|la|ge [...ʒə, *österr.* ...ʃ], die; -, -n ⟨franz.⟩ (*Kunst* aus Papier od. anderem Material geklebtes Bild; *auch für* literar. od. musikal. Komposition aus verschiedenen sprachl. bzw. musikal. Materialien)
col|la|gie|ren (aus verschiedenen Materialien zusammensetzen)
Col|lege [...lɪtʃ], das; -[s], -s ⟨engl.⟩ (höhere Schule in England; Eingangsstufe der Universität in den USA)
Col|lège [...ˈlɛ:ʃ], das; -[s], -s ⟨franz.⟩ (höhere Schule in Frankreich, Belgien u. in der Westschweiz)
Col|le|gi|um mu|si|cum, das; - -, ...gia ...ca ⟨lat.⟩ (freie Vereinigung von Musizierenden, bes. an Universitäten)
Col|li|co®, der; -s, -s (zusammenlegbare, bahneigene Transportkiste aus Metall); **Col|li|co|kis|te, Col|li|co-Kis|te**
Col|lie [...li], der; -s, -s ⟨engl.⟩ (schottischer Schäferhund)
Col|li|er, Kol|li|er [...ˈli̯e:], das; -s, -s ⟨franz.⟩ (ein Halsschmuck)
Col|mar (Stadt im Elsass); **Col|ma|rer; Col|ma|re|rin; col|ma|risch**
Co|lom|bo (Hauptstadt von Sri Lanka)
Co|lón, der; -[s], -[s] (Währungseinheit von Costa Rica u. El Salvador)
Co|lo|nel [...ˈnɛl, ˈkø:ɐ̯nl̩], der; -s, -s ⟨franz.(-engl.)⟩ (*franz. u. engl. Bez. für* Oberst)
Co|lo|nia|kü|bel, Ko|lo|nia|kü|bel (*ostösterr. für* Mülltonne)
Co|lor... [*auch* ...ˈlo:ɐ̯...] ⟨lat.⟩ (*in Zus.* = Farb..., z. B. Colorfilm, Colorwaschmittel)
Co|lo|ra|do (Staat in den USA; *Abk.* CO); **Co|lo|ra|do|kä|fer** *vgl.* Koloradokäfer
Colt®, der; -s, -s ⟨nach dem amerik. Erfinder⟩ (Revolver); **Colt|ta|sche**
Co|lum|bia *vgl.* D. C.
Com|bo, die; -, -s (kleines Jazz- od. Tanzmusikensemble)
Come|back, Come-back [kamˈbɛk], das; -[s], -s ⟨engl.⟩ (erfolgreiches Wiederauftreten eines bekannten Künstlers, Sportlers, Politikers nach längerer Pause)
COMECON, Co|me|con, der *od.* das; - = Council for Mutual Economic Assistance/Aid (*engl. Bez. für* RGW *[vgl. d.]*)
Co|me|di|an [kɔˈmi:di̯ən], der; -s, -s ⟨engl.⟩ (humoristischer Unterhaltungskünstler)
Co|me|dy [ˈkɔmədi], die; -, -s

‹engl.› ([oft als Serie produzierte] humoristische Sendung)

Co|me|ni|us (tschech. Theologe u. Pädagoge)

Co|mer See, der; - -s (in Italien)

Co|mes|ti|bles [komɛs'ti:bl̩] *Plur.* ‹franz.› (*schweiz. für* Feinkost, Delikatessen)

Co|mic [...mɪk], der, *auch* das; -[s], -s ‹amerik.› (*kurz für* Comicstrip); **Co|mic|fi|gur; Co|mic|heft; Co|mic|held; Co|mic|hel|din; Co|mic|se|rie**

Co|mic|strip, der; -s, -s (Bildgeschichte [mit Sprechblasen])

Co|ming-of-Age-Film [kamɪŋ|ɔf'leɪdʒ...] ‹engl.› (Film über das Erwachsenwerden)

Co|ming-out, **Co|ming|out** [kamɪŋ'|aut], das; -[s], -s ‹engl.› (öffentliches Sichbekennen zu seiner Homosexualität; das Öffentlichmachen von etwas [als bewusstes Handeln])

Com|me|dia dell'Ar|te, die; - - ‹ital.› (volkstümliche ital. Stegreifkomödie des 16. bis 18. Jh.s)

comme il faut [kɔm ɪl 'fo:] ‹franz.› (wie es sich gehört, vorbildlich)

Com|mit|ment [kɔ'mɪtmɛnt], das; -s, -s (das [Sich]verpflichten)

com|mit|ten, sich ‹engl.› (*Jargon* sich bekennen, verpflichten)

Com|mon-Rail-Sys|tem [kɔmən-'re:l...] ‹engl.; griech.› (elektronisches Einspritzsystem für Dieselmotoren)

Com|mon Sense, der; - -, **Com|mon-sense**, der; - ['kɔmən 'sɛns, *auch* 'kɔmənsɛns] ‹engl.› (gesunder Menschenverstand)

Com|mon|wealth ['kɔmənvɛlθ], das; - ‹engl.› (Gemeinschaft der Staaten des ehemaligen brit. Weltreichs)

Com|mu|ni|qué *in der Schweiz häufigere Schreibung für* Kommuniqué

Com|mu|ni|ty [kɔ'mju:niti], die; -, -s ‹engl.› (Gruppe von Menschen mit gleichen Interessen, Wertvorstellungen; bes. die Nutzer des Internets)

Com|pact Disc, **Com|pact Disk** ['kɔmpɛkt 'dɪsk], die; - -, - -s ‹engl.› (*Abk.* ²CD *[vgl. d.]*)

Com|pa|g|nie [...pan'ji:] *vgl.* Kompanie

Com|pi, der; -s, -s (*ugs. scherzh. für* Computer)

Com|pi|ler [...'pai̯...], der; -s, - ‹engl.› (*EDV* Programm zur Übersetzung einer Programmiersprache in die Maschinensprache eines Computers)

Com|po|sé [kõ...], das; -[s], -s ‹lat.-franz.› (mehrere farblich u. im Muster aufeinander abgestimmte Stoffe)

Com|po|ser, der; -s, - ‹engl.› (*Druckw.* elektr. Schreibmaschine, die druckfertige Vorlagen liefert)

Com|pret|te®, die; -, -n *meist Plur.* (ein Arzneimittel)

Com|pu|ter [...'pju:...], der; -s, - ‹engl.›; stundenlang [am] Computer spielen

Com|pu|ter|ani|ma|ti|on (durch Computer erzeugte bewegte Bilder); **Com|pu|ter|bild; Com|pu|ter|di|a|g|nos|tik**, die; -; **Com|pu|ter|ge|ne|ra|ti|on**

com|pu|ter|ge|ne|riert; com|pu|ter|ge|steu|ert; com|pu|ter|ge|stützt

com|pu|te|ri|sie|ren (mit Computern ausstatten)

Com|pu|ter|kri|mi|na|li|tät

Com|pu|ter|lin|gu|ist; Com|pu|ter|lin|gu|is|tik; Com|pu|ter|lin|gu|is|tin

com|pu|tern (*ugs. für* mit dem Computer arbeiten, umgehen); ich computere

Com|pu|ter|netz|werk; Com|pu|ter|pro|gramm; Com|pu|ter|si|mu|la|ti|on; Com|pu|ter|spiel; Com|pu|ter|spra|che; Com|pu|ter|tech|nik

Com|pu|ter|to|mo|graf, **Com|pu|ter|to|mo|graph**, der; -en, -en (Gerät zur Erzeugung dreidimensionaler Röntgenbilder); **Com|pu|ter|to|mo|gra|fie**, **Com|pu|ter|to|mo|gra|phie**, die; -, ...ien (*Abk.* CT)

Com|pu|ter|to|mo|gramm, das; -s, -e (dreidimensionales Röntgenbild; *Abk.* CT)

Com|pu|ter|vi|rus, der, *auch* das; -, ...ren; **Com|pu|ter|wurm**

Co|na|k|ry [...'kri:, *auch* ...'na:...] (Hauptstadt von ¹Guinea)

con|axi|al *vgl.* koaxial

con brio ‹ital.› (*Musik* lebhaft, feurig)

Con|cept-Art, **Con|cept|art** ['kɔnsɛpt|a:ɐ̯t], die; - ‹engl.› (moderne Kunstrichtung)

Con|cha *vgl.* Koncha

Con|che ['kõ:ʃə], Kon|che, die; -, -n ‹franz.› (Rührmaschine für die Schokoladenherstellung); **con|chie|ren**, kon|chie|ren (Schokoladenmasse zur Veredelung durchrühren)

Con|ci|erge [kõ'si̯ɛrʃ], der *u.* die; -, -s ‹franz.› (*franz. Bez. für* Pförtner[in])

Con|corde [kõ'kɔrt], die; -, -s ‹brit.-franz. Überschallverkehrsflugzeug›

Con|di|tio|ner [kən'dɪʃənɐ] ‹engl.› (leicht festigendes Haarpflegemittel)

Con|di|tio si|ne qua non, die; - - - - ‹lat.› (unerlässliche Bedingung)

con|fer! ‹lat.› (vergleiche!; *Abk.* cf.)

Con|fé|rence [kõfe'rã:s], die; -, -n ‹franz.› (Ansage); **Con|fé|ren|ci|er** [kõferã'si̯e:], der; -s, -s (Sprecher, Ansager)

Con|fi|se|rie, Kon|fi|se|rie [*auch* kõ...], die; -, ...ien ‹franz.› (*schweiz. für* [Geschäft für] Süßwaren, Pralinen u. Ä. aus eigener Herstellung)

Con|fi|seur, Kon|fi|seur [...'zø:ɐ̯], der; -s, -e (Berufsbez.)

Con|fi|seu|rin, Kon|fi|seu|rin

Con|foe|de|ra|tio Hel|ve|ti|ca, die; - - ‹lat.› (Schweizerische Eidgenossenschaft; *Abk.* CH)

Con|ga, Kon|ga, die; -, -s ‹span.› (eine große Handtrommel)

Con|nec|ti|cut [kə'nɛtikət] (Staat in den USA; *Abk.* CT)

Con|nec|tion [kɔ'nɛkʃn̩], die; -, -s ‹lat.-engl.› (*ugs. für* Beziehung, Verbindung)

Con|se|cu|tio Tem|po|rum, die; - - ‹lat.› (*Sprachwiss.* Zeitenfolge im zusammengesetzten Satz)

Con|si|li|um Ab|e|un|di, das; - - ‹lat.› (*veraltend für* Aufforderung, eine höhere Schule od. Hochschule zu verlassen)

Con|som|mé, Kon|som|mee [kõ...], die; -, -s *od.* das; -s, -s (*Kochkunst* Fleischbrühe)

con sor|di|no ‹ital.› (*Musik* mit Dämpfer, gedämpft)

Con|s|tan|tin *vgl.* Konstantin

Con|s|tan|ze *vgl.* Konstanze

Con|s|ti|tu|ante [kõsti'tÿã:t], die; -, -s, Kon|s|ti|tu|an|te, die; -, -n ‹franz.› (grundlegende verfassunggebende [National]versammlung, bes. die der Franz. Revolution von 1789)

Con|sul|tant [kən'saltənt], der; -s, -s ‹engl.› (*Wirtsch.* [Unternehmens]berater)

Con|sul|ting [kən'sal...], das; -s ‹lat.-engl.› (*Wirtsch.* Beratung; Beratertätigkeit)

Con|tai|ner [...'te:...], der; -s, - ‹engl.› ([genormter] Großbehälter); **Con|tai|ner|bahn|hof; Con|tai|ner|ha|fen; Con|tai|ner|schiff;**

C
Cont

Con|tai|ner|ter|mi|nal (Umschlaghafen für Container); **Con|tai|ner|ver|kehr**
Con|te, der; -, Conti ‹lat.-ital.› (italienischer Adelstitel)
Con|te|nance [kõtəˈnã:s], die; - ‹franz.› (*veraltend für* Fassung, Haltung [in einer schwierigen Lage]); die Contenance wahren
Con|tent, der; -s, -s ‹engl.› (*EDV* Informationsgehalt)
Con|test, der; -[e]s, -s *u.* -e ‹engl.› (*Jargon* Wettbewerb)
Con|ti|nuo, der; -[s], -s ‹ital.› (*Musik* Generalbass)
con|t|ra *vgl.* kontra
con|t|re..., Con|t|re...; *vgl.* konter-, Konter-
Con|t|rol [kɔnˈtro:l] *ohne Artikel u. Beugungsformen gebr.* (*engl. Bez. für* Steuerung[staste])
Con|t|rol|ler [kɔnˈtro:lɐ], der; -s, - ‹engl.› (*Wirtsch.* Fachmann für Kostenrechnung u. -planung in einem Betrieb); **Con|t|rol|le|rin**
Con|t|rol|ling, das; -s ‹engl.› (von der Unternehmensführung ausgeübte Steuerungsfunktion)
Con|vey|er [...ˈve:ɐ], der; -s, - ‹engl.› (Becherwerk, Förderband)
Cook [kʊk] (brit. Entdecker)
Coo|kie [ˈkʊki], der *od.* das; -s, -s ‹engl.› (*EDV* Datengruppe, mit der der Benutzer einer Website identifiziert werden kann)
Cook|in|seln *Plur.* (Inselgruppe im Südwestpazifik)
cool [ku:l] ‹engl.-amerik.› (*ugs. für* ruhig, überlegen, kaltschnäuzig; hervorragend)
Cool-down [ku:lˈdaʊn], das; -s, -s ‹engl.› (*Sport* Entspannungsübung[en] am Ende eines Trainings)
Cool Jazz [ˈku:l dʒɛs], der; - - (Jazzstil der 50er-Jahre)
Cool|ness, die; -
Cop, der; -s, -s ‹amerik.› (*amerik. ugs. Bez. für* Polizist)
Co|pi|lot usw. *vgl.* Kopilot usw.
Co|py|right [...pirait], das; -s, -s ‹engl.› (Urheberrecht; *Zeichen* ©); **Co|py|shop** [ˈkɔpiʃɔp] ‹engl.› (Geschäft, in dem man Texte u. Bilder vervielfältigen lassen kann)
Coq au Vin [ˈkɔk o ˈvɛ̃:], das; - - -, -s - - ‹franz.› (Hähnchen in Weinsoße)
Co|ra (w. Vorn.)
co|ram pu|b|li|co ‹lat.› (vor aller Welt; öffentlich)
Cord, [2]Kord, der; -[e]s, *Plur.* -e *u.* -s ‹engl.› (geripptes Gewebe)
Cord|an|zug, Kord|an|zug
Cor|de|lia, Cor|de|lie (w. Vorn.)
Cord|ho|se, Kord|ho|se
[1]**Cór|do|ba** (span. Stadt)
[2]**Cór|do|ba,** der; -[s], -[s] ‹nach dem span. Forscher› (Währungseinheit in Nicaragua)
Cor|don bleu [...ˈdõ:ˈblø:], das; - -, -s -s [- -] ‹franz.› (mit Käse u. gekochtem Schinken gefülltes [Kalbs]schnitzel)
Cord|samt, Kord|samt
Cor|du|la (w. Vorn.)
Core [ko:ɐ̯], das; -[s], -s ‹engl.› (*Kernphysik* wichtigster Teil eines Kernreaktors)
Co|rel|li (ital. Komponist)
Cor|gi [ˈkɔrgi], der; -s, -s ‹engl.› (eine Hunderasse); Welsh Corgi
Co|rin|na (w. Vorn.)
Co|rinth, Lovis (dt. Maler)
Cor|nea, Kor|nea, die; -, ...neae ‹lat.› (*Med.* Hornhaut des Auges)
Cor|ned Beef, das; - -, **Cor|ned-beef,** das; - [ˈkɔrn(ə)t ˈbi:f, ˈko:ɐ̯n(ə)t ˈbi:f, *auch* ˈk...] ‹engl.› (gepökeltes [Büchsen]rindfleisch); **Cor|ned-Beef-Büch|se, Cor|ned|beef|büch|se, Cor|ned-beef-Büch|se**
Cor|neille [...ˈnei̯] (franz. Dramatiker)
Cor|ne|lia, Cor|ne|lie [...i̯ə] (w. Vorn.)
Cor|ne|li|us (m. Vorn.)
Cor|ner [*auch* ˈkɔrnɐ], der; -s, - ‹engl.› (*Börse* planmäßig herbeigeführter Kursanstieg; *Boxen* Ringecke; *österr. u. schweiz. für* Eckball beim Fußballspiel)
Cor|net [...ˈnɛ], das; -s, -s (*schweiz. für* Eistüte)
Cor|nett, das; -s, *Plur.* -s, *auch* -e (*schweiz.*); *vgl.* [2]Kornett
Corn|flakes [...fle:ks] *Plur.* ‹engl.› (geröstete Maisflocken)
Cor|ni|chon [...ˈʃõ:], das; -s, -s (kleine Pfeffergurke)
Corn|wall [ˈko:ɐ̯nvəl] (Grafschaft in Südwestengland)
Co|ro|na, [2]Ko|ro|na (w. Vorn.)
Co|ro|na|vi|rus, das; -, ...ren (*Med.* ein Virustyp mit Hüllmembran)
Co|ro|ner [ˈkɔrə...], der; -s, -[s] ‹engl.› (Beamter in England u. in den USA, der ungeklärte Todesfälle untersucht)
Cor|po|ra (*Plur. von* Corpus)
Cor|po|rate Iden|ti|ty [ˈkɔ:pərət aiˈdɛntəti], die; - -, - ...tities ‹engl.› (*Wirtsch.* [angestrebtes] Erscheinungsbild einer Firma in der Öffentlichkeit)
Corps [ko:ɐ̯] usw. *vgl.* Korps usw.
Corps con|su|laire [ˈko:ɐ̯ kõsyˈlɛ:ɐ̯], das; - -, - -s (Konsularisches Korps; *Abk.* CC)
Corps de Bal|let [- də ...ˈlɛ:], das; - - -, - - - (Ballettgruppe, -korps); **Corps di|p|lo|ma|tique** [- ...ˈti:k], das; - -, - -s (Diplomatisches Korps; *Abk.* CD)
Cor|pus *vgl.* [2]Korpus
Cor|pus De|lic|ti, das; - -, ...pora - ‹lat.› (Gegenstand od. Werkzeug eines Verbrechens; Beweisstück); **Cor|pus Iu|ris,** das; - - (Gesetzbuch, -sammlung)
Cor|reg|gio [...ˈrɛdʒo] (ital. Maler)
Cor|ri|da [de To|ros], die; - [- -], -s [- -] ‹span.› (*span. Bez. für* Stierkampf)
cor|ri|ger la for|tune [...ˈʒe: la ...ˈty:n] ‹franz.› (dem Glück nachhelfen; falschspielen)
Cor|so *vgl.* Korso
Cor|tes *Plur.* ‹span.› (Volksvertretung in Spanien)
Cor|tez [...tɛs], *span.* **Cor|tés** [...ˈtɛs] (span. Eroberer)
Cor|ti|na d'Am|pez|zo (Kurort in den Dolomiten)
cor|tisch ‹nach dem ital. Arzt Corti›; das cortische *od.* Corti'sche Organ (*Med.* Teil des inneren Ohres)
Cor|ti|son *vgl.* Kortison
Cor|vey (ehem. Benediktinerabtei bei Höxter)
cos = Kosinus
Co|sa Nos|t|ra, die; - - ‹ital., »unsere Sache«› (amerik. Verbrechersyndikat)
cosec = Kosekans
Co|si fan tut|te ‹ital., »so machens alle [Frauen]«› (Titel einer Oper von Mozart)
Co|si|ma (w. Vorn.)
Co|si|mo (m. Vorn.)
Co|si|nus *vgl.* Kosinus
Cos|play [...ple:], das; -s, -s ‹engl.› (das Sichverkleiden als eine Figur aus einem Manga o. Ä.)
Cos|ta Bra|va, die; - - (Küstengebiet in Nordostspanien)
Cos|ta del Sol, die; - - (Küstengebiet in Südspanien)
Cos|ta Ri|ca (Staat in Mittelamerika)
Cos|ta Ri|ca|ner, Cos|ta-Ri|ca|ner ↑K145; **Cos|ta Ri|ca|ne|rin, Cos|ta-Ri|ca|ne|rin; cos|ta-ri|ca|nisch**
Cos|wig (dt. Ortsn.)

cot = Kotangens
Co|tan|gens *vgl.* Kotangens
Côte d'Azur [ˈkoːt daˈzyːɐ̯], die; - - (franz. Riviera)
Côte d'Ivoire [ˈkoːt diˈvo̯aːɐ̯], die; - - (*amtl. Bez. für* Elfenbeinküste); *vgl.* Ivorer
Côte d'Or [ˈkoːt -], die; - - (franz. Landschaft)
CO-Test [tseːˈ|oː...] ⟨CO = Kohlenmonoxid⟩ (Messung des Kohlenmonoxidgehalts in Abgasen)
Co|to|nou [...ˈnuː] (Regierungssitz von Benin)
Cot|tage [...ɪtʃ], das; -[s], -s ⟨engl.⟩ (*engl. Bez. für* Landhaus; *österr. für* Villenviertel)
Cott|bus (Stadt an der Spree); **Cott|bu|ser, Cott|bus|ser; Cott|bu|se|rin, Cott|bus|se|rin**
Cot|ti|sche Al|pen (Teil der Westalpen); ↑K 140
Cot|ton [...tn̩], der *od.* das; -s ⟨engl.⟩ (engl. Bez. für Baumwolle, Kattun); *vgl.* Koton usw.
Cot|ton|ma|schi|ne ⟨nach dem Erfinder⟩ (Wirkmaschine zur Herstellung von Damenstrümpfen)
Cot|ton|öl, das; -[e]s (Öl aus Baumwollsamen)
Cou|ber|tin [kubɛrˈtɛ̃ː] (Initiator der Olympischen Spiele der Neuzeit)
Couch [kau̯tʃ], die; -, *Plur.* -[e]s, *auch* -en, *schweiz. auch* der; -s, -[e]s ⟨engl.⟩ (Liegesofa)
Couch|gar|ni|tur
Couch-Po|ta|to, **Couch|po|ta|to** [ˈkau̯tʃpoteːto], der; -[s], -[e]s *u.* die; -, -[e]s ⟨engl.⟩ (jmd., der am liebsten fernsehend auf der Couch sitzt)
Couch|tisch
Cou|den|ho|ve-Ka|ler|gi [ku...] (Gründer der Paneuropa-Bewegung)
Cou|leur [kuˈløːɐ̯], die; -, -s ⟨franz.⟩ (*nur Sing.:* bestimmte Eigenart, Prägung; *Verbindungsw.* Band u. Mütze einer Verbindung)
Cou|loir [kuˈlo̯aːɐ̯], der *od.* das; -s, -s ⟨franz.⟩ (*Alpinistik* Schlucht, schluchtartige Rinne; *Reiten* ovaler Sprunggarten für Pferde)
Cou|lomb [kuˈlõː, *auch* ...ˈlɔmp], das; -s, - ⟨nach dem franz. Physiker⟩ (Maßeinheit für die Elektrizitätsmenge; *Zeichen* C); 6 Coulomb
Count [kau̯nt], der; -s, -s ⟨engl.⟩ (engl. Titel für einen nicht britischen Grafen)
Count|down, **Count-down** [ˈkau̯ntˈdau̯n], der, *selten* das; -[s], -s ⟨amerik.⟩ (bis zum [Start]zeitpunkt null rückwärts schreitende Zeitzählung; die letzten Vorbereitungen, Augenblicke vor dem Beginn eines Unternehmens)
Counter [ˈkau̯ntɐ], der; -s, - ⟨engl.⟩ (*Jargon* Abfertigungsschalter; Theke in Reisebüros u. Ä.)
Coun|ter|part [ˈkau̯...], der; -s, -s ⟨engl.⟩ (einem Entwicklungsexperten in der Dritten Welt zugeordnete [heimische] Fachkraft)
Coun|ter|te|nor [ˈkau̯...] ⟨engl.⟩ (*Musik* Altist)
Coun|tess [ˈkau̯ntɪs], die; -, ...tesses [...tɪsɪs] *u.* ...tessen ⟨engl.⟩ (Gräfin)
Coun|t|ry, der; - (*kurz für* Countrymusic); **Coun|t|ry|mu|sic** [ˈkantrimjuːzɪk], die; - ⟨amerik.⟩ (Volksmusik [der Südstaaten in den USA]); **Coun|t|ry|song**
Coun|ty [ˈkau̯nti], das; -s, -s *od.* die; -, -s ⟨engl.⟩ (Verwaltungsbezirk in England u. in den USA)
Coup [kuː], der; -s, -s ⟨franz.⟩ (Schlag; [Hand]streich)
Coup d'État [ˈkuː deˈta], der; - -, -s - [- -] ⟨franz.⟩ (*veraltend für* Staatsstreich)
Coupe [kup], der; -s, *Plur.* -s *od.* -n, *auch* die; -, *Plur.* -s *od.* -n ⟨franz.⟩ (*schweiz. für* Eisbecher)
Cou|pé, das; -s, -s (Auto mit sportlicher Karosserie; *veraltet für* [Wagen]abteil)
Cou|p|let [kuˈpleː], das; -s, -s ⟨franz.⟩ (scherzhaft-satirisches Lied [für die Kleinkunstbühne])
Cou|pon [kuˈpõː, *österr.* ...ˈpoːn], Ku|pon, der; -s, -s ⟨franz.⟩ (abtrennbarer Zettel; [Stoff]abschnitt; Zinsschein)
Cour [kuːɐ̯], die; - ⟨franz.⟩; jmdm. die Cour machen, schneiden (den Hof machen)
Cou|ra|ge [ku...ʒə], die; - ⟨franz.⟩ (Mut); **cou|ra|giert** (beherzt)
Cour|bet [kʊrˈbeː] (franz. Maler)
Court [koːɐ̯t], der; -s, -s ⟨engl.⟩ (Tennisplatz)
Cour|ta|ge, Kur|ta|ge [kʊrˈtaːʒə], die; -, -n ⟨franz.⟩ (Maklergebühr bei Börsengeschäften)
Courths-Mah|ler [ˈkʊrts...] (dt. Schriftstellerin)
Cour|toi|sie [kʊrto̯a...], die; -, ...ien ⟨franz.⟩ (*veraltend für* ritterliches Benehmen, Höflichkeit)
Cous|cous, [2]Kus|kus [ˈkʊskʊs], der *u.* das; -, - ⟨arab.⟩ (ein nordafrik. Gericht)
Cou|sin [kuˈzɛ̃ː], der; -s, -s ⟨franz.⟩ (Vetter); **Cou|sin|chen**, Ku|sinchen; **Cou|si|ne** [ku...], Ku|si|ne, die; -, -n ([1]Base)
Cou|ture [kuˈtyːɐ̯] *vgl.* Haute Couture
Cou|tu|ri|er [...ˈri̯eː], der; -s, -s ⟨franz.⟩ (Modeschöpfer); **Cou|tu|ri|è|re** [...ˈri̯eːrə], die; -, -n
Cou|vert [kuˈveːɐ̯] usw. *in der Schweiz häufigere, sonst alte Schreibung für* Kuvert usw.
Co|ven|t|ry [...ri] (engl. Stadt)
Co|ver [ˈkavɐ], das; -s, -[s] ⟨engl.⟩ (Titelbild; Hülle von Tonträgern u. Büchern)
Co|ver|band [...bɛnt, *engl.* ...bænd], die; -, -s ⟨engl.⟩ (Band, die Stücke von berühmten Bands [originalgetreu] spielt)
Co|ver|coat, der; -[s], -s ([Mantel aus] Wollstoff)
Co|ver|girl, das; -s, -s (auf der Titelseite einer Illustrierten abgebildete junge Frau)
co|vern [ˈkavɐn] (eine Coverversion aufnehmen); ich covere
Co|ver|sto|ry (Titelgeschichte)
Co|ver|ver|si|on (neue Fassung eines älteren Musikstücks)
Cow|boy [ˈkau̯...], der; -s, -s ⟨engl.⟩ (berittener amerik. Rinderhirt); **Cow|boy|hut; Cow|boy|stie|fel; Cow|girl**
Cow|per [ˈkau̯...], der; -s, -[s] ⟨nach dem engl. Erfinder⟩ (*Technik* Winderhitzer bei Hochöfen)
Cox Oran|ge [- ˈɔrɪndʒ], **Cox' Oran|ge** [ˈkɔks -], der; - -, - -, *auch* die; - -, - -n ⟨nach dem engl. Züchter R. Cox⟩ (eine Apfelsorte)
Co|yo|te *vgl.* Kojote
CO_2 [...ˈtsvai̯] (*chem. Formel für* Kohlendioxid); **CO_2-Aus|stoß; CO_2-Bi|lanz** (Bilanz der Auswirkungen von CO_2-Emissionen auf die Umwelt); **CO_2-Emis|si|on; CO_2-Fuß|ab|druck** (individuell verursachter CO_2-Ausstoß)
Cr (*chem. Zeichen für* Chrom)
[1]Crack [krɛk], der; -s, -s ⟨engl.⟩ (*Sport* bes. aussichtsreicher Spitzensportler; gutes Rennpferd)
[2]Crack [krɛk], das; -s ⟨engl.⟩ (Kokain enthaltendes synthetisches Rauschgift)
Cra|cker [ˈkrɛkɐ], der; -s, -[s], Krä|cker, der; -s, - ⟨engl.⟩ (sprödes Kleingebäck)
Cra|nach (dt. Malerfamilie)

Cran|ber|ry ['krɛnbəri], die; -, -s (der Preiselbeere ähnliche Beere)
Cra|que|lé [...kə'le:], Kra|ke|lee, das; -[s], -s ‹franz.› (feine Haarrisse in der Glasur von Keramiken, auch auf Glas)
Crash [krɛʃ], der; -s, -s ‹engl.› (Zusammenstoß; Zusammenbruch)
Crash|kid, das; -s, -s (Jugendlicher, der Autos aufbricht, um sie kaputtzufahren)
Crash|kurs (Lehrgang, in dem der Unterrichtsstoff besonders komprimiert vermittelt wird)
Crash|test (Test, mit dem das Unfallverhalten von Kraftfahrzeugen ermittelt wird)
Cras|sus (röm. Staatsmann)
Crawl [krɔ:l], **craw|len** usw. *vgl.* Kraul, ¹kraulen usw.
Cra|y|on [krɛ'jõ:] *vgl.* Krayon
cra|zy ['kre:zi] ‹engl.› (*bes. Jugendspr.* verrückt, überspannt; außergewöhnlich)
Cream [kri:m], die; -, -s (*engl. Bez. für* Creme; Sahne)
Cre|do, Kre|do, das; -s, -s ‹lat.; »ich glaube«› (Glaubensbekenntnis)
Creek [kri:k], der; -s, -s ‹engl.› ([zeitweise ausgetrockneter] Flusslauf, bes. in Nordamerika u. Australien)
Cre|ma, die; - ‹ital.› (Schaumschicht auf Kaffee)
Cré|mant [kre'mã:], der; -s, -s ‹franz.› (franz. Schaumwein)
creme [kre:m, *auch* krɛ:m] ‹franz.› (mattgelb); ein creme Kleid; *vgl. auch* beige; in Creme ↑K72
Creme, **Crème,** die; -, *Plur.* -s, *schweiz. u. österr. auch* -n ['krɛ:mən] (Salbe zur Hautpflege; Süßspeise; Tortenfüllung; *nur Sing.:* gesellschaftliche Oberschicht); **Crème bru|lée,** *fachspr.* **Crème brû|lée** [krɛ:m bry'le:], die; - -, -s -s (Dessert aus Eiern u. Sahne mit karamellisierter Oberfläche); **Crème Ca|ra|mel** ['krɛ:m kara'mɛl], die; - -, -s - (eine Süßspeise)
creme|far|ben, **crème|far|ben**
creme|far|big, **crème|far|big**
Crème fraîche ['krɛ:m 'frɛʃ], die; - -, -s -s [- -] ‹franz.› (saure Sahne mit hohem Fettgehalt)
cre|men; die Haut cremen
Creme|schnit|te, **Crème|schnit|te; Creme|tor|te**, **Crème|tor|te**
cre|mig
Cre|o|le, die; -, -n ‹franz.› (großer Ohrring)
¹Crêpe [krɛp] *vgl.* ¹Krepp
²Crêpe [krɛp], ²Krepp, die; -, -s *u.* der; -[s], -s (dünner Eierkuchen)
Crêpe de Chine ['krɛp də 'ʃi:n], der; - - -, -s - - [- - -] ‹franz.› (Seidenkrepp in Taftbindung)
Crêpe Geor|gette ['krɛp ʒɔr'ʒɛt], der; - -, -s - [- -] (durchsichtiges Gewebe aus Kreppgarn)
Crêpe Su|zette ['krɛp sy'zɛt], die; - -, -s - [- -] (dünner Eierkuchen, mit Likör flambiert)
cresc. = crescendo
cre|scen|do [...'ʃɛ...] ‹ital.› (*Musik* anschwellend); **Cre|scen|do,** das; -s, *Plur.* -s *u.* ...di
Cres|cen|tia *vgl.* Kreszentia
Cre|tonne, Kre|tonne [kre'tɔn], die; -, -s *od.* der; -, -s ‹franz.› (ein Baumwollstoff)
Creutz|feldt-Ja|kob-Krank|heit, die; - ‹nach den Neurologen H. G. Creutzfeldt u. A. Jakob› (*Med.* eine Erkrankung des zentralen Nervensystems)
Cre|vet|te *vgl.* Krevette
Crew [kru:], die; -, -s ‹engl.› (Besatzung, Mannschaft)
c. r. m. = cand. rev. min.; *vgl.* Kandidat
Croi|sé [kro̯a...], das; -[s], -s ‹franz.› (ein Gewebe)
Crois|sant [kro̯a'sã:], das; -s, -s ‹franz.› (Blätterteighörnchen)
Cro|ma|g|non|mensch [...man'jõ:...], der ‹nach dem Fundort› (Mensch, Menschentypus der jüngeren Altsteinzeit)
Cro|mar|gan®, das; -s (rostfreier Chrom-Nickel-Stahl)
Crom|well [...vl̩] (engl. Staatsmann)
Cro|quet|te [...'kɛ...] (*franz. Schreibung für* Krokette)
Cro|quis [...'ki:, *schweiz.* 'kro...] *vgl.* Kroki
cross ‹engl.› (*Tennis* diagonal); den Ball cross spielen; **Cross,** der; -[es], -[es] (*Tennis* diagonal über den Platz geschlagener Ball; *kurz für* Cross-Country)
Cross-Coun|t|ry, **Cross|coun|t|ry** [...'kantri], das; -[s], -s (Querfeldeinwettbewerb)
Cross|dres|sing (das Tragen von Kleidung, Schmuck u. Ä. des anderen Geschlechts)
Cross|golf (Golfspiel im freien Gelände)
Cross-over, **Cross|over** [...|oʊvɐ], das; -[s], -s ‹engl.› (Vermischung unterschiedl. Musikstile; *Biol.* Erbfaktorenaustausch zw. homologen Chromosomen)
Cross|rad (geländegängiges Fahrrad)
Cross-Sel|ling, das; -s, -s ‹engl.› (*Wirtsch.* der Verkauf weiterer Produkte über bestehende Kundenkontakte)
Cross|trai|ner, **Cross-Trai|ner** (ein Fitnessgerät)
Crou|pi|er [kru'pi̯e:], der; -s, -s ‹franz.› (Angestellter einer Spielbank); **Crou|pi|è|re** [...'pi̯e:rə], die; -, -n
Crou|pon [...'põ:], der; -s, -s (Kern-, Rückenstück einer [gegerbten] Haut)
Croû|ton [kru'tõ:], der; -[s], -s (gerösteter Weißbrotwürfel)
crt. = courant; *vgl.* kurant
Cruise-Mis|sile, **Cruise|mis|sile** ['kru:s'mɪsai̯l], das; -[s], -s ‹engl.-amerik.› (*Militär* Marschflugkörper)
crui|sen ['kru:zn̩] ‹engl.› (*Jargon* ohne Ziel [gemächlich] herumfahren od. -gehen); du cruist; wir sind gecruist
Crui|ser ['kru:zɐ], der; -s, - ‹engl.› (sportliches Fahrzeug mit hoher Motorleistung, aber relativ niedriger Geschwindigkeit; *kurz für* Cruisergewicht); **Crui|ser|ge|wicht** (*Boxen* eine Körpergewichtsklasse)
Crux *vgl.* Krux
Crys|tal Meth ['krɪstl̩ 'mɛθ], das; - - *meist ohne Artikel* ‹engl.› (synthetische Droge)
Cs (*chem. Zeichen für* Cäsium)
Csar|das, **Csár|dás** ['tʃardaʃ], der; -, - ‹ung.› (ungarischer Nationaltanz)
C-Schlüs|sel ['tse:...] *(Musik)*
CSD, der; -[s], -s = Christopher Street Day
ČSFR (von 1990 bis 1992 amtliche Bezeichnung der früheren Tschechoslowakischen Republik); *vgl.* Tschechische Republik *u.* Slowakei
Csi|kos, **Csi|kós** ['tʃi:ko:ʃ, *auch* 'tʃɪ...], der; -, - ‹ung.› (ungarischer Pferdehirt)
Cso|kor [tʃɔ...] (österr. Schriftsteller)
ČSSR (bis 1990 amtliche Bezeichnung der früheren Tschechoslowakischen Republik); *vgl.* Tschechische Republik *u.* Slowakei
CSU, die; - = Christlich-Soziale Union; **CSU-Frak|ti|on**

ct = Centime[s]; Cent[s]
c. t. = cum tempore
Ct. = Centime
[1]**CT** = Connecticut
[2]**CT,** die; - = Computertomografie
[3]**CT,** das; -[s], -[s] = Computertomogramm
cts = Centimes; Cents
Cu = Cuprum (*chem. Zeichen für* Kupfer)
Cu|ba (*span. Schreibung von* Kuba)
cui bo|no? ‹lat., »wem nutzt es?«› (wer hat einen Vorteil?)
Cul de Pa|ris [ˈkyː də ...ˈriː], der; - - -, -s - - [- - -] ‹franz.› (um die Jahrhundertwende unter dem Kleid getragenes Gesäßpolster)
Cu|le|mey|er, der; -s, -s ‹nach dem Erfinder› (schwerer Tieflader)
Cul|li|nan [ˈkalinən], der; -s ‹engl.› (ein großer Diamant)
Cu|ma|rin *vgl.* Kumarin
Cum|ber|land|so|ße, **Cum|ber|land|sau|ce** [ˈkambɐlɛnt...], die; - ‹nach der engl. Grafschaft› (pikante Würzsoße)
cum gra|no sa|lis ‹lat., »mit einem Körnchen Salz«› (nicht ganz wörtlich zu nehmen)
cum lau|de ‹lat., »mit Lob«› (drittbeste Note der Doktorprüfung)
cum tem|po|re ‹lat.› (mit akadem. Viertel, d. h. [Vorlesungsbeginn] eine Viertelstunde nach der angegebenen Zeit; *Abk.* c. t.)
Cun|ni|lin|gus, der; - ‹lat.› (sexuelle Stimulierung der äußeren w. Geschlechtsorgane mit der Zunge); *vgl.* Fellatio
Cup [kap], der; -s, -s ‹engl.› (Pokal; Schale des Büstenhalters)
Cup|be|werb (*österr. für* Pokalwettbewerb)
Cup|cake [ˈkapkeɪk], der; -s, -s ‹engl.› (in einer tassenförmigen Backform gebackenes Törtchen)
Cup|fi|nal, der *(schweiz.);* **Cup|fi|na|le**
Cu|pi|do (röm. Liebesgott, Amor)
Cu|p|rum, das; -s (*lat. Bez. für* Kupfer; *Zeichen* Cu)
Cup|sie|ger; Cup|sie|ge|rin
[1]**Cu|ra|çao** [kyraˈsaːo] (Insel im Karibischen Meer)
[2]**Cu|ra|çao**®, der; -[s], -s (ein Likör)
Cu|ra pos|te|ri|or, die; - - ‹lat., »spätere Sorge«› (nicht vorrangig zu klärende Angelegenheit)
Cu|ra|re (*fachspr. für* Kurare)
Cur|cu|ma *vgl.* Kurkuma
Cu|ré [ky...], der; -s, -s ‹franz.› (kath. Pfarrer in Frankreich)
Cu|rie [ky...], das; -, - ‹nach dem franz. Physikerehepaar› (Maßeinheit der Radioaktivität; *Zeichen* Ci)
Cu|ri|um, das; -s (chemisches Element, Transuran; *Zeichen* Cm)
Cur|ling [ˈkøːɐ̯...], das; -s (schott. Eisspiel)
cur|ri|cu|lar (*Päd.* das Curriculum betreffend); **Cur|ri|cu|lum,** das; -s, ...la ‹lat.-engl.› (*Päd.* Theorie des Lehr- u. Lernablaufs; Lehrplan); **Cur|ri|cu|lum Vi|tae,** das; - -, ...la - (Lebenslauf)
Cur|ry [ˈkœri, ˈka...], der, *auch* das; -s ‹angloind.› (Gewürzpulver; indisches Gericht); **Cur|ry|pul|ver; Cur|ry|wurst**
Cur|sor [ˈkøːɐ̯zɐ], der; -s, -[s] ‹engl.› (*EDV* Bildschirmzeiger)
Cus|tard [ˈkastɐt], der; -[s], -s ‹engl.› (eine engl. Süßspeise)
Cus|to|mi|zing [ˈkastəmaiz...], das; -s ‹engl.› (*Wirtsch.* Anpassung des Angebots an die speziellen Wünsche der Kunden)
Cut [kœt, *auch* kat], der; -s, -s ‹engl.› (Filmschnitt; *kurz für* Cutaway; *Boxen* Riss der Haut; *Golf* Ausscheiden der schlechteren Spieler vor den Schlussrunden)
Cu|t|away [...veː], der; -s, -s ‹engl.› (abgerundet geschnittener Herrenschoßrock)
cut|ten [ˈka..., *auch* ˈkœ...] ‹engl.› (Filmszenen, Tonbandaufnahmen schneiden)
Cut|ter, der; -s, - (*Film, Rundfunk, Fernsehen* Schnittmeister; sehr scharfes Messer); **Cut|te|rin**
cut|tern; ich cuttere; *vgl.* cutten
Cu|vée [kyˈveː], die; -, -s ‹franz.› (*Winzerspr.* Mischung, Verschnitt von Weinen)
Cux|ha|ven [...fn] (Hafenstadt a. d. Elbmündung)
CVJM = *früher* Christlicher Verein Junger Männer; *heute in Deutschland:* ... Menschen
CVP, die; - = Christlichdemokratische Volkspartei (in der Schweiz)
c_w = Luftwiderstandsbeiwert
cwt, cwt. *vgl.* Hundredweight
c_w-Wert *(Technik)*
Cy|an *vgl.* Zyan
Cy|ber|mob|bing [ˈsaibɐmɔbɪŋ] (Schikanieren, Diffamieren von Personen über das Internet)
Cy|ber|space [...speːs], der; -, -s ‹engl.› (*EDV* virtueller Raum)
Cy|b|org [ˈsaibɔːɡ], der; -s, -s ‹Kunstwort aus engl. **cy**bernetic **org**anism› (Mensch, in dessen Körper technische Geräte integriert sind)
cy|c|lisch *vgl.* zyklisch
Cy|re|nai|ka, die; - (Landschaft in Nordafrika)
Cy|rus *vgl.* Kyros
CZK (Währungscode für tschech. Krone)

D
da

d D

d = dextrogyr; Denar; Dezi...; Penny, Pence
d (stets kursiv) = Durchmesser
d (*Zeichen für* d-Moll); in d
d, D, das; -, - (Tonbezeichnung)
₰ = deleatur
D (Buchstabe); das D; des D, die D, *aber* das d in Bude ↑K 97; der Buchstabe D, d
D (*Zeichen für* D-Dur); in D
D = Deuterium
D = 500 (röm. Zahlzeichen)
D. = Decimus
D. *vgl.* Doktor
Δ, δ = Delta
da = Deka...; Deziar

da

Konjunktion:

– da (weil) sie krank war, fehlte sie

Adverb:

– hier und da; da und dort

Getrenntschreibung in Verbindung mit »sein«:

– da sein; weil wir da sind
– es ist alles schon da gewesen

Aber:

– das Dasein
– noch nie da gewesene *od.* dagewesene Ereignisse ↑K 58
– etwas noch nie Dagewesenes *od.* da Gewesenes ↑K 72

Vgl. dableiben, dalassen usw. und dabei, dafür usw.

d. Ä. = der Ältere
DAAD, der; - = Deutscher Akademischer Austauschdienst
DAB = Deutsches Arzneibuch
da|be|hal|ten (nicht weglassen); sie haben ihn gleich dabehalten

da|bei
[*hinweisend:* 'da:...]
- sie ist sehr schön und dabei (trotzdem) gar nicht eitel
- wenn er dabei (bei der Behauptung) bleibt; falls es dabei (bei den Gegebenheiten) bleibt
- du kannst dabei (bei dieser Tätigkeit) sitzen (brauchst nicht zu stehen)
- du solltest dabei (bei dieser Tätigkeit) stehen

Getrenntschreibung in Verbindung mit »sein«:
- dabei sein; weil sie dabei ist
- wir sind dabei gewesen

Aber:
- alle Dabeigewesenen *od.* dabei Gewesenen ↑K72

Vgl. dabeibleiben, dabeisitzen, dabeistehen

da|bei|blei|ben (bei einer Tätigkeit bleiben); sie hat mit dem Training begonnen, ist aber nicht dabeigeblieben; *vgl. aber* dabei
da|bei|ha|ben (*ugs. für* bei sich haben; teilnehmen lassen); ..., weil er nichts dabeihatte; sie wollten ihn gern dabeihaben
da|bei sein *vgl.* dabei
da|bei|sit|zen (sitzend zugegen sein); er hat nur schweigend dabeigesessen; *vgl. aber* dabei
da|bei|ste|hen (stehend zugegen sein); sie hat bei dem Gespräch dabeigestanden; *vgl. aber* dabei
da|blei|ben (nicht fortgehen); er ist den ganzen Tag dageblieben; *aber* er ist da geblieben, wo er war
da ca|po ‹ital.› (*Musik* noch einmal von Anfang an; *Abk.* d. c.)
Da|ca|po, Da|ka|po, das; -[s], -s
Da-ca|po-Arie, **Da|ca|po|arie**
Dac|ca *vgl.* Dhaka
d'ac|cord [da'ko:ɐ̯] ‹franz.› (*bes. österr. für* einig; einverstanden); mit jmdm. d'accord gehen
Dach, das; -[e]s, Dächer; **Dach|an|ten|ne; dach|ar|tig**
Dach|au (Stadt in Bayern; ehem. Konzentrationslager)
Dach|bal|ken; Dach|bo|den; Dach|bo|den|ver|schlag
Dach|de|cker; Dach|de|cke|rin
Dä|chel|chen; Dä|cher|chen *Plur.*
Dach|fens|ter; Dach|first; Dach|flä|che
Dach|fonds *(Wirtsch.)*
Dach|gar|ten; Dach|gau|be; Dach|gau|pe; Dach|ge|päck|trä|ger
Dach|ge|schoss, *südd., österr. auch* **Dach|ge|schoß** (*Abk.* DG); **Dach|ge|schoss|woh|nung**
Dach|ge|sell|schaft (*Wirtsch.* Spitzen-, Muttergesellschaft)
Dach|ge|stühl; Dach|gie|bel
Dach|glei|che, Dach|glei|chen|fei|er (*österr. für* Richtfest)
Dach|ha|se (*scherzh. für* Katze)
Dach|kam|mer; Dach|kan|del (*landsch. für* Dachrinne); **Dach|kän|nel** *(schweiz.)*
Dach|kon|s|t|ruk|ti|on
Dachl, das; -s, -[n] (*österr. für* [kleines] Dach)
Dach|lat|te; Dach|la|wi|ne; Dach|lu|ke
Dach|or|ga|ni|sa|ti|on
Dach|pap|pe; Dach|pfan|ne; Dach|rei|ter; Dach|rin|ne
Dachs, der; -es, -e; **Dachs|bau** *Plur.* ...baue
Dach|scha|den, der; -s (*ugs. abwertend für* geistiger Defekt)
Dächs|chen; Däch|sel, der; -s, - (*Jägerspr.* Dachshund)
Dachs|fell; Dachs|haar; Dachs|hund
Däch|sin
Dach|spar|ren
Dachs|pin|sel (Rasierpinsel aus Dachshaar; ein Hutschmuck)
Dach|stein, der; -s (Gruppe der Salzburger Kalkalpen)
Dach|stu|be
Dach|stuhl; Dach|stuhl|brand
dach|te *vgl.* denken
Dach|tel, die; -, -n (*landsch. für* Ohrfeige)
Dach|ter|ras|se; Dach|trau|fe
Dach|ver|band
Dach|woh|nung; Dach|zie|gel; Dach|zie|gel|ver|band
Da|ckel, der; -s, - (Dachshund, Teckel)
Da|ckel|bei|ne *Plur.* (*ugs. scherzh. für* kurze, krumme Beine); **Da|ckel|blick** (treuherziger Blick)
da|ckeln (*ugs. für* [langsam] gehen); ich dack[e]le
Dad [dɛd], der; -[s], -s (*svw.* Daddy)
Da|da, der; -[s] (*kurz für* Dadaismus)
Da|da|is|mus, der; - ‹nach franz. kinderspr. »dada« = Holzpferdchen› (Kunst- u. Literaturrichtung um 1920)
Da|da|ist, der; -en, -en; **Da|da|is|tin; da|da|is|tisch**
Dä|da|lus (Baumeister u. Erfinder in der griech. Sage)
dad|deln (*ugs. für* am Spielautomaten spielen); ich dadd[e]le
Dad|dy ['dɛdi], der; -s, -s ‹engl.› (*engl. ugs. Bez. für* Vater)
da|durch [*auch* 'da:...]; dadurch, dass sie zu spät kam
DaF = Deutsch als Fremdsprache
Daff|ke ‹hebr.› *(berlin.); nur in* aus Daffke (aus Trotz; nur zum Spaß)
da|für [*auch* 'da:...]; das Auto ist gebraucht, dafür aber billig; ich kann nicht dafür sein (kann nicht zustimmen)
da|für|hal|ten (meinen); da ich dafürhalte, dass ...; *aber* er war der Täter, obwohl niemand ihn dafür hielt; **Da|für|hal|ten,** das; -s; nach meinem Dafürhalten
da|für|kön|nen, da|für kön|nen; sie behauptet, dass sie nichts dafürkann *od.* dafür kann; *aber nur* dafür kann sie nichts ↑K47
da|für sein *vgl.* dafür
da|für|spre|chen, da|für spre|chen; weil viel dafürspricht *od.* dafür spricht, *aber nur* dafür spricht die Zeugenaussage
da|für|ste|hen (*veraltet für* für etwas bürgen; *bayr., österr. für* sich lohnen); es steht [nicht] dafür
da|für|stim|men, da|für stim|men; die Mehrheit hat dafürgestimmt *od.* dafür gestimmt, *aber nur* dafür gestimmt haben nur wenige ↑K47
dag = Deka[gramm]
DAG, die; - = Deutsche Angestellten-Gewerkschaft
da|ge|gen [*auch* 'da:...]; eure Arbeit war gut, seine dagegen schlecht; dagegen sein; etwas, nichts dagegen haben; *vgl.* dagegenhalten, dagegensetzen, dagegensprechen, dagegenstellen
da|ge|gen ha|ben *vgl.* dagegen
da|ge|gen|hal|ten; sie wird dagegenhalten, das sei zu teuer; ob die Wandfarbe zu den Fliesen

passt, sieht man erst, wenn man eine dagegenhält
da|ge|gen sein *vgl.* dagegen
da|ge|gen|set|zen (entgegensetzen, gegen etwas vorbringen); es gibt nichts dagegenzusetzen
da|ge|gen|spre|chen, da|ge|gen spre|chen; weil nichts dagegenspricht *od.* dagegen spricht, *aber nur* dagegen spricht wirklich nichts ↑K47
da|ge|gen|stel|len; die Verwaltung hat sich dagegengestellt (sich widersetzt); die Tür bleibt zu, wenn du einen Stuhl dagegenstellst
da|ge|gen|stim|men, da|ge|gen stim|men; im Parlament wird die Fraktion dagegenstimmen *od.* dagegen stimmen, *aber nur* dagegen stimmt die Opposition ↑K47
Da|ges|tan, der; -, - ⟨nach dem gleichnamigen Gebiet am Kaspischen Meer⟩ (geknüpfter Teppich aus Schafwolle)
Dag|mar (w. Vorn.)
Da|go|bert (m. Vorn.)
Da|gon (Hauptgott der Philister)
Da|guerre [...ˈgɛːɐ̯] (Erfinder der Fotografie); **Da|guer|reo|ty|pie** [...gero...], die; - (fotograf. Verfahren mit Metallplatten)
da|ha|ben (*ugs. für* vorrätig haben); mal sehen, was ich dahabe; *aber* da haben wir den Salat!; mal sehen, was ich da habe (was ich gefunden habe)
da|heim; daheim sein; sich daheim ausruhen; von daheim kommen; **Da|heim,** das; -s
da|heim|blei|ben; er ist daheimgeblieben; **Da|heim|ge|blie|be|ne,** der *u.* die; -n, -n
da|heim|sit|zen; sie hatte lange genug daheimgesessen
da|her [*auch* ˈda:...]; daher (von da) bin ich; daher, dass *u.* daher, weil; von daher (aus diesem Grund) geht das nicht
da|her|flie|gen; ein Luftballon kam dahergeflogen
da|her|ge|lau|fen; ein dahergelaufener Kerl; **Da|her|ge|lau|fe|ne,** der *u.* die; -n, -n
da|her|kom|men; man sah ihn daherkommen; *aber* es wird daher kommen, dass ...
da|her|re|den; dumm daherreden
da|her|rei|ten; sie kam lässig dahergeritten
da|her|stap|fen; er kam gemächlich dahergestapft
da|hier (*veraltet für* an diesem Ort)

da|hin

[*hinweisend:* ˈda:...]
- wie weit ist es [bis] dahin?
- bis dahin ist noch viel Zeit
- dann wird das Geld längst dahin sein (*ugs. für* verloren, aufgebraucht sein)
- da- und dorthin
- er äußerte sich dahin gehend *od.* dahingehend
- ein dahin gehender *od.* dahingehender Antrag

Getrenntschreibung auch in Verbindung mit Verben, wenn »dahin« durch »an diesen Ort« oder »so weit« ersetzt werden kann:
- wir wollen nächstes Jahr wieder dahin fahren
- wie soll ich ohne Auto dahin kommen?
- wir können zu Fuß dahin gehen
- du wirst es noch dahin bringen, dass ...
- es darf nicht dahin kommen, dass ...

Vgl. aber dahinbewegen, dahindämmern, dahineilen usw.

da|hi|n|ab [*auch* ˈda:...]
da|hi|n|auf [*auch* ˈda:...]
da|hi|n|aus [*auch* ˈda:...]
da|hin|be|we|gen, sich (sich gleichmäßig vorwärtsbewegen)
da|hin|däm|mern; ich dämmere dahin
da|hin|durch [*auch* ˈda:...]
da|hin|ei|len (*geh. für* vergehen); die Jahre sind dahingeeilt
da|hi|n|ein [*auch* ˈda:...]
da|hin|fah|ren (*geh. verhüllend für* sterben); sie ist dahingefahren
da|hin|fal|len (*schweiz. für* als erledigt, als überflüssig wegfallen)
da|hin|flie|gen (*geh. für* vergehen); die Zeit ist dahingeflogen
da|hin|flie|ßen; die Erzählung floss sanft dahin
da|hin|ge|gen [*auch* ˈda:...]
da|hin|ge|hen *(geh.);* wie schnell sind die Tage dahingegangen
da|hin ge|hend, da|hin|ge|hend *vgl.* dahin
da|hin|ge|stellt; dahingestellt bleiben, sein; dahingestellt sein lassen
da|hin|le|ben; da|hin|plät|schern; da|hin|raf|fen
da|hin|re|den; da|hin|sa|gen
da|hin|schei|den (*geh. für* sterben)
da|hin|schlep|pen, sich (sich mühsam fortbewegen)
da|hin|schmel|zen *(geh.)*
da|hin|schrei|ten *(geh.)*
da|hin|schwin|den (*geh. für* sich vermindern, abnehmen)
da|hin|se|geln *(geh.);* ich seg[e]le dahin
da|hin|sie|chen; elend dahinsiechen
da|hin|ste|hen (nicht sicher, noch fraglich sein)
da|hin|ster|ben (*geh. für* sterben)
da|hin|ten [*auch* ˈda:...]; dahinten auf der Bank

da|hin|ter

[*hinweisend:* ˈda:...]
- ein Haus mit einem Garten dahinter
- was mag wohl dahinter sein?

Getrenntschreibung auch in Verbindung mit Verben, wenn der Hauptakzent auf dem Verb liegt:
- der Zettel, der dahinter rausguckte, dahinter versteckt war

Vgl. aber dahinterklemmen, dahinterknien usw.

da|hin|ter|her; dahinterher sein (*ugs. für* sich intensiv darum bemühen)
da|hin|ter|klem|men, sich (*ugs. für* mit Nachdruck betreiben)
da|hin|ter|kni|en, sich (*ugs. für* sich anstrengen); sie hat sich dahintergekniet
da|hin|ter|kom|men (*ugs. für* herausfinden); wir werden schon noch dahinterkommen, wer das Fahrrad gestohlen hat
da|hin|ter|set|zen; er ging zu seinem Schreibtisch, um sich dahinterzusetzen; ich werde mich dahintersetzen (*ugs. für* es mit Nachdruck betreiben)
da|hin|ter|ste|cken; du kannst einen Zettel dahinterstecken; ich möchte wissen, was dahintersteckt (*ugs. für* was es zu bedeuten hat)
da|hin|ter|ste|hen (*ugs. für* unterstützen)
da|hi|n|un|ter [*auch* ˈda:...]
Däh|le, die; -, -n (*schweiz. regional für* Föhre)

D
Dähl

Dah|lie, die; -, -n ‹nach dem schwed. Botaniker Dahl› (Zierpflanze); *vgl.* Georgine
da|ho|cken *(ugs.)*
Da|ho|mey [daho'meː], **Da|ho|me** (*früher für* Benin)
Dail Ei|reann ['dɔyl'ɛːrən], der; - - (das irische Abgeordnetenhaus)
Dai|ly ['deːli], die; -, -s (*kurz für* Daily Soap); **Dai|ly Soap** ['deːli 'zoːp], die; - -, - -s ‹engl.› (werktägl. ausgestrahlte triviale Hörspiel- od. Fernsehserie)
Daim|ler (dt. Ingenieur)
Dai|mo|ni|on, das; -s ‹griech.› (die warnende innere Stimme [der Gottheit] bei Sokrates)
[1]**Dai|na,** die; -, Dainos ‹lit.› (lit. Volkslied)
[2]**Dai|na,** die; -, -s ‹lett.› (lett. Volkslied)
Dai|qui|ri [...ki...], der; -[s], -[s] ‹nach einer kuban. Stadt› (ein Cocktail)
Dai|sy ['deːzi] (w. Vorn.)
Da|ka|po *vgl.* Dacapo
Da|kar [*auch* ...'kaːɐ̯] (Hauptstadt von Senegal)
Da|ker ‹*zu* Dakien›; **Da|ke|rin**
Da|ki|en, Da|zi|en (im Altertum das Land zwischen Theiß, Donau u. Dnjestr)
da|kisch; *aber* ↑K 151 : die Dakischen Kriege
Dak|ka *vgl.* Dhaka
[1]**Da|ko|ta,** der; -[s], -[s] (Angehöriger eines nordamerik. Indianerstammes)
[2]**Da|ko|ta** (Staaten in den USA [Nord- u. Süddakota])
dak|ty|lisch ‹griech.› (*Verslehre* aus Daktylen bestehend)
Dak|ty|lo|gramm, das; -s, -e (Fingerabdruck)
Dak|ty|lo|s|ko|pie, die; -, ...ien (Fingerabdruckverfahren)
Dak|ty|lus, der; -, ...ylen (*Verslehre* ein Versfuß)
dal = Dekaliter
Da|lai-La|ma, der; -[s], -s ‹tibet.› (weltl. Oberhaupt des Lamaismus)
da|las|sen; sie hat uns etwas Geld dagelassen; *aber* wenn man das Bild genau da (dort) lässt, wo es sich befindet ...
Dal|be, Dal|ben (*Kurzw. für* Duckdalbe, Duckdalben)
dal|bern (*landsch. veraltend für* albern sein)
Da|lí (span. Maler)
da|lie|gen; er hat wie tot dagelegen; *aber* lass es da (dort) liegen, wo es liegt
Da|li|la *vgl.* Delila
Dalk, der; -[e]s, -e (*südd., österr. ugs. für* ungeschickter Mensch)
dal|ken (*österr. ugs. für* kindisch, dumm reden)
Dal|ken *Plur.* (*österr. für* eine Mehlspeise)
dal|kert (*österr. ugs. für* dumm, ungeschickt; nichtssagend)
Dal|las ['dɛləs] (Stadt in Texas)
Dal|le, die; -, -n (*landsch. für* Delle)
Dal|les, der; - ‹hebr.-jidd.› (*landsch. für* Armut; Not)
dal|li! ‹poln.› (*ugs. für* schnell!); dalli, dalli!
Dal|ma|ti|en (Küstenland an der Adria)
Dal|ma|tik, Dal|ma|ti|ka, die; -, ...ken (liturg. Gewand)
Dal|ma|ti|ner (*auch* Hunderasse; Wein)
dal|ma|ti|nisch, dal|ma|tisch
dam = Dekameter
da|ma|lig; da|mals
Da|mas|kus (Hauptstadt Syriens)
Da|mast, der; -[e]s, -e (ein Gewebe); **da|mast|ar|tig; Da|mast|be|zug; da|mas|ten** (*geh. für* aus Damast)
Da|mas|ze|ner; Damaszener Klinge, Stahl; **da|mas|ze|nisch**
da|mas|zie|ren (Stahl mit flammigen, aderigen Zeichnungen versehen); **Da|mas|zie|rung**
Dam|bock (*Jägerspr. selten für* m. Damhirsch)
Däm|chen
Da|me, die; -, -n (*ohne Artikel kurz für* Damespiel); **Da|me|brett**
Dä|mel, der; -s, - (*ugs. für* Dummkopf, alberner Kerl)
Da|men|bart; Da|men|be|glei|tung; Da|men|be|kannt|schaft
Da|men|be|such
Da|men|bin|de (Monatsbinde)
Da|men|dop|pel *(Sport);* **Da|men|ein|zel** *(Sport)*
Da|men|fahr|rad
Da|men|fri|seur, Da|men|fri|sör; Da|men|fri|seu|rin, Da|men|fri|sö|rin
Da|men|fuß|ball
Da|men|ge|sell|schaft
da|men|haft; Da|men|hut
Da|men|mann|schaft
Da|men|mo|de; Da|men|ober|be|klei|dung; Da|men|re|de; Da|men|sat|tel
Da|men|schnei|der; Da|men|schnei|de|rin
Da|men|ten|nis
Da|men|to|i|let|te
Da|men|wahl (beim Tanz)
Da|men|welt *(scherzh.)*
Da|me|spiel; Da|me|stein
Dam|hirsch
da|misch (*südd., österr. ugs. für* dumm, albern; schwindlig; sehr)
[1]**da|mit** [*auch* 'daː...]; [und] damit basta! *(ugs.);* was soll ich damit tun?
[2]**da|mit;** sie sprach langsam, damit es alle verstanden
Däm|lack, der; -s, *Plur.* -e *u.* -s (*ugs. für* Dummkopf)
Dam|le|der; dam|le|dern
däm|lich (*ugs. für* dumm, albern)
Damm, der; -[e]s, Dämme
Dam|mar, das; -s (Harz südostasiat. Bäume)
Dam|ma|ra|fich|te; Dam|ma|ra|lack
Dam|mar|harz
Damm|bruch, der; -[e]s, ...brüche
däm|men (*auch für* isolieren)
Däm|mer, der; -s (*geh. für* Dämmerung)
däm|me|rig, dämm|rig
Däm|mer|licht, das; -[e]s; **däm|mern;** es dämmert; sie sagt, es dämmere schon
Däm|mer|schein; Däm|mer|schlaf; Däm|mer|schop|pen; Däm|mer|stun|de
Däm|me|rung; däm|me|rungs|ak|tiv; dämmerungsaktive Tiere
Däm|me|rungs|schal|ter (vom Tageslicht abhängiger Lichtschalter)
Däm|mer|zu|stand
Dämm|ma|te|ri|al, Dämm-Ma|te|ri|al; Dämm|mat|te, Dämm-Mat|te
dämm|rig, däm|me|rig
Damm|riss *(Med.)*
Damm|schnitt *(Med.)*
Damm|schutz, der; -es *(Med.)*
Dämm|stoff
Däm|mung (*auch für* Isolierung)
Dam|num, das; -s, ...na ‹lat.› (*Wirtsch.* Abzug vom Nennwert eines Darlehens)
Da|mo|k|les (griech. m. Eigenn.); **Da|mo|k|les|schwert,** das; -[e]s ↑K 136
Dä|mon, der; -s, ...onen ‹griech.›; **dä|mo|nen|haft**
Dä|mo|nie, die; -, ...ien; **Dä|mo|nin**
dä|mo|nisch; dä|mo|ni|sie|ren; Dä|mo|ni|sie|rung
Dä|mo|nis|mus, der; - (Glaube an Dämonen); **Dä|mo|no|lo|gie,** die; -, ...ien (Lehre von den Dämonen); **dä|mo|no|lo|gisch**
Dampf, der; -[e]s, Dämpfe

Dampf|ab|zug (*bes. schweiz. für* Dunstabzug[shaube])
Dampf|bad; Dampf|bü|gel|ei|sen
Dampf|dom *(Technik); vgl.* [2]Dom; **Dampf|druck** *Plur. meist* ...drücke, *seltener* ...drucke
dampf|fen; die Suppe dampft, hat gedampft
dämp|fen; ich dämpfe das Gemüse, den Ton, seinen Zorn usw., habe gedämpft
Damp|fer (*kurz für* Dampfschiff)
Dämp|fer; einen Dämpfer bekommen (*ugs. für* eine Rüge einstecken müssen); jmdm. einen Dämpfer aufsetzen (*ugs. für* jmds. Überschwang dämpfen)
Damp|fer|fahrt; Dampf|hei|zung
damp|fig (voll Dampf)
dämp|fig (kurzatmig [vom Pferd]; *landsch. für* schwül); **Dämp|fig|keit,** die; - (Atembeschwerden bei Pferden)
Dampf|kes|sel; Dampf|koch|topf
Dampfl, das; -s, -n (*österr. für* Vorteig)
Dampf|lok; Dampf|lo|ko|mo|ti|ve
Dampf|ma|schi|ne
Dampf|nu|del
Dampf|plau|de|rer (*ugs. für* Vielredner); **Dampf|plau|de|rin**
Dampf|ra|dio (*ugs. scherzh. für* Rundfunk[gerät]); **Dampf|ross** (*scherzh. für* Dampflokomotive)
Dampf|schiff; Dampf|schiff|fahrt
Dämp|fung (Abschwächung)
Dampf|wal|ze
Dam|wild
Dan, der; -, - ‹jap.› (Rangstufe im Budo)
da|nach [*auch* 'da:...]; sich danach richten; ↑K81: sich um das Danach nicht kümmern
Da|nae [...nae] (Mutter des Perseus)
Da|na|er|ge|schenk (Unheil bringendes Geschenk [der Danaer = Griechen]); ↑K136
Da|na|i|de, die; -, -n *meist Plur.* (Tochter des Danaos)
Da|na|i|den|ar|beit; Da|na|i|den|fass
Da|na|os, Da|na|us (sagenhafter König, Stammvater der Griechen)
Dance|floor ['da:nsflɔ:ɐ̯], der; -s, -s (Tanzfläche; *nur Sing.:* elektron. erzeugte, bes. zum Tanzen geeignete Musik)
Dan|cing [...sɪŋ], das; -s, -s ‹engl.› (Tanz[veranstaltung])
Dan|dy ['dɛndi], der; -s, -s ‹engl.› (sich übertrieben modisch kleidender Mann); **dan|dy|haft**
Dan|dy|is|mus, der; -; **dan|dy|is|tisch; Dan|dy|tum,** das; -s
Dä|ne, der; -n, -n

da|ne|ben

[*hinweisend:* 'da:...]
- das Haus links daneben
- der Schalter muss direkt daneben sein
- sein Aufzug war total daneben (*ugs. für* unpassend, unangebracht)

Getrenntschreibung auch in Verbindung mit Verben, wenn der Hauptakzent auf dem Verb liegt:
- er hat sich direkt daneben postiert, aufgebaut, hingesetzt
- auf dem Tisch liegen Bücher, daneben steht eine Vase

Vgl. aber danebenbenehmen, danebengehen, danebengreifen usw.

da|ne|ben|be|neh|men, sich (*ugs. für* sich unpassend benehmen)
da|ne|ben|ge|hen (*auch ugs. für* misslingen); **da|ne|ben|grei|fen** (*auch für* einen Fehlgriff tun)
da|ne|ben|hau|en (*auch ugs. für* sich irren)
da|ne|ben|le|gen
da|ne|ben|lie|gen (*ugs. auch für* sich irren)
da|ne|ben|schie|ßen (*auch ugs. für* sich irren)
da|ne|ben|set|zen; da|ne|ben|sit|zen; da|ne|ben|ste|hen; da|ne|ben|stel|len
Da|ne|b|rog, Dan|ne|b|rog, der; -[s] ‹dän.› (dän. Flagge)
Dä|ne|mark
Da|ne|werk, das; -[e]s (dän. Grenzwall)
da|nie|den (*veraltet für* [hier] unten auf der Erde)
da|nie|der *(geh.);* **da|nie|der|lie|gen** ↑K48
Da|ni|el [...e:l, *auch* ...ɛl] (m. Vorn.; bibl. Prophet)
Da|ni|e|la (w. Vorn.); **Da|ni|elle** [...'ni̯ɛl] (w. Vorn.)
Dä|nin
dä|nisch ↑K89: Dänische Dogge; ↑K90: der Dänische Wohld (Halbinsel in Schleswig-Holstein); *vgl.* deutsch; **Dä|nisch,** das; -[s] (Sprache); *vgl.* Deutsch; **Dä|ni|sche,** das; -n; *vgl.* [2]Deutsche
dä|ni|sie|ren (dänisch machen)
dank; *Präp. mit Gen. od. Dat., im Plur. meist mit Gen.:* dank meinem Fleiße; dank eures guten Willens; dank raffinierter Verfahren ↑K70
Dank, der; -[e]s; Gott sei Dank!; vielen, herzlichen, tausend Dank!; hab[t] Dank!; sie weiß dir dafür (*auch* dessen) keinen Dank; jmdm. Dank sagen (*vgl.* danksagen), schulden, wissen; mit Dank [zurück]; zu Dank verpflichtet
Dank|ad|res|se; Dank|an|dacht
dank|bar; Dank|bar|keit, die; -
dan|ke!; du musst Danke *od.* danke sagen; danke schön!; ich möchte ihr Danke schön *od.* danke schön sagen; er sagte: »Danke schön!«, *vgl. aber* Dankeschön; **dan|ken**
dan|kens|wert; dan|kens|wer|ter|wei|se
dank|er|füllt *(geh.);* **Dan|kes|be|zei|gung** (*nicht* ...bezeugung)
Dan|ke|schön, das; -s; sie sagte ein herzliches Dankeschön, *vgl. aber* danke
Dan|kes|for|mel; Dan|kes|gruß; Dan|kes|schuld; Dan|kes|wor|te *Plur.*
Dank|ge|bet; Dank|got|tes|dienst
dank|sa|gen, Dank sa|gen ↑K54; du danksagtest *u.* du sagtest Dank; dankgesagt *u.* Dank gesagt; dankzusagen *u.* Dank zu sagen; *aber* ich sage vielen Dank; *vgl.* Dank
Dank|sa|gung; Dank|schrei|ben
Dank|ward (m. Vorn.)
dann; dann und wann; *vgl.* dannzumal *u.* dazumal
Dan|ne|b|rog *vgl.* Danebrog
dan|nen; *nur in* von dannen gehen, eilen *(veraltet)*
dann|zu|mal (*schweiz. für* dann, in jenem Augenblick)
Danse ma|ca|b|re ['dã:s -], der; - -, -s -s [- -] ‹franz.› (Totentanz)
Dan|te Ali|ghi|e|ri [- ...'gi̯ɛ:...] (ital. Dichter)
Dan|tes, Tan|tes *Plur.* ‹span.› (*veraltet für* Spielmarken)
dan|tesk (nach Art der Schöpfungen Dantes); **dan|tisch;** Verse von dantischer Schönheit, die dantischen Werke
Dan|ton [dã'tõ:] (franz. Revolutionär)
Dan|zig (*poln.* Gdańsk)
Dan|zi|ger; Danziger Goldwasser (ein Likör)
Dao usw. *vgl.* Tao usw.
[1]**Daph|ne** (w. Vorn.)

D
Daph

da|r|auf

[*hinweisend:* 'da:...], *(ugs.)* drauf

- ein Topf mit einem Deckel darauf
- ich bin sehr neugierig darauf, wer ...
- wir werden noch darauf zu sprechen kommen

Getrenntschreibung in Verbindung mit Verben, wenn der Hauptakzent auf dem Verb liegt:

- darauf vertrauen, dass ...
- sich darauf einrichten, dass ...
- es darauf angelegt haben
- alles, was darauf folgen wird

Zusammenschreibung in Verbindung mit Verben, wenn der Hauptakzent auf »darauf« liegt:

- ein Tuch darauflegen
- sich vorsichtig daraufsetzen
- du kannst dich ruhig daraufstellen

Gelegentlich sind unterschiedliche Betonungen möglich:

- ich bin einfach nicht darauf gekommen *od.* daraufgekommen (es ist mir nicht eingefallen)
- das Schreiben und der darauf folgende *od.* darauffolgende Briefwechsel
- am darauffolgenden *od.* darauf folgenden Tag ↑K58

Vgl. auch drauflos usw.

²Daph|ne, die; -, -n ‹griech.› (Seidelbast, ein Zierstrauch)
Daph|nia, Daph|nie, die; -, ...ien (Wasserfloh)
dar... (*in Zus. mit Verben,* z. B. dartun, du tust dar, dargetan, darzutun)

da|r|an

[*hinweisend:* 'da:...], *(ugs.)* dran

- es könnte etwas daran sein (*ugs. für* es könnte teilweise zutreffen)
- sie ist nahe daran gewesen, alles aufzugeben

Getrenntschreibung auch in Verbindung mit Verben, wenn der Hauptakzent auf dem Verb liegt:

- daran denken, glauben, zweifeln, dass ...
- wenn er etwas verspricht, muss er sich auch daran halten
- daran teilhaben, teilnehmen
- du wirst gut daran tun, dir das zu merken
- wir sollten lieber nicht daran rühren

Vgl. aber darangeben, darangehen, daranhalten usw.

da|r|an|ge|ben (*auch geh. für* opfern)
da|r|an|ge|hen; er ist endlich darangegangen, die Garage aufzuräumen
da|r|an|hal|ten; du musst dich schon daranhalten (dich anstrengen, beeilen), wenn du fertig werden willst; *aber* wir müssen uns alle daran (an diese Vorschrift) halten ↑K48
da|r|an|ma|chen; wir werden uns daranmachen[,] die Kartoffeln zu schälen; *aber* was kann ich denn daran machen (ändern)? ↑K48
da|r|an|set|zen; sie hat alles darangesetzt, um ihr Ziel zu erreichen ↑K48
da|r|auf *s. Kasten*
da|r|auf fol|gend, da|r|auf|fol|gend *vgl.* darauf
da|r|auf|hin [*auch* 'da:...] (demzufolge, danach, darauf, unter diesem Gesichtspunkt); ihr Vermögen wurde daraufhin beschlagnahmt; wir haben alles daraufhin überprüft, ob ...; *aber* darauf hindeuten; alles deutet darauf hin; er hat darauf hingewiesen, dass ...
da|r|auf kom|men, da|r|auf|kom|men *vgl.* darauf
da|r|auf|le|gen *vgl.* darauf
da|r|auf|los *vgl.* drauflos
da|r|auf|set|zen *vgl.* darauf
da|r|auf|stel|len *vgl.* darauf
da|r|aus [*auch* 'da:...], *ugs.* draus; sich nichts daraus machen; es wird nichts daraus werden
dar|ben (*geh. für* Not, Hunger leiden)
dar|bie|ten *(geh.);* **Dar|bie|tung; Dar|bie|tungs|kunst**
dar|brin|gen; Dar|brin|gung
Dar|da|nel|len *Plur.* (Meerenge zwischen der Ägäis u. dem Marmarameer)
da|r|ein [*auch* 'da:...], *(ugs.:)* drein
da|r|ein|fin|den, drein|fin|den, sich; sie hat sich dareingefunden
da|r|ein|mi|schen, drein|mi|schen, sich; du darfst dich nicht überall dareinmischen; ↑K48
da|r|ein|re|den, drein|re|den; er hat uns ständig dareingeredet
da|r|ein|set|zen (*geh. für* aufbieten, einsetzen); sie hat ihren Ehrgeiz dareingesetzt, als Erste fertig zu sein; ↑K48
Da|r|es|sa|lam (frühere Hauptstadt von Tansania; *vgl.* Dodoma)
Dar|fur (Region in Westsudan)
Darg, Dark, der; -s, -e (*nordd. für* fester Moorgrund, torfartige Schicht)
Dar|ge|bot, das; -[e]s (*Technik* die einer Anlage zur Verfügung stehende [Wasser]menge)
dar|ge|tan *vgl.* dartun
da|r|in [*auch* 'da:...], drin; wir können alle darin (im Wagen) sitzen, *aber* drinsitzen *(vgl. d.);* der Schlüssel bleibt darin (im Schloss) stecken, *aber* drinstecken *(vgl. d.)*
da|r|in|nen [*auch* 'da:...] (*geh. für* drinnen)
Da|ri|us (pers. König)
Dar|jee|ling [...'dʒi:...], der; -[s], -s ‹nach dem Ort› (ind. Tee)
Dark *vgl.* Darg
Dark|room ['da:kru:m], der; -s, -s, **Dark Room,** der; - -s, - -s ‹engl.-amerik.› (abgedunkeltes Nebenzimmer o. Ä. in Homosexuellenlokalen)
dar|le|gen; Dar|le|gung
Dar|le|hen, Dar|lehn, das; -s, -
Dar|le|hens|kas|se, Dar|lehns|kas|se
Dar|le|hens|neh|mer *(Bankw.);* **Dar|le|hens|neh|me|rin**
Dar|le|hens|sum|me, Dar|lehns-

da|r|ü|ber

[*hinweisend:* 'da:...], *(ugs.)* drüber – sie ist darüber sehr böse – darüber hinaus habe ich keine Fragen *Getrenntschreibung in Verbindung mit Verben, wenn der Hauptakzent auf dem Verb liegt:* – wir haben uns darüber gestritten – wir müssen darüber reden *Zusammenschreibung in Verbindung mit Verben, wenn der Hauptakzent auf »darüber« liegt:* – mit der Hand darüberfahren – sich darübermachen (*ugs. für* mit etw. beginnen) – die Vorwürfe stören uns nicht, weil wir darüberstehen (darüber erhaben sind)	*Gelegentlich sind unterschiedliche Betonungen möglich:* – wir haben ein Brett darübergelegt, *aber* du solltest das Brett darüber legen, nicht hierüber – da steht ein Karton, pass auf, dass du nicht darüberfällst *od.* darüber fällst *Vgl. auch* darüber hinaus

sum|me; **Dar|le|hens|ver|trag,** Dar|lehns|ver|trag; **Dar|le|hens|zins,** Dar|lehns|zins, der; -es, -en
Dar|lehn usw. *vgl.* Darlehen usw.
Dar|ling, der; -s, -s ‹engl.› (*svw.* Liebling)
Darm, der; -[e]s, Därme
Darm|bak|te|rie *meist Plur.* (im Darm lebende Bakterie)
Darm|blu|tung; Darm|bruch; Darm|ent|lee|rung; Darm|er|kran|kung
Darm|flo|ra *Plur. selten* (*Med.* Gesamtheit der im Darm lebenden Bakterien)
Darm|in|fek|ti|on; Darm|in|halt; Darm|ka|nal; Darm|ka|tarrh; Darm|krank|heit; Darm|krebs; Darm|krebs|prä|ven|ti|on; Darm|pa|ra|sit; Darm|po|lyp; Darm|sai|te; Darm|spie|ge|lung *(Med.);* **Darm|spü|lung**
Darm|stadt (Stadt in Hessen); **Darm|städ|ter; Darm|städ|te|rin**
darm|städ|tisch
Darm|tä|tig|keit; Darm|träg|heit; Darm|trakt; Darm|ver|schlin|gung; Darm|ver|schluss; Darm|vi|rus; Darm|wand; Darm|wind
dar|nach, dar|ne|ben, dar|nie|der (*älter für* danach usw.)
da|r|ob [*auch* 'da:...], drob (*veraltet für* deswegen)
Dar|re, die; -, -n (*fachspr. für* Trocken- od. Röstvorrichtung; *auch svw.* Darrsucht)
dar|rei|chen *(geh.);* **Dar|rei|chung** *(geh.)*
dar|ren (*fachspr. für* dörren, trocknen, rösten)
Darr|ge|wicht; Darr|malz; Darr|ofen; Darr|sucht (eine Tierkrankheit); **Dar|rung**
Darß, der; -es *od.* - (Halbinsel an der Ostseeküste); Darßer Ort

dar|stell|bar; dar|stel|len; darstellende Geometrie
Dar|stel|ler; Dar|stel|le|rin
dar|stel|le|risch; Dar|stel|lung
Dar|stel|lungs|form; Dar|stel|lungs|kunst; Dar|stel|lungs|mit|tel; Dar|stel|lungs|wei|se
Darts, das; - ‹engl.› (ein Wurfpfeilspiel)
dar|tun (zeigen); dargetan
da|r|ü|ber *s. Kasten*
da|r|ü|ber|fah|ren *vgl.* darüber
da|r|ü|ber|fal|len *vgl.* darüber
da|r|ü|ber hi|n|aus (außerdem); es gab darüber hinaus nicht viel Neues; *aber* darüber hinausgehende *od.* darüberhinausgehende Informationen; das Darüberhinausgehende *od.* darüber Hinausgehende
da|r|ü|ber|le|gen *vgl.* darüber
da|r|ü|ber|ma|chen *vgl.* darüber
da|r|ü|ber|ste|hen *vgl.* darüber
da|r|ü|ber|stel|len *vgl.* darüber
da|r|um [*auch* 'da:...], *ugs.* drum; darum herum; nicht darum herumkommen; er hat nur darum herumgeredet
da|r|um|kom|men (nicht bekommen); er ist darumgekommen; *aber* weil sie nur darum (aus diesem Grunde) kommt
da|r|um|le|gen (um etwas legen); sie hat Mull darumgelegt
da|r|um|ste|hen (um etwas stehen); sie sah das Auto und die Leute, die darumstanden
da|r|un|ter [*auch* 'da:...], *ugs.* drun|ter; es sollen auch kleine Kinder darunter sein; *vgl. auch* darüber
da|r|un|ter|fal|len (dazugehören, betroffen sein); auch Minderjährige waren darunterfallen ↑K47 *u.* 48

da|r|un|ter|le|gen; du kannst eine Decke darunterlegen ↑K47 *u.* 48
da|r|un|ter|lie|gen; die Schätzungen haben darunterlegen (waren niedriger) ↑K47 *u.* 48
da|r|un|ter|set|zen; sie muss noch ihre Unterschrift daruntersetzen ↑K47 *u.* 48
Dar|win (engl. Naturforscher)
dar|wi|nisch, dar|winsch; die darwinische Lehre; darwinsche *od.* Darwin'sche Lehre ↑K135 *u.* 89
Dar|wi|nis|mus, der; - (Lehre Darwins)
Dar|wi|nist, der; -en, -en; **Dar|wi|nis|tin; dar|wi|nis|tisch**
das *(Nom. u. Akk.); vgl.* der; alles das, was ich gesagt habe; *vgl. auch* das/dass
das / dass *s. Kasten Seite 308*
da sein *vgl.* da
Da|sein, das; -s
Da|seins|angst
da|seins|be|din|gend
Da|seins|be|rech|ti|gung
Da|seins|form; Da|seins|freu|de
da|seins|hung|rig
Da|seins|kampf, der; -[e]s
da|seins|mä|ßig (*für* existenziell)
Da|seins|recht; Da|seins|vor|sor|ge; Da|seins|wei|se; Da|seins|zweck
da|selbst (*geh. veraltend für* dort)
das heißt (*Abk.* d. h.); ↑K105; alle seine Freunde werden ihn am 27. August, d. h. an seinem Geburtstag, besuchen; wir weisen darauf hin, dass der Teilnehmerkreis gemischt ist, d. h., dass ein Teil bereits gute Fachkenntnisse besitzt
das ist (*Abk.* d. i.); ↑K105
da|sit|zen; wenn ihr so dasitzt ...; *aber* er soll da (dort) sitzen
das|je|ni|ge; *Gen.* desjenigen, *Plur.* diejenigen

das / dass

Mit nur einem s schreibt man das rückbezügliche Fürwort (Relativpronomen) »das«: – Er betrachtete ein Bild, das an der Wand hing. *»Das« bezieht sich auf ein Substantiv im vorangegangenen (Haupt)satz und lässt sich meist durch »welches« ersetzen.* *Ebenfalls mit nur einem s schreibt man das Demonstrativpronomen »das«:* – Das habe ich nicht gewollt. *Hier lässt sich »das« meist durch »dieses« ersetzen.* *Schließlich wird auch der sächliche Artikel mit nur einem s geschrieben:* – Sie hoffte, das Hospital bald verlassen zu können. *Auch hier lässt sich »das« meist durch »dieses« ersetzen.*	*In allen anderen Fällen handelt es sich um die mit zwei s zu schreibende Konjunktion (das Bindewort) »dass«:* – Ich weiß, dass es schon ziemlich spät ist. – Dass es schon ziemlich spät ist, weiß ich. *Die Konjunktion »dass« verbindet Nebensätze meist mit Hauptsätzen, in denen Verben wie »behaupten, bestätigen, denken, glauben, hoffen, meinen, sagen, versprechen, wissen« usw. vorkommen. Sie kann nicht durch »dieses« oder »welches« ersetzt werden.*

D

dass

dass; sodass *od.* so dass; auf dass *(veraltet);* bis dass *(veraltet);* ich glaube, dass ...; dass-Satz *od.* Dasssatz; *vgl. auch* das/dass

das|sel|be; *Gen.* desselben, *Plur.* dieselben; es ist alles ein und dasselbe

Das|sel|beu|le; Das|sel|flie|ge

dass-Satz, Dass|satz

da|ste|hen; fassungslos, steif dastehen; die Firma hat glänzend dagestanden (war wirtschaftlich gesund); ein einmalig dastehender Fall; *aber* er soll da (dort) stehen, nicht hier ↑K 48

Da|sy|me|ter, das; -s, - ‹griech.› (Gasdichtemesser)

dat. = datum

Dat. = Dativ

DAT, das; -[s] ‹*zu* engl. digital audio tape› (*kurz für* DAT-System)

Da|ta-Mi|ning, Da|ta|mi|ning [ˈdeːtəmaɪ̯nɪŋ], das; -s, -s ‹engl.› (*EDV* softwaregestützte Auswertung von Daten hinsichtlich bestimmter Regelmäßigkeiten zur Ermittlung verborgener Zusammenhänge, Trends o. Ä., z. B. in der Konsumforschung)

Date [deːt], das; -s, -s ‹amerik.› (*ugs. für* Verabredung, Treffen)

Da|tei (Beleg- u. Dokumentensammlung, bes. in der EDV)

Da|tei|an|hang; da|tei|ba|siert *(EDV);* **Da|tei|for|mat; Da|tei|na|me; Da|tei|sys|tem**

Da|ten (*Plur. von* Datum; Zahlenwerte; Angaben); Daten verarbeitende *od.* datenverarbeitende Maschinen; **Da|ten|ab|gleich**

Da|ten|au|to|bahn (*EDV* Telekommunikationsnetz zur schnellen Übertragung großer Datenmengen)

Da|ten|bank *Plur.* ...banken; **da|ten|bank|ge|stützt**

Da|ten|be|stand; Da|ten|dieb|stahl; Da|ten|er|fas|sung

Da|ten|high|way (*EDV svw.* Datenautobahn)

Da|ten|kar|te (*EDV* Steckkarte zur Verbindung eines Notebooks mit dem Internet)

Da|ten|klau, der; -s (*ugs. für* Diebstahl von elektronisch gespeicherten Daten)

Da|ten|kom|pri|mie|rung; Da|ten|ma|te|ri|al; Da|ten|men|ge; Da|ten|netz; Da|ten|pan|ne

Da|ten|ra|te (*EDV* Geschwindigkeit der Datenübertragung)

Da|ten|sa|lat *(ugs.);* **Da|ten|satz** *(EDV)*

Da|ten|schat|ten, der; -s (bei der Benutzung eines Computers hinterlassene elektronische Spur)

Da|ten|schutz, der; -es; **Da|ten|schutz|be|auf|trag|te; Da|ten|schutz|be|hör|de; Da|ten|schüt|zer; Da|ten|schüt|ze|rin; Da|ten|schutz|ge|setz; Da|ten|schutz|kom|mis|si|on; da|ten|schutz|recht|lich**

Da|ten|si|cher|heit

Da|ten|spei|cher; Da|ten|spei|che|rung; Da|ten|trä|ger

Da|ten|ty|pist; Da|ten|ty|pis|tin

Da|ten|über|tra|gung

Da|ten ver|ar|bei|tend, da|ten|ver|ar|bei|tend ↑K 58; **Da|ten|ver|ar|bei|tung** (*Abk.* DV); elektronische Datenverarbeitung (*Abk.* EDV); **Da|ten|ver|ar|bei|tungs|an|la|ge**

da|tie|ren ‹franz.› ([Brief usw.] mit Zeitangabe versehen); einen Brief [auf den 5. Mai] datieren; die Handschrift datiert (stammt) aus dem 4. Jh.; der Brief datiert (trägt das Datum) vom 1. Oktober; **Da|tie|rung**

Da|tiv, der; -s, -e ‹lat.› (*Sprachwiss.* Wemfall, 3. Fall; *Abk.* Dat.); das Dativ-e; **Da|tiv|ob|jekt**

Da|ti|vus ethi|cus, der; - -, ...vi ...ci *(Sprachwiss.)*

da|to ‹lat.› (*Kaufmannsspr. veraltet für* heute); bis dato (bis heute); **Da|to|wech|sel** (*Bankw.* der auf eine bestimmte Zeit nach dem Ausstellungstag zahlbar gestellte Wechsel)

DAT-Re|kor|der (Gerät zur Aufnahme u. Wiedergabe von Digitaltonbändern)

Dat|scha, die; -, *Plur.* -s *od.* ...schen ‹russ.› (russ. Holzhaus, Wochenendhaus); **Dat|sche,** die; -, -n (*regional für* bebautes Wochenendgrundstück)

DAT-Sys|tem, das; -s (techn. Verfahren, durch das akustische Signale digital auf einem Magnetband gespeichert werden)

Dat|tel, die; -, -n; **Dat|tel|pal|me**

da|tum ‹lat., »gegeben«› (*veraltet für* geschrieben; *Abk.* dat.); **Da|tum,** das; -s, ...ten; *vgl.* Daten

Da|tums|an|ga|be; Da|tums|gren|ze; Da|tums|stem|pel

Dau, Dhau [dau̯], die; -, -en ‹arab.› (arab. Segelschiff)

DAU, der; -s, -s (*ugs. scherzh. für* dümmster anzunehmender User)

Dau|be, die; -, -n (Seitenbrett eines

Fasses; hölzernes Zielstück beim Eisschießen)
Dau|bel, die; -, -n (*österr. für* Fischnetz)
Dau|er, die; -, *Plur. fachspr. gelegentlich* -n
Dau|er|ar|beits|lo|se; Dau|er|ar|beits|lo|sig|keit
Dau|er|auf|trag; Dau|er|aus|stel|lung; Dau|er|aus|weis; Dau|er|be|las|tung; Dau|er|be|schäf|ti|gung; Dau|er|be|trieb; Dau|er|bom|bar|de|ment; Dau|er|bren|ner; Dau|er|ein|rich|tung; Dau|er|frost; Dau|er|gast *Plur.* ...gäste; **Dau|er|ge|schwin|dig|keit**
dau|er|haft
Dau|er|haf|tig|keit, die; -
Dau|er|kar|te
Dau|er|kun|de; Dau|er|kun|din
Dau|er|lauf; Dau|er|leih|ga|be
Dau|er|lö|sung; Dau|er|lut|scher
Dau|er|mie|ter; Dau|er|mie|te|rin
¹dau|ern; es dauert lange; sie sagt, es dau[e]re nicht lange
²dau|ern (*geh. für* leidtun); es dauert mich; mich dauert jeder Cent
dau|ernd
Dau|er|par|ker; Dau|er|par|ke|rin
Dau|er|re|gen; Dau|er|ritt
Dau|er|scha|den; Dau|er|stel|lung
Dau|er|stress; Dau|er|test; Dau|er|ton *Plur.* ...töne; **Dau|er|wel|le; Dau|er|wurst; Dau|er|zu|stand**
Däum|chen; Däu|me|lin|chen (eine Märchengestalt)
Dau|men, der; -s, -
Dau|men|ab|druck *Plur.* ...abdrücke; **Dau|men|bal|len**
dau|men|breit; ein daumenbreiter Abstand, *aber* der Abstand ist zwei Daumen breit; **dau|men|dick** *vgl.* daumenbreit
Dau|men|ki|no (kleiner Block mit Bildern, die beim raschen Aufblättern eine Art Zeichentrickfilm ergeben)
Dau|men|lut|scher; Dau|men|lut|sche|rin
Dau|men|na|gel
Dau|men|re|gis|ter; Dau|men|schrau|be
Dau|mi|er [doˈmi̯eː] (franz. Grafiker, Zeichner u. Maler)
Däum|ling (Daumenschutzkappe; *nur Sing.:* eine Märchengestalt)
Dau|ne, die; -, -n (Flaumfeder)
Dau|nen|bett; Dau|nen|de|cke; Dau|nen|fe|der; Dau|nen|ja|cke; Dau|nen|kis|sen; dau|nen|weich
Dau|phin [doˈfɛ̃ː], der; -s, -s ‹franz.› (*früher* franz. Thronfolger)
Dau|phi|né [do...], die; - (franz. Landschaft)
¹Daus; ei der Daus! (veralteter Ausruf des Erstaunens)
²Daus, das; -es, *Plur.* Däuser, *auch* -e ‹lat.› (zwei Augen im Würfelspiel; Ass in der Spielkarte)
Da|vid [...f..., *auch* ...v...] (m. Vorn.; bibl. König); **Da|vid[s]|stern** *vgl.* ²Stern
Da|vis|cup, Da|vis-Cup, Da|vis|po|kal, Da|vis-Po|kal [ˈdeː...], der; -s ↑K136 ‹nach dem amerik. Stifter› (internationaler Tenniswanderpreis); **Da|vis|po|kal|mann|schaft, Da|vis-Po|kal-Mann|schaft**
Da|vis|stra|ße, Da|vis-Stra|ße [ˈdeː...], die; - ‹nach dem Entdecker› (Durchfahrt zwischen Grönland u. Nordamerika)
Da|vit [ˈdɛvɪt], der; -s, -s ‹engl.› (*Seew.* dreh- u. schwenkbarer Schiffskran)

da|von

[*hinweisend:* ˈdaː...]

- sie wird auf und davon laufen
- er will etwas davon, viel davon, nichts davon haben
- es ist nichts davon (von der bezeichneten Sache) geblieben; es ist davon gekommen, dass ...; sie können nicht davon lassen

Vgl. aber davonbleiben, davonkommen, davonlassen usw.

da|von|blei|ben (sich entfernt halten, nicht anfassen); er sollte besser davonbleiben; *vgl.* davon
da|von, dass
da|von|fah|ren (wegfahren)
da|von|ge|hen (weggehen)
da|von|kom|men (glücklich entrinnen); er ist noch einmal davongekommen; *vgl.* davon
da|von|las|sen; er soll die Finger davonlassen (sich nicht damit abgeben)
da|von|lau|fen (weglaufen); wenn sie davonläuft; ↑K82: es ist zum Davonlaufen; *aber* auf und davon laufen
da|von|ma|chen, sich (*ugs.*); er hat sich davongemacht
da|von|steh|len, sich (sich unbemerkt entfernen)
da|von|tra|gen (wegtragen); weil er den Sack davontrug; er hat den Sieg davongetragen (errungen)
da|von|zie|hen (sich entfernen); sie sind singend davongezogen
da|vor [*auch* ˈdaː...]; ich fürchte mich davor; davor war alles gut; einen Vorhang davorhängen, *aber* sie hat den Vorhang davor gehängt, nicht hiervor ↑K47 *u.* 48
da|vor|schie|ben; einen Riegel davorschieben; *vgl.* davor
da|vor|ste|hen; sie haben davorgestanden; *vgl.* davor
Da|vos (Kurort in der Schweiz); **Da|vo|ser; Da|vo|se|rin**
Da|vy [ˈdeːvi] (engl. Chemiker); **da|vysch** ↑K135 *u.* 89: davysche *od.* Davy'sche Lampe
da|wai! ‹russ.› (los!); dawai, dawai! (los, los!)
Dawes [dɔːs] (amerik. Finanzmann); **Dawes|plan, Dawes-Plan,** der; -[e]s
da|wi|der (*veraltet für* dagegen); dawider sein
da|wi|der|re|den (*veraltet für* das Gegenteil behaupten); sie hat dawidergeredet
DAX®, Dax, der; - (Kennzahl für die Wertentwicklung der 30 wichtigsten deutschen Aktien)
Day-Tra|ding, Day|tra|ding [ˈdeɪtreɪdɪŋ], das; -s ‹engl. »Tageshandel«› (kurzfristiger Handel mit Aktien [über das Internet])
DaZ = Deutsch als Zweitsprache
Da|zi|en, Da|zi|er usw. *vgl.* Daker, Dakien usw.

da|zu

[*hinweisend:* ˈdaː...]

- sie sind nicht dazu bereit
- er war nicht dazu gekommen, zu antworten
- die Entwicklung wird dazu führen, dass ...
- weil viel Mut dazu gehört
- dazu bin ich gut genug

Vgl. aber dazubekommen, dazugeben, dazugehören usw.

da|zu|be|kom|men (zusätzlich bekommen); sie hat noch zwei Äpfel dazubekommen
da|zu|ge|ben (hinzutun); du musst noch etwas Mehl dazugeben
da|zu|ge|hö|ren (zu jmdm. od. etw. gehören); er wünscht sich[,] dazuzugehören; *vgl.* dazu
da|zu|ge|hö|rig
da|zu|ge|win|nen (zusätzlich gewinnen; sich verbessern)

D dazu

da|zu|hal|ten, sich (*landsch. für* sich anstrengen, beeilen)
da|zu|kom|men (hinzukommen); es sind noch Gäste dazugekommen; *aber* ↑K47: dazu kommt, dass ...; *vgl.* dazu
da|zu|kön|nen (*ugs. für* dafürkönnen)
da|zu|le|gen (zu etwas anderem legen); du kannst deine Tasche dazulegen
da|zu|ler|nen (zusätzlich, neu lernen); um [etwas] dazuzulernen
da|zu|mal; anno dazumal
da|zu|rech|nen (rechnend hinzufügen)
da|zu|schau|en (*österr. für* sich anstrengen); er muss dazuschauen, dass er fertig wird
da|zu|schrei|ben (hinzufügen); er hat einige Zeilen dazugeschrieben
da|zu|set|zen (hinzusetzen); sie hat sich am Nachbartisch dazugesetzt; *aber* du musst dich dazu (zu dieser Tätigkeit) setzen
da|zu|tun (hinzutun); er hat einen Apfel dazugetan; *aber* was kann ich noch dazu tun?
Da|zu|tun, das (Hilfe, Unterstützung); ohne mein Dazutun
da|zu|ver|die|nen (zusätzlich verdienen); in den Ferien hat sie sich etwas dazuverdient

da|zwi|schen

[*seltener* 'da:...]

- dazwischen hindurchgehen
- genau dazwischen sein
- sich genau dazwischen befinden

Vgl. aber dazwischenfahren, dazwischenfragen, dazwischengehen usw.

da|zwi|schen|fah|ren (sich in etwas einmischen, Ordnung schaffen); du musst mal ordentlich dazwischenfahren
da|zwi|schen|fra|gen; er hat ständig dazwischengefragt
da|zwi|schen|fun|ken (*ugs. für* sich in etwas einschalten, etwas durchkreuzen); der Chef hat dauernd dazwischengefunkt
da|zwi|schen|ge|hen (*auch ugs. für* sich einschalten)
da|zwi|schen|kom|men (*auch übertr. für* sich in etwas einmischen)
Da|zwi|schen|kunft, die; -, ...künfte (*veraltet*)
da|zwi|schen|lie|gen; die Wahrheit wird irgendwo dazwischenliegen, *aber nur* dazwischen liegen mehrere Haltestellen ↑K47
da|zwi|schen|qua|ken (*ugs. für* dazwischenreden)
da|zwi|schen|re|den; er hat ständig dazwischengeredet
da|zwi|schen|ru|fen; sie hat ständig dazwischengerufen
da|zwi|schen|schal|ten; ein dazwischengeschaltetes Modul
da|zwi|schen|schla|gen (mit Schlägen in eine Auseinandersetzung o. Ä. eingreifen)
da|zwi|schen|tre|ten (*auch übertr. für* schlichten, ausgleichen); **Da|zwi|schen|tre|ten,** das; -s
Dazz|ler ['dɛslɐ], der; -s, - ⟨engl.⟩ (Zahnschmuck)
dB = *Zeichen für* Dezibel
[1]**DB,** die; - = Deutsche Bücherei
[2]**DB,** die; - = Deutsche Bundesbahn (bis 1993); Deutsche Bahn (ab 1994)
DBB, der; - = Deutscher Beamtenbund
DBD, die; - = Demokratische Bauernpartei Deutschlands (*in der DDR*)
DB-ei|gen; DB-eigene Einrichtungen
DBGM = Deutsches Bundes-Gebrauchsmuster
DBP = Deutsches Bundespatent
d. c. = da capo
D. C. [di:'si] = District of Columbia
d. d. = de dato
Dd. = doctorandus; *vgl.* Doktorand
D-Day ['di:deɪ], der; -s, -s ⟨engl.⟩ (Bez. für den Tag, an dem ein größeres [militärisches] Unternehmen beginnt; Tag X)
DDD = digitale Aufnahme, digitale Bearbeitung, digitale Wiedergabe; *vgl.* AAD
DDr. (*österr.*) = Dr. Dr.
DDR, die; - = Deutsche Demokratische Republik (1949–1990)
DDR-Bür|ger; DDR-Bür|ge|rin
DDR-Zeit; zu DDR-Zeiten
DDT®, das; - ⟨*aus* Dichlordiphenyltrichlorethan⟩ ([heute weitgehend verbotenes] Insektenvernichtungsmittel)
D-Dur ['de:du:ɐ̯, *auch* 'de:'du:ɐ̯], das; -[s] (Tonart; *Zeichen* D); **D-Dur-Ton|lei|ter** ↑K26
DE = Delaware
Dead|line ['dɛtlain], die; -, -s ⟨engl.⟩ (letzter Termin)
de|ak|ti|vie|ren, des|ak|ti|vie|ren (in einen nicht aktiven Zustand versetzen)
Deal [di:l], der; -s, -s (*ugs. für* Handel, Geschäft)
dea|len ⟨engl.⟩ (illegal mit Rauschgift handeln); **Dea|ler,** der; -s, - (Rauschgifthändler); **Dea|le|rin**
Dean [di:n], James (amerik. Schauspieler)
Death Val|ley ['dɛθ 'vɛli] - -[s] (wüstenhaftes Tal im Osten Kaliforniens)
De|ba|kel, das; -s, - ⟨franz.⟩ (Zusammenbruch; Niederlage)
De|bat|te, die; -, -n ⟨franz.⟩ (Erörterung [im Parlament])
De|bat|ter ⟨engl.⟩ (*svw.* Debattierer); **De|bat|te|rin**
de|bat|tie|ren ⟨franz.⟩ (erörtern, verhandeln); **De|bat|tie|rer** (jmd., der an einer Debatte teilnimmt, der debattiert); **De|bat|tie|re|rin; De|bat|tier|fo|rum**
De|bat|tier|klub, De|bat|tier|club
de Beau|voir [də bo'vo̯a:ɐ̯] *vgl.* Beauvoir, de
De|bet, das; -s, -s ⟨lat.⟩ (*Bankw.* Sollseite eines Kontos)
de|bil ⟨lat.⟩ (*Med.* an Debilität leidend); **De|bi|li|tät,** die; - (*Med. veraltet für* leichte geistige Behinderung)
de|bi|tie|ren ⟨lat.⟩ (*Bankw.* jmdn., ein Konto belasten)
De|bit|kar|te [...'bi:...] (Geldkarte)
De|bi|tor, der; -s, ...oren *meist Plur.* (Schuldner, der Waren auf Kredit bezogen hat); **De|bi|to|ren|kon|to; De|bi|to|rin**
[1]**De|bo|ra** (bibl. w. Eigenn.)
[2]**De|bo|ra, De|bo|rah** (w. Vorn.)
De|b|re|cen (Stadt in Ungarn)
De|b|re|czin [...tsi:n], **De|b|re|zin** (*im Dt. gebräuchliche Formen von* Debrecen)
De|b|re|czi|ner, De|b|re|zi|ner, die; -, - (stark gewürztes Würstchen)
De|bus|sy [dəby'si:] (franz. Komponist)
De|büt [...'by:], das; -s, -s ⟨franz.⟩ (erstes Auftreten)
De|bü|tant, der; -en, -en (erstmalig Auftretender; Anfänger); **De|bü|tan|tin; De|bü|tan|tin|nen|ball**
de|bü|tie|ren
De|c|a|me|ro|ne, der, *auch* das; -s ⟨ital.⟩ (*vgl.* Dekameron)
De|cha|nat, De|ka|nat, das; -[e]s, -e ⟨lat.⟩ (Amt od. Sprengel eines Dechanten, Dekans)
De|cha|nei, De|ka|nei (Wohnung eines Dechanten)

De|chant [*auch, österr. nur,* ˈdɛ...], der; -en, -en, **De|kan**, der; -s, -e ‹lat.›; (höherer kath. Geistlicher, Vorsteher eines kath. Kirchenbezirkes u. a.); **De|chan|tin**, De|ka|nin

De|cher, das *od.* der; -s, - ‹lat.› (früheres deutsches Maß [= 10 Stück] für Felle u. Rauchwaren)

de|chif|f|rie|ren [deʃ...] ‹franz.› ([Geheimschrift, Nachricht] entschlüsseln); **De|chif|f|rie|rung**

Dech|sel, die; -, -n (beilähnliches Werkzeug)

De|ci|mus (röm. m. Vorn.; *Abk.* D.)

Deck, das; -[e]s, *Plur.* -s, *selten* -e

Deck|ad|res|se; Deck|an|schrift; Deck|auf|bau|ten *Plur.; Deck***bett; Deck|blatt**

De|cke, die; -, -n

De|ckel, der; -s, -

De|ckel|glas *Plur.* ...gläser; **De|ckel|kan|ne; De|ckel|krug**

de|ckeln (*ugs. auch für* rügen; [Ausgaben] begrenzen); ich deck[e]le; **De|cke|lung** *(ugs.)*

de|cken

De|cken|be|leuch|tung; De|cken|flu|ter (zur Decke strahlende Standleuchte); **De|cken|ge|mäl|de; De|cken|kon|s|t|ruk|ti|on; De|cken|lam|pe; De|cken|ma|le|rei; De|cken|ven|ti|la|tor**

Deck|far|be; Deck|haar; Deck|hengst; Deck|man|tel; Deck|na|me; Deck|plat|te

Deck[s]|la|dung; Deck[s]|last

Deck[s]|of|fi|zier *(Seew.);* **Deck[s]|of|fi|zie|rin; Deck[s]|plan|ke**

De|ckung

De|ckungs|bei|trag *(Wirtsch.)*

De|ckungs|feh|ler *(Sport)*

de|ckungs|gleich (*für* kongruent)

De|ckungs|kar|te *(Kfz-Versicherung);* **De|ckungs|lü|cke; De|ckungs|sum|me** *(Versicherungsw.)*

Deck|weiß; Deck|wort *Plur.* ...wörter

De|co|der (*Elektronik* Datenentschlüssler); **de|co|die|ren**, de|ko|die|ren (eine Nachricht entschlüsseln); **De|co|die|rung**, De|ko|die|rung

De|col|la|ge [...ʒə], die; -, -n ‹franz.› (Kunstwerk, das durch zerstörende Veränderung von Materialien entsteht)

De|col|la|gist, der; -en, -en (Künstler, der Decollagen herstellt); **De|col|la|gis|tin**

de|cou|ra|giert [...kuraˈʒiːɐ̯t] ‹franz.› (*veraltend für* verzagt)

de|cresc. = decrescendo

de|cre|scen|do [...ˈʃɛ...] ‹ital.› (*Musik* abnehmend; *Abk.* decresc.); **De|cre|scen|do**, das; -s, *Plur.* -s *u.* ...di *(Musik)*

de da|to *vgl.* a dato

De|di|ka|ti|on, die; -, -en ‹lat.› (Widmung; Geschenk); **de|di|zie|ren** (widmen; schenken)

De|duk|ti|on, die; -, -en ‹lat.› (*Philos.* Herleitung des Besonderen aus dem Allgemeinen; Beweis); **De|duk|ti|ons|the|o|rem**

de|duk|tiv [*auch* ˈdeː...]

de|du|zier|bar; de|du|zie|ren

Deep|link [ˈdiːplɪŋk] ‹engl.› (*EDV* Link auf eine Internetseite, der nicht zur Startseite, sondern zu einer Unterseite führt)

Deern, die; -, -s (*nordd. für* Mädchen)

De|es|ka|la|ti|on [*auch* ˈdeː...], die; -, -en ‹franz.-engl.› (stufenweise Abschwächung); **de|es|ka|lie|ren** [*auch* ˈdeː...]

DEFA, die; - = Deutsche Film-AG

de fac|to ‹lat.› (tatsächlich [bestehend]); **De-fac|to-An|er|ken|nung** ↑K26 ; **De-fac|to-Re|gie|rung**

De|fä|ka|ti|on, die; -, -en ‹lat.› (*Med.* Stuhlentleerung); **de|fä|kie|ren**

De|fä|tis|mus, *schweiz. auch* **De|fai|tis|mus** [...fɛ...], der; - ‹franz.› (Hoffnungslosigkeit, Neigung zum Aufgeben); **De|fä|tist**, *schweiz. auch* **De|fai|tist** [...fɛ...], der; -en, -en (jmd., der mut- u. hoffnungslos ist); **De|fä|tis|tin**, *schweiz. auch* **De|fai|tis|tin; de|fä|tis|tisch**, *schweiz. auch* **de|fai|tis|tisch** [...fɛ...]

De|fault [dɪˈfɔːlt], das *od.* der; -s, -s ‹engl.› (*EDV* Voreinstellung, Standardeinstellung); **de|fault|mä|ßig** *(EDV)*

de|fekt ‹lat.› (schadhaft; fehlerhaft); **De|fekt**, der; -[e]s, -e

de|fek|tiv [*auch* ˈdeː...] (mangelhaft)

De|fek|ti|vum, das; -s, ...va (*Sprachwiss.* nicht an allen grammatischen Möglichkeiten seiner Wortart teilnehmendes Wort, z. B. »Leute« [ohne Singular])

de|fen|siv [*auch* ˈdeː...] ‹lat.› (verteidigend); **De|fen|si|ve**, die; -, -n *Plur. selten* (Verteidigung)

De|fen|siv|krieg

De|fen|siv|spiel *(Sport);* **De|fen|siv|spie|ler; De|fen|siv|spie|le|rin**

De|fen|siv|stel|lung; De|fen|siv|tak|tik

De|fen|sor, der; -s, ...oren (Verteidiger, *z. B. in* Fidei Defensor = Verteidiger des Glaubens [Ehrentitel des engl. Königs])

De|fe|r|eg|gen, das; -s (österr. Alpental); **De|fe|r|eg|gen|tal**, **De|fe|r|eg|gen-Tal**

De|fi|b|ril|la|ti|on, die; -, -en (*Med.* Beseitigung von Herzmuskelstörungen); **De|fi|b|ril|la|tor**, der; -s, ...oren

De|fi|lee [*schweiz.* ˈde...], das; -s, *Plur.* -s, *schweiz. nur so, sonst auch* ...leen ‹franz.› ([parademäßiger] Vorbeimarsch)

de|fi|lie|ren (parademäßig od. feierlich vorbeiziehen)

de|fi|nier|bar

de|fi|nie|ren ‹lat.› ([einen Begriff] erklären, bestimmen)

de|fi|nit (bestimmt); definite Größen (*Math.* Größen, die immer das gleiche Vorzeichen haben)

De|fi|ni|ti|on, die; -, -en

de|fi|ni|tiv [*auch* ˈdeː...] (endgültig, abschließend); definitiv stellen (*österr. für* auf Lebenszeit anstellen, verbeamten)

De|fi|ni|ti|vum, das; -s, ...va (endgültiger Zustand)

de|fi|ni|to|risch (die Definition betreffend)

De|fi|zi|ent, der; -en, -en ‹lat.› (*veraltet für* Dienstunfähiger)

De|fi|zit, das; -s, -e (Fehlbetrag; Mangel); **de|fi|zi|tär**

De|fla|ti|on, die; -, -en ‹lat.› (*Geol.* Abblasung lockeren Gesteins durch Wind; *Wirtsch.* Abnahme des Preisniveaus); **de|fla|ti|o|när, de|fla|ti|o|nis|tisch, de|fla|to|risch** (*Wirtsch.* eine Deflation betreffend, bewirkend)

De|flek|tor, der; -s, ...oren ‹lat.› (*Technik* Saug-, Rauchkappe; *Kerntechnik* Ablenkungselektrode im Zyklotron)

De|flo|ra|ti|on, die; -, -en ‹lat.› (Zerstörung des Hymens beim ersten Geschlechtsverkehr)

de|flo|rie|ren; De|flo|rie|rung

De|foe [dəˈfoː] (engl. Schriftsteller)

De|for|ma|ti|on, die; -, -en (Formänderung; Verunstaltung)

de|for|mie|ren; De|for|mie|rung (*svw.* Deformation); **De|for|mi|tät** (*Med.* Fehlbildung)

De|frau|dant, der; -en, -en ‹lat.› (*veraltend für* Betrüger); **De|frau|dan|tin**

De|frau|da|ti|on, die; -, -en (*veraltet*

D
Defr

für Unterschlagung, Hinterziehung); **de|frau|die|ren**

De|fros|ter ‹engl.›, **De|fros|ter|an|la|ge** ‹engl.; dt.› (Anlage im Auto, die das Vereisen der Windschutzscheibe verhütet)

def|tig (derb, saftig; tüchtig, sehr); **Def|tig|keit**

De|ga|ge|ment [...ʒəˈmãː], das; -s, -s ‹franz.› (*veraltet für* Zwanglosigkeit; Befreiung); **de|ga|gie|ren** (*veraltet für* befreien)

De|gas [dəˈga] (franz. Maler)

de Gaulle [də ˈgoːl] *vgl.* Gaulle, de; **De-Gaulle-An|hän|ger** ↑K137; **De-Gaulle-An|hän|ge|rin; de-Gaulle-freund|lich** ↑K137

[1]**De|gen,** der; -s, - (*altertümelnd für* [junger] Held; Krieger)

[2]**De|gen,** der; -s, - (Stichwaffe)

De|ge|ne|ra|ti|on, die; -, -en (Entartung; Rückbildung); **De|ge|ne|ra|ti|ons|er|schei|nung; de|ge|ne|ra|tiv; de|ge|ne|rie|ren**

De|gen|fech|ten; De|gen|griff

De|gen|hard (m. Vorn.)

De|gen|klin|ge; De|gen|korb; De|gen|stoß

de|gor|gie|ren [...ˈʒiː...] (*Fachspr.* die Hefe entfernen [bei der Schaumweinherstellung])

De|gout [...ˈguː], der; -s ‹franz.› (*geh. für* Ekel, Widerwille); **de|gou|tant** (*geh. für* ekelhaft); **de|gou|tie|ren** (*geh. für* anekeln; ekelhaft finden)

De|gra|da|ti|on, die; -, -en ‹lat.› (Degradierung; Ausstoßung eines kath. Geistlichen aus dem geistl. Stand)

de|gra|die|ren; De|gra|die|rung (Herabsetzung [im Rang]; Herabwürdigung)

De|gres|si|on, die; -, -en ‹franz.› (*Wirtsch.* relative Kostenabnahme bei steigender Produktionsmenge; *Steuerwesen* Abnahme des Steuersatzes bei abnehmendem Einkommen)

de|gres|siv (abnehmend, sich [stufenweise] vermindernd); degressive Kosten

De|gus|ta|ti|on, die; -, -en ‹lat.› (*bes. schweiz. für* Kostprobe)

de gus|ti|bus non est dis|pu|tan|dum ‹lat., »über den Geschmack ist nicht zu streiten«›

de|gus|tie|ren (*bes. schweiz. für* probieren, kosten); Weine degustieren

dehn|bar; Dehn|bar|keit, die; -

deh|nen

dehn|fä|hig; Dehn|fä|hig|keit

Dehn|son|de (*Med.*); **Dehn|übung**

Deh|nung; Deh|nungs-h, das; -, - ↑K29; **Deh|nungs|zei|chen**

De|hors [deˈoːɐ̯(s)] *Plur.* ‹franz.› (*veraltend für* äußerer Schein; gesellschaftlicher Anstand); die Dehors wahren

De|hy|d|ra|ta|ti|on, die; -, -en ‹lat.; griech.› (*fachspr. für* Trocknung [von Lebensmitteln])

De|hy|d|ra|ti|on, die; -, -en; *vgl.* Dehydrierung; **de|hy|d|ra|ti|sie|ren** ([Lebensmitteln] zur Trocknung Wasser entziehen)

de|hy|d|rie|ren ([einer chem. Verbindung] Wasserstoff entziehen; *Med.* zu viel Flüssigkeit verlieren, austrocknen); **De|hy|d|rie|rung** (Entzug von Wasserstoff)

Dei|bel *vgl.* Deiwel

Deich, der; -[e]s, -e (Damm)

Deich|bau, der; -[e]s; **Deich|bö|schung; Deich|bruch; dei|chen; Deich|fuß; Deich|ge|nos|sen|schaft**

Deich|graf, Deich|gräf; Deich|grä|fin

Deich|haupt|mann; Deich|kro|ne; Deich|ord|nung

[1]**Deich|sel,** die; -, -n (Wagenteil)

[2]**Deich|sel,** die; -, -n (*Nebenform von* Dechsel)

Deich|sel|bruch; Deich|sel|kreuz

deich|seln (*ugs. für* [etwas Schwieriges] zustande bringen); ich deichs[e]le

Deich|vor|ste|her

De|i|fi|ka|ti|on, die; -, -en ‹lat.› (Vergottung einer Person od. Sache); **de|i|fi|zie|ren**

Dei Gra|tia (von Gottes Gnaden; *Abk.* D. G.)

deik|tisch [*auch* deˈɪ... (*mit Trennung* de|ik|tisch)] ‹griech.› (hinweisend; auf Beispiele gegründet)

> [1]**dein**
>
> – dein Buch, deine Brille
> – Wessen Buch ist das? Ist es dein[e]s?
> – ein Streit über Mein und Dein
> – Mein und Dein verwechseln
>
> *In Briefen kann »dein« groß- od. kleingeschrieben werden:*
>
> – Liebe Petra, vielen Dank für Deinen od. deinen Brief
>
> *Vgl. auch* deine

[2]**dein,** dei|ner (*Gen. von* »du«; *geh.*); ich gedenke dein[er]

dei|ne, dei|ni|ge; Wessen Garten ist das? Ist es der dein[ig]e?; *aber* grüße die Dein[ig]en *od.* die dein[ig]en (deine Angehörigen); du musst das Dein[ig]e *od.* das dein[ig]e tun

dei|ner *vgl.* [2]dein

dei|ner|seits

dei|nes|glei|chen; dei|nes|teils

dei|net|hal|ben (*veraltend*)

dei|net|we|gen

dei|net|wil|len; um deinetwillen

dei|ni|ge *vgl.* deine

de|in|s|tal|lie|ren (*EDV*)

De|is|mus, der; - ‹lat.› (Gottesglaube [aus Vernunftgründen])

De|ist, der; -en, -en; **De|is|tin; de|is|tisch**

Dei|wel, der; -s, -, **Dei|xel,** der; -s (*ugs. für* Teufel)

Dé|jà-vu-Er|leb|nis [deʒaˈvyː...] ‹franz.; dt.› (*Psychol.* Eindruck, Gegenwärtiges schon einmal »gesehen«, erlebt zu haben)

De|jekt, das; -[e]s, -e ‹lat.› (*Med.* Ausgeschiedenes [bes. Kot]); **De|jek|ti|on,** die; -, -en (Ausscheidung)

De|jeu|ner [...ʒøˈneː], das; -s, -s ‹franz.› (*geh. für* Frühstücksgedeck; *veraltet für* Frühstück)

de ju|re ‹lat.› (von Rechts wegen); **De-ju|re-An|er|ken|nung** ↑K26

De|ka, das; -[s], - ‹griech.› (*österr.; kurz für* Dekagramm; *Abk.* dag)

de|ka... (zehn...); **De|ka...** (Zehn...; das Zehnfache einer Einheit, z. B. Dekameter = 10 Meter; *Zeichen* da)

De|ka|b|rist, der; -en, -en ‹griech.-russ.› (Teilnehmer an dem Aufstand im Dezember 1825 in Russland)

De|ka|de, die; -, -n ‹griech.› (zehn Stück; Zeitraum von zehn Tagen, Wochen, Monaten od. Jahren)

de|ka|dent ‹lat.› (im Verfall begriffen); **De|ka|denz,** die; - ([kultureller] Verfall, Niedergang)

de|ka|disch ‹griech.› (zehnteilig); dekadischer Logarithmus, dekadisches System (*Math.*)

De|ka|eder, das; -s, - (Zehnflächner)

De|ka|gramm [*auch* ˈdɛ...] (10 g; *Zeichen* dag); *vgl.* Deka

De|ka|li|ter [*auch* ˈdɛ...] (10 l; *Zeichen* dal)

De|kal|kier|pa|pier ‹lat.; griech.› (für den Druck von Abziehbildern)

De|ka|log, der; -[e]s ⟨griech.⟩ (*christl. Rel.* die Zehn Gebote)
De|k|a|me|ron, das; -s ⟨ital.⟩ (Boccaccios Erzählungen der »zehn Tage«); *vgl.* Decamerone
De|ka|me|ter [*auch* 'dɛ...] ⟨griech.⟩ (10 m; *Zeichen* dam)
De|kan, der; -s, -e ⟨lat.⟩ (Vorsteher einer Fakultät; Amtsbezeichnung für Geistliche); *vgl.* Dechant; **De|ka|nat,** das; -[e]s, -e ⟨lat.⟩ (Amt, Bezirk eines Dekans); *vgl.* Dechanat
De|ka|nei (Wohnung eines Dekans); *vgl.* Dechanei
De|ka|nin; *vgl.* Dekan *u.* Dechantin
de|kan|tie|ren ⟨franz.⟩ (*bes. Chemie* [eine Flüssigkeit vom Bodensatz] abgießen)
de|ka|pie|ren ⟨franz.⟩ (*fachspr. für* [Metalle] abbeizen; entzundern)
De|ka|po|de, der; -n, -n *meist Plur.* ⟨griech.⟩ (*Zool.* Zehnfußkrebs)
De|k|ar, das; -s, -e ⟨franz.⟩ (10 Ar); 3 Dekar
De|k|a|re, die; -, -n ⟨lat.⟩ (*svw.* Dekar)
de|kar|tel|lie|ren, de|kar|tel|li|sie|ren ⟨franz.⟩ (*Wirtsch.* Kartelle entflechten, auflösen); **De|kar|tel|li|sie|rung**
De|ka|teur [...'tøːɐ̯], der; -s, -e ⟨franz.⟩ (*Textilind.* Fachmann, der dekatiert); **De|ka|teu|rin**
de|ka|tie|ren (bes. Wollstoffe durch Dämpfen behandeln, um nachträgliches Einlaufen zu vermeiden); **De|ka|tie|rer** *vgl.* Dekateur; **De|ka|tie|re|rin**
De|ka|tur, die; -, -en (Vorgang des Dekatierens)
De|kla|ma|ti|on, die; -, -en ⟨lat.⟩ (kunstgerechter Vortrag [einer Dichtung])
De|kla|ma|tor, der; -s, ...oren; **De|kla|ma|to|rin; de|kla|ma|to|risch**
de|kla|mie|ren
De|kla|ra|ti|on, die; -, -en ⟨lat.⟩ ([öffentl.] Erklärung; Steuer-, Zollerklärung; Inhalts-, Wertangabe)
de|kla|ra|tiv; de|kla|ra|to|risch; deklaratorische Urkunde
de|kla|rie|ren; De|kla|rie|rung
de|klas|sie|ren ⟨lat.⟩ (herabsetzen; *Sport* [einen Gegner] überlegen besiegen); **De|klas|sie|rung**
de|kli|na|bel ⟨lat.⟩ (*Sprachwiss.* beugbar); ...a|b|le Wörter
De|kli|na|ti|on, die; -, -en (*Sprachwiss.* Beugung der Substantive, Adjektive, Pronomen u. Numeralien; *Geophysik* Abweichung der Richtung einer Magnetnadel von der geogr. Nordrichtung; *Astron.* Abweichung, Winkelabstand eines Gestirns vom Himmelsäquator); **De|kli|na|ti|ons|en|dung** *(Sprachwiss.)*
De|kli|na|tor, der; -s, ...oren, **De|kli|na|to|ri|um,** das; -s, ...ien (*Geophysik* Gerät zur Bestimmung [zeitlicher Änderungen] der Deklination)
de|kli|nier|bar (*Sprachwiss.* beugbar); **de|kli|nie|ren** (*Sprachwiss.* [Substantive, Adjektive, Pronomen u. Numeralien] beugen)
de|ko|die|ren usw. *vgl.* decodieren usw.
De|kokt, das; -[e]s, -e ⟨lat.⟩ (*Pharm.* Abkochung, Absud [von Arzneimitteln])
De|kolle|té, De|kolle|tee [...kɔl'teː], das; -s, -s ⟨franz.⟩ (tiefer [Kleid]ausschnitt); **de|kolle|tie|ren; de|kolle|tiert**
De|ko|lo|ni|sa|ti|on, die; -, -en ⟨nlat.⟩ (Entlassung einer Kolonie aus der Abhängigkeit vom Mutterland); **de|ko|lo|ni|sie|ren; De|ko|lo|ni|sie|rung**
de|kom|po|nie|ren ⟨lat.⟩ (zerlegen [in die Grundbestandteile])
De|kom|po|si|ti|on, die; -, -en; **de|kom|po|si|to|risch** (*geh. für* zersetzend, zerstörend)
De|kom|pres|si|on, die; -, -en ⟨lat.⟩ (*Technik* Druckabfall; Druckentlastung); **de|kom|pri|mie|ren**
de|kon|s|t|ru|ie|ren ⟨lat.⟩ (zerlegen, auflösen); **De|kon|s|t|ruk|ti|on**
De|kon|s|t|ruk|ti|vis|mus, der; - ⟨lat.-engl.⟩ (gegenwärtige Strömung der Architektur, Wissenschaftstheorie u. Literaturwissenschaft); **De|kon|s|t|ruk|ti|vist; De|kon|s|t|ruk|ti|vis|tin**
De|kon|ta|mi|na|ti|on, die; -, -en ⟨nlat.⟩ (Entgiftung; Beseitigung od. Verringerung radioaktiver Verstrahlung); **de|kon|ta|mi|nie|ren; De|kon|ta|mi|nie|rung**
De|kon|zen|t|ra|ti|on, die; -, -en ⟨nlat.⟩ (Zerstreuung, Zersplitterung); **de|kon|zen|t|rie|ren**
De|kor, der *od.* das; -s, *Plur.* -s *u.* -e ⟨franz.⟩ ([farbige] Verzierung, Vergoldung; Muster)
De|ko|ra|teur [...'tøːɐ̯], der; -s, -e; **De|ko|ra|teu|rin**
De|ko|ra|ti|on, die; -, -en
De|ko|ra|ti|ons|ma|ler; De|ko|ra|ti|ons|ma|le|rin; De|ko|ra|ti|ons|pa|pier; De|ko|ra|ti|ons|stoff
de|ko|ra|tiv
de|ko|rie|ren (ausschmücken, gestalten; mit einem Orden ehren); **De|ko|rie|rung** (*auch für* Auszeichnung mit Orden u. Ä.)
De|kort [...'koːɐ̯, *auch* ...'kɔrt], der; -s, *Plur.* -s *u. (bei dt. Ausspr.)* -e ⟨franz.⟩ (*Wirtsch.* Zahlungsabzug wegen Mindergewicht, Qualitätsmangel u. Ä.; Preisnachlass); **de|kor|tie|ren**
De|ko|rum, das; -s ⟨lat.⟩ (*veraltend für* Anstand, Schicklichkeit); das Dekorum wahren
De|ko|stoff (*kurz für* Dekorationsstoff)
DEKRA, die; - = Deutscher Kraftfahrzeug-Überwachungsverein
De|kre|ment, das; -[e]s, -e ⟨lat.⟩ (Verminderung, Verfall; *Med.* Abklingen einer Krankheit)
De|kre|pi|ta|ti|on, die; -, -en (*Chemie* Verpuffen, knisterndes Zerplatzen [beim Erhitzen]); **dekre|pi|tie|ren**
De|kre|scen|do [...'ʃɛ...] *vgl.* Decrescendo; **De|kres|zenz,** die; -, -en (*fachspr. für* Abnahme)
De|kret, das; -[e]s, -e ⟨lat.⟩ (Beschluss; Verordnung; behördliche, richterliche Verfügung)
De|kre|ta|le, das; -, ...lien *od.* die; -, -n *meist Plur.* ([päpstlicher] Entscheid)
de|kre|tie|ren
De|ku|bi|tus, der; - ⟨lat.⟩ (*Med.* Wundliegen)
De|ku|ma|ten|land, De|ku|mat|land, das; -[e]s ⟨lat.; dt., »Zehntland«⟩ (altrömisches Kolonialgebiet zwischen Rhein, Main u. Neckar)
de|ku|pie|ren ⟨franz.⟩ (ausschneiden, aussägen); **De|ku|pier|sä|ge** (Schweif-, Laubsäge)
De|ku|rie [...iə], die; -, -n ⟨lat.⟩ (*bei den Römern urspr.* Abteilung von zehn Mann in der altröm. Reiterei; *dann allgemein für* Gruppe von Senatoren, Richtern, Rittern)
De|ku|rio, der; *Gen.* -s *u.* ...onen, *Plur.* ...onen (*urspr.* Vorsteher einer Dekurie; *dann auch* Mitglied des Stadtrates in altröm. Städten)
de|ku|v|rie|ren (*geh. für* entlarven); **De|ku|v|rie|rung** *(geh.)*
del. = deleatur; delineavit
De|la|croix [dəla'kroa], Eugène [ø'ʒɛn] (franz. Maler)
De|lau|nay [dəlo'nɛ], Robert (franz. Maler)

[1]**De|la|ware** [...ləvɛːɐ̯] (Staat in den USA; *Abk.* DE)
[2]**De|la|wa|re** [dela...], der; -n, -n (Angehöriger eines nordamerik. Indianerstammes)
de|le|a|tur ‹lat., »man streiche«› (*Druckw.* Anweisung zur Streichung; *Abk.* del.; *Zeichen* ₰)
De|le|a|tur, das; -s, - (*Druckw.* Tilgungszeichen ₰); **De|le|a|tur|zei|chen**
De|le|gat, der; -en, -en ‹lat.› (Bevollmächtigter); Apostolischer Delegat; **De|le|ga|tin**
De|le|ga|ti|on, die; -, -en (Abordnung); **De|le|ga|ti|ons|lei|ter; De|le|ga|ti|ons|lei|te|rin; De|le|ga|ti|ons|mit|glied**
de|le|gie|ren (abordnen; auf einen anderen übertragen)
De|le|gier|te, der *u.* die; -n, -n (Abgesandte[r], Mitglied einer Delegation)
De|le|gier|ten|kon|fe|renz; De|le|gier|ten|ver|samm|lung
De|le|gie|rung
de|le|gi|ti|mie|ren (*geh. für* die Legitimation absprechen); **De|le|gi|ti|mie|rung**
de|lek|tie|ren ‹lat.› (*geh. für* erfreuen); sich delektieren
de|le|tär ‹nlat.› (*Med.* tödlich, verderblich)
De|lete [diˈliːt] *ohne Artikel gebr.* ‹engl., »löschen«› (*kurz für* Deletetaste); **De|lete|tas|te** (auf der Computertastatur)
Del|fin, Del|phin, der; -s, -e ‹griech.› (ein Zahnwal)
Del|fi|na|ri|um, Del|phi|na|ri|um, das; -s, ...ien (Anlage zur Pflege, Züchtung u. Dressur von Delfinen); **Del|fin|for|scher**, Del|phin|for|scher; **Del|fin|for|sche|rin**, Del|phin|for|sche|rin
del|fin|schwim|men, del|phin|schwim|men, **Del|fin schwim|men,** Del|phin schwim|men; *aber nur:* sie schwimmt Delfin *od.* Delphin; **Del|fin|schwim|men**, Del|phin|schwim|men, das; -s; **Del|fin|schwim|mer**, Del|phin|schwim|mer; **Del|fin|schwim|me|rin**, Del|phin|schwim|me|rin
Del|fin|sprung, Del|phin|sprung
Delft (niederl. Stadt); **Delf|ter;** Delfter Fayencen; **Delf|te|rin**
De|lhi [...li] (Hauptstadt der Republik Indien); *vgl.* Neu-Delhi
De|lia (w. Vorn.)
De|li|be|ra|ti|on, die; -, -en ‹lat.› (*geh. für* Beratschlagung)

delegieren
Wie das Substantiv *Delegation* geht auch *delegieren* auf das lateinische *delegare* (= beauftragen) zurück. Deshalb wird es nach dem *l* mit *e* geschrieben und nicht mit *i.*

de|li|kat ‹franz.› (lecker, wohlschmeckend; zart; heikel)
De|li|ka|tes|se, die; -, -n (Leckerbissen; Feinkost; *nur Sing.:* Zartgefühl)
De|li|ka|tes|sen|ge|schäft, De|li|ka|tess|ge|schäft; De|li|ka|tess|senf, De|li|ka|tess-Senf
De|li|kat|la|den (*DDR* Geschäft für hochwertige Lebens- u. Genussmittel)
De|likt, das; -[e]s, -e ‹lat.› (Vergehen; Straftat)
de|likts|fä|hig
De|li|la (w. Vorn.; bibl. w. Eigenn.)
de|lin., del. = delineavit
de|li|ne|a|vit ‹lat., »hat [es] gezeichnet«› (unter Bildern; *Abk.* del., delin.)
de|lin|quent ‹lat.› (straffällig, verbrecherisch)
De|lin|quent, der; -en, -en (Übeltäter); **De|lin|quen|tin**
De|lin|quenz, die; - (*fachspr. für* Straffälligkeit)
de|li|rie|ren ‹lat.› (*Med.* sich im Delirium befinden)
De|li|ri|um, das; -s, ...ien (Form der Psychose mit Bewusstseins- u. Orientierungsstörungen); **De|li|ri|um tre|mens,** das; - - (bei [Alkohol]vergiftungen auftretendes Delirium)
de|lisch (von Delos); ↑K142: das delische Problem (von Apollo den Griechen gestellte Aufgabe, seinen würfelförmigen Altar auf Delos zu verdoppeln); *aber* ↑K150: der Delische Bund
de|li|zi|ös ‹franz.› (*geh. für* köstlich)
De|li|zi|us, der; -, -; *vgl.* Golden Delicious
Del|kre|de|re, das; -, - ‹ital.› (*Wirtsch.* Haftung; Wertberichtigung für voraussichtliche Ausfälle)
Del|le, die; -, -n (*landsch. für* [leichte] Vertiefung; Beule)
de|lo|gie|ren [...ˈʒiː...] ‹franz.› (*bes. österr. für* jmdn. zum Auszug aus einer Wohnung veranlassen od. zwingen); **De|lo|gie|rung** (Zwangsräumung)
De|los (Insel im Ägäischen Meer)
Del|phi (altgriech. Orakelstätte)
Del|phin, del|phin|schwim|men usw. *vgl.* Delfin, delfinschwimmen usw.
del|phisch; ein delphisches ([nach Delphi benanntes] doppelsinniges) Orakel; *aber* das Delphische (in Delphi bestehende) Orakel
[1]**Del|ta,** das; -[s], -s (griech. Buchstabe: Δ, δ)
[2]**Del|ta,** das; -s, *Plur.* -s *u.* ...ten (fächerförmiges Gebiet im Bereich einer mehrarmigen Flussmündung)
del|ta|för|mig; Del|ta|mün|dung
Del|ta|strah|len, δ-Strah|len [ˈdɛlta...] *Plur.* (beim Durchgang radioaktiver Strahlung durch Materie freigesetzte Elektronenstrahlen)
Del|to|id, das; -[e]s, -e ‹griech.› (Viereck aus zwei gleichschenkligen Dreiecken)
de luxe [dəˈlʏks] ‹franz.› (aufs Beste ausgestattet, mit allem Luxus); **De-luxe-Aus|stat|tung**
dem *vgl.* der
De|m|a|go|ge, der; -n, -n ‹griech.› (Volksverführer, -aufwiegler); **De|m|a|go|gie,** die; -, ...ien; **De|m|a|go|gin; de|m|a|go|gisch**
De|mant [*auch* ...ˈmant], der; -[e]s, -e ‹franz.› (*geh. für* Diamant); **de|man|ten** (*geh. für* diamanten)
De|man|to|id, der; -[e]s, -e ‹griech.› (ein Mineral)
De|mar|che [...ʃ(ə)], die; -, -n ‹franz.› (diplomatischer Schritt, mündlich vorgetragener diplomatischer Einspruch)
De|mar|ka|ti|on, die; -, -en ‹franz.› (Abgrenzung)
De|mar|ka|ti|ons|li|nie
de|mar|kie|ren; De|mar|kie|rung
de|mas|kie|ren ‹franz.› (entlarven); sich demaskieren (die Maske abnehmen); **De|mas|kie|rung**
De|men (*Plur. von* Demos)
de|ment ‹lat.› (*Med.* an Demenz leidend)
dem|ent|ge|gen (dagegen)
De|men|ti, das; -s, -s ‹lat.-franz.› (offizieller Widerruf; Berichtigung)
De|men|tia, die; -, ...tiae ‹lat.› (*svw.* Demenz)
de|men|ti|ell, de|men|zi|ell
de|men|tie|ren ‹lat.› (widerrufen; für unwahr erklären)

dem|ent|spre|chend; er war müde und dementsprechend ungehalten; *aber* eine dem [Gesagten] entsprechende Antwort

De|menz, die; -, -en ‹lat.› (*Med.* krankheitsbedingter Abbau der Leistungsfähigkeit des Gehirns)

de|men|zi|ell, de|men|ti|ell

De|menz|kran|ke, der *u.* die; -n, -n

De|me|rit, der; -en, -en ‹franz.› (*kath. Kirche* straffällig gewordener Geistlicher)

De|me|ter [*österr. meist* ˈde:...] (griech. Göttin des Ackerbaues)

dem|ge|gen|über (andererseits); *aber* dem [Mann] gegenüber saß ...

dem|ge|mäß

De|mi|john [...dʒɔn], der; -s, -s ‹engl.› (Korbflasche)

de|mi|li|ta|ri|sie|ren (entmilitarisieren); **De|mi|li|ta|ri|sie|rung**

De|mi|mon|de [dəmiˈmõ:d(ə)], die; - ‹franz.› (»Halbwelt«)

de|mi|nu|tiv usw. *vgl.* diminutiv usw.

de|mi-sec [...ˈsɛk] ‹franz.› (halbtrocken [von Schaumweinen])

De|mis|si|on ‹franz.› (Rücktritt eines Ministers od. einer Regierung)

De|mis|si|o|när, der; -s, -e (*schweiz. für* Funktionär, der seinen Rücktritt erklärt hat; *veraltet für* entlassener, verabschiedeter Beamter); **De|mis|si|o|nä|rin**

de|mis|si|o|nie|ren

De|mi|urg, der; *Gen.* -en *u.* -s ‹griech.› (Weltschöpfer, göttlicher Weltbaumeister [bei Platon u. in der Gnosis])

dem|nach

dem|nächst [*auch* ...ˈnɛ:...]

De|mo [*auch* ˈdɛ...], die; -, -s (*ugs.; kurz für* Demonstration)

De|mo|band, das; -[e]s, ...bänder; *vgl.* Demotape

De|mo|bi|li|sa|ti|on, die; -, -en ‹lat.›

de|mo|bi|li|sie|ren (den Kriegszustand beenden, die Kriegswirtschaft abbauen); **De|mo|bi|li|sie|rung; De|mo|bil|ma|chung**

De|mo|graf, **De|mo|graph,** der; -en, -en ‹griech.› (jmd., der berufsmäßig Demografie betreibt)

De|mo|gra|fie, **De|mo|gra|phie,** die; -, ...ien (Bevölkerungsstatistik, -wissenschaft)

De|mo|gra|fin, **De|mo|gra|phin**

de|mo|gra|fisch, **de|mo|gra|phisch;** demografische *od.* demographische Entwicklung

De|moi|selle [...mo̯aˈzɛl], die; -, -n ‹franz.› (*veraltet für* unverheiratete Frau)

De|mo|krat, der; -en, -en ‹griech.›

De|mo|kra|tie, die; -, ...ien ‹griech., »Volksherrschaft«› (Staatsform, in der die vom Volk gewählten Vertreter die Herrschaft ausüben); mittelbare, parlamentarische, repräsentative, unmittelbare Demokratie

de|mo|kra|tie|po|li|tisch (im Hinblick auf eine demokratische Politik)

De|mo|kra|tie|ver|ständ|nis

De|mo|kra|tin

de|mo|kra|tisch; eine demokratische Verfassung, demokratische Wahlen; *aber* ↑K150: Freie Demokratische Partei (*Abk.* FDP); Partei des Demokratischen Sozialismus (*Abk.* PDS)

de|mo|kra|ti|sie|ren; De|mo|kra|ti|sie|rung

De|mo|krit (griech. Philosoph); **De|mo|kri|tos** *vgl.* Demokrit

de|mo|lie|ren ‹franz.› (gewaltsam beschädigen); **De|mo|lie|rung**

de|mo|ne|ti|sie|ren ‹franz.› (*Bankw.* [Münzen] aus dem Verkehr ziehen); **De|mo|ne|ti|sie|rung**

De|mons|t|rant, der; -en, -en ‹lat.›, **De|mons|t|ran|tin**

De|mons|t|ra|ti|on, die; -, -en ([Protest]kundgebung; nachdrückliche Bekundung; Veranschaulichung)

De|mons|t|ra|ti|ons|ma|te|ri|al

De|mons|t|ra|ti|ons|ob|jekt

De|mons|t|ra|ti|ons|recht

De|mons|t|ra|ti|ons|ver|bot

De|mons|t|ra|ti|ons|zug

de|mons|t|ra|tiv

De|mons|t|ra|tiv, das; -s, -e, **De|mons|t|ra|tiv|pro|no|men** (*Sprachwiss.* hinweisendes Fürwort, z. B. »dieser, diese, dieses«)

De|mons|t|ra|tor, der; -s, ...oren (Vorführer); **De|mons|t|ra|to|rin**

de|mons|t|rie|ren (beweisen, vorführen; eine Demonstration veranstalten, daran teilnehmen)

De|mon|ta|ge [...ʒə, *auch* ...mõ...], die; -, -n ‹franz.› (Abbau, Abbruch, Zerlegung [besonders von Industrieanlagen])

de|mon|tie|ren; De|mon|tie|rung

De|mo|ra|li|sa|ti|on, die; -, -en ‹franz.› (Untergrabung der Moral; Entmutigung)

de|mo|ra|li|sie|ren (jmdm. den moralischen Halt nehmen; entmutigen); **De|mo|ra|li|sie|rung**

de mor|tu|is nil ni|si be|ne ‹lat.› (»von den Toten [soll man] nur gut [sprechen]«)

De|mos, der; -, Demen (*früher für* [niederes] Volk; Gebiet u. Bürgerschaft eines altgriech. Stadtstaates; *heute* in Griechenland kleinster staatl. Verwaltungsbezirk)

De|mo|s|kop, der; -en, -en ‹griech.› (Meinungsforscher)

De|mo|s|ko|pie, die; -, ...ien (Meinungsumfrage, Meinungsforschung)

De|mo|s|ko|pin; de|mo|s|ko|pisch; demoskopische Untersuchungen

De|mos|the|nes (altgriech. Redner); **de|mos|the|nisch;** demosthenische Beredsamkeit; die demosthenischen Reden ↑K135

De|mo|tape [...te:p] ‹engl.› (Tonband o. Ä. mit Musikaufnahmen zur Vorführung)

de|mo|tisch ‹griech.› (altägyptisch [in der volkstüml. jüngeren Form]); demotische Schrift

De|mo|tisch, das; -[s]; *vgl.* Deutsch; **De|mo|ti|sche,** das; -n; *vgl.* [2]Deutsche

De|mo|ti|va|ti|on, die; -, -en ‹nlat.› (das Demotivieren; das Demotiviertsein); **de|mo|ti|vie|ren** (jmds. Motivation schwächen)

De|mut, die; -

de|mü|tig; de|mü|ti|gen; De|mü|ti|gung

De|muts|ge|bär|de; De|muts|hal|tung

de|mut[s]|voll

dem|zu|fol|ge (demnach); demzufolge ist die Angelegenheit geklärt, *aber* das Vertragswerk, dem zufolge die Staaten sich verpflichten ...

den *vgl.* der

den = Denier

De|nar, der; -s, -e ‹lat.› (altröm. Münze; merowing.-karoling. Münze, Pfennig [*Abk.* d])

De|na|tu|ra|li|sa|ti|on, die; -, -en ‹lat.› (Entlassung aus der bisherigen Staatsangehörigkeit); **de|na|tu|ra|li|sie|ren**

de|na|tu|rie|ren (*fachspr. für* ungenießbar machen; vergällen); denaturierter Spiritus; **De|na|tu|rie|rung**

de|na|zi|fi|zie|ren (*svw.* entnazifizieren); **De|na|zi|fi|zie|rung**

Den|d|rit, der; -en, -en ‹griech.›

(*Geol.* Gestein mit feiner, verästelter Zeichnung; *Med.* verästelter Protoplasmafortsatz einer Nervenzelle); **den|d|ri|tisch** (verzweigt, verästelt)

Den|d|ro|chro|no|lo|gie (*Geol.* Altersbestimmung anhand von Jahresringen); **den|d|ro|chro|no|lo|gisch; Den|d|ro|lo|gie,** die; - (wissenschaftl. Baumkunde); **Den|d|ro|me|ter,** das; -s, - (Baummessgerät)

De|neb, der; -[s] ‹arab.› (ein Stern)

de|nen *vgl.* der

Den|gel, der; -s, - (Schneide einer Sense o. Ä.)

Den|gel|am|boss; Den|gel|ham|mer

den|geln ([eine Sense o. Ä.] durch Hämmern schärfen); ich deng[e]le

deng|lisch (*abwertend für* deutsch mit [zu] vielen englischen Ausdrücken vermischt); **Deng|lisch,** das; -[s] *(abwertend)*

Den|gue|fie|ber [ˈdɛŋge...], das; -s ‹span.› (eine tropische Infektionskrankheit)

Deng Xiao|ping [- ç̦i̯au̯...] (chin. Politiker)

Den Haag *vgl.* Haag, Den

De|ni|er [deˈni̯e:], das; -[s], - ‹franz.› (Einheit für die Fadenstärke bei Seide u. Chemiefasern; *Abk.* den); *vgl.* Tex

De|nim®, der *od.* das; -[s] ‹franz.› (blauer Jeansstoff)

De|nise [dəˈni:z] (w. Vorn.)

De|niz [...z] (m. Vorn.)

Denk|an|satz; Denk|an|stoß; Denk|art; Denk|auf|ga|be

denk|bar; die denkbar günstigsten Bedingungen

Den|ke, die; - (*ugs. für* Denkart)

den|ken; du dachtest; du dächtest; gedacht; denk[e]!; **Den|ken,** das; -s; ihr ganzes Denken

Den|ker; Den|ke|rin

den|ke|risch

Den|ker|stirn

Denk|fa|b|rik (Institution o. Ä. zur Erarbeitung von Lösungsvorschlägen zu wirtschaftlichen, gesellschaftlichen u. ä. Problemen)

denk|faul

Denk|feh|ler; Denk|form; Denk|ge|wohn|heit; Denk|hil|fe

Denk|mal *Plur.* ...mäler, *auch* ...male; **denk|mal|ge|recht;** denkmalgerechte Sanierung; **denk|mal|ge|schützt**

Denk|mal[s]|kun|de, die; -; **denk|mal[s]|kund|lich**

Denk|mal[s]|pfle|ge; Denk|mal[s]|pfle|ger; Denk|mal[s]|pfle|ge|rin; denk|mal[s]|pfle|ge|risch

Denk|mal[s]|schän|dung; Denk|mal[s]|schutz, der; -es

Denk|mo|dell; Denk|mus|ter; Denk|pau|se; Denk|pro|zess; Denk|scha|b|lo|ne; Denk|schrift

Denk|sport; Denk|sport|auf|ga|be

Denk|spruch

denks|te! (*ugs. für* das hast du dir so gedacht!)

Denk|stein; Denk|übung

Den|kungs|art

Denk|ver|bot; Denk|ver|mö|gen, das; -s; **Denk|wei|se**

denk|wür|dig; Denk|wür|dig|keit, die; -, -en

Denk|zet|tel; jmdm. einen Denkzettel geben; **Denk|zet|tel|wahl** *(ugs.)*

denn; es sei denn, dass ...; mehr denn je; man kennt ihn eher als Maler denn als Dichter

Den|nis (m. Vorn.)

den|noch

denn|schon *vgl.* wennschon

De|no|mi|na|ti|on, die; -, -en ‹lat.› (*veraltet für* Benennung; *amerik. Bez. für* christliche Glaubensgemeinschaft, Sekte)

De|no|mi|na|tiv, das; -s, -e, **De|no|mi|na|ti|vum,** das; -s, ...va (*Sprachwiss.* Ableitung von einem Substantiv od. Adjektiv, z. B. »trösten« von »Trost«, »bangen« von »bang«)

De|no|ta|ti|on, die; -, -en (*Sprachwiss.* begriffliche od. Sachbedeutung eines Wortes); **de|no|ta|tiv**

Den|si|me|ter, das; -s, - ‹lat.; griech.› (Gerät zur Messung des spezifischen Gewichts [vorwiegend von Flüssigkeiten])

den|tal ‹lat.› (*Med.* die Zähne betreffend; *Sprachwiss.* mithilfe der Zähne gebildet); **Den|tal,** der; -s, -e, **Den|tal|laut,** der; -[e]s, -e (*Sprachwiss.* Zahnlaut, an den oberen Schneidezähnen gebildeter Laut, z. B. t)

Den|tal|hy|gi|e|ni|ker; Den|tal|hy|gi|e|ni|ke|rin

Den|tal|la|bor

den|te|lie|ren [dãtə...] ‹franz.› (*Textilind.* auszacken)

Den|tin, das; -s ‹lat.› (*Med.* Zahnbein; *Biol.* Hartsubstanz der Haischuppen)

Den|tist, der; -en, -en (Zahnarzt, *früher* Zahnarzt ohne Hochschulprüfung); **Den|tis|tin**

Den|ti|ti|on, die; -, -en (*Med.* Zahnen; Zahndurchbruch)

Den|to|lo|gie, die; - ‹lat.; griech.› (Zahnheilkunde)

De|nu|da|ti|on, die; -, -en ‹lat.› (*Geol.* flächenhafte Abtragung der Erdoberfläche durch Wasser, Wind u. a.)

De|nun|zi|ant, der; -en, -en ‹lat.› (jmd., der einen anderen denunziert); **De|nun|zi|an|ten|tum,** das; -s; **De|nun|zi|an|tin; De|nun|zi|a|ti|on,** die; -, -en; **de|nun|zi|a|to|risch; de|nun|zie|ren** (aus persönlichen, niedrigen Beweggründen anzeigen; als negativ hinstellen)

Den|ver (Hauptstadt des amerik. Bundesstaates Colorado)

Deo, das; -s, -s (*kurz für* Deodorant); **De|o|do|rant,** das; -s, *Plur.* -s, *auch* -e ‹engl.› (Mittel gegen Körpergeruch); **De|o|do|rant|spray; de|o|do|rie|ren** ([Körper]geruch hemmen)

Deo gra|ti|as! ‹lat., »Gott sei Dank!«› *(kath. Kirche)*

Deo|rol|ler (ein Deodorantstift)

Deo|spray (*kurz für* Deodorantspray)

De|par|te|ment [...təˈmã:, *österr.* ...partˈmã:, *schweiz.* ...təˈmɛnt], das; -s, -s *u.* (bei deutscher Aussprache:) -[e]s, -e ‹franz.› (Verwaltungsbezirk in Frankreich; Ministerium beim Bund u. in einigen Kantonen der Schweiz; Verwaltungsabteilung in einigen Gemeinden u. Universitäten der Schweiz)

De|part|ment [di...], das; -s, -s (*engl. Form von* Departement)

De|par|ture [di...t͜ʃɐ] *ohne Artikel gebr.* ‹engl.› (Abflug [Hinweis auf Flughäfen])

De|pen|dance [depãˈdã:s], **Dé|pen|dance** [ˈdepãdã:s], die; -, -n ‹franz.› (Zweigstelle; Nebengebäude [eines Hotels])

De|pen|denz, die; -, -en ‹lat.› (*Philos., Sprachwiss.* Abhängigkeit)

De|pen|denz|gram|ma|tik (Forschungsrichtung der Linguistik)

De|pe|sche, die; -, -n ‹franz.› (Telegramm); **de|pe|schie|ren** *(selten)*

De|pi|la|ti|on, die; -, -en ‹lat.› (*Med.* Enthaarung); **De|pi|la|to|ri|um,** das; -s, ...ien (Enthaarungsmittel); **de|pi|lie|ren**

De|pla|ce|ment [...səˈmã:], das; -s, -s ‹franz.› (*Seew.* Wasserverdrängung eines Schiffes)

de|pla|ciert [...ˈsi:ɐ̯t] (*veraltet für*

deplatziert); **de|plat|zi̲ert** (fehl am Platz, unpassend)
De|po|la|ri|sa|ti|o̲n, die; -, -en ‹lat.› (*Physik* Aufhebung der Polarisation); **de|po|la|ri|si̲e|ren**
De|po|na̲t, das; -[e]s, -e ‹lat.› (etwas, was deponiert ist)
De|po̲|nens, das; -, *Plur.* ...nentia *u.* ...nenzien (*Sprachwiss.* Verb mit passivischen Formen, aber aktivischer Bedeutung)
De|po|ne̲nt, der; -en, -en (jmd., der etw. hinterlegt); **De|po|nen|tin**
De|po|ni̲e, die; -, ...ien ‹lat.-franz.› (zentraler Müllabladeplatz); geordnete, wilde Deponie
de|po|ni̲e|ren ‹lat.›; **De|po|ni̲e|rung**
De|po̲rt [*auch* ...ˈpoːɐ̯], der; -s, *Plur.* -s, *bei dt. Ausspr.* -e ‹franz.› (*Bankw.* Kursabschlag)
De|por|ta|ti|o̲n, die; -, -en ‹lat.› (zwangsweise Verschickung; Verbannung); **De|por|ta|ti|o̲ns|la|ger**
de|por|ti̲e|ren; De|por|ti̲er|te, der *u.* die; -n, -n; **De|por|ti̲e|rung**
De|po|si|ta̲r ‹lat.›, *bes. schweiz.* **De|po|si|tä̲r** ‹franz.› der; -s, -e (Verwahrer von Wertgegenständen, -papieren u. a.); **De|po|si|ta̲|rin, De|po|si|tä̲|rin**
De|po|si̲|ten *Plur.* ‹lat.› (*Bankw.* Sicht- und Termineinlagen); **De|po|si̲|ten|bank** *Plur.* ...banken; **De|po|si̲|ten|kas|se**
De|po|si|ti|o̲n, die; -, -en (Hinterlegung; Absetzung eines kath. Geistlichen)
De|po|si|to̲|ri|um, das; -s, ...ien (Aufbewahrungsort; Hinterlegungsstelle)
De|po̲|si|tum, das; -s, ...siten (das Hinterlegte; hinterlegter Betrag); *vgl.* Depositen
De|pot [...ˈpoː], das; -s, -s ‹franz.› (Aufbewahrungsort; Hinterlegtes; Sammelstelle, Lager; Bodensatz; *Med.* Ablagerung; *schweiz. auch für* Pfand)
De|po̲t|fund (*Archäol.* Sammelfund); **De|po̲t|prä|pa|rat; De|po̲t|schein** (Hinterlegungsschein); **De|po̲t|wech|sel** (als Sicherheit hinterlegter Wechsel)
De̲pp, der; *Gen.* -en, *auch* -s, *Plur.* -en, *auch* -e (*bes. südd., österr. ugs. für* ungeschickter, einfältiger Mensch); **de̲p|pert** (*südd., österr. ugs. für* einfältig, dumm)
De|p|ra|va|ti|o̲n, die; -, -en ‹lat.› (Wertminderung im Münzwesen; *Med.* Verschlechterung eines Krankheitszustandes)
de|p|ra|vi̲e|ren (*geh. für* verderben; im Wert mindern [von Münzen])
De|pres|si|o̲n, die; -, -en ‹lat.› (Niedergeschlagenheit; Senkung; wirtschaftlicher Rückgang; *Meteorol.* Tief)
de|pres|si̲v (niedergeschlagen); **De|pres|si|vi|tä̲t,** die; -
de̲|pri (*ugs.; kurz für* deprimiert, depressiv); depri drauf sein
[1]**De̲|pri,** die; -, -s (*ugs.; kurz für* Depression; unter einer Depression Leidende)
[2]**De̲|pri,** der; -s, -s (*ugs.; kurz für* unter einer Depression Leidender)
de|pri|mi̲e|ren ‹franz.› (niederdrücken; entmutigen); **de|pri|mi̲ert** (entmutigt, niedergeschlagen, schwermütig)
De|pri|va|ti|o̲n, die; -, -en ‹lat.› (*Psychol.* Entzug von Liebe u. Zuwendung; Absetzung eines kath. Geistlichen); **de|pri|vi̲e|ren** (*Psychol.* [Liebe] entbehren lassen)
De Pro|fun|dis, das; - - ‹lat., »Aus der Tiefe [rufe ich, Herr, zu dir]«› (Anfangsworte u. Bez. des 130. Psalms nach der Vulgata)
De|pu|tạnt, der; -en, -en ‹lat.› (jmd., der auf ein Deputat Anspruch hat); **De|pu|tạn|tin**
De|pu|ta̲t, das; -[e]s, -e (regelmäßige Leistungen in Naturalien als Teil des Lohnes; Anzahl der Pflichtstunden, die eine Lehrkraft zu geben hat)
De|pu|ta|ti|o̲n, die; -, -en (Abordnung)
De|pu|ta̲t|lohn
de|pu|ti̲e|ren (abordnen); **De|pu|ti̲er|te,** der *u.* die; -n, -n; **De|pu|ti̲er|ten|kam|mer**
de̲r, die *(vgl. d.),* das *(vgl. d.);* des *u.* dessen *(vgl. d.),* dem, den; Plur. die, der, deren *u.* derer *(vgl. d.),* den *u.* denen, die
De|ran|ge|ment [...rãʒəˈmãː], das; -s, -s ‹franz.› (*veraltet für* Störung, Verwirrung)
de|ran|gi̲e|ren [...ʒiː...] (verwirren, durcheinanderbringen; *veraltet für* stören); **de|ran|gi̲ert** (verwirrt, zerzaust)
de̲r|art (so); *vgl.* Art
de̲r|ar|tig; derartige Überlegungen; etwas derartig Schönes; wir haben Derartiges, etwas Derartiges noch nie erlebt ↑K72
de̲rb; De̲rb|heit; de̲rb|kno|chig
de̲rb|ko̲|misch ↑K23
der|ble̲|cken (*bayr. für* verspotten)
[1]**Der|by** [ˈdaːɐ̯bi] (engl. Stadt)
[2]**De̲r|by** [...bi], das; -s, -s ‹nach dem 12. Earl of Derby› (Pferderennen; Spiel zwischen Mannschaften aus der gleichen Region); **De̲r|by|ren|nen**
de|re|gu|li̲e|ren (Regeln, Vorschriften o. Ä. abbauen); **De̲|re|gu|lie|rung**
der|ei̲nst, *selten* **der|ei̲ns|tig**

D
der

de̲|ren / de̲|rer

deren (vorangestelltes Genitivattribut):

- mit deren nettem Mann; von deren bester Art; seit deren erstem Hiersein; mit Ausnahme der Mitarbeiter und deren Angehöriger
- die Freunde, deren Glückwünsche wir bekommen haben
- ich habe deren (z. B. Freunde) nicht viele

derer (vorausweisendes Demonstrativpronomen; das Bezugswort folgt):

- der Andrang derer, die ...
- gedenkt derer, die euer gedenken
- das Haus derer von Arnim

deren od. derer:

- die Frist, innerhalb deren *od.* derer ...
- die Beweise, aufgrund deren *od.* derer sie verurteilt wurden
- die Opfer, deren *od.* derer wir gedenken

de̲|rent|ha̲l|ben; de̲|rent|we̲|gen; de̲|rent|wi̲l|len; um derentwillen
de̲|rer *vgl.* deren / derer
de̲|ret|we̲|gen
de̲r|ge|sta̲lt (so)

der gleiche / derselbe

In der Alltagssprache wird der Unterschied zwischen der gleiche und derselbe häufig nicht beachtet. Vor allem, wenn Missverständnisse möglich sind, sollte differenziert werden:

- Er trägt denselben Anzug wie gestern (der Anzug ist identisch).
- Er trägt den gleichen Anzug wie gestern (es ist ein anderer Anzug, der aber genauso aussieht).

der|glei|chen (*Abk.* dgl.); und dergleichen [mehr] (*Abk.* u. dgl. [m.])

De|ri|vat, das; -[e]s, -e ‹lat.› (*Chemie* chem. Verbindung, die aus einer anderen entstanden ist; *Biol.* aus einer Vorstufe abgeleitetes Organ; *Wirtsch. [meist Plur.]* Finanzprodukte, die von traditionellen Wertpapieren wie Aktien, Anleihen u. Ä. abgeleitet sind)

De|ri|va|ti|on, die; -, -en (*Sprachwiss.* Ableitung); **de|ri|va|tiv** (durch Ableitung entstanden); **De|ri|va|tiv,** das; -s, -e; **de|ri|vie|ren**

der|je|ni|ge *Gen.* desjenigen, *Plur.* diejenigen

Derk (m. Vorn.)

der|lei (dergleichen)

Der|ma, das; -s, -ta (*Med.* Haut); **der|mal** (*Med.* die Haut betreffend, an ihr gelegen)

der|mal|einst *(veraltet)*

der|ma|len [*österr.* ...ˈmaː...] (*veraltet für* jetzt); **der|ma|lig** [*österr.* ...ˈmaː...] (*veraltet für* jetzig)

der|ma|ßen (so)

der|ma|tisch *vgl.* dermal

Der|ma|ti|tis, die; -, ...itiden ‹griech.› (*Med.* Hautentzündung)

Der|ma|to|lo|ge, der; -n, -n (Hautarzt); **Der|ma|to|lo|gie,** die; - (Lehre von den Hautkrankheiten); **Der|ma|to|lo|gin**

der|ma|to|lo|gisch; dermatologisch getestet

Der|ma|to|plas|tik, die (*Med.* operativer Ersatz von kranker od. verletzter Haut durch gesunde)

Der|ma|to|se, die; -, -n (*Med.* Hautkrankheit)

Der|mo|gra|fie, **Der|mo|gra|phie,** die; -, **Der|mo|gra|fis|mus**, **Der|mo|gra|phis|mus,** der; - (*Med.* Streifen- od. Striemenbildung auf gereizten Hautstellen)

Der|mo|plas|tik, die (Verfahren zur Präparation von Tieren; *Med. svw.* Dermatoplastik)

Der|ni|er Cri [...ˈni̯eː -], der; - -, -s -s [...ˈni̯eː ˈkriː] ‹franz., »letzter Schrei«› (neueste Mode)

de|ro (*veraltet für* deren); *in der Anrede* Dero

De|ro|ga|ti|on, die; -, -en ‹lat.› (*Rechtsspr.* Teilaufhebung [eines Gesetzes])

de|ro|ga|tiv, de|ro|ga|to|risch (zum Teil aufhebend)

de|ro|gie|ren (zum Teil aufheben)

De|rou|te [...ˈruːt(ə)], die; -, -n ‹franz.› (*Wirtsch.* Kurs-, Preissturz; *veraltet für* wilde Flucht)

de|ro|we|gen *(veraltet); vgl.* dero

Der|rick, der; -s, -s ‹nach einem engl. Henker› (Drehkran); **Der|rick|kran**

der|sel|be *Gen.* desselben, *Plur.* dieselben; ein und derselbe; mit ein[em] und demselben; ein[en] und denselben; es war derselbe Hund

der|sel|bi|ge (↑K 76; *veraltet für* derselbe)

der|weil, der|wei|le[n]

Der|wisch, der; -[e]s, -e ‹pers.› (Mitglied eines islamischen religiösen Ordens); **Der|wisch|tanz**

der|zeit (augenblicklich, gegenwärtig; *veraltend für* früher, damals; *Abk.* dz.); **der|zei|tig** *vgl.* derzeit

des; *auch ältere Form für* dessen *(vgl. d.);* des (dessen) bin ich sicher; des ungeachtet

des, Des, das; -, - (Tonbezeichnung)

des. = designatus; **Des** (*Zeichen für* Des-Dur); in Des

des|ak|ti|vie|ren *vgl.* deaktivieren

des|ar|mie|ren ‹franz.› (*veraltet für* entwaffnen; *Fechten* dem Gegner die Klinge aus der Hand schlagen)

De|sas|ter, das; -s, - ‹franz.› (schweres Missgeschick; Zusammenbruch); **de|sas|t|rös** (verhängnisvoll, katastrophal)

de|s|a|vou|ie|ren [...vu...] ‹franz.› (nicht anerkennen, in Abrede stellen; bloßstellen); **De|s|a|vou|ie|rung**

Des|cartes [deˈkart] (franz. Philosoph)

Des|de|mo|na [*auch* ...ˈdeː...] (Frauengestalt bei Shakespeare)

Des-Dur [ˈdɛsduːɐ̯, *auch* ˈdɛsˈduːɐ̯], das; -[s] (Tonart; *Zeichen* Des); **Des-Dur-Ton|lei|ter** ↑K 26

de|sen|si|bi|li|sie|ren ‹lat.› (*Med.* unempfindlich machen); **De|sen|si|bi|li|sie|rung**

De|ser|teur [...ˈtøːɐ̯], der; -s, -e ‹franz.› (Fahnenflüchtiger, Überläufer); **De|ser|teu|rin; de|ser|tie|ren; De|ser|ti|on,** die; -, -en (Fahnenflucht)

desgl. = desgleichen; **des|glei|chen** (*Abk.* desgl.); **des|halb**

de|si|de|ra|bel ‹lat.› (*geh. für* wünschenswert); ...a|b|le Erfolge

De|si|de|rat, das; -[e]s, -e, **De|si|de|ra|tum,** das; -s, ...ta (etwas Erwünschtes, Fehlendes)

De|sign [diˈza̯in], das; -s, -s ‹engl.› (Gestalt, Muster)

De|si|g|na|ti|on [dezɪgna...], die; -, -en ‹lat.› (Bestimmung; vorläufige Ernennung); **de|si|g|na|tus** (im Voraus ernannt, vorgesehen; *Abk.* des.; z. B. Dr. des.)

de|si|g|nen [diˈza̯inən] ‹engl.› (das Design von Gebrauchs- u. Verbrauchsgütern entwerfen); designt; **De|si|g|ner** [diˈza̯inɐ], der; -s, -

De|si|g|ner|ba|by (*ugs. für* Kind, das aus einem künstlich gezeugten u. nach genetischen Merkmalen ausgewählten Embryo entstanden ist)

De|si|g|ner|dro|ge (synthetisch hergestelltes, neuartiges Rauschmittel); **De|si|g|ner|food** [...fuːt], das; -[s] ‹engl.› (für bestimmte Konsumenten speziell entwickeltes Nahrungsmittel; Novelfood)

De|si|g|ne|rin; De|si|g|ner|mö|bel; De|si|g|ner|mo|de

De|si|g|ner-Out|let, **De|si|g|ner|out|let** [...a̯utlɛt], das; -s, -s ‹engl.› (Direktverkaufsstelle einer od. mehrerer Designerfirmen)

de|si|g|nie|ren [dezɪˈgniː...] ‹lat.› (für ein Amt vorsehen)

de|si|g|niert; die designierte Ministerin

Des|il|lu|si|on [*auch* ˈdɛs...], die; -, -en ‹franz.› (Enttäuschung; Ernüchterung); **des|il|lu|si|o|nie|ren; Des|il|lu|si|o|nie|rung**

Des|in|fek|ti|on, Des|in|fi|zie|rung, die; -, -en ‹lat.› (Vernichtung von Krankheitserregern; Entkeimung); **Des|in|fek|ti|ons|lö|sung; Des|in|fek|ti|ons|mit|tel**

Des|in|fi|zi|ens, das; -, *Plur.* ...zi̯enzien *u.* ...zi̯entia (Entkeimungsmittel); **des|in|fi|zie|ren; Des|in|fi|zie|rung** *vgl.* Desinfektion

Des|in|for|ma|ti|on [*auch* ˈdɛs...], die; -, -en ‹lat.› (bewusst falsche Information)

Des|in|te|g|ra|ti|on [*auch* ˈdɛs...], die; -, -en ‹lat.› (Auflösung eines Ganzen in seine Teile; fehlende Integration)

Des|in|te|g|ra|tor, der; -s, ...oren (eine techn. Apparatur)

des|in|te|g|rie|ren
Des|in|te|r|es|se, das; -s ‹franz.› (Uninteressiertheit, Gleichgültigkeit); **des|in|te|r|es|sie|ren** (*selten für* sein Interesse an etw. verlieren); **des|in|te|r|es|siert**
Des|in|ves|ti|ti|on, die; -, -en ‹lat.-nlat.› (Verringerung des Bestandes an Gütern für späteren Bedarf)
De|si|ree, Dé|si|rée (w. Vorn.)
De|skrip|ti|on, die; -, -en ‹lat.› (Beschreibung); **de|skrip|tiv** (beschreibend)
De|skrip|tor, der; -s, ...oren (*Buchw., EDV* Kenn-, Schlüsselwort)
Desk|top, der; -s, -s ‹engl.› (*EDV* sichtbarer Hintergrund des Fenster- u. Symbolsystems bei Betriebssystemen mit grafischer Benutzeroberfläche; *kurz für* Desktop-PC)
Desk|top-Pu|b|li|shing, Desk|top-pu|b|li|shing [...pablɪʃɪŋ] ↑K22, das; -[s] ‹engl.› (*EDV* das Erstellen von Satz u. Layout eines Textes am Schreibtisch mithilfe der EDV; *Abk.* DTP)
De|s|o|do|rant *vgl.* Deodorant
de|s|o|do|rie|ren, de|s|o|do|ri|sie|ren *vgl.* deodorieren; **De|s|o|do|rie|rung, De|s|o|do|ri|sie|rung**
des Öf|te|ren, des Öf|tern *vgl.* öfter
de|so|lat ‹lat.› (trostlos, traurig)
De|s|or|d|re [...dʀ], der; -s, -s ‹franz.› (*veraltet für* Unordnung, Verwirrung)
Des|or|ga|ni|sa|ti|on [*auch* 'dɛs...], die; -, -en ‹franz.› (Auflösung, Zerrüttung, Unordnung); **des|or|ga|ni|sie|ren** [*auch* 'dɛs...]
des|ori|en|tiert [*auch* 'dɛs...] (verwirrt); **Des|ori|en|tie|rung**
Des|oxi|da|ti|on, Des|oxy|da|ti|on, die; -, -en ‹griech.› (Entzug von Sauerstoff); *vgl.* Oxidation; **des|oxi|die|ren, des|oxy|die|ren**
Des|oxy|ri|bo|nu|k|le|in|säu|re (Bestandteil des Zellkerns; *Abk.* DNS, DNA)
de|s|pek|tier|lich ‹lat.› (*geh. für* geringschätzig; respektlos)
De|s|pe|ra|do, der; -s, -s ‹span.› (zu jeder Verzweiflungstat entschlossener [politischer] Abenteurer; Bandit)
de|s|pe|rat ‹lat.› (verzweifelt, hoffnungslos)
Des|pot, der; -en, -en ‹griech.› (Gewaltherrscher; herrische Person); **Des|po|tie,** die; -, ...ien
Des|po|tin; des|po|tisch; Des|po|tis|mus, der; -
Des|sau (Stadt nahe der Mündung der Mulde in die Elbe); **Des|sau|er;** der Alte Dessauer (Leopold I. von Anhalt-Dessau); ↑K134; **des|sau|isch**
des|sel|ben *vgl.* dasselbe, derselbe
des|sen (*Gen. Sing. der [als Vertreter eines Substantivs gebrauchten] Pronomen* der, das); mit dessen neuem Wagen; die Ankunft meines Bruders und dessen Verlobter; dessen ungeachtet; *vgl.* des; indessen, währenddessen (*vgl. d.*)
des|sent|hal|ben
des|sent|we|gen, des|we|gen
des|sent|wil|len, des|wil|len; um des[sent]willen
des|sen un|ge|ach|tet *vgl.* dessen
Des|sert [dɛˈseːɐ̯, *auch* deˈsɛrt, dɛˈsɛːɐ̯, ˈdɛseːr], das; -s, -s ‹franz.› (Nachtisch)
Des|sert|ga|bel; Des|sert|löf|fel; Des|sert|mes|ser, das; **Des|sert|tel|ler; Des|sert|wein**
Des|sin [...ˈsɛ̃ː], das; -s, -s ‹franz.› (Zeichnung; Muster)
Des|si|na|teur [...ˈtøːɐ̯], der; -s, -e (Musterzeichner [im Textilgewerbe]); **Des|si|na|teu|rin**
des|si|nie|ren (*fachspr. für* [Muster] zeichnen); **des|si|niert** (gemustert); **Des|si|nie|rung**
Des|sous [...ˈsuː], das; -, - *meist Plur.* ‹franz.› (Damenunterwäsche)
de|sta|bi|li|sie|ren ‹lat.› (aus dem Gleichgewicht bringen); **De|sta|bi|li|sie|rung**
De|s|til|lat, das; -[e]s, -e ‹lat.› (wieder verflüssigter Dampf bei einer Destillation); **De|s|til|lat|bren|ner** (Lehrberuf der Industrie); **De|s|til|la|teur** [...ˈtøːɐ̯], der; -s, -e ‹franz.› (Branntweinbrenner); **De|s|til|la|teu|rin**
De|s|til|la|ti|on, die; -, -en ‹lat.› (Trennung flüssiger Stoffe durch Verdampfung u. Wiederverflüssigung; Branntweinbrennerei); **De|s|til|la|ti|ons|gas**
De|s|til|le, die; -, -n (*ugs. veraltend für* Branntweinausschank)
De|s|til|le|rie, die; -, -n ([Branntwein]brennerei)
De|s|til|lier|ap|pa|rat
de|s|til|lie|ren ↑K89 destilliertes (chemisch reines) Wasser
De|s|til|lier|kol|ben; De|s|til|lier|ofen
De|s|ti|na|tar ‹lat.›, **De|s|ti|na|tär** ‹franz.› der; -s, -e (*auf Seefrachtbriefen* Empfänger von Gütern)
De|s|ti|na|ti|on, die; -, -en ‹lat.› (Reiseziel; *veraltet für* Bestimmung, Endzweck)
des|to; desto besser, größer, mehr, weniger; *aber* nichtsdestoweniger
de|s|t|ru|ie|ren ‹lat.› (*selten für* zerstören)
De|s|t|ruk|ti|on, die; -, -en (Zerstörung; *Geol.* Abtragung der Erdoberfläche durch Verwitterung)
de|s|t|ruk|tiv [*auch* ˈdeː...] (zersetzend, zerstörend); **De|s|t|ruk|ti|vi|tät,** die; - (*auch für* destruktive Art)
des un|ge|ach|tet [*auch* - ...ˈa...] *vgl.* des
des|we|gen, des|sent|we|gen
des Wei|te|ren *vgl.* weiter
des|wil|len *vgl.* dessentwillen
de|s|zen|dent ‹lat.› (*fachspr. für* nach unten sinkend, absteigend); deszendentes Wasser
De|s|zen|dent, der; -en, -en (Nachkomme, Ab-, Nachkömmling; *Astron.* Gestirn im Untergang; Untergangspunkt)
De|s|zen|denz, die; -, -en (Abstammung; Nachkommenschaft; *Astron.* Untergang eines Gestirns); **De|s|zen|denz|the|o|rie** (Abstammungslehre)
de|s|zen|die|ren (*fachspr. für* absteigen, sinken)
De|ta|che|ment [...ʃəˈmãː, *schweiz.* ...ˈmɛnt], das; -s, -s *u.* (bei deutscher Aussprache:) -e ‹franz.› (*veraltet für* abkommandierte Truppe)
¹**De|ta|cheur** [...ˈʃøːɐ̯], der; -s, -e (Maschine zum Lockern des Mehls)
²**De|ta|cheur,** der; -s, -e ‹franz.› (Fachmann für chem. Fleckenentfernung); **De|ta|cheu|rin**
¹**de|ta|chie|ren** ‹franz.› (Mehl auflockern; *veraltet für* abkommandieren, entsenden)
²**de|ta|chie|ren** (von Flecken reinigen)
De|tail [deˈtaj], das; -s, -s ‹franz.› (Einzelheit, Einzelteil); *vgl.* en détail; **de|tail|be|ses|sen; De-**

D
deta

tail|fra|ge; de|tail|ge|nau; de|tail|ge|treu
De|tail|han|del (*schweiz., sonst veraltet für* Einzelhandel)
De|tail|kennt|nis
de|tail|lie|ren [...ta'ji:...] (im Einzelnen darlegen); **de|tail|liert**
De|tail|list [...taj'lɪst, *auch* ...'jɪst], der; -en, -en (*schweiz. für* Einzelhändler); **De|tail|lis|tin**
de|tail|reich
De|tek|tei ‹lat.› (Detektivbüro)
De|tek|ti|on, die; -, -en ‹lat.› (*Fachspr.* das Aufspüren, Feststellen)
De|tek|tiv, der; -s, -e; dem, den Detektiv; **De|tek|tiv|bü|ro; De|tek|tiv|ge|schich|te**
De|tek|ti|vin; de|tek|ti|visch
De|tek|tiv|ro|man
De|tek|tor, der; -s, ...oren ‹lat.› (*Technik* Hochfrequenzgleichrichter; Gerät zum Aufspüren von Stoffen od. Vorgängen)
De|tek|tor|emp|fän|ger; De|tek|tor|ge|rät
Dé|tente [de'tã:t], die; - ‹franz.› (Entspannung zwischen Staaten); **Dé|tente|po|li|tik**
De|ter|gens, das; -, *Plur.* ...gentia *u.* ...genzien *meist Plur.* ‹lat.› (*fachspr. für* Wasch-, Reinigungsmittel)
De|te|ri|o|ra|ti|on, die; -, -en ‹lat.› (*Rechtswiss.* Wertminderung einer Sache)
de|te|ri|o|rie|ren; De|te|ri|o|rie|rung *vgl.* Deterioration
De|ter|mi|nan|te, die; -, -n ‹lat.› (Hilfsmittel der Algebra zur Lösung eines Gleichungssystems; bestimmender Faktor)
De|ter|mi|na|ti|on, die; -, -en (nähere Begriffsbestimmung)
de|ter|mi|na|tiv (bestimmend, begrenzend, festlegend; entschieden, entschlossen)
de|ter|mi|nie|ren (bestimmen, begrenzen, festlegen); **De|ter|mi|niert|heit,** die; -
De|ter|mi|nis|mus, der; - (Lehre von der Unfreiheit des menschlichen Willens); **De|ter|mi|nist,** der; -en, -en; **De|ter|mi|nis|tin; de|ter|mi|nis|tisch**
de|te|s|ta|bel ‹lat.› (*veraltet für* verabscheuungswürdig); ...a|ble Ansichten
Det|lef [*auch* 'dɛ...] (m. Vorn.)
Det|mold (Stadt am Teutoburger Wald)
¹De|to|na|ti|on, die; -, -en ‹lat.› (Knall, Explosion)
²De|to|na|ti|on, die; -, -en ‹franz.› (*Musik* Unreinheit des Tones)
De|to|na|tor, der; -s, ...oren ‹lat.› (*fachspr. für* Zündmittel)
¹de|to|nie|ren (explodieren)
²de|to|nie|ren ‹franz.› (*Musik* unrein singen, spielen)
De|t|ri|tus, der; - ‹lat.› (*Med.* Zell- u. Gewebstrümmer; *Geol.* zerriebenes Gestein; *Biol.* Schwebe- u. Sinkstoffe in Gewässern)
De|t|roit [di...] (Stadt in den USA)
det|to ‹ital.› (*bes. bayr., österr. für* dito)
De|tu|mes|zenz, die; - ‹lat.› (*Med.* Abschwellung [einer Geschwulst])
Deu|bel *vgl.* Deiwel
deucht usw. *vgl.* dünken
Deu|ka|li|on (Gestalt der griech. Sage); die Sintflut des Deukalion
De|us ex Ma|chi|na, der; - - -, Dei - - *Plur. selten* ‹lat., »Gott aus der [Theater]maschine«› (unerwarteter Helfer)
Deut, der ‹niederl.› (*veraltet für* kleine Münze); keinen Deut, nicht einen Deut (*ugs. für* gar nicht, gar nichts)
deut|bar
Deu|te|lei (*abwertend für* kleinliche Auslegung); **deu|teln;** ich deut[e]le
deu|ten; Deu|ter
Deu|te|r|a|go|nist, der; -en, -en ‹griech.› (zweiter Schauspieler auf der altgriech. Bühne)
Deu|te|rin
Deu|te|ri|um, das; -s ‹griech.› (schwerer Wasserstoff, Wasserstoffisotop; *Zeichen* D); **Deu|te|ron,** das; -s, ...onen (Atomkern des Deuteriums)
Deu|te|ro|no|mi|um, das; -s (5. Buch Mosis)
...deu|tig (z. B. zweideutig)
Deut|ler; Deut|le|rin
deut|lich; auf das, aufs Deutlichste *od.* auf das, aufs deutlichs|te ↑K75; etwas deutlich machen;
Deut|lich|keit
deut|lich|keits|hal|ber
deutsch / Deutsch *s. Kasten*
Deutsch|ame|ri|ka|ner [*auch* ...'ka:...] ↑K149; Amerikaner dt. Abstammung); **Deutsch|ame|ri|ka|ne|rin**
deutsch|ame|ri|ka|nisch ↑K23: die deutschamerikanische Kultur; der deutsch-amerikanische *od.* deutschamerikanische Schiffsverkehr
Deutsch|ar|beit; eine Deutscharbeit schreiben
deutsch-deutsch; die deutsch-deutschen Beziehungen (*früher* zwischen BRD u. DDR)
¹Deut|sche, der *u.* die; -n, -n; ich Deutscher; wir Deutschen (*auch* wir Deutsche); drei Deutsche; alle [guten] Deutschen
²Deut|sche, das; des -n, dem -n (die deutsche Sprache überhaupt; in Zusammensetzungen bes. zur Bezeichnung der hist. u. landsch. Teilbereiche der deutschen Sprache); das Deutsche (z. B. im Ggs. zum Französischen); das Althochdeutsche, das Mittelhochdeutsche, das Neuhochdeutsche; die Laute des Deutschen (z. B. im Ggs. zum Englischen); die Formen des Niederdeutschen; im Deutschen (z. B. im Ggs. zum Italienischen); aus dem Deutschen, ins Deutsche übersetzen; *vgl. auch* Deutsch
Deut|schen|feind; Deut|schen|fein|din; Deut|schen|freund; Deut|schen|freun|din
Deut|schen|hass
deutsch|feind|lich
deutsch-fran|zö|sisch; die deutsch-französischen Beziehungen
deutsch|freund|lich
Deutsch|herr (*svw.* Deutschordensritter)
Deutsch|kun|de, die; -; **deutsch|kund|lich;** deutschkundlicher Unterricht
Deutsch|land; des vereinigten Deutschland[s]
Deutsch|land|funk, der; -s (Informationsprogramm des Deutschlandradios)
deutsch|län|disch (*bes. österr., schweiz. für* in Deutschland üblich, binnendeutsch)
Deutsch|land|lied, das; -[e]s (Nationalhymne des Deutschen Reiches [seit 1922], deren dritte Strophe heute die offizielle Hymne Deutschlands ist)
Deutsch|land|po|li|tik
Deutsch|land|ra|dio, das; -s (überregional ausgerichteter, öffentlich-rechtlicher Rundfunksender)
deutsch|land|weit
Deutsch|leh|rer; Deutsch|leh|re|rin
Deutsch|meis|ter (Landmeister des Deutschen Ordens)

D deut

deutsch / Deutsch

deutsch
Abk. dt.
I. *Kleinschreibung:*
a) *Da das Adjektiv »deutsch« nur in Namen, bestimmten namenähnlichen Fügungen und in Substantivierungen großgeschrieben wird, gilt in den folgenden Fällen Kleinschreibung:*

- das deutsche Volk
- die deutsche Einheit
- die deutsche Sprache
- der deutsche Michel
- die deutschen Meisterschaften [im Eiskunstlauf]
- sie ist deutsche Meisterin, *aber* (als Titel:) Anita G., Deutsche Meisterin

Vgl. auch Abschnitt II

b) *Kleinschreibung gilt für »deutsch« auch in Verbindung mit Verben, wenn es mit »wie?« erfragt werden kann:*

- sich deutsch unterhalten
- deutsch mit jmdm. reden (*auch ugs. für* jmdm. unverblümt die Wahrheit sagen)
- die Rednerin hat deutsch (nicht englisch) gesprochen
- am Nebentisch saß ein (gerade jetzt) deutsch sprechendes *od.* deutschsprechendes Ehepaar
- der Brief ist deutsch (in deutscher Sprache bzw. in deutscher Schreibschrift) geschrieben
- Staatsangehörigkeit: deutsch (in Formularen u. Ä.)

Vgl. auch Abschnitt II und »Deutsch«

II. *Großschreibung* ↑K72:
a) *Großgeschrieben wird das substantivierte Adjektiv, wenn es im Sinne von »deutsche Sprache« verwendet wird:*

- etwas auf Deutsch sagen
- der Brief ist in Deutsch abgefasst
- eine Zusammenfassung in Deutsch
- auf gut Deutsch gesagt
- das heißt auf/zu Deutsch ...

Vgl. aber Abschnitt I und »Deutsch«

b) *Großgeschrieben wird »deutsch« auch als Bestandteil von Namen und bestimmten namenähnlichen Fügungen* ↑K88 *u.* 89:

- Deutscher Akademischer Austauschdienst (*Abk.* DAAD)
- Deutsche Angestellten-Gewerkschaft (*Abk.* DAG)
- die Deutsche Bucht (Teil der Nordsee)
- der Deutsche Bund (1815–66)
- der Deutsche Bundestag
- Deutsche Bahn AG (*Abk.* DB)
- Deutsche Bundesbank (*Abk.* BBk)
- Deutsche Demokratische Republik (1949–90; *Abk.* DDR)
- die Deutsche Dogge
- der Tag der Deutschen Einheit (3. Oktober)
- Deutscher Fußball-Bund (*Abk.* DFB)
- Deutscher Gewerkschaftsbund (*Abk.* DGB)
- Deutscher Industrie- und Handelstag (*Abk.* DIHT)
- Verein Deutscher Ingenieure
- Deutsches Institut für Normung (*Zeichen* DIN)
- Deutsches Jugendherbergswerk (*Abk.* DJH)
- Deutsche Lebens-Rettungs-Gesellschaft (*Abk.* DLRG)
- Deutsche Mark (1948–2002; *Abk.* DM)
- die Deutsche Nationalbibliografie
- die Deutsche Nationalbibliothek
- der Deutsche Orden (ein Ritterorden)
- Deutsche Post AG
- Deutsche Presse-Agentur (*Abk.* dpa)
- das Deutsche Reich
- Deutsche Rentenversicherung
- Deutsches Rotes Kreuz (*Abk.* DRK)
- der Deutsche Schäferhund
- Institut für Deutsche Sprache
- *Aber* ↑K150: Gesellschaft für deutsche Sprache
- Deutscher Turner-Bund (*Abk.* DTB)
- der Deutsch-Französische Krieg (1870/71) [*aber* ein deutsch-französischer Krieg (irgendeiner)]

Vgl. auch Abschnitt I und »Deutsch« sowie die Stichwörter [1]Deutsche und [2]Deutsche

Deutsch, das; des Deutsch[s], dem Deutsch (die deutsche Sprache, sofern sie die Sprache eines Einzelnen oder einer bestimmten Gruppe bezeichnet oder sonst näher bestimmt ist; Kenntnis der deutschen Sprache)

- dein, euer, ihr, mein, sein Deutsch ist schlecht
- die Aussprache seines Deutsch[s]
- das Plattdeutsch Fritz Reuters
- das Kanzleideutsch, das Kaufmannsdeutsch, das Schriftdeutsch
- sie kann, lehrt, lernt, schreibt, spricht, versteht [kein, nicht, gut, schlecht] Deutsch
- ein Deutsch sprechender *od.* deutschsprechender Ausländer (*vgl. aber* deutsch I)
- [das ist] gutes Deutsch
- er spricht gut[es] Deutsch
- sie kann kein Wort Deutsch
- ein Lehrstuhl für Deutsch
- er hat eine Eins in Deutsch (im Fach Deutsch)
- in heutigem Deutsch *od.* im heutigen Deutsch

Vgl. auch »deutsch« I und II sowie die Stichwörter [1]Deutsche und [2]Deutsche

deutsch|na|ti|o|nal; deutschnationale Gesinnung

Deutsch|or|dens|rit|ter; Deutsch|rit|ter|or|den, der; -s

Deutsch|schweiz, die; - (*schweiz. für* deutschsprachige Schweiz)

Deutsch|schwei|zer (Schweizer deutscher Muttersprache); **Deutsch|schwei|ze|rin**

deutsch|schwei|ze|risch ↑K23: die deutschschweizerische Literatur; ein deutsch-schweizerisches *od.* deutschschweizerisches Abkommen; *vgl.* schweizerdeutsch

deutsch|spra|chig (die deutsche Sprache sprechend, in ihr abgefasst, vorgetragen); deutschsprachige Bevölkerung

deutsch|sprach|lich (die deutsche

Sprache betreffend); deutschsprachlicher Unterricht
Deutsch|spre|chen, das; -s
deutsch spre|chend, deutsch|sprechend *vgl.* deutsch / Deutsch
Deutsch spre|chend, Deutsch|sprechend *vgl.* deutsch / Deutsch
deutsch|stäm|mig
Deutsch|stun|de
Deutsch|tum, das; -s (deutsche Wesensart)
Deutsch|tü|me|lei (*abwertend für* aufdringliche Betonung des Deutschtums); **deutsch|tü|melnd; Deutsch|tüm|ler** (*abwertend*); **Deutsch|tüm|le|rin**
Deutsch|tür|ke (↑K149); Deutscher türkischer Abstammung, in Deutschland lebender Türke); **Deutsch|tür|kin; deutsch|tür|kisch** ↑K23: die deutschtürkische Kultur; die deutsch-türkischen *od.* deutschtürkischen Beziehungen
Deutsch|un|ter|richt
Deu|tung; Deu|tungs|ver|such
Deut|zie, die; -, -n ⟨nach dem Holländer van der Deutz⟩ (ein Zierstrauch)
Deux|pi|èces, Deux-Pi|èces [døˈpi̯ɛ:s], das; -, - ⟨franz.⟩ (zweiteiliges Kleid)
De|val|va|ti|on, die; -, -en ⟨lat.⟩ (Abwertung einer Währung); **de|val|va|to|risch, de|val|va|ti|o|nis|tisch** (abwertend); **de|val|vie|ren** (abwerten)
De|vas|ta|ti|on, die; -, -en ⟨lat.⟩ (Verwüstung); **de|vas|tie|ren**
De|ver|ba|tiv, das; -s, -e, **De|ver|ba|ti|vum,** das; -s, ...va ⟨lat.⟩ (*Sprachwiss.* von einem Verb abgeleitetes Substantiv od. Adjektiv, z. B. »Eroberung« von »erobern«, »hörig« von »hören«)
de|vi|ant ⟨lat.⟩ (*fachspr. für* abweichend); **De|vi|a|ti|on,** die; -, -en (Abweichung); **de|vi|ie|ren**
De|vi|se, die; -, -n ⟨franz.⟩ (Wahlspruch)
De|vi|sen *Plur.* (Zahlungsmittel in ausländischer Währung)
De|vi|sen|aus|gleich; De|vi|sen|be|stim|mung *meist Plur.*
De|vi|sen|be|wirt|schaf|tung; De|vi|sen|brin|ger
De|vi|sen|ge|schäft; De|vi|sen|han|del *vgl.* [1]Handel; **De|vi|sen|kurs; De|vi|sen|markt; De|vi|sen|re|ser|ve; De|vi|sen|schmug|gel; De|vi|sen|ver|ge|hen; De|vi|sen|ver|kehr**
De|von, das; -[s] ⟨nach einer engl. Grafschaft⟩ (*Geol.* Formation des Paläozoikums); **de|vo|nisch**
de|vot ⟨lat.⟩ (unterwürfig); **De|vo|ti|on,** die; -, -en (Unterwürfigkeit; Andacht)
De|vo|ti|o|na|lie, die; -, -n (*kath. Kirche* der Andacht dienender Gegenstand); **De|vo|ti|o|na|li|en|han|del**
De|wa|na|ga|ri, die; - ⟨sanskr.⟩ (ind. Schrift [für das Sanskrit])
Dex|t|rin, das; -s, -e ⟨lat.⟩ ([Klebe]stärke)
dex|t|ro|gyr ⟨lat.; griech.⟩ (*Chemie* die Ebene polarisierten Lichtes nach rechts drehend; *Zeichen* d)
Dex|t|ro|kar|die, die; -, ...ien ⟨lat.; griech.⟩ (*Med.* anomale rechtsseitige Lage des Herzens)
Dex|t|ro|se, die; - (Traubenzucker)
Dez, der; -es, -e (*mdal. für* Kopf)
Dez. = Dezember
De|zem|ber, der; -[s], - ⟨lat.⟩ (zwölfter Monat im Jahr; Christmond, Julmond, Wintermonat; *Abk.* Dez.); **De|zem|ber|abend; De|zem|ber|tag**
De|zem|vir, der; *Gen.* -s *u.* -n, *Plur.* -n (Mitglied des Dezemvirats)
De|zem|vi|rat, das; -[e]s, -e (altrömisches Zehnmännerkollegium)
De|zen|ni|um, das; -s, ...ien (Jahrzehnt)
de|zent ⟨lat.⟩ (zurückhaltend, taktvoll; unaufdringlich)
de|zen|t|ral [*auch* ˈde:...] ⟨nlat.⟩ (vom Mittelpunkt entfernt)
De|zen|t|ra|li|sa|ti|on, De|zen|t|ra|li|sie|rung, die; -, -en (Auseinanderlegung von Verwaltungen usw.); **de|zen|t|ra|li|sie|ren; De|zen|t|ra|li|sie|rung** *vgl.* Dezentralisation
De|zenz, die; - ⟨lat.⟩ (*geh. für* Anstand, Zurückhaltung; unauffällige Eleganz)
De|zer|nat, das; -[e]s, -e ⟨lat.⟩ (Geschäftsbereich eines Dezernenten; Sachgebiet)
De|zer|nent, der; -en, -en (Sachbearbeiter mit Entscheidungsbefugnis [bei Behörden]; Leiter eines Dezernats); **De|zer|nen|tin**
De|zi, der; -[s], -[s]; *vgl.* Götti (*schweiz.; kurz für* Deziliter); 2 Dezi Wein
De|zi... ⟨lat.⟩ (Zehntel...; ein Zehntel einer Einheit [z. B. Dezimeter = $^1/_{10}$ Meter]; *Zeichen* d)
De|zi|bel, das; -s, - ($^1/_{10}$ Bel; bes. Maß der relativen Lautstärke; *Zeichen* dB)
de|zi|die|ren ⟨lat.⟩ (*geh. für* entscheiden); **de|zi|diert** (entschieden, energisch, bestimmt)
De|zi|gramm ⟨lat.; griech.⟩ ($^1/_{10}$ g; *Zeichen* dg)
De|zi|li|ter ($^1/_{10}$ l; *Zeichen* dl)
de|zi|mal ⟨lat.⟩ (auf die Grundzahl 10 bezogen)
De|zi|mal|bruch, der (Bruch, dessen Nenner mit [einer Potenz von] 10 gebildet wird)
De|zi|ma|le, die; -[n], -n (*Math.* eine Ziffer der Ziffernfolge, die rechts vom Komma einer Dezimalzahl steht)
de|zi|ma|li|sie|ren (auf das Dezimalsystem umstellen); **De|zi|ma|li|sie|rung**
De|zi|mal|klas|si|fi|ka|ti|on, die; -, -en (*Abk.* DK); **De|zi|mal|maß; De|zi|mal|punkt; De|zi|mal|rech|nung; De|zi|mal|stel|le**
De|zi|mal|sys|tem, das; -s; **De|zi|mal|waa|ge; De|zi|mal|zahl**
De|zi|me, die; -, -n (*Musik* zehnter Ton vom Grundton an)
De|zi|me|ter, der, -s, - ⟨lat.; griech.⟩ ($^1/_{10}$ m; *Zeichen* dm)
de|zi|mie|ren ⟨lat.⟩ (stark vermindern); **de|zi|miert**
De|zi|mie|rung
de|zi|siv ⟨lat.⟩ (entscheidend, bestimmt)
De|zi|ton|ne (100 kg; *Zeichen* dt)
DFB, der; - = Deutscher Fußball-Bund; **DFB-Po|kal**
DFF, der; - = Deutscher Fernsehfunk (*DDR*)
D-Füh|rer|schein
dg = Dezigramm
Dg = Dekagramm
DG = Dachgeschoss
D. G. = Dei Gratia
DGB, der; - = Deutscher Gewerkschaftsbund; **DGB-ei|gen**
dgl. = dergleichen
d. Gr. = der *od.* die Große
DGS = Deutsche Gebärdensprache
d. h. = das heißt
Dha|ka [d...], Dac|ca, Dak|ka (Hauptstadt von Bangladesch)
Dhau [dau] *vgl.* Dau
d'hondtsch [dɔntʃ, *auch* dəˈɔntʃ] ⟨nach dem belgischen Juristen d'Hondt⟩; das d'hondt|sche *od.* d'Hondt'sche System (ein

Berechnungsmodus bei [Parlaments]wahlen)
d. i. = das ist
Di. = Dienstag
DI = Diplomingenieur[in] *(in Österr.)*
Dia, das; -s, -s (*kurz für* Diapositiv)
Di|a|bas, der; -es, -e ‹griech.› (ein Ergussgestein)
Di|a|be|tes, der; - ‹griech.› (*Med.* Harnruhr); Diabetes mellitus (*Med.* Zuckerkrankheit)
Di|a|be|ti|ker; Di|a|be|ti|ke|rin
di|a|be|tisch
Dia|be|trach|ter (optisches Gerät)
Di|a|bo|lie, Di|a|bo|lik, die; - ‹griech.› (teuflisches Verhalten)
di|a|bo|lisch (teuflisch); diabolisches (magisches) Quadrat
Di|a|bo|lo, das; -s, -s ‹ital.› (ein Geschicklichkeitsspiel)
Di|a|bo|los, Di|a|bo|lus, der; - ‹griech.› (der Teufel)
dia|chron [...k...], **dia|chro|nisch** ‹griech.› (*Sprachwiss.* [entwicklungs]geschichtlich)
Dia|chro|nie, die; - (*Sprachwiss.* [Darstellung der] geschichtl. Entwicklung einer Sprache)
dia|chro|nisch *vgl.* diachron
Di|a|dem, das; -s, -e ‹griech.› (kostbarer [Stirn]reif)
Di|a|do|che, der; -n, -n ‹griech.› (mit anderen konkurrierender Nachfolger [Alexanders d. Gr.])
Di|a|do|chen|kampf *meist Plur.;* **Di|a|do|chen|zeit,** die; -
Dia|ge|ne|se, die; -, -n ‹griech.› (Veränderung eines Sediments durch Druck u. Temperatur)
Di|a|g|no|se, die; -, -n ‹griech.› ([Krankheits]erkennung; *Zool., Bot.* Bestimmung); **Di|a|g|no|se|pro|gramm** *(EDV)*
Di|a|g|no|se|ver|fah|ren; Di|a|g|no|se|zen|t|rum
Di|a|g|nos|tik, die; -, -en (*Med.* Fähigkeit u. Lehre, Krankheiten usw. zu erkennen); **Di|a|g|nos|ti|ker; Di|a|g|nos|ti|ke|rin; di|a|g|nos|tisch; di|a|g|nos|ti|zie|ren**
dia|go|nal ‹griech.› (schräg laufend); **Dia|go|nal,** der; -[s], -s (schräg gestreifter Kleiderstoff)
Dia|go|na|le, die; -, -n (Gerade, die zwei nicht benachbarte Ecken eines Vielecks miteinander verbindet); drei Diagonale[n]
Dia|go|nal|rei|fen
Dia|gramm, das; -s, -e ‹griech.› (zeichnerische Darstellung errechneter Zahlenwerte; Stellungsbild beim Schach)
Dia|kaus|tik, die; -, -en ‹griech.› (die beim Durchgang von parallelem Licht bei einer Linse entstehende Brennfläche); **dia|kaus|tisch**
Di|a|kon [*österr.* 'di:...], der; *Gen.* -s *u.* -en, *Plur.* -e[n] ‹griech.› (kath., anglikan. od. orthodoxer Geistlicher; karitativ od. seelsorgerisch tätiger Angestellter in ev. Kirchen); *vgl.* Diakonus
Di|a|ko|nat, das, *auch* der; -[e]s, -e (Diakonenamt, -wohnung)
Di|a|ko|nie®, die; -, ...ien ([berufsmäßige] Sozialtätigkeit [Krankenpflege, Gemeindedienst] in der ev. Kirche)
Di|a|ko|nin; di|a|ko|nisch
Di|a|ko|nis|se, die; -, -n *u.* Di|a|ko|nis|sin, die; -, -nen (ev. Kranken- u. Gemeindeschwester); **Di|a|ko|nis|sen|haus; Di|a|ko|nis|sin** *vgl.* Diakonisse
Di|a|ko|nus, der; -, ...kone[n] (*veraltet für* zweiter od. dritter Pfarrer einer ev. Gemeinde, Hilfsgeistlicher)
Dia|kri|se, Dia|kri|sis, die; -, ...isen ‹griech.› (*Med.* entscheidende Krise einer Krankheit)
dia|kri|tisch (unterscheidend); diakritisches Zeichen *(Sprachwiss.)*
Di|a|lekt, der; -[e]s, -e ‹griech.› (Mundart); **di|a|lek|tal** (mundartlich)
Di|a|lekt|aus|druck *Plur.* ...drücke; **Di|a|lekt|dich|tung; Di|a|lekt|fär|bung; Di|a|lekt|for|schung**
di|a|lekt|frei
Di|a|lekt|geo|gra|fie, **Di|a|lekt|geo|gra|phie**
Di|a|lek|tik, die; -, -en (Erforschung der Wahrheit durch Aufweisung u. Überwindung von Widersprüchen)
Di|a|lek|ti|ker (jmd., der die dialektische Methode anwendet); **Di|a|lek|ti|ke|rin**
di|a|lek|tisch (die Dialektik betreffend; *auch für* spitzfindig; *seltener* mundartlich); dialektische Methode (von den Sophisten ausgebildete Kunst der Gesprächsführung); dialektischer Materialismus (marx. Lehre von den Grundbegriffen der Dialektik u. des Materialismus); dialektische Theologie (eine Richtung der ev. Theologie nach dem 1. Weltkrieg) ↑K 89
Di|a|lek|to|lo|gie, die; -, -n (Mundartforschung als Teilgebiet der Sprachwissenschaft); **di|a|lek|to|lo|gisch**
Di|a|lekt|spre|cher; Di|a|lekt|spre|che|rin
Di|a|ler ['daiələ], der; -s, - ‹engl.› (*EDV* Computerprogramm, das eine Telefonverbindung [zum Internet] herstellt)
Di|a|log, der; -[e]s, -e ‹griech.› (Zwiegespräch; Wechselrede); **Di|a|log|be|reit|schaft,** die; -
di|a|lo|gisch (in Dialogform); **di|a|lo|gi|sie|ren** (in Dialogform kleiden); **Di|a|log|kunst,** die; -
Dia|ly|sa|tor, der; -s, ...oren ‹griech.› (*Chemie* Gerät zur Durchführung der Dialyse)
Dia|ly|se, die; -, -n (chem. Trennungsmethode; *Med.* Blutwäsche); **Dia|ly|se|ge|rät**
Dia|ly|se|pa|ti|ent; Dia|ly|se|pa|ti|en|tin
Dia|ly|se|sta|ti|on; Dia|ly|se|zen|t|rum (für Nierenkranke)
dia|ly|sie|ren; dia|ly|tisch (auf Dialyse beruhend)
[1]**Di|a|mant,** die; - ‹franz.› (*Druckw.* ein Schriftgrad)
[2]**Di|a|mant,** der; -en, -en; *vgl. auch* Demant; **Di|a|mant|boh|rer**
Di|a|mant|col|li|er, Di|a|mant|kol|li|er
di|a|man|ten; diamantene Hochzeit (60. Jahrestag der Hochzeit) ↑K 89
Di|a|mant|feld; Di|a|mant|kol|li|er *vgl.* Diamantcollier
Di|a|mant|leim (zum Fassen von Schmucksteinen)
Di|a|mant|schild|krö|te
Di|a|mant|schlei|fer; Di|a|mant|schlei|fe|rin
Di|a|mant|schliff; Di|a|mant|schmuck; Di|a|mant|staub
Di|a|mant|tin|te (ein Ätzmittel für Glas)
DIAMAT, **Di|a|mat,** der; - = dialektischer Materialismus
Dia|me|ter, der; -s, - ‹griech.› (Durchmesser)
dia|me|t|ral (entgegengesetzt)
dia|me|t|risch (dem Durchmesser entsprechend)
Dia|mor|phin (*Med.* Heroin)
Di|a|na (röm. Göttin der Jagd)
Di|a|pa|son, der; -s, *Plur.* -s *u.* ...one ‹griech.› (Kammerton;

Stimmgabel; [*auch* das; -s, -s:] engl. Orgelregister)
di|a|phan ‹griech.› (*Kunstwiss.* durchscheinend); **Di|a|phan|bild** (durchscheinendes Bild)
Di|a|pho|ra, die; - ‹griech.› (*Rhet.* Betonung des Unterschieds zweier Dinge)

Di|a|pho|re|se, die; -, -n (*Med.* Schwitzen); **di|a|pho|re|tisch** (schweißtreibend)
Dia|phrag|ma, das; -s, ...men ‹griech.› (*Chemie* durchlässige Scheidewand; *Med.* Zwerchfell; mechanisches Empfängnisverhütungsmittel)
Dia|po|si|tiv [*auch* ...'ti:f], das; -s, -e ‹griech.; lat.› (durchscheinendes fotografisches Bild; *Kurzform* Dia); **Dia|pro|jek|tor** (Vorführgerät für Dias)
Di|ä|re|se, Di|ä|re|sis, die; -, ...resen ‹griech.› (*Sprachwiss.* getrennte Aussprache zweier Vokale, z. B. na|iv; *Verslehre* Einschnitt im Vers an einem Wortende; *Philos.* Begriffszerlegung; *Med.* Zerreißung eines Gefäßes mit Blutaustritt)
Di|a|ri|um, das; -s, ...ien ‹lat.› (Tagebuch; Kladde)
Di|ar|rhö, die; -, -en ‹griech.› (*Med.* Durchfall); **di|ar|rhö|isch**
Dia|show
Dia|skop, das; -s, -e ‹griech.› (*veraltend für* Diaprojektor)
Di|a|s|po|ra, die; - ‹griech.› (*Rel.* Gebiet, in dem die Anhänger einer Konfession in der Minderheit sind; religiöse od. nationale Minderheit); **Di|a|s-po|ra|ge|mein|de**
Dia|s|to|le [*auch* di'astole], die; -, ...olen (*Med.* mit der Systole rhythmisch abwechselnde Erweiterung des Herzens); **dia|s|to|lisch;** diastolischer Blutdruck *(Med.)*
Di|ät, die; -, *Plur. (Arten:)* -en ‹griech.› (Krankenkost; Schonkost; spezielle Ernährungsweise); Diät leben; Diät halten, kochen; jmdn. auf Diät setzen
Di|ät|as|sis|ten|tin (*svw.* Diätistin)
di|ä|ten *meist im Infinitiv gebr. (ugs.); selten:* ich diäte, habe diätet
Di|ä|ten *Plur.* ‹lat.› (Tagegelder; Aufwandsentschädigung u. a. [bes. von Parlamentariern])
Di|ä|te|tik, die; -, -en ‹griech.› (Ernährungslehre); **Di|ä|te|ti|kum,** das; -s, ...ka (für eine Diät geeignetes Nahrungsmittel); **di|ä|te|tisch** (der Diätetik gemäß)
Di|ät|fahr|plan (*ugs. für* Diätplan)
Di|ät|feh|ler (*Med.* Fehler in der Ernährungsweise)
Dia|thek, die; -, -en ‹griech.› (Diapositivsammlung)
dia|ther|man ‹griech.› (*Med., Meteorol.* Wärmestrahlen durchlassend); **Dia|ther|mie,** die; - (*Med.* Heilverfahren, bei dem Hochfrequenzströme innere Körperteile durchwärmen)
Dia|the|se, die; -, -n ‹griech.› (*Med.* Veranlagung zu bestimmten Krankheiten)
Di|äthy|len|gly|kol, *fachspr.* Diethy|len|gly|kol ‹griech.› (Bestandteil von Frostschutzmitteln u. a.)
di|ä|tisch ‹griech.› (die Ernährung betreffend); **Di|ä|tis|tin** (w. Fachkraft, die bei der Aufstellung von Diätplänen mitwirkt)
Di|ät|kost; Di|ät|kü|che; Di|ät|kur
Di|a|to|mee, die; -, -n *meist Plur.* ‹griech.› (*Bot.* Kieselalge)
Di|a|to|me|en|er|de (*svw.* Kieselgur); **Di|a|to|me|en|schlamm** (Ablagerung von Diatomeen)
Dia|to|nik, die; - ‹griech.› (*Musik* Dur-Moll-Tonsystem; das Fortschreiten in der Tonfolge der 7-stufigen Tonleiter); **dia|to|nisch** (auf der Diatonik beruhend); die diatonische Tonleiter
Di|ät|plan
Dia|t|ri|be, die; -, -n ‹griech.› (Abhandlung; Streitschrift)
Dia|vor|trag
Dib|bel|ma|schi|ne ‹engl.; franz.›; **dib|beln** ‹engl.› (*Landwirtsch.* in Reihen aussäen); ich dibb[e]le; *vgl. aber* tippeln
dich *(kann in Briefen groß- oder kleingeschrieben werden); vgl.* du
Di|cho|to|mie, die; -, ...ien ‹griech.› (Zweiteilung [in Begriffspaare]; *Bot.* Gabelung); **di|cho|to|misch, di|cho|tom**
Di|chro|is|mus [...k...], der; - ‹griech.› (*Physik* Zweifarbigkeit von Kristallen bei Lichtdurchgang); **di|chro|i|tisch;** dichroitische Spiegel
di|chro|ma|tisch (*Optik* zweifarbig); dichromatische Gläser
Di|chro|s|kop, das; -s, -e (besondere Lupe zur Prüfung auf Dichroismus); **di|chro|s|ko|pisch**

dicht

- dicht an dicht, dicht bei dicht
- dicht neben dem Haus

Wenn »dicht« das Ergebnis der mit einem folgenden einfachen Verb bezeichneten Tätigkeit angibt, kann getrennt oder zusammengeschrieben werden ↑K 56:

- ein Fass dicht machen *od.* dichtmachen
- *Aber:* das Gelände wurde zu dicht bebaut; das Glas muss dicht schließen

Bei übertragener Bedeutung gilt Zusammenschreibung; vgl. dichthalten, dichtmachen
In Verbindung mit adjektivisch gebrauchten Partizipien kann bei nicht übertragener Bedeutung getrennt oder zusammengeschrieben werden ↑K 58:

- ein dicht bebautes *od.* dichtbebautes Gelände
- eine dicht behaarte *od.* dichtbehaarte Brust
- eine dicht besiedelte, dicht bevölkerte *od.* dichtbesiedelte, dichtbevölkerte Region

dicht|auf; dichtauf folgen
dicht be|baut, dicht|be|baut *vgl.* dicht
dicht be|haart, dicht|be|haart *vgl.* dicht
dicht be|laubt, dicht|be|laubt *vgl.* dicht
dicht be|sie|delt, dicht|be|sie|delt *vgl.* dicht
dicht be|völ|kert, dicht|be|völ|kert *vgl.* dicht
dicht be|wölkt, dicht|be|wölkt *vgl.* dicht
Dich|te, die; -, -n *Plur. selten* (*Technik auch für* Verhältnis der Masse zur Raumeinheit); **Dich|te|mes|ser,** der (*für* Densimeter)
[1]**dich|ten** (dicht machen)
[2]**dich|ten** (Verse schreiben); **Dich|ten,** das; -s; ↑K 82: das Dichten und Trachten der Menschen
Dich|ter
Dich|ter|fürst (*geh. für* herausragender Dichter); **Dich|te|rin**
dich|te|risch; dichterische Freiheit
Dich|ter|kom|po|nist (Dichter u. Komponist in einer Person); **Dich|ter|kom|po|nis|tin**
Dich|ter|kreis; Dich|ter|le|sung; Dich|ter|spra|che
Dich|ter|tum, das; -s

Dich|ter|wort *Plur.* ...worte
dicht ge|drängt, **dicht|ge|drängt** *vgl.* dicht
dicht|hal|ten (*ugs. für* nichts verraten); sie hat [absolut] dichtgehalten, *aber* der Verschluss hat dicht gehalten ↑K 56
Dicht|heit, die; -
Dich|tig|keit, die; -
Dicht|kunst, die; -
dicht|ma|chen (*ugs. für* schließen); sie haben die Fabrik dichtgemacht; *aber* das Fass wurde dicht gemacht *od.* dichtgemacht; die Schotten dicht machen *od.* dichtmachen; *vgl.* dicht
[1]**Dich|tung** (Gedicht)
[2]**Dich|tung** (Vorrichtung zum Dichtmachen)
Dich|tungs|art; Dich|tungs|gat|tung
Dich|tungs|mas|se; Dich|tungs|ma|te|ri|al; Dich|tungs|mit|tel, das; **Dich|tungs|ring; Dich|tungs|schei|be; Dich|tungs|stoff**
dick; durch dick und dünn ↑K 72; dick auftragen; dick machen *od.* dickmachen
dick|bau|chig; dick|bäu|chig
Dick|blatt|ge|wächs (*Bot.*)
Dick|darm; Dick|darm|ent|zün|dung; Dick|darm|krebs
di|cke; *nur in* jmdn., eine Sache dicke haben (*ugs. für* jmds., einer Sache überdrüssig sein)
[1]**Di|cke,** die; -, -n (*nur Sing.:* Dicksein; *[in Verbindung mit Maßangaben]* Abstand von einer Seite zur anderen); Bretter von 2 mm Dicke, von verschiedenen Dicken
[2]**Di|cke,** der *u.* die; -n, -n
di|cken (zähflüssig machen, werden); Brombeersaft dickt leicht
Di|ckens (engl. Schriftsteller)
Di|cken|wachs|tum (z. B. eines Baumes)
Di|cker|chen
di|cke|tun, dick|tun (*ugs. für* sich wichtigmachen); ich tue mich dick[e]; dick[e]getan; dick[e]zutun
dick|fel|lig (*ugs. abwertend*); **Dick|fel|lig|keit,** die; -
dick|flei|schig; dick|flüs|sig
Dick|häu|ter
Di|ckicht, das; -s, -e
Dick|kopf (*ugs.*); **dick|köp|fig** (*ugs.*)
dick|lei|big; dick|lich
dick ma|chen, **dick|ma|chen** *vgl.* dick
Dick|ma|cher (*ugs. für* sehr kalorienreiches Nahrungsmittel)
Dick|milch
Dick|schä|del (*ugs.*); **dick|schä|de|lig, dick|schäd|lig**
Dick|schiff (großes Seeschiff)
Dick|sein, das; -s
Dick|te, die; -, -n (*Druckw.* Buchstabenbreite)
Dick|tu|er; Dick|tu|e|rei; Dick|tu|e|rin; dick|tun *vgl.* dicketun
Di|ckung (*Jägerspr.* Dickicht)
dick|wan|dig
Dick|wanst (*ugs. abwertend*)
Dick|wurz (Runkelrübe)
Di|dak|tik, die; -, -en ‹griech.› (Unterrichtslehre); **Di|dak|ti|ker; Di|dak|ti|ke|rin; di|dak|tisch** (unterrichtskundlich; lehrhaft)
di|del|dum!; di|del|dum|dei!
Di|de|rot [...'ro:] (franz. Schriftsteller u. Philosoph)
Did|ge|ri|doo [dɪdʒəri'du:], das; -s, -s ‹engl.› (röhrenförmiges Blasinstrument der australischen Ureinwohner)
Di|do (sagenhafte Gründerin Karthagos)
die; der *u.* deren (*vgl. d.*); *Plur. vgl.* der
Dieb, der; -[e]s, -e; **Die|be|rei**
Die|bes|ban|de *vgl.* [2]Bande; **Die|bes|beu|te; Die|bes|gut; Die|bes|ha|ken** *vgl.* [2]Dietrich; **Die|bes|nest**
die|bes|si|cher
Die|bes|tour; Die|bes|zug; Die|bin
die|bisch
Dieb|stahl, der; -[e]s, ...stähle; **Dieb|stahl|ver|si|che|rung**
Dief|fen|ba|chie, die; -, -n ‹nach dem österr. Botaniker Dieffenbach› (eine Zierpflanze)
die|je|ni|ge; *Gen.* derjenigen, *Plur.* diejenigen
Die|le, die; -, -n
Di|elek|t|ri|kum, das; -s, ...ka ‹griech.› (elektr. Nichtleiter); **di|elek|t|risch**
Di|elek|t|ri|zi|täts|kon|s|tan|te (Wert, der die elektrischen Eigenschaften eines Stoffes kennzeichnet; *Zeichen* ε)
die|len (mit Dielen belegen)
Die|len|bo|den; Die|len|brett
Die Lin|ke (eine polit. Partei)
Die|me, die; -, -n, **Die|men,** der; -s, - (*nordd. für* [Heu]haufen)
die|nen
Die|ner; Die|ne|rin
die|nern; ich dienere
Die|ner|schaft; Die|ner|schar *vgl.* [1]Schar
dien|lich; sein Verhalten war der Sache [wenig] dienlich
Dienst, der; -[e]s, -e; *auch* zu Diensten stehen; etw. in Dienst stellen (in Betrieb nehmen); außer Dienst (*Abk.* a. D.); der diensthabende *od.* Dienst habende Beamte; die diensttuende *od.* Dienst tuende Ärztin; dienstleistende *od.* Dienst leistende Tätigkeiten ↑K 58; ↑K 72: der Diensthabende wurde gerufen; im öffentlichen *od.* Öffentlichen Dienst
Dienst|ab|teil
Diens|tag *s. Kasten Seite 326*
Diens|tag|abend [*auch* 'di:...'|a:...]; meine Dienstagabende sind schon alle belegt; er ist für diesen Dienstagabend bestellt; am, jeden Dienstagabend; *aber* sie kommt Dienstag [am] Abend; eines schönen Dienstagabends; *aber* dienstagabends *od.* dienstags abends spielen wir Skat; *vgl.* Dienstag
diens|tä|gig *vgl.* ...tägig; **diens|täg|lich** *vgl.* ...täglich
Diens|tag|mit|tag [*auch* 'di:...'mɪt...] *vgl.* Dienstagabend
Diens|tag|mor|gen [*auch* 'di:...'mɔr...] *vgl.* Dienstagabend
Diens|tag|nach|mit|tag [*auch* 'di:...'na:...] *vgl.* Dienstagabend
Diens|tag|nacht [*auch* 'di:...'na...] *vgl.* Dienstagabend
diens|tags *vgl.* Dienstag
Diens|tags|ver|an|stal|tung
Diens|tag|vor|mit|tag [*auch* 'di:...'fo:ɐ̯...] *vgl.* Dienstagabend
Dienst|al|ter; Dienst|äl|tes|te
Dienst|an|tritt; Dienst|an|wei|sung; Dienst|an|zug; Dienst|auf|fas|sung
Dienst|auf|sicht; Dienst|auf|sichts|be|schwer|de (*Rechtswiss.*)
Dienst|aus|weis; Dienst|au|to
dienst|bar; Dienst|bar|keit
dienst|be|flis|sen
Dienst|be|ginn, der; -[e]s
dienst|be|reit; Dienst|be|reit|schaft, die; -
Dienst|bo|te; Dienst|bo|tin
Dienst|büch|lein (*schweiz. für* Ausweis über die Erfüllung der Militärpflicht)
dienst|eif|rig
Dienst|fahrt
dienst|fer|tig; dienst|frei; dienstfrei haben, sein
Dienst|ge|ber (*österr. neben* Arbeitgeber); **Dienst|ge|ber|bei|trag** (*österr. neben* Arbeitgeberbeitrag); **Dienst|ge|be|rin**

D
Dien

Diens|tag

der; -[e]s, -e (*Abk.* Di.)

Das Substantiv »Dienstag« wird großgeschrieben:

- ich werde euch [am] Dienstag besuchen
- alle Dienstage; eines Dienstags; des Dienstags

Hingegen wird das Adverb »dienstags« kleingeschrieben ↑K 70:

- dienstags (jeden Dienstag) um fünf Uhr
- immer dienstags; dienstags abends; dienstags nachmittags

Verbindungen aus Wochentag und Tageszeitangabe werden meist zusammengeschrieben:

- am [nächsten] Dienstagabend, Dienstagnachmittag
- seit Dienstagmorgen streiken die Lokführer, bis Dienstagnacht fallen viele Zugverbindungen aus
- *aber* die Preisverleihung findet Dienstag [am] Abend statt
- immer dienstagabends (*od.* dienstags abends); immer dienstagnachmittags (*od.* dienstags nachmittags)
- *entsprechend in Verbindung mit* Morgen, morgens usw.
- *bes. österr.* wir haben davon erst Dienstagfrüh erfahren, *aber* wir werden dich [am] Dienstag früh (zeitig) abholen

Vgl. auch Dienstagabend *u.* ↑K 69

Dienst|ge|brauch; nur für den Dienstgebrauch
Dienst|ge|heim|nis; Dienst|ge|spräch; Dienst|grad
dienst|ha|bend, Dienst ha|bend *vgl.* Dienst; **Dienst|ha|ben|de,** der *u.* die; -n, -n ↑K 72
Dienst|herr; Dienst|her|rin
Dienst|jahr; Dienst|ju|bi|lä|um
dienst|leis|tend, Dienst leis|tend *vgl.* Dienst
Dienst|leis|ter; Dienst|leis|te|rin
Dienst|leis|tung; Dienst|leis|tungs|abend; Dienst|leis|tungs|be|trieb; Dienst|leis|tungs|ge|sell|schaft; Dienst|leis|tungs|ge|wer|be; Dienst|leis|tungs|sek|tor; Dienst|leis|tungs|un|ter|neh|men
dienst|lich
Dienst|mäd|chen *(veraltet)*
[1]**Dienst|mann** *Plur.* ...mannen (*früher für* Lehnsmann)
[2]**Dienst|mann** *Plur.* ...männer *u.* ...leute (*veraltend für* Gepäckträger)
Dienst|mar|ke
Dienst|neh|mer (*österr. neben* Arbeitnehmer); **Dienst|neh|me|rin; Dienst|per|so|nal**
Dienst|pflicht; dienst|pflich|tig; Dienst|plan
Dienst|prag|ma|tik (*österr. früher für* generelle Norm für das öffentl.-rechtl. Dienstverhältnis)
Dienst|rang
Dienst|recht; dienst|recht|lich
Dienst|rei|se; Dienst|sa|che
Dienst|schluss, der; ...schlusses
Dienst|sie|gel; Dienst|sitz
Dienst|stel|le; Dienst|stel|len|aus|schuss (*österr. für* Personalvertretung in einer Dienststelle)
Dienst|stem|pel; Dienst|stun|de
dienst|taug|lich
dienst|tu|end, Dienst tu|end *vgl.* Dienst
dienst|un|fä|hig; Dienst|un|fä|hig|keit
Dienst|ver|ge|hen; Dienst|ver|hält|nis
dienst|ver|pflich|tet; Dienst|ver|trag
Dienst|ver|wei|ge|rer *(bes. schweiz.);* **Dienst|ver|wei|ge|rin**
Dienst|vor|schrift; Dienst|waf|fe; Dienst|wa|gen; Dienst|weg
dienst|wid|rig
Dienst|woh|nung; Dienst|zeit
Dienst|zet|tel (*österr. für* schriftliche Aufstellung der Dienstverpflichtungen); **Dienst|zeug|nis**
Dierk *vgl.* Dirk
dies, die|ses; *Gen.* dieses
Di|es, der; - (*kurz für* Dies academicus); **Di|es aca|de|mi|cus,** der; - - ⟨lat.⟩ (vorlesungsfreier Tag an der Universität, an dem eine Feier o. Ä. angesetzt ist)
dies|be|züg|lich
Die|sel, der; -[s], - ⟨nach dem Erfinder⟩ (*kurz für* Dieselkraftstoff; [Auto mit] Dieselmotor)
die|sel|be; *Gen.* derselben; *Plur.* dieselben; ein[e] und dieselbe
die|sel|bi|ge (*veraltet für* dieselbe)
die|sel|elek|t|risch
Die|sel|fahr|zeug
Die|sel|kraft|stoff (*Abk.* DK)
Die|sel|mo|tor ↑K 136
die|seln (wie ein Dieselmotor ohne Zündung weiterlaufen)
Die|sel|öl; Die|sel|par|ti|kel|fil|ter; Die|sel|tank
die|ser, diese, dieses (dies); *Gen.* dieses, dieser, dieses; *Plur.* diese; dieser selbe [Augenblick]
die|ser|art (auf diese Weise; so); *aber* Fälle [von] dieser Art
die|ser|halb *(geh. veraltend)*
die|ses *vgl.* dies
die|ses Jah|res (*Abk.* d. J.)
die|ses Mo|nats (*Abk.* d. M.)
die|sig (dunstig, trübe u. feucht); **Die|sig|keit,** die; -
Di|es Irae, das; - - ⟨lat., »Tag des Zornes«⟩ (*Rel.* Anfang eines Hymnus auf das Weltgericht; Teil des Requiems)
dies|jäh|rig
dies|mal; *aber* dieses Mal, dieses *od.* dies eine, letzte Mal; **dies|ma|lig**
dies|sei|tig; Dies|sei|tig|keit, die; -
dies|seits; *Präp. mit Gen.:* diesseits des Flusses; **Dies|seits,** das; -; im Diesseits
Dies|seits|glau|be
Die|ter, Die|ther (m. Vorn.)
Diet|hild, Diet|hil|de (w. Vorn.)
Di|ethy|len|gly|kol *vgl.* Diäthylenglykol
Diet|lind, Diet|lin|de (w. Vorn.)
Diet|mar (m. Vorn.)
[1]**Diet|rich** (m. Vorn.)
[2]**Diet|rich,** der; -s, -e (Nachschlüssel)
[3]**Diet|rich,** Marlene (dt.-amerik. Schauspielerin)
die|weil, all|die|weil *(veraltet)*
Dif|fa|ma|ti|on, die; -, -en ⟨lat.⟩ (Verleumdung); **dif|fa|ma|to|risch; Dif|fa|mie,** die; -, ...ien (verleumderische Bosheit); **dif|fa|mie|ren; Dif|fa|mie|rung**
dif|fe|rent ⟨lat.⟩ (verschieden)
dif|fe|ren|ti|al, Dif|fe|ren|ti|al usw.

vgl. Differenzial, differenzial usw.
dif|fe|ren|ti|ell *vgl.* differenziell
Dif|fe|renz, die; -, -en (Unterschied; Unstimmigkeit)
Dif|fe|renz|be|trag; Dif|fe|renz|geschäft (Börsentermingeschäft)
dif|fe|ren|zi|al, dif|fe|ren|ti|al (einen Unterschied begründend od. darstellend)
Dif|fe|ren|zi|al, Dif|fe|ren|ti|al, das; -s, -e (*Math.* unendlich kleine Differenz; *kurz für* Differenzialgetriebe)
Dif|fe|ren|zi|al|geo|me|t|rie, Dif|feren|ti|al|geo|me|t|rie *(Math.)*
Dif|fe|ren|zi|al|ge|trie|be, Dif|feren|ti|al|ge|trie|be (Ausgleichsgetriebe beim Kraftfahrzeug)
Dif|fe|ren|zi|al|glei|chung, Dif|feren|ti|al|glei|chung *(Math.)*
Dif|fe|ren|zi|al|quo|ti|ent, Dif|feren|ti|al|quo|ti|ent *(Math.)*
Dif|fe|ren|zi|al|rech|nung, Dif|feren|ti|al|rech|nung *(Math.)*
Dif|fe|ren|zi|al|schal|tung, Dif|feren|ti|al|schal|tung *(Elektrot.)*
Dif|fe|ren|zi|a|ti|on, Dif|fe|ren|ti|ati|on, die; -, -en (*Math.* Anwendung der Differenzialrechnung; *Geol.* Aufspaltung einer Stammschmelze)
dif|fe|ren|zi|ell, dif|fe|ren|ti|ell (*svw.* differenzial)
dif|fe|ren|zie|ren (unterscheiden; abstufen; *Math.* die Differenzialrechnung anwenden); eine differenzierte Betrachtungsweise
Dif|fe|ren|ziert|heit (Unterschiedlichkeit; Abgestuftsein)
Dif|fe|ren|zie|rung
dif|fe|rie|ren (verschieden sein; voneinander abweichen)
dif|fi|zil ⟨franz.⟩ (schwierig, kompliziert; schwer zu behandeln)
Dif|frak|ti|on, die; -, -en ⟨lat.⟩ (*Physik* Strahlenbrechung, Beugung des Lichtes)
dif|fun|die|ren ⟨lat.⟩ (*fachspr. für* durchdringen; zerstreuen)
dif|fus (zerstreut; verschwommen); diffuses Licht
Dif|fu|si|on, die; -, -en (*Chemie* gegenseitige Durchdringung [von Gasen od. Flüssigkeiten]; *Physik* Zerstreuung; *Bergmannsspr.* Wetteraustausch)
Dif|fu|sor, der; -s, ...oren (*Technik* Rohrleitungsteil, dessen Querschnitt sich erweitert; *Fotogr.* Licht streuende Plastikscheibe zur Erweiterung des Messwinkels bei Lichtmessern)
Di|gam|ma, das; -[s], -s (Buchstabe im ältesten griech. Alphabet; Ϝ)
di|gen ⟨griech.⟩ (*Biol.* durch Verschmelzung zweier Zellen gezeugt)
di|ge|rie|ren ⟨lat.⟩ (*Chemie* auslaugen, -ziehen; *Med.* verdauen)
Di|gest [ˈdaɪ̯dʒɛst], der *od.* das; -[s], -s ⟨engl.⟩ (Zeitschrift, die Auszüge aus Büchern, Zeitschriften u. Ä. bringt)
Di|ges|ten [diˈgɛ...] *Plur.* ⟨lat.⟩ (Gesetzessammlung des Kaisers Justinian)
Di|ges|tif [...ʒɛsˈtiːf], der; -s, -s ⟨franz.⟩ (Verdauungsgetränk)
Di|ges|ti|on [...g...], die; -, -en ⟨lat.⟩ (*Med.* Verdauung; *Chemie* Auslaugen)
di|ges|tiv (*Med.* Verdauung bewirkend; Verdauungs...)
Di|git [...dʒɪt], das; -s, -s ⟨engl.⟩ (Ziffer einer elektron. Anzeige)
di|gi|tal [digi...] ⟨lat.⟩ (*Med.* mit dem Finger; *Technik* in Ziffern dargestellt, ziffernmäßig; *EDV* in Stufen erfolgend)
Di|gi|tal|box (für digitalen Fernsehempfang)
Di|gi|tal|fern|se|hen; Di|gi|tal|fo|to
Di|gi|ta|lis, die; -, - (Fingerhut, eine Arzneipflanze)
di|gi|ta|li|sie|ren (*Technik* mit Ziffern darstellen; in ein digitales Signal umwandeln); **Di|gi|ta|li|sie|rung**
Di|gi|tal|ka|me|ra
Di|gi|tal Na|tive [ˈdɪdʒɪtl̩ ˈneɪtɪv], der; - -s, - -s ⟨lat.-engl.⟩ (jmd., der mit digitalen Technologien aufgewachsen ist u. routiniert umgeht)
Di|gi|tal|rech|ner; Di|gi|tal|tech|nik; Di|gi|tal|ton|band; Di|gi|tal|uhr
Di|glos|sie, die; -, ...ien ⟨griech.⟩ (*Sprachwiss.* Zweisprachigkeit)
Di|glyph, der; -s, -e, **Di|gly|phe,** die; -, -n ⟨griech.⟩ (*Archit.* zweigeschlitzte Platte am Gebälk [ital. Renaissance])
Di|g|ni|tar ⟨lat.⟩, **Di|g|ni|tär** ⟨franz.⟩ der; -s, -e (Würdenträger der kath. Kirche); **Di|g|ni|tät,** die; -, -en ⟨lat.⟩ (kath. kirchl. Würde)
Di|gres|si|on, die; -, -en ⟨lat.⟩ (*Astron.* Winkel zwischen dem Meridian u. dem Vertikalkreis, der durch ein polnahes Gestirn geht)
DIHK, der; - = Deutscher Industrie- und Handelskammertag
Di|jam|bus, der; -, ...ben ⟨griech.⟩ (*Verslehre* Doppeljambus)
Di|jon [diˈʒõː] (franz. Stadt)
Di|ke (griech. Göttin der Gerechtigkeit, eine der ²Horen)
di|klin ⟨griech.⟩ (*Bot.* eingeschlechtig)
Di|ko|ty|le, Di|ko|ty|le|do|ne, die; -, -n ⟨griech.⟩ (*Bot.* zweikeimblättrige Pflanze)
Dik|ta|fon, Dik|ta|phon, das; -s, -e ⟨lat.; griech.⟩ (Tonbandgerät zum Diktieren)
Dik|tant, der; -en, -en (jmd., der diktiert); **Dik|tan|tin**
Dik|ta|phon *vgl.* Diktafon
Dik|tat, das; -[e]s, -e ⟨lat.⟩
Dik|ta|tor, der; -s, ...oren; **Dik|ta|torin; dik|ta|to|risch**
Dik|ta|tur, die; -, -en; die Diktatur des Proletariats *(marx.)*
dik|tie|ren (zur Niederschrift vorsprechen; aufzwingen)
Dik|tier|ge|rät
Dik|ti|on, die; -, -en (Schreibart; Ausdrucksweise)
Dik|ti|o|när, das *u.* der; -s, -e ⟨franz.⟩ (*veraltet für* Wörterbuch)
Dik|tum, das; -s, ...ta ⟨lat., »Gesagtes«⟩ (Ausspruch)
di|la|ta|bel ⟨lat.⟩ (dehnbar); ...ta|ble Buchstaben; **Di|la|ta|bi|les** *Plur.* (in die Breite gezogene hebr. Buchstaben)
Di|la|ta|ti|on, die; -, -en (*Physik* Ausdehnung; *Med.* Erweiterung [von Körperhöhlen])
Di|la|ti|on, die; -, -en ⟨lat.⟩ (*Rechtsspr.* Aufschub[frist]); **dila|to|risch** (aufschiebend)
Dil|do, der; -[s], -s ⟨engl.⟩ (künstlich nachgebildeter erigierter Penis)
Di|lem|ma, das; -s, *Plur.* -s, *auch* -ta ⟨griech.⟩ (Zwangslage; Wahl zwischen zwei [unangenehmen] Dingen)
Di|let|tant, der; -en, -en ⟨ital.⟩ (*geh. für* [Kunst]liebhaber; Nichtfachmann; Stümper); **di|let|tan|tenhaft; Di|let|tan|tin; di|let|tan|tisch**
Di|let|tan|tis|mus, der; - (laienhafte Beschäftigung mit etwas, Liebhaberei; Stümperhaftigkeit); **dilet|tie|ren**
Di|li (Hauptstadt von Timor-Leste)
Dill, der; -s, -e, *bes. österr. auch* **Dil|le,** die; -, -n (eine Gewürzpflanze)
Dil|len|kraut, Dill|kraut *(österr.)*
Dil|they (dt. Philosoph)
Di|lu|vi|um, das; -s (*älter für* Pleistozän)

D
Dilu

dim. = diminuendo
Dime [daim], der; -s, -s (US-amerik. Münze); 10 Dime
Di|men|si|on, die; -, -en ‹lat.› (Ausdehnung; [Aus]maß; Bereich); **di|men|si|o|nal** (die Ausdehnung bestimmend); **di|men|si|o|nie|ren** (abmessen; *Technik* die Maße festlegen)
Di|me|ter, der; -s, - ‹griech.› (*Verslehre* antike Verseinheit aus zwei Füßen)
di|mi|nu|en|do ‹ital.› (*Musik* in der Tonstärke abnehmend; *Abk.* dim.); **Di|mi|nu|en|do,** das; -s, *Plur.* -s *u.* ...di
di|mi|nu|ie|ren ‹lat.› (verkleinern, verringern); **Di|mi|nu|ti|on,** die; -, -en (*Musik auch für* Verkürzung der Notenwerte; variierende Verzierung)
di|mi|nu|tiv (*Sprachwiss.* verkleinernd); **Di|mi|nu|tiv,** das; -s, -e, Di|mi|nu|ti|vum, das; -s, ...va (*Sprachwiss.* Verkleinerungswort, z. B. »Öfchen«); **Di|mi|nu|tiv|form** *(Sprachwiss.);* **Di|mi|nu|ti|vum** *vgl.* Diminutiv
dim|men ‹engl.› (mit einem Dimmer regulieren); gedimmt; **Dim|mer,** der; -s, - (stufenloser Helligkeitsregler)
di|morph ‹griech.› (zweigestaltig, zweiformig); **Di|mor|phis|mus,** der; -, ...men
DIN® ‹*Abk. für* Deutsche Industrie-Norm› (Verbandszeichen des Deutschen Instituts für Normung e. V.); DIN lang (Bezeichnung für ein Papierformat); *mit einer Nummer zur Bezeichnung einer Norm* (z. B. DIN 16511) *u. bei Kopplungen* (z. B. DIN-A4-Blatt, DIN-Norm, DIN-Mitteilungen, DIN-Format, DIN-lang-Format); *vgl. auch* ↑K26
Di|na (w. Vorn.; bibl. w. Eigenn.)
Di|nar, der; -[s], -e (Währungseinheit in Algerien, Bahrain, Irak, Jordanien, Kuwait, Libyen, Serbien, Tunesien)
di|na|risch; *aber* ↑K140 : das Dinarische Gebirge (im Westen des ehem. Jugoslawien)
Di|ner [...'ne:], das; -s, -s ‹franz.› (*geh. für* [festliches] Abend- od. Mittagessen mit mehreren Gängen)
[1]**Ding,** das; -[e]s, *Plur.* -e, *ugs.* -er (Sache); guter Dinge sein
[2]**Ding,** das; -[e]s, -e (germ. Volks-, Gerichts- u. Heeresversammlung); *vgl. auch* Thing
Din|gel|chen (kleines Ding)
din|gen (*veraltend für* in Dienst nehmen); du dingtest; gedungen (*seltener* gedingt); ding[e]!
Din|ger|chen *Plur.*
ding|fest; *nur in* jmdn. dingfest machen (verhaften)
Din|gi, das; -s, -s ‹Hindi› (kleines Beiboot)
ding|lich (eine Sache betreffend; gegenständlich); dinglicher Anspruch; **Ding|lich|keit,** die; -
Din|go, der; -s, -s ‹austral.› (austral. Wildhund)
Dings, Dings|bums, [1]**Dings|da,** der, die, das; - (*ugs. für* eine unbekannte od. unbenannte Person od. Sache)
...dings (z. B. neuerdings)
[2]**Dings|da, Dings|kir|chen** [*auch* ...'kɪr...], der, die, das; - (*ugs. für* einen unbekannten od. unbenannten Ort)
Ding|wort *Plur.* ...wörter (*für* Substantiv)
di|nie|ren ‹franz.› (*geh. für* [in festlichem Rahmen] essen, speisen)
Di|ning|room ['dainɪŋru:m], der; -s, -s ‹engl.› (*engl. Bez. für* Speisezimmer)
Dink, der; -s, -s *meist Plur.* ‹*aus* engl. **d**ouble **i**ncome, **n**o **k**ids = doppeltes Einkommen, keine Kinder› (jmd., der in einer kinderlosen Partnerschaft lebt, in der beide Partner einem Beruf nachgehen)
Din|kel, der; -s, - *Plur. selten* (Weizenart, Spelt)
Din|ner, das; -s, -[s] ‹engl.› (Hauptmahlzeit in England [abends eingenommen])
Din|ner|ja|cket, Din|ner-Ja|cket [...dʒɛkɪt], das; -s, -s (*engl. Bez. für* Smoking[jackett])
Din|ner|show
Di|no, der; -s, -s (*ugs.; kurz für* Dinosaurier); **Di|no|sau|ri|er,** der; -s, -, **Di|no|sau|rus,** der; -, ...rier ‹griech.› (ausgestorbene Riesenechse)
Di|no|the|ri|um, das; -s, ...ien (ausgestorbenes Rüsseltier Europas)
Di|o|de, die; -, -n ‹griech.› (elektronisches Bauelement)
Di|o|ge|nes (altgriech. Philosoph)
Di|o|k|le|ti|an (röm. Kaiser); **di|o|k|le|ti|a|nisch;** die diokletianischen Reformen ↑K89 *u.* 135
Di|o|len®, das; -[s] (eine synthetische Faser)
Di|on, die; -, -en (*österr.; kurz für* Direktion, *selten für* Division)
Di|o|ny|si|en *Plur.* ‹griech.› (Dionysosfest); **di|o|ny|sisch** (dem Gott Dionysos zugehörend; *auch für* wild begeistert, tobend; rauschend [von Festen]); **Di|o|ny|sos** (griech. Gott des Weines, des Rausches u. der Fruchtbarkeit)
di|o|phan|tisch ‹nach dem altgriech. Mathematiker Diophantos›; diophantische Gleichung ↑K89 *u.* 135
Di|op|ter, das; -s, - ‹griech.› (Zielgerät; *Fotogr.* Rahmensucher)
Di|op|t|rie, die; -, ...ien (*Optik* Maßeinheit für den Brechwert von Linsen; *Abk.* dpt, dptr., Dptr.); **Di|op|t|ri|en|aus|gleich; di|op|t|risch**
Di|o|ra|ma, das; -s, ...men ‹griech.› (plastisch wirkendes Schaubild)
Di|o|rit, der; -s, -e ‹griech.› (ein Tiefengestein)
Di|os|ku|ren *Plur.* ‹griech., »Zeussöhne«› (Kastor u. Pollux; *auch für* unzertrennliche Freunde)
Di|o|ti|ma [*auch* ...'ti:...] (myth. Priesterin bei Platon)
Di|oxid [*auch* ...'ksi:t], Di|oxyd [*auch* ...'ksy:t], das; -[e]s, -e (Oxid, das zwei Sauerstoffatome enthält); *vgl.* Oxid
Di|oxin, das; -s, -e ‹griech.› (hochgiftige Verbindung von Chlor u. Kohlenwasserstoff)
Di|oxyd [*auch* ...'ksy:t] *vgl.* Dioxid
Di|ö|ze|san, der; -en, -en ‹griech.› (Angehöriger einer Diözese)
Di|ö|ze|se, die; -, -n (Amtsgebiet eines kath. Bischofs)
Di|ö|zie, die; - (*Bot.* Zweihäusigkeit); **di|ö|zisch** *(Bot.)*
Dip, der; -s, -s ‹engl.› (Soße zum Eintunken)
Diph|the|rie, die; -, ...ien ‹griech.› (*Med.* eine Infektionskrankheit)
Diph|the|rie|schutz|imp|fung; Diph|the|rie|se|rum; diph|the|risch
Di|ph|thong, der; -[e]s, -e ‹griech.› (*Sprachwiss.* Doppellaut, z. B. ei, au; *Ggs.* Monophthong)
di|ph|thon|gie|ren (einen Vokal zum Diphthong entwickeln); **Di|ph|thon|gie|rung; di|ph|thon|gisch**
dipl. = diplomiert
Dipl.-Betriebsw. = Diplom-Betriebswirt[in]
Dipl.-Bibl. = Diplom-Bibliothekar[in]
Dipl.-Biol. = Diplom-Biologe/-Biologin

Di|p|lo̱m

das; -[e]s, -e ‹griech.›
(amtliches Schriftstück; Urkunde; [Ehren]zeugnis; akademischer Grad)
Im Folgenden sind ausgewählte Berufsbezeichnungen mit »Diplom« und die zugehörigen Abkürzungen aufgeführt, wobei die Abkürzungen sowohl für die männlichen als auch für die weiblichen Titel gelten. Alle Bezeichnungen können auch ohne Bindestrich geschrieben werden: Diplom-Betriebswirt *od.* Diplombetriebswirt usw.

- Diplom-Betriebswirt[in], *Abk.* Dipl.-Betriebsw.
- Diplom-Bibliothekar[in], *Abk.* Dipl.-Bibl.
- Diplom-Biologe/-Biologin, *Abk.* Dipl.-Biol.
- Diplom-Chemiker[in], *Abk.* Dipl.-Chem.
- Diplom-Dolmetscher[in], *Abk.* Dipl.-Dolm.
- Diplom-Handelslehrer[in], *Abk.* Dipl.-Hdl.
- Diplom-Historiker[in], *Abk.* Dipl.-Hist.
- Diplom-Holzwirt[in], *Abk.* Dipl.-Holzw.
- Diplom-Informatiker[in], *Abk.* Dipl.-Inform.
- Diplom-Ingenieur[in], *Abk.* Dipl.-Ing., *österr. auch* DI
- Diplom-Jurist[in], *Abk.* Dipl.-Jur.
- Diplom-Kauffrau, *Abk.* Dipl.-Kff. *od.* Kffr.
- Diplom-Kaufmann *Plur.* ...leute, *Abk.* Dipl.-Kfm., *österr.* Dkfm.
- Diplom-Landwirt[in], *Abk.* Dipl.-Landw.
- Diplom-Mathematiker[in], *Abk.* Dipl.-Math.
- Diplom-Mediziner[in], *Abk.* Dipl.-Med.
- Diplom-Medizinpädagoge/-pädagogin, *Abk.* Dipl.-Med.-Päd.
- Diplom-Meteorologe/-Meteorologin, *Abk.* Dipl.-Met.
- Diplom-Oecotrophologe/-Oecotrophologin, *Abk.* Dipl.-Oecotroph.
- Diplom-Ökonom[in], *Abk.* Dipl.-Ök.
- Diplom-Pädagoge/-Pädagogin, *Abk.* Dipl.-Päd.
- Diplom-Physiker[in], *Abk.* Dipl.-Phys.
- Diplom-Politologe/-Politologin, *Abk.* Dipl.-Pol.
- Diplom-Psychologe/-Psychologin, *Abk.* Dipl.-Psych.
- Diplom-Sportlehrer[in], *Abk.* Dipl.-Sportl.
- Diplom-Theologe/-Theologin, *Abk.* Dipl.-Theol.
- Diplom-Tierarzt/-Tierärztin *(österr.), Abk.* Mag. med. vet.
- Diplom-Verwaltungswirt[in], *Abk.* Dipl.-Verww.
- Diplom-Volkswirt[in], *Abk.* Dipl.-Volksw.
- Diplom-Wirtschaftsingenieur[in], *Abk.* Dipl.-Wirtsch.-Ing.

Dipl.-Chem. = Diplom-Chemiker[in]

Dipl.-Dolm. = Diplom-Dolmetscher[in]

Di̱|plex|be|trieb *vgl.* Duplexbetrieb

Dipl.-Hdl. = Diplom-Handelslehrer[in]

Dipl.-Hist. = Diplom-Historiker[in]

Dipl.-Holzw. = Diplom-Holzwirt[in]

Dipl.-Inform. = Diplom-Informatiker[in]

Dipl.-Ing. = Diplom-Ingenieur[in]

Dipl.-Jur. = Diplom-Jurist[in]

Dipl.-Kff[r]. = Diplom-Kauffrau

Dipl.-Kfm. = Diplom-Kaufmann

Dipl.-Landw. = Diplom-Landwirt[in]

Dipl.-Math. = Diplom-Mathematiker[in]

Dipl.-Med. = Diplom-Mediziner[in]

Dipl.-Med.-Päd. = Diplom-Medizinpädagoge/-pädagogin

Dipl.-Met. = Diplom-Meteorologe/-Meteorologin

Di|p|lo|do̱|kus, der; -, ...ken ‹griech.› (ausgestorbene Riesenechse)

Dipl.-Oecotroph. = Diplom-Oecotrophologe/-Oecotrophologin

di|p|lo|i̱d ‹griech.› (*Biol.* mit doppeltem Chromosomensatz)

Dipl.-Ök. = Diplom-Ökonom[in]

Di|p|lo|ko̱k|kus, der; -, ...kken ‹griech.› (*Med.* Kokkenpaar [Krankheitserreger])

Di|p|lo̱m *s. Kasten*

Di|p|lo|ma̱nd, der; -en, -en (jmd., der sich auf die Diplomprüfung vorbereitet); **Di|p|lo|ma̱n|din; Di|p|lo̱m|ar|beit**

Di|p|lo|ma̱t, der; -en, -en ‹griech.› (beglaubigter Vertreter eines Landes bei einem fremden Staat)

Di|p|lo|ma̱|ten|aus|weis; Di|p|lo|ma̱|ten|kof|fer; Di|p|lo|ma̱|ten|lauf|bahn; Di|p|lo|ma̱|ten|pass

Di|p|lo|ma|ti̱e, die; - (Regeln u. Methoden für die Führung außenpolit. Verhandlungen; Gesamtheit der Diplomaten; Geschicktheit im Umgang)

Di|p|lo|ma̱|tik, die; - (Urkundenlehre); **Di|p|lo|ma̱|ti|ker** (Urkundenforscher u. -kenner); **Di|p|lo|ma̱|ti|ke|rin**

Di|p|lo|ma̱|tin

di|p|lo|ma̱|tisch (die Diplomatie u. die Diplomatik betreffend; urkundlich; klug u. geschickt im Umgang); das diplomatische Korps ↑K89; *aber* ↑K150: das Diplomatische Korps in Rom

di|p|lo|mi̱e|ren (ein Diplom erteilen); **Di|p|lo̱m|stu|di|um,** das; -s

Dipl.-Päd. = Diplom-Pädagoge/-Pädagogin

Dipl.-Phys. = Diplom-Physiker[in]

Dipl.-Pol. = Diplom-Politologe/-Politologin

Dipl.-Psych. = Diplom-Psychologe/-Psychologin

Dipl.-Sportl. = Diplom-Sportlehrer[in]

Dipl.-Theol. = Diplom-Theologe/-Theologin

Dipl.-Verww. = Diplom-Verwaltungswirt[in]

Dipl.-Volksw. = Diplom-Volkswirt[in]

Dipl.-Wirtsch.-Ing. = Diplom-Wirtschaftsingenieur[in]

Di|po|di̱e, die; -, ...i̱en ‹griech.› (*Verslehre* zweiteilige Taktgruppe in einem Vers); **di|po̱|disch**

Di̱|pol, der; -s, -e ‹griech.› (*Physik* Anordnung von zwei entgegengesetzt gleichen elektrischen Ladungen); **Di̱|pol|an|ten|ne**

Dip|pel, der; -s, - (*südd. für* Dübel; *österr. ugs. für* Beule; *vgl.* Tippel)

Dip|pel|baum (*österr. für* Trag-, Deckenbalken)

[1]dip|pen (*landsch. für* eintauchen)

[2]dip|pen ‹engl.› (*Seemannsspr.* die Flagge zum Gruß halb niederholen u. wieder hochziehen)

Dip|tam, der; -s ‹griech.› (eine Zierpflanze)

Di|p|te̱|ren *Plur.* ‹griech.› (*Zool.* zweiflüglige Insekten)

Dị|p|te|ros, der; -, ...roi (Tempel mit doppelter Säulenreihe)

Dị|p|ty|chon, das; -s, *Plur.* ...chen *u.* ...cha ‹griech.› (zusammenklappbare Schreibtafel im Altertum; zweiflügeliges Altarbild)

dir

Beugung des folgenden [substantivierten] Adjektivs oder Partizips:

- dir jungen (*selten* junger) Frau
- dir altem (*auch* alten) Menschen
- dir Geliebten (*weiblich; selten* Geliebter)
- dir Geliebtem (*männlich; neben* Geliebten)

In Briefen kann »dir« groß- oder kleingeschrieben werden; vgl. du

Dir. = Direktor[in]

Di|rect Mai|ling ['dairɛkt 'meɪlɪŋ], das; - -[s], - -s ‹engl.› (*Werbespr.* Form der Direktwerbung, bei der Werbematerial verschickt wird)

Di|rec|toire [...rɛk'to̯aːɐ̯], das; -[s] ‹franz.› (französischer [Kunst]stil Ende des 18. Jh.s)

Di|rec|tor's Cut [dai̯'rɛktɐs kat], der; - -[s], - -s ‹engl.› (*Film* meist längere vom Regisseur freigegebene Fassung eines Films)

di|rẹkt ‹lat.›; direkte Rede (*Sprachwiss.* wörtliche Rede)

Di|rẹkt|bank *Plur.* ...banken (Kreditinstitut ohne Filialen)

Di|rẹkt|ein|sprit|zer (*Kfz-Technik* besondere Form des Dieselmotors); **Di|rẹkt|ein|sprit|zung**

di|rek|te|mạng (*landsch. für* geradewegs)

Di|rẹkt|flug; Di|rẹkt|heit

Di|rek|ti|on, die; -, -en (*schweiz. auch* kantonales Ministerium)

Di|rek|ti|ons|kraft *(Physik);* **di|rek|ti|ons|los** (richtungslos)

Di|rek|ti|ons|se|kre|tä|rin; Di|rek|ti|ons|zim|mer

Di|rek|ti|ve, die; -, -n (Weisung; Verhaltensregel)

Di|rẹkt|man|dat

Di|rẹk|tor, der; -s, ...oren (*Abk.* Dir.); **Di|rek|to|rat**, das; -[e]s, -e; **di|rek|to|ri|al** (dem Direktor zustehend, von ihm herrührend); **Di|rek|to|rin; Di|rek|to|ri|um**, das; -s, ...ien; **Di|rẹk|tor|zim|mer**

Di|rek|t|ri|ce [...sə, *österr., schweiz.* ...s], die; -, -n ‹franz.› (leitende Angestellte [bes. in der Bekleidungsindustrie])

Di|rek|t|rix, die; - ‹lat.› (*Math.* Leitlinie von Kegelschnitten)

Di|rẹkt|sen|dung; Di|rẹkt|spiel; Di|rẹkt|über|tra|gung; Di|rẹkt|ver|kauf; Di|rẹkt|wahl; Di|rẹkt|wer|bung

Di|ret|tịs|si|ma, die; -, -s ‹ital.› (Route, die ohne Umwege zum Berggipfel führt)

Dị|rex, der; -, -e (*Schülerspr.* Direktor)

Dir|ham, der; -[s], -s, **Dir|hem**, der; -s, -s (Währungseinheit in arab. Ländern)

Di|ri|gat, das; -[e]s, -e ‹lat.› (das Dirigieren [eines Orchesters])

Di|ri|gent, der; -en, -en; **Di|ri|gen|ten|pult; Di|ri|gen|ten|stab**

Di|ri|gen|tin; di|ri|gie|ren ([ein Orchester] leiten; lenken)

Di|ri|gis|mus, der; - (staatl. Lenkung der Wirtschaft); **di|ri|gis|tisch**

di|ri|mie|ren ‹lat.› (*österr. für* bei Stimmengleichheit entscheiden); **Di|ri|mie|rungs|recht**

Dirk, Dierk (m. Vorn.)

Dirn, die; -, -en (*bayr., österr. mdal. für* Magd)

Dirndl, das; -s, -[n] (*bayr., österr. für* junges Mädchen; Dirndlkleid; *österr. auch für* [Frucht der] Kornelkirsche); **Dirndl|kleid; Dirndl|rock**

Dirndl|strauch (*ostösterr. ugs. für* Strauch der Kornelkirsche)

Dir|ne, die; -, -n (Prostituierte; *mdal. für* junges Mädchen)

dis, Dis, das; -, - (Tonbezeichnung); **dis** (*Zeichen für* dis-Moll); in dis; **Dis** (*Zeichen für* Dis-Dur); in Dis

Dis|agio [...'laːdʒo, *auch* ...'laːʒi̯o], das; -s, *Plur.* -s *u.* ...gien [...'laːdʒn̩, *auch* ...'laːʒi̯ən] ‹ital.› (*Finanzw.* Abschlag, um den der Kurs von Wertpapieren od. Geldsorten unter dem Nennwert od. der Parität steht)

Disc, Disk, die; -, -s ‹engl.› (*EDV; kurz für* Diskette; *auch für* CD *od.* DVD)

Disc|jo|ckey, Disk|jo|ckey, der; -s, -s ‹engl.› (jmd., der Musiktitel präsentiert)

Dis|clai|mer [...'kleɪ...], der; -s, - (*bes. EDV* Distanzierungserklärung)

Dis|co, Dis|ko, die; -, -s ‹engl.› (Tanzlokal u. -veranstaltung mit CD- od. Schallplattenmusik)

Dis|co|fox, Dis|ko|fox (moderne Form des Foxtrotts)

Dis|co|ku|gel, Dis|ko|ku|gel (Kugel mit Spiegelfacetten für besondere Beleuchtungseffekte)

Dis|co|mu|sik, Dis|ko|mu|sik

Dis|co|rol|ler, Dis|ko|rol|ler, der; -s, - ‹engl.› (Rollschuh [mit Kunststoffrollen])

Dis|count [dɪs'kau̯nt], der; -s, -s ‹engl.› (Preisnachlass; Discounter; *Börsenw.* verbilligte Form der Aktie)

Dis|count|bro|ker, **Dis|count-Bro|ker** [...'kau̯nt...], der; -s, - ‹engl.› (Unternehmen, das Wertpapierhandelsgeschäfte ohne Beratung betreibt)

Dis|coun|ter [...'kau̯n...], der; -s, - (Geschäft, in dem Waren besonders preisgünstig verkauft werden); **Dis|count|preis**

Dis|co|ve|ry [...'kavəri], die; - ‹engl., »Entdeckung«› (Name einer amerik. Raumfähre)

Dis-Dur ['dɪsduːɐ̯, *auch* 'dɪs'duːɐ̯], das; -[s] (Tonart; *Zeichen* Dis); **Dis-Dur-Ton|lei|ter** ↑K 26

Dis|en|gage|ment [dɪsɪn'geːtʃmɛnt], das; -s ‹engl.› (milit. Auseinanderrücken der Machtblöcke)

Di|seur [...'zøːɐ̯], der; -s, -e ‹franz.› (Vortragskünstler); **Di|seu|se** [...'zøː...], die; -, -n

Dis|har|mo|nie [*auch* 'dɪs...], die; -, ...ien ‹lat.; griech.› (Missklang; Uneinigkeit); **dis|har|mo|nie|ren; dis|har|mo|nisch**

Dis|junk|ti|on, die; -, -en ‹lat.› (Trennung; Sonderung); **dis|junk|tiv**; disjunktive Konjunktion (*Sprachwiss.* ausschließendes Bindewort, z. B. »oder«)

Disk *vgl.* Disc

Dis|kant, der; -s, -e ‹lat.› (*Musik* höchste Stimm- od. Tonlage)

Dis|kant|schlüs|sel; Dis|kant|stim|me

Dis|ken (*Plur. von* Diskus)

Dis|ket|te, die; -, -n ‹engl.; franz.› (als Datenspeicher dienende Magnetplatte)

Disk|jo|ckey *vgl.* Discjockey

Dis|ko *vgl.* Disco

Dis|ko|fox *vgl.* Discofox

Dis|ko|gra|fie, **Dis|ko|gra|phie**, die; -, ...ien ‹griech.› (Schallplattenverzeichnis)

Dis|ko|ku|gel *vgl.* Discokugel

Dis|ko|mu|sik *vgl.* Discomusik

Dis|kont, der; -s, -e ‹ital.› (*Bankw.* Zinsvergütung bei noch nicht fälligen Zahlungen)

Dis|kon|ten *Plur.* (inländische Wechsel)
Dis|kon|ter, der; -s, - (*bes. österr. für* Discounter)
Dis|kont|er|hö|hung; Dis|kont|ge|schäft; Dis|kont|he|r|ab|set|zung
dis|kon|tie|ren (eine später fällige Forderung unter Abzug von Zinsen ankaufen)
dis|kon|ti|nu|ier|lich [*auch* 'dɪs...] ‹lat.› (unterbrochen, zusammenhanglos); **Dis|kon|ti|nu|i|tät** [*auch* 'dɪs...], die; -, -en
Dis|kont|satz (*Bankw.* Zinssatz); **Dis|kont|sen|kung; Dis|kont|spe|sen** *Plur.* (Wechselspesen)
Dis|kor|danz, die; -, -en ‹lat.› (Uneinigkeit, Missklang; *Geol.* ungleichförmige Lagerung zweier Gesteinsverbände)
Dis|ko|rol|ler *vgl.* Discoroller
Dis|ko|thek, die; -, -en ‹griech.› (Schallplattensammlung; *auch svw.* Disco); **Dis|ko|the|kar,** der; -s, -e (Verwalter einer Diskothek [beim Rundfunk]); **Dis|ko|the|ka|rin**
Dis|kre|dit, der; -[e]s ‹lat.› (übler Ruf); **dis|kre|di|tie|ren** (in Verruf bringen); **Dis|kre|di|tie|rung**
dis|kre|pant ‹lat.› (abweichend; widersprüchlich); **Dis|kre|panz,** die; -, -en (Missverhältnis)
dis|kret ‹lat.› (taktvoll; unauffällig; vertraulich; *Physik, Math.* abgegrenzt, getrennt); **Dis|kre|ti|on,** die; -, -en (Verschwiegenheit, [2]Takt)
Dis|kri|mi|nan|te, die; -, -n ‹lat.› (math. Ausdruck bei Gleichungen zweiten u. höheren Grades)
dis|kri|mi|nie|ren; Dis|kri|mi|nie|rung (unterschiedliche Behandlung; Herabsetzung)
dis|kur|rie|ren ‹lat.› (*landsch. für* sich eifrig unterhalten)
Dis|kurs, der; -es, -e ([eifrige] Erörterung; methodisch aufgebaute Abhandlung); **dis|kur|siv** (*Philos.* von Begriff zu Begriff logisch fortschreitend)
Dis|kus, der; *Gen.* - *u.* -ses, *Plur.* ...ken *u.* -se ‹griech.› (Wurfscheibe); **Dis|kus|fisch**
Dis|kus|si|on, die; -, -en ‹lat.› (Erörterung; Aussprache; Meinungsaustausch)
Dis|kus|si|ons|abend; Dis|kus|si|ons|ba|sis; Dis|kus|si|ons|bei|trag
dis|kus|si|ons|freu|dig
Dis|kus|si|ons|ge|gen|stand; Dis|kus|si|ons|grund|la|ge
Dis|kus|si|ons|lei|ter, der; **Dis|kus|si|ons|lei|te|rin; Dis|kus|si|ons|red|ner; Dis|kus|si|ons|red|ne|rin**
Dis|kus|si|ons|run|de
Dis|kus|si|ons|stoff
Dis|kus|si|ons|teil|neh|mer; Dis|kus|si|ons|teil|neh|me|rin
Dis|kus|si|ons|the|ma
dis|kus|si|ons|wür|dig
Dis|kus|wer|fen, das; -s; **Dis|kus|wer|fer; Dis|kus|wer|fe|rin; Dis|kus|wurf**
dis|ku|ta|bel ‹lat.› (erwägenswert; strittig); diskuta|b|le Fragen
Dis|ku|tant, der; -en, -en (Diskussionsteilnehmer); **Dis|ku|tan|tin**
dis|ku|tier|bar; dis|ku|tie|ren; [über] etwas diskutieren
Dis|lo|ka|ti|on, die; -, -en ‹lat.› (räumliche Verteilung [von Truppen]; *Geol.* Störung der normalen Lagerung von Gesteinsverbänden; *Med.* Verschiebung der Bruchenden)
dis|lo|zie|ren ([Truppen] räumlich verteilen, verlegen); **Dis|lo|zie|rung**
dis-Moll ['dɪsmɔl, *auch* 'dɪs'mɔl], das; -[s] (Tonart; *Zeichen* dis); **dis-Moll-Ton|lei|ter** ↑K 26
Dis|ney [...ni], Walt [vɔ:lt] (amerik. Trickfilmzeichner u. Filmproduzent); **Dis|ney|land®** [...lɛnt], das; -s, -s *meist ohne Artikel* (ein Vergnügungspark)
Dis|pa|che [...ʃə], die; -, -n ‹franz.› (*Seew.* Schadenberechnung u. -verteilung bei Seeschäden); **Dis|pa|cheur** [...'ʃø:ɐ̯], der; -s, -e (Seeschadenberechner); **dis|pa|chie|ren**
dis|pa|rat ‹lat.› (ungleichartig; unvereinbar); **Dis|pa|ri|tät,** die; -, -en (Ungleichheit)
Dis|pat|cher [...'pɛtʃ...], der; -s, - ‹engl.› (leitender Angestellter in der Industrie, der den Produktionsablauf überwacht); **Dis|pat|che|rin; Dis|pat|cher|sys|tem**
Dis|pens, der; -es, -e *u. (österr. u. im kath. Kirchenrecht nur)* die; -, -en ‹lat.› (Aufhebung einer Verpflichtung, Befreiung; Ausnahme[bewilligung])
Dis|pen|saire|be|treu|ung [...'sɛ:ɐ̯..., *auch* ...pã'sɛ:ɐ̯...] ‹franz.; dt.› (vorbeugende med. Betreuung Gefährdeter)
Dis|pen|sa|ti|on [...pɛ...], die; -, -en ‹lat.› (Befreiung)
Dis|pen|sa|to|ri|um, das; -s, ...ien (Arznei-, Apothekerbuch)
Dis|pens|ehe *(kath. Kirchenrecht)*
dis|pen|sie|ren (von einer Vorschrift befreien, freistellen; Arzneien bereiten u. abgeben); **Dis|pen|sie|rung**
di|s|per|gie|ren ‹lat.› (verbreiten)
di|s|pers (fein verteilt; zerstreut); disperse Phase *(Physik);* **Di|s|per|si|on,** die; -, -en (feinste Verteilung eines Stoffes in einem anderen; *Physik* Abhängigkeit der Fortpflanzungsgeschwindigkeit einer Wellenbewegung von der Wellenlänge)
Di|s|per|si|ons|far|be
Dis|placed Per|son [...'ple:st 'pø:ɐ̯sn̩], die; - -, - -s (Ausländer, der während des Zweiten Weltkriegs nach Deutschland [zur Arbeit] verschleppt wurde)
Dis|play [*auch* ...'ple:], das; -s, -s ‹engl.› (aufstellbares Werbematerial; *EDV* optische Datenanzeige)
Dis|play|auf|lö|sung
Dis|play|er [...'ple:ɐ], der; -s, - (Dekorations-, Packungsgestalter); **Dis|play|e|rin**
Dis|play|ma|te|ri|al
Dis|po, der; -s, -s (*ugs.; kurz für* Dispositionskredit)
Di|spon|de|us, der; -, ...een ‹griech.› (*Verslehre* Doppelspondeus)
Dis|po|nen|de, die; -, -n *meist Plur.* ‹lat.› (bis zum Abrechnungstermin unverkauftes Buch, dessen weitere Lagerung beim Buchhändler der Verleger gestattet)
Dis|po|nent, der; -en, -en (kaufmänn. Angestellter mit besonderen Vollmachten, der einen größeren Unternehmungsbereich leitet); **Dis|po|nen|tin**
dis|po|ni|bel (verfügbar); disponi|b|le Gelder; **Dis|po|ni|bi|li|tät,** die; - (Verfügbarkeit)
dis|po|nie|ren; dis|po|niert (*auch für* aufgelegt; empfänglich [für Krankheiten])
Dis|po|si|ti|on, die; -, -en ‹lat.› (Anordnung, Gliederung; Verfügung; Anlage; Empfänglichkeit [für Krankheiten]); zur Disposition (im einstweiligen Ruhestand; *Abk.* z. D.); **dis|po|si|ti|ons|fä|hig** (geschäftsfähig)
Dis|po|si|ti|ons|fonds; Dis|po|si|ti|ons|gel|der *Plur.* (Vergnügungsgelder); **Dis|po|si|ti|ons|kre|dit** (*Bankw.* Überziehungskredit)
dis|po|si|tiv (anordnend, verfügend; *Rechtsspr.* abdingbar *[vgl. d.]*); dispositives Recht
Dis|po|si|tiv, das; -s, -e (*schweiz.*

D
Disp

für Gesamtheit der Vorkehrungen für einen bestimmten Fall)

Dis|pro|por|ti|on [*auch* 'dɪs...], die; -, -en ⟨lat.⟩ (Missverhältnis)

dis|pro|por|ti|o|nal (schlecht proportioniert); **Dis|pro|por|ti|o|na|li|tät; dis|pro|por|ti|o|niert**

Dis|put, der; -[e]s, -e ⟨lat.⟩ (Wortwechsel; Streitgespräch)

dis|pu|ta|bel (strittig); disputa|b|le Fragen

Dis|pu|tant, der; -en, -en (Disputierender); **Dis|pu|tan|tin**

Dis|pu|ta|ti|on, die; -, -en (Streitgespräch); **dis|pu|tie|ren**

Dis|qua|li|fi|ka|ti|on, die; -, -en ⟨lat.⟩; **dis|qua|li|fi|zie|ren** (vom sportl. Wettbewerb ausschließen; für untauglich erklären); **Dis|qua|li|fi|zie|rung**

Dis|ra|e|li [*engl.* ...'reːli] (brit. Schriftsteller u. Politiker)

Diss. = Dissertation

Dis|se, die; -, -n (*Jugendspr.* Disco)

dis|sen ⟨amerik.⟩ (*Jugendspr.* verächtlich machen, schmähen); du disst

Dis|sens, der; -es, -e ⟨lat.⟩ (Meinungsverschiedenheit)

Dis|sen|ter, der; -s, -[s] *meist Plur.* ⟨engl.⟩ (sich nicht zur anglikan. Kirche Bekennender)

dis|sen|tie|ren ⟨lat.⟩ (*geh. für* abweichender Meinung sein)

Dis|ser|tant, der; -en, -en ⟨lat.⟩ (jmd., der eine Dissertation anfertigt); **Dis|ser|tan|tin**

Dis|ser|ta|ti|on, die; -, -en (wissenschaftl. Abhandlung zur Erlangung der Doktorwürde; *Abk.* Diss.); **dis|ser|tie|ren** (eine Dissertation anfertigen)

Dis|si|dent, der; -en, -en ⟨lat.⟩ (jmd., der von einer offiziellen [politischen, religiösen] Ideologie abweicht); **Dis|si|den|tin; dis|si|die|ren** (anders denken; [aus der Kirche] austreten)

Dis|si|mi|la|ti|on, die; -, -en ⟨lat.⟩ (*Sprachwiss.* »Entähnlichung« von Lauten, z. B. Wechsel von t zu k in »Kartoffel« [*aus* »Tartüffel«]; *Biol.* Abbau u. Verbrauch von Nährstoffen unter Energiegewinnung); **dis|si|mi|lie|ren**

Dis|si|mu|la|ti|on, die; -, -en ⟨lat.⟩ (*Med., Psychol.* bewusste Verheimlichung einer Krankheit); **dis|si|mu|lie|ren**

Dis|si|pa|ti|on, die; -, -en ⟨lat.⟩ (*Physik* Übergang einer Energieform in Wärmeenergie)

Dis|si|pa|ti|ons|sphä|re, die; - (*svw.* Exosphäre)

dis|so|lu|bel ⟨lat.⟩ (löslich, auflösbar, zerlegbar); dissolu|b|le Mischungen; **Dis|so|lu|ti|on**, die; -, -en (Auflösung, Trennung)

dis|so|nant ⟨lat.⟩ (misstönend)

Dis|so|nanz, die; -, -en (Missklang; Unstimmigkeit); **dis|so|nie|ren**

Dis|so|zi|a|ti|on, die; -, -en ⟨lat.⟩ (*fachspr. für* Zerfall, Trennung; Auflösung); **dis|so|zi|ie|ren**

Dis|stress [...st...], Dys|stress ['dʏs...], der; -es, -e ⟨griech., engl.⟩ (*Med., Psychol.* lang andauernder starker Stress)

di|s|tal ⟨lat.⟩ (*Med.* weiter von der Körpermitte, bei Blutgefäßen weiter vom Herzen entfernt)

Di|s|tanz, die; -, -en ⟨lat.⟩ (Entfernung; Abstand)

Di|s|tanz|ge|schäft (Verkauf nach Katalog od. Mustern)

di|s|tan|zie|ren ([im Wettkampf] überbieten, hinter sich lassen); sich distanzieren (von jmdm. od. etwas abrücken)

di|s|tan|ziert; Di|s|tan|zie|rung

Di|s|tanz|re|lais *(Elektrot.)*

Di|s|tanz|ritt (Ritt über eine sehr lange Strecke)

Di|s|tanz|schuss *(Sport)*

Di|s|tanz|wech|sel (*Bankw.* Wechsel mit verschiedenem Ausstellungs- u. Zahlungsort)

Di|s|tanz|wurf *(Sport)*

Dis|tel, die; -, -n; **Dis|tel|fal|ter** (ein Schmetterling); **Dis|tel|fink** (ein Vogel)

Di|s|then, der; -s, -e ⟨griech.⟩ (ein Mineral)

Di|s|ti|chon, das; -s, ...chen ⟨griech.⟩ (*Verslehre* Verspaar aus Hexameter u. Pentameter)

di|s|tin|guiert [...'giːɐ̯t] ⟨lat.⟩ (*geh. für* betont vornehm); **Di|s|tin|guiert|heit**, die; -

di|s|tinkt (klar u. deutlich [abgegrenzt])

Di|s|tink|ti|on, die; -, -en (Auszeichnung; [hoher] Rang; *österr. für* Rangabzeichen)

di|s|tink|tiv (unterscheidend)

Dis|tor|si|on, die; -, -en ⟨lat.⟩ (*Optik* Verzerrung, Verzeichnung; *Med.* Verstauchung)

dis|tra|hie|ren ⟨lat.⟩ (*fachspr. für* auseinanderziehen; trennen)

Dis|trak|ti|on, die; -, -en (*veraltet für* Zerstreuung; *Geol.* Zerrung von Teilen der Erdkruste; *Med.* Behandlung von Knochenbrüchen mit Streckverband)

Dis|tri|bu|ent, der; -en, -en ⟨lat.⟩ (Verteiler); **Dis|tri|bu|en|tin; dis|tri|bu|ie|ren** (verteilen)

Dis|tri|bu|ti|on, die; -, -en (Verteilung; Auflösung; *Wirtsch.* Einkommensverteilung, Verteilung von Handelsgütern; *Sprachwiss.* die Umgebung eines sprachlichen Elements; *Psychol.* Verteilung u. Aufspaltung der Aufmerksamkeit)

Dis|tri|bu|ti|ons|for|mel (Spendeformel beim Abendmahl)

dis|tri|bu|tiv (verteilend)

Dis|tri|bu|tiv|ge|setz *(Math.);* **Dis|tri|bu|tiv|zahl** (im Deutschen mit »je« gebildet, z. B. »je acht«)

Dis|tri|bu|tor, der; -s, ...oren ⟨lat.-engl.⟩ (*Wirtsch.* Verkäufer; Vertriebsgesellschaft); **Dis|tri|bu|to|rin**

Di|s|t|rikt, der; -[e]s, -e ⟨lat.⟩ (Bezirk, Bereich)

Di|s|t|rikt[s]|vor|ste|her; Di|s|t|rikt[s]|vor|ste|he|rin

Dis|zi|p|lin, die; -, -en ⟨lat.⟩ (*nur Sing.:* Zucht, Ordnung; Fach einer Wissenschaft; Teilbereich des Sports); **dis|zi|p|li|när** (*bes. österr. für* disziplinarisch)

Dis|zi|p|li|nar|ge|walt (Ordnungsgewalt)

dis|zi|p|li|na|risch, dis|zi|p|li|nell (die Disziplin, Dienstordnung betreffend; mit gebotener Strenge)

Dis|zi|p|li|nar|maß|nah|me; Dis|zi|p|li|nar|recht (Teil des Beamtenrechts); **Dis|zi|p|li|nar|stra|fe; Dis|zi|p|li|nar|ver|fah|ren; Dis|zi|p|li|nar|ver|ge|hen**

dis|zi|p|li|nell *vgl.* disziplinarisch

dis|zi|p|li|nie|ren (zur Ordnung erziehen); **dis|zi|p|li|niert**

Dis|zi|p|li|niert|heit, die; -

dis|zi|p|lin|los; Dis|zi|p|lin|lo|sig|keit

dis|zi|p|lin|wid|rig

Di|te|t|ro|de, die; -, -n ⟨griech.⟩ (*Elektrot.* Doppelvierpolröhre)

Dith|mar|schen (Gebiet an der Nordseeküste); **Dith|mar|scher; Dith|mar|sche|rin; dith|mar|sisch**

Di|thy|ram|be, die; -, -n, **Di|thy|ram|bus**, der; -, ...ben ⟨griech.⟩ (*Literaturwiss.* Weihelied [auf Dionysos]; überschwängliches Gedicht); **di|thy|ram|bisch** (begeistert, überschwänglich)

Di|tib, DITIB = Türkisch-Islamische Union der Anstalt für Religion

di|to ⟨lat.⟩ (dasselbe, ebenso; *Abk.* do. *od.* dto.); *vgl.* detto

Di|tro|chä|us, der; -, ...äen ⟨griech.⟩ (*Verslehre* Doppeltrochäus)
Ditt|chen, das *u.* der; -s, - *meist Plur.* (*ostpreuß. für* Zehnpfennigstück)
Dit|te (w. Vorn.)
Dit|to|gra|fie, Dit|to|gra|phie, die; -, ...ien ⟨griech.⟩ (Doppelschreibung von Buchstaben[gruppen])
Di|u|re|se, die; -, -n ⟨griech.⟩ (*Med.* Harnausscheidung); **Di|u|re|ti|kum,** das; -s, ...ka (harntreibendes Mittel); **di|u|re|tisch**
Di|ur|nal, das; -s, -e, **Di|ur|na|le,** das; -, ...lia ⟨lat.⟩ (Gebetbuch der kath. Geistlichen mit den Tagesgebeten)
Di|va, die; -, *Plur.* -s *u.* ...ven ⟨ital., »Göttliche«⟩ (erste Sängerin, gefeierte Schauspielerin)
di|ven|haft (wie eine Diva)
di|ver|gent ⟨lat.⟩ (auseinandergehend; in entgegengesetzter Richtung [ver]laufend); **Di|ver|genz,** die; -, -en (das Auseinandergehen; Meinungsverschiedenheit); **di|ver|gie|ren**
di|vers ⟨lat.⟩ (verschieden; *im Plur. auch* mehrere)
Di|ver|sant, der; -en, -en (*im kommunist. Sprachgebrauch* Saboteur); **Di|ver|san|tin**
Di|ver|si|fi|ka|ti|on, die; -, -en (Abwechslung, Mannigfaltigkeit; *Wirtsch.* Ausweitung des Waren- od. Produktionssortiments eines Unternehmens)
di|ver|si|fi|zie|ren; Di|ver|si|fi|zie|rung (*svw.* Diversifikation)
Di|ver|si|on, die; -, -en (*veraltet für* Ablenkung; Angriff von der Seite; *im kommunist. Sprachgebrauch* Sabotage durch den Klassenfeind)
Di|ver|si|tät, die; - (Vielfalt, Vielfältigkeit)
Di|ver|ti|kel, das; -s, - (*Med.* Ausbuchtung an Organen)
Di|ver|ti|men|to, das; -s, *Plur.* -s *u.* ...ti ⟨ital.⟩ (*Musik* heiteres Instrumentalstück; Tanzeinlage; Zwischenspiel)
Di|ver|tis|se|ment [...sə'mã:], das; -s, -s ⟨franz.⟩ (Gesangs- od. Balletteinlage der franz. Oper des 17./18. Jh.s; *selten für* Divertimento)
di|vi|de et im|pe|ra ⟨lat., »teile und herrsche!«⟩ (legendäres Prinzip der altrömischen Außenpolitik)
Di|vi|dend, der; -en, -en ⟨lat.⟩ (*Math.* zu teilende Zahl; Zähler eines Bruchs)
Di|vi|den|de, die; -, -n (*Wirtsch.* der auf eine Aktie entfallende Gewinnanteil); **Di|vi|den|den|aus|schüt|tung; Di|vi|den|den|ren|di|te; Di|vi|den|den|schein**
di|vi|die|ren (*Math.* teilen); zehn dividiert durch fünf ist, macht, gibt zwei
Di|vi|di|vi *Plur.* ⟨indian.-span.⟩ (gerbstoffreiche Schoten einer [sub]tropischen Pflanze)
Di|vi|na Com|me|dia, die; - - ⟨ital.⟩ (Dantes »Göttliche Komödie«)
di|vi|na|to|risch ⟨lat.⟩ (vorahnend; seherisch)
Di|vi|ni|tät, die; - (Göttlichkeit)
Di|vis, das; -es, -e ⟨lat.⟩ (*Druckw.* Trennungs- od. Bindestrich)
Di|vi|si|on, die; -, -en (*Math.* Teilung; Heeresabteilung)
Di|vi|si|o|när, der; -s, -e ⟨franz.⟩ (*bes. schweiz., österr. für* Befehlshaber einer Division); **Di|vi|si|o|nä|rin**
Di|vi|si|ons|kom|man|deur; Di|vi|si|ons|la|za|rett; Di|vi|si|ons|stab
Di|vi|sor, der; -s, ...oren ⟨lat.⟩ (*Math.* teilende Zahl; Nenner)
Di|vi|so|ri|um, das; -s, ...ien (*Druckw.* gabelförmige Klammer [zum Halten der Vorlage])
Di|wan, der; -s, -e ⟨pers.⟩ (*veraltend für* niedriges Liegesofa; *Literaturwiss.* [oriental.] Gedichtsammlung); [Goethes] »Westöstlicher Diwan«
Dix (dt. Maler)
Di|xie [...ksi], der; -[s] (*ugs.; kurz für* Dixieland)
Di|xie|land [...lɛnt], der; -[s] ⟨amerik.⟩, **Di|xie|land-Jazz, Di|xie|land|jazz** (eine nordamerik. Variante des Jazz)
d. J. = dieses Jahres; der Jüngere
DJ ['di:dʒe:], der; -[s], -s ⟨engl.⟩ = Discjockey
Dja|kar|ta [dʒ...] (*ältere Schreibung für* Jakarta)
Dja|maa [dʒ...] *vgl.* Dschamaa
DJane [di'dʒe:n], die; -, -s ⟨engl.⟩ (w. DJ)
Djan|na [dʒ...], die; - ⟨arab.⟩ (*islam. Bezeichnung für* Paradies)
Djem|be [dʒ...], die; -, -n ⟨afrik.-franz.⟩ (afrik. Holztrommel)
Djer|ba [dʒ...] (tunes. Insel)
DJH, das; -[s] = Deutsches Jugendherbergswerk
Dji|bou|ti [dʒi'buti] (*schweiz. u. franz. für* Dschibuti)
DJK, die; - = Deutsche Jugendkraft [e. V.]
Dju|ma [dʒ...], die; - ⟨arab.⟩ (Freitagsgebet im Islam)
DK = Dezimalklassifikation; Dieselkraftstoff
Dkfm. *(österr.)* = Diplom-Kaufmann
DKK (Währungscode für dän. Krone)
DKP, die; - = Deutsche Kommunistische Partei
dkr = dänische Krone (Münze)
dl = Deziliter
DLF, der; - = Deutschlandfunk
DLG, die; - = Deutsche Landwirtschaftsgesellschaft
DLRG, die; - = Deutsche Lebens-Rettungs-Gesellschaft
dm = Dezimeter
dm² = Quadratdezimeter
dm³ = Kubikdezimeter
d. M. = dieses Monats
DM = Deutsche Mark
D-Mark, die; -, - (Deutsche Mark); D-Mark in Euro umrechnen
d-Moll ['de:mɔl, *auch* 'de:'mɔl], das; -[s] (Tonart; *Zeichen* d); **d-Moll-Ton|lei|ter** ↑K 26
DNA, die; - ⟨engl.⟩ = deoxyribonucleic acid (Desoxyribonukleinsäure); **DNA-Ana|ly|se; DNA-Chip; DNA-Re|gis|ter**
Dnjepr, der; -[s] (russ.-weißruss.-ukrain. Fluss)
Dnjestr, der; -[s] (moldauisch-ukrain. Fluss)
DNS, die; - = Desoxyribonukleinsäure (*veraltend für* DNA)
do ⟨ital.⟩ (Solmisationssilbe)
do. = dito
d. O. = der *od.* die Obige
Do. = Donnerstag
Do|bel *vgl.* Tobel
[1]Dö|bel, der; -s, - (ein Fisch)
[2]Dö|bel usw. *vgl.* Dübel usw.
Do|ber|mann, der; -s, ...männer ⟨nach dem Züchter⟩ (Hunderasse); **Do|ber|mann|pin|scher**
Döb|lin (dt. Schriftsteller)
Do|bos|tor|te [...bɔʃ...] ⟨ung.⟩ (*österr.* eine Cremetorte)
Do|b|ratsch, der; -[e]s *od.* - (Gebirge in Kärnten)
Do|b|ru|d|scha, die; - (Gebiet zwischen Donau u. Schwarzem Meer)
doch; ja doch!; nicht doch!
Docht, der; -[e]s, -e; **Docht|sche|re**
Dock, das; -s, *Plur.* -s, *selten* -e ⟨niederl. *od.* engl.⟩ (Anlage zum Ausbessern von Schiffen)
Do|cke, die; -, -n (Garnmaß;

D
Dock

zusammengedrehter Garnstrang; Baluster; *landsch. für* Puppe); *vgl. aber* Dogge; [1]**do|cken** (Garn, Flachs, Tabak bündeln)

[2]**do|cken** ‹niederl. *od.* engl.› (ein Schiff ins Dock bringen; im Dock liegen; *svw.* andocken)

Do|cker (Arbeiter in einem Dock); **Dock|ha|fen** *vgl.* [1]Hafen

Do|cking, das; -s, -s (Ankoppelung an ein Raumfahrzeug); **Do|cking|ma|nö|ver**

Do|cking|sta|tion [...steːʃn̩], die; -, -s ‹engl.› (Vorrichtung, die eine Verbindung zwischen tragbaren elektronischen Geräten u. der Stromversorgung od. einem fest installierten Datennetz herstellt od. als Abspielgerät dient)

Do|cu|men|ta, die; - (Ausstellung zeitgenössischer Kunst in Kassel)

do|de|ka|disch ‹griech.› (12 Einheiten umfassend, duodezimal)

Do|de|ka|eder, das; -s, - (von zwölf gleichen, regelmäßigen Fünfecken begrenzter Körper)

Do|de|ka|fo|nie, **Do|de|ka|pho|nie,** die; - ‹griech.› (Zwölftonmusik); **do|de|ka|fo|nisch**, **do|de|ka|pho|nisch** (die Dodekafonie betreffend); **Do|de|ka|fo|nist**, **Do|de|ka|pho|nist,** der; -en, -en (Komponist der Zwölftonmusik)

Do|de|ka|nes, der; - ‹»Zwölfinseln«› (Inselgruppe im Ägäischen Meer)

Dö|del, der; -s, - (*ugs. für* einfältiger Mensch, Dummkopf)

Do|de|rer, Heimito von (österr. Schriftsteller)

Do|do|ma (Hauptstadt von Tansania)

Do|do|na (Orakelheiligtum des Zeus); **do|do|nä|isch**

Do|ga|res|sa, die; -, ...essen ‹ital.› (Gemahlin des Dogen)

Dog|cart [...kaːɐ̯t], der; -s, -s ‹engl.› (offener, zweirädriger Einspänner)

Do|ge [...ʒə, *auch* ...dʒə], der; -n, -n ‹ital., »Herzog«› (*früher* Titel des Staatsoberhauptes in Venedig u. Genua)

Do|gen|müt|ze; Do|gen|pa|last

Dog|ge, die; -, -n ‹engl.› (eine Hunderasse); *vgl. aber* Docke

[1]**Dog|ger,** der; -s ‹engl.› (*Geol.* mittlere Juraformation)

[2]**Dog|ger,** der; -s, - ‹niederl.› (niederl. Fischereifahrzeug); **Dog|ger|bank,** die; - (Untiefe in der Nordsee)

Dög|ling ‹schwed.› (Entenwal)

Dog|ma, das; -s, ...men ‹griech.› (Kirchenlehre; [Glaubens]satz; Lehrmeinung)

Dog|ma|tik, die; -, -en (Glaubenslehre); **Dog|ma|ti|ker** (Glaubenslehrer; *abwertend für* [unkritischer] Verfechter einer Lehrmeinung); **Dog|ma|ti|ke|rin**

dog|ma|tisch (die [Glaubens]lehre betreffend; lehrhaft; streng [an Lehrsätze] gebunden); **dog|ma|ti|sie|ren** (zum Dogma erheben); **Dog|ma|tis|mus,** der; - (*oft abwertend für* [unkritisches] Festhalten an Lehrmeinungen u. Glaubenssätzen)

Dog|men|ge|schich|te

Dog|skin, das; -[s] ‹engl.› (Leder aus kräftigem Schaffell)

Do|ha (Hauptstadt Katars)

Doh|le, die; -, -n (ein Rabenvogel)

Doh|ne, die; -, -n (Schlinge zum Vogelfang)

do it your|self! [ˈduː ɪt juːɐ̯...] ‹engl., »mach es selbst!«› (Schlagwort für die eigene Ausführung handwerklicher Arbeiten); **Do-it-your|self-Be|we|gung**

Do|ket, der; -en, -en ‹griech.› (Anhänger einer Glaubensgemeinschaft der ersten christl. Jahrhunderte)

dok|tern ‹lat.› (*ugs. u. scherzh. für* Arzt spielen); ich doktere

Dok|tor *s. Kasten*

Dok|to|rand, der; -en, -en (Student, der sich auf die Doktorprüfung vorbereitet; *Abk.* Dd.); **Dok|to|ran|din**

Dok|tor|ar|beit; Dok|to|rat, das; -[e]s, -e (*österr., sonst veraltend für* Doktorwürde); **Dok|to|rats|stu|di|um** *(österr.);* **Dok|tor|di|p|lom; Dok|tor|ex|a|men**

Dok|tor|fra|ge (sehr schwierige Frage)

Dok|tor|grad; Dok|tor|hut, der

dok|to|rie|ren (*veraltet für* promovieren)

Dok|to|rin [*auch* ˈdɔ...] (*w. Form zu* Doktor); *s. Kasten*

Dok|tor|in|ge|ni|eur (*Abk.* Dr.-Ing.); **Dok|tor|inge|ni|eu|rin**

Dok|tor|mut|ter; Dok|tor|prü|fung; Dok|tor|schrift; Dok|tor|ti|tel; Dok|tor|va|ter; Dok|tor|wür|de

Dok|t|rin, die; -, -en (Grundsatz; Lehrmeinung); **dok|t|ri|när** ‹franz.› (*abwertend für* an einer Lehrmeinung starr festhaltend); **Dok|t|ri|när,** der; -s, -e; **Dok|t|ri|na|ris|mus,** der; -

Do|ku, die; -, -s (*ugs.; kurz für* Dokumentation, Dokumentarfilm o. Ä.)

Do|ku|ment, das; -[e]s, -e ‹lat.› (amtl. Schriftstück; Beweis)

Do|ku|men|ta|list, der; -en, -en (*svw.* Dokumentar); **Do|ku|men|ta|lis|tin**

Do|ku|men|tar, der; -s, -e (wissenschaftlicher Mitarbeiter in einer Dokumentationsstelle)

Do|ku|men|tar|auf|nah|me; Do|ku|men|tar|be|richt; Do|ku|men|tar|film; Do|ku|men|ta|rin

do|ku|men|ta|risch

Do|ku|men|ta|rist, der; -en, -en (jmd., der Dokumentarfilme macht); **Do|ku|men|ta|ris|tin**

Do|ku|men|tar|se|rie

Do|ku|men|ta|ti|on, die; -, -en (Zusammenstellung u. Nutzbarmachung von Dokumenten u. Materialien jeder Art); **Do|ku|men|ta|ti|ons|zen|t|rum**

do|ku|men|ten|echt

Do|ku|men|ten|samm|lung

do|ku|men|tie|ren (zeigen; beweisen)

Do|ku|soap, **Do|ku-Soap,** die; -, -s ‹engl.› (*Fernsehen* Dokumentarserie mit teilweise inszeniertem Ablauf)

Dol, das; -[s], - ‹lat.› (*Med.* Maßeinheit für die Stärke einer Schmerzempfindung)

Dol|by-Sys|tem® ‹nach dem amerik. Elektrotechniker› (Verfahren zur Rauschunterdrückung bei Tonbandaufnahmen)

dol|ce [...tʃə] ‹ital.› (*Musik* sanft, lieblich, weich)

dol|ce far ni|en|te ‹»süß [ists], nichts zu tun«›; **Dol|ce|far|ni|en|te,** das; - (süßes Nichtstun)

Dol|ce Vi|ta, das *od.* die; - - ‹»süßes Leben«› (ausschweifendes Müßiggängertum)

Dolch, der; -[e]s, -e

Dolch|mes|ser, das; **Dolch|spit|ze; Dolch|stich; Dolch|stoß**

Dolch|stoß|le|gen|de, die; -

Dol|de, die; -, -n (schirmähnlicher Blütenstand); **Dol|den|blüt|ler; dol|den|för|mig; Dol|den|ge|wächs; Dol|den|ris|pe; dol|dig**

Do|le, die; -, -n (bedeckter Abzugsgraben; *schweiz. auch für* Sinkkasten)

Do|le|rit, der; -s, -e ‹griech.› (grobkörnige Basaltart)

Dolf (m. Vorn.)

Dok|tor

der; -s, ...en ‹lat.›

(höchster akademischer Grad; *ugs. auch für* Arzt; *Abk.* Dr. *[im Plural* Dres.*, wenn mehrere Personen, nicht mehrere Titel einer Person gemeint sind] u.* D. [*in* D. theol.])

- Ehrendoktor, Doktor ehrenhalber *od.* Ehren halber (*Abk.* Dr. eh., Dr. e. h. *u.* Dr. E. h.; *vgl.* E. h.), Doktor honoris causa (*Abk.* Dr. h. c.)
- mehrfacher Doktor (*Abk.* Dr. mult.); mehrfacher Doktor honoris causa (*Abk.* Dr. h. c. mult.)
- *im Brief:* Sehr geehrter Herr Doktor/Sehr geehrte Frau Doktor[in]!, Sehr geehrter Herr/Sehr geehrte Frau Dr. Schmidt!

Im Folgenden sind ausgewählte Doktortitel und deren Abkürzungen aufgeführt. In einigen Promotionsordnungen ist die Verwendung der weiblichen Form »Doktorin« ausdrücklich vorgesehen.

- Doktor[in] der Arzneikunde (*Abk.* Dr. pharm.)
- Doktor[in] der Bergbauwissenschaften (*Abk.* Dr. rer. mont.)
- Doktor[in] der Bodenkultur (*österr., Abk.* Dr. nat. techn.)
- Doktor[in] der Forstwissenschaft (*Abk.* Dr. forest. *od.* Dr. rer. silv.)
- Doktor[in] der Gartenbauwissenschaften (*Abk.* Dr. rer. hort.)
- habilitierter Doktor/habilitierte Doktorin [z. B. der Philosophie] (*Abk.* Dr. [z. B. phil.] habil.)
- Doktor[in] der Handelswissenschaften (*österr., Abk.* Dr. rer. comm.)
- Doktor[in] der gesamten Heilkunde (*österr., Abk.* Dr. med. univ.)
- Doktor[in] der gesamten Heilkunde und der medizinischen Wissenschaft (*österr., Abk.* Dr. med. univ. et scient. med.)
- Doktor[in] der Humanwissenschaften (*Abk.* Dr. sc. hum.)
- Doktor[in] der Ingenieurwissenschaften (Doktoringenieur, *Abk.* Dr.-Ing.)
- Doktor[in] der Landwirtschaft (*Abk.* Dr. [sc.] agr.)
- Doktor[in] der mathematischen Wissenschaften (*Abk.* Dr. sc. math.)
- Doktor[in] der Medizin (*Abk.* Dr. med.)
- Doktor[in] der medizinischen Wissenschaft (*österr., Abk.* Dr. scient. med.)
- Doktor[in] der montanistischen Wissenschaften (*österr., Abk.* Dr. mont.)
- Doktor[in] der Naturwissenschaften (*Abk.* Dr. phil. nat. *od.* Dr. rer. nat. *od.* Dr. sc. nat.)
- Doktor[in] der Pädagogik (*Abk.* Dr. paed.)
- Doktor[in] der Philosophie (*Abk.* Dr. phil.)
- Doktor[in] der Philosophie einer Katholisch-Theologischen Fakultät (*österr., Abk.* Dr. phil. fac. theol.)
- Doktor[in] der Rechtswissenschaft (*Abk.* Dr. iur. *od.* Dr. jur.); Doktor[in] beider Rechte (*Abk.* Dr. iur. utr. *od.* Dr. jur. utr.)
- Doktor[in] der Sozialwissenschaften (*Abk.* Dr. disc. pol.)
- Doktor[in] der Sozial- und Wirtschaftswissenschaften (*österr., Abk.* Dr. rer. soc. oec.)
- Doktor[in] der Staatswissenschaften (*Abk.* Dr. rer. pol. *od.* Dr. sc. pol. *od.* Dr. oec. publ.)
- Doktor[in] der technischen Wissenschaften (*Abk.* Dr. rer. techn., Dr. sc[ient]. techn. [*österr.* Dr. techn.])
- Doktor[in] der Theologie (*Abk.* Dr. theol.; Ehrenwürde der ev. Theologie, *Abk.* D. oder D. theol.)
- Doktor[in] der Tierheilkunde (*Abk.* Dr. med. vet.)
- Doktor[in] der Veterinärmedizin (*österr., Abk.* Dr. med. vet.)
- Doktor[in] der Wirtschaftswissenschaft (*Abk.* Dr. oec. *od.* Dr. rer. oec.)
- Doktor[in] der Zahnheilkunde (*Abk.* Dr. med. dent.)
- Doktor[in] der Zahnmedizin und der medizinischen Wissenschaft (*österr., Abk.* Dr. med. dent. et scient. med.)

Do|li|cho|ze|pha|lie, die; - ‹griech.› (*Med.* Langköpfigkeit)

do|lie|ren *vgl.* dollieren

Do|li|ne, die; -, -n ‹slaw.› (*Geol.* trichterförmige Vertiefung im Karst)

doll (*ugs. für* toll)

Dol|lar, der; -[s], -s ‹amerik.› (Währungseinheit in den USA [*Währungscode* USD], in Kanada [CAD], Australien [AUD], Neuseeland [NZD] u. anderen Staaten; *Zeichen* $); 30 Dollar; **Dol|lar|kurs**

Dol|lart, der; -s (Nordseebucht an der Emsmündung)

Dol|lar|wäh|rung; Dol|lar|zei|chen

Doll|boh|rer (*ugs. für* ungeschickter Mensch)

Doll|bord, das; -[e]s, -e (obere Planke auf dem Bootsbord)

Dol|le, die; -, -n (Vorrichtung zum Halten der Riemen [Ruder])

Dol|len, der; -s, - (*svw.* Dübel)

dol|lie|ren, do|lie|ren ‹franz.› (*Gerberei* [Leder] abschleifen)

Doll|punkt (*ugs. für* umstrittener Punkt)

[1]**Dol|ly** (w. Vorn.; Name des ersten geklonten Schafs)

[2]**Dol|ly**, der; -[s], -s ‹engl.› (Kamerawagen)

Dolm, der; -s, -e (*österr. ugs. für* dummer Mensch)

Dol|man, der; -s, -e ‹türk.› (Kleidungsstück)

Dol|men, der; -s, - ‹breton.-franz.› (prähist. Steingrabkammer)

Dol|metsch, der; -[e]s, -e ‹türk.-ung.› (*österr., sonst seltener für* Dolmetscher)

dol|met|schen; du dolmetschst

Dol|met|scher, der; -s, - (jmd., der [berufsmäßig] mündlich übersetzt); **Dol|met|sche|rin**

Dol|met|scher|in|s|ti|tut; Dol|met|scher|schu|le

Do|lo|mit, der; -s, -e ‹nach dem franz. Mineralogen Dolomieu› (ein Mineral; Sedimentgestein)

Do|lo|mi|ten *Plur.* (Teil der Südalpen)

Do|lo|res (w. Vorn.)

do|los ‹lat.› (*Rechtsspr.* vorsätzlich, arglistig)

Do|lus, der; - (*Rechtsspr.* List; böse Absicht); **Do|lus even|tu|a|lis,**

der; - - (*Rechtsspr.* Inkaufnahme einer Folge)
[1]**Dom,** der; -[e]s, -e ‹lat.› (Bischofs-, Hauptkirche)
[2]**Dom,** der; -[e]s, -e ‹griech.› (Kuppel, gewölbter Aufsatz)
[3]**Dom** [*port.* dõ], der; - ‹port.› (Herr; *vor Vornamen ohne Artikel*)
Do|ma, das; -s, ...men ‹griech.› (Kristallfläche, die zwei Kristallachsen schneidet)
Do|main [do'me:n], die; -, -s ‹engl.› (Internetadresse)
Do|mä|ne, die; -, -n ‹franz.› (Staatsgut, -besitz; Spezialgebiet); **Do|mä|nen|amt**
Do|ma|ni|al|be|sitz (staatlicher Landbesitz)
Dom|chor; Dom|de|chant
Do|mes|tik, der; -en, -en *meist Plur.* (*veraltend für* Dienstbote); **Do|mes|ti|ka|ti|on,** die; -, -en ‹lat.› (Umzüchtung wilder Tiere zu Haustieren); **Do|mes|ti|ke,** der; -n, -n (*svw.* Domestik); **Do|mes|ti|kin; do|mes|ti|zie|ren**
Dom|frei|heit (der um einen [1]Dom gelegene Bereich, der im MA. unter der geistl. Gerichtsbarkeit des Domstiftes stand)
Dom|herr; Dom|her|rin
[1]**Do|mi|na,** die; -, ...nä ‹lat., »Herrin«› (Stiftsvorsteherin)
[2]**Do|mi|na,** die; -, -s (*Jargon* Prostituierte, die sadistische Handlungen vornimmt)
do|mi|nant (vorherrschend; bestimmend; überdeckend)
Do|mi|nan|te, die; -, -n (vorherrschendes Merkmal; *Musik* die Quinte vom Grundton aus)
Do|mi|nanz, die; -, -en
Do|mi|nanz|ver|hal|ten
Do|mi|ni|ca (Inselstaat in Mittelamerika); **Do|mi|ni|ca|ner; Do|mi|ni|ca|ne|rin; do|mi|ni|ca|nisch**
do|mi|nie|ren ([vor]herrschen; beherrschen)
Do|mi|nik, Do|mi|ni|kus (m. Vorn.)
[1]**Do|mi|ni|ka|ner,** der; -s, - (Angehöriger des vom hl. Dominikus gegründeten Ordens)
[2]**Do|mi|ni|ka|ner** (Einwohner der Dominikanischen Republik); **Do|mi|ni|ka|ne|rin**
Do|mi|ni|ka|ner|klos|ter; Do|mi|ni|ka|ner|mönch
Do|mi|ni|ka|ner|or|den, der; -s; *Abk.* O. P. *od.* O. Pr. *(vgl. d.)*
do|mi|ni|ka|nisch; Do|mi|ni|ka|ni|sche Re|pu|b|lik, die; -n - (Staat in Mittelamerika)
Do|mi|ni|kus *vgl.* Dominik
Do|mi|ni|on [...ni̯ən], das; -s, *Plur.* -s *u.* ...ien ‹engl.› (*früher für* sich selbst regierender Teil des Commonwealth)
Do|mi|nique [...'ni:k] (m. *u.* w. Vorn.)
Do|mi|ni|um, das; -s, *Plur.* -s *u.* ...ien ‹lat.› (altröm. Herrschaftsgebiet)
[1]**Do|mi|no,** der; -s, -s (Maskenmantel, -kostüm)
[2]**Do|mi|no,** das; -s, -s (Spiel)
Do|mi|no|ef|fekt (durch ein Ereignis ausgelöste Folge von ähnlichen Ereignissen)
Do|mi|no|spiel; Do|mi|no|stein
Do|mi|nus vo|bis|cum! ‹»Der Herr sei mit euch!«› (liturg. Gruß)
Do|mi|zil, das; -s, -e (Wohnsitz; *Bankw.* Zahlungsort [von Wechseln]); **do|mi|zi|lie|ren** (ansässig sein, wohnen); **Do|mi|zil|wech|sel** *(Bankw.)*
Dom|ka|pell|meis|ter
Dom|ka|pi|tel; Dom|ka|pi|tu|lar (Domherr)
Dom|leschg, das; -[s] (unterste Talstufe des Hinterrheins)
Do|mo|wi|na [*auch* 'dɔ...], die; - ‹sorb., »Heimat«› (Organisation der sorb. Minderheit in Deutschland)
Dom|pfaff, der; *Gen.* -en, *auch* -s, *Plur.* -en (ein Singvogel)
Dom|propst *(kath. Kirche)*
Domp|teur [...'tø:ɐ̯], der; -s, -e ‹franz.› (Tierbändiger); **Domp|teu|rin; Domp|teur|kunst; Domp|teu|se** [...'tø:...], die; -, -n
Dom|ra, die; -, *Plur.* -s *u.* ...ren ‹russ.› (russ. Musikinstrument)
Dom|schatz; Dom|schu|le
[1]**Don,** der; -[s] (russ. Fluss)
[2]**Don,** der; -[s], -s *(vor Vornamen ohne Artikel)* ‹span. *u.* ital., »Herr«› (*in Spanien* höfl. Anrede, *w. Form* Doña *[vgl. d.]; in Italien* Titel der Priester u. bestimmter Adelsfamilien, *w. Form* Donna *[vgl. d.]*)
Do|ña [...nja], die; -, -s ‹span.› (Frau; *vor Vornamen ohne Artikel*)
Do|nald [*engl.* 'dɔn(ə)ld] (m. Vorn.)
Do|nar (germ. Gott); *vgl.* Thor
Do|na|rit, der; -s (ein Sprengstoff)
Do|na|tor, der; -s, ...oren ‹lat.› (*schweiz., sonst veraltet für* Geber, Spender; *Physik, Chemie* Atom od. Molekül, das Elektronen od. Ionen abgibt); **Do|na|to|rin** *(schweiz.)*
Do|na|tus (m. Vorn.)
Do|nau, die; - (europ. Strom)
Do|nau-Au|en, Do|nau|au|en *Plur.*
Do|nau-Dampf|schiff|fahrts|ge|sell|schaft, die; -; **Do|nau|del|ta, Do|nau-Del|ta,** das; -s
Do|nau|ka|nal, der; -s (Seitenarm der Donau in Wien)
Do|nau|mo|n|ar|chie, Do|nau-Mo|n|ar|chie, die; - (österreichisch-ungarische Monarchie von 1869 bis 1918)
Do|nau|raum, der; -[e]s (die von der Donau durchflossenen Staaten u. Gebiete)
Do|nau|wörth (Stadt in Bayern)
Don|bass [*auch* ...'bas], der, *auch* das; - ‹russ.› (*russ. Kurzw. für* Donez-Steinkohlenbecken; Industriegebiet westl. des Donez)
Don Bos|co *vgl.* Bosco
Don Car|los (span. Prinz [literarische Figur])
Dö|ner, der; -s, - (*kurz für* Döner Kebab); **Dö|ner|bu|de** *(ugs.)*
Dö|ner Ke|bab, Dö|ner Ke|bap, der; - -[s], - -s, **Dö|ner|ke|bab, Dö|ner|ke|bap,** der; -[s], -s ‹türk.› (Kebab aus an einem Drehspieß gebratenem Fleisch); *vgl.* Kebab, Kebap
Do|nez, der; - (rechter Nebenfluss des Don)
Dong, der; -[s], -[s] (vietnames. Währungseinheit); 50 Dong
Don Gio|van|ni [- dʒo...] ‹ital.› (Titelgestalt der Oper von Mozart)
Do|ni|zet|ti (ital. Komponist)
Don|jon [dõ'ʒõ:], der; -s, -s ‹franz.› (Hauptturm mittelalterl. Burgen in Frankreich)
Don Ju|an [- 'xu̯an], der; - -s, - -s ‹span.› (span. Sagengestalt; Verführer; Frauenheld)
Don|ko|sak (Angehöriger eines am Don wohnenden Stammes der Kosaken); **Don|ko|sa|ken|chor**
Don|na, die; -, *Plur.* -s *u.* Donnen ‹ital., »Herrin«›; *(vor Vornamen ohne Artikel) vgl. auch* Madonna
Don|ner, der; -s, -; Donner und Doria! *(ugs.; vgl.* Doria)
Don|ner|bal|ken (*ugs. scherzh. für* Latrine); **Don|ner|büch|se** (*scherzh. für* Feuerwaffe)
Don|ne|rer (Donnergott)
Don|ner|gott (germ. Gott)

Don|ner|grol|len, das; -s; **Don|ner|keil** (Belemnit)
Don|ner|litt|chen!, Don|ner|lütt|chen! *(landsch.)*
don|nern; ich donnere
Don|ner|schlag
Don|ners|tag, der; -[e]s, -e (*Abk.* Do.); *vgl.* Dienstag
Don|ners|tag|abend usw. *vgl.* Dienstagabend usw.; **don|ners|tags;** *vgl.* Dienstag *u.* ↑K70
Don|ner|wet|ter; Donnerwetter [noch einmal]!
Don Qui|chotte [- kiˈʃɔt], der; - -[s], - -s ‹span.› (Romanheld bei Cervantes; weltfremder Idealist)
Don|qui|chot|te|rie, die; -, ...ien (Torheit [aus weltfremdem Idealismus])
Don Qui|jo|te, Don Qui|xo|te [- kiˈxo:...], der; - -s, - -s (*svw.* Don Quichotte)
Dont|ge|schäft [ˈdõ:...] ‹franz.; dt.› (*Börse* Termingeschäft)
Do|nut, Dough|nut [ˈdo:nat], der; -s, -s ‹amerik.› (ringförmiges Hefegebäck)
doof *(ugs.);* **Doof|heit**
Do|pa|min, das; -s, -e (*Biol., Physiol.* eine körpereigene Substanz)
Dope [do:p], das; -s ‹niederl.-engl.› (*ugs. für* Rauschgift)
do|pen (*Sport* durch [verbotene] Substanzen zu Höchstleistungen zu bringen versuchen); gedopt; **Do|per,** der; -s, - (jmd., der [sich] dopt); **Do|pe|rin**
Do|ping, das; -s, -s
Do|ping|arzt (*ugs. für* Arzt, der Sportlern verbotene Substanzen zur Leistungssteigerung verabreicht od. verschafft; *seltener für* Arzt, der Dopingkontrollen durchführt); **Do|ping|ärz|tin**
Do|ping|kon|t|rol|le
Do|ping|sün|der; Do|ping|sün|de|rin
Do|ping|ver|dacht
¹Dop|pel, das; -s, - (zweite Ausfertigung; *Tennis, Tischtennis* Zwei-gegen-zwei-Spiel)
²Dop|pel, der; -s, - (*schweiz. für* Einsatz beim Schützenfest)
Dop|pel|ad|ler; Dop|pel|agent; Dop|pel|agen|tin
Dop|pel|axel (doppelter ²Axel)
Dop|pel|bau|er (*vgl.* ²Bauer; *Schach)*
Dop|pel|be|las|tung; Dop|pel|be|lich|tung; Dop|pel|be|steu|e|rung; Dop|pel|bett
Dop|pel|bock, das, *auch* der; -s (ein Starkbier)
dop|pel|bö|dig (hintergründig); **Dop|pel|bö|dig|keit**
Dop|pel|bür|ger *(bes. schweiz.);* **Dop|pel|bür|ge|rin**
Dop|pel-CD
Dop|pel|ci|ce|ro (ein Schriftgrad)
Dop|pel|de|cker (ein Flugzeugtyp; *ugs. für* Omnibus mit Oberdeck)
dop|pel|deu|tig; Dop|pel|deu|tig|keit
Dop|pel|er|folg; Dop|pel|feh|ler *(Tennis, Volleyball);* **Dop|pel|fens|ter; Dop|pel|funk|ti|on**
Dop|pel|gän|ger; Dop|pel|gän|ge|rin
dop|pel|glei|sig; Dop|pel|glei|sig|keit
Dop|pel|haus; Dop|pel|haus|hälf|te
Dop|pel|heft
Dop|pel|heit *Plur. selten*
Dop|pel|he|lix, die; - (*Biol.* Struktur des DNA-Moleküls)
Dop|pel|hoch|zeit; Dop|pel|kinn
Dop|pel|klick (*EDV* zweimaliges Betätigen der Maustaste); **dop|pel|kli|cken;** doppelgeklickt
Dop|pel|kno|ten; Dop|pel|kon|zert
Dop|pel|kopf, der; -[e]s (Kartenspiel)
Dop|pel|kupp|lungs|ge|trie|be *(Kfz-Technik)*
Dop|pel|kur|ve
Dop|pel|laut (Diphthong)
Dop|pel|le|ben, das; -s
Dop|pel|lutz (doppelter ²Lutz)
Dop|pel|mo|ral; Dop|pel|mord
dop|peln (*bayr., österr. für* besohlen); ich dopp[e]le
Dop|pel|na|me
Dop|pel|nel|son (doppelter ²Nelson)
Dop|pel|num|mer (doppeltes Heft einer Zeitschrift u. Ä.)
Dop|pel|pack, der; -s, -s
Dop|pel|part|ner; Dop|pel|part|ne|rin
Dop|pel|pass; Dop|pel|punkt
dop|pel|rei|hig
Dop|pel|ritt|ber|ger (doppelter Rittberger)
Dop|pel|rol|le
Dop|pel|sal|chow (doppelter Salchow)
Dop|pel|sal|to; Dop|pel|schlag
Dop|pel|sei|te; dop|pel|sei|tig; eine doppelseitige Anzeige
Dop|pel|sieg *(bes. Sport)*
Dop|pel|sinn; dop|pel|sin|nig
Dop|pel|spiel
Dop|pel|spit|ze (gemeinsames Innehaben eines hohen Amtes durch zwei Personen)
Dop|pel|stra|te|gie; Dop|pel|stun|de

dop|pelt

Kleinschreibung:

- doppelte Buchführung
- das Mittel soll doppelt wirken
- ein doppelt wirkendes *od.* doppeltwirkendes Mittel ↑K58
- doppelt gemoppelt *od.* doppeltgemoppelt (*ugs. für* unnötigerweise zweimal)
- doppelt so groß, doppelt so viel
- er ist doppelt so reich wie (*selten* als) ich

Großschreibung der Substantivierung ↑K72:

- um das, ums Doppelte größer
- das Doppelte an Zeit

dop|pelt|koh|len|sau|er *(Chemie);* doppeltkohlensaures Natron
Dop|pel-T-Trä|ger, der; -s, -; ↑K26 *(Bauw.)*
Dop|pel|tür
dop|pelt wir|kend, dop|pelt|wir|kend *vgl.* doppelt
Dop|pe|lung
Dop|pel|ver|die|ner; Dop|pel|ver|die|ne|rin
dop|pel|wan|dig
Dop|pel|zent|ner (2 × 100 Pfund = 100 kg; *Zeichen* dz, *österr. u. schweiz.* q; *vgl.* Zentner)
Dop|pel|zim|mer
dop|pel|zün|gig *(abwertend);* **Dop|pel|zün|gig|keit**
Dop|pik, die; - ‹Kunstwort› (doppelte Buchführung)
Doppl|ler (*bayr., österr. für* erneuerte Schuhsohle; Zweiliterflasche)
Doppl|ler|ef|fekt, Doppl|ler-Ef|fekt, der; -[e]s ‹nach dem österr. Physiker› (ein physikalisches Prinzip)
Doppl|lung
Do|ra (w. Vorn.)
Do|ra|de, die; -, -n ‹franz.› (ein Fisch)
Do|ra|do *vgl.* Eldorado
Do|rant, der; -[e]s, -e ‹mlat.› (Zauber abwehrende Pflanze)
Dor|chen (w. Vorn.)
Dor|do|g|ne [...ˈdɔnjə], die; - (Fluss u. Departement in Frankreich)
Dor|d|recht (Stadt in den Niederlanden)
Do|reen [...ˈri:n] (w. Vorn.)
Do|rer *vgl.* Dorier
Dorf, das; -[e]s, Dörfer
Dorf|an|ger; Dorf|bach
Dorf|be|woh|ner; Dorf|be|woh|ne|rin; Dörf|chen

D
Dörf

Dorf|club *vgl.* Dorfklub
Dorf|ge|mein|schaft
dör|fisch *(meist abwertend)*
Dorf|kir|che
Dorf|klub, Dorf|club (*regional für* kulturelles Zentrum auf dem Land)
Dörf|ler; Dörf|le|rin; dörf|lich
Dorf|lin|de; Dorf|platz
Dorf|schaft (*schweiz. für* Gesamtheit der Dorfbewohner)
Dorf|schen|ke, **Dorf|schän|ke**
Dorf|schö|ne; Dorf|schön|heit; Dorf|schu|le; Dorf|schul|ze; Dorf|stra|ße; Dorf|teich; Dorf|trot|tel *(abwertend)*
Do|ria (ital. Familienn.); *nur in* Donner und Doria! (Ausruf)
Do|ri|er, Do|rer, der; -s, - (Angehöriger eines altgriech. Volksstammes); **Do|ri|e|rin**, Do|re|rin
[1]**Do|ris** (altgriech. Landschaft)
[2]**Do|ris** (w. Vorn.)
do|risch (auf die Dorier bezüglich; aus [1]Doris); dorische Tonart
Do|rit (w. Vorn.)
Dor|mi|to|ri|um, das; -s, ...ien ‹lat.› (Schlafsaal eines Klosters)
Dorn, der; -[e]s, *Plur.* -en, *ugs. auch* Dörner, *in der Technik* -e
Dorn|busch; Dörn|chen
Dor|nen|he|cke, Dorn|he|cke
Dor|nen|kro|ne; dor|nen|reich; Dor|nen|weg (Leidensweg)
Dorn|fel|der (Rebsorte; ein Rotwein)
Dorn|fin|ger|spin|ne (eine giftige Spinne)
Dorn|fort|satz (*Med.* nach hinten gerichteter Wirbelfortsatz)
Dorn|ge|strüpp; Dorn|he|cke *vgl.* Dornenhecke; **Dor|nicht**, das; -s, -e (*veraltet für* Dorngestrüpp)
dor|nig
Dorn|rös|chen (eine Märchengestalt); **Dorn|rös|chen|schlaf**
Do|ro|thea, Do|ro|thee [*auch* ...'te:(ə)] (w. Vorn.)
Dor|pat (Stadt in Estland; *estn.* Tartu)
Dör|re, die; -, -n (*landsch. für* Darre)
dor|ren (*geh. für* dürr werden)
dör|ren (dürr machen); *vgl.* darren
Dörr|fleisch; Dörr|ge|mü|se; Dörr|obst; Dörr|ofen; Dörr|pflau|me; Dörr|zwetsch|ke *(österr.)*
dor|sal ‹lat.› (*Med.* den Rücken betreffend, rückseitig)
Dor|sal, der; -s, -e, **Dor|sal|laut**, der; -[e]s, -e (*Sprachwiss.* mit dem Zungenrücken gebildeter Laut)

Dorsch, der; -[e]s, -e (junger Kabeljau)

dort

– dort drüben
– von dort aus

Getrenntschreibung in Verbindung mit Verben, wenn der Hauptakzent auf dem Verb liegt:

– sich dort auskennen
– von dort gekommen sein
– sie wird dort wohnen

Zusammenschreibung in Verbindung mit Verben, wenn der Hauptakzent auf »dort« liegt:

– sie sind gleich dortgeblieben
– man hat ihn einige Zeit dortbehalten

dort|be|hal|ten *vgl.* dort
dort|blei|ben *vgl.* dort
dort|her [*auch* 'dɔ...]; von dorther
dort|hin [*auch* 'dɔ...] ↑K 31; dahin und dorthin; **dort|hi|n|ab** [*auch* 'dɔ...]; **dort|hi|n|aus** [*auch* 'dɔ...]; bis dorthinaus
dor|tig
Dort|mund (Stadt im Ruhrgebiet); **Dort|mund-Ems-Ka|nal**, der; -s; ↑K 146; **Dort|mun|der; Dort|mun|de|rin**
dort|sei|tig (*Amtsspr.* dortig); **dort|seits** (*Amtsspr.* [von] dort); **dort|selbst** *(veraltend)*
dort|zu|lan|de, **dort zu Lan|de**
Do|ry|pho|ros, der; - ‹griech., »Speerträger«› (berühmte Statue des Bildhauers Polyklet)
Dos, die; -, Dotes ‹lat.› (*Rechtsspr.* Mitgift)
Do|sa|ge [...ʒə], die; -, -n ‹franz.› (Zugabe von Zuckerlösung bei der Schaumweinherstellung)
Dos and Don'ts ['du:s ɛnt 'do:nts] *Plur.* ‹engl.› (Verhaltensregeln)
Dös|chen
Do|se, die; -, -n (kleine Büchse; *selten für* Dosis)
Do|sen (*Plur. von* Dose *u.* Dosis)
dö|sen (*ugs. für* wachend träumen; halb schlafen); du döst; er dös|te
Do|sen|bier; Do|sen|blech
do|sen|fer|tig
Do|sen|fleisch; Do|sen|ge|mü|se; Do|sen|milch; Do|sen|öff|ner; Do|sen|pfand, das; -[e]s; **Do|sen|sup|pe; Do|sen|wurst**
do|sier|bar; do|sie|ren ‹franz.› (abzumessen); **Do|sie|rung**

dö|sig (*ugs. für* schläfrig; stumpfsinnig)
Do|si|me|ter, das; -s, - ‹griech.› (Gerät zur Messung der aufgenommenen Menge radioaktiver Strahlen); **Do|si|me|t|rie**, die; -, ...ien (Messung der Energiemenge von Strahlen)
Do|sis, die; -, Dosen (zugemessene [Arznei]gabe, kleine Menge)
Dos|si|er [...'sie:], das; -s, -s ‹franz.› (Akte od. ähnliche Zusammenstellung von Dokumenten u. Texten zu einem Thema, einem Vorgang)
dos|sie|ren (*fachspr. für* abschrägen; böschen); **Dos|sie|rung** (flache Böschung)
Dost, der; -[e]s, -e (eine Gewürzpflanze [Origanum])
Dos|tal, Nico (österr. Komponist)
Dos|to|jew|s|ki, Fjodor (russ. Schriftsteller)
Do|ta|ti|on, die; -, -en ‹lat.› (Schenkung; [geldliche] Zuwendung; *veraltet für* Mitgift)
Dot|com, das; -s, -s *u.* die; -, -s ‹engl.› (Unternehmen der New Economy)
do|tie|ren (mit einer bestimmten Geldsumme ausstatten; bezahlen); ein mit 5 000 Euro dotierter Preis; **Do|tie|rung**
Dot|ter, der *u.* das; -s, - (Eigelb); **Dot|ter|blu|me; dot|ter|gelb; Dot|ter|sack** *(Zool.)*
[1]**Dou|a|la** (Hafenstadt in Kamerun)
[2]**Dou|a|la**, der; -[s], -[s] (Angehöriger eines Bantustammes)
[3]**Dou|a|la**, das; - (Sprache)
Dou|a|ne [du̯'a:n(ə)], die; -, -n ‹arab.-franz.› (*veraltet für* Zoll[amt]); **Dou|a|ni|er** [...'nie:], der; -s, -s (*franz. Bez. für* Zollbeamter)
dou|beln ['du:...] ‹franz.› (*Film* als Double spielen); ich doub[e]le
Dou|b|le ['du:bl̩], das; -s, -s (*Film* Ersatzspieler *od.* Ersatzspielerin [ähnlichen Aussehens])
Dou|b|lé [du...], Du|b|lee, das; -s, -s ‹franz.› (Metall mit Edelmetallüberzug; Stoß beim Billardspiel)
Dou|b|lé|gold, Du|b|lee|gold
dou|b|lie|ren, du|b|lie|ren ([Garn] verdoppeln; Dublee herstellen)
Dough|nut ['do:nat] *vgl.* Donut
Dou|g|las|fich|te ['du:...], **Dou|g|la|sie** [du...], die; -, -n, **Dou|g|las|tan|ne** ['du:...] ↑K 136 ‹nach dem schott. Botaniker David Douglas› (Nadelbaum)

Dou|ro ['do:ru], der; - (*port. Form von* Duero)
do ut des ‹lat., »ich gebe, damit du gibst«› *(Rechtswiss.)*
Do|ver (engl. Hafenstadt)
Dow-Jones-In|dex ['daʊ'dʒo:ns...], der; - ‹nach der amerik. Firma Dow, Jones & Co.› (*Wirtsch.* Durchschnitt der Aktienkurse von ausgewählten Unternehmen an der New Yorker Börse)
down [daʊn] ‹engl., »hinunter«›; down sein (*ugs. für* bedrückt, abgespannt sein)
Down|hill ['daʊ...], das *od.* der; -s, -s ‹engl.› (Abfahrtsrennen mit Mountainbikes)
Dow|ning Street ['daʊnɪŋ stri:t], die; - - ‹nach dem engl. Diplomaten Sir George Downing› (Straße in London; Amtssitz des Premierministers [im Haus Nr. 10]; *übertr. für* die britische Regierung)
Down|load ['daʊnloʊt], der *u.* das; -s, -s ‹engl.› (*EDV* das Herunterladen); **down|loa|den** ['daʊnloʊdn̩] ‹engl.› (*EDV* Daten von einem Computer, aus dem Internet herunterladen); ich downloade, ich habe downgeloadet; **Down|load|shop**

downloaden
Die Eindeutschung englischer Verben wie *to download* führt zu ungewohnten und oft als sehr unschön empfundenen Beugungsformen, die durch die Verwendung von Synonymen (hier: *herunterladen*) vermieden werden können.

down|shif|ten ['daʊnʃɪftn̩] ‹engl.› (bewusst auf beruflichen Aufstieg, Konsum u. Luxus o. Ä. verzichten); wir downshiften, wir haben downgeshiftet; **Down|shif|ter; Down|shif|te|rin; Down|shif|ting,** das; -s, -s *Plur. selten*
Down|syn|drom, Down-Syn|drom ['daʊ...] ‹nach dem britischen Arzt J. L. H. Down› (genetisch bedingte Entwicklungshemmungen u. Veränderungen des Erscheinungsbildes eines Menschen)
Down|town ['daʊntaʊn], die; -, -s (*amerik. Bez. für* Innenstadt)
Down Under [daʊn 'andɐ] *ohne Artikel* ‹engl.› (Australien [u. Neuseeland])
Do|xa|le, das; -s, -s ‹lat.› (*Archit.* Gitter zwischen hohem Chor u. Hauptschiff)
Do|xo|lo|gie, die; -, ...ien ‹griech.› (gottesdienstliche Lobpreisungsformel)
Do|yen [doa'jɛ̃:], der; -s, -s ‹franz.› ([Rang-, Dienst]ältester u. Wortführer [des diplomatischen Korps]); **Do|yenne** [...'jɛn], die; -, -n
Doz. = Dozent
Do|zent, der; -en, -en ‹lat.› (Lehrer [an einer Universität od. Hochschule]; *Abk.* Doz.); **Do|zen|ten|schaft; Do|zen|tin**
Do|zen|t(inn)en (*kurz für* Dozentinnen u. Dozenten)
Do|zen|tur, die; -, -en; **do|zie|ren**
DP, die; - = Deutsche Post
dpa, die; - = Deutsche Presse-Agentur; **dpa-Mel|dung** ↑K28
dpi ‹Abk. für engl. dots per inch = Punkte pro Inch› (Maßeinheit für die Bildauflösung)
dpt, dptr., Dptr. = Dioptrie
d. R. = der Reserve *(Militär)*
Dr = Drachme
Dr. = doctor, Doktor *(vgl. d.)*
Dr. ... (z. B. Dr. phil.)
DR, die; - = Deutsche Reichsbahn (1920–1993)
Dra|che, der; -n, -n (ein Fabeltier)
Dra|chen, der; -s, - (Fluggerät; Segelboot; *kurz für* Drachenviereck; *abwertend für* zänkische Frau)
Dra|chen|boot *(Segeln)*
Dra|chen|fels, der; -[es], -ens *u.* -en (Berg im Siebengebirge)
Dra|chen|flie|gen, das; -s *(Sport);* **Dra|chen|flie|ger; Dra|chen|flie|ge|rin**
Dra|chen|frucht (Pitahaya)
Dra|chen|gift
Dra|chen|klas|se *(Segeln)*
Dra|chen|saat *(geh.)*
Dra|chen|vier|eck *(Math.)*
Drach|me, die; -, -n ‹griech.› (frühere griech. Währungseinheit)
Dra|cu|la (Titelfigur eines Vampirromans)
Dra|gee, Dra|gée [...'ʒe:], das; -s, -s ‹franz.› (mit Zucker od. Schokolade überzogene Süßigkeit; Arzneipille); **Dra|geur** [...'ʒø:ɐ̯], der; -s, -e (Hersteller von Dragees); **Dra|geu|rin**
Drag|gen, der; -s, - (*Seemannsspr.* mehrarmiger Anker ohne Stock)
dra|gie|ren [...'ʒi:...] ‹franz.› (Dragees herstellen)
Dra|go|man, der; -s, -e ‹arab.› (einheim. Dolmetscher, Übersetzer im Nahen Osten)
Dra|gon, Dra|gun, der *od.* das; -s ‹arab.› (*seltener für* Estragon)
Dra|go|ner, der; -s, - (*früher für* leichter Reiter; *österr. noch für* Rückenspange am Rock u. am Mantel; *ugs. für* resolute Frau)
Drag|queen ['drɛgkvi:n], die; -, -s ‹engl.› (*Jargon* männlicher homosexueller Transvestit)
Dr. agr. = doctor agronomiae; *vgl.* Doktor
Dra|gun *vgl.* Dragon
drahn (*österr. ugs. für* [nachts] feiern, sich vergnügen)
Drah|rer, der; -s, - (*österr. ugs. für* Nachtschwärmer); **Drah|re|rin**
Draht, der; -[e]s, Drähte
Draht|be|sen; Draht|bürs|te
Dräht|chen
[1]**drah|ten** (mit Draht zusammenflechten; *veraltend für* telegrafieren)
[2]**drah|ten** (aus Draht)
Draht|esel (Fahrrad)
Draht|funk (*früher für* Verbreitung von Rundfunksendungen über Fernsprecher); **Draht|ge|flecht; Draht|git|ter; Draht|glas**
Draht|haar|da|ckel (eine Hunderasse); **Draht|haar|fox** (eine Hunderasse)
draht|haa|rig; drah|tig
...dräh|tig (z. B. dreidrähtig; *mit Ziffer* 3-drähtig; ↑K29)
Draht|kom|mo|de (*ugs. scherzh. für* Klavier); **Draht|korb**
Draht|leh|re (Werkzeug zur Bestimmung der Drahtdicke)
draht|los; drahtlose Telegrafie
Draht|sche|re
Draht|seil; Draht|seil|akt; Draht|seil|bahn
Draht|ver|hau; Draht|zan|ge; Draht|zaun
Draht|zie|her (*auch für* jmd., der im Verborgenen andere für seine [polit.] Ziele einsetzt); **Draht|zie|he|rin**
Drain [drɛ:n, drɛ̃:] *vgl.* Drän; **Drai|na|ge** [...ʒə, ...ʃ] *vgl.* Dränage; **drai|nie|ren** [drɛ...] *vgl.* dränieren; **Drain|netz** *vgl.* Drännetz; **Drain|rohr** *vgl.* Dränrohr
Drai|si|ne [drai..., *auch* drɛ...], die; -, -n ‹nach dem dt. Erfinder Drais› (Vorläufer des Fahrrades; Eisenbahnfahrzeug zur Streckenkontrolle)
Drake [dre:k] (engl. Seefahrer)
Dra|ko, Dra|kon (altgriech. Gesetzgeber)

dra|ko|nisch (sehr streng)
drall (derb, stramm)
Drall, der; -[e]s, -e *Plur. selten* ([Geschoss]drehung; Windung der Züge in Feuerwaffen; Drehung bei Garn u. Zwirn)
Drall|heit, die; -
Dra|lon®, das; -[s] (eine synthet. Faser)
Dra|ma, das; -s, ...men ‹griech.› (Schauspiel; erregendes od. trauriges Geschehen)
Dra|ma|tik, die; - (dramatische Dichtkunst; erregende Spannung); **Dra|ma|ti|ker** (Dramendichter); **Dra|ma|ti|ke|rin**
dra|ma|tisch (in Dramenform; auf das Drama bezüglich; aufregend u. spannend; drastisch); dramatische Musik
dra|ma|ti|sie|ren (als Schauspiel für die Bühne bearbeiten; als besonders aufregend, schlimm darstellen); **Dra|ma|ti|sie|rung**
Dra|ma|turg, der; -en, -en (literarisch-künstlerischer Berater bei Theater, Film u. Fernsehen); **Dra|ma|tur|gie,** die; -, ...ien (Gestaltung, Bearbeitung eines Dramas; Lehre vom Drama); **Dra|ma|tur|gin; dra|ma|tur|gisch**
Dra|mo|lett, das; -s, -e, *auch* -s (kurzes, dramenartiges Theaterstück)
dran (*ugs. für* daran); dran sein (*ugs. für* an der Reihe sein); dran glauben müssen (*ugs. für* vom Schicksal ereilt werden); das Drum und Dran ↑K 81
Drän, der; -s, *Plur.* -s *u.* -e, Drain [drɛːn, drɛ̃ː], der; -s, -s ‹franz.› (*Med.* Wundröhrchen; der Entwässerung dienendes unterirdisches Abzugsrohr)
Drä|na|ge, Drai|na|ge [...ʒə, ...ʃ], die; -, -n (*Med.* Ableitung von Wundabsonderungen; *schweiz., sonst veraltet für* Dränung)
dran|blei|ben (*ugs. für* an jmdm., etwas bleiben); am Gegner dranbleiben
drä|nen ‹*zu* Drän› ([Boden] entwässern; *vgl. auch* dränieren)
drang *vgl.* dringen
Drang, der; -[e]s, Dränge *Plur. selten*
dran|ge|ben (*ugs. für* darangeben *[vgl. d.]*); **dran|ge|hen** (*ugs. für* darangehen *[vgl. d.]*)
Drän|ge|lei; drän|geln; ich dräng[e]le
drän|gen; Drän|ge|rei
Dräng|ler; Dräng|le|rin
Drang|pe|ri|o|de *(Sport)*
Drang|sal, die; -, -e, *veraltet* das; -[e]s, -e *(geh.)*; **drang|sa|lie|ren** (quälen, peinigen)
drang|voll
dran|hal|ten, sich (*ugs. für* sich daranhalten *[vgl. d.]*); **dran|hän|gen** (*ugs. für* zusätzlich Zeit für etwas aufbringen)
drä|nie|ren, drai|nie|ren [drɛ...] (*Med.* eine Dränage legen; *älter für* dränen)
Drank, der; -[e]s (*nordd. für* Küchenabfälle; Spülwasser; flüssiges Viehfutter); **Drank|fass**
dran|kom|men (*ugs. für* an die Reihe kommen); **dran|krie|gen** *(ugs.)*; jmdn. drankriegen
Drank|ton|ne *(nordd.)*
dran|ma|chen (*ugs. für* daranmachen *[vgl. d.]*); **dran|neh|men** (*ugs. für* abfertigen; aufrufen)
Drän|netz, Drain|netz; **Drän|rohr,** Drain|rohr
dran|set|zen (*ugs. für* daransetzen *[vgl. d.]*)
Drä|nung (Bodenentwässerung durch Dränen)
Dra|pee, Dra|pé, der; -s, -s ‹franz.› (ein Stoff)
Dra|pe|rie, die; -, ...ien (*veraltend für* [kunstvoller] Faltenwurf)
dra|pie|ren ([mit Stoff] behängen, [aus]schmücken; raffen; in Falten legen); **Dra|pie|rung**
Drasch, der; -s (*landsch. für* lärmende Geschäftigkeit, Hast)
Dras|tik, die; - ‹griech.› (Deutlichkeit, Derbheit)
Dras|ti|kum, das; -s, ...ka (*Pharm.* starkes Abführmittel)
dras|tisch (sehr deutlich; derb)
Drau, die; - (rechter Nebenfluss der Donau)
dräu|en (*veraltet für* drohen)
drauf (*ugs. für* darauf); drauf und dran (*ugs. für* nahe daran) sein, etwas zu tun; [gut/schlecht] drauf sein (*ugs. für* [gut/schlecht] gelaunt sein)
Drauf|ga|be (Handgeld beim Vertrags- od. Kaufabschluss; *österr. auch für* Zugabe des Künstlers)
Drauf|gän|ger; Drauf|gän|ge|rin; drauf|gän|ge|risch; Drauf|gän|ger|tum, das; -s
drauf|ge|ben; jmdm. eins draufgeben (*ugs. für* einen Schlag versetzen; zurechtweisen)
drauf|ge|hen (*ugs. auch für* verbraucht werden; sterben)
Drauf|geld (Draufgabe)
drauf|ha|ben (*ugs. für* etw. beherrschen); **drauf|hal|ten** (*ugs. für* etwas zum Ziel nehmen)
drauf|hau|en *(ugs.)*
drauf|kom|men (*ugs. für* durchschauen; auf die Schliche kommen); die Polizei ist ihm schnell draufgekommen; *aber* ich bin erst später drauf gekommen (es ist mir erst später eingefallen), *vgl.* darauf
drauf|krie|gen; eins, etwas draufkriegen (*ugs. für* getadelt werden; enttäuscht werden)
drauf|le|gen (*ugs. für* zusätzlich bezahlen)
drauf|los, *selten* da|r|auf|los; immer drauflos!
drauf|los|ge|hen; sie geht drauflos; drauflosgegangen; draufloszugehen; **drauf|los|re|den; drauf|los|rei|ten; drauf|los|schie|ßen; drauf|los|schimp|fen; drauf|los|wirt|schaf|ten**
drauf|ma|chen; einen draufmachen (*ugs. für* ausgiebig feiern)
drauf|sat|teln (*ugs. für* zusätzlich geben)
drauf|schla|gen (*ugs. für* auf etwas schlagen; aufschlagen)
drauf sein *vgl.* drauf
drauf|set|zen; eins, einen draufsetzen (*ugs. für* eine Situation durch eine Äußerung od. Handlung weiter verschärfen)
Drauf|sicht *(Zeichenlehre)*
drauf|ste|hen (*ugs. für* darauf zu lesen sein)
drauf|zah|len (*svw.* drauflegen)
draus (*ugs. für* daraus); **draus|brin|gen** (*südd., österr. ugs. für* verwirren, aus dem Konzept bringen); **draus|kom|men** (*südd., österr. ugs. für* sich verwirren, ablenken lassen)
drau|ßen; die Hunde müssen draußen bleiben
Dra|wi|da [*auch* ˈdraː...], der; -[s], -[s] (Angehöriger einer Völkergruppe in Vorderindien); **dra|wi|disch;** drawidische Sprachen
Dr. disc. pol. = doctor disciplinarum politicarum; *vgl.* Doktor
Dread|locks [ˈdrɛd...] *Plur.* ‹engl.› (verfilzte Haarsträhnen [als Frisur])
Dream-Team, Dream|team [ˈdriːmtiːm], das; -s, -s ‹engl.› (*bes. Sport* ideal besetzte Mannschaft)
Drech|se|lei
drech|seln; ich drechs[e]le
Drechs|ler; Drechs|ler|ar|beit; Drechs|le|rei; Drechs|le|rin

drei

Beugung:
- *Genitiv* dreier, *Dativ* dreien, drei
- wir sind zu dreien *od.* zu dritt
- herzliche Grüße von uns dreien
- die Interessen dreier großer, *selten* großen Völker
- die Beförderung dreier Angestellten, *seltener* Angestellter

Nur Kleinschreibung ↑K 78:
- die drei Grazien
- die ersten drei
- alle drei
- die drei sagten übereinstimmend, dass ...
- der Junge ist schon drei [Jahre]
- sie kommt um drei [Uhr]
- aller guten Dinge sind drei
- sie arbeitet für drei (*ugs. für* sie arbeitet sehr viel)
- er kann nicht bis drei zählen (*ugs. für* er ist sehr dumm)
- (*im Zeugnis:*) Latein: drei Komma fünf (*vgl. aber* Drei)

Schreibung in Verbindung mit »viertel«:
- der Saal war erst drei viertel voll
- es ist drei viertel acht, *aber* drei Viertel der Bevölkerung
- in einer Dreiviertelstunde, *aber* in drei viertel Stunden *od.* in drei Viertelstunden

Vgl. acht *u.* Viertel

Dreck, der; -[e]s *(ugs.)*
Dreck|ar|beit; Dreck|ei|mer; Dreck|fink, der; *Gen.* -en, *auch* -s, *Plur.* -en *(ugs.);* **Dreck|hau|fen**
dre|ckig
Dreck|kerl *vgl.* Dreckskerl
Dreck|nest *(derb abwertend für* Dorf, Kleinstadt); **Dreck|pfo|te** *(derb abwertend für* schmutzige Hand); **Dreck|sack** *(derb abwertend)*
Drecks|ar|beit *(ugs. abwertend)*
Dreck|sau *(derb abwertend)*
Dreck|schleu|der (*ugs. für* freches Mundwerk; Fabrikanlage o. Ä., die die Luft stark verschmutzt)
Drecks|kerl *(derb abwertend)*
Dreck|spatz *(ugs.);* **dreck|star|rend**
Dred|sche, die; -, -n ‹engl.› (*fachspr. für* Schleppnetz)
Dreesch *vgl.* Driesch
Dreh, der; -[e]s, *Plur.* -s *od.* -e (*ugs. für* Einfall, Kunstgriff; *seltener für* Drehung); **Dreh|ach|se**
Dreh|ar|beit, die; -, -en *meist Plur. (Film)*
Dreh|bank *Plur.* ...bänke
dreh|bar; drehbarer Sessel
Dreh|be|we|gung; Dreh|blei|stift; Dreh|brü|cke
Dreh|buch; Dreh|buch|au|tor; Dreh|buch|au|to|rin
Dreh|büh|ne
Dre|he, die; - (*landsch. ugs. für* Gegend)
Dr. eh., e. h., E. h. = Ehrendoktor, Doktor Ehren halber; *vgl.* Doktor
dre|hen
Dre|her; Dre|he|rei; Dre|he|rin
dreh|freu|dig; Dreh|kran; Dreh|krank|heit, die; -; **Dreh|kreuz**
Dreh|lei|er (mittelalterliches Saiteninstrument)
Dreh|ma|schi|ne; Dreh|mo|ment, das *(Physik);* **Dreh|or|gel**
Dreh|ort *(Film);* **Dreh|pau|se** *(Film)*
Dreh|punkt; Dreh|re|s|tau|rant; Dreh|schei|be
Dreh|schuss *(Fußball)*
Dreh|strom; Dreh|strom|mo|tor
Dreh|stuhl; Dreh|tür; Dre|hung
Dreh|vor|rich|tung; Dreh|wurm
Dreh|zahl (Anzahl der Umdrehungen in einer Zeiteinheit); **Dreh|zahl|mes|ser,** der
drei *s. Kasten*
Drei, die; -, -en; eine Drei würfeln; er schrieb in Latein eine Drei; die Note »Drei«; mit [der Durchschnittsnote] »Drei-Komma-fünf« bestanden; *vgl.* [1]Acht *u.* Eins
Drei|ach|ser (Wagen mit drei Achsen; *mit Ziffer* 3-Achser; ↑K 29);
drei|ach|sig
Drei|ach|tel|takt (*mit Ziffern* $^3/_8$-Takt); im Dreiachteltakt
Drei|an|gel, der; -s, - (*landsch. u. schweiz. für* winkelförmiger Riss im Stoff)
drei|ar|mig; drei|bän|dig; drei|bei|nig
Drei|blatt (Name von Pflanzen);
drei|blät|te|rig; drei|blätt|rig
Drei|bund, der; -[e]s
drei|di|men|si|o|nal; dreidimensionales Bild, dreidimensionaler Drucker, Film *od.* ↑K 26: Drei-D-Bild, Drei-D-Drucker, Drei-D-Film; *mit Ziffer:* 3-D-Bild *od.* 3D-Bild, 3-D-Drucker *od.* 3D-Drucker, 3-D-Film *od.* 3D-Film; Bilder in 3-D *od.* 3D
Drei|eck; drei|eckig
Drei|eck|schal|tung *(Technik)*
Drei|ecks|ge|schich|te; Drei|ecks|mes|sung; Drei|ecks|netz
Drei|ecks|tuch, Drei|eck|tuch *Plur.* ...tücher
drei|ein *vgl.* dreieinig
drei|ein|halb, drei|und|ein|halb
drei|ei|nig; der dreieinige Gott;
Drei|ei|nig|keit, die; - *(christl. Rel.)*
Drei|ei|nig|keits|fest (erster Sonntag nach Pfingsten)
Drei|er *vgl.* Achter; **Drei|er|kom|bi|na|ti|on** *(Sport)*
drei|er|lei
Drei|er|rei|he
drei|fach; Drei|fa|che *vgl.* Achtfache
drei|fal|tig; die dreifaltige Gottheit; **Drei|fal|tig|keit,** die; - (*svw.* Dreieinigkeit); **Drei|fal|tig|keits|fest** (erster Sonntag nach Pfingsten)
Drei|far|ben|druck *Plur.* ...drucke;
drei|far|big
Drei|fel|der|wirt|schaft, die; -
drei|fens|t|rig
Drei|fin|ger|faul|tier (*für* Ai)
Drei|fuß
Drei-Gän|ge-Me|nü, Drei|gän|ge|me|nü; Drei|gang|me|nü
drei|ge|schos|sig *vgl.* ...geschossig
Drei|ge|stirn
drei|ge|stri|chen *(Musik)*
Drei|heit
drei|hun|dert
drei|jäh|rig *vgl.* achtjährig
Drei|kai|ser|bund, der; -[e]s, **Drei|kai|ser|bünd|nis,** das; -ses *(Geschichte)*
Drei|kampf *(Sport)*
Drei|kant, das *od.* der; -[e]s, -e;
Drei|kan|ter (Gesteinsform; Dreikanthof); **Drei|kant|hof** (eine Form des Bauernhofs); **drei|kan|tig; Drei|kant|stahl** (*vgl.* Stahl *u.* ↑K 66)
Drei|kä|se|hoch, der; -s, -[s]

Drei|klang
Drei|klas|sen|wahl|recht
Drei|kö|nig, Drei|kö|ni|ge *ohne Artikel* (Dreikönigsfest); an, auf, nach, vor, zu Dreikönig[e]; **Drei|kö|nigs|fest** (6. Jan.); **Drei|kö|nigs|sin|gen,** das; -s; **Drei|kö|nigs|spiel; Drei|kö|nigs|tag; Drei|kö|nigs|tref|fen**
drei|köp|fig
Drei|län|der|eck (Gebiet, in dem die Grenzen dreier Länder, Staaten aneinanderstoßen); **Drei|län|der|tref|fen**
Drei|ling (alte Münze; altes Weinmaß)
Drei|li|ter|au|to (Auto, das nur drei Liter Treibstoff auf 100 km verbraucht)
drei|mäh|dig (dreischürig)
drei|mal ↑K 31 : zwei- bis dreimal (2- bis 3-mal); *vgl.* achtmal; **drei|ma|lig**
Drei|mas|ter (dreimastiges Schiff; *auch für* Dreispitz); **drei|mas|tig**
Drei|mei|len|zo|ne
Drei|me|ter|brett
drei|mo|na|tig *vgl.* achtmonatig
drei|mo|nat|lich *vgl.* achtmonatlich
drein (*ugs. für* darein)
drein|bli|cken (in bestimmter Weise blicken); finster dreinblicken; **drein|fah|ren** (*ugs. für* energisch in eine Angelegenheit eingreifen); **drein|fin|den,** sich (*ugs. für* dareinfinden, sich)
Drein|ga|be (*landsch. u. schweiz. für* Zugabe)
drein|mi|schen, sich (*ugs. für* dareinmischen, sich)
drein|re|den (*ugs. für* dareinreden)
drein|schau|en (*svw.* dreinblicken)
drein|schla|gen (*ugs. für* in etwas hineinschlagen)
Drei|pass, der; ...passes, ...passe (*Archit.* Verzierungsform mit drei Bogen)
Drei|per|so|nen|haus|halt
Drei|pfund|brot
Drei|pha|sen|strom (*svw.* Drehstrom)
Drei|punk|te|wurf *(Basketball)*
Drei|punkt|gurt *(Verkehrsw.)*
Drei|rad; drei|rä|de|rig, drei|räd|rig
Drei|raum|woh|nung (*regional für* Dreizimmerwohnung)
Drei|ru|de|rer (antikes Kriegsschiff); **Drei|satz; Drei|schneuß** (Ornament im got. Maßwerk)
Drei|schritt|re|gel, die; - *(Handball)*
drei|schü|rig (drei Ernten liefernd); dreischürige Wiese
Drei|se|kun|den|re|gel *(Basketball, Handball)*
drei|sil|big; drei|spal|tig
Drei|spän|ner; Drei|spitz (ein dreieckiger Hut); **Drei|sprung**
drei|ßig *vgl.* achtzig
drei|ßi|ger *vgl.* achtziger
Drei|ßi|ger *vgl.* Achtziger; **Drei|ßi|ge|rin** *vgl.* Achtzigerin; **Drei|ßi|ger|jah|re** *vgl.* Achtzigerjahre
drei|ßig|jäh|rig; eine dreißigjährige Frau, *aber* ↑K 89 : der Dreißigjährige Krieg; *vgl.* achtjährig
dreist
drei|stel|lig; dreistellige Zahl
Drei|ster|ne|ho|tel
Dreist|heit; Dreis|tig|keit
drei|stim|mig; drei|stö|ckig; drei|strah|lig; drei|stück|wei|se
Drei|stu|fen|ra|ke|te
drei|stün|dig (drei Stunden dauernd)
Drei|ta|ge|bart; Drei|ta|ge|fie|ber, das; -s (Infektionskrankheit)
drei|tä|gig *mit Ziffer:* 3-tägig (drei Tage dauernd)
drei|tau|send; Drei|tau|sen|der ([über] 3 000 m hoher Berg)
Drei|tei|ler; drei|tei|lig
drei|und|ein|halb, drei|ein|halb
drei|und|zwan|zig *vgl.* acht
drei vier|tel *vgl.* drei, Viertel; **drei|vier|tel|lang** [...'fɪ...]
Drei|vier|tel|li|ter|fla|sche (*mit Ziffern* 3/4-Liter-Flasche; ↑K 26)
Drei|vier|tel|mehr|heit [...'fɪ...]; **Drei|vier|tel|mil|li|on; Drei|vier|tel|stun|de**
Drei|vier|tel|takt [...'fɪ...] (*mit Ziffern* 3/4-Takt; ↑K 29); im Dreivierteltakt
Drei|we|ge|ka|ta|ly|sa|tor *(Kfz-Technik)*
drei|wö|chig (*mit Ziffer* 3-wöchig; drei Wochen dauernd)
Drei|zack, der; -[e]s, -e; **drei|za|ckig**
drei|zehn; die verhängnisvolle Dreizehn ↑K 78 ; *vgl.* acht; **drei|zehn|hun|dert; drei|zehn|jäh|rig** usw. *vgl.* achtjährig usw.; **Drei|zehn|te,** der; -n, -n (*österr. auch für* dreizehntes Monatsgehalt)
Drei|zim|mer|woh|nung (*mit Ziffer* 3-Zimmer-Wohnung; ↑K 26)
Drei|zü|ger *(Schach)*
Drell, der; -s, -e (*nordd. für* Drillich)
drem|meln (*landsch. für* bittend drängen); ich dremm[e]le
Drem|pel, der; -s, - (Mauer zur Vergrößerung des Dachraumes; Schwelle [im Schleusenbau])
Dres. = doctores; *vgl.* Doktor
Dre|sche, die; - (*ugs. für* Prügel)
dre|schen; du drischst, er drischt; du droschst; du dröschest; gedroschen; drisch!
Dre|scher; Dre|sche|rin
Dresch|fle|gel; Dresch|gut, das; -[e]s; **Dresch|ma|schi|ne**
Dres|den (Hauptstadt von Sachsen); **Dres|den-Alt|stadt; Dres|de|ner, Dresd|ner; Dres|de|ne|rin, Dresd|ne|rin; Dres|den-Neu|stadt**
Dress, der; *Gen.* - *u.* Dresses, *Plur.* Dresse, *österr. auch* die; -, Dressen *Plur. selten* ⟨engl.⟩ ([Sport]kleidung)
Dress|code (*engl. für* Kleidervorschrift)
Dres|seur [...'sø:ɐ̯], der; -s, -e ⟨franz.⟩ (jmd., der Tiere abrichtet); **Dres|seu|rin** [...'sø:...]
dres|sie|ren
Dres|sier|sack (Spritzbeutel)
Dres|sing, das; -s, -s ⟨engl.⟩ (Salatsoße)
Dress|man [...mɛn], der; -s, ...men [...mɛn] ⟨anglisierend⟩ (männliches Mannequin)
Dres|sur, die; -, -en ⟨franz.⟩; **Dres|sur|akt; Dres|sur|leis|tung; Dres|sur|num|mer; Dres|sur|prü|fung**
Dres|sur|rei|ten, das; -s; **Dres|sur|rei|ter; Dres|sur|rei|te|rin**
Drey|fus|af|fä|re, Drey|fus-Af|fä|re, die; - (der 1894–1906 gegen den franz. Offizier A. Dreyfus geführte Prozess u. seine Folgen)
Dr. forest. = doctor scientiae rerum forestalium; *vgl.* Doktor
Dr. … habil. = doctor … (z. B. philosophiae) habilitatus; *vgl.* Doktor
Dr. h. c. = doctor honoris causa; *vgl.* Doktor
Dr. h. c. mult. = doctor honoris causa multiplex; *vgl.* Doktor
drib|beln ⟨engl.⟩ (*Sport* den Ball durch kurze Stöße vortreiben); ich dribb[e]le; **Dribb|ler,** der; -s, - (Spieler, der gut dribbeln kann); **Dribb|le|rin; Dribb|ling,** das; -s, -s (das Dribbeln)
Driesch, Dreesch, der; -[e]s, -e (*landsch. für* Brache)
Drift, die; -, -en (Strömung an der Meeresoberfläche; *auch svw.* Abtrift; *vgl.* Trift)
drif|ten (*Seemannsspr.* treiben); **drif|tig** (treibend)
Drilch, der; -[e]s, -e (*schweiz. für* Drillich)
¹Drill, der; -[e]s, -e (*Nebenform von* Drell)

drit|te

Kleinschreibung:
- das dritte Kapitel
- jeder dritte Bundesbürger
- der dritte (3.) November
- die dritte seiner Töchter ist hellblond
- der dritte Stand (Bürgerstand) ↑K89

Großschreibung der Substantivierung ↑K80:
- er ist der Dritte im Bunde
- ein Dritter (ein Unbeteiligter)
- sie wurde Dritte im Weitsprung
- sie ist die Dritte [von links] in der Reihe
- von dreien der Dritte
- nur jeder Dritte erhielt die Zulassung
- es bleibt noch ein Drittes zu erwähnen
- zum Dritten wäre dies noch zu erwähnen
- die Dritten (*ugs. für* die dritten Zähne, das künstliche Gebiss)

Großschreibung in Namen und bestimmten namenähnlichen Fügungen ↑K88 *u.* 89:
- Friedrich der Dritte
- der Dritte Oktober (Tag der Deutschen Einheit)
- der Dritte Punische Krieg
- das Dritte Reich
- die Dritte Welt (die Entwicklungsländer)

Vgl. auch achte *u.* erste

D
Drog

[2]**Drill,** der; -[e]s (harte [milit.] Ausbildung)
Drill|boh|rer
dril|len ([milit.] hart ausbilden; mit dem Drillbohrer bohren; *Landwirtsch.* in Reihen säen)
Dril|lich, der; -s, -e (ein festes Gewebe); **Dril|lich|an|zug; Dril|lich|ho|se; Dril|lich|zeug,** das; -[e]s
Dril|ling (*auch für* Jagdgewehr mit drei Läufen)
Drill|ma|schi|ne (*Landwirtsch.* Maschine, die in Reihen sät)
drin (*ugs. für* darin); drin sein (*ugs. auch für* möglich sein)
drin|blei|ben *(ugs.)*
Dr.-Ing. = Doktoringenieur[in], Doktor der Ingenieurwissenschaften; *vgl.* Doktor
drin|gen; du drang[e]st; du drängest; gedrungen; dring[e]!; **drin|gend;** auf das, aufs Dringendste *od.* auf das, aufs dringendste ↑K75
dring|lich; die Dringliche *od.* dringliche Anfrage [im österr. u. schweiz. Parlament]; **Dring|lich|keit**
Dring|lich|keits|an|fra|ge; Dring|lich|keits|an|trag
Drink, der; -s, -s ‹engl.› (meist alkohol. [Misch]getränk)
drin|nen; ich möchte lieber drinnen arbeiten
drin sein *vgl.* drin
drin|sit|zen (*ugs. für* in der Patsche sitzen); *vgl.* darin; **drin|ste|cken** (*ugs. für* viel Arbeit, Schwierigkeiten haben); er hat bis über die Ohren dringesteckt; *vgl.* darin; **drin|ste|hen** (*ugs. für* in etwas zu lesen sein); *vgl.* darin
Dri|schel, der; -s, - *od.* die; -, -n (*bayr. u. österr. für* [Schlagkolben am] Dreschflegel)
dritt *vgl.* drei
drit|te *s. Kasten*
drit|tel *vgl.* achtel; **Drit|tel,** das, *schweiz. meist* der; -s, -; zwei Drittel; *vgl.* Achtel; **drit|teln** (in drei Teile teilen); ich dritt[e]le
Drit|ten|ab|schla|gen, das; -s (ein Laufspiel)
drit|tens
Drit|te-Welt-La|den (Laden mit Erzeugnissen aus Entwicklungsländern); *vgl.* dritte
dritt|höchs|te; dritt|klas|sig
Dritt|kläss|ler *vgl.* Erstklässler
Dritt|land *Plur.* ...länder
dritt|letz|te *vgl.* letzte
Dritt|mit|tel *Plur.;* etwas aus Drittmitteln finanzieren
Dritt|per|son (*bes. schweiz. für* Unbeteiligte[r])
Dritt|scha|den
Dritt|schuld|ner *(Rechtsspr.);* **Dritt|schuld|ne|rin**
Dritt|welt... (*bes. schweiz. meist in Zusammensetzungen für* Dritte-Welt-...)
Dr. iur., Dr. jur. = doctor iuris; *vgl.* Doktor
Dr. iur. utr., Dr. jur. utr. = doctor iuris utriusque; *vgl.* Doktor
Drive [draif], der; -s, -s ‹engl.› (Schwung; Tendenz, Neigung; Treibschlag beim Golf u. Tennis; *Jazz* treibender Rhythmus)
Drive-in-Re|s|tau|rant [draifˈɪn...] (Schnellgaststätte für Autofahrer mit Bedienung am Fahrzeug)
Dri|ver [ˈdraivɐ], der; -s, - (ein Golfschläger; Treiber *EDV*)
Dr. jur. *vgl.* Dr. iur.
Dr. jur. utr. *vgl.* Dr. iur. utr.
DRK, das; - = Deutsches Rotes Kreuz
Dr. med. = doctor medicinae; *vgl.* Doktor
Dr. med. dent. = doctor medicinae dentariae; *vgl.* Doktor
Dr. med. dent. et scient. med. *(in Österr.)* = doctor medicinae dentariae et scientiae medicae; *vgl.* Doktor
Dr. med. univ. *(in Österr.)* = doctor medicinae universae; *vgl.* Doktor
Dr. med. univ. et scient. med. *(in Österr.)* = doctor medicinae universae et scientiae medicae; *vgl.* Doktor
Dr. med. vet. = doctor medicinae veterinariae; *vgl.* Doktor
Dr. mont. *(in Österr.)* = doctor rerum montanarum; *vgl.* Doktor
Dr. mult. = doctor multiplex; *vgl.* Doktor
Dr. nat. techn. *(in Österr.)* = doctor rerum naturalium technicarum; *vgl.* Doktor
drob *vgl.* darob
dro|ben (*geh.; südd. u. österr. für* da oben); **dro|ben|blei|ben** *(südd., österr.)*
Dr. oec. = doctor oeconomiae; *vgl.* Doktor
Dr. oec. publ. = doctor oeconomiae publicae; *vgl.* Doktor
Dro|ge, die; -, -n ‹franz.› (Rohstoff für Heilmittel; Rauschgift)
drö|ge (*nordd. für* trocken; langweilig)
Drö|ge|ler, Drög|ler (*schweiz. für* Drogenabhängiger); **Drö|ge|le|rin,** Drög|le|rin
dro|gen|ab|hän|gig; Dro|gen|ab|hän|gi|ge, der *u.* die; -n, -n
Dro|gen|be|auf|trag|te
Dro|gen|be|ra|tungs|stel|le
Dro|gen|dea|ler (Rauschgifthändler); **Dro|gen|dea|le|rin**
Dro|gen|ein|fluss, der; -es
Dro|gen|fahn|der (jmd., der nach

D
Drog

Rauschgifthändlern fahndet); **Dro|gen|fahn|de|rin**
Dro|gen|ge|schäft
Dro|gen|han|del; Dro|gen|händ|ler; Dro|gen|händ|le|rin
Dro|gen|kon|sum; Dro|gen|kon|su|ment; Dro|gen|kon|su|men|tin; Dro|gen|kon|sum|raum
Dro|gen|kri|mi|na|li|tät (die im Zusammenhang mit Drogen stehenden kriminellen Vergehen)
Dro|gen|ku|rier (jmd., der im Auftrag anderer Drogen schmuggelt); **Dro|gen|ku|rie|rin**
Dro|gen|miss|brauch; Dro|gen|po|li|tik
Dro|gen|scree|ning [...skri:nɪŋ] (*Med.* Untersuchung zum Nachweis von Drogenkonsum)
Dro|gen|sucht; dro|gen|süch|tig
Dro|gen|sze|ne; Dro|gen|to|te
Dro|ge|rie, die; -, ...ien; **Dro|ge|rie|ar|ti|kel** *meist Plur.;* **Dro|ge|rie|markt**
Dro|gist, der; -en, -en; **Dro|gis|tin**
Drög|ler *vgl.* Drögeler; **Drög|le|rin** *vgl.* Drögelerin
Droh|brief
dro|hen; eine drohende Gefahr; **Droh|ge|bär|de**
Droh|ku|lis|se (bedrohlich wirkende Umstände)
Drohn, der; -en, -en (*fachspr. für* Drohne); **Droh|ne**, die; -, -n (Bienenmännchen; *Militär* unbemanntes Aufklärungsflugzeug)
dröh|nen (*ugs. auch für* Rauschgift nehmen)
Droh|nen|da|sein
Droh|nen|schlacht *(Imkerspr.)*
Dröh|nung (*ugs. für* Rauschgiftdosis; Rauschzustand)
Dro|hung; Droh|vi|deo; Droh|wort *Plur.* ...worte
drol|lig; Drol|lig|keit
Dro|me|dar [*auch* 'dro:...], das; -s, -e ‹griech.› (einhöckeriges Kamel)
Dröm|ling, der; -[s] (Landschaft im Südwesten der Altmark)
Dron|te, die; -, -n (ein ausgestorbener Vogel)
Dront|heim (norw. Stadt); *vgl. auch* Trondheim
Drop-down-Me|nü [...'daun...] ‹engl.› (*EDV* Menü, das [nach unten] aufklappt)
Drop|kick ‹engl.› *(Fußball)*
Drop-out, **Drop|out** [...laut], der; -[s], -s (jmd., der aus seiner sozialen Gruppe ausgebrochen ist; *Tontechnik* Aussetzen der Schallaufzeichnung)
Drop-out-Ra|te, **Drop|out|ra|te, Drop|out-Ra|te** (Anteil derjenigen, die ein Studium, einen Kurs o. Ä. vorzeitig beenden)
Drops, der, *auch, österr., bayr. nur* das; -, - *meist Plur.* ‹engl.› (Fruchtbonbon)
Drosch|ke, die; -, -n ‹russ.›
Drosch|ken|gaul; Drosch|ken|kut|scher; Drosch|ken|kut|sche|rin
drö|seln (*landsch. für* [Faden] drehen; trödeln); ich drös[e]le
Dro|so|phi|la, die; -, ...lae [...lɛ] ‹griech.-nlat.› (*Zool.* Taufliege)
[1]**Dros|sel**, die; -, -n (ein Singvogel)
[2]**Dros|sel**, die; -, -n (*Jägerspr.* Luftröhre des Wildes; *auch für* Drosselspule)
Dros|sel|bart; König Drosselbart (eine Märchengestalt)
Dros|sel|klap|pe *(Technik)*
dros|seln; ich dross[e]le
Dros|sel|spu|le *(Elektrot.)*
Dros|se|lung, Dross|lung
Dros|sel|ven|til *(Technik)*
Drost, der; -[e]s, -e (*nordd. früher* Verwalter einer Drostei)
Dros|te-Hüls|hoff (dt. Dichterin)
Dros|tei (*nordd. früher* Verwaltungsbezirk)
Dr. paed. = doctor paedagogiae; *vgl.* Doktor
Dr. pharm. = doctor pharmaciae; *vgl.* Doktor
Dr. phil. = doctor philosophiae; *vgl.* Doktor
Dr. phil. fac. theol. *(in Österr.)* = doctor philosophiae facultatis theologicae; *vgl.* Doktor
Dr. phil. nat. = doctor philosophiae naturalis; *vgl.* Doktor
Dr. rer. camer. = doctor rerum cameralium; *vgl.* Doktor
Dr. rer. comm. *(in Österr.)* = doctor rerum commercialium; *vgl.* Doktor
Dr. rer. hort. = doctor rerum hortensium; *vgl.* Doktor
Dr. rer. med[ic]. = doctor rerum medicarum; *vgl.* Doktor
Dr. rer. mont. = doctor rerum montanarum; *vgl.* Doktor
Dr. rer. nat. = doctor rerum naturalium; *vgl.* Doktor
Dr. rer. oec. = doctor rerum oeconomicarum; *vgl.* Doktor
Dr. rer. pol. = doctor rerum politicarum; *vgl.* Doktor
Dr. rer. silv. = doctor rerum silvestrium; *vgl.* Doktor
Dr. rer. soc. oec. *(in Österr.)* = doctor rerum socialium oeconomicarumque; *vgl.* Doktor
Dr. rer. techn. = doctor rerum technicarum; *vgl.* Doktor
Dr. sc. agr. = doctor scientiarum agrarium; *vgl.* Doktor
Dr. sc. hum. = doctor scientiarum humanarum; *vgl.* Doktor
Dr. scient. med. *(in Österr.)* = doctor scientiae medicae; *vgl.* Doktor
Dr. sc[ient]. techn. = doctor scientiarum technicarum; *vgl.* Doktor
Dr. sc. math. = doctor scientiarum mathematicarum; *vgl.* Doktor
Dr. sc. nat. = doctor scientiarum naturalium *od.* doctor scientiae naturalis; *vgl.* Doktor
Dr. sc. pol. = doctor scientiarum politicarum *od.* doctor scientiae politicae; *vgl.* Doktor
Dr. techn. *(in Österr.)* = doctor rerum technicarum; *vgl.* Doktor
Dr. theol. = doctor theologiae; *vgl.* Doktor
drü|ben (auf der anderen Seite); hüben und drüben; **drü|ben|blei|ben**
drü|ber (*ugs. für* darüber *[vgl. d.]*); es geht drunter und drüber; wir müssen drüber reden; **drü|ber|fah|ren** *(ugs.);* **drü|ber|streu|en;** zum Drüberstreuen (*österr. ugs. für* zur Abrundung)
[1]**Druck**, der; -[e]s, *Plur. (Technik:)* Drücke, *seltener* -e; in dem Behälter können hohe Drücke entstehen
[2]**Druck**, der; -[e]s, *Plur. (Druckw.:)* Drucke *u.* (*Textilind.* bedruckte Stoffe:) -s; im Archiv lagern viele alte Drucke
Druck|ab|fall, der; -[e]s; **Druck|an|stieg; Druck|aus|gleich**
Druck|blei|stift
Druck|bo|gen *Plur.* -; **Druck|buch|sta|be**
Drü|cke|ber|ger; Drü|cke|ber|ge|rei; Drü|cke|ber|ge|rin; drü|cke|ber|ge|risch
druck|emp|find|lich
dru|cken
drü|cken
drü|ckend; drückend heißes Wetter; es war drückend heiß
Dru|cker
Drü|cker
Dru|cke|rei

Drü|cke|rei
Drü|cker|fisch (ein Aquarienfisch)
Dru|cke|rin
Drü|cke|rin
Druck|er|laub|nis
Dru|cker|pres|se; Dru|cker|schwär|ze; Dru|cker|spra|che
Dru|cker|trei|ber *(EDV)*

Druckerzeugnis
Um Missverständnissen vorzubeugen, sollte in dieser Zusammensetzung grundsätzlich ein Bindestrich gesetzt werden: *Druck-Erzeugnis* (für etwas Gedrucktes) oder *Drucker-Zeugnis* (für das Zeugnis eines Druckers).

Druck-Er|zeug|nis, Druck|er|zeug|nis
Druck|fah|ne; Druck|feh|ler; Druck|feh|ler|teu|fel; druck|fer|tig; druck|fest; druck|frisch
druck|gas|be|trie|ben; druckgasbetriebene Fahrzeuge
Druck|gra|fik, Druck|gra|phik *(Kunstwiss.)*
Druck|in|dus|t|rie
Druck|ka|bi|ne; Druck|kes|sel
Druck|knopf
Druck|koch|topf
Druck|kos|ten *Plur.*
Druck|kraft
Druck|le|gung
Druck|luft|brem|se
druck|luft|ge|steu|ert
Druck|ma|schi|ne
Druck|ma|schi|nen|bau|er *(ugs. für* Firma, die Druckmaschinen herstellt)
Druck|mit|tel, das
Druck|mus|ter
Druck|pa|pier; Druck|plat|te
Druck|punkt
Druck|raum (*Jargon* Drogenkonsumraum)
druck|reif; Druck|sa|che; Druck|schrift; Druck|sei|te
druck|sen *(ugs. für* zögerlich antworten); du druckst; **Druck|se|rei**
Druck|si|tu|a|ti|on
Druck|sor|te *(österr. für* Formular); **Druck|spal|te**
Druck|stel|le
Druck|stock *Plur.* ...stöcke
Druck|tas|te
Druck|tech|nik; druck|tech|nisch
Druck|ver|band
Druck|ver|fah|ren
druck|voll (kraftvoll)
Druck|was|ser|re|ak|tor *(Kernphysik)*
Druck|wel|le
Druck|werk; Druck|we|sen
Druck|zy|lin|der
Drud, die; -, -en *(österr.),* **Dru|de,** die; -, -n (Nachtgeist; Zauberin)
Dru|den|fuß (Zeichen gegen Zauberei; Pentagramm)
Drug|store [ˈdrakstoːɐ̯], der; -s, -s ⟨engl.-amerik.⟩ ([in den USA] Verkaufsgeschäft für gängige Bedarfsartikel mit Imbissecke)
Dru|i|de, der; -n, -n (kelt. Priester); **Dru|i|din; dru|i|disch**
drum *(ugs. für* darum); drum herum, *aber* das Drumherum; drum herumreden; nicht drum herumkommen; das Drum und Dran
Drum [dram], die; -, -s ⟨engl.⟩ *(engl. Bez. für* Trommel); *vgl.* [1]Drums
drum|bin|den *(ugs.)*
Drum|com|pu|ter
Drum|he|r|um, das; -s *(ugs.)*
drum|le|gen *(ugs.)*
Drum|lin [*auch* ˈdra...], der; -s, -s ⟨kelt.-engl.⟩ (*Geol.* ellipt. Hügel der Grundmoräne)
Drum|mer [ˈdra...], der; -s, - ⟨engl.⟩ (Schlagzeuger in einer [3]Band); **Drum|me|rin**
[1]**Drums** [dra...] *Plur. (Bez. für* das Schlagzeug)
[2]**Drums** [*auch* dra...] *Plur.* ⟨kelt.-engl.⟩ *(svw.* Drumlins)
Drum und Dran, das; - - -
drun|ten (da unten)
drun|ter *(ugs. für* darunter *[vgl. d.])*; es geht drunter und drüber
drun|ter|lie|gen *(ugs.);* **drun|ter|stel|len**
Drun|ter und Drü|ber, das; - - - *(ugs.)*
Drusch, der; -[e]s, -e (Dreschen; Dreschertrag); **Drusch|ge|mein|schaft** *(in der DDR)*
Dru|schi|na, die; - ⟨russ.⟩ (Gefolgschaft altruss. Fürsten)
[1]**Dru|se,** die; -, -n (Hohlraum im Gestein, dessen Wände mit kristallisierten Mineralien besetzt sind; eine Pferdekrankheit)
[2]**Dru|se,** der; -n, -n (Angehöriger einer im 11. Jh. aus dem Islam hervorgegangenen Religionsgemeinschaft)
Drü|se, die; -, -n
Drü|sen|fie|ber; Drü|sen|funk|ti|on; Drü|sen|schwel|lung
dru|sig ⟨*zu* [1]Druse⟩
drü|sig (voll Drüsen)
Dru|sin ⟨*zu* [2]Druse⟩; **dru|sisch**
Dru|sus (röm. Beiname)
dry [drai] ⟨engl., »trocken«⟩ ([von alkohol. Getränken] herb)
Dry|a|de, die; -, -n *meist Plur.* ⟨griech.⟩ *(griech. Mythol.* Baumnymphe)
DSA = Deutscher Sprachatlas
DSB = Deutscher Sportbund
Dscha|maa, Dja|maa [dʒ...], die; - ⟨arab.⟩ (eine fundamentalistische muslim. Gemeinschaft)
Dsche|bel, der; -[s] ⟨arab.⟩ *(in arab. erdkundl. Namen* Gebirge, Berg)
Dschi|bu|ti (Staat u. dessen Hauptstadt in Nordostafrika); **Dschi|bu|ti|er; Dschi|bu|ti|e|rin; dschi|bu|tisch**
D-Schicht [ˈdeː...], die; - (*Meteorol.* stark ionisierte Luftschicht in der hohen Atmosphäre)
Dschig|ge|tai, der; -s, -s ⟨mong.⟩ (wilder Halbesel in Asien)
Dschi|had, der; - ⟨arab.⟩ (heiliger Krieg der Muslime zur Verteidigung u. Ausbreitung des Islams)
Dschin|gis Khan (mongol. Eroberer)
Dschinn, der; -s, *Plur.* - *u.* -en ⟨arab.⟩ (Dämon, Geist im Volksglauben der Araber)
Dschu|ba *vgl.* Juba
Dschun|gel, der, *selten* das; -s, - ⟨Hindi⟩ *(auch übertr. für* Dickicht; dichtes, undurchschaubares Geflecht)
Dschun|gel|camp; Dschun|gel|krieg; Dschun|gel|pfad
Dschun|ke, die; -, -n ⟨chin.-malai.⟩ (chin. Segelschiff)
DSG, die; - = Deutsche Schlafwagen- und Speisewagen-Gesellschaft mbH
DSL = digital subscriber line ⟨engl., »digitale Anschlussleitung«⟩ *(EDV* Technik, mit der Daten in hoher Bandbreite digital übertragbar sind)
Dsun|ga|rei, die; - (zentralasiat. Landschaft); **dsun|ga|risch**
dt = Dezitonne
dt. = deutsch
DTB, der; - = Deutscher Turner-Bund; Deutscher Tennis Bund
DTC, der; - = Deutscher Touring Automobil Club
dto. = dito
DTP = Desktop-Publishing
DTSB, der; - = Deutscher Turn- und Sportbund
Dtzd. = Dutzend

du

Kleinschreibung:	*Großschreibung* ↑K 76:
– du Glücklicher! – du bist im Recht – Leute wie du und ich – jmdn. du nennen *In Briefen kann »du« groß- oder kleingeschrieben werden:* – Liebe Maria, wie Du *od.* du bestimmt schon gemerkt hast ...	– das vertraute Du – jmdm. das Du anbieten – jmdn. mit Du anreden – mit jmdm. auf Du und Du stehen – Du *od.* du zueinander sagen – mit jmdm. per Du *od.* per du sein

du *s. Kasten*
du|al ⟨lat.⟩ (eine Zweiheit bildend); ein duales System, *aber* ↑K 88: die Gesellschaft Duales System Deutschland GmbH; **Du|al,** der; -s, -e (*Sprachwiss.* Zweizahl)
Du|a|la *vgl.* [1]Douala, [2]Douala, [3]Douala
Du|a|lis, der; -, ...le ⟨lat.⟩; *vgl.* Dual
Du|a|lis|mus, der; -, ...men (Zweiheit; Gegensätzlichkeit); **Du|a|list,** der; -en, -en; **Du|a|lis|tin; du|a|lis|tisch;** dualistische Weltanschauung
Du|a|li|tät, die; - (Zweiheit; Doppelheit; Vertauschbarkeit)
Du|al|sys|tem, das; -s *(Math.)*
Du|bai [*auch* ˈduː...] (Hafenstadt u. Scheichtum am Pers. Golf)
Dub|bing [ˈdabɪŋ], das; -s, -s ⟨engl.⟩ (Überspielen, Kopieren von Video- od. Tonaufnahmen)
Dü|bel, der; -s, - (Zapfen zum Verankern von Schrauben u. a.; *Bauw.* Verbindungselement zum Zusammenhalten von Bauteilen); **Dü|bel|mas|se**
dü|beln; ich düb[e]le
du|bi|os ⟨lat.⟩, *seltener* **du|bi|ös** ⟨franz.⟩ (zweifelhaft; unsicher)
Du|bi|o|sen *Plur.* (*Wirtsch.* unsichere Forderungen)
du|bi|ta|tiv (Zweifel ausdrückend)
Du|b|lee usw. *vgl.* Doublé usw.
Du|b|let|te, die; -, -n (doppelt vorhandenes Stück)
du|b|lie|ren *vgl.* doublieren
Dub|lin [ˈda...] (Hauptstadt der Republik Irland)
Du|b|lo|ne, die; -, -n ⟨lat.⟩ (frühere span. Goldmünze)
Du|b|lü|re, die; -, -n ⟨franz.⟩ (verzierte Innenseite des Buchdeckels)
Du|b|rov|nik (kroat. Hafenstadt)
Duc [dyk], der; -[s], -s ⟨lat.-franz.⟩ (*franz. Bez. für* Herzog)
Du|chess [ˈdatʃɪs], die; -, -es [...sɪz] ⟨franz.-engl.⟩ (*engl. Bez. für* Herzogin)
[1]**Du|chesse** [dyˈʃɛs], die; -, -n ⟨franz.⟩ (*franz. Bez. für* Herzogin)
[2]**Du|chesse,** die; - (ein Seidengewebe)
Ducht, die; -, -en (*Seemannsspr.* Sitzbank im Boot)
Duck|dal|be, *seltener* **Dück|dal|be,** die; -, -n, **Duck|dal|ben,** *seltener* **Dück|dal|ben,** der; -s, - (*Seemannsspr.* in den Hafengrund gerammte Pfahlgruppe)
du|cken; sich ducken
Du|cker (Schopfantilope)
Duck|mäu|ser (*ugs. für* verängstigter, feiger Mensch); **Duck|mäu|se|rin; duck|mäu|se|risch; Duck|mäu|ser|tum,** das; -s
du|del|dum|dei!
Du|de|lei; Du|de|ler, Dud|ler; **Du|de|le|rin,** Dud|le|rin
Du|del|funk (*ugs. abwertend für* Radiosender, der überwiegend aktuelle Schlager spielt); **du|deln;** ich dud[e]le
Du|del|sack ⟨türk.; dt.⟩; **Du|del|sack|pfei|fer; Du|del|sack|pfei|fe|rin**
Dud|ler, Du|de|ler; **Dud|le|rin,** Du|de|le|rin
Due Di|li|gence [djuː ˈdɪlɪdʒəns], die; - -, - -s ⟨engl.⟩ (*Wirtsch.* umfassende Prüfung eines Unternehmens)
Du|ell, das; -s, -e ⟨franz.⟩ (Zweikampf); **Du|el|lant,** der; -en, -en; **Du|el|lan|tin; du|el|lie|ren,** sich
Du|en|ja, die; -, -s ⟨span., »Herrin«⟩ (*veraltet für* Erzieherin)
Du|e|ro, der; - ⟨span.⟩ (Fluss auf der Iber. Halbinsel); *vgl.* Douro
Du|ett, das; -[e]s, -e ⟨ital.⟩ (Musikstück für zwei Singstimmen)
duff (*nordd. für* matt); duffes Gold
Düf|fel, der; -s ⟨nach einem belg. Ort⟩ (ein weiches Gewebe)
Duf|f|le|coat [ˈdafl̩...], der; -s, -s ⟨engl.⟩ (kurzer, sportl. Mantel)
Duft, der; -[e]s, Düfte; **Düft|chen**
duf|te ⟨jidd.⟩ (*ugs. veraltend für* gut, fein)
duf|ten
duf|tig; Duf|tig|keit, die; -
Duft|ker|ze; Duft|lam|pe; Duft|mar|ke *(Biol.)*; **Duft|no|te; Duft|öl**
duft|reich; duftreiche Blüten
Duft|stoff; Duft|was|ser *Plur.* ...wässer; **Duft|wol|ke**
Du|gong, der; -s, *Plur.* -e *u.* -s ⟨malai.⟩ (eine Seekuhart)
Duis|burg [ˈdyː...] (Stadt in Nordrhein-Westfalen); **Duis|bur|ger; Duis|bur|ge|rin**
du jour [dy ˈʒuːɐ̯] ⟨franz., »vom Tage«⟩; du jour sein (*veraltend für* Tagesdienst haben)
Du|kat, der; -[e]s, *Plur.* -s *u.* (*fachspr.:*) -e, *selten* **Du|ka|te,** die; -, -n *vgl.* Dukaten
Du|ka|ten, der; -s, - ⟨ital.⟩ (frühere Goldmünze)
Du|ka|ten|esel (*ugs. für* unerschöpfliche Geldquelle); **Du|ka|ten|schei|ßer** *(derb)*
Duke [djuːk], der; -[s], -s ⟨engl.⟩ (*engl. Bez. für* Herzog)
Dü|ker, der; -s, - (Rohrleitung unter einem Deich, Fluss, Weg o. Ä.; *landsch. für* Tauchente)
duk|til ⟨lat.⟩ (*Technik* dehn-, verformbar); **Duk|ti|li|tät,** die; -
Duk|tus, der; - (charakteristische Art, Linienführung)
dul|den; Dul|der; Dul|de|rin; Dul|der|mie|ne; duld|sam; Duld|sam|keit, die; -; **Dul|dung**
Dult, die; -, -en (*bayr. für* Messe, Jahrmarkt)
Dul|zi|nea, die; -, *Plur.* -een *u.* -s ⟨span.; nach der Geliebten des Don Quichotte⟩ (*scherzh. abwertend für* Geliebte, Freundin)
Du|ma, die; -, -s (*russ. Bez. für* gewählte Volksvertretung)
Du|mas d. Ä., Du|mas d. J. [dyˈma - -] (Dumas der Ältere, der Jüngere [franz. Schriftsteller])
Dum|dum, das; -[s], -[s] ⟨nach dem

Ort der ersten Herstellung in Indien› (Geschoss mit sprenggeschossartiger Wirkung); **Dum|dum|ge|schoss** *vgl.* Geschoss

dumm; düm|mer, dümms|te; dummer August (Clown); sich dumm stellen; *vgl.* dummkommen

Dumm|bar|tel, der; -s, - (*ugs. für* dummer Mensch); **Dumm|chen** *(ugs.);* **dumm|dreist**

Dum|me|jun|gen|streich, der; des Dumme[n]jungenstreich[e]s, die Dumme[n]jungenstreiche, **Dum|me-Jun|gen-Streich;** *aber* ein Dummer-Jungen-Streich

Dum|men|fang, der; -[e]s; auf Dummenfang ausgehen

Dum|mer|chen *(ugs.);* **Dum|mer|jan,** Dumm|ri|an, der; -s, -e (*ugs. für* dummer Kerl); **Dum|merl,** das; -s, -[n]; *vgl.* Pickerl (*österr. ugs. für* Dummerchen); **Dum|mer|ling** *(ugs.)*

dum|mer|wei|se

dumm|frech

Dumm|heit

Dum|mi|an, der; -s, -e (*landsch. u. österr. für* Dummerjan)

Dum|mie, der; -s, -s (*ugs. für* jmd., der auf einem Gebiet nicht Bescheid weiß); *vgl.* Dummy

dumm kom|men, **dumm|kom|men** *(ugs.);* jmdm. dumm kommen *od.* dummkommen (zu jmdm. frech, unverschämt werden)

Dumm|kopf *(abwertend)*

dümm|lich; Dümm|ling

Dumm|ri|an *vgl.* Dummerjan

Dumm|schwät|zer *(ugs. abwertend);* **Dumm|schwät|ze|rin**

dumm|stolz

Dum|my ['dami], der, *auch* (*für* Attrappe, Probeheft:) das; -s, -s ‹engl.› (Puppe für Unfalltests; Attrappe, Probeheft [zu Werbezwecken]); *vgl.* Dummie

düm|peln (*Seemannsspr.* leicht schlingern); ich dümp[e]le

Dum|per ['da..., *auch* 'dʊ...], der; -s, - ‹engl.› (ein Kippfahrzeug)

dumpf

Dumpf|ba|cke (*ugs. abwertend für* törichter, einfältiger Mensch)

Dumpf|heit, die; -

dump|fig; Dump|fig|keit, die; -

Dum|ping ['da...], das; -s, -s ‹engl.› (*Wirtsch.* Unterbieten der Preise); **Dum|ping|lohn** (*oft abwertend für* Niedriglohn); **Dum|ping|preis** (Preis einer Ware, der deutlich unter ihrem Wert liegt)

dun (*nordd. für* betrunken)

Dü|na, die; - (Westliche Dwina); *vgl.* Dwina

Du|nant [dy'nã:], Henri, *später* Henry (schweiz. Philanthrop, Gründer des Roten Kreuzes)

Du|ne, die; -, -n (*nordd. für* Daune)

Dü|ne, die; -, -n; **Dü|nen|gras; Dü|nen|land|schaft**

Dung, der; -[e]s; **Dung|ab|la|ge**

Dün|ge|mit|tel, das

dün|gen; Dün|ger, der; -s, -; **Dün|ger|wirt|schaft,** die; -

Dung|gru|be; Dung|hau|fen

Dün|gung

dun|kel

dunk|ler, dun|kels|te

- ein dunkler Fleck
- ein dunklerer Farbton

Großschreibung ↑K 72:

- seine Spuren verloren sich im Dunkeln
- sie hat uns über ihre Absichten im Dunkeln gelassen
- im Dunkeln tappen
- im Dunkeln ist gut munkeln
- ein Sprung ins Dunkle

Wenn »dunkel« das Ergebnis der mit einem folgenden einfachen Verb beschriebenen Tätigkeit angibt, kann getrennt oder zusammengeschrieben werden:

- dunkel färben *od.* dunkelfärben
- dunkel lackieren *od.* dunkellackieren
- *Aber:* dunkel einfärben, dunkel anstreichen usw.

Zusammenschreibung mit Farbadjektiven:

- dunkelblau, dunkelrot usw.

Dun|kel, das; -s

Dün|kel, der; -s (*geh. abwertend für* Eingebildetheit, Hochmut)

Dun|kel|ar|rest

dun|kel|äu|gig

dun|kel|blau; dun|kel|blond; dun|kel|braun; dun|kel|braun|rot; dun|kel|grau; dun|kel|grün; dun|kel|haa|rig

dün|kel|haft *(geh. abwertend);* **Dün|kel|haf|tig|keit,** die; -

dun|kel|häu|tig; Dun|kel|heit

Dun|kel|kam|mer; Dun|kel|mann *Plur.* ...männer

dun|keln; es dunkelt

Dun|kel|re|s|tau|rant (Restaurant ohne Beleuchtung)

dun|kel|rot; dun|kel|weiß (*scherzh. für* angeschmutzt)

Dun|kel|zif|fer (nicht bekannte Anzahl)

dün|ken; mich *od.* mir dünkt, *veraltet* deucht; dünkte, *auch* deuchte; hat gedünkt, *veraltet* gedeucht

Dun|kerque [dœ̃'kɛrk] *vgl.* Dünkirchen

Dun|king ['da...], der; -s, -s ‹engl.› (*Basketball* Korbwurf, bei dem die Hände des Werfenden oberhalb des Korbrings sind)

Dün|kir|chen, *franz.* **Dun|kerque** [dœ̃'kɛrk] (franz. Hafenstadt)

dünn; durch dick und dünn; eine dünn besiedelte *od.* dünnbesiedelte, dünn bevölkerte *od.* dünnbevölkerte Gegend ↑K 58; dünn gesät *od.* dünngesät sein (selten, spärlich vorhanden sein; nur schwer zu finden sein); sich ganz dünn machen (*ugs. für* wenig Platz einnehmen); könnt ihr euch ein bisschen dünner machen?; *vgl. aber* dünnmachen

dünn|bei|nig

Dünn|bier

Dünn|brett|boh|rer (*ugs. abwertend für* wenig intelligenter Mensch); **Dünn|brett|boh|re|rin**

Dünn|darm; Dünn|darm|ent|zün|dung

Dünn|druck *Plur.* ...drucke

Dünn|druck|aus|ga|be; Dünn|druck|pa|pier

Dün|ne, die; -

dun|ne|mals (*landsch. für* damals)

dünn|flüs|sig

dünn ge|sät, **dünn|ge|sät** *vgl.* dünn

dünn|häu|tig (*auch übertr. für* empfindlich)

Dünn|heit, die; -; **dünn|lip|pig**

dünn|ma|chen, sich (*ugs. für* weglaufen); er hat sich dünngemacht; *vgl. aber* dünn

Dünn|pfiff (*ugs. für* Durchfall)

Dünn|säu|re (*Chemie* Schwefelsäure als Abfallprodukt); **Dünn|säu|re|ver|klap|pung**

Dünn|schiss (*derb für* Durchfall)

Dünn|schliff; Dünn|schnitt

Dün|nung (*Jägerspr.* Flanke des Wildes)

dünn|wan|dig

Dun|sel, der; -s, - (*landsch. für* Dummkopf, Tollpatsch)

Duns Sco|tus (schott. Philosoph u. Theologe)

Dunst, der; -[e]s, Dünste; **Dunst|ab|zugs|hau|be** (über dem Herd)

dụns|ten (Dunst verbreiten)
dụ̈ns|ten (durch Dampf gar machen)
Dụnst|glo|cke; Dụnst|hau|be
dụns|tig; Dụnst|kreis
Dụnst|obst, *selten* **Dụ̈nst|obst**
Dụnst|schicht; Dụnst|schlei|er; Dụnst|wol|ke
Dü|nung (durch Wind hervorgerufener Seegang)
Duo, das; -s, -s ‹ital.› (Musikstück für zwei Instrumente; *auch für* die zwei Ausführenden)
Duo|de|num, das; -s, ...na ‹lat.› (*Med.* Zwölffingerdarm)
Duo|dez, das; -es ‹lat.› (*Buchw.* Zwölftelbogengröße; *Zeichen* 12°)
Duo|dez... (*in Zus. übertr.* besonders klein, lächerlich); **Duo|dez|fürs|ten|tum**
duo|de|zi|mal (zwölfteilig); **Duo|de|zi|mal|sys|tem,** das; -s
Duo|de|zi|me, die; -, -n (der zwölfte Ton der diaton. Tonleiter; Intervall von zwölf diaton. Tonstufen)
dü|pie|ren ‹franz.› (täuschen, überlisten); **Dü|pie|rung**
Du|pla (*Plur. von* Duplum)
Du|plex|be|trieb, Di|plex|be|trieb ‹lat.; dt.› (Doppelbetrieb)
du|plie|ren ‹lat.› (verdoppeln); **Du|plie|rung**
Du|plik, die; -, -en ‹franz.› (*veraltend für* Gegenantwort auf eine Replik)
Du|pli|kat, das; -[e]s, -e ‹lat.› (Ab-, Zweitschrift); **Du|pli|ka|ti|on,** die; -, -en (Verdopplung); **Du|pli|ka|tur,** die; -, -en (*Med.* Doppelbildung)
du|pli|zie|ren (verdoppeln); **Du|pli|zi|tät,** die; -, -en (doppeltes Auftreten)
Du|plum, das; -s, ...la (Duplikat)
Dụps, der; -es, -e ‹poln.› (*landsch. veraltend für* Gesäß)
Dur, das; -[s] ‹lat.› (*Musik* Tongeschlecht mit großer Terz); in A-Dur, A-Dur-Tonleiter ↑K 29; *vgl.* [1]Moll
du|ra|bel ‹lat.› (dauerhaft; bleibend); ...a|b|le Ausführung
Dur|ak|kord *(Musik)*
Dur|alu|min®, das; -s (eine Aluminiumlegierung)
du|ra|tiv ‹lat.› (*Sprachwiss.* verlaufend, dauernd)
dụrch; *Präp. mit Akk.:* durch mich, sie, ihn; durch und durch; die ganze Nacht [hin]durch; der Zug wird schon durch sein (*ugs. für* durchgekommen sein); es muss bald elf Uhr durch sein (*ugs. für* nach elf Uhr sein); bei jmdm. unten durch sein (*ugs. für* jmds. Wohlwollen verscherzt haben)
durch...; z. B. dụrcharbeiten *(vgl. d.),* dụrchgearbeitet; dụrchdürfen *(vgl. d.); in festen Zusammensetzungen* z. B. durchạrbeiten *(vgl. d.),* durchạrbeitet
dụrch|ackern (*ugs. für* angestrengt durcharbeiten); sie hat das ganze Buch durchgeackert
dụrch|ar|bei|ten; der Teig ist gut durchgearbeitet; er hat die Nacht durchgearbeitet; **durch|ạr|bei|ten;** eine durcharbeitete Nacht; **Dụrch|ar|bei|tung**
dụrch|at|men; sie hat tief durchgeatmet
durch|aus [*auch* ˈdʊ...]
dụrch|ba|cken; durchgebackenes Brot; **durch|bạ|cken;** mit Rosinen durchbackenes Brot
durch|be|ben; von Schauern durchbebt
dụrch|bei|ßen (beißend trennen); sie hat den Faden durchgebissen; sich durchbeißen *(ugs.);* **durch|bei|ßen** (beißend durchdringen); der Hund hat ihm beinahe die Kehle durchbissen
dụrch|be|kom|men *(ugs.);* er hat alles durchbekommen
dụrch|be|ra|ten; der Plan ist durchberaten
dụrch|bet|teln; er hat sich durchgebettelt
dụrch|bie|gen; das Regal hat sich durchgebogen
dụrch|bil|den (vollständig ausbilden); sein Körper ist gut durchgebildet; **Dụrch|bil|dung**
dụrch|bla|sen; der Arzt hat ihm die Ohren durchgeblasen
dụrch|blät|tern, durch|blạ̈t|tern; sie hat das Buch durchgeblättert *od.* durchblättert
dụrch|bläu|en (*ugs. für* durchprügeln); er hat ihn durchgebläut
Dụrch|blick; dụrch|bli|cken; sie hat [durch das Glas] durchgeblickt; durchblicken lassen (andeuten); **Dụrch|bli|cker** (*ugs. für* scharfsinniger Mensch); **Dụrch|bli|cke|rin**
durch|blịt|zen; ein Gedanke hat sie durchblitzt
dụrch|blu|ten (Blut durch etwas dringen lassen); die Wunde hat durchgeblutet; **durch|blu|ten** (mit Blut versorgen); frisch durchblutete Haut
Durch|blu|tung; Durch|blu|tungs|stö|rung
dụrch|boh|ren; er hat ein Loch durchgebohrt; der Wurm hat sich durchgebohrt; **durch|bọh|ren;** eine Kugel hat die Tür durchbohrt; von Blicken durchbohrt; **Durch|bọh|rung**
dụrch|bo|xen (*ugs. für* durchsetzen)
dụrch|bra|ten; das Fleisch war gut durchgebraten
dụrch|brau|sen; der Zug ist durchgebraust; **durch|brau|sen;** der Sturm hat das Tal durchbraust
dụrch|bre|chen; er ist [durch das Eis] durchgebrochen; er hat den Stock durchgebrochen; **durch|brẹ|chen;** er hat die Schranken, die Schallmauer durchbrochen; durchbrochene Arbeit (Stickerei, Goldarbeit); **Durch|brẹ|chung**
dụrch|bren|nen (*ugs. auch für* sich heimlich davonmachen); der Faden ist durchgebrannt; **Dụrch|bren|ner** (*ugs. für* Ausreißer)
dụrch|brin|gen; es war schwer, sich ehrlich durchzubringen; er hat die ganze Erbschaft durchgebracht (verschwendet)
Dụrch|bruch, der; -[e]s, ...brüche
dụrch|bum|meln; sie haben die ganze Nacht durchgebummelt; **durch|bụm|meln;** eine durchbummelte Nacht
dụrch|che|cken; wir haben die Liste durchgecheckt
dụrch|de|kli|nie|ren (*Jargon* ausschöpfen, gründlich durchgehen); sie hat das Thema durchdekliniert
dụrch|den|ken; ich habe die Sache noch einmal durchgedacht; **durch|dẹn|ken;** ein fein durchdachter Plan
dụrch|dis|ku|tie|ren; die Frage ist noch nicht durchdiskutiert
dụrch|drän|gen; sie hat sich durchgedrängt
dụrch|dre|hen; das Fleisch [durch den Wolf] durchdrehen; ich bin völlig durchgedreht (*ugs. für* verwirrt)
dụrch|drin|gen; die Sonne ist kaum durchgedrungen; **durch|drịn|gen;** sie hat das Urwaldgebiet durchdrungen; sie war von der Idee ganz durchdrungen; **dụrch|drin|gend; Durch|drịn|gung**
Dụrch|druck *Plur.* ...drucke (ein Druckverfahren); **dụrch|dru|cken;** sie haben die ganze Nacht durchgedruckt

durch|drü|cken; er hat die Änderung doch noch durchgedrückt (*ugs. für* durchgesetzt)
durch|drun|gen; er ist von Ernst durchdrungen (erfüllt); *vgl.* durchdringen
durch|dür|fen *(ugs.);* wir haben nicht durchgedurft
durch|ei|len; er ist schnell durchgeeilt; **durch|ei|len;** er hat den Hof durcheilt

durch|ei|n|an|der

Man schreibt »durcheinander« mit dem folgenden Verb in der Regel zusammen, wenn es den gemeinsamen Hauptakzent trägt ↑K 48:

– durcheinanderbringen, durcheinandergehen, durcheinandergeraten, durcheinanderreden, durcheinanderwirbeln usw.

Aber:

– durcheinander sein
– die Zahlen durcheinander (*ugs. für* ungeordnet) eingeben

Durch|ei|n|an|der [*auch* ˈdʊ...], das; -s
durch|ei|n|an|der|brin|gen; durch|ei|n|an|der|es|sen; alles durcheinanderessen und -trinken; **durch|ei|n|an|der|ge|hen; durch|ei|n|an|der|ge|ra|ten**
durch|ei|n|an|der|lau|fen; Durch|ei|n|an|der|lau|fen, das; -s
durch|ei|n|an|der|re|den; durch|ei|n|an|der|trin|ken; durch|ei|n|an|der|wir|beln
durch|es|sen, sich; er hat sich überall durchgegessen
durch|ex|er|zie|ren; wir haben den Plan durchexerziert
durch|fah|ren; ich bin die ganze Nacht durchgefahren; **durch|fah|ren;** er hat das ganze Land durchfahren; ein Schreck durchfuhr sie
Durch|fahr|gleis *vgl.* Durchfahrtsgleis
Durch|fahrt; Durch|fahrts|gleis, Durch|fahr|gleis *(Eisenbahn);* **Durch|fahrts|hö|he; Durch|fahrts|recht; Durch|fahrts|stra|ße,** *auch* **Durch|fahrt|stra|ße**
Durch|fall, der; -[e]s, ...fälle
durch|fal|len; die kleinen Steine sind [durch den Rost] durchgefallen; er ist durchgefallen (*ugs. für* hat die Prüfung nicht bestanden); **durch|fal|len;** der Stein hat den Raum durchfallen
durch|fau|len; das Brett ist durchgefault
durch|fa|xen (*ugs. für* per Fax senden); durchgefaxte Infos
durch|fech|ten; er hat den Kampf durchgefochten
durch|fe|gen; er hat nur durchgefegt
durch|fei|ern; sie haben die Nacht durchgefeiert; **durch|fei|ern;** manche Nacht wurde durchfeiert
durch|fei|len; er hat das Gitter durchgefeilt
durch|feuch|ten; vom Regen durchfeuchtet
durch|fil|zen (*ugs. für* genau durchsuchen); die Gefangenen wurden durchgefilzt
durch|fin|den; sich durchfinden; ich habe gut durchgefunden
durch|flech|ten; sie hat das Band [durch den Kranz] durchgeflochten; **durch|flech|ten;** mit Blumen durchflochten
durch|flie|gen; der Stein ist [durch die Scheibe] durchgeflogen; er ist durchgeflogen (*ugs. für* hat die Prüfung nicht bestanden); **durch|flie|gen;** der Jet hat die Wolken durchflogen
durch|flie|ßen; das Wasser ist durchgeflossen; **durch|flie|ßen;** das Tal wird von einem Bach durchflossen
Durch|flug; Durch|flugs|recht
Durch|fluss
durch|flu|ten; das Wasser ist durch den Riss im Deich durchgeflutet; **durch|flu|ten;** das Zimmer ist von Licht durchflutet
durch|flut|schen *(ugs.);* ich bin gerade noch durchgeflutscht (hindurchgeschlüpft)
durch|for|men (vollständig formen); die Statue ist durchgeformt; **Durch|for|mung**
durch|for|schen (forschend durchsuchen); er hat alles durchforscht; **Durch|for|schung**
durch|fors|ten (den Wald ausholzen; etw. [kritisch] durchsehen); durchforstet; **Durch|fors|tung**
durch|fra|gen, sich; sie hat sich zum Bahnhof durchgefragt
durch|fres|sen; der Rost hat sich durchgefressen; er hat sich bei anderen durchgefressen (*derb für* durchgegessen); **durch|fres|sen;** von Lauge durchfressen
durch|frie|ren; der Teich ist bis auf den Grund durchgefroren; wir waren völlig durchgefroren; **durch|frie|ren;** ich bin ganz durchfroren
Durch|fuhr, die; -, -en (*Wirtsch.* Transit)
durch|führ|bar; Durch|führ|bar|keit, die; -; **durch|füh|ren;** er hat die Aufgabe durchgeführt
Durch|fuhr|er|laub|nis
Durch|füh|rung; Durch|füh|rungs|be|stim|mung; Durch|füh|rungs|ver|ord|nung; Durch|füh|rungs|vor|schrift
Durch|fuhr|ver|bot
durch|fur|chen; ein durchfurchtes Gesicht
durch|fut|tern, sich *(ugs.);* er hat sich überall durchgefuttert
durch|füt|tern; wir haben das Vieh durchgefüttert
Durch|ga|be; die Durchgabe eines Telegramms
Durch|gang
Durch|gän|ger; Durch|gän|ge|rin
durch|gän|gig; Durch|gän|gig|keit
Durch|gangs|arzt; Durch|gangs|ärz|tin
Durch|gangs|bahn|hof; Durch|gangs|la|ger; Durch|gangs|pra|xis; Durch|gangs|raum; Durch|gangs|sta|di|um; Durch|gangs|sta|ti|on; Durch|gangs|stra|ße; Durch|gangs|ver|kehr
durch|ga|ren; das Gemüse ist nicht durchgegart
durch|gau|nern, sich *(ugs.);* du hast dich oft durchgegaunert
durch|ge|ben; er hat die Meldung durchgegeben
durch|ge|dreht (*ugs. für* verwirrt); *vgl.* durchdrehen
durch|ge|fro|ren; *vgl.* durchfrieren
durch|ge|hen; ich bin [durch alle Räume] durchgegangen; das Pferd ist durchgegangen; wir sind den Plan durchgegangen; **durch|ge|hen** *(veraltet);* ich habe den Wald durchgangen
durch|ge|hend, *österr. veraltend* **durch|ge|hends;** das Geschäft ist durchgehend[s] geöffnet
durch|geis|tigt
durch|ge|knallt (*ugs. für* überspannt, exaltiert)
durch|ge|stal|ten; das Motiv ist künstlerisch durchgestaltet; **Durch|ge|stal|tung**
durch|glie|dern, durch|glie|dern (unterteilen); ein gut durchgegliedertes *od.* durchgliedertes Buch; **Durch|glie|de|rung** [*auch* ...ˈgliː...]

dụrch|glü|hen; das Eisen wird durchgeglüht; **durch|glü|hen;** von Begeisterung durchglüht
dụrch|grei|fen; sie hat energisch durchgegriffen
dụrch|ha|ben (*ugs. für* ganz gelesen, bearbeitet haben); er hat das Buch bald durchgehabt
dụrch|hal|ten; er hat bis zum Schluss durchgehalten
Dụrch|hal|te|pa|ro|le; Dụrch|hal|te|ver|mö|gen, das; -s
dụrch|hän|gen (*ugs. auch für* müde, abgespannt sein); das Seil hat stark durchgehangen; **Dụrch|hän|ger;** einen Durchhänger haben (*ugs. für* in schlechter Verfassung sein)
dụrch|han|teln, sich (*österr. für* sich durchkämpfen); ich hant[e]le mich durch
Dụrch|hau (*svw.* Durchhieb)
durch|hau|en; er hat den Knoten mit einem Schlag durchhauen; durchhauener Wald; **dụrch|hau|en** (*ugs. auch für* durchprügeln); er hieb den Ast mit der Axt durch, hat ihn durchgehauen; er haute den Jungen durch, hat ihn durchgehauen
Dụrch|haus (*österr. für* Haus mit einem Durchgang, der zwei Straßen verbindet)
dụrch|he|cheln (*ugs. auch für* boshaft über jmdn. reden); sie hat alle durchgehechelt
dụrch|hei|zen; das Haus ist gut durchgeheizt
dụrch|hel|fen; er hat ihr durchgeholfen
Dụrch|hieb (Schneise, ausgehauener Waldstreifen)
dụrch|hun|gern, sich; ich habe mich durchgehungert
durch|ir|ren; sie hat die Straßen durchirrt
dụrch|ixen (*ugs. für* auf der Schreibmaschine mit dem Buchstaben x ungültig machen); du ixt durch; in dem Text war einiges durchgeixt
dụrch|ja|gen; der Antrag wurde durchgejagt
dụrch|käm|men; das Haar wurde durchgekämmt; die Polizei hat den Wald durchgekämmt; **durch|käm|men;** die Polizei durchkämmte den Wald, hat ihn durchkämmt; **Dụrch|käm|mung** [*auch* ...ˈkɛ...]
dụrch|kämp|fen; er hat sich zum Ausgang durchgekämpft; **durch|kämp|fen;** sie hat manche Nacht durchkämpft
dụrch|kau|en (*ugs. auch für* eingehend, immer wieder erörtern); das Thema wurde durchgekaut
dụrch|kit|zeln; er wurde gehörig durchgekitzelt
dụrch|klet|tern; sie ist unterm Zaun durchgeklettert; **durch|klet|tern;** der Bergsteiger hat den Kamin durchklettert; **Durch|klet|te|rung**
dụrch|kli|cken, sich *(EDV);* ich habe mich durchgeklickt
dụrch|klin|geln (*nordd. ugs. für* anrufen); sie hat zu Hause durchgeklingelt
dụrch|klin|gen; der Bass hat zu laut durchgeklungen; **durch|klin|gen;** die Musik hat das ganze Haus durchklungen
dụrch|knal|len *(ugs.);* die Sicherung ist durchgeknallt; *vgl.* durchgeknallt
dụrch|kne|ten; sie hat den Teig, die Muskeln gut durchgeknetet
dụrch|knöp|fen; das Kleid ist durchgeknöpft
dụrch|kom|men; er ist noch einmal durchgekommen
dụrch|kom|po|nie|ren; die Lieder sind durchkomponiert
dụrch|kön|nen *(ugs.);* wir haben wegen der Absperrungen nicht durchgekonnt
dụrch|kon|s|t|ru|ie|ren; der Motor war gut durchkonstruiert
dụrch|kop|peln
dụrch|kos|ten; er hat alle Weine durchgekostet; **durch|kos|ten** *(geh.);* er hat alle Freuden durchkostet
dụrch|kreu|zen (kreuzweise durchstreichen); sie hat den Brief durchgekreuzt; **durch|kreu|zen** (*auch für* vereiteln); man hat ihren Plan durchkreuzt; **Durch|kreu|zung**
dụrch|krie|chen; er ist unter dem Zaun durchgekrochen; **durch|krie|chen;** er hat das Gestrüpp durchkrochen
dụrch|la|den; er hatte das Gewehr durchgeladen
dụrch|län|gen (*Bergmannsspr.* Strecken anlegen); durchgelängt
Dụrch|lass, der; -es, ...lässe; **dụrch|las|sen;** sie wurde durchgelassen
dụrch|läs|sig; Dụrch|läs|sig|keit
Dụrch|laucht [*auch* ...ˈlau̯...], die; -, -en; **durch|lauch|tig; durch|lauch|tigst;** *in der Anrede u. als Ehrentitel* Durchlauchtigst
Dụrch|lauf; dụrch|lau|fen; er ist die ganze Nacht durchgelaufen; das Wasser ist durchgelaufen; **durch|lau|fen;** das Projekt hat viele Stadien durchlaufen; es durchläuft mich kalt
Dụrch|lauf|er|hit|zer, Durch|lauf-Wạs|ser|er|hit|zer ↑K 22 *u.* 24 (ein Gas- od. Elektrogerät)
dụrch|la|vie|ren, sich (*ugs. für* sich geschickt durchbringen); er hat sich überall durchlaviert
durch|le|ben; wir haben die Tage froh durchlebt
durch|lei|den; sie hat viel durchlitten
dụrch|le|sen; ich habe den Brief durchgelesen
dụrch|leuch|ten; das Licht hat [durch die Vorhänge] durchgeleuchtet; **durch|leuch|ten** (mit Licht, mit Röntgenstrahlen durchdringen); die Brust des Kranken wurde durchleuchtet; **Durch|leuch|tung**
dụrch|lie|gen; eine durchgelegene Matratze
durch|lo|chen; er hat das Papier durchlocht
durch|lö|chern; von Kugeln durchlöchert
dụrch|lot|sen (*ugs. für* geschickt hindurchgeleiten); sie hat uns durchgelotst
dụrch|lüf|ten (von der Luft durchziehen lassen); das Zimmer wurde durchlüftet; **dụrch|lüf|ten** (gründlich lüften); er hat zehn Minuten durchgelüftet
Durch|lüf|ter; Durch|lüf|tung
dụrch|lü|gen, sich *(ugs.);* er hat sich frech durchgelogen
dụrch|ma|chen *(ugs.);* die Familie hat viel durchgemacht
Dụrch|marsch, der (*ugs. auch für* Durchfall); **dụrch|mar|schie|ren;** sie sind durchmarschiert
durch|mes|sen (vollständig messen); er hat alle Räume durchgemessen; **durch|mes|sen;** er hat das Land laufend durchmessen
Dụrch|mes|ser, der (*Zeichen d* [nur kursiv] *od.* ∅)
dụrch|mi|schen; der Salat ist gut durchgemischt; **durch|mi|schen;** der Kalk ist mit Sand durchmischt; **Durch|mi|schung**
dụrch|mo|geln, sich *(ugs.);* du hast dich da durchgemogelt
dụrch|müs|sen *(ugs.);* wir haben hier durchgemusst
dụrch|mus|tern, durch|mus|tern; sie hat sämtliche Waren durchge-

mustert *od.* durchmustert; **Dụrch|mus|te|rung** [*auch* ... mʊ...]

dụrch|na|gen, durch|na̲|gen; die Maus hat den Strick durchgenagt *od.* durchnagt

Dụrch|nah|me, die; -

dụrch|nạ̈s|sen; sie war völlig durchnässt

dụrch|neh|men; die Klasse hat den Stoff durchgenommen

dụrch|num|me|rie|ren; die Seiten waren durchnummeriert; **Dụrch|num|me|rie|rung**

dụrch|or|ga|ni|sie|ren; es war alles gut durchorganisiert

durch|ọ̈r|tern (*Bergmannsspr.* Strecken anlegen); durchörtert

dụrch|pau|ken (*ugs. auch für* unbeirrt durchsetzen); das Gesetz wurde durchgepaukt

dụrch|pau|sen; er hat die Zeichnung durchgepaust

dụrch|peit|schen (*auch ugs. abwertend für* eilig durchbringen); der Gesetzentwurf wurde durchgepeitscht

dụrch|plump|sen (*ugs. auch für* eine Prüfung nicht bestehen); sie ist durchgeplumpst

dụrch|pro|bie|ren; sie hat alle Schuhe durchprobiert

dụrch|prü|fen; wir haben alles noch einmal durchgeprüft

dụrch|prü|geln; man hat ihn tüchtig durchgeprügelt

durch|pụl|sen; von Begeisterung durchpulst

durch|que|ren; sie hat das Land zu Fuß durchquert; **Durch|que̲|rung**

dụrch|quet|schen, sich; sie haben sich durchgequetscht

dụrch|ra|sen; der Zug ist durchgerast; **durch|ra̲|sen;** der Wagen hat die Stadt durchrast

dụrch|ras|seln (*ugs. für* eine Prüfung nicht bestehen)

dụrch|ra|ti|o|na|li|sie|ren; durchrationalisierte Betriebe

dụrch|rau|schen (*ugs. für* eine Prüfung nicht bestehen)

dụrch|rech|nen; er hat die Aufgabe zweimal durchgerechnet; **Dụrch|rech|nung** (*österr. für* Heranziehung mehrerer Jahre für die Pensionsberechnung); **Dụrch|rech|nungs|zeit|raum** (*österr.*)

dụrch|re|gie|ren (*auch für* sehr konsequent regieren)

dụrch|reg|nen; es hat durchgeregnet; ich bin ganz durchgeregnet; **durch|re̲g|nen;** ich bin ganz durchregnet

Dụrch|rei|che, die; -, -n (Öffnung zum Durchreichen von Speisen); **dụrch|rei|chen;** er hat es ihm durchgereicht

Dụrch|rei|se; dụrch|rei|sen; ich bin oft durchgereist; **durch|re̲i̲|sen;** er hat das Land durchreist; **Dụrch|rei|sen|de,** der *u.* die; -n, -n; **Dụrch|rei|se|vi|sum**

dụrch|rei|ßen; sie hat den Brief durchgerissen

dụrch|rei|ten; sie ist nur durchgeritten; **durch|re̲i̲|ten;** sie hat den Parcours durchritten

dụrch|rie|seln; der Sand ist durchgerieselt; **durch|ri̲e̲|seln;** von Wonne durchrieselt

dụrch|rin|gen, sich; sie hat sich zu dieser Überzeugung durchgerungen

dụrch|rol|len; der Ball ist durchgerollt

dụrch|ros|ten; durchgerostet

dụrch|rut|schen (*ugs.*); er ist bei der Prüfung gerade noch durchgerutscht

dụrch|rüt|teln; der Bus hat uns durchgerüttelt

durchs ↑K14 (durch das); durchs Haus

dụrch|sa|cken; das Flugzeug ist durchgesackt

Dụrch|sa|ge, die; -, -n; **dụrch|sa|gen;** der Termin wurde durchgesagt

dụrch|sä|gen; er hat das Brett durchgesägt

Dụrch|satz (*fachspr. für* in einer bestimmten Zeit durch Hochöfen u. Ä. geleiteter Stoff; *EDV* Zahl der pro Zeiteinheit bearbeiteten Aufträge); **Dụrch|satz|ra|te** (*EDV*)

dụrch|sau|sen (*ugs.*); er ist durchgesaust

durch|schau̲|bar; dụrch|schau|en; er hat [durch das Fernrohr] durchgeschaut; **durch|schau̲|en;** ich habe ihn durchschaut

durch|schau̲|ern; von Entsetzen durchschauert

dụrch|schei|nen; die Sonne hat durchgeschienen; **durch|sche̲i̲|nen;** vom Tageslicht durchschienen; **dụrch|schei|nend**

dụrch|scheu|ern; der Ärmel ist durchgescheuert

dụrch|schie|ßen; er hat den Ball zwischen den Stangen durchgeschossen; **durch|schi̲e̲|ßen;** er hat das Blech durchschossen

dụrch|schim|mern; die Sterne haben durchgeschimmert; **durch|schịm|mern;** von Licht durchschimmert

dụrch|schla|fen; sie hat durchgeschlafen (ohne Unterbrechung); **durch|schla̲|fen;** er hat die Tage durchschlafen

Dụrch|schlag

dụrch|schla|gen; sie hat die Suppe [durch das Sieb] durchgeschlagen; **durch|schla̲|gen;** die Kugel hat den Panzer durchschlagen; **dụrch|schla|gend;** ein durchschlagender Erfolg

dụrch|schlä|gig (*Bergmannsspr.*)

Dụrch|schlag|pa|pier

Dụrch|schlags|kraft, die; -; **dụrch|schlags|kräf|tig**

dụrch|schlän|geln, sich; ich habe mich durchgeschlängelt

dụrch|schlei|chen; er hat sich durchgeschlichen

dụrch|schlep|pen (*ugs.*); sie hat ihn drei Jahre durchgeschleppt

dụrch|schleu|sen; das Schiff wurde durchgeschleust

Dụrch|schlupf, der; -[e]s, -e u. Durchschlüpfe; **dụrch|schlüp|fen;** sie ist durchgeschlüpft

dụrch|schmo|ren; das Kabel war durchgeschmort

dụrch|schmug|geln; er hat den Brief durchgeschmuggelt

dụrch|schnei|den; er hat das Tuch durchgeschnitten; **durch|schne̲i̲|den;** die Landschaft ist von Kanälen durchschnitten

Dụrch|schnitt; im Durchschnitt; **dụrch|schnitt|lich**

Dụrch|schnitts|al|ter; Dụrch|schnitts|bil|dung

Dụrch|schnitts|bür|ger; Dụrch|schnitts|bür|ge|rin

Dụrch|schnitts|ein|kom|men; Dụrch|schnitts|ge|schwin|dig|keit; Dụrch|schnitts|ge|sicht; Dụrch|schnitts|leis|tung; Dụrch|schnitts|mensch

Dụrch|schnitts|schü|ler; Dụrch|schnitts|schü|le|rin

Dụrch|schnitts|tem|pe|ra|tur; Dụrch|schnitts|wert

dụrch|schnüf|feln, durch|schnụ̈f|feln (*ugs. für* untersuchen); er hat alles durchgeschnüffelt *od.* durchschnüffelt

durch|schọs|sen; ein [mit leeren Seiten] durchschossenes Buch; (*Druckw.*) durchschossener Satz

Dụrch|schrei|be|block *Plur.* ...blocks *od.* ...blöcke; **dụrch|schrei|ben; Dụrch|schrei|be|ver|fah|ren**

durch|schre̲i̲|ten; sie haben den Fluss durchschritten

Durch|schrift
durch|schum|meln, sich; du hast dich durchgeschummelt
Durch|schuss (*Druckw.* Zeilenzwischenraum); *vgl.* Reglette
durch|schüt|teln; wir wurden im Bus kräftig durchgeschüttelt
durch|schwär|men; eine durchschwärmte Nacht
durch|schwei|fen; sie haben die Gegend durchschweift
durch|schwim|men; er ist unter dem Seil durchgeschwommen; **durch|schwim|men;** er hat den Fluss durchschwommen
durch|schwin|deln, sich; er hat sich frech durchgeschwindelt
durch|schwit|zen; durchgeschwitzt
durch|se|geln; das Schiff ist [durch den Kanal] durchgesegelt; **durch|se|geln;** er hat das Meer durchsegelt
durch|se|hen; sie hat die Akten durchgesehen
durch|sei|hen; durchgeseiht
durch sein *vgl.* durch
durch|setz|bar; durch|set|zen (erreichen); ich habe es durchgesetzt; **durch|set|zen;** das Gestein ist mit Erzen durchsetzt
Durch|set|zung, die; -
durch|set|zungs|fä|hig; Durch|set|zungs|fä|hig|keit
Durch|set|zungs|kraft; Durch|set|zungs|ver|mö|gen, das; -s
durch|seu|chen; das Gebiet war völlig durchseucht
Durch|sicht; durch|sich|tig; Durch|sich|tig|keit
durch|si|ckern; die Nachricht ist durchgesickert
durch|sie|ben; sie hat das Mehl durchgesiebt; **durch|sie|ben;** die Tür war von Kugeln durchsiebt
durch|sit|zen; er hat die Hose durchgesessen
durch|spie|len; sie hat alle Möglichkeiten durchgespielt
Durch|spra|che; nach Durchsprache des Berichts; **durch|spre|chen;** sie haben den Plan durchgesprochen
durch|sprin|gen; der Löwe ist [durch den Reifen] durchgesprungen; **durch|sprin|gen;** der Löwe hat den Reifen durchsprungen
durch|star|ten; der Pilot hat die Maschine durchgestartet; **Durch|star|ter; Durch|star|te|rin**
durch|ste|chen; ich habe [durch das Tuch] durchgestochen; **durch|ste|chen;** der Damm wird durchstochen
Durch|ste|che|rei (Täuschung, Betrug)
durch|ste|hen; sie hat viel durchgestanden; er hat den Skisprung durchgestanden
durch|stei|gen; er ist [durch das Fenster] durchgestiegen; da steig ich nicht mehr durch (*ugs. für* das verstehe ich nicht); **durch|stei|gen;** sie hat die Gebirgswand durchstiegen; **Durch|stei|gung**
durch|stel|len; sie hat das Gespräch durchgestellt
Durch|stich; Durch|stieg
durch|stie|ren (*schweiz. für* [gegen Widerstand] durchsetzen)
durch|stö|bern; er hat die Papiere durchstöbert
Durch|stoß; durch|sto|ßen; sie hat die Stange [durch das Eis] durchgestoßen; **durch|sto|ßen;** sie hat das Eis durchstoßen
durch|stre|cken; sie hat den Kopf durchgestreckt
durch|strei|chen; das Wort ist durchgestrichen; **durch|strei|chen** *(veraltend);* er hat das Land durchstrichen
durch|strei|fen; sie haben das Land durchstreift
durch|strö|men; große Scharen sind durchgeströmt; **durch|strö|men;** das Land wird von Flüssen durchströmt
durch|struk|tu|rie|ren (bis ins Einzelne strukturieren); **Durch|struk|tu|rie|rung**
durch|sty|len ⟨dt.; engl.⟩; durchgestylte Räume
durch|such|bar; durch|su|chen; sie hat schon das ganze Adressbuch durchgesucht; **durch|su|chen;** alle Koffer wurden durchsucht
Durch|su|chung; Durch|su|chungs|be|fehl *(ugs.);* **Durch|su|chungs|be|schluss**
durch|tan|ken, sich *(Fußball, Handball);* er hat sich durchgetankt
durch|tan|zen; sie hat die Nacht durchgetanzt; **durch|tan|zen;** sie hat ganze Nächte durchtanzt
durch|trai|nie|ren; mein Körper ist durchtrainiert
durch|trän|ken; das Papier ist mit Öl durchtränkt
durch|trei|ben; er hat den Nagel durch das Holz durchgetrieben
durch|tren|nen, durch|tren|nen; er hat das Kabel durchgetrennt *od.* durchtrennt
durch|tre|ten; er hat das Gaspedal ganz durchgetreten
durch|trie|ben (gerissen, verschlagen); **Durch|trie|ben|heit,** die; -
durch|wa|chen; sie hat bis zum Morgen durchgewacht; **durch|wa|chen;** ich habe die Nacht durchwacht
durch|wach|sen; [mit Fleisch] durchwachsener Speck; [mit Speck, Fett] durchwachsenes Fleisch; durchwachsenes (*ugs. für* abwechselnd besseres u. schlechteres) Wetter; die Stimmung ist durchwachsen (*ugs. für* nicht besonders gut)
durch|wa|gen, sich; ich habe mich durchgewagt
Durch|wahl
durch|wäh|len; durchgewählt
Durch|wahl|num|mer
durch|wal|ken; das Tuch wurde durchgewalkt; er wurde durchgewalkt (*ugs. für* verprügelt)
durch|wan|dern; sie ist ohne Rast durchgewandert; **durch|wan|dern;** sie hat das ganze Land durchwandert
durch|wär|men, durch|wär|men; der Tee hat uns durchgewärmt *od.* durchwärmt

durch was / wodurch
Durch was kommt in der gesprochenen Sprache recht häufig vor: *Durch was kann man sich davor schützen?* Im geschriebenen Standarddeutsch wird in der Regel *wodurch* verwendet: *Wodurch kann man sich davor schützen?*

durch|wa|schen; sie hat die Strümpfe durchgewaschen
durch|wa|ten; er ist [durch den Bach] durchgewatet; **durch|wa|ten;** er hat den Bach durchwatet
durch|we|ben; der Stoff ist durchgewebt; **durch|we|ben;** mit Goldfäden durchwebt *od. geh.* durchwoben
durch|weg [*auch* ...ˈvɛk]; **durch|wegs** [*auch* ...ˈveː...] (*österr. u. schweiz. nur so, sonst ugs. neben* durchweg)
durch|wei|chen, durch|wei|chen; ich bin vom Regen ganz durchgeweicht *od.* durchweicht worden; *vgl.* [1]weichen
durch|wet|zen; durchgewetzt

durch|win|den, sich; ich habe mich zwischen den Tischen durchgewunden
durch|win|ken *vgl.* winken
durch|wir|ken; der Teig war gut durchgewirkt; **durch|wir|ken;** mit Goldfäden durchwirkt
durch|wit|schen; er ist mir durchgewitscht (*ugs. für* entkommen)
durch|wol|len (*ugs. für* hindurchgelangen wollen); an dieser Stelle haben sie durchgewollt
durch|wüh|len; die Maus hat sich durchgewühlt; er hat den Schrank durchgewühlt; **durch|wüh|len;** die Diebe haben alles durchwühlt
durch|wursch|teln, durch|wurs|teln, sich *(ugs.);* ich wurscht[e]le *od.* wurst[e]le mich irgendwie durch; durchgewurschtelt *od.* durchgewurstelt
durch|zäh|len; sie hat durchgezählt; **Durch|zäh|lung**
durch|ze|chen; er hat die Nacht durchgezecht; **durch|ze|chen;** er hat ganze Nächte durchzecht
durch|zeich|nen; durchgezeichnet
durch|zie|hen; ich habe den Faden durchgezogen; **durch|zie|hen;** wir haben das Land durchzogen
durch|zit|tern; Freude hat ihn durchzittert
durch|zu|cken; Blitze haben den Himmel durchzuckt
Durch|zug
Durch|züg|ler *(Zool.)*
Durch|zugs|ar|beit *(Weberei)*
Durch|zugs|stra|ße (*österr. für* Durchgangsstraße); **Durch|zugs|ver|kehr** *(österr.)*
durch|zwän|gen; durchgezwängt
Dur|drei|klang *(Musik)*
Dü|rer (dt. Maler)
dür|fen; du darfst, er/sie/es darf; du durftest; du dürftest; gedurft; du hast [es] nicht gedurft, *aber* das hättest du nicht tun dürfen
durf|te *vgl.* dürfen
dürf|tig; Dürf|tig|keit, die; -
Du|ro|plast, der; -[e]s, -e *meist Plur.* ⟨lat.; griech.⟩ (in Hitze härtbarer, aber nicht schmelzbarer Kunststoff)
dürr
Dur|ra, die; - ⟨arab.⟩ (Sorgho)
Dür|re, die; -, -n
Dür|re|ka|ta|s|t|ro|phe
Dür|ren|matt (schweiz. Dichter)
Dür|re|pe|ri|o|de; Dür|re|schä|den *Plur.*
Dürr|fut|ter (Trockenfutter)
Durst, der; -[e]s; **durs|ten** (*geh. für* Durst haben)
dürs|ten; mich dürstet, ich dürste
durs|tig
durst|lö|schend ↑K59; **Durst|lö|scher; durst|still|lend** ↑K59
Durst|stre|cke (Zeit der Entbehrung)
Dur|ton|art; Dur|ton|lei|ter *(Musik)*
Du|schan|be (Hauptstadt von Tadschikistan)
Dusch|bad
Du|sche [*auch* 'du:...], die; -, -n ⟨franz.⟩
Dusch|ecke
du|schen; du duschst
Dusch|gel; Dusch|ka|bi|ne; Dusch|kopf; Dusch|raum; Dusch|schaum; Dusch|vor|hang
Dü|se, die; -, -n
Du|sel, der; -s (*ugs. für* unverdientes Glück); **Du|se|lei** *(ugs.)*
du|se|lig, dus|lig, *nordd.* **dü|se|lig** *(ugs.)*
du|seln (*ugs. für* im Halbschlaf sein); ich dus[e]le
dü|sen (*ugs. für* sausen); du düst; sie düs|ten
Dü|sen|an|trieb; Dü|sen|flug|zeug; Dü|sen|jä|ger; Dü|sen|ma|schi|ne; Dü|sen|trieb|werk
dus|lig *vgl.* duselig
Dus|sel, der; -s, - (*ugs. für* Dummkopf)
Düs|sel|dorf (Hauptstadt von Nordrhein-Westfalen); **Düs|sel|dor|fer**
Dus|se|lei *(ugs.)*
dus|se|lig, duss|lig *(ugs.);* **Dus|se|lig|keit, Duss|lig|keit** *(ugs.)*
Dust, der; -[e]s (*nordd. für* Dunst, Staub)
dus|ter (*landsch. für* düster)
düs|ter; düst[e]rer, düsterste; **Düs|ter,** das; -s *(geh.)*
Düs|ter|heit, Düs|ter|keit, die; -
düs|tern; es düstert; er sagt, es düstere schon; **Düs|ter|nis,** die; -, -se
Dutch|man ['datʃmən], der; -s, ...men [...mən] ⟨engl.⟩ (Niederländer; *von Englisch sprechenden Matrosen verwendete Bez. für* deutscher Seemann)
Dutt, der; -[e]s, *Plur.* -s *od.* -e (*landsch. für* Haarknoten)
Dut|te, die; -, -n (*landsch. für* Zitze)
Du|ty-free-Shop ['dju:ti'fri:...] ⟨engl.⟩ (Laden, in dem zollfreie Waren verkauft werden)

> **Dut|zend**
>
> das; -s, -e (*Abk.* Dtzd.)
>
> – 6 Dutzend frische Eier
> – mit 3 Dutzend Gläsern
> – ein halbes, zwei Dutzend Mal[e]
>
> *Bei unbestimmten Mengenangaben kann groß- oder kleingeschrieben werden:*
>
> – es gab Dutzende *od.* dutzende von Reklamationen
> – [einige] Dutzend *od.* dutzend Demonstranten; [viele] Dutzend[e] *od.* dutzend[e] Mal[e]

dut|zend|fach
dut|zend|mal (sehr oft); *aber* ein Dutzend Mal; *vgl.* [1]Mal
Dut|zend|wa|re; dut|zend|wei|se
Du|um|vir, der; *Gen.* -s *u.* -n, *Plur.* -n *meist Plur.* ⟨lat.⟩ (altröm. Beamtentitel); **Du|um|vi|rat,** das; -[e]s, -e (Amt der Duumvirn)
Du|vet [dyvɛ], das; -s, -s ⟨franz.⟩ (*schweiz. für* Feder-, Deckbett)
Duve|tine [dʏf'ti:n], der; -s, -s (ein samtartiges Gewebe)
Duz|bru|der
du|zen; du duzt
Duz|freund; Duz|freun|din
Duz|fuß; *nur in* mit jmdm. auf [dem] Duzfuß stehen
Du|zis, das; - (*schweiz. für* Anrede mit Du); mit jmdm. Duzis machen
DV, die; - = Datenverarbeitung
DVB, das; -[s] ⟨*aus* engl. Digital Video Broadcasting⟩ (System zur Übertragung digitaler Fernsehprogramme)
DVD [de:fau'de:], die; -, -s ⟨*aus* engl. **d**igital **v**ersatile **d**isc⟩ (einer CD ähnlicher Datenträger mit mehr Speicherplatz)
DVD-Bren|ner *(EDV);* **DVD-Lauf|werk**
DVD-Play|er ⟨engl.⟩ (Gerät zum Abspielen von DVDs)
DVD-R, die; -, -[s] ⟨DVD recordable⟩ (einmal bespielbare DVD)
DVD-Re|kor|der, DVD-Re|cor|der (Gerät zum Aufnehmen u. Abspielen von DVDs)
DVD-Roh|ling (unbeschriebene DVD)
DVD-RW, die; -, -[s] ⟨DVD rewritable⟩ (mehrfach bespielbare DVD); **DVD-Vi|deo**
Dvo|řák ['dvɔrʒa(:)k], Antonín ['antɔni:n] (tschech. Komponist)
DW, die; - = Deutsche Welle
dwars (*Seemannsspr.* quer); **Dwars|li|nie;** in Dwarslinie fahren

(nebeneinanderfahren); **Dwars|see,** die

Dweil, der; -s, -e (*Seemannsspr.* eine Art Schrubber)

Dwi|na, die; - (russ. Fluss, Nördliche Dwina; russ.-lett. Fluss, Düna od. Westliche Dwina)

Dy (*chem. Zeichen für* Dysprosium)

dy|a|disch ‹griech.› (dem Zweiersystem zugehörend); dyadisches Zahlensystem

Dy|as, die; - (*veraltet für* ²Perm)

Dyck, van [van ˈdaik, *auch* fan ...] (flämischer Maler)

Dy|lan [ˈdɪlən], Bob (amerik. Sänger u. Musiker)

dyn = Dyn

Dyn, das; -[s], - ‹griech.› (veraltete Maßeinheit der Kraft, 10^{-5} Newton; *Zeichen* dyn)

Dy|na|mik, die; -, -en (Lehre von den Kräften; Schwung, Triebkraft); **Dy|na|mi|ker** (dynamischer Mensch); **Dy|na|mi|ke|rin; dy|na|misch** (voll innerer Kraft; Kraft...; eine Entwicklung aufweisend); dynamische Rente

dy|na|mi|sie|ren (vorantreiben; an eine Entwicklung anpassen); **Dy|na|mi|sie|rung**

Dy|na|mis|mus, der; -, ...men (*Philos.* Weltanschauung, die die Wirklichkeit auf Kräfte u. deren Wirkungen zurückführt)

Dy|na|mit, das; -s (Sprengstoff); **Dy|na|mit|pa|t|ro|ne**

Dy|na|mo [*auch* ˈdy:...], der; -s, -s (*kurz für* Dynamomaschine); **Dy|na|mo|ma|schi|ne** (Stromerzeuger); **Dy|na|mo|me|ter,** das; -s, - (Vorrichtung zum Messen von Kräften u. von mechanischer Arbeit)

Dy|nast, der; -en, -en (Herrscher; [kleiner] Fürst)

Dy|nas|tie, die; -, ...ien ‹griech.› (Herrschergeschlecht); **Dy|nas|tin; dy|nas|tisch**

dys... ‹griech.› (übel, schlecht, miss...)

Dy|s|en|te|rie, die; -, ...ien ‹griech.› (*Med.* ¹Ruhr); **dy|s|en|te|risch** (ruhrartig)

Dys|funk|ti|on, die; -, -en ‹griech.; lat.› (*Med.* gestörte Funktion)

dys|funk|ti|o|nal (*Soziol.* einer Funktion, Wirkung o. Ä. abträglich)

dys|mel ‹griech.› (mit Dysmelie behaftet); **Dys|me|lie,** die; -, ...ien (*Med.* angeborene Fehlbildung an Gliedmaßen)

Dys|me|nor|rhö, die; -, -en ‹griech.› (*Med.* Menstruationsschmerzen)

Dys|pep|sie, die; -, ...ien ‹griech.› (*Med.* Verdauungsbeschwerden); **dys|pep|tisch** (schwer verdaulich; schwer verdauend)

Dys|phe|mis|mus, der; -, ...men ‹griech.› (negative, herabsetzende Umschreibung für ein neutrales od. positives Wort)

Dys|pnoe, die; - ‹griech.› (*Med.* Atembeschwerden)

Dys|pro|si|um, das; -s ‹griech.› (chemisches Element, Metall; *Zeichen* Dy)

Dys|stress [ˈdʏs...] *vgl.* Disstress

Dys|to|nie, die; -, ...ien ‹griech.› (*Med.* Störung des normalen Spannungszustandes der Muskeln u. Gefäße)

dys|troph ‹griech.› (*Med.* die Ernährung störend); **Dys|tro|phie,** die; -, ...ien (*Med.* Ernährungsstörung); **Dys|tro|phi|ker; Dys|tro|phi|ke|rin**

Dys|u|rie, die; -, ...ien ‹griech.› (*Med.* Harnbeschwerden)

dz = Doppelzentner

dz. = derzeit

dzt. *(österr.)* = derzeit

D-Zug® [ˈde:...] ‹»Durchgangszug«› (Schnellzug); **D-Zug-ar|tig** ↑K26; **D-Zug-Wa|gen** ↑K26

e E

e (*Zeichen für* e-Moll); in e

e, E, das; -, - (Tonbezeichnung)

E, das; -, - (Buchstabe); das E; des E, die E, *aber* das e in Berg; der Buchstabe E, e

E (*Zeichen für* E-Dur); in E

E = *(internationale Wetterkunde)* East [i:st] ‹engl.› *od.* Est [ɛst] ‹franz.› (Ost)

E = Europastraße

E = Europa; essbar *vgl.* E-Nummer

ε = *Zeichen für* Dielektrizitätskonstante

E, ε = Epsilon

H, η = Eta

€ = Euro

Ea|g|le [ˈi:gl̩], der, *auch* das; -[s], -s ‹engl., »Adler«› (*Golf* zwei Schläge unter Par)

EAN, die; - = europ. Artikelnummerierung (für den Strichcode auf Waren); **EAN-Code, EAN-Kode**

¹Earl [øːɐ̯l], der; -s, -s ‹engl.› (*engl. Bez. für* Graf)

²Earl (m. Vorn.)

Ear|ly Adop|ter, der; - -s, - - ‹engl.› (*EDV, Wirtsch.* jmd., der frühzeitig technische Neuerungen anschafft)

ea|sy [ˈi:zi] ‹engl.› (*ugs. für* leicht)

Ea|sy Ri|der [ˈi:zi ˈrai...], der; - -s, - -[s] ‹nach dem amerik. Spielfilm› (Jugendlicher, der ein Motorrad mit hohem, geteiltem Lenker u. hoher Rückenlehne fährt)

Eau de Co|lo|g|ne [ˈo: də ...ˈlɔnjə, *österr.* ...ˈlɔn], das, *seltener* die; - - -, Eaux - - [- - -] ‹franz.› (Kölnischwasser); **Eau de Par|fum** [ˈo: də ...ˈfœ̃:], das; - - -, Eaux - - [- - -] (Duftwasser, das stärker als Eau de Toilette duftet); **Eau de Toi|lette** [ˈo: də toaˈlɛt], das; - - -, Eaux - - [- - -] (Duftwasser)

E-Au|to (*kurz für* Elektroauto)

E-Ban|king [ˈi:bɛŋkɪŋ], das; -[s] (*kurz für* Electronic Banking)

eBay®, E-Bay [ˈi:be:], das; -[s] *meist ohne Artikel* (ein Auktionshaus im Internet)

Eb|be, die; -, -n; **eb|ben;** es ebbte (die Ebbe kam); **Eb|be|strom, Ebb|strom** (Strömung bei Ebbe)

ebd. = ebenda

eben; ebenes (flaches) Land; das ist nun eben (einmal) so; *vgl. aber* ebenso

Eben|bild

eben|bür|tig; Eben|bür|tig|keit

eben|da [*auch* ...ˈda:] (*Abk.* ebd.)

eben|da|her [*auch* ...ˈda:...]; **eben|da|hin** [*auch* ...ˈda:...]

eben|dann [*auch* ...ˈdan]

eben|da|rum [*auch* ...ˈda:...]

eben|da|selbst [*auch* ...ˈzɛ...]

eben|der [*auch* ...ˈde:ɐ̯]; **eben|der|sel|be** [*auch* ...ˈzɛ...]

eben|des|halb [*auch* ...ˈdɛ...]; **eben|des|we|gen** [*auch* ...ˈdɛ...]

eben|die|ser [*auch* ...ˈdi:...]

eben|dort [*auch* ...ˈdɔ...]; **eben|dort|selbst** [*auch* ...ˈzɛ...]

Ebe|ne, die; -, -n; auf die schiefe Ebene geraten, kommen (auf Abwege geraten)

eben|er|dig

eben|falls

Eben|heit

Eben|holz ‹ägypt.; dt.›; **eben|holz|far|ben** (tiefdunkel)

eben|so

- ich mache es ebenso wie Sie

Man schreibt »ebenso« in der Regel getrennt vom folgenden Adverb od. Adjektiv:

- wir können ihn ebenso gut auch einladen
- wir können ihn ebenso gut leiden wie ihr
- das dauert bei ihr ebenso lange wie bei ihm
- ich habe den Film ebenso oft gesehen wie du
- wir freuen uns ebenso sehr wie die anderen
- ebenso viel sonnige Tage
- er hat zwei Autos, sie hat ebenso viele
- sie aß ebenso wenig wie ich
- sie wollte ebenso wenig nach Hause gehen wie ich

eben|je|ner [*auch* ...ˈjeː...]
Eben|maß, das; -es; **eben|mä|ßig; Eben|mä|ßig|keit,** die; -
eben|so *s. Kasten*
eben|solch [*auch* ...ˈzɔ...]; **eben|sol|cher** [*auch* ...ˈzɔ...]
eben|so oft, eben|so sehr, eben|so viel *vgl.* ebenso
eben|so|viel|mal, eben|so viel Mal
Eber, der; -s, - (m. Schwein)
Eber|esche (ein Laubbaum)
Eber|hard (m. Vorn.)
E|bert, Friedrich (erster Präsident der Weimarer Republik)
E-Bike [ˈiː...], das; -s, -s ‹engl.› (Elektrofahrrad)
EBIT, Ebit, das; -[s], -s ‹aus engl. earnings before interest and taxes› (*Wirtsch.* operatives Betriebsergebnis)
eb|nen
Eb|ner-Eschen|bach, Marie von (österr. Schriftstellerin)
Eb|nung
Ebo|la, Ebo|la|fie|ber, das; -s ‹nach dem Fluss Ebola in der Demokratischen Republik Kongo› (meist tödlich verlaufende Infektionskrankheit)
Ebo|nit®, das; -s ‹ägypt.› (Hartgummi aus Naturkautschuk)
E-Book [ˈiːbʊk], das; -[s], -s ‹engl.; »elektronisches Buch«› (digitalisierter Inhalt eines Buches, der mithilfe eines E-Book-Readers gelesen werden kann); **E-Book-Rea|der** [...riːdɐ], der; -s, - (digitales Lesegerät [in Buchformat], mit dem E-Books gelesen werden können)

E-Book / E-Book-Reader / E-Reader
Gelegentlich wird E-Book als Kurzform von E-Book-Reader gebraucht. Da E-Book aber in erster Linie das elektronisch verfügbare Werk und nicht das Lesegerät bezeichnet, können hier Missverständnisse entstehen, die durch die Verwendung von E-Reader (od. Lesegerät) vermieden werden.

Eb|ro, der; -[s] (Fluss in Spanien)
E-Buch (*vgl.* E-Book)
E-Busi|ness [ˈiː...], das; - (*kurz für* Electronic Business)
EC®, der; -[s], -[s] = Eurocityzug
E-Card [ˈiːkaːd], die; -, -s ‹engl.› (elektronische Grußkarte; *österr. für* elektronische Krankenversicherungskarte)
Ec|ce-Ho|mo [ˈɛktsə...], das; -[s], -[s] ‹lat., »Sehet, welch ein Mensch!«› (Darstellung des dornengekrönten Christus)
Echarpe [eˈʃarp], die; -, *Plur.* -s, *auch* -n ‹franz.› (*schweiz. u. fachspr., sonst veraltend für* Schärpe, Schal)
echauf|fie|ren [eʃɔ...], sich (*geh. für* sich erhitzen; sich aufregen); **echauf|fiert**
Eche|ve|ria [ɛtʃe...], die; -, ...ien ‹nach dem mexik. Pflanzenzeichner Echeverría› (ein Dickblattgewächs)
Echi|nit, der; *Gen.* -s *u.* -en, *Plur.* -e[n] ‹griech.› (*Geol.* versteinerter Seeigel)
Echi|no|der|me, der; -n, -n *meist Plur.* (*Zool.* Stachelhäuter)
Echi|no|kok|kus, der; -, ...kken (*Med.* Blasenwurm [ein Hundebandwurm] od. dessen Finne)
Echi|nus, der; -, - (ein Seeigel)
[1]**Echo** (Nymphe des griech. Mythos)
[2]**Echo,** das; -s, -s ‹griech.› (Widerhall)
echo|en; es echot; geechot
Echo|lot; Echo|lo|tung
Ech|se, die; -, -n (ein Kriechtier, z. B. Eidechse)
echt; ein echtgoldener *od.* echt goldener Ring; die Kette ist echtsilbern *od.* echt silbern
Ech|ter|nach (Stadt in Luxemburg); **Ech|ter|na|cher;** Echternacher Springprozession; **Ech|ter|na|che|rin**
echt|gol|den *vgl.* echt
Echt|haar; Echt|haar|pe|rü|cke
Echt|heit, die; -; **Echt|heits|prü|fung**
Echt|sil|ber; aus Echtsilber; **echt|sil|bern** *vgl.* echt

Echt|zeit *(EDV)*
Eck, das; -[e]s, *Plur.* -e, *österr.* -en *u.* (*für* Dreieck usw.:) -e (*bes. südd. u. österr. für* Ecke; *sonst fast nur in geografischen Namen u. in* Dreieck usw.); das Deutsche Eck
Eckart, Ecke|hart, Eck|hart (dt. Mystiker, *gen.* Meister Eck[e]hart; m. Vorn.)
EC-Kar|te, ec-Kar|te [eːˈtseː...] (Eurochequekarte)
Eck|ball *(Sport)*
Eck|bank *Plur.* ...bänke
Eck|bert, Eg|bert (m. Vorn.); **Eck|brecht, Eg|brecht** (m. Vorn.)
Eck|brett
Eck|chen
Eck|da|ten *Plur.* (Richtwerte)
Ecke, die; -, -n; *vgl.* Eck
Ecke|hard, Ecke|hart (m. Vorn.)
ecken (*veraltet für* mit Ecken versehen)
Ecken|band *vgl.* Eggenband
Ecken|ste|her *(ugs. veraltend)*
Ecker, die; -, -n (*svw.* Buchecker, *selten für* Eichel)
Eckerl|kä|se (*österr. für* Streichkäse in Form eines Dreiecks)
Ecker|mann (Vertrauter u. Gehilfe Goethes)
Eckern *Plur., als Sing. gebraucht* (Farbe im dt. Kartenspiel); Eckern spielen; Eckern sticht
Eckern|för|de (Hafenstadt in Schleswig-Holstein)
Eck|fah|ne *(Sport)*
Eck|fens|ter
Eck|hard, Eck|hart (m. Vorn.)
Eck|haus
eckig; Eckig|keit, die; -
Eck|knei|pe *(ugs.)*
Eck|lohn
Eck|mann|schrift, die; - (eine Druckschrift des Jugendstils)
Eck|pfei|ler; Eck|plat|te; Eck|punkt
Eck|satz *(Musik)*
Eck|schrank; Eck|stein
Eck|stoß *(Fußball)*
Eck|stück; Eck|tisch
Eck|wert
Eck|zahn; Eck|zim|mer
Eck|zins, der; -es, -en *(Finanzw.)*

Ec|lair [eˈklɛːɐ̯], das; -s, -s ‹franz.› (ein Gebäck)
E-Com|merce [ˈiːkɔmøːɐ̯s], der; - (*kurz für* Electronic Commerce)
Eco|no|mi|ser [iˈkɔnəmai̯...], der; -s, - ‹engl.› (*Technik* Vorwärmer bei Dampfkesselanlagen)
Eco|no|my [iˈkɔnəmi], die; - (*Kurzw. für* Economyclass); Economy fliegen
Eco|no|my|class, **Eco|no|my-Class** [iˈkɔnəmiklaːs], **Eco|no|my|klas|se**, die; - (Tarifklasse im Flugverkehr)
Ecos|sai|se [...ˈsɛː...], die; -, -n ‹franz.› (ein Tanz)
Ec|s|ta|sy [ˈɛkstəzi], die; -, -s *od.* das; -[s], -s ‹engl.› (eine Droge)
Ecu, **ECU** [eˈkyː], der; -[s], -[s] *u.* die; -, - ‹*Abk. für engl.* European Currency Unit, in Anlehnung an die alte franz. Silbermünze »Écu«› (europ. Verrechnungseinheit vor dem Euro); 10 Ecu
Ecu|a|dor (südamerik. Staat); **Ecu|a|do|ri|a|ner; Ecu|a|do|ri|a|ne|rin; ecu|a|do|ri|a|nisch**
ed. = edidit ‹lat., »herausgegeben hat es ...«›; ediert
Ed. = Edition
Edam (niederl. Stadt)
Eda|ma|me *Plur.* ‹jap.› (*Kochkunst* junge, grüne Sojabohnen)
[1]**Eda|mer;** Edamer Käse
[2]**Eda|mer,** der; -s, - (ein Käse)
Eda|phon, das; -s ‹griech.› (*Biol.* die in u. auf dem Erdboden lebenden Kleinlebewesen)
edd. = ediderunt ‹lat., »herausgegeben haben es ...«›
[1]**Ed|da,** die; - ‹altnord.› (Sammlung altnord. Dichtungen)
[2]**Ed|da** (w. Vorn.)
ed|disch ‹*zu* [1]Edda›; eddische Lieder
edel; ein ed|les Pferd
Edel|bert (m. Vorn.)
Edel|fäu|le (*fachspr. für* Überreife von Weintrauben)
Edel|frau (*früher für* Adlige); **Edel|fräu|lein** *(früher)*
Edel|gard (w. Vorn.)
Edel|gas *(Chemie)*
Ede|ling (germ. Adliger)
Edel|kas|ta|nie; Edel|kitsch
Edel|mann *Plur.* ...leute (*früher für* Adliger); **edel|män|nisch**
Edel|mar|der; Edel|me|tall
Edel|mut, der; **edel|mü|tig**
Edel|pilz|kä|se
Edel|rau|te (Beifuß)
Edel|rost (Patina)
Edel|schim|mel (Schimmelpilz, der Käse u. a. aromatisiert)
Edel|stahl
Edel|stein; edel|stein|be|setzt
edel|süß; edelsüßer Paprika
Edel|tan|ne
Edel|traud, Edel|trud (w. Vorn.)
Edel|weiß, das; -[es], -[e] (eine Gebirgspflanze)
Edel|zwi|cker (ein Elsässer Weißwein)
Eden, das; -s ‹(sumer.-)hebr.› (Paradies im A. T.); der Garten Eden
Eden|ta|te, der; -n, -n *meist Plur.* (*Zool.* zahnarmes Säugetier)
Eder, die; - (Nebenfluss der Fulda)
Ed|gar (m. Vorn.)
edie|ren ‹lat.› (herausgeben, veröffentlichen; *EDV auch für* editieren); **ediert** (*Abk.* ed.)
Edikt, das; -[e]s, -e ‹lat.› (amtl. Erlass von Kaisern u. Königen; *österr. auch für* gerichtliche Bekanntmachung von Versteigerungen u. Konkursverfahren)
Edin|burg (*dt. Form von* Edinburgh); **Edin|burgh** [...bərə] (Hauptstadt Schottlands)
Edi|son [*auch* ˈɛdisn̩] (amerik. Erfinder)
Edith, Edi|tha (w. Vorn.)
edi|tie|ren ‹engl.› (*EDV* Daten in ein Terminal eingeben, löschen, verändern)
Edi|ti|on, die; -, -en ‹lat.› (Ausgabe; *Abk.* Ed.)
Edi|tor [*auch* eˈdiː...], der; -s, ...oren (Herausgeber); **Edi|to|ri|al** [*auch* ɛdɪˈtɔːrɪəl], das; -[s], -s ‹lat.-engl.› (Vorwort od. Leitartikel des Herausgebers einer Zeitschrift od. Zeitung); **Edi|to|rin; edi|to|risch**
Ed|le, der *u.* die; -n, -n; Edler von ... (Adelstitel)
Ed|mund (m. Vorn.)
Edom (Land östl. u. südöstl. des Toten Meeres im A. T.); **Edo|mi|ter; Edo|mi|te|rin**
Edu|ard (m. Vorn.)
Edu|ka|ti|on, die; - ‹lat.› (*veraltet für* Erziehung)
Edukt, das; -[e]s, -e (*fachspr. für* aus Rohstoffen abgeschiedener Stoff [z. B. Öl])
E-Dur [ˈeːduːɐ̯, *auch* ˈeːˈduːɐ̯], das; -[s] (Tonart; *Zeichen* E); **E-Dur-Ton|lei|ter** ↑K28
Edu|tain|ment [ɛdjuˈteːnmɛnt], das; -s ‹engl.; *Kurzw. aus* education »Erziehung« *u.* entertainment »Unterhaltung«› (Wissensvermittlung auf unterhaltsame u. spielerische Weise)
EDV, die; - = elektronische Datenverarbeitung; **EDV-ge|stützt; EDV-Kurs; EDV-Pro|gramm** ↑K28
Ed|ward (m. Vorn.)
Ed|win (m. Vorn.)
Ed|zard (m. Vorn.)
EEG, das; -s, -s = Elektroenzephalogramm
Efen|di *vgl.* Effendi
Efeu, der, *auch* das; -s; **efeu|be|wach|sen; Efeu|ran|ke**
Eff|eff; etwas aus dem Effeff (*ugs. für* gründlich) verstehen
Ef|fekt, der; -[e]s, -e ‹lat.› (Wirkung, Erfolg; Ergebnis)
Ef|fek|ten *Plur.* (Wertpapiere; *schweiz. auch für* bewegliche Habe)
Ef|fek|ten|bank *Plur.* ...banken; **Ef|fek|ten|bör|se; Ef|fek|ten|gi|ro|ver|kehr; Ef|fek|ten|han|del**
Ef|fekt|ha|sche|rei *(abwertend);* **ef|fekt|ha|sche|risch**
ef|fek|tiv (tatsächlich; wirksam; greifbar); effektive Leistung (Nutzleistung)
Ef|fek|tiv, das; -s, -e (*Sprachwiss.* Verb des Verwandelns, z. B. »knechten« = »zum Knecht machen«)
Ef|fek|tiv|be|stand (Istbestand)
Ef|fek|ti|vi|tät, die; - (Wirkungskraft)
Ef|fek|tiv|lohn
ef|fek|tu|ie|ren ‹franz.› (*Wirtsch.* einen Auftrag ausführen; eine Zahlung leisten)
ef|fekt|voll (wirkungsvoll)
ef|fe|mi|niert ‹lat.› (*Med., Psychol.* verweiblicht)
Ef|fen|di, Efen|di, der; -[s], -s ‹türk.› (früherer türk. Anredetitel)
Ef|fet [ɛˈfeː], der, *selten* das; -s, -s ‹franz.› (Drall einer [Billard]kugel, eines Balles)
Ef|fi|cien|cy [ɛˈfɪʃnsi], die; - ‹engl.› (*Wirtsch.* Wirtschaftlichkeit, bestmöglicher Wirkungsgrad)
ef|fi|lie|ren ‹franz.› (die Haare beim Schneiden ausdünnen); **Ef|fi|lier|sche|re**
ef|fi|zi|ent ‹lat.› (wirksam; wirtschaftlich); **Ef|fi|zi|enz,** die; -, -en
Ef|fi|zi|enz|klas|se (Klassifizierung von Elektrogeräten nach Stromverbrauch)
Ef|fi|zi|enz|stei|ge|rung
Ef|flo|res|zenz, die; -, -en ‹lat.› (*Med.* Hautblüte [z. B. Pusteln]; *Geol.* Mineralüberzug auf Gesteinen); **ef|flo|res|zie|ren**

Ef|fu|si|on, die; -, -en ⟨lat.⟩ (*Geol.* Ausfließen von Lava); **ef|fu|siv** (durch Erguss gebildet); **Ef|fu|siv|ge|stein** (Ergussgestein)
EFSF, die; - = Europäische Finanzstabilisierungsfazilität (Kreditinstitut zur Stützung finanziell angeschlagener Staaten der EU)
EFTA, die; - ⟨engl.; *Kurzwort für* European Free Trade Association⟩ (Europäische Freihandelsassoziation)
eG, e. G. = eingetragene Genossenschaft; *vgl.* eingetragen
[1]**EG,** die; - = Europäische Gemeinschaft; EU
[2]**EG,** das; -[s] = Erdgeschoss
[1]**egal** (*ugs. für* gleichgültig); das ist mir egal; egal[,] wer kommt
[2]**egal** (*landsch. für* immer [wieder, noch]); er hat egal etwas an mir auszusetzen
ega|li|sie|ren (gleichmachen, ausgleichen); **Ega|li|sie|rung**
ega|li|tär (auf Gleichheit gerichtet); **Ega|li|ta|ris|mus,** der; -
Ega|li|tät, die; - (*geh. für* Gleichheit)
Éga|li|té *vgl.* Liberté, Égalité, Fraternité
Egart, die; - (*bayr. u. österr. früher für* Grasland); **Egar|ten|wirt|schaft, Egart|wirt|schaft,** die; - (Feldgraswirtschaft)
Eg|bert, Eg|brecht (m. Vorn.)
Egel, der; -s, - (ein Wurm); **Egel|schne|cke**
Eger (*tschech.* Cheb); **Eger|land,** das; -[e]s; **Eger|län|der**
Eger|ling (*landsch. für* Champignon)
[1]**Eg|ge,** die; -, -n (Gewebekante)
[2]**Eg|ge,** die; -, -n (ein Ackergerät); **eg|gen;** das Feld wird geeggt
Eg|gen|band, das; *Plur.* ...bänder (festes Band, das Nähte vor dem Verziehen schützen soll)
Egg|head [...hɛt], der; -[s], -s ⟨engl.-amerik., »Eierkopf«⟩ (*in den USA ironische od. abwertende Bez. für* Intellektueller)
Egil [*auch* ˈɛ...] (nord. Sagengestalt)
Egi|nald (m. Vorn.); **Egin|hard,** Einhard (m. Vorn.)
E-Gi|tar|re (elektronisch verstärkte Gitarre)
Egk [ɛk] (dt. Komponist)
Eg|li, das *od.* der; -[s]; -[s] *vgl.* Götti (*bes. schweiz. für* Flussbarsch)
eGmbH, EGmbH = eingetragene, *auch* Eingetragene Genossenschaft mit beschränkter Haftpflicht (*früher*)
Eg|mont (Titelgestalt der gleichnamigen Tragödie von Goethe)
eGmuH, EGmuH = eingetragene, *auch* Eingetragene Genossenschaft mit unbeschränkter Haftpflicht (*früher*)
ego [*auch* ˈɛ...] ⟨lat.⟩ (ich); *vgl.* Alter Ego; **Ego,** das; -[s], -s (*Philos., Psychol.* das Ich); **Ego-Googeln,** das; -s ⟨engl.⟩ (Suche mit Google® nach dem eigenen Namen im Internet)
Ego|is|mus, der; -, ...men (Selbstsucht; *Ggs.* Altruismus); **Ego|ist,** der; -en, -en; **Ego|is|tin; ego|is|tisch**
ego|man ⟨lat.; griech.⟩ (krankhaft selbstbezogen); **Ego|ma|ne,** der; -n, -n; **Ego|ma|nie,** die; -; **Ego|ma|nin; ego|ma|nisch**
Egon (m. Vorn.)
Ego|tis|mus, der; - ⟨lat.⟩ (Neigung, sich selbst in den Vordergrund zu stellen); **Ego|tist,** der; -en, -en; **Ego|tis|tin**
Ego|trip ⟨engl.⟩; auf dem Egotrip sein (*ugs. für* sich egozentrisch verhalten)
E-Go|vern|ment [ˈiːgavn̩mɛnt], das; -s, -s ⟨engl.⟩ (Durchführung von staatlichen Verwaltungsprozessen u. Dienstleistungen mithilfe elektronischer Medien)
Ego|zen|t|rik, die; - ⟨lat.⟩ (Ichbezogenheit); **Ego|zen|t|ri|ker; Ego|zen|t|ri|ke|rin; ego|zen|t|risch**
eg|re|nie|ren ⟨franz.⟩ (*fachspr. für* Baumwollfasern von den Samen trennen); **Eg|re|nier|ma|schi|ne**
Egyp|ti|enne [egɪpˈtsi̯ɛn, *auch* eʒiˈpsi̯ɛn], die; - ⟨franz.⟩ (*Druckw.* eine Antiquaschriftart)
[1]**eh** (sowieso)
[2]**eh** *vgl.* ehe
[3]**eh!** (Ausruf)
eh., e. h. = ehrenhalber
e. h. = eigenhändig (*österr.*)
E. h. = Ehren halber (*frühere Schreibung* von ehrenhalber), *z. B. in* Dr.-Ing. E. h.
ehe; ehe (eh) ich das nicht weiß, ...; ↑K13: seit eh und je
Ehe, die; -, -n; **ehe|ähn|lich; Ehe|an|bah|nungs|in|s|ti|tut**
ehe|bal|dig[st] (*österr. für* möglichst bald)
Ehe|be|ra|ter; Ehe|be|ra|te|rin; Ehe|be|ra|tung; Ehe|be|ra|tungs|stel|le
Ehe|bett
ehe|bre|chen *nur im Infinitiv u. Partizip I gebr.;* muss man gleich ehebrechen?; der ehebrechende Partner
Ehe|bre|cher; Ehe|bre|che|rin; ehe|bre|che|risch; Ehe|bruch
Ehe|buch (*österr. für* Personenstandsbuchs zur Beurkundung der Eheschließungen)
Ehec, die; - ⟨lat.; *Kurzwort für* Entero-hämorrhagische Escherichia Coli⟩ (durch ein Kolibakterium verursachte Infektionskrankheit)
ehe|dem (*geh. für* vormals)
Ehe|dis|pens; Ehe|fä|hig|keit; Ehe|frau; Ehe|füh|rung
Ehe|gat|te (*bes. Amtsspr.*); **Ehe|gat|ten|split|ting** *vgl.* Splitting; **Ehe|gat|tin**
Ehe|ge|spons (*scherzh., veraltet*); **Ehe|glück; Ehe|ha|fen** (*scherzh.*); **Ehe|hälf|te** (*scherzh.*); **Ehe|hin|der|nis; Ehe|hy|gi|e|ne; Ehe|jahr; Ehe|joch** (*scherzh.*); **Ehe|krach** (*ugs.*)
Ehe|kre|dit ([staatlicher] Kredit für junge Ehepaare)
Ehe|kri|se; Ehe|le|ben; Ehe|leu|te *Plur.*
ehe|lich; eheliches Güterrecht
ehe|li|chen (*veraltend, noch scherzh.*)
Ehe|lich|er|klä|rung (*BGB*); **Ehe|lich|keit,** die; - (Abstammung aus rechtsgültiger Ehe); **Ehe|lich|keits|er|klä|rung** (*svw.* Ehelicherklärung)
ehe|los; Ehe|lo|sig|keit, die; -
ehe|ma|lig; Ehe|ma|li|ge, der *u.* die; -n, -n; **Ehe|ma|li|gen|tref|fen**
ehe|mals
Ehe|mann *Plur.* ...männer; **Ehe|name; Ehe|paar**
Ehe|part|ner; Ehe|part|ne|rin
Ehe|pro|b|lem *meist Plur.*
eher; je eher (früher), je lieber; je eher (früher), desto besser; eher ([viel]mehr) klein [als groß]; er wird es umso eher (lieber) tun, als ...
Ehe|recht; Ehe|ring
ehern; ehernes (unveränderliches) Gesetz; ehernes Lohngesetz (*Sozialwissenschaft*); die eherne Schlange (*bibl.*); ↑K89
Ehe|schei|dung; Ehe|schein (*schweiz. für* Heiratsurkunde); **Ehe|schlie|ßung**
ehest (*österr. für* baldmöglichst)
Ehe|stand, der; -[e]s
ehes|te; bei ehester (nächster) Gelegenheit; am ehesten (am leichtesten)

ehes|tens (frühestens; *österr. für* so schnell wie möglich)
Ehe|streit; Ehe|tra|gö|die; Ehe|ver|bot; Ehe|ver|mitt|lung; Ehe|ver|spre|chen; Ehe|ver|trag; Ehe|weib *(scherzh., sonst veraltet);* **ehe|wid|rig;** ehewidriges Verhalten
Ehr|ab|schnei|der; Ehr|ab|schnei|de|rin
ehr|bar *(geh.);* **Ehr|bar|keit,** die; - *(geh.);* **ehr|be|gie|rig** *(geh.)*
Ehr|be|griff; Ehr|be|lei|di|gung, Eh|ren|be|lei|di|gung
Eh|re, die; -, -n; in, mit Ehren, jmdm. zu Ehren; *vgl.* E. h.
eh|ren
Eh|ren|amt; Eh|ren|amt|ler, Eh|ren|ämt|ler *(ugs.);* **Eh|ren|amt|le|rin, Eh|ren|ämt|le|rin; eh|ren|amt|lich**
Eh|ren|be|lei|di|gung, Ehr|be|lei|di|gung; **Eh|ren|be|zei|gung, Eh|ren|be|zeu|gung**
Eh|ren|bür|ger; Eh|ren|bür|ger|brief; Eh|ren|bür|ge|rin; Eh|ren|bür|ger|schaft
Eh|ren|co|dex *vgl.* Ehrenkodex
Eh|ren|dienst
Eh|ren|dok|tor *vgl.* Doktor; **Eh|ren|dok|to|rin; Eh|ren|dok|tor|wür|de**
Eh|ren|ein|tritt (*Bankw.* Intervention [bei einem Wechsel])
Eh|ren|er|klä|rung; Eh|ren|es|kor|te
Eh|ren|fä|hig|keit *(schweiz. Rechtsspr.)*
Eh|ren|frau (*veraltet für* Hofdame; *selten für* ehrenhafte Frau)
Eh|ren|fried (m. Vorn.)
Eh|ren|ga|be; Eh|ren|gar|de; Eh|ren|gast; Eh|ren|ge|leit; Eh|ren|ge|richt; Eh|ren|grab
eh|ren|haft; Eh|ren|haf|tig|keit, die; -
eh|ren|hal|ber (*Abk.* eh. *u.* e. h.; E. h.)
Eh|ren|hof; Eh|ren|kar|te; Eh|ren|ko|dex, Eh|ren|co|dex; **Eh|ren|kom|pa|nie**
Eh|ren|le|gi|on, die; - (franz. Orden)
Eh|ren|mal *Plur.* ...male *u.* ...mäler
Eh|ren|mann *Plur.* ...männer; **Eh|ren|mit|glied**
Eh|ren|mord (Mord, der verübt wird, um jmds. Ehre, bes. die der eigenen Familie, wiederherzustellen)
Eh|ren|na|del; Eh|ren|na|me
Eh|ren|ob|frau *(bes. österr.);* **Eh|ren|ob|mann** *(bes. österr.)*
Eh|ren|pflicht; Eh|ren|platz
Eh|ren|prä|si|dent; Eh|ren|prä|si|den|tin
[1]**Eh|ren|preis** (Gewinn)
[2]**Eh|ren|preis,** das *od.* der; -es, - (eine Heilpflanze)
Eh|ren|pro|mo|ti|on; Eh|ren|rat
Eh|ren|rech|te *Plur.;* die bürgerlichen Ehrenrechte
eh|ren|reich; Eh|ren|ret|tung; Eh|ren|ring; eh|ren|rüh|rig; Eh|ren|run|de
Eh|ren|sa|che; das ist Ehrensache (*ugs. für* selbstverständlich)
Eh|ren|sa|lut; Eh|ren|sal|ve
eh|ren|schän|de|risch *(geh.)*
Eh|ren|schuld; Eh|ren|schutz, der; -es (*österr. für* Schirmherrschaft)
Eh|ren|se|na|tor; Eh|ren|se|na|to|rin
Eh|ren|sold; Eh|ren|spa|lier; Eh|ren|stra|fe; Eh|ren|tag; Eh|ren|tanz; Eh|ren|ti|tel; Eh|ren|tor *(Sport)*
Eh|ren|traud (w. Vorn.)
Eh|ren|tref|fer *(Sport)*
Eh|ren|tri|bü|ne
Eh|ren|trud (w. Vorn.)
Eh|ren|ur|kun|de
eh|ren|voll; eh|ren|wert
Eh|ren|wort *Plur.* ...worte; **eh|ren|wört|lich**
Eh|ren|zei|chen
ehr|er|bie|tig *(geh.);* **Ehr|er|bie|tig|keit,** die; - *(geh.)*
Ehr|er|bie|tung
Ehr|furcht; Ehrfurcht gebieten
Ehr|furcht ge|bie|tend, ehr|furcht|ge|bie|tend; ein Ehrfurcht gebietendes *od.* ehrfurchtgebietendes Schauspiel, *aber nur* ein große Ehrfurcht gebietendes Schauspiel, ein äußerst ehrfurchtgebietendes Schauspiel ↑K58
ehr|fürch|tig; ehr|furchts|los; ehr|furchts|voll
Ehr|ge|fühl
Ehr|geiz; ehr|gei|zig; Ehr|geiz|ling *(abwertend)*
ehr|lich; ein ehrlicher Makler (redlicher Vermittler) sein; das ist[,] ehrlich gesagt[,] nicht so wichtig; **ehr|li|cher|wei|se; Ehr|lich|keit,** die; -; **ehr|lie|bend**
ehr|los; Ehr|lo|sig|keit, die; -
ehr|pus|se|lig, ehr|puss|lig (mit einem kleinlichen, spießigen Ehrbegriff); **Ehr|pus|se|lig|keit, Ehr|puss|lig|keit**
ehr|sam *(geh. veraltend);* **Ehr|sam|keit,** die; - *(geh. veraltend)*
Ehr|sucht, die; -; **ehr|süch|tig**
Eh|rung
ehr|ver|ges|sen; Ehr|ver|lust, der; -[e]s *(Rechtsspr.)*
Ehr|wür|den (*kath. Kirche [veraltend]* Anrede für Brüder u. Schwestern in geistl. Orden u. Kongregationen); **ehr|wür|dig; Ehr|wür|dig|keit**
ei!; ei, ei!; ei machen (*Kindersprr.* streicheln, liebkosen)
Ei, das; -[e]s, -er; eine Eier legende *od.* eierlegende Wollmilchsau ↑K58 (etwas, was nur Vorteile hat)
...ei (z. B. Bäckerei, die; -, -en)
eia!
Ei|ab|la|ge *(Zool.)*
eia|po|peia!, heia|po|peia!
EIB, die; - = Europäische Investitionsbank
Ei|be, die; -, -n (ein Nadelbaum); **ei|ben** (aus Eibenholz)
Ei|bisch, der; -[e]s, -e (eine Heilpflanze); **Ei|bisch|tee,** der; -s
Eib|see, der; -s (See in den Alpen)
Eich (dt. Lyriker u. Hörspielautor)
Eich|amt
Eich|baum *vgl.* [1]Eiche
Eich|blatt|sa|lat
[1]**Ei|che,** die; -, -n (ein Baum)
[2]**Ei|che,** die; -, -n (Eichung; *fachspr.* ein Maischemaß)
Ei|chel, die; -, -n
Ei|chel|hä|her (ein Vogel)
Ei|chel|mast, die
Ei|cheln *Plur., als Sing. gebraucht* (Farbe im dt. Kartenspiel); Eicheln sticht; Eicheln spielen
[1]**ei|chen** (aus Eichenholz)
[2]**ei|chen** (das gesetzliche Maß geben; prüfen)
Ei|chen, das; -s, - (kleines Ei)
Ei|chen|baum (*geh. für* [1]Eiche)
Ei|chen|dorff (dt. Dichter)
Ei|chen|hain; Ei|chen|holz; Ei|chen|klotz; Ei|chen|kranz; Ei|chen|laub; Ei|chen|tisch; Ei|chen|wick|ler (ein Schmetterling)
Ei|cher (Eichmeister); **Ei|che|rin**
Eich|ge|setz; Eich|ge|wicht
Eich|hörn|chen, *landsch.* **Eich|kätz|chen, Eich|kat|ze**
Eich|maß; Eich|meis|ter (Beamter beim Eichamt); **Eich|meis|te|rin; Eich|me|ter,** das; -s, - *(veraltet)*
Eichs|feld, das; -[e]s (dt. Landschaft); **Eichs|fel|der; Eichs|fel|de|rin; eichs|fel|disch**
Eich|stätt (Stadt am Rand der Fränkischen Alb)
Eich|stem|pel; Eich|strich
Ei|chung
Eid, der; -[e]s, -e; an Eides statt erklären

Ei|dam, der; -[e]s, -e (*veraltet für* Schwiegersohn)
Eid|bruch, der; **eid|brü|chig**
Ei|dechs|chen; Ei|dech|se, die; -, -n; **Ei|dech|sen|le|der, Ei|dechs|le|der**
Ei|der, die; - (ein Fluss)
Ei|der|dau|ne ⟨isländ.; dt.⟩; **Ei|der|en|te; Ei|der|gans**
Ei|der|stedt (Halbinsel an der Nordseeküste); **Ei|der|sted|ter; Ei|der|sted|te|rin**
Ei|des|be|leh|rung; Ei|des|for|mel
Ei|des|hel|fer, Eid|hel|fer; **Ei|des|hel|fe|rin,** Eid|hel|fe|rin
Ei|des|leis|tung
ei|des|statt|lich; eidesstattliche Versicherung; ↑K89
Ei|de|tik, die; - ⟨griech.⟩ (*Psychol.* Fähigkeit, früher Geschehenes od. Vorgestelltes anschaulich zu vergegenwärtigen); **Ei|de|ti|ker; Ei|de|ti|ke|rin; ei|de|tisch**
eidg. = eidgenössisch
Eid|ge|nos|se; Eid|ge|nos|sen|schaft, die; -; Schweizerische Eidgenossenschaft (amtl. Name der Schweiz); **Eid|ge|nos|sin,** *seltener* **Eid|ge|nös|sin; eid|ge|nös|sisch** (*Abk.* eidg.); *aber* ↑K150: Eidgenössische Technische Hochschule (*Abk.* ETH)
Eid|hel|fer *vgl.* Eideshelfer
eid|lich; eine eidliche Erklärung
Ei|dot|ter (das Gelbe im Ei)
Ei|er|be|cher; Ei|er|bri|kett
Ei|er|chen *Plur.*; **Ei|er|frau** *(ugs.)*
Ei|er|hand|gra|na|te
Ei|er|kopf (*für* Egghead)
Ei|er|korb; Ei|er|ku|chen; Ei|er|lau|fen; Ei|er|li|kör; Ei|er|löf|fel; Ei|er|mann *(ugs.)*
ei|ern (*ugs. für* ungleichmäßig rotieren; wackelnd gehen); das Rad eiert; ich eiere
Ei|er|pe|cken, das; -s (ein Osterbrauch in Österreich)
Ei|er|pfann|ku|chen; Ei|er|punsch; Ei|er|sa|lat
Ei|er|scha|le, Ei|scha|le
Ei|er|sche|cke (*landsch. für* eine Kuchensorte); **Ei|er|schnee,** Eischnee
Ei|er|schwamm (*landsch. u. schweiz. für* Pfifferling); **Ei|er|schwam|merl** (*österr. für* Pfifferling)
Ei|er|speis, die; -, -en, **Ei|er|spei|se** (Gericht, für das bes. Eier verwendet werden; *österr. für* Rührei)
Ei|er|stich (Suppeneinlage aus Ei)
Ei|er|stock *Plur.* ...stöcke *(Med.)*
Ei|er|tanz *(ugs.)*
Ei|er|uhr; Ei|er|wär|mer
Ei|fel, die; - (Teil des westlichen Rheinischen Schiefergebirges)
Ei|fe|ler, Eif|ler; **Ei|fe|le|rin,** Eif|le|rin

Eiffelturm
Das berühmte Bauwerk in Paris wurde unter der Leitung des französischen Ingenieurs Gustave Eiffel errichtet und ist nach ihm benannt. Daher die Schreibung mit *ff.*

Ei|fer, der; -s; **Ei|fe|rer; Ei|fe|rin; ei|fern;** ich eifere
Ei|fer|sucht, die; -, ...süchte *Plur. selten;* **Ei|fer|süch|te|lei; ei|fer|süch|tig; Ei|fer|suchts|dra|ma; Ei|fer|suchts|sze|ne**
Eif|fel|turm (in Paris); ↑K136
Eif|ler, Ei|fe|ler; **Eif|le|rin,** Ei|fe|le|rin
ei|för|mig
eif|rig; Eif|rig|keit, die; -
Ei|gelb, das; -s, -e; 3 Eigelb
ei|gen; eig[e]ne; mein eigen Kind *(geh.);* mein eig[e]ner Sohn; das ist ihr eigen (für sie charakteristisch); sich etwas zu eigen machen; etwas Eigenes besitzen; *vgl.* Eigen; **Ei|gen,** das; -s; mein Eigen (*geh. für* Besitz); etwas sein Eigen nennen
Ei|gen|an|ga|be (eigene, selbst geäußerte Angabe)
Ei|gen|an|rei|se; Ei|gen|an|teil
Ei|gen|ar|beit; in Eigenarbeit erstellt
Ei|gen|art; ei|gen|ar|tig; Ei|gen|ar|tig|keit
Ei|gen|bau, der; -[e]s; **Ei|gen|be|darf; Ei|gen|be|richt**
Ei|gen|be|sitz, der; -es *(BGB);* **Ei|gen|be|sit|zer** *(BGB);* **Ei|gen|be|sit|ze|rin**
Ei|gen|be|trieb *(Wirtsch.)*
Ei|gen|be|we|gung
Ei|gen|brö|te|lei; Ei|gen|bröt|ler (Sonderling); **Ei|gen|bröt|le|rei** (*svw.* Eigenbrötelei); **Ei|gen|bröt|le|rin; ei|gen|bröt|le|risch**
Ei|gen|dün|kel *(geh.)*
Ei|gen|dy|na|mik
Ei|ge|ne, Eig|ne, das; -n (Eigentum; Eigenart)
Ei|gen|fi|nan|zie|rung; Ei|gen|ge|brauch; Ei|gen|ge|schmack; Ei|gen|ge|schwin|dig|keit
ei|gen|ge|setz|lich; Ei|gen|ge|setz|lich|keit
Ei|gen|ge|wächs (*bes. Weinbau; übertragen auch im Sport)*
Ei|gen|ge|wicht
Ei|gen|goal (*österr., schweiz. für* Eigentor)
Ei|gen|gut (*schweiz. für* in die Ehe eingebrachter Besitz)
Ei|gen|han|del (*Bankw.* Handel mit Geld, Wertpapieren o. Ä. im eigenen Namen u. auf eigene Rechnung)
ei|gen|hän|dig (*Abk. österr.* e. h.); **Ei|gen|hän|dig|keit,** die; -
Ei|gen|heim; Ei|gen|heim|be|sit|zer; Ei|gen|heim|be|sit|ze|rin; Ei|gen|heim|zu|la|ge
Ei|gen|heit
Ei|gen|hil|fe; Ei|gen|in|i|ti|a|ti|ve; Ei|gen|in|te|r|es|se; Ei|gen|ka|pi|tal
Ei|gen|kir|che *(im MA.)*
Ei|gen|le|ben; Ei|gen|leis|tung; Ei|gen|lie|be; Ei|gen|lob
ei|gen|mäch|tig; ei|gen|mäch|ti|ger|wei|se; Ei|gen|mäch|tig|keit
Ei|gen|mar|ke *(Wirtsch.)*
Ei|gen|mit|tel *Plur.*
Ei|gen|na|me
Ei|gen|nutz, der; -es; **ei|gen|nüt|zig; Ei|gen|nüt|zig|keit,** die; -
Ei|gen|pen|si|on (*österr. für* Pension aus selbst erworbenen Versicherungsansprüchen)
Ei|gen|pro|duk|ti|on
Ei|gen|re|gie; etwas in Eigenregie organisieren
ei|gens *(geh.)*
Ei|gen|schaft; Ei|gen|schafts|wort *Plur.* ...wörter (*für* Adjektiv); **ei|gen|schafts|wört|lich**
Ei|gen|schwin|gung
Ei|gen|sinn, der; -[e]s; **ei|gen|sin|nig; Ei|gen|sin|nig|keit**
ei|gen|staat|lich; Ei|gen|staat|lich|keit, die; -
ei|gen|stän|dig; Ei|gen|stän|dig|keit, die; -
Ei|gen|sucht, die; -; **ei|gen|süch|tig**
ei|gent|lich (*Abk.* eigtl.); **Ei|gent|lich|keit,** die; -
Ei|gen|tor, das *(Sport)*
Ei|gen|tum, das; -s, *Plur.* (*für* Wohnungseigentum u. Ä.:) ...tume; **Ei|gen|tü|mer; Ei|gen|tü|me|rin**
Ei|gen|tü|mer|ver|tre|ter (*bes. österr. für* Vertreter einer Gemeinschaft von [Wohnungs]eigentümern); **Ei|gen|tü|mer|ver|tre|te|rin** (*bes. österr.)*
ei|gen|tüm|lich; Ei|gen|tüm|lich|keit
Ei|gen|tums|bil|dung; Ei|gen|tums-

E
Eige

¹ein

I. *Unbestimmter Artikel (nicht betont; als Beifügung zu einem Substantiv od. Pronomen):*

- es war ein Mann, nicht eine Frau
- es war ein Kind und kein Erwachsener

II. *Unbestimmtes Pronomen*

a) *allein stehend:*

- der/die/das eine
- wenn einer (jemand) das nicht versteht, dann soll er darüber nicht reden
- da kann einer (*ugs. statt* man) doch völlig verrückt werden
- die Aussagen eines (jemandes), der dabei war, ...
- ein[e]s (etwas) fehlt ihm: Geduld
- das tut einem (mir) wirklich leid
- sie sollen einen in Ruhe lassen
- sie ist eine von uns
- da hat eine ihren Lippenstift vergessen
- ein[e]s von uns Kindern
- *ugs.:* einen (einen Schnaps) heben; eins (ein Lied) singen; jmdm. eins auswischen

b) *in [hinweisender] Gegenüberstellung:*

- vom einen, von einem zum and[e]ren, andern
- die einen (diese) [Zuschauer] klatschten, die and[e]ren, andern (jene) [Zuschauer] pfiffen

III. *Zahlwort (betont; als Beifügung oder allein stehend):*

- es war ein Mann, eine Frau, ein Kind (nicht zwei)
- wenn [nur] einer das erfährt, dann ist der Plan zunichte
- einer für alle und alle für einen
- ein[e]s der beiden Pferde, nicht alle beide
- zwei Augen sehen mehr als ein[e]s
- einer nach dem anderen
- zum einen ..., zum anderen ...
- der ein[e] oder andere
- unter einem (*österr. Amtsspr. für* zugleich)
- in einem fort
- zwei Pfund Wurst in einem [Stück]
- in ein[em] und einem halben Jahr
- in ein[er] und derselben Straße
- ein und dieselbe Sache
- es läuft alles auf eins (dasselbe) hinaus
- sie ist sein Ein und [sein] Alles
- einundzwanzig; einmal; einhalbmal
- ein für alle Mal[e]
- ein oder mehrmals (*vgl.* ¹Mal)
- ein bis zwei Tage

Bei Auffassung als Substantiv ist auch Großschreibung möglich:

- die einen *od.* Einen sagen dies, die anderen *od.* Anderen das
- sie will das eine *od.* Eine tun und das andere *od.* Andere nicht lassen

Vgl. auch eins

de|likt; Ei|gen|tums|recht; ei|gen|tums|recht|lich
Ei|gen|tums|streu|ung; Ei|gen|tums|ver|ge|hen; Ei|gen|tums|ver|hält|nis *meist Plur.*; **Ei|gen|tums|woh|nung**
ei|gen|ver|ant|wort|lich; Ei|gen|ver|ant|wor|tung
Ei|gen|ver|brauch; Ei|gen|ver|si|che|rung; Ei|gen|ver|such
Ei|gen|vor|sor|ge
Ei|gen|wa|re, die; - (Ware aus dem Besitz des Versteigerers)
Ei|gen|wär|me
Ei|gen|wech|sel (Solawechsel); **Ei|gen|wer|bung**
Ei|gen|wert; ei|gen|wer|tig
Ei|gen|wil|le; ei|gen|wil|lig; Ei|gen|wil|lig|keit
ei|gen|wüch|sig *(selten)*
Ei|ger, der; -[s] (Bergstock in den Berner Alpen); **Ei|ger|nord|wand,** die; -
Eig|ne *vgl.* Eigene
eig|nen; etwas eignet ihm (*geh. für* ist ihm eigen); sich eignen (geeignet sein)
eig|ner, ei|ge|ner *vgl.* eigen
Eig|ner ([Schiffs]eigentümer); **Eig|ne|rin**
Eig|nung (Befähigung)
Eig|nungs|prü|fung; Eig|nungs|test
eigtl. = eigentlich
...ei|ig (z. B. eineiig)
Ei|ke (m., *seltener* w. Vorn.)
Ei|klar, das; -s, - (*österr. für* Eiweiß)
Ei|ko (m. Vorn.)
Ei|land, das; -[e]s, -e (*geh. für* Insel)
Eil|an|ge|bot; Eil|bo|te; Eil|brief
Ei|le, die; -
Ei|lei|ter, der *(Med.)*
ei|len; eile mit Weile!; **ei|lends**
eil|fer|tig; Eil|fer|tig|keit
Eil|gut; Eil|gü|ter|zug
ei|lig ↑K72 : etwas Eiliges zu besorgen haben; nichts Eiligeres (Wichtigeres) zu tun haben, als ...; **ei|ligst**
Eil|marsch; Eil|päck|chen; Eil|schritt; Eil|sen|dung; Eil|tem|po; Eil|trieb|wa|gen
Eil|ver|fah|ren *(Rechtsspr.)*
Eil|zug (*Zeichen* E)
Eil|zugs|tem|po, Eil|zug|tem|po *(bes. österr., schweiz.)*
Eil|zu|stel|lung
Ei|mer, der; -s, -; im Eimer sein (*ugs. für* entzwei, verdorben sein); **ei|mer|wei|se**
¹ein *s. Kasten*
²ein; nicht ein noch aus wissen (ratlos sein); wer bei dir ein und aus geht (verkehrt), *aber (in Zus.)* ↑K31 : ein- und aussteigen (einsteigen und aussteigen)
ein... (*in Zus. mit Verben,* z. B. einbürgern, du bürgerst ein, eingebürgert, einzubürgern)
Ein|achs|an|hän|ger *(Kfz-Technik)*; **ein|ach|sig**
Ein|ak|ter (Bühnenstück aus nur einem Akt); **ein|ak|tig**
ei|n|an|der *(meist geh.)*; *vgl.* aneinander, aufeinander, auseinander, beieinander usw.
ein|ant|wor|ten (*österr. Amtsspr.*

veraltend für übergeben); **Ein|ant|wor|tung** *(österr.)*

Ei|nar (m. Vorn.)

ein|ar|bei|ten

einarbeiten

Nach *einarbeiten* steht gewöhnlich der Akkusativ: *Sie muss sich in das Gebiet erst noch einarbeiten.* Aber auch der Dativ ist möglich: *Sie muss sich in dem Gebiet erst noch einarbeiten.*

Ein|ar|bei|tung; Ein|ar|bei|tungs|zeit

ein|ar|mig

ein|äschern; ich äschere ein; eingeäschert (*Zeichen* □); **Ein|äsche|rung; Ein|äsche|rungs|hal|le** (*für* Krematorium)

ein|at|men; Ein|at|mung

ein|ato|mig *(Physik, Chemie)*

ein|ät|zen

ein|äu|gig; Ein|äu|gi|ge, der *u.* die; -n, -n

Ein|back, der; -[e]s, *Plur.* -e *u.* ...bäcke, *ugs. auch* -s (ein Gebäck)

ein|bah|nig; einbahniger Verkehr

Ein|bahn|stra|ße; Ein|bahn|ver|kehr

ein|bal|sa|mie|ren; Ein|bal|sa|mie|rung

Ein|band, der; -[e]s, ...bände; **Ein|band|de|cke**

ein|bän|dig

ein|ba|sig, ein|ba|sisch *(Chemie)*

Ein|bau, der; -[e]s, *Plur.* (*für* eingebauter Teil:) -ten; **ein|bau|en; ein|bau|fer|tig; Ein|bau|kü|che**

Ein|baum (Boot aus einem ausgehöhlten Baumstamm)

Ein|bau|mö|bel; ein|bau|reif; Ein|bau|schrank; Ein|bau|teil

Ein|bee|re (eine Giftpflanze)

ein|be|grif|fen, in|be|grif|fen *(österr. u. schweiz. nur so);* in dem *od.* den Preis [mit] einbegriffen; alle waren beteiligt, er einbegriffen; sie erinnerte sich aller Beteiligten, ihn einbegriffen; der Tadel galt allen, ihn einbegriffen; er zahlte die Zeche, den Wein einbegriffen

ein|be|hal|ten; Ein|be|hal|tung

ein|bei|nig

ein|be|ken|nen (*österr. für* eingestehen); **Ein|be|kennt|nis**

ein|be|rech|nen

ein|be|ru|fen; Ein|be|ru|fe|ne, der *u.* die; -n, -n; **Ein|be|ru|fung; Ein|be|ru|fungs|be|fehl**

ein|be|schlie|ßen *(geh.)*

ein|be|schrie|ben *(Math.);* einbeschriebener Kreis (Inkreis)

ein|be|stel|len *(bes. Amtsspr.);* **Ein|be|stel|lung**

ein|be|to|nie|ren; Ein|be|to|nie|rung

ein|bet|ten; Ein|bet|tung; Ein|bett|zim|mer

ein|beu|len; Ein|beu|lung

ein|be|zah|len (*svw.* einzahlen)

ein|be|zie|hen; Ein|be|zie|hung

Ein|be|zug, der; -[e]s (*bes. schweiz. für* Einbeziehung)

ein|bie|gen; Ein|bie|gung

ein|bil|den, sich; du bildest dir die Geschichte nur ein; **Ein|bil|dung; Ein|bil|dungs|kraft,** die; -

ein|bim|sen (*ugs. für* durch angestrengtes Lernen einprägen)

ein|bin|den; Ein|bin|dung

ein|bla|sen; Ein|blä|ser (*Schülerspr. auch für* Vorsager); **Ein|blä|se|rin**

Ein|blatt *(Kunstwiss.);* **Ein|blatt|druck** *Plur.* ...drucke

ein|bläu|en (blau machen; *auch ugs. für* mit Nachdruck einprägen, einschärfen)

ein|blen|den *(Rundfunk, Fernsehen);* sich einblenden; **Ein|blen|dung**

ein|bleu|en *alte Schreibung für* einbläuen (einschärfen)

Ein|blick

ein|blu|ten *(Med.);* **Ein|blu|tung**

ein|boh|ren; sich einbohren

ein|bon|gen; Waren einbongen

ein|boo|ten; Passagiere einbooten

ein|bra|ten (*österr. ugs. auch für* durch listiges Einschmeicheln für sich gewinnen)

ein|bre|chen; in ein[em] Haus einbrechen; **Ein|bre|cher; Ein|bre|cher|ban|de; Ein|bre|che|rin**

ein|brem|sen (*bes. südd., österr. für* abbremsen; aufhalten)

Ein|brenn, die; -, -en *(österr.),* **Ein|bren|ne,** die; -, -n (*bes. südd. für* Mehlschwitze)

ein|bren|nen

Ein|brenn|la|ckie|rung

Ein|brenn|sup|pe *(österr.)*

ein|brin|gen; sich einbringen; **ein|bring|lich; Ein|brin|gung**

ein|bro|cken; sich, jmdm. etwas einbrocken *(ugs.)*

Ein|bruch, der; -[e]s, ...brüche

Ein|bruch[s]|dieb|stahl; ein|bruch[s]|si|cher; Ein|bruch|stel|le; Ein|bruch[s]|werk|zeug

ein|buch|ten (*ugs. für* ins Gefängnis sperren); **Ein|buch|tung**

ein|bud|deln *(ugs.)*

ein|bü|geln; eingebügelte Falten

ein|bun|kern

ein|bür|gern; ich bürgere ein; **Ein|bür|ge|rung; Ein|bür|ge|rungs|ge|such** *(bes. schweiz.);* **Ein|bür|ge|rungs|test** (behördliche Prüfung, die bestehen muss, wer eingebürgert werden möchte)

Ein|bu|ße; ein|bü|ßen

Ein|cent|mün|ze *vgl.* Eineuromünze; **Ein|cent|stück** *vgl.* Eineurostück

ein|che|cken ⟨dt.; engl.⟩ (sich [am Flughafen] abfertigen lassen)

ein|cre|men

ein|däm|men; Ein|däm|mung

ein|damp|fen; Ein|damp|fung

ein|de|cken; sich mit Obst eindecken

Ein|de|cker (ein Flugzeugtyp)

ein|dei|chen; Ein|dei|chung

ein|del|len (*ugs. für* eine Delle in etwas machen); **ein|dep|schen** (*österr. ugs. für* einbeulen)

ein|deu|tig; Ein|deu|tig|keit

ein|deut|schen; du deutschst ein; **Ein|deut|schung**

ein|di|cken; Ein|di|ckung

ein|di|men|si|o|nal

ein|do|cken (*Schiffbau* ins Dock transportieren)

ein|do|len (*bes. schweiz. für* einen Bach in Röhren unter die Erde verlegen)

ein|do|sen (in Dosen einkochen); du dost ein; sie dos|te ein

ein|dö|sen (*ugs. für* in Halbschlaf fallen; einschlafen)

ein|drän|gen; auf jmdn. eindrängen; sich eindrängen

ein|dre|hen; sich, jmdm. die Haare eindrehen

ein|drei|vier|tel [...'fɪr...], **ein|und|drei|viertel** ['a̲in...'fɪr...]; eindreiviertel Jahre, in eindreiviertel Jahren; ein[und]dreiviertelmal so viel

ein|dre|schen; er hat auf das Pferd eingedroschen

ein|dril|len (*ugs. für* einüben)

ein|drin|gen; ein|dring|lich; auf das, aufs Eindringlichste *od.* eindringlichste ↑K75; **Ein|dring|lich|keit,** die; -; **Ein|dring|ling**

Ein|druck, der; -[e]s, ...drücke

ein|dru|cken

ein|drü|cken

ein|drück|lich (*bes. schweiz. für* eindrucksvoll); **ein|drucks|voll**

ein|dü|beln

ein|dun|keln (*bes. schweiz. für* dunkel werden)

ein|du|seln (*ugs. für* in Halbschlaf fallen)

ei|ne *vgl.* [1]ein

ein|eb|nen; Ein|eb|nung
Ein|ehe (*für* Monogamie); **ein|ehig** (*für* monogam)
ein|ei|ig; eineiige Zwillinge
ein|ein|deu|tig (*fachspr. für* umkehrbar eindeutig); **Ein|ein|deu|tig|keit** *Plur. selten*
ein|ein|halb, ein|und|ein|halb; eineinhalb Tage, *aber* ein und ein halber Tag; ein[und]einhalbmal so viel
ein|ein|vier|tel [...fɪr...] *vgl.* eindreiviertel
Ei|nem, Gottfried von (österr. Komponist)
ei|nen (*geh. für* einigen)
ein|en|gen; Ein|en|gung
ei|ner *vgl.* [1]ein
[1]**Ei|ner,** Ein|ser (Zahl)
[2]**Ei|ner** (einsitziges Sportboot)
Ei|ner|ka|jak
ei|ner|lei; Ei|ner|lei, das; -s
ei|ner|seits; einerseits ..., ander[er]seits, andrerseits
Ei|ner|zim|mer (*schweiz. für* Einzelzimmer)
ei|nes *vgl.* [1]ein
ei|nes|teils; einesteils ... ander[e]nteils
Ein-Eu|ro-Job, Ein|eu|ro|job (*mit Ziffer* 1-Euro-Job ↑K26; Beschäftigung für einen geringen Stundenlohn zusätzlich zum Arbeitslosengeld)
Ein|eu|ro|mün|ze, Ein-Eu|ro-Mün|ze (*mit Ziffer* 1-Euro-Münze ↑K26)
Ein|eu|ro|stück, Ein-Eu|ro-Stück (*mit Ziffer* 1-Euro-Stück ↑K26)
ein|ex|er|zie|ren
ein|fach; einfache Buchführung; einfache Fahrt; am einfachs|ten; *aber* das Einfachs|te ist, wenn ...; das Einfachste, was er finden konnte; **Ein|fa|che,** das; -n; das Einfache einer Zahl
ein|fä|chern (in Fächer verteilen)
Ein|fach|heit, die; -; der Einfachheit halber; **ein|fach|heits|hal|ber**
ein|fä|deln (*Verkehrsw.*); **Ein|fä|de|lung, Ein|fäd|lung**
ein|fah|ren
Ein|fahr|gleis (*Eisenbahn*); **Ein|fahr|si|g|nal** (*Eisenbahn*)
Ein|fahrt
Ein|fahrt[s]|er|laub|nis
Ein|fahrt[s]|gleis *vgl.* Einfahrgleis; **Ein|fahrt[s]|si|g|nal** *vgl.* Einfahrsignal
Ein|fall, der; **ein|fal|len**
ein|falls|arm; ein|falls|los; Ein|falls|lo|sig|keit, die; -
ein|fall[s]|reich; Ein|fall[s]|reich|tum
Ein|fall[s]|win|kel
Ein|falt, die; -; **ein|fäl|tig; Ein|fäl|tig|keit,** die; -; **Ein|falts|pin|sel** (*ugs. abwertend*)
ein|fal|zen (*Buchw.*); **Ein|fal|zung**
Ein|fa|mi|li|en|haus
ein|fan|gen
ein|fär|ben; ein|far|big, *österr.* **ein|fär|big; Ein|fär|bung**
ein|fa|schen (*österr. für* verbinden; *vgl.* Fasche)
ein|fas|sen; Ein|fas|sung
ein|fat|schen (*österr. für* verbinden)
ein|fen|zen ‹dt.; engl.› (einzäunen); du fenzt ein
ein|fet|ten; Ein|fet|tung
ein|fil|t|rie|ren (*ugs. für* einflößen)
ein|fin|den, sich
ein|flech|ten; Ein|flech|tung
ein|fli|cken
ein|flie|gen; Ein|flie|ger (*Flugw.*); **Ein|flie|ge|rin**
ein|flie|ßen
ein|flö|ßen; Ein|flö|ßung
Ein|flug
ein|flü|ge|lig, ein|flüg|lig
Ein|flug|schnei|se (*Flugw.*)
Ein|fluss; Ein|fluss|be|reich, der; **ein|fluss|los; Ein|fluss|mög|lich|keit; Ein|fluss|nah|me,** die; -, -n *Plur. selten;* **ein|fluss|reich; Ein|fluss|sphä|re, Ein|fluss-Sphä|re**
ein|flüs|tern; Ein|flüs|te|rung
ein|for|dern; Ein|for|de|rung
ein|för|mig; Ein|för|mig|keit
Ein|fran|ken|stück (*mit Ziffer* 1-Franken-Stück; ↑K26); **Ein|fränk|ler,** der; -s, - (*schweiz. svw.* Einfrankenstück)
ein|fres|sen, sich; der Rost hatte sich tief eingefressen
ein|frie|den, *selten* **ein|frie|di|gen** (*geh. für* einhegen); **Ein|frie|di|gung,** *häufiger* **Ein|frie|dung**
ein|frie|ren; Ein|frie|rung
ein|fri|schen (*österr. für* [Blumen] ins Wasser stellen)
ein|fros|ten; Ein|fros|tung
ein|fuch|sen (*ugs. für* gut einarbeiten)
ein|fü|gen; Ein|fü|gung
ein|füh|len, sich; **ein|fühl|sam; Ein|füh|lung,** die; -
Ein|füh|lungs|ga|be; Ein|füh|lungs|ver|mö|gen, das; -s
Ein|fuhr, die; -, -en; **Ein|fuhr|be|schrän|kung**
ein|füh|ren
Ein|fuhr|ha|fen *vgl.* [1]Hafen; **Ein|fuhr|kon|tin|gent; Ein|fuhr|land; Ein|fuhr|sper|re; Ein|fuhr|stopp**
Ein|füh|rung; Ein|füh|rungs|kurs; Ein|füh|rungs|preis; Ein|füh|rungs|vor|trag
Ein|fuhr|ver|bot; Ein|fuhr|zoll
ein|fül|len; Ein|füll|öff|nung
[1]**ein|füt|tern** (*EDV* eingeben)
[2]**ein|füt|tern** (*Gartenbau* [Pflanzen] tief eingraben)
Ein|ga|be (*auch EDV*); **Ein|ga|be|feld** (*EDV*)
Ein|ga|be|frist (*schweiz. für* Einreichungsfrist)
Ein|ga|be|ge|rät (*EDV*); **Ein|ga|be|mas|ke** (*EDV*); **Ein|ga|be|stift** (*EDV*)
Ein|ga|be|ter|min (*schweiz. für* Einreichungstermin)
Ein|gang; Ein- und Ausgang ↑K31
ein|gän|gig; Ein|gän|gig|keit, die; -
ein|gangs (*Amtsspr.;* ↑K70); *mit Gen.:* eingangs des Briefes
Ein|gangs|buch; Ein|gangs|da|tum; Ein|gangs|hal|le; Ein|gangs|stem|pel; Ein|gangs|steu|er|satz; Ein|gangs|stro|phe; Ein|gangs|tor; Ein|gangs|tür; Ein|gangs|ver|merk
ein|ge|äschert (*Zeichen* ▢)
ein|ge|baut; mit eingebauter Kamera
ein|ge|ben
ein|ge|bet|tet; eingebettet in die *od.* in der Landschaft
ein|ge|bil|det; eingebildet sein
Ein|ge|bin|de (*veraltet für* Patengeschenk)
[1]**ein|ge|bo|ren;** der eingeborene (einzige) Sohn [Gottes]
[2]**ein|ge|bo|ren;** die eingeborene Bevölkerung
Ein|ge|bo|re|ne, Ein|ge|bor|ne, der *u.* die; -n, -n (*veraltend*); **Ein|ge|bo|re|nen|spra|che**
ein|ge|bracht; eingebrachtes Gut (*Rechtsspr.*); **Ein|ge|brach|te,** das; -n (*veraltet für* Heiratsgut)
Ein|ge|bung
ein|ge|denk (*geh.*); *mit Gen.:* eingedenk des Verdienstes
ein|ge|fah|ren; eingefahrene Gewohnheiten
ein|ge|fal|len; mit eingefallenem Gesicht
ein|ge|fleischt; eingefleischter Junggeselle
ein|ge|frie|ren (*seltener für* einfrieren)
ein|ge|fuchst (*ugs. für* eingearbeitet)
ein|ge|hen; ein|ge|hend; auf das, aufs Eingehendste *od.* eingehendste ↑K75
ein|ge|keilt; in eine[r] Menge eingekeilt
Ein|ge|mach|te, das; -n
ein|ge|mein|den; Ein|ge|mein|dung

ein|ge|nom|men (begeistert); sie ist von dem Plan eingenommen
Ein|ge|nom|men|heit, die; -
ein|ge|rech|net; den Überschuss eingerechnet
Ein|ge|rich|te, das; -s, - (*fachspr. für* innerer Bau eines Türschlosses)
ein|ge|sandt
ein|ge|schlech|tig (*für* diklin)
ein|ge|schlos|sen; eingeschlossen im, *auch* in den Preis
ein|ge|schos|sig *vgl.* ...geschossig
ein|ge|schränkt; eingeschränktes Halteverbot
ein|ge|schwo|ren; sie ist auf diese Musik eingeschworen
ein|ge|ses|sen (einheimisch)
ein|ge|spielt; sie sind aufeinander eingespielt
ein|ge|sprengt; eingesprengtes Gold
ein|ge|stan|de|ner|ma|ßen, ein|ge|stand|ner|ma|ßen
Ein|ge|ständ|nis; ein|ge|ste|hen
ein|ge|stri|chen *(Musik)*
ein|ge|tra|gen; eingetragene Genossenschaft (*Abk.* eG, e. G.), *auch* ↑K150: Eingetragene Genossenschaft (*Abk.* EG); eingetragener Verein (*Abk.* e. V.), *auch* ↑K150: Eingetragener Verein (*Abk.* E. V.); eingetragene Lebenspartnerschaft ↑K89
Ein|ge|wei|de, das; -s, - *meist Plur.;* **Ein|ge|wei|de|bruch**
Ein|ge|weih|te, der *u.* die; -n, -n
ein|ge|wöh|nen; sich eingewöhnen; **Ein|ge|wöh|nung,** die; -
ein|ge|zo|gen (zurückgezogen); **Ein|ge|zo|gen|heit,** die; -
ein|gie|ßen; Ein|gie|ßung
ein|gip|sen
ein|git|tern
Ein|glas *Plur.* ...gläser (*veraltet für* Monokel)
ein|gla|sen
ein|glei|sen (wieder auf das Gleis bringen); du gleist ein; er gleis|te ein
ein|glei|sig
ein|glie|dern; Ein|glie|de|rung
ein|gra|ben; Ein|gra|bung
ein|gra|vie|ren; Ein|gra|vie|rung
ein|grei|fen; Ein|greif|trup|pe (Sondereinsatztruppe in militärischen Krisengebieten); die schnelle Eingreiftruppe ↑K89
ein|gren|zen; Ein|gren|zung
Ein|griff; Ein|griffs|mög|lich|keit
ein|grü|nen; Ein|grü|nung
ein|grup|pie|ren; Ein|grup|pie|rung
Ein|guss ⟨zu eingießen⟩ *(Technik)*

ein|ha|cken; der Sperber hackte auf die Beute ein
ein|ha|ken; den Riemen einhaken; sich bei jmdm. einhaken; sie hakte hier ein (*ugs. für* unterbrach das Gespräch)
ein|halb|mal (ein halbes Mal); einhalbmal so viel (*ugs. für* um die Hälfte mehr)
Ein|halt, der; -[e]s; Einhalt gebieten; **ein|hal|ten; Ein|hal|tung**
ein|häm|mern
ein|han|deln
ein|hän|dig
ein|hän|di|gen; Ein|hän|di|gung, die; -
Ein|hand|seg|ler (jmd., der ein Segelboot allein führt); **Ein|hand|seg|le|rin**
ein|hän|gen *vgl.* [2]hängen; **Ein|hän|ge|öse**
Ein|hard (m. Vorn.)
ein|har|ken (*nordd. für* [Samen, Dünger] mit der Harke unter das Erdreich mischen)
ein|hau|chen *(geh.);* **Ein|hau|chung**
ein|hau|en; er hieb auf den Fliehenden ein; er haute tüchtig ein (*ugs. für* aß tüchtig)
ein|hau|sen (*Straßenbau* [einen Autobahnabschnitt] überdachen)
ein|häu|sig (*Bot.* monözisch)
Ein|hau|sung
ein|he|ben; einen Betrag einheben (*bes. südd., österr. für* einziehen); **Ein|he|bung**
ein|hef|ten
ein|he|gen; Ein|he|gung
ein|hei|len *(Med.);* **Ein|hei|lung**
ein|hei|misch; Ein|hei|mi|sche, der *u.* die; -n, -n
ein|heim|sen *(ugs.);* du heimst ein
Ein|hei|rat; ein|hei|ra|ten
Ein|heit; die deutsche Einheit; der Tag der Deutschen Einheit (3. Oktober)
Ein|hei|ten|sys|tem; das Internationale Einheitensystem ↑K150
ein|heit|lich; Ein|heit|lich|keit, die; -
Ein|heits|bei|trag
Ein|heits|brei *(abwertend)*
Ein|heits|front; Ein|heits|ge|werk|schaft; Ein|heits|kurz|schrift; Ein|heits|lis|te; Ein|heits|look; Ein|heits|par|tei; Ein|heits|preis
Ein|heits|re|gie|rung (Regierung mit Beteiligung der oppositionellen Partei[en])
Ein|heits|schu|le *(auch abwertend)*
Ein|heits|wäh|rung; Ein|heits|wert
ein|hei|zen
ein|hel|fen (*landsch. für* vorsagen); jmdm. einhelfen

ein|hel|lig; Ein|hel|lig|keit, die; -
ein|hen|ke|lig, ein|henk|lig
ein|hen|keln (*landsch. für* einhaken); ich henk[e]le ein
ein|henk|lig, ein|hen|ke|lig
ein|her|fah|ren *(geh.)*
ein|her|ge|hen; die Grippe war mit Fieber einhergegangen
Ein|he|ri|er, der; -s, - (*germ. Mythol.* der gefallene Kämpfer in Walhall)
ein|her|schrei|ten *(geh.)*
ein|hie|ven; die Ankerkette einhieven (einziehen)
ein|hö|cke|rig, ein|höck|rig
ein|ho|len
Ein|hol|netz; Ein|hol|ta|sche
Ein|ho|lung, die; -
ein|hö|ren, sich
Ein|horn *Plur.* ...hörner (Fabeltier)
Ein|hu|fer *(Zool.);* **ein|hu|fig**
ein|hül|len; Ein|hül|lung
ein|hun|dert

einhundert / hundert

Soweit es nicht auf besondere Genauigkeit ankommt, lässt man bei der Wiedergabe der Zahlen von 100 bis 199 das *ein* gewöhnlich weg: *hunderteinundzwanzig* (seltener: *einhunderteinundzwanzig*). Bei höheren Zahlen entfällt das *ein-* dagegen nicht: *dreitausendeinhunderteinundzwanzig.*

ein|hü|ten (*nordd. für* sich in jmds. Abwesenheit um die Wohnung kümmern)
ei|nig; [sich] einig sein, werden; *vgl.* einiggehen

ei|ni|ge

- einige Stunden später
- einige Mal, einige Male
- einige Tausend *od.* tausend Schüler
- von einigen wird behauptet ...
- einiges, was ...
- einige (etwas; *oft auch* [sehr] viel) Mühe haben
- sie wusste einiges
- einiger politischer Sinn
- einiges milde (*selten* mildes) Nachsehen
- bei einigem guten Willen
- einige gute Menschen; die Taten einiger guter (*selten* guten) Menschen
- mit einigem Neuen

E eini

ein|igeln, sich; ich ig[e]le mich ein; **Ein|ige|lung**

ei|ni|ge Mal *vgl.* einige

ei|ni|gen; Ei|ni|ger; Ei|ni|ge|rin

ei|ni|ger|ma|ßen

ei|ni|ges *vgl.* einige

ei|nig|ge|hen (sich einig sein); wir gehen darin einig, dass ...

Ei|nig|keit, die; -; **Ei|ni|gung**

Ei|ni|gungs|be|stre|bung; Ei|ni|gungs|ver|trag; Ei|ni|gungs|werk

ein|imp|fen; Ein|imp|fung

ein|ja|gen; jmdm. einen Schreck einjagen

ein|jäh|rig *vgl.* achtjährig

[1]**Ein|jäh|ri|ge,** der *od.* die; -n, -n (einjähriger Junge, einjähriges Mädchen o. Ä.; *auch veraltend für* Soldat, der nur ein Jahr Militärdienst leistet)

[2]**Ein|jäh|ri|ge,** das; -n (*veraltend für* mittlere Reife)

[3]**Ein|jäh|ri|ge,** der; -n, -n (*früher für* Einjährig-Freiwillige)

Ein|jäh|rig-Frei|wil|li|ge, der; -n, -n (im ehem. deutschen Heer)

ein|ka|cheln (*landsch. für* stark heizen)

ein|kal|ku|lie|ren (einplanen)

Ein|kam|mer|sys|tem

ein|kamp|fern (mit Kampfer behandeln); ich kampfere ein

ein|kap|seln; ich kaps[e]le ein; sich einkapseln; **Ein|kap|se|lung,** *seltener* **Ein|kaps|lung**

Ein|ka|rä|ter (einkarätiger Edelstein); **ein|ka|rä|tig**

ein|kas|sie|ren; Ein|kas|sie|rung

ein|kas|teln *(bayr., österr.);* **ein|käs|teln**

Ein|kauf; ein|kau|fen

Ein|käu|fer; Ein|käu|fe|rin

Ein|kaufs|ab|tei|lung

Ein|kaufs|beu|tel; Ein|kaufs|bum|mel; Ein|kaufs|cen|ter

Ein|kaufs|ge|nos|sen|schaft

Ein|kaufs|korb; Ein|kaufs|mei|le; Ein|kaufs|mög|lich|keit

Ein|kaufs|nacht (Einkaufsmöglichkeit bis in die Nachtstunden)

Ein|kaufs|netz; Ein|kaufs|preis; Ein|kaufs|quel|le; Ein|kaufs|ta|sche; Ein|kaufs|tü|te; Ein|kaufs|wa|gen; Ein|kaufs|zen|t|rum

Ein|kehr, die; - (*auch geh. für* innere Sammlung); **ein|keh|ren**

ein|kei|len; wir waren eingekeilt

ein|keim|blät|te|rig, ein|keim|blätt|rig *(Bot.)*

ein|kel|lern; ich kellere ein; **Ein|kel|le|rung; Ein|kel|le|rungs|kar|tof|feln** *Plur.*

ein|ker|ben; Ein|ker|bung

ein|ker|kern *(geh.);* ich kerkere ein; **Ein|ker|ke|rung** *(geh.)*

ein|kes|seln *(bes. Militär);* ich kess[e]le ein; **Ein|kes|se|lung**

ein|kip|pen (*ugs. für* eingießen)

ein|klag|bar; ein|kla|gen; einen Rechnungsbetrag einklagen; **Ein|kla|gung**

ein|klam|mern; Ein|klam|me|rung

Ein|klang; mit etwas im *od.* in Einklang stehen

Ein|klas|sen|schu|le; ein|klas|sig; eine einklassige Schule

ein|kle|ben

ein|klei|den; sich einkleiden; **Ein|klei|dung**

ein|klem|men; du hast dir die Finger eingeklemmt; **Ein|klem|mung**

ein|kli|cken; sich ins Internet einklicken

ein|klin|ken

ein|kni|cken; Ein|kni|ckung

ein|knöp|fen; Ein|knöpf|fut|ter *vgl.* [2]Futter

ein|knüp|peln; auf jmdn. einknüppeln

ein|ko|chen; Ein|koch|topf

ein|kom|men; um Versetzung einkommen (*Amtsspr.* bitten)

Ein|kom|men, das; -s, -; **Ein|kom|mens|ent|wick|lung; Ein|kom|mens|gren|ze**

ein|kom|mens|los

Ein|kom|mens|ni|veau

Ein|kom|mens|sche|re (Abstand zwischen hohen u. niedrigen Einkommen)

ein|kom|mens|schwach; ein|kom|mens|stark

Ein|kom|mens|steu|er, Ein|kom|men|steu|er, die; **Ein|kom|men|steu|er|er|klä|rung; ein|kom|men|steu|er|pflich|tig**

Ein|kom|mens|un|ter|schied *meist Plur.;* **Ein|kom|mens|ver|hält|nis|se** *Plur.;* **Ein|kom|mens|ver|tei|lung; Ein|kom|mens|zu|wachs**

ein|köp|fen (*Fußball* durch einen Kopfball ein Tor erzielen)

Ein|korn, das; -[e]s (Weizenart)

ein|ko|ten, sich (sich mit dem eigenen Kot beschmutzen)

ein|kra|chen *(ugs.)*

ein|krei|sen; Ein|krei|sung; Ein|krei|sungs|po|li|tik, die; -

ein|kreu|zen (*Biol.* durch Kreuzung verändern); **Ein|kreu|zung**

ein|krie|gen (*ugs. für* einholen)

ein|krin|geln (*ugs. für* mit einem kleinen Kreis markieren)

Ein|kris|tall, der (*fachspr. für* einheitlich aufgebauter Kristall)

ein|küh|len (in einer Kühlanlage haltbar machen); **Ein|küh|lung**

Ein|kunft, die; - (*fachspr. Singular zu* Einkünfte)

Ein|künf|te *Plur.*

Ein|kunfts|art *(Finanzw.)*

ein|kup|peln; langsam einkuppeln; **ein|ku|scheln** *(ugs.);* sich einkuscheln

Ein|lad, der; -s (*schweiz. svw.* Verladung)

[1]**ein|la|den;** Waren einladen; *vgl.* [1]laden

[2]**ein|la|den;** zum Essen einladen; *vgl.* [2]laden; **ein|la|dend**

Ein|la|dung

Ein|la|dungs|kar|te; Ein|la|dungs|schrei|ben

Ein|la|ge

Ein|la|gen|si|che|rung *(Finanzw.)*

ein|la|gern; Ein|la|ge|rung

ein|lan|gen (*österr. für* eintreffen)

Ein|lass, der; -es, Einlässe

ein|las|sen (*südd. u. österr. auch für* mit Wachs einreiben; lackieren); sich auf etwas einlassen

Ein|lass|kar|te

ein|läss|lich (*schweiz. für* gründlich); des Ein|läss|lichs|ten ↑K72

Ein|las|sung *(bes. Rechtsspr.)*

Ein|lauf; ein|lau|fen; sich einlaufen

Ein|lauf|stel|le (Stelle bei einer Behörde für den Posteingang)

Ein|lauf|wet|te (beim Pferderennen)

ein|läu|ten; den Sonntag einläuten

ein|le|ben, sich

Ein|le|ge|ar|beit

ein|le|gen

Ein|le|ger *(Bankw.);* **Ein|le|ge|rin**

Ein|le|ge|soh|le

Ein|le|gung, die; -

ein|lei|ten; Ein|lei|te|wort *Plur.* ...wörter *(Sprachwiss.)*

Ein|lei|tung; Ein|lei|tungs|ka|pi|tel

ein|len|ken; Ein|len|kung

ein|ler|nen

ein|le|sen; sich einlesen

ein|leuch|ten; ein|leuch|tend

Ein|lie|fe|rer; Ein|lie|fe|rin

ein|lie|fern; Ein|lie|fe|rung

Ein|lie|fe|rungs|schein; Ein|lie|fe|rungs|ter|min

ein|lie|gend, *österr. u. schweiz.* in|lie|gend *(Papierdt.);* einliegend (anbei, hiermit) der Bericht

Ein|lie|ger (Mieter); **Ein|lie|ge|rin; Ein|lie|ger|woh|nung**

ein|li|nig

ein|lo|chen (*ugs. für* ins Gefängnis sperren; *Golf* den Ball ins Loch spielen)

ein|log|gen *(EDV);* ich habe mich eingeloggt
ein|lo|gie|ren
ein|lös|bar; ein|lö|sen; Ein|lö|se|sum|me; Ein|lö|sung; Ein|lö|sungs|sum|me
ein|lul|len *(ugs.)*
Ein|mach, Ein|ma|che, die; - (*österr. für* Mehlschwitze)
ein|ma|chen
Ein|mach|glas *Plur.* ...gläser
ein|mäh|dig (*svw.* einschürig)
ein|mah|nen; Ein|mah|nung
ein|mal; auf einmal; noch einmal; nicht einmal; nun einmal; ↑K31 : ein- bis zweimal (*mit Ziffern* 1- bis 2-mal); *vgl.* mal, [1]Mal
Ein|mal|ein|la|ge *(Finanzw.)*
Ein|mal|eins, das; -; das große Einmaleins; das kleine Einmaleins; das berufliche Einmaleins
Ein|mal|er|lag, der; -s, ...läge (*österr. für* einmalige Zahlung)
Ein|mal|hand|tuch
ein|ma|lig; Ein|ma|lig|keit, die; -
Ein|mal|zah|lung
Ein|mann|be|trieb; Ein|mann|ge|sell|schaft (*Wirtsch.* Kapitalgesellschaft, deren Anteile in einer Hand sind); **Ein|mann|zelt**
Ein|mark|stück (*früher; mit Ziffer* 1-Mark-Stück; ↑K26)
Ein|marsch, der; **ein|mar|schie|ren**
ein|mas|sie|ren
Ein|mas|ter; ein|mas|tig
ein|mau|ern; Ein|mau|e|rung
ein|mei|ßeln
ein|men|gen; sich einmengen
ein|mes|sen *(fachspr.);* **Ein|mes|sung**
Ein|me|ter|brett (*mit Ziffer* 1-Meter-Brett; ↑K26)
[1]**ein|mie|ten;** sich einmieten; *vgl.* [1]mieten
[2]**ein|mie|ten;** Feldfrüchte einmieten; *vgl.* [2]mieten
Ein|mie|ter *meist Plur.* (*Zool.* Insekt, das in Nestern anderer Tiere lebt); **Ein|mie|tung**
ein|mi|schen, sich; **Ein|mi|schung**
ein|mo|na|tig; ein einmonatiger (einen Monat dauernder) Kurs
ein|mon|tie|ren
ein|mo|to|rig; einmotoriges Flugzeug
ein|mot|ten
ein|mum|meln, ein|mum|men (*ugs. für* warm einhüllen)
ein|mün|den; Ein|mün|dung
ein|mü|tig; Ein|mü|tig|keit, die; -
ein|nach|ten (*schweiz. für* Nacht werden)
ein|nä|hen
Ein|nah|me, die; -, -n
Ein|nah|me|aus|fall; Ein|nah|me|buch; ein|nah|men|sei|tig *(bes. österr., schweiz.);* **Ein|nah|me|quel|le; Ein|nah|me|sei|te; Ein|nah|me|soll**
Ein|nahms|quel|le *(österr.)*
ein|näs|sen *(bes. Med., Psychol., Päd.);* das Kind nässt ein
ein|ne|beln; ich neb[e]le ein; **Ein|ne|be|lung, Ein|neb|lung**
ein|neh|men; ein|neh|mend
Ein|neh|mer *(veraltend);* **Ein|neh|me|rin**
ein|net|zen (*bes. Fußball* ein Tor erzielen)
ein|ni|cken (*ugs. für* [für kurze Zeit] einschlafen)
ein|nis|ten, sich; **Ein|nis|tung**
ein|nor|den; eine Landkarte einnorden
Ein|öd, die; -, -en (*bayr., österr. für* Einöde)
Ein|öde; Ein|öd|hof
ein|ölen; sich einölen
ein|ord|nen; sich links, rechts einordnen; **Ein|ord|nung; Ein|ord|nungs|schwie|rig|kei|ten** *Plur.*
ein|pa|cken; Ein|pa|ckung
ein|par|ken; Ein|par|ker; Ein|par|ke|rin; Ein|park|hil|fe
Ein|par|tei[|en]|re|gie|rung; Ein|par|tei[|en]|sys|tem
ein|pas|sen; Ein|pas|sung
ein|pau|ken *(ugs.);* **Ein|pau|ker**
ein|pe|geln, sich (einpendeln)
ein|peit|schen; Ein|peit|scher; Ein|peit|sche|rin
ein|pen|deln, sich; **Ein|pend|ler** (Person, die an einem Ort arbeitet, aber nicht dort wohnt); **Ein|pend|le|rin**
ein|pen|nen (*ugs. für* einschlafen)
Ein|per|so|nen|haus|halt; Ein|per|so|nen|stück *(Theater)*
ein|pfar|ren (einer Pfarrei eingliedern); **Ein|pfar|rung**
Ein|pfen|nig|stück (*früher; mit Ziffer* 1-Pfennig-Stück; ↑K26)
ein|pfer|chen; Ein|pfer|chung
ein|pflan|zen; Ein|pflan|zung
ein|pfle|gen *(bes. EDV);* Daten einpflegen
Ein|pha|sen|strom *(Elektrot.);* **Ein|pha|sen-Wech|sel|strom|sys|tem** ↑K22 ; **ein|pha|sig**
ein|pin|seln; Ein|pin|se|lung, *seltener* **Ein|pins|lung**
ein|pla|nen; Ein|pla|nung
ein|pö|keln
ein|pol|dern; Ein|pol|de|rung (Eindeichung)
ein|po|lig *(Physik, Elektrot.)*
ein|prä|gen; sich einprägen; **ein|präg|sam; Ein|präg|sam|keit,** die; -; **Ein|prä|gung**
ein|pras|seln; Fragen prasselten auf sie ein
ein|prei|sen (im Preis berücksichtigen)
ein|pres|sen
ein|pro|gram|mie|ren *(bes. EDV)*
ein|prü|geln; auf jmdn. einprügeln
ein|pu|dern
ein|pup|pen, sich *(Biol.)*
ein|put|ten *(Golf)*
ein|quar|tie|ren; Ein|quar|tie|rung
Ein|rad
ein|rah|men; ein Bild einrahmen; **Ein|rah|mung**
ein|ram|men; Pfähle einrammen
ein|ran|gie|ren; Ein|ran|gie|rung
ein|ras|ten
ein|rau|chen
ein|räu|men
Ein|raum|knei|pe *(ugs.)*
Ein|räu|mung; Ein|räu|mungs|satz (*für* Konzessivsatz)
Ein|raum|woh|nung (*regional für* Einzimmerwohnung)
ein|rech|nen *vgl.* eingerechnet
Ein|re|de (*Rechtsspr.* Einwand, Einspruch); **ein|re|den**
ein|reg|nen; es regnet sich ein
ein|re|gu|lie|ren; Ein|re|gu|lie|rung
ein|rei|ben; Ein|rei|bung
ein|rei|chen; Ein|reich|frist; Ein|rei|chung; Ein|rei|chungs|frist
ein|rei|hen; sich einreihen
Ein|rei|her (*Textilind.* Anzug, dessen Jackett nur eine Knopfreihe hat); **ein|rei|hig**
Ein|rei|hung
Ein|rei|se; Ein|rei|se|er|laub|nis; Ein|rei|se|ge|neh|mi|gung
ein|rei|sen; nach Frankreich, in die Schweiz einreisen (wohin?), *aber* er ist in Frankreich (wo?) eingereist
Ein|rei|se|sper|re (*bes. schweiz. für* Einreiseverbot); **Ein|rei|se|ver|bot; Ein|rei|se|ver|wei|ge|rung; Ein|rei|se|vi|sum**
ein|rei|ßen; Ein|reiß|ha|ken
ein|rei|ten
ein|ren|ken; Ein|ren|kung
ein|ren|nen
ein|re|xen (*österr. für* einwecken); du rext ein
ein|rich|ten; sich einrichten; **Ein|rich|ter; Ein|rich|te|rin**
Ein|rich|tung
Ein|rich|tungs|ge|gen|stand; Ein|rich|tungs|haus
ein|rin|geln (*österr. für* einkringeln)

E
einr

Ein|riss
ein|rit|zen; Ein|rit|zung
ein|rol|len; Ein|rol|lung
ein|ros|ten
ein|rü|cken; Ein|rü|ckung
Ein|ruf (*seltener für* Zwischenruf; *Theater* Ruf auf die Bühne)
ein|rüh|ren; sich, jmdm. etwas einrühren (*ugs. auch für* Unannehmlichkeiten bereiten)
ein|rüs|ten; ein Haus einrüsten (mit einem Gerüst versehen)

eins

Zahlwort (Zahl 1):
- eins u. zwei macht, ist (*nicht* machen, sind) drei
- eins Komma fünf
- sie ist eins achtzig groß *(ugs.)*
- etwas eins zu eins umsetzen; eine Eins-zu-eins-Umsetzung (1:1-Umsetzung)
- aus eins mach zwei
- es ist, schlägt eins (ein Uhr); ein Viertel auf, vor eins; halb eins; gegen eins
- im Jahr[e] eins
- Nummer, Punkt, Absatz eins
- das ist eins a [I a] (*ugs. für* ausgezeichnet)
- er war eins, zwei, drei (*ugs. für* sehr schnell) damit fertig

Vgl. auch drei, [1]ein III *u.* Eins

Adjektiv (*für* einig, gleich, dasselbe):
- eins (einig) sein, werden
- in eins setzen (gleichsetzen)
- es ist mir alles eins (gleichgültig)

Unbestimmtes Pronomen:
- ein[e]s; *vgl.* [1]ein II

Eins, die; -, -en; sie hat die Prüfung mit der Note »Eins« bestanden; er würfelt drei Einsen; er hat in Latein eine Eins geschrieben; *vgl.* [1]Acht
Ein|saat *(Landwirtsch.)*
ein|sa|cken
ein|sä|en
ein|sa|gen (*landsch. für* vorsagen); **Ein|sa|ger; Ein|sa|ge|rin**
Eins-a-La|ge (*ugs.; mit Ziffer* 1-a-Lage)
ein|sal|ben; Ein|sal|bung
ein|sal|zen; eingesalzen, *seltener* eingesalzt; **Ein|sal|zung**
ein|sam; Ein|sam|keit *Plur. selten;* **Ein|sam|keits|ge|fühl**
ein|sam|meln; Ein|sam|me|lung, Ein|samm|lung
ein|sar|gen; Ein|sar|gung
Ein|sat|te|lung, Ein|satt|lung (sattelförmige Vertiefung)
Ein|satz, der; -es, Einsätze
Ein|satz|be|fehl
ein|satz|be|reit; Ein|satz|be|reit|schaft, die; -
Ein|satz|dienst
ein|satz|fä|hig; ein|satz|freu|dig
Ein|satz|ge|biet; Ein|satz|grup|pe; Ein|satz|kom|man|do; Ein|satz|kraft *meist Plur.;* **Ein|satz|lei|ter,** der; **Ein|satz|lei|te|rin; Ein|satz|mög|lich|keit**
Ein|satz|wa|gen (nach Bedarf einzusetzender [Straßenbahn]wagen; Spezialfahrzeug der Polizei)
Ein|satz|zen|t|ra|le
ein|sau|en (*derb für* [stark] beschmutzen)
ein|säu|ern; Ein|säu|e|rung
ein|sau|gen; Ein|sau|gung
ein|säu|men; Ein|säu|mung
ein|scan|nen [...skɛnən] *(EDV)*
ein|schach|teln; Ein|schach|te|lung, Ein|schacht|lung
ein|scha|len (*Bauw.* verschalen); **Ein|scha|ler** (jmd., der einschalt); **Ein|scha|le|rin**
ein|schal|ten; sich einschalten
Ein|schalt|he|bel; Ein|schalt|quo|te
Ein|schal|tung
Ein|scha|lung
ein|schär|fen; jmdm. etw. einschärfen; **Ein|schär|fung**
ein|schar|ren
ein|schätz|bar; ein|schät|zen; sich einschätzen; **Ein|schät|zung**
Ein|schau (*österr. für* Revision); **Ein|schau|be|richt**
ein|schäu|men
ein|schen|ken; Wein einschenken
ein|sche|ren (*Verkehrsw.* sich in den Verband, in die Kolonne einreihen; *Seemannsspr.* Tauwerk durch Halterungen o. Ä. ziehen); scherte ein; eingeschert
Ein|schicht, die; - (*bayr., österr. für* Öde, Einsamkeit); **ein|schich|tig** (*südd., österr. für* abseits gelegen, einsam)
ein|schi|cken
ein|schie|ben; Ein|schieb|sel, das; -s, -; **Ein|schie|bung**
Ein|schie|nen|bahn
ein|schie|ßen; sich einschießen
ein|schif|fen; sich einschiffen; **Ein|schif|fung**
einschl. = einschließlich
ein|schla|fen
ein|schlä|fe|rig *vgl.* einschläfig
ein|schlä|fern; ich schläfere ein; **ein|schlä|fernd; Ein|schlä|fe|rung**
ein|schlä|fig, ein|schläf|rig; einschläf[r]iges (für eine Person gedachtes) Bett
Ein|schlag; ein|schla|gen
ein|schlä|gig (zu etwas gehörend)
Ein|schlag|pa|pier
ein|schläm|men; Sträucher einschlämmen (stark bewässern)
ein|schlei|chen, sich
ein|schlei|fen (*österr. auch für* nach u. nach anpassen); **Ein|schleif|re|ge|lung** *(österr.)*
ein|schlei|men, sich (*ugs. abwertend für* sich einschmeicheln)
ein|schlep|pen; Ein|schlep|pung
ein|schleu|sen; Ein|schleu|sung
ein|schlich|ten (*österr. für* einordnen, einlagern)
ein|schlie|ßen

ein|schließ|lich

(*Abk.* einschl.)
Präposition mit Genitiv:
- einschließlich des Kaufpreises
- einschließlich Berlins

Ein allein stehendes, stark gebeugtes Substantiv steht im Singular ungebeugt:
- einschließlich Porto
- einschließlich Auf- und Abladen

Wenn bei Pluralformen der Genitiv nicht erkennbar ist, steht »einschließlich« mit Dativ:
- einschließlich Getränken

Ein|schlie|ßung
ein|schlum|mern
Ein|schlupf
Ein|schluss
ein|schmei|cheln, sich; sich [bei jmdm.] einschmeicheln wollen; **Ein|schmei|che|lung; Ein|schmeich|ler; Ein|schmeich|le|rin; Ein|schmeich|lung**
ein|schmei|ßen (*ugs. für* einwerfen)
ein|schmel|zen; Ein|schmel|zung; Ein|schmel|zungs|pro|zess
ein|schmie|ren; sich einschmieren
ein|schmug|geln
ein|schnap|pen (*ugs. auch für* gekränkt sein)
ein|schnei|den; ein|schnei|dend; einschneidende Veränderung
ein|schnei|en
Ein|schnitt
ein|schnü|ren; Ein|schnü|rung

ein|schrän|ken; *vgl.* eingeschränkt; **Ein|schrän|kung**
ein|schrau|ben
Ein|schreib|brief, Ein|schrei|be|brief; ein|schrei|ben; Ein|schrei|ben, das; -s, - (eingeschriebene Postsendung); etwas per Einschreiben schicken; **Ein|schrei|be|sen|dung, Ein|schreib|sen|dung; Ein|schrei|bung**
ein|schrei|ten
ein|schrump|fen; Ein|schrump|fung
Ein|schub, der; -[e]s, Einschübe; **Ein|schub|de|cke** *(Bauw.);* **Ein|schub|tech|nik**
ein|schüch|tern; ich schüchtere ein; **Ein|schüch|te|rung; Ein|schüch|te|rungs|ver|such**
ein|schu|len; Ein|schu|lung; Ein|schu|lungs|al|ter, das; -s
ein|schü|rig; einschürige (nur eine Ernte im Jahr liefernde) Wiese
Ein|schuss; Ein|schuss|loch; Ein|schuss|stel|le, Ein|schuss-Stel|le
ein|schwär|zen
ein|schwe|ben *(Flugw.)*
ein|schwei|ßen
ein|schwen|ken (einen Richtungswechsel vollziehen)
ein|schwim|men *(Technik)*
ein|schwin|gen
ein|schwö|ren; er ist auf diese Mittel eingeschworen
ein|seg|nen; Ein|seg|nung
ein|seh|bar; ein|se|hen; Ein|se|hen, das; -s; ein Einsehen haben
ein|sei|fen (*ugs. auch für* anführen, betrügen)
ein|sei|tig; Ein|sei|tig|keit
ein|sen|den; Ein|sen|der; Ein|sen|de|rin; Ein|sen|de|schluss; Ein|sen|de|ter|min; Ein|sen|dung
ein|sen|ken; sich einsenken; **Ein|sen|kung**
Ein|ser *vgl.* [1]Einer
ein|setz|bar; ein|set|zen; Ein|set|zung
Ein|sicht, die; -, -en; in etwas Einsicht nehmen; **ein|sich|tig; Ein|sich|tig|keit,** die; -; **Ein|sicht|nah|me,** die; -, -n *(Amtsspr.);* **ein|sichts|los; ein|sichts|voll**
ein|si|ckern
Ein|sie|de|glas *Plur.* ...gläser (*südd., österr. für* Einmachglas)
Ein|sie|de|lei; Ein|sie|deln (Abtei u. Wallfahrtsort in der Schweiz)
ein|sie|den (*bayr., österr. für* einkochen, einmachen)
Ein|sied|ler; Ein|sied|le|rin; ein|sied|le|risch; Ein|sied|ler|krebs
Ein|sil|ber *vgl.* Einsilbler
ein|sil|big; Ein|sil|big|keit, die; -
Ein|silb|ler, Ein|sil|ber (einsilbiges Wort)
ein|si|lie|ren (*Landwirtsch.* in einem Silo einlagern)
ein|sin|gen; sich einsingen
ein|sin|ken; Ein|sink|tie|fe
Ein|sitz, der; -es (*schweiz. für* Mitgliedschaft [in einem Gremium]); **ein|sit|zen** (*Rechtsspr.* im Gefängnis sitzen)
Ein|sit|zer; ein|sit|zig
ein|som|me|rig, ein|söm|me|rig; einsommerige *od.* einsömmerige (erst einen Sommer alte) Forellen
ein|sor|tie|ren; Ein|sor|tie|rung
ein|spal|tig *(Druckw.)*
ein|span|nen
Ein|spän|ner (*österr. auch für* Mokka mit Schlagsahne)
ein|spän|nig
ein|spa|ren; Ein|spar|mög|lich|keit
Ein|spar|po|ten|zi|al, Ein|spar|po|ten|ti|al
Ein|spa|rung; Ein|spa|rungs|maß|nah|me *meist Plur.*
ein|spei|cheln; Ein|spei|che|lung
ein|spei|sen (*Technik* zuführen, eingeben); **Ein|spei|sung**
ein|sper|ren
ein|spie|len; Ein|spiel|er|geb|nis; Ein|spie|lung
ein|spin|nen; sich einspinnen
Ein|spon|be|trug (eine Form des Wirtschaftsbetrugs)
Ein|spra|che (*österr., schweiz. für* Einspruch)
ein|spra|chig; Ein|spra|chig|keit, die; -
ein|spre|chen; er hat auf sie eingesprochen
ein|spren|gen; Ein|spreng|sel
ein|sprin|gen
Ein|spritz|dü|se; ein|sprit|zen
Ein|sprit|zer (*ugs. für* Einspritzmotor); **Ein|spritz|mo|tor**
Ein|sprit|zung
Ein|spruch; Einspruch erheben; **Ein|spruchs|frist; Ein|spruchs|recht**
ein|sprü|hen
ein|spu|ren (*schweiz. für* sich in eine Fahrspur einordnen)
ein|spu|rig
Eins|sein
einst *(geh.);* **Einst,** das; - *(geh.);* das Einst und [das] Jetzt ↑K 81
ein|stal|len *(Landwirtsch.);* Kühe einstallen
ein|stamp|fen; Ein|stamp|fung
Ein|stand, der; -[e]s, Einstände; **Ein|stands|preis**
ein|stan|zen
ein|stau|ben (*österr. auch für* einstäuben); **ein|stäu|ben** (pudern)
ein|ste|chen
Ein|steck|bo|gen *(Druckw.)*
ein|ste|cken *vgl.* [2]stecken; **Ein|steck|kamm; Ein|steck|tuch** *Plur.* ...tücher
ein|ste|hen (bürgen)
Ein|steig|dieb|stahl *(bes. österr.),* **Ein|stei|ge|dieb|stahl**
ein|stei|gen; Ein|stei|ger *(ugs.);* **Ein|stei|ge|rin** *(ugs.)*
Ein|stein (dt.-amerik. Physiker); **Ein|stei|ni|um,** das; -s ⟨*nach* Einstein⟩ (chemisches Element; *Zeichen* Es)
ein|steinsch; die einsteinsche *od.* Einstein'sche Gleichung ↑K 135 *u.* 89
ein|stell|bar; ein|stel|len; sich einstellen
Ein|stell|hal|le (*schweiz. für* [unterirdische] Garage)
ein|stel|lig; eine einstellige Zahl
Ein|stell|platz
Ein|stel|lung
Ein|stel|lungs|be|scheid; Ein|stel|lungs|ge|spräch
Ein|stel|lungs|sa|che
Ein|stel|lungs|stopp; Ein|stel|lungs|test
eins|tens (*geh. für* einst)
Ein|stich; Ein|stich|stel|le
Ein|stieg, der; -[e]s, -e; **Ein|stiegs|dro|ge** (Droge, deren ständiger Genuss meist zur Einnahme stärkerer Rauschgifte führt)
ein|stie|len (*Jargon auch für* auf den Weg bringen, durchführen); ein Geschäft einstielen
eins|tig
ein|stim|men; sich einstimmen
ein|stim|mig; Ein|stim|mig|keit, die; -
Ein|stim|mung
ein|stip|pen *(landsch.);* das Brot einstippen (eintauchen)
einst|ma|lig; einst|mals *(geh.)*
ein|stö|ckig
ein|stöp|seln *(ugs.);* ein Gerät einstöpseln
ein|sto|ßen
ein|strah|len; Ein|strah|lung
ein|strei|chen; er strich das Geld ein (*ugs. für* nahm es an sich)
Ein|streu *(Landwirtsch.);* **ein|streu|en**
ein|strö|men
ein|stu|die|ren; ein|stu|diert; ein einstudiertes Lächeln; **Ein|stu|die|rung**
ein|stu|fen; ein|stu|fig; Ein|stu|fung
ein|stül|pen; Ein|stül|pung

E
Eins

Ein|stun|den|takt; die Züge verkehren im Einstundentakt
ein|stün|dig (eine Stunde dauernd)
ein|stünd|lich (*selten für* stündlich)
ein|stür|men; alles stürmt auf ihn ein
Ein|sturz *Plur.* ...stürze; **Ein|sturz|be|ben; ein|stür|zen**
Ein|sturz|ge|fahr, die; -; **ein|sturz|ge|fähr|det**
einst|wei|len; einst|wei|lig *(Amtsspr.);* einstweilige Verfügung
Eins|wer|den, das; -s *(geh.);* **Eins|wer|dung,** die; -
Eins-zu-eins-Kon|takt (*mit Ziffern* 1:1-Kontakt; unmittelbarer, persönlicher Kontakt)
Eins-zu-eins-Um|set|zung (*in Ziffern* 1:1-Umsetzung; Umsetzung ohne Abweichungen von der Vorgabe)
ein|tä|gig (einen Tag dauernd)
Ein|tags|fie|ber, das; -s; **Ein|tags|flie|ge**
ein|tan|zen; Ein|tän|zer (in Tanzlokalen angestellter Tanzpartner); **Ein|tän|ze|rin**
ein|tas|ten (über eine Tastatur eingeben)
ein|tä|to|wie|ren
ein|tau|chen
Ein|tausch, der; -[e]s; **ein|tau|schen**
ein|tau|send
ein|ta|xie|ren
ein|tei|gen (mit Teig umhüllen)
ein|tei|len
ein|tei|lig
Ein|tei|lung; Ein|tei|lungs|prin|zip
Ein|tel, das, *schweiz. meist* der; -s, - (*Math.* Ganzes); *vgl.* Achtel
ein|tip|pen; den Betrag eintippen
ein|tö|nig; Ein|tö|nig|keit, die; -
Ein|topf
ein|top|fen; eine Blume eintopfen
Ein|topf|ge|richt
Ein|tracht, die; -; **ein|träch|tig; Ein|träch|tig|keit,** die; -; **ein|träch|tig|lich** *(veraltend)*
Ein|trag, der; -[e]s, ...träge; **ein|tra|gen;** *vgl. auch* eingetragen
ein|träg|lich; Ein|träg|lich|keit, die; -
Ein|tra|gung
ein|trai|nie|ren
ein|trän|ken; jmdm. etwas eintränken (*ugs. für* heimzahlen)
ein|träu|feln; Ein|träu|fe|lung, Ein|träuf|lung
ein|tref|fen
ein|treib|bar; ein|trei|ben; Ein|trei|ber; Ein|trei|be|rin; Ein|trei|bung
ein|tre|ten; in ein Zimmer, eine Verhandlung eintreten; auf etwas eintreten (*schweiz. für* auf etwas eingehen, mit der Beratung von etwas beginnen)
ein|tre|ten|den|falls *(Amtsspr.)*
Ein|tre|tens|de|bat|te (*schweiz. für* allgemeine Aussprache über eine Vorlage im Parlament)
ein|trich|tern (*ugs. für* einflößen; einprägen)
Ein|tritt; Ein|tritts|al|ter
Ein|tritts|geld; Ein|tritts|kar|te; Ein|tritts|preis
Ein|tritts|prü|fung (*schweiz. für* Aufnahmeprüfung); **Ein|tritts|test** (*schweiz. für* Einstufungstest)
ein|trock|nen
ein|tröp|feln; Ein|tröp|fe|lung, Ein|tröpf|lung
ein|trü|ben; sich eintrüben; **Ein|trü|bung**
ein|tru|deln (*ugs. für* langsam eintreffen)
ein|tun|ken *(österr., sonst landsch.);* das Brot eintunken (eintauchen)
ein|tü|rig; ein eintüriger Schrank
ein|tü|ten (in Tüten füllen)
ein|üben; sich einüben; **Ein|über** (*für* Korrepetitor); **Ein|übe|rin; Ein|übung**
ein und aus ge|hen *vgl.* [2]ein
ein und der|sel|be *vgl.* derselbe
ein|und|ein|halb, ein|ein|halb; ein[und]einhalbmal so viel
ein|und|zwan|zig
Ei|nung (*veraltet für* Einigung)
ein|ver|lan|gen (*schweiz. für* verlangen, anfordern)
ein|ver|lei|ben; sich einverleiben; er verleibt ein, *auch* er einverleibt; einverleibt; einzuverleiben; **Ein|ver|lei|bung**
Ein|ver|nah|me, die; -, -n (*bes. österr., schweiz. für* Verhör); **ein|ver|neh|men** ⟨*zu* Einvernahme⟩
Ein|ver|neh|men, das; -s *(geh.);* mit jmdm. in gutem Einvernehmen stehen; sich ins Einvernehmen setzen; **ein|ver|nehm|lich**
ein|ver|stan|den; ein|ver|ständ|lich; Ein|ver|ständ|nis; Ein|ver|ständ|nis|er|klä|rung
Ein|waa|ge *Plur. selten* (in Dosen o. Ä. eingewogene Menge; Gewichtsverlust beim Wiegen)
[1]**ein|wach|sen;** ein eingewachsener Zehennagel
[2]**ein|wach|sen** (mit Wachs einreiben)
ein|wäh|len, sich (über eine Telefonleitung Zugang zum Internet herstellen)
Ein|wahl|punkt (*EDV* Ort, an dem eine drahtlose Verbindung zum Internet genutzt werden kann)
Ein|wand, der; -[e]s, ...wände
Ein|wan|de|rer; Ein|wan|de|rin
ein|wan|dern; Ein|wan|de|rung
Ein|wan|de|rungs|be|hör|de; Ein|wan|de|rungs|land
ein|wand|frei
ein|wärts; die Füße einwärts (nach innen gedreht) aufsetzen
ein|wärts|bie|gen; einwärtsgebogene Gitterstäbe
ein|wärts|ge|hen (mit einwärtsgerichteten Füßen gehen)
ein|wärts|rich|ten; einwärtsgerichtete Zugkräfte *(fachspr.)*
ein|we|ben
ein|wech|seln; Ein|wech|se|lung, Ein|wechs|lung
ein|we|cken (einmachen); **Ein|weck|glas** *Plur.* ...gläser
Ein|weg|fla|sche (Flasche zum einmaligen Gebrauch); **Ein|weg|glas** *Plur.* ...gläser
Ein|weg|hahn *(Technik)*
Ein|weg|pfand
Ein|weg|schei|be (nur einseitig durchsichtige Glasscheibe)
Ein|weg|sprit|ze; Ein|weg|ver|pa|ckung
ein|wei|chen *vgl.* [1]weichen; **Ein|wei|chung**
ein|wei|hen; Ein|wei|hung
ein|wei|sen; jmdn. in ein Amt einweisen; **Ein|wei|ser; Ein|wei|se|rin; Ein|wei|sung**
ein|wen|den; ich wandte *od.* wendete ein, habe eingewandt *od.* eingewendet; **Ein|wen|dung**
ein|wer|ben; Gelder, Spenden einwerben
ein|wer|fen
ein|wer|tig *(Fachspr.);* **Ein|wer|tig|keit,** die; -
ein|wi|ckeln; Ein|wi|ckel|pa|pier
Ein|wick|lung
ein|wie|gen
ein|wil|li|gen; Ein|wil|li|gung
ein|win|keln; die Arme einwinkeln
ein|win|ken *(Verkehrsw.)*
ein|win|tern; ich wintere Kartoffeln ein
ein|wir|ken; Ein|wir|kung; Ein|wir|kungs|mög|lich|keit
ein|wö|chent|lich (*selten für* wöchentlich)
ein|wö|chig (eine Woche dauernd)
ein|woh|nen *(selten)*
Ein|woh|ner; Ein|woh|ner|amt (Einwohnermeldeamt)

ein|zeln	
Kleinschreibung: – ein einzelner Baum – jede einzelne Mitarbeiterin – jede einzelne unserer Mitarbeiterinnen – sie übertrat kein einzelnes, sondern alle Verbote – bitte einzeln eintreten – es gab einzelne bemerkenswerte Leistungen – ein einzeln stehendes *od.* einzelnstehendes Haus ↑K58	*Großschreibung der Substantivierung* ↑K72: – der, die, das Einzelne – ich als Einzelner – jeder Einzelne ist verantwortlich – bis ins Einzelne geregelt – Einzelne werden sich fragen, ob ... – wir wollen nicht zu sehr ins Einzelne gehen – Einzelnes blieb ungeklärt – die Dinge sind im Einzelnen noch zu klären – vom Einzelnen auf das Ganze schließen

Ein|woh|ner|dienst *meist Plur.* (*schweiz. für* Einwohnermeldeamt); **Ein|woh|ne|rin; Ein|woh|ner|mel|de|amt; Ein|woh|ner|schaft; Ein|woh|ner|ver|zeich|nis; Ein|woh|ner|zahl**
ein|wüh|len; sich einwühlen
Ein|wurf
ein|wur|zeln; Ein|wur|ze|lung, Ein|wurz|lung
Ein|zahl, die; -, -en *Plur. selten* (*für* Singular)
ein|zah|len; Ein|zah|ler; Ein|zah|le|rin; Ein|zah|lung
Ein|zah|lungs|be|leg; Ein|zah|lungs|schal|ter; Ein|zah|lungs|schein (*österr., schweiz. für* Zahlkarte)
ein|zäu|nen; Ein|zäu|nung
ein|ze|hig *(Zool.)*
ein|zeich|nen; Ein|zeich|nung
ein|zei|lig (*mit Ziffer* 1-zei|lig)
Ein|zel, das; -s, - *(Sport)*
Ein|zel|ab|teil; Ein|zel|ak|ti|on; Ein|zel|aus|ga|be; Ein|zel|be|ob|ach|tung
Ein|zel|bild; Ein|zel|bild|schal|tung (Vorrichtung, die das Fortbewegen eines Films in Einzelschritten ermöglicht)
Ein|zel|ding; Ein|zel|dis|zi|p|lin *(Sport);* **Ein|zel|er|schei|nung**
Ein|zel|fall; ein|zel|fall|be|zo|gen; Ein|zel|fall|prü|fung
Ein|zel|gän|ger; Ein|zel|gän|ge|rin
Ein|zel|ge|spräch; Ein|zel|grab; Ein|zel|haft
Ein|zel|han|del *vgl.* [1]Handel
Ein|zel|han|dels|ge|schäft; Ein|zel|han|dels|kauf|frau; Ein|zel|han|dels|kauf|mann; Ein|zel|han|dels|ver|band
Ein|zel|händ|ler; Ein|zel|händ|le|rin
Ein|zel|heit
Ein|zel|in|te|r|es|se *meist Plur.*
Ein|zel|kämp|fer; Ein|zel|kämp|fe|rin
Ein|zel|kind; Ein|zel|leis|tung
Ein|zel|ler (*Biol.* einzelliges Lebewesen); **ein|zel|lig**
Ein|zel|mit|glied|schaft
ein|zeln *s. Kasten*
Ein|zel|per|son; Ein|zel|rei|se; Ein|zel|ren|nen *(Sport);* **Ein|zel|rich|ter; Ein|zel|rich|te|rin; Ein|zel|schick|sal; Ein|zel|sieg; Ein|zel|spie|ler; Ein|zel|spie|le|rin; Ein|zel|staat**
Ein|zel|ste|hen|de, der *u.* die; -n, -n
Ein|zel|stück
Ein|zel|tä|ter; Ein|zel|tä|te|rin
Ein|zel|teil; Ein|zel|ver|kauf
Ein|zel|wer|tung *(Sport)*
Ein|zel|we|sen; Ein|zel|zel|le; Ein|zel|zim|mer
ein|ze|men|tie|ren
ein|zie|hen
Ein|zieh|schacht (*Bergmannsspr.* Frischluftschacht)
Ein|zie|hung; Ein|zie|hungs|auf|trag (*österr. für* Einzugsermächtigung)

ein|zig
»einzig« wird normalerweise nicht gesteigert: – er war mein einziger (*nicht* einzigster) Freund
Kleinschreibung: – wir waren die einzigen Gäste – sie ist einzig in ihrer Art – eine einzig dastehende Leistung – das ist einzig und allein meine Schuld
Großschreibung der Substantivierung ↑K72: – der, die, das Einzige – sie als Einzige – ein Einziger; kein Einziger – Peter ist unser Einziger

ein|zig|ar|tig ↑K72: das Einzigartige ist, dass ...; **Ein|zig|ar|tig|keit**
Ein|zig|keit
Ein|zim|mer|woh|nung
ein|zu|ckern
Ein|zug
[1]**Ein|zü|ger** (mit einem Zug zu lösende Schachaufgabe)
[2]**Ein|zü|ger** (*schweiz. für* Kassierer); **Ein|zü|ge|rin**
Ein|zugs|be|reich; Ein|zugs|er|mäch|ti|gung; Ein|zugs|ge|biet
ein|zwän|gen; Ein|zwän|gung
Ei|pul|ver (Trockenei)
Éi|re [ˈeːri, *auch* ˈɛːrə] (*irischer Name von* Irland)
Ei|re|ne (griech. Göttin des Friedens, eine der [2]Horen)
ei|rund; Ei|rund
eis, Eis, das; -, - (Tonbezeichnung)
Eis, das; -es; [drei] Eis essen; auf dem Eis laufen; *vgl. aber* eislaufen
Ei|sack, der; -[s] (linker Nebenfluss der Etsch)
Eis|bad; Eis|ba|den, das; -s
Eis|bahn
Eis|bär; Eis|bä|rin
Eis|be|cher
Eis|bein (eine Speise)
Eis|berg; Eis|berg|sa|lat
Eis|beu|tel
Eis|blink, der; -[e]s, -e (*Meteorol.* Widerschein des Polareises am Horizont)
Eis|block *Plur.* ...blöcke; **Eis|blu|me; Eis|bom|be; Eis|bre|cher**
Eis|ca|fé (Lokal; *vgl.* Eiskaffee)
Ei|scha|le *(bes. fachspr.)*
Ei|schnee, Ei|er|schnee
Eis|creme, Eis|crème
Eis|cru|sher [...krʌʃɐ], der; -s, - ‹engl.› (Gerät, das Eiswürfel zerkleinert)
Eis|de|cke; Eis|die|le
ei|sen (mit Eis kühlen, mischen); du eist; ge|eis|te Früchte
Ei|sen, das; -s, - (*nur Sing.:* chemisches Element, Metall; *Zeichen* Fe; *vgl.* Ferrum; Gegenstand aus Eisen); die Eisen schaffende *od.* eisenschaffende, Eisen verarbeitende *od.* eisenverarbeitende Industrie ↑K58
Ei|se|n|ach (Stadt am Thüringer Wald); **Ei|se|n|a|cher; Ei|se|n|a|che|rin**
Ei|sen|bahn; Ei|sen|bahn|brü|cke

Ei|sen|bah|ner; Ei|sen|bah|ne|rin
Ei|sen|bahn|fahr|plan; Ei|sen|bahn|ge|sell|schaft; Ei|sen|bahn|li|nie; Ei|sen|bahn|wa|gen; Ei|sen|bahn|we|sen
Ei|sen|bart[h] (dt. Wundarzt); ein Doktor Eisenbart[h] (*übertr. für* Arzt, der gern derbe Kuren anwendet)
Ei|sen|bau *Plur.* ...bauten
ei|sen|be|schla|gen
Ei|sen|be|ton; Ei|sen|blech; Ei|sen|block *Plur.* ...blöcke

E
Eise

Ei|sen|blü|te (ein Mineral); **Ei|sen|erz**
Ei|sen|fres|ser (*ugs. für* Person, die Krafttraining betreibt; unerbittlicher, rücksichtsloser Mann)
Ei|sen|guss
ei|sen|hal|tig; ei|sen|hart
Ei|sen|how|er [...haue̯] (Präsident der USA)
Ei|sen|hut, der (eine Heil- u. Zierpflanze)
Ei|sen|hüt|te; Ei|sen|hüt|ten|we|sen, das; -s
Ei|sen|in|dus|t|rie
Ei|sen|lup|pe *(Technik);* **Ei|sen|rahm** (ein Mineral)
Ei|sen schaf|fend, ei|sen|schaf|fend ↑K 58 *(veraltet)*
ei|sen|schüs|sig (eisenhaltig)
Ei|sen|stadt (Hauptstadt des Burgenlandes)
Ei|sen|stan|ge
Ei|sen ver|ar|bei|tend, ei|sen|ver|ar|bei|tend *vgl.* Eisen
Ei|sen|wa|ren; Ei|sen|wa|ren|hand|lung
Ei|sen|zeit, die; - (frühgeschichtl. Kulturzeit)

ei|sern

Kleinschreibung ↑K 89:

- eiserne Hochzeit (65. Jahrestag der Hochzeit)
- die eiserne Ration
- der eiserne Vorhang (feuersicherer Abschluss der Theaterbühne)
- mit eisernem Besen auskehren
- mit eiserner Willenskraft

Großschreibung ↑K 89 *u.* 140:

- das Eiserne Kreuz (ein Orden)
- die Eiserne Krone (die lombardische Königskrone)
- das Eiserne Tor (Durchbruchstal der Donau)
- der Eiserne Vorhang (zwischen Ost und West in der Zeit des Kalten Krieges)

Ei|ses|käl|te
Eis|fach
Eis|flä|che
eis|frei; dieser Hafen ist eisfrei
Eis|gang
eis|ge|kühlt
eis|glatt; Eis|glät|te
eis|grau
Eis|hei|li|gen *Plur.* (Maifröste)
Eis|ho|ckey
Eis|ho|ckey-Län|der|spiel, Eis|ho|ckey|län|der|spiel; Eis|ho|ckey|spie|ler; Eis|ho|ckey|spie|le|rin
ei|sig; es waren eisig kalte Tage; die Tage waren eisig kalt
Eis|jacht, Eis|yacht (Schlitten zum Eissegeln)
Eis|kaf|fee (Kaffee mit Eis u. Sahne; *vgl.* Eiscafé)
eis|kalt
Eis|kas|ten (*bes. südd., österr. neben* Kühlschrank)
Eis|klet|tern, das; -s *(Bergsteigen)*
Eis|kris|tall *meist Plur.*
Eis|kü|bel
Eis|kunst|lauf, der; -[e]s; **Eis|kunst|läu|fer; Eis|kunst|läu|fe|rin**
Eis|lauf, der; -[e]s
eis|lau|fen; ich laufe eis, bin eisgelaufen; **Eis|läu|fer; Eis|läu|fe|rin**
Eis|lauf|platz *(bes. österr.);* **Eis|lauf|schuh** *(bes. österr.)*
Eis|le|ben (Stadt im östl. Harzvorland); **Eis|le|ber; Eis|le|be|rin**
Eis|män|ner *Plur.* (*bayr., österr. für* Eisheilige)
Eis|meer; das Nördliche, Südliche Eismeer ↑K 40
Eis|mo|nat, Eis|mond (*alte Bez. für* Januar); **Eis|nacht**
Eis|pi|ckel
Ei|sprung (*Med.* Follikelsprung)
Eis|re|vue
Eiß, der; -es, -e, **Ei|ße,** die; -, -n (*südd. u. schweiz. mdal. für* Blutgeschwür; Eiterbeule)
Eis|sa|lon (*bes. österr. für* Eisdiele, Eiscafé)
Eis|schicht
Eis|schie|ßen, das; -s (*svw.* Eisstockschießen)
Eis|schnell|lauf, der; -[e]s
Eis|schnell|läu|fer; Eis|schnell|läu|fe|rin
Eis|schol|le; Eis|schrank; Eis|se|geln
Eis|spross, der; -es, -en, **Eis|spros|se,** die; -, -n *(Jägerspr.)*
Eis|sta|di|on; Eis|stau
Eis|stock *Plur.* ...stöcke (ein Sportgerät); Eisstock schießen, wir schießen Eisstock; **Eis|stock|schie|ßen,** das; -s

Eis|stoß (*landsch. u. österr. für* Eisstau)
Eis|tanz; Eis|tee; Eis|vo|gel; Eis|waf|fel; Eis|wein; Eis|wür|fel
Eis|yacht *vgl.* Eisjacht
Eis|zap|fen
Eis|zeit; eis|zeit|lich
[1]**ei|tel;** ein eitler Mensch
[2]**ei|tel** (*veraltend für* nur, nichts als); eitel Sonnenschein
Ei|tel|keit
Ei|ter, der; -s; **Ei|ter|beu|le; Ei|ter|er|re|ger; Ei|ter|herd**
ei|te|rig, eit|rig; **ei|tern**
Ei|ter|pi|ckel; Ei|te|rung
eit|rig, ei|te|rig
Ei|vis|sa (katalanischer Name von Ibiza)
Ei|weiß, das; -es, -e; 2 Eiweiß
Ei|weiß|be|darf; Ei|weiß|ge|halt, der; **Ei|weiß|man|gel**
ei|weiß|reich; Ei|weiß|stoff
Ei|zel|le
Eja|ku|lat, das; -[e]s, -e ‹lat.› (*Med.* ausgespritzte Samenflüssigkeit); **Eja|ku|la|ti|on,** die; -, -en (Samenerguss); **eja|ku|lie|ren**
Ejek|ti|on, die; -, -en (*Geol.* Ausschleudern von Magma)
Ejek|tor, der; -s, ...oren (Auswerfer bei Jagdgewehren; absaugende Strahlpumpe)
eji|zie|ren (*Geol.* ausschleudern)
Ekart [eˈkaːɐ̯], der; -s, -s ‹franz.› (*Börsenw.* Abstand zwischen Basis- u. Prämienkurs)
[1]**Ekar|té,** das; -s, -s ‹franz.› (ein Kartenspiel)
[2]**Ekar|té,** das; -s, -s (*Ballett* Stellung schräg zum Zuschauer)
EKD, die; - = Evangelische Kirche in Deutschland
ekel *(geh.);* ein ek|ler Geruch
[1]**Ekel,** der; -s; Ekel erregen; eine ekelerregende *od.* Ekel erregende Brühe ↑K 59
[2]**Ekel,** das; -s, - (*ugs. für* widerlicher Mensch)
ekel|er|re|gend, Ekel er|re|gend; eine ekelerregende *od.* Ekel erregende Brühe, *aber nur* eine großen Ekel erregende Brühe, eine äußerst ekelerregende Brühe, eine noch ekelerregendere Brühe ↑K 58
ekel|haft; eke|lig, ek|lig; **ekeln;** es ekelt mich *od.* mir; sich ekeln; ich ek[e]le mich
Ekel|na|me (*veraltet für* Spitz-, Übername)
Ekel|pa|ket *(ugs. abwertend)*
EKG, das; -s, -s = Elektrokardiogramm

Ek|ke|hard (*scheffelsche Schreibung von* Eckehard)

Ek|kle|sia, die; - ‹griech.-lat.› (*Theol.* christl. Kirche); **Ek|kle|si|as|ti|kus,** der; - (*in der Vulgata* Titel des Buches Jesus Sirach)

Ek|kle|sio|lo|gie, die; - (Lehre von der Kirche)

Ek|lat [e'kla(:)], der; -s, -s ‹franz.› (aufsehenerregendes Ereignis, Skandal); **ek|la|tant** (aufsehenerregend; offenkundig)

Ek|lek|ti|ker ‹griech., »Auswähler«› (Vertreter des Eklektizismus); **Ek|lek|ti|ke|rin; ek|lek|tisch**

Ek|lek|ti|zis|mus, der; - (unselbstständige, mechan. Vereinigung zusammengetragener Gedanken-, Stilelemente usw.)

ek|lek|ti|zis|tisch

ek|lig, ekelig

Ek|lip|se, die; -, -n ‹griech.› (Sonnen- od. Mondfinsternis)

Ek|lip|tik, die; -, -en (scheinbare Sonnenbahn; Erdbahn); **ek|lip|tisch**

Ek|lo|ge, die; -, -n ‹griech.› (altröm. Hirtenlied)

Ekos|sai|se [ekɔ'sɛ:...] *vgl.* Ecossaise

Ek|ra|sit, das; -s ‹franz.› (ein Sprengstoff)

Ek|rü|sei|de ‹franz.; dt.› (Rohseide)

Ek|s|ta|se, die; -, -n ‹griech.› ([religiöse] Verzückung; höchste Begeisterung); **Ek|s|ta|ti|ker; Ek|s|ta|ti|ke|rin; ek|s|ta|tisch**

Ek|ta|se, Ek|ta|sis, die; -, Ektasen ‹griech.› (*antike Verslehre* Dehnung eines Selbstlautes)

Ek|ta|sie, die; -, ...ien (*Med.* Erweiterung)

Ek|ta|sis *vgl.* Ektase

ek|to... ‹griech.› (außen...); **Ek|to...** (Außen...)

Ek|to|derm, das; -s, -e ‹griech.› (*Zool.* äußeres Keimblatt des Embryos); **Ek|to|derm|zel|le**

Ek|to|mie, die; -, ...ien ‹griech.› (*Med.* operative Entfernung)

Ek|to|pa|ra|sit ‹griech.› (*Med.* Schmarotzer der äußeren Haut)

Eku|a|dor usw. *vgl.* Ecuador usw.

Ek|zem, das; -s, -e ‹griech.› (*Med.* eine Entzündung der Haut)

EL = Esslöffel

Ela|bo|rat, das; -[e]s, -e ‹lat.› (schriftl. Arbeit, Ausarbeitung; *meist abwertend für* Machwerk)

ela|bo|riert (differenziert ausgebildet)

Elan, der; -s ‹franz.› (Schwung; Begeisterung)

Elast, der; -[e]s, -e *meist Plur.* ‹griech.› (elastischer Kunststoff)

Elas|tan, Elas|than, das; -s (dehnbare Chemiefaser)

Elas|tik, das; -s, -s *od.* die; -, -en (ein elastisches Gewebe)

Elas|tik|akt *(Zirkus, Varieté)*

elas|tisch (biegsam, dehnbar, aber wieder in die Ausgangsform zurückstrebend; *übertr. für* flexibel); **Elas|ti|zi|tät,** die; - (Federkraft; Spannkraft)

Elas|ti|zi|täts|gren|ze; Elas|ti|zi|täts|mo|dul (*Physik, Technik* Messgröße der Elastizität); **Elas|ti|zi|täts|ver|lust**

Elas|to|mer, das; -s, -e, **Elas|to|me|re,** das; -n, -n *meist Plur.* ([synthetischer] Kautschuk u. Ä.)

Ela|tiv, der; -s, -e ‹lat.› (*Sprachwiss.* absoluter Superlativ [ohne Vergleich], z. B. »beste [= sehr gute] Lage«)

El|ba (ital. Mittelmeerinsel)

elb|ab|wärts; elb|auf|wärts

El|be, die; - (ein Strom); **El|be-Lü|beck-Ka|nal,** der; -s ↑K146; **El|be|sei|ten|ka|nal,** der; -s ↑K143

Elb-Flo|renz (*Bez. für* Dresden)

Elb|kahn; Elb|mün|dung

El|b|rus, der; - (höchste Erhebung des Kaukasus)

Elb|sand|stein|ge|bir|ge, das; -s ↑K143; **Elb|strand; Elb|strom**

El|burs, der; - (iran. Gebirge)

Elch, der; -[e]s, -e (Hirschart)

Elch|bul|le; El|chin; Elch|jagd; Elch|kuh

Elch|test (*ugs. für* Test, mit dem die Sicherheit eines Autos bei Ausweichmanövern erprobt wird)

El|do|ra|do, Do|ra|do, das; -[s], -s ‹span.› (sagenhaftes Goldland in Südamerika; *übertr. für* Paradies)

E-Lear|ning ['i:lə:nɪŋ], das; -[s] ‹engl.› (computergestütztes Lernen)

Ele|a|te, der; -n, -n *meist Plur.* (Vertreter einer altgriech. Philosophenschule); **ele|a|tisch**

Elec|t|ro|nic Ban|king [ɪlɛk'trɔnɪk 'bɛŋkɪŋ], das; - -[s] ‹engl.› (elektronisch abgewickelter Zahlungs- u. Bankverkehr)

Elec|t|ro|nic Busi|ness [ɪlɛk'trɔnɪk -], das; - - ‹engl., »elektronisches Geschäft«› (Abwicklung von Geschäftsprozessen über elektronische Medien)

Elec|t|ro|nic Com|merce [ɪlɛk'trɔnɪk 'kɔmə:s], der; - - ‹engl.› (Vertrieb von Waren od. Dienstleistungen über das Internet)

Elec|t|ro|nic Pu|b|li|shing [ɪlɛk'trɔnɪk 'pablɪʃɪŋ], das; - -[s] ‹engl.› (Veröffentlichung von Verlagserzeugnissen über elektronische Medien)

Elec|t|ro|nic Vo|ting [ɪlɛk'trɔnɪk 'voʊtɪŋ], das; - -[s] ‹engl., »elektronisches Abstimmen«› (Stimmabgabe mithilfe eines elektronischen Geräts)

Ele|fant, der; -en, -en ‹griech.›; der Afrikanische, Indische Elefant *(Zool.)*; **Ele|fan|ten|bul|le,** der

Ele|fan|ten|fuß (runder Trittschemel); **Ele|fan|ten|haut** (wasserfester Schutzanstrich)

Ele|fan|ten|hoch|zeit (Zusammenschluss von mächtigen Unternehmen, Verbänden o. Ä.)

Ele|fan|ten|kuh

Ele|fan|ten|ren|nen (*ugs. für* langwieriger Überholvorgang zwischen Lastwagen)

Ele|fan|ten|run|de (*ugs. für* Fernsehdiskussionsrunde der Parteivorsitzenden nach einer Wahl)

Ele|fan|ti|a|sis, Ele|phan|ti|a|sis, die; -, ...asen (*Med.* unförmige Hautverdickung)

Ele|fan|tin; ele|fan|tös

ele|gant ‹franz.›; **Ele|gant** [...'gã:], der; -s, -s (*geh. für* sich elegant kleidender Mann)

Ele|ganz, die; -

Ele|gie, die; -, ...ien ‹griech.› (eine Gedichtform; Klagelied); **Ele|gi|en|dich|ter; Ele|gi|ker** (Elegiendichter); **Ele|gi|ke|rin**

ele|gisch (wehmütig)

Eleg|jam|bus (ein altgriech. Versmaß)

Elei|son [*auch* e'le:i...] *vgl.* Kyrie eleison!

elek|tiv ‹lat.› (auswählend); *vgl.* selektiv

Elek|to|rat, das; -[e]s, -e (*geh. für* Wählerschaft; *früher für* Kurfürstentum, Kurwürde)

Elek|t|ra (griech. Sagengestalt)

Elek|t|ri|fi|ka|ti|on, die; -, -en ‹griech.› (*schweiz. neben* Elektrifizierung)

elek|t|ri|fi|zie|ren (auf elektrischen Betrieb umstellen); **Elek|t|ri|fi|zie|rung**

Elek|t|rik, die; -, -en (Gesamtheit einer elektrischen Anlage; *ugs. für* Elektrizitätslehre); **Elek|t|ri|ker; Elek|t|ri|ke|rin**

E
Elek

E
elek

elek|t|risch; elektrische Eisenbahn; elektrische Lokomotive (*Abk.* E-Lok); elektrischer Stuhl; elektrisches Feld
Elek|t|ri|sche, die; -n, -n (*ugs. veraltet für* elektrische Straßenbahn); vier Elektrische[n]
elek|t|ri|sie|ren; Elek|t|ri|sier|ma|schi|ne
Elek|t|ri|zi|tät, die; -; **Elek|t|ri|zi|täts|werk** (*Abk.* E-Werk); **Elek|t|ri|zi|täts|wirt|schaft**
Elek|t|ro|akus|tik [*auch* eˈlɛk...] (Umwandlung von Schall in elektrische Spannung u. umgekehrt); **elek|t|ro|akus|tisch** [*auch* eˈlɛk...]
Elek|t|ro|au|to
Elek|t|ro|bike (Elektrofahrrad)
Elek|t|ro|che|mie [*auch* eˈlɛk...]; **elek|t|ro|che|misch** [*auch* eˈlɛk...]; elektrochemische Spannungsreihe
Elek|t|ro|de, die; -, -n (den Stromübergang vermittelnder Leiter)
Elek|t|ro|dy|na|mik [*auch* eˈlɛk...], die; -; **elek|t|ro|dy|na|misch** [*auch* eˈlɛk...]
Elek|t|ro|en|ze|pha|lo|graf, Elek|t|ro|en|ze|pha|lo|graph (*Med.* Gerät zur Aufzeichnung von Hirnströmen)
Elek|t|ro|en|ze|pha|lo|gramm (*Med.* Aufzeichnung der Hirnströme; *Abk.* EEG)
Elek|t|ro|fahr|rad; Elek|t|ro|fahr|zeug
Elek|t|ro|ge|rät; Elek|t|ro|gi|tar|re
Elek|t|ro|gra|fie, Elek|t|ro|gra|phie, die; - (*Elektrot., EDV* galvanische Hochätzung)
Elek|t|ro|herd
Elek|t|ro|in|dus|t|rie
Elek|t|ro|in|ge|ni|eur; Elek|t|ro|in|ge|ni|eu|rin
Elek|t|ro|in|stal|la|teur; Elek|t|ro|in|stal|la|teu|rin
Elek|t|ro|kar|dio|gramm (*Med.* Aufzeichnung der Aktionsströme des Herzens; *Abk.* EKG, Ekg)
Elek|t|ro|kar|re[n]
Elek|t|ro|kon|zern
Elek|t|ro|ly|se, die; -, -n (elektrische Zersetzung chemischer Verbindungen)
Elek|t|ro|lyt, der; *Gen.* -en, *selten* -s, *Plur.* -e, *selten* -en (*Physik, Chemie* Substanz, die durch entgegengesetzt geladene, bewegliche Ionen elektrisch leitfähig ist); **elek|t|ro|ly|tisch;** elektrolytische Dissoziation
Elek|t|ro|ma|g|net [*auch* eˈlɛk...];
elek|t|ro|ma|g|ne|tisch [*auch* eˈlɛk...]; elektromagnetisches Feld ↑K89
Elek|t|ro|me|cha|ni|ker; Elek|t|ro|me|cha|ni|ke|rin; Elek|t|ro|meis|ter; Elek|t|ro|meis|te|rin
Elek|t|ro|me|ter, das; -s, -
Elek|t|ro|mo|bil, das; -s, -e; **Elek|t|ro|mo|bi|li|tät,** die; -
Elek|t|ro|mon|teur; Elek|t|ro|mon|teu|rin
Elek|t|ro|mo|tor
[1]**Elek|t|ron** [*auch* eˈlɛ..., ...ˈtroːn], das; -s, ...onen (*Kernphysik* negativ geladenes Elementarteilchen)
[2]**Elek|t|ron®,** das; -s (eine Magnesiumlegierung)
Elek|t|ro|nen|blitz; Elek|t|ro|nen|[ge|]hirn; Elek|t|ro|nen|mi|k|ro|s|kop; Elek|t|ro|nen|or|gel; Elek|t|ro|nen|rech|ner; Elek|t|ro|nen|röh|re
Elek|t|ro|nen|schleu|der (Betatron)
Elek|t|ro|nen|stoß (Stoß eines Elektrons auf Atome)
Elek|t|ro|nen|the|o|rie (Lehre vom Elektron)
Elek|t|ro|nen|volt *vgl.* Elektronvolt
Elek|t|ro|nik, die; -, -en (Zweig der Elektrotechnik; Gesamtheit der elektronischen Bauteile einer Anlage); **Elek|t|ro|ni|ker** (Berufsbez.); **Elek|t|ro|ni|ke|rin**
elek|t|ro|nisch; elektronische Musik; elektronische Datenverarbeitung ↑K89 (*Abk.* EDV)
Elek|t|ron|volt, Elek|t|ro|nen|volt (Energieeinheit der Kernphysik; *Zeichen* eV)
Elek|t|ro|ofen
Elek|t|ro|pho|re|se, die; - (Transport elektr. geladener Teilchen durch elektr. Strom)
Elek|t|ro|phy|sik [*auch* eˈlɛk...]
Elek|t|ro|pi|a|no (*schweiz. für* E-Piano)
Elek|t|ro|ra|sie|rer
Elek|t|ro|schock, der
Elek|t|ro|smog (elektromagnetische Strahlung, die von elektrischen Leitungen, Geräten, Sendern o. Ä. ausgeht)
Elek|t|ro|sta|tik [*auch* eˈlɛk...], die; -; **elek|t|ro|sta|tisch** [*auch* eˈlɛk...]
Elek|t|ro|tech|nik; Elek|t|ro|tech|ni|ker; Elek|t|ro|tech|ni|ke|rin; elek|t|ro|tech|nisch
Elek|t|ro|the|ra|pie
Elek|t|ro|to|mie, die; -, ...ien (*Med.* Operation mit einer elektr. Schneidschlinge)
Ele|ment, das; -[e]s, -e ⟨lat.⟩ (Urstoff; Grundbestandteil; chem. Grundstoff; Naturgewalt; ein elektrisches Gerät; *meist Plur.: abwertend für* zwielichtige Person; *vgl.* Elemente); er ist, fühlt sich in seinem Element
ele|men|tar; elementare Begriffe; elementare Gewalt
Ele|men|tar|ge|walt (Naturgewalt)
Ele|men|tar|schu|le (Anfänger-, Grundschule)
Ele|men|tar|teil|chen
Ele|men|te *Plur.* (Grundbegriffe [einer Wissenschaft])
Ele|mi, das; -[s] ⟨arab.⟩ (trop. Harz); **Ele|mi|öl,** das; -[e]s
Elen, das, *seltener* der; -s, - ⟨lit.⟩ (Elch); **Elen|an|ti|lo|pe**
elend; ihm war elend [zumute]
Elend, das; -[e]s
elen|dig [*bayr., österr.* eˈlɛ...] *(österr., sonst landsch.);* **elen|dig|lich** *(geh.)*
Elends|ge|stalt; Elends|quar|tier; Elends|vier|tel
Elen|tier (Elen, Elch)
Ele|o|no|re (w. Vorn.)
Ele|phan|ti|a|sis *vgl.* Elefantiasis
Eleu|si|ni|en *Plur.* ⟨*nach* Eleusis⟩ (Fest mit Prozession zu Ehren der griech. Ackerbaugöttin Demeter); **eleu|si|nisch;** *aber* ↑K150: die Eleusinischen Mysterien (Geheimkult im alten Athen); **Eleu|sis** (altgriech. Ort)
Ele|va|ti|on, die; -, -en ⟨lat.⟩ (Erhebung; Emporheben der Hostie u. des Kelches beim kath. Messopfer; *Astron.* Höhe eines Gestirns über dem Horizont)
Ele|va|tor, der; -s, ...oren (*Technik* Förder-, Hebewerk)
Ele|ve, der; -n, -n ⟨franz.⟩ (Schauspiel-, Ballettschüler; Land- u. Forstwirt während der prakt. Ausbildung); **Ele|vin**
elf; wir sind zu elfen *od.* zu elft; *vgl.* acht
[1]**Elf,** der; -en, -en (m. Naturgeist)
[2]**Elf,** die; -, -en (Zahl; [Fuß-ball]mannschaft); *vgl.* [1]Acht
El|fe, die; -, -n (w. Naturgeist)
Elf|eck; elf|eckig
elf|ein|halb *vgl.* achteinhalb
El|fen|bein, das; -[e]s, -e *Plur. selten;* **el|fen|bei|nern** (aus Elfenbein); **el|fen|bein|far|ben**
El|fen|bein|küs|te, die; - (Staat in Westafrika; *vgl.* Côte d'Ivoire)
El|fen|bein|schnit|zer; El|fen|bein|schnit|ze|rin
El|fen|bein|turm

el|fen|haft; El|fen|rei|gen
El|fer (*ugs. für* Elfmeter); *vgl.* Achter
el|fer|lei
El|fer|rat (beim Karneval)
El|fer|schie|ßen (*ugs. für* Elfmeterschießen)
El|fer|wet|te (beim Fußballtoto)
elf|fach
El|fi (w. Vorn.)
el|fisch ⟨*zu* ¹Elf⟩
elf|jäh|rig *vgl.* achtjährig
elf|mal *vgl.* achtmal; **elf|ma|lig**
Elf|me|ter, der; -s, - (Strafstoß beim Fußball); **Elf|me|ter|mar|ke; Elf|me|ter|punkt; elf|me|ter|reif;** elfmeterreife Situationen
Elf|me|ter|schie|ßen; Elf|me|ter|schuss; Elf|me|ter|schüt|ze; Elf|me|ter|schüt|zin; Elf|me|ter|tor
El|frie|de (w. Vorn.)
elft *vgl.* elf; **elf|tau|send**
elf|te; der Elfte im Elften (karnevalist. Bezeichnung für den 11. November); *vgl.* achte
elf|tel *vgl.* achtel; **Elf|tel**, das, *schweiz. meist* der; -s, -; *vgl.* Achtel
elf|tens
elf|und|ein|halb (*svw.* elfeinhalb)
El Gre|co (span. Maler griech. Herkunft)
Eli|as, *ökum.* Eli|ja (Prophet im A. T.)
Eli|as, Norbert (dt. Soziologe)
eli|die|ren ⟨lat.⟩ (*Sprachwiss.* eine Elision vornehmen); **Eli|die|rung**
Eli|gi|us (ein Heiliger)
Eli|ja *vgl.* Elias
Eli|mi|na|ti|on, die; -, -en ⟨lat.⟩ (Beseitigung, Ausscheidung)
eli|mi|nie|ren; Eli|mi|nie|rung
Eli|ot [ˈɛljət] (amerik.-engl. Schriftsteller)
Eli|sa (w. Vorn.)
¹**Eli|sa|beth** (w. Vorn.)
²**Eli|sa|beth**, *ökum.* **Eli|sa|bet** (bibl. w. Eigenn.)
eli|sa|be|tha|nisch; *aber* ↑K89 : das Elisabethanische Zeitalter
Eli|se (w. Vorn.)
Eli|si|on, die; -, -en ⟨lat.⟩ (*Sprachwiss.* Auslassung eines unbetonten Vokals, z. B. des »e« in »Wand[e]rung«)
eli|tär (einer Elite angehörend, auserlesen)
Eli|te, die; -, -n ⟨franz.⟩ (Auslese der Besten); **Eli|te|trup|pe** *(Militär);* **Eli|te|uni** *(ugs.);* **Eli|te|uni|ver|si|tät**
Eli|xier, das; -s, -e ⟨griech.⟩ (Heil-, Zaubertrank)
El Kai|da [*auch* -ˈka:ida] ⟨arab.⟩ (eine Terrororganisation)
El|ke (w. Vorn.)
El|la (w. Vorn.)
ell|bö|geln (*schweiz. für* die Ellbogen einsetzen); ich ellbög[e]le, du ellbögelst; geellbögelt
Ell|bo|gen, El|len|bo|gen, der; -s, ...bogen; **Ell|bo|gen|frei|heit**, El|len|bo|gen|frei|heit, die; -
El|le, die; -, -n (ein Unterarmknochen; alte Längeneinheit); drei Ellen Tuch
El|len (w. Vorn.)
El|len|bo|gen *vgl.* Ellbogen
El|len|bo|gen|frei|heit *vgl.* Ellbogenfreiheit; **El|len|bo|gen|ge|sell|schaft** *(abwertend)*
el|len|lang (*ugs. für* übermäßig lang)
El|ler, die; -, -n (*nordd. für* Erle)
El|li (w. Vorn.)
El|lip|se, die; -, -n ⟨griech.⟩ (*Sprachwiss.* Ersparung von Redeteilen, z. B. »[ich] danke schön«; Auslassungssatz; *Math.* Kegelschnitt); **el|lip|sen|för|mig**
El|lip|so|id, das; -[e]s, -e (*Geom.* durch Drehung einer Ellipse entstandener Körper)
el|lip|tisch (ellipsenförmig; *Sprachwiss.* unvollständig); elliptische Sätze
El|lip|ti|zi|tät, die; - (*Astron.* Abplattung)
El|lok, die; -, -s; *vgl.* E-Lok
Ell|wan|gen (Jagst) (Stadt an der Jagst); **Ell|wan|ger; Ell|wan|ge|rin**
El|ly [...li] (w. Vorn.)
Elm, der; -s (Höhenzug südöstl. von Braunschweig)
El|mar, El|mo (m. Vorn.)
Elms|feu|er (elektr. Lichterscheinung); *vgl. auch* Sankt
El Ni|ño [- ˈninjɔ], der; - -[s] ⟨span.⟩ (Klimaunregelmäßigkeit im tropischen Pazifik mit weltweiter Auswirkung)
Elo|ge [...ʒə], die; -, -n ⟨franz.⟩ (Lob, Schmeichelei)
Elo|him ⟨hebr.⟩ (*im A. T.* Gottesbezeichnung)
E-Lok, die; -, -s ↑K28 (*kurz für* elektrische Lokomotive)
Elon|ga|ti|on, die; -, -en ⟨lat.⟩ (*Physik* Ausschlag des Pendels; *Astron.* Winkel zwischen Sonne u. Planeten)
elo|quent ⟨lat.⟩ (beredt); **Elo|quenz**, die; -
Elo|xal®, das; -s (Schutzschicht auf Aluminium); **elo|xie|ren**
El|rit|ze, die; -, -n (ein Karpfenfisch)
Els, El|sa (w. Vorn.)
El Sal|va|dor (mittelamerik. Staat); *vgl.* Salvadorianer *u.* salvadorianisch
El|sass, das; *Gen.* - *u.* Elsasses
El|säs|ser; El|säs|se|rin; el|säs|sisch
El|sass-Loth|rin|gen
el|sass-loth|rin|gisch
Els|beth, El|se (w. Vorn.)
El|se|vir *vgl.* Elzevir
El|si (w. Vorn.)
Els|tar, der; -, - (eine Apfelsorte)
¹**Els|ter**, die; - (Flussname); die Schwarze Elster, die Weiße Elster ↑K140
²**Els|ter**, die; -, -n (ein Vogel); **Els|tern|nest**
El|ter, das *u.* der; -s, -n (*fachspr. für* ein Elternteil); **el|ter|lich;** elterliche Gewalt
El|tern *Plur.;* **El|tern|abend**
El|tern|ak|tiv (*DDR für* Elternvertretung einer Schulklasse)
El|tern|bei|rat
El|tern|geld (*svw.* Erziehungsgeld)
El|tern|ge|ne|ra|ti|on; El|tern|haus
E|ltern|ka|renz (*österr. für* Elternzeit)
El|tern|lie|be
el|tern|los
El|tern|paar; El|tern|recht
El|tern|schaft
El|tern|se|mi|nar; El|tern|sprech|tag; El|tern|teil, der; **El|tern|teil|zeit**
El|tern|ver|tre|ter (Vertreter der Elternschaft einer Schulklasse, eines Kindergartens o. Ä.); **El|tern|ver|tre|te|rin**
El|tern|zeit (berufliche Freistellung nach der Geburt eines Kindes)
Elt|vil|le am Rhein [...ˈvɪlə, *auch* ˈɛ...] (Stadt im Rheingau)
El|vi|ra (w. Vorn.)
ely|sä|isch *vgl.* elysisch
Ély|sée [eliˈze:], das; -[s] ⟨franz.⟩ (Palast in Paris; Amtssitz des franz. Staatspräsidenten)
ely|sisch, ely|sä|isch ⟨griech.⟩ (wonnevoll, paradiesisch); elysische Gefilde
Ely|si|um, das; -s ⟨griech.⟩ (Aufenthaltsort der Seligen in der griech. Sage)
Ely|t|ron, das; -s, ...ytren *meist Plur.* ⟨griech.⟩ (*Zool.* Deckflügel [der Insekten])
El|ze|vir [...zə...], El|se|vir, die; - ⟨nach der niederl. Buchdruckerfamilie Elsevi(e)r⟩ (*Druckw.* eine Antiquadruckschrift); **El|ze|vi|ri|a|na** *Plur.* (Elzevirdrucke)
em. = emeritiert, emeritus

E
EM

EM, die; -, -[s] = Europameisterschaft
Email [e'mai̯, e'ma:i̯l], das; -s, -s, **Email|le** [e'maljə, *auch* e'mai̯], die; -, -n ⟨franz.⟩ (Schmelzüberzug)
E-Mail ['i:me:l], die; -, -s, *auch (bes. südd., österr., schweiz.)* das; -s, -s ⟨engl.⟩ (elektronische Post)
E-Mail-Ad|res|se ['i:me:l...]
e-mai|len, **emai|len**; geemailt; **E-Mail-Kon|to** ['i:me:l...]
Email|le [e'maljə, *auch* e'mai̯] *vgl.* Email
Email|le|far|be, Email|far|be; Email|le|ma|le|rei, Email|ma|le|rei
Email|leur [ema(l)'jø:ɐ̯], der; -s, -e (Schmelzarbeiter); **Email|leu|rin**
email|lie|ren [ema(l)'ji:..., emai̯'li:...]; **Email|lier|ofen**
E-Mail-Post|fach ['i:me:l...]; **E-Mail-Pro|gramm; E-Mail-Wurm** (*EDV* Computervirus, der sich über Netzwerke selbsttätig verbreitet)
Ema|na|ti|on, die; -, -en ⟨lat., »Ausfluss«⟩ (das Ausströmen; Ausstrahlung); **ema|nie|ren**
Ema|nu|el, Im|ma|nu|el [...e:l, *auch* ...ɛl] (m. Vorn.); **Ema|nu|e|la** (w. Vorn.)
Eman|ze, die; -, -n ⟨lat.⟩ (*ugs. abwertend für* emanzipierte, sich für die Emanzipation einsetzende Frau)
Eman|zi|pa|ti|on, die; -, -en (Befreiung von Abhängigkeit; Gleichstellung); **Eman|zi|pa|ti|ons|be|we|gung; Eman|zi|pa|ti|ons|stre|ben; eman|zi|pa|to|risch**
eman|zi|pie|ren; sich emanzipieren; **eman|zi|piert** (unabhängig; frei von überkommenen Vorstellungen); **Eman|zi|pie|rung**
E-Maut (elektronisch erhobene Maut)
Em|bal|la|ge [ã...ʒə], die; -, -n ⟨franz.⟩ (Verpackung [einer Ware]); **em|bal|lie|ren**
Em|bar|go, das; -s, -s ⟨span.⟩ (Zurückhalten od. Beschlagnahme [von Schiffen] im Hafen; Ausfuhrverbot)
Em|b|lem [*auch* ã...], das; -s, -e ⟨franz.⟩ (Kennzeichen, Hoheitszeichen; Sinnbild); **Em|b|le|ma|tik**, die; - (sinnbildliche Darstellung; Emblemforschung); **em|b|le|ma|tisch** (sinnbildlich)
Em|bo|lie, die; -, ...ien ⟨griech.⟩ (*Med.* Verstopfung eines Blutgefäßes); **Em|bo|lus**, der; -, ...li (*Med.* Pfropf, Fremdkörper in der Blutbahn)
Em|bon|point [ãbõ'pȏɛ̃:], das *od.* der; -s ⟨franz.⟩ (*veraltet für* Wohlbeleibtheit; dicker Bauch)
Em|b|ryo, der, *österr. auch* das; -s, *Plur.* -s *u.* ...onen ⟨griech.⟩ (noch nicht geborenes Lebewesen); **Em|b|ryo|lo|gie**, die; - (Lehre von der Entwicklung des Embryos)
em|b|ry|o|nal, em|b|ry|o|nisch (im Anfangsstadium der Entwicklung)
Em|b|ry|o|nen|for|schung; Em|b|ry|o|nen|schutz|ge|setz
em|b|ry|o|nisch *vgl.* embryonal
Em|b|ryo|trans|fer (*Biol.* Übertragung u. Einpflanzung von Eizellen, die außerhalb des Körpers befruchtet wurden)
Emd, das; -[e]s (*schweiz. für* Grummet); *vgl.* Öhmd; **em|den** (*schweiz. für* Grummet machen)
Em|den (Hafenstadt an der Emsmündung); **Em|der, Em|de|ner; Em|de|rin, Em|de|ne|rin**
Em|det, der; -s (*schweiz. für* zweiter Grasschnitt)
Emen|da|ti|on, die; -, -en ⟨lat.⟩ (*Literaturwiss.* Verbesserung, Berichtigung [von Texten]); **emen|die|ren**
Eme|ren|tia, Eme|renz (w. Vorn.)
Eme|rit, der; -en, -en ⟨lat.⟩ (*kath. Kirche* im Alter dienstunfähig gewordener Geistlicher)
Eme|ri|ta, die; -, ...tae [...tɛ:] (emeritierte Hochschulprofessorin)
eme|ri|tie|ren (in den Ruhestand versetzen); **eme|ri|tiert** (*Abk.* em.); emeritierte Professorin; **Eme|ri|tie|rung**
eme|ri|tus (*lat. für* emeritiert); Professor emeritus
Eme|ri|tus, der; -, ...ti (emeritierter Hochschulprofessor)
Eme|ti|kum, das; -s, ...ka ⟨griech.⟩ (*Pharm.* Brechmittel); **eme|tisch** (Brechen erregend)
Emi|g|rant, der; -en, -en ⟨lat.⟩ (Auswanderer [bes. aus politischen od. religiösen Gründen]); **Emi|g|ran|ten|schick|sal; Emi|g|ran|tin**
Emi|g|ra|ti|on, die; -, -en; **emi|g|rie|ren**
Emil (m. Vorn.)
Emi|lia, Emi|lie (w. Vorn.)
Emi|lia-Ro|ma|g|na [...'manja] (ital. Landschaft)
emi|nent ⟨lat.⟩ (hervorragend; außerordentlich)
Emi|nenz, die; -, -en (früherer Titel der Kardinäle); *vgl. auch* euer *u.* [1]sein; *vgl.* grau
Emir [*auch* e'mi:ɐ̯], der; -s, -e ⟨arab.⟩ (arab. [Fürsten]titel)
Emi|rat, das; -[e]s, -e (arab. Fürstentum)
Emis|sär, der; -s, -e ⟨franz.⟩ (Abgesandter mit Geheimauftrag); **Emis|sä|rin**
Emis|si|on, die; -, -en ⟨lat.⟩ (*Physik* Ausstrahlung; *Technik* Ablassen von Gasen, Ruß u. Ä. in die Luft; *Wirtsch.* Ausgabe [von Wertpapieren]; *Med.* Entleerung)
emis|si|ons|arm (wenig Schadstoffe in die Luft abgebend)
Emis|si|ons|han|del (Handel mit CO_2-Emissionsrechten)
Emis|si|ons|stopp
Emit|tent, der; -en, -en (*Bankw.* Ausgeber von Wertpapieren); **Emit|ten|tin**
Emit|ter, der; -s, - ⟨engl.⟩ (*Technik* Teil des Transistors)
emit|tie|ren ⟨lat.⟩; Wertpapiere emittieren (ausgeben); Elektronen, Schadstoffe emittieren (*Physik, Technik* aussenden)
Em|ma (w. Vorn.)
Em|ma|us (biblischer Ort)
Emm|chen (*ugs. scherzh. für* Mark)
Em|me, die; - (Nebenfluss der Aare); Kleine Emme (Nebenfluss der Reuß)
Em|men|tal, das; -[e]s (schweiz. Landschaft)
[1]**Em|men|ta|ler**; Emmentaler Käse
[2]**Em|men|ta|ler**, der; -s, - (ein Käse)
Em|men|ta|le|rin
Em|mer, der; -s (eine Weizenart)
Em|me|rich (m. Vorn.)
Em|mi (w. Vorn.)
Em|mo (m. Vorn.)
Em|my Award [...i ə'wɔ:t], der; - -[s], - -s ⟨engl.⟩ (ein Fernsehpreis)
e-Moll ['e:mɔl, *auch* 'e:'mɔl], das; -[s] (Tonart; *Zeichen* e); **e-Moll-Ton|lei|ter** ↑K26
Emo|ti|con, das; -s, -s ⟨aus engl. emotion u. icon⟩ (*EDV* Zeichenkombination, mit der in einer E-Mail eine Gefühlsäußerung wiedergegeben werden kann)
Emo|ti|on, die; -, -en ⟨lat.⟩ (Gemütsbewegung)
emo|ti|o|nal (gefühlsmäßig; seelisch erregt); **emo|ti|o|na|li|sie|ren; Emo|ti|o|na|li|tät**, die; -
emo|ti|o|nell (*svw.* emotional)
emo|ti|ons|frei; emo|ti|ons|ge|la|den; eine emotionsgeladene Diskussion; **emo|ti|ons|los**
E-Mo|tor (*kurz für* Elektromotor)

EMPA, Em|pa, die; - = Eidgenössische Materialprüfungs- und Forschungsanstalt
Em|pa|thie, die; -, ...ien *Plur. selten* ⟨griech.⟩ (*Psychol.* Fähigkeit, sich in andere hineinzuversetzen); **em|pa|thisch**
Em|pe|do|k|les (altgriech. Philosoph)
emp|fahl *vgl.* empfehlen
Emp|fang, der; -[e]s, ...fänge
emp|fang|bar *(Funkw., Rundfunk, Fernsehen)*
emp|fan|gen; du empfängst; du empfingst; du empfingest; empfangen; empfang[e]!
Emp|fän|ger; Emp|fän|ger|ab|schnitt; Emp|fän|ge|rin
emp|fäng|lich; Emp|fäng|lich|keit, die; -
Emp|fang|nah|me, die; -, -n *(Amtsspr.)*
Emp|fäng|nis, die; -, -se
emp|fäng|nis|ver|hü|tend; ein empfängnisverhütendes Mittel; **Emp|fäng|nis|ver|hü|tung**
Emp|fäng|nis|zeit
Emp|fangs|an|ten|ne
emp|fangs|be|rech|tigt
emp|fangs|be|reit
Emp|fangs|be|schei|ni|gung; Emp|fangs|be|stä|ti|gung
Emp|fangs|chef; Emp|fangs|che|fin; Emp|fangs|da|me
Emp|fangs|ge|rät
Emp|fangs|saal; Emp|fangs|sta|ti|on
Emp|fangs|stö|rung
Emp|fangs|zim|mer
emp|feh|len; du empfiehlst; du empfahlst; du empföhlest, *auch* empfählest; empfohlen; empfiehl!; sich empfehlen

empfehlen
Bei *sich empfehlen als ...* steht das folgende Substantiv gewöhnlich im Nominativ: *Er empfahl sich als geeigneter Nachfolger.* Seltener gebraucht, aber auch richtig ist der Akkusativ: *Er empfahl sich als geeigneten Nachfolger.*

emp|feh|lens|wert
Emp|feh|lung; Emp|feh|lungs|brief; Emp|feh|lungs|schrei|ben
emp|fiehlt *vgl.* empfehlen
emp|find|bar
emp|fin|den; du empfandst; du empfändest; empfunden; empfind[e]!; **Emp|fin|den,** das; -s
emp|find|lich; Emp|find|lich|keit
emp|find|sam; empfindsame Dichtung; **Emp|find|sam|keit,** die; -
Emp|fin|dung; emp|fin|dungs|los; Emp|fin|dungs|lo|sig|keit, die; -
Emp|fin|dungs|wort *Plur.* ...wörter (*für* Interjektion)
emp|fing *vgl.* empfangen
emp|foh|len *vgl.* empfehlen
Em|pha|se, die; -, -n ⟨griech.⟩ (Nachdruck [im Reden]); **em|pha|tisch** (mit Nachdruck)

Empathie
Das Fachwort *Empathie* (= Einfühlungsfähigkeit) ist mit *Pathos* verwandt und schreibt sich mit *p* und nicht mit *ph*. Das abgeleitete Adjektiv *empathisch* kann leicht mit dem zu *Emphase* (= Nachdrücklichkeit) gehörenden *emphatisch* verwechselt werden.

Em|phy|sem, das; -s, -e ⟨griech.⟩ (*Med.* Luftansammlung im Gewebe)
[1]**Em|pire** [ãˈpiːɐ̯], das; *Gen.* -s, *fachspr. auch* - ⟨franz.⟩ (Kunststil der Zeit Napoleons I.)
[2]**Em|pi|re** [...pai̯ɐ], das; -[s] ⟨engl.⟩ (das frühere britische Weltreich)
Em|pi|rem, das; -s, -e ⟨griech.⟩ (Erfahrungstatsache)
Em|pire|mö|bel [ãˈpiːɐ̯...] ⟨*zu* [1]Empire⟩; **Em|pire|stil,** der; -[e]s
Em|pi|rie, die; - ⟨griech.⟩ (Erfahrung, Erfahrungswissen, Erfahrungswissenschaft); **Em|pi|ri|ker; Em|pi|ri|ke|rin**
Em|pi|rio|kri|ti|zis|mus (philos. Richtung, die sich nur auf die kritische Erfahrung beruft)
em|pi|risch
Em|pi|ris|mus, der; - (Lehre, die allein die Erfahrung als Erkenntnisquelle gelten lässt); **Em|pi|rist,** der; -en, -en; **Em|pi|ris|tin; em|pi|ris|tisch**
Em|p|lo|y|a|bi|li|ty [ɛmplɔyəˈbɪlɪti], die; - ⟨engl.⟩ (berufliche Einsetzbarkeit)
em|por
em|por... (*in Zus. mit Verben,* z. B. emporkommen, du kamst empor, emporgekommen, emporzukommen)
em|por|ar|bei|ten, sich; **em|por|bli|cken**
Em|po|re, die; -, -n (erhöhter Sitzraum [in Kirchen])
em|pö|ren; sich empören; **em|pö|rend** (unerhört)
Em|pö|rer (*geh. für* Rebell); **Em|pö|re|rin; em|pö|re|risch**
em|por|klet|tern; em|por|kom|men
Em|por|kömm|ling *(abwertend)*
em|por|ra|gen; em|por|schla|gen; em|por|schnel|len; em|por|stei|gen; em|por|stre|ben
em|pört
Em|pö|rung; Em|pö|rungs|schrei
em|py|re|isch ⟨griech.⟩ (lichtstrahlend; himmlisch); **Em|py|re|um,** das; -s (Himmel in der antiken u. scholast. Philosophie)
Ems, die; - (Fluss in Nordwestdeutschland)
[1]**Em|scher,** die; - (rechter Nebenfluss des Niederrheins)
[2]**Em|scher,** das; -s ⟨*nach* [1]Emscher⟩ (eine geol. Stufe)
Em|se, die; -, -n (*veraltet für* Ameise)
Em|ser ⟨*nach* Bad Ems⟩; Emser Depesche; Emser Salz; **Em|se|rin**
em|sig; Em|sig|keit, die; -
Ems-Ja|de-Ka|nal, der; -s ↑K 146
Emu, der; -s, -s ⟨port.⟩ (ein straußenähnlicher Laufvogel)
Emu|la|ti|on, die; -, -en ⟨lat.-engl.⟩ (*EDV* Nachahmung der Funktionen eines anderen Computers); **Emu|la|tor,** der; -s, ...oren (*EDV* Zusatzgerät od. Programm zur Emulation)
Emul|ga|tor, der; -s, ...oren ⟨lat.⟩ (*Chemie* Stoff, der die Bildung einer Emulsion ermöglicht)
emul|gie|ren (eine Emulsion bilden)
Emul|sin, das; -s (Enzym in bitteren Mandeln)
Emul|si|on, die; -, -en (feinste Verteilung einer Flüssigkeit in einer anderen, nicht mit ihr mischbaren Flüssigkeit)
E-Mu|sik, die; - ↑K 28 (*kurz für* ernste Musik; *Ggs.* U-Musik)
EN = europäische Norm
Ena|ki|ter, Enaks|kin|der, Enaks|söh|ne *Plur.* (*im A. T.* sagenhaftes Volk von Riesen)
En|al|la|ge [ɛnˈ|alage, ...ˈgeː], die; - ⟨griech.⟩ (Versetzung des Attributs, z. B. »mit einem blauen Lächeln seiner Augen« *statt* »mit einem Lächeln seiner blauen Augen«)
En|an|them, das; -s, -e ⟨griech.⟩ (*Med.* Schleimhautausschlag)
en avant! [ãnaˈvãː] ⟨franz.⟩ (vorwärts!)
en bloc [ãˈblɔk] ⟨franz.⟩ (im Ganzen); **En-bloc-Ab|stim|mung**
en car|rière [ã kaˈri̯ɛːɐ̯] ⟨franz.⟩ (in vollem Lauf)
En|chi|la|da [...çi...], die; -, -s

⟨span.⟩ (mit Fleisch u. Gemüse gefüllte Tortilla)
En|co|der, En|ko|der, der; -s, - ⟨engl.⟩ (*Elektronik* Vorrichtung zur Encodierung)
en|co|die|ren, en|ko|die|ren ⟨engl.⟩ ([eine Nachricht] verschlüsseln); **En|co|die|rung**, En|ko|die|rung
En|coun|ter [ɪnˈkau̯...], das, *auch* der; -s, - ⟨engl.⟩ (*Psychol.* Gruppentraining zur Steigerung der Empfindungsfähigkeit)

End|ab|rech|nung; End|aus|schei|dung; End|bahn|hof; End|be|richt; End|be|scheid; End|be|trag
End|chen; ein Endchen Schnur
End|drei|ßi|ger (Mann Ende dreißig); **End|drei|ßi|ge|rin**
En|de, das; -s, -n; am Ende; zu Ende sein, bringen, führen, gehen, kommen; Ende Januar; letzten Endes; eine Frau Ende dreißig; Ende Jahr (*schweiz. für* Ende des Jahres)
End|ef|fekt; im Endeffekt
En|del, das; -s, - (*bayr., österr. für* Stoffrand); **en|deln** (*bayr., österr. für* Stoffränder einfassen)
En|de|mie, die; -, ...ien ⟨griech.⟩ (*Med.* örtlich begrenztes Auftreten einer Infektionskrankheit)
en|de|misch *(Biol., Med.)*
En|de|mis|mus, der; - (*Biol.* begrenztes Vorkommen von Tieren u. Pflanzen in einem Bezirk)
en|den; nicht enden wollender Beifall
End|er|folg; End|er|geb|nis
end|er|le|di|gen *(österr.)*
en dé|tail [ã deˈtai̯] ⟨franz.⟩ (im Kleinen; einzeln; im Einzelverkauf; *Ggs.* en gros); *vgl.* Detail
End|fas|sung
End|fünf|zi|ger (Mann Ende fünfzig); **End|fünf|zi|ge|rin**
End|ge|rät (*EDV* Eingabe- od. Ausgabegerät, z. B. Terminal)
End|ge|schwin|dig|keit
end|gül|tig; End|gül|tig|keit
End|hal|te|stel|le
en|di|gen (*älter für* enden)
En|di|gung *(veraltet)*
En|di|vie, die; -, -n ⟨ägypt.⟩ (Salatpflanze); **En|di|vi|en|sa|lat**
End|kampf; End|kon|so|nant
End|kun|de, der; **End|kun|din**
End|la|ger; end|la|gern *meist im Inf. u. Partizip II gebr.*
End|la|ger|stät|te; End|la|ge|rung
End|lauf
end|lich; eine endliche Größe; *aber* ↑K72 : im Endlichen (im endlichen Raum); **End|lich|keit**
end|los; endloses Band; *aber* ↑K72 : bis ins Endlose; **End|los|band,** das; *Plur.* ...bänder; **End|los|for|mu|lar**
End|lo|sig|keit, die; -
End|los|pa|pier *(EDV);* **End|los|schlei|fe** *(EDV)*
End|mon|ta|ge
End|mo|rä|ne
en|do... ⟨griech.⟩ (innen...); **En|do...** (Innen...)
En|do|ga|mie, die; -, ...ien ⟨griech.⟩ (*Völkerkunde* Heirat innerhalb von Stamm, Kaste usw.)
en|do|gen ⟨griech.⟩ (im Innern entstehend; von innen kommend); endogene Psychosen
En|do|kard, das; -[e]s, -e ⟨griech.⟩ (*Med.* Herzinnenhaut); **En|do|kar|di|tis,** die; -, ...itiden (Entzündung der Herzinnenhaut)
En|do|karp, das; -s, -e ⟨griech.⟩ (*Bot.* die innerste Schicht der Fruchtwand)
en|do|krin ⟨griech.⟩ (*Med.* mit innerer Sekretion); endokrine Drüsen; **En|do|kri|no|lo|gie,** die; - (Lehre von der inneren Sekretion)
En|do|me|t|ri|o|se, die; -, -n (*Med.* gutartige Wucherung der Gebärmutterschleimhaut)
En|do|pro|the|se ⟨griech.⟩ (*Med.* künstliches Gelenk od. Knochenersatz zur Einpflanzung in den Körper)
En|dor|phin, das; -s, -e ⟨*aus* endo... *u.* Morphin⟩ (*Med., Biol.* körpereigener Eiweißstoff mit schmerzstillender Wirkung)
En|do|s|kop, das; -s, -e ⟨griech.⟩ (*Med.* Instrument zur Untersuchung von Körperhöhlen); **En|do|s|ko|pie,** die; -, ...ien (Untersuchung mit dem Endoskop)
En|do|thel, das; -s, -e, **En|do|the|li|um,** das; -s, ...ien ⟨griech.⟩ (Zellschicht, die Blut- u. Lymphgefäße auskleidet)
en|do|therm ⟨griech.⟩ (*Chemie* Wärme bindend, aufnehmend)
End|pha|se; End|pro|dukt; End|punkt; End|re|dak|ti|on (*bes. österr., schweiz.);* **End|reim; End|rei|ni|gung; End|re|sul|tat; End|run|de**
End|sech|zi|ger; End|sech|zi|ge|rin
End|sil|be; End|spiel; End|spurt; End|sta|di|um; End|stand
end|stän|dig *(Biol.)*
End|sta|ti|on; End|stel|le; End|stück; End|sum|me
En|dung; en|dungs|los
En|du|ro, die; -, -s ⟨engl.⟩ (geländegängiges Motorrad)
End|ur|sa|che
End|ver|brau|cher; End|ver|brau|che|rin
end|ver|han|deln
End|vier|zi|ger; End|vier|zi|ge|rin
End|vo|kal *(Sprachwiss.)*
End|zeit; end|zeit|lich; End|zeit|stim|mung (Weltuntergangsstimmung)
End|ziel; End|zif|fer; End|zu|stand
End|zwan|zi|ger; End|zwan|zi|ge|rin
End|zweck
EnEG, das; - = Energieeinsparungsgesetz
ene, me|ne, mu[h] (Abzählreim, meist mit der Fortsetzung »und raus bist du!«)
Ener|ge|tik, die; - ⟨griech.⟩ (Lehre von der Energie; *Philos.* Auffassung von der Energie als Grundkraft); **ener|ge|tisch**
Ener|gie, die; -, ...ien; **Ener|gie|an|bie|ter; ener|gie|arm; Ener|gie|auf|wand**
Ener|gie|aus|weis (Dokumentation der für den Energieverbrauch eines Gebäudes bedeutsamen Daten)
Ener|gie|be|darf; ener|gie|be|wusst
Ener|gie|bün|del (*ugs. für* energiegeladener Mensch)
ener|gie|ef|fi|zi|ent
Ener|gie|ein|spa|rung; Ener|gie|er|spar|nis; Ener|gie|er|zeu|gung; Ener|gie|form
ener|gie|ge|la|den
Ener|gie|ge|win|nung; Ener|gie|haus|halt
ener|gie|in|ten|siv
Ener|gie|kon|zern; Ener|gie|kos|ten; Ener|gie|kri|se; Ener|gie|lie|fe|rant; Ener|gie|lie|fe|ran|tin
ener|gie|los; Ener|gie|lo|sig|keit, die; -
Ener|gie|pass (*svw.* Energieausweis)
Ener|gie|po|li|tik; ener|gie|po|li|tisch
Ener|gie|quel|le
ener|gie|reich
ener|gie|spa|rend, **Ener|gie spa|rend** ↑K58
Ener|gie|spa|rer; Ener|gie|spa|re|rin
Ener|gie|spar|haus; Ener|gie|spar|lam|pe; Ener|gie|spar|pro|gramm
Ener|gie|trä|ger; Ener|gie|ver|brauch; Ener|gie|ver|sor|ger; Ener|gie|ver|sor|gung
Ener|gie|wen|de (Ersatz der Nutzung von fossilen u. atomaren Energiequellen durch eine ökologische, nachhaltige Energieversorgung)

Ener|gie|wirt|schaft; Ener|gie|zu|fuhr
ener|gisch
Ener|gy|drink, **Ener|gy-Drink** [ˈɛnədʒi...] ⟨engl.⟩ (Energie spendendes, alkoholfreies Getränk)
Ener|va|ti|on, die; -, -en ⟨lat.⟩ (*Med.* Ausschaltung der Verbindung zwischen Nerv u. dazugehörigem Organ); **ener|vie|ren** (entnerven, entkräften)
Enes|cu, Enes|co (rumän. Komponist u. Geigenvirtuose)
en face [ã ˈfas] ⟨franz.⟩ (von vorn; gegenüber)
en fa|mille [ã faˈmiː] ⟨franz., »in der Familie«⟩ (*veraltend für* im engsten [Familien]kreis)
En|fant ter|ri|b|le [ãˈfã ...bl̩], das; - -, -s -s [- -] ⟨franz.⟩ (jmd., der seine Umgebung durch sein Verhalten schockiert)

eng

- ↑K58: ein eng anliegendes *od.* enganliegendes Kleid; eng befreundete *od.* engbefreundete Familien; ein eng bedrucktes *od.* engbedrucktes Blatt; sie saßen eng umschlungen *od.* engumschlungen auf dem Sofa
- ↑K75: die Bereiche sind auf das, aufs Engste *od.* auf das, aufs engste miteinander verflochten

Wenn »eng« das Ergebnis der mit einem folgenden einfachen Verb bezeichneten Tätigkeit angibt, kann getrennt oder zusammengeschrieben werden:

- einen Durchgang eng machen *od.* engmachen
- die Räume eng machen *od.* engmachen *(Fußball)*

Aber:

- ein Blatt eng bedrucken
- du darfst das nicht so eng sehen *(ugs.)*
- den Gürtel enger schnallen

En|ga|din [*auch, schweiz. nur* ...ˈdiːn], das; -s (Talschaft des Inns in der Schweiz); **En|ga|di|ner**; Engadiner Nusstorte
En|ga|ge|ment [ãgaʒ(ə)ˈmãː], das; -s, -s ([An]stellung, bes. eines Künstlers; persönlicher Einsatz)
en|ga|gie|ren [ãgaˈʒ...] (verpflichten, binden); sich engagieren (sich einsetzen)
en|ga|giert; En|ga|giert|heit, die; -
eng an|lie|gend, **eng|an|lie|gend** *vgl.* eng
eng|brüs|tig
En|ge, die; -, -n
En|gel, der; -s, -
En|ge|laut (*für* Frikativ)
En|gel|berg (schweiz. Abtei u. Kurort südl. des Vierwaldstätter Sees)
En|gel|bert (m. Vorn.)
En|gel|brecht (m. Vorn.)
En|gel|chen, En|ge|lein
en|gel|gleich, en|gels|gleich
en|gel|haft; En|gel|haf|tig|keit, die; -; **En|gel|kopf**, En|gels|kopf
En|gel|ma|cher (*ugs. verhüllend für* jmd., der illegale Abtreibungen vornimmt); **En|gel|ma|che|rin**
en|gel|rein; engelreine Stimmen
En|gels (Mitbegründer des Marxismus)
En|gels|burg, die; - (in Rom)
en|gel|schön *(geh.)*
En|gels|ge|duld; En|gels|ge|sicht *Plur.* ...gesichter
en|gels|gleich, en|gel|gleich
En|gels|haar; En|gels|kopf, En|gelkopf; **En|gels|stim|me**
En|gel|süß, das; -es (Farnart)
En|gels|zun|gen *Plur.; nur in* mit [Menschen- und mit] Engelszungen (so eindringlich wie möglich) reden
En|gel|wurz (eine Heilpflanze)
en|gen (*selten für* einengen)
En|ger|ling (Maikäferlarve)
eng|her|zig; Eng|her|zig|keit, die; -
En|gig|keit, die; -
En|gi|nee|ring, das; -[s] ⟨engl.⟩ (Ingenieurwesen)
Eng|land; Eng|län|der (*auch Bez. für* einen Schraubenschlüssel); **Eng|län|de|rin**
Eng|lein

eng|lisch

Kleinschreibung ↑K89:

- ein englischer Garten
- englischer Trab
- englische Broschur (ein Bucheinband)
- englische Woche *(Fußball)*
- die englische Krankheit (*veraltet für* Rachitis)

Großschreibung als Bestandteil eines Namens ↑K150:

- der Englische Garten in München
- das Englische Fräulein *(vgl. d.)*

Vgl. auch deutsch / Deutsch

Eng|lisch, das; -[s] (Sprache); *vgl.* Deutsch; **Eng|li|sche**, das; -n; *vgl.* ²Deutsche
Eng|li|sche Fräu|lein, das; -n -s, -n - (Angehörige eines Frauenordens)
Eng|li|sche Gruß, der; -n -es ⟨*zu* Engel⟩ (ein Gebet)
Eng|lisch|horn *Plur.* ...hörner (ein Holzblasinstrument)
eng|lisch|spra|chig
En|g|lish spo|ken [ˈɪŋglɪʃ ˈspoː...] ⟨engl., [hier wird] »Englisch gesprochen«⟩
En|g|lish|waltz [ˈɪŋglɪʃvoːls], der; -, -, **En|g|lish Waltz**, der; - -, - - (langsamer Walzer)
eng|li|sie|ren [ɛŋ(g)li...] (einem Pferd die niederziehenden Schweifmuskeln durchschneiden, damit es den Schwanz hoch trägt; anglisieren [*vgl. d.*])
eng ma|chen, **eng|ma|chen** *vgl.* eng
eng|ma|schig
En|go|be [ã...], die; -, -n ⟨franz.⟩ (keram. Überzugsmasse); **en|go|bie|ren**
Eng|pass
En|gramm, das; -s, -e ⟨griech.⟩ (*Med., Psychol.* bleibende Spur geistiger Eindrücke, Erinnerungsbild)
en gros [ã ˈgroː] ⟨franz.⟩ (im Großen; *Ggs.* en détail)
En|gros|han|del (Großhandel); **En|gros|preis**
En|gros|sist [ã...] (*österr. neben* Grossist); **En|gros|sis|tin**
engs|tens; sie sind engstens miteinander vertraut
eng|stir|nig *(abwertend);* **Eng|stir|nig|keit**, die; -, -en *Plur. selten*
eng um|grenzt, **eng|um|grenzt** ↑K58; **eng um|schlun|gen**, **eng|um|schlun|gen** *vgl.* eng; **eng ver|wandt**, **eng|ver|wandt**
en|har|mo|nisch ⟨griech.⟩ ([von Tönen] dem Klang nach gleich, in der Bez. verschieden, z. B. cis = des); enharmonische Verwechslung
enig|ma|tisch ⟨griech.⟩ (rätselhaft)
En|jam|be|ment [ãʒã(bə)ˈmãː], das; -s, -s (*Verslehre* Übergreifen eines Satzes auf den nächsten Vers)
en|kaus|tie|ren ⟨griech.⟩ (*bild. Kunst* mit flüssigem Wachs verschmolzene Farbe auftragen); **En|kaus|tik**, die; -; **en|kaus|tisch**

[1]En|kel, der; -s, - (*landsch. für* Fußknöchel)

[2]En|kel, der; -s, - (Kindeskind); **En|ke|lin; En|kel|kind; En|kel|sohn; En|kel|toch|ter**

En|kel|trick (das Vortäuschen einer verwandtschaftlichen Beziehung zu betrügerischen Zwecken)

En|kla|ve, die; -, -n ‹franz.› (ein fremdstaatl. Gebiet im eigenen Staatsgebiet); *vgl.* Exklave

En|kli|se, En|kli|sis ‹griech.› die; -, ...isen (*Sprachwiss.* Anlehnung eines unbetonten Wortes an das vorausgehende betonte)

En|kli|ti|kon, das; -s, *Plur.* ...ka *od.* ...ken (*Sprachwiss.* unbetontes Wort, das sich an das vorhergehende betonte anlehnt, z. B. *in ugs.* »kommste« *für* »kommst du«); **en|kli|tisch**

En|ko|der usw. *vgl.* Encoder usw.

En|ko|mi|on, En|ko|mi|um ‹griech.› das; -s, ...ien (Lobrede, -schrift)

en masse [ã ˈmas] ‹franz.› (*ugs. für* massenhaft, gehäuft)

en mi|ni|a|ture [ã ...ˈtyːɐ̯] ‹franz.› (im Kleinen)

en|net (*schweiz. mdal. für* jenseits); *Präp. mit Gen. od. Dat.;* ennet des Gebirges *od.* dem Gebirge; **en|net|bir|gisch** (*schweiz. für* jenseits der Alpen gelegen); **en|net|rhei|nisch** (*schweiz. für* jenseits des Rheins gelegen)

En|no (ostfries. m. Vorn.)

[1]Enns, die; - (rechter Nebenfluss der Donau)

[2]Enns (Stadt in Oberösterreich)

Enns|tal, das; -[e]s (Tal in der Steiermark); **Enns|ta|ler Al|pen**

en|nu|y|ie|ren [ãnyˈjiː...] (*veraltet für* langweilen)

enorm ‹franz.› (außerordentlich; sehr); **Enor|mi|tät,** die; -, -en

en pas|sant [ã ...ˈsãː] ‹franz.› (im Vorübergehen; beiläufig)

en pro|fil [ã -] ‹franz.› (im Profil, von der Seite)

En|quete, *schweiz. häufig* **En|quête** [ãˈkɛ(ː)t], die; -, -n ‹franz.› (Untersuchung, Erhebung; *österr. auch für* Arbeitstagung); **En|quete|kom|mis|si|on**

en|ra|giert [ãraˈʒiːɐ̯t] ‹franz.› (*veraltet für* leidenschaftlich erregt)

en route [ã ˈruːt] ‹franz.› (unterwegs)

En|sem|b|le [ãˈsãːbl̩], das; -s, -s ‹franz.› (ein zusammengehörendes Ganzes; Künstlergruppe; mehrteiliges [Damen]kleidungsstück)

En|sem|b|le|mit|glied; En|sem|b|le|spiel, das; -[e]s

En|si|la|ge [ã...ʒə], **Si|la|ge** [...ʒə], die; -, -n ‹franz.› (Gärfutter[bereitung])

En|sor (belg. Maler)

en suite [ã ˈsɥiːt] ‹franz.› (ununterbrochen)

ent... (*Vorsilbe von Verben,* z. B. entführen, du entführst, er hat ihn entführt, zu entführen)

...ent (z. B. Referent, der; -en, -en)

ent|am|ten (*veraltet für* des Amtes entheben); **Ent|am|tung**

ent|ar|ten; ent|ar|tet; entartete Kunst *(Nationalsoz.)*

Ent|ar|tung

ent|aschen; Ent|aschung

En|ta|se, En|ta|sis, die; -, ...asen ‹griech.› (*Archit.* Schwellung des Säulenschaftes)

ent|as|ten, ent|äs|ten (Äste entfernen)

ent|äu|ßern, sich (*geh. für* sich von etwas trennen); ich entäußere mich allen Besitzes; **Ent|äu|ße|rung**

Ent|bal|lung; Entballung von Industriegebieten

ent|beh|ren; ein Buch entbehren; des Trostes entbehren

ent|behr|lich; Ent|behr|lich|keit, die; -

Ent|beh|rung; ent|beh|rungs|reich; ent|beh|rungs|voll

ent|bei|nen (Knochen aus etwas entfernen)

ent|bie|ten *(geh.);* Grüße entbieten

ent|bin|den; Ent|bin|dung

Ent|bin|dungs|pfle|ger (Berufsbez.); **Ent|bin|dungs|pfle|ge|rin**

Ent|bin|dungs|sta|ti|on

ent|blät|tern; sich entblättern

ent|blö|den; *nur in* sich nicht entblöden (sich nicht scheuen)

ent|blö|ßen; du entblößt; sich entblößen; **Ent|blö|ßung**

ent|bren|nen *(geh.)*

ent|bü|ro|kra|ti|sie|ren; Ent|bü|ro|kra|ti|sie|rung

Ent|chen

ent|chlo|ren; Trinkwasser entchloren

ent|de|cken; Ent|de|cker; Ent|de|cker|freu|de; Ent|de|cke|rin; ent|de|cke|risch

Ent|de|ckung; Ent|de|ckungs|fahrt; Ent|de|ckungs|rei|se; Ent|de|ckungs|rei|sen|de

ent|dröh|nen (*Technik* dröhnende Geräusche dämpfen); **Ent|dröh|nung**

ent|dun|keln; ich entdunk[e]le

En|te, die; -, -n (*ugs. auch für* falsche [Presse]meldung); ↑K 151: kalte *od.* Kalte Ente (ein Getränk)

ent|eh|ren; ent|eh|rend; Ent|eh|rung

ent|eig|nen; Ent|eig|nung

ent|ei|len *(geh.)*

ent|ei|sen (von Eis befreien); du enteist; er/sie enteis|te; enteist

ent|ei|se|nen (von Eisen befreien); du enteisenst; enteisent; enteisentes Wasser; **Ent|ei|se|nung**

Ent|ei|sung (Befreiung von Eis)

En|te|le|chie, die; -, ...ien ‹griech.› (*Philos.* im Organismus liegende Kraft zur Entwicklung der Anlagen); **en|te|le|chisch**

En|ten|bra|ten; En|ten|brust; En|ten|ei; En|ten|grüt|ze, die; - (Geflecht von Wasserlinsen); **En|ten|kü|ken** *vgl.* [1]Küken

En|tente [ãˈtãːt], die; -, -n ‹franz.› (Bündnis zwischen Staaten); ↑K 150: die Kleine Entente *(Geschichte);* **En|tente cor|di|ale** [- ...ˈdi̯al], die; - - (*Bez. für* das franz.-engl. Bündnis nach 1904)

En|ten|teich; En|ten|wal

[1]En|ter, das, *auch* der; -s, - (*nordd. für* einjähr. Fohlen, Kalb)

[2]En|ter *ohne Artikel gebr.* ‹engl., »eingeben«› (*kurz für* Entertaste)

ent|er|ben

En|ter|brü|cke

Ent|er|bung

En|ter|ha|ken

En|te|rich, der; -s, -e (m. Ente)

En|te|ri|tis, die; -, ...itiden ‹griech.› (*Med.* Darmentzündung)

en|tern ‹niederl.› (auf etwas klettern); ein Schiff entern (mit Enterhaken festhalten und erobern); ich entere

En|te|ro|kly|se, die; -, -n ‹griech.› (*Med.* Darmspülung)

En|te|ro|s|kop, das; -s, -e (*Med.* Endoskop zur Untersuchung des Dickdarms)

En|te|ro|s|to|mie, die; -, ...ien (*Med.* Anlegung eines künstlichen Afters)

En|ter|tai|ner [...teː...], der; -s, - ‹engl.› ([berufsmäßiger] Unter-

halter); **En|ter|tai|ne|rin; En|ter|tain|ment** [...'te:...], das; -s
En|ter|tas|te (Taste zur Befehlsbestätigung auf der Computertastatur)
En|te|rung
ent|fa|chen *(geh.);* **Ent|fa|chung**
ent|fah|ren; ein Fluch entfuhr ihm
Ent|fall, der; -[e]s (*bes. bayr., österr. für* Wegfall)
ent|fal|len
ent|falt|bar; ent|fal|ten; sich entfalten; **Ent|fal|tung; Ent|fal|tungs|mög|lich|keit**
ent|fär|ben; Ent|fär|ber (Entfärbungsmittel)
ent|fer|nen; sich entfernen
ent|fernt; weit davon entfernt, das zu tun; entfernt verwandt sein; nicht im Entferntesten
Ent|fer|nung; in einer Entfernung von 4 Meter[n]; **Ent|fer|nungs|mes|ser,** der; **Ent|fer|nungs|pau|scha|le**
ent|fes|seln; Ent|fes|se|lung, *seltener* **Ent|fess|lung**
Ent|fes|se|lungs|künst|ler; Ent|fes|se|lungs|künst|le|rin
ent|fes|ti|gen; Metalle entfestigen (weich[er] machen); **Ent|fes|ti|gung**
ent|fet|ten; Ent|fet|tung; Ent|fet|tungs|kur
ent|feuch|ten; Ent|feuch|ter (Gerät, das der Luft Feuchtigkeit entzieht); **Ent|feuch|tung**
ent|flamm|bar; ent|flam|men *(geh.);* **ent|flammt; Ent|flam|mung**
ent|flech|ten; er/sie entflicht (*auch* entflechtet); er/sie entflocht (*auch* entflechtete); entflochten; **Ent|flech|tung**
ent|fleu|chen (*altertümelnd scherzh. für* entfliehen)
ent|flie|gen
ent|flie|hen
ent|frem|den; sich entfremden; **Ent|frem|dung**
ent|fris|ten (von einer Befristung lösen); Tarifverträge entfristen; **Ent|fris|tung**
ent|fros|ten; Ent|fros|ter; Ent|fros|tung
ent|füh|ren; Ent|füh|rer; Ent|füh|re|rin; Ent|füh|rung
ent|ga|sen; du entgast; **Ent|ga|sung**
ent|ge|gen; entgegen meinem Vorschlag *od. seltener* meinem Vorschlag entgegen
ent|ge|gen... (*in Zus. mit Verben,* z. B. entgegenkommen, du kommst entgegen, entgegengekommen, entgegenzukommen)
ent|ge|gen|bli|cken
ent|ge|gen|brin|gen; das entgegengebrachte Vertrauen
ent|ge|gen|fah|ren; ent|ge|gen|fie|bern; ent|ge|gen|ge|hen
ent|ge|gen|ge|setzt; *aber* das Entgegengesetzte ↑K72; er ging in die entgegengesetzte Richtung
ent|ge|gen|ge|setz|ten|falls *(Amtsspr.)*
ent|ge|gen|hal|ten
ent|ge|gen|kom|men; Ent|ge|gen|kom|men, das; -s; **ent|ge|gen|kom|mend; ent|ge|gen|kom|men|der|wei|se;** *aber* in entgegenkommender Weise
ent|ge|gen|lau|fen
Ent|ge|gen|nah|me, die; -, -n; **ent|ge|gen|neh|men**
ent|ge|gen|schla|gen; ent|ge|gen|schleu|dern; ent|ge|gen|se|hen
ent|ge|gen|set|zen; ent|ge|gen|set|zend (*auch für* adversativ)
ent|ge|gen|ste|hen; ent|ge|gen|stel|len; ent|ge|gen|stem|men, sich; **ent|ge|gen|stre|cken; ent|ge|gen|tre|ten; ent|ge|gen|wir|ken**
ent|geg|nen (erwidern); **Ent|geg|nung**
ent|ge|hen; ich lasse mir nichts entgehen
ent|geis|tert (sprachlos; verstört)

Entgelt
Das Wort bezeichnet eine als Gegenleistung für geleistete Arbeit gewährte Bezahlung. Es ist vom Verb *entgelten* abgeleitet und wird deshalb auch am Ende mit *t* geschrieben.

Ent|gelt, das; -[e]s, -e; gegen, ohne Entgelt; **ent|gel|ten** *(geh.);* er lässt mich meine Nachlässigkeit nicht entgelten; **ent|gelt|lich** (gegen Bezahlung); **Ent|gelt|ta|rif**
ent|gif|ten; Ent|gif|tung
ent|glei|sen; du entgleist; er/sie entgleis|te; **Ent|glei|sung**
ent|glei|ten
ent|glo|ri|fi|zie|ren; Ent|glo|ri|fi|zie|rung
ent|got|ten
ent|göt|tern; ich entgöttere; **Ent|göt|te|rung**
Ent|got|tung
ent|gra|ten; entgratetes Eisen
ent|grä|ten; entgräteter Fisch
ent|gren|zen (*geh. für* aus der Begrenztheit lösen); **Ent|gren|zung**
ent|haa|ren; Ent|haa|rung; Ent|haa|rungs|mit|tel, das
ent|haf|ten (*selten für* aus der Haft entlassen); **Ent|haf|tung**
ent|hal|ten; sich enthalten; ich enthielt mich der Stimme
ent|halt|sam; Ent|halt|sam|keit, die; -
Ent|hal|tung
ent|här|ten; Ent|här|ter; Ent|här|tung
ent|haup|ten; Ent|haup|tung
ent|häu|ten; Ent|häu|tung
ent|he|ben *(geh.);* jmdn. seines Amtes entheben; **Ent|he|bung**
ent|hei|li|gen; Ent|hei|li|gung
ent|hem|men *(Psychol.);* **Ent|hemmt|heit,** die; -; **Ent|hem|mung**
ent|hül|len; Ent|hül|lung; Ent|hül|lungs|jour|na|lis|mus; Ent|hül|lungs|ro|man
ent|hül|sen
ent|hu|ma|ni|sie|ren; Ent|hu|ma|ni|sie|rung
en|thu|si|as|mie|ren ‹franz.› (begeistern); **En|thu|si|as|mus,** der; - ‹griech.› (Begeisterung; Leidenschaftlichkeit)
En|thu|si|ast, der; -en, -en; **En|thu|si|as|tin; en|thu|si|as|tisch**
ent|ideo|lo|gi|sie|ren (von ideologischen Vorurteilen befreien); **Ent|ideo|lo|gi|sie|rung**
En|ti|tät, die; -, -en ‹lat.› (*Philos.* Dasein im Unterschied zum Wesen eines Dinges)
ent|jung|fern; ich entjungfere; **Ent|jung|fe|rung**
ent|kal|ken; Ent|kal|ker *(ugs.);* **Ent|kal|kung**
ent|kei|men; Ent|kei|mung
ent|ker|nen; Früchte entkernen; **Ent|ker|ner; Ent|ker|nung**
ent|klei|den; Ent|klei|dung
Ent|klei|dungs|sze|ne (im Film, Theaterstück)
ent|kno|ten
ent|kof|fe|i|nie|ren; entkoffeinierter Kaffee
ent|ko|lo|ni|a|li|sie|ren; Ent|ko|lo|ni|a|li|sie|rung
ent|kom|men; Ent|kom|men, das; -s
ent|kop|peln; Ent|kop|pe|lung, Ent|kopp|lung
ent|kor|ken
ent|kräf|ten; Ent|kräf|tung
ent|kramp|fen; Ent|kramp|fung
ent|krau|ten; den Boden entkrauten

ent|kri|mi|na|li|sie|ren; Ent|kri|mi|na|li|sie|rung, die; -
ent|la|den; sich entladen; *vgl.* [1]laden; **Ent|la|dung**

ent|lang
Präposition
Bei Nachstellung mit Akkusativ; schweiz., sonst selten mit Dativ:
- den Wald entlang (*selten:* dem Wald entlang)

Bei Voranstellung mit Genitiv, seltener mit Dativ:
- entlang des Flusses (*seltener:* entlang dem Fluss; *veraltet mit Akkusativ:* entlang den Fluss)

Adverb:
- sich an der Mauer entlang aufstellen
- einen Weg am Ufer entlang verfolgen
- *Zusammenschreibung:* am, das Ufer entlanglaufen usw.

ent|lang... (*in Zus. mit Verben,* z. B. entlanglaufen, du läufst entlang, entlanggelaufen, entlangzulaufen)
ent|lang|fah|ren; ent|lang|füh|ren; ent|lang|ge|hen; ent|lang|kom|men; ent|lang|lau|fen; ent|lang|zie|hen
ent|lar|ven [...f...]; **Ent|lar|vung**
Ent|lass... (*südd. in Zus. für* Entlassungs..., z. B. Entlassfeier)
ent|las|sen; Ent|las|sung
Ent|las|sungs|fei|er; Ent|las|sungs|grund; Ent|las|sungs|pa|pie|re *Plur.;* **Ent|las|sungs|schein**
Ent|las|sungs|schü|ler; Ent|las|sungs|schü|le|rin
Ent|las|sungs|wel|le
ent|las|ten; Ent|las|tung
Ent|las|tungs|an|griff; Ent|las|tungs|ma|te|ri|al; Ent|las|tungs|schlag
Ent|las|tungs|zeu|ge; Ent|las|tungs|zeu|gin
Ent|las|tungs|zug
ent|lau|ben; Ent|lau|bung
ent|lau|fen
ent|lau|sen; Ent|lau|sung; Ent|lau|sungs|schein
Ent|le|buch, das; -s (schweiz. Landschaft)
ent|le|di|gen; sich der Aufgabe entledigen; **Ent|le|di|gung**
ent|lee|ren; Ent|lee|rung
ent|le|gen; Ent|le|gen|heit, die; - *(geh.)*
ent|leh|nen; Ent|leh|nung
ent|lei|ben, sich (*geh. für* sich töten)
ent|lei|hen (für sich leihen); **Ent|lei|her; Ent|lei|he|rin; Ent|lei|hung**
Ent|lein; ein hässliches Entlein (*ugs. für* unattraktiver [junger] Mensch) ↑K89
ent|lie|ben, sich (*scherzh. für* aufhören zu lieben)
ent|lo|ben, sich; **Ent|lo|bung**
ent|lo|cken
ent|loh|nen, *schweiz.* **ent|löh|nen**
Ent|loh|nung, *schweiz.* **Ent|löh|nung**
ent|lüf|ten; Ent|lüf|ter
Ent|lüf|tung; Ent|lüf|tungs|hau|be; Ent|lüf|tungs|ven|til
ent|mach|ten; Ent|mach|tung
ent|ma|g|ne|ti|sie|ren
ent|man|nen; Ent|man|nung
ent|men|schen; ent|mensch|li|chen; ent|menscht
ent|mie|ten (Mieter zum Auszug veranlassen)
ent|mi|li|ta|ri|sie|ren; entmilitarisierte Zone; **Ent|mi|li|ta|ri|sie|rung**
ent|mi|schen *(Chemie, Technik);* **Ent|mi|schung**
ent|mis|ten; Ent|mis|tung
ent|mün|di|gen; Ent|mün|di|gung
ent|mu|ti|gen; Ent|mu|ti|gung
ent|mys|ti|fi|zie|ren (mystische Vorstellungen von etw. beseitigen); **Ent|mys|ti|fi|zie|rung**
ent|my|thi|sie|ren (*svw.* entmythologisieren); **Ent|my|thi|sie|rung**
ent|my|tho|lo|gi|sie|ren (mythische od. irrationale Vorstellungen von etw. beseitigen); **Ent|my|tho|lo|gi|sie|rung**
Ent|nah|me, die; -, -n
ent|na|ti|o|na|li|sie|ren (ausbürgern; die Verstaatlichung rückgängig machen); **Ent|na|ti|o|na|li|sie|rung**
ent|na|zi|fi|zie|ren; Ent|na|zi|fi|zie|rung
ent|neh|men; [aus] den Worten entnehmen
ent|ner|ven; ent|nervt; Ent|ner|vung
En|to|derm, das; -s, -e ‹griech.› (*Biol.* inneres Keimblatt des Embryos)
ent|ölen; entölter Kakao
En|to|mo|lo|ge, der; -n, -n ‹griech.› (Insektenforscher); **En|to|mo|lo|gie,** die; -; **En|to|mo|lo|gin; en|to|mo|lo|gisch**
en|to|pisch ‹griech.› (*fachspr. für* am Ort befindlich, einheimisch)
en|t|op|tisch ‹griech.› (*Med.* im Innern des Auges gelegen)
en|t|o|tisch ‹griech.› (*Med.* im Innern des Ohres entstehend)
En|tou|ra|ge [ãtuˈraːʒə], die; -, -n ‹franz.› (persönliches Umfeld, Gefolge)
ent|pa|cken (*EDV* komprimierte Dateien wieder in die Ausgangsform bringen)
ent|per|sön|li|chen (das Persönliche bei etwas ausschalten); **Ent|per|sön|li|chung**
ent|pflich|ten (von Amtspflichten entbinden); **Ent|pflich|tung**
ent|po|li|ti|sie|ren; Ent|po|li|ti|sie|rung
ent|pul|pen (*fachspr. für* [Rübenzuckersaft] entfasern)
ent|pup|pen, sich; **Ent|pup|pung**
ent|quel|len *(geh.)*
ent|rah|men; Ent|rah|mer (Maschine, mit der die Milch entrahmt wird); **Ent|rah|mung**
ent|ra|ten (*veraltend für* entbehren); des Brotes [nicht] entraten können
ent|rät|seln; Ent|rät|se|lung, *seltener* **Ent|räts|lung**
En|t|re|akt [ãtrəˈ|akt, *auch* ãˈtrakt], der; -[e]s, -e ‹franz.› (*Theater* Zwischenakt, Zwischenspiel, Zwischenmusik)
ent|rech|ten; Ent|rech|tung
En|t|re|cote [ãtrəˈkoːt], das; -[s], -s ‹franz.› (Rippenstück vom Rind)
En|t|ree, *schweizerisch häufig* **En|t|rée** [ãˈtreː], das; -s, -s ‹franz.› (Eintritt[sgeld], Eingang; Vorspeise; Eröffnungsmusik [bei Balletten]); **En|t|ree|tür**
ent|rei|ßen
en|t|re nous [ˈã:... ˈnuː] ‹franz., »unter uns«› (*selten für* ungezwungen, vertraulich)
En|t|re|pot [ãtrəˈpoː], das; -, -s ‹franz.› (zollfreier Stapelplatz)
En|t|re|pre|neur [ãtrəprəˈnøːɐ̯], der; -s, -e ‹franz.› (*Wirtsch.* Unternehmer, Firmengründer); **En|t|re|pre|neu|rin; En|t|re|pre|neur|ship** [...ʃɪp], die; -, -s *od.* das; -[s], -s ‹engl.› (Existenzgründungsmanagement; Unternehmergeist)
ent|rich|ten; Ent|rich|tung
ent|rie|geln; Ent|rie|ge|lung
ent|rin|den; Bäume entrinden
ent|rin|gen, sich *(geh.);* ein Seufzer entrang sich ihr
ent|rin|nen *(geh.);* **Ent|rin|nen,** das; -s
ent|rol|len; sich entrollen
En|tro|pie, die; -, ...ien ‹griech.› (*Physik* Größe der Thermodynamik; *Informationstheorie* Größe

des Nachrichtengehalts einer Zeichenmenge)
ent|ros|ten; Ent|ros|ter (Mittel gegen Rost); **Ent|ros|tung**
ent|rü|cken *(geh.)*; **Ent|rückt|heit**
Ent|rü|ckung
ent|rüm|peln; ich entrümp[e]le; **Ent|rüm|pe|lung**, *seltener* **Ent|rümp|lung**
ent|ru|ßen; den Ofen entrußen
ent|rüs|ten; sich entrüsten; **ent|rüs|tet**
Ent|rüs|tung; Ent|rüs|tungs|sturm
ent|saf|ten; Ent|saf|ter
ent|sa|gen *(geh.)*; dem Vorhaben entsagen; **Ent|sa|gung** *(geh.)*; **ent|sa|gungs|voll**
ent|sah|nen
ent|sal|zen; entsalzt; **Ent|sal|zung**
Ent|satz, der; -es; jmdm. Entsatz bringen
ent|säu|ern; Ent|säu|e|rung
ent|schä|di|gen; Ent|schä|di|gung; Ent|schä|di|gungs|sum|me
ent|schär|fen; Ent|schär|fung
Ent|scheid, der; -[e]s, -e
ent|schei|den; sich für od. gegen etwas entscheiden; **ent|schei|dend; Ent|schei|der; Ent|schei|de|rin**
Ent|schei|dung
Ent|schei|dungs|be|fug|nis; Ent|schei|dungs|fin|dung; Ent|schei|dungs|fra|ge *(Sprachwiss.)*; **Ent|schei|dungs|frei|heit; Ent|schei|dungs|ge|walt; Ent|schei|dungs|hil|fe; Ent|schei|dungs|pro|zess; Ent|schei|dungs|schlacht**
ent|schei|dungs|schwach; ent|schei|dungs|schwer *(geh.)*
Ent|schei|dungs|spiel
Ent|schei|dungs|trä|ger; Ent|schei|dungs|trä|ge|rin
ent|schie|den; auf das, aufs Entschiedens|te *od.* auf das, aufs entschiedens|te; **Ent|schie|den|heit**, die; -
ent|schla|cken; Ent|schla|ckung; Ent|schla|ckungs|kur
ent|schla|fen (*geh., verhüllend für* sterben); **Ent|schla|fe|ne**, der *u.* die; -n, -n
ent|schla|gen, sich *(veraltet)*; sich aller Sorgen entschlagen
ent|schlam|men; Ent|schlam|mung
ent|schlei|ern *(geh.)*; ich entschleiere; **Ent|schlei|e|rung**
ent|schleu|ni|gen; Ent|schleu|ni|gung, die; -, -en (Verlangsamung einer Entwicklung o. Ä.)
ent|schlie|ßen, sich; sie entschloss sich; **Ent|schlie|ßung; Ent|schlie|ßungs|an|trag** *(Politik)*

ent|schlos|sen; Ent|schlos|sen|heit, die; -
ent|schlüp|fen
Ent|schluss
ent|schlüs|seln; Ent|schlüs|se|lung, Ent|schlüss|lung
ent|schluss|fä|hig; Ent|schluss|fä|hig|keit, die; -
Ent|schluss|frei|heit, die; -; **Ent|schluss|freu|dig|keit**, die; -; **Ent|schluss|kraft**, die; -
ent|schluss|los; Ent|schluss|lo|sig|keit, die; -
Ent|schlüs|lung, Ent|schlüs|se|lung
ent|schrot|ten; Ent|schrot|tung
ent|schuld|bar; Ent|schuld|bar|keit, die; -
ent|schul|den (Schulden senken)
ent|schul|di|gen; sich wegen *od.* für etwas entschuldigen
Ent|schul|di|gung
Ent|schul|di|gungs|brief; Ent|schul|di|gungs|grund; Ent|schul|di|gungs|schrei|ben
Ent|schul|dung
ent|schup|pen
ent|schwe|ben *(geh., häufig iron.)*
ent|schwe|feln; Ent|schwe|fe|lung, Ent|schwef|lung
ent|schwei|ßen ([Wolle] von Schweiß u. Fett reinigen)
ent|schwin|den *(geh.)*
ent|seelt (*geh. für* tot)
Ent|see|lung, die; - (*geh. für* das Seelenloswerden); die Entseelung der Umwelt
Ent|sen|de|ge|setz (Gesetz, das tarifliche Mindestlöhne im Baugewerbe auch für ausländische Arbeitnehmer vorsieht)
ent|sen|den; Ent|sen|dung
ent|set|zen; sich entsetzen
Ent|set|zen, das; -s; Entsetzen erregen
ent|set|zen|er|re|gend, Ent|set|zen er|re|gend; ein entsetzenerregender *od.* Entsetzen erregender Anblick, *aber nur* ein äußerstes Entsetzen erregender Anblick, ein äußerst entsetzenerregender Anblick ↑K 58
Ent|set|zens|schrei
ent|setz|lich; Ent|setz|lich|keit
ent|setzt
ent|seu|chen (*fachspr. für* desinfizieren); **Ent|seu|chung**
ent|si|chern; das Gewehr entsichern
ent|sie|geln; Ent|sie|ge|lung, Ent|sieg|lung
ent|sin|nen, sich; ich habe mich deiner entsonnen

ent|sinn|li|chen; Ent|sinn|li|chung, die; -
ent|sitt|li|chen; Ent|sitt|li|chung, die; -
Ent|so|li|da|ri|sie|rung
ent|sor|gen; Ent|sor|ger; Ent|sor|ge|rin; Ent|sor|gung (Beseitigung von Müll u. Ä.)
ent|span|nen, sich entspannen; **ent|spannt**; entspanntes Wasser
Ent|span|nung; Ent|span|nungs|po|li|tik; Ent|span|nungs|übung
ent|sper|ren; ein Handy entsperren
ent|spie|geln; eine Brille entspiegeln; **Ent|spie|ge|lung**, *seltener* **Ent|spieg|lung**
ent|spin|nen, sich
ent|spre|chen
ent|spre|chend; entsprechend seinem Vorschlag *od.* seinem Vorschlag entsprechend; ↑K 72: Entsprechendes, das Entsprechende gilt für ...
Ent|spre|chung
ent|sprie|ßen *(geh.)*
ent|sprin|gen
ent|sta|li|ni|sie|ren; Ent|sta|li|ni|sie|rung, die; -
ent|stam|men
ent|stau|ben; Ent|stau|bung
ent|ste|hen
Ent|ste|hung; Ent|ste|hungs|ge|schich|te; Ent|ste|hungs|ort; Ent|ste|hungs|ur|sa|che; Ent|ste|hungs|zeit
ent|stei|gen *(geh.)*
ent|stei|nen; Kirschen entsteinen
ent|stel|len (verunstalten); **ent|stellt; Ent|stel|lung**
ent|stem|peln; die Nummernschilder wurden entstempelt
ent|sti|cken (*Chemie* Stickoxide aus Rauchgasen entfernen); **Ent|sti|ckung**
ent|stoff|li|chen
ent|stö|ren
Ent|stö|rung; Ent|stö|rungs|dienst
ent|strö|men *(geh.)*
ent|süh|nen *(geh.)*; **Ent|süh|nung**
ent|sump|fen; Ent|sump|fung
ent|ta|bu|ie|ren, ent|ta|bu|i|sie|ren ([einer Sache] den Charakter des Tabus nehmen); **Ent|ta|bu|ie|rung, Ent|ta|bu|i|sie|rung**
ent|tar|nen; Ent|tar|nung
ent|täu|schen; ent|täu|schend; ent|täuscht
Ent|täu|schung; ent|täu|schungs|reich
ent|tee|ren; Ent|tee|rung
ent|thro|nen; Ent|thro|nung
ent|trüm|mern; Ent|trüm|me|rung

ent|völ|kern; ich entvölkere; **Ent|völ|ke|rung**
entw. = entweder
ent|wach|sen
ent|waff|nen; Ent|waff|nung
ent|wal|den; Ent|wal|dung
ent|wan|zen; Ent|wan|zung
ent|war|nen; Ent|war|nung
ent|wäs|sern
Ent|wäs|se|rung, Ent|wäss|rung
Ent|wäs|se|rungs|gra|ben
Ent|wäss|rung, Ent|wäs|se|rung
ent|we|der [*auch* ...'ve:...] (*Abk.* entw.); *nur in* entweder – oder
Ent|we|der-oder, das; -, - ↑K81
ent|wei|chen *vgl.* ²weichen; **Ent|weich|ge|schwin|dig|keit** (*svw.* Fluchtgeschwindigkeit); **Ent|wei|chung**
ent|wei|hen; Ent|wei|hung
ent|wen|den; ich entwendete, habe entwendet; **Ent|wen|dung**
ent|wer|fen; Pläne entwerfen; **Ent|wer|fer; Ent|wer|fe|rin**
ent|wer|ten; Ent|wer|ter (Automat); **Ent|wer|tung**
ent|we|sen; ein Gebäude entwesen (*fachspr. für* von Ungeziefer reinigen); **Ent|we|sung**
ent|wi|ckeln; sich entwickeln; ich entwick[e]le mich; **Ent|wi|cke|lung** *vgl.* Entwicklung
Ent|wick|ler (*Fotogr.*)
Ent|wick|lung, Ent|wi|cke|lung; **Ent|wick|lungs|dienst**
ent|wick|lungs|fä|hig
Ent|wick|lungs|ge|schich|te; ent|wick|lungs|ge|schicht|lich
Ent|wick|lungs|ge|setz; Ent|wick|lungs|grad
Ent|wick|lungs|hel|fer; Ent|wick|lungs|hel|fe|rin
ent|wick|lungs|hem|mend
Ent|wick|lungs|hil|fe; Ent|wick|lungs|jah|re *Plur.*; **Ent|wick|lungs|kos|ten** *Plur.*; **Ent|wick|lungs|land** *Plur.* ...länder; **Ent|wick|lungs|li|nie**
Ent|wick|lungs|mi|nis|ter (*ugs.*); **Ent|wick|lungs|mi|nis|te|rin; Ent|wick|lungs|mi|nis|te|ri|um** (*ugs.*)
Ent|wick|lungs|mög|lich|keit *meist Plur.*; **Ent|wick|lungs|pha|se**
Ent|wick|lungs|po|li|tik; ent|wick|lungs|po|li|tisch
Ent|wick|lungs|po|ten|zi|al, Ent|wick|lungs|po|ten|ti|al
Ent|wick|lungs|pro|jekt; Ent|wick|lungs|pro|zess; Ent|wick|lungs|ro|man; Ent|wick|lungs|stö|rung; Ent|wick|lungs|stu|fe; Ent|wick|lungs|zeit
ent|wid|men (*Amtsspr.* einer bestimmten Benutzung entziehen); einen Weg entwidmen; **Ent|wid|mung**
ent|win|den *vgl.* ¹winden
ent|wirr|bar
ent|wir|ren; Ent|wir|rung
ent|wi|schen (*ugs. für* entkommen)
ent|wöh|nen; Ent|wöh|nung
ent|wöl|ken, sich (*geh.*); **Ent|wöl|kung**
ent|wür|di|gen; Ent|wür|di|gung
Ent|wurf; Ent|wurfs|ge|schwin|dig|keit (Richtwert im Straßenbau); **Ent|wurfs|zeich|nung**
ent|wur|men; Ent|wur|mung
ent|wur|zeln; ich entwurz[e]le; **Ent|wur|ze|lung,** *seltener* **Ent|wurz|lung**
ent|zau|bern; ich entzaubere; **Ent|zau|be|rung**
ent|zer|ren; Ent|zer|rer (*Technik*); **Ent|zer|rung**
ent|zie|hen; sich entziehen
Ent|zie|hung; Ent|zie|hungs|er|schei|nung; Ent|zie|hungs|kur
ent|zif|fer|bar
Ent|zif|fe|rer; ent|zif|fern; ich entziffere; **Ent|zif|fe|rung**
ent|zü|cken; Ent|zü|cken, das; -s (*geh.*); **ent|zü|ckend; Ent|zü|ckung** (*geh.*)
Ent|zug, der; -[e]s, ...züge; **Ent|zugs|er|schei|nung**
ent|zünd|bar; ent|zün|den; sich entzünden
ent|zun|dern (*für* dekapieren); ich entzundere
ent|zünd|lich; ein leicht entzündliches *od.* leichtentzündliches Gemisch; **Ent|zünd|lich|keit,** die; -
Ent|zün|dung; ent|zün|dungs|hem|mend; Ent|zün|dungs|herd
ent|zwei; entzwei sein ↑K49
ent|zwei... (*in Zus. mit Verben,* z. B. entzweibrechen, du brichst entzwei, entzweigebrochen, entzweizubrechen)
ent|zwei|bre|chen
ent|zwei|en; sich entzweien
ent|zwei|ge|hen; ent|zwei|hau|en; ent|zwei|rei|ßen; ent|zwei|schnei|den
Ent|zwei|ung
Enu|me|ra|ti|on, die; -, -en ⟨lat.⟩ (*fachspr. für* Aufzählung); **enu|me|ra|tiv** (*fachspr. für* aufzählend)
E-Num|mer (europäische Kennziffer für Zusatzstoffe in Lebensmitteln); E 101 *od.* E101 (Riboflavin)
En|ve|lop|pe [ãvə'lɔp(ə)], die; -, -n ⟨franz.⟩ (*Math.* einhüllende Kurve)
En|vi|ron|ment [ɛn'vai̯(ə)rənmɛnt], das; -s, -s ⟨amerik.⟩ (*Kunstwiss.* künstlerisch gestalteter Raum); **en|vi|ron|men|tal**
En|vi|ron|to|lo|gie, die; - (Umweltforschung)
en vogue [ã 'vo:k] ⟨franz.⟩ (beliebt; modisch; im Schwange)
En|vo|yé [ãvo̯a'je:], der; -s, -s ⟨franz.⟩ (*franz. für* Gesandter)
Enz, die; - (linker Nebenfluss des Neckars)
En|ze|pha|li|tis, die; -, ...itiden ⟨griech.⟩ (*Med.* Gehirnentzündung); **En|ze|pha|lo|gramm,** das; -s, -e (Röntgenbild der Gehirnkammern); **En|ze|pha|lo|pa|thie,** die; -, ...ien (Erkrankung des Gehirns)
En|zi|an, der; -s, -e (eine Alpenpflanze; ein alkohol. Getränk); 3 [Glas] Enzian; **en|zi|an|blau**
En|zy|k|li|ka, die; -, ...ken ⟨griech.⟩ (päpstl. Rundschreiben)
en|zy|k|lisch (einen Kreis durchlaufend)
En|zy|k|lo|pä|die, die; -, ...ien ⟨griech.⟩ (Nachschlagewerk)
en|zy|k|lo|pä|disch (umfassend)
En|zy|k|lo|pä|dist, der; -en, -en (Mitarbeiter an der berühmten franz. Enzyklopädie)
En|zym, das; -s, -e ⟨griech.⟩ (*Biochemie* den Stoffwechsel regulierende Verbindung); **en|zy|ma|tisch; En|zy|mo|lo|gie,** die; - (Lehre von den Enzymen)
eo ip|so ⟨lat.⟩ (von selbst; selbstverständlich)
Eo|li|enne [...'li̯ɛn], die; - ⟨franz.⟩ (ein [Halb]seidengewebe in Taftbindung)
Eo|lith, der; *Gen.* -s *u.* -en, *Plur.* -e[n] ⟨griech.⟩ (vermeintl. vorgeschichtl. Werkzeug)
eom ⟨engl.⟩ = end of message (signalisiert am Ende einer E-Mail-Betreffzeile, dass die Nachricht schon im Betreff enthalten ist)
Eos (griech. Göttin der Morgenröte)
EOS, die; -, - = erweiterte Oberschule (*DDR*); *vgl.* erweitern
Eo|sin, das; -s, -e ⟨griech.⟩ (ein roter Farbstoff); **eo|si|nie|ren**
eo|zän ⟨griech.⟩ (*Geol.* das Eozän betreffend); **Eo|zän,** das; -s (zweitälteste Stufe des Tertiärs)
Eo|zo|i|kum, das; -s (*veraltet für* Proterozoikum); **eo|zo|isch**
ep..., Ep... *vgl.* Epi..., epi...

ep|a|go|gisch ⟨griech.⟩ (*Philos.* zum Allgemeinen führend)

E-Pass (elektronisch lesbarer Pass od. Ausweis [mit biometrischen Daten])

Epau|lett [epo...], das; -s, -s ⟨franz.⟩, *häufiger* **Epau|let|te,** die; -, -n (Schulterstück auf Uniformen)

Epen (*Plur. von* Epos)

Ep|en|the|se, Ep|en|the|sis, die; -, ...thesen ⟨griech.⟩ (*Sprachwiss.* Einschaltung von Lauten [zur Ausspracheerleichterung], z. B. »t« in »namentlich«)

Ep|ex|e|ge|se, die; -, -n ⟨griech.⟩ (*Rhet.* hinzugefügte Erklärung, z. B. drunten »im Unterland«)

eph..., Eph... *vgl.* Epi..., epi...

Ephe|be, der; -n, -n ⟨griech.⟩ (*im alten Griechenland Bez. für* einen wehrfähigen jungen Mann); **ephe|bisch**

Ephe|d|rin®, das; -s (ein Arzneimittel)

Eph|e|li|den *Plur.* ⟨griech.⟩ (*Med.* Sommersprossen)

eph|e|mer ⟨griech.⟩ (nur einen Tag dauernd; vorübergehend)

Eph|e|me|ri|de, die; -, -n (*Astron.* Gestirn[berechnungs]tafel)

Ephe|ser (Bewohner von Ephesus); **Ephe|ser|brief,** der; -[e]s *(N. T.)*; ↑K64; **Ephe|se|rin**

ephe|sisch; Ephe|sos, Ephe|sus (altgriech. Stadt in Kleinasien)

Ephor, der; -en, -en ⟨griech.⟩ (einer der fünf höchsten Beamten im alten Sparta); **Epho|rat,** das; -[e]s, -e (Amt eines Ephoren od. Ephorus); **Epho|ren|amt**

Epho|rie, die; -, ...ien ([kirchl.] Aufsichtsbezirk); **Epho|rus,** der; -, Ephoren (Dekan in der reformierten Kirche; Leiter eines ev. Predigerseminars)

Eph|ra|im (m. Vorn.)

epi..., Epi... *vor Vokalen und h* ep..., Ep... (*griech. Vorsilbe* darauf *[örtl. u. zeitl.]*, daneben, bei, darüber)

E-Pi|a|no (*kurz für* elektronisches Piano)

Epi|de|mie, die; -, ...ien ⟨griech.⟩ (Seuche, Massenerkrankung)

Epi|de|mio|lo|ge, der; -n, -n; **Epi|de|mio|lo|gie,** die; - (Lehre von den epidemischen Erkrankungen); **Epi|de|mio|lo|gin; epi|de|mio|lo|gisch**

epi|de|misch (seuchenartig)

Epi|der|mis, die; -, ...men ⟨griech.⟩ (*Med.* Oberhaut)

Epi|dia|s|kop, das; -s, -e ⟨griech.⟩ (als Diaskop u. Episkop verwendbarer Bildwerfer)

Epi|ge|ne|se, die; -, -n ⟨griech.⟩ (*Biol.* Entwicklung durch Neubildung; *Geol.* nachträgliche Entstehung eines Flusstals)

epi|ge|ne|tisch

epi|go|nal (nachahmend, unschöpferisch); **Epi|go|ne,** der; -n, -n ⟨griech.⟩ (Nachahmer ohne Schöpferkraft); **epi|go|nen|haft; Epi|go|nen|tum,** das; -s

Epi|graf, Epi|graph, das; -s, -e (antike Inschrift); **Epi|gra|fik**, Epi|gra|phik, die; - (Inschriftenkunde); **Epi|gra|fi|ker**, Epi|gra|phi|ker (Inschriftenforscher); **Epi|gra|fi|ke|rin**, Epi|gra|phi|ke|rin

Epi|gramm, das; -s, -e ⟨griech.⟩ (Sinn-, Spottgedicht); **Epi|gram|ma|ti|ker** (Verfasser von Epigrammen); **Epi|gram|ma|ti|ke|rin; epi|gram|ma|tisch** (kurz, treffend)

Epi|graph, Epi|gra|phik usw. *vgl.* Epigraf, Epigrafik usw.

Epik, die; - ⟨griech.⟩ (erzählende Dichtkunst)

Epi|kan|thus, der; - ⟨griech.-lat.⟩ (*Med.* Hautfalte am inneren Rand des oberen Augenlids)

Epi|karp, das; -s, -e ⟨griech.⟩ (*Bot.* äußerste Schicht der Fruchtschale)

Epi|ker ⟨*zu* Epik⟩; **Epi|ke|rin**

Epi|k|le|se, die; -, -n ⟨griech.⟩ (Anrufung des Heiligen Geistes in der orthodoxen Kirche)

Epi|kon|dy|li|tis, die; -, ...itiden ⟨griech.⟩ (*Med.* Tennisarm)

Epi|kri|se, die; -, -n ⟨griech.⟩ (*Med.* abschließende Beurteilung einer Krankheit)

Epi|kur (griech. Philosoph)

Epi|ku|re|er (Anhänger der Lehre Epikurs; *seit der röm. Zeit für* Genussmensch); **Epi|ku|re|e|rin**

epi|ku|re|isch (*auch für* auf Genuss gerichtet); ↑K89 *u.* 135: epikureische Schriften; **epi|ku|risch** (*seltener für* epikureisch)

Epi|la|ti|on, die; -, -en ⟨lat.⟩ (*Med.* Enthaarung)

Epi|lep|sie, die; -, ...ien ⟨griech.⟩ (Erkrankung mit plötzlich eintretenden Krämpfen u. kurzer Bewusstlosigkeit); **Epi|lep|ti|ker; Epi|lep|ti|ke|rin; epi|lep|tisch**

epi|lie|ren ⟨lat.⟩ (*Med., Kosmetik* enthaaren)

Epi|log, der; -s, -e ⟨griech.⟩ (Nachwort; Nachspiel, Ausklang)

Epin|g|lé [epẽ...], der; -[s], -s ⟨franz.⟩ (Kleider- u. Möbelstoff mit ungleich starken Querrippen)

Epi|ni|ki|on, das; -s, ...ien ⟨griech.⟩ (altgriech. Siegeslied)

Epi|pha|ni|as, das; - ⟨*zu* Epiphanie⟩ (Fest der Erscheinung des Herrn; Dreikönigsfest); **Epi|pha|nie,** die; -, ...ien ⟨griech., »Erscheinung«⟩; **Epi|pha|ni|en|fest** (*svw.* Epiphanias)

Epi|pho|ra, die; -, ...rä ⟨griech.⟩ (*Med.* Tränenfluss; *Rhet., Stilkunde* Wiederholung von Wörtern am Ende aufeinanderfolgender Sätze od. Satzteile)

Epi|phyl|lum, das; -s, ...llen ⟨griech.⟩ (ein Blätterkaktus)

Epi|phy|se, die; -, -n ⟨griech.⟩ (*Med.* Zirbeldrüse; Endstück der Röhrenknochen)

Epi|phyt, der; -en, -en (*Bot.* Pflanze, die [bei selbstständiger Ernährung] auf anderen Pflanzen wächst)

Epi|rot, der; -en, -en (Bewohner von Epirus); **epi|ro|tisch; Epi|rus** (westgriech. Landschaft)

episch ⟨griech.⟩ (erzählend; das Epos betreffend); episches Theater

Epi|s|kop, das; -s, -e ⟨griech.⟩ (Bildwerfer für nicht durchsichtige Bilder)

epi|s|ko|pal, epi|s|ko|pisch ⟨griech.⟩ (bischöflich); **Epi|s|ko|pa|lis|mus,** der; - (Auffassung, nach der das Konzil der Bischöfe über dem Papst steht); **Epi|s|ko|pa|list,** der; -en, -en (Anhänger des Episkopalismus); **Epi|s|ko|pa|lis|tin**

Epi|s|ko|pal|kir|che

Epi|s|ko|pat, das, *Theol.* der; -[e]s, -e (Gesamtheit der Bischöfe [eines Landes]; Bischofswürde)

epi|s|ko|pisch *vgl.* episkopal

Epi|s|ko|pus, der; -, ...pi (*lat. Bez. für* Bischof)

Epi|so|de, die; -, -n ⟨griech.⟩ (vorübergehendes, nebensächl. Ereignis; einzelne Folge einer Fernsehserie); **Epi|so|den|film**

epi|so|den|haft; epi|so|disch

Epi|s|tel, die; -, -n ⟨griech.⟩ (Apostelbrief; vorgeschriebene gottesdienstl. Lesung; *ugs. für* Brief, Strafpredigt)

Epi|s|te|mo|lo|gie, die; - ⟨griech.-engl.⟩ (*Philos.* Erkenntnistheorie); **epi|s|te|mo|lo|gisch**

E

epis

Epi|s|tyl, das; -s, -e ‹griech.› (*svw.* Architrav)

Epi|taph, das; -s, -e ‹griech.›, **Epi|ta|phi|um,** das; -s, ...ien (Grabschrift; Grabmal mit Inschrift)

Epi|tha|la|mi|on, Epi|tha|la|mi|um, das; -s, ...ien ‹griech.› ([antikes] Hochzeitslied)

Epi|thel, das; -s, -e ‹griech.›, **Epi|the|li|um,** das; -s, ...ien (*Biol.* oberste Zellschicht der Haut); **Epi|thel|zel|le**

Epi|the|ton, das; -s, ...ta ‹griech.› (*Sprachwiss.* Beiwort); **Epi|the|ton or|nans,** das; - -, ...ta ...antia ‹griech.; lat., »schmückendes« Beiwort› (formelhaftes Attribut; z. B. »grüne« Wiese)

Epi|t|rit, der; -en, -en ‹griech.› (altgriech. Versfuß)

Epi|zen|t|rum ‹griech.› (senkrecht über dem Erdbebenherd liegender Erdoberflächenpunkt)

Epi|zy|k|lo|i|de, die; -, -n ‹griech.› (*Geom.* eine spezielle Kurve)

Epo, EPO, das; - *(ugs.); vgl.* Erythropoietin

epo|chal ‹griech.› (für einen [großen] Zeitabschnitt geltend; [sehr] bedeutend)

Epo|che, die; -, -n (Zeitabschnitt); Epoche machen

epo|che|ma|chend, Epo|che machend; eine epochemachende *od.* Epoche machende Erfindung ↑K 58

Epo|chen|un|ter|richt *(Päd.)*

Ep|o|de, die; -, -n ‹griech.› (eine [antike] Gedichtform)

Epo|pöe [*auch* ...ˈpøː], die; -, ...öen ‹griech.› (*veraltet für* Epos)

Epos, das; -, Epen (erzählende Versdichtung; Heldengedicht)

E-Post, die; - (E-Mail)

Ep|pich, der; -s, -e (landsch. Bez. für mehrere Pflanzen, z. B. Efeu)

Ep|rou|vet|te [epruˈvɛt(ə)], die; -, -n ‹franz.› (*bes. österr. für* Proberöhrchen, Reagenzglas)

Ep|si|lon, das; -[s], -s (griech. Buchstabe [kurzes e]: Ε, ε)

E-Pu|b|li|shing [ˈiːpablɪʃɪŋ], das; -[s] (*kurz für* Electronic Publishing)

EQ [eːˈkuː], der; -[s], -[s] = emotionaler Quotient (*Psychol.*; Messgröße für die emotionalen Fähigkeiten eines Menschen)

Equa|li|zer [ˈiːkvəlai̯zɐ], der; -s, - ‹engl.› (Zusatzgerät an Verstärkern von Hi-Fi-Anlagen)

Equi|li|b|rist usw. *vgl.* Äquilibrist usw.

Equi|li|b|ri|um *vgl.* Äquilibrium

Equi|pa|ge [ek(v)iˈpaːʒə, *österr.* ...ˈpaːʒ], die; -, -n ‹franz.› (*früher für* elegante Kutsche; Ausrüstung eines Offiziers)

Equi|pe [eˈkiːp, *auch* eˈkɪp, eˈkiːpə], die; -, -n ([Reiter]mannschaft, [Arbeits]team)

equi|pie|ren [ek(v)i...] (*veraltet für* ausrüsten); **Equi|pie|rung**

Equip|ment [ɪ...], das; -s, -s ‹engl.› (techn. Ausrüstung)

er; er kommt; er trägt in diesem Sommer gedeckte Farben

[1]**Er** (veraltete Anrede an eine männliche Person); höre Er!; jmdn. Er nennen; ↑K 76: das veraltete Er

[2]**Er,** der; -, -[s] (*ugs. für* Mensch od. Tier m. Geschlechts); es ist ein Er; ein Er und eine Sie

[3]**Er** (*chem. Zeichen für* Erbium)

ER = Europäischer Rat

er... (*Vorsilbe von Verben,* z. B. erahnen, du erahnst, erahnt, zu erahnen)

...er (z. B. Lehrer, der; -s, -)

er|ach|ten; jmdn. als *od.* für geeignet erachten

Er|ach|ten, das; -s; meinem Erachten nach, meines Erachtens (*Abk.* m. E.); (*nicht korrekt:* meines Erachtens nach)

er|ah|nen

er|ar|bei|ten; Er|ar|bei|tung

eras|misch (sich auf Erasmus von Rotterdam beziehend) ↑K 89 *u.* 135

Eras|mus von Rot|ter|dam (niederl. Theologe u. Humanist)

Era|to [*auch* ˈeː...] (Muse der Lyrik, bes. der Liebesdichtung)

Era|tos|the|nes (altgriech. Gelehrter)

er|äu|gen *(meist scherzh.)*

Erb|adel; Erb|an|la|ge

Erb|an|spruch

er|bar|men, sich erbarmen; du erbarmst dich seiner, *seltener* über ihn; er erbarmt mich, *österr. auch* mir (er tut mir leid)

Er|bar|men, das; -s; **er|bar|mens|wert; Er|bar|mer,** der; -s *(geh.)*; **Er|bar|me|rin**

er|bärm|lich; Er|bärm|lich|keit, die; -

Er|bar|mung *Plur. selten*

er|bar|mungs|los; Er|bar|mungs|lo|sig|keit, die; -; **er|bar|mungs|voll; er|bar|mungs|wür|dig**

er|bau|en; sich erbauen (*geh. für* sich erfreuen)

Er|bau|er; Er|bau|e|rin

er|bau|lich; Er|bau|lich|keit

Er|bau|ung; Er|bau|ungs|li|te|ra|tur, die; -

Erb|bau|recht; Erb|be|gräb|nis

erb|be|rech|tigt

Erb|bild (*für* Genotyp)

Erb|bio|lo|gie; erb|bio|lo|gisch

[1]**Er|be,** der; -n, -n; gesetzlicher Erbe

[2]**Er|be,** das; -s; kulturelles Erbe

er|be|ben

erb|ei|gen (ererbt)

erb|ein|ge|ses|sen (alteingesessen)

er|ben

Er|ben|ge|mein|schaft; er|ben|los

[1]**er|be|ten** (durch Beten erlangen); erbetete, erbetet

[2]**er|be|ten;** ein erbetener Gast

er|bet|teln

er|beu|ten; Er|beu|tung

erb|fä|hig; Erb|fak|tor

Erb|fall (*Rechtsspr.* Todesfall, der jmdn. zum Erben macht)

Erb|feind; Erb|fein|din

Erb|fol|ge, die; -; **Erb|fol|ge|krieg**

Erb|fol|ger; Erb|fol|ge|rin

Erb|groß|her|zog; Erb|gut; Erb|hof

er|bie|ten, sich *(geh.)*; **Er|bie|ten,** das; -s *(geh.)*

Er|bin

Erb|in|for|ma|ti|on *(Genetik)*

er|bit|ten; jmds. Rat erbitten

er|bit|tern; es erbittert mich; **erbit|tert;** ein erbitterter Streit; **Erbit|te|rung,** die; -

Er|bi|um, das; -s (chemisches Element, Metall; *Zeichen* Er)

Erb|krank|heit

er|blas|sen (*geh. für* bleich werden); die Baronin erblasste

Erb|las|sen|schaft *(Rechtswiss.)*

Erb|las|ser (der eine Erbschaft Hinterlassende); **Erb|las|se|rin**

erb|las|se|risch; Erb|las|sung

Erb|last

Erb|le|hen

er|blei|chen (bleich werden); du erbleichtest; erbleicht *u.* (*veraltet, im Sinne von* »gestorben«:) erblichen; *vgl.* [2]bleichen

Erb|lei|den; Erb|lei|he

erb|lich; Erb|lich|keit, die; -

er|bli|cken

er|blin|den; Er|blin|dung

erb|los

er|blü|hen

Erb|mas|se; erb|mä|ßig

Erb|mo|n|ar|chie

Erb|on|kel *(ugs. scherzh.)*

er|bo|sen (erzürnen); du erbost; sein Verhalten erboste mich; ich habe mich erbost

er|bö|tig (bereit); er ist erbötig, macht sich erbötig, uns zu helfen; **Er|bö|tig|keit,** die; -

Erb|pacht; Erb|päch|ter; Erb|päch|te|rin
Erb|prinz; Erb|prin|zes|sin
er|bre|chen, sich erbrechen
Er|bre|chen, das; -s; bis zum Erbrechen (*ugs. für* bis zum Überdruss)
Erb|recht
er|brin|gen; den Nachweis erbringen
Er|bro|che|ne, das; -n
er|brü|ten (*fachspr. für* ausbrüten)
Erbs|brei, Erb|sen|brei
Erb|schaft
Erb|schafts|steu|er, *fachspr. auch* **Erb|schaft|steu|er,** die
Erb|schein
Erb|schlei|cher; Erb|schlei|che|rin
Erb|se, die; -, -n
Erb|sen|bein (*Med.* Knochen der Handwurzel)
Erb|sen|brei, Erbs|brei
erb|sen|groß
Erb|sen|reis (*österr. neben* Risipisi)
Erb|sen|stroh, Erbs|stroh (getrocknetes Erbsenkraut)
Erb|sen|sup|pe
Erb|sen|zäh|ler (*ugs. abwertend für* kleinlicher, geiziger Mensch)
Erb|sen|zäh|le|rei, die; - (*ugs. abwertend*); **Erb|sen|zäh|le|rin**
Erbs|stroh *vgl.* Erbsenstroh
Erb|stück; Erb|sün|de
Erbs|wurst
Erb|tan|te (*ugs. scherzh.*)
Erb|teil, das, *im BGB* der
Erb|tei|lung
erb|tüm|lich; erb- und eigentümlich
Erb|ver|trag; Erb|ver|zicht; Erb|ver|zichts|ver|trag
Erb|we|sen, das; -s
Erd|ach|se, die; -
er|dacht ‹*zu* erdenken›; eine erdachte Geschichte
Erd|al|ka|li|en *Plur.* (*Chemie*)
Erd|an|zie|hung, die; -
Erd|ap|fel (*landsch., bes. österr. für* Kartoffel); **Erd|äp|fel|pü|ree**
Erd|ar|bei|ten *Plur.*
Erd|at|mo|sphä|re
er|dau|ern (*schweiz. für* [ein Problem] reifen lassen; sich durch Warten verdienen); **Er|daue|rung** (*schweiz.*)
Erd|ball, der; -[e]s; **Erd|be|ben**
Erd|be|ben|herd; Erd|be|ben|mes|ser, der; **Erd|be|ben|op|fer**
erd|be|ben|si|cher
Erd|be|ben|war|te; Erd|be|ben|wel|le
Erd|beer|bow|le
Erd|bee|re; Erd|beer|eis
erd|beer|far|ben, erd|beer|far|big
Erd|be|schleu|ni|gung (*Physik* Fallbeschleunigung)
Erd|be|schrei|bung; Erd|be|stat|tung; Erd|be|völ|ke|rung
Erd|be|we|gung
Erd|be|woh|ner; Erd|be|woh|ne|rin
Erd|bir|ne (*landsch. für* Kartoffel)
Erd|bo|den; Erd|boh|rer (*Technik*)
erd|braun
Er|de, die; -, -n *Plur. selten*
er|den (*Elektrot.* Verbindung zwischen einem elektr. Gerät u. der Erde herstellen)
Er|den|bür|ger; Er|den|bür|ge|rin
Er|den|glück (*geh.*)
er|denk|bar; er|den|ken; er|denk|lich; alles erdenklich[e] Gute wünschen
Er|den|le|ben (*geh.*); **Er|den|rund,** das; -[e]s (*geh.*)
Erd|er|wär|mung
Erd|fall, der (trichterförmige Senkung von Erdschichten)
erd|far|ben, erd|far|big
erd|fern; ein erdferner Planet; **Erd|fer|ne,** die; -
Erdg. = Erdgeschoss
Erd|gas; erd|gas|höf|fig (*vgl.* erdölhöffig)
erd|ge|bo|ren (*geh. für* sterblich, irdisch); **Erd|ge|bo|re|ne, Erd|ge|bor|ne,** der *u.* die; -n, -n
erd|ge|bun|den
Erd|geist *Plur.* ...geister
Erd|ge|schich|te
Erd|ge|schoss, *südd., österr. auch* **Erd|ge|schoß** (*Abk.* EG, Erdg.)
erd|haft; Erd|höh|le
Erd|hörn|chen (ein Nagetier)
er|dich|ten ([als Ausrede] erfinden; sich ausdenken)
er|dig
Erd|kern; Erd|kreis; Erd|krus|te; Erd|ku|gel
Erd|kun|de, die; -; **Erd|kund|ler; Erd|kund|le|rin; erd|kund|lich**
Erd|ling, der; -s, -e (*scherzh. für* Erdbewohner)
Erd|loch
erd|ma|g|ne|tisch; erdmagnetische Wellen; **Erd|ma|g|ne|tis|mus**
Erd|männ|chen (Kobold; ein Tier)
Erd|man|tel, der; -s (Schicht im Erdinneren)
erd|nah; erdnaher Planet; **Erd|nä|he** (*Astron.*)
Erd|nuss; Erd|nuss|but|ter; Erd|nuss|creme, Erd|nuss|crème; Erd|nuss|flip, der; -s, -s *meist Plur.* (eine Knabberware)
Erd|ober|flä|che, die; -
Er|do|gan, *türk. Schreibung* **Er|do|ğan** [ɛrdo'an] (m. Vorn.)
Erd|öl; Erdöl fördernde *od.* erdölfördernde, Erdöl exportierende *od.* erdölexportierende Länder ↑K58
er|dol|chen (*geh.*); **Er|dol|chung**
Erd|öl ex|por|tie|rend, erd|öl|ex|por|tie|rend ↑K58; **Erd|öl för|dernd, erd|öl|för|dernd** ↑K58
erd|öl|höf|fig (reiches Erdölvorkommen versprechend)
Erd|öl|pro|duk|ti|on; Erd|öl|vor|kom|men
Erd|pech (*veraltet für* Asphalt)
Erd|rauch (eine Pflanze)
Erd|reich
er|dreis|ten, sich (*geh.*)
Erd|rin|de, die; -
er|dröh|nen
er|dros|seln; Er|dros|se|lung, *seltener* **Er|dross|lung**
er|drü|cken; er|drü|ckend
Er|drusch, der; -[e]s, -e (Ertrag des Dreschens)
Erd|rutsch; Erd|rutsch|sieg; Erd|sa|tel|lit; Erd|schicht
Erd|schlipf (*schweiz. für* Erdrutsch)
Erd|schluss (*Elektrot.*); **Erd|schol|le; Erd|sicht** (*Flugw.*); **Erd|spal|te; Erd|stoß**
Erd|strö|me *Plur.* (elektr. Ströme in der Erdkruste)
Erd|teil, der; **Erd|tra|bant**
er|dul|den; Er|dul|dung
Erd|um|krei|sung; Erd|um|run|dung
erd|um|span|nend
Er|dung (das Erden)
erd|ver|bun|den
Erd|ver|mes|sung
Erd|wachs (*für* Ozokerit)
Erd|wall; Erd|wär|me
Erd|zeit|al|ter
E-Rea|der ['iːriːdɐ], der; -s, - (*kurz für* E-Book-Reader)
Ere|bos, Ere|bus, der; - ‹griech.› (Unterwelt der griech. Sage)
Ere|ch|thei|on, Ere|ch|the|um, das; -s (Tempel des Erechtheus in Athen)
Ere|ch|theus (griech. Sagengestalt)
er|ei|fern, sich; **Er|ei|fe|rung**
er|eig|nen, sich
Er|eig|nis, das; -ses, -se; ein freudiges Ereignis; ein großes Ereignis
er|eig|nis|los; er|eig|nis|reich
er|ei|len (*geh.*); das Schicksal ereilte ihn
Erek (m. Vorn.)
erek|til ‹lat.› (*Med.* aufrichtbar, schwellfähig); **Erek|ti|on,** die; -, -en (Aufrichtung, Anschwellung [des Penis]); **Erek|ti|ons|stö|rung**

Ere|mịt, der; -en, -en ⟨griech.⟩ (Einsiedler; Klausner)
[1]**Ere|mi|ta|ge** [...ʒə, ...ʃ], die; -, -n (abseits gelegene Grotte od. Nachahmung einer Einsiedelei in Parkanlagen des 18. Jh.s)
[2]**Ere|mi|ta|ge**, Er|mi|ta|ge, die; - (Kunstsammlung in Sankt Petersburg)
Ere|mi|tin
Ẹren, Ẹrn, der; -, - (*landsch. veraltend für* Hausflur, -gang)
er|er|ben (*veraltet*)
er|erbt; ererbter Besitz
Ere|thịs|mus, der; - ⟨griech.⟩ (*Med., Psychol.* übersteigerte Gereiztheit)
er|fahr|bar
[1]**er|fah|ren**; etwas Wichtiges erfahren
[2]**er|fah|ren**; erfahrene Fachkräfte
Er|fah|re|ne, der *u.* die; -n, -n
Er|fah|ren|heit, die; -
Er|fah|rung; Er|fah|rungs|aus|tausch; Er|fah|rungs|be|richt
er|fah|rungs|ge|mäß; er|fah|rungs|mä|ßig
Er|fah|rungs|schatz; Er|fah|rungs|tat|sa|che; Er|fah|rungs|wert; Er|fah|rungs|wis|sen|schaft (*für* Empirie)
er|fass|bar; er|fas|sen; erfasst
Er|fas|sung
er|fech|ten; erfochtene Siege
er|fin|den; Er|fin|der; Er|fin|der|geist, der; -[e]s; **Er|fin|de|rin**
er|fin|de|risch
er|find|lich; nicht erfindlich (erkennbar, verständlich) sein
Er|fin|dung; Er|fin|dungs|ga|be; Er|fin|dungs|kraft
er|fin|dungs|reich
er|fle|hen (*geh.*); erflehte Hilfe
Er|fọlg, der; -[e]s, -e; Maßnahmen, die Erfolg versprechen; *vgl.* Erfolg versprechend
er|fọl|gen
er|fọlg|ge|krönt (*geh.*)
er|fọlg|los; Er|fọlg|lo|sig|keit
er|fọlg|reich
er|fọlgs|ab|hän|gig
Er|fọlgs|aus|sicht *meist Plur.*
Er|fọlgs|au|tor; Er|fọlgs|au|to|rin
Er|fọlgs|be|tei|li|gung; Er|fọlgs|bi|lanz; Er|fọlgs|buch; Er|fọlgs|chan|ce; Er|fọlgs|den|ken; Er|fọlgs|er|leb|nis; Er|fọlgs|ge|heim|nis; Er|fọlgs|ge|schich|te
Er|fọlg[s]|ha|sche|rei (*abwertend*)
Er|fọlgs|kurs; Er|fọlgs|mel|dung; Er|fọlgs|mo|dell
er|fọlgs|ori|en|tiert
Er|fọlgs|prä|mie; Er|fọlgs|quo|te
Er|fọlgs|rech|nung (*Wirtsch.*)
Er|fọlgs|re|zept
Er|fọlgs|ro|man; Er|fọlgs|se|rie
er|fọlgs|si|cher
Er|fọlgs|sto|ry; Er|fọlgs|stück
Er|fọlgs|trai|ner; Er|fọlgs|trai|ne|rin
er|fọlgs|ver|wöhnt
Er|fọlgs|zif|fer; Er|fọlgs|zwang
Er|fọlg ver|spre|chend, er|fọlg|ver|spre|chend; Erfolg versprechende *od.* erfolgversprechende Maßnahmen; *aber nur* großen Erfolg versprechende Maßnahmen, höchst erfolgversprechende Maßnahmen; diese Maßnahme ist noch erfolgversprechender, am erfolgversprechendsten ↑K58
er|fọr|der|lich
er|fọr|der|li|chen|falls (*Amtsspr.*)
er|fọr|dern; Er|fọr|der|nis, das; -ses, -se
er|forsch|bar; er|fọr|schen
Er|fọr|scher; Er|fọr|sche|rin; Er|fọr|schung
er|fra|gen; Er|fra|gung
er|frẹ|chen, sich (*veraltend*)
er|freu|en, sich erfreuen; **er|freu|lich**; manches Erfreuliche ↑K72; **er|freu|li|cher|wei|se**
er|frie|ren; Er|frie|rung; Er|frie|rungs|tod
er|frị|schen, sich erfrischen; **er|frị|schend**; erfrischender Humor
Er|frị|schung; Er|frị|schungs|ge|tränk; Er|frị|schungs|raum; Er|frị|schungs|stand; Er|frị|schungs|tuch *Plur.* ...tücher
Ẹrft, die; - (linker Nebenfluss des Niederrheins)
er|füh|len (*geh.*)
er|füll|bar; erfüllbare Wünsche
er|fụ̈l|len, sich erfüllen; **Er|fụ̈llt|heit**, die; -; **Er|fụ̈l|lung**
Er|fụ̈l|lungs|ge|hil|fe (*bes. Rechtsspr.*); **Er|fụ̈l|lungs|ge|hil|fin**
Er|fụ̈l|lungs|ort, der; -[e]s, -e (*Rechtsspr.*)
Er|furt (Hauptstadt von Thüringen); **Ẹr|fur|ter**; der Erfurter Dom; **Ẹr|fur|te|rin**
Ẹrg, das; -s, - ⟨griech.⟩ (ältere physikal. Energieeinheit; *Zeichen* erg)
erg = Erg
erg. = ergänze!
er|gạ̈n|zen; du ergänzt; ergänze! (*Abk.* erg.); **Er|gạ̈n|zung**
Er|gạ̈n|zungs|ab|ga|be (zusätzliche Steuer); **Er|gạ̈n|zungs|band**, der (*Abk.* Erg.-Bd.)
Er|gạ̈n|zungs|bin|de|strich; Er|gạ̈n|zungs|fra|ge (*Sprachwiss.*)
Er|gạ̈n|zungs|kom|man|do (*österr. für* Kreiswehrersatzamt)
Er|gạ̈n|zungs|satz (Objektsatz)
er|gat|tern (*ugs. für* sich verschaffen); ich ergattere
er|gau|nern (*ugs. für* sich durch Betrug verschaffen); ich ergaunere
Erg.-Bd. = Ergänzungsband
[1]**er|ge|ben**; die Zählung hat ergeben, dass ...; sich ins Unvermeidliche ergeben
[2]**er|ge|ben**; ergebener Diener; jmdm. treu ergeben sein; **Er|ge|ben|heit**, die; -; **Er|ge|ben|heits|ad|res|se; er|ge|benst**
Er|geb|nis, das; -ses, -se
er|geb|nis|los; Er|geb|nis|lo|sig|keit, die; -
er|geb|nis|of|fen; ergebnisoffen diskutieren
er|geb|nis|ori|en|tiert
er|geb|nis|reich
Er|ge|bung (*geh.*); **er|ge|bungs|voll** (*geh.*)
er|ge|hen; wie ist es dir ergangen?; sich im Park ergehen (*geh. für* spazieren gehen); sie erging sich in Vermutungen; er hat es über sich ergehen lassen; **Er|ge|hen**, das; -s (Befinden)
er|gie|big; Er|gie|big|keit, die; -
er|gie|ßen; sich ergießen; **Er|gie|ßung**
er|glạ̈n|zen (*geh.*)
er|glü|hen (*geh.*)
ẹr|go ⟨lat.⟩ (folglich, also)
Er|go|graf, Er|go|graph, der; -en, -en ⟨griech.⟩ (*Med. früher* Gerät zur Aufzeichnung der Muskelarbeit)
Er|go|lo|gie, die; - ([historische] Erforschung der Arbeitsgeräte)
Er|go|me|ter, das; -s, - (*Med.* Gerät zur Messung der körperl. Leistungsfähigkeit)
Er|go|no|mie, Er|go|no|mik, die; - (Erforschung der Leistungsmöglichkeiten u. optimalen Arbeitsbedingungen des Menschen); **er|go|no|misch**
Er|go|s|te|rịn, das; -s (Vorstufe des Vitamins D_2)
Ẹr|go|the|ra|peut (Berufsbez.); **Ẹr|go|the|ra|peu|tin**
Ẹr|go|the|ra|pie, die; -, -n ⟨griech.⟩ (Arbeits- u. Beschäftigungs- u. Bewegungstherapie)
er|gọ̈t|zen (*geh.*); du ergötzt; sich ergötzen; **Er|gọ̈t|zen**, das; -s (*geh.*); **er|götz|lich** (*geh.*); **Er|gọ̈t|zung** (*geh.*)

er|gra|ben (*fachspr. für* ausgraben)
er|grau|en; ergraut
er|grei|fen; er|grei|fend; Er|grei|fung *Plur. selten*
er|grif|fen; er war sehr ergriffen; **Er|grif|fen|heit,** die; -; **Er|grif|fen|sein,** das; -s
er|grim|men *(geh.)*
er|gründ|bar; er|grün|den; Er|grün|dung *Plur. selten*
er|grü|nen *(geh.);* die Natur ergrünt
Er|guss; Er|guss|ge|stein (*für* Effusivgestein)
er|ha|ben; erhabene (erhöhte) Stellen einer Druckplatte; über allen Zweifel erhaben; **Er|ha|ben|heit**
Er|halt, der; -[e]s (*Amtsspr.* Empfang; Erhaltung, Bewahrung)
er|hal|ten; erhalten bleiben
er|hal|tens|wert
er|hält|lich
Er|hal|tung, die; -; **Er|hal|tungs|trieb**
er|hal|tungs|wür|dig
Er|hal|tungs|zu|stand
er|han|deln
er|hän|gen; sich erhängen; *vgl.* ²hängen; **Er|häng|te,** der *u.* die; -n, -n
¹**Er|hard** (m. Vorn.)
²**Er|hard** (ehemaliger Wirtschaftsminister u. deutscher Kanzler)
er|här|ten; Er|här|tung
er|ha|schen
er|he|ben, sich erheben
er|he|bend (feierlich)
er|heb|lich
Er|he|bung
er|hei|ra|ten (durch Heirat erlangen)
er|hei|schen (*geh. für* erfordern)
er|hei|tern; ich erheitere; **Er|hei|te|rung**
¹**er|hel|len;** sich erhellen (hell, heiter werden)
²**er|hel|len;** daraus erhellt (wird klar), dass ...
Er|hel|lung
er|hit|zen; du erhitzt; sich erhitzen; **Er|hit|zer; Er|hit|zung**
er|hof|fen; ich erhoffe mir Vorteile; der erhoffte Aufschwung
er|hö|hen; erhöhter Blutdruck; **Er|hö|hung**
Er|hö|hungs|zei|chen (*Musik* ♯)
er|ho|len, sich; sie kamen erholt aus dem Urlaub; **er|hol|sam**
Er|ho|lung, die; -; Erholung suchen; Erholung suchende *od.* erholungsuchende Großstädter ↑K 58; **Er|ho|lungs|auf|ent|halt**
er|ho|lungs|be|dürf|tig
Er|ho|lungs|ge|biet; Er|ho|lungs|heim; Er|ho|lungs|pau|se; Er|ho|lungs|rei|se; Er|ho|lungs|stät|te
Er|ho|lung su|chend, er|ho|lung|su|chend ↑K 58
Er|ho|lung|su|chen|de, der *u.* die; -n, -n, **Er|ho|lung Su|chen|de,** der *u.* die; - -n, - -n
Er|ho|lungs|ur|laub; Er|ho|lungs|wert; Er|ho|lungs|zeit; Er|ho|lungs|zen|t|rum
er|hö|ren; Er|hö|rung
Erich (m. Vorn.)
Eri|da|nos, ¹**Eri|da|nus,** der; - ‹griech.› (Fluss der griech. Sage)
²**Eri|da|nus,** der; - ‹griech.› (ein Sternbild)
Erie|see ['i:ri..., *auch* 'i:əri...], der; -s (in Nordamerika)
eri|gi|bel ‹lat.› (*svw.* erektil); **eri|gie|ren** (*Med.* sich aufrichten)
Erik (m. Vorn.)
¹**Eri|ka** (w. Vorn.)
²**Eri|ka,** die; -, ...ken ‹griech.› (Heidekraut)
er|in|ner|bar; er|in|ner|lich

er|in|nern

- sich [an etwas] erinnern: sie konnte sich nicht erinnern, uns gesehen zu haben; ich erinnere mich an das Ereignis, *in gehobener Ausdrucksweise* des Ereignisses; erinnerst du dich daran, *geh.* dessen?
- jemanden an etwas erinnern: ich musste sie an ihr Versprechen erinnern
- etwas erinnern: ich erinnere das, diesen Vorfall nicht *(bes. nordd.)*

Er|in|ne|rung
Er|in|ne|rungs|bild; Er|in|ne|rungs|buch; Er|in|ne|rungs|fo|to
er|in|ne|rungs|los
Er|in|ne|rungs|lü|cke; Er|in|ne|rungs|mal *vgl.* ²Mal; **Er|in|ne|rungs|schrei|ben** *(veraltet)*
er|in|ne|rungs|schwer
Er|in|ne|rungs|stät|te; Er|in|ne|rungs|stück; Er|in|ne|rungs|ver|mö|gen, das; -s; **Er|in|ne|rungs|zei|chen**
Erin|nye [...nÿə], **Erin|nys,** die; -, ...yen *meist Plur.* ‹griech.› (griech. Rachegöttin)
Eris (griech. Göttin der Zwietracht); **Eris|tik,** die; - ‹griech.› (Kunst u. Technik des Redestreits)
Eri|t|rea (Staat in Nordostafrika)
Eri|t|re|er; Eri|t|re|e|rin; eri|t|re|isch
Eri|wan (Hauptstadt Armeniens)
er|ja|gen
er|kal|ten; erkaltet
er|käl|ten, sich; erkältet
Er|kal|tung, die; -
Er|käl|tung; Er|käl|tungs|ge|fahr; Er|käl|tungs|krank|heit
er|kämp|fen
Er|kan (m. Vorn.)
er|kau|fen
er|kenn|bar; Er|kenn|bar|keit
er|ken|nen; sich zu erkennen geben; auf eine Freiheitsstrafe erkennen (*Rechtsspr.* als Urteil verkünden); ein noch nicht erkannter Fehler
er|kennt|lich; sich erkenntlich zeigen; **Er|kennt|lich|keit**
¹**Er|kennt|nis,** die; -, -se (Einsicht)
²**Er|kennt|nis,** das; -ses, -se (*österr., sonst veraltet für* richterl. Urteil)
Er|kennt|nis|fä|hig|keit; Er|kennt|nis|kri|tik *(Philos.)*
er|kennt|nis|the|o|re|tisch *(Philos.);* **Er|kennt|nis|the|o|rie**
Er|ken|nung, die; -
Er|ken|nungs|dienst; er|ken|nungs|dienst|lich
Er|ken|nungs|mar|ke; Er|ken|nungs|me|lo|die; Er|ken|nungs|zei|chen
Er|ker, der; -s, -
Er|ker|fens|ter; Er|ker|zim|mer
er|kie|sen (*geh. für* [aus]wählen); *meist nur noch im Präteritum u. Partizip II gebr.;* ich erkor, du erkorst; erkoren; *vgl.* ²kiesen
er|klär|bar; Er|klär|bar|keit, die; -
er|klä|ren; sich erklären
Er|klä|rer; Er|klä|re|rin
er|klär|lich; er|klär|li|cher|wei|se
er|klärt (entschieden; offenkundig); ein erklärter Nichtraucher, der erklärte Publikumsliebling; **er|klär|ter|ma|ßen; er|klär|ter|wei|se**
Er|klä|rung; Er|klä|rungs|not; in Erklärungsnot geraten, kommen; **Er|klä|rungs|not|stand; Er|klä|rungs|ver|such**
er|kleck|lich *(geh.);* ↑K 72: um ein Erkleckliches größer
er|klet|tern; Er|klet|te|rung
er|klim|men *(geh.);* **Er|klim|mung**
er|klin|gen
er|ko|chen; der Küchenchef hat sich einen Stern erkocht
er|ko|ren *vgl.* erkiesen
er|kran|ken; Er|kran|kung
Er|kran|kungs|fall, der; im Erkrankungsfall
er|küh|nen, sich
er|kun|den

E
erku

er|kụn|di|gen, sich; **Er|kụn|di|gung**
Er|kụn|dung; Er|kụn|dungs|fahrt; Er|kụn|dungs|flug; Er|kụn|dungs|trupp *(Militär)*
er|kụ̈ns|teln *(abwertend);* **er|kụ̈ns|telt**
er|kü|ren *vgl.* küren
er|la|ben *(veraltet);* sich erlaben
Er|lag, der; -[e]s (*österr. für* Hinterlegung); **Er|lag|schein** (*österr. für* Zahlkarte der Post)
er|lah|men; Er|lah|mung, die; -
er|lan|gen
Ẹr|lan|gen (Stadt a.d. Regnitz); **Ẹr|lan|ger; Ẹr|lan|ge|rin**
Er|lan|gung, die; - *(Amtsspr.)*
Er|lạss, der; -es, *Plur.* Erlasse, *österr.* Erlässe; **er|lạs|sen; Er|lạs|sung**
er|lau|ben; sich erlauben; ich erlaube mir[,] zu fragen
Er|laub|nis, die; -, -se *Plur. selten;* **Er|laub|nis|schein**
er|laucht *(geh.);* **Er|laucht,** die; -, -en (ein Adelstitel); *vgl.* euer, ihr, [1]sein
er|lau|fen; den Ball erlaufen *(Sport)*
er|lau|schen
er|läu|tern; ich erläutere; **Er|läu|te|rung; er|läu|te|rungs|wei|se**
Ẹr|le, die; -, -n (ein Laubbaum)
er|leb|bar; er|le|ben; Er|le|ben, das; -s
Er|le|bens|fall, der; -[e]s; im Erlebensfall *(Versicherungsw.)*
Er|leb|nis, das; -ses, -se
Er|leb|nis|auf|satz; Er|leb|nis|be|richt; Er|leb|nis|fä|hig|keit *(bes. Psychol.);* **Er|leb|nis|gas|t|ro|no|mie; Er|leb|nis|hun|ger; er|leb|nis|hung|rig**
Er|leb|nis|mu|se|um (Museum, das den Besuchern vielfältige Aktivitäten bietet)
er|leb|nis|ori|en|tiert
Er|leb|nis|pä|d|a|go|gik
er|leb|nis|reich
Er|leb|nis|ro|man; Er|leb|nis|ur|laub
Er|leb|nis|welt
er|lebt; erlebte Rede *(Sprachwiss.)*
er|le|di|gen; er|le|digt (*ugs. für* völlig erschöpft); **Er|le|di|gung**
er|le|gen (*bes. österr. auch für* [einen Betrag] zahlen); **Er|le|gung**
er|leich|tern; ich erleichtere [mich]; **er|leich|tert; Er|leich|te|rung**
er|lei|den
ẹr|len (aus Erlenholz)
Ẹr|len|bruch *vgl.* [2]Bruch; **Ẹr|len|holz**
Ẹr|len|mey|er|kol|ben ↑K136 ‹nach dem dt. Chemiker R. Erlenmeyer› (*Chemie* kegelförmiger od. bauchiger Glaskolben mit flachem Boden)
er|lern|bar; Er|lern|bar|keit, die; -
er|ler|nen; Er|ler|nung, die; -
[1]**er|le|sen,** sich (sich durch Lesen aneignen)
[2]**er|le|sen;** ein erlesenes (ausgesuchtes) Gericht; **Er|le|sen|heit**
er|leuch|ten; Er|leuch|tung
er|lie|gen; zum Erliegen kommen
er|lis|ten; Er|lis|tung, die; -
Ẹrl|kö|nig ‹»Elfenkönig«› (*nur Sing.:* Sagengestalt; *ugs. für* getarnter Versuchswagen)
er|lo|gen *vgl.* erlügen
Er|lös, der; -es, -e
er|lö|schen *vgl.* [2]löschen; **Er|lö|schen,** das; -s
er|lö|sen; erlöst; **Er|lö|ser; Er|lö|ser|bild** *(Rel.);* **er|lö|ser|haft; Er|lö|se|rin; Er|lö|sung** *Plur. selten*
er|lü|gen; erlogen
er|mäch|ti|gen; Er|mäch|ti|gung
er|mah|nen; Er|mah|nung
er|man|geln; jeglichen Sachverstandes ermangeln
Er|man|ge|lung, Er|mang|lung, die; -; in Ermangelung, Ermanglung eines Besser[e]n *(geh.)*
er|man|nen, sich *(geh.);* **Er|man|nung,** die; -
er|mä|ßi|gen; Er|mä|ßi|gung; Er|mä|ßi|gungs|aus|weis
er|mat|ten; Er|mat|tung, die; -
er|mess|bar; er|mes|sen
Er|mes|sen, das; -s; nach meinem Ermessen
Er|mes|sens|ent|schei|dung; Er|mes|sens|fra|ge; Er|mes|sens|frei|heit; Er|mes|sens|spiel|raum
Er|mi|ta|ge *vgl.* [2]Eremitage
er|mit|teln; ich ermitt[e]le
Er|mitt|ler; Er|mitt|le|rin
Er|mitt|lung
Er|mitt|lungs|ar|beit; Er|mitt|lungs|be|am|te; Er|mitt|lungs|be|hör|de; Er|mitt|lungs|er|geb|nis
Er|mitt|lungs|rich|ter; Er|mitt|lungs|rich|te|rin
Er|mitt|lungs|stand, der; -[e]s; **Er|mitt|lungs|ver|fah|ren**
Ẹrm|land, das; -[e]s (Landschaft im ehem. Ostpreußen)
er|mo|geln; ein ermogelter Elfmeter
er|mög|li|chen; Er|mög|li|chung, die; -
er|mor|den; Er|mor|dung
er|müd|bar; Er|müd|bar|keit, die; -
er|mü|den; Er|mü|dung *Plur. selten*
Er|mü|dungs|bruch
Er|mü|dungs|er|schei|nung
Er|mü|dungs|zu|stand
er|mun|tern; ich ermuntere; **Er|mun|te|rung**
er|mu|ti|gen; Er|mu|ti|gung
Ern *vgl.* Eren
Ẹr|na (w. Vorn.)
er|näh|ren; sich ernähren
Er|näh|rer; Er|näh|re|rin
Er|näh|rung
Er|näh|rungs|ba|sis
er|näh|rungs|be|dingt
Er|näh|rungs|be|ra|ter; Er|näh|rungs|be|ra|te|rin
Er|näh|rungs|for|schung
Er|näh|rungs|la|ge
Er|näh|rungs|leh|re *(Med.)*
Er|näh|rungs|phy|sio|lo|gie *(Med.);* **er|näh|rungs|phy|sio|lo|gisch**
Er|näh|rungs|plan
Er|näh|rungs|stö|rung
Er|näh|rungs|wis|sen|schaft|ler; Er|näh|rungs|wis|sen|schaft|le|rin
er|nen|nen; Er|nen|nung
Er|nen|nungs|schrei|ben
Er|nen|nungs|ur|kun|de
er|nes|ti|ni|sche Li|nie ↑K89 *u.* 135, die; -n - (herzogl. Linie der Wettiner)
er|neu|en (*seltener für* erneuern)
Er|neu|er, *häufiger* **Er|neu|e|rer,** Erneu|rer; **er|neu|er|bar;** erneuerbare Energien; **Er|neu|e|rin,** Erneu|re|rin
er|neu|ern; sich erneuern
Er|neu|e|rung
er|neu|e|rungs|be|dürf|tig
Er|neu|rer *vgl.* Erneuerer; **Er|neu|re|rin,** Er|neu|e|rin
er|neut (nochmals); **Er|neu|ung** (*seltener für* Erneuerung)
er|nied|ri|gen; sich erniedrigen
er|nied|ri|gend; Er|nied|ri|gung
Er|nied|ri|gungs|zei|chen (*Musik* ♭)

ẹrnst

Schreibung in Verbindung mit Verben und Partizipien ↑K56 *u.* 62:

- ernst sein; es ist mir [vollkommen] ernst damit
- ernst werden, die Lage wird ernst
- jmdn., eine Sache [sehr] ernst nehmen
- um ihn soll es sehr ernst stehen
- ein ernst gemeinter *od.* ernstgemeinter Rat
- ein ernst zu nehmender *od.* ernstzunehmender Vorschlag

Vgl. auch [1]Ernst

[1]**Ernst,** der; -es; im Ernst; Ernst machen; Scherz für Ernst nehmen; es ist mir [vollkommener] Ernst damit; es wurde Ernst [aus dem Spiel]; allen Ernstes
[2]**Ernst** (m. Vorn.)
Ernst|fall, der
ernst ge|meint, ernst|ge|meint *vgl.* ernst
ernst|haft; Ernst|haf|tig|keit, die; -
ernst|lich
ernst zu neh|mend, ernst|zu|neh|mend *vgl.* ernst
Ern|te, die; -, -n
Ern|te|aus|fall (Einbuße bei der Ernte); **Ern|te|bri|ga|de** *(in der DDR);* **Ern|te|dank|fest; Ern|te|ein|satz; Ern|te|er|geb|nis; Ern|te|fest** (Erntedankfest)
Ern|te|hel|fer; Ern|te|hel|fe|rin
Ern|te|kranz; Ern|te|kro|ne
Ern|te|ma|schi|ne
Ern|te|mo|nat, Ern|te|mond *(alte Bez. für* August)
ern|ten
Ern|te|se|gen; Ern|te|zeit
Ern|ting, der; -s, -e *(alte Bez. für* August)
er|nüch|tern; ich ernüchtere; **Er|nüch|te|rung**
Er|obe|rer; Er|obe|rin
er|obern; ich erobere
Er|obe|rung; Er|obe|rungs|drang; Er|obe|rungs|krieg; Er|obe|rungs|lust; er|obe|rungs|lus|tig; Er|obe|rungs|zug
ero|die|ren ⟨lat.⟩ *(Geol.* auswaschen)
er|öff|nen; Er|öff|nung
Er|öff|nungs|be|schluss *(Rechtsspr.)*
Er|öff|nungs|fei|er; Er|öff|nungs|kon|zert; Er|öff|nungs|re|de; Er|öff|nungs|spiel *(Sport);* **Er|öff|nungs|tag; Er|öff|nungs|ver|an|stal|tung; Er|öff|nungs|vor|stel|lung**
ero|gen ⟨griech.⟩ *(Med.* sexuell erregbar); erogene Zone
Ero|i|ca, Ero|i|ka, die; - ⟨griech.⟩ *(kurz für* Sinfonia eroica [Titel der 3. Sinfonie Es-Dur von Beethoven])
er|ör|tern; ich erörtere
Er|ör|te|rung
[1]**Eros** (griech. Gott der Liebe); *vgl.* Eroten
[2]**Eros** *[auch* ˈɛrɔs], der; - ⟨griech.⟩ (sinnliche Liebe; *Philos.* Drang nach Erkenntnis); philosophischer Eros
[3]**Eros,** der; - (ein Planet)
Eros|cen|ter ⟨griech.-engl.⟩ *(verhüllend für* Bordell)

Ero|si|on, die; -, -en ⟨lat.⟩ *(Geol.* Erdabtragung durch Wasser, Eis od. Wind); **ero|siv**
Ero|ten *Plur.* ⟨griech.⟩ (allegor. Darstellung geflügelter Liebesgötter, meist in Kindergestalt); *vgl.* [1]Eros
Ero|tik, die; - (sinnliche Liebe; Sexualität)
[1]**Ero|ti|ka** *(Plur. von* Erotikon)
[2]**Ero|ti|ka** *Plur.* (sexuell anregende Gegenstände, Mittel o. Ä.)
Ero|ti|ker (Verfasser von erotischen Schriften; sinnlicher Mensch); **Ero|ti|ke|rin**
Ero|ti|kon, das; -s, *Plur.* ...ka *od.* ...ken (erotisches Buch)
ero|tisch (sinnlich, sexuell)
ero|ti|sie|ren; Ero|ti|sie|rung
Ero|to|ma|nie, die; -, ...ien *(Med., Psychol.* übersteigertes sexuelles Verlangen)
Er|pel, der; -s, - (Enterich)
er|picht (begierig)
er|press|bar; Er|press|bar|keit, die; -
er|pres|sen
Er|pres|ser; Er|pres|ser|brief; Er|pres|se|rin; er|pres|se|risch
Er|pres|sung; Er|pres|sungs|ver|such
er|pro|ben; er|probt; er|prob|ter|wei|se
Er|pro|bung; er|pro|bungs|hal|ber
Er|pro|bungs|pha|se
er|qui|cken *(geh. für* erfrischen); sich erquicken; **er|quick|lich** *(geh.);* **Er|qui|ckung** *(geh.)*
Er|ra|ta *(Plur. von* Erratum)
er|rat|bar; er|ra|ten
er|ra|tisch ⟨lat.⟩ *(geh. für* abirrend); erratischer Block (Findling[sblock])
Er|ra|tum, das; -s, ...ta (Versehen, Druckfehler)
er|re|chen|bar; er|rech|nen
er|reg|bar; Er|reg|bar|keit, die; -
er|re|gen, sich erregen; ein große Besorgnis erregender Vorfall; **Er|re|ger; Er|regt|heit,** die; -
Er|re|gung; Er|re|gungs|zu|stand
er|reich|bar; Er|reich|bar|keit
er|rei|chen; Er|rei|chung, die; -
er|ret|ten *(geh.);* jmdn. von *od.* vor etwas erretten; **Er|ret|ter; Er|ret|te|rin; Er|ret|tung**
er|rich|ten; Er|rich|tung
er|rin|gen; Er|rin|gung, die; -
er|rö|ten; Er|rö|ten, das; -s
Er|run|gen|schaft
Er|satz, der; -es; **Er|satz|bank** *Plur.* ...bänke *(Sport)*
Er|satz|be|frie|di|gung *(Psychol.)*
Er|satz|deh|nung *(Sprachwiss.)*
Er|satz|dienst

Er|satz|dienst|leis|ten|de, der *u.* die; -n, -n, **Er|satz|dienst Leis|ten|de,** der *u.* die; - -n, - -n; **er|satz|dienst|pflich|tig; Er|satz|dienst|pflich|ti|ge,** der *u.* die; -n, -n
Er|satz|dro|ge
Er|satz|frau
er|satz|ge|schwächt *(bes. Sport)*
Er|satz|ge|we|be
Er|satz|hal|te|stel|le
Er|satz|hand|lung *(Psychol.)*
Er|satz|in|fi|ni|tiv *(Sprachwiss.* Infinitiv anstelle eines Partizips II nach einem reinen Infinitiv, z. B. er hat ihn kommen »hören« statt »gehört«)
Er|satz|kas|se
er|satz|los; ersatzlos gestrichen
Er|satz|mann *Plur.* ...leute, *auch* ...männer
Er|satz|maut *(österr. für* Strafgeld für eine fehlende Autobahnvignette)
er|satz|pflich|tig
Er|satz|rad
Er|satz|re|ser|ve *(Militär)*
Er|satz|spie|ler *(Sport);* **Er|satz|spie|le|rin**
Er|satz|teil, das, *seltener* der; **Er|satz|teil|la|ger**
Er|satz|tor|wart *(Sport);* **Er|satz|tor|war|tin**
Er|satz|ver|kehr
er|satz|wei|se
Er|satz|zeit *(Versicherungsw.)*
er|sau|fen *(ugs. für* ertrinken); ersoffen
er|säu|fen (ertränken); ersäuft
er|schaf|fen *vgl.* schaffen; **Er|schaf|fer** *(geh.);* **Er|schaf|fe|rin** *(geh.);* **Er|schaf|fung,** die; - *(geh.)*
er|schal|len; es erscholl *od.* erschallte; es erschölle *od.* erschallte; erschollen *od.* erschallt; erschall[e]!
er|schau|dern *(geh.)*
er|schau|en
er|schau|ern *(geh.)*
er|schei|nen; ihr jetzt erschienener Roman; **Er|schei|nung**
Er|schei|nungs|bild; Er|schei|nungs|form; Er|schei|nungs|jahr; Er|schei|nungs|ort; Er|schei|nungs|ter|min; Er|schei|nungs|wei|se
er|schie|ßen; Er|schie|ßung
er|schim|mern *(geh.)*
er|schlaf|fen; er|schlafft; Er|schlaf|fung
er|schla|gen
er|schlei|chen (durch List erringen); **Er|schlei|chung**
er|schließ|bar; er|schlie|ßen, sich erschließen; **Er|schlie|ßung**

E
Ersc

ers|te

Kleinschreibung ↑K 89:
- das erste Schneeglöckchen
- der erste (1.) April
- das erste Mal; beim, zum ersten Mal
- der erste Rang
- die erste Geige spielen
- die erste heilige Kommunion
- das erste Staatsexamen
- der erste Spatenstich
- erster Klasse fahren
- Bachstraße 7, erster Stock

Großschreibung der Substantivierung ↑K 80:
- der Erste, der kam
- als Erster, Erste durchs Ziel gehen
- als Erstes tun
- fürs Erste
- zum Ersten
- mein Erstes war, ein Heft zu kaufen (zuerst kaufte ich ...)
- die Ersten werden die Letzten sein
- der Erste des Monats
- vom nächsten Ersten an

Großschreibung in Namen und bestimmten namenähnlichen Fügungen ↑K 88 *u.* 89:
- Otto der Erste (Otto I.)
- der Erste Weltkrieg
- der Erste Geiger (Konzertmeister)
- der Erste Bürgermeister (Amtsbezeichnung)
- die Erste Staatsanwältin (Amtsbezeichnung)
- der Erste Vorsitzende (Dienstbezeichnung)
- der Erste Mai (Feiertag)
- Verdienstkreuz Erster Klasse
- die Erste Bundesliga (oberste Spielklasse)
- das Erste Deutsche Fernsehen (*für* ARD)
- die Erste *od.* erste Hilfe (bei Unglücksfällen)

Man sollte unterscheiden:
- die ersten beiden (das erste und das zweite Glied, das erste Paar einer Gruppe)
- die beiden Ersten (von zwei Gruppen das jeweils erste Glied)

Vgl. auch achte, erstbeste, erstere

E

ersc

er|schmel|zen *(Hüttenw.)*
er|schnüf|feln
er|schöpf|bar
er|schöp|fen; sich erschöpfen
er|schöpft; Er|schöp|fung
Er|schöp|fungs|syn|drom *(Med., Psychol.)*
Er|schöp|fungs|tod; Er|schöp|fungs|zu|stand
er|schrak *vgl.* ¹erschrecken, ³erschrecken
¹er|schre|cken; er erschrickt; ich erschrak; ich bin darüber erschrocken; *vgl.* schrecken
²er|schre|cken; sein Aussehen hat mich erschreckt; *vgl.* schrecken
³er|schre|cken, sich *(ugs.);* ich habe mich sehr erschreckt, erschrocken
er|schre|ckend; er|schreck|lich (*veraltet für* erschreckend, schrecklich)
er|schrickt *vgl.* ¹erschrecken
er|schro|cken *vgl.* ¹erschrecken, ³erschrecken; **Er|schro|cken|heit,** die; -; **er|schröck|lich** (*scherzh. für* erschrecklich)
er|schüt|tern; ich erschüttere; **erschüt|ternd; Er|schüt|te|rung**
er|schwe|ren
Er|schwer|nis, die; -, -se; **Er|schwer|nis|zu|la|ge; Er|schwe|rung**
er|schwin|deln
er|schwing|bar (*svw.* erschwinglich); **er|schwin|gen**
er|schwing|lich (finanziell zu bewältigen); **Er|schwing|lich|keit,** die; -
er|se|hen
er|seh|nen; du ersehnst dir etwas
er|setz|bar; Er|setz|bar|keit, die; -
er|set|zen; Er|set|zung
er|sicht|lich
er|sin|nen; er|sinn|lich *(veraltet)*
er|sit|zen; ersessene Rechte; **Er|sit|zung** (*Rechtsspr.* Eigentumserwerb durch langen Besitz)
er|sor|gen (*schweiz. veraltend für* mit Sorge erwarten)
er|spä|hen *(geh.)*
er|spa|ren
Er|spar|nis, die; -, -se
Er|spar|te, das; -n
Er|spa|rung, die; -
er|spie|len; du hast [dir] einen guten Platz erspielt
er|sprie|ßen *(geh.);* **er|sprieß|lich; Er|sprieß|lich|keit,** die; -
er|spü|ren *(geh.)*
erst; erst recht; erst mal *od.* erstmal (*ugs. für* erst einmal)
Erst|an|mel|dung
er|star|ken; Er|star|kung
er|star|ren; Er|star|rung
er|stat|ten; Er|stat|tung; er|stat|tungs|fä|hig
erst|auf|füh|ren *meist nur im Infinitiv u. Partizip II gebr.;* die Oper wurde in Kairo erstaufgeführt; **Erst|auf|füh|rung**
er|stau|nen; Er|stau|nen, das; -s
er|stau|nens|wert
er|staun|lich; er|staun|li|cher|wei|se
er|staunt; Er|staunt|heit, die; -
Erst|aus|ga|be; Erst|aus|stat|tung
Erst|aus|strah|lung *(Rundfunk, Fernsehen)*
Erst|beich|te *(kath. Kirche)*
Erst|be|ra|tung
Erst|be|sitz, der; -es
erst|bes|te; die erstbeste Gelegenheit, *aber* wir nehmen nicht gleich den Erstbesten, den ersten Besten
Erst|be|stei|gung; Erst|be|zug
Erst|druck *Plur.* ...drucke
ers|te *s. Kasten*
er|ste|chen
er|ste|hen; Er|ste|her *(bes. Rechtsspr.);* **Er|ste|he|rin**
Ers|te-Hil|fe-Aus|rüs|tung; Ers|te-Hil|fe-Lehr|gang
Er|ste|hung
er|steig|bar; Er|steig|bar|keit
er|stei|gen; Er|stei|ger
Er|stei|ge|rer
Er|stei|ge|rin (w. Person, die etw. ersteigt; w. Person, die etw. ersteigert)
er|stei|gern; Er|stei|ge|rung
Er|stei|gung
er|stel|len; Er|stel|ler; Er|stel|le|rin; Er|stel|lung
ers|te Mal *vgl.* erste
ers|tens; ers|ter *vgl.* erste
er|ster|ben *(geh.)*
ers|te|re; erstere Bedeutung von beiden; ↑K 72 : Erstere *od.* die Erstere kommt nicht in Betracht; Ersteres muss noch geprüft werden
Ers|te[r]-Klas|se-Ab|teil ↑K 26

erst|er|wähnt; der ersterwähnte Punkt, *aber* ↑K 72: der Ersterwähnte

Erst|flug

Erst|ge|bä|ren|de, die; -n, -n *(Med.)*

erst|ge|bo|ren; Erst|ge|bo|re|ne, Erst|ge|bor|ne, der, die, das; -n, -n

Erst|ge|burt; Erst|ge|burts|recht

erst|ge|nannt; *aber* ↑K 72: der Erstgenannte

Erst|hel|fer (jmd., der einem Unfallopfer als Erster Hilfe leistet); **Erst|hel|fe|rin**

Ers|ti, der; -s, -s *u.* die; -, -s *(ugs. für* Erstsemester)

er|sti|cken; Er|sti|ckung, die; -

Er|sti|ckungs|an|fall; Er|sti|ckungs|ge|fahr; Er|sti|ckungs|tod

erst|in|s|tanz|lich *(Rechtsspr.)*

Erst|klass|ab|teil *(schweiz. für* Abteil erster Klasse)

Erst|kläs|ser *(ugs. seltener für* Erstklässler); **Erst|kläs|se|rin**

Erst|klass|ho|tel *(schweiz.)*

erst|klas|sig; Erst|klas|sig|keit

erstklassig

Da *erstklassig* bereits einen höchsten Grad ausdrückt, gilt die Steigerung *erstklassigste* als standardsprachlich nicht korrekt.

Erst|klass|ler *(landsch., bes. österr.),* **Erst|kläss|ler** (Schüler der ersten Klasse); **Erst|klass|le|rin, Erst|kläss|le|rin**

Erst|klass|wa|gen *(schweiz. für* Wagen erster Klasse)

Erst|kom|mu|ni|kant; Erst|kom|mu|ni|kan|tin; Erst|kom|mu|ni|on; Erst|kom|mu|ni|on|fei|er

erst|lich *(veraltet für* erstens)

Erst|li|gist, der; -en, -en *(Sport* Verein in der ersten Liga)

Erst|ling; Erst|lings|aus|stat|tung

Erst|lings|druck *Plur.* ...drucke; **Erst|lings|film; Erst|lings|ro|man; Erst|lings|stück; Erst|lings|werk**

erst mal, erst|mal *vgl.* erst

erst|ma|lig; Erst|ma|lig|keit, die; -; **erst|mals**

Erst|plat|zier|te, der *u.* die; -n, -n

er|strah|len

erst|ran|gig; Erst|ran|gig|keit, die; -

er|stre|ben *(geh.);* **er|stre|bens|wert**

er|stre|cken, sich; **Er|stre|ckung**

er|strei|ten *(geh.)*

Erst|schlag *(Militär);* **Erst|schlag|waf|fe**

Erst|se|mes|ter

Erst|se|me|s|t|rige, der *u.* die; -n, -n *(österr., schweiz.)*

erst|stel|lig; erststellige Hypothek

Erst|stim|me

Erst|tags|brief; Erst|tags|stem|pel

er|stun|ken *(derb für* erdichtet); erstunken und erlogen

Erst|un|ter|su|chung

er|stür|men; Er|stür|mung

Erst|ver|kaufs|tag

erst|ver|öf|fent|li|chen *nur im Infinitiv u. Part. II gebr.;* **Erst|ver|öf|fent|li|chung**

Erst|ver|sor|gung (Erste Hilfe)

Erst|ver|stor|be|ne, der *u.* die; -n, -n

Erst|wa|gen

Erst|wäh|ler; Erst|wäh|le|rin

Erst|woh|nung

erst|zu|las|sen *nur im Infinitiv u. Part. II gebr.;* ein Kraftfahrzeug erstzulassen (erstmals zulassen); **Erst|zu|las|sung**

er|su|chen; Er|su|chen, das; -s, -; auf Ersuchen

er|tap|pen; sich dabei ertappen

er|tas|ten

er|tei|len; Er|tei|lung

er|tö|nen

er|tö|ten *(geh.);* Begierden ertöten; **Er|tö|tung,** die; -

Er|trag, der; -[e]s, Erträge; **er|trag|bar**

er|tra|gen

er|trag|fä|hig, er|trags|fä|hig; **Er|trag|fä|hig|keit,** Er|trags|fä|hig|keit, die; -

er|träg|lich; Er|träg|lich|keit, die; -

er|trag|los

Er|träg|nis, das; -ses, -se *(seltener für* Ertrag); **Er|träg|nis|auf|stel|lung; er|träg|nis|reich** *(seltener für* ertragreich)

er|trag|reich

Er|trags|aus|sich|ten *Plur.*

er|trags|fä|hig, er|trag|fä|hig; **Er|trags|fä|hig|keit,** Er|trag|fä|hig|keit, die; -

Er|trags|la|ge; Er|trags|min|de|rung

er|trags|si|cher

Er|trag[s]|stei|ge|rung

Er|trag[s]|steu|er, die

er|trän|ken; ertränkt; **Er|trän|kung**

er|träu|men; ich erträume es mir

er|trin|ken; ertrunken; **Er|trin|ken,** das; -s; **Er|trin|ken|de,** der *u.* die; -n, -n

er|trot|zen; Er|trot|zung

er|trü|gen *(südd., schweiz. für* durch Betrug erlangen)

er|trun|ken *vgl.* ertrinken; **Er|trun|ke|ne,** der *u.* die; -n, -n

er|tüch|ti|gen; Er|tüch|ti|gung

er|üb|ri|gen; es erübrigt sich[,] zu erwähnen, ...; **Er|üb|ri|gung,** die; -

eru|ie|ren ⟨lat.⟩ (herausbringen; ermitteln); **Eru|ie|rung**

erup|tie|ren; Erup|ti|on, die; -, -en ⟨lat.⟩ ([vulkan.] Ausbruch); **erup|tiv; Erup|tiv|ge|stein**

Er|ve [...və], die; -, -n (eine Hülsenfrucht)

er|wa|chen; Er|wa|chen, das; -s

[1]**er|wach|sen;** mir sind Bedenken erwachsen

[2]**er|wach|sen;** ein erwachsener Mensch

Er|wach|se|ne, der *u.* die; -n, -n

Er|wach|se|nen|al|ter, das; -s; **Er|wach|se|nen|bild|ner; Er|wach|se|nen|bild|ne|rin; Er|wach|se|nen|bil|dung; Er|wach|se|nen|tau|fe**

Er|wach|sen|sein, das; -s

er|wä|gen; du erwägst; du erwogst; du erwögest; erwogen; erwäg[e]!; **er|wä|gens|wert; Er|wä|gung;** in Erwägung ziehen

er|wäh|len *(geh.);* **Er|wähl|te,** der *u.* die; -n, -n; **Er|wäh|lung**

er|wäh|nen; er|wäh|nens|wert; er|wähn|ter|ma|ßen *(Amtsspr.);* **Er|wäh|nung**

er|wah|ren *(schweiz. für* das Ergebnis einer Abstimmung od. Wahl rechtsverbindlich feststellen); **Er|wah|rung**

er|wan|dern; Er|wan|de|rung

er|wär|men (warm machen); sich für jmdn./etwas erwärmen (begeistern); **Er|wär|mung**

er|war|ten; Er|war|ten, das; -s; wider Erwarten; **Er|war|tung; Er|war|tungs|druck,** der; -[e]s

er|war|tungs|froh

er|war|tungs|ge|mäß

Er|war|tungs|hal|tung; er|war|tungs|voll

er|we|cken; Er|we|ckung; Er|we|ckungs|er|leb|nis

er|weh|ren, sich; ich konnte mich seiner kaum erwehren

er|weich|bar; er|wei|chen; ich lasse mich nicht erweichen; *vgl.* [1]weichen; **Er|wei|chung**

Er|weis, der; -es, -e *(veraltend für* Nachweis, Beweis); **er|wei|sen;** sich erweisen

erweisen

Bei *sich erweisen als ...* steht das folgende Substantiv im Nominativ: *Er erwies sich als geeigneter Nachfolger.*

er|weis|lich *(veraltet);* **Er|weis|sung**
er|wei|ter|bar; er|wei|tern; die erweiterte Oberschule (*in der DDR* mit dem Abitur abschließende Schule; *Abk.* EOS); **Er|wei|te|rung**
Er|wei|te|rungs|bau *Plur.* ...bauten
Er|werb, der; -[e]s, -e; **er|wer|ben; Er|wer|ber; Er|wer|be|rin**
Er|werbs|ar|beit; Er|werbs|aus|fall (*bes. schweiz. für* Verdienstausfall); **er|werbs|be|schränkt**
Er|werbs|bio|gra|fie, Er|werbs|bio|gra|phie (beruflicher Werdegang einer Person)
er|werbs|fä|hig; Er|werbs|fä|hig|keit, die; -
er|werbs|ge|min|dert
Er|werbs|le|ben; im Erwerbsleben stehen
er|werbs|los; Er|werbs|lo|se, der *u.* die; -n, -n; **Er|werbs|lo|sig|keit**
Er|werbs|min|de|rung; Er|werbs|mög|lich|keit; Er|werbs|quel|le; Er|werbs|quo|te *(Wirtsch.);* **Er|werbs|stre|ben**
er|werbs|tä|tig; Er|werbs|tä|ti|ge, der *u.* die; -n, -n; **Er|werbs|tä|tig|keit**
er|werbs|un|fä|hig; Er|werbs|un|fä|hig|keit
Er|werbs|zweig
Er|wer|bung
er|wi|dern; ich erwidere
Er|wi|de|rung
er|wie|sen
er|wie|se|ner|ma|ßen
Er|win (m. Vorn.)
er|wir|ken; Er|wir|kung, die; -
er|wirt|schaf|ten; Gewinn erwirtschaften; **Er|wirt|schaf|tung**
er|wi|schen (*ugs. für* ertappen; fassen, ergreifen); mich hat es erwischt (*ugs. für* ich bin krank, *auch für* ich bin verliebt)
er|wor|ben; erworbene Rechte
er|wün|schen (*selten für* wünschen)
er|wünscht; Er|wünscht|heit, die; -
er|wür|gen; Er|wür|gung
ery|man|thisch; *aber* ↑K150: der Erymanthische Eber; **Ery|man|thos, Ery|man|thus,** der; - (Gebirge im Peloponnes)
Ery|si|pel, das; -s, -e ⟨griech.⟩ (*Med.* Wundrose [Hautentzündung])
Ery|them, das; -s, -e (*Med.* Hautrötung)
Ery|th|rä|i|sche Meer, das; -n -[e]s (*altgriech. Name für* das Arabische Meer)
Ery|th|rin, der; -s ⟨griech.⟩ (ein Mineral)
Ery|th|ro|po|i|e|tin®, das; -s (*Med., Pharm.* die Bildung roter Blutkörperchen förderndes Medikament [Dopingmittel])
Ery|th|ro|zyt, der; -en, -en *meist Plur.* (*Med.* rotes Blutkörperchen)
Erz [*auch* ɛrts], das; -es, -e
erz... ⟨griech.⟩ (*verstärkende Vorsilbe,* z. B. erzdumm)
Erz... (*in Titeln,* z. B. Erzbischof, *u. in Scheltnamen,* z. B. Erzschelm)
Erz|ader [*auch* 'ɛrts]
er|zäh|len; erzählende Dichtung; **er|zäh|lens|wert; Er|zäh|ler; Er|zäh|le|rin; er|zäh|le|risch**
Er|zähl|fluss, der; -es; **Er|zähl|freu|de,** die; -; **er|zähl|freu|dig; Er|zähl|kunst,** die; -
Er|zäh|lung
Erz|bau [*auch* 'ɛrts...], der; -[e]s; **Erz|berg|bau,** der; -[e]s
Erz|bi|schof; erz|bi|schöf|lich
Erz|bis|tum
erz|bö|se
Erz|di|ö|ze|se
er|zei|gen; sich dankbar erzeigen
er|zen [*auch* 'ɛrtsn̩] (aus Erz)
Erz|en|gel
er|zeu|gen
Er|zeu|ger; Er|zeu|ge|rin
Er|zeu|ger|land; Er|zeu|ger|preis
Er|zeug|nis, das; -ses, -se
Er|zeu|gung; Er|zeu|gungs|kos|ten *Plur.*
erz|faul
Erz|feind; Erz|fein|din; Erz|feind|schaft
Erz|ge|bir|ge [*auch* 'ɛrts...], das; -s; **Erz|ge|bir|ger; Erz|ge|bir|ge|rin; erz|ge|bir|gisch; Erz|ge|birg|ler; Erz|ge|birg|le|rin**
Erz|ge|win|nung [*auch* 'ɛrts...]
Erz|gie|ßer [*auch* 'ɛrts...]; **Erz|gie|ße|rei**
erz|hal|tig [*auch* 'ɛrts...]
Erz|her|zog; Erz|her|zo|gin; erz|her|zog|lich
Erz|her|zog-Thron|fol|ger ↑K22
Erz|her|zog|tum
erz|höf|fig [*auch* 'ɛrts...] (reiches Erzvorkommen versprechend)
er|zieh|bar
er|zie|hen; Er|zie|her
Er|zie|her|ga|be, die; -
Er|zie|he|rin; er|zie|he|risch; er|zieh|lich (*bes. österr.*)
Er|zie|hung, die; -
Er|zie|hungs|be|ra|tung
Er|zie|hungs|be|rech|tig|te
Er|zie|hungs|fra|ge; Er|zie|hungs|geld; Er|zie|hungs|hil|fe; Er|zie|hungs|maß|nah|me; Er|zie|hungs|me|tho|de
Er|zie|hungs|ro|man (*Literaturwiss.*)
Er|zie|hungs|schwie|rig|kei|ten *Plur.;* **Er|zie|hungs|sys|tem**
Er|zie|hungs|ur|laub (*ugs., sonst veraltend*)

Erziehungsurlaub
Die offizielle Bezeichnung vonseiten des Gesetzgebers lautet *Elternzeit.* Damit soll vermieden werden, dass diese der Kindererziehung gewidmete Zeit als Urlaub gewertet wird.

Er|zie|hungs|wis|sen|schaft; Er|zie|hungs|zeit
er|zie|len; Er|zie|lung, die; -
er|zit|tern
erz|kon|ser|va|tiv
Erz|lüg|ner; Erz|lüg|ne|rin
Erz|lump
Erz|pries|ter; Erz|pries|te|rin
Erz|ri|va|le; Erz|ri|va|lin
Erz|schelm; Erz|übel
er|zür|nen; Er|zür|nung
Erz|vor|kom|men [*auch* 'ɛrts...]
er|zwin|gen; Er|zwin|gung, die; -
Er|zwun|ge|ne, das; -n; etwas Erzwungenes
er|zwun|ge|ner|ma|ßen
[1]**es;** es sei denn, dass; ↑K13: er ists *od.* ist's; er sprachs *od.* sprach's; 's ist nicht anders; 's war einmal; ↑K76: das unbestimmte Es
[2]**es;** ich bin es zufrieden; ich habe *od.* ich bin es satt
[3]**es,** [1]**Es,** das; -, - (Tonbezeichnung)
[4]**es** (*Zeichen für* es-Moll); in es
[2]**Es** (*Zeichen für* Es-Dur); in Es
[3]**Es** = Einsteinium
[4]**Es,** das; -, - (*Psychol.*)
ESA, die; - = European Space Agency (Europäische Weltraumorganisation)
Esau (bibl. m. Eigenn.)
Esc = Escudo
Es|cape [ɪs'keɪp] *ohne Artikel gebr.* ⟨engl., »entkommen«⟩ (*EDV; kurz für* Escapetaste); **Es|cape|tas|te** (auf der Computertastatur)
Es|cha|to|lo|gie [ɛsça...], die; -, ...ien ⟨griech.⟩ (Lehre vom Endschicksal des Menschen u. der Welt); **es|cha|to|lo|gisch**
Esche, die; -, -n (ein Laubbaum); **eschen** (aus Eschenholz); **Eschen|holz**

E-Schicht, die; - ↑K29 (eine Schicht der Ionosphäre)
Es|co|ri|al, der; -[s] (span. Kloster u. Schloss)
Es|cọrt|ser|vice [*auch* ɛsˈkoːɐ̯t-zøːɐ̯vɪs] ⟨engl.⟩ (Agentur zur Vermittlung von [sexuellen] Kontakten)
Es|cu|do, der; -[s], -[s] ⟨port.⟩ (frühere port. Währungseinheit)
Es-Dur [ˈɛsduːɐ̯, *auch* ˈɛsˈduːɐ̯], das; -[s] (Tonart; *Zeichen* Es);
Es-Dur-Ton|lei|ter ↑K26
Esel, der; -s, -; **Esel|chen**
Ese|lei; esel|haft
Esel|hengst; Ese|lin
Esels|brü|cke *(ugs.)*
Esels|milch, die; -; **Esels|ohr; Esels|rü|cken; Esel|stu|te**
E-Shop [ˈiː...] (Onlineshop); **E-Shop|ping** (Onlineshopping)
es|ka|la|die|ren ⟨franz.⟩ (*früher für* mit Sturmleitern erstürmen)
Es|ka|la|dier|wand (*veraltet für* Kletterwand)
Es|ka|la|ti|on, die; -, -en ⟨franz.-engl.⟩ (stufenweise Steigerung, Verschärfung)
es|ka|lie|ren ([sich] stufenweise steigern); **Es|ka|lie|rung**
Es|ka|mo|ta|ge [...ʒə], die; -, -n ⟨franz.⟩ (*veraltet für* Taschenspielerei); **Es|ka|mo|teur** [...ˈtøːɐ̯], der; -s, -e (Taschenspieler, Zauberkünstler); **es|ka|mo|tie|ren** (wegzaubern)
Es|ka|pa|de, die; -, -n ⟨franz.⟩ (*Reiten* Sprung zur Seite; *geh. für* mutwilliger Streich)
Es|ka|pịs|mus, der; - ⟨engl.⟩ (*Psychol.* vor der Realität ausweichendes Verhalten); **es|ka|pịs|tisch**
Es|ka|ri|ol, der; -s ⟨lat.⟩ (Winterendivie)
[1]**Ẹs|ki|mo,** der; -[s], -[s] ⟨indian.⟩ (Angehöriger eines arktischen Volkes); *vgl.* Inuk
[2]**Ẹs|ki|mo,** der; -s, -s (ein Wollstoff)
Ẹs|ki|mo|frau
es|ki|mo|isch; Es|ki|mo|i|sche, das; -n (Sprache der Eskimos)
Ẹs|ki|mo|rol|le *(Kanusport)*
Es|kọr|te, die; -, -n ⟨franz.⟩ (Geleit; Begleitmannschaft)
es|kor|tie|ren; Es|kor|tie|rung
ESM = Europäischer Stabilitätsmechanismus (Maßnahmen zur wirtschaftl. Stabilisierung der Eurozone)
[1]**Es|me|rạl|da,** die; -, -s ⟨span.⟩ (ein span. Tanz)
[2]**Es|me|rạl|da** (w. Vorn.)
es-Moll [ˈɛsmɔl, *auch* ˈɛsˈmɔl], das; -[s] (Tonart; *Zeichen* es);
es-Moll-Ton|lei|ter ↑K26
Eso|te|rik, die; - ⟨griech.⟩ (Geheimlehre; Grenzwissenschaft); **Eso|te|ri|ker** (Anhänger der Esoterik); **Eso|te|ri|ke|rin**
eso|te|risch
ESP® = elektronisches Stabilitätsprogramm *(Kfz-Technik)*
Es|pa|d|rille [...ˈdriːj], die; -, -s *meist Plur.* ⟨span.-franz.⟩ (sommerlicher Leinenschuh mit einer Sohle aus Espartogras)
Es|pa|g|no|le [...panˈjoː...], die; -, -n ⟨franz.⟩ (spanischer Tanz)
Es|pa|g|no|lette|ver|schluss [...ˈlɛt...] (Drehstangenverschluss für Fenster)
Ẹs|pan, der; -[e]s, -e (*landsch. für* Viehweide)
Es|par|sẹt|te, die; -, -n ⟨franz.⟩ (eine Futterpflanze)
Es|pạr|to, der; -s ⟨span.⟩ (ein Gras); **Es|pạr|to|gras**
Ẹs|pe, die; -, -n (Zitterpappel)
ẹs|pen (aus Espenholz)
Ẹs|pen|laub
Es|pe|ran|tịst, der; -en, -en (Kenner, Anhänger des Esperanto); **Es|pe|ran|tịs|tin**
Es|pe|rạn|to, das; -[s] ⟨nach dem Pseudonym »Dr. Esperanto« des poln. Erfinders L. Zamenhof⟩ (eine künstl. Weltsprache)
Es|pe|ran|to|lo|gie, die; - (Erforschung des Esperantos)
Es|p|la|na|de, die; -, -n ⟨franz.⟩ (freier Platz)
es|pres|si|vo ⟨ital.⟩ (*Musik* ausdrucksvoll)
[1]**Es|prẹs|so,** der; -[s], *Plur.* -s *od.* ...ssi (in der Maschine bereitetes, starkes Kaffeegetränk)
[2]**Es|prẹs|so,** das; -[s], -s (kleines Café)
Es|prẹs|so|bar, die; **Es|prẹs|so|ma|schi|ne; Es|prẹs|so|pad** [...pɛd] (mit Espressopulver gefüllter kleiner Beutel aus einem wasserdurchlässigen Material)
Es|p|rit [...ˈpriː], der; -s ⟨franz.⟩ (Geist, Witz)
Es|pu|ma, der; -[s], -s *u.* die; -, -s ⟨span.⟩ (*Kochkunst* mit dem Siphon hergestellte Schaumspeise)
Esq. = Esquire
Es|qui|lin, der; -s (Hügel in Rom)
Es|qui|re [ɪsˈkvaɪ̯ɐ], der; -[s], -s ⟨engl.⟩ (engl. Höflichkeitstitel, *Abk.* Esq.)
Ẹs|ra (bibl. m. Vorn.)
Es|say [ˈɛse, *auch* ɛˈseː], der *od.* das; -s, -s ⟨engl.⟩ (kürzere Abhandlung); **Es|say|ịst,** der; -en, -en (Verfasser von Essays); **Es|say|ịs|tin; es|say|ịs|tisch**
ẹss|bar; Ẹss|ba|re, das; -n; etwas Essbares auftreiben; **Ẹss|bar|keit**
Ẹss|be|steck
Ẹs|se, die; -, -n (Schmiedeherd; *bes. ostmitteld. für* Schornstein)
Ẹss|ecke
es sei denn, dass
ẹs|sen; du isst; du aßest; du äßest; gegessen; iss!; jmdm. zu essen geben; zu Mittag essen; [griechisch] essen gehen; selber essen macht fett
[1]**Ẹs|sen,** das; -s, -
[2]**Ẹs|sen** (Stadt im Ruhrgebiet)
Ẹs|sen|aus|ga|be
es|sẹn|disch *vgl.* essensch
Ẹs|sen|emp|fang
[1]**Es|se|ner** ⟨hebr.⟩ (Angehöriger einer altjüdischen Sekte)
[2]**Ẹs|se|ner** ⟨*zu* [2]Essen⟩
[1]**Es|se|ne|rin** ⟨*zu* [1]Essener⟩
[2]**Ẹs|se|ne|rin** ⟨*zu* [2]Essener⟩
Ẹs|sen|ge|ruch, Ẹs|sens|ge|ruch
Ẹs|sen|ho|ler; Ẹs|sen|ho|le|rin
Ẹs|sen|kar|te, Ẹs|sens|kar|te
Ẹs|sen|keh|rer (*bes. ostmitteld. für* Schornsteinfeger)
Ẹs|sen|mar|ke, Ẹs|sens|mar|ke
ẹs|sensch ⟨*zu* [2]Essen⟩
Ẹs|sens|ge|ruch, Ẹs|sen|ge|ruch
Ẹs|sens|kar|te, Ẹs|sen|kar|te
Ẹs|sens|mar|ke, Ẹs|sen|mar|ke
Ẹs|sens|rest; Ẹs|sens|zeit
Es|sen|tial [ɪˈsɛnʃəl], das; -s, -s *meist Plur.* ⟨engl.⟩ (wesentlicher Punkt, unentbehrliche Sache)
es|sen|ti|ẹll *vgl.* essenziell
Es|sẹnz, die; -, -en (*nur Sing.:* Wesen, Kern; konzentrierter Auszug)
es|sen|zi|ẹll, es|sen|ti|ẹll ⟨franz.⟩ (*Philos.* wesentlich; *Biol., Chemie* lebensnotwendig); essenzielle, essentielle Fettsäuren
Ẹs|ser; Es|se|rei *(ugs. abwertend);* **Ẹs|se|rin**
Ẹs|sex (engl. Landschaft)
Ẹss|ge|schirr; ẹss|ge|stört; Ẹss|gewohn|heit *meist Plur.;* **Ẹss|gier**
Ẹs|sig, der; -s, -e
Ẹs|sig|baum
Ẹs|sig|es|senz; Ẹs|sig|gur|ke
Ẹs|sig|mut|ter, die; - (sich im Essigfass bildende Bakterienkultur)
ẹs|sig|sau|er; essigsaure Tonerde; ↑K89; **Ẹs|sig|säu|re**
Ẹss|koh|le (eine Steinkohlenart)
Ẹss|kul|tur

E
Essk

Ess|löf|fel; ess|löf|fel|wei|se
Ess|lust; ess|lus|tig
Ess|stö|rung, Ess-Stö|rung
Ess|tisch; Ess|un|lust; Ess|ver|hal|ten; Ess|wa|ren *Plur.;* **Ess|zim|mer**
Es|ta|b|lish|ment [ɪsˈtɛblɪʃmɛnt], das; -s, -s ‹engl.› (Schicht der Einflussreichen u. Etablierten)
Es|tam|pe [...ˈtãːp(ə)], die; -, -n (Abdruck eines Holz-, Kupfer- od. Stahlstichs)

Es|tan|zia, die; -, -s ‹span.› (südamerik. Landgut)
Es|te [*auch* ˈɛstə], der; -n, -n (Estländer)
[1]**Es|ter**, der; -s, - (*Chemie* eine organ. Verbindung)
[2]**Es|ter** *vgl.* [1]Esther
[1]**Es|ther**, [2]Es|ter (bibl. w. Eigenn.)
[2]**Es|ther** (w. Vorn.)
Es|tin [*auch* ɛst...] (Estländerin)
Est|land [*auch* ˈɛst...]; **Est|län|der; Est|län|de|rin; est|län|disch**
est|nisch [*auch* ˈɛst...]; estnische Sprache; *vgl.* deutsch; **Est|nisch**, das; -[s] (Sprache); *vgl.* Deutsch; **Est|ni|sche**, das; -n; *vgl.* [2]Deutsche
Es|to|mi|hi ‹lat., »Sei mir [ein starker Fels]!«› (letzter Sonntag vor der Passionszeit)
Es|t|ra|de, die; -, -n ‹franz.› (*veraltend für* Podium; *regional für* volkstüml. künstler. Veranstaltung mit gemischtem Programm); **Es|t|ra|den|kon|zert**
Es|t|ra|gon, der; -s ‹arab.› (eine Gewürzpflanze)
[1]**Es|t|re|ma|du|ra**, Ex|t|re|ma|du|ra, die; - (historische Landschaft in Spanien)
[2]**Es|t|re|ma|du|ra**, die; - (port. Landschaft)
Es|t|re|ma|du|ra|garn, Es|t|re|ma|du|ra-Garn, das; -[e]s ↑K143 (ein glattes Baumwollgarn)
Est|rich, der; -s, -e (fugenloser Fußboden; *schweiz. für* Dachboden, -raum)
Es|t|ro|gen *vgl.* Östrogen
Es|zett, das; -, - (Buchstabe: »ß«)
et ‹lat.› (und; *Zeichen [in Firmennamen]* &); *vgl.* Et-Zeichen
Eta, das; -[s], -s (griech. Buchstabe [langes e]: *Η, η*)
eta|b|lie|ren ‹franz.› (festsetzen); sich etablieren (sich niederlassen; festen Bestand erlangen)
eta|b|liert (fest gegründet; namhaft); **Eta|b|lier|te**, der *u.* die; -n, -n (jmd., der es zu etwas gebracht hat); **Eta|b|lie|rung**
Eta|b|lis|se|ment [...ˈmãː, *schweiz. auch* ...blisəˈmɛnt], das; -s, -s *u.* (bei deutscher Aussprache:) -e (Betrieb; Niederlassung; *auch für* [Nacht]lokal, Bordell)
Eta|ge [...ʒə], die; -, -n (Stock[werk], [Ober]geschoss)
Eta|gen|bett; eta|gen|för|mig; Eta|gen|hei|zung; Eta|gen|tür
Eta|ge|re, die; -, -n (drei übereinander angeordnete, verbundene Schalen für Obst u. Ä.; *veraltend auch für* Gestell für Bücher od. Geschirr)
et al. = et alii; **et alii** ‹lat.› (und andere; *Abk.* et al.)
Eta|lon [...ˈlõː], der; -s, -s ‹franz.› (*fachspr. für* Normalmaß, Eichmaß)
Eta|min, das, *auch, bes. österr.* der; -s (ein Gewebe)
Etap|pe, die; -, -n ‹franz.› ([Teil]strecke, Abschnitt; Stufe; *Militär* Versorgungsgebiet hinter der Front)
Etap|pen|ha|se *(Soldatenspr.);* **Etap|pen|hengst** *(Soldatenspr.)*
Etap|pen|sieg; etap|pen|wei|se; Etap|pen|ziel
etap|pie|ren (*schweiz. für* [ein Projekt] in Etappen aufteilen)
Etat [eˈtaː], der; -s, -s ‹franz.› ([Staats]haushalt[splan]; Geldmittel); **Etat|auf|stel|lung; Etat|be|ra|tung; Etat|ent|wurf**
eta|ti|sie|ren (in den Etat aufnehmen)
Etat|jahr; Etat|kür|zung; Etat|la|ge
etat|mä|ßig (dem Etat gemäß; *Sport* auf einer Position regelmäßig eingesetzt)
Etat|pe|ri|o|de; Etat|pos|ten; Etat|re|de; Etat|über|schrei|tung
Eta|zis|mus, der; - ‹griech.› (Aussprache des griech. Eta [ɳ] wie langes e)
etc. = et cetera; **et ce|te|ra** (und so weiter; *Abk.* etc.); **etc. pp.** (*verstärkend für* etc.); *vgl.* pp.
ete|pe|te|te (*ugs. für* geziert, zimperlich; sehr feinfühlig)
Eter|nit®, das *od.* der; -s ‹lat.› (Faserzement); **Eter|nit|plat|te**
Ete|si|en *Plur.* ‹griech.› (passatartige Winde im Mittelmeer); **Ete|si|en|kli|ma**, das; -s
ETH, die; -, -s = Eidgenössische Technische Hochschule; ETHL (in Lausanne; *oft auch* EPFL = École Polytechnique Fédérale Lausanne); ETHZ (in Zürich)
Ethan, das; -s ‹griech.› (*Chemie* gasförmiger Kohlenwasserstoff)
Etha|nol, das; -s ‹griech.› (*Chemie* eine organische Verbindung; Weingeist)
Ether *vgl.* [2]Äther
ethe|risch *vgl.* [2]ätherisch
Ether|net [*auch* ˈiːθɐnɛt], das; -[s] ‹engl.› (*EDV* ein Netzwerkstandard)
Ethik, die; -, -en *Plur. selten* ‹griech.› (Sittenlehre; Gesamtheit der sittlichen u. moralischen Grundsätze); **Ethi|ker; Ethi|ke|rin**
Ethik|kom|mis|si|on (unabhängiges Gutachtergremium zur Beurteilung medizinisch-wissenschaftlicher Forschungsvorhaben); **Ethik|rat** *vgl.* Ethikkommission
ethisch (sittlich)
ETHL *vgl.* ETH
Eth|nie, die; -, ...ien ‹griech.› (*Völkerkunde* Volk, Stamm); **eth|nisch** (die [einheitliche] Kultur- u. Lebensgemeinschaft einer Volksgruppe betreffend)
Eth|no|graf, Eth|no|graph, der; -en, -en; **Eth|no|gra|fie, Eth|no|gra|phie**, die; -, ...ien ([beschreibende] Völkerkunde); **Eth|no|gra|fin, Eth|no|gra|phin; eth|no|gra|fisch, eth|no|gra|phisch**
Eth|no|lo|ge, der; -n, -n; **Eth|no|lo|gie**, die; -, ...ien (Völkerkunde); **Eth|no|lo|gin; eth|no|lo|gisch**
Eth|no|pop (von der Volksmusik [bes. Afrikas, Asiens, Südamerikas] beeinflusste Popmusik)
Etho|lo|gie, die; - ‹griech.› (Verhaltensforschung)
Ethos, das; - (die sittlich-moralische Gesamthaltung)
Ethyl usw. *vgl.* Äthyl usw.
Ethyl|al|ko|hol *vgl.* Ethanol
ETHZ *vgl.* ETH
E-Ti|cket [ˈiː...] (elektronisches Ticket)
Eti|enne [eˈti̯ɛn] (m. Vorn.)
Eti|kett, das; -[e]s, *Plur.* -e[n], *auch* -s ‹franz.› (Zettel mit [Preis]aufschrift, Schild[chen]); [1]**Eti|ket|te**, die; -, -n (*österr., schweiz. für* Etikett)
[2]**Eti|ket|te**, die; -, -n (Gesamtheit der herkömmlichen Umgangsformen; Vorschriften für den förmlichen Umgang)
Eti|ket|ten|schwin|del (*ugs. für* irreführende Benennung)
eti|ket|tie|ren (mit einem Etikett versehen); **Eti|ket|tie|rung**
eti|o|lie|ren ‹franz.› (*Bot.* vergeilen)
et|li|che; etliche Tage, Stunden usw. sind vergangen; ich weiß etliches darüber zu erzählen;

eu|er

eu|e|re, eu|re, eu|er ↑K83
- euer Tisch, eu[e]rem, euerm Tisch usw.
- euer von allen unterschriebener Brief
- euren von allen unterschriebenen Brief
- mit eurem von allen unterschriebenen Brief
- eures von allen unterschriebenen Briefes

In Briefen kann groß- od. kleingeschrieben werden:

Mit herzlichen Grüßen
Eure *od.* eure Angela

Genitiv von [2]ihr *(geh.):*
- euer (*nicht* eurer) sind drei, sind nur wenige
- ich gedenke, ich erinnere mich euer (*nicht* eurer)

Großschreibung in Titeln:

a) *im Nominativ, Akkusativ:*
- Euer, Eure (*Abk. für beide* Ew.) Hochwürden usw.

b) *im Genitiv, Dativ:*
- Euer, Eurer (*Abk. für beide* Ew.) Hochwürden usw.

Vgl. auch eu[e]re

etlicher politischer Zündstoff; etliche gute Menschen; die Taten etlicher guter, *selten* guten Menschen

et|li|che Mal, et|li|che Ma|le

Et|mal, das; -[e]s, -e (*Seemannsspr.* Zeit von Mittag bis Mittag; innerhalb dieses Zeitraums zurückgelegte Strecke)

Eton ['i:tn̩] (engl. Schulstadt)

Et|ru|ri|en (altital. Landschaft); **Et|rus|ker** (Einwohner Etruriens); **Et|rus|ke|rin; et|rus|kisch**

Etsch, die; - (Zufluss der Adria); *vgl.* Adige; **Etsch|tal, Etsch-Tal**

Et|ter, der *od.* das; -s, - (*südd. für* bebautes Ortsgebiet)

Etü|de, die; -, -n ‹franz.› (*Musik* Übungsstück)

Etui [ɛt'vi:], das; -s, -s ‹franz.› (Behälter, [Schutz]hülle)

Etui|kleid (sehr eng geschnittenes Kleid)

et|wa; in etwa (ungefähr); **et|wa|ig;** etwaige weitere Kosten

et|was ↑K72: etwas Auffälliges, Derartiges, Passendes usw., *aber* etwas anderes *od.* Anderes

Et|was, das; -, -; ein gewisses Etwas

et|wel|che; etwelcher, etwelchen (*veraltet für* einige usw.)

Ety|mo|lo|ge, der; -n, -n; **Ety|mo|lo|gie,** die; -, ...ien ‹griech.› (*Sprachwiss.* [Lehre von] Ursprung u. Geschichte der Wörter); **Ety|mo|lo|gin; ety|mo|lo|gisch; ety|mo|lo|gi|sie|ren**

Ety|mon, das; -s, ...ma (Wurzel-, Stammwort)

Et-Zei|chen, das; -s, - (Und-Zeichen [in Firmennamen]: &); *vgl. aber* At-Zeichen

Et|zel (*in der dt. Sage* Name des Hunnenkönigs Attila)

Eu (*chem. Zeichen für* Europium)

EU, die; - = Europäische Union

eu... ‹griech.› (wohl..., gut...); **Eu...** (Wohl..., Gut...)

EU-Ab|ge|ord|ne|te; EU-Aus|land

EU-Au|ßen|kom|mis|sar; EU-Au|ßen|kom|mis|sa|rin

EU-Be|am|te; EU-Be|am|tin

EU-Bei|tritt

Eu|bi|o|tik, die; - ‹griech.› (*Med.* Lehre von der gesunden Lebensführung)

Eu|böa (griech. Insel); **eu|bö|isch**

EU-Bot|schaf|ter; EU-Bot|schaf|te|rin

euch ↑K83: *in Briefen klein- od. großgeschrieben; vgl.* du

Eu|cha|ris|tie, die; -, ...ien ‹griech.› (*kath. Kirche* Abendmahl, Altarsakrament); **eu|cha|ris|tisch;** eucharistische Taube (ein liturgisches Gefäß) ↑K89, *aber* ↑K150: der Eucharistische Kongress

Eu|dä|mo|nie, die; - ‹griech.› (*Philos.* Glückseligkeit); **Eu|dä|mo|nis|mus,** der; - (Glückseligkeitslehre); **eu|dä|mo|nis|tisch**

eu|er *s. Kasten*

eu[|e]|re, eu|ri|ge; *Groß- oder Kleinschreibung:* unser Bauplatz ist dicht bei dem eur[ig]en; *aber* grüße die Euern, Euren, Eurigen *od.* die euern, euren, eurigen; ihr müsst das Eu[e]re, Eurige *od.* eu[e]re, eurige tun

eu|er|seits, eu|rer|seits

eu|ers|glei|chen, eu|res|glei|chen

eu|ert|hal|ben, eu|ret|hal|ben

eu|ert|we|gen, eu|ret|we|gen

eu|ert|wil|len, eu|ret|wil|len; um euertwillen, um euretwillen

EU-Er|wei|te|rung

Eu|fo|nie, Eu|pho|nie, die; -, ...ien ‹griech.› (Wohlklang); **eu|fo|nisch,** eu|pho|nisch (wohlklingend; [von Lauten] des Wohllauts wegen eingeschoben, z. B. »t« in »eigentlich«)

EUFOR, Eu|for, die; - ‹engl.; *Kurzwort für* European Force› (multinationale Truppe der EU, z. B. in Bosnien und Herzegowina)

Eu|gen (m. Vorn.)

Eu|ge|nie (w. Vorn.)

Eu|ge|nik, die; - ‹griech.› (*Med. veraltend für* Erbgesundheitslehre, -forschung); **eu|ge|nisch**

EuGH = Europäischer Gerichtshof

EU-Gip|fel (europ. Gipfeltreffen)

Eu|ka|lyp|tus, der; -, *Plur.* ...ten *u.* - ‹griech.› (ein Baum)

Eu|ka|lyp|tus|öl

Eu|k|lid (altgriech. Mathematiker); **eu|k|li|disch** ↑K135: die euklidische Geometrie; der euklidische Lehrsatz ↑K89

EU-Kom|mis|sar (von den Mitgliedstaaten der EU ernannte Person mit der Aufgabe, zu kontrollieren, zu initiieren u. auszuführen); **EU-Kom|mis|sa|rin**

EU-Kom|mis|si|on, die; - (Gesamtheit der EU-Kommissare)

EU-kri|tisch

EU-Land (Mitgliedsstaat der Europäischen Union)

Eu|le, die; -, -n (*nordd. auch für* [Decken]besen); **eu|len|äu|gig**

Eu|len|flucht, die; - (*nordd. für* Abenddämmerung)

Eu|len|flug, der; -[e]s; **eu|len|haft**

Eu|len|spie|gel (Titelgestalt eines dt. Volksbuches); **Eu|len|spie|ge|lei**

Eu|ler (schweiz. Mathematiker)

Eu|mel, der; -s, - (*ugs. für* Dummkopf; Gegenstand, Ding)

Eu|me|ni|de, die; -, -n *meist Plur.* ‹griech.-lat., die »Wohlwollende«› (verhüllender Name der Erinnye)

EU-Mi|nis|ter|rat (*ugs. für* Rat der Europäischen Union, der sich aus den Fachministern der Mitgliedstaaten zusammensetzt)

Eu|no|mia [*auch* ...'mi:a] (griech. Göttin der Gesetzmäßigkeit, eine der [2]Horen)

Eu|nuch, der; -en, -en, **Eu|nu|che,** der; -n, -n ‹griech.› (Kastrat [als Haremswächter]); **eu|nu|chen|haft; Eu|nu|chen|stim|me**

Eu|o|ny|mus, Evo|ny|mus, der; - ‹griech.› (ein Zierstrauch; Spindelbaum)

Eu|phe|mis|mus, der; -, ...men ‹griech.› (beschönigendes Wort, Hüllwort, z. B. »einschlafen« für »sterben« od. »freisetzen« für »entlassen«); **eu|phe|mis|tisch**

Eu|pho|nie usw. *vgl.* Eufonie usw.

Eu|phor|bia, Eu|phor|bie, die; -, ...ien ‹griech.› (*Bot.* ein Wolfsmilchgewächs)

Eu|pho|rie, die; - ‹griech.› (Zustand gesteigerten Hochgefühls); **eu|pho|risch; eu|pho|ri|sie|ren** (in Euphorie versetzen)

Eu|ph|rat, der; -[s] (Strom in Vorderasien)

Eu|ph|ro|sy|ne ‹griech., »die Frohsinnige«› (eine der drei Chariten)

Eu|phu|is|mus, der; - ‹engl.› (schwülstiger Stil der engl. Barockzeit); **eu|phu|is|tisch**

EUR (Währungscode für Euro)

Eu|ra|si|en (Festland von Europa u. Asien); **Eu|ra|si|er,** der; -s, -; **Eu|ra|si|e|rin; eu|ra|sisch**

Eu|ra|tom, die; - (*Kurzw. für* Europäische Atomgemeinschaft)

EU-Rats|prä|si|dent; EU-Rats|prä|si|den|tin

eu|re, eu[|e]|re, eu|ri|ge *vgl.* eu[e]re; **Eu|rer** (*Abk.* Ew.); *vgl.* euer

eu|[r]er|seits

eu|res|glei|chen, eu|ers|glei|chen

eu|ret|hal|ben, eu|ert|hal|ben

eu|ret|we|gen, eu|ert|we|gen

eu|ret|wil|len, eu|ert|wil|len; um euret-, euertwillen

Eu|rhyth|mie *vgl.* Eurythmie

EU-Richt|li|nie

eu|ri|ge *vgl.* eu[e]re

eu|ri|pi|de|isch ↑K135 : die euripideischen Dramen; **Eu|ri|pi|des** (altgriech. Tragiker)

[1]**Eu|ro,** der; -[s], -s (europ. Währungseinheit; *Zeichen* €; *Währungscode* EUR); 30 Euro

[2]**Eu|ro,** die; -, -s (*ugs. für* Europameisterschaft)

Eu|ro|bond

Eu|ro|cent (Untereinheit des Euros)

Eu|ro|cheque, der; -s, -s ‹*Kurzw. aus* europäisch *u.* franz. chèque› ([bis 2001] bei den Banken zahlreicher europ. Länder einlösbarer Scheck); **Eu|ro|cheque|kar|te, Eu|ro|cheque-Kar|te**

Eu|ro|ci|ty®, der; -[s], -s (*kurz für* Eurocityzug); **Eu|ro|ci|ty|zug** (europaweit verkehrender Intercityzug; *Abk.* EC)

Eu|ro|dol|lars *Plur.* (Dollarguthaben in Europa); **Eu|ro|figh|ter** (ein Kampfflugzeug)

Eu|ro|geld

Eu|ro|kom|mu|nis|mus (westeuropäische Richtung des Kommunismus)

Eu|ro|kri|se

Eu|ro|land, -s, *auch* das; -[e]s (an der Europäischen Währungsunion teilnehmende Staatengruppe, *auch* einer dieser Staaten [*Plur.* ...länder])

Eu|ro|mün|ze

Eu|ro|norm (in der EU geltende Norm)

Eu|ro|pa ‹griech.› (*auch* griech. w. Sagengestalt)

Eu|ro|pa|brü|cke (Name mehrerer Brücken in Europa)

Eu|ro|pa|cup *vgl.* Europapokal

Eu|ro|pä|er, der; -s, -; **Eu|ro|pä|e|rin**

eu|ro|pä|isch; der europäische Gedanke; eine europäische Gemeinschaft, der europäische Binnenmarkt ↑K89 , *aber* ↑K150 : die Europäische Gemeinschaft (*Abk.* EG); die Europäische Union (*Abk.* EU); das Europäische Parlament; die Europäische Währungsunion; die Europäische Zentralbank (*Abk.* EZB)

eu|ro|pä|i|sie|ren; Eu|ro|pä|i|sie|rung

Eu|ro|pa|li|ga *(Sport)*

Eu|ro|pa|meis|ter *(Sport);* **Eu|ro|pa|meis|te|rin**

Eu|ro|pa|meis|ter|schaft *(Sport)*

Eu|ro|pa|par|la|ment

Eu|ro|pa|po|kal (internationale Sporttrophäe, bes. im Fußball)

Eu|ro|pa|rat, der; -[e]s

Eu|ro|pa|re|kord

Eu|ro|pa|stra|ße (*Zeichen* E, z. B. E 5)

Eu|ro|pa|uni|on; Eu|ro|pa|wahl; eu|ro|pa|weit

Eu|ro|pi|de, der *u.* die; -n, -n (Angehörige[r] der in Europa, Nordafrika u. im Westteil Asiens heimischen Menschengruppen)

Eu|ro|pi|um, das; -s (chemisches Element, Metall; *Zeichen* Eu)

Eu|ro|pol, die; - *meist ohne Artikel* ‹*Kurzw. aus* Europäisches Polizeiamt› (Behörde der EU zur Bekämpfung von Terrorismus, Drogenhandel usw.)

Eu|ro-Ret|tungs|schirm, Eu|ro|ret|tungs|schirm

Eu|ro|skep|ti|ker; Eu|ro|skep|ti|ke|rin; eu|ro|skep|tisch (gegenüber der Europäischen Union eher zurückhaltend eingestellt)

Eu|ro|sta|bi|li|täts|pakt, Eu|ro-Sta|bi|li|täts|pakt

Eu|ro|star®, der; -s, -s (Hochgeschwindigkeitszug zwischen London u. Paris bzw. Brüssel)

Eu|ro|su|per, das; - *meist ohne Artikel* (*österr. für* Superbenzin)

Eu|ro|tun|nel, der; -s (unter dem Ärmelkanal)

Eu|ro|vi|si|on ‹*Kurzw. aus* europäisch *u.* Television› (europäische Organisation zur gemeinsamen Veranstaltung von Fernsehsendungen); **Eu|ro|vi|si|ons|sen|dung**

Eu|ro|zo|ne, die; - (Euroland)

Eu|ry|di|ke [...ke, *auch* ...ˈdiː...] (*griech. Mythol.* Gattin des Orpheus)

Eu|ryth|mie, Eu|rhyth|mie, die; - ‹griech.› ([in der Anthroposophie] schönes Gleichmaß von Bewegungen); **eu|ryth|misch**

eu|ry|top ‹griech.› (*Biol.* weitverbreitet [von Tieren u. Pflanzen])

Eu|se|bi|us (m. Eigenn.)

EU-Staat

Eu|s|tach, Eu|s|ta|chi|us (m. Vorn.)

eu|s|ta|chisch ‹nach dem ital. Arzt Eustachi[o]› ↑K135 : eustachische Röhre, eustachische Tube (*Med.* Ohrtrompete) ↑K89

Eu|s|ta|chi|us *vgl.* Eustach

Eu|stress, der; -es, -e ‹griech.; engl.› (*Med., Psychol.* anregender, stimulierender Stress)

Eu|ter, das, *landsch. auch* der; -s, -

Eu|ter|pe (Muse der lyr. Poesie u. des lyr. Gesangs)

Eu|tha|na|sie, die; - ‹griech.› (*Med.* Erleichterung des Sterbens [durch Narkotika]; bewusste Herbeiführung des Todes)

Eu|tin (Stadt im Ostholsteinischen Hügelland)

eu|troph ‹griech.› (nährstoffreich); eutrophe Pflanzen (an nährstoffreichen Boden gebundene Pflanzen); **Eu|tro|phie,** die; - (*Med.* guter Ernährungszustand); **Eu|tro|phie|rung** (unerwünschte Zunahme von Nährstoffen in Gewässern)

EU-Um|welt|kom|mis|sar; EU-Um|welt|kom|mis|sa|rin

EU-Ver|fas|sung, die; -; **EU-weit**
EU-Wett|be|werbs|kom|mis|sar; EU-Wett|be|werbs|kom|mis|sa|rin
E. V. = Eingetragener Verein (*vgl.* eingetragen)
ev. = evangelisch
eV = Elektronvolt
e. V. = eingetragener Verein
Ev. = Evangelium
Eva [...fa, *auch* ...va] (w. Vorn.)
eva|ku|ie|ren ‹lat.› ([ein Gebiet von Bewohnern] räumen; [Bewohner aus einem Gebiet] aussiedeln; *Technik* ein Vakuum herstellen); **Eva|ku|ier|te,** der *u.* die; -n, -n; **Eva|ku|ie|rung**
Eva|lu|a|ti|on, die; -, -en ‹lat.› (Bewertung; Beurteilung)
eva|lu|ie|ren; Eva|lu|ie|rung
Evan|ge|li|ar, das; -s, *Plur.* -e *u.* -ien, **Evan|ge|li|a|ri|um,** das; -s, ...ien ‹mlat.› (Evangelienbuch); **Evan|ge|li|en|buch**
evan|ge|li|kal (die unbedingte Autorität des Evangeliums vertretend); **Evan|ge|li|ka|le,** der *u.* die; -n, -n
Evan|ge|li|sa|ti|on, die; -, -en (Verkündigung des Evangeliums außerhalb des Gottesdienstes)
evan|ge|lisch (das Evangelium betreffend; auf dem Evangelium fußend; protestantisch; *Abk.* ev.); die evangelische Kirche, *aber* ↑K 150: die Evangelische Kirche in Deutschland (*Abk.* EKD); der Evangelische Bund
evan|ge|lisch-lu|the|risch [*auch* ...'te:...] (*Abk.* ev.-luth.)
evan|ge|lisch-re|for|miert (*Abk.* ev.-ref.)
evan|ge|li|sie|ren ([Außenstehenden] das Evangelium verkünden); **Evan|ge|list,** der; -en, -en (Verfasser eines der vier Evangelien; Titel in evangelischen Freikirchen; Wanderprediger); **Evan|ge|lis|tin**
Evan|ge|li|um, das; -s, *Plur.* (*für* die vier ersten Bücher im N. T.:) ...ien ‹»gute Botschaft«› (Heilsbotschaft Christi; *Abk.* Ev.)
Eva|po|ra|ti|on, die; -, -en ‹lat.› (*fachspr. für* Verdunstung)
Eva|po|ra|tor, der; -s, ...oren (Gerät zur Verdunstung); **eva|po|rie|ren** (verdunsten; eindampfen)
Eva|si|on, die; -, -en ‹lat.› (Massenflucht)
Evas|kos|tüm; Evas|toch|ter
Eve|li|ne, Eve|lyn [...li:n] (w. Vorn.)
Event [iv...], das *od.* der; -s, -s ‹engl.› (Veranstaltung); **Event|gas|t|ro|no|mie**
Even|tu|al... ‹lat.› (möglicherweise eintretend, für mögliche Sonderfälle bestimmt)
Even|tu|al|an|trag (*Rechtsspr.* Neben-, Hilfsantrag); **Even|tu|al|fall;** im Eventualfall[e]; **Even|tu|al|haus|halt**
Even|tu|a|li|tät, die; -, -en (Möglichkeit, möglicher Fall); **even|tu|a|li|ter** (*veraltet für* eventuell)
even|tu|ell ‹franz.› (möglicherweise eintretend; *Abk.* evtl.)
Eve|rest ['ɛvərɪst] *vgl.* Mount Everest
Ever|glades ['ɛvɐgle:ts] *Plur.* (Sumpfgebiet in Florida)
Ever|glaze® ['ɛvɐgle:s], das; -, - ‹engl.› (ein [Baumwoll]gewebe)
Ever|green [...gri:n], der, *auch* das; -s, -s (populär gebliebener Schlager usw.)
Ever|te|b|rat, In|ver|te|b|rat, der; -en, -en ‹lat.› (*Zool.* wirbelloses Tier)
Evi [...fi] (w. Vorn.)
evi|dent ‹lat.› (offenbar; einleuchtend); **Evi|denz,** die; - (Deutlichkeit, völlige Klarheit); in Evidenz halten (*österr. Amtsspr.* auf dem Laufenden halten, registrieren)
evi|denz|ba|siert; evidenzbasierte Medizin
Evi|denz|bü|ro (*österr. für* Büro, in dem Personen, Daten registriert werden)
ev.-luth. = evangelisch-lutherisch
Evo|ka|ti|on, die; -, -en ‹lat.› (Erweckung von Vorstellungen bei Betrachtung eines Kunstwerkes; *Rechtsspr.* Vorladung eines Beklagten vor ein höheres Gericht); **evo|ka|tiv**
Evo|lu|ti|on, die; -, -en ‹lat.› ([allmählich fortschreitende] Entwicklung; *Biol.* stammesgeschichtliche Entwicklung der Lebewesen); **evo|lu|ti|o|när**
Evo|lu|ti|o|nis|mus, der; - (eine naturphilos. Richtung des 19. Jh.s)
Evo|lu|ti|ons|bio|lo|gie, die; -; **Evo|lu|ti|ons|the|o|rie**
evo|lu|tiv (die Gesamtentwicklung betreffend, auf ihr beruhend)
Evol|ven|te, die; -, -n (eine math. Kurve)
evol|vie|ren (entwickeln, entfalten)
Evo|ny|mus *vgl.* Euonymus
E-Vo|ting ['i:voʊtɪŋ], das; -s (*kurz für* Electronic Voting)
evo|zie|ren ‹lat.› (hervorrufen; *Rechtsspr.* vorladen)
ev.-ref. = evangelisch-reformiert
evtl. = eventuell
ev|vi|va ‹ital., »er, sie, es lebe hoch!«› (ital. Hochruf)
Ew. *vgl.* euer
[1]**Ewe,** der; -, - (Angehöriger eines westafrik. Volkes)
[2]**Ewe,** das; - (Sprache)
Ewen|ke, der; -n, -n (Angehöriger eines sibir. Volksstammes; Tunguse)
Ewer, der; -s, - (*nordd. für* kleines Küsten[segel]schiff)
E-Werk, das; -[e]s, -e ↑K 28 (*kurz für* Elektrizitätswerk)
EWG, die; - = Europäische Wirtschaftsgemeinschaft
ewig; auf ewig; für immer und ewig; die ewig gleichen Gesichter; ein ewiges Einerlei; das ewige Leben; der ewige Frieden; ewiger Schnee; die ewige Seligkeit; das ewige *od.* Ewige Licht ↑K 89; die Ewige Stadt (Rom); der Ewige Jude (Ahasver)
Ewig|gest|ri|ge, der *u.* die; -n, -n
Ewig|keit; Ewig|keits|sonn|tag (Totensonntag, letzter Sonntag des ev. Kirchenjahres); **ewig|lich** (*veraltet für* ewig)
Ewig|weib|li|che, das; -n
Ew. M. = Euer *od.* Eure Majestät
EWS, das; - = Europäisches Währungssystem
EWU, die; - = Europäische Währungsunion
EWWU, die; - = Europäische Wirtschafts- und Währungsunion
ex ‹lat.› (*ugs. für* aus; tot); ex trinken
Ex, der *u.* die; -, - (*ugs.; kurz für* Exfreund[in], Exehemann bzw. Exehefrau)
Ex... (ehemalig, z. B. Exfreundin, Exminister)
Exa... ‹griech.› (das Trillionenfache einer Einheit, z. B. Exameter = 10^{18} m)
ex ae|quo [- 'ɛ:kvo] ‹lat.› (*geh. für* gleichermaßen)
ex|akt ‹lat.› (genau; sorgfältig; pünktlich); die exakten Wissenschaften (Naturwissenschaften u. Mathematik)
Ex|akt|heit, die; -
Ex|al|ta|ti|on, die; -, -en ‹lat.› (Überspanntheit)
ex|al|tiert; Ex|al|tiert|heit
Ex|a|men, das; -s, *Plur.* -, *seltener* ...mina ‹lat.› ([Abschluss]prüfung)

Ex|a|mens|angst; Ex|a|mens|ar|beit

Ex|a|mens|kan|di|dat; Ex|a|mens|kan|di|da|tin

Ex|a|mi|nand, der; -en, -en (Prüfling); **Ex|a|mi|nan|din**

Ex|a|mi|na|tor, der; -s, ...oren (Prüfer); **Ex|a|mi|na|to|rin**

ex|a|mi|nie|ren (prüfen)

Ex|an|them, das; -s, -e ‹griech.› (*Med.* Hautausschlag)

Ex|arch, der; -en, -en ‹griech.› (byzantinischer weltl. od. geistl. Statthalter)

Ex|ar|chat, das, *auch* der; -[e]s, -e (Amt[szeit] od. Verwaltungsgebiet eines Exarchen)

Ex|ar|ti|ku|la|ti|on, die; -, -en ‹lat.› (*Med.* Abtrennung eines Gliedes im Gelenk)

Ex|au|di ‹lat., »Erhöre!«› (6. Sonntag nach Ostern)

exc., excud. = excudit

ex ca|the|d|ra ‹lat.; »vom [Päpstlichen] Stuhl«› (aus päpstl. Vollmacht; unfehlbar)

> **exzellent**
> Das auf das lateinische excellens (= hervorragend) zurückgehende Adjektiv wurde (ebenso wie das Substantiv Exzellenz) schon Anfang des 20. Jahrhunderts auf die Schreibung mit z umgestellt.

Ex|change [ɪksˈtʃeːntʃ], die; -, -n [...dʒn̩] (*Bankw.* Tausch, Kurs)

excud., exc. = excudit

ex|cu|dit ‹lat.; »hat es gebildet, verlegt od. gedruckt«› (Vermerk hinter dem Namen des Verlegers [Druckers] bei Kupferstichen; *Abk.* exc. *u.* excud.)

Ex-DDR

Ex|e|d|ra, die; -, Exedren ‹griech.› (*Archit.* [halbrunde] Nische)

Ex|e|ge|se, die; -, -n ‹griech.› ([Bibel]erklärung; Wissenschaft von der Bibelauslegung)

Ex|e|get, der; -en, -en (Bibelwissenschaftler); **Ex|e|ge|tik,** die; - (*veraltet für* Exegese); **Ex|e|ge|tin; ex|e|ge|tisch**

ex|e|ku|tie|ren ‹lat.› (vollstrecken); exekutiert (*österr. für* gepfändet) werden; **Ex|e|ku|ti|on,** die; -, -en (Vollstreckung [eines Urteils]; Hinrichtung; *österr. auch für* Pfändung); **Ex|e|ku|ti|ons|ge|richt** *(österr.)*

ex|e|ku|tiv (ausführend); **Ex|e|ku|ti|ve,** die; -, -n, **Ex|e|ku|tiv|ge|walt** (vollziehende Gewalt [im Staat])

Ex|e|ku|tor, der; -s, ...oren (Vollstrecker; *österr. für* Gerichtsvollzieher); **Ex|e|ku|to|rin; ex|e|ku|to|risch**

Ex|em|pel, das; -s, - ‹lat.› ([warnendes] Beispiel; Aufgabe)

Ex|em|p|lar, das; -s, -e ([einzelnes] Stück; *Abk.* Expl.)

ex|em|p|la|risch (beispielhaft; warnend); exemplarisches Lernen; exemplarische Strafe

Ex|em|p|li|fi|ka|ti|on, die; -, -en (Erläuterung durch Beispiele); **ex|em|p|li|fi|zie|ren; Ex|em|p|li|fi|zie|rung**

ex|emt ‹lat.› (*Rechtsspr.* befreit); **Ex|em|ti|on,** die; -, -en ([gesetzliche] Freistellung)

exen ‹*zu* lat. ex› (*Schülerspr.* von der Schule weisen)

Exe|qua|tur, das; -s, ...uren ‹lat., »er vollziehe!«› (Zulassung eines ausländ. Konsuls)

Exe|qui|en *Plur.* (kath. Totenmesse)

ex|er|zie|ren ‹lat.› ([von Truppen] üben); **Ex|er|zier|platz**

Ex|er|zi|ti|en *Plur.* (geistl. Übungen); **Ex|er|zi|ti|um,** das; -s, ...ien (Übung; Hausarbeit)

Ex|frau; Ex|freund; Ex|freun|din

Ex|ha|la|ti|on, die; -, -en ‹lat.› (*Med.* Ausatmung; *Geol.* Ausströmen vulkan. Gase u. Dämpfe); **ex|ha|lie|ren**

ex|haus|tiv ‹lat.› (*geh. für* vollständig, erschöpfend)

Ex|haus|tor, der; -s, ...oren (*Technik* Absauger, Entlüfter)

ex|hi|bie|ren ‹lat.› (zur Schau stellen, vorzeigend darbieten); **Exhi|bi|ti|on,** die; -, -en (*Med.* Zurschaustellung)

Ex|hi|bi|ti|o|nis|mus, der; - (Neigung zur öffentl. Entblößung der Geschlechtsteile)

Ex|hi|bi|ti|o|nist, der; -en, -en; **Exhi|bi|ti|o|nis|tin; ex|hi|bi|ti|o|nistisch**

ex|hu|mie|ren ‹lat.› ([einen Leichnam] wieder ausgraben)

Ex|hu|mie|rung

Exil, das; -s, -e ‹lat.› (Verbannung[sort]); **Exi|lant,** der; -en, -en (im Exil Lebender); **Exi|lantin; exi|liert** (ins Exil geschickt)

Exil|li|te|ra|tur *Plur. selten*

Exil|po|li|ti|ker; Exil|po|li|ti|ke|rin

Exil|re|gie|rung

ex|i|mie|ren ‹lat.› (*Rechtsspr.* von einer Verbindlichkeit befreien)

exis|tent ‹lat.› (wirklich, vorhanden)

exis|ten|ti|al usw. *vgl.* existenzial usw.

Exis|ten|ti|a|lis|mus usw. *vgl.* Existenzialismus usw.

exis|ten|ti|ell *vgl.* existenziell

Exis|tenz, die; -, -en (Dasein; Lebensgrundlage)

Exis|tenz|angst (Daseinsangst); **exis|tenz|be|dro|hend**

Exis|tenz|be|rech|ti|gung, die; -

exis|tenz|fä|hig; exis|tenz|ge|fähr|dend

Exis|tenz|grün|der; Exis|tenz|grün|de|rin; Exis|tenz|grund|la|ge; Exis|tenz|grün|dung

exis|ten|zi|al, exis|ten|ti|al (das Dasein hinsichtlich seines Seinscharakters betreffend)

Exis|ten|zi|a|lis|mus, Exis|ten|ti|a|lis|mus, der; - (philosophische Richtung des 20. Jh.s)

Exis|ten|zi|a|list, Exis|ten|ti|a|list, der; -en, -en; **Exis|ten|zi|a|lis|tin,** Exis|ten|ti|a|lis|tin; **exis|ten|zi|a|lis|tisch,** exis|ten|ti|a|lis|tisch

Exis|ten|zi|al|phi|lo|so|phie, Exis|ten|ti|al|phi|lo|so|phie (*svw.* Existenzialismus)

exis|ten|zi|ell, exis|ten|ti|ell ‹franz.› (auf das unmittelbare u. wesenhafte Dasein bezogen; lebenswichtig)

Exis|tenz|kampf; Exis|tenz|mi|ni|mum

Exis|tenz|phi|lo|so|phie (*svw.* Existenzialismus)

Exis|tenz|recht *Plur. selten*

Exis|tenz|si|che|rung

exis|tie|ren (vorhanden sein, bestehen)

Ex|i|tus, der; - ‹lat.› (*Med.* Tod)

Ex|kai|ser; Ex|kai|se|rin

Ex|kanz|ler; Ex|kanz|le|rin

Ex|kar|di|na|ti|on, die; -, -en ‹lat.› (*kath. Kirche* Entlassung eines Geistlichen aus seiner Diözese)

Ex|ka|va|ti|on, die; -, -en ‹lat.› (*Med.* Aushöhlung, Ausbohrung; *fachspr. für* Ausschachtung); **ex|ka|vie|ren**

exkl. = exklusive

Ex|kla|ma|ti|on, die; -, -en ‹lat.› (*veraltet für* Ausruf); **ex|kla|ma|to|risch; ex|kla|mie|ren**

Ex|kla|ve, die; -, -n ‹lat.› (ein eigenstaatl. Gebiet in fremdem Staatsgebiet); *vgl.* Enklave

ex|klu|die|ren ‹lat.› (*veraltet für* ausschließen); **Ex|klu|si|on,** die; -, -en (Ausschließung)

ex|klu|si̲v (nur einem bestimmten Personenkreis zugänglich; auf etw. beschränkt)

ex|klu|si̲|ve

⟨lat.⟩ (mit Ausschluss von ..., ausschließlich; *Abk.* exkl.)
Präposition mit Genitiv:
- exklusive aller Versandkosten, des Verpackungsmaterials

Ein allein stehendes, stark gebeugtes Substantiv steht im Singular in der Regel ungebeugt:
- exklusive Porto, Verpackungsmaterial

Im Plural wird bei allein stehenden, stark gebeugten Substantiven häufig der Dativ gesetzt:
- exklusive Getränken, Versicherungsbeiträgen

Ex|klu|si̲v|in|ter|view
Ex|klu|si|vi|tä̲t, die; - (Ausschließlichkeit; [gesellschaftliche] Abgeschlossenheit)
Ex|klu|si̲v|recht; Ex|klu|si̲v|ver|trag
Ex|kom|mu|ni|ka|ti|o̲n, die; -, -en ⟨lat.⟩ (*kath. Kirche* Ausschluss aus der Kirchengemeinschaft); **ex|kom|mu|ni|zie̲|ren**
Ẹx|kö|nig; Ẹx|kö|ni|gin
Ex|kre|mẹnt, das; -[e]s, -e *meist Plur.* ⟨lat.⟩ (Ausscheidungsprodukt, z. B. Kot)
Ex|kre̲t, das; -[e]s, -e ⟨lat.⟩ (*Med., Zool.* vom Körper ausgeschiedenes wertloses Stoffwechselprodukt); **Ex|kre|ti|o̲n,** die; -, -en (Ausscheidung von Exkreten)
ex|kre|to̲|risch (ausscheidend, absondernd)
Ex|kul|pa|ti|o̲n, die; -, -en ⟨lat.⟩ (*Rechtsspr.* Rechtfertigung, Entlastung); **ex|kul|pie̲|ren**
Ex|kụrs, der; -es, -e ⟨lat.⟩ (Abschweifung; einer Abhandlung beigefügte kürzere Ausarbeitung; Anhang)
Ex|kur|si|o̲n, die; -, -en (Lehrfahrt; Streifzug)
Ex|li|b|ris, das; -, - ⟨lat.⟩ (Bücherzeichen mit dem Namen[szeichen] des Bucheigentümers)
Ẹx|mann *Plur.* ...männer
Ex|ma|t|ri̲|kel [*auch, österr. nur* ...'trɪkl̩], die; -, -n ⟨lat.⟩ (Bescheinigung über das Verlassen einer Hochschule)
Ex|ma|t|ri|ku|la|ti|o̲n, die; -, -en (Streichung aus der Matrikel einer Hochschule); **ex|ma|t|ri|ku|lie̲|ren**
Ẹx|mi|nis|ter; Ẹx|mi|nis|te|rin
Ex|mis|si|o̲n, die; -, -en ⟨lat.⟩ (*Rechtsspr.* gerichtliche Ausweisung aus einer Wohnung); **ex|mit|tie̲|ren; Ex|mit|tie̲|rung**
Exo|bio|lo|gi̲e, die; - ⟨griech.⟩ (Wissenschaft vom außerirdischen Leben); **exo|bio|lo̲|gisch**
Ẹx|o|dus, der; - ⟨griech., »Auszug«⟩ (das 2. Buch Mosis; *auch für* Auszug aus einem Gebiet)
ex of|fi̲|cio ⟨lat.⟩ (*Rechtsspr.* von Amts wegen)
Exo|ga|mi̲e, die; -, ...i̲en ⟨griech.⟩ (*Völkerkunde* Heirat außerhalb von Stamm, Kaste usw.)
exo|ge̲n ⟨griech.⟩ (*Bot.* außen entstehend; *Med.* von außen wirkend; *Psychol.* umweltbedingt)
Exo|kạrp, das; -s, -e ⟨griech.⟩ (*Bot.* äußere Schicht der Fruchtwand)
exo|kri̲n ⟨griech.⟩ (*Med.* nach außen abscheidend); exokrine Drüsen
Ex|o|ny̲m, das; -s, -e ⟨griech.⟩ (vom amtlichen Namen abweichende Ortsnamenform, z. B. dt. »Mailand« für ital. »Milano«)
ex|or|bi|tạnt ⟨lat.⟩ (übertrieben; gewaltig)
ex ori|ẹn|te lụx ⟨lat., »aus dem Osten [kommt das] Licht«⟩ (von der Sonne, dann von Christentum u. Kultur)
ex|or|zie̲|ren, ex|or|zi|si̲e|ren ⟨griech.⟩ (böse Geister durch Beschwörung austreiben)
Ex|or|zịs|mus, der; -, ...men (Beschwörung böser Geister)
Ex|or|zịst, der; -en, -en (Geisterbeschwörer; *früher* dritter Grad der kath. niederen Weihen); **Ex|or|zịs|tin**
Exo|sphä̲|re, die; -, -n ⟨griech.⟩ (oberste Schicht der Erdatmosphäre)
Exo̲t, der; -en, -en ⟨griech.⟩ (Mensch, Tier, Pflanze aus fernen Ländern; *Plur. auch für* überseeische Wertpapiere)
Exo|ta̲|ri|um, das; -s, ...ien (Anlage für exotische Tiere)
exo|te̲|risch ⟨griech.⟩ (für Außenstehende, allgemein verständlich)
exo|thẹrm ⟨griech.⟩ (*Physik, Chemie* Wärme abgebend)
Exo̲|tik, die; - ⟨griech.⟩ (Anziehungskraft, die vom Fremdländischen ausgeht)
Exo̲|tin; exo̲|tisch
Ex|pạn|der, der; -s, - ⟨engl.⟩ (Trainingsgerät zur Stärkung der Arm- u. Oberkörpermuskeln)
ex|pan|di̲e|ren ⟨lat.⟩ ([sich] ausdehnen); **ex|pan|si̲|bel** ⟨franz.⟩ (*veraltet für* ausdehnbar); ...i|b|le Stoffe
Ex|pan|si|o̲n, die; -, -en ⟨lat.⟩ (Ausdehnung; Erweiterung; Ausbreitung [eines Staates])
ex|pan|si|o|ni̲s|tisch
Ex|pan|si|o̲ns|be|stre|bun|gen *Plur.;* **Ex|pan|si|o̲ns|drang; Ex|pan|si|o̲ns|ge|schwin|dig|keit; Ex|pan|si|o̲ns|kraft; Ex|pan|si|o̲ns|kurs; Ex|pan|si|o̲ns|po|li|tik**
ex|pan|si̲v ([sich] ausdehnend); **Ex|pan|si̲v|kraft,** die (*Physik*)
ex|pa|t|ri|i̲e|ren ⟨lat.⟩ (ausbürgern)
Ex|pe|di|ẹnt, der; -en, -en ⟨lat.⟩ (Abfertigungsbeauftragter in der Versandabteilung einer Firma); **Ex|pe|di|ẹn|tin**
ex|pe|di̲e|ren (abfertigen; absenden; befördern)
Ex|pe|di̲t, das; -[e]s, -e (*österr. für* Versandabteilung)
Ex|pe|di|ti|o̲n, die; -, -en (Forschungsreise; Gruppe von Forschungsreisenden; Versand- od. Abfertigungsabteilung)
Ex|pe|di|ti|o̲ns|lei|ter, der; **Ex|pe|di|ti|o̲ns|lei|te|rin; Ex|pe|di|ti|o̲ns|mit|glied**
Ex|pe|di̲|tor, der; -s, ...o̲ren (*seltener, bes. österr., für* Expedient)
Ex|pẹk|to|rans, das; -, *Plur.* ...rạnzien *u.* ...rạntia, **Ex|pek|to|rạn|ti|um,** das; -s, ...tia ⟨lat.⟩ (*Pharm.* schleimlösendes [Husten]mittel); **Ex|pek|to|ra|ti|o̲n,** die; -, -en (*Med.* Auswurf)
ex|pek|to|ri̲e|ren (*Med.* Schleim aushusten)
ex|pen|si̲v ⟨lat.⟩ (*selten für* kostspielig)
Ex|pe|ri|mẹnt, das; -[e]s, -e ⟨lat.⟩ ([wissenschaftlicher] Versuch)
Ex|pe|ri|men|ta̲l... (auf Experimenten beruhend, z. B. Experimentalphysik); **Ex|pe|ri|men|ta̲l|film**
Ex|pe|ri|men|ta̲|tor, der; -s, ...o̲ren; **Ex|pe|ri|men|ta|to̲|rin**
ex|pe|ri|men|tẹll (auf Experimenten beruhend); experimentelle Psychologie ↑K 89
Ex|pe|ri|men|tie̲r|büh|ne (Bühne für experimentelles Theater)
ex|pe|ri|men|ti̲e|ren
Ex|pe|ri|men|tie̲r|freu|de
ex|pe|ri|men|tie̲r|freu|dig
Ex|pẹr|te, der; -n, -n (Sachverstän-

E
Expe

diger, Gutachter); **Ex|per|ten|grup|pe; Ex|per|ten|kom|mis|si|on**
Ex|per|ten|sys|tem (*EDV* hoch entwickeltes Programmsystem mit Elementen künstlicher Intelligenz)
Ex|per|tin
Ex|per|ti|se, die; -, -n ‹franz.› (Gutachten)
Expl. = Exemplar

Ex|pla|na|ti|on, die; -, -en ‹lat.› (*Literaturwiss.* Erklärung eines Textes); **ex|pla|na|tiv; ex|pla|nie|ren**
Ex|plan|ta|ti|on, die; -, -en ‹lat.› (*Med., Zool.* Entnahme von Zellen od. Gewebe aus dem lebenden Organismus); **ex|plan|tie|ren**
Ex|pli|ka|ti|on, die; -, -en ‹lat.› (*fachspr. für* Erklärung, Erläuterung); **ex|pli|zie|ren**
ex|pli|zit (deutlich; ausführlich dargestellt; *Ggs.* implizit); explizite Funktion *(Math.)*; ↑K89
ex|pli|zi|te [...te] (ausdrücklich); etwas explizite sagen
ex|plo|dier|bar; ex|plo|die|ren ‹lat.› (krachend [zer]bersten; einen Gefühlsausbruch haben)
Ex|ploi|ta|ti|on [...ploa...], die; -, -en ‹franz.› (*veraltet für* Ausbeutung; Nutzbarmachung)
ex|ploi|tie|ren
Ex|plo|rand, der; -en, -en ‹lat.› (*fachspr. für* zu Untersuchender; zu Befragender); **Ex|plo|ran|din**
Ex|plo|ra|ti|on, die; -, -en (Untersuchung, Erforschung)
ex|plo|ra|to|risch
Ex|plo|rer [ɪ...], der; -s, - ‹engl., »Erforscher«› (*Bez. für* die ersten amerik. Erdsatelliten)
ex|plo|rie|ren [ɛ...] ‹lat.›
ex|plo|si|bel ‹franz.› (explosionsfähig); ...i|b|le Stoffe
Ex|plo|si|on, die; -, -en ‹lat.›; **ex|plo|si|ons|ar|tig**
Ex|plo|si|ons|ge|fahr; Ex|plo|si|ons|herd; Ex|plo|si|ons|ka|ta|s|t|ro|phe; Ex|plo|si|ons|kra|ter *(Geol.)*; **Ex|plo|si|ons|mo|tor**
ex|plo|si|ons|si|cher
ex|plo|siv (leicht explodierend, explosionsartig)
Ex|plo|siv, der; -s, -e *u.* Ex|plo|siv|laut (*Sprachwiss.* Verschlusslaut, z. B. b, k)
Ex|plo|siv|ge|schoss; *vgl.* Geschoss
Ex|plo|si|vi|tät, die; - (explosive Beschaffenheit)
Ex|plo|siv|kör|per
Ex|plo|siv|laut *vgl.* Explosiv
Ex|plo|siv|stoff
Ex|po, die; -, -s ‹*kurz für* Exposition› (Ausstellung)
Ex|po|nat, das; -[e]s, -e ‹russ.› (Ausstellungs-, Museumsstück)
Ex|po|nent, der; -en, -en ‹lat.› (Hochzahl, bes. in der Wurzel- u. Potenzrechnung; herausgehobener Vertreter [einer bestimmten Richtung, Politik usw.])
Ex|po|nen|ti|al|funk|ti|on *(Math.)*
Ex|po|nen|ti|al|glei|chung *(Math.)*
Ex|po|nen|ti|al|grö|ße
Ex|po|nen|ti|al|röh|re *(Technik)*
ex|po|nen|ti|ell *(Math.)*
Ex|po|nen|tin
ex|po|nie|ren (hervorheben; [einer Gefahr] aussetzen); **ex|po|niert** (gefährdet; [Angriffen] ausgesetzt; herausgehoben)
Ex|port, der; -[e]s, -e ‹engl.› (Ausfuhr); ↑K31 : Ex- u. Import
ex|port|ab|hän|gig
Ex|port|ab|hän|gig|keit
Ex|port|an|teil; Ex|port|ar|ti|kel
Ex|por|ten *Plur.* (Ausfuhrwaren)
Ex|por|teur [...ˈtøːɐ̯], der; -s, -e ‹franz.› (Ausfuhrhändler od. -firma); **Ex|por|teu|rin**
Ex|port|ge|schäft
ex|por|tie|ren
Ex|port|in|dus|t|rie; ex|port|in|ten|siv; exportintensive Branchen
Ex|port|kauf|frau; Ex|port|kauf|mann
Ex|port|land *Plur.* ...länder; **Ex|port|markt; Ex|port|quo|te; Ex|port|schla|ger; Ex|port|sub|ven|ti|on** *meist Plur.*; **Ex|port|über|schuss; Ex|port|wirt|schaft**
Ex|po|sé, Ex|po|see, das; -s, -s ‹franz.› (Denkschrift, Bericht, Darlegung; Zusammenfassung; Plan, Skizze [für ein Drehbuch])
Ex|po|si|ti|on, die; -, -en ‹lat.› (Ausstellung, Schau; *Literaturwiss., Musik* Einleitung, erster Teil; *veraltet für* Darlegung)
Ex|po|si|tur, die; -, -en (*kath. Kirche* abgegrenzter selbstständiger Seelsorgebezirk einer Pfarrei; *österr. für* auswärtige Geschäftsfiliale, auswärtiger Teil einer Schule); **Ex|po|si|tus,** der; -, ...ti (Geistlicher einer Expositur)
ex|press ‹lat.› (*veraltet, noch ugs. für* eilig, Eil...; *landsch. für* eigens, zum Trotz)
Ex|press|bo|te (*veraltet für* Eilbote); **Ex|press|gut**
Ex|pres|si|on, die; -, -en (Ausdruck)
Ex|pres|si|o|nis|mus, der; - (Kunstrichtung im frühen 20. Jh., Ausdruckskunst); **Ex|pres|si|o|nist,** der; -en, -en; **Ex|pres|si|o|nis|tin; ex|pres|si|o|nis|tisch**
ex|pres|sis ver|bis (ausdrücklich; mit ausdrücklichen Worten)
ex|pres|siv (ausdrucksvoll); **Ex|pres|si|vi|tät,** die; - (Fülle des Ausdrucks, Ausdrucksfähigkeit; *Biol.* Ausprägungsgrad einer Erbanlage)
Ex|press|rei|ni|gung
Ex|press|stra|ße, Ex|press-Stra|ße (*schweiz. für* Schnellstraße [in großen Städten])
Ex|pro|p|ri|a|ti|on, die; -, -en ‹lat.› (Enteignung [marxistischer Begriff]); **ex|pro|p|ri|ie|ren**
Ex|pul|si|on, die; -, -en ‹lat.› (*Med.* Austreibung, Abführung); **ex|pul|siv**
ex|qui|sit ‹lat.› (ausgesucht, erlesen)
Ex|qui|sit, das; -s, -s (*DDR; kurz für* Exquisitladen); **Ex|qui|sit|la|den** (*DDR* Geschäft für auserlesene Waren zu hohen Preisen)
Ex|sik|ka|ti|on, die; -, -en ‹lat.› (*Chemie* Austrocknung); **ex|sik|ka|tiv; Ex|sik|ka|tor,** der; -s, ...oren (Gerät zum Austrocknen od. zum trockenen Aufbewahren von Chemikalien)
ex|spek|ta|tiv (*Med.* abwartend [bei Krankheitsbehandlung])
Ex|spi|ra|ti|on, die; - ‹lat.› (*Med.* Ausatmung); **ex|spi|ra|to|risch** (*Med.* auf Exspiration beruhend); exspiratorischer Akzent (*Sprachwiss.* Druckakzent); exspiratorische Artikulation (*Sprachwiss.* Lautbildung beim Ausatmen); **ex|spi|rie|ren** *(Med.)*
Ex|stir|pa|ti|on, die; -, -en ‹lat.› (*Med.* völlige Entfernung [eines Organs]); **ex|stir|pie|ren**
Ex|su|dat, das; -[e]s, -e ‹lat.› (*Biol., Med.* Absonderung, Ausschwitzung); **Ex|su|da|ti|on,** die; -, -en (Ausschwitzen, Absondern eines Exsudates)

Ekstase
Das aus dem Griechischen stammende Wort wird nicht mit *Ex-*, sondern mit *Eks-* geschrieben, obwohl die erste Silbe ebenso wie z. B. bei *Export, extra, extrem* gesprochen wird.

Ex|tem|po|ra|le, das; -s, ...lien ‹lat.› (*veraltet für* unvorbereitet anzufertigende [Klassen]arbeit)
ex tem|po|re (aus dem Stegreif)
Ex|tem|po|re [...re], das; -s, -s (*Theater* Zusatz, Einlage; Stegreifspiel)
ex|tem|po|rie|ren (aus dem Stegreif reden, schreiben usw.)
ex|ten|die|ren ‹lat.› (strecken; ausdehnen)
Ex|ten|si|on, die; -, -en (Ausdehnung; [Haar]verlängerung)
Ex|ten|si|tät, die; - (Ausdehnung; Umfang)
ex|ten|siv (der Ausdehnung nach; räumlich; nach außen wirkend); extensive Landwirtschaft (Bodennutzung mit geringem Einsatz von Arbeitskraft u. Kapital)
Ex|ten|sor, der; -s, ...oren (*Med.* Streckmuskel)
Ex|te|ri|eur [...'ri̯øːɐ̯], das; -s, *Plur.* -s *u.* -e ‹franz.› (Äußeres; Außenseite)
ex|ter|mi|na|to|risch ‹lat.› (auf völlige Vernichtung ausgerichtet)
ex|tern ‹lat.› (draußen befindlich; auswärtig; *veraltend für* nicht im Internat wohnend [von Schülern])
ex|ter|na|li|sie|ren ‹lat.-engl.› (*Psychol.* nach außen verlagern); **Ex|ter|na|li|sie|rung** *(Psychol.)*
Ex|ter|ne, der *u.* die; -n, -n (nicht im Internat wohnender Schüler bzw. nicht dort wohnende Schülerin; von auswärts zugewiesener Prüfling)
Ex|ter|nist, der; -en, -en (*österr. für* Externer); **Ex|ter|nis|tin**
Ex|tern|stei|ne *Plur.* (Felsgruppe im Teutoburger Wald)
ex|ter|ri|to|ri|al ‹lat.› (den Landesgesetzen nicht unterworfen); **Ex|ter|ri|to|ri|a|li|tät,** die; -
Ex|tink|ti|on, die; -, -en ‹lat.› (*fachspr. für* Schwächung einer Strahlung)
ex|t|ra ‹lat.› (nebenbei, außerdem, besonders, eigens)
Ex|t|ra, das; -s, -s ([nicht serienmäßig mitgeliefertes] Zubehör[teil])
Ex|t|ra|aus|ga|be
Ex|t|ra|blatt (Sonderausgabe)
Ex|t|ra|chor (zusätzlicher, nur in bestimmten Opern eingesetzter Theaterchor)
ex|t|ra dry ‹engl.› (sehr herb)
Ex|t|ra|fahrt (*bes. schweiz. für* Sonderfahrt)
ex|t|ra|fein
ex|t|ra|ga|lak|tisch ‹lat.-griech.› (*Astron.* außerhalb der Galaxis gelegen)
ex|t|ra|groß; ex|t|ra|hart
ex|tra|hie|ren ‹lat.› (einen Auszug machen; [einen Zahn] ausziehen; auslaugen)
Ex|t|ra|klas|se; ein Film, Sportler der Extraklasse
ex|t|ra|kor|po|ral (*Biol., Med.* außerhalb des Organismus befindlich, geschehend)
Ex|trakt, der, *auch* das; -[e]s, -e ‹lat.› (Auszug [aus Büchern, Stoffen]; Hauptinhalt, Kern)
Ex|trak|ti|on, die; -, -en (Auszug; Auslaugung; Herausziehen)
ex|trak|tiv ‹franz.› (ausziehend; auslaugend)
ex|t|ra|or|di|när ‹franz.› (*veraltend für* außerordentlich)
Ex|t|ra|or|di|na|ri|um, das; -s, ...ien ‹lat.› (*früher für* außerordentlicher Haushaltsplan od. Etat)
Ex|t|ra|or|di|na|ri|us, der; -, ...ien (*früher für* außerordentlicher Professor)
Ex|t|ra|po|la|ti|on, die; -, -en ‹lat.› (das Extrapolieren); **ex|t|ra|po|lie|ren** (*Math., Statistik* aus den bisherigen Werten einer Funktion auf weitere schließen)
Ex|t|ra|post (*früher für* besonders eingesetzter Postwagen)
Ex|t|ra|sy|s|to|le, die; -, -n ‹lat.; griech.› (*Med.* vorzeitige Zusammenziehung des Herzens innerhalb der normalen Herzschlagfolge)
ex|t|ra|ter|res|t|risch ‹lat.› (*Astron., Physik* außerhalb der Erde)
Ex|t|ra|tour (*ugs. auch für* eigenwilliges Verhalten od. Vorgehen)
ex|t|ra|va|gant [*auch* 'ɛ...] ‹franz.› (verstiegen, überspannt); **Ex|t|ra|va|ganz,** die; -, -en
Ex|t|ra|ver|si|on, Ex|t|ro|ver|si|on, die; -, -en ‹lat.› (*Psychol.* Konzentration der eigenen Interessen auf äußere Objekte)
ex|t|ra|ver|tiert *vgl.* extrovertiert; **Ex|t|ra|ver|tiert|heit**
Ex|t|ra|wunsch
Ex|t|ra|wurst (*ugs.; österr. auch für* eine Wurstsorte); jmdm. eine Extrawurst braten
ex|t|ra|zel|lu|lar, ex|t|ra|zel|lu|lär (*Biol., Med.* außerhalb der Zelle)
Ex|t|ra|zim|mer (*österr. für* separierter Raum in einem Restaurant); **Ex|t|ra|zug** (*schweiz. für* Sonderzug)
ex|t|rem ‹lat., »äußerst«› (bis an die äußerste Grenze gehend; radikal; krass)
Ex|t|rem, das; -s, -e (höchster Grad; äußerster Standpunkt)
Ex|t|re|ma|du|ra *vgl.* [1]Estremadura
Ex|t|rem|fall, der; im Extremfall
Ex|t|re|mis|mus, der; -, ...men (übersteigert radikale Haltung); **Ex|t|re|mist,** der; -en, -en; **Ex|t|re|mis|tin; ex|t|re|mis|tisch**
Ex|t|re|mi|tät, die; -, -en (äußerstes Ende; *nur Plur.:* Gliedmaßen)
Ex|t|rem|si|tu|a|ti|on
Ex|t|rem|sport (mit höchster körperlicher Beanspruchung od. mit bes. Gefahren verbundener Sport [z. B. Freeclimbing]); **Ex|t|rem|sport|art; Ex|t|rem|sport|ler; Ex|t|rem|sport|le|rin**
Ex|t|ro|ver|si|on *vgl.* Extraversion
ex|t|ro|ver|tiert, ex|t|ra|ver|tiert (spontan u. kontaktfreudig, seine Gefühle deutlich zeigend)
Ex|t|ru|der, der; -s, - ‹engl.› (*Technik* Maschine zum Ausformen thermoplastischer Kunststoffe; Schneckenpresse); **ex|t|ru|die|ren** (mit dem Extruder formen)
Ex|ul|ze|ra|ti|on, die; -, -en ‹lat.› (*Med.* Geschwürbildung); **ex|ul|ze|rie|ren**
Ex-und-hopp-Fla|sche (*ugs. für* Einwegflasche)
ex usu ‹lat., »aus dem Gebrauch heraus«› (aus der Erfahrung, durch Übung)
Ex|u|vie, die; -, -n ‹lat.› (abgestreifte tierische Körperhülle [z. B. Schlangenhaut])
ex vo|to ‹lat., »aufgrund eines Gelübdes«› (Inschrift auf Votivgaben)
Ex|vo|to, das; -s, *Plur.* -s *od.* ...ten (Weihegabe, Votivbild)
Ex|welt|meis|ter *(Sport);* **Ex|welt|meis|te|rin** *(Sport)*
Exz. = Exzellenz
Ex|ze|dent, der; -en, -en ‹lat.› (über die gewählte Versicherungssumme hinausgehender Betrag)
ex|zel|lent ‹lat.› (hervorragend)
Ex|zel|lenz, die; -, -en (ein Titel; *Abk.* Exz.; herausragende Qualität); *vgl.* euer
Ex|zel|lenz|clus|ter (Forschungsgruppe [an einer Hochschule], die im Rahmen der Exzellenzinitiative besonders gefördert wird)

Ex|zel|lenz|in|i|ti|a|ti|ve (Initiative von Bund u. Ländern zur Förderung herausragender wissenschaftlicher Forschung)
ex|zel|lie|ren (hervorragen)
Ex|zen|ter, der; -s, -, **Ex|zen|ter|schei|be** ‹nlat.-dt.› (*Technik* exzentrisch angebrachte Steuerungsscheibe)
Ex|zen|t|rik, die; - ([mit Groteske verbundene] Artistik; Überspanntheit)
Ex|zen|t|ri|ker; Ex|zen|t|ri|ke|rin
ex|zen|t|risch (*Math., Astron.* außerhalb des Mittelpunktes liegend; *geh. für* überspannt)
Ex|zen|t|ri|zi|tät, die; -, -en (Abweichen, Abstand vom Mittelpunkt; Überspanntheit)
ex|zep|ti|o|nell ‹franz.› (ausnahmsweise eintretend, außergewöhnlich)
ex|zep|tiv ‹lat.› (*veraltet für* ausschließend)
ex|zer|pie|ren ‹lat.› (ein Exzerpt machen)
Ex|zerpt, das; -[e]s, -e (schriftl. Auszug aus einem Werk)
Ex|zerp|ti|on, die; -, -en (das Exzerpieren); **Ex|zerp|tor,** der; -s, ...oren (jmd., der Exzerpte anfertigt); **Ex|zerp|to|rin**
Ex|zess, der; -es, -e ‹lat.› (Ausschreitung; Ausschweifung); **ex|zes|siv** (übermäßig; ausschweifend)
ex|zi|die|ren ‹lat.› (*Med.* herausschneiden); **Ex|zi|si|on,** die; -, -en (*Med.* Ausschneidung, z. B. einer Geschwulst)
ex|zi|tie|ren ‹lat.› (*Med.* anregen)
ey! [eɪ] ‹engl.› *(ugs.)*
Eyck, van [van, *auch* fan 'aik] (niederl. Maler)
Eye|li|ner ['ailai...], der; -s, - ‹engl.› (flüssiges Kosmetikum zum Ziehen des Lidstriches)
Ey|rir, der *od.* das; -s, Aurar ‹isländ.› (Untereinheit der isländ. Krone)
EZB, die; - = Europäische Zentralbank
Eze|chi|el [...e:l, *auch* ...ɛl] (bibl. Prophet; *bei Luther* Hesekiel)
E-Zi|ga|ret|te (zigarettenförmiges elektron. Gerät, mit dem eine verdampfte Substanz inhaliert und so eine dem Rauchen ähnliche Wirkung erzielt wird)
Ez|zes *Plur.* ‹hebr.-jidd.› (*österr. ugs. für* Tipps, Ratschläge)

f F

f = Femto...; forte
f (*Zeichen für* f-Moll); in f
f, F, das; -, - (Tonbezeichnung)
f. = folgende [Seite]; für
F, das; -, - (Buchstabe); das F, des F, die F, *aber* das f in Haft; der Buchstabe F, f
F (*Zeichen für* F-Dur); in F
F = Fahrenheit; Farad; Franc
F (*chem. Zeichen für* Fluor)
fa ‹ital.› (Solmisationssilbe)
Fa. = Firma
Faa|ker See, der; - -s (in Kärnten)
Fa|bel, die; -, -n ‹franz.› (erdichtete [lehrhafte] Erzählung; Handlung einer Dichtung)
Fa|bel|buch
Fa|bel|dich|ter; Fa|bel|dich|te|rin
Fa|be|lei; fa|bel|haft
fa|beln (Erfundenes erzählen); ich fab[e]le; **Fa|bel|tier; Fa|bel|welt; Fa|bel|we|sen**
Fa|bia (w. Vorn.)
Fa|bi|an (m. Vorn.)
Fa|bi|er, der; -s, - (Angehöriger eines altröm. Geschlechtes)
Fa|bi|o|la (w. Vorn.)
Fa|bi|us (Name altröm. Staatsmänner)
Fa|b|rik [*auch* ...'brɪ...], die; -, -en ‹franz.›; **Fa|b|rik|an|la|ge**
Fa|b|ri|kant, der; -en, -en (Fabrikbesitzer; Hersteller); **Fa|b|ri|kan|tin**
Fa|b|rik|ar|beit [*auch* ...'rɪ...]; **Fa|b|rik|ar|bei|ter; Fa|b|rik|ar|bei|te|rin**
Fa|b|ri|kat, das; -[e]s, -e ‹lat.› (Industrieerzeugnis)
Fa|b|ri|ka|ti|on, die; -, -en (fabrikmäßige Herstellung)
Fa|b|ri|ka|ti|ons|feh|ler; Fa|b|ri|ka|ti|ons|ge|heim|nis; Fa|b|ri|ka|ti|ons|me|tho|de; Fa|b|ri|ka|ti|ons|pro|zess
Fa|b|rik|be|sit|zer [*auch* ...'rɪ...]; **Fa|b|rik|be|sit|ze|rin**
Fa|b|rik|ge|bäu|de; Fa|b|rik|ge|län|de; Fa|b|rik|hal|le
fa|b|rik|mä|ßig [*auch* ...'rɪ...]; **fa|b|rik|neu**
fa|b|riks..., Fa|b|riks... (*österr. für* fabrik..., Fabrik..., z. B. fabriksneu, Fabriksarbeiter)
Fa|b|rik|schorn|stein [*auch* ...'rɪ...]; **Fa|b|rik|si|re|ne**
fa|b|ri|zie|ren ([fabrikmäßig] herstellen; *ugs. auch für* mühsam anfertigen; anrichten)
Fa|bu|lant, der; -en, -en ‹lat.› (Erzähler von fantastisch ausgeschmückten Geschichten); **Fa|bu|lan|tin**
fa|bu|lie|ren (fantasievoll erzählen); **Fa|bu|lier|kunst**
fa|bu|lös (fantastisch anmutend)
Face|book® ['feɪsbʊk], das; -[s] *meist ohne Artikel* ‹amerik.› (Website eines internationalen sozialen Netzwerks); **Face|book-Sei|te, Face|book|sei|te**
Face|lift ['fe:slɪft], der *od.* das; -s, -s ‹engl.› (*svw.* Facelifting; *auch allgemein für* verschönernde Neugestaltung)
Face|lif|ting ['fe:slɪftɪŋ], das; -s, -s ‹engl.› (Gesichtsoperation)
Fa|cet|te [...'sɛ...], die; -, -n ‹franz.› (eckig geschliffene Fläche von Edelsteinen u. Glaswaren; Teilaspekt)
Fa|cet|ten|au|ge (*Zool.* Netzauge)
Fa|cet|ten|glas *Plur.* ...gläser
fa|cet|ten|reich (mannigfaltig, vielfältig); **Fa|cet|ten|schliff; fa|cet|tie|ren** (mit Facetten versehen)
Fach, das; -[e]s, Fächer
...fach (z. B. vierfach [*mit Ziffer* 4-fach *od.* 4fach ↑K66]; *mit Einzelbuchstabe* n-fach)
Fach|ab|i|tur (Fachhochschulreife)
Fach|ar|bei|ter; Fach|ar|bei|ter|brief; Fach|ar|bei|te|rin
Fach|arzt; Fach|ärz|tin
fach|ärzt|lich
Fach|aus|druck *Plur.* ...drücke; **Fach|aus|schuss; Fach|be|griff**
Fach|be|ra|ter; Fach|be|ra|te|rin
Fach|be|reich; Fach|bi|b|lio|thek
Fach|blatt (Fachzeitschrift); **Fach|buch**
Fach|chi|ne|sisch (Fachjargon)
...fa|che (z. B. Vierfache, das; -n [*mit Ziffer* 4-Fache *od.* 4fache ↑K66])
fä|cheln; ich fäch[e]le
fa|chen (*seltener für* anfachen)
Fä|cher, der; -s, -; **fä|cher|för|mig; fä|che|rig,** fäch|rig
fä|chern; ich fächere
Fä|cher|pal|me
fä|cher|über|grei|fend
Fä|che|rung
Fach|frau; fach|fremd; Fach|ge|biet
fach|ge|mäß; fach|ge|recht
Fach|ge|schäft; Fach|ge|spräch;

Fach|grup|pe; Fach|han|del *vgl.* ¹Handel
Fach|hoch|schu|le (*Abk.* FH); **Fach|hoch|schul|rei|fe**
Fach|idi|ot (*abwertend für* jmd., der nur sein Fachgebiet kennt); **Fach|idi|o|tin** *(abwertend)*
Fach|jar|gon
Fach|ken|ner; Fach|ken|ne|rin
Fach|kennt|nis
Fach|kol|le|ge; Fach|kol|le|gin
Fach|kom|pe|tenz; Fach|kraft
Fach|kreis; in Fachkreisen
Fach|kun|de, die
fach|kun|dig (Fachkenntnisse habend)
fach|kund|lich (die Fachkunde betreffend)
Fach|leh|rer; Fach|leh|re|rin
Fach|leu|te
fach|lich
Fach|li|te|ra|tur *Plur. selten;* **Fach|ma|ga|zin**
Fach|mann *Plur.* ...leute, *selten* ...männer; **fach|män|nisch**
fach|mä|ßig (*selten für* fachlich)
Fach|mes|se
Fach|ober|schu|le; Fach|per|so|nal; Fach|pres|se, die; -; **Fach|pu|b|li|kum**
Fach|re|fe|rent; Fach|re|fe|ren|tin
Fach|rich|tung
fäch|rig *vgl.* fächerig
Fach|schaft
Fach|schu|le; Fach|schul|rei|fe
Fach|sim|pe|lei *(ugs.);* **fach|sim|peln** (*ugs. für* [ausgiebige] Fachgespräche führen); ich fachsimp[e]le; gefachsimpelt; zu fachsimpeln
fach|spe|zi|fisch
Fach|spra|che; fach|sprach|lich
Fach|ta|gung; Fach|ter|mi|nus
fach|über|grei|fend
Fach|ver|band
Fach|ver|käu|fer; Fach|ver|käu|fe|rin
Fach|welt
Fach|werk; Fach|werk|haus
Fach|wis|sen; Fach|wis|sen|schaft
Fach|wort *Plur.* ...wörter; **Fach|wör|ter|buch**
Fach|zeit|schrift
¹**Fa|ci|es** ['fa:tsi̯ɛs], die; -, - (*Med.* Gesicht, Gesichtsausdruck)
²**Fa|ci|es** *vgl.* Fazies
Fa|ci|li|ty [fəˈsɪlɪti], die; -, -s ‹engl.› (*Wirtsch.* [technische] Ausstattung, Infrastruktur eines Unternehmens od. Gebäudes); **Fa|ci|li|ty-Ma|nage|ment, Fa|ci|li|ty|ma|nage|ment** (*Wirtsch.* Betreuung u. Überwachung von Gebäuden)

Fa|ckel, die; -, -n ‹lat.›; **Fa|ckel|licht** *Plur.* ...lichter
fa|ckeln; ich fack[e]le
Fa|ckel|schein
Fa|ckel|trä|ger; Fa|ckel|trä|ge|rin
Fa|ckel|zug
Fact [fɛkt], der; -s, -s *meist Plur.* ‹engl.› (Tatsache; *vgl.* Fakt)
Fac|ti|ce [...ˈti:s(ə)], die; -, -n ‹franz.› (Parfümflasche zu Werbe- u. Dekorationszwecken)
Fac|to|ring [ˈfɛktə...], das; -[s] (bestimmte Methode der Absatzfinanzierung)
Fac|to|ry-Out|let, Fac|to|ry|out|let [ˈfɛktəriˈa̯utlet], das; -s, -s ‹engl.› (Direktverkaufsstelle einer Firma); **Fac|to|ry-Out|let-Cen|ter, Fac|to|ry|out|let|cen|ter, Fac|to|ry|out|let-Cen|ter** ↑K 22
Fa|cul|tas Do|cen|di, die; - - ‹lat.› (Lehrbefähigung)
fad, fa|de ‹franz.› (schlecht gewürzt, schal; langweilig, geistlos); ein noch faderer Witz; das fad[e]ste Bier
Fäd|chen
fa|de *vgl.* fad
Fade-in [fe:tˈlɪn], das; -[s] ‹engl.› (das Einblenden, z. B. von Musiktiteln)
fä|deln (einfädeln); ich fäd[e]le eine Schnur durch die Öse
Fa|den, der; -s, *Plur.* Fäden *u. (als Längenmaß:) - (Seemannsspr.);* 4 Faden tief
fa|den|dünn
Fa|den|en|de; Fa|den|hef|tung; Fa|den|kreuz; Fa|den|lauf *(Weberei);* **Fa|den|nu|del; Fa|den|pilz**
fa|den|schei|nig (*auch für* nicht sehr glaubhaft)
Fa|den|schlag, der; -[e]s (*schweiz. für* lockere [Heft]naht; Heftfaden; *übertr. für* Vorbereitung)
Fa|den|wurm *(Zool.)*
Fa|den|zäh|ler *(Weberei)*
Fade-out [fe:tˈla̯ut], das; -[s] ‹engl.› (das Ausblenden)
Fa|desse [faˈdɛs], die; - ‹franz.› (*österr. ugs. für* Langeweile)
Fad|heit
fä|dig (aus feinen Fäden)
...fä|dig (z. B. feinfädig)
Fa|ding [ˈfe:...], das; -s, -s ‹engl.› (*Technik* An- u. Abschwellen der Lautstärke im Rundfunkgerät; Nachlassen der Bremswirkung infolge Erhitzung der Bremsen)
fa|di|sie|ren (*österr. ugs. für* langweilen); sich fadisieren
Fa|do, der; -[s], -s ‹port.› (*Musik* trauriges port. Lied)

Fae|ces [ˈfɛ:tse:s] *vgl.* Fäzes
Faf|ner, Faf|nir (nord. Sagengestalt)
Fa|gott, das; -[e]s, -e (ein Holzblasinstrument); **Fa|gott|blä|ser; Fa|got|tist,** der; -en, -en (Fagottbläser); **Fa|got|tis|tin**
Fä|he, die; -, -n (*Jägerspr.* w. Tier bei Fuchs, Marder u. a.)
fä|hig; *mit Genitiv* (eines Betruges fähig) *od. mit* »zu« (zu allem fähig sein)
...fä|hig (z. B. begeisterungsfähig)
Fä|hig|keit
fahl
Fahl|erz (Silber- od. Kupfererz mit fahlem Glanz)
fahl|gelb; Fahl|heit, die; -
Fahl|le|der (*fachspr. für* Rindsoberleder)
Fähn|chen (*ugs. auch für* leichtes Kleid)
fahn|den (polizeilich suchen)
Fahn|der; Fahn|de|rin; Fahn|dung
Fahn|dungs|ap|pa|rat; Fahn|dungs|buch; Fahn|dungs|er|folg; Fahn|dungs|fo|to; Fahn|dungs|lis|te
Fah|ne, die; -, -n
Fah|nen|ab|zug *(Druckw.)*
Fah|nen|eid *(Militär)*
Fah|nen|flucht, die; -; *vgl.* ²Flucht; **fah|nen|flüch|tig**
Fah|nen|jun|ker; Fah|nen|jun|ke|rin
Fah|nen|kor|rek|tur *(Druckw.)*
Fah|nen|mast, der
Fah|nen|schwin|ger; Fah|nen|schwin|ge|rin
Fah|nen|stan|ge; Fah|nen|trä|ger; Fah|nen|trä|ge|rin; Fah|nen|wei|he
Fähn|lein (*auch für* Truppeneinheit; Formation)
Fähn|rich, der; -s, -e; **Fähn|ri|chin**
Fahr|ab|tei|lung; Fahr|an|fän|ger; Fahr|an|fän|ge|rin; Fahr|aus|weis (Fahrkarte, -schein; *schweiz. auch für* Führerschein)
Fahr|bahn; Fahr|bahn|mar|kie|rung; Fahr|bahn|rand; Fahr|bahn|ver|en|gung; Fahr|bahn|wech|sel
fahr|bar
fahr|be|reit; Fahr|be|reit|schaft
Fähr|be|trieb
Fahr|damm *(landsch.)*
Fahr|dau|er, Fahrt|dau|er
Fähr|de, die; -, -n (*geh. veraltend für* Gefahr)
Fahr|dienst, der; -[e]s *(Eisenbahn);* **Fahr|dienst|lei|ter; Fahr|dienst|lei|te|rin**
Fahr|draht (elektr. Oberleitung)
Fäh|re, die; -, -n
Fahr|eig|nung

F
Fahr

fah|ren

- du fährst; er fährt
- du fuhrst; du führest
- gefahren; fahr[e]!
- erster, zweiter Klasse fahren
- ↑K54: Auto fahren; Rad fahren: sie fährt Rad; ich bin Rad gefahren; um Rad zu fahren
- ↑K 55: spazieren fahren: sie ist spazieren gefahren; um spazieren zu fahren
- sie hat ihn fahren lassen (= ihm erlaubt zu fahren)
- wir hatten alle Hoffnung fahren lassen *od.* fahrenlassen (*seltener* fahren gelassen *od.* fahrengelassen) (= aufgegeben)

fah|ren *s. Kasten*
fah|rend; fahrende Habe *(Rechtsspr.),* fahrende Leute; **Fah|ren|de,** der *u.* die; -n, -n (*früher für* umherziehender Spielmann)
Fah|ren|heit ‹nach dem dt. Physiker› (Einheit der Grade beim 180-teiligen Thermometer; *Zeichen* F, *fachspr.* °F); 5 °F
fah|ren las|sen, fah|ren|las|sen *vgl.* fahren
Fah|rens|mann *Plur.* ...leute *u.* ...männer *(Seemannsspr.)*
Fah|rer
Fah|re|rei *(oft abwertend)*
Fah|rer|flucht, die; -; **Fah|rer|haus**
Fah|re|rin
fah|re|risch; fahrerisches Können
Fahr|er|laub|nis
Fah|rer|sitz
Fahr|feh|ler
Fahr|gast *Plur.* ...gäste; **Fahr|gast|schiff**
Fahr|ge|fühl; Fahr|geld; Fahr|ge|mein|schaft; Fahr|ge|räusch; Fahr|ge|schäft; Fahr|ge|schwin|dig|keit; Fahr|ge|stell
Fahr|ha|be (*schweiz. für* Fahrnis)
Fahr|hau|er *(Bergmannsspr.)*
fah|rig (zerstreut); **Fah|rig|keit**
Fahr|kar|te
Fahr|kar|ten|aus|ga|be; Fahr|kar|ten|au|to|mat; Fahr|kar|ten|kon|t|rol|le; Fahr|kar|ten|schal|ter
Fahr|kom|fort
Fahr|kos|ten, Fahrt|kos|ten
fahr|läs|sig; fahrlässige Tötung; **Fahr|läs|sig|keit**
Fahr|leh|rer; Fahr|leh|re|rin
Fahr|leis|tung
Fähr|li|nie (von Fähren befahrene Strecke; Unternehmen); **Fähr|mann** *Plur.* ...männer *u.* ...leute
Fahr|nis, die; -, -se *od.* das; -ses, -se (*Rechtsspr.* fahrende Habe, bewegliches Vermögen)
Fähr|nis, die; -, -se (*geh. für* Gefahr)
Fahr|per|so|nal
Fahr|plan *vgl.* ²Plan; **fahr|plan|mä|ßig; Fahr|plan|wech|sel**
Fahr|preis; Fahr|preis|er|hö|hung
Fahr|prü|fung
Fahr|rad ↑K 54; Fahrrad fahren; **Fahr|rad|fah|ren,** das; -s ↑K 82
Fahr|rad|fah|rer; Fahr|rad|fah|re|rin
Fahr|rad|helm; Fahr|rad|korb
Fahr|rad|ku|rier; Fahr|rad|ku|rie|rin
Fahr|rad|rei|fen
Fahr|rad|rik|scha (dreirädriges Fahrrad mit Platz für die Beförderung von Fahrgästen)
Fahr|rad|schlüs|sel; Fahr|rad|stän|der; Fahr|rad|tour; Fahr|rad|weg
Fahr|rin|ne
Fahr|schein; Fahr|schein|heft; Fahr|schein|kon|t|rol|le
Fähr|schiff
Fahr|schu|le; Fahr|schü|ler; Fahr|schü|le|rin
Fahr|si|cher|heit, die; -; **Fahr|si|cher|heits|trai|ning; Fahr|spaß,** *österr. auch* **Fahr|spass; Fahr|spur**
Fahr|stei|ger *(Bergmannsspr.)*
Fahr|stil
Fahr|strahl *(Math., Physik)*
Fahr|stra|ße; Fahr|strei|fen; Fahr|stuhl; Fahr|stun|de
Fahrt, die; -, -en; Fahrt ins Blaue
fahr|taug|lich; Fahr|taug|lich|keit, die; -
Fahrt|dau|er, Fahr|dau|er
Fähr|te, die; -, -n (Spur)
Fahr|tech|nik; fahr|tech|nisch
Fahr|ten|buch; Fahr|ten|mes|ser; Fahr|ten|schrei|ber (*amtlich* Fahrtschreiber); **Fahr|ten|schwim|mer** *(früher)*
Fähr|ten|su|cher; Fähr|ten|su|che|rin
Fahr|test
Fahrt|kos|ten, Fahr|kos|ten
Fahr|trep|pe (*fachspr. für* Rolltreppe)
Fahrt|rich|tung; Fahrt|schrei|ber *vgl.* Fahrtenschreiber
fahr|tüch|tig; Fahr|tüch|tig|keit
Fahrt|un|ter|bre|chung; Fahrt|wind
Fahrt|zeit, Fahr|zeit
Fahrt|ziel, Fahr|ziel
Fahr|un|tüch|tig|keit; Fahr|ver|bot; Fahr|ver|hal|ten
Fahr|ver|käu|fer (*bes. österr. für* Verkaufsfahrer); **Fahr|ver|käu|fe|rin**
Fahr|was|ser; Fahr|weg; Fahr|wei|se; Fahr|werk; Fahr|wind (guter Segelwind); **Fahr|zeit,** Fahrt|zeit
Fahr|zeug; Fahr|zeug|bau, der; -[e]s; **Fahr|zeug|bör|se**
Fahr|zeug|füh|rer; Fahr|zeug|füh|re|rin
Fahr|zeug|hal|ter; Fahr|zeug|hal|te|rin
Fahr|zeug|len|ker; Fahr|zeug|len|ke|rin
Fahr|zeug|park; Fahr|zeug|rah|men; Fahr|zeug|typ
Fahr|ziel, Fahrt|ziel
Fai|b|le [ˈfɛ:bl̩], das; -s, -s ‹franz.› (Schwäche; Neigung, Vorliebe); ein Faible für etwas haben
fair [fɛ:ɐ̯] ‹engl.› (gerecht; anständig; den Regeln entsprechend); ein faires Spiel; **fai|rer|wei|se**
Fair|ness [ˈfɛ:ɐ̯...], die; -
Fair Play, das; - -[s], **Fair|play,** das; -[s] [ˈfɛ:ɐ̯ ˈple:, *auch* ˈf...] (anständiges Spiel od. Verhalten [im Sport])
Fair|way [ˈfɛ:ɐ̯ve:], das; -s, -s ‹engl.› (*Golf* Spielbahn zwischen Abschlag u. Grün)
Fait ac|com|p|li [fɛtakõˈpli:], das; - -, -s -s [ˈfezakõˈpli:] ‹franz.› (vollendete Tatsache)
fä|kal ‹lat.› (*Med.* kotig)
Fä|kal|dün|ger; Fä|ka|li|en *Plur.* (*Med.* Kot); **Fä|kal|spra|che** *Plur. selten*
Fake [feɪk], der *od.* das; -s, -s ‹engl.› (*ugs. für* Fälschung, Betrug, Schwindel); **fa|ken** [ˈfeɪkn̩] (*ugs. für* fälschen); gefakte Informationen
Fa|kir [*österr.* faˈki:ɐ̯], der; -s, -e ‹arab.› ([indischer] Büßer, Asket; Zauberkünstler)
Fak|si|mi|le [...le], das; -s, -s ‹lat., »mache ähnlich«› (originalgetreue Nachbildung, z. B. einer alten Handschrift)
Fak|si|mi|le|aus|ga|be; Fak|si|mi|le|druck *Plur.* ...drucke
fak|si|mi|lie|ren
Fakt, der, *auch* das; -[e]s, *Plur.* -en, *auch* -s (*svw.* Faktum); das ist [der] Fakt; **Fak|ta** (*Plur. von* Faktum); **Fak|ten|wis|sen**
Fak|ti|on, die; -, -en ‹lat.› (*veraltet für* polit. Gruppe in einer Partei); **fak|ti|ös** ‹franz.› (*veraltet für* aufrührerisch)

fak|tisch ‹lat.› (tatsächlich); faktisches Vertragsverhältnis *(Rechtsspr.)*
fak|ti|tiv [*auch* 'fa...] (bewirkend); **Fak|ti|tiv,** das; -s, -e (*Sprachwiss.* Verb des Bewirkens, z. B. »schärfen« = »scharf machen«)
Fak|ti|zi|tät, die; -, -en (Gegebenheit; Wirklichkeit)
Fak|tor, der; -s, ...oren (bestimmender Grund, Umstand; *Math.* Vervielfältigungszahl)
Fak|to|rei (*veraltet für* Handelsniederlassung)
Fak|to|tum, das; -s, *Plur.* -s *u.* ...ten ‹lat., »tu alles!«› (jmd., der alle anfallenden Arbeiten erledigt)
Fak|tum, das; -s, *Plur.* ...ten, *veraltend auch* ...ta ([nachweisbare] Tatsache; Ereignis); *vgl.* Fakt
Fak|tur, die; -, -en ‹ital.› ([Waren]rechnung); **Fak|tu|ra,** die; -, ...ren (*österr. u. schweiz., sonst veraltet für* Faktur); **Fak|tu|ren|buch** *(veraltend)*
fak|tu|rie|ren ([Waren] berechnen); **Fak|tu|rier|ma|schi|ne**
Fak|tu|rist, der; -en, -en; **Fak|tu|ris|tin**
Fa|kul|tas, die; -, ...täten ‹lat.› ([Lehr]befähigung); *vgl.* Facultas Docendi
Fa|kul|tät, die; -, -en (Abteilung einer Hochschule; math. Ausdruck; *Zeichen* !)
fa|kul|ta|tiv (freigestellt, wahlfrei); fakultative Fächer
Fa|la|fel, die; -, -n, *auch* das; -s, -s ‹arab.› (pikant gewürztes, frittiertes Bällchen aus Kichererbsenmehl)
falb; Fal|be, der; -n, -n (graugelbes Pferd); zwei Falben
Fal|bel, die; -, -n ‹franz.› (gekrauster od. gefältelter Kleidbesatz); **fäl|beln** (mit Falbeln versehen); ich fälb[e]le
Fa|ler|ner, der; -s, - (eine Weinsorte); Falerner Wein
Falk (m. Vorn.)
Fal|ke, der; -n, -n
Fal|ken|au|ge; Fal|ken|bei|ze
Fal|ke|nier, der; -s, -e (*svw.* Falkner); **Fal|ken|jagd**
Fal|ken|see; Fal|ken|se|er; Falkenseer Forst; **Fal|ken|se|e|rin**
Falk|län|der; Falk|län|de|rin
Falk|land|in|seln *Plur.* (östl. der Südspitze Südamerikas); **falk|län|disch**
Falk|ner (Falkenabrichter); **Falk|ne|rei** (Jagd mit Falken); **Falk|ne|rin**
Fal|ko (m. Vorn.)

[1]Fall

der; -[e]s, Fälle

(*auch für* Kasus)

- für den Fall, dass ...; gesetzt den Fall, dass ...; im Fall[e][,] dass ...
- von Fall zu Fall; zu Fall bringen
- erster (1.) Fall (Nominativ)

Klein- u. Zusammenschreibung ↑K 70:

- bestenfalls, nötigenfalls, gegebenenfalls
- allenfalls, ander[e]nfalls, jedenfalls, keinesfalls u. Ä.

[2]Fall, das; -[e]s, -en (*Seemannsspr.* spezielles Tau)
Fal|la|da (dt. Schriftsteller)
Fall|ana|ly|se (*Kriminologie* Analyse eines Kriminalfalles); **Fall|ana|ly|ti|ker; Fall|ana|ly|ti|ke|rin**
Fäll|bad (bei der Chemiefaserherstellung)
Fall|beil
Fall|bei|spiel
Fall|be|schleu|ni|gung *(Physik; Zeichen g)*
Fall|brü|cke
Fal|le, die; -, -n

fal|len

- du fällst; er fällt
- du fielst; du fielest
- gefallen *(vgl. d.)*
- fall[e]!

Getrennt- und Zusammenschreibung ↑K 55:

- ich habe den Teller fallen lassen (= losgelassen)
- die Maske fallen lassen (*übertr.* sein wahres Gesicht zeigen)
- er hat eine Bemerkung fallen lassen *od.* fallenlassen (*seltener* fallen gelassen *od.* fallengelassen)

Vgl. auch anheimfallen, leichtfallen, schwerfallen

fäl|len; du fällst; er fällt; du fälltest; gefällt; fäll[e]!
fal|len las|sen, fal|len|las|sen *vgl.* fallen
Fal|len|stel|ler; Fal|len|stel|le|rin
Fal|lers|le|ben (Stadtteil von Wolfsburg); **Fal|lers|le|be|ner, Fal|lers|le|ber; Fal|lers|le|be|rin, Fal|lers|le|be|ne|rin**
Fall|ge|schwin|dig|keit; Fall|ge|setz *(Physik);* **Fall|gru|be** *(Jägerspr.);* **Fall|hö|he** *(Physik)*
fal|lie|ren ‹ital.› (zahlungsunfähig werden; *schweiz. ugs. für* misslingen); die Firma hat falliert; der Kuchen ist falliert
fäl|lig; ein fällig gewordener *od.* fälliggewordener Wechsel
Fäl|lig|keit; Fäl|lig|keits|tag
Fall|li|nie, Fall-Li|nie (Linie des größten Gefälles; *Skisport* kürzeste Abfahrt)
Fall|ma|na|ger (Berater für Arbeitslose); **Fall|ma|na|ge|rin**
Fäll|mit|tel, das (*Chemie* Mittel zum Ausfällen eines Stoffes)
Fall|obst
Fall|out, Fall-out [fo:l'|aut], der; -s, -s ‹engl.› (*Kernphysik* radioaktiver Niederschlag)
Fall|plätt|chen (Metallplättchen an der Schachuhr, das vom Zeiger mitgenommen wird)
Fall|reep (*Seemannsspr.* äußere Schiffstreppe)
Fall|rohr
Fall|rück|zie|her *(Fußball)*
falls; komme doch[,] falls möglich[,] schon um 17 Uhr ↑K 125
Fall|schirm; Fall|schirm|jä|ger; Fall|schirm|sprin|gen, das; -s; **Fall|schirm|sprin|ger; Fall|schirm|sprin|ge|rin; Fall|schirm|trup|pe**
Fall|strick
Fall|stu|die *(Psychol., Soziol.)*
Fall|sucht, die; - (*veraltet für* Epilepsie); **fall|süch|tig**
Fall|tür
Fäl|lung
fall|wei|se (*österr. für* von Fall zu Fall erfolgend)
Fall|wind
Fa|lott, der; -en, -en ‹franz.› (*österr. für* Gauner)
Fal|sa (*Plur. von* Falsum)
falsch *s. Kasten Seite 406*
Falsch, der; *nur noch in* es ist kein Falsch an ihm; sie ist ohne Falsch; *vgl. auch* falsch
Falsch|aus|sa|ge; Falsch|bu|chung *(Wirtsch.);* **Falsch|eid** (unwissentlich falsches Schwören)
fäl|schen; du fälschst
Fäl|scher; Fäl|sche|rin
Falsch|fah|rer; Falsch|fah|re|rin
Falsch|geld; Falsch|heit
fälsch|lich; fälsch|li|cher|wei|se
falsch|lie|gen (*ugs. für* sich irren); *vgl.* falsch; **Falsch|mel|dung**
Falsch|mün|zer; Falsch|mün|ze|rei; Falsch|mün|ze|rin
Falsch|par|ker; Falsch|par|ke|rin
falsch|spie|len (beim Spiel betrü-

F
fals

falsch

fal|scher, fal|sches|te	*Getrennt- und Zusammenschreibung* ↑K 49 *u.* 56:
Kleinschreibung ↑K 89:	– falsch sein
– falsche Zähne	– falsch herum
– unter falscher Flagge segeln	– ein Wort falsch schreiben
– falscher *od.* Falscher Hase (Hackbraten)	– eine Melodie falsch spielen
Großschreibung ↑K 72:	– beim Skat falschspielen (betrügen)
– Falsch und Richtig nicht unterscheiden können	– falsch (an der falschen Stelle) liegen
	– mit einer Schätzung [ganz] falschliegen (sich irren)

gen); *aber* eine Melodie falsch spielen

Falsch\|spie\|ler; Falsch\|spie\|le\|rin

Fäl\|schung

fäl\|schungs\|si\|cher

Fal\|sett, das; -[e]s, -e ‹ital.› (*Musik* Kopfstimme); **fal\|set\|tie\|ren; Fal\|set\|tist,** der; -en, -en

Fal\|sett\|stim\|me

Fal\|si\|fi\|kat, das; -[e]s, -e ‹lat.› (Fälschung)

Fal\|si\|fi\|ka\|ti\|on, die; -, -en (Widerlegung); **fal\|si\|fi\|zie\|ren** (widerlegen)

Fals\|taff (Gestalt bei Shakespeare)

Fals\|ter (dän. Insel)

Fal\|sum, das; -s, ...sa ‹lat.› (*veraltet für* Fälschung)

Falt\|ar\|beit; falt\|bar

Falt\|blatt; Falt\|boot

Fält\|chen

Fal\|te, die; -, -n

fäl\|teln; ich fält[e]le

fal\|ten; gefaltet

Fal\|ten\|bil\|dung; Fal\|ten\|ge\|bir\|ge

fal\|ten\|los; fal\|ten\|reich

Fal\|ten\|rock; Fal\|ten\|wurf

Fal\|ter, der; -s, - (Schmetterling; *österr. auch für* Faltblatt)

fal\|tig (Falten habend)

...fäl\|tig (z. B. vielfältig)

Falt\|kar\|te; Falt\|schach\|tel; Falt\|tür

Fal\|tung

Fa\|lun Gong [- ˈgʊŋ], die; - - ‹chin.› (Schule des chin. Buddhismus)

Falz, der; -es, -e *u.* Fälze

Falz\|bein *(Buchbinderei)*

fal\|zen; du falzt

Fal\|zer; Fal\|ze\|rin

fal\|zig; Fal\|zung; Falz\|zie\|gel

Fa\|ma, die; - ‹lat.› (Ruf; Gerücht)

fa\|mi\|li\|är ‹lat.› (die Familie betreffend; vertraut)

Fa\|mi\|li\|a\|ri\|tät, die; -, -en

Fa\|mi\|lie, die; -, -n

Fa\|mi\|li\|en\|ähn\|lich\|keit; Fa\|mi\|li\|en\|al\|bum; Fa\|mi\|li\|en\|an\|ge\|hö\|ri\|ge; Fa\|mi\|li\|en\|an\|ge\|le\|gen\|heit; Fa\|mi\|li\|en\|an\|schluss

Fa\|mi\|li\|en\|an\|zei\|ge (in Zeitungen)

Fa\|mi\|li\|en\|aus\|flug

Fa\|mi\|li\|en\|ban\|de *Plur. (geh.)*

Fa\|mi\|li\|en\|bei\|hil\|fe *(österr.)*

Fa\|mi\|li\|en\|be\|sitz; Fa\|mi\|li\|en\|be\|trieb; Fa\|mi\|li\|en\|bild; Fa\|mi\|li\|en\|bil\|dungs\|stät\|te; Fa\|mi\|li\|en\|clan; Fa\|mi\|li\|en\|dra\|ma; Fa\|mi\|li\|en\|eh\|re

Fa\|mi\|li\|en\|fei\|er; Fa\|mi\|li\|en\|fest

Fa\|mi\|li\|en\|fla\|sche; Fa\|mi\|li\|en\|for\|schung; Fa\|mi\|li\|en\|fo\|to

fa\|mi\|li\|en\|freund\|lich; fa\|mi\|li\|en\|ge\|recht

Fa\|mi\|li\|en\|ge\|richt; Fa\|mi\|li\|en\|ge\|schich\|te; Fa\|mi\|li\|en\|ge\|setz\|buch (*DDR; Abk.* FGB)

Fa\|mi\|li\|en\|glück

Fa\|mi\|li\|en\|grab; Fa\|mi\|li\|en\|gruft

Fa\|mi\|li\|en\|hil\|fe (Leistung an gesetzlich Krankenversicherte für ihre unterhaltsberechtigten Angehörigen)

Fa\|mi\|li\|en\|kreis; Fa\|mi\|li\|en\|kun\|de, die; -; **Fa\|mi\|li\|en\|las\|ten\|aus\|gleich,** der; -; **Fa\|mi\|li\|en\|le\|ben,** das; -s

Fa\|mi\|li\|en\|mi\|nis\|ter; Fa\|mi\|li\|en\|mi\|nis\|te\|rin; Fa\|mi\|li\|en\|mi\|nis\|te\|ri\|um

Fa\|mi\|li\|en\|mit\|glied; Fa\|mi\|li\|en\|na\|me; Fa\|mi\|li\|en\|ober\|haupt; Fa\|mi\|li\|en\|pa\|ckung; Fa\|mi\|li\|en\|pass

Fa\|mi\|li\|en\|pfle\|ge; Fa\|mi\|li\|en\|pfle\|ger; Fa\|mi\|li\|en\|pfle\|ge\|rin

Fa\|mi\|li\|en\|pla\|nung

Fa\|mi\|li\|en\|po\|li\|tik; fa\|mi\|li\|en\|po\|li\|tisch

Fa\|mi\|li\|en\|recht; Fa\|mi\|li\|en\|rich\|ter; Fa\|mi\|li\|en\|rich\|te\|rin; Fa\|mi\|li\|en\|ro\|man; Fa\|mi\|li\|en\|sinn, der; -[e]s

Fa\|mi\|li\|en\|split\|ting (eine Form der Haushaltsbesteuerung)

Fa\|mi\|li\|en\|stand, der; -[e]s

Fa\|mi\|li\|en\|tag; Fa\|mi\|li\|en\|the\|ra\|pie *(Psychol.);* **Fa\|mi\|li\|en\|tisch; Fa\|mi\|li\|en\|tra\|di\|ti\|on; Fa\|mi\|li\|en\|tra\|gö\|die; Fa\|mi\|li\|en\|tref\|fen**

Fa\|mi\|li\|en\|un\|ter\|neh\|men; Fa\|mi\|li\|en\|va\|ter; Fa\|mi\|li\|en\|ver\|band *(Soziol.);* **Fa\|mi\|li\|en\|ver\|hält\|nis\|se** *Plur.;* **Fa\|mi\|li\|en\|vor\|stand; Fa\|mi\|li\|en\|wap\|pen; Fa\|mi\|li\|en\|zu\|la\|ge; Fa\|mi\|li\|en\|zu\|sam\|men\|füh\|rung**

fa\|mos ‹lat.› (*ugs. für* großartig)

Fa\|mu\|la, die; -, ...lä (*w. Form zu* Famulus)

Fa\|mu\|lant, der; -en, -en ‹lat.› (Medizinstudent, der seine Famulatur ableistet); **Fa\|mu\|lan\|tin; Fa\|mu\|la\|tur,** die; -, -en ‹lat.› (Krankenhauspraktikum für Medizinstudenten)

fa\|mu\|lie\|ren

Fa\|mu\|lus, der; -, *Plur.* ...li *u.* -se ‹lat., »Diener«› (*veraltet für* Famulant; studentische Hilfskraft)

Fan [fɛn], der; -s, -s ‹engl.› (begeisterter Anhänger)

Fa\|nal, das; -s, -e ‹griech.› (Zeichen, das Veränderungen ankündigt)

Fan\|ar\|ti\|kel [ˈfɛn...]

Fa\|na\|ti\|ker ‹lat.› (blinder, rücksichtsloser Eiferer); **Fa\|na\|ti\|ke\|rin; fa\|na\|tisch**

fa\|na\|ti\|sie\|ren (fanatisch machen; aufhetzen); **Fa\|na\|tis\|mus,** der; -, ...men

Fan\|be\|treu\|er [ˈfɛn...]; **Fan\|be\|treu\|e\|rin**

Fan\|block [ˈfɛn...] *Plur.* ...blöcke, *selten* -s; **Fan\|club** [ˈfɛn...] *vgl.* Fanklub

fand *vgl.* finden

Fan\|dan\|go, der; -s, -s (ein schneller span. Tanz)

Fan\|fa\|re, die; -, -n ‹franz.› (Blasinstrument; Trompetensignal)

Fan\|fa\|ren\|blä\|ser; Fan\|fa\|ren\|blä\|se\|rin

Fan\|fa\|ren\|stoß; Fan\|fa\|ren\|zug

Fang, der; -[e]s, Fänge

Fang\|arm *(Zool.);* **Fang\|ball,** der; -[e]s; **Fang\|ei\|sen**

Fan\|ge\|mein\|de [ˈfɛn...]

fan\|gen; du fängst; er fängt; du fingst; du fingest; gefangen; fang[e]!; **Fan\|gen,** das; -s; Fangen spielen

Fän\|ger; Fän\|ge\|rin

Fang\|fra\|ge

fạng|frisch
Fạng|ge|rät; Fạng|gru|be; Fạng|grün|de *Plur.*
fạ̈n|gisch (*Jägerspr.* fangbereit [von Fallen])
Fạng|korb; Fạng|lei|ne; Fạng|mes|ser *(Jägerspr.)*; **Fạng|netz**
Fạn|go [ˈfaŋgo], der; -s ‹ital.› (heilkräftiger Mineralschlamm); **Fạn|go|bad; Fạn|go|pa|ckung**
Fạng|quo|te
Fạng|schnur (Uniformteil)
Fạng|schuss *(Jägerspr.)*
fạng|si|cher; ein fangsicherer Torwart
Fạng|spiel; Fạng|stoß; Fạng|zahn
Fan|klub, Fan|club [ˈfɛn...] ‹engl.›
Fan|kur|ve *(Sport)*
Fan|mei|le (breite Straße, auf der viele Sportfans zusammenkommen, bes. um Liveübertragungen von Sportereignissen auf Großleinwänden anzusehen)
Fạn|ni, Fạn|ny [...ni] (w. Vorn.)
Fan|shop [ˈfɛnʃɔp] ‹engl.› (Laden, in dem man Artikel eines Sportklubs o. Ä. kaufen kann)
Fạnt, der; -[e]s, -e (*veraltet für* junger, unreifer Mann)
Fan|ta|sịa, die; -, -s ‹griech.› (nordafrik. Reiterkampfspiel)
[1]**Fan|ta|si̱e,** die; -, ...i̱en (Musikstück)
[2]**Fan|ta|si̱e**, Phan|ta|si̱e, die; -, ...i̱en ‹griech.› (Vorstellung[skraft]; Trugbild)
fan|ta|si̱e|be|gabt, phan|ta|si̱e|begabt
Fan|ta|si̱e|ge|bil|de, Phan|ta|si̱e|ge|bil|de; **Fan|ta|si̱e|ge|stalt**, Phan|ta|si̱e|ge|stalt
fan|ta|si̱e|los, phan|ta|si̱e|los; **Fan|ta|si̱e|lo|sig|keit**, Phan|ta|si̱e|lo|sig|keit
[1]**fan|ta|si̱e|ren**, phan|ta|si̱e|ren (sich in der Fantasie ausmalen; wirr reden)
[2]**fan|ta|si̱e|ren** (*Musik* frei über eine Melodie od. über ein Thema musizieren)
fan|ta|si̱e|voll, phan|ta|si̱e|voll
Fan|ta|si̱e|vor|stel|lung, Phan|ta|si̱e|vor|stel|lung
Fan|ta|si̱e|welt, Phan|ta|si̱e|welt
Fan|tast, Phan|tast, der; -en, -en (Träumer, Schwärmer); **Fan|tas|te|rei**, Phan|tas|te|rei; **Fan|tạs|tik**, Phan|tạs|tik, die; -; **Fan|tạs|tin**, Phan|tạs|tin
fan|tạs|tisch, phan|tạs|tisch (schwärmerisch; überspannt; unwirklich; *ugs. für* großartig)
Fan|ta|sy [ˈfɛntəzi], die; - ‹engl.› (Roman-, Filmgattung, die märchen- u. mythenhafte Traumwelten darstellt); **Fan|ta|sy|film**
Fan|zine [ˈfɛnziːn], das; -s, -s (*Kurzwort für engl.* fan *u.* magazine; Zeitschrift für Fans bestimmter Personen od. Sachen)
Fan|zo|ne [ˈfɛn...] (*vgl.* Fanmeile)
FAQ [*auch* fak, ɛfleɪˈki̯uː], die; -, -[s] ‹engl., frequently asked questions› (*EDV* Informationen zu häufig gestellten Fragen)
Fa|rad, das; -[s], - ‹nach dem engl. Physiker Faraday› (Maßeinheit der elektr. Kapazität; *Zeichen* F); 3 Farad
Fa|ra|day|kä|fig, **Fa|ra|day-Kä|fig** [...de..., *auch* ˈfɛrədi...] (*Physik* Abschirmung gegen äußere elektr. Felder)
Fa|ra|di|sa|ti|o̱n *Plur. selten* (med. Anwendung faradischer Ströme); **fa|ra̱|disch;** faradische Ströme (Induktionsströme); ↑K89; **fa|ra|di|si̱e|ren**
Fạrb|ab|stim|mung; Fạrb|auf|nah|me; Fạrb|band, das; *Plur.* ...bänder; **Fạrb|beu|tel; Fạrb|be|zeich|nung; Fạrb|bild; Fạrb|brü|he**
Fạrb|druck *vgl.* Farbendruck; **Fạrb|dru|cker**
Fạr|be, die; -, -n; eine blaue Farbe; die Farbe Blau
fạrb|echt
Fạrb|ef|fekt; Fạrb|ei
Fạ̈r|be|mit|tel, das
...far|ben, ...far|big (z. B. cremefarben, cremefarbig)
fạ̈r|ben
Fạr|ben|be|zeich|nung (*svw.* Farbbezeichnung)
fạr|ben|blind; Fạr|ben|blind|heit
Fạr|ben|druck *Plur.* ...drucke
fạr|ben|freu|dig; fạr|ben|froh
Fạr|ben|kas|ten (*svw.* Farbkasten)
Fạr|ben|leh|re
Fạr|ben|pracht, die; -; **fạr|ben|präch|tig**
Fạr|ben|pro|be; fạr|ben|reich; Fạr|ben|sinn, der; -[e]s; **Fạr|ben|spiel; Fạr|ben|sym|bo|lik**
Fạ̈r|ber; Fạ̈r|ber|baum (Pflanze); *vgl.* Sumach
Fạ̈r|be|re̱i; Fạ̈r|be|rin
Fạ̈r|ber|waid, der; -[e]s (Pflanze)
Fạrb|fern|se|hen; Fạrb|fern|se|her; Fạrb|fern|seh|ge|rät
Fạrb|film; Fạrb|fil|ter
Fạrb|fo|to; Fạrb|fo|to|gra|fie, Fạrb|pho|to|gra|phie
Fạrb|ge|bung, die; -, -en (*für* Kolorit); **Fạrb|holz**
fạr|big, *österr. auch* **fạ̈r|big;** farbig ausgeführt
...far|big, *österr.* **...fär|big;** z. B. einfarbig, *österr.* einfärbig; *vgl.* ...farben
Fạr|bi|ge, der *u.* die; -n, -n (Angehörige[r] einer nicht weißen Bevölkerungsgruppe)

> **Farbige**
> Das Wort sollte nicht verwendet werden, wo es als diskriminierend empfunden werden kann.

Fạr|big|keit, *österr.* **Fạ̈r|big|keit,** die; -
Fạrb|kas|ten; Fạrb|klecks; Fạrb|kom|bi|na|ti|on; Fạrb|kom|po|nen|te; Fạrb|kon|t|rast
Fạrb|kör|per (*für* Pigment)
Fạrb|leh|re (*svw.* Farbenlehre)
fạrb|lich
fạrb|los; Fạrb|lo|sig|keit, die; -
Fạrb|mi|ne; Fạrb|mo|ni|tor; Fạrb|nu|an|ce; Fạrb|pa|let|te; Fạrb|pro|be (*svw.* Farbenprobe)
Fạrb|schicht; Fạrb|stift; Fạrb|stoff
Fạrb|ton *Plur.* ...töne; **fạrb|ton|rich|tig** (*für* isochromatisch)
Fạrb|tup|fen; Fạrb|tup|fer
Fạ̈r|bung
Fạrb|wal|ze *(Druckw.)*
Fạrb|wie|der|ga|be
Far|ce [...sə, *österr.* ...s], die; -, -n ‹franz.› (Posse; Verhöhnung, Karikatur eines Geschehens; *Gastron.* Füllsel); **far|ci̱e|ren** (*Gastron.* füllen)
Far|fạl|le *Plur.* ‹ital.› (schmetterlingsförmige Nudeln)
Fạr|feln *Plur.* (*österr. für* eine Suppeneinlage)
Fa|ri̱n, der; -s ‹lat.› (nicht raffinierter, gelblicher Zucker)
Fä̱|rin|ger *vgl.* [2]Färöer; **Fä̱|rin|ge|rin**
Fạrm, die; -, -en ‹engl.›; **Fạr|mer,** der; -s, -; **Fạr|me|rin; Fạr|mers|frau**
Fạrn, der; -[e]s, -e (eine Sporenpflanze)
Far|ne̱|se, der; -, - (Angehöriger eines ital. Fürstengeschlechtes); **far|ne̱|sisch;** *aber* ↑K135: der Farnesische Stier
Fạrn|kraut; Fạrn|pflan|ze; Fạrn|we|del
[1]**Fä̱|rö|er** [*auch* ...ˈrøː...] *Plur.* ‹»Schafinseln«› (dän. Inselgruppe im Nordatlantik)
[2]**Fä̱|rö|er** [*auch* ...ˈrøː...], Fä̱|rin|ger, der; -s, - (Bewohner der [1]Färöer); **Fä̱|rö|e|rin**

fä|rö|isch [*auch* ...'rø:...]
Far|re, der; -n, -n (*landsch. für* junger Stier); **Fär|se,** die; -, -n (Kuh, die noch nicht gekalbt hat); *vgl. aber* Ferse
Far|si, das; -[s] (persische Amtssprache in Iran)
Fa|san, der; -[e]s, -e[n]
Fa|sa|nen|ge|he|ge; Fa|sa|nen|zucht
Fa|sa|ne|rie, die; -, ...ien (Fasanengehege)
Fa|sche, die; -, -n ‹ital.› (*österr. für* Binde); **fa|schen** (*österr. für* mit einer Fasche umwickeln)
fa|schie|ren ‹franz.› (*österr. für* Fleisch durch den Fleischwolf drehen); faschierte Laibchen (Frikadellen); **Fa|schier|te,** das; -n (*österr. für* Hackfleisch)
Fa|schi|ne, die; -, -n ‹franz.› (Reisigbündel zur Sicherung von [Ufer]böschungen o. Ä.)
Fa|schi|nen|mes|ser, das (eine Art Seitengewehr); **Fa|schi|nen|wall**
Fa|sching, der; -s, *Plur.* -e *u.* -s
Fa|schings|ball; Fa|schings|diens|tag; Fa|schings|kos|tüm; Fa|schings|krap|fen
Fa|schings|prinz; Fa|schings|prin|zes|sin
Fa|schings|scherz; Fa|schings|um|zug; Fa|schings|zeit; Fa|schings|zug
fa|schi|sie|ren (mit faschistischen Tendenzen durchsetzen)
Fa|schis|mus, der; - ‹ital.› (antidemokratische, nationalistische Staatsauffassung od. Herrschaftsform)
Fa|schist, der; -en, -en; **Fa|schis|tin; fa|schis|tisch; fa|schis|to|id** (dem Faschismus ähnlich); **Fa|scho,** der; -s, -s (*ugs. für* Faschist)
Fa|se, die; -, -n (Abschrägung einer Kante)
Fa|sel, der; -s, - (junges Zuchttier); **Fa|sel|eber**
Fa|se|lei; Fa|se|ler, Fas|ler; **Fa|se|le|rin,** Fas|le|rin
Fa|sel|hans, der; -[es], *Plur.* -e *u.* ...hänse
fa|se|lig (*ugs. abwertend für* konfus, unüberlegt); **fa|seln** (törichtes Zeug reden); ich fas[e]le
fa|sen (abkanten); du fast
Fa|ser, die; -, -n
Fä|ser|chen
fa|se|rig *vgl.* fasrig
fa|sern; das Gewebe fasert; er behauptet, das Papier fasere
fa|ser|nackt (völlig nackt)
Fa|ser|pflan|ze; Fa|ser|plat|te
fa|ser|scho|nend; ein faserschonendes Waschmittel
Fa|ser|schrei|ber
Fa|se|rung
Fa|shion ['fɛʃn̩], die; - ‹engl.› (Mode; feine Lebensart); **fa|shi|o|na|bel** [faʃi̯o'na:bl̩], **fa|shio|na|b|le** ['fɛʃənəbl̩] (modisch, fein); ...a|b|le Kleidung
Fa|shio|nis|ta [fɛʃə'nɪsta], der; -[s], -s *u.* die; -, -s ‹engl.; ital.› (sehr modebewusster Mensch)
Fas|ler, Fa|se|ler; **Fas|le|rin,** Fa|se|le|rin
Fas|nacht, die; -, -en (*landsch. u. schweiz. für* Fastnacht)
Fas|nächt|ler *(schweiz.)*; **Fas|nächt|le|rin**
fas|rig, fa|se|rig; fasriges Papier
Fass, das; -es, Fässer; zwei Fass Bier
Fas|sa|de, die; -, -n ‹franz.› (Vorder-, Schauseite; Ansicht)
Fas|sa|den|klet|te|rer; Fas|sa|den|rei|ni|gung
Fass|an|stich
fass|bar; Fass|bar|keit, die; -
Fass|bier
[1]**Fass|bin|der** (*südd. u. österr. für* Böttcher)
[2]**Fass|bin|der** (dt. Regisseur)
Fäss|chen
Fass|dau|be
fas|sen; du fasst; er fasst; du fasstest; gefasst; fasse! *u.* fass!
fäs|ser|wei|se (in Fässern)
fass|lich; Fass|lich|keit, die; -
[1]**Fas|son** [...'sõ:, *südd., österr. u. schweiz. meist* ...'so:n], die; -, *Plur.* -s, *südd., österr., schweiz. meist* -en [...'so:nən] ‹franz.› (Form; Muster; Art; Zuschnitt)
[2]**Fas|son,** das; -s, -s (Revers)
fas|so|nie|ren
Fas|son|schnitt (ein Haarschnitt)
Fass|rei|fen
Fass|spund, **Fass-Spund**
Fas|sung; Fas|sungs|kraft, die; -
fas|sungs|los; Fas|sungs|lo|sig|keit
Fas|sungs|ver|mö|gen, das; -s
Fass|wein; fass|wei|se
fast (beinahe)
Fast|back [...bɛk], das; -s, -s ‹engl.› (Fließheck [bei Autos])
Fast|break, der *od.* das; -s, -s ‹engl.› (schneller Gegenangriff)
Fast|ebe|ne (*Geogr.* nicht ganz ebene Fläche, Rumpffläche)
Fas|tel|abend (*rheinisch für* Fastnacht)
fas|ten
[1]**Fas|ten,** das; -s
[2]**Fas|ten** *Plur.* (Fasttage)
Fas|ten|kur; Fas|ten|mo|nat; Fas|ten|sonn|tag; Fas|ten|spei|se; Fas|ten|zeit
Fast Food, das; - -[s], **Fast|food,** das; -[s] [...fu:t] ‹engl.› (schnell verzehrbare kleinere Gerichte)
Fast-Food-Ket|te, **Fast|food|ket|te**
Fast|nacht, die; -, -en; **Fast|nach|ter; Fast|nach|te|rin**
Fast|nachts|brauch; Fast|nachts|diens|tag; Fast|nachts|kos|tüm; Fast|nachts|spiel; Fast|nachts|trei|ben, das; -s; **Fast|nachts|zeit; Fast|nachts|zug**
Fast|tag
Fas|zes *Plur.* ‹lat.› (Bündel aus Ruten u. einem Beil, Abzeichen der altröm. Liktoren)
Fas|zie, die; -, -n (*Med.* sehnenartige Muskelhaut)
Fas|zi|kel, der; -s, - ([Akten]bündel; Lieferung)
Fas|zi|na|ti|on, die; -, -en ‹lat.› (fesselnde Wirkung; Anziehungskraft); **fas|zi|nie|ren; fas|zi|nie|rend; Fas|zi|no|sum,** das; -s, ...sa (etwas Fesselndes, Faszinierendes)
Fa|ta (*Plur. von* Fatum)
Fa|tah [fa'tax], die; - ‹arab.› (gemäßigtere polit. Organisation innerhalb der PLO)
fa|tal ‹lat.› (verhängnisvoll; peinlich); **fa|ta|ler|wei|se**
Fa|ta|lis|mus, der; -, ...men (*nur Sing.:* Glaube an Vorherbestimmung; fatalistische Einstellung, Äußerung)
Fa|ta|list, der; -en, -en; **Fa|ta|lis|tin**
fa|ta|lis|tisch
Fa|ta|li|tät, die; -, -en (Verhängnis)
Fa|ta Mor|ga|na, die; - -, *Plur.* - ...nen *u.* - -s ‹ital.› (durch Luftspiegelung verursachte Sinnestäuschung)
Fat|bur|ner ['fɛtbø:ɐ̯...], der; -s, - ‹engl.› (Fett verbrennende Substanz; ein Fitnesstraining)
fa|tie|ren ‹lat.› (*veraltet für* bekennen; *österr. veraltet für* seine Steuererklärung abgeben); **Fa|tie|rung**
Fa|ti|ma (w. Vorn.)
Fa|tum, das; -s, ...ta ‹lat.› (Schicksal)
Fat|wa, die; -, -s, *auch* das; -s, -s ‹arab.› (Rechtsgutachten des Muftis)
Fatz|ke, der; *Gen.* -n *u.* -s, *Plur.* -n *u.* -s (*ugs. für* eitler Mann)
fau|chen; du fauchst
faul; fauler (*ugs. für* deckungslo-

ser) Wechsel; fauler Zauber; auf der faulen Haut liegen *(ugs.)*
Faul|baum (eine Heilpflanze)
Faul|brut, die; - (eine Bienenkrankheit)
Fäu|le, die; -
fau|len
fau|len|zen; du faulenzt; **Fau|lenzer; Fau|len|ze|rei; Fau|len|ze|rin**
Faul|gas (Biogas)
Faul|heit, die; -
fau|lig
Faulk|ner ['fo:k...] (amerik. Autor)
Fäul|nis, die; -; **Fäul|nis|er|re|ger**
Faul|pelz *(ugs. für* fauler Mensch)
Faul|schlamm (Bodenschlamm in stehenden Gewässern)
Faul|tier
Faun, der; -[e]s, -e (gehörnter Waldgeist; Faunus)
Fau|na, die; -, ...nen (Tierwelt [eines Gebietes])
fau|nisch ([lüstern] wie ein Faun)
Fau|nus (röm. Feld- u. Waldgott)
Fau|ré [fo...] (franz. Komponist)
[1]**Faust** (Gestalt der dt. Dichtung)
[2]**Faust**, die; -, Fäuste
Faust|ab|wehr; Faust|ball
Fäust|chen
faust|dick; er hat es faustdick hinter den Ohren
Fäus|tel, der; -s, - (Schlägel der Bergleute; *bes. bayr. u. österr. für* Fausthammer)
faus|ten
Faust|feu|er|waf|fe
Faust|for|mel (einfache Formel, mit der man eine überschlägige Berechnung anstellen kann)
faust|groß
Faust|ham|mer; Faust|hand|schuh; Faust|hieb
faus|tisch (nach Art u. Wesen des [1]Faust)
Faust|kampf *(veraltend für* Boxen)
Faust|keil
Fäust|ling (Fausthandschuh; *Bergmannsspr.* faustgroßer Stein)
Faust|pfand
Faust|recht, das; -[e]s ([gewaltsame] Selbsthilfe)
Faust|re|gel; Faust|schlag; Faust|skiz|ze
faute de mieux ['fo:t də 'mi̯ø:] ‹franz.› (in Ermangelung eines Besseren; im Notfall)
Fau|teuil [fo'tœj], der; -s, -s ‹franz.› *(österr. u. schweiz., sonst veraltend für* Lehnsessel)
Faut|fracht ‹franz.; dt.› *(Verkehrsw.* abmachungswidrig nicht genutzter Frachtraum; Summe, die beim Rücktritt vom Frachtvertrag zu zahlen ist)
Fau|vis|mus [fo...], der; - ‹franz.› (Richtung der franz. Malerei im frühen 20. Jh.); **Fau|vist**, der; -en, -en *meist Plur.*; **Fau|vis|tin; fau|vis|tisch**
Faux|pas [fo'pa], der; -, - ‹franz., »Fehltritt«› (Taktlosigkeit; Verstoß gegen die Umgangsformen)
Fa|ve|la, die; -, -s ‹port.› (Slum in Südamerika)
fa|vo|ri|sie|ren (begünstigen; *Sport* als Sieger erwarten)
Fa|vo|rit, der; -en, -en (Günstling; Liebling; *Sport* voraussichtlicher Sieger); **Fa|vo|ri|ten|rol|le; Fa|vo|ri|ten|sturz** *Plur.* ...stürze *(Sport)*; **Fa|vo|ri|tin** (Geliebte [eines Herrschers]; *Sport* voraussichtliche Siegerin)
Fa|vus, der; -, *Plur.* ...ven *u.* ...vi ‹lat.› *(Med.* eine Hautkrankheit; *Zool.* Wachsscheibe im Bienenstock)
Fax, das, *schweiz. meist* der; -, -e *(kurz für* Telefax); **Fax|an|schluss**
Fa|xe, die; -, -n *meist Plur.* (Grimasse; dummer Spaß)
fa|xen (ein Fax, als Fax schicken); du faxt; er faxte; sie hat den Vertrag gefaxt
Fa|xen|ma|cher (Grimassenschneider; Spaßmacher)
Fax|ge|rät; Fax|num|mer
Fa|yence [...'jã:s], die; -, -n ‹franz.› (feinere Töpferware)
Fa|yence|krug; Fa|yence|ofen
Fa|zen|da *[auch* ...'ze...], die; -, -s ‹port.› (Farm in Brasilien)
Fä|zes, Fae|ces ['fɛ:tse:s] *Plur.* ‹lat.› *(Med.* Ausscheidungen, Kot)
fa|zi|al ‹lat.› *(Med.* das Gesicht betreffend; Gesichts...); **Fa|zi|a|lis**, der; - *(Med.* Gesichtsnerv)
Fa|zi|es, *seltener* [2]**Fa|ci|es**, die; -, - *(Geol.* Merkmal von Sedimentgesteinen)
Fa|zi|li|tät, die; -, -en ‹lat.› *(Wirtsch.* Kreditmöglichkeit)
Fa|zit, das; -s, *Plur.* -e *u.* -s (Ergebnis; Schlussfolgerung)
FBI [ɛfbi:'ai̯], der *od.* das; - = Federal Bureau of Investigation (Bundeskriminalpolizei der USA)
FC, der; - = Fußballclub; Fechtclub
FCKW, das; -, *fachspr. nur Plur.* = Fluorchlorkohlenwasserstoff[e]
FDGB, der; - = Freier Deutscher Gewerkschaftsbund *(DDR)*
FdH [ɛfde:'ha:] ‹»Friss die Hälfte!«› *(ugs. für* eine Diät)
FDJ, die; - = Freie Deutsche Jugend *(DDR)*; **FDJler** ↑K30; **FDJle|rin** ↑K30
FDP, die; - = Freisinnig-Demokratische Partei (der Schweiz); Freie Demokratische Partei (Deutschlands); **FDP-Frak|ti|on**
F-Dur ['ɛfdu:ɐ̯, *auch* 'ɛf du:ɐ̯], das; -[s] (Tonart; *Zeichen* F); **F-Dur-Ton|lei|ter** ↑K26
Fe = Ferrum
Fea|ture ['fi:tʃɐ], das; -s, -s, *auch* die; -, -s ‹engl.› (aktuell aufgemachter Dokumentarbericht bes. für Funk od. Fernsehen; Besonderheit, typ. Merkmal); **Fea|tu|ret|te** [...ə'rɛt(ə)], das; -s, -s [...'rɛts] *od.* die; -, -n [...'rɛtn̩] ‹engl.› (kurzes Making-of)
Fe|ber, der; -s, - *(österr. neben* Februar)
Febr. = Februar
fe|b|ril ‹lat.› *(Med.* fieberhaft)
Fe|b|ru|ar, der; -[s], -e ‹lat.› (der zweite Monat des Jahres, Hornung; *Abk.* Febr.)
fec. = fecit
fech|sen *(österr. neben* ernten)
Fech|ser *(Landwirtsch.* Schössling, Steckling)
Fech|sung ‹*zu* fechsen›
Fecht|bahn; Fecht|bo|den
fech|ten; du fichtst, er ficht; du fochtest; du föchtest; gefochten; ficht!; **Fech|ter**
Fech|ter|flan|ke *(Turnen)*
Fech|te|rin; fech|te|risch
Fecht|hand|schuh; Fecht|hieb; Fecht|kunst; Fecht|mas|ke
Fecht|meis|ter; Fecht|meis|te|rin
Fecht|sport
fe|cit ‹lat., »hat [es] gemacht«› *(Abk.* fec.); ipse fecit *(vgl. d.)*
Fe|da|jin, der; -s, - ‹arab.› (arabischer Untergrundkämpfer)
Fe|der, die; -, -n
Fe|der|ball; Fe|der|bein; Fe|derbett; Fe|der|boa; Fe|der|busch
Fe|der|fuch|ser (Pedant); **Fe|derfuch|se|rin**
fe|der|füh|rend; Fe|der|füh|rung
Fe|der|ge|wicht (Körpergewichtsklasse in der Schwerathletik)
Fe|der|hal|ter
fe|de|rig *vgl.* fedrig
Fe|der|kern|ma|t|rat|ze
Fe|der|kiel; Fe|der|kleid
fe|der|leicht
Fe|der|le|sen, das; -s; nicht viel

F
Fede

Federlesen[s] (Umstände) machen

Fe|der|ling (ein Insekt)

Fe|der|mäpp|chen; Fe|der|mes|ser

fe|dern; ich federe

Fe|der|nel|ke

Fe|der|pen|nal (*österr. für* Federmäppchen); **Fe|der|schach|tel** (*österr. für* Federmäppchen)

Fe|der|schmuck

Fe|der|spiel (*Jägerspr.* zwei Taubenflügel zum Zurücklocken des Beizvogels)

Fe|der|stiel (*österr. für* Federhalter); **Fe|der|strich**

Fe|de|rung

Fe|der|vieh (*ugs. für* Geflügel)

Fe|der|waa|ge

Fe|der|wei|ße, der; -n, -n (gärender Weinmost)

Fe|der|wild; Fe|der|wol|ke; Fe|der|zan|ge (*für* Pinzette); **Fe|der|zeich|nung**

Fe|dor, Fe|o|dor (m. Vorn.)

fed|rig; Fed|rig|keit, die; -

Fee, die; -, Fe|en ‹franz.› (eine w. Märchengestalt)

Feed [fi:d], der *od.* das; -s, -s ‹engl.› (*Jargon* elektronische Nachricht aus dem Internet, die kostenlos abonniert u. in ein E-Mail-Programm o. Ä. eingespeist werden kann)

Feed|back, Feed-back [ˈfi:tbek], das; -s, -s ‹engl.› (*bes. fachspr. für* Rückmeldung; Reaktion)

Fee|ling [ˈfi:...], das; -s, -s ‹engl.› (Gefühl)

fe|en|haft; Fe|en|mär|chen; Fe|en|rei|gen; Fe|en|schloss

Feet [fi:t] (*Plur. von* Foot)

Fe|ge, die; -, -n (Werkzeug zum Getreidereinigen)

Fe|ge|feu|er, *selten* **Feg|feu|er** *Plur. selten*

fe|gen; Fe|ger

Feg|nest, das; -[e]s, -e (*schweiz. mdal. für* unruhiger Mensch); **feg|nes|ten** (*schweiz. mdal.*); gefegnestet; zu fegnesten

Feg|sel, das; -s, - (*landsch. für* Kehricht)

Feh, das; -[e]s, -e (russ. Eichhörnchen; Pelzwerk)

Feh|de, die; -, -n (Streit; kriegerische Auseinandersetzung); **Feh|de|hand|schuh**

fehl; fehl am Platz; **Fehl,** der; *nur noch in* ohne Fehl [und Tadel]

Fehl|an|zei|ge

fehl|bar (*schweiz. für* [einer Übertretung] schuldig); **Fehl|bar|keit,** die; -

Fehl|be|die|nung

fehl|be|le|gen *vgl.* fehlbesetzen; **Fehl|be|le|gung; Fehl|be|le|gungs|ab|ga|be** (*Amtsspr.*)

fehl|be|set|zen; er besetzt[e] fehl; fehlbesetzt; fehlzubesetzen; **Fehl|be|set|zung**

Fehl|be|stand; Fehl|be|trag

Fehl|bil|dung; Fehl|bil|dungs|syn|drom

Fehl|deu|tung; Fehl|di|a|g|no|se; Fehl|dis|po|si|ti|on; Fehl|ein|schät|zung

feh|len; du fehlst

Fehl|ent|schei|dung; Fehl|ent|wick|lung

Feh|ler; feh|ler|frei

feh|ler|haft; Feh|ler|haf|tig|keit

feh|ler|los; Feh|ler|lo|sig|keit, die; -

Feh|ler|mel|dung

fehl|er|näh|ren *meist im Infinitiv u. Part. II gebr.* (falsch ernähren); **Fehl|er|näh|rung**

Feh|ler|quel|le; Feh|ler|quo|te; Feh|ler|su|che; Feh|ler|zahl

Fehl|far|be; Fehl|funk|ti|on

fehl|ge|bil|det

Fehl|ge|burt

fehl|ge|hen

fehl|grei|fen *vgl.* fehlbesetzen; **Fehl|griff**

Fehl|in|for|ma|ti|on

Fehl|in|ter|pre|ta|ti|on; fehl|in|ter|pre|tie|ren *vgl.* fehlbesetzen

Fehl|in|ves|ti|ti|on; Fehl|kal|ku|la|ti|on; Fehl|kauf; Fehl|kon|s|t|ruk|ti|on; Fehl|leis|tung

fehl|lei|ten *vgl.* fehlbesetzen; **Fehl|lei|tung**

Fehl|mel|dung; Fehl|pass (*Sport*); **Fehl|pla|nung**

fehl|schie|ßen *vgl.* fehlbesetzen

Fehl|schlag, der; -[e]s, ...schläge; **fehl|schla|gen** *vgl.* fehlbesetzen

Fehl|schuss; Fehl|sich|tig|keit *Plur. selten* (*Med.*); **Fehl|spe|ku|la|ti|on** (*Börsenw.*); **Fehl|sprung** (*Sport*); **Fehl|start** (*Sport*)

fehl|tre|ten *vgl.* fehlbesetzen; **Fehl|tritt**

Fehl|ur|teil; Fehl|ver|hal|ten; Fehl|ver|such; Fehl|wurf (*Leichtathletik*); **Fehl|zeit; Fehl|zün|dung**

Feh|marn (eine Ostseeinsel); **Feh|marn|belt, Feh|marn-Belt,** der; -[e]s

Fehn, das; -[e]s, -e ‹niederl.›; *vgl.* Fenn

Fehn|ko|lo|nie (Moorsiedlung); **Fehn|kul|tur** (bes. Art Moorkultur)

Fehr|bel|lin (Stadt in Brandenburg)

Feh|werk, das; -[e]s (Pelzwerk)

fei|en (*geh. für* [durch vermeintliche Zaubermittel] schützen); gefeit (sicher, geschützt)

Fei|er, die; -, -n

Fei|er|abend; Fei|er|abend|heim (*regional für* Altenheim); **fei|er|abend|lich**

Fei|e|rei

fei|er|lich; Fei|er|lich|keit

fei|ern; ich feiere

Fei|er|schicht; Fei|er|stun|de

Fei|er|tag; des Feiertags, *aber* ↑K 70: feiertags, sonn- u. feiertags ↑K 31; **fei|er|täg|lich; fei|er|tags** *vgl.* Feiertag; **Fei|er|tags|ar|beit** *Plur. selten;* **Fei|er|tags|stim|mung**

feig, fei|ge

Fei|ge, die; -, -n

Fei|gen|baum; Fei|gen|blatt; Fei|gen|kak|tus

Feig|heit, die; -

feig|her|zig; Feig|her|zig|keit

Feig|ling

Feig|war|ze (*Med.* eine Hautwucherung)

feil (*veraltend für* verkäuflich); **feil|bie|ten;** er bietet feil; feilgeboten; feilzubieten; **Feil|bie|tung**

Fei|le, die; -, -n; **fei|len**

Fei|len|hau|er (Berufsbez.); **Fei|len|hau|e|rin**

feil|hal|ten *vgl.* feilbieten

feil|schen; du feilschst

Feil|span; Feil|staub

Feim, der; -[e]s, -e, **Fei|me,** die; -, -n, **Fei|men,** der; -s, - (*landsch. für* geschichteter Getreidehaufen; Schober)

fein *s. Kasten*

Fein|ab|stim|mung; Fein|ar|beit; Fein|bä|cke|rei; Fein|blech

feind (*veraltend*); jmdm., einer Sache feind (feindlich gesinnt) sein, werden, bleiben

Feind, der; -[e]s, -e; jmds. Feind sein, werden, bleiben

Feind|be|rüh|rung; Feind|bild; Feind|ein|wir|kung

Fein|des|hand, die; -; in Feindeshand sein, geraten; **Fein|des|land,** das; -[e]s

Fein|din

feind|lich; feindlich gesinnte Menschen; *Schreibung in Zusammensetzungen:* menschenfeindlich, kirchenfeindlich; moskaufeindlich ↑K 143; **Feind|lich|keit**

Feind|schaft; feind|schaft|lich

feind|se|lig; Feind|se|lig|keit

Fei|ne, die; - (Feinheit); **fei|nen** (*Hüttenw.* [Metall] veredeln)

Fein|frost|ge|mü|se (*regional*)

fein

- sehr fein (*Zeichen* ff)
- das hast du fein (gut) gemacht
- fein säuberlich

Wenn »fein« das Ergebnis der mit einem folgenden einfachen Verb bezeichneten Tätigkeit angibt, kann getrennt oder zusammengeschrieben werden:

- Marmor fein schleifen *od.* (*fachspr. meist*) feinschleifen
- das Mehl fein mahlen *od.* feinmahlen; *aber* das Mehl fein ausmahlen
- sich fein machen *od.* feinmachen (sich schön anziehen)

In Verbindung mit adjektivisch gebrauchten Partizipien kann getrennt oder zusammengeschrieben werden ↑K 58:

- fein gemahlenes *od.* feingemahlenes Mehl
- fein geäderter *od.* feingeäderter Marmor
- fein genarbtes *od.* feingenarbtes Leder
- fein geschliffenes *od.* feingeschliffenes Kristall
- fein geschnittene *od.* feingeschnittene Kräuter
- ein fein geschwungener *od.* feingeschwungener Bogen
- fein gesponnenes *od.* feingesponnenes Garn
- fein gestreifte *od.* feingestreifte Wäsche
- fein gezähnte *od.* feingezähnte Blätter
- fein vermahlenes *od.* feinvermahlenes Korn

Aber: feinfühlig, feinkörnig usw.

Großschreibung ↑K 72:

- das Feinste vom Feinsten
- ein Kulturangebot vom Feinsten

F

Feld

fein|füh|lig; Fein|füh|lig|keit *Plur. selten*
fein ge|ädert, fein|ge|ädert *vgl.* fein
Fein|ge|bäck; Fein|ge|fühl, das; -[e]s; **Fein|ge|halt,** der
Fein|geist *Plur.* ...geister
fein ge|mah|len, fein|ge|mah|len *vgl.* fein; **fein ge|schnit|ten, fein|ge|schnit|ten** *vgl.* fein; **fein ge|schwun|gen, fein|ge|schwun|gen** *vgl.* fein
Fein|ge|wicht
fein|glie|de|rig, fein|glied|rig
Fein|gold; Fein|heit
fein|herb; ein feinherber Duft
Fei|nin|ger, Lyonel (dt.-amerik. Maler)
Fein|ke|ra|mik; fein|ke|ra|misch
fein|kör|nig; Fein|kör|nig|keit
Fein|kost; Fein|kost|ge|schäft
fein ma|chen, fein|ma|chen (*ugs. für* schön anziehen); er hat sich, seine Kinder fein gemacht *od.* feingemacht; *vgl.* fein
fein|ma|schig
Fein|me|cha|ni|ker; Fein|me|cha|ni|ke|rin
Fein|mes|sung
Fein|mo|to|rik; fein|mo|to|risch
fein|ner|vig; fein|po|rig
Fein|ripp, der; -s (*Textilind.* gewirkter Stoff mit feinem Rippenmuster); **Fein|ripp|wa|re**
fein|san|dig
fein|schlei|fen *vgl.* fein; **Fein|schliff**
Fein|schme|cker; Fein|schme|cke|rin
Fein|schnitt; Fein|sil|ber
fein|sin|nig; Fein|sin|nig|keit
Feins|lieb|chen (*veraltet für* Geliebte)
Fein|spitz (*österr. für* Feinschmecker)
Fein|staub; Fein|staub|be|las|tung; Fein|staub|pla|ket|te (Aufkleber, der ein Kfz mit einem bestimmten [geringen] Ausstoß von Feinstaub kennzeichnet)
Fein|strumpf|ho|se
Feinst|waa|ge
Fein|tu|ning [...tju:nɪŋ] (präzise Einstellung eines Geräts; abschließende Verbesserung)
Fein|un|ze (Gewichtseinheit für Feingold u. -silber [ca. 31,10 g])
fein ver|mah|len, fein|ver|mah|len *vgl.* fein
Fein|wasch|mit|tel
feiß (*südwestd. u. schweiz. mdal. für* fett, feist)
feist; Feist, das; -[e]s (*Jägerspr.* Fett); **Feis|te, Feist|heit,** die; -
Feist|hirsch (*Jägerspr.*)
Feis|tig|keit, die; -
Fei|tel, der; -s, - (*bayr., österr. ugs. für* einfaches Taschenmesser)
fei|xen (*ugs.*); du feixt
Fe|bel, der; -s, - ‹ital.› (ein Gewebe)
Fe|ber, der; -s, -, **Fe|ber|baum** (*südd. mdal. für* Weidenbaum)
Fe|chen, der; -s, - (ein Fisch)
Feld, das; -[e]s, -er; elektrisches Feld; *aber* querfeldein; ins Feld (in den Krieg) ziehen; ↑K 31: Feld- u. Gartenfrüchte
Feld|ar|beit; Feld|ar|til|le|rie
Feld|berg (Berg im Schwarzwald)
Feld|bett; Feld|blu|me; Feld|dienst
feld|ein; feldein u. feldaus
Fe|den|krais, das; - *meist ohne Artikel* ‹nach dem israel. Physiker u. Arzt M. Feldenkrais› (Übungen nach der Feldenkraismethode); **Fel|den|krais|me|tho|de,** die; - (therapeutisch orientierte Bewegungslehre); ↑K 136
Feld|fla|sche; Feld|flüch|ter (verwilderte Haustaube); **Feld|flur,** die; **Feld|for|schung** (*fachspr.*); **Feld|frucht** *meist Plur.*; **Feld|got|tes|dienst**
feld|grau
Feld|hand|ball, der; -[e]s
Feld|ha|se
Feld|heer; Feld|herr; Feld|her|rin; Feld|herrn|blick
Feld|ho|ckey; Feld|huhn
Feld|hü|ter; Feld|hü|te|rin
...fel|dig (z. B. vierfeldig)
Feld|jä|ger (*Militär*); **Feld|jä|ge|rin**
Feld|kü|che; Feld|la|ger
Feld|li|nie *meist Plur.* (*Physik*)
Feld|mark, die (*vgl.* [1]Flur)
Feld|mar|schall (*früher*); **Feld|mar|schal|lin**
feld|marsch|mä|ßig (*Militär*)
Feld|maß, das; **Feld|maus; Feld|mes|ser,** der; **Feld|post; Feld|sa|lat**
Feld|scher, der; -s, -e (*veraltet für DDR* milit. Arzthelfer); **Feld|sche|rin**
Feld|spat (ein Mineral)
Feld|spie|ler (*Sport*); **Feld|spie|le|rin**
Feld|sport, der; -[e]s; **Feld|sport|art**
Feld|stär|ke (*Physik*)
Feld|ste|cher (Fernglas)
Feld|stein; Feld|stuhl
Feld|the|o|rie (*Fachspr.*)
Feld|über|le|gen|heit (*Sport*)
Feld|ver|such (Versuch unter realen Bedingungen)

Feld|ver|weis *(Sport)*
Feld-Wald-und-Wie|sen-... *(ugs. für* durchschnittlich, Allerwelts...); z. B. Feld-Wald-und-Wiesen-Programm
Feld|we|bel, der; -s, -
Feld|weg
Feld|wei|bel *(schweiz. für* ein Unteroffiziersgrad); **Feld|wei|be|lin**
Feld|zug
Felg|auf|schwung (Reckübung)
Fel|ge, die; -, -n (Radkranz; eine Reckübung); **fel|gen** ([ein Rad] mit einer Felge versehen)
Fel|gen|brem|se
Felg|um|schwung (Reckübung)
Fe|lix (m. Vorn.)
Fe|li|zia (w. Vorn.)
Fe|li|zi|tas (w. Vorn.)
Fell, das; -[e]s, -e
Fel|la|che, der; -n, -n ‹arab.› (Bauer im Vorderen Orient); **Fel|la|chin**
Fel|la|tio, die; -, ...ones ‹lat.› (Herbeiführen der Ejakulation mit Lippen u. Zunge)
Fell|ei|sen, das; -s, - *(veraltet für* Rucksack, Tornister)
Fel|li|ni, Federico (ital. Filmregisseur)
Fell|müt|ze
Fel|low [...lo], der; -s, -s ‹engl.› (Mitglied eines Colleges, einer wissenschaftl. Gesellschaft)
Fe|lo|nie, die; -, ...ien ‹franz.› (Untreue [gegenüber dem Lehnsherrn im MA.])
[1]**Fels**, der; -es (hartes Gestein); auf Fels stoßen; im Fels klettern
[2]**Fels**, der; *Gen.* -ens, *älter* -en, *Plur.* -en *(geh. für* Felsen, Felsblock); ein Fels in der Brandung
Fels|bild *(vorgeschichtl. Kunst);* **Fels|block** *Plur.* ...blöcke; **Fels|bro|cken**
Fel|sen, der; -s, - ([aufragende] Gesteinsmasse, Felsblock)
fel|sen|fest
Fel|sen|nest; Fel|sen|riff; Fel|sen|schlucht *(svw.* Felsschlucht); **Fel|sen|wüs|te** *(svw.* Felswüste)
fel|sig; felsiges Gelände
Fel|sit, der; -s, -e (eine Gesteinsart)
Fels|ma|le|rei; Fels|schlucht; Fels|spalt; Fels|spal|te; Fels|spit|ze
Fels|stück; Fels|vor|sprung; Fels|wand; Fels|wüs|te; Fels|zeich|nung
Fe|lu|ke, die; -, -n ‹arab.› (Küstenfahrzeug des Mittelmeers)
Fe|me, die; -, -n (heimliches Gericht, Freigericht); **Fe|me|ge|richt**, Fem|ge|richt
Fe|mel, Fim|mel, der; -s *(Landwirtsch.* Gesamtheit der m. Hanfpflanzen)
Fe|mel|be|trieb (Art des Forstbetriebes)
Fe|mel|hanf *vgl.* Hanf
Fe|me|mord
Fem|ge|richt, Fe|me|ge|richt
fe|mi|nie|ren ‹lat.› *(Med., Zool.* verweiblichen)
fe|mi|nin [*auch* ...ˈniːn] (weiblich; weibisch); **Fe|mi|ni|num**, das; -s, ...na *(Sprachwiss.* weibliches Substantiv, z. B. »die Erde«)
Fe|mi|nis|mus, der; -, ...men (Richtung der Frauenbewegung, die ein neues Selbstverständnis der Frau u. die Aufhebung der traditionellen Rollenverteilung anstrebt *[nur Sing.]; Med., Zool.* Ausbildung w. Merkmale bei m. Wesen; Verweiblichung); **Fe|mi|nist; Fe|mi|nis|tin; fe|mi|nis|tisch; Fe|mi|ni|tät**, die; -
Femme fa|tale [ˈfam ...ˈtal], die; - -, -s -s [ˈfam ...ˈtal] ‹franz.› (charmante Frau, die durch Extravaganz o. Ä. ihrem Partner zum Verhängnis wird)
Fem|to... ‹skand.› (ein Billiardstel einer Einheit, z. B. Femtofarad = 10^{-15} Farad; *Zeichen* f)
Fench, Fen|nich, der; -[e]s, -e ‹lat.› (Hirseart)
Fen|chel, der; -s (eine Heil- u. Gemüsepflanze)
Fen|chel|ge|mü|se; Fen|chel|öl; Fen|chel|tee
Fen|dant [fãˈdãː], der; -s, -s ‹franz.› (Weißwein aus dem Wallis)
Fen|der, der; -s, - ‹engl.› (Stoßschutz an Schiffen)
Fe|nek *vgl.* Fennek
Feng-Shui, **Feng|shui**, das; - ‹chin.› (chinesische Kunst der harmonischen Lebens- u. Wohnraumgestaltung)
Fenn, das; -[e]s, -e *(nordd. für* Sumpf-, Moorland)
Fen|nek, der; -s, *Plur.* -s *u.* -e ‹arab.› (Wüstenfuchs)
Fen|nich *vgl.* Fench
Fen|no|sar|ma|tia ‹lat.› *(früher für* Baltica); **fen|no|sar|ma|tisch**
Fen|no|skan|dia (ein Teil von Fennosarmatia); **fen|no|skan|disch**
Fen|rir (Untier der germ. Mythol.); **Fen|ris|wolf**, der; -[e]s (Fenrir)
Fens|ter, das; -s, -
Fens|ter|bal|ken *(österr. für* Fensterladen); **Fens|ter|bank** *Plur.* ...bänke; **Fens|ter|brett**
Fens|ter|brief|um|schlag
Fens|ter|flü|gel; Fens|ter|front; Fens|ter|glas *Plur.* ...gläser; **Fens|ter|griff; Fens|ter|kreuz; Fens|ter|la|den** ...läden, *selten* ...laden;
Fens|ter|lai|bung; Fens|ter|le|der
fens|terln *(südd., österr., schweiz. für* ans Fenster klopfen; *in älteren Volksbräuchen:* die Geliebte nachts [am od. durchs Fenster] besuchen); ich fensterle, du fensterlst, er fensterlt; er hat gefensterlt
fens|ter|los
Fens|ter|ni|sche; Fens|ter|öff|nung; Fens|ter|platz
Fens|ter|put|zer; Fens|ter|put|ze|rin
Fens|ter|rah|men
Fens|ter|re|de (Propagandarede)
Fens|ter|ro|se (rundes Kirchenfenster); **Fens|ter|schei|be; Fens|ter|schnal|le** *(österr. für* Fenstergriff); **Fens|ter|sims; Fens|ter|stock** *Plur.* ...stöcke
Fens|ter|tag *(österr. für* Brückentag)
...fenst|rig (z. B. zweifenstrig)
Fenz, die; -, -en ‹engl.› (Einfried[ig]ung in Nordamerika)
Fe|o|dor (m. Vorn.); **Fe|o|do|ra** (w. Vorn.)
Fe|ra|li|en *Plur.* ‹lat.› (altröm. jährliches Totenfest)
Fer|di|nand (m. Vorn.); **Fer|di|nan|de** (w. Vorn.); **Ferdl** (m. Vorn.)
Fe|renc [...ɛnts] (m. Vorn.)
Fer|ge, der; -n, -n *(veraltet für* Fährmann)
ferg|gen *(schweiz. früher für* abfertigen); **Ferg|ger** *(schweiz. früher für* Spediteur)
Fe|ri|al... ‹lat.› *(österr. neben* Ferien..., z. B. Ferialarbeit, Ferialpraxis, Ferialtag)
Fe|ri|en *Plur.* ‹lat.›; die großen Ferien
Fe|ri|en|ak|ti|on; Fe|ri|en|an|la|ge; Fe|ri|en|ar|beit; Fe|ri|en|be|ginn; Fe|ri|en|dorf; Fe|ri|en|en|de; Fe|ri|en|gast; Fe|ri|en|geld *(schweiz. für* zusätzliches vierzehntes Monatsgehalt, das meist Mitte des Jahres ausgezahlt wird)
Fe|ri|en|haus; Fe|ri|en|häus|chen
Fe|ri|en|heim; Fe|ri|en|job; Fe|ri|en|kind; Fe|ri|en|kurs; Fe|ri|en|la|ger
Fe|ri|en|ort, der; -[e]s, -e; **Fe|ri|en|pa|ra|dies; Fe|ri|en|park; Fe|ri|en|pro|gramm; Fe|ri|en|rei|se**
Fe|ri|en|tag; Fe|ri|en|woh|nung; Fe|ri|en|zeit

F
Feld

Fẹr|kel, das; -s, -; **Fer|ke|lei; fẹr|keln;** ich ferk[e]le; **Fẹr|kel|zucht**

Fer|man, der; -s, -e ‹pers.› (*früher* in islam. Ländern Erlass des Landesherrn)

Fer|ma|te, die; -, -n ‹ital.› (*Musik* Haltezeichen; *Zeichen* 𝄐)

Fer|mẹnt, das; -s, -e ‹lat.› (*veraltet für* Enzym)

Fer|men|ta|ti|on, die; -, -en (Gärung); **fer|men|ta|tiv** (durch Ferment hervorgerufen)

Fer|mẹnt|bil|dung; fer|men|tie|ren (durch Fermentation veredeln)

Fẹr|mi|um, das; -s ‹nach dem ital. Physiker Fẹrmi› (chem. Element, ein Transuran; *Zeichen* Fm)

fẹrn

– ferne Länder
– in der ferneren Umgebung
Vgl. fernbleiben, fernhalten, fernliegen, fernsehen, fernstehen usw.

Kleinschreibung ↑K 72:

– von [nah und] fern
– von fern her
Vgl. aber fernher

Großschreibung ↑K 72 *u.* 140:

– das Ferne suchen
– der Ferne Osten (Ostasien)

Präposition mit Genitiv od. Dativ:

– fern des Heimathauses *od.* dem Heimathaus

fern|ab *(geh.)*

Fer|nam|buk|holz *vgl.* Pernambukholz

Fẹrn|amt; Fẹrn|auf|nah|me; Fẹrn|bahn; Fẹrn|be|die|nung

fẹrn|be|heizt; fernbeheizte Wohnung

Fẹrn|be|zie|hung (Lebensgemeinschaft von Personen, die an verschiedenen Orten wohnen)

fẹrn|blei|ben; er bleibt [dem Unterricht] fern, ist ferngeblieben; *vgl. auch* fern

Fẹrn|di|a|g|no|se

fẹr|ne *(geh.);* von ferne [her]; **Fẹr|ne,** die; -, -n; in weiter Ferne

fẹr|ner; er rangiert unter »ferner liefen«; *aber* des Ferner[e]n darlegen *(Amtsspr.)* ↑K 72

Fẹr|ner, der; -s, - (*Tirol, bayr. für* Gletscher); *vgl.* Firn

fẹr|ner|hin [*auch* ˈfɛrnɐˈhɪn]; **fẹr|ner|lie|gen;** nichts würde uns fernerliegen; *vgl.* fernliegen

Fẹrn|fah|rer; Fẹrn|fah|re|rin; Fẹrn|fahrt

Fẹrn|gas

fẹrn|ge|lenkt

Fẹrn|ge|spräch

fẹrn|ge|steu|ert

Fẹrn|glas *Plur.* ...gläser

fẹrn|hal|ten; sich, die Kinder von etwas fernhalten; wir hielten uns fern, haben uns ferngehalten; fernzuhalten

Fẹrn|hei|zung

fẹrn|her (*geh. für* aus der Ferne); *aber* von fern her; **fẹrn|hịn** *(geh.)*

fẹrn|ko|pie|ren (über das Fernsprechnetz originalgetreu übertragen); **Fẹrn|ko|pie|rer** (Gerät zum Fernkopieren)

Fẹrn|kurs; Fẹrn|kur|sus

Fẹrn|las|ter, der (*ugs. für* Fernlastzug); **Fẹrn|last|zug**

Fẹrn|lei|he; Fẹrn|leih|ver|kehr *(Buchw.)*

Fẹrn|lei|tung

fẹrn|len|ken; sie lenkt [das Flugzeug] fern, hat ferngelenkt; **Fẹrn|len|kung**

Fẹrn|licht *Plur.* ...lichter

fẹrn|lie|gen; das sind Gedanken, die uns [völlig] fernliegen; **fẹrn|lie|gend;** fernliegende Ideen

Fẹrn|mel|de|amt; Fẹrn|mel|de|dienst; Fẹrn|mel|de|ge|bühr; Fẹrn|mel|de|ge|heim|nis; Fẹrn|mel|de|tech|nik; Fẹrn|mel|de|turm; Fẹrn|mel|de|we|sen, das; -s

fẹrn|mụ̈nd|lich (*für* telefonisch)

Fẹrn|ọst; in Fernost; **fẹrn|ọ̈st|lich**

Fẹrn|pend|ler; Fẹrn|pend|le|rin

Fẹrn|rei|se; Fẹrn|rohr; Fẹrn|ruf

fẹrn|schau|en *(südd., österr., schweiz.)*

Fẹrn|schrei|ben; Fẹrn|schrei|ber

fẹrn|schrift|lich

Fẹrn|schuss

Fẹrn|seh|an|sa|ger; Fẹrn|seh|an|sa|ge|rin

Fẹrn|seh|an|stalt; Fẹrn|seh|an|ten|ne; Fẹrn|seh|ap|pa|rat; Fẹrn|seh|bild; Fẹrn|seh|dis|kus|si|on; Fẹrn|seh|du|ell; Fẹrn|seh|emp|fang, der; -[e]s; **Fẹrn|seh|emp|fän|ger**

fẹrn|se|hen; Fẹrn|se|hen, das; -s

Fẹrn|se|her (*ugs. für* Fernsehgerät; Fernsehteilnehmer); **Fẹrn|se|he|rin**

Fẹrn|seh|film

Fẹrn|seh|for|mat (Gestalt, Art einer Fernsehsendung)

Fẹrn|seh|ge|bühr; Fẹrn|seh|ge|rät; Fẹrn|seh|in|ter|view

Fẹrn|seh|jour|na|list; Fẹrn|seh|jour|na|lis|tin

Fẹrn|seh|ka|me|ra; Fẹrn|seh|ka|nal

Fẹrn|seh|koch; Fẹrn|seh|kö|chin

Fẹrn|seh|kom|men|ta|tor; Fẹrn|seh|kom|men|ta|to|rin

Fẹrn|seh|leu|te *Plur. (ugs.)*

fẹrn|seh|mü|de

Fẹrn|seh|pro|gramm; Fẹrn|seh|rech|te *Plur.*

Fẹrn|seh|re|por|ta|ge; Fẹrn|seh|re|por|ter; Fẹrn|seh|re|por|te|rin

Fẹrn|seh|schirm; Fẹrn|seh|sen|der; Fẹrn|seh|sen|dung; Fẹrn|seh|se|rie; Fẹrn|seh|show; Fẹrn|seh|spiel; Fẹrn|seh|spot; Fẹrn|seh|star; Fẹrn|seh|sta|ti|on; Fẹrn|seh|stu|dio; Fẹrn|seh|team

Fẹrn|seh|teil|neh|mer; Fẹrn|seh|teil|neh|me|rin

Fẹrn|seh|tru|he *(veraltend);* **Fẹrn|seh|turm; Fẹrn|seh|über|tra|gung; Fẹrn|seh|wer|bung; Fẹrn|seh|zeit|schrift**

Fẹrn|seh|zu|schau|er; Fẹrn|seh|zu|schau|e|rin

Fẹrn|sicht; fẹrn|sich|tig; Fẹrn|sich|tig|keit, die; -

Fẹrn|sprech|amt; Fẹrn|sprech|an|schluss; Fẹrn|sprech|ap|pa|rat

Fẹrn|spre|cher

Fẹrn|sprech|ge|bühr; Fẹrn|sprech|ge|heim|nis, das; -ses; **Fẹrn|sprech|num|mer** *(österr. Amtsspr.)*

Fẹrn|sprech|teil|neh|mer; Fẹrn|sprech|teil|neh|me|rin

fẹrn|ste|hen (keine innere Beziehung haben); der Kirche fernstehende Personen

fẹrn|steu|ern *vgl.* fernlenken; **Fẹrn|steu|e|rung**

Fẹrn|stra|ße

Fẹrn|stu|dent; Fẹrn|stu|den|tin; Fẹrn|stu|di|um

Fẹrn|sucht, die; -

Fẹrn|trans|port

fẹrn|trau|en *nur im Inf. u. Part. II gebr.;* **Fẹrn|trau|ung**

Fẹrn|über|wa|chung (bes. von Patienten)

Fẹrn|un|ter|richt

Fẹrn|ver|kehr *Plur. selten;* **Fẹrn|ver|kehrs|stra|ße**

Fẹrn|wär|me

Fẹrn|weh, das; -s

Fẹrn|ziel; Fẹrn|zug

Fer|ra|ra (ital. Stadt)

Fer|ra|ri®, der; -[s], -s ‹nach dem Automobilfabrikanten Enzo Ferrari› (ital. Kraftfahrzeug)

Fer|rit, der; -s, -e ‹lat.› (reine Eisenkristalle; *Nachrichtentechnik* ein magnetischer Werkstoff); **Fer|rit|an|ten|ne**

Fer|ro *vgl.* Hierro
Fer|rum, das; -s ‹lat.› (*lat. Bez. für* Eisen, chemisches Element; *Zeichen* Fe)
Fer|se, die; -, -n (*vgl.* [1]Hacke); *vgl. aber* Färse
fer|seln *vgl.* ferserln
Fer|sen|geld; Fersengeld geben (*scherzh. für* fliehen)
fer|serln, fer|seln (*österr. Fußball* den Ball mit der Hacke spielen); ich ferserle, du ferserlst, er ferserlt; er hat geferserlt; ich fers[e]le, du ferselst, er ferselt; er hat geferselt; **Fers|ler** (*österr. Fußball* Hackentrick)

F
Ferr

fer|tig

– fertig sein
– etwas fertig abliefern

Wenn »fertig« das Ergebnis der mit einem folgenden einfachen Verb bezeichneten Tätigkeit angibt, kann getrennt oder zusammengeschrieben werden ↑K56:

– eine Arbeit fertigbringen *od.* fertig bringen
– eine Arbeit fertigstellen *od.* fertig stellen
– eine Arbeit fertig bekommen *od.* fertigbekommen
– mit der Arbeit fertig werden *od.* fertigwerden
– eine Arbeit fertig machen *od.* fertigmachen
– sich für etwas fertig machen *od.* fertigmachen
– die Suppe fertig kochen *od.* fertigkochen

Bei übertragener Bedeutung gilt Zusammenschreibung; vgl. fertigbekommen, fertigbringen, fertigmachen, fertigwerden

Fer|tig|bau *Plur.* ...bauten; **Fer|tig|bau|wei|se**
fer|tig|be|kom|men; sie hat es fertigbekommen, sich mit allen zu überwerfen; *vgl. auch* fertig
fer|tig|brin|gen (vollbringen); ich habe das nicht fertiggebracht; fertigzubringen; *vgl. auch* fertig
fer|ti|gen
Fer|tig|er|zeug|nis; Fer|tig|ge|richt; Fer|tig|haus
Fer|tig|keit
Fer|tig|klei|dung (*für* Konfektion)
fer|tig ko|chen, fer|tig|ko|chen *vgl.* fertig
fer|tig|ma|chen (*ugs. für* zermürben, besiegen); *vgl. auch* fertig
Fer|tig|pro|dukt
Fer|tig|so|ße, Fer|tig|sau|ce
fer|tig|stel|len, fer|tig stel|len (abschließen); sie hat das Buch fertiggestellt *od.* fertig gestellt
Fer|tig|stel|lung; Fer|tig|sup|pe; Fer|tig|teil
Fer|ti|gung
Fer|ti|gungs|bri|ga|de *(DDR)*
Fer|ti|gungs|kos|ten; Fer|ti|gungs|me|tho|de; Fer|ti|gungs|pro|zess; Fer|ti|gungs|stra|ße; Fer|ti|gungs|tech|nik; Fer|ti|gungs|ver|fah|ren
Fer|tig|wa|re
fer|tig|wer|den; mit einem Problem fertigwerden (es lösen können); *vgl.* fertig
fer|til ‹lat.› (*Biol., Med.* fruchtbar); **Fer|ti|li|sa|ti|on** (*Med.* Befruchtung); **Fer|ti|li|tät,** die; - (Fruchtbarkeit)
fes, [1]**Fes,** das; -, - (Tonbezeichnung)
[2]**Fes,** der; -[es], -[e] ‹türk.› (rote Filzkappe)
[3]**Fes** (Stadt in Marokko)
fesch [*österr.* feːʃ] ‹engl.› (*ugs. für* flott, schneidig); **Fe|schak,** der; -s, -s (*österr. ugs. für* fescher Kerl)
[1]**Fes|sel,** die; -, -n (Teil des Beines)
[2]**Fes|sel,** die; -, -n (Band, Kette)
Fes|sel|bal|lon
fes|sel|frei
Fes|sel|ge|lenk
fes|sel|los
fes|seln; ich fessele *u.* fessle; **fesselnd; Fes|se|lung, Fess|lung**
fest *s. Kasten*
Fest, das; -[e]s, -e; **Fest|akt**
fest an|ge|stellt, fest|an|ge|stellt; *vgl.* fest; ↑K58; **Fest|an|ge|stell|te,** der *u.* die; -n, -n, **fest An|ge|stell|te,** der *u.* die; - -n, - -n ↑K58
Fest|an|schluss (Anschluss für ein Festnetztelefon)
Fest|an|spra|che; Fest|an|stel|lung; Fest|auf|füh|rung
fest|ba|cken (ankleben); der Schnee backt fest, hat festgebackt, festzubacken; *vgl.* fest
Fest|ban|kett
fest|bei|ßen, sich; der Hund hat sich festgebissen; wir haben uns an dem Problem festgebissen ↑K56
Fest|bei|trag; Fest|be|leuch|tung
fest be|sol|det, fest|be|sol|det; *vgl.* fest; ↑K58; **Fest|be|sol|de|te,** der *u.* die; -n, -n, **fest Be|sol|de|te,** der *u.* die; - -n, - -n ↑K58
Fest|be|su|cher; Fest|be|su|che|rin
Fest|be|trag (feststehender Betrag)
fest|bin|den (anbinden); die Kuh ist festgebunden, *aber* die Schuhe [ganz] fest binden ↑K56
fest|blei|ben (nicht nachgeben); er ist in seinem Entschluss festgeblieben; *vgl.* fest
Fest|brenn|stoff
fest|dre|hen; eine Schraube festdrehen, *aber* fest [an der Schraube] drehen ↑K56
Fes|te, die; -, -n (*veraltet für* Festung; *geh. für* Himmel); *vgl. auch* Veste
fes|ten (*schweiz., sonst selten für* ein Fest feiern)
Fest|es|sen; Fes|tes|stim|mung *(geh.)*
fest|fah|ren; sich festfahren ↑K56
fest|fres|sen, sich; der Kolben hat sich festgefressen; *vgl.* fest
Fest|freu|de
fest|frie|ren; die Wäsche ist festgefroren ↑K56
fest ge|fügt, fest|ge|fügt; *vgl.* fest; ↑K58
Fest|geld (*Bankw.* Einlage mit fester Laufzeit); **Fest|geld|kon|to** *(Bankw.)*
fest|ge|legt; auf etwas festgelegt sein (gebunden, verpflichtet sein); *vgl. auch* festlegen
fest|ge|schnürt
Fest|ge|wand; Fest|got|tes|dienst
fest|ha|ken; sich festhaken ↑K56
Fest|hal|le
fest|hal|ten; die Aussage wurde [schriftlich] festgehalten; man hat sie zwei Stunden auf der Wache festgehalten; sich [am Geländer] festhalten; *aber* das Kind [ganz] fest [in den Armen] halten ↑K56; **fest|hän|gen** ↑K56; **fest|hef|ten** ↑K56
Fest|hüt|te (*schweiz. für* Festzelt)
fes|ti|gen; Fes|ti|ger (*kurz für* Haarfestiger)
Fes|tig|keit, die; -; **Fes|tig|keits|leh|re** *(Technik);* **Fes|ti|gung**
Fes|ti|val [...vl̩, *auch* ...val], das; -s, -s ‹engl.› (Musikfest, Festspiel)
Fes|ti|val|be|su|cher; Fes|ti|val|be|su|che|rin
Fes|ti|vi|tät, die; -, -en ‹lat.› (*schweiz., sonst nur noch scherzh. für* Festlichkeit)
fest|klam|mern; sich festklammern ↑K56
fest|kle|ben; um das Foto festzukleben ↑K56
fest|klop|fen (*ugs. auch für* festlegen, besiegeln); ↑K56
fest|kno|ten; ein am Mast festgeknotetes Seil; *aber* das Seil

fẹst

– feste Kosten; fester Wohnsitz; festes Gehalt

Schreibung in Verbindung mit Partizipien ↑K58:

– ein fest stehendes *od.* feststehendes Rednerpult
– fest angestellte *od.* festangestellte Mitarbeiterinnen
– fest besoldete *od.* festbesoldete Beamte
– fest umrissene *od.* festumrissene Begriffe
– *aber* zum festgesetzten Zeitpunkt

Schreibung in Verbindung mit Verben ↑K56:

– fest stehen (festen Stand haben); *aber* feststehen (sicher sein, entschieden sein)
– eine Schleife [ganz] fest binden; *aber* festbinden (anbinden); die Kuh ist festgebunden
– etwas fest anbinden
– jmdn. fest anstellen
– jmdn. fest besolden

Vgl. festbeißen, festbleiben, festfahren, festhalten, festheften, festklammern, festlegen, festnehmen, festschnüren, festschreiben, festsetzen, festsitzen, festziehen usw.

[ganz] fest [an den Mast] knoten ↑K56
fẹst|ko|chend; festkochende Kartoffeln
Fẹst|ko|mi|tee; Fẹst|kon|zert
Fẹst|kör|per (*Physik* Stoff in festem Aggregatzustand); **Fẹst|kör|per|phy|sik**
fẹst|kral|len, sich ↑K56
Fẹst|land *Plur. selten;* **fẹst|län|disch; Fẹst|land[s]|block** *Plur.* ...blöcke; **Fẹst|land[s]|so|ckel**
fẹst|lau|fen; das Schiff ist festgelaufen ↑K56
fẹst|le|gen (*auch für* anordnen); sie hat die Hausordnung festgelegt; sich festlegen (sich binden); sie hat sich mit dieser Äußerung festgelegt; *vgl. auch* fest, festgelegt; **Fẹst|le|gung**
fẹst|lich; Fẹst|lich|keit
fẹst|lie|gen; auf einer Sandbank festliegen; *vgl.* fest
Fẹst|lohn (*svw.* Mindestlohn)
Fẹst|ma|che|bo|je
fẹst|ma|chen (*auch für* vereinbaren); um die Taue festzumachen ↑K56
Fẹst|mahl
Fẹst|mei|le (für ein Straßenfest o. Ä. genutzter Straßenzug)
Fẹst|me|ter (*alte Maßeinheit für* 1 m³ fester Holzmasse; *vgl.* Raummeter; *Abk.* Fm, fm)
fẹst|na|geln (*ugs. auch für* jmdn. auf etwas festlegen); ich nag[e]le ihn fest ↑K56
fẹst|nä|hen; um einen Knopf festzunähen ↑K56
Fẹst|nah|me, die; -, -n; **fẹst|neh|men** (verhaften); *vgl.* fest
Fẹst|netz (fest verlegte Telefonleitungen); **Fẹst|netz|an|schluss; Fẹst|netz|te|le|fon**
Fẹst|of|fer|te (*Kaufmannsspr.* festes Angebot)
Fes|ton [...ˈtõː], das; -s, -s ⟨franz.⟩ (Blumengewinde; Stickerei); **fes|to|nie|ren** (mit Festons versehen); **Fes|ton|stich**
Fẹst|ord|ner; Fẹst|ord|ne|rin
Fẹst|pla|ket|te
Fẹst|plat|te *(EDV);* **Fẹst|plat|ten|spei|cher**
Fẹst|platz; Fẹst|preis
Fẹst|pro|gramm; Fẹst|re|de; Fẹst|red|ner; Fẹst|red|ne|rin
fẹst|ren|nen, sich; *vgl.* festbeißen, sich
Fẹst|saal
fẹst|sau|gen, sich ↑K56
fẹst|schnal|len; sich festschnallen ↑K56
fẹst|schnü|ren (anbinden); das Seil ist an einem Baum festgeschnürt, *aber* die Schlinge [ganz] fest schnüren ↑K58
fẹst|schrau|ben ↑K56
fẹst|schrei|ben; dieser Punkt wurde im Vertrag festgeschrieben ↑K56; **Fẹst|schrei|bung**
Fẹst|schrift
fẹst|set|zen (bestimmen, anordnen; gefangen setzen); er wurde nach dieser Straftat festgesetzt ↑K56; **Fẹst|set|zung**
fẹst|sit|zen (*ugs. für* nicht weiterkommen); sie haben festgesessen ↑K56
Fẹst|spiel; Fẹst|spiel|haus; Fẹst|spiel|stadt
fẹst|ste|cken; sie hat ihre Haare festgesteckt ↑K56
fẹst|ste|hen (festgelegt, sicher, gewiss sein); fest steht, dass ... ↑K47; es hat festgestanden, dass ...; *aber* [ganz] fest stehen (festen Stand haben) ↑K56
fẹst|ste|hend (festgelegt; sicher, gewiss); ein feststehender Termin; *vgl. aber* fest
fẹst|stell|bar
Fẹst|stell|brem|se
fẹst|stel|len (ermitteln, [be]merken, nachdrücklich aussprechen); *vgl.* fest
Fẹst|stell|he|bel; Fẹst|stell|tas|te
Fẹst|stel|lung; Fẹst|stel|lungs|kla|ge *(Rechtswiss.)*
Fẹst|stie|ge (*österr. für* Prunktreppe); **Fẹst|stim|mung**
Fẹst|tag; des Festtags, *aber* ↑K70: festtags, sonn- und festtags; **fẹst|täg|lich; fẹst|tags** *vgl.* Festtag; **Fẹst|tags|klei|dung; Fẹst|tags|stim|mung**
fẹst|tre|ten; um das Erdreich festzutreten ↑K56
fest um|ris|sen, fẹst|um|ris|sen *vgl.* fest
Fẹst|um|zug
Fẹs|tung; Fẹs|tungs|ge|län|de; Fẹs|tungs|gra|ben; Fẹs|tungs|wall
Fẹst|ver|an|stal|tung; Fẹst|ver|samm|lung
fest ver|wur|zelt, fẹst|ver|wur|zelt *vgl.* fest
fẹst|ver|zins|lich; festverzinsliche Wertpapiere
Fẹst|vor|stel|lung; Fẹst|vor|trag
fẹst|wach|sen; [an der Wand] festgewachsener Efeu ↑K56
Fẹst|wie|se; Fẹst|wo|che; Fẹst|zelt
fẹst|zie|hen; um die Schnur festzuziehen ↑K56
Fẹst|zug
fẹst|zur|ren; den Helm festzurren ↑K56
Fe̱|ta, der; -s ⟨neugriech.⟩ (ein Schafskäse)
fe|ta̱l, fö|ta̱l ⟨lat.⟩ (*Med.* zum Fetus gehörend)
Fe̱|te [*auch* ˈfɛː...], die; -, -n ⟨franz.⟩ (*ugs. für* Fest)
Fe̱|tisch, der; -[e]s, -e ⟨franz.⟩ (magischer Gegenstand; Götzenbild); **fe|ti|schi|sie̱|ren** (zum Fetisch erheben); **Fe|ti|schịs|mus,** der; -, ...men *Plur. selten* (Übertragen des Geschlechtstriebes auf Gegenstände)

Fe|ti|schist, der; -en, -en; **Fe|ti|schis|tin; fe|ti|schis|tisch**
fett; fetter Boden; ein Schwein fett füttern *od.* fettfüttern; eine Schlagzeile fett drucken; eine fett gedruckte *od.* fettgedruckte Schlagzeile
Fett, das; -[e]s, -e; **Fett|ab|sau|gung; Fett|an|satz**
fett|arm
Fett|au|ge
Fett|bauch
Fett|creme, Fett|crème
Fett|de|pot *(Med.)*
Fet|te, die; - *(geh. für* Fettheit)
fet|ten; fett|fein *(Druckw.)*
Fett|fleck, Fett|fle|cken
fett|frei
fett füt|tern, fett|füt|tern *vgl.* fett
fett ge|druckt, fett|ge|druckt *vgl.* fett
Fett|ge|halt; Fett|ge|we|be
fett|glän|zend; fett|hal|tig
Fett|heit, die; -
Fett|hen|ne (Zierpflanze)
fet|tig; Fet|tig|keit, die; -
Fett|koh|le (Steinkohlenart)
Fett|le|be, die; - *(ugs. für* üppige Mahlzeit; Wohlleben); Fettlebe machen (üppig leben)
fett|lei|big; Fett|lei|big|keit, die; -
Fett|näpf|chen; bei jmdm. ins Fettnäpfchen treten (jmds. Unwillen erregen)
Fett|pols|ter; Fett|rand
Fett|sack *(derb für* fetter Mensch)
Fett|säu|re; Fett|schicht
Fett|schür|ze (herunterhängende Haut am Bauch)
Fett|stift, der; **Fett|sucht,** die; -
fett|trie|fend ↑K 25
Fett|trop|fen, Fett-Trop|fen
Fett|tu|sche, Fett-Tu|sche
Fet|tuc|ci|ne [...ˈtʃiːnə] *Plur.* ‹ital.› (Bandnudeln)
Fett|wanst *(derb für* fetter Mensch)
Fe|tus, Fö|tus, der; *Gen.* - *u.* -ses, *Plur.* -se *u.* ...ten ‹lat.› *(Med.* Leibesfrucht ab dem vierten Monat)
Fetz|chen
fet|zeln *(landsch. für* in Fetzen zerreißen); ich fetz[e]le; **fet|zen;** du fetzt; **Fet|zen,** der; -s, -
Fet|zen|markt *(österr. für* Trödelmarkt, Flohmarkt)
fet|zig *(ugs. für* toll, mitreißend)
feucht; feucht werden
Feucht|bio|top
Feucht|blat|tern *(österr. für* Windpocken)
Feuch|te, die; -; **feuch|ten** *(geh.)*
feucht|fröh|lich (fröhlich beim Zechen)
Feucht|ge|biet; feucht|heiß
Feuch|tig|keit, die; -
Feuch|tig|keits|ge|halt; Feuch|tig|keits|grad; Feuch|tig|keits|mes|ser; Feuch|tig|keits|tuch
feucht|kalt; feucht|kühl
Feucht|raum; Feucht|raum|ar|ma|tur *(Technik)*
Feucht|wan|ger, Lion (dt. Schriftsteller)
feucht|warm
feu|dal ‹germ.-mlat.› (das Lehnswesen betreffend; Lehns...; *ugs. für* vornehm, großartig; *abwertend für* reaktionär)
Feu|dal|ge|sell|schaft; Feu|dal|herr|schaft
Feu|da|lis|mus, der; - (auf dem Lehnswesen beruhende, den Adel privilegierende Gesellschafts- u. Wirtschaftsordnung [im MA.]); **feu|da|lis|tisch**
Feu|da|li|tät, die; - (Lehnsverhältnis im MA.; Vornehmheit)
Feu|dal|staat; Feu|dal|sys|tem
Feu|del, der; -s, - *(nordd. für* Scheuerlappen); **feu|deln;** ich feud[e]le
Feu|er, das; -s, -; offenes Feuer; ein Feuer speiender *od.* feuerspeiender Vulkan ↑K58
Feu|er|alarm; Feu|er|an|zün|der
[1]Feu|er|bach, Anselm (dt. Maler)
[2]Feu|er|bach, Ludwig (dt. Philosoph)
Feu|er|ball; Feu|er|be|fehl; Feu|er|be|reit|schaft
feu|er|be|stän|dig
Feu|er|be|stat|tung; Feu|er|boh|ne (weiß od. rot blühende Bohne); **Feu|er|dorn** (Zierstrauch); **Feu|er|ei|fer**
feu|er|fest; Feu|er|fes|tig|keit
Feu|er|fres|ser; Feu|er|fres|se|rin
Feu|er|ge|fahr; feu|er|ge|fähr|lich; Feu|er|ge|fähr|lich|keit
Feu|er|ge|fecht
Feu|er|hal|le *(österr. neben* Krematorium)
Feu|er|herd; Feu|er|holz
Feu|er|kraft *(Militär)*
Feu|er|land (Südspitze von Südamerika); **Feu|er|län|der,** der; **Feu|er|län|de|rin**
Feu|er|lei|ter; Feu|er|li|lie; Feu|er|loch
Feu|er|lö|scher; Feu|er|lösch|ge|rät; Feu|er|lösch|teich; Feu|er|lösch|zug
Feu|er|mau|er; Feu|er|mel|der
feu|ern; ich feu[e]re
Feu|er|pau|se *(Militär)*
Feu|er|po|li|zei; feu|er|po|li|zei|lich
Feu|er|pro|be
feu|er|rot
Feu|er|sa|la|man|der
Feu|ers|brunst
Feu|er|scha|den; Feu|er|schein; Feu|er|schiff; Feu|er|schlu|cker; Feu|er|schlu|cke|rin; Feu|er|schutz, der; -es
Feu|ers|ge|fahr
feu|er|si|cher
Feu|er|si|re|ne
Feu|ers|not, die; - *(veraltet)*
Feu|er spei|end, feu|er|spei|end ↑K58
Feu|er|sprit|ze; Feu|er|stät|te; Feu|er|stein; Feu|er|stel|le
Feu|er|stoß *(bes. Militär)*
Feu|er|stuhl *(ugs. für* Motorrad)
Feu|er|sturm (bei Großbränden entstehender starker Luftsog)
Feu|er|tau|fe; Feu|er|teu|fel *(ugs. für* Brandstifter); **Feu|er|tod**
Feu|er|über|fall *(Militär)*
Feu|e|rung; Feu|e|rungs|an|la|ge
Feu|er|ver|si|che|rung
feu|er|ver|zinkt
Feu|er|wa|che; Feu|er|waf|fe
Feu|er|wall *(auch für* Firewall)
Feu|er|was|ser, das; -s *(ugs. für* Branntwein)
Feu|er|wehr
Feu|er|wehr|au|to; Feu|er|wehr|frau; Feu|er|wehr|haus; Feu|er|wehr|kom|man|dant; Feu|er|wehr|kom|man|dan|tin; Feu|er|wehr|mann *Plur.* ...männer *u.* ...leute; **Feu|er|wehr|übung**
Feu|er|werk; feu|er|wer|ken; ich feuerwerke; gefeuerwerkt; zu feuerwerken; **Feu|er|wer|ker; Feu|er|wer|ke|rin**
Feu|er|werks|kör|per
Feu|er|zan|ge; Feu|er|zan|gen|bow|le
Feu|er|zei|chen; Feu|er|zeug
Feuil|la|ge [fœˈjaːʒə], die; -, -n ‹franz.› (geschnitztes u. gemaltes Laubwerk)
Feuil|le|ton [fœjəˈtõː, *auch* ˈfœjətõ], das; -s, -s (Kulturteil einer Zeitung; Aufsatz im Plauderton)
Feuil|le|to|nist, der; -en, -en; **Feuil|le|to|nis|tin; feuil|le|to|nis|tisch**
Feuil|le|ton|re|dak|teur; Feuil|le|ton|re|dak|teu|rin; Feuil|le|ton|stil
feu|rig; feurige Kohlen auf jmds. Haupt sammeln (ihn beschämen); **feu|rio!** (alter Feuerruf)
Fex, der; *Gen.* -es, *seltener* -en, *Plur.* -e, *seltener* -en *(südd.,*

österr. für jmd., der von etwas begeistert ist)
[1]Fez [fe:ts, *auch* fe:s]; *vgl.* [2]Fes
[2]Fez, der; -es ‹franz.› (*ugs. für* Spaß, Unsinn)
ff = sehr fein
ff = fortissimo
ff. = folgende [Seiten]
FGB, das; - = Familiengesetzbuch
FH, die; -, -s = Fachhochschule
FHD, der; - = Frauenhilfsdienst[leistende] (*früher in der Schweiz*)
FHS = Fachhochschule
Fi|a|ker, der; -s, - ‹franz.› (*österr. für* Pferdedroschke; Kutscher)
Fi|a|le, die; -, -n ‹ital.› ([gotisches] Spitztürmchen)
Fi|as|ko, das; -s, -s ‹ital.› (Misserfolg; Zusammenbruch)
fi|at! ‹lat., »es geschehe!«›
Fi|at®, der; -s, -s ‹nach dem Unternehmen Fabbrica Italiana Automobili Torino S. p. A.› (ital. Kraftfahrzeugmarke)
[1]Fi|bel, die; -, -n ‹griech.› (Abc-Buch; Elementarlehrbuch)
[2]Fi|bel, die; -, -n ‹lat.› (frühgeschichtl. Spange od. Nadel)
Fi|ber, die; -, -n ‹lat.› ([Muskel- od. Pflanzen]faser); *vgl. aber* Fieber
Fi|ber|glas®, das; -es (Materialverbindung aus Kunststoff u. Glasfasern)
Fi|b|ril|le, die; -, -n (*Med.* Faser des Muskel- u. Nervengewebes)
Fi|b|rin, das; -s, -e *Plur. selten* (Eiweißstoff des Blutes); **Fi|b|ro|in,** das; -s (Eiweißstoff der Naturseide)
Fi|b|rom, das; -s, -e (*Med.* Bindegewebsgeschwulst)
Fi|b|ro|my|al|gie, die; -, -n (*Med.* chronische Erkrankung mit Muskel- u. Sehnenschmerzen)
fi|b|rös (aus Bindegewebe bestehend)
Fi|bu|la, die; -, *Plur.* Fibuln *u.* *(Med.)* Fibulae ‹lat.› (*vgl.* [2]Fibel; *Med.* Wadenbein)
[1]Fiche [fi:ʃ], die; -, -s ‹franz.› (Spielmarke)
[2]Fi|che [ˈfiʃ(ə)], die; -, -n (*schweiz. für* Karteikarte)
[3]Fiche [fi:ʃ], das *od.* der; -s, -s (Filmkarte mit Mikrokopien)
fi|chie|ren ‹franz.› (*schweiz. für* über jmdn. Informationen sammeln, eine Akte anlegen)
ficht *vgl.* fechten
[1]Fich|te (dt. Philosoph)
[2]Fich|te, die; -, -n (ein Nadelbaum)
Fich|tel|ge|bir|ge, das; -s
fich|ten (aus Fichtenholz)
Fich|ten|hain; Fich|ten|holz; Fich|ten|na|del
Fi|chu [...ˈʃy:], das; -s, -s ‹franz.› (Schultertuch)
Fick, der; -s, -s (*derb für* Koitus); **fi|cken** (*derb für* koitieren)
fi|cke|rig (*landsch. für* nervös, unruhig; *derb für* lüstern)
Fick|fack, der; -s, -e (*landsch. für* Vorwand); **fick|fa|cken** (*landsch. für* Ausflüchte suchen); **Fick|fa|cker** (*landsch. für* unzuverlässiger Mensch); **Fick|fa|cke|rei**
Fick|müh|le (*landsch. für* Zwickmühle)
Fi|cus, der; -, ...ci ‹lat.› (ein [Zier]baum)
Fi|dei|kom|miss [fidei..., *auch* ˈfi:...], das; -es, -e ‹lat.› (*Rechtsspr. früher für* unveräußerliches u. unteilbares Familienvermögen)
fi|del ‹lat.› (*ugs. für* lustig, heiter)
Fi|del, die; -, -n (der Geige ähnliches Streichinstrument [des Mittelalters]); *vgl.* Fiedel
Fi|del Cas|t|ro *vgl.* Castro
Fi|di|bus, der; *Gen.* - *u.* -ses, *Plur.* - *u.* -se (gefalteter Papierstreifen als [Pfeifen]anzünder)
Fi|d|schi (Inselstaat im Südwestpazifik); **Fi|d|schi|a|ner; Fi|d|schi|a|ne|rin; fi|d|schi|a|nisch; Fi|d|schi-In|seln, Fi|d|schi|in|seln** *Plur.*
Fi|duz, das; -es (*ugs. veraltet für* Mut); kein Fiduz dazu haben
Fie|ber, das; -s, - *Plur. selten* ‹lat.›; *vgl. aber* Fiber
Fie|ber|an|fall; Fie|ber|fan|ta|sie, Fie|ber|phan|ta|sie *meist Plur.*
fie|ber|frei; Fie|ber|frost; fie|ber|haft; Fie|ber|hit|ze
fie|be|rig *vgl.* fiebrig
fie|ber|krank
Fie|ber|kur|ve; Fie|ber|mes|ser, der (*ugs. für* Fieberthermometer)
fie|bern; ich fiebere
fie|ber|sen|kend
Fie|ber|ta|bel|le; Fie|ber|ther|mo|me|ter; Fie|ber|traum
fieb|rig; Fieb|rig|keit, die; -
Fie|del, die; -, -n (*scherzh., sonst veraltet für* Geige); *vgl.* Fidel; **fie|deln;** ich fied[e]le
Fie|der|blatt (*Bot.* gefiedertes Blatt); **fie|de|rig; fie|der|tei|lig; Fie|de|rung**
Fied|ler ‹*zu* Fiedel›; **Fied|le|rin**
fiel *vgl.* fallen
fie|pen (einen leisen, hohen Ton von sich geben)
Fi|e|rant [fiə..., *auch* fie...], der; -en, -en ‹ital.› (*bayr., österr. für* Markthändler)
fie|ren (*Seemannsspr.* [Tau] ablaufen lassen, herablassen)
fies (*ugs. für* ekelhaft, widerwärtig); fieses Gefühl
Fi|es|co, *bei Schiller* **Fi|es|ko** (genuesischer Verschwörer)
Fies|ling (*ugs. abwertend für* widerwärtiger Mensch)
Fi|es|ta, die; -, -s ‹span.› ([span.] Volksfest)
FIFA, Fi|fa, die; - = Fédération Internationale de Football Association ‹franz.› (Internationaler Fußballverband)
fif|ty-fif|ty [...ti...ti] ‹engl.› (zu gleichen Teilen); **Fif|ty-fif|ty-Jo|ker** (Halbierung der Antwortmöglichkeiten beim Fernsehquiz »Wer wird Millionär?«)
Fi|ga|ro, der; -[s], -s (Lustspiel- u. Opernfigur; *auch scherzhaft für* Friseur)
Fight [faɪt], der; -s, -s ‹engl.› (Kampf); **figh|ten** (verbissen kämpfen); **Figh|ter,** der; -s, - (Kämpfer); **Figh|te|rin**
Figl, der; -s, -[n] (*österr.; kurz für* Firngleiter)
Fi|gur, die; -, -en ‹lat.›
Fi|gu|ra; wie Figura zeigt (wie klar vor Augen liegt)
fi|gu|ral (mit Figuren versehen)
Fi|gu|ral|mu|sik (in der Kirchenmusik des Mittelalters)
Fi|gu|ra|ti|on, die; -, -en, Fi|gu|rie|rung (*Musik* Ausschmückung einer Figur od. Melodie)
fi|gu|ra|tiv (bildlich [darstellend])
fi|gur|be|to|nend; fi|gur|be|tont
Fi|gür|chen
Fi|gu|ren|the|a|ter
fi|gu|rie|ren (in Erscheinung treten; *Musik* eine Figur od. Melodie ausschmücken); **fi|gu|riert** (gemustert; *Musik* ausgeschmückt); figuriertes Gewebe; **Fi|gu|rie|rung** *vgl.* Figuration
...fi|gu|rig (z. B. kleinfigurig)
Fi|gu|ri|ne, die; -, -n ‹franz.› (Figürchen; Nebenfigur in Landschaftsgemälden; Kostümzeichnung)
Fi|gür|lein; fi|gür|lich
Fik|ti|on, die; -, -en ‹lat.› (Erdachtes; falsche Annahme); **fik|ti|o|nal** (auf einer Fiktion beruhend); **fik|tiv** (nur angenommen, erdacht)
Fi|la|ment, das; -s, -e ‹lat.› (*Bot.* Staubfaden der Blüte)

F
Fila

File [fail], das, *auch* der; -s, -s ‹engl.› (*EDV* Datei)
Fi|let [...ˈleː], das; -s, -s ‹franz.› (Netzstoff; Lendenstück)
Fi|let|ar|beit; Fi|let|de|cke
fi|le|tie|ren (Filets herausschneiden); **Fi|le|tier|ma|schi|ne**
Fi|let|na|del; Fi|let|spit|ze
Fi|let|steak; Fi|let|stück
Fi|li|a|le, die; -, -n (Zweiggeschäft, -stelle); **Fi|li|a|list,** der; -en, -en (Besitzer mehrerer Filialen; Filialleiter); **Fi|li|a|lis|tin**
Fi|li|al|kir|che (Tochterkirche)
Fi|li|al|lei|ter, der; **Fi|li|al|lei|te|rin**
Fi|li|al|netz
Fi|li|a|ti|on, die; -, -en (rechtliche Abstammung; Gliederung des Staatshaushaltsplanes)
[1]**Fi|li|bus|ter** *vgl.* Flibustier
[2]**Fi|li|bus|ter** [...ˈbastɐ], der; -[s], - ‹amerik.› (endloses Reden im amerik. Senat zur Verhinderung einer Beschlussfassung)
fi|lie|ren ‹franz.› (Netzwerk knüpfen; *auch für* filetieren); **fi|liert** (netzartig)
fi|li|g|ran (sehr feingliedrig)
Fi|li|g|ran, das; -s, -e ‹ital.› (Goldschmiedearbeit aus feinem Drahtgeflecht)
Fi|li|g|ran|ar|beit; Fi|li|g|ran|glas; Fi|li|g|ran|schmuck
Fi|li|pi|na, die; -, -s ‹span.› (*w. Form zu* Filipino; *vgl.* Philippinerin); **Fi|li|pi|no,** der; -s, -s (Bewohner der Philippinen; *vgl.* Philippiner)
Fi|li|us, der; -, ...usse ‹lat.› (*scherzh. für* Sohn)
Fil|lér [...lɐ, *auch* ˈfiːleːɐ̯], der; -[s], - (bis 1999 Untereinheit des Forint)
Film, der; -[e]s, -e ‹engl.›
Film|abend; Film|aka|de|mie
Film|ama|teur; Film|ama|teu|rin
Film|ar|chiv; Film|ate|li|er; Film|auf|nah|me
Film|au|tor; Film|au|to|rin
Film|ball; Film|bild; Film|bran|che; Film|di|va
Fil|me|ma|cher; Fil|me|ma|che|rin
fil|men; Fil|mer *(ugs.)*; **Fil|me|rin**
Film|fan; Film|fes|ti|val; Film|fest|spie|le; Film|ge|schäft; Film|ge|schich|te; Film|ge|sell|schaft; Film|hoch|schu|le; Film|in|dus|t|rie
fil|misch
Film|ka|me|ra; Film|ko|mö|die
Film|kom|po|nist; Film|kom|po|nis|tin
Film|ko|pie
Film|kri|tik; Film|kri|ti|ker; Film|kri|ti|ke|rin
Film|kunst; Film|ma|te|ri|al; Film|mu|sik
Fil|mo|gra|fie, die; -, ...ien (Zusammenstellung aller Filme eines Regisseurs, Schauspielers)
Fil|mo|thek, die; -, -en ‹engl.; griech.› (*svw.* Kinemathek)
Film|pla|kat; Film|pre|mi|e|re
Film|pro|duk|ti|on; Film|pro|du|zent; Film|pro|du|zen|tin
Film|pro|jekt
Film|rech|te *Plur.* (Berechtigung zur Verfilmung)
Film|re|gis|seur; Film|re|gis|seu|rin
film|reif; filmreife Szenen
Film|riss (Reißen eines Films; *ugs. für* plötzlicher Verlust des Erinnerungsvermögens)
Film|rol|le
Film|schau|spie|ler; Film|schau|spie|le|rin
Film|stadt; Film|star *Plur.* ...stars; **Film|stu|dio; Film|sze|ne**
Film|ta|b|let|te (von einer filmartigen Schicht überzogene Tablette)
Film|team; Film|the|a|ter; Film|ver|leih
Film|vor|füh|rer; Film|vor|füh|re|rin; Film|vor|füh|rung
Film|wirt|schaft
Fi|lou [...ˈluː], der; -s, -s ‹franz.› (*scherzh. für* Betrüger, Spitzbube; Schlaukopf)
Fils, der; -, - ‹arab.› (Untereinheit des Dinar in Bahrain, Irak, Jordanien u. Kuwait; 1 000 Fils = 1 Dinar)
Fil|ter, der, *Technik meist* das; -s, - ‹mlat.›; **fil|ter|fein;** filterfein gemahlener Kaffee
fil|tern; ich filtere
Fil|ter|pa|pier, Fil|t|rier|pa|pier; **Fil|ter|staub; Fil|ter|tü|te**®
Fil|te|rung
Fil|ter|zi|ga|ret|te
Fil|t|rat, das; -[e]s, -e (durch Filtration geklärte Flüssigkeit); **Fil|t|ra|ti|on,** die; -, -en (Filterung); **fil|t|rie|ren; Fil|t|rier|pa|pier,** Fil|ter|pa|pier
Filz, der; -es, -e (*ugs. auch für* Geizhals; *österr. auch für* unausgeschmolzenes Fett)
Filz|de|cke
fil|zen (*ugs. auch für* nach [verbotenen] Gegenständen durchsuchen; schlafen); du filzt
Filz|hut, der
fil|zig
Filz|laus
Fil|zo|kra|tie, die; -, ...ien ‹dt.; griech.› (ineinander verflochtene Machtverhältnisse)
Filz|pan|tof|fel
Filz|schrei|ber; Filz|stift
[1]**Fim|mel** (Hanf); *vgl.* Femel
[2]**Fim|mel,** der; -s, - (*ugs. für* übertriebene Vorliebe für etwas)
FINA, Fi|na, die; - ‹franz.› = Fédération Internationale de Natation Amateur (Internationaler Amateur-Schwimmverband)
fi|nal ‹lat.› (den Schluss bildend; zweckbezeichnend)
[1]**Fi|nal,** der; -s, -s ‹franz.› *(schweiz. für* Finale *[Sport])*
[2]**Fi|nal** [ˈfainl̩], das; -s, -s ‹engl.› *(engl. für* Finale *[Sport])*
Fi|nal|ab|schluss (*Wirtsch.* Endabschluss)
Fi|na|le, das; -s, *Plur.* -, *im Sport auch* Finals ‹franz.› (Schlussteil; *Musik* Schlussstück, -satz; *Sport* Endrunde, Endspiel)
fi|na|li|sie|ren (*österr. für* endgültig vereinbaren; *EDV* einen optischen Datenträger abschließend beschreiben)
Fi|na|list, der; -en, -en (Endrundenteilnehmer); **Fi|na|lis|tin**
Fi|nal|pro|dukt (Endprodukt)
Fi|nal|satz (Umstandssatz der Absicht, Zwecksatz)
Fi|nal|spiel
Fi|nan|ci|er [...nãˈsi̯eː] *vgl.* Finanzier
Fi|nanz, die; - ‹franz.› (Geldwesen; Gesamtheit der Geld- u. Bankfachleute); *vgl.* Finanzen
Fi|nanz|ab|tei|lung; Fi|nanz|amt; Fi|nanz|aus|gleich; Fi|nanz|aus|schuss
Fi|nanz|be|am|te; Fi|nanz|be|am|tin
Fi|nanz|be|hör|de
Fi|nanz|be|ra|ter; Fi|nanz|be|ra|te|rin
Fi|nanz|buch|hal|ter; Fi|nanz|buch|hal|te|rin; Fi|nanz|buch|hal|tung
Fi|nanz|chef *(ugs.)*; **Fi|nanz|che|fin**
Fi|nanz|dienst|leis|ter (*auch für* Unternehmen, das finanzielle Dienstleistungen erbringt); **Fi|nanz|dienst|leis|te|rin**
Fi|nan|zen *Plur.* (Geldwesen; Staatsvermögen; Vermögenslage)
Fi|nan|zer (*österr. ugs. für* Zoll- od. Finanzbeamter); **Fi|nan|ze|rin**
Fi|nanz|ex|per|te; Fi|nanz|ex|per|tin
Fi|nanz|ge|ba|ren; Fi|nanz|ge|nie; Fi|nanz|ge|schäft; Fi|nanz|hil|fe; Fi|nanz|ho|heit
fi|nan|zi|ell

Fi|nan|zi|er [...ˈtsi̯eː], **Fi|nan|ci|er** [...nãˈsi̯eː], der; -s, -s (kapitalkräftiger Geldgeber)
fi|nan|zier|bar; fi|nan|zie|ren (mit Geldmitteln ausstatten; geldlich ermöglichen)
Fi|nan|zi|e|rin *(selten)*
Fi|nan|zie|rung; Fi|nan|zie|rungs|kos|ten *Plur.;* **Fi|nan|zie|rungs|lü|cke; Fi|nan|zie|rungs|plan; Fi|nan|zie|rungs|vor|be|halt**
Fi|nanz|in|ves|tor; Fi|nanz|in|ves|to|rin
Fi|nanz|ka|pi|tal; Fi|nanz|kon|t|rol|le
Fi|nanz|kraft; fi|nanz|kräf|tig
Fi|nanz|kri|se; Fi|nanz|la|ge; Fi|nanz|lan|des|di|rek|ti|on *(österr.);* **Fi|nanz|markt; Fi|nanz|markt|kri|se**
Fi|nanz|mi|nis|ter; Fi|nanz|mi|nis|te|rin; Fi|nanz|mi|nis|te|ri|um
Fi|nanz|not
Fi|nanz|plan; Fi|nanz|pla|nung
Fi|nanz|platz (Ort od. Region mit bedeutendem Finanzmarkt, vielen Banken o. Ä.)
Fi|nanz|po|li|tik; fi|nanz|po|li|tisch
Fi|nanz|pro|ku|ra|tur, die; -, -en ⟨lat.⟩ *(österr. für* Vertretung des Staates bei Gerichten u. Behörden)
fi|nanz|schwach
Fi|nanz|sprit|ze *(ugs. für* Finanzhilfe)
fi|nanz|stark
Fi|nanz|sys|tem
Fi|nanz|trans|ak|ti|on *(Wirtsch.);* **Fi|nanz|trans|ak|ti|ons|steu|er**
Fi|nanz|ver|wal|tung; Fi|nanz|vor|stand; Fi|nanz|we|sen; Fi|nanz|wirt|schaft
Fin|ca, die; -, -s ⟨span.⟩ (Landhaus mit Garten, Landgut)
Fin|del|kind
fin|den; du fandst (fandest); du fändest; gefunden; find[e]!; ein gefundenes Fressen für jmdn. sein *(ugs. für* jmdm. gelegen kommen)
Fin|der; Fin|de|rin
Fin|der|lohn
Fin de Si|è|c|le [fɛ̃dˈsi̯ɛkl], das; - - - (durch Verfallserscheinungen in Gesellschaft, Kunst u. Literatur geprägte Zeit des ausgehenden 19. Jh.s)
fin|dig; ein findiger Kopf (einfallsreicher Mensch); **Fin|dig|keit,** die; -
Find|ling; Find|lings|block *Plur.* ...blöcke
Fin|dung *Plur. selten* (das [Heraus]finden)
Fines Herbes [ˈfiːnˈzɛrp] *Plur.* ⟨franz.⟩ *(Gastron.* fein gehackte Kräuter)
Fi|nes|se, die; -, -n ⟨franz.⟩ (Feinheit; Kniff)
fing *vgl.* fangen
Fin|ger, der; -s, -; der kleine Finger; jmdn. um den kleinen Finger wickeln *(ugs.);* etwas mit spitzen Fingern (vorsichtig) anfassen; lange, krumme Finger machen *(ugs. für* stehlen)
Fin|ger|ab|druck *Plur.* ...drücke
fin|ger|breit; ein fingerbreiter Spalt, *aber* der Spalt ist keinen Finger breit, 3 Finger breit *(vgl. aber* Fingerbreit); **Fin|ger|breit,** der; -, -, **Fin|ger breit,** der; - -, - -; einen, ein paar Fingerbreit *od.* Finger breit größer; keinen Fingerbreit *od.* Finger breit nachgeben
fin|ger|dick *vgl.* fingerbreit
Fin|ger|far|be (für Kinder)
fin|ger|fer|tig; Fin|ger|fer|tig|keit
Fin|ger|food, Fin|ger-Food, das; -[s] ⟨engl.⟩ [...fuːt] (ohne Besteck zu essende Speisen)
Fin|ger|ges|te *(EDV* Berührung u. Verschiebung von Objekten auf Bildschirmen od. Displays mit den Fingerspitzen zur Programmsteuerung)
Fin|ger|glied
Fin|ger|ha|keln, das; -s (alpenländischer Wettkampf)
Fin|ger|hand|schuh; Fin|ger|hut
...fin|ge|rig, ...fing|rig (z. B. vierfing[e]rig)
Fin|ger|kup|pe (Fingerspitze)
fin|ger|lang *vgl.* fingerbreit
Fin|ger|ling
fin|gern; ich fingere
Fin|ger|na|gel; Fin|ger|ring
Fin|ger|satz *(Musik* Fingerverteilung beim Spielen eines Instruments)
Fin|ger|spiel
Fin|ger|spit|ze; Fin|ger|spit|zen|ge|fühl, das; -[e]s
Fin|ger|tier *(vgl.* Aye-Aye)
Fin|ger|übung *(Musik)*
Fin|ger|wisch *(svw.* Fingergeste)
Fin|ger|zeig, der; -[e]s, -e
fin|gie|ren ⟨lat.⟩ (erdichten; vortäuschen; unterstellen)
...fing|rig *vgl.* ...fingerig
Fi|nis, das; -, - ⟨lat., »Ende«⟩ *(veraltet für* Schlussvermerk in Druckwerken)
Fi|nish [...ɪʃ], das; -s, -s ⟨engl.⟩ (letzter Schliff; Vollendung; *Sport* Endspurt, Endkampf)
Fi|nis|sa|ge [...ˈsaːʒə], die; -, -n ⟨franz.⟩ (Veranstaltung zur Beendigung einer Ausstellung)
Fi|nis|ter|re (nordwestspan. Kap)
fi|nit ⟨lat.⟩ *(Sprachwiss.* bestimmt, konjugiert); finite Form (Personalform, Form des Verbs, die im Ggs. zur infiniten Form [*vgl.* infinit] nach Person u. Zahl bestimmt ist, z. B. [sie] »erwacht« [3. Pers. Sing.])
Fink, der; -en, -en (ein Singvogel)
Fin|ken, der; -s, - *(schweiz. mdal. für* warmer Hausschuh)
Fin|ken|schlag, der; -[e]s (das Zwitschern des Finken)
Fin|ken|wer|der (Elbinsel)
Finn-Din|gi, Finn-Din|ghy, das; -s, -s ⟨schwed.; Hindi⟩ (kleines Einmann-Sportsegelboot)
[1]**Fin|ne,** die; -, -n (Jugendform bestimmter Bandwürmer; entzündete Pustel)
[2]**Fin|ne,** die; -, -n (Rückenflosse von Hai u. Wal; zugespitzte Seite des Hammers)
[3]**Fin|ne,** die; - (Höhenzug in Thüringen)
[4]**Fin|ne,** der; -n, -n (Einwohner von Finnland)
fin|nig (von [1]Finnen befallen)
Fin|nin ⟨*zu* [4]Finne⟩
fin|nisch; *aber* ↑K 140: der Finnische Meerbusen; die Finnische Seenplatte; *vgl.* deutsch; **Fin|nisch,** das; -[s] (Sprache); *vgl.* Deutsch; **Fin|ni|sche,** das; -n; *vgl.* [2]Deutsche
fin|nisch-ug|risch ↑K 145 *u.* 149: finnisch-ugrische Sprachen, Völker
Finn|land; Finn|län|der ([4]Finne mit schwed. Muttersprache); **Finn|län|de|rin; finn|län|disch**
[1]**Finn|mark,** die; -, - (frühere finn. Währungseinheit; *Abk.* Fmk)
[2]**Finn|mark** (norw. Verwaltungsbezirk)
fin|no|ug|risch *vgl.* finnisch-ugrisch; **Fin|no|ug|rist,** der; -en, -en (Fachmann für finnisch-ugrische Sprachen); **Fin|no|ug|ris|tik,** die; -; **Fin|no|ug|ris|tin**
finn|ug|risch usw. *vgl.* finnougrisch usw.
Finn|wal
Fi|now|ka|nal, Fi|now-Ka|nal [...no...], der; -s (Kanal in Brandenburg)
fins|ter; es wurde immer finst[e]rer; im Finstern tappen *(auch für* nicht Bescheid wissen); **Fins|ter|keit,** die; -
Fins|ter|ling (grimmig wirkender Mensch)

F
Fins

Fins|ter|nis, die; -, -se
Fin|te, die; -, -n ‹ital.› (Vorwand, Täuschung[smanöver]; *Sport* Scheinangriff); **fin|ten|reich**
fin|ze|lig, finz|lig (*landsch. für* überzart, überfein; die Augen [über]anstrengend)
Fi|o|ret|te, die; -, -n *meist Plur.* ‹ital., »Blümchen«› (*Musik* Gesangsverzierung); **Fi|o|ri|tur,** die; -, -en *meist Plur.* (*svw.* Fiorette)
Fips, der; -es, -e (*landsch. für* kleiner, unscheinbarer Mensch); Meister Fips (*Spottname für* Schneider); **fip|sig** (*ugs. für* unbedeutend, klein)
Fir|dau|si, Abu l-Kasim Mansur (persischer Dichter)
Fi|ren|ze (*ital. Form von* Florenz)
Fire|wall [ˈfaɪ̯ɐwɔːl], die; -, -s *u.* der; -s, -s ‹engl., »Brandmauer«› (*EDV* Programmsystem, das [Computer]netzwerke vor ungewolltem Zugriff schützt)
Fir|le|fanz, der; -es (*ugs. für* überflüssiges, wertloses Zeug; Unsinn); **Fir|le|fan|ze|rei**
firm ‹lat.›; in etw. firm (erfahren, beschlagen) sein
Fir|ma, die; -, ...men ‹ital.› (*Abk.* Fa.)
Fir|ma|ment, das; -[e]s ‹lat.› *(geh.)*
fir|men ‹lat.› (jmdm. die Firmung erteilen)
Fir|men|auf|druck; Fir|men|buch
Fir|men|chef; Fir|men|che|fin
fir|men|ei|gen
Fir|men|grün|der; Fir|men|grün|de|rin; Fir|men|in|ha|ber; Fir|men|in|ha|be|rin
fir|men|in|tern
Fir|men|kopf (*svw.* Firmenaufdruck)
Fir|men|kun|de; Fir|men|kun|din
Fir|men|lo|go; Fir|men|na|me; Fir|men|re|gis|ter; Fir|men|schild; Fir|men|sitz
Fir|men|spre|cher; Fir|men|spre|che|rin
Fir|men|stem|pel; Fir|men|ver|zeich|nis; Fir|men|wa|gen; Fir|men|wert; Fir|men|zei|chen; Fir|men|zen|t|ra|le
fir|mie|ren (einen bestimmten Geschäftsnamen führen)
Firm|ling ‹lat.› (der *od.* die zu Firmende); **Firm|pa|te; Firm|pa|tin; Fir|mung** (kath. Sakrament)
firn (*fachspr. für* alt, abgelagert [von Wein]); ein firner Wein
Firn, der; -[e]s, *Plur.* -e, *auch* -en (körnig gewordener Altschnee im Hochgebirge; *schweiz. auch für* damit bedeckter Gipfel)
Fir|ne, die; -, -n (Reife des Weines)
Firn|eis, das; -es
Fir|ne|wein
Firn|glei|ter (Kurzski für Gletscherabfahrten)
fir|nig
Fir|nis, der; -ses, -se ‹franz.› (schnell trocknender Schutzanstrich); **fir|nis|sen;** du firnisst
Firn|schnee
First, der; -[e]s, -e; **First|bal|ken**
first class [ˈføːɐ̯st -] ‹engl.› (erstklassig, von gehobenem Standard); **First-Class-Ho|tel** ‹engl.; franz.› (Luxushotel)
First|fei|er (*österr. für* Richtfest)
First La|dy, die; - -, - Ladies ‹engl., »Erste Dame«› (Frau eines Staatsoberhauptes)
First|pfet|te; First|zie|gel
Firth [fəːθ], der; -, -es [ˈfəːθɪz] ‹engl.› (tief ins Landesinnere reichender Meeresarm in Schottland)
fis, Fis, das; -, - (Tonbezeichnung); **fis** (*Zeichen für* fis-Moll); in fis; **Fis** (*Zeichen für* Fis-Dur); in Fis
FIS, Fis, die; - ‹franz.› = Fédération Internationale de Ski (Internationaler Skiverband)
Fisch, der; -[e]s, -e; kleine Fische (*ugs. für* Kleinigkeiten)
Fisch|ad|ler
fisch|arm
Fisch|au|ge (*auch* ein fotograf. Objektiv); **fisch|äu|gig**
Fisch|bein, das; -[e]s; **Fisch|be|stand; Fisch|be|steck**
Fisch|bla|se; Fisch|bla|sen|stil, der; -[e]s *(Archit.)*
Fisch|blut, das; -[e]s
Fisch|bra|te|rei, Fisch|brat|kü|che (Gaststätte für Fischgerichte)
Fisch|bröt|chen; Fisch|brut
Fisch|bur|ger, Fish|bur|ger [ˈfɪʃbøːɐ̯gɐ], der; -s, - ‹engl.› (Brötchen mit paniertem Fisch)
fi|scheln (*bes. österr., schweiz. für* nach Fisch riechen); ich fisch[e]le
fi|schen; du fischst
Fi|schenz, die; -, -en (*schweiz. für* Fischpacht)
Fi|scher; Fi|scher|boot
Fi|scher-Dies|kau (dt. Sänger)
Fi|scher|dorf
Fi|sche|rei
Fi|sche|rei|gren|ze; Fi|sche|rei|ha|fen; Fi|sche|rei|we|sen
Fi|sche|rin
Fi|scher|kar|te (*österr. für* Angelschein); **Fi|scher|netz**
Fi|scher|ste|chen (Brauch der Fischer, bei dem diese versuchen, sich gegenseitig mit langen Stangen aus dem Boot zu stoßen)
Fi|scher von Er|lach (österr. Barockbaumeister)
Fisch|fang; Fisch|fi|let; Fisch|frau; Fisch|ge|richt; Fisch|ge|schäft
Fisch|grä|te; Fisch|grä|ten|mus|ter
Fisch|grün|de *Plur.*
Fisch|händ|ler; Fisch|händ|le|rin
fi|schig
Fisch|kal|ter (*bayr., österr. für* Fischbehälter)
Fisch|kon|ser|ve; Fisch|kut|ter; Fisch|la|den; Fisch|laich
Fisch|land-Darß-Zingst (Halbinsel an der Ostsee)
Fisch|markt; Fisch|maul; Fisch|mehl; Fisch|mes|ser, das; **Fisch|ot|ter,** der; **Fisch|res|tau|rant; Fisch|reu|se; Fisch|ro|gen; Fisch|stäb|chen; Fisch|sup|pe**
Fisch ver|ar|bei|tend, fisch|ver|ar|bei|tend ↑K58
Fisch|ver|gif|tung; Fisch|zug
Fis-Dur [ˈfɪsduːɐ̯, *auch* ˈfɪsˈduːɐ̯], das; -[s] (Tonart; *Zeichen* Fis); **Fis-Dur-Ton|lei|ter** ↑K26
Fi|sett|holz, das; -es (einen gelben Farbstoff enthaltendes Holz)
Fish|bur|ger *vgl.* Fischburger
Fi|si|ma|ten|ten *Plur.* (*ugs. für* leere Ausflüchte); mach keine Fisimatenten!
fis|ka|lisch (dem Fiskus gehörend; staatlich)
Fis|kal|pakt (Vertrag über eine Fiskalunion), **Fis|kal|uni|on** (Bündnis mehrerer Länder, die sich zu einer einheitlichen Finanzpolitik verpflichten)
Fis|kus, der; -, *Plur.* ...ken *u.* -se *Plur. selten* (der Staat als Eigentümer des Staatsvermögens; Staatskasse)
fis-Moll [ˈfɪsmɔl, *auch* ˈfɪsˈmɔl], das; -[s] (Tonart; *Zeichen* fis); **fis-Moll-Ton|lei|ter** ↑K26
Fi|so|le, die; -, -n ‹ital.› (*österr. für* grüne Gartenbohne)
fis|se|lig (*landsch. für* dünn, fein; Geschicklichkeit erfordernd)
fis|sil ‹lat.› (spaltbar); **Fis|si|li|tät,** die; -; **Fis|si|on,** die; -, -en (*Kernphysik* Kernspaltung)
Fis|sur, die; -, -en (*Med.* Riss)
Fis|tel, die; -, -n ‹lat.› (*Med.* krankhafter od. operativ angelegter Kanal, der ein Organ mit der

F Fins

Körperoberfläche od. einem anderen Organ verbindet)
fis|teln (mit Fistelstimme sprechen, singen); ich fist[e]le; **Fis|tel|stim|me** (Kopfstimme)
Fist|fu|cking [...fakɪŋ], das; -s, -s ⟨engl.⟩ (*vulg. für* sexuelle Praktik, bei der die Hand od. Faust in den After des Geschlechtspartners eingeführt wird)
fit ⟨engl.-amerik.⟩ (in guter [körperlicher] Verfassung; durchtrainiert); fit sein; sich fit halten; ein fitter Bursche; die fitteste Läuferin wird gewinnen
Fi|tis, der; *Gen.* - *u.* -ses, *Plur.* -se (ein Singvogel)
Fit|ness, die; - ⟨engl.-amerik.⟩ (gute körperliche Verfassung)
Fit|ness|cen|ter; Fit|ness|raum; Fit|ness|stu|dio, Fit|ness-Stu|dio
Fit|ness|trai|ner; Fit|ness|trai|ne|rin; Fit|ness|trai|ning
Fit|sche, die; -, -n (*landsch. für* Tür-, Fensterangel, Scharnier)
Fit|tich, der; -[e]s, -e (*geh. für* Flügel)
Fit|ting, das; -s, -s *meist Plur.* ⟨engl.⟩ (Formstück zur Installation von Rohrleitungen)
Fitz, der; -es, -e (*landsch. für* Fadengewirr)
Fitz|boh|ne (*landsch. für* Schnittbohne)
Fitz|chen (Kleinigkeit)
Fit|ze, die; -, -n (*landsch. für* Garnbündel; geflochtene Rute)
Fit|zel, der *od.* das; -s, - (*landsch. für* Fitzchen); **Fit|zel|chen** (*ugs. für* Fitzchen)
fit|zen (*landsch. für* sich verwirren; nervös sein); du fitzt
Fitz|ge|rald, Ella (amerik. Jazzsängerin)
Fi|u|ma|ra, Fi|u|ma|re, die; -, ...re[n] ⟨ital.⟩ (*Geogr.* Flusslauf, der nur in regenreicher Zeit Wasser führt)
Fi|u|me (*ital. Name von* Rijeka)
Five o'Clock ['faivə'klɔk], der; - -, - -s, **Five o'Clock Tea** [- - 'ti:], der; - - -, - - -s ⟨engl.⟩ (Fünfuhrtee)
fix ⟨lat., »fest«⟩ (sicher, stetig, fest; *ugs. für* gewandt, schnell); fixe Idee (Zwangsvorstellung); fixer (fester) Preis; fixes Gehalt; fixe Kosten; fix angestellt *od.* fixangestellt (*österr. für* fest angestellt); fix und fertig
Fix|an|stel|lung (*österr. für* Festanstellung)
Fi|xa|teur [...'tø:ɐ̯], der; -s, -e ⟨franz.⟩ (Zerstäuber für Fixiermittel); **Fi|xa|tiv**, das; -s, -e ⟨lat.⟩ (Fixiermittel für Zeichnungen)
fi|xen ⟨engl.⟩ (*Börsenw.* Leerverkäufe von Wertpapieren tätigen; *ugs. für* sich Drogen spritzen); du fixt; **Fi|xer** (*Börsenw.* Leerverkäufer; Börsenspekulant; *ugs. für* jmd., der sich Drogen spritzt); **Fi|xe|rin**
Fi|xer|stu|be (*ugs. für* behördlich kontrollierter Raum zum Fixen)
fix|fer|tig (*schweiz. für* fix u. fertig)
Fi|xier|bad (*Fotogr.*); **fi|xie|ren; Fi|xier|mit|tel**, das; **Fi|xie|rung**
Fi|xig|keit, die; - (*ugs. für* Gewandtheit)
Fix|kos|ten *Plur.*
Fix|lein|tuch (*schweiz. für* Spannbetttuch)
Fix|preis; Fix|punkt (Festpunkt)
Fix|stern (scheinbar unbeweglicher Stern; *vgl.* ²Stern)
Fi|xum, das; -s, ...xa (Festgehalt)
Fix|zeit (Festzeit, während der auch bei gleitender Arbeitszeit alle Arbeitnehmer anwesend sein müssen)
Fjäll ⟨schwed.⟩, **Fjell** ⟨norw.⟩, *älter* **Fjeld**, der; -s, -s ⟨dän.⟩ (baumlose Hochfläche in Skandinavien)
Fjord, der; -[e]s, -e ⟨skand.⟩ (schmale Meeresbucht)
FKK, die *od.* das; - = Freikörperkultur; **FKKler** [ɛfka:'ka:lɐ] ↑K30 (*ugs.*); **FKKle|rin; FKK-Strand** ↑K28
fl., Fl. = Florin (Gulden)
FL = Florida
Flab, die; - (*schweiz. Kurzw. für* Fliegerabwehr); *vgl.* Flak
flach; auf dem flachen Land[e] (außerhalb der Stadt) wohnen; flach atmen; einen Hut flach drücken *od.* flachdrücken; ein Schnitzel flach klopfen *od.* flachklopfen; den Ball flach halten *od.* flachhalten (*ugs. auch für* sich zurückhalten); sich flach auf den Boden legen, flach auf dem Boden liegen; *vgl.* flachfallen, flachlegen, flachliegen
Flach, das; -[e]s, -e (*Seemannsspr.* Untiefe)
...flach (z. B. Achtflach, das; -[e]s, -e)
Flach|band|ka|bel
Flach|bau *Plur.* ...bauten
Flach|bett|scan|ner; Flach|bild|schirm
flach|brüs|tig
Flach|dach; Flach|druck *Plur.* ...drucke (*Druckw.*)
flach drü|cken, flach|drü|cken *vgl.* flach
Flä|che, die; -, -n
Flach|ei|sen (ein Werkzeug)
Flä|chen|aus|deh|nung; Flä|chen|blitz; Flä|chen|brand
flä|chen|de|ckend; Flä|chen|er|trag
flä|chen|haft
Flä|chen|in|halt
Flä|chen|nut|zung, Flä|chen|wid|mung; Flä|chen|nut|zungs|plan, Flä|chen|wid|mungs|plan; Flä|chen|staat; Flä|chen|ta|rif|ver|trag
flach|fal|len (↑K56; *ugs. für* nicht stattfinden)
Flach|feu|er|ge|schütz
flach hal|ten, flach|hal|ten *vgl.* flach
Flach|heit
flä|chig
flach klop|fen, flach|klop|fen *vgl.* flach
Flach|kopf (*svw.* Dummkopf)
Flach|küs|te
Flach|land *Plur.* ...länder; **Flach|län|der**, der; **Flach|län|de|rin**
flach|le|gen (*ugs. für* sich schlafen legen; jmdn. niederschlagen; mit jmdm. koitieren)
flach|lie|gen (*ugs. für* krank sein); sie hat eine Woche flachgelegen
Flach|mann *Plur.* ...männer (*ugs. für* Taschenflasche)
Flach|meer (*Geogr.*)
...fläch|ner (z. B. Achtflächner)
Flachs, der; -es (Faserpflanze)
flachs|blond
Flachs|bre|che, die; -, -n
Flach|schuss (*bes. Fußball*)
Flachs|dar|re
Flach|se (*bayr., österr. für* Flechse)
flach|sen (*ugs. für* necken, spotten, scherzen); du flachst
fläch|sen, fläch|sern (aus Flachs)
Flach|se|rei
fläch|sern *vgl.* flächsen
Flachs|haar; Flachs|kopf
Flach|wich|ser (*derb abwertend*)
Flach|zan|ge
fla|cken (*landsch. für* flackern)
Fla|cker|feu|er
fla|cke|rig, flack|rig
fla|ckern
Fla|den, der; -s, - (flacher Kuchen; breiige Masse; *kurz für* Kuhfladen); **Fla|den|brot**
Fla|der, die; -, -n (Maser, Holzader; bogenförmiger Jahresring in Schnittholz); **Fla|der|holz; fla|de|rig, flad|rig** (gemasert);

F
flad

Fla|der|schnitt; Fla|de|rung, die; - (Maserung)
Fläd|le, das; -s, - (*bes. schwäb. für* Streifen aus Eierteig als Suppeneinlage); Bouillon mit vielen Flädle; **Fläd|le|sup|pe;** **Fläd|li,** das; -[s], -; *vgl. auch* Götti (*schweiz. für* Flädle); **Fläd|li|sup|pe**
flad|rig *vgl.* fladerig
Fla|gel|lant, der; -en, -en *meist Plur.* ‹lat., »Geißler«› (Angehöriger religiöser Bruderschaften des MA.s, die sich zur Sündenvergebung selbst geißelten); **Fla|gel|lan|ten|tum,** das; -s; **Fla|gel|lan|tin**
Fla|gel|lat, der; -en, -en *meist Plur.* (*Biol.* Geißeltierchen)
Fla|geo|lett [...ʒo...], das; -s, *Plur.* -e *u.* -s ‹franz.› (kleinster Typ der Schnabelflöte; flötenähnlicher Ton bei Streichinstrumenten u. Harfen; Flötenregister der Orgel); **Fla|geo|lett-ton**, **Fla|geo|lett-Ton**
Flag|ge, die; -, -n; **flag|gen**
Flag|gen|al|pha|bet; Flag|gen|gruß; Flag|gen|mast *vgl.* [1]Mast
Flagg|of|fi|zier; Flagg|of|fi|zie|rin
Flagg|schiff
fla|g|rant ‹lat.› (deutlich u. offenkundig); *vgl.* in flagranti
Flag|ship-Store, **Flag|ship|store** [ˈflɛɡʃɪpstoːɐ̯], der; -s, -s ‹engl.› (besonders repräsentatives Ladengeschäft einer Firma)
Flair [flɛːɐ̯], das; -s ‹franz.› (Fluidum, Atmosphäre; *bes. schweiz. für* feiner Instinkt)
Flak, die; -, *Plur.* -, *auch* -s (*Kurzw. für* Flugzeugabwehrkanone; Flugabwehrartillerie); die leichten und schweren Flak[s]; **Flak|bat|te|rie**
Fla|ke, die; -, -n (*nordd. für* [Holz]geflecht; Netz)
Flak|hel|fer; Flak|hel|fe|rin
Fla|kon [...ˈkõː], der *od.* das; -s, -s ‹franz.› ([Riech]fläschchen)
Flam|beau [flãˈboː], der; -s, -s ‹franz.› (mehrarmiger Leuchter mit hohem Fuß)
Flam|berg, der; -[e]s, -e (zweihändiges [meist flammenförmiges] Schwert der Landsknechte)
flam|bie|ren ([Speisen] mit Alkohol übergießen u. anzünden)
[1]**Fla|me,** der; -n, -n (Angehöriger der Bevölkerung im Westen u. Norden Belgiens u. in den angrenzenden Teilen Frankreichs u. der Niederlande)
[2]**Flame** [fleɪm], die; -, -s, *auch* das; -s, -s (*Jargon* heftige Auseinandersetzung beim Chatten)
Fla|men|co, der; -[s], -s ‹span.› (andalus. [Tanz]lied; Tanz)
Fla|min, Flä|min
Flä|ming, der; -s (Landrücken in der Mark Brandenburg)
Fla|min|go, der; -s, -s ‹span.› ([rosafarbener] Wasservogel)
flä|misch *vgl.* deutsch / Deutsch; **Flä|misch,** das; -[s] (Sprache); *vgl.* Deutsch; **Flä|mi|sche,** das; -n; *vgl.* [2]Deutsche
Flam|län|der (*älter für* Flame); **Flam|län|de|rin**
Flämm|chen
Flam|me, die; -, -n
Flamm|ei|sen (ein Werkzeug)
flam|men
fläm|men (*Technik* absengen)
flam|mend (*auch für* leidenschaftlich)
Flam|men|ku|chen *vgl.* Flammkuchen
Flam|men|meer; Flam|men|tod; Flam|men|wer|fer
Flam|me|ri, der; -[s], -s ‹engl.› (eine kalte Süßspeise)
Flamm|garn *(Textilind.)*
flam|mig
Flamm|koh|le (mit langer Flamme brennende Steinkohle)
Flamm|ku|chen, *seltener* **Flam|men|ku|chen** (Kuchen aus Hefeteig mit Rahm u. Speck)
Flämm|lein
Flamm|punkt (Temperatur, bei der die Dämpfe über einer Flüssigkeit entflammbar sind)
Flan|dern (Gebiet zwischen der Schelde u. der Nordsee); **flandrisch;** die flandrische Küste
Fla|nell, der; -s, -e ‹franz.› (gerautes Gewebe); **Fla|nell|anzug**
fla|nel|len (aus Flanell)
Fla|nell|hemd; Fla|nell|ho|se
Fla|neur [...ˈnøːɐ̯], der; -s, -e ‹franz.› (müßig Umherschlendernder); **Fla|neu|rin**
fla|nie|ren; Fla|nier|mei|le (*ugs. für* Straße zum Flanieren)
Flan|ke, die; -, -n ‹franz.›
flan|ken *(Sport)*
Flan|ken|an|griff; Flan|ken|ball; Flan|ken|wech|sel
Flan|kerl, das; -s, -[n]; *vgl.* Pickerl (*österr. ugs. für* Fussel)
flan|kie|ren ‹franz.› (begleiten)
Flansch, der; -[e]s, -e (Verbindungsansatz an Rohren, Maschinenteilen usw.); **flanschen** (mit einem Flansch versehen); **Flan|schen|dich|tung;** **Flansch|ver|bin|dung**
Fla-Pan|zer (Flugabwehrpanzer)
Flap|pe, die; -, -n (*landsch. für* schiefer Mund); eine Flappe ziehen (schmollen)
Flaps, der; -es, -e (*ugs. für* Flegel); **flap|sig** *(ugs.)*
Fla-Ra|ke|te (Flugabwehrrakete)
Fläsch|chen
Fla|sche, die; -, -n (*ugs. auch für* Versager)
Fla|schen|bier; Fla|schen|bürs|te
Fla|schen|gar|ten (Zierpflanzen in einer Flasche)
Fla|schen|gä|rung (bei Schaumwein)
fla|schen|grün
Fla|schen|hals (*ugs. auch für* Engpass)
Fla|schen|kind; Fla|schen|öff|ner; **Fla|schen|pfand,** das; -[e]s; **Flaschen|post; Fla|schen|zug**
Fläsch|lein
Flasch|ner (*südd. für* Klempner); **Flasch|ne|rin**
Fla|ser, die; -, -n (Ader im Gestein); **fla|se|rig, flas|rig**
Flash [flɛʃ], der; -s, -s ‹engl.; »Blitz«› (Eil-, Kurzmeldung [in den Medien]; *Film* kurze Rückblende)
fla|shen [ˈflɛʃn̩] ‹engl.› (*Jargon* begeistern; *EDV* ROM-gespeicherte Software überschreiben); du flashst; geflasht
Flash|mob [ˈflɛʃmɔp], der; -s, -s ‹engl.› (spontane Aktion vieler Menschen, die sich mithilfe der Telekommunikation dazu verabredet haben)
Flat|rate, die; -, -s, **Flat Rate,** die; - -, - -s [ˈflɛtreɪt] ‹engl.› ([günstiger] Pauschalpreis für die Nutzung von Internet und/oder Telefon)
Flat|rate|par|ty, **Flat|rate-Par|ty,** **Flat-Rate-Par|ty** (öffentliches Fest, bei dem alle [alkoholischen] Getränke zu einem günstigen Pauschalpreis ausgeschenkt werden)
Flat|sche [*auch* ˈflaː...], die; -, -n, **Flat|schen,** der; -s, - (*landsch. für* großes Stück; breiige Masse)
Flat|ter; *nur in* die Flatter machen (*ugs. für* verschwinden)
Flat|ter|geist *Plur.* ...geister

flat|ter|haft; Flat|ter|haf|tig|keit
flat|te|rig, flatt|rig
Flat|ter|mann *Plur.* ...männer (*ugs. für* Nervosität; unruhiger Mensch; Brathähnchen)
Flat|ter|mar|ke *(Druckw.)*
flat|tern; ich flattere
Flat|ter|satz, der; -es *(Druckw.)*
flat|tie|ren ‹franz.› (*schweiz. für* schmeicheln, gut zureden)
flatt|rig, flat|te|rig
Fla|tu|lenz, die; -, -en ‹lat.› (*Med.* Darmaufblähung); **Fla|tus,** der; -, - (*Med.* Blähung)
flau (*ugs. für* schlecht, übel)
Flau|bert [floˈbɛːɐ̯] (franz. Schriftsteller)
Flau|heit, die; -
1 **Flaum,** der; -[e]s (*landsch. für* Flomen)
2 **Flaum,** der; -[e]s (weiche Bauchfedern; erster Bartwuchs)
Flau|ma|cher (*svw.* Miesmacher)
Flau|mer, der; -s, - (*schweiz. für* Mopp)
Flaum|fe|der; flau|mig; flaum|weich
Flaus, der; -es, -e (*veraltet für* Flausch); **Flausch,** der; -[e]s, -e (weiches Wollgewebe); **flau|schig; Flausch|rock**
Flau|se, die; -, -n *meist Plur.* (*ugs. für* Ausflucht; törichter Einfall)
Flau|te, die; -, -n (Windstille; *übertr. für* Unbelebtheit [z. B. im Geschäftsleben])
Fla|via (w. Vorn.)
Fla|vi|er, der; -s, - (Angehöriger eines röm. Kaisergeschlechtes)
Fla|vio (m. Vorn.)
fla|visch
Fläz, der; -es, -e (*ugs. abwertend für* plumper Mensch; Lümmel); **flä|zen,** sich (*ugs. für* nachlässig sitzen; sich hinlümmeln); du fläzt dich; **flä|zig** *(ugs.)*
Fleb|be, Flep|pe, die; -, -n *meist Plur.* (*ugs. für* Ausweispapier)
Flech|se, die; -, -n (Sehne); **flech|sig**
Flech|te, die; -, -n (Pflanze; Hautausschlag; *geh. für* Zopf)
flech|ten; du flichtst, er flicht; du flochtest; du flöchtest; geflochten; flicht!
Flech|ter; Flech|te|rin
Flecht|werk, das; -[e]s
Fleck, der; -[e]s, -e, **Fle|cken,** der; -s, -; der blinde Fleck (im Auge); **Fleck|chen**
Fle|cke *Plur.* (*landsch. für* Kutteln)
fle|cken (Flecke[n] machen, annehmen; *landsch. auch für* vorankommen, z. B. es fleckt)
Fle|cken, der; -s, - (*svw.* Fleck; größeres Dorf)
Fle|cken|ent|fer|ner
fle|cken|los; Fle|cken|lo|sig|keit, die; -
Fleck|ent|fer|ner (*svw.* Fleckenentferner); **Fle|cken|was|ser**
Fle|ckerl, das; -s, -[n]; *vgl.* Pickerl (*österr. für* quadratisch geschnittenes Nudelteigstück als Suppeneinlage); **Fle|ckerl|spei|se; Fle|ckerl|sup|pe**
Fle|ckerl|tep|pich (*bayr. u. österr. für* Teppich aus Stoffstreifen)
Fleck|fie|ber, das; -s
fle|ckig; Fle|ckig|keit, die; -
Fleck|ty|phus; Fleck|vieh
Fled|de|rer; Fled|de|rin; fled|dern (*Gaunerspr.* ausplündern); ich fleddere
Fle|der|maus; Fle|der|wisch
Fleece [fliːs], das; - ‹engl.› ([synthetischer] Flausch); **Fleece|ja|cke**
Fleet, das; -[e]s, -e (Kanal in Küstenstädten, bes. in Hamburg)
Fle|gel, der; -s, -; **Fle|ge|lei**
fle|gel|haft; Fle|gel|haf|tig|keit
fle|ge|lig
Fle|gel|jah|re *Plur.*
fle|geln, sich; ich fleg[e]le mich aufs Sofa
fle|hen; fle|hent|lich
fleh|men ([meist von Pferden] die Oberlippe hochziehen)
Fleisch, das; -[e]s; fleischfressende *od.* Fleisch fressende Pflanzen, Tiere; der fleischgewordene *od.* Fleisch gewordene (*veraltend für* personifizierte) Antichrist
Fleisch|be|schau; Fleisch|be|schau|er; Fleisch|be|schau|e|rin
Fleisch|brü|he; Fleisch|ein|la|ge; Fleisch|ein|waa|ge
Flei|scher; Flei|sche|rei
Flei|scher|ha|ken
Flei|sche|rin
Flei|scher|in|nung
Flei|scher|meis|ter; Flei|scher|meis|te|rin
Flei|scher|mes|ser
flei|schern (aus Fleisch)
Flei|sches|lust
Fleisch|es|ser; Fleisch|es|se|rin
Fleisch|ex|trakt
fleisch|far|ben, fleisch|far|big
fleisch|fres|send, Fleisch fres|send ↑K58
Fleisch|ge|richt
fleisch|ge|wor|den, Fleisch ge|wor|den ↑K58
Fleisch|ha|cker (*ostösterr. ugs.*); **Fleisch|ha|cke|rin; Fleisch|hau|er** (*österr. für* Fleischer); **Fleisch|hau|e|rei** (*österr. für* Fleischerei); **Fleisch|hau|e|rin**
flei|schig; Flei|schig|keit, die; -
Fleisch|kä|se *(landsch.)*; **Fleisch|klop|fer; Fleisch|klöß|chen; Fleisch|kon|ser|ve; Fleisch|kon|sum; Fleisch|laib|chen; Fleisch|lai|berl,** das; -s, -[n]; *vgl.* Pickerl (*österr. für* Frikadelle)
fleisch|lich; Fleisch|lich|keit, die; -
fleisch|los
Fleisch|ma|schi|ne (*österr. für* Fleischwolf)
Fleisch|pflan|zerl, das; -s, -[n]; *vgl.* Pickerl (*südd. für* Frikadelle)
Fleisch|sa|lat
Fleisch|sel|cher (*österr.*); **Fleisch|sel|che|rin**
Fleisch|ti|ger (*österr. ugs. für* Fleischliebhaber)
Fleisch|to|ma|te; Fleisch|ver|gif|tung
Fleisch|vo|gel (*schweiz. für* Roulade)
Fleisch|wa|ren *Plur.*
Fleisch|wer|dung (Menschwerdung, Verkörperung)
Fleisch|wolf; Fleisch|wun|de; Fleisch|wurst
Fleiß, der; -es; **Fleiß|ar|beit**
flei|ßig; *aber* ↑K151: das Fleißige Lieschen (eine Zierpflanze)
Flei|ver|kehr, der; -[e]s (Flug-Eisenbahn-Güterverkehr)
flek|tier|bar ‹lat.› (*Sprachwiss.* beugbar); **flek|tie|ren** ([ein Wort] beugen, d. h. deklinieren od. konjugieren); *vgl. auch* Flexion
Fle|ming (dt. Dichter)
flen|nen (*ugs. abwertend für* weinen); **Flen|ne|rei**
Flens|burg (Stadt in Schleswig-Holstein)
Flep|pe *vgl.* Flebbe
Fles|serl, das; -s, -[n]; *vgl.* Pickerl (*österr. für* ein mit Kümmel od. Salz bestreutes Gebäck)
flet|schen (die Zähne zeigen); du fletschst
flet|schern ‹nach dem Amerikaner Fletcher› (sorgfältig u. lange kauen); ich fletschere

F
flet

Flett, das; -[e]s, -e (Wohnküche im niedersächs. Bauernhaus)
Flett|ner (dt. Maschinenbauer); **Flett|ner|ru|der**, **Flett|ner-Ruder** (Hilfsruder)
Fletz [*auch* flɛt͜s], das *od.* der; -es, -e (*südd. für* Hausflur)
fleucht; *nur in* alles, was da kreucht und fleucht (kriecht und fliegt = alle Tiere)
Fleur [fløːɐ̯] (w. Vorn.)
Fleu|ron [fløˈrõː], der; -s, -s ‹franz.› (Blumenornament)
Fleu|rons [fløˈrõːs] *Plur.* (ungesüßte Blätterteigstückchen)
Fleu|rop® [*auch* ˈfløː...], die; - (internationale Blumengeschenkvermittlung)
Flex®, die; -, - (elektr. Winkelschleifer)
fle|xen; du flext
fle|xi|bel ‹lat.› (biegsam, elastisch; sehr anpassungsfähig; *Sprachwiss.* beugbar); ...i|b|le Wörter
fle|xi|bi|li|sie|ren (flexibel gestalten); **Fle|xi|bi|li|sie|rung**
Fle|xi|bi|li|tät, die; - (Biegsamkeit; Anpassungsfähigkeit)
Fle|xi|on, die; -, -en (*Med.* Beugung, Abknickung; *Sprachwiss.* Beugung, d. h. Deklination od. Konjugation); **Fle|xi|ons|en|dung**
fle|xi|ons|fä|hig; fle|xi|ons|los
fle|xi|visch (*Sprachwiss.* die Beugung betreffend)
Fle|xur, die; -, -en (*Geol.* Verbiegung)
Fli|bus|ti|er [...i̯ɐ], [1]**Fi|li|bus|ter**, der; -s, - ‹niederl.› (Seeräuber des 17. Jh.s)
Flic [flɪk], der; -s, -s ‹franz.› (*franz. ugs. für* Polizist)
flicht *vgl.* flechten
Flick|ar|beit
fli|cken; Fli|cken, der; -s, -; **Flicken|de|cke; Fli|cken|tep|pich**
Fli|cker; Fli|cke|rei; Fli|cke|rin
Flick|flack, der; -s, -s ‹franz.› (in schneller Folge geturnter Handstandüberschlag)
Flick|korb
Flick|schus|ter (Stümper); **Flickschus|te|rei**
Flick|werk
Flie|boot ‹niederl.› (kleines Fischerboot; *auch für* Beiboot)
Flie|der, der; -s, - (Zierstrauch; *landsch. für* Holunder)
Flie|der|bee|re; Flie|der|beer|suppe; Flie|der|blü|te; Flie|der|busch
flie|der|far|ben, flie|der|far|big
Flie|der|strauch
Flie|der|tee (*landsch. für* Tee aus getrockneten Holunderblüten)
Flie|ge, die; -, -n

flie|gen

– er/sie fliegt; du flogst (flogest); du flögest; geflogen; flieg[e]!

Kleinschreibung ↑K 89:

– fliegende Blätter, fliegende Hitze, fliegende Untertasse, in fliegender Eile

Großschreibung ↑K 150 u. 151:

– Fliegende Fische *(Zool.)*
– Fliegende Blätter (frühere humoristische Zeitschrift)
– der Fliegende Holländer (Sagengestalt, Oper)

Flie|gen|dreck; Flie|gen|fän|ger; Flie|gen|fens|ter
Flie|gen|ge|wicht (Körpergewichtsklasse im Sport); **Flie|gen|gewicht|ler; Flie|gen|ge|wicht|le|rin**
Flie|gen|klap|pe; Flie|gen|klat|sche; Flie|gen|kopf *(Druckerspr.)*; **Fliegen|pilz; Flie|gen|pra|cker** (*österr. für* Fliegenklatsche); **Flie|genschnäp|per** (ein Singvogel)
Flie|ger (*auch ugs. für* Flugzeug); **Flie|ger|ab|wehr; Flie|ger|alarm; Flie|ger|bom|be**
Flie|ge|rei; Flie|ger|horst
Flie|ge|rin; flie|ge|risch
Flie|ger|ren|nen *(Sport)*
Flie|ger|spra|che *Plur. selten*
Flieh|burg *(früher)*
flie|hen; er flieht; du flohst (flohest); du flöhest; geflohen; flieh[e]!; **flie|hend** (schräg nach hinten verlaufend)
Flieh|kraft (*für* Zentrifugalkraft); **Flieh|kraft|kupp|lung** *(Technik)*
Flie|se, die; -, -n; **flie|sen** (mit Fliesen versehen); du fliest; sie flieste; gefliest; **Flie|sen|bo|den**
Flie|sen|le|ger; Flie|sen|le|ge|rin
Fließ, das; -es, -e (*veraltet für* Bach)
Fließ|ar|beit (Arbeit am laufenden Band)
Fließ|band, das; *Plur.* ...bänder
Fließ|band|ar|beit; Fließ|band|arbei|ter; Fließ|band|ar|bei|te|rin
Fließ|ei (Vogelei ohne Kalkschale)
flie|ßen; du fließt, er fließt; ich floss, du flossest; du flössest; geflossen; fließ[e]!; ineinanderfließen; ineinanderfließende Farben
flie|ßend (ohne Stocken)
Fließ|heck (bei Autos; *vgl.* [1]Heck)
Fließ|laut (Liquida)
Fließ|pa|pier (Löschpapier)
Fließ|text *(Druckerspr.)*
Flight-At|ten|dant [ˈflai̯tlətɛnd(ə)nt], der; -s; -s *u.* die; -; -s (*schweiz. für* Steward[ess])
Flim|mer, der; -s, -
Flim|mer|epi|thel (*Biol.* mit Wimpern versehene Zellschicht)
Flim|mer|kis|te (*ugs. für* Fernsehgerät)
flim|mern; ich flimmere
flink; Flink|heit, die; -
flink|zün|gig
Flin|serl, das; -s, -[n]; *vgl.* Pickerl (*österr. ugs. für* Flitter; glitzerndes Metallplättchen [als Ohrschmuck])
Flint, der; -[e]s, -e (*nordd. für* Feuerstein)
Flin|te, die; -, -n (Jagdgewehr, bes. Schrotgewehr); **Flin|ten|ku|gel; Flin|ten|schuss**
Flin|ten|weib *(abwertend)*
Flint|glas *Plur.* ...gläser (sehr reines Glas)
Flinz, der; -es, -e (ein Gestein)
Flip, der; -s, -s ‹engl.› (ein alkohol. Mischgetränk mit Ei)
Flip|chart, **Flip-Chart**, das *od.* der; -s, -s *od.* die; -, -s (Gestell mit einem darauf befestigten großen Papierblock)
[1]**Flip|flop**, das; -s, -s (*svw.* Flipflopschaltung); [2]**Flip|flop, Flip-Flop®**, der; -s, -s *meist Plur.* (badeschuhartige Sandale)
Flip|flop|schal|tung (elektron. Kippschaltung)
Flip|per, der; -s, - (Spielautomat); **flip|pern** (am Flipper spielen); ich flippere
flip|pig (*ugs. für* kess, ausgefallen)
flir|ren (flimmern)
Flirt [flœrt, *auch* flɪrt], der; -s, -s ‹engl.› (Liebelei); **flir|ten**
Flit|scherl, das; -s, -[n]; *vgl.* Pickerl (*österr. ugs. für* Flittchen)
Flitt|chen (*ugs. abwertend für* leichtlebige junge Frau)
Flit|ter, der; -s, -; **Flit|ter|glanz; Flitter|gold; Flit|ter|kram**
flit|tern (glänzen); **Flit|ter|werk**, das; -[e]s
Flit|ter|wo|chen; Flit|ter|wöch|ner; Flit|ter|wöch|ne|rin
Flitz, der; -es, -e (*veraltet für* Pfeil); **Flitz|bo|gen** *(ugs.)*
flit|zen (*ugs. für* sausen, eilen); du flitzt; du flitztest
Flit|zer (*ugs. für* kleines, schnelles Fahrzeug)

Float [floʊt], der; -s, -s ‹engl.› (Summe der von Konten abgebuchten, aber noch nicht gutgeschriebenen Zahlungen)
floa|ten [ˈfloʊ...] ‹engl.› (*Wirtsch.* den Wechselkurs freigeben; sich zur Entspannung in einem Salzwassertank treiben lassen); **Floa|ting,** das; -s
Flo|bert|ge|wehr, **Flo|bert-Ge|wehr** [*auch* ...ˈbeːɐ̯...] ‹nach dem franz. Waffenschmied›
F-Loch [ˈɛf...], das; -[e]s, F-Löcher (an Streichinstrumenten)
flocht *vgl.* flechten
Flo|cke, die; -, -n (*nur Plur.: ugs. für* Geld); **flo|cken; flo|cken|för|mig; flo|cken|wei|se; flo|ckig**
Flock|sei|de, die; - (äußere Schicht des Seidenkokons)
Flo|ckung *(Chemie);* **Flo|ckungs|mit|tel,** das
Flö|del, der; -s, - (Doppelstreifen am Rand von Decke u. Boden bei Streichinstrumenten)
flog *vgl.* fliegen
floh *vgl.* fliehen
Floh, der; -[e]s, Flöhe; **Floh|biss**
flö|hen
Floh|markt (Trödelmarkt)
Floh|zir|kus, **Floh|cir|cus**
Flo|ka|ti, der; -s, -s ‹neugriech.› (Teppich aus langen Wollfäden)
Flom, der; -[e]s, **Flo|men,** der; -s (Bauch- u. Nierenfett des Schweines usw.)
Floor, der; -s, -s ‹engl.› (Discotanzboden)
Flop, der; -s, -s ‹engl.› (Misserfolg; *auch kurz für* Fosburyflop); **flop|pen** *(ugs.)*
Flop|py Disk, **Flop|py Disc,** die; - -, - -s (*EDV* als Datenspeicher dienende Magnetplatte)
[1]**Flor,** der; -s, -e *Plur. selten* ‹lat.› (*geh. für* Blüte, Blumenfülle; Gedeihen)
[2]**Flor,** der; -s, -e, *selten* Flöre ‹niederl.› (dünnes Gewebe; samtartige Oberfläche eines Gewebes)
[1]**Flo|ra** (altröm. Göttin; w. Vorn.)
[2]**Flo|ra,** die; -, Floren ‹lat.› (Pflanzenwelt [eines Gebietes]); **flo|ral** (geblümt; mit Blumen, Blüten)
Flor|band, das; *Plur.* ...bänder (Trauerflor)
Flo|re|al, der; -[s], -s ‹franz., »Blütenmonat«› (8. Monat des Kalenders der Franz. Revolution: 20. April bis 19. Mai)
Flo|ren|tin (m. Vorn.)
Flo|ren|ti|ne (w. Vorn.)
Flo|ren|ti|ner; Florentiner Hut; **Flo|ren|ti|ne|rin; flo|ren|ti|nisch**
Flo|renz (ital. Stadt)
Flo|res|zenz, die; -, -en *Plur. selten* ‹lat.› (*Bot.* Blütenstand; Blütezeit)
Flo|rett, das; -s, -e ‹franz.›; **Flo|rett|fech|ten; Flo|rett|sei|de** (Abfallseide)
Flo|ri|an (m. Vorn.)
Flo|ri|a|ni|prin|zip (*bayr., österr. für* Sankt-Florians-Prinzip)
Flo|ri|da (Halbinsel u. Staat in den USA; *Abk.* FL); **Flo|ri|di|a|ner; Flo|ri|di|a|ne|rin; flo|ri|di|a|nisch**
flo|rie|ren ‹lat.› (blühen, vorankommen; gedeihen)
Flo|ri|le|gi|um, das; -s, ...ien (*veraltet für* Anthologie; Sammlung schmückender Redensarten)
Flo|rin, der; -s, *Plur.* -e *u.* -s (Gulden in den Niederlanden; ehem. engl. Silbermünze; *Abk.* fl. *u.* Fl.)
Flo|rist, der; -en, -en (Erforscher einer Flora; Blumenbinder); **Flo|ris|tin; flo|ris|tisch**
Flos|kel, die; -, -n ([inhaltsarme] Redensart); **flos|kel|haft**
floss *vgl.* fließen
Floß, das; -es, Flöße; **flöß|bar**
Flos|se, die; -, -n
flö|ßen; du flößt
Flos|sen|fü|ßer *(Zool.)*
...flos|ser (z. B. Bauchflosser)
Flö|ßer
Flö|ße|rei; Flö|ße|rin
Floß|fahrt; Floß|gas|se *(Wasserbau);* **Floß|holz**
Flo|ta|ti|on, die; -, -en ‹engl.› (*Technik* Verfahren zur Aufbereitung von Erzen); **flo|ta|tiv**
Flö|te, die; -, -n ↑K54: Flöte spielen, *aber* ↑K82: beim Flötespielen
[1]**flö|ten** (Flöte spielen)
[2]**flö|ten;** *nur in* flöten gehen (*ugs. für* verloren gehen)
Flö|ten|blä|ser; Flö|ten|blä|se|rin
Flö|ten|spiel; Flö|ten|spie|ler; Flö|ten|spie|le|rin
Flö|ten|ton
flo|tie|ren ‹engl.› (*Technik* Erze durch Flotation aufbereiten)
Flö|tist, der; -en, -en (Flötenbläser); **Flö|tis|tin**
Flo|tow [...to] (dt. Komponist)
flott (rasch, flink; *Seemannsspr.* frei schwimmend, fahrbereit); solange die Geschäfte so flott gehen; ein flott gehendes *od.* flottgehendes Geschäft ↑K58; flott machen (*ugs. für* sich beeilen); *vgl. aber* flottmachen; die Flotte Lotte® (ein Küchengerät zum Passieren)
Flott, das; -[e]s (*nordd. für* Milchrahm)
flott|be|kom|men (fahrbereit machen)
Flot|te, die; -, -n; **Flot|ten|ab|kom|men; Flot|ten|ba|sis; Flot|ten|stütz|punkt**
flot|tie|ren (schwimmen; schweben); flottierende (schwebende, kurzfristige) Schuld
Flot|til|le [*auch* ...ˈtɪljə], die; -, -n ‹span.› (Verband kleiner Kriegsschiffe)
flott|ma|chen (*Seemannsspr.* zum Schwimmen bringen; *ugs. für* fahrbereit machen; finanziell unterstützen); *vgl.* flott
flott|weg (*ugs. für* in einem weg; zügig)
Flotz|maul (der stets feuchte Nasenteil beim Rind)
Flow [floʊ], der; -s, -s ‹engl.› (*Med.* Durchströmen von Flüssigkeiten durch den Körper; *Psychol.* Zustand höchster Konzentration u. völliger Versunkenheit in eine Tätigkeit)
Flo|w|er-Po|w|er, **Flo|w|er|po|w|er** [ˈflaʊɐpaʊɐ], die; - ‹engl.› (Schlagwort der Hippie-Bewegung [»Macht der Blumen«])
Flöz, das, *auch* der; -es, -e (abbaubare [Kohle]schicht)
Flu|at, das; -[e]s, -e (*Kurzw. für* Fluorosilikat)
Fluch, der; -[e]s, Flüche
fluch|be|la|den
flu|chen; Flu|cher; Flu|che|rin
[1]**Flucht,** die; -, -en ‹*zu* fliegen› (Fluchtlinie, Richtung, Gerade)
[2]**Flucht,** die; -, -en ‹*zu* fliehen›
flucht|ar|tig
Flucht|au|to; Flucht|burg (*svw.* Fliehburg)
fluch|ten (*Bauw.* in eine gerade Linie bringen)
flüch|ten; sich flüchten
Flucht|fahr|zeug; Flucht|ge|fahr
Flucht|ge|schwin|dig|keit (*Physik* Geschwindigkeit, die nötig ist, um das Gravitationsfeld eines Planeten zu überwinden)
Flucht|hel|fer; Flucht|hel|fe|rin; Flucht|hil|fe
flüch|tig; Flüch|tig|keit; Flüch|tig|keits|feh|ler
Flücht|ling; Flücht|lings|la|ger; Flücht|lings|strom
Flucht|li|nie; Flucht|punkt
Flucht|ver|dacht; flucht|ver|däch|tig

F
fluc

Flucht|ver|such; Flucht|wa|gen; Flucht|weg
fluch|wür|dig *(geh.)*
Flüe ['fly:(ə)], Nik[o]laus von (schweiz. Heiliger)
fluf|fig *(ugs. für* leicht u. luftig)
Flug, der; -[e]s, Flüge; die Zeit vergeht im Flug[e]
Flug|ab|wehr; Flug|angst; Flug|asche; Flug|aus|fall *meist Plur.;* **Flug|bahn; Flug|ball**
Flug|be|glei|ter (Steward); **Flug|be|glei|te|rin** (Stewardess)
flug|be|reit; Flug|be|reit|schaft
Flug|be|trieb; Flug|blatt; Flug|boot
Flug|ech|se *(svw.* Flugsaurier)
Flü|gel, der; -s, -
Flü|gel|al|tar; Flü|gel|horn
...flü|ge|lig, ...flüg|lig (z. B. einflüg[e]lig)
Flü|gel|kampf *meist Plur.*
flü|gel|lahm
Flü|gel|mann *Plur.* ...männer *u.* ...leute
flü|geln *(Jägerspr.* in den Flügel schießen); ich flüg[e]le; geflügelt *(vgl. d.)*
Flü|gel|schlag; flü|gel|schla|gend
Flü|gel|schrau|be
Flü|gel|stür|mer *(Sport);* **Flü|gel|stür|me|rin**
Flü|gel|tür
Flug|feld; Flug|funk; Flug|gast
flüg|ge
Flug|ge|rät
Flug|ge|sell|schaft; Flug|ha|fen *vgl.* [2]Hafen; **Flug|ha|fen|ge|län|de; Flug|ha|fen|trans|fer; Flug|hö|he**
Flug|hund (Fledermausart)
Flug|ka|pi|tän; Flug|ka|pi|tä|nin
Flug|ki|lo|me|ter; Flug|kör|per; Flug|lärm
Flug|la|ter|ne *vgl.* Himmelslaterne
Flug|leh|rer; Flug|leh|re|rin
...flüg|lig *vgl.* ...flügelig
Flug|li|nie; Flug|loch
Flug|lot|se; Flug|lot|sin
Flug|ob|jekt
Flug|pas|sa|gier; Flug|pas|sa|gie|rin
Flug|plan *vgl.* [2]Plan
Flug|platz; Flug|preis; Flug|rei|se
Flug|ret|tung (Rettungsdienst mit Flugzeugen u. Hubschraubern)
Flug|rou|te
flugs *(veraltend für* schnell, sogleich); ↑K70
Flug|sand
Flug|sau|ri|er (Pterosaurier)
Flug|schan|ze *(Skisport);* **Flug|schein; Flug|schrei|ber** (Gerät, das die technischen Daten eines Fluges aufzeichnet)
Flug|schrift
Flug|schü|ler; Flug|schü|le|rin
Flug|si|cher|heit; Flug|si|che|rung
Flug|steig; Flug|stun|de; Flug|taug|lich|keit, die; -; **Flug|tech|nik; Flug|ti|cket; Flug|ver|bin|dung; Flug|ver|bot; Flug|ver|kehr; Flug|we|sen,** das; -s; **Flug|zeit**
Flug|zet|tel *(österr. für* Flugblatt)
Flug|zeug, das; -[e]s, -e
Flug|zeug|ab|sturz
Flug|zeug|ab|wehr|ka|no|ne *(Kurzw.* Flak)
Flug|zeug|bau, der; -[e]s
Flug|zeug|ent|füh|rer; Flug|zeug|ent|füh|re|rin; Flug|zeug|ent|füh|rung
Flug|zeug|füh|rer; Flug|zeug|füh|re|rin
Flug|zeug|mut|ter|schiff; Flug|zeug|trä|ger; Flug|zeug|typ; Flug|zeug|un|glück
Fluh, die; -, Flühe *(schweiz. für* Fels[wand])
flu|id ⟨lat.⟩ *(Chemie* flüssig); **Flu|id** *[auch* ...'i:t], das; -s, *Plur.* -s *u.* -e [...'i:də] ⟨engl.⟩ *(fachspr. für* flüssiges Mittel, Flüssigkeit)
Flu|i|dum, das; -s, ...da ⟨lat.⟩ *(geh. für* von einer Person od. Sache ausströmende Wirkung)
Flu|ke, die; -, -n (quer stehende Schwanzflosse der Wale)
Fluk|tu|a|ti|on, die; -, -en ⟨lat.⟩ (Schwanken, Wechsel); **fluk|tu|ie|ren**
Flum|mi, der; -s, -s ⟨aus »fliegendes Gummi«⟩ (Gummiball)
Flun|der, die; -, -n (ein Fisch)
Flun|ke|rei; Flun|ke|rer; Flun|ke|rin; flun|kern; ich flunkere
Flunsch, der; -[e]s, -e *u.* die; -, -en *(ugs. für* verzogener Mund)
Flu|or, das; -s ⟨lat.⟩ (chem. Element; Nichtmetall; *Zeichen* F)
Flu|o|res|zenz, die; - (Aufleuchten unter Strahleneinwirkung); **flu|o|res|zie|ren;** fluoreszierender Stoff (Leuchtstoff)
Flu|o|rid, das; -[e]s, -e *(Chemie* Salz des Fluorwasserstoffs)
flu|o|ri|die|ren, flu|o|rie|ren (mit Fluor anreichern); Trinkwasser fluoridieren *od.* fluorieren
Flu|o|rit, der; -s, -e *(Chemie* Flussspat)
Flu|o|ro|phor, der; -s, -e (Fluoreszenzträger)
Flu|o|ro|si|li|kat (Mittel zur Härtung von Baustoffen); *vgl.* Fluat
Flup|pe, die; -, -n *(ugs. für* Zigarette)
[1]**Flur,** die; -, -en (nutzbare Landfläche; Feldflur)
[2]**Flur,** der; -[e]s, -e (Gang [mit Türen], Hausflur)
Flur|be|rei|ni|gung
Flur|buch (Kataster)
Flur|för|de|rer (Fahrzeug)
Flur|funk *(ugs. für* inoffizieller Informationsaustausch innerhalb von Firmen u. Behörden)
Flur|hü|ter; Flur|hü|te|rin
Flur|na|me; Flur|scha|den; Flur|schütz, der
Flur|um|gang *(früher für* Flurkontrollgang [mit Segnungen])
Flu|se, die; -, -n *(landsch. für* Fadenrest, Fussel); **Flu|sen|sieb**
Fluss, der; -es, Flüsse
fluss|ab, fluss|ab|wärts
Fluss|arm
fluss|auf, fluss|auf|wärts
Fluss|bett
Flüss|chen
Fluss|dia|gramm (grafische Darstellung von Arbeitsabläufen)
Fluss|fisch; Fluss|gott
flüs|sig; flüssige (verfügbare) Gelder; flüssige Kristalle; flüssig schreiben, sprechen; Wachs flüssig machen; *vgl. aber* flüssigmachen
Flüs|sig|ei; Flüs|sig|gas
Flüs|sig|keit; Flüs|sig|keits|brem|se (hydraulische Bremse); **Flüs|sig|keits|maß,** das; **Flüs|sig|keits|men|ge**
Flüs|sig|kris|tall|an|zei|ge ([Ziffern]anzeige mithilfe flüssiger Kristalle)
flüs|sig|ma|chen ([Geld] verfügbar machen); wir mussten 1 000 Euro flüssigmachen; *vgl.* flüssig
Fluss|krebs; Fluss|land|schaft; Fluss|lauf
Flüss|lein
Fluss|mün|dung; Fluss|pferd; Fluss|re|gu|lie|rung
Fluss|sand, Fluss-Sand
Fluss|schiff|fahrt, Fluss-Schiff|fahrt
Fluss|spat, Fluss-Spat (ein Mineral; *vgl.* [1]Spat)
Fluss|stahl, Fluss-Stahl
Fluss|ufer
Flüs|ter|as|phalt *(Straßenbau)*
Flüs|te|rer; Flüs|te|rin
flüs|tern; ich flüstere
Flüs|ter|pro|pa|gan|da; Flüs|ter|stim|me; Flüs|ter|ton, der; -[e]s; im Flüsterton sprechen; **Flüs|ter|tü|te** *(scherzh. für* Sprachrohr); **Flüs|ter|witz** (gegen ein totalitäres Regime gerichteter Witz)
Flut, die; -, -en; **flu|ten**
Flut|hö|he; Flut|ka|ta|s|t|ro|phe; Flut|licht; Flut|op|fer

fol|gend

- folgende [Seite] (*Abk.* f.), S. 42 f.
- folgende [Seiten] (*Abk.* ff.), S. 36 ff.
- folgendes politische Bekenntnis
- folgende lange (*seltener* langen) Ausführungen
- wegen folgender richtiger (*auch* richtigen) Sätze

Großschreibung ↑K 72:

- wir möchten Ihnen Folgendes mitteilen
- das Folgende (das später Erwähnte, Geschehende; die nachfolgenden Ausführungen; dieses)
- aus, in, nach, von dem Folgenden; im, vom Folgenden (dem später Erwähnten, Geschehenden; den nachfolgenden Ausführungen; diesem)
- mit Folgendem (hiermit) teilen wir Ihnen das Ergebnis mit

flut|schen (*ugs. für* gut vorankommen, -gehen); es flutscht
Flut|war|nung; Flut|wel|le; Flut|zeit
flu|vi|al ‹lat.› (*Geol.* von fließendem Wasser verursacht)
Fly|er [ˈflaɪ̯ɐ], der; -s, - ‹engl.› (Vorspinn-, Flügelspinnmaschine; Arbeiter an einer solchen Maschine; Handzettel, Werbezettel); **Fly|e|rin**
Fly|ing Dutch|man [ˈflaɪ̯ɪŋ ˈdatʃmən], der; - -, - ...men ‹engl.› (ein Zweimann-Sportsegelboot)
Fly|ing Food [- ˈfu:t], das; - -[s] ‹engl.› (von Personal auf Platten servierte, im Stehen zu verzehrende kleine Häppchen)
Fly-over, **Fly|over** [flaɪ̯ˈ|o:vɐ], der; -s, -s (Straßenüberführung)
Flysch [flɪʃ, fli:ʃ, *österr.* fly:ʃ], das, *österr.* der; -[e]s (ein Gestein)
Fm, fm = Festmeter
Fm = Fermium
FMH, die; - = Foederatio Medicorum Helveticorum (Vereinigung schweiz. [Fach]ärzte)
Fmk = Finnmark; *vgl.* Markka
f-Moll [ˈɛfmɔl, *auch* ˈɛfˈmɔl], das; -[s] (Tonart; *Zeichen* f);
f-Moll-Ton|lei|ter ↑K 26
fob = free on board ‹engl., »frei an Bord«›; **Fob|klau|sel**
Fo|cac|cia [foˈkatʃa], die; -, -s *u.* Focacce ‹ital.› (Fladenbrot, das mit Olivenöl gebacken [u. beliebig belegt bzw. gefüllt] wird)
focht *vgl.* fechten
Fock, die; -, -en (Vorsegel; unterstes Rahsegel des Vormastes); **Fock|mast,** der; **Fock|ra|he; Fock|se|gel**
fö|de|ral (föderativ)
Fö|de|ra|lis|mus, der; - ‹lat.-franz.› ([Streben nach] Selbstständigkeit der einzelnen Länder innerhalb eines Staatsganzen)
Fö|de|ra|list, der; -en, -en; **Fö|de|ra|lis|tin; fö|de|ra|lis|tisch**
Fö|de|ra|ti|on, die; -, -en (loser [Staaten]bund)
fö|de|ra|tiv (bundesmäßig); **Fö|de|ra|tiv|staat** *Plur.* ...staaten
fö|de|riert (verbündet)
Fo|gosch, der; -s, -e ‹ung.› (*österr. für* Zander)
foh|len (ein Fohlen zur Welt bringen); **Foh|len,** das; -s, -
Föhn, der; -[e]s, -e (warmer, trockener Fallwind; *auch für* Haartrockner [als ®: Fön])
föh|nen (föhnig werden; *auch für* mit dem Föhn trocknen); es föhnt; sie föhnt ihr Haar
föh|nig; föhniges Wetter
Föhn|krank|heit, die; -; **Föhn|wind**
Föhr (eine der Nordfries. Inseln)
Föh|re, die; -, -n (*landsch. für* Kiefer); **föh|ren** (aus Föhrenholz); **Föh|ren|wald**
Foie gras [ˈfo̯a ˈgra(:)], die; - -, -s - ‹franz.› (Gänsestopfleber)
FÖJ = freiwilliges ökologisches Jahr
fo|kal ‹lat.› (den Fokus betreffend, Brenn...); **Fo|kal|in|fek|ti|on** (*Med.* von einem Streuherd ausgehende Infektion)
Fo|kus, der; -, -se (*Physik* Brennpunkt; *Med.* Krankheitsherd)
fo|kus|sie|ren (scharf stellen; bündeln, konzentrieren); ein Objektiv, seine Interessen auf ein Ziel fokussieren; **Fo|kus|sie|rung**
fol., Fol. = Folio; Folioblatt
Fol|der [ˈfo:ldɐ], der; -s, - ‹engl.› (Faltprospekt, -broschüre)
Fol|ge, die; -, -n; Folge leisten; zur Folge haben; in der Folge; *aber* demzufolge *(vgl. d.);* infolge; zufolge; infolgedessen
Fol|ge|er|schei|nung
Fol|ge|jahr
Fol|ge|kos|ten *Plur.;* **Fol|ge|las|ten** *Plur.*
fol|gen; er ist mir gefolgt (nachgekommen); er hat mir gefolgt (Gehorsam geleistet); der Text wird wie folgt (folgendermaßen) geändert
fol|gend *s. Kasten*
fol|gen|der|ge|stalt; fol|gen|der|ma|ßen
fol|gen|los; fol|gen|reich; fol|gen|schwer; Fol|gen|schwe|re, die; -
fol|ge|recht *(veraltend);* **fol|ge|rich|tig; Fol|ge|rich|tig|keit**
fol|gern; ich folgere; **fol|gernd**
Fol|ge|rung
Fol|ge|satz (*für* Konsekutivsatz)
Fol|ge|scha|den
Fol|ge|ton|horn (*österr. für* Martinshorn)
fol|ge|wid|rig; Fol|ge|wid|rig|keit
Fol|ge|wo|che; Fol|ge|zeit
folg|lich
folg|sam; Folg|sam|keit, die; -
Fo|lia (*Plur. von* Folium)
Fo|li|ant, der; -en, -en ‹lat.› (Buch in Folio)
Fo|lie, die; -, -n (dünnes [Metall]blatt; Hintergrund)
Fo|li|en|kar|tof|fel (in Alufolie gegarte Kartoffel)
Fo|li|en|schweiß|ge|rät
fo|li|en|ver|packt; folienverpackte Ware; **Fo|li|en|ver|pa|ckung**
fo|lie|ren (in eine Folie einschweißen; *auch svw.* foliieren)
Fo|lies-Ber|gère [...li:bɛrˈʒɛ:ɐ̯] *Plur.* ‹franz.› (Varieté u. Tanzkabarett in Paris)
fo|li|ie|ren ‹lat.› (mit einer Folie unterlegen; [Druckbogen] nummerieren)
Fo|lio, das; -s, *Plur.* Folien *u.* -s (*Buchw.* Halbbogengröße [*nur Sing.;* Buchformat; *Abk.* fol., Fol. *od.* 2°]; Blatt im Geschäftsbuch); in Folio
Fo|lio|band, der; **Fo|lio|blatt** (*Abk.* Fol.); **Fo|lio|for|mat**
Fo|li|um, das; -s, *Plur.* Folia *u.* Folien (*Bot.* Pflanzenblatt)
Folk [fo:k], der; -[s] ‹engl.› (an englischsprachige Volksmusik anknüpfende, populäre Musik)
Fol|ke, Fol|ko (m. Vorn.)
Fol|ke|ting, das; -[s] (Bez. für das dän. Parlament)
Fol|k|lo|re, die; - ‹engl.› (volks-

tüml. Überlieferung; Volksmusik [in der Kunstmusik])
Fol|k|lo|rist, der; -en, -en; **Fol|k|lo|ris|tik,** die; - (Wissenschaft von der Folklore); **Fol|k|lo|ris|tin; fol|k|lo|ris|tisch**
Fol|ko *vgl.* Folke
Folk|song ['fo:k...] ‹engl.› (volksliedhafter [Protest]song)
Folk|wang (*germ. Mythol.* Palast der Freyja)
Fol|li|kel, der; -s, - ‹lat.› (*Biol., Med.* Drüsenbläschen; Hülle der reifenden Eizelle im Eierstock)
Fol|li|kel|hor|mon; Fol|li|kel|sprung
fol|li|ku|lar, fol|li|ku|lär (auf den Follikel bezüglich)
Fol|lo|w|er ['fɔloʊɐ], der; -s, -[s] ‹engl.› (regelmäßiger Empfänger einer Nachricht beim Twittern); **Fol|lo|w|e|rin**
Fol|säu|re, die; -
Fol|ter, die; -, -n
Fol|ter|bank *Plur.* ...bänke
Fol|te|rer; Fol|te|rin
Fol|ter|in|s|t|ru|ment; Fol|ter|kam|mer; Fol|ter|me|tho|de
fol|tern; ich foltere
Fol|ter|op|fer
Fol|te|rung; Fol|ter|werk|zeug
[1]**Fon** *vgl.* Phon
[2]**Fon** *ohne Artikel u. Beugung gebr. (kurz für* Telefon *[auf Visitenkarten, in Briefköpfen usw.])*
fon..., Fon... *vgl.* phon..., Phon...
Fön® *vgl.* Föhn
Fond [fõ:], der; -s, -s ‹franz.› (Hintergrund; Rücksitz im Wagen; ausgebratener od. -gekochter Fleischsaft); *vgl. aber* Fonds

Fond / Fonds / Font
Der *Fond* bezeichnet den *Rücksitz im Wagen,* einen *Hinter-* od. *Untergrund* sowie den *Bratensaft.* Der *Fonds* (mit *s* auch im Singular) hat dagegen die Bedeutung *[finanzielle] Reserve, Mittel* od. *Paket von Wertpapieren* (z. B. *Gesundheitsfonds, Aktienfonds*). Mit dem *Font* (mit *t*) schließlich ist ein *Zeichensatz* gemeint.

Fon|dant [fõ'dã:], der, *auch, österr. nur* das; -s, -s ‹franz.› ([Konfekt aus] Zuckermasse)
Fonds [fõ:], der; -, - ‹franz.› (Geldmittel, -vorrat, Bestand; *Plur. auch für* Anleihen); *vgl. aber* Fond; **fonds|ge|bun|den; Fonds|ge|sell|schaft**
Fonds|ma|na|ger; Fonds|ma|na|ge|rin
Fon|due [fõ'dy:, *schweiz. auch* 'fõdy:], das; -s, -s *od.* die; -, -s ‹franz.› (schweiz. Käsegericht; bei Tisch gegartes Fleischgericht); **Fon|due|ga|bel**
Fo|nem *vgl.* Phonem
Fo|ne|ma|tik *vgl.* Phonematik; **fo|ne|ma|tisch** *vgl.* phonematisch
fo|ne|misch *vgl.* phonemisch
fö|nen *alte Schreibung für* [die Haare] föhnen
Fo|ne|tik *vgl.* Phonetik; **Fo|ne|ti|ker** *vgl.* Phonetiker; **Fo|ne|ti|ke|rin** *vgl.* Phonetikerin
Fo|ni|a|ter *vgl.* Phoniater; **Fo|ni|a|te|rin** *vgl.* Phoniaterin; **Fo|ni|a|t|rie** *vgl.* Phoniatrie
fo|nisch *vgl.* phonisch
Fo|no|dik|tat *vgl.* Phonodiktat
fo|no..., Fo|no... *vgl.* phon..., Phon...
Fo|no|graf *vgl.* Phonograph; **Fo|no|gra|fie** *vgl.* Phonographie; **fo|no|gra|fisch** *vgl.* phonographisch
Fo|no|gramm *vgl.* Phonogramm
Fo|no|lith *vgl.* Phonolith
Fo|no|lo|gie *vgl.* Phonologie; **fo|no|lo|gisch** *vgl.* phonologisch
Fo|no|me|ter *vgl.* Phonometer; **Fo|no|me|t|rie** *vgl.* Phonometrie
Fo|no|tech|nik *vgl.* Phonotechnik
Fo|no|thek *vgl.* Phonothek
Fo|no|ty|pis|tin *vgl.* Phonotypistin
fon|stark *vgl.* phonstark
Font, der; -s, -s ‹engl.› (*EDV* Zeichensatz)
Fon|taine|bleau [fõtɛn'blo:] (Stadt u. Schloss in Frankreich)
Fon|ta|ne (dt. Dichter)
Fon|tä|ne, die; -, -n ‹franz.› ([Spring]brunnen)
Fon|ta|nel|le, die; -, -n (*Med.* Knochenlücke am Schädel Neugeborener)
Fon|tan|ge [fõ'tã:ʒə], die; -, -n ‹nach einer franz. Herzogin› (Frauenhaartracht des 17. Jh.s)
Fon|zahl *vgl.* Phonzahl
Foot [fʊt], der; -, Feet [fi:t] ‹engl.› (engl. Längenmaß; *Abk.* ft; *Zeichen* '); 4 Foot, *auch* 4 Feet
Foot|ball [...bo:l], der; -s (amerik. Mannschaftsspiel)
föp|peln (*schweiz. für* necken, verspotten); ich föpp[e]le
fop|pen
Fop|per; Fop|pe|rei; Fop|pe|rin
Fo|ra|mi|ni|fe|re, die; -, -n *meist Plur.* ‹lat.› (*Biol.* zu den Wurzelfüßern gehörendes Urtierchen)
Force de Frappe ['fɔrs də 'frap], die; - - - ‹franz.› (Gesamtheit der französischen Atomstreitkräfte)
For|che, die; -, -n (*südd., alemann. für* Föhre)
for|cie|ren (erzwingen; verstärken); **for|ciert**
Ford®, der; -s, -s ‹nach dem Automobilfabrikanten Henry Ford› (amerik. Kraftfahrzeugmarke)
För|de, die; -, -n (*nordd. für* schmale, lange Meeresbucht)
För|der|band, das; *Plur.* ...bänder
För|der|be|trieb
För|de|rer; För|de|rer|kreis (*svw.* Förderkreis); **För|de|rin**
För|der|koh|le; För|der|korb
För|der|kreis (eines Museums u. Ä.)
För|der|kurs; För|der|land
för|der|lich
För|der|maß|nah|me
För|der|mit|tel *Plur.*
for|dern; ich fordere
för|dern; ich fördere
För|der|preis (zur Förderung junger Künstler u. Ä.); **För|der|pro|gramm**
För|der|schacht
För|der|schu|le; För|der|schü|ler; För|der|schü|le|rin
För|der|seil; För|der|stu|fe; För|der|turm
For|de|rung
För|de|rung
For|de|rungs|ka|ta|log
För|de|rungs|maß|nah|me; för|de|rungs|wür|dig; För|der|un|ter|richt; För|der|ver|ein
För|der|werk *(Technik)*
Fö|re, die; - ‹skand.› (*Skisport* Geführigkeit)
Fore|che|cking ['fo:ɐ̯...], das; -s, -s ‹engl.› (*Sport* das Stören u. Angreifen des Gegners in dessen Verteidigungsdrittel)
Fo|reign Of|fice [...rɪn ...fɪs], das; - - (brit. Außenministerium)
Fo|rel|le, die; -, -n (ein Fisch); **Fo|rel|len|teich; Fo|rel|len|zucht**
Fo|ren|sik, die; -, -en (Gerichtsmedizin; gerichtsmed. Klinik); **fo|ren|sisch** ‹lat.› (gerichtlich)
For|fait [fɔr'fɛ], das; -s, -s ‹franz.› (*schweiz., bes. Sport für* Zurückziehung einer Meldung, bes. für einen Wettkampf; Absage)
Fo|rint [*österr.* fo'rɪnt], der; -[s], -s ‹ung.› (ung. Währungseinheit; *Währungscode* HUF); 10 Forint
For|ke, die; -, -n (*nordd. für* Heu-, Mistgabel)
for|keln (*Jägerspr.* mit dem Geweih kämpfen; im Kampf mit dem Geweih verletzen, töten)
For|le, die; -, -n (*südd. für* Kiefer)

For|eu|le (Schmetterling)
Form, die; -, -en; in Form sein; in Form von; *vgl.* pro forma
for|mal (auf die Form bezüglich; nur der Form nach)
Form|al|de|hyd [...'hy:t], der *od.* das; -s (ein Gas als Desinfektionsmittel)
For|mal|feh|ler *(bes. österr.)*
For|ma|lie, die; -, -n *meist Plur.* (formale Einzelheit)
For|ma|lin®, das; -s (ein Konservierungs-, Desinfektionsmittel)
for|ma|li|sie|ren ‹franz.› (in [strenge] Form bringen; formal darstellen)
For|ma|lis|mus, der; -, ...men ‹lat.› (Überbetonung der Form, des rein Formalen)
For|ma|list, der; -en, -en; **For|ma|lis|tin; for|ma|lis|tisch**
For|ma|li|tät, die; -, -en (Äußerlichkeit, Formsache; Vorschrift); **for|ma|li|ter** (förmlich)
for|mal|ju|ris|tisch; for|mal|recht|lich
Form|an|stieg *(Sport)*
For|mat, das; -[e]s, -e ‹lat.›
For|mat|fern|se|hen *vgl.* Formatradio
for|ma|tie|ren (*EDV* Daten anordnen; [einen Datenträger] zur Datenaufnahme vorbereiten)
For|ma|ti|on, die; -, -en (Anordnung; Gruppe, Verband; *Geol.* Zeitabschnitt, Folge von Gesteinsschichten); **For|ma|ti|ons|flug; For|ma|ti|ons|tanz**
for|ma|tiv (auf die Gestaltung bezüglich, gestaltend)
For|mat|ra|dio, das; -s (durchgängig auf bestimmte Zielgruppen ausgerichtetes Sendeprogramm)
form|bar; Form|bar|keit, die; -
form|be|stän|dig; Form|be|stän|dig|keit
Form|blatt; Form|ei|sen
For|mel, die; -, -n
for|mel|haft; For|mel|haf|tig|keit
For|mel|kram, der; -[e]s *(ugs.)*
for|mell ‹franz.› (förmlich, die Formen beachtend; äußerlich)
For|mel|spra|che
For|mel-1-Wa|gen [...'lains...] (ein Rennwagen); ↑K26
for|men
For|men|leh|re (Teil der Sprachlehre u. der Musiklehre)
for|men|reich; For|men|reich|tum, der; -s
For|men|sinn, der; -[e]s
For|men|spra|che; die Formensprache der Kubisten
For|men|te|ra (eine Baleareninsel)
For|mer; For|me|rei; For|me|rin
Form|feh|ler
Form|fleisch (in Form gepresstes Fleisch)
Form|fra|ge; Form|ge|bung; Form|ge|fühl
Form|ge|stal|ter (Designer); **Form|ge|stal|te|rin; Form|ge|stal|tung**
form|ge|wandt; Form|ge|wandt|heit, die; -
for|mi|da|bel ‹franz.› (*veraltend für* furchtbar; *auch für* großartig); ...a|b|le Erscheinung
for|mie|ren ‹franz.›; sich formieren; **For|mie|rung**
...för|mig (z. B. nadelförmig)
Form|kri|se *(Sport);* **Form|kur|ve**
förm|lich; Förm|lich|keit
form|los; Form|lo|sig|keit, die; -
Form|obst (Spalierobst)
For|mo|sa (*früher für* Taiwan)
Form|sa|che
Form|sand *(Gießerei)*
form|schön; Form|schön|heit
Form|schwan|kung *(Sport)*
Form|stren|ge, die; -
Form|tief *(Sport)*
form|treu
For|mu|lar, das; -s, -e ‹lat.›; **For|mu|lar|block** *vgl.* Block
for|mu|lie|ren (in eine angemessene sprachliche Form bringen); **For|mu|lie|rung**
For|mung
form|voll|en|det
For|nix, der; -, ...nices ‹lat.› (*Med.* Gewölbe eines Organs)
forsch ‹lat.›; **For|sche,** die; - (*ugs. für* Nachdruck)
for|schen; du forschst
For|scher; For|scher|geist, der; -[e]s; **For|sche|rin; for|sche|risch; For|scher|team**
For|schung
For|schungs|ar|beit; For|schungs|auf|trag; For|schungs|be|reich; For|schungs|be|richt; For|schungs|er|geb|nis
For|schungs|ge|biet; For|schungs|ge|mein|schaft; For|schungs|grup|pe; For|schungs|in|s|ti|tut; For|schungs|la|bor
For|schungs|me|tho|de; For|schungs|pro|gramm; For|schungs|pro|jekt; For|schungs|ra|ke|te; For|schungs|re|ak|tor
For|schungs|rei|se; For|schungs|rei|sen|de; For|schungs|rich|tung
For|schungs|schiff; For|schungs|se|mes|ter; For|schungs|sta|ti|on; For|schungs|sti|pen|di|um
For|schungs|stu|dent; For|schungs|stu|den|tin; For|schungs|stu|di|um
For|schungs|vor|ha|ben; For|schungs|zen|t|rum; For|schungs|zweck; zu Forschungszwecken; **For|schungs|zweig**
Forst, der; -[e]s, -e[n]; **Forst|amt**
Förs|ter; Förs|te|rei; Förs|te|rin
Forst|frau; Forst|fre|vel; Forst|haus
forst|lich
Forst|mann *Plur.* ...männer *u.* ...leute
Forst|meis|ter; Forst|meis|te|rin
Forst|rat *Plur.* ...räte *(früher)*
Forst|re|vier; Forst|scha|den; Forst|schu|le; Forst|ver|wal|tung
Forst|we|sen
Forst|wirt; Forst|wir|tin; Forst|wirt|schaft
Forst|wis|sen|schaft
For|sy|thie [...tsi̯ə, ...ti̯ə, *österr. u. schweiz.* ...'zi:tsi̯ə], die; -, -n ‹nach dem engl. Botaniker Forsyth› (ein Zierstrauch)
fort; fort sein; fort mit ihm!; und so fort (*Abk.* usf.); in einem fort; weiter fort; immerfort
Fort [fo:ɐ̯], das; -s, -s ‹franz.› (Festungswerk)
fort... (*in Zus. mit Verben,* z. B. fortbestehen, du bestehst fort, fortbestanden, fortzubestehen)
fort|ab; fort|an
Fort|be|stand, der; -[e]s; **fort|be|ste|hen**
fort|be|we|gen; sich fortbewegen; *vgl.* [1]bewegen; **Fort|be|we|gung; Fort|be|we|gungs|mit|tel**
fort|bil|den; Fort|bild|ner; Fort|bild|ne|rin; Fort|bil|dung; Fort|bil|dungs|kurs
fort|blei|ben
fort|brin|gen
Fort|dau|er; fort|dau|ern; fort|dau|ernd
for|te ‹ital.› (*Musik* stark, laut; *Abk.* f); **For|te,** das; -s, *Plur.* -s *u.* ...ti
fort|ent|wi|ckeln; sich fortentwickeln; **Fort|ent|wick|lung**
For|te|pi|a|no, das; -s, *Plur.* -s *u.* ...ni ‹ital.› (*alte Bez. für* Pianoforte)
fort|er|ben, sich
fort|fah|ren
Fort|fall, der; -[e]s; in Fortfall kommen *(Amtsspr.);* **fort|fal|len**
fort|flie|gen
fort|füh|ren; Fort|füh|rung
Fort|gang, der; -[e]s; **fort|ge|hen**
fort|ge|schrit|ten; Fort|ge|schrit|te|ne, der *u.* die; -n, -n
fort|ge|setzt

F
fort

fort|ha|ben; etwas forthaben wollen *(ugs.)*
fort|hin *(veraltend)*
For|ti|fi|ka|ti|on, die; -, -en ‹lat.› (Befestigungswerk; *nur Sing.:* Befestigungskunst); **for|ti|fi|zie|ren**
For|tis, die; -, ...tes ‹lat.› (*Sprachwiss.* starker, mit großer Intensität gesprochener Konsonant, z. B. p, t, k; *Ggs.* Lenis *[vgl. d.]*)
for|tis|si|mo ‹ital.› (*Musik* sehr stark, sehr laut; *Abk.* ff); **For|tis|si|mo,** das; -s, *Plur.* -s *u.* ...mi
fort|ja|gen
fort|kom|men; Fort|kom|men, das
fort|kön|nen
fort|las|sen; Fort|las|sung; unter Fortlassung des Titels
fort|lau|fen; fort|lau|fend; fortlaufend nummeriert
fort|le|ben
fort|lo|ben; Mitarbeiter fortloben
fort|ma|chen
fort|müs|sen
fort|pflan|zen; sich fortpflanzen; **Fort|pflan|zung,** die; -; **fort|pflan|zungs|fä|hig**
Fort|pflan|zungs|me|di|zin; Fort|pflan|zungs|or|gan; Fort|pflan|zungs|trieb
For|tran, FORTRAN, das; -s ‹*Kurzwort für engl.* formula translator »Formelübersetzer«› (*EDV* eine Programmiersprache)
fort|rei|ßen
fort|ren|nen
fort|rüh|ren, sich
Fort|satz, der; -es, Fortsätze
fort|schaf|fen; fortgeschafft
fort|sche|ren, sich *(ugs.)*
fort|schi|cken
fort|schrei|ben ([eine Statistik] fortlaufend ergänzen; *Wirtsch.* den Grundstückseinheitswert neu feststellen); **Fort|schrei|bung**
fort|schrei|ten; fort|schrei|tend
Fort|schritt
Fort|schritt|ler; Fort|schritt|le|rin
fort|schritt|lich; Fort|schritt|lich|keit, die; -
fort|schritts|feind|lich
Fort|schritts|glau|be; fort|schritts|gläu|big
fort|set|zen; Fort|set|zung; Fort|set|zungs|ro|man
fort|steh|len, sich
fort|stre|ben
fort|tra|gen
For|tu|na (röm. Glücksgöttin)
For|tu|nat, For|tu|na|tus (m. Vorn.)
For|tune [...ˈtyːn], **For|tü|ne,** die; - ‹franz.› (Glück, Erfolg); keine Fortune haben
fort|wäh|ren (*geh. für* andauern, weiterbestehen); **fort|wäh|rend**
fort|wer|fen
fort|wol|len
fort|zie|hen
Fo|rum, das; -s, *Plur.* ...ren *u.* ...ra ‹lat.› (altröm. Marktplatz, Gerichtsort; *Plur. nur* ...ren: Öffentlichkeit; öffentliche Diskussion); **Fo|rums|ge|spräch**
for|za|to (*selten für* sforzato)
Fos|bu|ry|flop, Fos|bu|ry-Flop [...bəri...], der; -s, -s ‹nach dem amerik. Leichtathleten› (ein Hochsprungstil *[nur Sing.]*; einzelner Sprung in diesem Stil)
Fo|se, die; -, -n (*derb für* Dirne)
Fo|ße, die; -, -n ‹franz.› (*nordd. für* minderwertige Spielkarte)
fos|sil ‹lat.› (versteinert; vorweltlich); fossile Brennstoffe (z. B. Kohle, Erdöl); fossil befeuerte Kraftwerke; **Fos|sil,** das; -s, -ien ([versteinerter] Überrest von Tieren od. Pflanzen)
fö|tal *vgl.* fetal
[1]Fo|to, das; -s, -s, *schweiz. auch* die; -, -s (*kurz für* Fotografie)
[2]Fo|to, der; -s, -s (*ugs.; kurz für* Fotoapparat)

fo|to..., Fo|to...

(licht..., Licht...)
Das ph in den aus dem Griechischen stammenden Wörtern mit »photo« wird in allgemeinsprachlichen Wörtern meist durch f ersetzt:
– Fotoalbum, Fotoapparat

Auch fachsprachliche Wörter können generell mit f geschrieben werden:
– Fotochemie, Photochemie
– Fotosynthese, Photosynthese

Fo|to|al|bum
Fo|to|ama|teur; Fo|to|ama|teu|rin
Fo|to|ap|pa|rat; Fo|to|ar|ti|kel; Fo|to|ate|li|er
Fo|to|che|mie, Pho|to|che|mie [*auch* ˈfoː...] (Lehre von der chem. Wirkung des Lichtes)
Fo|to|che|mi|gra|fie, Pho|to|che|mi|gra|phie [*auch* ˈfoː...] (Herstellung von Ätzungen auf fotografischem Wege); **fo|to|che|mi|gra|fisch,** pho|to|che|mi|gra|phisch [*auch* ˈfoː...]; **fo|to|che|misch,** pho|to|che|misch [*auch* ˈfoː...] (durch Licht bewirkte chem. Reaktionen betreffend)
Fo|to|ef|fekt, Pho|to|ef|fekt (*Elektrot.* Austritt von Elektronen aus bestimmten Stoffen durch Lichteinwirkung)
Fo|to|elek|t|ri|zi|tät, Pho|to|elek|t|ri|zi|tät [*auch* ˈfoː...], die; -
Fo|to|elek|t|ron, Pho|to|elek|t|ron (bei Lichteinwirkung frei werdendes Elektron)
Fo|to|ele|ment, Pho|to|ele|ment (elektr. Element [Halbleiter], das Lichtenergie in elektr. Energie umwandelt)
Fo|to|fi|nish (Zieleinlauf, bei dem der Sieger durch ein Zielfoto ermittelt wird)
Fo|to|ga|le|rie
fo|to|gen, pho|to|gen (zum Fotografieren od. Filmen geeignet); **Fo|to|ge|ni|tät,** Pho|to|ge|ni|tät, die; - (Bildwirksamkeit)
Fo|to|graf, Pho|to|graph, der; -en, -en; **Fo|to|gra|fie,** Pho|to|gra|phie, die; -, ...ien
fo|to|gra|fie|ren
Fo|to|gra|fik, Pho|to|gra|phik [*auch* ˈfoː...] (fotografisches Verfahren mit gestalterischen Elementen *[nur Sing.]*; gestaltetes Foto)
Fo|to|gra|fin, Pho|to|gra|phin
fo|to|gra|fisch, pho|to|gra|phisch
Fo|to|gramm, Pho|to|gramm, das; -s, -e (Messbild); **Fo|to|gram|me|t|rie,** Pho|to|gram|me|t|rie, die; - (*fachspr. für* Herstellung von Grund- u. Aufrissen, Karten aus Lichtbildern); **fo|to|gram|me|t|risch,** pho|to|gram|me|t|risch
Fo|to|gra|vü|re, Pho|to|gra|vü|re (*svw.* Heliogravüre)
Fo|to|han|dy (Handy mit integrierter Fotokamera)
Fo|to|in|dus|t|rie; Fo|to|ka|me|ra
Fo|to|ko|pie (Lichtbildabzug von Schriften, Dokumenten u. a.); **Fo|to|ko|pier|au|to|mat; fo|to|ko|pie|ren; Fo|to|ko|pie|rer** *(ugs.)*
Fo|to|li|tho|gra|fie, Pho|to|li|tho|gra|phie (Verfahren zur Herstellung von Druckformen für den Flachdruck)
fo|to|me|cha|nisch, pho|to|me|cha|nisch [*auch* ˈfoː...]
Fo|to|me|ter, Pho|to|me|ter, das; -s, - (Gerät zur Lichtmessung); **Fo|to|me|t|rie,** Pho|to|me|t|rie, die; -, ...ien; **fo|to|me|t|risch,** pho|to|me|t|risch

Fo|to|mo|dell (jmd., der für Fotoaufnahmen Modell steht); **Fo|to|mon|ta|ge** (Zusammenstellung verschiedener Bildausschnitte)
Fo|ton [*auch* fo'to:n] *vgl.* Photon
Fo|to|phy|sio|lo|gie, Pho|to|phy|sio|lo|gie [*auch* 'fo:...] (modernes Teilgebiet der Physiologie)
Fo|to|pro|to|koll (Dokumentation anhand von Fotos); **Fo|to|re|a|lis|mus** (moderne Kunstrichtung)
Fo|to|re|por|ter; Fo|to|re|por|te|rin
Fo|to|sa|fa|ri
Fo|to|satz, Pho|to|satz, der; -es (*Druckw.* Lichtsatz)
Fo|to|shoo|ting *vgl.* Shooting
Fo|to|sphä|re, Pho|to|sphä|re [*auch* 'fo:...], die; - (strahlende Gashülle der Sonne)
Fo|to|syn|the|se, Pho|to|syn|the|se [*auch* 'fo:...], die; - (Aufbau chemischer Verbindungen durch Lichteinwirkung)
fo|to|tak|tisch, pho|to|tak|tisch; fototaktische *od.* phototaktische Bewegungen (Bewegungen von Pflanzenteilen zum Licht)
Fo|to|ta|pe|te; Fo|to|ter|min
Fo|to|thek, die; -, -en (Lichtbildsammlung)
Fo|to|the|ra|pie, Pho|to|the|ra|pie [*auch* 'fo:...] (*Med.* Lichtheilverfahren)
fo|to|trop, pho|to|trop (*Physik, Biol.* Fototropismus zeigend, lichtwendig; [von Brillengläsern] sich unter der Einwirkung von Licht verfärbend); **fo|to|tro|pisch**, pho|to|tro|pisch (Fototropismus zeigend); **Fo|to|tro|pis|mus**, Pho|to|tro|pis|mus, der; -, ...men (*Biol.* Krümmungsreaktion von Pflanzenteilen bei einseitigem Lichteinfall)
Fo|to|vol|ta|ik, Pho|to|vol|ta|ik, die; - (Teilgebiet der Elektronik); **fo|to|vol|ta|isch**, pho|to|vol|ta|isch
Fo|to|zeit|schrift
Fo|to|zel|le, Pho|to|zel|le
Fö|tus *vgl.* Fetus
Fot|ze, die; -, -n (*derb für* w. Scham; *bayr. u. österr. ugs. für* Ohrfeige; Maul)
Föt|zel, der; -s, - (*schweiz. für* Lump, Taugenichts)
Fot|zel|schnit|te (*schweiz. Kochkunst* arme Ritter)
fot|zen (*bayr. u. österr. ugs. für* ohrfeigen); du fotzt; **Fotz|ho|bel** (*bayr. u. österr. ugs. für* Mundharmonika)
Fou|cault [fu'ko:] (franz. Physiker); **fou|caultsch**; foucaultscher *od.* Fou|cault'scher Pendelversuch ↑K135
Fou|ché [fu'ʃe:] (franz. Politiker)
foul [faul] ⟨engl.⟩ (*Sport* regelwidrig); **Foul**, das; -s, -s (Regelverstoß)
Fou|lard [fu'la:ɐ̯], der, *schweiz. auch* das; -s, -s ⟨franz.⟩ (leichtes [Kunst]seidengewebe; *schweiz. für* Halstuch aus [Kunst]seide)
Fou|lé, der; -[s], -s (ein Gewebe)
Foul|elf|me|ter ['fau...], der (*Sport*)
fou|len ⟨engl.⟩ (*Sport* sich unfair verhalten); **Foul|spiel**
Fou|qué [fu'ke:] (dt. Dichter)
Four|gon [fʊr'gõ:], der; -s, -s ⟨franz.⟩ (*veraltet für* Pack-, Vorratswagen)
Fou|rier [fu'ri:ɐ̯], der; -s, -e ⟨franz.⟩ (*österr. u. schweiz. Militär* der für Unterkunft u. Verpflegung sorgende Unteroffizier)
fou|tie|ren [fu...], fu|tie|ren ⟨franz.⟩ (*schweiz. für* sich nicht um etwas kümmern)
Fox, der; -[es], -e (*kurz für* Foxterrier, Foxtrott)
Fox|ter|ri|er ⟨engl.⟩ (eine Hunderasse)
Fox|trott, der; -[e]s, *Plur.* -e *u.* -s ⟨engl.-amerik.⟩ (ein Tanz)
Fo|y|er [foa'je:], das; -s, -s ⟨franz.⟩ (Wandelhalle [im Theater])
FPÖ, die; - = Freiheitliche Partei Österreichs
Fr (*chem. Zeichen für* Francium)
Fr. = Frau; Freitag; *vgl.* [2]Franken
fr = Franc
fr. = frei
Fra ⟨ital.⟩ (Ordens»bruder«; *meist vor konsonantisch beginnenden Namen,* z. B. Fra Tommaso); *vgl.* Frate
Fracht, die; -, -en; **Fracht|brief; Fracht|damp|fer**
Frach|ten|aus|schuss (*Wirtsch.*)
Frach|ter (Frachtschiff)
Fräch|ter (*österr. für* Transportunternehmer)
fracht|frei
Fracht|gut; Fracht|raum; Fracht|schiff; Fracht|stück; Fracht|ver|kehr
Frack, der; -[e]s, *Plur.* Fräcke, *seltener* -s ⟨engl.⟩; **Frack|hemd; Frack|ho|se**
Fra|cking ['frækɪŋ], das; -s ⟨engl.⟩ (*Geol.* das Aufspalten von Gestein mit Chemikalien u. Wasserdruck)
Frack|sau|sen; *nur in* Fracksausen haben (*ugs. für* Angst haben)
Frack|wes|te
Fra Di|a|vo|lo ⟨»Bruder Teufel«⟩ (neapolitan. Räuberhauptmann)
Fra|ge, die; -, -n; außer Frage stehen; etwas infrage *od.* in Frage stellen
Fra|ge|bo|gen; Fra|ge|bo|gen|ak|ti|on
Fra|ge|für|wort (*für* Interrogativpronomen)
fra|gen; du fragst (*landsch.* frägst); er fragt (*landsch.* frägt); du fragtest (*landsch.* frugst, *Konjunktiv* früg[e]st); gefragt; frag[e]!
Fra|gen|ka|ta|log
Fra|ger; Fra|ge|rei; Fra|ge|rin
Fra|ge|satz (Interrogativsatz)
Fra|ge|stel|ler; Fra|ge|stel|le|rin; Fra|ge|stel|lung
Fra|ge|stun|de (im Parlament)
Fra|ge-und-Ant|wort-Spiel ↑K26
Fra|ge|wort *Plur.* ...wörter; **Fra|ge|zei|chen**
fra|gil ⟨lat.⟩ (zerbrechlich; zart); **Fra|gi|li|tät**, die; -
frag|lich; Frag|lich|keit
frag|los; Frag|lo|sig|keit, die; -
Frag|ment, das; -[e]s, -e ⟨lat.⟩ (Bruchstück; unvollendetes Werk); **frag|men|ta|risch** (bruchstückhaft); **frag|men|tie|ren**
Frag|ner, der; -s, - (*bayr. u. österr. veraltet für* Krämer); **Frag|ne|rin**
frag|wür|dig; Frag|wür|dig|keit
frais [frɛ:s], *österr.* **frai|se** ['frɛ:zə] ⟨franz.⟩ (erdbeerfarben); mit einem frais[e] Band; *vgl. auch* beige; in Frais[e] ↑K72
Frai|sen *Plur.* (*südd., österr. für* Krämpfe [bei kleinen Kindern])
frak|tal ⟨lat.-engl.⟩; fraktale Geometrie (Geometrie der Fraktale) ↑K89; **Frak|tal**, das; -s, -e (komplexes geometrisches Gebilde); **Frak|tal|geo|me|t|rie**
Frak|ti|on, die; -, -en ⟨franz.⟩ (organisatorischer Zusammenschluss [im Parlament]; *Chemie* Destillat; *westösterr., schweiz. für* Teil einer Gemeinde); **frak|ti|o|nell**
Frak|ti|o|nier|ap|pa|rat (*Chemie*); **frak|ti|o|nie|ren** (Gemische in Destillate zerlegen)
Frak|ti|ons|aus|schuss; Frak|ti|ons|be|schluss
Frak|ti|ons|chef; Frak|ti|ons|che|fin
Frak|ti|ons|dis|zi|p|lin
Frak|ti|ons|füh|rer; Frak|ti|ons|füh|re|rin; Frak|ti|ons|kol|le|ge; Frak|ti|ons|kol|le|gin
Frak|ti|ons|mit|glied; Frak|ti|ons|sit|zung

Frak|ti|ons|spre|cher; Frak|ti|ons|spre|che|rin
Frak|ti|ons|stär|ke
Frak|ti|ons|vor|sitz; Frak|ti|ons|vor|sit|zen|de; Frak|ti|ons|vor|stand
Frak|ti|ons|zwang
Frak|tur, die; -, -en ⟨lat.⟩ (*Med.* Knochenbruch; *nur Sing.:* dt. Schrift, Bruchschrift)
Frak|tur|satz, der; -es; **Frak|tur|schrift**
Fram|bö|sie, die; -, ...ien ⟨franz.⟩ (*Med.* trop. Hautkrankheit)

[1]**Frame** [fre:m], der; -n, -n ⟨engl.⟩ (*Technik* Rahmen, Träger in Eisenbahnfahrzeugen)
[2]**Frame** [fre:m], der *u.* das; -s, -s (*EDV* besondere Datenstruktur in Modellen künstlicher Intelligenz)
Franc [frã:], der; -, -s [frã:] ⟨franz.⟩ (Währungseinheit einiger afrikanischer Staaten; frühere Währungseinheit in Belgien, Frankreich u. Luxemburg; *vgl.* [2]Franken)
Fran|çai|se [frãˈsɛ:...], die; -, -n ⟨franz.⟩ (alter franz. Tanz)
France [frã:s], Anatole [...ˈtɔl] (franz. Schriftsteller); France' Werke ↑K16
Fran|ces|ca [...ˈtʃɛ...] (w. Vorn.)
Fran|ces|co [...ˈtʃɛ...] (m. Vorn.)
Franche-Com|té [frãʃkõˈte], die; - (franz. Landschaft)
[1]**Fran|chi|se** [frãˈʃi:...], die; -, -n ⟨franz.⟩ (Betrag der Selbstbeteiligung an einer Versicherung)
[2]**Fran|chise** [ˈfrɛntʃais], das; - ⟨franz.-engl.⟩ (*Wirtsch.* Vertrieb aufgrund von Lizenzverträgen)
Fran|chise|ge|ber *(Wirtsch.);* **Fran|chise|ge|be|rin; Fran|chise|neh|mer; Fran|chise|neh|me|rin**
Fran|chi|sing [...zɪŋ], das; -s (*svw.* [2]Franchise)
Fran|ci|um, das; -s (chemisches Element, Metall; *Zeichen* Fr)
Fran|cke (dt. Theologe u. Pädagoge); **Fran|cke|sche Stif|tun|gen** *Plur.* ↑K150
Fran|co, Francisco [...ˈsɪ...] (span. General u. Politiker)
Fran|gi|pa|ni [frandʒi...], der; -[s], -[s] ([sub]tropischer Baum mit großen Blüten)
frank ⟨mlat.-franz.⟩ (frei, offen); frank und frei
Frank (m. Vorn.); **Fran|ka** (w. Vorn.)
Fran|ka|tur, die; -, -en ⟨ital.⟩ (das Freimachen von Postsendungen)
Fran|ke, der; -n, -n (Angehöriger eines germanischen Volksstammes; Einwohner von [1]Franken)
[1]**Fran|ken** (Land)
[2]**Fran|ken,** der; -s, - (schweiz. Währungseinheit [*Währungscode* CHF; *Abk.* Fr., sFr.; *im dt. Bankwesen* sfr, *Plur.* sfrs]); *vgl.* Franc
Fran|ken|stein (Titelfigur eines Schauerromans)
Fran|ken|wald, der; -[e]s (Gebirge in Bayern); **Fran|ken|wein**
Frank|furt am Main (Stadt in Hessen); [1]**Frank|fur|ter;** Frankfurter grüne ↑K89 Soße *od.* Sauce
[2]**Frank|fur|ter,** die; -, - *meist Plur.* (Frankfurter Würstchen)
Frank|fur|te|rin
frank|fur|tisch
Frank|furt (Oder) (Stadt in Brandenburg)
fran|kie|ren ⟨ital.⟩ *(Postw.);* **Fran|kier|ma|schi|ne**
Frän|kin; frän|kisch ↑K140 : die Fränkische Alb, die Fränkische Schweiz
Frank|lin [ˈfrɛ...] (nordamerik. Staatsmann u. Schriftsteller)
fran|ko ⟨ital.⟩ (*Kaufmannsspr. veraltend für* portofrei [für den Empfänger]); franko Basel
fran|ko|fon, fran|ko|phon (französischsprachig); **Fran|ko|fo|nie,** Fran|ko|pho|nie, die; - (Französischsprachigkeit)
Fran|ko|ka|na|di|er (Französisch sprechender Bewohner Kanadas); **Fran|ko|ka|na|di|e|rin; fran|ko|ka|na|disch**
fran|ko|phil ⟨germ.; griech.⟩ (frankreichfreundlich)
fran|ko|phon usw. *vgl.* frankofon usw.
Frank|reich
Frank|ti|reur [...ˈrø:ɐ̯, *auch* frã...], der; -s, *Plur.* -e, *bei franz. Ausspr.* -s (*früher für* Freischärler)
Fran|se, die; -, -n; **fran|sen;** der Stoff hat gefranst; **fran|sig**
Franz (m. Vorn.)
Franz|band, der; -[e]s, ...bände (Ledereinband mit tiefem Falz)
Franz|brannt|wein
Franz|brot (kleines Weißbrot)
fran|zen (*Motorsport* als Beifahrer dem Fahrer den Verlauf der Strecke angeben); du franzt; **Fran|zer; Fran|ze|rin**
Frän|zi, Fran|zis|ka (w. Vorn.)
Fran|zis|ka|ner, der; -s, - (Angehöriger des Mönchsordens der Franziskaner); **Fran|zis|ka|ne|rin** (Angehörige des Ordens der Franziskanerinnen); **Fran|zis|ka|ner|or|den,** der; -s (*Abk.* OFM); **fran|zis|ka|nisch**
fran|zis|ko|jo|se|phi|nisch ⟨nach dem österr. Kaiser Franz Joseph⟩; franziskojosephinische Bauten; *aber* ↑K151 : das Franziskojosephinische Zeitalter
Fran|zis|kus (m. Vorn.)
Fran|zi|um *vgl.* Francium
Franz-Jo|seph-Land, das; -[e]s (eine arktische Inselgruppe)
Franz|mann *Plur.* ...männer (*ugs. veraltend für* Franzose)
Fran|zo|se, der; -n, -n; **fran|zo|sen|feind|lich; fran|zo|sen|freund|lich**
fran|zö|sie|ren (franz. Verhältnissen anpassen; nach franz. Art gestalten); **Fran|zö|sin**
fran|zö|sisch; französische Broschur ↑K89 ; die französische Schweiz (der französischsprachige Teil der Schweiz), *aber* ↑K150 *u.* 151 : die Französische Republik; die Französische Revolution (1789 bis 1794); *vgl.* deutsch
Fran|zö|sisch, das; -[s] (Sprache); *vgl.* Deutsch; **Fran|zö|si|sche,** das; -n; *vgl.* [2]Deutsche
Fran|zö|sisch-Gu|a|ya|na (französisches Überseedepartement); **Fran|zö|sisch-Po|ly|ne|si|en** (französisches Überseeterritorium)
fran|zö|sisch|spra|chig *vgl.* deutschsprachig
fran|zö|si|sie|ren (*svw.* französieren)
frap|pant ⟨franz.⟩ (auffallend)
[1]**Frap|pé, Frap|pee,** der; -s, -s (Stoff mit eingepresstem Muster)
[2]**Frap|pé, Frap|pee,** das; -s, -s (mit Eis serviertes alkohol. Getränk)
frap|pie|ren (überraschen, verblüffen; Wein u. Sekt in Eis kühlen)
Fras|ca|ti [...ˈka:...], der; -, - (italienischer Weißwein)
Fräs|dorn *Plur.* ...dorne
Frä|se, die; -, -n (Maschine zum spanabhebenden Formen)
frä|sen; du fräst, er fräs|te
Frä|ser (Teil an der Fräsmaschine; Berufsbez.); **Frä|se|rin; Fräs|ma|schi|ne**
fraß *vgl.* fressen
Fraß, der; -es, -e; **Fraß|gift; Fraß|spur**
Fra|te ⟨ital.⟩ (Ordensbruder; *meist vor vokalisch beginnenden Namen,* z. B. Frate Elia, Frat'Antonio); *vgl.* Fra
Fra|ter, der; -s, Fra|t|res ⟨lat.⟩ ([Ordens]bruder)

fra|ter|ni|si̱e|ren ‹franz.› (sich verbrüdern); **Fra|ter|ni|tä̱t,** die; -, -en ‹lat.› (Brüderlichkeit; Verbrüderung; kirchl. Bruderschaft); **Fra|ter|ni|té̱** *vgl.* Liberté, Égalité, Fraternité

Fra|t|res (*Plur. von* Frater)

Fra̜tz, der; *Gen.* -es, *österr.* -en, *Plur.* -e, *österr.* -en ‹ital.› (ungezogenes Kind; schelmisches Mädchen); **Frä̜tz|chen**

Fra̜t|ze, die; -, -n (verzerrtes Gesicht; Grimasse); **Fra̜t|zen|ge|sicht; fra̜t|zen|haft**

frau (*bes. im feministischen Sprachgebrauch für* [1]man); da weiß frau, was sie hat

Frau, die; -, -en (*Abk.* Fr.)

Frau|chen

Fraud-Ana|lyst ['frɔ:t...] ‹engl.› (Fachmann für das Aufdecken von Betrügereien in Datennetzen); **Fraud-Ana|lys|tin**

Frau|en|abend; Frau|en|ar|beit

Frau|en|arzt; Frau|en|ärz|tin; frau|en|ärzt|lich

Frau|en|be|auf|trag|te; Frau|en|be|ruf; Frau|en|be|we|gung; Frau|en|bild; Frau|en|buch|la|den; Frau|en|ca|fé; Frau|en|chor

Frau|en|do|mä|ne

Frau|en|eis (ein Mineral)

Frau|en|eman|zi|pa|ti|on, die; -

Frau|en|feind; frau|en|feind|lich; Frau|en|feind|lich|keit

Frau|en|feld (Hauptstadt des Kantons Thurgau)

Frau|en|film; Frau|en|fra|ge; Frau|en|fuß|ball; Frau|en|ge|fäng|nis; Frau|en|ge|stalt; Frau|en|grup|pe; Frau|en|haar

frau|en|haft

Frau|en|haus (für Frauen, die von Männern misshandelt werden)

Frau|en|heil|kun|de, die (*für* Gynäkologie)

Frau|en|held; Frau|en|herz

Frau|en|hilfs|dienst, der; -[e]s (*früher in der Schweiz; Abk.* FHD); **Frau|en|hilfs|dienst|leis|ten|de,** die; -n, -n (*Abk.* FHD)

Frau|en|kir|che

Frau|en|kleid; in Frauenkleidern

Frau|en|kli|nik; Frau|en|kör|per; Frau|en|krank|heit; Frau|en|lei|den; Frau|en|mann|schaft; Frau|en|park|platz

Frau|en|po|w|er (*ugs. für* Macht, Einfluss der Frauen)

Frau|en|quo|te (Anteil der Frauen [in Betrieben, Verwaltungen, Führungspositionen])

Frau|en|recht|le|rin; frau|en|recht|le|risch

Frau|en|rol|le

Frau|en|schuh (*auch* eine Orchideenart)

Frau|en|schutz, der; -es

Frau|en|schwarm

Frau|ens|per|son *(veraltet)*

Frau|en|stim|me; Frau|en|tag

Frau|en|über|schuss; Frau|en|ver|band

Frau|en|ver|ste|her (*ugs. für* Mann, der sich Frauen gegenüber sehr einfühlsam gibt)

Frau|en|wahl|recht; Frau|en|zeit|schrift

Frau|en|zim|mer *(veraltet)*

Frau|ke (w. Vorn.)

Fräu|lein, das; -s, *Plur.* -, *ugs. auch* -s (*Abk.* Frl.); die Adresse Fräulein Müllers, des Fräulein Müller, Ihres Fräulein Tochter; Ihr Fräulein Braut, Tochter

Fräulein

Heute ist es üblich, erwachsene weibliche Personen mit *Frau* anzusprechen, und zwar unabhängig von Alter und Familienstand.

frau|lich; Frau|lich|keit, die; -

fraun|ho|fer|sche Li̱|ni|en, Fraun|ho|fer'sche Li̱|ni|en, Fraun|ho|fer|li̱|ni|en ↑K 136, 89 *u.* 135 *Plur.* ‹nach dem dt. Physiker› (Linien im Sonnenspektrum)

Frau|schaft (*seltener für* Frauenmannschaft)

frdl. = freundlich

Freak [fri:k], der; -s, -s ‹amerik.› (jmd., der sich nicht in das bürgerliche Leben einfügt; jmd., der sich für etwas begeistert)

fre̜ch; das frechs|te Kind

Fre̜ch|dachs (*ugs. scherzh. für* freches Kind)

Fre̜ch|heit; Fre̜ch|ling

Fred [*auch* frɛt] (m. Vorn.)

Free|clim|bing, das; -s, **Free Climbing,** das; - -s ['fri:klaɪ̯mɪŋ] ‹engl.› (Klettern ohne Hilfsmittel)

Free Jazz ['fri: dʒɛs], der; - - (Spielweise des Modern Jazz)

Free|lan|cer ['fri:la:nsɐ], der; -s, - (freier Mitarbeiter); **Free|lan|ce|rin**

Free̱|sie, die; -, -n ‹nach dem Kieler Arzt Freese› (eine Zierpflanze)

Free|style, der; -[s], -s, **Free Style,** der; - -[s], - -s ['fri:staɪ̯l] ‹engl.› (freier Stil, freie [im Ggs. zu vorgeschriebener] Ausführungsart)

Free|town ['fri:taʊ̯n] (Hauptstadt von Sierra Leone)

Free-TV, das; -[s], **Free TV,** das; - -[s] ['fri:tivi:, *auch* -...'vi:] ‹engl.› (gebührenfrei empfangbares Fernsehprogramm); ↑K 29 *u.* 41; **Free-TV-Pre|mi|e|re** (erstmalige Ausstrahlung im Free-TV)

Freeze [fri:s], das; - ‹engl.› (das Einfrieren aller atomaren Rüstung)

Fre|ga̜t|te, die; -, -n ‹franz.› (Kriegsschiff; *ugs. auch für* [aufgetakelte] Frau); **Fre|ga̜t|ten|ka|pi|tän; Fre|ga̜t|ten|ka|pi|tä|nin**

Fre|ga̜tt|vo|gel (ein großer, an [sub]tropischen Küsten lebender Vogel)

frei̱ *s. Kasten Seite 434*

Frei̱a *vgl.* Freyja

Frei̱|bad

Frei̱|bank *Plur.* ...bänke *(früher)*

frei̱|be|kom|men, frei̱ be|kom|men *vgl.* frei

Frei̱|berg (Stadt in Sachsen)

Frei̱|be|ruf|ler; Frei̱|be|ruf|le|rin

frei̱|be|ruf|lich

Frei̱|be|trag

Frei̱|beu|ter (Seeräuber); **Frei|beu|te|rei̱; Frei̱|beu|te|rin; frei̱|beu|te|risch**

Frei̱|bier

frei̱ blei|ben *vgl.* frei

frei̱|blei|bend (*Kaufmannsspr.* unverbindlich, ohne Verpflichtung); das freibleibende Angebot, das Angebot ist freibleibend

Frei̱|bord (Höhe des Schiffskörpers über der Wasserlinie)

Frei̱|brief

Frei̱|burg (Kanton der Schweiz; *franz.* Fribourg)

Frei̱|burg im Brei̱s|gau (Stadt in Baden-Württemberg)

Frei̱|burg im Ü̱cht|land *od.* **Üecht|land** ['y:ɛxt...] (Hauptstadt des Kantons Freiburg)

Frei̱|de|mo|krat (Mitglied der Freien Demokratischen Partei); **Frei̱|de|mo|kra|tin; frei̱|de|mo|kra|tisch**

Frei̱|den|ker; Frei̱|den|ke|rin; frei̱|den|ke|risch

Frei̱e, der *u.* die; -n, -n (*früher für* jmd., der Rechtsfähigkeit u. polit. Rechte besitzt)

frei̱|en (*veraltet für* heiraten; um eine Frau werben); **Frei̱|er; Frei̱|e|rin**

frei

– Bahn frei!; ich bin so frei!; frei nach Goethe

In kaufmannssprachlichem Gebrauch mit Akkusativ:

– frei Haus, frei deutschen Ausfuhrhafen, frei deutsche Grenze liefern (*Abk.* fr.)

I. *Kleinschreibung* ↑K89:

– der freie Fall; der freie Wille; freie Beweiswürdigung; freie Rücklagen; freie Wahlen; freier Eintritt; freier Journalist; freie Mitarbeiterin; freier Schriftsteller; in freier Wildbahn; die freie Liebe; die freie (nicht staatlich gelenkte) Marktwirtschaft; das Signal steht auf »frei«

II. *Großschreibung*

a) *der Substantivierung* ↑K72:

– das Freie, im Freien, ins Freie; etwas Freies und Ungezwungenes; es gibt nichts Freieres als sie

b) *in Namen und namenähnlichen Verbindungen* ↑K89 *u.* 150:

– Freie Demokratische Partei (*Abk.* FDP); Freie Deutsche Jugend (*in der DDR; Abk.* FDJ); Freie und Hansestadt Hamburg; Freie Hansestadt Bremen; die Freie Reichsstadt Nürnberg, *aber* Frankfurt war lange Zeit eine freie Reichsstadt

– Freier Architekt (*im Titel, sonst* [er ist ein] freier Architekt)

III. *Schreibung in Verbindung mit Verben u. Partizipien* ↑K56 *u.* 58:

a) *Getrennt- u. Zusammenschreibung:*

– frei sein, frei werden, frei bleiben

– frei (für sich) stehen; ein frei stehendes *od.* freistehendes Haus; frei stehende *od.* freistehende Zeilen

– frei (ohne Manuskript) sprechen (*vgl. aber* freisprechen)

– frei (ohne Stütze, ohne Leine) laufen; Eier von frei laufenden *od.* freilaufenden Hühnern (von Hühnern, die Auslauf haben)

– frei lebende *od.* freilebende Tiere

– die Ausfahrt frei halten, frei geben, frei lassen

– ein Gewicht frei halten; eine Rede frei halten (*vgl. aber* freihalten)

– den Oberkörper frei machen *od.* freimachen; sich von Vorurteilen frei machen *od.* freimachen; den Weg frei machen *od.* freimachen (*vgl. aber* freimachen)

b) *Zusammenschreibung, wenn eine idiomatisierte Gesamtbedeutung vorliegt:*

– freikaufen; freikommen; [jemanden] freihalten; einen Brief freimachen; sich freischwimmen; jemanden [von Schuld] freisprechen; [jemandem] freistehen; jemandem etwas [völlig] freistellen

– freischaffend, freitragend

c) *Wenn nicht eindeutig ist, ob eine idiomatisierte Gesamtbedeutung vorliegt, dann gilt Getrennt- oder Zusammenschreibung:*

– ein paar Tage freihaben *od.* frei haben

– den Vormittag freibekommen *od.* frei bekommen

– jemandem freigeben *od.* frei geben

– Geiseln freibekommen *od.* frei bekommen

– jemandem den Rücken freihalten *od.* frei halten

F

Frei

Frei|ers|fü|ße *Plur.; nur in* auf Freiersfüßen gehen *(scherzh.)*

Frei|ers|mann *Plur.* ...leute *(veraltet)*

Frei|ex|em|p|lar

Frei|fahrt; Frei|fahrt|schein

Frei|flä|che

Frei|frau; Frei|fräu|lein

Frei|ga|be

Frei|gang *(Rechtsspr.);* **Frei|gän|ger** *(Rechtsspr.);* **Frei|gän|ge|rin**

frei|ge|ben, frei ge|ben; einen Gefangenen freigeben *od.* frei geben; es wurden neue Frequenzen für den Funk freigegeben *od.* frei gegeben; jmdm. den Nachmittag freigeben *od.* frei geben; *vgl.* frei

frei|ge|big; Frei|ge|big|keit, die; -

Frei|ge|he|ge

Frei|geist *Plur.* ...geister; **Frei|geis|te|rei; frei|geis|tig; Frei|ge|län|de**

Frei|ge|las|se|ne, der *u.* die; -n, -n

Frei|ge|richt (*früher für* Feme)

frei|gie|big (*svw.* freigebig)

Frei|graf (*früher für* Vorsitzender des Freigerichts)

Frei|gren|ze *(Steuerw.);* **Frei|gut** *(Zollw.)*

frei|ha|ben, frei ha|ben (Urlaub, keinen Dienst haben); *vgl.* frei

Frei|ha|fen *vgl.* ²Hafen

frei|hal|ten; ich werde dich freihalten (für dich bezahlen); *aber* eine Rede frei (ohne Manuskript) halten; die Ausfahrt frei halten ↑K56

Frei|hand|bü|che|rei (Bibliothek, in der man die Bücher selbst aus den Regalen entnehmen kann)

Frei|han|del, der; -s; **Frei|han|dels|zo|ne**

frei|hän|dig

Frei|hand|zeich|nen, das; -s

Frei|heit; frei|heit|lich

Frei|heits|be|griff *Plur. selten;* **Frei|heits|be|rau|bung; Frei|heits|drang,** der; -[e]s; **Frei|heits|ent|zug**

frei|heits|feind|lich

Frei|heits|kampf; Frei|heits|kämp|fer; Frei|heits|kämp|fe|rin; Frei|heits|krieg

frei|heits|lie|bend

Frei|heits|recht; Frei|heits|sinn, der; -[e]s; **Frei|heits|sta|tue; Frei|heits|stra|fe**

frei|he|r|aus; etwas freiheraus (offen) sagen

Frei|herr (*Abk.* Frhr.); **Frei|herrn|stand,** der; -[e]s

Frei|in (Freifräulein)

Frei|kar|te

frei|kau|fen (durch Zahlung eines Lösegeldes befreien)

Frei|kir|che; eine protestantische Freikirche

Frei|klet|tern, das; -s (*svw.* Freeclimbing)

frei|kom|men (loskommen)

Frei|kör|per|kul|tur, die; - (*Abk.* FKK)

Frei|korps *(früher)*

frei|krat|zen, frei krat|zen; Autoscheiben freikratzen *od.* frei kratzen

Frei|la|de|bahn|hof *(Eisenbahn)*

Frei|land, das; -[e]s; **Frei|land|ge|mü|se; Frei|land|ver|such**
frei|las|sen, **frei las|sen**; die Gefangenen wurden freigelassen *od.* frei gelassen; *vgl.* frei; **Frei|las|sung**
Frei|lauf *(Technik);* **frei|lau|fen**, sich *(Sport); aber* frei (ohne Leine, ohne Stütze) laufen
frei le|bend, **frei|le|bend** *vgl.* frei
frei|le|gen, **frei le|gen** (eine deckende Schicht entfernen); ↑K56; **Frei|le|gung**
Frei|lei|tung
frei|lich
Frei|licht|büh|ne; Frei|licht|ma|le|rei; Frei|licht|mu|se|um; Frei|licht|the|a|ter
Frei|lig|rath (dt. Dichter)
Frei|luft|kon|zert; Frei|luft|schu|le
frei|ma|chen; einen Brief freimachen *(Postw.); aber* ein paar Tage freimachen *od.* frei machen (Urlaub machen); den Oberkörper frei machen *od.* freimachen; sich von Vorurteilen frei machen *od.* freimachen
Frei|ma|chung *(Postw.);* **Frei|mar|ke**
Frei|mau|rer; Frei|mau|re|rei, die; -; **Frei|mau|re|rin; frei|mau|re|risch; Frei|mau|rer|lo|ge**
Frei|mut; frei|mü|tig; Frei|mü|tig|keit, die; -
frei|neh|men, **frei neh|men**; ein paar Tage freinehmen *od.* frei nehmen
Frei|plas|tik, die *(Kunstwiss.);* **Frei|platz**
frei|pres|sen (durch Erpressung jmds. Freilassung erzwingen)
Frei|raum
frei|re|li|gi|ös
Frei|sass, Frei|sas|se *(früher für* von bestimmten Abgaben befreiter Bauer)
frei|schaf|fend; ein freischaffender Künstler, Architekt
Frei|schalt|code *(Elektrot.);* **frei|schal|ten**; die Leitung wurde freigeschaltet; *aber* sie konnte ganz frei schalten (nach Belieben verfahren); **Frei|schal|tung**
Frei|schar *(früher für* militärische Gruppe von Freiwilligen); **Frei|schär|ler; Frei|schär|le|rin**
Frei|schlag *(bes. Hockey)*
frei|schwim|men, sich *(früher);* **Frei|schwim|mer** *(früher für* Schwimmprüfung)
frei|set|zen (aus einer Bindung lösen); Energie, Kräfte freisetzen; **Frei|set|zung**
Frei|sinn, der; -[e]s *(veraltet);* **frei|sin|nig**
frei|spie|len *(Sport);* sich, einen Stürmer freispielen; *vgl.* frei
Frei|sprech|an|la|ge, Frei|sprech|ein|rich|tung (Einrichtung für Handy od. Telefon, die freihändiges Telefonieren ermöglicht)
frei|spre|chen (für nicht schuldig erklären; *Handwerk* zum Gesellen erklären); *aber* frei (ohne Manuskript) sprechen; **Frei|spre|chung; Frei|spruch**
Frei|staat *Plur.* ...staaten
Frei|statt, Frei|stät|te
frei|ste|hen; das soll dir freistehen (gestattet sein); *aber* die Wohnung hat lange frei gestanden *od.* freigestanden; ein frei stehendes *od.* freistehendes Haus ↑K58
frei|stel|len (erlauben); jmdm. etwas [völlig] freistellen; **Frei|stel|lung**
Frei|stem|pel *(Postw.);* **Frei|stemp|ler** (Frankiermaschine)
Frei|stil, der; -s *(Sport);* **Frei|stil|rin|gen; Frei|stil|schwim|men**, das; -s
Frei|stoß (beim Fußball); [in]direkter Freistoß
Frei|stun|de
Frei|tag, der; -[e]s, -e (*Abk.* Fr.); ↑K151: der Stille Freitag (Karfreitag); *vgl.* Dienstag; **frei|tags** *vgl.* Dienstag
Frei|tags|ge|bet *(islam. Rel.)*
Frei|tod (Selbstmord)
frei|tra|gend *(Bauw.);* freitragende Brücken, Treppen
Frei|trep|pe; Frei|übung; Frei|wa|che *(Seemannsspr.)*
frei|weg (unbekümmert)
frei wer|den; *aber* das Freiwerden ↑K82
Frei|wild
frei|wil|lig; die freiwillige Feuerwehr, *aber* ↑K150: die Freiwillige Feuerwehr Nassau; freiwilliges soziales Jahr, freiwilliger Wehrdienst ↑K89; **Frei|wil|li|ge**, der *u.* die; -n, -n; **Frei|wil|lig|keit**, die; -
Frei|wurf *(Sport)*
Frei|zei|chen
Frei|zeit
Frei|zeit|ak|ti|vi|tät; Frei|zeit|an|ge|bot; Frei|zeit|an|zug; Frei|zeit|be|schäf|ti|gung; Frei|zeit|club *vgl.* Freizeitklub; **Frei|zeit|ein|rich|tung; Frei|zeit|ge|stal|tung**
Frei|zeit|hemd; Frei|zeit|klei|dung; Frei|zeit|klub, Frei|zeit|club; **Frei|zeit|park; Frei|zeit|ver|gnü|gen; Frei|zeit|wert; Frei|zeit|zen|t|rum**
frei|zü|gig; Frei|zü|gig|keit, die; -
fremd
Fremd|ar|bei|ter *(schweiz., sonst meist abwertend od. veraltet);* **Fremd|ar|bei|te|rin**
fremd|ar|tig; Fremd|ar|tig|keit
fremd|be|stimmt; Fremd|be|stim|mung
fremd|be|zie|hen; Fremd|be|zug
[1]**Frem|de**, der *u.* die; -n, -n
[2]**Frem|de**, die; - (Ausland); in der Fremde
Fremd|ein|wir|kung
frem|deln (vor Fremden scheu, ängstlich sein); ich fremd[e]le; **frem|den** *(schweiz. für* fremdeln)
Frem|den|bett; Frem|den|buch *(veraltet)*
frem|den|feind|lich; Frem|den|feind|lich|keit
Frem|den|füh|rer; Frem|den|füh|re|rin
Frem|den|hass; Frem|den|heim; Frem|den|le|gi|on, die; -; **Frem|den|pass**
Frem|den|po|li|zei (*bes. österr., schweiz. für* Ausländerbehörde)
Frem|den|recht (Ausländerrecht)
Frem|den|sit|zung (öffentliche Karnevalssitzung)
Frem|den|ver|kehr, der; -[e]s; **Frem|den|ver|kehrs|amt; Frem|den|ver|kehrs|ge|biet**
Frem|den|zim|mer
fremd|fi|cken *(derb)*
Fremd|fir|ma
fremd|ge|hen (*ugs. für* in einer Partnerschaft untreu sein)
Fremd|heit, die; - (das Fremdsein)
Fremd|herr|schaft *Plur. selten;* **Fremd|ka|pi|tal; Fremd|kör|per**
fremd|län|disch
Fremd|ling *(geh. od. scherzh.)*
Fremd|mit|tel *Plur.*
fremd|schä|men, sich (*ugs. für* sich stellvertretend für andere schämen); sie schämt sich fremd *od.* fremdschämt sich, hat sich fremdgeschämt
Fremd|spra|che; Fremd|spra|chen|kor|re|s|pon|dent; Fremd|spra|chen|kor|re|s|pon|den|tin; Fremd|spra|chen|un|ter|richt
fremd|spra|chig (eine Fremdsprache sprechend; in einer fremden Sprache geschrieben, gehalten); fremdsprachiger (in einer Fremdsprache gehaltener) Unterricht
fremd|sprach|lich (eine fremde Sprache betreffend); fremd-

F
frem

sprachlicher (über eine Fremdsprache gehaltener) Unterricht
fremd|stäm|mig; Fremd|stäm|mig|keit, die; -
fremd|steu|ern
Fremd|stoff
fremd|ver|ge|ben (*für* outsourcen)
Fremd|ver|schul|den *(Amtsspr.)*
Fremd|wäh|rung *(Finanzw.)*
Fremd|wort *Plur.* ...wörter
Fremd|wör|ter|buch
fremd|wort|frei; fremd|wort|reich
fre|ne|tisch ‹franz.› (rasend)
fre|quent ‹lat.› (häufig, zahlreich; *Med.* beschleunigt [vom Puls])
Fre|quen|ta|ti|on, die; -, -en *(veraltet);* **fre|quen|tie|ren** (*geh. für* häufig besuchen)
Fre|quenz, die; -, -en (Besucherzahl, Verkehrsdichte; Schwingungszahl; Periodenzahl)
Fre|quenz|be|reich; Fre|quenz|mes|ser, der (zur Zählung der Wechselstromperioden)
Fres|ke, die; -, -n ‹franz.›, **Fres|ko,** das; -s, ...ken ‹ital.; »frisch«› (Wandmalerei auf feuchtem Kalkputz); *vgl.* a fresco; **Fres|ko|ma|le|rei**
Fres|nel|lin|se, Fres|nel-Lin|se [frɛˈnɛl...] ↑K 136 ‹nach dem franz. Physiker› (eine zusammengesetzte Linse)
Fres|sa|li|en *Plur.* (*ugs. scherzh. für* Esswaren)
Fres|se, die; -, -n (*derb für* Mund)
fres|sen; du frisst, er frisst; du fraßest; du fräßest; gefressen; friss!; **Fres|sen,** das; -s; **Fres|ser; Fres|se|rei; Fres|se|rin**
Fress|gier; Fress|korb *(ugs.);* **Fress|napf; Fress|pa|ket** *(ugs.)*
Fress|sack, Fress-Sack (*ugs. für* gefräßiger Mensch)
Fress|tem|pel (*ugs. für* Nobelrestaurant)
Fress|werk|zeu|ge *Plur. (Zool.)*
Fress|zel|le (*Med.* der Infektionsabwehr dienendes weißes Blutkörperchen)
Frett|chen, das; -s, - ‹niederl.› (Iltisart)
fret|ten, sich (*südd., österr. ugs. für* sich abmühen)
fret|tie|ren ‹niederl.› (*Jägerspr.* mit dem Frettchen jagen)
Freud (österr. Psychiater)
Freu|de, die; -, -n; [in] Freud und Leid ↑K 13
freu|de|los, freu|den|los (*svw.* freudlos)
Freu|den|be|cher *(geh.);* **Freu|den|bot|schaft; Freu|den|fest; Freu|den|feu|er; Freu|den|ge|heul**
Freu|den|haus (*verhüllend für* Bordell); **Freu|den|mäd|chen** (*veraltend für* Prostituierte)
freu|den|reich
Freu|den|ruf; Freu|den|sprung; Freu|den|tag; Freu|den|tanz; Freu|den|tau|mel; Freu|den|trä|ne
freu|de|strah|lend; freu|de|trun|ken
Freu|di|a|ner (Anhänger Freuds); **Freu|di|a|ne|rin; freu|di|a|nisch**
freu|dig; ein freudiges Ereignis; **Freu|dig|keit,** die; -
freud|los; Freud|lo|sig|keit, die; -
freudsch; eine freudsche *od.* Freud'sche Fehlleistung ↑K 89 *u.* 135 *(bes. Psychol.)*
freu|en; sich freuen
freund *(veraltend);* jmdm. freund (freundlich gesinnt) sein, bleiben, werden
Freund, der; -[e]s, -e; jemandes Freund bleiben, sein, werden; gut Freund [mit jmdm.] sein
Freund|chen *(meist [scherzh.] drohend als Anrede)*
Freun|des|kreis; Freun|des|treue
Freund-Feind-Den|ken
Freun|din
freund|lich (*Abk.* frdl.); freundlich gesinnte Menschen; *Schreibung in Zusammensetzungen:* menschenfreundlich, kinderfreundlich; moskaufreundlich ↑K 143
freund|li|cher|wei|se
Freund|lich|keit
freund|nach|bar|lich
Freund|schaft; freund|schaft|lich
Freund|schafts|ban|de *Plur. (geh.);* **Freund|schafts|buch; Freund|schafts|dienst; Freund|schafts|spiel** *(Sport);* **Freund|schafts|ver|trag**
fre|vel *(veraltet);* frevler Mut
Fre|vel, der; -s, - (Verbrechen)
fre|vel|haft; Fre|vel|haf|tig|keit
Fre|vel|mut *(veraltet)*
fre|veln; ich frev[e]le
Fre|vel|tat
fre|vent|lich *(veraltend)*
Frev|ler; Frev|le|rin; frev|le|risch
Frey, Freyr [ˈfrai̯ɐ] (*germ. Mythol.* Gott der Fruchtbarkeit u. des Friedens)
Frey|burg/Un|strut (Stadt an der unteren Unstrut)
Frey|ja (*germ. Mythol.* Liebesgöttin)
Frey|tag (dt. Schriftsteller)
Frhr. = Freiherr
Fri|aul, -s, *auch mit Artikel* das; -[s] (ital. Landschaft)
fri|ckeln (*ugs. für* basteln); ich frick[e]le
Fri|csay [...tʃai̯] (ung. Dirigent)
Fri|de|ri|cus (*lat. Form für* Friedrich); Fridericus Rex (König Friedrich [der Große]); **fri|de|ri|zi|a|nisch**
Fri|do|lin (m. Vorn.)
Frie|da (w. Vorn.)
Fried|bert, Frie|de|bert (m. Vorn.)
Frie|de, der; -ns, -n (*seltener für* Frieden)
Frie|del (m. u. w. Vorn.)
Frie|dell (österr. Schriftsteller)
Frie|de|mann (m. Vorn.)
frie|den (*selten für* einfrieden, befrieden); gefriedet
Frie|den, der; -s, -
Frie|dens|ab|kom|men; Frie|dens|be|mü|hung *meist Plur.;* **Frie|dens|be|reit|schaft,** die; -; **frie|dens|be|wegt; Frie|dens|be|we|gung; Frie|dens|bruch,** der
Frie|dens|en|gel
Frie|dens|fahrt (Radrennen zwischen Prag, Warschau u. Berlin)
Frie|dens|for|schung
Frie|dens|freund; Frie|dens|freun|din
Frie|dens|ge|spräch; Frie|dens|in|i|ti|a|ti|ve; Frie|dens|kon|fe|renz
Frie|dens|la|ger, das; -s (*in der DDR Bez. für* die sozialist. Staaten)
Frie|dens|lie|be; Frie|dens|mis|si|on; Frie|dens|no|bel|preis; Frie|dens|ord|nung; Frie|dens|pfei|fe; Frie|dens|pflicht; Frie|dens|plan; Frie|dens|po|li|tik; Frie|dens|preis; Frie|dens|pro|zess
Frie|dens|rich|ter; Frie|dens|rich|te|rin
Frie|dens|schluss; Frie|dens|si|che|rung
Frie|den[s]|stif|ter; Frie|den[s]|stif|te|rin
Frie|den[s]|stö|rer; Frie|den[s]|stö|re|rin
Frie|dens|tau|be; Frie|dens|trup|pe; Frie|dens|ver|hand|lun|gen *Plur.;* **Frie|dens|ver|trag; Frie|dens|zei|chen; Frie|dens|zeit**
Frie|der (m. Vorn.)
Frie|de|ri|ke (w. Vorn.)
frie|de|voll *vgl.* friedvoll
fried|fer|tig; Fried|fer|tig|keit, die; -
Fried|fisch
Fried|helm (m. Vorn.)
Fried|hof; Fried|hofs|gärt|ne|rei; Fried|hofs|ka|pel|le; Fried|hofs|mau|er; Fried|hofs|ru|he
Fried|län|der (Bez. Wallensteins nach dem Herzogtum Fried-

land; einer aus Wallensteins Mannschaft); **fried|län|disch**
fried|lich; Fried|lich|keit, die; -
fried|lie|bend; fried|los
Frie|do|lin *vgl.* Fridolin
[1]**Fried|rich** (m. Vorn.); Friedrich der Große ↑K134
[2]**Fried|rich,** Caspar David (dt. Maler)
Fried|rich|ro|da (Stadt am Nordrand des Thüringer Waldes)
Fried|richs|dor, der; -s, -e (alte preuß. Goldmünze); 10 Friedrichsdor
Fried|richs|ha|fen (Stadt am Bodensee)
Fried|rich Wil|helm, der; - -s, - -s (*ugs. für* Unterschrift)
fried|voll
Fried|wald® (Urnenbestattung unter Bäumen)
frie|meln (*landsch. für* basteln); ich friem[e]le
Friend|ly Fire [ˈfrɛntli ˈfai̯ɐ], das; - -[s], - -s ⟨engl.⟩ (*Militär* versehentlicher Beschuss eigener Truppen; Kritik aus den eigenen Reihen)
frie|ren; du frierst; du frorst; du frörest; gefroren; frier[e]!; ich friere an den Füßen; mich friert an den Füßen
Fries, der; -es, -e ⟨franz.⟩ (Gesimsstreifen; ein Gewebe)
Frie|se, der; -n, -n (Angehöriger eines germ. Stammes an der Nordseeküste)
Frie|sel, der *od.* das; -s, -n *meist Plur.* (Pustel); **Frie|sel|fie|ber**
Frie|sen|nerz (*scherzh. für* Öljacke)
Frie|sin; frie|sisch
Fries|land; Fries|län|der; Fries|län|de|rin; fries|län|disch
Frigg (*germ. Mythol.* Wodans Gattin); *vgl.* Frija
fri|gid *vgl.* frigide
Fri|gi|daire® [...ʒiˈdɛːɐ̯, *auch* ...gi...], **Fri|gi|där** [...gi...], der; -[s], -[s] ⟨franz.⟩ (*selten für* Kühlschrank)
Fri|gi|da|ri|um, das; -s, ...ien ⟨lat.⟩ (Abkühlungsraum [in altröm. Bädern])
fri|gi|de, fri|gid ⟨lat.⟩ (*Med. veraltend od. abwertend für* sexuell nicht erregbar, nicht zum Orgasmus fähig [von Frauen]); **Fri|gi|di|tät,** die; -
Fri|ja (*altd. Name für* Frigg)
Fri|ka|del|le, die; -, -n ⟨ital.⟩
Fri|kan|deau [...ˈdoː], das; -s, -s ⟨franz.⟩ (Teil der [Kalbs]keule)
Fri|kan|del|le, die; -, -n (Schnitte aus gedämpftem Fleisch; *auch für* Frikadelle)
Fri|kas|see, das; -s, -s (Gericht aus klein geschnittenem Fleisch); **fri|kas|sie|ren**
fri|ka|tiv ⟨lat.⟩ (auf Reibung beruhend); **Fri|ka|tiv,** der; -s, -e, **Fri|ka|tiv|laut** (*Sprachwiss.* Reibe-, Engelaut, z. B. f, sch)
Frik|ti|on, die; -, -en (Reibung); **Frik|ti|ons|kupp|lung** *(Technik);* **frik|ti|ons|los**
Fri|maire [...ˈmɛːɐ̯], der; -[s], -s *Plur. selten* ⟨franz., »Reifmonat«⟩ (3. Monat des Kalenders der Franz. Revolution: 21. Nov. bis 20. Dez.)
Fris|bee® [...bi], das; -[s], -s ⟨engl.⟩ (Wurfscheibe); Frisbee spielen

frisch

– auf frischer Tat ertappen
– frisch-fröhlich ↑K23

Großschreibung in Namen ↑K140:

– die Frische Nehrung
– das Frische Haff

Getrennt- und Zusammenschreibung ↑K56 *u.* 58:

– etwas frisch halten
– sich frisch machen *od.* frischmachen
– eine frisch gestrichene *od.* frischgestrichene Tür; *aber nur* die Tür wurde frisch gestrichen
– das frisch gebackene *od.* frischgebackene Brot (*vgl. aber* frischbacken)
– ein frischgebackenes (gerade erst getrautes) Ehepaar
– die Frischverliebten *od.* frisch Verliebten

Frisch (schweiz. Schriftsteller)
frisch|auf! (*veraltend für* Wandergruß)
frisch|ba|cken; frischbackenes Brot
Frisch|blut (erst vor kurzer Zeit entnommenes Blut)
Fri|sche, die; -
Frisch|ei
fri|schen (*Hüttenw.* Metall herstellen, reinigen; *Jägerspr.* [vom Wildschwein] Junge werfen); du frischst
frisch-fröh|lich ↑K23
frisch ge|ba|cken, frisch|ge|ba|cken *vgl.* frisch
Frisch|ge|mü|se
frisch ge|stri|chen, frisch|ge|stri|chen *vgl.* frisch
Frisch|ge|wicht
Frisch|hal|te|fo|lie; Frisch|hal|te|pa|ckung
Frisch|kä|se; Frisch|kost
Frisch|ling (junges Wildschwein)
Frisch|luft, die; -; **Frisch|luft|zu|fuhr**
frisch|mel|kend; *nur in* frischmelkende Kuh (Kuh, die gerade gekalbt hat)
Frisch|milch
Frisch|was|ser, das; -s
frisch|weg
Frisch|zel|le; Frisch|zel|len|the|ra|pie
Fris|co (*amerik. Abk. für* San Francisco)
Fri|sée|sa|lat [...ˈzeː...] ⟨franz.; dt.⟩ (Kopfsalat mit krausen Blättern)
Fri|seur [...ˈzøːɐ̯], Fri|sör, der; -s, -e ⟨*zu* frisieren⟩; **Fri|seu|rin** [...ˈzøː...], Fri|sö|rin
Fri|seur|sa|lon, Fri|sör|sa|lon
Fri|seu|se [...ˈzøːzə], die; -, -n (*ugs., sonst veraltet für* Friseurin)
fri|sie|ren ⟨franz.⟩ (*ugs. auch für* herrichten, [unerlaubt] verändern); sich frisieren
Fri|sier|kom|mo|de; Fri|sier|sa|lon; Fri|sier|to|i|let|te; Fri|sier|um|hang
Fri|sis|tik, die; - (Wissenschaft von der Sprache, Literatur u. Landeskunde der Friesen)
Fri|sör usw. *vgl.* Friseur usw.
frisst *vgl.* fressen
Frist, die; -, -en
fris|ten
Fris|ten|lö|sung; Fris|ten|re|ge|lung (Regelung für straffreien Schwangerschaftsabbruch in den ersten [drei] Monaten)
frist|ge|bun|den; frist|ge|mäß; frist|ge|recht
frist|los; fristlose Entlassung
Frist|über|schrei|tung; Frist|ver|län|ge|rung
Frist|wech|sel (*Kaufmannsspr.* Datowechsel)
Fri|sur, die; -, -en
Fri|teu|se [...ˈtøː...] *alte Schreibung für* Fritteuse
Frit|flie|ge (Getreideschädling)
Frit|hjof (norw. Held; m. Vorn.); **Frit|hjof[s]|sa|ge,** die
fri|tie|ren *alte Schreibung für* frittieren
Frit|ta|te, die; -, -n ⟨ital.⟩ (Eierkuchenstreifen als Suppeneinlage); **Frit|ta|ten|sup|pe**
Frit|te, die; -, -n ⟨franz.⟩ (Schmelzgemenge; *Plur. ugs. auch für* Pommes frites); **frit|ten** (eine Fritte machen; [von Steinen]

F
frit

sich durch Hitze verändern; *ugs. auch für* frittieren)
Frit|ten|bu|de (*ugs. für* Imbissstube)
Frit|teu|se [...ˈtøː...], die; -, -n (elektr. Gerät zum Frittieren)
frit|tie|ren ‹franz.›; Fisch frittieren (in schwimmendem Fett braten)
Frit|tü|re, die; -, -n ‹franz.› (heißes Ausbackfett; die darin gebackene Speise; *auch für* Fritteuse); **Fri|tü|re** *alte Schreibung für* Frittüre

F
Frit

Fritz (m. Vorn.)
...frit|ze, der; -n, -n (*ugs. abwertend,* z. B. Zeitungsfritze)
fri|vol ‹franz.› (leichtfertig; schlüpfrig); **Fri|vo|li|tät**, die; -, -en
Frl. = Fräulein
Frö|bel (dt. Pädagoge)
froh; frohen Sinnes; die froh[e]sten Menschen; froh gelaunt *od.* frohgelaunt ↑K58, froher gelaunt; *vgl. aber* frohgemut; frohes Ereignis, *aber* ↑K150: die Frohe Botschaft (Evangelium)
Froh|bot|schaft, die; - (*svw.* Evangelium)
froh ge|launt, **froh|ge|launt** *vgl.* froh
froh|ge|mut; die frohgemutesten Menschen
fröh|lich; **Fröh|lich|keit**, die; -
froh|lo|cken; sie hat frohlockt
Froh|mut *(geh.)*; **froh|mü|tig** *(geh.)*
Froh|na|tur

frönen
Obwohl das *ö* in *frönen* lang gesprochen wird, schreibt man das Verb ohne Dehnungs-h. Gleiches gilt für die etymologisch verwandten Wörter *Fron, Frondienst* und *Fronleichnam.*

Froh|sinn, der; -[e]s; **froh|sin|nig** *(selten)*
froh|wüch|sig *(Tier- u. Pflanzenzucht)*
Frois|sé [froa...], der *od.* das; -s, -s ‹franz.› (künstlich geknittertes Gewebe)
Fro|mage de Brie [frɔˈmaːʒ də -], der; - - -, -s - - [frɔˈmaːʒ - -] ‹franz.› (Briekäse)
fromm; frömmer *od.* frommer, frömms|te *od.* fromms|te
From|me, der; -n (*veraltet für* Ertrag; Nutzen); *noch in* zu Nutz und Frommen
Fröm|me|lei; **fröm|meln** (sich [übertrieben] fromm zeigen); ich frömm[e]le
from|men (*veraltend für* nutzen); es frommt ihm nicht
Fromm|heit, die; -
Fröm|mig|keit, die; -
Frömm|ler; **Frömm|le|rei**; **Frömm|le|rin**; **frömm|le|risch**
Fron, die; -, -en (dem Lehnsherrn zu leistende Arbeit); **Fron|ar|beit** (*schweiz. auch für* unbezahlte Gemeinschaftsarbeit für Gemeinde, Verein o. Ä.)
Fron|ar|bei|ter; **Fron|ar|bei|te|rin**
[1]**Fron|de**, die; -, -n (*veraltet für* Fron)
[2]**Fron|de** [ˈfrõːdə], die; -, -n ‹franz.› (regierungsfeindliche Gruppe)
fron|den (*veraltet für* fronen)
Fron|deur [frõˈdøːɐ̯], der; -s, -e ‹franz.› (Anhänger der [2]Fronde); **Fron|deu|rin**
Fron|dienst (*früher* Dienst für den Grundherrn; *schweiz. svw.* Fronarbeit)
fron|die|ren [frõ...] ‹franz.› (als Frondeur auftreten)
fro|nen (Frondienste leisten)
frö|nen (sich einer Neigung, Leidenschaft o. Ä. hingeben)
Frö|ner (Arbeiter im Frondienst); **Frö|ne|rin**
Fron|leich|nam, der; -s *(meist ohne Artikel)* (»des Herrn Leib«) (kath. Fest); **Fron|leich|nams|fest**; **Fron|leich|nams|pro|zes|si|on**; **Fron|leich|nams|tag**
Front, die; -, -en ‹franz.›; Front machen (sich widersetzen)
Front|ab|schnitt
fron|tal
Fron|tal|an|griff; **Fron|tal|un|ter|richt** *(Päd.)*; **Fron|tal|zu|sam|men|stoß**
Front|an|trieb; **Front|be|richt**; **Front|brei|te**; **Front|dienst**; **Front|ein|satz**; **Front|frau** *vgl.* Frontmann
Fron|ti|s|piz, das; -es, -e (*Archit.* Giebeldreieck; *Buchw.* Titelblatt [mit Titelbild])
Front|kämp|fer; **Front|kämp|fe|rin**
Front|la|der (Schleppfahrzeug)
Front|li|nie
Front|mann *Plur.* ...männer, *seltener* ...leute (Musiker, der [als Sänger] in einer Gruppe im Vordergrund agiert)
Front|mo|tor
Front Na|tio|nal [frõ: nasjɔˈnal], der, *auch* die; - - (franz. Widerstandsorganisation im 2. Weltkrieg; franz. Partei)
Front|of|fice [...|ɔfɪs], das; -[s], -s ‹engl.› (Schalterhalle, Verkaufsräume, Kundenbetreuer o. Ä. eines Unternehmens)
Front|schei|be; **Front|sei|te**
Front|sol|dat; **Front|sol|da|tin**
Front|wech|sel (Meinungswandel)
fror *vgl.* frieren
Frosch, der; -[e]s, Frösche
Frosch|au|ge; **Frosch|biss** (Sumpf- u. Wasserpflanze)
Frösch|chen
Frosch|hüp|fen, das; -s (Springen [u. Vorwärtshüpfen] aus dem Hockstand in den Hocksitz)
Frosch|kö|nig (eine Märchengestalt); **Frosch|laich**
Frösch|lein
Frosch|mann *Plur.* ...männer
Frosch|per|s|pek|ti|ve
Frosch|schen|kel
Frosch|test (ein früher gebräuchlicher Schwangerschaftstest)
Frost, der; -[e]s, Fröste
frost|an|fäl|lig
Frost|auf|bruch; **Frost|beu|le**
frös|te|lig, fröst|lig; **frös|teln**; ich fröst[e]le; mich fröstelt
fros|ten; **Fros|ter**, der; -s, - (Tiefkühlteil einer Kühlvorrichtung)
frost|frei
Frost|ge|fahr, die; -; **Frost|gren|ze**
frost|hart
fros|tig; **Fros|tig|keit**, die; -
frost|klar; **frost|klir|rend**
fröst|lig, frös|te|lig
Frost|scha|den; **Frost|schutz|mit|tel**; **Frost|span|ner** (ein Schmetterling); **Frost|wet|ter**
Frot|té [ˈfrɔte, ...ˈteː] usw. *vgl.* Frottee
Frot|tee [ˈfrɔte, *österr.* ...ˈteː], Frot|té [ˈfrɔte, ...ˈteː], das *od.* der; -[s], -s ‹franz.› ([Kleider]stoff aus gekräuseltem Zwirn; *auch für* Frottiergewebe)
Frot|tee|hand|tuch, Frot|té|hand|tuch [ˈfrɔte..., *österr.* ...ˈteː...]
Frot|tee|stoff, Frot|té|stoff
Frot|tee|tuch, Frot|té|tuch *Plur.* ...tücher (*svw.* Frottiertuch)
frot|tie|ren; **Frot|tier|tuch** *Plur.* ...tücher
Frot|ze|lei; **frot|zeln** (*ugs. für* necken, aufziehen); ich frotz[e]le
Frucht, die; -, Früchte
frucht|bar; **Frucht|bar|keit**, die; -
Frucht|be|cher *(auch Bot.)*; **Frucht|bla|se**; **Frucht|blatt** (Karpell); **Frucht|bo|den**; **Frucht|bon|bon**
frucht|brin|gend, **Frucht brin|gend**;

früh

frü|her, am frühs|ten *od.* am frü|hes|ten

Groß- und Kleinschreibung:

- von früh bis spät
- von morgens früh bis abends spät
- ich muss immer morgens früh aufstehen (*aber* frühmorgens hat es noch geregnet)
- morgen früh, *bes. österr. auch* morgen Früh schlafe ich aus
- frühstens *od.* frühestens; frühestmöglich *(vgl. d.)*

Getrennt- und Zusammenschreibung:

- allzu früh
- von früh auf
- früh verstorben *od.* frühverstorben
- früh vollendet *od.* frühvollendet

fruchtbringende *od.* Frucht bringende Gespräche ↑K58

Frücht|chen (*ugs. auch für* kleiner Taugenichts)

Früch|te|brot

fruch|ten; es fruchtet nichts

früch|te|reich *vgl.* fruchtreich

Früch|te|tee

Frucht|fleisch; Frucht|flie|ge

Frucht|fol|ge (Anbaufolge der einzelnen Feldfrüchte)

Frucht|ge|schmack

Frucht|holz (fruchttragendes Holz der Obstbäume)

fruch|tig (z. B. vom Wein)

...fruch|tig (z. B. einfruchtig)

Frucht|jo|ghurt, Frucht|jo|gurt

Frucht|kno|ten *(Bot.)*

Frücht|lein

frucht|los; Frucht|lo|sig|keit, die; -

Frucht|mark, das; **Frucht|pres|se**

frucht|reich, früch|te|reich

Frucht|saft; Frucht|sa|lat

frucht|tra|gend, Frucht tra|gend; fruchttragende *od.* Frucht tragende Bäume ↑K58

Frucht|was|ser, das; -s; **Frucht|was|ser|un|ter|su|chung**

Frucht|wech|sel *(Landwirtsch.)*

Frucht|zu|cker

Fruc|to|se *vgl.* Fruktose

fru|gal ‹lat.› (mäßig; einfach; bescheiden); **Fru|ga|li|tät,** die; -

früh *s. Kasten*

Früh, die; - (*südd., österr. für* Frühe); *vgl. auch* früh

Früh|auf|ste|her; Früh|auf|ste|he|rin

Früh|beet

Früh|bu|cher; Früh|bu|che|rin; Früh|bu|cher|ra|batt

Früh|chen (Frühgeborenes)

Früh|di|a|g|no|se *(Med.)*

Früh|dienst

Früh|druck *Plur.* ...drucke

Frü|he, die; -; in der Frühe; in aller Frühe; bis in die Früh

Früh|ehe

frü|her

Früh|er|ken|nung, die; - *(bes. Med.)*

Früh|er|zie|hung

frü|hes|tens, frühs|tens

frü|hest|mög|lich; zum frühestmöglichen Termin

Früh|form; Früh|ge|burt; Früh|ge|mü|se

Früh|ge|schich|te, die; -; **früh|ge|schicht|lich**

früh|go|tisch

Früh|in|va|li|di|tät

Früh|jahr; früh|jahrs

Früh|jahrs|an|fang; Früh|jahrs|be|stel|lung; Früh|jahrs|kol|lek|ti|on; Früh|jahrs|mes|se; Früh|jahrs|mü|dig|keit; Früh|jahrs|putz, der; -es

Früh|jahrs-Tag|und|nacht|glei|che, Früh|jahrs-Tag-und-Nacht-Glei|che

Früh|kar|tof|fel

früh|kind|lich

Früh|ling, der; -s, -e

Früh|lings|an|fang; Früh|lings|be|ginn, der; -[e]s; **Früh|lings|fe|ri|en** *Plur. (bes. schweiz.);* **Früh|lings|fest**

Früh|lings|ge|fühl; Frühlingsgefühle haben (*ugs. scherzh. für* sich [im reifen Alter noch einmal] verlieben)

früh|ling[s]|haft

Früh|lings|mo|nat, Früh|lings|mond (März)

Früh|lings|rol|le (chin. Vorspeise)

Früh|lings|son|ne; Früh|lings|tag; Früh|lings|wet|ter; Früh|lings|zeit; Früh|lings|zwie|bel

Früh|met|te

früh|mor|gend|lich

früh|mor|gens *vgl.* früh

Früh|ne|bel

früh|neu|hoch|deutsch *vgl.* deutsch / Deutsch; **Früh|neu|hoch|deutsch,** das; -[s]; *vgl.* Deutsch; **Früh|neu|hoch|deut|sche,** das; -n; *vgl.* ²Deutsche

Früh|pha|se

früh|reif; Früh|reif (gefrorener Tau); **Früh|rei|fe,** die; -

Früh|ren|te; Früh|rent|ner; Früh|rent|ne|rin

Früh|schicht; Früh|schop|pen

Früh|som|mer; früh|som|mer|lich

Früh|spit|ze (*bes. österr., schweiz. für* Stoßverkehr am Morgen)

Früh|sport, der; -[e]s; **Früh|sta|di|um; Früh|start**

frühs|tens, frü|hes|tens

Früh|stück; früh|stü|cken; gefrühstückt; zu frühstücken

Früh|stücks|brett|chen; Früh|stücks|brot

Früh|stücks|bü|fett, Früh|stücks|buf|fet

Früh|stücks|ei; Früh|stücks|fern|se|hen; Früh|stücks|pau|se; Früh|stücks|pen|si|on; Früh|stücks|tisch

früh ver|stor|ben, früh|ver|stor|ben ↑K58

früh voll|en|det, früh|voll|en|det ↑K58

Früh|warn|sys|tem *(Militär)*

Früh|werk

Früh|zeit; früh|zei|tig

Fruk|ti|dor [fryk...], der; -[s], -s ‹franz., »Fruchtmonat«› (12. Monat des Kalenders der Franz. Revolution: 18. Aug. bis 16. Sept.)

Fruk|ti|fi|ka|ti|on [frʊk...], die; -, -en ‹lat.› (*Bot.* Frucht- bzw. Sporenbildung); **fruk|ti|fi|zie|ren**

Fruk|to|se, *fachspr. auch* Fruc|to|se, die; - ‹lat.› (Fruchtzucker)

Frust, der; -[e]s (*ugs. für* Frustration); **frus|ten** (*ugs. für* frustrieren); gefrustet sein

Frus|t|ra|ti|on, die; -, -en ‹lat.› (*Psychol.* Enttäuschung durch Verzicht auf od. Versagung von Befriedigung)

Frustration

Das Wort *Frustration* und seine Ableitungen sollten nicht zwischen *t* und *r* getrennt werden, da sonst eine irritierende und das Lesen hemmende Trennung entsteht.

frus|t|rie|ren (enttäuschen); frustriert sein; **frus|t|riert;** frustrierte Wähler; **Frus|t|rie|rung**
Frut|ti *Plur.* ‹ital.› (Früchte); **Frut|ti di Ma|re** *Plur.* ‹»Meeresfrüchte«› (mit dem Netz gefangene Muscheln, Krebse u. Ä.)
F-Schlüs|sel [ˈɛf...] *(Musik)*
FSJ = freiwilliges soziales Jahr
FSK, die; - = Freiwillige Selbstkontrolle (der Filmwirtschaft)
ft = Foot, Feet
Fuchs, der; -es, Füchse; **Fuchs|band|wurm; Fuchs|bau** *Plur.* ...baue; **Füchs|chen**
fuch|sen (*ugs. für* [sich] ärgern); das fuchst ihn; du fuchst dich
Fuchs|hatz *(Jägerspr.)*
Fuch|sie, die; -, -n ‹nach dem Botaniker L. Fuchs› (eine Zierpflanze)
fuch|sig (fuchsrot; fuchswild)
Fuch|sin, das; -s (roter Farbstoff)
Füch|sin; Fuchs|jagd; Füchs|lein; Fuchs|loch; Fuchs|pelz
fuchs|rot
Fuchs|schwanz
fuchs|[teu|fels|]wild
Fuch|tel, die; -, -n (*früher für* breiter Degen; strenge Zucht); unter jmds. Fuchtel stehen; **fuch|teln;** ich fucht[e]le
fuch|tig (*ugs. für* aufgebracht)
fud. = fudit
Fu|der, das; -s, - (Wagenladung, Fuhre; Hohlmaß für Wein); **fu|der|wei|se**
fu|dit ‹lat., »hat [es] gegossen«› (auf künstlerischen Gusswerken; *Abk.* fud.)
Fu|d|schi|ja|ma [...dʒi...], der; -s (jap. Vulkan)
Fu|er|te|ven|tu|ra (eine der Kanarischen Inseln)
Fuf|fi, der; -s, -s (*ugs. für* Fünfzigmark- od. -euroschein)
Fuff|zehn *(landsch.); in* 'ne Fuffzehn machen (Pause machen)
Fuff|zi|ger, der; -s, - (*landsch. für* Münze od. Schein mit dem Wert 50); ein falscher Fuffziger (*ugs. für* unaufrichtiger Mensch)
Fug, der; *in* mit Fug und Recht
fu|ga|to ‹ital.› (*Musik* fugenartig); **Fu|ga|to,** das; -s, *Plur.* -s *u.* ...ti
[1]**Fu|ge,** die; -, -n (schmaler Zwischenraum; Verbindungsstelle)
[2]**Fu|ge,** die; -, -n ‹lat.-ital.› (kontrapunktisches Musikstück)
fu|gen ([Bau]teile verbinden)
fü|gen; sich fügen
fu|gen|los
Fu|gen-s, das; -, - ↑K29
Fu|gen|stil, der; -[e]s *(Musik)*
Fu|gen|zei|chen (*Sprachwiss.* die Fuge einer Zusammensetzung kennzeichnender Laut od. kennzeichnende Lautfolge, z. B. -es- in »Liebesdienst«)
Fug|ger (Augsburger Kaufmannsgeschlecht im 15. u. 16. Jh.); **Fug|ge|rei,** die; - (Handelsgesellschaft der Fugger; Stadtteil in Augsburg)
fu|gie|ren (ein musikal. Thema nach Fugenart durchführen)
füg|lich
füg|sam; Füg|sam|keit, die; -
Fu|gung
Fü|gung
fühl|bar; Fühl|bar|keit, die; -
füh|len
Füh|ler
Fühl|horn *Plur.* ...hörner
fühl|los; Fühl|lo|sig|keit, die; -
Füh|lung; Füh|lung|nah|me
fuhr *vgl.* fahren
Fuh|re, die; -, -n
Füh|re, die; -, -n (*Bergsteigen* Route)
füh|ren; Buch führen; jmdn. spazieren führen; **füh|rend; Füh|rer**
Füh|rer|aus|weis (*schweiz. Amtsspr. für* Führerschein); **Füh|rer|haus**
Füh|re|rin; füh|rer|los
Füh|rer|schaft
Füh|rer|schein; Füh|rer|schein|ent|zug
Füh|rer|sitz; Füh|rer|stand
Führ|hand *(Boxen)*
Führ|hund (Blindenhund)
füh|rig usw. *vgl.* geführig usw.
Fuhr|lohn; Fuhr|mann *Plur.* ...männer *u.* ...leute; **Fuhr|park**
Füh|rung
Füh|rungs|an|spruch; Füh|rungs|auf|ga|be; Füh|rungs|ebe|ne; Füh|rungs|eta|ge; Füh|rungs|gre|mi|um; Füh|rungs|kraft; Füh|rungs|kri|se
füh|rungs|los
Füh|rungs|macht; Füh|rungs|mann|schaft; Füh|rungs|po|si|ti|on
Füh|rungs|qua|li|tät *meist Plur.*
Füh|rungs|rie|ge; Füh|rungs|rol|le; Füh|rungs|schicht
Füh|rungs|schie|ne *(Technik)*
Füh|rungs|schwä|che; Füh|rungs|spit|ze; Füh|rungs|stab; Füh|rungs|stil; Füh|rungs|team
Füh|rungs|tor, das *(Sport);* **Füh|rungs|tref|fer**
Füh|rungs|wech|sel; Füh|rungs|zeug|nis
Fuhr|un|ter|neh|men; Fuhr|un|ter|neh|mer; Fuhr|un|ter|neh|me|rin
Fuhr|werk
fuhr|wer|ken; ich fuhrwerke; gefuhrwerkt; zu fuhrwerken
Fu|ji|ya|ma [fudʒiˈjaːma] ‹jap.› (*engl. Schreibung für* Fudschijama)
Ful|be *Plur.* (westafrik. Volk)
[1]**Ful|da,** die; - (Quellfluss der Weser)
[2]**Ful|da** (Stadt a. d. Fulda)
Ful|da|er; Ful|da|e|rin
ful|da|isch, ful|disch
Ful|gu|rit, der; -s, -e ‹lat.› (*Geol.* durch Blitzschlag zusammengeschmolzene Sandkörner)
Fül|le, die; -

Fülle

Auch wenn nach *Fülle* ein Plural folgt, steht das Verb gewöhnlich im Singular: *Eine Fülle von Möglichkeiten bot sich an.* Es ist aber auch zulässig, das Verb in den Plural zu setzen: *Eine Fülle von Möglichkeiten boten sich an.* In diesem Fall wird die Beugungsform nach dem Sinn und nicht nach dem formalen grammatischen Bezug gebildet.

fül|len
Fül|len, das; -s, - (*geh. für* Fohlen)
Fül|ler
Füll|fe|der; Füll|[fe|der|]hal|ter
Füll|horn *Plur.* ...hörner
Full House [- ˈhaus], das; - -, - -s [- ˈhauzɪs] ‹engl.› (Kartenkombination beim Poker; *ugs. für* volles Haus)
fül|lig; fülliges Haar
Füll|ort, der *Plur.* ...örter *(Bergmannsspr.)*
Füll|sel, das; -s, -
Full Ser|vice [ˈfʊl ˈzøːɐ̯vɪs], der; - -, - -s ‹engl.› (Rundum-Kundendienst)
Full|time-Job, Full|time|job [...taim...] ‹engl.› (Ganztagsarbeit)
Fül|lung
Füll|wort *Plur.* ...wörter
ful|mi|nant ‹lat.› (glänzend, prächtig); **Ful|mi|nanz,** die; -
Fulp|mes (Ort in Tirol)
Fu|ma|ro|le, die; -, -n ‹ital.› (vulkan. Dampfquelle)
Fu|mé [fyˈmeː], der; -[s], -s ‹franz.› (Probeabdruck eines Holzschnittes mithilfe feiner Rußfarbe)

Fum|mel, der; -s, - (*ugs. für* billiges Kleid)
Fum|me|lei; fum|me|lig; eine fummelige Arbeit; **fum|meln** (*ugs. für* sich [unsachgemäß] an etwas zu schaffen machen); ich fumm[e]le
Fun [fan], der; -s ‹engl.› (Vergnügen, das etw. bereitet)
Fu|na|fu|ti (Hauptstadt Tuvalus)
Func|tio|nal Food [ˈfaŋkʃənəl ˈfuːt], das; - -[s], - -s ‹engl.› (Lebensmittel mit gesundheitsfördernden Zusatzstoffen)
Fund, der; -[e]s, -e
Fun|da|ment, das; -[e]s, -e ‹lat.›
fun|da|men|tal (grundlegend; schwerwiegend)
Fun|da|men|tal|be|griff
Fun|da|men|ta|lis|mus, der; -; **Fun|da|men|ta|list,** der; -en, -en (jmd., der [kompromisslos] an seinen [politischen, religiösen] Grundsätzen festhält); **Fun|da|men|ta|lis|tin; fun|da|men|ta|lis|tisch**
Fun|da|men|tal|op|po|si|ti|on
Fun|da|men|tal|satz
fun|da|men|tie|ren (den Grund legen)
Fun|da|ment|wan|ne *(Bauw.)*
Fund|amt
Fun|da|ti|on, die; -, -en ([kirchliche] Stiftung; *schweiz. für* Fundament[ierung])
Fund|bü|ro; Fund|gru|be
Fun|di, der; -s, -s (*ugs. für* Fundamentalist)
fun|die|ren ‹lat.› (gründen; mit Mitteln versehen); **fun|diert** (begründet; *Kaufmannsspr.* durch Grundbesitz gedeckt)
fün|dig (*Bergmannsspr.* ergiebig, reich); fündig werden (etwas entdecken, ausfindig machen; *Bergmannsspr.* auf Lagerstätten stoßen)
Fund|ort
Fund|rai|sing, Fund-Rai|sing [ˈfantreːzɪŋ], das; -[s], -s ‹engl.› (Spendensammeln [für wohltätige Zwecke])
Fund|sa|che; Fund|stät|te; Fund|stel|le; Fund|stück; Fund|un|ter|schla|gung
Fun|dus, der; -, - ‹lat.› (Grund u. Boden; Grundlage; Bestand an Kostümen, Kulissen usw.)
Fü|nen (dän. Insel)
fünf; die fünf Sinne; die Fünf *od.* fünf Weisen (Sachverständigenrat); wir sind heute zu fünfen *od.* zu fünft; fünf gerade sein lassen (*ugs. für* etwas nicht so genau nehmen); *vgl.* acht, drei; in fünf viertel Stunden *od.* in fünf Viertelstunden; *vgl.* Viertelstunde
Fünf, die; -, -en (Zahl); eine Fünf würfeln, schreiben; *vgl.* [1]Acht *u.* Eins
Fünf|cent|stück (*mit Ziffer* 5-Cent-Stück; ↑K26)
Fünf|eck; fünf|eckig
fünf|ein|halb, fünf|und|ein|halb
Fün|fer (*ugs. auch für* Münze od. Schein mit dem Wert 5); *vgl.* Achter
fün|fer|lei
Fün|fer|rei|he; in Fünferreihen
Fünf|eu|ro|schein (*mit Ziffer* 5-Euro-Schein; ↑K26)
fünf|fach; Fünf|fa|che *vgl.* Achtfache
Fünf|flach, das; -[e]s, -e, **Fünf|fläch|ner** (*für* Pentaeder)
Fünf|fran|ken|stück (*mit Ziffer* 5-Franken-Stück; ↑K26); **Fünf|fränk|ler,** der; -s, - (*schweiz. svw.* Fünffrankenstück)
Fünf-Gän|ge-Me|nü, Fünf|gän|ge|me|nü; Fünf|gang|me|nü
fünf|hun|dert (*als röm. Zahlzeichen* D); **Fünf|hun|der|ter,** der; -s, - (*ugs. auch für* Schein mit dem Wert 500)
Fünf|hun|dert|eu|ro|schein (*mit Ziffern* 500-Euro-Schein; ↑K26)
Fünf|hun|dert|mark|schein (*früher; mit Ziffern* 500-Mark-Schein; ↑K26)
fünf|jäh|rig *vgl.* achtjährig
Fünf|jahr|plan, Fünf|jah|res|plan (*mit Ziffer* 5-Jahr[es]-Plan ↑K26; für jeweils fünf Jahre aufgestellter Wirtschaftsplan in [ehemals] sozialistischen Ländern)
Fünf|kampf
Fünf|li|ber, der; -s, - (*schweiz. mdal. für* Fünffrankenstück)
Fünf|ling
fünf|mal *vgl.* achtmal
fünf|ma|lig
Fünf|mark|schein (*früher; mit Ziffer* 5-Mark-Schein; ↑K26)
Fünf|mark|stück (*früher; mit Ziffer* 5-Mark-Stück; ↑K26); **fünf|mark|stück|groß**
fünf|mo|na|tig (fünf Monate dauernd)
Fünf|pass, der; ...passes, ...passe (*Archit.* Verzierungsform mit fünf Bogen)
Fünf|pfen|nig|stück (*früher; mit Ziffer* 5-Pfennig-Stück; ↑K26)
Fünf|pro|zent|hür|de, die; - (*mit Ziffer* 5-Prozent-Hürde ↑K26; *mit Zeichen* 5%-Hürde; *vgl.* Prozent *u.* ...prozentig)
Fünf|pro|zent|klau|sel, die; - (*mit Ziffer* 5-Prozent-Klausel ↑K26; *mit Zeichen* 5%-Klausel; *vgl.* Prozent *u.* ...prozentig)
Fünf|raum|woh|nung (*mit Ziffer* 5-Raum-Wohnung; *regional für* Fünfzimmerwohnung)
fünf|stel|lig
Fünf|ster|ne|ho|tel (*mit Ziffer* 5-Sterne-Hotel)
fünf|stö|ckig *vgl.* ...stöckig
Fünf|strom|land, das; -[e]s (*für* Pandschab)
fünf|stün|dig *vgl.* ...stündig
fünft *vgl.* fünf
Fünf|ta|ge|fie|ber, das; -s (Infektionskrankheit)
Fünf|ta|ge|wo|che
fünf|tä|gig *vgl.* ...tägig
fünf|tau|send
fünf|te; die fünfte Kolonne; *aber* der Fünfte Kontinent (Australien); *vgl.* achte
fünf|tel *vgl.* achtel; **Fünf|tel,** das, *schweiz. meist* der; -s, -; *vgl.* Achtel
fünf|tens
Fünf|uhr|tee
fünf|und|ein|halb, fünf|ein|halb
fünf|und|sech|zig|jäh|rig *vgl.* achtjährig
fünf|und|zwan|zig *vgl.* acht
fünf|wö|chig
fünf|zehn *vgl.* acht, Fuffzehn; **fünf|zehn|hun|dert**
fünf|zehn|jäh|rig usw. *vgl.* achtjährig usw.
fünf|zig usw. *vgl.* achtzig usw.
Fünf|zig|cent|stück (*mit Ziffern* 50-Cent-Stück; ↑K26)
Fünf|zi|ger, der; -s, - (*ugs. auch für* Münze od. Schein mit dem Wert 50); *vgl.* Fuffziger
Fünf|zi|ge|rin *vgl.* Achtzigerin
Fünf|zig|eu|ro|schein (*mit Ziffern* 50-Euro-Schein; ↑K26)
fünf|zig|fach *vgl.* achtfach
fünf|zig|jäh|rig *vgl.* achtjährig
Fünf|zig|mark|schein (*früher; mit Ziffern* 50-Mark-Schein; ↑K26)
Fünf|zig|pfen|nig|stück (*früher; mit Ziffern* 50-Pfennig-Stück; ↑K26)
Fünf|zim|mer|woh|nung (*mit Ziffer* 5-Zimmer-Wohnung)
fun|gi|bel ‹lat.› (einsetzbar; *Rechtsspr.* vertretbar); fungi|b|le Sache; **Fun|gi|bi|li|tät,** die; -
fun|gie|ren (ein Amt verrichten, verwalten; tätig, wirksam sein)

F
fung

Fun|gi|zid, das; -[e]s, -e ‹lat.› (Mittel zur Pilzbekämpfung)
Fu|gus, der; -, ...gi (*Med.* schwammige Geschwulst)
[1]**Funk,** der; -s (Rundfunk[wesen], drahtlose Telegrafie)
[2]**Funk** [faŋk], der; -s ‹engl.› (bluesbetonte Spielweise im Jazz; Popmusik als Mischung aus Rock u. Jazz)
Funk|ama|teur; Funk|ama|teu|rin
Funk|an|la|ge; Funk|aus|stel|lung; Funk|bild
Fünk|chen
Funk|dienst
Fun|ke, Fun|ken, der; ...kens, ...ken ↑K58: eine Funken sprühende *od.* funkensprühende Leitung
fun|keln; ich funk[e]le
fun|kel|na|gel|neu *(ugs.)*
fun|ken (durch Funk übermitteln)
Fun|ken *vgl.* Funke
Fun|ken|flug; Fun|ken|ma|rie|chen (Tänzerin im Karneval); **Fun|ken|re|gen**
Fun|ken sprü|hend, fun|ken|sprü|hend *vgl.* Funke
funk|ent|stö|ren; ein funkentstörtes Elektrogerät
Fun|ker; Fun|ke|rin
Funk|ge|rät; Funk|haus
Fun|kie, die; -, -n ‹nach dem dt. Apotheker Funck› (eine Zierpflanze)
fun|kig ['faŋkɪç] (in der Art des [2]Funk)
Funk|kol|leg; Funk|kon|takt
Fünk|lein
Funk|mess|tech|nik; Funk|pei|lung; Funk|schat|ten; Funk|si|g|nal
Funk|sprech|ge|rät; Funk|sprech|ver|kehr, der; -[e]s; **Funk|spruch**
Funk|sta|ti|on; Funk|stil|le; Funk|stö|rung
Funk|strei|fe; Funk|strei|fen|wa|gen
Funk|ta|xi; Funk|tech|nik
Funk|ti|on, die; -, -en ‹lat.› (Tätigkeit; Aufgabe; Wirkungsweise; *Math.* abhängige Größe)
funk|ti|o|nal (funktionell); funktionale Grammatik ↑K89
funk|ti|o|na|li|sie|ren; Funk|ti|o|na|lis|mus, der; - *(Archit., Philos.);* **Funk|ti|o|na|list,** der; -en, -en; **Funk|ti|o|na|lis|tin**
Funk|ti|o|na|li|tät, die; -, -en
Funk|ti|o|när, der; -s, -e ‹franz.›; **Funk|ti|o|nä|rin**
funk|ti|o|nell (auf die Funktion bezüglich; wirksam); funktionelle Erkrankung *(Med.)* ↑K89
Funk|ti|o|nen|the|o|rie
funk|ti|o|nie|ren
Funk|ti|ons|be|klei|dung (*svw.* Funktionskleidung)
Funk|ti|ons|ein|heit
funk|ti|ons|fä|hig; Funk|ti|ons|fä|hig|keit
Funk|ti|ons|klei|dung (aus Wasser abweisendem u. atmungsaktivem Kunstfasergewebe)
Funk|ti|ons|leis|te (auf einem Bildschirm)
Funk|ti|ons|stö|rung
Funk|ti|ons|trä|ger; Funk|ti|ons|trä|ge|rin
funk|ti|ons|tüch|tig
Funk|ti|ons|um|fang *(Technik, EDV)*
Funk|ti|ons|verb (*Sprachwiss.* Verb, das mit verblasster Bedeutung in fester Verbindung mit einem Nomen gebraucht wird, z. B. »[unter Beweis] stellen«)
Funk|ti|ons|wä|sche *vgl.* Funktionskleidung
Funk|ti|ons|wei|se
Funk|ti|ons|zu|la|ge (eine Form der Besoldungszulage)
Funk|turm; Funk|ver|bin|dung; Funk|wa|gen; Funk|wer|bung; Funk|we|sen, das; -s
fun|ky ['faŋki] ‹engl.› (funkig; *ugs. auch für* modisch, toll)
Funk|zel|le
fünsch (*nordd. für* aufgebracht)
Fun|sport ['fan...], der; -[e]s (Freizeitsport ohne Leistungsdruck)
Fun|zel, *selten* **Fun|sel,** die; -, -n (*ugs. für* schlecht brennende Lampe); **fun|ze|lig, funz|lig**
fun|zen (*ugs., bes. Internetjargon, für* funktionieren); es funzt
für (*Abk.* f.); *Präp. mit Akk.:* für ihn; ein für alle Mal; für und wider, *aber* ↑K81: das Für und [das] Wider; *vgl.* fürs
Fu|ra|ge [...ʒə], die; - ‹franz.› (*Militär veraltet für* Lebensmittel; Mundvorrat; Futter); **fu|ra|gie|ren** [...'ʒiː...] (Lebensmittel, Futter empfangen, holen)
für|bass (*veraltet für* weiter)
Für|bit|te; für|bit|ten; *nur im Infinitiv gebräuchlich;* fürzubitten; **Für|bit|ten,** das; -s; **Für|bit|ter; Für|bit|te|rin**
Fur|che, die; -, -n; **fur|chen; fur|chig**
Furcht, die; -; jmdm. Furcht einflößen; Furcht erregen; *vgl.* Furcht einflößend, Furcht erregend
furcht|bar; Furcht|bar|keit
Fürch|te|gott (m. Vorn.)
Furcht ein|flö|ßend, furcht|ein|flö|ßend; eine Furcht einflößende *od.* furchteinflößende Gestalt, *aber nur* eine große Furcht einflößende Gestalt, eine höchst furchteinflößende, noch furchteinflößendere Gestalt ↑K58
fürch|ten; fürch|ter|lich
furcht|er|re|gend, Furcht er|re|gend; ein furchterregender *od.* Furcht erregender Auftritt, *aber nur* ein große Furcht erregender Auftritt, ein äußerst furchterregender, noch furchterregenderer Auftritt ↑K58
furcht|los; Furcht|lo|sig|keit, die; -
furcht|sam; Furcht|sam|keit, die; -
Fur|chung
für|der, für|der|hin (*veraltet für* von jetzt an, künftig)
für|ei|n|an|der; füreinander da sein, einstehen, leben ↑K50
Fu|rie [...i̯ə], die; -, -n ‹lat.› (röm. Rachegöttin; wütende Frau)
Fu|rier, der; -s, -e ‹franz.› (*Militär veraltet für* Unteroffizier, der für Unterkunft u. Verpflegung sorgt); *vgl.* Fourier
fu|rio! (*schweiz. für* feurio!)
fu|ri|os ‹lat.› (*veraltend für* hitzig, leidenschaftlich; mitreißend); **fu|ri|o|so** ‹ital.› (*Musik* leidenschaftlich); **Fu|ri|o|so,** das; -s, *Plur.* -s *u.* ...si *(Musik)*
Fur|ka, die; -, *auch* der; -[s] (schweiz. Alpenpass)
für|lieb|neh|men (*älter für* vorliebnehmen); ich nehme fürlieb; sie hat fürliebgenommen; fürliebzunehmen
Fur|nier, das; -s, -e ‹franz.› (dünnes Deckblatt aus wertvollem Holz); **fur|nie|ren; Fur|nier|holz; Fur|nier|plat|te; Fur|nie|rung**
Fu|ror, der; -s ‹lat.› (Wut)
Fu|ro|re, die; -, *seltener* das; -s ‹ital.›; Furore machen ([durch Erfolg] Aufsehen erregen)
Fu|ror teu|to|ni|cus, der; - - ‹lat., »teutonisches Ungestüm«›
fürs ↑K14 (für das); fürs Erste ↑K80
Für|sor|ge, die; - (*früher auch für* Sozialhilfe); **Für|sor|ge|pflicht**
Für|sor|ger *(früher);* **Für|sor|ge|rin**
für|sor|ge|risch (zum Fürsorgewesen gehörend)
für|sorg|lich (pfleglich, liebevoll); **Für|sorg|lich|keit,** die; -
Für|spra|che
Für|sprech, der; -s, -e (*veraltet für* Fürsprecher, Wortführer; *schweiz. für* Rechtsanwalt)
Für|spre|cher; Für|spre|che|rin
Fürst, der; -en, -en

F
Fung

Fürst|abt; Fürst|bi|schof; fürst|bi|schöf|lich
fürs|ten; *fast nur noch im Partizip II;* gefürstet
Fürs|ten|ge|schlecht; Fürs|ten|haus; Fürs|ten|hof; Fürs|ten|sitz; Fürs|ten|tum; Fürst|erz|bi|schof
Fürs|tin; Fürs|tin|mut|ter, die; -
fürst|lich; *in Titeln* ↑K151: Fürstlich; **Fürst|lich|keit**
Fürst-Pück|ler-Eis ⟨nach Hermann Fürst von Pückler-Muskau⟩ (Speiseeis in drei Schichten)
Furt, die; -, -en
Fürth (Stadt in Mittelfranken)
Furt|wäng|ler (dt. Dirigent)
Fu|run|kel, der, *auch* das; -s, - ⟨lat.⟩ (Geschwür, Eiterbeule); **Fu|run|ku|lo|se,** die; -, -n
für|wahr *(geh. veraltend)*

für was / wofür

Für was kommt in der gesprochenen Sprache recht häufig vor: *Für was hast du das gekauft?* Im geschriebenen Standarddeutsch wird in der Regel *wofür* verwendet: *Wofür hast du das gekauft?*

Für|witz, der; -es (*älter für* Vorwitz); **für|wit|zig**
Für|wort, das; -[e]s, ...wörter (*für* Pronomen); **für|wört|lich**
Furz, der; -es, Fürze (*derb für* abgehende Blähung); **Fürz|chen; fur|zen;** du furzt
Fu|sche|lei; fu|scheln (*landsch. für* rasch hin u. her bewegen; täuschen; pfuschen); ich fusch[e]le
fu|schen (*svw.* fuscheln); du fuschst; **fu|schern** (*svw.* fuscheln); ich fuschere
Fu|sel, der; -s, - (*ugs. für* schlechter Branntwein)
fu|seln (*landsch. für* hastig u. schlecht arbeiten); ich fus[e]le
Fu|sel|öl
Fü|si|lier, der; -s, -e ⟨franz.⟩ (*schweiz. für* Infanterist)
fü|si|lie|ren (standrechtlich erschießen)
Fü|si|lie|rin
Fu|sil|li *Plur.* ⟨ital.⟩ (spiralig gedrehte Nudeln)
Fu|si|on, die; -, -en ⟨lat.⟩ (Verschmelzung, Zusammenschluss); **fu|si|o|nie|ren; Fu|si|o|nie|rung; Fu|si|ons|ver|hand|lung**
Fuß, der; -es, Füße; drei Fuß lang; zu Fuß gehen; zu Füßen fallen; Fuß fassen; das Regal ist einen Fuß breit; der Weg ist kaum fußbreit; *vgl.* Fußbreit
Fuß|ab|druck *Plur.* ...drücke
Fuß|ab|strei|fer; Fuß|ab|tre|ter
Fuß|ab|wehr *(Sport)*
Fuß|an|gel; Fuß|bad
Fuß|ball; Fußball spielen ↑K54, *aber* das Fußballspielen ↑K82
fuß|ball|be|geis|tert
Fuß|ball|braut *(ugs.)*
Fuß|ball|bun|des|li|ga; Fuß|ball|bun|des|li|gist
Fuß|ball|bun|des|trai|ner ↑K22; **Fuß|ball|bun|des|trai|ne|rin**
Fuß|ball|club *vgl.* Fußballklub
Fuß|bal|ler; Fuß|bal|le|rin
fuß|bal|le|risch
Fuß|ball|eu|ro|pa|meis|ter|schaft
Fuß|ball|fan; Fuß|ball|feld
Fuß|ball|frau *meist Plur.* (*Sportjargon* Fußball[national]spielerin)
Fuß|ball|freund; Fuß|ball|freun|din
Fuß|ball|klub, Fuß|ball|club
Fuß|ball-Län|der|spiel, Fuß|ball|län|der|spiel
Fuß|ball|leh|rer, Fuß|ball-Leh|rer; Fuß|ball|leh|re|rin, Fuß|ball-Leh|re|rin
Fuß|ball|mann|schaft
Fuß|ball|meis|ter; Fuß|ball|meis|ter|schaft
Fuß|ball|na|ti|o|nal|mann|schaft
Fuß|ball|platz; Fuß|ball|pro|fi; Fuß|ball|schuh
Fuß|ball|spiel; Fuß|ball|spie|len, das; -s, *aber* ↑K54: Fußball spielen
Fuß|ball|spie|ler; Fuß|ball|spie|le|rin
Fuß|ball|sport; Fuß|ball|sta|di|on; Fuß|ball|star *vgl.* ²Star; **Fuß|ball|team**
Fuß|ball|ten|nis (ein Spiel)
Fuß|ball|tor; Fuß|ball|to|to
Fuß|ball|trai|ner; Fuß|ball|trai|ne|rin
Fuß|ball|tur|nier; Fuß|ball|ver|band; Fuß|ball|ver|ein; Fuß|ball|welt *Plur. selten;* **Fuß|ball|welt|meis|ter|schaft;** *Abk.:* Fußball-WM
Fuß|bank *Plur.* ...bänke; **Fuß|bett**
Fuß|bo|den; Fuß|bo|den|hei|zung
Fuß|bo|den|le|ger; Fuß|bo|den|le|ge|rin
fuß|breit; eine fußbreite Rinne; *vgl.* Fuß; **Fuß|breit,** der; -, -, **Fuß breit,** der; - -, - - (Maß); keinen Fußbreit *od.* Fuß breit weichen; keinen Fußbreit *od.* Fuß breit Landes hergeben; *vgl.* Fuß
Füß|chen
Fus|sel, die; -, -n, *auch* der; -s, -[n] (Fädchen, Faserstückchen); **fus|se|lig, fuss|lig;** sich den Mund fusselig *od.* fusslig reden; **fus|seln;** der Stoff fusselt; sie sagt, der Pullover fuss[e]le
fü|ßeln (*landsch. für* mit den Füßen unter dem Tisch Berührung suchen); ich füß[e]le
fu|ßen; du fußt; auf einem Vertrag fußen
Füs|sen (Stadt am Lech)
Fuß|en|de
Fus|sen|eg|ger (österr. Schriftstellerin)
...fü|ßer (z. B. Bauchfüßer), **...füß|ler** (z. B. Tausendfüßler)
Fuß|fall, der; **fuß|fäl|lig**
Fuß|feh|ler *(Hockey, Tennis)*
Fuß|fes|sel; elektronische Fußfessel; *vgl.* ²Fessel
fuß|frei (die Füße frei lassend)
Fuß|gän|ger
Fuß|gän|ger|am|pel; Fuß|gän|ger|brü|cke
Fuß|gän|ge|rin
Fuß|gän|ger|tun|nel; Fuß|gän|ger|über|gang, Fuß|gän|ger|über|weg; Fuß|gän|ger|zo|ne
Fuß|ge|her (*österr. neben* Fußgänger); **Fuß|ge|he|rin**
Fuß|ge|lenk
fuß|ge|recht; fußgerechtes Schuhwerk
fuß|hoch; das Wasser steht fußhoch; *vgl.* Fuß
...fü|ßig (z. B. vierfüßig)
fuß|kalt; ein fußkaltes Zimmer
fuß|krank
fuß|lang *vgl.* Fuß
fuß|läu|fig (*fachspr. für* zu Fuß erreichbar)
fuß|lei|dend
Füß|lein
Fuß|leis|te (Leiste zwischen Fußboden u. Wand)
...füß|ler *vgl.* ...füßer
Füß|li, Füss|li (schweiz.-engl. Maler)
fuss|lig *vgl.* fusselig
Füß|ling (Fußteil des Strumpfes)
Fuß|marsch, der; **Fuß|mat|te; Fuß|na|gel; Fuß|nä|he,** die; -; Geschäfte befinden sich in Fußnähe; **Fuß|no|te; Fuß|pfad**
Fuß|pfle|ge; Fuß|pfle|ger; Fuß|pfle|ge|rin
Fuß|pilz; Fuß|sack; Fuß|soh|le; Fuß|sol|dat; Fuß|spur
Fuß|stap|fe, die; -, -n, **Fuß|stap|fen,** der; -s, -
fuß|tief; fußtiefe Löcher; *vgl.* Fuß
Fuß|tritt; Fuß|volk; Fuß|wan|de|rung; Fuß|wa|schung; Fuß|weg
fuß|wund
Fuß|zeh, Fuß|ze|he

Fus|ta|ge [...ʒə], die; -, -n ‹franz.› ([Preis für] Leergut)
Fus|ta|nel|la, die; -, ...llen ‹ital.› (kurzer Männerrock der Albaner u. Griechen)
Fus|ti *Plur.* ‹ital.› (unbrauchbare Bestandteile einer Ware)
Fus|tik|holz ‹arab.; dt.› (gelben Farbstoff enthaltendes Holz)
Fu|thark [...θa...], das; -s, -e (Runenalphabet)
fu|tie|ren *vgl.* foutieren
Fu|ton, der; -s, -s ‹jap.› (jap. Matratze)
futsch, pfutsch (*ugs. für* weg, verloren)
¹Fut|ter, das; -s, - *Plur. selten* (Nahrung [der Tiere])
²Fut|ter, das; -s, - (innere Stoffschicht der Oberbekleidung)
Fut|te|ra|ge [...ʒə], die; -, -en (*ugs. für* Essen)
Fut|te|ral, das; -s, -e ‹germ.-mlat.› (Hülle, Überzug; Behälter)
Fut|ter|ge|trei|de; Fut|ter|häus|chen (für Vögel); **Fut|ter|kar|tof|fel; Fut|ter|krip|pe**
Fut|ter|mau|er (Stützmauer)
Fut|ter|mit|tel, das
fut|tern (*ugs. scherzh. für* essen); ich futtere
¹füt|tern; den Hund füttern; ich füttere
²füt|tern (Futterstoff einlegen); ich füttere
Fut|ter|neid; Fut|ter|platz; Fut|ter|rau|fe; Fut|ter|rü|be
Fut|ter|schnei|de|ma|schi|ne, Fut|ter|schneid|ma|schi|ne
Fut|ter|sei|de; Fut|ter|stoff
Fut|ter|trog
Füt|te|rung
Fu|tur, das; -s, -e *Plur. selten* ‹lat.› (*Sprachwiss.* Zukunft)
Fu|ture ['fju:tʃɐ], der; -s, -s *meist Plur.* ‹engl.› (*Börsenw.* Termingeschäft)
fu|tu|risch (das Futur betreffend, im Futur auftretend)
Fu|tu|ris|mus, der; - (Kunstrichtung des 20. Jh.s); **Fu|tu|rist,** der; -en, -en (Anhänger des Futurismus); **Fu|tu|ris|tin; fu|tu|ris|tisch**
Fu|tu|ro|lo|ge, der; -n, -n; **Fu|tu|ro|lo|gie,** die; -, ...ien (Zukunftsforschung); **Fu|tu|ro|lo|gin; fu|tu|ro|lo|gisch**
Fu|tu|rum, das; -s, ...ra (*älter für* Futur); **Fu|tu|rum ex|ak|tum,** das; - -, ...ra ...ta (*Sprachwiss.* vollendete Zukunft, Vorzukunft)
Fu|zel, der; -s, - (*österr. ugs. für* Fussel); **fu|zeln** (*österr. ugs. für* sehr klein schreiben); ich fuz[e]le; **Fu|zerl,** das; -s, -[n]; *vgl.* Pickerl (*svw.* Fuzel)
Fuz|zi, der; -s, -s (*ugs. für* nicht ganz ernst zu nehmender Mensch)
Fuz|zy|lo|gic, die; -, **Fuz|zy Lo|gic,** die; - - ['fazilɔdʒɪk, *auch* 'fa... 'lɔ...]; *vgl.* Fuzzylogik
Fuz|zy|lo|gik ['fazi...], die; - ‹engl.-griech.› (*EDV* bei Systemen der künstl. Intelligenz angewandte Methode der Nachahmung des menschlichen Denkens)

G g

g = Gramm
g = Fallbeschleunigung
g = Gon
g (*Zeichen für* g-Moll); in g
g, G, das; -, - (Tonbezeichnung)
G (Buchstabe); das G; des G, die G, *aber* das g in Lage; der Buchstabe G, g
G (*Zeichen für* G-Dur); in G
G *[auf dt. Kurszetteln]* = Geld (d. h., das Wertpapier wurde zum angegebenen Preis gesucht)
G = ²Gauß; Giga...
Γ, γ = Gamma
Ga = Gallium
GA = Georgia
Gäa (griech. Göttin der Erde)
gab *vgl.* geben
Ga|bar|di|ne [...di:n, *auch* ...'di:n], der; -s, *auch* [...'di:nə], die; - ‹franz.› (ein Gewebe); **Ga|bar|di|ne|man|tel**
Gab|b|ro, der; -[s] ‹ital.› (*Geol.* ein Tiefengestein)
gä|be *vgl.* gang
Ga|be, die; -, -n
Ga|bel, die; -, -n
Ga|bel|bis|sen; Ga|bel|bock; Gä|bel|chen; Ga|bel|deich|sel; Ga|bel|früh|stück; Ga|bel|hirsch
ga|be|lig, gab|lig
ga|beln; ich gab[e]le
Ga|bels|ber|ger (Familienn.); **ga|bels|ber|gersch;** die gabelsbergersche *od.* Gabelsberger'sche Stenografie ↑K 89 *u.* 135
Ga|bel|schlüs|sel; Ga|bel|stap|ler
Ga|be|lung, Gab|lung
Ga|bel|wei|he (ein Greifvogel)
Ga|ben|tisch
ga|berln (*österr. Fußball für* den Ball mit dem Fuß in der Luft halten)
Ga|bi (w. Vorn.)
Gäb|lein
Gab|ler (*Jägerspr.* Gabelbock, -hirsch)
gab|lig, ga|be|lig
Gab|lung, Ga|be|lung
Ga|bo|ro|ne (Hauptstadt Botsuanas)
Ga|b|ri|el [...e:l, *auch* ...ɛl] (ein Erzengel; m. Vorn.)
Ga|b|ri|e|le (w. Vorn.)
Ga|bun (Staat in Afrika); **Ga|bu|ner; Ga|bu|ne|rin; ga|bu|nisch**
Ga|cke|lei; ga|ckeln (*landsch. für* gackern); ich gack[e]le
ga|ckern; ich gackere
gack|sen (*landsch. für* gackern); du gackst; gicksen und gacksen
Gad (bibl. m. Eigenn.)
Ga|da|mer (dt. Philosoph)
Ga|den, der; -s, - (*landsch. für* einräumiges Haus; Kammer)
Ga|do|li|ni|um, das; -s ‹nach dem finn. Chemiker Gadolin› (chem. Grundstoff; *Zeichen* Gd)
Gaf|fel, die; -, -n (um den Mast drehbare, schräge Segelstange); **Gaf|fel|scho|ner; Gaf|fel|se|gel**
gaf|fen *(abwertend);* **Gaf|fer; Gaf|fe|rei; Gaf|fe|rin**
Gag [gɛk], der; -s, -s ‹engl.-amerik.› (witziger Einfall)
ga|ga (*ugs. für* nicht recht bei Verstand)
Ga|gat, der; -[e]s, -e ‹griech.› (Pechkohle, Jett); **Ga|gat|koh|le**
Ga|ge [...ʒə], die; -, -n ‹germ.-franz.› (Bezahlung, Gehalt [von Künstlern])
gäh|nen; Gäh|ne|rei
Gail|lar|de [ga'ja...], die; -, -n ‹franz.› (ein Tanz)
Gains|bo|rough ['ge:nsbərə] (engl. Maler)
Ga|jus (altröm. m. Vorn.; *Abk.* C. [nach der alten Schreibung Cajus])
Ga|la [*auch* 'gala], die; -, -s ‹span.› (Kleiderpracht; Festkleid; festliche Veranstaltung)
Ga|la|abend; Ga|la|an|zug; Ga|la|auf|füh|rung; Ga|la|di|ner; Ga|la|emp|fang; Ga|la|kon|zert
ga|lak|tisch ‹griech.› (zur Galaxis gehörend)

Ga|lak|tor|rhö, die; -, -en (*Med.* Milchfluss nach dem Stillen)
Ga|lak|to|se, die; -, -n (einfacher Zucker)
Ga|lan, der; -s, -e ‹span.› (*veraltend für* Liebhaber)
Ga|la|nacht
gal|lant ‹franz.› (betont höflich, ritterlich; aufmerksam); galante Dichtung (in Europa um 1700); galanter Stil (eine Kompositionsweise des 18. Jh.s in Deutschland) ↑K89
Ga|lan|te|rie, die; -, ...ri̲en (Höflichkeit [gegenüber Frauen])
Ga|lan|te|rie|wa|ren *Plur.* (*veraltet für* Schmuck-, Kurzwaren)
Ga|lant|homme [...'tɔm], der; -s, -s ‹franz.› (*veraltet für* Ehrenmann)
Ga|la|pa|gos|in|seln *Plur.* (zu Ecuador gehörend)
Ga|la|tea (griech. Meernymphe)
Ga|la|ter *Plur.* (griech. Name der Kelten in Kleinasien); **Ga|la|ter|brief**, der; -[e]s ↑K64 *(N. T.)*
Ga|la|uni|form; Ga|la|vor|stel|lung
Ga|la|xie, die; -, ...xi̲en ‹griech.› (*Astron.* großes Sternsystem); **Ga|la|xis**, die; -, ...xi̲en (die Milchstraße *[nur Sing.]; selten für* Galaxie)
Gal|ba (röm. Kaiser)
Gä|le, der; -n, -n (irisch-schottischer Kelte)
Ga|le|as|se, die; -, -n ‹ital.› (Küstenfrachtsegler)
Ga|lee|re, die; -, -n (Ruderkriegsschiff); **Ga|lee|ren|skla|ve; Ga|lee|ren|skla|vin; Ga|lee|ren|sträf|ling**
Ga|len, Ga|le|nus (altgriech. Arzt)
Ga|le|nik, die; - ‹nach dem Arzt Galen› (Lehre von den natürlichen [pflanzlichen] Arzneimitteln); **ga|le|nisch**; galenische Schriften ↑K89 *u.* 135
Ga|le|o|ne, Ga|li|o|ne, die; -, -n ‹niederl.› (mittelalterl. Segel[kriegs]schiff)
Ga|le|o|te, Ga|li|o|te, die; -, -n (der Galeasse ähnliches kleineres Küstenfahrzeug)
Ga|le|rie, die; -, ...i̲en ‹ital.(-franz.)›; **Ga|le|rist**, der; -en, -en (Besitzer, Leiter einer Galerie); **Ga|le|ris|tin**
Gal|gant|wur|zel ‹arab.; dt.› (heilkräftige Wurzel)
Gal|gen, der; -s, -
Gal|gen|frist; Gal|gen|hu|mor
Gal|gen|strick (Galgenvogel); **Gal|gen|vo|gel** (*ugs. für* Strolch, Taugenichts)
Ga|li|ci|en (autonome Region in Spanien); *vgl. aber* Galizien; **Ga|li|ci|er; Ga|li|ci|e|rin; ga|li|cisch**
Ga|li|läa (Gebirgsland westl. des Jordans); **Ga|li|lä|er; Ga|li|lä|e|rin; ga|li|lä|isch;** *aber* ↑K140: das Galiläische Meer (See Genezareth)
Ga|li|lei (ital. Physiker)
Ga|li|ma|thi|as, der *u.* das; - ‹franz.› (*veraltend für* verworrenes Gerede)
Gä|lin ‹*zu* Gäle›
Ga|li|on, das; -s, -s ‹niederl.› (Vorbau am Bug älterer Schiffe)
Ga|li|o|ne *vgl.* Galeone
Ga|li|ons|fi|gur
Ga|li|o|te *vgl.* Galeote
Ga|li|pot [...'po:], der; -s ‹franz.› (ein Fichtenharz)
gä|lisch; gälische Sprache (Zweig des Keltischen); *vgl.* deutsch; **Gä|lisch**, das; -[s] (Sprache); *vgl.* Deutsch; **Gä|li|sche**, das; -n; *vgl.* [2]Deutsche
Ga|li|zi|en (*früher für* Gebiet nördl. der Karpaten); *vgl. aber* Galicien; **Ga|li|zi|er; Ga|li|zi|e|rin; ga|li|zisch**
Gall|ap|fel (kugelförmiger Auswuchs an Blättern usw.)
[1]**Gal|le**, die; -, -n (Geschwulst [bei Pferden]; Gallapfel)
[2]**Gal|le**, die; -, -n (Sekret der Leber; Gallenblase)
gal|le[n]|bit|ter
Gal|len|bla|se; Gal|len|gang, der; **Gal|len|ko|lik; Gal|len|lei|den; Gal|len|stein; Gal|len|tee**
gal|len|trei|bend
Gal|len|we|ge *Plur.*

Galerie

Das Substantiv *Galerie* wird trotz kurz gesprochenem *a* dem französischen Vorbild *galerie* folgend mit nur einem *l* geschrieben.

Gal|lert [*auch* ...'lɛ...], das; -[e]s, -e ‹lat.› (durchsichtige, steife Masse aus eingedickten pflanzl. od. tier. Säften); **gal|lert|ar|tig**
Gal|ler|te [*auch* 'ga...], die; -, -n (*svw.* Gallert); **gal|ler|tig**
Gal|lert|mas|se
Gal|li|en (röm. Name Frankreichs); **Gal|li|er; Gal|li|e|rin**
gal|lig ‹*zu* [2]Galle› (gallebitter; verbittert); galliger Humor
gal|li|ka|nisch; gallikanische Kirche (in Frankreich vor 1789)

Galionsfigur

Der erste Bestandteil dieses Wortes geht auf das mittellateinische *galea* (= Galeere) zurück und wird nur mit einem *l* geschrieben.

gal|lisch ‹*zu* Gallien›
Gal|li|um, das; -s (chemisches Element, Metall; *Zeichen* Ga)
Gal|li|zis|mus, der; -, ...men (*Sprachwiss.* franz. Spracheigentümlichkeit in einer anderen Sprache)
Gal|lo|ma|nie, die; - ‹lat.; griech.› (übertriebene Vorliebe für alles Französische)
Gal|lo|ne, die; -, -n ‹engl.› (brit.-amerik. Hohlmaß)
gal|lo|ro|ma|nisch (den roman. Sprachen auf gallischem Boden angehörend, von ihnen abstammend)
Gall|sei|fe
Gal|lup|in|s|ti|tut, Gal|lup-In|s|ti|tut [*auch* 'gɛləp...], das; -[e]s ↑K136 ‹nach dem Gründer George H. Gallup› (amerik. Meinungsforschungsinstitut)
Gal|lus (m. Eigenname)
Gal|lus|säu|re, die; - ‹*zu* [1]Galle›; **Gal|lus|tin|te**
Gall|wes|pe
Gal|mei [*auch* 'gal...], der; -[e]s, -e ‹griech.› (Zinkerz)
Ga|lon [...'lõ:], der; -s, -s ‹franz.›, **Ga|lo|ne**, die; -, -n ‹ital.› (Borte, Tresse); **ga|lo|nie|ren** (mit Borten, Tressen usw. besetzen)
Ga|lopp, der; -s, *Plur.* -s *u.* -e ‹ital.›; **Ga|lop|per; Ga|lop|pe|rin**
ga|lop|pie|ren
Ga|lopp|renn|bahn; Ga|lopp|ren|nen
Ga|lo|sche, die; -, -n ‹franz.› (*veraltend für* Überschuh; *ugs. für* ausgetretener Schuh)
Gals|wor|thy ['go:lsvø:ɐ̯ði] (engl. Schriftsteller)
[1]**galt** (*bayr., österr., schweiz. für* [von Kühen, Ziegen] keine Milch gebend); *vgl.* [1]gelt
[2]**galt** *vgl.* gelten
Galt|vieh (*bayr., österr., schweiz. für* Jungvieh; Kühe, die keine Milch geben)
Gal|va|ni (ital. Naturforscher)
Gal|va|ni|sa|ti|on, die; -, -en ‹nlat.› (*Med.* therapeutische Anwendung des elektr. Gleichstroms)

gal|va|nisch; galvanischer Strom; galvanisches Element ↑K89

Gal|va|ni|seur [...ˈzøːɐ̯], der; -s, -e ⟨franz.⟩ (Facharbeiter für Galvanotechnik); **Gal|va|ni|seu|rin; gal|va|ni|sie|ren** (durch Elektrolyse mit Metall überziehen)

Gal|va|nis|mus, der; - ⟨nlat.⟩ (Lehre vom galvanischen Strom)

Gal|va|no, das; -s, -s ⟨ital.⟩ (*Druckw.* galvanische Abformung eines Druckstockes)

Gal|va|no|kaus|tik (*Med.* Anwendung des Galvanokauters); **Gal|va|no|kau|ter** (auf galvanischem Wege glühend gemachtes chirurg. Instrument)

Gal|va|no|me|ter, das; -s, - (Strommesser)

Gal|va|no|plas|tik, die; - (Verfahren, Gegenstände galvanisch mit Metall zu überziehen); **Gal|va|no|plas|ti|ker** (Berufsbez.); **Gal|va|no|plas|ti|ke|rin; gal|va|no|plas|tisch**

Gal|va|no|s|kop (ein elektr. Messgerät); **Gal|va|no|tech|nik** (Technik des Galvanisierens)

Ga|man|der, der; -s, - ⟨griech.⟩ (eine Pflanze)

Ga|ma|sche, die; -, -n ⟨arab.⟩ (eine Leder- od. Stoffbekleidung des Beins)

Gam|be, die; -, -n ⟨ital.⟩ (ein Streichinstrument)

Gam|bia (Staat in Afrika); **Gam|bi|er; Gam|bi|e|rin; gam|bisch**

Gam|bist, der; -en, -en ⟨ital.⟩ (Gambenspieler); **Gam|bis|tin**

Gam|b|ri|nus ([sagenhafter] König, angeblicher Erfinder des Bieres)

Game [geɪm], das; -s, -s ⟨engl.⟩ (*engl. Bez. für* [Computer]spiel; Spielgewinn beim Tennis)

Game|boy® [ˈgeːmbɔy], der; -[s], -s ⟨engl.⟩ (eine Spielkonsole)

Ga|me|lan, das; -s, -s ⟨indones.⟩ (Orchester mit einheimischen Instrumenten auf Java u. Bali)

Ga|mel|le, die; -, -n ⟨franz.⟩ (*schweiz. für* Koch- u. Essgefäß der Soldaten im Feld)

ga|men [ˈgeɪmən] ⟨engl.⟩ (ein Computerspiel spielen); gegamt

Game|show [ˈgeːmʃoː] ↑K41 (Unterhaltungssendung im Fernsehen)

Ga|met, der; -en, -en ⟨griech.⟩ (*Biol.* Geschlechtszelle)

Ga|me|to|phyt, der; -en, -en (*Bot.* Pflanzengeneration, die sich geschlechtlich fortpflanzt)

Ga|ming [ˈgeɪmɪŋ], das; -s ⟨engl.⟩ (Bereich, Anwendung der Computerspiele)

Gam|ma, das; -[s], -s ⟨griech. Buchstabe; *Γ, γ*⟩; **Gam|ma|strah|len, γ-Strah|len** [ˈgama...] *Plur.* ↑K29 (radioaktive Strahlen, kurzwellige Röntgenstrahlen)

Gam|mel, der; -s (*ugs. für* wertloses Zeug)

Gam|mel|fleisch (*ugs. für* verdorbenes Fleisch); **Gam|mel|fleisch|skan|dal**

gam|me|lig, gamm|lig (*ugs. für* verkommen; verdorben, faulig); **gam|meln** (*ugs. für* verderben [von Nahrungsmitteln]; *auch für* [ohne Ansprüche] in den Tag hinein leben); ich gamm[e]le

Gamm|ler; Gamm|le|rin

Gamm|ler|tum, das; -s

gamm|lig *vgl.* gammelig

Gams, der *od.* die, *Jägerspr. u. landsch.* das; -, -[en] (*bes. Jägerspr. u. landsch. für* Gämse)

Gams|bart, Gäms|bart; Gams|bock, Gäms|bock

Gäm|se ↑K133, die; -, -n; *vgl. auch* Gams

gäms|far|ben (*für* chamois)

Gäms|jä|ger; Gäms|le|der

Gams|milch (*österr. für* Milch mit Honig u. Rum)

Gams|pfef|fer, der; -s (*südd., österr., schweiz. für* Ragout aus Gamsfleisch, Gemüse, Schweineblut usw.)

Gams|wild

Gand, die; -, -en *od.* das; -s, Gänder (*tirol. u. schweiz. für* Schuttfeld, Geröllhalde)

Gan|dhi, Ma|hat|ma (ind. Staatsmann)

Ga|neff *vgl.* Ganove

Gan|er|be, der (*früher für* Miterbe); **Gan|erb|schaft**

gang; *nur noch in* gang und gäbe sein, *landsch. auch* gäng und gäbe sein (allgemein üblich sein)

¹Gang, der; -[e]s, Gänge; im Gang[e] sein; in Gang bringen, halten, setzen; ↑K27: das Inganghalten, Ingangsetzen

²Gang [gɛŋ], die; -, -s ⟨engl.-amerik.⟩ ([Verbrecher]bande)

gäng (*landsch. svw.* gang)

Gang|art

gang|bar; Gang|bar|keit, die; -

Gän|gel|band, das; -[e]s, ...bänder; jmdn. am Gängelband führen; **Gän|ge|lei; gän|geln;** ich gäng[e]le; **Gän|ge|lung**

Gan|ges [...gɛs], der; - (Fluss in Vorderindien)

Gang|ge|stein (*Geol.*)

gän|gig; gängige Ware; eine gängige Methode; **Gän|gig|keit,** die; -

Gan|g|li|en|zel|le [ˈgaŋ(g)liən...] (*Biol.* Nervenzelle); **Gan|g|li|on,** das; -s, ...ien ⟨griech.⟩ (Nervenknoten; Überbein)

Gan|g|rän, die; -, -en, *auch* das; -s, -e ⟨griech.⟩ (*Med.* Brand der Gewebe, Knochen); **gan|g|rä|nes|zie|ren** (brandig werden); **gan|g|rä|nös** (brandig)

Gang|schal|tung

Gang|spill ⟨niederl.⟩ (*Seew.* Ankerwinde)

Gangs|ta-Rap, Gangs|ta|rap [ˈgɛŋstɐrɛp] ⟨amerik.⟩ (Rapmusik mit bes. aggressiven Texten)

Gangs|ter [ˈgɛ...], der; -s, - ⟨engl.-amerik.⟩ ([Schwer]verbrecher)

Gangs|ter|ban|de; Gangs|ter|boss; Gangs|ter|braut; Gangs|ter|film; Gangs|te|rin

Gangs|ter|kö|nig; Gangs|ter|kö|ni|gin

Gangs|ter|me|tho|de

Gangs|ter-Rap, Gangs|ter|rap (*svw.* Gangsta-Rap)

Gangs|ter|tum, das; -s

Gang|way [ˈgɛŋveː], die; -, -s ⟨engl.⟩ (Laufgang zum Besteigen eines Schiffes od. Flugzeuges)

Ga|no|ve, der; -n, -n ⟨jidd.-hebr.⟩, Ga|neff, der; -[s], *Plur.* -e *u.* -s (*ugs. abwertend für* Gauner, Betrüger); **Ga|no|ven|eh|re; Ga|no|ven|spra|che; Ga|no|vin**

Gans, die; -, Gänse; **Gäns|chen**

Gän|se|blüm|chen; Gän|se|bra|ten; Gän|se|brust; Gän|se|fe|der; Gän|se|fett

Gän|se|füß|chen (*ugs. für* Anführungsstrich)

Gän|se|haut; Gän|se|keu|le; Gän|se|kiel; Gän|se|klein, das; -s; **Gän|se|le|ber**

Gän|se|marsch, der; -[e]s, ...märsche *Plur. selten;* im Gänsemarsch

Gan|ser (*südd. für* Gänserich); **Gän|se|rich,** der; -s, -e

Gän|se|schmalz; Gän|se|wein, der; -[e]s (*scherzh. für* Wasser)

Gans|jung, das; -s (*südd. für* Gänseklein); **Gans|le|ber** (*österr. für* Gänseleber)

Gäns|lein

Gansl|jun|ge, das; -n (*österr. für* Gänseklein)

ganz

- ganz und gar; ganz und gar nicht
- die ganze Wahrheit
- ganze Zahlen *(Math.)*
- die ganzen Leute (*ugs. für* alle Leute)
- ganz Europa; in ganz Berlin
- etwas wieder ganz machen *od.* ganzmachen (*ugs. für* reparieren)

Großschreibung ↑K 72:

- ein Ganzes; das [große] Ganze; ein großes Ganze *od.* Ganzes
- als Ganzes; fürs Ganze; ums Ganze
- aufs Ganze gehen
- im Ganzen gesehen
- im großen Ganzen; im Großen und Ganzen

Schreibung in Verbindung mit einem Adjektiv:

- ganz allein, ganz hell, ganz groß
- *aber* ein ganzleinener, ganzwollener Kleiderstoff; der Kleiderstoff ist ganzleinen, ganzwollen ↑K 57

Gant, die; -, -en (*schweiz. für* öffentl. Versteigerung)

Gan|ter (*nordd. für* Gänserich)

Ga|ny|med [*auch, österr. nur,* 'ga:...], **Ga|ny|me|des** (Mundschenk des Zeus)

ganz *s. Kasten*

Gän|ze; *nur in Wendungen wie* zur Gänze (ganz, vollständig); in seiner/ihrer Gänze (*geh. für* in seinem/ihrem ganzen Umfang)

Ganz|glas|tür

Ganz|heit, die; - (gesamtes Wesen); **ganz|heit|lich**

Ganz|heits|me|di|zin, die; -; **Ganz|heits|me|tho|de; Ganz|heits|the|o|rie**

ganz|jäh|rig

Ganz|le|der|band, der; **ganz|le|dern** (aus reinem Leder)

ganz|lei|nen (aus reinem Leinen); **Ganz|lei|nen**, das; -s; **Ganz|lei|nen|band**, der

gänz|lich

ganz ma|chen, **ganz|ma|chen** (*ugs.*); *vgl.* ganz

ganz|sei|den (aus reiner Seide)

ganz|sei|tig; eine ganzseitige Anzeige

ganz|tä|gig

ganz|tags; Ganz|tags|be|treu|ung; Ganz|tags|kin|der|gar|ten; Ganz|tags|schu|le

Ganz|ton *Plur.* ...töne

ganz|wol|len (aus reiner Wolle)

Ganz|wort|me|tho|de, die *(Päd.)*

[1]**gar** (fertig gekocht; *südd., österr. ugs. für* zu Ende); das Fleisch ist noch nicht ganz gar, erst halb gar; das Fleisch gar kochen *od.* garkochen; gar gekochtes *od.* gargekochtes Fleisch ↑K 58; um das Fleisch gar zu kochen *od.* garzukochen; die Klöße gar ziehen lassen; der Fisch, der inzwischen gar kochte

[2]**gar** (überhaupt; *stets getrennt geschrieben*); ganz und gar, gar kein, gar nicht, gar nichts; gar sehr, gar wohl; du sollst das nicht gar so ernst nehmen

Ga|ra|ge [...ʒə], die; -, -n ‹franz.›

Ga|ra|gen|ein|fahrt; Ga|ra|gen|fir|ma; Ga|ra|gen|tor, das; **Ga|ra|gen|wa|gen**

ga|ra|gie|ren (*österr. für* [Wagen] einstellen)

Ga|ra|gist [...'ʒɪst], der; -en, -en (*schweiz. für* Inhaber einer Autowerkstatt); **Ga|ra|gis|tin**

Ga|ra|mond [...'mõ:, 'ga(:)ramɔnt], die; - ‹nach dem franz. Stempelschneider› (eine Antiquadruckschrift)

Ga|rant, der; -en, -en ‹franz.› (Person, Institution o. Ä., die für etwas garantiert)

Ga|ran|tie, die; -, ...ien (Gewähr; Zusicherung); **Ga|ran|tie|an|spruch; Ga|ran|tie|er|klä|rung; Ga|ran|tie|fonds**

ga|ran|tie|ren; ga|ran|tiert

Ga|ran|tie|schein

Ga|ran|tin

Ga|r|aus, der; *nur in* jmdm. den Garaus machen (jmdn. töten)

Gar|be, die; -, -n; **Gar|ben|bund**, das

Gar|bo, Greta (schwed. Filmschauspielerin)

Gär|bot|tich

Gar|cía Lor|ca [gar'si:a -] (span. Dichter)

Gar|cía Már|quez [gar'si:a 'markɛs] (kolumbianischer Schriftsteller)

Gar|çon [...'sõ:], der; -s, -s ‹franz.› (*veraltet für* Kellner; Junggeselle); **Gar|çonne** [...'sɔn], die; - (knabenhafte Mode der Zwanzigerjahre); **Gar|çon|ni|ère** [...'niɛ:r], die; -, -n (*österr. für* Einzimmerwohnung)

Gar|da|see, der; -s (in Oberitalien)

Gar|de, die; -, -n ‹franz.› (*Militär* Elitetruppe)

Gar|de|du|korps [...dy'ko:ɐ̯], das *u.* die; -, - (*früher für* Leibgarde)

Gar|de|maß, das; **Gar|de|of|fi|zier; Gar|de|re|gi|ment**

Gar|de|ro|be, die; -, -n ‹franz.› (Kleidung; Kleiderablage; Ankleideraum im Theater)

Gar|de|ro|ben|frau; Gar|de|ro|ben|ha|ken; Gar|de|ro|ben|mann; Gar|de|ro|ben|mar|ke; Gar|de|ro|ben|schrank; Gar|de|ro|ben|stän|der

Gar|de|ro|bi|er [...'bi̯e:], der; -s, -s (*Theater* jmd., der Künstler[innen] u. ihre Kostüme betreut); **Gar|de|ro|bi|e|re**, die; -, -n ‹*zu* Garderobier› (Garderobenfrau)

Gar|di|ne, die; -, -n ‹niederl.›

Gar|di|nen|pre|digt *(ugs.)*

Gar|di|nen|schnur; Gar|di|nen|stan|ge

Gar|dist, der; -en, -en ‹franz.› (Soldat der Garde); **Gar|dis|tin**

Ga|re, die; - (*Landwirtsch.* günstigster Zustand des Kulturbodens)

ga|ren (gar kochen)

gä|ren; es gor (*auch, bes. in übertr. Bedeutung* gärte); es göre (*auch* gärte); gegoren (*auch* gegärt); gär[e]!

gar ge|kocht, **gar|ge|kocht** *vgl.* [1]gar

Ga|ri|bal|di (ital. Freiheitskämpfer)

gar kein *vgl.* [2]gar

gar ko|chen, **gar|ko|chen** *vgl.* [1]gar

Gar|kü|che (Küche in einer einfachen Gaststätte o. Ä.)

Gar|misch-Par|ten|kir|chen (bayr. Fremdenverkehrsort)

Garn, das; -[e]s, -e

Gar|ne|le, die; -, -n (ein Krebstier)

gar|ni *vgl.* Hotel garni

gar nicht; gar nichts *vgl.* [2]gar

gar|nie|ren ‹franz.› (schmücken, verzieren); **Gar|nie|rung**

Gar|ni|son, die; -, -en (Standort einer [Besatzungs]truppe); **gar|ni|so|nie|ren** (*veraltend für* in der Garnison liegen); **Gar|ni|son[s]|kir|che**

Gar|ni|tur, die; -, -en (Verzierung;

Anzahl od. Satz zusammengehöriger Gegenstände; *österr. auch für* [Straßenbahn]zug)
Gar|knäu|el
Ga|ronne [...ˈrɔn], die; - (franz. Fluss)
Gar|rot|te, Ga|rot|te, die; -, -n ⟨span.⟩ (Würgschraube od. Halseisen zum Hinrichten); **gar|rot|tie|ren, ga|rot|tie|ren**
gars|tig; Gars|tig|keit
Gär|stoff
Gärt|chen; gär|teln (*südd. für* Gartenarbeit aus Liebhaberei verrichten); ich gärt[e]le
Gar|ten, der; -s, Gärten
Gar|ten|an|la|ge; Gar|ten|ar|beit
Gar|ten|ar|chi|tekt; Gar|ten|ar|chi|tek|tin
Gar|ten|bank *Plur.* ...bänke
Gar|ten|bau, der; -[e]s; **Gar|ten|bau|aus|stel|lung**
Gar|ten|beet
Gar|ten|be|sit|zer; Gar|ten|be|sit|ze|rin
Gar|ten|blu|me; Gar|ten|cen|ter; Gar|ten|fest; Gar|ten|freund; Gar|ten|freun|din; Gar|ten|ge|rät
Gar|ten|hag (*schweiz. für* Garteneinfriedung)
Gar|ten|haus; Gar|ten|lau|be; Gar|ten|lo|kal; Gar|ten|mö|bel *meist Plur.;* **Gar|ten|par|ty**
Gar|ten|rot|schwanz (ein Singvogel)
Gar|ten|saal; Gar|ten|schach; Gar|ten|schau; Gar|ten|schlauch; Gar|ten|stadt; Gar|ten|tor; Gar|ten|weg; Gar|ten|wirt|schaft; Gar|ten|zaun; Gar|ten|zwerg
Gärt|lein
Gärt|ner; Gärt|ne|rei; Gärt|ne|rin
Gärt|ne|rin|art; *nur in* nach Gärtnerinart *(Gastron.)*
gärt|ne|risch; gärt|nern; ich gärtnere
Gärt|ners|frau
Gä|rung; Gä|rungs|pro|zess
Gar|zeit
Gas, das; -es, -e; Gas geben
Ga|sa *vgl.* Gaza
Gas|an|bie|ter
Gas|an|griff; Gas|an|zün|der
Gas|chro|ma|to|gra|fie, Gas|chro|ma|to|gra|phie (*Chemie* Verfahren zur Trennung gasförmiger Stoffe)
Ga|sel, Ga|sel|le *vgl.* Ghasel, Ghasele
ga|sen; es gast; es gas|te
Gas|ex|plo|si|on; Gas|feld; Gas|feu|er|zeug; Gas|fla|sche
gas|för|mig
Gas|ge|misch; Gas|hahn; Gas|hei|zung; Gas|herd; Gas|hül|le
ga|sie|ren (*Textiltechnik* Garne durch Absengen von Faserenden befreien)
ga|sig
Gas|ko|cher; Gas|lei|tung
Gas-Luft-Ge|misch
Gas|mann *Plur.* ...männer; **Gas|mas|ke; Gas|ofen; Gas|öl**
Ga|so|me|ter, der; -s, - ⟨franz.⟩ (*veraltend für* großer Gasbehälter)
Gas|pe|dal; Gas|pis|to|le; Gas|rech|nung
Gäss|chen
Gas|schlauch
Gas|schmelz|schwei|ßung, Gas|schwei|ßung (autogene Schweißung)
Gas|se, die; -, -n (enge, schmale Straße; *österr. in bestimmten Verwendungen auch für* Straße, z. B. über die Gasse); *Schreibung in Straßennamen:* ↑K 162 *u.* 163
Gas|sen|ar|beit, die; - (*schweiz. für* Streetwork)
Gas|sen|hau|er (*ugs. veraltend für* allbekanntes Lied)
Gas|sen|kü|che (*schweiz. für* Einrichtung, in der Essen an Bedürftige abgegeben wird)
Gas|sen|lied
Gas|sen|lo|kal *(österr.)*
gas|sen|sei|tig (*österr. für* zur Straße hin gelegen)
Gas|sen|ver|kauf (*österr. für* Verkauf über die Straße)
Gas|sen|zim|mer (*schweiz. für* öffentlicher Raum für den Drogenkonsum)
Gas|si; *nur in* Gassi gehen (*ugs. für* mit dem Hund auf die Straße [Gasse] gehen)
Gäss|lein
Gas|spei|cher
Gast, der; -[e]s, *Plur.* Gäste *u.* (*Seemannsspr. für* bestimmte Matrosen:) -en; zu Gast sein; zu Gast bitten; als Gast (*Abk.* a. G.)
Gast|ar|bei|ter *(veraltend);* **Gast|ar|bei|te|rin; Gast|ar|bei|ter|kind**
Gast|di|ri|gent; Gast|di|ri|gen|tin
Gast|do|zent; Gast|do|zen|tin
Gäs|te|bett; Gäs|te|buch; Gäs|te|hand|tuch; Gäs|te|haus; Gäs|te|heim
Gas|te|rei (*veraltet für* üppiges Gastmahl)
Gäs|te|to|i|let|te; Gäs|te-WC; Gäs|te|zim|mer
Gast|fa|mi|lie
gast|frei; Gast|frei|heit, die; -
Gast|freund *(veraltet);* **Gast|freun|din**
gast|freund|lich; Gast|freund|lich|keit; Gast|freund|schaft
Gast|ge|ber; Gast|ge|be|rin
Gast|ge|schenk
Gast|ge|wer|be, das; -s
Gast|haus; Gast|hof
Gast|hö|rer; Gast|hö|re|rin
gas|tie|ren *(Theater)*
Gäs|tin *(selten)*
Gast|land
gast|lich; Gast|lich|keit, die; -
Gast|mahl *(geh.)*
Gast|mann|schaft *(Sport)*
Gast|pflan|ze (Schmarotzer)
Gast|pro|fes|sor; Gast|pro|fes|so|rin
Gas|t|räa, die; -, ...äen ⟨griech.⟩ (hypothetisches Urdarmtier)
gas|t|ral (*Med.* zum Magen gehörend); **Gas|t|ral|gie,** die; -, ...ien (Magenkrampf)
Gast|recht
Gast|red|ner; Gast|red|ne|rin
gas|t|risch ⟨griech.⟩ (*Med.* zum Magen gehörend, vom Magen ausgehend); ↑K 89: gastrisches Fieber; **Gas|t|ri|tis,** die; -, ...itiden (Magenschleimhautentzündung)
Gas|t|ro|be|trieb (*bes. schweiz. für* Gastronomiebetrieb)
Gast|rol|le
Gas|t|ro|nom, der; -en, -en ⟨griech.⟩ (Gastwirt mit besonderen Kenntnissen der Gastronomie); **Gas|t|ro|no|mie,** die; - (Gaststättengewerbe; feine Kochkunst); **Gas|t|ro|no|mie|be|trieb; Gas|t|ro|no|min; gas|t|ro|no|misch**
Gas|t|ro|po|de, der; -n, -n *meist Plur.* (*Zool.* Schnecke)
Gas|t|ro|s|kop, das; -s, -e (*Med.* Gerät zur Untersuchung des Mageninneren)
Gas|t|ro|s|to|mie, die; -, ...ien (*Med.* Anlegung einer Magenfistel)
Gas|t|ro|to|mie, die; -, ...ien (*Med.* Magenschnitt)
Gas|t|ru|la, die; - (*Biol.* Entwicklungsstadium vielzelliger Tiere)
Gast|sän|ger; Gast|sän|ge|rin
Gast|spiel
Gast|stät|te; Gast|stät|ten|ge|wer|be, das; -s
Gast|stu|be
Gast|tier (Schmarotzer)
Gast|ver|ein *(Sport)*
Gast|vor|le|sung; Gast|vor|stel|lung; Gast|vor|trag
Gast|wirt; Gast|wir|tin; Gast|wirt|schaft

G
Garn

Gast|zim|mer
Gas|ver|brauch; Gas|ver|gif|tung; Gas|ver|sor|gung; Gas|werk; Gaszäh|ler
Gat *vgl.* Gatt
Gate [ge:t], das; -s, -s ‹engl.› (Flugsteig auf Flughäfen)
Gate|way [ˈge:tve:], das; -s, -s (*EDV* Rechner, der Daten- bzw. Rechnernetze verbindet)
Gatsch, der; -[e]s (*bayr., österr. ugs. für* breiige Masse; Matsch); **gat|schig**
Gatt, Gat, das; -[e]s, *Plur.* -en *u.* -s (*Seemannsspr.* Öse, Loch; enger Raum; Schiffsheck)
Gat|te, der; -n, -n
gat|ten, sich (*geh. für* sich paaren)
Gat|ten|lie|be; Gat|ten|mord; Gatten|wahl
Gat|ter, das; -s, - (Gitter, [Holz]zaun); **Gat|ter|sä|ge**
gat|tie|ren (Materialien für das Gießen von Gusseisen zusammenstellen)
Gat|tin
Gat|tung; Gat|tungs|na|me (*auch für* Appellativ)
Gau, der, *landsch.* das; -[e]s, -e
GAU, der; -s, -s = größter anzunehmender Unfall
Gäu, das; -[e]s, -e (*landsch. für* Gau); das Obere Gäu
Gau|be, Gau|pe, die; -, -n (*Bauw. u. landsch. für* aus einem Dach herausgebautes Fenster)
Gauch, der; -[e]s, *Plur.* -e *u.* Gäuche ‹»Kuckuck«› (*veraltet für* Dummkopf)
Gauch|heil, der; -[e]s, -e (Zierpflanze u. Wildkraut)
Gau|cho [...tʃo], der; -[s], -s ‹indian.-span.› (südamerik. Viehhirt)
Gauck (elfter dt. Bundespräsident); **Gauck-Be|hör|de,** die; - ‹nach dem ersten Leiter› (Bundesbehörde für die Aufbewahrung u. Aufarbeitung der Akten des Staatssicherheitsdienstes der DDR)
Gau|de|a|mus, das; - ‹lat., »Freuen wir uns!«› (Name [u. Anfang] eines Studentenliedes)
Gau|dee, die; -, -n (*österr. Nebenform von* Gaudi)
Gau|di, die; -, *österr. nur so, auch* das; -s (*ugs. für* Gaudium)
Gau|dí, Antoni (katalanischer Architekt)
Gau|dieb (*nordd. veraltet für* Gauner)
Gau|di|um, das; -s ‹lat.› (Freude; Ausgelassenheit; Spaß)
Gau|di|wurm (*ugs. scherzh. für* Fastnachtszug)
Gau|graf (*früher für* Graf, dessen Herrschaftsbereich ein Gau ist); **Gau|grä|fin**
Gau|guin [goˈgɛ̃:] (franz. Maler)
Gau|ke|lei; gau|kel|haft
gau|keln (*veraltend);* ich gauk[e]le
Gau|kel|spiel; Gau|kel|werk
Gauk|ler; Gauk|le|rei; gauk|ler|haft; Gauk|le|rin; gauk|le|risch; Gaukler|trup|pe
Gaul, der; -[e]s, Gäule; **Gäul|chen**
Gaulle, de [go:l] (franz. General u. Staatsmann); *vgl.* de-Gaulle-freundlich; **Gaul|lis|mus,** der; - ‹nach de Gaulle› (politische Bewegung in Frankreich); **Gaullist,** der; -en, -en (Anhänger des Gaullismus); **Gaul|lis|tin**
Gault [go:lt], der; -[e]s ‹engl.› (*Geol.* zweitälteste Stufe der Kreide)
Gau|men, der; -s, -
Gau|men|freu|de *(geh.);* **Gau|menkit|zel**
Gau|men|laut (Guttural)
Gau|men|schmaus; Gau|men|se|gel
Gau|men|spal|te (*Med.* angeborene Spaltung des harten Gaumens)
Gau|men|zäpf|chen
gau|mig; gaumig sprechen
Gau|ner, der; -s, -; **Gau|ner|ban|de; Gau|ne|rei; gau|ner|haft; Gau|nerin; gau|ne|risch; gau|nern;** ich gaunere; **Gau|ner|spra|che**
Gau|pe *vgl.* Gaube
Gaur, der; -[s], -[s] ‹Hindi› (wild lebendes Rind in Indien)
[1]**Gauß** (dt. Mathematiker)
[2]**Gauß,** das; -, - (alte Maßeinheit der magnetischen Induktion; *Zeichen* G); *vgl.* Tesla
Gautsch|brett (Gerät zum Pressen nassen Papiers); **Gautsch|brief**
Gaut|sche, die; -, -n (*südd. für* Schaukel)
gaut|schen (Papier zum Pressen ins Gautschbrett legen; *auch* Buchdrucker, Setzer nach altem Buchdruckerbrauch nach der Ausbildung aufnehmen; *südwestd. für* schaukeln); du gautschst
Gaut|scher; Gaut|sche|rin
Gautsch|fest
gau|zen, gäu|zen (*landsch. für* bellen)
GAV, der; -, -s = Gesamtarbeitsvertrag *(schweiz.)*
Ga|vot|te [...ˈvɔt, *österr. nur so, auch* ...ˈvɔtə], die; -, -n ‹franz.› (ein alter Tanz)
Ga|wein (Gestalt der Artussage)
gay [geɪ] ‹engl.› (*ugs. für* homosexuell); **Gay,** der; -[s], -s (*ugs. für* Homosexueller)
Ga|za [...za], Ga|sa (Stadt im östl. Mittelmeerraum); **Ga|za|streifen, Ga|za-Strei|fen,** der; -s
Ga|ze [...zə], die; -, -n ‹pers.› (durchsichtiges Gewebe; Verbandmull)
Ga|zel|le, die; -, -n ‹arab.-ital.› (Antilopenart)
Ga|zet|te [*auch* ...ˈzɛt(ə)], die; -, -n ‹franz.› (*veraltet, noch abwertend für* Zeitung)
Gaz|pa|cho [gasˈpatʃo], der; -[s], -s, *auch* die; -, -s ‹span.› (kalte spanische Gemüsesuppe)
GBl. = Gesetzblatt
GBP (*Währungscode für* brit. Pfund)
Gd (chem. Zeichen für Gadolinium)
Gdańsk [gdai̯sk] (poln. Hafenstadt an der Ostsee; *vgl.* Danzig)
G-Dur [ˈge:du:ɐ̯, *auch* ˈge:ˈdu:ɐ̯], das; -[s] (Tonart; *Zeichen* G); **G-Dur-Ton|lei|ter** ↑K26
Ge (chem. Zeichen für Germanium)
ge... (*Vorsilbe von Verben,* z. B. gehorchen, du gehorchst, gehorcht, zu gehorchen)
ge|ach|tet
Ge|äch|te|te, der *u.* die; -n, -n
Ge|äch|ze, das; -s
Ge|äder, das; -s; **ge|ädert**
Ge|äf|ter, das; -s, - (*Jägerspr.* die beiden hinteren Zehen beim Schalenwild u. a.)
Ge|al|be|re, das; -s
ge|ar|tet; die Sache ist so geartet, dass ...
Ge|äse, das; -s, - (*Jägerspr.* Äsung; Maul bei Hirsch u. Reh)
Ge|äst, das; -[e]s (Astwerk)
[1]**geb.** = geboren, geborene, geborener (*Zeichen* *)
[2]**geb.** = gebunden (bei Büchern)
Ge|bab|bel, das; -s (*landsch. für* Geplapper, dauerndes Reden)
Ge|bäck, das; -[e]s, -e
ge|ba|cken *vgl.* backen; **Ge|ba|ckene,** das; -n; **Ge|bäck|scha|le**
Ge|bal|ge, das; -s (Prügelei)
Ge|bälk, das; -[e]s, -e *Plur. selten*
ge|ballt
Ge|bän|de, Ge|ben|de, das; -s, - (eine mittelalterl. Kopftracht)
ge|bannt
ge|bar *vgl.* gebären
Ge|bär|de, die; -, -n; [1]**ge|bär|den,** sich; [2]**ge|bär|den** (die Gebärden-

G gebä

sprache verwenden); **Ge|bär|den|spiel; Ge|bär|den|spra|che**
ge|ba|ren, sich (*veraltet für* sich gebärden)
ge|bä|ren; du gebierst, sie gebiert; *auch* du gebärst, sie gebärt; du gebarst; du gebärest; geboren (*vgl. d.*); gebär[e]! (*geh.* gebier!)
Ge|ba|ren, das; -s
Ge|bä|re|rin; Ge|bär|kli|nik (*österr. für* Entbindungsabteilung)
Ge|bär|mut|ter, die; -, ...mütter; **Ge|bär|mut|ter|hals; Ge|bär|mut|ter|hals|krebs; Ge|bär|mut|ter|spie|gel**

G
Gebä

Ge|ba|rung (Gebaren; *österr. für* Buch-, Geschäftsführung)
ge|bauch|pin|selt (*ugs. für* geehrt, geschmeichelt)
ge|baucht (bauchig)
Ge|bäu|de, das; -s, -
Ge|bäu|de|kom|plex
Ge|bäu|de|rei|ni|ger; Ge|bäu|de|rei|ni|ge|rin
Ge|bäu|de|tech|nik; ge|bäu|de|tech|nisch
Ge|bäu|de|teil, der
Ge|bäu|lich|keit (*südd., schweiz. für* Baulichkeit)
ge|baut; ein gut gebauter *od.* gutgebauter Sportler
ge|be|freu|dig
Ge|bein, das; -[e]s, -e
Ge|bel|fer, das; -s (Belfern, Bellen)
Ge|bell, das; -[e]s; **Ge|bel|le,** das; -s
ge|ben; du gibst, sie gibt; du gabst; du gäbest; [1]gegeben (*vgl. d.*); gib!; ↑K 82: Geben *od.* geben ist seliger denn Nehmen *od.* nehmen
Ge|ben|de *vgl.* Gebände
Ge|be|ne|dei|te, die; -n ‹*zu* benedeien› (Gottesmutter)
Ge|ber; Ge|be|rin
Ge|ber|land
Ge|ber|lau|ne; in Geberlaune sein
Ge|ber|spra|che (*Sprachwiss.*)
Ge|bet, das; -[e]s, -e; **Ge|bet|buch**
ge|be|ten *vgl.* bitten
Ge|bets|got|tes|dienst; Ge|bets|haus; Ge|bets|man|tel
Ge|bets|müh|le; ge|bets|müh|len|ar|tig
Ge|bets|ni|sche; Ge|bets|rie|men; Ge|bets|stun|de; Ge|bets|tep|pich
Ge|bet|tel, das; -s
ge|beut (*veraltet für* gebietet); die Stunde gebeut, dass ...
ge|beu|telt; vom Schicksal gebeutelt werden
Geb|hard (m. Vorn.)
ge|biert *vgl.* gebären
Ge|biet, das; -[e]s, -e
ge|bie|ten; geboten; **ge|bie|tend**
Ge|bie|ter; Ge|bie|te|rin; ge|bie|te|risch
ge|biet|lich
Ge|biets|an|spruch; Ge|biets|er|wei|te|rung; ge|biets|fremd; Ge|biets|ho|heit
Ge|biets|kör|per|schaft (*Rechtswiss.*)
Ge|biets|kran|ken|kas|se (*österr.*)
Ge|biets|re|form
ge|biets|wei|se
Ge|bild|brot (Gebäck besonderer Form zu bestimmten Festtagen)
Ge|bil|de, das; -s, -
ge|bil|det; Ge|bil|de|te, der *u.* die; -n, -n
Ge|bim|mel, das; -s
Ge|bin|de, das; -s, -
Ge|bir|ge, das; -s, -
ge|bir|gig; Ge|bir|gig|keit, die; -
Ge|birg|ler; Ge|birg|le|rin
Ge|birgs|bach
Ge|birgs|jä|ger (*Militär*); **Ge|birgs|jä|ge|rin**
Ge|birgs|kamm; Ge|birgs|ket|te; Ge|birgs|land|schaft; Ge|birgs|mas|siv; Ge|birgs|stock *Plur.* ...stöcke; **Ge|birgs|zug**
Ge|biss, das; -es, -e
ge|bis|sen *vgl.* beißen
Ge|blaf|fe, das; -s (*ugs.*)
Ge|bla|se, das; -s (Blasen)
Ge|blä|se, das; -s, - (*Technik*)
ge|bla|sen *vgl.* blasen
ge|blie|ben *vgl.* bleiben
Ge|blö|del, das; -s (*ugs.*)
Ge|blök, das; -[e]s, **Ge|blö|ke,** das; -s
ge|blümt, *österr.* **ge|blumt** (mit Blumenmuster)
Ge|blüt, das; -[e]s (*geh.*)
[1]**ge|bo|gen** (gekrümmt)
[2]**ge|bo|gen** *vgl.* biegen
ge|bogt (bogenförmig geschnitten); ein gebogter Kragen
ge|bongt *vgl.* bongen

ge|bo|ren

(*Abk.* geb.; *Zeichen* *)

– sie ist eine geborene Schulz

Kommasetzung ↑K 102:

– Frau Müller geb. Schulz wurde als Zeugin vernommen *od.* Frau Müller, geb. Schulz, wurde als Zeugin vernommen

Ge|bo|ren|zei|chen
[1]**ge|bor|gen;** sich geborgen fühlen
[2]**ge|bor|gen** *vgl.* bergen
Ge|bor|gen|heit, die; -
ge|bors|ten *vgl.* bersten
Ge|bot, das; -[e]s, -e; zu Gebot[e] stehen; das erste, zweite Gebot, *aber* die Zehn Gebote
[1]**ge|bo|ten** *vgl.* bieten
[2]**ge|bo|ten** *vgl.* gebieten
Ge|bots|schild *Plur.* ...schilder (*Verkehrsw.*)
Gebr. = Gebrüder
Ge|bräch, das; -[e]s, -e, **Ge|brä|che,** das; -s, - (*Bergmannsspr.* Gestein, das leicht in Stücke zerfällt; *Jägerspr.* der vom Schwarzwild mit dem Rüssel aufgewühlte Boden)
ge|bracht *vgl.* bringen
Ge|brä|me, das; -s, - (*veraltet für* Verbrämung)
ge|brand|markt
ge|brannt; gebrannter Kalk
ge|bra|ten *vgl.* braten
Ge|bra|te|ne, das; -n
Ge|bräu, das; -[e]s, -e
Ge|brauch, der; -[e]s, *Plur.* (*für* Sitte, Verfahrensweise:) Gebräuche; von etwas Gebrauch machen
ge|brau|chen (benutzen)
ge|bräuch|lich; Ge|bräuch|lich|keit, die; -
Ge|brauchs|an|wei|sung
Ge|brauchs|ar|ti|kel
ge|brauchs|fer|tig
Ge|brauchs|ge|gen|stand
Ge|brauchs|gra|fik, Ge|brauchs|gra|phik
Ge|brauchs|gut; Ge|brauchs|mu|sik; Ge|brauchs|mus|ter
Ge|brauch[s]|spur *meist Plur.*
Ge|brauchs|wert
ge|braucht
Ge|braucht|wa|gen; Ge|braucht|wa|gen|händ|ler; Ge|braucht|wa|gen|händ|le|rin; Ge|braucht|wa|gen|markt
Ge|braus, das; -es, **Ge|brau|se,** das; -s
Ge|brech, das; -[e]s, -e (*Bergmannsspr.* Gebräch; *Jägerspr.* Rüssel des Schwarzwildes); **Ge|bre|che,** das; -s, - (*Bergmannsspr., Jägerspr.* Gebräch)
ge|bre|chen (*geh. für* fehlen, mangeln); es gebricht mir an der nötigen Ausdauer
Ge|bre|chen, das; -s, - (*geh. für* Körperschaden)
ge|brech|lich; Ge|brech|lich|keit
Ge|bres|ten, das; -s, - (*schweiz., sonst veraltet für* Gebrechen)
ge|bro|chen; gebrochene Farben

Ge|brö|ckel, das; -s
Ge|bro|del, das; -s
Ge|brü|der *Plur.* (*Abk.* Gebr.)
Ge|brüll, das; -[e]s
Ge|brumm, das; -[e]s, **Ge|brum|me,** das; -s; **Ge|brum|mel,** das; -s
ge|buch|tet; gebuchtete Küsten
Ge|bück, das; -[e]s, -e (*früher für* geflochtene Hecke zum Schutz von Anlagen od. Siedlungen)
Ge|bühr, die; -, -en; nach, über Gebühr
ge|büh|ren; etwas gebührt ihr (kommt ihr zu); es gebührt sich nicht, dies zu tun ↑K117
Ge|büh|ren|be|frei|ung
ge|büh|rend; sie erhielt die gebührende Anerkennung
ge|büh|ren|der|ma|ßen
ge|büh|ren|der|wei|se
Ge|büh|ren|ein|zugs|zen|t|ra|le (*Abk.* GEZ; *seit 2013:* Beitragsservice von ARD, ZDF und Deutschlandradio)
Ge|büh|ren|er|hö|hung
ge|büh|ren|frei; Ge|büh|ren|frei|heit, die; -
Ge|büh|ren|ord|nung
ge|büh|ren|pflich|tig
Ge|büh|ren|vi|g|net|te (für die Autobahnbenutzung)
ge|bühr|lich *(veraltend);* **Ge|bühr|nis,** die; -, -se (*veraltet für* Gebühr, Abgabe)
Ge|bum|se, das; -s *(ugs.)*
ge|bum[s]|fie|delt; *meist in der Wendung* sich gebum[s]fiedelt fühlen (*ugs. scherzh. für* sich geschmeichelt fühlen)
Ge|bund, das (*landsch. für* Bund); 4 Gebund Seide
ge|bun|den (*Abk. [bei Büchern]* geb.); ↑K89: gebundenes System *(roman. Baukunst);* gebundene Rede (Verse); **Ge|bun|den|heit**
Ge|burt, die; -, -en
Ge|bur|ten|be|schrän|kung; Ge|bur|ten|häu|fig|keit; Ge|bur|ten|kon|t|rol|le; Ge|bur|ten|ra|te
Ge|bur|ten|re|ge|lung, Ge|bur|ten|reg|lung
Ge|bur|ten|rück|gang
ge|bur|ten|schwach; ge|bur|ten|stark
Ge|bur|ten|über|schuss; Ge|bur|ten|zahl; Ge|bur|ten|zif|fer
ge|bür|tig; ein gebürtiger Bonner
Ge|burts|adel; Ge|burts|an|zei|ge; Ge|burts|da|tum; Ge|burts|haus
Ge|burts|hel|fer; Ge|burts|hel|fe|rin; Ge|burts|hil|fe, die; -
Ge|burts|jahr; Ge|burts|land; Ge|burts|na|me; Ge|burts|ort *Plur.* ...orte; **Ge|burts|schein; Ge|burts|stadt; Ge|burts|stun|de**
Ge|burts|tag

Geburtstag
Das Wort bedeutet (abgesehen von seltenen Verwendungen in der Verwaltungssprache) nicht *Tag der Geburt,* sondern *Jahrestag der Geburt.* Man feiert also den ersten Geburtstag, wenn man ein Jahr alt wird; der Tag, an dem man 50 Jahre alt wird, ist der 50. Geburtstag.

Ge|burts|tags|fei|er; Ge|burts|tags|fest; Ge|burts|tags|ge|schenk; Ge|burts|tags|kind; Ge|burts|tags|par|ty; Ge|burts|tags|tor|te
Ge|burts|ur|kun|de
Ge|büsch, das; -[e]s, -e
ge|chintzt [...ˈtʃɪ...]; eine gechintzte Bluse; *vgl.* Chintz
Geck, der; -en, -en; **Ge|cken|art,** die; -; **ge|cken|haft; Ge|cken|haf|tig|keit**
Ge|cko, der; -s, *Plur.* -s *u. veraltet* ...onen ⟨malai.⟩ (eine trop. Eidechse)
ge|dacht ⟨*von* denken, gedenken⟩; ich habe nicht daran gedacht; ich habe seiner gedacht; **Ge|dach|te,** das; -n
Ge|dächt|nis, das; -ses, -se
Ge|dächt|nis|aus|stel|lung; Ge|dächt|nis|fei|er; Ge|dächt|nis|kon|zert; Ge|dächt|nis|leis|tung; Ge|dächt|nis|lü|cke; Ge|dächt|nis|pro|to|koll
Ge|dächt|nis|schwä|che; Ge|dächt|nis|schwund; Ge|dächt|nis|stö|rung; Ge|dächt|nis|stüt|ze; Ge|dächt|nis|trai|ning; Ge|dächt|nis|ver|lust
ge|dackt (*Orgelbau* oben verschlossen); gedackte Pfeife
Ge|dan|ke, der; ...kens, ...ken
Ge|dan|ken, der; ...kens, ...ken
Ge|dan|ken|ar|beit; Ge|dan|ken|aus|tausch; Ge|dan|ken|blitz; Ge|dan|ken|flug; Ge|dan|ken|frei|heit; Ge|dan|ken|gang, der; **Ge|dan|ken|gut,** das; -[e]s; **Ge|dan|ken|le|sen,** das; -s
ge|dan|ken|los; Ge|dan|ken|lo|sig|keit
ge|dan|ken|reich; ge|dan|ken|schnell
Ge|dan|ken|spiel; Ge|dan|ken|split|ter; Ge|dan|ken|sprung
Ge|dan|ken|strich
Ge|dan|ken|über|tra|gung; Ge|dan|ken|ver|bin|dung
ge|dan|ken|ver|lo|ren; ge|dan|ken|voll
Ge|dan|ken|welt
ge|dank|lich
Ge|därm, das; -[e]s, -e, **Ge|där|me,** das; -s, -
Ge|deck, das; -[e]s, -e; **ge|deckt**
Ge|deih, der; *nur in* auf Gedeih und Verderb
ge|dei|hen; du gedeihst; du gediehst; du gediehest; gediehen; gedeih[e]!; **Ge|dei|hen,** das; -s
ge|deih|lich (*geh. für* nützlich, fruchtbar); **Ge|deih|lich|keit,** die; -
Ge|den|ke|mein, das; -s, - (eine Waldblume)
ge|den|ken; *mit Gen.:* gedenket unser!; **Ge|den|ken,** das; -s
Ge|denk|fei|er; Ge|denk|got|tes|dienst; Ge|denk|jahr; Ge|denk|mar|ke; Ge|denk|mi|nu|te; Ge|denk|mün|ze; Ge|denk|re|de
Ge|denk|stät|te; Ge|denk|stein; Ge|denk|stun|de; Ge|denk|ta|fel; Ge|denk|tag
ge|deucht *vgl.* dünken
Ge|dicht, das; -[e]s, -e
Ge|dicht|band, der; **Ge|dicht|in|ter|pre|ta|ti|on; Ge|dicht|samm|lung**
ge|die|gen; Ge|die|gen|heit, die; -
ge|dient; ein gedienter Soldat
Ge|din|ge, das; -s, - (Akkordlohn im Bergbau); **Ge|din|ge|ar|bei|ter; Ge|din|ge|ar|bei|te|rin**
Ge|don|ner, das; -s
Ge|döns, das; -es (*landsch. für* Aufheben, Getue); viel Gedöns um etwas machen
Ge|drän|ge, das; -s; **Ge|drän|gel,** das; -s *(ugs.)*
ge|drängt; Ge|drängt|heit
Ge|dröhn, das; -[e]s, **Ge|dröh|ne,** das; -s
ge|drückt; gedrückte Stimmung
Ge|druck|te, das; -n
Ge|drückt|heit, die; -
[1]**ge|drun|gen;** eine gedrungene (untersetzte) Gestalt
[2]**ge|drun|gen** *vgl.* dringen
Ge|drun|gen|heit, die; -
Ge|du|del, das; -s *(ugs.)*
Ge|duld, die; -
ge|dul|den, sich; **ge|dul|dig**
Ge|dulds|ar|beit
Ge|dulds|fa|den; *nur in* jmdm. reißt der Geduldsfaden
Ge|dulds|pro|be; Ge|duld[s]|spiel
ge|dun|gen; gedungene Mörder

ge|dụn|sen; ein gedunsenes Gesicht; **Ge|dụn|sen|heit,** die; -
Ge|dụ̈ns|te|te, das; -n *(österr.)*
ge|dụrft *vgl.* dürfen
ge|eig|net
...ge|eig|net (z. B. mikrowellengeeignet)
ge|eig|ne|ten|ọrts *(Amtsspr. veraltet)*
Ge|eig|net|heit, die; -
Geest, die; -, -en (hoch gelegenes, trockenes, weniger fruchtbares Land im Küstengebiet); **Geest|land,** das; -[e]s
gef. = gefallen *(Zeichen ⚔)*
Ge|fạch, das; -[e]s, *Plur.* -e *u.* Gefächer (Fach, Lade)
G
gedu
Ge|fahr, die; -, -en; Gefahr laufen; ↑K58 *u.* 59: Gefahr bringend *od.* gefahrbringend, *aber nur* große Gefahr bringend, äußerst gefahrbringend
ge|fähr|den
Ge|fähr|der (*Amtsspr.* Person, von der eine Gefahr für die öffentliche Sicherheit ausgehen könnte); **Ge|fähr|de|rin**
ge|fähr|det; gefährdete Tierarten
Ge|fähr|dung
Ge|fah|re, das; -s (*ugs. für* häufiges Fahren)
ge|fah|ren *vgl.* fahren
Ge|fah|ren|ab|wehr, die; -; **Ge|fah|ren|be|reich; Ge|fah|ren|ge|mein|schaft; Ge|fah|ren|herd; Ge|fah|ren|mo|ment,** das
Ge|fah|ren|po|ten|zi|al, Ge|fah|ren|po|ten|ti|al
Ge|fah|ren|quel|le; Ge|fah|ren|si|tu|a|ti|on; Ge|fah|ren|zo|ne; Ge|fah|ren|zu|la|ge
ge|fähr|lich; gefährliche Körperverletzung *(Rechtsspr.);* **Ge|fähr|lich|keit,** die; -
ge|fahr|los; Ge|fahr|lo|sig|keit, die; -
Ge|fährt, das; -[e]s, -e (Wagen)
Ge|fähr|te, der; -n, -n (Begleiter); **Ge|fähr|tin**
ge|fahr|voll
Ge|fäl|le, das; -s, -
Ge|fạ̈l|le|mes|ser, der *(Geodäsie)*
[1]**ge|fal|len;** es hat mir gefallen; sich etwas gefallen lassen
[2]**ge|fal|len;** er ist gefallen (*Abk.* gef.; *Zeichen* ⚔)
[1]**Ge|fal|len,** der; -s, -; jmdm. einen Gefallen tun; jmdm. etwas zu Gefallen tun
[2]**Ge|fal|len,** das; -s; [kein] Gefallen an etwas finden
Ge|fal|le|ne, der *u.* die; -n, -n
Ge|fal|le|nen|fried|hof; Ge|fal|le|nen|ge|denk|fei|er
Ge|fäl|le|stre|cke *vgl.* Gefällstrecke
ge|fäl|lig (*Abk.* gefl.); **Ge|fäl|lig|keit; Ge|fäl|lig|keits|gut|ach|ten; Ge|fäl|lig|keits|wech|sel** *(Bankw.)*
ge|fäl|ligst (*Abk.* gefl.)
Ge|fäll|stre|cke
Ge|fall|sucht, die; -; **ge|fall|süch|tig**
ge|fälscht; gefälschte Dokumente
Ge|fäl|tel, das; -s (viele kleine Falten)
ge|fan|gen; gefangen halten, nehmen, setzen; er wurde gefangen gehalten; um sie gefangen zu nehmen ↑K53; der gefangen genommene *od.* gefangengenommene Spion; die gefangen gehaltenen *od.* gefangengehaltenen Geiseln; die gefangen gesetzten *od.* gefangengesetzten Rebellen ↑K58
Ge|fan|ge|ne, der *u.* die; -n, -n
Ge|fan|ge|nen|aus|tausch; Ge|fan|ge|nen|be|frei|ung; Ge|fan|ge|nen|haus (*österr. neben* Gefängnis); **Ge|fan|ge|nen|la|ger**
Ge|fan|ge|nen|wär|ter; Ge|fan|ge|nen|wär|te|rin
ge|fan|gen hal|ten *vgl.* gefangen
Ge|fan|gen|haus (*österr. amtl. Form für* Gefangenenhaus)
Ge|fan|gen|nah|me, die; -, -n
ge|fan|gen neh|men *vgl.* gefangen
Ge|fan|gen|schaft, die; -, -en
ge|fan|gen set|zen *vgl.* gefangen
Ge|fäng|nis, das; -ses, -se
Ge|fäng|nis|auf|se|her; Ge|fäng|nis|auf|se|he|rin
Ge|fäng|nis|in|sas|se; Ge|fäng|nis|in|sas|sin
Ge|fäng|nis|stra|fe
Ge|fäng|nis|wär|ter; Ge|fäng|nis|wär|te|rin
Ge|fäng|nis|zel|le
ge|färbt; blau gefärbt *od.* blaugefärbt; *vgl.* blau
Ge|fa|sel, das; -s *(ugs.)*
Ge|fa|ser, das; -s
Ge|fäß, das; -es, -e
Ge|fäß|chi|r|ur|gie; Ge|fäß|er|wei|te|rung; Ge|fäß|krank|heit
ge|fasst; auf alles gefasst sein; **Ge|fasst|heit,** die; -
Ge|fecht, das; -[e]s, -e
ge|fechts|be|reit; Ge|fechts|be|reit|schaft, die; -
Ge|fechts|kopf (Vorderteil mit Sprengstoff u. Zünder bei Raketen o. Ä.)
ge|fechts|mä|ßig
Ge|fechts|pau|se; Ge|fechts|stand
Ge|fe|ge, das; -s (*Jägerspr.* vom Geweih abgeriebener Bast)
ge|fei|ert (geehrt, umjubelt); die gefeiert[e]sten Filmstars
Ge|feil|sche, das; -s
ge|feit (sicher, geschützt); sie ist gegen böse Einflüsse gefeit
Ge|fels, das; -es (*veraltet für* Felsen)
ge|fens|tert
ge|fes|tigt; gefestigte Meinungen
Ge|fie|del, das; -s
Ge|fie|der, das; -s, -; **ge|fie|dert** (mit Federn ausgestattet)
Ge|fil|de, das; -s, - (*geh. für* Gegend; Landschaft)
ge|fin|gert; gefingertes Blatt
ge|fin|kelt (*österr. für* schlau, durchtrieben)
Ge|fi|on (nord. Göttin)
ge|fir|nisst; das Brett ist gefirnisst
ge|fitzt (*schweiz. mdal. für* schlau)
gefl. = gefällig, gefälligst
Ge|fla|cker, das; -s
ge|flammt; geflammte Muster
Ge|flat|ter, das; -s
Ge|flecht, das; -[e]s, -e
ge|fleckt; blau gefleckt *od.* blaugefleckt; *vgl.* blau
Ge|flen|ne, das; -s (*ugs. für* andauerndes Weinen)
Ge|flim|mer, das; -s
ge|flis|sent|lich
ge|floch|ten *vgl.* flechten
ge|flo|gen *vgl.* fliegen
ge|flo|hen *vgl.* fliehen
ge|flos|sen *vgl.* fließen
Ge|flu|che, das; -s
Ge|flu|der, das; -s, - (*Bergmannsspr.* Wasserrinne)
Ge|flü|gel, das; -s
Ge|flü|gel|farm; Ge|flü|gel|fleisch; Ge|flü|gel|pest; Ge|flü|gel|sa|lat; Ge|flü|gel|sche|re
ge|flü|gelt; geflügeltes Wort (oft angeführtes Zitat); geflügelte Worte ↑K89
Ge|flü|gel|zucht; Ge|flü|gel|züch|ter; Ge|flü|gel|züch|te|rin
Ge|flun|ker, das; -s *(ugs.)*
Ge|flüs|ter, das; -s
ge|foch|ten *vgl.* fechten
Ge|fol|ge, das; -s, - *Plur. selten;* im Gefolge von ...; **Ge|folg|schaft**
Ge|folgs|frau; Ge|folgs|leu|te (*Plur. von* Gefolgsmann; Gesamtheit der Gefolgsfrauen u. Gefolgsmänner); **Ge|folgs|mann** *Plur.* ...männer *u.* ...leute
Gefr. = Gefreite
Ge|fra|ge, das; -s; dein dummes Gefrage; **ge|fragt**

ge|frä|ßig; Ge|frä|ßig|keit, die; -
Ge|frei|te, der *u.* die; -n, -n (*Abk.* Gefr.)
ge|fres|sen *vgl.* fressen
Ge|frett *vgl.* Gfrett
ge|freut (*schweiz. mdal. für* erfreulich)
Ge|frier|beu|tel
Ge|frier|brand *Plur. selten* (*fachspr. für* Verfärbung an tiefgefrorenen Lebensmitteln)
ge|frie|ren
Ge|frier|fach (im Kühlschrank)
Ge|frier|fleisch; Ge|frier|ge|mü|se
ge|frier|ge|trock|net
Ge|frier|ket|te (System von Lagerung u. Transport tiefgekühlter Lebensmittel)
Ge|frier|punkt; Ge|frier|schrank; Ge|frier|schutz|mit|tel; Ge|frier|trock|nung; Ge|frier|tru|he; Ge|frier|ver|fah|ren; Ge|frier|wa|re
Ge|frieß *vgl.* Gfrieß
ge|fro|ren *vgl.* frieren
Ge|fro|re|ne, Ge|fror|ne, das; -n (*südd., österr. veraltet für* [Speise]eis)
ge|frus|tet (*ugs. für* frustriert)
Ge|fü|ge, das; -s, -
ge|fü|gig; Ge|fü|gig|keit, die; -
Ge|fühl, das; -[e]s, -e
ge|füh|lig (gefühlvoll); **Ge|füh|lig|keit,** die; -
ge|fühl|los; Ge|fühl|lo|sig|keit
ge|fühls|arm
Ge|fühls|aus|bruch
ge|fühls|be|tont
Ge|fühls|cha|os
Ge|fühls|du|se|lei *(ugs.);* **ge|fühls|du|se|lig, ge|fühls|dus|lig**
ge|fühls|echt
Ge|fühls|la|ge; Ge|fühls|le|ben
ge|fühls|mä|ßig
Ge|fühls|mensch; Ge|fühls|re|gung; Ge|fühls|sa|che; Ge|fühls|welt
ge|fühlt (nach dem Gefühl geschätzt; gefühlsmäßig); eine gefühlte Wärme von 30 Grad
ge|fühl|voll
ge|füh|rig ([vom Schnee] für das Skilaufen günstig); **Ge|füh|rig|keit,** die; - (*für* Före)
ge|führt; geführte Wanderungen
Ge|fum|mel, das; -s *(ugs.)*
ge|fun|den *vgl.* finden
Ge|fun|kel, das; -s
ge|furcht; eine gefurchte Rinde
ge|fürch|tet
ge|fürs|tet; gefürstete Abtei
Ge|ga|cker, das; -s
ge|gan|gen *vgl.* gehen
[1]**ge|ge|ben;** aus gegebenem Anlass; etw. als gegeben voraussetzen; er nahm das Gegebene gern; es ist das Gegebene, jetzt zu handeln ↑K 72 *u.* 117
[2]**ge|ge|ben** *vgl.* geben
ge|ge|be|nen|falls (*Abk.* ggf.)
Ge|ge|ben|heit
ge|gen; *Präp. mit Akk.:* er rannte gegen das Tor; *Adverb:* gegen 20 Leute kamen
Ge|gen|ak|ti|on; Ge|gen|an|ge|bot; Ge|gen|an|griff; Ge|gen|an|trag; Ge|gen|ar|gu|ment; Ge|gen|be|haup|tung; Ge|gen|bei|spiel
Ge|gen|be|such; Ge|gen|be|we|gung; Ge|gen|be|weis; Ge|gen|bild; Ge|gen|bu|chung
Ge|gend, die; -, -en
Ge|gen|dar|stel|lung *(bes. Zeitungsw.);* **Ge|gen|de|mons|t|ra|ti|on; Ge|gen|dienst; Ge|gen|druck** *Plur.* ...drücke *u.* ...drucke

ge|gen|ei|n|an|der

Man schreibt »gegeneinander« mit dem folgenden Verb in der Regel zusammen, wenn es den gemeinsamen Hauptakzent trägt ↑K 48:

– gegeneinanderdrücken, gegeneinanderprallen, gegeneinanderstehen, gegeneinanderstellen
– die Kugeln sind gegeneinandergeprallt
– ohne gegeneinanderzustoßen

Aber:

– gegeneinander antreten

ge|gen|ei|n|an|der|pral|len *vgl.* gegeneinander
Ge|gen|ent|wurf; Ge|gen|fahr|bahn
ge|gen|fi|nan|zie|ren; Ge|gen|fi|nan|zie|rung
Ge|gen|for|de|rung; Ge|gen|fra|ge
Ge|gen|füß|ler (*veraltend für* Antipode)
Ge|gen|ga|be; Ge|gen|ge|ra|de *(Sport);* **Ge|gen|ge|schäft; Ge|gen|ge|walt; Ge|gen|ge|wicht; Ge|gen|gift**
ge|gen|gleich; beide Arme gegengleich schwingen
ge|gen|hal|ten (*ugs. für* Widerstand leisten)
Ge|gen|kan|di|dat; Ge|gen|kan|di|da|tin
Ge|gen|ka|the|te *(Geom.)*
Ge|gen|kla|ge; Ge|gen|kul|tur; Ge|gen|kurs
ge|gen|läu|fig
Ge|gen|leis|tung
ge|gen|len|ken (um eine Abweichung von der Fahrtrichtung auszugleichen)
ge|gen|le|sen (als Zweite[r] zur Kontrolle lesen)
Ge|gen|licht, das; -[e]s; im Gegenlicht; **Ge|gen|licht|auf|nah|me** *(Fotogr.)*
Ge|gen|lie|be; Ge|gen|maß|nah|me
Ge|gen|mehr, das; -s (*schweiz. für* Summe der Gegenstimmen); ohne Gegenmehr
Ge|gen|mit|tel
Ge|gen|papst; Ge|gen|päps|tin
Ge|gen|part (Widerpart); **Ge|gen|par|tei; Ge|gen|pol; Ge|gen|pro|be; Ge|gen|re|ak|ti|on**
ge|gen|rech|nen (zur Kontrolle nochmals rechnen; einer Berechnung eine andere gegenüberstellen)
Ge|gen|re|de; Ge|gen|re|for|ma|ti|on, die; -; **Ge|gen|re|gie|rung; Ge|gen|rich|tung**
Ge|gen|satz; ge|gen|sätz|lich; gegensätzliche Meinungen; *aber* Gegensätzliches in sich vereinen ↑K 72; **Ge|gen|sätz|lich|keit**
Ge|gen|satz|wort, Ge|gen|wort *Plur.* ...wörter (*für* Antonym)
Ge|gen|schlag; Ge|gen|sei|te
ge|gen|sei|tig; Ge|gen|sei|tig|keit
Ge|gen|spie|ler; Ge|gen|spie|le|rin
Ge|gen|sprech|an|la|ge
Ge|gen|stand
ge|gen|stän|dig (*Bot.* [von Blättern] gegenüberstehend)
ge|gen|ständ|lich (auf die Welt der Gegenstände bezogen, dinglich; konkret); **Ge|gen|ständ|lich|keit,** die; -
ge|gen|stands|los; Ge|gen|stands|lo|sig|keit, die; -
ge|gen|steu|ern; einer bedrohlichen Entwicklung gegensteuern
Ge|gen|stim|me; ge|gen|stim|mig
Ge|gen|stoß; Ge|gen|stra|te|gie
Ge|gen|strom; ge|gen|strö|mig, ge|gen|strö|mig; Ge|gen|strö|mung
Ge|gen|stück
Ge|gen|teil, das; -[e]s, -e; im Gegenteil; ins Gegenteil umschlagen; **ge|gen|tei|lig;** gegenteilige Informationen; *aber* es wurde nichts Gegenteiliges bekannt ↑K 72
Ge|gen|the|se (*svw.* Antithese)
Ge|gen|tor; Ge|gen|tref|fer *(Sport)*
ge|gen|über; *Präp. mit Dat.:* die Schule steht gegenüber dem Rathaus, *auch* dem Rathaus gegenüber; *bei Ortsnamen auch mit* »von«: gegenüber von Blankenese. *Schreibung in Verbin-*

G
gege

ge|heim

Kleinschreibung:	*Schreibung in Verbindung mit Verben:*
– geheime Wahlen – ein geheimer Vorbehalt	– etwas muss geheim bleiben, geschehen, getan werden – etwas geheim halten – wir haben unsere Pläne lange geheim gehalten – es war uns gelungen, die neuen Pläne lange Zeit geheim zu halten – alle waren erstaunt, dass er es geheim getan hatte
Großschreibung: – im Geheimen	*Aber:* – mit etwas geheimtun (als habe man ein Geheimnis zu hüten)
In Titeln und Namen ↑K89: – [Wirklicher] Geheimer Rat – Geheime Staatspolizei (politische Polizei im nationalsozialistischen Reich; *Abk.* Gestapo) – Geheimes Staatsarchiv	

dung mit Verben ↑K48: gegenüber (dort drüben, auf der anderen Seite) stehen zwei Häuser; *vgl. aber* gegenüberliegen, gegenüberstehen usw.; **Ge|gen|über,** das; -s, -

ge|gen|über|lie|gen; sie haben sich gegenübergelegen

ge|gen|über|se|hen; er wird sich Problemen gegenübersehen

ge|gen|über|sit|zen; um sich gegenüberzusitzen

ge|gen|über|ste|hen; sie haben sich gegenübergestanden

ge|gen|über|stel|len; Ge|gen|über|stel|lung

ge|gen|über|tre|ten

Ge|gen|ver|an|stal|tung; Ge|gen|ver|kehr; Ge|gen|vor|schlag

Ge|gen|wart, die; -

ge|gen|wär|tig [*auch* ...ˈvɛ...] ↑K72: die hier Gegenwärtigen

ge|gen|warts|be|zo|gen

Ge|gen|warts|form, die; - (*für* Präsens)

ge|gen|warts|fremd

Ge|gen|warts|kun|de; Ge|gen|warts|li|te|ra|tur *Plur. selten*

ge|gen|warts|nah, ge|gen|warts|na|he

Ge|gen|warts|spra|che

> **gegen was / wogegen**
>
> *Gegen was* kommt in der gesprochenen Sprache recht häufig vor: *Gegen was hast du das eingetauscht?* Im geschriebenen Standarddeutsch wird in der Regel *wogegen* verwendet: *Wogegen hast du das eingetauscht?*

Ge|gen|wehr; Ge|gen|welt; Ge|gen|wert; Ge|gen|wind; Ge|gen|wir|kung

Ge|gen|wort *vgl.* Gegensatzwort

ge|gen|zeich|nen ([als Zweiter] mit unterschreiben); ich zeichne gegen; gegengezeichnet; gegenzuzeichnen; **Ge|gen|zeich|nung**

Ge|gen|zeu|ge; Ge|gen|zeu|gin

Ge|gen|zug

ge|ges|sen *vgl.* essen

Ge|gir|re, das; -s

ge|gli|chen *vgl.* gleichen

ge|glit|ten *vgl.* gleiten

Ge|glit|zer, das; -s

Geg|ner; Geg|ne|rin; geg|ne|risch; Geg|ner|schaft, die; -

ge|gol|ten *vgl.* gelten

ge|go|ren; der Saft ist gegoren

ge|gos|sen *vgl.* gießen

gegr. = gegründet

ge|gra|ben *vgl.* graben

ge|grif|fen *vgl.* greifen

Ge|grin|se, das; -s

Ge|grö|le, das; -s *(ugs.)*

ge|grün|det (*Abk.* gegr.)

Ge|grun|ze, das; -s

geh. = geheftet

Ge|ha|be, das; -s (Ziererei; eigenwilliges Benehmen)

ge|ha|ben, sich; gehab[e] dich wohl!; **Ge|ha|ben,** das; -s

ge|habt *vgl.* haben

Ge|hack|te, das; -n (Hackfleisch)

Ge|ha|der, das; -s

[1]**Ge|halt,** das, *österr. veraltend auch* der; -[e]s, Gehälter (regelmäßige monatliche Bezahlung)

[2]**Ge|halt,** der; -[e]s, -e (Inhalt; Wert)

ge|halt|arm

[1]**ge|hal|ten;** die Teilnehmer sind gehalten (verpflichtet) ...

[2]**ge|hal|ten** *vgl.* halten

ge|halt|los; Ge|halt|lo|sig|keit, die; -

ge|halt|reich

Ge|halts|aus|zah|lung

Ge|halts|emp|fän|ger; Ge|halts|emp|fän|ge|rin

Ge|halts|er|hö|hung; Ge|halts|for|de|rung; Ge|halts|kon|to; Ge|halts|kür|zung; Ge|halts|nach|zah|lung; Ge|halts|stu|fe

Ge|halts|ver|rech|ner (*österr. für* Lohnbuchhalter); **Ge|halts|ver|rech|ne|rin; Ge|halts|ver|rech|nung**

Ge|halts|vor|rü|ckung (*österr. für* Gehaltserhöhung der Beamten)

Ge|halts|zah|lung; Ge|halts|zu|la|ge

ge|halt|voll

Ge|häm|mer, das; -s

Ge|ham|pel, das; -s *(ugs.)*

ge|han|di|capt, ge|han|di|kapt [gəˈhɛndikɛpt] ⟨engl.⟩ (behindert, benachteiligt)

Ge|hän|ge, das; -s, - (*auch Jägerspr.* Tragriemen für das Jagdhorn, Hirschfängerkoppel)

ge|han|gen *vgl.* [1]hängen

Ge|häng|te, der *u.* die; -n, -n; *vgl. auch* Gehenkte

ge|har|nischt; geharnischte (gerüstete) Reiter; geharnischter (scharfer) Protest

ge|häs|sig; Ge|häs|sig|keit

ge|hau|en *vgl.* hauen

Ge|häu|se, das; -s, -

Geh|bahn (Gehweg)

geh|be|hin|dert; Geh|be|hin|der|te, der *u.* die; -n, -n; **Geh|be|hin|de|rung**

Ge|heck, das; -[e]s, -e (*Jägerspr.* die Jungen vom Raubwild; Brut [bei Entenvögeln])

ge|hef|tet (*Abk.* geh.)

Ge|he|ge, das; -s, -

ge|hei|ligt

ge|heim *s. Kasten*

Ge|heim|ab|kom|men

Ge|heim|agent; Ge|heim|agen|tin

Ge|heim|auf|trag

Ge|heim|bund, der; **Ge|heim|bün|de|lei** *(veraltend);* **Ge|heim|bünd|ler**

Ge|heim|dienst; Ge|heim|dienst|ler *(ugs.);* **Ge|heim|dienst|le|rin; ge|heim|dienst|lich**

Ge|heim|di|p|lo|ma|tie; Ge|heim|do|ku|ment; Ge|heim|fach; Ge|heim|fa|vo|rit *(bes. Sport)*

ge|heim hal|ten *vgl.* geheim; **Ge|heim|hal|tung,** die; -
Ge|heim|leh|re; Ge|heim|mit|tel
Ge|heim|nis, das; -ses, -se
Ge|heim|nis|krä|mer; Ge|heim|nis|krä|me|rei; Ge|heim|nis|krä|me|rin
Ge|heim|nis|trä|ger; Ge|heim|nis|trä|ge|rin
Ge|heim|nis|tu|er; Ge|heim|nis|tu|e|rei; Ge|heim|nis|tu|e|rin; ge|heim|nis|tu|e|risch
ge|heim|nis|um|wit|tert
Ge|heim|nis|ver|rat *(Rechtsspr.)*
ge|heim|nis|voll
Ge|heim|num|mer; Ge|heim|po|li|zei
Ge|heim|rat *Plur.* ...räte (*vgl.* geheim); **Ge|heim|rä|tin**
Ge|heim|rats|ecken *Plur.*; **Ge|heim|rats|ti|tel**
Ge|heim|re|zept; Ge|heim|sa|che; Ge|heim|schrift; Ge|heim|sen|der
Ge|heim|spra|che; ge|heim|sprach|lich
Ge|heim|tipp
Ge|heim|tu|er; Ge|heim|tu|e|rei; Ge|heim|tu|e|rin; ge|heim|tu|e|risch
ge|heim|tun *vgl.* geheim
Ge|heim|tür; Ge|heim|waf|fe
Ge|heim|zahl
Ge|heiß, das; -es, -e; auf Geheiß des ...; auf ihr Geheiß
ge|hei|ßen *vgl.* [1]heißen
ge|hemmt; Ge|hemmt|heit, die; -

ge|hen

du gehst; du gingst, er/sie/es ging; du gingest; gegangen; geh[e]!

- in sich gehen
- vor sich gehen

In Verbindung mit Verben ↑K55:

- baden gehen, essen gehen, schlafen gehen
- jemanden [nach Hause, nach München, ins Ausland] gehen lassen
- sie haben ihn [nach Hause] gehen lassen, *seltener* gehen gelassen
- den Teig gehen lassen (aufgehen lassen)
- du sollst die Kleine gehen lassen *od.* gehenlassen (in Ruhe lassen)
- sich gehen lassen *od.* gehenlassen (sich nicht beherrschen, sich undiszipliniert verhalten)

Vgl. auch gut

Ge|hen, das; -s (Sportart); ↑K26: 20-km-Gehen
Ge|henk, das; -[e]s, -e (*selten für* Gehänge)
ge|hen|kelt (mit Henkeln)
Ge|henk|te, der *u.* die; -n, -n (durch Erhängen hingerichtete Person); *vgl. auch* Gehängte
ge|hen las|sen, ge|hen|las|sen *vgl.* gehen
Ge|hen|na, die; - ‹hebr.› (frühjüdisch-neutestamentliche Bez. der Hölle)
Ge|her *(Sport);* **Ge|he|rin**
Ge|het|ze, das; -s
ge|heu|er; jmdm. nicht geheuer sein
Ge|heul, das; -[e]s, **Ge|heu|le,** das; -s
Geh|fal|te; Geh|feh|ler
Geh|gips (stützender Gipsverband für Bein u. Fuß)
Geh|hil|fe, die; -, -n (*fachspr. für* orthopädisches Hilfsmittel)
Ge|hil|fe, der; -n, -n
Ge|hil|fen|brief; Ge|hil|fen|schaft (*schweiz. Rechtsspr. für* Beihilfe [zu einem Vergehen]); **Ge|hil|fin**
Ge|hirn, das; -[e]s, -e
Ge|hirn|ak|ro|ba|tik *(ugs. scherzh.)*
ge|hirn|am|pu|tiert (*ugs. abwertend für* dumm)
Ge|hirn|blu|tung; Ge|hirn|chi|r|ur|gie; Ge|hirn|er|schüt|te|rung; Ge|hirn|er|wei|chung (*für* Paralyse)
Ge|hirn|haut; Ge|hirn|haut|ent|zün|dung
Ge|hirn|scha|le; Ge|hirn|schlag; Ge|hirn|schmalz, das; -es *(ugs. scherzh.);* **Ge|hirn|schwund; Ge|hirn|tu|mor**
Ge|hirn|wä|sche (Versuch der Umorientierung eines Menschen durch physischen u. psychischen Druck)
Ge|hirn|zel|le
gehl (*landsch. für* gelb)
Gehl|chen (*landsch. für* Pfifferling, Gelbling)
Geh|mi|nu|te
[1]**ge|ho|ben;** gehobene Sprache
[2]**ge|ho|ben** *vgl.* heben
Ge|höft [*auch* ...ˈhœ...], das; -[e]s, -e
Ge|höh|ne, das; -s
ge|hol|fen *vgl.* helfen
Ge|hölz, das; -es, -e
Ge|hol|ze, das; -s (*Sport* harte, rücksichtslose Spielweise)
Ge|hop|se, das; -s
Ge|hör, das; -[e]s; Gehör finden, schenken; **Ge|hör|bil|dung** *(Musik)*

ge|hor|chen; du musst ihr gehorchen; der Not gehorchend
ge|hö|ren; das mir gehörende Haus; ich gehöre zur Familie; *südd., österr., schweiz. auch* ihm gehört (gebührt) eine Strafe
Ge|hör|feh|ler; Ge|hör|gang, der
ge|hör|ge|schä|digt
ge|hö|rig; gehörigen Ortes *(Amtsspr.)*
ge|hör|los; Ge|hör|lo|se, der *u.* die; -n, -n; **Ge|hör|lo|sen|schu|le; Ge|hör|lo|sig|keit,** die; -
Ge|hörn, das; -[e]s, -e; **ge|hörnt**
ge|hor|sam; Ge|hor|sam, der; -s; **Ge|hor|sam|keit,** die; -
Ge|hor|sams|pflicht; Ge|hor|sams|ver|wei|ge|rung
Ge|hör|sinn, der; -[e]s
[1]**Geh|re** *vgl.* Gehrung
[2]**Geh|re,** die; -, -n, **Geh|ren,** der; -s, - (*landsch. für* Zwickel, Schoß)
geh|ren (*fachspr. für* schräg abschneiden)
Geh|rock
Geh|rung, die; -, -en, *fachspr. auch* [1]Geh|re, die; -, -n (schräger Zuschnitt von Brettern o. Ä., die unter einem [beliebigen] Winkel zusammenstoßen); **Geh|rungs|sä|ge**
Geh|ry [ˈɡeːri], Frank Owen [frɛŋk ˈoːʊn] (amerik. Architekt)
Geh|schu|le (Laufgitter für Kleinkinder; krankengymnastische Einrichtung für Prothesenträger)
Geh|steig; Geh|steig|kan|te
Geht|nicht|mehr; *nur in* bis zum Gehtnichtmehr ([bis] zum Überdruss)
Ge|hu|del, das; -s *(landsch.)*
Ge|hu|pe, das; -s
Ge|hüp|fe, das; -s
Geh|ver|band *(Med.)*
Geh|ver|such *meist Plur.*
Geh|weg
Geh|werk (Teil des Uhrwerkes)
Geh|zeit; *vgl. aber* Gezeit
Gei, die; -, -en (*Seemannsspr.* Tau zum Geien); **gei|en** ([Segel] zusammenschnüren)
Gei|er, der; -s, -; **Gei|er|na|se**
Gei|fer, der; -s; **Gei|fe|rer; Gei|fe|rin; gei|fern;** ich geifere
Gei|ge, die; -, -n; die erste Geige spielen; **gei|gen**
Gei|gen|bau, der; -[e]s; **Gei|gen|bau|er** *vgl.* [1]Bauer; **Gei|gen|bau|e|rin**
Gei|gen|bo|gen; Gei|gen|hals; Gei|gen|kas|ten; Gei|gen|sai|te
Gei|gen|spie|ler; Gei|gen|spie|le|rin
Gei|ger; Gei|ge|rin
Gei|ger|zäh|ler, Gei|ger-Zäh|ler

↑K136 ‹nach dem dt. Physiker› (Gerät zum Nachweis radioaktiver Strahlen)

geil (*Jugendspr. auch für* großartig, toll)

[1]**Geille**, die; - (*veraltet für* Geilheit)

[2]**Geille**, die; -, -n (*Jägerspr.* Hoden)

geillen; Geil|heit, die; -

Geilsa (*Plur. von* Geison)

Geilsel, die; -, -n; Geiseln freilassen; *vgl. aber* Geißel

Geilsel|be|frei|ung; Geilsel|dra|ma; Geilsel|gangs|ter; Geilsel|haft

Geilsel|nah|me, die; -, -n; **Geilsel|neh|mer; Geilsel|neh|me|rin**

Geilser *vgl.* Geysir

Geilse|rich (König der Vandalen)

Geilsha [ˈgeːʃa], die; -, -s ‹jap.› (jap. Gesellschafterin)

Geilson, das; -s, *Plur.* -s *u.* ...sa ‹griech.› (Kranzgesims des antiken Tempels)

Geiß, die; -, -en (*südd., österr., schweiz. für* Ziege)

Geiß|bart, der; -[e]s (eine Waldpflanze); **Geiß|blatt**, das; -[e]s (ein [Kletter]strauch); **Geiß|bock** *(südd., österr., schweiz.)*

Geilßel, die; -, -n (*landsch. auch für* Peitsche; *übertr. für* Plage); eine Geißel der Menschheit; *vgl. aber* Geisel; **geilßeln**; ich geiß[e]le

Geilßel|tier|chen (*Biol.* ein Einzeller)

Geilße|lung, Geiß|lung

Geiß|fuß, der; -es, ...füße (Werkzeug; zahnärztl. Instrument; *nur Sing.:* ein Wiesenkraut)

Geiß|hirt *(südd., österr., schweiz.)*

Geiß|lein (junge Geiß)

Geiß|ler ‹*zu* geißeln›; **Geiß|le|rin; Geiß|lung**, Geilße|lung

Geist, der; -[e]s, *Plur.* (*für* Gespenst, kluger Mensch:) -er *u.* (*für* Weingeist usw.:) -e

geist|bil|dend

Geis|ter|bahn; Geis|ter|be|schwö|rung; Geis|ter|er|schei|nung

Geis|ter|fah|rer (jmd., der auf der Autobahn auf der falschen Seite fährt; Falschfahrer); **Geis|ter|fah|re|rin; Geis|ter|fahrt**

geis|ter|haft; Geis|ter|hand; wie von Geisterhand

geis|tern; es geistert; ich geistere

Geis|ter|se|her; Geis|ter|se|he|rin

Geis|ter|stadt (verlassene Stadt)

Geis|ter|stun|de

geis|tes|ab|we|send; Geis|tes|ab|we|sen|heit

Geis|tes|ar|beit; Geis|tes|ar|bei|ter; Geis|tes|ar|bei|te|rin

Geis|tes|blitz; Geis|tes|ga|ben *Plur.*

Geis|tes|ge|gen|wart; geis|tes|ge|gen|wär|tig

Geis|tes|ge|schich|te, die; -; **geis|tes|ge|schicht|lich**

geis|tes|ge|stört

Geis|tes|grö|ße; Geis|tes|hal|tung

geis|tes|krank; Geis|tes|kran|ke, der *u.* die; -n, -n; **Geis|tes|krank|heit** (Psychose; geistige Behinderung)

geis|tes|ver|wandt

Geis|tes|wis|sen|schaft *meist Plur.;* **Geis|tes|wis|sen|schaft|ler; Geis|tes|wis|sen|schaft|le|rin; geis|tes|wis|sen|schaft|lich**

Geis|tes|zu|stand, der; -[e]s

geist|feind|lich

geis|tig; geistiges Eigentum; geistig behindert sein; die geistig Behinderten

Geis|tig|be|hin|der|ten|pä|d|a|go|gik

Geis|tig|keit, die; -

geis|tig-see|lisch ↑K23

geist|lich; geistlicher Beistand, geistliche Lieder, *aber* ↑K151: Geistlicher Rat *(kath. Kirche)*

Geist|li|che, der *u.* die; -n, -n; **Geist|lich|keit**, die; -

geist|los; geist|reich; geist|tö|tend; geist|voll

Geil|tau, das; -[e]s, -e (Tau zum Geien)

Geiz, der; -es, -e (übertriebene Sparsamkeit *[nur Sing.]*; die Entwicklung beeinträchtigender Nebentrieb einer Pflanze); **geilzen**; du geizt

Geiz|hals (geiziger Mensch)

geilzig

Geiz|kra|gen (*svw.* Geizhals)

Ge|jam|mer, das; -s

Ge|jauch|ze, das; -s

Ge|jau|le, das; -s

Ge|jo|del, das; -s

Ge|joh|le, das; -s

Ge|kälk, das; -[e]s (*Jägerspr.* Ausscheidung [von Greifvögeln])

ge|kannt *vgl.* kennen

Ge|kei|fe, das; -s

Ge|ki|cher, das; -s

Ge|ki|cke, das; -s

ge|kielt (*bes. Bot., Zool.* mit einem schmalen, kielförmigen Wulst)

> **Gecko**
>
> Das auf ein malaiisches Wort zurückgehende *Gecko* wird gelegentlich mit Doppel-k geschrieben, ist aber im Duden schon seit über hundert Jahren auf *ck* festgelegt.

Ge|kläff, das; -[e]s, **Ge|kläf|fe**, das; -s

Ge|klap|per, das; -s

Ge|klat|sche, das; -s

Ge|klim|per, das; -s

Ge|klin|gel, das; -s

Ge|klirr, das; -[e]s, **Ge|klir|re**, das; -s

Ge|klop|fe, das; -s

Ge|klüft, das; -[e]s, -e, **Ge|klüf|te**, das; -s, - *(geh.)*

ge|klun|gen *vgl.* klingen

Ge|knat|ter, das; -s

ge|knickt (*ugs. auch für* bedrückt)

ge|knif|fen *vgl.* kneifen

Ge|knir|sche, das; -s

Ge|knis|ter, das; -s

Ge|knorz, das; -[e]s, **Ge|knor|ze**, das; -s (*schweiz. für* mühseliger Vorgang)

ge|knüp|pelt; *nur in* geknüppelt voll (*ugs. für* sehr voll)

ge|kom|men *vgl.* kommen

ge|konnt; ihr Spiel wirkte sehr gekonnt; **Ge|konnt|heit**, die; -

ge|kö|pert (in Köperbindung gewebt)

ge|ko|ren *vgl.* [2]kiesen

ge|körnt *(fachspr.)*; ein gekörntes Werkstück

Ge|krächze, das; -s

Ge|kra|kel, das; -s *(ugs.)*

Ge|krätz, das; -es, -e (*Technik* Metallabfall)

Ge|krat|ze, das; -s

Ge|kräu|sel, das; -s

Ge|kreisch, das; -[e]s, **Ge|krei|sche**, das; -s

Ge|kreu|zig|te, der; -n, -n

Ge|krit|zel, das; -s

ge|kro|chen *vgl.* kriechen

ge|kröpft (hakenförmig gebogen)

Ge|krö|se, das; -s, - (Innereien, bes. vom Rind)

ge|küns|telt

Gel, das; -s, -e *u.* -s (gallertartige Substanz; Gelatine)

Ge|lab|ber, das; -s (*landsch. für* fades Getränk)

Ge|la|ber, das; -s (*ugs. für* Gerede)

Ge|läch|ter, das; -s, -

ge|lack|mei|ert (*ugs. für* angeführt); **Ge|lack|mei|er|te**, der *u.* die; -n, -n

ge|lackt *vgl.* lacken

ge|la|den; das Gewehr ist geladen; geladen (*ugs. auch für* zornig, wütend) sein

Ge|la|ge, das; -s, -; **Ge|lä|ger**, das; -s, - (Ablagerung im Weinfass nach der Gärung)

ge|lähmt; Ge|lähm|te, der *u.* die; -n, -n; ein halbseitig Gelähmter

ge|lahrt (*scherzh., sonst veraltet für* gelehrt); ein gelahrter Mann

Ge|län|de, das; -s, -

Ge|län|de|fahrt; Ge|län|de|fahr|zeug
ge|län|de|gän|gig
Ge|län|de|lauf; Ge|län|de|marsch, der
Ge|län|der, das; -s, -
Ge|län|de|ritt; Ge|län|de|spiel; Ge|län|de|sport, der; -[e]s; **Ge|län|de|übung; Ge|län|de|wa|gen**
ge|lang *vgl.* gelingen
ge|lan|gen; der Brief gelangte nicht in meine Hände; an jmdn. gelangen (*schweiz. für* an jmdn. herantreten)
ge|lang|weilt
ge|lappt; gelappte Blätter *(Bot.)*
Ge|lär|me, das; -s
Ge|lass, das; -es, -e (*geh. für* Raum)
[1]**ge|las|sen;** etw. gelassen hinnehmen; gelassen sein
[2]**ge|las|sen** *vgl.* lassen
Ge|las|sen|heit, die; -
Ge|la|ti|ne [ʒ...], die; - ⟨franz.⟩; **Ge|la|ti|ne|kap|sel**
ge|la|ti|nie|ren (zu Gelatine erstarren; in Gelatine verwandeln); **ge|la|ti|nös** (gelatineartig); gelatinöse Masse
Ge|läuf, das; -[e]s, -e (*Jägerspr.* Spuren u. Wechsel des Federwildes; *Sport* Boden einer Pferderennbahn, eines Spielfeldes)
Ge|lau|fe, das; -s
ge|lau|fen *vgl.* laufen
ge|läu|fig; dieses Wort ist sehr geläufig; **Ge|läu|fig|keit,** die; -
ge|launt; der Chef ist gut gelaunt; *vgl.* gut
Ge|läut, das; -[e]s, -e (Glocken einer Kirche); **Ge|läu|te,** das; -s (anhaltendes Läuten)
gelb; sich gelb und grün ärgern; jetzt ist [es] gelb (an der Ampel); ↑K89 : der gelbe Sack, das Gelbe *od.* gelbe Trikot (des Spitzenreiters im Radsport), die Gelbe *od.* gelbe Karte *(bes. Fußball);* Gelbe Rüben (Möhren); ↑K150 : der Gelbe Fluss; die Gelben Engel (des ADAC); Gelbe Seiten® (Branchentelefonbuch); *vgl.* blau
Gelb, das; -[s], -[s] (gelbe Farbe); bei Gelb; die Ampel steht auf Gelb; *vgl.* Blau
gelb|braun *vgl.* blau
Gel|be, das; -n
gelb fär|ben, gelb|fär|ben
Gelb|fie|ber; Gelb|fil|ter
gelb|grün ↑K23
Gelb|kör|per|hor|mon (ein Sexualhormon)
Gelb|kreuz (ein Giftgas)
gelb|lich; gelblich rot, grün usw. ↑K60
Gelb|licht, das; -[e]s
Gelb|ling (ein Pilz)
Gelb|rand|kä|fer
gelb|rot; der Spieler sah Gelb-Rot *od.* Gelbrot ↑K23
Gelb|rü|be (*südd. für* Möhre)
Gelb|schna|bel (Grünschnabel)
Gelb|sucht, die; -; **gelb|süch|tig**
Gelb|vei|ge|lein (*südd. für* Goldlack)
Gelb|wurst
Gelb|wur|zel (tropisches Ingwergewächs)
Geld, das; -[e]s, -er (*Abk. auf dt. Kurszetteln* G *[vgl. d.]*); ↑K31 : Geld- und andere Sorgen
Geld|adel; Geld|an|ge|le|gen|heit; Geld|an|la|ge; Geld|au|to|mat; Geld|be|trag; Geld|beu|tel; Geld|bom|be; Geld|bör|se
Geld|brief|trä|ger *(früher);* **Geld|brief|trä|ge|rin**
Geld|bu|ße; Geld|ent|wer|tung
Gel|dern (Stadt im Niederrhein. Tiefland); **Gel|der|ner; Gel|der|ne|rin**
Gel|des|wert, der; -[e]s
Geld|for|de|rung; Geld|fra|ge
Geld|ge|ber; Geld|ge|be|rin
Geld|ge|schäft
Geld|ge|schenk
Geld|gier; geld|gie|rig
Geld|hahn; *meist in* jmdm. den Geldhahn zudrehen (*ugs. für* jmdm. kein Geld mehr geben)
Geld|haus; Geld|hei|rat
gel|dig (*bayr., österr. für* reich)
Geld|in|s|ti|tut
Geld|kar|te (ein elektronisches Zahlungsmittel)
Geld|kat|ze (am od. als Gürtel getragener Geldbeutel)
Geld|kurs *(Bankw.)*
geld|lich; *aber* unentgeltlich
Geld|man|gel; Geld|markt; Geld|men|ge; Geld|mit|tel *Plur.*
Geld|not; in Geldnot sein, geraten
Geld|po|li|tik; Geld|preis; Geld|quel|le
Geld|re|gen *(ugs. scherzh.)*
geld|risch ⟨zu Geldern⟩
Geld|sack; Geld|schein; Geld|schnei|de|rei; Geld|schrank
Geld|schrank|kna|cker; Geld|schrank|kna|cke|rin
Geld|se|gen *(ugs. scherzh.);* **Geld|sor|gen** *Plur.;* **Geld|sor|te; Geld|spen|de; Geld|sprit|ze** (*ugs. für* Geldzuwendung); **Geld|stra|fe**
Geld|stück; Geld|sum|me; Geld|ta|sche; Geld|um|tausch; Geld|ver|le|gen|heit; Geld|ver|mö|gen; Geld|ver|schwen|dung
Geld|wasch|an|la|ge (*ugs. für* Institution o. Ä. für Geldwäsche); **Geld|wä|sche** (*ugs. für* Umtausch von illegal erworbenem Geld in solches von unverdächtiger Herkunft); **Geld|wä|sche|rei** (*bes. schweiz. für* Geldwäsche)
Geld|wech|sel
geld|wert *(Finanzw.);* geldwerter Vorteil; **Geld|wert,** der; -[e]s
Geld|we|sen; Geld|wirt|schaft, die; -; **Geld|zah|lung**
ge|leckt; der Raum sieht aus wie geleckt (*ugs. für* sehr sauber)
Ge|lee [ʒ...], das, *auch* der; -s, -s ⟨franz.⟩; **Ge|lee|frucht** *meist Plur.*
Ge|le|ge, das; -s, -
[1]**ge|le|gen;** das kommt mir sehr gelegen (das kommt zur rechten Zeit); zu gelegener Zeit
[2]**ge|le|gen** *vgl.* liegen
Ge|le|gen|heit
Ge|le|gen|heits|ar|beit; Ge|le|gen|heits|ar|bei|ter; Ge|le|gen|heits|ar|bei|te|rin
Ge|le|gen|heits|ge|dicht; Ge|le|gen|heits|job; Ge|le|gen|heits|kauf
ge|le|gent|lich; wir sehen uns gelegentlich (ab und zu); *als Präp. mit Gen.:* gelegentlich seines Besuches (*Amtsspr., dafür besser* bei seinem Besuch)
ge|leh|rig; Ge|leh|rig|keit, die; -
ge|lehr|sam; Ge|lehr|sam|keit, die; -
ge|lehrt; ein gelehrter Mann; **Ge|lehr|te,** der *u.* die; -n, -n; **Ge|lehr|ten|streit; Ge|lehrt|heit,** die; -
Ge|lei|er, das; -s
Ge|lei|se, das; -s, - (*schweiz. neben, sonst geh. für* Gleis)
Ge|leit, das; -[e]s, -e; **Ge|lei|te,** das; -s, - *(veraltet)*
ge|lei|ten
Ge|leit|schutz, der; -es; **Ge|leit|wort** *Plur.* ...worte; **Ge|leit|zug**
ge|len; er gelt die Haare; gegelt
Ge|lenk, das; -[e]s, -e
Ge|lenk|band, das; *Plur.* ...bänder; **Ge|lenk|ent|zün|dung**
Ge|lenk|fahr|zeug
ge|len|kig; Ge|len|kig|keit, die; -
Ge|lenk|kap|sel; Ge|lenk|knor|pel; Ge|lenk|pfan|ne; Ge|lenk|rheu|ma|tis|mus; Ge|lenk|schmie|re
ge|lenk|scho|nend
Ge|lenks|ent|zün|dung usw. (*österr. für* Gelenkentzündung usw.)
Ge|lenk|wel|le (*für* Kardanwelle)
ge|lernt; ein gelernter Maurer
ge|le|sen *vgl.* lesen

G
gele

Ge|leucht, das; -[e]s, **Ge|leuch|te,** das; -s (*Bergmannsspr.* Licht, Beleuchtung unter Tage)
Ge|lich|ter, das; -s (*veraltet abwertend für* Gesindel)
Ge|lieb|te, der *u.* die; -n, -n
ge|lie|fert; geliefert (*ugs.* verloren, ruiniert) sein
ge|lie|hen *vgl.* leihen
ge|lie|ren [ʒ...] ‹franz.› (zu Gelee werden)
Ge|lier|mit|tel; Ge|lier|zu|cker
ge|lind, ge|lin|de; das ist[,] gelinde gesagt[,] sehr übereilt ↑K114
ge|lin|gen; es gelang; es gelänge; gelungen; geling[e]!; **Ge|lin|gen,** das; -s
Ge|lis|pel, das; -s
ge|lis|tet *vgl.* listen
ge|lit|ten *vgl.* leiden
Gel|ker|ze (Kerze aus Gelwachs)
1**gell** (hell tönend)
2**gell?, gel|le?** (*landsch. für* 2gelt?)
gel|len; es gellt; es gellte; gegellt
Gel|lert, Christian Fürchtegott (dt. Dichter)
Geln|hau|sen (Stadt a. d. Kinzig)
ge|lo|ben; jmdm. etwas geloben (versprechen); ↑K140 : das Gelobte Land *(bibl.)*
Ge|löb|nis, das; -ses, -se
Ge|lock, das; -[e]s; **ge|lockt**
ge|lo|gen *vgl.* lügen
ge|löscht; gelöschter Kalk
ge|löst; Ge|löst|heit, die; -
Ge|lo|to|lo|gie, die; - ‹griech.› (wissenschaftliche Erforschung des Lachens)
Gel|se, die; -, -n (*österr. für* Stechmücke)
Gel|sen|kir|chen (Stadt im Ruhrgebiet); **Gel|sen|kir|che|ner Ba|rock,** das *od.* der; *Gen.* - -s, *fachspr. auch* - - (*scherzh. für* neu gefertigte Möbel im traditionellen Stil mit üppigen Verzierungen)
1**gelt** (*bayr., österr., schweiz. für* unfruchtbar [bes. von Kühen]); *vgl.* 1galt
2**gelt?** (*bes. südd. u. österr. für* nicht wahr?); *vgl. auch* 2gell?
gel|ten; du giltst, er gilt; du galtst (galtest); du gältest, *auch* göltest; gegolten; *(selten:)* gilt!; gelten lassen; geltend machen
Gel|tend|ma|chung *(Amtsspr.)*
Gel|tung, die; -
Gel|tungs|be|dürf|nis; Gel|tungs|be|reich, der; **Gel|tungs|dau|er; Gel|tungs|sucht**
Ge|lüb|de, das; -s, -
Ge|lum|pe, das; -s *(ugs.)*
Ge|lün|ge, das; -s (*svw.* 1Geräusch)
ge|lun|gen; eine äußerst gelungene Aufführung
Ge|lüst, das; -[e]s, -e, **Ge|lüs|te,** das; -s, - *(geh.)*
ge|lüs|ten *(geh.);* es gelüstet mich; **Ge|lüs|ten,** das; -s *(veraltet);* **ge|lüs|tig** (*landsch. für* begierig)
Gel|wachs (gallertartiges Brennmaterial für Kerzen)
gel|zen (*veraltet, noch landsch. für* [ein Tier] kastrieren); du gelzt
GEMA, die; - = Gesellschaft für musikalische Aufführungs- u. mechanische Vervielfältigungsrechte
ge|mach; gemach, gemach! (langsam, nichts überstürzen)
Ge|mach, das; -[e]s, *Plur.* ...mächer, *veraltet* -e
ge|mäch|lich [*auch* ...'meç...]; **Ge|mäch|lich|keit,** die; -
ge|macht; ein gemachter (*ugs. für* erfolgreicher) Mann
Ge|mächt, das; -[e]s, -e, **Ge|mäch|te,** das; -s, - (*scherzh., sonst veraltet für* männliche Geschlechtsteile)
1**Ge|mahl,** der; -[e]s, -e (*geh. für* Ehemann)
2**Ge|mahl,** das; -[e]s, -e (*veraltet für* Gemahlin)
ge|mah|len *vgl.* mahlen
Ge|mah|lin ‹*zu* 1Gemahl›
ge|mah|nen (*geh. für* erinnern); das gemahnt mich an ...
Ge|mäl|de, das; -s, -
Ge|mäl|de|aus|stel|lung; Ge|mäl|de|ga|le|rie; Ge|mäl|de|samm|lung
Ge|mar|chen *Plur.* (*schweiz. für* Gemarkung); **Ge|mar|kung**
ge|ma|sert; gemasertes Holz
ge|mäß; dem Befehl gemäß (*seltener* gemäß dem Befehl; *nicht:* gemäß des Befehls); gemäß Erlass vom ...
...ge|mäß (z. B. ordnungsgemäß, zeitgemäß)
Ge|mäß|heit, die; - (Angemessenheit)
ge|mä|ßigt; gemäßigte Zone *(Meteorol.)*
Ge|mäu|er, das; -s, -
Ge|mau|schel, das; -s *(ugs.)*
Ge|me|cker, Ge|me|cke|re, Ge|meck|re, das; -s
ge|mein; das gemeine Recht, *aber* ↑K151 : die Gemeine Stubenfliege
Ge|mein|be|sitz, der; -es
Ge|mein|de, die; -, -n
Ge|mein|de|am|mann (*schweiz. für* Gemeindevorsteher; Vollstreckungsbeamter)
Ge|mein|de|amt
Ge|mein|de|amt|frau (*schweiz. für* Gemeindevorsteherin; Vollstreckungsbeamtin)
Ge|mein|de|bann (*schweiz. für* Gemeindegebiet)
Ge|mein|de|bau *Plur.* ...bauten (*österr. für* Sozialwohnungsbau der Gemeinde)
Ge|mein|de|be|am|te; Ge|mein|de|be|am|tin
Ge|mein|de|be|zirk
ge|mein|de|ei|gen
Ge|mein|de|gut (Allmende)
Ge|mein|de|haus
Ge|mein|de|hel|fer *(ev. Kirche);* **Ge|mein|de|hel|fe|rin**
Ge|mein|de|kir|chen|rat *Plur.* ...räte; **Ge|mein|de|kir|chen|rä|tin**
Ge|mein|de|mit|glied
Ge|mein|de|ord|nung
Ge|mein|de|prä|si|dent *(schweiz.);* **Ge|mein|de|prä|si|den|tin**
Ge|mein|de|rat *Plur.* ...räte; **Ge|mein|de|rä|tin; Ge|mein|de|rats|sit|zung; Ge|mein|de|rats|wahl**
Ge|mein|de|saal
Ge|mein|de|schwes|ter
Ge|mein|de|se|kre|tär (*bes. österr. für* Leiter der Gemeindeverwaltung); **Ge|mein|de|se|kre|tä|rin**
Ge|mein|de|steu|er, die; **Ge|mein|de|stra|ße** (Straße, für deren Bau u. Unterhaltung die Gemeinde zuständig ist); **Ge|mein|de|um|la|ge** *meist Plur.*
ge|mein|deutsch
Ge|mein|de|ver|samm|lung
Ge|mein|de|ver|tre|tung; Ge|mein|de|ver|wal|tung
Ge|mein|de|vor|ste|her; Ge|mein|de|vor|ste|he|rin
Ge|mein|de|wahl; Ge|mein|de|woh|nung *(österr.);* **Ge|mein|de|zen|t|rum**
ge|meind|lich
Ge|mein|ei|gen|tum
ge|mein|fass|lich
ge|mein|ge|fähr|lich
Ge|mein|geist, der; -[e]s
Ge|mein|gut
Ge|mein|heit
ge|mein|hin
ge|mei|nig|lich (*veraltend für* gewöhnlich, im Allgemeinen)
Ge|mein|kos|ten *Plur.* (indirekte Kosten)
ge|mein|ma|chen, sich; sich mit jmdm. gemeinmachen (auf die gleiche [niedrige] Stufe stellen)
Ge|mein|nutz, der; -es, **Ge|mein|nut|zen,** der; -s; **ge|mein|nüt|zig; Ge|mein|nüt|zig|keit,** die; -

Ge|mein|platz (*svw.* Phrase)
ge|mein|sam; Ge|mein|sam|keit
Ge|mein|schaft; ge|mein|schaft|lich
Ge|mein|schafts|an|ten|ne; Ge|mein|schafts|ar|beit; Ge|mein|schafts|bild; Ge|mein|schafts|ge|fühl; Ge|mein|schafts|geist, der; -[e]s; **Ge|mein|schafts|haus**
Ge|mein|schafts|kun|de, die; - (ein Schulfach)
Ge|mein|schafts|pra|xis; Ge|mein|schafts|pro|duk|ti|on; Ge|mein|schafts|pro|jekt; Ge|mein|schafts|raum; Ge|mein|schafts|schu|le; Ge|mein|schafts|sen|dung
Ge|mein|schafts|un|ter|kunft; Ge|mein|schafts|un|ter|neh|men; Ge|mein|schafts|ver|pfle|gung; Ge|mein|schafts|wäh|rung; Ge|mein|schafts|werk; Ge|mein|schafts|zen|t|rum
Ge|mein|sinn, der; -[e]s
Ge|mein|spra|che (allgemeine Sprache); **ge|mein|sprach|lich**
ge|meint; ein gut gemeinter *od.* gutgemeinter Vorschlag
ge|mein|ver|ständ|lich
Ge|mein|werk, das; -[e]s (*schweiz. für* unbezahlte gemeinnützige Arbeit)
Ge|mein|we|sen; Ge|mein|wirt|schaft; Ge|mein|wohl
Ge|men|ge, das; -s, -; **Ge|men|ge|la|ge,** *selten* **Ge|meng|la|ge,** die; - (*übertr. für* Mischung); **Ge|meng|sel,** das; -s, -
[1]**ge|mes|sen;** gemessenen Schritts
[2]**ge|mes|sen** *vgl.* messen
Ge|mes|sen|heit, die; -
Ge|met|zel, das; -s, -
ge|mie|den *vgl.* meiden
Ge|mi|na|ti|on, die; -, -en ‹lat.› (*Sprachwiss.* Konsonantenverdoppelung); **ge|mi|nie|ren**
Ge|misch, das; -[e]s, -e
ge|mischt; gemischtes Doppel (*Sport*); **ge|mischt|spra|chig**
Ge|mischt|wa|ren|hand|lung (*veraltet, noch österr.*)
ge|mischt|wirt|schaft|lich
Gem|ma, die; - ‹lat.› (ein Stern)
Gem|me, die; -, -n (Schmuckstein mit eingeschnittenem Bild); **Gem|mo|lo|gie,** die; - (Edelsteinkunde)
ge|mocht *vgl.* mögen
Gem|se usw. *alte Schreibung für* Gämse usw.
Ge|mun|kel, das; -s
Ge|mur|mel, das; -s
Ge|mur|re, das; -s
Ge|mü|se, das; -s, -; Mohrrüben u. Bohnen sind nahrhafte Gemüse
Ge|mü|se|an|bau, Ge|mü|se|bau, der; -[e]s
Ge|mü|se|beet; Ge|mü|se|bei|la|ge; Ge|mü|se|brü|he; Ge|mü|se|ein|topf; Ge|mü|se|gar|ten
Ge|mü|se|händ|ler; Ge|mü|se|händ|le|rin
Ge|mü|se|ho|bel; Ge|mü|se|la|den; Ge|mü|se|pflan|ze; Ge|mü|se|saft; Ge|mü|se|sor|te; Ge|mü|se|sup|pe
ge|musst *vgl.* müssen
ge|mus|tert
Ge|müt, das; -[e]s, -er; zu Gemüte führen; **ge|müt|haft**
ge|müt|lich; Ge|müt|lich|keit
ge|müts|arm
Ge|müts|art; Ge|müts|be|we|gung
ge|müts|krank; Ge|müts|kran|ke; Ge|müts|krank|heit
Ge|müts|la|ge; Ge|müts|lei|den
Ge|müts|mensch (*ugs.*)
Ge|müts|ru|he; Ge|müts|ver|fas|sung; Ge|müts|zu|stand
ge|müt|voll
Gen, das; -s, -e ‹griech.› (Träger der Erbanlage)
Gen. = Genitiv; Genosse, Genossin; Genossenschaft
gen (*veraltend für* in Richtung, nach [*vgl.* gegen]); gen Himmel
gen. = genannt
ge|nannt (*Abk.* gen.)
ge|nant [ʒ...] ‹franz.› (*landsch. für* schüchtern)
ge|narbt; genarbtes Leder
ge|näs|chig (*geh. für* naschhaft)

ge|nau

- ge|nau|es|tens *od.* ge|naus|tens arbeiten

Großschreibung:

- wir wissen nichts Genaues
- etwas des Genaueren erläutern (*veraltend*)

Groß- oder Kleinschreibung:

- auf das, aufs Genau[e]ste *od.* genau[e]ste

Getrenntschreibung:

- die Karten werden genau so verteilt, dass jeder Spieler ...; *vgl. aber* genauso
- etwas genau nehmen
- sich genau unterrichten
- genau genommen, *bei adjektivischer Verwendung auch* genaugenommen ↑K58; sie hat[,] genau genommen[,] nicht gelogen
- genau unterrichtete *od.* genauunterrichtete Kreise ↑K58

Ge|nau|ig|keit, die; -
ge|nau|so (ebenso); genauso viele Freunde; du kannst genauso gut die Bahn nehmen; das dauert genauso lang[e]; das stört mich genauso wenig; *vgl. aber* genau
ge|nau|so|viel|mal, ge|nau|so viel Mal; ich bin genausovielmal *od.* genauso viel Mal dort gewesen wie sie
Gen|bank *Plur.* ...banken; **Gen|check** [...tʃ...], der; -s, -s
Gen|darm [ʒan..., *auch* ʒã...], der; -en, -en ‹franz.› (*veraltet, noch österr. für* Polizist [auf dem Lande]); **Gen|dar|me|rie,** die; -, ...ien (*österr. [bis 2005], sonst veraltet* Polizei [auf dem Lande]); **Gen|dar|min**
Gen|de|fekt
Gen|der-Main|strea|ming [ˈdʒɛndɐˈme:nstri:mɪŋ], das; -s ‹engl.› (Verwirklichung der Gleichstellung von Mann u. Frau unter Berücksichtigung der geschlechtsspezifischen Interessen u. Lebensbedingungen)
gen|dern [ˈdʒɛndɐn] (das Gender-Mainstreaming anwenden); ich gendere; die Behörde wurde gegendert
Gen|der|stu|dies [ˈdʒɛndɐstadi:s] *Plur.* ‹engl.› (Frauen- u. Geschlechterforschung)
Gen|di|a|g|nos|tik (*Med.*)
Gen|do|ping, das; -s (genetische Eingriffe zur Leistungssteigerung im Sport)
Ge|nea|lo|ge, der; -n, -n; **Ge|nea|lo|gie,** die; -, ...ien ‹griech.› (Geschlechterkunde, Familienforschung); **Ge|nea|lo|gin; ge|nea|lo|gisch**
ge|nehm (*geh.*)
ge|neh|mi|gen; Ge|neh|mi|gung
Ge|neh|mi|gungs|pflicht; ge|neh|mi|gungs|pflich|tig
Ge|neh|mi|gungs|ver|fah|ren
ge|neigt; er ist geneigt[,] zuzustimmen; **Ge|neigt|heit,** die; - (*geh.*)
Ge|ne|ra (*Plur. von* Genus)
Ge|ne|ral, der; -s, *Plur.* -e *u.* ...räle ‹lat.›
Ge|ne|ral|abon|ne|ment (*schweiz. für* Jahreskarte für den öffentlichen Verkehr; *Abk.* GA)
Ge|ne|ral|ab|so|lu|ti|on (*kath. Kirche*)
Ge|ne|ral|ad|mi|ral; Ge|ne|ral|ad|mi|ra|lin
Ge|ne|ral|agent (Hauptvertreter);

Ge|ne|ral|agen|tin; Ge|ne|ral|agen|tur

Ge|ne|ral|am|nes|tie; Ge|ne|ral|an|griff

Ge|ne|ra|lat, das; -[e]s, -e (Generalswürde)

Ge|ne|ral|bass *(Musik)*

Ge|ne|ral|beich|te

Ge|ne|ral|be|voll|mäch|tig|te

Ge|ne|ral|bun|des|an|walt; Ge|ne|ral|bun|des|an|wäl|tin

Ge|ne|ral|de|bat|te

Ge|ne|ral|di|rek|ti|on; Ge|ne|ral|di|rek|tor; Ge|ne|ral|di|rek|to|rin

Ge|ne|ral|feld|mar|schall; Ge|ne|ral|feld|mar|schal|lin *(selten)*

Ge|ne|ral|gou|ver|ne|ment; Ge|ne|ral|gou|ver|neur; Ge|ne|ral|gou|ver|neu|rin

Ge|ne|ra|lin

Ge|ne|ral|in|s|pek|teur; Ge|ne|ral|in|s|pek|teu|rin; Ge|ne|ral|in|s|pek|to|rat (oberste Kontrollbehörde in Österr.)

Ge|ne|ral|in|ten|dant; Ge|ne|ral|in|ten|dan|tin

Ge|ne|ra|li|sa|ti|on, die; -, -en (Verallgemeinerung); **ge|ne|ra|li|sie|ren; Ge|ne|ra|li|sie|rung**

Ge|ne|ra|lis|si|ma, die; -, *Plur.* ...ae *u.* ...mas

Ge|ne|ra|lis|si|mus, der; -, *Plur.* ...mi *u.* ...musse ‹ital.› (Oberbefehlshaber)

Ge|ne|ra|list, der; -en, -en (jmd., der nicht auf ein bestimmtes Gebiet festgelegt ist); **Ge|ne|ra|lis|tin**

Ge|ne|ra|li|tät, die; -, -en ‹franz.›

Ge|ne|ral|ka|pi|tel *(kath. Kirche);* **Ge|ne|ral|klau|sel** *(Rechtsspr.);* **Ge|ne|ral|kom|man|do**

Ge|ne|ral|kon|sul; Ge|ne|ral|kon|su|lat; Ge|ne|ral|kon|su|lin

Ge|ne|ral|leut|nant; Ge|ne|ral|ma|jor; Ge|ne|ral|ma|jo|rin

Ge|ne|ral|maut (*österr. für* generell erhobene, nicht auf einzelne Strecken bezogene Maut)

Ge|ne|ral|mu|sik|di|rek|tor (*Abk.* GMD); **Ge|ne|ral|mu|sik|di|rek|to|rin**

Ge|ne|ral|nen|ner; Ge|ne|ral|oberst; Ge|ne|ral|pau|se; Ge|ne|ral|pro|be; Ge|ne|ral|sa|nie|rung

Ge|ne|ral|se|kre|tär; Ge|ne|ral|se|kre|tä|rin

Ge|ne|rals|rang

Ge|ne|ral|staa|ten *Plur.* (das niederländische Parlament)

Ge|ne|ral|staats|an|walt; Ge|ne|ral|staats|an|wäl|tin

Ge|ne|ral|stab; Ge|ne|ral|stäb|ler; Ge|ne|ral|stäb|le|rin; Ge|ne|ral|stabs|chef; Ge|ne|ral|stabs|che|fin; Ge|ne|ral|stabs|kar|te

Ge|ne|ral|streik

Ge|ne|rals|uni|form

ge|ne|ral|über|ho|len; *nur im Infinitiv u. Partizip II gebr.:* ich lasse das Auto generalüberholen; das Auto wurde generalüberholt

Ge|ne|ral|über|ho|lung

Ge|ne|ral|ver|samm|lung

Ge|ne|ral|ver|tre|ter; Ge|ne|ral|ver|tre|te|rin

Ge|ne|ral|vi|kar (Vertreter des kath. Bischofs, bes. in der Verwaltung); **Ge|ne|ral|vi|ka|rin**

Ge|ne|ra|ti|on, die; -, -en ‹lat.› (Glied in der Geschlechterfolge; Gesamtheit der Menschen ungefähr gleicher Altersstufe)

Ge|ne|ra|ti|o|nen|kon|flikt

ge|ne|ra|ti|o|nen|über|grei|fend

Ge|ne|ra|ti|o|nen|ver|trag; Ge|ne|ra|ti|o|nen|wech|sel

Ge|ne|ra|ti|on Golf (Altersgruppe der etwa 1965 bis 1975 geborenen Westdeutschen, deren Lebensgefühl durch eine egoistische Grundhaltung u. eine weitgehende Entpolitisierung geprägt ist)

Ge|ne|ra|ti|ons|kon|flikt; ge|ne|ra|ti|ons|über|grei|fend; Ge|ne|ra|ti|ons|wech|sel

Ge|ne|ra|ti|on X [*auch* dʒɛnəˈreɪʃn̩ ˈɛks] (Altersgruppe der etwa 1965 bis 1975 Geborenen, denen Orientierungslosigkeit u. Desinteresse unterstellt werden)

ge|ne|ra|tiv (erzeugend; *Biol.* die geschlechtl. Fortpflanzung betreffend); generative Zelle; generative Grammatik *(Sprachwiss.)*

Ge|ne|ra|tor, der; -s, ...oren (Maschine, die Strom erzeugt; Apparat zur Gasgewinnung)

ge|ne|rell ‹franz.› (allgemein [gültig])

ge|ne|rie|ren ‹lat.› (hervorbringen)

Ge|ne|ri|kum, das; -s, ...ka (pharmazeut. Präparat mit den gleichen Wirkstoffen wie ein Markenarzneimittel)

ge|ne|risch (das Geschlecht od. die Gattung betreffend, Gattungs...); generisches Maskulinum (Verwendung der maskulinen Form für weibliche u. männliche Personen)

ge|ne|rös [ʒ...] ‹franz.› (groß-, edelmütig; freigebig); **Ge|ne|ro|si|tät,** die; -

Ge|ne|se, die; -, -n ‹griech.› (Entstehung, Entwicklung)

ge|ne|sen; du genest, er/sie genest; du genasest, er/sie genas; du genäsest; genesen; genese!; **Ge|ne|sen|de,** der *u.* die; -n, -n

Ge|ne|sis [*auch* ˈge:...], die; - ‹griech.› (Entstehung, Ursprung; [1. Buch Mosis mit der] Schöpfungsgeschichte)

Ge|ne|sung; Ge|ne|sungs|pro|zess; Ge|ne|sungs|ur|laub

Ge|net [ʒəˈne:] (franz. Autor)

Ge|ne|tik, die; - ‹griech.› (Vererbungslehre); **Ge|ne|ti|ker** (Genforscher); **Ge|ne|ti|ke|rin**

ge|ne|tisch (erblich bedingt; die Vererbung, das Erbgut betreffend); genetischer Fingerabdruck (Muster des Erbgutes, das durch Genanalyse gewonnen wird u. zu kriminalistischen Indizienbeweisen herangezogen werden kann)

Ge|ne|tiv (*veraltet für* Genitiv)

Ge|nève [ʒəˈnɛ:f] (*franz. Form von* Genf)

Ge|ne|ver [ʒ..., *auch* g...], der; -s, - (Wacholderbranntwein)

Ge|ne|za|reth *vgl.* See Genezareth

Genf (Kanton u. Stadt in der Schweiz); *vgl. auch* Genève; **Gen|fer;** Genfer Konvention; **Gen|fe|rin; gen|fe|risch**

Gen|fer See, der; - -s, *schweiz. meist* **Gen|fer|see,** der; -s

Gen|for|scher; Gen|for|sche|rin; Gen|for|schung

ge|ni|al ‹lat.› (schöpferisch begabt; großartig); **ge|ni|a|lisch** (nach Art eines Genies); **Ge|ni|a|li|tät,** die; -

Ge|nick, das; -[e]s, -e

Ge|nick|fang *Plur. selten (Jägerspr.);* **Ge|nick|fän|ger** (ein Jagdmesser)

Ge|nick|schuss; Ge|nick|star|re

[1]**Ge|nie** [ʒ...], das; -s, -s ‹franz.› (*nur Sing.:* höchste schöpferische Geisteskraft; äußerst begabter, schöpferischer Mensch)

[2]**Ge|nie,** die; - *od.* das; -s (*meist in Zusammensetzungen; schweiz. für* Pioniertruppe)

Ge|ni|en [ˈge:...] (*Plur. von* Genius)

Ge|nie|of|fi|zier [ʒ...] *(schweiz.)*

ge|nie|ren [ʒ...] ‹franz.›; sich genieren; **ge|nier|lich** (*ugs. für* peinlich; schüchtern)

ge|nieß|bar; Ge|nieß|bar|keit, die; -

ge|nie|ßen; du genießt; ich genoss,

du genossest, er/sie genoss; du genössest; genossen; genieß[e]!

Ge|nie|ßer; Ge|nie|ße|rin; ge|nie|ße|risch

Ge|nie|streich; Ge|nie|trup|pe

ge|ni|tal ‹lat.› (die Genitalien betreffend); **Ge|ni|ta|le,** das; -s, ...lien *meist Plur.* (Geschlechtsorgan)

Ge|ni|tiv, der; -s, -e ‹lat.› (*Sprachwiss.* Wesfall, 2. Fall; *Abk.* Gen.); **Ge|ni|tiv|ob|jekt**

Ge|ni|us, der; -, ...ien (Schutzgeist im römischen Altertum; *geh. für* ¹Genie)

Ge|ni|us Lo|ci, der; - - (Schutzgeist eines Ortes)

Gen|kar|tof|fel (*ugs. für* gentechnisch veränderte Kartoffel); **Gen|mais** (*ugs. für* gentechnisch veränderter Mais)

Gen|ma|ni|pu|la|ti|on ‹griech., lat.› (Manipulation des Erbgutes); **gen|ma|ni|pu|liert**

Gen|mu|ta|ti|on (erbliche Veränderung eines Gens)

Gen|ne|sa|ret *vgl.* See Genezareth

Ge|nom, das; -s, -e ‹griech.› (*Genetik* die im Chromosomensatz vorhandenen Erbanlagen); **Ge|nom|ana|ly|se; ge|no|misch**

ge|nom|men *vgl.* nehmen

Ge|nom|pro|jekt (das Bestreben, das Genom eines Organismus, z. B. des Menschen, umfassend aufzuklären)

ge|noppt (mit Noppen versehen)

Ge|nör|gel, das; -s

ge|noss *vgl.* genießen

Ge|nos|se, der; -n, -n (*Abk.* Gen.)

ge|nos|sen *vgl.* genießen

Ge|nos|sen|schaft (*Abk.* Gen.); *vgl.* eG

Ge|nos|sen|schaf|ter; Ge|nos|sen|schaf|te|rin

Ge|nos|sen|schaft|ler; Ge|nos|sen|schaft|le|rin

ge|nos|sen|schaft|lich

Ge|nos|sen|schafts|bank *Plur.* ...banken

Ge|nos|sen|schafts|bau|er (*vgl.* ²Bauer; *bes. in der DDR*); **Ge|nos|sen|schafts|bäu|e|rin**

Ge|nos|sin

Ge|noss|sa|me, die; -, -n (*schweiz. für* Alp-, Allmendgenossenschaft)

Ge|no|typ, der; -s, -en, **Ge|no|ty|pus,** der; -, ...typen ‹griech.› (*Biol.* Gesamtheit der Erbfaktoren eines Lebewesens); **ge|no|ty|pisch** (erbmäßig)

Ge|no|ve|va [...'fe:fa] (w. Vorn.)

Ge|no|zid, der, *auch* das; -[e]s, *Plur.* -e *u.* -ien ‹griech.; lat.› (Völkermord)

Gen|pool [...pu:l], der; -s, -s ‹griech.; engl.› (Gesamtheit der genetischen Informationen einer Population)

Gen|re ['ʒã:...], das; -s, -s ‹franz.› (Art, Gattung; Wesen)

Gen|re|bild (Bild aus dem täglichen Leben); **gen|re|haft** (in der Art der Genremalerei); **Gen|re|ma|le|rei**

Gent (Stadt in Belgien)

Gen|tech|nik *Plur. selten* ‹griech.› (Technik der Erforschung u. Manipulation der Gene)

gen|tech|nik|frei; gentechnikfreies Essen

gen|tech|nisch

Gen|tech|no|lo|gie; gen|tech|no|lo|gisch

Gen|test; Gen|the|ra|pie (*Med.*)

Gen|til|homme [ʒãti'jɔm], der; -s, -s (*veraltet für* Mann von vornehmer Gesinnung)

Gen|t|le|man ['dʒɛntl̩mɛn], der; -s, ...men [...mən] ‹engl.› (Mann von Lebensart u. Charakter [mit tadellosen Umgangsformen])

gen|t|le|man|like [...laik] (nach Art eines Gentlemans; höflich)

Gen|t|le|man's Ag|ree|ment, Gen|t|le|men's Ag|ree|ment, das; - -, - -s (formlose Übereinkunft)

Gen|trans|fer ‹griech.; engl.› (*Genetik* Übertragung fremder Erbanlagen in die befruchtete Eizelle)

gen|t|ri|fi|zie|ren (*Soziol.* einen Stadtteil durch Sanierung o. Ä. u. der daraus resultierenden Änderung der Einwohnerstruktur aufwerten); **Gen|t|ri|fi|zie|rung**

Gen|t|ry [dʒɛntri], die; - ‹engl.› (niederer Adel u. wohlhabendes Bürgertum in England)

Ge|nua (ital. Stadt); **Ge|nu|e|se,** der; -n, -n; **Ge|nu|e|ser; Ge|nu|e|sin; ge|nu|e|sisch**

ge|nug; genug u. übergenug; ↑K72: genug Gutes, Gutes genug; genug des Guten; von etw. genug haben; genug getan haben; *vgl. aber* genugtun

Ge|nü|ge, die; -; Genüge tun, leisten; zur Genüge

ge|nü|gen; ge|nü|gend *vgl.* ausreichend

ge|nug|sam (*veraltend für* hinreichend)

ge|nüg|sam (anspruchslos); **Genüg|sam|keit,** die; -

ge|nug|tun (*veraltend*); er hat mir genuggetan (Genugtuung gewährt); ich kann mir damit nicht genugtun (kann damit nicht aufhören); *aber* ich habe jetzt genug (genügend) getan

Ge|nug|tu|ung *Plur. selten*

ge|nu|in ‹lat.› (echt; *Med.* angeboren, erblich)

Ge|nus [*auch* 'ge:...], das; -, Genera (Gattung, Art; *Sprachwiss.* grammatisches Geschlecht); *vgl.* in genere

Ge|nuss, der; Genusses, Genüsse

ge|nuss|freu|dig

Ge|nuss|gift

ge|nüss|lich

Ge|nuss|mit|tel, das

ge|nuss|reich

Ge|nuss|schein, Ge|nuss-Schein (*Börsenw.* Wertpapier, dessen Inhaber an den Erträgen einer Firma teilhat)

Ge|nuss|sucht, Ge|nuss-Sucht, die; -; **ge|nuss|süch|tig** ↑K25

ge|nuss|voll

Ge|nus Ver|bi, das; - -, Genera - ‹lat.› (*Sprachwiss.* Verhaltensrichtung des Verbs: Aktiv u. Passiv)

gen|ver|än|dert; genveränderter Mais

Geo, das; -[s] *meist ohne Artikel* (*Schülerspr.* Geografieunterricht)

Geo|bo|ta|nik [*auch* 'ge:o...] ‹griech.› (Wissenschaft von der geografischen Verbreitung der Pflanzen); **geo|bo|ta|nisch**

Geo|ca|ching [...kɛʃɪŋ], das; -s ‹engl.› (eine Art Schatzsuchespiel mit GPS)

Geo|che|mie [*auch* 'ge:o...] (Wissenschaft von der chemischen Zusammensetzung der Erde); **geo|che|misch** [*auch* 'ge:o...]

Geo|dä|sie, die; - (Vermessungskunde)

Geo|dät, der; -en, -en (Fachmann, Wissenschaftler auf dem Gebiet der Geodäsie)

Geo|da|ten *Plur.*

Geo|dä|tin; geo|dä|tisch

Geo|drei|eck® (transparentes Dreieck zum Ausmessen u. Zeichnen von Winkeln o. Ä.)

Geo|dy|na|mik (Lehre von den Bewegungen im Erdinneren)

Geo|ge|nie, Geo|go|nie, die; -, ...ien (Lehre von der Entstehung der Erde)

G
Geog

Geo|graf, **Geo|graph**, der; -en, -en; **Geo|gra|fie**, **Geo|gra|phie**, die; -, -n; **Geo|gra|fin**, **Geo|gra|phin**, die; -, -nen; **geo|gra|fisch**, **geo|gra|phisch**

Geo|lo|ge, der; -n, -n; **Geo|lo|gie**, die; - (Wissenschaft von Aufbau, Entstehung u. Entwicklung der Erde); **Geo|lo|gin**; **geo|lo|gisch**

Geo|man|tie, die; - ‹griech.› (Kunst, aus Linien u. Figuren im Sand wahrzusagen)

Geo|man|tik, die; - (*svw.* Geomantie)

Geo|ma|tik, die; - (Wissenschaft von der Erfassung, Analyse u. Verwaltung raumbezogener Daten u. Prozesse)

G
Geog

Geo|me|ter, der; -s, - (*svw.* Geodät); **Geo|me|te|rin**

Geo|me|t|rie, die; -, ...ien (ein Zweig der Mathematik); **geo|me|t|risch**; geometrischer Ort; geometrisches Mittel

Geo|mor|pho|lo|gie [*auch* 'ge:o...], die; - (Lehre von der äußeren Gestalt der Erde u. deren Veränderungen)

Geo|phy|sik [*auch* 'ge:o...] (Lehre von den physikalischen Eigenschaften des Erdkörpers); **geo|phy|si|ka|lisch**; geophysikalische Untersuchungen; **Geo|phy|si|ker**; **Geo|phy|si|ke|rin**

Geo|plas|tik [*auch* 'ge:o...], die (räuml. Darstellung von Teilen der Erdoberfläche)

Geo|po|li|tik [*auch* 'ge:o...], die; - (Lehre von der Einwirkung geograf. Faktoren auf polit. Vorgänge); **geo|po|li|tisch**

ge|ord|net; geordnete Verhältnisse; eine gut geordnete *od.* gutgeordnete Bibliothek; die Bibliothek ist gut geordnet

Ge|org (m. Vorn.); **George** [dʒɔ:ɐ̯tʃ] (m. Vorn.)

George|town ['dʒɔ:ɐ̯tʃtaun] (Hauptstadt Guyanas)

[1]**Geor|gette** [ʒɔr'ʒɛt] (w. Vorn.)

[2]**Geor|gette**, der; -s, -s (*svw.* Crêpe Georgette)

Geor|gia ['dʒɔ:ɐ̯dʒ(i̯)ə] (Staat in den USA; *Abk.* GA)

Ge|or|gi|en (Staat in Transkaukasien); **Ge|or|gi|er**; **Ge|or|gi|e|rin**

Ge|or|gi|ne, die; -, -n ‹nach dem Botaniker Georgi› (*svw.* Dahlie)

ge|or|gisch; georgische Sprache; **Ge|or|gisch**, das; -[s] (Sprache); *vgl.* Deutsch; **Ge|or|gi|sche**, das; -n; *vgl.* [2]Deutsche

geo|stra|te|gisch (durch die geografische Lage bedingt strategisch)

Geo|tek|to|nik [*auch* 'ge:o...] ‹griech.› (Lehre von Entwicklung u. Aufbau der gesamten Erdkruste); **geo|tek|to|nisch**

Geo|ther|mie, **Geo|ther|mik**, die; - (Wissenschaft von den Wärmeverhältnissen im Erdkörper); **geo|ther|misch**; geothermische Energie

geo|trop, **geo|tro|pisch**; **Geo|tro|pis|mus** (*Bot.* Vermögen der Pflanzen, sich in Richtung der Schwerkraft zu orientieren)

Geo|wis|sen|schaft

geo|zen|t|risch [*auch* 'ge:o...] (auf die Erde als Mittelpunkt bezogen; auf den Erdmittelpunkt bezogen)

geo|zy|k|lisch [*auch* 'ge:o...] (den Umlauf der Erde betreffend)

Ge|päck, das; -[e]s

Ge|päck|ab|fer|ti|gung; **Ge|päck|ab|la|ge**

Ge|päck|an|nah|me ↑K 31: Gepäckannahme und -ausgabe

Ge|päck|auf|be|wah|rung; **Ge|päck|auf|be|wah|rungs|schein**

Ge|päck|aus|ga|be; **Ge|päck|fach**; **Ge|päck|netz**; **Ge|päck|raum**

Ge|päck|rol|li (*schweiz. für* kleiner Wagen zum Gepäcktransport auf Bahnhöfen u. Flughäfen)

Ge|päcks... (*österr. für* Gepäck..., z. B. Gepäcksaufbewahrung, Gepäcksstück, Gepäcksträger)

Ge|päck|schal|ter; **Ge|päck|schein**; **Ge|päck|stück**

Ge|päck|trä|ger; **Ge|päck|trä|ge|rin**

Ge|päck|wa|gen

Ge|pard [*auch* ge'part], der; *Gen.* -s, *auch* -en, *Plur.* -e, *auch* -en ‹franz.› (ein katzenartiges Raubtier); **Ge|par|din**

ge|pfef|fert *(ugs.)*; gepfefferte Preise

Ge|pfei|fe, das; -s

ge|pfif|fen *vgl.* pfeifen

ge|pflegt; ein gut gepflegter *od.* gutgepflegter Rasen, *vgl.* gut; *aber nur* der Rasen ist gut gepflegt

Ge|pflegt|heit, die; -

Ge|pflo|gen|heit (Gewohnheit)

Ge|pi|de, der; -n, -n (Angehöriger eines ostgermanischen Volkes); **Ge|pi|din**

Ge|pie|pe, das; -s; **Ge|piep|se**, das; -s

Ge|plän|kel, das; -s, -

Ge|plap|per, das; -s

Ge|plärr, das; -[e]s, **Ge|plär|re**, das; -s

Ge|plät|scher, das; -s

Ge|plau|der, das; -s

Ge|po|che, das; -s

Ge|pol|ter, das; -s

Ge|prä|ge, das; -s

Ge|prah|le, das; -s

Ge|prän|ge, das; -s (*geh. für* Prunk, Prachtentfaltung)

Ge|pras|sel, das; -s

ge|punk|tet; gepunkteter Stoff; blau gepunkteter *od.* blaugepunkteter Stoff

Ge|qua|ke, **Ge|quä|ke**, das; -s

Ge|quas|sel, das; -s *(ugs.)*

Ge|quat|sche, das; -s *(ugs.)*

Ge|quen|gel, **Ge|quen|ge|le**, **Ge|queng|le**, das; -s *(ugs.)*

Ge|quie|ke, das; -s

Ge|quiet|sche, das; -s

ge|quol|len *vgl.* [1]quellen

Ger, der; -[e]s, -e (germ. Wurfspieß)

Ge|ra (Stadt in Thüringen)

ge|rad..., *ugs. häufig* grad... (z. B. geradlinig, *ugs. häufig* gradlinig); **Ge|rad...**, *ugs. häufig* Grad... (z. B. Geradlinigkeit, *ugs. häufig* Gradlinigkeit)

ge|ra|de *s. Kasten*

Ge|ra|de, die; -n, -n (gerade Linie; ein Boxschlag); vier Gerade[n]

ge|ra|de|aus; geradeaus blicken, gehen, laufen

ge|ra|de|bie|gen (*ugs. für* in Ordnung bringen); um die Sache wieder geradezubiegen; *vgl. aber* gerade

ge|ra|de ge|wach|sen, **ge|ra|de|ge|wach|sen**; gerade gewachsene *od.* geradegewachsene Tannen

ge|ra|de hal|ten *vgl.* gerade

ge|ra|de|he|r|aus (freimütig, direkt); etwas geradeheraus sagen; *vgl. aber* gerade

ge|ra|de|hin (leichtfertig); etwas geradehin versprechen

ge|ra|de le|gen, **ge|ra|de|le|gen** *vgl.* gerade

ge|ra|de ma|chen, **ge|ra|de|ma|chen** *vgl.* gerade

ge|ra|den|wegs *vgl.* geradewegs

ge|ra|de rich|ten, **ge|ra|de|rich|ten** *vgl.* gerade

ge|rä|dert; sich wie gerädert (erschöpft, zerschlagen) fühlen

ge|ra|de|rü|cken (in Ordnung bringen); *vgl. aber* gerade

ge|ra|de sit|zen *vgl.* gerade

ge|ra|de|so (ebenso); das kann ich geradeso gut wie du

ge|ra|de|ste|hen; für etwas gerade-

ge|ra|de

(ugs. häufig:) gra|de
- eine gerade Zahl
- fünf gerade sein lassen *(ugs.)*
- gerade darum
- der Weg ist gerade (ändert die Richtung nicht)
- er wohnt mir gerade (direkt) gegenüber
- sie fuhr gerade so langsam, dass er mitkam; *vgl. aber* geradeso
- sie kommt gerade (soeben) heraus; *vgl. aber* geradeheraus
- da er gerade sitzt, steht (sich soeben hingesetzt hat, soeben aufgestanden ist)
- er ist gerade mal 40
- die Kerze, sich gerade halten
- das Besteck gerade hinlegen
- sie sollen gerade sitzen, stehen

Wenn »gerade« das Ergebnis der mit einem folgenden einfachen Verb bezeichneten Tätigkeit angibt, kann getrennt oder zusammengeschrieben werden:

- die Stäbe gerade biegen *od.* geradebiegen
- die Hemden gerade legen *od.* geradelegen
- den Zaun gerade richten *od.* geraderichten
- die Möbel gerade stellen *od.* geradestellen
- den Tisch gerade rücken *od.* geraderücken

Bei übertragener Bedeutung gilt Zusammenschreibung; vgl. geradebiegen, geraderücken, geradestehen

stehen (die Folgen auf sich nehmen); *vgl. aber* gerade

ge|ra|de stel|len, **ge|ra|de|stel|len** *vgl.* gerade

ge|ra|des|wegs *(selten für* geradewegs); **ge|ra|de|wegs,** ge|ra|denwegs

ge|ra|de|zu [*auch* ...ˈt͜su:]; das ist geradezu absurd!; sie ist immer sehr geradezu (*landsch. für* geradeheraus)

Ge|rad|flüg|ler (*Zool.* Insekt mit faltbaren Hinterflügeln)

Ge|rad|heit, die; -

ge|rad|li|nig; Ge|rad|li|nig|keit, die; -

ge|rad|sin|nig

Ge|rald, Ge|rold (m. Vorn.)

ge|ram|melt; gerammelt voll (*ugs. für* übervoll)

Ge|ran|gel, das; -s

Ge|ra|nie, die; -, -n ⟨griech.⟩ (*svw.* Pelargonie)

ge|rannt *vgl.* rennen

Ge|rant [ʒ...], der; -en, -en ⟨franz.⟩ (*schweiz. für* Geschäftsführer; Herausgeber); **Ge|ran|tin**

Ge|ra|schel, das; -s

Ge|ras|sel, das; -s

Ge|rät, das; -[e]s, -e

[1]**ge|ra|ten;** es gerät [mir]; geriet; geraten; ich gerate außer mir *od.* mich vor Freude

[2]**ge|ra|ten** *vgl.* [1]raten

Ge|rä|te|schup|pen

Ge|rä|te|tur|nen *vgl.* Gerätturnen; **Ge|rä|te|tur|ner; Ge|rä|te|tur|ne|rin**

Ge|rä|te|wart; Ge|rä|te|war|tin

Ge|ra|te|wohl [*auch* ...ˈra:...], das; *nur in* aufs Geratewohl (auf gut Glück)

Ge|rät|schaft, die; -, -en *meist Plur.*

Ge|rat|ter, das; -s

Ge|rät|tur|nen (*fachspr. für* Geräteturnen); **Ge|rät|tur|ner; Ge|rät|tur|ne|rin**

Ge|räu|cher|te, das; -n

ge|raum *(geh.);* geraume Zeit

Ge|räum|de, das; -s, - (*Forstwirtsch.* abgeholztes Waldstück)

ge|räu|mig; Ge|räu|mig|keit, die; -

Ge|räum|te, das; -s, - (*svw.* Geräumde)

Ge|rau|ne, das; -s

[1]**Ge|räusch,** das; -[e]s (*Jägerspr.* Herz, Lunge, Leber u. Nieren des Schalenwildes, Gelünge)

[2]**Ge|räusch,** das; -[e]s, -e

ge|räusch|arm

Ge|räusch|däm|mung; Ge|räusch|dämp|fung

Ge|rau|sche, das; -s

ge|räusch|emp|find|lich

Ge|räusch|ku|lis|se

ge|räusch|los; Ge|räusch|lo|sig|keit, die; -

Ge|räusch|pe|gel

ge|räusch|voll

Ge|räus|per, das; -s

ger|ben; Leder gerben; **Ger|ber**

Ger|be|ra, die; -, -[s] ⟨nach dem dt. Arzt u. Naturforscher T. Gerber⟩ (eine Schnittblume)

Ger|be|rei; Ger|be|rin

Ger|ber|lo|he, die; -, -n

Gerb|säu|re; Gerb|stoff

Ger|bung

Gerd (m. Vorn.)

Ger|da (w. Vorn.)

Ge|re|bel|te, der; -n, -n (*österr. für* Wein aus einzeln abgenommenen Beeren); *vgl.* rebeln

ge|recht; jmdm., einer Aufgabe gerecht werden

...ge|recht (z. B. kindgerecht)

Ge|rech|te, der *u.* die; -n, -n

ge|recht|fer|tigt; diese Maßnahme scheint gerechtfertigt

Ge|rech|tig|keit; Ge|rech|tig|keits|sinn, der; -[e]s

Ge|recht|sa|me, die; -, -n (*veraltet für* [Vor]recht)

Ge|re|de, das; -s

ge|re|gelt; geregelte Arbeit

ge|rei|chen *(geh.);* es gereicht ihr zur Ehre

Ge|rei|me, das; -s

ge|reizt

Ge|reizt|heit, die; -

Ge|ren|ne, das; -s

ge|reu|en *(veraltend);* es gereut mich

Ger|fal|ke (Jagdfalke)

Ger|fried (m. Vorn.)

Ger|hard (m. Vorn.)

Ger|hardt, Paul (dt. Dichter)

Ge|r|i|a|ter ⟨griech.⟩ (Facharzt für Geriatrie); **Ge|r|i|a|te|rin**

Ge|r|i|a|t|rie, die; - (*Med.* Altersheilkunde); **Ge|r|i|a|t|rie|zen|t|rum**

Ge|r|i|a|t|ri|kum, das; -s, ...ka (Medikament zur Behandlung von Altersbeschwerden)

ge|r|i|a|t|risch

Ge|richt, das; -[e]s, -e

ge|richt|lich; gerichtliche Medizin

ge|richts|an|hän|gig (*österr. Rechtsspr. für* in einem Gerichtsverfahren befindlich)

Ge|richts|arzt; Ge|richts|ärz|tin

Ge|richts|as|ses|sor; Ge|richts|as|ses|so|rin

Ge|richts|bar|keit

Ge|richts|be|schluss

Ge|richts|be|zirk

Ge|richts|die|ner; Ge|richts|die|ne|rin

Ge|richts|ent|scheid; Ge|richts|ent|schei|dung

Ge|richts|fe|ri|en *Plur.*

Ge|richts|ge|bäu|de

Ge|richts|herr *(früher);* **Ge|richts|her|rin**

Ge|richts|hof ↑K88: der Oberste Gerichtshof

ge|rịng

– eine geringe Höhe – das wird am geringsten (wenigsten) auffallen *Großschreibung bei Substantivierung:* – ein Geringes tun – um ein Geringes erhöhen – es ist nichts Geringes, nichts Geringeres als dies – es geht Sie nicht das Geringste an – sie ist auch im Geringsten treu – das Geringste, was er tun kann, ist dies	– es stört mich nicht im Geringsten – auch der Geringste hat Anspruch darauf – keine Geringere als sie *Schreibung in Verbindung mit Verben:* – jemanden, etwas gering achten *od.* geringachten – jemanden, etwas gering schätzen *od.* geringschätzen – *aber nur* jemanden, etwas geringer achten, schätzen

Ge|rịchts|kos|ten *Plur.*
Ge|rịchts|me|di|zin, die; -; **Ge|rịchts|me|di|zi|ner; Ge|rịchts|me|di|zi|ne|rin; ge|rịchts|me|di|zi|nisch**
ge|rịchts|no|to|risch (*Rechtsspr.* vom Gericht zur Kenntnis genommen)
Ge|rịchts|ort
Ge|rịchts|prä|si|dent; Ge|rịchts|prä|si|den|tin
Ge|rịchts|saal; Ge|rịchts|spra|che
Ge|rịchts|spren|gel *(österr.)*
Ge|rịchts|stand *(Rechtsspr.)*
Ge|rịchts|ter|min; Ge|rịchts|ur|teil; Ge|rịchts|ver|fah|ren; Ge|rịchts|ver|hand|lung
Ge|rịchts|voll|zie|her; Ge|rịchts|voll|zie|he|rin
Ge|rịchts|weg
[1]**ge|rie|ben** (gerissen, schlau)
[2]**ge|rie|ben** *vgl.* reiben
Ge|rie|ben|heit, die; -
ge|rie|hen (*landsch. u. fachspr. für* gereiht); *vgl.* [1]reihen
ge|rie|ren, sich ‹lat.› (*geh. für* sich benehmen, auftreten als ...)
Ge|rie|sel, das; -s
ge|rif|felt
ge|rịng *s. Kasten*
ge|rịng ach|ten, ge|rịng|ach|ten *vgl.* gering
ge|rịn|gelt; geringelte Socken
ge|rịng|fü|gig; geringfügig Beschäftigte *(Arbeitsrecht)*
Ge|rịng|fü|gig|keit
ge|rịng|hal|tig *(Mineral.)*
ge|rịng schät|zen, ge|rịng|schät|zen *vgl.* gering; **ge|rịng|schät|zig; Ge|rịng|schät|zung,** die; -
ge|rịngs|ten|falls *vgl.* [1]Fall
Ge|rịng|ver|die|ner; Ge|rịng|ver|die|ne|rin
ge|rịng|wer|tig; noch geringwertigere *od.* geringerwertige Güter
ge|rịnn|bar; Ge|rịnn|bar|keit, die; -
Ge|rịn|ne, das; -s, -
ge|rịn|nen
Ge|rịnn|sel, das; -s, -
Ge|rịn|nung, die; -
Ge|rịp|pe, das; -s, -
ge|rịppt
Ge|rịss, das; -es (*landsch. für* Wetteifern)
[1]**ge|rịs|sen** (durchtrieben, schlau)
[2]**ge|rịs|sen** *vgl.* reißen
Ge|rịs|sen|heit, die; -
ge|rịt|ten *vgl.* reiten
ge|rịtzt; ist geritzt (*ugs. für* ist in Ordnung; wird erledigt)
Gẹrm, der; -[e]s *od.* die; - (*bayr., österr. für* Hefe)
Ger|ma|ne, der; -n, -n; **Ger|ma|nen|tum,** das; -s
Ger|ma|nia, die; - (Frauengestalt als Sinnbild Deutschlands; *lat. Bez. für* Deutschland)
Ger|ma|ni|en (das zur Römerzeit von den Germanen besiedelte Gebiet)
Ger|ma|nin
ger|ma|nisch; germanische Kunst, *aber* ↑K 150: Germanisches Nationalmuseum (Nürnberg)
ger|ma|ni|sie|ren (eindeutschen)
Ger|ma|nịs|mus, der; -, ...men (*Sprachwiss.* deutsche Spracheigentümlichkeit in einer anderen Sprache)
Ger|ma|nịst, der; -en, -en; **Ger|ma|nịs|tik,** die; - (deutsche [*auch* germanische] Sprach- u. Literaturwissenschaft); **Ger|ma|nịs|tin; ger|ma|nịs|tisch**
Ger|ma|ni|um, das; -s (chemisches Element; Metall; *Zeichen* Ge)
Gẹr|mer, der; -s, - (eine Pflanze)
Ger|mi|nạl [ʒ...], der; -[s], -s ‹franz., »Keimmonat«› (7. Monat des Kalenders der Franz. Revolution: 21. März bis 19. April)
Ger|mi|na|ti|on [g...], die; -, -en ‹lat.› (*Bot.* Keimungsperiode der Pflanzen)
Gẹrm|knö|del *(bayr., österr.)*; **Gẹrm|strie|zel** (*österr. für* Hefezopf)
gẹrn, gẹr|ne; lieber, am liebsten; jmdn. gern mögen; etwas gern tun; gar zu gern; allzu gern; besonders gern; ein gern gesehener *od.* gerngesehener Gast ↑K 58; *vgl.* gernhaben
Gẹr|ne|groß, der; -, -e *(ugs. scherzh.)*
gẹrn|ha|ben (mögen); weil sie uns gernhat; *aber* das Buch würde ich auch gẹrn ha̱ben
Gẹr|not [*auch* ˈgɛ...] (m. Vorn.)
Ge|rö|chel, das; -s
ge|rọ|chen *vgl.* riechen
Ge|rold *vgl.* Gerald
Ge|rọ̈ll, das; -[e]s, -e, **Ge|rọ̈l|le,** das; -s, -
Ge|rọ̈ll|hal|de; Ge|rọ̈ll|schutt
Ge|rọnt, der; -en, -en ‹griech.› (Mitglied der Gerusia)
Ge|ron|to|lo|ge; Ge|ron|to|lo|gie, die; - (Altersforschung); **Ge|ron|to|lo|gin**
Ge|rọn|to|tech|nik, die; - (Technik, die älteren Menschen das Leben erleichtern soll)
Ge|rọ̈s|te|te [*auch* ...ˈrœ...] *Plur.* (*südd. für* Bratkartoffeln)
Gersh|win [ˈgøːɐ̯ʃ...] (amerikanischer Komponist)
Gẹrs|te, die; -, *Plur. (Sorten:)* -n
Gẹrs|ten|kalt|scha|le (*scherzh. für* Bier)
Gẹrs|ten|korn, das; *Plur.* ...körner (*auch* Vereiterung einer Drüse am Augenlid)
Gẹrs|ten|saft (*scherzh. für* Bier)
Gẹrs|ten|sup|pe
Gẹrstl, das; -s, -[n] (*österr. für* Graupe); **Gẹrstl|sup|pe**
Gẹrt (m. Vorn.); **Gẹr|ta** (w. Vorn.)
Gẹr|te, die; -, -n
Gẹr|tel, der; -s, - (*schweiz. für* [1]Hippe)
gẹr|ten|schlạnk
Gẹr|traud, Ger|trau|de, Gẹr|traut (w. Vorn.)
Gẹr|trud, Ger|tru|de (w. Vorn.)
Ge|rụch, der; -[e]s, Gerüche
ge|rụch|frei, ge|rụchs|frei
ge|rụch|los; Ge|rụch|lo|sig|keit, die; -
Ge|rụchs|be|läs|ti|gung

ge|ruchs|bin|dend
ge|ruchs|frei, ge|ruch|frei
Ge|ruchs|or|gan
Ge|ruchs|sinn, der; -[e]s
Ge|ruchs|ver|mö|gen, das; -
Ge|ruchs|ver|schluss (*für* Trap)
Ge|rücht, das; -[e]s, -e
Ge|rüch|te|kü|che *(ugs.)*
Ge|rüch|te|ma|cher; Ge|rüch|te|ma|che|rin
ge|rüch|te|wei|se
ge|ruch|til|gend
ge|rücht|wei|se
ge|ru|fen *vgl.* rufen
ge|ru|hen (*veraltend, noch iron. für* sich bereitfinden)
ge|ru|hig (*veraltet für* ruhig)
ge|rührt *vgl.* rühren
ge|ruh|sam; Ge|ruh|sam|keit, die; -
Ge|rum|pel, das; -s *(ugs.)*
Ge|rüm|pel, das; -s
Ge|run|di|um, das; -s, ...ien ‹lat.› (*Sprachwiss.* gebeugter Infinitiv des lat. Verbs)
Ge|run|div, das; -s, -e (*Sprachwiss.* Partizip des Passivs des Futurs, z. B. der »zu billigende« Schritt)
ge|run|gen *vgl.* ringen
Ge|ru|sia, Ge|ru|sie, die; - ‹griech.› (Rat der Alten [in Sparta])
Ge|rüst, das; -[e]s, -e
Ge|rüst|bau *Plur.* -ten; **Ge|rüst|bau|er** (*vgl.* [1]Bauer); **Ge|rüst|bau|e|rin**
Ge|rüs|ter (*österr. für* Gerüstbauer); **Ge|rüs|te|rin**
Ge|rüt|tel, das; -s
ge|rüt|telt; ein gerüttelt Maß; gerüttelt voll
Ger|win (m. Vorn.)
ges, Ges, das; -, - (Tonbezeichnung); **Ges,** das; -, - (*Zeichen für* Ges-Dur); in Ges
Ge|sa, Ge|se (w. Vorn.)
Ge|sab|ber, das; -s (*ugs. für* dummes Geschwätz)
Ge|salb|te, der *u.* die; -n, -n *(Rel.)*
ge|sal|zen; gesalzene Preise; *vgl.* salzen; **Ge|sal|ze|ne,** das; -n
ge|sam|melt; die gesammelten (*als Titel:* Gesammelten) Schriften ↑K 86
ge|samt; im Gesamten (*veraltend für* insgesamt); **Ge|samt,** das; -s; im Gesamt
Ge|samt|an|sicht
Ge|samt|ar|beits|ver|trag (*schweiz. für* Tarifvertrag); *Abk.* GAV
Ge|samt|aus|ga|be; Ge|samt|be|trag
Ge|samt|be|völ|ke|rung
Ge|samt|bi|lanz; Ge|samt|bild
ge|samt|deutsch; gesamtdeutsche Fragen; **Ge|samt|deutsch|land**
Ge|samt|ein|druck
Ge|samt|er|geb|nis
ge|samt|eu|ro|pä|isch
Ge|samt|flä|che
Ge|samt|füh|ren|de, der *u.* die; -n, -n *(bes. Sport)*
ge|samt|ge|sell|schaft|lich
Ge|samt|ge|wicht; Ge|samt|ge|winn
ge|samt|haft (*schweiz. u. österr. für* [ins]gesamt)
Ge|samt|heit, die; -; **ge|samt|heit|lich**
Ge|samt|hoch|schu|le
Ge|samt|jahr *(bes. Wirtsch.)*
Ge|samt|klas|se|ment *(Sport)*
Ge|samt|kom|plex; Ge|samt|kon|zept; Ge|samt|kon|zep|ti|on; Ge|samt|kos|ten *Plur.*; **Ge|samt|kunst|werk; Ge|samt|leis|tung; Ge|samt|no|te; Ge|samt|scha|den; Ge|samt|schau**
Ge|samt|schuld|ner *(Rechtsspr.)*; **Ge|samt|schuld|ne|rin**
Ge|samt|schu|le; Ge|samt|schul|sys|tem
ge|samt|schwei|ze|risch (*schweiz. für* die gesamte Schweiz betreffend)
Ge|samt|sieg; Ge|samt|sie|ger; Ge|samt|sie|ge|rin
Ge|samt|si|tu|a|ti|on; Ge|samt|sum|me; Ge|samt|text
Ge|samt|to|tal (*schweiz. für* Gesamtsumme); **Ge|samt|um|satz; Ge|samt|ver|band**
Ge|samt|vo|lu|men *(Wirtsch.)*
Ge|samt|werk; Ge|samt|wert; Ge|samt|wer|tung
Ge|samt|wirt|schaft; ge|samt|wirt|schaft|lich
Ge|samt|zahl
ge|sandt *vgl.* senden
Ge|sand|te, der *u.* die; -n, -n; **Ge|sand|tin**
Ge|sandt|schaft; ge|sandt|schaft|lich; Ge|sandt|schafts|rat
Ge|sang, der; -[e]s, Gesänge
Ge|sang|buch, *österr.* Ge|sangs|buch
ge|sang|lich
Ge|sang|schu|le; Ge|sangs|kunst
Ge|sang[s]|leh|rer; Ge|sang[s]|leh|re|rin
Ge|sang[s]|pä|d|a|go|ge; Ge|sang[s]|pä|d|a|go|gin
Ge|sang[s]|stück; Ge|sang[s]|stun|de; Ge|sang[s]|un|ter|richt; Ge|sang[s]|ver|ein
Ge|säß, das; -es, -e; **Ge|säß|fal|te; Ge|säß|mus|kel; Ge|säß|ta|sche**
ge|sät|tigt; gesättigte Kohlenwasserstoffe *(Chemie)*
Ge|sätz, das; -es, -e (*Literaturwiss.* Strophe im Meistersang)
Ge|sätz|lein (*südd. für* Abschnitt, Strophe)
Ge|säu|ge, das; -s (*Jägerspr.* Milchdrüsen)
Ge|sau|se, das; -s
Ge|säu|se, das; -s (ein Alpental)
Ge|säu|sel, das; -s
gesch. = geschieden (*Zeichen* ⚮)
Ge|schä|dig|te, der *u.* die; -n, -n
ge|schaf|fen *vgl.* schaffen
Ge|schäft, das; -[e]s, -e; geschäftehalber, *aber* dringender Geschäfte halber
Ge|schäf|te|ma|cher; Ge|schäf|te|ma|che|rei
ge|schäf|tig; Ge|schäf|tig|keit *Plur. selten*
ge|schäft|lich
Ge|schäfts|ab|schluss; Ge|schäfts|auf|ga|be; Ge|schäfts|auf|lö|sung
Ge|schäfts|bank *(Bankw.)*
Ge|schäfts|be|reich; Ge|schäfts|be|richt; Ge|schäfts|be|trieb; Ge|schäfts|be|zie|hung; Ge|schäfts|brief; Ge|schäfts|buch; Ge|schäfts|er|öff|nung
ge|schäfts|fä|hig *(Rechtsspr.)*
Ge|schäfts|feld; Ge|schäfts|frau
Ge|schäfts|freund; Ge|schäfts|freun|din
ge|schäfts|füh|rend; der geschäftsführende Vorstand; **Ge|schäfts|füh|rer; Ge|schäfts|füh|re|rin; Ge|schäfts|füh|rung**
Ge|schäfts|ge|ba|ren; Ge|schäfts|ge|heim|nis; Ge|schäfts|haus; Ge|schäfts|idee
Ge|schäfts|in|ha|ber; Ge|schäfts|in|ha|be|rin
Ge|schäfts|in|te|r|es|se; Ge|schäfts|jahr
Ge|schäfts|kos|ten *Plur.*; auf Geschäftskosten
Ge|schäfts|kun|de; ge|schäfts|kun|dig; Ge|schäfts|kun|din
Ge|schäfts|la|ge; Ge|schäfts|le|ben
Ge|schäfts|lei|ter; Ge|schäfts|lei|te|rin; Ge|schäfts|lei|tung
Ge|schäfts|leu|te *Plur.*
Ge|schäfts|lis|te (*schweiz. für* Tagesordnung)
Ge|schäfts|lo|kal (*bayr., österr. für* Geschäftsräume)
Ge|schäfts|mann *Plur.* ...leute, *selten* ...männer
ge|schäfts|mä|ßig
Ge|schäfts|ord|nung
Ge|schäfts|part|ner; Ge|schäfts|part|ne|rin
Ge|schäfts|po|li|tik; Ge|schäfts|prak|tik *meist Plur.*; **Ge|schäfts|raum** *meist Plur.*; **Ge|schäfts|rei|se**

G
Gesc

ge|schäfts|schä|di|gend
Ge|schäfts|schluss
Ge|schäfts|sinn, der; -[e]s
Ge|schäfts|sitz; Ge|schäfts|stel|le; Ge|schäfts|stra|ße; Ge|schäfts|stun|den *Plur.;* **Ge|schäfts|tä|tig|keit**
Ge|schäfts|trä|ger; Ge|schäfts|trä|ge|rin
ge|schäfts|tüch|tig
ge|schäfts|un|fä|hig *(Rechtsspr.)*
Ge|schäfts|ver|bin|dung; Ge|schäfts|ver|kehr; Ge|schäfts|vier|tel; Ge|schäfts|welt *Plur. selten;* **Ge|schäfts|zei|chen; Ge|schäfts|zeit; Ge|schäfts|zweck; Ge|schäfts|zweig**
ge|schah *vgl.* geschehen
Ge|schä|ker, das; -s
Ge|schar|re, das; -s
ge|schätzt; geschätzte Kollegen
Ge|schau|kel, das; -s
ge|scheckt; ein geschecktes Pferd
ge|sche|hen; es geschieht; es geschah; es geschähe; geschehen; **Ge|sche|hen,** das; -s, -; **Ge|scheh|nis,** das; -ses, -se
Ge|schei|de, das; -s, - *(Jägerspr.* Magen u. Gedärme des Wildes)
Ge|schein, das; -[e]s, -e *(Bot.* Blütenstand der Weinrebe)
ge|scheit; Ge|scheit|heit
Ge|schenk, das; -[e]s, -e
Ge|schenk|an|nah|me; Ge|schenk|ar|ti|kel; Ge|schenk|pa|ckung; Ge|schenk|pa|pier; Ge|schenk|sen|dung
ge|schenk|wei|se
ge|schert, gschert *(bayr., österr. ugs. für* ungeschlacht, grob, dumm); **Ge|scher|te,** Gscher|te, der; -n, -n *(bayr., österr. ugs. für* Tölpel, Landbewohner)
Ge|schich|te, die; -, -n
Ge|schich|ten|buch (Buch mit Geschichten [Erzählungen])
Ge|schich|ten|er|zäh|ler; Ge|schich|ten|er|zäh|le|rin
ge|schicht|lich; Ge|schicht|lich|keit, die; -
Ge|schichts|at|las
ge|schichts|be|wusst; Ge|schichts|be|wusst|sein
Ge|schichts|bild; Ge|schichts|buch; Ge|schichts|fäl|schung; Ge|schichts|for|schung; Ge|schichts|kennt|nis; Ge|schichts|klit|te|rung
Ge|schichts|leh|rer; Ge|schichts|leh|re|rin
ge|schichts|los
Ge|schichts|phi|lo|so|phie; ge|schichts|phi|lo|so|phisch
Ge|schichts|pro|fes|sor; Ge|schichts|pro|fes|so|rin
Ge|schichts|schrei|bung; Ge|schichts|stu|di|um
ge|schichts|träch|tig
Ge|schichts|un|ter|richt; Ge|schichts|werk
Ge|schichts|wis|sen|schaft; Ge|schichts|wis|sen|schaft|ler; Ge|schichts|wis|sen|schaft|le|rin
Ge|schick, das; -[e]s, *Plur. (für* Schicksal:) -e
Ge|schick|lich|keit, die; -
Ge|schick|lich|keits|prü|fung
Ge|schick|lich|keits|spiel
ge|schickt; Ge|schickt|heit, die; -
Ge|schie|be, das; -s, -
Ge|schie|be|mer|gel *(Geol.)*
ge|schie|den *(Abk.* gesch.; *Zeichen* ⚮); **Ge|schie|de|ne,** der *u.* die; -n, -n
ge|schieht *vgl.* geschehen
ge|schie|nen *vgl.* scheinen
Ge|schie|ße, das; -s
Ge|schimp|fe, das; -s
Ge|schirr, das; -[e]s, -e
Ge|schirr|ma|cher; Ge|schirr|ma|che|rin
Ge|schirr|rei|ni|ger, Ge|schirr-Rei|ni|ger
Ge|schirr|schrank; Ge|schirr|spü|ler; Ge|schirr|spül|ma|schi|ne; Ge|schirr|tuch *Plur.* ...tücher; **Ge|schirr|wasch|ma|schi|ne** *(schweiz.)*
Ge|schiss, das; Geschisses *(derb); meist in* Geschiss (ärgerliches Aufheben) [um etw.] machen
ge|schis|sen *vgl.* scheißen
Ge|schlab|ber, das; -s *(ugs.)*
ge|schla|fen *vgl.* schlafen
ge|schla|gen; er hat den Hund geschlagen; eine geschlagene Stunde; sich geschlagen geben
ge|schlämmt; geschlämmte Kreide
Ge|schlecht, das; -[e]s, -er; das andere Geschlecht
Ge|schlech|ter|buch; Ge|schlech|ter|fol|ge; Ge|schlech|ter|kun|de; Ge|schlech|ter|rol|le *(Soziol.);* **Ge|schlech|ter|ver|hält|nis**
...ge|schlech|tig (z. B. getrenntgeschlechtig)
ge|schlecht|lich; geschlechtliche Fortpflanzung; **Ge|schlecht|lich|keit,** die; -
Ge|schlechts|akt; Ge|schlechts|ap|pa|rat; Ge|schlechts|be|stim|mung
Ge|schlechts|ge|nos|se; Ge|schlechts|ge|nos|sin
ge|schlechts|krank; Ge|schlechts|krank|heit
Ge|schlechts|le|ben
Ge|schlechts|lei|den
ge|schlecht[s]|los
Ge|schlechts|merk|mal
ge|schlechts|neu|t|ral
Ge|schlechts|or|gan
ge|schlechts|reif; Ge|schlechts|rei|fe
Ge|schlechts|rol|le *(svw.* Geschlechterrolle)
ge|schlechts|spe|zi|fisch
Ge|schlechts|teil, das, *auch* der
Ge|schlechts|trieb, der; -[e]s
Ge|schlechts|um|wand|lung
Ge|schlechts|ver|kehr, der; -[e]s
Ge|schlechts|wort *Plur.* ...wörter
Ge|schleck, das; -[e]s, **Ge|schle|cke,** das; -s
Ge|schleif, das; -[e]s, **Ge|schlei|fe,** das; -s *(Jägerspr.* Röhren des Dachsbaus)
Ge|schlep|pe, das; -s *(Jägerspr.* hinterhergezogener Köder)
ge|schli|chen *vgl.* schleichen
ge|schlif|fen *vgl.* schleifen; **Ge|schlif|fen|heit**
Ge|schlin|ge, das; -s, - (Herz, Lunge, Leber bei Schlachttieren)
[1]**ge|schlos|sen;** geschlossene Gesellschaft
[2]**ge|schlos|sen** *vgl.* schließen; **Ge|schlos|sen|heit,** die; -
Ge|schluch|ze, das; -s
ge|schlun|gen *vgl.* schlingen
Ge|schmack, der; -[e]s, *Plur.* Geschmäcke, *scherzh.* Geschmäcker
Ge|schmäck|le, das; -s, - *Plur. selten (bes. schwäb. für* Beigeschmack, leichte Anrüchigkeit); mit [vielen] Geschmäckle
ge|schmäck|le|risch *(abwertend)*
ge|schmack|lich
ge|schmack|los; Ge|schmack|lo|sig|keit
Ge|schmack|sa|che *vgl.* Geschmackssache
ge|schmacks|bil|dend
Ge|schmacks|emp|fin|dung; Ge|schmacks|fra|ge
Ge|schmack|sinn *(svw.* Geschmackssinn); **Ge|schmacks|knos|pe** *meist Plur. (Biol., Med.)*
ge|schmacks|neu|t|ral
Ge|schmacks|rich|tung
Ge|schmacks|sa|che, die; -; das ist Geschmackssache
ge|schmacks|si|cher
Ge|schmacks|sinn
Ge|schmacks|stoff, Ge|schmack|stoff
Ge|schmacks|test; Ge|schmacks|ver|ir|rung; Ge|schmacks|ver|stär|ker
ge|schmack|voll

ge|schmä̲lzt, *landsch. auch* **ge|schmẹlzt** (mit geschmolzener Butter serviert)
Ge|schmạt|ze, das; -s
Ge|schmau̲|se, das; -s
Ge|schmei̲|chel, das; -s
ge|schmei̲|chelt; ich fühle mich geschmeichelt
Ge|schmei̲|de, das; -s, -
ge|schmei̲|dig; Ge|schmei̲|dig|keit
Ge|schmei̲ß, das; -es (ekelerregendes Ungeziefer; Gesindel; *Jägerspr.* Raubvogelkot)
Ge|schmẹt|ter, das; -s
Ge|schmi̲e̲r, das; -[e]s, **Ge|schmi̲e̲|re,** das; -s
ge|schmịs|sen *vgl.* [1]schmeißen
ge|schmọl|zen *vgl.* [1]schmelzen, [2]schmelzen
Ge|schmo̲r|te, das; -n
Ge|schmụn|zel, das; -s
Ge|schmu̲|se, das; -s *(ugs.)*
Ge|schnä̲|bel, das; -s
Ge|schnạt|ter, das; -s
Ge|schnẹt|zel|te, das; -n
ge|schni̲e̲|gelt; *meist in* geschniegelt und gebügelt *(ugs. scherzh.)*
ge|schnịt|ten *vgl.* schneiden
Ge|schnö̲r|kel, das; -s
Ge|schnụ̈f|fel, das; -s
ge|scho̲|ben *vgl.* schieben
ge|schọl|ten *vgl.* schelten
Ge|schọ̈pf, das; -[e]s, -e
Ge|schọss, *südd., österr. auch* **Ge|scho̲ß,** das; -es, -e
Ge|schọss|bahn, *südd., österr. auch* **Ge|scho̲ß|bahn**
ge|schọs|sen *vgl.* schießen
Ge|schọss|ha|gel, *südd., österr. auch* **Ge|scho̲ß|ha|gel**
...ge|schos|sig, *südd., österr. auch* **...ge|scho|ßig** [...ʃoː...] (z. B. dreigeschossig, *mit Ziffer* 3-geschossig ↑K29)
ge|schrau̲bt; geschraubter Stil *(abwertend);* **Ge|schrau̲bt|heit,** die; -
Ge|schrei̲, das; -s
Ge|schrei̲|be, das; -s; **Ge|schrei̲b|sel,** das; -s
ge|schri̲e̲|ben *vgl.* schreiben
ge|schrien [...ˈʃriːn, *auch* ...ˈʃriːən]; *vgl.* schreien
ge|schu̲lt; geschulte (geübte) Augen
Ge|schụ̈tz, das; -es, -e
Ge|schụ̈tz|be|die|nung; Ge|schụ̈tz|rohr
Ge|schwa̲|der, das; -s, - (Verband von Kriegsschiffen od. Kampfflugzeugen)
Ge|schwa̲|fel, das; -s *(ugs.)*
Ge|schwạ̈tz, das; -es; **Ge|schwạt|ze,** das; -s
ge|schwạ̈t|zig; Ge|schwạ̈t|zig|keit, die; -
ge|schwei̲ft; geschweifte Klammern
ge|schwei̲|ge [denn] (noch viel weniger); geschweige[,] dass; geschweige denn[,] dass ↑K127
ge|schwi̲e̲|gen *vgl.* schweigen
ge|schwịnd
Ge|schwịn|dig|keit
Ge|schwịn|dig|keits|be|gren|zung; Ge|schwịn|dig|keits|be|schrän|kung; Ge|schwịn|dig|keits|kon|t|rol|le; Ge|schwịn|dig|keits|mes|ser; Ge|schwịn|dig|keits|über|schrei|tung
Ge|schwịnd|schritt; im Geschwindschritt
Ge|schwịrr, das; -s
Ge|schwịs|ter, das; -s, - *(im allg. Sprachgebrauch nur Plur.; Sing. fachspr. für* eines der Geschwister [Bruder od. Schwester])
Ge|schwịs|ter|kind (Kind, das Bruder od. Schwester eines anderen Kindes ist)
ge|schwịs|ter|lich
Ge|schwịs|ter|lie|be; Ge|schwịs|ter|paar
ge|schwọl|len *vgl.* [1]schwellen
ge|schwọm|men *vgl.* schwimmen
ge|schwo̲|ren *vgl.* schwören
Ge|schwo̲|re|ne, *österr. auch* Ge|schwo̲r|ne, der *u.* die; -n, -n
Ge|schwo̲|re|nen|ge|richt, *österr. auch* Ge|schwo̲r|nen|ge|richt
Ge|schwo̲|re|nen|lis|te
Ge|schwo̲r|ne usw. *vgl.* Geschworene usw.
Ge|schwụlst, die; -, *auch* das; -[e]s, *Plur.* Geschwülste, *seltener* Geschwulste
ge|schwụlst|ar|tig
Ge|schwụlst|bil|dung
ge|schwụn|den *vgl.* schwinden
ge|schwụn|gen; eine geschwungene Linie
Ge|schwü̲r, das; -[e]s, -e; **Ge|schwü̲r|bil|dung; ge|schwü̲|rig**
Ges-Dur [ˈgɛsduːɐ̯, *auch* ˈgɛsˈduːɐ̯], das; -[s] (Tonart; *Zeichen* Ges); **Ges-Dur-Ton|lei|ter** ↑K26
Ge̲|se, Ge̲|sa (w. Vorn.)
ge|seg|net; gesegnete Mahlzeit!
ge|se̲|hen *vgl.* sehen
Ge|sei̲ch, das; -[e]s *(landsch. derb für* leeres Geschwätz)
Ge|sei̲|re, das; -s ⟨jidd.⟩ *(ugs. für* unnützes Gerede, Gejammere)
Ge|sẹlch|te, das; -n *(bayr., österr. für* Rauchfleisch)
Ge|sẹll, der; -en, -en *(veraltet);* ein fahrender Gesell
Ge|sẹl|le, der; -n, -n
ge|sẹl|len, sich
Ge|sẹl|len|brief; Ge|sẹl|len|prü|fung; Ge|sẹl|len|stück
ge|sẹl|lig; Ge|sẹl|lig|keit
Ge|sẹl|lin
Ge|sẹll|schaft; Gesellschaft mit beschränkter Haftung *(Abk.* GmbH)
Ge|sẹll|schaf|ter; Ge|sẹll|schaf|te|rin; Ge|sẹll|schaf|ter|ver|samm|lung
ge|sẹll|schaft|lich
Ge|sẹll|schafts|an|zug
ge|sẹll|schafts|fä|hig
Ge|sẹll|schafts|form
Ge|sẹll|schafts|in|seln *Plur.* (in der Südsee)
Ge|sẹll|schafts|klei|dung
Ge|sẹll|schafts|kri|tik; ge|sẹll|schafts|kri|tisch
Ge|sẹll|schafts|leh|re; Ge|sẹll|schafts|mo|dell; Ge|sẹll|schafts|ord|nung
Ge|sẹll|schafts|po|li|tik; ge|sẹll|schafts|po|li|tisch
Ge|sẹll|schafts|ro|man; Ge|sẹll|schafts|schicht; Ge|sẹll|schafts|spiel; Ge|sẹll|schafts|struk|tur; Ge|sẹll|schafts|sys|tem; Ge|sẹll|schafts|tanz; Ge|sẹll|schafts|ver|trag; Ge|sẹll|schafts|wis|sen|schaft
Ge|sẹnk, das; -[e]s, -e *(Technik* Hohlform zum Pressen von Werkstücken; *Bergmannsspr.* Verbindung zweier Sohlen)
ge|sẹs|sen *vgl.* sitzen
Ge|sẹtz, das; -es, -e
Ge|sẹtz|aus|le|gung; Ge|sẹtz|blatt *(Abk.* GBl.); **Ge|sẹtz|buch; Ge|sẹtz|ent|wurf**
Ge|sẹt|zes|än|de|rung
Ge|sẹt|zes|bre|cher; Ge|sẹt|zes|bre|che|rin
Ge|sẹt|zes|ent|wurf
Ge|sẹt|zes|hü|ter; Ge|sẹt|zes|hü|te|rin
Ge|sẹt|zes|in|i|ti|a|ti|ve; Ge|sẹt|zes|kraft, die; -; **Ge|sẹt|zes|lü|cke; Ge|sẹt|zes|no|vel|le; Ge|sẹt|zes|pa|ket; Ge|sẹt|zes|samm|lung,** Ge|sẹtz|samm|lung
Ge|sẹt|zes|spra|che; Ge|sẹt|zes|text
ge|sẹt|zes|treu
Ge|sẹt|zes|vor|la|ge; Ge|sẹt|zes|werk
ge|sẹtz|ge|bend; gesetzgebende Gewalt
Ge|sẹtz|ge|ber; Ge|sẹtz|ge|be|rin; ge|sẹtz|ge|be|risch

G
gese

Ge|setz|ge|bung; Ge|setz|ge|bungs|ver|fah|ren
ge|setz|lich; gesetzliche Erbfolge; gesetzlicher Richter; gesetzliche Krankenversicherung (*Abk.* GKV); **Ge|setz|lich|keit**
ge|setz|los; Ge|setz|lo|sig|keit
ge|setz|mä|ßig; Ge|setz|mä|ßig|keit
Ge|setz|samm|lung, Ge|set|zes|samm|lung
ge|setzt; gesetzt[,] dass ...; gesetzt den Fall, [dass] ... ↑K 127
Ge|setzt|heit, die; -
ge|setz|wid|rig
Ge|seuf|ze, das; -s
ges. gesch. = gesetzlich geschützt

G
Gese

[1]**Ge|sicht,** das; -[e]s, -er; sein Gesicht wahren
[2]**Ge|sicht,** das; -[e]s, -e (*für* Vision)
Ge|sichts|aus|druck
Ge|sichts|creme, Ge|sichts|crème
Ge|sichts|er|ker (*ugs. scherzh. für* Nase)
Ge|sichts|far|be; Ge|sichts|feld; Ge|sichts|kon|t|rol|le; Ge|sichts|kreis
ge|sichts|los
Ge|sichts|mas|ke; Ge|sichts|par|tie
Ge|sichts|punkt
Ge|sichts|sinn, der; -[e]s
Ge|sichts|ver|lust; Ge|sichts|wah|rung, die; -, -en
Ge|sichts|was|ser *Plur.* ...wässer
Ge|sichts|win|kel
Ge|sichts|zug *meist Plur.*
Ge|sims, das; -es, -e
Ge|sin|de, das; -s, - (*früher für* Gesamtheit der Knechte u. Mägde)
Ge|sin|del, das; -s *(abwertend)*
Ge|sin|de|stu|be
Ge|sin|ge, das; -s
ge|sinnt (von bestimmter Gesinnung); ein übel gesinnter *od.* übelgesinnter Mensch; *vgl.* gesonnen; **Ge|sin|nung**
Ge|sin|nungs|ge|nos|se; Ge|sin|nungs|ge|nos|sin
ge|sin|nungs|los; Ge|sin|nungs|lo|sig|keit, die; -
Ge|sin|nungs|lump *(ugs.)*; **Ge|sin|nungs|schnüf|fe|lei**
Ge|sin|nungs|tä|ter; Ge|sin|nungs|tä|te|rin
Ge|sin|nungs|wan|del
ge|sit|tet; Ge|sit|tung, die; -
Ge|socks, das; -[es] (*derb für* Gesindel)
Ge|söff, das; -[e]s, -e (*ugs. für* schlechtes Getränk)
ge|sof|fen *vgl.* saufen
ge|son|dert; gesondert verpacken
ge|son|nen (willens); gesonnen sein[,] etwas zu tun ↑K 116; *vgl.* gesinnt
ge|sot|ten; Ge|sot|te|ne, das; -n (*landsch. für* Gekochtes)
ge|spal|ten; gespaltene Fingernägel; *vgl.* spalten
[1]**Ge|span,** der; *Gen.* -[e]s *u.* -en, *Plur.* -e[n] (*veraltet für* Mitarbeiter, Helfer; Genosse)
[2]**Ge|span,** der; -[e]s, -e ⟨ung.⟩ (*früher* ung. Verwaltungsbeamter)
Ge|spän|ge, das; -s (Spangenwerk)
Ge|spann, das; -[e]s, -e (Zugtiere; Wagen mit Zugtieren)
ge|spannt; Ge|spannt|heit, die; -
Ge|spär|re, das; -s, - (*Bauw.* ein Paar sich gegenüberliegender Dachsparren)
Ge|spenst, das; -[e]s, -er
Ge|spens|ter|chen *Plur.*
Ge|spens|ter|furcht; Ge|spens|ter|glau|be[n]
ge|spens|ter|haft
ge|spens|tern; ich gespenstere
Ge|spens|ter|stun|de
ge|spens|tig, ge|spens|tisch
ge|sper|bert (*Jägerspr.* in der Art des Sperbers); gesperbertes Gefieder
Ge|sper|re, das; -s, - (*Jägerspr.* die Jungen [mit Henne] bei Auer-, Birkwild, Fasan; *Technik* Hemmvorrichtung)
ge|sperrt; eine gesperrte Straße
[1]**Ge|spie|le,** das; -s (andauerndes Spielen)
[2]**Ge|spie|le,** der; -n, -n (*veraltend für* Spielkamerad); **Ge|spie|lin**
ge|spielt; gespielte Empörung
ge|spien [...ˈʃpiːn, *auch* ...ˈʃpiːən]; *vgl.* speien
Ge|spinst, das; -[e]s, -e
ge|spon|nen *vgl.* spinnen
[1]**Ge|spons,** der; -es, -e (*scherzh., sonst veraltet für* Bräutigam; Gatte)
[2]**Ge|spons,** das; -es, -e (*scherzh., sonst veraltet für* Braut; Gattin)
ge|spon|sert *vgl.* sponsern
Ge|spött, das; -[e]s; jmdn. zum Gespött machen; **Ge|spöt|tel,** das; -s
Ge|spräch, das; -[e]s, -e
ge|sprä|chig; Ge|sprä|chig|keit, die; -
Ge|sprächs|ba|sis
Ge|sprächs|be|darf, der; -[e]s
ge|sprächs|be|reit; Ge|sprächs|be|reit|schaft
Ge|sprächs|fet|zen; Ge|sprächs|form; Ge|sprächs|ge|gen|stand; Ge|sprächs|kreis
Ge|sprächs|part|ner; Ge|sprächs|part|ne|rin
Ge|sprächs|run|de; Ge|sprächs|stoff
Ge|sprächs|teil|neh|mer; Ge|sprächs|teil|neh|me|rin
Ge|sprächs|the|ma
Ge|sprächs|the|ra|pie *(Psychol.)*
ge|sprächs|wei|se
ge|spreizt; Ge|spreizt|heit, die; -
Ge|spren|ge, das; -s, - (*Archit.* Aufbau über spätgotischen Altären; *Bergmannsspr.* steil aufsteigendes Gebirge)
ge|spren|kelt; gesprenkeltes Fell
Ge|spritz|te, der; -n, -n (*südd., österr. für* Weinschorle)
ge|spro|chen *vgl.* sprechen
Ge|spru|del, das; -s
ge|sprun|gen *vgl.* springen
Ge|spür, das; -s
Geß|ner, Salomon (schweiz. Dichter u. Maler)
gest. [*Zeichen* †] = gestorben
Gest, der; -[e]s *od.* die; - (*nordd. für* Hefe)
Ge|sta|de, das; -s, - (*geh. für* Küste, Ufer)
Ges|ta|gen, das; -s, -e ⟨lat.⟩ (*Biol.* Schwangerschaftshormon)
ge|stählt; ein gestählter Körper
Ge|stalt, die; -, -en; *aber* dergestalt (so); **ge|stalt|bar**
ge|stal|ten
ge|stal|ten|reich
Ge|stal|ter; Ge|stal|te|rin
ge|stal|te|risch
ge|stalt|haft; ge|stalt|los
Ge|stal|tung; Ge|stal|tungs|kraft; Ge|stal|tungs|prin|zip
Ge|stam|mel, das; -s
Ge|stamp|fe, das; -s
Ge|stän|de, das; -s, - (*Jägerspr.* Füße, bes. der Beizvögel; [2]Horst)
[1]**ge|stan|den;** eine gestandene Bergsteigerin
[2]**ge|stan|den** *vgl.* stehen
ge|stän|dig
Ge|ständ|nis, das; -ses, -se
Ge|stän|ge, das; -s, -
Ge|stank, der; -[e]s
Ge|sta|po, die; - = Geheime Staatspolizei *(nationalsoz.)*
ge|stat|ten
Ge|staub|te, der; -n, -n (*ostösterr. ugs. für* Federweißer)
Ges|te [*auch* ˈgeː...], die; -, -n ⟨lat.⟩ (Gebärde)
Ge|steck, das; -[e]s, -e (Blumenarrangement; *bayr., österr. für* Hutschmuck)
ge|ste|hen; gestanden
Ge|ste|hungs|kos|ten *Plur.*

(*Wirtsch.* Herstellungs-, Selbstkosten)
ge|stei|gert; [kein] gesteigertes Interesse an etwas haben
Ge|stein, das; -[e]s, -e
Ge|steins|art; Ge|steins|block *Plur.* ...blöcke; **Ge|steins|boh|rer; Ge|steins|bro|cken; Ge|steins|kun|de,** die; -; **Ge|steins|pro|be; Ge|steins|schicht**
Ge|stell, das; -[e]s, -e
Ge|stel|lung *(Amtsspr.)*
Ge|stel|lungs|be|fehl (*veraltet für* Einberufungsbefehl)
ge|stelzt; eine gestelzte Sprache
ges|ten|reich; gestenreich erklären

ges|tern

- bis gestern; seit gestern
- die Mode von gestern
- ich bin nicht von gestern (*ugs. für* altmodisch, rückständig)
- zwischen gestern und morgen liegt heute, *aber* ↑K 81: zwischen dem Gestern und dem Morgen liegt das Heute
- ↑K 69: gestern Abend, Mittag, Morgen, Nachmittag, Nacht
- gestern früh, *bes. österr. auch* Früh
- vorgestern

Ges|tern, das; - (das Vergangene)
Ge|sti|chel, das; -s *(ugs.)*
ge|stie|felt; gestiefelt u. gespornt (fertig) sein; *aber* ↑K 150: der Gestiefelte Kater (im Märchen)
ge|stie|gen *vgl.* steigen
ge|stielt; ein gestielter Besen
Ges|tik [*auch* 'ge:...], die; - ‹lat.› (Gesamtheit der Gesten [als Ausdruck einer inneren Haltung])
Ges|ti|ku|la|ti|on, die; -, -en (Gebärde, Gebärdensprache); **ges|ti|ku|lie|ren**
Ge|stimmt|heit (Stimmung)
Ges|ti|on, die; - (*österr. Amtsspr. für* Amtsführung); **Ges|ti|ons|be|richt** (*österr. Amtsspr. für* Geschäftsbericht)
Ge|stirn, das; -[e]s, -e
ge|stirnt; der gestirnte Himmel
ges|tisch [*auch* 'ge:...]
ge|sto|ben *vgl.* stieben
Ge|stö|ber, das; -s, -
[1]**ge|sto|chen**; eine gestochene Handschrift; gestochen scharf
[2]**ge|sto|chen** *vgl.* stechen
ge|stockt; gestockte Milch (*südd. u. österr. für* Dickmilch)
ge|stoh|len; du kannst mir gestohlen bleiben! *(ugs.)*; *vgl.* stehlen
Ge|stöhn, das; -[e]s; **Ge|stöh|ne,** das; -s
Ge|stol|per, das; -s
Ge|stör, das; -[e]s, -e (Teil eines Floßes)
ge|stor|ben (*Abk.* gest.; *Zeichen* †); *vgl.* sterben
ge|stört
ge|sto|ßen *vgl.* stoßen
Ge|stot|ter, das; -s
Ge|stram|pel, das; -s
Ge|sträuch, das; -[e]s, -e
ge|streckt; gestreckter Galopp
ge|streift; rot gestreift *od.* rotgestreift; *vgl.* blau
Ge|strei|te, das; -s
ge|streng *(veraltend)*; *aber* ↑K 150: die Gestrengen Herren (Eisheiligen)
ge|stresst; gestresste Eltern
Ge|streu, das; -[e]s
ge|stri|chen *vgl.* streichen
Ge|strick, das; -[e]s, -e (Strickware)
gest|rig; mein gestriger Brief
Ge|ström, das; -[e]s (Strömung)
ge|stromt (streifig ohne scharfe Abgrenzung)
Ge|strüpp, das; -[e]s, -e
Ge|stü|be, das; -s (*Hüttenw.* Gemisch von Koksrückstand u. Lehm)
Ge|stü|ber, das; -s, - (*Jägerspr.* Kot des Federwildes)
Ge|stühl, das; -[e]s, -e
Ge|stüm|per, das; -s *(ugs.)*
ge|stun|ken *vgl.* stinken
Ge|stürm, das; -[e]s (*schweiz. mdal. für* aufgeregtes Getue)
Ges|tus, der; - ‹lat.› (Gestik, Ausdruck)
Ge|stüt, das; -[e]s, -e
Ge|stüt|pferd; Ge|stüts|brand (Brandzeichen eines Gestütes)
ge|stylt; kunstvoll gestylte Frisuren
Ge|such, das; -[e]s, -e
Ge|such|stel|ler (*schweiz., sonst veraltet für* Antragsteller); **Ge|such|stel|le|rin**
ge|sucht; eine gesuchte Ausdrucksweise; **Ge|such|te,** der *u.* die; -n, -n; die polizeilich Gesuchten; **Ge|sucht|heit,** die; -
Ge|su|del, das; -s
Ge|summ, das; -[e]s, **Ge|sum|me,** das; -s
Ge|sums, das; -es *(ugs.)*
ge|sund; gesünder, *seltener* gesunder, gesündeste, *seltener* gesundeste; gesund sein, werden, bleiben; gesund leben; jmdn. wieder gesund machen *od.* gesundmachen; jmdn. gesund pflegen *od.* gesundpflegen; *vgl.* gesundbeten, gesundschreiben, gesundschrumpfen, gesundstoßen
ge|sund|be|ten (durch Gebete o. Ä. zu heilen versuchen)
Ge|sund|be|ter; Ge|sund|be|te|rin
Ge|sund|brun|nen (etw., was jmdn. gesund macht, in Schwung hält)
Ge|sun|de, der *u.* die; -n, -n
ge|sun|den *(geh.)*
Ge|sund|heit, die; -
ge|sund|heit|lich
Ge|sund|heits|amt
Ge|sund|heits|apo|s|tel *(scherzh.)*; **Ge|sund|heits|apo|s|te|lin**
Ge|sund|heits|be|hör|de
ge|sund|heits|be|wusst
Ge|sund|heits|dienst
Ge|sund|heits|er|zie|hung, die; -
Ge|sund|heits|fonds (Einrichtung zur Finanzierung der gesetzlichen Krankenversicherung)
ge|sund|heits|för|dernd
ge|sund|heits|ge|fähr|dend; Ge|sund|heits|ge|fähr|dung
ge|sund|heits|hal|ber
Ge|sund|heits|mi|nis|ter; Ge|sund|heits|mi|nis|te|rin; Ge|sund|heits|mi|nis|te|ri|um
Ge|sund|heits|pfle|ge, die; -
Ge|sund|heits|po|li|tik; ge|sund|heits|po|li|tisch
Ge|sund|heits|re|form
Ge|sund|heits|scha|den
ge|sund|heits|schä|di|gend; ge|sund|heits|schäd|lich
Ge|sund|heits|schuh
Ge|sund|heits|schutz, der; -es; **Ge|sund|heits|sys|tem; Ge|sund|heits|vor|sor|ge; Ge|sund|heits|we|sen,** das; -s; **Ge|sund|heits|zeug|nis; Ge|sund|heits|zu|stand**
ge|sund ma|chen, ge|sund|ma|chen *vgl.* gesund
ge|sund pfle|gen, ge|sund|pfle|gen *vgl.* gesund
ge|sund|schrei|ben; der Arzt hat sie gesundgeschrieben
ge|sund|schrump|fen (*ugs. für* durch Verkleinerung wieder rentabel machen)
ge|sund|sto|ßen, sich (*ugs. für* sich bereichern)
Ge|sun|dung, die; -
ge|sun|gen *vgl.* singen
ge|sun|ken *vgl.* sinken
get. [*Zeichen* ≈] = getauft
Ge|tä|fel, das; -s (Tafelwerk, Täfelung); **ge|tä|felt**

Ge|tä|fer, das; -s (*schweiz. für* Getäfel); **ge|tä|fert**
ge|tan *vgl.* tun
Ge|tän|del, das; -s
ge|tauft (*Abk.* get.; *Zeichen* ≈)
Ge|tau|mel, das; -s
ge|teilt *vgl.* teilen
Geth|se|ma|ne [...ne], **Geth|se|ma|ni**, *ökum.* Get|se|ma|ni (Garten am Ölberg bei Jerusalem)
Ge|tier, das; -[e]s
ge|ti|gert (geflammt)
Ge|tön, das; -[e]s; **Ge|tö|ne**, das; -s
Ge|to|se, das; -s; **Ge|tö|se**, das; -s
[1]**ge|tra|gen**; getragene Redeweise
[2]**ge|tra|gen** *vgl.* tragen
Ge|tra|gen|heit, die; -
Ge|tram|pel, das; -s
Ge|tränk, das; -[e]s, -e
Ge|trän|ke|ab|hol|markt; Ge|trän|ke|au|to|mat; Ge|trän|ke|do|se; Ge|trän|ke|kar|te; Ge|trän|ke|kar|ton; Ge|trän|ke|kis|te; Ge|trän|ke|markt
Ge|trän|ke|pa|ckerl (*österr. für* Getränkekarton)
Ge|trän|ke|stand; Ge|trän|ke|steu|er, die
Ge|trap|pel, das; -s
Ge|tratsch, das; -[e]s, **Ge|trat|sche**, das; -s (*ugs.*)
ge|trau|en, sich; ich getraue mich (*seltener* mir)[,] das zu tun ↑K116
Ge|trei|de, das; -s, -
Ge|trei|de|an|bau, der; -[e]s
Ge|trei|de|aus|fuhr; Ge|trei|de|ein|fuhr
Ge|trei|de|ern|te; Ge|trei|de|feld; Ge|trei|de|flo|cken *Plur.*; **Ge|trei|de|markt; Ge|trei|de|müh|le; Ge|trei|de|preis; Ge|trei|de|spei|cher**

ge|trennt

- getrennt sein, werden
- getrennt schreiben; dieses Wort wird getrennt geschrieben; ein getrennt geschriebenes *od.* getrenntgeschriebenes Wort ↑K58
- getrennt leben; ein getrennt lebendes *od.* getrenntlebendes Paar ↑K58
- getrennt marschieren, reisen, vorkommen usw.

ge|trennt|ge|schlech|tig (*bes. Biol.*); **ge|trennt|ge|schlecht|lich**
Ge|trennt|schrei|bung
ge|tre|ten *vgl.* treten
ge|treu; getreu ihrem Vorsatz; die getreu[e]sten Freunde; **Ge|treue**, der *u.* die; -n, -n
ge|treu|lich (*geh.*)
Ge|trie|be, das; -s, -
ge|trie|be|los; getriebelose Windkraftanlagen
ge|trie|ben; aus getriebenem Gold; *vgl.* treiben
Ge|trie|be|öl; Ge|trie|be|scha|den
Ge|tril|ler, das; -s
Ge|trip|pel, das; -s
ge|trock|net; getrocknete Tomaten
ge|trof|fen *vgl.* treffen
Ge|trom|mel, das; -s
ge|trost; ge|trös|ten, sich (*geh.*)
ge|trun|ken *vgl.* trinken
Get|se|ma|ni *vgl.* Gethsemane
Get|to, Ghet|to [g...], das; -s, -s ‹ital.› (abgesondertes [jüdisches] Wohnviertel)
Get|to|blas|ter, Ghet|to|blas|ter [...bla:stɐ], der; -s, - ‹engl.› (großer, leistungsstarker tragbarer Radiorekorder)
Get-to|ge|ther, das; -[s], -s ‹engl.› (geselliges Treffen)
get|to|i|sie|ren, ghet|to|i|sie|ren (isolieren)
Ge|tue, das; -s
Ge|tüm|mel, das; -s, -
ge|tüp|felt, ge|tupft
ge|türkt (*ugs., oft als diskriminierend empfunden für* vorgetäuscht)
Ge|tu|schel, das; -s
ge|übt; Ge|übt|heit, die; -
Geu|se, der; -n, -n *meist Plur.* ‹niederl.› (niederl. Freiheitskämpfer gegen Spanien)
Ge|vat|ter, der; *Gen.* -s, *älter* -n, *Plur.* -n (*scherzh., sonst veraltet für* guter Bekannter); **Ge|vat|te|rin** (*scherzh., veraltet*); **Ge|vat|ter|schaft** (*veraltet für* Patenschaft); **Ge|vat|ters|mann** *Plur.* ...leute (*veraltet*)
Ge|viert, das; -[e]s, -e (Viereck, Quadrat); ins Geviert
ge|vier|teilt
Ge|viert|schein (*Astron.*)
Ge|wächs, das; -es, -e
ge|wach|sen; jmdm., einer Sache gewachsen sein; gewachsener Boden; *vgl.* [1]wachsen
Ge|wächs|haus
ge|wachst (mit Wachs behandelt)
Ge|wa|ckel, Ge|wa|cke|le, das; -s
Ge|wack|le, das; -s
Ge|waff, das; -[e]s, -e (*Jägerspr.* Eckzähne des Keilers)
Ge|waf|fen, das; -s (*veraltet für* Gesamtheit der Waffen)
ge|wagt; Ge|wagt|heit
ge|wählt; sich gewählt ausdrücken
ge|wahr; *nur in Wendungen wie* eine[r] Sache gewahr werden; es *u.* dessen gewahr werden
Ge|währ, die; - (Bürgschaft, Sicherheit); ohne Gewähr; *vgl.* gewährleisten
ge|wah|ren (*geh. für* bemerken, erkennen)
ge|wäh|ren (bewilligen)
Ge|währ|frist

ge|währ|leis|ten / Ge|währ leis|ten

Zusammenschreibung bei Verwendung mit Akkusativobjekt:

- ich gewährleiste vollen Versicherungsschutz
- wir haben einen glatten Übergang gewährleistet
- um die Sicherheit zu gewährleisten
- wir gewährleisten, dass ...

Getrenntschreibung bei Anschluss mit »für«:

- ich leiste Gewähr für den Versicherungsschutz, habe [dafür] Gewähr geleistet
- um für die Sicherheit Gewähr zu leisten
- wir leisten außerdem Gewähr dafür, dass ...

Ge|währ|leis|tung
[1]**Ge|wahr|sam**, der; -s (Haft, Obhut)
[2]**Ge|wahr|sam**, das; -s, -e (*veraltet für* Gefängnis)
Ge|währs|frau; Ge|währs|mann *Plur.* ...leute, *selten* ...männer
Ge|wäh|rung *Plur. selten*
ge|walmt ‹*zu* Walm›; gewalmtes Dach
Ge|walt, die; -, -en
Ge|walt|akt; Ge|walt|an|wen|dung
ge|walt|be|reit; Ge|walt|be|reit|schaft; Ge|walt|ein|wir|kung
Ge|wal|ten|tei|lung, die; -; **Ge|wal|ten|tren|nung**, die; - (*schweiz. für* Gewaltenteilung)
ge|walt|frei; Ge|walt|frei|heit, die; -
Ge|walt|herr|schaft; Ge|walt|herr|scher; Ge|walt|herr|sche|rin
ge|wal|tig
ge|wäl|ti|gen (*Bergmannsspr.* wieder zugänglich machen)
Ge|wal|tig|keit, die; -
ge|walt|los; Ge|walt|lo|sig|keit, die; -
Ge|walt|marsch, der; **Ge|walt|maß|nah|me; Ge|walt|mensch; Ge|walt|mo|no|pol; Ge|walt|po|ten|zi|al, Ge|walt|po|ten|ti|al**

ge|wạlt|sam; Ge|wạlt|sam|keit
Ge|wạlt|schuss *(Sport)*
Ge|wạlt|streich
Ge|wạlt|tat; Ge|wạlt|tä|ter; Ge|wạlt|tä|te|rin
ge|wạlt|tä|tig; Ge|wạlt|tä|tig|keit
Ge|wạlt|ver|bre|chen; Ge|wạlt|ver|bre|cher; Ge|wạlt|ver|bre|che|rin
ge|wạlt|ver|herr|li|chend
Ge|wạlt|ver|herr|li|chung
Ge|wạlt|ver|zicht; Ge|wạlt|ver|zichts|ab|kom|men
Ge|wạnd, das; -[e]s, ...wänder
Ge|wạ̈n|de, das; -s, - (*Archit.* seitl. Umgrenzung der Fenster u. Türen)
ge|wạn|den (*veraltet, noch geh. od. scherzh. für* kleiden)
Ge|wạnd|haus (*früher für* Lagerhaus der Tuchhändler)
Ge|wạnd|haus|or|ches|ter, das; -s (in Leipzig)
Ge|wạnd|meis|ter (*Theater, Film usw.* Leiter der Kostümschneiderei); **Ge|wạnd|meis|te|rin**
ge|wạndt; gewandte Tänzer; *vgl.* wenden; **Ge|wạndt|heit,** die; -
Ge|wạn|dung
ge|wạnn *vgl.* gewinnen
Ge|wạnn, das; -[e]s, -e, *seltener* **Ge|wạn|ne,** das; -s, - (*bes. südd. für* in mehrere Streifen aufgeteiltes [Acker]gelände)
ge|wạ̈r|tig; einer Sache gewärtig sein; ich bin es gewärtig
ge|wạ̈r|ti|gen; zu gewärtigen (erwarten) haben
Ge|wạ̈sch, das; -[e]s (*ugs. für* [leeres] Gerede)
ge|wa̱|schen *vgl.* waschen
Ge|wạ̈s|ser, das; -s, -; **Ge|wạ̈s|ser|schutz,** der; -es
ge|wạs|sert ⟨*zu* wassern⟩
ge|wạ̈s|sert; gewässerte Heringe
Ge|we̱|be, das; -s, -
Ge|we̱|be|bank *Plur.* ...banken; **Ge|we̱|be|brei|te**
Ge|we̱|be|leh|re (*svw.* Histologie)
Ge|we̱|be|pro|be; Ge|we̱|be|trans|plan|ta|ti|on
Ge|we̱bs|flüs|sig|keit
ge|wẹckt (aufgeweckt)
Ge|we̱hr, das; -[e]s, -e
Ge|we̱hr|kol|ben; Ge|we̱hr|lauf
Ge|we̱ih, das; -[e]s, -e; **Ge|we̱ih|farn**
[1]**ge|we̱iht** (*Jägerspr.* Geweih tragend)
[2]**ge|we̱iht** ⟨*zu* weihen⟩
ge|wẹllt; gewellte Haare
Ge|wẹn|de, das; -s, - (*noch landsch. für* Ackergrenze)
Ge|wẹr|be, das; -s, -
Ge|wẹr|be|auf|sicht, die; -; **Ge|wẹr|be|auf|sichts|amt**
Ge|wẹr|be|be|rech|ti|gung *(österr.)*
Ge|wẹr|be|be|trieb; Ge|wẹr|be|flä|che; Ge|wẹr|be|frei|heit; Ge|wẹr|be|ge|biet; Ge|wẹr|be|im|mo|bi|lie
Ge|wẹr|be|in|s|pek|tor; Ge|wẹr|be|in|s|pek|to|rin
Ge|wẹr|be|leh|rer; Ge|wẹr|be|leh|re|rin
Ge|wẹr|be|ord|nung (*Abk.* GewO)
Ge|wẹr|be|park (Gewerbegebiet)
Ge|wẹr|be|schein; Ge|wẹr|be|schu|le
Ge|wẹr|be|steu|er, die
ge|wẹr|be|trei|bend; Ge|wẹr|be|trei|ben|de, der *u.* die; -n, -n
Ge|wẹr|be|ver|ein; Ge|wẹr|be|zo|ne *(bes. schweiz.);* **Ge|wẹr|be|zweig**
Ge|wẹrb|ler (*bes. schweiz. für* Gewerbetreibende); **Ge|wẹrb|le|rin**
ge|wẹrb|lich; gewerblicher Rechtsschutz; **ge|wẹrbs|mä|ßig**
Ge|we̱|re, die; - (*bes. im MA.* Herrschaftsrecht über Personen u. Sachen)
Ge|wẹrk, das; -[e]s, -e (*bes. Fachspr.* Zweig des Bauhandwerks; Gewerbe; Zunft)
Ge|wẹr|ke, der; -n, -n (*veraltet für* Mitglied einer bergrechtlichen Gewerkschaft)
Ge|wẹrk|schaft
Ge|wẹrk|schaf|ter, Ge|wẹrk|schaft|ler; **Ge|wẹrk|schaf|te|rin,** Ge|wẹrk|schaft|le|rin
Ge|wẹrk|schaft|ler usw. *vgl.* Gewerkschafter usw.
ge|wẹrk|schaft|lich
Ge|wẹrk|schafts|ap|pa|rat; Ge|wẹrk|schafts|be|we|gung; Ge|wẹrk|schafts|boss *(ugs.)*
Ge|wẹrk|schafts|bund, der; -es, ...bünde *Plur. selten*
Ge|wẹrk|schafts|füh|rer; Ge|wẹrk|schafts|füh|re|rin
Ge|wẹrk|schafts|funk|ti|o|när; Ge|wẹrk|schafts|funk|ti|o|nä|rin
Ge|wẹrk|schafts|haus
Ge|wẹrk|schafts|mit|glied
ge|wẹrk|schafts|nah
Ge|wẹrk|schafts|se|kre|tär; Ge|wẹrk|schafts|se|kre|tä|rin
Ge|wẹrk|schafts|tag; Ge|wẹrk|schafts|ver|samm|lung
Ge|wẹrk|schafts|ver|tre|ter; Ge|wẹrk|schafts|ver|tre|te|rin
Ge|wẹrk|schafts|vor|sit|zen|de
Ge|we̱|se, das; -s, - (*ugs., häufig abwertend für* auffallendes Gebaren *[nur Sing.]; nordd. für* Anwesen)
ge|we̱|sen *vgl.* ²sein
ge|wi̱|chen *vgl.* ²weichen
[1]**Ge|wịcht,** das; -[e]s, -er (*Jägerspr.* Rehgehörn)
[2]**Ge|wịcht,** das; -[e]s, -e
ge|wịch|ten (Schwerpunkte setzen; *Statistik* einen Durchschnittswert unter Berücksichtigung der Häufigkeit vorhandener Einzelwerte bilden)
Ge|wịcht|he|ben, das; -s (Sportart); **Ge|wịcht|he|ber; Ge|wịcht|he|be|rin**
ge|wịch|tig; Ge|wịch|tig|keit, die; -
Ge|wịchts|klas|se *(Sport)*
Ge|wịchts|kon|t|rol|le
Ge|wịchts|pro|b|lem; Ge|wịchts|ver|la|ge|rung; Ge|wịchts|ver|lust; Ge|wịchts|zu|nah|me
Ge|wịch|tung
ge|wi̱eft (*ugs. für* schlau, gerissen)
ge|wi̱egt (*ugs. für* sehr erfahren; schlau, durchtrieben)
Ge|wi̱e|her, das; -s
ge|wi̱e|sen *vgl.* weisen
ge|wịllt; *meist in* gewillt (bereit) sein[,] etw. zu tun ↑K 116
Ge|wịm|mel, das; -s
Ge|wịm|mer, das; -s
Ge|wịn|de, das; -s, -
Ge|wịn|de|boh|rer; Ge|wịn|de|gang, der; **Ge|wịn|de|gän|gig|keit**
Ge|wịnn, der; -[e]s, -e; [großen] Gewinn bringen; *vgl.* gewinnbringend
Ge|wịnn|an|teil; Ge|wịnn|aus|schüt|tung; Ge|wịnn|be|tei|li|gung
ge|wịnn|brin|gend, Ge|wịnn brin|gend ↑K 58: eine gewinnbringende *od.* Gewinn bringende Investition; *aber nur* eine großen Gewinn bringende Investition; eine äußerst gewinnbringende, noch gewinnbringendere Investition
Ge|wịnn|chan|ce
Ge|wịnn|ein|bruch *(Bankw.)*
ge|wịn|nen; du gewannst; du gewönnest, *auch* gewännest; gewonnen; gewinn[e]!; **ge|wịn|nend**
Ge|wịn|ner; Ge|wịn|ne|rin
Ge|wịn|ner|stra|ße; auf der Gewinnerstraße sein *(ugs.)*
Ge|wịnn|er|war|tung *(Wirtsch.)*
Ge|wịnn|klas|se
Ge|wịnn|mar|ge *(Wirtsch.);* **Ge|wịnn|ma|xi|mie|rung** *(Wirtsch.)*
Ge|wịnn|mit|nah|me *(Bankw.)*
Ge|wịnn|num|mer, Ge|wịnn-Num|mer

ge|wịnn|ori|en|tiert
Ge|wịnn|quo|te; Ge|wịnn|satz; Ge|wịnn|span|ne; Ge|wịnn|spiel
Ge|wịnn|stre|ben, das; -s
Ge|wịnn|sucht; ge|wịnn|süch|tig
ge|wịnn|träch|tig
Ge|wịnn-und-Ver|lụst-Rech|nung ↑K 26
Ge|wịn|nung
Ge|wịnn|war|nung (*Börsenw.* Ankündigung, dass erwartete Gewinne voraussichtlich nicht erzielt werden können)
Ge|wịnn|zahl
Ge|wịnn|zo|ne (*Wirtsch.*)
Ge|wịn|sel, das; -s
Ge|wịnst, der; -[e]s, -e (*veraltet für* Gewinn)
Ge|wịrk, das; -[e]s, -e, **Ge|wịr|ke,** das; -s, - (aus Maschen bestehender Textilstoff)
ge|wịrkt; gewirkter Stoff
Ge|wịrr, das; -[e]s
Ge|wịs|per, das; -s
ge|wịss ↑K 72: etwas, nichts Gewisses; ↑K 76: ein gewisses Etwas; ein gewisser Jemand
Ge|wịs|sen, das; -s, -
ge|wịs|sen|haft; Ge|wịs|sen|haf|tig|keit, die; -
ge|wịs|sen|los; Ge|wịs|sen|lo|sig|keit, die; -
Ge|wịs|sens|biss *meist Plur.*
Ge|wịs|sens|ent|schei|dung; Ge|wịs|sens|er|for|schung; Ge|wịs|sens|fra|ge; Ge|wịs|sens|frei|heit
Ge|wịs|sens|grün|de *Plur.;* etw. aus Gewissensgründen ablehnen
Ge|wịs|sens|kon|flikt; Ge|wịs|sens|wurm, der; -[e]s (*ugs. scherzh.*)
ge|wịs|ser|ma̲|ßen
Ge|wịss|heit
ge|wịss|lich (*veraltend*)
Ge|wịt|ter, das; -s, -; **Ge|wịt|ter|front**
ge|wịt|te|rig *vgl.* gewittrig
ge|wịt|tern; es gewittert
Ge|wịt|ter|nei|gung; Ge|wịt|ter|re|gen
ge|wịt|ter|schwül
Ge|wịt|ter|stim|mung; Ge|wịt|ter|sturm; Ge|wịt|ter|wand; Ge|wịt|ter|wol|ke
ge|wịtt|rig, *selten* ge|wịt|te|rig
Ge|wịt|zel, das; -s
ge|wịt|zigt (klug geworden)
ge|wịtzt; Ge|wịtzt|heit, die; -
GewO = Gewerbeordnung
Ge|wo̲|ge, das; -s
[1]ge|wo̲|gen (zugetan); sie ist mir gewogen
[2]ge|wo̲|gen *vgl.* [1]wiegen
Ge|wo̲|gen|heit, die; -
ge|wö̲h|nen; sich an etw. *od.* jmdn. gewöhnen
Ge|wo̲hn|heit
ge|wo̲hn|heits|mä|ßig
Ge|wo̲hn|heits|mensch, der
Ge|wo̲hn|heits|recht
Ge|wo̲hn|heits|tier (*scherzh.*)
Ge|wo̲hn|heits|trin|ker; Ge|wo̲hn|heits|trin|ke|rin
Ge|wo̲hn|heits|ver|bre|cher; Ge|wo̲hn|heits|ver|bre|che|rin
ge|wö̲hn|lich; für gewöhnlich (meist); **Ge|wö̲hn|lich|keit,** die; -
ge|wo̲hnt; ich bin es gewohnt, bin schwere Arbeit gewohnt; die gewohnte Arbeit
ge|wö̲hnt (*Partizip II von* gewöhnen); ich habe mich an diese Arbeit gewöhnt; ich bin daran gewöhnt

gewohnt / gewöhnt
Die Fügung *etwas gewohnt sein* (nur ohne *an*) bedeutet »eine bestimmte Gewohnheit haben«: *Ich bin gewohnt, früh aufzustehen* (= Ich stehe meistens früh auf). Dagegen hat *an etwas gewöhnt sein* (nur mit *an*) die Bedeutung »mit etwas Bestimmtem durch Gewöhnung vertraut sein«: *Ich bin an das frühe Aufstehen gewöhnt* (= Das frühe Aufstehen macht mir nichts aus).

Ge|wö̲h|nung, die; -; **ge|wö̲h|nungs|be|dürf|tig**
Ge|wọ̈l|be, das; -s, -; **Ge|wọ̈l|be|bo|gen; Ge|wọ̈l|be|pfei|ler**
Ge|wọ̈lk, das; -[e]s *Plur. selten*
Ge|wọ̈l|le, das; -s, - (*Jägerspr.* von Greifvögeln herausgewürgter Klumpen unverdaulicher Nahrungsreste)
[1]ge|wọllt (unnatürlich, gekünstelt); ihre Gesten wirken sehr gewollt
[2]ge|wọllt *vgl.* [2]wollen
ge|wọn|nen *vgl.* gewinnen
ge|wọr|ben *vgl.* werben
ge|wọr|den *vgl.* werden
ge|wọr|fen *vgl.* werfen
Ge|wụ̈hl, das; -[e]s
ge|wụn|den *vgl.* [1]winden
ge|wụ̈nscht; der gewünschte Effekt
ge|wụ̈r|felt; gewürfelte Stoffe
Ge|wụ̈r|ge, das; -s
Ge|wụ̈rm, das; -[e]s
Ge|wụ̈rz, das; -es, -e
Ge|wụ̈rz|gur|ke
ge|wụ̈r|zig (*selten für* würzig)
Ge|wụ̈rz|ku|chen; Ge|wụ̈rz|mi|schung; Ge|wụ̈rz|nel|ke
Ge|wụ̈rz|tra|mi|ner (eine Rebsorte)
Ge|wu̲|sel, das; -s (*landsch.*)
ge|wụsst *vgl.* wissen
Ge|wụsst-wie, das; - ↑K 26
Gey̲|sir, der; -s, -e, **Gei̲|ser,** der; -s, - ⟨isländ.⟩ (eine Wasserfontänen ausstoßende heiße Quelle)
gez. = gezeichnet
GEZ, die; - = Gebühreneinzugszentrale
ge|zạckt
Ge|zä̲|he, das; -s, - (*Bergmannsspr.* Arbeitsgerät)
ge|za̲hnt, ge|zä̲hnt; ein gezahntes *od.* gezähntes Blatt
Ge|zạ̈nk, das; -[e]s, -e; **Ge|zạn|ke,** das; -s
Ge|zạp|pel, das; -s
ge|ze̲i̲ch|net (*Abk.* gez.)
Ge|ze̲i̲t, die; -, -en (*im allgemeinen Sprachgebrauch Plur.; Sing. fachspr. für* eine der Gezeiten [Ebbe od. Flut])
Ge|ze̲i̲|ten|kraft|werk; Ge|ze̲i̲|ten|ta|fel; Ge|ze̲i̲|ten|wech|sel
Ge|zẹr|re, das; -s
Ge|ze̲|ter, das; -s
Ge|zie̲|fer, das; -s (*veraltend für* Ungeziefer)
ge|zie̲lt; gezielt fragen
ge|zie̲|men, sich (*veraltend*); es geziemt sich für ihn; **ge|zie̲|mend;** eine geziemende Antwort
Ge|zie̲|re, das; -s
ge|zie̲rt; Ge|zie̲rt|heit
Ge|zịrp, das; -[e]s, **Ge|zịr|pe,** das; -s
Ge|zịsch, das; -[e]s, **Ge|zị|sche,** das; -s
Ge|zị|schel, das; -s
ge|zo̲|gen *vgl.* ziehen
Ge|zụ̈cht, das; -[e]s, -e (*veraltet für* Gesindel)
Ge|zụ̈n|gel, das; -s
Ge|zwe̲i̲g, das; -[e]s, -e, **Ge|zwe̲i̲|ge,** das; -s, -
ge|zwịrnt *vgl.* [2]zwirnen
Ge|zwịt|scher, das; -s
ge|zwụn|gen; sie lachte gezwungen; *vgl.* zwingen
ge|zwụn|ge|ner|ma̲|ßen
Ge|zwụn|gen|heit
Gfrạst, das; -[e]s, -er (*bayr., österr. ugs. für* Fussel; Nichtsnutz)
Gfrẹtt, Ge|frẹtt, das; -s (*südd., österr. ugs. für* Ärger, Plage)
Gfrie̲ß, Ge|frie̲ß, das; -es, -er (*südd., österr. ugs. abwertend für* Gesicht)
GG, das; - = Grundgesetz
ggf. = gegebenenfalls
gGmbH, die; -, -s = gemeinnützige

Gesellschaft mit beschränkter Haftung
g. g. T., ggT = größter gemeinsamer Teiler *(Math.)*
Gha|na [g...] (Staat in Afrika); **Gha|na|er; Gha|na|e|rin; gha|na|isch**
Gha|sel [ga...], Ga|sel, das; -s, -e, **Gha|se|le**, Ga|se|le, die; -, -n ‹arab.› (eine [oriental.] Gedichtform)
Ghet|to [g...] usw. *vgl.* Getto usw.
Ghi|bel|li|ne [g...], **Gi|bel|li|ne,** der; -n, -n ‹ital.› (ital. Anhänger der Hohenstaufen im 13. Jh.)
Ghost|wri|ter [ˈgoːstraitɐ], der; -s, - ‹engl.› (für eine andere Person Schreibende[r], nicht genannte[r] Autor[in]); **Ghost|wri|te|rin**
G. I., GI [dʒiːˈ|ai], der; -[s], -[s] = government issue (Regierungsausgabe [urspr. für die Ausrüstung der Truppe]; *ugs. für* amerikanischer Soldat)
Gia|co|met|ti [dʒa...], Alberto (schweiz. Bildhauer)
Gi|aur, der; -s, -e, *auch* -en, -en ‹pers.› *(im Islam* Nichtmuslim)
Gib|bon, der; -s, -s ‹franz.› (ein Affe)
Gi|bel|li|ne *vgl.* Ghibelline
Gi|b|ral|tar [*auch* ...ˈtaːɐ̯, *österr.* ˈgiː...] ‹arab.› (Halbinsel an der Südspitze Spaniens); **Gi|b|ral|ta|rer; Gi|b|ral|ta|re|rin; gi|b|ral|ta|risch**
gibt *vgl.* geben
¹**Gicht,** die; -, -en *(Hüttenw.* oberster Teil des Hochofens)
²**Gicht,** die; - (eine Stoffwechselkrankheit)
Gicht|bee|re *(bes. nordd., ostd. für* Schwarze Johannisbeere)
gicht|brü|chig *(veraltet)*
gich|tig, gich|tisch
Gicht|kno|ten
gicht|krank
Gi|ckel, der; -s, - *(landsch. für* Hahn)
gi|ckeln, gi|ckern *(landsch. für* kichern); ich gick[e]le *od.* gickere
gicks *(ugs.);* weder gicks noch gacks sagen
gick|sen, kick|sen, kiek|sen *(landsch. für* einen [leichten] Schrei ausstoßen; stechen; stoßen); du gickst; gicksen und gacksen
Gide [ʒiːd] (franz. Schriftsteller)
Gi|de|on (m. Vorn.)
¹**Gie|bel,** der; -s, - (ein Fisch)
²**Gie|bel,** der; -s, - (Dachgiebel); **Gie|bel|fens|ter**
gie|be|lig, gieb|lig
gie|bel|stän|dig (mit dem Giebel zur Straße hin gebaut)
Gie|bel|wand
gieb|lig, gie|be|lig
Gieh|se (dt. Schauspielerin)
Giek|baum *(Seemannsspr.* Rundholz für Gaffelsegel)
Gie|men, das; -s (krankhaftes Atmungsgeräusch)
Gien, das; -s, -e ‹engl.› *(Seemannsspr.* starker Flaschenzug); **Gien|block** *Plur.* ...blöcke
Gien|gen an der Brenz [ˈgɪŋən - - -] (Stadt in Baden-Württemberg)
Gie|per, Jie|per, der; -s *(bes. nordd. für* Gier, Appetit); einen Gieper auf etwas haben; **gie|pern,** jie|pern; ich giepere nach etwas; **giep|rig,** jiep|rig
Gier, die; -
¹**gie|ren** (gierig sein)
²**gie|ren** ([von Schiffen, Flugzeugen] seitlich abweichen); **Gier|fäh|re** (Seilfähre)
gie|rig; Gie|rig|keit, die; -
Giersch, der; -[e]s *(landsch. für* Geißfuß [ein Wiesenkraut])
Gieß|bach
gie|ßen; du gießt; ich goss, du gossest; du gössest; gegossen; gieß[e]!
Gie|ßen (Stadt a. d. Lahn)
Gie|ßer; Gie|ße|rei; Gie|ße|rin
Gieß|form; Gieß|harz
Gieß|kan|ne; Gieß|kan|nen|prin|zip, das; -s; etw. nach dem Gießkannenprinzip (unterschiedslos, willkürlich) verteilen
¹**Gift,** das; -[e]s, -e
²**Gift,** der; -[e]s *(bes. südd. für* Ärger, Zorn); einen Gift auf jmdn. haben
gif|teln *(österr. ugs. für* Drogen konsumieren); ich gift[e]le
gif|ten *(ugs. für* gehässig reden); sich giften (sich ärgern); das giftet mich
gift|fest; gift|frei
Gift|gas
gift|grün
gif|tig; Gif|tig|keit, die; -
Gift|ler *(österr. ugs. für* Drogenkonsument); **Gift|le|rin**
Gift|mi|scher; Gift|mi|sche|rin
Gift|mord; Gift|müll; Gift|müll|de|po|nie
Gift|nu|del *(ugs. für* boshafter Mensch)
Gift|pfeil; Gift|pflan|ze; Gift|pilz; Gift|schlan|ge; Gift|schrank
Gift|sprit|ze *(ugs. auch für* boshafter Mensch)
Gift|sta|chel; Gift|stoff; Gift|wol|ke; Gift|zahn
Gift|zwerg *(ugs. für* boshafter Mensch)
¹**Gig,** das; -s, -s ‹engl.› (leichter Einspänner)
²**Gig,** die; -, -s, *seltener* das; -s, -s (Sportruderboot)
³**Gig,** der; -s, -s ‹engl.› (Auftritt bei einem Pop- od. Jazzkonzert)
Gi|ga... ‹griech.› (das Milliardenfache einer Einheit, z. B. Gigameter = 10^9 Meter; *Zeichen* G)
Gi|ga|byte [...bait] ‹griech.; engl.› *(EDV* 2^{30} Byte; *Zeichen* GB, GByte)
Gi|ga|hertz *(Physik* eine Milliarde Hertz; *Zeichen* GHz)
Gi|ga|li|ner [...lai...], der; -s, - (sehr langer u. schwerer Lkw)
Gi|gant, der; -en, -en ‹griech.› (Riese); **Gi|gan|tin; gi|gan|tisch**
Gi|gan|tis|mus, der; -, ...men (übersteigerte Größensucht; *Med.* krankhafter Riesenwuchs)
Gi|gan|to|ma|chie, die; - (Kampf der Giganten gegen Zeus)
Gi|gan|to|ma|nie, die; -, ...ien (Übertreibungssucht); **gi|gan|to|ma|nisch**
Gi|gerl, der, *auch* das; -s, -n; *vgl.* Pickerl *(bes. österr. für* Modegeck); **gi|gerl|haft**
gig|geln *(landsch. für* herumalbern, kichern); ich gigg[e]le; gegiggelt
Gi|g|li [ˈdʒɪlji] (ital. Sänger)
Gi|go|lo [ˈʒiː..., *auch* ˈʒɪ...], der; -s, -s ‹franz.› (Eintänzer; *ugs. für* Mann, der sich aushalten lässt)
Gi|got [ʒigo], das *u.* der; -s, -s *(schweiz. für* Hammelkeule)
Gigue [ʒiːk], die; -, -n [ˈʒiːgn̩] (ein alter Tanz)
Gilb, der; -s (gelbliche Verfärbung)
gil|ben *(geh. für* gelb werden)
Gil|bert (m. Vorn.)
Gilb|hard, Gilb|hart, der; -s, -e *(alte Bez. für* Oktober)
Gil|de, die; -, -n *(bes. im MA.* Vereinigung bes. von Handwerkern u. Kaufleuten); **Gil|de|haus**
Gil|de|meis|ter; Gil|de|meis|te|rin
Gil|den|hal|le; Gil|den|schaft
Gi|let [ʒiˈleː], das; -s, -s ‹franz.› *(österr., schweiz. für* Weste)
Gil|ga|mesch (sagenhafter babylonischer Herrscher); **Gil|ga|mesch|epos, Gil|ga|mesch-Epos**
Gil|ling, die; -, -s, **Gil|lung,** die; -, -en *(Seemannsspr.* einwärtsgebogene Seite des Rahsegels;

G
Gill

nach innen gewölbter Teil des Hinterschiffs)

gilt *vgl.* gelten

Gim|mick, der, *auch* das; -s, -s ‹engl.› (Werbegag, -geschenk)

Gim|pe, die; -, -n (mit Seide umsponnener Baumwollfaden)

Gim|pel, der; -s, - (ein Singvogel; *ugs. für* einfältiger Mensch)

Gin [dʒɪn], der; -s, -s ‹engl.› (ein Wacholderbranntwein)

Gin|fizz, Gin-Fizz, der; -, - [...fɪs] (Mixgetränk mit Gin)

ging *vgl.* gehen

Gin|gan [ˈgɪŋgan] ‹malai.›, **Ging|ham** [ˈgɪŋəm] ‹engl.› der; -s, -s (ein Baumwollstoff)

Gin|ger [ˈdʒɪndʒɐ], der; -[s], - ‹engl.› (*engl. Bez. für* Ingwer)

Gin|ger|ale, Gin|ger-Ale, das; -s, -s (ein Erfrischungsgetränk)

Ging|ham [ˈgɪŋəm] *vgl.* Gingan

Gink|go [ˈgɪŋko], **Gin|ko,** der; -s, -s ‹jap.› (ein asiatischer Baum)

Gin|seng [*auch* ʒ...], der; -s, -s ‹chin.› (ostasiatische Pflanze mit heilkräftiger Wurzel)

Gins|ter, der; -s, - (ein Strauch)

Gin To|nic [...nɪk], der; - -[s], - -s ‹engl.› (Gin mit Tonic)

gio|co|so [dʒo...] ‹ital.› (*Musik* heiter, spaßhaft)

Giot|to [ˈdʒɔ...] (ital. Maler)

Gio|van|ni [dʒo...] (m. Vorn.)

Gip|fel, der; -s, - (*schweiz. auch für* Hörnchen, Kipfel)

gip|fe|lig, gipf|lig

Gip|fel|kon|fe|renz; Gip|fel|kreuz (Kreuz auf dem Berggipfel)

gip|feln; er behauptet, es gipf[e]le im Krieg

Gip|fel|punkt

Gip|fel|stür|mer; Gip|fel|stür|me|rin

Gip|fel|tref|fen

gipf|lig, gip|fe|lig

Gips, der; -es, -e

Gips|ab|druck *Plur.* ...abdrücke; **Gips|bein; Gips|büs|te**

gip|sen; du gipst

Gip|ser; Gip|se|rin

gip|sern (aus Gips; gipsartig)

Gips|fi|gur; Gips|man|schet|te; Gips|ver|band

Gi|pü|re, die; -, -n ‹franz.› (Klöppelspitze aus Gimpen)

Gi|raf|fe [*südd., österr.* ʒ...], die; -, -n ‹arab.› (langhalsiges Tier)

Gi|ran|do|la [dʒ...] ‹ital.›, **Gi|ran|do|le** [ʒ...] ‹franz.› die; -, ...olen (Feuergarbe beim Feuerwerk; Armleuchter)

Gi|rant [ʒ...], der; -en, -en ‹ital.› (*Bankw.* jmd., der einen Scheck od. Wechsel durch Giro auf einen anderen überträgt; Indossant); **Gi|ran|tin**

Gi|rat, der; -en, -en, **Gi|ra|tar,** der; -s, -e (Person, der bei der Übertragung eines Orderpapiers ein Indossament erteilt wurde)

Gi|rau|doux [ʒiroˈdu:] (franz. Schriftsteller); Giraudoux' [ʒiroˈdu:s] Werke ↑K 16

gi|rie|ren [ʒ...] ‹ital.› ([einen Wechsel] übertragen)

Girl [gøːɐ̯l], das; -s, -s ‹engl.› (*scherzh. für* Mädchen; w. Mitglied einer Tanztruppe)

Gir|lan|de, die; -, -n ‹franz.› (Gewinde aus Laub, Blumen, buntem Papier o. Ä.)

Gir|lie [ˈgøːɐ̯li], das; -s, -s ‹engl.› (junge Frau in unkonventioneller Kleidung mit selbstbewusst-frechem Auftreten)

Gir|litz, der; -es, -e (ein Singvogel)

Gi|ro [ʒ...], das; -s, *Plur.* -s, *österr. auch* Giri ‹ital.› (Überweisung im bargeldlosen Zahlungsverkehr; Übertragungsvermerk eines Orderpapiers); **Gi|ro|bank** *Plur.* ...banken

Gi|ro d'Ita|lia [dʒ... -], der; - -, Giri d'Italia [ˈdʒ... -] (in Italien ausgetragenes Radrennen)

Gi|ro|kas|se; Gi|ro|kon|to

Gi|ronde [ʒiˈrõ:d], die; - (Mündungstrichter der Garonne; franz. Departement); **Gi|ron|dist,** der; -en, -en *meist Plur.* (gemäßigter Republikaner der Französischen Revolution); **Gi|ron|dis|tin**

Gi|ro|ver|kehr (bargeldloser Zahlungsverkehr)

gir|ren; die Taube girrt

gis, Gis, das; -, - (Tonbezeichnung); **gis** (*Zeichen für* gis-Moll); in gis

Gis|bert (m. Vorn.)

Gis|card d'Es|taing [ʒɪsˈkaːɐ̯ dɛsˈtɛ̃:] (franz. Staatsmann)

gi|schen (*veraltet für* gischten)

Gischt, die; -, -en *u., bes. fachspr.,* der; -[e]s, -e *Plur. selten* (Schaum; Sprühwasser, aufschäumende See); **gisch|ten**

Gis-Dur [ˈgɪsduːɐ̯, *auch* ˈgɪsˈduːɐ̯], das; -[s] (Tonart; *Zeichen* Gis); **Gis-Dur-Ton|lei|ter** ↑K 26

Gi|se[h] [...ze] (Stadt in Ägypten)

Gi|se|la [*österr.* ...ˈze:...] (w. Vorn.)

Gi|sel|bert (m. Vorn.); **Gi|sel|her, Gi|sel|mar** (m. Vorn.)

gis-Moll [ˈgɪsmɔl, *auch* ˈgɪsˈmɔl], das; -[s] (Tonart; *Zeichen* gis); **gis-Moll-Ton|lei|ter** ↑K 26

gis|sen (*Seemannsspr., Fliegerspr.* die Position eines Flugzeugs od. Schiffes schätzen)

Gi|tar|re, die; -, -n ‹span.›

Gi|tar|ren|or|ches|ter; Gi|tar|ren|riff, der *od.* das ‹span.; engl.›

Gi|tar|ren|spiel; Gi|tar|ren|spie|ler; Gi|tar|ren|spie|le|rin; Gi|tar|re|ra, die; -, -s *(Jargon);* **Gi|tar|re|ro,** der; -s, -s *(Jargon);* **Gi|tar|rist,** der; -en, -en; **Gi|tar|ris|tin**

Git|ta, Git|te (w. Vorn.)

Git|ter, das; -s, -

Git|ter|bett|chen; Git|ter|fens|ter

git|tern; ich gittere

Git|ter|netz; Git|ter|rost

Git|ter|span|nung *(Elektronik)*

Git|ter|stab

Git|zi, das; -[s], -[s] (*schweiz. für* Zicklein, junge Ziege)

Giu|sep|pe [dʒu...] (m. Vorn.)

Give-away, Give|away [ˈgɪvəve:], das; -s, -s ‹engl.› (*Werbespr.* kleines Werbegeschenk)

Glace [gla(:)s, *schweiz.* glasə], die; -, *Plur.* -s [gla(:)s], *schweiz.* -n [ˈglasn̩] ‹franz.› (Zuckerglasur; Gelee aus Fleischsaft; *schweiz.* Speiseeis)

Gla|cé, Gla|cee, der; -[s], -s (ein glänzendes Gewebe)

Gla|cé|hand|schuh, Gla|cee|hand|schuh; Gla|cé|le|der, Gla|cee|le|der

gla|cie|ren (mit Glace überziehen; *veraltet für* zum Gefrieren bringen)

Gla|cis [...ˈsi:], das; -, - (*Militär* Erdaufschüttung vor einem Festungsgraben)

Gla|di|a|tor, der; -s, ...oren ‹lat.› (altrömischer Schwertkämpfer bei Zirkusspielen); **Gla|di|a|to|rin**

Gla|di|o|le, die; -, -n (ein Schwertliliengewächs)

gla|go|li|tisch ‹slaw.›; glagolitisches (kirchenslawisches) Alphabet

Gla|go|li|za, die; - (die glagolitische Schrift)

Gla|mour [ˈglɛmɐ], der *u.* das; -s ‹engl.› (Glanz, betörende Aufmachung); **Gla|mour|girl, Glamour-Girl** (Reklame-, Filmschönheit); **gla|mou|rös** [glamu...]

Glans, die; -, Glandes ‹lat.› (*Med.* Eichel des Penis)

Glanz, der; -es, *Plur. (fachspr.)* -e

glän|zen; du glänzt; **glän|zend;** glänzend schwarze Haare; seine Augen waren glänzend schwarz

glatt

glat|ter, *auch* glät|ter; glat|tes|te, *auch* glät|tes|te

Wenn »glatt« das Ergebnis der mit einem folgenden einfachen Verb bezeichneten Tätigkeit angibt, kann getrennt oder zusammengeschrieben werden:

- glatt bügeln *od.* glattbügeln
- glatt hobeln *od.* glatthobeln
- glatt machen *od.* glattmachen
- glatt rasieren *od.* glattrasieren
- glatt rühren *od.* glattrühren
- glatt streichen *od.* glattstreichen
- glatt ziehen *od.* glattziehen
- *aber:* glatt abschleifen, glatt zusammenlegen

Bei übertragener Bedeutung gilt Zusammenschreibung; vgl. glattbügeln, glattgehen, glattmachen, glattstellen

Glanz|le|der; Glanz|leis|tung; Glanz|licht *Plur.* ...lichter
glanz|los
Glanz|num|mer; Glanz|pa|pier
Glanz|pa|ra|de *(Sport)*
Glanz|punkt (Höhepunkt)
Glanz|stück
glanz|voll
Glanz|zeit
Glar|ner ‹*zu* Glarus›; **Glar|ner Al|pen** *Plur.;* **Glar|ne|rin; glar|ne|risch**
Gla|rus (Kanton u. Stadt in der Schweiz)
[1]**Glas,** das; -es, Gläser; zwei Glas Bier; ein Glas voll; Glas blasen
[2]**Glas,** das; -es, -en (*Seemannsspr.* halbe Stunde)
glas|ar|tig
Glas|au|ge; Glas|bau|stein
Glas|blä|ser; Glas|blä|se|rei; Glas|blä|se|rin
Gläs|chen
Glas|con|tai|ner; Glas|dach
gla|sen (*Seemannsspr.* die halbe Stunde für die Schiffswache schlagen)
Gla|ser; Gla|se|rei; Gla|se|rin
Glä|ser|klang, der; -[e]s *(geh.)*
Gla|ser|meis|ter; Gla|ser|meis|te|rin
glä|sern (aus Glas, glasartig)
Glas|fa|ser; Glas|fa|ser|ka|bel
Glas|fas|sa|de; Glas|fens|ter
Glas|fi|ber|stab *(Sport)*
Glas|fla|sche; Glas|glo|cke
Glas|gow [...go] (Stadt in Schottland)
Glas|har|fe
glas|hart
Glas|haus; Glas|hüt|te
gla|sie|ren (mit Glasur versehen)
gla|sig; Zwiebeln glasig dünsten
Glas|kas|ten
glas|klar
Glas|kno|chen|krank|heit, die; - (*Med.* Entwicklungsstörung des Knochens)
Glas|kopf, der; -[e]s (Eisenerzart)
Glas|kör|per (*Med.* gallertiger Teil des Auges)
Glas|ku|gel
Glas|ma|ler; Glas|ma|le|rei; Glas|ma|le|rin
Glas|nost, die; - ‹russ.› ([polit.] Offenheit)
Glas|nu|del; Glas|pa|last; Glas|per|le; Glas|plat|te; Glas|rei|ni|ger; Glas|schei|be; Glas|scher|be; Glas|schrank; Glas|split|ter
Glas|sturz *Plur.* ...stürze (Glasglocke)
Glast, der; -[e]s (*veraltet, noch südd. für* Glanz); **glas|tig**
Glas|tür
Gla|su|now (russ. Komponist)
Gla|sur, die; -, -en (glasiger Überzug, Schmelz; Zucker-, Schokoladenguss)
Glas|ver|si|che|rung; Glas|vi|t|ri|ne; Glas|wand; Glas|wol|le
glatt *s. Kasten*
glatt|bü|geln (*ugs. für* in Ordnung bringen); *vgl. aber* glatt
Glät|te, die; -
Glatt|eis; Glatt|eis|bil|dung
Glätt|ei|sen (elektr. Gerät zum Glätten von Haaren; *schweiz. für* Bügeleisen)
glät|ten (*landsch. u. schweiz. auch für* bügeln)
glat|ter|dings
Glät|te|rin (*schweiz. für* Büglerin)
glatt|ge|hen (*ugs. für* ohne Komplikationen ablaufen)
glatt ho|beln, glatt|ho|beln *vgl.* glatt
glatt käm|men, glatt|käm|men *vgl.* glatt
glatt|ma|chen (*ugs. für* bezahlen); *vgl. aber* glatt
glatt ra|sie|ren, glatt|ra|sie|ren *vgl.* glatt
glatt rüh|ren, glatt|rüh|ren *vgl.* glatt
glatt schlei|fen, glatt|schlei|fen *vgl.* glatt
glatt|stel|len (*Kaufmannsspr.* ausgleichen); **Glatt|stel|lung**
glatt strei|chen, glatt|strei|chen *vgl.* glatt
Glatt|tal, das; -s (Region nördlich von Zürich)
Glät|tung
glatt|weg
glatt zie|hen, glatt|zie|hen *vgl.* glatt
glatt|zün|gig; Glatt|zün|gig|keit, die; -
Glat|ze, die; -, -n
Glatz|kopf
glatz|köp|fig
Glau|be, der; -ns, -n *Plur. selten;* jmdm. Glauben schenken
glau|ben; er wollte mich glauben machen, dass ...
Glau|ben, der; -s, - (*seltener für* Glaube)
Glau|bens|ar|ti|kel; Glau|bens|be|kennt|nis
Glau|bens|bru|der
Glau|bens|ei|fer; Glau|bens|fra|ge; Glau|bens|frei|heit
Glau|bens|ge|mein|schaft
Glau|bens|krieg
Glau|bens|leh|re; Glau|bens|rich|tung; Glau|bens|sa|che; Glau|bens|satz
Glau|bens|schwes|ter
glau|bens|stark
Glau|bens|streit
glau|bens|voll
Glau|ber|salz, das; -es (Natriumsulfat)
glaub|haft; Glaub|haf|tig|keit, die; -
gläu|big; Gläu|bi|ge, der *u.* die; -n, -n
Gläu|bi|ger, der; -s, - (jmd., der berechtigt ist, von einem Schuldner Geld zu fordern); **Gläu|bi|ger|bank** *Plur.* ...banken; **Gläu|bi|ge|rin**
Gläu|bi|ger|schutz, der; -es; **Gläu|bi|ger|ver|samm|lung**
Gläu|big|keit *Plur. selten*
glaub|lich; kaum glaublich, aber wahr
glaub|wür|dig; Glaub|wür|dig|keit, die; -
Glau|kom, das; -s, -e ‹griech.› (*Med.* grüner Star [Augenkrankheit])
Glau|ko|nit, der; -s, -e (Mineral)

gleich

- der gleiche Hut
- die gleichen Rechte
- alle Menschen sind gleich
- die Sonne ging gleich einem roten Ball unter *(geh.)*
- er soll gleich (sofort) kommen

Großschreibung ↑K 72:

- das Gleiche (dasselbe) tun
- das Gleiche ist nicht immer dasselbe
- das Gleiche gilt für dich
- es kommt aufs Gleiche hinaus
- Gleiches mit Gleichem vergelten
- es kann uns Gleiches begegnen
- ins Gleiche (in Ordnung) bringen
- ein Gleiches tun
- Gleicher unter Gleichen
- Gleich und Gleich gesellt sich gern

Schreibung in Verbindung mit Adjektiven, Verben und Partizipien ↑K 56, 58 *u.* 60:

- gleich alt, gleich groß, gleich gut, gleich lang, gleich schnell, gleich verteilt, gleich wahrscheinlich usw.
- zwei gleich große Kinder; die Kinder waren gleich groß
- gleich sein, gleich werden; gleich denken, gleich klingen, gleich lauten
- die Wörter werden gleich geschrieben
- gleich bedeutende Gelehrte, *aber* gleichbedeutende (das Gleiche bedeutende) Wörter
- sie sind einander [völlig] gleich geblieben
- sie ist gleichbleibend *od.* gleich bleibend freundlich
- gleichdenkende *od.* gleich denkende Menschen
- gleichgeartete *od.* gleich geartete Verhältnisse
- ein nicht nur ähnlich, sondern gleich gelagerter *od.* gleichgelagerter Fall
- gleich gesinnte *od.* gleichgesinnte Freunde
- zwei gleich gestimmte *od.* gleichgestimmte Seelen
- gleichlautende *od.* gleich lautende Wörter

Vgl. aber gleichkommen, gleichmachen, gleichschalten, gleichsehen, gleichsetzen, gleichstehen, gleichstellen, gleichtun, gleichziehen

G

glaz

gla|zi|al ⟨lat.⟩ (*Geol.* eiszeitlich, die Gletscher betreffend)

Gla|zi|al|fau|na; Gla|zi|al|flo|ra; Gla|zi|al|see; Gla|zi|al|zeit (Vereisungszeit)

Gla|zio|lo|ge, der; -n, -n ⟨lat.; griech.⟩; **Gla|zio|lo|gie,** die; - (Eis- u. Gletscherkunde); **Gla|zio|lo|gin; gla|zio|lo|gisch**

Glei|bo|den ⟨russ.; dt.⟩ (*Geol.* feuchter, mineralischer Boden)

gleich *s. Kasten*

gleich|alt|rig, *selten* **gleich|al|te|rig**

gleich|ar|tig; etwas Gleichartiges ↑K 72; **Gleich|ar|tig|keit,** die; -

gleich|auf; gleichauf liegen

gleich|be|deu|tend (das Gleiche bedeutend); gleichbedeutende Wörter, *aber* gleich bedeutende (gleichermaßen angesehene) Gelehrte

gleich|be|han|deln (gleichermaßen gerecht behandeln); aber gleich (in gleicher Weise; sofort) behandeln; **Gleich|be|hand|lung**

Gleich|be|hand|lungs|be|auf|trag|te *(österr.);* **Gleich|be|hand|lungs|ge|setz**

gleich|be|rech|tigt; Gleich|be|rech|ti|gung, die; -

gleich be|schaf|fen, gleich|be|schaf|fen *vgl.* gleich

gleich|blei|bend, gleich blei|bend *vgl.* gleich

gleich|den|kend, gleich den|kend *vgl.* gleich

Glei|che, die; -, -n; etwas in die Gleiche bringen

glei|chen (gleich sein); du glichst; geglichen; gleich[e]!

Glei|chen|fei|er (*österr. für* Richtfest)

glei|chen|orts (*schweiz. für* am gleichen Ort); **glei|chen|tags** (*schweiz. für* am selben Tage)

glei|cher|ge|stalt *(veraltet)*

glei|cher|ma|ßen; glei|cher|wei|se

gleich|falls *vgl.* [1]Fall

gleich|far|big

gleich|för|mig; Gleich|för|mig|keit, die; -

gleich|ge|ar|tet, gleich ge|ar|tet *vgl.* gleich; **gleich ge|la|gert, gleich|ge|la|gert** *vgl.* gleich

gleich|ge|schlecht|lich; gleichgeschlechtliche Partnerschaft

gleich ge|sinnt, gleich|ge|sinnt *vgl.* gleich; **Gleich|ge|sinn|te,** der *u.* die; -n, -n, **gleich Ge|sinn|te,** der *u.* die; - -n, - -n ↑K 72

gleich ge|stimmt, gleich|ge|stimmt *vgl.* gleich

Gleich|ge|wicht, das; -[e]s, -e; **gleich|ge|wich|tig**

Gleich|ge|wichts|la|ge; Gleich|ge|wichts|or|gan; Gleich|ge|wichts|sinn; Gleich|ge|wichts|stö|rung; Gleich|ge|wichts|übung

gleich|gül|tig; Gleich|gül|tig|keit

Gleich|heit

Gleich|heits|grund|satz; Gleich|heits|prin|zip; Gleich|heits|zei|chen (*Zeichen* =)

Gleich|klang

gleich|kom|men ↑K 47 (entsprechen); das war einer Kampfansage gleichgekommen, *aber* wir sind gleich (sofort) gekommen

Gleich|lauf, der; -[e]s *(Technik);* **gleich|lau|fend** (gleichzeitig, parallel); **gleich|läu|fig** *(Technik);* **Gleich|läu|fig|keit,** die; -

gleich|lau|tend, gleich lau|tend *vgl.* gleich

gleich|ma|chen ↑K 47 (angleichen); dem Erdboden gleichmachen; *vgl.* gleich

Gleich|ma|cher; Gleich|ma|che|rei; Gleich|ma|che|rin; gleich|ma|che|risch

Gleich|maß, das; -es

gleich|mä|ßig; Gleich|mä|ßig|keit, die; -

Gleich|mut, der; -[e]s, *selten* die; -

gleich|mü|tig; Gleich|mü|tig|keit, die; -

gleich|na|mig; Gleich|na|mig|keit, die; -

Gleich|nis, das; -ses, -se; **gleich|nis|haft; gleich|nis|wei|se**

gleich|ran|gig

Gleich|rich|ter *(Elektrot.)*

gleich|sam; gleichsam[,] als ob/wenn ↑K 127

gleich|schal|ten ↑K 47 (auf eine

einheitliche Linie bringen); *vgl.* gleich; **Gleich|schal|tung**

gleich|schau|en (*bes. österr. für* ähnlichsehen)

gleich|schen|ke|lig, gleich|schenk|lig; gleichschenk[e]lige Dreiecke

Gleich|schritt, der; -[e]s; im Gleichschritt

gleich|se|hen (ähneln)

gleich|sei|tig; Gleich|sei|tig|keit, die; -

gleich|set|zen ↑K 47 ; etwas mit einer Sache gleichsetzen; *vgl.* gleich; **Gleich|set|zung**

Gleich|set|zungs|ak|ku|sa|tiv (*Sprachwiss.* Gleichsetzungsglied neben einem Akkusativobjekt, z. B. er nennt mich »einen Lügner«); **Gleich|set|zungs|no|mi|na|tiv** (Ergänzung im Nominativ, z. B. er ist »ein Lügner«); **Gleich|set|zungs|satz**

Gleich|stand, der; -[e]s

gleich|ste|hen ↑K 47 (gleich sein)

gleich|stel|len ↑K 47 (auf die gleiche Stufe stellen); gleichgestellt sein; *vgl.* gleich; **Gleich|stel|lung; Gleich|stel|lungs|be|auf|trag|te**

gleich|stim|mig

Gleich|strom; Gleich|strom|ma|schi|ne

gleich|tun ↑K 47 (nacheifern); es jmdm. gleichtun; *aber* du sollst das gleich (sofort) tun!; *vgl.* gleich

Glei|chung

gleich|viel; gleichviel[,] ob/wann/wo ↑K 127 ; gleichviel[,] ob du kommst, *aber* wir haben gleich viel

gleich|wer|tig; Gleich|wer|tig|keit, die; -

gleich|wie

gleich|win|ke|lig, gleich|wink|lig

gleich|wohl; *aber* wir fühlen uns alle gleich (in gleicher Weise) wohl

gleich|zei|tig; Gleich|zei|tig|keit

gleich|zie|hen ↑K 47 (auf den gleichen Leistungsstand kommen)

Gleis, das; -es, -e; *vgl.* Geleise

Gleis|an|la|ge; Gleis|an|schluss

Gleis|ar|bei|ter; Gleis|ar|bei|te|rin

Gleis|bau, der; -[e]s; **Gleis|bett** (Unterlage aus Schotter für Gleise); **Gleis|drei|eck**

Gleis|ner (*veraltet für* Heuchler); **Gleis|ne|rei; Gleis|ne|rin; gleis|ne|risch**

Glei|ße, die; -, -n (*landsch. für* Hundspetersilie)

glei|ßen (glänzen, glitzern); du gleißt; du gleißtest; gegleißt; gleiß[e]!

Gleit|bahn; Gleit|boot

glei|ten; du glittst; geglitten; gleit[e]!; gleitende Arbeitszeit

Glei|ter *(Flugw.)*

Gleit|flug; Gleit|klau|sel; Gleit|schirm; Gleit|schutz

gleit|si|cher

Gleit|zeit

Glen|check [...tʃɛk], der; -[s], -s ‹engl.› (ein Gewebe; großflächiges Karomuster)

Glet|scher, der; -s, -

glet|scher|ar|tig

Glet|scher|bahn; Glet|scher|brand; Glet|scher|eis; Glet|scher|feld

Glet|scher|milch, die; - (milchigtrübes Schmelzwasser des Gletschers)

Glet|scher|müh|le (ausgespülter Schacht im Eis od. Fels)

Glet|scher|schliff; Glet|scher|spal|te

Glet|scher|tor (Austrittsstelle des Gletscherbaches)

Glet|scher|zun|ge

Gle|ve [...fə], die; -, -n ‹franz.› (eine mittelalterl. Waffe)

Glib|ber, der; -s (*nordd. für* glitschige Masse); **glib|be|rig**

glich *vgl.* gleichen

Glied, das; -[e]s, -er

Glie|der|fü|ßer (*für* Arthropoden)

...glie|de|rig, ...glied|rig (z. B. zweigliederig, zweigliedrig, *mit Ziffer* 2-gliederig, 2-gliedrig)

Glie|der|kak|tus

glie|der|lahm

Glie|der|me|ter (*schweiz. für* Meterstab)

glie|dern; ich gliedere

Glie|der|pup|pe

Glie|der|rei|ßen; Glie|der|schmerz

Glie|der|tier *meist Plur. (Zool.)*

Glie|de|rung

Glied|ma|ße, die; -, -n *meist Plur.*

...glied|rig; *vgl.* ...gliederig

Glied|satz *(Sprachwiss.)*

Glied|staat *Plur.* ...staaten

glied|wei|se

glim|men; es glomm, *auch* glimmte; es glömme, *auch* glimmte; geglommen, *auch* geglimmt; glimm[e]!

Glim|mer, der; -s, - (eine Mineralgruppe); **glim|me|rig** *vgl.* glimmrig; **glim|mern;** ich glimmere

Glim|mer|schie|fer

Glimm|lam|pe

glimm|rig, glim|me|rig *(veraltend)*

Glimm|stän|gel (*scherzh. für* Zigarette)

glimpf|lich

Gli|om, das; -s, -e ‹griech.› (*Med.* Geschwulst im Gehirn, Rückenmark od. an der Netzhaut)

Glis|sa|de, die; -, -n ‹franz.› (Gleitschritt beim Tanzen)

glis|san|do ‹ital.› (*Musik* gleitend); **Glis|san|do,** das; -s, *Plur.* -s *u.* ...di

Glitsch|bahn

Glit|sche, die; -, -n (*landsch. für* Schlitterbahn); **glit|schen** (*ugs. für* schlittern); du glitschst

glit|sche|rig, glit|schig, glitsch|rig (*ugs. für* glatt, rutschig)

glitt *vgl.* gleiten

Glit|zer, der; -s; **glit|ze|rig, glitz|rig; Glit|zer|ja|cke**

glit|zern; ich glitzere

glo|bal ‹lat.› (weltumspannend; umfassend; allgemein)

glo|ba|li|sie|ren (weltweit ausrichten); **Glo|ba|li|sie|rung**

Glo|ba|li|sie|rungs|geg|ner; Glo|ba|li|sie|rungs|geg|ne|rin

Glo|ba|li|sie|rungs|kri|tik; Glo|ba|li|sie|rungs|kri|ti|ker; Glo|ba|li|sie|rungs|kri|ti|ke|rin; glo|ba|li|sie|rungs|kri|tisch

Glo|ba|lis|mus, der; - ‹lat.›; **Glo|ba|li|tät,** die; -

Glo|bal Play|er [ˈgloːbl̩ -], der; - -s, - -[s] ‹engl.› (Konzern, Unternehmen, Unternehmer o. Ä. mit weltweitem Wirkungskreis)

Glo|bal|sum|me

Glo|be|trot|ter, der; -s, - ‹engl.› (Weltenbummler); **Glo|be|trot|te|rin,** die; -, -nen

Glo|bin, das; -s, -e ‹lat.› (*Med., Biol.* Eiweißbestandteil des Hämoglobins); **Glo|bu|lin,** das; -s, -e (Eiweißkörper)

Glo|bus, der; *Gen.* - *u.* -ses, *Plur.* ...ben *u.* -se ‹lat., »Kugel«› (kugelförmiges Modell der Erde)

Glöck|chen

Glo|cke, die; -, -n

Glo|cken|ap|fel; Glo|cken|blu|me

glo|cken|för|mig

Glo|cken|ge|läut, Glo|cken|ge|läu|te

Glo|cken|gie|ßer; Glo|cken|gie|ße|rei; Glo|cken|gie|ße|rin; Glo|cken|guss

Glo|cken|hei|de (Heidekraut)

glo|cken|hell

Glo|cken|klang; Glo|cken|läu|ten,

das; -s; **Glo̤|cken|man|tel; Glo̤|cken|rock; Glo̤|cken|schlag; Glo̤|cken|spiel; Glo̤|cken|stuhl; Glo̤|cken|ton; Glo̤|cken|turm**

glo̤|ckig

Glö̤ck|lein; Glö̤ck|ner

Glo̤ck|ner|grup|pe (Bergmassiv in den Alpen); ↑K64

Glö̤ck|ne|rin

Glogg|nitz (österr. Stadt)

glo̤mm *vgl.* glimmen

[1]**Glo̲|ria,** das; -s *u.* die; - ‹lat.› (*meist iron. für* Ruhm, Ehre); mit Glanz und Gloria

[2]**Glo̲|ria,** das; -s (Lobgesang in der kath. Messe)

Glo̲|rie, die; -, -n (*geh. für* Ruhm, Glanz); **Glo̲|ri|en|schein** (Heiligenschein)

Glo|ri|fi|ka|ti|o̲n, die; -, -en (Verherrlichung); **glo|ri|fi|zie̲|ren; Glo|ri|fi|zie̲|rung**

Glo|ri|o̲|le, die; -, -n (Heiligenschein)

glo|ri|o̲s (ruhmvoll); **glo̲r|reich**

glo̲|sen (*landsch. für* glühen, glimmen); es gloste

Glos|sa̲r, das; -s, -e ‹griech.› (Glossensammlung; Wörterverzeichnis [mit Erklärungen])

Glos|sa̲|tor, der; -s, ...o̲ren (Verfasser von Glossen); **Glos|sa|to̲|rin**

Glo̤s|se [*fachspr. auch* ˈglo:sə], die; -, -n (Erläuterung zu einem Ausdruck innerhalb eines Textes; kurzer Kommentar zu aktuellen Problemen); **glos|sie̲|ren**

Glos|so|la|lie̲, die; - ‹griech.› (*Psychol.* das Hervorbringen unverständlicher Laute in religiöser Ekstase)

glot|ta̲l; glottaler Verschlusslaut (*Sprachwiss.*); **Glot|ta̲l,** der; -s, -e ‹griech.› (*Sprachwiss.* Stimmritzenlaut, Kehlkopflaut)

Glo̤t|ter|tal, das; -[e]s (im südl. Schwarzwald)

Glo̤t|tis, die; -, Glo̤ttides ‹griech.› (Stimmapparat, Stimmritze); **Glo̤t|tis|schlag** (Stimmritzenverschlusslaut)

Glo̤tz|au|ge; glo̤tz|äu|gig

Glo̤t|ze, die; -, -n (*ugs. für* Fernsehgerät)

glo̤t|zen (*ugs.*); du glotzt

Glo̤tz|kopf (*ugs.*)

Glouces|ter [ˈglɔstə] (engl. Stadt)

Glo|xi̲|nie, die; -, -n ‹nach dem Arzt Gloxin› (eine Zimmerpflanze)

Glṳbsch|au|ge *vgl.* Glupschauge

glṳb|schen *vgl.* glupschen

glṳck!; gluck, gluck!

Glṳck (dt. Komponist)

Glṳ̈ck, das; -[e]s, -e *Plur. selten;* jmdm. Glück wünschen; ein Glück bringendes *od.* glückbringendes Amulett; ein Glück verheißendes *od.* glückverheißendes Vorzeichen ↑K58 *u.* 59; etwas auf gut Glück versuchen

Glück|a̤b, das; -s; **Glṳ̈ck a̤b!** (Fliegergruß)

Glück|a̲uf, das; -s; er rief ihm ein Glückauf zu; **Glṳ̈ck a̲uf!** (Bergmannsgruß)

Glṳ̈ck brin|gend, glṳ̈ck|brin|gend ↑K58; *vgl.* Glück

Glṳ|cke, die; -, -n; **glṳ|cken**

glṳ̈|cken

glṳ|ckern; ich gluckere

glṳ̈ck|haft

Glṳck|hen|ne

glṳ̈ck|lich; glṳ̈ck|li|cher|wei̲|se

glṳ̈ck|los

Glṳ̈ck|sa|che, die; - (*svw.* Glückssache)

Glṳ̈cks|brin|ger; Glṳ̈cks|bu|de

glück|se̲|lig; Glück|se̲|lig|keit

glṳck|sen; du gluckst

Glṳ̈cks|fall, der; **Glṳ̈cks|fee; Glṳ̈cks|ge|fühl; Glṳ̈cks|göt|tin; Glṳ̈cks|kä|fer; Glṳ̈cks|kind; Glṳ̈cks|mo|ment; Glṳ̈cks|pfen|nig; Glṳ̈cks|pilz; Glṳ̈cks|rad**

Glṳ̈cks|rit|ter; Glṳ̈cks|rit|te|rin

Glṳ̈cks|sa|che, die; -; **Glṳ̈cks|schwein**

Glṳ̈cks|spiel; Glṳ̈cks|spiel|ge|setz; Glṳ̈cks|spiel|mo|no|pol

Glṳ̈cks|stern; Glṳ̈cks|sträh|ne; Glṳ̈cks|tag

glṳ̈ck|strah|lend ↑K59

Glṳ̈cks|tref|fer; Glṳ̈cks|um|stand; Glṳ̈cks|zahl

Glṳ̈ck ver|hei|ßend, glṳ̈ck|ver|hei|ßend ↑K58; *vgl.* Glück

Glṳ̈ck|wunsch

Glṳ̈ck|wunsch|kar|te; Glṳ̈ck|wunsch|te|le|gramm

Glück|zu̲, das; -; **Glṳ̈ck zu̲!**

Glu|co̲|se *vgl.* Glukose

Glü̲h|bir|ne

glü̲|hen; glü̲|hend; ein glühender Verehrer; ein glühend heißes Eisen; das Eisen ist glühend heiß

glü̲h|hei̲ß

Glü̲h|hit|ze *vgl.* Gluthitze; **Glü̲h|lam|pe; Glü̲h|strumpf; Glü̲h|wein; Glü̲h|würm|chen**

Glu|ko̲|se, *fachspr.* Glu|co̲|se, die; - ‹griech.› (Traubenzucker)

Glṳm|pert, das; -s (*österr. ugs. für* wertloses Zeug)

Glṳm|se, die; - (*landsch. für* Quark)

Glṳpsch|au|ge, Glṳbsch|au|ge *meist Plur.;* **glṳp|schen,** glṳb|schen (*nordd. für* mit großen Augen starr blicken); du glupschst *od.* glubschst

Glu̲t, die; -, -en

Glu|t|a|ma̲t, das; -[e]s, -e ‹lat.› (Würzzusatz bei Suppen u. Konserven); **Glu|t|a|mi̲n|säu|re**

glu̲t|äu|gig (*geh.*)

Glu|te̲n, das; -s (Bestandteil des Getreideeiweißes); **glu|te̲n|frei**

Glu̲t|hit|ze

Glu|ti̲n, das; -s ‹lat.› (Eiweißstoff)

Gly|ce|ri̲n *vgl.* Glyzerin; **Gly|ce|ro̲l** *vgl.* Glyzerin

Gly|k|ä|mie̲, die; - ‹griech.› (*Med.* Zuckergehalt des Blutes); **gly|k|ä̲|misch;** glykämischer Index (Wert des von einem Nahrungsmittel verursachten Anstiegs des Blutzuckergehalts)

Gly|ko|ge̲n, das; -s (tierische Stärke)

Gly|ko̲l, das; -s, -e (ein Frostschutz- u. Lösungsmittel)

Gly|ko̲|se, die; - (*ältere Form für* Glukose); **Gly|ko|si̲d,** das; -[e]s, -e (*Chemie* eine zuckerhaltige Verbindung); **Gly|ko|s|u|rie̲,** die; -, ...i̲en (*Med.* Zuckerausscheidung im Harn)

Gly̲p|te, die; -, -n ‹griech.› (geschnittener Stein; Skulptur)

Gly̲p|tik, die; - (Steinschneidekunst); **Glyp|to|the̲k,** die; -, -en (Sammlung von geschnittenen Steinen od. Skulpturen)

Gly|san|ti̲n®, das; -s (ein Kühlerschutzmittel)

Gly̲x®, der; -[es] *meist ohne Artikel* (*Kurzwort für* glykämischer Index)

Gly|ze|ri̲n, Gly|ce|ro̲l, Gly|ce|ri̲n, das; -s, -e ‹griech.› (dreiwertiger Alkohol)

Gly|zi̲|ne, Gly|zi̲|nie, die; -, -n (ein Kletterstrauch)

G-Man [ˈdʒi:mɛn], der; -[s], G-Men ‹*amerik. Kurzw. aus* government man = »Regierungsmann«› (Sonderagent des FBI)

GmbH, die; -, -s = Gesellschaft mit beschränkter Haftung

GMD, der *u.* die; -; -[s] = Generalmusikdirektor[in]

g-Moll [ˈge:mɔl, *auch* ˈge:ˈmɔl], das; -[s] (Tonart; *Zeichen* g); **g-Moll-Ton|lei|ter** ↑K26

Gmünd (österr. Stadt)
Gmun|den (österr. Stadt)
Gna|de, die; -, -n; von Gottes Gnaden; Euer Gnaden (*veraltet; vgl.* euer)
gna|den (*veraltet für* gnädig sein); *heute nur noch im Konjunktiv I:* gnade dir Gott!
Gna|den|akt; Gna|den|be|weis
gna|den|brin|gend ↑K59; die gnadenbringende Weihnachtszeit
Gna|den|brot; Gna|den|er|lass; Gna|den|frist; Gna|den|ge|such
Gna|den|hoch|zeit (siebzigster Hochzeitstag)
gna|den|los; gna|den|reich
Gna|den|stoß
gna|den|voll
Gna|den|weg, der; -[e]s
gnä|dig
Gna|gi, das; -[s], -[s]; *vgl.* Götti (*schweiz. für* gepökelte Teile von Kopf, Beinen u. Schwanz des Schweines)
Gnatz, der; -es, -e (*landsch. für* üble Laune); **gnat|zen** (*landsch. für* mürrisch, übellaunig sein); du gnatzt; **gnat|zig** *(landsch.)*
Gneis, der; -es, -e (ein Gestein)
Gnei|se|nau (preußischer Generalfeldmarschall)
Gnit|te, Gnit|ze, die; -, -n (*nordd. für* kleine Mücke)
Gnoc|chi ['njɔki] *Plur.* ⟨ital.⟩ (Klößchen aus einem Teig mit Kartoffeln u. Mehl)
Gnom, der; *Gen.* -en, *auch* -s, *Plur.* -en, *auch* -e (Kobold; Zwerg)
Gno|me, die; -, -n ⟨griech.⟩ (lehrhafter [Sinn-, Denk]spruch)
gno|men|haft
Gno|mi|ker ⟨griech.⟩ (Verfasser von [Sinn-, Denk]sprüchen); **gno|misch**; gnomischer Dichter (Spruchdichter)
Gno|mon, der; -s, ...mone (antikes astron. Instrument [Sonnenuhr])
Gno|sis, die; - ([Gottes]erkenntnis; Wissen um göttliche Geheimnisse); **Gnos|tik**, die; - (Lehre der Gnosis); **Gnos|ti|ker; Gnos|ti|ke|rin; gnos|tisch; Gnos|ti|zis|mus**, der; -
Gnu, das; -s, -s ⟨hottentott.⟩ (ein Steppenhuftier)
Go, das; - (ein jap. Brettspiel)
Goa (indischer Bundesstaat)
Goal [go:l], das; -s, -s ⟨engl.⟩ (*österr. u. schweiz. für* Tor [beim Fußball])
Goal|get|ter (*bes. österr. u. schweiz. für* Torschütze); **Goal|get|te|rin**
Goal|lie, Goal|li ['go:li], der; -s, -s (*schweiz. für* Torhüter); **Goal|kee|per** (*österr., schweiz. für* Torhüter); **Goal|kee|pe|rin; Goal|mann** *Plur.* ...männer (*bes. österr. für* Torhüter)
Go|a|ner ⟨*zu* Goa⟩; **Go|a|ne|rin; go|a|nisch**
Go|be|lin [...bəˈlɛ̃:], der; -s, -s ⟨franz.⟩ (Wandteppich mit eingewirkten Bildern)
Go|bi, die; - ⟨mong.⟩ (Wüste in Innerasien)
Go|ckel, der; -s, - (*bes. südd. für* Hahn); *vgl. auch* Gickel; **Go|ckel|hahn**
Göd, der; -en, -en (*österr. für* Pate)
Go|dard [gɔˈda:ɐ̯], Jean-Luc [ʒɑ̃ˈly:k] (franz. Filmregisseur)
Go|de (*Nebenform von* [1]Gote, [2]Gote); **Go|del**, die; -, -n (*südd. für* Patin)
Gode|mi|ché [go:tmɪˈʃe:], der; -, -s ⟨franz.⟩ (künstlich nachgebildeter erigierter Penis)
Go|den, die; -, - (*svw.* Godel)
Go|der, der; -s, - (*österr. ugs. für* Doppelkinn); **Go|derl**, das; -s, -[n]; *vgl.* Pickerl; jmdm. das Goderl kratzen (*österr. ugs. für* jmdm. schöntun)
Go|din (*landsch. für* Patin); *vgl.* [2]Gote
Godl, die; -, -n (*österr. für* Patin)
Godt|håb ['gɔtho:p] ⟨dän.⟩; *vgl.* Nuuk
Goes (dt. Schriftsteller)
Goe|the (dt. Dichter)
Goe|the|anum, das; -s (Tagungs- u. Aufführungsgebäude in Dornach bei Basel)
Goe|the|band, der; *Plur.* ...bände, **Goe|the-Band**, der; *Plur.* ...-Bände
goe|the|freund|lich ↑K136
Goe|the|haus, Goe|the-Haus, das; -es
Goe|the-In|s|ti|tut, das; -[e]s, -e
goe|thesch, goe|thisch; goethesche *od.* Goethe'sche *od.* goethische Dramen; er schrieb Verse von goethescher *od.* Goethe'scher *od.* goethischer Klarheit
Goe|the-und-Schil|ler-Denk|mal ↑K137
Goe|the|zeit, Goe|the-Zeit, die; -; **goe|the|zeit|lich**
goe|thisch *vgl.* goethesch
Gof, der *od.* das; -s, -en (*schweiz. für* [ungezogenes] Kind)
Gog (König im A. T.); Gog und Magog
Gogh, van [fan 'gɔx, *auch* - 'go:k] (niederl. Maler)
Go-go-Girl, das; -s, -s ⟨amerik.⟩ (Vortänzerin in Tanzlokalen)
Go|gol [*auch* 'gɔ...] (russ. Schriftsteller)
Goi, der; -[s], Gojim [*auch* goˈji:m] ⟨hebr.⟩ (jüdische Bezeichnung für einen Nichtjuden)
Go-in, das; -[s], -s ⟨engl.⟩ (unbefugtes Eindringen demonstrierender Gruppen, meist um eine Diskussion zu erzwingen)
Go|ing-pu|b|lic [go:ɪŋˈpablɪk], das; -[s] ⟨engl.⟩ (*Wirtsch.* Gang an die Börse als Aktiengesellschaft)
Go|jim (*Plur. von* Goi)
Go|kart, der *od.* das; -[s], -s ⟨engl.⟩ (niedriger, unverkleideter kleiner Sportrennwagen)
go|keln (*mitteld. für* mit Feuer spielen); ich gok[e]le; *vgl.* kokeln
Go|lan|hö|hen *Plur.* (Hügellandschaft im Nahen Osten)
Go|lat|sche *vgl.* Kolatsche
Gold, das; -[e]s (chemisches Element, Edelmetall; *Zeichen* Au); etwas ist Gold wert; *vgl.* Aurum
Gold|am|mer (ein Singvogel); **Gold|am|sel** (Pirol)
Gold|bar|ren; Gold|barsch
gold|blond; gold|braun
Gold|bro|kat; Gold|bron|ze
Gold|dou|b|lé, Gold|du|b|lee
gol|den *s. Kasten Seite 480*
Gol|den De|li|cious ['go:l... di'lɪʃəs, *auch* - de'li:tsi̯ʊs], der; - -, - - ⟨engl.⟩ (eine Apfelsorte)
Gol|den Goal ['go:ldən 'go:l], das; - -s, - -s ⟨engl.⟩ (Spielentscheidung durch das erste gefallene Tor in einer Verlängerung [z. B. beim Hockey])
Gol|den Re|t|rie|ver ['goʊldən rɪˈtri:vɐ] ⟨engl.⟩ (engl. Hunderasse; *vgl.* Retriever)
Gold|esel (*ugs. für* unerschöpfliche Geldquelle)
gold|far|ben, gold|far|big
Gold|fa|san; Gold|fisch
gold|gelb; gold|ge|rän|dert
Gold|grä|ber; Gold|grä|be|rin; Gold|grä|ber|stim|mung; Gold|gru|be
gold|haa|rig

G
gold

gol|den

– goldener Schmuck
– etwas golden färben ↑K 56

Kleinschreibung ↑K 89:

– goldene Hochzeit; goldene Worte; den goldenen Mittelweg einschlagen
– goldenes Tor (*Sport* den Sieg entscheidendes Tor)
– das Goldene *od.* goldene Zeitalter
– der Goldene *od.* goldene Schnitt *(Math.)*

Großschreibung ↑K 140 *u.* 150:

– die Goldene Aue (Gebiet zwischen Harz u. Kyffhäuser)
– das Goldene Buch (einer Stadt)
– die Goldene Bulle (historisches Dokument)
– die Goldene Rose (ein Medienpreis)
– die Goldene Schallplatte (eine Auszeichnung)
– die Goldene Stadt (Prag)
– das Goldene Dreieck (Grenzgebiet zwischen Thailand, Myanmar und Laos)
– das Goldene Kalb *(bibl.)*
– das Goldene Vlies (*vgl.* Vlies)
– die Goldenen Zwanziger

Gold|hähn|chen (ein Singvogel)
gold|hal|tig, *österr.* **gold|häl|tig**
Gold|hams|ter; Gold|ha|se (ein Nagetier)
gol|dig
Gold|jun|ge; Gold|kett|chen; Gold|ket|te; Gold|klum|pen; Gold|kro|ne
Gold|küs|te, die; - (in Westafrika)
Gold|lack, der; -[e]s (eine Blume)
Gold|le|gie|rung; Gold|leis|te
Gold|ma|cher; Gold|ma|che|rin
Gold|mäd|chen; Gold|me|dail|le
Gold|mi|ne; Gold|mull, der; -[e]s, -e (ein maulwurfähnlicher Insektenfresser); **Gold|mün|ze**
Gol|do|ni (ital. Dramatiker)
Gold|pa|pier
Gold|par|mä|ne (eine Apfelsorte)
gold|plat|tiert *(Fachspr.)*
Gold|preis; Gold|rand; Gold|rausch; Gold|re|gen (ein Strauch, Baum); **Gold|re|ser|ve**
gold|rich|tig *(ugs.)*
Gold|ring; Gold|schatz; Gold|schmied; Gold|schmie|din; Gold|schmuck; Gold|schnitt; Gold|stern (ein Liliengewächs)
Gold|stück; Gold|waa|ge; Gold|wäh|rung
Gold|wä|sche (das Auswaschen von Gold aus Sand od. Gestein); **Gold|wä|scher; Gold|wä|sche|rin**
Gold|wert; Gold|zahn
Go|lem, der; -[s] ⟨hebr.⟩ (durch Zauber zum Leben erweckte menschliche Tonfigur der jüdischen Sage)
Go|leo® (Maskottchen der Fußball-WM 2006)
[1]**Golf,** der; -[e]s, -e ⟨griech.⟩ (größere Meeresbucht); der Persische Golf
[2]**Golf,** das; -s ⟨schott.-engl.⟩ (ein Rasenspiel); Golf spielen
Golf|ball; Golf|club *vgl.* Golfklub
gol|fen (*ugs. für* Golf spielen); **Gol|fer,** der; -s, -; **Gol|fe|rin**
Golf|klas|se, die; - ⟨nach dem Automodell VW Golf®⟩ (kompakte Mittelklasse bei Pkw)
Golf|klub, Golf|club
Golf|krieg; Golf|kri|se
Golf|platz; Golf|schlä|ger; Golf|schuh
Golf|spiel; Golf|spie|ler; Golf|spie|le|rin; Golf|sport
Golf|staat *meist Plur.* (Anrainerstaat des Persischen Golfs)
Golf|strom, der; -[e]s
Golf|tur|nier
Gol|ga|tha, *ökum.* **Gol|go|ta** ⟨hebr., »Schädelstätte«⟩ (Hügel vor dem alten Jerusalem)
[1]**Go|li|ath,** *ökum.* **Go|li|at** (Riese im A. T.)
[2]**Go|li|ath,** der; -s, -s (Riese)
Göl|ler, das; -s, - (*schweiz. für* Schulterpasse)
Go|lo (m. Vorn.)
Göm|böc [...ts], der; -[es], -e ⟨ung.⟩ (*Math.* Körper, der nur eine stabile und eine labile Gleichgewichtslage hat)
Go|me|ra (eine der Kanarischen Inseln)
Go|mor|rha, *ökum.* **Go|mor|ra** *vgl.* Sodom
gon = Gon; **Gon,** das; -s, -e ⟨griech.⟩ (*Geodäsie* Einheit für [ebene] Winkel [1 gon = 100. Teil eines rechten Winkels]; *Zeichen* gon); 5 Gon
Go|na|de, die; -, -n ⟨griech.⟩ (*Med.; Biol.* Keimdrüse)
Go|n|a|g|ra, das; -s ⟨griech.⟩ (*Med.* Gicht im Kniegelenk)
Gon|del, die; -, -n ⟨ital.⟩ (langes venezianisches Ruderboot; Korb am Luftballon; Kabine am Luftschiff); **gon|deln** (*ugs. für* [gemächlich] fahren); ich gond[e]le; **Gon|do|li|e|ra,** die; -, ...ren (ital. Schifferlied); **Gon|do|li|e|re,** der; -, ...ri (Gondelführer)
Gong, der, *selten* das; -s, -s ⟨malai.⟩; **gon|gen;** es gongt; **Gong|schlag**
Go|nio|me|ter, das; -s, - ⟨griech.⟩ (Winkelmesser); **Go|nio|me|t|rie,** die; - (Winkelmessung)
gön|nen; Gön|ner
gön|ner|haft; Gön|ner|haf|tig|keit, die; -
Gön|ne|rin; gön|ne|risch (*selten für* gönnerhaft); **Gön|ner|mie|ne**
Go|no|kok|kus, der; -, ...kken *meist Plur.* ⟨griech.⟩ (eine Bakterienart [Trippererreger])
Go|nor|rhö, die; -, -en (Tripper); **go|nor|rho|isch**
Gon|zo|jour|na|lis|mus ⟨amerik.⟩ (sehr subjektiver, emotionaler, übertreibender Journalismus)
good|bye! [gʊtˈbai̯] ⟨engl., »auf Wiedersehen!«⟩
Goo|die, Goo|dy [ˈgʊdi], das; -[s], -s ⟨engl.⟩ (kostenlose Zugabe)
Good|will [ˈgʊtˈvɪl], der; -[s] ⟨engl.⟩ (Wohlwollen, freundliche Gesinnung; Firmen-, Geschäftswert); **Good|will|rei|se**
goo|geln [ˈguːgl̩n] (mit Google im Internet suchen); ich goog[e]le; **Goo|gle®** [ˈguːgl̩] *ohne Artikel* (Internetsuchmaschine)
Gö|pel, der; -s, - (alte Drehvorrichtung zum Antrieb von Arbeitsmaschinen durch im Kreis herumgehende Menschen od. Tiere); **Gö|pel|werk**
gor *vgl.* gären
Gör, das; -[e]s, -en, **Gö|re,** die; -, -n (*nordd. für* [kleines] Kind; ungezogenes Mädchen)
Go|ra|le, der; -n, -n (Angehöriger

eines polnischen Volkes in den Beskiden u. der Tatra)
Gor|ba|t|schow [...ˈtʃɔf] (sowjetischer Staatsmann)
Gor|ding, die; -, -s (*Seemannsspr.* Tau zum Einholen der Segel)
gor|disch; der [berühmte] Gordische Knoten; *aber* ein [beliebiger] gordischer (unauflösbarer) Knoten
Gor|don [...dn̩] (m. Vorn.)
Gö|re *vgl.* Gör
Gore|tex® [ˈgoːɐ̯tɛks], das; - ⟨Kunstwort⟩ (Wasser u. Wind abweisendes, atmungsaktives Gewebe für Jacken, Schuhe u. a.)
Gor|go, die; -, ...gonen (w. Ungeheuer der griech. Sage); **Gor|gonen|haupt**
Gor|gon|zo|la, der; -[s], -s ⟨nach dem gleichnamigen ital. Ort⟩ (ein Käse)
Go|ril|la, der; -s, -s ⟨afrik.⟩ (größter Menschenaffe; *ugs. für* Leibwächter)
Go|ri|zia (*ital. Form von* Görz)
¹Gor|ki (russ. Schriftsteller)
²Gor|ki *vgl.* Nischni Nowgorod
Gör|litz (Stadt an der Neiße)
Gör|res (dt. Publizist)
Görz (ital. Stadt); *vgl.* Gorizia
Gösch, die; -, -en ⟨niederl.⟩ (*Seemannsspr.* kleine rechteckige Nationalflagge; andersfarbiges Obereck am Flaggenstock)
Go|sche, Gu|sche, die; -, -n (*landsch. für* Mund)
Go|se, die; -, -n (*mitteld. für* obergäriges Bier)
Gos|lar (Stadt am Nordrand des Harzes)
Go-slow [...ˈsloː], der *u.* das; -s, -s ⟨engl.⟩ (Bummelstreik)
Gos|pel, das *od.* der; -s, -s, Gospel|song (religiöses Lied der Afroamerikaner); **Gos|pel|gottes|dienst; Gos|pel|kon|zert**
Gos|pel|song *vgl.* Gospel
Gos|po|dar *vgl.* Hospodar; **Gospo|din,** der; -s, ...da ⟨russ., »Herr«⟩ (russische Anrede)
goss *vgl.* gießen
Gos|se, die; -, -n
Gös|sel, das; -s, -[n] (*nordd. für* Gänseküken)
Gos|sen|spra|che (ungepflegte Ausdrucksweise)
Got|cha [ˈgɔtʃɐ], das; -s ⟨engl.-amerik.⟩ (Paintball)
¹Go|te, der; -n, -n (*landsch. für* Pate)
²Go|te, die; -, -n (*landsch. für* Patin); *vgl. auch* Gotte, Gode *u.* Godin
³Go|te, der; -n, -n (Angehöriger eines germ. Volkes)
Gö|te|borg (Hafenstadt an der Südwestküste Schwedens)
¹Go|tha (Stadt in Thüringen)
²Go|tha, der; - (Adelskalender)
Go|tha|er; Go|tha|e|rin; go|tha|isch
Go|tik, die; - ⟨franz.⟩ (Kunststil vom 12. bis 15. Jh.; Zeit des gotischen Stils)
Go|tin ⟨*zu* ³Gote⟩
go|tisch (die Goten betreffend; im Stil der Gotik)
¹Go|tisch, die; - ⟨*zu* Gotik⟩ (eine Schriftart)
²Go|tisch, das; -[s] ⟨*zu* ³Gote⟩ (Sprache); *vgl.* Deutsch; **Go|tische,** das; -n; *vgl.* ²Deutsche
Got|land (schwed. Ostseeinsel)
Gott, der; *Gen.* -es, Götter; um Gottes willen; in Gottes Namen; Gott sei Dank!; Gott befohlen!; weiß Gott!; Gott[,] der Herr[,] hat ...; grüß [dich] Gott!
gott|ähn|lich; Gott|ähn|lich|keit, die; -
gott|be|gna|det
gott|be|wah|re! *(ugs.); aber* Gott bewahre uns davor!
Got|te, die; -, -n (*schweiz. für* Patin); **Got|ten|kind** (*schweiz. für* Kind einer Patin)
Gott|er|bar|men; zum Gotterbarmen (*ugs. für* jämmerlich); **gott|er|bärm|lich,** gotts|erbärm|lich
Göt|ter|bild
Göt|ter|bo|te; Göt|ter|bo|tin
Göt|ter|däm|me|rung (Zustand vor dem Anbruch eines neuen Zeitalters)
Göt|ter|gat|te *(scherzh.);* **Göt|tergat|tin**
gott|er|ge|ben
göt|ter|gleich
Göt|ter|spei|se (*auch* eine Süßspeise); **Göt|ter|trank**
Got|tes|acker (*landsch. für* Friedhof)
Got|tes|an|be|te|rin (eine Heuschreckenart)
Got|tes|be|weis
Got|tes|dienst; Got|tes|dienst|besu|cher; Got|tes|dienst|be|suche|rin; Got|tes|dienst|ord|nung
Got|tes|frau
Got|tes|furcht; got|tes|fürch|tig
Got|tes|ga|be; Got|tes|ge|richt
Got|tes|gna|de; es ist eine Gottesgnade, *aber in Titeln:* von Gottes Gnaden König ...; **Got|tesgna|den|tum,** das; -s
Got|tes|haus
Got|tes|kind|schaft
Got|tes|krie|ger (Taliban- u. El-Kaida-Kämpfer); **Got|tes|kriege|rin**
got|tes|läs|ter|lich; Got|tes|läs|terung
Got|tes|leug|ner; Got|tes|leug|ne|rin
Got|tes|lohn
Got|tes|mann *Plur.* ...männer
Got|tes|mut|ter, die; -; **Got|tessohn,** der; -[e]s
Got|tes|staat; Got|tes|ur|teil
Gott|fried (m. Vorn.)
gott|ge|fäl|lig *(geh.);* **Gott|ge|fällig|keit**
gott|ge|ge|ben; gott|ge|wollt; gott|gläu|big
¹Gott|hard (m. Vorn.)
²Gott|hard, der; -s (*kurz für* Sankt Gotthard)
Gott|hard|bahn, die; -
Gott|heit
¹Gott|helf (m. Vorn.)
²Gott|helf (schweiz. Schriftsteller)
Gott|hold (m. Vorn.)

Göt|ti

der; -[s], -[s] (*schweiz. für* Pate)

Schweizer Substantive mit der Endung -(l)i *haben ursprünglich nur eine einzige Form:* der Götti, des Götti, mehrere Götti, mehreren Götti; des Müsli, zwei Müsli. *Finden sie Eingang in den allgemeinen deutschen Wortschatz, so können sie im Genitiv und manchmal sogar im Plural die Endung -s erhalten:* des Götti[s], die Götti[s]. *Besonders gebräuchlich ist über die Schweiz hinaus das Wort* Müsli, *das in Deutschland und Österreich heute überwiegend die Beugungsformen* des Müslis, die Müslis *hat.*

Göt|ti|bub (*schweiz. für* männliches Patenkind eines Paten)
Göt|tin
Göt|tin|gen (Stadt a. d. Leine); **Göt|tin|ger; Göt|tin|ge|rin**
gött|lich; die göttliche Gnade, *aber* ↑K86 : die Göttliche Komödie (von Dante); **Göttlich|keit,** die; -
Gott|lieb (m. Vorn.)
gott|lob!
Gott|lob (m. Vorn.)
gott|los; Gott|lo|se, der *u.* die; -n, -n; **Gott|lo|sig|keit**

G Gott

Gott|mensch, der; -en (Christus)
Gott|sched (dt. Gelehrter u. Schriftsteller)
Gott|sei|bei|uns [*auch* ...'zai̯...], der; - (*verhüllend für* Teufel)
gott|se|lig *(veraltend);* **Gott|se|lig|keit,** die; -
gotts|er|bärm|lich, gott|er|bärm|lich; gotts|jäm|mer|lich
Gott|su|cher; Gott|su|che|rin
Gott|va|ter, der; -s *meist ohne Artikel*
gott|ver|dammt *(derb)*
gott|ver|las|sen
Gott|ver|trau|en
gott|voll
Gott|we|sen, das; -s (Gott)
Götz (m. Vorn.)
Göt|ze, der; -n, -n (Abgott); **Göt|zen|al|tar; Göt|zen|bild; Göt|zen|die|ner; Göt|zen|die|ne|rin; Göt|zen|dienst**
Gou|ache [gu̯a(:)ʃ], die; -, -n ⟨franz.⟩ (Malerei mit Wasserdeckfarben *[nur Sing.];* Bild in dieser Maltechnik)
[1]**Gou|da** ['xau̯...] (niederländische Stadt bei Rotterdam)
[2]**Gou|da** ['gau̯...], der; -s, -s, **Gou|da|kä|se,** der; -s, -
Gou|d|ron [gu'drõ:], der, *auch* das; -s ⟨arab.-franz.⟩ (wasserdichter Anstrich)
Gould [gu:...], Glenn (kanadischer Pianist)
Gou|nod [gu'no:] (franz. Komponist)
Gourde [gurd], der; -, -s [gurd] ⟨franz.⟩ (Währungseinheit in Haiti)
Gour|mand [gʊr'mã:], der; -s, -s ⟨franz., »Vielfraß«⟩ (Schlemmer[in]); **Gour|man|di|se,** die; -, -n (Leckerbissen)
Gour|met [...'me:], der; -s, -s (Feinschmecker[in]); **Gour|met|tem|pel** (*ugs. für* renommiertes Feinschmeckerlokal)
gou|tie|ren [gu...] ⟨franz.⟩ (Geschmack an etwas finden)
Gou|ver|nan|te [gu...], die; -, -n ⟨franz.⟩ (*veraltet für* Erzieherin); **gou|ver|nan|ten|haft**
Gou|ver|ne|ment [...'mã:], das; -s, -s (Regierung; Verwaltung, Verwaltungsbezirk); **gou|ver|ne|men|tal** (*schweiz. für* regierungsfreundlich; Regierungs...)
Gou|ver|neur [...'nø:ɐ̯], der; -s, -e (Statthalter); **Gou|ver|neu|rin**
Go|ya [...ja] (spanischer Maler)
Go|zo ['go:zo:] (Insel im Mittelmeer)

GPS, das; - ⟨*Abk. aus* Global Positioning System⟩ (ein satellitengestütztes Navigationssystem)
GPU, die; - ⟨*Abk. aus* russ. gossudarstwennoje polititscheskoje uprawlenije = staatliche politische Verwaltung⟩ (sowjetische Geheimpolizei bis 1934)
G-Punkt ['ge:...] (hinter dem Eingang der Vagina gelegene erogene Zone)
Gr. = Greenwich
Grab, das; -[e]s, Gräber
Grab|ar|bei|ten *Plur.* (*bes. schweiz. für* Bauarbeiten, bei denen in den Untergrund gegraben wird)
Grab|be (dt. Dichter)
Grab|bei|ga|be
Grab|be|lei; grab|beln (*nordd. für* herumtasten); ich grabb[e]le; *vgl. aber* krabbeln
Grab|bel|sack; Grab|bel|tisch
Gräb|chen
Gra|be|land, das; -[e]s (kleingärtnerisch genutztes Brachland; künftiges Bauland)
gra|ben; du gräbst; du grubst; du grübest; gegraben; grab[e]!
Gra|ben, der; -s, Gräben; *Schreibung in Straßennamen* ↑K 162 *u.* 163
Gra|ben|kampf (*Militär; auch übertr. für* heftige Auseinandersetzung)
Grä|ber; Grä|ber|feld; Grä|be|rin
Gra|bes|käl|te; Gra|bes|kir|che (in Jerusalem); **Gra|bes|ru|he; Gra|bes|stil|le; Gra|bes|stim|me**
Grab|ge|sang; Grab|ge|wöl|be; Grab|hü|gel; Grab|kam|mer
Grab|le|gung; Grab|licht *Plur.* ...lichter
Grab|mal *Plur.* ...mäler, *geh.* ...male; **Grab|pfle|ge; Grab|plat|te**
Grab|räu|ber; Grab|räu|be|rin
Grab|re|de; Grab|schän|dung
Grab|scheit (*landsch. für* Spaten)
grab|schen *vgl.* grapschen
Grab|scher *vgl.* Grapscher
Grab|sche|rin *vgl.* Grapscherin
Grab|spruch; Grab|stät|te; Grab|stein; Grab|ste|le; Grab|stel|le
Grab|sti|chel (ein Werkzeug)
Gra|bung
Grac|che [...xə], der; -n, -n *meist Plur.* (Angehöriger eines altrömischen Geschlechtes)
Gracht, die; -, -en ⟨niederl.⟩ (Kanal[straße] in niederl. Städten)
grad. = graduiert; *vgl.* graduieren

Grad, der (*für Temperatureinheit meist:* das); -[e]s, -e ⟨lat.⟩ (Temperatureinheit; Einheit für [ebene] Winkel [1° = 90. Teil eines rechten Winkels]; *Zeichen* °); 3 Grad C *od.* 3° C *od.* 3 °C (*fachspr. nur so);* der 30. Grad (*nicht:* 30. °); es ist heute um einige Grad wärmer; ein Winkel von 30°; ein 30°-Winkel; *vgl. aber* Grat
Gra|da|ti|on, die; -, -en (stufenweise Erhöhung; Abstufung)
Grad|bo|gen
gra|de (*ugs. für* gerade *[vgl. d.]*)
Grad|ein|tei|lung
Gra|del, Gradl, der; -s, - (*südd., österr. für* ein Gewebe)

grad..., Grad...
Die Wörter *gerad[e]* und *Gerad[e]* sowie die mit ihnen gebildeten Zusammensetzungen werden umgangssprachlich oft in den verkürzten Formen *grad...* oder *Grad...* verwendet, z. B. *grade, Grade, gradeaus, gradestehen, gradezu, gradlinig, Gradlinigkeit.*

Gra|di|ent, der; -en, -en ⟨lat.⟩ (*fachspr. für* Gefälle od. Anstieg einer Größe auf einer bestimmten Strecke); **Gra|di|en|te,** die; -, -n (von Gradienten gebildete Neigungslinie)
gra|die|ren (Salzsole konzentrieren; verstärken; in Grade einteilen); **Gra|dier|haus** (Salzgewinnungsanlage); **Gra|die|rung; Gra|dier|werk** (Solerieselanlage [in Kurorten])
...gra|dig, ...grä|dig (z. B. dreigradig ↑K 66, *mit Ziffer* 3-gradig)
Grä|dig|keit *(Chemie)*
Gra|ditz (Ort südöstl. von Torgau); **Gra|dit|zer; Gra|dit|ze|rin**
Gradl *vgl.* Gradel
grad|li|nig; Grad|li|nig|keit
grad|mä|ßig
Grad|mes|ser, der
Grad|netz; Grad|ska|la
gra|du|al ⟨lat.⟩ (den Rang betreffend)
Gra|du|a|le, das; -s, ...lien (kurzer Psalmengesang nach der Epistel in der katholischen Messe; das die Choralmessgesänge enthaltende Buch)
gra|du|ell ⟨franz.⟩ (grad-, stufenweise, allmählich)
gra|du|ie|ren (*Technik* mit genauer

Einteilung versehen; einen [akadem.] Grad erteilen); graduierter Ingenieur, *Abk.* Ing. (grad.)
Gra|du|ier|te, der *u.* die; -n, -n (jmd., der einen akademischen Grad besitzt)
Gra|du|ier|ten|kol|leg; Gra|du|ier|ten|schu|le
Gra|du|ie|rung
Grad|un|ter|schied

Gratwanderung
Der *Grat* in *Gratwanderung* ist die Bezeichnung für die oberste Kante eines Bergrückens und wird mit *t* geschrieben. Er ist nicht zu verwechseln mit der Temperatur- und Winkeleinheit *Grad,* die mit *d* geschrieben wird.

grad|wei|se
Grae|cum, das; -s ⟨griech.⟩ (Prüfung im Altgriechischen)
¹Graf *vgl.* ¹Graph
²Graf *vgl.* ²Graph
³Graf, der; -en, -en
Gra|fem *vgl.* Graphem
Gra|fen|kro|ne; Gra|fen|ti|tel
Graf|fel, das; -s (*bayr., österr. ugs. für* Gerümpel)
Graf|fi|ti|spray|er; Graf|fi|ti|spray|e|rin
Graf|fi|to, der *u.* das; -[s], ...ti ⟨ital.⟩ (in eine Wand eingekratzte Inschrift; *meist Plur.:* Wandkritzelei; auf Mauern, Fassaden o. Ä. gesprühte od. gemalte Parole od. Darstellung)
Gra|fie, Gra|phie, die; -, -n (*Sprachwiss.* Schreibung)
...gra|fie, ...gra|phie (...[be]schreibung, z. B. Geografie)
Gra|fik, Gra|phik, die; -, -en ⟨griech.⟩ (Schaubild; *nur Sing.:* Sammelbezeichnung für Holzschnitt, Kupferstich, Lithografie u. Handzeichnung)
Gra|fik|chip, Gra|phik|chip (*EDV* Chip, der die Daten der Bilder berechnet, die auf dem Bildschirm ausgegeben werden)
Gra|fik|de|sign, Gra|phik|de|sign
Gra|fi|ker, Gra|phi|ker; **Gra|fi|ke|rin,** Gra|phi|ke|rin
Gra|fik|kar|te, Gra|phik|kar|te (*EDV* spezielle Steckkarte zur Erstellung von Grafiken auf dem Computerbildschirm)
Gra|fik|spei|cher, Gra|phik|speicher (*EDV* Bildspeicher einer Grafikkarte)
Grä|fin; Grä|fin|wit|we
gra|fisch, gra|phisch
Gra|fit, Gra|phit, der; -s, -e (ein Mineral)
gra|fit|grau, gra|phit|grau

Graffito
Das aus dem Italienischen übernommene, meist im Plural *Graffiti* erscheinende Substantiv wird nicht, wie oft fälschlicherweise angenommen, mit *-tt-,* sondern mit *-ff-* geschrieben.

gräf|lich; *im Titel* ↑K89: Gräflich
Gra|fo|lo|ge, Gra|pho|lo|ge, der; -n, -n; **Gra|fo|lo|gie,** Gra|pho|logie, die; - (Lehre von der Deutung der Handschrift als Ausdruck des Charakters); **Gra|fo|lo|gin,** Gra|pho|lo|gin; **gra|fo|lo|gisch,** gra|pho|lo|gisch
Gra|fo|sta|tik, Gra|pho|sta|tik, die; - (zeichnerische Methode zur Lösung statischer Aufgaben)
Graf|schaft
Gra|ham|brot ⟨nach dem amerikanischen Arzt⟩ ↑K136
Grain [greɪn], der; -s, -s ⟨engl.⟩ (älteres Gewicht); 5 Grain
Gra|ji|sche Al|pen *Plur.* ↑K140 (Teil der Westalpen)
grä|ko|la|tei|nisch ↑K149 (griechisch-lateinisch)
Grä|ko|ma|nie, die; - ⟨griech.⟩ ([übertriebene] Vorliebe für altgriechische Kultur)
Gral, der; -s ⟨franz.⟩ (Wunder wirkende ¹Schale im höfischen Roman); der Heilige Gral ↑K150
Grals|burg; Grals|hü|ter; Grals|hü|te|rin; Grals|rit|ter; Grals|ro|man; Grals|sa|ge
gram; jmdm. gram sein ↑K70
Gram, der; -[e]s
grä|meln (*bes. mitteld., nordd. für* missmutig sein); ich gräm[e]le
grä|men; sich grämen
gram|er|füllt
Gram|fär|bung, Gram-Fär|bung ⟨nach dem dänischen Arzt H. C. J. Gram⟩ (Färbemethode zur Unterscheidung von Bakterien); gramnegativ, grampositiv
gram|ge|beugt ↑K59
gram|ge|furcht ↑K59
gräm|lich; Gräm|lich|keit, die; -
Gramm, das; -s, -e ⟨griech.⟩ (*Zeichen* g); 2 Gramm
Gram|ma|tik, die; -, -en (Sprachlehre)
gram|ma|ti|ka|lisch (*seltener für* grammatisch)
Gram|ma|ti|ker; Gram|ma|ti|ke|rin
Gram|ma|tik|re|gel; Gram|ma|tik|the|o|rie
gram|ma|tisch; grammatisches Geschlecht (Genus)
Gram|mel, die; -, -n (*bayr., österr. für* Griebe); **Gram|mel|knö|del** (*österr.*)
...gräm|mig (*schweiz.;* z. B. hundertgrämmig, *mit Ziffern* 100-grämmig)
Gramm|mol, Gramm-Mol, Gramm|mo|le|kül, Gramm-Mo|le|kül ⟨griech.; lat.⟩ (*früher für* so viele Gramm einer chemischen Verbindung, wie deren Molekulargewicht angibt)
Gram|mo|fon, Gram|mo|phon®, das; -s, -e ⟨griech.⟩ (Plattenspieler)
Gram|my [ˈgrɛmi], der; -[s], -s, **Gram|my Award** [- əˈwɔːt], der; - -, - -s (in der Musikbranche verliehener Preis)
gram|ne|ga|tiv, gram|po|si|tiv *vgl.* Gramfärbung
gram|voll
Gran ⟨lat.⟩, **Grän** ⟨franz.⟩ das; -[e]s, -e (altes Apotheker- u. Edelmetallgewicht); 3 Gran
Gra|na|da (Hauptstadt der gleichnamigen span. Provinz)
¹Gra|nat, der; -[e]s, -e ⟨niederl.⟩ (kleines Krebstier, Garnelenart)
²Gra|nat, der; -[e]s, -e, *österr.* der; -en, -en ⟨lat.⟩ (ein Edelstein)
Gra|nat|ap|fel (Frucht einer subtropischen Pflanze)
Gra|na|te, die; -, -n ⟨ital.⟩
Gra|na|ten|ha|gel, Gra|nat|ha|gel
gra|na|ten|voll (*ugs. für* völlig betrunken)
Gra|nat|ket|te; Gra|nat|schmuck
Gra|nat|split|ter; Gra|nat|trich|ter; Gra|nat|wer|fer (ein Geschütz)
Gran Ca|na|ria (eine der Kanarischen Inseln)
Gran Cha|co [- tʃ...], der; - -s (südamerikanische Landschaft)
¹Grand, der; -[e]s (*nordd. für* Kies)
²Grand, der; -[e]s, -e (*bayr. für* Wasserbehälter)
³Grand [grãː], der; -s, -s ⟨franz.⟩ (höchstes Spiel im Skat)
Grand Can|yon [ˈgrɛnt ˈkɛnjən], der; - -[s] (Schlucht im Südwesten der USA)
Gran|de, der; -n, -n ⟨span.⟩ (*früher für* Mitglied des Hof-, Hochadels in Spanien)
Grande Dame [grãːdˈdam], die; - -,

-s -s [grã:d'dam] ‹franz.› (Grand Old Lady)
Gran|del, Grä|ne, die; -, -n (*Jägerspr.* oberer Eckzahn des Rotwildes)
Gran|deur [grã'dø:ɐ̯], die; - ‹franz.› (Großartigkeit, Größe)
Gran|dez|za [gra...], die; - ‹ital.› (elegantes Auftreten)
Grand|ho|tel ['grã:...]
gran|dig ‹roman.› (*landsch. für* groß, stark)
gran|di|os ‹ital.› (großartig, überwältigend)
Grand Old La|dy ['grɛnt 'o:lt 'le:di], die; - - -, *Plur.* - - Ladies ‹engl.› (älteste bedeutende weibliche Persönlichkeit in einem bestimmten Bereich)
Grand Old Man [- - 'mɛn], der; - - -, - - Men [- - 'mɛn] ‹engl.› (älteste bedeutende männliche Persönlichkeit in einem bestimmten Bereich)
Grand ou|vert ['grã: u'vɛ:ɐ̯], der; - -[s], - -s ['grã: u'vɛ:ɐ̯s] ‹franz.› (Grand, bei dem der Spieler seine Karten offen hinlegen muss)
Grand Prix ['grã: 'pri:], der; - -, -s - ['grã: -] ‹franz., »großer Preis«›
Grand|sei|g|neur [grãsɛn'jø:ɐ̯], der; -s, *Plur.* -s *u.* -e ‹franz.› (vornehmer, weltgewandter Mann)
Grand Slam® ['grɛnt 'slɛm], der; - -[s], - -s ‹engl.› *(Tennis)*; **Grand-Slam-Tur|nier**
Grand-Tou|ris|me-Ren|nen [grãtu'rɪsmə...], das; -s, - (Sportwagenrennen)
Grä|ne *vgl.* Grandel
gra|nie|ren ‹lat.› (*fachspr. für* körnig machen)
Gra|nit, der; -s, -e ‹ital.› (ein Gestein); **gra|nit|ar|tig; Gra|nit|block** *Plur.* ...blöcke; **gra|ni|ten** (aus Granit); **Gra|nit|qua|der**
Gran|ne, die; -, -n (Ährenborste); **gran|nig**
Gran|ny Smith ['grɛni 'smɪθ], der; - -, - - ‹engl.› (eine Apfelsorte)
Grant, der; -s (*bayr., österr. für* Übellaunigkeit; Unmut); **gran|teln** (grantig sein); ich grant[e]le; **gran|tig; Gran|tig|keit,** die; -; **Grant|ler; Grant|le|rin**
Gra|nu|la|ri|tät, die; -, -en (*EDV* Anzahl von Untergliederungen eines Elements)
Gra|nu|lat, das; -[e]s, -e ‹lat.› (Substanz in Körnchenform); **Gra|nu|la|ti|on,** die; -, -en (körnige Struktur [u. deren Bildung])
gra|nu|lie|ren; Gra|nu|lit, der; -s, -e (ein Gestein)
Gra|nu|lom, das; -s, -e (*Med.* eine Geschwulstart)
gra|nu|lös (körnig)
Grape|fruit ['gre:pfru:t], die; -, -s ‹engl.› (eine Zitrusfrucht); **Grape|fruit|saft**
¹Graph, ¹Graf, der; -en, -en ‹griech.› (*Math.* grafische Darstellung)
²Graph, ²Graf, das; -s, -e (*Sprachwiss.* Schriftzeichen)
Gra|phem, Gra|fem, das; -s, -e (*Sprachwiss.* kleinste bedeutungsunterscheidende Einheit der geschriebenen Sprache)
Gra|phie *vgl.* Grafie
...gra|phie *vgl.* ...grafie
Gra|phik *vgl.* Grafik
Gra|phik|chip *vgl.* Grafikchip
Gra|phik|de|sign *vgl.* Grafikdesign
Gra|phi|ker *vgl.* Grafiker
Gra|phi|ke|rin *vgl.* Grafikerin
Gra|phik|kar|te *vgl.* Grafikkarte
Gra|phik|spei|cher *vgl.* Grafikspeicher
gra|phisch *vgl.* grafisch
Gra|phit *vgl.* Grafit
gra|phit|grau *vgl.* grafitgrau
Gra|pho|lo|ge *vgl.* Grafologe
Gra|pho|lo|gie *vgl.* Grafologie
Gra|pho|lo|gin *vgl.* Grafologin
gra|pho|lo|gisch *vgl.* grafologisch
Gra|pho|sta|tik *vgl.* Grafostatik
Grap|pa, der; -s, -s, *auch* die; -, -s ‹ital.› (ital. Tresterbranntwein); drei Grappa
grap|schen, grab|schen; du grapschst, grabschst; **Grap|scher**, Grab|scher, der; -s, - (*abwertend für* männliche Person, die eine Frau gegen ihren Willen sexuell berührt); **Grap|sche|rin**, Grab|sche|rin
grap|sen (*österr. ugs. für* stehlen); du grapst
Gras, das; -es, Gräser
Gras|af|fe (*ugs. veraltend abwertend für* unreifer Mensch)
gras|ar|tig
Gras|bahn|ren|nen *(Motorradsport)*
gras|be|wach|sen ↑K59
Gras|bo|den; Gräs|chen; Gras|de|cke
gra|sen; du grast; er/sie graste; **Gra|ser** (*Jägerspr.* Zunge von Rot- u. Damwild)
Grä|ser|chen *Plur.*
Gras|flä|che; Gras|fleck
gras|fres|send, **Gras fres|send** ↑K58
gras|grün
Gras|halm; Gras|hüp|fer
gra|sig
Gras|land, das; -[e]s
Gräs|lein
Gras|li|lie; Gras|mü|cke, die; -, -n (ein Singvogel)
Gras|nar|be; Gras|platz
Grass (dt. Schriftsteller); Grass' Romane ↑K16
Gras|sa|me; Gras|si|chel
gras|sie|ren ‹lat.› (sich ausbreiten; wüten [von Seuchen])
gräss|lich; Gräss|lich|keit
Gras|step|pe; Gras|strei|fen
gras|über|wach|sen; gras|über|wu|chert
Grat, der; -[e]s, -e (Kante; Bergkamm[linie]); *vgl. aber* Grad
Grä|te, die; -, -n (Fischgräte); **grä|ten|los**
Gra|ti|an, Gra|ti|a|nus (röm. Kaiser; m. Vorn.)
Gra|ti|as, das; -, - (Dank[gebet])
Gra|ti|fi|ka|ti|on, die; -, -en ([freiwillige] [Sonder]zuwendung)
grä|tig (viele Gräten enthaltend; *ugs. für* reizbar, aufbrausend)
Gra|tin [...'tɛ̃:], das; -s, -s ‹franz.› (überbackenes Gericht)
Grä|ting, die; -, *Plur.* -e *od.* -s ‹engl.; »Gitterwerk«› (*Seemannsspr.* Gitterrost [auf Schiffen])
gra|ti|nie|ren ‹franz.› (mit einer Kruste überbacken)
gra|tis ‹lat.› (unentgeltlich)
Gra|tis|ak|tie; Gra|tis|ein|tritt *(bes. schweiz.)*; **Gra|tis|ex|em|p|lar; Gra|tis|kin|der|gar|ten** *(österr.)*; **Gra|tis|num|mer** (*österr., schweiz. für* für anrufende Personen kostenlose Telefonnummer); **Gra|tis|pro|be; Gra|tis|pro|s|pekt; Gra|tis|vor|stel|lung**
Grat|leis|te (in der Tischlerei)
Grät|sche, die; -, -n (eine Turnübung); **grät|schen** ([die Beine] seitwärts abspreizen); du grätschst; **Grätsch|stel|lung**
Gra|tu|lant, der; -en, -en ‹lat.›; **Gra|tu|lan|tin**
Gra|tu|la|ti|on, die; -, -en; **Gra|tu|la|ti|ons|cour,** die; -, -en ‹lat.; franz.› ([feierliche] Beglückwünschung durch viele Gratulanten)
gra|tu|lie|ren; jmdm. zum Geburtstag gratulieren
Grat|wan|de|rung
Grät|zel, das; -s, -n (*österr. ugs. für* Teil eines Wohngebiets)
grau *s. Kasten*

grau

Kleinschreibung ↑K89:	*Großschreibung* ↑K88:
– in grauer Vorzeit – sich keine grauen Haare wachsen lassen (*ugs. für* sich keine Sorgen machen) – die [kleinen] grauen Zellen (*ugs. für* Gehirnzellen, Denkvermögen) – grau in grau malen – grauer Markt – grauer Star (Augenkrankheit) – sie ist eine graue Maus (*ugs. für* unscheinbar) – eine graue *od.* Graue Eminenz (nach außen kaum in Erscheinung tretende, aber einflussreiche [politische] Persönlichkeit)	– die Grauen Schwestern (katholische Kongregation) – die Grauen Panther (ehemaliger Seniorenschutzbund) *Schreibung in Verbindung mit Verben und Partizipien* ↑K56 *u.* 58: – grau sein; grau werden – grau färben *od.* graufärben – grau lackieren *od.* graulackieren – grau streichen *od.* graustreichen – ein grau gestreifter *od.* graugestreifter Rock – grau melierte *od.* graumelierte Haare *Vgl. auch* blau

Grau, das; -[s], -[s] (graue Farbe); in Grau; *vgl.* Blau
grau|äu|gig
Grau|bart; grau|bär|tig
Grau|be|reich (*svw.* Grauzone)
grau|blau ↑K23; **grau|braun** ↑K23
Grau|brot
Grau|bün|den (schweiz. Kanton); *vgl.* Bünden; **Grau|bünd|ner** *vgl.* Bündner; **Grau|bünd|ne|rin; grau|bünd|ne|risch**
Grau|chen (Eselchen)
Gräu|el, der; -s, -; **Gräu|el|mär|chen; Gräu|el|pro|pa|gan|da; Gräu|el|tat**
[1]**grau|en** (Furcht haben); mir, *seltener* mich graut [es] vor dir
[2]**grau|en** (dämmern); der Morgen, der Abend graut
Grau|en, das; -s, -; es überkommt ihn ein Grauen (Furcht, Schauder); die Grauen (Schrecken) des Atomkrieges; Grauen erregen; *vgl.* grauenerregend
grau|en|er|re|gend, Grau|en er|re|gend ↑K58; ein grauenerregender *od.* Grauen erregender Vorfall; *aber nur* ein höchstes Grauen erregender Vorfall; ein höchst grauenerregender, noch grauenerregenderer Vorfall
grau|en|haft; grau|en|voll
grau fär|ben, grau|fär|ben *vgl.* grau
Grau|gans
grau|grün ↑K23
grau|haa|rig
Grau|kas, der; -es, **Grau|kä|se** (*westösterr., südösterr. für* ein Sauermilchkäse)
Grau|kopf
grau|len (sich fürchten); es grault mir; ich graule mich
[1]**gräu|lich** ‹*zu* Grauen›
[2]**gräu|lich,** *selten* **grau|lich** ‹*zu* grau›
grau me|liert, grau|me|liert *vgl.* grau
Grau|pe, die; -, -n *meist Plur.* ([Getreide]korn)
Grau|pel, die; -, -n *meist Plur.* (Hagelkorn); **grau|peln;** es graupelt
Grau|pel|schau|er; Grau|pel|wet|ter
Grau|pen|sup|pe
graus (*veraltet für* grausig); **Graus,** der; -es (*veraltet für* Schrecken); o *od.* oh Graus!
grau|sam; Grau|sam|keit
Grau|schim|mel; Grau|schlei|er
grau|sen (sich fürchten); mir *od.* mich grauste; sich grausen; **Grau|sen,** das; -s
grau|sig (grauenerregend)
graus|lich (*bes. bayr., österr. ugs. für* unangenehm, hässlich)
Grau|specht; Grau|spieß|glanz (ein Mineral); **Grau|tier** (Esel); **Grau|wa|cke** (*Geol.* Sandstein); **Grau|wal**
Grau|werk, das; -[e]s (Pelzwerk, bes. aus dem grauen Winterpelz russ. Eichhörnchen; Feh)
Grau|zo|ne (Übergangszone)
gra|ve ‹ital.› (*Musik* schwer); **Gra|ve,** das; -s, -s (*Musik*)
Gra|ven|ha|ge *vgl.* 's-Gravenhage
Gra|ven|stei|ner [...v...] (eine Apfelsorte)
Gra|veur [...ˈvøːɐ̯], der; -s, -e ‹franz.› (Metall-, Steinschneider); **Gra|veur|ar|beit** [...v...] *vgl.* Gravierarbeit; **Gra|veu|rin**
gra|vid ‹lat.› (*Med.* schwanger); **Gra|vi|di|tät,** die; -, -en (Schwangerschaft)
Gra|vier|ar|beit, Gra|veur|ar|beit [...v...] ‹franz.; dt.›; **gra|vie|ren** ([in Metall, Stein, Glas o. Ä.] [ein]schneiden)
gra|vie|rend ‹lat.› (schwerwiegend; belastend)
Gra|vie|rung
Gra|vi|me|ter, das; -s, - ‹lat.; griech.› (*Physik* Gerät zum Messen der Schwerkraft); **Gra|vi|me|t|rie,** die; -, ...ien (*Physik, Chemie*); **gra|vi|me|t|risch**
Gra|vis, der; -, - ‹lat.› (*Sprachwiss.* ein Betonungszeichen: `, z. B. è)
Gra|vi|tät, die; - ([steife] Würde)
Gra|vi|ta|ti|on, die; - (Schwerkraft, Anziehungskraft); **Gra|vi|ta|ti|ons|feld; Gra|vi|ta|ti|ons|ge|setz**
gra|vi|tä|tisch (würdevoll)
gra|vi|tie|ren ([aufgrund der Gravitation] zu etwas hinstreben)
Gra|vur, die; -, -en ‹franz.› (eingravierte Schrift, Zeichnung)
Gra|vü|re, die; -, -n ([Kupfer-, Stahl]stich)
Gray [greɪ], das; -, - ‹nach dem engl. Physiker› (Maßeinheit der Energiedosis; *Zeichen* Gy)
Graz (Hauptstadt der Steiermark); **Gra|zer; Gra|ze|rin**
[1]**Gra|zie,** die; - ‹lat.› (Anmut)
[2]**Gra|zie,** die; -, -n (eine der drei römischen Göttinnen der Anmut; *scherzh. für* anmutige Frau)
gra|zil ‹lat.› (schlank, geschmeidig, zierlich); **Gra|zi|li|tät,** die; -
gra|zi|ös ‹franz.› (anmutig)
gra|zi|o|so ‹ital.› (*Musik* anmutig)
grä|zi|sie|ren ‹griech.› (nach griechischem Muster formen)
Grä|zis|mus, der; -, ...men (*Sprachwiss.* altgriechische Spracheigentümlichkeit [in einer anderen Sprache])
Grä|zist, der; -en, -en; **Grä|zis|tik,** die; - (Erforschung des Altgriechischen); **Grä|zis|tin**

Grä|zi|tät, die; - (Wesen der altgriech. Sprache u. Sitte)
Gre|co, El *vgl.* El Greco
Green [gri:n], das; -s, -s ‹engl.› (*Golf* um das Loch herum kurz geschnittene Rasenfläche)
Green|back ['gri:n...], der; -[s], -s ‹engl.› (*Finanzw. Jargon* für US-Dollar)
Green|card, die; -, -s, **Green Card,** die; - -, - -s ['gri:n...] ‹engl.› ([un]befristete Arbeits- u. Aufenthaltserlaubnis)
Greene [gri:n] (engl. Schriftsteller)
Green|fee, **Green-Fee** ['gri:nfi:], die; -, -s, *auch* das; -s, -s ‹engl.; *zu* Green› (von einem Golfspieler auf fremdem Platz zu entrichtende Gebühr)
Green|horn ['gri:n...], das; -s, -s ‹engl.› (Anfänger, Neuling)
Green|kee|per, **Green-Kee|per** ['gri:n...], der; -s, - ‹engl.; *zu* Green› (jmd., der eine Golfanlage in Ordnung hält); **Green|kee|pe|rin**, **Green-Kee|pe|rin**
Green|peace ['gri:npi:s] ‹engl.› (Umweltschutzorganisation)
Green|wich ['grɪnɪtʃ] (Stadtteil Londons; *Abk.* Gr.); **Green|wi|cher;** Greenwicher Zeit (westeuropäische Zeit); **Green|wi|che|rin**
Grège [grɛ:ʃ], die; - ‹franz.› (Naturseidenfaden); **Grège|sei|de**
Gre|gor, Gre|go|ri|us (m. Vorn.)
gre|go|ri|a|nisch ↑K89 *u.* 135 : der gregorianische Kalender; der gregorianische Choral
Gre|go|ri|us *vgl.* Gregor
Greif, der; *Gen.* -[e]s *u.* -en, *Plur.* -e[n] (Fabeltier [Vogel]; *auch für* Greifvogel)
Greif|arm; Greif|bag|ger
greif|bar; grei|fen; du griffst; gegriffen; greif[e]!; um sich greifen; ↑K82 : zum Greifen nahe; wir konnten ein Umsichgreifen des Feuers verhindern; **Grei|fer**
Greifs|wald (Stadt in Vorpommern); **Greifs|wal|der; Greifs|wal|de|rin**
Greif|vo|gel; Greif|zan|ge
grei|nen (*ugs. für* weinen)
greis (*geh. für* sehr alt); **Greis,** der; -es, -e; **Grei|sen|al|ter,** das; -s
grei|sen|haft; Grei|sen|haf|tig|keit, die; -
Grei|sen|stim|me; Grei|sin
Greiß|ler (*ostösterr. für* Krämer); **Greiß|le|rei; Greiß|le|rin**
grell ↑K58 : die grell beleuchtete *od.* grellbeleuchtete Bühne; grellgelb usw.; **grell|bunt; Grel|le,** die; -
Gre|mi|al|vor|ste|her (*österr. für* Vorsteher eines Gremiums in einer Interessenvertretung); **Gre|mi|al|vor|ste|he|rin**
Gre|mi|um, das; -s, ...ien ‹lat.› (Ausschuss; Körperschaft)
Gre|na|da (Staat im Bereich der Westindischen Inseln); **Gre|na|der; Gre|na|de|rin**
Gre|na|dier, der; -s, -e ‹franz.› (Infanterist); **Gre|na|die|rin**
Gre|na|dil|le, die; -, -n ‹franz.› (Passionsfrucht)
[1]**Gre|na|di|ne,** die; - ‹franz.› (Saft, Sirup aus Granatäpfeln)
[2]**Gre|na|di|ne,** die; - (ein Gewebe)
Gre|na|di|nen *Plur.* (Inselgruppe der Kleinen Antillen)
gre|na|disch (aus Grenada)
Gre|no|ble [grə'nɔbl̩] (franz. Stadt)
Grenz|aus|gleich; Grenz|bahn|hof; Grenz|baum
Grenz|be|am|te; Grenz|be|am|tin
Grenz|be|fes|ti|gung *meist Plur.;* **Grenz|be|reich**
Grenz|be|woh|ner; Grenz|be|woh|ne|rin
grenz|de|bil (*ugs. für* leicht debil)
Gren|ze, die; -, -n; **gren|zen;** du grenzt; **gren|zen|los; Gren|zen|lo|sig|keit,** die; -
Gren|zer (*ugs. für* Grenzjäger, -bewohner); **Gren|ze|rin**
Grenz|fall, der; **Grenz|fluss; Grenz|for|ma|li|tät** *meist Plur.*
Grenz|gän|ger; Grenz|gän|ge|rin
Grenz|ge|biet; Grenz|kon|t|rol|le; Grenz|land; Grenz|li|nie
grenz|nah; grenznahe Gebiete
Grenz|ort *Plur.* ...orte; **Grenz|pos|ten; Grenz|rain; Grenz|re|gi|on; Grenz|schutz,** der; -es; **Grenz|si|tu|a|ti|on; Grenz|sol|dat; Grenz|sol|da|tin; Grenz|stadt**
Grenz|stein; Grenz|strei|tig|keit *meist Plur.;* **Grenz|trup|pe** *meist Plur. (Militär);* **Grenz|über|gang**
grenz|über|schrei|tend; grenzüberschreitender Verkehr; **Grenz|über|schrei|tung**
Grenz|über|tritt; Grenz|ver|kehr; Grenz|ver|lauf; Grenz|ver|let|zung; Grenz|wall; Grenz|wert
grenz|wer|tig
Grenz|zie|hung; Grenz|zwi|schen|fall
Gret, Gret|chen (w. Vorn.); **Gret|chen|fra|ge**
Gre|te, Gre|tel, Gre|ti (w. Vorn.)
Greu|el usw. *alte Schreibung für* Gräuel usw.; **greu|lich** *alte Schreibung für* [1]gräulich
Gre|ven|broich [...'bro:x] (Stadt in Nordrhein-Westfalen)
Grey|erz (schweiz. Ortsn.); Greyerzer Käse; *vgl.* Gruyères
Grey|hound ['gre:haunt], der; -[s], -s ‹engl.› ([für Rennen gezüchteter] engl. Windhund; ein amerik. Überlandbus)
Grie|be, die; -, -n (ausgebratener Speckwürfel)
Grie|ben|fett; Grie|ben|schmalz; Grie|ben|wurst
Griebs, der; -es, -e (*landsch. für* Kerngehäuse des Obstes; *mitteld. für* Gurgel)
Grie|che, der; -n, -n; **Grie|chen|land; Grie|chin**
grie|chisch *vgl.* deutsch / Deutsch; **Grie|chisch,** das; -[s] (Sprache); *vgl.* Deutsch; **Grie|chi|sche,** das; -n; *vgl.* [2]Deutsche
grie|chisch-ka|tho|lisch (*Abk.* gr.-kath.); **grie|chisch-or|tho|dox**
grie|chisch-rö|misch *(Ringen)*
grie|chisch-uni|ert
Grie|fe, die; -, -n (*mitteld. für* Griebe)
Grieg, Edvard (norw. Komponist)
grie|meln (*westmd. für* schadenfroh in sich hineinlachen); ich griem[e]le
grie|nen (*ugs. für* grinsen)
Grie|sel, der; -s (*Meteorol.* Niederschlag in Form von kleinen Eiskörnchen)
grie|seln (*nordd. für* erschauern [vor Kälte usw.]); mich grieselt
Gries|gram, der; -[e]s, -e; **gries|grä|mig,** *selten* **gries|grä|misch, gries|gräm|lich**
Grieß, der; -es, -e; **Grieß|brei**
grie|ßeln (körnig werden; *auch* rieseln); es grießelt
grie|ßig; grießiges Mehl; **Grie|ßig,** das; -s (Bienenkot)
Grieß|kloß; Grieß|klöß|chen|sup|pe
Grieß|knö|del *(bayr., österr.)*
Grieß|koch (*bayr., österr. für* Grießbrei); *vgl.* [2]Koch; **Grieß|mehl; Grieß|no|ckerl** *(österr.);* **Grieß|schmar|ren** (*österr. für* Süßspeise aus geröstetem Grieß); **Grieß|sup|pe**
griff *vgl.* greifen
Griff, der; -[e]s, -e; **griff|be|reit; Griff|brett**
Grif|fel, der; -s, -
griff|fest ↑K25
grif|fig; Grif|fig|keit, die; -
griff|los

Grif|fon [...ˈfõ:], der; -s, -s ‹franz.› (ein Vorstehhund)
Griff|tech|nik *(Ringen)*
Grill, der; -s, -s ‹engl.› (Bratrost); **Gril|la|de** [griˈja:...], die; -, -n ‹franz.› (gegrilltes Stück Fleisch, Fisch o. Ä.); **Grill|an|zün|der**
Gril|le, die; -, -n (ein Insekt; *auch für* sonderbarer Einfall; Laune)
gril|len ‹engl.› (auf dem Grill braten)
Gril|len|fän|ger (trübsinniger Mensch); **Gril|len|fän|ge|rin; gril|len|fän|ge|risch**
gril|len|haft (sonderbar; launisch); **Gril|len|haf|tig|keit,** die; -
Grill|let|te [...ˈlɛtə], die; -, -n *(regional für* gegrilltes Hacksteak)
Grill|fest; Grill|ge|rät; Grill|ge|richt; Grill|hendl *(österr.)*
gril|lie|ren [*auch* griˈji:...] ‹franz.› *(bes. schweiz. für* grillen)
gril|lig *(svw.* grillenhaft); **Gril|lig|keit**
Grill|par|ty
Grill|par|zer (österr. Dichter)
Grill|platz; Grill|plausch *(schweiz. für* Grillparty); **Grill|re|s|tau|rant**
Grill|room [...ru:m], der; -s, -s ‹engl.› (Grillrestaurant, -stube)
Gri|mas|se, die; -, -n ‹franz.›; **gri|mas|sie|ren**
Grim|bart, der; -s (der Dachs in der Tierfabel)
grimm *(veraltet für* zornig)
[1]**Grimm,** der; -[e]s *(veraltend)*
[2]**Grimm,** Jacob *u.* Wilhelm (dt. Sprachwissenschaftler); die Brüder Grimm
Grimm|darm (Dickdarmteil)
Grim|mels|hau|sen (dt. Schriftsteller im 17. Jh.)
grim|men *(veraltet für* ärgern)
Grim|men, das; -s ([Bauch]weh)
grim|mig; Grim|mig|keit, die; -
grimmsch; das grimmsche *od.* Grimm'sche Wörterbuch; die grimmschen *od.* Grimm'schen Märchen ↑K 89 *u.* 135
Grim|sel, die; -, *auch* der; -[s] (schweiz. Alpenpass)
Grind, der; -[e]s, -e (Schorf; *schweiz. derb für* Kopf)
Grin|del|wald (Luftkurort im Berner Oberland)
grin|dig
Grind|wal (eine Delfinart)
Grin|go, der; -s, -s ‹span.› *(abwertend für* nicht romanischer Fremder in Südamerika)
grin|sen; du grinst
Grin|zing (Stadtteil von Wien)
Grip, der; -s ‹engl.› (Bodenhaftung)
grip|pal *vgl.* grippös
Grip|pe, die; -, -n ‹franz.› (eine Infektionskrankheit); **Grip|pe|an|fall; Grip|pe|epi|de|mie; Grip|pe|vi|rus; Grip|pe|wel|le**
grip|pös, grip|pal *(Med.* grippeartig)
Grips, der; -es *(ugs. für* Verstand)
Gri|saille [...ˈzai], die; -, -n [...ˈzaiən] (schwarz-weißer Seidenstoff; Malerei in Grautönen)
Gri|sel|dis (w. Vorn.)
Gris|li|bär *vgl.* Grizzlybär
[1]**Grit,** der; -s, -e ‹engl.› (grober Sand; Sandstein)
[2]**Grit, Gritt** (w. Vorn.)
Gri|w|na, die; -, ...ni, *fachspr.* Hrywnja, die; -, Hrywni *od.* Hrywen (ukrainische Währungseinheit; *Währungscode* UAH); 200 Griwna *od.* Hrywnja
Grizz|ly|bär [ˈgrɪsli...], Gris|li|bär ‹engl.; dt.› (großer nordamerik. Braunbär)
gr.-kath. = griechisch-katholisch
grob; grö|ber, gröbs|te; grob fahrlässig handeln; Korn grob mahlen *od.* grobmahlen; grob gemahlenes *od.* grobgemahlenes Korn; grob gestrickte *od.* grobgestrickte Socken; ↑K 75: jmdn. aufs Gröbste *od.* gröbste beleidigen; aus dem Gröbsten heraus sein
Grob|blech
Grö|be, die; - (Siebrückstand)
grob fahr|läs|sig, grob|fahr|läs|sig; grob fahrlässiges *od.* grobfahrlässiges Handeln; *vgl.* grob
grob|fa|se|rig
grob ge|mah|len, grob|ge|mah|len *vgl.* grob
grob ge|strickt, grob|ge|strickt *vgl.* grob
Grob|heit
Gro|bi|an, der; -[e]s, -e (grober Mensch)
grob|kno|chig; grob|kör|nig
gröb|lich (ziemlich grob; sehr)
grob mah|len, grob|mah|len *vgl.* grob
grob|ma|schig; Grob|ma|schig|keit, die; -
Grob|mo|to|rik; grob|mo|to|risch
grob|schläch|tig (von grober Art); **Grob|schläch|tig|keit,** die; -
Grob|schmied; Grob|schnitt
Gro|den, der; -s, - *(nordd. für* [mit Gras bewachsenes] angeschwemmtes Deichvorland)
Grog, der; -s, -s ‹vielleicht nach dem Spitznamen des engl. Admirals Vernon: »Old Grog«› (heißes alkoholisches Getränk)
grog|gy [...gi] ‹*eigtl.* »vom Grog betrunken«› *(Boxen* schwer angeschlagen; *ugs. auch für* zerschlagen, erschöpft)
Groitzsch (Stadt südl. von Leipzig)
grö|len *(ugs.)*; **Grö|le|rei**
Groll, der; -[e]s; **grol|len**
Gro|nin|gen (niederl. Stadt)
Grön|land; Grön|län|der; Grön|län|de|rin; Grön|land|fah|rer; grön|län|disch; Grön|land|wal
Groom [gru:m], der; -s, -s ‹engl.› (Reitknecht)
Groove [gru:v], der; -s, -s ‹engl.› (rhythmisches Grundmuster [im Jazz]; Gefühl für Rhythmus u. Tempo); **groo|ven** [ˈgru:vn̩]; er groovt; **groo|vy** [...vi] *(auch ugs. für* sehr gut, schön)
Gro|pi|us (amerik. Architekt dt. Herkunft)
Grop|pe, die; -, -n (ein Fisch)
[1]**Gros** [gro:], das; -, - ‹franz.› (überwiegender Teil); *vgl.* en gros
[2]**Gros** [grɔs], das; -ses, -se ‹niederl.› (12 Dutzend); 2 Gros Nadeln
Gro|schen, der; -s, - ‹mlat.› (Untereinheit des Schillings; *früher ugs. für* Zehnpfennigstück)
Gro|schen|blatt (billige, anspruchslose Zeitung); **Gro|schen|grab** *(scherzh. veraltend für* Spielautomat, Parkuhr o. Ä.); **Gro|schen|heft; Gro|schen|ro|man**
Gros|ny (Hauptstadt Tschetscheniens)
groß *s. Kasten Seite 488*
Groß|ab|neh|mer; Groß|ab|neh|me|rin
Groß|ad|mi|ral; Groß|ad|mi|ra|lin
Groß|ak|ti|o|när; Groß|ak|ti|o|nä|rin
Groß|alarm
Groß|an|drang *(schweiz. für* Massenandrang)
groß an|ge|legt, groß|an|ge|legt *vgl.* groß
Groß|an|lass *(schweiz. für* Großveranstaltung)
groß|ar|tig; Groß|ar|tig|keit, die; -
Groß|auf|ge|bot; Groß|auf|marsch *(bes. schweiz.)*; **Groß|auf|nah|me; Groß|auf|trag**
Groß|bank *Plur.* ...banken
Groß|bau|er; Groß|bäu|e|rin
Groß|bau|stel|le
Groß-Ber|lin ↑K 144; **Groß-Ber|li|ner**
Groß|be|trieb
Groß|bild|lein|wand
Groß|bour|geoi|sie; Groß|brand

G
Groß

groß

grö|ßer, größ|te

– größer als (*Math.: Zeichen* >)
– groß[en]teils, größer[e]nteils, größtenteils

I. *Kleinschreibung:*

a) ↑K74 : ihr Haus war am größten
b) ↑K89 : die großen Ferien
– auf große Fahrt gehen
– Kapitän auf großer Fahrt *(Seew.)*
– das große Einmaleins; das große Latinum
– das große Los
– die große Pause
– die große (vornehme) Welt
– auf großem Fuß (*ugs. für* verschwenderisch) leben
– etwas an die große Glocke hängen (*ugs. für* überall erzählen)
– einen großen Bahnhof (*ugs. für* feierlichen Empfang) bekommen
– im großen Ganzen

II. *Großschreibung:*

a) ↑K72 : etwas, nichts, viel, wenig Großes
– Groß und Klein (*auch für* jedermann)
– Große und Kleine, die Großen und die Kleinen
– im Großen und Ganzen
– im Großen (en gros) einkaufen
– vom Kleinen auf das Große schließen
– ein Zug ins Große
– im Großen wie im Kleinen treu sein
– das Größte (*ugs. für* sehr gut) wäre, wenn ...
– ein gutes Fußballspiel ist für ihn das Größte
– er ist der Größte (*ugs. für* ist unübertroffen)
b) ↑K134, 140 *u.* 150 : Otto der Große (*Abk.* d. Gr.), *Gen.:* Ottos des Großen
– der Große Schweiger (Moltke)
– der Große Teich (*ugs. für* Atlantischer Ozean)
– der Große Belt
– der Große Wagen, der Große Bär (Sternbilder)
– die Große Strafkammer
– die Große Mauer (in China)
– der Große Rat (*schweiz.* das Kantonsparlament)

c) ↑K89 : der Große *od.* große Lauschangriff
– die Große *od.* große Anfrage (im Parlament)
– die Große *od.* große Koalition
– die Große *od.* große Kreisstadt

III. *Schreibung in Verbindung mit Verben:*

– groß herauskommen
– jemanden groß herausbringen
– groß schreiben (in großer Schrift schreiben), *aber* großschreiben (mit großem Anfangsbuchstaben schreiben; sehr wichtig nehmen)
– großtun (prahlen)
– Kinder großziehen (aufziehen)
– groß klicken *od.* großklicken (*EDV* durch Anklicken vergrößern)

IV. *Getrennt- oder Zusammenschreibung bei nicht übertragener Bedeutung in Verbindung mit adjektivisch gebrauchten Partizipien* ↑K58:

– ein groß angelegter *od.* großangelegter Plan
– ein groß gemusterter *od.* großgemusterter Stoff
– ein groß gewachsener *od.* großgewachsener Junge
– ein groß karierter *od.* großkarierter Mantel

V. *In Straßennamen gilt Getrennt- u. Großschreibung* ↑K161 *u.* 162:

– Große Bockenheimer Straße
– Große Riedgasse
– In der Großen Heide

G
Groß

Groß|bri|tan|ni|en; groß|bri|tan|nisch
Groß|buch|sta|be
groß|bür|ger|lich; Groß|bür|ger|tum
Groß|club *vgl.* Großklub
Groß|cou|sin *(landsch.)*; **Groß|cou|si|ne, Groß|ku|si|ne** *(landsch.)*
Groß|de|mons|t|ra|ti|on
groß|deutsch *(bes. nationalsoz.)*
Grö|ße, die; -, -n; Schuhe in Größe vierzig; **Groß|ein|kauf; Groß|ein|satz**
Groß|el|tern *Plur.*
Grö|ßen|ord|nung
gro|ßen|teils, groß|teils
Grö|ßen|un|ter|schied; Grö|ßen|ver|hält|nis
Grö|ßen|wahn; grö|ßen|wahn|sin|nig
grö|ßer *vgl.* groß
Groß|er|eig|nis
grö|ße|ren|teils, grö|ßern|teils
Groß|fahn|dung; Groß|fa|mi|lie; Groß|feu|er
groß|fi|gu|rig; groß|flä|chig
Groß|flug|ha|fen; Groß|flug|zeug
Groß|fo|lio, das; -s (*Buchw.; Abk.* Gr.-2°)
Groß|for|mat; groß|for|ma|tig
Groß|fürst; Groß|fürs|tin
Groß|fürs|tin-Mut|ter
Groß|ge|mein|de
groß ge|mus|tert, groß|ge|mus|tert *vgl.* groß
groß ge|wach|sen, groß|ge|wach|sen *vgl.* groß
Groß|glock|ner [*auch* ˈgro:...], der; -s (höchster Berg Österreichs);
Groß|glock|ner|mas|siv, Groß|glock|ner-Mas|siv
groß|go|schert (*österr. ugs. für* großsprecherisch)
Groß|grund|be|sit|zer; Groß|grund|be|sit|ze|rin
Groß|han|del; Groß|han|dels|preis
Groß|händ|ler; Groß|händ|le|rin
groß|her|zig; Groß|her|zig|keit
Groß|her|zog; Groß|her|zo|gin; groß|her|zog|lich; *im Titel* ↑K89 : Großherzoglich; **Groß|her|zog|tum**
Groß|hirn; Groß|hirn|rin|de
Groß|in|dus|t|rie; groß|in|dus|t|ri|ell; Groß|in|dus|t|ri|el|le
Groß|in|ves|ti|ti|on
Gros|sist, der; -en, -en ⟨franz.⟩ (Großhändler); **Gros|sis|tin**

groß|jäh|rig (*veraltend für* volljährig); **Groß|jäh|rig|keit,** die; -
groß|ka|li|b|rig
Groß|kampf|tag (*Militär; auch ugs. für* harter Arbeitstag)
groß ka|riert, **groß|ka|riert** *vgl.* groß
Groß|kat|ze (z. B. Löwe)
Groß|kauf|frau; Groß|kauf|mann *Plur.* ...kaufleute
Groß|kind (*schweiz. für* Enkelkind)
groß kli|cken, **groß|kli|cken** (*EDV* durch Anklicken vergrößern)
Groß|kli|ma
Groß|klub, Groß|club (*Sport, bes. Fußball)*
Groß|knecht (*früher)*
Groß|ko|a|li|ti|on; Groß|ko|a|li|ti|o|när; Groß|ko|a|li|ti|o|nä|rin
Groß|kon|zern
Groß|kop|fe|te, Groß|kop|fer|te, der *u.* die; -n, -n (*ugs. für* einflussreiche Persönlichkeit)
groß|köp|fig
Groß|kotz, der; -es, -e (*derb für* Angeber, Protz); **groß|kot|zig; Groß|kot|zig|keit,** die; -
Groß|kraft|werk; Groß|kü|che
Groß|kun|de
Groß|kund|ge|bung
Groß|kun|din
Groß|lein|wand
Groß|macht; groß|mäch|tig (*veraltet für* sehr mächtig; sehr groß); **Groß|macht|po|li|tik**
Groß|ma|ma
Groß|manns|sucht, die; -; **groß|manns|süch|tig**
Groß|markt; Groß|markt|hal|le
groß|ma|schig; groß|maß|stä|big, *häufiger* **groß|maß|stäb|lich**
Groß|mast (*Seemannsspr.* zweiter Mast von vorn)
Groß|maul *(ugs.);* **groß|mäu|lig; Groß|mäu|lig|keit,** die; -
groß|mehr|heit|lich (*schweiz. für* mit großer Mehrheit)
Groß|meis|ter; Groß|meis|te|rin
Groß|mo|gul
Groß|mut, die; -; **groß|mü|tig; Groß|mü|tig|keit,** die; -
Groß|mut|ter *Plur.* ...mütter; **groß|müt|ter|lich**
Groß|nef|fe; Groß|nich|te
Groß|of|fen|si|ve *(Militär)*
Groß|ok|tav, das; -s (*Buchw.; Abk.* Gr.-8°)
Groß|on|kel
Groß|pa|ckung
Groß|pa|pa
Groß|par|tei; Groß|pro|duk|ti|on; Groß|pro|jekt
Groß|quart, das; -[e]s (*Buchw.; Abk.* Gr.-4°)
Groß|rat *Plur.* ...räte (Mitglied eines schweiz. Kantonsparlaments); **Groß|rä|tin**
Groß|raum; Groß|raum|bü|ro; Groß|raum|flug|zeug
groß|räu|mig
Groß|raum|wa|gen
Groß|raz|zia; Groß|rech|ner *(EDV)*
Groß|rei|ne|ma|chen, *seltener* **Groß|rein|ma|chen,** das; -s
Groß|schan|ze *(Skisport)*
Groß|schiff|fahrts|weg, **Groß-Schiff|fahrts|weg** ↑K22
Groß|schnau|ze (*ugs. svw.* Großmaul); **groß|schnau|zig, groß|schnäu|zig**
Groß|schot *(Seemannsspr.)*
groß|schrei|ben (mit großem Anfangsbuchstaben schreiben; *ugs. für* wichtig nehmen); Substantive großschreiben; Teamarbeit wird bei uns [sehr] großgeschrieben; *vgl.* groß; **Groß|schrei|bung**
Groß|se|gel
groß|spre|che|risch
groß|spu|rig; Groß|spu|rig|keit, die; -
Groß|stadt; Groß|städ|ter; Groß|städ|te|rin; groß|städ|tisch
Groß|stadt|mensch; Groß|stadt|verkehr
Groß|stein|grä|ber|leu|te *Plur.* (Megalithiker der Jüngeren Steinzeit)
Groß|tan|te
Groß|tat
größ|te *vgl.* groß
Groß|teil, der; **groß|teils,** gro|ßenteils; **größ|ten|teils**
Größt|maß, das
größt|mög|lich (*falsch:* größtmöglichst)
Groß|tu|er; Groß|tu|e|rei; Groß|tu|e|rin; groß|tu|e|risch; groß|tun (prahlen); er soll nicht so großtun
Groß|un|ter|neh|men *(Wirtsch.);* **Groß|un|ter|neh|mer; Groß|un|ter|neh|me|rin**
Groß|va|ter; groß|vä|ter|lich; Groß|va|ter|ses|sel
Groß|ver|an|stal|tung
Groß|ver|die|ner; Groß|ver|die|ne|rin
Groß|vieh; Groß|we|sir; Groß|wet|ter|la|ge
Groß|wild; Groß|wild|jagd; Groß|wild|jä|ger; Groß|wild|jä|ge|rin
groß|zie|hen (aufziehen)
groß|zü|gig; Groß|zü|gig|keit
Gröstl, das; -s, -n (*bayr., österr. für* Speise aus Röstkartoffeln)
[1]**Grosz** [grɔs] (dt.-amerik. Maler u. Grafiker)
[2]**Grosz** [grɔʃ], der; -, -e ‹dt.-poln.› (Untereinheit des Zloty)
Gro|szy [grɔʃə] (*Gen. Plur. von* [2]Grosz)
gro|tesk ‹franz.› (wunderlich; überspannt, verzerrt)
Gro|tesk, die; - (*Druckw.* eine Schriftgattung)
Gro|tes|ke, die; -, -n (fantastisch geformte Tier- u. Pflanzenverzierung der Antike u. der Renaissance; fantastische Erzählung); **gro|tes|ker|wei|se; Gro|tesk|tanz**
Grot|te, die; -, -n ‹ital.› ([künstl.] Felsenhöhle); **Grot|ten|bau** *Plur.* ...bauten
grot|ten|doof (*ugs. für* äußerst dumm); **grot|ten|falsch** (*ugs. für* vollkommen falsch)
Grot|ten|olm, der; -[e]s, -e (ein Lurch); **grot|ten|schlecht** (*ugs. für* äußerst schlecht); **grot|tig** (*ugs. für* [sehr] schlecht)
Grot|to, das, *auch* der; -s, ...ti, *auch* -s ‹lombardisch› (einfaches Restaurant im Tessin)
Grot|zen, der; -s, - (*mdal. für* Griebs, Kerngehäuse)
Ground Ze|ro [ˈgraunt ˈziːro], der, *auch* das; - -s *meist ohne Artikel* ‹engl.-amerik.› (Gelände in New York, auf dem das World Trade Center stand)
Grou|pie [ˈgruːpi], das; -s, -s ‹engl.› (w. Fan, der engen Kontakt mit seinem Idol sucht)
Gro|wi|an, der; -[e]s, -e, *auch* die; -, -en (große Windenergieanlage zur Stromerzeugung)
grub *vgl.* graben
grub|ben *vgl.* grubbern; **Grub|ber,** der; -s, - ‹engl.› (ein landwirtschaftl. Gerät); **grub|bern** (mit dem Grubber pflügen); ich grubbere
Grüb|chen; Gru|be, die; -, -n
Grü|be|lei; grü|beln; ich grüb[e]le
Gru|ben|ar|bei|ter; Gru|ben|ar|bei|te|rin; Gru|ben|aus|bau; Gru|ben|bau *Plur.* ...baue; **Gru|ben|brand; Gru|ben|gas; Gru|ben|lam|pe; Gru|ben|un|glück**
Grüb|ler; Grüb|le|rin; grüb|le|risch
Gru|de, die; -, -n (Braunkohlenkoks); **Gru|de|koks**
grüe|zi [ˈgryːɛtsi] (schweiz. Grußformel)
Gruft, die; -, Grüfte

G
Gruf

grün

I. *Kleinschreibung:*	II. *Großschreibung:*
a) er ist mir nicht grün (*ugs. für* nicht gewogen) b) ↑K89: grüner Tee – am grünen Tisch – der grüne Star (Augenkrankheit) – die grüne Minna, *österr.* der grüne Heinrich (*ugs. für* Polizeiauto) – die grüne Welle *(Verkehrsw.)* – der grüne Pfeil *(Verkehrsw.)* – grüne Hochzeit – die grüne Versicherungskarte – die grüne Hölle (tropischer Urwald) – ein grüner (*ugs. für* unerfahrener) Junge – ach du grüne Neune! (*ugs.* Ausruf des Erstaunens) – die grüne *od.* Grüne Grenze – die grüne *od.* Grüne Lunge (Grünflächen) der Großstadt	a) ↑K72: die Grünen *(vgl. d.)* – ins Grüne fahren; *vgl.* ²Grüne b) ↑K89, 140 *u.* 150: – die Grüne Insel (Irland) – die Grüne Woche (Berliner Ausstellung) – das Grüne Gewölbe (Kunstsammlung in Dresden) – Grüner Veltliner (eine Weinsorte) – Grüner Knollenblätterpilz – das Grüne *od.* grüne Trikot *(Radsport)* – der Grüne *od.* grüne Punkt® *Vgl. auch* blau, gelb, Grün

G
Gruf

Gruf|ti, der; -s, -s (*Jugendspr.* älterer Mensch; Jugendlicher mit einer Vorliebe für schwarze Kleidung, Friedhöfe u. Todessymbole)
grum|me|lig *(ugs.)*
grum|meln (*landsch. für* undeutlich sprechen; murren); ich grumm[e]le
Grum|met, das; -s, *österr. nur so*
Grumt, das; -[e]s (zweites Heu)
grün *s. Kasten*
Grün, das; -[s], -[s] (grüne Farbe); das erste Grün; bei Grün darf man die Straße überqueren; die Ampel steht auf, zeigt Grün; in Grün; das ist dasselbe in Grün (*ugs. für* [fast] ganz dasselbe); *vgl.* Blau
Grün|ab|fuhr (*bes. schweiz. für* die Abholung kompostierbarer [Garten]abfälle)
Grün|al|ge; Grün|an|la|ge
grün|äu|gig; grün|blau ↑K23
Grün|buch (*Politik* Dokumentensammlung zu einer bestimmten Frage)
Grund, der; -[e]s, Gründe; im Grunde; von Grund auf; von Grund aus; aufgrund *od.* auf Grund [dessen, von]; auf Grund laufen; in [den] Grund bohren; im Grunde genommen; zugrunde *od.* zu Grunde gehen, legen, liegen, richten; der Grund und Boden *(vgl. d.)*
Grund|ak|kord *(Musik)*
Grund|an|nah|me
grund|an|stän|dig
Grund|an|strich; Grund|aus|bil|dung; Grund|aus|stat|tung
Grund|be|darf; Grund|be|deu|tung; Grund|be|din|gung; Grund|be|dürf|nis; Grund|be|griff
Grund|be|sitz; Grund|be|sit|zer; Grund|be|sit|ze|rin
Grund|buch; Grund|buch|amt; grund|bü|cher|lich (*österr. für* im Grundbuch eingetragen)
Grund|buchs|ge|richt (*österr. für* Grundbuchamt)
Grund|deutsch *(Sprachwiss.)*
grund|ehr|lich
Grund|ei|gen|tum; Grund|ei|gen|tü|mer; Grund|ei|gen|tü|me|rin
Grund|ein|stel|lung
Grund|eis
Grun|del, Grün|del, die; -, -n, *auch* der; -s, - (ein Fisch); **grün|deln** ([von Wasservögeln] Nahrung unter Wasser suchen)
grün|den; gegründet (*Abk.* gegr.); sich auf eine Tatsache gründen
Grün|der; Grün|de|rin
Grün|der|jah|re *Plur.;* **Grün|der|mut|ter; Grün|der|va|ter** *meist Plur.*
Grund|er|werb; Grund|er|werbs|steu|er, Grund|er|werb|steu|er
Grün|der|zeit, die; -; **Grün|der|zen|t|rum**
grund|falsch
Grund|far|be; Grund|feh|ler
Grund|fes|te *meist Plur.;* in den Grundfesten erschüttert
Grund|flä|che; Grund|form (*für* Infinitiv); **Grund|fra|ge; Grund|frei|be|trag** *(Steuerw.);* **Grund|funk|ti|on; Grund|ge|bühr; Grund|ge|dan|ke**
¹Grund|ge|halt, der; -s, ...gehalte
²Grund|ge|halt, das; -s, ...gehälter
Gründ|gens, Gustaf (dt. Schauspieler u. Regisseur)
Grund|ge|setz (Statut); Grundgesetz für die Bundesrepublik Deutschland vom 23. Mai 1949 (*Abk.* GG); **Grund|ge|setz|än|de|rung**
Grund|hal|tung
grund|häss|lich
Grund|hol|de, der; -n, -n (von einem Grundherrn abhängiger Bauer)
Grund|idee
grun|die|ren (Grundfarbe auftragen); **Grun|die|rung**
Grund|ka|pi|tal *(Wirtsch.);* **Grund|kennt|nis** *meist Plur.;* **Grund|kon|sens; Grund|kurs**
Grund|la|ge; Grund|la|gen|for|schung
grund|le|gend ↑K59
gründ|lich; Gründ|lich|keit, die; -
Gründ|ling (ein Fisch)
Grund|li|nie; Grund|li|ni|en|spiel, das; -[e]s *(Tennis)*
grund|los; Grund|lo|sig|keit, die; -
Grund|man|dat; Grund|mau|er *meist Plur.;* **Grund|mo|rä|ne** *(Geol.);* **Grund|mus|ter; Grund|nah|rungs|mit|tel**
Grün|don|ners|tag
Grund|ord|nung; Grund|pfei|ler; Grund|preis; Grund|prin|zip
Grund|pro|b|lem; Grund|recht; Grund|re|gel; Grund|ren|te
Grund|riss
Grund|satz; Grund|satz|be|schluss; Grund|satz|de|bat|te; Grund|satz|ent|schei|dung; Grund|satz|er|klä|rung; Grund|satz|fra|ge
grund|sätz|lich ↑K72: im Grundsätzlichen hat sie recht
Grund|satz|pa|pier; Grund|satz|pro|gramm; Grund|satz|re|de; Grund|satz|re|fe|rat; Grund|satz|ur|teil
grund|schlecht
Grund|schnel|lig|keit *(Sport)*

Grund|schuld
Grund|schu|le; Grund|schü|ler; Grund|schü|le|rin; Grund|schul|leh|rer; Grund|schul|leh|re|rin
Grund|si|che|rung
grund|so|lid, grund|so|li|de
grund|stän|dig (*Bot.* unten am Spross der Pflanze stehend)
Grund|stein; Grund|stein|le|gung
Grund|stel|lung; Grund|steu|er, die; **Grund|stim|mung; Grund|stock** *Plur.* ...stöcke; **Grund|stoff; Grund|stre|cke** *(Bergbau)*
Grund|stück; Grund|stücks|ei|gen|tü|mer; Grund|stücks|ei|gen|tü|me|rin; Grund|stücks|preis
Grund|stu|di|um; Grund|stu|fe (*für* ²Positiv)
grund|stür|zend (gründlich)
Grund|ten|denz; Grund|ton *Plur.* ...töne; **Grund|übel**
Grund|um|satz (*Med.* Energiebedarf des ruhenden Menschen)
Grund und Bo|den, der; - - -s; ein Teil meines Grund und Bodens
Grün|dung; Grün|dungs|fei|er; Grün|dungs|jahr; Grün|dungs|ka|pi|tal; Grün|dungs|mit|glied
Grün|dungs|tag; Grün|dungs|va|ter *meist Plur.*; **Grün|dungs|ver|samm|lung**
Grün|dün|gung
grund|ver|kehrt; grund|ver|schie|den
Grund|ver|sor|gung; Grund|vo|raus|set|zung
Grund|was|ser *Plur.* ...wasser *u.* ...wässer (*Ggs.* Oberflächenwasser)
Grund|was|ser|ab|sen|kung (künstliches Tieferlegen des Grundwasserspiegels); **Grund|was|ser|spie|gel**
Grund|wehr|dienst; Grund|wert; Grund|wis|sen
Grund|wort *Plur.* ...wörter (*Sprachwiss.* zweiter Bestandteil einer Zusammensetzung, z. B. »Wagen« in »Speisewagen«)
Grund|wort|schatz
Grund|zahl (Kardinalzahl)
Grund|zins *Plur.* ...zinsen
Grund|zug; Grund|zu|stand
¹**Grü|ne,** das; -n; im Grünen lustwandeln; Fahrt ins Grüne
²**Grü|ne,** der *u.* die; -n, -n (Mitglied der Partei Bündnis 90/Die Grünen)
³**Grü|ne,** die; - (*veraltet, noch geh. für* grüne Farbe, Grünsein)
grü|nen (grün werden, sein)
Grü|nen|ab|ge|ord|ne|te ‹*zu* ²Grüne›; **Grü|nen|frak|tion** ‹*zu* ²Grüne›; **Grü|nen|vor|sit|zen|de** ‹*zu* ²Grüne›
Grü|ne|wald (dt. Maler)
grün fär|ben, grün|fär|ben *vgl.* blau
Grün|flä|che; Grün|flä|chen|amt
Grün|fut|ter *vgl.* ¹Futter
Grunge [grandʒ], der; - ‹engl.-amerik.› (eine Stilrichtung der Rockmusik; lässige, bewusst unansehnliche Kleidung)
grün|gelb ↑K23
Grün|gür|tel; Grün|kern; Grün|kohl
Grün|kram|la|den *(landsch.)*
Grün|land, das; -[e]s *(Landwirtsch.)*
grün|lich; grünlich gelb ↑K23
Grün|li|lie (eine Zimmerpflanze)
Grün|ling (*ugs. auch für* unerfahrener, unreifer Mensch)
Grün|pflan|ze; Grün|rock (*scherzh. für* Förster, Jäger)
Grün|schna|bel (*ugs. für* unerfahrener, vorlauter Mensch)
Grün|span, der; -[e]s (grüner Belag auf Kupfer od. Messing)
Grün|specht; Grün|strei|fen
grun|zen; du grunzt
Grün|zeug, das; -[e]s *(ugs.)*; **Grün|zo|ne**
Grupp, der; -s, -s ‹franz.› (Paket aus Geldrollen)
Grüpp|chen
¹**Grup|pe,** die; -, -n
²**Grup|pe, Grüp|pe,** die; -, -n (*landsch. für* [Wasser]graben, Rinne); **grüp|peln** (eine ²Gruppe ausheben); ich grüpp[e]le; **grup|pen** (*svw.* grüppeln)
Grup|pen|abend; Grup|pen|ar|beit; Grup|pen|auf|nah|me
Grup|pen|bild; Grup|pen|bil|dung
Grup|pen|dy|na|mik; grup|pen|dy|na|misch
Grup|pen|ers|te *(Sport)*
Grup|pen|fo|to
Grup|pen|füh|rer; Grup|pen|füh|re|rin
Grup|pen|lei|ter, der; **Grup|pen|lei|te|rin; Grup|pen|mit|glied**
Grup|pen|psy|cho|lo|gie; Grup|pen|rei|se; Grup|pen|sex
Grup|pen|sieg *(Sport)*; **Grup|pen|sie|ger; Grup|pen|sie|ge|rin**
Grup|pen|spiel
Grup|pen|the|ra|pie; Grup|pen|un|ter|richt; Grup|pen|ver|si|che|rung
grup|pen|wei|se
Grup|pen|ziel
Grup|pen|zwei|te *(Sport)*
grup|pie|ren; Grup|pie|rung
Grüpp|lein
Grus, der; -es, -e ‹»Grieß«› (verwittertes Gestein; Kohlenstaub); *vgl. aber* Gruß
Gru|sel, der; -s; **Gru|sel|ef|fekt; Gru|sel|film; Gru|sel|ge|schich|te**
gru|se|lig, grus|lig (schaurig, unheimlich); **Gru|sel|ka|bi|nett; Gru|sel|mär|chen**
gru|seln; ich grus[e]le mich, mir *od.* mich gruselt es
gru|sig ‹*zu* Grus›
Gru|si|ni|en (*russ. Name für* Georgien); **gru|si|nisch**
Grus|koh|le (grobkörniger Kohlenstaub)
grus|lig *vgl.* gruselig
Gruß, der; -es, Grüße; *vgl. aber* Grus; **Gruß|ad|res|se; Gruß|bot|schaft**
grü|ßen; du grüßt; grüß [dich] Gott!; grüß Gott sagen
Gruß|for|mel; Gruß|kar|te
gruß|los
Gruß|wort *Plur.* ...worte
Grütz|beu|tel (Balggeschwulst)
Grüt|ze, die; -, -n
Gru|y|ère [gry'jɛːɐ̯], der; -s (*franz. Bez. für* Greyerzer Käse, ein Schweizer Hartkäse); **Gru|y|ères** [gry'jɛːɐ̯] (Stadt im Kanton Freiburg, *dt.* Greyerz)
Gry|phi|us (dt. Dichter)
Grzi|mek [gʒ...] (dt. Zoologe)
Gr.-2° = Großfolio; **Gr.-4°** = Großquart; **Gr.-8°** = Großoktav
G-Sai|te ['geː...] *(Musik)*
Gschaftl|hu|ber, der; -s, - (*bes. südd., österr. für* übertrieben betriebsamer, wichtigtuerischer Mensch); **Gschaftl|hu|be|rin**
gscha|mig, gschä|mig (*bayr., österr. für* verschämt)
gschert *vgl.* geschert; **Gscher|te** *vgl.* Gescherte
G-Schlüs|sel ['geː...] (Violinschlüssel)
gschma|ckig (*österr. für* wohlschmeckend; nett; kitschig)
Gschnas, das; -, -e (*österr. für* Kostümfest, Ball); **Gschnas|fest**
GSG 9, die; - = Grenzschutzgruppe 9 (Spezialeinheit der Bundespolizei zur Bekämpfung des Terrorismus)
GSM = global system for mobile communication (internationaler Standard für digitale Funknetze)
gspa|ßig, *österr. auch* **gspas|sig** (*bayr., österr. ugs. für* spaßig, lustig)
Gspu|si, das; -s, -s ‹ital.› (*südd., österr. ugs. für* Liebschaft; Liebste[r])

G
GST

GST, die; - = Gesellschaft für Sport und Technik (in der DDR paramilitärische Organisation)
Gstaad (schweiz. Kurort)
Gstanzl, das; -s, -n (*bayr., österr. für* gesungener Vierzeiler)
Gstät|ten, die; -, - (*ostösterr. für* verwahrloster Platz)
Gu|a|ca|mo|le, die; -, -n *u.* -s ⟨indian.-span.⟩ (Soße aus Avocados)
Gu|a|de|loupe [...ˈluːp] (Insel der Kleinen Antillen; französisches Überseedepartement)
Gu|a|jak|harz, das *Plur. selten* ⟨indian.; dt.⟩; **Gu|a|jak|holz**
Gu|a|ja|kol, das; -s (eine Alkoholart)
Gu|am (größte Insel der Marianen); **Gu|a|mer; Gu|a|me|rin; gu|a|misch**
Gu|a|na|ko, das, *älter* der; -s, -s ⟨indian.⟩ (südamerik. Lama)
Gu|a|no, der; -s ⟨indian.⟩ ([Vogel]dünger); **Gu|a|no|in|seln** *Plur.* (an der Westküste Südamerikas)
Gu|an|tá|na|mo (kubanische Stadt u. Provinz; *kurz für* Guantánamo-Bucht; US-Militärstützpunkt auf Kuba)
Gu|a|ra|ni, der; -, - (Angehöriger eines südamerik. Indianerstammes; Währungseinheit in Paraguay)
Gu|ar|dia ci|vil [- si...], die; - - ⟨span.⟩ (span. Gendarmerie)
Gu|ar|di|an [*österr.* ˈgu̯ar...], der; -s, -e ⟨mlat.⟩ (Oberer [bei Franziskanern u. Kapuzinern])
Gu|asch [*auch* gu̯aʃ], die; -, -en (*selten für* Gouache)
Gu|a|te|ma|la (Staat in Mittelamerika); **Gu|a|te|ma|la-Stadt**
Gu|a|te|mal|te|ke, der; -n, -n (Bewohner von Guatemala); **Gu|a|te|mal|te|kin; gu|a|te|mal|te|kisch**
Gu|a|ve, die; -, -n ⟨indian.-span.⟩ (tropische Frucht)
Gu|a|ya|na (Landschaft in Südamerika; *vgl.* Guyana)
gu|cken, ku|cken *(ugs.)*

> **gucken / kucken**
> Beide Schreibungen sind korrekt; in Süddeutschland ist die Variante mit *g* gebräuchlicher, in Norddeutschland die mit *k.*

Gu|cker, Ku|cker *(ugs.)*; **Gu|cke|rin,** Ku|cke|rin
Gu|cker|sche|cken *vgl.* Gugerschecken
Guck|fens|ter
Gu|cki, der; -s, -s (*ugs. für* Gerät zum Betrachten von Dias)
Guck|in|die|luft, der; -; Hans Guckindieluft
Guck|kas|ten *(früher)*; **Guck|kas|ten|büh|ne; Guck|loch**
Gü|del|diens|tag, Gü|del|mon|tag, Gü|dis|diens|tag, Gü|dis|mon|tag (*schweiz. regional für* Dienstag, Montag vor Aschermittwoch)
Gud|run (w. Vorn.)
Gu|el|fe [ˈg(u̯)el...], der; -n, -n ⟨ital.⟩ (mittelalterlicher Anhänger der päpstlichen Politik)
Gue|ri|cke [ˈgeː...] (dt. Physiker); guerickesche Halbkugel ↑K89
[1]Gue|ril|la [geˈrɪlja], die; -, -s ⟨span.⟩ (*kurz für* Guerillakrieg)
[2]Gue|ril|la, der; -[s], -s *meist Plur.* (Angehöriger einer Einheit, die einen Guerillakrieg führt)
Gue|ril|la|gärt|nern, das; -s (eigenmächtiges Bepflanzen od. Pflegen von vernachlässigten öffentlichen Grünanlagen o. Ä.)
Gue|ril|la|krieg (von Guerilleros geführter Krieg)
Gue|ril|le|ra [...rɪlˈjeː...], die; -, -s; **Gue|ril|le|ro** [...rɪlˈjeː...], der; -s, -s (Untergrundkämpfer in Lateinamerika)
Guer|ni|ca [gɛ...] (span. Ort; berühmtes Gemälde Picassos)
Guern|sey [ˈgəːnzi] (eine Kanalinsel)
Gue|va|ra [ge...] (kubanischer Politiker u. Guerillaführer); *vgl.* Che
Gu|gel|hopf (*schweiz. für* Gugelhupf); **Gu|gel|hupf,** der; -[e]s, -e (*südd., österr. für* Napfkuchen)
Gu|ger|sche|cken, Gu|cker|schecken *Plur.* (*österr. landsch. ugs. für* Sommersprossen)
Gug|ge, die; -, -n (*kurz für* Guggenmusik)
Güg|gel, der; -s, - (*schweiz. mdal. für* Gockel); **Güg|ge|li,** das; -[s], -[s]; *vgl.* Götti (*schweiz. für* Backhähnchen)
Gug|gen|mu|sik, die; -, -en (*südd., schweiz. für* laute [absichtlich misstönende] Musik bei Fastnachtszügen)
Guide [gaɪt], der; -s, -s ⟨franz.-engl.⟩ (Reiseführer [als Buch])
Gui|do [ˈgiː..., *österr. meist* ˈguːido] (m. Vorn.)
Guil|loche [gɪlˈjɔʃ, giˈjɔʃ, *österr.* gu̯iˈjoːʃ], die; -, -n ⟨franz.⟩ (verschlungene Linienzeichnung; Werkzeug zum Anbringen solcher Linien); **Guil|lo|cheur** [...ˈʃøːɐ̯], der; -s, -e (Linienstecher); **Guil|lo|cheu|rin; guil|lo|chie|ren**
Guil|lo|ti|ne [gɪljo..., gijo...], die; -, -n ⟨nach dem franz. Arzt Guillotin⟩ (Fallbeil); **guil|lo|ti|nie|ren**
[1]Gui|nea [gi...] (Staat in Westafrika)
[2]Gui|nea [ˈgɪni], die; -, -s ⟨engl.⟩; *vgl.* Guinee
Gui|nea-Bis|sau [gi...] (Staat in Westafrika); **Gui|nea-Bis|sau|er; Gui|nea-Bis|sau|e|rin; gui|nea-bis|sau|isch**
Gui|nee, die; -, ...een ⟨franz.⟩ (ehem. engl. Münze)
Gui|ne|er (Einwohner von [1]Guinea); **Gui|ne|e|rin; gui|ne|isch**
Guin|ness® [ˈgi...], das; -, - (eine irische Biermarke)
Guin|ness|buch, Guin|ness-Buch [ˈgi...] ⟨*zu* Guinness®⟩ (Buch, das Rekorde u. Ä. verzeichnet)
Gu|lag, der; -[s], -s ⟨russ.⟩ (Straf- u. Arbeitslager in der UdSSR)
Gu|lasch [*auch* ˈgʊ...], das, *auch* der; -[e]s, -e *u.* -s, *österr. nur* das; -[e]s, -e ⟨ung.⟩
Gu|lasch|ka|no|ne (*scherzh. für* Feldküche); **Gu|lasch|sup|pe**
Gul|brans|sen, Trygve (norwegischer Schriftsteller)
Gul|brans|son, Olaf (norwegischer Zeichner u. Karikaturist)
Gül|can [...ˈdʒan] (w. Vorn.)
Gul|da (österr. Pianist)
Gul|den, der; -s, - (frühere niederl. Währungseinheit)
gül|den (*geh. für* golden)
gül|disch (*Bergmannsspr.* goldhaltig); **Gül|disch|sil|ber** (*Bergmannsspr.* goldhaltiges Silber)
Gül|le, die; - (*Landwirtsch.* flüssiger Stalldünger; *südwestd. u. schweiz. für* Jauche); **gül|len** *(südwestd., schweiz.)*; **Gül|len|fass**
Gul|ly [...li], der, *auch* das; -s, -s ⟨engl.⟩ (Einlaufschacht für Straßenabwässer)
Gült, Gül|te, die; -, ...ten (*schweiz. für* Art des Grundpfandrechts)
Gült|brief; Gült|buch
gül|tig; Gül|tig|keit; Gül|tig|keits|dau|er
Gu|lyás [...laʃ, *auch* ˈgʊlaʃ], das *od.* der; -, - *(österr.)*; *vgl.* Gulasch
[1]Gum|mi, der *(österr. nur so) u.* das; -s, -[s] (Kautschukprodukt)
[2]Gum|mi, das, *auch* der; -s, -s (*kurz für* Gummiband)

[3]**Gum|mi,** der *u.* das; -s, -s (*kurz für* Radiergummi; *ugs. für* Präservativ)
Gum|mi|ad|ler (*ugs. scherzh. für* [zähes] Brathähnchen)
Gum|mi|ara|bi|kum, das; -s ⟨nlat.⟩ (Klebstoff)
gum|mi|ar|tig
Gum|mi|ball; Gum|mi|band, das; *Plur.* ...bänder; **Gum|mi|bär|chen; Gum|mi|baum; Gum|mi|druck** *Plur.* ...drucke
Gum|mi|elas|ti|kum, das; -s (Kautschuk)
gum|mie|ren (mit Gummi[arabikum] bestreichen)
Gum|mi|gutt, das; -s ⟨ägypt.; malai.⟩ (giftiges Harz, Farbe)
Gum|mi|hand|schuh; Gum|mi|ho|se
Gum|mi|hup|fen, Gum|mi|hüp|fen, das; -s (*österr. für* Gummitwist)
Gum|mi|knüp|pel; Gum|mi|lö|sung (ein Klebstoff); **Gum|mi|man|tel**
Gum|mi|pa|ra|graf, Gum|mi|pa|ra|graph (*ugs. für* Paragraf, der so allgemein formuliert ist, dass er verschieden auslegbar ist)
Gum|mi|pup|pe; Gum|mi|rei|fen; Gum|mi|ring; Gum|mi|schuh; Gum|mi|schür|ze; Gum|mi|soh|le; Gum|mi|stie|fel; Gum|mi|tier
Gum|mi|twist, der *od.* das (ein Kinderspiel)
Gum|mi|zel|le; Gum|mi|zug
Gum|mo|se, die; -, -n (*Bot.* krankhafter Harzfluss)
Gum|pe, die; -, -n (*südd. für* Wasserloch, tiefe Stelle in Wasserläufen u. Seen)
Gun|del|re|be, die; -, -n, **Gun|der|mann,** der; -[e]s (eine Heilpflanze)
Gun|du|la (w. Vorn.)
Gun|hild [*auch* ˈgu:...] (w. Vorn.)
Gun|nar (m. Vorn.)
Gün|sel, der; -s, - (eine Pflanze)
Gunst, die; -; nach Gunst; in Gunst stehen; zu seinen Gunsten, zu seines Freundes Gunsten, *aber* ↑K63: zugunsten *od.* zu Gunsten; zuungunsten *od.* zu Ungunsten der Armen
Gunst|be|weis; Gunst|be|zei|gung
Gunst|ge|wer|be (*scherzh. für* Prostitution); **Gunst|ge|werb|le|rin**
güns|tig; güns|ti|gen|falls, güns|tigs|ten|falls
Günst|ling; Günst|lings|wirt|schaft, die; -
Gün|ter, Gün|ther (m. Vorn.); **Gun|ther** (dt. Sagengestalt; m. Vorn.)
Gupf, der; -[e]s, *Plur.* Güpfe, *österr.* -e (*südd., österr. und schweiz. ugs. für* Gipfel, Spitze; stumpfer Teil des Eies)
Gup|py [...pi], der; -s, -s ⟨nach dem engl.-westind. Naturforscher⟩ (ein Aquarienfisch)
Gur, die; - (*Geol.* breiige, erdige Flüssigkeit)
Gur|gel, die; -, -n
gur|geln; ich gurg[e]le; **Gur|gel|was|ser** *Plur.* ...wässer
Gürk|chen
Gur|ke, die; -, -n (*ugs. auch für* [große] Nase; Versager)
gur|ken (*ugs. für* fahren); durch die Gegend gurken
gur|ken|för|mig
Gur|ken|ge|würz; Gur|ken|glas *Plur.* ...gläser; **Gur|ken|ho|bel; Gur|ken|kraut; Gur|ken|sa|lat; Gur|ken|trup|pe** (*ugs. abwertend für* unfähige [Sport]mannschaft)
Gur|kha [...ka], der; -[s], -[s] *u.* die; -, -[s] ⟨angloind.⟩ (Angehörige[r] eines Volkes in Nepal)
gur|ren; die Taube gurrt
Gurt, der; -[e]s, *Plur.* -e, *landsch. u. fachspr.* -en
Gurt|bo|gen *(Archit.)*
Gur|te, die; -, -n (*schweiz. neben* Gurt)
Gür|tel, der; -s, -
Gür|tel|li|nie; Gür|tel|rei|fen; Gür|tel|ro|se (eine Krankheit); **Gür|tel|ta|sche; Gür|tel|tier**
gur|ten (mit einem Gurt anschnallen); **gür|ten**
Gurt|ge|sims *(Archit.)*
Gürt|ler (Messingschlosser); **Gürt|le|rin**
Gurt|muf|fel (*ugs. für* jmd., der sich im Auto nicht anschnallt)
Gurt|straf|fer (im Kraftfahrzeug)
Gu|ru, der; -s, -s ⟨Hindi⟩ (religiöser Lehrer des Hinduismus)
GUS [*auch* ge:|u:ˈ|ɛs], die; - ⟨= Gemeinschaft Unabhängiger Staaten⟩ (Verbindung unabhängiger Staaten der ehemaligen Sowjetunion)
Gu|sche *vgl.* Gosche
Gü|sel, der; -s (*schweiz. mdal. für* Abfall)
Guss, der; -es, Güsse
Guss|ei|sen, das; -s; **guss|ei|sern**
Guss|form; Guss|re|gen
Guss|stahl, Guss-Stahl
GUS-Staat *meist Plur.; vgl.* GUS
güst (*bes. nordd. für* unfruchtbar, nicht Milch gebend [von Tieren])
gus|ta|to|risch ⟨lat.⟩ (*Med.* den Geschmackssinn betreffend)
Gus|tav (m. Vorn.); **Gus|tav Adolf** (Schwedenkönig); **Gus|tav-Adolf-Werk,** das; -[e]s ↑K137
Gus|te (w. Vorn.); **Gus|tel** (m. *u.* w. Vorn.)
Güs|ter (ein Karpfenfisch)
Gus|ti (w. Vorn.)
gus|tie|ren ⟨ital.⟩ (*svw.* goutieren; *österr. ugs. für* kosten, prüfen); **gus|ti|ös** (*österr. ugs. für* appetitlich)
Gus|to, der; -s, -s (Appetit; Neigung); **Gus|to|stü|ckerl,** das; -s, -[n]; *vgl.* Pickerl (*österr. ugs. für* besonders gutes Stück)
gut *s. Kasten Seite 494*
Gut, das; -[e]s, Güter; sein Hab und Gut; *vgl. aber* zugutehalten usw.
gut|ach|ten; *meist im Infinitiv u. Partizip I;* er gutachtet; um zu gutachten; sie hat gegutachtet; **Gut|ach|ten,** das; -s, -; **Gut|ach|ter; Gut|ach|te|rin; gut|ach|ter|lich; gut|acht|lich**
gut|ar|tig; Gut|ar|tig|keit, die; -
gut aus|se|hend, gut|aus|se|hend *vgl.* gut
gut be|zahlt, gut|be|zahlt *vgl.* gut
gut|brin|gen (*Kaufmannsspr.* gutschreiben); er hat mir diese Summe gutgebracht; *vgl.* gut
gut|bür|ger|lich; gutbürgerliche Küche
[1]**Güt|chen;** *nur in* sich an etwas ein Gütchen tun (*ugs. für* etwas genießen)
[2]**Güt|chen** (kleines Besitztum)
gut do|tiert, gut|do|tiert *vgl.* gut
Gut|dün|ken, das; -s; nach [seinem] Gutdünken
Gü|te, die; -; sich in Güte einigen
Gut|edel, der; -s (eine Rebsorte)
Gü|te|klas|se (einer Ware)
Gu|te|nacht|gruß; Gu|te|nacht|kuss; Gu|te|nacht|lied
Gu|ten|berg (Erfinder des Buchdrucks mit bewegl. Lettern)
Gu|ten|mor|gen|gruß
Gü|te|prü|fung
Gü|ter|ab|fer|ti|gung; Gü|ter|aus|tausch; Gü|ter|bahn|hof
Gü|ter|fern|ver|kehr; Gü|ter|ge|mein|schaft; Gü|ter|nah|ver|kehr
Gü|ter|trans|port; Gü|ter|tren|nung; Gü|ter|ver|kehr; Gü|ter|wa|gen; Gü|ter|zug
Gü|te|sie|gel; Gü|te|ver|fah|ren *(Rechtswiss.);* **Gü|te|zei|chen**
gut Freund! (Antwort auf den Ruf: Halt! Wer da?)
gut ge|hen, gut|ge|hen *vgl.* gut;

gut

bes|ser *(vgl. d.)*, bes|te *(vgl. d.)*

I. *Kleinschreibung:*

- einen guten Morgen wünschen
- auf gut Glück
- ein gut Teil
- guten Mutes
- die guten Sitten
- gut und gern
- so gut wie; so weit, so gut
- es gut sein lassen

II. *Großschreibung:*

a) ↑K72: jemandem etwas im Guten sagen
- im Guten wie im Bösen (allezeit)
- Gut und Böse unterscheiden können
- jenseits von Gut und Böse sein
- Gutes und Böses
- ein Guter; sie gehören zu den Guten in dieser Welt
- sein Gutes haben
- des Guten zu viel tun
- vom Guten das Beste
- alles zum Guten lenken, wenden
- etwas, nichts, viel, wenig Gutes
- wir wünschen alles Gute

b) ↑K88: der Gute Hirte (Christus)
- das Kap der Guten Hoffnung

III. *Groß- oder Kleinschreibung:*

- [jemandem] Guten *od.* guten Morgen sagen

IV. *Schreibung in Verbindung mit Verben:*

- das hast du gut gemacht!
- es mit jemandem gut meinen
- es bei jemandem gut haben
- sie kann gut schreiben
- es wird alles gut werden
- in diesen Schuhen kann ich gut gehen

Aber:
- im Urlaub lassen wir es uns gut gehen *od.* gutgehen
- es ist alles noch einmal gut gegangen *od.* gutgegangen
- die Bücher werden gut gehen *od.* gutgehen

Vgl. auch gutbringen, guthaben, gutheißen, gutmachen, gutsagen, gutschreiben, gutstehen, guttun

V. *Getrennt- oder Zusammenschreibung bei nicht übertragener Bedeutung in Verbindung mit adjektivisch gebrauchten Partizipien* ↑K58:

- ein gut aussehender *od.* gutaussehender Mann
- eine gut bezahlte *od.* gutbezahlte Fachkraft
- ein gut gemeinter *od.* gutgemeinter Rat
- ein gut geschriebener *od.* gutgeschriebener Text
- gut gehende *od.* gutgehende Geschäfte
- gut unterrichtete *od.* gutunterrichtete Kreise

Vgl. auch Gut, ausreichend

G

gut

gut ge|hend, gut|ge|hend *vgl.* gut

gut ge|klei|det, gut|ge|klei|det *vgl.* gut

gut ge|launt, gut|ge|launt; eine gut gelaunte *od.* gutgelaunte Gastgeberin

gut ge|meint, gut|ge|meint *vgl.* gut

gut|ge|sinnt; gutgesinnte Menschen; **Gut|ge|sinn|te,** der *u.* die; -n, -n

gut|gläu|big; Gut|gläu|big|keit, die; -

gut|ha|ben *(Kaufmannsspr.* zu fordern haben); du hast bei mir noch 10 € gut; den Betrag hat er noch gutgehabt; **Gut|ha|ben,** das; -s, -; **Gut|ha|ben|kar|te**

gut Heil! (alter Turnergruß)

gut|hei|ßen (billigen); gutgeheißen

Gut|heit, die; -

gut|her|zig; Gut|her|zig|keit, die; -

gut Holz! (Keglergruß)

gü|tig

Gut|leut|haus *(früher für* Heim der Leprakranken)

güt|lich; sich gütlich tun

gut|ma|chen (in Ordnung bringen; erwerben, Vorteil erringen); er hat etwas gutgemacht

Gut|mensch, der *(oft abwertend für* jmd., der sich besonders für Political Correctness engagiert)

gut|mü|tig; Gut|mü|tig|keit, die; -

gut|nach|bar|lich

Gut|punkt *(Turnen)*

gut|sa|gen (bürgen); ich habe für ihn gutgesagt

Guts|be|sit|zer; Guts|be|sit|ze|rin

Guts|be|trieb *(schweiz. für* größerer landwirtschaftlicher Betrieb)

Gut|schein

gut|schrei|ben (anrechnen); sie versprach, den Betrag gutzuschreiben; **Gut|schrift** (eingetragenes Guthaben)

gut sein *vgl.* gut

Gut|sel, das; -s, -[n] *(landsch. für* Bonbon)

Guts|haus; Guts|herr; Guts|her|ren|art; *in der Wendung* nach Gutsherrenart ([von Speisen] mit kräftigen Gewürzen, Speck u. a. zubereitet; *auch für* selbstherrlich); **Guts|her|rin; Guts|herr|schaft; Guts|hof**

gut si|tu|iert, gut|si|tu|iert *vgl.* gut

gut sit|zend, gut|sit|zend *vgl.* gut

Guts|Muths (Mitbegründer des deutschen Turnens)

gut|ste|hen (bürgen); sich gutstehen (wohlhabend sein); *aber* die Chancen würden gut stehen *od.* gutstehen

Guts|ver|wal|ter; Guts|ver|wal|te|rin

Gut|ta|per|cha, die; - *od.* das; -[s] ⟨malai.⟩ (kautschukartiger Stoff)

Gut|teil, das *u.* der; -[e]s (ein großer Teil)

Gut|templ|ler; Gut|templ|le|rin; Gut|templ|ler|or|den, der; -s (den Alkoholgenuss bekämpfender Bund)

Gut|ti|o|le®, die; -, -n ⟨lat.⟩ (Fläschchen, mit dem man Medizin einträufeln kann)

gut|tun; die Kur hat ihm gutgetan; *aber* er wird gut daran tun, …

gut|tu|ral ⟨lat.⟩ (die Kehle betreffend; Kehl…, kehlig); **Gut|tu|ral,** der; -s, -e, **Gut|tu|ral|laut** *(Sprachwiss.* Gaumen-, Kehllaut)

gut un|ter|rich|tet, gut|un|ter|rich|tet *vgl.* gut

gut ver|die|nend, gut|ver|die|nend *vgl.* gut; **Gut|ver|die|nen|de,** der *u.* die; -n, -n, **gut Ver|die|nen|de,** der *u.* die; - -n, - -n

gut wer|den *vgl.* gut
gut|wil|lig; Gut|wil|lig|keit, die; -
Guy [*franz.* gi:, *engl.* gai] (m. Vorn.)
Gu|ya|na (Staat in Südamerika); **Gu|ya|ner; Gu|ya|ne|rin; gu|ya|nisch**
Gwirkst, das; -[e]s (*österr. ugs. für* verzwickte Angelegenheit)
Gy = Gray
Gym|kha|na [...'ka:...], das; -s, -s ⟨angloind.⟩ (ein [sportl.] Geschicklichkeitswettbewerb)
Gym|naes|t|ra|da, die; -, -s ⟨griech.; span.⟩ (internationales Turnfest)
gym|na|si|al; der gymnasiale Deutschunterricht
Gym|na|si|al|bil|dung; Gym|na|si|al|leh|rer; Gym|na|si|al|leh|re|rin
Gym|na|si|ast, der; -en, -en ⟨griech.⟩ (Schüler eines Gymnasiums); **Gym|na|si|as|tin**
Gym|na|si|um, das; -s, ...ien ([im Altertum] Schule, Raum für Leibesübungen; eine Form der höheren Schule in Deutschland, Österreich u. der Schweiz)
Gym|nas|tik, die; -, -en *Plur. selten;* **Gym|nas|ti|ker; Gym|nas|ti|ke|rin; Gym|nas|tik|un|ter|richt; Gym|nas|tin** (Lehrerin der Krankengymnastik); **gym|nas|tisch**
Gym|no|sper|me, die; -, -n (*Bot.* nacktsamige Pflanze)
Gy|nä|kei|on, das; -s, ...keien ⟨griech.⟩ (Frauengemach des altgriech. Hauses)
Gy|nä|ko|lo|ge, der; -n, -n; **Gy|nä|ko|lo|gie,** die; - (Frauenheilkunde); **Gy|nä|ko|lo|gin; gy|nä|ko|lo|gisch**
Gy|n|an|d|rie, die; -, ...ien (*Biol.* Verwachsung der m. u. w. Blütenorgane; Scheinzwittrigkeit)
Gy|nä|ze|um, das; -s, ...een (*svw.* Gynäkeion; *Bot.* Gesamtheit der w. Blütenorgane)
Gy|ros, das; -, - ⟨griech.⟩ (griech. Gericht aus am senkrechten Drehspieß gebratenem Fleisch)
Gy|ro|s|kop, das; -s, -e (Messgerät zum Nachweis der Achsendrehung der Erde)
G-7-Staat, G7-Staat [ge:'zi:bn̩...] *Plur.* ...staaten, *meist Plur.* (Staat der Vereinigung der sieben wichtigsten westl. Wirtschaftsnationen)
G-8-Klas|se, *Amtsspr.* **G8-Klas|se** (Schulklasse, die eine von neun auf acht Jahre verkürzte Gymnasialzeit durchläuft)
G-8-Staat, G8-Staat [ge:'|axt...] *Plur.* ...staaten, *meist Plur.* (*vgl.* G-7-Staat, mit Russland);
G-20-Staat, G20-Staat *meist Plur.* (Staat einer Gruppe von zwanzig wirtschaftlich starken Staaten)

h H

h = *Zeichen für* plancksches Wirkungsquantum
h = Hekto...; hora (Stunde); 8 h = 8 Stunden, 8 Uhr; *hochgestellt* 8^h = 8 Uhr
h (*Zeichen für* h-Moll); in h
h, H, das; -, - (Tonbezeichnung)
H (Buchstabe); das H; des H, die H, *aber* das h in Bahn; der Buchstabe H, h
H (*Zeichen für* H-Dur); in H
H = ²Henry; Hydrogenium (*chemisches Zeichen für* Wasserstoff)
ha = Hektar, Hektare
ha! [*auch* ha:]; haha!
hä? (*ugs., meist als unhöflich empfunden, für* »Wie bitte?«)
Haag, Den (Residenzstadt u. Regierungssitz der Niederlande); *dt. auch* Haag, der; im Haag; in Den Haag, *auch* in Haag; *vgl.* 's-Gravenhage; **Haager; Haa|ge|rin**
¹**Haar,** die; -, Haar|strang, der; -[e]s (Höhenzug in Westfalen)
²**Haar,** das; -[e]s, -e; *aber* Härchen, Härlein; **Haar|ana|ly|se; Haar|ansatz; Haar|aus|fall**
Haar|band, das; *Plur.* ...bänder
Haar|breit, Haar breit; *nur in* nicht [um] ein Haarbreit *od.* Haar breit
Haar|bürs|te
Haard, die; - (Waldhöhen im Münsterland); *vgl.* Hardt
Haardt, die; - (östl. Teil des Pfälzer Waldes); *vgl.* Hardt
haa|ren; der Hund haart [sich]
Haar|er|satz
Haa|res|brei|te; *nur in* um Haaresbreite, *aber* um eines Haares Breite
Haar|far|be; Haar|fär|be|mit|tel
Haar|farn
haar|fein
Haar|fes|ti|ger
Haar|garn|tep|pich
haar|ge|nau
haa|rig (*ugs. auch für* heikel)
Haar|klam|mer; Haar|kleid (*geh. für* Fell)
haar|klein; jmdm. etw. haarklein (in allen Einzelheiten) erzählen
Haar|kranz
Haar|lem (niederl. Stadt; *vgl. aber* Harlem); **Haar|le|mer; Haar|le|me|rin**
Haar|ling (eine Lausart)
haar|los
Haar|mo|de
Haar|na|del; Haar|na|del|kur|ve
Haar|netz; Haar|pfle|ge; Haar|pracht; Haar|riss; Haar|röhr|chen
haar|scharf
Haar|schnei|de|ma|schi|ne; Haar|schnei|der; Haar|schnitt; Haar|schopf
Haar|sieb (Sieb aus feinstem Drahtgeflecht)
Haar|spal|ter; Haar|spal|te|rei; Haar|spal|te|rin; haar|spal|te|risch (spitzfindig)
Haar|span|ge; Haar|spit|ze
Haar|spit|zen|ka|tarrh (*scherzh. für* Kopfschmerzen [nach durchzechter Nacht])
Haar|spray; Haar|spü|lung; Haar|sträh|ne
Haar|strang *vgl.* ¹Haar
haar|sträu|bend
Haar|teil, das; **Haar|trock|ner; Haar|wä|sche; Haar|wasch|mit|tel; Haar|was|ser** *Plur.* ...wässer; **Haar|wi|ckel**
Haar|wild (*Jägerspr.: Sammelbez. für* alle jagdbaren Säugetiere)
Haar|wuchs; Haar|wuchs|mit|tel
Haar|wur|zel
Ha|ba|kuk (bibl. Prophet)
Ha|ba|na, La (*span. Form von* Havanna)
Ha|ba|ne|ra, die; -, -s ⟨span.⟩ (ein kubanischer Tanz)
Ha|be *vgl.* Hab und Gut
Ha|be|as-Cor|pus-Ak|te, die; - ⟨lat.⟩ (engl. Staatsgrundgesetz von 1679 zum Schutz der persönlichen Freiheit)
ha|ben; du hast, sie hat; du hattest; du hättest; gehabt; hab[e]!; Gott hab ihn selig! ↑K13; habt Acht! (*österr. Kommando für* »stillgestanden!«); ich habe auf dem Tisch Blumen stehen (*nicht:* ... zu stehen)

Ha|ben, das; -s, -; [das] Soll und [das] Haben
Ha|be|nichts, der; *Gen.* - *u.* -es, *Plur.* -e
Ha|ben|sei|te (*für* ²Kredit); ↑K21; **Ha|ben|zin|sen** *Plur.*
Ha|ber, der; -s (*südd., österr. u. schweiz. mdal. neben* Hafer)
Ha|be|rer, der; -s, - (*österr. ugs. für* Verehrer; Kumpan)
Ha|ber|feld|trei|ben, das; -s, - (*früher für* volkstümliches Rügegericht in Bayern u. Tirol)
Ha|ber|geiß (*bayr., österr. für* eine Brauchtumsgestalt)
ha|bern (*österr. ugs. für* essen); ich habere
Hab|gier, die; -; **hab|gie|rig**
hab|haft; des Diebes habhaft werden (ihn festnehmen)
Ha|bicht, der; -s, -e
Ha|bichts|kraut; Ha|bichts|na|se
ha|bil ⟨lat.⟩ (*veraltet für* geschickt)
habil. = habilitatus
Ha|bi|li|tand, der; -en, -en (jmd., der zur Habilitation zugelassen wird); **Ha|bi|li|tan|din**
Ha|bi|li|ta|ti|on, die; -, -en ⟨lat.⟩ (Erwerb der Lehrberechtigung an Hochschulen); **Ha|bi|li|ta|ti|ons|schrift; ha|bi|li|tie|ren** (die Lehrberechtigung an Hochschulen erlangen bzw. verleihen)
¹**Ha|bit** [*österr. u. schweiz. meist* 'ha:...], das, *auch* der; -s, -e ⟨franz.⟩ ([Amts]kleidung, [Ordens]tracht; Aufzug)
²**Ha|bit** ['hɛbɪt], das, *auch* der; -s, -s ⟨engl.⟩ (*Psychol.* Gewohnheit)
Ha|bi|tat, das; -s, -e ⟨lat.⟩ (Wohngebiet [einer Tierart])
ha|bi|tu|a|li|sie|ren (*Psychol.* zur Gewohnheit werden bzw. machen)
Ha|bi|tué [(h)abi'ty̆e:], der; -s, -s ⟨franz.⟩ (*schweiz., sonst veraltet für* Stammgast)
ha|bi|tu|ell ⟨franz.⟩ (gewohnheitsmäßig; ständig)
Ha|bi|tus, der; - ⟨lat.⟩ (Erscheinungsbild; Benehmen)
hab|lich (*schweiz. veraltend für* wohlhabend)
Habs|burg, die; - (Ort u. Burg im Kanton Aargau)
Habs|bur|ger, der; -s, - (Angehöriger eines europ. Fürstengeschlechtes); **Habs|bur|ge|rin; Habs|bur|ger|mo|n|ar|chie,** die; - ↑K64; **habs|bur|gisch**
Hab|schaft (*veraltet für* Habe); **Hab|se|lig|keit,** die; -, -en *meist Plur.* (Besitztum)
Hab|sucht, die; -; **hab|süch|tig**
Habt|acht|stel|lung, **Habt-Acht-Stel|lung,** die; - (stramme [milit.] Haltung)
Hab und Gut, das; - - -[e]s ↑K13
Há|ček ['ha:tʃɛk], Ha|t|schek, das; -s, -s ⟨tschech.⟩ (Aussprachezeichen bes. in slawischen Sprachen, z. B. č [tʃ] *u.* ž [ʒ])
hach!
Ha|chel, die; -, -n (*bayr., österr. für* Gemüsehobel); **ha|cheln;** ich hach[e]le
Hach|se, *südd.* Ha|xe, die; -, -n (unterer Teil des Beines von Kalb od. Schwein); *vgl.* ²Hesse
Hack, das; -s (*kurz für* Hackfleisch); **Hack|bank** *Plur.* ...bänke; **Hack|bau,** der; -[e]s; **Hack|beil; Hack|block** *Plur.* ...blöcke; **Hack|bra|ten**
Hack|brett (Hackbank für Fleischer; ein Saiteninstrument)

> **Häkchen**
> Da *Häkchen* – mit lang gesprochenem *ä* – die Verkleinerungsform von *Haken* ist, schreibt man dieses Substantiv mit *k* und nicht mit *ck.*

¹**Ha|cke,** die; -, -n, ¹Ha|cken, der; -s, - (Ferse)
²**Ha|cke,** die; -, -n (ein Werkzeug; *österr. svw.* Beil)
Ha|cke|beil (*svw.* Hackbeil)
ha|ckeln (*österr. ugs. für* schwer manuell arbeiten); ich hack[e]le
¹**ha|cken** (hauen; mit dem Beil spalten); gehacktes Fleisch
²**ha|cken** [*auch* 'hɛkn̩] (sich als Hacker betätigen)
¹**Ha|cken** *vgl.* ¹Hacke
²**Ha|cken,** die; -, - (*österr. ugs. für* Arbeit)
Ha|cken|por|sche, der; -s, - *u.* -s (*scherzh. für* Einkaufsroller)
Ha|cken|trick (*Fußball* Spielen des Balls mit der ¹Hacke [zur Täuschung des Gegners])
Ha|cke|pe|ter, der; -s, - (*landsch. für* angemachtes Hackfleisch)
Ha|cker [*auch* 'hɛkɐ], der; -s, - (jmd., der sich unberechtigt Zugang zu fremden Computersystemen zu verschaffen sucht); **Ha|cke|rin**
Hä|cker|ling, der; -s (*veraltend für* Häcksel)
Hack|fleisch; Hack|frucht; Hack|klotz
Hack|ler (*österr. ugs. für* Schwerarbeiter); **Hack|le|rin**
Hack|ler|re|ge|lung (*österr. für* Pensionsregeln für Menschen mit langer Versicherungszeit)
Hack|mes|ser, das
Hack|ord|nung (*Verhaltensf.*)
Hack|schnit|zel *meist Plur.* (gehackte Holzstücke); **Hack|schnit|zel|hei|zung**
Häck|sel, das *od.* der; -s (Schnittstroh); **Häck|se|ler** (*svw.* Häcksler); **häck|seln;** ich häcks[e]le;
Häcks|ler (Häckselmaschine)
Hack|steak; Hack|stock *Plur.* ...stöcke (*österr. für* Hackklotz)
Haddsch *vgl.* Hadsch
¹**Ha|der,** der; -s, *Plur.* -n *u.* (*für* Scheuertücher) - (*bayr., österr. für* Lumpen; *ostmitteld. für* Scheuertuch)
²**Ha|der,** der; -s (*geh. für* Zank, Streit)
Ha|de|rer, Had|rer (*Jägerspr.* Eckzahn des Keilers)
Ha|der|lump (*österr. für* liederlicher Mensch, Taugenichts)
ha|dern ⟨*zu* ²Hader⟩ (*geh. für* unzufrieden sein; streiten); ich hadere damit
ha|dern|hal|tig (*fachspr. für* Stoff-, Lumpenreste in der Herstellungsmasse enthaltend); hadernhaltiges Papier
¹**Ha|des** (griech. Gott der Unterwelt)
²**Ha|des,** der; - (Unterwelt)
Had|rer *vgl.* Haderer
Ha|d|ri|an [*auch* 'ha:...] (römischer Kaiser; Papstname); *vgl.* Adrian
Hadsch, Haddsch, der; - ⟨arab.⟩ (offizielle Pilgerfahrt nach Mekka)
Ha|d|schi, Had|dschi, der; -s, *Plur.* -s *u.* Hudschadsch ⟨arab.⟩ (Mekkapilger; *auch für* christlicher Jerusalempilger im Orient)
Ha|du|brand (germanische Sagengestalt)
Hae|ckel ['hɛ...] (dt. Naturforscher)
Hae|m|oc|cult-Test® ⟨griech.; lat.; engl.⟩ (zur Krebsvorsorgeuntersuchung)
¹**Ha|fen,** der; -s, Häfen (*südd., schweiz., österr. für* Topf)
²**Ha|fen,** der; -s, Häfen (Lande-, Ruheplatz)
Hä|fen, der, *auch* das; -s, - (*österr. für* ¹Hafen; *österr. ugs. für* Gefängnis)
Ha|fen|amt; Ha|fen|an|la|gen *Plur.*
Ha|fen|ar|bei|ter; Ha|fen|ar|bei|te|rin; Ha|fen|be|cken; Ha|fen|ein-

fahrt; Ha|fen|ge|bühr; Ha|fen|ge|län|de
Ha|fen|kä|se, der; -s (*schweiz. abwertend für* Unsinn)
Ha|fen|knei|pe
Ha|fen|kom|man|dant; Ha|fen|kom|man|dan|tin
Ha|fen|po|li|zei; Ha|fen|rund|fahrt; Ha|fen|schen|ke, Ha|fen|schän|ke; Ha|fen|stadt; Ha|fen|um|schlag; Ha|fen|vier|tel
Ha|fer, der; -s, *Plur. (Sorten:)* -; *vgl. auch* Haber
Ha|fer|brei; Ha|fer|flo|cken *Plur.*; **Ha|fer|grüt|ze**
Ha|ferl, *ostösterr. ugs.* **Hä|ferl,** das; -s, -[n]; *vgl.* Pickerl (*bayr., österr. für* Tasse)
Ha|ferl|schuh (*südd., österr. für* ein [Trachten]halbschuh)
Ha|fer|mark, das; **Ha|fer|mehl; Ha|fer|sack; Ha|fer|schleim**
Haff, das; -[e]s, *Plur.* -s *od.* -e (durch Nehrungen vom Meer abgetrennte Küstenbucht); ↑K 140: das Frische Haff, das Kurische Haff
Haff|fi|scher, Haff-Fi|scher
Ha|fis (persischer Dichter)
Haf|lin|ger (Pferd einer Gebirgsrasse); **Haf|lin|ger|ge|stüt**
Haf|ner (*südd., österr., schweiz. für* Töpfer, Ofensetzer); **Häf|ner** (*südd. neben* Hafner); **Haf|ne|rei; Haf|ne|rin; Häf|ne|rin**
Haf|ni|um ['ha(:)f...], das; -s ‹nlat.› (chemisches Element, Metall; *Zeichen* Hf)
[1]**Haft,** die; - (Gewahrsam)
[2]**Haft,** der; -[e]s, -e[n] (*veraltet für* Haken; Spange)
...haft (z. B. krankhaft)
Haft|an|stalt; Haft|aus|set|zung
haft|bar; jmdn. für etwas haftbar machen; **Haft|bar|ma|chung**
Haft|be|din|gun|gen *Plur.*; **Haft|be|fehl; Haft|be|schwer|de** *(Rechtsspr.)*; **Haft|dau|er**
Haf|tel, der *od.* das, *österr. nur so;* -s, - (*bayr., österr. für* Häkchen u. Öse); **häf|teln** (*landsch. für* durch ein Haftel schließen); ich häft[e]le
haf|ten; haften bleiben (festhängen); weil der Dreck an den Schuhen haften bleibt; *in übertragener Bedeutung ist auch Zusammenschreibung möglich:* die Erinnerung daran wird noch lang in ihrem Gädächtnis haften bleiben *od.* haftenbleiben
haf|ten blei|ben, haf|ten|blei|ben *vgl.* haften
haf|ten blei|bend, haf|ten|blei|bend ↑K 58
Haft|ent|las|sung; Haft|ent|schä|di|gung; Haft|er|leich|te|rung
haft|fä|hig; Haft|fä|hig|keit
Haft|grund
Häft|ling
Haft|pflicht; haft|pflich|tig
haft|pflicht|ver|si|chert; Haft|pflicht|ver|si|che|rung
Haft|prü|fungs|ter|min; Haft|prü|fungs|ver|fah|ren
Haft|rei|bung, die; - *(Physik)*; **Haft|rei|fen**
Haft|rich|ter; Haft|rich|te|rin
Haft|scha|le
Haft|stra|fe
haft|un|fä|hig; Haft|un|fä|hig|keit, die; -
Haf|tung, die; -; *vgl.* GmbH; **Haf|tungs|aus|schluss** *(Rechtsspr.)*
Haft|un|ter|bre|chung
Haft|ur|lau|ber; Haft|ur|lau|be|rin; Haft|ver|scho|nung
Haft|ze|her (Gecko)
Haft|zeit
Hag, der; -[e]s, *Plur.* -e, *schweiz.* Häge (*schweiz. für* Hecke, Zaun; *veraltet für* Hecke, Wald)
Ha|ga|nah, Ha|ga|na, die; - ‹hebr.› (Vorläufer der israelischen Nationalarmee)
Ha|gar (bibl. w. Eigenn.)
Ha|ge|bu|che (*svw.* Hainbuche)
Ha|ge|but|te, die; -, -n; **Ha|ge|dorn** *Plur.* ...dorne (*svw.* Weißdorn)
Ha|gel, der; -s; **ha|gel|dicht**
Ha|gel|korn, das; *Plur.* ...körner
ha|geln; es hagelt; sie sagt, es hag[e]le morgen
Ha|gel|scha|den; Ha|gel|schau|er; Ha|gel|schlag; Ha|gel|schlo|ße; Ha|gel|sturm; Ha|gel|wet|ter
Ha|gel|zu|cker
Ha|gen (m. Vorn.); Hagen von Tronje (Gestalt der Nibelungensage)
ha|ger; Ha|ger|keit, die; -
Ha|ge|stolz, der; -es, -e (*veraltet für* [alter] Junggeselle)
Hag|gai (bibl. Prophet)
Hag|gis ['hɛgɪs], der; -, - ‹schott.-engl.› (in Schafsmagen gegarte Innereien des Schafs)
Ha|gia So|phia, die; - - ‹griech.› (Kirche in Istanbul [heute ein Museum])
Ha|gio|graf, Ha|gio|graph, der; -en, -en (Verfasser von Heiligenleben)
Ha|gio|gra|fen, Ha|gio|gra|phen *Plur.* (dritter Teil der Bücher des A. T.)
Ha|gio|gra|fie, Ha|gio|gra|phie, die; -, ...ien (Erforschung u. Beschreibung von Heiligenleben)
Ha|gio|gra|fin, Ha|gio|gra|phin
Ha|gio|graph usw. *vgl.* Hagiograf usw.
Ha|gio|la|t|rie, die; -, ...ien (Verehrung der Heiligen)
ha|ha!, ha|ha|ha!
Hä|her, der; -s, - (ein Rabenvogel)
Hahn, der; *Gen.* -[e]s, *schweiz. auch* -en, *Plur.* Hähne, *landsch., schweiz. u. fachspr.* (*für* techn. Vorrichtungen:) -en
Hähn|chen

hanebüchen
Das ursprünglich von der *Hainbuche* (deren Holz als minderwertig galt) abgeleitete Adjektiv wird ohne *h* nach dem lang gesprochenen *a* geschrieben.

Hah|ne|mann (dt. Arzt)
Hah|nen, der; -s, - (*schweiz. neben* Hahn)
Hah|nen|bal|ken (*Bauw.* oberster Querbalken im Sparrendach)
Hah|nen|fe|der
Hah|nen|fuß, der; -es (eine Wiesenblume)
Hah|nen|kamm (*auch* Zierpflanze)
Hah|nen|kampf; Hah|nen|ruf; Hah|nen|schrei
Hah|nen|tritt, der; -[e]s (Keimscheibe im Hühnerei; ein Stoffmuster; *auch für* Zuckfuß)
Hah|nen|was|ser, das; -s (*südd., schweiz. für* Leitungswasser)
Hah|ne|pot [...po:t], der, *auch* das; -s, -en, *selten* die; -, -en (*Seemannsspr.* Tau mit auseinanderlaufenden Enden)
Hahn|rei, der; -[e]s, -e (*veraltet für* betrogener Ehemann)
Hai, der; -[e]s, -e ‹niederl.› (ein Raubfisch)
Hai|fa (Hafenstadt in Israel)
Hai|fisch; Hai|fisch|flos|sen|sup|pe
Hai|kai, Hai|ku, das; -[s], -[s] ‹jap.› (eine japanische Gedichtform)
Hai|mons|kin|der *Plur.* (Helden des karoling. Sagenkreises)
Hain, der; -[e]s, -e (*geh. für* kleiner [lichter] Wald)
Hain|bu|che (ein Baum)
Hain|bund, der; -[e]s (ein dt. Dichterbund)
Hain|lei|te, die; - (Höhenzug in Thüringen)
Hair|sty|list ['hɛ:ɐ̯stailɪst], der; -en,

H
Hair

halb

I. *Beugung:*
- ein halbes Brot, eine halbe Scheibe Brot
- der Zeitraum eines halben Monats, einer halben Woche
- in einer halben Stunde
- mit halber Kraft
- zum halben Preis
- alle halbe *od.* halben Meter
- alle halbe *od.* halben Jahre
- alle halbe *od.* halben Stunden *od. (Singular:)* alle (*besser:* jede) halbe Stunde
- drei und ein halbes Prozent, *aber* drei[und]einhalb Prozent
- vor zwei und einer halben Stunde, *aber* vor zwei[und]einhalb Stunden
- vier mit ein halb multipliziert
- ein halbes Dutzend, *auch* ein halb Dutzend

II. *Groß- oder Kleinschreibung:*
a) *Kleinschreibung:*
- es ist, es schlägt halb eins
- eine viertel und eine halbe Stunde
- eine halbe und eine Dreiviertelstunde
- der Zeiger steht auf halb
- [um] voll und halb jeder Stunde
- ein halbes Dutzend Mal, ein halbes Hundert Mal

b) *Großschreibung* ↑K 72:
- ein Halbes, einen Halben bestellen
- eine Halbe (*bayr. für* halbe Maß)
- nichts Halbes und nichts Ganzes

III. *Schreibung in Verbindung mit Adjektiven, Partizipien und Verben:*
- ich habe ihn nur halb verstanden
- sie war halb krank vor Angst
- wir haben uns halb totgelacht
- sie hatten ihn halb totgeschlagen
- den Eimer halb voll machen
- er lief halb bekleidet *od.* halbbekleidet herum
- eine halb automatische *od.* halbautomatische Fertigung
- sich halb links *od.* halblinks einordnen
- ein halb leeres *od.* halbleeres Glas
- halb verwelkte *od.* halbverwelkte Blumen

IV. *Getrenntschreibung, wenn »halb« die Bedeutung »teils« hat:*
- sie machte ein halb freundliches, halb ernstes Gesicht
- ein halb seidenes, halb wollenes Gewebe

Vgl. auch halbbitter, halbfest, halbgebildet, halbhoch usw.

H
Hair

-en ⟨engl.⟩ (Friseur mit künstlerischem Anspruch); **Hair|sty|lis|tin**
Ha|i|ti (Staat in Mittelamerika); **Ha|i|ti|a|ner; Ha|i|ti|a|ne|rin; ha|i|ti|a|nisch**
Ha|kan (m. Vorn.)
Häk|chen
Hä|kel|ar|beit
Ha|ke|lei *(Sport)*
Hä|ke|lei
Hä|kel|garn
ha|keln *(Sport);* ich hak[e]le
hä|keln; ich häk[e]le
Hä|kel|na|del
ha|ken; Ha|ken, der; -s, -
Ha|ken|büch|se (eine alte Handfeuerwaffe); **ha|ken|för|mig**
Ha|ken|kreuz (Symbol des Nationalsozialismus)
Ha|ken|na|se
ha|kig
Ha|kim, der; -s, -s ⟨arab.⟩ (Gelehrter, Arzt [im Orient])
Ha|la|cha, die; -, ...chot ⟨hebr.⟩ (aus der Bibel abgeleitete verbindliche Auslegung der Thora)
ha|lal ⟨arab.⟩ (nach islamischem Glauben erlaubt)
Ha|la|li, das; -s, -[s] ⟨franz.⟩ (ein Jagdruf); Halali blasen
halb *s. Kasten*
Halb|af|fe
halb|amt|lich; eine halbamtliche Nachricht, *aber* etwas geschieht halb amtlich, halb privat
halb au|to|ma|tisch, halb|au|to|ma|tisch *vgl.* halb
halb|bat|zig (*schweiz. für* ungenügend, unzulänglich)
halb be|klei|det, halb|be|klei|det *vgl.* halb
Halb|bil|dung, die; -
halb|bit|ter; halbbittere Schokolade; *vgl.* halb
halb blind, halb|blind; sie ist halb blind *od.* halbblind
Halb|blut
Halb|bril|le
Halb|bru|der
halb|bür|tig (nur einen Elternteil gemeinsam habend)
halb|dun|kel; es war halbdunkel, *aber* die Plätzchen waren halb dunkel, halb hell; **Halb|dun|kel**
Hal|be, der, die, das; -n, -n; eine Halbe (*bayr., österr. für* ein halber Liter) Bier
Halb|edel|stein (*veraltet für* Schmuckstein)
hal|be-hal|be; halbe-halbe machen (*ugs. für* teilen)
hal|ber; *Präp. mit Gen.:* der Ehre halber; gewisser Umstände halber; des [guten] Beispiels halber; *aber* ehrenhalber, umständehalber, beispielshalber
halb er|fro|ren, halb|er|fro|ren *vgl.* halb
halb er|wach|sen, halb|er|wach|sen *vgl.* halb
Halb|fa|b|ri|kat
halb fer|tig, halb|fer|tig; halb fertige *od.* halbfertige Fabrikate
halb|fest; halbfeste Nahrung
halb|fett; halbfette Buchstaben, der Name ist halbfett gesetzt *(Druckw.)*
Halb|fi|nal (*schweiz. für* Halbfinale); **Halb|fi|na|le** *(Sport)*
Halb|franz, das; - *(Buchw.);* in Halbfranz [binden]; **Halb|franz|band,** der (Halblederband)
halb gar, halb|gar; halb gares *od.* halbgares Fleisch
halb|ge|bil|det; halbgebildete Banausen; **Halb|ge|bil|de|te,** der *u.* die
Halb|ge|fro|re|ne, das; -n
halb ge|won|nen *vgl.* halb
Halb|glat|ze; Halb|gott; Halb|göt|tin
Halb|heit
halb|her|zig; Halb|her|zig|keit
halb|hoch; ein halbhoher Zaun; *vgl.* halb
hal|bie|ren; Hal|bie|rung
Halb|in|sel
Halb|jahr; Halb|jah|res|bi|lanz;

Halb|jah|res|kurs, Halb|jahrs-kurs
halb|jäh|rig (ein halbes Jahr alt, ein halbes Jahr dauernd); halbjährige Übungszeit
halb|jähr|lich (jedes Halbjahr wiederkehrend, alle halben Jahre); halbjährliche Zusammenkunft
Halb|jahrs|kurs, Halb|jah|res|kurs
Halb|kan|ton (in der Schweiz)
halb krank *vgl.* halb
Halb|kreis; halb|kreis|för|mig
Halb|ku|gel
halb|lang; halblange Haare; *aber* ihr Haar ist halb lang, halb kurz
halb|laut; halblaute Gespräche; *aber* sie sprachen halb laut, halb leise
Halb|le|der (ein Bucheinband)
halb leer, halb|leer *vgl.* halb
halb|lei|nen; ein halbleinenes Tuch; *aber* ein halb leinenes, halb wollenes Tuch; **Halb|lei-nen; Halb|lei|nen|band,** der
Halb|lei|ter, der (*Elektrot.* Stoff, der bei Zimmertemperatur elektrisch leitet u. bei tieferen Temperaturen isoliert)
Halb|lin|ke, der; -n, -n *(Sport)*
halb links, halb|links; sich halb links *od.* halblinks halten; halb links *od.* halblinks spielen *(Sport)*
halb|mast (als Zeichen der Trauer); [eine Flagge] halbmast hissen; auf halbmast setzen, stehen
halb|matt; halbmatte Fotos
Halb|mes|ser, der (*für* Radius)
Halb|me|tall (Element mit teils metallischen, teils nicht metallischen Eigenschaften)
halb|me|ter|dick
halb|mi|li|tä|risch
Halb|mond; halb|mond|för|mig
halb nackt, halb|nackt *vgl.* halb
halb of|fen, halb|of|fen *vgl.* halb
halb|part; *meist in* [mit jmdm.] halbpart machen (*ugs. für* teilen)
Halb|pen|si|on, die; - (Unterkunft mit Frühstück u. einer warmen Mahlzeit)
Halb|rech|te, der; -n, -n *(Sport)*
halb rechts, halb|rechts; sich halb rechts *od.* halbrechts halten; halb rechts *od.* halbrechts spielen *(Sport)*
halb reif, halb|reif; halb reife *od.* halbreife Früchte
halb|rund (halbkreisförmig); *aber* die Formen waren halb rund, halb eckig; **Halb|rund**
Halb|satz (Teilsatz)
Halb|schat|ten
halb|schläch|tig (*veraltet für* nicht eindeutig, schwankend)
Halb|schlaf; Halb|schuh
Halb|schwer|ge|wicht (Körpergewichtsklasse im Sport)
Halb|schwes|ter
Halb|sei|de; halb|sei|den; ein halbseidenes Tuch, *aber* ein halb seidenes, halb wollenes Tuch
halb|sei|tig
halb|staat|lich; ein halbstaatlicher Betrieb *(DDR), aber* der Betrieb ist halb staatlich, halb privat
halb|stark; halbstarke Jugendliche
Halb|star|ke, der *u.* die; -n, -n
Halb|stie|fel
halb|stock (*Seemannsspr. svw.* halbmast)
Halb|stock (*österr. für* Zwischengeschoss)
halb|stün|dig (eine halbe Stunde dauernd)
halb|stünd|lich (jede halbe Stunde [stattfindend])
Halb|stür|mer *(bes. Fußball);* **Halb-stür|me|rin**
halb|tä|gig
halb|tags; Halb|tags|ar|beit; Halb-tags|schu|le
Halb|tax|abon|ne|ment (*schweiz. für* Abonnement zum Bezug von Fahrkarten zum halben Preis)
Halb|ton *Plur.* ...töne
halb tot, halb|tot *vgl.* halb
Halb|to|ta|le *(Film)*
halb tot|la|chen *vgl.* halb
halb tot|schla|gen *vgl.* halb
halb|tro|cken; halbtrockener Wein
halb ver|daut, halb|ver|daut *vgl.* halb
halb ver|hun|gert, halb|ver|hun-gert *vgl.* halb
halb ver|welkt, halb|ver|welkt *vgl.* halb
halb voll, halb|voll *vgl.* halb
halb wach, halb|wach *vgl.* halb
Halb|wahr|heit; Halb|wai|se
halb|wegs
Halb|welt; Halb|welt|da|me
Halb|wel|ter|ge|wicht *(Boxen)*
Halb|werts|zeit (*Kernphysik* Zeit, nach der die Hälfte einer Anzahl radioaktiver Atome zerfallen ist)
halb|wild; halbwilde, halbwild lebende Tiere
Halb|wis|sen
halb|wol|len; ein halbwollenes Tuch, *aber* ein halb wollenes, halb baumwollenes Tuch
halb|wüch|sig; Halb|wüch|si|ge, der *u.* die; -n, -n
Halb|zeit; Halb|zeit|pau|se; Halb-zeit|pfiff
Halb|zeug (Halbfabrikat)
Hal|de, die; -, -n
Ha|léř [...lɛːr̝ʃ], der; -, ...ře [...r̝ʒɛ], *Gen. Plur.* ...řů [...r̝ʒu] (Untereinheit der tschech. Krone)
half *vgl.* helfen
Hal|fa|gras *vgl.* Alfagras
Half|pipe [ˈhaːfpaip], die; -, -s ⟨engl., »Halbrohr«⟩ (halbkreisförmige Röhre, in der Kunststücke mit Skateboard od. Snowboard ausgeführt werden können)
Hälf|te, die; -, -n; meine bessere Hälfte (*scherzh. für* meine Ehefrau, mein Ehemann); zur Hälfte; **hälf|ten** (*svw.* halbieren)

Hälfte

Auch wenn nach *Hälfte* ein Plural folgt, steht das Verb gewöhnlich im Singular: *Erst die Hälfte der Arbeiten war erledigt.* Es ist aber auch zulässig, das Verb in den Plural zu setzen: *Erst die Hälfte der Arbeiten waren erledigt.* In diesem Fall wird die Beugungsform nach dem Sinn und nicht nach dem formalen grammatischen Bezug gebildet.

[1]**Half|ter,** das *od.* der; -s, -, *schweiz. auch* die; -, -n (Zaum ohne Gebiss)
[2]**Half|ter,** das; -s, -, *auch* die; -, -n (Pistolentasche)
half|tern (den [1]Halfter anlegen); ich halftere; **Half|ter|rie|men**
hälf|tig; Hälf|tung
Half|vol|ley [ˈhaːf...], der; -s, -s ⟨engl.⟩ (*Tennis* Ball, der im Augenblick des Abprallens vom Boden geschlagen wird)
Ha|li|fax [ˈhɛlifɛks] (Stadt in Kanada)
Ha|li|kar|nas|sos (antike Stadt in Kleinasien)
Hal|ky|o|ne [*auch* ...ˈkyːone] usw. *vgl.* [1]Alkyone usw.
[1]**Hall,** der; -[e]s, -e
[2]**Hall** (Name mehrerer Orte)
Hal|le, die; -, -n
Hall|ef|fekt ([elektronisch erzeugter] Hall, Nachhall)
hal|le|lu|ja! ⟨hebr., »lobet den Herrn!«⟩; **Hal|le|lu|ja,** das; -s, -s (liturgischer Freudengesang)

H
Hall

hal|len (schallen)
Hal|len|bad; Hal|len|fuß|ball; Hal|len|hand|ball; Hal|len|ho|ckey
Hal|len|kir|che
Hal|len|ser (Einwohner von Halle [Saale]); **Hal|len|se|rin**
Hal|len|sport; Hal|len|ten|nis; Hal|len|tur|nier
Hal|ler (Einwohner von ²Hall *u.* von Halle [Westf.]); **Hal|le|rin**
Hal|ler|t|au, Hol|le|d|au [*auch* 'hɔ...], die; - (bayr. Landschaft)
Hal|le (Saa|le) (Stadt an der mittleren Saale); *vgl.* Hallenser; **hallesch** *vgl.* hallisch
Hal|le (Westf.) (Stadt am Teutoburger Wald); *vgl.* Haller
Hal|ley-Ko|met [...le...], **Hal|ley|sche Ko|met, Hal|ley'sche Ko|met** ‹nach dem engl. Astronomen› ↑K 135 *u.* 150
H
hall
Hal|lig, die; -, -en (kleinere, bei Sturmflut überflutete Insel im nordfries. Wattenmeer)
Hal|li|gal|li, Hul|ly-Gul|ly, das, *selten:* der; -[s] (*ugs. für* fröhliches Treiben)
Hal|li|gen *Plur.* (Inselgruppe im Wattenmeer); **Hal|lig|leu|te** *Plur.*
hal|li|hal|lo! *(ugs.)*
Hal|li|masch, der; -[e]s, -e (ein Pilz)
hal|lisch ‹*zu* Halle [Saale]›
häl|lisch *vgl.* schwäbisch-hällisch
Hall|jahr (*A. T.* Feier-, Jubeljahr)
hal|lo! [*auch* ...'lo:]; **Hal|lo,** das; -s, -s; mit großem Hallo; Hallo *od.* hallo rufen; **hal|lö|chen!** *(ugs.)*
Hal|lo|d|ri, der; -s, -[s] (*bayr. u. österr. für* leichtlebiger Mann)
Hal|lo|re, der; -n, -n (*früher für* Salinenarbeiter in Halle [Saale])
Hal|lo|ween [hɛlo'vi:n], das; -[s], -s ‹engl.› ([bes. in den USA gefeierter] Tag vor Allerheiligen)
Hall|statt (Ort in Oberösterreich); **Hall|stät|ter See,** der; - -s
Hall|statt|zeit, die; - (ältere Eisenzeit)
Hal|lu|zi|na|ti|on, die; -, -en ‹lat.› (Sinnestäuschung); **hal|lu|zi|na|tiv; hal|lu|zi|nie|ren; hal|lu|zi|no|gen** (Halluzinationen hervorrufend); **Hal|lu|zi|no|gen,** das; -s, -e (halluzinogene Droge)
Halm, der; -[e]s, -e
Hal|ma, das; -s ‹griech.› (ein Brettspiel)
Halm|flie|ge (ein Getreideschädling); **Halm|frucht** *meist Plur.*
Ha|lo, der; -[s], *Plur.* -s *od.* ...onen ‹griech.› (*Physik* Hof um eine Lichtquelle; *Med.* Ring um die Augen; Warzenhof)

ha|lo... ‹griech.› (salz...); **Ha|lo...** (Salz...)
Ha|lo|ef|fekt [*auch* 'he:...] (*Psychol.* Beeinflussung einer Beurteilung durch bestimmte Vorerfahrungen)
ha|lo|gen ‹griech.› (*Chemie* Salz bildend); **Ha|lo|gen,** das; -s, -e (Salz bildendes chem. Element)
Ha|lo|ge|nid, Ha|lo|id, das; -[e]s, -e (Metallsalz eines Halogens); **Ha|lo|ge|nid|salz,** Ha|lo|id|salz
ha|lo|ge|nie|ren (Salz bilden)
Ha|lo|gen|lam|pe; Ha|lo|gen|schein|wer|fer
Ha|lo|id, das; -[e]s, -e; *vgl.* Halogenid; **Ha|lo|id|salz** *vgl.* Halogenidsalz
Ha|lo|phyt, der; -en, -en (*Bot.* auf Salzboden wachsende Pflanze)
¹Hals, Frans (niederl. Maler)
²Hals, der; -es, Hälse; Hals über Kopf; Hals- und Beinbruch
Hals|ab|schnei|der; Hals|ab|schnei|de|rin; hals|ab|schnei|de|risch
Hals|aus|schnitt; Hals|band, das; *Plur.* ...bänder; **Hals|ber|ge,** die; -, -n (Teil der mittelalterlichen Rüstung)
hals|bre|che|risch
Hal|se, die; -, -n (*Seemannsspr.* ein Wendemanöver); **hal|sen** (*Seemannsspr.* eine Halse durchführen); du halst
Hals|ent|zün|dung
hals|fern; ein halsferner Kragen
Hals|ge|richt (im späten MA. Gericht für schwere Verbrechen)
Hals|ket|te; Hals|krau|se
hals|nah; ein halsnaher Kragen
Hals-Na|sen-Oh|ren-Arzt (*Abk.* HNO-Arzt); **Hals-Na|sen-Oh|ren-Ärz|tin** (*Abk.* HNO-Ärztin); **Hals|schlag|ader; Hals|schmerz** *meist Plur.*
hals|star|rig; Hals|star|rig|keit

> **hältst**
>
> Die 2. Person Singular von *halten* lautet im Indikativ Präsens *[du] hältst.* Das *t* nach dem *l* darf nicht weggelassen werden, da es zum Wortstamm gehört und deshalb in allen Formen des Verbs erhalten bleibt.

Hals|tuch *Plur.* ...tücher
Hals über Kopf *(ugs.)*
Hals- und Bein|bruch! *(ugs.)*
Hal|sung (*Jägerspr.* Hundehalsband)

Hals|weh, das; -s; **Hals|wei|te; Hals|wi|ckel; Hals|wir|bel; Hals|wir|bel|säu|le**
¹halt (*landsch. u. schweiz. für* eben, wohl, ja, schon)
²halt!; Halt! Wer da?; *vgl.* Werda
Halt, der; -[e]s, *Plur.* -e *u.* -s; [laut] Halt *od.* halt rufen; Halt finden; haltmachen *od.* Halt machen; ich mache halt *od.* Halt; ohne haltzumachen *od.* Halt zu machen; haltgemacht *od.* Halt gemacht
halt|bar; Halt|bar|keit, die; -; **Halt|bar|keits|da|tum**
Halt|bar|milch (*bes. österr. für* H-Milch)
Hal|te|bo|gen *(Musik);* **Hal|te|bucht; Hal|te|griff; Hal|te|gurt; Hal|te|li|nie**
hal|ten (*landsch., bes. österr. auch für* [Kühe] hüten); du hältst, er hält; du hieltst; du hieltest; gehalten; halt[e]!; an sich halten; ich hielt an mich
Hal|te|punkt
Hal|ter (*landsch., bes. österr. auch für* Viehhirt)
Hal|te|re, die; -, -n *meist Plur.* ‹griech.› (*Zool.* umgebildeter Hinterflügel der Zweiflügler)
Hal|te|rin
hal|tern (festmachen, festklemmen); ich haltere
Hal|te|rung (Haltevorrichtung)
Hal|te|stan|ge; Hal|te|stel|le; Hal|te|tau, das
Hal|te|ver|bot (*amtl.* Haltverbot); **Hal|te|ver|bots|schild**
Hal|te|wunsch|tas|te (im ÖPNV)
hal|tig (*Bergmannsspr.* Erz führend)
...hal|tig, ...häl|tig (z. B. mehlhaltig)
halt|los; Halt|lo|sig|keit, die; -
halt|ma|chen *vgl.* Halt
Halt|ma|chen, das; -s
Hal|tung; Hal|tungs|feh|ler; Hal|tungs|no|te *(Sport)*
Halt|ver|bot *vgl.* Halteverbot
Ha|lun|ke, der; -n, -n ‹tschech.› (*abwertend für* Schuft; *scherzh.* Schlingel); **Ha|lun|ken|streich**
Ham (bibl. m. Eigenn.)
Ha|mam, der; -[s], -s ‹türk.› (türkisches Bad)
Ha|ma|me|lis, die; - ‹griech.› (Zaubernuss, eine Heilpflanze)
Ha|mas, die; - ‹arab.› (radikale islamistische Widerstandsbewegung in Palästina); **Ha|mas|kämp|fer; Ha|mas|kämp|fe|rin**
Hä|ma|tin, das; -s ‹griech.› (*Med.*

Hand

die; -, Hände

I. *Getrennt- oder Zusammenschreibung:*

- linker Hand, rechter Hand
- etwas aus erster, zweiter Hand kaufen
- letzter Hand
- freie Hand haben
- [an etwas] Hand anlegen
- etwas an, bei, unter der Hand haben, *auch* etwas unter der Hand (heimlich, im Stillen) regeln
- jemandem an die Hand gehen; *aber* anhand des Buches, anhand von Unterlagen
- Hand in Hand arbeiten, die Hand in Hand Arbeitenden, *aber* ↑K27: das Hand-in-Hand-Arbeiten
- von langer Hand [her] (lange) vorbereitet
- von Hand zu Hand
- das ist nicht von der Hand zu weisen (ist möglich)
- von Hand (mit der Hand) eintragen
- zur Hand sein; zu Händen *(vgl. d.)*

Vgl. auch die folgenden Zusammensetzungen: abhandenkommen, allerhand, handhaben, kurzerhand, überhandnehmen, vorderhand, vorhanden, zuhanden

II. *Bei Maß- u. Mengenangaben:*

- das Regalbrett ist eine Hand breit
- eine Handbreit *od.* Hand breit Tuch ansetzen
- der Rand ist kaum handbreit
- zwei Hände groß, lang
- zwei Handbreit *od.* zwei Hand breit groß, lang
- er hat die eine Hand voll Kirschen
- eine Handvoll *od.* Hand voll Kirschen essen

III. *Beim Skat:*

- einen Grand aus der Hand spielen
- einen Grand Hand spielen

eisenhaltiger Bestandteil des roten Blutfarbstoffs)

Hä|ma|ti|non, das; -s (rote Glasmasse)

Hä|ma|tit, der; -s, -e (Eisenerz)

Hä|ma|to|lo|ge, der; -n, -n; **Hä|ma|to|lo|gie,** die; - (Lehre vom Blut u. seinen Krankheiten); **Hä|ma|to|lo|gin**

Hä|ma|tom, das; -s, -e (*Med.* Bluterguss)

Hä|ma|to|zo|on, das; -s, ...zoen *meist Plur.* (*Zool.* im Blut lebender tierischer Parasit)

Hä|ma|t|u|rie, die; -, ...ien (*Med.* Blutharnen)

Ham|burg (Land u. Hafenstadt an der unteren Elbe); [1]**Ham|bur|ger** (Einwohner von Hamburg)

[2]**Ham|bur|ger** [*auch* 'hɛmbøːɐ̯gɐ], der; -s, *Plur.* -, -s (Brötchen mit gebratenem Rinderhackfleisch)

Ham|bur|ge|rin ⟨*zu* [1]Hamburger⟩

ham|bur|gern (Hamburger Mundart sprechen); ich hamburgere; **ham|bur|gisch**

Hä|me, die; - (Gehässigkeit)

Ha|meln (Stadt an der Weser); **Ha|mel|ner, Ha|me|ler; Ha|mel|ne|rin, Ha|me|le|rin; ha|melnsch**

Ha|men, der; -s, - (Fangnetz)

hä|men (hämisch reden)

Ha|mid (m. Vorn.)

Hä|min, das; -s, -e ⟨griech.⟩ (*Chemie* Salz des Hämatins)

hä|misch; sein hämisches Grinsen

Ha|mit, der; -en, -en, **Ha|mi|te,** der; -n, -n ⟨*zu* Ham⟩ (Angehöriger einer Völkergruppe in Afrika); **Ha|mi|tin; ha|mi|tisch;** hamitische Sprachen

Ham|let (Dänenprinz der Sage)

Hamm (Stadt an der Lippe)

Ham|mel, der; -s, -

Ham|mel|bein; *meist in* jmdm. die Hammelbeine lang ziehen *od.* langziehen (*ugs. für* jmdn. heftig tadeln; drillen)

Ham|mel|bra|ten; Ham|mel|keu|le

Ham|mel|sprung (ein parlamentarisches Abstimmungsverfahren)

Ham|mer, der; -s, Hämmer

Ham|mer|hai

ham|mer|hart (*ugs. für* ungeheuerlich)

Ham|mer|kla|vier

[1]**Häm|mer|lein**

[2]**Häm|mer|lein, Häm|mer|ling** (*veraltet für* böser Geist, Teufel); Meister Hämmerlein, Hämmerling (Teufel; Henker)

ham|mer|mä|ßig (*ugs. für* großartig)

häm|mern; ich hämmere

Ham|mer|schlag; Ham|mer|schmied

Ham|mer|wer|fen, das; -s (*Sport*); **Ham|mer|wer|fer; Ham|mer|wer|fe|rin; Ham|mer|wurf,** der; -[e]s

Ham|mer|ze|he (*Med.*)

Ham|mond|or|gel ['hɛmənt...] ↑K136 ⟨nach dem amerik. Erfinder⟩ (elektroakustische Orgel)

Ham|mu|ra|bi (babylonischer König)

Hä|mo|glo|bin, das; -s ⟨griech.; lat.⟩ (*Med.* roter Blutfarbstoff; *Zeichen* Hb)

Hä|mo|phi|lie, die; -, ...ien ⟨griech.⟩ (Bluterkrankheit)

Hä|mor|rha|gie, die; -, ...ien (Blutung)

Hä|mor|ri|dal|lei|den, Hä|mor|rho|i|dal|lei|den; Hä|mor|ri|de, Hä|mor|rho|i|de, die; -, -n *meist Plur.* ⟨griech.⟩ ([leicht blutender] Venenknoten des Mastdarms)

Hä|mo|zyt, der; -en, -en (Blutkörperchen)

ham|pe|lig; Ham|pel|mann *Plur.* ...männer; **ham|peln** (zappeln); ich hamp[e]le

Hams|ter, der; -s, - (ein Nagetier)

Hams|ter|ba|cke *meist Plur.* (*ugs.*)

Hams|te|rer (*ugs. für* Mensch, der [gesetzwidrig] Vorräte aufhäuft); **Hams|te|rin; Hams|ter|kauf; hams|tern;** ich hamstere

Ham|sun (norwegischer Dichter)

Ha|na|ni|as *vgl.* Ananias

Hand *s. Kasten*

Hand|än|de|rung (*schweiz. für* Besitzerwechsel bei Immobilien u. Wertpapieren)

Hand|ap|pa|rat; Hand|ar|beit

hand|ar|bei|ten; gehandarbeitet; *vgl. aber* handgearbeitet

Hand|ar|bei|ter; Hand|ar|bei|te|rin; Hand|ar|beits|un|ter|richt

Hand|auf|he|ben, das; -s; durch Handaufheben abstimmen

Hand|auf|le|gen, das; -s

Hạnd|ball; Handball spielen ↑K 54, *aber* das Handballspielen ↑K 82; **Hạnd|ball|bun|des|li|ga**
Hạnd|bal|len; Hạnd|bal|ler (*ugs. für* Handballspieler); **Hạnd|bal|le|rin; Hạnd|ball|frau** *meist Plur.* (*Sportjargon* Handballspielerin); **Hạnd|ball|spie|ler; Hạnd|ball|spie|le|rin**
Hạnd|be|sen; Hạnd|be|trieb; Hạnd|be|we|gung; Hạnd|brau|se
hạnd|breit; ein handbreiter Saum, *aber* der Streifen ist eine Hand breit; **Hạnd|breit,** die; -, -, **Hand breit,** die; - -, - -; eine, zwei, keine Handbreit *od.* Hand breit, *aber* ein zwei Hand breiter Saum
Hạnd|brem|se; Hạnd|buch
Hặnd|chen; ein Händchen haltendes *od.* händchenhaltendes Paar; **Hặnd|chen|hal|ten,** das; -s
Hặnd|chen hal|tend, hặnd|chen|hal|tend ↑K 58
Hạnd|creme, Hạnd|crème
Hặn|de|druck *Plur.* ...drücke
Hặn|de|hand|tuch
Hặn|de|klat|schen, das; -s
¹Hạn|del, der; -s (Kaufgeschäft); Handel treiben; Handel treibende *od.* handeltreibende Völker
²Hạn|del, der; -s, Händel *meist Plur.* (*veraltend für* Streit)
Hặn|del (dt. Komponist)
hạn|del|bar ([bes. von Wertpapieren] im Handel erhältlich)
Hạnd|elf|me|ter (*Fußball*)
Hạn|del-Maz|zẹt|ti (österr. Schriftstellerin)
¹hạn|deln; ich hand[e]le; es handelt sich um ...
²han|deln [ˈhɛn...] ⟨engl.⟩ (handhaben, gebrauchen); ich hand[e]le [ˈhɛnd[ə]lə]; gehandelt
Hạn|deln, das; -s
Hạn|dels|ab|kom|men
Hạn|dels|aka|de|mie (höhere Handelsschule)
Hạn|dels|bank *Plur.* ...banken
Hạn|dels|be|zie|hung *meist Plur.*
Hạn|dels|bi|lanz; Hạn|dels|brauch
hạn|dels|ei|nig, hạn|dels|eins
Hạn|dels|em|bar|go; Hạn|dels|flot|te
Hạn|dels|frau (*veraltet*)
Hạn|dels|ge|richt; hạn|dels|ge|richt|lich
Hạn|dels|ge|schäft; Hạn|dels|ge|sell|schaft; Hạn|dels|ge|setz|buch (*Abk.* HGB); **Hạn|dels|ha|fen; Hạn|dels|haus; Hạn|dels|kam|mer**
Hạn|dels|ket|te; Hạn|dels|klas|se
Hạn|dels|leh|rer; Hạn|dels|leh|re|rin
Hạn|dels|mann *Plur.* ...leute, *selten* ...männer (*veraltet*); **Hạn|dels|ma|ri|ne; Hạn|dels|mar|ke**
Hạn|dels|mi|nis|ter; Hạn|dels|mi|nis|te|rin; Hạn|dels|mi|nis|te|ri|um
Hạn|dels|or|ga|ni|sa|ti|on (*DDR; Abk.* HO)
Hạn|dels|part|ner; Hạn|dels|part|ne|rin
Hạn|dels|platz
Hạn|dels|po|li|tik; hạn|dels|po|li|tisch
Hạn|dels|recht; hạn|dels|recht|lich
Hạn|dels|re|gis|ter
Hạn|dels|rei|sen|de
Hạn|dels|sank|ti|on; Hạn|dels|schiff
Hạn|dels|schu|le; Hạn|dels|span|ne
Hạn|dels|stand, der; -[e]s; **Hạn|dels|stra|ße; Hạn|dels|tag**
hạn|dels|üb|lich
Hặn|del|sucht, die; - (*veraltet*); **hặn|del|süch|tig**
Hạn|dels|un|ter|neh|men; Hạn|dels|ver|trag
Hạn|dels|ver|tre|ter; Hạn|dels|ver|tre|te|rin; Hạn|dels|ver|tre|tung
Hạn|dels|vo|lu|men; Hạn|dels|wa|re; Hạn|dels|weg
Hạn|del trei|bend, hạn|del|trei|bend ↑K 58
Hặn|de|rin|gen, das; -s; **hặn|de|rin|gend** ↑K 59
Hặn|de|schüt|teln, das; -s
Hặn|de|wa|schen, das; -s
Hạnd|fe|ger; Hạnd|fer|tig|keit
hạnd|fest; Hạnd|fes|te (*früher für* Urkunde)
Hạnd|feu|er|lö|scher; Hạnd|feu|er|waf|fe
Hạnd|flä|che; hạnd|ge|ar|bei|tet; handgearbeitete Möbel; *vgl. aber* handarbeiten
Hạnd|ge|brauch, der; -[e]s; zum, für den Handgebrauch
hạnd|ge|bun|den; hạnd|ge|fer|tigt; hạnd|ge|knüpft
Hạnd|geld; Hạnd|ge|lenk
hạnd|ge|macht
Hạnd|ge|men|ge; Hạnd|ge|päck
hạnd|ge|schöpft; hạnd|ge|schrie|ben; hạnd|ge|strickt; hạnd|ge|webt
Hạnd|gra|na|te
hạnd|greif|lich; Hạnd|greif|lich|keit
Hạnd|griff; hạnd|groß; handgroße Flecken; *vgl.* Hand
hạnd|hab|bar; Hạnd|hab|bar|keit, die; -
Hạnd|ha|be, die; -, -n; **hạnd|ha|ben;** du handhabst; du handhabtest; gehandhabt; das ist schwer zu handhaben; **Hạnd|ha|bung**
Hand|har|mo|ni|ka
Hand|held [ˈhɛnthɛlt], der *od.* das; -s, -s ⟨engl.⟩ (Taschencomputer)
Han|di|cap, Han|di|kap [ˈhɛndikɛp], das; -s, -s ⟨engl.⟩ (Nachteil, Behinderung; *Sport* Ausgleichsvorgabe); **han|di|ca|pen,** han|di|ka|pen [ˈhɛndikɛpn̩]; gehandicapt, gehandikapt; **han|di|ca|pie|ren,** han|di|ka|pie|ren (*schweiz. für* handicapen)
Han|di|kap [ˈhɛndikɛp] usw. *vgl.* Handicap usw.
Hạnd-in-Hạnd-Ar|bei|ten, das; -s ↑K 27; **Hạnd-in-Hạnd-Ge|hen,** das; -s ↑K 27
hặn|disch (manuell)
Hạnd|ka|me|ra (*Film*)
Hạnd|kan|ten|schlag
Hạnd|kä|se (*landsch.*)
Hạnd|ke (österr. Schriftsteller)
hạnd|kehr|um (*schweiz. für* unversehens; andererseits); **Hạnd|kehr|um;** *nur in* im Handkehrum (*schweiz. für* im Handumdrehen)
Hạnd|kof|fer
hạnd|ko|lo|riert
Hạnd|kom|mu|ni|on (*kath. Kirche*)
Hạnd|korb; Hạnd|kuss
hạnd|lang; ein handlanger Schnitt, *aber* der Schnitt war zwei Hand lang
Hạnd|lan|ger; Hạnd|lan|ger|dienst *meist Plur.* (*oft abwertend*); **Hạnd|lan|ge|rin; hạnd|lan|gern;** ich handlangere
Hạnd|lauf (an Treppengeländern)
Hặnd|ler; Hặnd|le|rin
Hạnd|le|se|kunst
Hạnd|le|se|rin
Hạnd|le|xi|kon
hạnd|lich; Hạnd|lich|keit, die; -
Hand|ling [ˈhɛ...], das; -[s] ⟨engl.⟩ (Handhabung, Gebrauch)
Hạnd|lung
Hạnd|lungs|ab|lauf; Hạnd|lungs|be|darf; Hạnd|lungs|be|voll|mäch|tig|te
hạnd|lungs|fä|hig; Hạnd|lungs|fä|hig|keit, die; -
Hạnd|lungs|frei|heit
Hạnd|lungs|ge|hil|fe; Hạnd|lungs|ge|hil|fin
Hạnd|lungs|rei|sen|de
Hạnd|lungs|spiel|raum
Hạnd|lungs|strang
hạnd|lungs|un|fä|hig; Hạnd|lungs|un|fä|hig|keit
Hạnd|lungs|ver|lauf; Hạnd|lungs|wei|se, die
Hạnd|ma|le|rei

[1]hän|gen

- du hängst; du hingst; du hingest; gehangen; häng[e]!
- die Kleider hängen an der Wand; das Bild hing an der Wand, hat dort gehangen
- ↑K82: mit Hängen und Würgen (*ugs. für* mit Müh und Not)
- hängende Gärten (terrassenförmig angelegte Gärten im Altertum), *aber* ↑K150: die Hängenden Gärten der Semiramis

Schreibung in Verbindung mit »bleiben« und »lassen« ↑K55:

- das Bild kann hier hängen bleiben
- an einem Nagel hängen bleiben *od.* hängenbleiben (sich festhaken)
- von dem Gelernten ist wenig hängen geblieben *od.* hängengeblieben
- du kannst das Bild da hängen lassen
- die Ohren hängen lassen
- seinen Mantel im Restaurant hängen lassen *od.* hängenlassen (vergessen)
- jemanden hängen lassen *od.* hängenlassen (*ugs. für* im Stich lassen)
- du brauchst dich nicht hängen zu lassen *od.* hängenzulassen (nicht aufzugeben)

Hand|mehr, das; -s (*schweiz. für* durch Handaufheben festgestellte Mehrheit)
Hand|or|gel (*schweiz. für* Handharmonika); **hand|or|geln**
Hand|out, Hand-out [ˈhɛnt|aut], das; -s, -s ⟨engl.⟩ (Informationsunterlage)
Hand|pferd; Hand|pres|se; Hand|pup|pe
Hand|rei|chung; Hand|rü|cken
Hands [hɛnts], das; -, - ⟨engl.⟩ (*österr., schweiz. für* Handspiel)
hand|sam (*österr., landsch. für* handlich)
Hand|schel|le *meist Plur.;* **Hand|schlag; Hand|schrei|ben**
Hand|schrift (*in der Bedeutung* »altes Schriftstück« *Abk.* Hs., *Plur.* Hss.); **Hand|schrif|ten|deu|tung; Hand|schrif|ten|kun|de,** die; -; **Hand|schrif|ten|kun|di|ge; hand|schrift|lich**
Hand|schuh; ein Paar Handschuhe; **Hand|schuh|fach**
Hand|set|zer *(Druckw.);* **Hand|set|ze|rin**
hand|si|g|niert
Hand|spie|gel; Hand|spiel *(Fußball);* **Hand|stand; Hand|stein** (*nordd. für* Ausguss)
Hand|streich
Hand|ta|sche; Hand|ta|schen|raub; Hand|ta|schen|räu|ber; Hand|ta|schen|räu|be|rin
Hand|tel|ler
Hand|tuch *Plur.* ...tücher; **Hand|tuch|hal|ter**
Hand|um|dre|hen, das; -s; im Handumdrehen
hand|ver|le|sen (*auch für* sorgfältig ausgewählt)
Hand|voll, die; -, -, **Hand voll,** die; - -, - -; *vgl.* Hand; **Hand|wa|gen**
hand|warm
Hand|werk; Hand|wer|ker; Hand|wer|ke|rin; Hand|wer|ker|stand, der; -[e]s
hand|werk|lich
Hand|werks|be|ruf; Hand|werks|be|trieb; Hand|werks|bur|sche; Hand|werks|kam|mer; Hand|werks|kunst; Hand|werks|meis|ter; Hand|werks|rol|le (Verzeichnis der selbstständigen Handwerker); **Hand|werks|zeug,** das; -[e]s, -e
Hand|wör|ter|buch; Hand|wur|zel
Han|dy [ˈhɛndi], das; -s, -s ⟨anglisierend⟩ (handliches schnurloses Funktelefon); **Han|dy|dis|play**
han|dy|frei; handyfreie Zonen
Han|dy|ka|me|ra; Han|dy|lo|go (individuelles Bild auf dem Handydisplay); **Han|dy|num|mer; Han|dy|par|ken,** das; -s (bargeldloses Bezahlen der Parkgebühr über das Handy); **Han|dy|ta|rif; Han|dy-TV**
hand|zahm (besonders zahm)
Hand|zei|chen; Hand|zeich|nung; Hand|zet|tel
ha|ne|bü|chen (*veraltend für* unverschämt, unerhört)
Hanf, der; -[e]s (eine Faserpflanze); **han|fen, hän|fen** (aus Hanf); **Hanf|garn**
Hänf|ling (eine Finkenart; Mensch von schwächlicher Statur)
Hanf|sa|men; Hanf|seil
Hang, der; -[e]s, Hänge
hang|ab|wärts
Han|gar [*auch* ...ˈgaːɐ̯], der; -s, -s ⟨germ.-franz.⟩ (Flugzeughalle)
Hän|ge|arsch *(derb);* **Hän|ge|ba|cken** *Plur.;* **Hän|ge|bank** *Plur.* ...bänke *(Bergbau)*
Hän|ge|bauch; Hän|ge|bauch|schwein
Hän|ge|bo|den; Hän|ge|brü|cke; Hän|ge|bu|sen; Hän|ge|lam|pe
han|geln *(Turnen);* ich hang[e]le
Hän|ge|mat|te
han|gen (*schweiz., landsch., sonst veraltet für* [1]hängen); mit Hangen und Bangen
[1]hän|gen *s. Kasten*
[2]hän|gen; du hängst; du hängtest; gehängt; häng[e]!; ich hängte das Bild an die Wand, habe es an die Wand gehängt
hän|gen blei|ben, hän|gen|blei|ben *vgl.* [1]hängen
Han|gen|de, das; -n (*Bergmannsspr.* Gesteinsschicht über einer Lagerstätte)
hän|gen las|sen, hän|gen|las|sen *vgl.* [1]hängen
Hän|ge|par|tie *(Schach)*
Hän|ger (eine Mantelform; *auch für* [Fahrzeug]anhänger)
Han|gerl, das; -s, -[n]; *vgl.* Pickerl (*österr. ugs. für* Lätzchen; Wischtuch [der Kellner])
Hän|ge|schloss; Hän|ge|schrank
hän|gig (*fachspr. für* abschüssig; *schweiz. für* schwebend, unerledigt); **Hang|la|ge**
Hang|over, Hang-over [ˈhɛŋ|loːvɐ, ...ˈ|oː...], der; -s ⟨engl.⟩ (*ugs. für* Katerstimmung)
Hang|tä|ter *(Rechtsspr.);* **Hang|tä|te|rin**
Hän|gung (von Bildern)
Han|na, Han|nah (w. Vorn.)
Han|ne, Han|ne|lo|re (w. Vorn.)
Han|nes (m. Vorn.)
Han|ni (w. Vorn.)
Han|ni|bal (karthag. Feldherr)
Hann. Mün|den [haˈnoːfɐʃ -] (*kurz für* Hannoversch Münden; *vgl.* Münden)
Han|no (m. Vorn.)
Han|no|ver [...f...] (Hauptstadt von

Niedersachsen); **Han|no|ve|ra|ner** [...v...] (*auch* eine Pferderasse); **Han|no|ve|ra|ne|rin**

han|no|ve|risch, han|nö|ve|risch, han|no|versch, han|nö|versch [*alle ...f...*]; *aber* ↑K72 : im Hannöverschen

Ha|noi (Hauptstadt Vietnams)

Hans (m. Vorn.); Hans' Mütze ↑K16 ; Hans im Glück; *vgl.* Hansdampf, Hanswurst; der Blanke Hans (*nordd. für* die stürmische Nordsee)

Han|sa, die; - (*selten für* Hanse); **Han|sa|kog|ge** (*selten für* Hansekogge)

Han|sa|plast®, das; -[e]s (ein Verbandpflaster)

Han|sa|stadt (*selten für* Hansestadt)

Häns|chen (*Koseform von* Hans)

Hans|dampf [*auch* 'ha...], der; -[e]s, -e; Hansdampf in allen Gassen

Han|se, die; - (mittelalterl. nordd. Kaufmanns- u. Städtebund)

Han|se|at, der; -en, -en (Mitglied der Hanse; Hansestädter); **Han|se|a|ten|geist,** der; -[e]s

Han|se|a|tin; han|se|a|tisch

Han|se|bund, der; -[e]s; **Han|se|kog|ge**

Han|sel, der; -s, -[n] (*landsch. für* unfähiger od. dummer Mensch)

Hän|sel; Hänsel und Gretel (dt. Märchen)

Han|sel|bank *vgl.* Heinzelbank

Hän|se|lei; hän|seln (necken); ich häns[e]le

Han|se|stadt; han|se|städ|tisch

Han|si (m. *u.* w. Vorn.)

han|sisch (hansestädtisch)

Hans|wurst [*auch* 'ha...], der; -[e]s, *Plur.* -e, *scherzh. auch* ...würste (derbkomische Figur; dummer Mensch); **Hans|wurs|te|rei; Hans|wurs|ti|a|de,** die; -, -n

Han|tel, die; -, -n (ein Sportgerät); **han|teln;** ich hant[e]le

han|tie|ren ⟨niederl.⟩ (handhaben; umgehen mit ...); **Han|tie|rung**

han|tig (*bayr., österr. für* bitter, scharf; barsch, unwillig)

ha|pe|rig, hap|rig (*nordd. für* stockend)

ha|pern; es hapert (geht nicht vonstatten; fehlt [an])

ha|p|lo|id ⟨griech.⟩ (*Biol.* mit einfachem Chromosomensatz)

Häpp|chen

hap|pen (*nordd. für* zubeißen)

Hap|pen, der; -s, -

Hap|pe|ning ['hɛ...], das; -s, -s ⟨engl.⟩ ([öffentliche] Veranstaltung von Künstlern mit Einbeziehung des Publikums)

hap|pig (*ugs. für* zu stark, übertrieben); happige Preise

Happs, der; -[es], -[e]; mit einem Happs

hap|py ['hɛpi] ⟨engl.⟩ (*ugs. für* glücklich, zufrieden)

Hap|py End, das; - -[s], - -s, **Hap|py|end,** das; -[s], -s ['hɛpi 'ɛnt, *auch* 'hɛpi|ɛnt] ⟨*zu* engl. happy ending, »glückliches Ende«⟩

Hap|py Hour ['hɛpi 'auɐ], die; - -, - -s (festgesetzte Zeit, in der in bestimmten Lokalen Getränke ermäßigt angeboten werden)

hap|rig *vgl.* haperig

Hap|tik, die; - ⟨griech.⟩ (Lehre vom Tastsinn); **hap|tisch**

har! (*Zuruf an Zugtiere* links!)

Ha|ra|ki|ri, das; -[s], -s ⟨jap.⟩ (ritueller Selbstmord durch Bauchaufschneiden [in Japan])

Ha|rald (m. Vorn.)

ha|ram ⟨arab.⟩ (nach islamischem Glauben verboten)

Ha|ra|re (Hauptstadt von Simbabwe)

Ha|rass, der; -es, -e, **Ha|ras|se,** die; -, -n ⟨franz.⟩ (*schweiz. für* Lattenkiste; Getränkekiste)

Här|chen ⟨*zu* ²Haar⟩

Hard|core [...kɔː], der; -s, -s ⟨engl., »harter Kern«⟩ (aggressive Richtung der Rockmusik; *auch kurz für* Hardcorefilm)

Hard|core|film, Hard|core|por|no (pornografischer Film mit Großaufnahmen u. genauen physischen Details)

Hard|co|ver [...ka...], das; -s, -s ⟨engl.⟩ (Buch mit festem Einband); **Hard|co|ver|ein|band, Hard|co|ver-Ein|band**

Hard|disk, Hard|disc, die; -, -s, **Hard Disk, Hard Disc,** die; - -, - -s ⟨engl.⟩ (*EDV* Festplatte)

Har|de, die; -, -n (*früher in Schleswig-Holstein* Verwaltungsbezirk von mehreren Dörfern od. Höfen); **Har|des|vogt** (*früher für* Amtsvorsteher einer Harde)

Har|di, Har|dy [...di] (m. Vorn.)

Hard|li|ner [...lai...], der; -s, - ⟨engl.⟩ (Vertreter eines harten [politischen] Kurses)

Hard|rock, der; -[s], **Hard Rock,** der; - -[s] ([laute] Rockmusik mit einfachen Rhythmen)

Hardt, die; - (Teil der Schwäbischen Alb); *vgl.* Haard *u.* Haardt

Hard|top, das *od.* der; -s, -s ⟨engl.⟩ (abnehmbares, nicht faltbares Verdeck von Kraftwagen; auch der Wagen selbst)

Hard|ware [...vɛːɐ̯], die; -, -s ⟨engl.⟩ (*EDV* Gesamtheit der techn.-physikal. Teile einer Datenverarbeitungsanlage; *Ggs.* Software)

Har|dy [...di] *vgl.* Hardi

Ha|rem, der; -s, -s ⟨arab.⟩ (von Frauen bewohnter Teil des islam. Hauses; die Frauen darin)

hä|ren (aus Haar); härenes Gewand

Hä|re|sie, die; -, ...ien ⟨griech.⟩ (Ketzerei); **Hä|re|ti|ker; Hä|re|ti|ke|rin; hä|re|tisch**

Har|fe, die; -, -n; **har|fen**

Har|fe|nist, der; -en, -en (Harfenspieler); **Har|fe|nis|tin**

Har|fen|klang; Har|fen|spiel; Harf|ner (*veraltet für* Harfenspieler)

Ha|ris|sa, das; -[s] *od.* die; - ⟨arab.⟩ (scharfe nordafrik. Würzpaste)

Har|ke, die; -, -n (*nordd. für* Rechen); **har|ken** (rechen)

Här|lein ⟨*zu* ²Haar⟩

Har|le|kin, der; -s, -e ⟨franz.⟩ (Hanswurst; Narrengestalt)

Har|le|ki|na|de, die; -, -n (Hanswursterei); **har|le|ki|nisch**

Har|lem (Stadtteil von New York; *vgl. aber* Haarlem)

Harm, der; -[e]s (*veraltend für* Kummer, Leid); **här|men,** sich (*geh. für* sich sorgen)

harm|los; Harm|lo|sig|keit

Har|mo|nie, die; -, ...ien ⟨griech.⟩ (Wohlklang; ausgewogenes Verhältnis; Einklang); **har|mo|nie|be|dürf|tig; Har|mo|nie|leh|re**

har|mo|nie|ren (gut zusammenklingen, zusammenpassen)

Har|mo|nik, die; - (Lehre von der Harmonie)

Har|mo|ni|ka, die; -, *Plur.* -s *u.* ...ken (ein Musikinstrument); **Har|mo|ni|ka|tür** (*svw.* Falttür)

har|mo|nisch; harmonische Funktion *(Math.)* ↑K89

har|mo|ni|sie|ren (in Einklang bringen); **Har|mo|ni|sie|rung**

Har|mo|ni|um, das; -s, *Plur.* ...ien *od.* -s (ein Tasteninstrument)

Harn, der; -[e]s, -e

Harn|bla|se; Harn|drang, der; -[e]s

har|nen *(selten)*

Har|nisch, der; -[e]s, -e ([Brust]panzer); jmdn. in Harnisch (in Wut) bringen

Harn|lei|ter, der; **Harn|röh|re; Harn|ruhr** (*für* Diabetes); **Harn|säu|re; Harn|stoff; Harn|strahl; harn|trei|bend;** harntreibender Tee ↑K59

Harn|we|ge *Plur.* (*Med.* Gesamtheit von Nierenbecken, Harnleiter, -blase, -röhre); **Harn|wegs|in|fek|ti|on** *(Med.)*

Har|pu|ne, die; -, -n ⟨niederl.⟩ (Wurfspeer od. pfeilartiges Geschoss für den Fischfang)

Har|pu|nier, der; -s, -e, **Har|pu|nie|rer,** der; -s, - (Harpunenwerfer); **har|pu|nie|ren; Har|pu|nie|re|rin, Har|pu|nie|rin**

Har|py|ie [...jə], die; -, -n (Sturmdämon in Gestalt eines vogelartigen Mädchens in der griechischen Sage; ein Greifvogel)

har|ren *(geh. für* warten)

Har|ri, Har|ry [...ri, *auch* ˈhɛri] (m. Vorn.)

harsch *(geh. für* unfreundlich)

Harsch, der; -[e]s (hart gefrorener Schnee)

har|schen (hart, krustig werden); der Schnee harscht; **har|schig**

Harst, der; -[e]s, -e *(schweiz. für* [Heer]schar, Haufen)

hart

härter, härteste

- hart sein, werden
- harte Währung
- wenn es hart auf hart geht
- ↑K56: hart kochen *od.* hartkochen
- hart machen *od.* hartmachen
- ↑K58: ein hart gebrannter *od.* hartgebrannter Stein
- hart gefrorener *od.* hartgefrorener Boden
- hart gekochte *od.* hartgekochte Eier; *vgl. aber* hartgesotten

Hart|brand|zie|gel

Har|te, der; -n, -n *(ugs. für* Schnaps)

Här|te, die; -, -n; **Här|te|aus|gleich; Här|te|fall; Här|te|fonds**

Här|te|grad; Här|te|klau|sel

här|ten

Här|te|pa|ra|graf, Här|te|pa|ra|graph

Här|ter *(Chemie)*

Här|te|rei *(Metallurgie)*

Här|te|test

Hart|fa|ser|plat|te

hart ge|brannt, hart|ge|brannt *vgl.* hart; **hart ge|fro|ren, hart|ge|fro|ren** *vgl.* hart; **hart ge|kocht, hart|ge|kocht** *vgl.* hart

Hart|geld, das; -[e]s

hart|ge|sot|ten; die hartgesottensten Sünder

Hart|gum|mi, der *u.* das; -s, -[s]

hart|her|zig; Hart|her|zig|keit

Hart|heu (Johanniskraut)

Hart|holz

hart|hö|rig; Hart|hö|rig|keit, die; -

Hart|kä|se

hart ko|chen, hart|ko|chen

hart|köp|fig; Hart|köp|fig|keit, die; -

hart|lei|big; Hart|lei|big|keit, die; -

Hart|ling *(Geol.* Erhebung, die aus abgetragenem Gestein aufragt)

hart|lö|ten *(Technik); nur im Infinitiv u. Partizip II gebr.;* hartgelötet

hart ma|chen, hart|ma|chen

Hart|mann (m. Vorn.)

Hart|mann von Aue (mhd. Dichter)

hart|mäu|lig (von Pferden); **Hart|mäu|lig|keit,** die; -

Hart|me|tall

Hart|mo|nat, Hart|mond *(alte Bez. für* Januar [*auch für* November od. Dezember])

Hart|mut (m. Vorn.)

hart|nä|ckig; Hart|nä|ckig|keit, die; -

Hart|platz *(Sport)*

Hart|rie|gel, der; -s, - (ein Strauch)

hart|rin|dig; hart|scha|lig

Hart|schier, der; -s, -e ⟨ital.⟩ *(früher für* Leibwächter [der bayrischen Könige])

Hart|spi|ri|tus, der; - (ein Brennstoff)

hart|tun; sie hat sich damit hartgetan (schwergetan)

Har|tung, der; -s, -e *(alte Bez. für* Januar)

Här|tung; Hart|wei|zen

Hartz, das; - (ein Arbeitsmarktprogramm); Hartz IV (dessen vierte Stufe); Hartz-IV-Reform ↑K26; **hart|zen** *(ugs. für* von Hartz IV leben)

Hartz|kom|mis|si|on, Hartz-Kom|mis|si|on, die; - ⟨nach dem Leiter⟩ *(Politik);* **Hartz|re|form, Hartz-Re|form**

Hartz-IV-Be|zie|her [...ˈfiːɐ̯...] *vgl.* Hartz; **Hartz-IV-Be|zie|he|rin; Hartz-IV-Emp|fän|ger; Hartz-IV-Emp|fän|ge|rin; Hartz-IV-Fa|mi|lie; Hartz-IV-Leis|tung** *meist Plur.*

Ha|ru|s|pex, der; -, *Plur.* -e *u.* ...spizes ⟨lat.⟩ (jmd., der aus den Eingeweiden von Opfertieren wahrsagt [bei den Etruskern od. Römern])

Har|vard|uni|ver|si|tät, Har|vard-Uni|ver|si|tät [...vɐt...], die; - ⟨nach dem Mitbegründer J. Harvard⟩ (in Cambridge [Mass.])

[1]**Harz,** das; -es, -e (zähflüssige, klebrige Absonderung, bes. aus dem Holz von Nadelbäumen)

[2]**Harz,** der; -es (dt. Gebirge)

har|zen (Harz ausscheiden; *schweiz. auch für* schwer, schleppend vonstattengehen)

[1]**Har|zer** ⟨*zu* [2]Harz⟩; Harzer Käse; Harzer Roller (Kanarienvogel)

[2]**Har|zer,** der; -s, - (eine Käseart)

har|zig *(schweiz. auch für* mühsam, schleppend)

Harz|säu|re

Ha|san (m. Vorn.)

Ha|sard, das; -s ⟨franz.⟩ *(kurz für* Hasardspiel)

Ha|sar|deur [...ˈdøːɐ̯], der; -s, -e (Glücksspieler); **Ha|sar|deu|rin**

ha|sar|die|ren *(veraltend für* wagen, aufs Spiel setzen)

Ha|sard|spiel (Glücksspiel)

Hasch, das; -s *(ugs. für* Haschisch)

Ha|schee, das; -s, -s ⟨franz.⟩ (ein Hackfleischgericht)

[1]**ha|schen** (fangen); du haschst; sich haschen

[2]**ha|schen** *(ugs. für* Haschisch rauchen); du haschst

Ha|schen, das; -s; Haschen spielen

Häs|chen

Ha|scher *(ugs. für* Haschischraucher)

Hä|scher *(veraltet für* Verfolger, Scherge; Gerichtsdiener)

Ha|sche|rin; Hä|sche|rin

Ha|scherl, das; -s, -[n]; *vgl.* Pickerl *(bayr. u. österr. ugs. für* bedauernswertes Kind)

ha|schie|ren (zu Haschee machen)

Ha|schisch, das, *auch* der; -[s] ⟨arab.⟩ (ein Rauschgift); **Ha|schisch|zi|ga|ret|te**

Hasch|mich, der; *nur in* einen Haschmich haben *(ugs. für* nicht recht bei Verstand sein)

Ha|se, der; -n, -n; falscher *od.* Falscher Hase (Hackbraten) ↑K89

[1]**Ha|sel,** der; -s, - (ein Fisch)

[2]**Ha|sel,** die; -, -n (ein Strauch)

Ha|sel|busch; Ha|sel|huhn; Ha|sel|maus

Ha|sel|nuss; Ha|sel|nuss|strauch, Ha|sel|nuss-Strauch

Ha|sel|stau|de; Ha|sel|wurz (eine Pflanze)

Ha|sen|bra|ten; Ha|sen|fell

Ha|sen|fuß *(scherzh. für* überängstlicher Mensch); **ha|sen|fü|ßig** *(ugs.);* **Ha|sen|herz** *(svw.* Hasenfuß); **ha|sen|her|zig**

Ha|sen|jun|ge, das; -n *(österr. für* Hasenklein); **Ha|sen|klein,** das; -s (Gericht aus Innereien, Kopf u. Vorderläufen des Hasen)

Ha|sen|pa|nier, das; *nur in* das Hasenpanier ergreifen (*ugs. für* fliehen)
Ha|sen|pfef|fer, der; -s (Hasenklein)
ha|sen|rein; nicht ganz hasenrein (verdächtig, nicht einwandfrei)
Ha|sen|schar|te (*ugs. veraltend für* Lippenspalte)
Hä|sin
Has|pe, die; -, -n (Tür- od. Fensterhaken)
Has|pel, die; -, -n, *seltener* der; -s, - (Garn-, Seilwinde; Gerbereibottich)
has|peln; ich hasp[e]le
Has|pen, der; -s, - (*svw.* Haspe)
Hass, der; -es
Has|san (m. Vorn.)
Has|sel, der; -s ⟨engl.⟩ (*landsch. für* Ärger, Umstand)
has|sen; du hasst; gehasst; hasse! *u.* hass!
has|sens|wert; Has|ser
hass|er|füllt; Has|se|rin
häs|sig (*schweiz. für* verdrießlich)
häss|lich; Häss|lich|keit
Hass|lie|be; Hass|ob|jekt
Hass|pre|di|ger; Hass|pre|di|ge|rin
Hass|ti|ra|de *meist Plur.*
hass|ver|zerrt
Hast, die; -; **has|ten**
has|tig; Has|tig|keit, die; -
Ha|t|schek *vgl.* Háček
Hät|sche|lei; Hät|schel|kind
hät|scheln [*auch* ˈhɛː...]; ich hätsch[e]le
hat|schen (*bayr., österr. ugs. für* schlendern; hinken); du hatschst
Ha|t|schep|sut (ägypt. Königin)
Hat|scher, der; -s, - (*bayr., österr. ugs. für* langer Marsch; ausgetretener Schuh); **hat|schert** (*bayr., österr. ugs. für* hinkend, schwerfällig)
hat|schi! [*auch* ˈhatʃi], **hat|zi!** [*auch* ˈhatsi]
hat|te *vgl.* haben
Hat|trick [ˈhɛtrɪk], der; -s, -s ⟨engl.⟩ (*Fußball* dreimaliger Torerfolg hintereinander in einer Halbzeit durch denselben Spieler)
Hatz, die; -, -en (*landsch., bes. bayr. für* Eile, Hetze; *Jägerspr.* Hetzjagd mit Hunden)
hat|zi! [*auch* ˈhatsi] *vgl.* hatschi!
Hatz|rü|de *(Jägerspr.)*
Hau *vgl.* ²Haue
Hau|bank *Plur.* ...bänke (*landsch. für* Werkbank zum Zurichten von Schieferplatten)
Hau|barg, der; -[e]s, -e (Bauernhaus mit hohem Reetdach, unter dem das Heu lagert)
Hau|bar|keits|al|ter *(Forstwirtsch.)*
Häub|chen
Hau|be, die; -, -n (*österr. auch für* Mütze)
Hau|ben|koch *(österr.)*; **Hau|ben|kö|chin**
Hau|ben|ler|che
Hau|ben|res|tau|rant (*österr. für* mit einer od. mehreren Kochmützen ausgezeichnetes Restaurant)
Hau|ben|tau|cher
Hau|bit|ze, die; -, -n ⟨tschech.⟩ (Flach- u. Steilfeuergeschütz)
Hauch, der; -[e]s, -e; **hauch|dünn**
hau|chen
hauch|fein
Hauch|laut *(Sprachwiss.)*
hauch|zart
Hau|de|gen (alter, erprobter Krieger; Draufgänger)
Hau|drauf, der; -s, -s (*ugs. für* Schläger)
¹Haue, die; -, -n (*südd., österr. u. schweiz. für* ²Hacke)
²Haue, die; - ⟨*eigtl. Plur. zu* Hau⟩ (*ugs. für* Schläge); Haue kriegen
hau|en; du haust; du hautest (*für* »mit dem Schwert schlagen« *u. geh.* du hiebest); gehauen (*landsch.* gehaut); hau[e]!; sich hauen; sie hat ihm (*auch* ihn) ins Gesicht gehauen; **Hau|er** (Bergmann mit abgeschlossener Ausbildung; *österr. svw.* Weinhauer, Winzer; *Jägerspr.* Eckzahn des Keilers)
Häu|er (*bes. österr. neben* Hauer [Bergmann]); **Hau|e|rin; Häu|e|rin**
Häuf|chen; ein Häufchen Elend
Hau|fe, der; -ns, -n (*veraltend für* Haufen)
häu|feln; ich häuf[e]le
Hau|fen, der; -s, -; ↑K63 : zuhauf
häu|fen; sich häufen
Hau|fen|dorf; hau|fen|wei|se; Hau|fen|wol|ke
Hauff (dt. Schriftsteller)
häu|fig; Häu|fig|keit
Häuf|lein; Häu|fung
Hauf|werk, Hau|werk (*Bergmannsspr.* durch Hauen erhaltenes Roherzeugnis)
Hau|he|chel, die; -, -n (eine Heilpflanze)
Hau|ke (m. Vorn.)
Hau|klotz
Haupt, das; -[e]s, Häupter *(geh.)*; zu Häupten
Haupt|ab|tei|lung
Haupt|al|tar
haupt|amt|lich
Haupt|an|ge|klag|te; Haupt|an|lie|gen; Haupt|ar|gu|ment; Haupt|at|trak|ti|on; Haupt|auf|ga|be; Haupt|au|gen|merk; Haupt|aus|schuss
Haupt|bahn|hof (*Abk.* Hbf.)
Haupt|be|ruf; haupt|be|ruf|lich
Haupt|be|schäf|ti|gung; Haupt|be|stand|teil; Haupt|be|werb (*Sport österr. für* Hauptwettbewerb); **Haupt|buch; Haupt|büh|ne**
Haupt|dar|stel|ler; Haupt|dar|stel|le|rin
Haupt|ein|gang
Haupt|ein|nah|me|quel|le
Häup|tel, das; -s, -[n] (*südd., österr. für* Kopf einer Gemüsepflanze, z. B. von Salat); **Häup|tel|sa|lat** (*landsch., ostösterr. für* Kopfsalat)
Haup|tes|län|ge; um Haupteslänge
Haupt|fach; Haupt|feld *(Sport)*; **Haupt|feld|we|bel; Haupt|fi|gur; Haupt|film; Haupt|for|de|rung**
Haupt|gang; Haupt|ge|bäu|de; Haupt|ge|richt
Haupt|ge|schäft; Haupt|ge|schäfts|füh|rer; Haupt|ge|schäfts|füh|re|rin; Haupt|ge|schäfts|zeit
Haupt|ge|wicht; Haupt|ge|winn; Haupt|ge|win|ner; Haupt|ge|win|ne|rin
Haupt|got|tes|dienst; Haupt|grund
Haupt|haar, das; -[e]s *(geh.)*; **Haupt|hahn; Haupt|haus; Haupt|last**
Häupt|ling; häupt|lings *(veraltet)*
Haupt|mahl|zeit
¹Haupt|mann *Plur.* ...leute
²Haupt|mann, Gerhart (dt. Dichter)
Haupt|mie|te *(österr.)*; in Hauptmiete (als Hauptmieter)
Haupt|mie|ter; Haupt|mie|te|rin
Haupt|mo|tiv; Haupt|nen|ner
Haupt|per|son; Haupt|por|tal; Haupt|preis; Haupt|pro|be; Haupt|pro|b|lem; Haupt|pro|gramm; Haupt|punkt
Haupt|quar|tier
Haupt|red|ner; Haupt|red|ne|rin
Haupt|rei|se|zeit; Haupt|rol|le
Haupt|sa|che; haupt|säch|lich
Haupt|sai|son; Haupt|satz; Haupt|schlag|ader
Haupt|schul|ab|schluss
Haupt|schuld
Haupt|schu|le; Haupt|schü|ler; Haupt|schü|le|rin; Haupt|schul|leh|rer; Haupt|schul|leh|re|rin
Haupt|schwie|rig|keit; Haupt|se|gel; Haupt|sitz; Haupt|sor|ge

Haupt|spei|cher *(EDV)*
Haupt|spei|se
Haupt|spon|sor; Haupt|spon|so|rin
Haupt|stadt; Haupt|städ|ter; Haupt|städ|te|rin; haupt|städ|tisch
Haupt|stra|ße; Haupt|teil, der; **Haupt|the|ma; Haupt|tref|fer**
Haupt- und Staats|ak|ti|on ↑K31
Haupt|ur|sa|che
haupt|ver|ant|wort|lich; Haupt|ver|ant|wort|li|che, der *u.* die; -n, -n; **Haupt|ver|ant|wor|tung**
Haupt|ver|band
Haupt|ver|die|ner; Haupt|ver|die|ne|rin
Haupt|ver|fah|ren *(Rechtsspr.);* **Haupt|ver|hand|lung**
Haupt|ver|kehrs|stra|ße; Haupt|ver|kehrs|zeit
Haupt|ver|le|sen (*schweiz. Militär* Appell vor Ausgang od. Urlaub); **Haupt|ver|samm|lung; Haupt|ver|wal|tung**
Haupt|werk; Haupt|wert; Haupt|wett|be|werb; Haupt|wohn|sitz
Haupt|wort *Plur.* ...wörter (Substantiv); **haupt|wört|lich**
Haupt|zeu|ge; Haupt|zeu|gin
Haupt|ziel; Haupt|zweck
hau ruck!, ho ruck!
Hau|ruck, das; -s; mit einem kräftigen Hauruck

Haus

das; -es, Häuser
- Haus halten *od.* haushalten; *vgl.* haushalten
- Lieferung frei Haus
- außer [dem] Hause; außer Haus; im Hause, *auch* Haus (*Abk.* i. H.)
- von Hause; von Haus, *auch* Hause aus; von Haus zu Haus
- nach Haus[e] *od.* nachhaus[e]
- zu Haus[e] *od.* zuhaus[e]
- von zu Haus[e] *od.* von zuhaus[e]

Vgl. auch Zuhause

Hau|sa *vgl.* [1]Haussa, [2]Haussa
Haus|an|ge|stell|te; Haus|an|zug; Haus|apo|the|ke; Haus|ar|beit; Haus|ar|rest
Haus|arzt; Haus|ärz|tin
Haus|auf|ga|be; Haus|auf|ga|ben|be|treu|ung; Haus|auf|ga|ben|hil|fe; Haus|auf|satz
Haus|au|tor; Haus|au|to|rin
haus|ba|cken
Haus|ball *vgl.* [2]Ball; **Haus|bank** *Plur.* ...banken; **Haus|bar; Haus|bau** *Plur.* ...bauten
Haus|berg (*ugs. für* als Ausflugsziel beliebter Berg in der Nähe einer Stadt)
Haus|be|set|zer; Haus|be|set|ze|rin; Haus|be|set|zung
Haus|be|sit|zer; Haus|be|sit|ze|rin
Haus|be|sor|ger (*österr. neben* Hausmeister); **Haus|be|sor|ge|rin**
Haus|be|such
Haus|be|woh|ner; Haus|be|woh|ne|rin
Haus|boot
Haus|buch (*DDR* polizeiliches Kontrollbuch über Hausbewohner u. deren Besucher)
Haus|bur|sche
Häus|chen, Häus|lein, *landsch. auch* Häu|sel, Häusl, das; -s, -
Haus|dach; Haus|da|me; Haus|dra|chen (*ugs. für* herrschsüchtige Ehefrau); **Haus|durch|su|chung** (Haussuchung)
haus|ei|gen; hauseigenes Schwimmbad; **Haus|ei|gen|tü|mer; Haus|ei|gen|tü|me|rin**
Haus|ein|gang
Häu|sel *vgl.* Häuschen
hau|sen; du haust; sie haus|te
Hau|sen, der; -s, - (ein Fisch); **Hau|sen|bla|se** (Fischleim)
Hau|ser (*bayr., westösterr. für* Haushälter, Wirtschaftsführer)
Häu|ser|block *vgl.* Block; **Häu|ser|front**
Hau|se|rin, Häu|se|rin (*bayr., westösterr. für* Haushälterin)
Häu|ser|kampf *(Militär)*
Häu|ser|meer; Häu|ser|prei|se *Plur.;* **Häu|ser|rei|he; Häu|ser|wän|de** *Plur.;* **Häu|ser|zei|le**
Haus|fas|sa|de; Haus|flur, der
Haus|frau; haus|frau|lich
Haus|freund; Haus|freun|din
Haus|frie|dens|bruch
Haus|gang (*südd., österr., schweiz. für* Hausflur)
Haus|ge|brauch; für den Hausgebrauch genügen
Haus|ge|burt
Haus|ge|hil|fe; Haus|ge|hil|fin
haus|ge|macht
Haus|ge|mein|schaft
Haus|ge|rät *meist Plur.*
Haus|halt, der; -[e]s, -e
haus|hal|ten; sie haushaltet, haushaltete; ich habe gehaushaltet; um zu haushalten; **Haus hal|ten;** du hältst, hieltest Haus; du hast Haus gehalten; um Haus zu halten
Haus|hal|ter, Haus|häl|ter *(veraltet);* **Haus|häl|te|rin,** *seltener* **Haus|hal|te|rin; haus|häl|te|risch**
Haus|halt[s]|aus|gleich; Haus|halt[s]|aus|schuss
Haus|halt[s]|buch; Haus|halt[s]|de|bat|te; Haus|halt[s]|de|fi|zit; Haus|halt[s]|ent|wurf
Haus|halt[s]|ex|per|te; Haus|halt[s]|ex|per|tin
Haus|halt[s]|fra|ge; Haus|halt[s]|füh|rung; Haus|halt[s]|geld
Haus|halt[s]|ge|rät; Haus|halt[s]|ge|setz; Haus|halt[s]|hil|fe; Haus|halt[s]|jahr; Haus|halt[s]|kas|se
Haus|halt[s]|la|ge; Haus|halt[s]|loch *(ugs.);* **Haus|halt[s]|mit|tel** *Plur.*
Haus|halt[s]|plan; Haus|halt[s]|pla|nung
Haus|halt[s]|po|li|tik; haus|halts|po|li|tisch
Haus|halt[s]|pos|ten; Haus|halt[s]|sper|re; Haus|halt[s]|sum|me; Haus|halt[s]|tag *(regional)*
haus|halts|üb|lich; in haushaltsüblichen Mengen
Haus|halts|wa|ren, Haus|halt|waren *Plur.*
Haus|hal|tung; Haus|hal|tungs|schu|le; Haus|hal|tungs|vor|stand; Haus|hal|tungs|we|sen
Haus|halt|wa|ren, Haus|halts|waren *Plur.*
Haus|herr; Haus|her|rin
haus|hoch; haushohe Wellen
Haus|hof|meis|ter *(früher)*
hau|sie|ren (*veraltend für* Waren von Haus zu Haus anbieten); mit etw. hausieren gehen (etw. überall erzählen); **Hau|sie|rer; Hau|sie|re|rin**
haus|in|tern; hausinterne Regeln
Haus|ju|rist; Haus|ju|ris|tin
Haus|kat|ze
Haus|kauf
Häusl *vgl.* Häuschen; **Häusl|bau|er** (*bayr., österr.; vgl.* [1]Bauer); **Häusl|bau|e|rin**
Häus|le|bau|er (*ugs.; vgl.* [1]Bauer); **Häus|le|bau|e|rin**
Haus|leh|rer; Haus|leh|re|rin
Häus|lein
Häus|ler (Dorfbewohner, der ein kleines Haus ohne Land besitzt); **Häus|le|rin**
Haus|leu|te *Plur.*
häus|lich; Häus|lich|keit, die; -
Haus|ma|cher|art, die; -; nach Hausmacherart; **Haus|ma|cher|wurst**
Haus|macht, die; -; **Haus|mäd|chen; Haus|mann** *Plur.* ...männer
Haus|man|nit, der; -s (ein Mineral)
Haus|manns|kost
Haus|mär|chen; Haus|mar|ke; Haus-

mei|er (Vorsteher der merowing. Hofhaltung)
Haus|meis|ter; Haus|meis|te|rin
Haus|mit|tel; Haus|müll; Haus|mu|sik; Haus|müt|ter|chen
Haus|num|mer; Haus|ord|nung
Haus|pfle|ge (Pflege eines Kranken in seiner Wohnung)
Haus|preis; Haus|putz, der; -es
Haus|rat, der; -[e]s; **Haus|rat|ver|si|che|rung**
Haus|recht *(Rechtsspr.)*
[1]**Haus|sa**, Hau|sa, der; -[s], -[s] *u.* die; -, -[s] (Angehörige[r] eines afrikanischen Volkes)
[2]**Haus|sa**, Hau|sa, das; - (Sprache der Haussa)
Haus|samm|lung; Haus|schaf
[1]**haus|schlach|ten;** *nur im Infinitiv u. im Partizip II gebr.;* hausgeschlachtet
[2]**haus|schlach|ten** *(selten);* hausschlachtene Wurst
Haus|schlach|tung; Haus|schlüs|sel; Haus|schuh; Haus|schwamm; Haus|schwein
Haus|se [ˈhoːs(ə), *auch* oːs], die; -, -n ‹franz.› ([starkes] Steigen der Börsenkurse; allg. Aufschwung der Wirtschaft)
Haus|se|gen; bei jmdm. hängt der Haussegen schief (*ugs. scherzh. für* bei jmdm. hat es zu Hause Streit gegeben)
Haus|si|er […ˈsi̯eː], der; -s, -s (auf Hausse Spekulierender)
haus|sie|ren (im Kurswert steigen)
Haus|stand
Haus|staub; Haus|staub|al|l|er|gie
Haus|stre|cke *(Sport)*
Haus|su|chung; Haus|tech|nik
Haus|tier; Haus|tür
Haus|ty|rann; Haus|ty|ran|nin
Haus|übung (*österr. für* Hausaufgabe); **Haus|un|ter|richt**
Haus|ur|ne (ein vorgeschichtliches Tongefäß)
Haus|ver|bot
Haus|ver|stand (*bes. österr. für* gesunder Menschenverstand)
Haus|ver|wal|ter; Haus|ver|wal|te|rin; Haus|ver|wal|tung
Haus|wand
Haus|wart *(landsch.);* **Haus|war|tin** *(schweiz.)*
Haus|we|sen, das; -s
Haus|wirt; Haus|wir|tin; Haus|wirt|schaft; haus|wirt|schaft|lich; Haus|wirt|schafts|leh|re
Haus|wirt|schafts|meis|ter; Haus|wirt|schafts|meis|te|rin
Haus|wirt|schafts|pfle|ger *(regional);* **Haus|wirt|schafts|pfle|ge|rin**
Haus|wirt|schafts|schu|le
Haus|wurz (eine Pflanze); **Haus|zelt; Haus|zins** *Plur.* …zinse (*südd. u. schweiz. für* Miete)
Haus[-zu]-Haus-Ver|kehr ↑K26
Haut, die; -, Häute ↑K27: zum Aus-der-Haut-Fahren
Haut|arzt; Haut|ärz|tin
Haut|aus|schlag; Haut|bank *Plur.* …banken *(Med.)*
Haut|creme, Haut|crème
Haute Coif|fure [ˈ(h)oːt ko̯aˈfyːɐ̯], die; - - ‹franz.› (für die Mode tonangebende Friseurkunst [bes. in Paris])
Haute Cou|ture [ˈ(h)oːt kuˈtyːɐ̯], die; - - (für die Mode tonangebende Schneiderkunst [bes. in Paris]); **Haute-Cou|ture-Mo|dell** ↑K26
Haute Cui|sine [(h)oːtkɥiˈziːn], die; - - ‹franz.› (gehobene [französische] Kochkunst)
Haute|fi|nance [(h)oːtfiˈnɑ̃ːs], die; - (Hochfinanz)
Haute|lisse [(h)oːtˈlɪs], die; -, -n (Webart mit senkrechten Kettfäden); **Haute|lisse|stuhl**
häu|ten; sich häuten
haut|eng
Haute|vo|lee [(h)oːtvoˈleː], die; - ‹franz.› (vornehmste Gesellschaft)
Haut|far|be; Haut|fet|zen
Haut|flüg|ler *(Zool.)*
haut|freund|lich
Haut|gout [oˈguː], der; -s ‹franz.› (scharfer Wildgeschmack; *auch übertr. für* Anrüchigkeit)
häu|tig
Haut|ju|cken, das; -s; **Haut|kli|nik; Haut|krank|heit; Haut|krebs**
haut|nah
Haut|pfle|ge
Haut|re|li|ef [ˈoː…] ‹franz.› (Hochrelief)
Haut-Sau|ternes [osoˈtɛrn], der; - (ein franz. Weißwein)
haut|scho|nend
Haut|schrift (*für* Dermografie)
haut|sym|pa|thisch
Haut|trans|plan|ta|ti|on
Häu|tung
Haut|ver|pflan|zung
Hau|werk *vgl.* Haufwerk
[1]**Ha|van|na** (Hauptstadt Kubas); *vgl.* Habana, La
[2]**Ha|van|na**, die; -, -s (Zigarre); **Ha|van|na|zi|gar|re** ↑K143
Ha|va|rie, die; -, …ien ‹arab.› (Unfall von Schiffen od. Flugzeugen; schwere Betriebsstörung durch Brand, Explosion u. Ä.; *österr. auch für* Kraftfahrzeugunfall, -schaden); **ha|va|rie|ren**
Ha|va|rist, der; -en, -en (*Seew.* havariertes Schiff; dessen Eigentümer); **Ha|va|ris|tin**
Ha|vel […f…], die; - (rechter Nebenfluss der Elbe)
Ha|vel|land, das; -[e]s ↑K143; **ha|vel|län|disch;** *aber* ↑K140: das Havelländische Luch
Ha|ve|lock, der; -s, -s ‹nach dem engl. General› (ärmelloser Herrenmantel mit Schulterkragen)
Ha|waii (Hauptinsel der Hawaii-Inseln im Pazif. Ozean; Staat der USA; *vgl.* Hawaii-Inseln)
Ha|wai|i|a|ner; Ha|wai|i|a|ne|rin
ha|wai|i|a|nisch, ha|wai|isch
Ha|waii|gi|tar|re
Ha|waii-In|sel, Ha|waii|in|sel, die; -, -n (eine der Hawaii-Inseln); **Ha|waii-In|seln, Ha|waii|in|seln** *Plur.* (Inselgruppe im Pazif. Ozean, die den Staat Hawaii bildet)
ha|wai|isch, ha|wai|i|a|nisch
Haw|king [ˈhoː…], Stephen [ˈstiːvn̩] (brit. Physiker)
Ha|xe, die; -, -n (*bes. südd. für* Hachse); **Haxl**, das; -s, -n (*bayr., österr. für* Hachse); **Haxl|bei|ßer** (*österr. ugs. für* Wadenbeißer)
Haydn, Franz Joseph (österr. Komponist); **haydnsch;** haydnsche *od.* Haydn'sche Sinfonien
Ha|zi|en|da, die; -, *Plur.* -s, *auch* …den ‹span.› (südamerik. Farm)
Hb = Hämoglobin
HB = Brinellhärte
H. B. = Helvetisches Bekenntnis
Hbf. = Hauptbahnhof
H-Bom|be [ˈhaː…] ‹nach dem chemischen Zeichen H = Wasserstoff› (Wasserstoffbombe); ↑K28
h. c. = honoris causa
HDTV, das; -[s] ‹*Abk. für engl.* high definition television› (hochauflösendes Fernsehen); **HDTV-taug|lich**
H-Dur [ˈhaːduːɐ̯, *auch* ˈhaːˈduːɐ̯], das; -[s] (Tonart; *Zeichen* H); **H-Dur-Ton|lei|ter** ↑K26
he!; heda!
He (*chem. Zeichen für* Helium)
Head|ban|ging [ˈhɛtbɛŋɪŋ], das; -s (heftige rhythm. Kopfbewegung)
Head|hun|ter [ˈhɛt…], der; -s, - ‹engl.› (jmd., der Führungskräfte abwirbt); **Head|hun|te|rin**
Head|line [ˈhɛtlai̯n], die; -, -s (*engl. Bez. für* Schlagzeile); **Head|li|ner,**

der; -s, - ‹engl.› (Person od. Sache, die immer wieder in den Schlagzeilen auftaucht)
Head|quar|ter [...kvoːɐ̯tɐ], das; *Plur.* -s *u.* - (*engl. Bez. für* Hauptquartier; Hauptsitz)
Head|set [ˈhɛt...], das; -[s], -s ‹engl.› (am Kopf getragene Kombination von Mikrofon u. Kopfhörer)
Hea|ring [ˈhiː...], das; -[s], -s ‹engl.› (Anhörung)
Hea|vi|side [ˈhɛvisa͜it] (engl. Physiker); **Hea|vi|side-Schicht**, **Hea|vi|side|schicht**, die; - (*svw.* Kennelly-Heaviside-Schicht)
hea|vy [ˈhɛvi] ‹engl.› (*Jugendspr.* schwer, schwierig)
Hea|vy Me|tal [ˈhɛvi ˈmɛtl̩], das; - -[s] ‹engl.› (aggressivere Variante des Hardrocks)
Heb|am|me, die; -, -n
Heb|bel, Christian Friedrich (dt. Dichter)
He|be (griech. Göttin der Jugend)
He|be|baum; He|be|büh|ne; He|be|fi|gur *(Sport)*
[1]**He|bel**, Johann Peter (dt. [Mundart]dichter)
[2]**He|bel**, der; -s, -
He|bel|arm; He|bel|griff
he|beln; ich heb[e]le
He|bel|wir|kung
he|ben; du hobst, *veraltet* hub[e]st; du höbest, *veraltet* hübest; gehoben; heb[e]!
He|ber
He|be|satz *(Steuerw.)*
He|be|werk
...he|big (z. B. vierhebig)
He|b|rä|er (*bes. im A. T. für* Angehöriger des Volkes Israel)
He|b|rä|er|brief, der *(bibl.)*; **He|b|rä|e|rin**
He|b|ra|i|cum, das; -s ‹lat.› (Prüfung über bestimmte Kenntnisse des Hebräischen)
he|b|rä|isch *vgl.* deutsch / Deutsch; **He|b|rä|isch**, das; -[s] (Sprache); *vgl.* Deutsch; **He|b|rä|i|sche**, das; -n; *vgl.* [2]Deutsche
He|b|ra|ist, der; -en, -en; **He|b|ra|is|tik**, die; - (wissenschaftl. Erforschung der hebräischen Sprache u. Literatur); **He|b|ra|is|tin**
He|b|ri|den *Plur.* (schott. Inselgruppe); Äußere u. Innere Hebriden; die Neuen Hebriden (Inselgruppe im Pazifischen Ozean; *jetzt* Vanuatu)
He|bung
He|chel, die; -, -n (ein landwirtschaftliches Gerät)
He|che|lei (*ugs. für* boshaftes Gerede); **he|cheln**; ich hech[e]le
Hecht, der; -[e]s, -e; **hecht|blau**
hech|ten (*ugs. für* einen Hechtsprung machen); **hecht|grau**
Hecht|rol|le (eine Bodenturnübung); **Hecht|sprung**
Hecht|sup|pe; es zieht wie Hechtsuppe (*ugs. für* es zieht sehr)
[1]**Heck**, das; -[e]s, *Plur.* -e *od.* -s (hinterster Teil eines Schiffes, Flugzeugs, Autos)
[2]**Heck**, das; -[e]s, -e (*nordd. für* Gattertür; Weide, Koppel)
Heck|an|trieb
[1]**He|cke**, die; -, -n (Umzäunung aus Sträuchern)
[2]**He|cke**, die; -, -n (*veraltet für* Nistplatz; Paarungs- od. Brutzeit; Brut; Wurf)
He|ckel (dt. Maler)
he|cken (*veraltet für* Junge zur Welt bringen [von Vögeln u. kleineren Säugetieren])
He|cken|ro|se; He|cken|sche|re; He|cken|schüt|ze; He|cken|schüt|zin
Heck|fens|ter; Heck|flos|se; Heck|klap|pe
heck|las|tig
Heck|la|ter|ne
Heck|meck, der, *auch* das; -s (*ugs. für* Geschwätz; unnötige Umstände)
Heck|mo|tor
Heck|pfen|nig ‹*zu* hecken› (*veraltet scherzh. für* Münze, die man behalten soll; Glückspfennig)
Heck|schei|be
He|cu|ba *vgl.* Hekuba
he|da! *(veraltend)*
He|de, die; -, -n (*nordd. für* Werg); **he|den** (aus Hede)
He|de|rich, der; -s, -e (ein Wildkraut)
Hedge|fonds, **Hedge-Fonds** ‹engl.› [ˈhɛdʒfõː] (*Wirtsch.* besondere Form des Investmentfonds); **Hedge|fonds-Ma|na|ger**, **Hedge|fonds|ma|na|ger**, **Hedge-Fonds-Ma|na|ger**; **Hedge|fonds-Ma|na|ge|rin**, **Hedge|fonds|ma|na|ge|rin**, **Hedge-Fonds-Ma|na|ge|rin**
Hedge|fund, **Hedge-Fund** [ˈhɛdʒfand], der; -s, -s (*engl. Bez. für* Hedgefonds)
He|din, Sven (schwedischer Asienforscher)
He|do|ni|ker ‹griech.› (Hedonist); **He|do|ni|ke|rin**
He|do|nis|mus, der; - (philosophische Lehre, nach der das höchste ethische Prinzip das Streben nach Sinnenlust ist)
He|do|nist, der; -en, -en (Anhänger des Hedonismus); **He|do|nis|tin**; **he|do|nis|tisch**
He|d|schas (Landschaft in Arabien); **He|d|schas|bahn**, **He|d|schas-Bahn**
He|dsch|ra, die; - ‹arab.› (Übersiedlung Mohammeds von Mekka nach Medina; Beginn der islamischen Zeitrechnung)
Hed|wig (w. Vorn.)
Heer, das; -[e]s, -e; **Heer|bann** *(früher)*
Hee|res|be|richt; Hee|res|be|stand *meist Plur.*
Hee|res|grup|pe; Hee|res|lei|tung
Hee|res|zug, Heer|zug
Heer|füh|rer; Heer|füh|re|rin
Heer|la|ger; Heer|schar; Heer|schau; Heer|stra|ße; Heer|we|sen
Heer|zug, Hee|res|zug
He|fe, die; -, -n
He|fe|brot; He|fe|kloß; He|fe|kranz; He|fe|ku|chen; He|fe|stück|chen (Kleingebäck); **He|fe|teig; He|fe|zopf**
he|fig
Hef|ner|ker|ze ‹nach dem dt. Elektrotechniker› (frühere Lichtstärkeeinheit; *Zeichen* HK)
Heft, das; -[e]s, -e; **Heft|chen**
Hef|tel, das; -s, - (*landsch. für* Häkchen, Spange); **hef|teln** *(landsch.)*; ich heft[e]le
hef|ten; geheftet (*Abk.* geh.)
Hef|ter (Mappe zum Abheften, Gerät zum Heften)
Heft|fa|den *Plur.* ...fäden
hef|tig; Hef|tig|keit
Heft|klam|mer; Heft|la|de (Gerät in der Buchbinderei)
Heft|li, das; -[s], -; *vgl. auch* Götti (*schweiz. für* Zeitschrift)
Heft|pflas|ter; Heft|strei|fen (ein Büroartikel); **Heft|zwe|cke**
He|gau, der; -[e]s (Landschaft am Bodensee)
He|ge, die; - (Pflege u. Schutz des Wildes)
He|gel (dt. Philosoph)
He|ge|li|a|ner (Anhänger Hegels); **He|ge|li|a|ne|rin; he|ge|li|a|nisch**
he|gelsch; die hegelsche *od.* Hegel'sche Philosophie
He|ge|meis|ter (Forstbeamter); **He|ge|meis|te|rin**
he|ge|mo|ni|al ‹griech.› (den Herrschaftsbereich [eines Staates] betreffend); **He|ge|mo|ni|al...** (Vorherrschafts...)

hei|lig

(*Abk.* hl., *für den Plural* hll.)

I. *Kleinschreibung* ↑K89:

- in heiligem Zorn
- mit heiligem Ernst
- heilige Einfalt! (Ausruf der Verwunderung über jemandes Naivität)
- der heilige Paulus, die heilige Theresia
- das heilige Abendmahl, die heilige Messe, die erste heilige Kommunion, die heilige Taufe
- das heilige Pfingstfest usw.

II. *Großschreibung* ↑K88 *u.* 89:

- der Heilige Christ; die Heilige Dreifaltigkeit; der Heilige Geist
- die Heilige Familie; die Heilige Jungfrau
- der Heilige Abend; heute ist Heiliger Abend (24. Dez.)
- die Heiligen Drei Könige; heute ist Heilige Drei Könige (6. Jan.)
- die Heilige Nacht
- das Heilige Grab
- der Heilige Gral
- das Heilige Land
- der Heilige Rock von Trier
- das Heilige Römische Reich Deutscher Nation
- die Heilige Schrift
- die Heilige Stadt (Jerusalem)
- der Heilige Stuhl (Amt des Papstes)
- der Heilige Vater (der Papst)
- der Heilige *od.* heilige Krieg

III. *Getrennt- und Zusammenschreibung:*

- jemanden für heilig halten
- den Sonntag heilighalten (feiern)
- einen Menschen heiligsprechen (zum oder zur Heiligen erklären)

Vgl. heilighalten, heiligsprechen

He|ge|mo|nie, die; -, ...ien ([staatliche] Vorherrschaft); **he|ge|mo|nisch**
he|gen; hegen und pflegen
He|ger *(Jägerspr.);* **He|ge|rin**
He|ge|ring (kleinster jagdlicher Bezirk); **He|ge|zeit**
Hehl, der *u.* das; *nur in* keinen, *auch* kein Hehl daraus machen (es nicht verheimlichen); **hehlen**
Heh|ler; Heh|le|rei; Heh|le|rin
hehr *(geh. für* erhaben; heilig)
hei!
heia; *nur in* heia machen *(Kinderspr. für* schlafen)
Heia, die; -, -[s] *(Kinderspr. für* Bett); **Heia|bett**
heia|po|peia! *vgl.* eiapopeia!
[1]**Hei|de,** der; -n, -n *(veraltend für* Nichtchrist; *auch für* Ungetaufter, Religionsloser)
[2]**Hei|de,** die; -, -n (sandiges, unbebautes Land; *nur Sing.:* Heidekraut)
[3]**Hei|de** (w. Vorn.)
Hei|deg|ger (dt. Philosoph)
Hei|de|korn; Hei|de|kraut, das; **Hei|de|land,** das; -[e]s
Hei|del|bee|re; Hei|del|beer|kraut, das; -[e]s
Hei|del|berg (Stadt am Neckar); **Hei|del|ber|ger; Hei|del|ber|ge|rin**
Hei|de|ler|che
Hei|den, der; -s *(ostösterr. für* Buchweizen)
Hei|den... *(ugs. für* groß, sehr viel, z. B. Heidenangst, Heidenarbeit, Heidenlärm, Heidenspaß)
Hei|den|chris|ten|tum
hei|de|nei! *(südwestd.)*
hei|den|mä|ßig *(ugs. für* sehr, groß)
Hei|den|rös|chen, Hei|de|rös|chen
Hei|den|tum, das; -s; **Hei|den|volk**
Hei|de|rös|chen *vgl.* Heidenröschen
hei|di! [*auch* 'hai...] *(nordd. für* lustig!; schnell!); heidi gehen *(ugs. für* verloren gehen)
Hei|di (w. Vorn.)
Hei|din
Heid|jer (Bewohner der [Lüneburger] Heide); **Heid|je|rin**
heid|nisch
Heid|schnu|cke, die; -, -n (eine Schafrasse)
Hei|duck, der; -en, -en ⟨ung.⟩ *(früher für* ung. [Grenz]soldat)
Hei|er|mann *Plur.* ...männer *(früher ugs. für* Fünfmarkstück)
Hei|ke (w., *seltener* m. Vorn.)
hei|kel (schwierig; *landsch. auch für* wählerisch [beim Essen]); eine heik|le Sache
Hei|ko (m. Vorn.)
heil; eine heile Welt
Heil, das; -[e]s; Berg Heil!; Ski Heil!; *vgl. auch* Heil bringend
Hei|land, der; -[e]s, -e *(geh. für* Retter, Erlöser); unser Herr und Heiland [Jesus Christus]
Heil|an|stalt; Heil|bad
heil|bar; Heil|bar|keit, die; -
Heil brin|gend, heil|brin|gend ↑K58: die Heil bringende *od.* heilbringende Botschaft; *aber nur* göttliches Heil bringend; eine [noch] heilbringendere Wirkung
Heil|bronn (Stadt am Neckar)
Heil|butt (ein Fisch)
hei|len; Hei|ler
Hei|ler|de; Heil|er|folg; Hei|le|rin
Heil|fas|ten, das; -s
heil|froh
Heil|gym|nast; Heil|gym|nas|tik; Heil|gym|nas|tin
hei|lig *s. Kasten*
Hei|lig|abend
Hei|li|ge, der *u.* die; -n, -n
Hei|li|ge|drei|kö|nigs|tag
hei|li|gen
Hei|li|gen|bild; Hei|li|gen|fi|gur
Hei|li|gen|le|ben; Hei|li|gen|schein; Hei|li|gen|schrein
Hei|lig|geist|kir|che
hei|lig|hal|ten; sie hielten die Gebote heilig
Hei|lig|keit; Seine Heiligkeit ↑K89 (der Papst)
hei|lig|spre|chen; der Papst sprach sie heilig, hat sie heiliggesprochen; **Hei|lig|spre|chung**
Hei|lig|tum
Hei|li|gung
heil|kli|ma|tisch
Heil|kraft; heil|kräf|tig
Heil|kraut, das
Heil|kun|de, die *Plur. selten;* **heil|kun|dig**
Heil|kun|di|ge, der *u.* die; -n, -n
heil|los
Heil|me|tho|de; Heil|mit|tel, das
Heil|pä|d|a|go|ge; Heil|pä|d|a|go|gik; Heil|pä|d|a|go|gin; heil|pä|d|a|go|gisch
Heil|pflan|ze
Heil|prak|ti|ker; Heil|prak|ti|ke|rin
Heil|quel|le; Heil|ruf
heil|sam; Heil|sam|keit, die; -

Heils|ar|mee, die; -; **Heils|bot|schaft**
Heils|brin|ger; Heils|brin|ge|rin
Heil|schlaf; Heil|schlamm
Heils|leh|re
Hei|lung; Hei|lungs|be|wäh|rung (Verminderung einer Behinderung durch Heilung); **Hei|lungs|pro|zess**
Heil|ver|fah|ren; Heil|wir|kung
Heil|zweck; zu Heilzwecken
Heim, das; -[e]s, -e
heim...; *vgl.* heimbegeben, heimbegleiten usw.
Heim|abend; Heim|ar|beit
Hei|mat, die; -, -en
Hei|mat|abend
hei|mat|be|rech|tigt
Hei|mat|dich|ter; Hei|mat|dich|te|rin; Hei|mat|dich|tung
Hei|mat|er|de; Hei|mat|fest; Hei|mat|film
Hei|mat|for|scher; Hei|mat|for|sche|rin
Hei|mat|ge|fühl; Hei|mat|ge|mein|de
hei|mat|ge|nös|sig (*schweiz. neben* heimatberechtigt)
Hei|mat|ha|fen
Hei|mat|kun|de, die; **hei|mat|kund|lich**
Hei|mat|kunst, die; -
Hei|mat|land *Plur.* ...länder
hei|mat|lich
hei|mat|los; Hei|mat|lo|se, der *u.* die; -n, -n; **Hei|mat|lo|sig|keit,** die; -
Hei|mat|mu|se|um; Hei|mat|ort *Plur.* ...orte; **Hei|mat|recht**
Hei|mat|staat *Plur.* ...staaten; **Hei|mat|stadt; hei|mat|ver|bun|den; Hei|mat|ver|ein; hei|mat|ver|trie|ben; Hei|mat|ver|trie|be|ne**
heim|be|ge|ben, sich; du hast dich heimbegeben
heim|be|glei|ten; er hat sie heimbegleitet
Heim|be|woh|ner; Heim|be|woh|ne|rin
heim|brin|gen; er hat sie heimgebracht
Heim|chen (eine Grille)
Heim|com|pu|ter
Heim|dal[l] (*germ. Mythol.* Wächter der Götter u. ihres Sitzes)
hei|me|lig (anheimelnd)
Heim|er|folg *(Sport)*
Hei|met, das; -s, - (*schweiz. für* Bauerngut)
heim|fah|ren; sie ist heimgefahren; **Heim|fahrt**
Heim|fall, der; -[e]s (*Rechtsspr.* das Zurückfallen [eines Gutes] an den Besitzer)
heim|füh|ren; er hat sie heimgeführt
Heim|gang, der; -[e]s, ...gänge; **heim|ge|gan|gen** (*verhüllend für* gestorben); **Heim|ge|gan|ge|ne,** der *u.* die; -n, -n; **heim|ge|hen;** sie ist heimgegangen
heim|gei|gen (*svw.* heimleuchten)
heim|ho|len; sie wurde heimgeholt
hei|misch
Heim|kehr, die; -; **heim|keh|ren; Heim|keh|rer; Heim|keh|re|rin**
Heim|kind
Heim|ki|no (*auch scherzh. für* Fernsehen); **Heim|ki|no|an|la|ge**
heim|kom|men; sie ist heimgekommen; **Heim|kunft,** die; -
Heim|lei|ter, der; **Heim|lei|te|rin; Heim|lei|tung**
heim|leuch|ten; dem haben sie heimgeleuchtet (*ugs. für* ihn derb abgefertigt)
heim|lich; er hat es heimlich getan; *vgl. aber* heimlichtun; **heim|lich|feiß** (*schweiz. mdal. für* einen Besitz, ein Können verheimlichend); **Heim|lich|keit**
Heim|lich|tu|er; Heim|lich|tu|e|rei; Heim|lich|tu|e|rin
heim|lich|tun (geheimnisvoll tun); sie hat damit sehr heimlichgetan; *vgl. aber* heimlich
Heim|mann|schaft *(Sport)*
Heim|markt (*schweiz. für* Binnenmarkt)
heim|müs|sen
Heim|mut|ter *Plur.* ...mütter
Heim|nie|der|la|ge *(Sport)*; **Heim|pre|mi|ere; Heim|recht** *(Sport)*
Heim|rei|se; heim|rei|sen; sie ist heimgereist
Heim|sei|te (*für* Homepage)
Heim|sieg *(Sport)*; **Heim|spiel** *(Sport)*; **heim|stark** *(Sport)*
Heim|statt; Heim|stät|te
heim|su|chen; er wurde schwer heimgesucht; **Heim|su|chung**
Heim|tier (*svw.* Haustier)
Heim|trai|ner (Hometrainer; Trainer im heimatlichen Verein); **Heim|trai|ne|rin**
Heim|tü|cke *Plur. selten* (Hinterlist); **Heim|tü|cker** (heimtückischer Mensch); **heim|tü|ckisch**
Heim|ver|ein *(Sport)*
Heim|volks|hoch|schu|le
Heim|vor|teil *(Sport)*
heim|wärts; heimwärts gehen
Heim|weg
Heim|weh, das; -s; **heim|weh|krank**
Heim|wer|ker (jmd., der handwerkliche Arbeiten zu Hause selbst macht; Bastler); **Heim|wer|ke|rin**
Heim|we|sen (*schweiz. für* Anwesen)
heim|wol|len; sie hat heimgewollt
heim|zah|len; jmdm. etwas heimzahlen
heim|zu (*ugs. für* heimwärts)
Hein (m. Vorn.); Freund Hein (*verhüllend für* der Tod)
Hei|ne (dt. Dichter)
Hei|ne|mann (dritter dt. Bundespräsident)
Hei|ner (m. Vorn.)
hei|nesch; die heineschen *od.* Heine'schen Reisebilder; *vgl.* heinisch
[1]**Hei|ni** (m. Vorn.)
[2]**Hei|ni,** der; -s, -s (*ugs. für* einfältiger Mensch)
hei|nisch; dies ist heinische Ironie; die heinischen Reisebilder; *vgl.* heinesch
Hei|no (m. Vorn.)
Hein|rich (m. Vorn.)
[1]**Heinz** (m. Vorn.)
[2]**Heinz,** der; -en, -en, [1]**Hein|ze,** der; -n, -n (*südd. für* Heureuter; Stiefelknecht)
[2]**Hein|ze,** die; -, -n (*schweiz. für* Heureuter)
Hein|zel|bank *Plur.* ...bänke (*österr. für* eine Art von Werkbank)
Hein|zel|männ|chen ⟨*zu* [1]Heinz⟩ (hilfreicher Hausgeist)
Hei|rat, die; -, -en; **hei|ra|ten**
Hei|rats|ab|sicht *meist Plur.*; **Hei|rats|an|non|ce**
Hei|rats|an|trag; Hei|rats|an|zei|ge
hei|rats|fä|hig; hei|rats|lus|tig
Hei|rats|markt
Hei|rats|schwind|ler; Hei|rats|schwind|le|rin
Hei|rats|ur|kun|de
Hei|rats|ver|mitt|ler; Hei|rats|ver|mitt|le|rin
hei|rats|wil|lig
hei|sa!, hei|ßa!
hei|schen (*geh. für* fordern, verlangen); du heischst
hei|ser; Hei|ser|keit
heiß *s. Kasten Seite 512*
hei|ßa!, hei|sa!; hei|ßas|sa!
heiß be|gehrt, heiß|be|gehrt *vgl.* heiß
Heiß|be|hand|lung; heiß|blü|tig
[1]**hei|ßen** (einen Namen tragen; nennen; befehlen); du heißt; ich

H
heiß

heiß

hei|ßer, hei|ßes|te

Kleinschreibung ↑K89:

- ein heißes Eisen (*ugs. für* eine heikle Sache)
- ihr heißester (sehnlichster) Wunsch
- heißer Draht ([telefonische] Direktverbindung für schnelle Entscheidungen)
- heiße Höschen (*ugs. veraltend für* Hotpants)
- heißer Ofen (*ugs. veraltend für* Sportwagen, schweres Motorrad)

Schreibung in Verbindung mit Verben:

- das Wasser heiß machen *od.* heißmachen
- jemanden heiß begehren, lieben
- der Motor hatte sich heiß gelaufen
- jemandem die Hölle heißmachen (*ugs. für* jemandem heftig zusetzen; jemanden bedrängen)
- was ich nicht weiß, kann mich nicht heißmachen
- sich die Köpfe heißreden (sehr lebhaft diskutieren)

Getrennt- oder Zusammenschreibung bei nicht übertragener Bedeutung in Verbindung mit einem adjektivisch gebrauchten Partizip ↑K58:

- eine heiß begehrte *od.* heißbegehrte Auszeichnung
- seine heiß ersehnte *od.* heißersehnte Ankunft
- ein heiß umkämpfter *od.* heißumkämpfter Sieg
- das ist ein heiß umstrittenes *od.* heißumstrittenes Thema
- ein heiß gelaufener *od.* heißgelaufener Motor

hieß, du hießest; geheißen; heiß[e]!; er hat es mich geheißen, *aber* wer hat dich das tun heißen?; sie hat mich kommen heißen, *seltener* geheißen; er war »angeheitert«, will heißen[,] völlig betrunken; *vgl.* das heißt

²**hei|ßen** (hissen); du heißt; du heißtest; geheißt; heiß[e]!

heiß er|sehnt, **heiß|er|sehnt** *vgl.* heiß

heiß ge|liebt, **heiß|ge|liebt** *vgl.* heiß

Heiß|hun|ger; heiß|hung|rig

Heiß|kle|be|pis|to|le *(Handwerk)*

heiß lau|fen *vgl.* heiß

Heiß|luft|bal|lon; Heiß|luft|hei|zung; Heiß|luft|herd

heiß ma|chen, heiß|ma|chen *vgl.* heiß

Heiß|man|gel, die

heiß|re|den *vgl.* heiß

Heiß|sporn *Plur.* ...sporne (hitziger, draufgängerischer Mensch); **heiß|spor|nig**

heiß um|kämpft, **heiß|um|kämpft** *vgl.* heiß

heiß um|strit|ten, **heiß|um|strit|ten** *vgl.* heiß

Heiß|was|ser|be|rei|ter; Heiß|was|ser|spei|cher

Hei|ster, der; -s, - (junger Laubbaum aus Baumschulen)

...heit (z. B. Keckheit, die; -, -en)

hei|ter; heit[e]rer, heiters|te; **Hei|ter|keit**, die; -; **Hei|ter|keits|er|folg**

Heiz|an|la|ge; heiz|bar; Heiz|de|cke

hei|zen; du heizt

Heiz|ener|gie

Hei|zer; Hei|ze|rin

Heiz|gas; Heiz|ge|rät; Heiz|kes|sel; Heiz|kis|sen

Heiz|kör|per; Heiz|kos|ten *Plur.*

Heiz|kraft|werk

Heiz|öl; Heiz|pe|ri|o|de

Heiz|pilz (*ugs. für* Terrassenstrahler)

Heiz|plat|te; Heiz|rohr; Heiz|son|ne; Heiz|strah|ler; Heiz|tech|nik (*svw.* Heizungstechnik)

Hei|zung; Hei|zungs|an|la|ge; Hei|zungs|kel|ler; Hei|zungs|mon|teur; Hei|zungs|mon|teu|rin; Hei|zungs|rohr; Hei|zungs|tank; Hei|zungs|tech|nik

He|ka|te [...te, *auch* ...'ka:...] (griechische Nacht- u. Unterweltsgöttin)

He|ka|tom|be, die; -, -n ‹griech.› (einem Unglück zum Opfer gefallene, erschütternd große Zahl von Menschen)

hek|t..., hek|to... ‹griech.› (100)

Hek|t|ar [*auch* ...'ta:ɐ̯], das, *auch* der; -s, -e ‹griech.; lat.› (100 a; *Zeichen* ha); 3 Hektar gutes Land *od.* guten Landes; **Hek|t|a|re**, die; -, -n (*schweiz. für* Hektar; *Zeichen* ha); **Hek|t|ar|er|trag** *meist Plur. (Landwirtsch.)*

Hek|tik, die; - ‹griech.› (fieberhafte Aufregung, nervöses Getriebe); **Hek|ti|ker; Hek|ti|ke|rin; hek|tisch** (fieberhaft, aufgeregt)

hek|to... *vgl.* hekt...; **Hek|to...** (das Hundertfache einer Einheit, z. B. Hektoliter = 100 Liter; *Zeichen* h)

Hek|to|graf, **Hek|to|graph**, der; -en, -en (Vervielfältigungsgerät); **Hek|to|gra|fie**, **Hek|to|gra|phie**, die; -, ...ien (Vervielfältigung); **hek|to|gra|fie|ren**, **hek|to|gra|phie|ren**

Hek|to|li|ter (100 l; *Zeichen* hl)

Hek|to|pas|cal (100 Pascal; *Zeichen* hPa)

Hek|tor (Held der griech. Sage)

He|ku|ba (griech. Sagengestalt)

Hel, die; - *meist ohne Artikel* (nordische Todesgöttin; *auch* Welt der Toten; Unterwelt)

He|lan|ca®, das; - (hochelastisches Kräuselgarn aus Nylon)

he|lau! (Karnevalsruf)

Held, der; -en, -en

Hel|den|brust; Hel|den|dar|stel|ler; Hel|den|dar|stel|le|rin; Hel|den|epos; Hel|den|fried|hof

hel|den|haft

Hel|den|mut; hel|den|mü|tig

Hel|den|tat; Hel|den|te|nor; Hel|den|tod; Hel|den|tum, das; -s

Hel|der, der *od.* das; -s, - (*nordd. für* uneingedeichtes Marschland)

Hel|din; hel|disch

He|le|na (w. griech. Sagengestalt; w. Vorn.)

He|le|ne (w. Vorn.)

Hel|fe, die; -, -n (Schnur am Webstuhl)

hel|fen; du hilfst; du halfst; du hülfest, *selten* hälfest; geholfen; hilf!; sie hat ihr beim Nähen geholfen, *aber* sie hat ihr nähen helfen *od.* geholfen; sich zu helfen wissen; **Hel|fer; Hel|fe|rin**

Hel|fers|hel|fer (Mittäter); **Hel|fers|hel|fe|rin; Hel|fer|syn|drom** (*Psychol.* übertriebenes Bedürfnis zu helfen)

Hel|ga (w. Vorn.)

¹**Hel|ge** (m. u. w. Vorn.)

²**Hel|ge**, die; -, -n, ¹**Hel|gen**, der; -s, - ‹*aus* Helligen› (*Nebenform von* Helling)

²Hel|gen, der; -s, - (*schweiz. mdal. für* [Heiligen]bild)
Hel|go|land; Hel|go|län|der; Hel|go|län|de|rin; hel|go|län|disch
He|li|and, der; -s (»Heiland«) (altsächs. Evangeliendichtung)
He|li|an|thus, der; -, ...then (griech.) (*Bot.* Sonnenblume)
He|li|co|bac|ter Py|lo|ri [...koˈbak...-], das *u.* der; -s - (nlat.-griech.; lat.-griech.) (*Med.* ein Magenbakterium)
¹He|li|kon, das; -s, -s (griech.) (runde Basstuba)
²He|li|kon, der; -[s] (Gebirge in Böotien)
He|li|ko|p|ter, der; -s, - (engl.) (Hubschrauber)
He|lio... (griech.) (Sonnen...)
He|lio|dor, der; -s, -e (ein Edelstein)
He|lio|graf, **He|lio|graph**, der; -en, -en (ein Signalgerät für Blinkzeichen mithilfe des Sonnenlichts); **He|lio|gra|fie**, **He|lio|gra|phie**, die; -, ...ien (ein Tiefdruckverfahren; Zeichengeben mit dem Heliografen); **he|lio|gra|fisch**, **he|lio|gra|phisch**
He|lio|gra|vü|re, die; -, -n (*nur Sing.:* ein Tiefdruckverfahren; Ergebnis dieses Verfahrens)
He|li|os (griech. Sonnengott)
He|lio|s|kop, das; -s, -e (Gerät mit Lichtschwächung zur direkten Sonnenbeobachtung)
He|lio|s|tat, der; *Gen.* -[e]s *u.* -en, *Plur.* -en (Spiegelvorrichtung, die den Sonnenstrahlen eine gleichbleibende Richtung gibt)
He|lio|the|ra|pie, die; -, ...ien (*Med.* Heilbehandlung mit Sonnenlicht)
¹He|lio|trop, das; -s, -e (eine Zierpflanze; *nur Sing.:* eine Farbe)
²He|lio|trop, der; -s, -e (ein Edelstein)
he|lio|tro|pisch (*veraltet für* fototropisch)
he|lio|zen|t|risch (auf die Sonne als Mittelpunkt bezüglich)
He|lio|zo|on, das; -s, ...zoen (*Zool.* Sonnentierchen)
He|li|port, der; -s, -s (engl.) (Landeplatz für Hubschrauber)
He|li|ski|ing, **He|li-Ski|ing** [...ski:ɪŋ], das; -[s] (engl.) (Abfahrt von einem Berggipfel, zu dem der Skiläufer mit dem Helikopter gebracht worden ist)
He|li|um, das; -s (chemisches Element, Edelgas; *Zeichen* He)
He|lix, die; -, ...ices (griech.-lat.) (*Chemie* spiralige Molekülstruktur)
Hel|ke (w. Vorn.)

> **hell**
>
> *Getrennt- oder Zusammenschreibung* ↑K 56, 58 *u.* 62:
>
> – hell lachen
> – hell scheinen, strahlen
> – das Zimmer hell machen *od.* hellmachen
> – ein hell leuchtender *od.* hellleuchtender Stern
> – die hell lodernde *od.* helllodernde Flamme
> – hell strahlende *od.* hellstrahlende Lampen
> – hellblau, hellgelb, helllila usw.

Hel|la (w. Vorn.)
Hel|las (Griechenland)
hell|auf; hellauf lachen (laut u. fröhlich lachen); *aber* hell auflachen (plötzlich zu lachen anfangen); hellauf begeistert sein
hell|äu|gig; hell|blau; hellblau färben; **hell|blond; hell|braun**
hell|dun|kel ↑K 23; **Hell|dun|kel**
Hell|dun|kel|ma|le|rei
hel|le (*landsch. für* aufgeweckt)
¹Hel|le, die; - (Helligkeit)
²Hel|le, das; -n, -n (*ugs. für* [ein Glas] helles Bier); 3 Helle
Hel|le|bar|de [*schweiz.* ˈhɛ...], die; -, -n (Hieb- u. Stoßwaffe im MA.; Paradewaffe der Schweizergarde im Vatikan); **Hel|le|bar|dier**, der; -s, -e (mit einer Hellebarde Bewaffneter)
Hel|le|gatt, **Hel|le|gat**, das; -s, *Plur.* -en *u.* -s ([Vorrats]raum auf Schiffen)
hel|len, sich (*veraltet für* sich erhellen)
Hel|le|ne, der; -n, -n (Grieche); **Hel|le|nen|tum**, das; -s; **Hel|le|nin; hel|le|nisch**
hel|le|ni|sie|ren (nach griechischem Vorbild gestalten)
Hel|le|nis|mus, der; - (nachklassische griechische Kultur)
Hel|le|nist, der; -en, -en (Gelehrter des nachklass. Griechentums; Forscher u. Kenner des Hellenismus); **Hel|le|nis|tik**, die; - (wissenschaftl. Erforschung der hellenist. Sprache u. Literatur); **Hel|le|nis|tin; hel|le|nis|tisch**
Hel|ler, der; -s, - (ehem. dt. Münze); auf Heller u. Pfennig; ich gebe keinen [roten] Heller dafür; *vgl.* Halér
Hel|les|pont, der; -[e]s (griech.) (*antike Bez. für* Dardanellen)
Hell|gatt, **Hell|gat**; *vgl.* Hellegatt
hell|gelb; hell|grau; hell|grün; hell|haa|rig; hell|häu|tig
hell|hö|rig (schalldurchlässig); hellhörig (stutzig) werden; jmdn. hellhörig machen (jmds. Aufmerksamkeit erregen)
Hel|li|gen (*Plur. von* Helling)
Hel|lig|keit, die; -, *Plur.* (*fachspr.*) -en; **Hel|lig|keits|reg|ler**
Hel|ling, die; -, *Plur.* -en *u.* Hel|li|gen, *auch* der; -s, -e (Schiffsbauplatz); *vgl.* ²Helge
hell leuch|tend, **hell|leuch|tend** *vgl.* hell
hell|licht; es ist helllichter Tag
hell|li|la; ein helllila Kleid; *vgl.* lila; in Helllila ↑K 72
hell lo|dernd, **hell|lo|dernd** *vgl.* hell
hell ma|chen, **hell|ma|chen** *vgl.* hell
Hell|raum|pro|jek|tor (*bes. schweiz. für* Tageslichtprojektor)
hell|rot
hell|se|hen; *nur im Infinitiv gebräuchlich;* **Hell|se|hen**, das; -s
Hell|se|her; Hell|se|he|rei; Hell|se|he|rin; hell|se|he|risch
hell|sich|tig (scharfsinnig; vorausschauend); **Hell|sich|tig|keit**
hell|wach
Hell|weg, der; -[e]s (in Westfalen)
¹Helm, der; -[e]s, -e (Kopfschutz)
²Helm, der; -[e]s, -e (Stiel von Werkzeugen zum Hämmern o. Ä.)
Hel|ma (w. Vorn.)
Helm|busch
Helm|holtz (dt. Physiker)
Hel|min|the, die; -, -n *meist Plur.* (griech.) (*Med.* Eingeweidewurm); **Hel|min|thi|a|sis**, die; -, ...thiasen (*Med.* Wurmkrankheit)
Helm|stedt (Stadt östlich von Braunschweig)
Hel|mut (m. Vorn.)
He|lo|i|se (w. Eigenn.)
He|lot, der; -en, -en, *seltener* **He|lo|te**, der; -n, -n (griech.) ([spartan.] Staatssklave); **He|lo|ten|tum**, das; -s; **He|lo|tin**
Help|desk, **Help-Desk**, der, *auch* das; -s, -s (engl.) (telefon. od. über Internet zur Verfügung stehender Informationsdienst)
Hel|sing|fors (*schwed. für* Helsinki)
Hel|sin|ki (Hauptstadt Finnlands)
Hel|ve|tia, die; - (Frauengestalt als Sinnbild der Schweiz)

Hel|ve|ti|en (Land der Helvetier; *geh. od. iron. für* Schweiz)
Hel|ve|ti|er (Angehöriger eines kelt. Volkes); **Hel|ve|ti|e|rin; hel|ve|tisch;** *aber* ↑K 140 : die Helvetische Republik; das Helvetische Bekenntnis (*Abk.* H. B.)
Hel|ve|tis|mus, der; -, ...men ⟨lat.⟩ (schweizerische Spracheigentümlichkeit)
hem!, hm! [hm̩]
Hemd, das; -[e]s, -en; **hemd|är|me|lig** *vgl.* hemdsärmelig
Hemd|blu|se; Hemd|blu|sen|kleid
Hem|den|knopf, Hemd|knopf
Hem|den|matz *(ugs.)*
Hemd|ho|se; Hemd|knopf, Hemden|knopf; **Hemd|kra|gen**
Hemds|är|mel *meist Plur.;* **hemds|är|me|lig,** *österr. u. schweiz. auch* hemd|är|me|lig, hemd|ärm|lig
hem, hem!, hm, hm!
he|mi... ⟨griech.⟩ (halb...); **He|mi...** (Halb...)
He|ming|way [...veː], Ernest (amerik. Schriftsteller)
He|mi|ple|gie, die; -, ...ien (*Med.* halbseitige Lähmung)
He|mi|sphä|re, die; -, -n ([Erd- od. Himmels]halbkugel; *Med.* rechte bzw. linke Hälfte des Groß- u. Kleinhirns); **he|mi|sphä|risch**
He|mi|s|ti|chi|on, He|mi|s|ti|chi|um, das; -s, ...ien (Halbvers in der altgriechischen Metrik)
he|mi|zy|k|lisch (halbkreisförmig)
Hem|lock|tan|ne *vgl.* Tsuga
hem|men
Hemm|nis, das; -ses, -se
Hemm|schuh; Hemm|schwel|le *(bes. Psychol.);* **Hemm|stoff** (*Chemie* Substanz, die chemische Reaktionen hemmt)
Hem|mung; hem|mungs|los; Hem|mungs|lo|sig|keit
Hemm|wir|kung
Hems|ter|huis [...hɔys], Frans (niederländischer Philosoph)
Hen|de|ka|gon, das; -s, -e ⟨griech.⟩ (Elfeck)
Hen|de|ka|syl|la|bus, der; -, *Plur.* ...syllaben *u.* ...syllabi (elfsilbiger Vers)
Hen|di|a|dy|oin, das; -[s], -, **Hen|di|a|dys,** das; -, - *Plur. selten* ⟨griech.⟩ (*Rhet.* Ausdrucksverstärkung durch Verwendung von zwei sinnverwandten Wörtern, z. B. »bitten u. flehen«)
Hendl, das; -s, -[n] (*südd., österr. für* [junges] Huhn; Brathuhn)
Hengst, der; -[e]s, -e
Hen|kel, der; -s, -
Hen|kel|glas *Plur.* ...gläser; **Hen|kel|korb; Hen|kel|krug**
Hen|kel|mann *Plur.* ...männer (*ugs. für* Gefäß zum Transport von [warmen] Mahlzeiten)
hen|ken (*veraltend für* durch den Strang hinrichten)
Hen|ker; Hen|ke|rin
Hen|kers|beil; Hen|kers|frist; Hen|kers|knecht; Hen|kers|mahl, Hen|kers|mahl|zeit (letzte Mahlzeit)
Hen|na, die; - *od.* das; -[s] ⟨arab.⟩ (rotgelber Farbstoff, der u. a. zum Färben von Haaren verwendet wird); **Hen|na|strauch**
Hen|ne, die; -, -n
Hen|ne|gatt, Hen|ne|gat, das; -[e]s, -en *u.* -s (*nordd. für* ¹Koker)
Hen|ne|gau, der; -[e]s (belgische Provinz)
Hen|ni (w. Vorn.)
Hen|nig, ¹Hen|ning (m. Vorn.)
²Hen|ning (der Hahn in der Fabel)
Hen|ny [...ni] (w. Vorn.)
He|no|the|is|mus ⟨griech.⟩ (Verehrung einer Gottheit, ohne andere Gottheiten zu leugnen)
Hen|ri [ãˈ...] (m. Vorn.)
Hen|ri|et|te [hɛ...] (w. Vorn.)
Hen|ri|qua|t|re [ãriˈkatrə], der; -[s] [...rə], -s [...rə] ⟨franz.⟩ (Spitzbart [wie ihn Heinrich IV. von Frankreich trug])
¹Hen|ry [...ri] (m. Vorn.)
²Hen|ry [...ri], das; -, - ⟨nach dem amerik. Physiker⟩ (Einheit der Induktivität; *Zeichen* H)
Hen|ze (dt. Komponist)
he|pa|tisch ⟨griech.⟩ (*Med.* zur Leber gehörend); **He|pa|ti|tis,** die; -, ...titiden (Leberentzündung); **He|pa|to|lo|gie,** die; - (Lehre von den Funktionen u. Krankheiten der Leber)
He|phais|tos, He|phäst, He|phäs|tus (griechischer Gott des Feuers u. der Schmiedekunst)
hepp!
Hep|ta|chord [...k...], der *od.* das; -[e]s, -e ⟨griech.⟩ (*Musik* große Septime)
Hep|ta|gon, das; -s, -e (Siebeneck)
Hep|t|a|me|ron, das; -s (Novellensammlung, an »sieben Tagen« erzählt, von Margarete von Navarra)
Hep|ta|me|ter, der; -s, - (siebenfüßiger Vers)
Hep|tan, das; -s (*Chemie* Kohlenwasserstoff mit sieben Kohlenstoffatomen, Bestandteil von Erdöl, Benzin usw.)
Hep|ta|teuch, der; -[s] (die ersten sieben bibl. Bücher)
Hep|t|o|de, die; -, -n (*Physik* Elektronenröhre mit sieben Elektroden)

her

(beschreibt meist eine Bewegung auf den Sprechenden zu)

- her zu mir!; her damit!
- hin und her
- von früher her
- das kann noch nicht so lange her sein
- obwohl es schon drei Jahre her [gewesen] ist
- hinter jmdm. her sein (*ugs. für* nach jmdm. fahnden; sich um jmdn. bemühen)

Vgl. auch hin

her... (*in Zus. mit Verben,* z. B. herbringen, du bringst her, hergebracht, herzubringen)
He|ra, He|re (Gemahlin des Zeus)
he|r|ab; he|r|ab... (z. B. herablassen; er hat sich herabgelassen)
he|r|ab|bli|cken
he|r|ab|fal|len
he|r|ab|hän|gen; die Äste hingen herab; *vgl.* ¹hängen
he|r|ab|las|sen; sie ließ sich herab; **he|r|ab|las|send; He|r|ab|las|sung**
he|r|ab|se|hen; auf jmdn. herabsehen
he|r|ab|set|zen; He|r|ab|set|zung
he|r|ab|stu|fen
he|r|ab|wür|di|gen; He|r|ab|wür|di|gung
He|ra|k|les (Halbgott u. Held der griech.-röm. Sage); *vgl.* ¹Herkules; **He|ra|k|li|de,** der; -n, -n (Nachkomme des Herakles)
He|ra|k|lit [*auch* ...ˈklɪt] (altgriechischer Philosoph)
He|ral|dik, die; - ⟨franz.⟩ (Wappenkunde); **He|ral|di|ker** (Wappenforscher); **He|ral|di|ke|rin; he|ral|disch**
he|r|an, *ugs.* **ran** ↑K 14 ; heran sein; sobald er heran ist
he|r|an... (z. B. heranbringen; er hat es mir herangebracht)
he|r|an|ar|bei|ten, sich
he|r|an|bil|den; He|r|an|bil|dung
he|r|an|brin|gen *vgl.* heran...
he|r|an|dür|fen; he|r|an|fah|ren; er ist zu nahe herangefahren

H
Helv

he|r|an|füh|ren; he|r|an|ge|hen; He|r|an|ge|hens|wei|se
he|r|an|kom|men; he|r|an|kön|nen; he|r|an|las|sen
he|r|an|ma|chen, sich (*ugs. für* sich [mit einer bestimmten Absicht] nähern; beginnen)
he|r|an|müs|sen; he|r|an|rei|chen; he|r|an|rei|fen
he|r|an|rü|cken; he|r|an|schaf|fen; sie hat alles herangeschafft
he|r|an sein *vgl.* heran
he|r|an|tas|ten, sich; **he|r|an|tra|gen**
he|r|an|trau|en, sich *(ugs.)*
he|r|an|tre|ten
he|r|an|wach|sen; He|r|an|wach|sen|de, der *u.* die; -n, -n
he|r|an|wa|gen, sich; **he|r|an|wol|len; he|r|an|zie|hen; he|r|an|züch|ten**
he|r|auf, *ugs.* rauf ↑K14
he|r|auf... (z. B. heraufziehen; er hat den Eimer heraufgezogen)
he|r|auf|be|mü|hen; he|r|auf|be|schwö|ren; he|r|auf|brin|gen; he|r|auf|däm|mern
he|r|auf|ho|len; he|r|auf|las|sen
he|r|auf|set|zen; He|r|auf|set|zung
he|r|auf|zie|hen
he|r|aus, *ugs.* raus ↑K14; heraus sein; sobald es heraus war
he|r|aus... (z. B. herausstellen; wir haben die Schuhe herausgestellt)
he|r|aus|ar|bei|ten; He|r|aus|ar|bei|tung
he|r|aus|be|kom|men
he|r|aus|bil|den, sich; **He|r|aus|bil|dung**
he|r|aus|bre|chen; he|r|aus|brin|gen
he|r|aus|dür|fen; he|r|aus|fah|ren
he|r|aus|fal|len; he|r|aus|fil|tern; ich filtere heraus; **he|r|aus|fin|den; he|r|aus|fi|schen; he|r|aus|flie|gen**
He|r|aus|for|de|rer; He|r|aus|for|de|rin
he|r|aus|for|dern; ich fordere heraus; **he|r|aus|for|dernd; He|r|aus|for|de|rung**
he|r|aus|füh|ren
He|r|aus|ga|be; he|r|aus|ge|ben; ich gebe heraus; **He|r|aus|ge|ber** (*Abk.* Hg. *u.* Hrsg.); **He|r|aus|ge|be|rin** (*Abk.* Hg. *u.* Hrsg.); **he|r|aus|ge|ge|ben** (*Abk.* hg. *u.* hrsg.)
he|r|aus|ge|hen; du musst mehr aus dir herausgehen (weniger befangen sein)
He|r|aus|geld (*schweiz. für* Wechselgeld)
he|r|aus|grei|fen
he|r|aus|ha|ben (*ugs. auch für* etw. begriffen, gelöst haben)
he|r|aus|hal|ten, sich
[1]**he|r|aus|hän|gen;** die Fahne hing zum Fenster heraus; *vgl.* [1]hängen
[2]**he|r|aus|hän|gen;** sie hängten die Fahne heraus; *vgl.* [2]hängen
he|r|aus|hau|en; sie haute ihn heraus (befreite ihn); **he|r|aus|he|ben,** sich; **he|r|aus|ho|len; he|r|aus|hö|ren**
he|r|aus|keh|ren; den Vorgesetzten herauskehren
he|r|aus|kit|zeln *(ugs.)*
he|r|aus|kom|men; es wird nichts dabei herauskommen *(ugs.)*; **he|r|aus|kön|nen; he|r|aus|krie|gen** *(ugs.)*
he|r|aus|kris|tal|li|sie|ren, sich
he|r|aus|las|sen; he|r|aus|le|sen; he|r|aus|lö|sen
he|r|aus|ma|chen; sich herausmachen (*ugs. für* sich gut entwickeln)
he|r|aus|müs|sen
he|r|aus|nehm|bar; he|r|aus|neh|men; sich etwas herausnehmen (*ugs. für* sich dreist erlauben)
he|r|aus|pau|ken (*ugs. für* befreien; retten); **he|r|aus|pi|cken**
he|r|aus|plat|zen; he|r|aus|put|zen
he|r|aus|ra|gen; eine herausragende Leistung
he|r|aus|re|den, sich *(ugs.)*
he|r|aus|rei|ßen (*ugs. auch für* befreien; retten); **he|r|aus|rü|cken;** mit der Sprache herausrücken *(ugs.)*
he|r|aus|rut|schen
he|r|aus|schaf|fen *vgl.* schaffen
he|r|aus|schä|len; sich herausschälen (allmählich deutlich werden)
he|r|aus|schau|en (*ugs. auch für* als Nutzen, Gewinn erbringen)
he|r|aus|schi|cken; he|r|aus|schie|ßen; he|r|aus|schin|den; he|r|aus|schla|gen; he|r|aus|schmei|ßen *(ugs.)*; **he|r|aus|schnei|den**
he|r|aus sein *vgl.* heraus
he|r|au|ßen (*bayr., österr. für* hier außen)
he|r|aus|spie|len *(Sport)*
he|r|aus|sprin|gen (*auch für* sich als Gewinn, als Vorteil ergeben)
he|r|aus|spru|deln
he|r|aus|stel|len; es hat sich herausgestellt, dass ...
he|r|aus|stre|cken; he|r|aus|strei|chen (*auch für* hervorheben); **he|r|aus|su|chen; he|r|aus|tra|gen; he|r|aus|tre|ten**
he|r|aus|wach|sen; sie ist aus dem Kleid herausgewachsen; *aber* ihre Sicherheit ist aus den Erfahrungen herausgewachsen
he|r|aus|wa|gen, sich; **he|r|aus|wer|fen; he|r|aus|win|den,** sich
he|r|aus|wirt|schaf|ten; he|r|aus|wol|len
he|r|aus|zie|hen
herb
Her|ba|ri|um, das; -s, ...ien ‹lat.› (Sammlung getrockneter Pflanzen)
Her|bart (dt. Philosoph)
Her|be, die; - (*geh. für* Herbheit)
her|bei
her|bei... (z. B. herbeieilen; er ist herbeigeeilt)
her|bei|brin|gen; her|bei|fah|ren; her|bei|füh|ren; her|bei|las|sen, sich
her|bei|lo|cken; her|bei|re|den; ein Unglück herbeireden; **her|bei|ru|fen**
her|bei|schaf|fen; er schaffte alles herbei; **her|bei|schlep|pen; her|bei|seh|nen**
her|bei|strö|men; her|bei|wün|schen; her|bei|zau|bern; her|bei|zie|hen; her|bei|zi|tie|ren
her|be|kom|men; her|be|mü|hen; sie hat sich herbemüht; **her|be|or|dern**
Her|ber|ge, die; -, -n; **her|ber|gen** (*veraltet für* Unterkunft finden); du herbergtest; geherbergt
Her|bergs|el|tern *Plur.*; **Her|bergs|mut|ter; Her|bergs|va|ter**
Her|bert (m. Vorn.)
Herb|heit
her|bit|ten; sie hat ihn hergebeten
Her|bi|vo|re, der; -n, -n ‹lat.› (*Zool.* pflanzenfressendes Tier)
Her|bi|zid, das; -[e]s, -e (*Chemie* Pflanzenvernichtungsmittel)
Herb|ling (unreife Frucht aus später Blüte)
her|brin|gen
Herbst, der; -[e]s, -e; **Herbst|an|fang; Herbst|blu|me**
herbs|teln, *österr. nur so, od.* **herbs|ten;** es herbste[l]t
herbs|ten (*landsch. auch für* Trauben ernten)
Herbst|fe|ri|en *Plur.*
herbst|lich; herbstlich gelbes Laub; **Herbst|ling** (ein Pilz)
Herbst|meis|ter; Herbst|meis|ter|schaft (*bes. Fußball* Tabellenführung nach der Hinrunde)
Herbst|mes|se; Herbst|mo|de; Herbst|mo|nat, Herbst|mond (*alte Bez. für* September)
Herbst|ne|bel; Herbst|son|ne; Herbst|sturm; Herbst|tag

H Herb

Herbst-Tag|und|nacht|glei|che, **Herbst-Tag-und-Nacht-Glei|che**
Herbst|zeit|lo|se, die; -, -n
herb|süß, **herb-süß**
Her|cu|la|ne|um, Her|cu|la|num (römische Ruinenstadt am Vesuv); **her|cu|la|nisch; Her|cu|la|num** *vgl.* Herculaneum
Herd, der; -[e]s, -e
Herd|buch (*Landwirtsch.* Zuchtstammbuch)
Her|de, die; -, -n
Her|den|mensch; Her|den|tier; Her|den|trieb, der; -[e]s
her|den|wei|se
Her|der (dt. Philosoph u. Dichter); **her|de|risch, her|dersch;** eine herderische *od.* herdersche *od.* Herder'sche Betrachtungsweise; die herderische *od.* herdersche *od.* Herder'sche Philosophie ↑K135
Herd|feu|er; Herd|plat|te
Herd|prä|mie (*ugs. abwertend für* finanzielle Unterstützung der häuslichen Kinderbetreuung)
her|dür|fen
he|re|di|tär ⟨lat.⟩ (die Erbschaft betreffend; *Biol.* erblich)
he|r|ein, *ugs.* rein ↑K14; »Herein!« rufen
he|r|ein... (z. B. hereinbrechen; der Abend ist hereingebrochen)
he|r|ein|be|kom|men; he|r|ein|be|mü|hen; he|r|ein|bre|chen
he|r|ein|brin|gen; he|r|ein|drän|gen; he|r|ein|dür|fen; he|r|ein|fah|ren
he|r|ein|fal|len; auf etw. hereinfallen (*ugs.*)
He|r|ein|ga|be (*Sport*); **he|r|ein|ge|ben**
He|r|ein|ge|schmeck|te, Rein|geschmeck|te, der *u.* die; -n, -n (*schwäb. für* Ortsfremde[r], Zugezogene[r])
he|r|ein|ho|len; he|r|ein|kom|men; he|r|ein|kön|nen; he|r|ein|las|sen
he|r|ein|le|gen; jmdn. hereinlegen (*ugs. für* betrügen)
he|r|ein|müs|sen
He|r|ein|nah|me, die; -, -n; **he|r|ein|neh|men**
he|r|ein|plat|zen (*ugs. für* unerwartet erscheinen)
he|r|ein|ras|seln (*ugs. für* in eine unangenehme Situation geraten)
he|r|ein|reg|nen
he|r|ein|ru|fen; jmdn. hereinrufen; *vgl. aber* herein; **he|r|ein|schaf|fen** *vgl.* schaffen; **he|r|ein|schau|en; he|r|ein|schi|cken; he|r|ein|schlei|chen,** sich; **he|r|ein|schmug|geln;** ich schmugg[e]le herein
he|r|ein|schnei|en (*ugs. für* unvermutet eintreten); **he|r|ein|spa|zie|ren** (*ugs.*); hereinspaziert!
he|r|ein|ste|cken
he|r|ein|strö|men; he|r|ein|stür|zen; he|r|ein|wa|gen, sich; **he|r|ein|wol|len; he|r|ein|zie|hen**
He|re|ro, der; -[s], -[s] *u.* die; -, -[s] (Angehörige[r] eines Bantustammes)
her|fah|ren; Her|fahrt; *vgl.* Hin- und Herfahrt ↑K31
her|fal|len; über jmdn. herfallen
her|fin|den; her|füh|ren
Her|ga|be, die; -
Her|gang, der; -[e]s, ...gänge
her|ge|ben; sich [für *od.* zu etwas] hergeben
her|ge|brach|ter|ma|ßen
her|ge|hen; hinter jmdm. hergehen; hoch hergehen (*ugs. für* laut, toll zugehen)
her|ge|hö|ren
her|ge|lau|fen; Her|ge|lau|fe|ne, der *u.* die; -n, -n
her|ha|ben (*ugs.*); wo sie das wohl herhat?
her|hal|ten; er musste dafür herhalten (büßen)
her|ho|len; das ist weit hergeholt (ist kein naheliegender Gedanke); *aber* diesen Wein haben wir von weither geholt
her|hö|ren; alle mal herhören!
He|ri|bert (m. Vorn.)
He|ring, der; -s, -e (ein Fisch; Zeltpflock)
He|rings|es|sen; He|rings|fang; He|rings|fass; He|rings|fi|let
He|rings|milch, die; -; **He|rings|ro|gen; He|rings|sa|lat**
he|r|in|nen (*bayr. u. österr. für* [hier] drinnen)
He|ris, der; -, - ⟨nach dem iran. Ort⟩ (ein Perserteppich)
He|ri|s|au (Hauptort des Halbkantons Appenzell Außerrhoden)
her|ja|gen
her|kom|men; er ist hinter mir hergekommen; *aber* er ist von der Tür her gekommen; **Her|kom|men,** das; -s; **her|kömm|lich; her|kömm|li|cher|wei|se**
her|kön|nen; her|krie|gen
[1]**Her|ku|les** (*lat. Form von* Herakles)
[2]**Her|ku|les,** der; - (ein Sternbild)
[3]**Her|ku|les,** der; -, -se (Mensch von großer Körperkraft); **Her|ku|les|ar|beit; her|ku|lisch** (gewaltig, bes. stark)
Her|kunft, die; -, ...künfte
Her|kunfts|an|ga|be; Her|kunfts|land *Plur.* ...länder; **Her|kunfts|ort** *Plur.* ...orte
her|lau|fen; hinter ihr herlaufen
her|lei|hen (*ugs. für* verleihen)
her|lei|ten; sich herleiten
Her|ling (*veraltet für* unreife, harte Weintraube)
Her|lit|ze [*auch* ...'lɪ...], die; -, -n (Kornelkirsche, ein Ziergehölz)
her|ma|chen (*ugs.*); sich über etwas hermachen
Her|mann (m. Vorn.)
Her|manns|denk|mal, das; -[e]s; **Her|manns|schlacht,** die; -
Her|mann|stadt (*rumän.* Sibiu)
Her|m|a|ph|ro|di|s|mus *vgl.* Hermaphroditismus; **Her|m|a|ph|ro|dit,** der; -en, -en ⟨griech.⟩ (*Biol., Med.* Zwitter); **her|m|a|ph|ro|di|tisch; Her|m|a|ph|ro|di|tis|mus,** der; - (Zwittrigkeit)
Her|me, die; -, -n (Büstenpfeiler, -säule)
[1]**Her|me|lin,** das; -s, -e (großes Wiesel)
[2]**Her|me|lin,** der; -s, -e (ein Pelz)
Her|me|lin|kra|gen
Her|me|neu|tik, die; - ⟨griech.⟩ (Auslegekunst, Deutung); **her|me|neu|tisch**
Her|mes (griechischer Götterbote, Gott des Handels, Totenführer)
Her|mes|bürg|schaft, die; -, -en (Ausfuhrgarantien der dt. Bundesregierung)
her|me|tisch ⟨griech.⟩ ([luft- u. wasser]dicht)
Her|mi|ne (w. Vorn.)
Her|mi|no|nen *Plur.* (germ. Stammesgruppe); **her|mi|no|nisch**
Her|mi|ta|ge [ɛ...ʒə], der; - ⟨franz.⟩ (ein französischer Wein)
Her|mun|du|re, der; -n, -n (Angehöriger eines germanischen Volksstammes)
her|müs|sen
her|nach (*landsch. für* nachher)
her|neh|men
Her|nie, die; -, -n ⟨lat.⟩ (*Med.* [Eingeweide]bruch; *Biol.* eine Pflanzenkrankheit)
her|nie|der (*geh.*)
her|nie|der... (z. B. herniedergehen; der Regen ist herniedergegangen)
Her|nio|to|mie, die; -, ...ien ⟨lat.; griech.⟩ (*Med.* Bruchoperation)
He|ro (w. Eigenn.); *vgl.* Hero-und-Leander-Sage
He|roa (*Plur. von* Heroon)
he|r|o|ben (*bayr., österr. für* hier oben)

He|ro|des (jüdischer Königsname)
He|ro|dot [*auch* ...ˈdo:t, *österr.* ˈhe...] (griech. Geschichtsschreiber)
He|roe, der; -n, -n ‹griech.› (Heros); **He|ro|en|kult, He|ro|en|kul|tus** (Heldenverehrung); **He|ro|ik,** die; - (Heldenhaftigkeit)
[1]**He|ro|in,** das; -s (ein Rauschgift)
[2]**He|ro|in** (Heldin; *auch für* Heroine); **He|ro|i|ne,** die; -, -n (Heldendarstellerin)
he|ro|in|süch|tig; He|ro|in|süch|ti|ge, der *u.* die; -n, -n
he|ro|isch (heldenmütig, heldisch; erhaben); **he|ro|i|sie|ren** (zur Heldin/zum Helden erheben; verherrlichen); **He|ro|is|mus,** der; -
He|rold, der; -[e]s, -e (Verkündiger, Ausrufer [im MA.])
He|rolds|amt (Wappenamt); **He|rolds|stab**
He|ron (griech. Mathematiker)
He|ro|on, das; -s, Heroa ‹griech.› (Heroentempel)
He|ros, der; -, ...oen (Held; Halbgott [im alten Griechenland])
He|ro|s|t|rat, der; -en, -en ‹nach dem Griechen Herostratos, der den Artemistempel zu Ephesus anzündete, um berühmt zu werden› (Verbrecher aus Ruhmsucht); **He|ro|s|t|ra|ten|tum,** das; -s; **he|ro|s|t|ra|tisch** (ruhmsüchtig)
He|ro-und-Le|an|der-Sa|ge, die; - ↑K 26
Her|pes, der; - ‹griech.› (*Med.* Bläschenausschlag)
Her|pe|to|lo|gie, die; - (Zweig der Zoologie, der sich mit den Lurchen u. Kriechtieren befasst)

Herr

der; -n, -en

(*Abk.* Hr., *für »Herrn«* Hrn.)

- mein Herr!; meine Herren!
- seines Unmutes Herr werden
- der Besuch eines Ihrer Herren
- die Firma Ihres Herrn Vaters
- aus aller Herren Länder, *auch* Ländern

In der Anschrift mit Akkusativ:

- Herrn Ersten Staatsanwalt Müller
- Herrn Abgeordneten Schmitt
- Herrn Präsident *od.* Präsidenten Meyer

Herr|chen
Her|rei|se; *vgl.* Hin- und Herreise ↑K 31
Her|ren|abend; Her|ren|aus|stat|ter; Her|ren|be|glei|tung
Her|ren|be|kannt|schaft; Her|ren|be|klei|dung; Her|ren|be|such
Her|ren|chiem|see [...ˈki:...] (Ort u. Schloss auf der Herreninsel im Chiemsee)
Her|ren|dop|pel, das *(Sport);* **Her|ren|ein|zel** *(Sport)*
Her|ren|fah|rer; Her|ren|fahr|rad
Her|ren|haus
her|ren|los
Her|ren|ma|ga|zin; Her|ren|mann|schaft
Her|ren|mensch *(bes. nationalsoz.)*
Her|ren|mo|de; Her|ren|par|tie
Her|ren|pilz (*landsch., bes. österr. für* Steinpilz)
Her|ren|rei|ter; Her|ren|rei|te|rin
Her|ren|sa|lon; Her|ren|schnei|der; Her|ren|sitz; Her|ren|to|i|let|te
Her|ren|tum, das; -s
Her|ren|witz; Her|ren|zim|mer
Herr|gott, der; -s; **Herr|gotts|frü|he;** *nur in* in aller Herrgottsfrühe
Herr|gotts|schnit|zer (*südd., österr. für* Holzbildhauer, der bes. Kruzifixe schnitzt); **Herr|gotts|schnit|ze|rin; Herr|gotts|win|kel** (*südd., österr., schweiz. für* Ecke, die mit dem Kruzifix geschmückt ist)
her|rich|ten; etwas herrichten lassen; **Her|rich|tung**
Her|rin; her|risch
herr|je! ‹*aus* Herr Jesus!›
herr|lich; Herr|lich|keit
Herrn|hut (Stadt im Lausitzer Bergland); **Herrn|hu|ter;** Herrnhuter Brüdergemeine *(vgl. d.);* **Herrn|hu|te|rin; herrn|hu|tisch**
Herr|schaft; herr|schaft|lich
Herr|schafts|an|spruch; Herr|schafts|be|reich; Herr|schafts|form; Herr|schafts|ord|nung; Herr|schafts|struk|tur
Herr|schafts|wis|sen (als Machtmittel genutztes [anderen nicht zugängliches] Wissen)
herr|schen; du herrschst; **herr|schend**
Herr|scher; Herr|scher|ge|schlecht; Herr|scher|haus
Herr|sche|rin
Herrsch|sucht, die; -; **herrsch|süch|tig**
her|rüh|ren
her|sa|gen; etwas auswendig hersagen

her|schau|en *(ugs.);* da schau her! (*bayr., österr. für* sieh mal an!)
Her|schel (engl. Astronom dt. Herkunft); herschelsches *od.* Herschel'sches Teleskop ↑K 135 *u.* 89
her|schi|cken
her|schie|ben; etwas vor sich herschieben
her|se|hen; alle mal hersehen!
her sein *vgl.* her
her|stam|men
her|stel|len; Her|stel|ler; Her|stel|ler|fir|ma; Her|stel|le|rin
Her|stel|lung
Her|stel|lungs|kos|ten *Plur.;* **Her|stel|lungs|land** *Plur.* ...länder
Her|ta, Her|tha (w. Vorn.)
her|trei|ben; Kühe vor sich hertreiben
Hertz, das; -, - ‹nach dem dt. Physiker› (Maßeinheit der Frequenz; *Zeichen* Hz); 440 Hertz
he|r|ü|ben (*bayr., österr. für* hier auf dieser Seite; diesseits)
he|r|ü|ber, *ugs.* rü|ber ↑K 14
he|r|ü|ber... (z. B. herüberkommen; herübergekommen)
he|r|ü|ber|bit|ten; he|r|ü|ber|brin|gen; he|r|ü|ber|ho|len; he|r|ü|ber|kom|men; he|r|ü|ber|rei|chen; he|r|ü|ber|win|ken; he|r|ü|ber|zie|hen
he|r|um, *ugs.* rum ↑K 14; um den Tisch herum; herum sein; sobald die Zeit herum war
he|r|um... (z. B. herumlaufen; er ist herumgelaufen)
he|r|um|al|bern *(ugs.);* **he|r|um|är|gern,** sich *(ugs.);* **he|r|um|bal|gen,** sich *(ugs.);* **he|r|um|deu|teln** *(ugs.)*
he|r|um|dok|tern; an etw., jmdm. herumdoktern (etw., jmdn. mit dilettantischen Methoden zu heilen versuchen)
he|r|um|dre|hen; he|r|um|drü|cken, sich *(ugs.);* **he|r|um|druck|sen** *(ugs.);* **he|r|um|ex|pe|ri|men|tie|ren** *(ugs.);* **he|r|um|fah|ren; he|r|um|füh|ren; he|r|um|fuhr|wer|ken** (*ugs. für* planlos hantieren)
he|r|um|ge|ben; he|r|um|ge|hen; he|r|um|geis|tern *(ugs.)*
he|r|um|gur|ken *vgl.* gurken; **he|r|um|hän|gen** *(ugs.);* sie hingen nur im Park herum
he|r|um|kau|en
he|r|um|kli|cken (z. B. auf Links)
he|r|um|kom|men; nicht darum herumkommen *(ugs.);* **he|r|um|krie|gen** (*ugs. für* umstimmen)
he|r|um|lau|fen; he|r|um|lie|gen; he|r|um|lun|gern *(ugs.);* ich lungere herum

H
heru

he|r|ụm|re|den; he|r|ụm|rei|chen; he|r|ụm|rei|ßen; das Steuer herumreißen
he|r|ụm|schar|wen|zeln *(ugs.);* ich scharwenz[e]le herum; **he|r|ụm|schla|gen,** sich *(ugs.);* **he|r|ụm|schlen|dern; he|r|ụm|schlep|pen** *(ugs.);* **he|r|ụm|schnüf|feln** *(ugs. abwertend)*
he|r|ụm sein *vgl.* herum
he|r|ụm|sit|zen *(ugs.);* **he|r|ụm|spre|chen;** etwas spricht sich herum
he|r|ụm|ste|hen
he|r|ụm|stie|ren (*österr. für* herumstöbern); **he|r|ụm|stö|bern** *(ugs.);* **he|r|ụm|sto|chern** *(ugs.);* **he|r|ụm|tan|zen; he|r|ụm|tol|len**
he|r|ụm|tra|gen *(ugs.)*
he|r|ụm|trei|ben, sich *(ugs.);* **He|r|ụm|trei|ber; He|r|ụm|trei|be|rin**
he|r|ụm|wer|fen; das Steuer herumwerfen
he|r|ụm|zap|pen *vgl.* zappen
he|r|ụn|ten (*bayr., österr. für* hier unten)
he|r|ụn|ter, *ugs.* rụn|ter ↑K14; herunter sein (*ugs. für* abgearbeitet, elend sein)
he|r|ụn|ter… (z. B. herunterkommen; er ist sofort heruntergekommen); ↑K48
he|r|ụn|ter|be|kom|men; he|r|ụn|ter|bre|chen; he|r|ụn|ter|bren|nen; he|r|ụn|ter|brin|gen; he|r|ụn|ter|dür|fen; he|r|ụn|ter|fah|ren; he|r|ụn|ter|fal|len; he|r|ụn|ter|ge|hen
he|r|ụn|ter|ge|kom|men (*ugs. für* in schlechtem Zustand)
he|r|ụn|ter|hän|gen; der Vorhang hing herunter; *vgl.* [1]hängen; **he|r|ụn|ter|ho|len; he|r|ụn|ter|kom|men**
he|r|ụn|ter|kön|nen; he|r|ụn|ter|krem|peln; die Ärmel herunterkrempeln
he|r|ụn|ter|lad|bar; he|r|ụn|ter|la|den *(EDV)*
he|r|ụn|ter|las|sen; he|r|ụn|ter|ma|chen (*ugs. für* abwerten; ausschimpfen); **he|r|ụn|ter|müs|sen; he|r|ụn|ter|rei|ßen; he|r|ụn|ter|schal|ten; he|r|ụn|ter|schrau|ben**
he|r|ụn|ter sein *vgl.* herunter
he|r|ụn|ter|spie|len (*ugs. für* nicht so wichtig nehmen); **he|r|ụn|ter|stu|fen; he|r|ụn|ter|wirt|schaf|ten; he|r|ụn|ter|wol|len; he|r|ụn|ter|zie|hen**
her|vo̲r
her|vo̲r… (z. B. hervorholen; er hat es hervorgeholt)
her|vo̲r|bre|chen; her|vo̲r|brin|gen; her|vo̲r|ge|hen; her|vo̲r|he|ben; her|vo̲r|ho|len; her|vo̲r|keh|ren
her|vo̲r|kra|men
her|vo̲r|ra|gen; her|vo̲r|ra|gend
her|vo̲r|ru|fen; her|vo̲r|ste|chen; her|vo̲r|trau|en, sich; **her|vo̲r|tre|ten**
her|vo̲r|tun, sich; **her|vo̲r|wa|gen,** sich; **her|vo̲r|zau|bern; her|vo̲r|zie|hen**
he̲r|wärts
He̲r|weg *vgl.* Hin- und Herweg
He̲r|wegh (dt. Dichter)
He̲r|wig (m. Vorn.)
Hẹrz, das; -ens, *Dat.* -en, *Plur.* -en (*Med. auch starke Beugung* des Herzes, am Herz, die Herze); von Herzen kommen; zu Herzen gehen, nehmen; mit Herz und Hand; *vgl.* Herze
hẹrz|al|ler|lie̲bst; Hẹrz|al|ler|lie̲bs|te, der *u.* die
Hẹrz|an|fall; Hẹrz|ano|ma|lie
Hẹrz|ạss, Herz-Ạss [*auch* ˈhɛrts…]
Hẹrz|asth|ma; Hẹrz|at|ta|cke
hẹrz|be|klem|mend ↑K59
Hẹrz|beu|tel; Hẹrz|beu|tel|ent|zün|dung
hẹrz|be|we|gend ↑K59
Hẹrz|bin|kerl, das; -s, -[n]; *vgl.* Pickerl (*bayr., österr. ugs. für* Lieblingskind)
Hẹrz|blatt; Hẹrz|blätt|chen
Hẹrz|blut, das; -[e]s
Hẹrz|chen (*auch für* naive Person)
Hẹrz|chi|r|urg; Hẹrz|chi|r|ur|gie; Hẹrz|chi|r|ur|gin
Hẹr|ze, das; -ns, -n (*veraltet für* Herz)
Her|ze|gọ|wi|na [*auch* …oˈviː…], die; - (südl. Teil von Bosnien u. Herzegowina); **Her|ze|go|wi|ner; Her|ze|go|wi̲|ne|rin**
hẹr|zei|gen *(ugs.)*
Hẹr|ze|leid *(veraltend)*
hẹr|zen; du herzt
Hẹr|zens|an|ge|le|gen|heit; Hẹr|zens|angst; Hẹr|zens|be|dürf|nis
Hẹr|zens|bre|cher; Hẹr|zens|bre|che|rin
Hẹr|zens|bru|der
Hẹr|zens|er|gie|ßung
Hẹr|zens|freund; Hẹr|zens|freun|din
hẹr|zens|gu̲t
Hẹr|zens|gü|te; Hẹr|zens|lust; *nur in* nach Herzenslust; **Hẹr|zens|sa|che; Hẹr|zens|schwes|ter; Hẹr|zens|wunsch**
hẹrz|er|freu|end ↑K59; **hẹrz|er|fri|schend; hẹrz|er|grei|fend; hẹrz|er|qui|ckend; hẹrz|er|wei|chend**
Hẹrz|feh|ler; Hẹrz|flim|mern, das; -s *(Med.)*
hẹrz|för|mig
Hẹrz|fre|quenz; Hẹrz|ge|gend
hẹrz|haft
Hẹrz|haf|tig|keit, die; -
he̲r|zie|hen; … weil ich den Sack hinter mir herzog; er ist, hat über sie hergezogen (*ugs. für* hat schlecht von ihr gesprochen); *aber* von der Tür her zo̲g es
he̲r|zig
Hẹrz|in|farkt
herz|in|nig *(veraltend);* **herz|in|nig|lich** *(veraltend)*
Hẹrz|in|suf|fi|zi|enz *(Med.);* **Hẹrz|kam|mer**
Hẹrz|kas|per (*ugs. für* Herzanfall)
Hẹrz|ka|the|ter; Hẹrz|kir|sche
Hẹrz|klap|pe; Hẹrz|klap|pen|feh|ler
Hẹrz|klop|fen, das; -s
hẹrz|krank; Hẹrz|kran|ke; Hẹrz|krank|heit
Hẹrz|kranz|ge|fäß; Hẹrz-Kre̲is|lauf-Er|kran|kung ↑K26
hẹrz|lich; aufs, auf das Herzlichste *od.* herzlichste ↑K75; **Hẹrz|lich|keit**
hẹrz|los; Hẹrz|lo|sig|keit
Hẹrz-Lụn|gen-Ma|schi|ne ↑K26 *(Med.)*
Herz|ma|nọv|s|ky-Or|lạn|do […ki…] Fritz von (österr. Schriftsteller)
Hẹrz|mas|sa|ge; Hẹrz|mit|tel *(ugs.)*
Hẹrz|mus|kel; Hẹrz|mus|kel|schwä|che; hẹrz|nah
[1]He̲r|zog, der; -[e]s, *Plur.* …zöge, *auch* -e
[2]He̲r|zog, Roman (siebter dt. Bundespräsident)
Her|zo|gen|bu̲sch (niederl. Stadt)
He̲r|zo|gin; He̲r|zo|gin|mu̲t|ter
he̲r|zog|lich; *im Titel* ↑K89: Herzoglich
He̲r|zogs|wür|de; He̲r|zog|tum
Hẹrz|ope|ra|ti|on
Hẹrz|pa|ti|ent; Hẹrz|pa|ti|en|tin
Hẹrz|ra|sen, das; -s; **Hẹrz|rhyth|mus; Hẹrz|rhyth|mus|stö|rung**
Hẹrz|schei|de|wand *(Med.);* **Hẹrz|schlag; Hẹrz|schmerz; Hẹrz|schritt|ma|cher; Hẹrz|schwä|che**
Hẹrz|spen|der; Hẹrz|spen|de|rin
Hẹrz|sport
hẹrz|stär|kend ↑K59
Hẹrz|stich; Hẹrz|still|stand; Hẹrz|stück
Hẹrz|tä|tig|keit; Hẹrz|tod; Hẹrz|ton *Plur.* …töne; **Hẹrz|trans|plan|ta|ti|on; Hẹrz|trans|plan|tie|rte,** der *u.* die; -n, -n; **Hẹrz|trop|fen** *Plur.*
her|zu̲; *aber* [komm] her zu mir!
her|zu̲… (z. B. herzukommen; er ist herzugekommen)

Herz|ver|pflan|zung; Herz|ver|sa|gen
her|zy|nisch (*Geol.* von Nordwesten nach Südosten verlaufend); *aber* ↑K 140: der Herzynische Wald (antiker Name der dt. Mittelgebirge)
herz|zer|rei|ßend ↑K 59
He|se|ki|el [...e:l, *auch* ...ɛl] (bibl. Prophet); *vgl.* Ezechiel
He|si|od [*auch* ...ˈzi̯ɔt] (altgriech. Dichter)
Hes|pe|ri|de, die; -, -n *meist Plur.* (Tochter des Atlas); **Hes|pe|ri|den|äp|fel** *Plur.*
Hes|pe|ri|en (*im Altertum Bez. für* Italien [u. Spanien])
Hes|pe|ros, Hes|pe|rus, der; - ‹meist ohne Artikel› (Abendstern in der griech. Mythol.)
[1]**Hes|se** (dt. Dichter)
[2]**Hes|se,** die; -, -n (*landsch. für* unterer Teil des Beines von Rind od. Pferd); *vgl.* Hachse
[3]**Hes|se,** der; -n, -n (*zu* Hessen)
Hes|sen; Hes|sen-Darm|stadt
Hes|sen|land, das; -[e]s; **Hes|sen-Nas|sau**
Hes|sin (*zu* Hessen); **hes|sisch;** *aber* ↑K 140: das Hessische Bergland
Hes|tia (griech. Göttin des Herdes)
He|tä|re, die; -, -n ‹griech.› (Freundin, Geliebte bedeutender Männer in der Antike)
He|tä|rie, die; -, ...i̯en (eine altgriech. polit. Verbindung)
he|te|ro (*ugs.; kurz für* heterosexuell); **He|te|ro,** der; -s, -s (*ugs.; kurz für* Heterosexueller)
he|te|ro... ‹griech.› (anders..., fremd...); **He|te|ro...** (Anders..., Fremd...)
he|te|ro|dox (*Rel.* von der herrschenden Kirchenlehre abweichend); **He|te|ro|do|xie,** die; -, ...i̯en
he|te|ro|gen (ungleichartig); **He|te|ro|ge|ni|tät,** die; -
he|te|ro|morph (anders-, verschiedengestaltig)
He|te|ro|phyl|lie, die; - (*Bot.* Verschiedengestaltigkeit der Blätter bei einer Pflanze)
He|te|ro|se|xu|a|li|tät, die; - (auf das andere Geschlecht gerichtetes sexuelles Empfinden); **he|te|ro|se|xu|ell; He|te|ro|se|xu|el|le,** der *u.* die; -n, -n
He|te|ro|sphä|re, die; - (*Meteorol.* oberer Bereich der Erdatmosphäre)
he|te|ro|troph (*Biol.* sich von organischen Stoffen ernährend); **He|te|ro|tro|phie,** die; -
he|te|r|ö|zisch (*svw.* diözisch)
he|te|ro|zy|got (*Biol.* ungleicherbig)
He|thi|ter, *ökum.* **He|ti|ter,** der; -s, - (Angehöriger eines idg. Kulturvolkes in Kleinasien); **He|thi|te|rin,** *ökum.* **He|ti|te|rin; he|thi|tisch,** *ökum.* **he|ti|tisch**
Het|man, der; -s, *Plur.* -e *od.* -s (Oberhaupt der Kosaken; in Polen [bis 1792] vom König eingesetzter Oberbefehlshaber)
Het|sche|petsch, die; -, -, **Het|scherl,** das; -s, -[n]; *vgl.* Pickerl (*österr. mdal. für* Hagebutte)
Hett|stedt (Stadt östl. des Harzes)
Hetz, die; -, -en *Plur. selten* (*bayr., österr. ugs. für* Spaß); aus Hetz
Het|ze, die; -, -n; **het|zen;** du hetzt
Het|zer; Het|ze|rei; Het|ze|rin; het|ze|risch
hetz|hal|ber (*österr. ugs. für* zum Spaß)
Hetz|jagd; Hetz|kam|pa|g|ne; Hetz|re|de; Hetz|ti|ra|de *meist Plur.*
Heu, das; -[e]s
Heu|bo|den; Heu|büh|ne (Heuboden); **Heu|bün|del**
Heu|che|lei; heu|cheln; ich heuch[e]le
Heuch|ler; Heuch|le|rin
heuch|le|risch; Heuch|ler|mie|ne
Heu|die|le (*schweiz. für* Heuboden); **heu|en** (*landsch. u. schweiz. für* Heu machen)
heu|er (*südd., österr., schweiz. für* in diesem Jahr)
[1]**Heu|er** (*landsch. u. schweiz. für* Heumacher)
[2]**Heu|er,** die; -, -n (Lohn eines Seemanns; Anmusterungsvertrag); **Heu|er|baas; Heu|er|bü|ro**
Heu|e|rin (*zu* [1]Heuer)
heu|ern ([Schiffsleute] einstellen; [ein Schiff] chartern); ich heu[e]re
Heu|ern|te
Heu|ert *vgl.* [1]Heuet; [1]**Heu|et,** der; -s, -e (*für* Heumonat)
[2]**Heu|et,** der; -s, *südd. auch* die; - (*südd. u. schweiz. für* Heuernte)
Heu|feim, Heu|fei|me, Heu|fei|men (*landsch. für* Heuhaufen)
Heu|fie|ber, das; -s; **Heu|ga|bel; Heu|hüp|fer** (Heuschrecke)
Heul|bo|je (*Seew.; ugs. abwertend auch für* [schlechter] Sänger)
heu|len; das heulende Elend bekommen; ↑K 82: Heulen und Zähneklappern; das ist [ja] zum Heulen; **Heu|ler**
Heul|krampf; Heul|su|se, die; -, -n (Schimpfwort); **Heul|ton** *Plur.* ...töne
Heu|mahd; Heu|mo|nat, Heu|mond (*alte Bez. für* Juli)
Heu|pferd (Heuschrecke); **Heu|rei|ter,** Heu|reu|ter (*südd., österr. für* Gestell zum Heu- u. Kleetrocknen)
heu|re|ka! ‹griech., »ich habs [gefunden]!«›
Heu|reu|ter *vgl.* Heureiter
heu|rig (*südd., österr., schweiz. für* diesjährig)
Heu|ri|ge, der; -n, -n (*bes. österr. für* junger Wein im ersten Jahr; Lokal für den Ausschank jungen Weins, Straußwirtschaft; *Plur.:* erste Frühkartoffeln)
Heu|ri|gen|abend; Heu|ri|gen|lo|kal
Heu|ris|tik, die; -, -en ‹griech.› (Lehre von den Methoden wissenschaftl. Erkenntnisfindung); **heu|ris|tisch** ‹griech.› (Erkenntnisgewinn bezweckend); heuristisches Prinzip
Heu|schnup|fen; Heu|scho|ber
Heu|schreck, der; -s, -e (*südd., österr. neben* Heuschrecke)
Heu|schre|cke, die; -, -n; **Heu|schre|cken|ka|pi|ta|lis|mus** (*ugs. abwertend*)
Heuss (erster dt. Bundespräsident); heusssche *od.* Heuss'sche Reden ↑K 16 *u.* 135
Heu|sta|del (*bayr., österr., schweiz. für* Heuschober); **Heu|stock** *Plur.* ...stöcke (*österr., schweiz. für* Heuvorrat)

heu|te, *ugs. auch* heut

– bis heute; für heute; seit heute, von heute an; von heute auf morgen
– hier und heute
– die Frau von heute

In Verbindung mit »heute« werden die Tageszeitangaben großgeschrieben ↑K 69:

– heute Abend; heute Mittag; heute Morgen; heute Nachmittag; heute Nacht
– heute früh, *bes. österr. auch* heute Früh

Heu|te, das; - (die Gegenwart); das Heute und das Morgen
heu|tig ↑K 72: am Heutigen; **heu|ti|gen|tags** ↑K 70
heut|zu|ta|ge ↑K 70
He|xa|chord [...ˈk...], der *od.* das;

hier

– hier und da; von hier aus; hier oben; hier unten
– hier und jetzt, *aber* ↑K 81 : im Hier und Jetzt
– hier sein (zugegen sein); ich werde hier sein; wenn ich hier bin; da wir hier sind

Man schreibt »hier« als Verbzusatz mit dem folgenden Verb zusammen:

– hierbehalten, hierbleiben, hierlassen

Man schreibt getrennt, wenn »hier« selbstständiges Adverb ist:

– sie haben sich hier angesiedelt
– er kann doch hier wohnen
– sie werden hier gebraucht
– du sollst genau hier (an genau dieser Stelle) bleiben

-[e]s, -e ‹griech.› (*Musik* Aufeinanderfolge von sechs Tönen der diatonischen Tonleiter)

He|xa|eder, das; -s, - (Sechsflächner, Würfel); **he|xa|ed|risch**

He|xa|eme|ron, das; -s (Schöpfungswoche außer dem Sabbat)

He|xa|gon, das; -s, -e (Sechseck); **he|xa|go|nal**

He|xa|gramm, das; -s, -e (Figur aus zwei gekreuzten gleichseitigen Dreiecken; Sechsstern)

He|xa|me|ter, der; -s, - (sechsfüßiger Vers); **he|xa|me|t|risch**

He|xa|teuch, der; -[s] (die ersten sechs biblischen Bücher)

He|xe, die; -, -n; **he|xen;** du hext

He|xen|jagd; He|xen|kes|sel; He|xen|kü|che

He|xen|meis|ter; He|xen|meis|te|rin

He|xen|schuss; He|xen|ver|bren|nung; He|xen|wahn

He|xer; He|xe|rei

He|x|o|de, die; -, -n ‹griech.› (Elektronenröhre mit sechs Elektroden)

hey! [hɛi] ‹engl.› *(bes. Jugendspr.);* hey, wie gehts?

Hey|er|dahl (norw. Forscher)

Heym, Georg (dt. Lyriker)

Hf (*chem. Zeichen für* Hafnium)

hfl = Hollands florijn (holländ. Gulden)

hg., hrsg. = herausgegeben

Hg., Hrsg. = Herausgeber, Herausgeberin[nen]

Hg = Hydrargyrum (*chem. Zeichen für* Quecksilber)

HGB, das; - = Handelsgesetzbuch

[1]**hi!;** hi|hi!

[2]**hi!** [hai] *vgl.* hey!

HI = Hawaii

Hi|at, der; -s, -e, **Hi|a|tus,** der; -, - ‹lat.› (*Sprachwiss.* Zusammentreffen zweier Vokale im Auslaut des einen u. im Anlaut des folgenden Wortes od. Wortteiles, z. B. »sagte er« *od.* »Kooperation«; *Geol.* zeitliche Lücke bei der Ablagerung von Gesteinen; *Med.* Öffnung, Spalt)

hib|be|lig, hip|pe|lig (*nordd. ugs. für* zappelig)

Hi|ber|na|kel, das; -s, -[n] ‹lat.› (Überwinterungsknospe von Wasserpflanzen)

Hi|ber|na|ti|on, die; -, -en (*Med.* künstl. »Winterschlaf«; *EDV* Ruhezustand eines Computers)

Hi|ber|nia ‹lat.› (*lat. Name von* Irland)

Hi|bis|kus, der; -, ...ken ‹griech.› (Eibisch)

hick!

hi|ckeln (*landsch. für* hinken; auf einem Bein hüpfen); ich hick[e]le

Hick|hack, der *u.* das; -s, -s (*ugs. für* nutzlose Streiterei)

[1]**Hi|cko|ry** [...ri], der; -s, -s, *auch* die; -, -s ‹indian.-engl.› (nordamerik. Walnussbaum)

[2]**Hi|cko|ry,** das; -s (Holz des [1]Hickorys); **Hi|cko|ry|holz**

hick|sen (*landsch. für* Schluckauf haben); du hickst

Hi|dal|go, der; -[s], -[s] ‹span.› (Angehöriger des niederen spanischen Adels; eine mexikanische Goldmünze)

Hid|den|see (dt. Ostseeinsel); **Hid|den|se|er; Hid|den|se|e|rin**

hie; *nur in Wendungen wie* hie und da; hie Pflicht, hie Neigung

hieb *vgl.* hauen

Hieb, der; -[e]s, -e

hie|bei [*auch* 'hi:...] (*südd., österr., sonst veraltet neben* hierbei)

hieb|fest; *meist in* hieb- und stichfest ↑K 31

Hiebs|art (*Forstwirtsch.* Art des Holzfällens)

hie|durch [*auch* 'hi:...] (*südd., österr., sonst veraltet neben* hierdurch)

Hie|fe, die; -, -n (*landsch. für* Hagebutte); **Hie|fen|mark,** das

Hie|ferl *vgl.* Hüferl; **Hie|fer|scher|zel** *vgl.* Hüferscherzel

hie|für, hie|mit, hie|ge|gen, hie|her [*alle auch* 'hi:...] (*südd., österr., sonst veraltet neben* hierfür usw.)

hielt *vgl.* halten

hie|nach, hie|ne|ben [*beide auch* 'hi:...] (*südd., österr., sonst veraltet neben* hiernach, hierneben)

hie|nie|den [*auch* 'hi:...] (*geh. für* auf d[ies]er Erde)

hier *s. Kasten*

hier|amts (*österr. Amtsspr.; Abk.* h. a.)

hie|r|an [*auch* 'hi:r...]

Hi|e|r|ar|chie [hi̯er..., hir...], die; -, ...i̱en ‹griech.› ([pyramidenförmige] Rangordnung); **hi|e|r|ar|chisch; hi|e|r|ar|chi|sie|ren**

hi|e|ra|tisch (priesterlich); hieratische Schrift (altägyptische Priesterschrift) ↑K 89

hie|r|auf [*auch* 'hi:r...]; **hie|r|auf|hin** [*auch* 'hi:r...]

hie|r|aus [*auch* 'hi:r...]

hier|be|hal|ten *vgl.* hier

hier|bei [*auch* ...'bai]

hier|blei|ben *vgl.* hier

hier|durch [*auch* ...'dʊrç]; **hie|r|ein; hier|für; hier|ge|gen**

hier|her [*auch* 'hi:ɐ̯...]; hierher gehörend *od.* hierhergehörend; hierher gehörig

hier|he|r|auf [*auch* 'hi:ɐ̯...]

hier|her ge|hö|rend, hier|her|ge|hö|rend ↑K 58 ; *aber nur* hierher gehörig

hier|her|kom|men

hier|he|r|um [*auch* 'hi:ɐ̯...]

hier|hin [*auch* 'hi:ɐ̯...]

hier|hin|ter [*auch* 'hi:ɐ̯...]

hie|r|in [*auch* 'hi:...]; **hie|r|in|nen** *(veraltet)*

hier|las|sen *vgl.* hier

hier|mit [*auch* 'hi:ɐ̯...]; **hier|nach; hier|ne|ben**

[1]**Hi|e|ro|du|le** [hi̯ero..., hiro...], der; -n, -n ‹griech.› (Tempelsklave des griechischen Altertums)

[2]**Hi|e|ro|du|le,** die; -, -n (Tempelsklavin)

Hi|e|ro|gly|phe [hi̯er..., hir...], die; -, -n (Bilderschriftzeichen; *nur*

Plur.: scherzh. für schwer entzifferbare Schriftzeichen); **hi|e|ro|gly|phisch**

Hi|e|ro|kra|tie [hi̯er..., hir...], die; -, -n (Priesterherrschaft)

Hi|e|ro|mant, der; -en, -en; **Hi|e|ro|man|tie**, die; - (Weissagung aus [Tier]opfern)

Hi|e|ro|ny|mus [hi̯e...] (m. Vorn.; lat. Kirchenvater)

hier|orts [*auch* 'hiːɐ̯...]

Hier|ro ['jɛ...], *früher* Fer|ro (eine der Kanarischen Inseln)

hier sein *vgl.* hier

Hier|sein, das; -s

hier|selbst [*auch* 'hiːɐ̯...] *(veraltet);* **hie|r|ü|ber; hie|r|um**

hie[r] und da *vgl.* hier

hie|r|un|ter [*auch* 'hiː...]; **hier|von; hier|vor; hier|wi|der** *(veraltet)*

hier|zu [*auch* 'hiːɐ̯...]

hier|zu|lan|de, hier zu Lan|de

hier|zwi|schen [*auch* 'hiːɐ̯...]

hie|selbst [*auch* 'hiː...] *(südd., österr., sonst veraltet neben* hierselbst)

hie|sig; hiesigen Ort[e]s; **Hie|si|ge,** der *u.* die; -n, -n

hieß *vgl.* [1]heißen

hie|ven [...f..., *auch* ...v...] *(Seemannsspr. u. ugs. für* [eine Last] hochziehen; heben)

hie|von, hie|vor, hie|wi|der, hie|zu, hie|zwi|schen [*alle auch* 'hiː...] *(südd., österr., sonst veraltet neben* hiervon usw.)

Hi-Fi ['hai̯fi, *auch* 'hai̯fai̯] = High Fidelity; **Hi-Fi-An|la|ge; Hi-Fi-Turm**

Hift|horn *Plur.* ...hörner (Jagdhorn)

Higgs-Bo|son, das; -s, -en, **Higgs-Teil|chen** ‹nach dem brit. Physiker P. Higgs› *(Physik* [hypothet.] Elementarteilchen)

high [hai̯] ‹engl.› *(ugs. für* in gehobener Stimmung [nach dem Genuss von Rauschgift])

High Church ['hai̯ 'tʃøːɐ̯tʃ], die; - - ‹engl. »Hochkirche«› (Richtung der britischen Staatskirche)

High-End-..., **High|end...** ['hai̯'-|ɛnt..., 'hai̯|ɛnt...] ‹engl.› (im oberen Leistungs- od. Preisbereich; z. B. High-End-Verstärker, Highendverstärker)

High-End-Ge|rät, High|end|ge|rät

High Fi|de|li|ty ['hai̯ fi'dɛliti], die; - - ‹engl.› (originalgetreue Wiedergabe bei Tonträgern u. elektroakustischen Geräten; *Abk.* Hi-Fi)

High Heels, High|heels ['hai̯hiːls] *Plur.* ‹engl.› (Stöckelschuhe)

High|life, das; -[s], **High Life**, das; - -[s] ['hai̯lai̯f, - 'lai̯f] ‹engl.›; bei uns ist Highlife *od.* High Life (geht es hoch her)

High|light ['hai̯lai̯t], das; -[s], -s ‹engl.› (Höhepunkt, Glanzpunkt); **high|ligh|ten** *(EDV* auf einem Bildschirm optisch hervorheben); gehighlightet

High|ri|ser ['hai̯rai̯zɐ], der; -[s], - ‹engl.› (Fahrrad, Moped mit hohem, geteiltem Lenker u. Sattel mit Rückenlehne)

High|school ['hai̯skuːl], die; -, -s *(amerik. Bez. für* höhere Schule)

High So|ci|e|ty ['hai̯ sə'sai̯əti], die; - - ‹engl.› (die vornehme Gesellschaft)

High|tech ['hai̯tɛk], das; -[s], *auch* die; - (Spitzentechnologie); **High|tech|in|dus|t|rie**

High|way ['hai̯veː], der; -s, -s *(amerik. Bez. für* Fernstraße)

hi|hi!

Hi|ja|cker ['hai̯dʒɛ...], der; -s, - ‹engl.› (Luftpirat, Entführer)

Hil|da, Hil|de (w. Vorn.)

Hil|de|brand (m. Eigenn.); **Hil|de|brands|lied,** das; -[e]s

Hil|de|gard, Hil|de|gund, Hil|de|gun|de (w. Vorn.)

Hil|des|heim (niedersächs. Stadt)

Hil|fe, die; -, -n ↑K89: die Erste *od.* erste Hilfe (bei Verletzungen usw.); Hilfe leisten, suchen; zu Hilfe kommen, eilen, nehmen; *aber* der Mechaniker, mithilfe dessen (*od.* mit Hilfe dessen *od.* mit dessen Hilfe) sie ihr Auto reparierte; sich Hilfe suchend *od.* hilfesuchend umschauen; eine Hilfe bringende *od.* hilfebringende Maßnahme

Hil|fe|er|su|chen

hil|fe|fle|hend ↑K59

Hil|fe|leis|tung

Hil|fe|ruf; hil|fe|ru|fend ↑K59; *aber* [um] Hilfe rufend

Hil|fe|schrei; Hil|fe|stel|lung

Hil|fe su|chend, hil|fe|su|chend ↑K58; *aber nur* rasche Hilfe suchend; den Hilfesuchenden *od.* Hilfe Suchenden beistehen

hilf|los; Hilf|lo|sig|keit, die; -

hilf|reich

Hilfs|ak|ti|on

Hilfs|ar|bei|ter; Hilfs|ar|bei|te|rin

hilfs|be|dürf|tig; Hilfs|be|dürf|tig|keit

hilfs|be|reit; Hilfs|be|reit|schaft, die; -

Hilfs|dienst; Hilfs|gel|der; Hilfs|gut *meist Plur.;* **Hilfs|kraft,** die

Hilfs|lie|fe|rung; Hilfs|maß|nah|me *meist Plur.;* **Hilfs|mit|tel,** das; **Hilfs|mo|tor; Hilfs|or|ga|ni|sa|ti|on**

Hilfs|po|li|zist; Hilfs|po|li|zis|tin

Hilfs|pro|gramm; Hilfs|quel|le; Hilfs|schiff; Hilfs|schu|le; Hilfs|she|riff

Hilfs|trup|pe *meist Plur. (Militär)*

Hilfs|verb; hilfs|wei|se; Hilfs|werk; hilfs|wil|lig; Hilfs|wis|sen|schaft; Hilfs|zeit|wort

hilft *vgl.* helfen

Hi|li *(Plur. von* Hilus)

Hil|ke (w. Vorn.)

Hill|bil|ly|mu|sic, Hill|bil|ly-Mu|sic [...limjuːzɪk], **Hill|bil|li|mu|sik,** die; - (ländliche Musik der nordamerik. Südstaaten)

Hil|le|bil|le, die; -, -n (ein altes hölzernes Signalgerät)

Hil|mar (m. Vorn.)

Hil|traud, Hil|trud (w. Vorn.)

Hi|lus, der; -, Hili ‹lat.› *(Med.* Ein- od. Austrittsstelle der Gefäße, Nerven usw. an einem Organ)

Hi|ma|la|ja, Hi|ma|la|ya [*auch* ...'laː...], der; -[s] (Gebirge in Asien)

Him|bee|re; him|beer|far|ben, him|beer|far|big

Him|beer|geist, der; -[e]s (ein Obstschnaps); **Him|beer|saft**

Him|mel, der; -s, -; um [des] Himmels willen

him|mel|an *(geh.);* **him|mel|angst;** es ist mir himmelangst

Him|mel|bett; him|mel|blau

Him|mel|don|ner|wet|ter!

Him|mel|fahrt *(christl. Kirche)*

Him|mel|fahrts|kom|man|do ([Kriegs]auftrag, der das Leben kosten kann; die Ausführenden eines solchen Auftrags)

Him|mel|fahrts|na|se *(ugs. für* nach oben gebogene Nase)

Him|mel|fahrts|tag

Him|mel|herr|gott!

him|mel|hoch

Him|mel|hund *(ugs. für* Schuft)

him|meln; ich himm[e]le

Him|mel|reich

Him|mels|ach|se, die; -; **Him|mels|bahn; Him|mels|bo|gen,** der; -s; **Him|mels|braut** (Nonne)

Him|mel|schlüs|sel, *seltener* Him|mels|schlüs|sel, der, *auch* das (Schlüsselblume)

him|mel|schrei|end ↑K59

Him|mels|fes|te *(geh.)*

H
Himm

hịn

(beschreibt meist eine Bewegung vom Sprechenden weg)	*Schreibung in Verbindung mit Verben:*
– bis zur Mauer hin; gegen Abend hin – über die ganze Welt hin verstreut – vor sich hin brummen, murmeln usw., *seltener auch* hinbrummen, hinmurmeln usw. – hin und zurück – hin und wieder (zuweilen) – nach langem Hin und Her	– hingehen; du gehst hin, hingegangen, hinzugehen – hin und her laufen (ohne bestimmtes Ziel, ständig die Richtung wechselnd), *aber* ↑K 31: hin- und herlaufen (hin- und wieder zurücklaufen), hin- und hergerissen sein – hin sein (*ugs. für* völlig kaputt sein; tot sein; hingerissen sein); das Auto wird hin sein; weil alles hin ist; alles ist hin

Hịm|mels|kör|per; Hịm|mels|ku|gel
Hịm|mels|la|ter|ne (leichte Laterne aus Seidenpapier, die durch eigene Feuerquelle frei schweben kann)
Hịm|mels|lei|ter, die *(A. T.)*
Hịm|mels|rich|tung; Hịm|mels|strich
Hịm|mel[s]|stür|mer; Hịm|mel[s]|stür|me|rin
Hịm|mels|tür
Hịm|mels|zelt *(geh.)*
hịm|mel|trau|rig (*schweiz. für* betrüblich, bedauerlich)
hịm|mel|wärts; hịm|mel|weit
hịmm|lisch
hịn *s. Kasten*
hịn... (*in Zus. mit Verben,* z. B. hingehen, du gehst hin, hingegangen, hinzugehen); *aber* hin sein
hi|n|ạb; etwas weiter hinab
hi|n|ạb...; z. B. hinabgehen; er ist hinabgegangen ↑K 48
hi|n|ạb|fah|ren; hi|n|ạb|fal|len; hi|n|ạb|rei|ßen; hi|n|ạb|sen|ken; hi|n|ạb|sin|ken
hi|n|ạb|stei|gen; hi|n|ạb|stür|zen; hi|n|ạb|tau|chen; hi|n|ạb|zie|hen
hi|n|ạn *(geh.);* etwas weiter hinan
hi|n|ạn... (z. B. hinangehen)
hịn|ar|bei|ten; auf eine Sache hịnarbeiten, *aber* auf seine Mahnungen hin ạrbeiten
hi|n|auf, *ugs.* 'nauf ↑K 14; den Rhein hinauf
hi|n|auf... (z. B. hinaufsteigen; er ist hinaufgestiegen); ↑K 48
hi|n|auf|bli|cken; hi|n|auf|brin|gen; hi|n|auf|dür|fen; hi|n|auf|füh|ren; hi|n|auf|ge|hen
hi|n|auf|klet|tern; hi|n|auf|kön|nen; hi|n|auf|las|sen; hi|n|auf|müs|sen; hi|n|auf|rei|chen
hi|n|auf|schrau|ben; hi|n|auf|sol|len; hi|n|auf|stei|gen; hi|n|auf|wol|len; hi|n|auf|zie|hen
hi|n|aus, *ugs.* 'naus ↑K 14; auf das Meer hinaus; über ein bestimmtes Alter hinaus sein
hi|n|aus...; z. B. hinausgehen; sie ist hinausgegangen ↑K 48
hi|n|aus|be|för|dern; hi|n|aus|be|glei|ten; hi|n|aus|beu|gen; hi|n|aus|bli|cken
hi|n|aus|brin|gen; hi|n|aus|drän|gen; sich hinausdrängen; **hi|n|aus|dür|fen; hi|n|aus|ekeln**
hi|n|aus|fah|ren; hi|n|aus|fin|den; hi|n|aus|füh|ren
hi|n|aus|ge|hen; alles darüber Hinausgehende
hi|n|aus|ge|lei|ten
hi|n|aus|grei|fen; darüber hinausgreifen
hi|n|aus|ka|ta|pul|tie|ren; hi|n|aus|kom|men; hi|n|aus|kom|pli|men|tie|ren; hi|n|aus|kön|nen; hi|n|aus|las|sen
hi|n|aus|lau|fen; aufs Gleiche hinauslaufen
hi|n|aus|müs|sen; hi|n|aus|po|sau|nen *(ugs.);* **hi|n|aus|rei|chen; hi|n|aus|schaf|fen** *vgl.* schaffen; **hi|n|aus|schau|en; hi|n|aus|schie|ben; hi|n|aus|schie|ßen; hi|n|aus|schmei|ßen** *(ugs.)*
hi|n|aus sein *vgl.* hinaus
hi|n|aus|sprin|gen
hi|n|aus|stel|len; Hi|n|aus|stel|lung *(Sport)*
hi|n|aus|tra|gen; hi|n|aus|trei|ben
hi|n|aus|wach|sen; über sich selbst hinauswachsen
hi|n|aus|wa|gen, sich; **hi|n|aus|wei|sen; hi|n|aus|wer|fen**
hi|n|aus|wol|len; [zu] hoch hinauswollen
Hi|n|aus|wurf
hi|n|aus|zie|hen; hi|n|aus|zö|gern
hịn|be|ge|ben, sich
hịn|be|kom|men *(ugs.)*
hịn|bie|gen (*ugs. für* in Ordnung bringen)
hịn|blät|tern *(ugs.);* Geldscheine hinblättern
Hịn|blick; *nur in* im Hinblick auf, *seltener* in Hinblick auf
hịn|brin|gen
Hịn|de *vgl.* Hindin
Hịn|de|mith (dt. Komponist)
hịn|der|lich
hịn|dern; ich hindere
Hịn|der|nis, das; -ses, -se
Hịn|der|nis|lauf; Hịn|der|nis|ren|nen
Hịn|de|rung; Hịn|de|rungs|grund
hịn|deu|ten; alles scheint darauf hinzudeuten, dass ...
Hịn|di, das; - (Amtsspr. in Indien)
Hịn|din, die; -, -nen, **Hịn|de,** die; -, -n (*veraltet für* Hirschkuh)
hịn|dre|hen (*ugs. für* in Ordnung bringen)
[1]Hịn|du, der; -[s], -[s] (Anhänger des Hinduismus)
[2]Hịn|du, die; -, -[s]; **Hịn|du|frau**
Hin|du|is|mus, der; - (indische Volksreligion); **hin|du|is|tisch**
Hịn|du|kusch, der; -[s] (zentralasiatisches Hochgebirge)
hin|dụrch; durch alles hindurch
hin|dụrch... (z. B. hindurchgehen; sie ist hindurchgegangen); ↑K 48
hin|dụrch|müs|sen
hin|dụrch|zwän|gen; sich hindurchzwängen
hịn|dür|fen (*ugs. für* hingehen, hinkommen [o. Ä.] dürfen)
Hịn|du|s|tan (*veraltete Bez. für* Indien); **Hin|du|s|ta|ni,** das; -[s] (Form des Westhindi); **hin|du|s|ta|nisch**
hi|n|ein, *ugs.* 'nein ↑K 14
hi|n|ein... (z. B. hineingehen; wir sind hineingegangen); ↑K 48
hi|n|ein|be|ge|ben; hi|n|ein|be|mü|hen; hi|n|ein|bit|ten; hi|n|ein|brin|gen; hi|n|ein|dür|fen; hi|n|ein|fah|ren; hi|n|ein|fal|len; hi|n|ein|fin|den; hi|n|ein|flüch|ten
hi|n|ein|fres|sen; Ärger in sich hineinfressen
hi|n|ein|ge|bo|ren
hi|n|ein|ge|heim|nis|sen; du geheimnisst da etwas hinein
hi|n|ein|ge|hen
hi|n|ein|ge|ra|ten; in etwas hineingeraten

hi|n|ein|grät|schen *(Fußball)*
hi|n|ein|grei|fen
[1]**hi|n|ein|hän|gen** *vgl.* [1]hängen
[2]**hi|n|ein|hän|gen** *vgl.* [2]hängen
hi|n|ein|hor|chen; hi|n|ein|hö|ren
hi|n|ein|in|ter|pre|tie|ren; hi|n|ein-kom|men; hi|n|ein|kom|pli|men-tie|ren; hi|n|ein|kön|nen; hi|n-ein|las|sen; hi|n|ein|müs|sen; hi-n|ein|pas|sen; hi|n|ein|pfu|schen; hi|n|ein|plat|zen; hi|n|ein|re|den
hi|n|ein|ren|nen; in sein Unglück hineinrennen
hi|n|ein|schaf|fen *vgl.* schaffen; **hi-n|ein|schau|en; hi|n|ein|schau-feln; hi|n|ein|schlit|tern; hi|n|ein-schrei|ben; hi|n|ein|schüt|ten; hi-n|ein|ste|cken; hi|n|ein|stei|gern,** sich; **hi|n|ein|stel|len; hi|n|ein-stop|fen; hi|n|ein|tap|pen; hi|n-ein|tra|gen; hi|n|ein|tre|ten**
hi|n|ein|ver|set|zen; sich hineinversetzen
hi|n|ein|wach|sen; hi|n|ein|wa|gen; hi|n|ein|wol|len; hi|n|ein|zie|hen
hin|fah|ren; Hin|fahrt; Hin- und Herfahrt, Hin- und Rückfahrt *(vgl. d.)*
hin|fal|len
hin|fäl|lig; Hin|fäl|lig|keit, die; -
hin|fin|den; sich hinfinden
hin|flä|zen, sich *(ugs.)*
hin|fle|geln, sich *(ugs.)*
hin|flie|gen; Hin|flug; Hin- und Rückflug *(vgl. d.)*
hin|fort *(geh. veraltend für* in Zukunft)
hin|füh|ren
hing *vgl.* [1]hängen
Hin|ga|be, die; -; **hin|ga|be|fä|hig**
Hin|gang *(geh. für* Tod, Sterben)
hin|ge|ben; sich hingeben; wir haben unser Geld hingegeben; *aber* auf sein Verlangen hin geben; **hin|ge|bend**
Hin|ge|bung, die; - *Plur. selten;* **hin|ge|bungs|voll**
hin|ge|gen
hin|ge|gos|sen *(ugs.);* sie lag wie hingegossen auf dem Sofa
hin|ge|hen
hin|ge|hö|ren
hin|ge|ris|sen (begeistert); er war von diesem Spiel hingerissen
hin|ge|zo|gen; sich hingezogen fühlen
hin|gu|cken *(ugs.);* **Hin|gu|cker** (etw. od. jmd., der große Aufmerksamkeit erregt)
hin|hal|ten; er hat das Buch hingehalten; mit der Rückgabe des Buches hat er sie lange hingehalten; hinhaltend antworten

Hin|hal|te|tak|tik
hin|hän|gen *vgl.* [2]hängen
hin|hau|en *(ugs.);* das haute hin (das gelang, war in Ordnung); er haut sich hin (legt sich schlafen); sie haut hin *(landsch. u. österr. für* beeilt sich)
hin|ho|cken; sich hinhocken
hin|hor|chen; hin|hö|ren
Hin|ke|bein *(ugs.);* **Hin|ke|fuß**
Hin|kel, das; -s, - *(landsch. für* [junges] Huhn)
Hin|kel|stein (größerer, unbehauener [kultischer] Stein)
hin|ken; gehinkt
hin|kni|en; sich hinknien
hin|kom|men; hin|kön|nen *(ugs.)*
hin|krie|gen *(ugs. für* zustande bringen); wir werden das schon hinkriegen; **hin|ku|cken** *(nordd. für* hingucken)
Hin|kunft, die; -; *nur in* in Hinkunft *(österr. für* in Zukunft); **hin|künf|tig**
hin|lan|gen *(ugs.);* **hin|läng|lich**
hin|le|gen; sich hinlegen
hin|ma|chen *(landsch. für* sich beeilen, sich hinbegeben)
hin|müs|sen *(ugs.)*
Hin|nah|me, die; -; **hin|nehm|bar; hin|neh|men**
hin|nei|gen; sich hinneigen; **Hin-nei|gung**
hin|nen *(veraltet); noch in* von hinnen gehen
hin|rei|chen; hin|rei|chend
Hin|rei|se; Hin- und Herreise *(vgl. d.);* **hin|rei|sen**
hin|rei|ßen; sich hinreißen lassen; hingerissen (begeistert) sein; hin- und hergerissen (unentschlossen) sein; **hin|rei|ßend**
Hin|rich (m. Vorn.)
hin|rich|ten; Hin|rich|tung
Hin|run|de *(Sport; Ggs.* Rückrunde)
hin|sa|gen; das war nur so hingesagt
hin|schau|en
hin|schau|keln *(ugs. für* zustande bringen)
hin|schi|cken; hin|schie|ben
Hin|schied, der; -[e]s *(schweiz. für* Ableben, Tod)
hin|schla|gen; er ist lang hingeschlagen *(ugs.)*
hin|schlep|pen; sich hinschleppen
hin|schmei|ßen *(ugs.);* sich hinschmeißen; **hin|schrei|ben**
hin|se|hen
hin sein *vgl.* hin
hin|set|zen; sich hinsetzen

Hin|sicht, die; -, -en; in Hinsicht auf ...; **hin|sicht|lich;** *Präp. mit Gen.:* hinsichtlich des Briefes
hin|sie|chen *(geh.)*
hin|sin|ken *(geh.)*
Hin|spiel *(Sport)*
hin|stel|len; sich hinstellen
hin|stre|cken; sich hinstrecken
hin|streu|en; hin|strö|men; hin-stür|zen
hint|an... *(geh.,* z. B. hintansetzen; sie hat ihre Wünsche hintangesetzt); ↑K48
hint|an|hal|ten *(österr.);* **Hint|an-hal|tung,** die; -
hint|an|set|zen; Hint|an|set|zung, die; -
hint|an|ste|hen
hint|an|stel|len; Hint|an|stel|lung, die; -; unter Hintanstellung aller Wünsche
hin|ten
hin|ten|an... *vgl.* hintan...
hin|ten|an|set|zen
hin|ten|dran *(ugs.);* **hin|ten|drauf** *(ugs.);* **hin|ten|he|r|um; hin|ten-hin; hin|ten|nach** *(landsch., bes. südd., österr.);* **hin|ten|rum** *(ugs. für* hintenherum); **hin|ten|über**
hin|ten|über... (z. B. hintenüberfallen; er ist hintenübergefallen); **hin|ten|über|kip|pen; hin-ten|über|stür|zen**
hin|ter; *Präp. mit Dat. u. Akk.:* hinter dem Zaun stehen, *aber* hinter den Zaun stellen
hin|ter...; *in Verbindung mit Verben: unfeste Zusammensetzungen,* z. B. hinterbringen *(vgl. d.),* hintergebracht; *feste Zusammensetzungen,* z. B. hinterbringen *(vgl. d.),* hinterbracht
Hin|ter|ab|sicht; Hin|ter|ach|se; Hin|ter|an|sicht; Hin|ter|aus-gang; Hin|ter|ba|cke
Hin|ter|bänk|ler (wenig einflussreicher Parlamentarier [der auf einer der hinteren Bänke sitzt]); **Hin|ter|bänk|le|rin**
Hin|ter|bein (bei Tieren)
hin|ter|blei|ben; die hinterbliebenen Kinder; **Hin|ter|blie|be|ne,** der *u.* die; -n, -n; **Hin|ter|blie|be-nen|ren|te**
hin|ter|brin|gen *(ugs. für* nach hinten bringen); er hat die Suppe kaum hintergebracht *(ostmitteld. für* essen können)
hin|ter|brin|gen (heimlich melden); **Hin|ter|brin|gung**
hin|ter|drein *(veraltend)*
hin|ter|drein|lau|fen
hin|te|re; *vgl. auch* hinterst; **Hin-**

te|re, der; ...ter[e]n, ...ter[e]n (*ugs. für* Gesäß); *vgl. auch* Hintern *u.* Hinterste

hin|ter|ei|n|an|der

Man schreibt »hintereinander« mit dem folgenden Verb in der Regel zusammen, wenn es den gemeinsamen Hauptakzent trägt ↑K 48:

– hintereinandergehen, hintereinanderkommen, hintereinanderliegen, hintereinanderstellen

Aber:

– hintereinander weggehen, hintereinander ankommen, sich hintereinander aufstellen

Hin|ter|ei|n|an|der|schal|tung *(Elektrot.)*

hin|ter|ei|n|an|der|weg (*ugs. für* ohne Pause)

Hin|ter|ein|gang

hin|ter|es|sen (*ostmitteld. für* mit Mühe, *auch* unwillig essen); er hat das Gemüse hintergegessen

hin|ter|fot|zig (*derb für* hinterlistig); **Hin|ter|fot|zig|keit**

hin|ter|fra|gen; etwas hinterfragen (nach den Hintergründen von etwas fragen); hinterfragt

Hin|ter|frau; Hin|ter|front; Hin|ter|fuß

Hin|ter|gau|men|laut (*für* Velar)

Hin|ter|ge|dan|ke

hin|ter|ge|hen (täuschen, betrügen); hintergangen

hin|ter|ge|hen (*ugs. für* nach hinten gehen); hintergegangen; **Hin|ter|ge|hung**

Hin|ter|glas|bild; Hin|ter|glas|ma|le|rei

Hin|ter|grund

Hin|ter|grund|ge|spräch

hin|ter|grün|dig; Hin|ter|grün|dig|keit

Hin|ter|grund|in|for|ma|ti|on; Hin|ter|grund|mu|sik; Hin|ter|grund|wis|sen

hin|ter|ha|ken (*ugs. für* einer Sache auf den Grund gehen)

Hin|ter|halt, der; -[e]s, -e

hin|ter|häl|tig; Hin|ter|häl|tig|keit

Hin|ter|hand, die; -

Hin|ter|haupt *(Med.);* **Hin|ter|haupt[s]|bein**

Hin|ter|haus

hin|ter|her [*auch* 'hɪ...]; hinterher (danach) polieren; die Polizei wird ihm hinterher sein *(ugs.); aber* hinterherlaufen (nachlaufen); sie ist hinterhergelaufen

hin|ter|her|hin|ken; hin|ter|her|ja|gen; hin|ter|her|kle|ckern *(ugs. abwertend);* **hin|ter|her|lau|fen; hin|ter|her|ren|nen**

hin|ter|her sein *vgl.* hinterher

hin|ter|her|te|le|fo|nie|ren; hin|ter|her|wer|fen

Hin|ter|hof

Hin|ter|in|di|en (*veraltet für* südöstliche Halbinsel Asiens); ↑K 143

Hin|ter|kopf

Hin|ter|la|der (eine Feuerwaffe)

Hin|ter|la|ge (*schweiz. für* Hinterlegung, Faustpfand)

Hin|ter|land, das; -[e]s

hin|ter|las|sen (zurücklassen; vererben); sie hat etwas hinterlassen; **Hin|ter|las|se|ne,** der *u.* die; -n, -n (*schweiz. für* Hinterbliebene); **Hin|ter|las|sen|schaft; Hin|ter|las|sung,** die; - *(Amtsspr.);* unter Hinterlassung von ...

hin|ter|las|tig

hin|ter|le|gen (als Pfand usw.); **Hin|ter|le|ger** *(Rechtsspr.);* **Hin|ter|le|ge|rin; Hin|ter|le|gung**

Hin|ter|leib

Hin|ter|list, die; -; **hin|ter|lis|tig; Hin|ter|lis|tig|keit**

hin|term ↑K 14 (*ugs. für* hinter dem)

Hin|ter|mann *Plur.* ...männer, *auch* ...leute

Hin|ter|mann|schaft *(Sport)*

hin|ter|mau|ern *(Bauw.)*

hin|tern ↑K 14 (*ugs. für* hinter den)

Hin|tern, der; -s, - (*ugs. für* Gesäß)

Hin|ter|rad; Hin|ter|rad|an|trieb

Hin|ter|rei|fen

Hin|ter|rhein (Quellfluss des Rheins)

hin|ter|rücks

hin|ters ↑K 14 (*ugs. für* hinter das)

Hin|ter|sass, Hin|ter|sas|se, der; ...sassen, ...sassen (*früher für* vom Feudalherrn abhängiger Bauer); **Hin|ter|sas|sin**

Hin|ter|schin|ken

hin|ter|schlin|gen (*landsch. für* hinunterschlingen)

hin|ter|schlu|cken (*landsch. für* hinunterschlucken)

Hin|ter|sinn, der; -[e]s (geheime Nebenbedeutung); **hin|ter|sin|nen,** sich (*südd. u. schweiz. für* grübeln); du hast dich hintersonnen; **hin|ter|sin|nig**

Hin|ter|sitz (Rücksitz)

hin|terst; zuhinterst; der hinters|te Mann, *aber* ↑K 72: die Hintersten müssen stehen; **Hin|ters|te,** der; -n, -n (*ugs. für* Gesäß)

Hin|ter|ste|ven; Hin|ter|stüb|chen; Hin|ter|teil (Gesäß)

Hin|ter|tref|fen; *nur in Wendungen wie* ins Hintertreffen kommen, geraten

hin|ter|trei|ben (vereiteln); er hat den Plan hintertrieben

Hin|ter|trep|pe; Hin|ter|trep|pen|ro|man

Hin|ter|tup|fin|gen (*ugs. für* abgelegener, unbedeutender Ort)

Hin|ter|tür; Hin|ter|tür|chen

Hin|ter|wäld|ler (rückständiger Mensch); **Hin|ter|wäld|le|rin; hin|ter|wäld|le|risch**

hin|ter|wärts (*veraltet für* zurück, [nach] hinten)

hin|ter|zie|hen (unterschlagen); er hat Steuern hinterzogen; **Hin|ter|zie|hung**

Hin|ter|zim|mer

hin|tra|gen; hin|trei|ben

hin|tre|ten; vor jmdn. hintreten

Hin|tritt, der; -[e]s (*veraltet für* Tod)

hin|tun *(ugs.)*

hi|n|ü|ber, *ugs.* 'nü|ber ↑K 14; hinüber sein *(ugs.)*

hi|n|ü|ber... (z. B. hinübergehen; er ist hinübergegangen); ↑K 48

hi|n|ü|ber|brin|gen; hi|n|ü|ber|dür|fen; hi|n|ü|ber|fah|ren; hi|n|ü|ber|ge|hen; hi|n|ü|ber|ge|lan|gen

hi|n|ü|ber|kön|nen; hi|n|ü|ber|müs|sen; hi|n|ü|ber|ret|ten

hi|n|ü|ber|schaf|fen; wir schafften alles hinüber

hi|n|ü|ber|schau|en; hi|n|ü|ber|schi|cken; hi|n|ü|ber|schwim|men

hi|n|ü|ber sein *vgl.* hinüber

hi|n|ü|ber|spie|len; ein ins Grünliche hinüberspielendes Blau

hi|n|ü|ber|wech|seln; hi|n|ü|ber|wer|fen; hi|n|ü|ber|win|ken; hi|n|ü|ber|wol|len; hi|n|ü|ber|zie|hen

hin und her *vgl.* hin; **Hin und Her,** das; - - -[s]; nach langem Hin und Her; das ewige Hin und Her

Hin-und-her-Fah|ren, das; -s; *aber* ↑K 31: [das] Hin- und [das] Herfahren

Hin- und Her|fahrt ↑K 31; **Hin- und Her|rei|se; Hin- und Her|weg; Hin- und Rück|fahrt; Hin- und Rück|flug**

hi|n|un|ter, *ugs.* 'nun|ter ↑K 14

hi|n|un|ter... (z. B. hinuntergehen; er ist hinuntergegangen); ↑K 48

hi|n|un|ter|be|för|dern; hi|n|un|ter|be|glei|ten; hi|n|un|ter|bli|cken; hi|n|un|ter|brin|gen

hi|n|un|ter|ei|len; sie eilten die Treppe hinunter
hi|n|un|ter|flie|ßen; hi|n|un|ter|ge|hen; hi|n|un|ter|kip|pen; hi|n|un|ter|lau|fen
hi|n|un|ter|rei|chen; ich reiche euch den Korb hinunter
hi|n|un|ter|rei|ßen; hi|n|un|ter|rol|len; hi|n|un|ter|schlu|cken; hi|n|un|ter|stür|zen; hi|n|un|ter|tau|chen; hi|n|un|ter|wer|fen; hi|n|un|ter|wür|gen
hin|wa|gen, sich
hin|wärts
hin|weg
Hin|weg; Hin- und Herweg ↑K31
hin|weg... (z. B. hinweggehen; er ist hinweggegangen); ↑K48
hin|weg|brin|gen; hin|weg|fe|gen; hin|weg|ge|hen
hin|weg|hel|fen; sie half ihm darüber hinweg
hin|weg|kom|men; hin|weg|kön|nen; hin|weg|raf|fen; hin|weg|se|hen
hin|weg|set|zen; sich darüber hinwegsetzen
hin|weg|stei|gen; hin|weg|täu|schen; hin|weg|trös|ten
Hin|weis, der; -es, -e; **hin|wei|sen;** hinweisendes Fürwort (*für* Demonstrativpronomen)
Hin|weis|schild, das
Hin|wei|sung
hin|wen|den; sich hinwenden; **Hin|wen|dung**
hin|wer|fen; sich hinwerfen
hin|wie|der, hin|wie|de|r|um *(veraltend)*
hin|wir|ken; darauf hinwirken, dass ...
hin|wol|len *(ugs.)*
Hinz (m. Vorn.); Hinz und Kunz (*ugs. für* jedermann)
hin|zie|hen (*auch für* verzögern); der Wettkampf hat sich lange hingezogen (hat lange gedauert)
hin|zie|len; auf Erfolg hinzielen
hin|zu
hin|zu... (z. B. hinzukommen; er ist hinzugekommen, *aber* ↑K47: hinzu kommt, dass ...)
hin|zu|dich|ten
hin|zu|fü|gen; Hin|zu|fü|gung
hin|zu|ge|sel|len; hin|zu|ge|win|nen *(geh.);* **hin|zu|kau|fen; hin|zu|kom|men; hin|zu|ler|nen; hin|zu|rech|nen; hin|zu|sprin|gen; hin|zu|tre|ten**
Hin|zu|tun, das; -s
hin|zu|ver|die|nen; hin|zu|zie|hen
Hi|ob, Job, *ökum.* Ijob (bibl. m. Eigenn.); **Hi|obs|bot|schaft; Hi|obs|post,** die; -, -en (Unglücksnachricht)
hip ‹engl.› (modern, zeitgemäß); hippe, hippere Klamotten; das hip[p]ste Lokal der Stadt
Hip-Hop, Hip|hop, der; -s ‹engl.-amerik.› (eine Richtung der modernen Popmusik)
hipp..., hip|po... ‹griech.› (pferde...); **Hipp...,** Hip|po... (Pferde...)
Hip|p|arch, der; -en, -en (Befehlshaber der Reiterei bei den alten Griechen)
Hip|pa|ri|on, das; -s, ...ien (fossiles Urpferd)
[1]**Hip|pe,** die; -, -n (sichelförmiges Messer)
[2]**Hip|pe,** die; -, -n (*südd. für* eine Art Fladenkuchen)
[3]**Hip|pe,** die; -, -n (*landsch. für* Ziege)
hip|pe|lig *vgl.* hibbelig
hipp, hipp, hur|ra!; hipp, hipp, hurra rufen; er rief: »Hipp, hipp, hurra!«
Hipp|hipp|hur|ra, das; -s, -s (Hochruf beim [Ruder]sport); er rief ein kräftiges Hipphipphurra
Hip|p|i|a|t|rik, die; - ‹griech.› (Pferdeheilkunde)
Hip|pie [...pi], der; -s, -s ‹amerik.› (Anhänger[in] einer antibürgerlichen, pazifistischen, naturnahen Lebensform; Blumenkind)
Hip|pie|mäd|chen
hip|po... *vgl.* hipp...
Hip|po... *vgl.* Hipp...
Hip|po|cam|pus, der; -, ...pi (*Med.* Teil des Großhirns)
Hip|po|drom, der *od., österr. nur,* das; -s, -e ‹griech.› (Reitbahn)
Hip|po|gryph, der; *Gen.* -s *u.* -en, *Plur.* -e[n] (Flügelross der Dichtkunst)
Hip|po|kra|tes (altgriechischer Arzt); **Hip|po|kra|ti|ker** (Anhänger des Hippokrates)
hip|po|kra|tisch; hippokratischer Eid (Hippokrates zugeschriebenes Gelöbnis als Grundlage der ärztlichen Ethik); hippokratisches Gesicht (*Med.* Gesichtsausdruck von Sterbenden); die hippokratischen Schriften ↑K89 *u.* 135
Hip|po|lo|gie, die; - ‹griech.› (wissenschaftliche Pferdekunde); **hip|po|lo|gisch** (die Hippologie betreffend)
Hip|po|lyt, Hip|po|ly|tos, Hip|po|ly|tus (m. Eigenn.)
Hip|po|po|ta|mus, der; -, ...mi (Flusspferd)
Hip|po|the|ra|pie (Therapie mithilfe von Pferden)
Hip|pu|rit, der; -en, -en (fossile Muschel)
Hip|pur|säu|re, die; - (*Biol.; Chemie* eine organische Säure)
[1]**Hips|ter,** der; -[s], - ‹engl.-amerik.› (*Jargon* Jazzmusiker, Jazzfan; jemand, der über alles, was modern ist, Bescheid weiß)
[2]**Hips|ter,** der; -s, - ‹engl.› (auf der Hüfte sitzender Slip; Hüfthose)
Hi|ra|ga|na, das; -[s] *od.* die; - (eine japanische Silbenschrift)
Hirn, das; -[e]s, -e
Hirn|an|hangs|drü|se
Hirn|blu|tung
hir|nen (*schweiz. für* nachdenken)
Hirn|er|schüt|te|rung (*schweiz. für* Gehirnerschütterung)
hirn|ge|schä|digt
Hirn|ge|spinst
Hirn|haut|ent|zün|dung
Hirn|holz (quer zur Faser geschnittenes Holz mit Jahresringen)
Hir|ni, der; -s, -s (*ugs. abwertend für* törichter Mensch)
Hirn|in|farkt *(Med.)*
hirn|los
Hirn|rin|de
hirn|ris|sig (*ugs. für* verrückt)
Hirn|scha|le; Hirn|strom|bild; Hirn|tod; Hirn|tu|mor
hirn|ver|brannt (*ugs. für* verrückt); **hirn|ver|letzt**
Hirn|win|dung
Hi|ro|hi|to (japanischer Kaiser)
Hi|ro|shi|ma, Hi|ro|schi|ma [...ʃ..., *auch* ...ˈʃi...] (japanische Stadt, auf die 1945 die erste Atombombe abgeworfen wurde)
Hirsch, der; -[e]s, -e, *österr. auch:* -en, -en
Hirsch|art; Hirsch|fän|ger; Hirsch|ge|weih; Hirsch|horn, das; -[e]s
Hirsch|kä|fer; Hirsch|kalb; Hirsch|kuh
hirsch|le|dern
Hirsch|pfef|fer, der; -s (*bes. südd., österr., schweiz. für* Hirschragout)
Hir|se, die; -, *Plur. (Sorten:)* -n
Hir|se|brei; Hir|se|korn *Plur.* ...körner
Hirt, der; -en, -en, **Hir|te,** der; -n, -n
Hir|ten|amt; Hir|ten|brief (bischöfliches Rundschreiben)
Hir|ten|flö|te; Hir|ten|ge|dicht; Hir|ten|stab
Hir|ten|tä|schel, das; -s (eine [Heil]pflanze)
Hir|ten|volk
Hir|tin

his, His, das; -, - (Tonbezeichnung)
[1]**His|bol|lah,** die; - (Gruppe radikaler schiitischer Moslems)
[2]**His|bol|lah,** der; -s, -s (Anhänger der [1]Hisbollah)
His|kia, His|ki|as, *ökum.* **His|ki|ja** (jüdischer König)
His|pa|ni|en (alter Name der Pyrenäenhalbinsel); **his|pa|nisch; his|pa|ni|sie|ren** (spanisch machen)
His|pa|nist, der; -en, -en; **His|pa|nis|tik,** die; - (Wissenschaft von der spanischen Sprache u. Literatur); **His|pa|nis|tin**
his|sen ([Flagge, Segel] hochziehen); du hisst; du hisstest; gehisst; hisse! *od.* hiss!; *vgl. auch* [2]heißen
His|t|a|min, das; -s, -e (ein Gewebehormon)
His|to|gramm, das; -s, -e ‹griech.› (*Statistik* grafische Darstellung von Häufigkeiten in Form von Säulen)
His|to|lo|ge, der; -n, -n; **His|to|lo|gie,** die; - (*Med.* Lehre von den Geweben des Körpers); **His|to|lo|gin; his|to|lo|gisch**
His|tör|chen (Geschichtchen)
His|to|rie, die; -, -n ‹griech.› (*nur Sing.: veraltend für* [Welt]geschichte; *veraltet für* Bericht); **His|to|ri|en|ma|le|rei**
His|to|rik, die; - (Geschichtsforschung); **His|to|ri|ker; His|to|ri|ke|rin**
His|to|rio|graf, His|to|rio|graph, der; -en, -en (Geschichtsschreiber); **His|to|rio|gra|fin, His|to|rio|gra|phin**
his|to|risch; ein historischer Augenblick; historisches Präsens *(Sprachwiss.)*
his|to|ri|sie|ren (das Geschichtliche betonen, anstreben)
His|to|ris|mus, der; -, ...men (Überbetonung des Geschichtlichen); **his|to|ris|tisch**
His|t|ri|o|ne, der; -n, -n ‹lat.› (altrömischer Schauspieler)
Hit, der; -s, -s ‹engl.› (*ugs. für* [musikalischer] Verkaufsschlager)
Hitch|cock (brit.-amerik. Filmregisseur)
Hit|lis|te; Hit|pa|ra|de
Hit|sche, [2]Hut|sche, Hüt|sche, die; -, -n (*landsch. für* Fußbank; kleiner Schlitten)
Hit|ze, die; -, *Plur. (fachspr.)* -n
Hit|ze ab|wei|send, hit|ze|ab|wei|send ↑K58: ein Hitze abweisendes *od.* hitzeabweisendes Material, *aber nur* ein äußerst hitzeabweisendes Material, dieses Material ist hitzeabweisender als das alte
hit|ze|be|stän|dig; Hit|ze|bläs|chen
Hit|ze|fe|ri|en *Plur.*
hit|ze|frei; Hit|ze|frei, das; -; Hitzefrei *od.* hitzefrei haben, bekommen; *aber nur groß:* Hitzefrei geben; kein Hitzefrei bekommen
Hit|ze|pe|ri|o|de; Hit|ze|schild, der; **Hit|ze|wel|le**
Hitz|gi, der; -s (*schweiz. für* Schluckauf)
hit|zig
Hitz|kopf; hitz|köp|fig
Hitz|po|cke *meist Plur.;* **Hitz|schlag**
HIV [haːliːˈfau̯], das; -[s], -[s] *Plur. selten* = human immunodeficiency virus ‹engl.› (ein Aidsauslöser)
HIV-In|fek|ti|on; HIV-in|fi|ziert; HIV-ne|ga|tiv; HIV-po|si|tiv ↑K28
Hi|wi, der; -s, -s ‹*kurz für* Hilfswilliger› (*ugs. für* Hilfskraft)
Hjal|mar [j...] (m. Vorn.)
HK = Hefnerkerze
hl = Hektoliter
hl. = heilig
hll. = heilige *Plur.*
hm! [hm̩], hm, hm!
H-Milch [ˈhaː...] (*kurz für* haltbare Milch)
h-Moll [ˈhaːmɔl, *auch* ˈhaːˈmɔl], das; -[s] (Tonart; *Zeichen* h); **h-Moll-Ton|lei|ter,** die; -, -n ↑K26
HNO-Arzt [haːlɛnˈloː...] = Hals-Nasen-Ohren-Arzt; **HNO-Ärz|tin; HNO-ärzt|lich**
ho!; ho|ho!; ho ruck!
Ho (*chem. Zeichen für* Holmium)
HO = Handelsorganisation [in der DDR]; HO-Geschäft ↑K28
Ho|ang|ho *vgl.* Hwangho
Hoax [hoʊks], der; -, -es [...ksɪs] ([durch E-Mail verbreitete] Falschmeldung)
hob *vgl.* heben
Hobbes [hɔps] (engl. Philosoph)
Hob|bock, der; -s, -s (ein Versandbehälter)
Hob|by [...bi], das; -s, -s ‹engl.› (Steckenpferd; Liebhaberei)
Hob|by|gärt|ner; Hob|by|gärt|ne|rin
Hob|by|ist, der; -en, -en; **Hob|by|is|tin**
Hob|by|kel|ler
Hob|by|koch; Hob|by|kö|chin
Hob|by|ma|ler; Hob|by|ma|le|rin
Hob|by|mu|si|ker; Hob|by|mu|si|ke|rin
Hob|by|raum
Ho|bel, der; -s, -; **Ho|bel|bank** *Plur.* ...bänke
Ho|bel|kä|se, der; -s (*schweiz. für* würziger, vollfetter, sehr harter Rohmilchkäse)
ho|beln; ich hob[e]le
Ho|bel|span
Hob|ler; Hob|le|rin
hoch *s. Kasten*
Hoch, das; -s, -s (Hochruf; *Meteorol.* Gebiet hohen Luftdrucks)
hoch ach|ten, hoch|ach|ten *vgl.* hoch; **Hoch|ach|tung,** die; -; **hoch|ach|tungs|voll**
Hoch|adel
hoch|ak|tu|ell
hoch|al|pin
Hoch|al|tar
hoch|alt|rig *(Soziol., Med.)*
Hoch|amt
hoch an|ge|se|hen, hoch|an|ge|se|hen *vgl.* hoch
hoch|an|stän|dig
hoch|ar|bei|ten, sich
hoch auf|ge|schos|sen, hoch|auf|ge|schos|sen *vgl.* hoch
hoch|auf|lö|send *(bes. Fachspr.);* hochauflösende Bildschirme
Hoch|bahn
Hoch|bau *Plur.* ...bauten
hoch|be|gabt, hoch be|gabt; hochbegabte *od.* hoch begabte Schülerinnen
Hoch|be|gab|ten|för|de|rung
hoch|be|glückt, hoch be|glückt
hoch|bei|nig
hoch|be|kom|men; um den schweren Koffer hochzubekommen
hoch|be|rühmt; sie ist hochberühmt
hoch be|steu|ert, hoch|be|steu|ert *vgl.* hoch
hoch|be|tagt; er ist hochbetagt
Hoch|be|trieb, der; -[e]s; es herrscht Hochbetrieb
hoch be|zahlt, hoch|be|zahlt *vgl.* hoch
hoch|bin|den; die Haare hochbinden
Hoch|blü|te, die; -
hoch|brin|gen (nach oben bringen); um die Wäsche hochzubringen
hoch|bri|sant
Hoch|burg
hoch|bu|sig
hoch|de|ckend *(bes. Fachspr.);* hochdeckende Farben
hoch|de|ko|riert
hoch|deutsch; auf Hochdeutsch; *vgl.* deutsch; **Hoch|deutsch,** das;

hoch

höher *(vgl. d.)*, höchst *(vgl. d.)*

– bei Hoch und Niedrig (*veraltet für* bei jedermann)

I. *Schreibung in Verbindung mit Verben:*
a) *Getrenntschreibung:*

– hoch sein
– es wird [sehr] hoch hergehen
– sie kann [sehr] hoch springen, sie kann höher springen als ihr Bruder
– hoch (weit oben) fliegen, hoch (weit hinauf) steigen usw.
– Produkte hoch besteuern
– den Wagen hoch beladen
– jemanden hoch achten *od.* hochachten, hoch schätzen *od.* hochschätzen

b) *Zusammenschreibung, wenn »hoch« Verbzusatz ist (besonders, wenn »hoch« als Richtungsangabe gebraucht wird):*

– Zahlen statistisch hochrechnen
– hochspringen (Hochsprung betreiben)
– hochstapeln (etwas vortäuschen)
– die Haare hochbinden, hochstecken
– [vor Schreck] hochfahren
– sich [zum Direktor] hocharbeiten
– Späne, die dabei hochfliegen (nach oben fliegen)
– die Ärmel hochkrempeln
– das Fenster hochkurbeln
– an der Mauer hochspringen
– die Treppe hochsteigen
– die Preise, seine Erwartungen, den Klavierhocker hochschrauben, *aber* ... zu hoch schrauben

II. *Schreibung in Verbindung mit adjektivisch gebrauchten Partizipien:*
a) ↑K 58 *u.* 62:

– hochgesteckte Ziele
– eine hochgestellte Zahl
– eine hochgestellte Persönlichkeit
– ein hochgeschlossenes Kleid
– ein hoch kompliziertes *od.* hochkompliziertes Verfahren
– der hoch stehende *od.* hochstehende Wasserstand; *aber* hochstehende Personen
– hoch besteuerte *od.* hochbesteuerte Einkommen
– ein hoch bezahlter *od.* hochbezahlter Job
– hoch dotierte *od.* hochdotierte Architektinnen
– hoch qualifizierte *od.* hochqualifizierte Akademiker

b) *Zusammenschreibung, wenn »hoch« rein intensivierend gebraucht wird:*

– hocherfreut (sehr erfreut), hochglänzend usw.
– *das gilt auch bei Adjektiven:* hochanständig, hochberühmt usw.

c) *Zusammenschreibung, wenn das zugrunde liegende Verb zusammengeschrieben wird:*

– hochgesteckte Haare
– hochgejagte Motoren
– mit hochgekrempelten Ärmeln
– die hochgeladene Datei
– eine hochgerüstete Armee

d) *Zusammenschreibung bei übertragener Bedeutung:*

– hochtrabende, hochfliegende Pläne
– hochgestochen reden

Vgl. auch hohe

-[s] (Sprache); *vgl.* Deutsch; **Hoch|deut|sche,** das; -n; im Hochdeutschen; *vgl.* [2]Deutsche
hoch|die|nen, sich; er hat sich hochgedient
hoch do|siert, hoch|do|siert *vgl.* hoch
hoch do|tiert, hoch|do|tiert *vgl.* hoch
hoch|dra|ma|tisch
hoch|dre|hen; den Motor hochdrehen (auf hohe Drehzahlen bringen)
Hoch|druck, der; -[e]s, *Plur.* (*für* Erzeugnis im Hochdruckverfahren:) ...drucke
Hoch|druck|ge|biet *(Meteorol.)*
Hoch|druck|ver|fah|ren *(Druckw.)*
Hoch|ebe|ne
hoch|ef|fi|zi|ent; ein hocheffizientes Verfahren
hoch|emp|find|lich; hochempfindliches Filmmaterial
hoch ent|wi|ckelt, hoch|ent|wi|ckelt *vgl.* hoch
hoch|er|freut
hoch|ex|plo|siv; ein hochexplosives Gemisch
hoch|fah|ren; er ist aus dem Schlaf hochgefahren; **hoch|fah|rend;** ein hochfahrender Plan
hoch|fein (erstklassig)
Hoch|fi|nanz, die; -
hoch|flie|gen; ..., dass die Späne hochfliegen (nach oben fliegen); *aber* ..., dass Eisenspäne höher fliegen als Holzspäne; *vgl.* hoch; **hoch|flie|gend;** eine hochfliegende Idee
Hoch|form, die; - *(Sport);* in Hochform sein
Hoch|for|mat
hoch|fre|quent *(Physik);* **Hoch|fre|quenz; Hoch|fre|quenz|strom**
Hoch|fri|sur; Hoch|ga|ra|ge
hoch|ge|bil|det
Hoch|ge|bir|ge
hoch|ge|bo|ren *(veraltet); als Titel* Hochgeboren; *in der Anrede* Eure, Euer Hochgeboren
hoch|ge|ehrt, hoch ge|ehrt
hoch|ge|fähr|lich; hochgefährliche Sprengstoffe
Hoch|ge|fühl
hoch|ge|hen; um hochzugehen, hochgegangen
hoch ge|le|gen, hoch|ge|le|gen; ein hoch gelegener od. hochgelegener Ort; *aber nur* der höchstgelegene od. am höchsten gelegene Ort
hoch|ge|lehrt; eine hochgelehrte Abhandlung

H
hoch

hoch|ge|lobt, **hoch ge|lobt**
hoch|ge|mut *(geh.)*; ein hochgemuter Mensch
Hoch|ge|nuss
Hoch|ge|richt *(früher)*
hoch|ge|schätzt, **hoch ge|schätzt**
hoch|ge|schlos|sen; ein hochgeschlossenes Kleid
hoch|ge|schos|sen; ein hochgeschossener (großer) Junge
Hoch|ge|schwin|dig|keit
Hoch|ge|schwin|dig|keits|netz *(Eisenbahn)*; **Hoch|ge|schwin|dig|keits|stre|cke**; **Hoch|ge|schwin|dig|keits|zug**
hoch|ge|sinnt
hoch|ge|spannt *(Elektrot.)*; hochgespannte Ströme; *aber* hoch gespannte *od.* hochgespannte Erwartungen
hoch|ge|steckt; hochgesteckte Haare; hochgesteckte Ziele
hoch|ge|stellt; hochgestellte Zahlen (Indizes); hochgestellte Persönlichkeiten
hoch|ge|stimmt
hoch|ge|sto|chen *(ugs.)*; er redet hochgestochen (eingebildet)
hoch|ge|wach|sen; eine hochgewachsene Frau
hoch|ge|züch|tet
hoch|gif|tig
Hoch|glanz; **hoch|glän|zend**; hochglänzende Seide; **Hoch|glanz|pa|pier**; **hoch|glanz|po|liert**
hoch|gra|dig
hoch|ha|ckig; hochhackige Schuhe
hoch|hal|ten; ein Kind hochhalten (nach oben halten); Traditionen hochhalten; *aber* etwas so hoch halten, dass alle es sehen können; etwas noch höher halten
Hoch|haus
hoch|he|ben; hochgehoben, hochzuheben
hoch|hei|lig; etw. hochheilig versichern
Hoch|hei|mer (ein Wein)
hoch|herr|schaft|lich
hoch|her|zig; **Hoch|her|zig|keit**, die; -
hoch|ho|len (heraufholen)
Ho Chi Minh [hotʃiˈmɪn] (nordvietnamesischer Politiker); **Ho-Chi-Minh-Pfad**, der; -[e]s ↑K137; **Ho-Chi-Minh-Stadt** (Stadt in Vietnam [*früher* Saigon])
hoch in|dus|t|ri|a|li|siert, **hoch|in|dus|t|ri|a|li|siert**
hoch|in|te|g|riert *(EDV)*; hochintegrierte Schaltkreise
hoch|in|tel|li|gent
hoch|in|te|r|es|sant

hoch|ja|gen (aufscheuchen, aufjagen; *ugs. auch für* auf hohe Drehzahlen bringen); er hat den Motor hochgejagt
hoch|jaz|zen (*ugs. für* künstlich aufwerten)
hoch|ju|beln (*ugs. für* durch übertriebenes Lob allgemein bekannt machen)
hoch|kant; hochkant stellen; jmdn. hochkant rauswerfen *(ugs.)*; **hoch|kan|tig**; jmdn. hochkantig rauswerfen *(ugs.)*
Hoch|ka|rä|ter; **hoch|ka|rä|tig**
Hoch|kir|che
hoch|klap|pen
hoch|klas|sig *(bes. Sport)*
hoch|klet|tern
hoch|ko|chen; die Emotionen kochten hoch
hoch|kom|men; hochgekommen; um hochzukommen
hoch|kom|plex
hoch kom|pli|ziert, **hoch|kom|pli|ziert**
Hoch|kon|junk|tur
hoch kon|zen|t|riert, **hoch|kon|zen|t|riert**; hochkonzentrierte Säure *(fachspr.)*
hoch|krem|peln; um die Ärmel hochzukrempeln
Hoch|kul|tur
hoch|kur|beln; das Fenster hochkurbeln
hoch|la|den
Hoch|land *Plur.* ...länder, *auch* ...lande; **Hoch|län|der**, der (*auch für* Schotte); **Hoch|län|de|rin**; **hoch|län|disch**
Hoch|lau|tung, die; - (*Sprachwiss.* normierte Aussprache des Deutschen)
hoch|le|ben; wir haben sie hochleben lassen; er lebe hoch!
hoch|le|gen; um die Füße hochzulegen
Hoch|leis|tung; **Hoch|leis|tungs|motor**; **Hoch|leis|tungs|sport**, der; -[e]s; **Hoch|leis|tungs|trai|ning**
höch|lich
hoch|löb|lich
Hoch|meis|ter *(früher)*
hoch|mo|dern; **hoch|mo|disch**
hoch|mö|gend *(veraltet)*
hoch|mo|le|ku|lar (*Chemie* aus Makromolekülen bestehend)
Hoch|moor
hoch mo|ti|viert, **hoch|mo|ti|viert**
Hoch|mut; **hoch|mü|tig**; **Hoch|mü|tig|keit**, die; -
hoch|nä|sig (*ugs. für* hochmütig); **Hoch|nä|sig|keit**, die; -
Hoch|ne|bel; **Hoch|ne|bel|feld**

hoch|neh|men; jmdn. hochnehmen (*ugs. für* übervorteilen; necken, verspotten; verhaften)
hoch|not|pein|lich (sehr streng); hochnotpeinliches Gericht *(früher)*
Hoch|ofen
hoch|of|fi|zi|ell
Hoch|öf|ner (am Hochofen tätiger Arbeiter); **Hoch|öf|ne|rin**
hoch|päp|peln *(ugs.)*
Hoch|par|ter|re; **Hoch|pla|teau**
hoch|po|li|tisch
hoch|prei|sen; er hat Gott hochgepriesen
hoch|prei|sig; hochpreisige Produkte
hoch|pro|zen|tig
hoch qua|li|fi|ziert, **hoch|qua|li|fi|ziert** *vgl.* hoch
hoch|rä|de|rig, **hoch|räd|rig**; ein hochräd[e]riger Wagen
hoch ra|dio|ak|tiv, **hoch|ra|dio|ak|tiv**
hoch|ran|gig; ein hochrangiger Politiker
hoch|rap|peln, sich *(ugs.)*
hoch|rech|nen (*Statistik* aus repräsentativen Teilergebnissen das Gesamtergebnis vorausberechnen); **Hoch|rech|nung**
Hoch|re|gal|la|ger
hoch|rein *(Fachspr.)*
hoch|rei|ßen
Hoch|re|li|ef
Hoch|rip|pe (Rückenstück vom Rind)
Hoch|ri|si|ko|pa|ti|ent *(Med.)*; **Hoch|ri|si|ko|pa|ti|en|tin**
hoch|rot
Hoch|ruf
hoch|rüs|ten (technisch verbessern)
Hoch|sai|son
hoch schät|zen, **hoch|schät|zen**; **Hoch|schät|zung**, die; -
Hoch|schau|bahn (*österr. für* Achterbahn)
hoch|schau|keln *(ugs.)*; sich hochschaukeln
Hoch|schein; keinen Hochschein haben (*schweiz. für* keine Ahnung haben)
hoch|scheu|chen; **hoch|schie|ben**
hoch|schla|gen; um den Kragen hochzuschlagen; *aber nur* den Ball hoch, [noch] höher schlagen
hoch|schnel|len (aufspringen)
Hoch|schrank
hoch|schrau|ben *vgl.* hoch
[1]**hoch|schre|cken**; sie schrak *od.*

H
hoch

schreckte hoch; sie war hochgeschreckt; *vgl.* schrecken

[2]**hoch|schre|cken;** seine Stimme schreckte sie hoch; er hatte sie hochgeschreckt; *vgl.* schrecken

Hoch|schul|ab|schluss

Hoch|schul|ab|sol|vent; Hoch|schul|ab|sol|ven|tin

Hoch|schu|le

Hoch|schü|ler; Hoch|schü|le|rin

Hoch|schü|ler|schaft (*österr. für* Vertretung der Studierenden)

Hoch|schul|fonds (*österr. für* Körperschaft zur Aufbringung von Mitteln für die Wissenschaft)

Hoch|schul|ge|setz

Hoch|schul|grup|pe (politische Gruppe an einer Hochschule)

Hoch|schul|leh|rer; Hoch|schul|leh|re|rin

Hoch|schul|pakt (*Politik*)

Hoch|schul|rat (Selbstverwaltungsgremium an einer Hochschule)

Hoch|schul|re|form; Hoch|schul|rei|fe; Hoch|schul|rek|to|ren|kon|fe|renz; Hoch|schul|stu|di|um

hoch|schul|te|rig, hoch|schult|rig

hoch|schwan|ger

Hoch|see|an|geln, das; -s; **Hoch|see|fi|sche|rei**

Hoch|see|jacht, Hoch|see|yacht

Hoch|seil

hoch|sen|si|bel

Hoch|si|cher|heits|trakt (besonders ausbruchssicherer Teil in bestimmten Gefängnissen)

hoch|sin|nig

Hoch|sitz (*Jägerspr.*)

Hoch|som|mer; hoch|som|mer|lich

hoch span|nend, hoch|span|nend

Hoch|span|nung

Hoch|span|nungs|lei|tung; Hoch|span|nungs|mast, der

hoch spe|zi|a|li|siert, hoch|spe|zi|a|li|siert

hoch|spe|zi|fisch

hoch|spie|len; er hat die Angelegenheit hochgespielt

Hoch|spra|che; hoch|sprach|lich

hoch|sprin|gen (aufspringen; in die Höhe springen; Hochsprung betreiben); *aber* sie kann sehr hoch, viel höher springen

Hoch|sprin|ger; Hoch|sprin|ge|rin; Hoch|sprung (*Sport*)

höchst; höchs|tens; am höchs|ten; sie war auf das/aufs Höchste *od.* auf das/aufs höchste erfreut; das höchste der Gefühle; sein Sinn ist auf das/aufs Höchste gerichtet; nach dem Höchsten streben

Hoch|stamm (*Gartenbau*)**; hoch|stäm|mig**

Hoch|sta|pe|lei; hoch|sta|peln (etwas vortäuschen); **Hoch|stap|ler; Hoch|stap|le|rin**

Höchst|aus|maß (*österr. für* Höchstmaß, Obergrenze)

Höchst|be|trag

Höchst|bie|ten|de, der *u.* die; -n, -n

höchst|der|sel|be (*veraltet*)*;* höchstdieselben

höchst|do|tiert

hoch|ste|cken; die Haare hochstecken; seine Ziele hochstecken

hoch|ste|hend *vgl.* hoch

hoch|stei|gen; um die Treppe hochzusteigen

höchst|ei|gen (*veraltend*)*;* in höchsteigener Person

hoch|stel|len; Stühle hochstellen

höchs|tens

höchst|ent|wickelt

Höchst|fall; *nur in* im Höchstfall

Höchst|form (*bes. Sport*)

Höchst|ge|richt (*österr. für* oberster Gerichtshof)

Höchst|ge|schwin|dig|keit

Höchst|gren|ze

Hoch|stift (*früher für* reichsunmittelbarer Territorialbesitz eines Bischofs)

hoch|sti|li|sie|ren (übertreibend hervorheben)

Hoch|stim|mung, die; -

Höchst|leis|tung; Höchst|mar|ke; Höchst|maß

höchst|mög|lich; die höchstmögliche (*falsch:* höchstmöglichste) Leistung

höchst|per|sön|lich; sie ist höchstpersönlich (selbst, in eigener Person) gekommen, *aber* das ist eine höchst (im höchsten Grade, rein) persönliche Ansicht

Höchst|preis

Hoch|stra|ße

Höchst|rich|ter (*österr. für* Richter am Höchstgericht); **Höchst|rich|te|rin**

höchst|rich|ter|lich

Höchst|satz

höchst|selbst (*veraltend*)

Höchst|stand; Höchst|stra|fe; Höchst|stu|fe (*für* Superlativ); **Höchst|tem|pe|ra|tur**

höchst|wahr|schein|lich; er hat es höchstwahrscheinlich getan, *aber* es ist höchst (im höchsten Grade) wahrscheinlich, dass ...

Höchst|wert; Höchst|zahl

höchst|zu|läs|sig

Hoch|tal

hoch tech|ni|siert, hoch|tech|ni|siert

Hoch|tech|no|lo|gie (*svw.* Spitzentechnologie)

Hoch|ton *Plur.* ...töne (*Sprachwiss.*)**; hoch|tö|nend; hoch|to|nig** (*Sprachwiss.* den Hochton tragend)

Hoch|tour; hoch|tou|rig

Hoch|tou|rist; Hoch|tou|ris|tin

hoch|tra|bend

hoch|trei|ben

hoch|ver|dient

hoch|ver|ehrt; *in der Anrede auch* hochverehrtest ↑K57

Hoch|ver|rat; Hoch|ver|rä|ter; Hoch|ver|rä|te|rin; hoch|ver|rä|te|risch

hoch ver|schul|det, hoch|ver|schul|det

hoch|ver|zins|lich (*Bankw.*)

hoch|wach|send (*Bot.*)

Hoch|wald

Hoch|was|ser *Plur.* ...wasser

hoch|wer|fen; um eine Münze hochzuwerfen

hoch|wer|tig; hochwertigere *od.* höherwertige Materialien

Hoch|wild

hoch|will|kom|men; hochwillkommene Gäste; sie sind hochwillkommen

hoch|win|den; sich hochwinden

hoch|wir|beln

hoch|wirk|sam; eine hochwirksame Medizin

hoch|wohl|ge|bo|ren (*veraltet*)*; als Titel* Hochwohlgeboren; *in der Anrede* Eure, Euer Hochwohlgeboren

hoch|wohl|löb|lich (*veraltend*)

hoch|wöl|ben; sich hochwölben; hochgewölbte Balken

hoch|wuch|ten (*ugs.*)

Hoch|wür|den (Anrede für kath. Geistliche); Eure, Euer (*Abk.* Ew.) Hochwürden; **hoch|wür|dig** (*veraltend*)*;* der hochwürdige Herr Pfarrer; **hoch|wür|digst** (in Anreden für höhere katholische Geistliche)

Hoch|zahl (*für* Exponent)

[1]**Hoch|zeit** (Fest der Eheschließung); silberne, goldene Hochzeit

[2]**Hoch|zeit** (glänzender Höhepunkt, Hochstand)

Hoch|zei|ter (*landsch.*)**; Hoch|zei|te|rin; hoch|zeit|lich**

Hoch|zeits|bit|ter, der; -s, - (*veraltet*)**; Hoch|zeits|fei|er**

Hoch|zeits|flug (*Zool.*)

H
Hoch

Hoch|zeits|fo|to; Hoch|zeits|ge|schenk; Hoch|zeits|ge|sell|schaft
Hoch|zeits|kleid; Hoch|zeits|kut|sche; Hoch|zeits|nacht; Hoch|zeits|paar; Hoch|zeits|rei|se
Hoch|zeits|schmaus; Hoch|zeits|tag
hoch|zie|hen; um die Strickleiter hochzuziehen
Hoch|ziel
Hoch|zins|po|li|tik, die; - *(Wirtsch., Bankw.)*
hoch|zi|vi|li|siert
hoch|zu|frie|den
Hock, Höck, der; -s, Höcke (*schweiz. mdal. für* geselliges Beisammensein)
Ho|cke, die; -, -n (auf dem Feld zusammengesetzte Garben; eine Turnübung)
ho|cken; sich hocken
Ho|cken|heim|ring, Ho|cken|heim-Ring, der; -[e]s (Autorennstrecke in Nordbaden)
Ho|cker, der; -s, - (Schemel)
Hö|cker, der; -s, - (Buckel)
Ho|cker|grab *(Archäol.)*
hö|cke|rig
Hö|cker|schwan
Ho|ckey [...ke, *auch* ...ki], das; -s ‹engl.› (eine Sportart)
Ho|ckey|feld; Ho|ckey|schlä|ger
Ho|ckey|spie|ler; Ho|ckey|spie|le|rin
Hock|stel|lung
Ho|de, der; -n, -n *od.* die; -, -n (*selten für* Hoden); **Ho|den,** der; -s, - (männliche Keimdrüse)
Ho|den|bruch, der; -[e]s, ...brüche; **Ho|den|sack**
Hod|ler (schweiz. Maler)
Ho|do|me|ter, das; -s, - ‹griech.› (Wegemesser, Schrittzähler)
Hödr, Hö|dur (*germ. Mythol.* der blinde Gott)
Ho|d|scha, der; -[s], -s ‹pers.› (islam. [geistl.] Lehrer)
Hö|dur *vgl.* Hödr
Hoek van Hol|land [ˈhʊk fan -] (niederl. Hafen- u. Badeort)
Hof, der; -[e]s, Höfe; Hof halten; er hält Hof; er hat Hof gehalten; es gefällt ihm, Hof zu halten
Hof|da|me
hof|fä|hig; Hof|fä|hig|keit, die; -
Hof|fart, die; - (*veraltend für* Dünkel, Hochmut); **hof|fär|tig; Hof|fär|tig|keit**
hof|fen
Hof|fens|ter
hof|fent|lich
...höf|fig (reiches Vorkommen versprechend, z. B. erdölhöffig)
höff|lich (*Bergmannsspr.* reiche Ausbeute verheißend)
Hoff|mann, E. T. A. (dt. Dichter)
Hoff|mann von Fal|lers|le|ben (dt. Dichter)
Hoff|nung
hoff|nungs|froh *(geh.)*
Hoff|nungs|lauf *(Sport)*
hoff|nungs|los; Hoff|nungs|lo|sig|keit, die; -
Hoff|nungs|run|de (*Sport* Runde, die die letzte Möglichkeit zur Qualifikation, zum Weiterkommen bietet)
Hoff|nungs|schim|mer; Hoff|nungs|strahl
Hoff|nungs|trä|ger; Hoff|nungs|trä|ge|rin
hoff|nungs|voll
Hof|gar|ten
Hof|gas|tein, Bad (österr. Ort)
Hof hal|ten *vgl.* Hof; **Hof|hal|tung**
Hof|hund
ho|fie|ren (den Hof machen); jmdn. hofieren
hö|fisch; höfische Kunst
Hof|kir|che; Hof|knicks
höf|lich; Höf|lich|keit
Höf|lich|keits|be|such; Höf|lich|keits|flos|kel
höf|lich|keits|hal|ber
Hof|lie|fe|rant; Hof|lie|fe|ran|tin
Höf|ling; Hof|mann *Plur.* ...leute (*veraltet für* Höfling); **hof|män|nisch**
Hof|manns|thal (österr. Dichter)
Hof|mann von Hof|manns|wal|dau (dt. Dichter)
Hof|mar|schall (Inhaber des die gesamte fürstliche Hofhaltung umfassenden Hofamtes)
Hof|meis|ter (*veraltet für* Hauslehrer, Erzieher)
Hof|narr; Hof|när|rin
Hof|rat *Plur.* ...räte; **Hof|rä|tin**
Hof|rei|te, die; -, -n (*südd. für* bäuerliches Anwesen)
Hof|schran|ze, die; -, -n, *selten* der; -n, -n *meist Plur.* (*veraltend für* Höfling)
Hof|staat, der; -[e]s
Hof|statt, die; -, -en *u.* ...stätten (*schweiz. für* [Bauernhaus mit Hof u.] Hauswiese, Obstgarten)
Höft, das; -[e]s, -e (*nordd. für* Haupt; Landspitze; Buhne)
Hof|the|a|ter; Hof|tor, das; **Hof|trau|er; Hof|tür**
hö|gen (*nordd. für* freuen); sich högen
HO-Ge|schäft [haːˈloː...] *vgl.* HO

ho|he

Kleinschreibung ↑K 89:
- die hohe Jagd
- das hohe C
- auf hoher See

Großschreibung ↑K 72, 89, 140 *u.* 150:
- Hohe und Niedrige *od.* Niedere (*veraltet für* jedermann)
- die Hohe Tatra; die Hohen Tauern
- die Hohe Messe in h-Moll (von J. S. Bach)
- das Hohe Haus (Parlament)
- Hoher Donnerstag (*bes. schweiz. für* Gründonnerstag)
- die Hohe *od.* hohe Schule *(Reiten)*

Vgl. auch Hohelied, Hohepriester *sowie* hoch, höher

Hö|he, die; -, -n
Ho|heit; *vgl.* euer, Ew., ihr *u.* [1]sein; **ho|heit|lich**
Ho|heits|ad|ler; Ho|heits|akt; Ho|heits|ge|biet; Ho|heits|ge|walt
Ho|heits|ge|wäs|ser *meist Plur.*
Ho|heits|recht
ho|heits|voll
Ho|heits|zei|chen (sinnbildliches Zeichen der Staatsgewalt, z. B. Flagge, Siegel u. a.)
Ho|he|lied, Ho|he Lied, das; des Hohelied[e]s, dem Hohelied, das Hohelied; ein Hohelied der Treue singen; *bei Beugung des ersten Bestandteils nur getrennt geschrieben:* Hohes Lied, des Hohen Lied[e]s, dem Hohen Lied
hö|hen (*Malerei* bestimmte Stellen hervortreten lassen); weiß gehöht
Hö|hen|an|ga|be; Hö|hen|angst; Hö|hen|dif|fe|renz; Hö|hen|flug
Ho|hen|fried|ber|ger, Ho|hen|frie|de|ber|ger, der; -s; der Hohenfried[e]berger Marsch
hö|hen|gleich *(Verkehrsw.)*
Hö|hen|krank|heit; Hö|hen|kur|ort; Hö|hen|la|ge; Hö|hen|leit|werk *(Flugw.)*; **Hö|hen|li|nie** *(Geogr.)*
Ho|hen|lo|he (Teil von Württemberg)
Hö|hen|luft, die; -; **Hö|hen|mar|ke**
Hö|hen|mes|ser, der; **Hö|hen|mes|sung**
Hö|hen|me|ter; Hö|hen|rü|cken; Hö|hen|ru|der *(Flugw.)*
Hö|hen|son|ne (*als* ®: Ultraviolettlampe)
Ho|hen|stau|fe, der; -n, -n (Angehöriger eines dt. Fürstengeschlechts)

hö|her

Groß- u. Kleinschreibung ↑K89: – höhere Gewalt – höher[e]n Ort[e]s – die höhere Laufbahn – höheres Lehramt – höhere Schule (Oberschule, Gymnasium usw.) – *aber* ↑K88: Höhere Handelsschule Stuttgart *Schreibung in Verbindung mit Verben und Partizipien:* – jemanden höhergruppieren – eine Beamtin höherstufen (höher eingruppieren)	– die Ansprüche, Preise höherschrauben – etwas lässt die Herzen höherschlagen – seine Ziele höherstecken – eine höhergestellte Person *Aber:* – jemanden höher eingruppieren – die Haare höher aufstecken *Vgl. auch* hoch

[1]**Ho|hen|stau|fen** (Ort am gleichnamigen Berg)
[2]**Ho|hen|stau|fen,** der; -s (Berg vor der Schwäbischen Alb)
Ho|hen|stau|fin
ho|hen|stau|fisch
Hö|hen|steu|er, das *(Flugw.)*
Hö|hen|strah|lung (kosmische Strahlung)
Ho|hen|twiel, der; -[s] (Bergkegel bei Singen)
Hö|hen|un|ter|schied
hö|hen|ver|stell|bar
Hö|hen|weg
Ho|hen|zol|ler, der; -n, -n (Angehöriger eines dt. Fürstengeschlechts); **Ho|hen|zol|le|rin; ho|hen|zol|le|risch**
Ho|hen|zol|lern, der; -[s] (Berg vor der Schwäbischen Alb); **Ho|hen|zol|lern-Sig|ma|rin|gen**
Hö|hen|zug
Ho|he|pries|ter, Ho|he Pries|ter; des Hohepriesters, dem Hohepriester, den Hohepriester; *bei Beugung des ersten Bestandteils nur getrennt geschrieben:* Hoher Priester, des Hohen Priesters, dem Hohen Priester, den Hohen Priester
Ho|he|pries|ter|amt; Ho|he|pries|te|rin; *vgl.* Hohepriester; **ho|he|pries|ter|lich**
Hö|he|punkt
hö|her *s. Kasten*
Hö|her|ent|wick|lung
hö|he|rer|seits
hö|her|ge|stellt *vgl.* höher
hö|her|grup|pie|ren
Hö|her|qua|li|fi|zie|rung
hö|her|ran|gig
hö|her|schla|gen *vgl.* höher
hö|her|schrau|ben
hö|her|ste|cken *vgl.* höher
hö|her|stu|fen; Hö|her|stu|fung
Ho|he Schu|le, ho|he Schu|le, die; -n - ↑K151; *vgl.* hohe
hohl
hohl|äu|gig
Hohl|block|stein
Höh|le, die; -, -n
Hohl|ei|sen (ein Werkzeug)
höh|len
Höh|len|bär
Höh|len|be|woh|ner; Höh|len|be|woh|ne|rin
Höh|len|brü|ter
Höh|len|for|scher; Höh|len|for|sche|rin
Höh|len|ma|le|rei; Höh|len|mensch
Hohl|heit
Hohl|keh|le (rinnenförmige Vertiefung)
Hohl|kopf (dummer Mensch)
Hohl|kör|per
Hohl|kreuz; ein Hohlkreuz machen (den Rücken durchbiegen)
Hohl|ku|gel; Hohl|maß, das; **Hohl|na|del; Hohl|naht**
Hohl|raum; Hohl|raum|kon|ser|vie|rung; Hohl|raum|ver|sie|ge|lung *(Kfz-Technik)*
Hohl|saum
hohl|schlei|fen *(Technik);* **Hohl|schliff**
Hohl|spie|gel
Höh|lung
Hohl|ve|ne
hohl|wan|gig
Hohl|weg; Hohl|zie|gel
Hohn, der; -[e]s; Hohn lachen, hohnlachen; ich lache Hohn *od.* hohnlache; Hohn sprechen *od.* hohnsprechen; ich spreche Hohn; *vgl.* hohnlachen; hohnsprechen
höh|nen
Hohn|ge|läch|ter
höh|nisch
hohn|lä|cheln ↑K54; ich hohnläch[e]le; hohnlächelnd; *vgl.* Hohn
hohn|la|chen ↑K54; ich hohnlache; hohnlachend; *vgl.* Hohn
hohn|spre|chen ↑K54; jmdm. hohnsprechen; eine allem Recht hohnsprechende Entscheidung; *vgl.* Hohn
ho|ho!
hoi! (Ausruf des Ärgers od. der Überraschung)
Hö|ker *(veraltet für* Kleinhändler); **Hö|ke|rei; Hö|ke|rin; hö|kern;** ich hökere
[1]**Hok|ka|i|do** [hɔˈkai̯..., *auch* hoˈkaːidoː] (eine jap. Insel)
[2]**Hok|ka|i|do,** der; -s, -s (eine Kürbisart)
Ho|kus|po|kus, der; - ‹engl.› (Zauberformel der Taschenspieler; Gaukelei; Blendwerk)
Hol|ark|tis, die; - ‹griech.› (Gebiet zwischen Nordpol u. nördlichem Wendekreis); **hol|ark|tisch**
Hol|bein (dt. Maler); **hol|beinsch;** die holbeinsche *od.* Holbein'sche Madonna ↑K89 *u.* 135
hold
Hol|da, Hol|le (Gestalt der deutschen Mythologie); Frau Holle
Hol|der, der; -s, - *(landsch. für* Holunder); **Hol|der|baum**
Höl|der|lin (deutscher Dichter)
Hol|ding, die; -, -s *(kurz für* Holdinggesellschaft); **Hol|ding|ge|sell|schaft** ‹engl.; dt.› *(Wirtsch.* Gesellschaft, die nicht selbst produziert, aber Aktien anderer Gesellschaften besitzt)
hol|d|rio! [*auch* ...ˈoː] (Freudenruf); [1]**Hol|d|rio,** das; -s, -s
[2]**Hol|d|rio,** der; -[s], -[s] *(veraltet für* leichtlebiger Mensch)
hold|se|lig *(veraltend für* liebreizend); **Hold|se|lig|keit,** die; -
ho|len; etwas holen lassen
Hol|ger (m. Vorn.)
Ho|lis|mus, der; - ‹griech.› (eine philosophische Ganzheitslehre)
Holk *vgl.* Hulk
hol|la!
Hol|la|brunn (österr. Stadt)
Hol|land

[1]Hol|län|der; Holländer Käse; der Fliegende Holländer (Oper)
[2]Hol|län|der (Kinderfahrzeug; Holländermühle *[vgl. d.]*)
[3]Hol|län|der, der; -s, - (Käse)
Hol|län|de|rin
Hol|län|der|müh|le (Zerkleinerungsmaschine für Papier)
hol|län|dern (*Buchw.* [ein Buch] mit Fäden heften, die im Buchrücken verleimt werden); ich holländere
hol|län|disch; Hol|län|disch, das; -[s] (Sprache); *vgl.* Deutsch; **Hol|län|di|sche,** das; -n ‹nur mit best. Art.›; *vgl.* [2]Deutsche
[1]Hol|le, die; -, -n (Federhaube [bei Vögeln])
[2]Hol|le *vgl.* Holda
Höl|le, die; -, -n
Hol|le|d|au [*auch* ˈhɔ...] *vgl.* Hallertau
Höl|len... (*ugs. auch für* groß, sehr viel, z. B. Höllenlärm)
Höl|len|angst *(ugs.);* **Höl|len|brut; Höl|len|fahrt; Höl|len|hund**
Höl|len|lärm *(ugs.);* **Höl|len|ma|schi|ne; Höl|len|spek|ta|kel,** der; -s *(ugs.)*
Höl|len|stein, der; -[e]s (ein Ätzmittel)
Höl|len|tem|po *(ugs.)*
Hol|ler, der; -s, -, Hol|ler|baum *(südd., österr. für* Holunder)
Höl|ler, Karl (dt. Komponist)
Hol|ler|baum *vgl.* Holler
hol|le|ri|thie|ren (*Datenverarbeitung* auf Lochkarten bringen); **Hol|le|rith|ma|schi|ne, Hol|le|rith-Ma|schi|ne** ‹nach dem dt.-amerik. Erfinder› (Lochkartenmaschine zum Speichern u. Sortieren von Daten)
Hol|ler|koch (*bayr., österr. für* Holundermus); *vgl.* [2]Koch; **Hol|ler|saft** (*südd., österr. für* Holunderbeersaft)
höl|lisch
Hol|ly|wood [...livʊt] (US-amerik. Filmstadt); **Hol|ly|wood|schau|kel** (breite, frei aufgehängte Sitzbank); ↑K143
[1]Holm, der; -[e]s, -e (Griffstange des Barrens, Längsstange der Leiter)
[2]Holm, der; -[e]s, -e (*nordd. für* kleine Insel)
Holm|gang, der (altnordischer Zweikampf, der auf einem [2]Holm ausgetragen wurde)
Hol|mi|um, das; -s (chemisches Element, Metall; *Zeichen* Ho)
Ho|lo|caust [*engl.* ˈhɔləkɔ:st], der; *Gen.* -[e]s *u.* -, *Plur.* -s ‹griech.-engl.› (Tötung einer großen Zahl von Menschen, bes. der Juden während des Nationalsozialismus); **Ho|lo|caust|mahn|mal**
Ho|lo|fer|nes (assyr. Feldherr)
Ho|lo|gra|fie, Ho|lo|gra|phie, die; -, ...ien (besondere Technik zur Bildspeicherung u. -wiedergabe in dreidimensionaler Struktur; Laserfotografie)
ho|lo|gra|fisch, ho|lo|gra|phisch (*Rechtsspr.* eigenhändig geschrieben)
Ho|lo|gramm, das; -s, -e ‹griech.› (*Optik* dreidimensionale Aufnahme eines Gegenstandes; Speicherbild)
ho|lo|kris|tal|lin ‹griech.› (ganz kristallin [von Gesteinen])
Ho|lo|zän, das; -s (*Geol.* jüngste Abteilung des Quartärs)
hol|pe|rig; Hol|pe|rig|keit; hol|pern; ich holpere; **holp|rig; Holp|rig|keit**
Hols|te, der; -n, -n (*altertüml. für* Holsteiner)
Hol|stein (Teil des Bundeslandes Schleswig-Holstein); **Hol|stei|ner** (*auch für* eine Pferderasse); **Hol|stei|ne|rin; hol|stei|nisch;** holsteinische Butter, *aber* die Holsteinische Schweiz
Hols|ter, das; -s, - ‹engl.› (Pistolen-, Revolvertasche)
hol|ter|die|pol|ter! *(ugs.)*
hol|über! (*veraltet für* Ruf an den Fährmann)
Ho|lun|der, der; -s, - (ein Strauch; *nur Sing. auch für* Holunderbeeren); Schwarzer Holunder *(fachspr.);* **Ho|lun|der|bee|re**
Holz, das; -es, Hölzer; er siegte mit 643 Holz *(Kegeln);* Holz verarbeitendes *od.* holzverarbeitendes Gewerbe
Holz|ap|fel; Holz|art; Holz|bank; Holz|bein
Holz|blä|ser; Holz|blä|se|rin; Holz|blas|in|s|t|ru|ment
Holz|block [*Plur.* ...blöcke] *vgl.* Block; **Holz|bock; Holz|bo|den; Holz|brett**
Holz|brin|gung (*österr. für* Holztransport)
Hölz|chen
Holz|ein|schlag *(Forstwirtsch.)*
hol|zen; du holzt
Hol|zer (*landsch. für* Waldarbeiter; *Sport* roher Spieler [im Fußball]); **Hol|ze|rei** (*ugs. für* Prügelei; *Sport* rohes Spiel)
höl|zern (aus Holz)
Holz|es|sig
Holz|fäl|ler; Holz|fäl|le|rin
holz|frei; holzfreies Papier
Holz|geist, der; -[e]s (Methylalkohol); **Holz|ge|rüst**
holz|ge|tä|felt
Holz|ha|cker (*bes. österr. für* Holzfäller); **Holz|ha|cke|rin**
Holz|ham|mer; Holz|ham|mer|me|tho|de (plumpe Art u. Weise)
Holz|haus; Holz|hüt|te
hol|zig
Holz|kis|te
Holz|klas|se (*ugs. für* einfachste u. billigste Klasse im Flugzeug o. Ä.)
Holz|klotz; Holz|koh|le; Holz|kon|s|t|ruk|ti|on; Holz|kreuz; Holz|pel|let *meist Plur.;* **Holz|pflock; Holz|scheit**
Holz|schliff *(Fachspr.);* **holz|schliff|frei**
Holz|schnei|der
Holz|schnitt; holz|schnitt|ar|tig
Holz|schnit|zer; Holz|schnit|ze|rin
Holz|schuh
Holz|schutz|mit|tel
Holz|skulp|tur; Holz|span; Holz|sta|pel; Holz|stoß; Holz|stuhl; Holz|tisch; Holz|trep|pe; Holz|tür
Hol|zung
Holz ver|ar|bei|tend, holz|ver|ar|bei|tend ↑K58
holz|ver|klei|det
Holz|weg; Holz|wol|le; Holz|wurm
Hom|burg, der; -s, -s (ein steifer Herrenhut)
Home|ban|king, Home-Ban|king [ˈho:mbɛŋkɪŋ], das; -[s] ‹engl.› (Abwicklung von Bankgeschäften mittels EDV-Einrichtungen von der Wohnung aus)
Home|base, Home-Base [ˈhoʊmbeɪs], die; -, -s ‹engl.› (*Baseball* Markierung zwischen den beiden Schlägerboxen; *Jargon* Heimat; Ausgangsbasis)
Home|land [ˈho:mlɛnt], das; -[s], -s ‹engl.› (*früher für* bestimmten Teilen der schwarzen Bevölkerung zugewiesenes Siedlungsgebiet in der Republik Südafrika)
Home|lear|ning, Home-Lear|ning [ˈho:mlø:ɐ̯nɪŋ], das; -[s] ‹engl.› ([durch Lernsoftware, Internet o. Ä. unterstütztes] Lernen von zu Hause aus)
Home|page [ˈho:mpe:dʒ], die; -, -s [...dʒɪs] ‹engl.› (im Internet abrufbare Darstellung von Informationen, Angeboten einer Person, einer Firma o. Ä.)
Ho|mer (altgriechischer Dichter);

H
Holl

Ho|me|ri|de, der; -n, -n ‹griech.› (Nachfolger Homers)
ho|me|risch; homerisches Gelächter ↑K89; homerische Gedichte ↑K135
Ho|me|ros *vgl.* Homer
Home|rule ['ho:mru:l], die; - ‹engl.› (Selbstregierung als Schlagwort der irischen Unabhängigkeitsbewegung)
Home|schoo|ling, Home-Schoo|ling [...sku:lɪŋ], das; -[s] ‹engl.› (*engl. Bez. für* Hausunterricht)
Home|shop|ping, Home-Shop|ping [...ʃɔpɪŋ], das; -s ‹engl.› (das Einkaufen über [Internet]bestellungen von zu Hause aus)
Home|spun ['ho:mspan], das *od.* der; -s, -s (grobes Wollgewebe)
Home|trai|ner, Home-Trai|ner ['ho:m...] (Sportgerät für häusliches Training)
Ho|mie ['ho:mi], der; -s, -s ‹amerik.› (*Rapperjargon* Freund)
Ho|mi|let, der; -en, -en ‹griech.› (Kenner der Homiletik); **Ho|mi|le|tik,** die; - (Geschichte u. Theorie der Predigt); **Ho|mi|le|tin; ho|mi|le|tisch; Ho|mi|lie,** die; -, ...ien (Predigt über einen Bibeltext)
Ho|mi|ni|de, der; -n, -n ‹lat.› (*Biol.* Angehöriger der Familie der Menschenartigen)
Hom|mage [ɔ'ma:ʃ], die; -, -n [...ʒn̩] ‹franz.› (Veranstaltung, Werk als Huldigung für einen Menschen); Hommage à (für) Miró
Ho|mo, der; -s, -s (*ugs., meist abwertend für* Homosexueller)
ho|mo... ‹griech.› (gleich...); **Ho|mo...** (Gleich...)
Ho|mo-Ehe, Ho|mo|ehe, die (*ugs. für* gesetzlich anerkannte gleichgeschlechtliche Lebensgemeinschaft)
Ho|mo|ero|tik, die; - (gleichgeschlechtliche Erotik); **ho|mo|ero|tisch**
ho|mo|fon, ho|mo|phon; **Ho|mo|fo|nie,** Ho|mo|pho|nie, die; - (*Musik* Kompositionsstil mit nur einer führenden Melodiestimme)
ho|mo|gen (gleichartig, gleichmäßig zusammengesetzt); homogene Gruppen
ho|mo|ge|ni|sie|ren (*Chemie* [z. B. Fett u. Wasser] gleichmäßig mischen); **Ho|mo|ge|ni|sie|rung**
Ho|mo|ge|ni|tät, die; - (Gleichartigkeit)
ho|mo|log (übereinstimmend, entsprechend)
ho|mo|lo|gie|ren ([einen Serienwagen] in die internationale Zulassungsliste zur Klasseneinteilung für Rennwettbewerbe aufnehmen); **Ho|mo|lo|gie|rung**
ho|m|o|nym (gleichlautend [aber in der Bedeutung verschieden]); **Ho|m|o|nym,** das; -s, -e (*Sprachwiss.* Wort, das mit einem anderen gleich lautet, z. B. »Schloss« = Gebäude *u.* »Schloss« = Verschluss); **Ho|m|o|ny|mie,** die; -, ...ien (die Beziehung zwischen homonymen Wörtern); **ho|m|o|ny|misch** (*älter für* homonym)
ho|möo... ‹griech.› (ähnlich...); **Ho|möo...** (Ähnlich...)
Ho|möo|path, der; -en, -en (homöopath. Arzt, Anhänger der Homöopathie); **Ho|möo|pa|thie,** die; - (ein Heilverfahren); **Ho|möo|pa|thin; ho|möo|pa|thisch**
ho|mo|phil ‹griech.› (*svw.* homosexuell); **Ho|mo|phi|lie,** die; - (*svw.* Homosexualität)
ho|mo|phob ‹griech.› (*geh. für* die Homophobie betreffend); **Ho|mo|pho|bie,** die; -, -n (*geh. für* ausgeprägte Abneigung gegen Homosexualität)
ho|mo|phon usw. *vgl.* homofon usw.
Ho|mo sa|pi|ens, der; - - ‹lat.› (wissenschaftliche Bezeichnung für den Menschen)
Ho|mo|se|xu|a|li|tät, die; - ‹griech.; lat.› (gleichgeschlechtliche Liebe); **ho|mo|se|xu|ell; Ho|mo|se|xu|el|le,** der *u.* die; -n, -n
ho|mo|zy|got (*Biol.* reinerbig)
Ho|mun|ku|lus, der; -, *Plur.* ...lusse *od.* ...li ‹lat.› (künstlich erzeugter Mensch)
Ho|nan (chin. Provinz); **Ho|nan|sei|de**
Hon|du|ra|ner; Hon|du|ra|ne|rin; hon|du|ra|nisch
Hon|du|ras (mittelamerik. Staat)
Ho|ne|cker (führender DDR-Politiker)
Ho|neg|ger, Arthur (franz.-schweiz. Komponist)
ho|nen ‹engl.› ([Metallflächen] sehr fein schleifen)
ho|nett ‹franz.› (*veraltend für* ehrenhaft; anständig)
Hong|kong (chin. Hafenstadt); **Hong|kon|ger; Hong|kon|ge|rin**
Ho|ni|a|ra (Hauptstadt der Salomonen)
Ho|nig, der; -s, *Plur.* (*für* Sorten:) -e; **Ho|nig|bie|ne**
ho|nig|gelb
Ho|nig|glas *Plur.* ...gläser
Ho|nig|ku|chen; Ho|nig|ku|chen|pferd; *nur in* strahlen wie ein Honigkuchenpferd *(ugs.)*
Ho|nig|le|cken, das; -s; etwas ist kein Honiglecken *(ugs.)*; **Ho|nig|mond** (*veraltend für* Flitterwochen); **Ho|nig|schle|cken** *vgl.* Honiglecken
ho|nig|süß
Ho|nig|tau, der; **Ho|nig|wa|be; Ho|nig|wein**
Hon|neurs [(h)ɔ'nø:ɐ̯s] *Plur.* ‹franz.› (*veraltend für* [militärische] Ehrenerweisungen); die Honneurs machen (*geh. für* die Gäste begrüßen)
Ho|no|lu|lu (Hauptstadt Hawaiis)
ho|no|ra|bel ‹lat.› (*veraltet für* ehrbar; ehrenvoll); ...a|b|le Bedingungen
Ho|no|rar, das; -s, -e (Vergütung [für Arbeitsleistung in freien Berufen])
Ho|no|rar|be|ra|ter; Ho|no|rar|be|ra|te|rin
Ho|no|rar|kon|sul; Ho|no|rar|kon|su|lin
Ho|no|rar|pro|fes|sor; Ho|no|rar|pro|fes|so|rin
Ho|no|ra|ti|o|ren *Plur.* (Standespersonen [in kleineren Orten])
ho|no|rie|ren (belohnen; bezahlen; vergüten); **Ho|no|rie|rung**
ho|no|rig (*veraltend für* ehrenhaft; freigebig)
ho|no|ris cau|sa (ehrenhalber; *Abk.* h. c.)
Ho|no|ri|us (römischer Kaiser)
Hon|shu [hɔn'ʃu:] (Hauptinsel Japans)
Hool [hu:l], der; -s, -s (*kurz für* Hooligan); **Hoo|li|gan** ['hu:lign̩], der; -s, -s ‹engl.› (Randalierer, bes. bei Massenveranstaltungen)
Hoorn; Kap Hoorn (Südspitze Amerikas [auf der Insel Hoorn])
hop|fen (Bier mit Hopfen versehen)
Hop|fen, der; -s, - (eine Kletterpflanze; Bierzusatz); **Hop|fen|stan|ge**
Ho|pi, der; -[s], -[s] (Angehöriger eines nordamerik. Indianerstammes)
Ho|p|lit, der; -en, -en ‹griech.› (Schwerbewaffneter im alten Griechenland)
hopp!; hopp, hopp!; hopp oder

dropp (*österr. ugs. für* ohne langes Zögern)
hop|peln; ich hopp[e]le
Hop|pel|pop|pel, das; -s, - (*landsch. für* Bauernfrühstück; heißer Punsch)
Hop|per, Edward (amerik. Maler)
hopp|hopp!; hopp|la!
hopp|neh|men (*ugs. für* festnehmen)
hops; hops (*ugs. für* verloren) sein
hops!, hop|sa!, hop|sa|la!, hop|sa|sa!; Hops, der; -es, -e
hop|sen; du hopst
Hop|ser; Hop|se|rei
hops|ge|hen (*ugs. für* verloren gehen; umkommen); **hops|neh|men** (*svw.* hoppnehmen)

ho|ra ‹lat., »Stunde«›; *nur als Zeichen* (h) *in Abkürzungen von Maßeinheiten,* z. B. kWh (= Kilowattstunde), *u. als Zeitangabe,* z. B. 6 h *od.* 6^h (= 6 Uhr)
Ho|ra, Ho|re, die; -, Horen *meist Plur.* (Stundengebet der katholischen Geistlichen)
Hör|ap|pa|rat
Ho|ra|ti|us, Ho|raz (römischer Dichter); **ho|ra|zisch;** die horazischen Satiren ↑K135
hör|bar; hör|be|hin|dert
Hör|be|reich; Hör|bild; Hör|bril|le
Hör|buch (gesprochener Text auf Kassette od. CD)
horch!; hor|chen
Hor|cher; Hor|che|rin
Horch|ge|rät; Horch|pos|ten
[1]**Hor|de,** die; -, -n (Lattengestell; Rost zum Lagern von Obst u. Gemüse); *vgl.* Hurde
[2]**Hor|de,** die; -, -n ‹tatar.› (wilde Menge, ungeordnete Schar)
hor|den|wei|se
Ho|re *vgl.* Hora
[1]**Ho|ren** (*Plur. von* Hora)
[2]**Ho|ren** *Plur.* (*griech. Mythol.* Töchter des Zeus u. der Themis [Dike, Eunomia, Eirene], Göttinnen der Jahreszeiten)
hö|ren; er hat von dem Unglück heute gehört; sie hat die Glocken läuten hören *od.* gehört; von sich hören lassen; uns ist Hören u. Sehen *od.* hören u. sehen vergangen *(ugs.)*
Hö|ren|sa|gen, das; -s; *meist in* etw. nur vom Hörensagen wissen
hö|rens|wert
Hö|rer; Hö|re|rin
Hö|rer|kreis; Hö|rer|schaft
Hör|feh|ler; Hör|fol|ge
Hör|funk (Rundfunk im Ggs. zum Fernsehen); **Hör|funk|pro|gramm**
Hör|ge|rät; Hör|ge|rä|te|akus|ti|ker; Hör|ge|rä|te|akus|ti|ke|rin
hör|ge|rich|tet; hörgerichtete Förderung (für hörgeschädigte Kleinkinder)
hör|ge|schä|digt
Hör|ge|wohn|heit *meist Plur.*
hö|rig; Hö|rig|keit
Ho|ri|zont, der; -[e]s, -e ‹griech.› (scheinbare Begrenzungslinie zwischen Himmel u. Erde; Gesichtskreis)
ho|ri|zon|tal (waagerecht); **Ho|ri|zon|ta|le,** die; -, -n; drei -[n]; **Ho|ri|zon|tal|pen|del**
Hor|mon, das; -s, -e ‹griech.› (ein körpereigener Wirkstoff)
hor|mo|nal, hor|mo|nell
Hor|mon|be|hand|lung
Hor|mon|drü|se
hor|mo|nell, hor|mo|nal
Hor|mon|for|schung; Hor|mon|haus|halt; Hor|mon|prä|pa|rat; Hor|mon|spie|gel; Hor|mon|sprit|ze; Hor|mon|the|ra|pie
Hör|mu|schel (des Telefons)
Horn, das; -[e]s, *Plur.* Hörner *u.* (*für* Hornarten:) -e
Horn|ber|ger Schie|ßen; *nur in* ausgehen wie das Hornberger Schießen (ergebnislos enden)
Horn|blen|de (ein Mineral)
Horn|bril|le; Hörn|chen
Hörndl|bau|er (*vgl.* [2]Bauer; *bayr., österr. für* Bauer, der vorwiegend Hornviehzucht betreibt)
hör|nen (das Gehörn abwerfen; *ugs. scherzh. für* [den Ehemann] betrügen)
hör|nern (aus Horn)
Hör|ner|schall; Hör|ner|schlit|ten
Horn|haut
hor|nig
Hor|nis|grin|de [*auch* 'hɔ...], die; - (Berg im Schwarzwald)
Hor|nis|se [*auch* 'hɔr...], die; -, -n (eine Wespenart); **Hor|nis|sen|nest**
Hor|nist, der; -en, -en (Hornbläser); **Hor|nis|tin**
Horn|klee, der; -s
Hörn|li, das; -[s], -[s]; *vgl.* Götti *meist Plur.* (*bes. schweiz. für* leicht gebogenes Gebäckstück)
Horn|ochs, Horn|och|se (*ugs. für* dummer Mensch)
Horn|si|g|nal; Horn|tier
Hor|nung, der; -s, -e (*alte dt. Bez. für* Februar)
Hor|nuß [...u:s], der; -es, -e[n] (*schweiz. für* Schlagscheibe); **hor|nu|ßen** (*schweiz. für* eine Art Schlagball spielen)
Horn|vieh (*auch svw.* Hornochse)
Hör|or|gan
Ho|ros (Sohn der Isis)
Ho|ro|s|kop, das; -s, -e ‹griech.› (astrologische Voraussage nach der Stellung der Gestirne)
Ho|ro|witz, Vladimir (amerik. Pianist ukrain. Herkunft)
Hör|pro|be
hor|rend ‹lat.› (erschreckend; übermäßig); horrende Preise
hor|ri|bel (furchtbar); ...i|b|le Zustände
hor|ri|bi|le dic|tu (schrecklich zu sagen)
hor|ri|do! (ein Jagdruf); **Hor|ri|do,** das; -[s], -s
Hör|rohr
Hor|ror, der; -s ‹lat.› (Schauder, Abscheu); **Hor|ror|film**
Hor|ror|sze|na|rio (*ugs. für* Vorstellung, die vom Schlimmsten ausgeht)
Hor|ror|trip (*ugs. für* Drogenrausch mit Angst- u. Panikgefühlen; schreckliches Erlebnis)
Hor|ror Va|cui, der; - - (Scheu vor der Leere)
Hör|saal
Hors|d'œu|v|re [ɔr'dø:vrə, *auch* ...dœ:...], das; -[s], -s (appetitanregende Vorspeise)
Hör|sel, die; - (rechter Nebenfluss der Werra); **Hör|sel|ber|ge** *Plur.* (Höhen im nördlichen Vorland des Thüringer Waldes)
Hör|spiel
Hör|spiel|au|tor; Hör|spiel|au|to|rin
hors-sol ['ɔrsɔl] (*schweiz. für* [von Pflanzen] in Nährlösung gezogen); Gemüse hors-sol anbauen; **Hors-sol-Ge|mü|se**
[1]**Horst** (m. Vorn.)
[2]**Horst,** der; -[e]s, -e (Greifvogelnest; Strauchwerk)
hors|ten (nisten [von Greifvögeln])
Hör|sturz (*Med.* plötzlich auftretende Schwerhörigkeit od. Taubheit)
Hort, der; -[e]s, -e (Schatz; Ort, Stätte; *kurz für* Kinderhort)
hört!; hört, hört!
hor|ten ([Geld usw.] aufhäufen)
Hor|ten|sie, die; -, -n (ein Zierstrauch)
hört, hört!; Hört|hört|ruf
Hort|ner (Erzieher in einem Kinderhort); **Hort|ne|rin; Hort|platz**
Hor|tung ‹*zu* horten›
ho ruck!, hau ruck!
Ho|rus *vgl.* Horos
Hor|váth [...va:t], Ödön von (österr. Schriftsteller)

Hör|wei|te; in Hörweite
ho|san|na! usw. *vgl.* hosianna! usw.
Hös|chen
Ho|se, die; -, -n
Ho|sea (biblischer Prophet)
Ho|sen|an|zug; Ho|sen|auf|schlag
Ho|sen|band, das; *Plur.* ...bänder; **Ho|sen|band|or|den**
Ho|sen|bein; Ho|sen|bo|den; Ho|sen|bund, der; *Plur.* ...bünde; **Ho|sen|knopf**
Ho|sen|la|den (*ugs. auch für* Hosenschlitz)
Ho|sen|latz
Ho|sen|lupf (*schweiz. für* Ringkampf [Schwingen])
Ho|sen|matz; Ho|sen|naht; Ho|sen|rock
Ho|sen|rol|le (von einer Frau gespielte Männerrolle)
Ho|sen|sack (*schweiz. für* Hosentasche)
Ho|sen|schei|ßer (*derb für* sehr ängstlicher Mensch)
Ho|sen|schlitz; Ho|sen|stall *(ugs. scherzh.)*
Ho|sen|stoß (*schweiz. für* Hosenaufschlag)
Ho|sen|ta|sche; Ho|sen|trä|ger
ho|si|an|na!, ho|san|na! ⟨hebr.⟩ (Gebets- u. Freudenruf)
Ho|si|an|na, *ökum.* Ho|san|na, das; -[s], -[s] *(christl. Rel.)*
Hos|pi|tal, das; -s, *Plur.* -e *u.* ...täler ⟨lat.⟩ (Krankenhaus)
hos|pi|ta|li|sie|ren (*Amtsspr.* in ein Hospital einweisen)
Hos|pi|ta|lis|mus, der; - (*Med.* durch längere Krankenhaus- od. Heimunterbringung bedingte körperliche u. psychische Störungen, bes. bei Kindern)
Hos|pi|tant, der; -en, -en (Gast[hörer an Hochschulen]; Parlamentarier, der sich als Gast einer Fraktion anschließt); **Hos|pi|tan|tin; hos|pi|tie|ren** (als Gast [in Schulen] zuhören)
Hos|piz, das; -es, -e (Einrichtung zur Pflege u. Betreuung Sterbender; Beherbergungsbetrieb); **Hos|piz|be|we|gung**
Hos|po|dar, Gos|po|dar, der; *Gen.* -s *u.* -en, *Plur.* -e[n] (ehem. slawischer Fürstentitel)
Host, der; -[s], -s ⟨engl.⟩ (*EDV* Zentralrechner mit permanenter Zugriffsmöglichkeit)
Hos|tess [*auch* 'hɔ...], die; -, -en ⟨engl.⟩ ([sprachkundige] Begleiterin, Betreuerin [auf ²Messen, in Hotels o. Ä.]; *verhüllend auch für* Prostituierte)
Hos|tie, die; -, -n ⟨lat.⟩ (Abendmahlsbrot)
Hot, der; -s ⟨amerik.⟩ (*kurz für* Hot Jazz)
Hot|dog, der *od.* das; -s, -s, **Hot Dog,** der *od.* das; - -s, - -s ⟨amerik.⟩ (heißes Würstchen in einem Brötchen)
Ho|tel, das; -s, -s ⟨franz.⟩
Ho|tel|bar
Ho|tel|be|sit|zer; Ho|tel|be|sit|ze|rin
Ho|tel|be|trieb; Ho|tel|bett
Ho|tel|de|tek|tiv; Ho|tel|de|tek|ti|vin
Ho|tel|dieb; Ho|tel|die|bin
Ho|tel|di|rek|tor; Ho|tel|di|rek|to|rin
ho|tel|ei|gen
Ho|tel|fach, das; -[e]s; **Ho|tel|fach|frau; Ho|tel|fach|mann; Ho|tel|fach|schu|le**
Ho|tel|füh|rer (Hotelverzeichnis)
Ho|tel gar|ni, das; - -, -s -s [- -] (Hotel, das nur Frühstück anbietet)
Ho|tel|gast; Ho|tel|ge|wer|be; Ho|tel|hal|le
Ho|te|li|er [...'li̯e:], der; -s, -s (Hotelbesitzer); **Ho|te|li|è|re** [...'li̯ɛ:rə], die; -, -n *(bes. schweiz.)*; **Ho|te|li|e|rin**
Ho|tel|kauf|frau; Ho|tel|kauf|mann; Ho|tel|ket|te
Ho|tel|le|rie, die; - (Gast-, Hotelgewerbe)
Ho|tel|nach|weis; Ho|tel|rech|nung; Ho|tel|schiff; Ho|tel|ver|zeich|nis; Ho|tel|zim|mer
Hot Jazz [- dʒɛs], der; - - ⟨amerik.⟩ (*Musik* scharf akzentuierter, oft synkopischer Jazzstil)
Hot|line [...lai̯n], die; -, -s ⟨engl.⟩ (Telefonanschluss für rasche Serviceleistungen)
Hot|pants [...pɛnts], **Hot Pants** *Plur.* ⟨engl.; »heiße Hosen«⟩ (kurze u. enge Damenhose)
Hot|spot, der; -s, -s, **Hot Spot,** der; - -s, - -s ⟨engl.⟩ (*Geol.* Schmelzregion im Erdmantel; *EDV* Einwahlpunkt [für drahtlosen Internetzugang])
hott! (*Zuruf an Zugtiere* rechts!); hott und har!; hott und hüst!; hott und hü!
Hot|te, die; -, -n (*bes. südwestd. für* Bütte, Tragkorb); *vgl.* Hutte
hot|te|hü!; Hot|te|hü, das; -s, -s (*Kinderspr.* Pferd)
hot|ten ⟨amerik.⟩ (Hot Jazz spielen, [danach] tanzen)
Hot|ten|tot|te, der; -n, -n (*oft abwertende Kolonialbezeichnung für* Angehöriger einer in Südwestafrika lebenden Völkerfamilie); **Hot|ten|tot|tin; hot|ten|tot|tisch**
Hot|ter, der; -s, - (*ostösterr. für* Gemeindegebiet)
hot|to!; Hot|to, das; -s, -s (*Kinderspr.* Pferd)
House [haus], der; - *(meist ohne Artikel)* ⟨engl.⟩ (moderne elektronische Tanzmusik mit schnellen Rhythmen)
Hous|se ['hʊsə] *vgl.* Husse
Ho|va|wart [...f...], der; -s, *Plur.* -s *u.* -e (eine Hunderasse)
Höx|ter (Stadt im Weserbergland)
h. p., HP = horsepower ⟨engl., »Pferdestärke«⟩ (mechanische Leistungseinheit = 745,7 Watt, nicht gleichzusetzen mit PS = 736 Watt); *vgl.* PS
hPa = Hektopascal
Hptst. = Hauptstadt
HPV-Imp|fung [ha:pe:'fau̯...] ⟨*Abk. für* humanes Papillomavirus⟩ (Impfung gegen Gebärmutterhalskrebs)
Hr. = Herr
HR, der; - = Hessischer Rundfunk
Hra|ban [r...] (dt. Gelehrter des MA.s); **Hra|ba|nus Mau|rus** (*lat. Name für* Hraban)
Hrad|schin ['(h)ratʃi:n], der; -[s] (Stadtteil von Prag mit Burg)
Hrd|lic|ka ['hɪrdlit͜ska] (österr. Bildhauer u. Grafiker)
HRK (Währungscode für Kuna)
Hrn. = Herrn *(Dat. u. Akk.)*; *vgl.* Herr
Hro|s|wi|tha [r...] *vgl.* Roswith
hrsg., hg. = herausgegeben
Hrsg., Hg. = Herausgeber, Herausgeberin[nen]
Hryw|nja *vgl.* Griwna
Hs. = Handschrift
Hss. = Handschriften
HTL, die; -, -s = höhere technische Lehranstalt
HTML, die *od.* das; - *meist ohne Artikel* ⟨*aus* engl. Hypertext Markup Language⟩ (*EDV* Beschreibungssprache, die es ermöglicht, Texte ins World Wide Web zu stellen)
hu!; hu|hu!
hü! (*Zuruf an Zugtiere, meist* vorwärts!); *vgl.* hott
Hub, der; -[e]s, Hübe (Weglänge eines Kolbens usw.)
Hub|bel, der; -s, - (*landsch. für* Unebenheit); **hub|be|lig**
Hub|b|le|te|le|s|kop, Hub|b|le-Te|le|s|kop ['hʌbl...] ⟨nach dem amerik. Astronomen Hubble⟩ (Weltraumteleskop)

H
Hubb

Hub|brü|cke (Brücke, deren Verkehrsbahn angehoben werden kann)
Hu|be, die; -, -n (*südd., österr. für* Hufe)
hü|ben; hüben und drüben
Hu|ber, Hüb|ner, der; -s, - (*südd., österr. für* Hufner, Hüfner)
Hu|bert, Hu|ber|tus (m. Vorn.)
Hu|ber|tus|burg, die; - (Schloss in Sachsen)
Hu|ber|tus|jagd (festliche Treibjagd [am Hubertustag]); **Hu|ber|tus|tag** (3. November)
Hub|hö|he
Hüb|ner *vgl.* Huber
Hub|raum; Hub|raum|steu|er, die
hübsch; Hübsch|heit
Hub|schrau|ber; Hub|stap|ler; Hub|vo|lu|men (Hubraum)
huch!
Huch, Ricarda (dt. Dichterin)
Hu|chen, der; -s, - (ein Raubfisch)
Hu|cke, die; -, -n (*landsch. für* Rückentrage); jmdm. die Hucke vollügen *(ugs.)*
Hu|cke|bein (*landsch. für* Hinkebein); Hans Huckebein (Gestalt bei W. Busch)
hu|cken (*landsch. für* auf den Rücken laden)
hu|cke|pack; huckepack (*ugs. für* auf dem Rücken) tragen, huckepack nehmen
Hu|cke|pack|ver|kehr (*Eisenbahn* Transport von Straßenfahrzeugen auf Waggons)
Hu|de, die; -, -n (*landsch. für* Weideplatz)
Hu|del, der; -s, -[n] (*veraltet, noch landsch. für* Lappen, Lumpen; liederlicher Mensch)
Hu|de|lei
Hu|de|ler usw. *vgl.* Hudler usw.
Hu|de|le|rin *vgl.* Hudlerin; **hu|de|lig** *vgl.* hudlig
hu|deln (*südd., österr. für* hastig, schlampig arbeiten); ich hud[e]le
Hu|del|wet|ter (*schweiz. für* nasskaltes Wetter)
hu|dern (die Jungen unter die Flügel nehmen); sich hudern (im Sand baden [von Vögeln])
Hud|ler, Hu|de|ler ‹*zu* hudeln›; **Hud|le|rin,** Hu|de|le|rin; **hud|lig,** hu|de|lig *(landsch.)*
Hud|son Bay ['hads(ə)n beɪ], die; - - (nordamerik. Binnenmeer)
hü!, hüf! (*Zuruf an Zugtiere* zurück!)
Huf, der; -[e]s, -e
HUF (Währungscode für Forint)
Huf|be|schlag
Hu|fe, die; -, -n (Durchschnittsmaß bäuerlichen Grundbesitzes im MA.); *vgl.* Hube
Huf|ei|sen; huf|ei|sen|för|mig
Hu|fe|land (dt. Arzt)
Hü|ferl, Hie|ferl, das; -s (*österr. für* Rindfleisch von der Hüfte); **Hü|fer|scher|zel,** Hie|fer|scher|zel, das; -s, -[n] (*österr. für* Rindfleisch von der Keule)
Huf|lat|tich (Wildkraut u. Heilpflanze); **Huf|na|gel**
Huf|ner, Hüf|ner (*früher für* Besitzer einer Hufe); *vgl.* Huber, Hübner; **Huf|ne|rin, Hüf|ne|rin**
Huf|schlag; Huf|schmied; Huf|schmie|din
Huft, die; - (*schweiz. für* Fleisch von der Hüfte [des Rinds])
Hüf|te, die; -, -n
Hüft|ge|lenk
Hüft|gold (*ugs. scherzh. für* Hüftspeck)
Hüft|gür|tel; Hüft|hal|ter
hüft|hoch
Hüft|horn *Plur.* ...hörner; *vgl.* Hifthorn
Hüft|ho|se
Huf|tier
Hüft|kno|chen; Hüft|lei|den; Hüft|rock; Hüft|schwung
Hüft|speck, der; -[e]s
hüft|steif (*auch für* ungelenk, spröde)
Hüft|weh, das; -[e]s
Hüft|wei|te
Hü|gel, der; -s, -
hü|gel|ab; hü|gel|an; hü|gel|auf
hü|ge|lig, hüg|lig
Hü|gel|ket|te; Hü|gel|land *Plur.* ...länder; **Hü|gel|land|schaft**
Hu|ge|not|te, der; -n, -n ‹franz.› (französischer Calvinist); **Hu|ge|not|tin; hu|ge|not|tisch**
Hughes|te|le|graf, Hughes-Te|le|graf ['hju:s...] ‹nach dem engl. Physiker Hughes› (erster Drucktelegrafenapparat); ↑K 136
Hu|gin ‹»der Denker«› (*germ. Mythol.* einer der beiden Raben Odins); *vgl.* Munin
hüg|lig, hü|ge|lig
¹Hu|go (m. Vorn.)
²Hu|go [y'go:], Victor (französischer Schriftsteller)
Huhn, das; -[e]s, Hühner; **Hühn|chen**
Hüh|ner|au|ge; Hüh|ner|brü|he; Hüh|ner|brust; Hüh|ner|dreck
Hüh|ner|ei; Hüh|ner|farm; Hüh|ner|fri|kas|see
Hüh|ner|gott (*regional für* Lochstein [als Amulett])
Hüh|ner|ha|bicht; Hüh|ner|haut, die; - (*österr., schweiz. für* Gänsehaut); **Hüh|ner|hof; Hüh|ner|hund; Hüh|ner|lei|ter,** die; **Hüh|ner|stall**
Hüh|ner|stei|ge, Hüh|ner|stie|ge
Hüh|ner|volk; Hüh|ner|zucht
hu|hu!
hui!; *aber* ↑K 81 : im Hui, in einem Hui
Hu|ka, die; -, -s ‹arab.› (indische Wasserpfeife)
Huk|boot ‹niederl.›, **Hu|ker,** der; -s, - (größeres Fischerfahrzeug)
Hu|la, der; -s, -s ‹hawaiisch› (Eingeborenentanz auf Hawaii)
Hu|la-Hoop [...'hʊp, ...'hu:p], **Hu|la-Hopp,** der *od.* das; -s ‹hawaiisch; engl.› (ein Reifenspiel)
Hu|la-Hoop-Rei|fen, *seltener* **Hu|la-Hopp-Rei|fen**
Hu|la|mäd|chen, **Hu|la-Mäd|chen** ↑K 21
Hül|be, die; -, -n (*schwäb. für* flacher Dorfteich, Wasserstelle)
Huld, die; - (*veraltend für* Wohlwollen, Freundlichkeit)
hul|di|gen; Hul|di|gung
huld|reich; huld|voll
Hulk, Holk, die; -, -e[n] *od.* der; -[e]s, -e[n] ‹engl.› (ausgedientes Schiff)
Hüll|blatt
Hül|le, die; -, -n; **hül|len;** sich in etwas hüllen; **hül|len|los**
Hüll|wort *Plur.* ...wörter (*für* Euphemismus)
Hul|ly-Gul|ly ['hali'gali], der; -[s], -s ‹engl.› (Modetanz der Sechzigerjahre; *ugs. auch für* fröhliches Treiben)
Hüls|chen
Hül|se, die; -, -n (Kapsel[frucht])
hül|sen (*selten für* enthülsen); du hülst
Hül|sen|frucht; Hül|sen|frücht|ler *(Bot.)*
hül|sig
Hul|t|schin [*auch* 'hʊ...] (Ort in Mähren); **Hul|t|schi|ner;** Hultschiner Ländchen
hu|man ‹lat.› (menschlich; menschenfreundlich; nachsichtig)
Hu|man|ge|ne|tik (Teilgebiet der Genetik)
hu|ma|ni|sie|ren (menschlich machen; zivilisieren); **Hu|ma|ni|sie|rung**
Hu|ma|nis|mus, der; - (auf das Bildungsideal der griechisch-römischen Antike gegründetes Den-

hun|dert

(als römisches Zahlzeichen C)

I. *Kleinschreibung:*

- hundert Millionen
- [vier] von hundert
- bis hundert zählen
- von null auf hundert beschleunigen
- Tempo hundert (*für* hundert Stundenkilometer)

II. *Klein- oder Großschreibung bei unbestimmten (nicht in Ziffern schreibbaren) Mengenangaben:*

- ein paar Hundert *od.* hundert
- ein paar Hundert *od.* hundert Bäume, Menschen
- einige, mehrere, viele Hundert *od.* hundert Büroklammern
- einige, mehrere, viele Hunderte *od.* hunderte
- Hunderte *od.* hunderte von Menschen
- sie strömten zu Hunderten *od.* hunderten herein
- Hundert und Aberhundert *od.* hundert und aberhundert Sterne
- Hunderte und Aberhunderte *od.* hunderte und aberhunderte bunter Laternen

III. *Zusammenschreibung in Verbindung mit bestimmten Zahlwörtern:*

- einhundert, zweihundert [Menschen]
- [ein]hundert[und]siebzig
- [ein]hunderttausend; zweihunderttausend
- [ein]hunderttausendvierhundert[und]zwölf
- eine Million dreihunderttausend
- hunderteins, hundertundeins, einhunderteins, einhundertundeins
- [ein]hundert[und]ein Euro
- der [ein]hundert[und]erste Tag
- [ein]hundert[und]ein Salutschuss, mit [ein]hundert[und]einem Salutschuss *od.* mit hundert[und]ein Salutschüssen

ken u. Handeln; geistige Strömung zur Zeit der Renaissance)

Hu|ma|nist, der; -en, -en (Vertreter des Humanismus; Kenner der alten Sprachen); **Hu|ma|nis|tin; hu|ma|nis|tisch;** humanistische Bildung

hu|ma|ni|tär (menschenfreundlich; wohltätig); humanitäre Katastrophe (Katastrophe, die sehr viele Menschen trifft); **Hu|ma|ni|tät,** die; - (Menschlichkeit; humane Gesinnung)

Hu|ma|ni|täts|den|ken; Hu|ma|ni|täts|du|se|lei *(abwertend);* **Hu|ma|ni|täts|ide|al**

Hu|man|ka|pi|tal, das; -s (Gesamtheit der wirtschaftlich verwertbaren Kenntnisse von Personen)

Hu|man|me|di|zin, die; -

hu|ma|no|id (menschenähnlich)

Hu|man Re|sour|ces ['hju:mən rɪ'sɔ:sɪz] *Plur.* ⟨engl.⟩ (alle Mitarbeiter eines Unternehmens; *auch für* Personalabteilung)

Hu|man|wis|sen|schaft

Hum|boldt (Familienn.)

hum|bold|tisch, hum|boldtsch; das humboldtsche *od.* Humboldt'sche *od.* humboldtische Bildungsideal; die humboldtschen *od.* Humboldt'schen *od.* humboldtischen Schriften ↑K 89 *u.* 135

Hum|boldt-Uni|ver|si|tät, die; - (in Berlin)

Hum|bug, der; -s ⟨engl.⟩ (*ugs. für* Schwindel; Unsinn)

Hume [hju:m] (engl. Philosoph)

Hu|me|ra|le, das; -s, *Plur.* ...lien *u.* ...lia ⟨lat.⟩ (liturgisches Schultertuch des kath. Priesters)

hu|mid, hu|mi|de ⟨lat.⟩ (*Geogr.* feucht, nass); **Hu|mi|di|tät,** die; -

Hu|mi|dor, der; -s, -e (Behälter mit hoher Luftfeuchtigkeit zur Aufbewahrung od. Lagerung von Zigarren)

Hu|mi|fi|ka|ti|on, die; - ⟨lat.⟩ (Vermoderung; Humusbildung); **hu|mi|fi|zie|ren; Hu|mi|fi|zie|rung,** die; - (*svw.* Humifikation)

Hum|mel, die; -, -n

Hum|mer, der; -s, -

Hum|mer|ma|yon|nai|se, Hum|mer|ma|jo|nä|se

Hum|mer|sup|pe

[1]**Hu|mor,** der; -s, -e *Plur. selten* ⟨engl.⟩ (heitere Gelassenheit, Wesensart; [gute] Laune)

[2]**Hu|mor,** der; -s, ...ores ⟨lat.⟩ (*Med.* Körperflüssigkeit)

hu|mo|ral (*Med.* die Körperflüssigkeiten betreffend)

Hu|mo|ral|pa|tho|lo|gie (antike Lehre von den Körpersäften als Ausgangspunkt der Krankheiten)

Hu|mo|res|ke, die; -, -n ⟨*zu* [1]Humor⟩ (kleine humoristische Erzählung; Musikstück von heiterem Charakter)

hu|mo|rig (launig, mit Humor)

Hu|mo|rist, der; -en, -en; **Hu|mo|ris|tin; hu|mo|ris|tisch**

hu|mor|los; Hu|mor|lo|sig|keit, die; -

hu|mor|voll

hu|mos ⟨lat.⟩ (reich an Humus)

Hum|pel, der; -s, - (*nordd. für* Haufen)

Hum|pe|lei

hum|pe|lig, hump|lig (*landsch. für* uneben, holperig)

hum|peln; ich hump[e]le

Hum|pen, der; -s, -

Hum|per|dinck (dt. Komponist)

hump|lig *vgl.* humpelig

Hu|mus, der; - ⟨lat.⟩ (fruchtbarer Bodenbestandteil); **Hu|mus|bo|den; Hu|mus|er|de; hu|mus|reich**

Hund, der; -[e]s, -e (*Bergmannsspr. auch* Förderwagen); ↑K 150: der Große, Kleine Hund (Sternbilder); **Hünd|chen**

Hun|de|art; Hun|de|be|sit|zer; Hun|de|be|sit|ze|rin

hun|de|elend (*ugs. für* sehr elend)

Hun|de|fän|ger; Hun|de|fän|ge|rin

Hun|de|ge|bell

Hun|de|hal|ter *(Amtsspr.);* **Hun|de|hal|te|rin**

Hun|de|hau|fen; Hun|de|hüt|te

hun|de|kalt (*ugs. für* sehr kalt); **Hun|de|käl|te** *(ugs.)*

Hun|de|kot; Hun|de|ku|chen

Hun|de|le|ben, das; -s (*ugs. für* elendes Leben)

Hun|de|lei|ne

Hun|de|mar|ke (*scherzh. auch für* Erkennungsmarke)

hun|de|mü|de, hunds|mü|de (*ugs. für* sehr müde)

Hun|de|ras|se; Hun|de|ren|nen

hun|dert *s. Kasten*

[1]**Hun|dert,** das; -s, -e; [vier] vom Hundert (*Abk.* v. H., p. c.; *Zeichen* %); *vgl.* hundert

[2]**Hụn|dert** *vgl.* [1]Acht
hụn|dert|ein[s], **hụn|dert|und|ein[s]** *vgl.* hundert
Hụn|der|ter, der; -s, - (*ugs. auch für* Schein mit dem Wert 100); *vgl.* Achter; **hụn|der|ter|lei;** auf hunderterlei Weise
Hụn|der|ter|pa|ckung
Hun|dert|eu|ro|schein, Hun|dert-Eu|ro-Schein (*mit Ziffern* 100-Euro-Schein; ↑K26)
hụn|dert|fach; Hụn|dert|fa|che, das; -n; *vgl.* Achtfache
hụn|dert|fäl|tig
hun|dert|fünf|zig|pro|zen|tig (*ugs. für* übertrieben, fanatisch)
Hun|dert|jahr|fei|er, Hun|dert-Jahr-Fei|er (*mit Ziffern* 100-Jahr-Feier; ↑K26)
hụn|dert|jäh|rig; die hundertjährige Frau; der hundertjährige, *als Werktitel* Der Hundertjährige Kalender; der Hundertjährige Krieg ↑K89; *vgl.* achtjährig
Hun|dert|ki|lo|me|ter|tem|po, Hun|dert-Ki|lo|me|ter-Tem|po, das; -s; im Hundertkilometertempo
hụn|dert|mal; einhundertmal; vielhundertmal; *bei besonderer Betonung* hundert Mal, einhundert Mal, vielhundert Mal; ↑K79: viele Hundert *od.* hundert Mal[e]; viel Hundert *od.* hundert Male; ein halbes Hundert Mal; *vgl.* achtmal; **hụn|dert|ma|lig**
Hun|dert|mark|schein, Hun|dert-Mark-Schein (*mit Ziffern* 100-Mark-Schein ↑K26; *früher)*
Hun|dert|me|ter|lauf, Hun|dert-Me|ter-Lauf (*mit Ziffern* 100-Meter-Lauf, 100-m-Lauf; ↑K26)
hụn|dert|pro (*ugs. für* hundertprozentig); sie kommt hundertpro
hụn|dert|pro|zen|tig (*mit Ziffern:* 100-prozentig, 100%ig)
Hụn|dert|satz, **Vom|hụn|dert|satz** (*für* Prozentsatz)
Hụn|dert|schaft
hụn|derts|te; die hundertste Folge; der Hundertste; vom Hundertsten ins Tausendste kommen; *vgl.* achte
hụn|derts|tel *vgl.* achtel; **Hụn|derts|tel,** das, *schweiz. meist* der; -s, -; *vgl.* Achtel
Hụn|derts|tel|se|kun|de (*mit Ziffern:* 100stel-Sekunde); *auch* hundertstel Sekunde (100stel Sekunde)
hụn|derts|tens
hụn|dert|tau|send; mehrere Hunderttausend *od.* hunderttausend Euro; Hunderttausende *od.* hunderttausende Besucher *od.* von Besuchern *vgl.* tausend
hụn|dert|und|ein[s] *vgl.* hundertein[s]
Hụn|dert|was|ser, Friedensreich (österr. Künstler)
Hụn|de|sa|lon; Hụn|de|schei|ße *(derb);* **Hụn|de|schlit|ten; Hụn|de|schnau|ze; Hụn|de|schu|le**
Hụn|de|sit|ter, der; -s, -; **Hụn|de|sit|te|rin**
Hụn|de|sper|re; Hụn|de|steu|er, die
Hụn|de|wa|che (*Seemannsspr.* Nachtwache)
Hụn|de|wet|ter *(ugs.);* **Hụn|de|zucht**
Hün|din; hün|disch
Hun|d|red|weight [ˈhandrətveɪt], das; -[s], -s (britisches Handelsgewicht; *Abk.* cwt, cwt. [*eigtl. für* centweight])
Hụnds|fott, der; -[e]s, *Plur.* -e *u.* ...fötter (*derb für* Schurke); **Hunds|föt|te|rei; hụnds|föt|tisch**
hụnds|ge|mein *(ugs.)*
hụnds|ge|wöhn|lich *(ugs.)*
Hụnds|hüt|te (*bes. österr. veraltend)*
Hụnds|ka|mil|le (der Kamille ähnliche Pflanze)
hụnds|mi|se|ra|bel *(ugs.)*
hụnds|mü|de *vgl.* hundemüde
Hụnds|pe|ter|si|lie (eine giftige Pflanze)
Hụnds|ro|se (wilde Rose); **Hụnds|stern; Hụnds|ta|ge** *Plur.* (vom 23. Juli bis zum 23. August)
Hụnds|vei|gerl *(österr. ugs.),* **Hụnds|veil|chen** (duftloses Veilchen)
Hü|ne, der; -n, -n
Hü|nen|ge|stalt; Hü|nen|grab
hü|nen|haft
Hụn|ger, der; -s; vor Hunger sterben; *aber* hungers sterben
Hụn|ger|ast, der (*Sport* durch Kohlenhydratmangel verursachter plötzlicher Leistungsabfall des Körpers)
Hụn|ger|blüm|chen, Hụn|ger|blu|me (eine Pflanze)
Hụn|ger|ge|fühl
Hụn|ger|ha|ken (*ugs. abwertend für* sehr hagerer Mensch)
Hụn|ger|jahr; Hụn|ger|kri|se
Hụn|ger|künst|ler; Hụn|ger|künst|le|rin
Hụn|ger|kur
Hụn|ger|lei|der *(ugs.);* **Hụn|ger|lei|de|rin**
Hụn|ger|lohn
hụn|gern; ich hungere; mich hungert
Hụn|ger|ödem
hụn|gers *vgl.* Hunger
Hụn|gers|not
Hụn|ger|streik; Hụn|ger|tod; Hụn|ger|tuch *Plur.* ...tücher (Fastentuch); **Hụn|ger|turm** *(früher)*
hụng|rig
Hụn|ne, der; -n, -n (*früher für* Angehöriger eines ostasiatischen Nomadenvolkes)
Hụn|nen|kö|nig; Hụn|nen|kö|ni|gin
Hụn|nen|zug
Hụn|ni, der; -s, -s (*ugs. für* Hundertmark- od. -euroschein)
Hụn|nin
hụn|nisch
Hụns|rück, der; -s (Teil des westlichen Rheinischen Schiefergebirges)
Hụns|rü|cker; Hụns|rü|cke|rin
Hụnt, der; -[e]s, -e (*Nebenform von* Hund [Förderwagen])
Hụn|ter [ˈhan...], der; -s, - ‹engl.› (*Reiten* Jagdpferd; ein Jagdhund)
Hu|pe, die; -, -n; **hu|pen; Hu|pe|rei**
Hụpf, der; -[e]s, -e (*veraltet, noch landsch. für* Sprung)
Hüpf|burg (aufblasbares Spielgerät [in Form einer Burg])
Hụpf|doh|le (*ugs. scherzh. für* [Revue]tänzerin)
hụp|fen (*bayr., österr., sonst veraltend* hüpfen); das ist gehupft wie gesprungen (*ugs. für* das ist völlig gleich)
hüp|fen
Hụp|fer (*bayr., österr. für* Hüpfer); **Hüp|fer,** der; -s, - (kleiner Sprung)
Hüp|fer|ling (eine Krebsart)
Hup|kon|zert (*ugs. für* gleichzeitiges Hupen vieler Autofahrer)
Hụr|de, die; -, -n (Flechtwerk; *südwestd. u. schweiz. für* [1]Horde)
Hụ̈r|de, die; -, -n (Flechtwerk; tragbare Einzäunung [für Schafe]; Hindernis beim Hürdenlauf); *vgl.* [1]Horde
Hụ̈r|den|lauf *(Leichtathletik);* **Hụ̈r|den|läu|fer; Hụ̈r|den|läu|fe|rin**
Hụ̈r|den|sprint; Hụ̈r|den|sprin|ter; Hụ̈r|den|sprin|te|rin
Hu|re, die; -, -n; **hu|ren**
Hu|ren|bock (Schimpfwort)
Hu|ren|kind (*Druckerspr.* [einen Absatz beschließende] Einzelzeile am Anfang einer neuen Seite od. Spalte)
Hu|ren|sohn (Schimpfwort)
Hu|re|rei
Hu|ri, die; -, -s ‹arab.› (schönes Mädchen im islam. Paradies)

hür|nen (*veraltet für* aus Horn)
Hu|ro|ne, der; -n, -n (Angehöriger eines nordamerik. Indianerstammes); **Hu|ro|nin**
hu|ro|nisch
hur|ra!; Hur|ra [*auch* ˈhʊr...], das; -s, -s; viele Hurras; Hurra *od.* hurra schreien
Hur|ra|pa|t|ri|o|tis|mus; Hur|ra|ruf
Hur|ri|kan [*auch* ˈharikn̩], der; -s, *Plur.* -e, *bei engl. Ausspr.* -s ‹indian.› (trop. Wirbelsturm)
hur|tig; Hur|tig|keit, die; -
Hus, Jan (tschech. Reformator)
Hu|sar, der; -en, -en ‹ung.› (*Geschichte* Angehöriger einer leichten Reitertruppe in ungarischer Nationaltracht)
Hu|sa|ren|ritt; Hu|sa|ren|streich (waghalsiges, tollkühnes Unternehmen); **Hu|sa|ren|stück**
husch!; husch, husch!
Husch, der; -[e]s, -e *Plur. selten (ugs.);* auf einen Husch (für kurze Zeit) besuchen; im Husch (rasch)
Hu|sche, die; -, -n (*landsch. für* Regenschauer)
hu|sche|lig, hu|schig, husch|lig (*landsch. für* oberflächlich, vorschnell); **Hu|sche|lig|keit,** Husch|lig|keit
hu|scheln (*landsch. für* ungenau arbeiten); ich husch[e]le; sich huscheln (*landsch. für* sich in einen Mantel usw. wickeln)
hu|schen; du huschst
hu|schig, husch|lig *vgl.* huschelig; **Husch|lig|keit** *vgl.* Huscheligkeit
Hus|ky [ˈhaski], der; -s, -s ‹engl.› (Polarhund)
hus|sa!; hus|sa|sa!
Hus|se, Hous|se [ˈhʊsə], die; -, -n ‹franz.› (dekorativer textiler Überwurf für Sitzmöbel)
hus|sen (*österr. ugs. für* aufwiegeln, hetzen); du husst
Hus|serl (dt. Philosoph)
Hus|sit, der; -en, -en (Anhänger von Jan Hus); **Hus|si|ten|krieg**
hüst! (*Zuruf an Zugtiere* links!)
hüs|teln; ich hüst[e]le
hus|ten; Hus|ten, der; -s, - *Plur. selten*
Hus|ten|an|fall; Hus|ten|bon|bon; Hus|ten|mit|tel, das; **Hus|ten|reiz,** der; -es; **Hus|ten|saft**
Hu|sum (Stadt an der Nordsee); **Hu|su|mer; Hu|su|me|rin**
[1]**Hut,** der; -[e]s, Hüte (Kopfbedeckung)
[2]**Hut,** die; - (*geh. für* Schutz, Aufsicht); auf der Hut sein
Hut|ab|la|ge; Hut|ab|tei|lung; Hut|band, das; *Plur.* ...bänder
Hüt|chen; Hüt|chen|spiel; Hüt|chen|spie|ler; Hüt|chen|spie|le|rin
Hü|te|hund; Hü|te|jun|ge, der
hü|ten; sich hüten
Hü|ter; Hü|te|rin
Hut|fe|der; Hut|form
Hut|kof|fer; Hut|krem|pe
hut|los
Hut|ma|cher; Hut|ma|che|rin
Hut|na|del; Hut|schach|tel
[1]**Hut|sche,** die; -, -n (*bayr., österr. für* Schaukel)
[2]**Hut|sche, Hüt|sche** *vgl.* Hitsche
hut|schen (*südd., österr. für* schaukeln); du hutschst
Hut|schnur; *meist in* jmdm. über die Hutschnur gehen (*ugs. für* jmdm. zu weit gehen)
Hutsch|pferd (*österr. für* Schaukelpferd)
Hütt|chen
Hut|te, die; -, -n (*schweiz. mdal. für* Rückentragkorb); *vgl.* Hotte
Hüt|te, die; -, -n (*auch kurz für* Eisenhütte, Glashütte u. a.)
Hut|ten (dt. Humanist)
Hüt|ten|abend
Hüt|ten|ar|bei|ter; Hüt|ten|ar|bei|te|rin
Hüt|ten|be|trieb; Hüt|ten|dorf; Hüt|ten|in|dus|t|rie; Hüt|ten|kä|se; Hüt|ten|kun|de, die; -; **Hüt|ten|schuh**
Hüt|ten|wart *(bes. schweiz.);* **Hüt|ten|war|tin**
Hüt|ten|werk; Hüt|ten|we|sen, das; -s
Hüt|ten|wirt; Hüt|ten|wir|tin
Hu|tu, der; -[s], -[s] *u.* die; -, -[s] (Angehörige[r] eines afrikanischen Volkes)
Hu|tung (*Landwirtsch.* dürftige Weide)
Hü|tung (Bewachung)
Hut|wei|de (*Landwirtsch.* Gemeindeweide, auf die das Vieh täglich getrieben wird)
Hut|ze, die; -, -n (*Kfz-Technik* bes. bei Sportwagen Abdeckung aus Blech für aus der Karosserie herausstehende Teile)
Hut|zel, die; -, -n (*landsch. für* Tannenzapfen; Dörrobstschnitzel; *auch für* alte Frau)
Hut|zel|brot (mit Hutzeln [Dörrobstschnitzeln] gebackenes Brot; südd. Festgebäck)
hut|ze|lig, hutz|lig (*landsch. für* welk; alt); **Hut|zel|männ|chen** (*auch für* Heinzelmännchen)
hut|zeln (*landsch. für* dörren; schrumpfen); ich hutz[e]le; **hutz|lig** *vgl.* hutzelig
Hut|zu|cker
Hux|ley [ˈhaksli], Aldous [ˈo:ldəs] (britischer Schriftsteller)
Huy [hy:], der; -s (Höhenzug nördlich des Harzes)
Huy|gens [ˈhɔy...] (niederl. Physiker u. Mathematiker); **huy|gensch;** das huygenssche *od.* Huygens'sche Prinzip ↑K 89
Huy|wald [ˈhy:...], der; -[e]s; *vgl.* Huy
Hu|zu|le, der; -n, -n (Angehöriger eines ukrain. Volksstammes); **Hu|zu|lin**
Hwang|ho [ˈxvaŋho], Ho|ang|ho, der; -[s] ‹chin., »gelber Fluss«› (Strom in China)
Hy|a|den *Plur.* ‹griech., »Regensterne«› (Töchter des Atlas)
hy|a|lin ‹griech.› (*Med.* durchsichtig wie Glas, glasartig)
Hy|a|lit, der; -s, -e (*Geol.* ein heller, glasartiger Opal)
Hy|a|lu|ron|säu|re (Bestandteil des Bindegewebes)
Hy|ä|ne, die; -, -n ‹griech.› (ein Raubtier)
[1]**Hy|a|zinth** (Liebling Apollos)
[2]**Hy|a|zinth,** der; -[e]s, -e ‹griech.› (rötlich brauner Zirkon)
[3]**Hy|a|zinth,** der; -s, -e (schöner Jüngling)
Hy|a|zin|the, die; -, -n (eine Zwiebelpflanze)
[1]**hy|b|rid** ‹griech.› (überheblich)
[2]**hy|b|rid** ‹lat.› (von zweierlei Herkunft; zwitterhaft); hybride Bildung (*Sprachwiss.* Zwitterbildung; zusammengesetztes Wort, dessen Teile verschiedenen Sprachen angehören)
Hy|b|rid|an|lei|he *(Bankw.)*
Hy|b|rid|an|trieb (*Technik* Kombination aus verschiedenen Antriebsarten bei Fahrzeugen)
Hy|b|rid|au|to (*svw.* Hybridfahrzeug)
Hy|b|ri|de, die; -, -n, *auch* der; -n, -n (*Biol.* Bastard [Pflanze od. Tier] als Ergebnis von Kreuzungen)
Hy|b|rid|fahr|zeug (mit einem Verbrennungs- u. einem Elektromotor angetriebenes Fahrzeug)
Hy|b|ri|di|sa|ti|on; hy|b|ri|di|sie|ren
Hy|b|rid|mo|tor *(Technik)*
Hy|b|rid|rech|ner (*EDV* Rechenanlage, die sowohl analog als auch digital arbeiten kann)
Hy|b|rid|schwein; Hy|b|rid|züch|tung

H
Hybr

Hy|b|ris, die; - ‹griech.› (frevelhafter Übermut)
Hyde|park ['haɪ̯t...], der; -[e]s (Park in London)
hy|d|r... *vgl.* hydro...; **Hy|d|r...** *vgl.* Hydro...
[1]**Hy|d|ra,** die; - ‹griech.› (sagenhafte Seeschlange; ein Sternbild)
[2]**Hy|d|ra,** die; -, ...dren (ein Süßwasserpolyp)
Hy|d|r|ä|mie, die; -, ...ien ‹griech.› (*Med.* erhöhter Wassergehalt des Blutes)
Hy|d|rant, der; -en, -en (Zapfstelle zur Wasserentnahme)
Hy|d|rar|gy|rum, das; -s (Quecksilber, chemisches Element; *Zeichen* Hg)
Hy|d|rat, das; -[e]s, -e (Verbindung chem. Stoffe mit Wasser)
Hy|d|ra|ta|ti|on, Hy|d|ra|ti|on, die; -, -en (Bildung von Hydraten); **hy|d|ra|ti|sie|ren**
Hy|d|rau|lik, die; -, -en (Lehre von der Bewegung der Flüssigkeiten; deren technische Anwendung)
hy|d|rau|lisch (mit Flüssigkeitsdruck arbeitend); hydraulische Bremse, Presse; hydraulischer Mörtel (Wassermörtel)
Hy|d|ra|zin, das; -s (chemische Verbindung von Stickstoff mit Wasserstoff)
Hy|d|rier|ben|zin
hy|d|rie|ren (*Chemie* Wasserstoff anlagern); **Hy|d|rie|rung**
Hy|d|rier|ver|fah|ren; Hy|d|rier|werk
hy|d|ro... ‹griech.›, *vor Vokalen* hy|d|r... (wasser...); **Hy|d|ro...,** *vor Vokalen* Hy|d|r... (Wasser...)
Hy|d|ro|bio|lo|gie ‹griech.› (Lehre von den im Wasser lebenden Organismen)
Hy|d|ro|chi|non [...çi...], das; -s ‹griech.; indian.› (*Chemie* besonders als fotografischer Entwickler verwendete organische Verbindung)
Hy|d|ro|dy|na|mik, die; - ‹griech.› (Strömungslehre); **hy|d|ro|dy|na|misch**
Hy|d|ro|gen, Hy|d|ro|ge|ni|um, das; -s ‹griech.› (Wasserstoff; chemisches Element; *Zeichen* H)
Hy|d|ro|gra|fie, Hy|d|ro|gra|phie, die; - (Gewässerkunde); **hy|d|ro|gra|fisch, hy|d|ro|gra|phisch**
Hy|d|ro|kul|tur ‹griech.› (Wasserkultur; Pflanzenzucht in Nährlösungen ohne Erde)
Hy|d|ro|lo|gie, die; - ‹griech.› (Lehre vom Wasser); **hy|d|ro|lo|gisch**
Hy|d|ro|ly|se, die; -, -n (Spaltung chemischer Verbindungen durch Wasser); **hy|d|ro|ly|tisch**
Hy|d|ro|me|cha|nik, die; - ‹griech.› (Mechanik der Flüssigkeiten)
Hy|d|ro|me|ter, das; -s, - (Gerät zur Messung der Fließgeschwindigkeit von Wasser); **Hy|d|ro|me|t|rie,** die; -; **hy|d|ro|me|t|risch**
Hy|d|ro|path, der; -en, -en ‹griech.› (hydropathisch Behandelnder); **Hy|d|ro|pa|thie,** die; - (*svw.* Hydrotherapie); **Hy|d|ro|pa|thin; hy|d|ro|pa|thisch**
hy|d|ro|phil (*Biol.* im od. am Wasser lebend); **hy|d|ro|phob** (*Biol.* das Wasser meidend)
Hy|d|ro|ph|thal|mus, der; -, ...mi (*Med.* Augenwassersucht)
Hy|d|ro|phyt, der; -en, -en (Wasserpflanze)
hy|d|ro|pisch (*Med.* wassersüchtig)
hy|d|ro|pneu|ma|tisch (*Technik* durch Wasser u. Luft [betrieben])
Hy|d|rops, der; -, **Hy|d|rop|sie,** die; -, ...ien (*Med.* Wassersucht)
Hy|d|ro|sphä|re, die; - (Wasserhülle der Erde)
Hy|d|ro|sta|tik, die; - (*Physik* Lehre von den Gleichgewichtszuständen bei Flüssigkeiten); **hy|d|ro|sta|tisch;** hydrostatische Waage (zum Bestimmen des Auftriebs)
Hy|d|ro|stö|ßel *meist Plur.* (*Kfz-Technik* das Ventilspiel hydraulisch regelnder Stößel in Diesel- u. Ottomotoren)
Hy|d|ro|tech|nik, die; - ‹griech.› (Wasserbau[kunst])
hy|d|ro|the|ra|peu|tisch; Hy|d|ro|the|ra|pie, die; -, ...ien (*Med.* Heilbehandlung durch Anwendung von Wasser; *nur Sing.:* Wasserheilkunde)
Hy|d|ro|xid, Hy|d|ro|xyd, das; -[e]s, -e ‹griech.› (chemische Verbindung); *vgl.* Oxid
Hy|d|ro|xyl|grup|pe ‹griech.; dt.› (Wasserstoff-Sauerstoff-Gruppe)
Hy|d|ro|ze|pha|lus, der; -, ...alen ‹griech.› (*Med.* abnorm vergrößerter Schädel durch übermäßige Flüssigkeitsansammlung)
Hy|d|ro|zo|on, das; -s, ...zoen *meist Plur.* (*Zool.* Nesseltier)
Hy|e|to|gra|fie, Hy|e|to|gra|phie, die; - ‹griech.› (*Meteorol. veraltet* Beschreibung der Verteilung von Niederschlägen)
Hy|e|to|me|ter, das; -s, - (Regenmesser)
Hy|gi|eia (griech. Göttin der Gesundheit)
Hy|gi|e|ne, die; - ‹griech.› (Gesundheitslehre, -fürsorge, -pflege); **Hy|gi|e|ni|ker; Hy|gi|e|ni|ke|rin; hy|gi|e|nisch**
Hy|g|ro|me|ter, das; -s, - ‹griech.› (Luftfeuchtigkeitsmesser)
Hy|g|ro|phyt, der; -en, -en (*Bot.* Landpflanze mit hohem Wasserverbrauch)
Hy|g|ro|s|kop, das; -s, -e (*Meteorol.* Luftfeuchtigkeitsmesser); **hy|g|ro|s|ko|pisch** (Feuchtigkeit an sich ziehend)
Hyk|sos *Plur.* (ein asiatisches Eroberervolk im alten Ägypten)
Hy|le, die; - ‹griech.› (*Philos.* [nach Aristoteles] der formbare Urstoff); **hy|lisch** (*Philos.* materiell, stofflich)
[1]**Hy|men,** Hy|me|nai|os [*auch* ...'me:naɪ̯ɔs], Hy|me|nä|us ‹griech. Hochzeitsgott›
[2]**Hy|men,** der; -s, - ‹griech.› (antiker Hochzeitsgesang)
[3]**Hy|men,** das, *auch* der; -s, - (*Med.* Jungfernhäutchen)
Hy|me|nai|os [*auch* ...'me:naɪ̯ɔs], Hy|me|nä|us *vgl.* [1]Hymen
Hy|me|no|p|te|re, die; -, -n *meist Plur.* (*Zool.* Hautflügler)
Hym|ne, die; -, -n, Hym|nus, der; -, ...nen ‹griech.› (Festgesang; feierliches Gedicht); **Hym|nik,** die; - (Kunstform der Hymne); **hym|nisch**
Hym|no|lo|gie, die; - (Hymnenkunde); **hym|no|lo|gisch**
Hym|nus *vgl.* Hymne
Hy|os|cy|a|min, Hy|os|zy|a|min, das; -s ‹griech.› (*Chemie* Alkaloid, Heilmittel)
hyp... *vgl.* hypo...
Hyp... *vgl.* Hypo...
Hyp|al|la|ge [*auch* ...'palage], die; - ‹griech.› (*Sprachwiss.* Vertauschung eines attributiven Genitivs mit einem attributivischen Adjektiv u. umgekehrt, z. B. jagdliche Ausdrücke *statt* Ausdrücke der Jagd)
Hype [haɪ̯p], der; -s, -s ‹engl.› (aggressive Werbung; Welle oberflächlicher Begeisterung)
hy|per... ‹griech.› (über...); **Hy|per...** (Über...)
Hy|per|aci|di|tät, die; - (*Med.* überhöhter Säuregehalt im Magen)
hy|per|ak|tiv (übersteigerten

H
Hybr

Bewegungsdrang zeigend); hyperaktive Kinder; **Hy|per|ak|ti|vi|tät,** die; -

Hy|per|al|ge|sie, die; -, ...ien (*Med.* gesteigertes Schmerzempfinden); **hy|per|al|ge|tisch**

Hy|per|äs|the|sie, die; -, ...ien (*Med.* Überempfindlichkeit); **hy|per|äs|the|tisch**

Hy|per|bel, die; -, -n ‹griech.› (*Stilkunde* Übertreibung des Ausdrucks; *Math.* Kegelschnitt); **hy|per|bo|lisch** (hyperbelartig; im Ausdruck übertreibend); hyperbolische Funktion *(Math.)*

Hy|per|bo|lo|id, das; -[e]s, -e (*Math.* Körper, der durch Drehung einer Hyperbel um ihre Achse entsteht)

Hy|per|bo|re|er (Angehöriger eines sagenhaften Volkes des hohen Nordens); **Hy|per|bo|re|e|rin; hy|per|bo|re|isch**

Hy|per|dak|ty|lie, die; -, ...ien ‹griech.› (*Med.* Bildung von mehr als je fünf Fingern od. Zehen)

Hy|per|eme|sis, die; - ‹griech.› (*Med.* übermäßiges Erbrechen)

Hy|per|funk|ti|on, die; -, -en ‹griech.› (*Med.* Überfunktion eines Organs)

hy|per|gol, hy|per|go|lisch ‹griech.; lat.› *(Chemie);* hypergole Treibstoffe (selbstzündende Raketentreibstoffe)

Hy|pe|ri|on [*auch* ...ˈriːɔn] (Titan, Vater des Helios)

hy|per|ka|ta|lek|tisch ‹griech.› (*Verslehre* mit überzähliger Silbe versehen)

hy|per|kor|rekt (überkorrekt)

hy|per|kri|tisch (überstreng)

Hy|per|link [ˈhaipɐ...], der; -[s], -s ‹engl.› (Stelle auf dem Bildschirm, die durch Anklicken zu weiteren Informationen führt)

Hy|per|me|ter, der; -s, - ‹griech.› (Vers, der um eine Silbe zu lang ist u. mit der Anfangssilbe des folgenden Verses durch Elision verbunden wird); **hy|per|me|t|risch**

Hy|per|me|t|ro|pie, die; - (*Med.* Weit-, Übersichtigkeit); **hy|per|me|t|ro|pisch**

hy|per|mo|dern (übermodern, übertrieben neuzeitlich)

hy|per|ner|vös (extrem nervös)

Hy|pe|ron, das; -s, ...onen ‹griech.› (*Kernphysik* überschweres Elementarteilchen)

Hy|per|pla|sie, die; -, ...ien ‹griech.› (*Med., Biol.* abnorme Vermehrung von Zellen)

hy|per|sen|si|bel (überaus sensibel, empfindsam)

hy|per|so|nisch ‹griech.; lat.› (*Physik* Überschall...)

Hy|per|text [ˈhaipɐ...] (*EDV* Netz aus verbundenen Text-, Bild- u. Dateneinheiten, in dem sich die Nutzer nach Belieben bewegen können)

Hy|per|to|nie, die; -, ...ien ‹griech.› (*Med.* Bluthochdruck; gesteigerte Muskelspannung; erhöhte Spannung im Augapfel)

hy|per|troph (überspannt, überzogen; *Med., Biol.* durch Zellenwachstum vergrößert); **Hy|per|tro|phie,** die; -, ...ien ‹griech.› (übermäßige Vergrößerung von Geweben u. Organen)

Hy|per|ven|ti|la|ti|on, die; -, -en (*Med.* übersteigerte Atmung)

Hy|phe, die; -, -n ‹griech.› (*Bot.* Pilzfaden)

Hy|phen, das; -[s], - ‹griech.› (Bindestrich bei zusammengesetzten Wörtern)

Hyp|no|pä|die, die; - ‹griech.› (Schlaflernmethode); **hyp|no|pä|disch**

Hyp|nos (griech. Gott des Schlafes)

Hyp|no|se, die; -, -n ([durch Suggestion herbeigeführter] schlafähnlicher Bewusstseinszustand); **Hyp|no|tik,** die; - (Lehre von der Hypnose); **Hyp|no|ti|kum,** das; -s, ...ka (Schlafmittel); **hyp|no|tisch**

Hyp|no|ti|seur [...ˈzøːɐ̯], der; -s, -e ‹franz.› (die Hypnose Bewirkender); **Hyp|no|ti|seu|rin**

hyp|no|ti|sie|ren (in Hypnose versetzen; beeinflussen, widerstandslos machen); **Hyp|no|tis|mus,** der; - ‹griech.› (Lehre von der Hypnose; Beeinflussung)

hy|po... ‹griech.›, *vor Vokalen* hyp... (unter...); **Hy|po...,** *vor Vokalen* **Hyp...** (Unter...)

hy|po|al|l|er|gen ‹griech.› (*Med.* kaum allergen; mit wenig allergenen Stoffen)

Hy|po|bank *Plur.* ...banken (*kurz für* Hypothekenbank, Hypothekarbank)

Hy|po|chon|der [...x...], der; -s, - ‹griech.› (Schwermütiger; eingebildeter Kranker); **Hy|po|chon|de|rin; Hy|po|chon|d|rie,** die; -, ...ien (Einbildung, krank zu sein; Trübsinn, Schwermut); **hy|po|chon|d|risch**

Hy|po|gas|t|ri|um, das; -s, ...ien ‹griech.› (*Med.* Unterleib)

Hy|po|gä|um, das; -s, ...gäen ‹griech.-lat.› (unterirdisches Gewölbe; Grabraum)

hy|po|kaus|tisch ‹griech.›; **Hy|po|kaus|tum,** das; -s, ...sten (Fußbodenheizung der Antike)

Hy|po|ko|tyl, das; -s, -e (*Bot.* Keimstängel der Samenpflanzen)

Hy|po|kri|sie, die; -, ...ien (Heuchelei); **Hy|po|krit,** der; -en, -en (Heuchler); **Hy|po|kri|tin; hy|po|kri|tisch**

Hy|po|phy|se, die; -, -n ‹griech.› (*Med.* Hirnanhang)

hy|po|sen|si|bi|li|sie|ren ‹lat.› (*Med.* gegen Allergien unempfindlich machen); **Hy|po|sen|si|bi|li|sie|rung** *(Med.)*

Hy|po|s|ta|se, die; -, -n ‹griech.› (Verdinglichung von Begriffen; Personifizierung göttlicher Eigenschaften od. religiöser Vorstellungen); **hy|po|s|ta|sie|ren** (personifizieren; verdinglichen); **hy|po|s|ta|tisch** (verdinglichend)

Hy|po|s|ty|lon, das; -s, ...la, **Hy|po|s|ty|los,** der; -, ...loi (*Archit.* gedeckter Säulengang; Säulenhalle; Tempel mit Säulengang)

hy|po|tak|tisch ‹griech.› (*Sprachwiss.* unterordnend); **Hy|po|ta|xe,** die; -, -n, *älter* **Hy|po|ta|xis,** die; -, ...taxen (*Sprachwiss.* Unterordnung)

Hy|po|te|nu|se, die; -, -n (*Math.* im rechtwinkligen Dreieck die Seite gegenüber dem rechten Winkel)

Hy|po|tha|la|mus, der; -, ...mi (*Med.* Teil des Zwischenhirns)

Hy|po|thek, die; -, -en ‹griech.› (im Grundbuch eingetragenes Pfandrecht an einer Immobilie; *übertr. für* ständige Belastung)

Hy|po|the|kar, der; -s, -e (Hypothekengläubiger); **Hy|po|the|kar|bank** *Plur.* ...banken (*schweiz. für* Hypothekenbank); **Hy|po|the|ka|rin; hy|po|the|ka|risch; Hy|po|the|kar|kre|dit** (Hypothekendarlehen); **Hy|po|the|kar|zins** (*schweiz. für* Hypothekenzins)

Hy|po|the|ken|bank *Plur.* ...banken; **Hy|po|the|ken|dar|le|hen** (durch eine Hypothek gesichertes Darlehen); **Hy|po|the|ken|fi|nan|zie|rer** (Hypothekenbank); **Hy|po|the|ken|markt**

Hy|po|the|ken|pa|pie|re *Plur.* *(Finanzw.);* **Hy|po|the|ken-**

[pfand|]brief; Hy|po|the|ken|zins *Plur.* ...zinsen
Hy|po|ther|mie, die; -, ...ien ‹griech.› (*Med.* abnorm niedrige Körpertemperatur)
Hy|po|the|se, die; -, -n ([unbewiesene] Annahme; Vorentwurf für eine Theorie); **hy|po|the|tisch**
Hy|po|to|nie, die; -, ...ien (*Med.* zu niedriger Blutdruck; herabgesetzte Muskelspannung)
Hy|po|tra|che|li|on, das; -s, ...ien (*Archit.* Säulenhals unter dem Kapitell)
Hy|po|tro|phie, die; -, ...ien (*Med.* Unterentwicklung)
Hy|po|zen|t|rum (unter der Erdoberfläche liegender Erdbebenherd)
Hy|po|zins (*kurz für* Hypothekenzins, Hypothekarzins)
Hy|po|zy|k|lo|i|de, die; -, -n ‹griech.› (*Geom.* eine geometrische Kurve)
Hyp|si|pho|bie, die; -, ...ien ‹griech.› (*Med.* Höhenangst)
Hyp|so|me|ter, das; -s, - (Höhenmesser); **Hyp|so|me|t|rie**, die; -; **hyp|so|me|t|risch**
Hyr|ka|ni|en ‹griech.› (*im Altertum Bez. für* die südöstliche Küste des Kaspischen Meeres); **hyr|ka|nisch**
Hys|te|r|al|gie, die; -, ...ien ‹griech.› (*Med.* Gebärmutterschmerz); **Hys|te|r|ek|to|mie**, die; -, ...ien (operative Entfernung der Gebärmutter)
Hys|te|re|se, Hys|te|re|sis, die; -, ...resen ‹griech.› (*Physik* das Zurückbleiben einer Wirkung hinter der sie verursachenden physikalischen Größe)
Hys|te|rie, die; -, ...ien (psychogene körperliche Störung; nervöse Aufgeregtheit); **Hys|te|ri|ker; Hys|te|ri|ke|rin; hys|te|risch**
Hys|te|ron-Pro|te|ron, das; -s, Hystera-Protera ‹griech.› (*Philos.* Scheinbeweis)
Hys|te|ro|p|to|se, die; -, -n ‹griech.› (*Med.* Gebärmuttersenkung); **Hys|te|ro|s|ko|pie**, die; -, ...ien ‹griech.› (*Med.* Untersuchung der Gebärmutterhöhle); **Hys|te|ro|to|mie**, die; -, ...ien (*Med.* Gebärmutterschnitt)
Hz = Hertz
H5N1-Vi|rus (Bezeichnung einer gefährlichen Variante des Vogelgrippevirus [nach der Art der Bestandteile Hämagglutin u. Neuraminidase benannt])

H
Hypo

I i

I

Die Schreibung mit dem großen I im Wortinnern als Kurzform bei der Doppelnennung weiblicher und männlicher Formen (z. B. MitarbeiterInnen, KollegInnen, StudentInnen) *entspricht nicht den allgemeinen Rechtschreibregeln. Ausweichformen sind z. B.*

- Mitarbeiter/-innen
- Mitarbeiter(innen)
- Student(inn)en, Kolleg(inn)en

i (*Math.; Zeichen für* imaginäre Zahl)
i. = in, im *bei Ortsnamen*, z. B. Immenstadt i. Allgäu; *vgl.* i. d.
i!; i bewahre!; i wo!
I (Buchstabe); das I, des I, die I, *aber* das i in Bild; der Buchstabe I, i; der Punkt auf dem i ↑K97; i-Punkt ↑K29
I (*chem. Zeichen für* Iod; *vgl.* Jod)
I = 1 (röm. Zahlzeichen)
I, ι = Iota

i. A.

= im Auftrag
Die Abkürzung wird im ersten Bestandteil kleingeschrieben (i. A.), *wenn sie unmittelbar der Grußformel oder der Bezeichnung einer Behörde, Firma u. dgl. folgt, z. B.*

Die Oberbürgermeisterin
i. A. Schmidt

Die Abkürzung wird dagegen im ersten Bestandteil großgeschrieben (I. A.), *wenn sie nach einem abgeschlossenen Text allein vor einer Unterschrift steht, z. B.*

Ihre Unterlagen erhalten Sie mit gleicher Post zurück.
I. A. Schmidt

Ia (*ugs.);* das ist Ia *od.* eins a
IA = Iowa
IAA, die; - = Internationale Automobilausstellung
iah!; ia|hen; der Esel [hat] iaht
i. Allg. = im Allgemeinen
Iam|be usw. *vgl.* Jambe usw.
Ia|son *vgl.* Jason
Ia|t|rik, die; - ‹griech.› (*Med.* Heilkunst); **ia|t|ro|gen** (*Med.* durch ärztl. Einwirkung verursacht)
ib., ibd. = ibidem
IBAN, die; -, -s = international bank account number (internationale Kontonummer)
Ibe|rer (Angehöriger der vorindogermanischen Bevölkerung der Iberischen Halbinsel); **Ibe|re|rin; ibe|risch;** *aber* ↑K140: die Iberische Halbinsel
Ibe|ro|ame|ri|ka (Lateinamerika); **ibe|ro|ame|ri|ka|nisch** ↑K149
ibi|dem [*auch* 'i:...] ‹lat.› (ebenda; *Abk.* ib., ibd.)
Ibis, der; Ibisses, Ibisse ‹ägypt.› (ein Schreitvogel)
Ibi|za (eine Baleareninsel; *vgl.* Eivissa); **Ibi|zen|ker** (Einwohner von Ibiza); **Ibi|zen|ke|rin; ibi|zen|kisch**
Ibn ‹arab., »Sohn«› (Teil von arabischen Personennamen)
Ib|ra|him [*auch* ...'hi:m] (m. Vorn.)
Ib|sen (norw. Schriftsteller)
Iby|kos, Iby|kus (altgriech. Dichter)
IC®, der; -[s], -[s] = Intercity[zug]
ICE®, der; -[s], -[s] = Intercityexpress[zug]; **ICE-Stre|cke**
ich; Ich, das; -[s], -[s]; das liebe Ich; mein anderes Ich
Ich-AG, die; -, -s (von einer arbeitslosen Person gegründetes Kleinunternehmen, das zunächst mit öffentlichen Mitteln unterstützt wird)
ich|be|zo|gen
Ich|er|zäh|ler, Ich-Er|zäh|ler; Ich|er|zäh|le|rin, Ich-Er|zäh|le|rin
Ich|form, *fachspr. auch* **Ich-Form**, die; - ↑K21; Erzählung in der Ichform; **Ich|ge|fühl**, das; -[e]s ↑K21
Ich|laut, Ich-Laut, der; -[e]s, -e
Ich|neu|mon, der *od.* das; -s, *Plur.* -e *u.* -s ‹griech.› (eine Schleichkatze)
Ich|no|gramm (*Med.* Gipsabdruck des Fußes)
Ich|ro|man, Ich-Ro|man, der; -s, -e (Roman in der Ichform)
Ich|sucht, die; - ↑K21; **ich|süch|tig**
Ich|thyo|dont, der; -en, -en ‹griech.› (versteinerter Fischzahn); **Ich|thyo|lith**, der; *Gen.* -s *u.* -en, *Plur.* -e[n] (versteinerter Fisch[rest])
Ich|thyo|lo|ge, der; -n, -n; **Ich|thyo-**

lo|gie, die; - (Wissenschaft von den Fischen); **Ich|thyo|lo|gin**

Ich|thyo|sau|ri|er, der; -s, -, **Ich|thyo|sau|rus,** der; -, ...rier (ausgestorbenes fischförmiges Kriechtier)

Ich|thy|o|se, Ich|thy|o|sis, die; -, ...osen (*Med.* eine Hautkrankheit)

Icing ['ais...], das; -s, -s ⟨amerik.⟩ (*Eishockey* Befreiungsschlag)

Icon ['aikən], das; -s, -s ⟨engl.⟩ (*EDV* grafisches Sinnbild)

id. = idem

i. d. = in der (*bei Ortsnamen,* z. B. Neumarkt i. d. Opf. [in der Oberpfalz])

Id, das; -[s] ⟨lat.⟩ (*Psychol.* das Unbewusste, das Es)

[1]**ID** = Idaho

[2]**ID** [ai'di:], die; -, -s (Identifikationsnummer)

[1]**Ida,** der; - (Berg auf Kreta; [im Altertum] Gebirge in Kleinasien)

[2]**Ida** (w. Vorn.)

Ida|feld, das; -[e]s (*germ. Mythol.* Wohnort der Asen)

Ida|ho ['aidəho] (Staat in den USA; *Abk.* ID)

idä|isch ⟨*zu* [1]Ida⟩

Ida|red ['aidəret], der; -[s], -[s] (mittelgroßer Tafelapfel)

ide. = indoeuropäisch

ide|al ⟨griech.⟩ (nur in der Vorstellung existierend; der Idee entsprechend; vollkommen)

Ide|al, das; -s, -e (dem Geiste vorschwebendes Muster der Vollkommenheit; als ein höchster Wert erkanntes Ziel)

Ide|al|be|din|gung *meist Plur.*

Ide|al|be|set|zung; Ide|al|bild

ide|a|ler|wei|se; Ide|al|fall, der; im Idealfall; **Ide|al|fi|gur; Ide|al|ge|stalt; Ide|al|ge|wicht**

ide|a|li|sie|ren (der Idee od. dem Ideal annähern; verklären); **Ide|a|li|sie|rung**

Ide|a|lis|mus, der; - (Überordnung der Gedanken-, Vorstellungswelt über die wirkliche; Streben nach Verwirklichung von Idealen); **Ide|a|list,** der; -en, -en; **Ide|a|lis|tin; ide|a|lis|tisch**

Ide|a|li|tät, die; - (ideale Beschaffenheit; *Philos.* das Sein als Idee od. Vorstellung)

ide|a|li|ter (idealerweise)

Ide|al|kon|kur|renz *(Rechtsspr.);* **Ide|al|li|nie** *(bes. Sport);* **Ide|al|lö|sung; Ide|al|maß; Ide|al|staat** *Plur.* ...staaten

ide|al|ty|pisch; Ide|al|ty|pus

Ide|al|vor|stel|lung; Ide|al|wert (Kunstwert); **Ide|al|zu|stand**

Idee, die; -, Ide|en ([Ur]begriff, Urbild; [Leit-, Grund]gedanke; Einfall, Plan); eine Idee (*ugs. auch für* eine Kleinigkeit)

Idée fixe [i'de: 'fɪks], die; - -, -s -s [- -] ⟨franz.⟩ (Zwangsvorstellung; leitmotivisches Kernthema eines musikal. Werkes)

ide|ell (nur gedacht; geistig)

ide|en|arm; Ide|en|ar|mut

Ide|en|as|so|zi|a|ti|on (Gedankenverbindung)

Ide|en|dra|ma; Ide|en|fül|le

Ide|en|ge|ber (jmd., der zu einem Vorhaben anregt); **Ide|en|ge|be|rin**

Ide|en|ge|halt, der; **Ide|en|ge|schich|te,** die; -; **Ide|en|gut,** das; -[e]s

ide|en|los; Ide|en|lo|sig|keit, die; -

ide|en|reich; Ide|en|reich|tum, der; -s

Ide|en|welt; Ide|en|wett|be|werb

idem ⟨lat.⟩ (der-, dasselbe; *Abk.* id.)

Iden, Idus ⟨lat.⟩ (13. od. 15. Monatstag des altrömischen Kalenders); die Iden des März (15. März)

ident (*bes. österr. für* identisch)

Iden|ti|fi|ka|ti|on, Iden|ti|fi|zie|rung, die; -, -en ⟨lat.⟩ (Gleichsetzung; Feststellung der Identität)

Iden|ti|fi|ka|ti|ons|fi|gur; Iden|ti|fi|ka|ti|ons|num|mer

iden|ti|fi|zier|bar; iden|ti|fi|zie|ren (miteinander gleichsetzen; genau wiedererkennen); sich identifizieren; **Iden|ti|fi|zie|rung** *vgl.* Identifikation

iden|tisch ([ein u.] derselbe; übereinstimmend; völlig gleich)

Iden|ti|tät, die; -, -en (völlige Gleichheit, Übereinstimmung)

Iden|ti|täts|aus|weis (*österr., schweiz. für* Personalausweis); **Iden|ti|täts|kar|te** (*österr. veraltet u. schweiz. für* Personalausweis); **Iden|ti|täts|kri|se; Iden|ti|täts|nach|weis** *(Zollw.);* **iden|ti|täts|stif|tend; Iden|ti|täts|ver|lust**

Ideo|gra|fie, Ideo|gra|phie, die; -, ...ien *Plur. selten* (aus Ideogrammen gebildete Schrift)

ideo|gra|fisch, ideo|gra|phisch

Ideo|gramm ⟨griech.⟩ (Schriftzeichen, das für einen Begriff, nicht für eine bestimmte Lautung steht)

Ideo|lo|ge, der; -n, -n (Lehrer od. Anhänger einer Ideologie)

Ideo|lo|gie, die; -, ...ien (System von Weltanschauungen, [politischen] Grundeinstellungen u. Wertungen)

ideo|lo|gie|frei; ideo|lo|gie|ge|bun|den; Ideo|lo|gie|kri|tik

Ideo|lo|gin; ideo|lo|gisch (eine Ideologie betreffend)

ideo|lo|gi|sie|ren (ideologisch durchdringen, interpretieren); **Ideo|lo|gi|sie|rung**

ideo|mo|to|risch ⟨griech.; lat.⟩ (*Psychol.* unbewusst ausgeführt)

id est ⟨lat.⟩ (*veraltend für* das ist, das heißt; *Abk.* i. e.)

idg. = indogermanisch

idio... ⟨griech.⟩ (eigen..., sonder...); **Idio...** (Eigen..., Sonder...)

Idio|blast, der; -en, -en (*Biol.* Pflanzenzelle mit besonderer Funktion, die in andersartiges Gewebe eingelagert ist)

Idio|la|t|rie, die; -, ...ien (Selbstvergötterung)

Idio|lekt, der; -[e]s, -e (*Sprachwiss.* individueller Sprachgebrauch); **idio|lek|tal**

Idi|om, das; -s, -e ⟨griech.⟩ (feste Redewendung; eigentümliche Sprache od. Sprechweise; Mundart); **Idio|ma|tik,** die; - (Lehre von den Idiomen; Gesamtbestand der Idiome einer Sprache; Sammlung von Idiomen); **idio|ma|tisch; idio|ma|ti|siert; Idio|ma|ti|sie|rung**

idio|morph ⟨griech.⟩ (*Mineralogie* von eigenen echten Kristallflächen begrenzt)

Idio|syn|kra|sie, die; -, ...ien (*Med.* Überempfindlichkeit gegen bestimmte Stoffe u. Reize); **idio|syn|kra|tisch**

Idi|ot, der; -en, -en ⟨griech.⟩ (*ugs. abwertend für* Dummkopf)

idi|o|ten|haft

Idi|o|ten|hü|gel (*ugs. scherzh. für* Hügel, an dem Anfänger sich im Skifahren üben)

idi|o|ten|si|cher (*ugs. für* so beschaffen, dass niemand etwas falsch machen kann)

Idi|o|ten|test (*ugs. für* MPU)

Idi|o|tie, die; -, ...ien (*Med. veraltet für* angeborener od. im frühen Kindesalter erworbener Intelligenzdefekt schwersten Grades; *ugs. abwertend für* Dummheit; törichtes Verhalten)

Idi|o|ti|kon, das; -s, *Plur.* ...ken,

I
Idio

auch ...ka ‹griech.› (Mundartwörterbuch)
Idi|o|tin; idi|o|tisch
Idi|o|tis|mus, der; -, ...men (*Sprachwiss. veraltet* Eigenheit eines Idioms; *Med. veraltet* Idiotie)
Ido, das; -[s] (eine künstliche Weltsprache)
Ido|kras, der; -, -e ‹griech.› (ein Mineral)
Idol, das; -s, -e ‹griech.› (Gegenstand der Verehrung; Publikumsliebling, Schwarm; Götzenbild, Abgott)
Ido|la|t|rie, Ido|lo|la|t|rie, die; -, ...ien (Bilderanbetung; Götzendienst)
ido|li|sie|ren (zum Idol machen)
Ido|lo|la|t|rie *vgl.* Idolatrie
i-Dötz|chen (*rhein. für* Abc-Schütze, Abc-Schützin)
Idu|mäa *vgl.* Edom
Idun, Idu|na (nordische Göttin der ewigen Jugend)
Idus *vgl.* Iden
Idyll, das; -s, -e ‹griech.› (Bereich, Zustand eines friedlichen u. einfachen [Land]lebens)
Idyl|le, die; -, -n (Schilderung eines Idylls in Literatur u. bildender Kunst; *auch svw.* Idyll)
Idyl|lik, die; - (idyllischer Zustand); **idyl|lisch** (das Idyll, die Idylle betreffend; ländlich; friedlich; einfach; beschaulich)
i. e. = id est
i.-e. = indoeuropäisch
I. E., IE = Internationale Einheit
i. f. = ipse fecit
IFOR, Ifor, die; - ‹engl.; *Kurzwort für* Implementation Force› (ehem. internationale Truppe unter NATO-Führung in Bosnien u. Herzegowina); **IFOR-Frie|dens|trup|pe, Ifor-Frie|dens|trup|pe**
I-för|mig (in Form eines lateinischen I); ↑K29
IG, die; - = Industriegewerkschaft
Igel, der; -s, -
IGeL, die; -, - (individuelle Gesundheitsleistung, die von den [gesetzl.] Krankenkassen nicht übernommen wird)
Igel|fisch; Igel|fri|sur *(ugs.)*; **Igel|kak|tus**
IGeL-Leis|tung
Igel|stel|lung (ringförmige Verteidigungsstellung)
IGH, der; -[s] = Internationaler Gerichtshof (in Den Haag)
igitt!, igit|ti|gitt!

Ig|lu, der *od.* das; -s, -s ‹eskim.› (runde Schneehütte)
Ig|na|ti|us (Name von Heiligen); Ignatius von Loyola (Gründer der Gesellschaft Jesu)
Ig|naz [*auch* ɪ'gna:ts] (m. Vorn.)
ig|no|rant ‹lat.› (von Unwissenheit zeugend); **Ig|no|rant,** der; -en, -en ‹»Nichtwisser«› (Dummkopf); **Ig|no|ran|ten|tum,** das; -s; **Ig|no|ran|tin**
Ig|no|ranz, die; - (Unwissenheit, Dummheit)
ig|no|rie|ren (nicht wissen [wollen], absichtlich nicht beachten)
Igor (m. Vorn.)
Igor|lied, das; -[e]s ↑K136 (ein altrussisches Heldenepos)
Igu|a|n|o|don, das; -s, *Plur.* -s *od.* ...odonten ‹indian.; griech.› (pflanzenfressender Dinosaurier)
i. H. = im Haus[e]
IHK, die; -, -s = Industrie- u. Handelskammer
Ih|le, der; -n, -n (Hering, der abgelaicht hat)
ihm
ihn
ih|nen; er folgte ihnen; *Großschreibung entsprechend »Sie«:* ich wäre Ihnen dankbar, wenn Sie ...

ihr

I. *Possessivpronomen:*
- der Bruder ihres Vaters
- sie kam mit ihrem Sohn, ihrer Tochter

II. *Großschreibung in Titeln und in der Anrede (entsprechend »Sie«)* ↑K84 *u.* 85:
- Ihre Majestät (*Abk.* I. M.) die Königin
- Ihre Exzellenz
- geben Sie mir Ihr Ehrenwort, Ihren Schlüssel, Ihre Adresse

Vgl. auch dein

III. *Anredepronomen (entsprechend »du«):*
- ihr seid jetzt dran
- kommt ihr uns besuchen?

Das Anredepronomen »ihr« kann in Briefen groß- oder kleingeschrieben werden ↑K83:
- Lieber Hans, liebe Elke, wann besucht Ihr *od.* ihr uns einmal?

ih|re, ih|ri|ge; *vgl.* deine, deinige; *Großschreibung entsprechend »Sie«:* grüßen Sie bitte die Ihren, die Ihrigen
ih|rer|seits; *Großschreibung entsprechend »Sie«:* seien Sie Ihrerseits gegrüßt
ih|res|glei|chen; *Großschreibung entsprechend »Sie«:* dort werden Sie Ihresgleichen treffen
ih|res|teils *(veraltend); Großschreibung entsprechend »Sie«:* deshalb waren Sie Ihresteils zu Recht ungehalten
ih|ret|hal|ben *(veraltend); Großschreibung entsprechend »Sie«:* wussten Sie, dass wir nur Ihrethalben gekommen sind?
ih|ret|we|gen; *Großschreibung entsprechend »Sie«:* wussten Sie, dass wir nur Ihretwegen gekommen sind?
ih|ret|wil|len; um ihretwillen; *Großschreibung entsprechend »Sie«:* wussten Sie, dass wir nur um Ihretwillen gekommen sind?
ih|ri|ge *vgl.* ihre
Ih|ro (*veraltet für* Ihre); Ihro Gnaden
ihr|zen (mit »Ihr« anreden); du ihrzt
IHS = *ΙΗ(ΣΟΥ)Σ* = Jesus
I. H. S. = in hoc salus; in hoc signo
i. J. = im Jahr[e]
Ijob *vgl.* Hiob
Ijs|sel, *eigtl.* **IJs|sel** ['ai...], die; - (Flussarm im Rheindelta); **Ijs|sel|meer,** *niederl.* **IJs|sel|meer,** das; -[e]s (durch Abschlussdeich gebildeter See in Holland)
ika|risch ‹*zu* Ikarus›; *aber* das Ikarische Meer
Ika|ros, Ika|rus (Gestalt der griech. Sage)
Ike|ba|na, das; -[s] ‹jap.› (Kunst des Blumensteckens)
Ikon, das; -s, -e ‹griech.› (*seltener für* Ikone); **Iko|ne,** die; -, -n (Kultbild der Ostkirche; *übertr. für* Sinnbild, Idol in einem bestimmten Bereich); eine Ikone der Popmusik; **Iko|nen|ma|le|rei**
Iko|no|du|lie, die; - (Bilderverehrung)
Iko|no|graf, Iko|no|graph, der; -en, -en; **Iko|no|gra|fie, Iko|no|gra|phie,** die; -, ...ien (wissenschaftl. Bestimmung, Beschreibung, Erklärung von Bildinhalten); **Iko|no|gra|fin, Iko|no|gra|phin; iko|no|gra|fisch,** iko|no|gra|phisch
Iko|no|klas|mus, der; -, ...men (Bil-

I
Idio

dersturm); **Iko|no|klast,** der; -en, -en (Bilderstürmer); **Iko|no|klas|tin; iko|no|klas|tisch**

Iko|no|la|t|rie, die; -, ...ien (*svw.* Ikonodulie); **Iko|no|lo|gie,** die; - (*svw.* Ikonografie)

Iko|no|s|kop, das; -s, -e (*Fernsehen* Bildspeicherröhre)

Iko|no|s|tas, der; -, -e, **Iko|no|s|ta|se,** die; -, -n (dreitürige Bilderwand in orthodoxen Kirchen)

Iko|sa|eder, das; -s, - ‹griech.› (*Math.* Zwanzigflächner); **Iko|si|te|t|ra|eder,** das; -s, - (Vierundzwanzigflächner)

IKRK, das; - = Internationales Komitee vom Roten Kreuz (in Genf)

IKS, die; - = Interkantonale Kontrollstelle für Heilmittel (in der Schweiz)

Ik|tus, der; -, - *u.* Ikten ‹lat.› (*Verslehre* Betonung der Hebung im Vers; *Med.* unerwartet u. plötzlich auftretendes Symptom)

IL = Illinois

Ilang-Ilang-Baum usw. *vgl.* Ylang-Ylang-Baum usw.; **Ilang-Ilang-Öl** *vgl.* Ylang-Ylang-Öl

Iler, der; -s, - (Schabeisen der Kammmacher)

Ile|us, der; -, Ileen [...eən] ‹griech.› (*Med.* Darmverschluss)

Ilex, die, *auch* der; -, - ‹lat.› (Stechpalme)

Ili|as, *seltener* **Ili|a|de,** die; - ([Homers] Heldengedicht über den Krieg gegen Ilion)

Ili|on (*griechischer Name von* Troja); **Ili|um** (*latinisierte Form von* Ilion)

ill. = illustriert

Ill, die; - (rechter bzw. linker Nebenfluss des Rheins)

Ill. = Illustration, Illustrierte[n]

il|le|gal [*auch* ...'ga:l] ‹lat.› (gesetzwidrig); **Il|le|ga|li|tät** [*auch* 'ɪ...], die; -, -en; in der Illegalität leben

il|le|gi|tim [*auch* ...'ti:m] (unrechtmäßig; unehelich); **Il|le|gi|ti|mi|tät** [*auch* 'ɪ...], die; -

Il|ler, die; - (rechter Nebenfluss der Donau)

il|lern (*landsch. für* [verstohlen] gucken); ich illere

Il|let|t|ris|mus, der; - ‹lat.-franz.› (*bes. schweiz. für* Lese- u. Schreibunfähigkeit [trotz Schulbesuch])

il|li|be|ral [*auch* ...'ra:l] ‹lat.› (engherzig, nicht liberal); **Il|li|be|ra|li|tät** [*auch* 'ɪ...], die; -

Il|li|nois [...'nɔy(s)] (Staat in den USA; *Abk.* IL)

il|li|quid [*auch* ...'kvi:t] ‹lat.› (zahlungsunfähig); **Il|li|qui|di|tät** [*auch* 'ɪ...], die; -

Il|li|te|rat [*auch* ...'ra:t], der; -en, -en ‹lat.› (*selten für* Ungelehrter, Ungebildeter); **Il|li|te|ra|tin**

Il|lo|ku|ti|on, die; -, -en ‹lat.› (*Sprachwiss.* Sprechakt im Hinblick auf die kommunikative Funktion); **il|lo|ku|ti|o|när; il|lo|ku|tiv;** illokutiver Akt (Illokution)

il|lo|y|al ['ɪloaja:l, *auch* ...'ja:l] ‹franz.› (den Staat, eine Instanz o. Ä. nicht respektierend; unredlich, untreu; Vereinbarungen nicht einhaltend); **Il|lo|ya|li|tät** [*auch* 'ɪl...], die; -, -en

Il|lu|mi|nat, der; -en, -en ‹lat.› (Angehöriger verschiedener früherer Geheimverbindungen, bes. des Illuminatenordens); **Il|lu|mi|na|ten|or|den,** der; -s (aufklärerisch-freimaurerischer Geheimbund des 18. Jh.s)

Il|lu|mi|na|ti|on, die; -, -en (Festbeleuchtung; Ausmalung); **Il|lu|mi|na|tor,** der; -s, ...oren (mittelalterlicher Ausmaler von Büchern); **Il|lu|mi|na|to|rin; il|lu|mi|nie|ren** (festlich erleuchten; bunt ausmalen); **Il|lu|mi|nie|rung**

Il|lu|si|on, die; -, -en ‹lat.› (Wunschvorstellung; Wahn, Sinnestäuschung); **il|lu|si|o|när** (auf Illusion beruhend)

Il|lu|si|o|nis|mus, der; - (*Philos.* Lehre, nach der die Außenwelt nur Illusion ist)

Il|lu|si|o|nist, der; -en, -en (Träumer; Zauberkünstler); **Il|lu|si|o|nis|tin; il|lu|si|o|nis|tisch**

il|lu|si|ons|los

il|lu|so|risch (nur in der Illusion bestehend; trügerisch)

il|lus|ter ‹lat.› (glänzend, vornehm); il|lus|t|re Gesellschaft

Il|lus|t|ra|ti|on, die; -, -en (Erläuterung, Bildbeigabe); *Abk.* Ill.; **il|lus|t|ra|tiv** (erläuternd, anschaulich)

Il|lus|t|ra|tor, der; -s, ...oren (Künstler, der ein Buch mit Bildern schmückt); **Il|lus|t|ra|to|rin**

il|lus|t|rie|ren ([durch Bilder] erläutern; [ein Buch] mit Bildern schmücken; bebildern); **il|lus|t|riert** (*Abk.* ill.)

Il|lus|t|rier|te, die; -n, -n; zwei Illustrierte, *auch* Illustrierten; *Abk.* Ill.; **Il|lus|t|rie|rung** (Vorgang des Illustrierens)

Il|ly|rer, Il|ly|ri|er (Angehöriger indogermanischer Stämme in Illyrien); **Il|ly|re|rin, Il|ly|ri|e|rin; Il|ly|ri|en** (das heutige Dalmatien u. Albanien); **il|ly|risch**

Ilm, die; - (linker Nebenfluss der Saale; rechter Nebenfluss der Donau)

[1]**Il|me|n|au** (Stadt im Thüringer Wald)

[2]**Il|me|n|au,** die; - (linker Nebenfluss der unteren Elbe)

Il|me|nit, der; -s, -e ‹nach dem russ. Ilmengebirge› (ein Mineral)

Ilo|na [*auch* i'lo:...] (w. Vorn.)

Il|se (w. Vorn.)

Il|tis, der; Iltisses, Iltisse (kleines Raubtier; Pelz aus dessen Fell)

im (in dem; *Abk.* i. [*bei Ortsnamen,* z. B. Königshofen i. Grabfeld]); im Auftrag[e] *(Abk.* i. A. *od.* I. A. *[vgl. d.]);* im Grunde [genommen]; im Haus[e] (*Abk.* i. H.); im Argen liegen; im Allgemeinen (*Abk.* i. Allg.); im Besonderen; *vgl. auch* einzeln, ganz, gering, klar usw.

IM, der; -[s], -[s] = inoffizieller Mitarbeiter (des Staatssicherheitsdienstes der DDR)

I. M. = Ihre Majestät; Innere Mission

Image [...ɪtʃ], das; -[s], -s ‹engl.› (Vorstellung, Bild von jmdm. od. etw. [in der öffentlichen Meinung]); **Image|kam|pa|g|ne** *(bes. Werbespr.);* **Image|pfle|ge; Image|wer|bung** *(bes. Werbespr.)*

ima|gi|na|bel ‹lat.› (vorstellbar, erdenklich); ...a|b|le Vorgänge

ima|gi|när (nur vorgestellt); imaginäre Zahl (*Math.; Zeichen* i)

Ima|gi|na|ti|on, die; -, -en ([dichter.] Einbildung[skraft]); **ima|gi|nie|ren** ([sich] vorstellen)

Ima|go, die; -, ...gines (*Biol.* fertig ausgebildetes, geschlechtsreifes Insekt)

im All|ge|mei|nen (*Abk.* i. Allg.; ↑K 72)

Imam, der; -[s], *Plur.* -s *u.* -e ‹arab.› (Vorbeter in der Moschee; Titel für Gelehrte des Islams; Prophet u. religiöses Oberhaupt der Schiiten)

Iman, das; -s ‹arab.› (Glaube [im Islam])

im Auf|trag, im Auf|tra|ge (*Abk.* i. A. *od.* I. A.)

IMAX® ['aimɛks], das; - ‹Kurzw.,

I IMAX

engl.) (spezielle Form der Filmprojektion, bei der der Zuschauer sich als Handlungsbeteiligter fühlt)
im Be|griff, im Be|grif|fe; im Begriff[e] sein
im Be|son|de|ren *vgl.* besondere
im|be|zil, im|be|zill ‹lat.› (*Med. veraltet für* an Imbezillität leidend); **Im|be|zil|li|tät,** die; - (*Med. veraltet für* Intelligenzdefekt mittleren Grades)
Im|bi|bi|ti|on, die; -, -en ‹lat.› (*Bot.* Quellung von Pflanzenteilen; *Geol.* Durchtränken von Gestein mit magmatischen Gasen od. wässrigen Lösungen)
Im|biss, der; Imbisses, Imbisse; **Im|biss|bu|de; Im|biss|hal|le**
Im|biss|stand, Im|biss-Stand
Im|biss|stu|be, Im|biss-Stu|be

Inbus®
Mit einem *n* und nicht mit einem *m* schreibt sich der Name des gebogenen Sechskantschlüssels: *Inbus* ist die Abkürzung für Innensechskantschlüssel [der Firma] Bauer und Schaurte.

im Ein|zel|nen *vgl.* einzeln
im Fall, Fal|le[,] dass ↑K 127
im Fol|gen|den *vgl.* folgend
im Grun|de; im Grunde genommen
Imi|tat, das; -[e]s, -e, **Imi|ta|ti|on,** die; -, -en ‹lat.› ([minderwertige] Nachahmung)
Imi|ta|tor, der; -s, ...oren (Nachahmer); **Imi|ta|to|rin; imi|ta|to|risch**
imi|tie|ren; imi|tiert (unecht)
im Jah|re, im Jahr (*Abk.* i. J.)
Im|ke (w. Vorn.)
Im|ker, der; -s, - (Bienenzüchter); **Im|ke|rei; Im|ke|rin; im|kern;** ich imkere
im|ma|nent ‹lat.› (innewohnend, in etwas enthalten); **Im|ma|nenz,** die; - (das Innewohnen)
Im|ma|nu|el [...e:l, *auch* ...ɛl] (m. Vorn.)
Im|ma|te|ri|a|li|tät [*auch* 'ɪ...], die; - ‹franz.› (unkörperliche Beschaffenheit); **im|ma|te|ri|ell** [*auch* ...'riɛl] (unstofflich; geistig)
Im|ma|t|ri|ku|la|ti|on, die; -, -en ‹lat.› (Einschreibung an einer Hochschule; *schweiz. auch für* amtliche Zulassung eines Kfz)
im|ma|t|ri|ku|lie|ren; Im|ma|t|ri|ku|lie|rung

Im|me, die; -, -n (*landsch. für* Biene)
im|me|di|at ‹lat.› (*veraltend für* unmittelbar [dem Staatsoberhaupt unterstehend]); **Im|me|di|at|ge|such** (unmittelbar an die höchste Behörde gerichtetes Gesuch)
im|mens ‹lat.› (unermesslich [groß]); **Im|men|si|tät,** die; - (*veraltet für* Unermesslichkeit)
Im|men|stock *Plur.* ...stöcke ‹*zu* Imme›
im|men|su|ra|bel ‹lat.› (unmessbar); **Im|men|su|ra|bi|li|tät,** die; -
im|mer; immer[,] wenn ...; immer wieder; immer mehr; für immer; die immer gleichen *od.* immergleichen Argumente; ein immerwährender *od.* immer während er Frühling; der immerwährende *od.* immer währende Kalender ↑K 58 *u.* 89
im|mer|dar (*geh.*)
im|mer|feucht (*Bot., Meteorol.*); immerfeuchter Regenwald
im|mer|fort
im|mer gleich, im|mer|gleich *vgl.* immer
im|mer|grün; immergrüne Blätter, *aber* Pflanzen, die immer grün bleiben; **Im|mer|grün,** das; -s, -e (eine Pflanze)
im|mer|hin
Im|mer|si|on, die; -, -en ‹lat.› (Ein-, Untertauchen, z. B. eines Himmelskörpers in den Schatten eines anderen)
im|mer|wäh|rend, im|mer wäh|rend *vgl.* immer
im|mer|zu (fortwährend)
Im|mi|g|rant, der; -en, -en ‹lat.› (Einwanderer); **Im|mi|g|ran|tin; Im|mi|g|ra|ti|on,** die; -, -en; **im|mi|g|rie|ren**
im|mi|nent ‹lat.› (*bes. Med.* bevorstehend, drohend)
Im|mis|si|on, die; -, -en ‹lat.› (Einwirkung von Verunreinigungen, Lärm o. Ä. auf Lebewesen); **Im|mis|si|ons|schutz,** der; -es; **Im|mis|si|ons|wert**
Im|mo (m. Vorn.)
im|mo|bil [*auch* ...'bi:l] ‹lat.› (unbeweglich; *Militär* nicht für den Krieg bestimmt od. ausgerüstet)
Im|mo|bi|li|ar|kre|dit (durch Grundbesitz gesicherter Kredit); **Im|mo|bi|li|ar|ver|si|che|rung** (Versicherung von Gebäuden gegen Feuerschäden)
Im|mo|bi|lie, die; -, -n ‹lat.› (unbeweglicher Besitz, z. B. Grundstücke, Gebäude)
Im|mo|bi|li|en|fonds (*Wirtsch.*)
Im|mo|bi|li|en|händ|ler; Im|mo|bi|li|en|händ|le|rin
Im|mo|bi|li|en|mak|ler; Im|mo|bi|li|en|mak|le|rin
Im|mo|bi|li|en|markt
im|mo|bi|li|sie|ren; Im|mo|bi|lis|mus, der; -, **Im|mo|bi|li|tät** [*auch* 'ɪm...], die; - (Unbeweglichkeit)
im|mo|ra|lisch; Im|mo|ra|lis|mus, der; - ‹lat.› (Ablehnung moralischer Grundsätze); **Im|mo|ra|li|tät** [*auch* 'ɪ...], die; - (Gleichgültigkeit gegenüber moralischen Grundsätzen)
im|mor|ta|li|sie|ren (*Gentechnik* unsterblich machen [z. B. von Zellen]); **Im|mor|ta|li|tät** [*auch* 'ɪm...], die; - (Unsterblichkeit)
Im|mor|tel|le, die; -, -n ‹franz.› (eine Sommerblume mit strohtrockenen Blüten)
im|mun ‹lat.› (unempfänglich [für Krankheit]; unter Rechtsschutz stehend; unempfindlich)
Im|mun|ant|wort (*Med.* Reaktion des Körpers auf ein Antigen)
Im|mun|bio|lo|gie; im|mun|bio|lo|gisch
Im|mun|glo|bu|lin, das; -s, -e (*Med.* Protein, das die Eigenschaften eines Antikörpers aufweist)
im|mu|ni|sie|ren (unempfänglich machen [für Krankheiten]); **Im|mu|ni|sie|rung**
Im|mu|ni|tät, die; - (Unempfindlichkeit gegenüber Krankheitserregern; Schutz [der Abgeordneten] vor Strafverfolgung); **Im|mu|ni|täts|for|schung**
Im|mun|kör|per (*Med.* Antikörper); **Im|mu|no|lo|ge,** der; -n, -n; **Im|mu|no|lo|gie,** die; - (*Med.* Lehre von der Immunität); **Im|mu|no|lo|gin; im|mu|no|lo|gisch**
im|mun|schwach (*Med.*); **Im|mun|schwä|che**
Im|mun|sup|pres|si|on (*Med.* Unterdrückung einer immunologischen Reaktion); **Im|mun|sys|tem; Im|mun|the|ra|pie** (*Med.*); **Im|mun|zel|le** (*Biol.*)
im Nach|hi|n|ein *vgl.* Nachhinein
imp. = imprimatur
Imp, der; -s, - (*bayr. für* Biene); *vgl.* Imme
Imp. = Imperator
Im|pa|la, die; -, -s ‹afrik.› (eine Antilopenart)
im|pas|tie|ren ‹ital.› (Farbe [mit dem Spachtel] dick auftragen);

Im|pas|to, das; -s, *Plur.* -s *u.* ...sti (dickes Auftragen von Farben)
Im|pe|danz, die; -, -en ⟨lat.⟩ (elektrischer Scheinwiderstand)
im|pe|ra|tiv ⟨lat.⟩ (befehlend, zwingend); imperatives Mandat (Mandat, das Abgeordnete an den Wählerauftrag bindet)
Im|pe|ra|tiv [*auch* ...ˈtiːf], der; -s, -e (*Sprachwiss.* Befehlsform, z. B. »lauf!, lauft!«; *Philos.* unbedingt gültiges sittliches Gebot)
im|pe|ra|ti|visch [*auch* ˈɪ...] (befehlend; Befehls...); **Im|pe|ra|tiv|satz**
Im|pe|ra|tor, der; -s, ...oren (*im alten Rom* Oberfeldherr; *später für* Kaiser; *Abk.* Imp.); **im|pe|ra|to|risch; Im|pe|ra|tor Rex** (Kaiser [u.] König; *Abk.* I. R.); **Im|pe|ra|t|rix,** die; -, ...trices [...tseːs] (Kaiserin)
Im|per|fekt [*auch* ...ˈfɛkt], das; -s, -e ⟨lat.⟩ (*Sprachwiss.* Präteritum); **im|per|fek|tisch** [*auch* ...ˈfɛ...]
im|pe|ri|al ⟨lat.⟩ (das Imperium betreffend; kaiserlich)
Im|pe|ri|a|lis|mus, der; - (das Streben von Großmächten nach wirtschaftlicher, politischer u. militärischer Vorherrschaft)
Im|pe|ri|a|list, der; -en, -en; **Im|pe|ri|a|lis|tin; im|pe|ri|a|lis|tisch**
Im|pe|ri|um, das; -s, ...ien ([römisches] Kaiserreich; Weltreich)
im|per|me|a|bel [*auch* ˈɪ...] ⟨lat.⟩ (*fachspr. für* undurchlässig); ...a|b|le Schicht; **Im|per|me|a|bi|li|tät** [*auch* ˈɪ...], die; -
Im|per|so|na|le, das; -s, *Plur.* ...lien *u.* ...lia ⟨lat.⟩ (*Sprachwiss.* unpersönliches Verb, z. B. »es schneit«)
im|per|ti|nent ⟨lat.⟩ (frech, unverschämt); **Im|per|ti|nenz,** die; -, -en
Im|pe|ti|go, die; -, ...gines ⟨lat.⟩ (eine Hautkrankheit)
im|pe|tu|o|so ⟨ital.⟩ (*Musik* stürmisch); **Im|pe|tus,** der; - ⟨lat.⟩ (Ungestüm, Antrieb, Drang)
Impf|ak|ti|on
Impf|arzt; Impf|ärz|tin
Impf|do|sis *meist Plur.*
imp|fen
Impf|ka|len|der; Impf|ling; Impf|pass; Impf|pflicht; Impf|pis|to|le
Impf|schein; Impf|schutz, der; -es;
Impf|stoff
Imp|fung
Impf|zeug|nis; Impf|zwang, der; -[e]s
Im|plan|tat, das; -[e]s, -e ⟨lat.⟩ (*Med.* dem Körper eingepflanztes Material); **Im|plan|ta|ti|on,** die; -, -en (Einpflanzung von Gewebe o. Ä. in den Körper); **im|plan|tie|ren**
Im|ple|men|ta|ti|on *(EDV);* **im|ple|men|tie|ren** ⟨engl.⟩ (einsetzen, einbauen); Software implementieren *(EDV);* **Im|ple|men|tie|rung** (das Implementieren)
Im|pli|ka|ti|on, die; -, -en ⟨lat.⟩ (das Einbeziehen)
im|pli|zie|ren (einschließen)
im|pli|zit (inbegriffen, mitgemeint; *Ggs.* explizit)
im|pli|zi|te [...te] (mit einbegriffen, eingeschlossen)
im|plo|die|ren ⟨lat.⟩ (durch äußeren Überdruck eingedrückt u. zertrümmert werden); **Im|plo|si|on,** die; -, -en
im|pon|de|ra|bel ⟨lat.⟩ (*veraltet für* unwägbar, unberechenbar); ...a|b|le Faktoren; **Im|pon|de|ra|bi|lie,** die; -, -n *meist Plur.* (Unwägbarkeit); **Im|pon|de|ra|bi|li|tät,** die; - (Unwägbarkeit)
im|po|nie|ren ⟨lat.⟩ (Achtung einflößen, Eindruck machen); **im|po|nie|rend**
Im|po|nier|ge|ha|be (*Zool.* bei m. Tieren vor der Paarung)
Im|port, der; -[e]s, -e ⟨engl.⟩ (Einfuhr); Im- u. Export ↑K31
im|port|ab|hän|gig; Im|port|ab|hän|gig|keit; Im|port|be|schrän|kung
Im|por|te, die; -, -n *meist Plur.* (*veraltet für* eingeführte Ware, bes. Zigarre)
Im|por|teur [...ˈtøːɐ̯], der; -s, -e ⟨franz.⟩ ([Groß]händler, der Waren einführt); **Im|por|teu|rin**
Im|port|fir|ma; Im|port|ge|schäft; Im|port|han|del *vgl.* [1]Handel
im|por|tie|ren
Im|port|kauf|frau; Im|port|kauf|mann
im|por|tun ⟨lat.⟩ (ungeeignet, ungelegen; *Ggs.* opportun)
Im|port|ver|bot; Im|port|wa|re; Im|port|zoll
im|po|sant ⟨franz.⟩ (eindrucksvoll; großartig)
im|po|tent ⟨lat.⟩ (zum Koitus, zur Zeugung nicht fähig); **Im|po|tenz,** die; -, -en
impr. = imprimatur
Im|prä|g|na|ti|on, die; -, -en ⟨lat.⟩ (*Geol.* feine Verteilung von Erdöl od. Erz in Spalten od. Poren eines Gesteins; *Med.* Eindringen des Spermiums in das reife Ei, Befruchtung)
im|prä|g|nie|ren (mit einem Schutzmittel [gegen Feuchtigkeit, Zerfall] durchtränken); **Im|prä|g|nie|rung**
im|prak|ti|ka|bel [*auch* ...ˈkaː...] ⟨lat.; griech.⟩ (unausführbar); ...a|b|le Anordnung
Im|pre|sa|ria, die; -, ...rien ⟨ital.⟩; **Im|pre|sa|rio,** der; -s, *Plur.* -s *od.* ...ri, *auch* ...rien ([Theater-, Konzert]agent)
Im|pres|sen (*Plur. von* Impressum)
Im|pres|si|on, die; -, -en ⟨lat.⟩ (Eindruck; Empfindung; Sinneswahrnehmung); **im|pres|si|o|na|bel** (für Eindrücke empfänglich; erregbar); ...a|b|le Naturen
Im|pres|si|o|nis|mus, der; - (Kunstrichtung der 2. Hälfte des 19. Jh.s); **Im|pres|si|o|nist,** der; -en, -en; **Im|pres|si|o|nis|tin; im|pres|si|o|nis|tisch**
Im|pres|sum, das; -s, ...ssen (*Buchw.* Erscheinungsvermerk; Angabe über Verleger, Drucker usw. in Druck-Erzeugnissen)
im|pri|ma|tur ⟨»es werde gedruckt«⟩ (Vermerk auf dem letzten Korrekturabzug; *Abk.* impr. *u.* imp.); **Im|pri|ma|tur,** das; -s, **Im|pri|ma|tur,** die; - (Druckerlaubnis); **im|pri|mie|ren** (das Imprimatur erteilen)
Im|promp|tu [ɛ̃prõˈtyː], das; -s, -s ⟨franz.⟩ (*Musik* Fantasiekomposition)
Im|pro|vi|sa|ti|on, die; -, -en ⟨ital.⟩ (unvorbereitetes Handeln; Stegreifdichtung, -rede, -musizieren); **Im|pro|vi|sa|ti|ons|ta|lent**
Im|pro|vi|sa|tor, der; -s, ...oren (jmd., der improvisiert; Stegreifdichter usw.); **Im|pro|vi|sa|to|rin; im|pro|vi|sa|to|risch**
im|pro|vi|sie|ren
Im|puls, der; -es, -e ⟨lat.⟩ (Antrieb; Anregung; [An]stoß; Anreiz); **Im|puls|ge|ber** *(Technik)*
im|pul|siv (von plötzl. Einfällen abhängig; lebhaft, rasch); **Im|pul|si|vi|tät,** die; -
Imst (österr. Stadt)
im|stand, im Stand *(bes. südd.);* **im|stan|de, im Stan|de;** imstande *od.* im Stande sein; *vgl.* Stand
im Üb|ri|gen *vgl.* übrig
im Vo|r|aus [*auch* - ...ˈraus] ↑K81
im Vor|hi|n|ein (im Voraus; ↑K81)
im We|sent|li|chen *vgl.* wesentlich
[1]**in** (*Abk.* i. [*bei Ortsnamen,* z. B. Weißenburg i. Bay.]); *Präp. mit Dat. u. Akk.:* ich gehe in dem

I
in

(im) Garten auf und ab, *aber* ich gehe in den Garten; im (in dem); ins (in das); *vgl.* ins

²**in** ‹engl.› *(ugs.);* in sein (*ugs. für* dazugehören; zeitgemäß, modern sein)

in, in. = Inch

In = *chemisches Zeichen für* Indium

...in (z. B. Lehrerin, die; -, -nen)

Ina (w. Vorn.)

in ab|sen|tia ‹lat.› (in Abwesenheit [des Angeklagten])

in ab|s|t|rac|to ‹lat.› (im Allgemeinen betrachtet; rein begrifflich); *vgl.* abstrakt

in|ad|äquat [*auch* ...ˈkvaːt] ‹lat.› (nicht angemessen); **In|ad|äquat|heit,** die; -, -en

in ae|ter|num ‹lat.› (auf ewig)

in|ak|ku|rat [*auch* ...ˈraːt] ‹lat.› (ungenau)

in|ak|tiv [*auch* ...ˈtiːf] ‹lat.› (untätig; unwirksam; ruhend)

in|ak|ti|vie|ren (*Chemie, Med.* unwirksam machen)

In|ak|ti|vi|tät [*auch* ˈɪ...], die; - (Untätigkeit, Unwirksamkeit)

in|ak|tu|ell [*auch* ...ˈtu̯ɛl] (nicht aktuell)

in|ak|zep|ta|bel [*auch* ...ˈtaː...] ‹lat.› (unannehmbar); ...a|b|le Bedingungen

in|an ‹lat.› (*Philos.* nichtig, leer)

In|an|griff|nah|me, die; -, -n

In|an|spruch|nah|me, die; -, -n

in|ar|ti|ku|liert [*auch* ...ˈliːɐ̯t] ‹lat.› (ungegliedert; undeutlich [ausgesprochen])

In|au|gen|schein|nah|me, die; -, -n

In|au|gu|ral|dis|ser|ta|ti|on, die; -, -en ‹lat.› (wissenschaftl. Arbeit zur Erlangung der Doktorwürde)

In|au|gu|ra|ti|on, die; -, -en ([feierliche] Einsetzung in ein hohes Amt); **in|au|gu|rie|ren** (einsetzen; beginnen, einleiten)

in bar; etwas in bar bezahlen

In|be|griff, der; -[e]s, -e (absolute Verkörperung; Musterbeispiel)

in|be|grif|fen *vgl.* einbegriffen

In|be|sitz|nah|me, die; -, -n

in Be|treff *vgl.* Betreff

In|be|trieb|nah|me, die; -, -n; **In|be|trieb|set|zung**

in Be|zug *vgl.* Bezug

In|bild (*geh. für* Ideal)

In|brunst, die; -; **in|brüns|tig**

In|bus®, der; -ses, -se (*Kurzw. für* Innensechskantschlüssel [der Firma] Bauer und Schaurte); **In|bus|schlüs|sel**

Inc. = incorporated ‹engl.-amerik.› (*amerik. Bez. für* eingetragen [von Vereinen o. Ä.])

In|cen|tive [...ˈsɛntɪf], das; -s, -s ‹engl.› ([wirtschaftlicher] Anreiz; Ansporn; Gratifikation); **In|cen|tive|rei|se**

Inch [ɪntʃ], der; -[es], -es ‹engl.› (angelsächsisches Längenmaß; *Abk.* in, in.; *Zeichen* ″); 4 Inch[es]

in|cho|a|tiv [...k...] ‹lat.›; **In|cho|a|tiv** [*auch* ...ˈtiːf], das; -s, -e (*Sprachwiss.* Verb, das den Beginn eines Geschehens ausdrückt, z. B. »erwachen«)

in|ci|pit ‹lat., »es beginnt«› (Vermerk am Anfang von Handschriften u. Frühdrucken)

incl. *vgl.* inkl.

in con|cert [- ...sət] ‹engl.› (in einem öffentlichen Konzert; bei einem öffentlichen Konzert aufgenommen)

in con|cre|to ‹lat.› (in Wirklichkeit; tatsächlich); *vgl.* konkret

in con|tu|ma|ci|am ‹lat.› *(Rechtsspr.);* in contumaciam urteilen (in Abwesenheit des Beklagten ein Urteil fällen)

in cor|po|re [- ...re] ‹lat.› (insgesamt; alle gemeinsam)

Ind. = Indikativ

IND = Indiana

I. N. D. = in nomine Dei; in nomine Domini

In|d|an|th|ren®, das; -s, -e (ein licht- u. waschechter Farbstoff); **in|d|an|th|ren|far|ben; In|d|an|th|ren|farb|stoff**

In|de|fi|nit|pro|no|men [*auch* ˈɪ...] ‹lat.› (*Sprachwiss.* unbestimmtes Fürwort, z. B. »jemand«)

in|de|kli|na|bel [*auch* ...ˈnaː...] ‹lat.› (*Sprachwiss.* nicht beugbar); ein ...a|b|les Wort

in|de|li|kat [*auch* ...ˈkaːt] ‹franz.› (unzart; unfein)

in|dem; er bedankte sich, indem (damit, dass) er Blumen schickte ↑K121; *aber* er diktierte einen Brief, in dem (in welchem) ...

In|dem|ni|tät, die; - ‹lat.› (Straflosigkeit der Abgeordneten für Äußerungen im Parlament)

In-den-Ap|ril-Schi|cken, das; -s ↑K27; **In-den-Tag-hi|n|ein-Le|ben,** das; -s ↑K27

In|dent|ge|schäft ‹engl.; dt.› (eine Art des Exportgeschäftes)

In|de|pen|dence Day [...diˈpɛndn̩s deː], der; - - ‹engl.-amerik.› (Unabhängigkeitstag der USA [4. Juli])

In|de|pen|dent, der; -en, -en *meist Plur.* ‹engl.› (Anhänger einer britischen puritanischen Richtung des 17. Jh.s); **In|de|pen|denz,** die; - ‹lat.› (*veraltet für* Unabhängigkeit)

In|der, der; -s, - (Bewohner Indiens); **In|de|rin**

in|des, in|des|sen

in|de|ter|mi|na|bel [*auch* ˈɪn...] ‹lat.› (unbestimmbar); ...a|b|ler Begriff; **In|de|ter|mi|na|ti|on** [*auch* ˈɪn...], die; - (Unbestimmtheit); **in|de|ter|mi|niert** [*auch* ˈɪn...] (unbestimmt); **In|de|ter|mi|nis|mus** [*auch* ˈɪ...], der; - (*Philos.* Lehre von der Willensfreiheit)

In|dex, der; -[es], *Plur.* -e *u.* ...dizes, *auch* ...dices ‹lat.› (alphabetisches Namen-, Sachverzeichnis; Liste verbotener Bücher; statistische Messziffer); das Buch steht auf dem Index

In|dex|an|pas|sung (*österr. für* Anpassung an die Inflationsrate)

in|dex|ge|bun|den *(bes. österr.)*

in|de|xie|ren (*fachspr. für* ein Verzeichnis erstellen); **In|de|xie|rung**

In|dex|wäh|rung; In|dex|zahl; In|dex|zif|fer

in|de|zent ‹lat.› (nicht taktvoll, nicht feinfühlig); **In|de|zenz,** die; -, -en (Mangel an Takt)

In|di|a|ca® [...ka], das; -[s] (eine Art Volleyballspiel, Handtennis)

In|di|an, der; -s, -e (*bes. österr. für* Truthahn)

In|di|a|na (Staat in den USA; *Abk.* IND)

In|di|a|na|po|lis|start, In|di|a|na|polis-Start (fliegender Start beim Autorennen)

In|di|a|ner, der; -s, - (Angehöriger der Urbevölkerung Amerikas [außer den Eskimos]); *vgl. auch* Indio

In|di|a|ner|buch; In|di|a|ner|ge|schich|te; In|di|a|ner|häupt|ling

In|di|a|ne|rin

In|di|a|ner|krap|fen (*österr.* ein mit Schokolade überzogenes Gebäckstück)

In|di|a|ner|re|ser|vat; In|di|a|ner|re|ser|va|ti|on; In|di|a|ner|schmuck; In|di|a|ner|spra|che; In|di|a|ner|stamm

in|di|a|nisch; In|di|a|nist, der; -en, -en (Erforscher der indianischen

Sprachen u. Kulturen); **In|di|a|nis|tik,** die; -; **In|di|a|nis|tin**
In|di|ces (*Plur. von* Index); *vgl.* Indizes
In|die, das; -s, -s ‹engl.› (kleine unabhängige Musik- od. Filmproduktionsfirma)
In|di|en (Staat in Südasien); *vgl. auch* Bharat
In|dienst|nah|me, die; -, -n (*Amtsspr.*); **In|dienst|stel|lung**
in|dif|fe|rent [*auch* ...ˈrɛ...] ‹lat.› (unbestimmt, gleichgültig, teilnahmslos; wirkungslos)
In|dif|fe|ren|tis|mus, der; - (indifferente Haltung, Einstellung)
In|dif|fe|renz [*auch* ...ˈrɛ...], die; -, -en (Unbestimmtheit, Gleichgültigkeit; Wirkungslosigkeit)
in|di|gen (*fachspr. für* einheimisch); indigene Sprachen
In|di|ges|ti|on [*auch* ˈɪ...], die; -, -en ‹lat.› (*Med.* Verdauungsstörung)
In|di|g|na|ti|on, die; - ‹lat.› (Unwille, Entrüstung); **in|di|g|niert** (peinlich berührt, entrüstet)
In|di|g|ni|tät, die; - (*Rechtsspr.* Erbunwürdigkeit)
In|di|go, der *od.* das; -s, *Plur.* (*für* Indigoarten:) -s ‹span.› (ein blauer Farbstoff)
in|di|go|blau; In|di|go|blau, das
In|di|go|lith, der; *Gen.* -s *u.* -en, *Plur.* -e[n] (ein Mineral)
In|dik, der; -s (Indischer Ozean)
In|di|ka|ti|on, die; -, -en ‹lat.› (Merkmal; *Med.* Heilanzeige); **In|di|ka|ti|ons|mo|dell** (Modell zur Freigabe des Schwangerschaftsabbruchs unter bestimmten Voraussetzungen)
in|di|ka|tiv (*Wirtsch.* unverbindlich; einen Indikator darstellend); indikative Angebote
In|di|ka|tiv, der; -s, -e (*Sprachwiss.* Wirklichkeitsform; *Abk.* Ind.); **in|di|ka|ti|visch** [*auch* ...ˈti:...]
In|di|ka|tor, der; -s, ...oren (Merkmal, das etwas anzeigt; Gerät zum Messen physikalischer Vorgänge; Stoff, der durch Farbwechsel das Ende einer chemischen Reaktion anzeigt)
In|di|ka|tor|dia|gramm (Leistungsbild [einer Maschine]); **In|di|ka|tor|pflan|ze** (*Biol.*)
In|di|ka|t|rix, die; - (mathematisches Hilfsmittel zur Feststellung einer Flächenkrümmung)
In|dio, der; -s, -s ‹span.› (süd- *od.* mittelamerikanischer Indianer)
in|di|rekt [*auch* ...ˈrɛ...] ‹lat.› (mittelbar; auf Umwegen); indirekte Wahl; indirekte Rede (*Sprachwiss.* abhängige Rede); indirekter Fragesatz (*Sprachwiss.* abhängiger Fragesatz); **In|di|rekt|heit**
in|disch; indische Musik, *aber* ↑K 140: der Indische Ozean; der Indische Elefant (*Zool.*); **In|disch|rot** (eine Anstrichfarbe)
in|dis|kret [*auch* ...ˈkre:t] ‹franz.› (nicht verschwiegen; taktlos; zudringlich); **In|dis|kre|ti|on** [*auch* ˈɪ...], die; -, -en (Vertrauensbruch; Taktlosigkeit)
in|dis|ku|ta|bel [*auch* ...ˈta:...] ‹franz.› (nicht der Erörterung wert); ...a|b|le Forderung
in|dis|po|ni|bel [*auch* ...ˈni:...] ‹lat.› (nicht verfügbar; festgelegt); eine ...i|b|le Menge
in|dis|po|niert (in schlechter körperlich-seelischer Verfassung); **In|dis|po|si|ti|on,** die; -, -en (schlechte körperlich-seelische Verfassung)
in|dis|zi|p|li|niert [*auch* ...ˈni:ɐ̯t]
In|di|um, das; -s (chemisches Element, Metall; *Zeichen* In)
in|di|vi|du|a|li|sie|ren ‹franz.› (das Besondere, Eigentümliche hervorheben); **In|di|vi|du|a|li|sie|rung**
In|di|vi|du|a|lis|mus, der; - ‹lat.› (Anschauung, die dem Individuum den Vorrang vor der Gemeinschaft gibt)
In|di|vi|du|a|list, der; -en, -en (Vertreter des Individualismus; Einzelgänger); **In|di|vi|du|a|lis|tin**
in|di|vi|du|a|lis|tisch (nur das Individuum berücksichtigend; das Besondere, Eigentümliche betonend)
In|di|vi|du|a|li|tät, die; -, -en ‹franz.› (*nur Sing.:* Einzigartigkeit der Persönlichkeit; Eigenart; Persönlichkeit)
In|di|vi|du|al|psy|cho|lo|gie
In|di|vi|du|al|recht (Persönlichkeitsrecht)
In|di|vi|du|al|sphä|re; In|di|vi|du|al|tou|ris|mus; In|di|vi|du|al|ver|kehr
In|di|vi|du|a|ti|on, die; -, -en (Entwicklung der Einzelpersönlichkeit; Vereinzelung)
in|di|vi|du|ell ‹franz.› (dem Individuum eigentümlich; vereinzelt; besonders geartet; *regional für* privat, nicht staatlich)
In|di|vi|du|um, das; -s, ...duen ‹lat.› (Einzelwesen, einzelne Person; *abwertend für* Kerl, Lump)
In|diz, das; -es, -ien ‹lat.› (Anzeichen; verdächtiger Umstand)
In|di|zes, In|di|ces (*Plur. von* Index)
In|di|zi|en (*Plur. von* Indiz)
In|di|zi|en|be|weis (auf zwingenden Verdachtsmomenten beruhender Beweis); **In|di|zi|en|ket|te; In|di|zi|en|pro|zess**
in|di|zie|ren (auf den Index setzen; mit einem Index versehen; anzeigen; *Med.* als angezeigt erscheinen lassen); **in|di|ziert** (*Med.* angezeigt, ratsam); **In|di|zie|rung**
In|do|chi|na (ehem. franz. Kolonialgebiet in Südostasien; heute Vietnam, Laos u. Kambodscha)
In|do|eu|ro|pä|er (Angehöriger einer westasiatisch-europäischen Sprachfamilie); **In|do|eu|ro|pä|e|rin; in|do|eu|ro|pä|isch** (*Abk.* ide., i.-e.)
In|do|eu|ro|pä|isch, das; -[s]; *vgl.* Deutsch; **In|do|eu|ro|pä|i|sche,** das; -n; *vgl.* ²Deutsche
In|do|eu|ro|pä|ist, der; -en, -en; **In|do|eu|ro|pä|is|tik,** die; - (Wissenschaft, die die indoeuropäischen Sprachen erforscht); **In|do|eu|ro|pä|is|tin**
In|do|ger|ma|ne (*svw.* Indoeuropäer); **In|do|ger|ma|nin; in|do|ger|ma|nisch** (*Abk.* idg.)
In|do|ger|ma|nisch, das; -[s]; *vgl.* Deutsch; **In|do|ger|ma|ni|sche,** das; -n; *vgl.* ²Deutsche
In|do|ger|ma|nist, der; -en, -en; **In|do|ger|ma|nis|tik** (*svw.* Indoeuropäistik); **In|do|ger|ma|nis|tin**
In|dok|t|ri|na|ti|on, die; -, -en (massive [ideologische] Beeinflussung); **in|dok|t|ri|na|tiv; in|dok|t|ri|nie|ren; In|dok|t|ri|nie|rung**
In|dol, das; -s (chemische Verbindung)
in|do|lent [*auch* ...ˈlɛ...] ‹lat.› (unempfindlich; gleichgültig); **In|do|lenz** [*auch* ...ˈlɛ...], die; -
In|do|lo|ge, der; -n, -n; **In|do|lo|gie,** die; - ‹griech.› (Erforschung der Sprachen u. Kulturen Indiens); **In|do|lo|gin**
In|do|ne|si|en (Inselstaat in Südostasien); **In|do|ne|si|er; In|do|ne|si|e|rin; in|do|ne|sisch**
in|door [ˈɪndo:ɐ̯], **in|doors** [...do:ɐ̯s] ‹engl.› (innen, in der Halle); sie klettern indoor[s]; **In|door|spiel|platz**
in|do|pa|zi|fisch (um den Indischen u. Pazifischen Ozean gelegen); der indopazifische Raum

I
indo

In|dos|sa|ment, das; -s, -e ‹ital.› (*Bankw.* Wechselübertragungsvermerk)
In|dos|sant, der; -en, -en (Wechselüberschreiber); **In|dos|san|tin**
In|dos|sat, der; -en, -en, **In|dos|sa|tar,** der; -s, -e (durch Indossament ausgewiesener Wechselgläubiger); **In|dos|sa|ta|rin, In|dos|sa|tin**
in|dos|sie|ren ([einen Wechsel] durch Indossament übertragen); **In|dos|sie|rung; In|dos|so,** das; -s, *Plur.* -s *u.* ...dossi (*Bankw.* Indossament)
In|d|ra (indischer Hauptgott der vedischen Zeit)
in du|bio ‹lat.› (im Zweifelsfalle)
in du|bio pro reo ‹»im Zweifel für den Angeklagten«› (ein alter Rechtsgrundsatz); **In-du-bio-pro-reo-Grund|satz** ↑K26
In|duk|tanz, die; - ‹lat.› (*Elektrot.* rein induktiver Widerstand)
In|duk|ti|on, die; -, -en (*Logik* Herleitung allgemeiner Regeln aus Einzelfällen; *Elektrot.* Erregung elektrischer Ströme u. Spannungen durch bewegte Magnetfelder)
In|duk|ti|ons|ap|pa|rat (Induktor); **In|duk|ti|ons|be|weis** *(Logik);* **In|duk|ti|ons|herd** *(Technik);* **In|duk|ti|ons|krank|heit** *(Med. veraltet)*
In|duk|ti|ons|ofen *(Technik);* **In|duk|ti|ons|schlei|fe** *(Elektrot.);* **In|duk|ti|ons|strom** (durch Induktion erzeugter Strom)
in|duk|tiv [*auch* 'ɪ...] (auf Induktion beruhend); **In|duk|ti|vi|tät,** die; -, -en (Größe, die für die Stärke des Induktionsstromes mit maßgebend ist)
In|duk|tor, der; -s, ...oren (Transformator zur Erzeugung hoher Spannung)
in dul|ci ju|bi|lo ‹lat., »in süßem Jubel«› (*übertr. für* herrlich u. in Freuden)
in|dul|gent ‹lat.› (nachsichtig); **In|dul|genz,** die; -, -en (Nachsicht; Straferlass; *Theol.* Ablass der zeitlichen Sündenstrafen)
In|dult, der *od.* das; -[e]s, -e (Frist; vorübergehende Befreiung von einer kirchengesetzlichen Verpflichtung)
In|du|ra|ti|on, die; -, -en ‹lat.› (*Med.* Gewebe- od. Organverhärtung)
In|dus, der; - (Strom in Vorderindien)
In|du|si, die; -, -s ‹*Kurzw. aus* induktive Zugsicherung› (*Eisenbahn früher* Zugsicherungseinrichtung)
In|du|si|um, das; -s, ...ien ‹lat.› (*Bot.* häutiger Auswuchs der Blattunterseite von Farnen)
In|dus|t|ri|al De|sign [ɪnˈdʌstrɪəl dɪˈzaɪn], das; - -s ‹engl.› (Formgebung der Gebrauchsgegenstände); **In|dus|t|ri|al De|si|g|ner,** der; - -s, - - (Formgestalter für Gebrauchsgegenstände); **Indus|t|ri|al De|si|g|ne|rin,** die
in|dus|t|ri|a|li|sie|ren ‹franz.› (Industrie ansiedeln, einführen); **In|dus|t|ri|a|li|sie|rung**
In|dus|t|ri|a|lis|mus, der; - (Prägung einer Volkswirtschaft durch die Industrie)
In|dus|t|rie, die; -, ...ien
In|dus|t|rie|an|la|ge; In|dus|t|rie|ar|bei|ter; In|dus|t|rie|ar|bei|te|rin
In|dus|t|rie|ar|chäo|lo|gie (Erhaltung u. Erforschung industrieller Bauwerke, Maschinen o. Ä.)
In|dus|t|rie|aus|stel|lung; In|dus|t|rie|bau *Plur.* ...bauten; **In|dus|t|rie|be|trieb; In|dus|t|rie|bra|che**
In|dus|t|rie|de|sign (Gestaltung von Gebrauchsgegenständen)
In|dus|t|rie|er|zeug|nis; In|dus|t|rie|ge|biet; In|dus|t|rie|ge|schich|te, die; -; **In|dus|t|rie|ge|sell|schaft** *(Soziol.);* **In|dus|t|rie|ge|werk|schaft** (*Abk.* IG); **In|dus|t|rie|ha|fen; In|dus|t|rie|ka|pi|tän** *(ugs.)*
In|dus|t|rie|kauf|frau; In|dus|t|rie|kauf|mann *Plur.* ...leute
In|dus|t|rie|klet|te|rer (jemand, der Arbeiten an nur mit Kletterausrüstung erreichbaren Gebäude- od. Maschinenteilen ausführt); **In|dus|t|rie|klet|te|rin**
In|dus|t|rie|kom|bi|nat *(DDR)*
In|dus|t|rie|kon|zern; In|dus|t|rie|la|den *(DDR);* **In|dus|t|rie|land; In|dus|t|rie|land|schaft**
in|dus|t|ri|ell; die erste, zweite industrielle Revolution ↑K89; **In|dus|t|ri|el|le,** der *u.* die; -n, -n (Eigentümer[in] eines Industriebetriebes); **In|dus|t|ri|el|len|ver|ei|ni|gung** (Interessenvertretung der österr. Industrie)
In|dus|t|rie|ma|g|nat
In|dus|t|rie|me|cha|ni|ker; In|dus|t|rie|me|cha|ni|ke|rin
In|dus|t|rie|meis|ter; In|dus|t|rie|meis|te|rin
In|dus|t|rie|mes|se; In|dus|t|rie|müll; In|dus|t|rie|na|ti|on; In|dus|t|rie|park; In|dus|t|rie|po|li|tik; In|dus|t|rie|pro|dukt; In|dus|t|rie|pro|duk|ti|on; In|dus|t|rie|ro|bo|ter
In|dus|t|rie|spi|o|na|ge; In|dus|t|rie|staat; In|dus|t|rie|stadt
In|dus|t|rie- und Han|dels|kam|mer (*von den Richtlinien der Rechtschreibung* ↑K26 *abweichende übliche Schreibung; Abk.* IHK)
In|dus|t|rie|un|ter|neh|men; In|dus|t|rie|ver|band; In|dus|t|rie|zeit|al|ter; In|dus|t|rie|zo|ne (*österr., schweiz. neben* Industriegebiet); **In|dus|t|rie|zweig**
in|du|zie|ren ‹lat.; *zu* Induktion›
in|ef|fek|tiv [*auch* ...ˈtiːf] ‹lat.› (unwirksam, frucht-, nutzlos)
in ef|fi|gie ‹lat.› (bildlich)
in|ef|fi|zi|ent [*auch* ...ˈtsi̯ɛnt] ‹lat.› (unwirksam; unwirtschaftlich); **In|ef|fi|zi|enz** [*auch* ...ˈtsi̯ɛ...], die; -, -en
in|egal [*auch* ...ˈgaːl] ‹franz.› (ungleich[mäßig])

> **in|ei|n|an|der**
>
> *Man schreibt »ineinander« mit dem folgenden Verb in der Regel zusammen, wenn es den gemeinsamen Hauptakzent trägt:*
>
> – ineinanderfließen, ineinanderfügen, ineinandergreifen, ineinanderschieben
>
> *Aber:*
>
> – sich ineinander verkeilen, ineinander verschachteln

in eins; in eins setzen (gleichsetzen); **In|eins|set|zung** *(geh.)*
in|ert ‹lat.› (*veraltet für* untätig, träge; unbeteiligt); **In|ert|gas** (*Chemie* reaktionsträges Gas)
Ines (w. Vorn.)
in|es|sen|zi|ell, in|es|sen|ti|ell [*auch* ...ˈtsi̯ɛl] ‹lat.› (*Philos.* unwesentlich)
in|ex|akt [*auch* ...ˈksakt] ‹lat.› (ungenau); **In|ex|akt|heit**
in|exis|tent [*auch* ...ˈtɛ...] ‹lat.› (nicht vorhanden); **In|exis|tenz,** die; - (das Nichtvorhandensein; *Philos.* das Dasein, Enthaltensein in etwas)
in ex|ten|so ‹lat.› (ausführlich)
in ex|t|re|mis ‹lat.› (*Med.* im Sterben [liegend])
in|fal|li|bel ‹lat.› (unfehlbar [vom Papst]); eine ...i|b|le Entscheidung; **In|fal|li|bi|li|tät,** die; - ([päpstliche] Unfehlbarkeit)
in|fam ‹lat.› (niederträchtig); **In|fa|mie,** die; -, ...ien

In|fant, der; -en, -en ‹span., »Kind«› (Titel spanischer u. portugiesischer Prinzen)
In|fan|te|rie [...ri, *auch* ...'ri:], die; -, ...ien ‹franz.› (*Militär* Fußtruppe); **In|fan|te|rie|re|gi|ment** (*Abk.* IR.); **In|fan|te|rist** [*auch* ...'rɪ...], der; -en, -en (Fußsoldat); **In|fan|te|ris|tin; in|fan|te|ris|tisch**
in|fan|til ‹lat.› (kindlich; unentwickelt, unreif); **in|fan|ti|li|sie|ren; In|fan|ti|li|sie|rung; In|fan|ti|lis|mus,** der; -, ...men (Stehenbleiben auf kindlicher Entwicklungsstufe); **In|fan|ti|li|tät,** die; -
In|fan|tin ‹span.› (Titel span. u. portugiesischer Prinzessinnen)
In|farkt, der; -[e]s, -e ‹lat.› (*Med.* Absterben eines Gewebeteils infolge Gefäßverschlusses); **in|farkt|ge|fähr|det; In|farkt|ri|si|ko**
In|fekt, der; -[e]s, -e ‹lat.› (*Med.* Infektionskrankheit; *kurz für* Infektion); grippaler Infekt
In|fek|tio|lo|gie, die; - (Wissenschaft von den Infektionskrankheiten)
In|fek|ti|on, die; -, -en (Ansteckung durch Krankheitserreger)
In|fek|ti|ons|er|re|ger; In|fek|ti|ons|ge|fahr; In|fek|ti|ons|herd; In|fek|ti|ons|krank|heit
in|fek|ti|ös (ansteckend)
In|fel *vgl.* Inful
In|fe|ri|o|ri|tät, die; - ‹lat.› (untergeordnete Stellung; Minderwertigkeit)
in|fer|nal (*seltener für* infernalisch); **in|fer|na|lisch** ‹lat.› (höllisch; teuflisch)
In|fer|no, das; -s, -s ‹ital., »Hölle«› (entsetzliches Geschehen)
in|fer|til [*auch* 'ɪn...] ‹lat.› (unfruchtbar); **In|fer|ti|li|tät,** die; -
In|fight, der; -[s], -s, **In|figh|ting,** das; -[s], -s ‹engl.› (*Boxen* Nahkampf)
In|fil|t|ra|ti|on, die; -, -en ‹lat.› (Einsickern; Eindringen; [ideologische] Unterwanderung); **In|fil|t|ra|ti|ons|ver|such**
in|fil|t|rie|ren (eindringen); **In|fil|t|rie|rung,** die; -, -en
In|fi|mum, das; -s, ...ma ‹lat.› (*Math.* untere Grenze einer beschränkten Menge)
in|fi|nit [*auch* ...'ni:t] ‹lat.› (*Sprachwiss.* unbestimmt); infinite Form (Form des Verbs, die im Ggs. zur finiten Form [*vgl.* finit] nicht nach Person u. Zahl bestimmt ist, z. B. »schwimmen« [*vgl.* Infinitiv], »schwimmend« u. »geschwommen« [*vgl.* Partizip])
in|fi|ni|te|si|mal (*Math.* zum Grenzwert hin unendlich klein werdend); **In|fi|ni|te|si|mal|rech|nung** *(Math.)*
In|fi|ni|tiv [*auch* ...'ti:f], der; -s, -e (*Sprachwiss.* Grundform [des Verbs], z. B. »schwimmen«)
In|fi|ni|tiv|kon|junk|ti|on (z. B. »zu«, »ohne zu«, »anstatt zu«)
In|fi|ni|tiv|satz (satzwertiger Infinitiv)
In|fix [*auch* 'ɪn...], das; -es, -e ‹lat.› (in den Wortstamm eingefügtes Wortbildungselement)
in|fi|zie|ren ‹lat.› (anstecken; mit Krankheitserregern verunreinigen); **In|fi|zie|rung**
in fla|g|ran|ti ‹lat.› (auf frischer Tat); in flagranti ertappen
in|flam|ma|bel ‹lat.› (entzündbar); ...a|b|le Stoffe
In|fla|ti|on, die; -, -en (Geldentwertung durch den erhöhten Umlauf von Zahlungsmitteln); **in|fla|ti|o|när, in|fla|ti|o|nis|tisch** (Inflation bewirkend)
In|fla|ti|ons|ab|gel|tung (*österr. für* Inflationsausgleich); **In|fla|ti|ons|aus|gleich; in|fla|ti|ons|be|rei|nigt; In|fla|ti|ons|ge|fahr; In|fla|ti|ons|ra|te**
in|fla|to|risch (*svw.* inflationär)
in|fle|xi|bel [*auch* ...'ksi:...] ‹lat.› (unbiegsam; unveränderlich; *Sprachwiss.* nicht beugbar); ein ...i|b|les System
In|fle|xi|bi|li|tät [*auch* 'ɪ...], die; - (Unbiegsamkeit; Unbeugbarkeit)
In|flu|enz, die; -, -en ‹lat.› (Beeinflussung eines elektrisch ungeladenen Körpers durch die Annäherung eines geladenen)
In|flu|en|za, die; - ‹ital.› (*veraltet für* Grippe)
In|flu|enz|ma|schi|ne (Maschine zur Erzeugung hoher elektrischer Spannung)
[1]**In|fo,** das; -s, -s (*ugs.; kurz für* Informationsblatt)
[2]**In|fo,** die; -, -s (*ugs. kurz für* Information)
In|fo|brief *(Postw.)*
In|fo|kas|ten (eingekästelte Informationstexte)
in|fol|ge ↑K63; *mit Gen. oder mit* »von«: infolge des schlechten Wetters; infolge übermäßigen Stresses; infolge von Krieg, *aber* sie hat drei Mal in Folge (hintereinander) gewonnen
in|fol|ge|des|sen; die Straßen waren überflutet und infolgedessen (deshalb) unpassierbar, *aber* das Hochwasser, infolge dessen die Straßen unpassierbar waren
In|fo|line [...lain], die; -, -s ‹engl.› (telefonischer Auskunftsdienst)
In|fo|mo|bil, das; -s, -e (Fahrzeug als Informationsstand)
In|fo|post (in größeren Mengen verschickte Postsendungen)
In|for|mand, der; -en, -en ‹lat.› (eine Person, die informiert wird); **In|for|man|din**
In|for|mant, der; -en, -en (jmd., der [geheime] Informationen liefert); **In|for|man|ten|schutz,** der; -es *(Rechtswiss.);* **In|for|man|tin**
In|for|ma|tik, die; - (Wissenschaft von der [elektronischen] Informationsverarbeitung); **In|for|ma|ti|ker; In|for|ma|ti|ke|rin**
In|for|ma|ti|on, die; -, -en (Auskunft; Nachricht; Belehrung); **in|for|ma|ti|o|nell**
In|for|ma|tion-Re|t|rie|val [ɪnfə'meɪʃn...], das; -s, -s ‹engl.› (*EDV vgl.* Retrieval)
In|for|ma|ti|ons|aus|tausch; In|for|ma|ti|ons|be|dürf|nis; In|for|ma|ti|ons|blatt; In|for|ma|ti|ons|bü|ro; In|for|ma|ti|ons|dienst; In|for|ma|ti|ons|fluss; In|for|ma|ti|ons|flut; In|for|ma|ti|ons|frei|heit, die; -
In|for|ma|ti|ons|ge|halt, der; **In|for|ma|ti|ons|ge|sell|schaft; In|for|ma|ti|ons|ma|te|ri|al; In|for|ma|ti|ons|pflicht; In|for|ma|ti|ons|quel|le; In|for|ma|ti|ons|stand; In|for|ma|ti|ons|sys|tem**
In|for|ma|ti|ons|tech|nik; in|for|ma|ti|ons|tech|nisch
In|for|ma|ti|ons|tech|no|lo|gie (*Abk.* IT)
In|for|ma|ti|ons|the|o|rie; In|for|ma|ti|ons|ver|an|stal|tung; In|for|ma|ti|ons|ver|ar|bei|tung; In|for|ma|ti|ons|ver|lust; In|for|ma|ti|ons|zeit|al|ter; In|for|ma|ti|ons|zen|t|rum
in|for|ma|tisch ‹*zu* Informatik›
in|for|ma|tiv (belehrend; Auskunft gebend; aufschlussreich)
In|for|ma|tor, der; -s, ...oren (jmd., von dem man Informationen bezieht); **In|for|ma|to|rin; in|for|ma|to|risch** (der [vorläufigen] Unterrichtung dienend)

I
info

In|for|mẹl [ɛ̃...], das; - ‹franz.› (informelle Kunst; *vgl.* ²informell)

¹in|for|mẹll ‹lat.› (informierend)

²ịn|for|mell [*auch* ...'mɛl] ‹franz.› (nicht förmlich; auf Formen verzichtend); informelle Kunst (eine Richtung der modernen Malerei)

in|for|mie|ren ‹lat.› (Auskunft geben; benachrichtigen); sich informieren (Auskünfte, Erkundigungen einziehen); **In|for|miert|heit,** die; -; **In|for|mie|rung**

Ịn|fo|stand

In|fo|tain|ment [...'te:nmɛnt], das; -s ‹engl.-dt.; *Kurzw. aus* Information *u.* Entertainment› (unterhaltende Darbietung von Informationen)

in|fra|ge, **in Fra|ge**; infrage, in Frage kommen, stehen, stellen; das kommt nicht infrage *od.* in Frage; ↑K58: die infrage *od.* in Frage kommende Person; die infrage *od.* in Frage gestellten Regeln, *aber* das Infragestellen

ịn|f|ra|rot ‹lat.; dt.› (zum Infrarot gehörend); **Ịn|f|ra|rot** (unsichtbare Wärmestrahlen, die im Spektrum zwischen dem roten Licht u. den kürzesten Radiowellen liegen)

Ịn|f|ra|rot|film

ịn|f|ra|rot|ge|steu|ert

Ịn|f|ra|rot|hei|zung; Ịn|f|ra|rot|strah|ler; Ịn|f|ra|rot|strah|lung

Ịn|f|ra|schall, der; -[e]s (Schallwellenbereich unterhalb von 16 Hertz)

Ịn|f|ra|struk|tur (wirtschaftlich-organisatorischer Unterbau einer arbeitsteiligen Wirtschaft); **ịn|f|ra|struk|tu|rell; Ịn|f|ra|struk|tur|mi|nis|te|ri|um** (*österr. für* Bundesministerium für Verkehr, Innovation u. Technologie)

Ịn|f|ra|test® (*auch kurz für* Meinungs-, Marktforschungsinstitut; Umfrage, Studie)

Ịn|ful, die; -, -n ‹lat.› (altrömische weiße Stirnbinde; *Bez. der* Mitra mit herabhängenden Bändern); **in|fu|liert** (zum Tragen der Inful berechtigt)

in|fun|die|ren ‹lat.› (*Med.* durch Infusion einführen)

In|fus, das; -es, -e (Aufguss; Tee)

In|fu|si|on, die; -, -en (Zufuhr von Flüssigkeit in den Körper mittels einer Hohlnadel)

In|fu|si|ons|tier|chen, In|fu|so|ri|um, das; -s, ...ien *meist Plur.* (Aufgusstierchen [einzelliges Wimpertierchen])

In|fu|sum, das; -s, ...sa (*svw.* Infus)

Ing. = Ingenieur, Ingenieurin

Ịn|ga (w. Vorn.)

In|gạng|hal|tung, die; -; **In|gạng|set|zung**

In|gä|wo|nen usw. *vgl.* Ingwäonen usw.

Ịn|ge, Ịn|ge|borg (w. Vorn.)

In|ge|brauch|nah|me, die; -, -n

in ge|ne|re [*auch* - 'ge:...] ‹lat.› (im Allgemeinen)

In|ge|ni|eur [...ʒeˈni̯ø:ɐ̯], der; -s, -e ‹franz.› (*Abk.* Ing.)

In|ge|ni|eur|aka|de|mie; In|ge|ni|eur|bau *Plur.* ...bauten; **In|ge|ni|eur|bü|ro**

In|ge|ni|eu|rin (*Abk.* Ing.)

In|ge|ni|eur|kon|su|lent, der (*österr. für* Ziviltechniker mit beratender Funktion u. Parteienstellung); **In|ge|ni|eur|kon|su|len|tin**

In|ge|ni|eur|öko|nom (*DDR* auch auf technischem Gebiet ausgebildeter Wirtschaftswissenschaftler); **In|ge|ni|eur|öko|no|min**

In|ge|ni|eur|schu|le; In|ge|ni|eur[s]|kunst; In|ge|ni|eur|wis|sen|schaft *meist Plur.*

in|ge|ni|ös [...ge...] ‹lat.› (sinnreich; erfinderisch; scharfsinnig); **In|ge|ni|o|si|tät,** die; - (Erfindungsgabe, Scharfsinn)

In|ge|ni|um, das; -s, ...ien (schöpferische Begabung; Genie)

In|ges|ti|on, die; - ‹lat.› (*Med.* Nahrungsaufnahme)

ịn|ge|züch|tet ‹*zu* Inzucht›

Ịn|gol|stadt (Stadt in Bayern); **Ịn|gol|städ|ter; Ịn|gol|städ|te|rin**

Ịn|got, der; -s, -s ‹engl.› (Metallblock, -barren)

In|grain|pa|pier [...'gre:n...] ‹engl.; dt.› (raues Zeichenpapier mit farbigen od. schwarzen Wollfasern)

In|gre|di|ens, das; -, ...ẹnzien *meist Plur.*, **In|gre|di|ẹnz,** die; -, -en *meist Plur.* ‹lat.› (Zutat; Bestandteil)

In|g|res ['ɛ̃:grə] (franz. Maler)

In|grẹss, der; -es, -e ‹lat.› (*veraltet für* Eingang, Zutritt)

In|gres|si|on, die; -, -en (*Geol.* das Eindringen von Meerwasser in Landsenken)

Ịng|rid (w. Vorn.)

Ịn|grimm, der; -[e]s (*veraltend für* Grimm); **ịn|grim|mig**

in grọs|so ‹ital.› (*veraltend für* en gros)

Ing|wä|o|nen *Plur.* (Kultgemeinschaft westgermanischer Stämme); **ing|wä|o|nisch**

Ịng|wer, der; -s, - ‹sanskr.› (eine Gewürzpflanze; ein Likör; *nur Sing.:* ein Gewürz); **Ịng|wer|bier; Ịng|wer|öl**

Ịn|ha|ber; ịn|ha|ber|ge|führt; Ịn|ha|be|rin

Ịn|ha|ber|pa|pier *(Bankw.);* **Ịn|ha|ber|schuld|ver|schrei|bung** *(Wirtsch.)*

in|haf|tie|ren (in Haft nehmen); **In|haf|tier|te,** der *u.* die; -n, -n; **In|haf|tie|rung**

In|haft|nah|me, die; -, -n *(Amtsspr.)*

In|ha|la|ti|on, die; -, -en ‹lat.› (*Med.* Einatmung meist dampfförmiger od. zerstäubter Heilmittel); **In|ha|la|ti|ons|ap|pa|rat**

In|ha|la|to|ri|um, das; -s, ...ien (Raum zum Inhalieren); **in|ha|lie|ren** (*auch für* [beim Zigarettenrauchen] den Rauch [in die Lunge] einziehen)

Ịn|halt, der; -[e]s, -e

ịn|halt|leer *vgl.* inhaltsleer

ịn|halt|lich

ịn|halt|los *vgl.* inhaltslos; **ịn|halt|reich** *vgl.* inhaltsreich

Ịn|halts|an|ga|be

ịn|halts|arm

ịn|halt|schwer *vgl.* inhaltsschwer

ịn|halts|leer, *seltener* ịn|halt|leer; **ịn|halts|los,** *seltener* ịn|halt|los; **ịn|halts|reich,** *seltener* ịn|halt|reich; **ịn|halts|schwer,** *seltener* ịn|halt|schwer

Ịn|halts|stoff, *seltener* **Ịn|halt|stoff**

Ịn|halts|über|sicht; Ịn|halts|ver|zeich|nis

ịn|halts|voll, *seltener* **ịn|halt|voll**

in|hä|rẹnt ‹lat.› (anhaftend; innewohnend); **In|hä|rẹnz,** die; - (*Philos.* die Zugehörigkeit der Eigenschaften zu ihren Trägern)

in|hä|rie|ren (anhaften)

in học sa|lus ‹lat., »in diesem [ist] Heil«› (*Abk.* I. H. S.)

in học si|g|no ‹lat., »in diesem Zeichen«› (*Abk.* I. H. S.)

ịn|ho|mo|gen [*auch* ...'ge:n] ‹lat.; griech.› (ungleichartig); **In|ho|mo|ge|ni|tät** [*auch* 'ɪn...], die; -, -en

in ho|no|rem ‹lat.› (zu Ehren)

in|house ['ɪnhaus] ‹engl.› (*Wirtsch.* innerhalb des eigenen Unternehmens); **Ịn|house|se|mi|nar**

ịn|hu|man [*auch* ...'ma:n] ‹lat.› (unmenschlich); **In|hu|ma|ni|tät** [*auch* 'ɪn...], die; -, -en

in in|fi|ni|tum *vgl.* ad infinitum
In|i|ti|al *vgl.* Initiale
In|i|ti|al|buch|sta|be
In|i|ti|a|le, die; -, -n, *seltener* In|i|ti-al, das; -s, -e ‹lat.› (großer [meist verzierter] Anfangsbuchstabe)
In|i|ti|al|spreng|stoff (Zündstoff für Initialzündungen)
In|i|ti|al|wort *Plur.* ...wörter *(Sprachwiss.)*
In|i|ti|al|zel|len *Plur. (Bot.)*
In|i|ti|al|zün|dung (Zündung eines schwer entzündlichen Sprengstoffs durch einen leicht entzündlichen)
In|i|ti|and, der; -en, -en (Anwärter auf eine Initiation); **In|i|ti|an|din**
In|i|ti|ant, der; -en, -en (jemand, der die Initiative ergreift); **In|i|ti-an|tin**
In|i|ti|a|ti|on, die; -, -en (*Soziol.* Aufnahme in eine Gemeinschaft; *Völkerkunde* Reifefeier bei den Naturvölkern); **In|i|ti|a-ti|ons|ri|tus**
in|i|ti|a|tiv (Initiative ergreifend, besitzend); initiativ werden
In|i|ti|a|tiv|an|trag (die parlamentarische Diskussion eines Problems einleitender Antrag)
In|i|ti|a|tiv|be|geh|ren (*schweiz. für* Initiative)
In|i|ti|a|ti|ve, die; -, -n ‹franz.› (erste tätige Anregung zu einer Handlung; Entschlusskraft, Unternehmungsgeist; *schweiz. auch für* Begehren nach Erlass, Änderung od. Aufhebung eines Gesetzes od. Verfassungsartikels); die Initiative ergreifen
In|i|ti|a|tiv|recht (das Recht, Gesetzentwürfe einzubringen)
In|i|ti|a|tor, der; -s, ...oren ‹lat.› (Urheber; Anstifter); **In|i|ti|a|to-rin**
In|i|ti|en *Plur.* (Anfänge; Anfangsgründe)
in|i|ti|ie|ren (den Anstoß geben; einleiten; [in ein Amt] einführen; einweihen)
In|jek|ti|on, die; -, -en ‹lat.› (*Med.* Einspritzung; *Geol.* Eindringen von Magma in Gesteinsspalten)
In|jek|ti|ons|lö|sung *(Med.);* **In|jek-ti|ons|sprit|ze**
In|jek|tor, der; -s, ...oren (*Technik* Pressluftzubringer in Saugpumpen; Pumpe, die Wasser in einen Dampfkessel einspritzt)
in|ji|zie|ren (einspritzen)
In|ju|rie, die; -, -n ‹lat.› (Unrecht, Beleidigung); **in|ju|ri|ie|ren** (*veraltet für* beleidigen)
In|ka, der; -[s], -[s] (Bewohner des Inkareichs)
In|ka|bein, In|ka|kno|chen (*Med.* ein Schädelknochen)
in|ka|isch
in|kar|nat ‹lat.› (*Kunstwiss.* fleischfarben); **In|kar|nat,** das; -[e]s (Fleischton [auf Gemälden])
In|kar|na|ti|on, die; -, -en (»Fleischwerdung«) (Verkörperung; *Rel.* Menschwerdung [Christi])
In|kar|nat|rot, das; -[s]
in|kar|nie|ren, sich (verkörpern)
in|kar|niert (*Rel.* fleischgeworden)
In|kas|sant, der; -en, -en ‹ital.› (*österr. für* jmd., der Geld kassiert); **In|kas|san|tin**
In|kas|so, das; -s, *Plur.* -s *od., österr. auch,* ...kassi (*Bankw.* Einziehung von Geldforderungen); **In|kas|so|bü|ro; In|kas|so-voll|macht**
In|kauf|nah|me, die; -
inkl., incl. = inklusive
In|kli|na|ti|on, die; -, -en ‹lat.› (Vorliebe, Zuneigung; *Physik* Neigung einer frei aufgehängten Magnetnadel zur Waagerechten; *Math.* Neigung zweier Ebenen od. einer Linie u. einer Ebene gegeneinander)
in|klu|die|ren ‹lat.› (*fachspr. für* mit einschließen)
In|klu|si|on, die; -, -en ‹lat.› (*Fachspr.* Einschluss; Einbeziehung [bes. von behinderten Menschen])

in|klu|si|ve

‹lat.› (einschließlich, inbegriffen; *Abk.* inkl., incl.)
Präposition mit Genitiv:
– inklusive aller Versandkosten, des Verpackungsmaterials

Ein allein stehendes, stark gebeugtes Substantiv steht im Singular in der Regel ungebeugt:
– inklusive Porto, Verpackungsmaterial

Im Plural wird bei allein stehenden, stark gebeugten Substantiven häufig der Dativ gesetzt:
– inklusive Getränken

In|klu|siv|mie|te (*österr. für* Miete einschließlich Nebenkosten)
in|ko|g|ni|to ‹ital.› (unter fremdem Namen); inkognito reisen; **In|ko-g|ni|to,** das; -s, -s
in|ko|hä|rent [*auch* ...ˈrɛ...] ‹lat.› (unzusammenhängend); **In|ko-hä|renz** [*auch* ...ˈrɛ...], die; -, -en
In|koh|lung (*Geol.* Umwandlung von Pflanzen in Kohle)
in|kom|men|su|ra|bel ‹lat.› (nicht messbar; nicht vergleichbar); ...ra|b|le Größen *(Math.);* **In-kom|men|su|ra|bi|li|tät,** die; -
in|kom|mo|die|ren ‹lat.› (*veraltend für* belästigen; bemühen); sich inkommodieren (sich Mühe machen); **In|kom|mo|di|tät,** die; -, -en (Unbequemlichkeit)
in|kom|pa|ra|bel [*auch* ...ˈraː...] ‹lat.› (*veraltend für* unvergleichbar; *Sprachwiss.* nicht steigerbar); ...a|b|le Verhältnisse
in|kom|pa|ti|bel [*auch* ...ˈtiː...] ‹lat.› (unverträglich; miteinander unvereinbar); ...i|b|le Blutgruppen; **In|kom|pa|ti|bi|li|tät** [*auch* ˈɪn...], die; -, -en
in|kom|pe|tent [*auch* ...ˈtɛ...] ‹lat.› (nicht sachverständig; nicht befugt); **In|kom|pe|tenz** [*auch* ...ˈtɛ...], die; -, -en
in|kom|plett [*auch* ...ˈplɛt] ‹franz.› (unvollständig)
in|kom|pres|si|bel [*auch* ...ˈsiː...] ‹lat.› (*Physik* nicht zusammenpressbar); ...i|b|le Materialien; **In|kom|pres|si|bi|li|tät** [*auch* ˈɪ...], die; -
in|kon|gru|ent [*auch* ...ˈɛ...] ‹lat.› (nicht übereinstimmend; *Math.* nicht deckungsgleich); **In|kon-gru|enz** [*auch* ...ˈɛ...], die; -, -en
in|kon|se|quent [*auch* ...ˈkvɛ...] ‹lat.› (nicht folgerichtig; widersprüchlich); **In|kon|se|quenz** [*auch* ...ˈkvɛ...], die; -, -en
in|kon|sis|tent [*auch* ...ˈtɛ...] ‹lat.› (unbeständig; widersprüchlich); **In|kon|sis|tenz** [*auch* ...ˈtɛ...], die; -
in|kon|s|tant [*auch* ...ˈta...] ‹lat.› (veränderlich, unbeständig); **In-kon|s|tanz** [*auch* ...ˈta...], die; -
in|kon|ti|nent [*auch* ...ˈnɛ...] ‹lat.› (*Med.* nicht in der Lage, Harn od. Stuhl zurückzuhalten); **In-kon|ti|nenz** [*auch* ...ˈnɛ...], die; -, -en
in|kon|ver|ti|bel [*auch* ...ˈtiː...] ‹lat.› (*Wirtsch.* nicht austauschbar [von Währungen]); ...i|b|le Währungen
in|kon|zi|li|ant [*auch* ...ˈli̯a...] ‹lat.› (nicht umgänglich)
in|kor|po|ral ‹lat.› (*Med.* im Körper [befindlich])
In|kor|po|ra|ti|on, die; -, -en (Ein-

verleibung; Aufnahme); **in|kor|po|rie|ren; In|kor|po|rie|rung**
in|kor|rekt [*auch* ...ˈrɛ...] ⟨lat.⟩ ([sprachlich] ungenau, fehlerhaft; unangemessen); **In|kor|rekt|heit**
in Kraft *vgl.* ¹Kraft; **In|kraft|set|zung** *(Amtsspr.)*
In|kraft|tre|ten, das; -s (eines Gesetzes ↑K82; *vgl. auch* ¹Kraft)
In|kreis, der; -es, -e (*Geom.* einer Figur einbeschriebener Kreis)
In|kre|ment, das; -[e]s, -e ⟨lat.⟩ (*Math.* Betrag, um den eine Größe zunimmt)
In|kret, das; -[e]s, -e ⟨lat.⟩ (*Med.* von Drüsen ins Blut abgegebener Stoff, Hormon); **In|kre|ti|on,** die; - (innere Sekretion); **in|kre|to|risch** (die innere Sekretion betreffend, auf ihr beruhend)
in|kri|mi|nie|ren ⟨lat.⟩ (beschuldigen; unter Anklage stellen); **in|kri|mi|niert** (beschuldigt)
In|krus|ta|ti|on, die; -, -en ⟨lat.⟩ (farbige Verzierung von Flächen durch Einlagen; *Geol.* Krustenbildung); **in|krus|tie|ren**
In|ku|ba|ti|on, die; -, -en ⟨lat.⟩ (Tempelschlaf in der Antike; *Zool.* Bebrütung von Vogeleiern; *Med.* das Sichfestsetzen von Krankheitserregern im Körper; *auch kurz für* Inkubationszeit *[vgl. d.]*); **In|ku|ba|ti|ons|zeit** (*Med.* Zeit von der Infektion bis zum Ausbruch einer Krankheit)
In|ku|ba|tor, der; -s, ...oren (Brutkasten [für Frühgeburten])
In|ku|bus, der; -, Inkuben (Buhlteufel des mittelalterlichen Hexenglaubens); *vgl.* Sukkubus
in|ku|lant [*auch* ...ˈla...] ⟨franz.⟩ ([geschäftlich] ungefällig); **In|ku|lanz** [*auch* ...ˈla...], die; -, -en
In|kul|pant, der; -en, -en ⟨lat.⟩ (*Rechtsspr. veraltet für* Ankläger); **In|kul|pan|tin**
In|kul|pat, der; -en, -en (*Rechtsspr. veraltet für* Angeschuldigter); **In|kul|pa|tin**
In|ku|na|bel, die; -, -n *meist Plur.* ⟨lat.⟩ (Wiegen-, Frühdruck, Druck aus der Zeit vor 1500)
in|ku|ra|bel [*auch* ...ˈra:...] ⟨lat.⟩ (*Med.* unheilbar); ...a|b|le Krankheit
in Kürze *vgl.* Kürze
In|laid, der; -s, -e ⟨engl.⟩ (durchgemustertes Linoleum)
In|land, das; -[e]s; **In|land|eis**
In|län|der, der; **In|län|de|rin**
In|land|flug, In|lands|flug
in|län|disch
In|lands|brief; In|lands|ge|spräch; In|lands|markt; In|lands|nach|fra|ge; In|lands|por|to; In|lands|preis; In|lands|rei|se
In|laut *(Sprachwiss.)*; **in|lau|tend**
In|lay [ˈɪnleː], das; -s, -s ⟨engl.⟩ (aus Metall od. Porzellan gegossene Zahnfüllung)
In|lett, das; -[e]s, *Plur.* -e *od.* -s (Baumwollstoff [für Federbetten u. -kissen])
in|lie|gend *vgl.* einliegend
In|lie|gen|de, das; -n
In|li|ner [...lai...], der; -s, - ⟨engl.⟩ (*kurz für* Inlineskate); **in|li|nern;** wir inlinerten, sind *od.* haben geinlinert
In|line|skate [ˈinlainskeːt], der; -s, -s *meist Plur.* ⟨engl.⟩ (Rollschuh mit schmalen, hintereinander aufgereihten Rädchen)
in|line|ska|ten ⟨engl.⟩ (Rollschuh laufen mit Inlineskates); wir inlineskateten, sind *od.* haben inlinegeskatet
In|line|ska|ter, der; -s, -; **In|line|ska|te|rin; In|line|ska|ting,** das; -s
in ma|i|o|rem Dei glo|ri|am *vgl.* ad maiorem Dei gloriam
in me|di|as res ⟨lat., »mitten in die Dinge hinein«⟩ ([unmittelbar] zur Sache)
in me|mo|ri|am ⟨lat., »zum Gedächtnis«⟩ (zum Andenken); in memoriam Maria Theresia
in|mit|ten *(geh.)*; ↑K63; *als Präp. mit Gen.:* inmitten des Sees
Inn, der; -[s] (rechter Nebenfluss der Donau)
in na|tu|ra ⟨lat.⟩ (in Wirklichkeit; *ugs. für* in Form von Naturalien)

in|ne

Getrenntschreibung in Verbindung mit »sein« ↑K49:
- inne sein (*geh. für* sich bewusst sein)
- sie ist dieses Erlebnisses inne gewesen
- ehe er dessen inne ist, inne war

Vgl. aber innehaben, innewerden usw.; mitteninne

in|ne|ha|ben; seit er dieses Amt innehat, innegehabt hat
in|ne|hal|ten; um mitten im Satz innezuhalten
in|nen; von, nach innen; innen und außen
In|nen|an|ten|ne; In|nen|ar|bei|ten *Plur.*
In|nen|ar|chi|tekt; In|nen|ar|chi|tek|tin; In|nen|ar|chi|tek|tur
In|nen|auf|nah|me
In|nen|aus|schuss *(Politik)*
In|nen|aus|stat|tung; In|nen|bahn *(Sport)*; **In|nen|dienst; In|nen|durch|mes|ser; In|nen|ein|rich|tung; In|nen|flä|che; In|nen|hand** *(Boxen)*; **In|nen|hof; In|nen|kan|te; In|nen|kur|ve**
In|nen|le|ben, das; -s
In|nen|mi|nis|ter; In|nen|mi|nis|te|rin; In|nen|mi|nis|te|ri|um
In|nen|po|li|tik; in|nen|po|li|tisch, in|ner|po|li|tisch
In|nen|raum
In|nen|rist (innere Seite des Fußrückens)
In|nen|sei|te
In|nen|se|nat; In|nen|se|na|tor; In|nen|se|na|to|rin
In|nen|spie|gel; In|nen|stadt
In|nen|stür|mer; In|nen|stür|me|rin
In|nen|ta|sche; In|nen|tem|pe|ra|tur
In|nen|ver|tei|di|ger; In|nen|ver|tei|di|ge|rin
In|nen|welt
In|ner|asi|en
in|ner|be|trieb|lich; in|ner|deutsch; in|ner|dienst|lich
in|ne|re; inners|te; zuinnerst; die innere Medizin; innere Angelegenheiten eines Staates; ↑K89: innere, *fachspr. auch* Innere Führung (*Bez. für* geistige Rüstung u. zeitgemäße Menschenführung in der deutschen Bundeswehr); innere, *fachspr. auch* Innere Sicherheit [eines Staates]; die äußere und die innere Mission, *aber* ↑K150: die Innere Mission (Organisation der ev. Kirche; *Abk.* I. M.); ↑K140: die Innere Mongolei
In|ne|re, das; ...r[e]n; das Ministerium des Innern; im Inner[e]n
In|ne|rei *meist Plur.* (z. B. Leber, Herz, Darm von Schlachttieren)
in|ner|eu|ro|pä|isch
in|ner|fa|mi|li|är
in|ner|halb; *als Präp. mit Gen.:* innerhalb eines Jahres, zweier Jahre; *im Plur. mit Dat., wenn der Gen. nicht erkennbar ist:* innerhalb vier Jahren, vier Tagen
in|ner|kirch|lich
in|ner|lich; In|ner|lich|keit
in|ner|orts (*bes. schweiz. für* innerhalb des Ortes)
In|ner|ös|ter|reich (*hist. Bez. für* Steiermark, Kärnten, Krain,

Görz; *heute westösterr. für* Ostösterreich)

in|ner|par|tei|lich; in|ner|po|li|tisch, in|nen|po|li|tisch

In|ner|rho|den (*kurz für* Appenzell Innerrhoden)

in|ner|se|k|re|to|risch (*Med.* die innere Sekretion betreffend, auf ihr beruhend)

in|ner|staat|lich

In|ner|stadt (*schweiz. regional für* Innenstadt); **in|ner|städ|tisch;** der innerstädtische Verkehr

In|ners|te, das; -n; im Innersten; bis ins Innerste

in|nert *Präp. mit Gen. od. Dativ* (*schweiz. u. westösterr. für* innerhalb, binnen); innert eines Jahres *od.* innert einem Jahr; innert drei Tagen

In|ner|va|ti|on, die; -, -en ‹lat.› (*Med.* Versorgung der Körperteile mit Nerven; Reizübertragung durch Nerven); **in|ner|vie|ren** (mit Nerven od. Nervenreizen versehen; *übertr. auch für* anregen, Auftrieb geben)

in|ne sein *vgl.* inne

in|ne|wer|den (*geh. für* bewusst werden); er ist sich seiner Schuld innegeworden

in|ne|woh|nen *(geh.);* auch diesen alten Methoden hat Gutes innegewohnt

in|nig; In|nig|keit *Plur. selten;* **in|nig|lich; in|nigst;** aufs Innigste *od.* innigste verbunden ↑K75

in no|mi|ne [- ...ne] ‹lat., »im Namen«› (im Auftrage); in nomine Dei (in Gottes Namen; *Abk.* I. N. D.); in nomine Domini (im Namen des Herrn; *Abk.* I. N. D.)

In|no|va|ti|on, die; -, -en ‹lat.› (Erneuerung; Neuerung [durch Anwendung neuer Verfahren u. Techniken]); **In|no|va|ti|ons|kraft; In|no|va|ti|ons|preis; In|no|va|ti|ons|schub**

In|no|va|ti|ons|spross ‹lat.; dt.› (*Bot.* Erneuerungsspross einer mehrjährigen Pflanze)

in|no|va|tiv (Innovationen betreffend, schaffend); **in|no|va|to|risch** (Innovationen anstrebend)

In|no|zenz (m. Vorn.)

Inns|bruck (Hauptstadt von Tirol)

in nu|ce [- ...tse] ‹lat.› (im Kern; in Kürze)

In|nung; In|nungs|meis|ter; In|nungs|meis|te|rin

Inn|vier|tel, das; -s ↑K143 (Landschaft in Österreich)

in|of|fen|siv [*auch* ...ˈziːf] ‹lat.› (nicht offensiv)

in|of|fi|zi|ell [*auch* ...ˈtsi̯ɛl] ‹franz.› (nicht amtlich; vertraulich; nicht förmlich)

in|of|fi|zi|ös [*auch* ...ˈtsi̯øːs] (nicht offiziös)

in|ope|ra|bel [*auch* ...ˈraː...] ‹franz.› (*Med.* nicht operierbar); ...a|b|le Verletzungen

in|op|por|tun [*auch* ...ˈtuːn] ‹lat.› (unangebracht); **In|op|por|tu|ni|tät** [*auch* ˈɪn...], die; -, -en

Ino|sit, der; -s, -e ‹griech.› (in pflanzlichen u. tierischen Geweben vorkommender Zucker)

Ino|si|t|u|rie, Ino|s|u|rie, die; -, ...ien (*Med.* Auftreten von Inosit im Harn)

in per|pe|tu|um ‹lat.› (auf immer)

in per|so|na ‹lat.› (persönlich)

in pet|to ‹ital.›; etwas in petto (*ugs. für* bereit) haben

in ple|no ‹lat.› (in, vor der Vollversammlung; vollzählig)

in pra|xi ‹lat.; griech.› (im wirklichen Leben; tatsächlich)

in punc|to ‹lat.› (hinsichtlich); in puncto puncti (»im Punkte des Punktes«; *scherzh. für* hinsichtlich der Keuschheit)

In|put, der, *auch* das; -s, -s ‹engl.› (*Wirtsch.* von außen bezogene u. im Betrieb eingesetzte Produktionsmittel; *EDV* Eingabe)

In|put-Out|put-Ana|ly|se [...ˈlaut...]

in|qui|rie|ren ‹lat.› (*veraltend für* untersuchen, verhören)

In|qui|si|ten|spi|tal (*österr. für* Gefängniskrankenhaus)

In|qui|si|ti|on, die; -, -en (*nur Sing.:* mittelalterliches katholisches Ketzergericht; Untersuchung [durch dieses Gericht]); **In|qui|si|ti|ons|ge|richt**

In|qui|si|tor, der; -s, ...oren (Richter der Inquisition); **In|qui|si|to|rin; in|qui|si|to|risch**

INR (Währungscode für indische Rupie)

In|rech|nung|stel|lung

I. N. R. I. = Jesus Nazarenus Rex Judaeorum

ins ↑K14 (in das); eins ins andre gerechnet

in sal|do ‹ital.› (*veraltet für* im Rückstand)

In|sas|se, der; -n, -n; **In|sas|sen|ver|si|che|rung; In|sas|sin**

ins|be|son|de|re, ins|be|sond|re; insbesond[e]re[,] wenn ↑K105 *u.* 127

in|schal|lah ‹arab.› (wenn Allah will [muslim. Redensart])

In|schrift; In|schrif|ten|kun|de, die; -; **In|schrif|ten|samm|lung**

in|schrift|lich

In|sekt, das; -[e]s, -en ‹lat.› (Kerbtier); insektenfressende *od.* Insekten fressende Pflanzen, Tiere ↑K58

In|sek|ta|ri|um, das; -s, ...ien (Anlage für Insektenaufzucht)

In|sek|ten|be|kämp|fung; In|sek|ten|fraß, der; -es

in|sek|ten|fres|send, In|sek|ten fres|send *vgl.* Insekt

In|sek|ten|fres|ser; In|sek|ten|gift; In|sek|ten|haus (Insektarium); **In|sek|ten|kun|de,** die; -; **In|sek|ten|pla|ge; In|sek|ten|pul|ver**

In|sek|ten|stich; In|sek|ten|ver|til|gungs|mit|tel, das

[1]In|sek|ti|vo|re, der; -n, -n *meist Plur.* (*Zool.* Insektenfresser)

[2]In|sek|ti|vo|re, die; -[n], -n *meist Plur.* (*Bot.* insektenfressende Pflanze)

In|sek|ti|zid, das; -s, -e (Insekten tötendes Mittel)

In|sel, die; -, -n ‹lat.›

In|sel|be|gab|te, der *u.* die; -n, -n (einseitig hochbegabte Person mit ansonsten unterdurchschnittlicher geistiger Leistungsfähigkeit); **In|sel|be|ga|bung**

In|sel|berg; In|sel|be|woh|ner; In|sel|be|woh|ne|rin; In|sel|grup|pe

In|sel|hop|ping, das; -s ‹dt.; engl.› (touristische Unternehmung, bei der nacheinander mehrere Inseln eines Archipels besucht werden)

In|sel|land *Plur.* ...länder

In|sel|re|pu|b|lik

In|sels|berg, der; -[e]s (im Thüringer Wald)

In|sel|staat *Plur.* ...staaten

In|se|mi|na|ti|on, die; -, -en ‹lat.› ([künstliche] Befruchtung)

in|sen|si|bel [*auch* ...ˈziː...] ‹lat.› (unempfindlich; gefühllos); **In|sen|si|bi|li|tät** [*auch* ˈɪ...], die; -

In|se|rat, das; -[e]s, -e ‹lat.› (Anzeige [in Zeitungen usw.]); **In|se|ra|ten|teil, In|se|ra|te|teil,** der

In|se|rent, der; -en, -en (jmd., der ein Inserat aufgibt); **In|se|ren|tin**

in|se|rie|ren (ein Inserat aufgeben)

In|sert, das; -s, -s ‹engl.› (Inserat mit beigehefteter Bestellkarte; im Fernsehen eingeblendete Schautafel)

I Inse

In|ser|ti|on, die; -, -en ‹lat.› (Aufgeben einer Anzeige; *Med.* Muskelansatz); **In|ser|ti|ons|preis**

ins|ge|heim [*auch* ˈɪ...]; **ins|ge|mein** [*auch* ˈɪ...] *(veraltet);* **ins|ge|samt** [*auch* ˈɪ...]

In-sich-Ge|schäft (mit sich selbst als Vertretung zweier Parteien abgeschlossenes Geschäft)

In|side [ˈɪnsai̯t], der; -[s], -s ‹engl.› (*schweiz. für* Innenstürmer)

In|si|der [...sai̯...], der; -s, - (jmd., der interne Kenntnisse von etwas besitzt; Eingeweihter); **In|si|der|ge|schäft** *(Börsenw.);* **In|si|der|han|del,** der (illegale Form des Handels mit Aktien); **In|si|de|rin; In|si|der|tipp; In|si|der|wis|sen**

In|sie|gel (*veraltet für* Siegelbild; *Jägerspr.* Fährtenzeichen des Rotwildes)

In|si|g|ne, das; -s, ...nien *meist Plur.* ‹lat.› (Abzeichen, Symbol der Macht u. Würde)

In|si|g|ni|en

Da heute in der Regel die Pluralform *Insignien* verwendet wird, ist der Singular *das Insigne* wenig bekannt. Manchmal werden daher Formen wie *die Insignie* oder *das Insignium* gebildet, die nicht als standardsprachlich gelten.

in|si|g|ni|fi|kant [*auch* ...ˈkant] (unwichtig)

in|si|nu|ie|ren ‹lat.› (*geh. für* unterstellen, durchblicken lassen)

in|sis|tent ‹lat.› (beharrlich); **In|sis|tenz,** die; - (Beharrlichkeit, Hartnäckigkeit); **in|sis|tie|ren** (auf etwas bestehen)

in si|tu ‹lat., »in [natürlicher] Lage«› *(bes. Med., Archäol.)*

in|skri|bie|ren ‹lat.› (in eine Liste aufnehmen; *bes. österr. für* sich für das laufende Semester an einer Universität anmelden); **In|skrip|ti|on,** die; -, -en

ins|künf|tig (*schweiz., sonst veraltet für* zukünftig, fortan)

in|so|fern [*auch* ...ˈfɛrn, *österr., schweiz. nur* ˈɪn...]; insofern hast du recht; insofern du nichts dagegen hast, werden wir ...; insofern[,] als ↑K127

In|so|la|ti|on, die; -, -en ‹lat.› (*Meteorol.* Sonnenbestrahlung; *Med.* Sonnenstich)

in|so|lent [*auch* ...ˈlɛnt] ‹lat.› (anmaßend, unverschämt); **In|so|lenz** [*auch* ...ˈlɛ...], die; -, -en

in|sol|vent [*auch* ˈɪn...] ‹lat.› (*Wirtsch.* zahlungsunfähig); **In|sol|venz** [*auch* ˈɪn...], die; -, -en (*Wirtsch.* Zahlungsunfähigkeit)

In|sol|venz|ver|fah|ren *(Wirtsch.)*

In|sol|venz|ver|wal|ter; In|sol|venz|ver|wal|te|rin

in Son|der|heit

in|so|weit [*auch* ...ˈvai̯t, *österr. nur* ˈɪ...]; insoweit hast du recht; insoweit es möglich ist, ...; insoweit[,] als ↑K127

in spe [- ˈspeː] ‹lat., »in der Hoffnung«› (zukünftig)

In|s|pek|teur [...ˈtøːɐ̯], der; -s, -e ‹franz.› (Leiter einer Inspektion; Dienststellung der ranghöchsten Offiziere der Bundeswehr); **In|s|pek|teu|rin**

In|s|pek|ti|on, die; -, -en ‹lat.› (Besichtigung; [regelmäßige] Wartung [eines Kraftfahrzeugs]; Dienststelle)

In|s|pek|ti|ons|fahrt; In|s|pek|ti|ons|gang, der; **In|s|pek|ti|ons|rei|se**

In|s|pek|tor, der; -s, ...oren (jmd., der etwas inspiziert; Verwaltungsbeamter); **In|s|pek|to|rat,** das; -[e]s, -e (*österr., schweiz. für* Kontrollbehörde); **In|s|pek|to|rin**

In|s|pi|ra|ti|on, die; -, -en ‹lat.› (Eingebung; Erleuchtung)

In|s|pi|ra|tor, der; -s, ...oren (jmd., der andere zu etwas anregt); **In|s|pi|ra|to|rin**

in|s|pi|rie|ren (anregen)

In|s|pi|zi|ent, der; -en, -en ‹lat.› (*Theater, Fernsehen usw.* jmd., der für den reibungslosen Ablauf einer Aufführung verantwortlich ist); **In|s|pi|zi|en|tin**

in|s|pi|zie|ren (prüfen); **In|s|pi|zie|rung**

in|sta|bil [*auch* ...ˈbiːl] ‹lat.› (nicht konstant bleibend; unbeständig); **In|sta|bi|li|tät** [*auch* ˈɪ...], die; -, -en *Plur. selten* (Unbeständigkeit)

In|s|tal|la|teur [...ˈtøːɐ̯], der; -s, -e ‹franz.› (Handwerker für Installationen); **In|s|tal|la|teu|rin**

In|s|tal|la|ti|on, die; -, -en (Einrichtung, Einbau, Anlage, Anschluss von technischen Anlagen; *seltener* Amtseinführung); **in|s|tal|lie|ren; In|s|tal|lie|rung**

in|stand, in Stand; etwas instand *od.* in Stand halten, setzen (*schweiz.:* stellen); die instand gesetzten *od.* in Stand gesetzten *od.* instandgesetzten Gebäude; ein Haus instand *od.* in Stand besetzen (*ugs. für* widerrechtlich besetzen und wieder bewohnbar machen)

In|stand|be|set|zer *(ugs.);* **In|stand|be|set|ze|rin**

in|stand hal|ten *vgl.* instand

In|stand|hal|tung; In|stand|hal|tungs|kos|ten *Plur.*

in|stän|dig (eindringlich; flehentlich); **In|stän|dig|keit,** die; -

in|stand set|zen *vgl.* instand; **In|stand|set|zung**

in|stand stel|len *vgl.* instand; **In|stand|stel|lung** (*schweiz. neben* Instandsetzung)

in|s|tant [*auch* ...tənt] ‹engl.› (sofort löslich); *nur als nachgestellte Beifügung,* z. B. Haferflocken instant

In|s|tant... (*in Zusammensetzungen,* z. B. Instantkaffee)

In|s|tanz, die; -, -en ‹lat.› (zuständige Stelle bei Behörden od. Gerichten; *EDV* Objekt, einzelne Anwendung); **In|s|tan|zen|weg** (Dienstweg); **in|s|tan|zi|ie|ren** *(EDV)*

in sta|tu nas|cen|di [- ˈst... -] ‹lat.› (im Zustand des Entstehens); **in sta|tu quo** (im gegenwärtigen Zustand); **in sta|tu quo an|te** (im früheren Zustand)

Ins|te, der; -n, -n (*nordd. früher für* Gutstagelöhner)

In|s|til|la|ti|on, die; -, -en ‹lat.› (*Med.* Einträufelung); **in|s|til|lie|ren**

In|s|tinkt, der; -[e]s, -e ‹lat.› (angeborene Verhaltensweise; *auch für* sicheres Gefühl)

in|s|tinkt|haft; In|s|tinkt|hand|lung

in|s|tink|tiv (trieb-, gefühlsmäßig, unwillkürlich)

in|s|tinkt|los; In|s|tinkt|lo|sig|keit

in|s|tinkt|mä|ßig; in|s|tinkt|si|cher

in|s|ti|tu|ie|ren ‹lat.› (einrichten)

In|s|ti|tut, das; -[e]s, -e (Unternehmen; Bildungs-, Forschungsanstalt)

In|s|ti|tu|ti|on, die; -, -en (öffentliche [staatliche, kirchliche o. ä.] Einrichtung)

in|s|ti|tu|ti|o|na|li|sie|ren (in eine feste, auch starre Institution verwandeln); **In|s|ti|tu|ti|o|na|li|sie|rung; in|s|ti|tu|ti|o|nell** (die Institution betreffend)

In|s|ti|tuts|bi|b|lio|thek

In|s|ti|tuts|di|rek|tor; In|s|ti|tuts|di|rek|to|rin

In|s|ti|tuts|lei|ter, der; **In|s|ti|tuts|lei|te|rin**
Inst|mann, der; -[e]s, ...leute ⟨*zu* Inste⟩ (*nordd. früher für* Tagelöhner auf einem Gutshof)
in|s|t|ru|ie|ren ⟨lat.⟩ (unterweisen; anleiten)
In|s|t|ruk|teur [...ˈtøːɐ̯], der; -s, -e ⟨franz.⟩ (jmd., der andere instruiert); **In|s|t|ruk|teu|rin**
In|s|t|ruk|ti|on, die; -, -en ⟨lat.⟩ (Anleitung; [Dienst]anweisung)
in|s|t|ruk|tiv (lehrreich)
In|s|t|ruk|tor, der; -s, ...oren (*österr. u. schweiz. für* Instrukteur); **In|s|t|ruk|to|rin**
In|s|t|ru|ment, das; -[e]s, -e ⟨lat.⟩
in|s|t|ru|men|tal (Musikinstrumente verwendend)
In|s|t|ru|men|tal, der; -s, -e (*Sprachwiss.* Fall, der das Mittel bezeichnet)
In|s|t|ru|men|tal|be|glei|tung
In|s|t|ru|men|ta|lis, der; -, ...les (*svw.* Instrumental)
in|s|t|ru|men|ta|li|sie|ren (als Mittel für die eigenen Zwecke nutzen); **In|s|t|ru|men|ta|li|sie|rung**
In|s|t|ru|men|ta|list, der; -en, -en; **In|s|t|ru|men|ta|lis|tin**
In|s|t|ru|men|tal|mu|sik, die; -
In|s|t|ru|men|tal|satz (*Sprachwiss.* Umstandssatz des Mittels)
In|s|t|ru|men|ta|ri|um, das; -s, ...ien (Gesamtheit der zur Verfügung stehenden Instrumente)
In|s|t|ru|men|ta|ti|on, die; -, -en (Instrumentierung)
in|s|t|ru|men|tell
In|s|t|ru|men|ten|bau, der; -[e]s; **In|s|t|ru|men|ten|bau|er** *vgl.* [1]Bauer; **In|s|t|ru|men|ten|bau|e|rin**
In|s|t|ru|men|ten|brett; In|s|t|ru|men|ten|flug *(Flugw.)*
In|s|t|ru|men|ten|ma|cher; In|s|t|ru|men|ten|ma|che|rin
in|s|t|ru|men|tie|ren ([ein Musikstück] für Orchesterinstrumente einrichten; mit [technischen] Instrumenten ausstatten); **In|s|t|ru|men|tie|rung**
In|sub|or|di|na|ti|on [*auch* ˈɪ...], die; -, -en ⟨lat.⟩ (mangelnde Unterordnung; Ungehorsam)
in|suf|fi|zi|ent [*auch* ...ˈtsi̯ɛ...] ⟨lat.⟩ (unzulänglich); **In|suf|fi|zi|enz** [*auch* ...ˈtsi̯ɛ...], die; -, -en (Unzulänglichkeit; *Med.* mangelhafte Funktion eines Organs; *Rechtsspr.* Überschuldung)
In|su|la|ner ⟨lat.⟩ (Inselbewohner); **In|su|la|ne|rin**
in|su|lar (eine Insel od. Inseln betreffend, inselartig)
In|su|lin, das; -s (ein Hormon; ® ein Arzneimittel); **In|su|lin|man|gel,** der; -s *(Med.)*; **In|su|lin|prä|pa|rat; In|su|lin|schock**
In|sult, der; -[e]s, -e ⟨lat.⟩ (Beleidigung; *Med.* Anfall); **in|sul|tie|ren** (beleidigen)
in sum|ma ⟨lat.⟩ (*veraltend für* insgesamt)
In|sur|gent, der; -en, -en ⟨lat.⟩ (Aufständischer); **In|sur|gen|tin; in|sur|gie|ren** (zum Aufstand anstacheln)
In|sur|rek|ti|on, die; -, -en (Aufstand)
in|sze|na|to|risch ⟨lat.; griech.⟩ (die Inszenierung betreffend)
in|sze|nie|ren (eine Bühnenaufführung vorbereiten; geschickt ins Werk setzen); **In|sze|nie|rung**
In|ta|g|lio [...ˈtaljo], das; -s, ...ien [...jən] ⟨ital.⟩ (Gemme mit eingeschnittenen Figuren)
in|takt ⟨lat.⟩ (unversehrt, unberührt; funktionsfähig); **In|takt|heit,** die; -; **In|takt|sein,** das; -s
In|tar|sia, In|tar|sie, die; -, ...ien *meist Plur.* ⟨ital.⟩ (Einlegearbeit); **In|tar|si|en|ma|le|rei**
in|te|ger ⟨lat.⟩ (unbescholten); ein in|te|g|rer Charakter
in|te|g|ral (ein Ganzes ausmachend; vollständig; für sich bestehend); **In|te|g|ral,** das; -s, -e (*Math.; Zeichen* ∫)
In|te|g|ral|glei|chung *(Math.)*
In|te|g|ral|helm (Kopf u. Hals bedeckender Schutzhelm bes. für Motorradfahrer)
In|te|g|ral|rech|nung *(Math.)*
In|te|g|ra|ti|on, die; -, -en (Vervollständigung; Eingliederung)
In|te|g|ra|ti|ons|ar|beit
In|te|g|ra|ti|ons|be|auf|trag|te (mit der Integration von ausländischen Mitbürger[inne]n beauftragte Person)
in|te|g|ra|ti|ons|be|reit; In|te|g|ra|ti|ons|be|reit|schaft; In|te|g|ra|ti|ons|de|bat|te
In|te|g|ra|ti|ons|fi|gur (jmd., der versöhnt, vereinheitlicht)
In|te|g|ra|ti|ons|gip|fel *(Politikjargon)*
In|te|g|ra|ti|ons|kraft; In|te|g|ra|ti|ons|kurs
In|te|g|ra|ti|ons|leh|rer (*österr. für* Lehrer für Klassen, in denen behinderte Kinder integriert sind); **In|te|g|ra|ti|ons|leh|re|rin**
In|te|g|ra|ti|ons|mi|nis|ter; In|te|g|ra|ti|ons|mi|nis|te|rin
In|te|g|ra|ti|ons|plan; In|te|g|ra|ti|ons|po|li|tik
In|te|g|ra|ti|ons|pro|zess
in|te|g|ra|ti|ons|un|wil|lig; in|te|g|ra|ti|ons|wil|lig
in|te|g|ra|tiv (eingliedernd)
in|te|g|rier|bar
in|te|g|rie|ren (eingliedern; *Math.* das Integral berechnen)
in|te|g|rie|rend (notwendig [zu einem Ganzen gehörend]); ein integrierender Bestandteil
in|te|g|riert ↑K89: integrierte Gesamtschule; integrierte Schaltung *(Elektronik)*
In|te|g|rie|rung
In|te|g|ri|tät, die; - (Unbescholtenheit; Unverletzlichkeit)
In|te|gu|ment, das; -s, -e ⟨lat.⟩ (*Biol.* Hautschichten von Tier u. Mensch; *Bot.* Hülle um die Samenanlage)
In|tel|lekt, der; -[e]s ⟨lat.⟩ (Verstand; Erkenntnis-, Denkvermögen)
In|tel|lek|tu|a|lis|mus, der; -, ...men (philosophische Lehre, die dem Intellekt den Vorrang gibt; einseitig verstandesmäßiges Denken)
in|tel|lek|tu|ell ⟨franz.⟩ (den Intellekt betreffend; [einseitig] verstandesmäßig; geistig)
In|tel|lek|tu|el|le, der *u.* die; -n, -n (Person, die wissenschaftlich od. künstlerisch gebildet ist u. geistig arbeitet; Verstandesmensch)
in|tel|li|gent ⟨lat.⟩ (verständig; klug, begabt); intelligente Maschinen (computergesteuerte Automaten)
In|tel|li|genz, die; -, -en (besondere geistige Fähigkeit, Klugheit; *meist Plur.:* Vernunftwesen; *nur Sing.:* Schicht der Intellektuellen)
In|tel|li|genz|bes|tie (*ugs., oft scherzh. od. abwertend für* Person, die ihre Intelligenz in auffallender Weise zeigt)
In|tel|li|genz|grad; In|tel|li|genz|leis|tung
In|tel|li|genz|ler, der; -s, - (*oft abwertend für* Angehöriger der Intelligenz); **In|tel|li|genz|le|rin**
In|tel|li|genz|quo|ti|ent (Maß für die intellektuelle Leistungsfähigkeit; *Abk.* IQ); **In|tel|li|genz|test**
in|tel|li|gi|bel (*Philos.* nur durch

I
inte

den Intellekt, nicht sinnlich wahrnehmbar); die ...i|b|le Welt (Ideenwelt)

In|ten|dant, der; -en, -en ‹franz.› (Leiter eines Theaters, eines Rundfunk- od. Fernsehsenders); **In|ten|dan|tin**

In|ten|dan|tur, die; -, -en (*veraltet für* Amt eines Intendanten; Verwaltungsbehörde eines Heeres)

In|ten|danz, die; -, -en (Amt, Büro eines Intendanten)

in|ten|die|ren ‹lat.› (beabsichtigen, anstreben)

In|ten|si|me|ter, das; -s, - ‹lat.; griech.› (Messgerät für Röntgenstrahlen)

In|ten|si|on, die; -, -en ‹lat.› (Anspannung; Eifer; *Philos.* Begriffsinhalt); *vgl. aber* Intention

In|ten|si|tät, die; -, -en *Plur. selten* (Stärke, Kraft; Wirksamkeit)

in|ten|siv (eindringlich; kräftig; gründlich); intensive (*Landwirtsch.* mit großem Einsatz von Arbeitskraft u. Kapital betriebene) Bewirtschaftung

In|ten|siv|an|bau, der; -[e]s; **In|ten|siv|hal|tung** *(Landwirtsch.)*

in|ten|si|vie|ren (verstärken, steigern); **In|ten|si|vie|rung**

In|ten|siv|kurs

In|ten|siv|me|di|zin; In|ten|siv|pfle|ge; In|ten|siv|sta|ti|on

In|ten|siv|tä|ter; In|ten|siv|tä|te|rin

In|ten|siv|the|ra|pie *(Med.)*

In|ten|si|vum, das; -s, ...va (*Sprachwiss.* Verb, das die Intensität eines Geschehens kennzeichnet, z. B. »schnitzen« = kräftig schneiden)

In|ten|ti|on, die; -, -en ‹lat.› (Absicht; Vorhaben); **in|ten|ti|o|nal** (zweckbestimmt; zielgerichtet)

in|ter|agie|ren ‹lat.› (*Psychol., Soziol.* Interaktion betreiben)

In|ter|ak|ti|on, die; -, -en (Wechselbeziehung zwischen Personen u. Gruppen)

in|ter|ak|tiv; In|ter|ak|ti|vi|tät, die; -, -en (*bes. EDV* Dialog zwischen Computer u. Benutzer)

in|ter|al|li|iert [*auch* 'ɪ...] ‹lat.› (mehrere Alliierte betreffend; aus Verbündeten bestehend)

In|ter|ci|ty® [...'sɪti], der; -[s], -s ‹engl.-amerik.› (*kurz für* Intercityzug); **In|ter|ci|ty|ex|press®, In|ter|ci|ty|ex|press|zug** (moderner Hochgeschwindigkeitszug; *Abk.* ICE®)

In|ter|ci|ty|zug (schneller, zwischen bestimmten [Groß]städten eingesetzter Eisenbahnzug; *Abk.* IC®)

In|ter|crosse [...krɔs], das; - ‹engl.› (aus Lacrosse entwickeltes Mannschaftsspiel)

in|ter|de|pen|dent ‹lat.› (voneinander abhängend); **In|ter|de|pen|denz,** die; -, -en (gegenseitige Abhängigkeit)

In|ter|dikt, das; -[e]s, -e ‹lat.› (Verbot kirchlicher Amtshandlungen als Strafmaßnahme der katholischen Kirchenbehörde)

in|ter|dis|zi|p|li|när [*auch* 'ɪ...] ‹lat.› (zwischen Disziplinen bestehend; mehrere Disziplinen betreffend); **In|ter|dis|zi|p|li|na|ri|tät,** die; -

in|te|r|es|sant ‹franz.›; **in|te|r|es|san|ter|wei|se; In|te|r|es|sant|heit,** die; -

In|te|r|es|se, das; -s, -n ‹lat.›; Interesse an, für etwas haben; **in|te|r|es|se|hal|ber**

in|te|r|es|se|los; In|te|r|es|se|lo|sig|keit, die; -

In|te|r|es|sen|aus|gleich; In|te|r|es|sen|ge|biet; In|te|r|es|sen|ge|mein|schaft (Zweckverband)

In|te|r|es|sen|grup|pe; In|te|r|es|sen|kon|flikt; In|te|r|es|sen|la|ge; In|te|r|es|sen|sphä|re (Einflussgebiet)

In|te|r|es|sent, der; -en, -en

In|te|r|es|sen|ten|grup|pe; In|te|r|es|sen|ten|kreis

In|te|r|es|sen|ten|weg (*österr. für* öffentlicher Fahrweg, den die Anlieger erhalten)

In|te|r|es|sen|tin

In|te|r|es|sen|ver|band; In|te|r|es|sen|ver|tre|ter; In|te|r|es|sen|ver|tre|te|rin; In|te|r|es|sen|ver|tre|tung

in|te|r|es|sie|ren (Teilnahme erwecken); jmdn. an, für etwas interessieren; sich interessieren (Interesse zeigen) für ...

in|te|r|es|siert (Anteil nehmend); **In|te|r|es|siert|heit,** die; -

In|ter|face [...fe:s], das; -, -s ‹engl.› (*EDV svw.* Schnittstelle)

In|ter|fe|renz, die; -, -en ‹lat.› (*Physik* Überlagerung von Wellen; *Sprachwiss.* Abweichung von der Norm durch den Einfluss anderer sprachlicher Elemente); **In|ter|fe|renz|er|schei|nung**

in|ter|fe|rie|ren (überlagern; einwirken)

In|ter|fe|ro|me|ter, das; -s, - ‹lat.; griech.› (ein physikalisches Messgerät)

In|ter|fe|ron, das; -s, -e (*Biol., Med.* bei Infektionen wirksame, körpereigene Abwehrsubstanz)

In|ter|flug, die; - ‹lat.; dt.› (Luftfahrtgesellschaft der DDR)

in|ter|frak|ti|o|nell ‹lat.› (zwischen Fraktionen bestehend, ihnen gemeinsam)

in|ter|ga|lak|tisch ‹lat.; griech.› (*Astron.* zwischen mehreren Galaxien gelegen)

in|ter|ge|ne|ra|ti|o|nell (*Soziol.* generationenübergreifend); **in|ter|ge|ne|ra|tiv** (*svw.* intergenerationell)

in|ter|gla|zi|al ‹lat.› (*Geol.* zwischeneiszeitlich); **In|ter|gla|zi|al|zeit**

In|ter|ho|tel ‹lat.; franz.› (*DDR* bes. gut ausgestattetes Hotel [für internationale Gäste])

In|te|ri|eur [ɛ̃te'ri̯øːɐ̯], das; -s, *Plur.* -s *u.* -e ‹franz.› (Ausstattung eines Innenraumes; einen Innenraum darstellendes Bild)

In|te|rim, das; -s, -s ‹lat.› (Zwischenzeit, -zustand; vorläufige Regelung); **in|te|ri|mis|tisch** (vorläufig, einstweilig)

In|te|rims|kon|to; In|te|rims|lö|sung; In|te|rims|re|ge|lung; In|te|rims|re|gie|rung; In|te|rims|schein (vorläufiger Anteilschein statt der eigentlichen Aktie)

In|te|rims|trai|ner; In|te|rims|trai|ne|rin

In|ter|jek|ti|on, die; -, -en ‹lat.› (*Sprachwiss.* Ausrufe-, Empfindungswort, z. B. »au«, »bäh«)

in|ter|ka|lar ‹lat.› (eingeschaltet [von Schaltjahren])

in|ter|kan|to|nal ‹lat.; franz.› (*schweiz. für* mehrere Kantone betreffend)

In|ter|ko|lum|nie, die; -, -n, **In|ter|ko|lum|ni|um,** das; -s, ...ien ‹lat.› (*Archit.* Säulenabstand bei einem antiken Tempel)

in|ter|kom|mu|nal ‹lat.› (zwischen Gemeinden bestehend)

in|ter|kon|fes|si|o|nell ‹lat.› (das Verhältnis verschiedener Konfessionen zueinander betreffend)

in|ter|kon|ti|nen|tal ‹lat.› (Erdteile verbindend); **In|ter|kon|ti|nen|tal|ra|ke|te** (*Militär* Rakete mit sehr großer Reichweite)

in|ter|kos|tal ‹lat.› (*Med.* zwischen den Rippen)

in|ter|kul|tu|rell (verschiedene Kulturen verbindend, umfassend)

in|ter|kur|rent ⟨lat.⟩ (*Med.* hinzukommend)
In|ter|la|ken (schweiz. Kurort)
in|ter|li|ne|ar ⟨lat.⟩ (zwischen die Zeilen des Urtextes geschrieben); **In|ter|li|ne|ar|glos|se** (zwischen die Zeilen geschriebene Glosse; *vgl.* Glosse); **In|ter|li|ne|ar|über|set|zung; In|ter|li|ne|ar|ver|si|on**
In|ter|lu|di|um, das; -s, ...ien ⟨lat.⟩ (*Musik* Zwischenspiel)
In|ter|ma|xil|lar|kno|chen ⟨lat.; dt.⟩ (*Med.* Zwischenkiefer)
in|ter|me|di|är ⟨lat.⟩ (*fachspr. für* dazwischen befindlich; ein Zwischenglied bildend)
In|ter|mez|zo, das; -s, *Plur.* -s *u.* ...zzi ⟨ital.⟩ (Zwischenspiel, -fall)
in|ter|mi|nis|te|ri|ell (zwischen Ministerien bestehend, mehrere Ministerien betreffend)
in|ter|mit|tie|rend ⟨lat.⟩ (zeitweilig aussetzend); intermittierendes Fieber
in|tern ⟨lat.⟩ (nur die inneren, eigenen Verhältnisse angehend; vertraulich; *Med.* innerlich; *veraltend für* im Internat wohnend [von Schülern])
In|ter|na (*Plur. von* Internum)
in|ter|na|li|sie|ren (*Psychol.* sich [unbewusst] zu eigen machen)
In|ter|nat, das; -[e]s, -e (einer Schule angeschlossenes Wohnheim; Internatsschule)

in|ter|na|ti|o|nal

⟨lat.⟩ (zwischenstaatlich, nicht national begrenzt)
Kleinschreibung ↑K 89:
- internationales Recht
- eine internationale Vereinbarung
- Internationale *od.* internationale Einheit (*Abk.* I. E. *od.* IE *[vgl. d.]*)
- Internationales *od.* internationales Einheitensystem (*Abk.* SI *[vgl. d.]*)

Großschreibung in Namen und in bestimmten namensähnlichen Fügungen ↑K 88 *u.* 89:
- der Internationale Frauentag
- Internationaler Währungsfonds (*Abk.* IWF)
- Internationales Olympisches Komitee (*Abk.* IOK)
- Internationales Rotes Kreuz (*Abk.* IRK)

[1]**In|ter|na|ti|o|na|le,** die; -, -n (internationale Vereinigung von Arbeiterbewegungen; *nur Sing.:* Kampflied der Arbeiterbewegung)
[2]**In|ter|na|ti|o|na|le,** der *u.* die; -n, -n (*Sport* Sportler[in] in der Nationalmannschaft)
in|ter|na|ti|o|na|li|sie|ren (international gestalten); **In|ter|na|ti|o|na|li|sie|rung**
In|ter|na|ti|o|na|lis|mus, der; -, *Plur.* (*für* Wörter:) ...men (Streben nach überstaatlicher Gemeinschaft; *Sprachwiss.* ein international gebräuchliches Wort)
In|ter|na|ti|o|na|li|tät, die; -
In|ter|nats|schu|le (Schule mit angeschlossenem Wohnheim)
In|ter|ne, der *u.* die; -n, -n ⟨lat.⟩ (Schüler[in] eines Internats)
In|ter|net, das; -s ⟨engl.⟩ ([internationales] Computernetzwerk)
In|ter|net|ad|res|se
in|ter|net|af|fin (das Internet oft u. gern nutzend)
In|ter|net|an|bie|ter; In|ter|net|an|bie|te|rin
In|ter|net|an|schluss; In|ter|net|auf|tritt; In|ter|net|auk|ti|on
In|ter|net|ban|king, das; -[s] (Erledigung von Bankgeschäften mithilfe des Internets)
In|ter|net|ca|fé (Café, in dem Terminals zur Verfügung gestellt werden, mit denen Gäste das Internet benutzen können)
In|ter|net|dienst; in|ter|net|fä|hig; In|ter|net|fern|se|hen; In|ter|net|kon|zern
In|ter|net|nut|zer; In|ter|net|nut|ze|rin
In|ter|net|por|tal; In|ter|net|pro|to|koll; In|ter|net|ra|dio; In|ter|net|sei|te; In|ter|net|shop|ping; In|ter|net|sper|re
In|ter|net|sur|fen [...sə:...], das; -s (Informationssuche im Internet); **In|ter|net|te|le|fo|nie; In|ter|net|zu|gang**
in|ter|nie|ren ⟨lat.⟩ (in staatlichen Gewahrsam, in Haft nehmen; [Kranke] isolieren); **In|ter|nier|te,** der *u.* die; -n, -n; **In|ter|nie|rung; In|ter|nie|rungs|la|ger**
In|ter|nist, der; -en, -en (Facharzt für innere Krankheiten); **In|ter|nis|tin**
In|ter|no|di|um, das; -s, ...ien ⟨lat.⟩ (*Bot.* Sprossabschnitt zwischen zwei Blattknoten)
In|ter|num, das; -s, ...na *meist Plur.* ⟨lat.⟩ (nicht für Außenstehende bestimmte Angelegenheit)
In|ter|nun|ti|us, der; -, ...ien ⟨lat.⟩ (päpstlicher Gesandter in kleineren Staaten)
in|ter|oze|a|nisch ⟨lat.; griech.⟩ (Weltmeere verbindend)
in|ter|par|la|men|ta|risch ⟨lat.; engl.⟩ (die Parlamente der einzelnen Staaten umfassend)
In|ter|pel|lant, der; -en, -en ⟨lat.⟩ (Fragesteller [in einem Parlament]); **In|ter|pel|lan|tin; In|ter|pel|la|ti|on,** die; -, -en ([parlamentar.] Anfrage; *früher für* Einspruch); **in|ter|pel|lie|ren**
in|ter|pla|ne|tar, in|ter|pla|ne|ta|risch (zwischen den Planeten)
In|ter|pol, die; - (*Kurzw. für* Internationale Kriminalpolizeiliche Organisation; Zentralstelle zur internationalen Koordination der Verbrechensbekämpfung)
In|ter|po|la|ti|on, die; -, -en ⟨lat.⟩ (nachträgliche Einfügung od. Änderung [in Texten]; *Math.* Bestimmung von Zwischenwerten); **in|ter|po|lie|ren**
In|ter|pret, der; -en, -en ⟨lat.⟩ (jmd., der etw. interpretiert; reproduzierender Künstler)
In|ter|pre|ta|ti|on, die; -, -en; **in|ter|pre|ta|to|risch**
in|ter|pre|tie|ren (auslegen, deuten; künstlerisch wiedergeben)
In|ter|pre|tin
in|ter|pun|gie|ren ⟨lat.⟩ (*seltener für* interpunktieren)
in|ter|punk|tie|ren (Satzzeichen setzen); **In|ter|punk|ti|on,** die; -, -en *Plur. selten* (Zeichensetzung); **In|ter|punk|ti|ons|re|gel; In|ter|punk|ti|ons|zei|chen**
In|ter|rail|ti|cket® [...re:l...] ⟨engl.; dt.⟩ (*Eisenbahn* verbilligte Jugendfahrkarte für Fahrten in Europa)
In|ter|re|gio®, der; -[s], -s ⟨lat.⟩, **In|ter|re|gio|zug** (noch in einigen Staaten eingesetzter Fernverkehrszug; *Abk.* IR®)
In|ter|re|g|num, das; -s, *Plur.* ...gnen *u.* ...gna ⟨lat.⟩ (Zwischenregierung; kaiserlose Zeit [1254–1273])
in|ter|re|li|gi|ös (verschiedene Religionen verbindend, umfassend)
in|ter|ro|ga|tiv ⟨lat.⟩ (fragend); **In|ter|ro|ga|tiv,** das; -s, -e [...və] (*Sprachwiss.* Frage[für]wort, z. B. »wer?«, »welcher?«)
In|ter|ro|ga|tiv|ad|verb (Frageumstandswort); **In|ter|ro|ga|tiv|pro-**

I
Inte

no|men (Fragefürwort); **In|ter|ro|ga|tiv|satz** (Fragesatz)
In|ter|rup|ti|on, die; -, -en ‹lat.› (Unterbrechung)
In|ter|sex [*auch* ˈɪn...], das; -es, -e ‹lat.› (*Biol.* Organismus mit Intersexualität); **In|ter|se|xu|a|li|tät,** die; - (das Auftreten männlicher Geschlechtsmerkmale bei einem weiblichen Organismus u. umgekehrt); **in|ter|se|xu|ell** (zwischengeschlechtlich)
In|ter|shop ‹lat.; engl.› (*DDR* Geschäft mit konvertierbarer Währung als Zahlungsmittel)
in|ter|stel|lar (zwischen den Sternen befindlich)
in|ter|sti|ti|ell ‹lat.› (*Med., Biol.* dazwischenliegend)
In|ter|sti|ti|um, das; -s, ...ien (*Biol.* Zwischenraum [zwischen Organen]; *nur Plur.: kath. Kirche* vorgeschriebene Zwischenzeit zwischen dem Empfang zweier geistlicher Weihen)
in|ter|sub|jek|tiv ‹lat.› (*Psychol.* dem Bewusstsein mehrerer Personen gemeinsam)
in|ter|ter|ri|to|ri|al ‹lat.› (zwischenstaatlich)
In|ter|tri|go, die; -, ...trigines ‹lat.› (*Med.* Hautwolf)
In|ter|usu|ri|um, das; -s, ...ien ‹lat.› (*BGB* Zwischenzinsen)
In|ter|vall, das; -s, -e ‹lat.› (Zeitabstand, Zeitspanne, Zwischenraum; Frist; Abstand [zwischen zwei Tönen])
In|ter|vall|trai|ning (*Sport*)
In|ter|ve|ni|ent, der; -en, -en ‹lat.› (jmd., der sich in [Rechts]streitigkeiten [als Mittelsmann] einmischt); **In|ter|ve|ni|en|tin; in|ter|ve|nie|ren** (vermitteln; *Politik* Protest anmelden; sich einmischen)
In|ter|ven|ti|on, die; -, -en ‹lat.› (Vermittlung; staatliche Einmischung in die Angelegenheiten eines fremden Staates; Eintritt in eine Wechselverbindlichkeit); **In|ter|ven|ti|ons|krieg**
In|ter|view [...vju:, *auch* ...ˈvju:], das; -s, -s ‹engl.› (Unterredung [von Reportern] mit [führenden] Persönlichkeiten über Tagesfragen usw.; Befragung)
in|ter|vie|w|en [...ˈvju:..., *auch* ˈɪ...]; interviewt
In|ter|vie|w|er; In|ter|vie|w|e|rin
in|ter|ze|die|ren ‹lat.› (*veraltend für* vermitteln; sich verbürgen)
in|ter|zel|lu|lar; in|ter|zel|lu|lär (*Biol., Med.* zwischen den Zellen gelegen); **In|ter|zel|lu|lar|raum**
In|ter|zes|si|on, die; -, -en ‹lat.› (*Rechtsspr.* Schuldübernahme)
in|ter|zo|nal ‹lat.; griech.› (zwischen den Zonen)
In|ter|zo|nen|han|del *(früher);* **Inter|zo|nen|ver|kehr** *(früher);* **Inter|zo|nen|zug** *(früher)*
In|tes|tat|er|be, der (natürlicher, gesetzlicher Erbe); **In|tes|tat|erbin**
in|tes|ti|nal ‹lat.› (*Med.* zum Darmkanal gehörend)
In|thro|ni|sa|ti|on, die; -, -en ‹lat.; griech.› (Thronerhebung, feierliche Einsetzung); **in|thro|ni|sieren; In|thro|ni|sie|rung**
In|ti, der; -[s], -s ‹südamerik. Indianerspr.› (frühere Währungseinheit in Peru); 5 Inti
In|ti|fa|da, die; - ‹arab.› (palästinensischer Widerstand in den von Israel besetzten Gebieten)
in|tim ‹lat.› (sehr nahe u. vertraut; sexuell; verborgen)
In|ti|ma, die; -, ...mä (*veraltend für* vertraute Freundin; *nur Sing.: Med.* innerste Haut der Gefäße)
In|tim|be|reich (*svw.* Intimsphäre)
In|tim|feind *(ugs.);* **In|tim|fein|din**
In|tim|hy|gi|e|ne
In|ti|mi (*Plur. von* Intimus)
in|ti|mis|tisch (auf das Intime bezogen)
In|ti|mi|tät, die; -, -en ‹*zu* intim›
In|tim|pfle|ge; In|tim|schmuck; Intim|sphä|re (vertraut-persönlicher Bereich); **In|tim|spray**
In|ti|mus, der; -, ...mi (*geh., oft scherzh. für* vertrauter Freund)
in|to|le|ra|bel [*auch* ...ˈra:...]; ...a|ble Verhältnisse
in|to|le|rant [*auch* ...ˈra...] (unduldsam); **In|to|le|ranz** [*auch* ...ˈra...], die; -, -en
In|to|na|ti|on, die; -, -en ‹lat.› (*Musik* das An-, Abstimmen; *Sprachwiss.* die Veränderung des Tones nach Höhe u. Stärke beim Sprechen von Silben od. ganzen Sätzen, Tongebung); **into|nie|ren** (anstimmen)
in to|to ‹lat.› (im Ganzen)
In|to|xi|ka|ti|on, die; -, -en ‹lat.; griech.› (*Med.* Vergiftung)
In|t|ra|da, In|t|ra|de, die; -, ...den ‹ital.› (*Musik* instrumentales Einleitungsstück [der Barockzeit])
in|t|ra|kar|di|al ‹lat.; griech.› (*Med.* innerhalb des Herzens)
in|t|ra|ku|tan ‹lat.› (*Med.* im Innern, ins Innere der Haut)
in|t|ra|mo|le|ku|lar ‹lat.› (*Chemie* sich innerhalb der Moleküle vollziehend)
in|t|ra mu|ros ‹lat., »innerhalb der Mauern«› (nicht öffentlich)
in|t|ra|mus|ku|lär ‹lat.› (*Med.* im Innern, ins Innere des Muskels)
In|t|ra|net, das; -s, -s ‹lat.; engl.› (unternehmensinternes Computernetz)
in|tran|si|gent ‹lat.› (starr, unnachgiebig); **In|tran|si|gent,** der; -en, -en (starrer Parteimann; *nur Plur.:* extreme politische Parteien); **In|tran|si|gen|tin; In|transi|genz,** die; -
in|tran|si|tiv ‹lat.› (*Sprachwiss.* nicht zum persönlichen Passiv fähig; nicht zielend); intransitives Verb; **In|tran|si|tiv,** das; -s, -e, **In|tran|si|ti|vum,** das; -s, ...va (nicht zielendes Verb, z. B. »blühen«)
in|trans|pa|rent ‹lat.› (undurchsichtig); **In|trans|pa|renz,** die; -
in|t|ra|oku|lar ‹lat.› (*Med.* im Augeninnern liegend)
In|t|ra|pre|neur|ship [ɪntrapraˈnøːɐ̯ʃɪp], die; -, -s *od.* das; -[s], -s ‹engl.› (von Unternehmergeist geprägtes Handeln in der Mitarbeiterschaft; *vgl.* Entrepreneurship)
in|t|ra|ute|rin ‹lat.› (*Med.* innerhalb der Gebärmutter liegend); **In|t|ra|ute|rin|pes|sar**
in|t|ra|ve|nös ‹lat.› (*Med.* im Innern, ins Innere der Vene); intravenöse Injektion
in|t|ra|zel|lu|lar, in|t|ra|zel|lu|lär (*Biol., Med.* innerhalb der Zelle liegend)
in|t|ri|gant ‹franz.› (auf Intrigen sinnend; hinterhältig); **In|t|ri|gant,** der; -en, -en; **In|t|ri|gan|tin; In|t|ri|ganz,** die; - (intrigantes Verhalten)
In|t|ri|ge, die; -, -n (hinterhältige Machenschaften, Ränke[spiel]); **In|t|ri|gen|spiel; In|t|ri|gen|wirtschaft; in|t|ri|gie|ren**
In|t|ro, das; -s, -s (*bes. Musik; kurz für* Introduktion)
In|t|ro|duk|ti|on, die; -, -en ‹lat.› (Einführung, Einleitung; *Musik* Vorspiel, Einleitungssatz); **in|tro|du|zie|ren**
In|t|ro|i|tus, der; -, - ‹lat.› (Eingangsgesang der katholischen Messe; Eingangsworte od. -lied im evangelischen Gottesdienst)

In|t|ro|s|pek|ti|on, die; -, -en ⟨lat.⟩ (*Psychol.* Selbstbeobachtung); **in|t|ro|s|pek|tiv**
In|t|ro|ver|si|on, die; -, -en ⟨lat.⟩ (*Psychol.* Konzentration auf die eigene Innenwelt); **in|t|ro|ver|tiert**
In|t|ru|si|on, die; -, -en ⟨lat.⟩ (*Geol.* Eindringen von Magma in die Erdkruste); **In|t|ru|siv|ge|stein** (Tiefengestein)
In|tu|ba|ti|on, die; -, -en ⟨lat.⟩ (*Med.* Einführen eines Beatmungsrohres durch den Kehlkopf); **in|tu|bie|ren**
In|tu|i|ti|on, die; -, -en ⟨lat.⟩ (Eingebung, ahnendes Erfassen; unmittelbare Erkenntnis [ohne Reflexion]); **in|tu|i|tiv**
In|tu|mes|zenz, In|tur|ges|zenz, die; -, -en ⟨lat.⟩ (*Med.* Anschwellung)
in|tus ⟨lat., »innen«⟩; *nur in:* etw. intus haben (*ugs. für* etw. im Magen haben; etw. begriffen haben)
Inu|it (*Plur. von* Inuk)
Inuk, der; -s, Inuit ⟨eskim., »Mensch«⟩ (Selbstbezeichnung der Eskimos, bes. in Kanada, Nordalaska u. Grönland)
Inuk|ti|tut, das; -[s] (Sprache der Inuit)
Inu|lin, das; -s ⟨griech.⟩ (ein Fruchtzucker)
In|un|da|ti|on, die; -, -en ⟨lat.⟩ (*Geogr.* völlige Überflutung durch das Meer od. einen Fluss); **In|un|da|ti|ons|ge|biet**
In|unk|ti|on, die; -, -en ⟨lat.⟩ (*Med.* Einreibung)
in usum Del|phi|ni *vgl.* ad usum Delphini
inv. = invenit
in|va|lid, in|va|li|de ⟨franz.⟩ ([durch Verwundung od. Unfall] dienst-, arbeitsunfähig); **In|va|li|de,** der *u.* die; -n, -n
In|va|li|den|ren|te *(früher, noch schweiz.);* **In|va|li|den|ver|si|che|rung**
in|va|li|die|ren (*veraltet für* ungültig machen; entkräften)
in|va|li|di|sie|ren (zum Invaliden erklären); **In|va|li|di|sie|rung**
In|va|li|di|tät, die; -, -en (Erwerbs-, Dienst-, Arbeitsunfähigkeit); **In|va|li|di|täts|pen|si|on** (*österr. für* Rente bei Berufsunfähigkeit od. Erwerbsminderung)
in|va|ri|a|bel [*auch* ...ˈri̯a:...] ⟨lat.⟩ (unveränderlich); ...a|b|le Größen
In|va|ri|an|te, die; -, -n (*Math.* unveränderliche Größe); **In|va|ri|an|ten|the|o|rie** *(Math.)*
In|va|ri|anz [*auch* ...ˈri̯a...], die; -, -en (Unveränderlichkeit)
In|va|si|on, die; -, -en ⟨franz.⟩ ([feindlicher] Einfall; *Med.* das Eindringen [von Krankheitserregern]); **in|va|siv** (*Med.* eindringend); **In|va|sor,** der; -s, ...oren *meist Plur.* ⟨lat.⟩ (Eroberer; eindringender Feind); **In|va|so|rin**
In|vek|ti|ve, die; -, -n ⟨lat.⟩ (Beleidigung, Schmähung)
in|ve|nit ⟨lat., »hat [es] erfunden«⟩ (Vermerk auf grafischen Blättern vor dem Namen des Künstlers, der die Originalzeichnung schuf; *Abk.* inv.)
In|ven|tar, das; -s, -e ⟨lat.⟩ (Einrichtungsgegenstände [eines Unternehmens]; Vermögensverzeichnis; Nachlassverzeichnis); **In|ven|tar|er|be,** der; **In|ven|tar|er|bin**
In|ven|ta|ri|sa|ti|on, die; -, -en (Bestandsaufnahme); **in|ven|ta|ri|sie|ren; In|ven|ta|ri|sie|rung**
In|ven|tar|recht, das; -[e]s; **In|ven|tar|ver|zeich|nis**
In|ven|ti|on, die; -, -en ([musikal.] Erfindung)
In|ven|tur, die; -, -en (*Wirtsch.* Bestandsaufnahme); **In|ven|tur|prü|fung**
In|ver|kehr|brin|gen, das; -s *(Amtsspr., Rechtsspr.);* ↑K82
in|vers ⟨lat.⟩ (umgekehrt); **In|ver|si|on,** die; -, -en (*fachspr. für* Umkehrung, Umstellung); **In|ver|si|ons|wet|ter|la|ge** *(Meteorol.)*
In|ver|ta|se, die; -, -n (*svw.* Saccharase)
In|ver|te|b|rat *vgl.* Evertebrat
In|ver|ter, der; -s, - ⟨engl.⟩ (*EDV* Gerät zur Verschlüsselung des Sprechfunkverkehrs; *Elektrot.* Gerät zur Umwandlung von Gleichstrom in Wechselstrom)
in|ver|tie|ren ⟨lat.⟩ (umkehren)
In|ver|tin, das; -s ⟨lat.⟩ (ein Enzym)
in Ver|tre|tung (*Abk.* i. V. *od.* I. V.; *vgl.* i. V.)
In|vert|zu|cker ⟨lat.; dt.⟩ (Gemisch von Trauben- u. Fruchtzucker)
In|ver|wahr|nah|me, die; -, -n *(Amtsspr.)*
in|ves|tie|ren ⟨lat.⟩ ([Kapital] anlegen; in ein [geistliches] Amt einweisen); **In|ves|tie|rung**
In|ves|ti|ga|ti|on (Nachforschung); **in|ves|ti|ga|tiv** ⟨engl.⟩ (nachforschend, enthüllend); investigativer Journalismus
In|ves|ti|ti|on, die; -, -en ⟨lat.⟩ (langfristige [Kapital]anlage); **In|ves|ti|ti|ons|bank; In|ves|ti|ti|ons|gut** *meist Plur.* (Gut, das der Produktion dient)
In|ves|ti|ti|ons|hil|fe; In|ves|ti|ti|ons|kos|ten *Plur.;* **In|ves|ti|ti|ons|len|kung; In|ves|ti|ti|ons|pro|gramm**
In|ves|ti|ti|ons|sum|me; In|ves|ti|ti|ons|vo|lu|men
In|ves|ti|tur, die; -, -en (Einweisung in ein [geistliches] Amt; in Frankreich Bestätigung des Ministerpräsidenten durch die Nationalversammlung); **In|ves|ti|tur|streit,** der; -[e]s (im 11./12. Jh.)
in|ves|tiv (für Investitionen bestimmt); **In|ves|tiv|lohn** (als Spareinlage gebundener Teil des Arbeitnehmerlohnes)
In|vest|ment, das; -s, -s ⟨engl.⟩ (*engl. Bez. für* Investition)
In|vest|ment|bank *Plur.* ...banken; **In|vest|ment|ban|ker** [*auch* ...bɛŋkɐ]; **In|vest|ment|ban|ke|rin**
In|vest|ment|fonds (Effektenbestand einer Kapitalanlagegesellschaft); **In|vest|ment|ge|sell|schaft** (Kapitalverwaltungsgesellschaft); **In|vest|ment|pa|pier; In|vest|ment|trust** (*svw.* Investmentgesellschaft); **In|vest|ment|zer|ti|fi|kat**
In|ves|tor, der; -s, ...oren ⟨lat.⟩ (Kapitalanleger); **In|ves|to|rin**
in vi|no ve|ri|tas ⟨lat., »im Wein [ist, liegt] Wahrheit«⟩
In-vi|t|ro-Fer|ti|li|sa|ti|on, die; -, -en ⟨lat.⟩ (*Med.* Befruchtung außerhalb des Körpers; *Abk.* IVF)
in vi|vo ⟨lat., »im Leben«⟩ (am lebenden Objekt); **In-vi|vo-Ex|pe|ri|ment**
In|vo|ka|ti|on, die; -, -en ⟨lat.⟩ (Anrufung [Gottes]); **In|vo|ka|vit** (erster Fastensonntag)
in Voll|macht (*Abk.* i. V. *od.* I. V.; *zur Klein- u. Großschreibung vgl.* i. V.)
In|vo|lu|ti|on, die; -, -en ⟨lat.⟩ (*bes. Med.* Rückbildung [von Organen])
in|vol|vie|ren (einschließen; in etwas verwickeln)
in|wärts
in|wen|dig; in- und auswendig
in|wie|fern
in|wie|weit; inwieweit sind die Angaben zuverlässig?
In|woh|ner (*veraltet für* Bewohner;

österr. auch für Mieter); **In|woh|ne|rin**
In|zah|lung|nah|me, die; -, -n
In|zest, der; -[e]s, -e ‹lat.› (Geschlechtsverkehr zwischen engsten Blutsverwandten); **In|zest|fall; In|zest|ta|bu; in|zes|tu|ös**
In|zi|si|on, die; -, -en ‹lat.› (*Med.* Einschnitt)
In|zi|siv, der; -s, -en, **In|zi|siv|zahn** (Schneidezahn)
In|zucht, die; -, -en *Plur. selten;* **In|zucht|scha|den**
in|zwi|schen
IOC [i:|o:ˈt̮se:], das; -[s] = International Olympic Committee (*svw.* IOK)
Iod *vgl.* Jod; **Io|dat** *vgl.* Jodat; **Io|did** *vgl.* Jodid
IOK, das; -[s] = Internationales Olympisches Komitee
Io|kas|te (Mutter u. Gattin des Ödipus)
Io|lan|the (w. Vorn.)
Ion, das; -s, -en ‹griech.› (elektrisch geladenes Teilchen)
Io|nen|an|trieb; Io|nen|aus|tausch; Io|nen|strahl; Io|nen|wan|de|rung
Io|nes|co (franz. Dramatiker rumänischer Abstammung)
Io|ni|en (Küstenlandschaft Kleinasiens); **Io|ni|er; Io|ni|e|rin**
Io|ni|sa|ti|on, die; -, -en ‹griech.› (*Physik, Chemie* Erzeugung von Ionen)
[1]**io|nisch** ‹*zu* Ion›; ionische Bindung *(Chemie)*
[2]**io|nisch** ‹*zu* Ionien›; ionischer Stil ↑K89, *aber* ↑K140: die Ionischen Inseln
io|ni|sie|ren ‹griech.› (Ionisation bewirken); **Io|ni|sie|rung**
Io|no|sphä|re, die; -, -n ‹griech.› (oberste Schicht der Atmosphäre)
Io|ta usw. *vgl.* Jota usw.
Io|wa [ˈai̯əvə] (Staat in den USA; *Abk.* IA)
IP [ai̯ˈpi:] ‹*Abk. für engl.* Internet Protocol› (Internetprotokoll)
iPad®, **I-Pad** [ˈai̯pɛt], das; -[s], -s (ein Tablet-PC der Firma Apple)
IP-Ad|res|se (Ziffernfolge, über die ein Rechner in einem Netzwerk (z. B. im Internet) identifiziert wird)
Ipe|ka|ku|an|ha [...ˈku̯anja], die; - ‹indian.-port.› (Brechwurzel, eine Heilpflanze)
Iphi|ge|nie (Tochter Agamemnons)
iPhone®, **I-Phone** [ˈai̯fo:n], das; -[s], -s (ein mobiles Gerät der Firma Apple); **iPod**®, **I-Pod** [ˈai̯pɔt], der; -[s], -s (MP3-Player der Firma Apple)
ip|se fe|cit ‹lat., »er hat [es] selbst gemacht«› (auf Kunstwerken; *Abk.* i. f.); **ip|so fac|to** ‹»durch die Tat selbst«› (eigenmächtig); **ip|so ju|re** ‹»durch das Recht selbst«› (ohne Weiteres)
IPTV [...ti:vi:], das; -[s] (Internetfernsehen)
i-Punkt, der; -[e]s, -e ↑K30
IQ, der; -[s], -[s] = Intelligenzquotient
i. R. = im Ruhestand
Ir (*chem. Zeichen für* Iridium)
IR®, der; -[s], -[s] = Interregio[zug]
IR. = Infanterieregiment
I. R. = Imperator Rex
Ira (w. Vorn.)
IRA [i:|ɛrˈ|a:], die; - = Irisch-Republikanische Armee
Ira|de, der *od.* das; -s, -n ‹arab.› (*früher für* Erlass des Sultans)
Irak [*auch* ˈi:...] -s, *auch mit Artikel* der; -[s] (vorderasiatischer Staat); die Städte des Irak[s], *aber* die Städte Iraks; **Ira|ker; Ira|ke|rin; Ira|ki,** der; -[s], -[s] *u.* die; -, -[s]; **ira|kisch; Irak|krieg**
Iran, -s, *auch mit Artikel* der; -[s]; Islamische Republik Iran (vorderasiatischer Staat; *vgl.* Persien); **Ira|ner; Ira|ne|rin; ira|nisch**
Ira|nist, der; -en, -en; **Ira|nis|tik,** die; - (Wissenschaft von den Sprachen u. Kulturen des Irans); **Ira|nis|tin**
Ir|bis, der; -ses, -se ‹mong.› (Schneeleopard)
ir|den (aus gebranntem Ton); **Ir|den|ge|schirr; Ir|den|wa|re**
ir|disch; den Weg alles Irdischen gehen ↑K72
Ire, der; -n, -n (Irländer)
Ire|nä|us (griech. Kirchenvater; m. Vorn.)
Ire|ne (w. Vorn.)
Ire|nik, die; - ‹griech.› (Friedenslehre; Friedensstreben, Aussöhnung [bei kirchlichen Streitigkeiten]); **ire|nisch**
ir|gend; wenn du irgend kannst, so ...; wenn irgend möglich; irgend so ein Gerät, irgend so etwas
ir|gend|ein; irgendeine, irgendeiner; *aber* irgend so ein; **ir|gend|ein|mal**
ir|gend|et|was; *aber* irgend so etwas
ir|gend|je|mand
ir|gend|wann; ir|gend|was *(ugs.); aber* irgend so was; **ir|gend|welch;** irgendwelche Fragen; irgendwelches dumme[s] Zeug; **ir|gend|wer; ir|gend|wie**
ir|gend|wo; irgendwo anders, irgendwo sonst; sonst irgendwo; **ir|gend|wo|her; ir|gend|wo|hin**
Iri|d|ek|to|mie, die; -, ...ien ‹griech.› (*Med.* Ausschneiden der Regenbogenhaut)
Iri|di|um, das; -s (chemisches Element, Metall; *Zeichen* Ir)
Iri|do|lo|gie, die; - (Augendiagnostik)
Irin (Irländerin)
Iri|na (w. Vorn.)
[1]**Iris** (griech. Götterbotin; w. Vorn.)
[2]**Iris,** die; -, *Plur.* -, *auch* Iriden ‹griech.› (Regenbogenhaut im Auge)
[3]**Iris,** die; -, - (Schwertlilie; Regenbogen)
Iris|blen|de (*Optik* verstellbare Blende an der Kamera)
irisch; das irische Bad ↑K89 *u.* 142, *aber* ↑K140: die Irische See
Irisch-Re|pu|b|li|ka|ni|sche Ar|mee (irische Untergrundorganisation; *Abk.* IRA)
Irish Cof|fee [ˈai̯rɪʃ ˈkɔfi], der; - -[s], - -s ‹engl.› (Kaffee mit einem Schuss Whiskey u. Schlagsahne)
Irish Stew [- ˈstju:], das; - -[s], - -s (Weißkraut mit Hammelfleisch u. a.)
iri|sie|ren ‹griech.› (in Regenbogenfarben schillern)
Iri|tis, die; -, ...tiden (*Med.* Entzündung der Regenbogenhaut)
IRK, das; - = Internationales Rotes Kreuz
Ir|kutsk [*österr.* ˈɪ...] (sibir. Stadt)
Ir|land (nordwesteuropäische Insel; Staat auf dieser Insel); **Ir|län|der; Ir|län|de|rin; ir|län|disch;** *aber* ↑K151: Irländisches Moos (*svw.* Karrag[h]een)
Ir|ma, Irm|gard (w. Vorn.)
Ir|min|säu|le, Ir|min|sul, die; - (ein germanisches Heiligtum)
Iro|ke|se, der; -n, -n (Angehöriger eines nordamerikanischen Indianerstammes); **Iro|ke|sin**
Iro|nie, die; -, ...ien ‹griech.› ([versteckter, feiner] Spott); **Iro|ni|ker; Iro|ni|ke|rin**
iro|nisch; iro|ni|sie|ren
Iron|man® [ˈai̯ənmɛn], der; -s ‹engl., »Eisenmann«› (bes. harter Triathlonwettkampf)
irr *vgl.* irre

Ir|ra|di|a|ti|on, die; -, -en ‹lat.› (*Med., Psychol.* Ausstrahlung [von Schmerzen, Gefühlen, Affekten]; *Fotogr.* Überbelichtung fotografischer Platten)

ir|ra|ti|o|nal [*auch* ...ˈna:l] ‹lat.› (verstandesmäßig nicht fassbar; vernunftwidrig); irrationale Zahl *(Math.)*; **Ir|ra|ti|o|na|lis|mus**, der; - ([philosophische Lehre vom] Vorrang des Gefühlsmäßigen vor dem logisch-rationalen Denken); **Ir|ra|ti|o|na|li|tät**, die; - (das Irrationale)

Ir|ra|ti|o|nal|zahl *(Math.)*

ir|re, irr; irr[e] sein; *vgl. aber* irreführen, irregehen, irreleiten, irremachen, irrereden, irrewerden

[1]**Ir|re**, die; -; in die Irre gehen

[2]**Ir|re**, der *u.* die; -n, -n *(ugs. veraltend)*

ir|re|al [*auch* ...ˈa:l] ‹lat.› (unwirklich)

Ir|re|al [*auch* ...ˈa:l], der; -s, -e (*Sprachwiss.* Verbform, mit der man einen unerfüllbaren Wunsch o. Ä. ausdrückt)

Ir|re|a|li|tät [*auch* ˈɪ...], die; - (Unwirklichkeit)

Ir|re|den|ta, die; -, ...ten ‹ital.› (polit. Bewegung, die den Anschluss abgetrennter Gebiete an das Mutterland erstrebt)

Ir|re|den|tis|mus, der; - (*svw.* Irredenta); **Ir|re|den|tist**, der; -en, -en; **Ir|re|den|tis|tin**; **ir|re|den|tis|tisch**

ir|re|du|zi|bel [*auch* ...ˈtsi:...] ‹lat.› (*Philos., Math.* nicht ableitbar); ...i|b|le Sätze

ir|re|füh|ren; seine Darstellung hat mich irregeführt; eine irreführende Auskunft; **Ir|re|füh|rung**

ir|re|ge|hen; er ist irregegangen

ir|re|gu|lär [*auch* ...ˈlɛ:ɐ̯] ‹lat.› (unregelmäßig, ungesetzmäßig); irreguläre Truppen (die nicht zum eigentlichen Heer gehören); **Ir|re|gu|lä|re**, der; -n, -n (nicht zum eigentlichen Heer Gehörender)

Ir|re|gu|la|ri|tät [*auch* ˈɪ...], die; -, -en (Regellosigkeit; Abweichung)

ir|re|lei|ten; er hat die Polizei irregeleitet

ir|re|le|vant [*auch* ...ˈva...] ‹lat.› (unerheblich); **Ir|re|le|vanz** [*auch* ...ˈva...], die; -, -en

ir|re|li|gi|ös [*auch* ...ˈgiø:s] ‹lat.› (nicht religiös); **Ir|re|li|gi|o|si|tät** [*auch* ˈɪ...], die; -

ir|re|ma|chen; sie hat mich irregemacht

ir|ren; sich irren; ↑K 82: Irren *od.* irren ist menschlich

Ir|ren|haus *(veraltet; ugs.)*; **ir|ren|haus|reif** *(ugs. veraltend)*

ir|re|pa|ra|bel [*auch* ...ˈra:...] ‹lat.› (unersetzlich, nicht wiederherstellbar); ...a|b|ler Schaden

ir|re|po|ni|bel [*auch* ...ˈni:...] ‹lat.› (*Med.* nicht einrenkbar); ...i|b|le Gelenkköpfe

ir|re|re|den; er hat irregeredet; **ir|re sein** *vgl.* irre

Ir|re|sein, Irr|sein, das; -s *(Med. veraltet)*; ↑K 82

ir|re|ver|si|bel [*auch* ...ˈzi:...] ‹lat.› (nicht umkehrbar); ...i|b|le Prozesse

ir|re|wer|den, irr|wer|den; wenn man irrewird, irrwird; sie ist irregeworden, irrgeworden; **Ir|re|wer|den**, Irr|wer|den, das; -s ↑K 82

Irr|fahrt; **Irr|gang**, der; **Irr|gar|ten**; **Irr|gast** *(Zool.)*

Irr|glau|be[n]; **irr|gläu|big**

ir|rig; in der irrigen Annahme, dass ...

Ir|ri|ga|ti|on, die; -, -en ‹lat.› (*Med.* Ab- od. Ausspülung); **Ir|ri|ga|tor**, der; -s, ...oren (Spülapparat)

ir|ri|ger|wei|se

ir|ri|ta|bel ‹lat.› (reizbar); ein ...a|b|ler Mensch; **Ir|ri|ta|bi|li|tät**, die; -

Ir|ri|ta|ti|on, die; -, -en (Reiz, Erregung); **ir|ri|tie|ren** ([auf]reizen, verwirren, stören)

Irr|läu|fer (falsch befördeter Gegenstand); **Irr|leh|re**

Irr|licht *Plur.* ...lichter; **irr|lich|te|lie|ren** (*in Goethes Faust svw.* irrlichtern); **irr|lich|tern** (wie ein Irrlicht funkeln, sich hin u. her bewegen); es irrlichtert; geirrlichtert

irr|ma|chen *vgl.* irremachen

irr|re|den *vgl.* irrereden

Irr|sal, das; -[e]s, -e (*geh. für* Zustand menschl. Irrens)

irr sein *vgl.* irre

Irr|sein *vgl.* Irresein

Irr|sinn, der; -[e]s; **irr|sin|nig**; **Irrsin|nig|keit**, die; -, -en

Irr|tum, der; -s, ...tümer; **irr|tüm|lich**; **irr|tüm|li|cher|wei|se**

Ir|rung (*veraltet für* Irrtum)

Irr|weg

irr|wer|den *vgl.* irrewerden

Irr|wer|den *vgl.* Irrewerden

Irr|wisch, der; -[e]s, -e (Irrlicht; sehr lebhafter Mensch)

irr|wit|zig

Ir|tysch [*auch* ...ˈtʏʃ], der; -[s] (linker Nebenfluss des Ob)

Isa (*moslem. Name für* Jesus)

Isa|ak [...aak, *auch* ...a(:)k, *österr.* ...ak] (bibl. m. Vorn.)

Isa|bel, Isa|bel|la, [1]**Isa|bel|le** (w. Vorn.)

[2]**Isa|bel|le**, die; -, -n (falbes Pferd); **isa|bell|far|ben, isa|bell|far|big** (falb, graugelb)

ISAF, **Isaf**, die; - ‹engl.; *Kurzwort für* International Security Assistance Force› (internationale Schutztruppe [in Afghanistan])

Isa|i|as (*Schreibung der Vulgata für* Jesaja)

Isar, die; - (rechter Nebenfluss der Donau); **Isar-Athen** (*scherzh. für* München); ↑K 144

Isa|tin, das; -s ‹griech.› (*Chemie* eine Indigoverbindung)

Isau|ri|en (antike Landschaft in Kleinasien)

ISBN, die; -, -[s] = Internationale Standardbuchnummer

Is|ch|ä|mie [ɪsç..., *auch* ɪʃ...], die; -, ...i̯en ‹griech.› (*Med.* örtliche Blutleere)

Is|cha|ri|ot ‹hebr.›; *vgl.* [1]Judas

Ische, die; -, -n ‹hebr.-jidd.› (*ugs. für* Mädchen, Freundin)

Is|chia [ˈɪski̯a] (ital. Insel)

Is|chi|a|di|kus [ɪsˈçi̯a:..., *oft auch* ɪˈʃi̯a...], der; -, ...dizi ‹griech.› (Hüftnerv); **is|chi|a|disch** (den Ischias betreffend)

Is|chi|al|gie [ɪsçi̯al..., *oft auch* ɪʃi̯al...], die; -, ...i̯en (Hüftschmerz)

[1]**Is|chi|as** [ˈɪʃi̯..., *auch* ˈɪsçi̯...], der, *selten* das, *fachspr. auch* die; - (*svw.* Ischialgie)

[2]**Is|chi|as**, der; - (*kurz für* Ischiasnerv); **Is|chi|as|nerv**

Ischl, Bad (österr. Kurort)

Isch|tar (babylon. Göttin)

Is|ch|u|rie [ɪsç...], die; -, ...i̯en ‹griech.› (*Med.* Harnverhaltung)

ISDN, das; - *meist ohne Artikel* ‹*aus* engl. integrated services digital network› (Kommunikationsnetz zur schnellen Datenübermittlung); **ISDN-An|schluss**; **ISDN-Kar|te**; **ISDN-Netz**

Ise|grim, der; -[s], *Plur.* -e *u.* -s (der Wolf in der Tierfabel; *übertr. für* mürrischer Mensch)

Iser, die; - (rechter Nebenfluss der Elbe); **Iser|ge|bir|ge**, das; -s

Iser|lohn (Stadt im Sauerland)

Isi|dor (m. Vorn.)

ISIN, die; -, - ‹*aus* engl. international securities identification

number⟩ (internationale Wertpapierkennnummer)
Isis (altägyptische Göttin)
ISK (Währungscode für isländ. Krone)
Is|ka|ri|ot *vgl.* [1]Judas
Is|lam [*auch* ˈɪ...], der; -[s] ⟨arab.⟩ (im Koran verkündete Religion)
Is|la|ma|bad (Hauptstadt Pakistans)
Is|la|mi|sa|ti|on, die; -, -en (die Bekehrung zum Islam)
is|la|misch
is|la|mi|sie|ren (zum Islam bekehren; unter die Herrschaft des Islams bringen); **Is|la|mi|sie|rung**
Is|la|mis|mus, der; - (islamischer Fundamentalismus); **Is|la|mist,** der; -en, -en; **Is|la|mis|tin; is|la|mis|tisch**
Is|la|mit, der; -en, -en (*veraltet für* Muslim); **Is|la|mi|tin; is|la|mi|tisch**
Is|lam|wis|sen|schaft; Is|lam|wis|sen|schaft|ler; Is|lam|wis|sen|schaft|le|rin
Is|land
Is|län|der; Is|län|de|rin
is|län|disch; die isländische Sprache, *aber* ↑K151: Isländisch[es] Moos (eine Heilpflanze)
Is|län|disch, das; -[s] (Sprache); *vgl.* Deutsch; **Is|län|di|sche,** das; -n; *vgl.* [2]Deutsche
Is|ma|el [...e:l, *auch* ...ɛl] (bibl. m. Eigenn.)
Is|ma|i|lit, der; -en, -en (Angehöriger einer schiit. Sekte); **Is|ma|i|li|tin**
Is|me|ne (Tochter des Ödipus)
Is|mus, der; -, ...men ⟨griech.⟩ (*abwertend für* bloße Theorie)
ISO, die; - = International Organization for Standardization (internationale Normierungsorganisation)
iso... ⟨griech.⟩ (gleich...); **Iso...** (Gleich...)
Iso|ba|re, die; -, -n (*Meteorol.* Verbindungslinie zwischen Orten gleichen Luftdrucks)
Iso|bu|tan, das; -s (brennbares Gas, das zur Herstellung von Flugbenzin verwendet wird)
iso|chrom [...k...] ⟨griech.⟩ (*svw.* isochromatisch); **Iso|chro|ma|sie,** die; - (gleiche Farbempfindlichkeit von fotografischem Material); **iso|chro|ma|tisch** (gleichfarbig, farbtonrichtig)
iso|chron [...k...] (*Physik* gleich lang dauernd); **Iso|chro|ne,** die; -, -n (Linie gleichzeitigen Auftretens [von Erdbeben u. a.])
Iso|drink, der; -s, -s ⟨griech.; engl.⟩ (isotonisches Getränk)
Iso|dy|na|me, die; -, -n ⟨griech.⟩ (Verbindungslinie zwischen Orten mit gleicher magnetischer Stärke)
Iso|dy|ne, die; -, -n (*Physik* Linie, die Punkte gleicher Kraft verbindet)
Iso|ga|mie, die; -, ...ien ⟨griech.⟩ (*Biol.* Fortpflanzung durch gleich gestaltete Geschlechtszellen)
Iso|glos|se, die; -, -n (*Sprachwiss.* Linie auf Sprachkarten, die Gebiete gleichen Wortgebrauchs begrenzt)
Iso|gon, das; -s, -e (regelmäßiges Vieleck); **iso|go|nal** (winkelgetreu; gleichwinklig)
Iso|go|ne, die; -, -n (*Meteorol.* Verbindungslinie zwischen Orten gleicher magnetischer Abweichung od. gleicher Windrichtung)
Iso|hy|e|te, die; -, -n ⟨griech.⟩ (*Meteorol.* Verbindungslinie zwischen Orten mit gleicher Niederschlagsmenge)
Iso|hyp|se, die; -, -n (*Geogr.* Verbindungslinie zwischen Orten mit gleicher Höhe ü. d. M.)
Iso|kli|ne, die; -, -n ⟨griech.⟩ (*Geogr.* Verbindungslinie zwischen Orten mit gleicher Neigung der Magnetnadel)
Iso|la|ti|on, die; -, -en ⟨franz.⟩, Isolie|rung ([politische u. a.] Absonderung; Getrennthaltung; [Ab]dämmung)
Iso|la|ti|o|nis|mus, der; - ⟨engl.⟩ (politische Tendenz, sich vom Ausland abzuschließen); **Iso|la|ti|o|nist,** der; -en, -en *meist Plur.*; **Iso|la|ti|o|nis|tin; iso|la|ti|o|nis|tisch**
Iso|la|ti|ons|fol|ter; Iso|la|ti|ons|haft
Iso|la|tor, der; -s, ...oren (Stoff, der Elektrizität schlecht od. gar nicht leitet)
Isol|de (mittelalterliche Sagengestalt; w. Vorn.)
Iso|lier|band, das; *Plur.* ...bänder
iso|lie|ren ⟨franz.⟩ (absondern; getrennt halten; abschließen, [ab]dichten, [ab]dämmen; durch entsprechendes Material schützen); **Iso|lie|rer**
Iso|lier|ma|te|ri|al; Iso|lier|mat|te; Iso|lier|schicht; Iso|lier|sta|ti|on
iso|liert (*auch für* vereinsamt); **Iso|liert|heit,** die; -
Iso|lie|rung *vgl.* Isolation
Iso|li|nie, die; -, -n ⟨griech.; lat.⟩ (Verbindungslinie zwischen Punkten gleicher Wertung od. Erscheinung auf geografischen u. a. Karten)
Iso|mat|te (Isoliermatte)
iso|mer ⟨griech.⟩ (Isomerie aufweisend); **Iso|mer,** das; -s, -e *meist Plur.*, **Iso|me|re,** das; -n, -n *meist Plur.* (eine Isomerie aufweisende chemische Verbindung); ein Isomer *od.* Isomere
Iso|me|rie, die; -, ...ien (*Bot.* Gleichzähligkeit in Bezug auf die Zahl der Glieder in den verschiedenen Blütenkreisen; *Chemie* unterschiedliches Verhalten chemischer Verbindungen trotz der gleichen Anzahl gleichartiger Atome)
Iso|me|t|rie, die; -, ...ien (Längengleichheit, Längentreue, bes. bei Landkarten); **iso|me|t|risch**
iso|morph (gleichförmig, von gleicher Gestalt, bes. bei Kristallen); **Iso|mor|phie,** die; -, ...ien
Iso|mor|phis|mus, der; -, ...men (Eigenschaft gewisser chemischer Stoffe, gemeinsam die gleichen Kristalle zu bilden)
Ison|zo, der; -[s] (Zufluss des Golfs von Triest)
iso|pe|ri|me|t|risch ⟨griech.⟩ (*Math.* von gleichem Ausmaß [von Längen, Flächen u. Körpern])
Iso|po|de, der; -n, -n *meist Plur.* (*Zool.* Assel)
Iso|p|ren®, das; -s ⟨Kunstwort⟩ (chem. Stoff, der zur Herstellung von synthetischem Kautschuk verwendet wird)
Iso|seis|te, die; -, -n ⟨griech.⟩ (Verbindungslinie zwischen Orten mit gleicher Erdbebenstärke)
Iso|s|ta|sie, die; - (Gleichgewichtszustand der Krustenschollen der Erde)
Iso|ther|me, die; -, -n ⟨griech.⟩ (*Meteorol.* Verbindungslinie zwischen Orten mit gleicher Temperatur)
Iso|ton, das; -s, -e *meist Plur.* (Atomkern, der die gleiche Anzahl Neutronen wie ein anderer enthält)
iso|to|nisch (*Chemie* von gleichem osmotischem Druck); isotonisches Getränk (Getränk, das die gleiche Konzentration von

Mineralstoffen wie das menschliche Blut hat)

Iso|top, das; -s, -e (Atom, das sich von einem andern des gleichen chemischen Elements nur in seiner Masse unterscheidet)

Iso|to|pen|di|a|g|nos|tik, die; - *(Med.);* **Iso|to|pen|the|ra|pie; Iso|to|pen|tren|nung**

Iso|t|ron, das; -s, *Plur.* ...trone, *auch* -s (Gerät zur Isotopentrennung)

iso|trop *(Physik, Chemie* nach allen Richtungen hin gleiche Eigenschaften aufweisend); **Iso|tro|pie,** die; -

Is|ra|el [...e:l, *auch* ...ɛl] (Volk der Juden im A. T.; Staat in Vorderasien); das Volk Israel; die Kinder Israel[s]

Is|ra|e|li, der; -[s], -s *u.* die; -, -s (Angehörige[r] des Staates Israel); **Is|ra|e|lin; is|ra|e|lisch** (zum Staat Israel gehörend)

Is|ra|e|lit, der; -en, -en (Angehöriger eines der semitischen Stämme im alten Palästina); **Is|ra|e|li|tin; is|ra|e|li|tisch**

ISS, die; - = International Space Station (internationale Raumstation)

isst *vgl.* essen

ist *vgl.* ²sein

Is|tan|bul (türkische Stadt)

Ist|auf|kom|men, Ist-Auf|kom|men (der tatsächliche [Steuer]ertrag)

Ist|be|stand, Ist-Be|stand

isth|misch ‹griech.›; *aber* Isthmische Spiele ↑K150

Isth|mus, der; -, ...men (Landenge, bes. die von Korinth)

Ist|lohn, Ist-Lohn *(österr. für* tatsächlich ausbezahlter Lohn); **Ist|lohn|er|hö|hung, Ist-Lohn-Er|hö|hung**

Is|t|ri|en (Halbinsel im Adriatischen Meer)

Ist|stär|ke, Ist-Stär|ke

Ist|wä|o|nen *Plur.* (Kultgemeinschaft westgermanischer Stämme); **ist|wä|o|nisch**

Ist|zu|stand, Ist-Zu|stand

Is|wes|ti|ja, die; - ‹russ., »Nachrichten«› (eine russische Tageszeitung)

it. = item

IT [ai̯'ti:] = information technology (Informationstechnologie)

Ita|ker, der; -s, - *(ugs. veraltend abwertend für* Italiener); **Ita|ke|rin**

Ita|la, die; - ‹lat.› (älteste lateinische Bibelübersetzung)

Ita|ler (Einwohner des antiken Italien); **Ita|le|rin**

Ita|lia *(lat. u. ital. Form von* Italien); **ita|li|a|ni|sie|ren,** ita|li|e|ni|sie|ren (italienisch machen)

Ita|li|en

Ita|li|e|ner; Ita|li|e|ne|rin

ita|li|e|nisch; die italienische Schweiz; eine italienische Nacht; italienischer *od.* Italienischer Salat ↑K89, *aber nur* ↑K140: die Italienische Republik; *vgl.* deutsch; *vgl. aber* italisch

Ita|li|e|nisch, das; -[s] (Sprache); *vgl.* Deutsch; **Ita|li|e|ni|sche,** das; -n; *vgl.* ²Deutsche

ita|li|e|ni|sie|ren *vgl.* italianisieren

Ita|li|enne [...'li̯ɛn], die; - ‹franz.› *(Druckw.* eine Schriftart)

Ita|li|ker ‹lat.› (Italer); **Ita|li|ke|rin**

Ita|lique [...'li:k], die; - ‹franz.› *(Druckw.* eine Schriftart)

ita|lisch ‹lat.› (das antike Italien betreffend); *vgl. aber* italienisch

Ita|lo|wes|tern (Western in einem von italienischen Regisseuren geprägten Stil)

Ita|zis|mus, der; - (Aussprache der altgriechischen e-Laute wie langes i)

IT-ba|siert *(vgl.* IT); ↑K28 *u.* 97

IT-Bran|che; IT-Dienst|leis|ter; IT-Dienst|leis|te|rin

item ‹lat.› *(veraltet für* ebenso, desgleichen; ferner; *Abk.* it.)

Item, das; -s, -s *(veraltet für* das Fernere, Weitere, ein [Frage]punkt; Einzelangabe)

Ite|ra|ti|on, die; -, -en ‹lat.› (Wiederholung; *Math.* wiederholte Anwendung desselben Prozesses auf die gewonnenen Zwischenwerte)

ite|ra|tiv [*auch* 'i:...] (wiederholend); **Ite|ra|tiv,** das; -s, -e *(Sprachwiss.* Verb, das eine stete Wiederholung von Vorgängen ausdrückt, z. B. »sticheln« = immer wieder stechen)

IT-Fach|frau; IT-Fach|leute *Plur.;* **IT-Fach|mann**

It-Girl, das; -s, -s ‹engl.› ([junge] Frau, die durch starke Medienpräsenz, vor allem in Gesellschaft von Prominenten, einer breiteren Öffentlichkeit bekannt ist)

Itha|ka (eine griechische Insel)

Iti|ne|rar, das; -s, -e, **Iti|ne|ra|ri|um,** das; -s, ...ien ‹lat.› (Straßenverzeichnis der römischen Zeit; Aufzeichnung noch nicht vermessener Wege bei Forschungsreisen)

ITK, die; - = Informations- und Telekommunikationstechnik; **ITK-Bran|che**

i. Tr. = in der Trockenmasse

IT-Si|cher|heit, die; -

IT-Spe|zi|a|list; IT-Spe|zi|a|lis|tin

i-Tüp|fel|chen ↑K29

i-Tüp|ferl, das; -s, -[n]; *vgl.* Pickerl *(österr. für* i-Tüpfelchen); **i-Tüp|ferl-Rei|ter** *(österr. ugs. für* Pedant); **i-Tüp|ferl-Rei|te|rin**

It|ze|hoe [...'ho:] (Stadt in Schleswig-Holstein); **It|ze|ho|er; It|ze|ho|e|rin**

it|zo, itzt, it|z|und *(veraltet für* jetzt)

iur. *vgl.* Dr. iur.

i. v. = intravenös

i. V.

= in Vertretung; in Vollmacht

Die Abkürzung wird mit kleinem i geschrieben, wenn sie unmittelbar der Grußformel oder der Bezeichnung einer Behörde, Firma u. dgl. folgt:

Der Oberbürgermeister
i. V. Meyer

Die Abkürzung wird mit großem I geschrieben, wenn sie nach einem abgeschlossenen Text allein vor einer Unterschrift steht:

Herr Direktor Müller wird Sie nach seiner Rückkehr sofort anrufen.
I. V. Meyer

IV = Invalidenversicherung (in der Schweiz)

IV-Be|zü|ger; IV-Be|zü|ge|rin

IVF, die; -, - = In-vitro-Fertilisation

Ivo (m. Vorn.)

Ivo|rer, der; -s, - ‹eingedeutschte Form von franz. Ivoirien› (Einwohner der Republik Elfenbeinküste); **Ivo|re|rin; ivo|risch**

Iwan, der; -[s], -s (m. Vorn.; *scherzh. Bez. für* Russe *od. [nur Sing.:]* die Russen)

Iwein (Ritter der Artussage)

IWF, der; -[s] = Internationaler Währungsfonds

i wo! *(ugs. für* keineswegs)

Iw|rit, Iw|rith, das; -[s] (Neuhebräisch; Amtssprache in Israel)

Iz|mir ['ɪs..., *auch, österr. nur* 'ɪz...] (türk. Stadt, heutiger Name von Smyrna)

j J

J [jɔt, *österr.* je:] (Buchstabe); das J; des J, die J, *aber* das j in Boje; der Buchstabe J, j; *vgl. auch* Jot

J = *chemisches Zeichen für* Jod; Joule

ja

Kleinschreibung:

- jaja, *auch* ja, ja!
- jawohl
- ja freilich; ja doch; aber ja; na ja; nun ja; ach ja

Großschreibung:

- das Ja und [das] Nein
- mit [einem] Ja antworten
- mit Ja oder [mit] Nein stimmen
- die Folgen seines Ja[s]
- die Abstimmung ergab viele Ja[s] (Jastimmen)

Groß- oder Kleinschreibung:

- Ja *od.* ja sagen
- Ja und Amen *od.* ja und amen sagen *(ugs.)*

Jab [dʒɛp], der; -s, -s ⟨engl.⟩ (kurzer Boxhieb)

Ja|bo, der; -s, -s (*kurz für* Jagdbomber)

Ja|bot [ʒa'bo:], das; -s, -s ⟨franz.⟩ (Spitzenrüsche [an Hemden])

Jạcht, Yạcht [j...], die; -, -en ⟨niederl.⟩ (Schiff für Sport- u. Vergnügungsfahrten, *auch* Segelboot)

Jạcht|ha|fen, Yạcht|ha|fen; **Jạcht|klub**, Jạcht|club, Yạcht|klub, Yạcht|club

Jack [dʒɛk] (m. Vorn.)

Jäck|chen

Jạ|cke, die; -, -n ⟨arab.-franz.⟩; **Jạ|cken|kleid; Jạ|cken|ta|sche**

Ja|cket|kro|ne ['dʒɛkɪt...] ⟨engl.⟩ (Zahnkronenersatz)

Ja|ckẹtt [ʒa...], das; -s, *Plur.* -s, *selten* -e ⟨franz.⟩ (gefütterte Stoffjacke von Herrenanzügen)

Ja|ckẹtt|ta|sche, **Ja|ckẹtt-Ta|sche**

Jack|pot ['dʒɛkpɔt], der; -s, -s ⟨engl.⟩ (bes. hoher [angesammelter] Gewinn bei einem Glücksspiel)

Jack|stag ['dʒɛk...], das; -[e]s, -e[n] ⟨engl.; dt.⟩ (*Seemannsspr.* Eisen zum Festmachen von Segeln; Gleitschiene)

Jac|quard [ʒa'ka:ɐ̯], der; -[s], -s ⟨nach dem franz. Seidenweber⟩ (Gewebe mit großem Muster)

Jac|quard|ge|we|be ↑K 136; **Jac|quard|ma|schi|ne**

Jacque|line [ʒa'kli:n] (w. Vorn.)

Jacques [ʒak] (m. Vorn.)

Ja|cuz|zi® [*auch* dʒə'ku:zi], der; -[s], -s ⟨nach der Herstellerfirma⟩ (Bassin mit sprudelndem Wasser)

[1]Ja|de, die; - (Zufluss der Nordsee)

[2]Ja|de, der; -[s] *u.* die; - ⟨franz.⟩ (blassgrüner Schmuckstein)

Ja|de|bu|sen, der; -s (Nordseebucht bei Wilhelmshaven)

ja|de|grün *vgl.* [2]Jade

Ja|fet *vgl.* Japhet

Jaf|fa (Teil der Stadt Tel Aviv-Jaffa in Israel)

Jaf|fa|ap|fel|si|ne, **Jaf|fa-Ap|fel|si|ne**

Ja|ga|tee *vgl.* Jagertee

Jagd, die; -, -en; **Jagd|auf|se|her; Jagd|auf|se|he|rin**

jagd|bar; Jagd|bar|keit, die; -

Jagd|beu|te; Jagd|bom|ber; Jagd|fal|ke; Jagd|fie|ber; Jagd|flie|ger

Jagd|flin|te; Jagd|flug|zeug; Jagd|fre|vel; Jagd|ge|schwa|der; Jagd|ge|wehr; Jagd|glück

Jagd|grün|de *Plur.;* die ewigen Jagdgründe

Jagd|herr; Jagd|her|rin

Jagd|horn *Plur.* ...hörner; **Jagd|hund; Jagd|hüt|te**

jagd|lich; Jagd|mes|ser, das

Jagd|pan|zer

Jagd|ren|nen *(Pferdesport)*

Jagd|re|vier; Jagd|schein; Jagd|schloss

Jagd|sprin|gen *(Pferdesport)*

Jagd|staf|fel (Verband von Kampfflugzeugen)

Jagd|sze|ne *(Malerei);* **Jagd|tro|phäe; Jagd|wurst; Jagd|zeit**

Ja|gel|lo|ne, der; -n, -n (Angehöriger eines litauisch-polnischen Königsgeschlechtes); **Ja|gel|lo|nin**

ja|gen; er, sie jagt; gejagt

Ja|gen, das; -s, - (forstliche Wirtschaftsfläche)

Jä|ger

Ja|ge|rei, die; - (fortwährendes Hetzen)

Jä|ge|rei, die; - (Jagdwesen; Jägerschaft)

Jä|ger|hut; Jä|ge|rin; Jä|ger|la|tein, das; -s; **Jä|ger|meis|ter; Jä|ger|meis|te|rin; Jä|ger|prü|fung; Jä|ger|schaft,** die; -

Jä|ger|schnit|zel (*Gastron.* Schnitzel mit Soße u. Pilzen)

Jä|gers|mann *Plur.* ...leute *(veraltet);* **Jä|ger|spra|che,** die; -

Ja|ger|tee (*österr. für* Tee mit Schnaps)

Ja|gi|el|lo|ne usw. *vgl.* Jagellone usw.

Jagst, die; - (rechter Nebenfluss des Neckars)

Ja|gu|ar, der; -s, -e ⟨indian.⟩ (ein Raubtier)

jäh; Jä|he, die; - *(veraltet);* **Jäh|heit,** die; -; **jäh|lings**

Jahn; Turnvater Jahn

Jahnn, Hans Henny (dt. Autor)

Jahr *s. Kasten*

jahr|aus; *nur in* jahraus, jahrein *od.* jahrein, jahraus

Jahr|buch (*Abk.* Jb.); **Jähr|chen**

jahr|ein *vgl.* jahraus

jah|re|lang; *aber* viele Jahre lang

jäh|ren, sich

Jah|res|abon|ne|ment; Jah|res|abschluss; Jah|res|an|fang

Jah|res|aus|gleich *(Steuerw.)*

Jah|res|aus|klang; Jah|res|aus|stel|lung; Jah|res|aus|stoß

Jah|res|be|ginn; Jah|res|bei|trag

Jah|res|be|richt

Jah|res|best|zeit *(Sport)*

Jah|res|bi|lanz *(Wirtsch., Kaufmannsspr.);* **Jah|res|durch|schnitt**

Jah|res|ein|kom|men

Jah|res|en|de; Jah|res|ẹnd|ral|lye, **Jah|res|ẹnd|ral|ly** [...rɛli] (*Börsenjargon* Anstieg der Kurse zum Jahresende)

Jah|res|etat

Jah|res|frist; innerhalb Jahresfrist

Jah|res|ge|halt, das

Jah|res|hälf|te; Jah|res|haupt|ver|samm|lung *(Wirtsch.)*

Jah|res|kar|te; Jah|res|mit|te

Jah|res|pro|duk|ti|on *(Wirtsch.)*

Jah|res|ra|te; Jah|res|ring *meist Plur.;* **Jah|res|rück|blick**

Jah|res|tag; Jah|res|ta|gung

Jah|res|über|schuss; Jah|res|umsatz; Jah|res|ur|laub; Jah|res|verbrauch; Jah|res|ver|samm|lung; Jah|res|ver|trag

Jah|res|vi|g|net|te *(österr.)*

Jah|res|wa|gen (nach etwa einem Jahr [von einem Mitarbeiter eines Automobilwerks] zum

Jahr

das; -[e]s, -e

- dieses (*besser nicht* diesen) Jahres (*Abk.* d. J.)
- im Jahr[e] (*Abk.* i. J.)
- laufenden Jahres (*Abk.* lfd. *od.* l. J.)
- künftigen Jahres (*Abk.* k. J.)
- nächsten Jahres (*Abk.* n. J.)
- vorigen Jahres (*Abk.* v. J.)
- ohne Jahr (*Abk.* o. J.)
- über Jahr und Tag
- das Jahr eins unserer Zeitrechnung
- das neue Jahr; zum neuen Jahr[e] Glück wünschen
- Jahr für Jahr; von Jahr zu Jahr
- zwei, viele Jahre lang
- sie ist über (mehr als) 14 Jahre alt
- Schüler ab 14 Jahre[n], bis zu 18 Jahren
- freiwillige Helfer nicht unter 14 Jahren

Vgl. auch achtziger

Weiterverkauf angebotener Neuwagen)

Jah|res|wech|sel; Jah|res|wen|de

Jah|res|zahl

Jah|res|zeit; jah|res|zeit|lich

Jahr|fünft, das; -[e]s, -e

Jahr|gang, der; *Plur.* ...gänge (*Abk.* Jg., *Plur.* Jgg.); **Jahr|gän|ger** (*südwestd., westösterr. u. schweiz. für* Person desselben Geburtsjahres); **Jahr|gän|ge|rin; Jahr|gän|ger|tref|fen**

Jahr|hun|dert, das; -s, -e (*Abk.* Jh.)

jahr|hun|der|te|alt; *aber* zwei, viele Jahrhunderte alt; **jahr|hun|der|te|lang**

Jahr|hun|dert|fei|er; Jahr|hun|dert|flut; Jahr|hun|dert|hoch|was|ser

Jahr|hun|dert|mit|te; Jahr|hun|dert|som|mer; Jahr|hun|dert|wein; Jahr|hun|dert|wen|de

jäh|rig (*veraltet für* ein Jahr her; ein Jahr dauernd; ein Jahr alt)

...jäh|rig (z. B. vierjährig [vier Jahre dauernd, vier Jahre alt], *mit Ziffer* 4-jährig); ein Fünfjähriger (*mit Ziffer* 5-Jähriger); die Vier- bis Fünfjährigen (*mit Ziffern* die 4- bis 5-Jährigen); die über Achtzigjährigen (*mit Ziffern* die über 80-Jährigen)

jähr|lich (jedes Jahr wiederkehrend)

...jähr|lich (z. B. alljährlich, vierteljährlich)

Jähr|ling (einjähriges Tier)

Jahr|markt; Jahr|markts|bu|de

Jahr|mil|li|o|nen

Jahr|tau|send, das; -s, -e; **Jahr|tau|send|wen|de**

Jahr|zehnt, das; -[e]s, -e

jahr|zehn|te|alt *vgl.* jahrhundertealt; **jahr|zehn|te|lang**

Jahr-2000-fä|hig [...tsvaiˈtauznt...]; Jahr-2000-fähige Computer

Jah|ve, *ökum.* **Jah|we** (Name Gottes im A. T.)

Jäh|zorn; jäh|zor|nig

Jai|pur [ˈdʒai...] (Stadt in Indien)

Ja|i|rus (bibl. m. Eigenn.)

ja|ja *vgl.* ja

Jak *vgl.* Yak

Ja|ka|ran|da|holz ⟨indian.; dt.⟩ (*svw.* Palisander)

Ja|kar|ta [dʒa...] (Hauptstadt u. wichtigster Hafen Indonesiens)

Ja|ko, der; -s, -s ⟨franz.⟩ (eine Papageienart)

Ja|kob (m. Vorn.); ↑K151: der wahre Jakob (*ugs. für* der rechte Mann, das Rechte); der billige Jakob (*ugs. veraltet für* Verkäufer auf Jahrmärkten)

Ja|ko|bi, das; - (Jakobitag)

Ja|ko|bi|ner (Angehöriger der radikalsten Partei in der Franz. Revolution); **Ja|ko|bi|ne|rin; Ja|ko|bi|ner|müt|ze; Ja|ko|bi|ner|tum,** das; -s; **ja|ko|bi|nisch**

Ja|ko|bi|tag, Ja|kobs|tag

Ja|kobs|lei|ter, die; -, -n (Himmelsleiter; *Seemannsspr.* Strickleiter); **Ja|kobs|mu|schel**

Ja|kobs|tag, Ja|ko|bi|tag

Ja|ko|bus (Apostel); ↑K134: Jakobus der Ältere, Jakobus der Jüngere

Ja|ku|te, der; -n, -n (Angehöriger eines Turkvolkes); **Ja|ku|tin; ja|ku|tisch**

Ja|lon [ʒaˈlõ:], der; -s, -s ⟨franz.⟩ (Absteckpfahl; Fluchtstab [für Vermessungen])

Ja|lou|set|te [ʒalu...], die; -, -n ⟨franz.⟩ (Jalousie aus Leichtmetall- od. Kunststofflamellen)

Ja|lou|sie, die; -, ...ien ([hölzerner] Fensterschutz, Rollladen)

Ja|lou|sie|schrank (Rollschrank)

Jal|ta (Hafenstadt auf der Krim)

Jal|ta-Ab|kom|men, Jal|ta|ab|kom|men (von 1945)

Jam [dʒɛm], die; -, -s (*kurz für* Jamsession)

Ja|mai|ka (Insel der Großen Antillen; Staat auf dieser Insel)

Ja|mai|ka|ko|a|li|ti|on, Ja|mai|ka-Ko|a|li|ti|on ⟨nach den Farben Schwarz, Gelb und Grün der Nationalflagge Jamaikas⟩ (*Politik* Koalition von CDU/CSU, FDP u. Grünen)

Ja|mai|ka|ner; Ja|mai|ka|ne|rin; ja|mai|ka|nisch; Ja|mai|ka|rum, Ja|mai|ka-Rum, der; -s

Jam|be, die; -, -n ⟨griech.⟩, **Jam|bus,** der; -, ...ben (ein Versfuß); **jam|bisch**

Jam|bo|ree [dʒɛmbəˈri:], das; -s, -s ⟨engl.⟩ ([Pfadfinder]treffen; Zusammenkunft)

Jam|bus *vgl.* Jambe

James [dʒeɪms] (m. Vorn.)

James Grieve [- ˈgri:f], der; - -, - - ⟨nach dem engl. Apfelzüchter⟩ (eine Apfelsorte)

jam|men [ˈdʒɛmən] (eine Jamsession veranstalten); sie haben gejammt

Jam|mer, der; -s

Jam|mer|bild; Jam|mer|ge|stalt; Jam|mer|lap|pen (*ugs. für* ängstlicher Mensch, Schwächling)

jäm|mer|lich; Jäm|mer|lich|keit

Jäm|mer|ling; Jam|mer|mie|ne

jam|mern; ich jammere; sie jammert mich; es jammert mich

jam|mer|scha|de; das ist jammerschade

Jam|mer|tal, das; -[e]s

jam|mer|voll

Jam|ses|sion, Jam-Ses|sion [ˈdʒɛmsɛʃn̩], die; -, -s ⟨engl.⟩ (zwanglose Zusammenkunft von Musikern zu gemeinsamem Spiel)

Jams|wur|zel ⟨engl.; dt.⟩ (eine tropische Staude)

Jan (m. Vorn.)

Jan. = Januar

Jän. = Jänner

Ja|ná|ček [...na:tʃɛk] (tschechischer Komponist)

Jandl (österr. Schriftsteller)

Jane [dʒeɪn] (w. Vorn.); *vgl.* Mary Jane

Jan|ga|da [ʒaŋ...], die; -, -s ⟨port.⟩ (indianisches Floßboot)

Jang|t|se, Jang|t|se|ki|ang [*auch* ...ˈki̯aŋ], der; -[s] (chin. Strom)

Ja|ni|ku|lus, der; - (Hügel in Rom)

Ja|ni|t|schar, der; -en, -en ⟨türk.⟩ (Angehöriger der ehem. türki-

[1]je

- seit je
- je drei; je zwei und zwei
- je länger, je lieber (*vgl. aber* Jelängerjelieber)
- je mehr, desto lieber
- je kürzer, umso schneller
- je nachdem *(vgl. d.)*
- je nach Bedarf
- je ein Exemplar wurde an sie verschickt

Als Präposition steht »je« (in der Funktion von »für, pro«) mit Akkusativ:

- je erwachsenen Teilnehmer
- je beschäftigten Arbeiter

Man kann »je« in der gleichen Bedeutung auch als Adverb auffassen; es folgt dann der Nominativ:

- je erwachsener Teilnehmer
- je beschäftigter Arbeiter

schen [Kern]truppe); **Ja|ni|tscha|ren|mu|sik**

Jan|ker, der; -s, - (*bayr., österr. für* wollene Trachtenjacke)

Jan Maat, der; - -[e]s, *Plur.* - -e *u.* - -en, **Jan|maat** [*auch* 'jan...], der; -[e]s, -e[n] ‹niederl.› (*scherzh. für* Matrose)

Jän|ner, der; -[s] ‹lat.› (*österr., seltener auch südd., schweiz. für* Januar)

Jan|se|nis|mus, der; - (eine katholisch-theologische Richtung); **Jan|se|nist,** der; -en, -en; **Jan|se|nis|tin**

Ja|nu|ar, der; -[s], -e ‹lat.› (erster Monat im Jahr, Eismond, Hartung, Schneemond, Wintermonat; *Abk.* Jan.); *vgl.* Jänner

Ja|nu|a|ri|us (ital. Heiliger)

Ja|nus (römischer Gott der Türen u. des Anfangs)

Ja|nus|ge|sicht, Ja|nus|kopf (doppelgesichtiger Männerkopf; ↑K 136); **ja|nus|köp|fig; Ja|nus|köp|fig|keit,** die; -

Ja|pan *vgl.* Nippon

Ja|pa|ner; Ja|pa|ne|rin; ja|pa|nisch; *aber* ↑K 140: das Japanische Meer; *vgl.* deutsch

Ja|pa|nisch, das; -[s] (Sprache); *vgl.* Deutsch; **Ja|pa|ni|sche,** das; -n; *vgl.* [2]Deutsche

Ja|pa|no|lo|ge, der; -n, -n; **Ja|pa|no|lo|gie,** die; - ‹jap.; griech.› (Japankunde); **Ja|pa|no|lo|gin**

Ja|pan|pa|pier

Ja|phet, *ökum.* Ja|fet (bibl. m. Eigenn.)

jap|pen (*nordd. für* japsen)

jap|sen (*ugs. für* nach Luft schnappen); du japst; **Jap|ser**

Jar|di|ni|e|re [ʒa...], die; -, -n ‹franz.› (Blumenschale)

Jar|gon [ʒarˈgõ:], der; -s, -s ‹franz.› ([saloppe] Sondersprache einer Berufsgruppe od. Gesellschaftsschicht)

Ja|ro|wi|sa|ti|on, die; -, -en ‹russ.› (Verfahren, mit dem das Wachstum von Saatgut beschleunigt wird); **ja|ro|wi|sie|ren**

Ja|sa|ger; Ja|sa|ge|rin

Jas|min, der; -s, -e ‹pers.-span.› (ein Zierstrauch)

Jas|min|re|vo|lu|ti|on ‹nach dem Jasmin, der Nationalblume Tunesiens› (gegen das Regime u. die Lebensbedingungen gerichtete Protestbewegung in Tunesien)

Jas|mund (Halbinsel von Rügen); Jasmunder Bodden

Ja|son (*griech. Sage* Führer der Argonauten)

Jas|pers (dt. Philosoph)

Jas|per|wa|re [ˈdʒɛs...] ‹engl.› (farbiges, weiß verziertes Steingut)

Jas|pis, der; *Gen.* - *u.* -ses, *Plur.* -se ‹semit.› (ein Edelstein)

Jass, der; -es (*schweiz., auch südd. u. westösterr.* ein Kartenspiel)

jas|sen (Jass spielen); du jasst; sie jasst; du jasstest; gejasst; jass! *u.* jasse!; **Jas|ser; Jas|se|rin**

Ja|stim|me

jä|ten

Jau|che, die; -, -n; **jau|chen**

Jau|che[n]|fass; Jau|che[n]|gru|be; Jau|che[n]|wa|gen; jau|chig

jauch|zen; du jauchzt; **Jauch|zer**

jau|len (klagend winseln, heulen)

Ja|un|de (Hauptstadt Kameruns)

Jau|se, die; -, -n ‹slowen.› (*österr. für* Zwischenmahlzeit)

Jau|sen|brot; Jau|sen|sta|ti|on (Gaststätte, in der man einen Imbiss einnehmen kann); **Jau|sen|zeit**

jaus|nen (*österr. für* eine Zwischenmahlzeit zu sich nehmen)

[1]Ja|va (eine der Großen Sundainseln)

[2]Ja|va® [*auch* ˈdʒa:və], das; -[s] *meist ohne Artikel* (*EDV* eine Programmiersprache)

Ja|va|ner; Ja|va|ne|rin; ja|va|nisch

Ja|w|len|s|ky [...i], Alexei [...ˈksej] von (russ. Maler)

ja|wohl

Ja|wort *Plur.* ...worte

Jazz [dʒɛs, *auch* jats], der; - ‹amerik.› (Musikstil, der sich aus der Volksmusik der schwarzen Bevölkerung Amerikas entwickelt hat)

Jazz|band, die; -, -s (Jazzkapelle)

jaz|zen [ˈdʒɛsn̩, *auch* ˈjatsn̩]; du jazzt; er jazzt; gejazzt; **Jaz|zer,** der; -s, - (Jazzmusiker); **Jaz|ze|rin**

Jazz|fan; Jazz|fes|ti|val

Jazz|gym|nas|tik, die; -

jaz|zig (*ugs. für* wie Jazz wirkend)

Jazz|ka|pel|le; Jazz|kel|ler; Jazz|kon|zert

Jazz|mu|sik; Jazz|mu|si|ker; Jazz|mu|si|ke|rin

Jazz|preis

Jazz|trom|pe|ter; Jazz|trom|pe|te|rin

Jb. = Jahrbuch

[1]je *s. Kasten*

[2]je; ach je!; je nun (*veraltend für* nun ja)

[1]Jean [ʒã:] (m. Vorn.)

[2]Jean [dʒi:n], die; -, -s (*österr. für* Jeans)

Jeanne [ʒan] (w. Vorn.)

Jeanne d'Arc [ʒanˈdark] (Jungfrau von Orleans)

Jean|nette [ʒaˈnɛt] (w. Vorn.)

Jean Paul [ʒã: -] ‹*eigtl.* Johann (Jean) Paul Friedrich Richter› (dt. Schriftsteller)

Jeans [dʒi:ns] *Plur. od.* die; -, - ‹amerik.› ([saloppe] Hose im Stil der Bluejeans)

Jeans|an|zug; Jeans|hemd; Jeans|ho|se; Jeans|ja|cke; Jeans|kleid; Jeans|rock

jeck (*rhein. für* närrisch, verrückt); **Jeck,** der; -en, -en (*rhein. für* [Fastnachts]narr)

je|de|frau (*bes. im feministischen Sprachgebrauch für* jedermann); das ist Kleidung für jedefrau

je|den|falls

Jani

je|der

jede, jedes

- zu jeder Stunde, zu jeder Zeit
- auf jeden Fall
- zu Anfang jedes Jahres *od.* jeden Jahres
- die Rinde jedes alten Baumes

Kleinschreibung ↑K 76:

- das weiß ein jeder
- jedem kann geholfen werden
- alles und jedes (alles ohne Ausnahme)
- jeder Beliebige kann daran teilnehmen
- jeder Einzelne wurde gefragt
- jedes Mal versprach sie es

je|der|art; je|der|lei
je|der|mann ↑K 76: es ist nicht jedermanns Sache
je|der|zeit (immer); *aber* zu jeder Zeit; **je|der|zei|tig**
je|des Mal; jedes Mal[,] wenn ...; *vgl.* [1]Mal; **je|des|ma|lig**
je|doch
jed|we|der (jeder); jedwede, jedwedes; jedweden Inhalts; jedweder neue Versuch; jedweder Angestellte
Jeep® [dʒi:p], der; -s, -s ‹nach dem Unternehmen Jeep Corp.› (kleiner [amerikanischer] Geländekraftwagen)
jeg|li|cher (↑K 76); ein jeglicher; jegliches; jeglichen Geschlechts; jeglicher Angestellte; frei von jeglichem neidischen Gefühl
je|her [*auch* 'je:'he:ɐ̯]; von, seit jeher
Je|ho|va (*durch Vokalveränderung entstandene Form von* Jahve)
Je|ho|vas Zeu|gen *Plur.; vgl.* Zeuge Jehovas, Zeugin Jehovas
jein (*ugs. scherzh. für* ja u. nein)
Je|ka|te|rin|burg (russ. Stadt)
Je|län|ger|je|lie|ber, das; -s, - (Geißblatt)
Je|li|nek (österr. Schriftstellerin)
je|mals
je|mand; *Gen.* jemand[e]s, *Dat.* jemandem, *auch* jemand, *Akk.* jemanden, *auch* jemand; sonst jemand; *aber* irgendjemand; jemand anders; mit, von jemand anders, *auch* anderem; jemand Fremdes; *aber* ein gewisser Jemand; *vgl.* irgend
je mehr
Je|men, -s, *auch mit Artikel* der; -[s] (Staat auf der Arabischen Halbinsel); **Je|me|nit,** der; -en, -en; **Je|me|ni|tin; je|me|ni|tisch**
je|mi|ne!, herr|je|mi|ne!, oje|mi|ne! ‹*entstellt aus lat.* Jesu domine! = »o Herr Jesus!«› *(veraltend)*
Jen *vgl.* Yen
Je|na (Stadt an der Saale)
je nach|dem; je nachdem[,] ob/wie ↑K 127
Je|na|er, Je|nen|ser; Jenaer Glas ®; **Je|na|e|rin,** Je|nen|se|rin; **je|na|isch**
Je|nen|ser usw. *vgl.* Jenaer usw.
je|ner; jene, jenes; ich erinnere mich jenes Tages; ↑K 76: da kam jener; jene war es, die ...
je|nisch (die Landfahrer betreffend; *rotwelsch für* gewitzt); jenische Sprache (Rotwelsch)
Je|nis|sei, Je|nis|sej [...'se:i], der; -[s] (sibir. Strom)
Jen|ni, Jen|ny (w. Vorn.)
Jen|ni|fer [dʒɛ...] (w. Vorn.)
Jens (m. Vorn.)
jen|sei|tig [*auch* 'jɛn...]; **Jen|sei|tig|keit,** die; -
jen|seits [*auch* 'jɛn...]; *als Präp. mit Gen.:* jenseits des Flusses; jenseits von Gut und Böse
Jen|seits, das; -; **Jen|seits|glau|be**
Je|re|mia *vgl.* [1]Jonas
Je|re|mi|a|de, die; -, -n (Klagelied)
[1]**Je|re|mi|as,** *ökum.* Je|re|mia (biblischer Prophet); die Klagelieder Jeremiä (des Jeremia)
[2]**Je|re|mi|as** (m. Vorn.)
Je|re|wan [*auch* ...'van] *vgl.* Eriwan
Je|rez ['çe:rɛs], der; - (ein spanischer Wein); *vgl.* Sherry
Je|rez de la Fron|te|ra [xe'rɛs - - -] (spanische Stadt)
Je|ri|cho (Stadt im Westjordanland); **Je|ri|cho|ro|se, Je|ri|cho-Ro|se**
Je|ri|chow [...ço] (Stadt südöstlich von Tangermünde)
Jé|rôme [ʒe'ro:m] (m. Vorn.)
[1]**Jer|sey** ['dʒø:ɐ̯zi] (eine Kanalinsel)
[2]**Jer|sey,** der; -[s], -s ‹engl.› (eine Stoffart)
[3]**Jer|sey,** das; -s, -s (Trikot des Sportlers)
je|rum!; ojerum!
Je|ru|sa|lem (die heilige Stadt der Juden, Christen u. Moslems)
Je|sa|ja (biblischer Prophet); *vgl.* Isaias
Je|si|de, Je|zi|de [...z...], der; -n, -n (Angehöriger einer kurdischen Religionsgemeinschaft); **Je|si|din,** Je|zi|din; **je|si|disch,** je|zi|disch
Jes|si|ca [*engl. Ausspr.* 'dʒɛsɪkə] (w. Vorn.)
Je|su|it, der; -en, -en (Mitglied des Jesuitenordens); **Je|su|i|ten|or|den,** der; -s (Gesellschaft Jesu; *Abk.* SJ); **Je|su|i|ten|tum,** das; -s; **je|su|i|tisch**
Je|sus ‹»Gott hilft« [*vgl.* Josua]› (bibl. m. Eigenn.)
Je|sus Chris|tus; *Gen.* Jesu Christi, *Dat.* Jesus Christus *u.* Jesu Christo, *Akk.* Jesus Christus *u.* Jesum Christum, *Anredefall* Jesus Christus *u.* Jesu Christe
Je|sus|kind, das; -[e]s
Je|sus|lat|sche, Je|sus|lat|schen *meist Plur.* (*ugs. für* einfache Sandale)
Je|sus Na|za|re|nus Rex Ju|dae|o|rum ‹lat., »Jesus von Nazareth, König der Juden«›; *Abk.* I. N. R. I.
Je|sus Peo|ple ['dʒi:zəs 'pi:pl̩] *Plur.* ‹engl.› (Anhänger einer religiösen Jugendbewegung)
Je|sus Si|rach (Verfasser einer biblischen Spruchsammlung)
[1]**Jet** [dʒɛt], der; -[s], -s ‹engl.› (*ugs. für* Düsenflugzeug)
[2]**Jet** [dʒ..., *auch* j...] *vgl.* Jett
Jet|lag [...lɛg], der; -s, -s ‹*zu* [1]Jet› (Beschwerden nach schnellem Überfliegen mehrerer Zeitzonen); **Jet|li|ner** [...ai...], der; -s, - (Düsenverkehrsflugzeug)
Je|ton [ʒə'tõ:], der; -s, -s ‹franz.› (Spielmarke)
Jet|set, der; -[s], -s ‹engl.› (Gruppe reicher, den Tagesmoden folgender Menschen)
Jet|ski® ['dʒɛtʃi:], der; -s, *Plur.* -er, *auch* - ‹engl.› (motorradähnliches Fahrzeug, mit dem man wie auf Skiern über das Wasser gleitet)
Jet|stream [...i:m], der; -[s], -s (starker Luftstrom in der Tropo- od. Stratosphäre)
Jett, [2]Jet [dʒ..., *auch* j...], der *od.* das; -[e]s ‹franz.-engl.› (Pechkohle, Gagat); **jett|ar|tig**
jet|ten [dʒ...] ‹engl.› (mit dem [1]Jet fliegen); gejettet
jet|zig; die jetzige Mode
jet|zo (*veraltet für* jetzt)
jetzt; bis jetzt; von jetzt an
Jetzt, das; - (Gegenwart, Neuzeit)

jetzig

Das Adjektiv ist keine Ableitung des heutigen *jetzt,* sondern es wurde in früherer Zeit zu dessen mittelhochdeutscher Form *iez* gebildet. Deshalb steht nach dem *z* kein *t.*

Jetzt|mensch; Jetzt|zeit, die; -

Jeu [ʒøː], das; -s, -s ‹franz.› (*veraltet für* [Karten]spiel)

Jeu|nesse do|rée [ʒøˈnɛs doˈreː], die; - - ‹franz.› (reiche, leichtlebige Jugend der Großstädte)

Je|ver […f…, *auch* …v…] (Stadt in Niedersachsen)

Je|ve|ra|ner […v…]; **Je|ve|ra|ne|rin**

Je|ver|land […f…, *auch* …v…], das; -[e]s (Gebiet im nördlichen Oldenburg); **Je|ver|län|der; Je|ver|län|de|rin; je|ver|län|disch; je|versch**

je|wei|len (*veraltet für* dann u. wann; *schweiz. neben* jeweils)

je|wei|lig; je|weils

Je|zi|de […z…] usw. *vgl.* Jeside usw.

Jg. = Jahrgang

Jgg. = Jahrgänge

Jh. = Jahrhundert

jid|disch; Jid|disch, das; -[s] (von den Juden in Osteuropa gesprochenes Deutsch); *vgl.* Deutsch; **Jid|di|sche,** das; -n; *vgl.* ²Deutsche

J

Jetz

Jid|dist, der; -en, -en; **Jid|dis|tik,** die; - (jiddische Literatur- u. Sprachwissenschaft); **Jid|dis|tin**

Jie|per usw. *vgl.* Gieper usw.

Jim [dʒɪm], **Jim|my** [ˈdʒɪmi] (m. Vorn.)

Jin|gle [ˈdʒɪŋl̩], der; -[s], -s ‹engl.› (kurze, einprägsame Melodie eines Werbespots)

jip|pie [ˈjɪpi, *auch* jɪˈpiː] *vgl.* yippie

Jit|ter|bug [ˈdʒɪtɐbak], der; -[s], -[s] ‹amerik.› (amerik. Jazztanz)

Jiu-Jit|su [ˈdʒiːuˈdʒɪtsu], das; -[s] ‹jap.› (*älter für* Ju-Jutsu)

Jive [dʒaif], der; -[s], -[s] ‹amerik.› (dem Jitterbug ähnlicher Tanz)

j. L. = jüngere[r] Linie (*Genealogie*)

J.-Nr. = Journalnummer

Jo|ab (bibl. m. Eigenn.)

Jo|a|chim [*auch* joˈa…] (m. Vorn.)

Jo|a|chims|ta|ler, der; -s, - ‹nach dem Ort St. Joachimsthal in Böhmen› (eine Münze)

Jo|as, *ökum.* **Jo|asch** (bibl. m. Eigenn.)

¹Job (*Schreibung der Vulgata für* Hiob, Ijob)

²Job [dʒɔp], der; -s, -s ‹engl.-amerik.› ([Gelegenheits]arbeit, Stelle); **job|ben** (*ugs. für* einen ²Job ausüben); gejobbt

Job|ber, der; -s, - (Händler an der Londoner Börse, der nur in eigenem Namen Geschäfte abschließen darf; *auch allg. für* Börsenspekulant; *ugs. für* jmd., der jobbt); **Job|be|rin; Job|ber|tum,** das; -s

Job|bör|se

Job|cen|ter, Job-Cen|ter (Zusammenschluss von Arbeitsagenturen u. Sozialämtern)

Job|floa|ter, Job-Floa|ter […floʊtɐ], der; -s, - ‹engl.› (Finanzierungshilfe für kleine u. mittlere Unternehmen, die Arbeitslose dauerhaft einstellen)

Job|hop|per, Job-Hop|per; Job|hop|pe|rin, Job-Hop|pe|rin; Job|hop|ping, Job-Hop|ping, das; -s ‹engl.› (*ugs. für* häufiger Stellenwechsel)

Job|kil|ler (*ugs. abwertend für* etw., was Arbeitsplätze beseitigt)

Job|ma|schi|ne (*ugs. für* etwas, was Arbeitsplätze schafft)

Job|sha|ring, das; -[s] (Aufteilung eines Arbeitsplatzes unter mehrere Personen)

Job|si|a|de, die; - (komisches Heldengedicht von K. A. Kortum)

Jobst (m. Vorn.)

Job|su|che; auf Jobsuche sein

Job|ti|cket [ˈdʒɔp…] (Dauerkarte zur Benutzung öffentlicher Verkehrsmittel für Beschäftigte einer Firma)

Joch, das; -[e]s, -e (*auch* ein älteres Feldmaß); 9 Joch Acker, 3 Joch Ochsen

Joch|bein; Joch|bo|gen

Jo|chem, Jo|chen (m. Vorn.)

jo|chen (*landsch. für* ins Joch spannen)

Jo|cket|te [dʒɔˈkɛtə, *auch* jɔ…], die; -, -n (weiblicher Jockey)

Jo|ckey, Jo|ckei [ˈdʒɔke, ˈdʒɔki, *auch* ˈdʒɔkai, ˈjɔkai], der; -s, -s ‹engl.› (Berufsrennreiter[in])

Jod, *fachspr. auch* Iod, das; -[e]s ‹griech.› (chemisches Element, Nichtmetall; *Zeichen* J, *auch* I)

Jo|dat, *fachspr. auch* Io|dat, das; -[e]s, -e (Salz der Jodsauerstoffsäure)

Jo|del, der; -s, *Plur.* - *u.* Jödel (*landsch. für* Jodelgesang)

jo|deln; ich jod[e]le

jod|hal|tig

Jo|did, *fachspr. auch* Io|did, das; -[e]s, -e ‹griech.› (Salz der Jodwasserstoffsäure)

jo|die|ren (mit Jod versehen)

Jo|dit, das; -s, -e (ein Mineral)

Jod|ler; Jod|le|rin

Jod|salz

Jod|tink|tur (*früher* [Wund]desinfektionsmittel)

Jo|el […eːl, *auch* …ɛl] (bibl. Prophet)

Jo|ga usw. *vgl.* Yoga usw.

jog|gen [ˈdʒɔ…] (Jogging betreiben); sie joggt, ist/hat gejoggt

Jog|ger; Jog|ge|rin

Jog|ging, das; -s ‹amerik.› (Laufen in mäßigem Tempo [als Fitnesstraining]); **Jog|ging|an|zug; Jog|ging|be|klei|dung; Jog|ging|ho|se**

Jo|ghurt [ˈjoːgʊrt], Jo|gurt, der *u.*, *bes. österr. u. schweiz.*, das; -[s], -[s], *bes. ostösterr. auch* die; -, -[s] ‹türk.› (durch Zusetzen bestimmter Milchsäurebakterien gewonnene säuerliche Dickmilch)

Jo|gi *vgl.* Yogi; **Jo|gin** *vgl.* Yogin

Jo|gurt *vgl.* Joghurt

Jo|hann (m. Vorn.); *vgl.* ¹Johannes

Jo|han|na, Jo|han|ne (w. Vorn.)

jo|han|ne|isch; die johanneischen (von Johannes stammenden) Briefe ↑K89

¹Jo|han|nes (m. Vorn.); Johannes der Täufer

²Jo|han|nes (Apostel u. Evangelist)

Jo|han|nes|burg (größte Stadt der Republik Südafrika)

Jo|han|nes|evan|ge|li|um; Jo|han|nes|pas|si|on

Jo|hann|ge|or|gen|stadt (Stadt im westlichen Erzgebirge)

Jo|han|ni[s], das; - (Johannistag)

Jo|han|nis|bee|re; Rote, Schwarze Johannisbeere ↑K89

Jo|han|nis|ber|ger (ein Wein)

Jo|han|nis|brot (Hülsenfrucht des Johannisbrotbaumes)

Jo|han|nis|feu|er; Jo|han|nis|kä|fer; Jo|han|nis|kraut; Jo|han|nis|nacht; Jo|han|nis|tag (am 24. Juni); **Jo|han|nis|trieb; Jo|han|nis|würm|chen**

Jo|han|ni|ter, der; -s, - (Angehöriger des Johanniterordens); **Jo|han|ni|ter|or|den,** der; -s

Jo|han|ni|ter|un|fall|hil|fe, die; - (*eigene Schreibung der Organisation:* Johanniter-Unfall-Hilfe)

joh|len

John [dʒɔn] (m. Vorn.)

John|son (dt. Schriftsteller)

Joint [dʒ…], der; -s, -s ‹engl.› (Haschisch od. Marihuana enthaltende Zigarette)

Joint Ven|ture [ˈdʒɔynt ˈvɛntʃɐ], das; - -[s], - -s (*Wirtsch.* Zusammenschluss von Unternehmen, Gemeinschaftsunternehmen)

Jo-Jo, Yo-Yo [joˈjoː, *auch* ˈjoːjo], das; -s, -s ‹amerik.› (ein

Geschicklichkeitsspiel aus zwei verbundenen Scheiben u. einer Schnur)

Jo|jo|ba, die; -, -s ‹mexik.› (ein Buchsbaumgewächs); **Jo|jo|ba|öl**

Jo-Jo-Ef|fekt, Yo-Yo-Ef|fekt (Gewichtsab- *u.* -wiederzunahme bei Diäten)

Jo|ker [*auch* 'dʒo:...], der; -s, - ‹engl.› (eine Spielkarte; eine Zusatzchance im Quiz; *österr. auch* ein Zusatzspiel im Lotto)

Jo|ko|ha|ma *vgl.* Yokohama

jo|kos ‹lat.› (*veraltet für* scherzhaft)

Jo|kus, der; -, -se (*ugs. für* Scherz, Spaß)

Jo|li|ot-Cu|rie [ʒolio:ky'ri:], Frédéric [frede'rik] u. Irène [i'rɛn] (franz. Physikerehepaar)

Jol|le, die; -, -n (kleines [einmastiges] Boot); **Jol|len|kreu|zer**

Jom Kip|pur, der; - - (hoher jüdischer Feiertag)

Jo|na *vgl.* [1]Jonas

Jo|na|gold, der; -[s], - (eine Apfelsorte)

[1]**Jo|nas,** *ökum.* Jo|na (biblischer Prophet)

[2]**Jo|nas** (m. Vorn.)

[1]**Jo|na|than,** der; -s, - (ein Winterapfel)

[2]**Jo|na|than,** *ökum.* Jo|na|tan (bibl. m. Eigenn.)

Jon|g|leur [ʒɔŋ(g)'lø:ɐ̯], der; -s, -e ‹franz.› (Geschicklichkeitskünstler); **Jon|g|leu|rin**

jon|g|lie|ren

Jons|dorf, Kur|ort (im Zittauer Gebirge)

Jop|pe, die; -, -n (Jacke)

Jor|dan, der; -[s] (größter Fluss Israels u. Jordaniens); über den Jordan gehen (sterben)

Jor|da|ni|en (Staat in Vorderasien); *vgl. auch* Transjordanien

Jor|da|ni|er; Jor|da|ni|e|rin

jor|da|nisch

Jörg (m. Vorn.)

Jörn (m. Vorn.)

Jo|sa|phat, *ökum.* Jo|scha|fat (bibl. m. Eigenn.); das Tal Josaphat, *ökum.* Joschafat (östl. von Jerusalem)

Jo|schi (*bayr., österr. für* Josef)

Jo|schi|ja *vgl.* Josia

Josch|ka (Koseform von Joseph)

Jo|sef usw. *vgl.* [2]Joseph usw.

[1]**Jo|seph,** Jo|sef (m. Vorn.)

[2]**Jo|seph,** *ökum.* Jo|sef (bibl. m. Eigenn.)

Jo|se|pha, *auch u. österr. nur* Jo|sefa [*auch* jo'ze:fa] (w. Vorn.)

Jo|se|phi|ne, *auch u. österr. nur* Jo|se|fi|ne (w. Vorn.)

jo|se|phi|nisch; Josephinisches Zeitalter (Zeitalter Josephs II.)

Jo|se|phi|nis|mus, der; - (aufgeklärte katholische Staatskirchenpolitik im Österreich des 18. u. 19. Jh.s)

Jo|se|phus (jüdischer Geschichtsschreiber)

Jo|sia, Jo|si|as, *ökum.* Jo|schi|ja (bibl. m. Eigenn.)

Jost (m. Vorn.)

Jo|sua (»Gott hilft« [*vgl.* Jesus]) (bibl. m. Eigenn.)

Jot, das; -, - ‹semit.› (Buchstabe)

Jo|ta, Io|ta, das; -[s], -s (griech. Buchstabe: Ι, ι); kein Jota *od.* Iota (nicht das Geringste)

Jo|ta|zis|mus, Io|ta|zis|mus (*svw.* Itazismus)

Joule [dʒu:l], das; -[s], - ‹nach dem Engländer J. P. Joule› (*Physik* Maßeinheit für die Energie; *Zeichen* J)

Jour [ʒu:ɐ̯], der; -s, -s ‹franz.› (*früher für* [Dienst-, Amts-, Empfangs]tag); Jour fixe (für regelmäßige Treffen fest vereinbarter Tag); *vgl.* du jour *u.* [1]à jour

Jour fixe

[...'fɪks] der; - -, -s -s [...'fɪks] regelmäßiges Treffen

Anders als das deutsche Adjektiv fix *wird das französische Wort für »fest« immer mit einem -e geschrieben, auch wenn es bei einem Maskulinum wie* Jour *(= Tag) steht:* unser Jour fixe jeden Dienstagabend. *Beim Sprechen hört man dieses -e nicht.*

Jour|nail|le [ʒʊr'naljə, *auch* ...'naj..., *österr.* ...'najjə], die; - (gewissenlos u. hetzerisch arbeitende Tagespresse)

Jour|nal [ʒʊr...], das; -s, -e (Tagebuch in der Buchhaltung; [Mode]zeitschrift; *veraltet für* Zeitung)

Jour|nal|be|am|te (*österr. für* diensthabender Beamter); **Journal|be|am|tin; Jour|nal|dienst** (*österr. für* Bereitschafts-, Tagesdienst)

Jour|na|lis|mus, der; - ([bes. Wesen, Eigenart der] Zeitungsschriftstellerei; Pressewesen)

Jour|na|list, der; -en, -en (jmd., der beruflich für die Presse, den Rundfunk, das Fernsehen schreibt, publizistisch tätig ist); eingebetteter Journalist (im Krieg mit der Truppe mitziehender und den Weisungen des Truppenkommandeurs unterstehender Journalist); **Jour|na|lis|tik,** die; - (Zeitungswesen); **Jour|na|lis|tin; jour|na|lis|tisch**

Jour|nal|num|mer (Nummer eines kaufmännischen od. behördlichen Tagebuchs; *Abk.* J.-Nr.)

jo|vi|al [*österr. u. schweiz. meist* ʒo...] ‹lat.› (leutselig, gönnerhaft); **Jo|vi|a|li|tät,** die; -

[1]**Joyce** [dʒɔys], James (irischer Schriftsteller)

[2]**Joyce** [dʒɔys] (w. Vorn.)

Joy|stick ['dʒɔystɪk], der; -s, -s ‹engl.› (Steuerhebel für Computer[spiele])

JPY (Währungscode für Yen)

jr., jun. = junior

[1]**Ju|an** [x...] (m. Vorn.); Don Juan (*vgl. d.*)

[2]**Ju|an** *vgl.* Yuan

Ju|ba ['dʒu:ba], Dschu|ba (Hauptstadt Südsudans)

Ju|bel, der; -s

Ju|bel|fei|er; Ju|bel|ge|schrei; Jubel|greis (*ugs. für* lebenslustiger alter Mann); **Ju|bel|grei|sin**

Ju|bel|jahr (*bei den Juden* jedes 50., *in der kath. Kirche* jedes 25. Jahr); alle Jubeljahre (*ugs. für* ganz selten)

ju|beln; ich jub[e]le

Ju|bel|paar; Ju|bel|ruf; Ju|bel|schrei

Ju|bi|lar, der; -s, -e ‹lat.›; **Ju|bi|la|rin**

Ju|bi|la|te (»jubelt!«) (dritter Sonntag nach Ostern)

Ju|bi|lä|um, das; -s, ...äen; das Jubiläum des fünfzigjährigen Bestehens, der vierzigjährigen Betriebszugehörigkeit

Ju|bi|lä|ums|aus|ga|be; Ju|bi|lä|umsaus|stel|lung; Ju|bi|lä|ums|fei|er; Ju|bi|lä|ums|jahr

ju|bi|lie|ren (*geh. für* jubeln; *auch* ein Jubiläum feiern)

[1]**Ju|chart,** Ju|chert, der; -s, -e (altes südwestdeutsches Feldmaß); 10 Juchart *od.* Juchert Ackerland

[2]**Ju|chart, Ju|char|te,** die; -, ...ten (*schweiz. für* [1]Juchart)

ju|chen (*landsch. für* jauchzen)

Ju|chert *vgl.* [1]Juchart

juch|he!

Juch|he, das; -s, -s (*ugs. für* oberste Galerie im Theater)

juch|hei!; juch|hei|ras|sa!; juch|heiras|sas|sa!

juch|hei|sa!; juch|hei|ßa!

juch|hu!

juch|ten (aus Juchten); **Juch|ten,** der *od.* das; -s ‹russ.› (feines, wasserdichtes Leder)
Juch|ten|le|der; Juch|ten|stie|fel
juch|zen (*Nebenform von* jauchzen); du juchzt; **Juch|zer**

ju|cken

- es juckt mich; es juckt mich am Arm; es juckt (reizt) mich, ihr einen Streich zu spielen
- es juckt mir, *auch* mich in den Fingern (*ugs. für* es drängt mich), dir eine Ohrfeige zu geben
- die Hand juckt mir, *auch* mich; mir, *auch* mich juckt die Hand; ihm, *auch* ihn juckt das Fell (*ugs. veraltend für* er scheint Prügel haben zu wollen)

Ju|cker, der; -s, - (leichtes [ung.] Wagenpferd); **Ju|cker|ge|schirr**
Juck|pul|ver; Juck|reiz
[1]**Ju|da** (bibl. m. Eigenn.)
[2]**Ju|da** (Sitz des Stammes Juda in u. um Jerusalem); *vgl.* Judäa
Ju|däa (Bez. des alten Südpalästinas, später ganz Palästinas)
Ju|da|i|ka *Plur.* (Bücher, Sammelobjekte der jüdischen Kultur u. Religion)
Ju|da|is|mus, der; - (jüdische Religion); **Ju|da|is|tik,** die; - (Wissenschaft von der jüdischen Religion, Kultur, Geschichte)
[1]**Ju|das** (bibl. m. Eigenn.); Judas Ischariot, *ökum.* Judas Iskariot (Apostel, Verräter Jesu); Judas Thaddäus (ein Apostel)
[2]**Ju|das,** der; -, -se ‹nach Judas Ischariot› (Verräter)
Ju|das|kuss ↑K136; **Ju|das|lohn**
Ju|de, der; -n, -n
Ju|den|chris|ten|tum; Ju|den|heit, die; -
Ju|den|kir|sche (eine Zierpflanze)
Ju|den|stern; Ju|den|tum, das; -s; **Ju|den|ver|fol|gung**
Ju|deo|pho|bie, die; - (krankhafte Angst vor den Juden, übersteigerte Ablehnung alles Jüdischen)
ju|di|hui! (*schweiz.* Ausruf der Freude)
Ju|di|ka ‹lat., »richte!«› (Passionssonntag, zweiter Sonntag vor Ostern)
Ju|di|kat, das; -[e]s, -e (*bes. österr. Rechtsspr.* Urteil)
Ju|di|ka|ti|ve, die; - (*Rechtsspr.* richterliche Gewalt [im Staat])
ju|di|ka|to|risch (*veraltend für* richterlich)
Ju|di|ka|tur, die; -, -en (Rechtsprechung)
Jü|din
jü|disch; die jüdische Geschichte
[1]**Ju|dith** (w. Vorn.)
[2]**Ju|dith,** Ju|dit (bibl. w. Eigenn.)
ju|di|zie|ren ‹lat.› (*Rechtsspr.* urteilen, richten)
Ju|di|zi|um, das; -s, ...ien (aus langjähriger Gerichtspraxis sich entwickelndes Rechtsfindungsvermögen)
[1]**Ju|do,** der; -s, -s *u.* die; -, -s (*Kurzw. für* Jungdemokrat[in])
[2]**Ju|do** [*österr. meist* dʒ...], das; -[s] ‹jap.› (sportliche Ausübung des Ju-Jutsu); **Ju|do|griff**
Ju|do|ka, der; -[s], -[s] *u.* die; -, -[s] (Judosportler[in])
Ju|gend, die; -; **Ju|gend|al|ter,** das; -s
Ju|gend|amt; Ju|gend|ar|beit
Ju|gend|ar|beits|lo|sig|keit; Ju|gend|ar|beits|schutz|ge|setz
Ju|gend|be|geg|nung; Ju|gend|be|we|gung
Ju|gend|bild; Ju|gend|bild|nis
Ju|gend|buch; Ju|gend|chor
Ju|gend|club *vgl.* Jugendklub
Ju|gend|er|in|ne|rung
ju|gend|frei (Prädikat für Filme); **Ju|gend|frei|ga|be**
Ju|gend|freund (*DDR auch* Anrede für ein Mitglied der FDJ); **Ju|gend|freun|din**
Ju|gend|für|sor|ge
ju|gend|ge|fähr|dend; ein jugendgefährdender Film
Ju|gend|ge|mein|de
Ju|gend|ge|ne|ra|ti|on; Ju|gend|ge|richt; Ju|gend|grup|pe; Ju|gend|haus; Ju|gend|her|ber|ge
Ju|gend|hil|fe (Einrichtung zur Unterstützung Jugendlicher)
Ju|gend|kam|mer (Jugendgericht mit drei Richter[innen] u. zwei Jugendschöff[inn]en)
Ju|gend|kir|che (Kirchengebäude speziell für Jugendliche)
Ju|gend|klub, Ju|gend|club
Ju|gend|kri|mi|na|li|tät, die; -
Ju|gend|kul|tur
Ju|gend|lei|ter, der; **Ju|gend|lei|te|rin**
ju|gend|lich; Ju|gend|li|che, der *u.* die; -n, -n; **Ju|gend|lich|keit,** die; -
Ju|gend|lie|be
Ju|gend|li|te|ra|tur *Plur. selten*
Ju|gend|mann|schaft *(Sport);* **Ju|gend|meis|ter|schaft**
Ju|gend|or|ga|ni|sa|ti|on
Ju|gend|pfar|rer; Ju|gend|pfar|re|rin
Ju|gend|pfle|ge, die; -, -n
Ju|gend|psy|chi|a|t|rie; Ju|gend|psy|cho|lo|gie
Ju|gend|recht
Ju|gend|rich|ter; Ju|gend|rich|te|rin
Ju|gend|rie|ge
Ju|gend|schutz, der; -es; **Ju|gend|schutz|ge|setz**
Ju|gend|se|nat; Ju|gend|se|na|tor; Ju|gend|se|na|to|rin
Ju|gend-Sin|fo|nie|or|ches|ter, Ju|gend-Sym|pho|nie|or|ches|ter ↑K22
Ju|gend|spra|che
Ju|gend|stil, der; -[e]s (eine Kunstrichtung); **Ju|gend|stil|lam|pe; Ju|gend|stil|vil|la**
Ju|gend|stra|fe *(Rechtswiss.);* **Ju|gend|straf|recht,** das; -[e]s
Ju|gend|streich; Ju|gend|sün|de
Ju|gend-Sym|pho|nie|or|ches|ter *vgl.* Jugend-Sinfonieorchester
Ju|gend|the|a|ter; Ju|gend|tor|heit
Ju|gend|treff, der
Ju|gend|ver|band; Ju|gend|ver|bot
Ju|gend|ver|trau|ens|rat (*bes. österr. für* Vermittlungsstelle zwischen Lehrlingen u. Betriebsleitung)
Ju|gend|wahn *(abwertend)*
Ju|gend|wart; Ju|gend|war|tin
Ju|gend|wei|he (Feier beim Übergang der Jugendlichen in das Leben der Erwachsenen)
Ju|gend|werk
Ju|gend|wohl|fahrt *(österr.)*
Ju|gend|zeit; Ju|gend|zen|t|rum
Ju|go|s|la|we, der; -n, -n; **Ju|go|s|la|wi|en** *(früher);* **Ju|go|s|la|win; ju|go|s|la|wisch**
Ju|gur|tha (König von Numidien); **Ju|gur|thi|ni|sche Krieg,** der; -n -[e]s
ju|he! (*schweiz. für* juchhe!)
ju|hu! [*auch* ˈjuː...]
Juice [dʒuːs], der *od.* das; -, -s ‹engl.› (Obst- od. Gemüsesaft)
Juist [jyːst] (eine der Ostfriesischen Inseln)
Ju|ju|be, die; -, -n ‹franz.› (ein Strauch; Beere)
Ju-Jut|su, das; -[s] ‹jap.› (Technik der Selbstverteidigung ohne Waffen)
Juke|box [ˈdʒuːk...], die; - *Plur.* -es *u.* -en ‹engl.› (*svw.* Musikbox)
Jul|bock, der ‹schwed.› (skandinavische Weihnachtsfigur)
Ju|lei, der; -[s], -s (*verdeutlichende Sprechform von* Juli)
Jul|fest (Fest der Wintersonnenwende); *vgl.* Julklapp
Ju|li, der; -[s], -s ‹lat.› (der siebte Monat im Jahr, Heue[r]t, Heumond, Sommermonat)

jung

jün|ger, jüngs|te

– sie haben jung geheiratet; *vgl.* jungverheiratet

I. *Kleinschreibung:*

– er ist der jüngere, jüngste meiner Söhne
– die Gedichte des jungen Goethe
– von jung auf
– ein Fest für junge und jung gebliebene *od.* junggebliebene Menschen
– ein Fest für Junge und Junggebliebene *od.* jung Gebliebene
– die Jungen *od.* jungen Wilden (Künstlergruppe) ↑K 89

II. *Großschreibung*

a) *der Substantivierung* ↑K 72:

– Jung und Alt (jedermann)
– Junge und Alte
– meine Jüngste kommt jetzt in die Schule
– sie ist nicht mehr die Jüngste, sie gehört nicht mehr zu den Jüngsten

b) *in Namen und bestimmten namensähnlichen Fügungen:*

– ↑K 134 : Jung Siegfried
– der Jüngere (*Abk. [bei Eigennamen]* d. J.)
– ↑K 150 : das Junge Deutschland (eine Dichtergruppe des 19. Jh.s)
– die Junge Union (gemeinsame Jugendorganisation von CDU u. CSU)
– ↑K 151 : das Jüngste Gericht, der Jüngste Tag

Ju|lia, Ju|lie (w. Vorn.)
Ju|li|an, Ju|li|a|nus (röm. Jurist)
Ju|li|a|na, Ju|li|a|ne (w. Vorn.)
ju|li|a|nisch; der julianische Kalender ↑K 89 *u.* 135
Ju|li|a|nus *vgl.* Julian
Ju|lie *vgl.* Julia
[1]**Ju|li|enne** [ʒyˈli̯ɛn] ⟨franz.⟩ (w. Vorn.)
[2]**Ju|li|enne,** die; - (*Gastron.* feine Gemüsestreifen); **Ju|li|enne|sup|pe**
[1]**Ju|li|er,** der; -s, - ⟨lat.⟩ (Angehöriger eines röm. Geschlechtes)
[2]**Ju|li|er,** der; -s, Ju|li|er|pass, der; -es (schweiz. Alpenpass)
Ju|li|e|rin ⟨*zu* [1]Julier⟩
Ju|li|er|pass *vgl.* [2]Julier
ju|lisch; *aber* ↑K 140 : die Julischen Alpen
Ju|li|us (römischer Geschlechtername; m. Vorn.)
Ju|li|us|turm, der; -[e]s ↑K 136 ⟨nach einem Turm der früheren Zitadelle in Spandau, in dem der Kriegsschatz des Dt. Reiches lag⟩ (*übertr. für* vom Staat angesparte Gelder)
Jul|klapp, der; -s ⟨schwed.⟩ ([scherzhaft mehrfach verpacktes] kleines Weihnachtsgeschenk, das am Julfest von einem unbekannten Geber in die Stube geworfen wird)
Jul|mond (*veraltet für* Dezember); **Jul|nacht**
Jum|bo, der; -s, -s ⟨amerik.⟩ (*kurz für* Jumbojet); **Jum|bo|jet, Jumbo-Jet** (Großraumflugzeug)
Ju|me|la|ge [ʒyməˈlaːʃ], die; -, -n [...ʒn̩] ⟨franz.⟩ (Städtepartnerschaft)
jum|pen [ˈdʒa...] ⟨engl.⟩ (springen); gejumpt
Jum|per [ˈdʒa..., *bes. südd., österr.* ˈdʒɛ...], der; -s, - ⟨engl.⟩ (blusen- od. pulloverähnliches Kleidungsstück); **Jum|per|kleid**
jun., jr. = junior
jung *s. Kasten*
Jung, Carl Gustav (schweiz. Psychiater *u.* Psychotherapeut)
Jung|brun|nen
Jung|bür|ger (*österr. u. schweiz. für* jmd., der das Wahlalter erreicht hat); **Jung|bür|ge|rin**
Jung|chen (*landsch. fam.*)
Jung|de|mo|krat (Mitglied der ehemaligen Jugendorganisation der FDP; *Kurzw.* Judo); **Jung|de|mo|kra|tin**
[1]**Jun|ge,** der; -n, *Plur.* -n, *ugs. auch* Jungs *u.* -ns
[2]**Jun|ge,** das; -n, -n
Jün|gel|chen (*ugs. abwertend*)
jun|gen (Junge werfen)
Jun|gen|ge|sicht
jun|gen|haft; Jun|gen|haf|tig|keit, die; -
Jun|gen|schu|le; Jun|gen|streich
Jün|ger, der; -s, -; **Jün|ge|rin; Jün|ger|schaft**
Jung|fer, die; -, -n (*veraltet*); **jüng|fer|lich**
Jung|fern|bra|ten (*österr. für* Filet, Lendenbraten)
Jung|fern|fahrt (erste Fahrt [eines Schiffes]); **Jung|fern|flug**
jung|fern|haft
Jung|fern|häut|chen (*für* Hymen)
Jung|fern|in|seln *Plur.* (Inselgruppe der Kleinen Antillen)
Jung|fern|kranz (*veraltet für* Brautkranz)
Jung|fern|re|de (im Parlament)
Jung|fern|zeu|gung (*für* Parthenogenese)
Jung|frau; jung|fräu|lich; Jung|fräu|lich|keit, die; -
Jung|ge|blie|be|ne, der *u.* die; -n, -n, **jung Ge|blie|be|ne,** der *u.* die; - -n, - -n
jung ge|freit, jung|ge|freit (*veraltet*)
Jung|ge|sel|le
Jung|ge|sel|len|bu|de (*ugs.*); **Jung|ge|sel|len|da|sein; Jung|ge|sel|len|wirt|schaft; Jung|ge|sel|len|woh|nung**
Jung|ge|sel|lin
Jung|gram|ma|ti|ker (Angehöriger der Leipziger Schule der indogermanischen u. allgemeinen Sprachwissenschaft um 1900); **Jung|gram|ma|ti|ke|rin**
Jung|he|ge|li|a|ner (Angehöriger der radikalen Gruppe der Hegelianer); **Jung|he|ge|li|a|ne|rin**
Jung|holz
Jung|leh|rer; Jung|leh|re|rin
Jüng|ling; Jüng|lings|al|ter, das; -s; **jüng|ling[s]|haft**
Jung|pflan|ze
jungsch (*berlin. für* jung)
Jung|schar (kirchl. Jugendgruppe)
Jung|so|zi|a|list, der; -en, -en (Angehöriger einer Nachwuchsorganisation der SPD; *Kurzw.* Juso); **Jung|so|zi|a|lis|tin**
Jung|spund, der; -[e]s, -e (*ugs. für* junger, unerfahrener Mensch)
jüngst (*veraltend*); **jüngs|te;** *aber* ↑K 151 : das Jüngste Gericht, der Jüngste Tag; *vgl.* jung
Jung|stein|zeit, die; - (*für* Neolithikum)

J
Jung

Jüngs|ten|recht, das; -[e]s (*für* Minorat)
jüngs|tens (*veraltet für* jüngst)
jüngst|hin (*veraltend*)
Jung-Stil|ling (dt. Gelehrter u. Schriftsteller)
jüngst|ver|gan|gen (*veraltend*); in jüngstvergangener Zeit
Jung|tier
Jung|tür|ke (*bes. Geschichte* Mitglied einer polit. Bewegung im Osmanischen Reich; *auch scherzh. für* junger Reformpolitiker)
Jung|un|ter|neh|mer; Jung|un|ter|neh|me|rin
jung|ver|hei|ra|tet (vor Kurzem getraut); *aber* ein jung verheiratetes *od.* jungverheiratetes (in jungen Jahren getrautes) Paar; **Jung|ver|hei|ra|te|te**
jung|ver|mählt *vgl.* jungverheiratet; **Jung|ver|mähl|te**
Jung|vieh; Jung|vo|gel
Jung|volk (*veraltend für* junge Leute)
Jung|wäh|ler; Jung|wäh|le|rin
Jung|zwie|bel (*österr. für* Lauch-, Frühlingszwiebel)
Ju|ni, der; -[s], -s ‹lat.› (der sechste Monat des Jahres, Brachet, Brachmonat); **Ju|ni|kä|fer**
ju|ni|or ‹lat., »jünger«› (*hinter Namen* der Jüngere; *Abk.* jr. *u.* jun.); Karl Meyer junior
Ju|ni|or, der; -s, ...oren (Sohn [im Verhältnis zum Vater]; *Mode* Jugendlicher; *Sport* Sportler zwischen 18 u. 23 Jahren)
Ju|ni|o|rat, das; -[e]s, -e (Minorat)
Ju|ni|or|chef (Sohn des Geschäftsinhabers); **Ju|ni|or|che|fin**
Ju|ni|o|ren|meis|ter (*Sport*); **Ju|ni|o|ren|meis|te|rin; Ju|ni|o|ren|meis|ter|schaft**
Ju|ni|o|ren|ren|nen (*Sport*)
Ju|ni|o|rin
Ju|ni|or|part|ner; Ju|ni|or|part|ne|rin
Ju|ni|or|pro|fes|sor; Ju|ni|or|pro|fes|so|rin; Ju|ni|or|pro|fes|sur
Ju|ni|us (römischer m. Eigenn.)
Jun|ker, der; -s, -; **jun|ker|haft; jun|ker|lich; Jun|ker|schaft,** die; -; **Jun|ker|tum,** das; -s
Junk|food, Junk-Food [ˈdʒaŋkfuːt], das; -[s] ‹engl.› (minderwertige Nahrung)
Jun|kie [ˈdʒaŋki], der; -s, -s (*Jargon* Drogenabhängige[r])
Junk|tim, das; -s, -s ‹lat.› (Verbindung mehrerer [parlamentarischer] Anträge zur gleichzeitigen Erledigung); **junk|ti|mie|ren** (*österr. für* verknüpfen); **Junk|tims|vor|la|ge**
[1]**Ju|no,** der; -[s], -s (*verdeutlichende Sprechform von* Juni)
[2]**Ju|no** (höchste römische Himmelsgöttin)
[3]**Ju|no,** die; - (ein Planetoid)
ju|no|nisch ([2]Juno betreffend; stolz, erhaben)
Jun|ta [x..., *auch* j...], die; -, ...ten ‹span.› (Regierungsausschuss, bes. in Südamerika; *kurz für* Militärjunta)
Jupe [ʒyːp], die *u.* der, *seltener* das; -s, -s ‹franz.› (*schweiz. für* Frauenrock)
[1]**Ju|pi|ter** *Gen.* -s, *auch* Jovis (höchster römischer Gott)
[2]**Ju|pi|ter,** der; -s (ein Planet)
Ju|pi|ter|lam|pe® ‹nach der Berliner Firma »Jupiterlicht«› (starke elektrische Bogenlampe für Film- u. Fernsehaufnahmen)
Ju|pi|ter|mond
Jupp (m. Vorn.)
jur. *vgl.* Dr. iur.
[1]**Ju|ra** (*Plur. von* [1]Jus)
[2]**Ju|ra,** der; -s (*Geol.* mittlere Formation des Mesozoikums); ↑K150 : der Weiße Jura, der Braune Jura, der Schwarze Jura
[3]**Ju|ra,** der; -[s] (Bez. von Gebirgen); ↑K140 : der Fränkische Jura, der Schwäbische Jura; ↑K141 : der Schweizer Jura
[4]**Ju|ra,** der; -[s] (schweiz. Kanton)
Ju|ra|for|ma|ti|on, die; -
Ju|ras|si|er (Bewohner des [3]Jura, [4]Jura); **Ju|ras|si|e|rin; ju|ras|sisch** (zum [2]Jura, [4]Jura gehörend)
Ju|ra|stu|dent; Ju|ra|stu|den|tin; Ju|ra|stu|di|um, das; -s
Jür|gen (m. Vorn.)
ju|ri|disch ‹lat.› (*österr., sonst veraltend für* juristisch)
ju|rie|ren (in einer Jury mitwirken)
Ju|ris|dik|ti|on, die; -, -en (Rechtsprechung; Gerichtsbarkeit)
Ju|ris|pru|denz, die; - (Rechtswissenschaft)
Ju|rist, der; -en, -en (Rechtskundiger)
Ju|ris|ten|deutsch
Ju|ris|te|rei, die; - (*scherzh. für* Rechtswissenschaft, Rechtsprechung)
Ju|ris|tik, die; - (Rechtswissenschaft)
Ju|ris|tin
ju|ris|tisch; juristische Person (rechtsfähige Körperschaft; *Ggs.* natürliche Person)
Ju|ror, der; -s, ...oren ‹engl.› (Mitglied einer Jury); **Ju|ro|rin**
Jur|te, die; -, -n ‹türk.› (rundes Filzzelt mittelasiatischer Nomaden)
Ju|ry [ʒyˈriː, *auch* ˈʒyː...], die; -, -s (Preis- bzw. Kampfgericht); **ju|ry|frei** (ohne Jury u. nicht von Fachleuten zusammengestellt); eine juryfreie Ausstellung
[1]**Jus** [*österr.* jʊs], das; - ‹*zu* lat. ius, »Recht«› (*österr., schweiz., sonst veraltend für* Recht, Rechtswissenschaft); Jus studieren
[2]**Jus** [ʒyː], die; -, *südd. auch* das; -, *schweiz. meist* der; - ‹franz.› (konzentrierter, eingedickter Fleischsaft; Bratensaft; *schweiz. auch für* Fruchtsaft)
Ju|so, der; -s, -s *u.* die; -, -s (*Kurzw. für* Jungsozialist[in])
Jus|stu|dent (*österr. u. schweiz. für* Jurastudent); **Jus|stu|den|tin; Jus|stu|di|um**
just ‹lat.› (*veraltend für* eben, gerade; recht); das ist just das Richtige
jus|ta|ment ‹franz.› (*veraltend, noch scherzh. für* richtig, genau; nun gerade)
jus|tie|ren (genau einstellen, einpassen, ausrichten); **Jus|tie|rer; Jus|tie|re|rin; Jus|tie|rung; Jus|tier|waa|ge** (Münzkontrollwaage)
Jus|ti|fi|ka|ti|on, die; -, -en (*fachspr. für* Rechtfertigung; *auch svw.* Justifikatur); **Jus|ti|fi|ka|tur,** die; -, -en (*fachspr. für* Genehmigung von Rechnungen nach Prüfung); **jus|ti|fi|zie|ren** (rechtfertigen; [eine Rechnung] nach Prüfung genehmigen)
Jus|tin [*auch* ...ˈtiːn] (m. Vorn.)
Jus|ti|ne (w. Vorn.)
Jus|ti|ni|an, Jus|ti|ni|a|nus (Name byzantinischer Kaiser)
just in time [dʒast ɪn ˈtaɪ̯m] ‹engl.› (zeitlich abgestimmt); **Just-in-time-Pro|duk|ti|on** (wirtschaftliches Organisationsprinzip mit aufeinander abgestimmten Terminen)
Jus|ti|nus (m. Vorn.)
Jus|ti|tia (altrömische Göttin der Gerechtigkeit)
jus|ti|ti|a|bel *vgl.* justiziabel
Jus|ti|ti|ar *vgl.* Justiziar
Jus|ti|ti|um *vgl.* Justizium
Jus|tiz, die; - (Gerechtigkeit; Rechtspflege)

Jus|tiz|an|stalt (*österr. auch für* Justizvollzugsanstalt)
Jus|tiz|be|am|te; Jus|tiz|be|am|tin
Jus|tiz|be|hör|de
jus|ti|zi|a|bel, jus|ti|ti|a|bel (richterlicher Entscheidung unterworfen); ...a|b|le Vergehen
Jus|ti|zi|ar, Jus|ti|ti|ar, der; -s, -e (Rechtsbeistand, Syndikus); **Jus|ti|zi|a|ri|at**, Jus|ti|ti|a|ri|at, das; -[e]s, -e (Amt des Justiziars); **Jus|ti|zi|a|rin**, Jus|ti|ti|a|rin
Jus|tiz|irr|tum
Jus|ti|zi|um, Jus|ti|ti|um, das; -s, ...ien (Stillstand der Rechtspflege)
Jus|tiz|mi|nis|ter; Jus|tiz|mi|nis|te|rin; Jus|tiz|mi|nis|te|ri|um
Jus|tiz|mord (Hinrichtung eines unschuldig Verurteilten)
Jus|tiz|pa|last
Jus|tiz|rat *Plur.* ...räte *(früher);* **Jus|tiz|rä|tin**
Jus|tiz|se|nat; Jus|tiz|se|na|tor; Jus|tiz|se|na|to|rin
Jus|tiz|spre|cher *(österr.);* **Jus|tiz|spre|che|rin**
Jus|tiz|ver|wal|tung
Jus|tiz|voll|zugs|an|stalt (*Abk.* JVA)
Jus|tiz|wa|che *(österr.);* **Jus|tiz|wa|che|be|am|te** *(österr.);* **Jus|tiz|wa|che|be|am|tin**
Jus|tus (m. Vorn.)
Ju|te, die; - ⟨bengal.-engl.⟩ (Faserpflanze; Bastfaser dieser Pflanze)
Jü|te, der; -n, -n (Bewohner Jütlands)
Ju|te|garn
Jü|ter|bog (Stadt im Fläming)
Ju|te|sack; Ju|te|spin|ne|rei; Ju|te|ta|sche
jü|tisch; *aber* ↑K140: die Jütische Halbinsel
Jüt|land (festländischer Teil Dänemarks); **Jüt|län|der; Jüt|län|de|rin; jüt|län|disch**
Jut|ta, Jut|te (w. Vorn.)
Ju|ve|nal (römischer Satiriker)
ju|ve|na|lisch (satirisch, spöttisch); die juvenalischen Satiren ↑K135
ju|ve|na|li|sie|ren ⟨lat.⟩ (am Stil, Geschmack der Jugend orientieren); **Ju|ve|na|li|sie|rung**
ju|ve|nil (*geh. für* jugendlich, für junge Menschen charakteristisch)
ju|vi|val|le|ra! [...'va..., *auch* ...'fa...] (bes. in Volksliedern)
[1]**Ju|wel**, das, *auch* der; -s, -en *meist Plur.* ⟨niederl.⟩ (Edelstein; Schmuckstück)
[2]**Ju|wel**, das; -s, -e (Person od. Sache, die von jmdm. besonders geschätzt wird)
Ju|we|len|dieb|stahl
Ju|we|lier, der; -s, -e (Schmuckhändler; Goldschmied); **Ju|we|lier|ge|schäft; Ju|we|lie|rin; Ju|we|lier|la|den**
Jux, der; -es, -e *Plur. selten* ⟨lat.⟩ (*ugs. für* Scherz, Spaß); aus lauter Jux und Tollerei (aus Übermut); **ju|xen** (*ugs. für* scherzen, Spaß machen); du juxt
Jux|ta, die; -, ...ten ⟨lat.⟩ (Kontrollstreifen [an Lotterielosen usw.])
Jux|ta|po|si|ti|on, die; -, -en (*Sprachwiss.* Nebeneinanderstellung [im Ggs. zur Komposition]; *Mineralogie* Ausbildung von zwei miteinander verwachsenen Kristallen, die eine Fläche gemeinsam haben)
Jux|ta|po|si|tum, das; -s, ...ta (*Sprachwiss.* durch Nebeneinanderstellung entstandene Zusammensetzung, z. B. »Dreikäsehoch«)
Jux|te (*österr. für* Juxta)
JVA, die; -, -s = Justizvollzugsanstalt
jwd [jɔtveː'deː] ⟨*aus berlinisch* janz weit draußen⟩ (*ugs. scherzh. für* abgelegen); die Baustelle ist jwd

kK

k = Kilo...
k. = kaiserlich *(vgl. d.);* königlich (im ehem. Österreich-Ungarn)
K (Buchstabe); das K; des K, die K, *aber* das k in Haken; der Buchstabe K, k
K = *chemisches Zeichen für* Kalium; Kelvin
K, κ = Kappa
Ka|a|ba, die; - ⟨arab.⟩ (Hauptheiligtum des Islams in Mekka)
Ka|ba|le, die; -, -n ⟨hebr.⟩ (*veraltet für* Intrige, Ränke)
Ka|ba|nos|si, die; -, - (eine Wurstsorte)
Ka|ba|rett [*auch* 'ka...], das; -s, *Plur.* -s *u.* -e, *auch [österr. nur so]* das; -s, -s, *bes. österr.* Ca|ba|ret [...'reː, *auch* 'kabare], das; -s, -s ⟨franz.⟩ (Kleinkunst[bühne]; Speiseplatte mit Fächern)
Ka|ba|ret|ti|er [...'ti̯eː], der; -s, -s (Besitzer einer Kleinkunstbühne); **Ka|ba|ret|ti|e|re**, die; -, -n
Ka|ba|ret|tist, der; -en, -en (Künstler an einer Kleinkunstbühne); **Ka|ba|ret|tis|tin; ka|ba|ret|tis|tisch**
Ka|bäus|chen (*westmd. für* kleines Haus od. Zimmer)
Kab|ba|la [*auch* ...'la], die; - ⟨hebr.⟩ (mittelalterl. jüd. Geheimlehre); **kab|ba|lis|tisch**
Kab|be|lei (*bes. nordd. für* Zankerei, Streit)
kab|be|lig (*Seemannsspr.* unruhig; ungleichmäßig)
kab|beln; sich kabbeln (*bes. nordd. für* zanken, streiten); ich kabb[e]le mich; die See kabbelt (ist ungleichmäßig bewegt)
Kab|be|lung *(Seemannsspr.)*
Ka|bel, das; -s, - ⟨franz.⟩
Ka|bel|an|schluss; Ka|bel|fern|se|hen
Ka|bel|gat[t] (Schiffsraum für Tauwerk)
Ka|bel|jau, der; -s, *Plur.* -e *u.* -s ⟨niederl.⟩ (ein Fisch)
Ka|bel|län|ge (seemännisches Maß); **Ka|bel|le|ger** (Kabel verlegendes Schiff); **Ka|bel|lei|tung; ka|bel|los;** kabellose Telefone
ka|beln (*veraltend für* [nach Übersee] telegrafieren); ich kab[e]le
Ka|bel|nach|richt *(veraltet)*
Ka|bel|netz
Ka|bel|schuh *(Elektrot.)*
Ka|bel|sen|der
Ka|bel|tau, das; **Ka|bel|trom|mel**
Ka|bel|tu|ner *(Fernseht.)*
Ka|bel-TV, das; -[s]
Ka|bi|ne, die; -, -n ⟨franz.⟩ (Schlaf-, Wohnraum auf Schiffen; Zelle [in Badeanstalten usw.]; Abteil); **Ka|bi|nen|bahn; Ka|bi|nen|pre|digt** *(Sport)*
Ka|bi|nett, das; -s, -e ⟨franz.⟩ (Gesamtheit der Minister; Raum für Sammlungen; Qualitätsstufe für Wein; *österr. für* kleines, einfenstriges Zimmer; *regional für* Fachunterrichtsraum; *früher für* Beraterkreis eines Fürsten, Geheimkanzlei)
Ka|bi|nett|aus|stel|lung
Ka|bi|netts|be|schluss; Ka|bi|netts|bil|dung
Ka|bi|netts|chef; Ka|bi|netts|che|fin
Ka|bi|netts|jus|tiz ([unzulässige]

Einwirkung der Regierung auf die Rechtsprechung); **Ka|bi|netts|kri|se; Ka|bi|netts|mit|glied**

Ka|bi|netts|or|der (Befehl des Herrschers)

Ka|bi|netts|pos|ten; Ka|bi|netts|sit|zung; Ka|bi|netts|tisch

Ka|bi|nett|stück (Prachtstück; besonders geschicktes Handeln)

Ka|bi|netts|um|bil|dung; Ka|bi|netts|vor|la|ge

Ka|bi|nett|wein

Ka|bis, der; - ‹lat.› (*südd., schweiz. für* Kohl); *vgl.* Kappes

Ka|bo|ta|ge [...ʒə], die; - ‹franz.› (*Rechtsspr.* Personen- u. Güterbeförderung innerhalb eines Landes, z. B. in der Küstenschifffahrt); **ka|bo|tie|ren**

Ka|b|ri|o|lett [*auch, österr. nur* ...ˈle:], das; -s, -s ‹franz.› (*veraltet für* Cabriolet)

Ka|buff, das; -s, *Plur.* -e *u.* -s (*landsch. für* kleiner, dunkler Nebenraum)

Ka|bul [*auch* ˈka:...] (Hauptstadt Afghanistans)

Ka|bu|se, Ka|bü|se, die; -, -n (*nordd. für* kleiner, dunkler Raum; *auch für* Kombüse)

Ka|by|le, der; -n, -n (Angehöriger eines Berberstammes); **Ka|by|lin**

Ka|chel, die; -, -n

ka|cheln; ich kach[e]le

Ka|chel|ofen

Ka|ch|e|xie, die; -, ...ien ‹griech.› (*Med.* Kräfteverfall)

Ka|cka, das; - (*Kinderspr.* Kot)

Ka|cke, die; - (*derb für* Kot); **ka|cken** *(derb);* **Ka|cker** (derbes Schimpfwort); **Ka|cke|rin; kack|fi|del** (*derb für* sehr fidel)

Ka|da|ver, der; -s, - ‹lat.› (toter [Tier]körper, Aas)

Ka|da|ver|ge|hor|sam (blinder Gehorsam)

Ka|da|ver|mehl

Ka|da|ver|ver|wer|tung

Kad|disch, das; -s ‹hebr.› (jüdisches Gebet für Verstorbene)

Ka|denz, die; -, -en ‹ital.› (Schluss eines Verses, eines Musikstückes; unbegleitetes Improvisieren des Solisten im Konzert; *Sprachwiss.* Schlussfall der Stimme); **ka|den|zie|ren** (*Musik* eine Kadenz spielen)

Ka|der, der, *schweiz.* das; -s, - ‹franz.› (Stamm von besonders ausgebildeten u. geschulten Nachwuchs- bzw. Führungskräften [in Wirtschaft, Staat u. Ä.]; *Militär* Kerntruppe einer Armee; *Sport* Stamm von Sportlern, die für einen Wettkampf infrage kommen)

Ka|der|lei|ter, der *(DDR);* **Ka|der|lei|te|rin**

Ka|der|par|tie (bestimmte Partie im Billard)

Ka|der|schmie|de (*ugs. für* Ausbildungsstelle für Kader)

Ka|dett, der; -en, -en ‹franz.› (*früher für* Zögling einer militärischen Erziehungsanstalt; *schweiz. für* Mitglied einer uniformierten Jugendorganisation; *ugs. scherzh. für* Bursche, Kerl)

Ka|det|ten|an|stalt

Ka|det|ten|korps, Ka|det|ten|corps

Ka|det|ten|schu|le

Ka|di, der; -s, -s ‹arab.› (Richter in islamischen Ländern; *ugs. für* Richter)

kad|mie|ren, ver|kad|men ‹griech.› (Metalle mit einer Kadmiumschicht überziehen)

Kad|mi|um, *chem. fachspr.* **Cad|mi|um,** das; -s (chemisches Element, Metall; *Zeichen* Cd); **Kad|mi|um|le|gie|rung**

Kad|mos, Kad|mus (König u. Held der griechischen Sage)

ka|du|zie|ren (*Rechtsspr.* für verfallen erklären)

Ka|far|na|um *vgl.* Kapernaum

Kä|fer, der; -s, - (*ugs. auch für* Volkswagen)

Kä|fer|boh|ne (*österr. für* Feuerbohne)

Kä|fer|samm|lung

[1]**Kaff,** das; -[e]s (*nordd. für* Spreu; Wertloses; Geschwätz)

[2]**Kaff,** das; -s, *Plur.* -s, -e *u.* Käffer (*ugs. für* Dorf, langweilige Ortschaft)

Käff|chen (*bes. ugs. für* [Tasse] Kaffee)

Kaf|fee [*auch, österr. nur,* ...ˈfe:], der; -s, -s ‹arab.-franz.› (Kaffeestrauch, Kaffeebohnen; Getränk); 3 [Tassen] Kaffee

Kaf|fee|baum; Kaf|fee|boh|ne

kaf|fee|braun

Kaf|fee-Ern|te, Kaf|fee|ern|te

Kaf|fee-Er|satz, Kaf|fee|er|satz

Kaf|fee-Ex|port, Kaf|fee|ex|port

Kaf|fee-Ex|trakt, Kaf|fee|ex|trakt

Kaf|fee|fahrt; Kaf|fee|fil|ter

Kaf|fee|haus (*österr. für* Café); **Kaf|fee|haus|li|te|rat; Kaf|fee|haus|li|te|ra|tin**

Kaf|fee|kan|ne; Kaf|fee|kas|se; Kaf|fee|klatsch; Kaf|fee|kränz|chen; Kaf|fee|kü|che; Kaf|fee|löf|fel; Kaf|fee|ma|schi|ne; Kaf|fee|müh|le; Kaf|fee|nach|mit|tag

Kaf|fee|obers *(österr.)*

Kaf|fee|pau|se; Kaf|fee|satz; Kaf|fee|scha|le; Kaf|fee|ser|vice

Kaf|fee|sie|der (*österr. amtl., sonst meist scherzh. od. abwertend für* Kaffeehausbesitzer); **Kaf|fee|sie|de|rin**

Kaf|fee|sor|te; Kaf|fee|strauch; Kaf|fee|sud *(österr.);* **Kaf|fee|ta|fel** (festlich gedeckter Kaffeetisch); **Kaf|fee|tan|te; Kaf|fee|tas|se; Kaf|fee|tisch** (zum Kaffee gedeckter Tisch)

Kaf|fee|trin|ker; Kaf|fee|trin|ke|rin

Kaf|fee|was|ser, das; -s

Kaf|fee|wei|ßer, der; -s, - (Milchpulver für den Kaffee)

[1]**Kaf|fer,** der; -n, -n (*frühere Bez. für* Angehöriger eines Bantustammes in Südafrika)

[2]**Kaf|fer,** der; -s, - ‹hebr.-jidd.› (*ugs. für* dummer, blöder Kerl); **Kaf|fe|rin**

Kaf|fern|büf|fel

Kä|fig, der; -s, -e; **kä|fi|gen** (*fachspr. für* in einem Käfig halten); **Kä|fig|hal|tung**

Ka|fil|ler, der; -s, - (*Gaunerspr.* Schinder, Abdecker); **Ka|fil|le|rei** (*Gaunerspr.* Abdeckerei)

Ka|fir, der; -s, -n ‹arab.› (*abwertend für* jmd., der nicht dem islamischen Glauben angehört)

Kaf|ka (deutschsprachiger Schriftsteller); **kaf|ka|esk** (nach Art der Schilderungen Kafkas)

Kaf|tan, der; -s, -e ‹pers.› (langes Obergewand der orthodoxen Juden; *ugs. für* langes, weites Kleidungsstück)

Käf|ter|chen (*mitteld. für* Kämmerchen; Verschlag)

kahl

– kahl sein, werden, bleiben

Wenn »kahl« das Ergebnis der mit einem folgenden einfachen Verb bezeichneten Tätigkeit angibt, kann getrennt oder zusammengeschrieben werden ↑K56:

– die Raupen haben den Baum kahl gefressen *od.* kahlgefressen
– sie ließen sich die Köpfe kahl scheren *od.* kahlscheren
– einen Wald kahl schlagen *od.* kahlschlagen

K
Kabi

Kah|len|berg, der; -[e]s (Berg bei Wien)
Kahl|fraß, der; -es; **kahl fres|sen, kahl|fres|sen** *vgl.* kahl
Kahl|frost (Frost ohne Schnee)
Kahl|heit, die; -
Kahl|hieb (abgeholztes Waldstück)
Kahl|kopf; kahl|köp|fig; Kahl|köp|fig|keit, die; -
Kah|lo, Frida (mexikanische Malerin)
kahl sche|ren, kahl|sche|ren *vgl.* kahl
Kahl|schlag (abgeholztes Waldstück); **kahl schla|gen, kahl|schla|gen** *vgl.* kahl
Kahl|schlag|sa|nie|rung (*abwertend für* rücksichtslose Sanierung)
Kahl|wild (*Jägerspr.* weibliche Hirsche)
Kahm, der; -[e]s (*fachspr. für* Pilze u. Bakterien, die die Kahmhaut bilden); **kah|men** (Kahm ansetzen); **Kahm|haut** (Schimmel auf Flüssigkeiten); **kah|mig**
Kahn, der; -[e]s, Kähne; Kahn fahren ↑K54, *aber* das Kahnfahren; **Kähn|chen; Kahn|fahrt**
[1]**Kai,** der *od.* das; -s, -s ⟨niederl., franz.⟩ (befestigtes Hafenufer); *vgl.* Quai
[2]**Kai,** Kay (m. *od.* w. Vorn.)
Kai|man, der; -s, -e ⟨indian.⟩ (südamerikanisches Krokodil)
Kai|man|in|seln *Plur.* (Inselgruppe in der Karibik)
Kai|mau|er
Kain (bibl. m. Eigenn.)
Kai|nit, der; -s, -e ⟨griech.⟩ (ein Mineral)
Kains|mal *Plur.* ...male; **Kains|zei|chen**
Kai|phas, *ökum.* Ka|ja|fas (bibl. m. Eigenn.)
Kai|re|ner ⟨*zu* Kairo⟩ *(selten);* **Kai|re|ne|rin**
Kai|ro (Hauptstadt Ägyptens); **Kai|ro|er; Kai|ro|e|rin**
Kai|rou|an [kaiˈrua:n] (Stadt in Tunesien)
Kai|ser, der; -s, -; des Kaisers Hadrian; Kaiser Hadrians Bauten
Kai|ser|ad|ler (ein Greifvogel); **Kai|ser|fleisch** (*österr. für* geräuchertes Bauchfleisch); **Kai|ser|ge|bir|ge,** das; -s (in Tirol); **Kai|ser|haus**
Kai|se|rin; Kai|se|rin|mut|ter *Plur.* ...mütter; **Kai|ser|kro|ne** (*auch* eine Zierpflanze)
kai|ser|lich; kaiserlich deutsch; kaiserlich österreichische Staatskanzlei; *im Titel* ↑K89: Kaiserlich
kai|ser|lich-kö|nig|lich (*Abk.:* k. k.); *im Titel* Kaiserlich-Königlich (*Abk.:* K. K.)
Kai|ser|ling (ein Pilz)
Kai|ser|man|tel (ein Schmetterling)
Kai|ser|pfalz; Kai|ser|reich; Kai|ser|sa|ge
Kai|ser|schmar|ren (*österr., auch südd. für* in kleine Stücke gerissener Eierkuchen)
Kai|ser|schnitt (Entbindung durch Bauchschnitt)
Kai|ser|sem|mel *(österr.)*
Kai|sers|lau|te|rer; Kai|sers|lau|te|rin; Kai|sers|lau|tern (Stadt in Rheinland-Pfalz); **Kai|sers|lau|ter|ner;** die Kaiserslauterner Senke
Kai|ser|stuhl, der; -[e]s (Bergland in Baden-Württemberg); **Kai|ser|stüh|ler; Kai|ser|stüh|le|rin**
Kai|ser|tum, das; -s, ...tümer
Kai|ser|wet|ter, das; -s (*scherzh. für* strahlendes Sonnenwetter)
Kai|ser|zeit
Kai|zen [...zɛn], das; - ⟨jap.⟩ (Unternehmensführungskonzept aus Japan, das auf einer Philosophie der ewigen Veränderung beruht)
Ka|ja|fas *vgl.* Kaiphas
Ka|jak, das, *auch* der; -s, -s ⟨eskim.⟩ (einsitziges Boot der Eskimos; Sportpaddelboot); **Ka|jak|ei|ner; Ka|jak|zwei|er**
Ka|jal, das; -[s] ⟨sanskr.⟩ (Kosmetikfarbe zum Umranden der Augen); **Ka|jal|stift**
Ka|je, die; -, -n ⟨niederl.⟩ (*nordd. für* Uferbefestigung; Kai); **Ka|je|deich** ([niedriger] Hilfsdeich)
Ka|je|put|baum ⟨malai.; dt.⟩ (ein Myrtengewächs); **Ka|je|put|öl,** das; -[e]s
Ka|jüt|boot; Ka|jüt|deck
Ka|jü|te, die; -, -n (Wohn-, Aufenthaltsraum auf Schiffen)
Kak, der; -[e]s, -e (*nordd. veraltet für* Pranger)
Ka|ka|du [*österr.* ...ˈdu:], der; -s, -s ⟨malai.-niederl.⟩ (ein Papagei)
Ka|ka|ni|en, das; -s (*scherzh. od. ironisch für* die k. u. k. Monarchie); **ka|ka|nisch**
Ka|kao [...ˈkau̯, *auch* ...ˈka:o], der; -s, *Plur. (Sorten:)* -s ⟨mexik.-span.⟩ (eine tropische Frucht; ein Getränk)
Ka|kao|baum; Ka|kao|boh|ne; Ka|kao|but|ter; Ka|kao|pul|ver
ka|keln (*nordd. ugs. für* über Belangloses reden); ich kak[e]le
Ka|ke|mo|no, das; -s, -s ⟨jap.⟩ (japanisches Gemälde im Hochformat auf einer Rolle aus Seide od. Papier)
Ka|ker|lak, der; *Gen.* -s *u.* -en, *Plur.* -en, **Ka|ker|la|ke,** die; -, -n (Küchenschabe)
ka|ki, kha|ki [ka:...] ↑K38 (erdfarben); eine kaki *od.* khaki Tasche; in Kaki *od.* Khaki ↑K72
[1]**Ka|ki,** [1]Kha|ki, das; -[s] (Erdfarbe)
[2]**Ka|ki,** [2]Kha|ki, der; -[s] (gelbbrauner Stoff [für die Tropenuniform])
[3]**Ka|ki,** die; -, -s ⟨jap.⟩ (Kakipflaume)
ka|ki|far|ben, kha|ki|far|ben, **ka|ki|far|big,** kha|ki|far|big
Ka|ki|ja|cke, Kha|ki|ja|cke
Ka|ki|pflau|me (eine exotische Beerenfrucht)
Ka|ki|uni|form, Kha|ki|uni|form
ka|ko... ⟨griech.⟩ (schlecht..., übel..., miss...); **Ka|ko...** (Schlecht..., Übel..., Miss...)
Ka|ko|dyl|ver|bin|dung, die; -, -en *meist Plur.* (*Chemie* Arsenverbindung)
ka|ko|fon, ka|ko|phon; Ka|ko|fo|nie, Ka|ko|pho|nie, die; -, ...ien ⟨griech.⟩ (Missklang; *Ggs.* Eufonie); **ka|ko|fo|nisch, ka|ko|pho|nisch**
Kak|tee, die; -, -n (*svw.* Kaktus)
Kak|tus, der; *Gen.* -, *ugs. auch* -ses, *Plur.* ...teen, *ugs. auch* -se ⟨griech.⟩ (eine [sub]tropische Pflanze); **Kak|tus|blü|te**
Kak|tus|fei|ge ([Frucht des] Feigenkaktus)
Ka|ku|ro, das; -[s], -[s] ⟨jap.⟩ (einem Kreuzworträtsel ähnliches Zahlenrätsel)
Ka|la-Azar, die; - ⟨Hindi⟩ (eine tropische Infektionskrankheit)
Ka|la|bas|se *vgl.* Kalebasse
Ka|la|b|re|se, der; -n, -n (Kalabrier); **Ka|la|b|re|ser** (breitrandiger Filzhut); **Ka|la|b|re|sin**
Ka|la|b|ri|en (Landschaft in Italien); **Ka|la|b|ri|er** (Bewohner Kalabriens); **Ka|la|b|ri|e|rin; ka|la|b|risch**
Ka|la|fa|ti, der; - ⟨ital.⟩ (Figur im Wiener Prater)
Ka|la|ha|ri, die; - (Landschaft im südlichen Afrika); **Ka|la|ha|ri|step|pe**
Ka|la|mai|ka, die; -, ...ken ⟨russ.⟩ (slawisch-ungarischer Nationaltanz)

K
Kala

Ka|la|mit, der; -en, -en *meist Plur.* ⟨griech.⟩ (ausgestorbener baumhoher Schachtelhalm des Karbons)
Ka|la|mi|tät, die; -, -en ⟨lat.⟩ (schlimme, missliche Lage)
Ka|lan|choe [...çoe], die; -, ...cho|en ⟨griech.⟩ (eine Zimmerpflanze)
Ka|lan|der, der; -s, - ⟨franz.⟩ (*Technik* Glätt-, Prägemaschine; Walzenanlage zur Herstellung von Kunststofffolien)
ka|lan|dern (*fachspr. für* mit dem Kalander bearbeiten); ich kalandere; **ka|lan|d|rie|ren** (Kunststoff zu Folie auswalzen)
Ka|la|sche, die; -, -n ⟨russ.⟩ (*landsch. für* Tracht Prügel); **ka|la|schen** (*landsch. für* prügeln)
Ka|lasch|ni|kow, die; -, -s ⟨nach dem russischen Konstrukteur⟩ (eine Schusswaffe)
Ka|lau|er, der; -s, - ⟨*aus franz.* calembour *unter Anlehnung an die Stadt* Calau⟩ (nicht sehr geistreicher [Wort]witz); **ka|lau|ern;** ich kalau[e]re
Kalb, das; -[e]s, Kälber ↑K150 : das Goldene Kalb *(bibl.);* **Kälb|chen**
Kal|be, die; -, -n (*svw.* Färse)
Kal|be (Mil|de) (Stadt in der Altmark); *vgl. aber* Calbe (Saale)
kal|ben (ein Kalb werfen)
Käl|ber|ma|gen; Käl|ber|mast
kal|bern, [1]**käl|bern** (*ugs. für* umhertollen); ich kalbere, kälbere
[2]**käl|bern** (*südd., österr. für* aus Kalbfleisch); **Käl|ber|ne,** das; -n (*südd., österr. für* Kalbfleisch)
Käl|ber|zäh|ne *Plur.* (*ugs. für* große Graupen)
Kalb|fell *vgl.* Kalbsfell; **Kalb|fleisch**
Kal|bin (*südd., österr. svw.* Färse)
Kalb|le|der, Kalbs|le|der, das; -s
Kälb|lein
Kalbs|bra|ten; Kalbs|brat|wurst *(schweiz.);* **Kalbs|bries; Kalbs|bries|chen, Kalbs|brös|chen; Kalbs|brust; Kalbs|fell,** Kalb|fell (*früher auch für* Trommel)
Kalbs|fri|kas|see; Kalbs|gu|lasch; Kalbs|hach|se *vgl.* Hachse; **Kalbs|keu|le; Kalbs|le|ber; Kalbs|le|ber|wurst**
Kalbs|le|der, Kalb|le|der, das; -s
Kalbs|me|dail|lon; Kalbs|milch (Brieschen); **Kalbs|nie|ren|bra|ten; Kalbs|nuss** (kugelförmiges Stück der Kalbskeule); **Kalbs|roll|bra|ten; Kalbs|schle|gel** (*landsch. für* Kalbskeule); **Kalbs|schnit|zel** *vgl.* [1]Schnitzel; **Kalbs|steak; Kalbs|stel|ze** (*österr. für* Kalbshachse)
Kal|chas (griech. Sagengestalt)
Kalck|reuth (dt. Maler)
Kal|da|ri|um, das; -s, ...ien ⟨lat.⟩ (altrömisches Warmwasserbad)
Kal|dau|ne, die; -, -n *meist Plur.* ⟨lat.⟩ (*nordd., mitteld. für* Kuttel)
Ka|le|bas|se, Ka|la|bas|se, die; -, -n ⟨arab.-franz.⟩ (aus einem Flaschenkürbis hergestelltes Gefäß)
Ka|le|do|ni|en (*veraltet für* das nördliche Schottland); **Ka|le|do|ni|er; Ka|le|do|ni|e|rin; ka|le|do|nisch;** *aber* ↑K150 : der Kaledonische Kanal (in Schottland)
Ka|lei|do|s|kop, das; -s, -e ⟨griech.⟩ (optisches Spielzeug; lebendigbunte [Bilder]folge); **ka|lei|do|s|ko|pisch**
Ka|lei|ka, das; -[s] ⟨poln.⟩ (*landsch. für* Aufheben, Umstände); [k]ein Kaleika machen
ka|len|da|risch ⟨lat.⟩ (nach dem Kalender); **Ka|len|da|ri|um,** das; -s, ...ien (Kalender; Verzeichnis kirchlicher Fest- u. Gedenktage); **Ka|len|den** *Plur.* (erster Tag des altrömischen Monats)
Ka|len|der, der; -s, -; der gregorianische, julianische Kalender; der hundertjährige, *als Werktitel* Der Hundertjährige Kalender ↑K89
Ka|len|der|blatt; Ka|len|der|jahr; Ka|len|der|ma|cher; Ka|len|der|ma|che|rin; Ka|len|der|re|form; Ka|len|der|spruch
Ka|len|der|tag; ka|len|der|täg|lich
Ka|len|der|ver|lag
Ka|len|der|wo|che

> **Kalenderwoche**
> Als *Kalenderwoche* gilt die im Kalender festgelegte, mit Montag beginnende Woche. Als *erste Kalenderwoche* zählt diejenige Woche, in die mindestens vier der ersten sieben Januartage fallen.

Ka|le|sche, die; -, -n ⟨poln.⟩ (leichte, vierrädrige Kutsche)
Ka|le|va|la, Ka|le|wa|la, die *od.* das; - (Titel des finnischen Volksepos)
Kal|fak|ter, der; -s, -, **Kal|fak|tor,** der; -s, ...oren ⟨lat.⟩ (*veraltend, oft abwertend für* jmd., der allerlei Dienste verrichtet); **Kal|fak|te|rin, Kal|fak|to|rin**
kal|fa|tern ⟨arab.-niederl.⟩ (*Seemannsspr.* [hölzerne Schiffswände] in den Fugen abdichten); ich kalfatere; **Kal|fa|te|rung; Kal|fat|ham|mer**
[1]**Ka|li,** das; -s ⟨arab.⟩ (Kalisalze, Kalidünger)
[2]**Ka|li** (indische Göttin, Gemahlin Schiwas)
Ka|li|an, Ka|li|un, der *od.* das; -s, -e ⟨pers.⟩ (persische Wasserpfeife)
Ka|li|ban, der; -s, -e ⟨*nach* Caliban, einer Gestalt in Shakespeares »Sturm«⟩ (*selten für* Unhold, hässliches Ungeheuer)
Ka|li|ber, das; -s, - ⟨griech.⟩ (lichte Weite von Rohren; innerer Durchmesser; *auch für* Messgerät zur Bestimmung des Durchmessers; *ugs. übertr. für* Art, Schlag); **Ka|li|ber|maß,** das
ka|li|b|rie|ren (*Technik* das Kaliber messen, [Werkstücke] auf genaues Maß bringen; [Messinstrumente] eichen); **Ka|li|b|rie|rung**
Ka|li|da|sa (altindischer Dichter)
Ka|li|dün|ger
Ka|lif, der; -en, -en ⟨arab.⟩ (ehemaliger Titel orientalischer Herrscher); **Ka|li|fat,** das; -[e]s, -e (Reich, Herrschaft eines Kalifen); **Ka|li|fen|tum,** das; -s
Ka|li|for|ni|en (mexikanische Halbinsel; Staat in den USA; *Abk.* CA); **Ka|li|for|ni|er; Ka|li|for|ni|e|rin; ka|li|for|nisch;** *aber* ↑K150 : der Kalifornische Strom (eine Meeresströmung)
Ka|li|in|dus|t|rie
Ka|li|ko, der; -s, -s ⟨nach der ostind. Stadt Kalikut⟩ (dichter Baumwollstoff)
Ka|li|lau|ge
Ka|li|man|tan (*indones. Name von* Borneo)
Ka|li|nin|grad [*auch* ...'gra:t] (russische Stadt am Pregel; *vgl.* Königsberg)
Ka|li|sal|pe|ter; Ka|li|salz
Ka|li|um, das; -s ⟨arab.-nlat.⟩ (chemisches Element, Metall; *Zeichen* K)
Ka|li|um|bro|mid; Ka|li|um|chlo|rat; Ka|li|um|hy|d|ro|xid, Ka|li|um|hy|d|ro|xyd; Ka|li|um|per|man|ga|nat; Ka|li|um|ver|bin|dung
Ka|li|un *vgl.* Kalian
Ka|lixt, Ka|lix|tus (Papstname)
Ka|lix|ti|ner, der; -s, - ⟨lat.⟩

kalt

käl|ter, käl|tes|te

Kleinschreibung:
- auf kalt und warm reagieren
- ↑K89: kalte *od.* Kalte Ente (ein Getränk)
- kalte Fährte
- kalte Küche
- kalte Miete (Miete ohne Heizung)
- kalte Progression (*Steuerwesen* unverhältnismäßige Zunahme des Steuersatzes bei geringfügig steigendem Einkommen)
- kalter Schlag (nicht zündender Blitz)
- ein kalter (nicht mit Waffen geführter) Krieg

Großschreibung:
- ↑K89: der Kalte Krieg (als historische Epoche)
- ↑K72: etwas Kaltes (ein kaltes Getränk) zu sich nehmen

Schreibung in Verbindung mit Verben ↑K56:
- das Wetter war kalt geblieben
- kalt lächeln
- den Pudding über Nacht kalt stellen *od.* kaltstellen
- den Kühlschrank kälter stellen

Vgl. aber kaltlassen, kaltmachen, kaltstellen, kaltschweißen, kaltwalzen

(Anhänger der gemäßigten Hussiten); **Ka|lix|ti|ne|rin**

Ka|lix|tus *vgl.* Kalixt

Kalk, der; -[e]s, *Plur. (Sorten:)* -e; Kalk brennen; **Kalk|ab|la|ge|rung; Kalk|al|pen;** Nördliche, Südliche Kalkalpen

Kal|kant, der; -en, -en ‹lat.› (Blasebalgtreter an der Orgel); **Kal|kan|tin**

Kal|kar (Stadt in Nordrhein-Westfalen)

Kalk|bo|den

kal|ken

käl|ken (*Jägerspr.* Exkremente ausscheiden [von Greifvögeln]; *landsch. auch für* kalken)

Kalk|ge|stein; Kalk|gru|be

kalk|hal|tig; kal|kig

Kalk|man|gel, der; -s; **Kalk|ofen; Kalk|prä|pa|rat** (ein Arzneimittel); **Kalk|sin|ter** (aus Wasser abgesetzter Kalk[spat]); **Kalk|spat** (ein Mineral)

Kalk|stein; Kalk|tuff

[1]**Kal|kül,** das, *auch* der; -s, -e ‹franz.› (Berechnung, Schätzung)

[2]**Kal|kül,** der; -s, -e (*Math.* Methode zur systematischen Lösung bestimmter Probleme)

Kal|ku|la|ti|on, die; -, -en ‹lat.› (Ermittlung der Kosten, [Kosten]voranschlag)

Kal|ku|la|tor, der; -s, ...oren (Angestellter des betrieblichen Rechnungswesens); **Kal|ku|la|to|rin**

kal|ku|la|to|risch (rechnungsmäßig); kalkulatorische Zinsen *(Wirtsch.)*; **kal|ku|lier|bar; kal|ku|lie|ren** ([be]rechnen)

Kal|kut|ta *vgl.* Kolkata; **kal|kut|tisch**

Kalk|was|ser, das; -s

kalk|weiß

Kal|la *vgl.* Calla

Kal|le, die; -, -n ‹hebr.-jidd.› (*Gaunerspr.* Braut, Geliebte; Dirne)

Kal|li|graf, Kal|li|graph, der; -en, -en ↑K38 ‹griech.› (Schönschreiber); **Kal|li|gra|fie**, Kal|li|gra|phie, die; -, ...ien (Schönschreibkunst); **Kal|li|gra|fin**, Kal|li|gra|phin; **kal|li|gra|fisch**, kal|li|gra|phisch

Kal|li|graph, Kal|li|gra|phie usw. *vgl.* Kalligraf, Kalligrafie usw.

Kal|li|ma|chos (altgriech. Gelehrter *u.* Dichter)

Kal|li|o|pe [...pe] (Muse der erzählenden Dichtkunst)

Kal|li|py|gos [*auch* ...ˈliː...] ‹griech., »mit schönem Gesäß«› (Beiname der Aphrodite)

kal|lös ‹lat.› (*Med.* schwielig)

Kal|lus, der; -, -se ‹lat.› (*Bot.* an Wundrändern von Pflanzen entstehendes Gewebe; *Med.* Schwiele; nach Knochenbrüchen neu gebildetes Gewebe)

Kál|mán (ung. Komponist)

[1]**Kal|mar,** der; -s, ...are ‹franz.› (eine Tintenfischart)

[2]**Kal|mar** (schwed. Hafenstadt); **Kal|ma|rer U|ni|on,** die; - -, **Kal|ma|ri|sche U|ni|on,** die; -n - *(Geschichte)*

Kal|mäu|ser [*auch* ...ˈmɔy...], der; -s, - (*landsch., sonst veraltend für* jmd., der sehr zurückgezogen lebt); **Kal|mäu|se|rin**

Kal|me, die; -, -n ‹franz.› (*Meteorol.* Windstille); **Kal|men|gür|tel; Kal|men|zo|ne**

kal|mie|ren ‹franz.› (*geh. für* beruhigen)

Kal|muck, der; -[e]s, -e (ein Gewebe)

Kal|mück, Kal|mü|cke, der; ...cken, ...cken (Angehöriger eines westmongolischen Volkes); **Kal|mü|ckin**

Kal|mus, der; -, -se ‹griech.› (eine Heilpflanze); **Kal|mus|öl**

Kal|my|ke, der; -n, -n (Kalmück)

Ka|lo|ka|ga|thie, die; - ‹griech.› (körperl. u. geistige Vollkommenheit als Bildungsideal im alten Griechenland)

Ka|lo|rie, die; -, ...ien ‹lat.› (frühere physikal. Maßeinheit für die Wärmemenge; *auch* Maßeinheit für den Energiewert von Lebensmitteln; *Zeichen* cal)

ka|lo|ri|en|arm; ka|lo|ri|en|be|wusst

Ka|lo|ri|en|bom|be (*ugs. für* Speise od. Getränk mit vielen Kalorien); **Ka|lo|ri|en|ge|halt**

ka|lo|ri|en|re|du|ziert; ka|lo|ri|en|reich

Ka|lo|rik, die; - (Wärmelehre)

Ka|lo|ri|me|ter, das; -s, - ‹lat.; griech.› (*Physik* Wärmemessgerät); **Ka|lo|ri|me|t|rie,** die; - (*Physik* Lehre von der Messung von Wärmemengen); **ka|lo|ri|me|t|risch**

ka|lo|risch ‹lat.› (*Physik* die Wärme, die Kalorien betreffend)

ka|lo|ri|sie|ren (*Chemie* eine aluminiumreiche Schicht auf Metallen herstellen)

Ka|lot|te, die; -, -n ‹franz.› (Käppchen [der kath. Geistlichen]; *Archit.* flache Kuppel; *Med.* Schädeldach)

Kal|pak [*auch* ˈkal...], Kol|pak [*auch* ˈkɔl...], der; -s, -s ‹türk.› (asiat. Lammfell-, Filzmütze; Husarenmütze)

kalt *s. Kasten*

Kalt|ak|qui|se (*Wirtsch. svw.* Kaltanruf); **Kalt|an|ruf** (ohne Aufforderung erfolgender Telefonanruf zur Werbung von Kunden)

Kalt|blut (eine Pferderasse); **Kalt|blü|ter** *(Zool.)*

kalt|blü|tig; Kalt|blü|tig|keit, die; -

Käl|te, die; -

Käl|te|ein|bruch; käl|te|emp|find|lich; Käl|te|emp|find|lich|keit

Käl|te|grad; Käl|te|ma|schi|ne; Käl|te|mit|tel; Käl|te|pe|ri|o|de; Käl|te|pol (kältester Ort der Erde)

Kal|ter (*bayr., österr. für* [Fisch]behälter)

Käl|te|sturz; Käl|te|tech|nik; käl|te|tech|nisch; Käl|te|wel|le

Kalt|front (*Meteorol.*)

kalt ge|presst, kalt|ge|presst; kalt gepresstes *od.* kaltgepresstes Öl

kalt ge|schla|gen, kalt|ge|schla|gen; kalt geschlagenes *od.* kaltgeschlagenes Öl

kalt ge|schleu|dert, kalt|ge|schleu|dert; kalt geschleuderter *od.* kaltgeschleuderter Honig

Kalt|haus (Gewächshaus mit Innentemperaturen um 12 °C)

kalt|her|zig; Kalt|her|zig|keit, die; -

kalt lä|chelnd, kalt|lä|chelnd (ohne Mitgefühl)

kalt|las|sen (*ugs. für* nicht berühren); seine Vorwürfe haben mich [völlig] kaltgelassen

Kalt|leim

Kalt|luft (*Meteorol.*); **Kalt|luft|ein|bruch** (*Meteorol.*)

kalt|ma|chen (↑K47; *ugs. für* ermorden); er hat ihn kaltgemacht

Kalt|mam|sell (kalte Mamsell; *vgl.* Mamsell)

Kalt|mie|te (Miete ohne Heizung)

Kalt|na|del|ra|die|rung (ein Kupferdruckverfahren)

Kalt|re|ser|ve (*Fachspr.* abgeschaltetes, aber nicht stillgelegtes Kraftwerk)

Kalt|scha|le (kalte süße Suppe)

kalt|schnäu|zig (*ugs.*); **Kalt|schnäu|zig|keit,** die; - (*ugs.*)

kalt|schwei|ßen (*Technik*); *nur im Infinitiv u. Partizip II gebr.*; kaltgeschweißt

Kalt|start

kalt|stel|len (*ugs. für* [politisch] einflusslos machen); *vgl. aber* kalt; **Kalt|stel|lung** (*ugs.*)

Kalt|ver|pfle|gung

kalt|wal|zen (*Technik*); *nur im Infinitiv u. Partizip II gebr.*; kaltgewalzt; **Kalt|walz|werk**

Kalt|was|ser [*auch* 'k...'v...], das; -s; **Kalt|was|ser|heil|an|stalt; Kalt|was|ser|kur**

Kalt|wel|le (mithilfe chem. Mittel hergestellte Dauerwelle)

Ka|lum|bin, das; -s ‹Bantuspr.-nlat.› (ein Bitterstoff)

Ka|lu|met, Ca|lu|met [*auch* ...ly'mɛ], das; -s, -s ‹lat.-franz.› (Friedenspfeife der nordamerik. Indianer)

Ka|lup|pe, die; -, -n ‹tschech.› (*landsch. für* baufälliges Haus)

Kal|va|ri|en|berg, der; -[e]s, -e ‹lat. calvaria »Schädel«; dt.› (Kreuzigungsgruppe; *nur Sing.*: Kreuzigungsort Christi)

kal|vi|nisch usw. *vgl.* calvinisch usw.

Ka|ly|do|ni|sche Eber, der; -n -s ‹nach der ätolischen Stadt Kalydon› (Riesentier der griech. Sage)

Ka|lyp|so (griech. Nymphe); *vgl. aber* Calypso

Ka|lyp|t|ra, die; -, ...ren ‹griech.› (*Bot.* Wurzelhaube der Farn- u. Samenpflanzen)

Kal|ze|o|la|rie, die; -, -n ‹lat.› (*Bot.* Pantoffelblume)

Kal|zi|na|ti|on, *chem. fachspr.* Cal|ci|na|ti|on, die; - ‹lat.› (Zersetzung einer chem. Verbindung durch Erhitzen; Umwandlung in kalkähnliche Substanz)

kal|zi|nie|ren, *chem. fachspr.* cal|ci|nie|ren; kalzinierte Soda

Kal|zi|nier|ofen, *chem. fachspr.* Cal|ci|nier|ofen

Kal|zi|nie|rung, *chem. fachspr.* Cal|ci|nie|rung (*svw.* Kalzination)

Kal|zit, *chem. fachspr.* Cal|cit, der; -s, -e (Kalkspat)

Kal|zi|um, das; -s, *chem. fachspr.* Cal|ci|um (chemisches Element, Metall; *Zeichen* Ca)

Kal|zi|um|chlo|rid (*chem. fachspr.* Cal|ci|um...); **Kal|zi|um|kar|bid; Kal|zi|um|kar|bo|nat**

kam *vgl.* kommen

Ka|mal|du|len|ser, der; -s, - ‹nach dem Kloster Camaldoli bei Arezzo› (Angehöriger eines kath. Ordens); **Ka|mal|du|len|se|rin**

Ka|ma|ril|la [...'rɪl(j)a], die; -, ...llen ‹span.› (einflussreiche, intrigierende Gruppe in der Umgebung eines Herrschers)

Ka|ma|su|t|ra, das; -[s] ‹sanskr.› (ind. Lehrbuch der Erotik)

Kam|bi|um, das; -s, ...ien ‹nlat.› (*Bot.* ein zeitlebens teilungsfähig bleibendes Pflanzengewebe)

Kam|bo|d|scha (Staat in Hinterindien); **Kam|bo|d|scha|ner; Kam|bo|d|scha|ne|rin; kam|bo|d|scha|nisch**

Kam|b|rik [*auch* 'keː...], der; -s ‹nach der franz. Stadt Cambrai› (ein Gewebe); **Kam|b|rik|ba|tist**

kam|b|risch (zum Kambrium gehörend); **Kam|b|ri|um,** das; -s ‹zu Cambria = alter Name von Wales› (*Geol.* älteste Stufe des Paläozoikums); ↑K151: das Obere Kambrium usw.

Kam|by|ses ‹griech.› (Name altpers. Könige); die Anordnungen Kambyses' II.; ↑K16

Ka|mee, die; -, -n ‹franz.› (Schmuckstein mit erhaben geschnittenem Bild); **Ka|me|en|schnei|der; Ka|me|en|schnei|de|rin**

Ka|mel, das; -[e]s, -e ‹semit.›

Ka|mel|dorn *Plur.* ...dorne (ein Steppenbaum)

Kä|mel|garn, Käm|mel|garn (Garn aus den Haaren der Angoraziege [*früher* = Kamelziege])

Ka|mel|haar; Ka|mel|haar|man|tel

Ka|me|lie, die; -, -n ‹nach dem mährischen Jesuiten Kamel› (eine Zierpflanze)

Ka|mel|le, die; -, -n (*rhein. für* Karamellbonbon)

Ka|mel|len *Plur.* ‹griech.›; olle Kamellen (*ugs. für* Altbekanntes)

Ka|me|lo|pard, der; *Gen.* -[e]s *u.* -en ‹griech.› (Sternbild der Giraffe)

Ka|me|lott, der; -s, -e (ein Gewebe)

Ka|menz (Stadt in Sachsen)

Ka|me|ra, die; -, -s ‹lat.›; *vgl.* Camera obscura; **Ka|me|ra|as|sis|tent; Ka|me|ra|as|sis|ten|tin**

Ka|me|rad, der; -en, -en ‹franz.›

Ka|me|ra|den|dieb|stahl

Ka|me|ra|de|rie, die; - (*meist abwertend für* Kameradschaft)

Ka|me|ra|din

Ka|me|rad|schaft; ka|me|rad|schaft|lich; Ka|me|rad|schaft|lich|keit, die; -; **Ka|me|rad|schafts|ehe; Ka|me|rad|schafts|geist,** der; -[e]s

Ka|me|ra|ein|stel|lung; Ka|me|ra|fahrt; Ka|me|ra|frau; Ka|me|ra|füh|rung; Ka|me|ra|leu|te *Plur.*

Ka|me|ra|list, der; -en, -en ‹griech.› (Fachmann auf dem Gebiet der Kameralistik)

Ka|me|ra|lis|tik, die; - (bei staatswirtschaftlichen Abrechnungen gebrauchtes System des Rechnungswesens)

Ka|me|ra|lis|tin; ka|me|ra|lis|tisch; Ka|me|ral|wis|sen|schaft

Ka|me|ra|mann *Plur.* ...männer *u.* ...leute

Ka|me|ra|re|kor|der, Ka|me|ra|re|cor|der (Kamera, mit der Videofilme aufgenommen [u. abgespielt] werden können)

Ka|me|ra|schwenk; Ka|me|ra|team; ka|me|ra|über|wacht; Ka|me|ra|über|wa|chung; Ka|me|ra|ver|schluss

Ka|me|run [*auch* ...'ru:n] (Staat im Westen Zentralafrikas); **Ka|me|ru|ner; Ka|me|ru|ne|rin; ka|me|ru|nisch**

ka|mie|ren, ka|mi|nie|ren ‹ital.› (*Fechten* die gegnerische Klinge mit der eigenen umgehen)

Ka|mi|ka|ze, der; -[s], -[s] ‹jap.› (jap. Kampfflieger im 2. Weltkrieg, der sich mit seinem Flugzeug auf das feindliche Ziel stürzte)

Ka|mil|la *vgl.* Camilla

Ka|mil|le, die; -, -n ‹griech.› (eine Heilpflanze); **Ka|mil|len|öl; Ka|mil|len|tee**

Ka|mil|li|a|ner, der; -s, - ‹nach dem Ordensgründer Camillo de Lellis› (Angehöriger eines Krankenpflegerordens); **Ka|mil|li|a|ne|rin** (Angehörige einer Frauengemeinschaft, die sich der Krankenpflege widmet)

Ka|mil|lo *vgl.* Camillo

Ka|min, der, *schweiz. meist* das; -s, -e ‹griech.› (*landsch. auch für* Schornstein; *Alpinistik* steile u. enge Felsenspalte)

Ka|min|fe|ger *(landsch., schweiz.)*; **Ka|min|fe|ge|rin; Ka|min|feu|er**

[1]**ka|mi|nie|ren** (*Alpinistik* im Kamin klettern)

[2]**ka|mi|nie|ren** *vgl.* kamieren

Ka|min|keh|rer *(landsch.)*; **Ka|min|keh|re|rin; Ka|min|kleid** (langes Hauskleid); **Ka|min|sims**

Ka|mi|sol, das; -s, -e ‹franz.› (*früher für* Unterjacke, Mieder)

Kamm, der; -[e]s, Kämme

kämm|bar; Kämm|bar|keit, die; -

Kämm|chen

Käm|mel|garn *vgl.* Kämelgarn

käm|meln ([Wolle] fein kämmen); ich kämm[e]le

käm|men; sich kämmen

Kam|mer, die; -, -n

Kam|mer|bul|le (*Soldatenspr.* Unteroffizier, der die Kleiderkammer unter sich hat)

Käm|mer|chen

Kam|mer|chor

Kam|mer|die|ner; Kam|mer|die|ne|rin

Käm|me|rei (Finanzverwaltung einer Gemeinde)

Käm|me|rer (Finanzverwalter einer Gemeinde)

Kam|mer|ge|richt

Käm|me|rin

Kam|mer|jä|ger; Kam|mer|jä|ge|rin

Kam|mer|jung|fer *(veraltet)*; **Kam|mer|jun|ker** *(veraltet)*

Kam|mer|kon|zert

Käm|mer|lein

Kam|mer|ling (ein Wurzelfüßer)

Käm|mer|ling (*früher für* Kammerdiener)

Kam|mer|mu|sik; kam|mer|mu|si|ka|lisch; Kam|mer|mu|sik|fest; Kam|mer|mu|sik|fes|ti|val; Kam|mer|mu|sik|saal

Kam|mer|or|ches|ter

Kam|mer|rat *Plur.* ...räte (früherer Titel); **Kam|mer|rä|tin; Kam|mer|saal**

Kam|mer|sän|ger; Kam|mer|sän|ge|rin; Kam|mer|schau|spie|ler *(bes. österr.)*; **Kam|mer|schau|spie|le|rin**

Kam|mer|sin|fo|nie, Kam|mer|sym|pho|nie

Kam|mer|spiel (in einem kleinen Theater aufgeführtes Stück mit wenigen Rollen); **Kam|mer|spie|le** *Plur.* (kleines Theater)

Kam|mer|sym|pho|nie *vgl.* Kammersinfonie

Kam|mer|ton, der; -[e]s (Normalton zum Einstimmen der Instrumente)

Kam|mer|zo|fe

Kamm|fett (vom Kamm des Pferdes)

Kamm|garn; Kamm|garn|spin|ne|rei

Kamm|gras

Kamm|griff, der; -[e]s *(Turnen)*

Kamm|grind, der; -[e]s (eine Geflügelkrankheit)

Kamm|la|ge

Kämm|ling (Abfall von Kammgarn)

Kamm|ma|cher, **Kamm-Ma|cher; Kamm|ma|che|rin,** **Kamm-Ma|che|rin**

Kämm|ma|schi|ne, **Kämm-Ma|schi|ne**

Kamm|molch, **Kamm-Molch**

Kamm|mu|schel, **Kamm-Mu|schel**

Kamm|weg

Ka|mor|ra *vgl.* Camorra

Kamp, der; -s, Kämpe ‹lat.› (*nordd. für* abgegrenztes Stück Land)

Kam|pa|g|ne, Cam|pa|g|ne [...'panjə], die; -, -n ‹franz.› (polit. Aktion; *Wirtsch.* Hauptbetriebszeit; *veraltet für* milit. Feldzug)

Kam|pa|la (Hauptstadt von Uganda)

Kam|pa|ni|en (ital. Region)

Kam|pa|ni|le, der; -[s], -[s] ‹ital.› (frei stehender Glockenturm [in Italien])

Käm|pe, der; -n, -n (*scherzh., sonst veraltet für* Kämpfer, Krieger)

Kam|pe|lei *(landsch.)*; **kam|peln,** sich (*landsch. für* sich balgen; sich streiten, zanken); ich kamp[e]le mich mit ihm

Kam|pe|sche|holz ‹nach dem Staat Campeche in Mexiko› (Färbeholz)

Käm|pe|vi|se, die; -, -r *meist Plur.* ‹dän.› (skandinavische, bes. dänische Ballade des Mittelalters mit Stoffen aus der Heldensage)

Kampf, der; -[e]s, Kämpfe; Kampf ums Dasein

Kampf|ab|stim|mung; Kampf|an|sa|ge; Kampf|an|zug *(Militär)*; **Kampf|bahn** (*für* Stadion); **Kampf|be|gier[|de],** die; -

kampf|be|reit; Kampf|be|reit|schaft; kampf|be|tont; Kampf|ein|satz

kämp|fen

Kamp|fer, der; -s ‹sanskr.› (eine in Medizin u. chem. Industrie verwendete harzartige Masse)

[1]**Kämp|fer** (Kämpfender)

[2]**Kämp|fer,** der; -s, - (*Archit.* Gewölbeauflage)

Kämp|fe|rin

kämp|fe|risch; Kämp|fer|na|tur

Kamp|fer|öl

kampf|er|probt; kampferprobte Soldaten

Kamp|fer|spi|ri|tus, der; -

Kamp|fes|lärm, Kampf|lärm; **Kamp|fes|lust,** Kampf|lust, die; -

kampf|fä|hig; Kampf|fä|hig|keit, die; -

Kampf|fisch

Kampf|flie|ger; Kampf|flie|ge|rin; Kampf|flug|zeug

Kampf|ge|biet

Kampf|ge|fähr|te; Kampf|ge|fähr|tin

Kampf|geist, der; -[e]s

Kampf|ge|nos|se; Kampf|ge|nos|sin

Kampf|grup|pe; Kampf|hahn; Kampf|hand|lung; Kampf|hub|schrau|ber; Kampf|hund; Kampf|jet; Kampf|kan|di|da|tur; Kampf|kraft; Kampf|lärm, Kamp|fes|lärm

Kampf|läu|fer (ein Vogel)

kampf|los

Kampf|lust, Kamp|fes|lust, die; -

Kampf|mann|schaft (*österr. für* die im Wettkampf eingesetzte Mannschaft)

K
Kamp

Kạmpf|maß|nah|me *meist Plur.*
Kạmpf|mo|ral; Kạmpf|pan|zer; Kạmpf|pau|se; Kạmpf|platz
Kạmpf|preis *(Wirtsch.)*
Kạmpf|rich|ter; Kạmpf|rich|te|rin
Kạmpf|schei|dung (*schweiz. für* nicht einvernehmliche Scheidung)
Kạmpf|spiel *(Sport);* **Kạmpf|sport; Kạmpf|sport|art; kạmpf|stark**
Kạmpf|stoff
Kạmpf|tag *(bes. Sport)*
Kạmpf|tech|nik
Kạmpf|trin|ken, das; -s (*ugs. für* das Trinken großer Mengen von Alkohol um die Wette); **Kạmpf|trin|ker; Kạmpf|trin|ke|rin**
Kạmpf|trup|pe; kạmpf|un|fä|hig; Kạmpf|un|fä|hig|keit, die; -
Kạmpf|wahl (*schweiz. für* in Form einer Kampfabstimmung erfolgende Wahl)
Kạmpf|ziel; Kạmpf|zo|ne
kam|pie|ren ‹franz.› ([im Freien] lagern; *ugs. für* wohnen, hausen)
Kam|pu|chea [...ˈtʃe:a], **Kam|pu|t|schea** (zeitweiliger Name von Kambodscha)
Kam|sin, der; -s, -e ‹arab.› (heißtrockener Sandwind in der ägyptischen Wüste)
Kam|t|scha|da|le, der; -n, -n (Bewohner von Kamtschatka); **Kam|t|scha|da|lin**
Kam|t|schat|ka (eine nordostasiatische Halbinsel)
Ka|muf|fel, das; -s, - (*Schimpfwort, svw.* Dummkopf)
Ka|mut®, der; -s ‹ägyptisch-amerik.› (eine alte Getreideart)
Ka|na (bibl. Ort); Hochzeit zu Kana
Ka|na|an (das vorisraelitische Palästina); **ka|na|a|nä|isch; Ka|na|a|ni|ter; Ka|na|a|ni|te|rin; ka|na|a|ni|tisch**
Ka|na|da (Bundesstaat in Nordamerika)
Ka|na|da|bal|sam, der; -s
Ka|na|di|er (Bewohner von Kanada; *auch* offenes Sportboot); **Ka|na|di|e|rin; ka|na|disch;** *aber* ↑K140: der Kanadische Schild (Festlandskern Nordamerikas)
Ka|nail|le, Ca|nail|le [...ˈnaljə, *österr.* ...ˈnaj(ə)], die; -, -n ‹franz.› (Schurke; *nur Sing.: veraltet für* Gesindel)
Ka|na|ke, der; -n, -n ‹polynes.› (Ureinwohner der Südseeinseln; *Ausspr. meist* [...ˈna...]: *derb abwertend für* Migrant); **Ka|na|kin**
Ka|nal, der; -s, ...näle ‹ital.› (*Sing. auch für* Ärmelkanal)
Ka|nal|bau *Plur.* ...bauten
Ka|nal|bün|de|lung *(EDV)*
Ka|näl|chen (kleiner Kanal)
Ka|nal|de|ckel; Ka|nal|ge|bühr
Ka|nal|in|seln *Plur.* (Inselgruppe vor der Küste Nordfrankreichs im Ärmelkanal)
Ka|na|li|sa|ti|on, die; -, -en (Anlage zur Ableitung der Abwässer); **ka|na|li|sie|ren** (eine Kanalisation bauen; schiffbar machen; *übertr. für* in eine bestimmte Richtung lenken); **Ka|na|li|sie|rung**
Ka|nal|netz; Ka|nal|schacht; Ka|nal|schleu|se; Ka|nal|sys|tem; Ka|nal|tun|nel (unter dem Ärmelkanal)
ka|na|nä|isch, Ka|na|ni|ter, Ka|na|ni|te|rin, ka|na|ni|tisch usw. *vgl.* kanaanäisch usw.
Ka|na|pee [*österr.* ...ˈpe:], das; -s, -s ‹franz.› (*veraltend für* Sofa; *meist Plur.:* pikant belegte [geröstete] Weißbrotscheibe)
Ka|na|ren *Plur.* (Kanarische Inseln)
Ka|na|ri, der; -s, - (*südd., österr. ugs. für* Kanarienvogel); **Ka|na|rie,** die; -, -n (*fachspr. für* Kanarienvogel); **ka|na|ri|en|gelb** (hellgelb); **Ka|na|ri|en|vo|gel**
Ka|na|ri|er (Bewohner der Kanarischen Inseln); **Ka|na|ri|e|rin; ka|na|risch; Ka|na|ri|sche In|seln** *Plur.* (Inselgruppe vor der Nordwestküste Afrikas)
Kan|da|har-Ren|nen, Kan|da|har|ren|nen ‹nach dem Earl of Kandahar› (jährl. stattfindendes Skirennen); ↑K136
Kan|da|re, die; -, -n ‹ung.› (Gebissstange des Pferdes); jmdn. an die Kandare nehmen (streng behandeln)
Kan|del, der; -s, -n *od.* die; -, -n (*landsch. für* [Dach]rinne)
Kan|de|la|ber, der; -s, - ‹franz.› (Ständer für Kerzen od. Lampen)
kan|deln (*landsch. für* auskehlen); ich kand[e]le
Kan|del|zu|cker (*landsch. für* Kandis[zucker])
Kan|di|dat, der; -en, -en ‹lat.› (in der Prüfung Stehender; [Amts]bewerber, Anwärter; *Abk.* cand.); Kandidat der Medizin (*Abk.* cand. med.); Kandidat des [lutherischen] Predigtamtes (*Abk.* cand. [rev.] min. *od.* c. r. m.; *vgl.* Doktor)
Kan|di|da|ten|lis|te; Kan|di|da|tin; Kan|di|da|tur, die; -, -en (Bewerbung [um ein Amt o. Ä.])
kan|di|die|ren (sich [um ein Amt o. Ä.] bewerben)
Kan|di|dus *vgl.* Candidus
kan|die|ren ‹arab.› ([Früchte] durch Zucker haltbar machen)
Kan|din|s|ky [...ki] (russ. Maler)
Kan|dis, der; - ‹arab.›, **Kan|dis|zu|cker** (an Fäden auskristallisierter Zucker); **Kan|di|ten** *Plur.* (*bes. österr. für* überzuckerte Früchte; Süßigkeiten)
Ka|neel, der; -s, -e ‹sumer.› (beste Zimtsorte); **Ka|neel|blu|me**
Ka|ne|pho|re, die; -, -n ‹griech.› (*Archit.* weibliche Figur als Gebälkträger)
Ka|ne|vas, der; *Gen.* - *u.* -ses, *Plur.* - *u.* -se ‹franz.› (Gittergewebe; Akt- u. Szeneneinteilung in der ital. Stegreifkomödie); **ka|ne|vas|sen** (aus Kanevas)
Kang|chen|dzön|ga [kaŋtʃɛn-ˈdʒaŋga, *auch* keŋ...], der; - (Berg im Himalaja)
Kän|gu|ru, das; -s, -s ‹austral.› (ein Beuteltier); **Kän|gu|ru|ta|sche** (auf Sweatshirts o. Ä. vorn aufgesetzte Tasche)
Ka|ni|den *Plur.* ‹lat.› (*Zool.; Sammelbez. für* Hunde u. hundeartige Tiere)
Ka|nin, das; -s, -e ‹iber.› (Kaninchenfell)
Ka|nin|chen; Ka|nin|chen|züch|ter; Ka|nin|chen|züch|te|rin
Ka|nis|ter, der; -s, - ‹sumer.-ital.› (tragbarer Behälter für Flüssigkeiten)
Kan|ker, der; -s, - ‹griech.› (*svw.* Weberknecht)
Kan|na *vgl.* Canna
Kan|nä, das; -, - ‹nach dem Schlachtort des Altertums in Italien: Cannae› (*geh. für* vernichtende Niederlage)
Kan|na|da, das; -[s] (eine Sprache in Indien); *vgl. aber* Kanada
Kann|be|stim|mung, Kann-Be|stim|mung
Känn|chen
Kan|ne, die; -, -n
Kan|ne|gie|ßer (*veraltend iron. für* polit. Schwätzer); **Kan|ne|gie|ße|rin; kan|ne|gie|ßern;** ich kannegießere; gekannegießert
Kän|nel, der; -s, - (*bes. schweiz. für* Dachrinne)

kan|ne|lie|ren (*Archit.* mit Kannelüren versehen); **Kan|ne|lie|rung**
Kän|nel|koh|le, die; - ‹engl.; dt.› (eine Steinkohlenart)
Kan|ne|lur, die; -, -en ‹sumer.-franz.›, **Kan|ne|lü|re,** die; -, -n (*Archit.* senkrechte Rille am Säulenschaft; Hohlkehle)
Kan|ne[n]|bä|cker|land, das; -[e]s (Landschaft im Westerwald)
Kan|nen|pflan|ze (eine insektenfressende Pflanze)
kan|nen|wei|se
Kan|ni|ba|le, der; -n, -n ‹span.› (Menschenfresser); **Kan|ni|ba|lin; kan|ni|ba|lisch; kan|ni|ba|li|sie|ren** (*Jargon* einer Sache [ungewollt] sehr schaden, indem eine andere verstärkt betrieben wird); **Kan|ni|ba|lis|mus,** der; - (Menschenfresserei; *Zool.* das Auffressen von Artgenossen)
Kan|nit|ver|stan, der; -s, *Plur.* -s *u.* -e ‹niederl., »kann nicht verstehen«; nach einer Figur bei J. P. Hebel› (Mensch, der von etw. Bestimmtem nichts versteht)
Kann|kind, **Kann-Kind** (Kind, das vorzeitig eingeschult werden kann)
kann|te *vgl.* kennen
Kann|vor|schrift, **Kann-Vor|schrift**
Ka|noldt (dt. Maler)
[1]Ka|non, der; -s, -s ‹semit.-griech.-alban.› (Richtschnur; Regel; Lied, bei dem mehrere Stimmen nacheinander mit der Melodie einsetzen; Liste der kirchl. anerkannten bibl. Schriften; in der kath. Liturgie das Hochgebet der Eucharistie; kirchenamtl. Verzeichnis der Heiligen; kirchenrechtliche Norm [*fachspr. Plur.* Kanones]; Verzeichnis mustergültiger Schriftsteller)
[2]Ka|non, die; - (alter Schriftgrad)
Ka|no|na|de, die; -, -n ‹sumer.-franz.› (Geschützfeuer)
Ka|no|ne, die; -, -n ‹sumer.-ital.› (Geschütz; *ugs. für* Pistole, Revolver; Könner)
Ka|no|nen|boot; Ka|no|nen|boot|po|li|tik, die; - (Demonstration militärischer Macht [durch Entsendung von Kriegsschiffen] zur Durchsetzung politischer Ziele)
Ka|no|nen|don|ner; Ka|no|nen|feu|er; Ka|no|nen|fut|ter *(ugs. abwertend);* **Ka|no|nen|ku|gel; Ka|no|nen|öf|chen; Ka|no|nen|rohr; Ka|no|nen|schlag** (ein Feuerwerkskörper); **Ka|no|nen|schuss**

Ka|no|nier, der; -s, -e ‹sumer.-franz.› (Soldat, der ein Geschütz bedient); **ka|no|nie|ren** (*ugs. auch für* kraftvoll schießen, werfen); **Ka|no|nie|rin**
Ka|no|nik, die; - ‹sumer.-lat.› (Name der Logik bei Epikur)
Ka|no|ni|kat, das; -[e]s, -e (Amt, Würde eines Kanonikers); **Ka|no|ni|ker,** der; -s, -, **Ka|no|ni|kus,** der; -, ...ker (Mitglied eines geistl. Kapitels, Chorherr)
Ka|no|ni|sa|ti|on, die; -, -en (*kath. Kirche* Heiligsprechung)
ka|no|nisch (den [1]Kanon betreffend, ihm gemäß; mustergültig); kanonisches Recht
ka|no|ni|sie|ren (heiligsprechen, in den [1]Kanon aufnehmen)
Ka|no|nis|se, die; -, -n ‹sumer.-franz.›, **Ka|no|nis|sin,** die; -, -nen (Stiftsdame)
Ka|no|nist, der; -en, -en ‹sumer.-lat.› (Lehrer des kanon. Rechtes); **Ka|no|nis|tin**
Ka|no|pe, die; -, -n ‹griech.› (altägyptische u. etruskische Urne)
Ka|no|pos *vgl.* [1]Kanopus
[1]Ka|no|pus (antiker Name eines Ortes an der Nilmündung)
[2]Ka|no|pus, Ca|no|pus, der; - (ein Stern)
Ka|nos|sa, das; -s, -s, Ca|nos|sa, das; -[s], -s ‹nach der Felsenburg Canossa in Norditalien›; ein Gang nach Canossa (*übertr. für* Demütigung); **Ka|nos|sa|gang,** Ca|nos|sa|gang, der ↑K143
Kä|no|zo|i|kum, das; -s ‹griech.› (*Geol.* Erdneuzeit [Tertiär u. Quartär]); **kä|no|zo|isch**
Kan|sas (Staat in den USA; *Abk.* KS)
Kant (dt. Philosoph); Kant-Gesellschaft ↑K136
kan|ta|bel ‹ital.› (*Musik* sangbar; gesanglich vorgetragen); ...a|b|les Spiel; **Kan|ta|bi|li|tät,** die; - ‹lat.› (*Musik* gesanglicher Ausdruck; melod. Schönheit)
Kan|ta|b|rer [*auch* 'ka...], der; -s, - (Angehöriger eines alten iber. Volkes); **Kan|ta|b|re|rin; kan|ta|b|risch;** *aber* ↑K140: das Kantabrische Gebirge
Kan|tar, der *od.* das; -s, -e ‹lat.-arab.› (altes Gewichtsmaß im Mittelmeerraum); 5 Kantar
[1]Kan|ta|te, die; -, -n ‹lat.› (mehrteiliges, von Instrumenten begleitetes Gesangstück für eine Solostimme od. Solo- u. Chorstimmen)

[2]Kan|ta|te, Can|ta|te ‹»singet!«› (vierter Sonntag nach Ostern)
Kan|te, die; -, -n; etw. auf die hohe Kante legen (sparen); sich die Kante geben (*ugs. für* sich betrinken)
Kan|tel, die; -, -n (Holzstück mit quadratischem od. rechteckigem Querschnitt)
kan|ten (rechtwinklig behauen; auf die Kante stellen)
Kan|ten, der; -s, - (*bes. nordd. für* Brotrinde; Anschnitt od. Endstück eines Brotes)
Kan|ten|ball *(Tischtennis)*
Kan|ten|ge|schie|be *(Geol.)*
Kan|ten|win|kel *(Kristallogr.)*
[1]Kan|ter, der; -s, - (Gestell [für Fässer]; Verschlag)
[2]Kan|ter [*auch* 'kɛ...], der; -s, - ‹engl.› (*Reitsport* leichter, kurzer Galopp)
kan|tern (kurz galoppieren); ich kantere; **Kan|ter|nie|der|la|ge** (*schweiz. für* schwere Niederlage); **Kan|ter|sieg** (*Sport* müheloser hoher Sieg)
Kant|ha|ken (ein kurzer Eisenhaken); jmdn. beim Kanthaken kriegen (*ugs. für* jmdn. gehörig zurechtweisen)
Kan|tha|ri|de, der; -n, -n *meist Plur.* ‹griech.› (*Zool.* Weichkäfer); **Kan|tha|ri|den|pflas|ter** *(Med.);* **Kan|tha|ri|din,** *fachspr.* Can|tha|ri|din, das; -s (Drüsenabsonderung bestimmter Insekten)
Kant|holz
Kan|ti|a|ner (Schüler, Anhänger Kants); **Kan|ti|a|ne|rin**
kan|tig
Kan|ti|le|ne, die; -, -n ‹ital.› (gesangartige, getragene Melodie)
Kan|til|le [*auch* ...'tɪljə], die; -, -n ‹lat.-franz.› (gedrehter, vergoldeter od. versilberter Draht [für Tressen u. Borten])
Kan|ti|ne, die; -, -n ‹franz.› (Speisesaal in Betrieben, Kasernen o. Ä.); **Kan|ti|nen|es|sen; Kan|ti|nen|kost; Kan|ti|nen|wirt; Kan|ti|nen|wir|tin; Kan|ti|neur** [...'nøːɐ̯], der; -s, -e (*österr. für* Kantinenwirt); **Kan|ti|neu|rin**
kan|tisch ‹*zu* Kant›; die kantischen Werke
[1]Kan|ton (chin. Stadt)
[2]Kan|ton, der; -s, -e ‹franz.› (Bundesland der Schweiz [*Abk.* Kt.]; Bezirk, Kreis in Frankreich u.

K
Kant

Belgien); **kan|to|nal** (den Kanton betreffend)
Kan|to|nal|bank *Plur.* ...banken
kan|to|na|li|sie|ren (der Verantwortung des Kantons unterstellen)
Kan|to|ni|e|re, die; -, -n ‹ital.› (Straßenwärterhaus in den italienischen Alpen)
kan|to|nie|ren ‹franz.› (*veraltet für* Truppen in Standorte legen)
Kan|to|nist, der; -en, -en (*veraltet für* ausgehobener Rekrut); unsicherer Kantonist (*ugs. für* unzuverlässiger Mensch); **Kan|to|nis|tin**
Kan|tön|li|geist, der; -[e]s (*schweiz. abwertend für* Kirchturmpolitik, Lokalpatriotismus)
Kan|ton|ne|ment [*schweiz. auch* ...'ment, ...'mã:], das; -s, -s *u.* (bei deutscher Aussprache:) -[e]s, -e (*schweiz., sonst veraltet für* Truppenunterkunft)
Kan|tons|ge|richt; Kan|tons|haupt|stadt; Kan|tons|par|la|ment; Kan|tons|po|li|zei; Kan|tons|rat *Plur.* ...räte; **Kan|tons|rä|tin; kan|tons|rät|lich; Kan|tons|re|gie|rung; Kan|tons|schu|le** (kantonale höhere Schule); **Kan|tons|spi|tal**
Kan|tor, der; -s, ...oren ‹lat.› (Vorsänger im gregorian. Choral; Leiter des Kirchenchores, Organist); **Kan|to|rat,** das; -[e]s, -e (Amt eines Kantors); **Kan|to|rei** (ev. Kirchenchor); **Kan|to|ren|amt; Kan|to|rin**
Kant|schu, der; -s, -s ‹türk.› (Riemenpeitsche)
Kant|stein (*nordd. für* Bordstein)
Kan|tus, der; -, -se ‹lat.› (*Verbindungsw.* Gesang)
Kant|wurst (*österr. für* eine Dauerwurst)
Ka|nu [*österr.* ...'nu:], das; -s, -s ‹karib.› (leichtes Boot der Indianer; Einbaum; *zusammenfassende Bez. für* Kajak *u.* Kanadier)
Ka|nü|le, die; -, -n ‹sumer.-franz.› (Röhrchen; Hohlnadel)
Ka|nu|sla|lom
Ka|nu|te, der; -n, -n ‹karib.› (*Sport* Kanufahrer); **Ka|nu|tin**
Kan|zel, die; -, -n ‹lat.›; **Kan|zel|red|ner; Kan|zel|red|ne|rin; Kan|zel|ton,** der; -[e]s
kan|ze|ro|gen (*svw.* karzinogen); **kan|ze|rös** (*Med.* krebsartig)
Kanz|lei (Büro eines Anwalts od. einer Behörde)
Kanz|lei|aus|druck *Plur.* ...drücke; **Kanz|lei|be|am|te; Kanz|lei|be|am|tin; kanz|lei|mä|ßig; Kanz|lei|spra|che; Kanz|lei|stil,** der; -[e]s
Kanz|ler
Kanz|ler|amt; Kanz|ler|amts|mi|nis|ter; Kanz|ler|amts|mi|nis|te|rin
Kanz|ler|bo|nus (*Jargon* Vorteil für erneut kandidierende Bundeskanzler bei Wahlen)
Kanz|le|rin; Kanz|le|rin|nen|bo|nus
Kanz|ler|kan|di|dat; Kanz|ler|kan|di|da|tin; Kanz|ler|kan|di|da|tur
Kanz|ler|mehr|heit (*Jargon* Mehrheit, die eine Stimme mehr als die Hälfte der Bundestagsmitglieder ausmacht); **Kanz|ler|run|de; Kanz|ler|schaft,** die; -
Kanz|list, der; -en, -en (*veraltet für* Schreiber, Angestellter in einer Kanzlei); **Kanz|lis|tin**
Kan|zo|ne, die; -, -n ‹ital.› (Gedichtform; Gesangstück; Instrumentalkomposition)
Ka|o|lin, das *od.* der (*fachspr. nur so);* -s, *Plur. (Sorten:)* -e ‹chin.-franz.› (Porzellanerde); **Ka|o|li|ner|de** (*svw.* Kaolin)
Kap, das; -s, -s ‹niederl.› (Vorgebirge); Kap der Guten Hoffnung (an der Südspitze Afrikas); Kap Hoorn (Südspitze Südamerikas)
Kap. = Kapitel (Abschnitt)
Ka|paun, der; -s, -e (kastrierter Masthahn); **ka|pau|nen** (*svw.* kapaunisieren); kapaunt; **ka|pau|ni|sie|ren** (Hähne kastrieren)
Ka|pa|zi|tät, die; -, -en ‹lat.› (Aufnahmefähigkeit, Fassungsvermögen; hervorragender Fachmann, Experte)
Ka|pa|zi|täts|aus|las|tung; Ka|pa|zi|täts|er|wei|te|rung
ka|pa|zi|tiv (*Physik* auf die [elektr.] Kapazität bezüglich)
Ka|pa|zun|der, der; -s, - (*österr. scherzh.* Koryphäe, Kapazität)
Kap Ca|na|ve|ral [- kə'nɛvərəl] (amerik. Raketenstartplatz)
Ka|pee ‹franz.›; *nur in* schwer von Kapee sein (*ugs. für* begriffsstutzig sein)
Ka|pe|lan, der; -s, -e ‹franz.› (ein Lachsfisch, Lodde)
Ka|pel|la, Ca|pel|la, die; - ‹lat.› (ein Stern)
[1]**Ka|pel|le,** die; -, -n ‹lat.› (kleiner kirchl. Raum; Orchester)
[2]**Ka|pel|le,** *älter* Ku|pel|le, die; -, -n ‹lat.› (*fachspr. für* Tiegel)
Ka|pell|meis|ter; Ka|pell|meis|te|rin
[1]**Ka|per,** die; -, -n *meist Plur.* ‹griech.› ([eingelegte] Blütenknospe des Kapernstrauches)
[2]**Ka|per,** der; -s, - ‹niederl.› (*früher für* Kaperschiff; Freibeuter)
Ka|per|brief
Ka|pe|rei (*früher für* Aufbringung feindlicher u. Konterbande führender neutraler Handelsschiffe); **Ka|per|fahrt; Ka|per|gut; Ka|per|krieg**
ka|pern; ich kapere
Ka|per|na|um, *ökum.* Ka|far|na|um (bibl. Ort)
Ka|pern|so|ße, Ka|pern|sau|ce; Ka|pern|strauch
Ka|per|schiff *(früher);* **Ka|pe|rung**
Ka|pe|tin|ger [*auch* 'ka...], der; -s, - (Angehöriger eines franz. Königsgeschlechtes); **Ka|pe|tin|ge|rin**
ka|pie|ren ‹lat.› (*ugs. für* fassen, begreifen, verstehen)
ka|pil|lar ‹lat.› (haarfein, z. B. von Blutgefäßen)
Ka|pil|lar|ana|ly|se *(Chemie)*
Ka|pil|la|re, die; -, -n (Haargefäß, kleinstes Blutgefäß; Haarröhrchen); **Ka|pil|lar|ge|fäß; Ka|pil|la|ri|tät,** die; - (*Physik* Verhalten von Flüssigkeiten in engen Röhren); **Ka|pil|lar|mi|k|ro|s|ko|pie,** die; - (*Med.* mikroskopische Untersuchung der Kapillaren)
ka|pi|tal ‹lat.› (sehr groß, gewaltig); ein kapitaler Hirsch
Ka|pi|tal, das; -s, *Plur.* -e *u., österr. nur,* -ien (Vermögen; Geldsumme)
Ka|pi|täl, das; -s, -e (*seltener für* Kapitell)
Ka|pi|tal|an|la|ge; Ka|pi|tal|auf|sto|ckung; Ka|pi|tal|aus|fuhr
Ka|pi|tal|band, Kap|tal|band, das; -[e]s, ...bänder (Schutz- u. Zierband am Buchrücken)
Ka|pi|tal|be|darf; Ka|pi|tal|be|tei|li|gung; Ka|pi|tal|bil|dung
Ka|pi|tal|buch|sta|be (Großbuchstabe); **Ka|pi|täl|chen** (lat. Großbuchstabe in der Größe eines kleinen Buchstabens)
Ka|pi|ta|le, die; -, -n ‹franz.› (*veraltet für* Hauptstadt)
Ka|pi|tal|eig|ner; Ka|pi|tal|eig|ne|rin; Ka|pi|tal|er|hö|hung; Ka|pi|tal|er|trag; Ka|pi|tal|er|trag[s]|steu|er; Ka|pi|tal|ex|port
Ka|pi|tal|feh|ler (besonders schwerer Fehler)
Ka|pi|tal|flucht, die; -; **Ka|pi|tal|ga|ran|tie** *(Wirtsch.)*
Ka|pi|tal|ge|ber; Ka|pi|tal|ge|be|rin
ka|pi|tal|ge|deckt; kapitalgedeckte Rente; **Ka|pi|tal|ge|sell|schaft; Ka|pi|tal|ge|winn**

K kant

Ka|pi|tal|hil|fe *(Wirtsch.)*
Ka|pi|tal|hirsch *(Jägerspr.)*
ka|pi|tal|in|ten|siv (viel Kapital erfordernd)
Ka|pi|tal|in|ves|ti|ti|on
Ka|pi|ta|li|sa|ti|on, die; -, -en (Umwandlung eines laufenden Ertrags od. einer Rente in einen einmaligen Betrag); **ka|pi|ta|li|sie|ren; Ka|pi|ta|li|sie|rung**
Ka|pi|ta|lis|mus, der; - (Wirtschafts- u. Gesellschaftsordnung, deren treibende Kraft das Gewinnstreben Einzelner ist)
Ka|pi|ta|list, der; -en, -en (*oft abwertend für* Vertreter des Kapitalismus); **Ka|pi|ta|lis|tin; ka|pi|ta|lis|tisch**
Ka|pi|tal|kraft, die; -; **ka|pi|tal|kräf|tig**
Ka|pi|tal|le|bens|ver|si|che|rung
Ka|pi|tal|markt
Ka|pi|tal|ver|bre|chen (schweres Verbrechen)
Ka|pi|tal|ver|kehr; Ka|pi|tal|ver|tre|ter (Vertreter der Kapitalgeber im Aufsichtsrat eines Unternehmens); **Ka|pi|tal|ver|tre|te|rin; Ka|pi|tal|zins** *Plur.* ...zinsen
Ka|pi|tän, der; -s, -e ‹ital.-franz.›; **Ka|pi|tä|nin**
Ka|pi|tän|leut|nant; Ka|pi|täns|ka|jü|te; Ka|pi|täns|pa|tent
Ka|pi|tel, das; -s, - ‹lat.› ([Haupt]stück, Abschnitt [*Abk.* Kap.]; geistl. Körperschaft); Kapitel XII; **ka|pi|tel|fest** (*ugs. für* fest im Wissen)
Ka|pi|tell, das; -s, -e ‹lat.› (*Archit.* oberer Säulen-, Pfeilerabschluss)
ka|pi|teln ‹lat.› (*landsch. für* ausschelten); ich kapit[e]le
Ka|pi|tel|saal (Sitzungssaal im Kloster); **Ka|pi|tel|über|schrift**
Ka|pi|tol, das; -s (Burg Alt-Roms; Kongresspalast in Washington); **ka|pi|to|li|nisch** ↑K89 : die kapitolinischen Gänse, *aber* ↑K150 : der Kapitolinische Hügel
Ka|pi|tu|lant, der; -en, -en ‹lat.› (jmd., der kapituliert); **Ka|pi|tu|lan|tin**
Ka|pi|tu|lar, der; -s, -e (Mitglied eines Kapitels, z. B. Domherr)
Ka|pi|tu|la|ri|en *Plur.* (Gesetze u. Verordnungen der karoling. Könige)
Ka|pi|tu|la|ti|on, die; -, -en ‹franz.› (Übergabe [einer Truppe od. einer Festung], Aufgabe; Übergabevertrag); **ka|pi|tu|lie|ren** (sich ergeben, aufgeben)
Kap|la|ken, das; -s, - ‹niederl.› (*Seemannsspr. veraltet für* dem Kapitän zustehende Sondervergütung)
Ka|p|lan, der; -s, ...pläne ‹lat.› (kath. Hilfsgeistlicher)
Kap|land, das; -[e]s (*svw.* Kapprovinz)
[1]**Ka|po,** der; -s, -s ‹Kurzform von franz. caporal› (Unteroffizier; Häftling eines Konzentrationslagers, der ein Arbeitskommando leitete; *österr. auch für* Vorarbeiter)
[2]**Ka|po,** die; - (*schweiz.; kurz für* Kantonspolizei)
Ka|po|das|ter, der; -s, - ‹ital.› (bei Lauten u. Gitarren über alle Saiten reichender, auf dem Griffbrett verschiebbarer Bund)
Ka|pok, der; -s ‹malai.› (Samenfaser des Kapokbaumes, ein Füllmaterial); **Ka|pok|baum** (Baum der tropischen Regenwälder)
ka|po|res ‹hebr.-jidd.› (*ugs. für* entzwei); *nur in* kapores gehen, sein
Ka|po|si|sar|kom ↑K136 ‹nach dem österr.-ung. Hautarzt Moritz Kaposi› (*Med.* ein [bei Aidspatienten häufiger auftretender] Hautkrebs)
Ka|pot|te, die; -, -n ‹franz.› (um die Jahrhundertwende getragener Damenhut); **Ka|pott|hut**
Kap|pa, das; -[s], -s ‹griech. Buchstabe: Κ, κ›
Kap|pa|do|ki|en usw. *vgl.* Kappadozien usw.; **Kap|pa|do|zi|en** (Landschaft in der Türkei); **Kap|pa|do|zi|er; Kap|pa|do|zi|e|rin; kap|pa|do|zisch**
Kapp|beil *(Seemannsspr.)*
Käpp|chen
Kap|pe, die; -, -n ‹lat.›
kap|pen (abschneiden; abhauen)
Kap|pen|abend (eine Faschingsveranstaltung)
Kap|pes, Kap|pus, der; - ‹lat.› (*westd. für* Weißkohl)
Kapp|hahn (Kapaun)
Käp|pi, das; -s, -s (kleine, längliche [Uniform]mütze); **Käpp|lein**
Kapp|naht (doppelt genähte Naht)
Kap|pro|vinz, die; - (größte Provinz der Republik Südafrika)
Kap|pung
Kap|pus *vgl.* Kappes
Kapp|zaum ‹ital.› (*Reitsport* Halfterzaum ohne Mundstück)
Kapp|zie|gel (luftdurchlässiger Dachziegel)
Ka|p|ri|ce [...sə] *vgl.* Caprice
Ka|p|ri|o|le, die; -, -n ‹ital.› (närrischer Einfall, Streich; Luftsprung; *Reitsport* besonderer Sprung der Hohen Schule); **ka|p|ri|o|len** (*selten für* Kapriolen machen)
Ka|p|ri|ze (*österr. für* Caprice)
ka|p|ri|zie|ren, sich ‹franz.› (*veraltend für* eigensinnig auf etwas bestehen)
ka|p|ri|zi|ös (launenhaft, eigenwillig)
Ka|p|riz|pols|ter, der (*österr. ugs. veraltet für* ein kleines Kissen)
Ka|p|run (Gemeinde in Österreich)
Kap|sel, die; -, -n; **Käp|sel|chen**
kap|sel|för|mig; kap|se|lig, kaps|lig
kap|seln (*EDV* Code u. Daten eines Programmteils zu einer Einheit zusammenfassen, um die Daten vor dem Zugriff anderer Programmteile zu schützen); ich kaps[e]le
Kap|sel|riss *(Med.)*
Kap|se|lung *(Technik)*
Kap|si|kum, das; -s ‹lat.› (span. Pfeffer)
kaps|lig, kap|se|lig
Kap|stadt (Hauptstadt der Kapprovinz; Sitz des Parlaments der Republik Südafrika)
Kap|tal, das; -s, -e ‹lat.› (Kapitalband); **Kap|tal|band** *vgl.* Kapitalband
Kap|tein, der; -s, -s, **Käp|ten,** der; -s, -s, Käpt'n, der; -[s], -s (*nordd. ugs. für* Kapitän)
Kap|ti|on, die; -, -en ‹lat.› (*veraltet für* Fangfrage; verfänglicher Trugschluss); **kap|ti|ös** (*veraltet für* verfänglich)
Ka|put, der; -s, -e ‹roman.› (*schweiz. für* Soldatenmantel)
ka|putt ‹franz.›; kaputt sein
ka|putt drü|cken, ka|putt|drü|cken
ka|putt|ge|hen; kaputtgegangen
Ka|putt|heit, die; - *(ugs.)*
ka|putt|la|chen, sich; wir haben uns kaputtgelacht
ka|putt ma|chen, ka|putt|ma|chen; Spielzeug kaputt machen *od.* kaputtmachen; *aber nur* sich kaputtmachen (sich aufreiben)
ka|putt schla|gen, ka|putt|schla|gen
ka|putt|spa|ren; sich kaputtsparen; kaputtgespart
ka|putt tre|ten, ka|putt|tre|ten
Ka|pu|ze, die; -, -n ‹ital.› (an einen Mantel od. eine Jacke angearbeitete Kopfbedeckung)
Ka|pu|zi|ner, der; -s, - ‹ital.› (Angehöriger eines kath. Ordens;

österr. auch für Kaffee mit wenig Milch)

Ka|pu|zi|ner|af|fe; Ka|pu|zi|ne|rin; Ka|pu|zi|ner|kres|se

Ka|pu|zi|ner|mönch; Ka|pu|zi|ner|or|den, der; -s; *Abk.* O. [F.] M. Cap. *(vgl. d.)*

Ka|pu|zi|ner|pre|digt (scharfe Strafpredigt)

Kap Ver|de (Staat, der die Kapverdischen Inseln umfasst); **Kap|ver|den** *Plur.* (Kapverdische Inseln; *bes. schweiz. neben* Kap Verde)

Kap|ver|di|er ‹*zu* Kapverden›, **Kap-Ver|di|er, Kap Ver|di|er** ‹*zu* Kap Verde›; **Kap|ver|di|e|rin, Kap-Ver|di|e|rin, Kap Ver|di|e|rin**

kap|ver|disch

Kap|ver|di|sche In|seln *Plur.* (Inselgruppe vor der Westküste Afrikas)

Kap|wein (Wein aus der Kapprovinz)

Kar, das; -[e]s, -e (Mulde [an vergletscherten Hängen])

Ka|ra|bi|ner, der; -s, - ‹franz.› (kurzes Gewehr; *österr. auch für* Karabinerhaken)

Ka|ra|bi|ner|ha|ken (federnder Verschlusshaken)

Ka|ra|bi|ni|er [...ˈni̯eː], der; -s, -s ([urspr. mit Karabiner ausgerüsteter] Reiter; Jäger zu Fuß)

Ka|ra|bi|ni|e|re *vgl.* Carabiniere

Ka|ra|cho [...xo], das; -s ‹span.› (*ugs. für* große Geschwindigkeit, Tempo); mit Karacho

Ka|rä|er, der; -s, - ‹hebr.› (Angehöriger einer jüd. Sekte); **Ka|rä|e|rin**

Ka|raf|fe, die; -, -n ‹arab.-franz.› ([geschliffene] bauchige Glasflasche [mit Glasstöpsel]); **Ka|raf|fi|ne,** die; -, -n (*veraltet, noch landsch. für* kleine Karaffe)

Ka|ra|gös, der; - ‹türk.› (Hanswurst im türk. Schattenspiel)

Ka|ra|i|be usw. *vgl.* Karibe usw.

Ka|ra|jan [ˈka(ː)...], Herbert von (österr. Dirigent)

Ka|ra|kal, der; -s, *Plur.* -s *u.* -e ‹turkotatar.› (Wüstenluchs)

Ka|ra|kal|pa|ke, der; -n, -n (Angehöriger eines Turkvolkes); **Ka|ra|kal|pa|kin**

Ka|ra|ko|rum [*auch* ...ˈrʊm], der; -[s] (Hochgebirge in Mittelasien)

Ka|ra|kul|schaf ‹nach dem See im Hochland von Pamir› (Fettschwanzschaf, dessen Lämmer den Persianerpelz liefern)

Ka|ra|kum, die; - (Wüstengebiet in Turkmenistan)

Ka|ram|bo|la|ge [...ʒə], die; -, -n ‹franz.› (*ugs. für* Zusammenstoß; *Billard* Treffer [durch Karambolieren])

Ka|ram|bo|le, die; -, -n (eine tropische Frucht, Sternfrucht; *Billard* roter Ball)

ka|ram|bo|lie|ren (*ugs. für* zusammenstoßen; *Billard* mit dem Spielball die beiden anderen Bälle treffen)

Ka|ra|mell, der, *schweiz. auch* das; -s ‹franz.› (gebrannter Zucker)

Ka|ra|mell|bier

Ka|ra|mell|bon|bon

Ka|ra|mel|le, die; -, -n *meist Plur.* (Bonbon mit Zusatz aus Milch[produkten])

ka|ra|mel|li|sie|ren (Zucker[lösungen] trocken erhitzen; Karamell zusetzen); **Ka|ra|mell|pud|ding; Ka|ra|mell|zu|cker**

Ka|ra|o|ke, das; -[s] ‹jap.› (Veranstaltung, bei der Laien zur Instrumentalmusik eines Schlagers den Text singen)

Ka|ra|see, die; - ‹nach dem Fluss Kara› (Teil des Nordpolarmeers)

Ka|rat, das; -[e]s, -e ‹griech.› (Gewichtseinheit von Edelsteinen; Maß der Feinheit einer Goldlegierung); 24 Karat

Ka|ra|te, das; -[s] ‹jap.› (sportliche Methode der waffenlosen Selbstverteidigung); **Ka|ra|te|ka,** der; -[s], -[s] *u.* die; -, -[s] (jmd., der Karate betreibt); **Ka|ra|te|kämp|fer; Ka|ra|te|kämp|fe|rin**

...ka|rä|ter (z. B. Zehnkaräter, *mit Ziffern* 10-Karäter ↑K29); **...ka|rä|tig,** *österr. auch* **...ka|ra|tig** (z. B. zehnkarätig; *mit Ziffern* 10-karätig ↑K29)

Ka|ra|t|schi (pakistanische Hafenstadt)

Ka|rau|sche, die; -, -n ‹lit.› (ein karpfenartiger Fisch)

Ka|ra|vel|le, die; -, -n ‹niederl.› (mittelalterl. Segelschiff)

Ka|ra|wa|ne, die; -, -n ‹pers.› (durch Wüsten u. Ä. ziehende Gruppe von Reisenden)

Ka|ra|wa|nen|füh|rer; Ka|ra|wa|nen|füh|re|rin; Ka|ra|wa|nen|han|del; Ka|ra|wa|nen|stra|ße; Ka|ra|wa|nen|zug

Ka|ra|wan|ken *Plur.* (Berggruppe im südöstl. Teil der Alpen)

Ka|ra|wan|se|rei ‹pers.› (Unterkunft für Karawanen)

Kar|bat|sche, die; -, -n ‹türk.› (Riemenpeitsche)

[1]Kar|bid, das; -[e]s ‹lat.› (Kalziumkarbid)

[2]Kar|bid, *chem. fachspr.* Car|bid, das; -[e]s, -e (Verbindung aus Kohlenstoff u. einem Metall od. Bor od. Silicium)

Kar|bid|lam|pe

kar|bo... (kohlen...); **Kar|bo...** (Kohlen...)

Kar|bol, das; -s (*ugs. für* Karbolsäure); **Kar|bo|li|ne|um,** das; -s (Imprägnierungs- u. Schädlingsbekämpfungsmittel)

Kar|bol|säu|re, die; - (*veraltet für* ein Desinfektionsmittel)

Kar|bon, das; -s (*Geol.* Steinkohlenformation)

Kar|bo|na|de, die; -, -n ‹franz.› (*landsch. für* gebratenes Rippenstück)

Kar|bo|na|do, der; -s, -s ‹span.› (*svw.* [1]Karbonat)

Kar|bo|na|ri *Plur.* ‹ital.› (Angehörige eines im 19. Jh. für die Freiheit u. Einheit Italiens eintretenden Geheimbundes)

[1]Kar|bo|nat, der; -[e]s, -e ‹lat.› (eine Diamantenart)

[2]Kar|bo|nat, Car|bo|nat, das; -[e]s, -e (Salz der Kohlensäure)

Kar|bo|ni|sa|ti|on, die; - (Verkohlung, Umwandlung in [2]Karbonat); **kar|bo|nisch** (*Geol.* das Karbon betreffend); **kar|bo|ni|sie|ren** (verkohlen lassen, in [2]Karbonat umwandeln; Zellulosereste in Wolle durch Schwefelsäure od. andere Chemikalien zerstören)

Kar|bon|pa|pier (*selten für* Kohlepapier)

Kar|bon|säu|re, *fachspr. meist* Carbon|säu|re (eine organ. Säure)

Kar|bo|rund, das; -[e]s (Carborundum®; ein Schleifmittel)

Kar|bun|kel, der; -s, - (Häufung dicht beieinanderliegender Furunkel)

kar|bu|rie|ren (*Technik* die Leuchtkraft von Gasgemischen durch Zusatz von Kohlenstaub o. Ä. steigern)

Kar|da|mom, der *od.* das; -s, -e[n] *Plur. selten* ‹griech.› (ein scharfes Gewürz)

Kar|dan|an|trieb ‹nach dem Erfinder G. Cardano› *(Technik);* **Kar|dan|ge|lenk** (Verbindungsstück zweier Wellen, das Kraftübertragung unter wechselnden Winkeln ermöglicht)

kar|da|nisch; kardanische Aufhän-

K

Kapu

gung (Vorrichtung, die Schwankungen der aufgehängten Körper ausschließt)

Kar|dan|tun|nel (im Kraftfahrzeug); **Kar|dan|wel|le** (Antriebswelle mit Kardangelenk)

Kar|dät|sche, die; -, -n ‹ital.› (grobe [Pferde]bürste); *vgl. aber* Kartätsche; **kar|dät|schen** (striegeln); du kardätschst; *vgl. aber* kartätschen

Kar|de, die; -, -n ‹lat.› (eine distelähnliche, krautige Pflanze; *Textiltechnik* eine Maschine zum Aufteilen von Faserbüscheln)

Kar|deel, das; -s, -e ‹niederl.› (*Seemannsspr.* Strang einer Trosse)

kar|den, kar|die|ren ‹lat.› (rauen, kämmen [von Wolle])

Kar|den|dis|tel; Kar|den|ge|wächs

kar|di... usw. *vgl.* kardi[o]... usw.

Kar|di|a|kum, das; -s, ...ka ‹griech.-lat.› (*Med.* herzstärkendes Mittel); **kar|di|al** ‹griech.› (*Med.* das Herz betreffend); **Kar|di|al|gie,** die; -, ...ien (*Med.* Magenkrampf; Herzschmerzen)

kar|die|ren *vgl.* karden

kar|di|nal ‹lat.› (*veraltet für* grundlegend; hauptsächlich)

Kar|di|nal, der; -s, ...näle (Titel der höchsten katholischen Würdenträger nach dem Papst)

Kar|di|nal... (Haupt...; Grund...)

Kar|di|na|le, das; -[s], ...lia *meist Plur.* (*veraltet für* Grundzahl)

Kar|di|nal|far|be

Kar|di|nal|feh|ler; Kar|di|nal|fra|ge; Kar|di|nal|pro|b|lem; Kar|di|nal|punkt

Kar|di|nals|hut; Kar|di|nals|kol|le|gi|um; Kar|di|nals|kon|gre|ga|ti|on (eine Hauptbehörde der päpstlichen Kurie); **Kar|di|nals|man|tel**

Kar|di|nal|staats|se|kre|tär

Kar|di|nals|wür|de

Kar|di|nal|tu|gend

Kar|di|nal|vi|kar (päpstlicher Generalvikar von Rom)

Kar|di|nal|zahl (Grundzahl, z. B. null, eins, zwei)

kar|di[o]... ‹griech.› (herz...; magen...); **Kar|di[o]...** (Herz...; Magen...)

Kar|dio|graf, Kar|dio|graph, der; -en, -en (*Med.* Gerät zur Aufzeichnung des Herzrhythmus)

Kar|dio|gramm, das; -s, -e (*Med.* Herzrhythmuskurve)

Kar|di|o|i|de, die; -, -n (*Math.* [herzförmige] Kurve)

Kar|dio|lo|ge, der; -n, -n (*Med.* Facharzt für Kardiologie); **Kar|dio|lo|gie,** die; - (*Med.* Lehre vom Herzen u. den Herzkrankheiten); **Kar|dio|lo|gin**

kar|dio|lo|gisch *(Med.)*

Kar|dio|spas|mus, der; -, ...men (*Med.* Krampf des Mageneinganges); **Kar|di|tis,** die; -, ...itiden (*Med.* entzündliche Erkrankung des Herzens)

Ka|re|li|en (nordosteuropäische Landschaft)

Ka|re|li|er, der; -s, - (Angehöriger eines finnischen Volksstammes); **Ka|re|li|e|rin; ka|re|lisch**

Ka|ren (w. Vorn.)

Ka|renz, die; -, -en ‹lat.› (Wartezeit, Sperrfrist; Enthaltsamkeit, Verzicht; *österr. auch für* unbezahlter Urlaub, Elternzeit); **Ka|renz|geld** (*svw.* Karenzurlaubsgeld)

ka|ren|zie|ren (*österr. für* für unbezahlten Urlaub freistellen)

Ka|renz|ur|laub (*österr. für* unbezahlter Urlaub, Elternzeit); **Ka|renz|ur|laubs|geld** *(österr. veraltet);* **Ka|renz|zeit**

Ka|rer (Bewohner Kariens); **Ka|re|rin**

ka|res|sie|ren ‹franz.› (*veraltet für* liebkosen; schmeicheln)

Ka|ret|te, die; -, -n ‹franz.› (Meeresschildkröte); **Ka|rett|schild|krö|te**

Ka|rez|za, die; - ‹ital.› (Koitus, bei dem der Samenerguss vermieden wird)

Kar|fi|ol, der; -s ‹ital.› (*österr. für* Blumenkohl)

Kar|frei|tag (Freitag vor Ostern); **Kar|frei|tags|li|tur|gie**

Kar|fun|kel, der; -s, - ‹lat.› (*volkstüml. für* roter Granat; *ugs. auch für* Karbunkel); **kar|fun|kel|rot; Kar|fun|kel|stein**

karg; karger (*auch* kärger), kargste (*auch* kärgste)

Kar|ga|deur [...ˈdøːɐ̯] ‹span.-franz.›, **Kar|ga|dor** ‹span.› der; -s, -e (*Seew.* Begleiter einer Schiffsladung, der den Transport bis zur Übergabe an den Empfänger überwacht)

kar|gen (*geh. für* sehr sparsam sein); **Karg|heit,** die; -

kärg|lich; Kärg|lich|keit, die; -

Kar|go *vgl.* Cargo

Ka|ri|be, der; -n, -n (Angehöriger einer indian. Sprachfamilie u. Völkergruppe in Mittel- u. Südamerika)

Ka|ri|bik, die; - (Karibisches Meer mit den Antillen)

Ka|ri|bin

ka|ri|bisch; *aber* ↑K 140: das Karibische Meer

Ka|ri|bu, das; -s, -s ‹indian.› (kanadisches Ren)

Ka|ri|en (historische Landschaft in Kleinasien)

ka|rie|ren ‹franz.› (*selten für* mit Würfelzeichnung mustern, kästeln)

ka|riert (gewürfelt, gekästelt); rot karierter *od.* rotkarierter Stoff

Ka|ri|es, die; - ‹lat.› (*Med.* Zerstörung der harten Zahnsubstanz bzw. von Knochengewebe)

Ka|ri|ka|tur, die; -, -en ‹ital.› (Zerr-, Spottbild, kritische od. satirische Darstellung); **Ka|ri|ka|tu|ren|zeich|ner; Ka|ri|ka|tu|ren|zeich|ne|rin; Ka|ri|ka|tu|rist,** der; -en, -en; **Ka|ri|ka|tu|ris|tin; ka|ri|ka|tu|ris|tisch; ka|ri|kie|ren**

Ka|rin (w. Vorn.)

Ka|ri|na, Ca|ri|na (w. Vorn.)

ka|rio|gen ‹lat.; griech.› (*Med.* Karies hervorrufend); **ka|ri|ös** ‹lat.› (*Med.* von Karies befallen); kariöse Zähne

ka|risch (aus Karien)

Ka|ri|sche Meer, das; -n -[e]s (ältere Bez. der Karasee)

Charisma
Das Substantiv stammt aus dem Griechischen und wird, obwohl häufig mit *[k-]* ausgesprochen, wie das Herkunftswort mit *Ch-* geschrieben.

Ka|ri|tas, die; - ‹lat.› (Nächstenliebe; Wohltätigkeit); *vgl.* Caritas; **ka|ri|ta|tiv** (wohltätig)

kar|ju|ckeln (*landsch. für* gemächlich umherfahren); ich karjuck[e]le

Kar|kas|se, die; -, -n ‹franz.› (*Technik* fester Unterbau [eines Fahrzeugreifens]; *Gastron.* Gerippe von zerlegtem Geflügel, Wild od. Fisch)

Karl (m. Vorn.)

Kar|la (w. Vorn.)

Karl-Heinz, Karl|heinz, Karl Heinz (m. Vorn.)

kar|lin|gisch (*für* karolingisch)

Kar|list, der; -en, -en (Anhänger der spanischen Thronanwärter mit Namen Don Carlos); **Kar|lis|tin**

Karl|mann (dt. m. Eigenn.)

Karl-Marx-Stadt (Name für Chemnitz [1953–1990])

K
Karl

Kar|lo|vy Va|ry [...vi ...ri] (Kurort in Böhmen); *vgl.* Karlsbad
Karls|bad (*tschech.* Karlovy Vary); **Karls|ba|der** ↑K141 : Karlsbader Salz, Karlsbader Oblaten; **Karls|ba|de|rin**
Karls|kro|na [...ˈkro:...] (schwed. Hafenstadt)
Karls|preis (internationaler Preis der Stadt Aachen für Verdienste um die Einigung Europas)
Karls|ru|he (Stadt in Baden-Württemberg); **Karls|ru|her; Karls|ru|he|rin; Karls|ru|he-Rüp|purr**
Karls|sa|ge; Karls|sa|gen|kreis, der; -es
¹**Karl|stadt** (Stadt am Main)
²**Karl|stadt** (dt. Reformator)
Kar|ma[n], das; -s ⟨sanskr.⟩ (in östl. Religionen [z. B. im Hinduismus] das den Menschen bestimmende Schicksal)
Kar|mel, der; -[s] (Gebirgszug in Israel)
Kar|me|lit, der; -en, -en, **Kar|me|li|ter,** der; -s, - (Angehöriger eines kath. Ordens)
Kar|me|li|ter|geist, der; -[e]s (ein Heilkräuterdestillat)
Kar|me|li|te|rin, Kar|me|li|tin; **Kar|me|li|ter|or|den; Kar|me|li|tin** *vgl.* Karmeliterin
Kar|men, das; -s, ...mina ⟨lat.⟩ (*veraltet für* Fest-, Gelegenheitsgedicht)
Kar|me|sin ⟨pers.⟩ (*svw.* Karmin); **kar|me|sin|rot** (*svw.* karminrot)
Kar|min, das; -s ⟨franz.⟩ (ein roter Farbstoff); **kar|min|rot; Kar|min|säu|re,** die; -
kar|mo|sie|ren ⟨arab.⟩ ([einen Edelstein] mit weiteren kleinen Steinen umranden)
¹**Karn,** die; -, -en (*nordd. für* Butterfass)
²**Karn,** das; -s ⟨nach den Karnischen Alpen⟩ (*Geol.* eine Stufe der alpinen Trias)
Kar|nal|lit *vgl.* Carnallit
Kar|na|ti|on, die; - ⟨lat.⟩ (*svw.* Inkarnat)
Kar|nau|ba|wachs, das; -es ⟨indian.; dt.⟩ (ein Pflanzenwachs)
Kar|ne|ol, der; -s, -e ⟨ital.⟩ (ein rot bis gelblich gefärbter Schmuckstein)
¹**Kar|ner,** ²Ker|ner, der; -s, - (*Archit.* [Friedhofskapelle mit] Beinhaus)
²**Kar|ner,** der; -s, - (Angehöriger eines ehem. kelt. Volkes in den Karnischen Alpen); **Kar|ne|rin**
Kar|ne|val, der; -s, *Plur.* -e *u.* -s ⟨ital.⟩ (Fastnacht[szeit], Fasching)
Kar|ne|va|list, der; -en, -en; **Kar|ne|va|lis|tin; kar|ne|va|lis|tisch**
Kar|ne|vals|ge|sell|schaft; Kar|ne|vals|prinz; Kar|ne|vals|prin|zes|sin; Kar|ne|vals|schla|ger; Kar|ne|vals|tru|bel; Kar|ne|vals|ver|an|stal|tung; Kar|ne|vals|ver|ein; Kar|ne|vals|zeit; Kar|ne|vals|zug
Kar|ni|ckel, das; -s, - (*landsch. für* Kaninchen)
Kar|nies, das; -es, -e ⟨roman.⟩ (*Archit.* Leiste od. Gesims mit s-förmigem Querschnitt); **Kar|nie|se,** *selten* Kar|ni|sche, die; -, -n (*österr. für* Gardinenleiste)
kar|nisch ⟨*zu* ²Karn⟩ *(Geol.);* ↑K140 : die Karnischen Alpen
Kar|ni|sche *vgl.* Karniese
kar|ni|vor ⟨lat.⟩ (fleischfressend)
¹**Kar|ni|vo|re,** der; -n, -n (fleischfressendes Tier)
²**Kar|ni|vo|re,** die; -[n], -n (fleischfressende Pflanze)
Kar|nöf|fel, der; -s, Kar|nüf|fel, das; -s (ein altes Kartenspiel)
Kärn|ten (österr. Bundesland); **Kärn|te|ner; Kärn|te|ne|rin; kärn|tisch, kärnt|ne|risch; Kärnt|ner; Kärnt|ne|rin**
Kar|nüf|fel *vgl.* Karnöffel
¹**Ka|ro** (Hundename)
²**Ka|ro,** das; -s, -s ⟨franz.⟩ (Raute, [auf der Spitze stehendes] Viereck; *nur Sing.:* eine Spielkartenfarbe); **Ka|ro|ass, Ka|ro-Ass** [*auch* ˈka:...], das; -es, -e
Ka|ro|be *vgl.* Karube
Ka|ro|la [*auch* ˈka:...] (w. Vorn.); **Ka|ro|li|ne** (w. Vorn.)
Ka|ro|li|nen *Plur.* (Inselgruppe im Pazifischen Ozean)
Ka|ro|lin|ger, der; -s, - (Angehöriger eines fränk. Herrschergeschlechtes); **Ka|ro|lin|ge|rin; Ka|ro|lin|ger|zeit,** die; -; **ka|ro|lin|gisch;** karolingische Minuskel (alte Schriftart)
ka|ro|li|nisch (auf einen der fränk. Herrscher mit dem Namen Karl bezüglich)
Ka|ros|se, die; -, -n ⟨franz.⟩ (Prunkwagen; *kurz für* Staatskarosse; *ugs. für* Karosserie)
Ka|ros|se|rie, die; -, ...ien (Wagenoberbau, -aufbau [von Kraftfahrzeugen]); **Ka|ros|se|rie|bau|er** *vgl.* ¹Bauer; **Ka|ros|se|rie|bau|e|rin; Ka|ros|seur** [...ˈsø:ɐ̯] (*österr. amtl. für* Karosseriebauer); **Ka|ros|seu|rin** [...ˈsø:...]
Ka|ros|si|er [...ˈsi̯e:], der; -s, -s (Karosserieentwerfer; *veraltet für* Kutschpferd); **Ka|ros|si|e|re** (Karosserieentwerferin); **ka|ros|sie|ren** (mit einer Karosserie versehen)
Ka|ro|tin, *fachspr.* Ca|ro|tin, das; -s, -e ⟨lat.⟩ (ein gelbroter Farbstoff in Pflanzenzellen)
Ka|ro|tis, die; -, ...iden ⟨griech.⟩ (*Med.* Kopf-, Halsschlagader)
Ka|rot|te, die; -, -n ⟨niederl.⟩ (eine Mohrrübenart); **Ka|rot|ten|beet**
Ka|rot|ten|ho|se (lange Hose mit stark betonter Hüftweite u. sehr enger Fußweite)
Kar|pa|ten *Plur.* (Gebirge in Mitteleuropa); **kar|pa|tisch**
Kar|pell, das; -s, *Plur.* ...pelle *u.* ...pella ⟨nlat.⟩ (*Bot.* die Samenanlage tragender Teil der Blüte; Fruchtblatt)
Karp|fen, der; -s, - (ein Fisch); **Karp|fen|teich; Karp|fen|zucht**
Kar|po|lo|gie, die; - (Lehre von den Pflanzenfrüchten)
Kar|ra|geen, Kar|ra|gheen [...ˈge:n], das; -[s] ⟨nach dem irischen Ort Carrageen [ˈkɛrəgi:n]⟩ (ein Heilmittel aus getrockneten Algen)
kar|ra|risch (*svw.* carrarisch)
Kärr|chen
¹**Kar|re,** die; -, -n, *auch u. österr. nur* Kar|ren, der; -s, -
²**Kar|re,** die; -, -n *meist Plur.* (*Geol.* Rinne, Furche in Kalkgestein)
Kar|ree, das; -s, -s ⟨franz.⟩ (Viereck; *bes. österr. für* Rippenstück)
kar|ren (mit einer Karre befördern)
Kar|ren *vgl.* ¹Karre
Kar|ren|feld *(Geol.)*
Kar|re|te, die; -, -n ⟨ital.⟩ (*bes. ostmitteld. für* schlechter Wagen)
Kar|ret|te [*auch* ˈka...], die; -, -n (*schweiz. für* Schubkarren)
Kar|ri|e|re, die; -, -n ⟨franz.⟩ ([erfolgreiche] Laufbahn; schnellste Gangart des Pferdes)
Kar|ri|e|re|frau *(auch abwertend);* **Kar|ri|e|re|kil|ler** *(ugs.);* **Kar|ri|e|re|knick; Kar|ri|e|re|lei|ter,** die; die Karriereleiter erklimmen; **Kar|ri|e|re|ma|cher** *(meist abwertend);* **Kar|ri|e|re|ma|che|rin; Kar|ri|e|re|netz|werk; Kar|ri|e|re|plan; Kar|ri|e|re|sprung**
Kar|ri|e|ris|mus, der; - (*abwertend für* rücksichtsloses Streben nach beruflichem Erfolg); **Kar|ri|e|rist,** der; -en, -en (*abwertend*

K
Karl

für rücksichtsloser Karrieremacher); **Kar|ri|e|ris|tin; kar|ri|e|ris|tisch**

Kar|ri|ol, das; -s, -s, **Kar|ri|o|le**, die; -, -n ‹franz.› (*veraltet für* leichtes, zweirädriges Fuhrwerk mit Kasten; Briefpostwagen); **kar|ri|o|len** (*veraltet für* mit Karriol[post] fahren; *übertr. für* umherfahren, drauflosfahren)

Kärr|ner (*veraltet für* Arbeiter, der harte körperliche Arbeit verrichten muss); **Kärr|ner|ar|beit**

> **Karosserie**
> Obwohl *Karosserie* auf das lateinische carrus (= Wagen) zurückgeht, wird es im Deutschen schon seit Langem nur mit einem *r* geschrieben.

Kar|sams|tag (Samstag vor Ostern)

[1]**Karst**, der; -[e]s, -e (*landsch. u. schweiz. für* zweizinkige Erdhacke)

[2]**Karst**, der; -[e]s, -e (*nur Sing.:* Teil der Dinarischen Alpen; *Geol.* durch Wasser ausgelaugte, meist kahle Gebirgslandschaft aus Kalkstein od. Gips)

Kars|ten (m. Vorn.)

Karst|höh|le; kars|tig; Karst|land|schaft

kart. = kartoniert

Kart, der; -[s], -s ‹engl.› (*kurz für* Gokart)

Kar|tät|sche, die; -, -n ‹ital. (-franz.-engl.)› (*früher für* mit Bleikugeln gefülltes Artilleriegeschoss; *Bauw.* Brett zum Verreiben des Putzes); *vgl. aber* Kardätsche; **kar|tät|schen** (*früher für* mit Kartätschen schießen); du kartätschst; *vgl. aber* kardätschen

Kar|tau|ne, die; -, -n ‹ital.› (*früher für* großes Geschütz)

Kar|tau|se, die; -, -n (Kartäuserkloster); **Kar|täu|ser** (Angehöriger eines kath. Einsiedlerordens; ein Kräuterlikör); **Kar|täu|se|rin; Kar|täu|ser|kat|ze; Kar|täu|ser|kloß; Kar|täu|ser|mönch; Kar|täu|ser|nel|ke**

Kärt|chen

Kar|te, die; -, -n; alles auf eine Karte setzen; ↑K 89; die Gelbe *od.* gelbe Karte, die Rote *od.* rote Karte *(Sport);* Karten spielen ↑K 54

Kar|tei (Zettelkasten); **Kar|tei|kar|te; Kar|tei|kas|ten; Kar|tei|lei|che** *(scherzh.);* **Kar|tei|re|gis|ter; Kar|tei|schrank; Kar|tei|zet|tel**

Kar|tell, das; -s, -e ‹franz.› (Interessenvereinigung in der Industrie; Zusammenschluss von stud. Verbindungen mit gleicher Zielsetzung); **Kar|tell|amt; Kar|tell|be|hör|de; Kar|tell|bil|dung; Kar|tell|ge|richt** *(österr.);* **Kar|tell|ge|setz**

kar|tel|lie|ren (in Kartellen zusammenfassen); **Kar|tel|lie|rung**

Kar|tell|recht; kar|tell|recht|lich

Kar|tell|stra|fe; Kar|tell|ver|band; Kar|tell|ver|fah|ren; Kar|tell|wäch|ter *(Jargon);* **Kar|tell|wäch|te|rin**

kar|ten (*ugs. für* Karten spielen)

Kar|ten|blatt; Kar|ten|block *vgl.* Block; **Kar|ten|brief; Kar|ten|haus**

Kar|ten|le|gen, das; -s; **Kar|ten|le|ger; Kar|ten|le|ge|rin; Kar|ten|schlä|ge|rin** (*ugs. für* Kartenlegerin)

Kar|ten|schlüs|sel (Plastikkarte zum Öffnen elektronischer Türschlösser)

Kar|ten|spiel; Kar|ten|te|le|fon; Kar|ten|trick; Kar|ten|[vor|]ver|kauf; Kar|ten|zeich|ner; Kar|ten|zeich|ne|rin

kar|te|si|a|nisch, kar|te|sisch ‹nach R. Cartesius (= Descartes) benannt›; kartesianisches *od.* kartesisches Blatt *(Math.);* kartesianischer *od.* kartesischer Teufel *od.* Taucher ↑K 89 *u.* 135

Kar|tha|ger, *veraltet* **Kar|tha|gi|ni|en|ser; Kar|tha|ge|rin**, *veraltet* **Kar|tha|gi|ni|en|se|rin; kar|tha|gisch; Kar|tha|go** (antike Stadt in Nordafrika)

Kar|tha|min, *fachspr.* Car|tha|min, das; -s ‹arab.› (roter Farbstoff)

kar|tie|ren ‹franz.› (*Geogr.* vermessen u. auf einer Karte darstellen; *auch für* in eine Kartei einordnen); **Kar|tie|rung**

Kar|ting, das; -s ‹engl.› (Ausübung des Gokartsports)

Kar|tof|fel, die; -, -n; Kartoffeln schälen, *aber* das Kartoffelschälen; **Kar|tof|fel|acker; Kar|tof|fel|bo|vist, Kar|tof|fel|bo|fist; Kar|tof|fel|brei**

Kar|töf|fel|chen

Kar|tof|fel|chip; Kar|tof|fel|ern|te; Kar|tof|fel|feu|er

Kar|tof|fel|hor|de; Kar|tof|fel|kä|fer; Kar|tof|fel|kloß; Kar|tof|fel|knö|del *(südd.);* **Kar|tof|fel|mehl**

Kar|tof|fel|mus; Kar|tof|fel|puf|fer; Kar|tof|fel|pü|ree; Kar|tof|fel|sack; Kar|tof|fel|sa|lat

Kar|tof|fel|scha|le; Kar|tof|fel|schnaps; Kar|tof|fel|stock, der; -[e]s (*schweiz. für* Kartoffelbrei); **Kar|tof|fel|sup|pe**

Kar|to|graf, Kar|to|graph, der; -en, -en (Landkartenzeichner; wissenschaftl. Bearbeiter einer Karte); **Kar|to|gra|fie**, **Kar|to|gra|phie**, die; - (Technik, Lehre, Geschichte der Herstellung von Karten[bildern]); **kar|to|gra|fie|ren**, kar|to|gra|phie|ren (auf Karten aufnehmen); **Kar|to|gra|fin**, Kar|to|gra|phin; **kar|to|gra|fisch**, kar|to|gra|phisch

Kar|to|gramm, das; -s, -e ‹franz.; griech.› (Darstellung statistischer Daten auf Landkarten)

Kar|to|graph, Kar|to|gra|phie usw. *vgl.* Kartograf, Kartografie usw.

Kar|to|man|tie, die; - (Kartenlegekunst)

Kar|to|me|ter, das; -s, - (Kurvenmesser); **Kar|to|me|t|rie**, die; - (Kartenmessung)

Kar|ton [...ˈtõ:, *auch, bes. südd., österr.* ...ˈto:n], der; -s, *Plur.* -s, *seltener* -e [...ˈto:nə] ‹franz.› (*auch Kunstwiss.* Vorzeichnung zu einem [Wand]gemälde); 5 Karton[s] Seife

Kar|to|na|ge [...ʒə], die; -, -n (Pappverpackung; Einbandart); **Kar|to|na|ge|ar|beit; Kar|to|na|gen|fa|b|rik; Kar|to|na|gen|ma|cher; Kar|to|na|gen|ma|che|rin**

kar|to|nie|ren (in Pappe [leicht] einbinden, steif heften); **kar|to|niert** (*Abk.* kart.)

Kar|to|thek, die; -, -en ‹franz.; griech.› (Kartei)

Kar|tu|sche, die; -, -n ‹franz.› (*Militär* Metallhülse [mit der Pulverladung] für Artilleriegeschosse; *Kunstwiss.* ovale Umrahmung der Königsnamen in altägyptischen Hieroglypheninschriften)

Ka|ru|be, Ka|ro|be, die; -, -n ‹arab.› (Johannisbrot)

Ka|run|kel, die; -, -n ‹lat.› (*Med.* kleine Warze aus gefäßreichem Bindegewebe)

Ka|rus|sell, das; -s, *Plur.* -s *u.* -e ‹franz.› (Drehgestell mit kleinen Pferden, Fahrzeugen, an Ketten aufgehängten Sitzen o. Ä.); **Ka|rus|sell|pferd**

kar|weel|ge|baut usw. *vgl.* kraweelgebaut usw.

Kar|wen|del, Kar|wen|del|ge|bir|ge,

das; -s (Gebirgsgruppe der Tirolisch-Bayer. Kalkalpen)
Kar|wo|che (Woche vor Ostern)
Ka|ry|a|ti|de, die; -, -n ⟨griech.⟩ (*Archit.* w. Säulenfigur als Gebälkträgerin)
Ka|ry|op|se, die; -, -n ⟨griech.⟩ (*Bot.* Frucht der Gräser)
Kar|zer, der; -s, - ⟨lat.⟩ (*früher für* Schul-, Hochschulgefängnis; *nur Sing.:* verschärfter Arrest)
kar|zi|no|gen ⟨griech.⟩ (*Med.* Krebs[geschwülste] erzeugend); **Kar|zi|no|gen,** das; -s, -e (krebserregende Substanz)
Kar|zi|no|lo|gie, die; - (wissenschaftliche Erforschung der Krebserkrankungen)
Kar|zi|nom, das; -s, -e (Krebs[geschwulst]; *Abk.* Ca. [*für* Carcinoma]); **kar|zi|no|ma|tös** (krebsartig, von Krebs befallen); karzinomatöse Geschwulst
Kar|zi|no|se, die; -, -n (über den Körper verbreitete Krebsbildung)
Ka|sach, Ka|sak, der; -[s], -s (handgeknüpfter kaukasischer Teppich)
Ka|sa|che, der; -n, -n (Einwohner von Kasachstan); **Ka|sa|chin; ka|sa|chisch;** *aber* ↑K140 : die Kasachische Schwelle (mittelasiat. Berg- u. Hügellandschaft)
Ka|sach|s|tan (Staat in Mittelasien)
[1]**Ka|sack** (dt. Schriftsteller)
[2]**Ka|sack,** der; -s, -s ⟨franz.⟩ (dreiviertellange Damenbluse)
Ka|sak *vgl.* Kasach
Ka|san (Stadt an der Wolga)
Ka|sa|t|schok, der; -s, -s ⟨russ.⟩ (ein russ. Volkstanz)
Kas|ba[h], die; -, -s *od.* Ksa|bi ⟨arab.⟩ (arab. Altstadtviertel in nordafrikanischen Städten)
Kasch, der; -s, **Ka|scha,** die; - ⟨russ.⟩ (Brei, Grütze)
ka|scheln (*landsch. für* [auf der Eisbahn] schlittern); ich kasch[e]le
Ka|schem|me, die; -, -n ⟨Romani⟩ (*abwertend für* Lokal mit schlechtem Ruf)
ka|schen (*ugs. für* ergreifen, verhaften); du kaschst
Käs|chen
Kä|scher *vgl.* Kescher
ka|schie|ren ⟨franz.⟩ (verdecken, verbergen; *Druckw.* überkleben; *Theater* nachbilden); **Ka|schie|rung**
[1]**Kasch|mir** (Landschaft in Vorderindien)
[2]**Kasch|mir,** der; -s, -e (ein Gewebe)
Kasch|mi|rer; Kasch|mi|re|rin; Kasch|mi|ri, der; -[s], -[s] *u.* die; -, -[s] (Kaschmirer[in]); **kasch|mi|risch**
Kasch|mir|schal; Kasch|mir|wol|le
Kasch|nitz, Marie Luise (dt. Schriftstellerin)
Ka|scho|long, der; -s, -s ⟨mong.⟩ (ein Schmuckstein)
Ka|schu|be, der; -n, -n (Angehöriger eines westslaw. Stammes); **Ka|schu|bin; ka|schu|bisch;** *aber* ↑K140 : die Kaschubische Schweiz (östlicher Teil des Pommerschen Höhenrückens [in Polen])
Kä|se, der; -s, -
Kä|se|auf|schnitt; Kä|se|be|rei|tung, die; -
Kä|se|blatt (*ugs. abwertend für* niveaulose [Provinz]zeitung)
Kä|se|ecke; Kä|se|fon|due; Kä|se|gebäck; Kä|se|glo|cke
Ka|se|in, das; -s, -e (Eiweißbestandteil der Milch)
Kä|se|krai|ner, die; -, - (*österr. für* eine Grillwurst)
Kä|se|ku|chen (Quarkkuchen)
Ka|sel, die; -, -n ⟨lat.⟩ (liturg. Messgewand)
Kä|se|laib
Ka|se|mat|te, die; -, -n ⟨franz.⟩ (*Militär* beschusssicherer Raum in Festungen; Geschützraum eines Kriegsschiffes); **ka|se|mat|tie|ren** (*Militär veraltet für* mit Kasematten versehen)
Kä|se|mes|ser, das; **Kä|se|mil|be**
kä|sen; du käst; er käs|te; die Milch käst (gerinnt, wird zu Käse)
[1]**Ka|ser** (*landsch., bes. österr. für* Käser)
[2]**Ka|ser,** die; -, -n (*westösterr. mdal. für* Sennhütte)
Kä|ser (Facharbeiter in der Käseherstellung; *landsch. auch für* Käsehändler, Senn o. Ä.)
Kä|se|rei ([Betrieb für] Käseherstellung)
Ka|se|rin; Kä|se|rin
Kä|se|rin|de
Ka|ser|ne, die; -, -n ⟨franz.⟩; **Ka|ser|nen|block** *vgl.* Block
Ka|ser|nen|hof; Ka|ser|nen|hof|ton (lauter, herrischer Ton)
ka|ser|nie|ren; Ka|ser|nie|rung
Kä|se|sah|ne|tor|te; Kä|se|spätz|le; Kä|se|stan|ge; Kä|se|stoff (Kasein); **Kä|se|tor|te** (Quarktorte)
kä|se|weiß (*ugs. für* sehr bleich)
kä|sig
Ka|si|mir (m. Vorn.)
Ka|si|no, *österr. auch* Ca|si|no, das; -s, -s ⟨ital., »Gesellschaftshaus«⟩ (Speiseraum [für Offiziere]; *kurz für* Spielkasino)
Kas|ka|de, die; -, -n ⟨franz.⟩ ([künstlicher] stufenförmiger Wasserfall; *Artistik* Sturzsprung); **kas|ka|den|för|mig**
Kas|ka|den|schal|tung (*Technik* Reihenschaltung gleichartiger Teile)
Kas|ka|deur [...ˈdøːɐ̯], der; -s, -e (Artist, der eine Kaskade ausführt); **Kas|ka|deu|rin**
Kas|ka|ril|rin|de ⟨span.; dt.⟩ (ein westind. Gewürz)
[1]**Kas|ko,** der; -s, -s ⟨span.⟩ (*Seemannsspr.* Schiffsrumpf od. Fahrzeug [im Ggs. zur Ladung]; Spielart des Lombers)
[2]**Kas|ko,** die; -, -s (*ugs. für* Kaskoversicherung); **kas|ko|ver|si|chert; Kas|ko|ver|si|che|rung** (Versicherung gegen Schäden an Fahrzeugen)
Kas|no|cken *Plur.* (*west-, südösterr. für* Käsespätzle)
Kas|par (m. Vorn.)
Kas|pa|row, Garri (russ.-aserbaidschan. Schachspieler *u.* Bürgerrechtler)
Kas|per, der; -s, - (*auch ugs. für* alberner Kerl)
Kas|perl, der; -s, -[n]; *vgl.* Pickerl *(österr. nur so),* **Kas|per|le,** das *od.* der; -s, -; eine Geschichte mit drei Kasperle; **Kas|per|le|the|a|ter**
Kas|per|li, der; -[s], -[s]; *vgl.* Götti *(schweiz.);* **Kas|per|li|the|a|ter** *(schweiz.)*
kas|perln (*südd., österr. für* kaspern); ich kasperle, du kasperlst, er kasperlt; er hat gekasperlt
Kas|perl|the|a|ter *(österr.)*
kas|pern (*ugs. für* sich wie ein Kasper benehmen); ich kaspere; **Kas|per|the|a|ter**
Kas|pisch (*in geogr. Namen* ↑K140); z. B. das Kaspische Meer; **Kas|pi|sche Meer,** das; -n -[e]s, **Kas|pi|see,** der; -s (östlich des Kaukasus)
Kas|sa, die; -, Kassen ⟨ital.⟩ (*österr. für* Kasse); *vgl.* per cassa
Kas|sa|buch (*österr. für* Kassenbuch); **Kas|sa|ge|schäft** (*Wirtsch., Börsenwesen* Geschäft, das sofort od. kurzfristig erfüllt werden soll)
Kas|san|d|ra (*griech. Mythol.* eine

K
Karw

Seherin, Tochter des Priamos); **Kas|san|d|ra|ruf** (*übertr. für* Unheil verheißende Warnung)
[1]**Kas|sa|ti|on**, die; -, -en ‹ital.› (mehrsätziges instrumentales Musikstück im 18. Jh.)
[2]**Kas|sa|ti|on**, die; -, -en ‹lat.›, **Kas|sie|rung** (*Rechtswiss.* Ungültigmachung einer Urkunde; Aufhebung eines gerichtlichen Urteils; *früher für* unehrenvolle Dienstentlassung)
Kas|sa|ti|ons|hof (*Rechtswiss.* oberster Gerichtshof mancher romanischer Länder)
kas|sa|to|risch (*Rechtswiss.* die Kassation betreffend)
Kas|sa|zah|lung ‹ital.; dt.› (Barzahlung)
Kas|se, die; -, -n ‹ital.› (Geldkasten, -vorrat; Zahlraum, -schalter; Bargeld); *vgl.* Kassa
Kas|sel (Stadt an der Fulda); **Kas|se|ler**, Kass|ler, Kas|se|la|ner; Kasseler Leberwurst
Kas|se|ler Braun, das; - -[s]
Kas|se|le|rin, Kass|le|rin, Kas|se|la|ne|rin
Kas|se|ler Rip|pen|speer, das *od.* der; - -[e]s (gepökeltes Schweinebruststück mit Rippen)
Kas|sen|ab|rech|nung
Kas|sen|arzt; Kas|sen|ärz|tin
kas|sen|ärzt|lich
Kas|sen|bei|trag (*ugs.; kurz für* Krankenkassenbeitrag)
Kas|sen|be|leg; Kas|sen|be|stand; Kas|sen|block; Kas|sen|bon
Kas|sen|bril|le (von der Krankenkasse bezahlte Brille)
Kas|sen|buch
Kas|sen|fül|ler (*ugs.*)
Kas|sen|la|ge; nach Kassenlage
Kas|sen|ma|g|net (*ugs. für* Person od. Sache, die ein großes zahlendes Publikum anzieht)
Kas|sen|pa|ti|ent; Kas|sen|pa|ti|en|tin
Kas|sen|prü|fer; Kas|sen|prü|fe|rin
Kas|sen|schal|ter; Kas|sen|schla|ger
Kas|sen|sturz (Feststellung des Kassenbestandes)
Kas|sen|ver|trag
Kas|sen|wart; Kas|sen|war|tin
Kas|sen|zet|tel
Kas|se|rol|le, die; -, -n, *landsch.* **Kas|se|rol**, das; -s, -e ‹franz.› (Schmortopf, -pfanne)
Kas|set|te, die; -, -n ‹franz.› (verschließbares Kästchen für Wertsachen; *Archit.* vertieftes Feld; Schutzhülle für Bücher u. a.; Behältnis für Fotoplatten od. Filme)
Kas|set|ten|deck, das; -s, -s (Kassettenrekorder ohne Verstärker u. Lautsprecher)
Kas|set|ten|de|cke (*Archit.*)
Kas|set|ten|film
Kas|set|ten|re|kor|der, **Kas|set|ten|re|cor|der**
kas|set|tie|ren (*Archit.* mit Kassetten versehen, täfeln)
Kas|sia usw. *vgl.* Kassie usw.
Kas|si|ber, der; -s, - ‹hebr.-jidd.› (*Gaunerspr.* heimliches Schreiben zwischen Gefangenen)
Kas|si|de, die; -, -n ‹arab.› (eine arab. Gedichtgattung)
Kas|sie, Kas|sia, die; -, ...ien ‹semit.› (eine Heil- u. Gewürzpflanze); **Kas|si|en|baum**, Kas|sia|baum; **Kas|si|en|öl**, Kas|sia|öl, das; -[e]s
Kas|sier, der; -s, -e ‹ital.› (*österr., schweiz., südd. häufig für* Kassierer); **kas|sie|ren** (Geld einnehmen; [Münzen] für ungültig erklären; *ugs. für* wegnehmen; verhaften)
Kas|sie|rer; Kas|sie|re|rin
Kas|sie|rin (*österr., schweiz., südd. häufig für* Kassiererin)
Kas|sie|rung *vgl.* [2]Kassation
[1]**Kas|si|o|peia** (Mutter der Andromeda)
[2]**Kas|si|o|peia**, die; - ‹griech.› (ein Sternbild)
Kas|si|te, der; -n, -n (Angehöriger eines Gebirgsvolkes im Iran)
Kas|si|te|rit, der; -s, -e ‹griech.› (Zinnerz)
Kas|si|tin
Kass|ler *vgl.* Kasseler
Käs|spätz|le (*südd., österr. für* Käsespätzle)
Kas|ta|g|net|te [...ta'njɛ...], die; -, -n *meist Plur.* ‹span.(-franz.)› (kleines Rhythmusinstrument aus zwei Holzschälchen, die mit einer Hand aneinandergeschlagen werden)
Kas|ta|lia (griech. Nymphe); **Kas|ta|li|sche Quel|le**, die; -n - (am Parnass)
Kas|ta|nie, die; -, -n ‹griech.› (ein Baum, dessen Frucht); **Kas|ta|ni|en|baum**
kas|ta|ni|en|braun
Kas|ta|ni|en|holz; Kas|ta|ni|en|wald
Käst|chen
Kas|te, die; -, -n ‹franz.› (Gruppe in der hinduist. Gesellschaftsordnung; sich streng abschließende Gesellschaftsschicht)
kas|tei|en, sich (sich [zur Buße] Entbehrungen auferlegen; sich züchtigen); kasteit; **Kas|tei|ung**
Kas|tell, das; -s, -e ‹lat.› (fester Platz, Burg, Schloss [bes. in Südeuropa]; *früher* römische Grenzbefestigungsanlage); **Kas|tel|lan**, der; -s, -e (Aufsichtsbeamter in Schlössern u. öffentl. Gebäuden); **Kas|tel|la|nei** (Schlossverwaltung); **Kas|tel|la|nin**
käs|teln (karieren); ich käst[e]le
Kas|ten, der; -s, *Plur.* Kästen, *selten* - (*südd., österr., schweiz. auch für* Schrank); **Kas|ten|brot**
Kas|ten|geist, der; -[e]s (*abwertend für* Standesdünkel)
Kas|ten|wa|gen
Kas|ten|we|sen, das; -s; **Kas|ten|zei|chen**
Kas|ti|li|a|ner; Kas|ti|li|a|ne|rin; Kas|ti|li|en (ehem. Königreich auf der Iberischen Halbinsel); **Kas|ti|li|er; Kas|ti|li|e|rin; kas|ti|lisch**
Käst|lein
Käst|ner (dt. Schriftsteller)
[1]**Kas|tor** (Held der griech. Sage); Kastor und Pollux (Zwillingsbrüder der griech. Sage; *übertr. für* zwei eng befreundete Männer)
[2]**Kas|tor**, der; -s (ein Stern)
Kas|tor|öl, das; -[e]s (*Handelsbez. für* Rizinusöl)
Kas|t|rat, der; -en, -en ‹ital.› (kastrierter Mann); **Kas|t|ra|ti|on**, die; -, -en ‹lat.› (Entfernung od. Ausschaltung der männlichen Keimdrüsen); **Kas|t|ra|ti|ons|angst**
kas|t|rie|ren; Kas|t|rie|rung
Ka|su|a|li|en *Plur.* ‹lat.› ([geistliche] Amtshandlungen aus besonderem Anlass)
Ka|su|ar [*auch* 'ka:...], der; -s, -e ‹malai.-niederl.› (straußenähnlicher Laufvogel)
Ka|su|a|ri|ne, die; -, -n (austral.-ostind. Baum)
Ka|su|ist, der; -en, -en ‹lat.› (Vertreter der Kasuistik; *übertr. für* Wortverdreher, Haarspalter)
Ka|su|is|tik, die; - (Lehre von der Anwendung sittl. u. religiöser Normen auf den Einzelfall; *Rechtswiss.* Rechtsfindung aufgrund von Einzelfällen gleicher od. ähnl. Art; *Med.* Beschreibung von Krankheitsfällen; *übertr. für* Haarspalterei); **Ka|su|is|tin; ka|su|is|tisch**
Ka|sus, der; -, - [...zu:s] (Fall; Vor-

kommnis); *vgl.* Casus Belli, Casus obliquus *u.* Casus rectus

Ka|sus|en|dung *(Sprachwiss.)*

Kat, der; -[s], -s (*kurz für* Katalysator [an Kraftfahrzeugen])

Ka|ta|bo|lis|mus, der; - ‹griech.› (Abbau von Substanzen im Körper durch den Stoffwechsel)

Ka|ta|chre|se, Ka|ta|chre|sis [...ç...], die; -, ...chresen ‹griech.› (*Rhet., Stilkunde* Bildbruch; Vermengung von nicht zusammengehörenden Bildern im Satz, z. B. »das schlägt dem Fass die Krone ins Gesicht«); **ka|ta|chres|tisch**

Ka|ta|falk, der; -s, -e ‹franz.› (schwarz verhängtes Gerüst für den Sarg bei Trauerfeiern)

Ka|ta|ka|na, das; -[s] *od.* die; - ‹jap.› (eine jap. Silbenschrift)

ka|ta|kaus|tisch ‹griech.› (*Optik* einbrennend); katakaustische Fläche (Brennfläche)

Ka|ta|kla|se, die; -, -n ‹griech.› (*Geol.* Zerbrechen u. Zerreiben eines Gesteins durch tekton. Kräfte)

Ka|ta|klas|struk|tur, die; - ‹griech.; lat.› (Trümmergefüge eines Gesteins); **ka|ta|klas|tisch**

Ka|ta|klys|mus, der; -, ...men ‹griech.› (erdgeschichtl. Katastrophe)

Ka|ta|kom|be, die; -, -n *meist Plur.* ‹ital.› (unterird. Begräbnisstätte)

Ka|ta|la|ne, der; -n, -n (Bewohner Kataloniens); **Ka|ta|la|nin**

ka|ta|la|nisch; Ka|ta|la|nisch, das; -[s] (Sprache); *vgl.* Deutsch; **Ka|ta|la|ni|sche,** das; -n; *vgl.* ²Deutsche

Ka|ta|la|se, die; -, -n ‹griech.› (*Biochemie* ein Enzym)

Ka|ta|lau|ni|sche Fel|der *Plur.* (in der Champagne; Kampfstätte der Hunnenschlacht i. J. 451)

ka|ta|lek|tisch ‹griech.› (*Verslehre* verkürzt, unvollständig); katalektischer Vers

Ka|ta|lep|sie, die; -, ...ien ‹griech.› (*Med.* Muskelverkrampfung)

ka|ta|lep|tisch

Ka|ta|le|xe, Ka|ta|le|xis [*auch* ...'lɛ...], die; -, ...lexen ‹griech.› (*Verslehre* Unvollständigkeit des letzten Versfußes)

Ka|ta|log, der; -[e]s, -e ‹griech.› (Verzeichnis [von Bildern, Büchern, Waren usw.])

ka|ta|lo|gi|sie|ren ([nach bestimmten Regeln] in einen Katalog aufnehmen); **Ka|ta|lo|gi|sie|rung**

Ka|ta|lo|ni|en (autonome Region im Nordosten der Iberischen Halbinsel; hist. span. Provinz)

Ka|tal|pa, Ka|tal|pe, die; -, ...pen ‹indian.› (Trompetenbaum)

Ka|ta|ly|sa|tor, der; -s, ...oren ‹griech.› (*Chemie* Stoff, der eine Reaktion auslöst od. beeinflusst; *Kfz-Technik* Gerät zur Abgasreinigung); geregelter Katalysator; **Ka|ta|ly|sa|tor|au|to; ka|ta|ly|sa|to|risch**

Ka|ta|ly|se, die; -, -n (*Chemie* Herbeiführung, Beschleunigung od. Verlangsamung einer chemischen Reaktion)

ka|ta|ly|sie|ren; ka|ta|ly|tisch

Ka|ta|ma|ran [*auch* ...'ta:...], der; -s, -e ‹tamil.-engl.› (offenes Segelboot mit Doppelrumpf)

Ka|ta|m|ne|se, die; -, -n ‹griech.› (*Med.* abschließender Krankenbericht)

Ka|ta|pho|re|se, die; -, -n ‹griech.› (*Physik* Wanderung positiv elektr. geladener Teilchen in einer Flüssigkeit)

Ka|ta|pla|sie, die; -, ...ien ‹griech.› (*Med.* Rückbildung)

Ka|ta|plas|ma, das; -s, ...men ‹griech.› (*Med.* heißer Breiumschlag)

ka|ta|plek|tisch ‹griech.› (*Med.* zur Kataplexie neigend); **Ka|ta|ple|xie,** die; -, ...ien (durch Emotionen ausgelöste Lähmung)

Ka|ta|pult, das, *auch* der; -[e]s, -e ‹griech.› (Wurf-, Schleudermaschine)

Ka|ta|pult|flug (Schleuderflug); **Ka|ta|pult|flug|zeug**

ka|ta|pul|tie|ren

Ka|ta|pult|schuh *(Leichtathletik)*

Ka|ta|pult|sitz

Ka|tar [*auch* 'ka:..., ...'tar] (Scheichtum am Persischen Golf)

¹Ka|ta|rakt, der; -[e]s, -e ‹griech.› (Wasserfall; Stromschnelle)

²Ka|ta|rakt, die; -, -e, **Ka|ta|rak|ta,** die; -, ...ten (*Med.* grauer Star)

Ka|ta|rer (Einwohner von Katar); **Ka|ta|re|rin; ka|ta|risch**

Ka|tarrh, der; -s, -e ‹griech.› (*Med.* Schleimhautentzündung)

ka|tar|rha|lisch; ka|tarrh|ar|tig

Ka|ta|s|ter, der *(österr. nur so) od.* das; -s, - ‹ital.› (amtl. Grundstücksverzeichnis)

Ka|ta|s|ter|amt; Ka|ta|s|ter|aus|zug; Ka|ta|s|ter|steu|ern *Plur.*

Ka|ta|s|t|ral|ge|mein|de (*österr. für* Verwaltungseinheit, Steuergemeinde)

ka|ta|s|t|rie|ren (in ein Kataster eintragen)

ka|ta|s|t|ro|phal ‹griech.› (verhängnisvoll; entsetzlich)

Ka|ta|s|t|ro|phe, die; -, -n (Unglück großen Ausmaßes)

Ka|ta|s|t|ro|phen|alarm

ka|ta|s|t|ro|phen|ar|tig

Ka|ta|s|t|ro|phen|dienst; Ka|ta|s|t|ro|phen|ein|satz; Ka|ta|s|t|ro|phen|fall; Ka|ta|s|t|ro|phen|ge|biet; Ka|ta|s|t|ro|phen|mel|dung; Ka|ta|s|t|ro|phen|schutz, der; -es

Ka|ta|s|t|ro|phen|tou|ris|mus *(abwertend)*

ka|ta|s|t|ro|phisch (unheilvoll)

Ka|ta|to|nie, die; -, ...ien ‹griech.› (*Med.* psych. Krankheitsbild mit starker Störung der Handlungsmotorik); **ka|ta|to|nisch**

Kät|chen, Kä|te *vgl.* Käthchen, Käthe

Ka|te, die; -, -n, Ka|ten, der; -s, - (*nordd. oft abwertend für* kleines, ärmliches Bauernhaus)

Ka|te|che|se, die; -, -n ‹griech.› (Religionsunterricht)

Ka|te|chet, der; -en, -en (Religionslehrer, insbes. für die kirchl. Christenlehre außerhalb der Schule); **Ka|te|che|tik,** die; - (Lehre von der Katechese); **Ka|te|che|tin; ka|te|che|tisch**

Ka|te|chi|sa|ti|on, die; -, -en (*svw.* Katechese); **ka|te|chi|sie|ren** (Religionsunterricht erteilen)

Ka|te|chis|mus, der; -, ...men (in Frage u. Antwort abgefasstes Lehrbuch des christl. Glaubens)

Ka|te|chist, der; -en, -en (einheimischer Laienhelfer in der kath. Mission); **Ka|te|chis|tin**

Ka|te|chu, das; -[s], -s ‹malai.-port.› (*Biol., Pharm.* ein Gerbstoff)

Ka|te|chu|me|ne [*auch* ...'çu:...], der; -n, -n ‹griech.› ([erwachsener] Taufbewerber im Vorbereitungsunterricht; Teilnehmer am Konfirmandenunterricht); **Ka|te|chu|me|nen|un|ter|richt; Ka|te|chu|me|nin**

ka|te|go|ri|al ‹griech.›; **Ka|te|go|rie,** die; -, ...ien (Klasse; Gattung; Begriffsform)

ka|te|go|risch (nachdrücklich, entschieden; unbedingt gültig); kategorischer Imperativ (unbedingtes ethisches Gesetz)

ka|te|go|ri|sie|ren (nach Kategorien ordnen); **Ka|te|go|ri|sie|rung**

Ka|ten *vgl.* Kate
Ka|te|ne, die; -, -n *meist Plur.* ‹lat.› (Sammlung von Bibelauslegungen alter Schriftsteller)
Ka|ter, der; -s, - (*ugs. auch für* Folge übermäßigen Alkoholgenusses); **Ka|ter|bum|mel** *(ugs.);* **Ka|ter|früh|stück** *(ugs.);* **Ka|ter|stim|mung** *(ugs.)*
kat|exo|chen [...'xe:n] ‹griech.› (schlechthin; beispielhaft)
Kat|gut [*auch* 'kɛtgat], das; -s ‹engl.› (*Med.* chirurg. Nähmaterial aus Darmsaiten)
kath. = katholisch
Ka|tha|rer [*auch* 'ka(:)...], der; -s, - ‹griech.› (Angehöriger einer Sekte im MA.); **Ka|tha|re|rin**
Ka|tha|ri|na, Ka|tha|ri|ne (w. Vorn.)
Ka|thar|sis ['ka(:)..., *auch* ...'tar...], die; - ‹griech., »Reinigung«› (*Literaturwiss.* innere Läuterung als Wirkung des Trauerspiels; *Psychol.* das Sichbefreien); **ka|thar|tisch**
Käth|chen, Kä|the, Kät|chen, Kä|te (w. Vorn.)
Ka|the|der, das *od.* der *(österr. nur so);* -s, - ‹griech.› ([Lehrer]pult, Podium); *vgl. aber* Katheter; **Ka|the|der|blü|te** (ungewollt komischer Ausdruck eines Lehrers)

Katheder / Katheter

Zu den am häufigsten verwechselten Wörtern gehören *Katheder* und *Katheter.* Das medizinische Instrument ist *der Katheter: Herzkatheter, Blasenkatheter* usw. Als *das* od. *der Katheder* wird ein Rednerpult bezeichnet, besonders das einer Professorin oder eines Professors; *vgl. auch* die Wendung »ex cathedra«.

Ka|the|der|so|zi|a|lis|mus (Volkswirtschaftslehre, die staatl. Eingreifen zum Abbau von Klassengegensätzen forderte)
Ka|the|d|ra|le, die; -, -n (bischöfl. Hauptkirche)
Ka|the|d|ral|ent|schei|dung (unfehlbare päpstl. Entscheidung)
Ka|the|d|ral|glas, das; -es
Ka|the|te, die; -, -n ‹griech.› (*Math.* eine der beiden Seiten im rechtwinkligen Dreieck, die die Schenkel des rechten Winkels bilden)
Ka|the|ter, der; -s, - ‹griech.› (*Med.* röhrenförmiges Instrument zur Entleerung od. Spülung von Körperhohlorganen); *vgl.* Katheder; **ka|the|te|ri|sie|ren, ka|the|tern** (den Katheter einführen); ich katheterisiere *u.* kathetere
Ka|thin|ka, Ka|tin|ka (w. Vorn.)
Kath|man|du [*auch* ...'du:] (Hauptstadt Nepals)
Ka|tho|de, *fachspr. auch* Ka|to|de, die; -, -n ‹griech.› (*Physik* negative Elektrode; Minuspol); **Ka|tho|den|strahl,** Ka|to|den|strahl *(Physik)*
Ka|tho|lik, der; -en, -en ‹griech.› (Anhänger der kath. Kirche u. Glaubenslehre)
Ka|tho|li|ken|tag (Generalversammlung der Katholiken eines Landes); **Ka|tho|li|kin**
ka|tho|lisch (die kath. Kirche betreffend od. ihr angehörend; *Abk.* kath.); die katholische Kirche ↑K89, *aber* ↑K150: Katholisches Bibelwerk (ein Verlag)
ka|tho|li|sie|ren (für die kath. Kirche gewinnen)
Ka|tho|li|zis|mus, der; - (Geist u. Lehre des kath. Glaubens)
Ka|tho|li|zi|tät, die; - (Rechtgläubigkeit im Sinne der kath. Kirche)
Kath|rin, Kat|rin [*auch* ...'ri:n] (w. Vorn.)
ka|ti|li|na|risch ‹nach dem röm. Verschwörer Catilina›; eine katilinarische (heruntergekommene, zu verzweifelten Schritten neigende) Existenz; ↑K89: die Erste Katilinarische Verschwörung (66 v. Chr.)
Ka|tin|ka, Ka|thin|ka (w. Vorn.)
Kat|ion ‹griech.› (*Physik* positiv geladenes Ion)
Kat|ja (w. Vorn.)
Kät|ner (*nordd. für* Häusler, Besitzer einer Kate); **Kät|ne|rin**
Ka|to|de usw. *vgl.* Kathode usw.
ka|to|nisch ‹nach dem röm. Zensor Cato›; katonische Reden; katonische Strenge
Ka|to|wi|ce [katɔ'vitsɛ] (Stadt in Polen)
Ka|t|rin [*auch* ...'ri:n] *vgl.* Kathrin
kat|schen, kät|schen (*landsch. für* schmatzend kauen); du katschst *od.* kätschst
Katt|an|ker (*Seemannsspr.* zweiter Anker)
Kat|te|gat, das; -s ‹*dän.,* »Katzenloch«› (Meerenge zwischen Schweden u. Jütland)
kat|ten (*Seemannsspr.* [Anker] hochziehen)
Kat|to|witz (*poln.* Katowice)
Kat|tun, der; -s, -e ‹arab.-niederl.› (feinfädiges Gewebe aus Baumwolle od. Chemiefasern)
kat|tu|nen; kattunener Stoff
Ka|tyn (Ort bei Smolensk)
katz|bal|gen, sich *(ugs.);* ich katzbalge mich; gekatzbalgt; zu katzbalgen; **Katz|bal|ge|rei**
katz|bu|ckeln (*ugs. für* sich unterwürfig zeigen); er hat gekatzbuckelt
Kätz|chen; Kat|ze, die; -, -n ↑K13: für die Katz (*ugs. für* umsonst); Katz und Maus mit jmdm. spielen *(ugs.)*
Kat|zel|ma|cher ‹ital.› (*bes. bayr., österr. diskriminierend für* Italiener); **Kat|zel|ma|che|rin**
Kat|zen|au|ge (*auch* ein Mineral; *ugs.* Rückstrahler am Fahrrad)
Kat|zen|bu|ckel (höchster Berg des Odenwaldes)
Kat|zen|dreck; Kat|zen|fell
kat|zen|freund|lich (*ugs. für* heuchlerisch freundlich)
Kat|zen|fut|ter *vgl.* [1]Futter
kat|zen|gleich
Kat|zen|gold (Pyrit); **kat|zen|haft**
Kat|zen|jam|mer *(ugs.)*
Kat|zen|klo *(ugs.)*
Kat|zen|kopf; Kat|zen|kopf|pflas|ter
Kat|zen|min|ze
Kat|zen|mu|sik *(ugs. abwertend);* **Kat|zen|sprung** *(ugs.);* **Kat|zen|streu; Kat|zen|tisch** *(ugs.);* **Kat|zen|wä|sche** *(ugs.);* **Kat|zen|zun|ge** (Schokoladetäfelchen)
Kät|zin
Katz-und-Maus-Spiel ↑K26
Kaub (Stadt am Mittelrhein)
Kau|be|we|gung
kau|dal ‹lat.› (*Zool.* den Schwanz betreffend; *Med.* fußwärts liegend)
kau|dern (*landsch., sonst veraltet für* unverständlich sprechen); ich kaudere
Kau|der|welsch, das; -[s]; ein Kauderwelsch sprechen; **kau|der|wel|schen** (*svw.* kaudern); du kauderwelschst; gekauderwelscht
kau|di|nisch; ein kaudinisches Joch (*übertr. für* schimpfliche Demütigung), *aber* ↑K150: das Kaudinische Joch (Joch, durch das die bei Caudium geschlagenen Römer schreiten mussten); ↑K140: die Kaudinischen Pässe
Kaue, die; -, -n (*Bergmannsspr.* Gebäude über dem Schacht; Wasch- u. Umkleideraum)

K
Kaue

kau|en
kau|ern (hocken); ich kau[e]re
Kau|er|start *(Leichtathletik)*
Kauf, der; -[e]s, Käufe; in Kauf nehmen; **Kauf|an|reiz**
kau|fen; du kaufst usw., *landsch.* käufst usw.; **kau|fens|wert**
Kauf|ent|scheid, Kauf|ent|schei|dung
Käu|fer; Käu|fe|rin; Käu|fer|ver|hal|ten
Kauf|fah|rer *(veraltet für* Handelsschiff); **Kauf|fahr|tei|schiff** *(veraltet für* Handelsschiff)
Kauf|frau *(Abk.* Kffr., Kfr.); **Kauf|freu|de; kauf|freu|dig**
Kauf|ge|such
Kauf|haus; Kauf|haus|de|tek|tiv; Kauf|haus|de|tek|ti|vin; Kauf|haus|ket|te
Kauf|in|te|r|es|sent; Kauf|in|te|r|es|sen|tin
Kauf|kraft; kauf|kräf|tig
Kauf|la|den; Kauf|lau|ne
käuf|lich; Käuf|lich|keit, die; -
Kauf|lust; kauf|lus|tig
Kauf|mann *Plur.* ...leute; *Abk.* Kfm.; **kauf|män|nisch**; kaufmännischer Angestellter; kaufmännisches Rechnen; *Abk.* kfm.
Kauf|mann|schaft, die; - *(veraltend)*; **Kauf|manns|ge|hil|fe** *(älter für* Handlungsgehilfe); **Kauf|manns|ge|hil|fin; Kauf|manns|gil|de** *(früher)*; **Kauf|manns|la|den; Kauf|manns|spra|che**
Kauf|manns|stand *(veraltend)*
Kauf|op|ti|on *(Wirtsch.)*
Kauf|preis; Kauf|rausch
Kauf|sum|me
Kau|fun|ger Wald, der; - -[e]s (Teil des Hessischen Berglandes)
Kauf|ver|hal|ten
Kauf|ver|trag; Kauf|wert
kauf|wil|lig
Kauf|zu|rück|hal|tung; Kauf|zwang
Kau|gum|mi, der, *auch* das; -s, -s
Kau|kamm *(Bergmannsspr.* Grubenbeil)
Kau|ka|si|en (Gebiet zwischen Schwarzem Meer u. Kaspischem Meer)
Kau|ka|si|er; Kau|ka|si|e|rin
kau|ka|sisch; Kau|ka|sus, der; - (Hochgebirge in Kaukasien)
Kaul|barsch (ein Fisch)
Käul|chen *vgl.* Quarkkäulchen
Kau|le, die; -, -n *(mitteld. für* Grube, Loch; Kugel)
Kau|leis|te *(ugs. für* Zahnreihe)
kau|li|flor ⟨lat.⟩ *(Bot.* am Stamm ansetzend [von Blüten])
Kaul|quap|pe (Froschlarve)

kaum; das ist kaum glaublich; er war kaum hinausgegangen, da kam ...; kaum[,] dass ↑K127
Kau|ma|zit, der; -s, *Plur. (Sorten:)* -e ⟨griech.⟩ (Braunkohlenkoks)
Kau|mus|kel
Kau|pe|lei *(ostmitteld. für* heimlicher Handel); **kau|peln**; ich kaup[e]le
Kau|ri, der; -s, -s *od.* die; -, -s ⟨Hindi⟩ (Porzellanschnecke; sogenanntes Muschelgeld)
Kau|ri|fich|te ⟨maorisch; dt.⟩ *(svw.* Kopalfichte)
Kau|ri|mu|schel; Kau|ri|schne|cke
kau|sal ⟨lat.⟩ (ursächlich zusammenhängend; begründend); kausale Konjunktion *(Sprachwiss.;* z. B. »denn«)
Kau|sal|be|zie|hung
Kau|sal|ge|setz *(bes. Philos.)*
Kau|sa|li|tät, die; -, -en (Ursächlichkeit)
Kau|sal|ket|te; Kau|sal|kon|junk|ti|on *(Sprachwiss.)*
Kau|sal|ne|xus *(fachspr. für* ursächl. Zusammenhang)
Kau|sal|satz *(Sprachwiss.* Umstandssatz des Grundes)
Kau|sal|zu|sam|men|hang
kau|sa|tiv [*auch* ...ˈtiːf] *(Sprachwiss.* bewirkend; als Kausativ gebraucht); **Kau|sa|tiv**, das; -s, -e (veranlassendes Verb, z. B. »tränken« = »trinken machen«); **Kau|sa|ti|vum**, das; -s, ...va *(älter für* Kausativ)
Kausch, Kau|sche, die; -, ...schen *(Seemannsspr.* Ring mit Hohlrand, zur Verstärkung von Tau- u. Seilschlingen)
Kaus|tik, die; -, -en ⟨griech.⟩ *(Optik* Brennfläche; *svw.* Kauterisation)
Kaus|ti|kum, das; -s, ...ka *(Med.* ein Ätzmittel); **kaus|tisch** *(Chemie* ätzend, scharf; *übertr. für* spöttisch); kaustischer Witz
Kaus|to|bio|lith, der; *Gen.* -s *od.* -en, *Plur.* -e[n] *meist Plur.* (brennbares Produkt fossiler Lebewesen; z. B. Torf)
Kau|ta|bak; Kau|ta|b|let|te
Kau|tel, die; -, -en ⟨lat.⟩ *(Rechtsspr.* Vorsichtsmaßregel; Vorbehalt; Absicherung)
Kau|ter, der; -s, - ⟨griech.⟩ *(Med.* chirurgisches Instrument zum Ausbrennen von Gewebsteilen)
Kau|te|ri|sa|ti|on, die; -, -en (Ätzung zu Heilzwecken)
kau|te|ri|sie|ren; Kau|te|ri|um, das; -s, ...ien *(Chemie* ein Ätzmittel; *Med.* Brenneisen)
Kau|ti|on, die; -, -en ⟨lat.⟩ (Geldsumme als Bürgschaft, Sicherheit); **kau|ti|ons|fä|hig** (bürgfähig); **Kau|ti|ons|sum|me**
Kau|t|schuk, der; -s, -e ⟨indian.⟩ (Milchsaft des Kautschukbaumes; Rohstoff zur Gummiherstellung)
Kau|t|schuk|milch, die; -
Kau|t|schuk|pa|ra|graf, Kau|t|schuk|pa|ra|graph (dehnbare Rechtsvorschrift)
Kau|t|schuk|plan|ta|ge
kau|t|schu|tie|ren (aus Kautschuk herstellen)
Kau|werk|zeu|ge *Plur.*
Kauz, der; -es, Käuze
Käuz|chen; kau|zig
Ka|val, der; -s, -s ⟨ital.⟩ (Spielkarte im Tarockspiel: Ritter)
Ka|va|lier, der; -s, -e ⟨franz.⟩
Ka|va|liers|de|likt
ka|va|lier[s]|mä|ßig
Ka|va|lier|spitz *(österr. für* eine Rindfleischsorte); **Ka|va|lier[s]|start** (schnelles, geräuschvolles Anfahren mit dem Auto)
Ka|val|ka|de, die; -, -n (Reiterzug)
Ka|val|le|rie [...riː, *auch* ...ˈriː], die; -, ...ien *(Militär früher für* Reiterei; Reitertruppe)
Ka|val|le|rist, der; -en, -en
Ka|va|ti|ne, die; -, -n ⟨ital.⟩ *(Musik* [kurze] Opernarie; liedartiger Instrumentalsatz)
Ka|ve|ling, die; -, -en ⟨niederl.⟩ *(Wirtsch.* Mindestmenge, die ein Käufer auf einer Auktion erwerben muss)
Ka|vents|mann *Plur.* ...männer *(landsch. für* beleibter Mann; Prachtexemplar; *Seemannsspr.* bes. hoher Wellenberg)
Ka|ver|ne, die; -, -n ⟨lat.⟩ (Höhle, Hohlraum)
Ka|ver|nom, das; -s, -e *(Med.* Blutgefäßgeschwulst)
ka|ver|nös (Kavernen bildend; voll Höhlungen)
Ka|vi|ar, der; -s, -e ⟨türk.⟩ (Rogen des Störs); **Ka|vi|ar|bröt|chen**
Ka|vi|tät, die; -, -en ⟨lat.⟩ *(Med.* Hohlraum); **Ka|vi|ta|ti|on**, die; -, -en *(Technik* Hohlraumbildung)
Ka|wa, die; - ⟨polynes.⟩ (ein berauschendes Getränk)
Ka|wass, Ka|was|se, der; Kawassen, Kawassen ⟨arab.⟩ *(früher* oriental. Polizeisoldat; Ehrenwache)
Ka|wi, das; -[s], **Ka|wi|spra|che**,

die; - ‹sanskr.› (alte Schriftsprache Javas)
Kay *vgl.* ²Kai
Ka|zan [kəˈza:n], Elia [ˈi:lɪə] (griech.-amerik. Regisseur u. Schriftsteller)
Ka|zi|ke, der; -n, -n ‹indian.› (Häuptling bei den süd- u. mittelamerik. Indianern)
kB, KB = Kilobyte
kbit, Kbit, KBit = Kilobit
kByte, KByte = Kilobyte
Kč = tschech. Krone
kcal = Kilokalorie
Kea, der; -s, -s ‹maorisch› (Papageienart)
Keats [ki:ts] (engl. Dichter)
Ke|bab, der; -[s], -s ‹arab.-türk.› (am Spieß gebratene [Hammel]fleischstückchen)
Ke|bap (*türkische Schreibung von* Kebab)
keb|beln *vgl.* kibbeln
Keb|se, die; -, -n (*früher für* Nebenfrau); **Kebs|ehe; Kebs|weib**
keck
ke|ckern (zornige Laute ausstoßen [von Fuchs, Marder, Iltis])
Keck|heit; keck|lich *(veraltet)*
Ke|der, der; -s, - (Randverstärkung aus Leder od. Kunststoff)
Keep, die; -, -en (*Seemannsspr.* Kerbe, Rille)
Kee|per [ˈki:pɐ], der; -s, - ‹engl.› (*Sport* Torhüter); **Kee|pe|rin**
Keep|smi|ling [ˈki:pˈsmaɪlɪŋ], das; - ‹»lächle weiter«› ([zur Schau getragener] Optimismus)
Kees, das; -es, -e (*österr. landsch. für* Gletscher); **Kees|was|ser** *Plur.* ...wasser (Gletscherbach)
Ke|fe, die; -, -n (*schweiz. für* Zuckererbse)
Ke|fir, der; -s ‹tatar.› (Getränk aus gegorener Milch)

Ke|gel
der; -s, -
(geometrischer Körper; *Druckw. auch* Stärke des Typenkörpers)
- mit Kind und Kegel
- Kegel schieben, *bayr., österr.:* Kegel scheiben
- ich schiebe Kegel; weil ich Kegel schob; ich habe Kegel geschoben; um Kegel zu schieben

Ke|gel|bahn
Ke|gel|bre|cher (eine Zerkleinerungsmaschine)
Ke|gel|club *vgl.* Kegelklub
ke|gel|för|mig; ke|ge|lig, keg|lig
Ke|gel|klub, Ke|gel|club
Ke|gel|ku|gel; Ke|gel|man|tel *(Math.)*
ke|geln; ich keg[e]le
Ke|gel|schei|ben, das; -s *(bayr., österr.);* **Ke|gel schei|ben** *vgl.* Kegel
Ke|gel|schie|ben, das; -s; **Ke|gel schie|ben** *vgl.* Kegel
Ke|gel|schnitt *(Math.)*
Ke|gel|sport; Ke|gel|statt, die; -, ...stätten (*österr. neben* Kegelbahn)
Ke|gel|stumpf *(Math.)*
Ke|gel|tour *(ugs.)*
Keg|ler; Keg|le|rin
keg|lig *vgl.* kegelig
Keh|din|gen *vgl.* Land Kehdingen
Kehl (Stadt am Oberrhein)
Kehl|chen; Keh|le, die; -, -n
keh|len (rinnenartig aushöhlen; [Fisch] aufschneiden u. ausnehmen)
Kehl|ho|bel
keh|lig
Kehl|kopf; Kehl|kopf|ka|tarrh; Kehl|kopf|krebs
Kehl|kopf|mi|k|ro|fon, Kehl|kopf|mi|k|ro|phon; Kehl|kopf|schnitt; Kehl|kopf|spie|gel
Kehl|laut; Kehl|leis|te
Keh|lung (*svw.* Hohlkehle)
Kehr, der; -s, -e (*schweiz.; kurz für* Kehrordnung)
Kehr|aus, der; -; **Kehr|be|sen**
Keh|re, die; -, -n (Wendekurve; eine turnerische Übung)
¹keh|ren (umwenden); sich nicht an etwas kehren (*ugs. für* sich nicht um etwas kümmern)
²keh|ren (*bes. südd. für* fegen); **Keh|richt,** der, *auch* das; -s
Keh|richt|ei|mer *(schweiz.);* **Keh|richt|ge|bühr; Keh|richt|hau|fen; Keh|richt|sack; Keh|richt|schau|fel**
Kehr|ma|schi|ne
Kehr|ord|nung (*schweiz. für* festgelegte Wechselfolge, Turnus)
Kehr|platz (*schweiz. für* Wendeplatz für Fahrzeuge)
Kehr|reim
Kehr|schau|fel *(südd., westösterr.)*
Kehr|schlei|fe (Wendeschleife; Serpentine)
Kehr|sei|te
kehrt! *(auch Militär);* rechtsum kehrt!; **kehrt|ma|chen;** ich mache kehrt; kehrtgemacht; kehrtzumachen; **kehrt|um** *(schweiz.); häufig in der Wendung* kehrtum machen; **Kehrt|wen|de; Kehrt|wen|dung**
Kehr|wert (*für* reziproker Wert)
Kehr|wie|der, der *od.* das; -s (Name von Sackgassen, Gasthäusern u. Ä.)
Kehr|wisch, der; -[e]s, -e (*südd., westösterr. für* Handbesen); **Kehr|wo|che** *(südd.)*
Keib, der; -s, -e *u.* -en (*schwäb. u. schweiz. mdal. für* Lump, gemeiner Kerl)
kei|fen; Kei|fe|rei
Keil, der; -[e]s, -e
Keil|bein (Schädelknochen)
Kei|le, die; - (*ugs. für* Prügel); Keile kriegen; **kei|len** (*ugs. für* stoßen; [für eine Studentenverbindung] anwerben); sich keilen (*ugs. für* sich prügeln)
Kei|ler (*Jägerspr.* m. Wildschwein; *österr. auch für* Kundenwerber mit aggressiven Methoden)
Kei|le|rei (*ugs. für* Prügelei)
keil|för|mig
Keil|haue *(Bergmannsspr.)*
Keil|kis|sen
Keil|pols|ter *(österr.)*
Keil|rah|men (Spannrahmen [für Gemälde auf einer Leinwand])
Keil|rie|men *(Technik)*
Keil|schrift
Keim, der; -[e]s, -e
Keim|blatt; Keim|drü|se
kei|men; keim|fä|hig; keim|frei
keim|haft
kei|mig (*ugs. für* schmutzig)
Keim|ling; Keim|plas|ma
keim|tö|tend; keimtötende Mittel
Kei|mung; Keim|zel|le
kein, -e, -, *Plur.* -e; kein and[e]rer; in keinem Falle, auf keinen Fall; zu keiner Zeit; keine unreifen Früchte; es bedarf keiner großen Erörterungen mehr. *Allein stehend* ↑K 76: keiner, keine, kein[e]s; keiner, keine, kein[e]s von beiden
kei|ner|lei; kei|ner|seits
kei|nes|falls; kei|nes|wegs
kein|mal; *bei besonderer Betonung auch* kein Mal; *aber nur getrennt* kein einziges Mal
...keit (z. B. Ähnlichkeit, die; -, -en)
Keks, der *od.* das; *Gen.* - *u.* -es, *Plur.* - *u.* -e, *österr.* das; -[es], -[e] ‹engl.›; **Keks|do|se**
Kelch, der; -[e]s, -e; **Kelch|blatt**
kelch|för|mig
Kelch|glas *Plur.* ...gläser
Kelch|kom|mu|ni|on *(kath. Kirche)*
Kel|heim (Stadt in Bayern)
Ke|lim, der; -s, -s ‹türk.› (ein orientTeppich); **Ke|lim|sti|cke|rei**

Kel|le, die; -, -n
[1]**Kel|ler** (schweiz. Schriftsteller)
[2]**Kel|ler,** der; -s, -; **Kel|ler|as|sel; Kel|ler|büh|ne**
Kel|le|rei; Kel|le|rei|ge|nos|sen|schaft *(österr.)*
Kel|ler|fal|te *(Schneiderei)*
Kel|ler|fens|ter; Kel|ler|ge|schoss, *südd., österr. auch* **Kel|ler|ge|schoß** [...ʃo:s]; **Kel|ler|ge|wöl|be**
[1]**Kel|ler|hals** (*svw.* Seidelbast)
[2]**Kel|ler|hals** (ansteigendes Gewölbe über einer Kellertreppe)
Kel|ler|kind; Kel|ler|meis|ter; Kel|ler|meis|te|rin; Kel|ler|raum
Kel|ler|stie|ge *(bes. österr.)*
Kel|ler|trep|pe; Kel|ler|tür
Kel|ler|woh|nung
Kell|ner, der; -s, -; **Kell|ne|rin; kell|nern** *(ugs.)*; ich kellnere
Kel|logg-Pakt, Kel|logg|pakt *vgl.* Briand-Kellogg-Pakt
Ke|lo|id, das; -[e]s, -e ⟨griech.-nlat.⟩ (*Med.* Wucherung im Bindegewebe; Wulstnarbe)
Kelt, der; -[e]s, -e ⟨kelt.-lat.⟩ (*veraltet für* bronzezeitliches Beil)
Kel|te, der; -n, -n (Angehöriger eines idg. Volkes)
Kel|ter, die; -, -n (Weinpresse)
Kel|te|rei; Kel|te|rer; Kel|te|rin
kel|tern; ich keltere
Kelt|ibe|rer (Angehöriger eines Mischvolkes im alten Spanien); **Kelt|ibe|re|rin; kelt|ibe|risch**
Kel|tin; kel|tisch; Kel|tisch, das; -[s] (Sprache); *vgl.* Deutsch; **Kel|ti|sche,** das; -n; *vgl.* [2]Deutsche
kel|to|ro|ma|nisch
Kel|vin, das; -[s], - ⟨nach dem engl. Physiker W. T. Kelvin⟩ (Maßeinheit der absoluten Temperaturskala; *Zeichen* K); 0 K = −273,15 °C
Ke|mal (m. Vorn.)
Ke|mal Ata|türk, Mustafa (türk. Politiker)
Ke|ma|lis|mus, der; - (von Kemal Atatürk begründete polit. Richtung); **Ke|ma|list,** der; -en, -en; **Ke|ma|lis|tin; ke|ma|lis|tisch**
Ke|me|na|te, die; -, -n ([Frauen]gemach einer Burg)
Kemp|ten (All|gäu) (Stadt an der Iller)
Ken, das; -, - ⟨jap.⟩ (jap. Verwaltungsbezirk, Präfektur)
Ken|do, das; -[s] ⟨jap.⟩ (jap. Form des Fechtens mit Bambusstäben)
Ke|nia (Staat in Ostafrika); **Ke|ni|a|ner; Ke|ni|a|ne|rin; ke|ni|a|nisch**

Ken|ne|dy, John F. (Präsident der USA)
Ken|nel, der; -s, - ⟨engl.⟩ (Hundezwinger)
Ken|nel|ly [...n(ə)li] (amerik. Ingenieur u. Physiker); **Ken|nel|ly-Hea|vi|side-Schicht** ['kɛ...'hɛ...], die; - (*Meteorol.* elektr. leitende Schicht in der Atmosphäre); *vgl.* Heaviside
ken|nen; du kanntest; *selten* du kenntest; gekannt; kenn[e]!; jmdn., etwas kennenlernen *od.* kennen lernen; wenn wir uns erst näher kennengelernt *od.* kennen gelernt haben; sie hat die Schrecken des Krieges kennengelernt *od.* kennen gelernt
ken|nen|ler|nen, ken|nen ler|nen *vgl.* kennen; **Ken|nen|lern|preis** *(Werbespr.)*
Ken|ner; Ken|ner|blick
Ken|ne|rin; ken|ne|risch
Ken|ner|mie|ne; Ken|ner|schaft
Kenn|far|be
Ken|ning, die; -, *Plur.* -ar, *auch* -e ⟨altnord.⟩ (*altnord. Dichtung* bildl. Umschreibung eines Begriffes durch eine mehrgliedrige Benennung)
Kenn|kar|te; Kenn|mar|ke
Kenn|num|mer, Kenn-Num|mer
Kenn|si|g|nal
kennt|lich; kenntlich machen
Kennt|lich|ma|chung
Kennt|nis, die; -, -se; von etwas Kenntnis nehmen; in Kenntnis setzen; zur Kenntnis nehmen

Kenntnis

Feminine Substantive auf *-nis* werden im Nominativ Singular mit einem *-s* geschrieben, obwohl die Pluralformen mit Doppel-s gebildet werden: gute Kenntnisse, mit guten Kenntnissen.

Kennt|nis|nah|me, die; -
kennt|nis|reich
Kennt|nis|stand, der; -[e]s
Ken|nung (charakteristisches Merkmal; typ. Kennzeichen)
Kenn|wort *Plur.* ...wörter; **Kenn|zahl; Kenn|zei|chen**
kenn|zeich|nen; gekennzeichnet; zu kennzeichnen; **kenn|zeich|nen|der|wei|se; Kenn|zeich|nung**
Kenn|zeich|nungs|pflicht; kenn|zeich|nungs|pflich|tig
Kenn|zif|fer
Ke|no|taph, Ze|no|taph, das; -s, -e ⟨griech.⟩ (Grabmal für einen andernorts bestatteten Toten)
Kent (engl. Grafschaft)
Ken|taur, Zen|taur, der; -en, -en ⟨griech.⟩ (Wesen der griech. Sage mit menschlichem Oberkörper u. Pferdeleib); **Ken|tau|rin,** Zen|tau|rin
ken|tern (umkippen [von Schiffen]); ich kentere; **Ken|te|rung**
Ken|tu|cky [...'taki] (Staat in den USA; *Abk.* KY)
Ken|tum|spra|che ⟨lat.; dt.⟩ (Sprache aus einer bestimmten Gruppe der idg. Sprachen)
[1]**Ke|pheus** (griech. Sagengestalt)
[2]**Ke|pheus,** der; - (ein Sternbild)
Ke|phi|sos, der; - (griech. Fluss)
Kep|ler (dt. Astronom); **kep|lersch;** das keplersche *od.* Kepler'sche Gesetz 1K135
kep|peln (*österr. ugs. abwertend für* fortwährend schimpfen); ich kepp[e]le; **Kep|pel|weib; Kepp|ler; Kepp|le|rin**
Ke|ra|bau, der; -s, -s ⟨malai.⟩ (ind. Wasserbüffel)
Ke|ra|mik, die; -, *Plur.* (*für* Erzeugnisse:) -en ⟨griech.⟩ ([Erzeugnis der] [Kunst]töpferei)
ke|ra|misch
Ke|ra|tin, das; -s, -e ⟨griech.⟩ (*Biochemie* Hornsubstanz)
Ke|ra|ti|tis, die; -, ...titiden (*Med.* Hornhautentzündung des Auges)
Ke|ra|tom, das; -s, -e (Horngeschwulst der Haut)
Ke|ra|to|s|kop, das; -s, -e (Instrument zur Untersuchung der Hornhautkrümmung)
[1]**Kerb,** die; -, -en (*hess., pfälz. für* Kirchweih); *vgl.* Kerwe
[2]**Kerb,** der; -[e]s, -e (*Technik neben* Kerbe); **Ker|be,** die; -, -n (Einschnitt)
Ker|bel, der; -s (eine Gewürzpflanze); **Ker|bel|kraut,** das; -[e]s
ker|ben (Einschnitte machen)
Ker|be|ros *vgl.* Zerberus
Kerb|holz; etwas auf dem Kerbholz haben (*ugs. für* etwas auf dem Gewissen haben)
Kerb|schnitt (Holzverzierung); **Kerb|tier**
Ker|bung
Ke|ren *Plur.* (griech. Schicksalsgöttinnen)
Kerf, der; -[e]s, -e (Kerbtier)
Ker|gue|len [...'ge:...] *Plur.* (Inseln im Indischen Ozean)
Ker|ker, der; -s, - (*früher für* sehr festes Gefängnis; *österr. früher*

für schwere Freiheitsstrafe); **Ker|ker|meis|ter; Ker|ker|meis|te|rin; Ker|ker|stra|fe**

Ker|kops, der; -, ...open ‹griech.› (Kobold der griech. Sage)

Ker|ky|ra (*griech. Name für* Korfu)

Kerl, der; -s, *Plur.* -e, *landsch., bes. nordd.* -s; **Kerl|chen**

Ker|mes|bee|re ‹arab.; dt.› (Pflanze, deren Beeren zum Färben verwendet werden)

Ker|mes|ei|che (Eichenart des Mittelmeergebietes); **Ker|mes|schild|laus** (auf der Kermeseiche lebende Schildlaus, aus der ein roter Farbstoff gewonnen wird)

Kern, der; -[e]s, -e

Kern|ak|ti|o|när (Aktionär, der langfristig in ein größeres Aktienpaket eines Unternehmens investiert); **Kern|ak|ti|o|nä|rin**

Kern|ar|beits|zeit

Kern|auf|ga|be; Kern|aus|sa|ge

Kern|bei|ßer (ein Singvogel)

Kern|be|reich

ker|nen (*seltener für* auskernen)

Kern|ener|gie (*svw.* Atomenergie)

[1]**Ker|ner,** der; -s, - ‹nach dem Dichter J. Kerner› (eine Rebsorte)

[2]**Ker|ner** *vgl.* [1]Karner

Kern|ex|plo|si|on (Zertrümmerung eines Atomkerns)

Kern|fach *(Schulw.)*

Kern|fäu|le (Fäule des Kernholzes von lebenden Bäumen)

Kern|for|de|rung

Kern|for|schung (Atomforschung)

Kern|fra|ge; Kern|frucht

Kern|fu|si|on; Kern|ge|biet; Kern|ge|dan|ke

Kern|ge|häu|se

Kern|ge|schäft

kern|ge|sund

Kern|holz; ker|nig

Kern|kom|pe|tenz

Kern|kraft (*svw.* Atomenergie; *Physik nur Plur.* Kräfte, die den Atomkern zusammenhalten); **Kern|kraft|geg|ner; Kern|kraft|geg|ne|rin; Kern|kraft|werk**

Kern|land

Kern|ling (aus einem Kern gezogener Baum od. Strauch)

kern|los; Kern|obst; Kern|öl (*österr. für* steirisches Kürbiskernöl)

Kern|phy|sik (Lehre von den Kernreaktionen); **kern|phy|si|ka|lisch; Kern|phy|si|ker; Kern|phy|si|ke|rin**

Kern|pro|b|lem; Kern|punkt

Kern|re|ak|ti|on; Kern|re|ak|tor

Kern|satz

Kern|schat|ten *(Optik, Astron.)*

Kern|schmel|ze

Kern|sei|fe

Kern|spal|tung

Kern|spin|to|mo|gra|fie, Kern|spin|to|mo|gra|phie *(Med.)*

Kern|spruch; Kern|stadt; Kern|stück

Kern|tech|nik; Kern|tei|lung

Kern|trup|pe

Kern|um|wand|lung; Kern|ver|schmel|zung; Kern|waf|fe *meist Plur.*

Kern|zeit; Kern|zeit|be|treu|ung *(Schule);* **Kern|ziel|grup|pe**

Ke|ro|plas|tik *vgl.* Zeroplastik

Ke|ro|sin, das; -s, -e ‹griech.› (ein Treibstoff)

Ke|rou|ac [...ruɛk] (amerik. Schriftsteller)

Kers|tin (w. Vorn.)

Ke|rub *vgl.* Cherub

Ker|we, die; -, -n (*hess., pfälz. für* Kirchweih)

Ke|ryg|ma, das; -s ‹griech.› (*Theol.* Verkündigung [des Evangeliums]); **ke|ryg|ma|tisch** (verkündigend, predigend)

Ker|ze, die; -, -n

Ker|zen|be|leuch|tung

ker|zen|ge|ra|de, ker|zen|gra|de

Ker|zen|hal|ter; Ker|zen|licht *Plur.* ...lichter; **Ker|zen|schein,** der; -[e]s; **Ker|zen|stän|der**

Ke|scher, Kä|scher, der; -s, - (Fangnetz)

kess (*ugs. für* frech; schneidig; flott); ein kesses Mädchen

Kes|sel, der; -s, -

Kes|sel|bo|den; Kes|sel|fleisch (Wellfleisch)

Kes|sel|fli|cker; Kes|sel|fli|cke|rin; Kes|sel|haus

kes|seln (ein Kesseltreiben veranstalten); es kesselt (*ugs. für* es geht hoch her)

Kes|sel|pau|ke

Kes|sel|schmied; Kes|sel|schmie|din; Kes|sel|stein

Kes|sel|trei|ben

Kess|heit

Ket|ch|up [...tʃap, *auch* ...ʊp, ...əp], Ket|sch|up, der *od.* das; -[s], -s ‹malai.-engl.› (pikante [Tomaten]soße)

Ke|ton, das; -s, -e *meist Plur.* (eine chem. Verbindung); **Ke|ton|harz**

Ketsch, die; -, -en ‹engl.› (eine zweimastige [Sport]segeljacht)

ket|schen (*Nebenform von* kätschen)

Ket|schua *vgl.* [1]Quechua, [2]Quechua, [3]Quechua

Ket|sch|up *vgl.* Ketchup

Kett|baum, Ket|ten|baum (Teil des Webstuhls)

Kett|car®, der *od.* das; -s, -s ‹dt.; engl.› (ein Kinderfahrzeug)

Kett|chen; Ket|te, die; -, -n; Kette rauchen *(ugs.)*

Ket|tel, der; -s, - *od.* die; -, -n (*landsch. für* Krampe)

Ket|tel|ma|schi|ne; ket|teln ([kettenähnlich] verbinden); ich kett[e]le

ket|ten

Ket|ten|baum *vgl.* Kettbaum

Ket|ten|blu|me (Löwenzahn)

Ket|ten|brief

Ket|ten|bruch, der *(Math.)*

Ket|ten|brü|cke

Ket|ten|fa|den *vgl.* Kettfaden

Ket|ten|garn *vgl.* Kettgarn

Ket|ten|glied

Ket|ten|haus *(Bauw.)*

Ket|ten|hemd; Ket|ten|hund; Ket|ten|pan|zer; Ket|ten|rad

Ket|ten|rau|chen, das; -s; **ket|ten|rau|chend; Ket|ten|rau|cher; Ket|ten|rau|che|rin**

Ket|ten|re|ak|ti|on; Ket|ten|sä|ge; Ket|ten|schal|tung; Ket|ten|schutz; Ket|ten|stich

Kett|fa|den, Ket|ten|fa|den *(Weberei);* **Kett|garn** *(Weberei)*

Ket|tung

Ket|zer; Ket|ze|rei; Ket|zer|ge|richt; Ket|ze|rin; ket|ze|risch

Ket|zer|tau|fe; Ket|zer|ver|fol|gung

keu|chen; Keuch|hus|ten

Keu|le, die; -, -n

keu|len (*Tiermed.* Nutztiere töten, um Seuchen zu verhindern od. einzudämmen)

Keu|len|är|mel; keu|len|för|mig; Keu|len|schlag

Keu|len|schwin|gen, das; -s

Keu|lung

Keu|per, der; -s (*landsch. für* roter, sandiger Ton; *Geol.* oberste Stufe der Trias)

keusch

Keu|sche, die; -, -n (*österr. für* Bauernhäuschen, Kate)

Keusch|heit, die; -; **Keusch|heits|ge|lüb|de; Keusch|heits|gür|tel** *(früher)*

Keusch|lamm|strauch

Keusch|ler (*österr. für* Bewohner einer Keusche, Häusler); **Keusch|le|rin**

Ke|ve|laer [ˈkeːvəlaːɐ̯] (Stadt in Nordrhein-Westfalen)

Ke|vin (m. Vorn.)

Key-Ac|coun|ter [ˈkiː|əkaʊ̯ntɐ], der; -s, - ‹engl.› (*svw.* Key-Account-Manager); **Key-Ac|coun|te|rin;**

K
Key

Key-Ac|count-Ma|na|ger (*Wirtsch.* Vertriebsspezialist, der besonders wichtige Kunden betreut); **Key-Ac|count-Ma|na|ge|rin**

Key|board ['ki:bo:ɐ̯t], das; -s, -s ‹engl.› (elektronisches Tasteninstrument); **Key|boar|der; Key|boar|de|rin**

Keynes ['ke:nz], John Maynard ['me:nət] (brit. Wirtschaftswissenschaftler)

Keyne|si|a|nis|mus, der; - (eine Form der Wirtschaftspolitik)

Key|ser|ling (balt. Adelsgeschlecht)

Key|vi|su|al ['ki:vɪʒuəl, *auch* 'k...'v...], das; -s, -s (*Werbespr.* optisches Schlüsselmotiv)

Kffr., *fachspr.* **Kfr.** = Kauffrau

kfm. = kaufmännisch

Kfm. = Kaufmann

KFOR, Kfor ['ka:fo:ɐ̯, *auch* ...fɔr], die; - (UN-Friedenstruppe in Kosovo)

K-Fra|ge ['ka:...] (*ugs. kurz für* Frage, wer Kanzlerkandidat od. -kandidatin wird)

K
Key

Kfz [ka:|ɛf'tsɛt], das; -, - = Kraftfahrzeug; **Kfz-Kenn|zei|chen** [ka:|ɛf'tsɛt...]; **Kfz-Me|cha|ni|ker; Kfz-Me|cha|ni|ke|rin; Kfz-Schlos|ser; Kfz-Schlos|se|rin; Kfz-Steu|er,** die; **Kfz-Ver|si|che|rung; Kfz-Werk|statt; Kfz-Werk|stät|te** (*bayr., österr.*)

kg = Kilogramm; 2-kg-Dose

KG, die; -, -s = Kommanditgesellschaft

KGaA = Kommanditgesellschaft auf Aktien

KGB, der; -[s] ‹russ.› (Geheimdienst der Sowjetunion)

kgl. = königlich, *im Titel:* Kgl.

K-Grup|pe ['ka:...] (*Bez. für* antisowjetische kommunistische Organisation in der Bundesrepublik Deutschland)

k. g. V., kgV = kleinstes gemeinsames Vielfaches

Khai|ber|pass, Khy|ber|pass, Chai|ber|pass ['kaibɐ...], der; -es (Gebirgspass zwischen Afghanistan u. Pakistan)

kha|ki [ka:...] *vgl.* kaki

Khan [k...], Chan [k..., *auch* x...], der; -s, -e ‹mong.› (mong.-türk. Herrschertitel); **Kha|nat,** das; -[e]s, -e (Amt, Land eines Khans)

Khar|toum ['kartʊm, *auch* ...'tu:m] (Hauptstadt Sudans)

Khe|di|ve [k...], der; *Gen.* -s *u.* -n, *Plur.* -n (Titel des früheren Vizekönigs von Ägypten)

Khmer [k...], der; -, - *u.* die; -, - (Angehörige[r] eines Volkes in Kambodscha)

Kho|mei|ni [xo'me:...] (iran. Schiitenführer)

Khy|ber|pass ['kaibɐ...] *vgl.* Khaiberpass

kHz = Kilohertz

KI, die; - = künstliche Intelligenz

kib|beln, keb|beln (*landsch. Nebenform von* kabbeln); ich kibb[e]le, kebb[e]le mich

Kib|buz, der; -, *Plur.* ...uzim *od.* -e ‹hebr.› (Gemeinschaftssiedlung in Israel); **Kib|buz|nik,** der; -s, -s (Angehöriger eines Kibbuz)

Ki|be|rer usw. *vgl.* Kieberer usw.

Ki|bit|ka, die; -, -s ‹russ.›, **Ki|bit|ke,** die; -, -n (Filzzelt asiat. Nomadenstämme; russ. Bretterwagen, russ. Schlitten)

Ki|che|rei

Ki|cher|erb|se

ki|chern; ich kichere

Kick, der; -s, -s ‹engl.› (*ugs. für* Tritt, Stoß [beim Fußball]; *auch für* Nervenkitzel)

Kick-and-rush [...|ɛnt'raʃ], der *u.* das; - ‹engl.› (*Fußball* planloses Nach-vorn-Spielen des Balls [bes. im britischen u. irischen Fußball]); **Kick-and-rush-Fuß|ball,** der; -[e]s

Kick|board [...bo:ɐ̯t], das; -s, -s ‹engl.› (eine Art Tretroller)

kick|bo|xen; ich kickboxe, gekickboxt; **Kick|bo|xen,** das; -s (Sportart)

Kick-down, Kick|down [*auch* ...'daun], der *od.* das; -s, -s (*Kfz-Technik* plötzliches Durchtreten des Gaspedals)

Ki|ckel|hahn, der; -[e]s (ein Berg im Thüringer Wald)

ki|cken ‹engl.› (*ugs. für* Fußball spielen); **Ki|cker,** der; -s, -[s] (*ugs. für* Fußballspieler; Standfußballspiel); **Ki|cke|rin; ki|ckern** (*ugs. für* mit dem Kicker spielen); **Ki|ckers** *Plur.* (Name von Fußballvereinen)

Kick-off, Kick|off [*auch* ...'|ɔf], der; -[s], -s (*schweiz. für* Anstoß beim Fußballspiel; Startschuss für ein Vorhaben, Projekt)

Kick-off-Mee|ting, Kick|off|mee|ting [...mi:...]; **Kick-off-Ver|an|stal|tung, Kick|off|ver|an|stal|tung**

kick|sen *vgl.* gicksen

Kick|star|ter (Fußhebel zum Anlassen bei Motorrädern)

Kick|xia ['kɪksi̯a], die; -, ...ien ‹nach dem belg. Botaniker Kickx› (ein Kautschukbaum)

Kid, das; -s, -s ‹engl.› ([Handschuh aus] Kalb-, Ziegen-, Schafleder; *Plur.: ugs. für* Jugendliche, Kinder)

Kid|die, Kid|dy, das; -s, -s *meist Plur.* ‹engl.› (*ugs. für* Jugendliche[r], Kind)

kid|nap|pen [...nɛpn̩] (entführen); gekidnappt; **Kid|nap|per,** der; -s, -; **Kid|nap|pe|rin; Kid|nap|ping,** das; -s, -s

Kid|ney|boh|ne ['kɪtni...]

Ki|d|ron (Bachtal östl. von Jerusalem)

Kids *vgl.* Kid

Kie|be|rer, Ki|be|rer ‹Gaunerspr.› (*österr. ugs. für* Kriminalpolizist); **Kie|be|rin,** Ki|be|rin

kie|big (*landsch. für* vorlaut, frech; gereizt, aufgebracht)

Kie|bitz, der; -es, -e (ein Vogel)

kie|bit|zen ‹Gaunerspr.› (*ugs. für* beim [Karten-, Schach]spiel zuschauen); du kiebitzt

kie|feln (*österr. ugs. für* nagen; mit etwas Schwierigkeiten haben)

[1]**Kie|fer,** die; -, -n (ein Nadelbaum)

[2]**Kie|fer,** der, *bayr., österr. ugs. auch* das; -s, - (ein Schädelknochen)

Kie|fer|ano|ma|lie *(Med.);* **Kie|fer|bruch**

Kie|fer|chi|r|urg; Kie|fer|chi|r|ur|gie; Kie|fer|chi|r|ur|gin

Kie|fer|höh|le; Kie|fer|höh|len|ent|zün|dung; Kie|fer|kno|chen

kie|fern (aus Kiefernholz)

Kie|fern|eu|le (ein Schmetterling)

Kie|fern|holz; Kie|fern|na|del *meist Plur.*

Kie|fern|schwär|mer (ein Schmetterling); **Kie|fern|span|ner** (ein Schmetterling); **Kie|fern|spin|ner** (ein Schmetterling)

Kie|fern|wald; Kie|fern|zap|fen

Kie|fer|or|tho|pä|de; Kie|fer|or|tho|pä|din

Kie|fer|spal|te (*Med.* angeborene Spalte im Oberkiefer)

Kie|ke, die; -, -n (*nordd. für* Kohlenbecken zum Fußwärmen)

kie|ken (*nordd. für* sehen)

Kie|ker (*Seemannsspr. u. landsch. für* Fernglas); jmdn. auf dem Kieker haben (*ugs. für* jmdn. misstrauisch beobachten)

Kiek|in|die|welt, der; -s, -s (*ugs. scherzh. für* kleines Kind; unerfahrener Mensch)

kiek|sen *vgl.* gicksen
[1]**Kiel,** der; -[e]s, -e (Blütenteil; Federschaft)
[2]**Kiel** (Hauptstadt von Schleswig-Holstein)
[3]**Kiel,** der; -[e]s, -e (Grundbalken der Wasserfahrzeuge); **Kiel|boot**
Kie|ler ‹*zu* [2]Kiel›; Kieler Bucht; Kieler Förde; Kieler Sprotten; Kieler Woche; **Kie|le|rin**
Kiel|fe|der
kiel|ho|len ([ein Schiff] umlegen [zum Ausbessern]; frühere seemänn. Strafe: jmdn. unter dem Schiff durchs Wasser ziehen); er wurde gekielholt
Kiel|li|nie (Formation von [Kriegs]schiffen); in Kiellinie fahren
kiel|oben *(Seemannsspr.);* kieloben liegen
Kiel|raum; Kiel|schwein (*Seemannsspr.* auf dem Hauptkiel von Schiffen liegender Verstärkungsbalken od. -träger)
Kiel|schwert *(Schiffbau)*
Kiel|was|ser *Plur.* ...wasser (Wasserspur hinter einem fahrenden Schiff)
Kie|me, die; -, -n *meist Plur.* (Atmungsorgan im Wasser lebender Tiere)
Kie|men|at|mer *(Zool.);* **Kie|men|at|mung; Kie|men|spal|te**
[1]**Kien** ‹Herkunft unsicher›; *nur in* auf dem Kien sein (*landsch. für* wachsam sein, gut aufpassen)
[2]**Kien,** der; -[e]s (harzreiches [Kiefern]holz)
Kien|ap|fel; Kien|fa|ckel; Kien|holz
kie|nig
Kien|span; Kien|zap|fen
Kie|pe, die; -, -n (*nordd., mitteld. für* auf dem Rücken getragener, hoher Tragekorb); **Kie|pen|hut,** der (ein Frauenhut, Schute)
Kier|ke|gaard ['kɪrkəgart] (dän. Philosoph u. Theologe)
Kies, der; -es, *Plur.* (*für* Kiesarten:) -e (*ugs. auch für* Geld)
kies|be|deckt; kies|be|streut
Kie|sel, der; -s, -
Kie|sel|al|ge; Kie|sel|er|de; Kie|sel|gur, die; - (Erdart aus den Panzern von Kieselalgen)
kie|seln (mit Kies beschütten); ich kies[e]le
Kie|sel|säu|re; Kie|sel|stein
[1]**kie|sen** (*svw.* kieseln); du kiest; er kies|te; gekiest; kies[e]!
[2]**kie|sen** (*veraltet für* wählen); du kiest; kies[e]!; du kor[e]st, körest; gekoren; *vgl.* küren
Kie|se|rit, der; -s, *Plur. (Sorten:)* -e (ein Mineral)
Kies|gru|be; Kies|hau|fen
kie|sig; Kies|weg
Ki|ew ['ki:ɛf] (*ukrain.* Kyjiw; Hauptstadt der Ukraine); **Ki|e|wer; Ki|e|we|rin**
Kiez, der; -es, -e ‹slaw.› (*bes. berlin. für* Ort, Stadtteil; *bes. hamburg.* Vergnügungsviertel, Rotlichtbezirk)
kif|fen ‹arab.-amerik.› (*Jargon* Haschisch od. Marihuana rauchen); **Kif|fer; Kif|fe|rin**
Ki|ga|li (Hauptstadt von Ruanda)
ki|ke|ri|ki!
[1]**Ki|ke|ri|ki,** das; -s, -s (Hahnenschrei)
[2]**Ki|ke|ri|ki,** der; -s, -s (*Kinderspr.* Hahn)
Ki|ki, der; -s (*ugs. für* überflüssiges Zeug; Unsinn)
Kil|bi, die; -, ...benen (*schweiz. mdal., westösterr.* Kirchweih; *vgl.* Chilbi); **Kil|bi|tanz**
Ki|li|an (m. Vorn.)
Ki|li|ki|en, Zi|li|zi|en (im Altertum Landschaft in Kleinasien); **ki|li|kisch, zi|li|zisch**
Ki|li|ma|nd|scha|ro, der; -[s] (höchster Berg Afrikas)
kil|le|kil|le; killekille machen (*ugs. für* kitzeln)
[1]**kil|len** ‹engl.› (*ugs. für* töten); er hat ihn gekillt
[2]**kil|len** ‹niederd.› (*Seemannsspr.* leicht flattern [von Segeln])
Kil|ler (*ugs. für* Totschläger, [berufsmäßiger] Mörder)
Kil|ler|al|ge *(ugs.)*
Kil|ler|ap|pli|ka|ti|on ‹engl.› (*EDV* Softwareanwendung, die zahlreiche Nutzer od. Käufer findet)
Kil|le|rin; Kil|ler|sa|tel|lit (*ugs. für* Satellit, der Flugkörper im All zerstören soll); **Kil|ler|spiel** *(ugs.);* **Kil|ler|vi|rus** *(ugs.)*
Kil|ler|wal (*svw.* Schwertwal)
Kil|ler|zel|le *(Biol., Med.)*
Kiln, der; -[e]s, -e ‹engl.› (Schachtofen zur Holzverkohlung od. Metallgewinnung)
Ki|lo, das, *österr. ugs. auch* der; -s, -[s] (*kurz für* Kilogramm)
ki|lo... ‹griech.› (tausend...)
Ki|lo... (Tausend...; das Tausendfache einer Einheit, z. B. Kilometer = 1 000 Meter; *Zeichen* k)
Ki|lo|bit [*auch* 'ki:lo...] (*EDV* Einheit von 1 024 Bit; *Zeichen* Kbit, KBit)
Ki|lo|byte [...'bai̯t, *auch* 'ki:...] (*EDV* Einheit von 1 024 Byte; *Zeichen* kByte, KByte, kB, KB)
Ki|lo|gramm [*auch* 'ki:...] (1 000 Gramm; Maßeinheit für Masse; *Zeichen* kg); 3 Kilogramm
Ki|lo|hertz [*auch* 'ki:...] (1 000 Hertz; Maßeinheit für die Frequenz; *Zeichen* kHz)
Ki|lo|joule [...'dʒu:l, *auch* 'ki:...] (1 000 Joule; *Zeichen* kJ)
Ki|lo|ka|lo|rie [*auch* 'ki:...] (1 000 Kalorien; *Zeichen* kcal)
Ki|lo|li|ter [*auch* 'ki:...] (1 000 Liter; *Zeichen* kl)
Ki|lo|me|ter [*auch* 'ki:...], der; -s, - (1 000 m; *Zeichen* km); 80 Kilometer je Stunde (*Abk.* km/h)
Ki|lo|me|ter|fres|ser *(ugs.);* **Ki|lo|me|ter|fres|se|rin**
Ki|lo|me|ter|geld; Ki|lo|me|ter|geld|pau|scha|le
ki|lo|me|ter|lang; *aber* 3 Kilometer lang; **Ki|lo|me|ter|mar|ke; Ki|lo|me|ter|pau|scha|le; Ki|lo|me|ter|stand; Ki|lo|me|ter|stein; Ki|lo|me|ter|ta|rif**
ki|lo|me|ter|weit *vgl.* kilometerlang
Ki|lo|me|ter|zäh|ler
ki|lo|me|t|rie|ren ([Straßen, Flüsse usw.] mit Kilometereinteilung versehen); **Ki|lo|me|t|rie|rung; ki|lo|me|t|risch**
Ki|lo|new|ton [...'nju:tn̩, *auch* 'ki:...] (1 000 Newton; *Zeichen* kN)
Ki|lo|ohm [*auch* 'ki:...] (1 000 Ohm; *Zeichen* kΩ)
Ki|lo|pas|cal [*auch* 'ki:...] (1 000 Pascal; *Zeichen* kPa)
Ki|lo|pond [*auch* 'ki:...] (1 000 Pond; ältere Maßeinheit für Kraft u. Gewicht; *Zeichen* kp); **Ki|lo|pond|me|ter,** das; -s, - (ältere Einheit der Energie; *Zeichen* kpm)
Ki|lo|volt ['ki:...] (1 000 Volt; *Zeichen* kV); **Ki|lo|volt|am|pere** [*auch* ...'pe:ɐ̯] (1 000 Voltampere; *Zeichen* kVA)
Ki|lo|watt [*auch* 'ki:...] (1 000 Watt; *Zeichen* kW); **Ki|lo|watt|stun|de** (1 000 Wattstunden; *Zeichen* kWh)
ki|lo|wei|se
[1]**Kilt,** der; -[e]s (*früher südwestd. u. schweiz. für* das Fensterln)
[2]**Kilt,** der; -[e]s, -s ‹engl.› (zur schott. Männertracht gehörender karierter Faltenrock)
Kilt|gang ‹*zu* [1]Kilt›
Kim|ber usw. *vgl.* Zimber usw.
Kim|chi ['kɪmtʃi], der *od.* das; -[s]

K
Kimc

⟨chin.-korean.⟩ (eine korean. Gemüsezubereitung)
Kim̩m, die; - (*Seew.* Horizontlinie zwischen Meer u. Himmel; *Schiffbau* Krümmung des Schiffsrumpfes zwischen Bordwand u. Boden)
Kim̩|me, die; -, -n (Einschnitt; Kerbe; Teil der Visiereinrichtung)
Kim̩m|ho|bel
Kim̩|mung (*Seemannsspr.* Luftspiegelung; Horizont)
Ki̲|mon (athen. Feldherr)
Ki̲|mo|no [*auch* ˈkɪ... *od.* kiˈmoːno], der; -s, -s ⟨jap.⟩ (weitärmeliges Gewand); **Ki|mo|no|är|mel** (weiter, angeschnittener Ärmel); **Ki|mo|no|blu|se**
Ki|nä̲|de, der; -n, -n ⟨griech.⟩ (m. Hetäre im alten Griechenland; Päderast)
Ki|n|äs|the|si̲e, die; - ⟨griech.⟩ (*Med.* Fähigkeit der unbewussten Steuerung von Körperbewegungen)
Kin̩d, das; -[e]s, -er; an Kindes statt; von Kind auf; sich bei jmdm. lieb Kind machen (einschmeicheln)
Kin̩d|bett, das; -[e]s *(veraltend)*
Kin̩d|bett|fie|ber, das; -s *(veraltend)*
Kin̩d|chen; Kin̩d|chen|sche|ma *(Verhaltensf.)*
Kin̩|del|bier (*nordd. für* Bewirtung bei der Kindtaufe)
Kin̩|der|ab|zug (*schweiz. für* Kinderfreibetrag)
Kin̩|der|ar|beit; Kin̩|der|ar|mut
Kin̩|der|arzt; Kin̩|der|ärz|tin; Kin̩|der|au|ge *meist Plur.;* mit Kinderaugen (unvoreingenommen) betrachten
Kin̩|der|be|treu|ung
Kin̩|der|be|treu|ungs|geld (*österr. für* Erziehungsgeld)
Kin̩|der|bett; Kin̩|der|buch
Kin̩|der|chen *Plur.;* **Kin̩|der|chor**
Kin̩|der|dorf; Kin̩|der|ehe
Kin|de|rei̲
Kin̩|der|er|zie|hung
Kin̩|der|fa|sching *(bes. bayr., österr.)*
kin̩|der|feind|lich
Kin̩|der|fern|se|hen; Kin̩|der|fest; Kin̩|der|film
Kin̩|der|frau; Kin̩|der|fräu|lein *(veraltend)*
Kin̩|der|frei|be|trag *(Steuerw.)*
Kin̩|der|freund; Kin̩|der|freun|din; kin̩|der|freund|lich; Kin̩|der|freund|lich|keit, die; -
Kin̩|der|gar|ten; Kin̩|der|gar|ten|kind; Kin̩|der|gar|ten|pä|d|a|go|ge; Kin̩|der|gar|ten|pä|d|a|go|gin; Kin̩|der|gar|ten|platz; Kin̩|der|gärt|ner; Kin̩|der|gärt|ne|rin
Kin̩|der|ge|burts|tag; Kin̩|der|geld
kin̩|der|ge|recht (*svw.* kindgerecht)
Kin̩|der|ge|schich|te; Kin̩|der|got|tes|dienst
Kin̩|der|hand; von Kinderhand gemalt
Kin̩|der|heim; Kin̩|der|hort
Kin̩|der|hü|te|dienst (*schweiz. für* Kinderbetreuung); **Kin̩|der|ki|no**
Kin̩|der|kir|che (Kindergottesdienst)
Kin̩|der|kli|nik
Kin̩|der|kram
Kin̩|der|kran|ken|haus; Kin̩|der|kran|ken|pfle|ger; Kin̩|der|kran|ken|schwes|ter
Kin̩|der|krank|heit
Kin̩|der|krie|gen, das; -s *(ugs.)*
Kin̩|der|krip|pe
Kin̩|der|la|den (*auch für* nicht autoritär geleiteter Kindergarten); **Kin̩|der|läh|mung**
kin̩|der|lei̲cht
Kin̩|der|lein *Plur.*
kin̩|der|lieb
Kin̩|der|lied
Kin̩|der|li|te|ra|tur *Plur. selten*
kin̩|der|los; Kin̩|der|lo|sig|keit, die; -
Kin̩|der|mäd|chen; Kin̩|der|mund; Kin̩|der|nah|rung; Kin̩|der|narr; Kin̩|der|när|rin
Kin̩|der|pa|ra|dies
Kin̩|der|pfle|ger; Kin̩|der|pfle|ge|rin
Kin̩|der|por|no *(ugs.);* **Kin̩|der|por|no|gra|fie, Kin̩|der|por|no|gra|phie**
Kin̩|der|post; Kin̩|der|pro|gramm
Kin̩|der|pro|s|ti|tu|ti|on
kin̩|der|reich; Kin̩|der|reich|tum, der; -s
Kin̩|der|schän|der; Kin̩|der|schän|de|rin; Kin̩|der|schreck, der; -s, -e; **Kin̩|der|schrift; Kin̩|der|schuh**
Kin̩|der|schutz, der; -es; **Kin̩|der|schutz|ge|setz**
Kin̩|der|sei|te (einer Zeitung); **Kin̩|der|sen|dung**
kin̩|der|si|cher; ein kindersicherer Verschluss; **Kin̩|der|si|che|rung**
Kin̩|der|sitz
Kin̩|der|sol|dat; Kin̩|der|sol|da|tin
Kin̩|der|spiel; Kin̩|der|spiel|platz; Kin̩|der|spiel|zeug
Kin̩|der|spi|tal *(landsch., bes. österr. u. schweiz.)*
Kin̩|der|spra|che *Plur. selten;* **Kin̩|der|sprech|stun|de;** Kinder- und Jugendsprechstunde; ↑K31
Kin̩|der|sta|ti|on
Kin̩|der|sterb|lich|keit
Kin̩|der|stim|me; Kin̩|der|stu|be
Kin̩|der|tag
Kin̩|der|ta|ges|heim; Kin̩|der|ta|ges|stät|te
Kin̩|der|tel|ler; Kin̩|der|the|a|ter; Kin̩|der|traum; kin̩|der|tüm|lich
Kin̩|der|uhr; Kin̩|der|wa|gen; Kin̩|der|wunsch; Kin̩|der|zahl; Kin̩|der|zeit; Kin̩|der|zim|mer; Kin̩|der|zu|la|ge; Kin̩|der|zu|schlag
Kin̩|des|al|ter; Kin̩|des|aus|set|zung; Kin̩|des|bei|ne; *in* von Kindesbeinen an
Kin̩|des|ent|füh|rung; Kin̩|des|ent|zie|hung *(Rechtsspr.)*
Kin̩|des|kind (Enkelkind)
Kin̩|des|lie|be
Kin̩|des|miss|brauch; Kin̩|des|miss|hand|lung
Kin̩|des|mord, Kin̩ds|mord; **Kin̩|des|mör|der; Kin̩|des|mör|de|rin**
Kin̩|des|un|ter|schie|bung
Kin̩|des|wohl *(Rechtsspr.)*
Kin̩d|frau
kin̩d|ge|mäß; kin̩d|ge|recht
kin̩d|haft
Kin̩d|heit, die; -; **Kin̩d|heits|er|in|ne|rung; Kin̩d|heits|er|leb|nis; Kin̩d|heits|trau|ma**
kin̩|disch; Kin̩d|lein
kin̩d|lich; Kin̩d|lich|keit, die; -
Kin̩ds|be|we|gung
Kin̩ds|kopf *(ugs. abwertend);* **kin̩ds|köp|fig** *(ugs. abwertend)*
Kin̩ds|mord usw. *vgl.* Kindesmord usw.
Kin̩ds|pech (Stuhlgang des neugeborenen Kindes)
Kin̩ds|tau|fe, Kin̩d|tau|fe; Kin̩ds|tod
Ki|ne|ma|the̲k, die; -, -en ⟨griech.⟩ (Sammlung von Filmen; Filmarchiv)
Ki|ne|ma̲|tik, die; - (*Physik* Lehre von den Bewegungen); **ki|ne|ma̲|tisch** (die Kinematik betreffend)
Ki|ne|ma|to|gra̲f, Ki|ne|ma|to|gra̲ph, der; -en, -en (der erste Apparat zur Aufnahme u. Wiedergabe bewegter Bilder; *Kurzform* Kino)
Ki|ne|ma|to|gra|fi̲e, Ki|ne|ma|to|gra|phi̲e, die; - (Filmwissenschaft u. -technik, Aufnahme u. Wiedergabe von Filmen)
ki|ne|ma|to|gra̲|fisch, ki|ne|ma|to|gra̲|phisch
Ki|ne|sio|lo|gi̲e, die; - (Lehre von den Bewegungsabläufen); **ki|ne|sio|lo̲|gisch** (die Kinesiologie betreffend); **Ki|ne|sio|the|ra|pi̲e** (Bewegungstherapie)

K
Kimm

Ki|ne|tik, die; - (*Physik* Lehre von den Kräften, die nicht im Gleichgewicht sind); **ki|ne|tisch;** kinetische Energie (Bewegungsenergie)
Ki|ne|to|se, die; -, -n (Bewegungs- od. Reisekrankheit)
King, der; -[s], -s ‹engl.› (*engl. für* König; *ugs. für* Anführer; jmd., der größtes Ansehen genießt)
King|size [...sais], die, *auch* das; - (Großformat, Überlänge [von Zigaretten])
Kings|ton [...tn] (Hauptstadt Jamaikas)
Kings|town [...taun] (Hauptstadt des Staates St. Vincent u. die Grenadinen)
Kink, der; -en, -en, *auch* die; -, -en (*Seemannsspr. u. nordd. für* Knoten, Fehler im Tau)
Kin|ker|litz|chen *Plur.* (*ugs. für* Nichtigkeiten)
Kinn, das; -[e]s, -e
Kinn|ba|cke[n]; Kinn|ha|ken; Kinn|la|de; Kinn|län|ge; die Haare auf Kinnlänge schneiden lassen; **Kinn|rie|men; Kinn|spit|ze**
Ki|no, das; -s, -s (Lichtspieltheater); *vgl.* Kinematograf
Ki|no|abend
Ki|no|be|sit|zer; Ki|no|be|sit|ze|rin
Ki|no|be|such; Ki|no|be|su|cher; Ki|no|be|su|che|rin
Ki|no|er|folg
Ki|no|film; Ki|no|gän|ger; Ki|no|gän|ge|rin; Ki|no|ge|her *(bes. österr.);* **Ki|no|ge|he|rin; Ki|no|hit**
Ki|no|kar|te; Ki|no|kas|se
Ki|no|lein|wand; Ki|no|pro|gramm
Ki|no|re|k|la|me; Ki|no|saal; Ki|no|start
Kin|sha|sa [...ˈʃaː...] (Hauptstadt der Demokratischen Republik Kongo)
Kin|topp, der; -s, *Plur.* -s *u.* ...töppe (*ugs. für* Kino, Film)
Kin|zig, die; - (r. Nebenfluss des unteren Mains; r. Nebenfluss des Oberrheins)
Kin|zi|git, der; -s (eine Gneisart)
Ki|osk [*auch* ˈkiɔsk], der; -[e]s, -e ‹pers.› (Verkaufshäuschen; oriental. Gartenhaus)
Ki|o|to, Ky|o|to (jap. Stadt)
Ki|pa *vgl.* Kippa
Kipf, der; -[e]s, -e (*südd. für* länglich geformtes [Weiß]brot)
Kip|fel, Kip|ferl, das; -s, -[n]; *vgl.* Pickerl (*österr. für* Hörnchen [Gebäck]); **Kipf|ler** *Plur.* (*österr. für* eine Kartoffelsorte)
Kip|ling (engl. Schriftsteller)
Kip|pa, Ki|pa, **Kip|pah,** die; -, ...pot ‹hebr.› (kleine, flache Kopfbedeckung der jüdischen Männer)
Kip|pe, die; -, -n (Spitze, Kante; eine Turnübung; *ugs. für* Zigarettenstummel)
kip|pe|lig, kipp|lig; **kip|peln** *(ugs.);* ich kipp[e]le; **kip|pen**
[1]**Kip|per** (*früher* jmd., der Münzen mit zu geringem Edelmetallgehalt in Umlauf brachte); Kipper und Wipper
[2]**Kip|per** (Wagen mit kippbarem Wagenkasten)
Kip|pe|rin
Kipp|fens|ter
kipp|lig *vgl.* kippelig
Kipp|lo|re
Kipp|pflug, **Kipp-Pflug**
Kipp|re|gel (ein Vermessungsgerät); **Kipp|schal|ter**
Kipp|schwin|gun|gen *Plur. (Physik);* **Kipp|wa|gen**
Kips, das; -es, -e *meist Plur.* ‹engl.› (getrocknete Haut des Zebus)
Kir, der; -[s], -s ‹nach dem Dijoner Bürgermeister Félix Kir› (Getränk aus Johannisbeerlikör u. Weißwein)
Kir|be, die; -, -n (*südd. mdal. für* Kirchweih)
Kir|che, die; -, -n
Kir|chen|äl|tes|te, der *u.* die; **Kir|chen|amt; Kir|chen|asyl; Kir|chen|aus|tritt**
Kir|chen|bank Plur. ...bänke; **Kir|chen|bann; Kir|chen|bau** *Plur.* ...bauten; **Kir|chen|bei|trag** (*österr. für* Kirchensteuer); **Kir|chen|be|su|cher; Kir|chen|be|su|che|rin**
Kir|chen|bu|ße; Kir|chen|chor
Kir|chen|die|ner; Kir|chen|die|ne|rin
Kir|chen|fa|b|rik (Stiftungsvermögen einer kath. Kirche)
Kir|chen|fens|ter
Kir|chen|fest; Kir|chen|frau; Kir|chen|gän|ger (*svw.* Kirchgänger); **Kir|chen|gän|ge|rin**
Kir|chen|ge|mein|de
Kir|chen|ge|schich|te, die; -
Kir|chen|glo|cke; Kir|chen|jahr
Kir|chen|leh|rer; Kir|chen|leh|re|rin
Kir|chen|lei|tung
Kir|chen|licht *Plur.* -er; er ist kein [großes] Kirchenlicht (*ugs. für* er ist nicht sehr klug)
Kir|chen|lied; Kir|chen|mann *Plur.* ...männer *u.* ...leute; **Kir|chen|maus; Kir|chen|mit|glied; Kir|chen|mu|sik; Kir|chen|ober|haupt; Kir|chen|or|gel; Kir|chen|pfle|ge,** die; -, -n *(schweiz.)*
Kir|chen|po|li|tik; Kir|chen|prä|si|dent *(ev. Kirche);* **Kir|chen|prä|si|den|tin; Kir|chen|rat** *Plur.* ...räte; **Kir|chen|rä|tin**
Kir|chen|recht; Kir|chen|schiff
Kir|chen|spren|gel, Kirch|spren|gel
Kir|chen|staat, der; -[e]s; **Kir|chen|steu|er,** die; **Kir|chen|tag;** z. B. Deutscher Evangelischer Kirchentag
Kir|chen|tür, Kirch|tür; **Kir|chen|uhr**
Kir|chen|va|ter *meist Plur.* (besonders anerkannter Kirchenschriftsteller aus der Frühzeit der christlichen Kirche)
Kir|chen|volk, das; -[e]s
Kir|chen|vor|stand
Kirch|gang, der; **Kirch|gän|ger; Kirch|gän|ge|rin; Kirch|geld**
Kirch|hof; Kirch|hofs|mau|er
Kirch|hofs|stil|le
kirch|lich; Kirch|lich|keit, die; -
Kirch|ner (*veraltet für* Küster); **Kirch|ne|rin**
Kirch|spiel (Kirchensprengel)
Kirch|spren|gel, Kir|chen|spren|gel; **Kirch|tag** (*österr. für* Kirchweih)
Kirch|tür *vgl.* Kirchentür
Kirch|turm; Kirch|turm|po|li|tik, die; - (*abwertend für* auf engen Gesichtskreis beschränkte Politik)
Kirch|va|ter (*landsch. für* Kirchenältester); **Kirch|weih,** die; -, -en
Kir|gi|se, der; -n, -n
Kir|gi|si|en *vgl.* Kirgisistan; **Kir|gi|sin; kir|gi|sisch**
Kir|gi|si|s|tan (Staat in Mittelasien)
Kir|gi|s|tan *vgl.* Kirgisistan
Ki|ri|ba|ti (Inselstaat im Pazifik); **Ki|ri|ba|ti|er; Ki|ri|ba|ti|e|rin; ki|ri|ba|tisch**
Kir|ke *vgl.* Circe
Kir|mes, die; -, ...messen (*bes. mittel- und nordd. für* Kirchweih)
Kir|mes|ku|chen
kir|nen (*landsch. für* buttern; [Erbsen] aus den Schoten lösen)
kir|re (*ugs. für* zutraulich, zahm; nervös, unsicher); jmdn. kirre machen *od.* kirremachen; **kir|ren** (*noch ugs. für* kirre machen)
Kir royal [- rọaˈjaːl], der; - -[s], -s -s ‹*vgl.* Kir *u.* royal› (Getränk aus Johannisbeerlikör u. Champagner)
Kir|rung (*Jägerspr.* Lockfutter)
Kirsch, der; -[e]s, -e (ein Branntwein); zwei Kirsch bestellen
Kirsch|baum; Kirsch|blü|te
Kir|sche, die; -, -n
Kir|schen|baum usw. (*seltener für* Kirschbaum usw.)

K
Kirs

Kirsch|geist, der; -[e]s (ein Branntwein); **Kirsch|holz; Kirsch|kern; Kirsch|ku|chen; Kirsch|li|kör**
Kirsch|pa|ra|dei|ser (*österr. für* Kirschtomate)
kirsch|rot; Kirsch|saft
Kirsch|to|ma|te; Kirsch|tor|te; Kirsch|was|ser (ein Branntwein)
Kirs|ten (m. od. w. Vorn.)
Kir|tag (*bayr., österr. für* Kirchweih)
Ki|san|ga|ni (Stadt in der Demokratischen Republik Kongo)
Kis|met, das; -s ⟨arab., »Zugeteiltes«⟩ (Los; gottergeben hinzunehmendes Schicksal im Islam)
Kis|sen, das; -s, -
Kis|sen|be|zug; Kis|sen|fül|lung
Kis|sen|hül|le; Kis|sen|schlacht
Kis|sen|über|zug
Kis|te, die; -, -n
Kis|ten|de|ckel; Kis|ten|grab
kis|ten|wei|se
Ki|su|a|he|li, Ki|swa|hi|li, Swa|hi|li, das; -[s] (Sprache der Suaheli)
Ki|ta, die; -, -s (*kurz für* Kindertagesstätte)
ki|ten [ˈkaitn̩] ⟨engl.⟩ (mit Lenkdrachen surfen); sie kitet, gekitet
Kite|sur|fen [ˈkait...], das; -s ⟨engl.⟩ (das Surfen über das Wasser auf einem Surfbrett u. mit einem Lenkdrachen); **Kite|sur|fer; Kite|sur|fe|rin; Kite|sur|fing,** das; -s
Kit|fuchs, Kitt|fuchs (Fuchs einer nordamerik. Art; Fell dieses Fuchses)
Ki|tha|ra, die; -, *Plur.* -s *u.* ...tharen ⟨griech.⟩ (altgriech. Saiteninstrument); **Ki|tha|r|ö|de,** der; -n, -n (altgriech. Zitherspieler u. Sänger); **Ki|tha|r|ö|din**
Ki|thä|ron, der; -s (griech. Gebirge)
Kitsch, der; -[e]s (als geschmacklos empfundenes Produkt der Kunst, der Musik od. der Literatur; geschmacklos gestalteter Gebrauchsgegenstand)
kit|schen (*landsch. für* zusammenscharren); du kitschst
kit|schig; Kitsch|ro|man
Kitt, der; -[e]s, -e
Kitt|chen, das; -s, - (*ugs. für* Gefängnis)
Kit|tel, der; -s, -; **Kit|tel|schür|ze**
kit|ten
Kitt|fuchs *vgl.* Kitfuchs
Kitz, das; -es, -e *u.* Kit|ze, die; -, -n (Junges von Reh, Gämse, Ziege)
Kitz|bü|hel (österr. Stadt)
Kitz|bü|he|ler; Kitz|bü|he|le|rin
Kitz|chen; Kit|ze *vgl.* Kitz
Kit|zel, der; -s, -; **kit|ze|lig,** kitz|lig; **kit|zeln;** ich kitz[e]le
Kitz|lein
Kitz|ler (*für* Klitoris)
kitz|lig *vgl.* kitzelig
Ki|wa|nis-Club, der; -s, -s ⟨Indianerspr.; engl.⟩ (karitative, besonders um das Wohl von Kindern bemühte Vereinigung)
Ki|wa|nis In|ter|na|tio|nal [...w... ...ˈnɛʃənl̩], der; - -s (internationale Dachorganisation der Kiwanis-Clubs)
[1]**Ki|wi,** der; -s, -s ⟨maorisch⟩ (ein flugunfähiger Laufvogel in Neuseeland)
[2]**Ki|wi,** die; -, -s (eine exotische Frucht)
kJ = Kilojoule
k. J. = künftigen Jahres
Kjök|ken|möd|din|ger *vgl.* Kökkenmöddinger
k. k. = kaiserlich-königlich (im ehem. österr. Reichsteil von Österreich-Ungarn für alle Behörden); *vgl.* kaiserlich, k. u., k. u. k.
K. K. = Kaiserlich-Königlich; *vgl.* kaiserlich
KKW, das; -[s], -[s] = Kernkraftwerk
kl = Kiloliter
Kl. = Klasse, *österr. auch* = Klappe (*für* Telefonnebenstelle, Apparat)
kla|bas|tern (*landsch. für* schwerfällig gehen); ich klabastere
Kla|bau|ter|mann *Plur.* ...männer (ein Schiffskobold)
klack!; klack, klack!
kla|cken (klack machen)
kla|ckern (*landsch. für* gluckern u. klecksen); ich klackere
klacks!; Klacks, der; -es, -e (*ugs. für* kleine Menge; klatschendes Geräusch)
Klad|de, die; -, -n (*landsch. für* Schmierheft; Geschäftsbuch)
Klad|de|ra|datsch, der; -[e]s, -e (*ugs. für* Durcheinander nach einem Zusammenbruch; Skandal)
Kla|do|ze|re, die; -, -n *meist Plur.* (*Zool.* Wasserfloh)
klaf|fen; kläf|fen; Kläf|fer (*ugs. abwertend*); **Klaff|mu|schel**
Klaf|ter, der *od.* das; -s, -, *selten* die; -, -n (altes Längen-, Raummaß); 5 Klafter Holz; **Klaf|ter|holz; klaf|ter|lang;** ein klafterlanger Riss, *aber* 3 Klafter lang; **klaf|tern;** ich klaftere Holz (schichte es auf); **klaf|ter|tief**
klag|bar (*Rechtsspr.*); klagbar werden; **Klag|bar|keit** (*Rechtsspr.*)
Kla|ge, die; -, -n; **Kla|ge|er|he|bung,** Klag|er|he|bung (*Rechtsspr.*)
Kla|ge|ge|schrei, Klag|ge|schrei
Kla|ge|laut; Kla|ge|lied
Kla|ge|mau|er (Überreste des Tempels in Jerusalem)
kla|gen
Kla|gen|furt am Wör|ther|see (Hauptstadt Kärntens)
Kla|gen|fur|ter; Kla|gen|fur|te|rin
Kla|ge|punkt; Klä|ger
Klag|er|he|bung *vgl.* Klageerhebung; **Klä|ge|rin**
klä|ge|risch; klä|ge|ri|scher|seits (*Rechtsspr.*); **Klä|ger|schaft** (*bes. schweiz. Rechtsspr.*)
Kla|ge|schrift; Kla|ge|weg
Klag|ge|schrei *vgl.* Klagegeschrei
kläg|lich; Kläg|lich|keit
klag|los; klag|sam (*bes. Psychol.* zum Klagen neigend)
Klai|pe|da (Hafenstadt in Litauen; *vgl.* [2]Memel)
Kla|mauk, der; -s (*ugs. für* Lärm; Ulk); **kla|mau|kig** (*ugs.*)
klamm (feucht; steif [vor Kälte]); klamme Finger
Klamm, die; -, -en (Felsenschlucht [mit Wasserlauf])
Klam|mer, die; -, -n
Klam|mer|af|fe (*auch für* @)
Klam|mer|beu|tel
Kläm|mer|chen
Klam|mer|griff
klam|mern; ich klammere; sich an etw. *od.* jmdn. klammern
klamm|heim|lich (*ugs.*)
Kla|mot|te, die; -, -n (*ugs. für* [Gesteins]brocken; minderwertiges [Theater]stück; *meist Plur.:* [alte] Kleidungsstücke); **Kla|mot|ten|kis|te** (*ugs.*)
Klam|pe, die; -, -n (*Seemannsspr.* Holz- od. Metallstück zum Festmachen der Taue)
Klamp|fe, die; -, -n (*volkstüml.* Gitarre; *österr.* Bauklammer)
kla|mü|sern (*nordd. für* nachsinnen); ich klamüsere
Klan, Clan [*engl.* klɛn], der; -s, *Plur.* -e, *bei engl. Ausspr.* -s ([schott.] Lehns-, Stammesverband; Gruppe von Personen, die jmd. um sich schart)
klan|des|tin ⟨lat.⟩ (*geh. für* heimlich); klandestine Ehe (nicht nach kanon. Vorschrift geschlossene Ehe)
[1]**klang** *vgl.* klingen
[2]**klang!;** kling, klang!
Klang, der; -[e]s, Klänge

K
Kirs

klar

Kleinschreibung:
- klares Wasser
- klare Suppe
- klare Verhältnisse
- klare Sicht
- eine klare Nacht
- klar Schiff machen (*ugs. für* eine Angelegenheit bereinigen; gründlich aufräumen)

Großschreibung der Substantivierung ↑K72:
- ich bin mir längst darüber im Klaren
- das war das einzig Klare an seinen Ausführungen

Schreibung in Verbindung mit Verben ↑K56:
- klar sein, klar werden
- das Wetter ist klar geworden
- nicht mehr klar denken können
- wieder klar (deutlich) sehen können
- *aber* mir ist jetzt Verschiedenes klar geworden *od.* klargeworden

Getrennt- od. Zusammenschreibung bei nicht übertragener Bedeutung in Verbindung mit einem adjektivisch gebrauchten Partizip ↑K58:
- ein klar denkender *od.* klardenkender Mensch

Vgl. auch klargehen, klarkommen, klarlegen, klarmachen, klarsehen, klarstellen

Klang|bild *(fachspr.)*; **Klang|ef|fekt; Klang|far|be; Klang|fol|ge; Klang|fül|le; Klang|in|stal|la|ti|on; Klang|kör|per**
klang|lich; klang|los
Klang|qua|li|tät
klang|schön; eine klangschöne Orgel; **Klang|schön|heit,** die; -
Klang|tep|pich *(Musik)*
klang|voll; Klang|wir|kung
Klapf, der; -[e]s, Kläpfe (*südd., schweiz. mdal. für* Knall, Schlag, Ohrfeige)
Kla|po|tetz, der; -[es], -e ‹slowen.› (*südostösterr.* ein Windrad)
klapp!; klipp, klapp!
klapp|bar; Klapp|bett; Klapp|dach
Klap|pe, die; -, -n (*österr. auch für* Nebenstelle eines Telefonanschlusses, *svw.* Apparat)
klap|pen
Klap|pen|feh|ler (Herzklappenfehler)
Klap|pen|horn *Plur.* ...hörner (ein älteres Musikinstrument)
Klap|pen|text *(Buchw.)*
Klap|per, die; -, -n
klap|per|dürr
klap|pe|rig, klapp|rig
Klap|per|kas|ten; Klap|per|kis|te (altes Auto, Gerät o. Ä.)
klap|pern; ich klappere
Klap|per|schlan|ge
Klap|per|storch *(Kinderspr.)*
Klapp|fahr|rad; Klapp|fens|ter
Klapp|han|dy
Klapp|horn|vers (Scherzvers in Form eines Vierzeilers, beginnend mit: Zwei Knaben ...)
Klapp|hut, der; **Klapp|lei|ter,** die; **Klapp|lie|ge; Klapp|mes|ser,** das
Klapp|rad
klapp|rig *vgl.* klapperig
Klapp|ses|sel; Klapp|sitz; Klapp|stuhl
Klapp|stul|le *(landsch.)*; **Klapp|tisch; Klapp|ver|deck**
Klaps, der; -es, -e; **Kläps|chen**
klap|sen
Klaps|müh|le (*ugs., auch diskriminierend für* psychiatrische Klinik)
klar *s. Kasten*
Klar *vgl.* Eiklar
Kla|ra (w. Vorn.)
Klär|an|la|ge
Klar|ap|fel
Klär|be|cken
Klar|blick
Klär|chen (w. Vorn.)
klar den|kend, klar|den|kend *vgl.* klar
Kla|re, der; -n, -n (Schnaps)
klä|ren
Kla|rett, der; -s, -s ‹franz.› (gewürzter Rotwein)
klar|ge|hen (*ugs. für* reibungslos ablaufen); es ist alles klargegangen ↑K47
Klar|heit *Plur. selten*
kla|rie|ren ‹lat.› (beim Ein- u. Auslaufen eines Schiffes die Zollformalitäten erledigen); ein Schiff klarieren
Kla|ri|net|te, die; -, -n ‹ital.(-franz.)› (ein Holzblasinstrument); **Kla|ri|net|tist,** der; -en, -en (Klarinettenbläser); **Kla|ri|net|tis|tin**
Kla|ris|sa (w. Vorn.); **Kla|ris|sen|or|den,** der; -s *(kath. Kirche)*; **Kla|ris|sin** (Angehörige des Klarissenordens)
klar|kom|men (*ugs. für* zurechtkommen); ich bin damit, mit ihm klargekommen ↑K47
klar|le|gen (erklären); er hat ihm den Vorgang klargelegt ↑K47
klär|lich (*veraltet für* klar, deutlich)
klar|ma|chen (erklären; [Schiff] fahr-, gefechtsbereit machen); wir haben ihm seinen Irrtum klargemacht; das Schiff hat klargemacht ↑K47
Klär|mit|tel, das
Klar|na|me (richtiger Name im Gegensatz zum Decknamen)
kla|ro (*ugs. für* klar); alles klaro?; aber klaro kommt er mit
Klar|schiff, das; -[e]s (*Seemannsspr.* Gefechtsbereitschaft)
Klär|schlamm
Klar|schrift|le|ser (EDV-Eingabegerät, das Daten in lesbarer Form verarbeitet)
klar|se|hen (verstehen, Bescheid wissen); *vgl. aber* klar
Klar|sicht|do|se
Klar|sicht|fo|lie
klar|sich|tig
Klar|sicht|pa|ckung
klar|stel|len (Irrtümer beseitigen); er hat das Missverständnis klargestellt ↑K47; **Klar|stel|lung**
Klar|text, der (entzifferter [dechiffrierter] Text); Klartext reden/sprechen (offen seine Meinung sagen), im Klartext (*auch für* verständlich)
Klä|rung; Klä|rungs|be|darf
klar wer|den, klar|wer|den *vgl.* klar
Klas (m. Vorn.)
klass *vgl.* klasse
Klass... (*südd. in Zus. für* Klassen... [= Schulklasse], z. B. Klasslehrer)

klas|se, *österr. auch* klass (*ugs. für* hervorragend, großartig); ein klasse Auto; sie hat klasse gespielt; die neue Lehrerin ist klasse; das finde ich klasse
Klas|se, die; -, -n ‹lat.(-franz.)› (*Abk.* Kl.); jmd. *od.* etwas hat Klasse; das ist ganz große Klasse (*ugs. für* großartig, hervorragend)
Klas|se|leis|tung *(ugs.)*
Klas|se|ment [...ˈmãː, ...ˈmɛnt], das; -s, *Plur.* -s *u.* (bei deutscher Aussprache:) -e ‹franz.› (Einreihung; Reihenfolge)
Klas|sen|äl|tes|te, der *u.* die
Klas|sen|ar|beit
Klas|sen|auf|satz
Klas|sen|bes|te, der *u.* die
Klas|sen|be|wusst|sein
klas|sen|bil|dend *(Sprachwiss.)*
Klas|sen|buch
Klas|sen|chef (*schweiz. für* Klassensprecher); **Klas|sen|che|fin**
Klas|sen|clown
Klas|sen|er|halt *(Sport)*
Klas|sen|fahrt
Klas|sen|feind *(marx.);* **Klas|sen|fein|din**
Klas|sen|ge|sell|schaft; Klas|sen|hass; Klas|sen|in|te|r|es|se
Klas|sen|jus|tiz
Klas|sen|ka|me|rad; Klas|sen|ka|me|ra|din
Klas|sen|kampf; Klas|sen|kon|flikt
Klas|sen|la|ger (*schweiz. für* Klassenfahrt)
Klas|sen|leh|rer; Klas|sen|leh|re|rin
klas|sen|los; die klassenlose Gesellschaft
Klas|sen|lot|te|rie
Klas|sen|pri|ma, die; -, ...mae; **Klas|sen|pri|mus; Klas|sen|raum; Klas|sen|sie|ger** *(Sport);* **Klas|sen|sie|ge|rin; Klas|sen|spre|cher; Klas|sen|spre|che|rin**
Klas|sen|staat *Plur.* ...staaten
Klas|sen|stär|ke
Klas|sen|stu|fe; Klas|sen|tei|ler *(Schule);* **Klas|sen|tref|fen; Klas|sen|un|ter|schied**
Klas|sen|ver|bleib *(Sport)*
Klas|sen|vor|stand (*österr. für* Klassenlehrer)
Klas|sen|wahl|recht
klas|sen|wei|se
Klas|sen|ziel; Klas|sen|zim|mer
Klas|sen|zu|sam|men|kunft (*schweiz. für* Klassentreffen)
klas|sie|ren (in ein System einordnen; *Bergmannsspr.* nach der Größe trennen); **Klas|sie|rung**
Klas|si|fi|ka|ti|on *vgl.* Klassifizierung; **klas|si|fi|zie|ren** (*österr. auch für* mit Noten beurteilen); **Klas|si|fi|zie|rung** (Einteilung, Einordnung [in Klassen])
...klas|sig (z. B. erst-, zweitklassig)
Klas|sik, die; -; -en *Plur. selten* (Epoche kultureller Höchstleistungen u. ihre mustergültigen Werke); **Klas|si|ker** (maßgebender Künstler od. Schriftsteller [bes. der antiken u. der dt. Klassik]); **Klas|si|ke|rin**
klas|sisch (mustergültig; die Klassik betreffend; typisch; traditionell); klassische Philologie; klassischer Jazz
Klas|si|zis|mus, der; - (die Klassik nachahmende Stilrichtung, bes. der Stil um 1800); **klas|si|zis|tisch**
Klas|si|zi|tät, die; - (Mustergültigkeit)
...kläss|ler (z. B. Erst-, Zweitklässler)
klas|tisch ‹griech.› *(Geol.);* klastisches Gestein (Trümmergestein)
Kla|ter, der; -s, -n (*nordd. für* Lumpen, zerrissenes Kleid; *nur Sing.:* Schmutz); **kla|te|rig, klat|rig** (*nordd. für* schmutzig; schlimm, bedenklich; elend)
klatsch!; klitsch, klatsch!
Klatsch, der; -[e]s, -e (*ugs. auch für* Rederei, Geschwätz)
Klatsch|ba|se *(ugs. abwertend)*
Klat|sche, die; -, -n (*kurz für* Klatschbase, Fliegenklatsche)
klat|schen; du klatschst; Beifall klatschen
klat|sche|nass *vgl.* klatschnass
Klat|scher; Klat|sche|rei *(ugs. abwertend);* **Klat|sche|rin**
Klatsch|ge|schich|te
klatsch|haft *(ugs. abwertend);* **Klatsch|haf|tig|keit,** die; -
Klatsch|ko|lum|nist; Klatsch|ko|lum|nis|tin; Klatsch|maul (*ugs. abwertend für* geschwätzige Person)
Klatsch|mohn, der; -[e]s
klatsch|nass (*ugs. für* völlig durchnässt)
Klatsch|nest (*ugs. für* kleiner Ort, in dem viel geklatscht wird)
Klatsch|re|por|ter; Klatsch|re|por|te|rin; Klatsch|spal|te
Klatsch|sucht, die; -; **klatsch|süch|tig**
Klatsch|tan|te *(ugs. abwertend);* **Klatsch|weib** *(ugs. abwertend)*
Klau, die; -, -en (*nordd. für* gabelförmiges Ende der Gaffel)
Klaub|ar|beit (*Bergmannsspr.* das Sondern des haltigen u. tauben Gesteins aus der Kohle)
klau|ben (sondern; mit Mühe heraussuchen; *österr. für* pflücken, sammeln)
Klau|ber; Klau|be|rei
Klaue, die; -, -n
klau|en (*ugs. für* stehlen)
Klau|en|seu|che; Maul- u. Klauenseuche ↑K31
...klau|ig (z. B. scharfklauig)
Klau|kind (*ugs. für* Kind, das im Auftrag Erwachsener Diebstähle verübt)
Klaus (m. Vorn.)
Klau|se, die; -, -n ‹lat.› (Klosterzelle, Einsiedelei; Talenge)
Klau|sel, die; -, -n (Nebenbestimmung; Vorbehalt)
Klau|sen|pass, Klau|sen-Pass, der; -es (ein Alpenpass)
Klaus|ner ‹lat.› (Bewohner einer Klause, Einsiedler); **Klaus|ne|rin**
Klaus|t|ro|pho|bie, die; -, ...ien ‹lat.; griech.› (*Psychol.* krankhafte Angst vor dem Aufenthalt in geschlossenen Räumen); **klaus|t|ro|pho|bisch**
Klau|sur, die; -, -en ‹lat.› (abgeschlossener Gebäudeteil [im Kloster]; *svw.* Klausurarbeit)
Klau|sur|ar|beit (Prüfungsarbeit)
Klau|sur|ta|gung (geschlossene Tagung)
Kla|vi|a|tur, die; -, -en ‹lat.› (Tasten [eines Klaviers], Tastbrett)
Kla|vi|chord [...ˈk...], das; -[e]s, -e ‹lat.; griech.› (altes Tasteninstrument)
Kla|vier, das; -s, -e ‹franz.›; Klavier spielen ↑K54
Kla|vier|abend; Kla|vier|aus|zug; Kla|vier|bau|er *vgl.* [1]Bauer; **Kla|vier|bau|e|rin; Kla|vier|be|glei|tung**
kla|vie|ren (*ugs. für* an etwas herumfingern)
kla|vie|ris|tisch (der Technik des Klavierspiels entsprechend)
Kla|vier|kon|zert; Kla|vier|leh|rer; Kla|vier|leh|re|rin; Kla|vier|mu|sik
Kla|vier|quar|tett *(Musik);* **Kla|vier|quin|tett; Kla|vier|so|na|te**
Kla|vier|spiel; Kla|vier|spie|ler; Kla|vier|spie|le|rin; Kla|vier|stim|mer; Kla|vier|stim|me|rin; Kla|vier|stuhl; Kla|vier|stun|de; Kla|vier|trio
Kla|vier|un|ter|richt
Kla|vi|ku|la, *fachspr.* Cla|vi|cu|la, die; -, ...lae (Schlüsselbein); **kla|vi|ku|lar** (das Schlüsselbein betreffend)

Kla|vi|zim|bel, das (*svw.* Clavicembalo)
Kle|be, die; - (*ugs. für* Klebstoff)
Kle|be|band, das *Plur.* ...bänder
Kle|be|bin|dung *(Buchw.);* **Kle|be|mit|tel,** Kleb|mit|tel, das
kle|ben; an der Wand kleben bleiben; *aber* sie ist in der dritten Klasse kleben geblieben *od.* klebengeblieben (*ugs. für* nicht versetzt worden) ↑K55
Kle|ber (*auch* Bestandteil des Getreideeiweißes)
Kle|be|strei|fen *vgl.* Klebstreifen
Kleb|mit|tel *vgl.* Klebemittel
kleb|rig; Kleb|rig|keit, die; -
Kleb|stoff; Kleb|strei|fen, Kle|be|strei|fen; **Kle|bung**
[1]**kle|cken** (*landsch. für* ausreichen; vonstattengehen); es kleckt
[2]**kle|cken** (*landsch. für* geräuschvoll fallen [von Flüssigkeiten])
Kle|cker|be|trag *(ugs.);* **Kle|cker|frit|ze** *(ugs. abwertend)*
kle|ckern (*ugs. für* beim Essen od. Trinken Flecke machen, sich beschmutzen); ich kleckere; **kle|cker|wei|se** (*ugs. für* mehrmals in kleinen Mengen)
Klecks, der; -es, -e
kleck|sen (Kleckse machen)
Kleck|ser; Kleck|se|rei
kleck|sig
Kleck|so|gra|fie, Kleck|so|gra|phie, die; -, ...ien (Tintenklecksbild für psycholog. Tests)
Kle|da|ge [...ʒə], **Kle|da|sche,** die; -, -n *Plur. selten* (*nordd. für* Kleidung)
[1]**Klee** (schweiz. Maler)
[2]**Klee,** der; -s; **Klee|blatt**
Klee-Ein|saat, Klee|ein|saat
Klee-Ern|te, Klee|ern|te
Klee|gras (mit Klee vermischtes Gras); **Klee|salz,** das; -es (ein Fleckenbeseitigungsmittel)
Klei, der; -[e]s (*landsch. für* fetter, zäher Boden)
klei|ben (*landsch. für* kleben [bleiben])
Klei|ber (ein Vogel; *landsch. für* Klebstoff)
Klei|bo|den *(landsch.)*
Kleid, das; -[e]s, -er; **Kleid|chen**
klei|den, sich kleiden; es kleidet mich gut usw.
Klei|der|bad; Klei|der|bü|gel
Klei|der|bürs|te
Klei|der|chen *Plur.*
Klei|der|grö|ße
Klei|der|ha|ken
Klei|der|kam|mer *(bes. Militär)*
Klei|der|kas|ten (*südd., österr., schweiz. für* Kleiderschrank)
Klei|der|ma|cher (*veraltet, noch österr. amtl. für* Schneider); **Klei|der|ma|che|rin; Klei|der|mot|te; Klei|der|ord|nung**
Klei|der|schrank; Klei|der|stän|der; Klei|der|stoff
kleid|sam; Kleid|sam|keit, die; -
Klei|dung *Plur. selten*
Klei|dungs|stück
Kleie, die; -, -n (Abfallprodukt beim Mahlen von Getreide)
klei|ig (von Klei od. Kleie)
klein *s. Kasten Seite 606*
Klein, das; -s (*kurz für* Gänseklein o. Ä.)
Klein|ak|ti|o|när; Klein|ak|ti|o|nä|rin
Klein|an|le|ger; Klein|an|le|ge|rin
Klein|an|zei|ge; Klein|ar|beit
klein|asi|a|tisch; Klein|asi|en ↑K143
Klein|bahn
Klein|bau|er *vgl.* [2]Bauer; **Klein|bäu|e|rin**
klein bei|ge|ben (kleinlaut nachgeben)
klein|be|kom|men (*svw.* kleinkriegen)
Klein|be|trieb; Klein|bild|ka|me|ra
Klein|buch|sta|be
Klein|bür|ger; Klein|bür|ge|rin; klein|bür|ger|lich; Klein|bür|ger|tum
Klein|bus
Klein|chen (kleines Kind)
klein|den|kend (kleinlich)
Klei|ne, der, die, das; -n, -n
Klei|ne|leu|te|mi|li|eu
Klein|emp|fän|ger (ein Rundfunkgerät)
klei|ne|ren|teils, klei|nern|teils
Klein|fa|mi|lie; Klein|feld *(Handball, Hockey);* **Klein|flug|zeug**
Klein|for|mat; klein|for|ma|tig
Klein|gar|ten; Klein|gar|ten|an|la|ge; Klein|gärt|ner; Klein|gärt|ne|rin
klein ge|druckt, klein|ge|druckt *vgl.* klein
Klein|ge|druck|te, das; -n, **klein Ge|druck|te,** das; - -n; *vgl.* klein
Klein|geist *(abwertend)*
Klein|geld
klein ge|mus|tert, klein|ge|mus|tert *vgl.* klein
klein ge|wach|sen, klein|ge|wach|sen (kleinwüchsig)
klein|gläu|big; Klein|gläu|big|keit
klein ha|cken, klein|ha|cken *vgl.* klein
Klein|han|del
Klein|häus|ler (*österr. für* Kleinbauer); **Klein|häus|le|rin**
Klein|heit, die; -
klein|her|zig
Klein|hirn; Klein|holz
Klei|nig|keit
Klein|ka|li|ber|schie|ßen, das; -s
klein|ka|li|b|rig
klein|ka|riert (engherzig, engstirnig); ein kleinkarierter Mensch, er ist der kleinkarierteste Mensch, den ich kenne; *aber* klein kariertes *od.* kleinkariertes Papier ↑K58; *vgl. auch* klein
Klein|kat|ze (z. B. Luchs, Wildkatze); **Klein|kind**
Klein|klas|se *(schweiz. Schule)*
Klein|kle|ckers|dorf (*ugs. für* unbedeutender Ort)
Klein-Klein, das; -s *(bes. Sport)*
Klein|kli|ma *(Meteorol.);* **Klein|kraft|rad; Klein|kraft|wa|gen; Klein|kram,** der; -[e]s; **Klein|krä|me|rei,** die; -
Klein|kre|dit *(Finanzw.)*
Klein|krieg
klein|krie|gen (*ugs. für* gefügig machen; aufbrauchen; zerstören; ↑K56); ich kriege den Kerl schon klein; sie hatten den Kuchen schnell kleingekriegt; der Teppich ist nicht kleinzukriegen
Klein|kri|mi|na|li|tät; klein|kri|mi|nell; Klein|kri|mi|nel|le
Klein|kunst, die; -; **Klein|kunst|büh|ne**
Klein|las|ter, der (*ugs. für* Kleintransporter)
klein|laut
klein|lich; kleinlich denkende *od.* kleinlichdenkende Menschen; **Klein|lich|keit**
klein|ma|chen; sich kleinmachen (unterwürfig sein); einen Fünfzigeuroschein kleinmachen (wechseln); *vgl. aber* klein
klein mah|len, klein|mah|len *vgl.* klein
klein|maß|stä|big, klein|maß|stäb|lich
Klein|mö|bel
Klein|mut, der; -[e]s
klein|mü|tig; Klein|mü|tig|keit
Klein|od, das; -[e]s, *Plur.* (*für* Kostbarkeit:) -e, (*für* Schmuckstück:) ...odien
Klein|ok|tav, das; -s (*Abk.* Kl.-8°)
Klein-Pa|ris ↑K144 (*Bez. für* Leipzig); **klein|räu|mig**
Klein|rech|ner
klein|re|den (als unbedeutend darstellen)
Klein|rent|ner; Klein|rent|ne|rin

K
Klei

klein

- kleiner als (*Math.; Zeichen* <)
- kleiner[e]nteils

I. *Kleinschreibung:*
a) ↑K 72 *u.* 74:

- am kleins|ten
- von klein auf
- ein klein wenig
- die Flamme auf klein drehen, stellen

b) ↑K 89:

- das Schiff macht kleine Fahrt *(Seemannsspr.)*
- das sind kleine Fische (*ugs. für* Kleinigkeiten)
- der kleine Grenzverkehr
- das kleine Latinum
- er ist kleiner Leute Kind
- das Auto für den kleinen Mann

II. *Großschreibung*
a) *der Substantivierungen* ↑K 72:

- etwas, nichts, viel, wenig Kleines
- Groß und Klein (*auch für* jedermann); Kleine und Große; die Kleinen und die Großen
- die Kleinen (*für* Kinder); die Kleine (*für* junges Mädchen); meine Kleine *(ugs.)*
- einen Kleinen sitzen haben (*ugs. für* leicht betrunken sein)
- die Gemeinde ist ein Staat im Kleinen
- das ist dasselbe in Klein (*für* im Kleinen)
- vom Kleinen auf das Große schließen
- es ist mir ein Kleines (eine kleine Mühe), dies zu tun
- um ein Kleines (wenig); über ein Kleines (*veraltet für* bald); bis ins Kleins|te (sehr eingehend)

b) *in Namen und bestimmten namensähnlichen Fügungen:*

↑K 134 *u.* 150:
- Pippin der Kleine
- Klein Dora, Klein Udo
- der Kleine Bär, der Kleine Wagen (Sternbilder)
- die Kleine Strafkammer
- die Kleine *od.* kleine Anfrage (im Parlament)

↑K 140:
- Kleiner Belt
- Kleines Walsertal
- Kleine Sundainseln

III. *Schreibung in Verbindung mit Verben:*
a) *In vielen Fällen wird getrennt geschrieben:*

- klein anfangen (ohne Vermögen beginnen)
- klein beigeben (kleinlaut nachgeben)
- klein schreiben (in kleiner Schrift)

Aber:
- kleinschreiben (mit kleinem Anfangsbuchstaben)
- Rücksichtnahme wird bei diesen Leuten kleingeschrieben (*ugs. für* nicht wichtig genommen)

b) *Wenn »klein« das Ergebnis der mit einem folgenden einfachen Verb bezeichneten Tätigkeit angibt, kann getrennt oder zusammengeschrieben werden:*

- klein schneiden *od.* kleinschneiden
- klein hacken *od.* kleinhacken
- klein mahlen *od.* kleinmahlen

c) *Bei übertragener Bedeutung gilt Zusammenschreibung; vgl.* kleinbekommen, kleinkriegen

IV. *In Verbindung mit einem adjektivisch gebrauchten Partizip kann bei nicht übertragener Bedeutung getrennt oder zusammengeschrieben werden* ↑K 58:

- klein gemusterte *od.* kleingemusterte Stoffe
- ein klein kariertes *od.* kleinkariertes Muster
- ein klein gedruckter *od.* kleingedruckter Text
- ein klein geschnittenes *od.* kleingeschnittenes Papier
- das Kleingedruckte *od.* klein Gedruckte lesen

Vgl. aber kleindenkend, kleinkariert

V. *In Straßennamen gilt Getrennt- u. Großschreibung* ↑K 161 *u.* 162:

- Kleine Bockenheimer Straße
- Kleine Riedgasse

klein schnei|den, klein|schnei|den *vgl.* klein

klein|schrei|ben (mit kleinem Anfangsbuchstaben schreiben; nicht wichtig nehmen); das Wort wird kleingeschrieben; Rücksichtnahme wird hier kleingeschrieben; *aber* sie hat immer sehr klein (in kleiner Schrift) geschrieben; *vgl.* klein

Klein|schrei|bung

klein|schrit|tig

Klein|se|rie; ein Modell in Kleinserie fertigen

Klein|sied|lung

Klein|staat *Plur.* ...staaten; **Klein|staa|te|rei**, die; -

Klein|stadt; Klein|städ|ter; Klein|städ|te|rin; klein|städ|tisch

Kleinst|be|trag; Kleinst|kind

Kleinst|le|be|we|sen

kleinst|mög|lich; *dafür besser:* möglichst klein; *nicht korrekt:* kleinstmöglichst

klein|tei|lig

Klein|tier; Klein|tier|zucht

Klein|trans|por|ter

Klein|un|ter|neh|men; Klein|un|ter|neh|mer; Klein|un|ter|neh|me|rin

Klein|ver|brau|cher; Klein|ver|brau|che|rin; Klein|ver|die|ner; Klein|ver|die|ne|rin

Klein|vieh; Klein|wa|gen

klein|weis (*bayr., österr. ugs. für* im Kleinen, nach u. nach)

klein|win|zig

Klein|woh|nung

klein|wüch|sig; Klein|wüch|si|ge, der *u.* die

Kleio *vgl.* Klio

Kleist (dt. Dichter)

Kleis|ter, der; -s, -

kleis|te|rig, kleist|rig; kleis|tern; ich kleistere; **Kleis|ter|topf**

kleis|to|gam ‹griech.› (*Bot.* selbst bestäubend, selbst befruchtend); **Kleis|to|ga|mie**, die; -

kleist|rig *vgl.* kleisterig

Kle|ma|tis [*auch* ...ˈmaː...], die; -, - ‹griech.› (Waldrebe, eine Kletterpflanze)

Kle|mens, Kle|men|tia, ¹Kle|men|ti-

ne *vgl.* Clemens, Clementia, [1]Clementine
[2]**Kle|men|ti|ne** *vgl.* [2]Clementine
Klemm|brett
Klem|me, die; -, -n (*ugs. auch für* Notlage, Verlegenheit)
klem|men; Klem|mer (*landsch. für* Kneifer, Zwicker)
klem|mig (*Bergmannsspr.* fest); klemmiges Gestein
Klemm|map|pe, Klemm-Map|pe
Klemm|schrau|be
[1]**Klem|pe|rer,** Otto (dt. Dirigent)
[2]**Klem|pe|rer,** Victor (dt. Romanist u. Schriftsteller)
klem|pern (*veraltet für* Blech hämmern; lärmen); ich klempere; **Klemp|ner** (Blechschmied); **Klemp|ne|rei; Klemp|ne|rin**
Klemp|ner|la|den (*ugs. für* viele Orden u. Ehrenzeichen auf der Brust); **Klemp|ner|meis|ter; Klemp|ner|meis|te|rin**
klemp|nern (Klempnerarbeiten ausführen); ich klempnere
Klemp|ner|werk|statt
Kleng|an|stalt (Darre zur Gewinnung von Nadelholzsamen)
klen|gen (Nadelholzsamen gewinnen)
Kle|o|pa|t|ra (ägypt. Königin)
[1]**Klep|per** (*ugs. für* altes, entkräftetes Pferd)
[2]**Klep|per**® (Kleppermantel)
Klep|per|boot ↑K136 (Faltboot)
Klep|per|man|tel ↑K136 (wasser-, winddichter Mantel)
Klep|to|kra|tie, die; -, ...ien ⟨griech.⟩ (persönliche Bereicherung durch Ausnutzen gesellschaftlicher Privilegien)
Klep|to|ma|ne, der; -n, -n; **Klep|to|ma|nie,** die; - ⟨griech.⟩ (krankhafter Trieb zum Stehlen); **Klep|to|ma|nin; klep|to|ma|nisch**
kle|ri|kal ⟨griech.⟩ (die Geistlichkeit betreffend; kirchlich)
Kle|ri|ka|lis|mus, der; - (überstarker Einfluss des Klerus auf Staat u. Gesellschaft)
Kle|ri|ker (kath. Geistlicher)
Kle|ri|sei, die; - (*veraltet für* Klerus)
Kle|rus, der; - (kath. Geistlichkeit, Priesterschaft)
Kles|til (früherer österr. Bundespräsident)
Klet|te, die; -, -n
Klet|ten[|haft]|ver|schluss ⟨zum ®»Kletten«⟩ (*svw.* Klettverschluss)
Klet|ten|wur|zel|öl
Klet|te|rei
Klet|te|rer
Klet|ter|farn
Klet|ter|gar|ten *(Bergsteigen);* **Klet|ter|ge|rüst; Klet|ter|gurt; Klet|ter|ha|ken; Klet|te|rin**
Klet|ter|max, der; -es, -e, **Klet|ter|ma|xe,** der; -n, -n (*ugs. für* Fassadenkletterer)
klet|tern; ich klettere
Klet|ter|par|tie
Klet|ter|pflan|ze; Klet|ter|ro|se
Klet|ter|schuh
Klet|ter|seil; Klet|ter|stan|ge; Klet|ter|steig
Klet|ter|tour; Klet|ter|wand
Klett|ver|schluss ⟨*zu* Klette⟩ (Haftverschluss, z. B. an Schuhen)
Klet|ze, die; -, -n (*österr. für* getrocknete Birne)
klet|zeln (*österr. ugs. für* kratzen, zupfen); ich kletz[e]le; **Klet|zen|brot**
Kle|ve (Stadt im westl. Niederrheinischen Tiefland); **Kle|ver; Kle|ve|rin; kle|visch**
Klev|ner (*schweiz. für* blauer Burgunder [eine Reb- u. Weinsorte])
Kle|wi|an, der; -[e]s, -e, *auch* die; -, -en (*Kurzw. für* kleine Windenergieanlage [zur Erzeugung von Elektrizität])
Klez|mer [ˈklɛs...], die; - *od.* der; -s ⟨hebr.-jidd.-amerik.⟩ (traditionelle jüdische Volksmusik)
klick!
Klick, der; -s, -s *meist Plur.* ⟨engl.⟩ (*Sprachwiss.* Schnalzlaut)
kli|cken
Kli|cker, der; -s, - (*landsch. für* Ton-, Steinkügelchen zum Spielen); **kli|ckern;** ich klickere
klie|ben (*veraltet, aber noch landsch. für* [sich] spalten); du klobst *u.* kliebtest; du klöbest *u.* kliebtest; gekloben *u.* gekliebt; klieb[e]!
Kli|ent, der; -en, -en ⟨lat.⟩ (Auftraggeber [eines Anwaltes])
Kli|en|tel, die; -, -en (Auftraggeberkreis [eines Anwaltes])
Kli|en|te|le, die; -, -n (*schweiz. für* Klientel)
Kli|en|tin
klie|ren (*landsch. für* unsauber, schlecht schreiben)
Klie|sche, die; -, -n (*Zool.* eine Schollenart)
Kliff, das; -[e]s, -e (*bes. nordd. für* steiler Abfall einer [felsigen] Küste)
Kli|ma, das; -s, *Plur.* -ta, *selten* -s, *fachspr.* ...mate ⟨griech.⟩ (Gesamtheit der meteorolog. Erscheinungen in einem bestimmten Gebiet)
Kli|ma|ab|kom|men
Kli|ma|än|de|rung
Kli|ma|an|la|ge; Kli|ma|au|to|ma|tik *(Kfz-Technik)*
Kli|ma|be|richt; der jüngste Klimabericht der Vereinten Nationen; ↑K150; **Kli|ma|bi|lanz; Kli|ma|de|bat|te; Kli|ma|er|wär|mung**
Kli|ma|fak|tor *meist Plur.*
Kli|ma|for|scher; Kli|ma|for|sche|rin; Kli|ma|for|schung
Kli|ma|gip|fel *(Politikjargon)*
Kli|ma|kam|mer (Raum, in dem zu Versuchs- u. Heilzwecken ein Klima künstlich erzeugt wird)
Kli|ma|ka|ta|s|t|ro|phe; Kli|ma|kil|ler *(ugs.);* **Kli|ma|kon|fe|renz**
kli|mak|te|risch (das Klimakterium betreffend); klimakterische Jahre (Wechseljahre)
Kli|mak|te|ri|um, das; -s (*Med.* Wechseljahre der Frau)
kli|ma|neu|t|ral; klimaneutrale Kraftwerke
Kli|ma|pa|ket *(Politikjargon)*
Kli|ma|po|li|tik
Kli|ma|schutz, der; -es; **Kli|ma|schutz|agen|tur; Kli|ma|schutz|ziel**
Kli|ma|schwan|kung; Kli|ma|sün|der *(ugs.);* **Kli|ma|sün|de|rin**
Kli|ma|tech|nik; kli|ma|tech|nisch
kli|ma|tisch
kli|ma|ti|sie|ren (Temperatur u. Luftfeuchtigkeit in geschlossenen Räumen automatisch regeln); **Kli|ma|ti|sie|rung**
Kli|ma|to|lo|ge, der; -n, -n; **Kli|ma|to|lo|gie,** die; - (Lehre vom Klima); **Kli|ma|to|lo|gin; Kli|ma|ver|än|de|rung**
Kli|ma|wan|del; Kli|ma|wech|sel
Kli|max, die; -, -e *Plur. selten* (Steigerung; Höhepunkt; *auch für* Klimakterium)
Kli|ma|zo|ne *(Geogr.)*
Klim|bim, der; -s (*ugs. für* überflüssige, unnütze Sachen)
Klim|me, die; -, -n (eine Kletterpflanze)
klim|men (klettern); du klommst (*auch* klimmtest); du klömmest (*auch* klimmtest); geklommen (*auch* geklimmt); klimm[e]!; **Klimm|zug** (eine Turnübung)
Klim|pe|rei *(ugs. abwertend);* **Klim|per|kas|ten** (*ugs. scherzh. für* Klavier)

K
Klim

klim|per|klein (*landsch. für* sehr klein)
klim|pern (klingen lassen, z. B. mit Geld klimpern; *ugs. für* [schlecht] auf dem Klavier o. Ä. spielen); ich klimpere
Klimt (österr. Maler)
kling!; kling, klang!
Klin|ge, die; -, -n
Klin|gel, die; -, -n
Klin|gel|beu|tel; Klin|gel|draht
Klin|ge|lei *(ugs.)*
Klin|gel|gangs|ter (*ugs. für* Verbrecher, der an der Wohnungstür klingelt, den Öffnenden überfällt u. in die Wohnung eindringt); **Klin|gel|gangs|te|rin**
Klin|gel|knopf
klin|geln; ich kling[e]le
Klin|gel|ton *Plur.* ...töne
Klin|gel|zei|chen; Klin|gel|zug
klin|gen; du klangst; es klang; es klänge; geklungen; kling[e]!; **klin|gend**; klingende Namen
kling, klang!; Kling|klang, der; -[e]s; **kling|ling!**
Kling|sor, *bei Novalis* **Kling|sohr** (Name eines sagenhaften Zauberers)
Kli|nik, die; -, -en ‹griech.› ([Spezial]krankenhaus; *nur Sing.:* prakt. med. Unterricht am Krankenbett); **Kli|nik|seel|sor|ge**;
Kli|ni|kum, das; -s, *Plur.* ...ka *u.* ...ken (Komplex von Kliniken; *nur Sing.:* Hauptteil der ärztlichen Ausbildung)
kli|nisch; klinisch tot sein
Klin|ke, die; -, -n; **klin|ken**
Klin|ken|put|zer (*ugs. für* Vertreter; Bettler); **Klin|ken|put|ze|rin**
Klin|ker, der; -s, - (bes. hart gebrannter Ziegel)
Klin|ker|bau *Plur.* ...bauten
Klin|ker|boot (mit ziegelartig übereinandergreifenden Planken)
klin|kern; ein rot geklinkertes *od.* rotgeklinkertes Haus
Klin|ker|stein
Kli|no|chlor, das; -s, *Plur. (Sorten:)* -e ‹griech.› (ein Mineral)
Kli|no|me|ter, das; -s, - (Neigungsmesser)
Kli|no|mo|bil, das; -s, -e ‹griech.; lat.› (Notarztwagen mit klinischer Ausrüstung)
Kli|no|s|tat, der; *Gen.* -[e]s *u.* -en, *Plur.* -e[n] (Apparatur für Pflanzenversuche)
Klin|se, Klin|ze, Klun|se, die; -, -n (*landsch. für* Ritze, Spalte)
Klio (Muse der Geschichte)
[1]**klipp**; *nur in* klipp und klar (*ugs. für* ganz deutlich, unmissverständlich)
Klipp *vgl.* Clip
[2]**klipp!**; klipp, klapp!
Klip|pe, die; -, -n
klip|pen (*landsch. für* hell tönen)
Klip|pen|rand; klip|pen|reich
Klip|per, der; -s, - ‹engl.› (*früher für* schnelles Segelschiff); *vgl. aber* Clipper
Klipp|fisch (luftgetrockneter Kabeljau od. Schellfisch)
Klipp|schlie|fer (einem Murmeltier ähnliches afrik. Säugetier)
Klipp|schu|le (*landsch. u. abwertend für* Elementarschule)
Klips, Clips, der; -es, -e ‹engl.› (*svw.* Clip [Ohrschmuck])
klirr!; klir|ren; Klirr|fak|tor
Kli|schee, das; -s, -s ‹franz.› (Druckstock; Abklatsch; eingefahrene Vorstellung)
kli|schee|haft; Kli|schee|vor|stel|lung; Kli|schee|wort *Plur.* ...wörter; **kli|schie|ren** (ein Klischee anfertigen)
Kli|scho|graf, Kli|scho|graph, der; -en, -en ‹franz.; griech.› (eine elektr. Graviermaschine)
Klis|tier, das; -s, -e ‹griech.› (Einlauf); **klis|tie|ren** (einen Einlauf geben); **Klis|tier|sprit|ze**
Kli|to|ris, die; -, *Plur.* - *u.* ...orides ‹griech.› (*Med.* Teil der w. Geschlechtsorgane)
klitsch!; klitsch, klatsch!; **Klitsch**, der; -[e]s, -e (*mitteld. für* Schlag; breiige Masse)
Klit|sche, die; -, -n (*ugs. für* [ärmlicher] kleiner Betrieb)
klit|schen *(landsch.)*
klit|sche|nass *vgl.* klitschnass
klit|schig (*landsch. für* feucht u. klebrig; unausgebacken)
klitsch|nass, klit|sche|nass *(ugs.)*
klit|tern (*abwertend für* zerstückeln; *landsch. für* zerkleinern, schmieren); ich klittere
Klit|te|rung
klit|ze|klein (*ugs. für* sehr klein)
Klit|zing-Ef|fekt, Klit|zing|ef|fekt, der; -[e]s ‹nach dem dt. Physiker Klaus von Klitzing› (ein physikal. Effekt)
Kli|vie *vgl.* Clivia
KLM (Königliche Niederländische Luftfahrtgesellschaft)
Klo, das; -s, -s (*ugs.; kurz für* Klosett)
Klo|a|ke, die; -, -n ‹lat.› ([unterirdischer] Abwasserkanal; Senkgrube; *Zool.* gemeinsamer Ausgang für Darm-, Harn- u. Geschlechtswege); **Klo|a|ken|tier**
Klo|bas|se, Klo|bas|si, die; -, ...sen ‹slaw.› (*österr. für* eine Wurstsorte)
Klo|ben, der; -s, - (Eisenhaken; gespaltenes Holzstück; *auch für* ungehobelter Mensch)
Klö|ben, der; -s, - (*nordd. für* ein Hefegebäck)
klo|big
Klo|bril|le ‹*zu* Klo› *(ugs.)*; **Klö|chen** (*fam. für* Toilette); **Klo|frau** *(ugs.)*; **Klo|mu|schel** *(bes. österr. ugs.)*
Klon, der; -s, -e ‹engl.› (durch Klonen entstandenes Lebewesen)
Klon|dike [...daik], der; -[s] (Fluss in Kanada)
klo|nen ‹engl.› (durch ungeschlechtliche Vermehrung genetisch identische Kopien von Lebewesen herstellen)
klö|nen (*nordd. für* gemütlich plaudern)
klo|nie|ren (ein einzelnes Gen aus einer Zelle isolieren u. weiterverarbeiten); **Klo|nie|rung**
klo|nisch ‹griech.› (*Med.* krampfartig)
Klon|schaf (geklontes Schaf); Dolly, das erste Klonschaf
Klön|schnack *(nordd.)*
Klo|nung (das Klonen)
Klo|nus, der; -, ...ni (*Med.* krampfartige Zuckungen)
Kloot, der; -[e]s, -en (*nordd. für* Kloß, Kugel); **Kloot|schie|ßen**, das; -s (fries. Eis- od. Rasenspiel [Boßeln])
Klo|pa|pier *(ugs.)*
Klo|pein (Ort in Kärnten); **Klo|pei|ner See**, der; - -s
Klöp|fel, der; -s, - (*veraltet für* Klöppel)
klop|fen; Klop|fer
klopf|fest; klopffestes Benzin
Klopf|fes|tig|keit, die; -
Klopf|peit|sche; Klopf|zei|chen
Klop|pe, die; - (*nordd., mitteld. für* [2]Prügel); Kloppe kriegen
Klöp|pel, der; -s, -; **Klöp|pe|lei; Klöp|pel|kis|sen; Klöp|pel|ma|schi|ne**
klöp|peln; ich klöpp[e]le
Klöp|pel|spit|ze
klop|pen (*nordd., mitteld. für* klopfen, schlagen); sich kloppen; **Klop|pe|rei** (*nordd., mitteld. für* Klopfen; Schlägerei)
Klöpp|ler; Klöpp|le|rin
Klops, der; -es, -e, (auch:) Klöpse (Fleischkloß; *ugs. für* Fehler)

K
klim

Klop|stock (dt. Dichter)
klop|sto|ckisch, klop|stocksch; klopstocksche *od.* Klopstock'sche *od.* klopstockische Verse (nach der Art Klopstocks); eine klopstocksche *od.* Klopstock'sche *od.* klopstockische Ode (von Klopstock)
Klo|schüs|sel *(ugs.)*
Klo|sett, das; -s, *Plur.* -s, *auch* -e ‹engl.› (*veraltend für* Toilettenraum, -becken); **Klo|sett|bril|le; Klo|sett|bürs|te; Klo|sett|de|ckel; Klo|sett|pa|pier; Klo|sett|schüs|sel**
Kloß, der; -es, Klöße; **Kloß|brü|he**
Klöß|chen, Klöß|lein
Klos|ter, das; -s, Klöster
Klos|ter|bi|b|lio|thek; Klos|ter|bru|der; Klos|ter|frau; Klos|ter|gar|ten; Klos|ter|gut; Klos|ter|hof; Klos|ter|kir|che
klös|ter|lich
Klos|ter|pfor|te; Klos|ter|re|gel
Klos|ters (Kurort in Graubünden)
Klos|ter|schu|le
Klö|ten *Plur.* (*nordd. derb für* Hoden)
Klot|hil|de (w. Vorn.); *vgl.* Chlothilde
Klo|tho ‹griech.› (eine der drei Parzen)
Klotz, der; -es, *Plur.* Klötze, *ugs.* Klötzer (*nur Sing. schweiz. ugs. auch für* Geld); **Klotz|beu|te** (eine Art Bienenstock); **Klötz|chen**
[1]**klot|zen** (*Textiltechnik* färben [auf der Klotzmaschine])
[2]**klot|zen;** klotzen, nicht kleckern (*ugs. für* ordentlich zupacken, statt sich mit Kleinigkeiten abzugeben)
klot|zig (*ugs. auch für* sehr viel)
Klub, Club, der; -s, -s ‹engl.› ([geschlossene] Vereinigung, auch deren Räume; *österr. auch für* Fraktion)
Klub|gar|ni|tur, Club|gar|ni|tur (Gruppe von [gepolsterten] Sitzmöbeln)
Klub|haus, Club|haus
Klub|ja|cke, Club|ja|cke
Klub|klau|sur, Club|klau|sur (*österr. Politik* Klausurtagung einer Fraktion)
Klub|mit|glied, Club|mit|glied
Klub|ob|frau, Club|ob|frau (*österr. für* Fraktionsvorsitzende)
Klub|ob|mann, Club|ob|mann (*österr. für* Fraktionsvorsitzender)
Klub|raum, Club|raum
Klub|ses|sel, Club|ses|sel
Klub|zwang, Club|zwang (*österr. für* Fraktionszwang)
[1]**Kluft,** die; -, -en ‹hebr.-jidd.› (*ugs. für* [alte] Kleidung; Uniform)
[2]**Kluft,** die; -, Klüfte (Spalte); **kluf|tig** *(selten);* **klüf|tig** (*Bergbau, sonst veraltet für* zerklüftet)

klug

klü|ger, klügs|te

Großschreibung der Substantivierungen ↑K 72:

- der/die Klügere gibt nach
- es ist das Klügste[,] nachzugeben

Kleinschreibung:

- es ist am klügsten[,] nachzugeben

Schreibung in Verbindung mit Verben ↑K 49 *u.* 56:

- klug sein; klug werden
- sie können sehr klug reden (verständig reden)

Vgl. aber klugreden; klugscheißen

Klü|ge|lei; klü|geln; ich klüg[e]le
klu|ger|wei|se; *aber* in kluger Weise
Klug|heit; Klüg|ler; Klüg|le|rin; klüg|lich *(veraltet)*
klug|re|den (alles besser wissen wollen); weil er dauernd klugredet; **Klug|red|ner**
klug|schei|ßen (*derb für* klugreden); **Klug|schei|ßer** *(ugs. abwertend);* **Klug|schei|ße|rin**
Klug|schna|cker (*nordd. für* Besserwisser); **Klug|schna|cke|rin; Klug|schwät|zer; Klug|schwät|ze|rin**
Klump, der; -s, *Plur.* -e *u.* Klümpe (*nordd. für* Klumpen)
Klum|patsch, der; -[e]s (*ugs. für* [ungeordneter, wertloser] Haufen)
Klümp|chen
klum|pen; der Pudding klumpt
Klum|pen, der; -s, -
klüm|pe|rig, klümp|rig *(landsch.);* klümp[e]riger Pudding
Klump|fuß; klump|fü|ßig
klum|pig; Klümp|lein
klümp|rig *vgl.* klümperig
Klün|gel, der; -s, - (*abwertend für* Gruppe, die Vetternwirtschaft betreibt; Sippschaft, Clique); **Klün|ge|lei** (Vettern-, Parteiwirtschaft); **klün|geln;** ich klüng[e]le
Klu|ni|a|zen|ser, der; -s, - ‹nach dem ostfranz. Kloster Cluny› (Anhänger einer mittelalterl. kirchl. Reformbewegung); **klu|ni|a|zen|sisch**
Klun|ker, die; -, -n *od.* der; -s, - (*landsch. für* Quaste, Troddel; Klümpchen; *ugs. für* Schmuckstein, Juwel); **klun|ke|rig,** klunk|rig (*landsch. für* mit Klunkern)
Klun|se *vgl.* Klinse
Klunt|je, das; -s, -s (*nordd. für* weißes Kandiszuckerstück)
Klup|pe, die; -, -n (zangenartiges Messgerät; *österr. ugs. für* Wäscheklammer); **Klup|perl,** das; -s, -[n]; *vgl.* Pickerl (*bayr. für* Wäscheklammer; *scherzh. für* Finger)
Klus, die; -, -en ‹lat.› (*schweiz. für* Kluse); **Klu|se,** die; -, -n (schluchtartiges Quertal)
Klü|se, die; -, -n ‹niederl.› (*Seemannsspr.* Öffnung im Schiffsbug für die Ankerkette)
Klu|sil, der; -s, -e ‹lat.› (*Sprachwiss.* Verschlusslaut, z. B. p, t, d)
Klü|ten *Plur.* (*nordd. für* Klumpen)
Klü|ver [...v...], der; -s, - ‹niederl.› (*Seemannsspr.* dreieckiges Vorsegel); **Klü|ver|baum**
Klys|ma, das; -s, ...men ‹griech.› (*Med.* Klistier)
Klys|t|ron, das; -s, *Plur.* ...one, *auch* -s ‹griech.› (Elektronenröhre zur Erzeugung u. Verstärkung von Mikrowellen)
Kly|tä|m|nes|t|ra (Gattin Agamemnons)
Kl.-8° = Kleinoktav
k. M. = künftigen Monats
km = Kilometer
km² = Quadratkilometer
km³ = Kubikkilometer
km/h = Kilometer je Stunde
KMK = Kultusministerkonferenz
KMU = kleine und mittlere Unternehmen *(Wirtsch.)*
km-Zahl ↑K 28
kn = Knoten *(Seew.)*
kN = Kilonewton
knab|bern; ich knabbere; *vgl. auch* knappern, knuppern
Knab|ber|zeug *(ugs.)*
Kna|be, der; -n, -n; **Kna|ben|al|ter,** das; -s; **Kna|ben|chor**
kna|ben|haft; Kna|ben|haf|tig|keit
Kna|ben|kraut (eine zu den Orchideen gehörende Pflanze)
Knäb|lein; Knack, der; -[e]s, -e (kurzer, harter, heller Ton)
Knack|arsch *(ugs.)*
Knä|cke, das; -s, - (*kurz für* Knäckebrot); **Knä|cke|brot**
kna|cken

K knac

Kna|cker (*ugs. abwertend für* Mann; *landsch. für* Knackwurst); alter Knacker
knack|frisch
[1]**Kna|cki,** der; -s, -s (*ugs. für* Vorbestrafter; Gefängnisinsasse)
[2]**Kna|cki,** die; -, -s (*ugs. für* Vorbestrafte; Gefängnisinsassin)
kna|ckig; etwas ist knackig frisch
Knack|laut; Knack|man|del
Knack|nuss (*schweiz. für* schwer zu lösendes Problem)
Knack|punkt (entscheidender, problematischer Punkt)
knacks!; knicks, knacks!
Knacks, der; -es, -e (*svw.* Knack; *ugs. auch für* Riss, Schaden)
knack|sen (knacken); du knackst
Knack|wurst
Knag|ge, die; -, -n, **Knag|gen,** der; -s, - (*nordd. für* dreieckige Stütze, Leiste; Winkelstück)
Knäk|en|te (eine Wildente)
Knall, der; -[e]s, -e; Knall und/auf Fall (*ugs. für* plötzlich, sofort)
Knall|bon|bon
knall|bunt
Knall|ef|fekt (*ugs. für* große Überraschung)
knal|len
knall|eng (*ugs. für* sehr eng)
Knal|ler, der; -s, - *(ugs.)*
Knall|erb|se
Knal|le|rei
Knall|frosch; Knall|gas
knall|gelb; knall|grün
knall|hart (*ugs. für* sehr hart)
knal|lig (*ugs. für* grell; sehr, überaus); die knalligs|ten Farben
Knall|kopp, der; -s, ...köppe (*ugs. abwertend für* verrückter Kerl)
Knall|kör|per
knall|rot
Knall|tü|te (*auch ugs. abwertend für* Blender; unfähiger Mensch)
knapp; knapps|te; ↑K 49 *u.* 56 : knapp sein, werden, schneiden usw.; ↑K 58 : ein knapp sitzender *od.* knappsitzender Anzug; eine knapp gehaltene *od.* knappgehaltene Beschreibung; *vgl.* knapphalten
Knap|pe, der; -n, -n (Bergmann; *früher* noch nicht zum Ritter geschlagener jüngerer Adliger)
knap|pern (*landsch. für* knabbern); ich knappere
knapp|hal|ten (*ugs. für* wenig [Geld] geben); er hat seine Kinder immer knappgehalten; *vgl.* knapp
Knapp|heit, die; -
Knapp|sack (*veraltet für* Reisetasche, Brotsack)
Knapp|schaft (Gesamtheit der Bergarbeiter eines Bergwerks od. Reviers); **knapp|schaft|lich**
Knapp|schafts|kas|se; Knapp|schafts|ren|te; Knapp|schafts|ver|ein; Knapp|schafts|ver|si|che|rung
knaps!; knips, knaps!
knap|sen (*ugs. für* geizen; eingeschränkt leben); du knapst
Knar|re, die; -, -n (*ugs. für* Gewehr)
knar|ren
knar|zen (*landsch. für* knarren); **knar|zig**
[1]**Knast,** der; -[e]s, Knäste (*landsch. für* Knorren; Brotkanten)
[2]**Knast,** der; -[e]s, *Plur.* Knäste, *auch* -e ⟨jidd.⟩ (*ugs. für* Gefängnis); **Knast|auf|ent|halt** *(ugs.)*
Knast|bru|der (*ugs. für* [ehemaliger] Gefängnisinsasse)
[1]**Knas|ter,** der; -s, - ⟨niederl.⟩ (*ugs. für* [schlechter] Tabak)
[2]**Knas|ter,** Knast|rer, Knas|te|rer (*landsch. für* verdrießlicher, mürrischer [alter] Mann); **Knas|ter|bart** (*svw.* [2]Knaster); **Knas|te|rer** *vgl.* [2]Knaster
knas|tern (*landsch. für* verdrießlich brummen); ich knastere
Knast|rer *vgl.* [2]Knaster
Knast|schwes|ter (*ugs. für* [ehemalige] Gefängnisinsassin)
Knatsch, der; -[e]s (*ugs. für* Ärger, Streit); **knat|schen** (*landsch. für* nörgeln, mit weinerlicher Stimme reden); **knat|schig** *(ugs.)*
knat|tern; ich knattere
Knäu|el, der *od.* das; -s, -
Knäu|el|gras, Knaul|gras
knäu|eln *vgl.* knäulen
Knauf, der; -[e]s, Knäufe
Knäuf|chen, Knäuf|lein
Knaul, der *od.* das; -s, *Plur.* -e *u.* Knäule (*landsch. für* Knäuel)
Knäul|chen; knäu|len (*ugs. für* zusammendrücken)
Knaul|gras *vgl.* Knäuelgras
Knau|pe|lei *(landsch.);* **knau|pe|lig,** knaup|lig (*landsch. für* knifflig)
Knau|pel|kno|chen; knau|peln (*landsch. für* [ab]nagen; sich abmühen; schwer an etwas tragen); ich knaup[e]le
knaup|lig *vgl.* knaupelig
Knau|ser *(ugs. abwertend);* **Knau|se|rei; knau|se|rig,** knaus|rig
Knau|se|rig|keit, Knaus|rig|keit; **Knau|se|rin**
knau|sern (*ugs. für* übertrieben sparsam sein); ich knausere
Knaus-Ogi|no-Me|tho|de, die; - ⟨nach den Gynäkologen H. Knaus (Österreich) u. K. Ogino (Japan)⟩ (Methode zur Bestimmung der fruchtbaren Tage des weiblichen Zyklus)
knaus|rig usw. *vgl.* knauserig usw.
Knau|tie, die; -, -n ⟨nach dem dt. Botaniker Chr. Knaut⟩ (eine Feld- u. Wiesenblume)
knaut|schen (knittern; *landsch. für* schmatzend essen; verhalten weinen); du knautschst
knaut|schig
Knautsch|lack; Knautsch|le|der
Knautsch|zo|ne *(Kfz-Technik)*
Kne|bel, der; -s, -; **Kne|bel|bart**
kne|beln; ich kneb[e]le
Kne|be|lung, Kneb|lung
Knecht, der; -[e]s, -e
knech|ten; knech|tisch
Knecht Ru|p|recht, der; - -[e]s, - -e
Knecht|schaft, die; -; **Knechts|ge|stalt** *(veraltet);* **Knech|tung**
Kneif, der; -[e]s, -e (*landsch. für* [Schuster]messer); *vgl.* Kneip
knei|fen; du kniffst; du kniffest; gekniffen; kneif[e]!; er kneift ihn (*auch* ihm) in den Arm
Knei|fer (*nordd. für* Klemmer, Zwicker)
Kneif|zan|ge
Kneip, der; -[e]s, -e (*Nebenform von* Kneif)
Knei|pe, die; -, -n (*ugs. für* [einfaches] Lokal mit Alkoholausschank)
[1]**knei|pen** (*landsch. für* kneifen); ich kneipte (*auch* knipp); gekneipt (*auch* geknippen)
[2]**knei|pen** (*ugs. für* sich in Kneipen aufhalten; trinken); ich kneipte; gekneipt
Knei|pen|tour *(ugs.);* **Knei|pen|wirt; Knei|pen|wir|tin; Knei|pe|rei** *(ugs. abwertend);* **Knei|pi|er** [...ˈpi̯eː], der; -s, -s (*ugs. für* Kneipenwirt)
Kneipp (dt. kath. Geistlicher u. Heilkundiger; ® ein von ihm entwickeltes Wasserheilverfahren); **kneip|pen** (eine Wasserkur nach Kneipp machen); **Kneipp|kur** ↑K 136
Kneip|zan|ge (*landsch. für* Kneifzange)
Knes|set, Knes|seth, die; - ⟨hebr., »Versammlung«⟩ (israel. Parlament)
knet|bar
Kne|te, die; - (*ugs. für* Knetmasse; *auch für* Geld)
kne|ten
Knet|gum|mi, der *od.* das; -s, -s (Knetmasse); **Knet|ha|ken**

K
Knac

Knet|kur (*ugs. für* Massage)
Knet|ma|schi|ne; Knet|mas|sa|ge; Knet|mas|se; Knet|mes|ser, das
knib|beln (*mitteld. für* sich mit den Fingern an etwas zu schaffen machen); ich knibb[e]le
Knick, der; -[e]s, *Plur.* -e, (*für* Hecke:) -s (scharfer Falz, scharfe Krümmung, Bruch; *nordd. auch für* Hecke als Einfriedung)
Kni|cke|bein, der; -s (Eierlikör [als Füllung in Pralinen u. Ä.])
Knick|ei (angeschlagenes Ei)
kni|cken
[1]**Kni|cker** (Jagdmesser; *ugs. für* Geizhals)
[2]**Kni|cker** (*nordd. für* Murmel)
Kni|cker|bo|cker, *engl.* **Kni|cker|bo|ckers** ['nɪ...] *Plur.* (halblange Pumphose)
Kni|cke|rei (*ugs. abwertend)*
kni|cke|rig, knick|rig (*ugs. abwertend); **Kni|cke|rig|keit,*** Knick|rigkeit, die; - (*ugs.)*
Kni|cke|rin ⟨*zu* [1]Knicker⟩
kni|ckern (*ugs. für* geizig sein); ich knickere
knick|rig usw. *vgl.* knickerig usw.
knicks!; knicks, knacks!
Knicks, der; -es, -e; **knick|sen;** du knickst
Kni|ckung
Knie, das; -s, - ['kni:ə, *auch* kni:]; auf den Knien liegen; auf die Knie!; **Knie|beu|ge**
Knie|bis, der; - (Erhebung im nördl. Schwarzwald)
Knie|bre|che, die; - (mitteld. Name steiler Höhenwege)
Knie|bund, der; **Knie|bund|ho|se**
Knie|fall, der; **knie|fäl|lig**
knie|frei
Knie|gei|ge (*für* Gambe)
Knie|ge|lenk; Knie|ge|lenk|ent|zün|dung
knie|hoch; der Schnee liegt kniehoch; **Knie|hö|he,** die; -
Knie|holz (niedrige Bergkiefern); **Knie|ho|se; Knie|keh|le**
knie|lang; Knie|län|ge; knie|lings (*selten für* kniend)
kni|en [kni:n, *auch* 'kni:ən]; ich knie ['kni:ə, *auch* kni:]; du knietest; kniend; gekniet; knie! ['kni:ə, *auch* kni:]
Knie-OP; *vgl.* [2]OP; ↑K28; **Knie|ope|ra|ti|on**
Kniep|au|gen (*landsch. für* kleine, lebhafte Augen)
Knies, der; -es (*landsch. für* Dreck; Streit)
Knie|schei|be; Knie|scho|ner; Knie|schüt|zer; Knie|strumpf
knie|tief; knietiefes Wasser
kniet|schen, kniet|schen (*landsch. für* zerdrücken; weinerlich sein); du kni[e]tschst
Knie|ver|let|zung
kniff *vgl.* kneifen
Kniff, der; -[e]s, -e; **Knif|fe|lei** (knifflige Arbeit); **knif|fe|lig,** kniff|lig; **Knif|fe|lig|keit,** Kniff|lig|keit; **knif|fen;** geknifft
kniff|lig usw. *vgl.* kniffelig usw.
Knig|ge, der; -[s], -[s] ⟨nach Adolph Freiherr von Knigge⟩ (Buch über Umgangsformen)
Knilch, Knülch, der; -s, -e (*ugs. für* unangenehmer Mensch)
knil|le *vgl.* knülle
knips!; knips, knaps!
Knips, der; -es, -e
knip|sen; du knipst
Knip|ser (*ugs.); **Knip|se|rin; Knips|zan|ge*** (*ugs.)*
Knirps, der; -es, -e (kleiner Junge od. Mann; ® ein zusammenschiebbarer Regenschirm)
knir|schen; du knirschst
knis|tern; ich knistere
knit|schen *vgl.* knietschen
Knit|tel *vgl.* Knüttel
Knit|tel|vers (vierhebiger, unregelmäßiger Reimvers)
Knit|ter, der; -s, -
knit|ter|arm; Knit|ter|fal|te
knit|ter|fest; knit|ter|frei
knit|te|rig, knitt|rig; **knit|tern;** ich knittere; **knitt|rig** *vgl.* knitterig
Kno|bel, der; -s, - (*landsch. für* [Finger]knöchel; Würfel)
Kno|bel|be|cher (*scherzh. auch für* Militärstiefel)
kno|beln ([aus]losen; würfeln; lange nachdenken); ich knob[e]le
Knob|lauch [*auch* 'knɔp...], der; -[e]s
Knob|lauch|but|ter; Knob|lauch|pil|le; Knob|lauch|salz; Knob|lauch|wurst; Knob|lauch|ze|he; Knob|lauch|zwie|bel
Knö|chel, der; -s, -; **Knö|chel|chen**
knö|chel|lang; knö|chel|tief
Kno|chen, der; -s, -
Kno|chen|ar|beit (*ugs. für* sehr anstrengende körperliche Arbeit)
Kno|chen|bau, der; -[e]s; **Kno|chen|bruch,** der; **Kno|chen|er|wei|chung; Kno|chen|fraß,** der; -es; **Kno|chen|ge|rüst** (*ugs. auch für* magerer Mensch)
kno|chen|hart (sehr hart)
Kno|chen|hau|er (*nordd. veraltet für* Fleischer); **Kno|chen|hau|e|rin**
Kno|chen|haut; Kno|chen|haut|ent|zün|dung
Kno|chen|job, der (*ugs. für* besonders anstrengende, unangenehme Arbeit)
Kno|chen|mann, der; -[e]s (*volkstüml. für* Tod als Gerippe)
Kno|chen|mark; Kno|chen|mark[s]|spen|der; Kno|chen|mark[s]|spen|de|rin; Kno|chen|mark[s]|trans|plan|ta|ti|on *(Med.)*
Kno|chen|mehl; Kno|chen|müh|le (altes, ungefedertes Fahrzeug; Unternehmen, in dem strapaziöse Arbeit geleistet werden muss)
Kno|chen|na|ge|lung *(Med.);* **Kno|chen|schwund; Kno|chen|split|ter**
kno|chen|tro|cken (*ugs. für* sehr trocken)
knö|che|rig, knöch|rig (aus Knochen; knochenartig); **knö|chern** (aus Knochen)
kno|chig (mit starken Knochen)
Kno|chig|keit, die; -
knöch|rig *vgl.* knöcherig
knock-out, knock|out [nɔk'|aut] ⟨engl.⟩ (*Boxen* niedergeschlagen, kampfunfähig; *Abk.* k. o. [ka:'-|o:]); jmdn. k. o. schlagen; **Knock-out, Knock|out,** der; -[s], -s (Niederschlag; *übertr. für* völlige Vernichtung; *Abk.* K. o.); **Knock-out-Schlag, Knock|out|schlag** (*Abk.* K.-o.-Schlag)
Knö|del, der; -s, - (*bes. südd., österr. für* Kloß)
knö|deln (*ugs. für* undeutlich singen od. sprechen); ich knöd[e]le
Kno|fel, der; -s *(landsch.),* **Kno|fi,** der; -s (*ugs. für* Knoblauch)
Knöll|chen
Knol|le, die; -, -n, *landsch.* **Knol|len,** der; -s, -
Knol|len|blät|ter|pilz (ein Giftpilz)
Knol|len|fäu|le (Krankheit der Kartoffel)
knol|len|för|mig
Knol|len|frucht; Knol|len|na|se; knol|len|na|sig; Knol|len|sel|le|rie
knol|lig
Knopf, der; -[e]s, Knöpfe (*österr. ugs. auch für* Knoten)
Knopf|au|ge *meist Plur.*
Knöpf|chen
Knopf|druck *Plur.* ...drücke; ein Knopfdruck genügt
knöp|fen; Knöpf|lein
Knöpf|li *Plur.* (*schweiz. für* [eine Art] Spätzle)
Knopf|loch
Knopf|loch|chi|r|ur|gie (*ugs. für* minimalinvasive Chirurgie)

K
Knop

Knopf|loch|sei|de
Knop|per, die; -, -n (Gallapfel, z. B. an grünen Eichelkelchen)
knö|ren (*Jägerspr.* leise röhren [vom Hirsch])
knor|ke (*bes. berlin. für* prima)
Knor|pel, der; -s, -; **knor|pe|lig, knorp|lig**
Knorr-Brem|se® ⟨nach dem dt. Ingenieur G. Knorr⟩ ↑K136
Knor|ren, der; -s, - (*landsch. für* krummer Teil eines Astes od. Baumstammes mit vielen Verdickungen; Baumstumpf); **knor|rig**
Knorz, der; -es, -e (*südd., landsch. für* Knorren, Baumstumpf; *schweiz. auch für* mühseliger, beschwerlicher Vorgang)
knor|zen (*schweiz. für* sich plagen; geizig sein); **Knor|zer** ⟨*zu* knorzen⟩ (geiziger Mensch); **Knor|ze|rin; knor|zig**
Knösp|chen
Knos|pe, die; -, -n; **knos|pen;** geknospt; **knos|pig**
Knösp|lein; Knos|pung
Knos|sos (altkret. Stadt)
Knöt|chen
knö|teln (kleine Knoten sticken); ich knöt[e]le
kno|ten; geknotet
Kno|ten, der; -s, - (*auch* Marke an der Logleine, Seemeile je Stunde [*Zeichen* kn])
kno|ten|för|mig
Kno|ten|punkt; Kno|ten|stock
Knö|te|rich, der; -s, -e (eine Pflanze)
kno|tig
Knot|ten|erz (Buntsandstein mit eingesprengtem Bleiglanz)
knot|zen (*österr. ugs. für* [sich] lümmeln)
Know-how, Know|how [noːˈhau, *auch* ˈnoː...], das; -[s] ⟨engl.⟩ (Wissen, wie man eine Sache praktisch verwirklicht od. anwendet)
Know-how-Trans|fer, Know|how-trans|fer ↑K26
Knub|be, die; -, -n, **Knub|ben,** der; -s, - (*nordd. für* Knorren; Knospe; Geschwulst)
Knub|bel, der; -s, - (*landsch. für* knotenähnliche Verdickung)
knub|be|lig, knubb|lig *(landsch.)*
knub|beln, sich (*ugs. für* sich drängen); ich knubb[e]le mich
Knub|ben *vgl.* Knubbe
knubb|lig *vgl.* knubbelig
knud|de|lig *(landsch.)*
knud|deln (*landsch. für* umarmen [u. küssen]; zerknüllen); ich knudd[e]le
Knuff, der; -[e]s, Knüffe (*ugs. für* Puff, Stoß); **knuf|fen** *(ugs.);* **knuf|fig** *(ugs.)*
Knülch *vgl.* Knilch
knüll, knül|le (*ugs. für* betrunken; *landsch. für* erschöpft)
knül|len (zerknittern)
Knül|ler (*ugs. für* Sensation)
Knüpf|ar|beit
knüp|fen
Knüpf|tep|pich; Knüp|fung
Knüpf|werk
Knüp|pel, der; -s, -
Knüp|pel|aus|dem|sack [*auch* ...ˈzak], der; -; Knüppelausdemsack spielen (*scherzh.* prügeln)
Knüp|pel|damm
knüp|pel|dick (*ugs. für* sehr schlimm)
knüp|pel|hart (*ugs. für* sehr hart)
knüp|peln (mit einem Knüppel schlagen; *ugs. auch für* gehäuft auftreten); ich knüpp[e]le
Knüp|pel|schal|tung
knup|pern (*landsch. für* knabbern); ich knuppere
knur|ren
Knurr|hahn (ein Fisch; *ugs. für* mürrischer Mensch)
knur|rig; ein knurriger Mensch; **Knur|rig|keit,** die; -
Knurr|laut
knü|se|lig (*landsch. für* unsauber)
Knus|per|chen (Gebäck)
Knus|per|flo|cken *Plur.*
Knus|per|häus|chen
knus|pe|rig *vgl.* knusprig
knus|pern; ich knuspere
knusp|rig, knus|pe|rig; am knusp[e]rigs|ten; Brot knusp[e]rig backen
Knust, der; -[e]s, *Plur.* -e *u.* Knüste (*nordd. für* Endstück des Brotes)
Knut (m. Vorn.)
Knu|te, die; -, -n ⟨germ.-russ.⟩ (Lederpeitsche); unter jmds. Knute (von jmdm. unterdrückt); **knu|ten** (knechten)
knut|schen (*ugs. für* heftig küssen); du knutschst
Knut|sche|rei *(ugs.)*
Knutsch|fleck *(ugs.)*
Knüt|tel, der; -s, - (Knüppel)
Knüt|tel|vers *vgl.* Knittelvers
k. o. = knock-out *(vgl. d.);* k. o. schlagen
K. o. = Knock-out; K.-o.-Schlag, K.-o.-Niederlage
kΩ = Kiloohm
Ko|ad|ju|tor [*auch* ...ˈjuː...], der; -s, ...oren ⟨lat.⟩ (Amtsgehilfe eines kath. Geistlichen, bes. eines Bischofs)
Ko|agu|lans, das; -, ...lantia *u.* ...lanzien *meist Plur.* ⟨lat.⟩ (*Med.* die Blutgerinnung förderndes Mittel)
Ko|agu|lat, das; -[e]s, -e ⟨lat.⟩ (*Chemie* aus kolloidaler Lösung ausgeflockter Stoff)
Ko|agu|la|ti|on, die; -, -en (Ausflockung); **ko|agu|lie|ren**
Ko|agu|lum, das; -s, ...la (*Med.* Blutgerinnsel)
Ko|a|la, der; -s, -s ⟨austral.⟩ (kleiner austral. Beutelbär); **Ko|a|la|bär**
ko|a|lie|ren, ko|a|li|sie|ren ⟨franz.⟩ (verbinden; sich verbünden)
Ko|a|li|ti|on, die; -, -en (Vereinigung, Bündnis; Zusammenschluss [von Staaten]); ↑K89: die Kleine *od.* kleine Koalition, die Große *od.* große Koalition
ko|a|li|ti|o|när
Ko|a|li|ti|o|när, der; -s, -e *meist Plur.* (Koalitionspartner); **Ko|a|li|ti|o|nä|rin; Ko|a|li|ti|ons|aus|sa|ge; Ko|a|li|ti|ons|bil|dung; Ko|a|li|ti|ons|frak|ti|on**
Ko|a|li|ti|ons|frei|heit; Ko|a|li|ti|ons|krieg; Ko|a|li|ti|ons|pakt (*österr. für* Koalitionsvereinbarung); **Ko|a|li|ti|ons|par|tei**
Ko|a|li|ti|ons|part|ner; Ko|a|li|ti|ons|part|ne|rin; Ko|a|li|ti|ons|po|li|ti|ker; Ko|a|li|ti|ons|po|li|ti|ke|rin; Ko|a|li|ti|ons|recht, das; -[e]s; **Ko|a|li|ti|ons|re|gie|rung; Ko|a|li|ti|ons|ver|ein|ba|rung**
Ko|a|li|ti|ons|ver|hand|lung *meist Plur.;* **Ko|a|li|ti|ons|ver|trag**
Ko|au|tor, Ko|n|au|tor, der; -s, -en ⟨lat.⟩ (Mitverfasser); **Ko|au|to|rin,** Kon|au|to|rin
ko|axi|al ⟨lat.⟩ (mit gleicher Achse); **Ko|axi|al|ka|bel** *(Technik)*
Ko|balt, Co|balt, das; -s ⟨*nach* Kobold *gebildet*⟩ (chemisches Element, Metall; *Zeichen* Co); **ko|balt|blau**
Ko|balt|bom|be; Ko|balt|ka|no|ne (*Med.* ein Bestrahlungsgerät); **Ko|balt|ver|bin|dung**
Ko|bel, der; -s, - (Nest des Eichhörnchens; *südd., österr. für* Verschlag, Koben)
Ko|ben, der; -s, - (Verschlag; Käfig; Stall)
Kø|ben|havn [køːbn̩ˈhaun] (*dän. Form von* Kopenhagen)

Ko|ber, der; -s, - (*landsch. für* Korb [für Esswaren])
Ko|b|lenz (Stadt an der Mündung der Mosel); **Ko|b|len|zer; Ko|b|len|ze|rin; ko|b|len|zisch**
Ko|bold, der; -[e]s, -e (neckischer Geist); **ko|bold|haft**
Ko|bolz, der; *nur noch in* Kobolz schießen (Purzelbaum schlagen); **ko|bol|zen;** kobolzt
Ko|b|ra, die; -, -s ‹port.› (Brillenschlange)
[1]**Koch,** der; -[e]s, Köche
[2]**Koch,** das; -[e]s (*bayr., österr. für* Brei)
Koch|beu|tel; Koch|buch
koch|echt
kö|cheln (leicht kochen); die Soße köchelt; ich köch[e]le
Kö|chel|ver|zeich|nis, das; -ses ‹nach dem Musikgelehrten Ludwig von Köchel› (Verzeichnis der Werke Mozarts; *Abk.* KV); ↑K136
ko|chen; kochend heißes Wasser; das Wasser ist kochend heiß
[1]**Ko|cher,** der; -s, - (Kochgerät)
[2]**Ko|cher,** der; -s (rechter Nebenfluss des Neckars)
Kö|cher, der; -s, - (Behälter für Pfeile)
Ko|che|rei; Koch|feld
koch|fer|tig; koch|fest
Koch|ge|le|gen|heit; Koch|ge|schirr
Koch|hau|be (*bes. österr.*)
Kö|chin
Koch|kä|se; Koch|kunst; Koch|kurs
Koch|löf|fel; Koch|müt|ze
Koch|ni|sche; Koch|plat|te
Koch|re|zept
Koch|salz, das; -es; **koch|salz|arm**
Koch|schin|ken
Koch|scho|ko|la|de
Koch|show (*bes. Fernsehen);* **Koch|stel|le; Koch|topf; Koch|wä|sche**
Koch|zeit
Ko|da *vgl.* Coda
Ko|dály [...dai], Zoltán [ˈzɔlta:n] (ung. Komponist)
kod|de|rig, kodd|rig (*landsch. für* schlecht; unverschämt, frech; übel); **Kod|der|schnau|ze**
kodd|rig *vgl.* kodderig
Kode [ko:t] *vgl.* Code
Ko|de|in *vgl.* Codein
Kode|num|mer *vgl.* Codenummer
Kö|der, der; -s, - (Lockmittel); **Kö|der|fisch; kö|dern;** ich ködere
Kode|wort *Plur.* ...wörter; *vgl.* Codewort
Ko|dex, der; *Gen.* -es *u.* -, *Plur.* -e *u.* ...dizes, Co|dex, der; -, ...dices ‹lat.› (Handschriftensammlung; Gesetzbuch; ungeschriebene Verhaltensregeln)
ko|die|ren *vgl.* codieren; **Ko|die|rung** *vgl.* Codierung
Ko|di|fi|ka|ti|on, die; -, -en (zusammenfassende Regelung eines größeren Rechtsgebietes; Gesetzessammlung); **ko|di|fi|zie|ren; Ko|di|fi|zie|rung** (Kodifikation)
Ko|di|zill, das; -s, -e (*Rechtsspr.* letztwillige Verfügung; Zusatz zum Testament)
Ko|edu|ka|ti|on [*auch* ...ˈtsio:n], die; - ‹engl.› (gemeinsamer Schulunterricht für Mädchen u. Jungen)
Ko|ef|fi|zi|ent, der; -en, -en ‹lat.› (*Math.* Multiplikator der veränderl. Größe[n] einer Funktion; *Physik* kennzeichnende Größe)
Ko|er|zi|tiv|feld|stär|ke ‹lat.; dt.› (*Physik*)
ko|exis|tent [*auch* ...ˈtɛnt]; **Ko|exis|tenz** [*auch* ...ˈtɛnts], die; - ‹lat.› (gleichzeitiges Vorhandensein unterschiedlicher Dinge); friedliche Koexistenz (*Politik*)
ko|exis|tie|ren [*auch* ...ˈti:...]
Ko|fel, der; -s, - (*bayr. u. westösterr. für* Bergkuppe)
Ko|fen, der; -s, - (*nordd. für* Koben)
Kof|fe|in, Cof|fe|in, das; -s ‹arab.› (Wirkstoff von Kaffee u. Tee)
kof|fe|in|frei; kof|fe|in|hal|tig
Kof|fer, der; -s, - ‹franz.›; **Kof|fer|an|hän|ger**
Kof|fer|bom|ber (jmd., der einen Terroranschlag mit in einem Koffer verborgenem Sprengstoff verübt); **Köf|fer|chen**
Kof|fer|de|ckel; Kof|fer|ge|rät; Kof|fer|ku|li (Transportwagen auf Bahnhöfen, Flughäfen usw.)
Kof|fer|ra|dio; Kof|fer|raum; Kof|fer|schloss; Kof|fer|schlüs|sel
Kof|fer|schreib|ma|schi|ne
ko|fi|nan|zie|ren (sich finanziell beteiligen); **Ko|fi|nan|zie|rung**
Köf|te, die; -, - *od.* das; -[s], - ‹türk.› (Hackfleischbällchen)
Kog *vgl.* Koog
[1]**Ko|gel,** der; -s, - (*österr. für* Bergkuppe)
[2]**Ko|gel,** die; -, -n (*veraltet für* Kapuze)
Kog|ge, die; -, -n (dickbauchiges Hanseschiff)
Ko|g|nak [ˈkɔnjak], der; -s, -s (*ugs. für* Weinbrand); drei Kognak; *vgl. aber* [2]Cognac
Ko|g|nak|boh|ne; Ko|g|nak|glas
Ko|g|nak|kir|sche
Ko|g|nak|schwen|ker
Ko|g|nat, der; -en, -en ‹lat.› (Blutsverwandter, der nicht Agnat ist)
Ko|g|ni|ti|on, die; -, -en ‹lat.› (das Erkennen, Wahrnehmen); **ko|g|ni|tiv** (die Erkenntnis betreffend)
Ko|g|no|men, das; -s, *Plur.* - *u.* ...mina ‹lat.› (Beiname im antiken Rom)
Ko|ha|bi|ta|ti|on, die; -, -en ‹lat.› (*Med.* Geschlechtsverkehr; *Politik* [in Frankreich] Zusammenarbeit des Staatspräsidenten mit einer Regierung einer anderen polit. Richtung)
ko|ha|bi|tie|ren
ko|hä|rent ‹lat.› (zusammenhängend); kohärentes Licht (*Physik);* **Ko|hä|renz,** die; -
ko|hä|rie|ren (Kohäsion zeigen); **Ko|hä|si|on,** die; -, -en (*Physik* Zusammenhalt der Moleküle eines Körpers); **ko|hä|siv**
[1]**Kohl,** der; -[e]s, *Plur. (Sorten:)* -e (ein Gemüse)
[2]**Kohl,** der; -[e]s ‹hebr.› (*ugs. für* Unsinn); Kohl reden
Kohl|dampf, der; -[e]s (*ugs. für* Hunger); Kohldampf schieben
Koh|le, die; -, -n; Kohle führende *od.* kohleführende Flöze
Koh|le|berg|bau, Koh|len|berg|bau
Koh|le|fa|den usw. *vgl.* Kohle[n]faden usw.
Koh|le för|dernd, koh|le|för|dernd ↑K58
Koh|le füh|rend, koh|le|füh|rend ↑K58
koh|le|hal|tig
Koh|le|herd, Koh|len|herd
Koh|le|hy|d|rat *vgl.* Kohlenhydrat
Koh|le|hy|d|rie|rung, die; - (*Chemie*)
Koh|le|im|port, Koh|len|im|port
Koh|le|kraft|werk
[1]**koh|len** (nicht mit voller Flamme brennen; *Seemannsspr.* Kohlen übernehmen)
[2]**koh|len** ‹*zu* [2]Kohl› (*ugs. für* aufschneiden, schwindeln)
Koh|len|be|cken; Koh|len|berg|werk; Koh|len|bun|ker
Koh|len|di|oxid, Koh|len|di|oxyd *vgl.* Oxid; **Koh|len|di|oxid|ver|gif|tung, Koh|len|di|oxyd|ver|gif|tung**
Koh|len|ei|mer
Koh|le[n]|fa|den; Koh|le[n]|fa|den|lam|pe
Koh|len|feu|er; Koh|len|flöz; Koh|len|gru|be; Koh|len|grus; Koh|len|hal|de; Koh|len|hei|zung

K
Kohl

Koh|len|herd, Koh|le|herd
Koh|len|hy|d|rat, Koh|le|hy|d|rat (zucker- od. stärkeartige chem. Verbindung)
Koh|len|im|port, Koh|le|im|port
Koh|len|mei|ler
Koh|len|mo|n|o|xid, Koh|len|mo|n|o|xyd *vgl.* Oxid; **Koh|len|mo|n|o|xid|ver|gif|tung, Koh|len|mo|n|o|xyd|ver|gif|tung**
Koh|len|pott, der; -s (*ugs. für* Ruhrgebiet)
koh|len|sau|er; kohlensaures Natron; **Koh|len|säu|re**
Koh|len|schau|fel; Koh|len|staub
Koh|len|stoff (chemisches Element; *Zeichen* C)
Koh|len|was|ser|stoff
Koh|le|pa|pier; Koh|le|pfen|nig (*ugs. für* die bis 1995 dem Strompreis zugeschlagene Abgabe zugunsten des Kohlenbergbaus)
[1]**Köh|ler**
[2]**Köh|ler** (neunter dt. Bundespräsident)
Köh|le|rei; Köh|ler|glau|be, der; -ns (blinder Glaube); **Köh|le|rin**
Koh|le|stift, der (ein Zeichenstift)
Koh|le|strom
Koh|le|ver|flüs|si|gung; Koh|le|ver|ga|sung; Koh|le|zeich|nung
Kohl|her|nie (eine Pflanzenkrankheit); **Kohl|kopf**
Kohl|mei|se (ein Vogel)
Kohl|ra|be (*für* Kolkrabe); **kohl|ra|ben|schwarz**
Kohl|ra|bi, der; -[s], -[s] ⟨ital.⟩ (ein Gemüse)
Kohl|rau|pe
Kohl|rou|la|de; Kohl|rü|be
kohl|schwarz
Kohl|spros|se (*österr. für* Röschen des Rosenkohls); **Kohl|strunk; Kohl|sup|pe**
Kohl|weiß|ling (ein Schmetterling)
Ko|hor|te, die; -, -n ⟨lat.⟩ (*Geschichte* der 10. Teil einer röm. Legion; *Soziol., Med., Tiermed.* nach bestimmten Kriterien zusammengestellte Gruppe von Menschen od. Tieren); **Ko|hor|ten|tö|tung** *(Tiermed.)*
Ko|hout ['kɔhɔu̯t], Pavel ['pavɛl] (tschech. Schriftsteller)
Koi, der; -s, -s ⟨jap.⟩ (Farbkarpfen)
Koi|ne, die; -, Koinai ⟨griech.⟩ (griech. Gemeinsprache der hellenist. Welt; *Sprachwiss.* übermundartl. Gemeinsprache)
ko|in|zi|dent ⟨lat.⟩ (*fachspr. für* zusammenfallend); **Ko|in|zi|denz,** die; -, -en (Zusammentreffen von Ereignissen); **ko|in|zi|die|ren**
Koi|teich ⟨*zu* Koi⟩
ko|i|tie|ren ⟨lat.⟩ (*Med.* den Koitus vollziehen); **Ko|i|tus,** Co|i|tus, der; -, *Plur.* - *u.* -se (*Med.* Geschlechtsakt)
Ko|je, die; -, -n ⟨niederl.⟩ (Schlafstelle [auf Schiffen]; Ausstellungsstand)
Ko|jo|te, Co|yo|te, der; -n, -n ⟨mexik.⟩ (nordamerik. Präriewolf; Schimpfwort)
Ko|ka, Co|ca, die; -, - ⟨indian.⟩ (*kurz für* Kokastrauch); **Ko|ka|in,** das; -s (ein Betäubungsmittel; eine Droge); **Ko|ka|i|nis|mus,** der; - (Kokainabhängigkeit); **ko|ka|in|süch|tig**
Ko|kar|de, die; -, -n ⟨franz.⟩ (Abzeichen an Uniformmützen)
Ko|ka|strauch (ein Strauch mit Kokain enthaltenden Blättern)
ko|keln (*landsch. für* mit Feuer spielen); ich kok[e]le; *vgl.* gokeln
ko|ken ⟨engl.⟩ ([1]Koks herstellen)
[1]**Ko|ker,** der; -s, - (*Seemannsspr.* Öffnung im Schiffsheck für den Ruderschaft)
[2]**Ko|ker** (Koksarbeiter); **Ko|ke|rei** (Kokswerk; *nur Sing.:* Koksgewinnung)
ko|kett ⟨franz.⟩ (eitel, gefallsüchtig); **Ko|ket|te|rie,** die; -, ...ien
ko|ket|tie|ren
Ko|kil|le, die; -, -n ⟨franz.⟩ (mehrfach verwendbare Gussform)
Ko|kil|len|guss
Kok|ke, die; -, -n, **Kok|kus,** der; -, Kokken *meist Plur.* ⟨griech.⟩ (kugelförmige Bakterie)
Kok|kels|kör|ner *Plur.* ⟨griech.; dt.⟩ (Giftsamen zum Fischfang)
Kök|ken|möd|din|ger *Plur.* ⟨dän., »Küchenabfälle«⟩ (steinzeitl. Abfallhaufen)
Kok|ko|lith, der; *Gen.* -s *u.* -en, *Plur.* -e[n] ⟨griech.⟩ (*Geol.* Gestein der Tiefsee)
Kok|kus *vgl.* Kokke
Ko|ko|lo|res, der; - (*ugs. für* Unsinn)
Ko|kon [...'kõ:, *österr.* ko'ko:n], der; -s, -s ⟨franz.⟩ (Hülle der Insektenpuppen); **Ko|kon|fa|ser**
Ko|kos|bus|serl (*österr. für* ein Gebäck)
Ko|kosch|ka [*auch* 'kɔ...] (österr. Maler u. Dichter)
Ko|ko|sette [...'zɛt], das; -s ⟨span.⟩ (*österr. für* Kokosflocken)
Ko|kos|fa|ser; Ko|kos|fett; Ko|kos|flo|cken *Plur.*
Ko|kos|läu|fer; Ko|kos|mat|te
Ko|kos|milch; Ko|kos|nuss; Ko|kos|öl; Ko|kos|pal|me; Ko|kos|ras|pel, der *meist Plur.*
Ko|kos|tep|pich
Ko|kot|te, die; -, -n ⟨franz.⟩ (*veraltet für* Dirne, Halbweltdame)
[1]**Koks,** der; -es, -e ⟨engl.⟩ (ein Brennstoff aus Kohle; *nur Sing.: ugs. scherzh. für* Geld)
[2]**Koks,** der, *auch* das; -es ⟨indian.⟩ (*ugs. für* Kokain)
[3]**Koks,** der; -[es], -e ⟨jidd.⟩ (*ugs. für* steifer Hut)
kok|sen (*ugs. für* Kokain nehmen); du kokst; **Kok|ser** (*ugs. für* Kokainkonsument); **Kok|se|rin**
Koks|ofen; Koks|staub
Ko|ky|tos, Ko|zy|tus, der; - (ein Fluss der Unterwelt in der griech. Sage)
Kok|zi|die, die; -, -n *meist Plur.* ⟨griech.⟩ (krankheitserregende Sporentierchen); **Kok|zi|di|o|se,** die; -, -n (durch Kokzidien verursachte Tierkrankheit)
[1]**Ko|la** (*Plur. von* Kolon)
[2]**Ko|la** (Halbinsel im Nordwesten Russlands)
Ko|la|ni, Co|la|ni, der; -s, -s (warmes, hüftlanges Jackett)
Ko|la|nuss; Ko|la|strauch
Ko|lat|sche, Go|lat|sche, die; -, -n ⟨tschech.⟩ (*österr. für* kleiner, gefüllter Hefekuchen)
Kol|ben, der; -s, -; **Kol|ben|dampf|ma|schi|ne; Kol|ben|fres|ser** (*ugs. für* Motorschaden durch festsitzenden Kolben)
Kol|ben|hir|se
Kol|ben|hub; Kol|ben|ring; Kol|ben|stan|ge
kol|big (kolbenförmig)
Kol|chis, die; - (antike Landschaft am Schwarzen Meer)
Kol|chos, der; -, ...ose, Kol|cho|se, die; -, -n ⟨russ.⟩ (landwirtschaftl. Produktionsgenossenschaft in der ehem. Sowjetunion); **Kol|chos|bau|er** *vgl.* [2]Bauer; **Kol|chos|bäu|e|rin; Kol|cho|se** *vgl.* Kolchos
kol|dern (*südd., schweiz. mdal. für* schmollen); ich koldere
Ko|le|o|p|te|ren *Plur.* ⟨griech.⟩ (*Zool.* Käfer)
Ko|li|bak|te|rie, Ko|li|bak|te|rium *meist Plur.* ⟨griech.⟩ ([Dick]darmbakterie)
Ko|li|b|ri, der; -s, -s ⟨karib.⟩ (kleiner Vogel)
ko|lie|ren ⟨lat.⟩ (*Pharm.* [durch ein Tuch] seihen); **Ko|lier|tuch** *Plur.* ...tücher
Ko|lik [*auch* ...'li:k], die; -, -en

⟨griech.⟩ (Anfall von krampfartigen Leibschmerzen)
Ko|li|tis, die; -, ...itiden (*Med.* Dickdarmentzündung)
Kolk, der; -[e]s, -e (*nordd. für* Wasserloch)
Kol|ka|ta (*früher* Kalkutta; Stadt in Indien)
Kol|ko|thar, der; -s, -e ⟨arab.⟩ (rotes Eisenoxid)
Kolk|ra|be
Koll. = Kolleg, Kollege[n], Kollegin
Kol|la, die; - ⟨griech.⟩ (*Chemie, Med.* Leim)
kol|la|bie|ren ⟨lat.⟩ (*Med.* einen Kollaps erleiden)
Kol|la|bo|ra|teur [...'tø:ɐ̯], der; -s, -e ⟨franz.⟩ (jmd., der mit dem Feind zusammenarbeitet); **Kol|la|bo|ra|teu|rin; Kol|la|bo|ra|ti|on,** die; -, -en; **kol|la|bo|rie|ren** ⟨»mitarbeiten«⟩ (mit dem Feind zusammenarbeiten)
kol|la|gen ⟨griech.⟩ (*Med., Biol.* aus Kollagenen bestehend); **Kol|la|gen,** das; -s, -e (leimartiges Eiweiß des Bindegewebes)
Kol|laps [*auch* ...'laps], der; -es, -e ⟨lat.⟩ (Zusammenbruch)
Kol|lar, das; -s, -e ⟨lat.⟩ (steifer Halskragen, bes. des kath. Geistlichen)
kol|la|te|ral ⟨lat.⟩ (seitlich gelagert; *fachspr. für* nebenständig)
Kol|la|te|ral|scha|den (*milit. verhüllend für* bei einer militärischen Aktion in Kauf genommener schwerer Schaden, bes. Tod von Zivilisten)
Kol|la|ti|on, die; -, -en ⟨lat.⟩ ([Text]vergleich; Übertragung eines kirchl. Amtes)
kol|la|ti|o|nie|ren ([Abschrift mit der Urschrift] vergleichen)
Kol|la|tur, die; -, -en (Recht zur Verleihung eines Kirchenamtes)
Kol|lau|da|ti|on, die; -, -en ⟨lat.⟩ (*schweiz. neben* Kollaudierung)
kol|lau|die|ren; Kol|lau|die|rung (*österr. u. schweiz. für* amtl. Prüfung eines Bauwerkes, Schlussgenehmigung)
[1]**Kol|leg,** das; -s, *Plur.* -s *u.* -ien ⟨lat.⟩ (akadem. Vorlesung; Bildungseinrichtung)
[2]**Kol|leg,** das; -s, -s (*österr. für* Lehrgang, Kurzstudium nach dem Abitur)
Kol|le|ge, der; -n, -n (*Abk.* Koll.); **Kol|le|gen|kreis; Kol|le|genschaft,** die; -
Kol|leg|heft (Vorlesungsheft)
kol|le|gi|al (einem [guten] Verhältnis zwischen Kollegen entsprechend); **Kol|le|gi|a|li|tät,** die; -
Kol|le|gi|at, der; -en, -en (Stiftsgenosse; Teilnehmer an einem [Funk]kolleg)
Kol|le|gin (*Abk.* Koll.)
Kol|le|g(inn)en (*kurz für* Kolleginnen u. Kollegen)
Kol|le|gi|um, das; -s, ...ien (Gruppe von Personen mit gleichem Amt od. Beruf; Lehrkörper); **Kol|le|gi|ums|mit|glied**
Kol|leg|map|pe
Kol|lek|ta|ne|en [*auch* ...'ta:...] *Plur.* ⟨lat.⟩ (*veraltet für* gesammelte literar. u. wissenschaftl. Auszüge)
Kol|lek|te, die; -, -n (Sammlung von Geldspenden in der Kirche)
Kol|lek|ti|on, die; -, -en ([Muster]sammlung [von Waren], Auswahl)
kol|lek|tiv (gemeinschaftlich, gruppenweise, umfassend)
Kol|lek|tiv, das; -s, *Plur.* -e, *auch* -s (Team, Gruppe; Arbeits- u. Produktionsgemeinschaft, bes. in der sozialist. Wirtschaft)
Kol|lek|tiv|ar|beit; Kol|lek|tiv|bewusst|sein; Kol|lek|tiv|bil|lett (*schweiz. für* Gruppenfahrschein); **Kol|lek|tiv|ei|gen|tum**
kol|lek|ti|vie|ren (Privateigentum in Gemeineigentum überführen); **Kol|lek|ti|vie|rung**
Kol|lek|ti|vis|mus, der; - (starke Betonung des gesellschaftlichen Ganzen); **Kol|lek|ti|vist,** der; -en, -en; **Kol|lek|ti|vis|tin; kol|lek|ti|vis|tisch; Kol|lek|ti|vi|tät,** die; - (Gemeinschaft[lichkeit])
Kol|lek|tiv|no|te (gemeinsame diplomatische Note); **Kol|lek|tiv|schuld,** die; -; **Kol|lek|tiv|stra|fe**
Kol|lek|tiv|suf|fix *(Sprachwiss.)*
Kol|lek|ti|vum, das; -s, ...va (*Sprachwiss.* Sammelbezeichnung, z. B. »Wald«, »Gebirge«)
Kol|lek|tiv|ver|trag *(bes. österr.)*
Kol|lek|tiv|wirt|schaft
Kol|lek|tor, der; -s, ...oren (Stromabnehmer, -wender; Sammler für Strahlungsenergie)
Kol|lek|tur, die; -, -en (*österr. Amtsspr.* Sammel-, Annahmestelle)
Kol|l|en|chym, das; -s, -e ⟨griech.⟩ (*Bot.* pflanzl. Festigungsgewebe)
[1]**Kol|ler,** das; -s, - (Schulterpasse; *veraltet, aber noch landsch. für* [breiter] Kragen; Wams)
[2]**Kol|ler,** der; -s, - (eine Pferdekrankheit; *ugs. für* Wutausbruch)
Kol|ler|gang, der (Mahlwerk)
kol|le|rig, koll|rig (*ugs. für* leicht aufbrausend, erregbar)
[1]**kol|lern** (*veraltet für* den [2]Koller haben; knurrig sein); ich kollere
[2]**kol|lern** (*bes. südd., österr., schweiz. für* kullern); ich kollere
Kol|li (*Plur. von* Kollo)
kol|li|die|ren ⟨lat.⟩ (zusammenstoßen; sich überschneiden)
Kol|li|er [...'li̯e:] *vgl.* Collier
Kol|li|ma|ti|on, die; -, -en ⟨nlat.⟩ (*fachspr. für* Zusammenfallen zweier Linien, z. B. bei Einstellung des Fernrohrs); **Kol|li|ma|ti|ons|feh|ler**
Kol|li|ma|tor, der; -s, ...oren (astron. Hilfsfernrohr; Spaltrohr beim Spektralapparat)
Kol|li|si|on, die; -, -en ⟨lat.⟩ (Zusammenstoß); **Kol|li|si|ons|kurs,** der; -es; auf Kollisionskurs gehen
Kol|lo, das; -s, *Plur.* -s *u.* Kolli ⟨ital.⟩ (Frachtstück, Warenballen)
Kol|lo|di|um, das; -s ⟨griech.⟩ (zähflüssige Zelluloselösung)
kol|lo|id, kol|lo|i|dal (*Chemie* fein zerteilt); **Kol|lo|id,** das; -[e]s, -e (*Chemie* fein zerteilter Stoff [in Wasser od. Gas]); **kol|lo|i|dal** *vgl.* kolloid; **Kol|lo|id|che|mie; Kol|lo|id|re|ak|ti|on**
kol|lo|qui|al (*Sprachwiss.* wie im Gespräch üblich)
Kol|lo|qui|um [*auch* ...'lo:...], das; -s, ...ien ⟨lat.⟩ (wissenschaftl. Gespräch; Zusammenkunft von Wissenschaftlern; *bes. österr.* kleinere Universitätsprüfung)

kolossal
Das Wort hat wie das Substantiv *Koloss* seine Wurzeln im lateinischen *colossus* (= riesige Statue) und wird nach dem ersten *o* nur mit einem *l* geschrieben.

koll|rig *vgl.* kollerig
kol|lu|die|ren ⟨lat.⟩ (*Rechtsspr.* im geheimen Einverständnis stehen); **Kol|lu|si|on,** die; -, -en (Verschleierung einer Straftat; unerlaubte Verabredung); **kol|lu|siv** ⟨*zu* Kollision⟩
Koll|witz (dt. Malerin u. Grafikerin)

Kolm, der; -[e]s, -e (*svw.* [1]Kulm)
kol|ma|tie|ren ⟨franz.⟩ (*fachspr. für* [Sumpfboden u. Ä.] aufhöhen); **Kol|ma|ti|on,** die; -, -en
Köln (Stadt am Rhein); **Köl|ner;** Kölner Messe; **Köl|ner Braun,** das; - -[s] (Umbra); **Köl|ne|rin**
köl|nisch; kölnisch[es] Wasser ↑K 89; *vgl. auch* Kölnischwasser
Köl|nisch|braun, das; -[s] (Umbra)
Köl|nisch|was|ser, das; -s
Ko|lom|bi|ne, Ko|lum|bi|ne, die; -, -n ⟨ital.; »Täubchen«⟩ (w. Hauptrolle des ital. Stegreiftheaters)
Ko|lon, das; -s, *Plur.* -s *u.* Kola ⟨griech.⟩ (*veraltet für* Doppelpunkt; *Med.* Grimmdarm)
Ko|lo|nat, das, *auch* der; -[e]s, -e ⟨lat.⟩ (Rechtsverhältnis der Kolonen im alten Rom; Erbzinsgut); **Ko|lo|ne,** der; -n, -n (persönl. freier, aber an seinen Landbesitz gebundener Pächter in der röm. Kaiserzeit)
Ko|lo|nel, die; - ⟨franz.⟩ (*Druckw.* ein Schriftgrad)

K
Kolm

Ko|lo|nia|kü|bel *vgl.* Coloniakübel
ko|lo|ni|al ⟨lat.⟩ (die Kolonie[n] betreffend; zu Kolonien gehörend; aus Kolonien stammend)
Ko|lo|ni|al|ge|biet; Ko|lo|ni|al|herr; Ko|lo|ni|al|her|rin; Ko|lo|ni|al|herr|schaft; ko|lo|ni|a|li|sie|ren
Ko|lo|ni|a|lis|mus, der; - (auf Erwerb von Kolonien ausgerichtete Politik eines Staates); **Ko|lo|ni|a|list,** der; -en, -en (Anhänger des Kolonialismus); **Ko|lo|ni|a|lis|tin**
Ko|lo|ni|al|krieg; Ko|lo|ni|al|macht; Ko|lo|ni|al|po|li|tik; Ko|lo|ni|al|stil, der; -[e]s; **Ko|lo|ni|al|wa|ren** *Plur. (veraltet);* **Ko|lo|ni|al|zeit**
Ko|lo|nie, die; -, ...ien (*auch für* Siedlung)
Ko|lo|ni|sa|ti|on, die; -, -en
Ko|lo|ni|sa|tor, der; -s, ...oren; **Ko|lo|ni|sa|to|rin**
ko|lo|ni|sa|to|risch
ko|lo|ni|sie|ren; Ko|lo|ni|sie|rung
Ko|lo|nist, der; -en, -en (Ansiedler in einer Kolonie); **Ko|lo|nis|tin**
Ko|lon|na|de, die; -, -n ⟨franz.⟩ (Säulengang, -halle)
Ko|lon|ne, die; -, -n; die fünfte Kolonne (Spionagetrupp)
Ko|lon|nen|ap|pa|rat (Destillierapparat); **Ko|lon|nen|fah|ren,** das; -s; **Ko|lon|nen|schrift** (z. B. das Chinesische); **Ko|lon|nen|sprin|ger** (in einer Kolonne ständig überholender Autofahrer); **Ko|lon|nen|sprin|ge|rin**
[1]**Ko|lo|phon,** der; -s, -e ⟨griech.⟩ (Schlussformel mittelalterl. Handschriften u. Frühdrucke)
[2]**Ko|lo|phon** (altgriech. Stadt in Lydien)
Ko|lo|pho|ni|um, das; -s ⟨nach der altgriech. Stadt Kolophon⟩ (ein Harzprodukt)
Ko|lo|quin|te, die; -, -n ⟨lat.⟩ (Frucht einer subtrop. Kürbispflanze)
Ko|lo|ra|do|kä|fer, Co|lo|ra|do|kä|fer ⟨nach dem Staat Colorado⟩ (*veraltet für* Kartoffelkäfer)
Ko|lo|ra|tur, die; -, -en ⟨ital.⟩ (virtuose gesangliche Verzierung)
ko|lo|ra|tu|ren|si|cher *(Musik);* **Ko|lo|ra|tur|sän|ge|rin; Ko|lo|ra|tur|so|p|ran**
ko|lo|rie|ren (färben; aus-, bemalen); **Ko|lo|rie|rung**
Ko|lo|ri|me|ter, das; -s, - ⟨lat.; griech.⟩ (Gerät zur Bestimmung von Farbtönen); **Ko|lo|ri|me|t|rie,** die; -; **ko|lo|ri|me|t|risch**
Ko|lo|rist, der; -en, -en (jmd., der koloriert; Maler, der den Schwerpunkt auf das Kolorit legt); **Ko|lo|ris|tin; ko|lo|ris|tisch**
Ko|lo|rit, das; -[e]s, *Plur.* -e, *auch* -s ⟨ital.⟩ (Farbgebung, -wirkung; Klangfarbe)
Ko|lo|s|kop, das; -s, -e ⟨griech.⟩ (*Med.* Gerät zur direkten Untersuchung des Grimmdarms)
Ko|loss [*auch* 'kɔ...], der; -es, -e ⟨griech.⟩ (Riesenstandbild; Riese, Ungetüm)
Ko|los|sä (im Altertum Stadt in Phrygien)
ko|los|sal ⟨franz.⟩ (riesig, gewaltig, Riesen...; übergroß)
Ko|los|sal|bau *Plur.* ...bauten
Ko|los|sal|fi|gur; Ko|los|sal|film; Ko|los|sal|ge|mäl|de
ko|los|sa|lisch (*geh. für* kolossal)
Ko|los|sal|sta|tue
Ko|los|ser (Einwohner von Kolossä); **Ko|los|ser|brief,** der; -[e]s *(N. T.);* **Ko|los|se|rin**
Ko|los|se|um, das; -s (Amphitheater in Rom)
Ko|los|t|ral|milch, die; - ⟨lat.; dt.⟩, **Ko|los|t|rum,** das; -s ⟨lat.⟩ (*Med.* Sekret der Brustdrüsen)
Ko|lo|to|mie, die; -, ...ien ⟨griech.⟩ (*Med.* operative Öffnung des Dickdarms)
Kol|pak [*auch* 'kɔl...] *vgl.* Kalpak
Kol|ping (kath. Priester); **Kol|ping|haus; Kol|ping|ju|gend; Kol|pings|fa|mi|lie; Kol|ping|werk,** das; -[e]s (internationaler kath. Sozialverband)
Kol|pi|tis, die; -, ...itiden ⟨griech.⟩ (*Med.* Scheidenentzündung)
Kol|por|ta|ge [...ʒə], die; -, -n ⟨franz.⟩ (Verbreitung von Gerüchten); **kol|por|ta|ge|haft**
Kol|por|ta|ge|ro|man
Kol|por|teur [...'tøːɐ̯], der; -s, -e (Verbreiter von Gerüchten); **Kol|por|teu|rin; kol|por|tie|ren**
Kol|po|s|kop, das; -s, -e ⟨griech.⟩ (*Med.* Spiegelgerät zur gynäkolog. Untersuchung); **Kol|po|s|ko|pie,** die; -, ...ien
[1]**Kölsch,** das; -[s] ⟨»aus Köln, kölnisch«⟩ (ein obergäriges Bier; Kölner Mundart)
[2]**Kölsch,** der; -[e]s (*schweiz. für* gewürfelter Baumwollstoff)
[1]**Kol|ter,** der; -s, - *u.* die; -, -n ⟨franz.⟩ (*südwestd. für* Wolldecke, Steppdecke)
[2]**Kol|ter,** das; -s, - ⟨franz.⟩ (*bes. nordwestd. für* Messer vor der Pflugschar)
Ko|lum|ba|ri|um, das; -s, ...ien ⟨lat.⟩ (altröm. Grabkammer; *heute für* Urnenhalle eines Friedhofs)
Ko|lum|bi|a|ner; Ko|lum|bi|a|ne|rin; ko|lum|bi|a|nisch; Ko|lum|bi|en (Staat in Südamerika)
Ko|lum|bi|ne *vgl.* Kolombine
Ko|lum|bus (Entdecker Amerikas)
Ko|lum|ne, die; -, -n ⟨lat., »Säule«⟩ ([Druck]spalte; regelmäßig veröffentlichter Meinungsbeitrag); **Ko|lum|nen|maß,** das; **Ko|lum|nen|ti|tel**
Ko|lum|nist, der; -en, -en (Journalist, dem eine bestimmte Spalte einer Zeitung zur Verfügung steht); **Ko|lum|nis|tin**
Köm, der; -s, -s (*nordd. für* Kümmelschnaps); 3 Köm
Ko|ma, das; -s, *Plur.* -s *u.* -ta ⟨griech.⟩ (*Med.* tiefe Bewusstlosigkeit)
Ko|mant|sche, der; -n, -n (Angehöriger eines nordamerik. Indianerstammes); **Ko|mant|schin**
Ko|ma|pa|ti|ent; Ko|ma|pa|ti|en|tin
Ko|ma|sau|fen, das; -s (*derb für* Komatrinken)
ko|ma|tös (in tiefer Bewusstlosigkeit); komatöser Zustand
Ko|ma|trin|ken, das; -s (*ugs. für* gemeinsames Trinken von Alkohol bis zur Bewusstlosigkeit); **Ko|ma|trin|ker; Ko|ma|trin|ke|rin**
Kom|bat|tant, der; -en, -en ⟨franz.⟩ (*Rechtsspr. u. veraltet für*

[Mit]kämpfer; Kriegsteilnehmer); **Kom|bat|tan|tin**
[1]**Kom|bi,** der; -[s], -s (*kurz für* kombinierter Liefer- u. Personenwagen)
[2]**Kom|bi,** die; -, -s (*vgl.* [2]Kombination)
Kom|bi... (kombiniert)
Kom|bi|lohn (staatlich bezuschusster Lohn zur Verminderung von Arbeitslosigkeit)
Kom|bi|nat, das; -[e]s, -e ⟨russ.⟩ (Zusammenschluss eng zusammengehörender Betriebe in sozialist. Staaten)
[1]**Kom|bi|na|ti|on,** die; -, -en ⟨lat.⟩ (berechnende Verbindung; gedankliche Folgerung; Zusammenstellung; *Sport* planmäßiges, flüssiges Zusammenspiel)
[2]**Kom|bi|na|ti|on** [*auch* ...ˈneːʃn̩], die; -, *Plur.* -en, *bei engl. Ausspr.* -s ⟨engl.⟩ (Hemdhose; einteiliger [Schutz]anzug, bes. der Flieger)
Kom|bi|na|ti|ons|ga|be
Kom|bi|na|ti|ons|mög|lich|keit
Kom|bi|na|ti|ons|schloss
Kom|bi|na|ti|ons|spiel *(Sport);* **Kom|bi|na|ti|ons|ver|mö|gen,** das; -s
kom|bi|na|to|risch ⟨lat.⟩; kombinatorischer Lautwandel *(Sprachwiss.)*
Kom|bine [...ˈbain], die; -, -s, *auch* [...ˈbiːnə], die; -, -n ⟨engl.⟩ (Mähdrescher)
kom|bi|nier|bar; Kom|bi|nier|bar|keit
kom|bi|nie|ren ⟨lat.⟩ (vereinigen, zusammenstellen; berechnen; vermuten; *Sport* planmäßig zusammenspielen)
Kom|bi|nie|rer (*Skisport* Teilnehmer an der nordischen Kombination); **Kom|bi|nie|re|rin**
Kom|bi|nier|te, der *u.* die; -n, -n (*vgl.* Kombinierer)
Kom|bi|nie|rung
Kom|bi|prä|pa|rat *(Pharm.)*
Kom|bi|schlüs|sel; Kom|bi|schrank
Kom|bi|wa|gen; Kom|bi|zan|ge
Kom|bu|cha, der; -s ⟨Herkunft unsicher⟩ (*fachspr. auch* die; -: aus Meeresalgen gewonnener Teepilz; *auch* das; -s: mit Kombucha vergorener Tee)
Kom|bü|se, die; -, -n (*Seemannsspr.* Schiffsküche)
Ko|me|do, der; -s, ...onen ⟨lat.⟩ (*veraltet für* Fresser, Schlemmer; *Med., meist Plur.* Mitesser); **Ko|me|do|nen|quet|scher** (*Med.* Gerät zum Entfernen von Mitessern)

Ko|met, der; -en, -en ⟨griech.⟩ (Schweifstern); **Ko|me|ten|bahn**
ko|me|ten|haft; Ko|me|ten|schweif
Kö|me|te|ri|on *vgl.* Zömeterium
Kom|fort [...ˈfoːɐ̯], der; -s ⟨engl.⟩ (Bequemlichkeiten, Annehmlichkeiten; Ausstattung mit gewissem Luxus)
kom|for|ta|bel; ...a|b|le Wohnung
Kom|fort|woh|nung *(bes. österr.)*
Ko|mik, die; - ⟨griech.⟩ (erheiternde, Lachen erregende Wirkung); **Ko|mi|ker; Ko|mi|ke|rin**

Kommilitone
Das Wort geht auf das lateinische *commilito* (= Mitkämpfer, Waffenbruder) zurück und wird wie dieses mit zwei *m* und nur einem *l* geschrieben.

Ko|m|in|form, das; -s (= Kommunistisches Informationsbüro, 1947–1956)
Ko|m|in|tern, die; - (= Kommunistische Internationale, 1919–1943)
ko|misch ⟨griech.⟩ (belustigend; sonderbar, seltsam); am komischs|ten
ko|mi|scher|wei|se
Ko|mi|tat, das, *auch* der; -[e]s, -e ⟨lat.⟩ (*früher für* feierliches Geleit; Grafschaft; ehem. Verwaltungsbezirk in Ungarn)
Ko|mi|tee, das; -s, -s ⟨franz.⟩ (leitender Ausschuss)
Ko|mi|ti|en *Plur.* ⟨lat.⟩ (altröm. Bürgerversammlungen)
Kom|ma, das; -s, *Plur.* -s, *auch* -ta ⟨griech.⟩ (Beistrich)
Kom|ma|ba|zil|lus *(Med.)*
Kom|man|dant, der; -en, -en ⟨franz.⟩ (Befehlshaber einer Festung, eines Schiffes usw.; *schweiz. auch svw.* Kommandeur); **Kom|man|dan|tin; Kom|man|dan|tur,** die; -, -en ⟨lat.⟩ (Dienstgebäude eines Kommandanten; Amt des Befehlshabers)
Kom|man|deur [...ˈdøːɐ̯], der; -s, -e ⟨franz.⟩ (Befehlshaber eines größeren Truppenteils); **Kom|man|deu|rin**
kom|man|die|ren ↑K151 : der Kommandierende General
Kom|man|die|rung
Kom|man|di|tär, der; -s, -e ⟨franz.⟩ (*schweiz. für* Kommanditist); **Kom|man|di|tä|rin**
Kom|man|di|te, die; -, -n (Zweiggeschäft, Nebenstelle; *veraltet für* Kommanditgesellschaft)
Kom|man|dit|ge|sell|schaft (eine Form der Handelsgesellschaft; *Abk.* KG); Kommanditgesellschaft auf Aktien (*Abk.* KGaA)
Kom|man|di|tist, der; -en, -en (Gesellschafter einer Kommanditgesellschaft); **Kom|man|di|tis|tin**
Kom|man|do, das; -s, *Plur.* -s, *österr. auch* ...den ⟨ital.⟩ (Befehl; *Militär* Einheit, Dienststelle; *nur Sing.:* Befehlsgewalt)
Kom|man|do|brü|cke
Kom|man|do|ge|walt
Kom|man|do|kap|sel *(Raumfahrt)*
Kom|man|do|sa|che; geheime Kommandosache
Kom|man|do|stand; Kom|man|do|stim|me; Kom|man|do|ton; Kom|man|do|zen|t|ra|le
Kom|mas|sa|ti|on, die; -, -en ⟨lat.⟩ (*fachspr. für* Zusammenlegung [von Grundstücken]); **kom|mas|sie|ren; Kom|mas|sie|rung** (*bes. österr. für* Kommassation)
Kom|ma|ta (*Plur. von* Komma)
Kom|me|mo|ra|ti|on, die; -, -en ⟨lat.⟩ (Fürbitte in der kath. Messe; kirchl. Gedächtnisfeier)
kom|men; du kamst, er/sie kam; du kämest; gekommen; komm[e]!; einen Arzt kommen lassen; den Gegner kommen lassen *od.* kommenlassen (angreifen lassen); die Kupplung kommen lassen *od.* kommenlassen (einkuppeln)
Kom|men, das; -s; wir warten auf sein Kommen; das Kommen und Gehen; im Kommen sein
kom|mend; kommende Woche
Kom|men|de, die; -, -n ⟨lat.⟩ (*früher* kirchl. Pfründe ohne Amtsverpflichtung; Komturei)
kom|men las|sen, kom|men|las|sen *vgl.* kommen
Kom|men|sa|lis|mus, der; - ⟨lat.⟩ (*Biol.* Ernährungsgemeinschaft von Tieren od. Pflanzen)
kom|men|su|ra|bel ⟨lat.⟩ (mit gleichem Maß messbar; vergleichbar); ...a|b|le Größen
Kom|men|su|ra|bi|li|tät, die; -
Kom|ment [...ˈmãː], der; -s, -s ⟨franz., »wie«⟩ (*Verbindungsw.* Brauch, Sitte, Regel)
Kom|men|tar, der; -s, -e ⟨lat.⟩ (Erläuterung, Auslegung; kritische Stellungnahme; *ugs. für* Bemerkung); **kom|men|tar|los**
Kom|men|ta|tor, der; -s, ...oren

K
Komm

(Verfasser eines Kommentars); **Kom|men|ta|to|rin**
kom|men|tie|ren
Kom|men|tie|rung
Kom|mers, der; -es, -e ‹franz.› (*Verbindungsw.* feierlicher Trinkabend); **Kom|mers|buch** (stud. Liederbuch)
Kom|merz, der; -es ‹lat.› (Handel u. Geschäftsverkehr)
Kom|merz|fern|se|hen (*meist abwertend für* Privatfernsehen)
kom|mer|zi|a|li|sie|ren (kommerziellen Interessen unterordnen)
Kom|mer|zi|a|li|sie|rung
Kom|mer|zi|al|rat *Plur.* ...räte (*österr. für* Kommerzienrat; *Abk.* KR *u.* Komm.-Rat); **Kom|mer|zi|al|rä|tin** (*Abk.* KR *u.* Komm.-Rätin)
kom|mer|zi|ell ‹*zu* Kommerz›
Kom|mer|zi|en|rat *Plur.* ...räte (*früher* Titel für Großkaufleute u. Industrielle); **Kom|mer|zi|en|rä|tin**
Kom|mi|li|to|ne, der; -n, -n ‹lat.› (Studienkollege)
Kom|mi|li|to|nin
Kom|mi|li|to|n(inn)en (*kurz für* Kommilitoninnen u. Kommilitonen)
Kom|mis [...ˈmiː], der; -, - ‹franz.› (*veraltet für* Handlungsgehilfe)
Kom|miss, der; -es ‹lat.› (*ugs. für* Militär[dienst]); beim Kommiss
Kom|mis|sar, der; -s, -e ([vom Staat] Beauftragter; Dienstbez., z. B. Polizeikommissar)
Kom|mis|sär, der; -s, -e ‹franz.› (*südd., schweiz. neben, österr. für* Kommissar)
Kom|mis|sa|ri|at, das; -[e]s, -e ‹lat.› (Amt[szimmer] eines Kommissars; *österr. für* Polizeidienststelle)
Kom|mis|sa|rin; Kom|mis|sä|rin
kom|mis|sa|risch (auftragsweise, vorübergehend); kommissarischer Leiter; kommissarische Vernehmung *(Rechtsspr.)*
Kom|miss|brot
Kom|mis|si|on, die; -, -en (Ausschuss [von Beauftragten]; *Wirtsch.* Handel für fremde Rechnung); **Kom|mis|si|o|när,** der; -s, -e ‹franz.› (Händler auf fremde Rechnung; Kommissionsbuchhändler); **Kom|mis|si|o|nä|rin**
kom|mis|si|o|nie|ren ‹lat.› (Waren zusammenstellen; *österr. für* [einen Neubau] prüfen u. zur Benutzung freigeben); **Kom|mis|si|o|nie|rer** (jmd., der berufsmäßig Waren zusammenstellt); **Kom|mis|si|o|nie|re|rin**
Kom|mis|si|o|nie|rung, die; -, -en (*Fachspr.* Prüfung von Bestellvorgängen)
Kom|mis|si|ons|buch|han|del (Zwischenbuchhandel [zwischen Verlag u. Sortiment]); **Kom|mis|si|ons|ge|schäft** (Geschäft im eigenen Namen für fremde Rechnung); **Kom|mis|si|ons|gut** (Ware, für die der Besteller ein Rückgaberecht hat); **Kom|mis|si|ons|mit|glied; Kom|mis|si|ons|sen|dung** (Sendung von Kommissionsgut)
Kom|miss|stie|fel, Kom|miss-Stie|fel *(veraltend);* **Kom|miss|zeit** *(veraltend)*

Komitee
Das Wort geht auf das französische *comité* zurück und wird wie dieses nur mit einem *m* und einem *t* geschrieben.

Kom|mit|tent, der; -en, -en (Auftraggeber des Kommissionärs); **Kom|mit|ten|tin**
kom|mit|tie|ren ([einen Kommissionär] beauftragen)
kom|mod ‹franz.› (*geh. für* bequem)
Kom|mo|de, die; -, -n; **Kom|mo|den|schub|la|de**
Kom|mo|di|tät, die; -, -en (*landsch., sonst veraltet für* Bequemlichkeit)
Kom|mo|do|re, der; -[s], *Plur.* -n *u.* -s ‹engl.› (Geschwaderführer; erprobter, älterer Kapitän bei großen Schifffahrtslinien)
Komm.-Rat = Kommerzialrat *(österr.)*
Komm.-Rätin = Kommerzialrätin *(österr.)*
kom|mun ‹lat.› (*veraltend für* gemeinschaftlich; gemein)
kom|mu|nal (die Gemeinde[n] betreffend, Gemeinde..., gemeindeeigen); kommunale Angelegenheiten; **Kom|mu|nal|ab|ga|be** *(bes. österr.);* **Kom|mu|nal|be|am|te; Kom|mu|nal|be|am|tin; Kom|mu|nal|be|hör|de**
kom|mu|na|li|sie|ren (in Gemeindebesitz od. -verwaltung überführen); **Kom|mu|na|li|sie|rung; Kom|mu|nal|kre|dit** (von Gemeinden *od.* Gemeindeverbänden aufgenommener [1]Kredit)
Kom|mu|nal|par|la|ment
Kom|mu|nal|po|li|tik; Kom|mu|nal|po|li|ti|ker; Kom|mu|nal|po|li|ti|ke|rin; kom|mu|nal|po|li|tisch
Kom|mu|nal|re|fe|rat (eine Abteilung der Stadtverwaltung [in München]); **Kom|mu|nal|ver|wal|tung; Kom|mu|nal|wahl**
Kom|mu|nar|de, der; -n, -n ‹franz.› (Anhänger der Pariser Kommune; Mitglied einer der frühen Wohngemeinschaften); **Kom|mu|nar|din**
Kom|mu|ne, die; -, -n (politische Gemeinde; Wohn- u. Wirtschaftsgemeinschaft; *veraltend, abwertend für* Kommunisten; [*auch* kɔˈmyːn(ə)] *nur Sing.:* Herrschaft des Pariser Gemeinderates 1789–1795 u. 1871)
Kom|mu|ni|kant, der; -en, -en ‹lat.› (Teilnehmer am Abendmahl); **Kom|mu|ni|kan|tin**
Kom|mu|ni|ka|ti|on, die; -, -en (Verständigung untereinander; Verbindung, Zusammenhang)
Kom|mu|ni|ka|ti|ons|fä|hig|keit
Kom|mu|ni|ka|ti|ons|mit|tel, das
Kom|mu|ni|ka|ti|ons|stö|rung
Kom|mu|ni|ka|ti|ons|sys|tem
Kom|mu|ni|ka|ti|ons|tech|nik; kom|mu|ni|ka|ti|ons|tech|nisch
Kom|mu|ni|ka|ti|ons|tech|no|lo|gie; Kom|mu|ni|ka|ti|ons|zen|t|rum
kom|mu|ni|ka|tiv (mitteilsam; die Kommunikation betreffend)
Kom|mu|ni|ka|tor, der; -s, ...oren (jmd., der mit anderen mühelos kommuniziert); **Kom|mu|ni|ka|to|rin**
Kom|mu|ni|kee *vgl.* Kommuniqué
Kom|mu|ni|on, die; -, -en (*kath. Kirche* [Teilnahme am] Abendmahl); **Kom|mu|ni|on|bank** *Plur.* ...bänke; **Kom|mu|ni|on|kind** (Erstkommunikant[in])
Kom|mu|ni|qué [...myniˈkeː, ...mu...], Kom|mu|ni|kee, das; -s, -s ‹franz.› (Denkschrift; [regierungs]amtliche Mitteilung)
Kom|mu|nis|mus, der; - (nach Karl Marx die auf den Sozialismus folgende, von Klassengegensätzen freie Entwicklungsstufe der Gesellschaft; politische Richtung, die sich gegen den Kapitalismus wendet)
Kom|mu|nist, der; -en, -en; **Kom|mu|nis|tin; kom|mu|nis|tisch;** *aber* ↑K150: das Kommunistische Manifest
Kom|mu|ni|ta|ris|mus, der; - ‹engl.› (von den USA ausgehende poli-

K
Komm

tische Bewegung, die den Gemeinsinn u. soziale Tugenden in den Vordergrund stellt); **kom|mu|ni|ta|ris|tisch**

Kom|mu|ni|tät, die; -, -en ‹lat.› (ev. Bruderschaft; *veraltet für* Gemeinschaft; Gemeingut)

kom|mu|ni|zie|ren (zusammenhängen, in Verbindung stehen; miteinander sprechen, sich verständigen; mitteilen; *kath. Kirche* die Kommunion empfangen)

kom|mu|ni|zie|rend; kommunizierende (verbundene) Röhren

kom|mu|ta|bel ‹lat.› (veränderlich, vertauschbar); ...a|b|le Objekte

Kom|mu|ta|ti|on, die; -, -en (*bes. Math.* Umstellbarkeit, Vertauschbarkeit; bestimmter astronomischer Winkel)

kom|mu|ta|tiv (vertauschbar, umstellbar)

Kom|mu|ta|tor, der; -s, ...oren (*Technik* Stromwender, Kollektor); **kom|mu|tie|ren** (vertauschen; die Richtung des Stroms ändern); **Kom|mu|tie|rung**

Ko|mö|di|ant, der; -en, -en ‹ital.(-engl.)› (Schauspieler; *auch für* jmd., der sich verstellt); **ko|mö|di|an|ten|haft; Ko|mö|di|an|ten|tum,** das; -s; **Ko|mö|di|an|tin; ko|mö|di|an|tisch**

Ko|mö|die, die; -, -n (Lustspiel; *auch für* Vortäuschung, Verstellung)

Ko|mö|di|en|dich|ter; Ko|mö|di|en|dich|te|rin; Ko|mö|di|en|schrei|ber; Ko|mö|di|en|schrei|be|rin

Ko|mo|ren *Plur.* (Inselgruppe u. Staat im Indischen Ozean); **Ko|mo|rer; Ko|mo|re|rin; ko|mo|risch**

Komp. = Kompanie

Kom|pa|g|non [...panjõ, *auch* ...n'jõ:], der; -s, -s ‹franz.› (*Kaufmannsspr.* [Geschäfts]teilhaber; Mitinhaber)

kom|pakt ‹franz.› (gedrungen; dicht; fest); am kompaktes|ten

Kom|pakt|bau|wei|se

Kom|pakt|heit, die; -

Kom|pakt|ka|me|ra; Kom|pakt|klas|se (Klasse der Kompaktwagen); **Kom|pakt|schall|plat|te** (CD)

Kom|pakt|se|mi|nar (auf wenige Tage od. Stunden konzentrierte Lehr- od. Informationsveranstaltung)

Kom|pakt|wa|gen (wenig Raum beanspruchendes Auto)

Kom|pa|nie, die; -, ...ien ‹ital. *u.* franz.› (militärische Einheit [*Abk.* Komp., *schweiz.* Kp]; *Kaufmannsspr. veraltet für* [Handels]gesellschaft; *Abk.* Co. *od.* Co, *seltener* Cie.)

Kom|pa|nie|chef; Kom|pa|nie|che|fin; Kom|pa|nie|füh|rer; Kom|pa|nie|füh|re|rin; Kom|pa|nie|ge|schäft

kom|pa|ra|bel ‹lat.› (vergleichbar; *Sprachwiss.* steigerungsfähig); ...a|b|le Größen

Kom|pa|ra|ti|on, die; -, -en (*Sprachwiss.* Steigerung)

Kom|pa|ra|tis|tik, die; - (vergleichende Literatur- od. Sprachwissenschaft)

Kom|pa|ra|tiv, der; -s, -e (*Sprachwiss.* erste Steigerungsstufe, z. B. »schöner«); **Kom|pa|ra|tiv|satz** (*Sprachwiss.* Vergleichssatz)

Kom|pa|ra|tor, der; -s, ...oren (Gerät zum Vergleichen von Längenmaßen)

kom|pa|rie|ren (vergleichen; *Sprachwiss.* steigern)

Kom|par|se, der; -n, -n ‹franz.› (Statist, stumme Person [bei Bühne u. Film]); **Kom|par|se|rie,** die; -, ...ien (Gesamtheit der Komparsen); **Kom|par|sin**

Kom|par|ti|ment, das; -s, -e (*Biol.* von Membranen umschlossener Reaktionsraum in einer Zelle; *veraltet für* Abteilung, abgetrennter Teil eines Raumes)

Kom|pass, der; -es, -e ‹ital.› (Gerät zur Bestimmung der Himmelsrichtung); **Kom|pass|na|del; Kom|pass|ro|se**

kom|pa|ti|bel ‹franz.(-engl.)› (vereinbar, zusammenpassend, kombinierbar); ...i|b|le Geräte

Kom|pa|ti|bi|li|tät, die; -, -en

Kom|pa|t|ri|ot, der; -en, -en ‹franz.› (*veraltet für* Landsmann); **Kom|pa|t|ri|o|tin**

kom|pen|di|a|risch, kom|pen|di|ös ‹lat.› (*veraltet für* zusammengefasst; gedrängt)

Kom|pen|di|um, das; -s, ...ien (Abriss, kurzes Lehrbuch)

Kom|pen|sa|ti|on, die; -, -en ‹lat.› (Ausgleich, Entschädigung; *BGB* Aufrechnung)

Kom|pen|sa|ti|ons|ge|schäft

Kom|pen|sa|tor, der; -s, ...oren (Ausgleicher; Gerät zur Messung einer Spannung); **kom|pen|sa|to|risch** (ausgleichend)

kom|pen|sie|ren (gegeneinander ausgleichen; *BGB* aufrechnen)

kom|pe|tent ‹lat.› (sachverständig; zuständig); am kompetentesten; **Kom|pe|tenz,** die; -, -en (Sachverstand, Fähigkeiten; Zuständigkeit; *Sprachwiss., nur Sing.* Beherrschung eines Sprachsystems)

Kom|pe|tenz|be|reich, der

Kom|pe|tenz|fra|ge

Kom|pe|tenz|ge|ran|gel (*ugs. abwertend*)

Kom|pe|tenz|kom|pe|tenz (*Rechtsspr.* Befugnis zur Bestimmung der Zuständigkeit); **Kom|pe|tenz|kon|flikt; Kom|pe|tenz|strei|tig|keit** *meist Plur.*

Kom|pe|tenz|team

Kom|pe|tenz|über|schrei|tung

Kom|pe|tenz|ver|lust

Kom|pe|tenz|ver|tei|lung

Kom|pe|tenz|zen|t|rum

Kom|pi|la|ti|on, die; -, -en ‹lat.› (das Zusammentragen mehrerer [wissenschaftl.] Quellen; durch Zusammentragen entstandene Schrift); **Kom|pi|la|tor,** der; -s, ...oren (Zusammenträger); **Kom|pi|la|to|rin; kom|pi|la|to|risch; kom|pi|lie|ren**

Kom|ple|ment, das; -[e]s, -e ‹lat.› (Ergänzung); **kom|ple|men|tär** ‹franz.› (ergänzend)

Kom|ple|men|tär, der; -s, -e (persönlich haftender Gesellschafter einer Kommanditgesellschaft; *in der DDR* Eigentümer einer privaten Firma, an der der Staat beteiligt ist)

Kom|ple|men|tär|far|be (*Optik* Ergänzungsfarbe)

Kom|ple|men|tä|rin

kom|ple|men|tie|ren (ergänzen, vervollständigen); **Kom|ple|men|tie|rung**

Kom|ple|ment|win|kel (*Math.* Ergänzungswinkel)

[1]**Kom|plet** [...'ple:, *auch* kõ'ple:], das; -[s], -s (Mantel [od. Jacke] u. Kleid aus gleichem Stoff)

[2]**Kom|plet,** die; -, -e ‹lat.› (Abendgebet als Schluss der kath. kirchl. Tageszeiten)

kom|plett ‹franz.› (vollständig, abgeschlossen; *österr. veraltend auch für* voll besetzt); **kom|plet|tie|ren** (vervollständigen; auffüllen); **Kom|plet|tie|rung**

Kom|plett|preis (*bes. Werbespr.*)

Kom|plett|über|nah|me (*Wirtsch.*)

kom|plex ‹lat.› (umfassend; vielfältig verflochten; *Math.* aus reellen u. imaginären Zahlen zusammengesetzt)

Kom|plex, der; -es, -e (zusammengefasster Bereich; [Sach-,

Gebäude]gruppe; *Psychol.* seelisch bedrückende, negative Vorstellung [in Bezug auf sich selbst])
Kom|plex|bri|ga|de *(DDR für* Arbeitsgruppe aus verschiedenen Berufen)
Kom|ple|xi|on, die; -, -en (komplexe Beschaffenheit)
Kom|ple|xi|tät, die; -
Kom|plex|ver|bin|dung *(Chemie)*
Kom|pli|ce [...tsə, *auch* ...sə] usw. *vgl.* Komplize usw.
Kom|pli|ka|ti|on, die; -, -en ⟨lat.⟩ (Verwicklung; Erschwerung); **kom|pli|ka|ti|ons|los**
Kom|pli|ment, das; -[e]s, -e ⟨franz.⟩ (lobende, schmeichelnde Äußerung; *veraltet für* Gruß); **kom|pli|men|tie|ren** *(geh. für* mit höflichen Gesten u. Worten [ins Zimmer o. Ä.] geleiten)
Kom|pli|ze, Kom|pli|ce [...tsə, *auch* ...sə], der; -n, -n ⟨franz.⟩ *(abwertend für* Mitschuldiger; Mittäter); **kom|pli|zen|haft; Kom|pli|zen|schaft**
kom|pli|zie|ren ⟨lat.⟩ (verwickeln; erschweren); **kom|pli|ziert** (verwickelt, schwierig); **Kom|pli|ziert|heit; Kom|pli|zie|rung**
Kom|pli|zin *(abwertend)*
Kom|plott, das, *ugs. auch* der; -[e]s, -e ⟨franz.⟩ (heimlicher Anschlag, Verschwörung); **kom|plot|tie|ren** *(veraltet)*
Kom|po|nen|te, die; -, -n ⟨lat.⟩ (Bestandteil eines Ganzen)
kom|po|nie|ren *(Musik* [eine Komposition] schaffen; *geh. für* [kunstvoll] gestalten); **Kom|po|nist,** der; -en, -en; **Kom|po|nis|tin**
Kom|po|si|te, die; -, -n *meist Plur.* *(Bot.* Korbblütler)
Kom|po|si|ti|on, die; -, -en (Zusammensetzung; Aufbau u. Gestaltung eines Kunstwerkes; *Musik* das Komponieren; Tonschöpfung); **kom|po|si|ti|o|nell; kom|po|si|to|risch; Kom|po|si|tum,** das; -s, *Plur.* ...ta, *selten* ...siten *(Sprachwiss.* [Wort]zusammensetzung, z. B. »Haustür«)
Kom|post [*auch* 'kɔm...], der; -[e]s, -e ⟨franz.⟩ (natürl. Mischdünger); **Kom|post|er|de; Kom|post|hau|fen**
kom|pos|tier|bar; kom|pos|tie|ren (zu Kompost verarbeiten); **Kom|pos|tie|rung; Kom|pos|tie|rungs|an|la|ge**
Kom|pott, das; -[e]s, -e (gekochtes Obst); **Kom|pott|tel|ler**, **Kom|pott-Tel|ler**
kom|press ⟨lat.⟩ *(veraltet für* eng zusammengedrängt; *Druckw.* ohne Durchschuss)
Kom|pres|se, die; -, -n ⟨franz.⟩ *(Med.* feuchter Umschlag; Mullstück)
kom|pres|si|bel ⟨lat.⟩ *(Physik* zusammenpressbar; verdichtbar); ...i|b|le Flüssigkeiten; **Kom|pres|si|bi|li|tät,** die; - *(Physik* Zusammendrückbarkeit)
Kom|pres|si|on, die; -, -en *(Technik* Zusammendrückung; Verdichtung; *Skisport* flacherer Teil einer Abfahrtsstrecke)
Kom|pres|si|ons|dia|gramm *(Kfz-Technik)*
Kom|pres|si|ons|strumpf *(Med.)*
Kom|pres|si|ons|ver|band *(Med.)*
Kom|pres|sor, der; -s, ...oren *(Technik* Verdichter)
Kom|pri|mat, das; -[e]s, -e *(fachspr. für* Zusammengefasstes, -gepresstes)
kom|pri|mier|bar; kom|pri|mie|ren (zusammenpressen; verdichten); **kom|pri|miert; Kom|pri|mie|rung**
Kom|pro|miss, der, *selten* das; -es, -e ⟨lat.⟩ (Übereinkunft; Ausgleich, Zugeständnis)
Kom|pro|miss|an|ge|bot
kom|pro|miss|be|reit; Kom|pro|miss|be|reit|schaft
kom|pro|miss|fä|hig; Kom|pro|miss|fä|hig|keit
Kom|pro|miss|kan|di|dat *(Politik);* **Kom|pro|miss|kan|di|da|tin**
Kom|pro|miss|ler *(abwertend für* jmd., der allzu kompromissbereit ist); **Kom|pro|miss|le|rin; kom|pro|miss|le|risch** *(abwertend)*
kom|pro|miss|los; Kom|pro|miss|lo|sig|keit; Kom|pro|miss|lö|sung; Kom|pro|miss|pa|pier *(Jargon);* **Kom|pro|miss|ver|such; Kom|pro|miss|vor|schlag**
kom|pro|mit|tie|ren (bloßstellen)
Komp|ta|bi|li|tät, die; - ⟨franz.⟩ (Verantwortlichkeit, Rechenschaftspflicht)
Kom|so|mol, der; - ⟨russ.⟩ (kommunist. Jugendorganisation in der UdSSR); **Kom|so|mol|ze,** der; -n, -n (Mitglied des Komsomol); **Kom|so|mol|zin**
Kom|tess, Kom|tes|se [*beide auch* kõ'tɛs], die; -, Komtessen ⟨franz.⟩ (unverheiratete Gräfin)
Kom|tur, der; -s, -e ⟨franz.⟩ (Ordensritter; Leiter einer Komturei); **Kom|tu|rei** (Verwaltungsbezirk eines Ritterordens); **Kom|tur|kreuz** (Halskreuz eines Verdienstordens)
Ko|nak, der; -s, -e ⟨türk.⟩ (Palast, Amtsgebäude in der Türkei)
Kon|au|tor usw. *vgl.* Koautor usw.
Kon|cha, Con|cha, die; -, *Plur.* -s *u.* ...chen ⟨griech.⟩ *(svw.* Konche; *Med.* muschelähnliches Organ)
Kon|che, die; -, -n ⟨franz.⟩ *(Archit.* Nischenwölbung; *vgl. auch* Conche)
kon|chie|ren *vgl.* conchieren
Kon|chi|fe|re, die; -, -n *meist Plur.* ⟨griech.; lat.⟩ *(Zool.* Weichtier mit einheitlicher Schale)
kon|chi|form (muschelförmig)
Kon|cho|i|de, die; -, -n ⟨griech.⟩ *(Math.* einer Muschel ähnliche Kurve vierten Grades)
Kon|chy|lie, die; -, -n *meist Plur.* *(Zool.* Schale der Weichtiere); **Kon|chy|lio|lo|ge,** der; -n, -n; **Kon|chy|lio|lo|gie,** die; - (Lehre von den Konchylien); **Kon|chy|lio|lo|gin**
Kon|dem|na|ti|on, die; -, -en ⟨lat.⟩ *(veraltet für* Verurteilung, Verdammung; *Seew.* Erklärung eines Experten, dass die Reparatur eines beschädigten Schiffes nicht mehr lohnt)
Kon|den|sat, das; -[e]s, -e ⟨lat.⟩ (Niederschlag[swasser])
Kon|den|sa|ti|on, die; -, -en (Verdichtung; Verflüssigung); **Kon|den|sa|ti|ons|punkt** *(Physik)*
Kon|den|sa|tor, der; -s, ...oren (Gerät zum Speichern von Elektrizität od. zum Verflüssigen von Dämpfen)
kon|den|sie|ren (verdichten; verflüssigen); **Kon|den|sie|rung**
Kon|dens|milch
Kon|den|sor, der; -s, ...oren *(Optik* Lichtsammler, -verstärker)
Kon|dens|strei|fen
Kon|dens|trock|ner (Wäschetrockner ohne Abluft)
Kon|dens|was|ser, das; -s
Kon|dik|ti|on, die; -, -en ⟨lat.⟩ *(Rechtsspr.* Klage auf Rückgabe)
kon|di|tern (Konditorwaren herstellen; *ugs. für* eine Konditorei besuchen); ich konditere
Kon|di|ti|on, die; -, -en ⟨lat.⟩ (Bedingung; *nur Sing.:* körperlicher Zustand); *vgl.* à condition
kon|di|ti|o|nal *(Sprachwiss.* bedingend); **Kon|di|ti|o|nal,** der; -s, -e *(Sprachwiss.* Bedingungsform)

K
Komp

Kon|di|ti|o|na|lis|mus, der; - (eine philosophische Lehre)
Kon|di|ti|o|nal|satz (*Sprachwiss.* Bedingungssatz)
kon|di|ti|o|nell
kon|di|ti|o|nie|ren (*fachspr. für* Werkstoffe vor der Bearbeitung an die erforderlichen Bedingungen anpassen; *Psychol.* einen ursprünglich neutralen Reiz mit einem reflexauslösenden koppeln); **kon|di|ti|o|niert** (beschaffen [von Waren]); **Kon|di|ti|o|nie|rung;** klassische Konditionierung (nach Pawlow)
Kon|di|ti|ons|schwä|che
Kon|di|ti|ons|trai|ner; Kon|di|ti|ons|trai|ne|rin; Kon|di|ti|ons|trai|ning
Kon|di|tor, der; -s, ...oren ‹lat.›; **Kon|di|to|rei; Kon|di|to|rin** [*auch* ...ˈdiː...]; **Kon|di|tor|meis|ter; Kon|di|tor|meis|te|rin**
Kon|do|lenz, die; -, -en ‹lat.› (Beileid[sbezeigung]); **Kon|do|lenz|be|such; Kon|do|lenz|brief; Kon|do|lenz|buch**
Kon|do|lenz|kar|te; Kon|do|lenz|lis|te; Kon|do|lenz|schrei|ben
kon|do|lie|ren; jmdm. kondolieren
Kon|dom, das *od.* der; -s, *Plur.* -e, *selten* -s ‹engl.› (Präservativ)
Kon|do|mi|nat, das *od.* der; -[e]s, -e ‹lat.›, **Kon|do|mi|ni|um,** das; -s, ...ien (Herrschaft mehrerer Staaten über dasselbe Gebiet; *auch* dieses Gebiet selbst)
Kon|dor, der; -s, -e ‹indian.› (sehr großer südamerik. Geier)
Kon|dot|ti|e|re, der; -s, ...ri ‹ital.› (ital. Söldnerführer im 14. u. 15. Jh.)
Kon|du|i|te [*auch* kõˈdy̆iːt], die; - ‹franz.› (*veraltet für* Führung)
Kon|dukt, der; -[e]s, -e ‹lat.› (*veraltend für* Geleit, Leichenzug)
Kon|duk|teur [...ˈtøːɐ̯, ˈkɔn...], der; -s, -e ‹franz.› (*schweiz., sonst veraltet für* Schaffner); **Kon|duk|teu|rin** [...ˈtøː...]
Kon|duk|tor, der; -s, ...oren ‹lat.› ([elektr.] Leiter; *Med.* Überträger einer Erbkrankheit); **Kon|duk|to|rin**
Kon|du|ran|go, die; -, -s ‹indian.› (südamerik. Kletterstrauch, dessen Rinde ein Magenmittel liefert); **Kon|du|ran|go|rin|de**
Kon|dy|lom, das; -s, -e ‹griech.› (*Med.* Feigwarze)
Ko|nen (*Plur. von* Konus)
Kon|fekt, das; -[e]s, -e ‹lat.› (Pralinen; *südd., schweiz., österr. auch für* Teegebäck)
Kon|fek|ti|on, die; -, -en *Plur. selten* ‹franz.› (industrielle Anfertigung von Kleidung; industriell angefertigte Kleidung; Bekleidungsindustrie); **Kon|fek|ti|o|när,** der; -s, -e (Hersteller von Fertigkleidung; Unternehmer, Angestellter in der Konfektion); **Kon|fek|ti|o|nä|rin**
kon|fek|ti|o|nie|ren (fabrikmäßig herstellen); **Kon|fek|ti|o|nie|rung**
Kon|fek|ti|ons|an|zug
Kon|fek|ti|ons|ge|schäft
Kon|fek|ti|ons|grö|ße
Kon|fe|renz, die; -, -en ‹lat.› (Besprechung; Zusammenkunft von Experten)
Kon|fe|renz|be|schluss
Kon|fe|renz|raum; Kon|fe|renz|saal; Kon|fe|renz|schal|tung *(Fernmeldet.);* **Kon|fe|renz|sen|dung** *(Rundfunk, Fernsehen)*
Kon|fe|renz|teil|neh|mer; Kon|fe|renz|teil|neh|me|rin
Kon|fe|renz|tisch; Kon|fe|renz|zen|t|rum; Kon|fe|renz|zim|mer
kon|fe|rie|ren ‹franz.› (eine Konferenz abhalten; als Conférencier sprechen)
Kon|fes|si|on, die; -, -en ‹lat.› ([Glaubens]bekenntnis; [christl.] Bekenntnisgruppe)
Kon|fes|si|o|na|lis|mus, der; - ([übermäßige] Betonung der eigenen Konfession)
kon|fes|si|o|nell (zu einer Konfession gehörend)
kon|fes|si|ons|los; Kon|fes|si|ons|lo|sig|keit, die; -
Kon|fes|si|ons|schu|le
Kon|fet|ti, das; -[s] ‹ital.› (bunte Papierblättchen); **Kon|fet|ti|pa|ra|de; Kon|fet|ti|re|gen**
Kon|fi, der; -s, -s *u.* die; -, -s (*ugs. für* Konfirmand[in])
Kon|fi|dent, der; -en, -en ‹franz.› (*veraltet für* Vertrauter, Busenfreund; *österr. für* [Polizei]spitzel); **Kon|fi|den|tin**
Kon|fi|gu|ra|ti|on, die; -, -en ‹lat.› (*Astron., Astrol.* bestimmte Stellung der Planeten; *Med.* Verformung; *Kunst* Gestaltung; *EDV* Zusammenstellung eines Systems); **Kon|fi|gu|ra|tor,** der; -s, ...oren (*EDV* Website eines Herstellers, auf der der Kunde die Ausstattung eines Produkts, z. B. eines Autos, nach eigenem Wunsch zusammenstellen kann); **kon|fi|gu|rie|ren** *(EDV)*
Kon|fir|mand, der; -en, -en ‹lat.›
Kon|fir|man|den|stun|de; Kon|fir|man|den|un|ter|richt
Kon|fir|man|din
Kon|fir|ma|ti|on, die; -, -en (Aufnahme jugendl. ev. Christen in die Erwachsenengemeinde); goldene Konfirmation
Kon|fir|ma|ti|ons|an|zug
Kon|fir|ma|ti|ons|ge|schenk
Kon|fir|ma|ti|ons|spruch
kon|fir|mie|ren
Kon|fi|se|rie [*auch* kõ...] *vgl.* Confiserie; **Kon|fi|seur** [...ˈzøːɐ̯] *vgl.* Confiseur; **Kon|fi|seu|rin** *vgl.* Confiseurin
Kon|fis|ka|ti|on, die; -, -en ‹lat.› ([entschädigungslose] Enteignung; Beschlagnahmung)
kon|fis|zie|ren (beschlagnahmen)
Kon|fi|tent, der; -en, -en ‹lat.› (*veraltet für* Beichtender); **Kon|fi|ten|tin**
Kon|fi|tü|re, die; -, -n ‹franz.› (Marmelade mit Früchten od. Fruchtstücken)
kon|fli|gie|ren ‹lat.› (in Konflikt geraten)
Kon|flikt, der; -[e]s, -e ‹lat., »Zusammenstoß«› (Zwiespalt, [Wider]streit)
Kon|flikt|be|ra|ter; Kon|flikt|be|ra|te|rin; Kon|flikt|be|ra|tung
kon|flikt|be|reit; Kon|flikt|be|reit|schaft; Kon|flikt|be|wäl|ti|gung *(bes. Psychol.)*
kon|flikt|fä|hig; Kon|flikt|fä|hig|keit
Kon|flikt|fall
Kon|flikt|feld (Spannungsfeld)
Kon|flikt|fol|ge|zeit (*Fachspr.* Zeit nach einem bewaffneten Konflikt; Nachkriegszeit)
Kon|flikt|for|schung
kon|flikt|frei
Kon|flikt|herd; Kon|flikt|kom|mis|si|on (*DDR* außergerichtl. Schiedskommission); **Kon|flikt|li|nie**
kon|flikt|los
Kon|flikt|lö|sung; Kon|flikt|ma|nage|ment, das; -; **Kon|flikt|par|tei; Kon|flikt|po|ten|zi|al, Kon|flikt|po|ten|ti|al; Kon|flikt|punkt**
kon|flikt|scheu
Kon|flikt|si|tu|a|ti|on
Kon|flikt|stoff
kon|flikt|träch|tig
Kon|flu|enz, die; -, -en ‹lat.› (*Geol.* Zusammenfluss zweier Gletscher)
Kon|fö|de|ra|ti|on, die; -, -en ‹lat., »Bündnis«› ([Staaten]bund); **kon|fö|de|rie|ren,** sich (sich verbünden); **Kon|fö|de|rier|te,** der *u.* die; -n, -n

K
Konf

kon|fo|kal ‹lat.› (*Optik* mit gleichen Brennpunkten); konfokale Kegelschnitte
kon|form ‹lat.› (einig, übereinstimmend); konform sein (übereinstimmen)
kon|form ge|hen, **kon|form|ge|hen** (übereinstimmen)
Kon|for|mis|mus, der; - (*abwertend für* [Geistes]haltung, die [stets] um Anpassung bemüht ist)
Kon|for|mist, der; -en, -en (Anhänger der anglikan. Kirche; Vertreter des Konformismus); **Kon|for|mis|tin; kon|for|mis|tisch**
Kon|for|mi|tät, die; - (Übereinstimmung)
Kon|fra|ter ‹lat., »Mitbruder«› ([kath.] Amtsbruder); **Kon|fra|ter|ni|tät**, die; -, -en (*veraltet für* Bruderschaft kath. Geistlicher)
Kon|fron|ta|ti|on, die; -, -en ‹lat.› (Gegenüberstellung; Auseinandersetzung); **Kon|fron|ta|ti|ons|kurs; kon|fron|ta|tiv**
kon|fron|tie|ren; mit jmdm., mit etwas konfrontiert werden; **Kon|fron|tie|rung**
kon|fus ‹lat.› (verwirrt, verworren); am konfuses|ten; **Kon|fu|si|on**, die; -, -en (Verwirrung, Durcheinander; *BGB* Vereinigung von Forderung u. Schuld in einer Person)
Kon|fu|t|se, Kon|fu|zi|us (chin. Philosoph)
kon|fu|zi|a|nisch; konfuzianische Aussprüche (von Konfuzius); konfuzianische Philosophie (nach Art des Konfuzius); ↑K89 *u.* 135
Kon|fu|zi|a|nis|mus, der; - (sich auf die Lehre von Konfuzius berufende Geisteshaltung)
kon|fu|zi|a|nis|tisch (den Konfuzianismus betreffend)
Kon|fu|zi|us *vgl.* Konfutse
Kon|ga *vgl.* Conga
kon|ge|ni|al [*auch* 'kɔ...] ‹lat.› (geistesverwandt; geistig ebenbürtig); **Kon|ge|ni|a|li|tät** [*auch* 'kɔ...], die; -
kon|ge|ni|tal ‹lat.› (*Med.* angeboren)
Kon|ges|ti|on, die; -, -en ‹lat.› (*Med.* Blutandrang); **kon|ges|tiv** (Blutandrang erzeugend)
Kon|glo|me|rat, das; -[e]s, -e ‹lat.› (Zusammenballung, Gemisch; *Geol.* Sedimentgestein)
[1]**Kon|go**, der; -[s] (Strom in Mittelafrika)
[2]**Kon|go**, -s, *auch mit Artikel* der; -[s] (Staat in Mittelafrika)
[3]**Kon|go**; Demokratische Republik Kongo (Staat in Mittelafrika; *früher* Zaire)
Kon|go|be|cken, das; -s
Kon|go|le|se, der; -n, -n; **Kon|go|le|sin; kon|go|le|sisch**
kon|go|rot; Kon|go|rot, das; -[s] (ein Farbstoff)
Kon|gre|ga|ti|on, die; -, -en ‹lat.› ([kath.] Vereinigung)
Kon|gre|ga|ti|o|na|list, der; -en, -en ‹engl.› (Angehöriger einer engl.-nordamerik. Freikirche); **Kon|gre|ga|ti|o|na|lis|tin**
Kon|gre|ga|ti|o|nist, der; -en, -en ‹lat.› (Angehöriger einer Kongregation); **Kon|gre|ga|ti|o|nis|tin**
Kon|gress, der; -es, -e ‹lat.› ([größere] fachl. od. polit. Versammlung; *nur Sing.:* Parlament in den USA); **Kon|gress|hal|le**
Kon|gress|saal, **Kon|gress-Saal**
Kon|gress|stadt, **Kon|gress-Stadt**
Kon|gress|teil|neh|mer; Kon|gress|teil|neh|me|rin
Kon|gress|zen|t|rum
kon|gru|ent ‹lat.› (übereinstimmend; *Math.* deckungsgleich)
Kon|gru|enz, die; -, -en *Plur. selten* (Übereinstimmung; *Math.* Deckungsgleichheit)
Kon|gru|enz|satz *(Geom.)*
kon|gru|ie|ren
Ko|ni|die, die; -, -n *meist Plur.* ‹griech.› (*Bot.* Pilzspore)
K.-o.-Nie|der|la|ge ↑K26 (*Boxen* Niederlage durch K. o.); *vgl. auch* Knock-out-Schlag
Ko|ni|fe|re, die; -, -n *meist Plur.* ‹lat.› (*Bot.* Zapfen tragendes Nadelholzgewächs)
Kö|nig [...nɪç], der; -s, -e

> **König**
> In den Singularformen *(der König, des Königs, dem König, den König)* wird das *g* in der Standardsprache wie das *ch* in »ich« ausgesprochen. Das gilt nicht in den anderen Beugungsformen und bei den Wörtern »königlich« und »Königreich«.

Kö|ni|gin; Kö|ni|gin|mut|ter *Plur.* ...mütter; **Kö|ni|gin|pas|te|te; Kö|ni|gin|wit|we**
kö|nig|lich [...nɪklɪç] (*Abk.* kgl.); das königliche Spiel (Schach); *im Titel* ↑K151 : Königlich (*Abk.* Kgl.); Königliche Hoheit (Anrede eines Fürsten od. Prinzen); *vgl.* kaiserlich
Kö|nig|reich [...nɪk...]
Kö|nigs|ad|ler [...nɪçs...] (*svw.* Steinadler)
Kö|nigs|berg (*russ.* Kaliningrad); **Kö|nigs|ber|ger**; Königsberger Klopse (ein Fleischgericht); **Kö|nigs|ber|ge|rin**
kö|nigs|blau; Kö|nigs|blau, das; -[s]
Kö|nigs|burg; Kö|nigs|dis|zi|p|lin (anspruchsvollste Disziplin); **Kö|nigs|farn**
Kö|nigs|haus; Kö|nigs|hof
Kö|nigs|ker|ze (eine Heil- u. Zierpflanze)
Kö|nigs|kind
Kö|nigs|klas|se (*Sport* höchste Klasse)
Kö|nigs|kro|ne
Kö|nigs|ku|chen
Kö|nigs|ma|cher (*Jargon* jmd., der anderen zur Macht verhelfen kann); **Kö|nigs|ma|che|rin**
Kö|nigs|paar; Kö|nigs|pa|last
Kö|nigs|pal|me
Kö|nigs|schloss
Kö|nigs|see, der; -s (in Bayern)
Kö|nigs|sohn
Kö|nigs|stuhl, der; -[e]s (Kreidefelsen auf Rügen)
Kö|nig|stein, der; -s (Tafelberg im Elbsandsteingebirge); die Festung Königstein
Kö|nigs|thron
Kö|nigs|ti|ger
Kö|nigs|toch|ter
kö|nigs|treu
Kö|nig|stuhl, der; -[e]s (Berg bei Heidelberg)
Kö|nigs|was|ser, das; -s *(Chemie)*
Kö|nigs|weg (bester, idealer Weg)
Kö|nigs Wus|ter|hau|sen (Stadt südöstl. Berlins); **Kö|nigs Wus|ter|hau|se|ner**, **Kö|nigs-Wus|ter-hau|se|ner** ↑K145 ; **Kö|nigs Wus|ter|hau|se|ne|rin**, **Kö|nigs-Wus|ter|hau|se|ne|rin**
Kö|nig|tum
Ko|ni|in, das; -s ‹griech.› (*Biol., Chemie* ein giftiges Alkaloid)
ko|nisch ‹griech.› (kegelförmig); konische Spirale
Konj. = Konjunktiv
Kon|jek|tur, die; -, -en ‹lat.› (*Textkritik* verbessernder Eingriff in einen nicht einwandfrei überlieferten Text); **kon|jek|tu|ral; kon|ji|zie|ren** (Konjekturen machen)
Kon|ju|ga|ti|on, die; -, -en (*Sprachwiss.* Beugung des Verbs); **Kon|ju|ga|ti|ons|en|dung**
kon|ju|gier|bar (beugungsfähig)

K
konf

kon|ju|gie|ren ([Verb] beugen)
kon|jun|gie|ren (*veraltet für* verbinden)
Kon|junk|ti|on, die; -, -en (*Sprachwiss.* Bindewort, z. B. »und«, »weil«; *Astron.* Stellung zweier Gestirne im gleichen Längengrad); **Kon|junk|ti|o|nal|ad|verb; Kon|junk|ti|o|nal|satz** (*Sprachwiss.* von einer Konjunktion eingeleiteter Nebensatz)
Kon|junk|tiv, der; -s, -e (*Sprachwiss.* Möglichkeitsform; *Abk.* Konj.)
Kon|junk|ti|va, die; -, ...vä (*Med.* Bindehaut [des Auges])
kon|junk|ti|visch (*Sprachwiss.* den Konjunktiv betreffend, auf ihn bezüglich)
Kon|junk|ti|vi|tis, die; -, ...itiden (*Med.* Bindehautentzündung [des Auges])
Kon|junk|tiv|satz (*Sprachwiss.*)
Kon|junk|tur, die; -, -en (wirtschaftl. Gesamtlage von bestimmter Entwicklungstendenz; wirtschaftl. Aufschwung)
kon|junk|tur|ab|hän|gig
Kon|junk|tur|auf|schwung; Kon|junk|tur|aus|sicht *meist Plur.*
Kon|junk|tur|ba|ro|me|ter (*Wirtsch.*)
kon|junk|tur|be|dingt
Kon|junk|tur|be|le|bung
Kon|junk|tur|be|richt; Kon|junk|tur|da|ten *Plur.*
kon|junk|tu|rell (der Konjunktur gemäß)
Kon|junk|tur|ent|wick|lung; Kon|junk|tur|er|ho|lung
Kon|junk|tur|flau|te; Kon|junk|tur|for|schung; Kon|junk|tur|hil|fe; Kon|junk|tur|kri|se; Kon|junk|tur|la|ge; Kon|junk|tur|maß|nah|me; Kon|junk|tur|pa|ket (*Politik*)
Kon|junk|tur|po|li|tik; kon|junk|tur|po|li|tisch
Kon|junk|tur|pro|g|no|se; Kon|junk|tur|pro|gramm; Kon|junk|tur|rit|ter (*abwertend*); **Kon|junk|tur|schwä|che; Kon|junk|tur|schwan|kung; Kon|junk|tur|sprit|ze** (*ugs. für* Maßnahme zur Konjunkturbelebung)
Kon|junk|tur|tief; Kon|junk|tur|zu|schlag; Kon|junk|tur|zy|k|lus
kon|kav ‹lat.› (*Optik* hohl, vertieft, nach innen gewölbt)
Kon|kav|glas *Plur.* ...gläser
Kon|ka|vi|tät, die; - (konkaver Zustand)
Kon|kav|spie|gel
Kon|kla|ve, das; -s, -n ‹lat.› (Versammlung[sort] der Kardinäle zur Papstwahl)
kon|klu|dent ‹lat.› (schlüssig); konkludentes Verhalten (*Rechtsspr.*); **kon|klu|die|ren** (*Philos.* folgern); **Kon|klu|si|on,** die; -, -en (Schluss[folgerung]); **kon|klu|siv** (schlussfolgernd)
kon|kor|dant ‹lat.› (übereinstimmend)
Kon|kor|danz, die; -, -en (*Biol., auch schweiz. für* Übereinstimmung; *Buchw.* alphabet. Verzeichnis der in einem Buch vorkommenden Wörter u. Begriffe [bes. als Bibelkonkordanz]; *Druckw.* typogr. Maßeinheit; *Geol.* gleichlaufende Lagerung mehrerer Gesteinsschichten; *schweiz. auch für* Mehrparteienregierung); 5 Konkordanz (*Druckw.*)
Kon|kor|danz|de|mo|kra|tie (*schweiz.*)
Kon|kor|dat, das; -[e]s, -e (Vertrag zwischen Staat u. kath. Kirche; *schweiz. für* Vertrag zwischen Kantonen)
Kon|kor|dia, die; - (Name von Vereinen usw.)
Kon|kor|di|en|for|mel, die; - (letzte lutherische Bekenntnisschrift von 1577)
Kon|kre|ment, das; -[e]s, -e ‹lat.› (*Med.* krankhaftes festes Gebilde, das in Körperflüssigkeiten u. -hohlräumen entsteht)
kon|kret ‹lat.› (gegenständlich, anschaubar, greifbar); *vgl.* in concreto; konkrete Malerei; konkrete Musik
Kon|kre|ti|on, die; -, -en (*Geol.* mineralischer Körper in Gesteinen)
kon|kre|ti|sie|ren (verdeutlichen; [im Einzelnen] ausführen); **Kon|kre|ti|sie|rung**
Kon|kre|tum, das; -s, ...ta (*Sprachwiss.* Substantiv, das etwas Gegenständliches benennt, z. B. »Tisch«)
Kon|ku|bi|nat, das; -[e]s, -e ‹lat.› (*Rechtsspr.* eheähnliche Gemeinschaft ohne Eheschließung); **Kon|ku|bi|ne,** die; -, -n (*veraltet für* im Konkubinat lebende Frau; *veraltet abwertend für* Geliebte)
Kon|ku|pis|zenz, die; - ‹lat.› (*Philos., Theol.* sinnl. Begierde)
Kon|kur|rent, der; -en, -en ‹lat.› (Mitbewerber, [geschäftl.] Rivale); **Kon|kur|ren|tin**
Kon|kur|renz, die; -, -en (Wettbewerb; Zusammentreffen zweier Tatbestände od. Möglichkeiten; *nur Sing.:* Konkurrent, Gesamtheit der Konkurrenten)
Kon|kur|renz|be|trieb; Kon|kur|renz|druck, der; -[e]s
kon|kur|renz|fä|hig; Kon|kur|renz|fä|hig|keit *Plur. selten*
kon|kur|ren|zie|ren (*österr., schweiz. für* jmdm. Konkurrenz machen); jmdn. konkurrenzieren; **Kon|kur|ren|zie|rung** (*südd., österr., schweiz.*)
Kon|kur|renz|kampf
Kon|kur|renz|klau|sel (*Rechtsspr., Wirtsch.* vertraglich vereinbartes Wettbewerbsverbot)
kon|kur|renz|los
Kon|kur|renz|neid
Kon|kur|renz|un|ter|neh|men
kon|kur|rie|ren (wetteifern; miteinander in Wettbewerb stehen; zusammentreffen [von mehreren strafrechtl. Tatbeständen])
Kon|kurs, der; -es, -e (*früher für* Insolvenz, Zahlungsunfähigkeit); in Konkurs gehen
Kon|kurs|er|öff|nung; Kon|kurs|mas|se; Kon|kurs|ver|fah|ren
Kon|kurs|ver|wal|ter; Kon|kurs|ver|wal|te|rin

kön|nen

– du kannst; du konntest; du könntest

Partizipbildung

a) *bei »können« als Vollverb:*

– er hat seine Aufgaben nicht gekonnt

b) *bei »können« als Modalverb:*

– ich habe das nicht glauben können

Kön|nen, das; -s
Kön|ner; Kön|ne|rin; Kön|ner|schaft, die; -
Kon|ne|ta|bel, der; -s, -s ‹franz.› (franz. Kronfeldherr [bis ins 17. Jh.])
Kon|nex, der; -es, -e ‹lat.› (Zusammenhang, Verbindung; persönlicher Kontakt)
Kon|ne|xi|on, die; -, -en *meist Plur.* (*selten für* [vorteilhafte] Beziehung)
Kon|ne|xi|täts|prin|zip (*Rechtswiss.* Verpflichtung einer staatlichen Ebene, für finanziellen Ausgleich zu sorgen, wenn sie Auf-

K
Konn

gaben an eine andere Ebene überträgt)

kon|ni|vent ‹lat.› (*veraltet für* nachsichtig); **Kon|ni|venz,** die; -, -en (Nachsicht)

Kon|nos|se|ment, das; -[e]s, -e ‹ital.› (*Seew.* Frachtbrief)

Kon|no|ta|ti|on, die; -, -en ‹lat.› (*Sprachwiss.* mit einem Wort verbundene zusätzliche Vorstellung, z. B. »Nacht« bei »Mond«)

kon|no|ta|tiv; kon|no|tie|ren (eine Konnotation hervorrufen)

konn|te *vgl.* können

Kon|nu|bi|um, das; -s, ...ien ‹lat.› (*Rechtsspr. veraltet für* Ehe[gemeinschaft])

Ko|no|id, das; -[e]s, -e ‹griech.› (*Geom.* kegelähnlicher Körper)

Kon|quis|ta|dor [...k(v)ɪ...], der; -en, -en ‹span.› (span. Eroberer von Mittel- u. Südamerika im 16. Jh.)

Kon|rad (m. Vorn.)

Kon|rek|tor, der; -s, ...oren ‹lat.› (Vertreter des Rektors einer Schule); **Kon|rek|to|rin**

K

konn

Kon|se|k|ra|ti|on, die; -, -en ‹lat.› (liturg. Weihe einer Person od. Sache; Verwandlung von Brot u. Wein beim Abendmahl)

kon|se|k|rie|ren

kon|se|ku|tiv [*auch* ˈkɔn...] ‹lat.› (die Folge bezeichnend); **Kon|se|ku|tiv|satz** (*Sprachwiss.* Umstandssatz der Folge)

Kon|sens, der; -es, -e ‹lat.› (Meinungsübereinstimmung; *veraltend für* Genehmigung); **kon|sens|fä|hig; Kon|sen|sus,** der; -, - [...zuːs] (*svw.* Konsens)

kon|sen|tie|ren (*veraltet für* einwilligen, genehmigen)

kon|se|quent ‹lat.› (folgerichtig; beharrlich, zielbewusst); **kon|se|quen|ter|wei|se; Kon|se|quenz,** die; -, -en (Folgerichtigkeit; Beharrlichkeit; Folge[rung])

Kon|ser|va|tis|mus *vgl.* Konservativismus

kon|ser|va|tiv [*auch* ˈkɔ...] (am Hergebrachten festhaltend; polit. dem Konservativismus zugehörend); am konservativsten; eine konservative Partei; *aber* ↑K 150 : die Konservative Partei (in England); **Kon|ser|va|ti|ve,** der *u.* die; -n, -n

Kon|ser|va|ti|vis|mus, der; - (am Überlieferten orientierte Einstellung; auf Erhalt der bestehenden Ordnung gerichtete Haltung)

Kon|ser|va|ti|vi|tät, die; -

Kon|ser|va|tor, der; -s, ...oren (für die Instandhaltung von Kunstdenkmälern verantwortl. Beamter); **Kon|ser|va|to|rin; kon|ser|va|to|risch** (pfleglich; das Konservatorium betreffend); konservatorisch gebildet (auf einem Konservatorium ausgebildet)

Kon|ser|va|to|rist, der; -en, -en (Schüler eines Konservatoriums); **Kon|ser|va|to|ris|tin**

Kon|ser|va|to|ri|um, das; -s, ...ien ‹ital.› (Musik[hoch]schule)

Kon|ser|ve, die; -, -n ‹mlat.› (haltbar gemachtes Lebensmittel; Konservenbüchse, -glas mit Inhalt; *ugs. für* auf Tonband, Film usw. Festgehaltenes; *kurz für* Blutkonserve)

Kon|ser|ven|büch|se; Kon|ser|ven|do|se; Kon|ser|ven|fa|b|rik; Kon|ser|ven|öff|ner

Kon|ser|ven|ver|gif|tung *(Med.)*

kon|ser|vie|ren ‹lat.› (einmachen; haltbar machen; beibehalten)

Kon|ser|vie|rung; Kon|ser|vie|rungs|mit|tel, das

Kon|si|g|nant, der; -en, -en ‹lat.› (*Wirtsch.* Versender von Konsignationsgut); **Kon|si|g|nan|tin; Kon|si|g|na|tar, Kon|si|g|na|tär,** der; -s, -e (Empfänger von Konsignationsgut); **Kon|si|g|na|ta|rin, Kon|si|g|na|tä|rin**

Kon|si|g|na|ti|on, die; -, -en (Kommissionsgeschäft); **Kon|si|g|na|ti|ons|gut; kon|si|g|nie|ren** (Waren zum Verkauf übersenden)

Kon|sil, das; -s, -e (*bes. Med. für* Konsilium)

Kon|si|li|ar|arzt (*Med.* beratend hinzugezogener zweiter Arzt); **Kon|si|li|ar|ärz|tin**

kon|si|li|a|risch (beratend)

Kon|si|li|um, das; -s, ...ien (Beratung; beratende Versammlung); *vgl.* Consilium Abeundi

kon|sis|tent ‹lat.› (fest, zäh zusammenhaltend; dickflüssig); **Kon|sis|tenz,** die; -

Kon|sis|to|ri|al|rat *Plur.* ...räte (ev. Titel); **Kon|sis|to|ri|al|rä|tin**

Kon|sis|to|ri|um, das; -s, ...ien ‹lat.› (außerordentl. Versammlung der Kardinäle unter dem Vorsitz des Papstes; oberste Verwaltungsbehörde in ev. Landeskirchen)

kon|skri|bie|ren ‹lat.› (*früher für* zum Heeres-, Kriegsdienst ausheben); **Kon|skri|bier|te,** der; -n, -n; **Kon|skrip|ti|on,** die; -, -en

Kon|so|le, die; -, -n ‹franz.› (Wandbrett; *Bauw.* herausragender Mauerteil; *EDV* Gerät für elektronische Spiele mit eigenem Bildschirm od. Anschlussmöglichkeit an ein Fernsehgerät)

Kon|so|li|da|ti|on, die; -, -en ‹lat.(-franz.)› (Vereinigung mehrerer Staatsanleihen zu einer einheitlichen Anleihe; Umwandlung kurzfristiger Staatsschulden in Anleihen)

kon|so|li|die|ren (in seinem Bestand sichern, festigen); **Kon|so|li|die|rung; Kon|so|li|die|rungs|kurs** *(Politik)*; **Kon|so|li|die|rungs|pha|se**

Kon|sol|tisch

Kon|som|mee [kõ...] *vgl.* Consommé

kon|so|nant ‹lat.› (*Musik* harmonisch, zusammenklingend)

Kon|so|nant, der; -en, -en (*Sprachwiss.* Mitlaut, z. B. p, t, k); **Kon|so|nan|ten|häu|fung; Kon|so|nan|ten|schwund; kon|so|nan|tisch** (Konsonanten betreffend)

Kon|so|nanz, die; -, -en (*Musik* harmonischer Gleichklang; *Sprachwiss.* Anhäufung von Mitlauten, Mitlautfolge)

Kon|sor|te, der; -n, -n ‹lat., »Genosse«› (*Wirtsch.* Mitglied eines Konsortiums; *nur Plur.: abwertend für* Mittäter); **Kon|sor|tin; Kon|sor|ti|um,** das; -s, ...ien (Genossenschaft; vorübergehende Vereinigung von Unternehmen, bes. von Banken, für größere Finanzierungsaufgaben)

Kon|s|pekt, der; -[e]s, -e ‹lat.› (Zusammenfassung, Inhaltsübersicht); **kon|s|pek|tie|ren** (einen Konspekt anfertigen)

Kon|s|pi|ra|ti|on, die; -, -en ‹lat.› (Verschwörung); **kon|s|pi|ra|tiv** (verschwörerisch); **kon|s|pi|rie|ren** (sich verschwören)

[1]**Kon|s|ta|b|ler,** der; -s, - ‹lat.› (*früher für* Geschützmeister usw. [auf Kriegsschiffen])

[2]**Kon|s|ta|b|ler,** der; -s, - ‹engl.› (*veraltet für* Polizist)

kon|s|tant ‹lat.› (unveränderlich; ständig gleichbleibend)

Kon|s|tan|te, die; -[n], *Plur.* -n, *ohne Artikel fachspr. auch* - (eine mathematische Größe, deren Wert sich nicht ändert; *Ggs.* Veränderliche, Variable); zwei Konstante[n]

Kon|s|tan|tin [*österr. nur so, auch* ...ˈtiːn] (m. Vorn.); Konstantin der Große (röm. Kaiser); **kon|s|tan|ti|nisch;** *aber* ↑K89: die Konstantinische Schenkung

Kon|s|tan|ti|no|pel (*früherer Name für* Istanbul); **Kon|s|tan|ti|no|pe|ler,** Kon|s|tan|ti|nop|ler, Kon|s|tan|ti|no|po|li|ta|ner; **Kon|s|tan|ti|no|pe|le|rin,** Kon|s|tan|ti|nop|le|rin, Kon|s|tan|ti|no|po|li|ta|ne|rin

[1]**Kon|s|tanz,** die; - ‹lat.› (Beharrlichkeit; Stetigkeit)

[2]**Kon|s|tanz** (Stadt am Bodensee)

Kon|s|tan|ze (w. Vorn.)

kon|s|ta|tie|ren ‹franz.› (feststellen); **Kon|s|ta|tie|rung**

Kon|s|tel|la|ti|on, die; -, -en ‹lat.› (Zusammentreffen von Umständen; Lage; *Astron.* Stellung der Gestirne zueinander)

Kon|s|ter|na|ti|on, die; -, -en ‹lat.› (Bestürzung); **kon|s|ter|nie|ren** (verblüffen, verwirren); jmdn. konsternieren; **kon|s|ter|niert**

Kon|s|ti|pa|ti|on, die; -, -en ‹lat.› (*Med.* Verstopfung)

Kon|s|ti|tu|an|te *vgl.* Constituante

Kon|s|ti|tu|en|te, die; -, -n ‹lat.› (*Sprachwiss.* sprachl. Bestandteil eines größeren Ganzen)

kon|s|ti|tu|ie|ren ‹lat.(-franz.)› (einsetzen, festsetzen, gründen); sich konstituieren (zusammentreten [zur Beschlussfassung]); konstituierende Versammlung; **Kon|s|ti|tu|ie|rung**

Kon|s|ti|tu|ti|on, die; -, -en (allgemeine, bes. körperliche Verfassung; *Med.* Körperbau; *Politik* Verfassung, Satzung)

Kon|s|ti|tu|ti|o|na|lis|mus, der; - (Staatsform auf dem Boden einer Verfassung); **kon|s|ti|tu|ti|o|nell** ‹franz.› (verfassungsmäßig; *Med.* auf die Körperbeschaffenheit bezüglich; anlagebedingt); konstitutionelle Monarchie

Kon|s|ti|tu|ti|ons|typ

kon|s|ti|tu|tiv ‹lat.› (das Wesen einer Sache bestimmend)

Kon|s|t|rik|ti|on, die; -, -en ‹lat.› (*Med.* Zusammenziehung [eines Muskels]; *Biol.* Einschnürung, Verengung); **Kon|s|t|rik|tor,** der; -s, ...oren (*Med.* Schließmuskel); **kon|s|t|rin|gie|ren** (*Med.* zusammenziehen [von Muskeln])

kon|s|t|ru|ie|ren ‹lat.› (gestalten; zeichnen; bilden; [künstlich] herstellen)

Kon|s|t|rukt, das; -[e]s, *Plur.* -e *u.* -s (Arbeitshypothese)

Kon|s|t|ruk|teur [...ˈtøːɐ̯], der; -s, -e ‹franz.› (Erbauer, Erfinder, Gestalter); **Kon|s|t|ruk|teu|rin**

Kon|s|t|ruk|ti|on, die; -, -en ‹lat.›

kon|s|t|ruk|ti|ons|be|dingt

Kon|s|t|ruk|ti|ons|bü|ro; Kon|s|t|ruk|ti|ons|feh|ler; Kon|s|t|ruk|ti|ons|zeich|nung

kon|s|t|ruk|tiv [*auch* ˈkɔ...] (die Konstruktion betreffend; folgerichtig; aufbauend); konstruktives Misstrauensvotum

Kon|s|t|ruk|ti|vis|mus, der; - (Richtung der bildenden Kunst u. der Architektur um 1920; moderne Richtung der Philosophie u. Wissenschaftstheorie); radikaler Konstruktivismus

Kon|s|t|ruk|ti|vist, der; -en, -en; **Kon|s|t|ruk|ti|vis|tin**

kon|s|t|ruk|ti|vis|tisch

Kon|sub|s|tan|ti|a|ti|on, die; -, -en ‹lat.› (*ev. Rel.* [nach Luther] Verbindung der realen Gegenwart Christi mit Brot u. Wein beim Abendmahl)

Kon|sul, der; -s, -n ‹lat.› (höchster Beamter der röm. Republik; *Diplomatie* Vertreter eines Staates zur Wahrnehmung seiner [wirtschaftl.] Interessen in einem anderen Staat); **Kon|su|lar|agent** (*Diplomatie* Bevollmächtigter eines Konsuls); **Kon|su|lar|agen|tin**

kon|su|la|risch; *aber* das Konsularische Korps (*Abk.* CC)

Kon|su|lar|recht

Kon|su|lar|ver|trag

Kon|su|lat, das; -[e]s, -e (Amt[sgebäude] eines Konsuls); **Kon|su|lats|ge|bäu|de**

Kon|su|lent, der; -en, -en (*österr. u. schweiz. für* Berater einer Firma od. Behörde); **Kon|su|len|tin**

Kon|su|lin

Kon|sul|tant, der; -en, -en (fachmänn. Berater); **Kon|sul|tan|tin**

Kon|sul|ta|ti|on, die; -, -en (Befragung, bes. eines Arztes; Beratung von Regierungen); **Kon|sul|ta|ti|ons|mög|lich|keit**

kon|sul|ta|tiv (beratend)

kon|sul|tie|ren ([einen Arzt] befragen; zurate ziehen)

[1]**Kon|sum,** der; -s ‹ital.› (Verbrauch, Verzehr); [2]**Kon|sum** [*schweiz.* ...ˈzuːm], der; -s, -s (*kurz für* Konsumgenossenschaft)

Kon|sum|ar|ti|kel

Kon|su|ma|ti|on, die; -, -en ‹franz.› (*österr. u. schweiz. für* Verzehr)

Kon|sum|den|ken (auf [1]Konsum ausgerichtete Lebenshaltung)

Kon|su|ment, der; -en, -en ‹lat.› (Verbraucher; Käufer)

kon|su|men|ten|freund|lich

Kon|su|men|ten|in|for|ma|ti|on (*österr., schweiz. für* Verbraucherinformation)

Kon|su|men|ten|kre|dit *(Bankw.)*

Kon|su|men|ten|schutz, der; -es (*österr., schweiz. für* Verbraucherschutz); **Kon|su|men|ten|schüt|zer; Kon|su|men|ten|schüt|ze|rin**

Kon|su|men|tin

Kon|sum|for|schung

kon|sum|freu|dig

Kon|sum|ge|nos|sen|schaft (Verbrauchergenossenschaft; *Kurzw.* [2]Konsum); **Kon|sum|ge|sell|schaft**

Kon|sum|gut *meist Plur. (Wirtsch.)*

Kon|sum|gü|ter|in|dus|t|rie

kon|su|mier|bar; kon|su|mie|ren (verbrauchen; verzehren); **Kon|su|mie|rung; Kon|su|mis|mus,** der; - (*svw.* Konsumdenken)

Kon|sum|kli|ma *(Wirtsch.)*

Kon|sump|ti|on *vgl.* Konsumtion

kon|sump|tiv *vgl.* konsumtiv

Kon|sum|tem|pel (*abwertend für* Kaufhaus)

Kon|sum|ter|ror (*abwertend für* [durch Werbung ausgeübter] Druck auf die Verbraucher zur Steigerung ihres Konsums)

Kon|sum|ti|on, Kon|sump|ti|on, die; -, -en (Verbrauch; *Rechtswiss.* Aufgehen eines einfachen Tatbestandes in einem übergeordneten; *Med.* starke Abmagerung); **kon|sum|tiv,** kon|sump|tiv (zum Verbrauch bestimmt)

Kon|sum|ver|ein (Verbrauchergenossenschaft); *vgl.* [2]Konsum

Kon|sum|ver|hal|ten

Kon|sum|ver|zicht

kon|ta|gi|ös (*Med.* ansteckend); **Kon|ta|gi|o|si|tät,** die; - (*Med.* Ansteckungsfähigkeit)

Kon|takt, der; -[e]s, -e ‹lat.› (Berührung, Verbindung); **Kon|takt|ad|res|se; Kon|takt|an|zei|ge**

kon|takt|arm; Kon|takt|ar|mut

Kon|takt|auf|nah|me; Kon|takt|be|reichs|be|am|te (Revierpolizist; *Kurzw.* Kob); **Kon|takt|bör|se** ([virtueller] Ort, an dem Kontakte geknüpft werden können); **Kon|takt|da|ten** *Plur.*

kon|tak|ten (*bes. Wirtsch.* kontaktieren); **Kon|tak|ter** *(Wirtsch.)*; **Kon|tak|te|rin**

kon|takt|fä|hig; Kon|takt|fä|hig|keit

K
Kont

Kon|takt|for|mu|lar (*EDV* Teil einer Homepage, über den man einen Kontakt zum Anbieter herstellen kann); **Kon|takt|frau**
kon|takt|freu|dig
Kon|takt|gift, das
kon|tak|tie|ren (Kontakt[e] aufnehmen); jmdn. kontaktieren
Kon|takt|in|fek|ti|on
Kon|takt|lin|se
kon|takt|los; Kon|takt|lo|sig|keit
Kon|takt|man|gel, der; -s; **Kon|takt|mann** *Plur.* ...männer *u.* ...leute; **Kon|takt|nah|me,** die; -, -n; **Kon|takt|per|son; Kon|takt|pfle|ge; Kon|takt|scha|le**
kon|takt|scheu; Kon|takt|scheu, die; -
Kon|takt|schwä|che; Kon|takt|sper|re; Kon|takt|stel|le; Kon|takt|stoff; Kon|takt|stö|rung; Kon|takt|stu|di|um
Kon|ta|mi|na|ti|on, die; -, -en ⟨lat.⟩ (*Sprachwiss.* Verschmelzung, Wortkreuzung, z. B. »Gebäulichkeiten« aus »Gebäude« u. »Baulichkeiten«; *fachspr. für* [radioaktive] Verunreinigung, Verseuchung); **kon|ta|mi|nie|ren**
kon|tant ⟨ital.⟩ (bar); **Kon|tan|ten** *Plur.* (ausländ. Münzen, die als Ware gehandelt werden)
Kon|tem|p|la|ti|on, die; -, -en ⟨lat.⟩ (religiöse Versenkung, Versunkenheit; Beschaulichkeit, Betrachtung); **kon|tem|p|la|tiv**
kon|tem|po|rär (*geh. für* zeitgenössisch)
Kon|ten (*Plur. von* Konto); **Kon|ten|plan; Kon|ten|rah|men**
Kon|ten|ten *Plur.* ⟨lat.⟩ (*Seew.* Ladeverzeichnisse der Seeschiffe)
Kon|ten|tiv|ver|band (med. Stützverband)
Kon|ter, der; -s, - ⟨franz. *u.* engl.⟩ (*Sport* schneller Gegenangriff)
kon|ter... (gegen...)
Kon|ter... (Gegen...)
Kon|ter|ad|mi|ral (Offiziersdienstgrad bei der Marine)
Kon|ter|an|griff *(Sport)*
Kon|ter|ban|de, die; - (*veraltet für* Schmuggelware)
Kon|ter|fei [*auch* ...ˈfai̯], das; -s, *Plur.* -s *od.* -e (*scherzh., sonst veraltet für* [Ab]bild, Bildnis); **kon|ter|fei|en** [*auch* ...ˈfai̯...] (*scherzh., sonst veraltet für* abbilden); konterfeit
Kon|ter|fuß|ball (defensive, auf Konterangriffe ausgerichtete Spielweise)
kon|ter|ka|rie|ren (hintertreiben)
Kon|ter|mi|ne (Gegenmine; *Börse* Gegen-, Baissespekulation)
kon|tern (schlagfertig erwidern; sich zur Wehr setzen; *Druckw.* ein Druckbild umkehren; *Sport* den Gegner im Angriff durch gezielte Gegenschläge abfangen); ich kontere
Kon|ter|part, der; -s, -s ⟨engl.⟩ (passendes Gegenstück; Gegenspieler)
Kon|ter|re|vo|lu|ti|on (Gegenrevolution); **kon|ter|re|vo|lu|ti|o|när**
Kon|ter|schlag *(bes. Boxen)*
Kon|text [*auch* ...ˈtɛ...], der; -[e]s, -e ⟨lat.⟩ (umgebender Text; Zusammenhang; Inhalt)
Kon|text|glos|se (*Literaturwiss.* Glosse, die in den Text [einer Handschrift] eingefügt ist)
Kon|text|me|nü *(EDV)*
kon|tex|tu|ell (den Kontext betreffend)
Kon|ti (*Plur. von* Konto)
kon|tie|ren ⟨ital.⟩ (ein Konto benennen; auf ein Konto verbuchen)
Kon|ti|gu|i|tät, die; - ⟨lat.⟩ (*Psychol.* zeitl. Zusammenfließen verschiedener Erlebnisinhalte)
Kon|ti|nent [*auch* ˈkɔn...], der; -[e]s, -e ⟨lat.⟩ (Festland; Erdteil)
kon|ti|nen|tal
Kon|ti|nen|tal|eu|ro|pa; kon|ti|nen|tal|eu|ro|pä|isch
Kon|ti|nen|tal|kli|ma, das; -s; **Kon|ti|nen|tal|macht; Kon|ti|nen|tal|plat|te** *(Geol.)*; **Kon|ti|nen|tal|sper|re,** die; - *(früher)*; **Kon|ti|nen|tal|ver|schie|bung** *(Geol.)*
Kon|ti|nenz, die; - ⟨lat.⟩ (*Med.* Fähigkeit, Stuhl u. Urin zurückzuhalten)
kon|tin|gent ⟨lat.⟩ (*Philos.* zufällig; wirklich od. möglich, aber nicht [wesens]notwendig)
Kon|tin|gent, das; -[e]s, -e ⟨lat.⟩ (anteilig zu erbringende Menge, Leistung, Anzahl); **kon|tin|gen|tie|ren** (das Kontingent festsetzen; einteilen); **Kon|tin|gen|tie|rung; Kon|tin|gent[s]|zu|wei|sung**
Kon|tin|genz, die; -, -en ⟨lat.⟩ (*Logik* Möglichkeit u. gleichzeitige Nichtnotwendigkeit; *Statistik, Psychol.* die Häufigkeit des gemeinsamen Auftretens zweier Sachverhalte; *Philos.* kontingente Beschaffenheit)
kon|ti|nu|ier|lich (stetig, fortdauernd); kontinuierlicher Bruch (*Math.* Kettenbruch)
Kon|ti|nu|i|tät, die; - (Stetigkeit, Fortdauer); **Kon|ti|nu|um,** das; -s, ...nua (lückenlos Zusammenhängendes, Stetiges)
Kon|to, das; -s, *Plur.* ...ten, *selten* -s *u.* ...ti ⟨ital.⟩ (fortlaufende Gegenüberstellung u. Verrechnung der Forderungen u. Schulden im privaten od. geschäftlichen Zahlungsverkehr); *vgl.* a conto
Kon|to|aus|zug; Kon|to|aus|zugs|dru|cker
Kon|to|be|we|gung
kon|to|füh|rend ↑K59; **Kon|to|füh|rung; Kon|to|füh|rungs|ge|bühr**
Kon|to|in|ha|ber; Kon|to|in|ha|be|rin
Kon|to|kor|rent, das; -s, -e (*Wirtsch.* laufende Rechnung)
Kon|to|num|mer
Kon|tor, das; -s, -e ⟨niederl.⟩ (Handelsniederlassung im Ausland; *DDR* Handelszentrale)
Kon|to|rist, der; -en, -en; **Kon|to|ris|tin**
Kon|tor|si|on, die; -, -en ⟨lat.⟩ (*Med.* Verdrehung, Verrenkung eines Gliedes); **Kon|tor|si|o|nist,** der; -en, -en (*Artistik* Schlangenmensch); **Kon|tor|si|o|nis|tin**
Kon|to|stand
kon|t|ra, con|t|ra ⟨lat.⟩ (gegen, entgegengesetzt); **Kon|t|ra,** das; -s, -s (*Kartenspiele* Gegenansage); jmdm. Kontra geben
Kon|t|ra|alt (tiefer Alt)
Kon|t|ra|bass (Bassgeige); **Kon|t|ra|bas|sist; Kon|t|ra|bas|sis|tin**
Kon|t|ra|dik|ti|on, die; -, -en (*Philos.* Widerspruch); **kon|t|ra|dik|to|risch** (*Philos.* widersprechend)
Kon|t|ra|fa|gott (tiefes Fagott)
Kon|t|ra|fak|tur, die; -, -en (*Literaturwiss.* geistl. Nachdichtung eines weltl. Liedes [u. umgekehrt] unter Beibehaltung der Melodie)
Kon|tra|ha|ge [...ʒə], die; -, -n ⟨franz.⟩ (*Verbindungsw. früher* Verabredung eines Duells)
Kon|tra|hent, der; -en, -en ⟨lat.⟩ (*Rechtsspr.* Vertragspartner; Gegner); **Kon|tra|hen|tin**
kon|tra|hie|ren (einen Kontrakt abschließen, vereinbaren; *Biol., Med.* sich zusammenziehen; *Verbindungsw. früher* ein Duell verabreden); sich kontrahieren (sich zusammenziehen)
Kon|tra|hie|rungs|zwang (*Rechtsspr.* Verpflichtung von Monopolbetrieben zum Ver-

K
Kont

tragsabschluss mit dem Kunden)
Kon|t|ra|in|di|ka|ti|on, die; -, -en ‹lat., »Gegenanzeige«› (*Med.* Umstand, der die Anwendung einer Arznei o. Ä. verbietet)
Kon|trakt, der; -[e]s, -e (Vertrag, Abmachung); **Kon|trakt|abschluss; Kon|trakt|bruch,** der; **kon|trakt|brü|chig**
kon|trak|til (*Med.* zusammenziehbar); **Kon|trak|ti|li|tät,** die; - (*Med.* Fähigkeit, sich zusammenzuziehen)
Kon|trak|ti|on, die; -, -en (*Med.* Zusammenziehung; *Physik* Verringerung des Volumens); **Kontrak|ti|ons|vor|gang**
kon|trakt|lich (vertragsgemäß)
Kon|trak|tur, die; -, -en (*Med.* Verkürzung [von Muskeln, Sehnen]; Versteifung)
Kon|t|ra|post, der; -[e]s, -e ‹ital.› (*bild. Kunst* Ausgleich [bes. von Stand- u. Spielbein])
kon|t|ra|pro|duk|tiv (negativ, entgegenwirkend; ein gewünschtes Ergebnis verhindernd)
Kon|t|ra|punkt, der; -[e]s, -e ‹lat.› (*Musik* Führung mehrerer selbstständiger Stimmen im Tonsatz); **Kon|t|ra|punk|tik,** die; - (Lehre des Kontrapunktes); **kon|t|ra|punk|tisch**
kon|t|rär ‹franz.› (gegensätzlich; widrig)
Kon|t|rast, der; -[e]s, -e ‹franz.› ([starker] Gegensatz; auffallender [Farb]unterschied)
Kon|t|rast|brei *(Med.)*
Kon|t|rast|far|be
kon|t|ras|tie|ren ‹franz.› (sich unterscheiden, einen [starken] Gegensatz bilden); **kon|t|ras|tiv** ‹engl.› (*Sprachwiss.* vergleichend); kontrastive Grammatik
Kon|t|rast|mit|tel, das *(Med.)*
Kon|t|rast|pro|gramm
kon|t|rast|reich
Kon|t|ra|zep|ti|on, die; - ‹lat.› (*Med.* Empfängnisverhütung)
kon|t|ra|zep|tiv (empfängnisverhütend); **Kon|t|ra|zep|tiv,** das; -s, -e, **Kon|t|ra|zep|ti|vum,** das; -s, ...va (Verhütungsmittel)
Kon|t|re|tanz (alter Gesellschaftstanz)
Kon|tri|bu|ti|on, die; -, -en ‹lat.› (Kriegssteuer, -entschädigung)
Kon|t|ri|ti|on, die; -, -en ‹lat.› (*kath. Kirche* tiefe Reue)
Kon|t|roll|ab|schnitt; Kon|t|roll|amt; Kon|t|roll|ap|pa|rat; Kon|t|roll|befug|nis; Kon|t|roll|be|hör|de; Kon|t|roll|da|tum
Kon|t|rol|le, die; -, -n ‹franz.› (Überwachung; Überprüfung; Beherrschung)
Kon|t|rol|ler, der; -s, - ‹engl.› (*Technik* Steuerschalter an Elektromotoren)
Kon|t|rol|leur [...'lø:ɐ̯], der; -s, -e ‹franz.› (Aufsichtsbeamter, Prüfer); **Kon|t|rol|leu|rin**
Kon|t|roll|freak *(ugs.)*
Kon|t|roll|funk|ti|on; Kon|t|roll|gang; Kon|t|roll|gre|mi|um
Kon|t|roll|grup|pe *(bes. Psychol.)*
kon|t|rol|lier|bar; Kon|t|rol|lier|barkeit, die; -
kon|t|rol|lie|ren; kon|t|rol|liert
Kon|t|roll|in|s|tanz; Kon|t|roll|in|s|tru|ment
Kon|t|roll|kas|se
Kon|t|roll|kom|mis|si|on
Kon|t|roll|lam|pe, Kon|t|roll-Lam|pe
Kon|t|roll|lis|te, Kon|t|roll-Lis|te
Kon|t|roll|me|cha|nis|mus
Kon|t|rol|lor, der; -s, -e ‹ital.› (*österr. für* Kontrolleur)
Kon|t|roll|or|gan
Kon|t|rol|lo|rin
Kon|t|roll|pflicht; Kon|t|roll|punkt
Kon|t|roll|rat, der; -[e]s (oberstes Besatzungsorgan in Deutschland nach dem 2. Weltkrieg)
Kon|t|roll|raum; Kon|t|roll|sta|ti|on; Kon|t|roll|stel|le; Kon|t|roll|system; Kon|t|roll|turm; Kon|t|rolluhr; Kon|t|roll|ver|lust; Kon|t|rollzen|t|rum
kon|t|ro|vers ‹lat.› (entgegengesetzt; strittig; umstritten); **Kont|ro|ver|se,** die; -, -n (Meinungsverschiedenheit; [wissenschaftl.] Streit[frage]); **kon|t|rover|si|ell** (*österr. für* kontrovers)
Kon|tu|maz, die; - ‹lat.› (*veraltet für* Nichterscheinen vor Gericht; *österr. veraltet für* Quarantäne); *vgl.* in contumaciam; **Kon|tu|ma|zi|al|ver|fah|ren** (*Rechtsspr.* Gerichtsverfahren in Abwesenheit einer Partei od. des Beschuldigten)
Kon|tur, die; -, -en *meist Plur.* ‹franz.› (Umriss[linie]; andeutende Linie[nführung]); **Kon|turbuch|sta|be** (nur im Umriss gezeichneter Buchstabe)
kon|tu|ren|los, kon|tur|los; **kon|turen|reich**
Kon|tu|ren|schär|fe *(Fotogr.)*; **Kontu|ren|stift** (zum Nachziehen der Lippenkonturen)
kon|tu|rie|ren (die äußeren Umrisse ziehen; andeuten)
kon|tur|los, kon|tu|ren|los
Kon|tur|schrift (*Druckw.* Zierschrift mit Konturbuchstaben)
Kon|tu|si|on, die; -, -en ‹lat.› (*Med.* Quetschung)
Ko|nus, der; -, *Plur.* Konusse, *Technik auch* Konen ‹griech.› (Kegel[stumpf]; bei Drucktypen die Seitenflächen des schriftbildtragenden Oberteils)
Kon|va|les|zent, der; -en, -en ‹lat.› (*svw.* Rekonvaleszent); **Kon|vales|zen|tin; Kon|va|les|zenz,** die; -, -en *Plur. selten* (*Rechtswiss.* nachträgliches Gültigwerden von Rechtsgeschäften; *Med. svw.* Rekonvaleszenz)
Kon|vek|ti|on, die; -, -en ‹lat., »Mitführung«› (*Physik* Transport von Energie od. elektr. Ladung durch kleinste Teilchen einer Strömung); **kon|vek|tiv**
Kon|vek|tor, der; -s, ...oren (ein Heizkörper)
kon|ve|na|bel ‹franz.› (*veraltet für* schicklich; passend, bequem; annehmbar); ...a|b|le Preise
Kon|ve|ni|at, das; -s, -s ‹lat.› (Zusammenkunft der kath. Geistlichen eines Dekanats)
Kon|ve|ni|enz, die; -, -en (*veraltet für* Schicklichkeit; Bequemlichkeit); **kon|ve|nie|ren** (*veraltet für* passen, annehmbar sein)
Kon|vent, der; -[e]s, -e (*kath. Kirche* Versammlung der Mönche; Gesamtheit der Konventualen; *ev. Kirche* Zusammenkunft der Geistlichen zur Beratung; Versammlung einer Studentenverbindung; *nur Sing.:* Nationalversammlung in Frankreich 1792 bis 1795)
Kon|ven|ti|kel, das; -s, - ([heimliche] Zusammenkunft; private religiöse Versammlung)
Kon|ven|ti|on, die; -, -en ‹franz.› (Abkommen, [völkerrechtl.] Vertrag; *meist Plur.:* Herkommen, Brauch, Förmlichkeit)
kon|ven|ti|o|nal ‹lat.› (die Konvention betreffend)
Kon|ven|ti|o|nal|stra|fe (*Rechtsspr.* Vertragsstrafe)
kon|ven|ti|o|nell ‹franz.› (herkömmlich, üblich; förmlich)
Kon|ven|tu|a|le, der; -n, -n ‹lat.› (stimmberechtigtes Klostermitglied; Angehöriger eines kath. Ordens)
kon|ver|gent ‹lat.› (sich zuneigend,

K
konv

zusammenlaufend; übereinstimmend); **Kon|ver|genz,** die; -, -en (Annäherung, Übereinstimmung)
Kon|ver|genz|kri|te|ri|um (*Math.; auch für* Bedingung für die Teilnahme an der Europäischen Wirtschafts- u. Währungsunion); **Kon|ver|genz|the|o|rie,** die; - *(Politik)*
kon|ver|gie|ren (*geh. für* übereinstimmen)
Kon|ver|sa|ti|on, die; -, -en ‹franz.› (gesellige Unterhaltung, Plauderei); **Kon|ver|sa|ti|ons|le|xi|kon; Kon|ver|sa|ti|ons|stück**
kon|ver|sie|ren (*veraltet für* sich unterhalten)
Kon|ver|si|on, die; -, -en ‹lat.› (Umwandlung; *Rel.* Glaubenswechsel; *Sprachwiss.* Übergang in eine andere Wortart ohne eine formale Änderung, z. B. »Dank« – »dank«)
Kon|ver|ter, der; -s, - ‹engl.› (*Hüttenw.* Gerät zur Stahlherstellung; *Physik* Gerät zum Umformen von Frequenzen)
kon|ver|ti|bel ‹franz.› (*svw.* konvertierbar); ...b|le Währungen; **Kon|ver|ti|bi|li|tät,** die; - (Konvertierbarkeit)
kon|ver|tier|bar (austauschbar zum jeweiligen Wechselkurs [von Währungen]); frei konvertierbare Währung; **Kon|ver|tier|bar|keit,** die; - *(Wirtsch.)*
kon|ver|tie|ren ‹lat.(-franz.)› (*Rel.* den Glauben, die Konfession wechseln; *Wirtsch.* Währung zum Wechselkurs tauschen); **Kon|ver|tie|rung**
Kon|ver|tit, der; -en, -en ‹engl.› (*Rel.* zu anderem Glauben od. anderer Konfession Übergetretener); **Kon|ver|ti|ten|tum,** das; -s *(Rel.)*; **Kon|ver|ti|tin**
kon|vex ‹lat.› (*Optik* erhaben, nach außen gewölbt); **Kon|ve|xi|tät,** die; - (konvexer Zustand)
Kon|vex|lin|se; Kon|vex|spie|gel
Kon|vikt, das; -[e]s, -e ‹lat.› (kirchl. Internat); **Kon|vik|tu|a|le,** der; -n, -n (*veraltet für* Angehöriger eines Konvikts)
Kon|vi|vi|um, das; -s, ...ien (*veraltet für* Gelage)
Kon|voi [*auch* 'kɔn...], der; -s, -s ‹engl.› (*bes. Militär* Geleitzug [für Schiffe]; Fahrzeugkolonne)
Kon|vo|ka|ti|on, die; -, -en ‹lat., »Zusammenrufen«› (*veraltet für* Einberufung)
Kon|vo|lut, das; -[e]s, -e ‹lat.› (*Buchw.* Bündel [von Schriftstücken]; Sammelband)
Kon|vul|si|on, die; -, -en ‹lat.› (*Med.* Schüttelkrampf)
kon|vul|siv, kon|vul|si|visch (krampfhaft [zuckend])
kon|ze|die|ren ‹lat.› (zugestehen, einräumen)
Kon|ze|le|b|ra|ti|on, die; -, -en ‹lat.› (*kath. Kirche* gemeinsame Eucharistiefeier durch mehrere Geistliche); **kon|ze|le|b|rie|ren**
Kon|zen|t|rat, das; -[e]s, -e ‹lat.; griech.› (angereicherter Stoff, hochprozentige Lösung; hochprozentiger Auszug)
Kon|zen|t|ra|ti|on, die; -, -en (Zusammenziehung [von Truppen]; [geistige] Sammlung; *Chemie* Gehalt einer Lösung); **Kon|zen|t|ra|ti|ons|fä|hig|keit**
Kon|zen|t|ra|ti|ons|la|ger, das; -s, ...lager (*Abk.* KZ)
Kon|zen|t|ra|ti|ons|man|gel, der; **Kon|zen|t|ra|ti|ons|schwä|che**
kon|zen|t|rie|ren ([Truppen] zusammenziehen, vereinigen; *Chemie* anreichern, gehaltreich machen); sich konzentrieren (sich [geistig] sammeln); **kon|zen|t|riert** (*Chemie* angereichert, gehaltreich; *übertr. für* gesammelt, aufmerksam)
Kon|zen|t|riert|heit, die; -
Kon|zen|t|rie|rung
kon|zen|t|risch (mit gemeinsamem Mittelpunkt); konzentrische Kreise; **Kon|zen|t|ri|zi|tät,** die; - (Gemeinsamkeit des Mittelpunktes)
Kon|zept, das; -[e]s, -e ‹lat.› (Entwurf; erste Fassung; grober Plan); **Kon|zep|ter,** der; -s, - (*bes. EDV* jmd., der Konzepte erarbeitet); **Kon|zep|te|rin; Kon|zep|ti|on,** die; -, -en (Entwurf eines Werkes; *Med.* Empfängnis); **kon|zep|ti|o|nell**
kon|zep|ti|o|nie|ren (planen, entwerfen); **Kon|zep|ti|o|nie|rung**
Kon|zep|ti|o|nist, der; -en, -en (jmd., der [bes. im künstlerischen Bereich] ein Konzept erarbeitet); **Kon|zep|ti|o|nis|tin**
kon|zep|ti|ons|los; Kon|zep|ti|ons|lo|sig|keit, die; -
Kon|zept|kunst, die; - (Concept-Art)
kon|zept|los; Kon|zept|lo|sig|keit
Kon|zept|pa|pier
kon|zep|tu|a|li|sie|ren (als Konzept gestalten; ein Konzept entwerfen); **kon|zep|tu|ell** (auf ein Konzept bezogen)
Kon|zern, der; -[e]s, -e ‹engl.› (Zusammenschluss wirtschaftl. Unternehmen)
Kon|zern|chef; Kon|zern|che|fin
kon|zer|nie|ren (zu einem Konzern zusammenschließen); **Kon|zer|nie|rung**
kon|zern|in|tern
Kon|zern|lei|tung
Kon|zern|mut|ter (*Wirtsch.* Muttergesellschaft eines Konzerns)
Kon|zern|re|vi|si|on; Kon|zern|si|cher|heit; Kon|zern|spit|ze; Kon|zern|toch|ter (Tochtergesellschaft eines Konzerns); **Kon|zern|um|satz**
Kon|zern|vor|stand
Kon|zert, das; -[e]s, -e ‹ital.›; **Kon|zert|abend; Kon|zert|abon|ne|ment; Kon|zert|agen|tur**
kon|zer|tant (in Konzertform)
Kon|zer|ta|ti|on, die; -, -en ‹franz.› (Übereinkunft; Wettstreit)
Kon|zert|be|su|cher; Kon|zert|be|su|che|rin
Kon|zert|ca|fé; Kon|zert|flü|gel; Kon|zert|hal|le; Kon|zert|haus
kon|zer|tie|ren (ein Konzert geben); **kon|zer|tiert;** eine konzertierte Aktion (*Wirtsch.* gemeinsam zwischen Partnern abgestimmtes Handeln)
Kon|zer|ti|na, die; -, -s (eine Handharmonika)
Kon|zert|meis|ter; Kon|zert|meis|te|rin; Kon|zert|mit|schnitt; Kon|zert|pro|gramm
kon|zert|reif; Kon|zert|rei|fe
Kon|zert|rei|he; Kon|zert|rei|se; Kon|zert|saal; Kon|zert|stück; Kon|zert|tour|nee
Kon|zert|ver|an|stal|ter; Kon|zert|ver|an|stal|te|rin; Kon|zert|ver|an|stal|tung
Kon|zes|si|on, die; -, -en ‹lat.› (behördl. Genehmigung; *meist Plur.:* Zugeständnis); **Kon|zes|si|o|när,** der; -s, -e (Inhaber einer Konzession); **Kon|zes|si|o|nä|rin**
kon|zes|si|o|nie|ren (behördlich genehmigen)
Kon|zes|si|ons|be|reit|schaft
Kon|zes|si|ons|in|ha|ber; Kon|zes|si|ons|in|ha|be|rin
kon|zes|siv (*Sprachwiss.* einräumend); konzessive Konjunktion; **Kon|zes|siv|satz** (Umstandssatz der Einräumung)
Kon|zil, das; -s, *Plur.* -e *u.* -ien ‹lat.› (Versammlung kath. Würdenträger; Universitätsgremium)

kon|zi|li|ant (versöhnlich, umgänglich, verbindlich); **Kon|zi|li|anz,** die; - (Umgänglichkeit, Entgegenkommen)
Kon|zi|li|a|ris|mus, der; - (kirchenrechtl. Theorie, die das Konzil über den Papst stellt)
Kon|zils|be|schluss
Kon|zils|va|ter (stimmberechtigter Teilnehmer an einem Konzil)
kon|zinn ⟨lat.⟩ (*Rhet.* ebenmäßig gebaut; *veraltet für* gefällig)
Kon|zi|pi|ent, der; -en, -en ⟨lat.⟩ (*veraltet für* Verfasser eines Schriftstückes; *österr. für* Jurist [zur Ausbildung] in einem Anwaltsbüro); **Kon|zi|pi|en|tin** (*österr.*)
kon|zi|pie|ren (verfassen, entwerfen; *Med.* schwanger werden)
kon|zis ⟨lat.⟩ (*Rhet.* kurz, gedrängt); eine konzise Darstellung
Koof|mich, der; -s, -s *u.* -e (*berlin. ugs. für* Kaufmann)
Koog, Kog, der; -[e]s, Köge (*nordd. für* dem Meer abgewonnenes eingedeichtes Land; Polder)
Koons [ku:nz], Jeff [dʒɛf] (amerik. Künstler)
Ko|ope|ra|ti|on, die; -, -en ⟨lat.⟩ (Zusammenarbeit)
Ko|ope|ra|ti|ons|ab|kom|men
ko|ope|ra|ti|ons|be|reit; Ko|ope|ra|ti|ons|be|reit|schaft
Ko|ope|ra|ti|ons|mög|lich|keit
Ko|ope|ra|ti|ons|part|ner; Ko|ope|ra|ti|ons|part|ne|rin
Ko|ope|ra|ti|ons|ver|trag
ko|ope|ra|tiv; Ko|ope|ra|tiv, das; -s, *Plur.* -e, *auch* -s, **Ko|ope|ra|ti|ve,** die; -, -n (Arbeitsgemeinschaft, Genossenschaft)
Ko|ope|ra|tor, der; -s, ...oren (*veraltet für* Mitarbeiter; *landsch. u. österr. für* kath. Vikar); **Ko|ope|ra|to|rin**
ko|ope|rie|ren (zusammenarbeiten)
Ko|op|ta|ti|on, die; -, -en ⟨lat.⟩ (*selten für* Zuwahl); **ko|op|tie|ren** (*selten für* hinzuwählen)
Ko|or|di|na|te, die; -, -n *meist Plur.* ⟨lat.⟩ (*Math.* Abszisse u. Ordinate; Zahl, die die Lage eines Punktes bestimmt)
Ko|or|di|na|ten|ach|se (*Math.*)
Ko|or|di|na|ten|sys|tem (*Math.*)
Ko|or|di|na|ti|on, die; -, -en; **ko|or|di|na|tiv** (*fachspr.*)
Ko|or|di|na|tor, der; -s, ...natoren (jmd., der koordiniert); **Ko|or|di|na|to|rin**
ko|or|di|nie|ren (in ein Gefüge einbauen; aufeinander abstimmen; *Sprachwiss.* nebenordnen); koordinierende Konjunktion (z. B. »und«); **Ko|or|di|nie|rung**
Kop. = Kopeke
Ko|pa|i|va|bal|sam, der; -s ⟨indian.; hebr.⟩ (ein Harz)
Ko|pal, der; -s, -e ⟨indian.-span.⟩ (ein Harz); **Ko|pal|fich|te; Ko|pal|harz; Ko|pal|lack**
Ko|pe|ke, die; -, -n ⟨russ.⟩ (Untereinheit des russ. Rubels u. der Griwna; *Abk.* Kop.)
Ko|pen|ha|gen (Hauptstadt Dänemarks); *vgl.* København; **Ko|pen|ha|ge|ner; Ko|pen|ha|ge|ne|rin**
Kö|pe|nick (Stadtteil von Berlin); **Kö|pe|ni|cker; Kö|pe|ni|cke|rin; Kö|pe|ni|cki|a|de,** die; -, -n ⟨nach dem Hauptmann von Köpenick⟩ (toller Streich)
Ko|pe|po|de, der; -n, -n *meist Plur.* ⟨griech.⟩ (*Zool.* Ruderfußkrebs)
Kö|per, der; -s, - ⟨niederl.⟩ (ein Gewebe); **Kö|per|bin|dung**
ko|per|ni|ka|nisch; das kopernikanische Weltsystem; eine kopernikanische (tief greifende) Wende; die kopernikanischen »Sechs Bücher über die Umläufe der Himmelskörper« (Hauptwerk des Kopernikus); ↑K89 *u.* 135
Ko|per|ni|kus (poln. Astronom)
Kopf, der; -[e]s, Köpfe; Kopf hoch!; von Kopf bis Fuß; jmdm. zu Kopf steigen; die Haare über Kopf föhnen; über Kopf *od.* überkopf arbeiten; einen Ball über Kopf *od.* überkopf schlagen; *aber nur* die Schmerzen strahlten über Kopf und Nacken bis in beide Schultern; auf dem Kopf stehen; das Bild, der Turner steht auf dem Kopf; *vgl. aber* kopfstehen
Kopf|air|bag
Kopf-an-Kopf-Ren|nen ↑K26
Kopf|ar|beit; Kopf|ar|bei|ter; Kopf|ar|bei|te|rin
Kopf|bahn|hof
Kopf|ball; Kopf|ball|tor, das
Kopf|be|de|ckung; Kopf|be|we|gung
Köpf|chen
Kopf|dün|ger (zur Düngung während der Wachstumszeit); **Kopf|dün|gung**
köp|feln (*südd., österr., schweiz. für* einen Kopfsprung machen; den Ball mit dem Kopf stoßen); ich köpf[e]le
köp|fen
Kopf|en|de; Kopf|form
Kopf|fü|ßer (*Zool.*)
Kopf|ge|burt (Erdachtes, Ersonnenes)
Kopf|geld; Kopf|geld|jä|ger; Kopf|geld|jä|ge|rin
Kopf|grip|pe; Kopf|haar; Kopf|hal|tung; Kopf|haut; Kopf|hö|rer
...köp|fig (z. B. dreiköpfig; *mit Ziffer* 3-köpfig; ↑K29); **...köp|fisch** (z. B. rappelköpfisch)
Kopf|jä|ger; Kopf|jä|ge|rin
Kopf|keil; Kopf|kis|sen
kopf|las|tig; Kopf|las|tig|keit
Kopf|laus
Köpf|ler (*österr. u. schweiz. für* Kopfsprung; Kopfstoß)
kopf|los; Kopf|lo|sig|keit
Kopf|ni|cken, das; -s
Kopf|nuss
Kopf|pau|scha|le (einkommensunabhängige pauschale Krankenversicherungsprämie)
Kopf|putz, der; -es; **Kopf|quo|te**
kopf|rech|nen *nur im Infinitiv gebr.*; **Kopf|rech|nen,** das; -s
Kopf|sa|lat
kopf|scheu
Kopf|schmerz *meist Plur.*; **Kopf|schmerz|ta|b|let|te**
Kopf|schmuck; Kopf|schup|pe *meist Plur.*; **Kopf|schuss**
Kopf|schüt|teln, das; -s; **kopf|schüt|telnd**
Kopf|schutz; Kopf|schüt|zer
Kopf|sprung; Kopf|stand
kopf|ste|hen; ich stehe kopf, habe kopfgestanden, um kopfzustehen; *aber* auf dem Kopf stehen
Kopf|ste|hen, das; -s
kopf|stein|ge|pflas|tert; ein kopfsteingepflasterter Platz; **Kopf|stein|pflas|ter**
Kopf|steu|er, die; **Kopf|stim|me**
Kopf|stoß (*Fußball, Boxen*)
Kopf|stüt|ze; Kopf|teil, das *od.* der
Kopf|tuch *Plur.* ...tücher; **Kopf|tuch|ver|bot**
kopf|über; kopf|un|ter
Kopf|ver|let|zung
kopf|vo|r|an (*österr., schweiz. für* kopfüber; *auch übertr. für* überstürzt); *aber* (den) Kopf voran, mit dem Kopf voran (mit dem Kopf zuerst)
kopf|wa|ckelnd; ein kopfwackelnder Greis
Kopf|wä|sche; Kopf|weh, das; -s
Kopf|wei|de *vgl.* [1]Weide
Kopf|wun|de; Kopf|zahl

K
Kopf

Kopf|zer|bre|chen, das; -s (angestrengtes Nachdenken); das Problem bereitet ihr [viel] Kopfzerbrechen
Koph|ta, der; -[s], -s (geheimnisvoller ägypt. Magier); **koph|tisch**
Ko|pi|al|buch ‹lat.; dt.› (Buch für Urkundenabschriften usw.)
Ko|pie [*österr. auch* 'ko:pi̯ə], die; -, ...i̯en [*österr. auch* 'ko:pi̯ən] (Abschrift; Abdruck; Nachbildung; *Film* Abzug)
ko|pie|ren (eine Kopie machen)
Ko|pie|rer (*ugs. für* Kopiergerät)
Ko|pier|ge|rät
ko|pier|ge|schützt *(EDV)*
Ko|pier|pa|pier; Ko|pier|schutz, der; -es *(EDV);* **Ko|pier|stift,** der
Ko|pi|lot, Co|pi|lot (zweiter Flugzeugführer; zweiter Fahrer); **Ko|pi|lo|tin,** Co|pi|lo|tin
ko|pi|ös ‹franz.› (*Med.* reichlich)
Ko|pist, der; -en, -en ‹lat.› (jmd., der eine Kopie anfertigt); **Ko|pis|tin**
Kop|pe, die; -, -n (ein Fisch; *landsch. für* Kuppe)
¹**Kop|pel,** die; -, -n (eingezäunte Weide; Riemen; durch Riemen verbundene Tiere)
²**Kop|pel,** das; -s, -, *österr.* die; -, -n (Gürtel)
kop|pel|gän|gig *(Jägerspr.);* koppelgängiger Hund
kop|peln (verbinden); ich kopp[e]le; *vgl.* kuppeln
Kop|pel|schloss
Kop|pe|lung, Kopp|lung; **Kop|pe|lungs|ma|nö|ver,** Kopp|lungs|ma|nö|ver
Kop|pel|wei|de *vgl.* ²Weide; **Kop|pel|wirt|schaft; Kop|pel|wort** *Plur.* ...wörter *(Sprachwiss.)*
kop|pen (Luft schlucken [eine Pferdekrankheit])
Köp|per, der; -s, - (*landsch. ugs. für* Kopfsprung)
kopp|hei|ster (*nordd. für* kopfüber); koppheister schießen (einen Purzelbaum schlagen); koppheister gehen (untergehen, zugrunde gehen)
Kopp|lung usw. *vgl.* Koppelung usw.
Ko|p|ra, die; - ‹tamil.-port.› (zerkleinertes u. getrocknetes Mark der Kokosnuss)
Ko|pro|duk|ti|on, die; -, -en (Gemeinschaftsherstellung)
Ko|pro|du|zent, der; -en, -en; **Ko|pro|du|zen|tin; ko|pro|du|zie|ren**
Ko|p|ro|lith, der; *Gen.* -s *od.* -en, *Plur.* -e[n] ‹griech.› (versteinerter Kot [urweltl. Tiere])
Ko|p|rom, das; -s, -e (*Med.* Kotgeschwulst)
ko|p|ro|phag (*Biol.* kotfressend); **Ko|p|ro|pha|ge,** der; -n, -n (*Biol.* Kotfresser; *Med., Psychol.* Kotesser); **Ko|p|ro|pha|gie,** die; - (*Med., Psychol.* das Essen von Kot); **Ko|pro|pha|gin**
Kops, der; -es, -e ‹engl.› (Spule, Spindel mit Garn)
Kop|te, der; -n, -n ‹griech.› (Angehöriger der christl. Kirche in Ägypten); **Kop|tin; kop|tisch;** koptische Kirche; koptische Schrift
Ko|pu|la, die; -, *Plur.* -s *u.* ...lae ‹lat., »Band«› (*Sprachwiss.* Satzband)
Ko|pu|la|ti|on, die; -, -en (*Biol.* Begattung; *Gartenbau* bestimmte Veredelung von Pflanzen)
ko|pu|la|tiv (*Sprachwiss.* verbindend, anreihend); kopulative Konjunktion (z. B. »und«)
Ko|pu|la|ti|vum, das; -s, ...va (*Sprachwiss.* Zusammensetzung aus zwei gleichwertigen Bestandteilen, z. B. »taubstumm«, »Hemdhose«)
ko|pu|lie|ren ‹*zu* Kopulation›
Ko|rah, Ko|rach (bibl. m. Eigenn.)
Ko|ral|le, die; -, -n ‹griech.› (ein Nesseltier; aus seinem Skelett gewonnener Schmuckstein); **ko|ral|len** (aus Korallen, korallenrot)
Ko|ral|len|bank *Plur.* ...bänke; **Ko|ral|len|baum; Ko|ral|len|in|sel; Ko|ral|len|ket|te; Ko|ral|len|riff**
ko|ral|len|rot
ko|ram ‹lat., »vor aller Augen«›; jmdn. koram nehmen (*veraltet für* scharf tadeln); *vgl.* coram publico
Ko|ran [*auch* 'ko:...], der; -[s], -e ‹arab.› (das heilige Buch des Islams); **Ko|ran|schu|le; Ko|ran|su|re**
Korb, der; -[e]s, Körbe; drei Korb Kabeljau
Korb|ball; Korb|ball|spiel
Korb|blüt|ler
Körb|chen; Körb|chen|grö|ße (genormte Größe für die Schale des Büstenhalters)
Kor|ber (*schweiz. früher für* Korbmacher); **Kor|be|rin**
Kör|berl|geld (*österr. für* Zubrot)
Korb|fla|sche; Korb|flech|ter; Korb|flech|te|rin
Kor|bi|ni|an [*auch* ...'bi:...] (ein Heiliger; *auch* m. Vorn.)
Korb|jä|ger *(Sport);* **Korb|jä|ge|rin**
Körb|lein
Korb|ma|cher; Korb|ma|che|rin; Korb|ses|sel; Korb|stuhl; Korb|wa|gen
Korb|wei|de *vgl.* ¹Weide
Korb|wurf
¹**Kord** (m. Vorn.)
²**Kord** usw. *vgl.* Cord usw.
Kord|an|zug *vgl.* Cordanzug
Kor|de, die; -, -n ‹franz.› (*veraltet für* schnurartiger Besatz)
Kor|del, die; -, -n (gedrehte od. geflochtene Schnur; *landsch. für* Bindfaden; *österr. svw.* Korde); **Kör|del|chen**
Kor|de|lia, Kor|de|lie *vgl.* Cordelia, Cordelie
kor|di|al ‹lat.› (*veraltet für* herzlich; vertraulich)
kor|die|ren ‹franz.› (vertiefte Muster in zu glatte Griffe von Werkzeugen einarbeiten); **Kor|dier|ma|schi|ne**
Kor|dil|le|ren [...dɪl'je:...] *Plur.* ‹span.› (amerik. Gebirgszug)
Kor|dit, der; -s ‹franz.› (ein Schießpulver)
Kor|don [...'dõ:, *bes. südd., österr.* ...'do:n], der; -s, *Plur.* -s, *bes. südd., österr.* -e [...'do:nə] ‹franz.› (Postenkette; Ordensband)
Kor|do|nett|sei|de (Zwirn-, Schnurseide); **Kor|do|nett|stich** (ein Zierstich)
Kord|samt *vgl.* Cordsamt
Kor|du|la *vgl.* Cordula
Ko|re, die; -, -n ‹griech.› ([Gebälk tragende] Frauengestalt)
Ko|rea (eine Halbinsel Ostasiens); Demokratische Volksrepublik Korea (Nordkorea); Republik Korea (Südkorea); **Ko|rea|krieg,** der; -[e]s (1950 bis 1953)
Ko|re|a|ner; Ko|re|a|ne|rin; ko|re|a|nisch
Ko|re|fe|rat, Ko|re|fe|rent, ko|re|fe|rie|ren usw. *vgl.* Korreferat usw.
Ko|re|gis|seur; Ko|re|gis|seu|rin
kö|ren (*fachspr. für* [m. Haustiere] zur Zucht auswählen)
Kor|fi|ot, der; -en, -en (Bewohner der Insel Korfu); **Kor|fi|o|tin; kor|fi|o|tisch**
Kor|fu (ionische Insel u. Stadt); *vgl.* Kerkyra
Kör|ge|setz *(fachspr.);* **Kör|hengst**
Ko|ri|an|der, der; -s, - *Plur. selten* ‹griech.› (Gewürzpflanze u.

K Kopf

deren Samen); **Ko|ri|an|der|öl; Ko|ri|an|der|schnaps**
Ko|ri|an|do|li, das; -[s], - ‹ital.› (*österr. veraltet für* Konfetti)
Ko|rin|na (altgriech. Dichterin); *vgl.* Corinna
Ko|rinth (griech. Stadt)
Ko|rin|the, die; -, -n *meist Plur.* (kleine Rosine); **Ko|rin|then|brot**
Ko|rin|then|ka|cker (*derb für* kleinlicher Mensch); **Ko|rin|then|ka|cke|rin**
Ko|rin|ther; Ko|rin|ther|brief ↑K 143; **Ko|rin|the|rin**
ko|rin|thisch; korinthische Säulenordnung, *aber* ↑K 89 *u.* K 142: der Korinthische Krieg
Kork, der; -[e]s, -e (Rinde der Korkeiche; Korken)
Kork|brand; Kork|ei|che
kor|ken (aus Kork); **Kor|ken,** der; -s, - (Stöpsel aus Kork)
Kor|ken|geld (*veraltend für* Entschädigung für den Wirt, wenn der Gast im Wirtshaus seinen eigenen Wein o. Ä. trinkt)
Kor|ken|zie|her
Kork|geld (*svw.* Korkengeld)
kor|kig; der Wein schmeckt korkig
Kork|soh|le; Kork|wes|te; Kork|zie|her (*svw.* Korkenzieher)
Kor|mo|phyt, der; -en, -en *meist Plur.* ‹griech.› (*Bot.* Sammelbezeichnung für Farn- u. Samenpflanzen)
Kor|mo|ran [*österr.* ˈkɔr...], der; -s, -e ‹lat.› (ein Schwimmvogel)
Kor|mus, der; - ‹griech.› (*Bot.* aus Wurzel u. Sprossachse bestehender Pflanzenkörper)
[1]**Korn,** das; -[e]s, *Plur.* Körner *u.* (*für* Getreidearten:) -e
[2]**Korn,** das; -[e]s, -e *Plur. selten* (Teil der Visiereinrichtung)
[3]**Korn,** der; -[e]s (*ugs. für* Kornbranntwein); 3 Korn
Korn|äh|re
Korn|blu|me; korn|blu|men|blau
Korn|brannt|wein
Körn|chen
Körndl|bau|er (*vgl.* [2]Bauer; *bayr., österr. für* Bauer, der hauptsächlich Getreide anbaut); **Körndl|bäu|e|rin**
Kor|nea *vgl.* Cornea
Kor|ne|lia, Kor|ne|lie, Kor|ne|li|us *vgl.* Cornelia, Cornelie, Cornelius
Kor|nel|kir|sche, die; -, -n ‹lat.; dt.› (ein Zierstrauch)
kör|nen (in Körner zerkleinern; körnig machen)
[1]**Kör|ner** (dt. Dichter)
[2]**Kör|ner** (Markierstift zum Ankörnen)
Kör|ner|fres|ser; Kör|ner|fres|se|rin
Kör|ner|fut|ter *vgl.* [1]Futter
[1]**Kor|nett,** der; -[e]s, *Plur.* -e *u.* -s ‹franz.› (*früher für* Fähnrich [bei der Reiterei])
[2]**Kor|nett,** das; -[e]s, *Plur.* -e *u.* -s (ein Blechblasinstrument); **Kor|net|tist,** der; -en, -en (Kornettspieler); **Kor|net|tis|tin**
Korn|feld
kör|nig
kor|nisch; Kor|nisch, das; -[s] (früher in Cornwall gesprochene kelt. Sprache); *vgl.* Deutsch; **Kor|ni|sche,** das; -n; *vgl.* [2]Deutsche
Korn|kam|mer
Körn|li|pi|cker, der; -s, -[s] (*schweiz. scherzh.* Vegetarier); **Körn|li|pi|cke|rin**
Korn|ra|de (ein Ackerwildkraut)
Korn|spei|cher
Kör|nung (best. Größe kleiner Materialteilchen; das Körnen; *Jägerspr.* Futter zur Wildfütterung; *auch für* Futterplatz)
Ko|rol|la, Ko|rol|le, die; -, ...llen ‹griech.› (Blumenkrone)
Ko|rol|lar, das; -s, -e, **Ko|rol|la|ri|um,** das; -s, ...ien (*Logik* Satz, der selbstverständlich aus einem bewiesenen Satz folgt)
Ko|rol|le *vgl.* Korolla
Ko|ro|man|del|holz
Ko|ro|man|del|küs|te, die; - (vorderind. Küstengebiet)
[1]**Ko|ro|na,** die; -, ...nen ‹griech.-lat., »Kranz, Krone«› (*Kunstwiss.* Heiligenschein; *Astron.* Strahlenkranz [um die Sonne]; *ugs. für* [fröhliche] Runde, [Zuhörer]kreis; *auch für* Horde)
[2]**Ko|ro|na** *vgl.* Corona
ko|ro|nar (*Med.* die Herzkranzgefäße betreffend); **Ko|ro|nar|in|suf|fi|zi|enz; Ko|ro|nar|skle|ro|se**
Kör|per, der; -s, -
Kör|per|bau, der; -[e]s; **Kör|per|be|herr|schung**
kör|per|be|hin|dert; Kör|per|be|hin|der|te, der *u.* die; -n, -n
kör|per|be|tont; ein körperbetontes Kleid
Kör|per|be|we|gung; Kör|per|be|wusst|sein
kör|per|ei|gen; körpereigene Abwehrstoffe
Kör|per|ein|satz; Kör|per|er|tüch|ti|gung; Kör|per|er|zie|hung
Kör|per|flüs|sig|keit, die; -, -en (z. B. Blut od. Schweiß); **Kör|per|fül|le; Kör|per|ge|ruch; Kör|per|ge|wicht; Kör|per|grö|ße**
kör|per|haft
Kör|per|hal|tung; Kör|per|kon|takt; Kör|per|kraft
Kör|per|kult; Kör|per|kul|tur
Kör|per|län|ge
kör|per|lich; Kör|per|lich|keit
kör|per|los
Kör|per|lo|ti|on (Körperpflegemilch); **Kör|per|pfle|ge**
Kör|per|scan|ner (Gerät, das den Körper u. am Körper getragene Gegenstände auf einem Bildschirm anzeigt)
Kör|per|schaft; kör|per|schaft|lich
Kör|per|schafts|steu|er, Kör|per|schaft|steu|er, die
Kör|per|spra|che
Kör|per|teil, der; **Kör|per|tem|pe|ra|tur; Kör|per|ver|let|zung**
Kör|per|wär|me; Kör|per|zel|le
Kor|po|ra (*Plur. von* [2]Korpus)
Kor|po|ral, der; -s, *Plur.* -e, *auch* ...äle ‹franz.› (*früher für* Führer einer Korporalschaft; Unteroffizier; *schweiz.* niedrigster Unteroffiziersgrad)
Kor|po|ral|schaft (*früher für* Untergruppe der Kompanie für den inneren Dienst)
Kor|po|ra|ti|on, die; -, -en ‹lat.› (Körperschaft; Studentenverbindung)
Kor|po|ra|tis|mus, der; -, ...men (*Politik* Beteiligung gesellschaftlicher Gruppen an politischen Entscheidungsprozessen); **kor|po|ra|tis|tisch**
kor|po|ra|tiv (körperschaftlich; einheitlich; eine Studentenverbindung betreffend)
kor|po|riert (einer stud. Korporation angehörend)
Korps, Corps [koːɐ̯], das; -, - ‹franz.› (Heeresabteilung; [schlagende] stud. Verbindung)
Korps|bru|der, Corps|bru|der; **Korps|geist,** Corps|geist, der; -[e]s
kor|pu|lent ‹lat.› (beleibt)
Kor|pu|lenz, die; - (Beleibtheit)
[1]**Kor|pus,** der; -, -se (Christusfigur am Kreuz; *fachspr. für* massiver Teil von Möbeln; *ugs. scherzh. für* Körper)
[2]**Kor|pus,** Cor|pus ‹lat.› das; -, ...pora (einer wissenschaftl. Untersuchung zugrunde liegende Textsammlung; *Musik* [*meist* der; *nur Sing.*] Klangkörper eines Instruments)

K
Korp

³Kor|pus, die; - (ein alter Schriftgrad)

Kor|pus|kel, das; -s, -n, *fachspr. häufig* die; -, -n ‹lat., »Körperchen«› (kleines Teilchen der Materie)

Kor|pus|ku|lar|strah|len *Plur.* (*Physik* Strahlen aus elektr. geladenen Teilchen); **Kor|pus|ku|lar|the|o|rie,** die; - (Theorie, nach der das Licht aus Korpuskeln besteht)

Kor|ral, der; -s, -e ‹span.› ([Fang]gehege für Wildtiere)

Kor|ra|si|on, die; -, -en ‹lat.› (*Geol.* Abschabung, Abschleifung)

Kor|re|fe|rat [*auch* ...ˈraːt], *österr. auch* Ko|re|fe|rat, das; -[e]s, -e ‹lat.› (zweiter Bericht; Nebenbericht); **Kor|re|fe|rent** [*auch* ...ˈrɛnt], *auch, bes. österr.*, Ko|re|fe|rent, der; -en, -en (zweiter Referent; Mitgutachter); **Kor|re|fe|ren|tin** [*auch* ...ˈrɛn...], *auch, bes. österr.*, Ko|re|fe|ren|tin; **kor|re|fe|rie|ren** [*auch* ...ˈriː...], *auch, bes. österr.*, ko|re|fe|rie|ren

kor|rekt ‹lat.›; **kor|rek|ter|wei|se**

Kor|rekt|heit

Kor|rek|ti|on, die; -, -en (*schweiz. für* Verbreiterung, Begradigung [einer Straße, eines Bachs o. Ä.])

kor|rek|tiv (*veraltet für* bessernd; zurechtweisend); **Kor|rek|tiv,** das; -s, -e (Besserungs-, Ausgleichsmittel)

Kor|rek|tor, der; -s, ...oren (Berichtiger von Manuskripten od. Druckabzügen); **Kor|rek|to|rat,** das; -[e]s, -e (Abteilung der Korrektoren); **Kor|rek|to|rin**

Kor|rek|tur, die; -, -en (Berichtigung [des Schriftsatzes], Verbesserung); Korrektur lesen

Kor|rek|tur|ab|zug

Kor|rek|tur|be|darf

Kor|rek|tur|bo|gen; Kor|rek|tur|fah|ne; Kor|rek|tur|le|sen, das; -s

Kor|rek|tur|vor|schrif|ten *Plur.*

Kor|rek|tur|zei|chen

kor|re|lat *vgl.* korrelativ; **Kor|re|lat,** das; -[e]s, -e (Ergänzung, Entsprechung; *Sprachwiss.* Wort, das auf ein anderes bezogen ist)

Kor|re|la|ti|on, die; -, -en (Wechselbeziehung); **Kor|re|la|ti|ons|rech|nung** *(Math.)*

kor|re|la|tiv, *seltener* kor|re|lat ‹lat.› (sich wechselseitig erfordernd u. bedingend)

kor|re|lie|ren (einander bedingen)

kor|re|pe|tie|ren ‹lat.› (*Musik* eine Gesangs-, Instrumental- od. Tanzpartie mit Klavierbegleitung einüben); **Kor|re|pe|ti|ti|on,** die; -, -en; **Kor|re|pe|ti|tor; Kor|re|pe|ti|to|rin**

kor|re|s|pek|tiv ‹lat.› (*Rechtsspr.* gemeinschaftlich); korrespektives Testament

Kor|re|s|pon|dent, der; -en, -en ‹lat.› (auswärtiger Berichterstatter; Bearbeiter des [kaufmänn.] Schriftwechsels); **Kor|re|s|pon|den|tin**

Kor|re|s|pon|denz, die; -, -en (Briefverkehr, -wechsel; *regional für* Berichterstattung; *veraltend für* Übereinstimmung)

Kor|re|s|pon|denz|buch; Kor|re|s|pon|denz|bü|ro; Kor|re|s|pon|denz|kar|te (*österr. veraltet für* Postkarte)

kor|re|s|pon|die|ren (im Briefverkehr stehen; übereinstimmen); korrespondierendes Mitglied (auswärtiges Mitglied)

Kor|ri|dor, der; -s, -e ‹ital.› ([Wohnungs]flur, Gang; schmaler Gebietsstreifen); **Kor|ri|dor|tür**

Kor|ri|gend, der; -en, -en ‹lat., »der zu Bessernde«› (*veraltet für* Sträfling)

Kor|ri|gen|da *Plur.* ([Druck]fehler, Fehlerverzeichnis)

Kor|ri|gen|din ‹*zu* Korrigend›

Kor|ri|gens, das; -, *Plur.* ...gentia *u.* ...genzien *meist Plur.* (*Pharm.* geschmackverbessernder Zusatz zu Arzneien)

kor|ri|gie|ren (berichtigen; verbessern)

kor|ro|die|ren ‹lat.› (*fachspr. für* zersetzen, zerstören; der Korrosion unterliegen)

Kor|ro|si|on, die; -, -en (Zersetzung, Zerstörung)

kor|ro|si|ons|be|stän|dig; kor|ro|si|ons|fest; Kor|ro|si|ons|schutz; kor|ro|si|ons|ver|hü|tend

kor|ro|siv (zerfressend, zerstörend; durch Korrosion hervorgerufen)

kor|rum|pie|ren ‹lat.› ([charakterlich] verderben; bestechen)

kor|rum|piert (verderbt [von Stellen in alten Texten])

Kor|rum|pie|rung

kor|rupt ([moralisch] verdorben; bestechlich)

Kor|rup|ti|on, die; -, -en (Bestechlichkeit; Bestechung; [Sitten]verfall, -verderbnis); **Kor|rup|ti|ons|af|fä|re; Kor|rup|ti|ons|skan|dal; Kor|rup|ti|ons|ver|dacht; Kor|rup|ti|ons|vor|wurf**

Kor|sa|ge [...ʒə], die; -, -n ‹franz.› (trägerloses, versteiftes Oberteil eines Kleides)

Kor|sar, der; -en, -en ‹ital.› (*früher für* Seeräuber[schiff]; kleine Zweimannjolle)

Kor|se, der; -n, -n (Bewohner Korsikas)

Kor|se|lett, das; -s, *Plur.* -s, *auch* -e ‹franz.› (bequemes, leichtes Korsett)

Kor|sett, das; -s, *Plur.* -s, *auch* -e (Mieder; *Med.* Stützvorrichtung für die Wirbelsäule)

Kor|sett|stan|ge

Kor|si|ka (Insel im Mittelmeer)

Kor|sin ‹*zu* Korse›; **kor|sisch**

Kor|so, der; -s, -s ‹ital.› (Schaufahrt; Umzug; Straße [für das Schaufahren])

Kors|te, die; -, -n (*landsch. für* Endstück des Brotes)

Kor|tex, der; -[es], *Plur.* -e, *auch* ...tizes ‹lat.› (*Med.* äußere Zellschicht eines Organs, bes. Hirnrinde); **kor|ti|kal** (den Kortex betreffend)

Kor|ti|son, *fachspr.* Cor|ti|son, das; -s ‹Kunstwort› (*Pharm.* ein Hormonpräparat)

Ko|rund, der; -[e]s, -e ‹tamil.› (ein Mineral)

Kö|rung ‹*zu* kören›

Kor|vet|te, die; -, -n ‹franz.› (leichtes [Segel]kriegsschiff); **Kor|vet|ten|ka|pi|tän**

Kor|vey *vgl.* Corvey

Ko|ry|bant, der; -en, -en ‹griech.› (Priester der Kybele); **ko|ry|ban|tisch** (wild begeistert, ausgelassen)

Ko|ry|phäe, die; -, -n ‹griech.› (bedeutende Persönlichkeit, hervorragender Gelehrter usw.)

Kos (Insel des Dodekanes)

Ko|sak, der; -en, -en ‹russ.› (Angehöriger der milit. organisierten Grenzbevölkerung im zarist. Russland; leichter Reiter)

Ko|sa|ken|müt|ze; Ko|sa|ken|pferd

Ko|sa|kin

Ko|sche|nil|le [...ˈnɪljə], die; -, -n ‹span.› (eine Schildlaus; *nur Sing.:* ein roter Farbstoff); **Ko|sche|nil|le|laus**

ko|scher ‹hebr.-jidd.› (den jüd. Speisegesetzen gemäß [erlaubt]; *ugs. für* einwandfrei)

K.-o.-Schlag ↑K26 (*Boxen* Niederschlag); *vgl. auch* Knock-out-Schlag

Koś|ci|usz|ko [kɔʃˈtʃʊʃko] (poln. Nationalheld)

Ko|se|form
Ko|se|kans, der; -, *Plur.* -, *auch* ...anten ‹lat.› (*Math.* Kehrwert des Sinus im rechtwinkligen Dreieck; *Zeichen* cosec)
ko|sen; du kost; **Ko|se|na|me**
Ko|se|wort *Plur.* ...wörter, *auch* ...worte
K.-o.-Sie|ger ↑K 26; *vgl. auch* Knock-out-Schlag; **K.-o.-Sie|ge|rin**
Ko|si|ma *vgl.* Cosima
Ko|si|nus, *bes. fachspr.* **Co|si|nus,** der; -, *Plur.* - *u.* -se *Plur. selten* ‹lat.› (*Math.* eine Winkelfunktion im rechtwinkligen Dreieck; *Zeichen* cos)
Kos|me|tik, die; - ‹griech.› (Körper- u. Schönheitspflege)
Kos|me|ti|ker; Kos|me|ti|ke|rin
Kos|me|tik|her|stel|ler; Kos|me|tik|her|stel|le|rin; Kos|me|tik|sa|lon; Kos|me|tik|ta|sche
Kos|me|ti|kum, das; -s, ...ka *meist Plur.* ‹griech.-lat.› (Mittel zur Schönheitspflege); **kos|me|tisch**
kos|misch ‹griech.› (im Kosmos; das Weltall betreffend; All...); kosmische Strahlung
Kos|mo|bio|lo|gie [*auch* 'kɔs...] (Lehre von den außerird. Einflüssen auf die Gesamtheit der Lebenserscheinungen)
Kos|mo|drom, das; -s, -e ‹griech.-russ.› (Startplatz für Raumschiffe)
Kos|mo|go|nie, die; -, ...ien ‹griech.› (Weltentstehungslehre); **kos|mo|go|nisch**
Kos|mo|gra|fie, Kos|mo|gra|phie, die; -, ...ien (*veraltet für* Weltbeschreibung)
Kos|mo|lo|gie, die; -, ...ien (Lehre von der Entstehung u. Entwicklung des Weltalls)
kos|mo|lo|gisch
Kos|mo|naut, der; -en, -en ‹griech.-russ.› (Weltraumfahrer); **Kos|mo|nau|tik,** die; -; **Kos|mo|nau|tin**
Kos|mo|po|lit, der; -en, -en ‹griech.› (Weltbürger); **Kos|mo|po|li|tin**
kos|mo|po|li|tisch; Kos|mo|po|li|tis|mus, der; - (Weltbürgertum)
Kos|mos, der; - (Weltall, Weltraum)
Kos|mo|the|is|mus, der; - (philos. Anschauung, die Gott u. die Welt als Einheit begreift)
Kos|mo|t|ron [*auch* ...'tro:n], das; -s, *Plur.* ...trone, *auch* -s (*Kernphysik* Teilchenbeschleuniger)
Ko|so|va|re, der; -n, -n (Bewohner des Kosovos); **Ko|so|va|rin; ko|so|va|risch**
Ko|so|vo [...sovo] -s, *auch mit Artikel* das *od.* der; -[s] (Staat in Südosteuropa); **Ko|so|vo-Al|ba|ner; Ko|so|vo-Al|ba|ne|rin; ko|so|vo-al|ba|nisch; Ko|so|vo|krieg** *Plur. selten*
Kos|suth ['kɔʃʊt] (ung. Nationalheld)
Kost, die; -
kos|tal ‹lat.› (*Med.* zu den Rippen gehörend)
kost|bar; Kost|bar|keit
[1]**kos|ten** (schmecken)
[2]**kos|ten** (wert sein); es kostet mich viel [Geld], nichts, hundert Euro; das kostet ihn *od.* ihm die Stellung; **Kos|ten** *Plur.;* Kosten senken, sparen; ↑K 58: kostensenkende *od.* Kosten senkende Maßnahmen; eine kostensparende *od.* Kosten sparende Lösung, *aber nur* eine kostensparendere, die kostensparendste Lösung; auf Kosten des ... *od.* von ...
Kos|ten|an|schlag; Kos|ten|auf|wand; Kos|ten|be|rech|nung
kos|ten|be|wusst; Kos|ten|be|wusst|sein
Kos|ten|dämp|fung
kos|ten|de|ckend, Kos|ten de|ckend; kostendeckende *od.* Kosten deckende Gebühren ↑K 58; **Kos|ten|de|ckung**
Kos|ten|druck, der; -[e]s
Kos|ten|ein|spa|rung; Kos|ten|ent|wick|lung; Kos|ten|er|stat|tung; Kos|ten|ex|plo|si|on; Kos|ten|fak|tor; Kos|ten|fest|set|zung; Kos|ten|fra|ge
kos|ten|frei; kos|ten|ge|recht
Kos|ten|grün|de *Plur.;* aus Kostengründen
kos|ten|güns|tig; kos|ten|in|ten|siv
Kos|ten|la|wi|ne
kos|ten|los
Kos|ten|mie|te; kos|ten|neu|t|ral
Kos|ten-Nut|zen-Ana|ly|se ↑K 26
kos|ten|pflich|tig; Kos|ten|punkt; Kos|ten|rah|men, der; -s
kos|ten|sen|kend, Kos|ten sen|kend *vgl.* Kosten; **Kos|ten|sen|kung**
kos|ten|spa|rend, Kos|ten spa|rend *vgl.* Kosten
Kos|ten|stei|ge|rung; Kos|ten|vor|an|schlag
Kost|gän|ger; Kost|gän|ge|rin
Kost|ge|ber; Kost|ge|be|rin
Kost|geld
köst|lich; Köst|lich|keit
Kost|pro|be
kost|spie|lig; Kost|spie|lig|keit
Kos|tüm, das; -s, -e ‹franz.› (aus Rock u. Jacke bestehende Damenkleidung; Verkleidung)
Kos|tüm|bild|ner; Kos|tüm|bild|ne|rin
Kos|tüm|fest; Kos|tüm|film; Kos|tüm|fun|dus; Kos|tüm|ge|schich|te
kos|tü|mie|ren; sich kostümieren ([ver]kleiden); **Kos|tü|mie|rung**
Kos|tüm|samm|lung; Kos|tüm|ver|leih
Kost|ver|äch|ter *(scherzh.);* **Kost|ver|äch|te|rin**
K.-o.-Sys|tem (Austragungsmodus von Wettkämpfen, bei dem der Unterliegende ausscheidet)
Kot, der; -[e]s, -e *Plur. selten*
Ko|tan|gens, *bes. fachspr.* **Co|tan|gens,** der; -, - *Plur. selten* ‹lat.› (*Math.* eine Winkelfunktion im Dreieck; *Zeichen* cot)
Ko|tau, der; -s, -s ‹chin.› (demütige Ehrerweisung); Kotau machen
[1]**Ko|te,** die; -, -n ‹franz.› (*Geogr.* Geländepunkt [einer Karte], dessen Höhenlage genau vermessen ist)
[2]**Ko|te,** die; -, -n, **Kot|ten,** der; -s, - (*nordd. für* kleines Haus)
[3]**Ko|te,** die; -, -n ‹finn.› (Lappenzelt)
Kö|te, die; -, -n (*fachspr. für* hintere Seite der Zehe bei Rindern u. Pferden)
Kö|tel, der; -s, - (*nordd. für* Kotklümpchen)
Ko|te|lett [kɔt'lɛt, *auch* 'kɔt...], das; -s, -s ‹franz., »Rippchen«› (Rippenstück)
Ko|te|let|ten *Plur.* (Backenbart)
ko|ten (Kot ausscheiden)
Kö|ten|ge|lenk (*Zool.* Fesselgelenk)
Ko|ten|ta|fel (*Geogr.* topografische Karte mit Höhenangaben)
Kö|ter, der; -s, - (*abwertend für* Hund)
Ko|te|rie, die; -, ...ien ‹franz.› (*veraltet für* Kaste; Klüngel)
Kot|flü|gel
Kö|then (Stadt südwestl. von Dessau); **Kö|the|ner; Kö|the|ne|rin**
Ko|thurn, der; -s, -e ‹griech.› (dicksohliger Bühnenschuh der Schauspieler im antiken Theater)
ko|tie|ren ‹franz.› (*Kaufmannsspr.* ein Wertpapier an der Börse zulassen); **Ko|tie|rung**
ko|tig
Ko|til|lon [...tɪljõ, *auch* kotɪl'jõ:], der; -s, -s ‹franz.› (ein alter Gesellschaftstanz)

Kötner (*nordd. svw.* Kätner); **Kötnerin**

Kolto, das; -s, -s, *auch* die; -, -s ⟨jap.⟩ (ein zitherähnliches jap. Musikinstrument)

Kolton [...'tõ:], der; -s, -s ⟨arab.-franz.⟩ (*selten für* Baumwolle); *vgl. auch* Cotton; **koltolnilsielren** (*Textilind.* baumwollähnlich machen); **Koltolnilsielrung**

Koltor, Catltalro (Stadt in Montenegro)

Koltolrinlde ⟨indian.; dt.⟩ (ein altes Heilmittel)

Koltrailner (*svw.* Assistenztrainer); **Koltrailnelrin**

K.-o.-Troplfen (Tropfen, die nach Einnahme zu Bewusstlosigkeit führen)

Kotlsass, Kotlsaslse (*nordd. für* Kätner, Kötner)

Koltlschinlchilna ⟨»Kleinchina«⟩ (alte Bez. des Südteils von Vietnam); **Koltlschinlchilnalhuhn**

Kotlten *vgl.* [2]Kote; **Kotlter**, der; -s, - (*nordd. veraltend für* [2]Kote; *österr. für* Arrest); **Kötlter** (*nordd. für* Inhaber einer [2]Kote); **Kötltelrin**

Koltylleldolne, die; -, -n *meist Plur.* ⟨griech.⟩ (*Zool.* Zotte der tierischen Embryohülle; *Bot.* pflanzl. Keimblatt)

Koltyllolsaulrilr (ausgestorbenes eidechsenähnliches Kriechtier)

Kotzlbrolcken (*derb für* widerwärtiger Mensch)

[1]**Kotlze**, die; -, -n (*landsch. für* wollene Decke, Wollzeug; wollener Umhang); *vgl.* Kotzen

[2]**Kotlze**, die; - (*derb für* Erbrochenes)

Kötlze, die; -, -n (*mitteld. für* Rückentragkorb)

Kotlzelbue [...bu] (dt. Dichter)

kotlzen (*derb für* sich übergeben); du kotzt

Kotlzen, der; -s, - (*Nebenform von* [1]Kotze)

kotlzenlgrob (*landsch. für* sehr grob)

Kötlzer, der; -s, - (*svw.* Kops)

kotlzelrig (*derb für* zum Erbrechen übel)

kotzllanglweillig *(ugs.)*; **kotzlübel** *(derb)*

kolvallent; kovalente Bindung (*Chemie* Atombindung)

Kolvalrilanltenlphälnolmen [*auch* 'ko:...] ⟨lat.; griech.⟩ (*Psychol.* Täuschung der Raum-, Tiefenwahrnehmung); **Kolvalrilanz**, die; -, -en ⟨lat.⟩ *(Math., Physik)*

Kolxallgie, die; -, ...ien ⟨lat.; griech.⟩ (*Med.* Hüftgelenkschmerz)

Kolxiltis, die; -, ...itiden ⟨lat.⟩ (Hüftgelenkentzündung)

Kolzyltus *vgl.* Kokytos

kp = Kilopond

kPa = Kilopascal

KPD, die; - = Kommunistische Partei Deutschlands

kpm = Kilopondmeter

kr = Krone

KR = Kommerzialrat, Kommerzialrätin

Kr (*chem. Zeichen für* Krypton)

Kr., Krs. = Kreis

Kraal (*Schreibung in Afrikaans* für Kral)

Krablbe, die; -, -n (ein Krebs; *ugs. auch für* Garnele; *Archit.* Steinblume an Giebeln; *ugs. für* Kind)

Krablbellallter; Krablbellei *(ugs.)*; **Krablbellgruplpe**

krablbellig *vgl.* krabblig

Krablbellkind

krablbeln; ich krabb[e]le; es kribbelt u. krabbelt; *vgl. aber* grabbeln; **Krablbellstulbe** (Kindergarten für Kleinkinder)

krablben (*fachspr. für* [Geweben] Glätte u. Glanz verleihen)

Krablbenlfilscher; Krablbenlfilscherin; Krablbenlkutlter

krabbllig, krablbellig *(ugs.)*

krach!; Krach, der; -[e]s, Kräche (*nur Sing.:* Lärm; *ugs. für* Streit; Zusammenbruch); mit Ach und Krach (mit Müh und Not); Krach schlagen

kralchen; sich mit jmdm. krachen (*ugs. für* streiten); es mal richtig krachen lassen *od.* krachenlassen (*ugs. für* ausgelassen feiern)

Kralchen, der; -s, *Plur.* Krächen *u.* Krachen (*schweiz. mdal. für* Schlucht, kleines Tal, abgelegenes Dorf od. Tal)

Kralcher (*ugs. für* Knallkörper)

Kralcherl, das; -s, -[n]; *vgl.* Pickerl (*bayr., österr. für* Brauselimonade)

kralchig (*landsch. für* knackig)

Krachllelderlne, die; -n, -n (*bayr. für* kurze Lederhose)

Krachlmanldel *(landsch.)*

krächlzen; du krächzt; **Krächlzer**

Kralcke, die; -, -n (*landsch. für* altes Pferd)

kralcken [*auch* 'krɛ...] ⟨engl.⟩ (*Chemie* Schweröle in Leichtöle umwandeln)

Kräldcker *vgl.* Cracker

Kralckung [*auch* 'krɛ...] *(Chemie)*

Kracklverlfahlren

Krad, das; -[e]s, Kräder (*kurz für* Kraftrad)

Kradlfahlrer; Kradlfahlrelrin; Kradlmellder *(Militär)*; **Kradlmelldelrin**

kraft ↑K70; *Präp. mit Gen.:* kraft meines Amtes

[1]**Kraft**, die; -, Kräfte; [viel] Kraft rauben; kraftraubende *od.* Kraft raubende, kraftsparende *od.* Kraft sparende Methoden ↑K58; in Kraft treten, sein; das in Kraft getretene Gesetz; ↑K27 *u.* 82: das Inkrafttreten; etwas außer Kraft setzen

[2]**Kraft** (m. Vorn.)

Kraftlakt; Kraftlanlstrenlgung; Kraftlauflwand

Kraftlauslruck *Plur.* ...drücke

Kraftlbrülhe

Kräfltelmeslsen, das; -s

Kräfltelpaar *(Physik)*; **Kräfltelpalrallellelolgramm** *(Physik)*

kräfltelraulbend, Kräflte raulbend ↑K58; *vgl.* kraftraubend

kraftlerlfüllt

kräfltelscholnend, Kräflte scholnend ↑K58

kräfltelspalrend, Kräflte spalrend ↑K58; *vgl.* kraftsparend

Kräfltelverlhältlnis

kräfltelzehlrend

Kraftlfahlrer; Kraftlfahlrelrin

Kraftlfahrltechlnik, *seltener* **Kraftfahrtltechlnik**

Kraftlfahrlzeug (*Abk.* Kfz); **Kraftfahrlzeuglbrief; Kraftlfahrzeug-Haftlpflichtlverlsilchelrung** ↑K22; **Kraftlfahrlzeuglhallter; Kraftlfahrlzeuglhalltelrin**

Kraftlfahrlzeuglinldusltlrie; Kraftfahrlzeuglkennlzeilchen; Kraftfahrlzeuglrelpalraltürlwerklstatt

Kraftlfahrlzeuglschein

Kraftlfahrlzeuglsteuler, die

Kraftlfahrlzeuglverlsilchelrung; Kraftlfahrlzeuglzullaslsung

Kraftlfeld *(Physik)*

Kraftlfutlter *vgl.* [1]Futter

kräfltig; kräfltilgen; Kräfltilgung; Kräfltilgungslmitltel, das

kraftllos; saft- und kraftlos ↑K31; **Kraftlloslerlklälrung** (*Rechtswiss.*); **Kraftllolsiglkeit**

Kraftlmeiler (*ugs. für* jmd., der mit seiner Kraft protzt); **Kraftlmeilerei; kraftlmeilelrisch**

Kraftlpalket (*ugs. für* Kraftmensch; Maschine mit großer Leistungsstärke)

Kraftlpost *(früher)*; **Kraftlprolbe**

Kraftlprotz; Kraftlquellle

Kraftlrad (*Kurzform* Krad)

kraft|rau|bend, Kraft rau|bend ↑K58: eine kraftraubende *od.* Kraft raubende Arbeit, *aber nur* eine viel Kraft raubende Arbeit, eine äußerst kraftraubende, noch kraftraubendere Arbeit
Kraft|raum *(Sport)*
kraft|spa|rend, Kraft spa|rend ↑K58: eine kraftsparende *od.* Kraft sparende Technik, *aber nur* eine viel Kraft sparende Technik, eine äußerst kraftsparende, noch kraftsparendere Technik
Kraft|sport
Kraft|stoff; Kraft|stoff|pum|pe; Kraft|stoff|ver|brauch
Kraft|strom
kraft|strot|zend
Kraft|trai|ning; Kraft|über|tra|gung; Kraft|ver|geu|dung; Kraft|ver|kehr
kraft|voll
Kraft|wa|gen
Kraft-Wär|me-Kopp|lung (↑K26; ein Energiegewinnungsverfahren; *Abk.* KWK)
Kraft|werk; Kraft|werk[s]|be|trei|ber; Kraft|werk[s]|be|trei|be|rin
Kraft|wort *Plur.* ...worte *u.* ...wörter
Kra|ge, die; -, -n (*Archit.* Konsole)
Krä|gel|chen, Krä|ge|lein; Kra|gen, der; -s, *Plur.* -, *südd., österr. u. schweiz. auch* Krägen
Kra|gen|bär; Kra|gen|knopf; Kra|gen|num|mer; Kra|gen|wei|te
Krag|stein (*Archit.* vorspringender, als Träger verwendeter Stein); **Krag|trä|ger** (*Archit.* Konsole)
Krä|he, die; -, -n; **krä|hen**
Krä|hen|fü|ße *Plur.* (*ugs. für* Fältchen in den Augenwinkeln; unleserlich gekritzelte Schrift; kleine, spitze Eisenstücke, die die Reifen verfolgender Autos beschädigen sollen)
Krä|hen|nest (*auch für* Ausguck am Schiffsmast)
Krähl, der; -[e]s, *Plur.* -e *od.* -er (*Bergmannsspr.* besonderer Rechen); **kräh|len**
Kräh|win|kel, das; -s *meist ohne Artikel* ⟨nach dem Ortsnamen in Kotzebues »Kleinstädtern«⟩ (spießbürgerliche Kleinstadt)
Kräh|win|ke|lei (spießiges Verhalten)
Kräh|wink|ler; Kräh|wink|le|rin
Kraich|gau, der; -[e]s (Hügelland zwischen Odenwald u. Schwarzwald); **Kraich|gau|er; Kraich|gau|e|rin**
Krain (Westteil von Slowenien)
Kra|ka|tau [*auch* ...'tau] (vulkanische Insel zwischen Sumatra u. Java)
Kra|kau (poln. Kraków)
[1]**Kra|kau|er;** Krakauer Kulturgut
[2]**Kra|kau|er,** die; -, - (eine Art Knackwurst)
Kra|kau|e|rin ⟨*zu* [1]Krakauer⟩
Kra|ke, der; -n, -n, *ugs. auch* die; -, -n ⟨norw.⟩ (Riesentintenfisch)
Kra|keel, der; -s (*ugs. für* Lärm u. Streit; Unruhe); **kra|kee|len** *(ugs.);* er hat krakeelt; **Kra|kee|ler** *(ugs.);* **Kra|kee|le|rei** *(ugs.);* **Kra|kee|le|rin**
Kra|kel, der; -s, - (*ugs. für* schwer leserliches Schriftzeichen)
Kra|ke|lee *vgl.* Craquelé
Kra|ke|lei *(ugs.)*
Kra|kel|fuß *meist Plur.* (*ugs. für* krakeliges Schriftzeichen)
kra|ke|lig *(ugs.);* **kra|keln** *(ugs.);* ich krak[e]le; **Kra|kel|schrift** *(ugs.);* **krak|lig** *(ugs.)*
Kra|ków ['krakuf] (Stadt in Polen)
Kra|ko|wi|ak, der; -s, -s ⟨poln.⟩ (poln. Nationaltanz)
Kral, der; -s, *Plur.* -e, *auch* -s ⟨port.-afrikaans⟩ (Runddorf afrik. Stämme)
Kral|le, die; -, -n
kral|len (mit den Krallen zufassen; *ugs.* unerlaubt wegnehmen); sich an etwas *od.* jmdn. krallen
Kral|len|af|fe; Kral|len|frosch
kral|lig
Kram, der; -[e]s
Kram|bam|bu|li, der; -[s], -[s] (ein alkohol. Mixgetränk)
kra|men (*ugs. für* herumwühlen u. nach etw. suchen)
Krä|mer (*veraltet, aber noch landsch. für* Kleinhändler)
Kra|me|rei
Krä|me|rei (*veraltet, aber noch landsch. für* kleiner Laden)
Krä|mer|geist, der; -[e]s *(abwertend)*
krä|mer|haft; Krä|me|rin
Krä|mer|la|tein, das; -s (*veraltet, aber noch landsch. für* Kauderwelsch, Händlersprache); **Krä|mer|see|le** (kleinlicher Mensch)
Kram|la|den *(abwertend)*
Kram|mets|vo|gel (*landsch. für* Wacholderdrossel)
Kram|pe, die; -, -n (u-förmig gebogener Metallhaken);
kram|pen (anklammern);
Kram|pen, der; -s, - (*Nebenform von* Krampe; *bayr., österr. für* Spitzhacke)
Krampf, der; -[e]s, Krämpfe
Krampf|ader; Krampf|ader|bil|dung
krampf|ar|tig
kramp|fen; sich krampfen
krampf|haft
Krampf|hus|ten
kramp|fig; krampf|stil|lend
[1]**Kram|pus,** der; -, ...pi (*Med.* Muskelkrampf)
[2]**Kram|pus,** der; *Gen.* - *u.* -ses, *Plur.* -se (*bes. österr. für* Begleiter des Sankt Nikolaus; Knecht Ruprecht)
Kra|mu|ri, die; -, ...ren (*österr. ugs. für* Kram, Gerümpel)
Kran, der; -[e]s, *Plur.* Kräne *u.* *(fachspr.)* Krane (Hebevorrichtung; *landsch. für* Zapfen, Zapfröhre, Wasserhahn)
kran|bar (*Technik* sich kranen lassend)
Krän|chen (*landsch. für* Zapfen; *auch* das Gezapfte)
kra|nen (*Technik* mit dem Kran transportieren)
Kra|ne|wit, der; -s, -en (*bayr., österr. für* Wacholder); **Kra|ne|wit|ter,** der; -s, - (*bayr., österr. für* Wacholderschnaps)
Kran|füh|rer; Kran|füh|re|rin
Kran|gel, der; -s, -[n] (*Bergsteigen* verdrehte Stelle im Seil); **kran|geln;** ich krang[e]le
krän|gen, kren|gen (*Seemannsspr.* sich seitwärts neigen [vom Schiff]); **Krän|gung**
kra|ni|al ⟨griech.⟩ (*Med.* den Schädel betreffend, Schädel...)
Kra|nich, der; -s, -e (ein Stelzvogel)
Kra|nio|lo|gie, die; - ⟨griech.⟩ (*Med.* Schädellehre); **Kra|nio|me|t|rie,** die; -, ...ien (Schädelmessung); **Kra|ni|o|te,** der; -n, -n *meist Plur.* (*Zool.* Wirbeltier mit Schädel); **Kra|nio|to|mie,** die; -, ...ien (*Med.* Schädelöffnung)

krank

krän|ker, kränks|te

Schreibung in Verbindung mit Verben ↑K56:

- krank sein, werden, liegen
- sich [sehr] krank fühlen, stellen
- weil die Belastungen uns krank machen *od.* krankmachen

Vgl. aber: krankärgern; krankfeiern; kranklachen; krankmachen; krankmelden; krankschießen; krankschreiben

kran|k|är|gern, sich ↑K47 (*ugs. für* sich sehr ärgern); ich habe mich krankgeärgert
Kran|ke, der *u.* die; -n, -n; die chronisch Kranken
krän|keln; ich kränk[e]le
kran|ken; an etwas kranken (durch etwas beeinträchtigt sein; *veraltet für* an etwas erkrankt sein)
krän|ken (beleidigen, verletzen)
Kran|ken|an|stalt *(Amtsspr.)*
Kran|ken|be|richt; Kran|ken|be|such; Kran|ken|bett; Kran|ken|blatt
krän|kend
Kran|ken|geld
Kran|ken|ge|schich|te
Kran|ken|gym|nast; Kran|ken|gym|nas|tik; Kran|ken|gym|nas|tin
Kran|ken|haus
Kran|ken|haus|arzt; Kran|ken|haus|ärz|tin; Kran|ken|haus|auf|ent|halt
kran|ken|haus|reif; sie haben ihn krankenhausreif geschlagen
Kran|ken|haus|seel|sor|ge, die; -, -n
Kran|ken|kas|se; Kran|ken|kas|sen|bei|trag
Kran|ken|la|ger
Kran|ken|pfle|ge; Kran|ken|pfle|ger; Kran|ken|pfle|ge|rin
Kran|ken|sal|bung (kath. Sakrament); **Kran|ken|schein; Kran|ken|schwes|ter; Kran|ken|stand** (Anteil der Krankheitstage einer Arbeitnehmerschaft in einem bestimmten Zeitraum)
Kran|ken|trans|port
kran|ken|ver|si|chert; Kran|ken|ver|si|che|rung; kran|ken|ver|si|che|rungs|pflich|tig
Kran|ken|wa|gen; Kran|ken|zim|mer
krank|fei|ern (↑K47; *ugs. für* der Arbeit fernbleiben, ohne ernstlich krank zu sein; *landsch. für* arbeitsunfähig sein); er hat gestern krankgefeiert
krank|haft; Krank|haf|tig|keit, die; -
Krank|heit; krank|heits|be|dingt
Krank|heits|bild
krank|heits|er|re|gend; Krank|heits|er|re|ger
Krank|heits|fall; im Krankheitsfall
krank|heits|hal|ber
Krank|heits|herd; Krank|heits|tag; Krank|heits|ver|lauf
krank|la|chen, sich (↑K47; *ugs. für* heftig lachen); ich habe mich krankgelacht
kränk|lich; Kränk|lich|keit, die; -
krank|ma|chen (↑K47; *svw.* krankfeiern); sie hat krankgemacht; *vgl. aber* krank

krank|mel|den ↑K47; er hat sich krankgemeldet; **Krank|mel|dung**
krank|schie|ßen (↑K47; *Jägerspr.* anschießen); er hat das Reh krankgeschossen
krank|schrei|ben ↑K47; sie wurde [für] eine Woche krankgeschrieben
Krän|kung
Kran|wa|gen; Kran|win|de
Kranz, der; -es, Kränze
Kränz|chen
krän|zen (*dafür häufiger* bekränzen); du kränzt
Kranz|ge|fäß *meist Plur. (Med.)*
Kranz|geld *(Rechtsspr.)*
Kranz|ge|sims *(Archit.)*
Kranz|jung|fer (*landsch. für* Brautjungfer)
Kranz|ku|chen
Kranzl|jung|fer (*bayr., österr. für* Brautjungfer)
Kranz|nie|der|le|gung; Kranz|schlei|fe; Kranz|spen|de
Kräpf|chen; Kräp|fel *vgl.* Kräppel
Krap|fen, der; -s, - (ein Gebäck)
Krapp, der; -[e]s ⟨niederl.⟩ (eine Färberpflanze)
Kräp|pel, der; -s, - (*landsch. für* Krapfen)
krap|pen *vgl.* krabben
krapp|rot ⟨*zu* Krapp⟩
krass (extrem; außerordentlich scharf; grell; *Jugendspr.:* extrem gut, extrem schlecht); **Krass|heit**
[1]**Kra|ter,** der; -s, -e ⟨griech.⟩ (altgriech. Krug)
[2]**Kra|ter,** der; -s, - (Vulkanöffnung; Abgrund); **Kra|ter|land|schaft; Kra|ter|rand; Kra|ter|see,** der
kra|ti|ku|lie|ren ⟨lat.⟩ (*Math.* durch ein Gitternetz ausmessen od. übertragen)
Kratt, das; -s, -e (*nordd. für* Eichengestrüpp)
Krat|ten, der; -s, - (*südd. u. schweiz. für* [kleinerer, enger u. tiefer] Korb)
Kratz, der; -es, -e (*landsch. für* Schramme)
Kratz|band, das; -[e]s, ...bänder (*Bergmannsspr.* ein Fördergerät)
Kratz|bee|re (*landsch. meist für* Brombeere)
Kratz|bürs|te; kratz|bürs|tig (widerspenstig); **Kratz|bürs|tig|keit**
Krätz|chen (*Soldatenspr.* Feldmütze)
Krat|ze, die; -, -n (ein Werkzeug)
[1]**Krät|ze,** die; -, -n (*südd. für* Korb)
[2]**Krät|ze,** die; - (Hautkrankheit; metallhaltiger Abfall)

Kratz|ei|sen
krat|zen; du kratzt; sich kratzen
Krät|zen|kraut, das; -[e]s
Krat|zer (*ugs. für* Schramme; *Biol.* ein Eingeweidewurm)
Krät|zer (saurer Wein, gärender Weinmost)
Kratz|fuß (*früher für* tiefe Verbeugung)
krat|zig
krät|zig; Krätz|mil|be
Kratz|putz (Sgraffito); **Kratz|spur**
krau|chen (*landsch. für* kriechen)
Kräu|el, der; -s, - (*landsch. für* Haken, Kratze)
krau|eln *(selten);* ich krau[e]le; *vgl.* [2]kraulen
krau|en (mit den Fingerkuppen sanft kratzen)
Kraul, Crawl [*auch* krɔːl] ⟨engl.⟩ das; -[s] *meist ohne Artikel* (ein Schwimmstil)
[1]**krau|len,** craw|len (im Kraulstil schwimmen)
[2]**krau|len** (zart krauen)
Krau|ler; Krau|le|rin; Kraul|schwim|men, das; -s; **Kraul|schwim|mer; Kraul|schwim|me|rin**
Kraul|sprint; Kraul|staf|fel
kraus
Kraus (österr. Schriftsteller)
Krau|se, die; -, -n
Kräu|sel|band, das; *Plur.* ...bänder; **Kräu|sel|garn; Kräu|sel|krank|heit** (eine Pflanzenkrankheit); **Kräu|sel|krepp,** der
kräu|seln; ich kräus[e]le; das Haar kräuselt sich; **Kräu|se|lung**
Krau|se|min|ze (eine Heil- u. Gewürzpflanze)
krau|sen; du kraust; sie kraus|te; sich krausen
Kraus|haar; kraus|haa|rig
Kraus|kopf; kraus|köp|fig
Krauss, Clemens (österr. Dirigent)
kraus|zie|hen; die Nase, Stirn krausziehen (rümpfen, in Falten legen)
[1]**Kraut,** das; -[e]s, Kräuter (*südd., österr. Sing. auch für* Kohl)
[2]**Kraut,** der; -s (*nordd. für* Garnelen, Krabben)
kraut|ar|tig
Kräut|chen
krau|ten (*landsch. für* Unkraut jäten)
Krau|ter (*scherzh. für* Sonderling)
Kräu|ter *Plur.* (Gewürz- u. Heilpflanzen)
Kräu|ter|buch; Kräu|ter|but|ter; Kräu|ter|gar|ten
Krau|te|rin ⟨*zu* Krauter⟩

K
kran

Kräu|ter|kä|se; Kräu|ter|li|kör; Kräu|ter|schnaps; Kräu|ter|tee
Kraut|fäu|le (eine Kartoffelkrankheit); **Kraut|gar|ten** (*landsch. für* Gemüsegarten)
Kraut|gärt|ner (*landsch. für* Gemüsegärtner); **Kraut|gärt|ne|rin; Kraut|häup|tel** (*österr. für* Kraut-, Kohlkopf)
Kräu|ticht, das; -s, -e (*veraltet für* Bohnen-, Kartoffelkraut usw. nach der Ernte)
krau|tig (krautartig)
Kraut|kopf (*südd., österr. für* Kohlkopf)
Kräut|lein Rühr|mich|nicht|an, das; -s -, - -
Kraut|rock, der; -[s] (*Jargon* deutsche Rockmusik)
Kraut|sa|lat
Kraut|stiel (*schweiz. für* Mangold)
Kraut|stie|le *Plur.* (*schweiz. für* Mangoldrippen [als Gemüse])
Kraut|wi|ckel (*südd., österr. für* Kohlroulade)
Kra|wall, der; -s, -e (Aufruhr; *nur Sing.: ugs. für* Lärm); **kra|wal|lig; Kra|wall|ma|cher; Kra|wall|ma|che|rin**
Kra|wat|te, die; -, -n ([Hals]binde, Schlips); **Kra|wat|ten|hal|ter; Kra|wat|ten|kno|ten; Kra|wat|ten|muf|fel; Kra|wat|ten|na|del; Kra|wat|ten|zwang,** der; -[e]s
Kra|weel|be|plan|kung, Kar|weel|be|plan|kung ‹*von* Karavelle› (*Schiffbau*); **kra|weel|ge|baut,** kar|weel|ge|baut; ein kraweelgebautes Boot (mit aneinanderstoßenden Planken)
Kra|xe, die; -, -n (*ostmitteld., bayr., österr. für* Rückentrage); **Kra|xe|lei** (*ugs.*); **kra|xeln** (*ugs. für* mühsam steigen; klettern); ich krax[e]le; **Krax|ler; Krax|le|rin**
Kra|y|on [krɛˈjõː], der; -s, -s ‹franz.› (*veraltet für* Blei-, Kreidestift); **Kra|y|on|ma|nier,** die; - (*bild. Kunst* ein Radierverfahren)
Krä|ze, die; -, -n (*schweiz. mdal. für* Rückentragkorb); *vgl. aber* [1]Krätze
Kre|as, das; - ‹span.› (ungebleichte Leinwand)
Kre|a|tin, das; -s ‹griech.› (*Biol., Med.* organ. Verbindung in der Muskulatur)
Kre|a|ti|on, die; -, -en ‹lat.-(franz.)› (Modeschöpfung; *veraltend für* Erschaffung)
Kre|a|ti|o|nis|mus, der; - ‹lat.-engl.› (fundamentalistisches Festhalten an einer wörtlichen Auslegung der Schöpfungsgeschichte); **Kre|a|ti|o|nist,** der; -en, -en; **Kre|a|ti|o|nis|tin**
kre|a|tiv (schöpferisch)
Kre|a|ti|ve, der *u.* die; -n, -n (schöpferisch tätiger Mensch)
Kre|a|ti|vi|tät, die; - (schöpferische Kraft); **Kre|a|ti|vi|täts|test; Kre|a|ti|vi|täts|trai|ning**
Kre|a|tiv|ur|laub (Urlaub, in dem man eine künstlerische Tätigkeit erlernt od. ausübt)
Kre|a|tur, die; -, -en ‹lat.› (Lebewesen, Geschöpf; bedauerns- od. verachtenswerter Mensch); **kre|a|tür|lich; Kre|a|tür|lich|keit,** die; -
Krebs, der; -es, -e (Krebstier; bösartige Geschwulst; *nur Sing.:* Sternbild); Krebs erregen
krebs|ar|tig
Krebs|be|hand|lung
kreb|sen (Krebse fangen; *ugs. für* sich mühsam bewegen; erfolglos bleiben); du krebst
Krebs|er|kran|kung
krebs|er|re|gend, Krebs er|re|gend ↑K58: eine krebserregende *od.* Krebs erregende (karzinogene) Chemikalie, *aber nur* eine äußerst krebserregende Chemikalie
Krebs|for|scher; Krebs|for|sche|rin; Krebs|for|schung
Krebs|früh|er|ken|nung
Krebs|gang, der; -[e]s
Krebs|ge|schwulst; Krebs|ge|schwür
kreb|sig; krebs|krank
Krebs|lei|den
Krebs|pa|ti|ent; Krebs|pa|ti|en|tin
Krebs|ri|si|ko
krebs|rot
Krebs|scha|den; Krebs|stamm|zel|le
Krebs|sup|pe
Krebs|the|ra|pie; Krebs|ver|dacht; Krebs|vor|sor|ge; Krebs|zel|le
Kre|denz, die; -, -en ‹ital.› (*veraltend für* Anrichte); **kre|den|zen** (*geh. für* [ein Getränk] feierlich anbieten); du kredenzt
[1]**Kre|dit** [*auch* ...ˈdɪt], der; -[e]s, -e ‹franz.› (befristet zur Verfügung gestellter Geldbetrag; *nur Sing.:* Zahlungsaufschub; Vertrauenswürdigkeit in Bezug auf Zahlungsfähigkeit u. Zahlungsbereitschaft; *übertr. für* Glaubwürdigkeit); Kredit suchende *od.* kreditsuchende Personen ↑K58; auf Kredit kaufen
[2]**Kre|dit,** das; -s, -s ‹lat.› (die rechte Seite, Habenseite eines Kontos); **Kre|dit|an|stalt**
Kre|dit|an|trag; Kre|dit|auf|nah|me; Kre|dit|bank *Plur.* ...banken; **Kre|dit|brief; Kre|dit|bü|ro**
kre|dit|fä|hig
kre|dit|fi|nan|ziert; Kre|dit|fi|nan|zie|rung
Kre|dit|ge|ber; Kre|dit|ge|be|rin
Kre|dit|ge|nos|sen|schaft
Kre|dit|ge|schäft
Kre|dit|hai (*ugs. für* skrupelloser, überhöhte Zinsen fordernder Geldverleiher); **Kre|dit|hil|fe**
kre|di|tie|ren ‹franz.› (Kredit gewähren, vorschießen); **Kre|di|tie|rung**
Kre|dit|in|s|ti|tut; Kre|dit|kar|te
Kre|dit|kauf; Kre|dit|klem|me (*ugs.*); **Kre|dit|kri|se; Kre|dit|li|nie** (Obergrenze für einen Kredit); **Kre|dit|markt**
Kre|dit|neh|mer; Kre|dit|neh|me|rin
Kre|di|tor [*österr.* ...ˈdiː...], der; -s, ...oren ‹lat.› (Kreditgeber, Gläubiger); **Kre|di|to|ren|kon|to; Kre|di|to|rin**
Kre|dit|po|li|tik; Kre|dit|si|che|rung (Absicherung des Kreditgebers)
Kre|dit su|chend, kre|dit|su|chend *vgl.* [1]Kredit; **Kre|dit|ver|si|che|rung; Kre|dit|vo|lu|men; Kre|dit|we|sen,** das; -s
kre|dit|wür|dig; Kre|dit|wür|dig|keit
Kre|dit|zins
Kre|do *vgl.* Credo
Kre|feld (Stadt in Nordrhein-Westfalen); **Kre|fel|der; Kre|fel|de|rin**
kre|gel (*bes. nordd. für* gesund, munter)
Krehl, der; -s, -e (Gerät zum Jäten); *vgl. aber* Krähl
Krei|de, die; -, -n
krei|de|bleich
Krei|de|fel|sen; Krei|de|for|ma|ti|on, die; - (*Geol.*); **Krei|de|küs|te**
krei|den (*selten für* mit Kreide bestreichen)
Krei|de|strich
krei|de|weiß
Krei|de|zeich|nung
Krei|de|zeit, die; - (*Geol.*)
krei|dig
kre|ie|ren ‹lat.(-franz.)› ([er]schaffen); **Kre|ie|rung**
Kreis, der; -es, -e (*auch für* Verwaltungsgebiet; *Abk.* Kr., Krs.)
Kreis|ab|schnitt
Kreis|amt
Kreis|arzt; Kreis|ärz|tin
Kreis|bahn
Kreis|be|we|gung
Kreis|bo|gen
krei|schen; du kreischst; er kreischte; gekreischt

K
krei

Kreis|durch|mes|ser
Krei|sel, der; -s, -
Krei|sel|kom|pass
krei|seln; ich kreis[e]le
Krei|sel|pum|pe
Krei|sel|ver|dich|ter (Turbokompressor)
krei|sen; du kreist; den Becher kreisen lassen; *vgl. aber* kreißen
Krei|ser (*Jägerspr.* jmd., der bei Neuschnee Wild ausmacht); **Krei|se|rin**
Kreis|flä|che
kreis|för|mig
kreis|frei; eine kreisfreie Stadt
Kreis|in|halt
Kreis|klas|se *(Sport)*
Kreis|kran|ken|haus
Krei|s|ky [...ki] (österr. Politiker)
Kreis|lauf
Kreis|lauf|be|schwer|den *Plur.*
Kreis|läu|fer *(Handball)*; **Kreis|läu|fe|rin**
Kreis|lauf|kol|laps; Kreis|lauf|mit|tel, das; **Kreis|lauf|schwä|che**
Kreis|lauf|stö|rung; Kreis|lauf|ver|sa|gen, das; -s
Kreis|li|ga *(Sport)*; **Kreis|li|gist**, der; -en, -en
kreis|rund
Kreis|sä|ge
Kreis|schrei|ben (*schweiz. neben* Rundschreiben)
krei|ßen (*veraltet für* in Geburtswehen liegen); du kreißt; *vgl. aber* kreisen; **Krei|ßen|de**, die; -n, -n
Kreiß|saal (Entbindungsraum im Krankenhaus)
Kreis|stadt; Kreis|tag; Kreis|tags|ab|ge|ord|ne|te
Kreis|um|fang
Kreis|ver|band
Kreis|ver|kehr
Kreis|ver|wal|tung; Kreis|ver|wal|tungs|re|fe|rat (eine Abteilung der kommunalen Verwaltung [in München])
Kreis|vor|sit|zen|de
Kreis|wehr|er|satz|amt
Krem (*veraltete Schreibung für* Creme)
Kre|ma|ti|on, die; -, -en ‹lat.› (Einäscherung [von Leichen]); **Kre|ma|to|ri|um**, das; -s, ...ien (Anlage für Feuerbestattungen)
kre|mie|ren (*schweiz., sonst veraltet für* einäschern)
Kreml [*auch* 'kreː...], der; -[s], - ‹russ.› (burgartiger Stadtteil in russ. Städten, bes. in Moskau; *nur Sing.: übertr. für* Regierung Russlands); **Kreml|füh|rung**

Krem|pe, die; -, -n ‹*zu* Krampe› ([Hut]rand)
[1]**Krem|pel**, der; -s (*ugs. für* [Trödel]kram)
[2]**Krem|pel**, die; -, -n (*Textilind.* Maschine zum Auflockern der Faserbüschel)
[1]**krem|peln** (Faserbüschel auflockern); ich kremp[e]le
[2]**krem|peln**, *veraltet* **krem|pen** ([nach oben] umschlagen); ich kremp[e]le
Kremp|ling (ein Pilz)
Krems an der Do|nau (österr. Stadt)
Krem|ser, der; -s, - ‹nach dem Berliner Fuhrunternehmer› (offener Wagen mit Verdeck)
Krem|ser Weiß, das; - -[es] (Bleiweiß)
Kren, der; -[e]s ‹slaw.› (*bayr. mdal., österr. für* Meerrettich)
Kře|nek ['krʃɛnɛk] (österr. Komponist)
Kren|fleisch (*österr. für* gekochtes Schweinefleisch mit Meerrettich)
Kren|gel, der; -s, - (*landsch. für* Brezel; *vgl.* Kringel)
kren|geln, sich (*landsch. für* sich winden; umherschlendern); ich kreng[e]le mich
kren|gen usw. *vgl.* krängen usw.
Kren|wur|zen, die; -, - (*bayr., österr. für* Meerrettichwurzel)
Kre|ol, das; -s (*Sprachwiss.* Mischsprache in ehemaligen überseeischen Kolonien auf der Grundlage der jeweils dominierenden europäischen Sprache)
Kre|o|le, der; -n, -n ‹franz.› (in Mittel- u. Südamerika urspr. Abkömmling roman. Einwanderer; *auch für* Abkömmling von schwarzen Sklaven in Brasilien); **Kre|o|lin**
kre|o|lisch; Kre|o|lisch, das; -[s] (Sprache); *vgl.* Deutsch; **Kre|o|li|sche**, das; -n; *vgl.* [2]Deutsche; **Kre|o|lis|tik**, die; - (Wissenschaft von den kreol. Sprachen u. Literaturen)
Kre|o|pha|ge, der; -n, -n ‹griech.› (*svw.* [1]Karnivore)
Kre|o|sot, das; -[e]s (*Med., Pharm.* ein Desinfektions- u. Arzneimittel)
kre|pie|ren ‹ital.› (bersten, platzen, zerspringen [von Sprenggeschossen]; *derb für* verenden)
Kre|pi|ta|ti|on, die; -, -en ‹lat.› (*Med.* Reiben u. Knirschen [bei Knochenbrüchen usw.])

[1]**Krepp**, der; -s, *Plur.* -s *u.* -e, [1]Crêpe [krɛp], der; -[s], -s (krauses Gewebe)
[2]**Krepp** *vgl.* [2]Crêpe
krepp|ar|tig
krep|pen (zu [1]Krepp, Krepppapier verarbeiten)
Krepp|flor; Krepp|gum|mi
Krepp|pa|pier, Krepp-Pa|pier
Krepp|soh|le
Kre|sol, das; -s (*Chemie* ein Desinfektionsmittel)
[1]**Kres|se**, die; -, -n (Name verschiedener Pflanzen)
[2]**Kres|se**, die; -, -n (*landsch. svw.* Kressling); **Kress|ling** (Gründling)
Kres|zen|tia (w. Vorn.)
[1]**Kres|zenz**, die; -, -en ‹lat., »Wachstum«› (Herkunft [edler Weine])
[2]**Kres|zenz** (w. Vorn.)
Kre|ta (eine griech. Insel)
kre|ta|ze|isch, kre|ta|zisch ‹lat.› (*Geol.* zur Kreideformation gehörend)
Kre|te, die; -, -n ‹franz.› (*schweiz. für* Geländekamm, -grat)
Kre|ter (Bewohner Kretas); **Kre|te|rin**
Kre|thi und Ple|thi *Plur., auch Sing., ohne Artikel* ‹nach den »Kretern und Philistern« in Davids Leibwache› (*abwertend für* alle möglichen Leute); Krethi und Plethi war[en] da
Kre|ti|kus, der; -, ...izi ‹griech.› (*Verslehre* ein antiker Versfuß)
Kre|tin [...'tɛ̃ː], der; -s, -s ‹franz.› (jmd., der an Kretinismus leidet; *ugs. abwertend für* Dummkopf); **Kre|ti|nis|mus**, der; - (*Med.* durch Unterfunktion der Schilddrüse bedingtes Zurückbleiben der geistigen u. körperlichen Entwicklung)
kre|tisch (von Kreta)
Kre|ti|zi (*Plur. von* Kretikus)
Kre|ton, der; -s, -e (*österr. neben* Cretonne); **Kre|tonne** [kre'tɔn] *vgl.* Cretonne
Kret|scham, Kret|schem, der; -s, -e ‹slaw.› (*ostmitteld. für* Schenke); **Kretsch|mer**, der; -s, - (*ostmitteld. für* Wirt); **Kretsch|me|rin**
kreuchst (*veraltet für* kriechst); **kreucht** (*veraltet für* kriecht); was da kreucht u. fleucht
Kreut|zer|so|na|te, die; - (von Beethoven dem franz. Geiger R. Kreutzer gewidmet); ↑K136
Kreuz, das; -es, -e ‹lat.› ↑K150: das Blaue, Rote, Weiße, Eiserne Kreuz; über Kreuz; in die Kreuz

K
Krei

und [in die] Quere [laufen], *aber* ↑K70 : kreuz und quer

Kreuz|ab|nah|me

Kreuz|al|ler|gie

Kreuz|ạss, **Kreuz-Ạss** [*auch* 'krɔyts...]

Kreuz|auf|fin|dung, die; - (kath. Fest)

Kreuz|band, das; *Plur.* ...bänder *(Med.)*; **Kreuz|band|riss**

Kreuz|bein *(Med.)*

Kreuz|blu|me; **Kreuz|blüt|ler** (eine Pflanzenfamilie)

kreuz|brav *(ugs.)*

Kreuz|chor, der; -[e]s (Knabenchor des Kreuzgymnasiums in Dresden)

kreuz|ehr|lich *(ugs.)*

kreu|zen (über Kreuz legen; *Biol.* paaren; *Seemannsspr.* im Zickzackkurs fahren); du kreuzt; sich kreuzen (sich überschneiden)

Kreu|zer (ehem. Münze; Kriegsschiff; größere Segeljacht); großer, kleiner Kreuzer

Kreuz|er|hö|hung, die; - (kath. Fest)

Kreu|zes|tod; **Kreu|zes|weg** (Christi Weg zum Kreuz; *vgl.* Kreuzweg); **Kreu|zes|zei|chen** *vgl.* Kreuzzeichen

Kreuz|fah|rer; **Kreuz|fahrt**; **Kreuz|fahrt|schiff**

Kreuz|feu|er

kreuz|fi|del *(ugs.)*; **kreuz|för|mig**

Kreuz|gang, der

kreuz|ge|fähr|lich *(ugs.)*

Kreuz|ge|lenk

Kreuz|ge|wöl|be

kreuz|hohl (mit durchgebogenem Rücken)

kreu|zi|gen; **Kreu|zi|gung**

Kreuz|küm|mel (ein Gewürz)

kreuz|lahm

Kreuz|ot|ter, die

Kreuz|rit|ter

kreuz|sai|tig (beim Klavier)

Kreuz|schlitz|schrau|be

Kreuz|schlüs|sel (für die Radmuttern beim Auto)

Kreuz|schmerz *meist Plur.*

Kreuz|schna|bel (ein Vogel)

Kreuz|spin|ne

Kreuz|stich (ein Zierstich)

kreuz und quer (planlos); kreuz und quer durch die Stadt laufen

Kreu|zung

kreuz|un|glück|lich *(ugs.)*

Kreu|zungs|be|reich *(Verkehrsw.)*

kreu|zungs|frei; **Kreu|zungs|punkt**

Kreuz|ver|band; **Kreuz|ver|hör**

Kreuz|weg *(auch für* Darstellung des Leidens Christi; *vgl.* Kreuzesweg)

kreuz|wei|se

Kreuz|wort|rät|sel

Kreuz|zei|chen, Kreu|zes|zei|chen

Kreuz|zug

Kre|vẹt|te, Cre|vẹt|te, die; -, -n ‹franz.› (eine Garnelenart)

Krịb|be, die; -, -n *(nordd. für* Buhne)

krịb|be|lig, krịbb|lig *(ugs. für* ungeduldig, gereizt)

Krịb|bel|krank|heit, die; - (*Med.* Mutterkornvergiftung)

krịb|beln *(ugs. für* prickeln, jucken; wimmeln); ich kribb[e]le; es kribbelt mich; es kribbelt u. krabbelt

krịbb|lig *vgl.* kribbelig

Krị|ckel, das; -s, -[n] *meist Plur.* (*Jägerspr.* Horn der Gämse); *vgl.* Krucke

krị|cke|lig, krịck|lig *(ostmitteld. für* unzufrieden; nörgelnd)

Krị|ckel|kra|kel, das; -s, - *(ugs. für* unleserliche Schrift)

krị|ckeln *(landsch. für* streiten, nörgeln; *ugs. auch für* kritzeln); ich krick[e]le

Krị|ckel|wild (Gamswild)

Krick|en|te, Kriek|en|te (eine Wildente)

Krị|cket, das; -s ‹engl.› (ein Ballspiel); **Krị|cket|ball**; **Krị|cket|spie|ler**; **Krị|cket|spie|le|rin**

krịck|lig *vgl.* krickelig

Krị|da, die; - ‹mlat.› (*österr. für* Konkursvergehen); **Kri|dar**, **Kri|da|tar**, der; -s, -e (*österr. für* Gemeinschuldner); **Kri|da|rin**, **Kri|da|ta|rin**

Krie|bel|mü|cke

Krie|che, die; -, -n *(landsch. für* eine Pflaumensorte)

krie|chen; du krochst; du kröchest; gekrochen; kriech[e]!; *vgl.* kreuchst usw.; **Krie|cher** *(abwertend)*; **Krie|che|rei**; **Krie|che|rin**; **krie|che|risch**

Krie|cherl, das; -s, -[n]; *vgl.* Pickerl (*österr. für* Krieche); **Krie|cherl|baum**

Kriech|spur

Kriech|strom *(Elektrot.)*

Kriech|tier

Krieg, der; -[e]s, -e; die Krieg führenden *od.* kriegführenden Parteien ↑K58

[1]**krie|gen** *(veraltet für* Krieg führen)

[2]**krie|gen** *(ugs. für* erhalten, bekommen)

Krie|ger; **Krie|ger|denk|mal** *Plur.* ...mäler; **Krie|ger|grab**

Krie|ge|rin; **krie|ge|risch**

Krie|ger|tum, das; -s; **Krie|ger|wit|we**

Krieg füh|rend, **krieg|füh|rend** *vgl.* Krieg; **Krieg|füh|rung**, Kriegs|füh|rung

kriegs|ähn|lich; kriegsähnliche Zustände

Kriegs|an|fang; **Kriegs|angst**; **Kriegs|an|lei|he**; **Kriegs|aus|bruch**, der; -[e]s

kriegs|be|dingt; **kriegs|be|geis|tert**

Kriegs|be|ginn; **Kriegs|beil**; **Kriegs|be|ma|lung**

Kriegs|be|richt; **Kriegs|be|richt|er|stat|ter**; **Kriegs|be|richt|er|stat|te|rin**

kriegs|be|schä|digt; **Kriegs|be|schä|dig|te**, der *u.* die; -n, -n

Kriegs|be|schä|dig|ten|für|sor|ge

Kriegs|blin|de

Kriegs|dienst; **Kriegs|dienst|ver|wei|ge|rer**; **Kriegs|dienst|ver|wei|ge|rung**

Kriegs|ein|wir|kung; **Kriegs|en|de**; **Kriegs|er|klä|rung**

Kriegs|fall, der; im Kriegsfall[e]

Kriegs|film; **Kriegs|flot|te**; **Kriegs|flücht|ling**; **Kriegs|frei|wil|li|ge**

Kriegs|füh|rung *vgl.* Kriegführung

Kriegs|fuß; *nur in* auf [dem] Kriegsfuß mit jmdm. *od.* etwas stehen

Kriegs|ge|biet; **Kriegs|ge|fahr**

kriegs|ge|fan|gen; **Kriegs|ge|fan|ge|ne**; **Kriegs|ge|fan|gen|schaft**

Kriegs|geg|ner; **Kriegs|geg|ne|rin**

Kriegs|ge|richt; **Kriegs|ge|schrei**

Kriegs|ge|winn|ler *(abwertend)*; **Kriegs|ge|winn|le|rin**

Kriegs|grä|ber|für|sor|ge

Kriegs|ha|fen *vgl.* [2]Hafen; **Kriegs|held**; **Kriegs|hel|din**; **Kriegs|herr**; **Kriegs|her|rin**; **Kriegs|het|ze**

Kriegs|hin|ter|blie|be|ne; **Kriegs|hin|ter|blie|be|nen|für|sor|ge**

Kriegs|in|va|li|de; **Kriegs|jahr**

Kriegs|ka|me|rad; **Kriegs|ka|me|ra|din**

Kriegs|kas|se; **Kriegs|kunst**; **Kriegs|list**; **Kriegs|ma|ri|ne**; **Kriegs|op|fer**; **Kriegs|par|tei**

Kriegs|pfad; **Kriegs|rat**, der; -[e]s

Kriegs|recht

Kriegs|ro|man; **Kriegs|scha|den**; **Kriegs|schau|platz**; **Kriegs|schiff**; **Kriegs|schuld**; **Kriegs|spiel**

Kriegs|teil|neh|mer; **Kriegs|teil|neh|me|rin**

Kriegs|to|te; **Kriegs|trau|ung**

Kriegs|trei|ber *(abwertend)*; **Kriegs|trei|be|rin**

Kriegs|ver|bre|chen; **Kriegs|ver|bre-**

cher; Kriegs|ver|bre|che|rin; Kriegs|ver|bre|cher|pro|zess; Kriegs|ver|bre|cher|tri|bu|nal
Kriegs|ver|let|zung
Kriegs|ver|rä|ter; Kriegs|ver|rä|te|rin; Kriegs|ver|sehr|te
kriegs|ver|wen|dungs|fä|hig (*Abk.* kv.)
Kriegs|ve|te|ran; Kriegs|ve|te|ra|nin
Kriegs|wai|se
Kriegs|wir|ren *Plur.*; **Kriegs|zeit**
kriegs|zer|rüt|tet
Kriegs|ziel; Kriegs|zu|stand *Plur. selten*
Kriek|en|te *vgl.* Krickente
Kriem|hild, Kriem|hil|de (w. Vorn.)
Kri|ko|to|mie, die; -, ...ien ⟨griech.⟩ (*Med.* operative Spaltung des Ringknorpels der Luftröhre)
Krill, der; -[e]s ⟨norw.⟩ (tierisches Plankton)
Krim, die; - (Halbinsel im Süden der Ukraine)
Kri|mi [*auch* ˈkriː...], der; -s, -s (*ugs. für* Kriminalroman, -film)
kri|mi|nal ⟨lat.⟩ (*veraltet für* strafrechtlich); **Kri|mi|nal,** das; -s, -e (*österr. veraltend für* Strafanstalt, Zuchthaus)
Kri|mi|nal|be|am|te; Kri|mi|nal|be|am|tin
Kri|mi|nal|di|rek|ti|on
Kri|mi|na|le, der *u.* die; -n, -n (*ugs. für* Kriminalbeamter, -beamtin)
Kri|mi|na|ler, der; -s, - (*ugs. für* Kriminalbeamter); **Kri|mi|na|le|rin**
Kri|mi|nal|fall, der; **Kri|mi|nal|film; Kri|mi|nal|ge|schich|te**
kri|mi|na|li|sie|ren (als kriminell hinstellen); **Kri|mi|na|li|sie|rung**
Kri|mi|na|list, der; -en, -en (Kriminalpolizist; Strafrechtslehrer); **Kri|mi|na|lis|tik,** die; - (Lehre vom Verbrechen, von seiner Aufklärung usw.); **Kri|mi|na|lis|tin; kri|mi|na|lis|tisch**
Kri|mi|na|li|tät, die; -; **Kri|mi|na|li|täts|ra|te**
Kri|mi|nal|kom|mis|sar; Kri|mi|nal|kom|mis|sa|rin
Kri|mi|nal|mu|se|um; Kri|mi|nal|po|li|zei (*Kurzw.* Kripo); **kri|mi|nal|po|li|zei|lich**
Kri|mi|nal|psy|cho|lo|gie
Kri|mi|nal|recht (*veraltet für* Strafrecht); **Kri|mi|nal|ro|man**
Kri|mi|nal|sta|tis|tik; Kri|mi|nal|tech|nik; kri|mi|nal|tech|nisch
kri|mi|nell ⟨franz.⟩; **Kri|mi|nel|le,** der *u.* die; -n, -n (straffällig Gewordene[r]); ein Krimineller
Kri|mi|no|lo|ge, der; -n, -n; **Kri|mi|no|lo|gie,** die; - ⟨lat.; griech.⟩ (Wissenschaft vom Verbrechen); **Kri|mi|no|lo|gin; kri|mi|no|lo|gisch**
Krim|krieg, der; -[e]s ↑K 143
krim|meln *(nordd.); nur in* es krimmelt u. wimmelt
Krim|mer, der; -s, - ⟨nach der Halbinsel Krim⟩ (*urspr.* ein Lammfell, *heute* ein Wollgewebe)
krim|pen (*nordd. für* einschrumpfen [lassen]; sich von West nach Ost drehen [vom Wind]); gekrimpt u. gekrumpen
Krim|sekt
Krims|krams, der; -[es] (*ugs. für* Plunder, wertloses Zeug)
Krin|gel, der; -s, - ([kleiner, gezeichneter] Kreis; *auch für* [Zucker]gebäck); **krin|ge|lig** (sich ringelnd); sich kringelig lachen *(ugs.)*; **krin|geln;** ich kring[e]le; sich [vor Lachen] kringeln
Kri|no|i|de, der; -n, -n *meist Plur.* ⟨griech.⟩ (*Zool.* Haarstern od. Seelilie, ein Stachelhäuter)
Kri|no|li|ne, die; -, -n ⟨franz.⟩ (*früher* Reifrock)
Kri|po, die; -, -s (*kurz für* Kriminalpolizei); **Kri|po|chef** *(ugs.)*; **Kri|po|che|fin**
Krip|pe, die; -, -n
Krip|pen|aus|bau
Krip|pen|bei|ßer (Pferd mit der Unart, die Zähne aufzusetzen u. Luft hinunterzuschlucken)
Krip|pen|fi|gur
Krip|pen|platz
Krip|pen|set|zer (*svw.* Krippenbeißer)
Krip|pen|spiel (Weihnachtsspiel)
Kris, Kriss, der; -es, -e ⟨malai.⟩ (Dolch der Malaien)
Krisch|na *vgl.* Krishna
Kri|se, Kri|sis, die; -, Krisen ⟨griech.⟩; **kri|seln;** er sagt, es kris[e]le dort sehr
kri|sen|an|fäl|lig
Kri|sen|bank *Plur.* ...banken *(ugs.)*; **kri|sen|be|dingt**
Kri|sen|be|kämp|fung, die; -
kri|sen|fest; kri|sen|ge|beu|telt
Kri|sen|ge|biet
kri|sen|ge|schüt|telt
Kri|sen|ge|win|ner; Kri|sen|ge|win|ne|rin
kri|sen|haft
Kri|sen|herd; Kri|sen|ma|nage|ment; Kri|sen|po|li|tik; Kri|sen|re|gi|on
kri|sen|re|sis|tent; kri|sen|si|cher
Kri|sen|si|tu|a|ti|on; Kri|sen|sit|zung; Kri|sen|stab; Kri|sen|zei|chen; Kri|sen|zeit
Krish|na, Krisch|na (ind. m. Vorn.)
Kri|sis *vgl.* Krise
kris|peln (*Gerberei* narben); ich krisp[e]le
Kriss *vgl.* Kris
kris|se|lig, kriss|lig (körnig; kraus)
[1]Kris|tall, der; -s, -e ⟨griech.⟩ (fester, regelmäßig geformter, von ebenen Flächen begrenzter Körper)
[2]Kris|tall, das; -s (geschliffenes Glas)
kris|tall|ar|tig
Kris|tall|che|mie; Kris|täll|chen
kris|tal|len (aus, wie Kristall)
Kris|tall|git|ter *(Chemie)*; **Kris|tall|glas** *Plur.* ...gläser
kris|tal|lin, kris|tal|li|nisch (aus vielen kleinen Kristallen bestehend)
Kris|tal|li|sa|ti|on, die; -, -en (Kristallbildung); **Kris|tal|li|sa|ti|ons|punkt; Kris|tal|li|sa|ti|ons|vor|gang**
kris|tal|lisch (*seltener für* kristallen); **kris|tal|li|sier|bar**
kris|tal|li|sie|ren (Kristalle bilden); **Kris|tal|li|sie|rung**
Kris|tal|lit, der; -s, -e (kristallähnliches Gebilde)
kris|tall|klar; Kris|tall|ku|gel
Kris|tall|leuch|ter, Kris|tall-Leuch|ter
Kris|tall|lin|se, Kris|tall-Lin|se
Kris|tall|lüs|ter, Kris|tall-Lüs|ter, Kris|tall|lus|ter, Kris|tall-Lus|ter
Kris|tall|nacht, die; - (*nationalsoz.* Pogromnacht)
Kris|tal|lo|gra|fie, Kris|tal|lo|gra|phie, die; - (Lehre von den Kristallen); **kris|tal|lo|gra|fisch, kris|tal|lo|gra|phisch**
Kris|tal|lo|id, das; -[e]s, -e (kristallähnlicher Körper)
Kris|tall|phy|sik; Kris|tall|va|se; Kris|tall|zu|cker
[1]Kris|ti|a|nia (Name Oslos bis 1924); *vgl.* Christiania
[2]Kris|ti|a|nia, der; -s, -s ⟨*nach* Kristiania = Oslo⟩ (früher üblicher Querschwung beim Skilauf)
Kris|tin (w. Vorn.)
Kri|te|ri|um, das; -s, ...ien ⟨griech.⟩ (unterscheidendes Merkmal; *bes. im Radsport* Zusammenfassung mehrerer Wertungsrennen zu einem Wettkampf)
Kri|tik, die; -, -en (kritische Beurteilung; *nur Sing.:* Gesamtheit der Kritiker[innen])
Kri|ti|ka|li|tät, die; -, -en (*Kernphysik* Zustand eines Reaktors, in dem eine sich selbst erhaltende Kettenreaktion abläuft)

Kri|ti|kas|ter, der; -s, - (kleinlicher Kritiker, Nörgler); **Kri|ti|kas|te|rin**
Kri|ti|ker [*auch* ˈkrɪ...]; **Kri|ti|ke|rin**
kri|tik|fä|hig; Kri|tik|fä|hig|keit, die; -
kri|tik|los; Kri|tik|lo|sig|keit, die; -
Kri|tik|punkt
kri|tisch [*auch* ˈkrɪ...] (streng beurteilend, prüfend, wissenschaftl. verfahrend; *oft für* anspruchsvoll; eine Wende ankündigend; gefährlich, bedenklich); kritisch denken, prüfen; eine kritische Phase
kri|ti|sier|bar; kri|ti|sie|ren
Kri|ti|zis|mus, der; - (ein philos. Verfahren)
Krit|te|lei; Krit|te|ler, Kritt|ler; Krit|te|le|rin, Kritt|le|rin
krit|te|lig, kritt|lig
krit|teln (mäkelnd urteilen); ich kritt[e]le; **Krit|tel|sucht,** die; -
Krit|ze|lei *(ugs.)*; **krit|ze|lig,** kritz|lig *(ugs.)*; **krit|zeln** *(ugs.)*; ich kritz[e]le; **kritz|lig** *vgl.* kritzelig
Krk (kroat. Insel)
Kro|a|te, der; -n, -n; **Kro|a|ti|en** (Staat im Südosten Europas); **Kro|a|tin**
kro|a|tisch; Kro|a|tisch, das; -[s] (Sprache); *vgl.* Deutsch; **Kro|a|ti|sche,** das; -n; *vgl.* ²Deutsche
Kro|atz|bee|re *vgl.* Kratzbeere
kroch *vgl.* kriechen
Kro|cha, der; -s, - (*österr. ugs. für* [Wiener] Jugendlicher, der sich auffällig modisch kleidet u. einer bestimmten Musik- u. Tanzszene angehört); **Kro|cha|rin**
Kro|cket [*auch* ...ˈkɛt], das; -s ⟨engl.⟩ (ein Ballspiel)
Kro|kant, der; -s ⟨franz.⟩ (knusprige Masse aus zerkleinerten Mandeln od. Nüssen)
Kro|ket|te, die; -, -n *meist Plur.* ⟨franz.⟩ (frittiertes Röllchen aus Kartoffelbrei)
Kro|ki, das; -s, -s, *schweiz. meist* Cro|quis, das; -, - [...ˈkiː, *schweiz.* ˈkro...] ⟨franz.⟩ (*fachspr. für* Riss, Plan, einfache Geländezeichnung); **kro|kie|ren; Kro|ki|zeich|nung**
Kro|ko, das; -[s], -s (*kurz für* Krokodilleder)
Kro|ko|dil, das; -s, -e ⟨griech.⟩; **Kro|ko|dil|le|der; Kro|ko|dils|trä|ne** *meist Plur.* (heuchlerische Träne); **Kro|ko|dil|wäch|ter** (ein Vogel)
Kro|kus, der; -, *Plur.* - *u.* -se ⟨griech.⟩ (eine früh blühende Gartenpflanze)
Krol|le, die; -, -n (*rhein. u. nordd. für* Locke)
Krom|lech [...lɛk, *auch* ...lɛç, ˈkroːm...], der; -s, *Plur.* -e *u.* -s ⟨kelt.⟩ (jungsteinzeitliche Kultstätte)
Kro|n|ach (Stadt in Oberfranken)
Krön|chen
¹**Kro|ne,** die; -, -n ⟨griech.⟩ (Kopfschmuck usw.); ↑K150 : die Nördliche Krone, die Südliche Krone (Sternbilder)
²**Kro|ne,** die; -, -n (Währungseinheit in Dänemark [*Währungscode* DKK, *Abk.* dkr], Estland [EEK], Island [ISK], Norwegen [NOK, nkr], Schweden [SEK, skr], Tschechien [CZK] u. früher in der Slowakei [SKK])
krö|nen
Kro|nen|kor|ken, Kron|kor|ken
Kro|nen|mut|ter *Plur.* ...muttern *(Technik)*
Kro|nen|or|den (ehem. Verdienstorden); **Kro|nen|ta|ler,** Kron|taler (ehem. Münze)
Kron|er|be, der; **Kron|er|bin**
Kron|fa|vo|rit (*schweiz. für* Spitzenkandidat); **Kron|fa|vo|ri|tin**
Kron|glas, das; -es (ein optisches Glas)
Kro|ni|de, der; -n, *Plur.* (*für* Nachkommen des Kronos:) -n ⟨griech.⟩ (Beiname des Zeus); **Kro|ni|on** (Zeus)
Kron|ju|wel *meist Plur.*; **Kron|ko|lo|nie; Kron|kor|ken** *vgl.* Kronenkorken; **Kron|land** *Plur.* ...länder; **Kron|leuch|ter**
Kro|nos (Vater des Zeus)
Kron|prä|ten|dent (Thronbewerber); **Kron|prä|ten|den|tin; Kron|prinz; Kron|prin|zes|sin**
kron|prin|zess|lich; kron|prinz|lich
Kron|rat, der; -[e]s
Krons|bee|re (*nordd. für* Preiselbeere)
Kron|schatz; Kron|ta|ler *vgl.* Kronentaler
Krö|nung; Krö|nungs|man|tel; Krönungs|mes|se; Krö|nungs|or|nat
Kron|zeu|ge (Hauptzeuge); **Kronzeu|gen|re|ge|lung; Kron|zeu|gin**
Krö|pel, der; -s, - (*nordd. für* Krüppel)
Kropf, der; -[e]s, Kröpfe; **Kröpfchen**
kröp|fen (*Technik u. Bauw.* krumm biegen; fressen [von Greifvögeln])
Kröp|fer (m. Kropftaube)
krop|fig
Kropf|stein *(Bauw.)*; **Kropf|tau|be**
Kröp|fung *(fachspr.)*
Kropp|zeug, das; -[e]s (*ugs., oft scherzh. für* kleine Kinder; *ugs. abwertend für* Pack, Gesindel, nutzloses Zeug)
Krö|se, die; -, -n (steife Halskrause; *Böttcherei* Einschnitt in den Fassdauben); **Krö|se|ei|sen** (ein Böttcherwerkzeug)
krö|seln ([Glas] wegbrechen); ich krös[e]le; **Krö|sel|zan|ge** (ein Glaserwerkzeug)
kross (*nordd. für* knusprig); das Fleisch kross braten *od.* krossbraten
¹**Krö|sus** ⟨griech.⟩ (König von Lydien)
²**Krö|sus,** der; *Gen.* -, *auch* -ses, *Plur.* -se (sehr reicher Mann)
Krot, die; -, -en (*österr. mdal. für* Kröte); die Krot schlucken müssen (*österr. für* die Kröte schlucken müssen); **Krö|te,** die; -, -n; **Krö|ten** *Plur.* (*ugs. für* Geld)
Krö|ten|stein (tierische Versteinerung); **Krö|ten|wan|de|rung**
Kro|ton, der; -s, -e ⟨griech.⟩ (ein ostasiat. Wolfsmilchgewächs); **Kro|ton|öl,** das; -[e]s (ein Abführmittel)
Kröv (Ort an der Mosel); **Krö|ver** [...vɐ]; Kröver Nacktarsch (ein Wein)
Krs., Kr. = Kreis
Kru|cke, die; -, -n *meist Plur.* (*Jägerspr.* Horn der Gämse); *vgl.* Krickel
Krü|cke, die; -, -n; **Kru|cken|kreuz, Krü|cken|kreuz; Krück|stock** *Plur.* ...stöcke
krud, kru|de ⟨lat.⟩ (grob, roh); **Kru|di|tät,** die; -, -en
Krug, der; -[e]s, Krüge (ein Gefäß; *landsch., bes. nordd. für* Schenke); **Krü|gel,** das; -s, - (*österr. für* Bierglas mit Henkel); zwei Krügel Bier; **Krü|gel|chen**
Krü|ger (*nordd. für* Wirt; Pächter); **Krü|ge|rin**
Kru|ke, die; -, -n (*nordd. für* großer Krug; Tonflasche; ulkiger, eigenartiger Mensch)
Krüll|schnitt (ein Tabakschnitt); **Krüll|ta|bak**
Krüm|chen; Kru|me, die; -, -n
Krü|mel, der; -s, -, *landsch. auch* das; -s, - (kleine Krume); **Krümel|chen**
krü|me|lig, krüm|lig
krü|meln; ich krüm[e]le
Krü|mel|zu|cker; Krüm|lein
krüm|lig *vgl.* krümelig

K
krüm

krumm

krum|mer, krumms|te, *landsch. auch* krüm|mer, krümms|te

Schreibung in Verbindung mit Verben ↑K 56:

- krumm dasitzen
- etwas krumm biegen *od.* krummbiegen
- das Knie krumm machen *od.* krummmachen
- keinen Finger krumm machen *od.* krummmachen (nichts tun, nicht helfen)
- krumm (gekrümmt) gehen; *aber* die Sache darf nicht krummgehen (*ugs. für* misslingen)

Vgl. auch: krummlachen, krummlegen, krummnehmen

krumm|bei|nig
Krum|me, der; -n, -n (*Jägerspr. scherzh. für* Feldhase)
krüm|men; sich krümmen
Krüm|mer (gebogenes [Rohr]stück; Gerät zur Bodenbearbeitung)
krumm|ge|hen (*ugs. für* misslingen); *vgl. aber* krumm
Krumm|holz (von Natur gebogenes Holz); **Krumm|holz|kie|fer** *vgl.* ²Latsche
Krumm|horn (altes Holzblasinstrument)
krumm|la|chen, sich (*ugs. für* sehr lachen); **krumm|le|gen,** sich (*ugs. für* sich abmühen, sich nichts gönnen)
Krümm|ling (*fachspr. für* gebogener Teil von Treppenwangen u. -geländern)
krumm|li|nig
krumm ma|chen, **krumm|ma|chen** *vgl.* krumm
krumm|na|sig
krumm|neh|men (*ugs. für* verübeln); diese Bemerkung hat sie dir [äußerst] krummgenommen
Krumm|sä|bel; Krumm|schwert; Krumm|stab
Krüm|mung; Krüm|mungs|kreis; Krüm|mungs|ra|di|us
krum|pe|lig, krump|lig; **krum|peln** (*landsch. für* knittern); ich krump[e]le
Krüm|per (vor 1813 kurzfristig ausgebildeter preuß. Wehrpflichtiger); **Krüm|per|sys|tem,** das; -s
krumpf|echt (nicht einlaufend [von Geweben])
krump|fen (einlaufen lassen)
krumpf|frei (*svw.* krumpfecht)
krump|lig *vgl.* krumpelig
Krupp, der; -s ⟨engl.⟩ (*Med.* akute Entzündung der Schleimhaut des Kehlkopfes)
Krup|pa|de, die; -, -n ⟨franz.⟩ (*Reitsport* Sprung der Hohen Schule); **Krup|pe,** die; -, -n (Kreuz [des Pferdes])
Krüp|pel, der; -s, -; **krüp|pel|haft**
Krüp|pel|holz
krüp|pe|lig, krüpp|lig
Krüp|pel|walm|dach (eine Dachform)
krüpp|lig *vgl.* krüppelig
krup|pös ⟨engl.⟩ (*Med.* kruppartig); kruppöser Husten
kru|ral ⟨lat.⟩ (*Med.* zum Schenkel gehörend; Schenkel...)
krüsch (*nordd. für* wählerisch im Essen)
Krü|sel|wind (*nordd. für* kreiselnder, sich drehender Wind)
Krus|pel|spitz (*österr. für* eine Rindfleischsorte)
Krus|ta|zee, die; -, ...een *meist Plur.* ⟨lat.⟩ (*Zool.* Krebstier)
Krüst|chen; Krus|te, die; -, -n; **Krus|ten|tier**
krus|tig (mit einer Kruste bedeckt)
Krux, Crux, die; - ⟨lat., »Kreuz«⟩ (Last, Kummer)
Kru|zi|a|ner ⟨lat.⟩ (Mitglied des Dresdner Kreuzchors)
Kru|zi|fe|re, die; -, -n *meist Plur.* ⟨lat.⟩ (*Bot.* Kreuzblütler)
Kru|zi|fix [*auch, österr. nur* ...ˈfɪks], das; -es, -e (plastische Darstellung des gekreuzigten Christus); **Kru|zi|fi|xus,** der; - (*Kunstwiss.* Christus am Kreuz)
Kru|zi|tür|ken! (umgangssprachlicher, oft als diskriminierend empfundener Fluch)
Kryo|bio|lo|gie [*auch* ...ˈgiː] ⟨griech.⟩ (Teilgebiet der Biologie, das sich mit der Einwirkung sehr tiefer Temperaturen auf Organismen befasst); **Kryo|chi|r|ur|gie** (*Med.* Kältechirurgie)
Kryo|lith, der; *Gen.* -s *od.* -en, *Plur.* -e[n] (ein Mineral)
Kryo|the|ra|pie [*auch* ...ˈpiː] (Anwendung von Kälte zur Zerstörung von krankem Gewebe)
Kryo|t|ron, das; -s, *Plur.* ...one, *auch* -s (*EDV* ein Schaltelement)
Kryp|ta, die; -, ...ten ⟨griech.⟩ (unterirdischer Kirchenraum)
Kryp|ten *Plur.* (*Med.* Einbuchtungen in den Rachenmandeln; Drüsen im Darmkanal)
kryp|tisch (unklar, schwer zu deuten)
kryp|to... (geheim, verborgen); **Kryp|to...** (Geheim...)
Kryp|to|ga|me, die; -, -n *meist Plur.* (*Bot.* Sporenpflanze)
kryp|to|gen, kryp|to|ge|ne|tisch (*Biol.* von unbekannter Entstehung)
Kryp|to|gra|fie, **Kryp|to|gra|phie,** die; -, ...ien (*Psychol.* absichtslos entstandene Kritzelzeichnung bei Erwachsenen; Disziplin der Informatik; *veraltet für* Geheimschrift)
Kryp|to|gramm, das; -s, -e (Verstext mit verborgener Nebenbedeutung; *veraltet für* Geheimtext)
kryp|to|kris|tal|lin, kryp|to|kris|tal|li|nisch (*Geol.* erst bei mikroskop. Untersuchung als kristallinisch erkennbar)
Kryp|ton [*auch* ...ˈtoːn], das; -s (chemisches Element, Edelgas; *Zeichen* Kr)
Kryp|t|or|chis|mus, der; -, ...men (*Med.* Zurückbleiben des Hodens in Bauchhöhle od. Leistenkanal)

Chrysantheme

Das mit *[k-]* ausgesprochene Substantiv folgt in seiner für das Deutsche ungewöhnlichen Schreibweise dem griechischen Herkunftswort.

KS = Kansas
Ksa|bi (*Plur. von* Kasba[h])
KSZE, die; - = Konferenz über Sicherheit und Zusammenarbeit in Europa (frühere Bez. für OSZE [*vgl. d.*]); **KSZE-Schluss|ak|te** [kaːɛstsɛtˈeː...], die; - ↑K 28
Kt. = ²Kanton
Kte|no|id|schup|pe ⟨griech.; dt.⟩ (*Zool.* Kammschuppe vieler Fische)
Kto. = Konto
Kto.-Nr. = Kontonummer
k. u. = königlich ungarisch (im ehem. Reichsteil Ungarn von Österreich-Ungarn für alle Behörden); *vgl.* k. k., k. u. k.
Ku|a|la Lum|pur (Hauptstadt Malaysias)
Ku|ba (mittelamerik. Staat; Insel der Großen Antillen); **Ku|ba|ner; Ku|ba|ne|rin; ku|ba|nisch**
Ku|ba|tur, die; -, -en ⟨griech.⟩ (*Math.* Erhebung zur dritten Potenz; Berechnung des Rauminhalts von [Rotations]körpern)

K
krum

Kụ̈b|bung, die; -, -en (*Archit.* Seitenschiff des niedersächs. Bauernhauses)
Ku|be̱|be, die; -, -n ‹arab.› (Frucht eines indones. Pfefferstrauchs)
Kü̱|bel, der; -s, -
kü̱|beln (*ugs. auch für* viel [Alkohol] trinken); ich küb[e]le
Kü̱|bel|pflan|ze; Kü̱|bel|wa|gen
kü̱|bel|wei|se (in Kübeln; in großen Mengen)
Ku̱|ben (*Plur. von* Kubus)
ku|bie̱|ren ‹griech.› (*Forstwirtsch.* den Rauminhalt eines Baumstammes ermitteln; *Math.* zur dritten Potenz erheben); **Ku|bie̱|rung**
Ku|bi̱k|de|zi|me|ter (*Zeichen* dm^3); **Ku|bi̱k|fuß,** der; -es; 3 Kubikfuß; **Ku|bi̱k|ki|lo|me|ter** (*Zeichen* km^3)
Ku|bi̱k|maß, das; **Ku|bi̱k|me|ter** (*Zeichen* m^3); **Ku|bi̱k|mil|li|me|ter** (*Zeichen* mm^3)
Ku|bi̱k|wur|zel (*Math.* dritte Wurzel); **Ku|bi̱k|zahl; Ku|bi̱k|zen|ti|meter** (*Zeichen* cm^3)
Ku̱|bin [*auch* ...ˈbiːn] (österr. Zeichner u. Schriftsteller)
ku̱|bisch (würfelförmig; *Math.* in der dritten Potenz vorliegend); kubische Gleichung
Ku|bịs|mus, der; - (Kunststil, der in kubischen Formen gestaltet); **Ku|bịst,** der; -en, -en; **Ku|bịs|tin; ku|bịs|tisch**
ku|bi|ta̱l ‹lat.› (*Med.* zum Ellbogen gehörend)
Ku|brick [ˈkjuːbrɪk] (amerik. Filmregisseur)
Ku̱|bus, der; -, Kuben ‹griech.› (Würfel; *Math.* dritte Potenz)
Kü̱|che, die; -, -n
[1]**Kü̱|chel|chen** (kleine Küche)
[2]**Kü̱|chel|chen** *vgl.* [3]Küchlein
kü̱|cheln (*schweiz. für* Fettgebackenes bereiten); ich küch[e]le
Ku̱|chen, der; -s, -
Kü̱|chen|ab|fall *meist Plur.*
Ku̱|chen|bä|cker; Ku̱|chen|bä|cke|rin
Ku̱|chen|blech
Kụ̈|chen|bo|den; Kụ̈|chen|bü|fett, Kụ̈|chen|buf|fet; Kụ̈|chen|bul|le (*ugs., Soldatenspr. für* Koch einer Großküche, Kantine u. Ä.)
Kụ̈|chen|chef; Kụ̈|chen|che|fin; Kụ̈|chen|fee (*scherzh. für* Köchin)
Kụ̈|chen|fens|ter
Ku̱|chen|form; Ku̱|chen|ga|bel
Kụ̈|chen|ge|rät; Kụ̈|chen|hand|tuch; Kụ̈|chen|herd; Kụ̈|chen|hil|fe; Kụ̈|chen|ka|bi|nett (*geh. scherzh. für* [inoffizieller] Beraterstab, bes. eines Politikers)
Kụ̈|chen|kraut *meist Plur.*
Kụ̈|chen|la|tein, das; -s (*scherzh. für* schlechtes Latein)
Kụ̈|chen|meis|ter; Kụ̈|chen|meis|terin; Kụ̈|chen|mes|ser, das; **Kụ̈|chen|per|so|nal**
Kụ̈|chen|scha|be (ein Insekt)
Kụ̈|chen|schel|le, die; -, -n (eine Pflanze)
Kụ̈|chen|schrank; Kụ̈|chen|schür|ze
Ku̱|chen|teig; Ku̱|chen|tel|ler
Kụ̈|chen|tisch; Kụ̈|chen|tuch *Plur.* ...tücher; **Kụ̈|chen|uhr**
Kụ̈|chen|waa|ge; Kụ̈|chen|wa|gen (Gerätewagen der Feldküche); **Kụ̈|chen|zei|le; Kụ̈|chen|zet|tel**
[1]**Kü̱ch|lein** *vgl.* [1]Küken
[2]**Kü̱ch|lein** (kleine Küche)
[3]**Kü̱ch|lein** (kleiner Kuchen)
kụ|cken (*nordd. für* gucken)

kucken / gucken
Beide Schreibungen sind korrekt; in Süddeutschland ist die Variante mit *g* gebräuchlicher, in Norddeutschland die mit *k*.

Kü̱|cken *vgl.* [1]Küken
Ku̱|cker usw. *vgl.* Gucker usw.
ku̱|ckuck!; Kụ|ckuck, der; -s, -e
Kụ|ckucks|blu|me (Pflanzenname)
Kụ|ckucks|ei
Kụ|ckucks|kind (*ugs. für* Kind, dessen leiblicher Vater nicht der Mann ist, der sich dafür hält)
Kụ|ckucks|uhr
Ku̱'|damm, der; -[e]s (*ugs.; kurz für* Kurfürstendamm)
Kụd|del|mud|del, der *od.* das; -s (*ugs. für* Durcheinander)
Ku̱|del|kraut *vgl.* Kuttelkraut
Ku̱|der, der; -s, - (*Jägerspr.* m. Wildkatze)
Ku̱|du, der; -s, -s ‹afrikaans› (afrik. Antilope)
Kues [kuːs], Nikolaus von (dt. Philosoph u. Theologe)
[1]**Ku̱|fe,** die; -, -n (Gleitschiene [eines Schlittens])
[2]**Ku̱|fe,** die; -, -n (*landsch. für* Bottich, Kübel)
Kü̱|fer (*südwestd. u. schweiz. für* Böttcher; *auch svw.* Kellermeister); **Kü|fe|re̱i; Kü̱|fe|rin**
Kụff, die; -, -e (breit gebautes Küstenfahrzeug)
Kụf|stein [*auch* ˈkuː...] (Stadt im Unterinntal, Österreich)
Ku̱|gel, die; -, -n; Kugel scheiben (*österr. für* Murmeln spielen)
Ku̱|gel|blitz; Kü̱|gel|chen; Ku̱|gel|fang
ku̱|gel|fest
Ku̱|gel|fisch; Ku̱|gel|form
ku̱|gel|för|mig
Ku̱|gel|ge|lenk
Kü̱|gel|gen (dt. Maler)
Ku̱|gel|ha|gel
ku̱|ge|lig, ku̱g|lig
Ku̱|gel|kopf; Ku̱|gel|kopf|ma|schi|ne (eine Schreibmaschine)
Ku̱|gel|la|ger
ku̱|geln; ich kug[e]le; sich kugeln
Ku̱|gel|re|gen
ku̱|gel|rụnd
Ku̱|gel schei|ben *vgl.* Kugel
Ku̱|gel|schrei|ber; Ku̱|gel|schrei|ber|mi|ne
ku̱|gel|si|cher
ku̱|gel|sto|ßen *nur im Infinitiv gebräuchlich;* **Ku̱|gel|sto|ßen,** das; -s; **Ku̱|gel|sto|ßer,** *schweiz.* **Ku̱|gel|stö|ßer; Ku̱|gel|sto|ße|rin,** *schweiz.* **Ku̱|gel|stö|ße|rin**
ku̱g|lig *vgl.* kugelig
Ku̱|gu|ar, der; -s, -e ‹indian.› (Puma)
Ku̱h, die; -, Kühe; die Kuh vom Eis kriegen (*ugs. für* ein schwieriges Problem lösen)
Ku̱h|dorf *(abwertend);* **Ku̱h|dung; Ku̱h|eu|ter; Ku̱h|fla|den**
Ku̱h|fuß (*fachspr. für* Brechstange)
Ku̱h|glo|cke
Ku̱h|han|del *vgl.* [1]Handel; **ku̱h|handeln** *(ugs.);* ich kuhhand[e]le; gekuhhandelt
Ku̱h|haut; das geht auf keine Kuhhaut (*ugs. für* das ist unerhört)
ku̱h|hes|sig (wie bei den [2]Hessen der Kuh eng zusammenstehend [Fehler der Hinterbeine von Haustieren])
Ku̱h|hirt; Ku̱h|hir|tin
Ku̱h|kaff *(abwertend)*
kü̱hl ↑K72: im Kühlen; ins Kühle setzen; den Pudding über Nacht kühl stellen *od.* kühlstellen
Kü̱hl|ag|gre|gat; Kü̱hl|an|la|ge; Kü̱hl|box
Ku̱h|le, die; -, -n (*ugs. für* Grube, Loch)
Kü̱h|le, die; -; **kü̱h|len**
Kü̱h|ler; Kü̱h|ler|fi|gur; Kü̱h|ler|grill; Kü̱h|ler|hau|be
Kü̱hl|flüs|sig|keit; Kü̱hl|haus; Kü̱hlket|te (Gefrierkette)
Kü̱hl|mit|tel; Kü̱hl|raum; Kü̱hl|regal; Kü̱hl|schiff; Kü̱hl|schrank; Kü̱hl|sys|tem; Kü̱hl|ta|sche
Kü̱hl|te, die; -, -n (*Seemannsspr.* mäßiger Wind)
Kü̱hl|tru|he; Kü̱hl|turm
Kü̱h|lung

Küh|lungs|born, Ost|see|bad (westl. von Rostock)
Kühl|wa|gen; Kühl|was|ser *Plur.* ...wässer
Kuh|milch; Kuh|mist
kühn; Kühn|heit
Kuh|po|cken *Plur.;* **Kuh|rei|gen, Kuh|rei|hen; Kuh|schel|le** (*svw.* Küchenschelle); **Kuh|stall**
kuh|warm; kuhwarme Milch
Ku|jon, der; -s, -e ‹franz.› (*veraltend für* Schuft); **ku|jo|nie|ren** (*ugs. abwertend für* verächtlich behandeln; schikanieren)
k. u. k. [ˈkaːǀʊntˈkaː] = kaiserlich u. königlich (im ehem. Österreich-Ungarn beide Reichsteile betreffend); *vgl.* k. k., k. u.
[1]**Kü|ken,** *österr.* Kü|cken, das; -s, - (das Junge des Huhnes)
[2]**Kü|ken,** das; -s, - (*Technik* drehbarer Teil, Kegel des [Fass]hahns)
Ku-Klux-Klan [*selten* ˈkjuːklaks-ˈklɛn], der; -[s] ‹engl.-amerik.› (terroristischer Geheimbund in den USA)
K.-u.-k.-Mo|n|ar|chie (Donaumonarchie); ↑K 26
Ku|kul|le, die; -, -n ‹mlat. cuculla = Kapuze› (Teil der Mönchskleidung)
Ku|ku|mer, die; -, -n ‹lat.› (*südwestd. für* Gurke)
Ku|ku|ruz [*auch* ˈkuː...], der; -[es] ‹slaw.› (*bes. österr. für* Mais)
Ku|lak, der; -en, -en ‹russ.› (Großbauer im zaristischen Russland); **Ku|la|kin**
Ku|lan, der; -s, -e ‹kirg.› (asiat. Wildesel)
ku|lant ‹franz.› (entgegenkommend, großzügig [im Geschäftsverkehr]); **Ku|lanz,** die; -
[1]**Ku|li,** der; -s, -s ‹Hindi› (Tagelöhner in Südostasien; *abwertend für* rücksichtslos Ausgenutzter)
[2]**Ku|li,** der; -s, -s (*ugs.; kurz für* Kugelschreiber)
Ku|lier|wa|re ‹franz.; dt.› (Wirkware)
Ku|li|na|rik, die; - ‹lat.› (Kochkunst)
ku|li|na|risch ‹lat.› (auf die Küche, die Kochkunst bezogen; ausschließlich dem Genuss dienend); kulinarische Genüsse
Ku|lis|se, die; -, -n ‹franz.› (*Theater* Teil der Bühnendekoration; *übertr. für* Hintergrund); **Ku|lis|sen|schie|ber; Ku|lis|sen|schie|be|rin; Ku|lis|sen|wech|sel**
Kul|ler, die; -, -n (*landsch. für* kleine Kugel); **Kul|ler|au|gen** *Plur.* (*ugs. für* erstaunte, große, runde Augen)
kul|lern (*ugs. für* rollen); ich kullere
[1]**Kulm,** der *od.* das; -[e]s, -e ‹slaw. *u.* roman.› (abgerundete [Berg]kuppe)
[2]**Kulm,** das; -s ‹engl.› (*Geol.* schiefrige Ausbildung der Steinkohlenformation)
Kulm|bach (Stadt in Oberfranken); **Kulm|ba|cher; Kulm|ba|che|rin**
Kul|mi|na|ti|on, die; -, -en ‹lat.› (Erreichung des Höhe-, Scheitel-, Gipfelpunktes; *Astron.* höchster u. tiefster Stand eines Gestirns); **Kul|mi|na|ti|ons|punkt** (Höhepunkt)
kul|mi|nie|ren (den Höhepunkt erreichen)
Kult, der; -[e]s, -e, Kul|tus, der; -, Kulte ‹lat.› (Verehrung; Form der Religionsausübung; *auch für* übertriebene Verehrung)
Kult|buch *vgl.* Kultfilm; **Kult|fi|gur; Kult|film** (Film, der von einem bestimmten Publikum bes. verehrt wird); **Kult|hand|lung**
kul|tig (*ugs. für* Kultstatus habend); ein kultiger Film; **kultisch** (zum Kult gehörend); kultische Tänze
Kul|ti|va|tor, der; -s, ...oren (*Landwirtsch.* Bodenbearbeitungsgerät)
kul|ti|vie|ren ‹franz.› ([Land] bearbeiten, urbar machen; [aus]bilden; pflegen)
kul|ti|viert (gesittet; hochgebildet); **Kul|ti|vie|rung** *Plur. selten*
Kult|ob|jekt; Kult|se|rie *vgl.* Kultfilm
Kult|stät|te; Kult|sta|tus
Kul|tur, die; -, -en
Kul|tur|ab|kom|men; Kul|tur|amt; Kul|tur|an|ge|bot
Kul|tur|ar|beit, die; -
Kul|tur|at|ta|ché; Kul|tur|at|ta|chée
Kul|tur|aus|schuss; Kul|tur|austausch
Kul|tur|ba|nau|se; Kul|tur|ba|nau|sin
Kul|tur|be|trieb (*oft abwertend);* **Kul|tur|beu|tel** (Beutel für Toilettensachen)
Kul|tur|bud|get; Kul|tur|denk|mal
Kul|tur|de|zer|nat; Kul|tur|de|zernent; Kul|tur|de|zer|nen|tin
Kul|tur|ein|rich|tung
kul|tu|rell
Kul|tur|er|be, das
kul|tur|feind|lich
Kul|tur|film
Kul|tur|flüch|ter (*Biol.* Pflanzen- od. Tierart, die von der Kulturlandschaft verdrängt wird)
Kul|tur|fol|ger (*Biol.* Pflanzen- od. Tierart, die den menschlichen Kulturbereich als Lebensraum bevorzugt)
Kul|tur|för|de|rung
Kul|tur|form
Kul|tur|ge|schich|te, die; -; **kul|turge|schicht|lich**
Kul|tur|gut
Kul|tur|haupt|stadt (von der EU benannte Stadt in Europa, die für ein Jahr im Mittelpunkt des kulturellen Interesses steht); **Kul|tur|haupt|stadt|jahr**
Kul|tur|haus
kul|tur|his|to|risch
Kul|tur|ho|heit
Kul|tur|in|dus|t|rie; Kul|tur|in|s|ti|tut
Kul|tur|kampf, der; -[e]s (zwischen dem protestant. preuß. Staat u. der kath. Kirche 1871 bis 1887)
Kul|tur|kreis
Kul|tur|kri|tik; Kul|tur|kri|ti|ker; Kultur|kri|ti|ke|rin; kul|tur|kri|tisch
Kul|tur|land|schaft; Kul|tur|le|ben, das; -s
kul|tur|los; Kul|tur|lo|sig|keit
Kul|tur|ma|ga|zin
Kul|tur|mi|nis|ter; Kul|tur|mi|nis|terin; Kul|tur|mi|nis|te|ri|um
Kul|tur|na|ti|on; Kul|tur|pa|last
Kul|tur|pflan|ze
Kul|tur|po|li|tik; kul|tur|po|li|tisch
Kul|tur|preis; Kul|tur|pro|gramm
Kul|tur|raum
Kul|tur|re|fe|rat (für Kulturelles zuständige Abteilung einer Behörde); **Kul|tur|re|fe|rent; Kultur|re|fe|ren|tin**
Kul|tur|re|vo|lu|ti|on (*marx.* radikale kulturelle Umgestaltung; politisch-ideologische Kampagne in China 1965–76); **Kul|turschaf|fen|de,** der *u.* die; -n, -n *(regional);* **Kul|tur|schock**
Kul|tur|se|nat; Kul|tur|se|na|tor; Kultur|se|na|to|rin
Kul|tur|spon|so|ring, das; -s; **Kultur|stät|te** *(geh.);* **Kul|tur|sze|ne**
Kul|tur|tech|nik; Kul|tur|teil, der; den Kulturteil einer Zeitung lesen; **Kul|tur|tou|ris|mus**
Kul|tur|trä|ger; Kul|tur|trä|ge|rin
kul|tur|über|grei|fend
Kul|tur|ver|an|stal|tung
Kul|tur|wis|sen|schaft *meist Plur.;* **Kul|tur|wis|sen|schaft|ler; Kul|turwis|sen|schaft|le|rin**
Kul|tur|zen|t|rum
Kul|tus *vgl.* Kult

Kul|tus|frei|heit, die; - *(Rechtsspr.);* **Kul|tus|ge|mein|de**
Kul|tus|mi|nis|ter; Kul|tus|mi|nis|te|rin; Kul|tus|mi|nis|te|ri|um; Kul|tus|mi|nis|ter|kon|fe|renz
Kul|tus|se|nat; Kul|tus|se|na|tor; Kul|tus|se|na|to|rin
Ku|ma|ne, der; -n, -n (Angehöriger eines in südosteurop. Völkern aufgegangenen Turkvolkes); **Ku|ma|nin**
Ku|ma|rin, *fachspr. auch* Cu|ma|rin, das; -s ‹indian.› (pflanzl. Duft- u. Wirkstoff)
Ku|ma|ron, das; -s (*Chemie* Bestandteil des Steinkohlenteers); **Ku|ma|ron|harz**
Kumm, der; -[e]s, -e (*nordd. für* tiefe Schüssel, Futtertrog); **Kum|me,** die; -, -n (*Seemannsspr. u. nordd. für* Schüssel)
Küm|mel, der; -s, - (Gewürzpflanze; ein Branntwein)
Küm|mel|brannt|wein; Küm|mel|brot; küm|meln (mit Kümmel zubereiten; *ugs. für* [Alkohol] trinken); ich kümm[e]le
Küm|mel|tür|ke (veraltetes Schimpfwort; *abwertend für* Türke, Türkischstämmiger)
Kum|mer, der; -s
Kum|mer|bund, der; -[e]s, -e ‹Hindi-engl.› (breite Leibbinde aus Seide)
Küm|me|rer (verkümmernde Pflanze; in der Entwicklung zurückgebliebenes Tier; *ugs. auch für* Person, die sich um jmdn. od. etwas kümmert); **Küm|mer|form** *(Biol.);* **Küm|me|rin** ‹*zu* Kümmerer›
Kum|mer|kas|ten (*ugs. für* Briefkasten für Beschwerden, Anregungen o. Ä.)
küm|mer|lich
Küm|mer|ling (schwaches, zurückgebliebenes Geschöpf)
küm|mern (in der Entwicklung zurückbleiben [von Pflanzen u. Tieren]); sich [um jmdn., etwas] kümmern ([für jmdn., etwas] sorgen); ich kümmere mich um euch; es kümmert mich nicht
[1]**Küm|mer|nis,** die; -, -se *(geh.)*
[2]**Küm|mer|nis,** Kum|mer|nus (eine legendäre Heilige)
Kum|mer|num|mer (*bes. österr. für* telefonischer Beratungsdienst)
Kum|mer|nus *vgl.* [2]Kümmernis
Kum|mer|speck, der; -[e]s (*ugs. für* aus Kummer angegessenes Übergewicht)
kum|mer|voll

Kum|met, das, *schweiz.* der; -s, -e (gepolsterter Bügel um den Hals von Zugtieren; *vgl.* Kumt)
Kü|mo, das; -s, -s (*kurz für* Küstenmotorschiff)
Kump, das; -s, -e (*landsch. für* kleines, rundes Gefäß, [Milch]schale; *Technik* Form zum Wölben von Platten)
Kum|pan, der; -s, -e (*ugs. für* Kamerad, Gefährte; *abwertend für* Helfershelfer; Mittäter); **Kum|pa|nei** (*ugs., oft abwertend);* **Kum|pa|nin**
Kum|pel, der; -s, *Plur.* -, *ugs.* -s, *österr. ugs.* -n (Bergmann; *ugs. auch für* [Arbeitskollege u.] Freund); **kum|pel|haft**
küm|peln (*Technik* [Platten] wölben u. formen); ich kümp[e]le
Kum|pen, der; -s, - (*nordd. für* Gefäß, Schüssel); **Kumpf,** der; -[e]s, *Plur.* -e *u.* Kümpfe (*südd., österr. für* Gefäß, Behälter)
Kum|quat [...kvat], die; -, -s ‹chin.› (kleine, orangenähnliche Frucht)
Kumst, der; -[e]s (*landsch. für* [Sauer]kohl)
Kumt, das; -[e]s, -e (*svw.* Kummet)
Ku|mu|la|ti|on, die; -, -en ‹lat.› (*fachspr. für* Anhäufung); **ku|mu|la|tiv** (anhäufend)
ku|mu|lie|ren (anhäufen); sich kumulieren; **Ku|mu|lie|rung**
Ku|mu|lo|nim|bus (*Meteorol.* Gewitterwolke); **Ku|mu|lus,** der; -, ...li (*Meteorol.* Haufenwolke)
Ku|mys, Ku|myss [*auch* ...'mʏs], der; - ‹russ.› (gegorene Stutenmilch)
Ku|na, die; -, -s (kroatische Währungseinheit; *Währungscode* HRK); 10 Kuna
kund; kund und zu wissen tun; *vgl.* kundgeben usw.
künd|bar (die Möglichkeit einer Kündigung enthaltend); **Künd|bar|keit,** die; -
[1]**Kun|de,** der; -n, -n (Käufer; *Gaunerspr.* Landstreicher; *abwertend für* Kerl)
[2]**Kun|de,** die; -, -n *Plur. selten* (Kenntnis, Lehre, Botschaft)
[3]**Kun|de,** die; -, -n (*österr. für* Kundschaft)
kün|den (*geh. für* kundtun; *schweiz. veraltend für* kündigen)
Kun|den|be|ra|ter; Kun|den|be|ra|te|rin; Kun|den|be|ra|tung
Kun|den|be|such; Kun|den|bin|dung; Kun|den|cen|ter (Kundenberatungsstelle); **Kun|den|dienst;**
Kun|den|fang, der; -[e]s (*abwertend);* **Kun|den|fo|rum**
kun|den|freund|lich
Kun|den|ge|spräch; Kun|den|kar|te; Kun|den|kreis
kun|den|ori|en|tiert
Kun|den|ser|vice, der, *österr. auch* das
Kun|den|stamm; Kun|den|stock *Plur.* ...stöcke *(österr.)*
Kun|den|wer|bung; Kun|den|wunsch
kun|den|zen|t|riert (auf den Kunden, die Kundin ausgerichtet)
Kun|den|zu|frie|den|heit
Kün|der *(geh.);* **Kün|de|rin**
Kund|ga|be; kund|ge|ben; ich gebe kund; kundgegeben; kundzugeben; ich gebe etwas kund, *aber* ich gebe Kunde von etwas; **Kund|ge|bung** (*auch für* [politische] Versammlung)
kun|dig; Kun|di|ge, der *u.* die; -n, -n
kün|di|gen; er kündigt ihm; er kündigt ihm das Darlehen, die Wohnung; es wurde ihm *od.* ihm wurde gekündigt
Kün|di|gung; betriebsbedingte Kündigungen; *vgl.* vierteljährig *u.* vierteljährlich
Kün|di|gungs|frist; Kün|di|gungs|grund; Kün|di|gungs|schrei|ben; Kün|di|gungs|schutz, der; -es; **Kün|di|gungs|ter|min**
Kun|din (Käuferin)
kund|ma|chen (*österr. Amtsspr., sonst geh. für* bekannt geben); ich mache kund; kundgemacht; kundzumachen; **Kund|ma|chung** (*österr. für* Bekanntmachung)
Kund|schaft
kund|schaf|ten; gekundschaftet
Kund|schaf|ter; Kund|schaf|te|rin
kund|tun; ich tue kund; kundgetan; kundzutun; **kund|wer|den** *(geh.);* es wird kund; es ist kundgeworden; kundzuwerden
ku|ne|i|form ‹lat.› (*Med.* keilförmig)
Kü|net|te, die; -, -n ‹franz.› (Abflussgraben)
künf|tig; künftigen Jahres (*Abk.* k. J.); künftigen Monats (*Abk.* k. M.); **künf|tig|hin**
Kun|ge|lei; kun|geln (*ugs. abwertend für* in geheimer Absprache entscheiden); ich kung[e]le
Kung-Fu, das; -[s] ‹chin.-engl.› (eine sportliche Methode der Selbstverteidigung)
Ku|ni|bert (m. Vorn.)
Ku|ni|gund, Ku|ni|gun|de (w. Vorn.)

Kụn|kel, die; -, -n (*südd. u. westd. für* Spindel, Spinnrocken)
Kün|ne|ke (dt. Operettenkomponist)
Ku|no (m. Vorn.)
Kụnst, die; -, Künste
Kụnst|aka|de|mie; Kụnst|auk|ti|on; Kụnst|aus|stel|lung; Kụnst|bau *Plur.* ...bauten *(Technik);* **Kụnst|be|trach|tung**
Kụnst|be|trieb *(oft abwertend)*
Kụnst|darm
Kụnst|denk|mal
Kụnst|druck *Plur.* ...drucke; **Kụnst|druck|pa|pier**
Kụnst|dün|ger; Kụnst|eis|bahn
kụ̈ns|teln; ich künst[e]le
Kụnst|er|zie|her; Kụnst|er|zie|he|rin; Kụnst|er|zie|hung
Kụnst|fäl|schung
Kụnst|fa|ser; Kụnst|feh|ler
kụnst|fer|tig; Kụnst|fer|tig|keit
Kụnst|fi|gur
Kụnst|flug; Kụnst|form
Kụnst|frei|heit, die; - (vom Grundgesetz garantiertes Recht auf freien künstlerischen Ausdruck)
Kụnst|freund; Kụnst|freun|din
Kụnst|ga|le|rie
Kụnst|gat|tung; Kụnst|ge|gen|stand
Kụnst|ge|lehr|te, der *u.* die
kụnst|ge|mäß
Kụnst|ge|nuss
kụnst|ge|recht
Kụnst|ge|schich|te, die; -; **kụnst|ge|schicht|lich**
Kụnst|ge|wer|be; Kụnst|ge|wer|be|mu|se|um; Kụnst|ge|werb|ler; Kụnst|ge|werb|le|rin; kụnst|ge|werb|lich
Kụnst|griff
Kụnst|hal|le
Kụnst|han|del *vgl.* ¹Handel
Kụnst|händ|ler; Kụnst|händ|le|rin
Kụnst|hand|lung; Kụnst|hand|werk; Kụnst|hand|wer|ker; Kụnst|hand|wer|ke|rin; kụnst|hand|werk|lich
Kụnst|harz; Kụnst|herz
Kụnst|his|to|ri|ker; Kụnst|his|to|ri|ke|rin; kụnst|his|to|risch
Kụnst|hoch|schu|le
Kụnst|ho|nig; Kụnst|horn *Plur.* ...horne (chem. gehärtetes Kasein)
kụnst|in|te|r|es|siert
Kụnst|kopf *(Rundfunk)*
Kụnst|kri|tik; Kụnst|kri|ti|ker; Kụnst|kri|ti|ke|rin
Kụ̈nst|ler; Kụ̈nst|ler|grup|pe; Kụ̈nst|le|rin; kụ̈nst|le|risch; Kụ̈nst|ler|knei|pe; Kụ̈nst|ler|ko|lo|nie; Kụ̈nst|ler|le|ben; Kụ̈nst|ler|na|me
Kụ̈nst|ler|pech *(ugs.)*
Kụ̈nst|ler|tum, das; -s
kụ̈nst|lich; künstliche Befruchtung; künstliche Niere; künstliche Intelligenz (*Abk.* KI)
Kụ̈nst|lich|keit
Kụnst|licht, das; -[e]s
Kụnst|lieb|ha|ber; Kụnst|lieb|ha|be|rin
Kụnst|lied
kụnst|los
Kụnst|ma|ler; Kụnst|ma|le|rin
Kụnst|markt
kụnst|mä|ßig
Kụnst|mes|se
Kụnst|mu|se|um
Kụnst|ob|jekt
Kụnst|pau|se; Kụnst|preis; Kụnst|pro|jekt; Kụnst|ra|sen; Kụnst|raub
kụnst|reich
Kụnst|rich|tung
Kụnst|samm|ler; Kụnst|samm|le|rin; Kụnst|samm|lung
Kụnst|schatz; Kụnst|schnee; Kụnst|schu|le; Kụnst|sei|de
kụnst|sin|nig
Kụnst|spra|che; Kụnst|stein
Kụnst|stoff
Kụnst|stoff|fla|sche, Kụnst|stoff-Fla|sche
Kụnst|stoff|fo|lie, Kụnst|stoff-Fo|lie
Kụnst|stoff|ra|sen
kụnst|stoff|ver|leimt
kụnst|stop|fen; *nur im Infinitiv u. Partizip II gebr.;* kunstgestopft
Kụnst|stück
Kụnst|stu|dent; Kụnst|stu|den|tin
Kụnst|sze|ne
Kụnst|tisch|ler; Kụnst|tisch|le|rin
Kụnst|tur|nen; Kụnst|ver|ein; Kụnst|ver|lag
Kụnst|ver|stand; kụnst|ver|stän|dig
kụnst|voll
Kụnst|werk
Kụnst|wis|sen|schaft; Kụnst|wis|sen|schaft|ler; Kụnst|wis|sen|schaft|le|rin
Kụnst|wort *Plur.* ...wörter
Kụnst|zeit|schrift
kụn|ter|bunt (durcheinander, gemischt); **Kụn|ter|bunt,** das; -s
Kụnz (m. Vorn.); *vgl.* Hinz
Kü|pe, die; -, -n ⟨lat.⟩ (Färbekessel; Lösung eines Küpenfarbstoffes)
Ku|pẹl|le *vgl.* ²Kapelle; **ku|pel|lie|ren** ⟨franz.⟩ (unedle Metalle aus Edelmetallen herausschmelzen)
Kü|pen|farb|stoff (ein wasch- u. lichtechter Textilfarbstoff)
Kü|per (*nordd. für* Küfer, Böttcher; *auch für* Warenkontrolleur in Häfen); **Kü|pe|rin**
Kụp|fer, das; -s (chemisches Element, Metall; *Zeichen* Cu)
Kụp|fer|draht
Kụp|fer|druck *Plur.* ...drucke
Kụp|fer|erz
kụp|fer|far|ben, kụp|fer|far|big
Kụp|fer|geld, das; -[e]s
Kụp|fer|hüt|te
kụp|fe|rig, kupfrig
Kụp|fer|kan|ne; Kụp|fer|kes|sel; Kụp|fer|mün|ze
kụp|fern (aus Kupfer); kupferne Hochzeit, *aber* ↑K151: Kupferner Sonntag (*früher* drittletzter Sonntag vor Weihnachten)
kụp|fer|rot
Kụp|fer|schmied; Kụp|fer|schmie|din; Kụp|fer|ste|cher; Kụp|fer|ste|che|rin; Kụp|fer|stich; Kụp|fer|stich|ka|bi|nett
Kụp|fer|tief|druck; Kụp|fer|vi|t|ri|ol, das; -s
kụpf|rig *vgl.* kupferig
ku|pie|ren ⟨franz.⟩ ([Ohren, Schwanz bei Hunden od. Pferden] stutzen; *Med.* im Entstehen unterdrücken); **ku|piert;** kupiertes ([von Gräben usw.] durchschnittenes) Gelände
Ku|po|l|ofen, Kụp|pel|ofen ⟨ital.; dt.⟩ (Schmelz-, Schachtofen)
Ku|pon *vgl.* Coupon
Kụp|pe, die; -, -n
Kụp|pel, die; -, -n ⟨lat.⟩; **Kụp|pel|bau** *Plur.* ...bauten
Kụp|pe|lei (*veraltend abwertend für* Vermittlung einer Heirat durch unlautere Mittel; *Rechtsspr.* strafbare Förderung zwischenmenschlicher sexueller Handlungen)
Kụp|pel|grab
kụp|peln (*svw.* koppeln; *veraltend auch für* Kuppelei betreiben); ich kupp[e]le
Kụp|pel|ofen *vgl.* Kupolofen
Kụp|pel|pelz; *meist in der Wendung* sich einen (den) Kuppelpelz verdienen (*abwertend für* eine Heirat vermitteln)
Kụp|pe|lung *vgl.* Kupplung
kụp|pen (stutzen, die Kuppe abhauen); Bäume kuppen
Kụpp|ler *(abwertend);* **Kụpp|le|rin; kụpp|le|risch**
Kụpp|lung, Kụp|pe|lung; **Kụpp|lungs|au|to|mat; Kụpp|lungs|be|lag; Kụpp|lungs|he|bel**
Kụpp|lungs|pe|dal; Kụpp|lungs|scha|den; Kụpp|lungs|schei|be
Ku|p|rịs|mus, der; - (*Med.* Kupfervergiftung)
¹**Kur,** die; -, -en ⟨lat.⟩ (Heilverfahren; [Heil]behandlung, Pflege)

K
Kunk

[2]Kur, die; -, -en (*veraltet für* Wahl); *noch in* kurbrandenburgisch, Kurfürst usw.

Kür

die; -, -en

(Wahl; Wahlübung im Sport)

- sie muss noch ihre Kür laufen
- sie ist eine sensationelle Kür gelaufen
- sie muss noch Kür laufen, ist schon Kür gelaufen, um Kür zu laufen, *aber* sie ist beim Kürlaufen gestürzt

ku|ra|bel ‹lat.› (*Med.* heilbar); ...a|b|le Krankheit
Kur|an|stalt *(veraltet)*
ku|rant ‹lat.› (*veraltet für* in Umlauf befindlich; *Abk.* crt.); **Ku|rant,** das; -[e]s, -e (*veraltet für* Währungsmünze, deren Metallwert dem aufgeprägten Wert entspricht); zwei Mark Kurant
Ku|ra|re, das; -[s] ‹indian.-span.› (ein [Pfeil]gift, als Narkosehilfsmittel verwendet)
Kur|arzt; Kur|ärz|tin
Kü|rass, der; Kürasses, Kürasse ‹franz.› (Brustharnisch); **Kü|ras|sier,** der; -s, -e (*früher für* Panzerreiter; schwerer Reiter)
Ku|rat, der; -en, -en ‹lat.› (wie ein Pfarrer eingesetzter kath. Seelsorgegeistlicher mit eigenem Seelsorgebezirk)
Ku|ra|tel, die; -, -en (*veraltet für* Vormundschaft; Pflegschaft); unter Kuratel stehen (*ugs.* unter Aufsicht, Kontrolle stehen)
Ku|ra|tie, die; -, ...ien (Seelsorgebezirk eines Kuraten)
ku|ra|tie|ren (eine Ausstellung als Kurator betreuen)
ku|ra|tiv (*Med.* heilend, Heil-); eine kurative Behandlung
Ku|ra|tor, der; -s, ...oren (Verwalter einer Stiftung; Vertreter des Staates in der Universitätsverwaltung; [wissenschaftlicher] Leiter eines Museums, einer Ausstellung o. Ä.; *österr. auch für* Treuhänder; *früher für* Vormund); **Ku|ra|to|rin; Ku|ra|to|ri|um,** das; -s, ...ien (Aufsichtsbehörde)
Kur|auf|ent|halt
Kur|bel, die; -, -n; **Kur|be|lei**
kur|beln; ich kurb[e]le
Kur|bel|stan|ge; Kur|bel|wel|le
Kur|bet|te, die; -, -n ‹franz.› (Bogensprung [eines Pferdes]); **kur|bet|tie|ren**
Kür|bis, der; -ses, -se (eine Kletter- od. Kriechpflanze); **Kür|bis|fla|sche; Kür|bis|kern; Kür|bis|kern|öl; Kür|bis|sup|pe**
Kur|de, der; -n, -n (Angehöriger eines Volkes in Vorderasien); **Kur|din; kur|disch; Kur|di|s|tan** (Gebirgs- u. Hochland in Vorderasien)
ku|ren (eine Kur machen)
kü|ren (*geh. für* wählen); du kürtest, *seltener* korst, korest; du kürtest, *seltener* körest; gekürt, *seltener* gekoren; kür[e]!; *vgl.* [2]kiesen
Kü|ret|ta|ge [...ʒə], die; -, -n ‹franz.› (*Med.* Ausschabung der Gebärmutter mit der Kürette); **Kü|ret|te,** die; -, -n (ein med. Instrument); **kü|ret|tie|ren**
Kur|fürst; der Große Kurfürst ↑K134
Kur|fürs|ten|damm, der; -[e]s (eine Straße in Berlin; *ugs. Kurzform* Ku'damm ↑K15)
Kur|fürs|ten|tum; Kur|fürs|tin; kur|fürst|lich; kurfürstlich sächsische Staatskanzlei; *im Titel* ↑K151: Kurfürstlich
Kur|gast *Plur.* ...gäste; **Kur|haus**
Kur|hes|se [*auch* ku:ɐ̯'hɛsə]; **Kur|hes|sen** [*auch* kuɐ̯'hɛsn̩] (früheres Kurfürstentum Hessen-Kassel); **Kur|hes|sin** [*auch* kuɐ̯'hɛsɪn]; **kur|hes|sisch** [*auch* kuɐ̯'hɛsɪʃ]
Kur|ho|tel
ku|ri|al ‹lat.› (zur päpstl. Kurie gehörend); **Ku|ri|at|stim|me** (*früher für* Gesamtstimme eines Wahlkörpers); **Ku|rie,** die; -, -n ([Sitz der] päpstl. Zentralbehörde; *österr. auch für* Standesvertretung in Universitätsgremien); **Ku|ri|en|kar|di|nal**
Ku|rier, der; -s, -e ‹franz.› (Bote); **Ku|rier|dienst**
ku|rie|ren ‹lat.› (ärztlich behandeln; heilen)
Ku|rier|flug|zeug; Ku|rier|ge|päck
Ku|rie|rin
Ku|ri|len *Plur.* (Inseln im Pazifischen Ozean)
ku|ri|os ‹lat.(-franz.)› (seltsam, sonderbar); **ku|ri|o|ser|wei|se; Ku|ri|o|si|tät,** die; -, -en
Ku|ri|o|si|tä|ten|händ|ler; Ku|ri|o|si|tä|ten|händ|le|rin
Ku|ri|o|si|tä|ten|ka|bi|nett
Ku|ri|o|sum, das; -s, ...sa
ku|risch; *aber* ↑K140: das Kurische Haff, die Kurische Nehrung
Kur|ka|pel|le (Orchester eines Kurortes); **Kur|kar|te; Kur|kli|nik**
Kur|köln [*auch* 'ku:ɐ̯...] (Erzbistum Köln vor 1803); **kur|köl|nisch** [*auch* 'ku:ɐ̯...]
Kur|kon|zert
Kur|ku|ma, die; -, Kur|ku|men, Cur|cu|ma, die; -, Curcumen *od.* Curcumae ‹arab.› (Gelbwurzel; ein Gewürz); **Kur|ku|ma|gelb; Kur|ku|ma|pa|pier**
Kur|laub, der; -[e]s, -e (mit einer Kur verbundener Urlaub)
Kür|lauf *(Sport);* **Kür|lau|fen,** das; -s; **Kür lau|fen** *vgl.* Kür
Kur|mainz [*auch* 'ku:ɐ̯...] (Erzbistum Mainz vor 1803)
Kur|mark, die; - (Hauptteil der ehem. Mark Brandenburg); **Kur|mär|ker; Kur|mär|ke|rin; kur|mär|kisch**
Kur|mit|tel, das; **Kur|mit|tel|haus**
Kur|or|ches|ter; Kur|ort *Plur.* ...orte; **Kur|park**
Kur|pfalz [*auch* 'ku:ɐ̯...], die; - (ehem. Kurfürstentum Pfalz); **Kur|pfäl|zer** [*auch* 'ku:ɐ̯...]; **Kur|pfäl|ze|rin** [*auch* 'ku:ɐ̯...]; **kur|pfäl|zisch** [*auch* 'ku:ɐ̯...]
kur|pfu|schen *(abwertend);* ich kurpfusche; gekurpfuscht; zu kurpfuschen; **Kur|pfu|scher; Kur|pfu|sche|rei; Kur|pfu|sche|rin**
Kur|prinz (Erbprinz eines Kurfürstentums); **Kur|prin|zes|sin; kur|prinz|lich**
Kur|pro|me|na|de
Kur|re, die; -, -n (*Seemannsspr.* Grundschleppnetz)
Kur|ren|da|ner ‹lat.› (Mitglied einer Kurrende); **Kur|ren|de,** die; -, -n (ev. Kinderchor; *früher* Knabenchor, der vor Häusern, bei Begräbnissen o. Ä. gegen Geld geistl. Lieder singt)
kur|rent ‹lat.› (*österr. für* in deutscher Schrift); **Kur|rent|schrift** (*veraltet für* »laufende«, d. h. Schreibschrift; *österr. für* deutsche Schreibschrift)
kur|rig (*landsch. für* mürrisch)
Kur|ri|ku|lum, das; -s, ...la ‹lat.›; *vgl.* Curriculum *u.* Curriculum Vitae
Kurs, der; -es, -e ‹lat.›
Kurs|ab|schlag *(Bankw.);* **Kurs|ab|wei|chung; Kurs|än|de|rung; Kurs|an|stieg**
Kur|sant, der; -en, -en (*regional für* Kursteilnehmer); **Kur|san|tin**
Kurs|auf|schlag *(Bankw.)*
Kurs|be|ginn

K
Kurs

kurz

kür|zer, kür|zes|te

Groß- und Kleinschreibung:

- kurz und gut; kurz und bündig; kurz und klein; kurz und schmerzlos; über kurz oder lang
- am kürzesten
- binnen, seit, vor Kurzem *od.* kurzem
- den Kürzer[e]n ziehen; etwas des Kürzeren darlegen; etwas Kurzes spielen, vortragen
- ↑K134 : Pippin der Kurze

Schreibung in Verbindung mit Verben:

- sie hat hier nur kurz (für kurze Zeit) gearbeitet (*vgl. aber* kurzarbeiten)
- kannst du das mal kurz halten? (*vgl. aber* kurzhalten)
- zu kurz kommen
- es kurz machen *od.* kurzmachen
- einen Text kurz fassen *od.* kurzfassen
- den Rasen kurz mähen *od.* kurzmähen
- sich die Haare kurz schneiden *od.* kurzschneiden lassen

Vgl. auch kurzarbeiten, kurzfassen, kurzhalten, kurzschließen, kurztreten, kürzertreten

In Verbindung mit einem adjektivisch oder substantivisch gebrauchten Partizip kann getrennt oder zusammengeschrieben werden ↑K58:

- kurz gebratenes *od.* kurzgebratenes Fleisch
- kurz geschnittene *od.* kurzgeschnittene Haare
- ein kurz gefasster *od.* kurzgefasster Überblick
- Urlaub für Kurzentschlossene *od.* kurz Entschlossene

Kurs|be|we|gung *(Börsenw.)*
Kurs|buch
Kürsch, das; -[e]s (*Heraldik* Pelzwerk)
Kur|schat|ten (*ugs. scherzh. für* Person des anderen Geschlechts, mit der sich jmd. für die Zeit der Kur anfreundet)
Kürsch|ner (Pelzverarbeiter); **Kürsch|ne|rei; Kürsch|ne|rin**
Kur|se (*Plur. von* Kurs *u.* Kursus)
Kurs|ein|bruch *(Börsenw.)*; **Kurs|ein|bu|ße; Kurs|ent|wick|lung**
Kurs|ge|bühr
Kurs|ge|winn *(Börsenw.)*
kur|sie|ren ‹lat.› (umlaufen, im Umlauf sein); kursierende Gerüchte
kur|siv (laufend, schräg); **Kur|siv|druck,** der; -[e]s; **Kur|si|ve,** die; -, -n (schräg liegende Druckschrift); **Kur|siv|schrift**
Kursk (russ. Stadt u. Verwaltungsgebiet)
Kurs|kor|rek|tur
kur|so|risch (fortlaufend, rasch durchlaufend); kursorische Lektüre
Kurs|ral|lye, **Kurs|ral|ly** [...rɛli] *(Börsenw.)*; **Kurs|rück|gang; Kurs|schwan|kung; Kurs|stei|ge|rung; Kurs|sturz**
Kurs|sys|tem *(Schule)*
Kurs|te, die; -, -n (*landsch. für* [harte] Brotrinde)
Kurs|teil|neh|mer; Kurs|teil|neh|me|rin
Kur|sus, der; -, Kurse ‹lat.› (Lehrgang; *auch für* Gesamtheit der Lehrgangsteilnehmer)
Kurs|ver|fall *(Börsenw.)*
Kurs|ver|lust
Kurs|wa|gen *(Eisenbahn)*
Kurs|wech|sel; Kurs|wert; Kurs|zet|tel
Kurt (m. Vorn.)
Kur|ta|ge [kʊrˈtaːʒə] *vgl.* Courtage
Kur|ta|xe
Kur|ti|sa|ne, die; -, -n ‹franz.› (*früher für* Geliebte am Fürstenhof)
Kur|trier [*auch* ˈkuːɐ̯...] (Erzbistum Trier vor 1803); **kur|trie|risch** [*auch* ˈkuːɐ̯...]
Kür|tur|nen (Turnen mit freier Wahl der Übungen); **Kür|übung**
ku|ru|lisch ‹lat.›; kurulischer Stuhl (Amtssessel der höchsten Beamten im alten Rom)
Ku|ruş [...ˈrʊʃ], der; -, - ‹türk.› (Untereinheit der türk. Lira)
Kur|va|tur, die; -, -en ‹lat.› (*Med.* Krümmung eines Organs, bes. des Magens)
Kur|ve [...və, *auch* ...fə], die; -, -n; ballistische Kurve (Flug-, Geschossbahn)
kur|ven; gekurvt
Kur|ven|dis|kus|si|on *(Math.)*
kur|ven|för|mig
Kur|ven|li|ne|al; Kur|ven|mes|ser, der
kur|ven|reich
Kur|ven|schar, die *(Math.)*; **Kur|ven|tech|nik; Kur|ven|vor|ga|be** *(Leichtathletik)*
Kur|ver|wal|tung
kur|vig; kurvige Straßen
Kur|vi|me|ter, das; -s, - (Kurvenmesser)
Kur|wür|de, die; -, -n *Plur. selten* (Würde eines Kurfürsten)
kurz *s. Kasten*
Kurz|an|dacht
Kurz|ar|beit, die; -; **kurz|ar|bei|ten** (aus Betriebsgründen eine kürzere Arbeitszeit einhalten); ich arbeite kurz; kurzgearbeitet; kurzzuarbeiten; *vgl. aber* kurz;
Kurz|ar|bei|ter; Kurz|ar|bei|ter|geld; Kurz|ar|bei|te|rin
kurz|är|me|lig, kurz|ärm|lig; Kurz|arm|ja|cke
kurz|at|mig; Kurz|at|mig|keit
Kurz|be|richt; Kurz|bio|gra|fie, **Kurz|bio|gra|phie**
Kur|ze, der; -n, -n (*ugs. für* kleines Glas Branntwein; Kurzschluss)
Kür|ze, die; -; in Kürze
Kür|zel, das; -s, - (festgelegtes Abkürzungszeichen; *vgl.* Sigel)
kür|zen; du kürzt
kurz ent|schlos|sen, **kurz|ent|schlos|sen**
Kurz|ent|schlos|se|ne, der *u.* die; -n, -n, **kurz Ent|schlos|se|ne,** der *u.* die; - -n, - -n; *vgl.* kurz
kür|zer|fas|sen, sich (*vgl.* sich kurzfassen); *aber* einen Text kürzer fassen
kur|zer|hand (umstandslos)
kür|zer|tre|ten (sich schonen; sich einschränken)
Kurz|er|zäh|lung
kurz|fas|sen, sich (sich zeitsparend äußern); du solltest dich kurzfassen
Kurz|fas|sung; Kurz|film; Kurz|flüg|ler *(Zool.)*; **Kurz|form**
kurz|fris|tig
kurz ge|bra|ten, **kurz|ge|bra|ten** *vgl.* kurz; **Kurz|ge|bra|te|ne**, das; -n, **kurz Ge|bra|te|ne,** das; - -n (in der Pfanne gebratenes Fleisch)
kurz ge|fasst, **kurz|ge|fasst** *vgl.* kurz
Kurz|ge|schich|te
kurz ge|schnit|ten, **kurz|ge|schnit|ten** *vgl.* kurz

Kurz|haar|fri|sur; kurz|haa|rig
kurz|hal|sig
kurz|hal|ten (wenig Geld geben); sie hat ihre Kinder immer [ziemlich] kurzgehalten; *aber* kannst du das mal kurz (kurze Zeit) halten? *(ugs.)*
kurz|le|big; Kurz|le|big|keit
kürz|lich
Kurz|mel|dung; Kurz|mit|tei|lung; Kurz|nach|richt
Kurz|par|ker; Kurz|par|ke|rin; Kurz|park|zo|ne
Kurz|pass *(Sport);* **Kurz|pro|gramm** *(Eiskunstlauf)*
kurz|schlie|ßen; einen Stromkreis kurzschließen; sich kurzschließen (unmittelbaren Kontakt aufnehmen); ich schließe kurz; kurzgeschlossen; kurzzuschließen
Kurz|schluss; Kurz|schluss|hand|lung; Kurz|schluss|re|ak|ti|on
kurz schnei|den, kurz|schnei|den; kurz geschnittene *od.* kurzgeschnittene Haare
Kurz|schrift *(für* Stenografie); **Kurz|schrift|ler** *(für* Stenograf); **Kurz|schrift|le|rin; kurz|schrift|lich** *(für* stenografisch)
kurz|sich|tig; Kurz|sich|tig|keit
kurz|sil|big *(übertr. auch für* wortkarg)
Kurz|ski, Kurz|schi
kurz|stäm|mig
Kurz|stre|cke; Kurz|stre|cken|flug
Kurz|stre|cken|lauf; Kurz|stre|cken|läu|fer; Kurz|stre|cken|läu|fe|rin
Kurz|stre|cken|ra|ke|te
Kurz|streck|ler *(Sport* Kurzstreckenläufer); **Kurz|streck|le|rin**
Kurz|stun|de *(Schule)*
Kurz|tag|pflan|ze *(Bot.)*
kurz|tre|ten (sich schonen; sich einschränken)
Kurz|trip *(ugs.)*
kurz|um
Kür|zung
Kurz|ur|laub
Kurz|wa|ren *Plur.;* **Kurz|wa|ren|hand|lung**
kurz|weg
Kurz|weil, die; -; **kurz|wei|lig**
Kurz|wel|le *(Physik, Rundfunk);* **Kurz|wel|len|sen|der; Kurz|wel|len|the|ra|pie** *(Med.);* **kurz|wel|lig;** kurzwellige Strahlen
Kurz|wort *Plur.* ...wörter
Kurz|zeit|ge|dächt|nis, das; -ses *(Psychol.);* **kurz|zei|tig**
Kurz|zug *(bes. Eisenbahn)*
kusch! *(Befehl an den Hund* leg dich still nieder!); *vgl.* kuschen
Ku|schel, Kus|sel, die; -, -n *(nordd. für* niedrige Kiefer; Gebüsch)
Ku|schel|ecke
ku|sche|lig, kusch|lig (gut zum Kuscheln)
Ku|schel|kurs *(Jargon);* [einen] Kuschelkurs fahren, auf Kuschelkurs gehen (Kritik zurückhalten, sich einig mit jmdm. zeigen); **ku|scheln;** sich kuscheln (sich anschmiegen); ich kusch[e]le mich; **Ku|schel|sex; Ku|schel|tier** (weiches Stofftier)
ku|schen (sich lautlos hinlegen [vom Hund]; *ugs. auch für* stillschweigen); du kuschst; kusch dich! (leg dich still nieder!)
kusch|lig *vgl.* kuschelig
Ku|sel (Stadt im Saar-Nahe-Bergland); Kuseler Schichten *(Geol.)*
Ku|sin|chen *vgl.* Cousinchen
Ku|si|ne *vgl.* Cousine
[1]**Kus|kus,** der; -, - ‹westindones.› (ein Beuteltier)
[2]**Kus|kus** ['kʊskʊs] *vgl.* Couscous
Küs|nacht (ZH) (Ort am Zürichsee); *vgl. aber* Küssnacht
Kuss, der; -es, Küsse; **Küss|chen; kuss|echt**
Kus|sel *vgl.* Kuschel
küs|sen; du küsst, er/sie küsst; du küsstest; geküsst; küsse *u.* küss mich!; küss die Hand! *(österr. veraltend);* sie küsst ihn auf die Stirn
Kuss|hand; Kuss|händ|chen
Küss|nacht am Ri|gi (Ort am Vierwaldstätter See); *vgl. aber* Küsnacht
Kuss|sze|ne, Kuss-Sze|ne
Küs|te, die; -, -n
Küs|ten|be|feu|e|rung (Kennzeichnung durch Leuchtfeuer u. a.); **Küs|ten|fah|rer** (Schiff); **Küs|ten|fi|sche|rei; Küs|ten|ge|biet; Küs|ten|ge|bir|ge; Küs|ten|ge|wäs|ser**
Küs|ten|mo|tor|schiff; Küs|ten|nä|he; Küs|ten|schiff|fahrt; Küs|ten|stadt; Küs|ten|stra|ße; Küs|ten|strei|fen; Küs|ten|strich; Küs|ten|wa|che
Küs|ter (Kirchendiener); **Küs|te|rei; Küs|te|rin**
[1]**Kus|to|de,** die; -, -n ‹lat.› *(früher für* Kennzeichen der einzelnen Lagen einer Handschrift; *Druckw. Nebenform von* Kustos)
[2]**Kus|to|de,** der; -n, -n *(Nebenform von* Kustos [wissenschaftl. Sachbearbeiter]); **Kus|to|din; Kus|tos,** der; -, Kustoden ‹lat., »Wächter«› (wissenschaftlicher Sachbearbeiter an Museen u. Ä.; *Druckw. früher für* Silbe od. Wort am Fuß einer Seite zur Verbindung mit der folgenden Seite; *veraltet für* Küster)
Ku|te, die; -, -n *(nordd., bes. berlin. für* Vertiefung; Grube)
Ku|ti|ku|la, die; -, *Plur.* -s *u.* ...lä ‹lat.› *(Biol.* Häutchen der äußeren Zellschicht bei Pflanzen u. Tieren)
Ku|tis, die; - *(Biol.* Lederhaut der Wirbeltiere; nachträglich verkorktes Pflanzengewebe)
Kutsch|bock
Kut|sche, die; -, -n ‹nach dem ung. Ort Kocs [kɔtʃ], d. h. Wagen aus Kocs›
kut|schen *(veraltet für* kutschieren); du kutschst; **Kut|schen|schlag**
Kut|scher; Kut|sche|rin
Kut|scher|knei|pe; Kut|scher|sitz
kut|schie|ren
Kutsch|kas|ten
Kut|te, die; -, -n
Kut|tel, die; -, -n *meist Plur.* (essbares Stück vom Magen od. Darm des Rindes); **Kut|tel|fleck,** der; -[e]s, -e *meist Plur.* (Kuttel)
Kut|tel|hof *(veraltet für* Schlachthof)
Kut|tel|kraut *(österr. ugs. für* Thymian)
Kut|ter, der; -s, - ‹engl.› (ein kleines Fischereifahrzeug)
Kü|ve|la|ge [...ʒə], die; -, -n ‹franz.› *(Bergbau* Ausbau eines wasserdichten Schachtes mit gusseisernen Ringen); **kü|ve|lie|ren; Kü|ve|lie|rung** *(svw.* Küvelage)
Ku|vert [...'veːɐ̯, ...'veːɐ̯], das; -s, -s, *auch* [...'vɛrt], -[e]s [...rtəs, ...rts], -e [...rtə] ‹franz.› ([Brief]umschlag; [Tafel]gedeck für eine Person)
ku|ver|tie|ren (mit einem Umschlag versehen)
Ku|ver|tü|re, die; -, -n (Überzugsmasse für Kuchen, Gebäck u. a.)
Kü|vet|te, die; -, -n ‹franz.› *(veraltet für* Innendeckel [der Taschenuhr]; kleines Gefäß)
Ku|wait *[auch* 'kuː...], **Ku|weit** *[auch* 'kuː..., ...'veːt] (Scheichtum am Persischen Golf)
Ku|wai|ter, Ku|wei|ter; Ku|wai|te|rin, Ku|wei|te|rin
ku|wai|tisch, ku|wei|tisch
Kux, der; -es, -e ‹tschech.-mlat.› (börsenmäßig gehandelter Bergwerksanteil)
kv. = kriegsverwendungsfähig

kV = Kilovolt
[1]**KV** = Köchelverzeichnis
[2]**KV,** die; -, -s = Kassenärztliche Vereinigung
kVA = Kilovoltampere
Kvar|ner, der; -[s], **Kvar|ner|bucht,** die; - (Teil des Adriatischen Meeres); ↑K 64
kW = Kilowatt
Kwass, der; *Gen.* - *u.* Kwasses ⟨russ.⟩ (gegorenes Getränk)
kWh = Kilowattstunde
KWK, die; - = Kraft-Wärme-Kopplung
KY = Kentucky
Ky|a|ni|sa|ti|on, die; - ⟨nach dem engl. Erfinder J. H. Kyan⟩ (ein Imprägnierungsverfahren für Holz); **ky|a|ni|sie|ren**
Ky|a|thos, der; -, - (antiker einhenkliger Becher)
Ky|be|le [...le, *auch* ...'be:...] (phryg. Göttin)
Ky|ber|ne|tik, die; - ⟨griech.⟩ (wissenschaftl. Erforschung der Steuerungs- u. Regelungsvorgänge; *ev. Theol.* Lehre von der Kirchen- u. Gemeindeleitung)
Ky|ber|ne|ti|ker; Ky|ber|ne|ti|ke|rin
ky|ber|ne|tisch
Kyff|häu|ser ['kɪf...], der; -[s] (Bergrücken südl. des Harzes)
Ky|jiw, Ky|iv ['ki:jɪu̯] (Hauptstadt der Ukraine)
Ky|k|la|den *Plur.* (Inselgruppe in der Ägäis)
Ky|k|li|ker *vgl.* Zykliker
Ky|k|lop *vgl.* Zyklop
Ky|ma, das; -s, -s, **Ky|ma|ti|on,** das; -s, *Plur.* -s *u.* ...ien ⟨griech.⟩ (*Archit.* Zierleiste aus stilisierten Blattformen [bes. am Gesims griech. Tempel])
Ky|mo|graf, Ky|mo|graph, der; -en, -en (Gerät zur mechanischen Aufzeichnung von rhythm. Bewegungen, z. B. des Pulsschlages); **Ky|mo|gra|fie, Ky|mo|gra|phie,** die; - (Röntgenverfahren zur Darstellung von Organbewegungen)
Ky|mo|gramm, das; -s, -e ⟨griech.⟩ (*Med.* Röntgenbild von sich bewegenden Organen)
Kym|re, der; -n, -n (keltischer Bewohner von Wales); **Kym|rin**
kym|risch; Kym|risch, das; -[s] (Sprache); *vgl.* Deutsch; **Kym|ri|sche,** das; -n; *vgl.* [2]Deutsche
Ky|ni|ker ⟨griech.⟩ (Angehöriger der von Antisthenes gegründeten Philosophenschule); *vgl. aber* Zyniker; **Ky|ni|ke|rin**
Ky|no|lo|ge, der; -n, -n; **Ky|no|lo|gie,** die; - (Lehre von Zucht, Dressur u. Krankheiten der Hunde); **Ky|no|lo|gin**
Ky|o|to *vgl.* Kioto
Ky|pho|se, die; -, -n ⟨griech.⟩ (*Med.* Wirbelsäulenverkrümmung nach hinten)
Ky|re|nai|ka *vgl.* Cyrenaika
Ky|rie, das; -, -s ⟨griech.⟩ (*kurz für* Kyrieeleison)
Ky|rie|elei|son, das; -s, -s (Bittruf); **Ky|rie elei|son!** [*auch* - e'le:i...], Ky|ri|eleis! ⟨»Herr, erbarme dich!«⟩ (Bittformel im gottesdienstlichen Gesang); *vgl.* Leis; **Ky|ri|e|leis!** *vgl.* Kyrie eleison!
ky|ril|lisch, zy|ril|lisch ⟨nach dem Slawenapostel Kyrill⟩; kyrillische, zyrillische Schrift ↑K 135; **Ky|ril|lisch,** Zy|ril|lisch, das; -[s] (die kyrillische Schrift); in Kyrillisch, Zyrillisch
Ky|ros, Cy|rus (pers. König)
KZ, das; -[s], -[s] (*kurz für* Konzentrationslager)
KZ-Ge|denk|stät|te; KZ-Häft|ling
K 2, der; - - ⟨nach seiner Vermessung als zweiter Berg im Karakorum⟩ (zweithöchster Berg der Erde); die erste K-2-Besteigung *od.* K2-Besteigung ↑K 26

L

l = lävogyr; Liter
l. = lies!; links
L (Buchstabe); das L; des L, die L, *aber* das l in Schale; der Buchstabe L, l
L = 50 (röm. Zahlzeichen)
L = large (Kleidergröße: groß)
L. = Linné; Lira *Sing. u.* Lire *Plur.;* Lucius *od.* Luzius
Λ, λ = Lambda
£, £ Stg = Pfund (Livre) Sterling
La (*chem. Zeichen für* Lanthan)
la ⟨ital.⟩ (Solmisationssilbe)
l. a. = lege artis
[1]**LA** = Lastenausgleich
[2]**LA** = Louisiana
Laa an der Tha|ya [...ja] (österr. Stadt)
Laa|cher See, der; - -s (See in der Eifel)
Laa|ser Mar|mor, der; - -s
Lab, das; -[e]s (*Biol.* Enzym im [Kälber]magen)
La Bam|ba, die; - -, - -s, *ugs. auch* der; - -[s], - -s ⟨brasilian.⟩ (ein Tanz)
La|ban (bibl. m. Eigenn.); langer Laban (*ugs. für* große, hagere männliche Person)
lab|be|rig, labb|rig (*nordd. für* schwach; fade; breiig)
lab|bern (*nordd. für* schlürfend essen od. trinken); ich labbere
labb|rig *vgl.* labberig
Lab|da|num *vgl.* Ladanum
La|be, die; - (*dichter. für* etwas Labendes)
La|be|fla|sche (*Radsport*)
La|bel ['le:...], das; -s, -s ⟨engl.⟩ ([Ton- u. Datenträger]etikett; Tonträgerproduzent; Markenname); **la|beln** (mit einem Label versehen); ich labele; gelabelt
la|ben; sich laben
La|ber|dan, der; -s, -e ⟨niederl.⟩ (eingesalzener Kabeljau)
la|bern (*ugs. für* schwatzen, unaufhörlich reden); ich labere
La|be|trunk
LAbg. = Landtagsabgeordnete[r] (*österr.*)
la|bi|al ⟨lat.⟩ (die Lippen betreffend); **La|bi|al,** der; -s, -e, **La|bi|al|laut** (*Sprachwiss.* Lippenlaut, mit den Lippen gebildeter Laut, z. B. p, m)
La|bi|al|pfei|fe (eine Orgelpfeife)
La|bi|a|te, die; -, -n *meist Plur.* (*Bot.* Lippenblütler)
la|bil ⟨lat.⟩ (schwankend; veränderlich, unsicher); **La|bi|li|tät,** die; -, -en *Plur. selten*
La|bio|den|tal ⟨lat.⟩, **La|bio|den|tal|laut** (*Sprachwiss.* Lippenzahnlaut, mit Unterlippe u. oberen Schneidezähnen gebildeter Laut, z. B. f, w)
La|bio|ve|lar, La|bio|ve|lar|laut (*Sprachwiss.* Lippengaumenlaut)
Lab|kraut (eine Pflanzengattung)
Lab|ma|gen (Teil des Magens der Wiederkäuer)
La|boe (Ostseebad); **La|boer** [...'bø:ɐ̯]; **La|bo|e|rin**
La|bor [*österr. auch, schweiz. meist* 'la:...], das; -s, *Plur.* -s, *auch* -e ⟨lat.⟩ (*kurz für* Laboratorium)
La|bo|rant, der; -en, -en; **La|bo|ran|tin**

La|bo|ra|to|ri|um, das; -s, ...ien
La|bor|be|fund
la|bo|rie|ren; an einer Krankheit laborieren (*ugs. für* an einer Krankheit leiden u. sie zu überwinden suchen)
La|bor|kit|tel; La|bor|test
La|bor|tier; La|bor|ver|such; La|bor|wert
La Bos|tel|la, die; - -, - -s, *ugs. auch* der; - -[s], - -s ‹Herkunft unsicher› (ein Modetanz)
La|bour Par|ty ['le:bɐ ...ti], die; - - ‹engl.› (engl. Arbeiterpartei)
[1]**La|b|ra|dor** (eine nordamerik. Halbinsel)
[2]**La|b|ra|dor,** der; -s, -e (*svw.* Labradorit)
La|b|ra|do|rer (Bewohner von [1]Labrador); **La|b|ra|do|re|rin**
La|b|ra|dor|hund
la|b|ra|do|risch ‹*zu* [1]Labrador›
La|b|ra|do|rit, der; -s, -e (ein Mineral, ein Schmuckstein)
Lab|sal, das; -[e]s, -e, *österr. u. südd. auch* die; -, -e
lab|sal|ben ‹niederl.› (*Seemannsspr.* teeren); ich labsalbe; gelabsalbt; zu labsalben
Labs|kaus, das; - ‹engl.› (ein seemänn. Eintopfgericht)
La|bung
La|by|rinth, das; -[e]s, -e ‹griech.›
La|by|rinth|fisch
la|by|rin|thisch
Lach|an|fall
La Chaux-de-Fonds [la ʃot'fõ:] (Stadt im Schweizer Jura)
[1]**La|che,** die; -, -n (Gelächter)
[2]**La|che** [*auch* 'la:...], die; -, -n (Pfütze)
[3]**La|che,** *fachspr. meist* Lach|te, die; -, -n (*Forstwirtsch.* Einschnitt [in Baumrinde])
lä|cheln; ich läch[e]le
la|chen; Tränen lachen; sie hat gut lachen; ↑K72 : zum Lachen sein; **La|chen,** das; -s; ein ängstliches Lachen; **La|cher**
Lach|er|folg; La|che|rin
lä|cher|lich; etwas Lächerliches; ins Lächerliche ziehen; **lä|cher|li|cher|wei|se; Lä|cher|lich|keit**
lä|chern (*landsch. für* zum Lachen reizen); ich lächere
La|che|sis (eine der drei Parzen)
Lach|fält|chen *meist Plur.*
Lach|flash [...flɛʃ], der; -s, -s ‹dt; engl.› (*ugs. für* Lachanfall)
Lach|gas
lach|haft; Lach|haf|tig|keit, die; -
Lach|krampf; Lach|lust, die; -; **Lach|mö|we; Lach|mus|kel**
Lach|num|mer (*ugs. für* lächerliche Angelegenheit)
Lachs, der; -es, -e (ein Fisch)
Lach|sal|ve
Lachs|bröt|chen; Lachs|fang
lachs|far|ben, lachs|far|big
lachs|ro|sa; lachs|rot
Lachs|schin|ken; Lachs|schnit|zel *Plur.*
Lach|tau|be
Lach|te *vgl.* [3]Lache
Lach|ter, die; -, -n *od.* das; -s, - (altes bergmänn. Längenmaß)
Lach|trä|ne *meist Plur.*
Lach|zwang, der; -
la|cie|ren [...'si:...] ‹franz.› (einschnüren; mit Band durchflechten)
Lack, der; -[e]s, -e ‹sanskr.›
Lack|af|fe *(ugs.)*
Lack|ar|beit
La|cke, die; -, -n (*österr. ugs. für* [2]Lache)
La|ckel, der; -s, - (*südd., österr. ugs. für* grober, auch unbeholfener, tölpelhafter Mensch)
la|cken (Lack auftragen; *ugs. auch für* übervorteilen); gelackt
lack|glän|zend
Lack|gür|tel
la|ckie|ren (Lack auftragen; *ugs. für* anführen; übervorteilen)
La|ckie|rer; La|ckie|re|rei; La|ckie|re|rin; La|ckie|rung
La|ckier|werk|statt, La|ckier|werk|stät|te
Lack|le|der; Lack|man|tel
Lack|mus, der *od.* das; - ‹niederl.› (*Chemie* ein Pflanzenfarbstoff, der als Säure-Base-Indikator verwendet wird); **Lack|mus|pa|pier; Lack|mus|test** (*auch übertr. für* Prüfstein; Gradmesser)
Lack|scha|den; Lack|schuh; Lack|stie|fel
La|c|ri|ma Chris|ti, La|c|ri|mae Chris|ti, der; - -, - - ‹lat., »Christusträne[n]«› (Wein von den Hängen des Vesuvs)
la|c|ri|mo|so ‹ital.› (*Musik* klagend); **La|c|ri|mo|so,** das; -[s], ...si
La|c|rosse [...'krɔs], das; - (ein dem Hockey verwandtes amerikanisches Ballspiel)
lact... *vgl.* lakt...; **Lact...** *vgl.* Lakt...
Lac|tam, das; -s, -e ‹lat.; griech.› (eine chem. Verbindung)
Lac|ta|se *vgl.* Laktase
Lac|tat, das; -s, -e (*Chemie* Salz der Milchsäure); **Lac|tat|test; Lac|tat|wert** *meist Plur.*
Lac|to|se usw. *vgl.* Laktose usw.
La|dakh [...k] (Hochplateau in Nordindien)
La|da|num, das; -s ‹griech.› (ein Harz)
Läd|chen (kleine Lade; kleiner Laden)
La|de, die; -, -n (*landsch. für* Truhe, Schublade)
La|de|baum; La|de|flä|che; La|de|ge|rät; La|de|ge|wicht; La|de|gut
La|de|hem|mung
La|de|kon|t|rol|le; La|de|lu|ke; La|de|mast, der
[1]**la|den** (aufladen); du lädst, er/sie lädt; du lud[e]st; du lüdest; geladen; lad[e]!
[2]**la|den** (einladen); du lädst, er/sie lädt (*veraltet, aber noch landsch.* du ladest, er/sie ladet); du ludst; du lüdest; geladen; lad[e]!
La|den, der; -s, *Plur.* Läden, *selten auch* -
La|den|be|sit|zer; La|den|be|sit|ze|rin
La|den|dieb; La|den|die|bin; La|den|dieb|stahl
La|den|ge|schäft
La|den|hü|ter (schlecht absetzbare Ware); **La|den|kas|se; La|den|ket|te; La|den|lo|kal; La|den|öff|nungs|zeit** *meist Plur.*; **La|den|pas|sa|ge; La|den|preis**
La|den|schluss, der; -es; **La|den|schluss|ge|setz; La|den|schluss|zeit**
La|den|stra|ße; La|den|tisch; La|den|tür; La|den|zen|t|rum
La|de|platz
La|der (Auflader)
La|de|ram|pe; La|de|raum
La|de|sta|ti|on (für Batterien, Akkus o. Ä.)
La|de|stock *Plur.* ...stöcke (Teil der früheren Gewehre; *Bergbau* runder Holzstock zum Einführen der Sprengstoffpatronen in die Bohrlöcher)
lä|die|ren ‹lat.› (verletzen; beschädigen); lädiert sein; **Lä|die|rung**
La|din, das; -s (ladinische Sprache)
La|di|ner (Angehöriger eines rätoroman. Volksteils in Südtirol); **La|di|ne|rin**
la|di|nisch; La|di|nisch, das; -[s] (Sprache); *vgl.* Deutsch; **La|di|ni|sche,** das; -n; *vgl.* [2]Deutsche
La|dis|laus (m. Vorn.)
La|do|ga|see, La|do|ga-See, der; -s (nordöstlich von Sankt Petersburg)
La|dung
La|dy ['le:di], die; -, -s (Titel der engl. adligen Frau; *selten für*

L
Lady

Dame); **la|dy|like** [...laik] (nach Art einer Lady; vornehm)
La|er|tes (Vater des Odysseus)
La Fa|yette, La|fa|yette [...'jɛt] (franz. Staatsmann)
La|fet|te, die; -, -n ‹franz.› (Untergestell der Geschütze)
[1]**Laf|fe,** der; -n, -n (*ugs. für* Geck)
[2]**Laf|fe,** die; -, -n (*südwestd. für* Schöpfteil des Löffels; Ausguss; *schweiz. für* Bug, Schulterstück vom Rind, Schwein usw.)
La Fon|taine [la fõ'tɛ:n] (franz. Dichter); die la-fontaineschen *od.* La-Fontaine'schen Fabeln ↑K 89 *u.* 135
lag *vgl.* liegen
LAG = Lastenausgleichsgesetz
La|ge, die; -, -n; in der Lage sein
La|ge|be|richt; La|ge|be|spre|chung
Lä|gel, das; -s, - (*landsch. für* Fässchen [für Fische]; Traggefäß; ein altes Maß, Gewicht)
La|gen|schwim|men, das; -s; **La|gen|staf|fel**
la|gen|wei|se
La|ge|plan
La|ger, das; -s, *Plur.* - *u.* (*Kaufmannsspr. für* Warenvorräte:) Läger; etwas auf Lager halten
La|ger|ar|bei|ter; La|ger|ar|bei|te|rin
La|ger|be|stand
La|ger|bier
la|ger|fä|hig; la|ger|fest
La|ger|feu|er; La|ger|ge|bühr; La|ger|haft; La|ger|hal|le; La|ger|hal|tung; La|ger|haus
La|ger|in|sas|se; La|ger|in|sas|sin
La|ge|rist, der; -en, -en (Lagerverwalter); **La|ge|ris|tin**
La|ger|kol|ler
La|ger|löf, Selma (schwed. Schriftstellerin)
la|gern; ich lagere; sich lagern
La|ger|obst; La|ger|platz; La|ger|raum
La|ger|schild, der; -es, -e *(Technik)*
La|ger|statt, die; -, ...stätten (*geh. für* Bett, Lager); **La|ger|stät|te** (*Geol.* Fundort; *seltener für* Lagerstatt)
La|ge|rung
La|ger|ver|wal|ter; La|ger|ver|wal|te|rin
La|ger|wahl|kampf *(Politik)*
La|ge|skiz|ze
La|go Mag|gio|re [- ...'dʒo:...], der; - - ‹ital.› (ital.-schweiz. See); *vgl.* Langensee
La|gos (frühere Hauptstadt Nigerias); *vgl.* Abuja
la|g|ri|mo|so *vgl.* lacrimoso
Lag|ting, das; -[s] ‹norw.› (das norw. Oberhaus)
La|gu|ne, die; -, -n ‹ital.› (durch einen Landstreifen vom offenen Meer getrennter flacher Meeresteil); **La|gu|nen|stadt**
lahm; ein lahmes Bein; eine lahme Ausrede; *vgl.* lahmlegen
Lahm|arsch (*derb für* energieloser, langsamer Mensch); **lahm|ar|schig,** *seltener* **lahm|är|schig**
Läh|me, die; - (eine Jungtierkrankheit)
lah|men (lahm gehen)
läh|men (lahm machen); **läh|mend;** lähmende Stille
Lahm|heit, die; -
lahm|le|gen; eine Demonstration hat den Verkehr lahmgelegt; **Lahm|le|gung**
Läh|mung; Läh|mungs|er|schei|nung *meist Plur.*
[1]**Lahn,** die; - (rechter Nebenfluss des Rheins)
[2]**Lahn,** der; -[e]s, -e ‹franz.› (*fachspr. für* ein Metalldraht)
[3]**Lahn,** die; -, -en (*bayr., österr. veraltet für* Lawine)
Lahn|spu|le ‹*zu* [2]Lahn›
Lah|nung (*Wasserbau* ins Meer hineingebauter Damm)
Lahr (Stadt am Westrand des Schwarzwaldes); Lahrer Hinkender Bote (Name eines Kalenders)
Laib, der; -[e]s, -e; ein Laib Brot
Lai|bach (*slowen.* Ljubljana)
Laib|chen (*österr. für* ein kleines, rundes Gebäck)
Lai|bung, Lei|bung (innere Fläche bei Maueröffnungen, Bögen u. Gewölben)
Laich, der; -[e]s, -e (Eier von Wassertieren); **lai|chen** (Laich absetzen)
Laich|kraut; Laich|platz; Laich|zeit
Laie, der; -n, -n ‹griech.› (Nichtfachmann; Nichtpriester)
Lai|en|apo|s|to|lat; Lai|en|bre|vier; Lai|en|bru|der; Lai|en|büh|ne; Lai|en|chor; Lai|en|dar|stel|ler; Lai|en|dar|stel|le|rin
lai|en|haft
Lai|en|kunst
Lai|en|pries|ter; Lai|en|pries|te|rin
Lai|en|rich|ter; Lai|en|rich|te|rin
Lai|en|schwes|ter; Lai|en|spiel; Lai|en|stand, der; -[e]s
Lai|in ‹*zu* Laie›
Lai|la (w. Vorn.)
la|i|sie|ren (einen Kleriker regulär od. strafweise in den Laienstand versetzen); **La|i|sie|rung**
Lais|ser-al|ler [lɛsea'le:], das; - ‹franz.› (das Gewährenlassen; Nichteinmischung)
Lais|ser-faire [lɛse'fɛ:ɐ̯], das; - (das Gewähren-, Treibenlassen)
Lais|sez-pas|ser [lɛsepa'se:], der; -, - (*veraltet für* Passierschein)
La|i|zis|mus, der; - ‹griech.› (weltanschauliche Richtung, die die radikale Trennung von Kirche u. Staat fordert); **la|i|zis|tisch**
La|kai, der; -en, -en ‹franz.› (*abwertend für* Kriecher; *früher für* herrschaftl. Diener [in Livree]); **la|kai|en|haft; La|kai|in**
La|ke, die; -, -n (Salzlösung zum Einlegen von Fisch, Fleisch)
La|ke|dä|mon (anderer Name für den altgriech. Stadtstaat Sparta)
La|ke|dä|mo|ni|er (Bewohner von Lakedämon); **La|ke|dä|mo|ni|e|rin; la|ke|dä|mo|nisch**
La|ken, das; -s, - (Betttuch; Tuch)
Lak|ko|lith, der; *Gen.* -s *u.* -en, *Plur.* -e[n] ‹griech.› (*Geol.* ein Tiefengesteinskörper)
La|ko|da, der; -[s], -s ‹nach einer Insellandschaft im Beringmeer› (ein Robbenpelz)
La|ko|nie, La|ko|nik, die; - ‹griech.› (*geh. für* lakonische Art des Ausdrucks)
La|ko|ni|en (Verwaltungsbezirk im Peloponnes)
La|ko|nik *vgl.* Lakonie; **la|ko|nisch** (kurz u. treffend)
La|ko|nis|mus, der; -, ...men (Kürze des Ausdrucks)
La|k|rit|ze, die; -, -n, *landsch.* La|k|ritz, der, *auch* das; -es, -e ‹griech.› (eingedickter Süßholzsaft); **La|k|rit|zen|saft,** der; -[e]s; **La|k|rit|zen|stan|ge, La|k|ritz|stan|ge**
lakt..., *chem. fachspr. auch* lact... ‹lat.› (milch...); **Lakt...,** *chem. fachspr. auch* Lact... (Milch...)
Lak|tam *vgl.* Lactam
Lak|ta|se, *fachspr. auch* Lac|ta|se, die; -, -n (ein Enzym)
Lak|tat usw. *vgl.* Lactat usw.
Lak|ta|ti|on, die; -, -en (Milchabsonderung; Zeit des Stillens); **lak|tie|ren** (Milch absondern; säugen)
Lak|to|me|ter, das; -s, - (Vorrichtung zur Milchprüfung)
Lak|to|se, *fachspr. auch* Lac|to|se, die; - (Milchzucker); **lak|to|se|frei; Lak|to|se|in|to|le|ranz** *Plur. selten* (*Med.* Milchzuckerunverträglichkeit)
Lak|to|s|kop, das; -s, -e ‹lat.; griech.› (Vorrichtung zur Milchprüfung)

L
lady

Lak|to|s|u|rie, die; -, ...ien (*Med.* Ausscheidung von Milchzucker mit dem Harn)
Lak|to|ve|ge|ta|ri|er (Person, die kein Fleisch, keinen Fisch u. keine Eier isst); **Lak|to|ve|ge|ta|ri|e|rin**
la|ku|när ‹lat.› (*Med., Biol.* Gewebelücken bildend, höhlenartig)
La|ku|ne, die; -, -n (*Sprachwiss.* Lücke in einem Text; *Biol., Med.* Hohlraum in Geweben)
la|kus|t|risch (*Geol., Biol.* in Seen sich bildend od. vorkommend)
la|la *(ugs.);* es ging ihr so lala (einigermaßen)
La|le (w. Vorn.)
lal|len; Lall|pe|ri|o|de (*Päd.* [frühkindl.] Lebensphase); **Lall|wort** *Plur.* ...wörter *(Sprachwiss.)*
L. A. M. = Liberalium Artium Magister
[1]La|ma, das; -s, -s ‹peruan.› (eine südamerik. Kamelart; ein flanellartiges Gewebe)
[2]La|ma, der; -[s], -s ‹tibet.› (buddhist. Priester od. Mönch in Tibet u. der Mongolei)
La|ma|is|mus, der; - (Form des Buddhismus); **la|ma|is|tisch**
La|mäng ‹nach franz. la main »die Hand«›; aus der [kalten] Lamäng (*scherzh. für* aus dem Stegreif, sofort)
La|man|tin, der; -s, -e ‹indian.› (amerik. Seekuh)
La|marck (franz. Naturforscher)
La|mar|ckis|mus, der; - (von Lamarck begründete Abstammungslehre)
Lam|ba|da, die; -, -s, *auch* der; -[s], -s ‹port.› (ein Modetanz)
Lam|ba|re|ne (Ort in Gabun; Wirkungsstätte Albert Schweitzers)
Lamb|da, das; -[s], -s (griech. Buchstabe: Λ, λ)
Lamb|da|naht *(Med.);* **Lamb|da|son|de** (beim Abgaskatalysator)
Lamb|da|zis|mus, der; - ‹griech.› (fehlerhafte Aussprache des R als L)
Lam|bert, Lam|b|recht, Lam|p|recht (m. Vorn.)
Lam|ber|ta (w. Vorn.)
Lam|berts|nuss ‹*zu* lombardisch› (Nuss einer Haselnussart)
Lam|b|recht *vgl.* Lambert
Lam|b|rie, Lam|pe|rie, die; -, ...ien ‹franz.› (*landsch. für* Lambris); **Lam|b|ris** [lãˈbriː], der; -, -, *österr.* die; -, *Plur.* - *u.* ...ien (untere Wandverkleidung aus Holz, Marmor od. Stuck)
Lam|b|rus|co, der; -[s], -[s] ‹ital.› (ein ital. Rotwein)
Lamb|skin [ˈlɛms...], das; -[s], -s ‹engl.› (Lammfellimitation)
Lambs|wool [ˈlɛmsvʊl], die; - (zarte Lamm-, Schafwolle)
la|mé [laˈmeː], **la|mee** ‹franz.› (mit Lamé durchwirkt); **La|mé**, **La|mee**, der; -[s], -s (Gewebe aus Metallfäden, die mit Seide übersponnen sind)
la|mel|lar ‹lat.› (streifig, schichtig)
La|mel|le, die; -, -n ‹franz.› (Streifen, dünnes Blättchen; Blatt unter dem Hut von Blätterpilzen); **la|mel|len|för|mig**
La|mel|len|ver|schluss *(Fotogr.)*
la|men|ta|bel ‹lat.› (*geh. für* jämmerlich, kläglich; beweinenswert); ...a|b|le Lage
La|men|ta|ti|on, die; -, -en (*veraltet für* Jammern, Wehklagen)
la|men|tie|ren (*ugs. für* laut klagen, jammern)
La|men|to, das; -s, *Plur.* -s *od.* (*für* Klagelieder:) ...ti ‹ital.› (*ugs. für* Gejammer; *Musik* Klagelied)
La|met|ta, das; -s ‹ital.› (Metallfäden [als Christbaumschmuck])
La|met|ta|syn|drom, das; -s (eine durch Umweltvergiftung hervorgerufene Baumkrankheit)
la|mi|nar ‹lat.› (*Physik* ohne Wirbel nebeneinander herlaufend); laminare Strömung
La|mi|na|ria, die; -, ...ien (*Bot.* eine Gattung der Braunalgen)
La|mi|nat, das; -[e]s, -e (ein Schichtpressstoff [für Bodenbeläge]); **La|mi|nat|bo|den**
la|mi|nie|ren ‹franz.› (*Weberei* [Material] strecken, um die Fasern längs zu richten; *fachspr. für* [Werkstoffe] mit einer [Deck]schicht überziehen; *Buchw.* [ein Buch] mit Glanzfolie überziehen)
Lamm, das; -[e]s, Lämmer
Lamm|bra|ten
Lämm|chen
lam|men (ein Lamm werfen)
Läm|mer|gei|er (ein Greifvogel)
Läm|mer|ne, das; -n (*bes. österr. für* Lammfleisch)
Läm|mer|wol|ke *meist Plur.*
Lam|mes|ge|duld (*svw.* Lammsgeduld)
Lamm|fell
Lamm|fell|müt|ze; Lamm|fleisch
lamm|fromm *(ugs.)*
Lamm|keu|le; Lamm|ko|te|lett; Lamm|lachs
Lämm|lein
Lamms|ge|duld (*ugs. für* große Geduld)
Lam|mung
Lam|pas, der; -, - ‹franz.› (ein Damastgewebe)
Lam|pas|sen *Plur.* (breite Streifen an [Uniform]hosen)
Lämp|chen (kleine [2]Lampe)
[1]Lam|pe (*kurz für* Lampert; der Hase der Tierfabel); Meister Lampe
[2]Lam|pe, die; -, -n
[1]Lam|pe|du|sa (eine der Pelagischen Inseln)
[2]Lam|pe|du|sa *vgl.* Tomasi di Lampedusa
Lam|pen|docht; Lam|pen|fie|ber, das; -s; **Lam|pen|licht**, das; -[e]s; **Lam|pen|schein**, der; -[e]s; **Lam|pen|schirm; Lam|pen|stu|be** *(Bergmannsspr.)*
Lam|pe|rie *vgl.* Lambrie
Lam|pi|on [...ˈpi̯õː, *österr.* ...ˈpi̯oːn], der, *seltener* das; -s, -s ‹franz.› ([Papier]laterne)
Lam|pi|on|blu|me
Lam|p|recht *vgl.* Lambert
Lam|p|re|te, die; -, -n ‹mlat.› (im Meer lebendes Neunauge)
LAN, das; -[s], -s ‹aus engl. local area network› (*EDV* lokales Netzwerk)
Lan|ça|de [lãˈsaː...], die; -, -n ‹franz.› (ein Sprung eines Pferdes in der Hohen Schule)
Lan|cas|ter [ˈlɛŋkəstɐ] (engl. Herzogsfamilie; engl. Stadt)
Lan|ce|lot [*franz.* lãˈsloː, *engl.* ˈlaːnsəlɔt], Lan|ze|lot (ein Ritter der Tafelrunde des Königs Artus)
Lan|ci|er [lãˈsi̯eː], der; -s, -s ‹franz., »Lanzenreiter«› (ein Tanz; *früher für* Ulan)
lan|cie|ren (fördern; zu Erfolg verhelfen; gezielt in die Öffentlichkeit dringen lassen); **lan|ciert**; lancierte (in bestimmter Art gemusterte) Gewebe; **Lan|cie|rung**

Land

das; -[e]s, *Plural* Länder *u.* *(geh.)* Lande

- an Land; auf dem Land; außer Landes; von Land zu Land; zu Lande und zu Wasser
- bei uns zu Lande
- hierzulande *od.* hier zu Lande
- aus aller Herren Länder, *auch* aus aller Herren Ländern
- die Halligen melden »Land unter« (Überflutung)

L
Land

land|ab *vgl.* landauf
Land|adel
Land|am|bu|la|to|ri|um *(in der DDR)*
Land|am|mann (*schweiz. für* Titel des Präsidenten einiger Kantonsregierungen)
Land|ar|beit; Land|ar|bei|ter; Land|ar|bei|te|rin
Land|arzt; Land|ärz|tin
Lan|d|au|er (viersitziger Wagen)
land|auf; landauf, landab (überall)
Land|auf|ent|halt
Lan|d|au in der Pfalz (Stadt im Vorland der Haardt)
land|aus; landaus, landein (überall)
Land|bau, der; -[e]s; **Land|be|sitz; Land|be|völ|ke|rung**
Land|be|woh|ner; Land|be|woh|ne|rin
Land|brot
Länd|chen
Län|de, die; -, -n (*landsch. für* Landungsplatz)
Lan|de|an|flug; Lan|de|bahn; Lan|de|er|laub|nis; Lan|de|fäh|re
Land|ei (*ugs. abwertend od. scherzh. auch für* Landpomeranze)
Land|ei|gen|tü|mer; Land|ei|gen|tü|me|rin
land|ein *vgl.* landaus; **land|ein|wärts**
Lan|de|kap|sel *(Raumfahrt);* **Lan|de|klap|pe** (am Flugzeug); **Lan|de|ma|nö|ver**
lan|den
län|den (*landsch. u. schweiz. neben* landen, ans Ufer bringen)
Land|en|ge
Lan|de|pis|te; Lan|de|platz
Län|der|ebe|ne; auf Länderebene zu entscheiden
Län|de|rei|en *Plur.*
Län|der|fi|nanz|aus|gleich (*Abk.* LFA)
Län|der|kam|mer (*vgl.* Bundesrat)
Län|der|kampf *(Sport)*
Län|der|kun|de, die; - (Wissenschaftsfach); **län|der|kun|dig** (die Länder kennend); **län|der|kund|lich** (die Länderkunde betreffend)
Län|der|na|me
Län|der|sa|che *Plur. selten;* Baurecht und Polizei sind Ländersache
Län|der|spiel *(Sport)*
län|der|über|grei|fend
Län|der|ver|gleich; im Ländervergleich vorn, *ugs.* vorne liegen

Landes [lã:d] *Plur.* (eine franz. Landschaft)
Lan|des|amt
Lan|des|amts|di|rek|ti|on *(österr.);* **Lan|des|amts|di|rek|tor; Lan|des|amts|di|rek|to|rin**
Lan|des|art; Lan|des|auf|nah|me (*svw.* Landvermessung)
Lan|des|bank *Plur.* ...banken
Lan|des|be|am|te; Lan|des|be|am|tin; Lan|des|be|hör|de
Lan|des|bi|schof; Lan|des|bi|schö|fin
Lan|des|brauch; Lan|des|bürg|schaft
Lan|des|chef *(ugs.);* **Lan|des|che|fin**
Lan|de|schlei|fe *(Flugw.)*
Lan|des|ebe|ne; auf Landesebene verhandeln; **lan|des|ei|gen; Lan|des|far|ben** *Plur.*
Lan|des|feind; Lan|des|fein|din
lan|des|flüch|tig, land|flüch|tig
Lan|des|fürst; Lan|des|fürs|tin
Lan|des|ge|richt (*österr. svw.* Landgericht); **Lan|des|ge|schich|te; Lan|des|ge|setz; Lan|des|gren|ze; Lan|des|grup|pe** *(Politik)*
Lan|des|haupt|frau (*österr. für* Regierungschefin eines Bundeslandes); **Lan|des|haupt|mann** *Plur.* ...leute *u.* ...männer; *vgl.* Landeshauptfrau
Lan|des|haupt|stadt
Lan|des|herr; Lan|des|her|rin; lan|des|herr|lich
Lan|des|ho|heit; Lan|des|hym|ne (*österr. für* offizielle Hymne eines Bundeslandes)
Lan|des|in|ne|re; Lan|des|kind; Lan|des|kir|che; Lan|des|kri|mi|nal|amt (*Abk.* LKA)
Lan|des|kro|ne (Berg bei Görlitz)
Lan|des|kun|de, die; - (Unterrichtsfach); **lan|des|kun|dig** (das Land kennend); **lan|des|kund|lich** (die Landeskunde betreffend); **Lan|des|li|ga; Lan|des|li|gist**
Lan|des|lis|te *(Politik)*
Lan|des|meis|ter *(Sport);* **Lan|des|meis|te|rin; Lan|des|meis|ter|schaft**
Lan|des|mu|se|um
Lan|des|mut|ter *Plur.* ...mütter
Lan|des|par|la|ment
Lan|des|par|tei; Lan|des|par|tei|tag
Lan|des|po|li|tik; Lan|des|po|li|ti|ker; Lan|des|po|li|ti|ke|rin; lan|des|po|li|tisch
Lan|des|po|li|zei
Lan|des|rat *Plur.* ...räte (*österr. für* Mitglied einer Landesregierung); **Lan|des|rä|tin**
Lan|des|rech|nungs|hof (*Abk.* LRH); **Lan|des|recht** (Recht der Länder im Gegensatz zum Bundesrecht); **Lan|des|re|gie|rung**
Lan|des|schul|rat (*österr. für* Schulbehörde eines Bundeslandes); **Lan|des|schul|rä|tin**
Lan|des|so|zi|al|ge|richt (*Abk.* LSG)
Lan|des|spra|che
Lan|des|stra|ße (*österr.; Zeichen* L)
Lan|des|teil
Lan|des|the|a|ter; Lan|des|tracht
lan|des|üb|lich
Lan|des|va|ter; Lan|des|ver|band; Lan|des|ver|mes|sung
Lan|des|ver|rat; Lan|des|ver|rä|ter; Lan|des|ver|rä|te|rin
Lan|des|ver|si|che|rungs|an|stalt (bis 2005 Träger der gesetzlichen Rentenversicherung; *Abk.* LVA)
Lan|des|ver|tei|di|gung
Lan|des|ver|wei|sung; lan|des|ver|wie|sen
Lan|des|vor|sit|zen|de; Lan|des|vor|stand; Lan|des|wäh|rung; Lan|des|wap|pen
lan|des|weit
Lan|des|zen|t|ral|bank *Plur.* ...banken (*Abk.* LZB)
Lan|de|ver|bot
Land|fah|rer; Land|fah|re|rin
land|fein *(Seemannsspr.);* sich landfein machen
Land|flucht, die; - (Abwanderung der ländl. Bevölkerung in die [Groß]städte); **land|flüch|tig** *vgl.* landesflüchtig
Land|frau (Landwirtin); **Land|frau|en|schu|le**
land|fremd
Land|frie|de[n]; Land|frie|dens|bruch, der
Land|gang, der *(Seemannsspr.);* **Land|ge|mein|de**
Land|ge|richt (*Abk.* LG); **Land|ge|richts|prä|si|dent; Land|ge|richts|prä|si|den|tin**
land|ge|stützt (von Raketen)
Land|ge|win|nung
Land|graf *(früher);* **Land|grä|fin**
Land|gut
Land|haus (*österr. auch für* Sitz des Landtags)
Land|heim
Lan|ding|page, Lan|ding-Page [ˈlɛndɪŋpeɪdʒ], die; -, -s (*EDV* Webseite, die nach Anklicken einer Werbeanzeige erscheint)
Land|jä|ger (eine Dauerwurst; *früher für* Landpolizist, Gendarm)
Land|kaf|fee (kaffeeähnliches Getränk)
Land|kar|te

L
land

Land Keh|din|gen, das; -es - (Teil der Elbmarschen)
Land|kind; Land|kli|ma; Land|kom|mu|ne; Land|kreis
land|läu|fig
Länd|le, das; -[s] (*landsch. Bez. für* Baden-Württemberg *od.* Vorarlberg)
Land|le|ben, das; -s
Länd|ler (ein Volkstanz)
länd|lich; Länd|lich|keit, die; -
land|lie|bend *(Zool.)*
Land|luft; Land|macht
Land|mann *Plur.* ...leute (*veraltet für* Landwirt)
Land|mark, die (*früher für* Grenzgebiet)
Land|ma|schi|ne
Land|meis|ter (für Besitzungen des Deutschen Ordens außerhalb des Ordensstaates zuständiger Vertreter des Hochmeisters)
Land|mes|ser, der *(veraltend);* **Land|mes|se|rin**
Land|mi|ne (verdeckt im Boden verlegter Sprengkörper)
Land|nah|me, die; -, -n (*früher für* Inbesitznahme von Land durch ein Volk)
Land|par|tie
Land|pfar|rer; Land|pfar|re|rin
Land|pla|ge
Land|po|me|ran|ze (*ugs. für* Mädchen vom Lande, Provinzlerin)
Land|pra|xis
Land|rat *Plur.* ...räte; **Land|rä|tin**
Land|rats|amt
Land|rat|te (*Seemannsspr.* Nichtseemann)
Land|recht (im MA.)
Land|re|form; Land|re|gen
Land Ro|ver® ['lɛndroʊvɐ], der; - -[s], - -, **Land|ro|ver,** der; -[s], - ‹engl.› (ein geländegängiges Kraftfahrzeug)
Land|rü|cken
Lands|berg a. Lech [- am -] (Stadt in Oberbayern)
Land|schaft
land|schaft|lich
Land|schafts|ar|chi|tekt; Land|schafts|ar|chi|tek|tin
Land|schafts|auf|nah|me; Land|schafts|bild
Land|schafts|gärt|ner; Land|schafts|gärt|ne|rin
Land|schafts|ma|ler; Land|schafts|ma|le|rei; Land|schafts|ma|le|rin
Land|schafts|pfle|ge; Land|schafts|schutz|ge|biet (*Abk.* LSG)
Land|schrei|ber (*schweiz. für* Kanzleivorsteher eines Landkantons, Bezirks); **Land|schrei|be|rin**
Land|schu|le; Land|schul|heim
Land|see, der
Land|ser (*ugs. für* Soldat)
Lands|frau (*svw.* Landsmännin)
Lands|ge|mein|de (*schweiz. für* Versammlung der Stimmberechtigten eines Kantons, Bezirks)
Lands|hut (Stadt a. d. Isar)
Land|sitz
Lands|knecht
Lands|mål [...mo:l], das; -[s] ‹norw., »Landessprache«› (*ältere Bez. für* Nynorsk *[vgl. d.]*)
Lands|mann *Plur.* ...leute (Landes-, Heimatgenosse); **Lands|män|nin; lands|män|nisch**
Lands|mann|schaft; lands|mann|schaft|lich
Land|stadt
Land|stän|de *Plur. (früher)*
Lands|ting, das; -[s] ‹dän.› (bis 1953 der Senat des dän. Reichstages)
Land|stör|zer (*veraltet für* Fahrender); **Land|stör|ze|rin**
Land|stra|ße
Land|strei|cher; Land|strei|che|rei; Land|strei|che|rin
Land|streit|kräf|te *Plur.*
Land|strich
Land|sturm *vgl.* [1]Sturm; **Land|sturm|mann** *Plur.* ...männer
Land|tag; der Hessische Landtag ↑K150; der Landtag von Baden-Württemberg
Land|tags|ab|ge|ord|ne|te; Land|tags|frak|ti|on; Land|tags|man|dat; Land|tags|prä|si|dent; Land|tags|prä|si|den|tin; Land|tags|sit|zung; Land|tags|wahl; Land|tags|wahl|kampf
Lan|dung; Lan|dungs|boot; Lan|dungs|brü|cke; Lan|dungs|steg
Land|ur|laub
Land|ver|mes|ser; Land|ver|mes|se|rin; Land|ver|mes|sung
Land|vogt *(früher);* **Land|vog|tin; Land|volk,** das; -[e]s
land|wärts
Land-Was|ser-Tier ↑K26
Land|weg
Land|wehr, die *(früher);* **Land|wehr|mann** *Plur.* ...männer
Land|wein
Land|wind
Land|wirt; Land|wir|tin; Land|wirt|schaft
land|wirt|schaft|lich; landwirtschaftliche Produktionsgenossenschaft (*in der DDR; Abk.* LPG), *aber in Namen* ↑K150: »Landwirtschaftliche Produktionsgenossenschaft Einheit«
Land|wirt|schafts|aus|stel|lung; Land|wirt|schafts|kam|mer
Land|wirt|schafts|mi|nis|ter; Land|wirt|schafts|mi|nis|te|rin; Land|wirt|schafts|mi|nis|te|ri|um
Land|zun|ge
lang *s. Kasten Seite 656*
lang|är|me|lig, lang|ärm|lig; lang|ar|mig
lang|at|mig; lang|bär|tig
Lang|baum (Langwied[e])
Lang|bein *(scherzh.);* **lang|bei|nig**
lan|ge, lang; es ist lange her; lang, lang ists her; das Ende der langen Weile; aus langer Weile; *vgl.* lang, Langeweile
Län|ge, die; -, -n; **län|ge|lang** (*ugs. für* der Länge nach); längelang hinfallen
lan|gen (*ugs. für* ausreichen; [nach etwas] greifen)
län|gen (länger machen; *veraltet für* länger werden)
Län|gen|grad; Län|gen|kreis *(Geogr.);* **Län|gen|maß,** das
Lan|gen|see, der; -s (*dt. Name für* Lago Maggiore)
Lan|ge|oog (eine der Ostfries. Inseln)
län|ger|fris|tig
Lan|get|te, die; -, -n ‹franz.› (Randstickerei als Abschluss; Trennungswand zwischen zwei Schornsteinen); **lan|get|tie|ren** (mit Randstickereien versehen)
Lan|ge|wei|le [*auch* 'la...], **Lang|wei|le,** die; *Gen.* der Lang[e]weile; *bei Beugung des ersten Bestandteils getrennt geschrieben; vgl.* lange
Lan|ge|zeit, die; *zur Beugung vgl.* Langeweile (*schweiz. für* Sehnsucht, Heimweh)
lang|fä|dig (*schweiz. für* weitschweifig, langatmig)
Lang|fin|ger (*ugs. für* Dieb[in])
lang|fin|ge|rig, lang|fing|rig
lang|fris|tig
Lang|gäs|ser (dt. Dichterin)
lang ge|hegt, lang|ge|hegt *vgl.* lang
lang|ge|hen (*ugs. für* entlanggehen); wissen, wo es langgeht
lang ge|streckt, lang|ge|streckt *vgl.* lang
lang ge|zo|gen, lang|ge|zo|gen *vgl.* lang
lang|glie|de|rig, lang|glied|rig
Lang|haar|da|ckel
lang|haa|rig
lang|hal|sig

L
lang

lang

län|ger, am längs|ten

I. *Groß- und Kleinschreibung* ↑K72:

- über kurz oder lang
- seit Langem *od.* langem; seit, vor Längerem *od.* längerem

II. *Großschreibung:*

a) *der Substantivierung* ↑K72:

- in Lang (*ugs. für* im langen Abendkleid) gehen
- ein Langes und Breites (viel) reden
- sich des Langen und Breiten, des Längeren und Breiteren über etwas äußern

b) *in bestimmten namensähnlichen Fügungen* ↑K151:

- der Lange Marsch (der Marsch der chinesischen Kommunisten quer durch China 1934/35)

III. *Getrennt- und Zusammenschreibung:*

a) zu lang, allzu lang

b) *Schreibung in Verbindung mit Verben:*

- lang hinschlagen (der Länge nach)
- sich lang ausstrecken
- ein Gummiband lang ziehen *od.* langziehen
- jmdm. die Hammelbeine lang ziehen *od.* langziehen (*ugs. für* jmdn. heftig tadeln)
- jmdm. die Ohren lang ziehen *od.* langziehen (jmdn. [an den Ohren ziehend] strafen)
- der Torwart musste sich langmachen (sich sehr strecken)

Vgl. aber langgehen; langlegen, sich

c) *Getrennt- oder Zusammenschreibung in Verbindung mit adjektivisch gebrauchten Partizipien* ↑K58:

- ein lang gehegter *od.* langgehegter Wunsch
- ein lang gestrecktes *od.* langgestrecktes Gebäude
- eine lang gezogene *od.* langgezogene Kurve

d) *bei »lang« als zweitem Bestandteil* ↑K59:

- meterlang (*aber* zehn Meter lang, einen Fuß lang)
- jahrelang (*aber* zwei Jahre lang)
- tagelang (*aber* drei Tage lang) usw.

e) langhin (*vgl. d.)*

Vgl. auch lange

L
Lang

Lang|haus *(Archit.)*
lang|hin; ein langhin rollendes Echo
Lang|holz
lang|jäh|rig
lang|köp|fig
Lang|lauf *(Sport)*; **lang|lau|fen** (*Skisport* Langlauf betreiben)
Lang|läu|fer (*Sport; auch Wirtsch. für* festverzinsliches Wertpapier mit langer Laufzeit); **Lang|läu|fe|rin** *(Sport)*
Lang|lauf|ski, **Lang|lauf|schi**
lang|le|big; **Lang|le|big|keit**, die; -
lang|le|gen, sich (*ugs. für* sich zum Ausruhen hinlegen)
läng|lich; länglich rund
lang|ma|chen, sich (sich strecken)
lang|mäh|nig
Lang|mut, die; - *(geh.)*; **lang|mü|tig**; **Lang|mü|tig|keit**, die; -
lang|na|sig
Lan|go|bar|de, der; -n, -n (Angehöriger eines westgerm. Volkes); **Lan|go|bar|din**; **lan|go|bar|disch**
Lang|ohr, das; -[e]s, -en (*scherzh. für* Hase; Esel)
Lang|pferd *(Turnen)*
Lang|ril|le (*scherzh. für* Langspielplatte)
lang|rip|pig
längs (der Länge nach); etwas längs trennen; *als Präp. mit Gen.:* längs des Weges, *gelegentl. mit Dat.:* längs dem Wege; ein längs gestreifter *od.* längsgestreifter Stoff
Längs|ach|se
lang|sam; langsamer Walzer; **Lang|sam|keit**, die; -
lang|schä|de|lig, **lang|schäd|lig**
Lang|schäf|ter (Stiefel mit langem Schaft)
Lang|schlä|fer; **Lang|schlä|fe|rin**
lang|schnä|be|lig, **lang|schnäb|lig**
längs|deck[s] (*Seemannsspr.* auf dem Deck entlang)
Lang|sei|te
Längs|fa|den; **Längs|fal|te**
längs ge|streift, **längs|ge|streift** ↑K58
Längs|li|nie
Lang|spiel|plat|te (*Abk.* LP)
Längs|rich|tung
längs|schiffs (*Seemannsspr.* in Kielrichtung)
Längs|schnitt
längs|seit (*Seemannsspr.* an der langen Seite, an die lange Seite des Schiffes)
Längs|sei|te
längs|seits (parallel zur Längsrichtung); *als Präp. mit Gen.:* längsseits des Schiffes
Längs|strei|fen
längst (schon lange)
lang|stän|ge|lig, **lang|stäng|lig**
längs|tens (*landsch. für* längst; spätestens)
lang|stie|lig (*ugs. auch für* langweilig, einförmig)
Lang|stre|cke; **Lang|stre|cken|bom|ber**; **Lang|stre|cken|flug**
Lang|stre|cken|lauf; **Lang|stre|cken|läu|fer**; **Lang|stre|cken|läu|fe|rin**
Lang|stre|cken|ra|ke|te
Lang|streck|ler (*Sport* Langstreckenläufer); **Lang|streck|le|rin**
Längs|wand
Langue|doc [lãg'dɔk], das *od.* die; - (eine südfranz. Landschaft); **Langue|doc|wein**, **Langue|doc-Wein**
Lan|gus|te, die; -, -n ‹franz.› (ein Krebs)
Lang|wei|le *vgl.* Langeweile
lang|wei|len; du langweilst; gelangweilt; zu langweilen; sich langweilen
Lang|wei|ler (*ugs. für* langweiliger Mensch); **Lang|wei|le|rin**
lang|wei|lig; **Lang|wei|lig|keit**
Lang|wel|le *(Physik, Rundfunk)*; **lang|wel|lig**
Lang|wied, **Lang|wie|de**, die; -, ...den (*landsch. für* langes Rundholz, das Vorder- u. Hintergestell eines großen Leiterwagens verbindet)
lang|wie|rig; **Lang|wie|rig|keit**
Lang|zei|le
Lang|zeit|ar|beits|lo|se; **Lang|zeit|ar|beits|lo|sig|keit**
Lang|zeit|ge|dächt|nis *(Psychol.)*
Lang|zeit|kran|ke
Lang|zeit|pro|gramm; **Lang|zeit-**

scha|den *meist Plur.;* **Lang|zeit|stu|die; Lang|zeit|wir|kung**
lang zie|hen, lang|zie|hen *vgl.* lang
La|no|lin, das; -s ‹lat.› (Wollfett, Salbengrundstoff)
LAN-Par|ty (Treffen zu gemeinsamen Computerspielen an vernetzten PCs)
Lan|ta|na, die; - ‹nlat.› (Wandelröschen, ein Zierstrauch)
Lan|than, das; -s ‹griech.› (chemisches Element, Metall; *Zeichen* La)
Lan|tha|nit, der; -s, -e (ein Mineral)
La|nu|go, die; -, ...gines ‹lat.› (Wollhaarflaum des Fetus)
Lan|yard [ˈlɛnjət, *auch* ...jaːɐ̯t], der *od.* das; -[s], -s ‹franz.-engl.› (Schlüsselband)
Lan|za|ro|te (eine der Kanarischen Inseln)
Lan|ze, die; -, -n
Lan|ze|lot *vgl.* Lancelot
Lan|zen|farn
Lan|zen|rei|ter; Lan|zen|spit|ze; Lan|zen|stich; Lan|zen|stoß
Lan|zet|te, die; -, -n ‹franz.› (ein chirurg. Instrument)
Lan|zett|fens|ter; Lan|zett|fisch
lan|zett|för|mig
lan|zi|nie|ren ‹lat.› (*Med.* [von Schmerzen] plötzlich mit Heftigkeit auftreten)
La|o|gai [*auch* lau̯...], das; -s, -[s] ‹chin.› (System von Umerziehungslagern in China)
La|o|ko|on (griech. Sagengestalt)
La Ola, die; - -, - -s *meist ohne Artikel* ‹span., »die Welle«› (besondere Art der Begeisterungsbezeigung in Sportstadien); **La-Ola-Wel|le**
Laon [lã:] (franz. Stadt)
La|os; Demokratische Volksrepublik Laos (Staat in Südostasien); **La|o|te,** der; -n, -n; **La|o|tin; la|o|tisch**
La|o|t|se [*auch* ˈlau̯...] (chin. Weiser)

Lappalie
Die Bezeichnung für eine höchst belanglose Angelegenheit stammt aus der Studentensprache. Sie geht auf die scherzhafte Latinisierung des Wortes *Lappen* zurück und wird deshalb mit zwei *p* geschrieben.

La Pal|ma (eine der Kanarischen Inseln)
La|pa|ro|s|kop, das; -s, -e ‹griech.› (*Med.* Instrument zur Untersuchung der Bauchhöhle); **La|pa|ro|s|ko|pie,** die; -, ...ien (*Med.* Untersuchung mit dem Laparoskop)
La|pa|ro|to|mie, die; -, ...ien (*Med.* Bauchschnitt)
La Paz [- ˈpa(ː)s] (größte Stadt u. Regierungssitz von Bolivien)
la|pi|dar ‹lat.› (einfach, elementar; kurz u. bündig)
La|pi|där, der; -s, -e (ein Schleif- u. Poliergerät der Uhrmacher)
La|pi|da|ri|um, das; -s, ...ien (*fachspr. für* Sammlung von Steindenkmälern)
La|pi|dar|schrift (Versalschrift, meist auf Stein); **La|pi|dar|stil,** der; -[e]s
La|pil|li *Plur.* ‹ital.› (kleine Steinchen, die bei einem Vulkanausbruch ausgeworfen werden)
La|pis|la|zu|li, der; -, - (*svw.* Lasurit)
La|pi|the, der; -n, -n (Angehöriger eines myth. Volkes in Thessalien); **La|pi|thin**
La|place [...ˈplaːs] (franz. Astronom u. Mathematiker); die laplacesche *od.* Laplace'sche Theorie ↑K 89 *u.* 135
[1]La Pla|ta (Stadt in Argentinien)
[2]La Pla|ta, der; - - (*svw.* Rio de la Plata); **La-Pla|ta-Staa|ten** *Plur.* ↑K 26 (Argentinien, Paraguay, Uruguay)
Lapp, der; -en, -en (*bayr., österr. mdal. für* einfältiger Mensch)
Lap|pa|lie, die; -, -n (Kleinigkeit; Nichtigkeit)
Läpp|chen (kleiner Lappen)
Lap|pe, der; -n, -n (Angehöriger eines Volksstammes im nördl. Nordeuropa; *vgl.* [1]Same)
Lap|pen, der; -s, -
läp|pen (*fachspr. für* metallische Werkstoffe fein bearbeiten)
Lap|pen|zelt ‹*zu* Lappe›
Lap|pe|rei (*seltener für* Läpperei); **Läp|pe|rei** (*landsch. für* Kleinigkeit; Wertloses)
läp|pern (*landsch. für* schlürfen; in kleinen Teilen sammeln; zusammenkommen); ich läppere; es läppert sich
lap|pig
Lap|pin ‹*zu* Lappe›; **lap|pisch**
läp|pisch
Lapp|land (Landschaft in Nordeuropa); **Lapp|län|der** (Bewohner Lapplands); **Lapp|län|de|rin; lapp|län|disch**
Läpp|ma|schi|ne (Maschine zum Läppen)
Lap|sus, der; -, - ‹lat.› ([geringfügiger] Fehler, Versehen)
Lap|sus Ca|la|mi, der; - -, - - (Schreibfehler)
Lap|sus Lin|gu|ae, der; - -, - - (das Sichversprechen)
Lap|sus Me|mo|ri|ae, der; - -, - - (Gedächtnisfehler)
Lap|top [ˈlɛ...], der, *auch* das; -s, -s ‹engl.› (kleiner, tragbarer Personal Computer)
Lar, der; -s, -en ‹malai.› (ein Langarmaffe, Weißhandgibbon)
La|ra (w. Vorn.)
Lär|che, die; -, -n (ein Nadelbaum); *vgl. aber* Lerche
La|ren *Plur.* ‹lat.› (altröm. Schutzgeister)
[1]large [laːɐ̯dʒ] ‹engl.› (Kleidergröße = groß; *Abk.* L)
[2]large [laːɐ̯ʃ] ‹franz.› (*bes. schweiz. für* großzügig, weitherzig); **Large|heit**
lar|ghet|to [...ˈgɛ...] ‹ital.› (*Musik* etwas breit, etwas langsam); **Lar|ghet|to,** das; -s, *Plur.* -s *u.* ...tti
lar|go (*Musik* breit, langsam); **Lar|go,** das; -s, *Plur.* -s, *auch* ...ghi [...gi]
la|ri|fa|ri! (Ausruf der Ablehnung); **La|ri|fa|ri,** das; -s (*ugs. für* Geschwätz, Unsinn)
Lärm, der; *Gen.* -s, *seltener* -es; **lärm|arm**
Lärm|be|kämp|fung; Lärm|be|läs|ti|gung; Lärm|be|las|tung; Lärm|emis|si|on
lärm|emp|find|lich
lär|men; lär|mig (*schweiz., sonst veraltet für* lärmend laut)
Lärm|ma|cher; Lärm|min|de|rung
lar|mo|yant [...moaˈjant] ‹franz.› (*geh. für* weinerlich, rührselig); **Lar|mo|y|anz,** die; - (*geh.*)
Lärm|pe|gel; Lärm|quel|le
Lärm|schutz; Lärm|schutz|wall; Lärm|schutz|wand; Lärm|schutz|zaun
Lars (m. Vorn.)
L'art pour l'art [ˈlaːɐ̯ puːɐ̯ ˈlaːɐ̯], das; - - - ‹franz., »die Kunst für die Kunst«› (die Kunst als Selbstzweck)
lar|val ‹lat.› (*Biol.* die Tierlarve betreffend)
Lar|ve [...fə], die; -, -n (Gespenst, Maske; *oft abwertend für* Gesicht; *Zool.* Jugendstadium bestimmter Tiere); **lar|ven|ähn|lich**
La|ryn|gal, der; -s, -e ‹griech.›, **La-**

ryn|gal|laut (*Sprachwiss.* Laut, der in der Stimmritze [im Kehlkopf] gebildet wird, Stimmritzen-, Kehlkopflaut)
La|ryn|gen (*Plur. von* Larynx)
La|ryn|gi|tis, die; -, ...itiden (*Med.* Kehlkopfentzündung)
La|ryn|go|s|kop, das; -s, -e (*Med.* Kehlkopfspiegel); **la|ryn|go|s|ko|pisch**
La|rynx, der; -, Laryngen (*Med.* Kehlkopf)
las *vgl.* lesen
La|sa|g|ne [...ˈzanjə], die; -, -n ‹ital.› (ein ital. Nudelgericht)
Las|caux [...ˈkoː] (Steinzeithöhle in Südfrankreich)
lasch (*ugs. für* schlaff, träge; *landsch. für* fade, nicht gewürzt)
La|sche, die; -, -n (ein Verbindungsstück)
la|schen (durch Lasche[n] verbinden); du laschst; **La|schen|kupp|lung** (*Bergbau*)
Lasch|heit ‹*zu* lasch›
La|schung (Verbindung durch Lasche[n])
La|se, die; -, -n (*mitteld. für* [Bier]gefäß)
La|ser [ˈleː..., *auch* ˈlaː...], der; -s, - ‹engl.› (*Physik* Gerät zur Verstärkung von Licht od. zur Erzeugung eines scharf gebündelten Lichtstrahles); **La|ser|chi|r|ur|gie**
La|ser|drom, das; -s, -e (Spielstätte, in der die Spieler aus Pistolen Laserstrahlen auf ihre Gegner abfeuern)
La|ser|dru|cker; La|ser|im|puls; La|ser|licht *Plur.* ...lichter
la|sern (mit einem Laserstrahl behandeln); ich lasere; gelasertes Metall
La|ser|poin|ter, der; -s, - ‹engl.› (Lasergerät, mit dem ein farbiger Lichtpunkt zur Hervorhebung bestimmter Stellen auf Projektionen erzeugt werden kann)
La|ser|prin|ter (Laserdrucker)
La|ser|strahl; La|ser|tech|nik; La|ser|waf|fe
la|sie|ren ‹pers.› (mit Lasur versehen); **La|sie|rung**
La|sik, **LASIK®**, die; - ‹*aus* laserassistierte In-situ-Keratomileusis› (*Med.* operatives Verfahren zur Behandlung der Kurzsichtigkeit)
Lä|si|on, die; -, -en ‹lat.› (*Med.* Verletzung)

Las|kar, der; -s, ...karen ‹angloind.› (*früher für* ostind. Matrose, Soldat)
Las|ker-Schü|ler (dt. Dichterin)
Las Pal|mas (Hauptstadt der spanischen Insel Gran Canaria)
lass (*geh. für* matt, müde, schlaff)
Las|sa|fie|ber, **Las|sa-Fie|ber**, das; -s ‹nach dem Ort Lassa in Nigeria› (eine Infektionskrankheit)
Las|salle [...ˈsal] (Mitbegründer der dt. Arbeiterbewegung)
Las|sal|le|a|ner (Anhänger Lassalles); **Las|sal|le|a|ne|rin**

las|sen

- du lässt, *veraltet* lässest; er/sie/es lässt
- du ließest, er/sie/es ließ, hat gelassen
- lasse! *u.* lass!
- ich lass sie nicht
- ich habe es gelassen (unterlassen), *aber* ich habe dich rufen lassen; ich habe sie dies wissen lassen

Vgl. bleiben, fahren, fallen usw.

Lass|heit, die; - ‹*zu* lass›
läs|sig; Läs|sig|keit
läss|lich (*bes. Rel.* verzeihlich); lässliche (kleinere) Sünden; **Läss|lich|keit**
Las|so, das, *österr. nur so, seltener* der; -s, -s ‹span.› (Wurfschlinge; Figur im Eis- u. Rollkunstlauf)
Last, die; -, -en (*Seemannsspr. auch* Vorratsraum unter Deck); zu meinen Lasten; zulasten *od.* zu Lasten des *od.* von ...
Last|au|to
last, but not least [- bat nɔt ˈliː...] *vgl.* last, not least
las|ten
Las|ten|auf|zug
Las|ten|aus|gleich (*Abk.* LA); **Las|ten|aus|gleichs|ge|setz** (*Abk.* LAG)
las|ten|frei
Las|ten|seg|ler; Las|ten|zug (*schweiz. neben* Lastzug)
[1]**Las|ter**, der; -s, - (*ugs. für* Lastkraftwagen)
[2]**Las|ter**, das; -s, -
Läs|te|rei; Läs|te|rer
las|ter|haft; Las|ter|haf|tig|keit
Las|ter|höh|le
Läs|te|rin
Las|ter|le|ben, das; -s
läs|ter|lich; Läs|ter|lich|keit
Läs|ter|maul (*ugs. für* jmd., der viel lästert)

läs|tern; ich lästere; **Läs|te|rung**
Läs|ter|zun|ge (*svw.* Lästermaul)
Last|esel
Las|tex®, das; - ‹Kunstwort› (Gewebe aus mit Fasern umsponnenen Gummifäden)
Last|fuh|re
...las|tig (z. B. zweilastig; *Flugw.* schwanzlastig)
läs|tig; lästig werden; jmdm. lästig fallen *od.* lästigfallen
Las|tig|keit, die; - (Fluglage eines Flugzeugs; Schwimmlage eines Schiffs)
Läs|tig|keit
Las|ting, der; -s, -s ‹engl.› (ein Gewebe)
Last|kahn; Last|kraft|wa|gen (*Abk.* Lkw *od.* LKW)
Läst|ling (*svw.* Schädling)
last mi|nute [ˈlaːst ˈmɪnɪt] ‹engl.› (kurzfristig [u. preisreduziert]); last minute verreisen; **Last-mi|nute-An|ge|bot**, **Last-Mi|nute-An|ge|bot; Last-mi|nute-Flug**, **Last-Mi|nute-Flug; Last-mi|nute-Reise**, **Last-Mi|nute-Rei|se**
last, not least [- nɔt ˈliː...] ‹engl., »als Letzter/Letztes, nicht Geringster/Geringstes«› (zuletzt der Stelle, nicht dem Wert nach)
Last|pferd; Last|schiff
Last|schrift (*Buchhaltung*); **Last|schrift|zet|tel; Last|schrift|ver|fah|ren**
Last|spit|ze (größte Belastung eines Kraftwerks in einer bestimmten Zeit)
Last|tier
Last|trä|ger; Last|trä|ge|rin
Last|wa|gen (Lastkraftwagen); **Last|wa|gen|fah|rer; Last|wa|gen|fah|re|rin; Last|zug**
La|sur, die; -, -en ‹pers.› (durchsichtige Farbschicht)
Lä|sur, die; -, -en ‹lat.› (Beschädigung [bes. eines Buches])
La|sur|far|be
La|su|rit, der; -s, -e, **La|sur|stein** (ein blauer Schmuckstein)
La|sur|lack (durchsichtige Farbe)
La|sur|stein *vgl.* Lasurit
Las Ve|gas (Stadt in Nevada)
las|ziv ‹lat.› (schlüpfrig; übertrieben sinnlich); **Las|zi|vi|tät**, die; -
Lä|ta|re ‹lat., »freue dich!«› (dritter Sonntag vor Ostern)
La|tein, das; -[s]
La|tein|ame|ri|ka (Gesamtheit der spanisch- od. portugiesischsprachigen Staaten von Amerika); **La|tein|ame|ri|ka|ner; La|tein-**

L
Lary

ame|ri|ka|ne|rin; la|tein|ame|ri|ka|nisch
La|tei|ner (jmd., der Latein kennt, spricht); **La|tei|ne|rin**
la|tei|nisch; lateinische Schrift; ein lateinisch-deutsches Wörterbuch; *vgl.* deutsch; **La|tei|nisch,** das; -[s] (Sprache); *vgl.* Deutsch; **La|tei|ni|sche,** das; -n; *vgl.* ²Deutsche
La|tein|schrift; La|tein|schu|le; La|tein|se|gel (dreieckiges Segel); **La|tein|un|ter|richt**
La-Tène-Zeit, *fachspr. auch* **La|tène|zeit** [...'tɛ:n...], die; - ⟨nach der Untiefe im Neuenburger See⟩ (Abschnitt der Eisenzeit); **La-Tène-zeit|lich,** *fachspr. auch* **la|tene|zeit|lich**
Late-Night-Show ['le:tnait...], die; -, -s ⟨engl.-amerik.⟩ (Veranstaltung, Unterhaltungssendung am späten Abend)
la|tent ⟨lat.⟩ (vorhanden, aber [noch] nicht in Erscheinung tretend); ein latenter Gegensatz; eine latente Krankheit
La|tenz, die; -; **La|tenz|pe|ri|o|de; La|tenz|zeit**
la|te|ral ⟨lat.⟩ (*fachspr. für* seitlich)
La|te|ran, der; -s (ehem. Palast des Papstes in Rom)
La|te|ran|kon|zil; La|te|ran|pa|last; La|te|ran|ver|trä|ge *Plur.*
La|te|rit, der; -s, -e ⟨lat.⟩ (ein roter Verwitterungsboden); **La|te|rit|bo|den**
La|ter|na ma|gi|ca, die; - -, ...nae ...cae ⟨lat.⟩ (einfachster Projektionsapparat)
La|ter|ne, die; -, -n ⟨griech.⟩ (*Archit. auch* turmartiger Aufsatz)
La|ter|nen|fest; La|ter|nen|ga|ra|ge *(scherzh.);* **La|ter|nen|licht** *Plur.* ...lichter; **La|ter|nen|pfahl; La|ter|nen|um|zug**
La|tex, der; -, Latizes ⟨griech.⟩ (Kautschukmilch); **la|te|xie|ren**
La|tier|baum (Stange im Pferdestall zur Abgrenzung der Plätze)
La|ti|fun|di|en|wirt|schaft, die; -; **La|ti|fun|di|um,** das; -s, ...ien ⟨lat.⟩ (Landgut im Röm. Reich; Großgrundbesitz)
La|ti|na, die; -, -s ⟨span.-amerik.⟩ (*w. Form zu* Latino)
La|ti|ner, der; -s, - (Angehöriger eines altitalischen Volkes in Latium); **La|ti|ne|rin; la|ti|nisch**
la|ti|ni|sie|ren ⟨lat.⟩ (in lat. Sprachform bringen); **La|ti|ni|sie|rung**
La|ti|nis|mus, der; -, ...men (lat. Spracheigentümlichkeit in einer anderen Sprache); **La|ti|nist,** der; -en, -en (Kenner u. Erforscher des Lateinischen); **La|ti|nis|tin**
La|ti|ni|tät, die; - ([klassische, mustergültige] lateinische Schreibweise, desgl. Schrifttum)
La|tin Lo|ver ['lɛtɪn 'lavɐ, *auch* 'lɛtɪnlavɐ], der; - -[s], - -[s], **La|tin|lo|ver,** der; -[s], -[s] ⟨engl.⟩ ([feuriger] südländischer Liebhaber)
La|ti|no, der; -s, -s ⟨span.-amerik.⟩ (in den USA lebender Einwanderer aus den Spanisch sprechenden Ländern Lateinamerikas)
La|ti|num, das; -s (Prüfung im Lateinischen); das kleine, große Latinum
Lä|ti|tia (w. Vorn.)
La|ti|um (hist. Landschaft in Mittelitalien)
La|t|ri|ne, die; -, -n ⟨lat.⟩ (Abort, Senkgrube)
La|t|ri|nen|ge|rücht *(ugs.);* **La|t|ri|nen|pa|ro|le** *(ugs.)*
Lats, der; -, - (lettische Währungseinheit)
Latsch, der; -[e]s, -e (*ugs. für* nachlässig gehender Mensch; Hausschuh)
¹**Lat|sche,** die; -, -n, **Lat|schen,** der; -s, - (*ugs. für* Hausschuh, abgetretener Schuh)
²**Lat|sche** [*auch* 'la:...], die; -, -n (Krummholzkiefer, Legföhre)
lat|schen (*ugs. für* nachlässig, schleppend gehen); du latschst
Lat|schen *vgl.* ¹Latsche
Lat|schen|ge|büsch; Lat|schen|kie|fer, die
Lat|schen|kie|fer|öl, Lat|schen|kie|fern|öl, Lat|schen|öl
lat|schig (*ugs. für* nachlässig in Gang u. Wesen)
Lat|te, die; -, -n
Lat|te mac|chi|a|to [- ...'kia:...], der *u.* die; - -, - -[s] ⟨ital.⟩ (Kaffeegetränk)
Lat|ten|holz; Lat|ten|kis|te
Lat|ten|kreuz (von Pfosten u. Querlatte gebildete Ecke des Tores)
Lat|ten|rost *vgl.* ¹Rost
Lat|ten|schuss (*Sport* Schuss an die Querlatte des Tores)
Lat|ten|zaun
Lat|tich, der; -s, -e ⟨lat.⟩ (ein Korbblütler)
La|tüch|te, die; -, -n (*ugs. für* Laterne, Licht)
Lat|wer|ge [*landsch.* la'tvɛrʃ], die; -, -n ⟨griech.⟩ (eine breiförmige Arznei; *landsch. für* Fruchtmus)
Latz, der; -es, Lätze (Kleidungsteil [z. B. Brustlatz]); **Lätz|chen**
lat|zen (*ugs. für* bezahlen)
Latz|ho|se; Latz|schür|ze
lau; ein laues Lüftchen; für lau (*ugs. für* kostenlos)
Laub, das; -[e]s; laubtragende *od.* Laub tragende Bäume; **Laub|baum; Laub|blä|ser**
¹**Lau|be,** die; -, -n
²**Lau|be,** der; -n, -n (Ukelei)
Lau|ben|gang, der; **Lau|ben|haus**
Lau|ben|ko|lo|nie
Lau|ben|pie|per (*landsch. für* Kleingärtner); **Lau|ben|pie|pe|rin**
Laub|fall, der; -[e]s; **Laub|fär|bung; Laub|frosch; Laub|ge|hölz** *meist Plur.;* **Laub|holz**
Laub|hüt|ten|fest (jüd. Fest)
lau|big (*veraltet für* [viel] Laub tragend)
Laub|sä|ge; Laub|sau|ger
laub|tra|gend, Laub tra|gend ↑K58; *vgl.* Laub
Laub|wald; Laub|werk
Lauch, der; -[e]s, -e (eine Zwiebelpflanze); **lauch|grün; Lauch|zwie|bel**
Lau|da|num, das; -s ⟨lat.⟩ (in Alkohol gelöstes Opium)
Lau|da|tio, die; -, ...iones ⟨lat., »Lob[rede]«⟩ (feierl. Würdigung); **Lau|da|tor,** der; -s, ...oren; **Lau|da|to|rin**
Lau|des *Plur.* ⟨lat., »Lobgesänge«⟩ (Morgengebet des kath. Breviers)
¹**Lau|er,** die; -; auf der Lauer sein, liegen *(ugs.)*
²**Lau|er,** der; -s, - ⟨lat.⟩ (Tresterwein)
lau|ern; ich lau[e]re
Lauf, der; -[e]s, Läufe; im Lauf[e] der Zeit; 100-m-Lauf ↑K26
Lauf|ar|beit, die; - *(Sport);* **Lauf|bahn; Lauf|band,** das; *Plur.* ...bänder; **Lauf|be|klei|dung; Lauf|brett**
Lauf|bur|sche *(abwertend)*
Läu|fel, die; -, - (*südwestd. für* äußere Schale [der Walnuss])
lau|fen; du läufst, er/sie läuft; du liefst (liefest); du liefest; gelaufen; lauf[e]!; einen Hund nicht auf die Straße laufen lassen; die Dinge einfach laufen lassen *od.* laufenlassen (nicht eingreifen); ich habe sie laufen lassen *od.* laufenlassen, *seltener* laufen gelassen *od.* laufengelassen (*ugs. für* freigegeben, entkom-

L
lauf

men lassen); Gefahr laufen; Ski laufen; *vgl. aber* eislaufen
lau|fend (*Abk.* lfd.); laufendes Jahr *u.* laufenden Jahres (*Abk.* lfd. J.); laufender Meter *u.* laufenden Meters (*Abk.* lfd. M.); laufender Monat *u.* laufenden Monats (*Abk.* lfd. M.); laufende Nummer *u.* laufender Nummer (*Abk.* lfd. Nr.); am laufenden Band arbeiten; ↑K72 : auf dem Laufenden sein, bleiben, halten
lau|fen las|sen, **lau|fen|las|sen** *vgl.* laufen
Läu|fer (*auch für* längerer, schmaler Teppich)
Lau|fe|rei *(ugs.)*
Läu|fe|rin; läu|fe|risch
Lauf|feu|er; Lauf|flä|che
lauf|freu|dig *(Sport)*
Lauf|gang; Lauf|git|ter
läu|fig (brünstig [von der Hündin]); **Läu|fig|keit,** die; - (Brunst der Hündin)
Lauf|kä|fer; Lauf|kat|ze *(Technik);* **Lauf|kund|schaft,** die; -
Lauf|leis|tung (mit einem Fahrzeug[teil] zurückgelegte Strecke; Zeitraum, in dem eine Maschine gelaufen ist)
Lauf|ma|sche
Lauf|me|ter *(österr., schweiz.)*
Lauf|pass; *nur in* jmdm. den Laufpass geben (ugs.)
Lauf|pen|sum *(Sport);* **Lauf|rad; Lauf|rich|tung; lauf|ru|hig**
Lauf|schie|ne; Lauf|schrift (sich bewegende [Leucht]schrift); **Lauf|schritt; Lauf|schuh; Lauf|ställ|chen; Lauf|steg; Lauf|stil** *(Sport);* **Lauf|stre|cke; Lauf|text** (*svw.* Laufschrift); **Lauf|trai|ning; Lauf|treff** *vgl.* [3]Treff
Lauf|vo|gel; Lauf|werk *(Technik, EDV);* **Lauf|wett|be|werb; Lauf|zeit; Lauf|zet|tel**
Lau|ge, die; -, -n (alkal. [wässrige] Lösung; Auszug)
lau|gen *(veraltend);* **lau|gen|ar|tig**
Lau|gen|bad; Lau|gen|bre|zel *(landsch.);* **Lau|gen|bröt|chen; Lau|gen|was|ser**
Lau|heit, die; -
Lau|mann (*ugs. für* Mensch ohne eigene Meinung)
Launch [lɔːntʃ], der *u.* das; -[e]s, -[e]s ‹engl.› (*Werbespr.* Einführung eines neu entwickelten Produktes auf dem Markt); **launchen**
Lau|ne, die; -, -n ‹lat.›
lau|nen|haft; Lau|nen|haf|tig|keit
lau|nig (humorvoll)
lau|nisch (launenhaft)
Lau|ra (w. Vorn.)
Lau|re|at, der; -en, -en ‹lat.› ([öffentl.] ausgezeichneter Wissenschaftler; *früher für* lorbeergekrönter Dichter); *vgl.* Poeta laureatus; **Lau|re|a|tin**
Lau|ren|tia (w. Vorn.)
lau|ren|tisch ‹nach dem latinisierten Namen des Sankt-Lorenz-Stromes›; laurentische Gebirgsbildung (am Ende des Archaikums) ↑K89
Lau|ren|ti|us (m. Vorn.)
lau|re|ta|nisch (aus Loreto); *aber* ↑K150 : Lauretanische Litanei (in Loreto entstandene Marienlitanei)
Lau|rin (Zwergenkönig, mittelalterl. Sagengestalt)
Lau|rus, der; *Gen.* - *u.* -ses, *Plur.* - *u.* -se ‹lat.› (*Bot.* Lorbeerbaum)
Laus, die; -, Läuse
Lau|sanne [loˈzan] (Stadt am Genfer See)
Lau|san|ner; Lau|san|ne|rin
Laus|bub *(ugs.);* **Laus|bu|ben|streich; Laus|bü|be|rei; laus|bü|bisch**
Lau|scha|er Glas|wa|ren *Plur.* ‹nach dem Ort Lauscha im Thüringer Wald›
Lausch|ak|ti|on; Lausch|an|griff (heimliches Anbringen von Abhörgeräten [in einer Privatwohnung]); der Große *od.* große Lauschangriff
Lau|sche, die; - (höchster Berg im Zittauer Gebirge)
lau|schen; du lauschst
Läus|chen
Lau|scher (Lauschender; *Jägerspr.* Ohr des Haarwildes); **Lau|sche|rin**
lau|schig (gemütlich)
Läu|se|be|fall
Lau|se|ben|gel, Lau|se|jun|ge, Lau|se|kerl *(ugs.)*
Läu|se|kraut, das; -[e]s (eine Pflanzengattung)
Lau|se|mäd|chen
lau|sen; du laust
Lau|ser (*landsch. für* Lausbub)
Lau|se|rei *(ugs.)*
Lau|se|rin ‹*zu* Lauser›
lau|sig (*ugs. auch für* erbärmlich, schlecht); lausig kalt; lausige Zeiten
Lau|sitz, die; -, -en (Landschaft um Bautzen u. Görlitz [Oberlausitz] u. um Cottbus [Niederlausitz]); **Lau|sit|zer;** das Lausitzer Bergland; **Lau|sit|ze|rin; lau|sit|zisch**
[1]**laut;** laut reden; etwas laut werden lassen; laut redende *od.* lautredende Nachbarn; muss ich erst laut werden *od.* lautwerden (drohend die Stimme erheben)?

[2]**laut**

(↑K70 ; *Abk.* lt.)

Präposition mit Dativ, auch mit Genitiv:

- laut unserem Schreiben, *auch* laut unseres Schreibens
- laut ärztlichem Gutachten, *auch* laut ärztlichen Gutachtens
- laut amtlichen Nachweisen, *auch* laut amtlicher Nachweise

Ein allein stehendes, stark gebeugtes Substantiv steht im Singular gewöhnlich ungebeugt; im Plural aber mit Dativ:

- laut Befehl, laut Übereinkommen; *aber*
- laut Befehlen, laut Berichten

Laut, der; -[e]s, -e; Laut geben *(Jägerspr. u. ugs.)*
Laut|ar|chiv (Tonbandsammlung zur gesprochenen Sprache)
laut|bar *(veraltet);* lautbar werden
Laut|bil|dung (*für* Artikulation)
Lau|te, die; -, -n (ein Saiteninstrument)
lau|ten; die Antwort lautet ...
läu|ten; die Glocken läuten; sie läutet die Glocken
Lau|te|nist, der; -en, -en (Lautenspieler); **Lau|te|nis|tin**
Lau|ten|spiel, das; -[e]s
[1]**lau|ter** (*geh. für* rein; ungetrübt); lauterer Wein; lautere Gesinnung
[2]**lau|ter** (nur, nichts als); lauter (nur) Jungen; lauter (nichts als) Wasser
Lau|ter|keit, die; -
läu|tern (*geh. für* reinigen; von Fehlern befreien); ich läutere; **Läu|te|rung** *(geh.)*
Läu|ter|zu|cker *(Kochk.)*
Läu|te|werk, Läut|werk
Laut|ge|setz
laut|ge|treu, laut|treu
laut|hals (aus voller Kehle)
lau|tie|ren (Worte, Text nach Lauten zergliedern); **Lau|tier|me|tho|de**
Laut|leh|re (*für* Phonetik *u.* Phonologie)
laut|lich

laut|los; Laut|lo|sig|keit, die; -
laut|ma|lend; Laut|ma|le|rei
laut|nach|ah|mend
Laut|schrift
Laut|spre|cher; Laut|spre|cher|an|la|ge; Laut|spre|cher|box; Laut|spre|cher|wa|gen
laut|stark; Laut|stär|ke; Laut|stär|ke|reg|ler
laut|treu *vgl.* lautgetreu
Lau|tung
Laut|ver|än|de|rung; Laut|ver|schie|bung *(Sprachwiss.);* **Laut|wan|del; Laut|wech|sel**
laut wer|den, laut|wer|den *vgl.* [1]laut
Läut|werk *vgl.* Läutewerk
Laut|zei|chen
lau|warm
La|va, die; -, Laven ‹ital.› (feurig-flüssiger Schmelzfluss aus Vulkanen u. das daraus entstandene Gestein)
La|va|bel, der; -s ‹franz.› (waschbares Kreppgewebe)
La|va|bo [*schweiz.* ˈla:...], das; -[s], -s ‹lat.› (Handwaschung des Priesters in der Messe u. das dazu verwendete Waschbecken mit Kanne; *schweiz. für* Waschbecken)
La|va|bom|be *(Geol.)*
La|va|lam|pe (Lampe mit sich in zäher Flüssigkeit bewegenden Blasen)
La|vant [...f...], die; - (linker Nebenfluss der Drau); **La|vant|tal**
La|va|strom
La|va|ter [ˈla:va:..., ˈla:fa...], Johann Caspar (schweiz. Schriftsteller u. Physiognom)
La|ven *(Plur. von* Lava)
la|ven|del ‹ital.› (blauviolett); ein lavendel[farbenes] Kleid; *vgl. auch* beige; **La|ven|del,** der; -s, - (Heil- u. Gewürzpflanze)
La|ven|del|öl; La|ven|del|was|ser
[1]**la|vie|ren** ‹niederl.› (sich mit Geschick durch Schwierigkeiten hindurchwinden; *veraltet für* gegen den Wind kreuzen)
[2]**la|vie|ren** ‹ital.› (aufgetragene Farben auf einem Bild verwischen; *auch für* mit verlaufenden Farbflächen arbeiten); lavierte Zeichnung
La|vi|nia (röm. w. Eigenn.)
lä|vo|gyr ‹griech.› *(Chemie* linksdrehend; *Zeichen* l)
La|voir [...ˈvo̯a:ɐ̯], das; -s, -s ‹franz.› *(veraltet für* Waschschüssel)
Lä|vu|lo|se, die; - ‹lat.› (Fruchtzucker)
Law and Or|der [ˈlɔ: ɛnt -] ‹engl., »Gesetz und Ordnung«› *(oft iron.* Schlagwort, das die Bekämpfung von Kriminalität u. Gewalt durch drastische Maßnahmen fordert)
La|wi|ne, die; -, -n ‹lat.›; **La|wi|nen|ab|gang; la|wi|nen|ar|tig**
La|wi|nen|ge|fahr; La|wi|nen|hund *(svw.* Lawinensuchhund); **La|wi|nen|ka|ta|s|t|ro|phe; La|wi|nen|piep|ser** (Gerät, das Verschüttete leichter auffindbar macht); **La|wi|nen|schutz,** der; -es
la|wi|nen|si|cher
La|wi|nen|such|hund; La|wi|nen|war|nung
Lawn|ten|nis, Lawn-Ten|nis [ˈlo:n...] ‹engl.› (Rasentennis)
Law|ren|ci|um [lo...], das; -s ‹nach dem amerik. Physiker Lawrence› (künstliches radioaktives chemisches Element, ein Transuran; *Zeichen* Lr)
lax ‹lat.› (schlaff; lau [von Sitten])
La|xans, das; -, ...antia *u.* ...anzien, **La|xa|tiv,** das; -s, -e, **La|xa|ti|vum,** das; -s, ...va *(Med.* Abführmittel)
Lax|heit (Schlaffheit; Lässigkeit)
la|xie|ren *(Med.* abführen)
Lax|ness, Halldór (isländ. Schriftsteller)
Lay|out, Lay-out [le:ˈlaut, *auch* ˈle:...], das; -s, -s ‹engl.› *(Druckw.* Text- u. Bildgestaltung); **lay|ou|ten;** ich habe den Text [ge]layoutet; **Lay|ou|ter** (Gestalter eines Layouts); **Lay|ou|te|rin**
La|za|rett, das; -[e]s, -e ‹franz.› (Militärkrankenhaus)
La|za|rett|schiff; La|za|rett|zug
La|za|rist, der; -en, -en (Angehöriger einer kath. Kongregation)
[1]**La|za|rus** (bibl. m. Eigenn.); der arme Lazarus
[2]**La|za|rus,** der; -[ses], -se (leidender, bedauernswerter Mensch)
La|ze|dä|mo|ni|er usw. *vgl.* Lakedämonier usw.
La|ze|ra|ti|on, die; -, -en ‹lat.› *(Med.* Einriss); **la|ze|rie|ren**
La|zer|te, die; -, -n ‹lat.› *(Zool.* Eidechse)
La|zu|lith, der; *Gen.* -s *od.* -en, *Plur.* -e[n] ‹lat.; griech.› (ein Mineral)
Laz|za|ro|ne, der; *Gen.* -[n] *u.* -s, *Plur.* -n *u.* ...ni ‹ital.› (Gelegenheitsarbeiter, Bettler in Neapel)
LBS = Location-based Services (standortbezogene Dienste bei Mobiltelefonen)
l. c. = loco citato
LCD-An|zei|ge [ɛlt̮se:ˈde:...] ‹*aus* engl. liquid crystal display› (Flüssigkristallanzeige); **LCD-Bild|schirm; LCD-Fern|se|her**
LDPD, die; - = Liberal-Demokratische Partei Deutschlands *(DDR)*
Lea (bibl. w. Eigenn.; w. Vorn.)
Lead [li:t], das; -[s] ‹engl.› (die Führungsstimme im Jazz)
Lea|der [ˈli:dɐ], der; -s, - *(kurz für* Bandleader; *Sport österr. u. schweiz.* Tabellenführer); **Lea|de|rin; Lea|der|ship** [...ʃɪp], die; -, *auch* das; -[s] *(Jargon* Führung; Gesamtheit der Führungsqualitäten)
Lead|gi|tar|rist; Lead|gi|tar|ris|tin
Le|an|der (griech. m. Eigenn.; m. Vorn.)
Lean Ma|nage|ment [ˈli:n ˈmɛnɛdʒmənt], das; - -s, - -s ‹engl.› (zielgerichtete Unternehmensführung, die Kosten einsparen soll)
Lean Pro|duc|tion [ˈli:n prəˈdʌkʃn], die; - - ‹engl.› (Industriefertigung unter größtmöglicher Einsparung von Arbeitskräften, Kosten usw.)
Lear [li:ɐ̯] (sagenhafter kelt. König, Titelheld bei Shakespeare)
Lear|jet® [ˈli:ɐ̯...], der; -[s], -s (ein Geschäftsflugzeug)
Lear|ning by Do|ing [ˈlə:nɪŋ bai̯ ˈdu:ɪŋ], das; - - - ‹engl.› (Lernen durch unmittelbares Anwenden); **Lear|ning-by-Do|ing-Me|tho|de**
lea|sen [ˈli:...] ‹engl.› (mieten, pachten); er/sie leas|te, hat geleast; ein Auto leasen
Lea|sing, das; -s, -s (Vermietung von [Investitions]gütern [mit Anrechnung der Mietzahlungen bei späterem Kauf]); **Lea|sing|fir|ma; Lea|sing|ra|te**
Le|be|da|me
Le|be|hoch, das; -s, -s; er rief ein herzliches Lebehoch, *aber* er rief: »Sie lebe hoch!«
Le|be|mann *Plur.* ...männer; **le|be|män|nisch**
le|ben; leben und leben lassen; ↑K 89: lebende Sprachen; ↑K 72: die in Armut Lebenden; ↑K 82: das In-den-Tag-hinein-Leben

L
lebe

Le|ben

das; -s, -

- mein Leben lang; das süße Leben, das ewige Leben
- wie das blühende Leben aussehen (*ugs. für* sehr gesund aussehen)
- ↑K58: die Leben spendende *od.* lebenspendende Kraft der Sonne; eine Leben zerstörende *od.* lebenzerstörende Strahlung

Vgl. aber lebensbedrohend, lebensbejahend usw.

le|ben|be|ja|hend (*svw.* lebensbejahend)
le|bend ge|bä|rend, **le|bend|ge|bä|rend**; lebend gebärende *od.* lebendgebärende Tiere ↑K58
Le|bend|ge|wicht
le|ben|dig; lebendig gebärende *od.* lebendiggebärende Tiere ↑K58; **Le|ben|dig|keit**
Le|bend|mas|se; **Le|bend|vieh**
Le|bens|abend; **Le|bens|ab|schnitt**
Le|bens|ab|schnitts|ge|fähr|te *vgl.* Lebensabschnittspartner; **Le|bens|ab|schnitts|ge|fähr|tin**
Le|bens|ab|schnitts|part|ner (Lebensgefährte für eine bestimmte Zeit); **Le|bens|ab|schnitts|part|ne|rin**
Le|bens|ader; **Le|bens|al|ter**; **Le|bens|angst**; **Le|bens|ar|beit**; **Le|bens|ar|beits|zeit**; **Le|bens|art**; **Le|bens|auf|fas|sung**; **Le|bens|auf|ga|be**; **Le|bens|bahn**
Le|bens|baum (ein symbolisches Ornament; *auch für* Thuja)
Le|bens|be|din|gung *meist Plur.*
le|bens|be|dro|hend; **le|bens|be|droh|lich**
le|bens|be|ja|hend; **Le|bens|be|ja|hung**
Le|bens|be|ra|ter; **Le|bens|be|ra|te|rin**; **Le|bens|be|ra|tung**
Le|bens|be|reich; **Le|bens|be|schrei|bung**; **Le|bens|bild**; **Le|bens|bund**, der (*geh.*); **Le|bens|chan|ce**; **Le|bens|dau|er**
le|bens|echt
Le|bens|ele|ment; **Le|bens|eli|xier**; **Le|bens|en|de**; **Le|bens|ener|gie**; **Le|bens|ent|wurf**; **Le|bens|er|fah|rung**
le|bens|er|hal|tend
Le|bens|er|in|ne|run|gen *Plur.*; **Le|bens|er|war|tung**
le|bens|fä|hig; **Le|bens|fä|hig|keit**
le|bens|feind|lich; **le|bens|fern**
Le|bens|form; **Le|bens|fra|ge**
le|bens|fremd
Le|bens|freu|de; **le|bens|froh**
Le|bens|füh|rung
Le|bens|funk|ti|on *meist Plur.* (*Biol., Med.*)
Le|bens|ge|fahr, die; -; **le|bens|ge|fähr|lich**
Le|bens|ge|fähr|te; **Le|bens|ge|fähr|tin**
Le|bens|ge|fühl; **Le|bens|geis|ter** *Plur.*; **Le|bens|ge|mein|schaft**; **Le|bens|ge|nuss**; **Le|bens|ge|schich|te**; **Le|bens|ge|stal|tung**; **Le|bens|ge|wohn|heit** *meist Plur.*; **Le|bens|glück**
le|bens|groß; **Le|bens|grö|ße**
Le|bens|grund|la|ge
Le|bens|hal|tung; **Le|bens|hal|tungs|in|dex**; **Le|bens|hal|tungs|kos|ten** *Plur.*
Le|bens|hil|fe; **Le|bens|hun|ger**; **Le|bens|in|halt**; **Le|bens|in|te|r|es|se** *meist Plur.*; **Le|bens|jahr**; **Le|bens|kampf**
le|bens|klug
Le|bens|kraft, die; **Le|bens|kreis**
Le|bens|kunst, die; -; **Le|bens|künst|ler**; **Le|bens|künst|le|rin**
Le|bens|la|ge
le|bens|lang; auf lebenslang; **le|bens|läng|lich**; zu »lebenslänglich« verurteilt werden
Le|bens|lauf; **Le|bens|leis|tung**; **Le|bens|licht**, das; -[e]s; **Le|bens|li|nie**; **Le|bens|lü|ge**
Le|bens|lust, die; -; **le|bens|lus|tig**
Le|bens|mensch, der (*bes. österr. für* Mensch, mit dem man durch eine besondere langjährige Beziehung verbunden ist)
Le|bens|mit|te, die; -
Le|bens|mit|tel, das *meist Plur.*; **Le|bens|mit|tel|ab|tei|lung**; **Le|bens|mit|tel|bran|che**; **Le|bens|mit|tel|che|mie**
le|bens|mit|tel|echt
Le|bens|mit|tel|ge|schäft; **Le|bens|mit|tel|ge|setz**; **Le|bens|mit|tel|han|del**; **Le|bens|mit|tel|in|dus|t|rie**
Le|bens|mit|tel|kon|t|rol|le; **Le|bens|mit|tel|kon|t|rol|leur**; **Le|bens|mit|tel|kon|t|rol|leu|rin**
Le|bens|mit|tel|preis
Le|bens|mit|tel|punkt (*svw.* Hauptwohnsitz)
Le|bens|mit|tel|ver|gif|tung
Le|bens|mo|nat; **Le|bens|mot|to**
le|bens|mü|de
Le|bens|mut
le|bens|nah
Le|bens|nerv; **Le|bens|ni|veau**
le|bens|not|wen|dig
Le|bens|part|ner; **Le|bens|part|ne|rin**; **Le|bens|part|ner|schaft** *vgl.* eingetragen; **Le|bens|part|ner|schafts|ge|setz**
Le|ben spen|dend, **le|ben|spen|dend** ↑K58; *vgl.* Leben
Le|bens|pfad (*geh.*); **Le|bens|pha|se**; **Le|bens|phi|lo|so|phie**; **Le|bens|pla|nung**
le|ben|sprü|hend ↑K59
Le|bens|qua|li|tät; **Le|bens|raum**
le|bens|ret|tend; **Le|bens|ret|ter**; **Le|bens|ret|te|rin**; **Le|bens|ret|tungs|me|dail|le**
Le|bens|schick|sal; **Le|bens|span|ne**
Le|bens|spur *meist Plur.*; **Le|bens|stan|dard**; **Le|bens|stel|lung**; **Le|bens|stil**; **Le|bens|traum**
le|bens|tüch|tig; **le|bens|über|drüs|sig**
Le|bens|um|feld; **Le|bens|um|stand** *meist Plur.*; **Le|bens|un|ter|halt**; **Le|bens|ver|hält|nis|se** *Plur.*
le|bens|ver|kür|zend; lebensverkürzende Krankheiten; **le|bens|ver|län|gernd**; lebensverlängernde Maßnahmen
Le|bens|ver|si|che|rung; **Le|bens|ver|si|che|rungs|ge|sell|schaft**
le|bens|wahr
Le|bens|wan|del; **Le|bens|weg**; **Le|bens|wei|se**, die; **Le|bens|weis|heit**; **Le|bens|welt**; **Le|bens|werk**
le|bens|wert; **le|bens|wich|tig**
Le|bens|wil|le, der; -ns; **Le|bens|zei|chen**
Le|bens|zeit; auf Lebenszeit
Le|bens|ziel; **Le|bens|zu|ver|sicht**; **Le|bens|zweck**; **Le|bens|zy|k|lus**
Le|ben zer|stö|rend, **le|ben|zer|stö|rend** ↑K58; *vgl.* Leben
Le|ber, die; -, -n
Le|ber|ab|s|zess
Le|ber|bal|sam (Name verschiedener Pflanzen)
Le|ber|blüm|chen (eine der Anemone verwandte Waldblume)
Le|ber|di|ät
Le|be|recht, Leb|recht (m. Vorn.)
Le|ber|egel; **Le|ber|fleck**; **Le|ber|ha|ken** (*Boxen*)
Le|ber|kä|se (*bes. südd. u. österr. für* Fleischkäse); **Le|ber|knö|del**; **Le|ber|knö|del|sup|pe**
Le|ber|krebs; **Le|ber|lei|den**
Le|ber|pas|te|te; **Le|ber|tran**
Le|ber|wert (*Med.*)
Le|ber|wurst
Le|ber|zir|rho|se

Le|be|we|sen
Le|be|wohl, das; -[e]s, *Plur.* -e *u.* -s; jmdm. Lebewohl sagen; er rief ein herzliches Lebewohl, *aber* er rief: »Leb[e] wohl!«
leb|haft; Leb|haf|tig|keit
Leb|hag, der; -[e]s, ...häge (*schweiz. für* Hecke)
...le|big (z. B. kurzlebig)
Leb|ku|chen; Leb|ku|chen|haus; Leb|ku|chen|herz
Leb|küch|ler, Leb|küch|ner (*fränk. für* Lebkuchenbäcker)
Leb|küch|le|rei, Leb|küch|ne|rei
Leb|küch|le|rin, Leb|küch|ne|rin
leb|los; Leb|lo|sig|keit, die; -
Leb|recht *vgl.* Leberecht
Leb|tag, der; ich denke mein (*nicht:* meinen) Lebtag daran; meine Lebtag[e], *landsch.* meiner Lebtage
Le|bus [*auch* 'le:...] (Stadt an der Oder); **Le|bu|ser; Le|bu|se|rin**
Leb|zei|ten *Plur.;* zu seinen Lebzeiten
Leb|zel|ten, der; -s, - (*bayr., österr. veraltend für* Lebkuchen); **Leb|zel|ter** (*österr. veraltend für* Lebkuchenbäcker); **Leb|zel|te|rin**
Lech, der; -[s] (rechter Nebenfluss der Donau); **Lech|feld,** das; -[e]s (Ebene bei Augsburg)
lech|zen; du lechzt
Le|ci|thin *vgl.* Lezithin
leck (*Seemannsspr.* undicht); ein leckgeschlagener *od.* leck geschlagener Tanker; **Leck,** das; -[e]s, -s (*Seemannsspr.* undichte Stelle [bei Schiffen, an Gefäßen u. a.])
Le|cka|ge [...ʒə], die; -, -n (Gewichtsverlust bei flüssigen Waren durch Verdunsten od. Aussickern; Leck)
Le|cke, die; -, -n (Stelle, an der Wild od. Vieh Salz leckt)
Leck|eis (*ugs. für* Eis am Stiel od. in der Eistüte)
[1]**le|cken** (*Seemannsspr.* leck sein); das Boot leckt
[2]**le|cken** (mit der Zunge)
le|cker (wohlschmeckend)
Le|cker (*Jägerspr.* Zunge beim Schalenwild)
Le|cker|bis|sen
Le|cke|rei (Leckerbissen); **Le|cker|li,** das; -[s], -[s]; *vgl.* Götti; Basler Leckerli (in Rechtecke geschnittenes, honigkuchenähnliches Gebäck)
Le|cker|maul (*ugs. für* Person, die gern Süßigkeiten isst); **Le|cker|mäul|chen**
leck|schla|gen, leck schla|gen (leck werden [vom Schiff]); der Tanker ist leckgeschlagen *od.* leck geschlagen; *vgl.* leck
Le Clé|zio [lə kle'zjo:] (franz. Schriftsteller)
Le Cor|bu|si|er [lə ...by'zi̯e:] (franz.-schweiz. Architekt)
led. = ledig
Le|da (sagenhafte Königin von Sparta)
LED-An|zei|ge [ɛl|e:'de:...] ‹aus engl. light emitting diode› (als Kontrollanzeige verwendete Leuchtdiode)
Le|der, das; -s, -; die Leder verarbeitende *od.* lederverarbeitende Industrie ↑K58
le|der|ar|tig; Le|der|ball
[1]**Le|der|band** *Plur.* ...bänder (Band aus Leder)
[2]**Le|der|band** *Plur.* ...bände (in Leder gebundenes Buch)
le|der|braun
Le|der|ein|band
le|der|far|ben, le|der|far|big
Le|der|fett; Le|der|gür|tel; Le|der|hand|schuh
Le|der|haut (Schicht der menschlichen u. tierischen Haut)
Le|der|her|stel|lung ↑K31: Lederherstellung und -vertrieb
Le|der|ho|se
le|de|rig *vgl.* ledrig
Le|der|ja|cke; Le|der|man|tel; Le|der|map|pe
[1]**le|dern** (mit einem Lederlappen putzen, abreiben; *landsch. für* prügeln); ich ledere
[2]**le|dern** (aus Leder; zäh)
Le|der|pols|ter; Le|der|rie|men; Le|der|schuh; Le|der|schurz; Le|der|ses|sel; Le|der|sitz; Le|der|so|fa; Le|der|soh|le; Le|der|ta|sche
Le|der ver|ar|bei|tend, le|der|ver|ar|bei|tend ↑K58; *vgl.* Leder
le|dig (*Abk.* led.); ledig sein, bleiben; jmdn. seiner Sünden ledig sprechen; **Le|di|ge,** der *u.* die; -n, -n
le|dig|lich
Le|di|schiff (*schweiz. für* Lastschiff)
led|rig, le|de|rig (lederartig)
Lee, die; -, *auch (Geogr. nur:)* das; -s (*Seemannsspr., Geogr.* die dem Wind abgekehrte Seite; *Ggs.* Luv); in, nach Lee

leer

Schreibung in Verbindung mit Verben ↑K56:

– leer ausgehen (nichts bekommen)
– den Teller leer essen *od.* leeressen, das Glas leer trinken *od.* leertrinken
– ein Gefäß leerlaufen lassen
– den Motor leerlaufen lassen (im Leerlauf)
– leer machen *od.* leermachen
– leer räumen *od.* leerräumen
– leer stehen
– *aber* ↑K58: eine leer stehende *od.* leerstehende Wohnung

Großschreibung der Substantivierung ↑K72:

– ins Leere fallen, gehen, starren

Lee|re, die; - (Leerheit); *vgl.* leer
lee|ren (leer machen); sich leeren
leer es|sen, leer|es|sen *vgl.* leer
leer fe|gen, leer|fe|gen; ein leer gefegtes *od.* leergefegtes Zimmer, leer gefegte *od.* leergefegte (menschenleere) Straßen
Leer|for|mel; Leer|ge|wicht
Leer|gut, das; -[e]s; **Leer|gut|au|to|mat; Leer|gut|rück|nah|me**
Leer|heit, die; -
Leer|lauf; leer|lau|fen *vgl.* leer
Leer|schlag (*schweiz. für* Leerschritt)
Leer|schritt (durch Anschlag der Leertaste erzeugter Abstand)
Leer|stand (von Wohnungen, Büros usw.)
leer ste|hend, leer|ste|hend *vgl.* leer
Leer|stel|le (nicht besetzte Stelle)
Leer|tas|te (auf Tastaturen)
leer trin|ken, leer|trin|ken *vgl.* leer
Lee|rung
Leer|ver|kauf (*Börsenw.*)
Leer|woh|nung; Leer|zim|mer
Lee|sei|te (*Seemannsspr.* die dem Wind abgekehrte Seite); **lee|wärts**
Le Fort [lə 'fo:ɐ̯], Gertrud von (dt. Schriftstellerin)
Lef|ze, die; -, -n (Lippe bei Tieren)
leg. = legato
le|gal ‹lat.› (gesetzlich, gesetzmäßig)
Le|ga|li|sa|ti|on, die; -, -en (Beglaubigung von Urkunden)
le|ga|li|sie|ren (gesetzlich machen); **Le|ga|li|sie|rung**
Le|ga|lis|mus (*geh. für* striktes

L
Lega

Befolgen der Gesetze); **le|ga|lis|tisch** (übertrieben legal)
Le|ga|li|tät, die; - (Gesetzlichkeit, Rechtsgültigkeit)
Le|ga|li|täts|prin|zip *Plur.* -ien *(Rechtswiss.)*
le|g|as|then ‹lat.; griech.› *(Med.* legasthenisch); **Le|g|as|the|nie,** die; -, ...ien (Lese-Rechtschreib-Schwäche); **Le|g|as|the|ni|ker** (an Legasthenie Leidender); **Le|g|as|the|ni|ke|rin; le|g|as|the|nisch**
[1]**Le|gat,** der; -en, -en ‹lat.› *(im alten Rom* Gesandter, Unterfeldherr; *heute* [päpstl.] Gesandter)
[2]**Le|gat,** das; -[e]s, -e *(Rechtsspr.* Vermächtnis)
Le|ga|tar, der; -s, -e (Vermächtnisnehmer); **Le|ga|ta|rin**
Le|ga|tin ‹*zu* [1]Legat›
Le|ga|ti|on, die; -, -en ([päpstl.] Gesandtschaft); **Le|ga|ti|ons|rat** *Plur.* ...räte; **Le|ga|ti|ons|rä|tin**
le|ga|to ‹ital.› *(Musik* gebunden; *Ggs.* staccato; *Abk.* leg.); **Le|ga|to,** das; -s, *Plur.* -s *u.* ...ti
le|ge ar|tis ‹lat.› (nach den Regeln der Kunst; *Abk.* l. a.)
Le|ge|bat|te|rie (in mehreren Etagen angeordnete Drahtkäfige zur Haltung von Legehennen)
Le|ge|hen|ne, Leg|hen|ne
Le|gel, der *od.* das; -s, - *(Seemannsspr.* Ring zum Befestigen eines Segels)
le|gen; gelegt; *vgl. aber* [2]gelegen
Le|gen|dar, das; -s, -e (Legendenbuch; Sammlung von Heiligenleben)
le|gen|där ‹lat.› (legendenhaft; unwahrscheinlich); **Le|gen|da|ri|um,** das; -s, ...ien *(älter für* Legendar)
Le|gen|de, die; -, -n ([Heiligen]erzählung; [fromme] Sage; Umschrift [von Münzen, Siegeln]; Zeichenerklärung [auf Karten])
Le|gen|den|bil|dung
Le|gen|den|er|zäh|ler; Le|gen|den|er|zäh|le|rin
le|gen|den|haft
le|ger [...'ʒɛ:ɐ̯] ‹franz.› (ungezwungen, [nach]lässig)
Le|ger ‹*zu* legen›; **Le|ge|rin**
Le|ges *(Plur. von* Lex)
Le|ge|zeit
Leg|föh|re *(svw.* [2]Latsche)
Leg|gings, Leg|gins *Plur.* ‹engl.› (hosenähnliches ledernes Kleidungsstück der nordamerik. Indianer; Strumpfhose ohne Füßlinge)

Leg|hen|ne, Le|ge|hen|ne
Leg|horn, das; -s, *Plur.* -[s], *landsch. auch* Leghörner ‹nach dem engl. Namen der ital. Stadt Livorno› (Huhn der Rasse Leghorn)
Le|gi, die; -, -s ‹*kurz für* Legitimationsausweis od. -karte› *(schweiz. für* Schüler-, Studierendenausweis)
le|gie|ren ‹ital.› ([Metalle] verschmelzen; [Suppen, Soßen] mit Eigelb anrühren, binden); **Le|gie|rung**
Le|gi|on, die; -, -en ‹lat.› (röm. Heereseinheit; *in der Neuzeit für* Freiwilligentruppe, Söldnerschar; große Menge)
Le|gi|o|nar, der; -s, -e (Soldat einer röm. Legion)
Le|gi|o|när, der; -s, -e ‹franz.› (Soldat einer Legion [z. B. der Fremdenlegion]); **Le|gi|o|nä|rin; Le|gi|o|närs|krank|heit,** die; - *(Med.* eine Infektionskrankheit)
Le|gi|o|nel|le, die; -, -n *meist Plur.* (Erreger der Legionärskrankheit)
Le|gi|ons|sol|dat
le|gis|la|tiv ‹lat.› (gesetzgebend); **Le|gis|la|ti|ve,** die; -, -n (gesetzgebende Versammlung, gesetzgebende Gewalt)
le|gis|la|to|risch (gesetzgeberisch)
Le|gis|la|tur, die; -, -en *(selten für* Gesetzgebung; *früher auch für* gesetzgebende Körperschaft; *kurz für* Legislaturperiode); **Le|gis|la|tur|pe|ri|o|de** (Amtsdauer einer Volksvertretung)
Le|gist, der; -en, -en *(bes. österr. für* Verfasser von Gesetzestexten); **Le|gis|tin; le|gis|tisch**
le|gi|tim (gesetzlich; rechtmäßig; als ehelich anerkannt; begründet)
Le|gi|ti|ma|ti|on, die; -, -en (Beglaubigung; [Rechts]ausweis; *BGB* Nachweis der Empfangsberechtigung, Befugnis; Ehelichkeitserklärung); **Le|gi|ti|ma|ti|ons|aus|weis** *(bes. schweiz.)*; **Le|gi|ti|ma|ti|ons|kar|te**
le|gi|ti|mie|ren (beglaubigen; [Kinder] als ehelich erklären); sich legitimieren (sich ausweisen); **Le|gi|ti|mie|rung**
Le|gi|ti|mis|mus, der; - (Lehre von der Unabsetzbarkeit des angestammten Herrscherhauses); **Le|gi|ti|mist,** der; -en, -en; **Le|gi|ti|mis|tin; le|gi|ti|mis|tisch**

Le|gi|ti|mi|tät, die; - (Rechtmäßigkeit einer Staatsgewalt; Gesetzmäßigkeit)
Le|gu|an [*auch* 'le:...], der; -s, -e ‹karib.› (trop. Baumeidechse)
Le|gu|min, das; -s ‹lat.› (Eiweiß der Hülsenfrüchte); **Le|gu|mi|no|se,** die; -, -n *meist Plur. (Bot.* Hülsenfrüchtler)
Leg|war|mer [...vo:mɐ], der; -s, -[s] *meist Plur.* ‹engl.› (langer Wollstrumpf ohne Füßling)
Le|hár [...'ha:ɐ̯, *österr.* 'lɛha:r] (ung. Operettenkomponist)
Le Ha|v|re [lə '(h)a:vrə] (franz. Hafenstadt)
Le|hen, das; -s, -
Le|hens|we|sen *vgl.* Lehnswesen
Lehm, der; -[e]s, -e
Lehm|bat|zen; Lehm|bo|den
lehm|gelb
leh|mig
Leh|ne, die; -, -n; **leh|nen;** sich lehnen
Lehn|gut *vgl.* Lehnsgut; **Lehns|eid** *(früher)*
Lehn|ses|sel
Lehns|frau *(Geschichte)*
Lehns|gut, Lehn|gut
Lehns|herr; Lehns|her|rin; Lehns|mann *Plur.* ...männer *u.* ...leute; **Lehns|trä|ger; Lehns|treue**
Lehn|stuhl
Lehns|we|sen, Le|hens|we|sen, das; -s *(früher)*
Lehn|über|set|zung; Lehn|über|tra|gung; Lehn|wort *Plur.* ...wörter
Lehr, das; -[e]s, -e *(Bauw., Technik svw.* [2]Lehre)
Lehr|ab|schluss *(bes. schweiz., österr. für* abgeschlossene Lehre); **Lehr|ab|schluss|zeug|nis**
Lehr|amt; Lehr|amts|an|wär|ter; Lehr|amts|an|wär|te|rin; Lehr|amts|stu|dent; Lehr|amts|stu|den|tin; Lehr|amts|stu|di|um
Lehr|an|ge|bot; Lehr|an|stalt; Lehr|auf|trag
Lehr|aus|bil|der; Lehr|aus|bil|de|rin
lehr|bar; Lehr|bar|keit, die; -
Lehr|be|auf|trag|te; Lehr|be|fä|hi|gung; Lehr|be|helf (Lehrmittel); **Lehr|be|ruf; Lehr|be|trieb**
Lehr|bo|gen *(Bauw.* Gerüst für Bogen-, Gewölbebau; *zu* [2]Lehre)
Lehr|brief; Lehr|bub *(südd., österr.)*; **Lehr|buch**
Lehr|dorn (Prüfgerät für Bohrungen; *zu* [2]Lehre)
[1]**Leh|re,** die; -, -n (Unterricht, Unterweisung; Lehrmeinung)
[2]**Leh|re,** die; -, -n (Messwerkzeug)

leh|ren

(unterweisen)
Beugung:

- jmdn., *seltener auch* jmdm. etwas lehren
- er lehrt sie, *seltener auch* ihr das Lesen; *aber nur:* er lehrt sie lesen
- er lehrt ihn ein, *seltener* einen Helfer der Armen zu sein

Nach einem reinen Infinitiv steht meist das zweite Partizip:

- sie hat ihn reiten gelehrt

Das Komma vor dem Infinitiv mit »zu« ist fakultativ ↑K116:

- er lehrt ihn[,] ein Helfer der Armen zu sein

Leh|rer ↑K26: Lehrer-Schüler-Verhältnis
Leh|rer|aus|bil|dung; Leh|rer|be|ruf; Leh|rer|bil|dung; Leh|rer|fort|bil|dung
leh|rer|haft
Leh|re|rin
Leh|rer/-innen, Leh|rer(innen) (*Kurzformen für* Lehrerinnen u. Lehrer)
Leh|re|rin|nen|schaft, die; -
Leh|rer|kol|le|gi|um; Leh|rer|kon|fe|renz; Leh|rer|man|gel, der; -s; **Leh|rer|schaft,** die; -; **Leh|rer|stel|le; Leh|rer|zim|mer**
Lehr|fach; Lehr|film; Lehr|frei|heit, die; -
Lehr|gang, der; **Lehr|gangs|teil|neh|mer; Lehr|gangs|teil|neh|me|rin**
Lehr|ge|dicht
Lehr|geld
Lehr|ge|rüst (beim Stahlbetonbau; *zu* ²Lehre)
lehr|haft; Lehr|haf|tig|keit, die; -
Lehr|hau|er (angehender Bergmann); **Lehr|hau|e|rin**
Lehr|herr *(früher);* **Lehr|her|rin**
Lehr|jahr; Lehr|jun|ge, der *(veraltend)*
Lehr|kan|zel (*österr. früher für* Lehrstuhl)
Lehr|kör|per; Lehr|kraft
Lehr-Lern-For|schung *(Fachspr.);* ↑K26
Lehr|ling (Auszubildende[r]); **Lehr|lings|aus|bil|dung**
Lehr|mäd|chen *(veraltend)*
Lehr|ma|te|ri|al
Lehr|mei|nung
Lehr|meis|ter; Lehr|meis|te|rin
Lehr|me|tho|de
Lehr|mit|tel, das; -s, - (Hilfsmittel für Lehrende); **Lehr|mit|tel|frei|heit**
Lehr|pfad
Lehr|plan *vgl.* ²Plan; **Lehr|pro|be**
lehr|reich
Lehr|ret|tungs|as|sis|tent (Ausbilder im Rettungsdienst); **Lehr|ret|tungs|as|sis|ten|tin**
Lehr|satz; Lehr|stel|le; Lehr|stoff; Lehr|stück
Lehr|stuhl; Lehr|stuhl|in|ha|ber *(Amtsspr.);* **Lehr|stuhl|in|ha|be|rin**
Lehr|stun|de
Lehr|tä|tig|keit
Lehr|toch|ter (*schweiz. für* Lehrmädchen)
Lehr|ver|an|stal|tung; Lehr|ver|hält|nis; Lehr|ver|pflich|tung
Lehr|ver|trag (Ausbildungsvertrag); **Lehr|werk|statt; Lehr|zeit**
¹**Lei** (*Plur. von* ²Leu)
²**Lei,** die; -, -en (*rhein. für* Fels; Schiefer); Lorelei (*vgl.* Loreley)
Leib, der; -[e]s, -er (Körper; *veraltet auch für* Leben); gut bei Leibe (wohlgenährt) sein, *aber* beileibe nicht; jmdm. zu Leibe rücken; Leib und Leben wagen
Leib|arzt; Leib|ärz|tin
Leib|bin|de
Leib|chen (*auch* ein Kleidungsstück, *österr. u. schweiz. für* Unterhemd, Trikot; *vgl.* Leiberl)
leib|ei|gen *(früher);* **Leib|ei|ge|ne,** der *u.* die; -n, -n; **Leib|ei|gen|schaft,** die; -
lei|ben; *nur in* wie er leibt u. lebt
Lei|berl, das; -s, -[n]; *vgl.* Pickerl (*österr. für* Leibchen; T-Shirt)
Lei|bes|er|be, der; **Lei|bes|er|bin**
Lei|bes|er|tüch|ti|gung *(veraltend);* **Lei|bes|er|zie|her; Lei|bes|er|zie|he|rin; Lei|bes|er|zie|hung**
Lei|bes|frucht; Lei|bes|fül|le
Lei|bes|kräf|te *Plur.; nur in* aus *od.* nach Leibeskräften
Lei|bes|übun|gen *Plur.;* **Lei|bes|um|fang; Lei|bes|vi|si|ta|ti|on**
leib|feind|lich
Leib|gar|de; Leib|gar|dist; Leib|gar|dis|tin
Leib|ge|richt
leib|haft (*selten für* leibhaftig)
leib|haf|tig [*auch* 'laip...]; **Leib|haf|ti|ge,** der; -n (*verhüllend für* Teufel); **Leib|haf|tig|keit,** die; -
...lei|big (z. B. dickleibig)
leib|lich; Leib|lich|keit
Leib|nitz (österr. Stadt)
Leib|niz (dt. Philosoph)
leib|ni|zisch ↑K89 *u.* 135; leibnizisches Denken; die leibnizische Philosophie; **leib|nizsch;** die leibnizsche *od.* Leibniz'sche Philosophie; leibnizsches *od.* Leibniz'sches Denken ↑K89 *u.* 135
Leib|ren|te (lebenslängliche Rente)
Leib|rie|men (*veraltet für* Gürtel)
Leib|schmerz
Leib|schnei|den (*landsch. für* Leibschmerzen)
Leib-See|le-Pro|b|lem, das; -s *(Psychol.)*
leib|see|lisch
Leib|spei|se (*svw.* Leibgericht)
leibt *vgl.* leiben
Lei|bung *vgl.* Laibung
Leib|wa|che; Leib|wäch|ter; Leib|wäch|te|rin
Leib|wä|sche, die; -
Leib|weh, das; -[e]s
Leib|wi|ckel
Lei|ca®, die; -, -s (*Kurzw. für* Leitz-Camera [der Firma Ernst Leitz])
Leices|ter ['lɛstə] (engl. Stadt)
Leich, der; -[e]s, -e (eine mhd. Liedform)
Leich|dorn, der; -[e]s, *Plur.* -e *u.* ...dörner (*mitteld. für* Hühnerauge)
Lei|che, die; -, -n
Lei|chen|acker *(landsch.)*
Lei|chen|be|gäng|nis
Lei|chen|be|schau|er; Lei|chen|be|schau|e|rin
Lei|chen|bit|ter (*veraltend für* Person, die zur Beerdigung einlädt); **Lei|chen|bit|te|rin**
Lei|chen|bit|ter|mie|ne (*ugs. für* düsterer, trauriger Gesichtsausdruck)
lei|chen|blass; lei|chen|fahl
Lei|chen|fled|de|rei ⟨Gaunerspr.⟩ (Ausplünderung toter Menschen); **Lei|chen|fled|de|rer; Lei|chen|fled|de|rin**
Lei|chen|frau; Lei|chen|fund; Lei|chen|ge|ruch; Lei|chen|gift; Lei|chen|hal|le; Lei|chen|hemd
Lei|chen|mahl *(bes. schweiz.)*
Lei|chen|öff|nung (Obduktion)
Lei|chen|pass; Lei|chen|re|de; Lei|chen|schän|dung; Lei|chen|schau|haus; Lei|chen|schmaus; Lei|chen|star|re; Lei|chen|teil, der
Lei|chen|trä|ger; Lei|chen|trä|ge|rin
Lei|chen|tuch *Plur.* ...tücher; **Lei-**

leicht

leich|ter, am leich|tes|ten

Kleinschreibung:

– leichte Artillerie; leichtes Heizöl; leichte Musik

Großschreibung der Substantivierung ↑K 72:

– er isst gern etwas Leichtes
– es ist mir ein Leichtes (fällt mir sehr leicht)

Getrennt- und Zusammenschreibung in Verbindung mit Verben u. Adjektiven ↑K 56 *u.* 62:

– leicht atmen; sie hat leicht geatmet
– hier kann man leicht [hin]fallen
– das kann man leicht lernen
– sich leicht entzünden, leicht verletzen
– du musst dich leicht machen *od.* leichtmachen
– die Preise sind leicht gefallen
– es ist mir [sehr] leichtgefallen (hat mich nicht angestrengt), *aber* allzu leicht gefallen
– er hat es sich leicht gemacht *od.* leichtgemacht (hat sich wenig Mühe gemacht)
– sie hat es im Leben nicht leicht gehabt *od.* leichtgehabt
– etwas leichtnehmen (unbekümmert sein, kein großes Verantwortungsgefühl haben)
– ich habe mir *od.* mich leichtgetan dabei (es ohne Schwierigkeiten, Hemmungen bewältigt)
– ein leicht entzündlicher *od.* leichtentzündlicher Stoff
– eine leicht verdauliche *od.* leichtverdauliche Speise
– ein leicht bekömmliches *od.* leichtbekömmliches Essen
– leicht verderbliche *od.* leichtverderbliche Waren
– eine leicht verständliche *od.* leichtverständliche Sprache
– *Aber nur:* eine sehr leichtverdauliche Speise; leichter verderbliche Waren
– ein leicht bewaffneter *od.* leichtbewaffneter Soldat
– die Leichtbewaffneten *od.* leicht Bewaffneten
– eine leicht verletzte *od.* leichtverletzte Sportlerin
– die Leichtverletzten *od.* leicht Verletzten
– ein leicht verwundeter *od.* leichtverwundeter Offizier

chen|ver|bren|nung; Lei|chen|wa|gen; Lei|chen|zug
Leich|nam, der; -s, -e
leicht *s. Kasten*
Leicht|ath|let; Leicht|ath|le|tik; Leicht|ath|le|tik|ver|band; Leicht|ath|le|tin; leicht|ath|le|tisch
Leicht|bau, der; -[e]s (*svw.* Leichtbauweise); **Leicht|bau|plat|te** (*Bauw.* Platte aus leichtem Material); **Leicht|bau|wei|se** (*Bauw.* Bauweise mit leichtem Material)
leicht be|hin|dert, leicht|be|hin|dert *vgl.* leicht
leicht be|kömm|lich, leicht|be|kömm|lich *vgl.* leicht
Leicht|ben|zin
leicht be|schwingt, leicht|be|schwingt *vgl.* leicht
leicht be|waff|net, leicht|be|waff|net *vgl.* leicht
Leicht|be|waff|ne|te, der *u.* die; -n, -n, **leicht Be|waff|ne|te,** der *u.* die; - -n, - -n; *vgl.* leicht; ↑K 58
leicht|blü|tig
[1]**Leich|te,** die; - (*geh. für* Leichtheit)
[2]**Leich|te,** die; -, -n (*nordd. für* Tragriemen beim Schubkarrenfahren)
leicht ent|zünd|lich, leicht|ent|zünd|lich *vgl.* leicht
Leich|ter, Lich|ter (*Seemannsspr.* [kleineres] Wasserfahrzeug zum Leichtern); **leich|tern,** lich|tern (größere Schiffe entladen); ich leichtere, lichtere
leicht|fal|len (keine Mühe bereiten); *vgl.* leicht
leicht|fer|tig; Leicht|fer|tig|keit
Leicht|flug|zeug
leicht|flüs|sig *(fachspr.);* leichtflüssige Legierungen
Leicht|fuß *(ugs. scherzh.);* **leicht|fü|ßig; Leicht|fü|ßig|keit,** die; -
leicht|gän|gig; eine leichtgängige Lenkung
leicht ge|schürzt, leicht|ge|schürzt *vgl.* leicht
Leicht|ge|wicht (Körpergewichtsklasse in der Schwerathletik); **leicht|ge|wich|tig; Leicht|ge|wicht|ler; Leicht|ge|wicht|le|rin**
leicht|gläu|big; Leicht|gläu|big|keit
leicht ha|ben, leicht|ha|ben *vgl.* leicht
Leicht|heit, die; -
leicht|her|zig; Leicht|her|zig|keit, die; -
leicht|hin
Leich|tig|keit, die; -
Leicht|in|dus|t|rie
leicht|le|big; Leicht|le|big|keit
leicht|lich (*veraltend für* mühelos)
Leicht|lohn|grup|pe (unterste Tarifgruppe)
leicht ma|chen, leicht|ma|chen; du machst es dir leicht (machst dir wenig Mühe); *vgl.* leicht
Leicht|ma|t|ro|se; Leicht|ma|t|ro|sin
Leicht|me|tall
leicht|neh|men (unbekümmert hinnehmen); *vgl.* leicht
Leicht|öl
Leicht|schwer|ge|wicht (Körpergewichtsklasse beim Gewichtheben)
Leicht|sinn, der; -[e]s; **leicht|sin|nig; Leicht|sin|nig|keit; Leicht|sinns|feh|ler**
leicht|tun; du hast dich *od.* dir damit leichtgetan (es ist dir nicht schwergefallen); *vgl.* leicht
leicht ver|dau|lich, leicht|ver|dau|lich *vgl.* leicht
leicht ver|derb|lich, leicht|ver|derb|lich *vgl.* leicht
leicht ver|letzt, leicht|ver|letzt *vgl.* leicht
Leicht|ver|letz|te, der *u.* die; -n, -n, **leicht Ver|letz|te,** der *u.* die; - -n, - -n; *vgl.* leicht; ↑K 58
leicht ver|ständ|lich, leicht|ver|ständ|lich *vgl.* leicht
leicht ver|wun|det, leicht|ver|wun|det *vgl.* leicht
Leicht|ver|wun|de|te, der *u.* die; -n, -n, **leicht Ver|wun|de|te,** der *u.* die; - -n, - -n; *vgl.* leicht; ↑K 58
leid / Leid *s. Kasten*
Leid, das; -[e]s; *vgl.* leid / Leid
Lei|de|form (*für* Passiv)
lei|den; du littst; du littest; gelitten; leid[e]!; Not leiden
[1]**Lei|den,** das; -s, - (Krankheit)
[2]**Lei|den** [*niederl.* ˈlɛidə] (niederl. Stadt)
lei|dend
Lei|den|de, der *u.* die; -n, -n
Lei|de|ner ⟨*zu* [2]Leiden⟩; Leidener Flasche *(Physik);* **Lei|de|ne|rin**
Lei|den|schaft; lei|den|schaft|lich; Lei|den|schaft|lich|keit

leid / Leid

(als Adjektiv schweiz. mdal. auch für hässlich, ungut, unlieb) *Großschreibung:* – das Leid, des Leid[e]s – geteiltes Leid ist halbes Leid – jmdm. sein Leid klagen – [sich] ein Leid, *veraltet* Leids [an]tun – ihr soll kein Leid, *veraltet* Leids geschehen – [in] Freud und Leid – schweres Leid [um jmdn.] tragen, erdulden *Groß- und Getrenntschreibung od. Klein- und Zusammenschreibung:* – jmdm. etwas zuleid, zuleide *od.* zu Leid, zu Leide tun ↑K63	*Schreibung in Verbindung mit »tun«:* – leidtun; es tut mir leid; es wird ihm noch leidtun *Kleinschreibung in Verbindung mit »sein« und »werden«* ↑K70: – leid sein, leid werden – ich bin es leid, das immer wieder zu hören – meine zornige Äußerung ist mir leid (*veraltend für* tut mir leid) *Schreibung in Verbindung mit »tragend«:* – die leidtragende Zivilbevölkerung – die Leidtragenden sind die Kinder

lei|den|schafts|los
Lei|dens|druck, der; -[e]s
lei|dens|fä|hig; Lei|dens|fä|hig|keit, die; -
Lei|dens|ge|fähr|te; Lei|dens|ge|fähr|tin; Lei|dens|ge|nos|se; Lei|dens|ge|nos|sin
Lei|dens|ge|schich|te; Lei|dens|ge|sicht; Lei|dens|mie|ne; Lei|dens|weg; Lei|dens|zeit
lei|der; leider Gottes ⟨*entstanden aus* (bei dem) Leiden Gottes⟩
leid|ge|prüft
lei|dig (unangenehm); ein leidiges Thema
Leid|kar|te (*schweiz. für* Trauerkarte)
leid|lich (gerade noch ausreichend)
Leid|mahl (*schweiz. für* Trauermahl)
leid sein *vgl.* leid / Leid
leid|tra|gend *vgl.* leid / Leid; **Leid|tra|gen|de,** der *u.* die; -n, -n; *vgl.* leid / Leid
leid|tun; sie tut uns leid, hat uns leidgetan; das braucht dir nicht leidzutun; *vgl.* leid / Leid
leid|voll *(geh.)*
Leid|we|sen, das; *nur in* zu meinem, seinem usw. Leidwesen (Bedauern)
Leid|zir|ku|lar (*schweiz. für* Todesanzeige)
Lei|er, die; -, -n ⟨griech.⟩ (ein Saiteninstrument; *auch* ein Sternbild); **Lei|e|rei** *(ugs.);* **Lei|e|rer; Lei|e|rin**
Lei|er|kas|ten; Lei|er|kas|ten|frau; Lei|er|kas|ten|mann *Plur.* ...männer
lei|ern; ich leiere
Lei|er|schwanz (ein austral. Vogel)
Leif (m. Vorn.)
Leih|amt; Leih|an|stalt (Leihhaus)
Leih|ar|beit; Leih|ar|bei|ter; Leih|ar|bei|te|rin
Leih|bi|b|lio|thek; Leih|bü|che|rei
Lei|he, die; -, -n (*BGB* unentgeltliches Verleihen; *ugs. für* Leihhaus)
lei|hen; du leihst; du liehst; du liehest; geliehen; leih[e]!; ich leihe mir einen Frack
Leih|ga|be; Leih|ge|ber; Leih|ge|be|rin; Leih|ge|bühr; Leih|haus
Leih|mut|ter (Frau, die ein Kind für eine andere Frau austrägt)
Leih|schein; Leih|stim|me; Leih|ver|kehr; Leih|ver|trag; Leih|wa|gen
leih|wei|se
Leik (Liek)
Lei|kauf, Leit|kauf, der; -[e]s, ...käufe ⟨zu dem veralteten Wort »Leit« = Obstwein⟩ (*landsch. für* Trunk zur Bestätigung eines Vertragsabschlusses)
Lei|la (w. Vorn.)
Leim, der; -[e]s, -e; **lei|men**
Leim|far|be; lei|mig; Leim|ring; Leim|ru|te
Leim|sie|der (*landsch. für* langweiliger Mensch); **Leim|sie|de|rin**
Leim|topf
Lein, der; -[e]s, *Plur. (Sorten:)* -e (Flachs)
...lein (z. B. Brüderlein, das; -s, -)
Lein|acker
[1]**Lei|ne,** die; - (l. Nebenfluss der Aller)
[2]**Lei|ne,** die; -, -n (Strick)
[1]**lei|nen** (aus Leinen)
[2]**lei|nen** (an die Leine nehmen)
Lei|nen, das; -s, -
Lei|nen|band, der (*Abk.* Ln., Lnbd.); **Lei|nen|bin|dung** (*svw.* Leinwandbindung); **Lei|nen|ein|band**
Lei|nen|garn; Lei|nen|kleid; Lei|nen|tuch *Plur.* ...tücher (Tuch aus Leinen; *vgl. aber* Leintuch)
Lei|nen|we|ber (*svw.* Leinweber); **Lei|nen|we|be|rei; Lei|nen|we|be|rin; Lei|nen|zeug,** das; -[e]s
Lei|ne|we|ber (*svw.* Leinweber); **Lei|ne|we|be|rin**
Lein|ku|chen
Lein|öl; Lein|öl|brot
Lein|pfad (Treidelweg)
Lein|saat; Lein|sa|men; Lein|tuch *Plur.* ...tücher (Betttuch; *vgl. aber* Leinentuch)
lein|wand, lei|wand (*österr. ugs. für* großartig); es ist [alles] lei[n]wand!
Lein|wand *für* Maler-, Kinoleinwand u. Ä. *Plur.* ...wände
lein|wand|bin|dig; Lein|wand|bin|dung (einfachste u. festeste Webart)
Lein|wand|grö|ße (*scherzh. für* bekannter Filmstar)
Lein|we|ber (Weber, der Leinwand herstellt); **Lein|we|be|rin; Lein|zeug,** das; -[e]s (Wäsche o. Ä. aus Leinen)
Leip|zig (Stadt in Sachsen); **Leip|zi|ger;** Leipziger Allerlei; Leipziger Messe; **Leip|zi|ge|rin**
leis *vgl.* leise
Leis, der; *Gen.* - *u.* -es, *Plur.* -e[n] ⟨*gekürzt aus* Kyrieleis⟩ (mittelalterl. geistl. Volkslied)
lei|se ↑K72: nicht im Leises|ten (durchaus nicht) zweifeln
lei|se|tre|ten (sich unauffällig, duckmäuserisch verhalten); **Lei|se|tre|ter; Lei|se|tre|te|rei; Lei|se|tre|te|rin; lei|se|tre|te|risch**
[1]**Leist,** der; -[e]s (eine Pferdekrankheit)
[2]**Leist,** der; -[e]s, -e (*schweiz. regional für* Verein zur Förderung

der Interessen einzelner Stadtviertel)
Leis|te, die; -, -n
leis|ten; ich leiste mir ein neues Auto
Leis|ten, der; -s, -; **Leis|ten|beu|ge; Leis|ten|bruch,** der; **Leis|ten|ge|gend; Leis|ten|zer|rung**
Leis|tung; Leis|tungs|ab|fall
leis|tungs|ab|hän|gig; leistungsabhängige Schwerverkehrsabgabe (*Schweiz; Abk.* LSVA)
Leis|tungs|an|stieg; Leis|tungs|auf|trag (*schweiz. für* Auftrag von einer Behörde od. Institution für Dienstleistungen); **Leis|tungs|be|reit|schaft**
leis|tungs|be|zo|gen
Leis|tungs|bi|lanz *(Wirtsch.);* **Leis|tungs|druck,** der; -[e]s
leis|tungs|fä|hig; Leis|tungs|fä|hig|keit
leis|tungs|ge|recht
Leis|tungs|ge|sell|schaft; Leis|tungs|gren|ze; Leis|tungs|ka|ta|log; Leis|tungs|klas|se *(bes. Sport);* **Leis|tungs|knick; Leis|tungs|kon|t|rol|le; Leis|tungs|kraft,** die; **Leis|tungs|kurs** *(Schule);* **Leis|tungs|kur|ve** (Arbeitskurve); **Leis|tungs|lohn; Leis|tungs|merk|mal; Leis|tungs|ni|veau**
leis|tungs|ori|en|tiert
Leis|tungs|prä|mie; Leis|tungs|prin|zip; Leis|tungs|schau
leis|tungs|schwach
Leis|tungs|spek|t|rum
Leis|tungs|sport; Leis|tungs|sport|ler; Leis|tungs|sport|le|rin
Leis|tungs|stand
leis|tungs|stark
Leis|tungs|stei|ge|rung; Leis|tungs|stu|fe; Leis|tungs|test
Leis|tungs|trä|ger; Leis|tungs|trä|ge|rin
Leis|tungs|ver|gleich; Leis|tungs|ver|mö|gen, das; -s; **Leis|tungs|wett|be|werb; Leis|tungs|zen|t|rum** *(Sport);* **Leis|tungs|zu|la|ge; Leis|tungs|zu|schlag**
Leit|an|trag (*bes. Politik;* von einem leitenden Gremium eingebrachter Antrag, dessen Inhalt für alle weiteren gestellten Anträge als Leitlinie gilt)
Leit|ar|ti|kel (Stellungnahme der Zeitung zu aktuellen Fragen); **Leit|ar|tik|ler** (*ugs. für* Verfasser von Leitartikeln); **Leit|ar|tik|le|rin**
leit|bar; Leit|bar|keit, die; -
Leit|bild; Leit|bün|del *(Bot.)*

L
Leis

Lei|te, die; -, -n (*südd., österr. für* Berghang)
Leit|ein|rich|tung *(Verkehrsw.)*
lei|ten; leitender Angestellter
Lei|ten|de, der *u.* die; -n, -n
[1]**Lei|ter,** der
[2]**Lei|ter,** die; -, -n (ein Steiggerät)
lei|ter|ar|tig
Lei|ter|baum
Lei|te|rin
Lei|ter|plat|te *(Elektronik)*
Lei|ter|spros|se; Lei|ter|wa|gen
Leit|fa|den *Plur.* ...fäden
leit|fä|hig; Leit|fä|hig|keit
Leit|fi|gur; Leit|form
Leit|fos|sil (*Geol.* für bestimmte Gesteinsschichten charakteristisches Fossil)
Leit|geb, der; -en, -en, **Leit|ge|ber** ‹zu dem veralteten Wort »Leit« = Obstwein› (*landsch. veraltet für* Wirt); **Leit|ge|be|rin**
Leit|ge|dan|ke; Leit|ge|we|be *(Biol.)*
Lei|tha, die; - (rechter Nebenfluss der Donau); **Lei|tha|ge|bir|ge,** das; -s
Leit|ham|mel; Leit|hund; Leit|idee
Leit|kauf *vgl.* Leikauf
Leit|ke|gel (an Straßenbaustellen)
Leit|kul|tur; Leit|li|nie; Leit|me|di|um
Leit|mo|tiv; leit|mo|ti|visch
Leit|plan|ke; Leit|satz; Leit|schie|ne (*österr. neben* Leitplanke); **Leit|schnur,** die; -; **Leit|spruch; Leit|stel|le; Leit|stern** *vgl.* [2]Stern; **Leit|strahl** *(Funkw., Math., Physik);* **Leit|tier** (führendes Tier einer Herde); **Leit|ton** *Plur.* ...töne
Lei|tung; Lei|tungs|draht
Lei|tungs|funk|ti|on
lei|tungs|ge|bun|den; Lei|tungs|mast, der; **Lei|tungs|netz; Lei|tungs|rohr; Lei|tungs|strom; Lei|tungs|was|ser,** das; -s
Leit|ver|mö|gen, das; -s; **Leit|wäh|rung; Leit|werk; Leit|wert** *(Physik)*
Leit|wolf; Leit|wöl|fin; Leit|wort *Plur.* ...worte *u.* ...wörter; **Leit|zins** *Plur.* ...zinsen *(Wirtsch.)*
lei|wand *vgl.* leinwand
[1]**Lek,** der; - (Mündungsarm des Rheins)
[2]**Lek,** der; -, - ‹alban.› (alban. Währungseinheit)
Lek|ti|on, die; -, -en ‹lat.› (Unterricht[sstunde]; Lernabschnitt, Aufgabe; Zurechtweisung)
Lek|tor, der; -s, ...oren (Sprachlehrer für praktische Übungen an einer Hochschule; Mitarbeiter eines Verlags, der die eingehenden Manuskripte prüft u. bearbeitet; *kath. Kirche* jemand, der liturg. Lesungen hält; *ev. Kirche* jemand, der Lesegottesdienste hält)
Lek|to|rat, das; -[e]s, -e (Lehrauftrag eines Lektors/einer Lektorin; Verlagsabteilung, in der eingehende Manuskripte geprüft u. bearbeitet werden)
lek|to|rie|ren (ein Manuskript prüfen u. bearbeiten); **Lek|to|rin**
Lek|tü|re, die; -, -n ‹franz.› (Lesestoff; *nur Sing.:* Lesen); **Lek|tü|re|kurs; Lek|tü|re|stun|de**
Le|ky|thos, die; -, Lekythen ‹griech.› (altgriech. Salbengefäß)
Le Mans [lə ˈmã:] (franz. Stadt); Le Mans' [lə ˈmã:s] Umgebung ↑K16
Lem|berg (*ukrain.* Lwiw)
Lem|ma, das; -s, -ta ‹griech.› (*Sprachwiss.* Stichwort; *Logik* Vordersatz eines Schlusses); **lem|ma|ti|sie|ren** (mit einem Stichwort versehen, zum Stichwort machen); **Lem|ma|ti|sie|rung**
Lem|ming, der; -s, -e ‹dän. *u.* norw.› (skand. Wühlmaus)
Lem|nis|ka|te, die; -, -n ‹griech.› (eine math. Kurve)
Le|mur, der; -en, -en, **Le|mu|re,** der; -n, -n *meist Plur.* ‹lat.› (Geist eines Verstorbenen; Gespenst; Halbaffe); **le|mu|ren|haft**
Le|mu|ria, die; - (für die Triaszeit vermutete Landmasse zwischen Vorderindien u. Madagaskar); **le|mu|risch**
[1]**Le|na,** die; - (Strom in Sibirien)
[2]**Le|na,** Le|ne, Le|ni (w. Vorn.)
Le|nau (österr. Lyriker)
Len|de, die; -, -n; **Len|den|bra|ten**
len|den|lahm
Len|den|schmerz; Len|den|schurz *(Völkerkunde);* **Len|den|stück; Len|den|wir|bel**
Le|ne *vgl.* [2]Lena
Leng, der; -[e]s, -e (ein Fisch)
Le|ni *vgl.* [2]Lena
Le|nin (sowjet. Politiker)
Le|nin|grad *vgl.* Sankt Petersburg; **Le|nin|gra|der;** Leningrader Sinfonie (von Schostakowitsch); **Le|nin|gra|de|rin**
Le|ni|nis|mus, der; - (Lehre Lenins; Bolschewismus); **Le|ni|nist,** der; -en, -en; **Le|ni|nis|tin; le|ni|nis|tisch**
Le|nis, die; -, Lenes ‹lat.› (*Sprachwiss.* mit geringer Intensität gesprochener Verschluss- od. Reibelaut, z. B. b, w; *Ggs.* Fortis)

ler|nen

- ein gelernter Tischler
- Deutsch, Englisch lernen
- lesen (*auch* [das] Lesen) lernen
- Klavier spielen (*auch* [das] Klavierspielen) lernen

Man schreibt »lernen« vom vorangehenden Verb in der Regel getrennt ↑K 55:

- lieben lernen; schätzen lernen
- wir haben ihn schätzen und lieben gelernt
- rechnen, schwimmen, kochen lernen

Vgl. aber kennenlernen, kennen lernen

Substantivierung ↑K 82:

- beim Lernen stören
- eine Hilfe fürs Schwimmenlernen

Kommasetzung:

- sie lernte die Maschine bedienen
- sie lernte[,] die Maschine zu bedienen ↑K 116

Lenk|ach|se
lenk|bar; Lenk|bar|keit, die; -
Lenk|dra|chen, der; -s, - (größerer, mit Leinen lenkbarer Drachen)
len|ken; Len|ker; Len|ke|rin
Len|ker|prü|fung (*österr. neben* Fahrprüfung)
Lenk|rad; Lenk|rad|schal|tung; Lenk|rad|schloss
lenk|sam; Lenk|sam|keit, die; -
Lenk|stan|ge
Len|kung; Len|kungs|aus|schuss (*bes. Politik*)
Lenk|waf|fe
Len|ne, die; - (linker Nebenfluss der Ruhr)
Le|no|re (w. Vorn.)
len|tan|do ‹ital.› (*Musik* nach u. nach langsamer [werdend])
Len|tan|do, das; -s, *Plur.* -s *u.* ...di
len|to (langsam, gedehnt)
Len|to, das; -s, *Plur.* -s *u.* ...ti
lenz (*Seemannsspr.* leer)
Lenz, der; -es, -e (Frühling; *Plur. auch für* Jahre)
[1]**len|zen** (*geh. für* Frühling werden); es lenzt
[2]**len|zen** (*Seemannsspr.* vor schwerem Sturm mit gerefften Segeln laufen; leer pumpen); du lenzt
Len|zing, der; -s, -e; **Lenz|mo|nat, Lenz|mond** (*alte Bez. für* März)
Lenz|pum|pe (*Seemannsspr.*)
Leo (m. Vorn.)
Le|o|ben (österr. Stadt)
Le|on (m. Vorn.)
Le|o|nar|do da Vin|ci *vgl.* Vinci
Le|on|ber|ger ‹nach der baden-württembergischen Stadt Leonberg› (eine Hunderasse)
Le|on|hard, Lien|hard (m. Vorn.)
Le|o|ni|das (spartan. König)
Le|o|ni|den *Plur.* ‹lat.› (Sternschnuppen im November)
[1]**le|o|ni|nisch** ‹lat.; nach einem mittelalterl. Dichter *od.* nach einem Papst Leo›; leoninischer Vers (ein Vers, dessen Mitte u. Ende sich reimen) ↑K 89 *u.* 135
[2]**le|o|ni|nisch** ‹nach einer Fabel Äsops›; *in der Fügung* leoninischer Vertrag (Vertrag, bei dem der eine Teil allen Nutzen, den »Löwenanteil«, hat) ↑K 89 *u.* 135
le|o|nisch ‹nach der span. Stadt León›; leonische Gespinste, Fäden (Metallfäden) ↑K 89 *u.* 135
Le|o|no|re (w. Vorn.)
Le|o|pard, der; -en, -en ‹lat.› (asiat. u. afrik. Großkatze); **Le|o|par|din**
Le|o|pold (m. Vorn.)
Le|o|pol|di|na, die; - ‹nach dem dt. Kaiser Leopold I.› (*kurz für* Deutsche Akademie der Naturforscher »Leopoldina«)
Le|o|pol|di|ne (w. Vorn.)
Lé|o|pold|ville [le...'vi:l] (*früherer Name von* Kinshasa)
[1]**Le|po|rel|lo** (Diener in Mozarts »Don Giovanni«)
[2]**Le|po|rel|lo,** das, *auch* der; -s, -s (harmonikaartig zusammenzufaltender Papierstreifen)
Le|po|rel|lo|al|bum ↑K 136
Le|p|ra, die; - ‹griech.› (*Med.* Aussatz); **Le|p|rom,** das; -s, -e (Lepraknoten)
le|p|ros, le|p|rös (aussätzig); leprose, lepröse Kranke
Lep|ta (*Plur. von* [1]Lepton)
lep|to... ‹griech.› (schmal...); **Lep|to...** (Schmal...)
Lep|to|kar|di|er *Plur.* (*Zool.* Lanzettfischchen)
[1]**Lep|ton,** das; -s, Lepta (altgriech. Gewicht; frühere griech. Münze [100 Lepta = 1 Drachme])
[2]**Lep|ton,** das; -s, ...onen (*Physik* »leichtes« Elementarteilchen)
lep|to|som (*Anthropol., Med.* schmal-, schlankwüchsig); leptosomer Typ; **Lep|to|so|me,** der *u.* die; -n, -n (Schmalgebaute[r])
LER, das; - *meist ohne Artikel* = Lebensgestaltung – Ethik – Religion (Unterrichtsfach in Brandenburg)
Ler|che, die; -, -n (eine Vogelart); *vgl. aber* Lärche
Ler|chen|sporn *Plur.* ...sporne (eine Wald- u. Zierpflanze)
Ler|nä|i|sche Schlan|ge, die; -n - ‹nach dem Sumpfsee Lerna› (Ungeheuer der griech. Sage)
lern|bar
Lern|be|gier[|de], die; -; **lern|be|gie|rig**
lern|be|hin|dert; Lern|be|hin|der|te, der *u.* die; -n, -n
Lern|ef|fekt
Lern|ei|fer; lern|eif|rig
ler|nen *s. Kasten*
Ler|ner (*bes. fachspr.*)
Lern|er|folg; Ler|ne|rin
lern|fä|hig; Lern|fä|hig|keit
Lern|fort|schritt
lern|ge|stört
Lern|grup|pe
Lern|hil|fe; Lern|in|halt
Lern|mit|tel, das (Hilfsmittel für Lernende); **Lern|mit|tel|frei|heit,** die; -
Lern|mo|ti|va|ti|on
Lern|pfle|ger (m. Person, die zum Krankenpfleger ausgebildet wird)
Lern|pro|gramm; Lern|pro|zess; Lern|schritt
Lern|schwes|ter (w. Person, die zur Krankenschwester ausgebildet wird)
Lern|soft|ware (Computerprogramm, das Lerninhalte vermittelt)
Lern|stoff; Lern|stö|rung
lern|un|wil|lig; lern|wil|lig
Lern|zeit; Lern|ziel
Les|art
les|bar; Les|bar|keit, die; -
Les|be, die; -, -n (*ugs. u. Selbstbez. für homosexuell veranlagte Frau*); **Les|ben|ehe** (*ugs.*)
Les|bi|er (Bewohner von Lesbos)
[1]**Les|bi|e|rin** (Bewohnerin von Lesbos)
[2]**Les|bi|e|rin** (*seltener für* Lesbe)

lẹtz|te

Kleinschreibung ↑K 89:	– sich bis aufs Letzte (völlig, total) verausgaben
– letzte Ehre – die letzte Ruhestätte – der letzte Schrei – das letzte Stündlein – letzten Endes – eine Ausgabe letzter Hand *(Buchw.)* – das letzte Mal; zum letzten Mal (*vgl.* Mal) – der Letzte *od.* letzte Wille (das Testament) – die Letzten *od.* letzten Dinge (nach kath. Lehre)	– im Letzten (zutiefst) getroffen sein – bis ins Letzte (bis in jedes Detail) – bis zum Letzten (äußerst) angespannt sein – bis zum Letzten (Äußersten) gehen – fürs Letzte (zuletzt) – der Letzte des Monats – das ist ja wohl das Letzte (*ugs. für* empörend) *Großschreibung in bestimmten namensähnlichen Fügungen* ↑K 151:
Großschreibung der Substantivierung ↑K 72:	– das Letzte Gericht – die Letzte Ölung (*kath. Kirche früher für* Krankensalbung)
– der Letzte, der kam – als Letzter fertig werden – er ist der Letzte, den ich wählen würde – dies ist das Letzte, was ich tun würde – den Letzten beißen die Hunde – die Letzten werden die Ersten sein – sein Letztes hergeben – ein Letztes habe ich zu sagen – am, zum Letzten (zuletzt)	*Wortstellung:* – die zwei letzten Tage *od.* die letzten zwei Tage des Urlaubs waren besonders ereignisreich – die letzten zwei Tage *od.* die zwei letzten Tage habe ich fast nichts gegessen

lẹs|bisch; lesbische Liebe (Homosexualität bei Frauen)
Lẹs|bos (Insel im Ägäischen Meer)
Le̲|se, die; -, -n (Weinernte)
Le̲|se|abend; Le̲|se|au|to|mat
Le̲|se|bot|schaf|ter; Le̲|se|bot|schaf|te|rin; Le̲|se|bril|le; Le̲|se|buch; Le̲|se|dra|ma; Le̲|se|ecke; Le̲|se|frucht; Le̲|se|ge|rät; Le̲|se|hun|ger; Le̲|se|lam|pe; Le̲|se|lounge [...la̲untʃ]; **Le̲|se|lu|pe**
le̲|sen; du liest; er liest; du lasest, *seltener* last; du läsest; gelesen; lies! (*Abk.* l.); lesen lernen, *aber* ↑K 82: beim Lesenlernen
le̲|sens|wert
Le̲|se|pro|be; Le̲|se|pult
Le̲|ser
Le̲|se|rat|te (*ugs. für* leidenschaftlicher Leser); **Le̲|se|raum**
Le̲|ser|brief
Le̲|se-Recht|schreib-Schwä|che ↑K 26 (*Med., Psychol.* Lernstörung beim Lesen od. Rechtschreiben von Wörtern; *Abk.* LRS); *vgl. auch* Legasthenie
Le|se|re̲i; Le̲|se|rei|se (Reise eines Autors zu Lesungen in Buchhandlungen u. a.); **Le̲|se|rin**
Le|ser/-innen, Le|ser(innen) (*Kurzformen für* Leserinnen u. Leser)
Le̲|ser|kom|men|tar; Le̲|ser|kreis
le̲|ser|lich; Le̲|ser|lich|keit, die; -
Le̲|ser|rei|se
Le̲|ser|re|por|ter; Le̲|ser|re|por|te|rin
Le̲|ser|schaft
Le̲|ser|stim|me (in einem Leserbrief dargestellte Meinung)
Le̲|ser|wunsch; Le̲|ser|zu|schrift
Le̲|se|saal; Le̲|se|stoff; Le̲|se|wut (*ugs.*); **Le̲|se|zei|chen; Le̲|se|zim|mer; Le̲|se|zir|kel**
Le|so̲|ther; Le|so̲|the|rin; le|so̲|thisch; Le|so̲|tho (Staat in Afrika)
Lẹs|sing (dt. Dichter); **lẹs|singsch;** lessingsche *od.* Lessing'sche Dramen ↑K 89 *u.* 135
Le̲|sung
le|ta̲l ⟨lat.⟩ (*Med.* tödlich)
Le|thar|gi̲e, die; - ⟨griech.⟩ (Schlafsucht; Trägheit, Teilnahms-, Interesselosigkeit); **le|tha̲r|gisch**
Le̲|the, die; - ⟨nach dem Unterweltfluss der griech. Sage⟩ (*geh. für* Vergessenheit[strank])
Lẹt|kiss, der; -, - ⟨finn.-engl.⟩ (ein Modetanz der 1960er-Jahre)
Lẹt|scho, das, *auch* der; -[s] ⟨ung.⟩ (ung. Gemüsegericht)
Lẹt|te, der; -n, -n (Angehöriger eines balt. Volkes)
Lẹt|ten, der; -s, - (Ton, Lehm; *bayr., österr. ugs. für* Schlamm)
Lẹt|ter, die; -, -n ⟨lat.⟩ (Druckbuchstabe)
Lẹt|tern|gieß|ma|schi|ne; Lẹt|tern|gut, das; -[e]s; **Lẹt|tern|me|tall**
Lẹt|te-Ver|ein ↑K 136, der; -s (von W. A. Lette 1866 gegründeter Verein zur Förderung der Berufsausbildung von Mädchen)
lẹt|tig ⟨*zu* Letten⟩ (ton-, lehmhaltig; *bayr., österr. ugs. für* schlammig, morastig)
Lẹt|tin; lẹt|tisch; lettische Sprache; *vgl.* deutsch; **Lẹt|tisch,** das; -[s] (Sprache); *vgl.* Deutsch; **Lẹt|ti|sche,** das; -n; *vgl.* ²Deutsche;
Lẹtt|land
Lẹtt|ner, der; -s, - ⟨lat.⟩ (Schranke zwischen Chor u. Langhaus in mittelalterl. Kirchen)
lẹtz (*südd. u. schweiz. mdal. für* verkehrt, falsch); letzer, letzeste
lẹt|zen (*veraltet für* laben, erquicken); du letzt; sich letzen
Lẹtzt, die; - (*veraltet für* Abschiedsmahl); zu guter Letzt; auf die Letzt (*bayr., österr. ugs. für* schließlich)
lẹtz|te *s. Kasten*
lẹtzt|end|lich; lẹtz|tens
lẹtz|te|re; der letztere (zuletzt genannte) Fall; ↑K 72: Letzterer *od.* der Letztere kommt nicht in Betracht; Letzteres muss noch geprüft werden
lẹtzt|ge|nannt; Lẹtzt|ge|nann|te, der *u.* die; -n, -n
lẹtzt|hän|dig (noch zu Lebzeiten eigenhändig vorgenommen)
lẹtzt|hin; lẹtzt|jäh|rig; lẹtzt|lich
lẹtzt|ma|lig; lẹtzt|mals
lẹtzt|mög|lich; lẹtzt|plat|ziert (*bes. Sport*)
Lẹtzt|ver|brau|cher (*Wirtsch. svw.* Endverbraucher); **Lẹtzt|ver|brau|che|rin**
lẹtzt|wil|lig; letztwillige Verfügung
¹Le̲u, der; -en, -en (*geh. für* Löwe)
²Le̲u, der; -, Lẹi ⟨rumän., »Löwe«⟩ (rumän. Währungseinheit; *Währungscode* ROL)
Le̲ucht|ba|ke; Le̲ucht|bo|je; Le̲ucht|bom|be; Le̲ucht|di|o|de
Le̲uch|te, die; -, -n

L
lesb

leuch|ten; leuch|tend; leuchtend blaue Augen; leuchtend rotes Herbstlaub
Leuch|ter; Leucht|er|schei|nung
Leucht|far|be; Leucht|feu|er
Leucht|gas, das; -es; **Leucht|kä|fer; Leucht|kraft; Leucht|ku|gel**
Leucht|mit|tel *(Elektrot.)*
Leucht|pis|to|le; Leucht|ra|ke|te; Leucht|re|kla|me; Leucht|röh|re; Leucht|schirm; Leucht|schrift; Leucht|si|g|nal; Leucht|spur
Leucht|stoff|lam|pe; Leucht|stoff-röh|re
Leucht|turm; Leucht|turm|wär|ter; Leucht|turm|wär|te|rin
Leucht|zif|fer; Leucht|zif|fer|blatt
leug|nen; Leug|ner; Leug|ne|rin; Leug|nung
leuk... ‹griech.› (weiß...); **Leuk...** (Weiß...)
Leu|k|ä|mie, die; -, ...ien *(Med.* »Weißblütigkeit«, Blutkrebs); **leu|k|ä|misch** (an Leukämie leidend)
Leu|kipp, Leu|kip|pos (griech. Philosoph)
leu|ko|derm *(Med.* hellhäutig); **Leu|ko|der|ma,** das; -s, ...men (Auftreten weißer Flecken auf der Haut)
Leu|kom, das; -s, -e (weißer Hornhautfleck)
Leu|ko|pa|thie, die; -, ...ien *(vgl.* Leukoderma)
[1]**Leu|ko|plast,** der; -en, -en *(Biol.* Bestandteil der Pflanzenzelle)
[2]**Leu|ko|plast®,** das; -[e]s, -e (Heftpflaster)
Leu|kor|rhö, die; -, -en *(Med.* weißer [Aus]fluss bei Gebärmutterkatarrh); **leu|kor|rhö|isch**
Leu|ko|to|mie, die; -, ...ien *(Med.* chirurg. Eingriff in die weiße Gehirnsubstanz; *svw.* Lobotomie)
Leu|ko|zyt, der; -en, -en *meist Plur.* *(Med.* weißes Blutkörperchen); **Leu|ko|zy|to|se,** die; -, -n (krankhafte Vermehrung der weißen Blutkörperchen)
Leu|mund, der; -[e]s (Ruf); **Leu|munds|zeug|nis**
Leu|na (Stadt an der Saale; ®)
Leut|chen *Plur. (ugs.)*
Leu|te *Plur.;* **leu|te|scheu**
Leu|te|schin|der *(abwertend);* **Leu|te|schin|de|rin**
Leut|nant, der; -s, *Plur.* -s, *seltener* -e ‹franz.› (unterster Offiziersgrad; *Abk.* Lt., Ltn.); **Leut|nan|tin**
Leut|nants|rang, der; -[e]s; **Leut|nants|uni|form**
Leut|pries|ter *(veraltet für* Weltgeistlicher, Laienpriester)
leut|se|lig; Leut|se|lig|keit, die; -
Leu|wa|gen, der; -s, - *(nordd. für* Schrubber)
Leu|zit, der; -s, -e ‹griech.› (ein Mineral)
Le|va|de, die; -, -n ‹franz.› *(Reitsport* Aufrichten des Pferdes auf der Hinterhand)
Le|van|te, die; - ‹ital.› (Mittelmeerländer östl. von Italien)
Le|van|ti|ne, die; - (ein Gewebe)
Le|van|ti|ner (Bewohner der Levante); **Le|van|ti|ne|rin; le|van|ti|nisch**
Le|vee [lə...], die; -, -s ‹franz.› *(früher für* Aushebung von Rekruten)
Le|vel, das *u.* der; -s, -[s] ‹engl.› (Niveau, [Schwierigkeits]stufe)
Le|ver [ləˈveː], das; -s, -s ‹franz.› *(früher für* Morgenempfang bei Fürsten)
Le|ver|ku|sen [...v..., *auch* ...ˈkuː...] (Stadt am Niederrhein); **Le|ver|ku|se|ner; Le|ver|ku|se|ne|rin**
Le|vi (bibl. m. Eigenn.)
Le|vi|a|than, *ökum.* Le|vi|a|tan [*auch* ...ˈtaːn], der; -s ‹hebr.› (Ungeheuer der altoriental. Mythol.)
Le|vin, Le|win (m. Vorn.)
Le|vi|rats|ehe ‹lat.; dt.› (Ehe eines Mannes mit der Frau seines kinderlos verstorbenen Bruders)
Le|vit, der; -en, -en (Angehöriger des jüdischen Stammes Levi; Tempeldiener im A. T.; *Plur.: kath. Kirche früher* Helfer des Priesters beim feierlichen Hochamt)
Le|vi|ta|ti|on, die; -, -en ‹lat.› *(Parapsychologie* [vermeintliche] Aufhebung der Schwerkraft)
Le|vi|ten ‹*zu* Levit›; *nur in* jmdm. die Leviten lesen ‹nach den Verhaltensvorschriften des Levitikus› *(ugs. für* [ernste] Vorhaltungen machen)
le|vi|tie|ren ‹*zu* Levitation›
Le|vi|ti|kus, der; - (3. Buch Mosis); **le|vi|tisch** ‹*zu* Levit›
Lev|koie *(älter für* Levkoje); **Lev|ko|je,** die; -, -n ‹griech.› (eine Zierpflanze)
Lew, der; -[s], Lewa ‹bulgar., »Löwe«› (bulgar. Währungseinheit; *Währungscode* BGN; *Abk.* Lw)
Le|win *vgl.* Levin
Lex, die; -, Leges ‹lat.› (Gesetz; Gesetzesantrag); Lex Heinze
Le|xem, das; -s, -e ‹russ.› *(Sprachwiss.* Wortschatzeinheit im Wörterbuch)
Le|xik, die; - (Wortschatz einer [Fach]sprache)
le|xi|kal *(seltener für* lexikalisch)
le|xi|ka|lisch (das Lexikon betreffend, in der Art eines Lexikons)
le|xi|ka|li|siert *(Sprachwiss.* als Worteinheit festgelegt [z. B. Zaunkönig, hochnäsig])
Le|xi|ko|graf, Le|xi|ko|graph, der; -en, -en (Verfasser eines Wörterbuches); **Le|xi|ko|gra|fie**, Le|xi|ko|gra|phie, die; - ([Lehre von der] Abfassung eines Wörterbuches); **Le|xi|ko|gra|fin**, Le|xi|ko|gra|phin; **le|xi|ko|gra|fisch**, le|xi|ko|gra|phisch
Le|xi|ko|graph, Le|xi|ko|gra|phie usw. *vgl.* Lexikograf, Lexikografie usw.
Le|xi|ko|lo|ge, der; -n, -n; **Le|xi|ko|lo|gie,** die; - (Lehre von Aufbau u. Struktur des Wortschatzes); **Le|xi|ko|lo|gin; le|xi|ko|lo|gisch**
Le|xi|kon, das; -s, *Plur.* ...ka, *auch* ...ken (alphabetisch geordnetes Nachschlagewerk; *auch für* Wörterbuch)
Le|xi|kon|for|mat, das; -[e]s, -e, **Le|xi|kon|ok|tav,** das; -s *(Abk.* Lex.-8°)
le|xisch (die Lexik betreffend)
Lex.-8° = Lexikonoktav, Lexikonformat
Ley|la [ˈleɪla] (w. Vorn.)
Le|zi|thin, *fachspr.* Le|ci|thin, das; -s ‹griech.› *(Chemie, Biol.* phosphorhaltiger Nährstoff)
LFA, der; -[s] = Länderfinanzausgleich
lfd. = laufend *(vgl. d.)*
L-för|mig [ˈɛl...] (in Form eines lat. L); ↑K29
lfr *vgl.* Franc
LG, das; - = Landgericht
Lha|sa [ˈlaː...] (Hauptstadt Tibets)
Lho|t|se [loː...], der; - (Berg im Himalaja)
Li *(chem. Zeichen für* Lithium)
Li|ai|son [li̯eˈzõː, *auch, bes. südd., österr.,* ...ˈzoːn], die; -, *Plur.* -s, *auch, bes. südd., österr.,* ...onen ‹franz.› *(veraltend für* Verbindung; Liebesverhältnis)
[1]**Li|a|ne,** die; -, -n *meist Plur.* ‹franz.› (eine Schlingpflanze)
[2]**Li|a|ne** (w. Vorn.)
Li|as, der *od.* die; - ‹franz.› *(Geol.* untere Abteilung der Juraforma-

L
Lias

tion); **Li|as|for|ma|ti|on; li|as|sisch** (zum Lias gehörend)
Li|ba|ne|se, der; -n, -n; **Li|ba|ne|sin; li|ba|ne|sisch**
[1]**Li|ba|non,** -s, *auch mit Artikel* der; -[s] (Staat im Vorderen Orient)
[2]**Li|ba|non,** der; -[s] (Gebirge im Vorderen Orient)
Li|ba|ti|on, die; -, -en ⟨lat.⟩ (altröm. Trankopfer)
Li|bell, das; -s, -e ⟨lat., »Büchlein«⟩ (Klageschrift im alten Rom; Schmähschrift)
Li|bel|le, die; -, -n ⟨lat.⟩ (ein Insekt; Teil der Wasserwaage)
Li|bel|len|waa|ge
Li|bel|list, der; -en, -en ⟨lat.⟩ (*veraltet für* Verfasser einer Schmähschrift); **Li|bel|lis|tin**
Li|be|ra, die; -, -s ⟨*zu* Libero⟩
li|be|ral ⟨lat.⟩ (vorurteilslos; freiheitlich; den Liberalismus vertretend); eine liberale Partei; *aber* ↑K150 : Liberal-Demokratische Partei Deutschlands (*DDR; Abk.* LDPD); das Liberale Forum *(österr.);* **Li|be|ra|le, der** *u.* die; -n, -n (Anhänger[in] des Liberalismus)
li|be|ra|li|sie|ren (von Einschränkungen befreien, freiheitlich gestalten); **Li|be|ra|li|sie|rung** (das Liberalisieren; *Wirtsch.* Aufhebung der staatl. Außenhandelsbeschränkungen)
Li|be|ra|lis|mus, der; - (Denkrichtung, die die freie Entfaltung des Individuums fordert)
Li|be|ra|list, der; -en, -en; **Li|be|ra|lis|tin; li|be|ra|lis|tisch** (freiheitlich im Sinne des Liberalismus; *auch* extrem liberal)
Li|be|ra|li|tät, die; - (Freiheitlichkeit; Vorurteilslosigkeit)
Li|be|ra|li|um Ar|ti|um Ma|gis|ter ⟨lat.⟩ (Magister der freien Künste; *Abk.* L. A. M.)
Li|be|ria (Staat in Westafrika); **Li|be|ri|a|ner; Li|be|ri|a|ne|rin; li|be|ri|a|nisch**
Li|be|ro, der; -[s], -s ⟨ital.⟩ (*Fußball* freier Verteidiger)
Li|ber|tas (röm. Göttin der Freiheit)
Li|ber|tät, die; -, -en ⟨franz.⟩ (*früher für* ständische Freiheit)
Li|ber|té, Éga|li|té, Fra|ter|ni|té (»Freiheit, Gleichheit, Brüderlichkeit«, die drei Losungsworte der Franz. Revolution)
Li|ber|tin [...'tɛ̃:], der; -s, -s ⟨franz.⟩ (*veraltet für* Wüstling); **Li|ber|ti|na|ge** [...ʒə], die; -, -n (*geh. für* Zügellosigkeit)
li|bi|di|nös; Li|bi|do [*auch* ...'bi:...], die; - (Geschlechtstrieb)
Li|b|ra|ti|on, die; -, -en ⟨lat.⟩ (*Astron.* scheinbare Mondschwankung)
Li|b|ret|tist, der; -en, -en ⟨ital.⟩ (Verfasser von Librettos); **Li|b|ret|tis|tin; Li|b|ret|to,** das; -s, *Plur.* -s *u.* ...tti (Text[buch] von Opern, Operetten usw.)
Li|b|re|ville [...'vi:l] (Hauptstadt Gabuns)
Li|bus|sa (sagenhafte tschech. Königin)
Li|by|en (Staat in Nordafrika); **Li|by|er; Li|by|e|rin; li|bysch;** *aber* ↑K140 : die Libysche Wüste
lic. (*schweiz. für* Lic.)
Lic. = Licentiatus; *vgl.* [2]Lizenziat
li|cet ⟨lat.⟩ (»es ist erlaubt«)
...lich (z. B. weiblich)
Li|che|no|lo|ge, der; -n, -n; **Li|che|no|lo|gie,** die; - ⟨lat.⟩ (*Bot.* Flechtenkunde); **Li|che|no|lo|gin**
licht; es wird licht; ein lichter Wald; im Lichten (↑K72 ; im Hellen; im Inneren gemessen); lichte Weite (Abstand von Wand zu Wand bei einer Röhre u. a.); lichte Höhe (lotrechter Abstand von Kante zu Kante bei einem Tor u. a.)
Licht, das; -[e]s, *Plur.* -er, *veraltet u. geh.* Lichte (*auch Jägerspr. für* Auge des Schalenwildes [*Plur. nur* Lichter])
Licht|al|ler|gie; Licht|an|la|ge
licht|arm
Licht|bad *(Med.)*
Licht|be|hand|lung *(Med.)*
licht|be|stän|dig; Licht|be|stän|dig|keit
Licht|bild (*für* Passbild; Fotografie; Diapositiv); **Licht|bil|der|vor|trag**
licht|blau
Licht|blick; Licht|blitz
licht|blond
Licht|bo|gen *(Technik)*
licht|braun
licht|bre|chend (*für* dioptrisch); **Licht|bre|chung** *(Physik)*
Licht|chen
Licht|druck *Plur.* ...drucke
licht|durch|flu|tet; licht|durch|läs|sig
Lich|te, die; - (lichte Weite)
licht|echt; Licht|echt|heit, die; -
Licht|ef|fekt; Licht|ein|fall
licht|elek|t|risch *(Physik)*
lich|teln (*landsch. für* Kerzen brennen lassen); ich licht[e]le
licht|emp|find|lich; Licht|emp|find|lich|keit
[1]**lich|ten** (licht machen); das Dunkel lichtet sich
[2]**lich|ten** (*Seemannsspr.* anheben); den Anker lichten
Lich|ten|berg (dt. Physiker u. Schriftsteller)
Licht|ener|gie
Lich|ten|stein (Schloss südlich von Reutlingen); *vgl. aber* Liechtenstein
Lich|ter *vgl.* Leichter
Lich|ter|baum (Weihnachtsbaum)
Lich|ter|fest (jüd. Fest der Tempeleinweihung)
Lich|ter|glanz; Lich|ter|ket|te
lich|ter|loh
Lich|ter|meer
lich|tern *vgl.* leichtern
Licht|fil|ter; Licht|ge|schwin|dig|keit *Plur. selten;* **Licht|ge|stalt**
licht|grau; licht|grün
Licht|hof; Licht|hu|pe
Licht|in|s|tal|la|ti|on
Licht|jahr (astron. Längeneinheit; *Zeichen* ly)
Licht|ke|gel; Licht|kreis; Licht|lein; Licht|lei|tung
licht|los
Licht|man|gel; Licht|ma|schi|ne
Licht|mess (kath. Fest)
Licht|mes|sung (Fotometrie); **Licht|nel|ke; Licht|or|gel; Licht|pau|se; Licht|punkt; Licht[|putz]|sche|re; Licht|quel|le; Licht|re|flex**
Licht|satz (fotograf. Setzverfahren)
Licht|schacht; Licht|schal|ter; Licht|schein
licht|scheu
Licht|schim|mer; Licht|schran|ke *(Elektrot.);* **Licht|schutz|fak|tor** (bei Sonnenschutzmitteln u. Kosmetika); **Licht|si|g|nal**
Licht|spiel (*veraltend für* Kinofilm)
Licht|spiel|haus; Licht|spiel|the|a|ter (*veraltend für* Kino)
licht|stark; Licht|stär|ke
Licht|strahl
Licht|strom *(Physik)*
Licht|tech|nik; licht|tech|nisch
Licht|the|ra|pie
licht|trun|ken *(geh.)*
Lich|tung
Licht|ver|hält|nis|se *Plur.*
licht|voll *(geh.)*
licht|wen|dig (*für* fototropisch); **Licht|wen|dig|keit,** die; - (*für* Fototropismus)
Licht|zei|chen (*svw.* Lichtsignal)
Lic. theol. = Licentiatus theologiae; *vgl.* [2]Lizenziat

L
Lias

lieb

Kleinschreibung:	*Schreibung in Verbindung mit Verben:*
– ein liebes Kind; lieber Besuch – der liebe Gott – am liebsten; es wäre mir am liebsten	– sich bei jmdm. lieb Kind machen – sie hat ihn immer lieb behalten *od.* liebbehalten – er wird sie lieb gewinnen *od.* liebgewinnen – lieb haben *od.* liebhaben; sie haben sich alle [sehr] lieb gehabt *od.* liebgehabt – ↑K58 : eine lieb gewordene *od.* liebgewordene Gewohnheit *Vgl. aber* liebäugeln, liebkosen
Großschreibung der Substantivierung ↑K72: – etwas, viel, nichts Liebes – mein Lieber; meine Liebe; mein Liebes – sich vom Liebsten trennen – es ist mir das Liebste (sehr lieb), wenn ...	
Großschreibung in Namen ↑K89: – [Kirche] Zu Unsrer Lieben Frau[en]	

Lid, das; -[e]s, -er (Augendeckel); *vgl. aber* Lied
Li|di|ce ['lidjitsɛ] (tschech. Ort)
Lid|krampf (*Med.* krampfhaftes Schließen der Augenlider)
Li|do, der; -s, *Plur.* -s, *auch* Lidi ‹ital.› (Nehrung, bes. die bei Venedig)
Lid|rand; Lid|sack; Lid|schat|ten; Lid|schlag; Lid|spal|te; Lid|strich
lieb *s. Kasten*
Lieb, das; -s (Geliebte[r]); mein Lieb
lieb|äu|geln; er hat mit diesem Plan geliebäugelt; zu liebäugeln
lieb be|hal|ten, **lieb|be|hal|ten** *vgl.* lieb
Lieb|chen
Lieb|den, die; - (veraltete Anrede an Adlige); Euer Liebden
Lie|be, die; -, *Plur.* (*ugs. für* Liebschaften:) -n; Lieb und Lust ↑K13 ; mir zuliebe; etwas jmdm. zuliebe tun ↑K63
lie|be|be|dürf|tig
Lie|be|die|ner (*abwertend für* unterwürfiger Mensch); **Lie|be|die|ne|rei; Lie|be|die|ne|rin; lie|be|die|ne|risch; lie|be|die|nern** (unterwürfig schmeicheln); er hat geliebedienert; zu liebedienern
lie|be|leer
Lie|be|lei; lie|beln (*veraltet für* flirten); ich lieb[e]le
lie|ben; sie haben sich lieben gelernt ↑K55
Lie|ben|de, der *u.* die; -n, -n
lie|ben ler|nen *vgl.* lieben
lie|bens|wert
lie|bens|wür|dig; lie|bens|wür|di|ger|wei|se; Lie|bens|wür|dig|keit
lie|ber *vgl.* gern
Lie|ber|mann (dt. Maler)
Lie|bes|aben|teu|er; Lie|bes|af|fä|re; Lie|bes|akt; Lie|bes|ap|fel
Lie|bes|ban|de *Plur.* (*geh.*); **Lie|bes|be|zei|gung** (*veraltet*); **Lie|bes|be|zie|hung; Lie|bes|brief**
Lie|bes|die|ne|rin (*ugs. für* Prostituierte); **Lie|bes|dienst**
Lie|bes|dra|ma
Lie|bes|ent|zug (*Psychol.*)
Lie|bes|er|klä|rung; Lie|bes|fä|hig|keit; Lie|bes|film; Lie|bes|ga|be; Lie|bes|ge|dicht; Lie|bes|ge|schich|te; Lie|bes|ge|ständ|nis; Lie|bes|glück, das; -[e]s
Lie|bes|gott; Lie|bes|göt|tin
Lie|bes|hei|rat
lie|bes|hung|rig
Lie|bes|kno|chen (*landsch. für* Eclair); **Lie|bes|ko|mö|die; lie|bes|krank; Lie|bes|kum|mer; Lie|bes|kunst; Lie|bes|lau|be; Lie|bes|le|ben**, das; -s; **Lie|bes|lied; Lie|bes|lust; Lie|bes|ly|rik**
Lie|bes|müh, Lie|bes|mü|he
Lie|bes|nacht; Lie|bes|nest; Lie|bes|paar; Lie|bes|pär|chen
Lie|bes|per|len *Plur.* (zur Verzierung von Gebäck)
Lie|bes|qual *meist Plur.*
Lie|bes|ro|man
Lie|bes|schloss (an einem Brückengeländer angebrachtes Vorhängeschloss, dessen Schlüssel in den Fluss geworfen wurde [als Symbol dauerhafter Liebe])
Lie|bes|schwur; Lie|bes|spiel; Lie|bes|sze|ne
lie|bes|toll
Lie|bes|tö|ter *Plur.* (*ugs. scherzh. für* lange, warme Unterhose)
Lie|bes|trank; lie|bes|trun|ken
Lie|bes|ver|hält|nis; Lie|bes|zau|ber
lie|be|voll
Lieb|frau|en|kir|che (Kirche Zu Unsrer Lieben Frau[en]); **Lieb|frau|en|milch** (ein Wein); *als* ®: Liebfraumilch
lieb ge|win|nen, **lieb|ge|win|nen**
lieb ge|wor|den, **lieb|ge|wor|den**
lieb ha|ben, **lieb|ha|ben** *vgl.* lieb
Lieb|ha|ber; Lieb|ha|ber|büh|ne; Lieb|ha|be|rei; Lieb|ha|be|rin; Lieb|ha|ber|preis; Lieb|ha|ber|wert
Lieb|hard (m. Vorn.)
Lie|big (dt. Chemiker; ®)
Lieb|kind (*bes. österr., schweiz. für* jmd., etw. sehr Beliebtes, Bevorzugtes [wofür man sich immer wieder einsetzt]); *vgl. aber* lieb
Lieb|knecht (Mitbegründer der Sozialist. Arbeiterpartei Deutschlands)
lieb|ko|sen [*auch* 'li:p...]; er hat liebkost (*auch* geliebkost); **Lieb|ko|sung**
lieb|lich; Lieb|lich|keit
Lieb|ling
Lieb|lings|be|schäf|ti|gung; Lieb|lings|buch
Lieb|lings|dich|ter; Lieb|lings|dich|te|rin
Lieb|lings|far|be; Lieb|lings|ge|richt; Lieb|lings|kind; Lieb|lings|lied; Lieb|lings|platz
Lieb|lings|schü|ler; Lieb|lings|schü|le|rin
Lieb|lings|the|ma
Lieb|lings|wort *Plur.* ...wörter
lieb|los; Lieb|lo|sig|keit; lieb|reich
Lieb|reiz; lieb|rei|zend
Lieb|schaft
Liebs|te, der *u.* die; -n, -n
Lieb|stö|ckel, das *od.* der; -s, - (eine Heil- u. Gewürzpflanze)
lieb|wert (*veraltet*)
Liech|ten|stein ['lɪç...] (Fürstentum); *vgl. aber* Lichtenstein; **Liech|ten|stei|ner; Liech|ten|stei|ne|rin; liech|ten|stei|nisch**
Lied, das; -[e]s, -er (Gedicht; Gesang); *vgl. aber* Lid
Lied|chen
Lie|der|abend; Lie|der|buch; Lie|der|hand|schrift
Lie|der|jan, der; -[e]s, -e (*ugs. veraltend für* liederlicher Mensch)

L
Lied

lie|der|lich; Lie|der|lich|keit
Lie|der|ma|cher; Lie|der|ma|che|rin
lie|der|reich
Lie|der|zy|k|lus; Lied|gut, das; -[e]s
lied|haft
Lied|lein; Lied|text
lief *vgl.* laufen
Lie|fe|rant, der; -en, -en ⟨*zu* liefern, mit lat. Endung⟩ (Lieferer); **Lie|fe|ran|ten|ein|gang; Lie|fe|ran|tin**
lie|fer|bar
Lie|fer|be|din|gung *meist Plur.*
Lie|fer|be|trieb; Lie|fer|boy|kott
Lie|fe|rer
Lie|fer|fir|ma; Lie|fer|frist
Lie|fe|rin
lie|fern; ich liefere
Lie|fer|schein; Lie|fer|stopp; Lie|fer|ter|min; Lie|fer|um|fang
Lie|fe|rung; Lie|fe|rungs|ort, der; -[e]s, -e; **Lie|fe|rungs|sper|re**
lie|fe|rungs|wei|se
Lie|fer|ver|trag; Lie|fer|ver|zö|ge|rung; Lie|fer|wa|gen; Lie|fer|zeit
Lie|ge, die; -, -n (ein Möbelstück)
Liège [ljɛːʒ] (*franz. Form von* Lüttich)
Lie|ge|geld *(Seew.);* **Lie|ge|hal|le; Lie|ge|kur**

L
lied

lie|gen

- du lagst; du lägest; gelegen; lieg[e]!
- ich habe (*südd., österr., schweiz.* bin) gelegen
- ich habe eine Flasche Wein im Keller liegen (*nicht* zu liegen)
- sie ist im Bett liegen geblieben; *aber* die Arbeit ist liegen geblieben *od.* liegengeblieben (wurde nicht erledigt)
- du sollst den Stein liegen lassen; *aber* ich habe meine Brieftasche liegen lassen *od.* liegenlassen (vergessen)
- sie hat ihn links liegen lassen *od.* liegenlassen, *seltener* liegen gelassen *od.* liegengelassen (vergessen, nicht beachtet)

lie|gen blei|ben, lie|gen|blei|ben *vgl.* liegen
lie|gend; liegendes Gut, liegende Güter; **Lie|gen|de,** das; -n (*Bergmannsspr.; Ggs.* Hangende)
lie|gen las|sen, lie|gen|las|sen *vgl.* liegen
Lie|gen|schaft (Grundbesitz)
Lie|ge|platz *(Seew.);* **Lie|ge|pols|ter**
Lie|ger (*Seemannsspr.* Wächter auf einem außer Dienst befindlichen Schiff; großes Trinkwasserfass [als Notvorrat])
Lie|ge|rad; Lie|ge|sitz; Lie|ge|so|fa; Lie|ge|statt, die; -, ...stätten; **Lie|ge|stuhl**
Lie|ge|stütz, der; -es, -e *(Sport)*
Lie|ge|wa|gen; Lie|ge|wie|se; Lie|ge|zeit
lieh *vgl.* leihen
Liek, das; -[e]s, -en (*Seemannsspr.* Tauwerk als Einfassung eines Segels); *vgl.* Leik
Li|en, der; -s, Li̲enes ⟨lat.⟩ (*Med.* Milz); **li|e|nal** (die Milz betreffend)
Lien|hard *vgl.* Leonhard
Li|e|ni|tis, die; -, ...iti̲den ⟨griech.⟩ (*Med.* Milzentzündung)
Li|enz (Stadt in Österreich)
lies! (*Abk.* l.)
Liesch, das; -[e]s (eine Grasgattung)
[1]**Lie|schen** *Plur.* (Vorblätter am Maiskolben)
[2]**Lies|chen** (w. Vorn.); *vgl.* fleißig
[1]**Lie|se,** die; -, -n (*Bergmannsspr.* enge [2]Kluft)
[2]**Lie|se, Lie|sel,** Li̲esl, Li̲|se (w. Vorn.)
Lie|se|lot|te [*auch* ...ˈlɔ...] (w. Vorn.); *vgl.* Liselotte
Lie|sen *Plur.* (*nordd. für* Schweinefett)
Liesl *vgl.* Liesel
ließ *vgl.* lassen
liest *vgl.* lesen
Lies|tal (Hauptstadt des Halbkantons Basel-Landschaft)
Lie|zen (Bezirk in der Steiermark; Hauptstadt des Bezirks)
Life|sci|en|ces, Life-Sci|en|ces [ˈlai̯fsai̯ənsɪs] *Plur.* ⟨engl.⟩ (Gesamtheit der Wissenschaften, deren Gegenstand die belebte Natur ist, z. B. Biowissenschaften, Medizin)
Life|style [ˈlai̯fstai̯l], der; -[s], -s ⟨engl.⟩ (Lebensstil); **Life|style|ma|ga|zin**
Life|time|sport [ˈlai̯ftai̯m...], der; -[e]s (Sportart, die man lebenslang ausüben kann)
[1]**Lift,** der; -[e]s, *Plur.* -e *u.* -s ⟨engl.⟩ (Fahrstuhl, Aufzug)
[2]**Lift,** der *od.* das; -s, -s ⟨engl.⟩ (kosmetische Operation zur Straffung der Haut)
Lift|boy ⟨*zu* [1]Lift⟩
lif|ten (heben, stemmen; einen [2]Lift durchführen)
Lift|girl ⟨*zu* [1]Lift⟩
Lif|ting, das; -s, -s (das Liften; *vgl.* [2]Lift)
Li|ga, die; -, ...gen ⟨span.⟩ (Bund, Bündnis; *Sport* Bez. einer Wettkampfklasse)
Li|ga|de, die; -, -n (*Fechten* Zur-Seite-Drücken der gegnerischen Klinge)
Li|ga|ment, das; -[e]s, -e ⟨lat.⟩, **Li|ga|men|tum,** das; -s, ...ta (*Med.* Band)
Li|ga|tur, die; -, -en (*Druckw.* [Buchstaben]verbindung; *Med.* Unterbindung [einer Ader usw.]; *Musik* Verbindung zweier gleicher Töne zu einem)
Li|ge|ti, György [djørdj] (ung. Komponist)
light [lai̯t] ⟨engl.⟩ (*Werbespr.* von unerwünschten, belastenden Inhaltsstoffen weniger enthaltend); Bier light; **Light|pro|dukt**
Light|show [ˈlai̯t...] ⟨engl.⟩ (Show mit besonderen Lichteffekten)
Light|ver|si|on [ˈlai̯t...] ⟨*zu* light⟩
li|gie|ren ⟨lat.⟩ (*Fechten* die gegnerische Klinge zur Seite drücken; *Med.* anbinden, zusammenbinden [von Blutgefäßen])
Li|gist, der; -en, -en (Angehöriger einer Liga); **Li|gis|tin; li|gis|tisch**
Li|g|nin, das; -s, -e ⟨lat.⟩ (Holzstoff); **Li|g|nit,** der; -s, -e (Braunkohle mit Holzstruktur)
Li|g|ro|in, das; -s ⟨Kunstwort⟩ (ein Leichtöl)
Li|gu|rer, der; -s, - (Angehöriger eines voridg. Volkes in Südfrankreich u. Oberitalien); **Li|gu|re|rin; Li|gu|ri|en** (ital. Region); **li|gu|risch;** *aber* ↑K140: das Ligurische Meer
Li|gus|ter, der; -s, - ⟨lat.⟩ (ein Ölbaumgewächs); **Li|gus|ter|he|cke; Li|gus|ter|schwär|mer** (Schmetterling)
li|ie|ren ⟨franz.⟩ (eng verbinden); sich -; **Li|ier|te,** der *u.* die; -n, -n (*veraltet für* Vertraute[r]); **Li|ie|rung** (enge Verbindung)
Like|li|hood [ˈlai̯klihʊt], die; - ⟨engl.⟩ (*Statistik* Maß, das die Wahrscheinlichkeit verschiedener unbekannter Werte eines Parameters angibt)
Li|kör, der; -s, -e ⟨franz.⟩ (süßer Branntwein)
Li|kör|es|senz; Li|kör|fla|sche
Li|kör|glas *Plur.* ...gläser
Lik|tor, der; -s, ...o̲ren (Amtsdiener als Begleiter hoher Beamter im alten Rom); **Lik|to|ren|bün|del**
Li|kud|block, der; -[e]s ⟨hebr.⟩ (Parteienbündnis in Israel)
li|la ⟨franz.⟩ (fliederblau; *ugs. für*

mittelmäßig); ein lila (*ugs. auch gebeugt* lilanes) Kleid; sich die Haare lila färben *od.* lilafärben; *vgl.* blau; **Li̲|la,** das; -[s], -[s] (ein fliederblauer Farbton)
li̲|la|far|ben, li̲|la|far|big
Li̲|lak, der; -s, -s (span. Flieder)
Li̲|li *vgl.* Lilli
Li̲|lie, die; -, -n ‹lat.› (eine [Garten]blume)
Li̲|li|en|cron (dt. Dichter)
Li̲|li|en|ge|wächs
Li̲|li|en|thal (dt. Luftfahrtpionier)
li̲|li|en|weiß
Li̲|li|put ‹nach engl. Lilliput› (Land der Däumlinge in J. Swifts Buch »Gullivers Reisen«); **Li|li|pu|ta̲|ner** (Bewohner von Liliput; *auch diskriminierend für* Kleinwüchsiger); **Li|li|pu|ta̲|ne|rin**
Li̲|li|put|bahn; Li̲|li|put|for|mat
Lille [li:l] (franz. Stadt)
Lịl|li, Lịlli (w. Vorn.); **Lịl|ly,** Lịlly [...i] (w. Vorn.)
Li|lọng|we (Hauptstadt von Malawi)
Lịl|ly [...i] *vgl.* Lilly
lim = Limes
lim., Lim. = limited
Li̲|ma (Hauptstadt von Peru)
Lịm|ba, das; -[s] (ein Furnierholz)
Lịm|bi (*Plur. von* ²Limbus)
lịm|bisch ‹lat.›; limbisches System ↑K 89 (*Med.* Randgebiet zwischen Großhirn u. Gehirnstamm)
Lịm|bo, der; -s, -s ‹karib.› (akrobatischer Tanz unter einer Querstange hindurch)
Lịm|burg (belg. u. niederl. Landschaft; Stadt in Belgien)
Lịm|burg a. d. La̲hn (Stadt in Hessen)
¹Lịm|bur|ger; Limburger Käse (urspr. aus der belg. Landschaft)
²Lịm|bur|ger, der; -s, - (ein Käse)
Lịm|bur|ge|rin
¹Lịm|bus, der; - ‹lat.› (Teil der Unterwelt; *christl. Rel.* Vorhölle)
²Lịm|bus, der; -, ...bi (*Technik* Gradkreis, Teilkreis an Winkelmessinstrumenten)
Li|me|rick, der; -[s], -s ‹engl.; nach der irischen Stadt Limerick› (fünfzeiliges Gedicht groteskkomischen Inhalts)
¹Li̲|mes, der; -, *Plur. (fachsprachlich)* Limites ‹lat.› (von den Römern angelegter Grenzwall)
²Li̲|mes, der; -, *Plur.* -, *fachspr. auch* Limites (*Math.* Grenzwert; *Zeichen* lim)
Li̲|mes|kas|tell
Li|mẹt|te, Li|mẹt|ta, die; -, ...tten ‹pers.-ital.› (westind. Zitrone); **Li|mẹt|ten|saft**
Lị|mit, das; -s, *Plur.* -s *u.* -e ‹engl.› (Grenze, Begrenzung; *Kaufmannsspr.* Preisgrenze)
Li|mi|ta|ti|o̲n, die; -, -en ‹lat.› (Begrenzung, Beschränkung)
Lị|mi|te, die; -, -n ‹franz.› (*schweiz. svw.* Limit)
lị|mi|ted [...tɪt] ‹engl.› (*in engl. u. amerik. Firmennamen* »mit beschränkter Haftung«; *Abk.* Ltd., lim., Lim., Ld.)
li|mi|tie̲|ren ‹lat.› ([den Preis] begrenzen; beschränken); limitierte Auflage; **Li|mi|tie̲|rung**
Lịm|mat, die; - (rechter Nebenfluss der Aare)
Lim|ni|me̲|ter, das; -s, - ‹griech.› (Pegel zum Messen des Wasserstandes eines Sees)
lịm|nisch (*Biol., Geol.* im Süßwasser lebend, abgelagert)
Lim|no|gra̲f, Lim|no|gra̲ph, der; -en, -en (*vgl.* Limnimeter)
Lim|no|lo̲|ge, der; -n, -n; **Lim|no|lo|gie̲,** die; - (Süßwasser-, Seenkunde); **Lim|no|lo̲|gin; lim|no|lo̲|gisch** (auf Binnengewässer bezüglich); **Lim|no|plạnk|ton** *(Biol.)*
Li̲|mo, die; -, -s (*ugs.; kurz für* Limonade); **Li|mo|na̲|de,** die; -, -n ‹pers.›
Li|mo̲|ne, die; -, -n (*svw.* Limette; *auch für* Zitrone)
Li|mo|ni̲t, der; -s, -e ‹griech.› (ein Mineral)
li|mo̲s, li|mö̲s ‹lat.› (*Biol.* schlammig, sumpfig)
Li|mou|si̲|ne [...mu...], die; -, -n ‹franz.› (Pkw mit festem Verdeck)
Li̲|na, Li̲ne (w. Vorn.)
Lịn|cke (dt. Komponist)
Lịn|coln [...kn̩] (Präsident der USA)
lịnd; ein linder Regen
Lịn|da (w. Vorn.)
Lịn|d|au (Bo̲|den|see) (Stadt in Bayern)
Lịnd|bergh [...bɛrk, *engl.* ˈlɪndbə:g] (amerik. Flieger)
Lịn|de, die; -, -n; **lịn|den** (aus Lindenholz)
Lịn|den|al|lee; Lịn|den|baum; Lịn|den|blatt
Lịn|den|blü|te; Lịn|den|blü|ten|tee
Lịn|den|holz; Lịn|den|ho|nig
lịn|dern; ich lindere
Lịn|de|rung; Lịn|de|rungs|mit|tel, das
Lịnd|gren (schwed. Schriftstellerin)
lịnd|grün ‹*zu* Linde›
Lịnd|heit, die; -
Lịnd|wurm (Drache in der Sage)
Li̲|ne *vgl.* Lina
Li|ne|a̲l, das; -s, -e ‹lat.›
li|ne|a̲r (geradlinig; auf gerader Linie verlaufend; linienförmig); ↑K 89: lineare Gleichung *(Math.);* lineare Algebra *(Math.)*
Li|ne|ar|be|schleu|ni|ger *(Kernphysik);* **Li|ne|a|ri|tä̲t,** die; -; **Li|ne|a̲r|mo|tor** *(Elektrot.)*
Li|ne|a̲r|zeich|nung (Umrisszeichnung, Riss)
Li|ne|a|tu̲r, die; -, -en (Linierung; Linienführung)
...ling (z. B. Frühling, der; -s, -e)
Lị|ga[m], das *od.* der; -[s], -s ‹sanskr.› (Phallus als Sinnbild des ind. Gottes der Zeugungskraft)
Lin|ge|rie [lɛ̃ʒ(ə)ri:], die; -, ...i̯en (*schweiz. für* Wäsche[raum]; betriebsinterne Wäscherei; Wäschegeschäft)
...lings (z. B. jählings)
Lị|gua frạn|ca, die; - - ‹ital.› (Verkehrssprache des MA.s; Verkehrssprache eines größeren mehrsprachigen Raums)
lin|gu|a̲l ‹lat.› (auf die Zunge bezüglich, Zungen...); **Lin|gu|a̲l,** der; -s, -e, **Lin|gu|a̲l|laut** (*Sprachwiss.* Zungenlaut)
Lin|gu|ịst, der; -en, -en (Sprachwissenschaftler); **Lin|gu|ịs|tik,** die; - (Sprachwissenschaft); **Lin|gu|ịs|tin; lin|gu|ịs|tisch**
Li̲|nie [...i̯ə], die; -, -n ‹lat.›; Linie halten *(Druckw.);* absteigende, aufsteigende Linie *(Genealogie)*
Li̲|ni|en|ball *(Tennis); vgl.* ¹Ball; **Li̲|ni|en|blatt; Li̲|ni|en|bus; Li̲|ni|en|dienst**
Li̲|ni|en|flug; Li̲|ni|en|flug|zeug
Li̲|ni|en|füh|rung; Li̲|ni|en|netz; Li̲|ni|en|netz|plan; Li̲|ni|en|pa|pier
Li̲|ni|en|rich|ter *(Sport);* **Li̲|ni|en|rich|te|rin**
Li̲|ni|en|schiff
Li̲|ni|en|spie|gel (*österr. für* Linienblatt); **Li̲|ni|en|ste|cher** (*für* Guillocheur); **Li̲|ni|en|ste|che|rin**
li̲|ni|en|treu (engstirnig einer politischen Ideologie folgend)
Li̲|ni|en|ver|kehr
li|nie̲|ren *(österr. nur so),* li|ni|ie̲|ren (mit Linien versehen; Linien ziehen); **Li|nie̲r|ma|schi|ne; Li|nie̲r|plat|te; Li|nie̲|rung** *(österr. nur so),* Li|ni|ie̲|rung

L
Lini

links

Abk. l.

- links von mir, links vom Eingang
- *Auch mit Genitiv:* links des Waldes, links der Isar

Nur Kleinschreibung:

- von, gegen, nach links
- von links nach rechts
- von links her, nach links hin
- mit links (mit der linken Hand) schreiben
- etwas mit links (*ugs. für* mit Leichtigkeit) machen
- Terror von links
- an der Kreuzung gilt rechts vor links
- er weiß nicht, was rechts und was links ist

Getrenntschreibung:

- links abbiegen
- links sitzen, stehen
- politisch links stehen
- links außen spielen, stürmen; *aber* der Linksaußen
- links um! (milit. Kommando; *vgl. aber* linksum)
- links sein (*ugs. für* Linkshänder sein)

Getrennt- oder Zusammenschreibung ↑K 58:

- [politisch] links stehende *od.* linksstehende Abgeordnete
- ein links abbiegendes *od.* linksabbiegendes Fahrzeug
- die links sitzenden *od.* linkssitzenden Zuschauer

...li|nig (z. B. geradlinig)
li|ni|ie|ren usw. *vgl.* linieren usw.
Li|ni|ment, das; -[e]s, -e ‹lat.› (*Med.* Mittel zum Einreiben)
link; linker Hand (links)
Link, der, *auch* das; -[s], -s ‹engl.› (*EDV* feste Kabelverbindung, die zwei Vermittlungsstellen miteinander verbindet; *auch Kurzf. für* Hyperlink *[vgl. d.]*)
¹Lin|ke, der *u.* die; -n, -n (Angehörige[r] einer links stehenden Partei od. Gruppe)
²Lin|ke, die; -n, -n (linke Hand; linke Seite; *Politik* die links stehenden Parteien, eine links stehende Gruppe); zur Linken; in meiner Linken; er traf ihn mit einer blitzschnellen Linken *(Boxen);* die radikale Linke; die neue Linke *(Philosophie, Politik)*
Lin|ke|hand|re|gel, die; - *(Physik)*
¹lin|ken (*ugs. für* täuschen)
²lin|ken (*EDV* verlinken)
lin|ker Hand
lin|ker|seits; lin|kisch
Link|lis|te (Sammlung, Liste von Hyperlinks)
links *s. Kasten*
Links|ab|bie|ger *(Verkehrsw.)*
Links|aus|la|ge, die; - *(Boxen);* **Links|aus|le|ger; Links|aus|le|ge|rin**
links au|ßen *vgl.* links; **Links|au|ßen,** der; -, - *(Sport);* er spielt Linksaußen
links|bün|dig
Links|bünd|nis
Links|drall
links|dre|hend; ein linksdrehendes Gewinde; *aber* nach links drehend; **Links|dre|hung**
Link|ser (*ugs. für* Linkshänder); **Link|se|rin**
links|ex|t|rem; Links|ex|t|re|mis|mus, der; -; **Links|ex|t|re|mist; Links|ex|t|re|mis|tin; links|ex|t|re|mis|tisch; Links|frak|ti|on**
Links|ga|lopp *(Reiten)*
links|ge|rich|tet
Links|ge|win|de
Links|hän|der; Links|hän|de|rin; links|hän|dig; Links|hän|dig|keit, die; -
links|her (*veraltet für* von links her); **links|he|r|um;** linksherum drehen, *aber* nach links herumdrehen; **links|hin** (*veraltet für* nach links hin)
Links|hörn|chen (eine Schnecke)
Links|in|tel|lek|tu|el|le; Links|kurs
Links|kur|ve
links|las|tig; links|läu|fig; links|li|be|ral (linksliberale Koalition)
Links|par|tei
Links|po|pu|lis|mus (zur extremen politischen Linken neigender Populismus)
links|ra|di|kal; Links|ra|di|ka|le; Links|ra|di|ka|lis|mus
Links-rechts-Kom|bi|na|ti|on *(Boxen)*
links|rhei|nisch (auf der linken Rheinseite)
Links|ruck *(Politik)*
links|rum *(ugs.);* **links|sei|tig**
links ste|hend, links|ste|hend *vgl.* links
links|uf|rig
links|um [*auch* 'lɪ...]; linksum machen; linksum kehrt!; *vgl. aber* links
Links|un|ter|zeich|ne|te, links Un|ter|zeich|ne|te *vgl.* Unterzeichnete
Links|ver|kehr; Links|wen|dung
Lin|né (schwed. Naturforscher; *Abk. hinter biolog. Namen* L.)
lin|nen (*geh. für* leinen); **Lin|nen,** das; -s, - (*veraltet für* Leinen)
lin|nésch; linnésches *od.* Linné'sches System ↑K 89 *u.* 135
Li|n|o|le|um [*österr. u. schweiz. meist* ...'le:...], das; -s ‹lat.› (ein Fußbodenbelag); **Li|n|o|le|um|be|lag**
Li|n|ol|schnitt (ein grafisches Verfahren u. dessen Ergebnis)
Li|non [...'nõ:, *auch* 'lɪnɔn], der; -[s], -s ‹franz.› (Baumwollgewebe [mit Leinencharakter])
Li|no|type® ['lainotaip], die; -, -s ‹engl.› (Setz- u. Zeilengießmaschine); **Li|no|type-Setz|ma|schi|ne** ['lai...] ↑K 22, die; -, -n
Lin|se, die; -, -n
lin|sen (*ugs. für* schauen; scharf blicken)
Lin|sen|feh|ler *(Optik)*
lin|sen|för|mig
Lin|sen|ge|richt; Lin|sen|sup|pe
Lin|sen|trü|bung *(Med.)*
...lin|sig (z. B. vierlinsig, *mit Ziffer* 4-linsig)
Linth, die; - (Oberlauf der Limmat)
Li|nus (m. Vorn.)
Li|nux®, das; - ‹Kunstwort› (*EDV* ein freies Betriebssystem)
Linz (Hauptstadt von Oberösterreich)
Linz am Rhein (Stadt am Mittelrhein)
Lin|zer; Linzer Torte; **Lin|ze|rin**
Li|o|ba (w. Vorn.)

Li|on [ˈlai̯ən], der; -s, -s (Mitglied des Lions Clubs)
Li|ons Club [ˈlai̯əns klap], der; - -s, - -s, **Li|ons In|ter|na|tio|nal** [*engl.* -...ˈnɛʃənl], der; - - (karitativ tätige, um internationale Verständigung bemühte Vereinigung führender Persönlichkeiten des öffentlichen Lebens)
Li|pa, die; -, -s (Untereinheit der Kuna); 50 Lipa
Li|p|ä|mie, die; -, ...ien ⟨griech.⟩ (*Med.* Vermehrung des Fettgehaltes im Blut); **li|p|ä|misch**
Li|pa|ri|sche In|seln, Äo|li|sche Inseln *Plur.* (im Mittelmeer)
Lip|gloss, das *od.* der; -[es], -[e] ⟨engl.⟩ (Kosmetikmittel, das den Lippen Glanz verleiht)
Li|pid, das; -[e]s, -e (*Biochemie* Fett od. fettähnliche Substanz)
Li|piz|za|ner, der; -s, - (edles Warmblutpferd, meist Schimmel)
li|po|id ⟨griech.⟩ (fettähnlich); **Li|po|id**, das; -s, -e *meist Plur.* (*Biol.* fettähnlicher, lebenswichtiger Stoff im Körper)
Li|pom, das; -s, -e, **Li|po|ma**, das; -s, -ta (*Med.* Fettgeschwulst); **Li|po|ma|to|se**, die; -, -n (*Med.* Fettsucht); **Li|po|suk|ti|on**, die; -, -en (*Med.* Fettabsaugung)
[1]**Lip|pe**, die; -, -n (Rand der Mundöffnung)
[2]**Lip|pe** (Land des ehem. Deutschen Reiches)
[3]**Lip|pe**, die; - (rechter Nebenfluss des Niederrheins)
Lip|pen|bär
Lip|pen|be|kennt|nis
Lip|pen|blüt|ler, der; -s, -
Lip|pen-Kie|fer-Gau|men-Spal|te (*Med.* angeborene Fehlbildung im Bereich von Oberlippe u. Oberkiefer)
Lip|pen|laut (*für* Labial)
Lip|pen|spal|te (*Med.* angeborene seitliche Spaltung der Lippe)
Lip|pen|stift, der
Lip|pen|syn|chro|ni|sa|ti|on (*Film*)
Lip|pe-Sei|ten|ka|nal ↑K143
Lipp|fisch
...lip|pig (z. B. mehrlippig)
lip|pisch ⟨*zu* [2]Lippe⟩; *aber* ↑K140: Lippischer Wald
Lip|si, der; -s, -s (Tanz im $^6/_4$-Takt)
Lip|tau (deutscher Name einer slowak. Landschaft); [1]**Lip|tau|er**; Liptauer Käse; [2]**Lip|tau|er**, der; -s, - *Plur. selten* (*österr.* ein Brotaufstrich aus gewürztem Frischkäse, bes. Schafskäse)
Li|p|u|rie, die; -, ...ien ⟨griech.⟩ (*Med.* Ausscheidung von Fett durch den Harn)
liq., Liq. = Liquor
Li|que|fak|ti|on, die; -, -en ⟨lat.⟩ (Verflüssigung)
li|quid, li|qui|de (flüssig; fällig; verfügbar); liquide Gelder, liquide Forderung
Li|qui|da, die; -, *Plur.* ...dä *u.* ...quiden, Li|quid|laut (*Sprachwiss.* Fließlaut, z. B. l, r)
Li|qui|da|ti|on, die; -, -en ([Kosten]abrechnung freier Berufe; Tötung [aus polit. Gründen]; Auflösung [eines Geschäftes]); **Li|qui|da|ti|ons|ver|hand|lung**
Li|qui|da|tor, der; -s, ...oren (jmd., der eine Liquidation durchführt); **Li|qui|da|to|rin**
li|qui|de *vgl.* liquid
li|qui|die|ren ([eine Forderung] in Rechnung stellen; [einen Verein o. Ä.] auflösen; Sachwerte in Geld umwandeln; beseitigen, tilgen; [aus polit. Gründen] töten); **Li|qui|die|rung** (*bes. für* Beseitigung [einer Person]; Beilegung eines Konflikts)
Li|qui|di|tät, die; - (Verhältnis der Verbindlichkeiten eines Unternehmens zu den liquiden Vermögensbestandteilen)
Li|qui|di|täts|eng|pass
Li|quid|laut *vgl.* Liquida
Li|quor, der; -s, ...ores (*Med.* Körperflüssigkeit; *Pharm.* flüssiges Arzneimittel; *Abk.* liq., Liq.)
[1]**Li|ra**, die; -, Lire (frühere ital. Währungseinheit)
[2]**Li|ra**, die; -, - (türk. Währungseinheit [türk. Pfund]; *Währungscode* TRL; *Abk.* TL)
Li|sa (w. Vorn.)
Lis|beth [*auch* ˈlɪ...] (w. Vorn.)
Lis|boa (*port. Name für* Lissabon)
Li|se *vgl.* [2]Liese
Li|se|lot|te [*auch* ...ˈlɔ...]; Liselotte von der Pfalz; *vgl.* Lieselotte
Li|se|ne, die; -, -n ⟨franz.⟩ (*Archit.* pfeilerartiger Mauerstreifen)
Lis|mer, der; -s, - (*schweiz. mdal. für* Strickweste)
lis|peln; ich lisp[e]le
Lis|pel|ton *Plur.* ...töne
Lisp|ler; **Lisp|le|rin**
Lis|sa|bon [*auch* ...ˈbɔn] (Hauptstadt Portugals); *vgl. auch* Lisboa; **Lis|sa|bon|ner**; **Lis|sa|bon|ne|rin**; **lis|sa|bon|nisch**
Lis|se, die; -, -n (*landsch. für* Stützleiste an Leiterwagen)
[1]**List**, die; -, -en
[2]**List** (dt. Volkswirt); *vgl. aber* Liszt
Lis|te, die; -, -n; die schwarze Liste
lis|ten (in Listenform bringen); gelistet
Lis|ten|füh|rer; **Lis|ten|füh|re|rin**
Lis|ten|platz (*Politik*)
Lis|ten|preis
lis|ten|reich
Lis|ten|samm|lung
Lis|ten|ver|bin|dung (*Politik*); **Lis|ten|wahl**
Lis|te|ria, die; -, ...ien *u.* ...iae (*Med.* krankheitserregende Bakterie, z. B. in Fäkalien vorkommend)
lis|tig; **lis|ti|ger|wei|se**; **Lis|tig|keit**, die; -, -en
Lis|ting, das; -s, -s (*Börsenw.* Zulassung von Wertpapieren zum Börsenhandel)
Liszt [lɪst] (ung. Komponist)
Lit = [1]Lira *Sing. u.* Lire *Plur.*
Lit. = Litera; Literatur
Li|ta|nei, die; -, -en ⟨griech.⟩ (Wechselgebet; eintöniges Gerede; endlose Aufzählung)
Li|tas, der; -, - (litauische Währungseinheit)
Li|tau|en [*auch* ˈlɪ...]; **Li|tau|er**; **Li|tau|e|rin**; **li|tau|isch**; litauische Sprache; *vgl.* deutsch; **Li|tau|isch**, das; -[s] (Sprache); *vgl.* Deutsch; **Li|tau|i|sche**, das; -n; *vgl.* [2]Deutsche
Li|ter [*auch* ˈlɪ...], der, *schweiz. nur so, auch* das; -s, - ⟨griech.⟩ (1 Kubikdezimeter; *Zeichen* l); ein halber, *auch* halbes Liter, ein viertel Liter *od.* Viertelliter
Li|te|ra, die; -, *Plur.* -s *u.* ...rä ⟨lat.⟩ (Buchstabe; *Abk.* Lit.)
Li|te|rar|his|to|ri|ker; **Li|te|rar|his|to|ri|ke|rin**; **li|te|rar|his|to|risch**
li|te|ra|risch (schriftstellerisch, die Literatur betreffend)
Li|te|rar|kri|tik (Verfahren zur Rekonstruktion bes. von bibl. Texten; *auch svw.* Literaturkritik)
Li|te|rat, der; -en, -en (*oft abwertend für* Schriftsteller); **Li|te|ra|ten|tum**, das; -s; **Li|te|ra|tin**
Li|te|ra|tur, die; -, -en
Li|te|ra|tur|an|ga|be *meist Plur.*; **Li|te|ra|tur|bei|la|ge**; **Li|te|ra|tur|be|trieb**, der; -[e]s (*oft abwertend*)
Li|te|ra|tur|denk|mal *Plur.* ...mäler, *geh.* ...male; **Li|te|ra|tur|gat|tung**
Li|te|ra|tur|ge|schich|te; **li|te|ra|tur|ge|schicht|lich**
Li|te|ra|tur|haus
Li|te|ra|tur|hin|weis
Li|te|ra|tur|kri|tik; **Li|te|ra|tur|kri|ti|ker**; **Li|te|ra|tur|kri|ti|ke|rin**

Li|te|ra|tur|no|bel|preis; Li|te|ra|tur|preis; Li|te|ra|tur|spra|che; Li|te|ra|tur|ver|fil|mung; Li|te|ra|tur|ver|zeich|nis
Li|te|ra|tur|wis|sen|schaft; Li|te|ra|tur|wis|sen|schaft|ler; Li|te|ra|tur|wis|sen|schaft|le|rin; li|te|ra|tur|wis|sen|schaft|lich
Li|te|ra|tur|zeit|schrift
Li|ter|fla|sche [*auch* 'lɪ...]
Li|ter|leis|tung [*auch* 'lɪ...] (Leistung, die aus jeweils 1 000 cm^3 Hubraum eines Kfz-Motors erzielt werden kann)
li|ter|wei|se [*auch* 'lɪ...]
Li|tew|ka, die; -, ...ken ⟨poln.⟩ (*früher* ein Uniformrock)
Lit|faß|säu|le ⟨nach dem Berliner Buchdrucker E. Litfaß⟩ (Anschlagsäule)

Litfaßsäule
Die Regel, dass nach einem kurzen Vokal *-ss* zu schreiben ist, gilt für das Substantiv *Litfaßsäule* nicht. Das Wort geht zurück auf den Namen des Erfinders, des Buchdruckers Ernst Litfaß, und Personennamen sind von den allgemeinen Rechtschreibregeln nicht betroffen, sie bleiben in der Regel unverändert.

lith... ⟨griech.⟩ (stein...); **Lith...** (Stein...)
Li|thi|a|sis, die; -, ...iasen (*Med.* Steinbildung)
Li|thi|um [...ts..., ...t...], das; -s (chemisches Element, Metall; *Zeichen* Li)
Li|tho, das; -s, -s ⟨griech.⟩ (*kurz für* Lithografie)
Li|tho|graf, Li|tho|graph, der; -en, -en (Steinzeichner)
Li|tho|gra|fie, Li|tho|gra|phie, die; -, ...ien (Steinzeichnung; *nur Sing.:* Herstellung von Platten für den Steindruck; Kunstblatt in Steindruck)
li|tho|gra|fie|ren, li|tho|gra|phie|ren; **li|tho|gra|fisch**, li|tho|gra|phisch
Li|tho|graph usw. *vgl.* Lithograf usw.
Li|tho|klast, der; -en, -en ⟨griech.⟩ (*Med.* Instrument zum Zertrümmern von Blasensteinen)
Li|tho|lo|ge, der; -n, -n; **Li|tho|lo|gie**, die; - (Gesteinskunde); **Li|tho|lo|gin**
Li|tho|ly|se, die; -, -n (*Med.* Auflösung von Nieren- u. Harnsteinen durch Arzneien)
li|tho|phag (*Zool.* sich in Gestein einbohrend)
Li|tho|po|ne, die; -, -n (lichtechte Weißfarbe)
Li|tho|sphä|re, die; - (*Geol.* Gesteinsmantel der Erde)
Li|tho|tom, der *od.* das; -s, -e (*Med.* chirurg. Messer zur Durchführung der Lithotomie); **Li|tho|to|mie**, die; -, ...ien ([Blasen]steinoperation)
Li|tho|trip|sie, die; -, ...ien ([Blasen]steinzertrümmerung); **Li|tho|trip|ter**, der; -s, - (Lithoklast)
Li|th|ur|gik, die; - (Lehre von der Verwendung u. Verarbeitung von Gesteinen u. Mineralien); *vgl. aber* Liturgik
li|to|ral ⟨lat.⟩ (*Geogr.* der Küste angehörend); **Li|to|ral**, das; -s, -e (Uferzone [Lebensraum im Wasser]); **Li|to|ra|le**, das; -s, -s ⟨ital.⟩ (Küstenland)
Li|to|ral|fau|na ⟨lat.⟩; **Li|to|ral|flo|ra**
Li|to|ri|na, Lit|to|ri|na, die; -, ...nen (*Zool.* Uferschnecke); **Li|to|ri|na|meer**, *fachspr. auch* Lit|to|ri|na|meer, das; -[e]s (Entwicklungsstufe der Ostsee mit der Litorina als Leitfossil)
Li|to|tes, die; -, - ⟨griech.⟩ (*Rhet.* Bejahung durch doppelte Verneinung, z. B. »nicht unklug«)
Lit|schi, die; -, -s ⟨chin.⟩ (pflaumengroße, erdbeerähnlich schmeckende Frucht)
litt *vgl.* leiden
Lit|te|ring, das; -s ⟨engl.⟩ (das Wegwerfen von Müll in die Umgebung)
Lit|to|ri|na usw. *vgl.* Litorina usw.
Li|turg, der; -en, -en ⟨griech.⟩ (den Gottesdienst haltender Geistlicher)
Li|tur|gie, die; -, ...ien (amtliche od. gewohnheitsrechtliche Form des kirchl. Gottesdienstes, bes. der am Altar gehaltene Teil); **Li|tur|gi|en|samm|lung**
Li|tur|gik, die; - (*Theol.* Theorie u. Geschichte der Liturgie); *vgl. aber* Lithurgik
Li|tur|gin
li|tur|gisch; liturgische Gefäße
Lit|ze, die; -, -n ⟨lat.⟩
Li|u|dol|fin|ger (*svw.* Ludolfinger)
live [laif] ⟨engl.⟩ (*Rundfunk, Fernsehen* direkt, original); live senden
Li|ve, der; -n, -n (Angehöriger eines im Westen Lettlands lebenden Volkes)
Live|act, **Live-Act** ['laiflɛkt], der; -s, -s ([musikal.] Auftritt, bei dem jmd. persönlich singt, spielt, auftritt usw.)
Live|at|mo|sphä|re, **Live-At|mo|sphä|re**, die; -
Live|auf|zeich|nung, **Live-Auf|zeich|nung** (*Rundfunk, Fernsehen*)
Live|kon|zert, **Live-Kon|zert**
Live|mit|schnitt, **Live-Mit|schnitt**
Live|mu|sik, **Live-Mu|sik**
Li|ver|pool [...pu:l] (engl. Stadt)
Live|sen|dung, **Live-Sen|dung** (*Rundfunk, Fernsehen* Direktsendung, Originalübertragung)
Live|show, **Live-Show**
Live|ti|cker, **Live-Ti|cker** (*Jargon* Kurznachrichten, die auf einer Internetseite od. auf dem Fernsehbildschirm ständig aktualisiert werden)
Live|über|tra|gung, **Live-Über|tra|gung**
Li|via (Gemahlin des Kaisers Augustus)
Li|vin ⟨*zu* Live⟩; **li|visch** ⟨*zu* Live⟩
Li|vi|us (röm. Geschichtsschreiber)
Liv|land; Liv|län|der; Liv|län|de|rin; liv|län|disch
Li|v|re, der *od.* das; -[s], -[s] ⟨franz.⟩ (alte franz. Münze); 6 Livre
Li|v|ree, die; -, ...een ⟨franz.⟩ (uniformartige Dienerkleidung); **li|v|riert** (in Livree [gekleidet])
Li|zen|ti|at *vgl.* ¹Lizenziat, ²Lizenziat
Li|zenz, die; -, -en ⟨lat.⟩ (Erlaubnis, Genehmigung, bes. zur Nutzung eines Patents od. eines Softwareprogramms od. zur Herausgabe eines Druckwerks)
Li|zenz|aus|ga|be; Li|zenz|ent|zug; Li|zenz|ge|ber; Li|zenz|ge|be|rin; Li|zenz|ge|bühr
¹Li|zen|zi|at, Li|zen|ti|at, das; -[e]s, -e (akademischer Grad in der Schweiz u. bei einigen kath.-theol. Fakultäten); er ist Inhaber des Lizenziats, *auch* Lizentiats der Theologie
²Li|zen|zi|at, Li|zen|ti|at, der; -en, -en (Inhaber des ¹Lizenziats; *Abk.* Lic. [theolog.], *schweiz.* lic. phil. usw.); **Li|zen|zi|a|tin**, Li|zen|ti|a|tin
li|zen|zie|ren (Lizenz erteilen); **Li|zen|zie|rung**
Li|zenz|in|ha|ber; Li|zenz|in|ha|be|rin; Li|zenz|neh|mer; Li|zenz|neh|me|rin; Li|zenz|num|mer; Li|zenz-

L
Lite

spie|ler *(Fußball);* **Li|zenz|spie|le|rin; Li|zenz|trä|ger; Li|zenz|trä|ge|rin; Li|zenz|ver|stoß; Li|zenz|ver|trag**
Li|zi|ta|ti|on *(bes. österr. für* Versteigerung); **li|zi|tie|ren** *(veraltend, noch österr., für* [bei einer Versteigerung] mitbieten)
Lju|bl|ja|na (Hauptstadt Sloweniens; *vgl.* Laibach)
LKA, das; -, -[s] (Landeskriminalamt)
LKR (Währungscode für sri-lank. Rupie)
Lkw, LKW, der; -[s], -[s] = Lastkraftwagen
Lkw-Fah|rer, LKW-Fah|rer; Lkw-Fah|re|rin, LKW-Fah|re|rin
Lkw-Maut, LKW-Maut
Lla|ne|ra ‹*zu* Llanero›
Lla|ne|ro [lja...], der; -s, -s ‹span.› (Bewohner der Llanos); **Lla|no** ['lja:...], der; -s, -s *meist Plur.* (baumarme Hochgrassteppe in [Süd]amerika)
LL. B. = Bachelor of Laws; *vgl.* Bachelor
LL. M. = Master of Laws; *vgl.* Master
Lloyd, der; -[s] ‹nach dem Londoner Kaffeehausbesitzer E. Lloyd› (Name von Seeversicherungs-, auch von Schifffahrtsgesellschaften; Name von Zeitungen [mit Schiffsnachrichten]); Norddeutscher Lloyd, *jetzt* Hapag-Lloyd AG
lm = Lumen
Ln., Lnbd. = Leinen[ein]band
Loa|fer ['lo:fɐ], der; -s, - ‹engl.› (mokassinartiger Halbschuh)
[1]Lob, das; -[e]s, -e *Plur. selten;* Lob spenden
[2]Lob, der; -[s], -s ‹engl.› *(Tennis* einen hohen Bogen beschreibender Ball); **lob|ben** (einen [2]Lob schlagen)
Lob|by [...bi], die; -, -s ‹engl.› (Wandelhalle im [engl. od. amerik.] Parlament; *auch für* Gesamtheit der Lobbyisten); **Lob|by|ar|beit** *Plur. selten*
lob|by|ie|ren *(bes. schweiz. für* Lobbyismus betreiben)
Lob|by|ing ['lɔbiɪŋ], das; -s, -s (Beeinflussung von Abgeordneten durch Interessengruppen)
Lob|by|is|mus, der; - (Beeinflussung von Abgeordneten durch Interessengruppen)
Lob|by|ist, der; -en, -en (jmd., der Abgeordnete für seine Interessen zu gewinnen sucht); **Lob|by|is|tin**
Lo|be|lie [...i̯ə], die; -, -n ‹nach dem flandrischen Botaniker M. de l'Obel› (eine Zierpflanze)
lo|ben
lo|bens|wert; lo|bens|wür|dig
lo|be|sam *(veraltet)*
Lo|bes|er|he|bung *meist Plur. (geh.);* **Lo|bes|hym|ne**
Lob|ge|sang
Lob|gier; lob|gie|rig
Lob|hu|de|lei *(abwertend);* **lob|hu|deln** *(abwertend für* übertrieben loben); ich lobhud[e]le; gelobhudelt; zu lobhudeln; **Lob|hud|ler** *(abwertend);* **Lob|hud|le|rin**
löb|lich
Lob|lied
Lo|bo|to|mie *vgl.* Leukotomie
Lob|preis; lob|prei|sen; du lobpreist; du lobpreistest *u.* lobpriesest; gelobpreist *u.* lobgepriesen; zu lobpreisen; lobpreise!; **Lob|prei|sung** *(geh.)*
Lob|re|de; Lob|red|ner; Lob|red|ne|rin; lob|red|ne|risch
lob|sin|gen; du lobsingst; du lobsangst (lobsangest); lobgesungen; zu lobsingen; lobsinge!
Lob|spruch *meist Plur. (veraltend)*
Lo|car|ner, Lo|car|ne|se, der; -n, -n (Bewohner von Locarno); **Lo|car|ne|rin, Lo|car|ne|sin; Lo|car|no** (Stadt am Lago Maggiore)
Lo|ca|tion [lɔ'keɪʃn̩], die; -, -s ‹engl.› (Örtlichkeit; *Film* Drehort im Freien)
Lo|ca|tion-based Ser|vi|ces [lɔ'keɪʃn̩be:st 'zø:ɐ̯vɪsɪs] *Plur.* ‹engl.› *(Abk.* LBS *[vgl. d.])*
Loc|cum (Ort südl. von Nienburg [Weser])
Loch, das; -[e]s, Löcher; **Lö|chel|chen; lo|chen; Lo|cher** (Gerät zum Lochen)
lö|che|rig *(svw.* löchrig)
lö|chern; ich löchere
Loch|fraß (punktuelle Korrosion)
Lo|chi|en [...xi̯ən] *Plur.* ‹griech.› *(Med.* Wochenfluss nach der Geburt)
Loch|ka|me|ra
Loch|kar|te; Loch|kar|ten|ma|schi|ne
Loch|leh|re (Gerät zur Prüfung der Durchmesser von Bolzen)
Loch|lein
Loch Ness, der; - - (ein See in Schottland)
löch|rig
Loch|sti|cke|rei; Loch|strei|fen
Lo|chung; Loch|zan|ge
Löck|chen; [1]Lo|cke, die; -, -n
[2]Locke [lɔk], John (engl. Philosoph)
[1]lo|cken (lockig machen)
[2]lo|cken (anlocken)
lö|cken (sich widersetzen); *noch in* wider den Stachel löcken *(geh.)*
Lo|cken|fri|sur; Lo|cken|haar
Lo|cken|kopf; lo|cken|köp|fig
Lo|cken|pracht; Lo|cken|stab; Lo|cken|wi|ckel, Lo|cken|wick|ler
lo|cker *(auch ugs. für* entspannt, zwanglos); locker bleiben, sein, sitzen, werden; die Schrauben locker machen *od.* lockermachen; die Zügel locker/lockerer lassen; *vgl. aber* lockerlassen, lockermachen ↑K47; **Lo|cker|heit**
lo|cker|las|sen (↑K47; *ugs. für* nachgeben); er hat nicht lockergelassen; *aber* die Zügel locker/lockerer lassen
lo|cker|ma|chen (↑K47; *ugs. für* hergeben; von jmdm. erlangen); er hat viel Geld lockergemacht; *aber* einen Knoten locker/lockerer machen; *vgl.* locker
lo|ckern; ich lockere; **Lo|cke|rung**
Lo|cke|rungs|mit|tel; Lo|cke|rungs|übung
lo|ckig
Lock|mit|tel, das; **Lock|ruf; Lock|spei|se** *(geh. für* Köder); **Lock|spit|zel** *(abwertend)*
Lo|ckung
Lock|vo|gel; Lock|vo|gel|an|ge|bot
Lock|wel|le (Lockenfrisur mit kleineren Wellen)
lo|co ‹lat.› *(Kaufmannsspr.* am Ort; hier; greifbar; vorrätig); loco Berlin (ab Berlin); *vgl. aber* Lokoverkehr
lo|co ci|ta|to (am angeführten Orte; *Abk.* l. c.)
Lod|de, die; -, -n *(svw.* Kapelan)
Lod|del, der; -s, - *(ugs. für* Zuhälter)
lod|de|rig *(landsch. für* lotterig)
Lo|de, die; -, -n (Schössling)
Lo|den, der; -s, - (ein Wollgewebe); **Lo|den|man|tel; Lo|den|stoff**
lo|dern; ich lodere
Lodge [lɔdʒ], die; -, -s [...ɪs] ‹engl.› (Ferienhotel; Anlage mit Ferienwohnungen)
Lodz [lɔtʃ], **Lodsch** *(dt. Schreibungen von* Łódź)
Łódź [u̯utʃ] (Stadt in Polen)
Löf|fel, der; -s, -
Löf|fel|bag|ger; Löf|fel|bis|kuit
Löf|fel|chen *(auch für* eine Schlafstellung); **Löf|fel|chen|stel|lung**
Löf|fel|en|te; Löf|fel|kraut
löf|feln; ich löff[e]le
Löf|fel|rei|her *vgl.* Löffler

Löf|fel|stiel
löf|fel|wei|se
Löff|ler (ein Stelzvogel)
Lo|fo|ten [*auch* ...'fo:...] *Plur.* (norw. Name der Lofotinseln); **Lo|fot|in|seln** *Plur.* (Gebiet u. Inselgruppe vor der Küste Nordnorwegens)
Loft, das, *auch, bes. schweiz.*, der; -[s], -s *od.* die; -, -s ⟨engl.⟩ (aus der Etage einer Fabrik o. Ä. umgebaute Großraumwohnung)
log = Logarithmus
log *vgl.* lügen
[1]**Log**, das; -s, -e ⟨engl.⟩ (Fahrgeschwindigkeitsmesser eines Schiffes)
[2]**Log**, das; -s, -s (*EDV kurz für* Logdatei, Logfile)
Lo|g|a|rith|men|ta|fel *(Math.)*; **lo|g|a|rith|mie|ren** ⟨griech.⟩ (mit Logarithmen rechnen; den Logarithmus berechnen); **lo|g|a|rith|misch; Lo|g|a|rith|mus**, der; -, ...men (math. Größe; *Zeichen* log)
Log|buch ⟨engl.; dt.⟩ (Schiffstagebuch); **Log|da|tei**
Lo|ge [...ʒə], die; -, -n ⟨franz.⟩ (Pförtnerraum; Theaterraum; [geheime] Gesellschaft)
Lo|ge|ment [loʒə'mã:], das; -s, -s (*veraltet für* Wohnung, Bleibe)
Lo|gen|bru|der (Freimaurer); **Lo|gen|platz; Lo|gen|schlie|ßer** (Beschließer [im Theater]); **Lo|gen|schlie|ße|rin**
Log|file [...fail], das; -s, -s ⟨engl.⟩ (*EDV* Datei zur Erfassung der Zugriffsdaten einer Website)
Log|gast, der; -[e]s, -en (Matrose zur Bedienung des Logs); **Log|ge**, die; -, -n (*seltener für* Log); **log|gen** (*Seemannsspr.* mit dem Log messen)
Log|ger, der; -s, - ⟨niederl.⟩ (*Seemannsspr.* ein Fischereifahrzeug)
Log|gia [...dʒ(i)a], die; -, ...ien [...dʒn, *auch* ...dʒiən] ⟨ital., »Laube«⟩ (*Archit.* halb offene Bogenhalle; nach einer Seite offener, überdeckter Raum am Haus)
Log|glas *Plur.* ...gläser (*Seemannsspr.* Sanduhr zum Loggen)
Lo|gi|cal [...dʒɪkl], das; -s, -s ⟨anglisierend⟩ (nach den Gesetzen der Logik aufgebautes Rätsel)
Lo|gier|be|such [...'ʒi:ɐ...]
lo|gie|ren ⟨franz.⟩ ([vorübergehend] wohnen; *veraltend für* beherbergen)
Lo|gier|gast *Plur.* ...gäste
Lo|gik, die; -, -en ⟨griech.⟩ (Lehre von den Gesetzen, der Struktur, den Formen des Denkens; folgerichtiges Denken; *Math., EDV* Teildisziplin der Logik)
Lo|gi|ker (Lehrer der Logik; scharfer, klarer Denker); **Lo|gi|ke|rin**
Log-in, Log|in, das, *auch* der; -[s], -s (*EDV* das Einloggen)
Lo|gis [lo'ʒi:], das; - [...ʒi:(s)], - [...ʒi:s] ⟨franz.⟩ (Wohnung, Bleibe; *Seemannsspr. veraltend* Mannschaftsraum auf Schiffen)
lo|gisch ⟨griech.⟩ (folgerichtig; *ugs. für* selbstverständlich, klar); **lo|gi|scher|wei|se**
Lo|gis|mus, der; -, ...men (*Philos.* Vernunftschluss)
[1]**Lo|gis|tik**, die; -, -en *Plur. selten* (Behandlung der logischen Gesetze mithilfe von math. Symbolen; math. Logik)
[2]**Lo|gis|tik**, die; -, -en *Plur. selten* ⟨nlat.⟩ (militärisches Nachschubwesen; *Wirtsch.* Gesamtheit der Aktivitäten, die Beschaffung, Lagerung u. Transport von Ressourcen u. Produkten betreffen)
Lo|gis|tik|dienst|leis|ter
Lo|gis|ti|ker ⟨griech.⟩ (Vertreter der [1]Logistik); **Lo|gis|ti|ke|rin**
[1]**lo|gis|tisch** (die [1]Logistik betreffend)
[2]**lo|gis|tisch** ⟨nlat.⟩ (die [2]Logistik betreffend); logistische Kette
Log|lei|ne *(Seew.)*
lo|go (*ugs.;* logisch); das ist doch logo
Lo|go, der *od.* das; -s, -s ⟨engl.⟩ (Firmenzeichen, Signet)
Lo|go|griph, der; *Gen.* -s *u.* -en, *Plur.* -e[n] ⟨griech.⟩ (Buchstabenrätsel)
Lo|go|pä|de, der; -n, -n (Sprachheilkundiger); **Lo|go|pä|die**, die; - (Sprachheilkunde); **Lo|go|pä|din; lo|go|pä|disch**
Lo|gor|rhö, die; -, -en (*Med.* krankhafte Geschwätzigkeit)
Lo|gos, der; -, ...goi *Plur. selten* (sinnvolle Rede; Vernunft; Wort)
Log-out, Log|out [...'|aut], das, *auch* der; -[s], -s (*EDV* das Ausloggen)
...loh (*in Ortsnamen* Gelände mit strauchartigem Baumbewuchs, z. B. Gütersloh)
Loh|bei|ze *(Gerberei)*
Loh|blü|te (Schleimpilz)
[1]**Lo|he**, die; -, -n (Gerbrinde)
[2]**Lo|he**, die; -, -n (*geh. für* Glut, Flamme); **lo|hen** *(geh.)*
Lo|hen|grin (altd. Sagen- u. Epengestalt)
loh|gar (mit [1]Lohe gegerbt)
Loh|ger|ber; Loh|ger|be|rin
Lohn, der; -[e]s, Löhne
lohn|ab|hän|gig; Lohn|ab|hän|gi|ge, der *u.* die; -n, -n
Lohn|ab|schluss; Lohn|ab|zug; Lohn|an|pas|sung; Lohn|aus|fall; Lohn|aus|gleich; Lohn|aus|weis (*schweiz. für* Lohnsteuerkarte); **Lohn|aus|zah|lung**
Lohn|buch|hal|ter; Lohn|buch|hal|te|rin; Lohn|buch|hal|tung
Lohn|bü|ro
Lohn|dum|ping (Zahlung von Löhnen, die deutlich unter Tarif liegen)
Lohn|emp|fän|ger; Lohn|emp|fän|ge|rin
loh|nen; es lohnt den Einsatz; es lohnt die, der Mühe nicht; der Einsatz lohnt [sich]
löh|nen (Lohn auszahlen); **lohnend;** eine lohnende Aufgabe
loh|nens|wert
Lohn|er|hö|hung; Lohn|for|de|rung; Lohn|fort|zah|lung (bei Krankheit); **Lohn|grup|pe**
lohn|in|ten|siv
Lohn|kos|ten *Plur.;* **Lohn|kür|zung; Lohn|ne|ben|kos|ten** *Plur.;* **Lohn|ni|veau; Lohn|pfän|dung; Lohn|po|li|tik**
Lohn-Preis-Spi|ra|le (↑K26)
Lohn|quo|te (Anteil der Löhne am Umsatz od. am Bruttosozialprodukt); **Lohn|run|de**
Lohn|sa|ckerl (*österr. für* Lohntüte)
Lohn|ska|la; Lohn|stei|ge|rung
Lohn|steu|er, die; **Lohn|steu|er|jah|res|aus|gleich; Lohn|steu|er|kar|te**
Lohn|stopp; Lohn|stück|kos|ten *Plur.*
Lohn|sum|me (Summe der Lohnkosten in einem Betrieb)
Lohn|sum|men|steu|er, die
Lohn|tü|te
Löh|nung; Lohn|un|ter|gren|ze
Lohn|ver|hand|lung
Lohn|ver|rech|ner (*österr. für* Lohnbuchhalter); **Lohn|ver|rech|ne|rin**
Lohn|ver|zicht; Lohn|zet|tel
Loh|rin|de ⟨*zu* [1]Lohe⟩
Loi|pe, die; -, -n ⟨norw.⟩ (*Skisport* Langlaufbahn, -spur); **Loi|pen|be|trei|ber; Loi|pen|be|trei|be|rin**
Loire [lo̯a:ɐ], die; - (franz. Fluss)
Lo|ja Dschir|ga, die; - - (die Große Ratsversammlung in Afghanistan)

L
Löff

Lok, die; -, -s (*kurz für* Lokomotive)
lo|kal ‹lat.› (örtlich; örtlich beschränkt); **Lo|kal,** das; -[e]s, -e (Örtlichkeit; [Gast]wirtschaft)
Lo|kal|an|äs|the|sie (*Med.* örtl. Betäubung); **Lo|kal|au|gen|schein,** der; -[e]s, -e (*österr. für* Lokaltermin); **Lo|kal|bahn; Lo|kal|be|richt; Lo|kal|blatt; Lo|kal|der|by** *(Sport)*
Lo|ka|le, das; -n (*in Zeitungen* Nachrichten aus dem Ort)
Lo|ka|li|sa|ti|on, die; -, -en (örtl. Beschränkung, Ortsbestimmung, -zuordnung); **lo|ka|li|sie|ren; Lo|ka|li|sie|rung** (das Lokalisieren, *auch svw.* Lokalisation)
Lo|ka|li|tät, die; -, -en (Örtlichkeit; Raum; *scherzh. für* Lokal)
Lo|kal|ko|lo|rit
Lo|kal|ma|ta|dor (örtliche Berühmtheit); **Lo|kal|ma|ta|do|rin**
Lo|kal|pa|t|ri|o|tis|mus
Lo|kal|po|li|tik; Lo|kal|po|li|ti|ker; Lo|kal|po|li|ti|ke|rin
Lo|kal|pres|se, die; -; **Lo|kal|ra|dio** *(bes. österr., schweiz.)*; **Lo|kal|re|dak|ti|on; Lo|kal|re|por|ter; Lo|kal|re|por|te|rin**
Lo|kal|satz (*Sprachwiss.* Umstandssatz des Ortes)
Lo|kal|sei|te; Lo|kal|teil; Lo|kal|ter|min *(Rechtsspr.)*; **Lo|kal|zei|tung**
Lo|ka|ti|on, die; -, -en (Wohngegend; [Stand]ort)
Lo|ka|tiv [*auch* ...'ti:f], der; -s, -e (*Sprachwiss.* Ortsfall)
Lo|ka|tor, der; -s, ...oren (*im MA.* [Kolonial]land verteilender Ritter)
Lok|füh|rer (*kurz für* Lokomotivführer); **Lok|füh|rer|ge|werk|schaft; Lok|füh|re|rin**
Lo|ki (germ. Gott)
lo|ko *vgl.* loco
Lo|ko|ge|schäft (*Kaufmannsspr.* zur sofortigen Erfüllung abgeschlossenes Geschäft)
Lo|ko|mo|ti|on, die; -, -en (*Med.* Gang[art], Fortbewegung)
Lo|ko|mo|ti|ve, die; -, -n ‹engl.› (*Kurzform* Lok)
Lo|ko|mo|tiv|füh|rer (*Kurzform* Lokführer); **Lo|ko|mo|tiv|füh|re|rin; Lo|ko|mo|tiv|schup|pen**
lo|ko|mo|to|risch ‹lat.› (*Med.* die Fortbewegung, den Gang betreffend)
Lo|ko|ver|kehr; Lo|ko|wa|re (*Kaufmannsspr.* sofort lieferbare Ware)
Lo|kus, der; *Gen.* - *u.* -ses, *Plur.* - *u.* -se (*ugs. für* [1]Abort)

lol ‹engl. *kurz für* laughing out loud, »laut herauslachend«› (drückt [meist in geschriebenem Text] große Heiterkeit aus)
Lo|la (w. Vorn.)
Lolch, der; -[e]s, -e ‹lat.› (*Bot.* eine Grasart)
Lö|li, der; -[s], -[s]; *vgl.* Götti (*schweiz. ugs. für* Tölpel)
Lo|li|ta, die; -, -s ‹nach einer Romanfigur› (Kindfrau)
Lol|li, der; -s, -s (*bes. nordd. ugs. für* Lutscher)
Lol|lo ros|so, *auch* **Lol|lo ros|sa,** der; - -s ‹ital.› (ital. Salatsorte)
Lom|bard [*auch* ...'ba...], der *od.* das; -[e]s, -e (*Bankw.* Kredit gegen Verpfändung beweglicher Sachen)
Lom|bar|de, der; -n, -n (Bewohner der Lombardei); **Lom|bar|dei,** die; - (ital. Region)
Lom|bard|ge|schäft *(Bankw.)*; **lom|bar|die|ren** (bewegliche Sachen beleihen)
Lom|bar|din; lom|bar|disch (aus der Lombardei); *aber* ↑K140: die Lombardische Tiefebene
Lom|bard|lis|te *(Bankw.)*; **Lom|bard|satz; Lom|bard|zins|fuß**
Lom|ber, das; -s ‹franz.› (ein Kartenspiel); **Lom|ber|spiel**
Lo|mé ['lo:me] (Hauptstadt von Togo)
Lom|matzsch [...atʃ] (Stadt in Sachsen); **Lom|matz|scher Pfle|ge,** die; - - (Ebene nordwestl. von Meißen)
Lo|mo|nos|sow (russ. Gelehrter); **Lo|mo|nos|sow|uni|ver|si|tät**, **Lo|mo|nos|sow-Uni|ver|si|tät,** die; - (in Moskau); ↑K136
Lon|don (Hauptstadt Großbritanniens); **Lon|do|ner; Lon|do|ne|rin**
Long|board [...bo:ɐ̯t], das; -s, -s ‹engl.› (längeres Skateboard od. Surfbrett)
Long|drink, der; -s, -s, **Long Drink,** der; - -s, - -s ‹engl.› (mit Soda, Eiswasser o. Ä. verlängerter Drink); **Long|drink|glas**, **Long-Drink-Glas**
Lon|ge ['lõ:ʒə], die; -, -n ‹franz.› (*Reiten* Laufleine für Pferde; *Akrobatik* Sicherheitsleine); **lon|gie|ren** [lõ'ʒi:...] (ein Pferd an der Longe laufen lassen)
Lon|gi|me|t|rie, die; - ‹lat.; griech.› (*Physik* Längenmessung)
lon|gi|tu|di|nal ‹lat.› (in der Längsrichtung); **Lon|gi|tu|di|nal|schwin|gung** (*Physik* Längsschwingung); **Lon|gi|tu|di|nal|wel|le**

long|line [...lain] ‹engl.› (*Tennis* an der Seitenlinie entlang); den Ball longline spielen; **Long|line,** der; -[s], -s (entlang der Seitenlinie gespielter Ball)
Long|sel|ler, der; -s, - ‹anglisierend› (lange zu den Bestsellern gehörendes Buch)
Lo|ni (w. Vorn.)
Löns [*auch* lœns] (dt. Schriftsteller)
Look [lʊk], der; -s, -s ‹engl.› (bestimmtes Aussehen; Moderichtung)
Look|alike ['lʊkəlai̯k], der; -s, -s *u.* die; -, -s ‹engl.› (Doppelgänger [einer prominenten Person]); **Look|alike-Con|test**, **Look|alike|con|test** (Ähnlichkeitswettbewerb)
Loo|ping ['lu:...], der, *auch* das; -s, -s ‹engl.› (*Flugw.* senkrechter Schleifenflug, Überschlagrolle)
Loos (österr. Architekt)

Loser
Häufig wird im Englischen der Laut */u:/* durch *u* (*June* »Juni«) oder durch zwei *o* (*moon* »Mond«) wiedergegeben. *Loser* gehört zu den relativ seltenen Fällen, in denen ein einfaches *o* für */u:/* steht.

Lo|pe de Ve|ga [- - 've:ga] (span. Dichter)
Lor|bass, der; -es, -e (*ostpreuß. für* Lümmel, Taugenichts)
Lor|beer, der; -s, -en ‹lat.› (ein Baum; ein Gewürz); **Lor|beer|baum; Lor|beer|blatt;** das Silberne Lorbeerblatt *(Sport)*
lor|beer|grün
Lor|beer|kranz; Lor|beer|zweig
Lor|chel, die; -, -n (ein Pilz)
Lord, der; -s, -s ‹engl.› (hoher englischer Adelstitel)
Lord|kanz|ler (höchster englischer Staatsbeamter)
Lord Ma|y|or [- 'me:ɐ], der; - -[s], - -s (Titel der Oberbürgermeister mehrerer englischer Großstädte)
Lor|do|se, die; -, -n ‹griech.› (*Med.* Rückgratverkrümmung nach vorn)
Lord|schaft; Ihre, Eure Lordschaft
Lord|ship [...ʃɪp], die; - ‹engl.› (Lordschaft; Würde od. Herrschaft eines Lords)
[1]**Lo|re,** die; -, -n ‹engl.› (offener Eisenbahngüterwagen, Feldbahnwagen)

[2]Lo|re (w. Vorn.)
Lo|re|ley [...ˈlai, *auch* ˈloː...], **Lo|re|lei,** die; - (Rheinnixe der dt. Sage; Felsen am rechten Rheinufer bei St. Goarshausen)
Lo|renz (m. Vorn.)
Lo|renz|strom *vgl.* Sankt-Lorenz-Strom
Lo|re|to (Wallfahrtsort in Italien)
Lo|ret|to|hö|he, die; - ‹franz.; dt.› (Anhöhe bei Arras)
Lor|g|net|te [lɔrˈnjɛ...], die; -, -n ‹franz.› (Stielbrille); **lor|g|net|tie|ren** (*früher* durch die Lorgnette betrachten; scharf mustern)
Lor|g|non [...ˈnjõː], das; -s, -s (Stielglas, -brille)
[1]Lo|ri, der; -s, -s ‹karib.-span.› (ein Papagei)
[2]Lo|ri, der; -s, -s ‹niederl.› (ein schwanzloser Halbaffe)
Lo|ri|ot [loˈrioː] (dt. Humorist)
Lork, der; -[e]s, Lörke (*nordd. für* Kröte)
Lor|ke, die; - (*landsch. für* dünner, schlechter Kaffee)
Lorm|al|pha|bet, Lorm-Al|pha|bet, das; -[e]s (von Hieronymus Lorm entwickeltes Tastalphabet für Taubblinde); **lor|men** (kommunizieren mithilfe des Lormalphabets)
Lo|ro|kon|to ‹ital.› (das bei einer Bank geführte Kontokorrentkonto einer anderen Bank)
Lort|zing (dt. Komponist)

los

(*vgl.* lose)
– los!; los (weg) von Rom

Getrenntschreibung in Verbindung mit »sein«:
– der Knopf ist los (abgetrennt)
– der Hund ist [von der Kette] los
– er wird die Sorgen bald los sein
– er wird die Sorgen bald los haben oder loshaben *(ugs.)*
– auf dem Fest ist nichts los gewesen (war es langweilig)
– dort drüben muss etwas los (passiert) sein

Zusammenschreibung in Verbindung mit anderen Verben:
– *vgl.* losbinden, losfahren, losgehen, loshaben, loslassen usw.

Los, das; -es, -e; das große Los ↑K151
...los (z. B. arbeitslos)
Los An|ge|les [lɔs ˈɛndʒə...] (größte Stadt Kaliforniens)
lös|bar; Lös|bar|keit, die; -
los|be|kom|men; ich habe den Deckel nicht losbekommen
los|bin|den; er bindet los; losgebunden; loszubinden
los|brau|sen *(ugs.)*
los|bre|chen; ein Sturm brach los
Lösch|an|griff (*Fachspr.* Vorgehensweise der Feuerwehr bei einem Brand); **Lösch|ap|pa|rat; Lösch|ar|beit** *meist Plur.*
lösch|bar
Lösch|blatt
Lösch|boot; Lösch|ein|satz
[1]lö|schen (einen Brand ersticken); du löschst, er löscht; du löschtest; gelöscht; lösch[e]!
[2]lö|schen (*nur noch geh. für* erlöschen); du lischst; er lischt; du loschst; du löschest; geloschen; lisch!
[3]lö|schen ‹*zu* los› (*Seemannsspr.* ausladen); du löschst, du löschtest; gelöscht; lösch[e]!
Lö|scher; Lö|sche|rin; Lösch|fahr|zeug; Lösch|flug|zeug; Lösch|ge|rät; Lösch|kalk
Lösch|pa|pier; Lösch|tas|te
Lö|schung
Lösch|was|ser, das; -s; **Lösch|zug**
lo|se; das lose Blatt; lose Ware (nicht in Originalpackung, sondern einzeln); eine lose Zunge haben (leichtfertig reden); die Zügel lose, *landsch. auch* los (locker) halten; der Knopf ist lose (locker); *vgl. aber* los
Lo|se, die; -, -n (*Seemannsspr.* schlaffes Tau[stück])
Lo|se|blatt|aus|ga|be; Lo|se|blatt|samm|lung
Lö|se|geld; Lö|se|geld|for|de|rung
los|ei|sen (*ugs. für* mit Mühe frei machen, abspenstig machen); er eis|te los; sich loseisen; ich habe mich endlich von ihnen losgeeist
Lö|se|mit|tel, das
[1]lo|sen (das Los ziehen); du lost; er/sie los|te; gelost; los[e]!
[2]lo|sen, lu|sen (*südd., österr., schweiz. mdal. für* horchen, zuhören)
[3]lo|sen [ˈluːzn̩] ‹engl.› (*ugs. für* erfolglos bleiben); gelost
lö|sen (*auch für* befreien; *Bergmannsspr.* entwässern, mit frischer Luft beschicken); du löst; er/sie lös|te; gelöst; lös[e]!
Los|ent|scheid
Lo|ser [ˈluːzɐ], der; -s, - ‹engl.› (*ugs. für* Verlierer; Versager); **Lo|se|rin**
los|fah|ren; er ist losgefahren
los|ge|hen (*ugs. auch für* anfangen); der Streit ist losgegangen
los|ha|ben; sie hat in ihrem Beruf viel losgehabt (*ugs. für* viel davon verstanden); er wird seine Probleme bald los haben oder loshaben (*ugs. für* davon befreit sein); er wird das Brett gleich los (entfernt) haben
los|heu|len (*ugs. auch für* zu weinen beginnen); die Sirene heulte los
...lo|sig|keit (z. B. Regellosigkeit, die; -, -en)
Los|kauf; los|kau|fen; die Gefangenen wurden losgekauft
los|kom|men; er ist von diesem Gedanken nicht losgekommen
los|krie|gen *(ugs.);* den Deckel nicht loskriegen
los|la|chen; sie musste laut loslachen
los|las|sen; sie hat den Hund [von der Kette] losgelassen
los|lau|fen; er ist losgelaufen
los|le|gen (*ugs. für* ungestüm beginnen); sie hat ordentlich losgelegt (z. B. energisch geredet)
lös|lich; Lös|lich|keit, die; -
los|lö|sen; sich loslösen; er hat die Briefmarke losgelöst; du hast dich von diesen Anschauungen losgelöst; **Los|lö|sung**
los|ma|chen; er hat das Brett losgemacht; mach los! (*ugs. für* beeile dich!)
los|mar|schie|ren; er ist sofort losmarschiert
Los|num|mer
los|prus|ten (*ugs. für* prustend loslachen)
los|rei|ßen; du hast dich losgerissen
Löss, Löß, der; -es, -e (*Geol.* kalkhaltige Ablagerung des Pleistozäns)
los|sa|gen; sich von etwas lossagen; du hast dich von ihm losgesagt; **Los|sa|gung**
Löss|bo|den, Löß|bo|den
los|schi|cken; er hat den Trupp losgeschickt
los|schie|ßen *(ugs.);* sie ist auf mich losgeschossen
los|schla|gen; er hat das Brett losgeschlagen; die Feinde haben losgeschlagen (mit dem Kampf begonnen)

los|schrau|ben; sie hat den Griff losgeschraubt
los sein *vgl.* los
lös|sig, lö|ßig *(Geol.)*
Löss|kin|del, Löß|kin|del, das; -s, - (Konkretion im Löss)
Löss|land|schaft, Löß|land|schaft
Löß|nitz, die; - (Landschaft nordwestl. von Dresden)
los|spre|chen (von Schuld); er hat ihn losgesprochen; **Los|spre|chung** (*für* Absolution)
Löss|schicht, Löss-Schicht, Löß|schicht *(Geol.)*
los|steu|ern; auf ein Ziel lossteuern
los|stür|zen *(ugs.);* er ist losgestürzt, als ...
Lost, der; -[e]s (Deckname für einen chem. Kampfstoff)
Los|tag (nach dem Volksglauben für die Wetterprophezeiung bedeutsamer Tag)
los|tre|ten; eine Lawine lostreten
Los|trom|mel
¹Lo|sung (Wahl-, Leitspruch; Erkennungswort)
²Lo|sung (*Jägerspr.* Kot des Wildes u. des Hundes; *Kaufmannsspr.* Tageseinnahme)
Lö|sung
Lö|sungs|an|satz; Lö|sungs|idee; Lö|sungs|kon|zept
Lö|sungs|men|ge *(Math.)*
Lö|sungs|mit|tel, das
Lö|sungs|mög|lich|keit
Lö|sungs|ver|such; Lö|sungs|vor|schlag; Lö|sungs|weg
Lo|sungs|wort *Plur.* ...worte *u.* ...wörter
Lö|sungs|wort *Plur.* ...wörter
Los|ver|fah|ren
Los-von-Rom-Be|we|gung, die; - ↑K26 *(Geschichte)*
los|wer|den; etwas loswerden (von etwas befreit werden; *ugs. für* etwas verkaufen); sie ist ihn losgeworden; ..., damit du alle Sorgen loswirst; sie muss sehen, wie sie die Ware loswird
los|zie|hen (*ugs. für* sich zu einer [vergnüglichen] Unternehmung aufmachen); wir sind losgezogen; gegen jmdn. losziehen (*ugs. für* gehässig von ihm reden)
¹Lot, das; -[e]s, -e (metall. Bindemittel; Vorrichtung zum Messen der Wassertiefe u. zur Bestimmung der Senkrechten; *früher* [Münz]gewicht, Hohlmaß); 3 Lot Kaffee
²Lot, das; -[s], -s ⟨engl.⟩ (ein Posten Ware, bes. bei Briefmarken)
³Lot (bibl. m. Eigenn.)
Löt|brü|cke (*Technik* Verbindung aus lötfähigem Material zwischen Punkten auf einer Leiterplatte)
lo|ten (senkrechte Richtung bestimmen; Wassertiefe messen)
lö|ten (durch Lötmetall verbinden); **Löt|fu|ge; Löt|ge|rät**
Lo|thar (m. Vorn.)
Loth|rin|gen; Loth|rin|ger; Loth|rin|ge|rin; loth|rin|gisch
...lö|tig (z. B. sechzehnlötig)
Lo|ti|on [*auch* 'lo:ʃn̩], die; -, *Plur.* -en, *bei engl. Aussprache* -s ⟨engl.⟩ (flüssiges Reinigungs-, Pflegemittel für die Haut)
Löt|kol|ben; Löt|lam|pe; Löt|me|tall
Lo|to|pha|ge, der; -n, -n ⟨griech., »Lotosesser«⟩ (Angehöriger eines sagenhaften Volkes in Homers Odyssee)
Lo|tos, der; -, - (eine Seerose)
Lo|tos|blu|me; Lo|tos|blü|te
Lo|tos|sitz
lot|recht; Lot|rech|te, die; -n, -n; vier Lotrechte[n]
Löt|rohr; Löt|rohr|ana|ly|se (ein chemisches Prüfverfahren)
Lötsch|berg|bahn; Lötsch|berg|tun|nel; Löt|schen|pass, Löt|schen-Pass, der; ...passes
Lot|se, der; -n, -n ⟨engl.⟩; **lot|sen;** du lotst; gelotst; **Lot|sen|boot; Lot|sen|dienst; Lot|sen|fisch; Lot|sen|sta|ti|on; Lot|sin**
Löt|stel|le
Lott|chen, Lot|te, Lot|ti (w. Vorn.)
Lot|ter, der; -s, - (*noch landsch. für* Herumtreiber, Faulenzer)
Lot|ter|bett (*scherzh., sonst veraltet für* Sofa)
Lot|te|rie, die; -, ...ien ⟨niederl.⟩ (Glücksspiel, Verlosung)
Lot|te|rie|ein|neh|mer; Lot|te|rie|ein|neh|me|rin
Lot|te|rie|los; Lot|te|rie|spiel
lot|te|rig, lott|rig (*ugs. für* unordentlich)
Lot|ter|le|ben, das; -s *(abwertend)*
lot|tern (*landsch. für* ein Lotterleben führen; *schweiz. für* aus den Fugen gehen); ich lottere
Lot|ter|wirt|schaft, die; - *(abwertend)*
Lot|ti *vgl.* Lotte
Lot|to, das; -s, -s ⟨ital.⟩ (Zahlenlotterie; Gesellschaftsspiel)
Lot|to-An|nah|me|stel|le, Lot|to|an|nah|me|stel|le
Lot|to|fee (*scherzh. für* Fernsehansagerin bei der Ziehung der Lottozahlen)
Lot|to|ge|sell|schaft; Lot|to|ge|winn; Lot|to|ge|win|ner; Lot|to|ge|win|ne|rin; Lot|to|kol|lek|tur (*österr. veraltend für* Geschäftsstelle für das Lottospiel)
Lot|to|mil|li|o|när; Lot|to|mil|li|o|nä|rin; Lot|to|schein; Lot|to|spiel; Lot|to|zahl *meist Plur.;* **Lot|to|zet|tel**
lott|rig *vgl.* lotterig
Lo|tung
Lö|tung
Lo|tus, der; -, - ⟨griech.⟩ (Hornklee; *auch svw.* Lotos)
Lo|tus|ef|fekt® (*Physik, Technik* Selbstreinigungseffekt bestimmter Oberflächen, z. B. des Lotosblatts)
lot|wei|se
Löt|zinn
¹Lou|is ['lu:i] (m. Vorn.)
²Lou|is, der; -, - (*ugs. für* Zuhälter)
Lou|is|dor [lu̯i'do:ɐ̯], der; -[s], *Plur.* -e *u.* -s (eine alte franz. Münze); 6 Louisdor
Lou|i|si|a|na [lui..., *auch* ...'zi̯ɛna] (Staat der USA; *Abk.* LA)
Lou|is-qua|torze [lu̯ika'tɔrs], das; - ⟨franz.⟩ (Stil zur Zeit Ludwigs XIV.); **Lou|is-quinze** [...'kɛ̃:z], das; - (Stil zur Zeit Ludwigs XV.); **Lou|is-seize** [...'sɛ:z], das; - (Stil zur Zeit Ludwigs XVI.)
Lounge [lau̯ntʃ], die; -, -s [...dʒɪs] ⟨engl.⟩ ([Hotel]halle; [Cocktail]bar)
Lourdes [lurd] (franz. Wallfahrtsort); **Lourdes|grot|te**
Lou|v|re ['lu:vrə], der; -[s] (ein Museum in Paris)
Love-Pa|rade®, Love|pa|rade ['lafpəreɪt], die; -, -s ⟨engl.⟩ (Umzug der Raver[innen])
Lo|ver ['lavɐ], der; -s, -[s] ⟨engl.⟩ (Liebhaber; Liebespartner); **Lo|ve|rin**
Love|sto|ry ['lafsto:ri] ⟨engl.⟩ (Liebesgeschichte)
Low-Bud|get-Pro|duk|ti|on [lo:'badʒɪt...] (Filmproduktion mit geringen finanziellen Mitteln)
Low-Carb-Di|ät ['lo:...] (aus wenig kohlenhydrathaltigen Lebensmitteln bestehende Diät)
Low-Cost-Car|ri|er ['lo:(')kɔstkɛri̯ɐ], der; -s, -s ⟨engl.⟩ (Billigfluglinie)
Lö|we, der; -n, -n ⟨griech.⟩
Lö|wen|an|teil (Hauptanteil)

L
Löwe

Lö|wen|bän|di|ger; Lö|wen|bän|di|ge|rin
Lö|wen|herz (m. Eigenn.)
Lö|wen|jagd; Lö|wen|kä|fig; Lö|wen|mäh|ne
Lö|wen|maul (eine Gartenblume); **Lö|wen|mäul|chen** (Löwenmaul)
Lö|wen|mut; lö|wen|stark
Lö|wen|zahn *Plur. selten* (eine Wiesenblume)
Low-Fat-Di|ät, Low|fat|di|ät [ˈlo:(ˈ)fɛt...] ⟨engl.; griech.⟩ (Diät, bei der man möglichst wenig Fett zu sich nimmt)
Low Fi|de|li|ty [ˈlo: -], die; - - ⟨engl.⟩ (niedrige technische Qualität bei der Klangwiedergabe)
Lö|win
Low|tech [ˈlo:tɛk], das; -[s], *auch* die; - (einfache, wenig entwickelte Technologie)
lo|y|al [loaˈja:l] ⟨franz.⟩ (redlich, [regierungs]treu)
Lo|ya|li|tät, die; -, -en; **Lo|ya|li|täts|er|klä|rung; Lo|ya|li|täts|kon|flikt**
Lo|yo|la [...ˈjo:...]; Ignatius von Loyola
[1]LP = Läuten u. Pfeifen (Eisenbahnbezeichnung)
[2]LP, die; -, -[s] ⟨aus engl. long-playing record⟩ = Langspielplatte
LPG, die; -, -[s] = landwirtschaftliche Produktionsgenossenschaft *(DDR)*
Lr = Lawrencium
LRH, der; -[s], -[s] = Landesrechnungshof
LRS, die; - = Lese-Rechtschreib-Schwäche
LSD, das; -[s] ⟨kurz für Lysergsäurediäthylamid⟩ (ein Rauschgift)
LSG, das; -[s], -[s] = Landschaftsschutzgebiet; Landessozialgericht
LSVA, die; - = leistungsabhängige Schwerverkehrsabgabe *(Schweiz)*
lt. = laut
Lt. = Leutnant
ltd., Ltd. = limited
Ltn. = Leutnant
Lu (*chem. Zeichen für* Lutetium)
Lu|an|da (Hauptstadt Angolas)
Lu|ba, Ba|lu|ba, der; -[s], -[s] *u.* die; -, -[s] (Angehörige[r] eines Bantustammes in der Demokratischen Republik Kongo)
Lüb|ben (Spree|wald) (Stadt in Brandenburg)
Lü|beck (Hafenstadt an der Ostsee); **Lü|be|cker;** die Lübecker Bucht; **Lü|be|cke|rin; lü|be|ckisch, lü|bisch** (von Lübeck)

Lu|be|ron [lyˈbrõ:], **Lu|bé|ron** [lybeˈrõ:] (Gebirgskette in der Provence)
Lu|bitsch (deutsch-amerik. Filmregisseur)
Lüb|ke (zweiter dt. Bundespräsident)
Lu|b|lin (Stadt u. Woiwodschaft in Polen)
Luc|ca (Stadt u. Provinz in Italien)
Luch, die; -, Lüche *od.* das; -[e]s, -e (*landsch. für* Sumpf)
Luchs, der; -es, -e (ein Raubtier)
Luchs|au|ge *(auch ugs. übertr.);* **luchs|äu|gig**
luch|sen (*ugs. für* sehr genau aufpassen); du luchst
Luch|sin
Lucht, die; -, -en ⟨niederl.⟩ (*nordd. für* Dachboden)
Lu|cia *vgl.* Luzia, Santa Lucia
Lu|ci|an *vgl.* Lukian
Lu|ci|a|ner (Einwohner von St. Lucia); **Lu|ci|a|ne|rin; lu|ci|a|nisch**
Lu|ci|us (röm. m. Vorn.; *Abk.* L.)
Lu|ckau (Stadt in Brandenburg)
Lü|cke, die; -, -n
Lü|cken|bü|ßer (*ugs. für* Ersatzmann); **Lü|cken|bü|ße|rin; Lü|cken|fül|ler; Lü|cken|fül|le|rin**
lü|cken|haft; Lü|cken|haf|tig|keit, die; -; **lü|cken|los; Lü|cken|lo|sig|keit,** die; -
Lü|cken|schluss *(Fachspr.)*
Lü|cken|test *(Psychol.)*
lu|ckig (*Bergmannsspr.* großporig); luckiges Gestein
Lu|c|re|tia *vgl.* Lukretia; **Lu|c|re|ti|us, Lu|k|rez** (altröm. Dichter); **Lu|c|re|zia** *vgl.* Lukretia
Lu|cul|lus (röm. Feldherr); *vgl.* Lukullus
lud *vgl.* [1]laden, [2]laden
Lu|de, der; -n, -n (*ugs. abwertend für* Zuhälter)
Lü|den|scheid (Stadt im Sauerland)
Lu|der, das; -s, - (*Jägerspr.* Köder, Aas; *auch* Schimpfwort)
Lu|der|jan (*svw.* Liederjan)
Lu|der|le|ben, das; -s
lu|der|mä|ßig (*landsch. für* sehr, überaus); **lu|dern** (*veraltet für* liederlich leben); ich ludere
Lud|ger (m. Vorn.)
Lud|mil|la (w. Vorn.)
Lu|dolf (m. Vorn.)
Lu|dol|fin|ger (Angehöriger eines mittelalterl. dt. Herrschergeschlechtes); **Lu|dol|fin|ge|rin**
lu|dolf|sche Zahl, Lu|dolf'sche Zahl, die; -n ⟨nach dem Mathematiker Ludolf van Ceulen [ˈkø:lən]⟩ (*selten für* die Zahl π [Pi]); **Lu|dolf|zahl, Lu|dolf-Zahl** ↑K136, die; - (*svw.* ludolfsche Zahl)
Lu|do|wi|ka (w. Vorn.)
Lu|do|win|ger (Angehöriger eines thüring. Adelsgeschlechtes)
Lud|wig (m. Vorn.)
Lud|wigs|burg (Stadt nördl. von Stuttgart)
Lud|wigs|ha|fen am Rhein (Stadt in Rheinland-Pfalz); **Lud|wigs|ha|fe|ner; Lud|wigs|ha|fe|ne|rin**
Lu|es, die; - ⟨lat.⟩ (*Med.* Syphilis); **lu|e|tisch, lu|isch** (*Med.* syphilitisch)
Luf|fa, die; -, -s ⟨arab.⟩ (eine kürbisartige Pflanze); **Luf|fa|schwamm** (schwammartige Frucht der Luffa)
Luft, die; -, Lüfte
Luft|ab|wehr; Luft|alarm; Luft|an|griff; Luft|auf|klä|rung; Luft|auf|nah|me; Luft|auf|sicht
Luft|bad; Luft|bal|lon
luft|be|weg|lich (*Militär* durch Luftfahrzeuge ausgeführt, unterstützt)
Luft|be|we|gung *(Meteorol.)*
Luft|bild; Luft|bild|ar|chäo|lo|gie
Luft|bla|se
Luft-Bo|den-Ra|ke|te; Luft|brü|cke
Lüft|chen
luft|dicht; Luft|dich|te; Luft|druck *Plur.* ...drücke *u.* ...drucke
luft|durch|läs|sig
Luft|elek|t|ri|zi|tät; Luft|em|bo|lie
lüf|ten; Lüf|ter
Luft|fahrt, die; -, *Plur.* (*für* Fahrten durch die Luft:) -en; **Luft|fahrt|be|hör|de; Luft|fahrt|for|schung; Luft|fahrt|ge|sell|schaft; Luft|fahrt|in|dus|t|rie; Luft|fahrt|me|di|zin,** die; -; **Luft|fahr|zeug**
Luft|feuch|te, die; -, -n; **Luft|feuch|tig|keit**
Luft|fil|ter; Luft|flot|te; Luft|fracht
luft|ge|kühlt; luftgekühlter Motor; **luft|ge|schützt;** ein luftgeschützter Ort; **luft|ge|trock|net;** luftgetrocknete Wurst
Luft|ge|wehr
Luft|gi|tar|re; Luftgitarre spielen (so tun, als ob man Gitarre spielt)
Luft|ha|fen *vgl.* [2]Hafen
Luft|han|sa® (*für* Deutsche Lufthansa AG)
Luft|hei|zung; Luft|ho|heit, die; -; **Luft|hül|le; Luft|hut|ze** *(Kfz-Technik)*
luf|tig; Luf|tig|keit
Luf|ti|kus, der; -[ses], -se (*scherzh. für* oberflächlicher Mensch)
Luft|kampf

Luft|kis|sen; Luft|kis|sen|fahr|zeug
Luft|klap|pe (*für* Ventil); **Luft|kor|ri|dor; Luft|krank|heit; Luft|krieg; Luft|küh|lung; Luft|kur|ort** *Plur.* ...orte
Luft|lan|de|trup|pe (für die Landung aus der Luft besonders ausgebildete u. ausgerüstete milit. Einheit)
luft|leer; Luft|lein; Luft|li|nie
Lüftl|ma|le|rei (Fassadenmalerei in Bayern)
Luft|loch; Luft|man|gel, der; -s
Luft|ma|sche
Luft|ma|t|rat|ze; Luft|mi|ne
Luft|num|mer (*Akrobatik; auch ugs. für* sich als unwahr od. unwichtig erweisende Behauptung)
Luft|pi|rat; Luft|pi|ra|tin
Luft|po|li|zist; Luft|po|li|zis|tin
Luft|pols|ter; Luft|post; Luft|pum|pe; Luft|qua|li|tät; Luft|raum; Luft|röh|re; Luft|sack *(Zool.);* **Luft|schacht**
Luft|schau|kel (*landsch. für* Schiffschaukel)
Luft|schicht
Luft|schiff; Luft|schif|fer
Luft|schiff|fahrt, Luft|schiff-Fahrt, die; -, *Plur.* (*für* Fahrten mit dem Luftschiff:) -en
Luft|schlacht; Luft|schlan|ge *meist Plur.;* **Luft|schloss; Luft|schrau|be** (*für* Propeller)
Luft|schutz, der; -es; **Luft|schutz|bun|ker; Luft|schutz|kel|ler; Luft|schutz|raum**
Luft|sper|re; Luft|sperr|ge|biet
Luft|spie|ge|lung, Luft|spieg|lung
Luft|sprung; Luft|streit|kräf|te *Plur.;* **Luft|strom; Luft|ta|xi; Luft|tem|pe|ra|tur; luft|tüch|tig;** ein lufttüchtiges Flugzeug
Lüf|tung; Lüf|tungs|an|la|ge; Lüf|tungs|klap|pe
Luft|ver|än|de|rung
Luft|ver|kehr; Luft|ver|kehrs|ge|sell|schaft
Luft|ver|schmut|zung
Luft|waf|fe; Luft|waf|fen|stütz|punkt
Luft|wech|sel; Luft|weg; auf dem Luftweg[e]
Luft|wi|der|stand; Luft|wi|der|stands|bei|wert *(Technik)*
Luft|wir|bel; Luft|wur|zel; Luft|zu|fuhr, die; -; **Luft|zug**
[1]**Lug,** der; -[e]s (Lüge); [mit] Lug und Trug
[2]**Lug,** der; -[e]s, -e (*landsch. für* Ausguck)
Lu|ga|ner; Lu|ga|ne|rin; Lu|ga|ner See, der; - -s; **Lu|ga|ne|se,** der; -n, -n (Luganer); **Lu|ga|ne|sin; lu|ga|ne|sisch; Lu|ga|no** (Stadt in der Schweiz)
Lug|aus, der; -, - (*landsch., auch geh. für* Aussichtsturm)
Lü|ge, die; -, -n; jmdn. Lügen strafen (der Unwahrheit überführen)
lu|gen (*landsch. für* spähen)
lü|gen; du logst; du lögest; gelogen; lüg[e]!
Lü|gen|bold, der; -[e]s, -e *(abwertend)*
Lü|gen|de|tek|tor (Gerät, mit dem unwillkürliche körperliche Reaktionen eines Befragten gemessen werden können)
Lü|gen|dich|tung; Lü|gen|ge|bäu|de; Lü|gen|ge|schich|te; Lü|gen|ge|spinst; Lü|gen|ge|we|be
lü|gen|haft; Lü|gen|haf|tig|keit, die; -
Lü|gen|maul (*ugs. für* Lügner)
Lü|ge|rei *(ugs.)*
Lug|ins|land, der; -[e]s, -e *od.* -, - (*veraltend für* Wachtturm, Aussichtsturm)
Lüg|ner; Lüg|ne|rin; lüg|ne|risch
lu|isch *vgl.* luetisch
Lu|is|chen, Lu|i|se (w. Vorn.)
Lu|it|gard (w. Vorn.); **Lu|it|ger** (m. Vorn.); **Lu|it|pold** (m. Vorn.)
Luk, das; -[e]s, -e; *vgl.* Luke
Lu|kar|ne, die; -, -n ‹franz.› (*landsch. für* Dachfenster, -luke)
Lu|kas (Evangelist); Evangelium Lucä (des Lukas)
Lu|ke, die; -, -n (kleines Dach- od. Kellerfenster; Öffnung im Deck od. in der Wand des Schiffes)
Lu|ki|an (griech. Satiriker)
Luk|ma|ni|er, der; -s, *auch* **Luk|ma|ni|er|pass, Luk|ma|ni|er-Pass,** der; -es (ein schweiz. Alpenpass)
lu|k|ra|tiv ‹lat.› (gewinnbringend)
Lu|k|re|tia, Lu|c|re|tia, Lu|c|re|zia (w. Vorn.); **Lu|k|rez** *vgl.* Lucretius; **Lu|k|re|zia** (w. Vorn.)
lu|k|rie|ren ‹lat.› (*österr. für* Gewinn erzielen)
lu|kul|lisch (üppig); lukullisches Mahl; **Lu|kul|lus,** der; -, -se (Schlemmer [nach Art des Lucullus])
Lu|latsch, der; -[e]s, -e (*ugs. für* langer, schlaksiger Mann)
Lul|le, die; -, -n (*ugs. für* Zigarette)
lul|len (*volkstüml. für* leise singen); das Kind in den Schlaf lullen
Lul|ler (*österr. landsch. für* Schnuller)
Lul|ly [ly'li:], Jean-Bap|tiste [...ba'ti:st] (ital.-franz. Komponist)
Lu|lu [*auch* ...'lu:] (w. Vorn.)
Lum|ba|go, die; - ‹lat.› (*Med.* Schmerzen in der Lendengegend; Hexenschuss)
lum|bal (die Lenden[gegend] betreffend); **Lum|bal|an|äs|the|sie; Lum|bal|punk|ti|on**
lum|be|cken ‹nach dem dt. Erfinder E. Lumbeck› (Bücher durch Aneinanderkleben der einzelnen Blätter binden); gelumbeckt
Lum|ber|jack ['la...], der; -s, -s ‹engl.› (eine Art Jacke)
Lu|men, das; -s, *Plur.* - *u.* ...mina ‹lat., »Licht«› (*Physik* Einheit des Lichtstromes [*Zeichen* lm]; *Biol., Med.* innerer Durchmesser [lichte Weite] od. Hohlraum von Zellen od. Organen)
Lu|mi|nes|zenz, die; -, -en (*Physik* Lichterscheinung, die nicht durch erhöhte Temperatur bewirkt ist); **lu|mi|nes|zie|ren**
Lu|mi|no|phor, der; -s, -e ‹lat.; griech.› (*Physik* Leuchtstoff)
Lum|me, die; -, -n ‹nord.› (ein arktischer Seevogel)
Lum|mel, der; -s, - (*südd. für* Lendenfleisch, -braten)
Lüm|mel, der; -s, -; **Lüm|me|lei; lüm|mel|haft; lüm|meln,** sich *(ugs.);* ich lümm[e]le mich
Lump, der; -en, -en (schlechter Mensch); **Lum|pa|zi|us,** der; -, -se (*scherzh. veraltend für* Lump); **Lum|pa|zi|va|ga|bun|dus,** der; -, *Plur.* -se *u.* ...di (Landstreicher)
lum|pen (*ugs. für* liederlich leben); sich nicht lumpen lassen (*ugs.* freigebig sein; Geld ausgeben)
Lum|pen, der; -s, - (Lappen)
Lum|pen|ge|sin|del
Lum|pen|händ|ler (*veraltet für* Altwarenhändler); **Lum|pen|händ|le|rin**
Lum|pen|pack; Lum|pen|pro|le|ta|ri|at *(marx. Theorie);* **Lum|pen|sack**
Lum|pen|samm|ler (*auch übertr. scherzh. für* letzte [Straßen]bahn, letzter Omnibus in der Nacht); **Lum|pen|samm|le|rin**
Lum|pe|rei
lum|pig
Lu|na ‹lat.› (römische Mondgöttin; *geh. für* Mond; Name sowjetischer unbemannter Mondsonden); **lu|nar** (den Mond betreffend, Mond...); **lu|na|risch** (*älter*

L
luna

für lunar); **Lu|na|ri|um,** das; -s, ...ien (Gerät zur Veranschaulichung der Mondbewegung)
Lu|na|tis|mus, der; - (*Med.* Mondsüchtigkeit)
Lunch [lantʃ], der; *Gen.* -[e]s *od.* -, *Plur.* -[e]s *od.* -e ⟨engl.⟩ (leichte Mittagsmahlzeit [in angelsächsischen Ländern]); **Lunch|bü|fett, Lunch|buf|fet**
lun|chen; du lunchst

lynchen
Das aus dem amerikanischen Englisch entlehnte Verb wird wie in der Herkunftssprache mit *y* geschrieben.

Lunch|pa|ket; Lunch|zeit
¹Lund (Stadt in Schweden)
²Lund, der; -[e]s, -e (Papageitaucher, ein Vogel)
Lü|ne|burg (Stadt am Nordrand der Lüneburger Heide); **Lü|ne|bur|ger Hei|de,** die; - - (Teil des Norddeutschen Tieflandes)
Lü|net|te, die; -, -n ⟨franz.⟩ (*Technik* Stütze für lange Werkstücke auf der Drehbank; *Archit.* Bogenfeld, Stichkappe; *früher* eine Grundrissform im Festungsbau)
Lun|ge, die; -, -n; die eiserne Lunge ↑K31
Lun|gen|bläs|chen; Lun|gen|bra|ten (*österr. für* Lendenbraten)
Lun|gen|em|bo|lie *(Med.);* **Lun|gen|ent|zün|dung**
Lun|gen|fisch *(Zool.);* **Lun|gen|flü|gel; Lun|gen|funk|ti|on; Lun|gen|ha|schee**
lun|gen|krank; Lun|gen|krank|heit; Lun|gen|krebs
Lun|gen|lei|den; lun|gen|lei|dend
Lun|gen|ödem
Lun|gen|spit|zen|ka|tarrh
Lun|gen|stru|del (*österr. für* eine Suppeneinlage)
Lun|gen-Tbc ↑K28; **Lun|gen|tu|ber|ku|lo|se**
Lun|gen|tu|mor; Lun|gen|zug
lun|gern *(ugs.);* ich lungere
Lü|ning, der; -s, -e (*nordd. für* Sperling)
Lun|ker, der; -s, - (fehlerhafter Hohlraum in Gussstücken)
Lün|se, die; -, -n (Achsnagel)
Lünt, die; - (*landsch. für* Schweinenierenfett)
Lun|te, die; -, -n (ein Zündmittel; *Jägerspr.* Schwanz des Fuchses); Lunte riechen (*ugs. für* Gefahr wittern); **Lun|ten|schnur** *Plur.* ...schnüre
Lu|pe, die; -, -n ⟨franz.⟩ (Vergrößerungsglas)
lu|pen|rein (sehr rein, ganz ohne Mängel [von Edelsteinen]; *übertr. für* einwandfrei)
Lu|per|ka|li|en *Plur.* (ein altrömisches Fest)
Lü|pertz, Markus (dt. Maler u. Bildhauer)
Lupf, der; -[e]s, -e (*südd. u. schweiz. für* das Hochheben; Last, die man eben noch heben kann; *auch für* Hosenlupf); **lup|fen** (*südd., schweiz., österr. für* lüpfen); **lüp|fen** (leicht anheben, kurz hochheben, lüften)
lüp|fig (*schweiz. für* beschwingt)
Lu|pi|ne, die; -, -n ⟨lat.⟩ (eine Futter- od. Zierpflanze); **Lu|pi|nen|feld**
Lu|pi|nen|krank|heit, die; - (Lupinose); **Lu|pi|no|se,** die; -, -n (Leberentzündung bei Wiederkäuern)
Lup|pe, die; -, -n (*Technik* Eisenklumpen); **lup|pen** (gerinnen lassen)
Lu|pu|lin, das; -s ⟨lat.⟩ (Bitterstoff der Hopfenpflanze)
Lu|pus, der; -, *Plur.* - *u.* -se ⟨lat.⟩ (*Med.* tuberkulöse Hautflechte)
Lu|pus in Fa|bu|la, der; - - - ⟨»der Wolf in der Fabel«⟩ (jemand, der kommt, wenn man gerade von ihm spricht)
¹Lurch, der; -[e]s, -e (Amphibie)
²Lurch, der; -[e]s (*österr. für* zusammengeballter, mit Fasern durchsetzter Staub)
Lu|re, die; -, -n ⟨nord.⟩ (ein altes nord. Blasinstrument)
Lu|rex®, das; - ⟨Kunstwort⟩ (Garn mit metallisierten Fasern)
Lu|sa|ka (Hauptstadt Sambias)
Lu|sche, die; -, -n (*ugs. für* Spielkarte [von geringem Wert])
lu|schig (*landsch. für* liederlich, flüchtig)
lu|sen *vgl.* ²losen
Lu|si|ta|ner, Lu|si|ta|ni|er, der; -s, - (Angehöriger eines iber. Volksstammes)
Lu|si|ta|ne|rin, Lu|si|ta|ni|e|rin
Lu|si|ta|ni|en (röm. Provinz, das heutige Portugal); **Lu|si|ta|ni|er** *vgl.* Lusitaner; **lu|si|ta|nisch**
Lust, die; -, Lüste; Lust haben
Lust|bar|keit *(veraltend);* **Lust|bar|keits|ab|ga|be** (*österr. Amtsspr. für* Vergnügungssteuer)
lust|be|tont
Lus|ter, der; -s, - ⟨franz.⟩ (*österr. für* Kronleuchter); **Lüs|ter,** der; -s, - (Kronleuchter; Glanzüberzug auf Glas-, Ton-, Porzellanwaren; glänzendes Gewebe)
Lüs|ter|far|be; Lüs|ter|glas *Plur.* ...gläser; **Lüs|ter|klem|me**
lüs|tern; er hat lüsterne Augen; der Mann ist lüstern; **Lüs|tern|heit,** die; -
lust|feind|lich; Lust|feind|lich|keit
Lust|gar|ten (*früher für* parkartiger Garten); **Lust|ge|fühl; Lust|ge|winn; Lust|greis** *(ugs. abwertend)*
lus|tig; Schluss mit lustig; *vgl. aber* Bruder Lustig; **Lus|tig|keit**
Lust|kna|be; Lüst|ling *(abwertend)*
lust|los; Lust|lo|sig|keit
Lust|molch *(ugs., oft scherzh.)*
Lust|mord; Lust|mör|der; Lust|mör|de|rin
Lust|ob|jekt; Lust|prin|zip *Plur.* -ien *(Psychol.)*
Lus|t|ra (*Plur. von* Lustrum)
Lus|t|ra|ti|on, die; -, -en ⟨lat.⟩ (*Rel.* feierliche Reinigung [durch Sühneopfer])
Lust|rei|se (Vergnügungsreise)
Lus|t|ren (*Plur. von* Lustrum)
lus|t|rie|ren (*Rel.* feierlich reinigen)
lüs|t|rie|ren ⟨franz.⟩ (*Textilind.* [Baumwoll- u. Leinengarne] fest u. glänzend machen)
Lus|t|rum, das; -s, *Plur.* ...ren *u.* ...ra ⟨lat.⟩ (altröm. Sühneopfer; Zeitraum von fünf Jahren)
Lust|schloss; Lust|spiel; Lust|spiel|dich|ter; Lust|spiel|dich|te|rin
lust|voll
lust|wan|deln *(veraltend);* ich lustwand[e]le; er ist gelustwandelt; zu lustwandeln
Lust|wie|se (*ugs. scherzh. für* großes Bett)
Lu|te|in, das; -s ⟨lat.⟩ (gelber Farbstoff in Pflanzenblättern u. im Eidotter)
Lu|te|tia (w. Eigenn.; *lat. Name von* Paris)
Lu|te|ti|um, das; -s (chemisches Element; *Zeichen* Lu)
Lu|ther (dt. Reformator); **Lu|the|ra|ner; Lu|the|ra|ne|rin**
lu|ther|feind|lich, Lu|ther-feind|lich; lu|the|risch [*auch* ...'te:...]; eine lutherische Kirche; die lutherische Bibelübersetzung ↑K135
Lu|ther|ro|se (ein ev. Sinnbild)
lu|thersch; die luthersche *od.* Luther'sche Bibelübersetzung;

ein Text mit lutherscher *od.* Luther'scher Schärfe ↑K 89 *u.* 135

Lu|ther|stadt Wit|ten|berg *vgl.* Wittenberg, Lutherstadt

Lu|ther|tum, das; -s

Lu|to|sław|s|ki [...'su̯af...], Witold (poln. Komponist)

Lutsch|beu|tel *(früher)*

lut|schen; du lutschst; **Lut|scher; Lutsch|ta|b|let|te**

lütt *(nordd. ugs. für* klein)

Lut|te, die; -, -n *(Bergmannsspr.* Röhre zur Lenkung des Wetterstromes)

Lut|ter, der; -s, - (noch unreines Spiritusdestillat)

Lut|ter am Ba|ren|ber|ge (Ort nordwestl. von Goslar)

Lüt|tich (Stadt in Belgien)

[1]**Lutz** (m. Vorn.)

[2]**Lutz,** der; -, - ‹nach dem österr. Eiskunstläufer A. Lutz› (Drehsprung beim Eiskunstlauf)

Lüt|zel|burg *(ehem. dt. Name von* Luxemburg)

Lüt|zow [...t̮so] (Familienn.); die Lützowschen Jäger (ein Freikorps)

Luv [lu:f], die; -, *auch (Geogr. nur:)* das; -s *(Seemannsspr., Geogr.* die dem Wind zugekehrte Seite [bes. eines Schiffes, eines Gebirges]; *Ggs.* Lee); *meist ohne Artikel* in, von Luv

lu|ven [...f...] *(Seemannsspr.* das Schiff mehr an den Wind bringen); **Luv|sei|te; luv|wärts** (dem Winde zugekehrt)

Lux, das; -, - ‹lat.› (Einheit der Beleuchtungsstärke; *Zeichen* lx)

Lu|xa|ti|on, die; -, -en ‹lat.› *(Med.* Verrenkung)

[1]**Lu|xem|burg** (belg. Provinz)

[2]**Lu|xem|burg** (Großherzogtum)

[3]**Lu|xem|burg** (Hauptstadt von [2]Luxemburg)

Lu|xem|bur|ger; Lu|xem|bur|ge|rin; lu|xem|bur|gisch

Lu|xe|se, die; - (Lebensstil, der Luxus u. Einfachheit [Askese] vereint)

lu|xie|ren ‹lat.› *(Med.* verrenken)

Lux|me|ter, das; -s, - ‹lat.; griech.› (Gerät zum Messen der Beleuchtungsstärke)

Lu|xor (ägypt. Stadt)

lu|xu|rie|ren ‹lat.› *(Bot.* üppig wachsen [bes. von Pflanzenbastarden]; *veraltet für* schwelgen)

lu|xu|ri|ös

Lu|xus, der; - (Verschwendung, Prunksucht)

Lu|xus|ar|ti|kel; Lu|xus|aus|ga|be; Lu|xus|au|to; Lu|xus|damp|fer; Lu|xus|ge|gen|stand; Lu|xus|ge|schöpf *(oft abwertend für* verwöhnte Person); **Lu|xus|gut; Lu|xus|ho|tel**

Lu|xus|jacht, Lu|xus|yacht

Lu|xus|klas|se; Lu|xus|li|mou|si|ne; Lu|xus|li|ner [...lai̯nɐ], der; -s, -; **Lu|xus|pro|b|lem; Lu|xus|steu|er,** die; **Lu|xus|vil|la; Lu|xus|wa|gen; Lu|xus|woh|nung**

Lu|xus|yacht *vgl.* Luxusjacht

Lu|zern (Kanton u. Stadt in der Schweiz); **Lu|zern|biet,** das; -s *(schweiz. für* Kanton Luzern)

Lu|zer|ne, die; -, -n ‹franz.› (eine Futterpflanze); **Lu|zer|nen|heu**

Lu|zer|ner; Lu|zer|ne|rin; lu|zer|nisch

Lu|zia, Lu|zie [...t̮si, *auch* ...t̮si̯ə] (w. Vorn.)

Lu|zi|an *vgl.* Lukian

lu|zid ‹lat.› (klar, einleuchtend)

Lu|zi|di|tät, die; - (luzide Beschaffenheit)

Lu|zie [...t̮si, *auch* ...t̮si̯ə] *vgl.* Luzia

[1]**Lu|zi|fer,** der; -s ‹lat., »Lichtbringer«› *(röm. Mythol.* Morgenstern)

[2]**Lu|zi|fer** (Satan)

Lu|zi|fe|rin, das; -s *(Biol., Chemie* Leuchtstoff vieler Tiere u. Pflanzen)

lu|zi|fe|risch (teuflisch)

Lu|zi|us *vgl.* Lucius

LVA, die; -, -[s] = Landesversicherungsanstalt

Lwiw, L'viv (Stadt in der Ukraine)

lx = Lux

ly = Lichtjahr

Libyen

Im Namen des nordafrikanischen Staates schreibt man ein *i* in der ersten und ein *y* in der zweiten Silbe.

Ly|chee ['lɪtʃi] ‹chin.› *(engl. Schreibung für* Litschi)

Ly|der, Ly|di|er (Einwohner Lydiens); **Ly|de|rin,** Ly|di|e|rin

Ly|dia (w. Vorn.)

Ly|di|en (historische Landschaft in Kleinasien); **Ly|di|er** *vgl.* Lyder; **Ly|di|e|rin** *vgl.* Lyderin; **ly|disch**

Ly|ki|en (historische Landschaft in Kleinasien); **Ly|ki|er; Ly|ki|e|rin; ly|kisch**

Ly|ko|po|di|um, das; -s, ...ien ‹griech.› *(Bot.* Bärlapp)

Ly|kurg (Gesetzgeber Spartas; ein athen. Redner); **ly|kur|gisch;** die lykurgischen Reden ↑K 135

lym|pha|tisch ‹griech.› *(Med.* die Lymphe, die Lymphknoten, -gefäße betreffend)

Lymph|bahn

Lymph|drai|na|ge, **Lymph|drä|na|ge**

Lymph|drü|se *(veraltet für* Lymphknoten)

Lym|phe, die; -, -n (weißliche Körperflüssigkeit, ein Impfstoff)

Lymph|ge|fäß; Lymph|kno|ten

Lymph|ödem

lym|pho|gen (lymphatischen Ursprungs); **lym|pho|id** (lymphartig)

Lym|pho|zyt, der; -en, -en *meist Plur.* (bes. Form der weißen Blutkörperchen); **Lym|pho|zy|to|se,** die; -, -n (krankhafte Vermehrung der Lymphozyten)

lyn|chen [*auch* 'lɪ...] ‹wahrscheinlich nach dem amerik. Friedensrichter Charles Lynch› (ungesetzl. Volksjustiz ausüben); du lynchst; er wurde gelyncht

Lynch|jus|tiz; Lynch|mord

Lyn|keus ‹griech., »Luchs«› (scharfsichtiger Steuermann der Argonauten)

Ly|on [li̯õ:] (Stadt in Frankreich)

[1]**Ly|o|ner** (Bewohner von Lyon)

[2]**Ly|o|ner,** die; -, - *(kurz für* Lyoner Wurst)

Ly|o|ne|rin ‹*zu* [1]Lyoner›

Ly|o|ner Wurst

Ly|o|ne|ser *vgl.* [1]Lyoner; **Ly|o|ne|se|rin; ly|o|ne|sisch**

lyo|phil ‹griech.› *(Chemie* leicht löslich); **lyo|phob** *(Chemie* schwer löslich)

Ly|ra, die; -, ...ren ‹griech.› (ein altgriech. Saiteninstrument; Leier; *nur Sing.:* ein Sternbild); **Ly|ra|gi|tar|re** (einer Kithara ähnliche Gitarre)

Ly|rik, die; - ([liedmäßige] Dichtung); **Ly|rik|band,** der; **Ly|ri|ker; Ly|ri|ke|rin**

ly|risch (der persönlichen Stimmung u. dem Erleben unmittelbaren Ausdruck gebend; gefühl-, stimmungsvoll; liedartig); lyrisches Drama; lyrische Dichtung

Ly|san|der (spartan. Feldherr u. Staatsmann)

Ly|sin, das; -s, -e *meist Plur.* ‹griech.› *(Med.* ein Bakterien auflösender Antikörper)

Ly|sis, die; -, Lysen *(Med.* langsamer Fieberabfall; *Psychol.* Persönlichkeitszerfall)

Ly|sis|t|ra|ta (Titelheldin einer Komödie von Aristophanes)

Ly|sọl®, das; -s (ein Desinfektionsmittel)
Lys|sa, die; - ‹griech.› (*Med., Tiermed.* Tollwut, Raserei)
Ly|ze|um, das; -s, ...ẹen ‹griech.› (*veraltet für* höhere Schule für Mädchen; *schweiz. regional für* Oberstufe des Gymnasiums)
Ly|zi|en usw. *vgl.* Lykien usw.
Lz. = Lizenz
LZ = Ladezone
LZB, die; -, -[s] = Landeszentralbank

m M

m = Meter; Milli...
m² [*früher auch* qm] = Quadratmeter
m³ [*früher auch* cbm] = Kubikmeter
M (Buchstabe); das M; des M, die M, *aber* das m in Wimpel; der Buchstabe M, m
M = Mark; Mega...; Mille
M = medium (Kleidergröße: mittel)
M = 1 000 (röm. Zahlzeichen)
M. = Markus; Monsieur
M', Mc = Mac
µ = Mikro...; Mikron
M, µ *vgl.* ¹My
ma. = mittelalterlich
mA = Milliampere
Ma = Machzahl
MA = Massachusetts
MA. = Mittelalter
M. A. = Magister/Magistra Artium; Master of Arts; *vgl.* Magister, Master
¹Mä|ạn|der, der; -[s] (alter Name eines Flusses in Kleinasien)
²Mä|ạn|der, der; -s, - (geschlängelter Flusslauf; ein bandförmiges Ornament); **Mä|ạn|der|li|nie**
mä|ạn|dern, mä|an|d|rie|ren (*Geogr.* in Mäandern verlaufen; *Kunstwiss.* mit Mäandern verzieren); **mä|ạn|d|risch**
Maar, das; -[e]s, -e (*Geogr.* kraterförmige Senke)
Maas, die; - (ein Fluss)
Maa|sai (*svw.* Massai)
Maas|t|rịcht [*auch* ˈma:...] (niederl. Stadt an der Maas)
Maat, der; -[e]s, *Plur.* -e *u.* -en (*Seemannsspr.* Schiffsmann; Unteroffizier auf Schiffen); **Maa|tin** *(selten)*
Mac [mɛk, *vor dem Namen, wenn unbetont* mək] ‹kelt., »Sohn«› (Bestandteil von schottischen [od. irischen] Namen [z. B. MacLeod]; *Abk.* M', Mc)
Ma|ca|dạ|mia|nuss [mak...] ‹nach dem austral. Naturforscher J. Macadam› (haselnussähnlicher Kern einer austral. Frucht)
Ma|cau, *älter* **Ma|cao** [...ˈkau̯] (bis 1999 portugiesisch verwaltetes Territorium an der südchinesischen Küste)
Mac|beth [məkˈbɛθ] (König von Schottland; Titelheld eines Dramas von Shakespeare)
Mạc|chie [...ki̯ə], *auch* **Mạc|chia** [...ki̯a], die; -, Macchien ‹ital.› (immergrüner Buschwald des Mittelmeergebietes)
Mạch, das; -[s], - (*kurz für* Machzahl)
Ma|chạn|del, der; -s, - (*nordd. für* Wacholder); **Ma|chạn|del|baum**
Mạch|art
mạch|bar; Mạch|bar|keit; Mạch|barkeits|stu|die
Mạ|che, die; - (*ugs. für* Schein, Vortäuschung)
Mạ|che|ein|heit, **Mạ|che-Ein|heit** ‹nach dem österr. Physiker H. Mache› (frühere Maßeinheit für radioaktive Strahlung; *Zeichen* ME)
mạ|chen; er/sie hat es gemacht; du hast mich lachen gemacht; nun mach schon!
Mạ|chen|schaft *meist Plur.*
Mạ|cher, der; -s, - (Person, die etwas zustande bringt; durchsetzungsfähiger Mensch)
...ma|cher (z. B. Schuhmacher)
Mạ|che|rin
Mạ|cher|lohn
Ma|che|te [*auch* ...ˈtʃe:...], die; -, -n ‹span.› (Buschmesser)
Ma|chi|a|vẹl|li [...ki̯a...] (ital. Politiker, Schriftsteller u. Geschichtsschreiber)
Ma|chi|a|vel|lịs|mus, der; - (polit. Lehre Machiavellis; *auch für* bedenkenlose Machtpolitik); **ma|chi|a|vel|lịs|tisch**
Ma|chi|na|ti|on, die; -, -en ‹lat.› (*nur Plur.:* Machenschaften; *veraltet für* Kniff, Trick)
Ma|chis|mo [...ˈtʃɪ...], der; -[s] ‹span.› (übersteigertes Männlichkeitsgefühl)
Ma|cho [ˈmatʃo], der; -s, -s (sich betont männlich gebender Mann); **ma|cho|haft**
Ma|chor|ka, der; -[s], -[s] ‹russ.› (ein russ. Tabak)
Mạcht, die; -, Mächte; alles in unserer Macht Stehende
Mạcht|an|spruch; Mạcht|an|tritt; Mạcht|ap|pa|rat; Mạcht|aus|übung; Mạcht|be|fug|nis; Mạcht|be|reich, der
mạcht|be|ses|sen; mạcht|be|wusst
Mạcht|block *vgl.* Block
Mạcht|de|mons|t|ra|ti|on
Mạch|te|grup|pe; Mạch|te|grup|pierung
Mạcht|ent|fal|tung; Mạcht|er|greifung; Mạcht|er|halt; Mạcht|faktor; Mạcht|fra|ge; Mạcht|fül|le
Mạcht|ha|ber; Mạcht|ha|be|rin
Mạcht|hun|ger; mạcht|hung|rig
mạ̈ch|tig; Mạ̈ch|tig|keit
Mạ̈ch|tig|keits|sprin|gen (*Pferdesport*)
Mạcht|kampf
mạcht|los; Mạcht|lo|sig|keit
Mạcht|mensch, der (*meist abwertend*); **Mạcht|miss|brauch; Mạcht|mit|tel**, das
Mạcht|po|li|tik (*meist abwertend*); **Mạcht|po|li|ti|ker; Mạcht|po|li|ti|ke|rin; mạcht|po|li|tisch**
Mạcht|po|si|ti|on; Mạcht|pro|be; Mạcht|spiel; Mạcht|spruch; Mạcht|stel|lung; Mạcht|stre|ben; Mạcht|struk|tur; Mạcht|über|nahme; Mạcht|ver|hält|nis; Mạcht|ver|lust; Mạcht|ver|schie|bung; Mạcht|ver|tei|lung
mạcht|voll
Mạcht|voll|kom|men|heit
Mạcht|wech|sel; Mạcht|wil|le
Mạcht|wort *Plur.* ...worte
Mạcht|zen|t|rum
ma|chul|le ‹hebr.-jidd.› (*ugs. für* bankrott; *landsch. für* ermüdet)
Ma|chu Pic|chu [...tʃu ˈpɪktʃu] (Ruinenstadt der Inka in Peru)
Mạch|werk (*abwertend für* minderwertiges [geistiges] Produkt)
Mạch|zahl, **Mạch-Zahl** ‹nach dem österr. Physiker u. Philosophen E. Mach› (Verhältnis der Geschwindigkeit einer Strömung od. eines Körpers zur Schallgeschwindigkeit; *Kurzform* Mach; *Abk.* Ma; 1 Mach = Schallgeschwindigkeit)
¹Mạ|cke, die; -, -n ‹hebr.-jidd.› (*ugs. für* Tick; Fehler)
²Mạ|cke (dt. Maler)

Ma|cker (*ugs. für* Freund [bes. eines Mädchens]; Kerl)
mack|lich (*nordd. für* ruhig, behaglich; *Seemannsspr.* ruhig im Wasser liegend)
Mâ|con [maˈkõː] (franz. Stadt)
MAD, der; -[s] = Militärischer Abschirmdienst
Ma|da|gas|kar (Insel u. Staat östl. von Afrika); **Ma|da|gas|se,** der; -n, -n (Bewohner von Madagaskar); **Ma|da|gas|sin; ma|da|gas|sisch**
Ma|dam, die; -, *Plur.* -s u. -en ‹franz.› (*veraltet, aber noch ugs. für* gnädige Frau; *scherzh. für* [dickliche, behäbige] Frau)
Ma|dame [...ˈdam] (franz. Anrede für eine Frau, etwa dem deutschen »gnädige Frau« entsprechend; *als Anrede ohne Artikel; Abk. [nur in Verbindung mit dem Namen]* Mme. *[schweiz. ohne Punkt]*); *Plur.* Mesdames [meˈdam] *(Abk.* Mmes. *[schweiz. ohne Punkt])*
Mäd|chen; Mädchen für alles
Mäd|chen|au|ge (*auch* eine Blume)
mäd|chen|haft; Mäd|chen|haf|tig|keit, die; -
Mäd|chen|han|del *vgl.* [1]Handel; **Mäd|chen|händ|ler; Mäd|chen|händ|le|rin**
Mäd|chen|klas|se; Mäd|chen|na|me; Mäd|chen|pen|si|o|nat; Mäd|chen|schu|le; Mäd|chen|schwarm
Ma|de, die; -, -n (Insektenlarve)
made in Ger|ma|ny [ˈmeɪd ɪn ˈdʒəːməni] ‹engl., »hergestellt in Deutschland«› (ein Warenstempel)
[1]**Ma|dei|ra** [...ˈdeː...] (Insel im Atlantischen Ozean)
[2]**Ma|dei|ra,** Ma|de|ra, der; -[s], -[s] (Süßwein aus Madeira); **Ma|dei|ra|wein,** Ma|de|ra|wein
Ma|dei|rer (*zu* [1]Madeira); **Ma|dei|re|rin; ma|dei|risch**
Mä|del, das; -s, *Plur.* -[s] *u. bayr., österr.* -n (*ugs., häufig iron.)*
Made|leine [...ˈdlɛ(ː)n] (w. Vorn.)
Ma|de|moi|selle [...d(ə)moaˈzɛl] ‹franz.› *(franz. Bez. für* unverheiratete Frau; *als Anrede ohne Artikel; Abk. [nur in Verbindung mit dem Namen]* Mlle. *[schweiz. ohne Punkt]); Plur.* Mesdemoiselles [med(ə)moaˈzɛl] *(Abk.* Mlles. *[schweiz. ohne Punkt])*
Ma|den|wurm
Ma|de|ra usw. *vgl.* [2]Madeira usw.
Mä|de|süß, das; -, - (ein Rosengewächs)
ma|dig; ma|dig|ma|chen; jmdn. madigmachen (*ugs. für* in schlechten Ruf bringen); jmdm. etwas madigmachen (*ugs. für* verleiden)
Ma|d|jar usw. *vgl.* Magyar usw.
Ma|don|na, die; -, ...nnen ‹ital., »meine Herrin«› (*nur Sing.:* Maria, Mutter Gottes; *bild. Kunst* Mariendarstellung)
Ma|don|nen|bild; Ma|don|nen|ge|sicht
ma|don|nen|haft
Ma|don|nen|li|lie
Ma|don|nen|sta|tue
Ma|d|ras (*früherer Name für* Chennai); **Ma|d|ras|ge|we|be**
Ma|d|re|po|re, die; -, -n *meist Plur.* ‹franz.› (*Zool.* Steinkoralle); **Ma|d|re|po|ren|kalk** (*Geol.* Korallenkalk der Juraformation)
Ma|d|rid (Hauptstadt Spaniens); **Ma|d|ri|der;** Madrider Paläste; **Ma|d|ri|de|rin**
Ma|d|ri|gal, das; -s, -e ‹ital.› ([Hirten]lied; mehrstimmiges Gesangstück); **Ma|d|ri|gal|chor; Ma|d|ri|gal|stil**
Ma|d|ri|le|ne, der; -n, -n (Einwohner Madrids); **Ma|d|ri|le|nin**
ma|es|to|so ‹ital.› (*Musik* feierlich, würdevoll); **Ma|es|to|so,** das; -s, *Plur.* -s *u.* ...si
Ma|es|t|ra, die; - *Plur.* ...stre *od.* -s
Ma|es|t|ro, der; -s, *Plur.* ...stri *od.* -s ‹ital., »Meister«› (großer Musiker, Komponist *[bes. als Anrede]*)
Ma|es|t|ro-Kar|te® *(Bankw.)*
Mä|eu|tik, die; - ‹griech.› (Fragemethode des Sokrates); **mä|eu|tisch**
Ma|fia, die; -, -s ‹ital.› (erpresserische Geheimorganisation [in Sizilien])
Ma|fia|boss; Ma|fia|me|tho|den *Plur.;* **ma|fi|os, ma|fi|ös** (nach Art der Mafia); **Ma|fi|o|so,** der; -[s], ...si (Mitglied der Mafia)
Mag. *(in Österr.)* = Magister/Magistra; *vgl.* Magister
Ma|gal|hães [...galˈjɛ̃ːɪʃ] (port. Seefahrer)
Ma|gal|hães|stra|ße, Ma|gal|hães-Stra|ße, die; - (Meeresstraße zwischen dem südamerik. Festland u. Feuerland); *vgl. auch* Magellanstraße
Mag. arch. *(in Österr.)* = magister/magistra architecturae; *vgl.* Magister
Mag. art. *(in Österr.)* = magister/magistra artium; *vgl.* Magister
Ma|ga|zin, das; -s, -e ‹arab.-ital.›
Ma|ga|zi|ner (*schweiz. für* Magazinarbeiter); **Ma|ga|zi|ne|rin**
Ma|ga|zi|neur [...ˈnøːɐ̯], der; -s, -e ‹franz.› (*österr. für* Magazinverwalter); **Ma|ga|zi|neu|rin; ma|ga|zi|nie|ren** (einspeichern; lagern)
Magd, die; -, Mägde
Mag|da (w. Vorn.)
Mag|da|la (Dorf am See Genezareth)
Mag|da|le|na, Mag|da|le|ne (w. Vorn.)
Mag|da|le|nen|stift, das
Mag|da|le|nen|strom, der; -[e]s (in Kolumbien)
Mag|da|lé|ni|en [...leˈni̯ɛ̃ː], das; -[s] ‹franz.› (Kultur der Älteren Steinzeit)
Mag|de|burg (Stadt an der mittleren Elbe); **Mag|de|bur|ger; Mag|de|bur|ger Bör|de** (Gebiet westl. der Elbe); **Mag|de|bur|ge|rin; mag|de|bur|gisch**
Mäg|de|lein *(veraltet)*
Mag. des. ind. *(in Österr.)* = magister/magistra designationis industrialis; *vgl.* Magister
Mäg|de|stu|be *(früher)*
Mägd|lein *vgl.* Mägdelein
Ma|gel|lan|stra|ße, Ma|gel|lan-Stra|ße [*auch* ...gɛlˈjaːn..., ˈmageljan...], die; - (*eindeutschende Schreibung für* Magalhãesstraße)
Ma|ge|lo|ne (neapolitan. Königstochter; Gestalt des franz. u. dt. Volksbuches)
Ma|gen, der; -s, *Plur.* Mägen *od.* -
Ma|gen|aus|gang; Ma|gen|aus|he|be|rung *vgl.* aushebern; **Ma|gen|be|schwer|den** *Plur.;* **Ma|gen|bit|ter,** der; -s, - (bitterer Kräuterlikör)
Ma|gen-Darm-Ka|tarrh *(Med.);* ↑K26; **Ma|gen-Darm-Trakt**
Ma|gen|drü|cken; Ma|gen|ein|gang; Ma|gen|er|wei|te|rung *(Med.)*
Ma|gen|fahr|plan (*ugs. für* feststehender Küchenzettel für eine bestimmte Zeit)
Ma|gen|fis|tel *(Med.)*
ma|gen|freund|lich
Ma|gen|ge|gend; Ma|gen|ge|schwür; Ma|gen|gru|be
Ma|gen|ka|tarrh, der *(Med.)*
Ma|gen|knur|ren, das; -s; **Ma|gen|krampf**
ma|gen|krank; Ma|gen|krebs
Ma|gen|lei|den; ma|gen|lei|dend
Ma|gen|ope|ra|ti|on
Ma|gen|saft; Ma|gen|säu|re

M
Mage

Ma|gis|ter

der; -s, - ‹lat., »Meister«›

(akadem. Grad; *veraltet für* Lehrer; *Abk. [bei Titeln]* Mag.)

- Magister/Magistra Artium (akadem. Grad; *Abk.* M. A., z. B. Claudia Meier M. A.; *österr.* Mag. art.)
- Magister/Magistra der Architektur (*österr., Abk.* Mag. arch.)
- Magister/Magistra des Industrial Design (*österr., Abk.* Mag. des. ind.)
- Magister/Magistra der Künste (*österr., Abk.* Mag. art.)
- Magister/Magistra der Naturwissenschaften (*österr., Abk.* Mag. rer. nat.)
- Magister/Magistra der Pharmazie (*österr., Abk.* Mag. pharm.)
- Magister/Magistra der Philosophie (*österr., Abk.* Mag. phil.)
- Magister/Magistra der Philosophie der Theologischen Fakultät (*österr., Abk.* Mag. phil. fac. theol.)
- Magister/Magistra des Rechts der Wirtschaft (*österr., Abk.* Mag. iur. rer. oec.)
- Magister/Magistra der Rechtswissenschaften (*österr., Abk.* Mag. iur.)
- Magister/Magistra der Sozial- und Wirtschaftswissenschaften (*österr., Abk.* Mag. rer. soc. oec.)
- Magister/Magistra der Theologie (*österr., Abk.* Mag. theol.)
- Magister/Magistra der Tierheilkunde (*österr., Abk.* Mag. med. vet.)

Ma|gen|schleim|haut; Ma|gen|schleim|haut|ent|zün|dung

Ma|gen|schmerz *meist Plur.;* **Ma|gen|son|de** *(Med.);* **Ma|gen|spie|ge|lung; Ma|gen|spü|lung**

ma|gen|ta [*auch* ...ˈdʒɛ...] (magentafarben); eine magenta Lackierung; **Ma|gen|ta,** das; -s ‹nach einem ital. Ort› (Anilinrot); **ma|gen|ta|far|ben**

Ma|gen|ver|stim|mung

Ma|gen|wand

ma|ger; Ma|ger|keit, die; -

Ma|ger|koh|le; Ma|ger|milch; Ma|ger|quark

Ma|ger|sucht, die; -; **ma|ger|süch|tig**

Ma|ger|wie|se (*Landwirtsch.* wenig Heu bringende Wiese)

Mag|gi® [*schweiz.* ...dʒi], das; -[s] ‹nach der Schweizer Familie Maggi und der gleichnamigen Firma› (eine Speisewürze)

Mag|gie [ˈmɛgi] (w. Vorn.)

Ma|gh|reb, der; -[s] ‹arab., »Westen«› (der Westteil der arab.-moslem. Welt: Tunesien, Nordalgerien, Marokko); **ma|gh|re|bi|nisch**

Ma|gie, die; - ‹pers.› (Zauber-, Geheimkunst); **Ma|gi|er** (Zauberer); **Ma|gi|e|rin; ma|gisch;** magisches Quadrat

Ma|gis|ter *s. Kasten*

Ma|gis|ter|ar|beit; Ma|gis|ter|prü|fung; Ma|gis|ter|stu|di|en|gang

Ma|gis|t|ra, die; -, ...ae (*w. Form zu* Magister *[vgl. d.]*)

Ma|gis|t|ra|le, die; -, -n (*regional u. fachspr. für* Hauptverkehrsstraße, -linie)

[1]**Ma|gis|t|rat,** der; -[e]s, -e (Stadtverwaltung, -behörde)

[2]**Ma|gis|t|rat,** der; -en, -en (*schweiz. für* Inhaber eines hohen öffentlichen Amtes)

Ma|gis|t|ra|tin *(schweiz.)*

Ma|gis|t|rats|be|schluss

Mag. iur. *(in Österr.)* = magister/magistra iuris; *vgl.* Magister

Mag. iur. rer. oec. *(in Österr.)* = magister/magistra iuris rerum oeconomicarum; *vgl.* Magister

Mag|ma, das; -s, ...men ‹griech.› (*Geol.* Gesteinsschmelzfluss des Erdinnern); **mag|ma|tisch**

Mag. med. vet. *(in Österr.)* = magister/magistra medicinae veterinariae; *vgl.* Magister

Ma|g|na Char|ta, die; - - ‹lat.› (englisches [Grund]gesetz von 1215; *geh. für* Grundgesetz, Verfassung)

ma|g|na cum lau|de ‹lat., »mit großem Lob«› (zweitbeste Note der Doktorprüfung)

Ma|g|nat, der; -en, -en ‹lat.› (Grundbesitzer, Großindustrieller); **Ma|g|na|tin**

[1]**Ma|g|ne|sia** (Landschaft Thessaliens; *heute* Magnisia)

[2]**Ma|g|ne|sia,** die; - (Magnesiumoxid)

Ma|g|ne|sit, der; -s, -e (Mineral)

Ma|g|ne|si|um, das; -s (chemisches Element, Metall; *Zeichen* Mg); **Ma|g|ne|si|um|le|gie|rung**

Ma|g|net, der; *Gen.* -en *u.* -[e]s, *Plur.* -en *u.* -e ‹griech.›

Ma|g|net|bahn (*svw.* Magnetschwebebahn)

Ma|g|net|band, das; *Plur.* ...bänder; **Ma|g|net|berg; Ma|g|net|ei|sen|stein; Ma|g|net|feld** *(Physik)*

ma|g|ne|tisch; magnetische Feldstärke; magnetischer Pol

ma|g|ne|ti|sie|ren (magnetisch machen); **Ma|g|ne|ti|sie|rung**

Ma|g|ne|tis|mus, der; - (Gesamtheit der magnetischen Erscheinungen; ein Heilverfahren)

Ma|g|ne|tit, der; -s, -e (Magneteisenstein)

Ma|g|net|kar|te; Ma|g|net|na|del

Ma|g|ne|to|fon, Ma|g|ne|to|phon®, das; -s, -e (ein Tonbandgerät)

Ma|g|ne|to|me|ter, das; -s, - *(Physik);* **Ma|g|ne|ton** [*auch* ...ˈto:n], das; -s, -[s] (*Physik* Einheit des magnetischen Moments); 2 Magneton

Ma|g|ne|to|sphä|re, die; - (*Meteorol.* höchster Teil der Atmosphäre)

Ma|g|ne|t|ron [*auch* ...ˈtro:n], das; -s, *Plur.* ...one, *auch* -s (*Physik* Elektronenröhre, die magnetische Energie verwendet)

Ma|g|net|schwe|be|bahn

Ma|g|net|ton|ver|fah|ren

ma|g|ni|fik [manji...] ‹franz.› (*veraltet für* herrlich, großartig)

Ma|g|ni|fi|kat [mag...], das; -[s], -s ‹lat.› (Lobgesang Marias)

Ma|g|ni|fi|kus, der; -, ...fizi (*veraltet für* Rektor einer Hochschule); *vgl.* Rector magnificus

Ma|g|ni|fi|zenz, die; -, -en (Titel für Hochschulrektor[inn]en u. a.); *als Anrede* Euer, Eure (*Abk.* Ew.) Magnifizenz

Ma|g|ni|sia *vgl.* [1]Magnesia

Ma|g|no|lie, die; -, -n ‹nach dem franz. Mediziner u. Botaniker Magnol› (ein Zierbaum)

Ma|g|num, die; -, ...gna ‹lat.› (Wein- od. Sektflasche mit 1,5 l Fassungsvermögen; *Waffentechnik* spezielle Patrone mit verstärkter Ladung)

Ma̩|g|nus (m. Vorn.)
Ma̱|gog (Reich des Gog); *vgl.* Gog
Mag. pharm. *(in Österr.)* = magister/magistra pharmaciae; *vgl.* Magister
Mag. phil. *(in Österr.)* = magister/magistra philosophiae; *vgl.* Magister
Mag. phil. fac. theol. *(in Österr.)* = magister/magistra philosophiae facultatis theologicae; *vgl.* Magister
Mag. rer. nat. *(in Österr.)* = magister/magistra rerum naturalium; *vgl.* Magister
Mag. rer. soc. oec. *(in Österr.)* = magister/magistra rerum socialium oeconomicarumque; *vgl.* Magister
Ma|g|ritte [...ˈgrɪt] (belg. Maler)
Mag. theol. *(in Österr.)* = magister/magistra theologiae; *vgl.* Magister
Ma|g|yar [maˈdja:ɐ̯], Ma|d|ja̱r, der; -en, -en (Ungar); **Ma|g|ya|ren|reich**, Ma|d|ja|ren|reich, das; -[e]s; **Ma|g|ya|rin**, Ma|d|ja|rin; **ma|g|ya|risch**, ma|d|ja|risch; **Ma|g|ya|ri|sie|rung**, Ma|d|ja|ri|sie|rung
mäh!; mäh, mäh!; mäh schreien
Ma|ha|bha|ra|ta [...ˈba:...], das; - (aind. Nationalepos)
Ma|ha|go̱|ni, das; -s ‹indian.› (ein Edelholz); **Ma|ha|go̱|ni|holz; Ma|ha|go̱|ni|mö|bel**
Ma|ha|ra̱|d|scha [*auch* ...ˈradʒa], der; -[s], -s ‹sanskr.› (ind. Großfürst); **Ma|ha|ra̱|ni**, die; -, -s (Frau eines Maharadschas, ind. Fürstin)
Ma|ha|ri̱|schi, der; -[s], -s ‹Hindi› (ein ind. religiöser Ehrentitel)
Ma|ha̱t|ma, der; -s, -s ‹sanskr.› (ind. Ehrentitel für geistig hochstehende Männer); Mahatma Gandhi
Mä̱h|bin|der
Ma̱hd, die; -, -en (*landsch. für* das Mähen; das Abgemähte [meist Gras]); **Mä̱h|der** (*landsch. für* Mäher); **Mä̱h|de|rin**
Mah|di [ˈmax..., *auch* ˈma:...], der; -[s], -s (von den Moslems erwarteter Welterneuerer)
Mä̱h|dre|scher; Mä̱h|drusch
[1]**mä̱|hen** ([Gras] schneiden)
[2]**mä̱|hen**; mähende Schafe
Mä̱|her; Mä̱|he|rin
Ma̱hl, das; -[e]s, *Plur.* Mähler *u.* -e (Gastmahl)
ma̱h|len (Korn u. a.); gemahlen; wer zuerst kommt, mahlt zuerst
Ma̱h|ler (österr. Komponist)
Ma̱hl|gang, der *(Technik)*
Ma̱hl|geld; Ma̱hl|gut
mä̱h|lich (*geh. für* allmählich)
Ma̱hl|sand *(Seemannsspr.)*
Ma̱hl|schatz (*Rechtsspr. veraltet für* Brautgabe)
Ma̱hl|statt, Ma̱hl|stät|te (Gerichts- u. Versammlungsstätte der alten Germanen)
Ma̱hl|stein; Ma̱hl|steu|er, die *(früher)*; **Ma̱hl|strom** (Strudel); **Ma̱hl|werk** *(Technik)*; **Ma̱hl|zahn** (*für* Molar)
Ma̱hl|zeit; gesegnete Mahlzeit!
Mä̱h|ma|schi|ne
Mah|moud, Mah|mut [maxˈmu:t] (m. Vorn.)
Ma̱hn|be|scheid *(Rechtswiss.)*; **Ma̱hn|brief**
Mä̱h|ne, die; -, -n
ma̱h|nen
mä̱h|nen|ar|tig
Ma̱h|ner; Ma̱h|ne|rin
Ma̱hn|ge|bühr
mä̱h|nig ‹*zu* Mähne›
Ma̱hn|mal *Plur.* ...male, *selten* ...mäler; **Ma̱hn|ruf** *(geh.)*
Ma̱hn|schrei|ben
Ma̱h|nung
Ma̱hn|ver|fah|ren *(Rechtswiss.)*
Ma̱hn|wa|che; Ma̱hn|wort *Plur.* ...worte *(geh.)*
Ma̱hn|zei|chen
Ma|ho̱|nie, die; -, -n ‹nach dem amerik. Gärtner B. MacMahon› (ein Zierstrauch)
Ma̱hr, der; -[e]s, -e (quälendes Nachtgespenst, [1]Alb)
[1]**Mä̱h|re**, die; -, -n ([altes, abgemagertes] Pferd)
[2]**Mä̱h|re**, der; -n, -n; **Mä̱h|ren** (Gebiet in der Tschechischen Republik); **Mä̱h|rer** (*svw.* [2]Mähre); **Mä̱h|re|rin, Mä̱h|rin; mä̱h|risch**; *aber* ↑K140: die Mährische Pforte
Ma̱i, der; *Gen.* -[e]s *u.* - (*geh. gelegentl. noch* -en), *Plur.* -e ‹lat.› (der fünfte Monat des Jahres, Wonnemond, Weidemonat); ↑K151: der Erste Mai (Feiertag)
Ma̱|ia *vgl.* [2]Maja
Ma̱i|an|dacht *(kath. Kirche)*
Ma̱i|baum; Ma̱i|blu|me; Ma̱i|blu|men|strauß; Ma̱i|bow|le
Ma̱id, die; -, -en (*scherzh., sonst veraltet für* Mädchen)
Ma̱i|de|mons|t|ra|ti|on
Ma̱ie, die; -, -n (*veraltend für* Maibaum)
ma̱i|en; es grünt und mait
Ma̱i|en, Me̱i|en, der; -s, - (*schweiz. mdal. für* Maiensäß; Blumenstrauß)
Ma̱i|en|baum (*geh. für* Maibaum); **Ma̱i|en|blu|me** (*geh. für* Maiblume); **ma̱i|en|haft**
Ma̱i|en|kö|ni|gin (*geh. für* Maikönigin); **Ma̱i|en|luft** (*geh. für* Mailuft); **Ma̱i|en|nacht** (*geh. für* Mainacht)
Ma̱i|en|säß, Me̱i|en|säß, das; -es, -e (*schweiz. für* vorübergehend im Frühjahr bewirtschaftete Bergweide, Almhütte); *vgl.* Maisäß
Ma̱i|fei|er; Ma̱i|glöck|chen; Ma̱i|kä|fer; Ma̱i|kätz|chen
Ma̱i|ke, Me̱i|ke (w. Vorn.)
Ma̱i|kö|ni|gin
Ma̱i|krin|gel (Kuchenspezialität aus Kiel); **Ma̱i|kund|ge|bung**
Mail [me:l], die; -, -s, *auch (bes. südd., österr., schweiz.)* das; -s, -s (*kurz für* E-Mail)
Ma̱i|land (ital. Stadt); *vgl.* Milano; **Ma̱i|län|der; Ma̱i|län|de|rin; ma̱i|län|disch**
Mail|box [ˈme:...], die; -, -en ‹engl.› (Speicher für das Hinterlassen von Nachrichten in Computersystemen od. beim Mobilfunk)
mai|len [ˈme:lən] ‹engl.› (als E-Mail senden); gemailt; **Mai|ler**, der; -s, - (*EDV* Programm zum Senden u. Empfangen von E-Mails)
Mai|ling [ˈme:...], das; -s, -s (Versenden von Werbematerial per Post od. E-Mail); **Mai|ling|lis|te** [ˈme:...] (*EDV* E-Mail-Adressenliste im Internet für das Versenden u. Empfangen von Beiträgen)
Mail|lol [maˈjɔl] (franz. Bildhauer u. Grafiker)
Ma̱i|luft
Ma̱in, der; -[e]s (rechter Nebenfluss des Rheins)
Ma̱i|nacht
Ma̱i|n|au, die; - (Insel im Bodensee)
Main|board [ˈmeɪnbɔ:d], das; -s, -s ‹engl.› (*EDV* Motherboard)
Ma̱in-Do̱|nau-Ka|nal, der; -s ↑K146
Maine [me:n] (Staat in den USA; *Abk.* ME)
Ma̱in|fran|ken
Ma̱in|li|nie, die; -
Ma̱in|me|t|ro|po|le, die; - (*svw.* Frankfurt am Main)
Main|stream [ˈme:nstri:m], der; -s ‹engl.› (*oft abwertend für* vorherrschende Richtung); **main|strea|mig** *(ugs.)*

Mainz (Stadt am Rhein); **Main|zer; Main|ze|rin; main|zisch**

Maire [mɛːɐ̯], der; -[s], -s ‹franz.› (Bürgermeister in Frankreich); **Mai|rie,** die; -, ...ien (*franz. Bez. für* Rathaus)

Mais, der; -es, *Plur. (Sorten:)* -e ‹indian.› (eine Getreidepflanze)

Mai|säß, das; -es, -e (*westösterr. für* vorübergehend im Frühjahr bewirtschaftete Bergweide, Almhütte)

Mais|bir|ne (Trainingsgerät für Boxer)

Mais|brei; Mais|brot

Maisch, der; -[e]s, -e (*selten für* Maische); **Maisch|bot|tich; Mai|sche,** die; -, -n (Gemisch zur Wein-, Bier- od. Spiritusherstellung); **mai|schen;** du maischst

Mais|flo|cken *Plur.;* **mais|gelb; Mais|kol|ben; Mais|korn,** das; *Plur.* ...körner; **Mais|mehl**

Mai|so|nette, Mai|son|nette [mɛzɔˈnɛt], die; -, *Plur.* -s ‹franz.› (zweistöckige Wohnung)

Maiß, der; -es, -e *od.* die; -, -en (*bayr., österr. für* Holzschlag; Jungwald)

Mais|stär|ke; Mais|stroh

Maî|t|re de Plai|sir [ˈmɛːtrə də plɛˈziːɐ̯], der; - - -, -s [ˈmɛːtrə] - - ‹franz.› (*scherzh., sonst veraltet für* jmd., der ein Unterhaltungsprogramm leitet)

¹Ma|ja, die; - ‹sanskr.› (*ind. Philos.* [als verschleierte Schönheit dargestellte] Erscheinungswelt, Blendwerk)

²Ma|ja (röm. Göttin des Erdwachstums; *griech. Mythol.* Mutter des Hermes)

Ma|ja|kow|s|ki (russ. Dichter)

Maj|da|nek [maiˈda(ː)...] (im 2. Weltkrieg nationalsozialistisches Konzentrationslager in Polen)

Ma|jes|tät, die; -, *Plur.* (als Titel u. Anrede von Kaisern u. Königen:) -en ‹lat.› (Herrlichkeit, Erhabenheit); Seine Majestät (*Abk.* S[e]. M.), Ihre Majestät (*Abk.* I. M.), Euer Majestät *od.* Eure Majestät (*Abk.* Ew. M.)

ma|jes|tä|tisch (herrlich, erhaben); **Ma|jes|täts|be|lei|di|gung**

Ma|jo, die; -, -s (*ugs.; kurz für* Majonäse)

Ma|jo|li|ka, die; -, *Plur.* ...ken *u.* -s ‹nach der Insel Mallorca› (Töpferware mit Zinnglasur)

Ma|jo|nä|se *vgl.* Mayonnaise

¹Ma|jor, der; -s, -e ‹lat.-span.› (unterster Stabsoffizier)

²Ma|jor [ˈmeɪdʒɐ], die; -, -s *meist Plur.* ‹engl.› (große, den Markt dominierende Firma, bes. der Filmindustrie)

Ma|jo|ran [*auch* ...ˈraːn], *seltener* **Mei|ran,** der; -s, -e *Plur. selten* ‹mlat.› (eine Gewürzpflanze; deren getrocknete Blätter)

Ma|jo|rat, das; -[e]s, -e ‹lat.› (*Rechtsspr.* Vorrecht des Ältesten auf das Erbgut; nach dem Ältestenrecht zu vererbendes Gut); **Ma|jo|rats|gut**

Ma|jor|do|mus, der; -, - ‹lat.› (Hausmeier; Stellvertreter der fränk. Könige)

ma|jo|renn (*Rechtsspr. veraltet für* volljährig, mündig); **Ma|jo|ren|ni|tät,** die; - (*veraltet für* Volljährigkeit, Mündigkeit)

Ma|jo|rette [...ˈrɛt], die; -, *Plur.* -s *u.* -n ‹engl.› (junge Frau in Uniform, die bei festlichen Umzügen paradiert); **Ma|jo|ret|ten|grup|pe**

Ma|jo|rin

ma|jo|ri|sie|ren ‹lat.› (überstimmen, durch Stimmenmehrheit zwingen)

Ma|jo|ri|tät, die; -, -en ([Stimmen]mehrheit); **Ma|jo|ri|täts|be|schluss; Ma|jo|ri|täts|prin|zip,** das; -s; **Ma|jo|ri|täts|wahl** (Mehrheitswahl)

Ma|jors|rang, der; -[e]s

Ma|jorz, der; -es ‹lat.› (*schweiz. für* Mehrheitswahlsystem)

Ma|jus|kel, die; -, -n ‹lat.› (Großbuchstabe)

ma|ka|ber ‹franz.› (unheimlich; schaudererregend; frivol); makab[e]rer, makabers|te; maka|b|res Aussehen

Ma|ka|dam, der *od.* das; -s, -e ‹nach dem schott. Ingenieur McAdam› (Straßenbelag); **ma|ka|da|mi|sie|ren** (mit Makadam versehen, belegen)

Ma|kak, der; *Gen.* -s *u.* ...kaken, *Plur.* ...kaken ‹afrik.-port.› (meerkatzenartiger Affe)

Ma|ka|lu [*engl.* ˈmɛkəluː], der; - (Berg im Himalaja)

Ma|ka|me, die; -, -n ‹arab.› (*Literaturwiss.* kunstvolle alte arab. Stegreifdichtung)

¹Ma|kao [*auch* ...ˈkau], der; -s, -s ‹Hindi-port.› (ein Papagei)

²Ma|kao [*auch* ...ˈkau], das; -s ‹*nach* Macau› (ein Glücksspiel)

Ma|kart (österr. Maler)

Ma|ke|do|ni|en (Balkanlandschaft); *vgl.* ¹Mazedonien

Ma|ke|do|ni|er; Ma|ke|do|ni|e|rin; ma|ke|do|nisch

Ma|kel, der; -s, - (*geh. für* Schande; Fleck; Fehler)

Mä|ke|lei (*svw.* Nörgelei); **mä|ke|lig, mäk|lig** (gern mäkelnd)

ma|kel|los; Ma|kel|lo|sig|keit

ma|keln (Vermittlergeschäfte machen); ich mak[e]le

mä|keln (*svw.* nörgeln); ich mäk[e]le; **Mä|kel|sucht,** die; -; **mä|kel|süch|tig**

Ma|ket|te, die; -, -n (*eindeutschend für* Maquette)

Make-up [meːkˈ|ap], das; -s, -s ‹engl.› (kosmet. Verschönerung; kosmet. Präparat)

Ma|ki, der; -s, -s ‹madagass.-franz.› (ein Halbaffe)

Ma|ki|mo|no, das; -[s], -s ‹jap.› (ostasiat. Rollbild im Querformat auf Seide od. Papier)

Ma|king-of [meːkɪŋˈ|ɔf], das; -[s], -s ‹engl.› ([filmischer] Bericht über die Entstehung u. Produktion eines Films)

Mak|ka|bä|er, der; -s, - (Angehöriger eines jüd. Geschlechtes); **Mak|ka|bä|e|rin; Mak|ka|bä|er|mün|ze; mak|ka|bä|isch**

Mak|ka|bi, der; -[s], -s ‹hebr.› (Name jüd. Sportvereinigungen); **Mak|ka|bi|a|de,** die; -, -n (jüd. Sporttreffen nach Art der Olympiade)

Mak|ka|ro|ni *Plur.* ‹ital.› (röhrenförmige Nudeln)

mak|ka|ro|nisch (aus lateinischen [u. lat. deklinierten] Wörtern lebender Sprachen gemischt); makkaronische Dichtung

Mak|ler (Geschäftsvermittler); **¹Mäk|ler** (*selten für* Makler)

²Mäk|ler (*svw.* Nörgler)

Mak|ler|fir|ma; Mak|ler|ge|bühr; Mak|le|rin

¹Mäk|le|rin (*selten für* Maklerin)

²Mäk|le|rin (*svw.* Nörglerin)

Mak|ler|pro|vi|si|on; Mak|ler|ver|trag

mäk|lig *vgl.* mäkelig

Ma|ko, die; -, -s *od.* der *od.* das; -[s], -s ‹nach dem Ägypter Mako Bey› (ägypt. Baumwolle); **Ma|ko|baum|wol|le**

Ma|ko|ré, das; -[s] ‹franz.› (afrik. Hartholz)

Ma|k|ra|mee, das; -[s], -s ‹arab.-ital.› (Knüpfarbeit [mit Fransen])

M Main

[1]Mal

das; -[e]s, -e

I. *Groß- und Getrenntschreibung als Substantiv:*

- das erste, zweite usw. Mal; das and[e]re, einzige, letzte, nächste, vorige usw. Mal; das eine Mal
- ein erstes usw. Mal; ein and[e]res, einziges, letztes Mal; ein Mal über das and[e]re, ein ums and[e]re Mal
- von Mal zu Mal; Mal für Mal
- jedes Mal; dieses, manches, nächstes, voriges Mal; manches liebe, manch liebes Mal
- mit einem Mal[e]; beim, zum ersten Mal[e]; beim, zum zweiten, letzten, ander[e]n, soundsovielten, x-ten Mal[e]
- die letzten, nächsten Male
- einige, etliche, mehrere, unendliche, unzählige, viele, wie viele Mal[e]
- ein oder mehrere Male; ein für alle Mal[e]; diese paar Mal[e]
- ein Dutzend Mal, ein paar Dutzend *od.* dutzend Mal; viele Tausend *od.* tausend Mal[e]; eine Million Mal[e], drei Millionen Mal[e], Millionen Mal
- zu fünf Dutzend Malen; zu verschiedenen, wiederholten Malen

II. *Zusammenschreibung als Adverb:*

- noch einmal, noch einmal so viel, auf einmal (*vgl.* mal)
- keinmal, vielmal, manchmal, x-mal, allemal, diesmal, ein andermal
- zweimal (*mit Ziffer* 2-mal); drei- bis viermal (*mit Ziffern* 3- bis 4-mal *od.* 3–4-mal)

III. *Getrennt- oder Zusammenschreibung:*

- einmal (*aber* ein Mal; *hier sind beide Wörter betont*); fünfundsiebzigmal (*aber* fünfundsiebzig Mal; *beide Wörter betont*); hundertmal (*aber* hundert Mal); tausendmal (*aber* tausend Mal)
- *Genauso:* ein paarmal (*auch, bei besonderer Betonung,* ein paar Mal), sovielmal (*auch* so viel Mal), wievielmal (*auch* wie viel Mal), vieltausendmal (*auch* vieltausend Mal)

Ma|k|re|le, die; -, -n ‹niederl.› (ein Fisch)

Ma|k|ro, der *od.* das; -s, -s (*EDV; kurz für* Makrobefehl)

ma|k|ro... ‹griech.› (lang..., groß...); **Ma|k|ro...** (Lang..., Groß...)

Ma|k|ro|be|fehl (*EDV* zu einer Einheit zusammengefasste Folge von Befehlen)

Ma|k|ro|bi|o|tik, die; - (eine bestimmte Lebens- u. Ernährungsweise); **ma|k|ro|bi|o|tisch**

Ma|k|ro|kli|ma (Großklima)

ma|k|ro|kos|misch [*auch* 'ma:...]; **Ma|k|ro|kos|mos, Ma|k|ro|kos|mus,** der; - (die große Welt, Weltall; *Ggs.* Mikrokosmos)

Ma|k|ro|mo|le|kül [*auch* 'ma:...] (*Chemie* aus 1 000 u. mehr Atomen aufgebautes Molekül); **ma|k|ro|mo|le|ku|lar**

Ma|k|ro|ne, die; -, -n ‹ital.› (ein Gebäck)

Ma|k|ro|öko|no|mie [*auch* 'ma:...] (*Wirtsch.* Teilgebiet der Wirtschaftstheorie); **ma|k|ro|öko|no|misch**

ma|k|ro|seis|misch [*auch* 'ma:...] ‹griech.› (*Geol.* ohne Instrumente wahrnehmbar [von starken Erdbeben])

ma|k|ro|s|ko|pisch (mit freiem Auge sichtbar)

Ma|k|ro|spo|re [*auch* 'ma:...] (*Bot.* große w. Spore einiger Farnpflanzen)

Ma|k|ro|struk|tur (*fachspr. für* ohne optische Hilfsmittel erkennbare Struktur)

Ma|k|ro|the|o|rie (Teilbereich der wirtschaftswissenschaftlichen Theorie)

ma|k|ro|ze|phal (*Med.* großköpfig); **Ma|k|ro|ze|pha|lie,** die; -, ...ien

Ma|k|ru|lie, die; -, ...ien (*Med.* Wucherung des Zahnfleisches)

Ma|ku|la|tur, die; -, -en ‹lat.› (*Druckw.* schadhaft gewordene od. fehlerhafte Bogen; Fehldruck; Altpapier); **ma|ku|lie|ren** (zu Makulatur machen)

mal; acht mal zwei (*mit Ziffern [u. Zeichen]:* 8 mal 2, 8 × 2 *od.* 8 · 2); acht mal zwei ist, macht, gibt (*nicht:* sind, machen, geben) sechzehn; eine Fläche von drei mal fünf Metern (*mit Ziffern [u. Zeichen]:* 3 m × 5 m); *vgl. aber* achtmal *u.* [1]Mal; mal (*ugs. für* einmal [*vgl.* [1]Mal], z. B. komm mal her!; wenn das mal gut geht!; das ist nun mal so; öfter mal was Neues; sag das noch mal *od.* nochmal!)

[1]Mal *s. Kasten*

[2]Mal, das; -[e]s, *Plur.* -e *u.* Mäler (Fleck; Merkmal; *geh. für* Denkmal; *Sport* Ablaufstelle)

Ma|la|bar|küs|te, die; - (südl. Teil der Westküste Vorderindiens)

Ma|la|bo (Hauptstadt Äquatorialguineas)

Ma|la|chi|as, *ökum.* Ma|le|a|chi (bibl. Prophet)

Ma|la|chit, der; -s, -e ‹griech.› (ein Mineral); **ma|la|chit|grün; Ma|la|chit|va|se**

ma|lad (*seltener für* malade); **ma|la|de** ‹franz.› (*ugs. für* krank)

ma|la fi|de ‹lat.› (in böser Absicht; wider besseres Wissen)

Ma|la|ga, der; -s, -s (ein Süßwein)

Má|la|ga (span. Provinz u. Hafenstadt)

Ma|la|gas|si, das; - (Sprache der Madagassen)

Ma|la|ga|wein

Ma|la|gue|ña [...'genja], die; -, -s ‹span.› (ein südspan., dem Fandango ähnl. Tanz)

Ma|laie, der; -n, -n (Angehöriger mongol. Völker Südostasiens); **Ma|lai|in; ma|lai|isch;** *aber* ↑K 140: der Malaiische Archipel; Malaiischer Bund

Ma|lai|se [...'lɛ:...], die; -, -n, *schweiz.* das; -s, -s ‹franz.› (Misere; Missstimmung)

Ma|la|ja|lam *vgl.* Malayalam

Ma|lak|ka (südostasiat. Halbinsel)

Ma|la|ko|lo|ge, der; -n, -n; **Ma|la|ko|lo|gie,** die; - ‹griech.› (Lehre von den Weichtieren); **Ma|la|ko|lo|gin**

Ma|la|ria, die; - ‹ital.› (eine trop. Infektionskrankheit); **Ma|la|ria|an|fall**
Ma|la|ria|er|re|ger
ma|la|ria|krank
Ma|la|ria|lo|gie, die; - (Erforschung der Malaria)
Ma|la|ria|mü|cke (Anopheles)
Ma|la|wi (Staat in Afrika); **Ma|la|wi|er; Ma|la|wi|e|rin; ma|la|wisch**
Mal|axt (Axt zum Bezeichnen der zu fällenden Bäume)
Ma|la|ya|lam, Ma|la|ja|lam, das; -[s] (eine drawidische Sprache in Südindien)
Ma|lay|sia (Staat in Südostasien); **Ma|lay|si|er; Ma|lay|si|e|rin; ma|lay|sisch**
Mal|bec [...ˈbɛk], der; -[s] ‹franz.› (eine Reb- u. Weinsorte)
Mal|buch
Mal|chen *vgl.* Melibokus
Mal|chus (bibl. m. Eigenn.)
Ma|le [...le] (Hauptstadt der Malediven)
Ma|le|a|chi *vgl.* Malachias
Ma|le|di|ven *Plur.* (Inselstaat im Ind. Ozean); **Ma|le|di|ver; Ma|le|di|ve|rin; ma|le|di|visch**
ma|len (Bilder usw.); gemalt

malen / mahlen
Das bekannte Sprichwort »Wer zuerst kommt, mahlt zuerst« bezieht sich ursprünglich auf die Reihenfolge, in der man sein Getreide in der Mühle mahlen durfte. Deshalb wird *mahlen* hier mit *h* geschrieben.

Ma|le|par|tus, der; - (Wohnung des Fuchses in der Tierfabel)
Ma|ler; Ma|ler|ar|beit
Ma|le|rei
Ma|ler|email (Schmelzmalerei)
Ma|ler|far|be; Ma|ler|ge|sel|le; Ma|ler|ge|sel|lin; Ma|ler|hand|werk, das; -[e]s; **Ma|le|rin**
ma|le|risch
Ma|ler|meis|ter; Ma|ler|meis|te|rin; ma|lern (*ugs. für* Malerarbeiten ausführen); ich malere
Ma|ler|pin|sel
Ma|le|sche, die; -, -n ‹franz., »Malaise«› (*nordd. für* Ungelegenheit, Unannehmlichkeit)
Mal|feld *(Rugby)*
Mal|grund *(Kunstwiss.)*
Mal|heur [maˈløːɐ̯], das; -s, *Plur.* -e *u.* -s ‹franz.› (*ugs. für* [kleines] Missgeschick; Unglück)
Ma|li (Staat in Afrika)
Ma|li|ce [...sə], die; -, -n ‹franz.› (*veraltet für* Bosheit)
Ma|li|er ‹*zu* Mali›; **Ma|li|e|rin**
...ma|lig (z. B. dreimalig, *mit Ziffer* 3-malig)
ma|li|g|ne ‹lat.› (*Med.* bösartig); **Ma|li|g|ni|tät,** die; - (Bösartigkeit [einer Krankheit, bes. einer Geschwulst])
Ma|li|nois [...ˈnoa], der; -, - ‹franz.› (belgische Schäferhundrasse)
ma|lisch ‹*zu* Mali›
ma|li|zi|ös (boshaft, hämisch)
Mal|kas|ten
mal|kon|tent ‹franz.› (*veraltet, noch landsch. für* [mit polit. Zuständen] unzufrieden)
mall, mal|le ‹niederl.› (*Seew.* umspringend, verkehrt, verdreht; *nordd. übertr. für* von Sinnen)
[1]Mall, das; -[e]s, -e (*Seemannsspr.* Modell für Schiffsteile)
[2]Mall [mɔːl], die; -, -s ‹engl.› ([bes. in den USA] Einkaufszentrum)
Mal|lar|mé (franz. Dichter)
mal|le *vgl.* mall
Mal|le (*ugs. kurz für* Mallorca)
mal|len (*Seemannsspr.* nach dem [1]Mall bearbeiten; umspringen [vom Wind])
Mal|lor|ca [maˈjɔr..., *auch* maˈlɔr...] (Hauptinsel der Balearen)
Mal|lor|qui|ner [...ˈkiː...] (Einwohner Mallorcas); **Mal|lor|qui|ne|rin; mal|lor|qui|nisch**
Mal|lung (*Seemannsspr.* Umspringen des Windes)
Malm, der; -[e]s ‹engl.› (*Geol.* obere Abteilung der Juraformation; Weißer Jura)
mal|men (*selten für* zermalmen)
Mal|mö (schwed. Hafenstadt)
mal|neh|men (vervielfachen); ich nehme mal; malgenommen; malzunehmen
Ma|lo|che [*auch* ...ˈlɔ...], die; - ‹hebr.-jidd.› (*ugs. für* schwere Arbeit); **ma|lo|chen** (*ugs. für* schwer arbeiten, schuften); **Ma|lo|cher** (*ugs. für* Arbeiter); **Ma|lo|che|rin**
[1]Ma|lo|ja (Ort in Graubünden)
[2]Ma|lo|ja, der; -[s] *u.* die; - (schweiz. Alpenpass); **Ma|lo|ja|pass**, **Ma|lo|ja-Pass,** der; -es
Ma|los|sol, der; -s ‹russ.› (schwach gesalzener Kaviar)
mal|pro|per ‹franz.› (*veraltet, noch landsch. für* unsauber)
...mals (z. B. mehrmals)
Mal|säu|le (*veraltet für* Grenzstein; Gedenksäule)
Mal|ta (Insel u. Staat im Mittelmeer); **Mal|ta|fie|ber** ↑K143
Mal|te (m. Vorn.)
Mal|tech|nik
Mal|ter, der *od.* das; -s, - (altes Getreide-, Kartoffelmaß; *österr. veraltet auch für* Mörtel)
Mal|te|se, der; -n, -n (Bewohner von Malta)
Mal|te|ser (Bewohner von Malta; Angehöriger des Malteserordens; ein Schoßhund mit langem Fell)
Mal|te|ser-Hilfs|dienst (*eigene Schreibung der Organisation:* Malteser Hilfsdienst)
Mal|te|se|rin
Mal|te|ser|kreuz; Mal|te|ser|or|den, der; -s; **Mal|te|ser|rit|ter**
Mal|te|sin; mal|te|sisch; *aber* ↑K140 : Maltesische Inseln
Mal|thus (engl. Sozialphilosoph); **Mal|thu|si|a|ner** (Vertreter des Malthusianismus); **Mal|thu|si|a|ne|rin; Mal|thu|si|a|nis|mus,** der; -; **mal|thu|sisch;** malthusisches Bevölkerungsgesetz ↑K89
Mal|to|se, die; - (*Chemie* Malzzucker)
mal|t|rä|tie|ren ‹franz.› (misshandeln, quälen); **Mal|t|rä|tie|rung**
Ma|lus, der; *Gen.* - *u.* -ses, *Plur.* - *u.* -se ‹lat.› (*Kfz-Versicherung* Prämienzuschlag bei Häufung von Schadensfällen)
Mal|uten|si|li|en *Plur.*
Mal|va|si|er, der; -s, - (ein Süßwein); **Mal|va|sier|wein**
Mal|ve, die; -, -n ‹ital.› (eine Zier-, Heilpflanze); **mal|ven|far|ben, mal|ven|far|big**
Mal|ver|sa|ti|on, die; -, -en ‹franz.› (*österr. für* Misswirtschaft, Unregelmäßigkeit)
Mal|vi|nen *vgl.* Malwinen
Mal|ware [...vɛɐ̯], die; -, -s *Plur. selten* ‹aus engl. malicious software› (*EDV* schädliche Programme wie z. B. Viren)
Mal|wi|ne (w. Vorn.)
Mal|wi|nen, Mal|vi|nen *Plur.* (*svw.* Falklandinseln)
Malz, das; -es, -e; **Malz|bier; Malz|bon|bon**
Mal|zei|chen (Multiplikationszeichen; *Zeichen* · *od.* ×)
Mäl|zel (dt. Instrumentenmacher); Mälzels Metronom, *auch* Metronom Mälzel (*Abk.* M. M.)
mäl|zen (Malz bereiten); du mälzt; **Mäl|zer; Mäl|ze|rei; Mäl|ze|rin**

manch

Man schreibt »manch« immer klein ↑K76:
- mancher weiß das nicht
- manche sagen etwas anderes
- bei manchen kannst du Glück haben
- manches ist wahr
- in manchem habe ich mich geirrt
- mancher, der ...; manches, was ...

Beugung:
- manch einer; mancher Tag; Waren mancher Art; manche Stunde; manches *od.* manch Buch
- manch guter Vorsatz; mancher gute Vorsatz; mit manch gutem Vorsatz, mit manchem guten Vorsatz
- manch böses Wort, manches böse Wort
- manchmal; manches Mal; manch liebes Mal, manches liebe Mal
- manch Schönes *od.* manches Schöne; mit manch Schönem *od.* mit manchem Schönen
- das Votum mancher stimmfähiger (*auch noch* stimmfähigen) Mitglieder
- für manche ältere (*auch noch* älteren) Leute
- manche Stimmberechtigte (*auch* Stimmberechtigten)

Malz|ex|trakt; Malz|kaf|fee
Ma|ma [*auch* ...ˈmaː], die; -, -s; **Ma|ma|chen**
Mam|ba, die; -, -s ⟨Zulu⟩ (eine afrikanische Giftschlange)
Mam|bo, der; -[s], -s, *auch* die; -, -s ⟨kreol.⟩ (südamerik. Tanz)
Ma|me|luck, der; -en, -en ⟨arab.-ital.⟩ (Söldner islam. Herrscher)
Ma|mer|tus (ein Heiliger)
Ma|mi *(Kinderspr.)*
Mam|ma|lia *Plur.* ⟨lat.⟩ (*Zool.* Sammelbez. für alle Säugetiere)
Mam|mo|gra|fie, **Mam|mo|gra|phie**, die; -, ...ien (*Med.* Röntgenuntersuchung der weiblichen Brust)
Mam|mon, der; -s ⟨aram.⟩ (*abwertend für* Reichtum; Geld); **Mam|mo|nis|mus,** der; - (Geldgier)
Mam|mut, das; -s, *Plur.* -e *u.* -s ⟨russ.-franz.⟩ (Elefant einer ausgestorbenen Art)
Mam|mut... (*auch für* Riesen...)
Mam|mut|baum
Mam|mut|kno|chen
Mam|mut|pro|gramm; Mam|mut|pro|jekt; Mam|mut|pro|zess
Mam|mut|ske|lett
Mam|mut|un|ter|neh|men
Mam|mut|ver|an|stal|tung
mamp|fen (*ugs. für* [mit vollen Backen] essen)
Mam|sell, die; -, *Plur.* -en *u.* -s ⟨franz.⟩ (*scherzh., sonst veraltet für* unverheiratete Frau, Hausgehilfin); ↑K151 : kalte Mamsell, *auch* Kaltmamsell (Angestellte für die Zubereitung der kalten Speisen)
[1]**man;** *Dat.* einem, *Akk.* einen; man kann nicht wissen, was einem zustoßen wird; du siehst einen an, als ob man ...
[2]**man** (*nordd. ugs. für* nur, mal); das lass man bleiben
m. A. n. = meiner Ansicht nach
[1]**Man** [mɛn] (Insel in der Irischen See)
[2]**Man,** der *od.* das; -s, -s ⟨pers.⟩ (früheres pers. Gewicht); 3 Man
Mä|na|de, die; -, -n ⟨griech.⟩ (rasendes Weib [im Kult des griech. Weingottes Dionysos])
ma|nage|bar [ˈmɛnɪdʒbaːɐ]
Ma|nage|ment [ˈmɛnɪtʃmənt], das; -s, -s ⟨engl.-amerik.⟩ (Leitung eines Unternehmens)
Ma|nage|ment-Buy-out, **Ma|nage|ment-Buy|out** (Übernahme einer Firma durch die eigene Geschäftsleitung)
Ma|nage|ment|feh|ler
Ma|nage|ment|ge|bühr *(Wirtsch.)*; **Ma|nage|ment|ver|trag** *(Wirtsch.)*
ma|na|gen [...nɪdʒn̩] (*ugs. für* leiten, unternehmen; zustande bringen); du managst; sie managt; er managte; ihr habt das gut gemanagt
Ma|na|ger, der; -s, - (leitende Persönlichkeit in einem Unternehmen, in einer Institution o. Ä.); **Ma|na|ge|rin; Ma|na|ger|krank|heit**
Ma|na|gua (Hauptstadt Nicaraguas)
Ma|na|ma (Hauptstadt Bahrains)
Ma|nas|se (bibl. m. Eigenn.)
manch *s. Kasten*
Man|cha [...tʃa], die; - (span. Landschaft)
man|chen|orts
man|cher *vgl.* manch
man|cher|lei; mancherlei, was
man|cher|or|ten, *häufiger* **man|cher|orts**
man|ches *vgl.* manch
[1]**Man|ches|ter** [ˈmɛntʃɛstɐ] (engl. Stadt)
[2]**Man|ches|ter** [manˈʃɛstɐ], der; -s (ein Gewebe); **Man|ches|ter|ho|se**
Man|ches|ter|tum [ˈmɛntʃɛstɐ...], das; -s (liberalistische volkswirtschaftliche Anschauung)
manch|mal *vgl.* manch
Man|da|la, das; -[s], -s ⟨sanskr.⟩ (Bild als Meditationshilfe)
Man|dant, der; -en, -en ⟨lat.⟩ (*Rechtsspr.* Auftraggeber; Vollmachtgeber); **Man|dan|tin; Man|dant|schaft**
Man|da|rin, der; -s, -e ⟨sanskr.-port.⟩ (*früher* europ. Bezeichnung eines hohen chin. Beamten)
Man|da|ri|ne, die; -, -n (kleine apfelsinenähnliche Frucht); **Man|da|ri|nen|öl,** das; -[e]s
Man|da|rin|en|te (eine asiatische Ente)
Man|dat, das; -[e]s, -e ⟨lat.⟩ (Auftrag, Vollmacht; Sitz im Parlament; in Treuhand von einem Staat verwaltetes Gebiet)
Man|da|tar, der; -s, -e (jmd., der im Auftrag eines anderen handelt; Rechtsanwalt; *österr. für* Abgeordneter); **Man|da|ta|rin; Man|da|tar|staat** *Plur.* ...staaten; **man|da|tie|ren** (*veraltet für* zum Mandatar machen)
Man|dats|ge|biet; Man|dats|trä|ger; Man|dats|trä|ge|rin; Man|dats|ver|lust
[1]**Man|del,** die; -, -n ⟨griech.⟩ (Kern einer Steinfrucht; *meist Plur.:* Gaumenmandeln)
[2]**Man|del,** die; -, -[n] ⟨mlat.⟩ (altes Zählmaß; Gruppe von etwa 15 Garben; kleine Mandel = 15 Stück, große Mandel = 16 Stück); 3 Mandel[n] Eier
Man|de|la, Nelson (südafrik. Politiker)
Man|del|au|ge; man|del|äu|gig

Man|del|baum; Man|del|blü|te

Man|del|ent|zün|dung

man|del|för|mig

Man|del|ge|bäck; Man|del|hörn|chen; Man|del|kern; Man|del|kleie; Man|del|milch; Man|del|öl

Man|del|ope|ra|ti|on

Man|derl *vgl.* Mandl

Man|di|beln *Plur.* ⟨lat.⟩ (*Biol.* Oberkiefer der Gliederfüßer)

man|di|bu|lar, man|di|bu|lär (zum Unterkiefer gehörend)

Mandl, Man|derl, das; -s, -[n]; *vgl.* Pickerl (*bayr. u. österr. ugs. für* Männlein; Vogelscheuche; Wegzeichen aus Steinen); *vgl.* Steinmandl

Man|do|la, die; -, ...len ⟨ital.⟩ (eine Oktave tiefer als die Mandoline klingendes Zupfinstrument)

Man|do|li|ne, die; -, -n ⟨franz.⟩ (ein Saiteninstrument)

Man|dor|la, die; -, ...dorlen ⟨ital.⟩ (mandelförmiger Heiligenschein)

Man|d|ra|go|ra, Man|d|ra|go|re, die; -, ...oren ⟨griech.⟩ (ein Nachtschattengewächs)

Man|d|rill, der; -s, -e ⟨engl.⟩ (ein in Westafrika heimischer Affe)

[1]**Man|d|schu,** der; -[s], - (Angehöriger eines mongol. Volkes)

[2]**Man|d|schu,** die; -, -

[3]**Man|d|schu,** das; -[s] (Sprache)

Man|d|schu|kuo (Name der Mandschurei als Kaiserreich 1934 bis 1945)

Man|d|schu|rei, die; - (nordostchin. Tiefland)

man|d|schu|risch; mandschurisches Fleckfieber

Man|dy [ˈmɛndi] (w. Vorn.)

Ma|ne|ge [...ʒə], die; -, -n ⟨franz.⟩ (runde Vorführfläche od. Reitbahn im Zirkus)

Ma|nen *Plur.* ⟨lat.⟩ (die guten Geister der Toten im altröm. Glauben)

ma|nes|sisch; *aber* ↑K150 : die Manessische Handschrift (eine Minnesängerhandschrift)

Ma|net [...ˈnɛ, *auch* ...ˈneː], Edouard [eˈdu̯aːɐ̯] (franz. Maler)

Man|fred (m. Vorn.)

mang (*nordd. ugs. für* unter, dazwischen); mittenmang

Man|ga, das *od.* der; -s, -[s] ⟨jap.⟩ (Comic aus Japan)

Man|ga|be, die; -, -n ⟨afrik.⟩ (ein afrik. Affe)

Man|ga|lit|za, das; -s, -s ⟨ung.⟩ (Wollschwein)

Man|gan, das; -s ⟨griech.⟩ (chemisches Element, Metall; *Zeichen* Mn); **Man|ga|nat,** das; -s, -e (Salz der Mangansäure)

Man|gan|ei|sen; Man|ga|nit, der; -s, -e (ein Mineral)

Man|ge, die; -, -n (*südd., schweiz. für* [1]Mangel); [1]**Man|gel,** die; -, -n ([Wäsche]rolle)

[2]**Man|gel,** der; -s, Mängel (Fehler, Unvollkommenheit; *nur Sing.:* das Fehlen)

Man|gel|be|ruf

Man|gel|er|näh|rung *(Med.);* **Man|gel|er|schei|nung**

man|gel|frei, män|gel|frei

man|gel|haft *vgl.* ausreichend

Man|gel|haf|tig|keit

Män|gel|haf|tung *(Rechtsspr.)*

Man|gel|holz

Man|gel|krank|heit

Män|gel|lis|te

[1]**man|geln** ([Wäsche] rollen); ich mang[e]le

[2]**man|geln** (nicht [ausreichend] vorhanden sein); sie sagt, es mang[e]le an allem

Män|gel|rü|ge (Klage über mangelhafte Ware od. Arbeit)

man|gels ↑K70 ; *Präp. mit Genitiv:* mangels des nötigen Geldes, mangels eindeutiger Beweise; *im Plur. mit Dativ, wenn der Genitiv nicht erkennbar ist:* mangels Beweisen

Man|gel|wa|re

Man|gel|wä|sche, die; -; **man|gen** (*landsch. für* [1]mangeln)

Mang|fut|ter (*landsch. für* Mischfutter; *vgl.* [1]Futter)

Mang|le|rin ⟨*zu* [1]mangeln⟩

Man|go, die; -, *Plur.* -s, *selten* ...onen ⟨tamil.-port.⟩ (eine tropische Frucht); **Man|go|baum; Man|go|frucht**

Man|gold, der; -[e]s, -e *Plur. selten* (ein Blatt- u. Stängelgemüse)

Man|g|ro|ve, die; -, -n ⟨engl.⟩ (immergrüner Laubwald in flachen Küstengewässern tropischer Gebiete)

Man|g|ro|ve[n]|baum; Man|g|ro|ve[n]|küs|te

Man|gus|te, die; -, -n ⟨Marathi⟩ (in Südeurasien u. Afrika heimische Schleichkatze)

Man|hat|tan [mɛnˈhɛtn̩] (Stadtteil von New York)

Ma|ni (babylonischer Religionsstifter); **Ma|ni|chä|er** (Anhänger des Manichäismus); **Ma|ni|chä|e|rin; Ma|ni|chä|is|mus,** der; - (von Mani gestiftete Religionsform)

Ma|nie, die; -, ...ien ⟨griech.⟩ (Sucht; Besessenheit)

Ma|nier, die; - ⟨franz.⟩ (Art u. Weise, Eigenart; Künstelei)

Ma|nie|ren *Plur.* (Umgangsformen, [gutes] Benehmen)

ma|nie|riert (gekünstelt; unnatürlich); **Ma|nie|riert|heit**

Ma|nie|ris|mus, der; - ⟨lat.⟩ (Stilbegriff für die Kunst der Zeit zwischen Renaissance u. Barock; gekünstelte Anwendung eines Stils); **Ma|nie|rist,** der; -en, -en (Vertreter des Manierismus); **Ma|nie|ris|tin; ma|nie|ris|tisch**

ma|nier|lich (gesittet; fein)

ma|ni|fest ⟨lat.⟩ (handgreiflich, offenbar, deutlich); **Ma|ni|fest,** das; -[e]s, -e (öffentl. Erklärung, Kundgebung; *Seew.* Verzeichnis der Güter auf einem Schiff); das Kommunistische Manifest

Ma|ni|fes|tant, der; -en, -en (*veraltet für* den Offenbarungseid Leistender; *schweiz., sonst veraltet für* Teilnehmer an einer politischen Kundgebung); **Ma|ni|fes|tan|tin**

Ma|ni|fes|ta|ti|on, die; -, -en (Offenbarwerden; *Rechtsspr.* Offenlegung; Bekundung; *Med.* Erkennbarwerden [von Krankheiten]; *regional u. schweiz. für* politische Kundgebung)

ma|ni|fes|tie|ren (offenbaren; bekunden; *veraltet für* den Offenbarungseid leisten; *regional u. schweiz. für* demonstrieren); sich manifestieren (deutlich werden, sich zu erkennen geben)

Ma|ni|kü|re, die; -, -n ⟨franz.⟩ (Handpflege, bes. Nagelpflege; Etui mit Geräten für die Nagelpflege; Hand-, Nagelpflegerin); **ma|ni|kü|ren;** manikürt

Ma|ni|la (Hauptstadt der Philippinen); **Ma|ni|la|hanf, Ma|ni|la-Hanf** (Spinnfaser der philippin. Faserbanane)

Ma|nil|le [...ˈnɪljə], die; -, -n ⟨franz.⟩ (Trumpfkarte im Lomberspiel)

Ma|ni|ok, der; -s, -s ⟨indian.-franz.⟩ (eine tropische Nutzpflanze)

Ma|ni|ok|mehl, das; -[e]s; **Ma|ni|ok|wur|zel**

[1]**Ma|ni|pel,** der; -s, - ⟨lat.⟩ (Teil der röm. Kohorte)

[2]**Ma|ni|pel,** der; -s, -, *auch* die; -, -n (Teil der kath. Priestergewandung)

Ma|ni|pu|lant, der; -en, -en; **Ma|ni|pu|lan|tin**

Ma|ni|pu|la|ti|on, die; -, -en (Hand-, Kunstgriff; Verfahren; *meist Plur.:* Machenschaft); **Ma|ni|pu|la|ti|ons|ge|bühr** (*österr. für* Bearbeitungsgebühr); **ma|ni|pu|la|tiv**

Ma|ni|pu|la|tor, der; -s, ...oren (jmd., der manipuliert; *Technik* Vorrichtung zur Handhabung gefährlicher Substanzen; *veraltet für* fingerfertiger Zauberkünstler); **Ma|ni|pu|la|to|rin**

ma|ni|pu|lier|bar; Ma|ni|pu|lier|bar|keit, die; -

ma|ni|pu|lie|ren; manipulierte (gesteuerte) Währung; der manipulierte Mensch; **Ma|ni|pu|lie|rung**

ma|nisch ‹griech.› (*Psychol., Med.* an einer Manie erkrankt; abnorm heiter erregt)

ma|nisch-de|pres|siv ↑K23 (*Psychol.* abwechselnd manisch u. depressiv)

Ma|nis|mus, der; - ‹lat.› (*Völkerkunde* Ahnenkult, Totenverehrung)

Ma|ni|to|ba [*auch* mɛniˈtoːbə] (kanad. Provinz)

Ma|ni|tu, der; -[s] ‹indian.› (zauberhafte Macht des indian. Glaubens, oft ohne Artikel personifiziert als »Großer Geist«)

Man|ko, das; -s, -s ‹ital.› (Fehlbetrag; Ausfall; Mangel); **Man|ko|geld** (pauschaler Ausgleich für Fehlbeträge)

[1]**Mann,** Heinrich *u.* Thomas (dt. Schriftsteller)

[2]**Mann,** der; -[e]s, *Plur.* Männer *u.* (*früher für* Lehnsleute, ritterl. Dienstmannen *od. scherzh.:*) Mannen; vier Mann hoch (*ugs.*); alle Mann an Bord, an Deck!; tausend Mann; er ist Manns genug; seinen Mann stehen; Mann, ist das schön! (*ugs.*)

Man|na, das; -[s], *österr. nur so, od.* die; - ‹hebr.› (legendäres [vom Himmel gefallenes] Brot der Israeliten; Pflanzensaft)

mann|bar; Mann|bar|keit, die; -

Männ|chen

Mann|de|ckung (*Sport*)

Män|ne (*Koseform zu* Mann)

man|nen (*Seemannsspr.* von Mann zu Mann reichen)

Man|ne|quin [...kɛ̃, *auch* ...ˈkɛ̃ː], das, *selten* der; -s, -s ‹franz.› (Frau, die Modellkleider u. Ä. vorführt; *veraltet für* Gliederpuppe)

Män|ner|be|kannt|schaft; Män|ner|be|ruf; Män|ner|bund, der

Män|ner|chen *Plur.* (*ugs.*)

Män|ner|chor, der; **Män|ner|do|mä|ne; Män|ner|ehe; Män|ner|fang;** *meist nur in* auf Männerfang ausgehen

män|ner|feind|lich

Män|ner|freund|schaft

Män|ner|ge|sang|ver|ein, Män|ner|ge|sangs|ver|ein

Män|ner|heil|kun|de, die

Män|ner|herz

män|ner|mor|dend (*ugs. scherzh.*)

Män|ner|sa|che; Män|ner|stim|me; Män|ner|strip

Män|ner|treu, die; -, -, *schweiz.* das; -s, - (Name verschiedener Pflanzen)

Män|ner|welt

Man|nes|al|ter; Man|nes|eh|re; Man|nes|kraft, die; **Man|nes|stamm** (m. Linie einer Familie); **Man|nes|stär|ke; Man|nes|wort** *Plur.* ...worte

mann|haft; Mann|haf|tig|keit, die; -

Mann|heim (Stadt am Rhein); **Mann|hei|mer;** Mannheimer Schule (*Musik*); **Mann|hei|me|rin**

Mann|heit, die; - (*veraltet*)

man|nig|fach

man|nig|fal|tig [ˈmanɪçfaltɪç]; **Man|nig|fal|tig|keit,** die; -

män|nig|lich [ˈmɛnɪklɪç] (*veraltet für* jeder)

Män|nin, die; -, -nen (*nur bibl.*)

...män|nisch (z. B. bergmännisch)

Man|nit, der; -s, -e ‹hebr.› (sechswertiger Alkohol im Manna)

Männ|lein; Männlein und Weiblein (*Plur.*)

männ|lich; männliches Geschlecht

Männ|lich|keit, die; -; **Männ|lich|keits|wahn,** der; -[e]s (*svw.* Machismo)

Mann|loch (Öffnung zum Einsteigen in große Behälter wie Kessel, Tanks o. Ä.)

Man|no|mann! (*ugs.*)

Manns|bild (*ugs.*)

Mann|schaft; mann|schaft|lich

Mann|schafts|auf|stel|lung; Mann|schafts|geist, der; -[e]s

Mann|schafts|ka|me|rad (*Sport*); **Mann|schafts|ka|me|ra|din**

Mann|schafts|ka|pi|tän; Mann|schafts|ka|pi|tä|nin

Mann|schafts|meis|ter|schaft

Mann|schafts|raum

Mann|schafts|sie|ger; Mann|schafts|sie|ge|rin

Mann|schafts|sport; Mann|schafts|sport|art; Mann|schafts|stär|ke; Mann|schafts|wa|gen; Mann|schafts|wer|tung; Mann|schafts|wett|be|werb

manns|dick; manns|hoch; Manns|hö|he; in Mannshöhe

Manns|leu|te *Plur.* (*ugs.*); **Manns|per|son**

manns|toll

Manns|volk

Man|nus (Gestalt der germ. Mythol.)

Mann|weib (*abwertend für* männlich wirkende Frau)

Ma|no|me|ter, das; -s, - ‹griech.› (*Physik* ein Druckmessgerät); **ma|no|me|t|risch**

Ma|nö|ver, das; -s, - ‹franz.› (größere Truppen-, Flottenübung; Bewegung, die mit einem Schiff, Flugzeug usw. ausgeführt wird; Winkelzug)

Ma|nö|ver|kri|tik (*auch* Besprechung mit kritischem Rückblick); **Ma|nö|ver|scha|den**

ma|nö|v|rie|ren (Manöver vornehmen; geschickt handeln)

ma|nö|v|rier|fä|hig; Ma|nö|v|rier|fä|hig|keit, die; -

Ma|nö|v|rier|mas|se

Man|po|w|er [ˈmɛn...], die; - ‹engl.› (Personal; Arbeitskräfte)

Man|sard|dach, Man|sard-Dach ‹nach dem franz. Baumeister Mansart› (Dach mit gebrochenen Flächen)

Man|sar|de, die; -, -n (Dachgeschoss, -zimmer); **Man|sar|den|woh|nung; Man|sar|den|zim|mer**

Mansch, der; -[e]s (*ugs. für* Schneewasser; breiige Masse)

man|schen, mant|schen (*ugs. für* mischen; im Wasser planschen); du manschst *od.* mantschst; **Man|sche|rei,** Mant|sche|rei (*ugs.*)

Man|schet|te, die; -, -n ‹franz.› (Ärmelaufschlag; Papierkrause für Blumentöpfe); Manschetten haben (*ugs. für* Angst haben)

Man|schet|ten|knopf

Mans, Le *vgl.* Le Mans

Man|ta, der; -s, -s ‹indian.-span.› (ein Rochen)

Man|tel, der; -s, Mäntel; **Män|tel|chen**

Man|tel|fut|ter *vgl.* [2]Futter

Man|tel|ge|setz (Rahmengesetz)

Man|tel|kra|gen

Man|tel|rohr (*Technik*)

Man|tel|sack (*veraltet für* Reisetasche)

Man|tel|ta|rif *(Wirtsch.);* **Man|tel|ta|rif|ver|trag**
Man|tel|ta|sche
Man|tel-und-De|gen-Film ↑K26 (Abenteuerfilm, der in der Zeit degentragender Kavaliere spielt)
Man|tik, die; - ‹griech.› (Seher-, Wahrsagekunst)
Man|til|le [...ˈtɪl(j)ə], die; -, -n ‹span.› (Schleiertuch)
Man|tis|se, die; -, -n ‹lat.› (*Math.* hinter dem Komma stehende Ziffern der Logarithmen)
Man|t|ra, das; -[s], -s ‹sanskr.› ([im Hinduismus u. a. verwendete] magische Formel)
mant|schen usw. *vgl.* manschen usw.
Man|tua (ital. Stadt); **Man|tu|a|ner; Man|tu|a|ne|rin; man|tu|a|nisch**
[1]**Ma|nu|al,** das; -s, -e ‹lat.› (Handklaviatur der Orgel; *veraltet für* Handbuch, Tagebuch)
[2]**Ma|nu|al** [ˈmɛnjuəl], das; -s, -s ‹engl.› (*bes. EDV* Handbuch)
Ma|nu|el [...e:l, *auch* ...ɛl] (m. Vorn.); **Ma|nu|e|la** (w. Vorn.)
ma|nu|ell ‹lat.› (mit der Hand; Hand...); manuelle Fertigkeit
Ma|nu|fakt, das; -[e]s, -e (*veraltet für* handgearbeitetes Erzeugnis)
Ma|nu|fak|tur, die; -, -en ([vorindustrieller] gewerbl. Großbetrieb mit Handarbeit; *veraltet für* in Handarbeit hergestelltes Erzeugnis); **Ma|nu|fak|tur|be|trieb**
ma|nu|fak|tu|rie|ren (*veraltet für* anfertigen; verarbeiten)
Ma|nu|fak|tu|rist, der; -en, -en (*früher für* Leiter einer Manufaktur; Händler in Manufakturwaren); **Ma|nu|fak|tu|ris|tin**
Ma|nu|fak|tur|wa|ren *Plur.* (Textilwaren)
Ma|nul|druck *Plur.* ...drucke (besonderes Druckverfahren; danach hergestelltes Druckwerk)
ma|nu pro|p|ria ‹lat.› (mit eigener Hand; eigenhändig; *Abk.* m. p.)
Ma|nus, das; -, - (*bes. österr. u. schweiz.; kurz für* Manuskript)
Ma|nu|skript, das; -[e]s, -e ‹lat.› (hand- od. maschinenschriftl. Ausarbeitung; Urschrift; Satzvorlage; *Abk.* Ms. [*Plur.* Mss.] *od.* Mskr.); **Ma|nu|skript|blatt; Ma|nu|skript|sei|te**
Ma|nu|ti|us (ital. Buchdrucker)
Man|za|nil|la [...tsaˈnɪlja, ...sa...], der; -s, -s ‹span.› (ein span. Weißwein)

Mao|is|mus, der; - (kommunist. Ideologie in der chin. Ausprägung von Mao Tse-tung)
Mao|ist, der; -en, -en (Anhänger des Maoismus); **Mao|is|tin; mao|is|tisch**
[1]**Ma|o|ri** [*auch* ˈmau̯...], der; -[s], -[s] (Polynesier auf Neuseeland); [2]**Ma|o|ri,** die; -, -[s]; [3]**Ma|o|ri,** das; - (Sprache der Maoris)
ma|o|risch
Mao Tse-tung, Mao Ze|dong (chin. Staatsmann)
Ma|pai, die; - ‹hebr.› (gemäßigte sozialist. Partei Israels [bis 1968])
Ma|pam, die; - (Arbeiterpartei Israels)
Mäpp|chen; Map|pe, die; -, -n
Ma|pu|to (Hauptstadt Mosambiks)
Ma|quet|te [...ˈkɛt(ə)], die; -, -n ‹franz.› (Entwurf für ein Kunstwerk)
Ma|quis [...ˈki:], der; - ‹franz., »Gestrüpp, Unterholz«› (franz. Widerstandsorganisation im 2. Weltkrieg)
Ma|qui|sard [...ˈza:ɐ̯], der; -, *Plur.* -s *u.* -en [...ˈzardn̩] (Angehöriger des Maquis)
Mär, Mä|re, die; -, Mären (*veraltet, heute noch scherzh. für* Kunde, Nachricht; Sage)
Ma|ra|bu, der; -s, -s ‹arab.› (ein Storchvogel)
Ma|ra|but, der; *Gen.* - *od.* -[e]s, *Plur.* - *od.* -s (moslem. Einsiedler, Heiliger)
Ma|ra|cu|ja, die; -, -s ‹indian.› (essbare Frucht der Passionsblume)
ma|ra|na|tha!, *ökum.* **ma|ra|na|ta!** ‹aram., »unser Herr, komm!«› (Gebetsruf der altchristl. Abendmahlsfeier); **Ma|ra|na|tha,** *ökum.* **Ma|ra|na|ta,** das; -s, -s
Ma|rä|ne, die; -, -n ‹slaw.› (ein Fisch)
Ma|ran|te, *auch* **Ma|ran|ta,** die; -, ...ten ‹nach dem venez. Arzt Maranta› (Pfeilwurz)
ma|ran|tisch (*svw.* marastisch)
Ma|ras|chi|no [...ˈki:...], der; -s, -s ‹ital.› (ein Kirschlikör)
Ma|ras|mus, der; - ‹griech.› (*Med.* Entkräftung, [Alters]schwäche); **ma|ras|tisch** (an Marasmus leidend, entkräftet, erschöpft)
Ma|rat [...ˈra] (franz. Revolutionär)
Ma|ra|thi, das; -[s] (westindische Sprache)
[1]**Ma|ra|thon** [ˈma(:)...] (Ort nördl. von Athen)

[2]**Ma|ra|thon,** der; -s, -s (*kurz für* Marathonlauf)
[3]**Ma|ra|thon,** der, *seltener* das; -s, -s (etwas durch übermäßig lange Dauer Anstrengendes)
Ma|ra|tho|ni, der; -[s], -s *u.* die; -, -s (*ugs. für* Marathonläufer[in])
Ma|ra|thon|lauf ↑K143 (leichtathletischer Wettlauf über 42,195 km); **Ma|ra|thon lau|fen, ma|ra|thon|lau|fen;** *aber nur* ich laufe Marathon; einen Marathon laufen; **Ma|ra|thon|läu|fer; Ma|ra|thon|läu|fe|rin**
Ma|ra|thon|re|de; Ma|ra|thon|sit|zung; Ma|ra|thon|stre|cke; Ma|ra|thon|ver|an|stal|tung
Mar|bel, Mär|bel, Mar|mel, Mur|mel, die; -, -n (*landsch. für* kleine Kugel zum Spielen)
Mar|bel|la [*span.* ...ˈvelja] (span. Stadt)
Mar|bod (markomann. König)
Mar|burg [*auch* ˈmar...] (Stadt in Hessen); **Mar|bur|ger; Mar|bur|ge|rin**
[1]**Marc** (dt. Maler u. Grafiker)
[2]**Marc** (m. Vorn.)
mar|ca|to ‹ital.› (*Musik* markiert, betont)
Mar|ceau [marˈso:], Marcel (franz. Pantomime)
Mar|cel [...ˈsɛl] (m. Vorn.)
[1]**March,** die; - (linker Nebenfluss der Donau)
[2]**March,** die; - (Gebiet am Ostende des Zürichsees)
[3]**March,** die; -, -en (*schweiz. für* Flurgrenze, Grenzzeichen)
Mär|chen
Mär|chen|buch; Mär|chen|dich|tung; Mär|chen|er|zäh|ler; Mär|chen|er|zäh|le|rin; Mär|chen|film; Mär|chen|for|schung
mär|chen|haft
Mär|chen|land, das; -[e]s
Mär|chen|on|kel (*ugs. auch für* jmd., der [häufig] Märchen erzählt); **Mär|chen|pracht**
Mär|chen|prinz; Mär|chen|prin|zes|sin
Mär|chen|stun|de; Mär|chen|tan|te; Mär|chen|wald; Mär|chen|welt
Mar|che|sa [...ˈke:...], die; -, *Plur.* -s *u.* ...sen ‹ital.› (*w. Form zu* Marchese); **Mar|che|se** [...ˈke:...], der; -, -n (hoher ital. Adelstitel)
March|feld, das; -[e]s (Ebene in Niederösterreich)
March|stein (*schweiz. für* Meilenstein)
March|zins *Plur.* ...zinsen (*schweiz. Bankw.* Stückzins)

M
Mant

Mar|co|ni (ital. Physiker)
Mar|co Po|lo (ital. Reisender)
Mar|der, der; -s, -; **Mar|der|fell; Mar|der|scha|den**
Mä|re *vgl.* Mär
Ma|rées [...'re:] (dt. Maler)
Ma|rel|le *vgl.* Morelle
Ma|rem|men *Plur.* ⟨ital.⟩ (sumpfige Küstengegend in Mittelitalien); **Ma|rem|men|land|schaft**
Ma|ren (w. Vorn.)
mä|ren (*landsch. für* in etwas herumwühlen; langsam sein; umständlich reden)
Ma|ren|de, die; -, -n ⟨ital.⟩ (*tirol. für* Zwischenmahlzeit, Vesper)
Ma|ren|go, der; -s ⟨nach dem oberital. Ort⟩ (grau melierter Kammgarnstoff)
Mä|re|rei ⟨*zu* mären⟩
Mar|ga|re|ta, Mar|ga|re|te (w. Vorn.)
Mar|ga|re|ten|blu|me
Mar|ga|ri|ne, die; -, *Plur. (Sorten:)* -n ⟨franz.⟩; **Mar|ga|ri|ne|fa|b|rik**
Mar|ge [...ʒə], die; -, -n ⟨franz.⟩ (Abstand, Spielraum; *Wirtsch.* Spanne zwischen zwei Preisen, Handelsspanne); **mar|gen|schwach** *(Wirtsch.)*
Mar|ge|ri|te, die; -, -n ⟨franz.⟩ (eine Wiesenblume, Wucherblume); **Mar|ge|ri|ten|strauß; Mar|ge|ri|ten|wie|se**
Mar|ghe|ri|ta [...ge...] (w. Vorn.)
mar|gi|nal ⟨lat.⟩ (am Rand liegend; *bes. Bot.* randständig; *geh. für* nicht unmittelbar wichtig)
Mar|gi|nal|be|mer|kung; Mar|gi|nal|glos|se (an den Rand der Seite geschriebene od. gedruckte Glosse *[vgl. d.]*)
Mar|gi|na|lie, die; -, -n *meist Plur.* (Randbemerkung auf der Seite einer Handschrift, eines Buches)
mar|gi|na|li|sie|ren (*auch für* [politisch] ins Abseits schieben); **Mar|gi|na|li|sie|rung**
Mar|git, Mar|git|ta, Mar|got, Mar|g|rit, Mar|gue|rite [...gə'ri:t] (w. Vorn.)
Ma|ria (w. Vorn.; gelegentl. zusätzlicher m. Vorn.); Mariä (der Maria) Himmelfahrt (kath. Fest); die Himmelfahrt Mariens; *vgl.* Marie
Ma|ri|a|ge [...ʒə], die; -, -n (König-Dame-Paar in Kartenspielen)
Ma|riä-Him|mel|fahrts-Fest, das; -[e]s ↑K 26
Ma|ria Laach (Benediktinerabtei in der Eifel)
Ma|ri|a|nen *Plur.* (Inselgruppe im Pazifischen Ozean)
Ma|ri|a|nen|gra|ben, der; -s (im Pazifik)
ma|ri|a|nisch ⟨*zu* Maria⟩; marianische Frömmigkeit, *aber* ↑K 150: Marianische Kongregation
Ma|ri|an|ne (w. Vorn.; symbol. Verkörperung der Französischen Republik)
ma|ria-the|re|si|a|nisch
Ma|ria|the|re|si|en|ta|ler (frühere Münze)
Ma|ria|zell (Wallfahrtsort in der Steiermark)
Ma|ri|bor [...bɔr] (slowen. Stadt)
Ma|rie, Ma|rie-Lu|i|se, *auch* **Ma|rie|lu|i|se** (w. Vorn.)
Ma|ri|en|an|dacht; Ma|ri|en|bild; Ma|ri|en|dich|tung; Ma|ri|en|fest
Ma|ri|en|kä|fer
Ma|ri|en|kir|che; *aber* St.-Marien-Kirche ↑K 136 u. 137
Ma|ri|en|kult; Ma|ri|en|le|ben; Ma|ri|en|le|gen|de; Ma|ri|en|tag; Ma|ri|en|ver|eh|rung
Ma|ri|en|wer|der (Stadt am Ostrand des Weichseltales); **Ma|ri|en|wer|der|stra|ße** ↑K 162
Ma|ri|et|ta (w. Vorn.)
Ma|ri|hu|a|na, das; -s ⟨mexik.; aus den Vornamen María u. Juana ['xu̯a:na = Johanna]⟩ (ein Rauschgift)
Ma|ri|ka (w. Vorn.)
Ma|ril|le, die; -, -n ⟨ital.⟩ (*bes. österr. für* Aprikose)
Ma|ril|len|brand; Ma|ril|len|knö|del; Ma|ril|len|li|kör; Ma|ril|len|mar|me|la|de; Ma|ril|len|schnaps; Ma|ril|len|stru|del
Ma|ri|lyn ['mɛərɪlɪn] (w. Vorname)
Ma|rim|ba, die; -, -s ⟨afrik.-span.⟩ (dem Xylofon ähnliches Musikinstrument); **Ma|rim|ba|fon, Ma|rim|ba|phon,** das; -s, -e (Marimba mit Resonanzkörpern aus Metall)
ma|rin ⟨lat.⟩ (zum Meer gehörend, Meer[es]...)
[1]**Ma|ri|na** (w. Vorn.)
[2]**Ma|ri|na,** die; -, -s ⟨lat.-engl.⟩ (Jacht-, Motorboothafen)
Ma|ri|na|de, die; -, -n ⟨franz.⟩ (Flüssigkeit mit Essig, Kräutern, Gewürzen zum Einlegen von Fleisch, Gurken usw.; Salatsoße; eingelegter Fisch)
Ma|ri|ne, die; -, -n ⟨franz.⟩ (Seewesen eines Staates; Flottenwesen; [Kriegs]flotte)
Ma|ri|ne|ar|til|le|rie
Ma|ri|ne|at|ta|ché
ma|ri|ne|blau (dunkelblau)
Ma|ri|ne|flie|ger; Ma|ri|ne|flie|ge|rin
Ma|ri|ne|in|fan|te|rie
Ma|ri|ne|ma|ler; Ma|ri|ne|ma|le|rin
Ma|ri|ne|of|fi|zier; Ma|ri|ne|of|fi|zie|rin
[1]**Ma|ri|ner,** der; -s, - (*Jargon* Matrose, Marinesoldat)
[2]**Ma|ri|ner** ['mɛ...], die; -, - ⟨amerik.⟩ (unbemannte amerik. Raumsonde zur Planetenerkundung)
Ma|ri|ne|rin *(Jargon)*
Ma|ri|ne|sol|dat; Ma|ri|ne|sol|da|tin
Ma|ri|ne|stück (*svw.* Seestück)
Ma|ri|ne|stütz|punkt; Ma|ri|ne|uni|form
ma|ri|nie|ren ⟨franz.⟩ (in Marinade einlegen)
Ma|rio (m. Vorn.)
Ma|rio|la|t|rie, die; - ⟨griech.⟩ (Marienverehrung)
Ma|rio|lo|ge, der; -n, -n (Vertreter der Mariologie); **Ma|rio|lo|gie,** die; - (kath.-theol. Lehre von der Gottesmutter); **Ma|rio|lo|gin; ma|rio|lo|gisch**
Ma|ri|on (w. Vorn.)
Ma|ri|o|net|te, die; -, -n ⟨franz.⟩ (Gliederpuppe; willenloser Mensch als Werkzeug anderer); **Ma|ri|o|net|ten|büh|ne**
ma|ri|o|net|ten|haft
Ma|ri|o|net|ten|re|gie|rung
Ma|ri|o|net|ten|spiel; Ma|ri|o|net|ten|the|a|ter
Ma|ri|otte [...'ri̯ɔt] (franz. Physiker); mariottesches *od.* Mariotte'sches Gesetz
Ma|rist, der; -en, -en ⟨*zu* Maria⟩ (Angehöriger einer kath. Missionskongregation)
Ma|ri|ta (w. Vorn.)
ma|ri|tim ⟨lat.⟩ (das Meer, das Seewesen betreffend; Meer[es]..., See...); maritimes Klima
Ma|ri|us (röm. Feldherr u. Staatsmann)
Mar|jell, die; -, -en, **Mar|jell|chen** ⟨lit.⟩ (*ostpreuß. für* Mädchen)
[1]**Mark,** die; -, *Plur.* -, *ugs. scherzh.* Märker (frühere dt. Währungseinheit; *Abk. [DDR]* M); Deutsche Mark (*Abk.* DM)
[2]**Mark,** die; -, -en (*früher für* Grenzland); die Mark Brandenburg
[3]**Mark,** das; -[e]s (*Med., Bot.; auch übertr. für* das Innerste, Beste)
[4]**Mark** (m. Vorn.)
mar|kant ⟨franz.⟩ (stark ausgeprägt)
Mar|ka|sit, der; -s, -e ⟨arab.⟩ (ein Mineral)
Mark Au|rel (röm. Kaiser)

M
Mark

mark|durch|drin|gend; markdurchdringende Schreie
Mar|ke, die; -, -n (Zeichen; Handels-, Waren-, Wertzeichen)
Mär|ke, die; -, -n (*österr. für* [Namens]zeichen)
mar|ken (*Seemannsspr.* mit Markierungen versehen; *Fachspr.* mit einem Firmenabzeichen versehen)
mär|ken (*österr. für* mit einer Märke versehen)
Mar|ken|ar|ti|kel
mar|ken|be|wusst; Mar|ken|be|wusst|sein
Mar|ken|but|ter; Mar|ken|er|zeug|nis; Mar|ken|fa|b|ri|kat; Mar|ken|na|me; Mar|ken|pi|ra|te|rie; Mar|ken|pro|dukt
Mar|ken|samm|ler; Mar|ken|samm|le|rin
Mar|ken|schutz, der; -es; **Mar|ken|wa|re; Mar|ken|zei|chen**
Mar|ker, der; -s, -[s] ⟨engl.⟩ (Stift zum Markieren; *fachspr. für* Merkmal)
Mär|ker (Bewohner der ²Mark); **Mär|ke|rin**
mark|er|schüt|ternd; markerschütternde Schreie
Mar|ke|ten|der, der; -s, - ⟨ital.⟩ (*früher für* Händler bei der Feldtruppe); **Mar|ke|ten|de|rei; Mar|ke|ten|de|rin; Mar|ke|ten|der|wa|gen; Mar|ke|ten|der|wa|re**
Mar|ke|ter, der; -s, - ⟨engl.⟩ (Fachmann für Marketing)
Mar|ke|te|rie, die; -, ...ien ⟨franz.⟩ (*Kunstwiss.* Einlegearbeit [von farbigem Holz usw.])
Mar|ke|te|rin ⟨*zu* Marketer⟩
Mar|ke|ting, das; -[s] ⟨engl.⟩ (*Wirtsch.* Ausrichtung eines Unternehmens auf die Förderung des Absatzes); **Mar|ke|ting|ab|tei|lung; Mar|ke|ting|stra|te|gie**
Mark|graf (Verwalter einer ²Mark); **Mark|grä|fin**
Mark|gräf|ler, der; -s, - (ein südbad. Wein); **Mark|gräf|ler|land**, das; - -[e]s, **Mark|gräf|ler Land**, das; - -[e]s (Landschaft am Oberrhein)
mark|gräf|lich; Mark|graf|schaft (*früher*)
mar|kie|ren ⟨franz.⟩ (be-, kennzeichnen; eine Rolle o. Ä. [bei der Probe] nur andeuten; *österr. für* [eine Fahrkarte] entwerten, stempeln; *ugs. für* vortäuschen; *Sport* [einen Treffer] erzielen, [einen Gegenspieler] decken)

Mar|kier|ham|mer (*Forstwirtsch.*)
Mar|kie|rung; Mar|kie|rungs|fähn|chen; Mar|kie|rungs|li|nie; Mar|kie|rungs|punkt
mar|kig; Mar|kig|keit, die; -
mär|kisch (aus der ²Mark stammend, sie betreffend); märkische Heimat, *aber* ↑K150: das Märkische Museum
Mar|ki|se, die; -, -n ⟨franz.⟩ (aufrollbares Sonnendach); *vgl. aber* Marquise; **Mar|ki|sen|stoff**
Mar|ki|set|te *vgl.* Marquisette
Mark|ka, die; -, -[a]; 10 Markkaa [...ka] ⟨germ.-finn.⟩ (*svw.* ¹Finnmark; *Abk.* mk)
Mark|klöß|chen (eine Suppeneinlage); **Mark|kno|chen**
mark|los
Mar|ko (m. Vorn.)
¹**Mar|kolf** (m. Vorn.)
²**Mar|kolf**, der; -[e]s, -e (*landsch. für* Häher)
Mar|ko|man|ne, der; -n, -n (Angehöriger eines germ. Volksstammes); **Mar|ko|man|nin**
Mar|kör, der; -s, -e ⟨franz.⟩ (Aufseher, Punktezähler beim Billardspiel; *Landwirtsch.* Gerät zum Anzeichnen von Pflanzreihen); **Mar|kö|rin**
Mark|ran|städt (Stadt südwestl. von Leipzig)
Mark|schei|de (Grenze [eines Grubenfeldes]); **Mark|schei|de|kun|de**, die; -; **Mark|schei|de|kunst**, die; - (*Bergmannsspr.* Vermessung, Darstellung der Lagerungs- u. Abbauverhältnisse)
Mark|schei|der (Vermesser im Bergbau); **Mark|schei|de|rin; mark|schei|de|risch**
Mark|stamm|kohl (eine Futterpflanze)
Mark|stein
Mark|stück (*früher*); **mark|stück|groß** *vgl.* fünfmarkstückgroß
Markt, der; -[e]s, Märkte (*bayr., österr. auch für* Titel einer Gemeinde, urspr. mit altem Marktrecht); zu Markte tragen
Markt|ab|spra|che
Markt|amt (*österr. für* Lebensmittel-Kontrollbehörde)
Markt|ana|ly|se; Markt|an|teil; Markt|auf|tritt
markt|be|herr|schend; eine marktbeherrschende Stellung
Markt|be|ob|ach|ter; Markt|be|ob|ach|te|rin; Markt|be|richt
Markt|brun|nen; Markt|bu|de
Markt|chan|ce; Markt|durch|drin|gung; Markt|ein|füh|rung

mark|ten (abhandeln, feilschen)
markt|fä|hig (*Wirtsch.* für den [Massen]absatz geeignet)
Markt|fah|rer (*österr., schweiz. für* Wanderhändler); **Markt|fah|re|rin; Markt|fle|cken; Markt|for|schung; Markt|for|schungs|in|s|ti|tut; Markt|frau**
markt|füh|rend; Markt|füh|rer; Markt|füh|re|rin; Markt|füh|rer|schaft
markt|gän|gig
Markt|ge|mein|de (*bayr., österr. für* Markt[flecken]); **markt|ge|recht**
Markt|hal|le; Markt|händ|ler; Markt|händ|le|rin; Markt|la|ge
Markt|lea|der (*schweiz. neben* Marktführer); **Markt|lea|de|rin**
Markt|lü|cke; Markt|macht; Markt|ni|sche
Markt|ober|dorf (Stadt im Allgäu)
Markt|ord|nung
markt|ori|en|tiert
Markt|ort; Markt|platz; Markt|po|si|ti|on; Markt|po|ten|zi|al, Markt|po|ten|ti|al; Markt|prä|senz; Markt|preis; Markt|recht
Markt|red|witz (Stadt in Oberfranken)
markt|reif; Markt|rei|fe
Markt|schrei|er; Markt|schrei|e|rin; markt|schrei|e|risch
Markt|seg|ment; Markt|si|tu|a|ti|on; Markt|stand; Markt|tag; Markt|teil|neh|mer; Markt|teil|neh|me|rin
markt|üb|lich
Markt|weib; Markt|wert
Markt|wirt|schaft (Wirtschaftssystem mit freiem Wettbewerb); freie Marktwirtschaft; soziale Marktwirtschaft; **markt|wirt|schaft|lich**
Mar|kung (*veraltet für* Grenze)
Mar|kus (Evangelist; röm. m. Vorn. [*Abk.* M.]); Evangelium Marci (des Markus)
Mar|kus|kir|che ↑K136
Mark|ward (m. Vorn.)
Marl|bo|rough [ˈmo:lbərə, *auch* ...rə] (engl. Feldherr)
Mär|lein (*veraltet für* Märchen)
Mar|le|ne (w. Vorn.)
Mar|ley [...li] (jamaikan. Reggaemusiker)
Mar|lies, Mar|lis (w. Vorn.)
Mar|lowe [...lo] (engl. Dramatiker)
Mar|ma|ra|meer, das; -[e]s (zwischen Bosporus u. Dardanellen)
¹**Mar|mel** *vgl.* Marbel
²**Mar|mel**, der; -s, - ⟨lat.⟩ (*veraltet für* Marmor)
Mar|me|la|de, die; -, -n; **Mar|me|la-**

de[n]|brot; Mar|me|la|de[n]|ei|mer; Mar|me|la|de[n]|glas *Plur.* ...gläser; **Mar|me|la|de[n]|re|zept**
mar|meln ‹lat.› (*landsch. für* mit [1]Marmeln spielen); ich marm[e]le
Mar|mel|stein (*veraltet für* Marmor)
Mar|mor, der; -s, -e (Gesteinsart); **mar|mor|ar|tig**
Mar|mor|block *Plur.* ...blöcke
Mar|mor|büs|te
mar|mo|rie|ren (marmorartig bemalen, ädern)
Mar|mor|ku|chen
mar|morn (aus Marmor)
Mar|mor|plat|te; Mar|mor|säu|le; Mar|mor|sta|tue; Mar|mor|trep|pe
Mar|ne [*auch* marn], die; - (franz. Fluss)
Ma|ro|cain [...'kɛ̃:], der *od.* das; -s, -s ‹franz.› (fein gerippter Kleiderstoff)
ma|rod (*österr. ugs. für* leicht krank)
ma|ro|de ‹franz.› (heruntergekommen, abgewirtschaftet; *veraltend für* erschöpft)
Ma|ro|deur [...'dø:ɐ̯], der; -s, -e (*Soldatenspr.* plündernder Nachzügler); **Ma|ro|deu|rin; ma|ro|die|ren**
Ma|rok|ka|ner; Ma|rok|ka|ne|rin; ma|rok|ka|nisch; Ma|rok|ko (Staat in Nordwestafrika)
[1]Ma|ro|ne, die; -, *Plur.* -n, *landsch. auch* ...ni ‹franz.› ([geröstete] essbare Kastanie)
[2]Ma|ro|ne, die; -, -n (ein Pilz); **Ma|ro|nen|pilz**
Ma|ro|ni, die; -, - (*südd., österr. für* Marone; *vgl.* Marroni); **Ma|ro|ni|bra|ter; Ma|ro|ni|bra|te|rin**
Ma|ro|nit, der; -en, -en ‹nach dem hl. Maro› (Angehöriger der mit Rom unierten syrischen Kirche im Libanon)
Ma|ro|ni|tin; ma|ro|ni|tisch; maronitische Liturgie
Ma|ro|quin [...'kɛ̃:], der, *auch* das; -s ‹franz., »aus Marokko«› (Ziegenleder)
Ma|rot|te, die; -, -n ‹franz.› (Schrulle, wunderliche Neigung)
Mar|que|sas|in|seln [...k...] *Plur.* (Inselgruppe im Pazifik)
Mar|quis [...'ki:], der; -, - ‹franz., »Markgraf«› (franz. Titel)
Mar|qui|sat, das; -[e]s, -e (Würde, Gebiet eines Marquis)
Mar|qui|se, die; -, -n ‹»Markgräfin«› (franz. Titel); *vgl. aber* Markise

Mar|qui|set|te, Mar|ki|set|te, die; -, *auch* der; -s (ein Gardinengewebe)
Mar|ra|kesch (Stadt u. Provinz in Marokko)
Mar|ro|ni (*schweiz. neben* Maroni)
[1]Mars (röm. Kriegsgott)
[2]Mars, der; - (ein Planet)
[3]Mars, der; -, -e, *auch* die; -, -en ‹niederd.› (*Seemannsspr.* Plattform zur Führung u. Befestigung der Marsstenge)
[1]Mar|sa|la (ital. Stadt)
[2]Mar|sa|la, der; -[s], -s (ein Süßwein); **Mar|sa|la|wein, Mar|sa|la-Wein**
marsch!; marsch, marsch!; vorwärts marsch!
[1]Marsch, der; -[e]s, Märsche
[2]Marsch, die; -, -en (vor Küsten angeschwemmter fruchtbarer Boden)
Mar|schall, der; -s, ...schälle ‹»Pferdeknecht«› (hoher milit. Dienstgrad; Haushofmeister); **Mar|schal|lin**
Mar|schall[s]|stab
Mar|schall[s]|wür|de
Marsch|be|fehl; marsch|be|reit; Marsch|be|reit|schaft, die; -; **Marsch|block** *Plur.* ...blöcke *od.* ...blocks
Marsch|bo|den
Mar|schen|dorf
marsch|fer|tig
Marsch|flug|kör|per *(Militär)*
Marsch|ge|päck
mar|schie|ren; Mar|schie|rer; Mar|schie|re|rin
Marsch|ko|lon|ne; Marsch|kom|pass
Marsch|land *Plur.* ...länder (*svw.* [2]Marsch)
Marsch|lied
marsch|mä|ßig
Marsch|mu|sik; Marsch|ord|nung; Marsch|rich|tung; Marsch|rou|te; Marsch|tem|po; Marsch|tritt; Marsch|ver|pfle|gung; Marsch|ziel
Mar|seil|lai|se [...sɛ'jɛ:zə], die; - (franz. Revolutionslied, dann Nationalhymne)
Mar|seille [...'sɛ:j] (franz. Stadt)
Mar|seil|ler [...'sɛ:jɐ]; **Mar|seil|le|rin**
Mars|feld, das; -[e]s (Versammlungs- u. Übungsplatz im alten Rom; großer Platz in Paris)
Mar|shal|ler (Einwohner der Marshallinseln); **Mar|shal|le|rin**
Mar|shall|in|seln, Mar|shall-In|seln [...ʃ..., *auch* 'ma:ɐ̯ʃl...] *Plur.* (Inselgruppe u. Staat im Pazifischen Ozean); **mar|shal|lisch**

Mar|shall|plan, Mar|shall-Plan [...ʃ..., *auch* 'ma:ɐ̯ʃl...], der; -[e]s ‹nach dem amerik. Außenminister G. C. Marshall› (amerik. Hilfsprogramm für Westeuropa nach dem 2. Weltkrieg)
Marsh|mal|low ['ma:ɐ̯ʃmɛlo], das; -s, -s (weiche Süßigkeit aus Zucker, Eiweiß u. Gelatine)
Mars|männ|chen; Mars|mensch, der; **Mars|son|de**
Mars|sten|ge (*Seemannsspr.* erste Verlängerung des Mastes)
Mar|stall, der; -[e]s, ...ställe ‹»Pferdestall«› (Pferdehaltung eines Fürsten u. a.)
Mar|sy|as (meisterhaft Flöte spielender Satyr der altgriech. Mythologie)
Mar|ta *vgl.* [2]Martha
Mär|te, die; -, -n (*mitteld. für* Mischmasch; Kaltschale)
Mar|ten|sit, der; -s, -e ‹nach dem dt. Ingenieur Martens› (beim Härten von Stahl entstehendes Gefüge von Eisen u. Kohlenstoff)
Mar|ter, die; -, -n; **Mar|ter|in|s|t|ru|ment**
Mar|terl, das; -s, -[n]; *vgl.* Pickerl (*bayr. u. österr. für* Tafel mit Bild u. Inschrift zur Erinnerung an Verunglückte; Pfeiler mit Nische für Kruzifix od. Heiligenbild)
mar|tern; ich martere
Mar|ter|pfahl; Mar|ter|qual; Mar|ter|tod; Mar|te|rung
mar|ter|voll
Mar|ter|werk|zeug
[1]Mar|tha (w. Vorn.)
[2]Mar|tha, *ökum.* Mar|ta (bibl. w. Eigenn.)
mar|ti|a|lisch ‹lat.› (kriegerisch; grimmig; verwegen)
[1]Mar|tin (m. Vorn.)
[2]Mar|tin [...'tɛ̃:] (schweiz. Komponist)
Mar|ti|na (w. Vorn.)
Mar|tin|gal, das; -s, *Plur.* -e *u.* -s ‹franz.› (*Reiten* zwischen den Vorderbeinen des Pferdes durchlaufender Sprungzügel)
Mar|tin-Horn® *vgl.* Martinshorn
Mar|ti|ni, das; - (Martinstag)
Mar|ti|ni|ka|ner (Bewohner von Martinique); **Mar|ti|ni|ka|ne|rin**
Mar|ti|nique [...'ni:k] (Insel der Kleinen Antillen; franz. Überseedepartement)
Mar|tins|gans
Mar|tins|horn (als ®: Mar|tin-Horn; *Plur.* ...hörner)

M
Mart

Mar|tins|tag (11. Nov.); **Mar|tins|um|zug**
Mär|ty|rer, *kath. Kirche auch* **Mar|ty|rer,** der; -s, - ⟨griech.⟩ (jmd., der wegen seines Glaubens od. seiner Überzeugung Verfolgung od. den Tod erleidet); **Mär|ty|re|rin,** Mär|ty|rin, *kath. Kirche auch* **Mar|ty|re|rin,** Mar|ty|rin
Mär|ty|rer|kro|ne, *kath. Kirche auch* **Mar|ty|rer|kro|ne**
Mär|ty|rer|tod, *kath. Kirche auch* **Mar|ty|rer|tod**
Mär|ty|rer|tum, *kath. Kirche auch* **Mar|ty|rer|tum,** das; -s
Mär|ty|rin, Mar|ty|rin *vgl.* Märtyrerin
Mar|ty|ri|um, das; -s, ...ien (schweres Leiden [um des Glaubens od. der Überzeugung willen])
Mar|ty|ro|lo|gi|um, das; -s, ...ien (Verzeichnis der Märtyrer u. Heiligen u. ihrer Feste)
Ma|run|ke, die; -, -n (*ostmitteld.* eine Pflaume)
Marx, Karl (dt. Philosoph, Begründer der nach ihm benannten Lehre)
Mar|xis|mus, der; - (die von Marx u. Engels begründete Theorie des Kommunismus)
Mar|xis|mus-Le|ni|nis|mus (*Bez. für* die kommunist. Ideologie nach Marx, Engels u. Lenin)
Mar|xist, der; -en, -en; **Mar|xis|tin**
Mar|xis|tin-Le|ni|nis|tin, die; -, *Plur.* Marxistinnen-Leninistinnen
mar|xis|tisch
Mar|xist-Le|ni|nist, der; des Marxisten-Leninisten, *Plur.* Marxisten-Leninisten
marxsch; die marxsche *od.* Marx'sche Philosophie
Ma|ry ['mɛri] (w. Vorn.)
Ma|ry Jane, die; - - ⟨engl.⟩ (*Jargon* Marihuana)
Ma|ry|land ['mɛrilɛnt] (Staat der USA; *Abk.* MD)
März, der; *Gen.* -[es], *geh. auch noch* -en, *Plur.* -e ⟨lat.; nach dem röm. Kriegsgott Mars⟩ (dritter Monat im Jahr, Lenzing, Lenzmond, Frühlingsmonat)
März|be|cher, Mär|zen|be|cher (eine Frühlingsblume)
März|bier, Mär|zen|bier
Mär|zen|fle|cken, der; -s, - (*schweiz. für* Sommersprosse)
März|feld, das; -[e]s (merowing. Wehrmännerversammlung)
März|ge|fal|le|ne, der; -n, -n (der Revolution von 1848)
März|glöck|chen (eine Frühlingsblume)
Mar|zi|pan [*auch, österr. nur,* 'ma...], das, *österr., sonst selten,* der; -s, -e ⟨arab.⟩ (süße Masse aus Mandeln u. Zucker)
Mar|zi|pan|brot; Mar|zi|pan|kar|tof|fel; Mar|zi|pan|roh|mas|se; Mar|zi|pan|schwein|chen
märz|lich
März|nacht; März|re|vo|lu|ti|on (1848); **März|son|ne,** die; -; **März|veil|chen**
MAS [ɛm|eː'|ɛs] = Master of Advanced Studies; *vgl.* Master
Ma|sa|ryk [...rɪk] (tschechoslowak. Soziologe u. Staatsmann)
Mas|ca|g|ni [...'kanji] (ital. Komponist)
Mas|ca|ra, die; -, -s *u.* der; -[s], -s ⟨span.-engl.⟩ (pastenförmige Wimperntusche)
Mas|car|po|ne, der; -[s] ⟨ital.⟩ (ein ital. Frischkäse)
Ma|schans|ker, der; -s, - ⟨tschech.⟩ (*österr. für* eine Apfelsorte)
Ma|sche, die; -, -n (Schlinge; *österr. u. schweiz. auch für* Schleife; *ugs. für* Lösung; Trick); die neu[e]ste Masche
Ma|schek|sei|te *vgl.* Maschikseite
Ma|schen|draht (Drahtgeflecht); **Ma|schen|draht|zaun**
Ma|schen|mo|de; Ma|schen|netz; Ma|schen|pan|zer; Ma|schen|wa|re
Ma|scherl, das; -s, -[n]; *vgl.* Pickerl (*österr. für* Schleife, Fliege; Etikett)
ma|schig
Ma|schik|sei|te, Ma|schek|sei|te ⟨ung.⟩ (*ostösterr. für* entgegengesetzte Seite, Rückseite)

Ma|schi|ne

die; -, -n ⟨franz.⟩

Getrenntschreibung:

- ich schreibe Maschine
- weil sie Maschine schreibt
- ich habe Maschine geschrieben
- um Maschine zu schreiben

Zusammenschreibung:

- ein maschinegeschriebener (mit der Maschine geschriebener) Brief

Vgl. maschinengeschrieben

ma|schi|ne|ge|schrie|ben *vgl.* maschinengeschrieben
ma|schi|nell (maschinenmäßig [hergestellt])
Ma|schi|nen|bau, der; -[e]s; **Ma|schi|nen|bau|er** *vgl.* [1]Bauer; **Ma|schi|nen|bau|e|rin**
Ma|schi|nen|fa|b|rik
ma|schi|nen|ge|schrie|ben, ma|schi|ne|ge|schrie|ben, *österr.* ma|schin|ge|schrie|ben; ein maschinengeschriebener, maschinegeschriebener, *österr.* maschingeschriebener Brief;
ma|schi|nen|ge|stickt; ma|schi|nen|ge|strickt
Ma|schi|nen|ge|wehr (*Abk.* MG)
Ma|schi|nen|haus
Ma|schi|nen|lauf|zeit
ma|schi|nen|les|bar *(EDV)*
Ma|schi|nen|meis|ter; Ma|schi|nen|meis|te|rin; Ma|schi|nen|nä|he|rin; Ma|schi|nen|öl
Ma|schi|nen|pis|to|le (*Abk.* MP, MPi)
Ma|schi|nen|raum
Ma|schi|nen|re|vi|si|on (*Druckw.* Überprüfung der Druckbogen vor Druckbeginn)
Ma|schi|nen|satz (zwei miteinander starr gekoppelte Maschinen; *Druckw., nur Sing.:* mit der Setzmaschine hergestellter Schriftsatz)
Ma|schi|nen|scha|den
Ma|schi|nen|schlos|ser; Ma|schi|nen|schlos|se|rin
Ma|schi|ne[n]|schrei|ben, das; -s (*Abk.* Masch.-Schr.); **Ma|schi|ne[n]|schrei|ber; Ma|schi|ne[n]|schrei|be|rin; Ma|schi|nen|schrift; ma|schi|nen|schrift|lich**
Ma|schi|nen|set|zer *(Druckw.);* **Ma|schi|nen|set|ze|rin**
Ma|schi|nen|spra|che
Ma|schi|nen|te|le|graf, **Ma|schi|nen|te|le|graph**
Ma|schi|nen|wär|ter; Ma|schi|nen|wär|te|rin
Ma|schi|nen|zeit|al|ter
Ma|schi|ne|rie, die; -, ...ien (maschinelle Einrichtung; Getriebe)
Ma|schi|ne|schrei|ben usw. *vgl.* Maschine[n]schreiben usw.
Ma|schi|ne schrei|ben *vgl.* Maschine
Ma|schi|nist, der; -en, -en (Maschinenmeister); **Ma|schi|nis|tin**
ma|schin|schrei|ben (*österr. für* Maschine schreiben); **Ma|schin|schrei|ben,** das; -s *(österr.);* **Ma|schin|schrei|ber** *(österr.);* **Ma|schin|schrei|be|rin; ma|schin|schrift|lich** *(österr.)*
Masch.-Schr. ↑K28 = Maschine[n]schreiben

Ma|sel, das; -s, **Ma|sen,** die; - (*österr. für* [1]Massel)

[1]**Ma|ser** ['me:..., *auch* 'ma:...], der; -s, - ‹engl.› (*Physik* Gerät zur Verstärkung od. Erzeugung von Mikrowellen)

[2]**Ma|ser,** die; -, -n (Zeichnung [im Holz]; Narbe)

Ma|se|reel, Frans (belgischer Grafiker u. Maler)

Ma|ser|holz

ma|se|rig

ma|sern; ich masere; gemasertes Holz

Ma|sern *Plur.* (eine Kinderkrankheit)

Ma|se|ru (Hauptstadt Lesothos)

Ma|se|rung (Zeichnung des Holzes)

Mas|ka|rill, der; -[s], -e ‹span.› (span. Lustspielgestalt)

Mas|ka|ron, der; -s, -e ‹franz.› (*Archit.* Menschen- od. Fratzengesicht)

Mas|kat (Hauptstadt von Oman)

Mas|kat und Oman (*frühere Bez. für* Oman)

Mas|ke, die; -, -n ‹franz.› (künstl. Hohlgesichtsform; Verkleidung; kostümierte Person)

Mas|ken|ball *vgl.* [2]Ball; **Mas|ken|bild|ner; Mas|ken|bild|ne|rin**

mas|ken|haft

Mas|ken|kos|tüm

Mas|ken|spiel; Mas|ken|trei|ben; Mas|ken|ver|leih; Mas|ken|zug

Mas|ke|ra|de, die; -, -n ‹span.› (Verkleidung; Maskenfest; Mummenschanz)

mas|kie|ren ‹franz.› ([mit einer Maske] unkenntlich machen; verkleiden; verbergen); sich maskieren; **Mas|kie|rung**

Mas|kott|chen ‹franz.› (Glück bringender Talisman, Anhänger; Puppe u. a. [als Amulett])

Mas|kot|te, die; -, -n (*svw.* Maskottchen)

mas|ku|lin [*auch* ...'li:n] ‹lat.› (männlich); **mas|ku|li|nisch** (*älter für* maskulin)

Mas|ku|li|num, das; -s, ...na (*Sprachwiss.* m. Substantiv, z. B. »der Wagen«; *nur Sing.:* m. Geschlecht)

Ma|so|chis|mus, der; - ‹nach dem österr. Schriftsteller L. v. Sacher-Masoch› (geschlechtl. Erregung durch Erdulden von Misshandlungen)

Ma|so|chist, der; -en, -en; **Ma|so|chis|tin; ma|so|chis|tisch**

Ma|so|wi|en (Region u. Woiwodschaft in Polen)

maß *vgl.* messen

[1]**Maß**

das; -es, -e ‹*zu* messen›

Getrennt- oder Zusammenschreibung:

- maßhalten *od.* Maß halten
- er hält maß *od.* Maß
- dass sie maßhält *od.* Maß hält
- sie haben maßgehalten *od.* Maß gehalten
- um maßzuhalten *od.* Maß zu halten
- eine maßhaltende *od.* Maß haltende Forderung ↑K58

Getrenntschreibung:

- Maß nehmen; er nimmt Maß; dass sie Maß nimmt; sie haben Maß genommen; um Maß zu nehmen
- *aber* ↑K82: das Maßhalten, das Maßnehmen

[2]**Maß,** die; -, -[e], **Mass,** die; -, -[en] (*bayr. u. österr.* ein Flüssigkeitsmaß); 2 Maß *od.* Mass Bier

Mas|sa|chu|setts [mɛsə'tʃu:sɛts] (Staat in den USA; *Abk.* MA)

Mas|sa|ge [...ʒə], die; -, -n ‹franz.› (Heilbehandlung durch Streichen, Kneten usw. des Körpergewebes)

Mas|sa|ge|in|s|ti|tut; Mas|sa|ge|salon; Mas|sa|ge|stab

Mas|sai [*auch* 'ma...], der *u.* die; -, - (Angehörige[r] eines Nomadenvolkes in Ostafrika)

Mas|sa|ker, das; -s, - ‹franz.› (Gemetzel)

mas|sa|k|rie|ren (niedermetzeln); **Mas|sa|k|rie|rung**

Maß|ana|ly|se (*Chemie*); **maß|ana|ly|tisch**

Maß|an|ga|be; Maß|an|zug; Maß|arbeit

Maß|band, das; *Plur.* ...bänder

Maß|be|zeich|nung

Mäß|chen (altes Hohlmaß)

Mas|se, die; -, -n; die kritische Masse (*bes. fachspr.* Größenordnung, die bei Über- *od.* Unterschreitung entscheidende Bedeutung bekommt)

Ma|ße, die; -, -n (*veraltet für* Mäßigkeit; Art u. Weise); *noch in* in, mit, ohne Maßen; über die/alle Maßen

Mas|se|gläu|bi|ger (*Wirtsch.*); **Mas|se|gläu|bi|ge|rin**

Maß|ein|heit; Maß|ein|tei|lung

[1]**Mas|sel,** der, österr. das; -s ‹hebr.-jidd.› (*ugs. für* Glück); *vgl.* Masel

[2]**Mas|sel,** die; -, -n (Form für Roheisen; Roheisenbarren)

mas|se|los; masselose Elementarteilchen

ma|ßen (*veraltet für* weil)

Ma|ßen (*Plur. von* Maße)

...ma|ßen (z. B. einigermaßen)

Mas|sen|ab|fer|ti|gung; Mas|sen|absatz; Mas|sen|an|drang; Mas|senar|beits|lo|sig|keit; Mas|sen|ar|tikel; Mas|sen|auf|ge|bot

Mas|sen|be|darf; Mas|sen|be|darfsar|ti|kel; Mas|sen|be|we|gung

Mas|sen|blatt (*abwertend für* [Boulevard]zeitung mit hoher Auflage)

Mas|sen|de|mons|t|ra|ti|on; Massen|ent|las|sung; Mas|sen|fa|b|rika|ti|on

Mas|sen|fach (sehr beliebtes, oft überlaufenes Studienfach)

Mas|sen|ge|schmack; Mas|sen|gesell|schaft (*Soziol.*); **Mas|sen|grab**

mas|sen|haft

Mas|sen|hin|rich|tung; Mas|sen|hyste|rie; Mas|sen|ka|ram|bo|la|ge; Mas|sen|kund|ge|bung

mas|sen|me|di|al; Mas|sen|me|di|um *meist Plur.*

Mas|sen|mord; Mas|sen|mör|der; Mas|sen|mör|de|rin

Mas|sen|or|ga|ni|sa|ti|on; Mas|senpro|duk|ti|on; Mas|sen|psy|chose; Mas|sen|quar|tier; Mas|senschlä|ge|rei

Mas|sen|spei|cher (*EDV*)

Mas|sen|sport

Mas|sen|start (*Sport*)

Mas|sen|ster|ben; Mas|sen|tier|haltung; Mas|sen|tou|ris|mus; Massen|ver|an|stal|tung; Mas|sen|verkehrs|mit|tel

Mas|sen|ver|nich|tungs|waf|fe *meist Plur.*

Mas|sen|wa|re (*oft abwertend*)

mas|sen|wei|se

Mas|se|schul|den *Plur.* (*Wirtsch.*)

Mas|set|te, die; -, -n (*österr. für* Eintrittskartenblock)

Mas|seur [...'sø:ɐ̯], der; -s, -e ‹franz.› (die Massage Ausübender); **Mas|seu|rin** (Berufsbez.); **Mas|seu|se** [...'sø:...], die; -, -n

Mas|se|ver|wal|ter (*österr. Rechtsspr. für* Konkursverwalter); **Mas|se|ver|wal|te|rin**

Maß|ga|be (*Amtsspr.* Bestim-

M
Maßg

Mas|ter

der; -s, - ‹engl., »Meister«›
(formelle engl. Anrede für einen Jungen, der noch nicht alt genug ist, um mit »Mister« angesprochen zu werden; akadem. Grad; Leiter bei Parforcejagden)
Im deutschsprachigen Raum vergebene Mastergrade und die zugehörigen Abkürzungen in Auswahl:

- Master of Advanced Studies [- - ət'va:ntst 'stadi:s] (Abschluss eines in unterschiedlichen Fachgebieten angebotenen Aufbaustudiengangs; *Abk.* MAS, z. B. Sophie Berger MAS)
- Master of Arts [- - 'a:ɐ̯ts] (Abschluss in den Geistes-, Sozial- od. Wirtschaftswissenschaften; *Abk.* M. A.)
- Master of Business Administration [- - 'bɪznɪs ɛtmɪnɪs'tre:ʃn̩] (Abschluss eines Aufbaustudiengangs für Manager; *Abk.* MBA)
- Master of Business and Engineering [- - 'bɪznɪs ɛnt ɛndʒi'ni:rɪŋ] (Abschluss eines Aufbaustudiengangs zur Verbindung wirtschaftlicher u. technischer Kenntnisse; *Abk.* MBE)
- Master of Business Law [- - 'bɪznɪs 'lɔ:] (Abschluss eines Aufbaustudiengangs in Wirtschaftsrecht; *Abk.* M. B. L.)
- Master of Education [- - ɛdju'ke:ʃn̩] (Abschluss für das Grund-, Haupt- u. Realschullehramt; *Abk.* M. Ed.)
- Master of Engineering [- - ɛndʒi'ni:rɪŋ] (Abschluss in den Ingenieurwissenschaften; *Abk.* M. Eng.)
- Master in/of European Studies [- - juro'pi:ən 'stadi:s] (Abschluss eines interdisziplinären Aufbaustudiengangs mit besonderem Bezug zur EU; *Abk.* M. E. S.)
- Master of International Business [- - ɪntɐ'nɛʃənl̩ 'bɪznɪs] (Abschluss eines Aufbaustudiengangs für internationales Management; *Abk.* MIB)
- Master of Laws [- - 'lɔ:s] (Abschluss eines rechtswissenschaftlichen Aufbaustudiengangs; *Abk.* LL. M.)
- Master in Psychoanalytic Observational Studies [- - sai̯ko|ɛnə'lɪtɪk ɔpzə've:ʃənl̩'stadi:s] (Abschluss eines Aufbaustudiengangs in psychoanalytischer Pädagogik; *Abk.* MPOS)
- Master of Public Health [- - 'pablɪk 'hɛlθ] (Abschluss eines Aufbaustudiengangs in den Gesundheitswissenschaften; *Abk.* MPH)
- Master of Science [- - 'sai̯əns] (Abschluss in den Natur-, Ingenieur- od. Wirtschaftswissenschaften; *Abk.* M. Sc.)

mung); mit der Maßgabe; nach Maßgabe (entsprechend)
maß|ge|bend
maß|geb|lich
maß|ge|fer|tigt; ein maßgefertigter Anzug, *aber* ein nach Maß gefertigter Anzug
maß|ge|recht; maß|ge|schnei|dert
maß|hal|ten, Maß hal|ten *vgl.* [1]Maß
maß|hal|tend, Maß hal|tend *vgl.* [1]Maß
maß|hal|tig (*Technik* das Maß einhaltend); **Maß|hal|tig|keit,** die; -
Maß|hol|der, der; -s, - (Feldahorn)
[1]**mas|sie|ren** ‹franz.› (durch Massage behandeln, kneten)
[2]**mas|sie|ren** ‹franz.› (Truppen zusammenziehen; verstärken, intensivieren); **Mas|sie|rung**
mas|sig
mä|ßig
...mä|ßig (z. B. behelfsmäßig)
mä|ßi|gen; sich mäßigen
Mas|sig|keit, die; -
Mä|ßig|keit, die; -; **Mä|ßi|gung**
mas|siv ‹franz.› (schwer; voll [nicht hohl]; fest; roh, grob); ich musste erst massiv werden *od.* massivwerden (deutlich drohen, ausfallend werden)
Mas|siv, das; -s, -e (Gebirgsstock)
Mas|siv|bau *Plur.* ...bauten; **Mas|siv|bau|wei|se**
Mas|si|vi|tät, die; -
Maß|kon|fek|ti|on; Maß|krug
maß|lei|dig (*südd. für* verdrossen)
Maß|lieb, das; -[e]s, -e ‹niederl.› (eine Blume); **Maß|lieb|chen**
maß|los; Maß|lo|sig|keit
Maß|nah|me, die; -, -n; **Maß|nah|men|ka|ta|log; Maß|nah|men|pa|ket**
Maß|neh|men, das; -s (*vgl.* [1]Maß)
Mas|so|ra, die; - ‹hebr.› ([jüd.] Textkritik des A. T.)
Mas|so|ret, der; -en, -en (mit der Massora beschäftigter jüd. Schriftgelehrter u. Textkritiker); **mas|so|re|tisch**
Maß|re|gel
maß|re|geln; ich maßreg[e]le; gemaßregelt; zu maßregeln
Maß|re|ge|lung, Maß|reg|lung
Maß|re|gel|voll|zug (*Amtsspr.* eine Form des Strafvollzuges)
Maß|sa|chen *Plur.* (*ugs.*)
Maß|schnei|der; Maß|schnei|de|rin
Maß|stab; maß|stäb|lich
maß|stab[s]|ge|recht
maß|stab[s]|ge|treu
maß|voll
Maß|werk, das; -[e]s (Ornament an gotischen Bauwerken)
[1]**Mast,** der; -[e]s, *Plur.* -en, *auch* -e (Mastbaum)
[2]**Mast,** die; -, -en (Mästung)
Mas|ta|ba, die; -, *Plur.* -s *u.* ...taben ‹arab.› (altägypt. Grabbau)
Mast|baum
Mast|darm; Mast|darm|fis|tel
mäs|ten
Mast|en|te
...mas|ter (z. B. Dreimaster)
Mas|ter *s. Kasten*
Mäs|ter
Mas|ter|ab|schluss
Mas|ter|ab|sol|vent; Mas|ter|ab|sol|ven|tin
Mas|te|rand, der; -en, -en (Student, der sich auf den Masterabschluss vorbereitet); **Mas|te|ran|din; Mas|ter|ar|beit**
Mäs|te|rei
Mas|ter|grad, der
Mas|te|rin
Mäs|te|rin
Mas|ter|plan ‹engl.› (umfassender, übergeordneter Plan)
Mas|ter|pro|gramm (Masterstudiengang; Angebot an Masterstudiengängen)
Mas|ter|stu|die (*Fachspr.* Auswertung mehrerer [fremder] Untersuchungen zu einem bestimmten Thema)
Mas|ter|stu|di|en|gang (auf dem

Bachelorabschluss aufbauender Studiengang, der mit dem Mastergrad abschließt); **Mas|ter|stu|di|um**
Mast|fut|ter *vgl.* [1]Futter
Mast|gans; Mast|huhn
Mas|tiff, der; -s, -s ‹engl.› (eine Hunderasse)
mas|tig (*landsch. für* fett, feist; *auch für* feucht [von Wiesen])
Mas|ti|ka|tor, der; -s, ...oren ‹lat.› (Knetmaschine)
Mas|tix, der; -[es] (ein Harz)
Mast|korb
Mast|kur; Mast|och|se
Mas|t|o|don, das; -s, ...donten ‹griech.› (ausgestorbene Elefantenart)
Mast|schwein
Mast|spit|ze
Mäs|tung
Mas|tur|ba|ti|on, die; -, -en ‹lat.› (geschlechtliche Selbstbefriedigung); **mas|tur|ba|to|risch**
mas|tur|bie|ren
Mast|vieh
Ma|su|re, der; -n, -n (Bewohner Masurens)
Ma|su|ren (Landschaft im ehem. Ostpreußen)
Ma|su|rin; ma|su|risch; *aber* ↑K 140: die Masurischen Seen
Ma|sur|ka *vgl.* Mazurka
Ma|sut, das; -[e]s ‹russ.› (Erdölrückstand, der zum Heizen von Kesseln verwendet wird)
Ma|ta|dor, der; *Gen.* -s, *auch* -en, *Plur.* -e, *auch* -en ‹span.› (Hauptkämpfer im Stierkampf; Hauptperson); **Ma|ta|do|rin**
Match [mɛtʃ, *schweiz. auch* matʃ], das, *schweiz.* der; -[e]s, *Plur.* -[e]s, *auch* -e ‹engl.› (Wettkampf, -spiel)
Match|ball (*Sport* spielentscheidender Ball [Aufschlag])
Match|beu|tel (über die Schulter getragener, größerer Beutel); **Match|sack**
Match|stra|fe (*Eishockey* Feldverweis für die gesamte Spieldauer)
Match|win|ner, der; -s, - (*Sport* Gewinner eines Matchs); **Match|win|ne|rin**
[1]**Ma|te,** der; - ‹indian.› (ein Tee)
[2]**Ma|te,** die; -, -n (südamerik. Stechpalmengewächs, Teepflanze)
Ma|te|baum; Ma|te|blatt
Ma|ter, die; -, -n ‹lat.› (*Druckw.* Papptafel mit negativer Prägung eines Schriftsatzes; Matrize; *Med.* die das Hirn einhüllende Haut)
Ma|ter do|lo|ro|sa, die; - - ‹»schmerzensreiche Mutter«› (*christl. Rel.* Beiname Marias, der Mutter Jesu)
ma|te|ri|al ‹lat.› (stofflich, inhaltlich, sachlich); materiale Ethik
Ma|te|ri|al, das; -s, -ien
Ma|te|ri|al|aus|ga|be; Ma|te|ri|al|be|darf; Ma|te|ri|al|be|schaf|fung; Ma|te|ri|al|ein|spa|rung
Ma|te|ri|al|er|mü|dung *(Technik);* **Ma|te|ri|al|feh|ler**
Ma|te|ri|a|li|sa|ti|on, die; -, -en (Verkörperung, Verstofflichung; *Physik* Umwandlung von Energie in materielle Teilchen; *Parapsychologie* Entwicklung körperhafter Gebilde in Abhängigkeit von einem Medium); **ma|te|ri|a|li|sie|ren**
Ma|te|ri|a|lis|mus, der; - (philos. Anschauung, die alles Wirkliche auf Kräfte od. Bedingungen der Materie zurückführt; auf Besitz u. Gewinn ausgerichtete Haltung)
Ma|te|ri|a|list, der; -en, -en; **Ma|te|ri|a|lis|tin; ma|te|ri|a|lis|tisch**
Ma|te|ri|al|kos|ten *Plur.;* **Ma|te|ri|al|man|gel,** der; **Ma|te|ri|al|prü|fung; Ma|te|ri|al|samm|lung**
Ma|te|ri|al|schlacht
Ma|te|rie, die; -, -n (Stoff; Inhalt; Gegenstand [einer Untersuchung]; *Philos., nur Sing.:* Urstoff; die außerhalb unseres Bewusstseins vorhandene Wirklichkeit)
ma|te|ri|ell ‹franz.› (stofflich; wirtschaftlich, finanziell; auf den eigenen Nutzen bedacht)
[1]**ma|tern** ‹lat.› (*Druckw.* von einem Satz Matern herstellen); ich matere
[2]**ma|tern** (*Med.* mütterlich)
Ma|ter|ni|tät, die; - (*Med.* Mutterschaft)
Ma|te|tee
Math. = Mathematik
Ma|the, die; - *meist ohne Artikel* (*Schülerspr.* Mathematik)
Ma|the|ma|tik [*österr.* ...ˈma...], die; - ‹griech.› (Wissenschaft von den Raum- u. Zahlengrößen; *Abk.* Math.); **Ma|the|ma|ti|ker; Ma|the|ma|ti|ke|rin**
ma|the|ma|tisch [*österr.* ...ˈma...]; mathematischer Zweig; **ma|the|ma|ti|sie|ren**
Mat|hil|de (w. Vorn.)
Ma|ti|nee [*auch* ˈma...], die; -, ...een ‹franz.› (am Vormittag stattfindende künstlerische Veranstaltung)
Ma|tisse [...ˈtɪs] (franz. Maler); Matisse' Werke
Mat|jes|he|ring ‹niederl.; dt.› (junger Hering)
Ma|to Gros|so [ˈma(:)tu ˈgro(:)su] (Bundesstaat in Brasilien)
Ma|t|rat|ze, die; -, -n (Bettpolster); **Ma|t|rat|zen|la|ger**
Mä|t|res|se, die; -, -n ‹franz.› (*früher für* Geliebte [eines Fürsten]); **Mä|t|res|sen|wirt|schaft,** die; -
ma|t|ri|ar|cha|lisch ‹lat.; griech.› (das Matriarchat betreffend); **Ma|t|ri|ar|chat,** das; -[e]s, -e *Plur. selten* (Mutterherrschaft); **Ma|t|ri|ar|chin**
Ma|t|rik, die; -, -en ‹lat.› (*österr. neben* Matrikel)
Ma|t|ri|kel [*auch, österr. nur* maˈtrɪkl̩], die; -, -n ‹lat.› (Verzeichnis; *österr. für* Personenstandsregister)
Ma|t|ri|osch|ka *vgl.* Matroschka
Ma|t|rix, die; -, *Plur.* Matrizes, Matrices *u.* Matrizen (*Math.* rechteckiges Schema von Zahlen, für das bestimmte Rechenregeln gelten; *EDV* System zur Darstellung zusammengehörender Einzelfaktoren; *Med.* Keimschicht)
Ma|t|ri|ze, die; -, -n ‹franz.› (*Druckw.* Hohlform bei der Setzmaschine [zur Aufnahme der Patrize]; die von einem Druckstock zur Anfertigung eines Galvanos hergestellte [Wachs]form); **Ma|t|ri|zen|rand**
Ma|tr|josch|ka *vgl.* Matroschka
Ma|t|ro|ne, die; -, -n ‹lat.› (ältere, ehrwürdige Frau, Greisin; *abwertend für* [ältere] korpulente Frau); **ma|t|ro|nen|haft**
Ma|t|ro|sch|ka, *seltener auch* Ma|t|ri|osch|ka, Ma|tr|josch|ka, die; -, -s ‹russ.› (Holzpuppe mit ineinandergesetzten kleineren Puppen)
Ma|t|ro|se, der; -n, -n ‹niederl.›
Ma|t|ro|sen|an|zug; Ma|t|ro|sen|kra|gen; Ma|t|ro|sen|müt|ze; Ma|t|ro|sen|uni|form; Ma|t|ro|sin
matsch ‹ital.› (*ugs. für* schlapp, erschöpft); matsch sein
[1]**Matsch,** der; -[e]s, -e (gänzlicher Verlust beim Kartenspiel)
[2]**Matsch,** der; -[e]s (*ugs. für* breiiger Schmutz, nasse Erde)
mat|schen *(ugs.);* du matschst; **mat|schig** *(ugs.)*

M
mats

matsch|kern (*österr. ugs. für* schimpfen, kritisieren; [Tabak] kauen)
Matsch-und-Schnee-Rei|fen ↑K28 (*Abk.* M-und-S-Reifen)
Matsch|wet|ter
matt ⟨arab.⟩ (schwach; glanzlos); jmdn. matt setzen *od.* mattsetzen (im Schach; *vgl. aber* mattsetzen); Schach und matt!; mattblau u. a.; ein Auto in Blaumatt *od.* in Blau matt, in Mattblau *od.* in matt Blau
Matt, das; -s, -s
Mat|tä|us *vgl.* Matthäus
[1]**Mat|te,** die; -, -n (Decke, Unterlage; Bodenbelag)
[2]**Mat|te,** die; -, -n (*geh. für* Weide [in den Hochalpen]; *schweiz. für* Wiese)
[3]**Mat|te,** die; - (*mitteld. für* Quark)
Mat|ter|horn, das; -[e]s (Berg in den Walliser Alpen)
Matt|glas *Plur.* ...gläser
Matt|gold; matt|gol|den
Mat|thä|us, *ökum.* **Mat|tä|us** (Apostel u. Evangelist); Evangelium Matthäi (des Matthäus); bei jmdm. ist Matthäi am Letzten ⟨mit Bezug auf das letzte Kapitel des Matthäusevangeliums⟩ (*ugs. für* jmd. ist finanziell am Ende)
Mat|thä|us|pas|si|on (Vertonung der Leidensgeschichte Christi nach Matthäus)
Matt|heit, die; -
matt|her|zig
[1]**Mat|thi|as** (m. Vorn.)
[2]**Mat|thi|as,** *ökum.* **Mat|ti|as** (bibl. m. Eigenn.)
mat|tie|ren ⟨franz.⟩ (matt, glanzlos machen); **Mat|tie|rung**
Mat|tig|keit, die; -
Matt|schei|be; [eine] Mattscheibe haben (*übertr. ugs. für* begriffsstutzig, benommen sein)
matt|set|zen (als Gegner ausschalten); *vgl. aber* matt
Ma|tur, die; - ⟨lat.⟩ (*schweiz. für* Reifeprüfung); **Ma|tu|ra,** die; - (*österr. u. schweiz. für* Reifeprüfung)
Ma|tu|rand, der; -en, -en (*schweiz. für* Abiturient); **Ma|tu|ran|din**
Ma|tu|rant, der; -en, -en (*österr. für* Abiturient); **Ma|tu|ran|tin**
Ma|tu|ra|zeug|nis (*österr.*)
ma|tu|rie|ren (*österr. für* die Reifeprüfung ablegen)
Ma|tu|ri|tas prae|cox, die; - - (*Med., Psychol.* [sexuelle] Frühreife)
Ma|tu|ri|tät, die; - (*schweiz. für* Hochschulreife); **Ma|tu|ri|täts|prü|fung; Ma|tu|ri|täts|zeug|nis**
Ma|tu|tin, die; -, -e[n] ⟨lat.⟩ (nächtliches Stundengebet)
Matz, der; -es, *Plur.* -e *u.* Mätze (*scherzh.); meist in Zusammensetzungen,* z. B. Hosenmatz
Mätz|chen; Mätzchen machen (*ugs. für* Ausflüchte machen, sich sträuben)
Mat|ze, die; -, -n ⟨hebr.⟩ (ungesäuertes Passahbrot der Juden); **Mat|zen,** der; -s, - ⟨hebr.⟩
mau (*ugs. für* schlecht; dürftig); das ist mau; mir ist mau; die Geschäfte gehen mau; ein maues Gefühl
Maud [mo:t] (w. Vorn.)
Mau|er, die; -, -n; **Mau|er|ar|beit,** Mau|rer|ar|beit
Mau|er|as|sel
Mau|er|bau, der; -[e]s (der Bau der Berliner Mauer [1961])
Mau|er|blüm|chen (*ugs. für* Person od. Sache, der wenig Beachtung zuteilwird)
Mäu|er|chen
Mau|e|rei, Mau|re|rei, die; - (das Mauern)
Mau|er|fall, der; -[e]s (Öffnung u. Abbau der Berliner Mauer)
Mau|er|ha|ken
Mau|er|kel|le, Mau|rer|kel|le
Mau|er|kro|ne; Mau|er|loch
Mau|er|meis|ter, Mau|rer|meis|ter; **Mau|er|meis|te|rin,** Mau|rer|meis|te|rin
mau|ern; ich mau[e]re
Mau|er|po|lier, Mau|rer|po|lier (Vorarbeiter)
Mau|er|rest; Mau|er|rit|ze
Mau|er|schau (*für* Teichoskopie)
Mau|er|seg|ler (ein Vogel)
Mau|er|specht (*ugs. für* jmd., der Stücke aus der Berliner Mauer [als Souvenirs] herausbricht)
Mau|e|rung
Mau|er|vor|sprung; Mau|er|werk
Maugham [mɔ:m] (engl. Schriftsteller)
Mau|ke, die; -, -n (eine Hauterkrankung bei Tieren; *landsch. ugs. für* Fuß)
Maul, das; -[e]s, Mäuler
Maul|af|fen *Plur.; meist in* Maulaffen feilhalten (*ugs. für* gaffend, untätig herumstehen)
Maul|beer|baum; Maul|bee|re; Maul|beer|sei|den|spin|ner
Maul|bronn (Stadt in Baden-Württemberg)
Mäul|chen (kleiner Mund)
mau|len (*ugs. für* murren, widersprechen)
Maul|esel (Kreuzung aus Pferdehengst u. Eselstute)
maul|faul (*ugs.*)
Maul|held (*ugs.*); **Maul|hel|din** (*ugs.*)
Maul|korb; Maul|korb|er|lass (*ugs.*)
Maul|schel|le (*landsch.*)
Maul|schlüs|sel (nach einer Seite offener Schraubenschlüssel für eckige Schrauben u. Muttern)
Maul|sper|re (*ugs.*)
Maul|ta|sche *meist Plur.* (schwäb. Pastetchen aus Nudelteig)
Maul|tier (Kreuzung aus Eselhengst u. Pferdestute)
Maul|trom|mel (ein Musikinstrument)
Maul- und Klau|en|seu|che *Plur. selten* (*Abk.* MKS)
Maul|werk (*ugs.*)
Maul|wurf, der; -[e]s, ...würfe (*auch für* Spion)
Maul|wurfs|gril|le; Maul|wurfs|hau|fen; Maul|wurfs|hü|gel
[1]**Mau-Mau** *Plur.* ⟨afrik.⟩ (Geheimbund in Kenia)
[2]**Mau-Mau,** das; -[s] (ein Kartenspiel)
maun|zen (*ugs. für* weinerlich sein, klägliche Laute von sich geben); du maunzt
Mau|pas|sant [mopaˈsãː] (franz. Schriftsteller)
Mau|re, der; -n, -n (Angehöriger eines nordafrik. Mischvolkes)
Mau|rer; Mau|rer|ar|beit, Mau|er|ar|beit
Mau|re|rei, Mau|e|rei, die; -
Mau|rer|ge|sel|le; Mau|rer|hand|werk, das; -[e]s
Mau|re|rin
mau|re|risch (freimaurerisch); *aber* ↑K150: Maurerische Trauermusik (Orchesterstück von W. A. Mozart)
Mau|rer|kel|le, Mau|er|kel|le
Mau|rer|meis|ter, Mau|er|meis|ter; **Mau|rer|meis|te|rin,** Mau|er|meis|te|rin
Mau|rer|po|lier, Mau|er|po|lier; **Mau|rer|po|lie|rin**
Mau|rer|zunft
Mau|res|ke *vgl.* Moreske
Mau|re|ta|ni|en (im Altertum Name Marokkos; *heute* selbstständiger Staat in Afrika)
Mau|re|ta|ni|er; Mau|re|ta|ni|e|rin; mau|re|ta|nisch
Mau|rice [moˈriːs] (m. Vorn.)
Mau|rin ⟨*zu* Maure⟩
Mau|ri|ner, der; -s, - ⟨nach dem hl.

M
mats

Patron Maurus⟩ (Angehöriger einer Kongregation der Benediktiner im 17./18. Jh.)

mau|risch (die Mauren betreffend); maurischer Bau, Stil

Mau|ri|ti|er (Bewohner von [1]Mauritius); **Mau|ri|ti|e|rin**

mau|ri|tisch, mau|ri|zisch

[1]**Mau|ri|ti|us** (Insel[staat] im Ind. Ozean); die blaue Mauritius (eine Briefmarke der Insel Mauritius aus dem Jahre 1847)

[2]**Mau|ri|ti|us** ⟨lat.⟩ (ein Heiliger)

mau|ri|zisch *vgl.* mauritisch

Maus, die; -, Mäuse

Mau|schel|be|te, die; -, -n ⟨jidd.; franz.⟩ (*Kartenspiel* doppelter Strafsatz beim Mauscheln)

Mau|sche|lei ⟨hebr.-jidd.⟩ ([heimliches] Aushandeln von Vorteilen, Geschäften)

mau|scheln (jiddisch sprechen; [heimlich] Vorteile aushandeln, Geschäfte machen; *übertr. für* unverständlich sprechen; Mauscheln spielen); ich mausch[e]le

Mau|scheln, das; -s (ein Kartenglücksspiel)

Mäus|chen; mäus|chen|still

Mäu|se|bus|sard

Mau|se|fal|le, *seltener* **Mäu|se|fal|le**

Mäu|se|fraß; Mäu|se|gift, das

mäu|seln (*Jägerspr.* das Pfeifen der Mäuse nachahmen); ich mäus[e]le

Mau|se|loch, *seltener* **Mäu|se|loch**

mau|sen (*ugs. scherzh. für* stehlen; *landsch. für* Mäuse fangen); du maust; er maus|te

Mäu|se|nest; Mäu|se|pla|ge

[1]**Mau|ser,** die; - ⟨lat.⟩ (jährlicher Wechsel der Federn bei Vögeln)

[2]**Mau|ser**® (*kurz für* Mauserpistole)

Mau|se|rei (*ugs. scherzh. für* Stehlerei)

Mäu|se|rich, der; -s, -e (m. Maus)

mau|sern; ich mausere mich

Mau|ser|pis|to|le ↑K136 ⟨nach den dt. Konstrukteuren Paul u. Wilhelm v. Mauser⟩ (Selbstladepistole)

Mau|se|rung

mau|se|tot, *österr. auch* mau|s|tot *(ugs.);* mausetot, *österr. auch* maustot schlagen

Mäu|se|turm, der; -[e]s (Turm auf einer Rheininsel bei Bingen)

maus|far|ben, maus|far|big; maus|grau

Mau|si (*fam.* Kosewort)

mau|sig; mau|sig|ma|chen, sich (*ugs. für* frech, vorlaut sein)

Maus|klick (*EDV* Betätigen der Maustaste)

Mau|so|le|um, das; -s, ...een ⟨griech.; nach dem König Mausolos⟩ (monumentales Grabmal)

Maus|pad [...pɛt] ⟨dt.; engl.⟩, Mouse|pad [ˈmauspɛt], das; -s, -s ⟨engl.⟩ (*EDV* Unterlage, auf der die Computermaus bewegt wird); **Maus|tas|te** (*EDV* Taste der Computermaus)

maus|tot (*österr. ugs. neben* mausetot)

Maus|zei|ger (*EDV* mit der Computermaus zu bewegender Pfeil auf dem Monitor)

Maut, die; -, -en (Gebühr für Straßen- u. Brückenbenutzung; *veraltet für* Zoll)

Maut|box (Bordgerät zur elektronischen Erfassung der Autobahnmaut)

Maut|brü|cke (brückenähnliche Konstruktion über Autobahnen, mit deren Hilfe die Bezahlung der Maut kontrolliert wird)

Maut|ge|bühr

Maut|hau|sen (Ort in Oberösterreich; ehem. Konzentrationslager)

Maut|in|kas|so *(österr.)*

Maut|ner, der; -s, - (*österr. früher für* Zöllner, *heute für* Mautkassierer); **Maut|ne|rin**

maut|pflich|tig

Maut|prel|ler (jmd., der eine vorgeschriebene Maut nicht bezahlt); **Maut|prel|le|rin**

Maut|sta|ti|on; Maut|stel|le; Maut|stra|ße (*bes. österr. für* Straße, die nur gegen Gebühr befahren werden darf); **Maut|sys|tem; Maut|ter|mi|nal** (zur bargeldlosen Bezahlung der Maut)

mauve [mo:v, *auch* mo:f] ⟨franz.⟩ (malvenfarbig); ein mauve Kleid; *vgl. auch* beige; in Mauve ↑K72; **mauve|far|ben, mauve|far|big**

Mau|ve|in [moveˈi:n], das; -s (ein Anilinfarbstoff)

mau|zen (*svw.* maunzen); du mauzt

m. a. W. = mit ander[e]n Worten

Max (m. Vorn.); **Mäx|chen**

Ma|xen|ti|us (röm. Kaiser)

ma|xi (*Mode* knöchellang); der Rock ist maxi

[1]**Ma|xi,** das; -s, -s (*ugs. für* Maxikleid; *meist ohne Artikel, nur Sing.:* knöchellange Kleidung); Maxi tragen

[2]**Ma|xi,** der; -s, -s (*ugs. für* Maxirock, -mantel usw.)

Ma|xi... (bis zu den Knöcheln reichend, z. B. Maxirock)

Ma|xi-CD, die (CD mit nur einem od. nur wenigen Titeln bes. der Popmusik)

Ma|xil|la, die; -, ...llae ⟨lat.⟩ (*Med.* Oberkiefer); **ma|xil|lar**

Ma|xi|ma (*Plur. von* Maximum)

ma|xi|mal ⟨lat.⟩ (sehr groß, größt..., höchst...)

Ma|xi|mal|be|las|tung; Ma|xi|mal|be|trag; Ma|xi|mal|for|de|rung; Ma|xi|mal|ge|schwin|dig|keit; Ma|xi|mal|hö|he

Ma|xi|mal|leis|tung; Ma|xi|mal|pro|fit; Ma|xi|mal|stra|fe; Ma|xi|mal|wert

Ma|xi|me, die; -, -n (allgemeiner Grundsatz, Hauptgrundsatz)

ma|xi|mie|ren (maximal machen); **Ma|xi|mie|rung**

Ma|xi|mi|li|an (m. Vorn.)

Ma|xi|mum, das; -s, ...ma (Höchstwert, -maß); barometrisches Maximum (*Meteorol.* Hoch)

Ma|xi|sin|g|le, die ([2]Single von der Größe einer LP für längere Stücke der Popmusik; *auch für* Maxi-CD)

Max-Planck-Ge|sell|schaft, die; - (*kurz für* Max-Planck-Gesellschaft zur Förderung der Wissenschaften)

Max-Planck-In|s|ti|tut, das; -[e]s, -e

Max-Planck-Me|dail|le, die; -, -n (seit 1929 für besondere Verdienste um die theoretische Physik verliehen)

Max|well [ˈmɛksvɛl] (engl. Physiker)

May (dt. Schriftsteller)

[1]**Ma|ya,** der; -[s], -[s] (Angehöriger eines indian. Kulturvolkes in Mittelamerika)

[2]**Ma|ya,** die; -, -[s] (w. Form zu [1]Maya); **Ma|ya|kul|tur,** die; -

May|day [ˈme:de:] ⟨engl.⟩ (internationaler Notruf im Funksprechverkehr)

Ma|yo, die; -, -s (*ugs.; kurz für* Mayonnaise)

Ma|yon|nai|se [majɔˈnɛ:zə, majo..., *österr.* majɔˈnɛ:s], Ma|jo|nä|se, die; -, -n ⟨franz.; nach der Stadt Mahón auf Menorca⟩ (kalte, dicke Soße aus Eigelb u. Öl)

Ma|y|or [me:ɐ̯], der; -s, -s ⟨engl.⟩ (Bürgermeister in England u. in den USA); *vgl.* Lord Mayor

May|rö|cker (österr. Schriftstellerin)

MAZ, die; - = magnetische Bildaufzeichnung
Maz|daz|nan [masdas...], das, *auch* der; -s (von O. Hanish begründete, auf der Lehre Zarathustras fußende religiöse Heilsbewegung)
[1]**Ma|ze|do|ni|en** (Balkanlandschaft)
[2]**Ma|ze|do|ni|en** (Bez. für die ehemalige jugoslawische Republik)
Ma|ze|do|ni|er; Ma|ze|do|ni|e|rin; ma|ze|do|nisch
Mä|zen, der; -s, -e ⟨lat.; nach dem Römer Maecenas⟩ (Kunstfreund; freigebiger Gönner)
Mä|ze|na|ten|tum, das; -s; **mä|ze|na|tisch**
Mä|ze|nin
Ma|ze|rat, das; -[e]s, -e ⟨lat.⟩ (Auszug aus Kräutern od. Gewürzen)
Ma|ze|ra|ti|on, die; -, -en ⟨lat.⟩ (*Med.* Aufweichung von Gewebe durch Flüssigkeit)
ma|ze|rie|ren
Ma|zis, der; - ⟨franz.⟩, **Ma|zis|blü|te,** die; -, -n (getrocknete Samenhülle des Muskatnussbaumes [als Gewürz u. Heilmittel verwendet])
Ma|zur|ka [maˈzʊrka], Ma|sur|ka, die; -, *Plur.* ...ken *u.* -s ⟨poln.⟩ (poln. Nationaltanz)
Maz|zi|ni (ital. Politiker u. Freiheitskämpfer)
mb = Millibar
MB = Megabyte
MBA [ɛmbiːˈ|eː] = Master of Business Administration; *vgl.* Master
Mba|ba|ne (Hauptstadt von Swasiland)
mbH = mit beschränkter Haftung
Mbit, MBit = Megabit
M. B. L. = Master of Business Law; *vgl.* Master
Mbyte, MByte = Megabyte
m. c. = mensis currentis, *dafür besser* laufenden Monats (lfd. M.)
Mc, M' = Mac
MC, die; -, -[s] ⟨engl.⟩ = musicassette (Musikkassette)
Mc|Car|thy|is|mus [məkaːɐ̯θi...], der; - ⟨nach dem amerik. Politiker McCarthy⟩ (zu Beginn der 50er-Jahre in den USA betriebene Verfolgung von Kommunisten u. Linksintellektuellen)
Mc-Job [mɛkˈdʒɔp], der; -s, -s ⟨engl.⟩ (*ugs. für* schlecht bezahlter, ungesicherter Arbeitsplatz)
Mc|Kin|ley *vgl.* Mount McKinley
M-Com|merce [ˈɛmkɔmøːɐ̯s], der; - ⟨engl.⟩ (Vertrieb von Waren od. Dienstleistungen mithilfe mobiler, internetfähiger Geräte)
Md (*chem. Zeichen für* Mendelevium)
Md., Mia., Mrd. = Milliarde[n]
[1]**MD** = Maryland
[2]**MD,** der; -[s], -[s] *u.* die; -, -[s] = Musikdirektor[in]
mdal. = mundartlich
MdB, M. d. B. = Mitglied des Bundestages

> **MdB, M. d. B.**
> Die Abkürzung für *Mitglied des Bundestages* wird dem Familiennamen nachgestellt: *Vera Müller[,] MdB* oder *Vera Müller (MdB).* Die Abkürzung kann auch mit Punkten *(M. d. B.)* geschrieben werden.

MdL, M. d. L. = Mitglied des Landtages
MDR, der; - = Mitteldeutscher Rundfunk
m. E. = meines Erachtens
ME = Macheinheit; Maine
MEADS = Medium Extended Air Defense System ⟨engl.⟩ (*Militär* ein bodengestütztes Luftabwehrsystem)
Me|cha|nik, die; -, -en ⟨griech.⟩ (*nur Sing.:* Lehre von den Kräften u. Bewegungen; *auch für* Getriebe, Trieb-, Räderwerk)
Me|cha|ni|ker; Me|cha|ni|ke|rin
me|cha|nisch (den Gesetzen der Mechanik entsprechend; automatisch; unwillkürlich, gewohnheitsmäßig, gedankenlos)
me|cha|ni|sie|ren ⟨franz.⟩ (auf mechanischen Ablauf umstellen); **Me|cha|ni|sie|rung; Me|cha|ni|sie|rungs|pro|zess**
Me|cha|nis|mus, der; -, ...men (sich bewegende techn. Einrichtung; [selbsttätiger] Ablauf)
me|cha|nis|tisch (nur mechan. Ursachen anerkennend)
Me|cha|t|ro|nik (interdisziplinäres Fachgebiet, das sich mit der Verknüpfung mechanischer u. elektronischer Komponenten befasst); **Me|cha|t|ro|ni|ker; Me|cha|t|ro|ni|ke|rin**
Mèche [mɛʃ], Me|sche, die; -, -n ⟨franz.⟩ (*österr. für* blondierte, getönte od. gefärbte Haarsträhne)
Me|cheln, *amtlich* Me|che|len (Stadt in Belgien)
mè|chen [ˈmɛʃn̩], me|schen (*österr. für* Farbstreifen ins Haar färben)
Mecht|hild, Mecht|hil|de (w. Vorn.)
meck!; meck, meck!
Me|cke|rei; Me|cke|rer *(ugs. abwertend);* **Me|cker|frit|ze** *(ugs. abwertend);* **Me|cke|rin; Me|cker|lie|se** *(ugs. abwertend)*
me|ckern; ich meckere *(ugs. abwertend)*
Me|cker|stim|me; Me|cker|zie|ge *(ugs. abwertend)*
Meck|len|burg [*auch* ˈmɛk...]; **Meck|len|bur|ger; Meck|len|bur|ge|rin**
meck|len|bur|gisch; *aber* ↑K140: die Mecklenburgische Seenplatte; die Mecklenburgische Schweiz
Meck|len|burg-Schwe|rin
Meck|len|burg-Stre|litz
Meck|len|burg-Vor|pom|mer; Meck|len|burg-Vor|pom|me|rin; meck|len|burg-vor|pom|me|risch *vgl.* pommerisch; **Meck|len|burg-Vor|pom|mern** ↑K144
Me|dail|le [...ˈdaljə, *österr.* ...ˈdailjə], die; -, -n (Plakette zur Erinnerung od. als Auszeichnung); **Me|dail|len|ge|win|ner; Me|dail|len|ge|win|ne|rin; Me|dail|len|spie|gel** (Tabelle über die Verteilung von Medaillen bei Sportwettkämpfen)
Me|dail|leur [...dalˈjøːɐ̯], der; -s, -e (Stempelschneider); **Me|dail|leu|rin**
Me|dail|lon [...dalˈjõː], das; -s, -s (Bildkapsel; Rundbild[chen]; *Kunstwiss.* rundes od. ovales Relief; kleine, runde Fleischschnitte)
Me|dard, Me|dar|dus (Heiliger)
Me|dea (griech. Sagengestalt, kolchische Königstochter)
Me|del|lin [meðeˈʎin] (Stadt in Kolumbien)
Me|der, der; -s, - (Bewohner von [3]Medien); **Me|de|rin**
Me|dia, die; -, *Plur.* ...diä *u.* ...dien ⟨lat.⟩ (*Sprachwiss.* stimmhafter Laut, der durch die Aufhebung eines Verschlusses entsteht, z. B. b; *Med.* mittlere Schicht der Gefäßwand)
me|di|al (von den [1]Medien ausgehend, zu ihnen gehörend; *Med.* nach der Körpermitte hin gelegen; *Parapsychologie* das spiritistische Medium betreffend)
me|di|an (*Med.* in der Mittellinie des Körpers gelegen); **Me|di|an|ebe|ne** (*Med.* Symmetrieebene des menschl. Körpers)

Me|di|an|te, die; -, -n ‹ital.› (*Musik* Mittelton der Tonleiter; *auch für* Dreiklang über der 3. Stufe)
Me|dia|thek, die; -, -en ‹lat.; griech.› (meist als Abteilung in öffentlichen Büchereien bereitgestellte Sammlung audiovisueller Medien)
Me|di|a|ti|on, die; -, -en ‹lat.› (Vermittlung eines Staates in einem Konflikt zwischen anderen Staaten; Vermittlung zwischen Streitenden)
me|di|a|ti|sie|ren ‹franz.› (*früher für* [reichsunmittelbare Besitzungen] der Landeshoheit unterwerfen); **Me|di|a|ti|sie|rung**
Me|di|a|tor, der; -s, ...oren (Vermittler); **Me|di|a|to|rin**
me|di|ä|val ‹lat.› (mittelalterlich)
Me|di|ä|val [*Druckw. meist* ...ˈdi̯evl̩], die; - (eine Schriftgattung)
Me|di|ä|vist, der; -en, -en (Erforscher u. Kenner des MA.s); **Me|di|ä|vis|tik,** die; - (Erforschung des MA.s); **Me|di|ä|vis|tin**
Me|di|ce|er [...ˈtse:..., *auch, österr. nur* ...ˈtʃe:...], der; -s, - (Medici); **Me|di|ce|e|rin; me|di|ce|isch;** die Mediceische Venus ↑K150
Me|di|ci [...tʃi], der *u.* die; -, - (Angehörige[r] eines florentin. Geschlechts)
[1]**Me|di|en** *Plur.* (Trägersysteme zur Informationsvermittlung [z. B. Presse, Hörfunk, Fernsehen])
[2]**Me|di|en** (*Plur. von* Media *u.* Medium)
[3]**Me|di|en** (*früher für* Land im Iran)
Me|di|en|agen|tur; Me|di|en|be|reich; Me|di|en|be|richt; Me|di|en|echo; Me|di|en|er|eig|nis
me|di|en|ge|recht
Me|di|en|ge|setz; Me|di|en|haus
Me|di|en|in|ha|ber; Me|di|en|in|ha|be|rin
Me|di|en|kon|zern; Me|di|en|land|schaft; Me|di|en|po|li|tik
me|di|en|prä|sent; *aber* in den Medien präsent [sein]; **Me|di|en|prä|senz; Me|di|en|re|so|nanz**
Me|di|en|rum|mel (*ugs.*); **Me|di|en|schlacht** (*ugs.*); **Me|di|en|spek|ta|kel,** das (*ugs.*)
me|di|en|über|grei|fend
Me|di|en|un|ter|neh|men; Me|di|en|un|ter|neh|mer; Me|di|en|un|ter|neh|me|rin
Me|di|en|ver|bund (Verbindung verschiedener [1]Medien)
me|di|en|wirk|sam
Me|di|en|zen|t|rum
Me|di|ka|ment, das; -[e]s, -e ‹lat.› (Arzneimittel); **me|di|ka|men|tös;** medikamentöse Behandlung
Me|di|ka|ti|on, die; -, -en (Arzneimittelverabreichung, -verordnung)
Me|di|kus, der; -, *Plur.* Medizi, *ugs.* -se (*scherzh. für* Arzt)
[1]**Me|di|na** (saudi-arab. Stadt)
[2]**Me|di|na,** die; -, -s ‹arab. »Stadt«› (Gesamtheit der alten islam. Stadtteile im Ggs. zu den Europäervierteln)
me|dio ‹ital., »in der Mitte«› *(veraltet);* medio (Mitte) Mai; **Me|dio,** der; -[s], -s (*veraltet für* Monatsmitte); zum Medio abschließen
me|di|o|ker ‹franz.› (*geh. für* mittelmäßig); ...o|k|re Leistung; **Me|di|o|k|ri|tät,** die; -, -en
Me|dio|wech|sel (*Kaufmannsspr.* in der Mitte eines Monats fälliger Wechsel)
Me|di|ta|ti|on, die; -, -en ‹lat.› (Nachdenken; sinnende Betrachtung; religiöse Versenkung); **me|di|ta|tiv**
me|di|ter|ran ‹lat., »mittelländisch«› (dem Mittelmeerraum angehörend, eigen)
Me|di|ter|ran|flo|ra, die; - (Pflanzenwelt der Mittelmeerländer)
me|di|tie|ren ‹lat.› (nachdenken; Meditation üben)
me|di|um [*auch, als Kleidergröße nur,* ˈmi:di̯əm] ‹engl.› (*Gastron.* halb durchgebraten; Kleidergröße: mittel; *Abk.* M)
Me|di|um, das; -s, ...ien ‹lat.› (Mittel[glied]; Mittler[in], Mittelsperson [bes. beim Spiritismus]; Kommunikationsmittel)
Me|di|zi (*Plur. von* Medikus)
Me|di|zin, die; -, -en ‹lat.› (Arznei; *nur Sing.:* Heilkunde)
Me|di|zi|nal|rat *Plur.* ...räte; **Me|di|zi|nal|rä|tin; Me|di|zi|nal|sta|tis|tik; Me|di|zi|nal|we|sen,** das; -s
Me|di|zin|ball (großer, schwerer, nicht elastischer Lederball)
Me|di|zi|ner (Arzt); **Me|di|zi|ne|rin**
Me|di|zin|frau
me|di|zi|nisch
me|di|zi|nisch-tech|nisch ↑K23; medizinisch-technische Assistentin, medizinisch-technischer Assistent (*Abk.* MTA)
Me|di|zin|mann *Plur.* ...männer; **Me|di|zin|pro|dukt; Me|di|zin|schränk|chen**
Me|di|zin|stu|dent; Me|di|zin|stu|den|tin; Me|di|zin|stu|di|um
Me|di|zin|tech|nik; Me|di|zin|uni|ver|si|tät *(österr.)*
Med|ley [...li], das; -s, -s ‹engl.› (Melodienstrauß, Potpourri)
Me|doc [...ˈdɔk], der; -s, -s ‹nach der franz. Landschaft Médoc› (franz. Rotwein)
Me|d|re|se, Me|d|res|se, die; -, -n ‹arab.› (islam. jur. u. theol. Hochschule; Koranschule einer Moschee)
Me|du|sa, [1]**Me|du|se,** die; - (eine der Gorgonen)
[2]**Me|du|se,** die; -, -n (*Zool.* Qualle)
Me|du|sen|blick; Me|du|sen|haupt, das; -[e]s; **me|du|sisch** (*geh. für* medusenähnlich, schrecklich)
Med|we|dew [...ˈvje:dɛf], Dmitri Anatoljewitsch (russ. Politiker)
Meer, das; -[e]s, -e
Mee|ra|ne (Stadt bei Zwickau)
Meer|bu|sen; Meer|en|ge
Mee|res|al|ge; Mee|res|arm
Mee|res|be|woh|ner; Mee|res|be|woh|ne|rin
Mee|res|bio|lo|ge; Mee|res|bio|lo|gie; Mee|res|bio|lo|gin
Mee|res|bo|den; Mee|res|bucht
Mee|res|for|schung; Mee|res|frei|heit, die; - *(Völkerrecht)*
Mee|res|früch|te *Plur.;* **Mee|res|grund,** der; -[e]s
Mee|res|hö|he, die; -; in 3 000 m Meereshöhe (3 000 m über dem Meeresspiegel)
Mee|res|kun|de, die; - (*für* Ozeanografie); **Mee|res|leuch|ten,** das; -s; **Mee|res|ober|flä|che**
Mee|res|säu|ger (*Zool.* im Meer lebendes Säugetier)
Mee|res|spie|gel, der; -s; über dem Meeresspiegel (*Abk.* ü. d. M. *od.* ü. M.); unter dem Meeresspiegel (*Abk.* u. d. M. *od.* u. M.)
Mee|res|strand; Mee|res|stra|ße; Mee|res|strö|mung; Mee|res|tie|fe; Mee|res|tier
Meer|frau; Meer|gott
meer|grün
Meer|jung|frau
Meer|kat|ze (ein Affe)
Meer|ret|tich (Heil- u. Gewürzpflanze); **Meer|ret|tich|so|ße, Meer|ret|tich|sau|ce**
Meer|salz, das; -es
Meers|burg (Stadt am Bodensee)
[1]**Meers|bur|ger**
[2]**Meers|bur|ger,** der; -s (ein [Rot]wein)
Meer|schaum, der; -[e]s
Meer|schaum|pfei|fe; Meer|schaum|spit|ze

M
Meer

Meer|schwein|chen
meer|um|schlun|gen *(geh.)*; **meer-wärts**
Meer|was|ser, das; -s; **Meer|was-ser|wel|len|bad**
Meer|weib (Meerjungfrau); **Meer-zwie|bel** (ein Liliengewächs)
Mee|ting ['mi:...], das; -s, -s ⟨engl.⟩ (Zusammenkunft; Treffen; Sportveranstaltung)
meets [mi:ts] ⟨engl.⟩; Jazz meets (trifft) Klassik
me|ga... ⟨griech.⟩ (groß...); **Me-ga...** (Groß...; das Millionenfache einer Einheit; z. B. Megawatt = 10^6 Watt; *Zeichen* M)
Me|ga|bit [*auch* 'mɛ..., ...'bɪt] (*EDV* Einheit von 1 048 576 Bit; *Zeichen* Mbit, MBit)
Me|ga|byte [*auch* 'mɛ..., ...'bait], das; -[s], -[s] (2^{20} Byte; *Zeichen* MB, MByte)
me|ga|cool *(bes. Jugendspr.)*
Me|ga|elek|t|ro|nen|volt [*auch* 'mɛ..., ...'tro:...] (1 Million Elektron[en]volt; *Zeichen* MeV)
Me|ga|fon, Me|ga|phon, das; -s, -e ⟨griech.⟩ (Sprachrohr)
Me|ga|hertz [*auch* 'mɛ..., ...'hɛrts] (1 Million Hertz; *Zeichen* MHz)
Me|ga|hit *(ugs.)*
me|ga-in; mega-in sein (*ugs. für* äußerst gefragt sein) ↑K24
Me|ga|joule [*auch* 'mɛ..., ...'dʒ...] (1 Million Joule; *Zeichen* MJ)
Me|ga|lith, der; *Gen.* -s *u.* -en, *Plur.* -e[n] ⟨griech.⟩ (großer Steinblock bei vorgeschichtlichen Grabanlagen); **Me|ga|lith|grab** (vorgeschichtl., aus großen Steinen angelegtes Grab)
Me|ga|li|thi|ker, der; -s, - (Träger der Megalithkultur [Großsteingräberleute]); **Me|ga|li-thi|ke|rin; me|ga|li|thisch; Me-ga|lith|kul|tur**
me|ga|lo|man ⟨griech.⟩ (*Psychol.* größenwahnsinnig); **Me|ga|lo-ma|nie,** die; -, ...ien; **me|ga|lo|ma-nisch**
Me|ga|lo|po|lis, die; -, ...polen ⟨griech.⟩ (Riesenstadt)
Me|ga|ohm [*auch* 'mɛ..., ...'|o:m] (1 Million Ohm; *Zeichen* MΩ)
me|ga-out [...|aut]; mega-out sein (*ugs. für* ganz aus der Mode, überholt sein) ↑K24
Me|ga|pas|cal [*auch* 'mɛ..., ...'kal] (1 Million Pascal; *Zeichen* MPa)
Me|ga|phon *vgl.* Megafon
Me|ga|pi|xel [*auch* 'mɛ..., ...'pɪksl̩] (1 Million Pixel)

¹Me|gä|re (*griech. Mythol.* eine der drei Erinnyen)
²Me|gä|re, die; -, -n (*geh. für* böse Frau)
Me|ga|sel|ler ⟨griech.; engl.⟩ (*ugs. für* überaus erfolgreicher Bestseller); **Me|ga|star** (*ugs.; vgl.* ²Star)
Me|ga|the|ri|um, das; -s, ...ien ⟨griech.⟩ (ein ausgestorbenes Riesenfaultier)
Me|ga|ton|ne [*auch* 'mɛ..., ...'tɔnə] (das Millionenfache einer Tonne; *Abk.* Mt; 1 Mt = 1 000 000 t); **Me|ga|ton|nen-bom|be**
Me|ga|volt [*auch* 'mɛ..., ...'vɔlt] (1 Million Volt; *Zeichen* MV)
Me|ga|watt [*auch* 'mɛ..., ...'vat] (1 Million Watt; *Zeichen* MW)
Meg|ohm [*auch* 'mɛk..., ...'|o:m] *vgl.* Megaohm
Mehl, das; -[e]s, *Plur. (Sorten:)* -e
meh|ar|tig
Mehl|bee|re; Mehl|brei
meh|lig; meh|lig|ko|chend; mehligkochende Kartoffeln
Mehl|kleis|ter; Mehl|papp *(landsch.)*
Mehl|sack; Mehl|schwit|ze (in Fett gebräuntes Mehl)
Mehl|sor|te; Mehl|spei|se (mit Mehl zubereitetes Gericht; *österr. für* Süßspeise, Kuchen)
Mehl|tau, der (durch bestimmte Pilze hervorgerufene Pflanzenkrankheit); *vgl. aber* Meltau
Mehl|wurm
Meh|met [mɛh...] (m. Vorn.)
Mehn|di, das; -[s], -s ⟨Hindi⟩ ([aus Indien stammende] mit Hennafarbe aufgetragene Hautmalerei)
mehr; mehr Freunde als Feinde; mehr Geld; mit mehr Hoffnung; mehr oder weniger (minder); umso mehr; vieles mehr; mehr denn je; wir können nicht mehr als arbeiten
Mehr, das; -[s] (*auch für* Mehrheit); ein Mehr an Kosten; das Mehr oder Weniger
Mehr|ar|beit; Mehr|auf|wand; Mehr|aus|ga|be
mehr|bän|dig; mehrbändige Lexika
Mehr|be|darf; Mehr|be|las|tung
mehr|deu|tig; Mehr|deu|tig|keit
Mehr|dienst|leis|tung (*österr. amtl. für* Überstunden)
mehr|di|men|si|o|nal; Mehr|di|men-si|o|na|li|tät, die; -, -en *Plur. selten*

Mehr|ein|nah|me
meh|ren *(geh.)*
meh|ren|teils (*geh. für* meist; zum größeren Teil)
Meh|rer *(geh.)*

meh|re|re

Kleinschreibung ↑K77:
- mehrere behaupteten dies
- bei, mit mehreren; von mehreren habe ich das gehört

Beugung:
- mehrere Bücher, Euro, Teilnehmer
- mehrere ältere Teilnehmer; die Forderung mehrerer älterer, *seltener* älteren Teilnehmer; mit mehreren älteren Teilnehmern
- mehrere Abgeordnete; die Forderung mehrerer Abgeordneter, *seltener* Abgeordneten; von mehreren Abgeordneten

meh|re|res; ich habe noch mehreres zu tun
Meh|re|rin *(geh.)*
meh|rer|lei *(ugs.)*
Mehr|er|lös; Mehr|er|trag
mehr|fach; *vgl. auch* Mehrfache
mehr|fach|be|hin|dert *(Amtsspr.)*; **Mehr|fach|be|hin|der|te,** der *u.* die; -n, -n *(Amtsspr.)*
Mehr|fa|che, das; -n; um ein Mehrfaches, um das Mehrfache vergrößern; *vgl.* Achtfache
Mehr|fach|impf|stoff; Mehr|fach-nut|zung; Mehr|fach|spreng|kopf
Mehr|fa|mi|li|en|haus
Mehr|far|ben|druck *Plur.* ...drucke
mehr|far|big, *österr.* **mehr|fär|big**
Mehr|ge|ne|ra|ti|o|nen|haus
mehr|glie|de|rig, mehr|glied|rig
Mehr|heit; einfache, qualifizierte, absolute Mehrheit; die schweigende Mehrheit

Mehrheit

Auch wenn nach *Mehrheit* ein Plural folgt, steht das Verb gewöhnlich im Singular: *Die Mehrheit der Abgeordneten lehnte den Antrag ab.* Es ist aber auch zulässig, das Verb in den Plural zu setzen: *Die Mehrheit der Abgeordneten lehnten den Antrag ab.* In diesem Fall wird die Beugungsform nach dem Sinn und nicht nach dem formalen grammatischen Bezug gebildet.

M
Meer

mehr|heit|lich
Mehr|heits|ak|ti|o|när; Mehr|heits|ak|ti|o|nä|rin
Mehr|heits|be|schaf|fer (Gruppe, Partei, mit deren Hilfe eine Mehrheit zustande kommt); **Mehr|heits|be|schaf|fe|rin**
Mehr|heits|be|schluss
Mehr|heits|be|tei|li|gung *(Wirtsch.)*
Mehr|heits|eig|ner (*svw.* Mehrheitsaktionär); **Mehr|heits|eig|ne|rin**
Mehr|heits|ent|schei|dung
mehr|heits|fä|hig; eine mehrheitsfähige Partei, Gesetzesvorlage
Mehr|heits|frak|ti|on; Mehr|heits|mei|nung
Mehr|heits|wahl|recht
mehr|jäh|rig
Mehr|kampf *(Sport);* **Mehr|kämp|fer** *(Sport);* **Mehr|kämp|fe|rin** *(Sport)*
Mehr|kos|ten *Plur.*
Mehr|la|der (eine Feuerwaffe)
Mehr|leis|tung
Mehr|ling (Zwilling, Drilling usw.); **Mehr|lings|ge|burt**
mehr|ma|lig; mehr|mals
mehr|mo|na|tig
Mehr|par|tei|en|sys|tem
Mehr|pha|sen|strom (mehrfach verketteter Wechselstrom)
mehr|sei|tig; ein mehrseitiges Schreiben
mehr|sil|big
mehr|spra|chig; Mehr|spra|chig|keit, die; -
mehr|spu|rig; mehrspurige Autobahn
mehr|stim|mig; mehr|stö|ckig
Mehr|stu|fe (*für* Komparativ); **Mehr|stu|fen|ra|ke|te; mehr|stu|fig**
mehr|stün|dig; mehr|tä|gig
Mehr|tei|ler (mehrteiliges Fernsehspiel u. Ä.); **mehr|tei|lig**
Meh|rung *(geh.)*
Mehr|ver|brauch
Mehr|völ|ker|staat *Plur.* ...staaten (Nationalitätenstaat)
Mehr|weg|fla|sche (*svw.* Pfandflasche); **Mehr|weg|sys|tem; Mehr|weg|ver|pa|ckung**
Mehr|wert, der; -[e]s *(Wirtsch.);* **Mehr|wert|steu|er,** die (*Abk.* MwSt. *od.* Mw.-St.); **Mehr|wert|steu|er|er|hö|hung; Mehr|wert|steu|er|sen|kung**
mehr|wö|chig
Mehr|zahl, die; - (*auch für* Plural)
mehr|zei|lig; mehr|zel|lig
Mehr|zweck|ge|rät; Mehr|zweck|hal|le; Mehr|zweck|ma|schi|ne
Mehr|zweck|mö|bel; Mehr|zweck|raum; Mehr|zweck|tisch
mei|den; du miedst; du miedest; gemieden; meid[e]!
Mei|en *vgl.* Maien
Mei|en|säß *vgl.* Maiensäß
Mei|er (*veraltet für* Gutspächter, -verwalter); **Mei|e|rei** (*veraltet für* Pachtgut; *landsch. für* Molkerei); **Mei|er|hof; Mei|e|rin**
Mei|ke (w. Vorn.)
Mei|le, die; -, -n (ein Längenmaß)
mei|len|lang [*auch* 'mailən'laŋ]; *aber* drei Meilen lang
Mei|len|stein; Mei|len|stie|fel (*seltener für* Siebenmeilenstiefel)
mei|len|weit [*auch* 'mailən'vait]; *aber* zwei Meilen weit
Mei|ler, der; -s, - (*kurz für* Kohlenmeiler, Atommeiler); **Mei|ler|ofen**
mein; mein Sohn, meine Tochter, mein Kind; mein Ein u. [mein] Alles; *vgl.* [1]dein *u.* deine
mei|ne, mei|ni|ge *vgl.* deine, deinige
Mein|eid (Falscheid)
mein|ei|dig; Mein|ei|dig|keit, die; -
mei|nen; er meint es gut mit ihm
mei|ner (*Gen. von* »ich«); gedenke meiner
mei|ner An|sicht nach (*Abk.* m. A. n.)
mei|ner|seits
mei|nes Er|ach|tens (*Abk.* m. E.); *falsch* meines Erachtens nach
mei|nes|glei|chen; mei|nes|teils
mei|nes Wis|sens (*Abk.* m. W.); *falsch* meines Wissens nach
mei|net|hal|ben *(veraltend);* **mei|net|we|gen**
mei|net|wil|len; um meinetwillen
Mein|hard (m. Vorn.)
Mein|hild, Mein|hil|de (w. Vorn.)
mei|ni|ge *vgl.* meine
Mei|nin|gen (Stadt an der oberen Werra)
Mei|nin|ger
Mei|nin|ge|rin; mei|nin|gisch
Mei|nolf (m. Vorn.)
Mein|rad (m. Vorn.)
Mei|nulf (m. Vorn.)
Mei|nung; Mei|nungs|äu|ße|rung; Mei|nungs|aus|tausch
Mei|nungs|bild; mei|nungs|bil|dend; Mei|nungs|bil|dung
Mei|nungs|for|scher; Mei|nungs|for|sche|rin; Mei|nungs|for|schung; Mei|nungs|for|schungs|in|s|ti|tut
Mei|nungs|frei|heit, die; -
Mei|nungs|füh|rer; Mei|nungs|füh|re|rin
Mei|nungs|ma|cher; Mei|nungs|ma|che|rin
Mei|nungs|streit; Mei|nungs|test; Mei|nungs|um|fra|ge; Mei|nungs|un|ter|schied *meist Plur.*
Mei|nungs|ver|schie|den|heit; Mei|nungs|viel|falt
Mei|o|se, die; -, -n ‹griech.› (*Biol.* Reifeteilung der Keimzellen)
Mei|ran *vgl.* Majoran
Mei|se, die; -, -n (ein Singvogel); **Mei|sen|nest**
Meis|je, das; -s, -s ‹niederl.› (holländ. Mädchen)
Mei|ßel, der; -s, -
mei|ßeln; ich meiß[e]le; **Mei|ße|lung**
Mei|ßen (Stadt an der Elbe)
Mei|ße|ner, [1]Meiß|ner; Meiß[e]ner Porzellan®, *auch* Meissener Porzellan; **Mei|ße|ne|rin,** Meiß|ne|rin
mei|ße|nisch, meiß|nisch
[1]**Meiß|ner** usw. *vgl.* Meißener usw.
[2]**Meiß|ner,** der; -s (Teil des Hessischen Berglandes); der Hohe Meißner
meist; meist kommt er viel zu spät; *vgl.* meiste
meist|be|güns|tigt; Meist|be|güns|ti|gung (*Wirtsch.* eine Bestimmung in internationalen Handelsverträgen); **Meist|be|güns|ti|gungs|klau|sel** *(Wirtsch.)*
meist|be|tei|ligt
meist|bie|tend; meistbietend verkaufen, versteigern, *aber* Meistbietender bleiben; **Meist|bie|ten|de,** der *u.* die; -n, -n

meis|te

Im Allgemeinen wird »meiste« kleingeschrieben:

- der meiste Kummer, die meiste Zeit, das meiste Geld; die meisten Menschen
- am meisten

Bei Substantivierung ist auch Großschreibung möglich ↑K77:

- die meisten *od.* Meisten glauben, …
- das meiste *od.* Meiste ist bekannt
- mit den meisten *od.* Meisten habe ich Kontakt

meis|ten|orts
meis|tens
meis|ten|teils
Meis|ter
Meis|ter|be|trieb; Meis|ter|brief

M
Meis

Meis|ter|de|tek|tiv; Meis|ter|de|tek|ti|vin
Meis|ter|dieb; Meis|ter|die|bin
Meis|ter|ge|sang *vgl.* Meistersang
meis|ter|haft; Meis|ter|haf|tig|keit, die; -
Meis|ter|hand; von Meisterhand [gefertigt]
Meis|te|rin
Meis|ter|klas|se
Meis|ter|koch; Meis|ter|kö|chin; Meis|ter|kurs *(bes. Musik);* **Meis|ter|leis|tung**
meis|ter|lich
Meis|ter|ma|cher (*ugs. für* sehr erfolgreicher Trainer); **Meis|ter|ma|che|rin**
meis|tern; ich meistere
Meis|ter|prü|fung
Meis|ter|sang, der; -[e]s (Kunstdichtung des 15. u. 16. Jh.s); **Meis|ter|sän|ger** *vgl.* Meistersinger
Meis|ter|schaft; Meis|ter|schafts|kampf; Meis|ter|schafts|spiel; Meis|ter|schafts|ti|tel
Meis|ter|schü|ler; Meis|ter|schü|le|rin
Meis|ter|schuss
Meis|ter|sin|ger (Dichter des Meistersangs)
Meis|ter|stück; Meis|ter|ti|tel *(Handwerk, Sport)*
Meis|te|rung, die; -
Meis|ter|werk; Meis|ter|wür|de; Meis|ter|wurz (ein Doldengewächs)
Meist|ge|bot
meist|ge|bräuch|lich; meist|ge|fragt; meist|ge|kauft
meist|ge|le|sen; meist|ge|nannt
Meist|stu|fe (*für* Superlativ)
meist|ver|brei|tet; meist|ver|kauft
Meit|ner, Lise (österr.-schwed. Physikerin)
[1]**Mek|ka** (saudi-arab. Stadt)
[2]**Mek|ka,** das; -s, -s (Zentrum, das viele Besucher anlockt); ein Mekka der Touristen
Me|kong [*auch* ...ˈkɔŋ], der; -[s] (Fluss in Südostasien); **Me|kong|del|ta, Me|kong-Del|ta,** das; -s
Me|la|min|harz ⟨Kunstwort⟩ (ein Kunstharz)
Me|lan|cho|lie [...laŋko...], die; -, ...ien ⟨griech.⟩ (Schwermut)
Me|lan|cho|li|ker; Me|lan|cho|li|ke|rin; me|lan|cho|lisch
Me|lan|ch|thon [*österr.* ˈme:...] ⟨griech.⟩ (eigtl. Name Schwarzert; dt. Humanist u. Reformator)
Me|la|ne|si|en ⟨griech.⟩ (westpazif. Inselgebiet)
Me|la|ne|si|er; Me|la|ne|si|e|rin; me|la|ne|sisch
Me|lan|ge [...ˈlã:ʒə, *österr.* ...ˈlã:ʃ], die; -, -n (Mischung, Gemisch; *österr. für* Milchkaffee)
Me|la|nie [*auch* ˈmɛ..., *seltener* mɛˈla:ni̯e] (w. Vorn.)
Me|la|nin, das; -s, -e ⟨griech.⟩ (*Biol.* brauner od. schwarzer Farbstoff)
Me|la|nis|mus, der; -, ...men (*Biol.* durch Melanine bewirkte Verdunklung der Grundkörperfärbung)
Me|la|nit, der; -s, -e (ein Mineral)
Me|la|nom, das; -s, -e (*Med.* bösartige Geschwulst an der Haut od. den Schleimhäuten)
Me|la|no|se, die; -, -n (*Med.* krankhafte Dunkelfärbung der Haut)
Me|la|no|zyt, der; -en, -en *meist Plur.* (*Med.* Zelle, in der Melanin gebildet wird); **me|la|no|zy|tär** (*Med.* einen Melanozyten betreffend)
Me|lan|za|ni, die; -, - ⟨ital.⟩ (*österr. für* Aubergine)
Me|la|phyr, der; -s, -e (ein Gestein)
Me|las|ma, das; -s, *Plur.* ...men *u.* ...lasmata (*Med.* schwärzliche Hautflecken)
Me|las|se, die; -, -n ⟨franz.⟩ (Rückstand bei der Zuckergewinnung)
Me|la|to|nin, das; -s ⟨griech.⟩ (ein Gewebshormon)
Mel|ber, der; -s, - (*bayr. für* Mehlhändler); **Mel|be|rin**
Mel|bourne [...bɐn] (austral. Stadt)
Mel|chi|or (m. Vorn.)
Mel|chi|se|dek [*auch* ...ˈçi:...] (bibl. m. Eigenn.)
Melch|ter, die; -, -n (*schweiz. für* Melkeimer)
Mel|de, die; -, -n (eine Pflanzengattung)
Mel|de|amt; Mel|de|be|hör|de; Mel|de|bü|ro; Mel|de|fah|rer; Mel|de|frist; Mel|de|hund
mel|den
Mel|de|pflicht; polizeiliche Meldepflicht; **mel|de|pflich|tig;** meldepflichtige Krankheit
Mel|der; Mel|de|rei|ter; Mel|de|rin
Mel|de|schluss; Mel|de|stel|le; Mel|de|ter|min; Mel|de|zet|tel (*bes. österr. für* Formular, Bestätigung für polizeiliche Anmeldung)
Mel|dung
Me|li|bo|kus, Me|li|bo|cus, der; -, Malchen, der; -[s] (Berg im Odenwald)
me|lie|ren ⟨franz.⟩ (mischen)
me|liert (aus verschiedenen Farben gemischt; leicht ergraut [vom Haar]); grau meliert *od.* graumeliert
Me|li|o|ra|ti|on, die; -, -en ⟨lat.⟩ (*Landwirtsch.* [Boden]verbesserung); **me|li|o|rie|ren** (*Landwirtsch.* [Ackerboden] verbessern)
Me|lis, der; - ⟨griech.⟩ (weißer Zucker verschiedener Zuckersorten)
me|lisch ⟨*zu* Melos; griech.⟩ (*Musik, Literaturwiss.* liedhaft)
Me|lis|ma, das; -s, ...men (*Musik* melod. Verzierung, Koloratur)
Me|lis|ma|tik, die; - (Kunst der melod. Verzierung); **me|lis|ma|tisch**
Me|lis|sa (w. Vorn.)
Me|lis|se, die; -, -n ⟨griech.⟩ (eine Heil- u. Gewürzpflanze); **Me|lis|sen|geist,** der; -[e]s (ein Heilkräuterdestillat)
Me|lit|ta (w. Vorn.)
melk (*veraltet für* Milch gebend, melkbar); eine melke Kuh
Melk (österr. Stadt)
Melk|ei|mer
mel|ken; du melkst *od.* milkst; du melktest *od.* molkst; du melktest *od.* mölkest; gemolken, *auch* gemelkt; melk[e]! *od.* milk!; frisch gemolkene Milch; eine melkende Kuh (*ugs. veraltend für* gute Einnahmequelle)
Mel|ker; Mel|ke|rei (das Melken; Milchwirtschaft); **Mel|ke|rin**
Melk|fett *Plur. selten* (fetthaltige Hautcreme)
Melk|kü|bel; Melk|ma|schi|ne; Melk|sche|mel
Me|lo|die, die; -, ...ien ⟨griech.⟩ (sangbare, in sich geschlossene Folge von Tönen); **Me|lo|di|en|fol|ge; Me|lo|di|en|rei|gen**
Me|lo|dik, die; - (Lehre von der Melodie)
me|lo|di|ös; me|lo|disch (wohlklingend)
Me|lo|dram, Me|lo|dra|ma, das; -s, ...men (Musikschauspiel; Schauspiel, Film in pathetischer Inszenierung); **Me|lo|dra|ma|tik; me|lo|dra|ma|tisch**
Me|lo|ne, die; -, -n ⟨griech.⟩ (großes Kürbisgewächs; *ugs. scherzh. für* runder, steifer Hut)
Me|los, das; - ⟨griech.⟩ (*Musik*

M
Meis

Melodie, melodische Eigenschaft)
Mel|po|me|ne [...ne] (Muse des Trauerspiels)
Mel|tau, der; -[e]s (Honigtau); *vgl. aber* Mehltau
Me|lu|si|ne (altfranz. Sagengestalt, Meerfee)
Mel|ville [...vɪl], Herman (amerik. Schriftsteller)
Mem|b|ran, die; -, -en ⟨lat.⟩, *seltener* **Mem|b|ra|ne,** die; -, -n (gespanntes Häutchen; Schwingblatt)
[1]**Me|mel,** die; - (ein Fluss)
[2]**Me|mel** (*lit.* Klaipeda)
Me|me|ler ⟨*zu* [2]Memel⟩; **Me|me|le|rin**
Me|men|to, das; -s, -s ⟨lat.⟩ (Erinnerung, Mahnruf)
me|men|to mo|ri ⟨lat., »gedenke des Todes!«⟩ (häufige Grabsteininschrift); **Me|men|to mo|ri,** das; - -, - - (etwas, was an den Tod gemahnt)
Mem|me, die; -, -n (*ugs. abwertend für* Feigling)
mem|meln (*bayr. für* mummeln); ich memm[e]le
mem|men|haft *(ugs. abwertend);* **Mem|men|haf|tig|keit,** die; -
Mem|non (sagenhafter äthiop. König); **Mem|nons|säu|len** *Plur.* (bei Luxor in Ägypten); ↑K136
Me|mo, das; -s, -s (*kurz für* Memorandum; Merkzettel)
Me|moire [...ˈmo̯aːɐ̯], das; -s, -s ⟨franz.⟩ (Memorandum)
Me|moi|ren [...ˈmo̯aːrən] *Plur.* (Lebenserinnerungen)
Me|mo|ra|bi|li|en *Plur.* ⟨lat.⟩ (*geh. für* Denkwürdigkeiten)
Me|mo|ran|dum, das; -s, *Plur.* ...den *u.* ...da (Denkschrift)
[1]**Me|mo|ri|al,** das; -s, *Plur.* -e *u.* -ien ⟨lat.⟩ (*veraltet für* Tagebuch; [Vor]merkbuch)
[2]**Me|mo|ri|al** [miˈmoːri̯əl], das; -s, -s ⟨engl.⟩ (Gedenkveranstaltung; Denkmal)
me|mo|rie|ren [me...] (*veraltend für* auswendig lernen)
Me|mo|ry® [ˈmɛmori], das; -s, -s ⟨engl.⟩ (ein Gesellschaftsspiel)
Me|mo|ry|stick® [...stɪk], der; -s, -s ⟨engl.⟩ (*EDV* ein kleinformatiger Datenspeicher)
[1]**Mem|phis** (Stadt in Tennessee, USA)
[2]**Mem|phis** (altägypt. Stadt)
Me|na|ge [...ʒə], die; -, -n ⟨franz.⟩ (Gewürzständer; *österr. für* [Truppen]verpflegung)
Me|na|ge|rie, die; -, ...ien (Tierschau, Tiergehege)
me|na|gie|ren (*veraltet, aber noch landsch. für* sich selbst verköstigen; *österr. für* Essen fassen [beim Militär])
Me|n|ar|che, die; -, -n ⟨griech.⟩ (*Med.* erster Eintritt der Regelblutung)
Me|nas|se (österr. Schriftsteller)
Men|del (österr. Biologe)
Men|de|le|vi|um, das; -s ⟨nach dem russischen Chemiker Mendelejew⟩ (chemisches Element, ein Transuran; *Zeichen* Md)
Men|de|lis|mus, der; - (mendelsche Vererbungslehre)
men|deln (*Biol.* nach den Vererbungsregeln Mendels in Erscheinung treten); **mendelsch;** mendelsche *od.* Mendel'sche Regeln ↑K89 *u.* 135
Men|dels|sohn Bar|thol|dy [...di] (dt. Komponist; *als Familienname mit Bindestrich*)
Men|di|kant, der; -en, -en ⟨lat.⟩ (Bettelmönch); **Men|di|kan|ten|or|den**
Me|ne|la|os, Me|ne|la|us (griech. Sagengestalt, König von Sparta)
Me|ne|te|kel, das; -s, - ⟨aram.⟩ (unheildrohendes Zeichen)
M. Eng. = Master of Engineering; *vgl.* Master
Men|ge, die; -, -n
men|gen (mischen)
Men|gen|an|ga|be; Men|gen|be|griff; Men|gen|be|zeich|nung; Men|gen|kon|junk|tur *(Wirtsch.);* **Men|gen|leh|re** *Plur. selten (Math., Logik)*
men|gen|mä|ßig (*für* quantitativ)
Men|gen|preis; Men|gen|ra|batt
Meng|sel, das; -s, - (*landsch. für* Gemisch)
Men|hir, der; -s, -e ⟨breton.-franz.⟩ (unbehauene vorgeschichtliche Steinsäule)
Me|nin|gi|tis, die; -, ...tiden ⟨griech.⟩ (*Med.* Hirnhautentzündung)
me|nip|pisch ↑K135; menippische Satire, die menippische Philosophie; **Me|nip|pos** (altgriech. Philosoph)
Me|nis|kus, der; -, ...ken ⟨griech.⟩ (*Med.* Zwischenknorpel im Kniegelenk; *Physik* gewölbte Flüssigkeitsoberfläche)
Me|nis|kus|ope|ra|ti|on; Me|nis|kus|riss (eine Sportverletzung)
Men|jou|bärt|chen [...ʒu...] ⟨nach dem amerik. Filmschauspieler A. Menjou⟩ (schmaler, gestutzter Schnurrbart); ↑K136
Men|ken|ke, die; - (*landsch. ugs. für* Durcheinander; Umstände)
Men|ni|ge, die; - ⟨iber.⟩ (Bleiverbindung; rote Malerfarbe); **Men|nig|rot**
men|no! (ugs. Ausruf der Verärgerung, Verzweiflung)
Men|no|nit, der; -en, -en ⟨nach dem Gründer Menno Simons⟩ (Angehöriger einer evangelischen Freikirche); **Men|no|ni|ten|ge|mein|de; Men|no|ni|tin**
Me|no|pau|se, die; -, -n ⟨griech.⟩ (*Med.* Aufhören der Regelblutungen im Klimakterium)
Me|no|ra, die; -, - ⟨hebr.⟩ (siebenarmiger Leuchter der jüd. Liturgie)
Me|nor|ca (eine Baleareninsel)
Me|nor|qui|ner [...ˈkiː...] (Einwohner Menorcas); **Me|nor|qui|ne|rin; me|nor|qui|nisch**
Me|nor|rha|gie, die; -, -n ⟨griech.⟩ (*Med.* verlängerte Menstruation)
Me|no|s|ta|se, die; -, -n (*Med.* Ausbleiben der Monatsblutung)
Me|not|ti (amerik. Komponist ital. Herkunft)
Men|sa, die; -, *Plur.* -s *u.* ...sen ⟨lat.⟩ (restaurantähnliche Einrichtung an Universitäten [für die Studierenden]; *Kunstwiss.* Altarplatte); **Men|sa|es|sen**
[1]**Mensch,** der; -en, -en; eine menschenverachtende *od.* Menschen verachtende Ideologie; *aber nur* eine äußerst menschenverachtende, noch menschenverachtendere Ideologie
[2]**Mensch,** das; -[e]s, -er (*abwertend für* weibliche Person)
men|scheln (*ugs. für* menschliche Schwächen deutlich werden lassen); er sagt, es mensch[e]le dort gewaltig
Men|schen|af|fe
men|schen|ähn|lich
Men|schen|al|ter; Men|schen|an|samm|lung
men|schen|arm
Men|schen|auf|lauf
Men|schen|bild
Men|schen|feind; Men|schen|fein|din; men|schen|feind|lich
Men|schen|fleisch; Men|schen|fres|ser; Men|schen|fres|se|rin
Men|schen|freund; Men|schen|freun|din; men|schen|freund|lich
Men|schen|füh|rung, die; -; **Men|schen|ge|den|ken;** seit Men-

schengedenken; **Men|schen|geist,** der; -[e]s
men|schen|ge|macht; der menschengemachte Klimawandel
Men|schen|ge|schlecht, das; -[e]s; **Men|schen|ge|stalt;** in Menschengestalt; **Men|schen|ge|wühl**
Men|schen|hand; von Menschenhand; **Men|schen|han|del** *vgl.* [1]Handel; **Men|schen|händ|ler; Men|schen|händ|le|rin**
Men|schen|herz *(geh.)*; **Men|schen|ken|ner; Men|schen|ken|ne|rin; Men|schen|kennt|nis,** die; -
Men|schen|ket|te
Men|schen|kind
Men|schen|kun|de, die; - (*für* Anthropologie)
Men|schen|le|ben
men|schen|leer
Men|schen|lie|be; Men|schen|mas|se *meist Plur.*; **Men|schen|men|ge**
men|schen|mög|lich; was menschenmöglich war, wurde getan; *aber* sie hat das Menschenmögliche getan
Men|schen|op|fer; Men|schen|pflicht; Men|schen|raub
Men|schen|recht *meist Plur.*; **Men|schen|recht|ler; Men|schen|recht|le|rin**
Men|schen|rechts|er|klä|rung; Men|schen|rechts|kom|mis|si|on; Men|schen|rechts|or|ga|ni|sa|ti|on; Men|schen|rechts|ver|let|zung
men|schen|scheu; Men|schen|scheu, die; -
Men|schen|schlag, der; -[e]s; **Men|schen|see|le;** keine Menschenseele war zu sehen
Men|schens|kind!, Men|schens|kin|der! (ugs. Ausruf)
Men|schen|sohn, der; -[e]s (Selbstbezeichnung Jesu Christi)
Men|schen|trau|be
Men|schen|tum, das; -s
men|schen|un|wür|dig
men|schen|ver|ach|tend, Men|schen ver|ach|tend; *aber nur* alle Menschen verachtend; eine äußerst menschenverachtende Ideologie; noch menschenverachtender ↑K58; *vgl.* [1]Mensch
Men|schen|ver|ach|tung
Men|schen|ver|stand; der gesunde Menschenverstand
Men|schen|werk *(geh.)*
Men|schen|wür|de, die; -; **men|schen|wür|dig**
Men|sche|wik, der; -en, *Plur.* -en *u.* -i ‹russ.› (Anhänger des Menschewismus); **Men|sche|wi|kin;**
Men|sche|wis|mus, der; - (ehem. gemäßigter russ. Sozialismus)
Men|sche|wist, der; -en, -en (*svw.* Menschewik); **Men|sche|wis|tin; men|sche|wis|tisch**
Mensch|heit, die; -; **mensch|heit|lich**
Mensch|heits|ent|wick|lung, die; -; **Mensch|heits|ge|schich|te,** die; -; **Mensch|heits|traum**
mensch|lich; ihr ist nichts Menschliches fremd ↑K72
Mensch|lich|keit
Mensch|sein, das; -s
Mensch|wer|dung, die; -
Men|ses *Plur.* ‹lat.› (*Med.* Monatsblutungen)
men|sis cur|ren|tis ‹lat.› (*veraltet für* [des] laufenden Monats; *Abk.* m. c.)
mens|t|ru|al (*Med.* zur Menstruation gehörend); **Mens|t|ru|al|blu|tung**
Mens|t|ru|a|ti|on, die; -, -en (Monatsblutung, Regel); **mens|t|ru|ie|ren**
Men|sur, die; -, -en ‹lat.› (Abstand der beiden Fechter; stud. Zweikampf; Zeitmaß der Noten; Maßverhältnis bei Musikinstrumenten; *Chemie* Messglas)
men|su|ra|bel (*geh. für* messbar); ...a|b|le Größe; **Men|su|ra|bi|li|tät,** die; - *(geh.)*
Men|su|ral|mu|sik, die; - (in Mensuralnotation aufgezeichnete Musik des 13. bis 16. Jh.s)
Men|su|ral|no|ta|ti|on, die; - (im 13. Jh. ausgebildete, die Tondauer angebende Notenschrift)
men|tal ‹lat.› (geistig; gedanklich); **Men|ta|li|tät,** die; -, -en (Denk-, Anschauungsweise; Sinnes-, Geistesart)
Men|tal|re|ser|va|ti|on (*Rechtsspr.* stiller Vorbehalt)
[1]**Men|tee** [mɛnˈtiː], der; -[s], -s ‹engl.› (Betreuter in einem Mentoring); [2]**Men|tee,** die; -, -s (Betreute in einem Mentoring)
Men|thol, das; -s ‹lat.› (Bestandteil des Pfefferminzöls)
[1]**Men|tor** ‹griech.› (Erzieher des Telemach)
[2]**Men|tor,** der; -s, ...oren (Erzieher; Ratgeber); **Men|to|rin**
Men|to|ring, das; -[s], -s ‹engl.› (Beratung u. Unterstützung durch erfahrene Fach- od. Führungskräfte)
Me|nü, das; -s, -s ‹franz.› (Speisenfolge; *EDV* auf dem Bildschirm angebotene Programmauswahl)
Me|nu|ett, das; -[e]s, *Plur.* -e, *auch* -s (ein Tanz)
Me|nü|füh|rung *(EDV)*
Me|nu|hin [*auch* ...ˈhiːn], Yehudi (amerik. Geigenvirtuose)
Me|nü|leis|te *(EDV)*; **Me|nü|punkt**
Men|zel (dt. Maler u. Grafiker)
Me|phis|to, Me|phis|to|phe|les (Teufel in Goethes »Faust«); **me|phis|to|phe|lisch**
Me|ran (Stadt in Südtirol)
Mer|ca|tor (flandrischer Geograf); **Mer|ca|tor|pro|jek|ti|on, Mer|ca|tor-Pro|jek|ti|on** (*Geogr.* Netzentwurf von Landkarten)
Mer|ce|des-Benz®, der; -, - (dt. Kraftfahrzeug)
Mer|ce|rie [...sə...], die; -, ...ien ‹franz.› (*schweiz. für* Kurzwaren[handlung])
Mer|ce|ri|sa|ti|on usw. *vgl.* Merzerisation usw.
Mer|chan|di|sing [ˈmøːɐ̯tʃn̩daɪ̯...], das; -[s] ‹engl.› (*Wirtsch.* verkaufsfördernde Maßnahmen; Vermarktung aller mit einem Film, einem Sportereignis o. Ä. in Zusammenhang stehenden Produkte)
mer|ci! [...ˈsiː] ‹franz.› (danke!)
Me|re|dith [...dɪθ] (engl. Schriftsteller); ↑K16
Me|ren|gue [meˈrenge̯], der; -[s], -s *od.* die; -, -s ‹span.› (lateinamerikan. Musikrichtung; ein Tanz)
Mer|gel, der; -s, - (aus Ton u. Kalk bestehendes Sedimentgestein); **Mer|gel|bo|den**
mer|ge|lig, merg|lig
Mer|ger [ˈməːdʒɐ], der; -s, -[s] ‹engl.› (*Wirtsch.* Zusammenschluss von Firmen; Fusion)
merg|lig *vgl.* mergelig
Me|ri|an, Maria Sibylla (dt. Künstlerin u. Naturforscherin)
Me|ri|an d. Ä., Matthäus (schweiz. Kupferstecher u. Buchhändler)
Me|ri|di|an, der; -s, -e ‹lat.› (*Geogr.*, *Astron.* Mittags-, Längenkreis); **Me|ri|di|an|kreis** (astron. Messinstrument)
me|ri|di|o|nal (*Geogr.* den Längenkreis betreffend)
Mé|ri|mée [meriˈmeː], Prosper [...ˈpɛːɐ̯] (franz. Schriftsteller)
Me|rin|ge, die; -, -n, **Me|rin|gel,** das; -s, -, *schweiz.* **Me|ringue** [ˈmɛrɛŋ, məˈrɛ̃ːg], die; -, -s ‹franz.› (ein Schaumgebäck)
Me|ri|no, der; -s, -s ‹span.› (Schaf einer span. Rasse)
Me|ri|no|schaf; Me|ri|no|wol|le

M
Mens

Me|ris|tem, das; -s, -e ‹griech.› (*Bot.* pflanzl. Bildungsgewebe); **me|ris|te|ma|tisch** (*Bot.* teilungsfähig [von pflanzl. Geweben])
Me|ri|ten (*Plur. von* Meritum); **Me|ri|tum**, das; -s, ...iten *meist Plur.* (das Verdienst)
Merk, der; -s, -e (ein Doldengewächs)
mer|kan|til, *veraltet* **mer|kan|ti|lisch** ‹lat.› (kaufmännisch; Handels...); **Mer|kan|ti|lis|mus**, der; - (Wirtschaftspolitik in der Zeit des Absolutismus)
Mer|kan|ti|list, der; -en, -en; **Mer|kan|ti|lis|tin; mer|kan|ti|lis|tisch**
Mer|kan|til|sys|tem, das; -s
merk|bar
Merk|blatt; Merk|buch
mer|ken; ich merke mir etwas
Mer|ker (*ugs. iron. für* jmd., der alles bemerkt); **Mer|ke|rin**
Merk|heft; Merk|hil|fe
merk|lich; merkliche Besserung; *aber* um ein Merkliches
Merk|mal *Plur.* ...male; **Merk|satz; Merk|spruch**
[1]**Mer|kur** (röm. Gott des Handels; Götterbote)
[2]**Mer|kur**, der; -s (ein Planet)
[3]**Mer|kur**, der *od.* das; -s (*[alchemist.] Bez. für* Quecksilber)
Mer|ku|ri|a|lis|mus, der; - (Quecksilbervergiftung)
Mer|kur|stab
Merk|vers; Merk|wort *vgl.* Wort
merk|wür|dig; merk|wür|di|ger|wei|se; Merk|wür|dig|keit, die; -, -en
Merk|zei|chen; Merk|zet|tel
Mer|lan, der; -s, -e ‹franz.› (*svw.* Wittling)
Mer|le, die; -, -n ‹lat.› (*landsch. für* Amsel)
[1]**Mer|lin** [*auch* 'mɛ...] (kelt. Sagengestalt, Zauberer)
[2]**Mer|lin** [*auch* 'mɛ...], der; -s, -e ‹engl.› (ein Greifvogel)
[1]**Mer|lot** [mɛr'lo:], die; - ‹franz.› (eine Rebsorte)
[2]**Mer|lot**, der; -[s], -s (ein Rotwein)
Me|ro|win|ger, der; -s, - (Angehöriger eines fränk. Königsgeschlechtes); **Me|ro|win|ge|rin; Me|ro|win|ger|reich**, das; -[e]s; **me|ro|win|gisch**
Mer|se|burg (Stadt an der Saale); **Mer|se|bur|ger;** Merseburger Zaubersprüche; **mer|se|bur|gisch**
Mer|ten (m. Vorn.)
Mer|ze|ri|sa|ti|on, die; -, -en ‹nach dem engl. Erfinder Mercer› (Veredlungsverfahren [bes. bei Baumwolle]); **mer|ze|ri|sie|ren; Mer|ze|ri|sie|rung**
Merz|schaf; Merz|vieh (zur Zucht nicht geeignetes Vieh)
M. E. S. = Master in/of European Studies; *vgl.* Master
Me|s|al|li|ance [...'li̯ã:s], die; -, -n ‹franz.› (*bes. früher für* nicht standesgemäße Ehe; *übertr. für* unglückliche Verbindung)
me|schant ‹franz.› (*landsch. für* boshaft, ungezogen)
Me|sche, me|schen *vgl.* Mèche, mèchen
me|schug|ge ‹hebr.-jidd.› (*ugs. für* verrückt)
Mes|dames [mɛ'dam] (*Plur. von* Madame); **Mes|de|moi|selles** [medəmo̯a'zɛl, *österr. nur* medmo̯a...] (*Plur. von* Mademoiselle)
Me|s|en|chym, das; -s, -e ‹griech.› (*Biol., Med.* embryonales Bindegewebe)
Me|se|ta, die; -, *Plur.* ...ten, *auch* ...tas (*span. Bez. für* Hochebene)
Mesh [...ʃ], das; -[s] ‹engl.› (netzartiges Material, bes. für Textilien)
Mes|ka|lin, das; -s ‹indian.-span.› (Alkaloid einer mexik. Kaktee, ein Rauschmittel)
Mes|mer, Mess|mer, der; -s, - (*schweiz. für* Kirchendiener)
Mes|me|rin, Mess|me|rin
Mes|me|ris|mus, der; - ‹nach dem dt. Arzt Mesmer› (Lehre von der heilenden Wirkung magnetischer Kräfte)
Mes|ner, Mess|ner ‹mlat.› (*landsch. für* Kirchendiener); **Mes|ne|rei**, Mess|ne|rei (*landsch. für* Amt u. Wohnung des Mesners); **Mes|ne|rin**, Mess|ne|rin
me|so... ‹griech.› (mittel..., mitten...)
Me|so... (Mittel..., Mitten...)
Me|so|derm, das; -s, -e (*Biol., Med.* mittleres Keimblatt in der Embryonalentwicklung)
Me|so|karp, das; -s, -e (*Bot.* Mittelschicht von Pflanzenfrüchten)
Me|so|li|thi|kum [*auch* ...'lɪ...], das; -s (Mittelsteinzeit); **me|so|li|thisch**
Me|son, *älter* Me|so|t|ron, das; -s, ...onen *meist Plur.* ‹griech.› (*Physik* instabiles Elementarteilchen mittlerer Masse)
Me|so|phyt, der; -en, -en ‹griech.› (*Bot.* Pflanze, die Böden mittleren Feuchtigkeitsgrades bevorzugt)
Me|so|po|ta|mi|en (hist. Landschaft im Irak [zwischen Euphrat u. Tigris]); **Me|so|po|ta|mi|er; Me|so|po|ta|mi|e|rin**
me|so|po|ta|misch
Me|so|sphä|re, die; - ‹griech.› (*Meteorol.* in etwa 50 bis 80 km Höhe liegende Schicht der Erdatmosphäre)
Me|so|t|ron *vgl.* Meson
Me|so|zo|i|kum, das; -s (*Geol.* Mittelalter der Erde); **me|so|zo|isch**
Mes|sage [...sɪtʃ], die; -, -s ‹engl.› (Nachricht; Information; *auch für* Gehalt, Aussage eines Kunstwerks u. Ä.)
Mes|sa|li|na (Gemahlin des Kaisers Claudius)
Mess|band, das; *Plur.* ...bänder
mess|bar; Mess|bar|keit, die; -
Mess|be|cher; Mess|be|reich; Mess|brief (*Seew.* amtl. Bescheinigung über die Vermessung eines Schiffes)
Mess|buch (*für* Missale)
Mess|da|ten *Plur.*
Mess|die|ner; Mess|die|ne|rin
[1]**Mes|se**, die; -, -n ‹lat.› (kath. Gottesdienst mit Eucharistiefeier; Chorwerk); die, eine Messe lesen, *aber* ↑K72: das Messelesen
[2]**Mes|se**, die; -, -n (Großmarkt, Ausstellung)
[3]**Mes|se**, die; -, -n ‹engl.› (Speise- u. Aufenthaltsraum, Tischgesellschaft der Schiffsbesatzung)
Mes|se|aus|weis; Mes|se|be|su|cher; Mes|se|be|su|che|rin; Mes|se|ge|län|de; Mes|se|ge|schäft; Mes|se|hal|le; Mes|se|ka|ta|log
Mes|se|le|sen, das; -s
mes|sen; du misst, er misst; ich maß, du maßest; du mäßest; gemessen; miss!; sich [mit jmdm.] messen
Mes|se|ni|en (altgriech. Landschaft des Peloponnes); **mes|se|nisch**
[1]**Mes|ser**, der ‹*zu* messen› (Messender, Messgerät; *fast nur als 2. Bestandteil in Zusammensetzungen*, z. B. Zeitmesser)
[2]**Mes|ser**, das; -s, - (ein Schneidwerkzeug); **Mes|ser|bänk|chen**
Mes|ser|[form|]schnitt (ein [kurzer] Haarschnitt)
Mess|er|geb|nis
Mes|ser|held (*abwertend*); **Mes|ser|hel|din**
mes|ser|scharf
Mes|ser|schmied; Mes|ser|schmie|din

M
Mess

Mes|ser|spit|ze
Mes|ser|ste|cher; Mes|ser|ste|che|rei; Mes|ser|ste|che|rin; Mes|ser|stich
Mes|ser|wer|fer; Mes|ser|wer|fe|rin
Mes|se|schla|ger; Mes|se|stadt; Mes|se|stand
Mess|feh|ler; Mess|füh|ler *(Technik);* **Mess|ge|rät**
Mess|ge|wand
Mess|glas *Plur.* ...gläser
Mess|grö|ße
Mes|si|a|de, die; -, -n (Dichtung vom Messias)
Mes|si|aen [mɛsˈjã] (franz. Komponist)
mes|si|a|nisch (auf den Messias bezüglich); **Mes|si|a|nis|mus,** der; - (religiös, sozial od. politisch motivierte Erneuerungsbewegung mit der Erwartung eines dem Messias vergleichbaren Heilbringers)
Mes|si|as, der; -, -se ‹hebr., »Gesalbter«› *(nur Sing.:* Beiname Jesu Christi; *A. T.* der verheißene Erlöser; *auch für* Befreier)
Mes|si|dor, der; -[s], -s ‹»Erntemonat«› (10. Monat des Kalenders der Franz. Revolution: 19. Juni bis 18. Juli)
Mes|sie, der; -s, -s ‹engl.› *(ugs. für* Mensch, dessen Wohnung eine chaotische Unordnung aufweist)
Mes|sieurs [mɛˈsi̯øː] *(Plur. von* Monsieur; *Abk.* MM)
Mes|si|na (Stadt auf Sizilien); **Mes|si|na|ap|fel|si|ne, Mes|si|na-Ap|fel|si|ne** ↑K143
Mes|sing, das; -s, *Plur. (Sorten:)* -e (Kupfer-Zink-Legierung)
Mes|sing|bett
Mes|sing|draht
mes|sin|gen (aus Messing); eine messing[e]ne Platte
Mes|sing|griff; Mes|sing|leuch|ter; Mes|sing|schild, das; **Mes|sing|stan|ge**
Mess|in|s|t|ru|ment; Mess|lat|te
Mess|mer usw. *vgl.* Mesmer usw.; **Mess|ner** usw. *vgl.* Mesner usw.
Mess|op|fer (in der kath. Feier der Eucharistie)
[1]**Mess|platz** *(landsch. für* Platz, auf dem Jahrmärkte stattfinden)
[2]**Mess|platz** *(Elektrot.* ortsfeste Messeinrichtung)
Mess|satz, Mess-Satz (mehrere zusammengefasste Messgeräte)
Mess|schie|ber, Mess-Schie|ber (ein Messgerät)
Mess|schnur, Mess-Schnur
Mess|schrau|be, Mess-Schrau|be (ein Feinmessgerät)
Mess|stab, Mess-Stab
Mess|tech|nik
Mess|tisch; Mess|tisch|blatt *(veraltend für* topografische Karte im Maßstab 1:25000)
Mes|sung
Mess|ver|fah|ren; Mess|wert; Mess|zy|lin|der
Mes|te, die; -, -n (altes mitteld. Maß; ein [Holz]gefäß)
Mes|ti|ze, der; -n, -n ‹lat.-span.› (Nachkomme eines weißen u. eines indian. Elternteils *[häufig als diskriminierend empfundene Bez.]*); **Mes|ti|zin**
MESZ = mitteleuropäische Sommerzeit
Met, der; -[e]s (gegorener Honigsaft)
Me|ta (w. Vorn.)
me|ta... ‹griech.› (zwischen..., mit..., um..., nach...)
Me|ta... (Zwischen..., Mit..., Um..., Nach...)
me|ta|bol, me|ta|bo|lisch *(Biol.* veränderlich; *Biol., Med.* den Stoffwechsel betreffend); **Me|ta|bo|lis|mus,** der; - *(Biol., Med.* Stoffwechsel)
Me|ta|ebe|ne *(Fachspr.* übergeordnete Ebene)
Me|ta|ge|ne|se, die; -, -n ‹griech.› *(Biol.* besondere Form des Generationswechsels bei vielzelligen Tieren); **me|ta|ge|ne|tisch**
Me|ta|ge|schäft ‹ital.; dt.› *(Kaufmannsspr.* gemeinschaftlich durchgeführtes Waren- od. Bankgeschäft zweier Firmen mit gleichmäßiger Verteilung von Gewinn u. Verlust)
Me|ta|kri|tik [*auch* ˈmɛ...], die; -, -en ‹griech.› (auf die Kritik folgende Kritik; Kritik der Kritik)
Me|tal [ˈmɛtl̩], das; -[s] *(kurz für* Heavy Metal)
Me|ta|lep|se, Me|ta|lep|sis, die; -, ...epsen *(Rhet.* Verwechslung)
Me|tall, das; -[e]s, -e ‹griech.›; die Metall verarbeitende *od.* metallverarbeitende Industrie
Me|tall|ar|bei|ter; Me|tall|ar|bei|te|rin; Me|tall|be|ar|bei|tung
me|tall|be|schla|gen
Me|tall|block *Plur.* ...blöcke
Me|tall|de|tek|tor *(Technik)*
me|tal|len (aus Metall)
Me|tal|ler *(ugs. für* Metallarbeiter; Angehöriger der IG Metall); **Me|tal|le|rin; Me|tall|guss**
me|tall|hal|tig; Me|tall|hal|tig|keit, die; -
me|tal|lic [...lɪk] (metallisch schimmernd [lackiert]); ein Auto in Blaumetallic *od.* in Blau metallic, in Metallicblau *od.* in metallic Blau
Me|tal|lic|la|ckie|rung
Me|tall|in|dus|t|rie
Me|tal|li|sa|ti|on, die; -, -en *(Technik* Vererzung beim Versteinerungsvorgang)
me|tal|lisch (metallartig)
mé|tal|li|sé ‹franz.› (metallic)
me|tal|li|sie|ren *(Technik* mit Metall überziehen); **Me|tal|li|sie|rung**
Me|tall|kun|de, die; -; **Me|tall|kund|ler; Me|tall|kund|le|rin**
Me|tall|le|gie|rung, Me|tall-Le|gie|rung
Me|tal|lo|chro|mie, die; - *(Technik* galvanische Metallfärbung)
Me|tal|lo|gie, die; - (Metallkunde)
Me|tal|lo|gra|fie, Me|tal|lo|gra|phie, die; - (Zweig der Metallkunde)
Me|tal|lo|id, das; -[e]s, -e *(veraltet für* nicht metall. Grundstoff)
Me|tall|plat|te; Me|tall|ski, Me|tall|schi; Me|tall|teil; Me|tall|über|zug
Me|tal|l|urg, Me|tal|l|ur|ge, der; ...gen, ...gen; **Me|tal|l|ur|gie,** die; - (Hüttenkunde); **Me|tal|l|ur|gin; me|tal|l|ur|gisch**
Me|tall ver|ar|bei|tend, me|tall|ver|ar|bei|tend ↑K58
me|ta|morph, me|ta|mor|phisch ‹griech.› (die Gestalt wandelnd)
Me|ta|mor|phis|mus, der; -, ...men *(svw.* Metamorphose); **Me|ta|mor|pho|se,** die; -, -n (Umgestaltung, Verwandlung); **me|ta|mor|pho|sie|ren**
Me|ta|pha|se, die; -, -n *(Biol.* zweite Phase der indirekten Zellkernteilung)
Me|ta|pher, die; -, -n *(Sprachwiss.* Wort mit übertragener Bedeutung, bildliche Wendung, z. B. »Haupt der Familie«)
Me|ta|pho|rik, die; - (Verbildlichung, Übertragung in eine Metapher); **me|ta|pho|risch** (bildlich, im übertragenen Sinne)
Me|ta|phra|se, die; -, -n (Umschreibung); **me|ta|phras|tisch** (umschreibend)
Me|ta|phy|sik, die; -, -en *Plur. selten* (philos. Lehre von den letz-

M
Mess

ten, nicht erfahrbaren Gründen u. Zusammenhängen des Seins); **Me|ta|phy|si|ker; Me|ta|phy|si|ke|rin; me|ta|phy|sisch**

Me|ta|plas|mus, der; -, ...men (*Sprachwiss.* Umbildung von Wortformen)

Me|ta|psy|chik, die; - (*svw.* Parapsychologie); **me|ta|psy|chisch; Me|ta|psy|cho|lo|gie,** die; -, ...ien (*svw.* Parapsychologie)

Me|ta|se|quo|ia, die; -, ...oien (Vertreter einer Gattung der Sumpfzypressengewächse)

Me|ta|spra|che [*auch* 'mɛ...] (*EDV, Sprachwiss., Math.* zur Beschreibung einer anderen Sprache benutzte Sprache); **me|ta|sprach|lich**

Me|ta|s|ta|se, die; -, -n (*Med.* Tochtergeschwulst); **me|ta|s|ta|sie|ren** (Tochtergeschwülste bilden); **me|ta|s|ta|tisch**

Me|ta|the|se, Me|ta|the|sis, die; -, ...esen (*Sprachwiss.* Lautumstellung, z. B. »Born« – »Bronn«)

Me|ta|tro|pis|mus, der; - (*Psychol.* Umkehrung des geschlechtl. Empfindens)

Me|ta|xa®, der; -[s], -s (ein milder griech. Branntwein)

me|ta|zen|t|risch (das Metazentrum betreffend); **Me|ta|zen|t|rum** (*Schiffbau* Schwankpunkt)

Me|ta|zo|on, das; -s, ...zoen *meist Plur.* (vielzelliges Tier)

Me|t|em|psy|cho|se, die; -, -n ⟨griech.⟩ (Seelenwanderung)

Me|te|or, der, *selten* das; -s, -e ⟨griech.⟩ (Leuchterscheinung beim Eintritt eines Meteoroiden in die Erdatmosphäre)

Me|te|or|ei|sen

me|te|o|risch (auf Lufterscheinungen, -verhältnisse bezogen)

Me|te|o|rit, der; *Gen.* -en *u.* -s, *Plur.* -en *u.* -e (auf der Erde aufschlagender kosmischer Körper); **me|te|o|ri|tisch** (von einem Meteor stammend, meteorartig)

Me|te|o|ro|id, der; *Gen.* -s *od.* -en, *Plur.* -e *od.* -en (kleinerer interplanetarer Körper)

Me|te|o|ro|lo|ge, der; -n, -n; **Me|te|o|ro|lo|gie,** die; - (Lehre von Wetter u. Klima); **Me|te|o|ro|lo|gin; me|te|o|ro|lo|gisch**

me|te|o|ro|trop (wetter-, klimabedingt); **Me|te|o|ro|tro|pis|mus,** der; -, ...men (wetterbedingter Krankheitszustand)

Me|te|or|stein

Me|ter

der, *fachspr. früher auch* das; -s, - ⟨griech.⟩ (Längenmaß; *Zeichen* m)

- eine Länge von zehn Metern, *auch* von zehn Meter
- eine Mauer von drei Meter, *auch* von drei Metern Höhe
- von 10 Meter, *auch* von 10 Metern an
- ein[en] Meter lang, acht Meter lang
- laufender Meter (*Abk.* lfd. M.)

...me|ter (z. B. Zentimeter)

me|ter|dick; meterdicke Mauern; *aber* die Mauern sind zwei Meter dick; **me|ter|hoch;** der Schnee liegt meterhoch; *aber* drei Meter hoch; **me|ter|lang;** *aber* ein[en] Meter lang

Me|ter|maß, das; **Me|ter|stab; Me|ter|wa|re,** die; -

me|ter|wei|se; me|ter|weit; *aber* drei Meter weit

Me|tha|don, das; -s ⟨engl.⟩ (*Chemie, Med.* synthet. Derivat des Morphins [als Ersatzdroge für Heroinabhängige])

Me|tha|don|the|ra|pie, Me|tha|don-The|ra|pie

Me|than, das; -s ⟨griech.⟩ (Gruben-, Sumpfgas); **Me|than|gas**

Me|tha|nol, das; -s (Methylalkohol)

Me|thod-Ac|ting ['mɛθədˌɛktɪŋ], das; -s ⟨amerik.⟩ (*fachspr. für* Art der Schauspielerei, bei der die Schauspieler auf eigene Erfahrungen zurückgreifen)

Me|tho|de, die; -, -n ⟨griech.⟩ (planmäßiges u. folgerichtiges Verfahren; Vorgehensweise); **Me|tho|den|leh|re**

Me|tho|dik, die; -, -en (Verfahrenslehre, -weise; Vortrags-, Unterrichtslehre; *nur Sing.:* methodisches Vorgehen)

Me|tho|di|ker (planmäßig Verfahrender; Begründer einer Methode); **Me|tho|di|ke|rin; me|tho|disch** (planmäßig; überlegt, durchdacht); **me|tho|di|sie|ren**

Me|tho|dist, der; -en, -en (Angehöriger der Methodistenkirche); **Me|tho|dis|ten|kir|che** (eine ev. Freikirche); **Me|tho|dis|tin; me|tho|dis|tisch**

Me|tho|do|lo|gie, die; -, ...ien (Lehre von den wissenschaftl. Methoden); **me|tho|do|lo|gisch**

Me|tho|ma|nie, die; - ⟨griech.⟩ (*Med.* Bewusstseinsveränderung durch Missbrauch von Alkohol od. Medikamenten)

[1]**Me|thu|sa|lem,** *ökum.* Me|tu|schelach (bibl. Eigenname)

[2]**Me|thu|sa|lem,** der; -[s], -s (*ugs. für* sehr alter Mann)

Me|thyl, das; -s ⟨griech.⟩ (einwertiger Methanrest in zahlreichen organ.-chem. Verbindungen)

Me|thyl|al|ko|hol, der; -s (Holzgeist, Methanol); **Me|thy|l|a|min,** das; -s, -e (einfachste organ. Base); **Me|thy|len|blau** (ein synthet. Farbstoff)

Me|ti|er [...'ti̯e:], das; -s, -s ⟨franz.⟩ (Beruf; Aufgabe)

Me|tist, der; -en, -en ⟨ital.⟩ (Teilnehmer an einem Metageschäft); **Me|tis|tin**

Me|t|ö|ke, der; -n, -n ⟨griech.⟩ (rechtloser ortsansässiger Fremder [in altgriech. Städten])

Me|ton (altgriech. Mathematiker); **me|to|ni|scher Zy|k|lus** ↑K 89 *u.* 135, der; -n - (alter Kalenderzyklus [Zeitraum von 19 Jahren], der der Berechnung des christl. Osterdatums zugrunde liegt)

Me|t|o|no|ma|sie, die; -, ...ien ⟨griech.⟩ (Namensveränderung durch Übersetzung in eine fremde Sprache)

Me|t|o|ny|mie, die; -, ...ien (*Stilkunde* Ersetzung eines Wortes durch einen verwandten Begriff, z. B. »Dolch« durch »Stahl«); **me|t|o|ny|misch**

Me-too-Pro|dukt ['mitu:...] ⟨engl.; lat.⟩ (*Wirtsch.* Nachahmung eines Markenprodukts)

Me|t|o|pe, die; -, -n ⟨griech.⟩ (*Archit.* Zwischenfeld in einem antiken Tempelfries)

Me|t|ra, Me|t|ren (*Plur. von* Metrum)

Me|t|rik, die; -, -en ⟨griech.⟩ (Verslehre, -kunst; *Musik* Lehre vom Takt); **Me|t|ri|ker; Me|t|ri|ke|rin; me|t|risch** (die Verslehre, das Versmaß, den Takt betreffend; in Versen abgefasst; nach dem Meter messbar); metrischer Raum; metrisches System ↑K 89

Me|t|ro [*auch* 'mɛ...], die; -, -s ⟨griech.-franz.⟩ (Untergrundbahn, bes. in Paris u. Moskau)

Me|t|ro|lo|gie, die; - ⟨griech.⟩ (Maß- u. Gewichtskunde); **me|t|ro|lo|gisch**

Me|t|ro|nom, das; -s, -e ⟨griech.⟩ (*Musik* Taktmesser); *vgl.* Mälzel

Me|t|ro|po|le, die; -, -n ⟨griech.⟩

M
Metr

(Hauptstadt, Weltstadt); **Me|t|ro|po|lis,** die; -, ...polen (*veraltet für* Metropole)
Me|t|ro|po|lit, der; -en, -en (Erzbischof); **Me|t|ro|po|li|tan|kir|che**
Me|t|ro|pol|re|gi|on (Ballungsgebiet)
Me|t|ro|ra|pid, der; -[s] (eine [geplante, aber nicht realisierte] Magnetschwebebahn)
Me|t|ro|se|xu|a|li|tät
me|t|ro|se|xu|ell ‹engl.› (als heterosexueller Mann bestimmte, sonst eher als feminin angesehene Interessen kultivierend)
Me|t|rum, das; -s, *Plur.* ...tren, *älter* ...tra ‹griech.› (Versmaß; *Musik* Takt)
Mett, das; -[e]s (*nordd. für* gehacktes Schweinefleisch)
Met|ta|ge [...ʒə], die; -, -n ‹franz.› (*Druckw.* Umbruch)
Met|te, die; -, -n ‹lat.› (nächtl. Gottesdienst; nächtl. Gebet)
Met|ter|nich (österr. Staatskanzler)
Met|teur [...ˈtøːɐ̯], der; -s, -e ‹franz.› (*Druckw.* Hersteller der Seiten); **Met|teu|rin**
Mett|wurst
Me|tu|sche|lach *vgl.* [1]Methusalem
Metz (franz. Stadt)
[1]**Met|ze,** die; -, -n, *südd. u. österr.* Met|zen, der; -s, - (altes Getreidemaß)
[2]**Met|ze,** die; -, -n (*veraltet für* Prostituierte)
Met|ze|lei *(ugs.)*; **met|zeln** (*landsch. für* schlachten; *seltener für* niedermetzeln); ich metz[e]le; **Met|zel|sup|pe** (*südd. für* Wurstsuppe)
Met|zen *vgl.* [1]Metze
Metzg, die; -, -en (*schweiz. neben* Metzgerei); **Metz|ge,** die; -, -n (*südd. für* Metzgerei, Schlachtbank); **metz|gen** (*landsch. u. schweiz. für* schlachten)
Metz|ger (*westmd., südd., schweiz. für* Fleischer); **Metz|ge|rei**
Metz|ger|gang, Metz|gers|gang (*landsch. für* erfolglose Bemühung); **Metz|ge|rin; Metz|ger|meis|ter; Metz|ger|meis|te|rin**
Metz|ge|te, die; -, -n (*schweiz. für* Schlachtfest; Schlachtplatte)
Met|zig, die; -, -en (*svw.* Metzge)
Metz|ler (*rhein. für* Fleischer); **Metz|le|rin**
Meu|b|le|ment [møbləˈmãː], das; -s, -s ‹franz.› (*veraltet für* Zimmer-, Wohnungseinrichtung)
Meu|chel|mord; Meu|chel|mör|der; Meu|chel|mör|de|rin
meu|cheln (*veraltend für* heimtückisch ermorden); ich meuch[e]le
Meuch|ler; Meuch|le|rin
meuch|le|risch; meuch|lings (*veraltend für* heimtückisch)
Meu|ni|er [møˈni̯eː] (belg. Bildhauer u. Maler)
Meu|te, die; -, -n (*Jägerspr.* Gruppe von Hunden; *übertr. abwertend für* größere Zahl von Menschen)
Meu|te|rei; Meu|te|rer; Meu|te|rin; meu|tern; ich meutere
MeV = Megaelektronenvolt
Me|xi|ka|ner; Me|xi|ka|ne|rin; me|xi|ka|nisch
Me|xi|ko (Staat in Mittelamerika u. dessen Hauptstadt); **Me|xi|ko-Stadt** (Hauptstadt von Mexiko)
Mey|er, Conrad Ferdinand (schweiz. Schriftsteller)
Mey|er|beer (dt. Komponist)
MEZ = mitteleuropäische Zeit
Mez|za|nin, das, *auch* der; -s, -e ‹ital.› (niedriges Halb-, Zwischengeschoss, bes. in der Baukunst der Renaissance u. des Barocks); **Mez|za|ni|ne,** das; -s *meist ohne Artikel* (*Bankw.* Finanzierungsform aus Eigen- u. Fremdkapital); **Mez|za|nin|woh|nung**
mez|za vo|ce [- ...t͡ʃə] ‹ital.› (*Musik* mit halber Stimme; *Abk.* m. v.)
Mez|zie [meˈt͡siːɛ], die; -, -n ‹jidd.› (*ostösterr. für* Schnäppchen)
mez|zo|for|te (*Musik* halbstark; *Abk.* mf)
Mez|zo|gior|no [...ˈd͡ʒɔ...], der; - (der Teil Italiens südl. von Rom, einschließlich Siziliens)
mez|zo|pi|a|no (*Musik* halbleise; *Abk.* mp)
Mez|zo|so|p|ran [*auch* ...ˈpraːn] (mittlere Frauenstimme zwischen Sopran u. Alt; Sängerin der mittleren Stimmlage); **Mez|zo|so|p|ra|nis|tin**
Mez|zo|tin|to, das; -[s], *Plur.* -s *od.* ...ti (*nur Sing.:* Schabkunst, bes. Technik des Kupferstichs; *auch für* Erzeugnis dieser Technik)
mf = mezzoforte
µF = Mikrofarad
MfG = Mit freundlichen Grüßen
MFK = Motorfahrzeugkontrolle *(in der Schweiz)*
mg = Milligramm
Mg (*chem. Zeichen für* Magnesium)
MG, das; -[s], -[s] = Maschinengewehr
µg = Mikrogramm
[1]**Mgr.** = Monseigneur
[2]**Mgr.,** Msgr. = Monsignore
MG-Schüt|ze, der ↑K 28
mhd. = mittelhochdeutsch
MHz = Megahertz
mi ‹ital.› (Solmisationssilbe)
Mi. = Mittwoch
MI = Michigan
Mia (w. Vorn.)
Mia., Md., Mrd. = Milliarde[n]
Mi|a|mi [mai̯ˈɛ...] (Stadt an der Küste Floridas)
Mi|as|ma, das; -s, ...men ‹griech.› (früher angenommene giftige Ausdünstung des Bodens); **mi|as|ma|tisch** (giftig)
mi|au!; mi|au|en; die Katze hat miaut
MIB [ɛm|ai̯ˈbiː] = Master of International Business; *vgl.* Master
mich (*Akk. von* »ich«)
Mi|cha (bibl. Prophet)
Mi|cha|el [...eːl, *auch* ...ɛl] (einer der Erzengel; m. Vorn.)
Mi|cha|e|la (w. Vorn.)
Mi|cha|e|li[s], das; - (Michaelstag); **Mi|cha|els|tag** (29. Sept.)
[1]**Mi|chel** (m. Vorn.)
[2]**Mi|chel** (*Spottname für* den Deutschen); deutscher Michel
Mi|chel|an|ge|lo Bu|o|nar|ro|ti [...keˈland͡ʒe... -] (ital. Künstler)
Mi|chelle [...ˈʃɛl] (w. Vorn.)
Mi|chels|tag (*landsch. für* Michaelstag)
Mi|chi|gan [...ʃɪgn̩] (Staat in den USA; *Abk.* MI); **Mi|chi|gan|see, Mi|chi|gan-See,** der; -s
mi|cke|rig, mick|rig (*ugs. für* schwach, zurückgeblieben); **Mi|cke|rig|keit, Mick|rig|keit,** die; -; **mi|ckern** (*landsch. für* sich schlecht entwickeln); ich mickere; die Pflanze mickert
Mic|ki|e|wicz [mɪt͡sˈki̯ɛvɪt͡ʃ] (poln. Dichter)
mick|rig usw. *vgl.* mickerig usw.
Mi|cky|maus, die; -, ...mäuse ‹nach Walt Disneys Micky Maus®› (Trickfilm- u. Comicfigur)
Mi|c|ro|pay|ment [ˈmai̯kropeɪmənt, *auch* ˈmiː...mɛnt], das; -s, -s ‹engl.› ([System für die] Zahlung kleiner Beträge im Internet)
Mi|das (phryg. König); **Mi|das|oh|ren** *Plur.* ↑K 135 (Eselsohren)
Mid|der, das; -s (*landsch. für* Kalbsmilch)
Mid|gard, der; - (*nord. Mythol.* die

Welt der Menschen, die Erde);
Mid|gard|schlan|ge, die; - (Sinnbild des die Erde umschlingenden Meeres)
Mi|di... (*Mode* bis zu den Waden reichend, z. B. Midikleid)
Mi|di|a|ni|ter, der; -s, - (Angehöriger eines nordarab. Volkes im A. T.); **Mi|di|a|ni|te|rin**
Mi|di|nette [...ˈnɛt], die; -, -n ‹franz.› (Pariser Modistin)
Mid|life-Cri|sis, **Mid|life|cri|sis** [ˈmɪdlaifkraisɪs], die; - ‹engl.-amerik.› (Krise in der Mitte des Lebens)
Mid|ship|man [ˈmɪtʃɪpmən], der; -s, ...men [...mən] (unterster brit. Marineoffiziersrang; nordamerik. Seeoffiziersanwärter)
mied *vgl.* meiden
Mie|der, das; -s, -; **Mie|der|ho|se; Mie|der|wa|ren** *Plur.*
Mief, der; -[e]s (*ugs. für* schlechte Luft); **mie|fen** *(ugs.);* es mieft; **mie|fig**
Mie|ke (w. Vorn.)
Mie|ne, die; -, -n (Gesichtsausdruck); **Mie|nen|spiel**

Miene
Nicht zu verwechseln sind *Miene* und *Mine.* Das einen Gesichtsausdruck bezeichnende Substantiv *Miene* wird mit *-ie-* geschrieben. Mit einfachem *-i-* schreibt sich *Mine,* das für einen unterirdischen Gang, einen Sprengkörper oder eine Kugelschreibereinlage steht.

Mie|re, die; -, -n (Name einiger Pflanzen)
mies ‹hebr.-jidd.› (*ugs. für* schlecht; gemein; unwohl); miese Laune; *vgl.* miesmachen
[1]**Mies**, die; -, -en (*Nebenform von* Miez, Mieze)
[2]**Mies**, das; -es, -e (*südd. für* Sumpf, Moor)
Mies|chen *vgl.* Miezchen
Mie|se *Plur.* (*ugs. für* Minusbetrag); in den Miesen sein
Mie|se|kat|ze *vgl.* Miezekatze
Mie|se|pe|ter, der; -s, - (*ugs. für* stets unzufriedener Mensch)
mie|se|pe|te|rig, mie|se|pet|rig *(ugs.);* **Mie|se|pe|te|rin**
Mie|sig|keit *(ugs. abwertend)*
Mies|ling (*ugs. abwertend für* unsympathischer Mensch)
mies|ma|chen (*ugs. für* herabsetzen, schlechtmachen)
Mies|ma|cher (*ugs. abwertend für* Schwarzseher); **Mies|ma|che|rei** *(ugs. abwertend);* **Mies|ma|che|rin** *(ugs. abwertend)*
Mies|mu|schel (Pfahlmuschel)
Mies van der Ro|he [- fan - -] (dt.-amerik. Architekt)
Miet|aus|fall; Miet|au|to; Miet|be|trag
[1]**Mie|te**, die; -, -n (Preis, der für das Benutzen von Wohnungen u. a. zu zahlen ist)
[2]**Mie|te**, die; -, -n ‹lat.› (gegen Frost gesicherte Grube u. a. zur Lagerung von Feldfrüchten)
Miet|ein|nah|me
[1]**mie|ten;** eine Wohnung mieten
[2]**mie|ten** ‹lat.› (*landsch. für* Feldfrüchte in [2]Mieten einlagern)
Mie|ten|re|ge|lung, Miet|re|ge|lung
Mie|ter; Mie|ter|bund; Miet|er|hö|hung; Mie|te|rin
Mie|ter/-innen, Mie|ter(innen) (*Kurzformen für* Mieterinnen u. Mieter)
Mie|ter|schutz, der; -es; **Mie|ter|schutz|ge|setz**
Miet|er|trag; Miet|fi|nan|zie|rung (besondere Form des Leasings)
miet|frei; mietfrei wohnen
Miet|ge|setz; Miet|kauf
Miet|no|ma|de, der (*ugs. für* Mieter, der bewusst seine Miete prellt u. erst im Zuge einer Räumungsklage auszieht); **Miet|no|ma|din**
Miet|par|tei; Miet|preis; Miet|preis|po|li|tik, die; -; **Miet|recht**
Miet|re|ge|lung, Mie|ten|re|ge|lung
Miets|haus; Miets|ka|ser|ne (*abwertend für* großes Mietshaus)
Miet|spie|gel (Tabelle ortsüblicher Mieten)
Miets|stei|ge|rung, Miet|stei|ge|rung
Miets|strei|tig|kei|ten, Miet|strei|tig|kei|ten *Plur.*
Mie|tung
Miet|ver|hält|nis *(Amtsspr.);* **Miet|ver|lust; Miet|ver|trag; Miet|wa|gen; Miet|woh|nung; Miet|wu|cher**
Miet|zah|lung; Miet|zins *Plur.* ...zinse (*südd., österr., schweiz. für* [1]Miete)
Miez *vgl.* Mieze; **Miez|chen** (Kätzchen); **Mie|ze**, die; -, -n (*fam. für* Katze; *ugs. für* Freundin, Mädchen); **Mie|ze|kätz|chen** *(Kinderspr.);* **Mie|ze|kat|ze**
Mi|fe|gy|ne®, die; - (Medikament zur Auslösung einer Fehlgeburt)
MiG, die; -, -[s] ‹nach den Konstrukteuren Mikojan und Gurewitsch› (*Bez. für* Flugzeugtypen der Sowjetunion)
Mi|g|non [ˈmɪnjõ, mɪnˈjõ:] (w. Vorn.; Gestalt aus Goethes »Wilhelm Meister«)
Mi|g|no|nette [mɪnjoˈnɛt], die; -, -s (schmale Zwirnspitze)
Mi|g|non|fas|sung (für kleine Glühlampen)
Mi|g|non|zel|le (dünne, kleine, längliche Batterie)
Mi|g|rä|ne, die; -, -n ‹griech.› ([halb-, einseitiger] heftiger Kopfschmerz); **Mi|g|rä|ne|an|fall**
Mi|g|rant, der; -en, -en ‹lat.› (*Soziol.* Aus- od. Einwanderer); **Mi|g|ran|ten|kind; Mi|g|ran|ten|li|te|ra|tur** *Plur. selten;* **Mi|g|ran|tin**
Mi|g|ra|ti|on, die; -, -en ‹lat.› (*Biol., Soziol.* Wanderung); **Mi|g|ra|ti|ons|bei|rat** *(Politik);* **Mi|g|ra|ti|ons|hin|ter|grund; Mi|g|ra|ti|ons|po|li|tik; mi|g|rie|ren** *(Fachspr.)*
Mi|g|ros [ˈmigro], die; - ‹franz.› (eine schweiz. Verkaufsgenossenschaft)
Mi|guel [...ˈgɛl] (m. Vorn.)
Mijn|heer [məˈne:ɐ̯], der; -s, -s ‹niederl., »mein Herr«› (*ohne Artikel:* niederl. Anrede; *auch scherzh. Bez. für* den Holländer)
[1]**Mi|ka|do**, der; -[s], -s ‹jap.› (*frühere Bez. für* den jap. Kaiser); *vgl.* Tenno
[2]**Mi|ka|do**, das; -s, -s (ein Geschicklichkeitsspiel mit Holzstäbchen)
[3]**Mi|ka|do**, der; -s, -s (Hauptstäbchen im [2]Mikado)
Mike [maik] (m. Vorn.)
Mi|ko, der; -s, -s (*ugs.; kurz für* Minderwertigkeitskomplex)
Mi|k|ro, das; -s, -s (*Kurzw. für* Mikrofon)
mi|k|ro... ‹griech.› (klein...)
Mi|k|ro... (Klein...; ein Millionstel einer Einheit, z. B. Mikrometer $= 10^{-6}$ Meter; *Zeichen* μ)
Mi|k|ro|be, die; -, -n (*svw.* Mikroorganismus); **mi|k|ro|bi|ell** (*Biol.* die Mikroben betreffend, durch Mikroben)
Mi|k|ro|bio|lo|ge; Mi|k|ro|bio|lo|gie (Wissenschaft von den Mikroorganismen); **Mi|k|ro|bio|lo|gin; mi|k|ro|bio|lo|gisch**
Mi|k|ro|che|mie (Zweig der Chemie, der kleinste Mengen von Substanzen analysiert)
Mi|k|ro|chip; Mi|k|ro|com|pu|ter
Mi|k|ro|elek|t|ro|nik; mi|k|ro|elek|t|ro|nisch

M
mikr

Mi|k|ro|fa|rad [*auch* 'mi:...] (ein millionstel Farad; *Zeichen* µF)
Mi|k|ro|fa|ser
Mi|k|ro|fau|na (*Biol.* Kleintierwelt)
Mi|k|ro|fiche (*svw.* ³Fiche); **Mi|k|ro-film**
Mi|k|ro|fon, Mi|k|ro|phon, das; -s, -e (Gerät, durch das Töne, Geräusche u. Ä. auf Tonträger, über Lautsprecher u. Ä. übertragen werden können); **mi|k|ro|fo-nisch**, mi|k|ro|pho|nisch
Mi|k|ro|gramm [*auch* 'mi:...] (ein millionstel Gramm; *Zeichen* µg)
Mi|k|ro|kli|ma (*Meteorol.* Kleinklima, Klima der bodennahen Luftschicht)
Mi|k|ro|kok|kus, der; -, ...kokken (*Biol.* Kugelbakterie)
Mi|k|ro|ko|pie (fotograf. Kleinaufnahme, meist von Buchseiten)
mi|k|ro|kos|misch [*auch* 'mi:...]; **Mi-k|ro|kos|mos** [*auch* 'mi:...], **Mi|k-ro|kos|mus,** der; - (Welt des Menschen als verkleinertes Abbild des Universums; *Ggs.* Makrokosmos; *Biol.* Welt der Kleinlebewesen)
Mi|k|ro|kre|dit *(Wirtsch.)*
¹**Mi|k|ro|me|ter,** das; -s, - (ein Feinmessgerät)
²**Mi|k|ro|me|ter** [*auch* 'mi:...], der; -s, - (ein millionstel Meter; *Zeichen* µm)
Mi|k|ron, das; -s, - (*veraltet für* ²Mikrometer; *Kurzform* My; *Zeichen* µ)
Mi|k|ro|ne|si|en ‹»Kleininselland«› (Inselgruppe u. Staat im Pazifischen Ozean); Föderierte Staaten von Mikronesien; **Mi|k|ro|ne-si|er; Mi|k|ro|ne|si|e|rin; mi|k|ro-ne|sisch**
Mi|k|ro|öko|no|mie [*auch* 'mi:kro...] (*Wirtsch.* Teilgebiet der Wirtschaftstheorie)
Mi|k|ro|or|ga|nis|mus ‹griech.› (*Biol.* kleinstes Lebewesen)
Mi|k|ro|phon *vgl.* Mikrofon; **mi|k-ro|pho|nisch** *vgl.* mikrofonisch
Mi|k|ro|phy|sik (Physik der Moleküle u. Atome)
Mi|k|ro|phyt, der; -en, -en (*Biol.* pflanzl. Mikroorganismus)
Mi|k|ro|pro|zes|sor *(EDV)*
Mi|k|ro|ra|dio|me|ter, das; -s, - (Messgerät für kleinste Strahlungsmengen)
mi|k|ro|seis|misch [*auch* 'mi:...] (nur mit Instrumenten wahrnehmbar [von Erdbeben])
Mi|k|ro|s|kop, das; -s, -e (opt. Vergrößerungsgerät); **mi|k|ro|s|ko-pie|ren** (mit dem Mikroskop arbeiten); **mi|k|ro|s|ko|pisch** (verschwindend klein; mithilfe des Mikroskops durchgeführt)
Mi|k|ro|spo|re [*auch* 'mi:...] (kleine m. Spore einiger Farnpflanzen)
Mi|k|ro|the|ra|pie (*Med.* minimalinvasive Behandlungsform)
Mi|k|ro|tom, der *od.* das; -s, -e (Gerät zur Herstellung feinster Schnitte für mikroskop. Untersuchungen)
Mi|k|ro|wel|le (elektromagnet. Welle; *auch kurz für* Mikrowellenherd); **mi|k|ro|wel|len|ge|eig-net; Mi|k|ro|wel|len|ge|rät; Mi|k-ro|wel|len|herd**
Mi|k|ro|zen|sus ‹griech.; lat.› (jährlich durchgeführte statistische Erhebung der Bevölkerung u. des Erwerbslebens)
mi|k|ro|ze|phal (*Med.* kleinköpfig); **Mi|k|ro|ze|pha|lie,** die; - (*Med.* Kleinköpfigkeit)
Mik|we, die; -, Mikwaot *u.* -n ‹hebr.› (jüdisches Ritualbad)
Mi|lak (*österr., schweiz.; kurz für* Militärakademie)
¹**Mi|lan** [*auch* ...'la:n], der; -s, -e ‹franz.› (ein Greifvogel)
²**Mi|lan** (m. Vorn.)
Mi|la|no (*ital. Form von* Mailand)
Mil|be, die; -, -n (ein Spinnentier); **mil|big**
Milch, die; -, *Plur.* *(fachspr.)* -e[n]; eine Milch gebende *od.* milchgebende Kuh
Milch|auf|schäu|mer, der; -s, -
Milch|aus|tau|scher, der; -s, - (*Fachspr.* ein Futtermittel)
Milch|bar
Milch|bart (*svw.* Milchgesicht); **milch|bär|tig**
Milch|bau|er *vgl.* ²Bauer; **Milch|bäu-e|rin**
Milch|brei; Milch|bröt|chen
Milch|büch|lein|rech|nung (*schweiz. für* Milchmädchenrechnung)
Milch|drü|se; Milch|eis; Milch|ei-weiß
¹**mil|chen** (aus Milch)
²**mil|chen** (*landsch. für* Milch geben)
¹**Mil|cher** *vgl.* Milchner
²**Mil|cher** (*landsch. für* Melker); **Mil|che|rin** *(landsch.)*
Milch|er|trag; Milch|fla|sche; Milch-frau *(ugs.)*
Milch ge|bend, **milch|ge|bend** *vgl.* Milch
Milch|ge|biss
Milch|ge|sicht (unreifer junger Mann)
Milch|glas *Plur.* ...gläser
mil|chig
Milch|kaf|fee; Milch|känn|chen; Milch|kan|ne; Milch|kuh; Milch-kur
Milch|ling (ein Pilz)
Milch|mäd|chen; Milch|mäd|chen-rech|nung (*ugs. für* auf Trugschlüssen beruhende Rechnung)
Milch|mann *Plur.* ...männer *(ugs.)*
Milch|mix|ge|tränk; Milch|napf
Milch|ner, ¹Mil|cher (m. Fisch)
Milch|pro|dukt; Milch|pul|ver; Milch|pum|pe
Milch|rahm|stru|del (*österr. für* eine Mehlspeise); **Milch|reis;**
Milch|saft *(Bot.)*
Milch|säu|re; Milch|säu|re|bak|te|ri-en *Plur.*
Milch|scho|ko|la|de
Milch|shake [...ʃe:k], der (Milchmixgetränk)
Milch|stra|ße, die; - *(Astron.)*
Milch|tü|te
milch|weiß
Milch|wirt|schaft; Milch|zahn; Milch|zu|cker
mild, mil|de; Mil|de, die; -
mil|dern; ich mildere; mildernde Umstände *(Rechtsspr.)*
Mil|de|rung; Mil|de|rungs|grund
mild|her|zig; Mild|her|zig|keit, die; -
mild|tä|tig; Mild|tä|tig|keit, die; -
Mi|le|na [*auch* 'mi:...] (w. Vorn.)
Mi|le|si|er (Bewohner von Milet); **Mi|let** (altgriech. Stadt)
Mil|haud [mi'jo:] Darius (franz. Komponist)
Mi|li|ar|tu|ber|ku|lo|se ‹lat.› (*Med.* meist rasch tödlich verlaufende Allgemeininfektion des Körpers mit Tuberkelbazillen)
Mi|li|eu [mi'li̯ø:], das; -s, -s ‹franz.› (Umwelt; *bes. schweiz. auch für* Dirnenwelt); **mi|li|eu|be|dingt;** milieubedingte Kriminalität; **Mi|li|eu|for|schung**
mi|li|eu|ge|schä|digt; Mi|li|eu|ge-schä|dig|te, der *u.* die; -n, -n
Mi|li|eu|scha|den *(Psychol.)*
Mi|li|eu|stu|die
Mi|li|eu|the|o|rie *(Psychol.)*
mi|li|tant ‹lat.› (kämpferisch); **Mi-li|tanz,** die; -
¹**Mi|li|tär,** der; -s, -s ‹franz.› (höherer Offizier)
²**Mi|li|tär,** das; -s (Soldatenstand; Streitkräfte)
Mi|li|tär|ad|mi|nis|t|ra|ti|on; Mi|li-tär|aka|de|mie; Mi|li|tär|ak|ti|on; Mi|li|tär|arzt; Mi|li|tär|ärz|tin; Mi-li|tär|at|ta|ché; Mi|li|tär|ba|sis

Mi|li|tär|block *Plur.* ...blöcke, *selten* ...blocks; *vgl.* Block; **Mi|li|tär|bud|get; Mi|li|tär|bünd|nis; Mi|li|tär|dienst; Mi|li|tär|dik|ta|tur**
Mi|li|tär|ein|satz; Mi|li|tär|etat; Mi|li|tär|flug|ha|fen *vgl.* ²Hafen; **Mi|li|tär|ge|fäng|nis; Mi|li|tär|ge|richt; Mi|li|tär|ge|richts|bar|keit; Mi|li|tär|hil|fe**
Mi|li|ta|ria *Plur.* ⟨lat.⟩ (Bücher über das Militärwesen; milit. Sammlerstücke)
mi|li|tä|risch ⟨franz.⟩
mi|li|ta|ri|sie|ren (milit. Anlagen errichten, Truppen aufstellen); **Mi|li|ta|ri|sie|rung**
Mi|li|ta|ris|mus, der; -, ...men ⟨lat.⟩ (Vorherrschen milit. Denkens); **Mi|li|ta|rist,** der; -en, -en; **Mi|li|ta|ris|tin; mi|li|ta|ris|tisch**
Mi|li|tär|jun|ta (von Offizieren [nach einem Putsch] gebildete Regierung)
Mi|li|tär|kom|man|do (*österr. auch für* milit. Dienststelle eines Bundeslandes)
Mi|li|tär|macht; Mi|li|tär|marsch, der; **Mi|li|tär|mis|si|on; Mi|li|tär|mu|sik; Mi|li|tär|pa|ra|de**
Mi|li|tär|pflicht, die; -; **mi|li|tär|pflich|tig; Mi|li|tär|pflich|ti|ge,** der *u.* die; -n, -n
Mi|li|tär|po|li|zei; Mi|li|tär|prä|senz; Mi|li|tär|putsch; Mi|li|tär|re|gie|rung; Mi|li|tär|re|gime; Mi|li|tär|schlag; Mi|li|tär|schu|le; Mi|li|tär|seel|sor|ge, die; -, -n; **Mi|li|tär|strei|fe; Mi|li|tär|stütz|punkt; Mi|li|tär|tri|bu|nal**
Mi|li|ta|ry [...təri], die; -, -s ⟨engl.⟩ (Vielseitigkeitsprüfung [im Reitsport])
Mi|li|tär|zeit
Mi|liz, die; -, -en ⟨lat.⟩ (kurz ausgebildete Truppen, Bürgerwehr; *in einigen [ehemals] sozialistischen Staaten auch für* Polizei); **Mi|liz|heer; Mi|li|zi|o|när,** der; -s, -e (Angehöriger der Miliz); **Mi|li|zi|o|nä|rin; Mi|liz|sol|dat; Mi|liz|sol|da|tin; Mi|liz|sys|tem** (die nebenberufliche Ausübung öffentlicher Ämter u. des Dienstes in der Armee [im politischen System der Schweiz])
Mil|ke, die; -, **Mil|ken,** der; -s (*schweiz. für* Kalbsbries)
Mill., Mio. = Million[en]
Mil|le, die; -, - ⟨lat.⟩ (Tausend; *Zeichen* M; *ugs. für* tausend Euro o. Ä.); 5 Mille; *vgl.* per mille, pro mille
Mil|le|fi|o|ri|glas *Plur.* ...gläser ⟨ital.; dt.⟩ (vielfarbiges Mosaikglas)
¹Mille|fleurs [mɪlˈfløːɐ̯], das; - ⟨franz.⟩ (Streublumenmuster)
²Mille|fleurs, der; -, - (Stoff mit Streublumenmuster)
Mil|le Mi|g|lia [- ˈmɪlja] *Plur.* ⟨ital.⟩ (Langstreckenrennen für Sportwagen in Italien)
Mil|l|en|ni|um, das; -s, ...ien ⟨lat.⟩ (Jahrtausend); **Mil|l|en|ni|um[s]|fei|er** (Tausendjahrfeier)
Mil|li (w. Vorn.)
Mil|li... ⟨lat.⟩ (ein Tausendstel einer Einheit, z. B. Millimeter = 10^{-3} Meter; *Zeichen* m)
Mil|li|am|pere [*auch* ...ˈpeːɐ̯] (Maßeinheit kleiner elektr. Stromstärken; *Zeichen* mA); **Mil|li|am|pere|me|ter** [*auch* ...ˈmeː...], das; -s, - (Gerät zur Messung geringer Stromstärken)
Mil|li|ar|där, der; -s, -e ⟨franz.⟩ (Besitzer eines Vermögens von mindestens einer Milliarde; sehr reicher Mann); **Mil|li|ar|dä|rin**
Mil|li|ar|de, die; -, -n (1 000 Millionen; *Abk.* Md., Mrd. *u.* Mia.)
Mil|li|ar|den|ab|schrei|bung; Mil|li|ar|den|an|lei|he; Mil|li|ar|den|be|trag; Mil|li|ar|den|ge|schäft; Mil|li|ar|den|grab (*Jargon* große Geldsummen verschlingendes [erfolgloses] Geschäft, Unternehmen); **Mil|li|ar|den|hö|he;** Verluste in Milliardenhöhe; **Mil|li|ar|den|kre|dit; Mil|li|ar|den|loch** *(ugs.);* **mil|li|ar|den|schwer; Mil|li|ar|den|ver|lust**
mil|li|ards|te *vgl.* achte; **mil|li|ards|tel** *vgl.* achtel; **Mil|li|ards|tel** *vgl.* Achtel
Mil|li|bar [*auch* ...ˈbaːɐ̯], das ($^1/_{1000}$ Bar; alte Maßeinheit für den Luftdruck; *Abk.* mbar, *in der Meteorol. nur* mb)
Mil|li|gramm [*auch* ...ˈgr...] ($^1/_{1000}$ g; *Zeichen* mg); 10 Milligramm
Mil|li|li|ter [*auch* ...ˈliː...] ($^1/_{1000}$ l; *Zeichen* ml)
Mil|li|me|ter [*auch* ...ˈmeː...], der; -s, - ($^1/_{1000}$ m; *Zeichen* mm)
Mil|li|me|ter|ar|beit, die; - *(ugs.)*
mil|li|me|ter|dünn; mil|li|me|ter|ge|nau; mil|li|me|ter|groß
Mil|li|me|ter|pa|pier
Mil|li|mol [*auch* ...ˈmoːl] ($^1/_{1000}$ mol; *Zeichen* mmol)
Mil|li|on, die; -, -en ⟨ital.⟩ (1 000 mal 1 000; *Abk.* Mill. *u.* Mio.); eine Million; ein[und]dreiviertel Millionen; zwei Millionen fünfhundertfünfzigtausend; mit 0,8 Millionen
Mil|li|o|när, der; -s, -e ⟨franz.⟩ (Besitzer eines Vermögens von mindestens einer Million; sehr reicher Mann); **Mil|li|o|nä|rin**
Mil|li|o|nen|auf|la|ge; Mil|li|o|nen|auf|trag; Mil|li|o|nen|be|trag
mil|li|o|nen|fach
Mil|li|o|nen|ge|schäft; Mil|li|o|nen|ge|winn; Mil|li|o|nen|heer; Mil|li|o|nen|hö|he *Plur. selten;* Verluste in Millionenhöhe
Mil|li|o|nen Mal *vgl.* ¹Mal
Mil|li|o|nen|pu|b|li|kum; Mil|li|o|nen|scha|den; mil|li|o|nen|schwer; Mil|li|o|nen|stadt
mil|li|ons|te *vgl.* achtmillionste; **mil|li|ons|tel, mil|li|on|tel** *vgl.* achtel; **Mil|li|ons|tel, Mil|li|on|tel,** das, *schweiz. meist* der; -s, -; *vgl.* Achtel
Mil|li|se|kun|de [*auch* ...zeˈkʊndə] ($^1/_{1000}$ Sekunde; *Zeichen* ms)
Mil|li|sie|vert [...ˈziː...] (*Physik, Med.* $^1/_{1000}$ Sv; *Zeichen* mSv)
Mil|lö|cker (österr. Komponist)
Mill|statt (österr. Ort); **Mill|stät|ter;** Millstätter See
Mil|ly [...li] (w. Vorn.)
Mil|reis, das; -, - ⟨port.⟩ (1 000 Reis; ehem. Währungseinheit in Portugal u. Brasilien)
Mil|ti|a|des (athen. Feldherr)
Mil|ton [...tn̩] (engl. Dichter)
Mil|wau|kee [mɪlˈwɔːki] (Stadt in den USA)
Milz, die; -, -en (Organ)
Milz|brand, der; - (eine gefährliche Infektionskrankheit); **Milz|quet|schung; Milz|riss**
¹Mi|me (*eingedeutschte Form von* Mimir)
²Mi|me, der; -n, -n ⟨griech.⟩ (*veraltend für* Schauspieler)
mi|men (*veraltend für* als Mime wirken; *ugs. für* so tun, als ob)
Mi|men (*Plur. von* ²Mime *u.* Mimus)
Mi|me|se, die; -, -n (*Zool.* Nachahmung des Aussehens von Gegenständen od. Lebewesen bei Tieren [zum Schutz]); **Mi|me|sis,** die; -, ...esen (Nachahmung); **mi|me|tisch** (die Mimese betreffend; nachahmend)
Mi|mik, die; - (Gebärden- u. Mienenspiel [des Schauspielers])
Mi|mi|ker *vgl.* Mimus
Mi|mi|k|ry [...ri], die; - ⟨engl.⟩

M
Mimi

(*Zool.* Nachahmung wehrhafter Tiere durch nicht wehrhafte in Körpergestalt u. Färbung; *übertr. für* Anpassung)
Mi|min (*weibliche Form zu* Mime)
Mi|mir (Gestalt der nord. Mythologie u. der germ. Heldensage)
mi|misch ⟨griech.⟩ (schauspielerisch; mit Gebärden)
Mi|mo|se, die; -, -n ⟨griech.⟩ (Pflanzengattung; Blüte der Silberakazie; *übertr. für* überempfindlicher Mensch); **mi|mo|senhaft** (zart; [über]empfindlich)
mim|sen (*ugs. für* eine Nachricht über MMS verschicken); du mimst, hast gemimst
Mi|mus, der; -, ...men ⟨griech.⟩ (Possenreißer der Antike; *auch* die Posse selbst)
min, Min. = Minute
Mi|na, Mi|ne (w. Vorn.)
Mi|na|rett, das; -s, *Plur.* -e *u.* -s ⟨arab.-franz.⟩ (Moscheeturm)
Min|chen (w. Vorn.)
Min|da|nao (eine Philippineninsel)
Min|den (Stadt a. d. Weser); **Minde|ner; Min|de|ne|rin**
min|der; minder gut, minder wichtig; von mind[e]rer Qualität
min|der|be|gabt; Min|der|be|gab|te, der *u.* die; -n, -n
min|der|be|mit|telt; Min|der|be|mittel|te, der *u.* die; -n, -n
Min|der|bru|der (Franziskaner)
Min|der|ein|nah|me
Min|der|heit; Min|der|hei|ten|frage; Min|der|hei|ten|recht *meist Plur.;* **Min|der|hei|ten|schutz,** der; -es; **Min|der|heits|be|tei|li|gung** *(Wirtsch.)*
Min|der|heits|re|gie|rung
min|der|jäh|rig; Min|der|jäh|ri|ge, der *u.* die; -n, -n; **Min|der|jäh|rigkeit,** die; -
Min|der|leis|tung
min|dern; ich mindere
min|der|qua|li|fi|ziert; Min|der|quali|fi|zier|te, der *u.* die; -n, -n
Min|de|rung
Min|der|wert; min|der|wer|tig
Min|der|wer|tig|keit; Min|der|wertig|keits|ge|fühl; Min|der|wer|tigkeits|kom|plex (*ugs. Kurzwort* Miko)
Min|der|zahl, die; -
Min|dest|ab|stand; Min|dest|al|ter; Min|dest|an|for|de|rung
Min|dest|bei|trag; Min|dest|be|steue|rung; Min|dest|be|trag
Min|dest|bie|ten|de, der *u.* die; -n, -n

min|des|te

- ich habe nicht den mindesten Zweifel

Groß- oder Kleinschreibung bei vorangehendem [mit einer Präposition verschmolzenem] Artikel:

- nicht das Mindeste *od.* mindeste (gar nichts)
- nicht im Mindesten *od.* mindesten (überhaupt nicht)
- zum Mindesten *od.* mindesten (wenigstens)

Min|dest|ein|kom|men
min|des|tens
Min|dest|for|dern|de, der *u.* die; -n, -n; **Min|dest|for|de|rung; Mindest|ge|bot; Min|dest|ge|schwindig|keit; Min|dest|grö|ße**
Min|dest|lohn; Min|dest|maß, das; **Min|dest|pen|si|on; Min|destpreis; Min|dest|ren|te; Min|destre|ser|ve** *meist Plur. (Bankw.)*
Min|dest|satz; Min|dest|stra|fe
Min|dest|stu|di|en|dau|er *(bes. österr.);* **Min|dest|zahl; Min|destzeit**
min|disch (aus Minden)
Mind|map, Mind-Map [ˈmaɪ̯nt-mɛp], die; -, -s *od.* das; -s, -s ⟨engl.⟩ (grafische Darstellung gedanklicher Zusammenhänge)
[1]**Mi|ne,** die; -, -n ⟨franz.⟩ (unterird. Gang; Bergwerk; Sprengkörper; Kugelschreiber-, Bleistifteinlage); *vgl. aber* Miene
[2]**Mi|ne,** die; -, -n ⟨griech.⟩ (altgriech. Münze, Gewicht)
[3]**Mi|ne** *vgl.* Mina
Mi|nen|ar|bei|ter; Mi|nen|ar|bei|terin; Mi|nen|feld; Mi|nen|le|ger; Mi|nen|räum|boot
Mi|nen|stol|len; Mi|nen|such|boot; Mi|nen|such|ge|rät; Mi|nen|werfer
Mi|ne|ral, das; -s, *Plur.* -e *u.* -ien ⟨franz.⟩ (anorganischer, chem. einheitlicher u. natürlich gebildeter Bestandteil der Erdkruste; *österr. u. schweiz. auch kurz für* Mineralwasser)
Mi|ne|ral|bad; Mi|ne|ral|dün|ger
Mi|ne|ra|li|en|samm|lung
mi|ne|ra|lisch; Mi|ne|ra|lo|ge, der; -n, -n ⟨franz.; griech.⟩; **Mi|ne|ralo|gie,** die; - (Wissenschaft von den Mineralen); **Mi|ne|ra|lo|gin; mi|ne|ra|lo|gisch**
Mi|ne|ral|öl; Mi|ne|ral|öl|ge|sellschaft; Mi|ne|ral|öl|in|dus|t|rie; Mi|ne|ral|öl|steu|er, die
Mi|ne|ral|quel|le; Mi|ne|ral|stoff; Mi|ne|ral|was|ser *Plur.* ...wässer
Mi|n|er|gie® (schweizerischer Energiestandard für Niedrigenergiehäuser)
Mi|ner|va (röm. Göttin des Handwerks, der Weisheit u. der Künste)
Mi|nes|t|ro|ne, die; -, -n ⟨ital.⟩ (ital. Gemüsesuppe)
Mi|net|te, die; -, -n ⟨franz.⟩ (Eisenerz); **Mi|neur** [...ˈnøːɐ̯], der; -s, -e (Tunnelbauer; Berufsbez.); **Mineu|rin**
mi|ni (*Mode* sehr kurz); der Rock ist mini
[1]**Mi|ni,** das; -s, -s (*ugs. für* Minikleid; *meist ohne Artikel, nur Sing.:* sehr kurze Kleidung); Mini tragen
[2]**Mi|ni,** der; -s, -s (*ugs. für* Minirock)
Mi|ni... (sehr klein; *Mode* äußerst kurz, z. B. Minirock)
Mi|ni|a|tur, die; -, -en (kleines Bild; [kleine] Illustration); **Mi|ni|a|turaus|ga|be** (kleine[re] Ausgabe); **Mi|ni|a|tur|bild**
mi|ni|a|tu|ri|sie|ren (*Elektrot.* verkleinern); **Mi|ni|a|tu|ri|sie|rung**
Mi|ni|a|tur|ma|le|rei
Mi|ni|bar, die (kleiner Kühlschrank im Hotelzimmer; Wagen mit Esswaren u. Getränken in Fernzügen)
Mi|ni|bi|ki|ni (sehr knapper Bikini)
Mi|ni|break *(Tennis)*
Mi|ni|car ⟨engl.⟩ (Kleintaxi); **Mi|nicom|pu|ter**
mi|nie|ren ⟨franz.⟩ (unterirdische Gänge, Stollen anlegen); *vgl.* [1]Mine
Mi|ni|golf, das; -s (Miniaturgolfanlage; Kleingolfspiel)
Mi|ni|job (geringfügiges Beschäftigungsverhältnis)
Mi|ni|ka|me|ra
Mi|ni|ki|ni, der; -s, -s (Damenbadebekleidung ohne Oberteil); **Mini|kleid**
mi|nim ⟨lat.⟩ (*schweiz., sonst veraltet für* geringfügig, minimal); **Mi|ni|ma** [*auch* ˈmiː...] (*Plur. von* Minimum); **mi|ni|mal** (sehr klein, niedrigst, winzig)
Mi|ni|mal Art [ˈmɪnɪməl ˈaːɐ̯t], die; - - (Kunstrichtung, die mit einfachsten Grundformen arbeitet)
Mi|ni|mal|be|trag; Mi|ni|mal|for|derung
mi|ni|mal|in|va|siv (*Med.* mit kleinstmöglichem Aufwand eingreifend)

Mi|ni|ma|lis|mus (Minimal Art; Stilrichtung, Haltung, die sich auf das Wesentliche beschränkt); **Mi|ni|ma|list,** der; -en, -en; **Mi|ni|ma|lis|tin; mi|ni|ma|lis|tisch; Mi|ni|mal|kon|sens**
Mi|ni|mal Mu|sic [ˈmɪnɪməl ˈmjuːzɪk], die; - - (Musikrichtung, die mit einfachsten Grundformen arbeitet)
Mi|ni|mal|pro|gramm; Mi|ni|mal|wert; Mi|ni|mal|ziel
mi|ni|mie|ren (minimal machen); **Mi|ni|mie|rung**
Mi|ni|mum [*auch* ˈmiːni...], das; -s, ...ma ‹»das Geringste, Kleinste«› (Mindestpreis, -maß, -wert)
Mi|ni|rock; Mi|ni|slip; Mi|ni|spi|on (Kleinstabhörgerät)
Mi|nis|ter, der; -s, - ‹lat.› (einen bestimmten Geschäftsbereich leitendes Regierungsmitglied)
Mi|nis|ter|amt; Mi|nis|ter|ebe|ne; auf Ministerebene
Mi|nis|te|ri|al|be|am|te; Mi|nis|te|ri|al|be|am|tin; Mi|nis|te|ri|al|di|rek|tor; Mi|nis|te|ri|al|di|rek|to|rin; Mi|nis|te|ri|al|di|ri|gent; Mi|nis|te|ri|al|di|ri|gen|tin
Mi|nis|te|ri|a|le, der *u.* die; -n, -n (Angehörige[r] des mittelalterl. Dienstadels od. eines Ministeriums); **Mi|nis|te|ri|a|lin; Mi|nis|te|ri|al|rat** *Plur.* ...räte; **Mi|nis|te|ri|al|rä|tin**
mi|nis|te|ri|ell ‹franz.› (von einem Minister od. Ministerium ausgehend); **Mi|nis|te|rin**
Mi|nis|te|ri|um, das; -s, ...ien ‹lat.› (höchste [Verwaltungs]behörde des Staates mit bestimmtem Aufgabenbereich)
Mi|nis|ter|prä|si|dent; Mi|nis|ter|prä|si|den|tin; Mi|nis|ter|rat *Plur.* ...räte
mi|nis|t|ra|bel (fähig, Minister zu werden)
Mi|nis|t|rant, der; -en, -en (kath. Messdiener); **Mi|nis|t|ran|tin; mi|nis|t|rie|ren** (als Messdiener tätig sein)
Mi|ni|um, das; -s ‹lat.› (Mennige)
Mi|ni|van [...vɛn] (kleiner Van)
Mink, der; -s, -e ‹engl.› (amerik. Nerz)
Min|ka (w. Vorn.)
Mink|fell
Min|na (w. Vorn.); *vgl.* grün
Min|ne, die; - *(mhd. Bez. für* Liebe; *heute noch scherzh.)*; **Min|ne|dienst; Min|ne|lied; min|nen** *(noch scherzh.)*
Min|ne|sang, der; -[e]s; **Min|ne|sän|ger, Min|ne|sin|ger**
Min|ne|so|ta (Staat in den USA; *Abk.* MN)
min|nig|lich (*veraltet für* liebevoll)
mi|no|isch ‹nach dem sagenhaften altgriech. König Minos auf Kreta›; minoische Kultur ↑K89
Mi|no|rat, das; -[e]s, -e ‹lat.› (Vorrecht des Jüngsten auf das Erbgut; nach dem Jüngstenrecht zu vererbendes Gut; *Ggs.* Majorat); **mi|no|renn** (*veraltet für* minderjährig)
Mi|no|rist, der; -en, -en (kath. Kleriker mit niederer Weihe)
Mi|no|rit, der; -en, -en (Minderbruder)
Mi|no|ri|tät, die; -, -en (Minderzahl, Minderheit)
Mi|no|ri|ten|kir|che
Mi|nos (Gestalt der griech. Sage)
Mi|no|taur, der; -s, **Mi|no|tau|rus,** der; - ‹griech.› (Ungeheuer der griech. Sage, halb Mensch, halb Stier)
Minsk (Hauptstadt Weißrusslands)
Mins|t|rel, der; -s, -s ‹engl.› (Spielmann, Minnesänger in England)
mint ‹engl.› (pfefferminzgrün); das Cover ist mint
MINT-Fach (*Schulw.* Fach der vier Unterrichtsbereiche Mathematik, Informatik, Naturwissenschaften u. Technik)
Mi|nu|end, der; -en, -en ‹lat.› (Zahl, von der etwas abgezogen werden soll)
mi|nus (weniger; *Zeichen* – [negativ]; *Ggs.* plus); fünf minus drei ist, macht, gibt (*nicht* sind, machen, geben) zwei; minus 15 Grad *od.* 15 Grad minus; **Mi|nus,** das; -, - (Minder-, Fehlbetrag, Verlust); **Mi|nus|be|trag**
Mi|nus|grad
Mi|nus|kel, die; -, -n (Kleinbuchstabe)
Mi|nus|pol; Mi|nus|punkt; Mi|nus|re|kord; Mi|nus|zei|chen (Subtraktionszeichen)
Mi|nu|te, die; -, -n ($^1/_{60}$ Stunde; *Zeichen* min, *Abk.* Min.; *Geom.* $^1/_{60}$ Grad; *Zeichen* ′); **mi|nu|ten|lang;** minutenlanger Beifall; *aber* mehrere Minuten lang; **Mi|nu|ten|preis** (fürs Telefonieren o. Ä.); **Mi|nu|ten|takt;** im Minutentakt; **Mi|nu|ten|zei|ger**
...mi|nü|tig, ...mi|nu|tig (z. B. fünfminütig [fünf Minuten dauernd], *mit Ziffer* 5-minütig)
mi|nu|ti|ös, mi|nu|zi|ös ‹franz.› (peinlich genau)
mi|nüt|lich (jede Minute); **...mi|nüt|lich, ...mi|nut|lich** (z. B. fünfminütlich [alle fünf Minuten wiederkehrend], *mit Ziffer* 5-minütlich)
Mi|nu|zi|en *Plur.* ‹lat.› (*veraltet für* Kleinigkeiten); **Mi|nu|zi|en|stift,** der (Aufstecknadel für Insektensammlungen)
mi|nu|zi|ös *vgl.* minutiös
Min|ze, die; -, -n (Name verschiedener Pflanzenarten)
Mio., Mill. = Million[en]
mio|zän ‹griech.› (*Geol.* zum Miozän gehörend); **Mio|zän,** das; -s (*Geol.* zweitjüngste Abteilung des Tertiärs)
mir (*Dat. des Pronomens* »ich«); mir nichts, dir nichts; mir alten, *selten* alter Frau; mir jungem, *auch* jungen Menschen; mir Geliebten (w.; *selten* Geliebter); mir Geliebtem (m.; *auch* Geliebten)
[1]**Mir,** der; -s ‹russ.› (Dorfgemeinschaft mit Gemeinschaftsbesitz im zarist. Russland)
[2]**Mir** ‹*russ. für* Frieden› (Name der 1986–2001 betriebenen sowjet.-russ. Raumstation)
Mi|ra, die; - ‹lat.› (ein Stern)
Mi|ra|beau [...ˈboː] (franz. Publizist u. Politiker)
Mi|ra|bel|le, die; -, -n ‹franz.› (eine kleine, gelbe Pflaume); **Mi|ra|bel|len|kom|pott; Mi|ra|bel|len|schnaps**
Mi|rage [...ˈraːʃ], die; -, -s [...ʃ] ‹franz.› (ein franz. Jagdbomber)
Mi|ra|kel, das; -s, - ‹lat.› (*veraltend für* Wunder[werk]); **Mi|ra|kel|spiel** (mittelalterl. Drama); **mi|ra|ku|lös** (*veraltet für* wunderbar)
Mi|ra|ma|re ‹ital.› (Schloss unweit von Triest)
Mi|ri|am, Mir|jam (w. Vorn.)
Mi|ró, Joan [ʒu̯an] (span. Maler)
Mir|za, der; -[s], -s ‹pers., »Fürstensohn«› (*vor dem Namen* Herr; *hinter dem Namen* Prinz)
Mi|s|an|d|rie, die; - ‹griech.› (Männerhass, -scheu)
Mi|s|an|th|rop, der; -en, -en ‹griech.› (Menschenhasser, -feind); **Mi|s|an|th|ro|pie,** die; -, ...ien; **Mi|s|an|th|ro|pin; mi|s|an|th|ro|pisch**
Misch|bat|te|rie; Misch|be|cher; Misch|blut; Misch|brot
Misch|ehe (Ehe zwischen Angehö-

M
Misc

rigen verschiedener Konfessionen od. Kulturkreise)
mi|schen; du mischst; sich mischen
Mi|scher; Mi|sche|rei; Mi|sche|rin; Misch|far|be; misch|far|ben, misch|far|big
Misch|form; Misch|fut|ter *vgl.* [1]Futter; **Misch|gas** (Leuchtgas); **Misch|ge|mü|se; Misch|ge|tränk; Misch|ge|we|be; Misch|haut**
Misch|kal|ku|la|ti|on; Misch|konzern; Misch|krug; Misch|kul|tur
Misch|ling
Misch|masch, der; -[e]s, -e (*ugs. für* Durcheinander)
Misch|na, die; - ‹hebr.› (grundlegender Teil des Talmuds)
Misch|po|che, Misch|po|ke, die; - ‹hebr.-jidd.› (*ugs. für* Verwandtschaft; üble Gesellschaft)
Misch|pult *(Rundfunk, Film);* **Misch|spra|che; Misch|tech|nik** *(Malerei);* **Misch|trom|mel** (zum Mischen des Baustoffs)
Mi|schung; Mi|schungs|ver|hält|nis
Misch|wald
Mi|se, die; -, -n ‹franz.› (Spieleinsatz)
Mi|sel, das; -s, -s ‹elsäss., »Mäuschen«› ([bei Goethe:] junges Mädchen, Liebchen)
mi|se|ra|bel ‹franz.› (*ugs. für* erbärmlich [schlecht]; nichtswürdig); ...a|b|ler Kerl
Mi|se|re, die; -, -n (Jammer, Not[lage], Elend, Armseligkeit)
Mi|se|re|or, das; -[s] ‹lat., »ich erbarme mich«› (kath. Fastenopferspende für die Entwicklungsländer)
Mi|se|re|re, das; -[s] ‹»erbarme dich!«› (Anfang u. Bez. des 51. Psalms [Bußpsalm] in der Vulgata; *Med.* Kotbrechen)
Mi|se|ri|cor|di|as Do|mi|ni ‹»die Barmherzigkeit des Herrn« [Psalm 89,2]› (zweiter Sonntag nach Ostern)
Mi|se|ri|kor|die, die; -, -n (Vorsprung an den Klappsitzen des Chorgestühls als Stütze während des Stehens)
Mi|so|gam, der; *Gen.* -s *u.* -en, *Plur.* -e[n] ‹griech.› (*Psychol.* jmd., der eine krankhafte Abscheu vor der Ehe hat); **Mi|so|ga|mie,** die; - (*Psychol.* Ehescheu)
mi|so|gyn (*Psychol.* frauenfeindlich); **Mi|so|gyn,** der; *Gen.* -s *u.* -en, *Plur.* -e[n] (*Psychol.* Frauenfeind); **Mi|so|gy|nie,** die; - (*Psychol.* Frauenhass, -scheu)

Mi|sox, das; - (Tal im Südwesten von Graubünden; *ital.* Val Mesolcina)
Mis|pel, die; -, -n ‹griech.› (Obstgehölz, Frucht)
Mis|ra|chi, die; - ‹hebr.› (Weltorganisation orthodoxer Zionisten)
Miss, die; -, Misses ‹engl.› (*[engl. u. nordamerik.] für* unverheiratete Frau; *ohne Artikel als Anrede vor dem Eigenn.* Fräulein; *in Verbindung mit einem Länder- od. Ortsnamen für* Schönheitskönigin, z. B. Miss Australien)
miss... (*Vorsilbe von Verben; zum Verhältnis von Betonung u. Partizip II vgl.* missachten)
Mis|sa, die; -, Missae ‹lat.› (*kirchenlat. Bez. der* Messe); Mis|sa so|lem|nis (feierliches Hochamt; *auch* Titel eines Werkes von Beethoven)
miss|ach|ten; ich missachte; ich habe missachtet; zu missachten; *seltener* missachten, gemissachtet, zu missachten; **Miss|achtung**
[1]**Mis|sal,** das; -s, -e, Mis|sa|le, das; -s, *Plur.* -n *u.* ...alien ‹lat.› (kath. Messbuch)
[2]**Mis|sal,** die; - (*Druckw.* ein Schriftgrad)
Mis|sa|le *vgl.* [1]Missal
miss|be|ha|gen; es missbehagt mir; es hat mir missbehagt; misszubehagen; **Miss|be|ha|gen; missbe|hag|lich**
miss|be|schaf|fen; Miss|be|schaffen|heit, die; -
Miss|bil|dung
miss|bil|li|gen; ich missbillige; ich habe missbilligt; zu missbilligen; **Miss|bil|li|gung; Miss|bil|ligungs|an|trag** *(Politik)*
Miss|brauch; miss|brau|chen; ich missbrauche; ich habe missbraucht; zu missbrauchen; **missbräuch|lich; miss|bräuch|li|cherwei|se; Miss|brauchs|skan|dal** *(ugs.)*
miss|deut|bar; miss|deu|ten; ich missdeute; ich habe missdeutet; zu missdeuten; **Miss|deu|tung**
Miss|emp|fin|dung
mis|sen; du misst; gemisst; misse! *od.* miss!
Miss|er|folg; Miss|ern|te
Mis|ses (*Plur. von* Miss)
Mis|se|tat *(veraltend);* **Mis|se|täter; Mis|se|tä|te|rin**
miss|fal|len; ich missfalle, missfiel; ich habe missfallen; zu missfallen; es missfällt mir; **Miss|fal|len,** das; -s; **Miss|fal|lens|äu|ße|rung; Miss|fal|lens|kund|ge|bung; missfäl|lig** (mit Missfallen)
Miss|far|be; miss|far|ben, miss|farbig
miss|ge|bil|det; Miss|ge|burt (*abwertend für* mit schweren Fehlbildungen geborenes Lebewesen)
miss|ge|launt; Miss|ge|launt|heit, die; -
Miss|ge|schick
miss|ge|stalt (*selten für* missgestaltet); **Miss|ge|stalt; miss|gestal|ten;** er missgestaltet; er hat missgestaltet; misszugestalten; **miss|ge|stal|tet** (hässlich)
miss|ge|stimmt
miss|ge|wach|sen, miss|wach|sen; eine miss[ge]wachsene Pflanze
miss|glü|cken; es missglückt; es ist missglückt; zu missglücken
miss|gön|nen; ich missgönne; ich habe missgönnt; zu missgönnen
Miss|griff
Miss|gunst; miss|güns|tig
miss|han|deln; ich misshand[e]le; ich habe misshandelt; zu misshandeln; **Miss|hand|lung**
Miss|hei|rat
miss|hel|lig (*veraltet für* nicht übereinstimmend, unharmonisch); **Miss|hel|lig|keit,** die; -, -en *meist Plur.*
Mis|sile [...sail], das; -s, -s (*kurz für* Cruise-Missile)
Mis|sing Link, das, *auch* der; - -s, - -s ‹engl.› (*Biol.* [noch] nicht nachgewiesene Übergangsform in tierischen u. pflanzlichen Stammbäumen)
mis|singsch; Mis|singsch, das; -[s] (der Schriftsprache angenäherte [niederdeutsche] Sprachform)
Miss|in|ter|pre|ta|ti|on; miss|in|terpre|tie|ren
Mis|sio ca|no|ni|ca, die; - - ‹lat.› (Ermächtigung zur Ausübung der kirchl. Lehrgewalt)
Mis|si|on, die; -, -en (Sendung; Auftrag, Botschaft; diplomatische Vertretung im Ausland; *nur Sing.:* Glaubensverkündung [unter Andersgläubigen]); die Innere Mission (Organisation der ev. Kirche; *Abk.* I. M.)
Mis|si|o|nar, *auch, bes. österr.,* **Mis|si|o|när,** der; -s, -e (Sendbote; in der Mission tätiger Geistlicher); **Mis|si|o|na|rin,** *auch, bes. österr.,* **Mis|si|o|nä|rin; mis|si|o|na|risch**
mis|si|o|nie|ren (eine Glaubens-

M
misc

mit

Präposition mit Dativ: – mit Kartoffeln – mit aufrichtigem Bedauern – mit anderen Worten (*Abk.* m. a. W.) *Als (getrennt geschriebenes) Adverb drückt »mit« die vorübergehende Beteiligung oder den Gedanken des Anschlusses aus (svw. »auch«), z. B.:* – mit nach oben gehen – wir wollen alle mit hinübergehen – das muss mit eingeschlossen werden	*Mit dem Verb zusammengeschrieben wird »mit«, wenn es eine dauernde Vereinigung oder Teilnahme ausdrückt:* – *vgl.* mitarbeiten, mitbringen, mitfahren, mitreißen, mitteilen usw. *Im Zweifelsfall sind beide Schreibweisen zulässig:* – mitberücksichtigen *od.* mit berücksichtigen – mitunterzeichnen *od.* mit unterzeichnen

lehre verbreiten); **Mis|si|o|nie|rung**

Mis|si|ons|chef; Mis|si|ons|che|fin; Mis|si|ons|sta|ti|on; Mis|si|ons|wis|sen|schaft; Mis|si|ons|zelt

[1]**Mis|sis|sip|pi,** der; -[s] (nordamerik. Strom)

[2]**Mis|sis|sip|pi** (Staat in den USA; *Abk.* MS)

Miss|klang

Miss|kre|dit, der; -[e]s (schlechter Ruf); jmdn. in Misskredit bringen

miss|lang *vgl.* misslingen

miss|lau|nig

Miss|laut (*svw.* Misston)

miss|lei|ten; ich missleite; ich habe missleitet, *auch* missgeleitet; zu missleiten; **Miss|lei|tung**

miss|lich (unangenehm); die Verhältnisse sind misslich; **Miss|lich|keit**

miss|lie|big (unbeliebt); **Miss|lie|big|keit**

miss|lin|gen; es misslingt; es misslang; es misslänge; es ist misslungen; zu misslingen; **Miss|lin|gen,** das; -s

miss|lun|gen *vgl.* misslingen

Miss|ma|nage|ment, das; -s (schlechtes Management)

Miss|mut; miss|mu|tig

[1]**Mis|sou|ri** [...ˈsuː...], der; -[s] (r. Nebenstrom des Mississippi)

[2]**Mis|sou|ri** (Staat in den USA; *Abk.* MO)

Miss|pi|ckel, der; -s (Arsenkies, ein Mineral)

miss|ra|ten (schlecht geraten); es missrät; der Kuchen ist missraten; zu missraten

Miss|stand, Miss-Stand

Miss|stim|mung, Miss-Stim|mung

misst *vgl.* messen

Miss|ton *Plur.* ...töne; **miss|tö|nend; miss|tö|nig**

miss|trau|en; ich misstraue; ich habe misstraut; zu misstrauen; **Miss|trau|en,** das; -s; Misstrauen gegen jmdn. hegen; **Miss|trau|ens|an|trag; Miss|trau|ens|vo|tum; miss|trau|isch**

Miss|tritt (*schweiz. neben* Fehltritt [falscher, ungeschickter Tritt])

Miss|ver|gnü|gen, das; -s; **miss|ver|gnügt; Miss|ver|hält|nis**

miss|ver|ständ|lich; Miss|ver|ständ|nis

miss|ver|ste|hen; ich missverstehe; ich habe missverstanden; misszuverstehen; sich missverstehen

Miss|wachs, der; -es (*Landwirtsch.* dürftiges Wachstum); **miss|wach|sen** *vgl.* missgewachsen

Miss|wahl ⟨*zu* Miss⟩

Miss|wei|sung (*für* Deklination [Abweichung der Magnetnadel])

Miss|wirt|schaft

Miss|wuchs, der; -es (*von Pflanzen* fehlerhafter Wuchs)

Mist, der; -[e]s (*österr. auch für* Kehricht, Müll); **Mist|beet**

Mist|bub (*österr., bayr. ugs.* Lausbub)

Mis|tel, die; -, -n (eine immergrüne Schmarotzerpflanze); **Mis|tel|ge|wächs; Mis|tel|zweig**

mis|ten

Mis|ter *vgl.* Mr

Mist|fink, der; *Gen.* -en, *auch* -s, *Plur.* -en (*svw.* Mistkerl)

Mist|for|ke *(nordd.);* **Mist|ga|bel; Mist|hau|fen**

Mist|hund (Schimpfwort)

mis|tig (*landsch. für* schmutzig)

Mist|jau|che; Mist|kä|fer

Mist|kerl (Schimpfwort)

Mist|krat|zer|li, das; -[s], -; *vgl.* Götti (*schweiz. für* Brathähnchen)

Mist|kü|bel (*österr. für* Abfalleimer)

Mis|t|ral, der; -s, -e ⟨franz.⟩ (kalter, stürmischer Nord[west]wind in Südfrankreich)

Mis|t|ress *vgl.* Mrs

Mist|schau|fel (*österr. für* Kehrichtschaufel); **Mist|stock** *Plur.* ...stöcke (*schweiz. für* Misthaufen)

Mist|stück (Schimpfwort); **Mist|vieh** (Schimpfwort)

Mist|wet|ter (*ugs. für* sehr schlechtes Wetter)

Mis|zel|la|ne|en [*auch* ...ˈlaːneən], **Mis|zel|len** *Plur.* ⟨lat.⟩ (kleine Aufsätze verschiedenen Inhalts)

mit *s. Kasten*

mit|an|ge|klagt; Mit|an|ge|klag|te, der *u.* die; -n, -n

Mit|ar|beit, die; -; **mit|ar|bei|ten;** sie hat an diesem Werk mitgearbeitet; **Mit|ar|bei|ter; Mit|ar|bei|ter|füh|rung; Mit|ar|bei|te|rin**

Mit|ar|bei|ter/-innen, Mit|ar|bei|ter(innen) (*Kurzformen für* Mitarbeiterinnen u. Mitarbeiter)

Mit|ar|bei|ter|mo|ti|va|ti|on; Mit|ar|bei|ter|stab; Mit|ar|bei|ter|zahl

Mit|au|tor; Mit|au|to|rin; Mit|be|grün|der; Mit|be|grün|de|rin

mit|be|kom|men

mit|be|nut|zen, *südd., österr. u. schweiz. meist* **mit|be|nüt|zen; Mit|be|nut|zung,** *südd., österr. u. schweiz. meist* **Mit|be|nüt|zung**

mit|be|rück|sich|ti|gen, mit be|rück|sich|ti|gen

Mit|be|sit|zer; Mit|be|sit|ze|rin

mit|be|stim|men; Mit|be|stim|mung; Mit|be|stim|mungs|ge|setz; Mit|be|stim|mungs|recht

Mit|be|wer|ber; Mit|be|wer|be|rin

Mit|be|woh|ner; Mit|be|woh|ne|rin

mit|bie|ten

mit|brin|gen; Mit|bring|sel, das; -s, -

Mit|bür|ger; Mit|bür|ge|rin; Mit|bür|ger|schaft, die; -

mit|den|ken

mit|dür|fen; die Kinder haben nicht mitgedurft

Mit|ei|gen|tum; Mit|ei|gen|tü|mer; Mit|ei|gen|tü|me|rin

mit|ei|n|an|der; miteinander (einer mit dem andern) auskommen,

M mite

gehen, leben usw.; *vgl.* aneinander; **Mit|ei|n|an|der** [*auch* ˈmɪ...], das; -[s]
Mit|emp|fin|den
Mit|er|be, der; **Mit|er|bin**
mit|er|le|ben
mit|es|sen; Mit|es|ser
mit|fah|ren; Mit|fah|rer; Mit|fah|re|rin; Mit|fahr|ge|le|gen|heit; Mit|fahrt; Mit|fahr|zen|t|rale
mit|fi|nan|zie|ren
mit|füh|len; mit|füh|lend
mit|füh|ren
mit|ge|ben
mit|ge|fan|gen; mitgefangen, mitgehangen; **Mit|ge|fan|ge|ne**
Mit|ge|fühl, das; -[e]s
mit|ge|hen
mit|ge|nom|men; er sah sehr mitgenommen (ermattet) aus
Mit|ge|sell|schaf|ter; Mit|ge|sell|schaf|te|rin
mit|ge|stal|ten
Mit|gift, die; -, -en (*veraltend für* Mitgabe; Aussteuer); **Mit|gift|jä|ger** *(abwertend)*
Mit|glied; Mitglied des Bundestages (*Abk.* M. d. B. *od.* MdB); Mitglied des Landtages (*Abk.* M. d. L. *od.* MdL)
Mit|glie|der|kar|tei; Mit|glie|der|lis|te; Mit|glie|der|schwund; mit|glie|der|stark; Mit|glie|der|ver|samm|lung; Mit|glie|der|ver|zeich|nis; Mit|glie|der|zahl
Mit|glieds|aus|weis; Mit|glieds|bei|trag
Mit|glied|schaft, die; -, -en
Mit|glieds|kar|te; Mit|glieds|land *Plur.* ...länder; **Mit|glieds|staat, Mit|glied|staat** *Plur.* ...staaten
Mit|grün|der; Mit|grün|de|rin
mit|ha|ben; alle Sachen mithaben
Mit|häft|ling
mit|hal|ten; mit jmdm. mithalten
mit|hel|fen; Mit|hel|fer; Mit|hel|fe|rin
Mit|he|r|aus|ge|ber; Mit|he|r|aus|ge|be|rin
mit|hil|fe, **mit Hil|fe;** mithilfe *od.* mit Hilfe einiger Zeugen; *vgl. auch* Hilfe
Mit|hil|fe, die; -
mit|hin (somit)
mit|hö|ren; am Telefon mithören
Mi|th|ra[s] (altiran. Lichtgott)
Mi|th|ri|da|tes (König von Pontus)
Mi|ti|li|ni *vgl.* Mytilene
Mit|in|ha|ber; Mit|in|ha|be|rin
Mit|kämp|fer; Mit|kämp|fe|rin
Mit|klä|ger; Mit|klä|ge|rin
mit|klin|gen
mit|ko|chen; die Kartoffeln mitkochen
mit|kom|men
mit|kön|nen; mit jmdm. nicht mitkönnen (*ugs. für* nicht konkurrieren können)
mit|krie|gen (*ugs. für* mitbekommen)
mit|lau|fen; Mit|läu|fer; Mit|läu|fe|rin
Mit|laut (*für* Konsonant)
Mit|leid, das; -[e]s ↑K58: sie waren in einem mitleiderregenden *od.* Mitleid erregenden Zustand
Mit|lei|den, das; -s *(geh.)*; **Mit|lei|den|schaft;** *nur in* etwas *od.* jmdn. in Mitleidenschaft ziehen
mit|leid|er|re|gend, Mit|leid er|re|gend ↑K58; ein mitleiderregender *od.* Mitleid erregender Fall; *aber nur* ein großes Mitleid erregender Fall, ein äußerst mitleiderregender, noch mitleiderregenderer Fall
mit|lei|dig; mit|leid[s]|los; mit|leid[s]|voll
mit|le|sen
mit|lie|fern
mit|ma|chen *(ugs.)*
Mit|mensch, der; **mit|mensch|lich; Mit|mensch|lich|keit**, die; -
mit|mi|schen (*ugs. für* sich aktiv an etwas beteiligen)
mit|mö|gen (*ugs. für* mitgehen, mitkommen mögen)
mit|müs|sen; auf die Wache mitmüssen
Mit|nah|me, die; -, -n (das Mitnehmen); **Mit|nah|me|ef|fekt** (*Wirtsch.* Nebenwirkung, die darin besteht, dass Personen von finanziellen Mitteln profitieren, die für andere bestimmt waren); **Mit|nah|me|preis**
mit|neh|men ↑K82: Eis zum Mitnehmen; *vgl.* mitgenommen
Mit|neh|mer *(Technik)*
mit|nich|ten *(veraltend)*
Mi|to|chon|d|ri|um [...x...], das; -s, ...rien *meist Plur.* (Gebilde in Zellen von Lebewesen, das der Atmung u. dem Stoffwechsel der Zelle dient)
Mi|to|se, die; -, -n ⟨griech.⟩ (*Biol.* eine Art der Zellkernteilung)
Mit|pas|sa|gier; Mit|pas|sa|gie|rin
Mit|pa|ti|ent; Mit|pa|ti|en|tin
Mi|t|ra, die; -, ...tren ⟨griech.⟩ (Bischofsmütze; *Med.* haubenartiger Kopfverband)
Mi|t|rail|leur [mitraˈjøːɐ̯], der; -s, -e ⟨franz.⟩ (*schweiz. Militär für* Maschinengewehrschütze); **Mi|t|rail|leu|se** [...tra(l)ˈjøː...], die; -, -n (ein Vorläufer des Maschinengewehrs)
mit|rau|chen ↑K82: passives Mitrauchen
mit|rech|nen
mit|re|den; bei etwas mitreden können
mit|re|gie|ren
mit|rei|sen; Mit|rei|sen|de
mit|rei|ßen; von der Menge mitgerissen werden; der Redner riss alle Zuhörer mit; **mit|rei|ßend;** eine mitreißende Musik
Mi|t|ro|pa, die; - (Mitteleuropäische Schlaf- u. Speisewagen-Aktiengesellschaft)
mit|sam|men (*landsch. für* zusammen, gemeinsam); **mit|samt** *Präp. mit Dat.* (gemeinsam mit); mitsamt seinem Eigentum
mit|schlei|fen
mit|schlep|pen
mit|schnei|den (vom Rundfunk od. Fernsehen Gesendetes auf Tonband, Kassette aufnehmen); **Mit|schnitt**
mit|schrei|ben
Mit|schuld, die; -; **mit|schul|dig; Mit|schul|di|ge**
Mit|schü|ler; Mit|schü|le|rin
mit|schun|keln
mit|schwin|gen
mit|sin|gen
mit|sol|len; weil der Hund mitsoll
mit|spie|len; lasst die Kleine mitspielen; **Mit|spie|ler; Mit|spie|le|rin**
Mit|spra|che, die; -; **Mit|spra|che|recht; mit|spre|chen**
mit|ste|no|gra|fie|ren, mit|ste|no|gra|phie|ren
Mit|strei|ter; Mit|strei|te|rin
Mitt|acht|zi|ger *vgl.* Mittdreißiger; **Mitt|acht|zi|ge|rin**
[1]**Mit|tag** *s. Kasten*
[2]**Mit|tag**, das; -s (*ugs. für* Mittagessen); ein karges Mittag
Mit|tag|brot *(landsch.)*
mit|tag|es|sen (*österr. für* [zu] Mittag essen); wir gehen mittagessen; wir haben schon mittaggegessen; *vgl.* abendessen *u.* [1]Mittag; **Mit|tag|es|sen**, das
mit|tä|gig *vgl.* ...tägig; **mit|täg|lich** *vgl.* ...täglich
mit|tags ↑K70; 12 Uhr mittags; *aber* des Mittags; dienstagmittags; *vgl.* Abend, Dienstagabend, [1]Mittag
Mit|tags|brot *(landsch.)*; **Mit|tags|hit|ze; Mit|tags|kreis** (*für* Meri-

¹Mit|tag	
der; -s, -e *(Das Wort wird nicht mit drei, sondern nur mit zwei t geschrieben, weil die Zusammensetzung aus* Mitt- *und* Tag *kaum noch als solche erkannt wird.)* *Großschreibung:* – über Mittag wegbleiben – [zu] Mittag essen – Mittag (*ugs. für* Mittagspause) machen	– des Mittags, eines Mittags – gestern, heute, morgen Mittag – bis, von gestern, heute, morgen Mittag ↑K69 *Kleinschreibung:* – mittags [um] 12 Uhr, [um] 12 Uhr mittags – von morgens bis mittags *Zu* Dienstagmittag usw. *vgl.* Dienstagabend

dian); **Mit|tags|li|nie** (*für* Meridianlinie)
Mit|tag[s]|mahl *(geh.)*
Mit|tags|pau|se; Mit|tags|ru|he
Mit|tag[s]|schicht; Mit|tag[s]|schlaf; Mit|tag[s]|son|ne
Mit|tags|sper|re (*österr. für* Schließung wegen Mittagspause); **Mit|tag[s]|stun|de**
Mit|tags|tisch; Mit|tags|zeit
Mit|tä|ter; Mit|tä|te|rin; Mit|tä|ter|schaft
Mitt|drei|ßi|ger (Mann in der Mitte der Dreißigerjahre); **Mitt|drei|ßi|ge|rin**
Mit|te, die; -, -n; in der Mitte; Mitte Januar; Mitte dreißig, Mitte der Dreißiger; Seite 3 [in der] Mitte, Obergeschoss Mitte
mit|tei|len (melden); er hat ihm das Geheimnis mitgeteilt; **mit|tei|lens|wert; mit|teil|sam; Mit|teil|sam|keit,** die; -
Mit|tei|lung; Mit|tei|lungs|be|dürf|nis, das; -ses; **Mit|tei|lungs|drang**
mit|tel (*nur adverbial; ugs. für* mittelmäßig)
¹**Mit|tel,** das; -s, -; sich ins Mittel legen
²**Mit|tel,** die; - (*Druckw.* ein Schriftgrad)
mit|tel|alt; mittelalter Gouda
Mit|tel|al|ter, das; -s (*Abk.* MA.)
mit|tel|al|te|rig, mit|tel|alt|rig (*selten für* in mittlerem Alter stehend)
mit|tel|al|ter|lich (dem Mittelalter angehörend; *Abk.* ma.)
mit|tel|alt|rig *vgl.* mittelalterig
Mit|tel|ame|ri|ka; mit|tel|ame|ri|ka|nisch
mit|tel|bar
Mit|tel|bau, der; -[e]s, -ten (*Bauw.* mittlerer Flügel eines Gebäudes; *nur Sing.:* Gruppe der Assistenten u. akademischen Räte einer Hochschule)
Mit|tel|be|trieb
Mit|tel|chen
mit|tel|deutsch *vgl.* deutsch / Deutsch; **Mit|tel|deutsch,** das; -[s] (Sprache); *vgl.* Deutsch; **Mit|tel|deut|sche,** das; -n; *vgl.* ²Deutsche; **Mit|tel|deutsch|land**
Mit|tel|ding
Mit|tel|eu|ro|pa; Mit|tel|eu|ro|pä|er; Mit|tel|eu|ro|pä|e|rin; mit|tel|eu|ro|pä|isch; mitteleuropäische Zeit (*Abk.* MEZ)
mit|tel|fein *(Kaufmannsspr.)*
Mit|tel|feld *(bes. Sport);* **Mit|tel|feld|spie|ler; Mit|tel|feld|spie|le|rin**
Mit|tel|fin|ger
Mit|tel|fran|ken
mit|tel|fris|tig
Mit|tel|fuß; Mit|tel|fuß|kno|chen
Mit|tel|ge|bir|ge; Mit|tel|ge|birgs|land|schaft
Mit|tel|ge|wicht (Körpergewichtsklasse in der Schwerathletik); **Mit|tel|ge|wicht|ler; Mit|tel|ge|wicht|le|rin; Mit|tel|glied**
mit|tel|groß; mit|tel|gut
Mit|tel|hand, die; - *(Kartenspiel);* in der Mittelhand sitzen
mit|tel|hoch|deutsch (*Abk.* mhd.); *vgl.* deutsch; **Mit|tel|hoch|deutsch,** das; -[s] (Sprache); **Mit|tel|hoch|deut|sche,** das; -n; *vgl.* ²Deutsche
Mit|te-links-Bünd|nis ([Regierungs]bündnis von Parteien der politischen Mitte u. der politischen Linken)
Mit|tel|in|s|tanz
Mit|tel|klas|se; Mit|tel|klas|se|wa|gen
Mit|tel|kreis *(Fußball, Eishockey u. a.)*
mit|tel|län|disch; mittelländisches Klima, *aber* ↑K140 : das Mittelländische Meer
Mit|tel|land|ka|nal, der; -s
Mit|tel|la|tein; mit|tel|la|tei|nisch (*Abk.* mlat.)
Mit|tel|läu|fer *(Sport);* **Mit|tel|läu|fe|rin**
Mit|tel|li|nie
mit|tel|los; Mit|tel|lo|sig|keit, die; -
Mit|tel|maß, das; -es; **mit|tel|mä|ßig; Mit|tel|mä|ßig|keit**
Mit|tel|meer, das; -[e]s; **Mit|tel|meer|kli|ma; Mit|tel|meer|raum**
mit|teln (auf den Mittelwert bringen); ich mitt[e]le
Mit|tel|na|me
mit|tel|nie|der|deutsch (*Abk.* mnd.)
Mit|tel|ohr, das; -[e]s; **Mit|tel|ohr|ent|zün|dung; Mit|tel|ohr|ver|ei|te|rung**
mit|tel|präch|tig *(ugs. scherzh.)*
mit|tel|prei|sig; mittelpreisige Produkte
Mit|tel|punkt; Mit|tel|punkt|schu|le
Mit|tel|punkts|glei|chung *(Astron.)*
mit|tels *s. Kasten Seite 728*
Mit|tel|schei|tel; Mit|tel|schicht *(Soziol.);* **Mit|tel|schiff**
Mit|tel|schu|le (Realschule; *schweiz. für* höhere Schule)
Mit|tel|schul|leh|rer; Mit|tel|schul|leh|re|rin
mit|tel|schwer; mittelschwere Verletzungen
Mit|tels|frau; Mit|tels|mann *Plur.* ...männer *u.* ...leute (Vermittler); **Mit|tels|per|son**
mit|telst *vgl.* mittels
Mit|tel|stand, der; -[e]s
mit|tel|stän|dig (*Bot., Genetik für* intermediär)
mit|tel|stän|disch (den Mittelstand betreffend); **Mit|tel|ständ|ler; Mit|tel|ständ|le|rin**
mit|tels|te; die mittelste Säule; *vgl.* mittlere
Mit|tel|stein|zeit (*svw.* Mesolithikum)
Mit|tel|stel|lung
Mit|tel|stim|me *(Musik)*
Mit|tel|stre|cke
Mit|tel|stre|cken|flug|zeug
Mit|tel|stre|cken|lauf; Mit|tel|stre|cken|läu|fer; Mit|tel|stre|cken|läu|fe|rin
Mit|tel|stre|cken|ra|ke|te
Mit|tel|streck|ler (*Sport* Mittelstreckenläufer); **Mit|tel|streck|le|rin**
Mit|tel|strei|fen; Mit|tel|stück; Mit-

M
Mitt

mi̱t|tels	
⟨*erstarrter Genitiv zu* das Mittel⟩, *auch noch* mi̱t|telst ↑K70 *Präposition mit Genitiv:* – mittels eines Löffels (*als stilistisch meist besser gilt:* mit einem Löffel) – mittels Wasserkraft (*als stilistisch meist besser gilt:* durch Wasserkraft) – mittels zweier Lineale (*als stilistisch meist besser gilt:* mithilfe von zwei Linealen)	*Ein allein stehendes, stark gebeugtes Substantiv steht im Singular meist ungebeugt:* – mittels Draht, *auch* mittels Drahtes *Im Plural wird bei allein stehenden, stark gebeugten Substantiven der Dativ gesetzt:* – mittels Drähten (*aber* mittels langer Drähte) – mittels Kindern (*aber* mittels kleiner Kinder)

tel|stu|fe; Mi̱t|tel|stür|mer *(Fußball);* **Mi̱t|tel|stür|me|rin**
Mi̱t|tel|teil, der
Mi̱t|te|lung (Bestimmung des Mittelwertes)
Mi̱t|tel|wald (Wald, bei dem dichtes Unterholz mit höheren Stämmen gemischt ist)
Mi̱t|tel|was|ser *Plur.* ...wasser (Wasserstand zwischen Hoch- u. Niedrigwasser; durchschnittlicher Wasserstand)
Mi̱t|tel|weg
Mi̱t|tel|wel|le *(Rundfunk)*
Mi̱t|tel|wert
Mi̱t|tel|wort *Plur.* ...wörter (*für* Partizip)
mi̱t|ten ↑K70 ; inmitten *(vgl. d.); Getrennt- oder Zusammenschreibung:* mitten darein, mitten darin, mitten darunter; *vgl. aber* mittendrein, mittendrin, mittendrunter; mitten entzweibrechen; mitten hindurchgehen; er will mitten durch den Wald gehen; *vgl. aber* mittendurch; mitten in dem Becken liegen; *vgl. aber* mitteninne
mit|ten|dre̲in (mitten hinein); er hat den Stein mittendre̲in geworfen; *vgl. aber* mitten
mit|ten|dri̱n (mitten darin); sie befand sich mittendri̱n; *vgl. aber* mitten
mit|ten|dru̱n|ter (mitten darunter); er geriet mittendru̱nter; *vgl. aber* mitten
mit|ten|du̱rch (mitten hindurch); sie lief mittendu̱rch; der Stab brach mittendu̱rch; *vgl. aber* mitten
mit|ten|i̱n|ne *(veraltend);* mitteni̱nne sitzen; *vgl. aber* mitten
mit|ten|ma̱ng (*nordd. für* mitten dazwischen); er befand sich mittenma̱ng
Mi̱t|ten|wald (Ort an der Isar)
Mi̱t|te-re̱chts-Bünd|nis *vgl.* Mitte-links-Bündnis
Mi̱t|ter|nacht, die; -; um Mitternacht; *vgl.* Abend; **mi̱t|ter|näch|tig** (*seltener für* mitternächtlich); **mi̱t|ter|nächt|lich; mi̱t|ter|nachts** ↑K70 , *aber* des Mitternachts; **mi̱t|ter|nachts|blau**
Mi̱t|ter|nachts|got|tes|dienst; Mi̱t|ter|nachts|mes|se; Mi̱t|ter|nachts|son|ne *Plur. selten;* **Mi̱t|ter|nachts|stun|de; Mi̱t|ter|nachts|zeit**
Mi̱t|ter|rand [...ˈrãː] (franz. Staatsmann)
Mi̱t|te|strich (Binde-, Gedankenstrich der Schreibmaschine)
Mi̱tt|fas|ten *Plur.* (Mittwoch vor Lätare od. Lätare selbst)
Mi̱tt|fünf|zi|ger *vgl.* Mittdreißiger; **Mi̱tt|fünf|zi|ge|rin**
mi̱t|tig (*Technik* zentrisch)
Mi̱tt|ler (*geh. für* Vermittler; *Sing. auch für* Christus)
mi̱tt|le|re; die mittlere Reife ↑K89 (Abschluss der Realschule od. der Mittelstufe der höheren Schule), *aber* ↑K140 : der Mittlere Osten; *vgl.* mittelste
Mi̱tt|le|rin; Mi̱tt|ler|rol|le; Mi̱tt|ler|tum, das; -s
mi̱tt|ler|we̲i|le
Mi̱tt|neun|zi|ger *vgl.* Mittdreißiger; **Mi̱tt|neun|zi|ge|rin**
mi̱t|tra|gen; eine Entscheidung mittragen
mi̱tt|schiffs (*Seemannsspr.* in der Mitte des Schiffes)
Mi̱tt|sech|zi|ger *vgl.* Mittdreißiger; **Mi̱tt|sech|zi|ge|rin**
Mi̱tt|sieb|zi|ger *vgl.* Mittdreißiger; **Mi̱tt|sieb|zi|ge|rin**
Mi̱tt|som|mer; Mi̱tt|som|mer|nacht; Mi̱tt|som|mer|nachts|traum *vgl.* Sommernachtstraum; **mi̱tt|som|mers** ↑K70
mi̱t|tun *(ugs.);* er hat mi̱tgetan
Mi̱tt|vier|zi|ger *vgl.* Mittdreißiger; **Mi̱tt|vier|zi|ge|rin**
Mi̱tt|win|ter; Mi̱tt|win|ter|käl|te; mi̱tt|win|ters ↑K70
Mi̱tt|woch, der; -[e]s, -e; *Abk.* Mi.; *vgl.* Dienstag; **Mi̱tt|woch|a̲bend** usw. *vgl.* Dienstagabend usw.; **mi̱tt|wochs** ↑K70
Mi̱tt|wochs|lot|to, das; -s (Lotto, bei dem mittwochs die Gewinnzahlen gezogen werden)
Mi̱tt|zwan|zi|ger *vgl.* Mittdreißiger; **Mi̱tt|zwan|zi|ge|rin**
mit|u̱n|ter (zuweilen)
mit|u̱n|ter|zeich|nen, mit un|ter|ze̲ich|nen
mi̱t|ver|ant|wort|lich; Mi̱t|ver|ant|wort|lich|keit; Mi̱t|ver|ant|wor|tung
mi̱t|ver|die|nen; mitverdienen müssen
Mi̱t|ver|fas|ser; Mi̱t|ver|fas|se|rin
mi̱t|ver|fol|gen
Mi̱t|ver|gan|gen|heit (*österr. für* Imperfekt)
Mi̱t|ver|schul|den
Mi̱t|ver|schwo|re|ne, Mi̱t|ver|schwor|ne; Mi̱t|ver|schwö|rer; Mi̱t|ver|schwö|re|rin
mi̱t|ver|si|chert; Mi̱t|ver|si|che|rung
mi̱t|wach|sen

mit was / womit
Mit was kommt in der gesprochenen Sprache recht häufig vor: *Mit was willst du das bezahlen?* Im geschriebenen Standarddeutsch wird in der Regel *womit* verwendet: *Womit willst du das bezahlen?*

Mi̱t|welt, die; -
mi̱t|wir|ken; Mi̱t|wir|ken|de, der *u.* die; -n, -n; **Mi̱t|wir|kung; Mi̱t|wir|kungs|recht**
Mi̱t|wis|ser; Mi̱t|wis|se|rin; Mi̱t|wis|ser|schaft, die; -
mi̱t|wol|len; er hat mitgewollt
mi̱t|zäh|len
Mi̱t|zi (w. Vorn.)
mi̱t|zie|hen
Mi̱x, der; -[es], -e (Gemisch, spezielle Mischung); **Mi̱x|be|cher**
Mixed [mɪkst], das; -[s], -[s] ⟨engl.⟩ (*Sport* gemischtes Doppel)

Mixed Grill, der; - -[s], - -s, **Mixed|grill**, der; -[s], -s ['mɪkst 'grɪl, *auch* 'mɪkstgrɪl] (*Gastron.* Gericht aus verschiedenen gegrillten Fleischstücken [u. Würstchen])

Mixed-Me|dia-Show ['mɪkst-'mi:dɪə...] (*svw.* Multimediashow)

Mixed Pi|ck|les, **Mixed|pi|ck|les** [-...kl̩s, *auch* 'mɪkstpɪkl̩s], **Mix|pi|ck|les** [...pɪkl̩s] *Plur.* (in Essig eingemachtes Mischgemüse)

mi|xen ([Getränke] mischen; *Film, Funk, Fernsehen* verschiedene Tonaufnahmen zu einem Klangbild vereinigen); du mixt; ein bunt gemixtes Programm

Mi|xer, der; -s, - (Barmixer; Gerät zum Mixen; *Film, Funk, Fernsehen* Tonmischer); **Mi|xe|rin**

Mix|ge|tränk

Mix|pi|ck|les [...pɪkl̩s] *vgl.* Mixed Pickles

Mix|tum com|po|si|tum, das; - -, ...ta ...ta ‹lat.› (buntes Gemisch)

Mix|tur, die; -, -en (flüssige Arzneimischung; gemischte Stimme der Orgel)

MJ = Megajoule

Mjöll|nir, der; -s ‹»Zermalmer«› (Thors Hammer [Waffe])

MKS, die; - *auch ohne Artikel* = Maul- und Klauenseuche

ml = Milliliter

mlat. = mittellateinisch

Mlle., *schweiz. meist* **Mlle** = Mademoiselle

Mlles., *schweiz. meist* **Mlles** = Mesdemoiselles

mm = Millimeter

mm² = Quadratmillimeter

mm³ = Kubikmillimeter

m. m. = mutatis mutandis

MM. = Messieurs (*vgl.* Monsieur)

M. M. = Mälzels Metronom, Metronom Mälzel

µm = ²Mikrometer

Mme., *schweiz. meist* **Mme** = Madame

Mmes., *schweiz. meist* **Mmes** = Mesdames

mmh! [m'm̩]; mmh, ist das lecker!

mmol = Millimol

MMS®, der; - *meist ohne Artikel* ‹aus engl. Multimedia Messaging Service› (Mobilfunkdienst zur Übermittlung von Multimediadaten); **MMS-Han|dy**

Mn (*chem. Zeichen für* Mangan)

MN = Minnesota

mnd. = mittelniederdeutsch

Mne|me, die; - ‹griech.› (Erinnerung, Gedächtnis); **Mne|mis|mus**, der; - (Lehre von der Mneme)

Mne|mo|nik, die; -, Mne|mo|technik [*auch* ...'tɛç...], die; -, -en (die Kunst, das Gedächtnis durch Hilfsmittel zu unterstützen); **Mne|mo|ni|ker**, Mne|mo|tech|ni|ker; **Mne|mo|ni|ke|rin**, Mne|mo|tech|ni|ke|rin; **mne|mo|nisch**, mne|mo|tech|nisch

Mne|mo|sy|ne (griech. Göttin des Gedächtnisses, Mutter der Musen)

Mne|mo|tech|nik [*auch* ...'tɛç...] usw. *vgl.* Mnemonik usw.

MO = ²Missouri

MΩ = Megaohm

Mo (*chem. Zeichen für* Molybdän)

Mo. = Montag

Moa, der; -[s], -s ‹Maori› (ausgestorbener straußenähnlicher Vogel)

Mo|ab (Landschaft östl. des Jordans)

Mo|a|bit (Stadtteil von Berlin); **Mo|a|bi|ter** (Bewohner von Moab; Bewohner von Berlin-Moabit); **Mo|a|bi|te|rin**

Mo|ar, der; -s, -e ‹bayr., »Meier«› (Kapitän einer Moarschaft); **Mo|a|rin**; **Mo|ar|schaft**, die; -, -en (Vierermannschaft beim Eisschießen)

Mob, der; -s, -s ‹engl.› (Pöbel, randalierender Haufen)

mob|ben (Arbeitskolleg[inn]en ständig schikanieren [mit der Absicht, sie von ihrem Arbeitsplatz zu vertreiben]); **Mob|bing**, das; -s; **Mob|bing|be|ra|tung**; **Mob|bing|te|le|fon** *(ugs.)*

Mö|bel, das; -s, - *meist Plur.* ‹franz.›

Mö|bel|fa|b|rik; Mö|bel|fir|ma; Mö|bel|ge|schäft; Mö|bel|händ|ler; Mö|bel|händ|le|rin; Mö|bel|in|dus|t|rie; Mö|bel|la|ger; Mö|bel|mes|se

Mö|bel|pa|cker; Mö|bel|pa|cke|rin; Mö|bel|po|li|tur; Mö|bel|spe|di|teur; Mö|bel|spe|di|teu|rin; Mö|bel|stoff; Mö|bel|stück; Mö|bel|tisch|ler; Mö|bel|tisch|le|rin; Mö|bel|wa|gen

mo|bil ‹lat.› (beweglich, munter; *ugs. für* wohlauf; *Militär* auf Kriegsstand gebracht)

Mo|bil|com|pu|ter

Mo|bi|le, das; -s, -s ‹engl.› (hängend zu befestigendes, durch Luftzug bewegtes Gebilde)

Mo|bil|funk (Funk zwischen mobilen od. zwischen mobilen u. festen Stationen); **Mo|bil|funk|netz; Mo|bil|funk|stan|dard**

Mo|bi|li|ar, das; -s, -e ‹lat.› (bewegliche Habe; Hausrat, Möbel); **Mo|bi|li|ar|ver|si|che|rung**

Mo|bi|li|en *Plur.* (*veraltet für* Hausrat, Möbel)

Mo|bi|li|sa|ti|on, die; -, -en

mo|bi|li|sie|ren (*Militär* auf Kriegsstand bringen; [Kapital] flüssigmachen; aktivieren, in Gang bringen; wieder beweglich machen); **Mo|bi|li|sie|rung**

Mo|bi|li|tät, die; - ([geistige] Beweglichkeit; Häufigkeit des Wohnsitzwechsels)

Mo|bi|li|täts|ga|ran|tie (Garantie, die im Falle einer Fahrzeugpanne das weitere Fortkommen des Berechtigten gewährleistet)

Mo|bi|li|täts|prä|mie (*Politik* Prämie, die Arbeitslose erhalten können, wenn sie einen Ausbildungs- od. Arbeitsplatz annehmen, der weit vom Wohnort entfernt liegt)

mo|bil|ma|chen (*Militär* auf Kriegsstand bringen); **Mo|bil|ma|chung**

Mo|bil|te|le|fon (drahtloses Telefon für unterwegs)

mö|b|lie|ren ‹franz.› ([mit Hausrat] einrichten); **mö|b|liert**; ein möbliertes Zimmer; **Mö|b|lie|rung**

Mobs|ter, der; -s, - ‹amerik.› (*seltener für* Gangster)

Mo|çam|bique [...sam'bi:k] *vgl.* Mosambik

Moc|ca (*österr. auch für* ²Mokka)

Mo|cha [*auch* ...ka], der; -s ‹nach der jemenit. Hafenstadt, heute Mokka› (ein Mineral)

moch|te *vgl.* mögen

Möch|te|gern, der; -[s], *Plur.* -e *od.* -s *(ugs.)*

Möch|te|gern|ca|sa|no|va; Möch|te|gern|künst|ler; Möch|te|gern|künst|le|rin; Möch|te|gern|renn|fah|rer; Möch|te|gern|renn|fah|re|rin

Mo|cke, die; -, -n (*fränk. für* Zuchtschwein)

Mo|cken, der; -s, - (*südd. u. schweiz. mdal. für* Brocken, dickes Stück)

Mock|tur|tle|sup|pe [...tø:gtl̩...] ‹engl.› (unechte Schildkrötensuppe)

mod. = moderato

mo|dal ‹lat.› (die Art u. Weise bezeichnend)

Mo|dal|be|stim|mung *(Sprachwiss.)*

Mo|da|li|tät, die; -, -en (Art u. Weise, Ausführungsart); **Mo|da-**

li|tä|ten|lo|gik, Mo|dal|lo|gik, die; - (Zweig der math. Logik)
Mo|dal|satz (*Sprachwiss.* Umstandssatz der Art u. Weise); **Mo|dal|verb** (Verb, das vorwiegend ein anderes Sein od. Geschehen modifiziert, z. B. »wollen« in: »wir wollen warten«)
Mod|der, der; -s (*nordd. für* Morast, Schlamm); **mod|de|rig, modd|rig**
Mo|de, die; -, -n ‹franz.› (als zeitgemäß geltende Art, sich zu kleiden; etwas, was dem gerade herrschenden Geschmack entspricht); in Mode sein, kommen
Mo|de|ar|ti|kel; Mo|de|aus|druck *Plur.* ...drücke
mo|de|be|wusst
Mo|de|bran|che; Mo|de|cen|ter; Mo|de|de|si|g|ner; Mo|de|de|si|g|ne|rin; Mo|de|dro|ge; Mo|de|far|be; Mo|de|fim|mel *(ugs.)*
Mo|de|ge|schäft; Mo|de|haus; Mo|de|heft; Mo|de|jour|nal; Mo|de|krank|heit
[1]**Mo|del,** der; -s, - ‹lat.› (Backform; Hohlform für Gusserzeugnisse; erhabene Druckform für Zeugdruck; *auch svw.* [1]Modul)
[2]**Mo|del,** das; -s, -s ‹engl.› (Fotomodell; Mannequin)
Mo|dell, das; -s, -e ‹ital.› (Muster, Vorbild, Typ; Entwurf; Person od. Sache als Vorbild für ein Kunstwerk); Modell stehen
Mo|dell|bahn; Mo|dell|bah|ner; Mo|dell|bah|ne|rin
Mo|dell|bau, der; -[e]s; **Mo|dell|bau|er** *vgl.* [1]Bauer; **Mo|dell|bau|e|rin**
Mo|dell|cha|rak|ter
Mo|dell|ei|sen|bahn
Mo|del|leur [...'lø:ɐ̯], der; -s, -e ‹franz.› (*svw.* Modellierer); **Mo|del|leu|rin**
Mo|dell|fall, der; **Mo|dell|flug|zeug**
mo|dell|haft
Mo|del|lier|bo|gen
mo|del|lie|ren (künstlerisch formen; ein Modell herstellen); **Mo|del|lie|rer; Mo|del|lie|re|rin**
Mo|del|lier|holz; Mo|del|lier|mas|se
Mo|del|lie|rung
mo|del|lig (in der Art eines Modells)
Mo|dell|kleid; Mo|dell|pro|jekt; Mo|dell|pup|pe; Mo|dell|rech|nung; Mo|dell|schutz, der; -es
Mo|dell|the|a|ter; Mo|dell|ver|such; Mo|dell|zeich|nung
[1]**mo|deln** ‹lat.› (*selten für* gestalten); ich mod[e]le
[2]**mo|deln** ‹engl.› (als [2]Model arbeiten); ich mod[e]le
Mo|del|tuch *Plur.* ...tücher (*älter für* Stickmustertuch)
Mo|de|lung
Mo|dem, der, *auch* das; -s, -s ‹engl.› (Gerät zur Datenübertragung über Fernsprechleitungen)
Mo|de|ma|cher; Mo|de|ma|che|rin
Mo|de|na (ital. Stadt); **Mo|de|na|er; Mo|de|na|e|rin; mo|de|na|isch**
Mo|den|haus (*svw.* Modehaus); **Mo|den|heft** (*svw.* Modeheft); **Mo|den|schau**
Mo|de|püpp|chen; Mo|de|pup|pe
Mo|der, der; -s (Faulendes, Fäulnisstoff)
Mo|de|ra|men, das; -s, *Plur.* - *u.* ...mina ‹lat.› (Vorstandskollegium einer ev. reformierten Synode)
mo|de|rat (gemäßigt)
Mo|de|ra|ti|on, die; -, -en (*Rundfunk, Fernsehen* Tätigkeit des Moderators; *veraltet für* Mäßigung)
mo|de|ra|to ‹ital.› (*Musik* mäßig [bewegt]; *Abk.* mod.); **Mo|de|ra|to,** das; -s, *Plur.* -s *u.* ...ti
Mo|de|ra|tor, der; -s, ...oren ‹lat.› (*Rundfunk, Fernsehen* jmd., der eine Sendung moderiert; *Kernphysik* bremsende Substanz in Kernreaktoren); **Mo|de|ra|to|rin**
Mo|der|ge|ruch
mo|de|rie|ren ‹lat.› (*Rundfunk, Fernsehen* durch eine Sendung führen; *veraltet, aber noch landsch. für* mäßigen)
mo|de|rig, mod|rig
[1]**mo|dern** (faulen); sie sagt, es modere hier stark
[2]**mo|dern** ‹franz.› (modisch, der Mode entsprechend; neu[zeitlich]; zeitgemäß); moderner Fünfkampf *(Sport)*
Mo|der|ne, die; - (moderne Richtung [in der Kunst]; moderner Zeitgeist)
mo|der|ni|sie|ren (modisch machen; auf einen neueren [technischen] Stand bringen); **Mo|der|ni|sie|rer; Mo|der|ni|sie|re|rin; Mo|der|ni|sie|rung**
Mo|der|nis|mus, der; -, ...men ‹lat.› (moderner Geschmack, Bejahung des Modernen; Bewegung innerhalb der kath. Kirche); **Mo|der|nist,** der; -en, -en; **Mo|der|nis|tin; mo|der|nis|tisch**
Mo|der|ni|tät, die; -, -en (neuzeitl. Gepräge; Neues; Neuheit)
Mo|dern Jazz ['mɔdɐn 'dʒɛs], der; - - ‹engl.› (nach 1945 entstandener Jazzstil)
Mo|der|sohn (dt. Maler u. Grafiker); **Mo|der|sohn-Be|cker** (dt. Malerin)
Mo|de|sa|che; Mo|de|sa|lon; Mo|de|schaf|fen; Mo|de|schau (*svw.* Modenschau)
Mo|de|schmuck; Mo|de|schöp|fer; Mo|de|schöp|fe|rin
mo|dest ‹lat.› (*veraltet für* bescheiden, sittsam)
Mo|de|tanz; Mo|de|tor|heit; Mo|de|trend; Mo|de|wa|re; Mo|de|welt, die; -; **Mo|de|wort** *Plur.* ...wörter; **Mo|de|zeich|ner; Mo|de|zeich|ne|rin; Mo|de|zeit|schrift**
Mo|di (*Plur. von* Modus)
Mo|di|fi|ka|ti|on, Mo|di|fi|zie|rung, die; -, -en ‹lat.›; **mo|di|fi|zie|ren** (abwandeln, [ab]ändern)
Mo|di|g|li|a|ni [...dɪl'ja:...] (ital. Maler)
mo|disch ‹*zu* [1]Mode› (in od. nach der Mode); **Mo|dist,** der; -en, -en; **Mo|dis|tin** (Hutmacherin)
mod|rig *vgl.* moderig
[1]**Mo|dul,** der; -s, -n ‹lat.› ([1]Model; Verhältniszahl math. od. techn. Größen; Materialkonstante)
[2]**Mo|dul,** das; -s, -e ‹lat.-engl.› (*bes. Elektrot.* Bau- od. Schaltungseinheit)
mo|du|lar (in der Art eines [2]Moduls)
Mo|du|la|ti|on, die; -, -en (*Musik* das Steigen u. Fallen der Stimme, des Tones; Übergang in eine andere Tonart; *Technik* Änderung einer Schwingung)
Mo|du|la|ti|ons|fä|hig|keit (Anpassungsvermögen, Biegsamkeit [der Stimme])
mo|du|lie|ren (abwandeln; in eine andere Tonart übergehen)
Mo|dus [*auch* 'mɔ...], der; -, Modi ‹lat.› (Art u. Weise; *Sprachwiss.* Aussageweise; *mittelalterl. Musik* Melodie, Kirchentonart)
Mo|dus Ope|ran|di, der; - -, Modi - (Art u. Weise des Handelns, des Tätigwerdens)
Mo|dus Pro|ce|den|di, der; - -, Modi - (Art u. Weise des Verfahrens); **Mo|dus Vi|ven|di,** der; - -, Modi - (erträgliche Übereinkunft; Verständigung)
Moers (Stadt westl. von Duisburg)
Mo|fa, das; -s, -s (*kurz für* Motorfahrrad); **Mo|fa|fah|rer; Mo|fa|fah|re|rin; Mo|fa|len|ker** (*schweiz. für* Mofafahrer); **Mo|fa|len|ke|rin**

M
Moda

mög|lich

- so viel wie, *älter* als möglich; so gut wie, *älter* als möglich
- wir sollten uns, wo möglich (*kurz für* wenn es möglich ist), selbst darum kümmern; *vgl. aber* womöglich
- Unmögliches möglich machen

Großschreibung der Substantivierung ↑K72:

- im Rahmen des Möglichen
- Mögliches und Unmögliches verlangen
- Mögliches und Unmögliches zu unterscheiden wissen
- das Mögliche tun
- etwas, nichts Mögliches
- man sollte alles Mögliche (alle Möglichkeiten) bedenken
- wir haben das Mögliche (alles) getan
- sie wird alles Mögliche (viel, allerlei) versuchen
- er wird sein Möglichstes tun

Mo|fet|te, die; -, -n ‹franz.› (*Geol.* Kohlensäureausströmung in vulkan. Gebiet)
Mof|fe, der; -n, -n ‹niederl.› (abwertende Bez. der Niederländer für den Deutschen)
Mo|ga|di|schu (Hauptstadt von Somalia)
Mo|ge|lei; mo|geln (*ugs. für* betrügen [beim Spiel], nicht ehrlich sein); ich mog[e]le; **Mo|gel|packung** (*ugs.*)
mö|gen; ich mag, du magst, er mag; du mochtest; du möchtest; du hast es nicht gemocht, *aber* das hätte ich hören mögen
Mog|ler ‹*zu* mogeln› (*ugs.*); **Mog|lerin**
mög|lich *s. Kasten*
mög|li|chen|falls *vgl.* [1]Fall
mög|li|cher|wei|se
Mög|lich|keit; nach Möglichkeit
Mög|lich|keits|form (*für* Konjunktiv)
mög|lichst; möglichst schnell; möglichst viel Geld verdienen
Mo|gul [*auch, bes. österr.* ...'gu:l], der; -s, -n ‹pers.› (*früher für* Beherrscher eines oriental. Reiches)
Mo|hair [...'hɛ:ɐ̯], der; -s, -e ‹arab.-ital.-engl.› (Wolle der Angoraziege)
Mo|ham|med (Stifter des Islams); **Mo|ham|me|da|ner** (*ugs. veraltet für* Moslem); **Mo|ham|me|da|nerin**

Mohammedaner

Die vom islamischen Religionsstifter Mohammed abgeleitete Bezeichnung ist veraltend und sollte im öffentlichen Sprachgebrauch vermieden werden. Korrekte Bezeichnungen sind *Moslem* oder *Muslim.*

Mo|hi|ka|ner, der; -s, - (Angehöriger eines nordamerik. Indianerstammes); der Letzte *od.* letzte der Mohikaner; *aber nur* der letzte Mohikaner; **Mo|hi|ka|nerin**
Mohn, der; -[e]s, *Plur.* (*Sorten:*) -e
Mohn|beu|gel (*österr.*); **Mohn|blume; Mohn|bröt|chen; Mohn|kipferl** (*österr.*); **Mohn|ku|chen; Mohn|nu|deln** *Plur.* (*österr.*)
Mohn|öl; Mohn|saft; Mohn|sa|men; Mohn|stru|del (*österr.*); **Mohnzopf**
Mohr, der; -en, -en (*veraltet für* dunkelhäutiger Afrikaner)
Möhr|chen; Möh|re, die; -, -n (eine Gemüsepflanze)
Moh|ren|hir|se; Moh|ren|kopf (*oft als diskriminierend empfunden* ein Gebäck)
moh|ren|schwarz (*veraltet*)
Moh|ren|wä|sche (*oft als diskriminierend empfunden* Versuch, einen offensichtlich Schuldigen durch Scheinbeweise reinzuwaschen)
Moh|rin (*veraltet*)
Mohr|rü|be (*svw.* Möhre)
Mohs|här|te ↑K136, die; - ‹nach dem dt. Mineralogen F. Mohs› (Skala zur Bestimmung der Härtegrade von Mineralien)
moin, moin!, Moin, Moin! (nordd. Grußformel, *oft auch nur* moin! *od.* Moin!)
Moi|ra, die; -, ...ren *meist Plur.* ‹griech.› (griech. Schicksalsgöttin [Klotho, Lachesis, Atropos])
Moi|ré [moa...], der *od.* das; -s, -s ‹franz.› (Gewebe mit geflammtem Muster; *Druckw.* fehlerhaftes Fleckenmuster in der Bildreproduktion); **moi|rieren** (flammen); **moi|riert** (geflammt)
Mo|ji|to [mo'xi:to], der; -s, -s ‹span.› (ein Mixgetränk)

mo|kant ‹franz.› (spöttisch)
Mo|kas|sin [*auch* ...'si:n], der; -s, *Plur.* -s *u.* -e ‹indian.› (lederner Halbschuh [nach der Art] der nordamerik. Indianer)
Mo|kett, Mo|quette [...'kɛt], der; -s ‹franz.› (Möbel-, Deckenplüsch)
Mo|kick, das; -s, -s ‹*Kurzw. aus* Motor *u.* Kickstarter› (kleines Motorrad)
mo|kie|ren, sich ‹franz.› (sich abfällig od. spöttisch äußern); ich mokierte mich über dich
[1]**Mok|ka** (Stadt im Jemen)
[2]**Mok|ka,** der; -s, -s (eine Kaffeesorte; sehr starker Kaffee); *vgl.* Mocca; **Mok|ka|kaf|fee; Mok|kalöf|fel; Mok|ka|tas|se; Mok|kator|te**
Mol, das; -s, -e ‹lat.› (*früher svw.* Grammmolekül; Einheit der Stoffmenge; *Zeichen* mol); **molar** ‹lat.› (auf das Mol bezüglich; je 1 Mol)
Mo|lar, der; -s, -en ‹lat.› (*Med.* [hinterer] Backenzahn, Mahlzahn); **Mo|lar|zahn**
Mo|las|se, die; - ‹franz.› (*Geol.* Tertiärschicht)
Molch, der; -[e]s, -e (im Wasser lebender Lurch)
[1]**Mol|dau,** die; - (l. Nebenfluss der Elbe)
[2]**Mol|dau** (Republik Moldau; Staat in Osteuropa); **Mol|dau|er; Moldau|e|rin; mol|dau|isch**
Mol|da|wi|en *vgl.* [2]Moldau; **Mol|dova** *vgl.* [2]Moldau
[1]**Mo|le,** die; -, -n ‹ital.› (Hafendamm); *vgl.* Molo
[2]**Mo|le,** die; -, -n ‹griech.› (*Med.* abgestorbene, fehlentwickelte Leibesfrucht)
Mo|le|kel, die; -, -n, *österr. auch* das; -s, - ‹lat.› (*älter für* Molekül)
Mo|le|kül, das; -s, -e ‹franz.›

(kleinste Einheit einer chem. Verbindung); **mo|le|ku|lar**
Mo|le|ku|lar|bio|lo|ge; Mo|le|ku|lar|bio|lo|gie; Mo|le|ku|lar|bio|lo|gin
Mo|le|ku|lar|gas|t|ro|no|mie (Kochkunst, die Erkenntnisse über biochemische u. physikalisch-chemische Prozesse berücksichtigt)
Mo|le|ku|lar|ge|ne|tik; Mo|le|ku|lar|ge|wicht
Mo|le|ku|lar|kü|che (*svw.* Molekulargastronomie)
Mo|len|kopf (Ende der [1]Mole)
Mole|skin [ˈmoːlskɪn], der *od.* das; -[s], -s ⟨engl.⟩ (Englischleder, aufgerautes Baumwollgewebe)
Mo|les|ten *Plur.* ⟨lat.⟩ (*veraltet für* Beschwerden; Belästigungen)
mo|les|tie|ren (*veraltet für* belästigen)
Mo|let|te, die; -, -n ⟨franz.⟩ (Prägwalze; Mörserstößel)
Mo|li *vgl.* Molo
Mo|li|ère [...ˈli̯eːɐ̯] (franz. Lustspieldichter); **mo|li|e|risch;** die molierischen Charaktere, Komödien ↑K135
Mol|ke, die; - (bei der Käseherstellung übrig bleibende Milchflüssigkeit); **Mol|ken,** der; -s (*landsch. für* Molke); **Mol|ken|kur**
Mol|ke|rei; Mol|ke|rei|but|ter; Mol|ke|rei|ge|nos|sen|schaft; Mol|ke|rei|pro|dukt *meist Plur.*; **mol|kig**
[1]**Moll,** das; -[s] ⟨lat.⟩ (*Musik* Tongeschlecht mit kleiner Terz); a-Moll; a-Moll-Tonleiter ↑K26; *vgl.* Dur
[2]**Moll,** der; -[e]s, *Plur.* -e *u.* -s (*svw.* Molton)
Moll|ak|kord *(Musik)*; **Moll|drei|klang**
Mol|le, die; -, -n (*nordd. für* Mulde, Backtrog; *berlin. für* Bierglas, ein Glas Bier); **Mol|len|fried|hof** (*berlin. scherzh. für* Bierbauch)
Möl|ler, der; -s, - (*Hüttenw.* Gemenge von Erz u. Zuschlag); **möl|lern** (mengen); ich möllere
mol|lert (*bayr., österr. für* mollig)
Möl|le|rung *(Hüttenw.)*
mol|lig (*ugs. für* dicklich; behaglich); mollig warm; **Mol|lig|keit,** die; -
Moll|ton|art; Moll|ton|lei|ter
Mol|lus|ke, die; -, -n *meist Plur.* ⟨lat.⟩ (*Biol.* Weichtier); **mol|lus|ken|ar|tig**
Mol|ly [...li] (w. Vorn.)
Mo|lo, der; -s, Moli (*österr. für* [1]Mole)

[1]**Mo|loch** [*auch* ˈmɔ...] (ein semit. Gott)
[2]**Mo|loch,** der; -s, -e (Macht, die alles verschlingt)
Mo|lo|tow|cock|tail, Mo|lo|tow-Cock|tail ⟨nach dem sowjet. Außenminister W. M. Molotow⟩ (mit Benzin [u. Phosphor] gefüllte Flasche, die wie eine Handgranate verwendet wird)
Molt|ke (Familienn.); **molt|kesch** ↑K135 : die **molt|ke|schen** *od.* Molt|ke'schen Briefe
mol|to ⟨ital.⟩ (*Musik* sehr); molto allegro (sehr schnell); molto vivace (sehr lebhaft)
Mol|ton, der; -s, -s ⟨franz.⟩ (ein Gewebe)
Mol|to|pren®, das; -s, -e (ein leichter, druckfester, schaumartiger Kunststoff)
Mo|luk|ken *Plur.* (eine indones. Inselgruppe)
Mo|ly, das; -s (sagenumwobene Zauberpflanze)
Mo|lyb|dän, das; -s ⟨griech.⟩ (chemisches Element, Metall; *Zeichen* Mo)
Mom|ba|sa (Hafenstadt in Kenia)
[1]**Mo|ment,** der; -[e]s, -e ⟨lat.⟩ (Augenblick; Zeit[punkt]; kurze Zeitspanne)
[2]**Mo|ment,** das; -[e]s, -e ([ausschlaggebender] Umstand; Gesichtspunkt; Produkt aus zwei physikal. Größen)
mo|men|tan (augenblicklich)
Mo|ment|auf|nah|me; Mo|ment|bild
Mo|men|terl (*österr. ugs. für* Moment!; Augenblick!)
Mo|men|tum, das; -s ⟨lat.⟩ (*geh. für* [richtiger, geeigneter] Augenblick, Zeitpunkt)
mo|ment|wei|se
Momm|sen (dt. Historiker)
Mo|na (w. Vorn.)
[1]**Mo|na|co** [*auch* ˈmoː...] (Staat in Südeuropa); [2]**Mo|na|co** [*auch* ˈmo...] (Stadtbezirk von [1]Monaco); *vgl.* Monegasse
Mo|na|de, die; -, -n ⟨griech.⟩ (*Philos.* das Einfache, Unteilbare; [bei Leibniz:] die letzte, in sich geschlossene, vollendete Ureinheit); **Mo|na|den|leh|re,** die; -; **mo|na|disch; Mo|na|do|lo|gie,** die; - (Lehre von den Monaden)
Mo|na|ko [*auch* ˈmoː...] *vgl.* [1]Monaco, [2]Monaco
Mo|na Li|sa, die; - - (Gemälde von Leonardo da Vinci)
Mo|n|arch, der; -en, -en ⟨griech.⟩ (gekröntes Staatsoberhaupt);

Mo|n|ar|chie, die; -, ...ien; **Mo|n|ar|chin; mo|n|ar|chisch**
Mo|n|ar|chis|mus, der; -; **Mo|n|ar|chist,** der; -en, -en (Anhänger der Monarchie); **Mo|n|ar|chis|tin; mo|n|ar|chis|tisch**
Mo|nas|te|ri|um, das; -s, ...ien ⟨griech.⟩ (Kloster[kirche], Münster)
Mo|nat, der; -[e]s, -e; alle zwei Monate; dieses Monats (*Abk.* d. M.); laufenden Monats (*Abk.* lfd. M.); künftigen Monats (*Abk.* k. M.); nächsten Monats (*Abk.* n. M.); vorigen Monats (*Abk.* v. M.)
mo|na|te|lang; *aber* viele Monate lang
...mo|na|tig (z. B. dreimonatig [drei Monate dauernd], *mit Ziffer* 3-monatig)
mo|nat|lich; ...mo|nat|lich (z. B. dreimonatlich [alle drei Monate wiederkehrend], *mit Ziffer* 3-monatlich)
Mo|nats|an|fang; Mo|nats|be|ginn
Mo|nats|bei|trag
Mo|nats|bin|de; Mo|nats|blu|tung
Mo|nats|ein|kom|men; Mo|nats|en|de; Mo|nats|ers|te; Mo|nats|frist; innerhalb Monatsfrist
Mo|nats|ge|halt, das; **Mo|nats|hälf|te; Mo|nats|heft; Mo|nats|kar|te; Mo|nats|letz|te; Mo|nats|lohn; Mo|nats|mie|te**
Mo|nats|na|me; Mo|nats|ra|te; Mo|nats|schrift; Mo|nats|wech|sel
mo|nat[s]|wei|se
mo|n|au|ral ⟨griech.; lat.⟩ (*Tontechnik* einkanalig)
Mo|na|zit, der; -s, -e ⟨griech.⟩ (ein Mineral)
Mönch, der; -[e]s, -e ⟨griech.⟩ (Angehöriger eines geistl. Ordens)
Mön|chen|glad|bach (Stadt in Nordrhein-Westfalen)
mön|chisch
Mönchs|klos|ter; Mönchs|kut|te; Mönchs|la|tein, das; -s (mittelalterl. [schlechtes] Latein); **Mönchs|or|den; Mönchs|rob|be**
Mönch[s]|tum, das; -s
Mönchs|we|sen; Mönchs|zel|le
Mönch|zie|gel (ein Dachziegel)
Mond, der; -[e]s, -e (ein Himmelskörper; *veraltet für* Monat)
mon|dän ⟨franz.⟩ (betont elegant); **Mon|dä|ni|tät,** die; -, -en
Mond|auf|gang; Mond|bahn
mond|be|schie|nen ↑K59
Mond|blind|heit (Augenentzündung, bes. bei Pferden)

M
mole

Mon|den|schein, der; -[e]s *(geh.)*
Mon|des|fins|ter|nis *(österr. neben* Mondfinsternis); **Mon|des|glanz** *(dichter.);* **Mond|fäh|re; Mond|fins|ter|nis; Mond|flug**
mond|för|mig; mond|hell
Mond|jahr
Mond|kalb (fehlgebildetes tierisches Lebewesen; *ugs. für* Dummkopf)
Mond|kra|ter
Mond|lan|de|fäh|re; Mond|land|schaft; Mond|lan|dung
Mond|licht, das; -[e]s
mond|los
Mond|mo|bil, das; -[e]s, -e; **Mond|nacht; Mond|ober|flä|che; Mond|or|bit; Mond|pha|se**
Mond|preis *(ugs. für* willkürlich festgesetzter [überhöhter] Preis)
Mond|ra|ke|te
Mon|d|ri|an (niederl. Maler)
Mond|schein, der; -[e]s
Mond|schein|ta|rif (verbilligter Telefontarif in den Abend- u. Nachtstunden [bis 1980])
Mond|see (österr. Ort u. See); **Mond|se|er** ↑K143 ; Mondseer Rauchhaus; *vgl.* Monseer; **Mond|se|e|rin**
Mond|si|chel; Mond|son|de (unbemanntes Raumflugzeug zur Erkundung des Monds)
Mond|stein *(svw.* Adular)
Mond|sucht, die; -; **mond|süch|tig; Mond|süch|tig|keit**
Mond|um|lauf|bahn; Mond|un|ter|gang; Mond|wech|sel
Mo|ne|gas|se, der; -n, -n (Bewohner Monacos); **Mo|ne|gas|sin; mo|ne|gas|sisch**
Mo|net [...ˈne], Claude [kloːd] (franz. Maler)
mo|ne|tär ‹lat.› (das Geld betreffend, geldlich); **Mo|ne|ten** *Plur. (ugs. für* Geld)
Mon|go|le, der; -n, -n (Angehöriger einer Völkergruppe in Asien; Einwohner der Mongolei)
Mon|go|lei, die; - (Hochland u. Staat in Zentralasien); ↑K140 : die Innere, Äußere Mongolei
Mon|go|len|fal|te *(früher);* **Mon|go|len|fleck**
mon|go|lid *(Anthropol.* zu der vorwiegend in Asien, Grönland u. im arkt. Nordamerika verbreiteten Menschengruppe gehörend); **Mon|go|li|de,** der *u.* die; -n, -n
Mon|go|lin
mon|go|lisch; *aber* ↑K140 : die Mongolische Volksrepublik
Mon|go|lis|mus, der; - *(wird häufig als abwertend empfunden* Downsyndrom)
mon|go|lo|id *(abwertend für* die Merkmale des Downsyndroms aufweisend; *Anthropol.* den Mongolen ähnlich); **Mon|go|lo|i|de,** der *u.* die; -n, -n
Mo|nier|bau|wei|se [*auch* ...ˈnjeː...], die; - ↑K136 ‹nach dem franz. Gärtner J. Monier› (Stahlbetonbauweise); **Mo|nier|ei|sen** *(veraltet für* in [Stahl]beton eingebettetes [Rund]eisen)
mo|nie|ren ‹lat.› (beanstanden)
Mo|nier|zan|ge ↑K136 ‹nach dem franz. Gärtner J. Monier› (Zange für Eisendrahtarbeiten)
Mo|ni|ka (w. Vorn.)
Mo|ni|lia, die; - ‹lat.› (Pilz, der eine Erkrankung an Obstbäumen hervorruft)
Mo|nis|mus, der; - ‹griech.› (philos. Lehre, die jede Erscheinung auf ein einheitliches Prinzip zurückführt); **Mo|nist,** der; -en, -en (Anhänger des Monismus); **Mo|nis|tin; mo|nis|tisch**
Mo|ni|ta *(Plur. von* Monitum)
Mo|ni|tor, der; -s, *Plur.* -e, *auch* ...oren ‹engl.› (Bildschirm; Kontrollgerät, bes. beim Fernsehen; Strahlennachweis- u. -messgerät; *Bergbau* Wasserwerfer zum Losspülen von Gestein)
Mo|ni|to|ring [ˈmɔnɪtərɪŋ], das; -s, -s ‹engl.› ([Dauer]beobachtung [eines best. Systems])
Mo|ni|tum, das; -s, ...ta (Rüge, Beanstandung)
mo|no [*auch* ˈmoː...] ‹griech.› *(kurz für* monofon); die Schallplatte wurde mono aufgenommen; **Mo|no,** das; -s *(kurz für* Monofonie)
mo|no... (allein...); **Mo|no...** (Allein...)
Mo|no|chord [...k...], das; -[e]s, -e ‹griech.› (ein Instrument zur Ton- u. Intervallmessung)
mo|no|chrom [...k...] ‹griech.› (einfarbig)
mo|no|co|lor ‹griech.; lat.›; eine monocolore Regierung *(österr. ugs. für* Einparteienregierung)
Mo|n|o|die, die; -, ...ien ‹griech.› *(Musik* einstimmiger Gesang; Sologesang); **mo|n|o|disch**
mo|no|fil ‹griech.; lat.› (aus einer einzigen Faser bestehend)
mo|no|fon, mo|no|phon ‹griech.› *(Tontechnik* einkanalig)
Mo|no|fo|nie, Mo|no|pho|nie, die; -
mo|no|gam; Mo|no|ga|mie, die; - ‹griech.› (Zusammenleben mit nur einem Geschlechtspartner; Einehe; *Ggs.* Polygamie); **mo|no|ga|misch**
mo|no|gen ‹griech.› *(Genetik* durch nur ein Gen bedingt); **Mo|no|ge|ne|se, Mo|no|go|nie,** die; - *(Biol.* ungeschlechtl. Fortpflanzung)
Mo|no|gra|fie, Mo|no|gra|phie, die; -, ...ien (wissenschaftl. Untersuchung über einen einzelnen Gegenstand)
mo|no|gra|fisch, mo|no|gra|phisch
Mo|no|gramm, das; -s, -e ‹griech.› (Namenszug [aus den Anfangsbuchstaben eines Namens])
Mo|no|gra|phie usw. *vgl.* Monografie usw.
mo|no|kau|sal ‹griech.; lat.› (auf nur einer Ursache beruhend)
Mo|n|o|kel, das; -s, - ‹franz.› (Augenglas für nur ein Auge)
mo|no|klin ‹griech.› *(Geol.* mit einer geneigten Achse; *Bot.* gemischtgeschlechtig [Staub- u. Fruchtblätter in einer Blüte tragend])
mo|no|klo|nal ‹griech.› *(Med.* aus einem Zellklon gebildet)
Mo|no|ko|ty|le|do|ne, die; -, -n ‹griech.› *(Bot.* einkeimblättrige Pflanze)
mo|n|o|ku|lar ‹griech.; lat.› (mit einem Auge, für ein Auge)
Mo|no|kul|tur [*auch* ˈmɔ...] ‹griech.; lat.› (einseitiger Anbau einer bestimmten Wirtschafts- od. Kulturpflanze)
Mo|no|la|t|rie, die; - ‹griech.› (Verehrung nur eines Gottes)
Mo|no|lith, der; *Gen.* -s *od.* -en, *Plur.* -e[n] ‹griech.› (Säule, Denkmal aus einem einzigen Steinblock); **mo|no|li|thisch**
Mo|no|log, der; -[e]s, -e ‹griech.› (Selbstgespräch [bes. im Drama]); **mo|no|lo|gisch; mo|no|lo|gi|sie|ren**
Mo|nom, Mo|no|nom, das; -s, -e ‹griech.› *(Math.* eingliedrige Zahlengröße)
mo|no|man, mo|no|ma|nisch ‹griech.› *(Psychol.* an Monomanie leidend); **Mo|no|ma|ne,** der; -n, -n; **Mo|no|ma|nie,** die; -, ...ien (auf eine einzige spezifische Verhaltensweise bezogene Manie); **Mo|no|ma|nin; mo|no|ma|nisch**

M
mono

mo|no|mer ‹griech.› (*Chemie* aus einzelnen, voneinander getrennten, selbstständigen Molekülen bestehend); **Mo|no|mer,** das; -s, -e, **Mo|no|me|re,** das; -n, -n (Stoff, dessen Moleküle monomer sind)
mo|no|misch, mo|no|no|misch ‹griech.› (*Math.* eingliedrig); **Mo|no|nom** *vgl.* Monom; **mo|no|no|misch** *vgl.* monomisch
mo|no|phon usw. *vgl.* monofon usw.
Mo|no|ph|thong, der; -[e]s, -e ‹griech.› (*Sprachwiss.* einfacher Vokal, z. B. a, i; *Ggs.* Diphthong); **mo|no|ph|thon|gie|ren** ([einen Diphthong] zum Monophthong umbilden); **Mo|no|ph|thon|gie|rung**
mo|no|phy|le|tisch ‹griech.› (*Biol.* auf eine Urform zurückgehend)
Mo|no|ple|gie, die; -, ...ien ‹griech.› (*Med.* Lähmung eines einzelnen Gliedes)
Mo|no|pol, das; -s, -e ‹griech.› (das Recht auf Alleinhandel u. -verkauf; Vorrecht, alleiniger Anspruch); **Mo|no|pol|bren|ne|rei; Mo|no|pol|in|ha|ber; Mo|no|pol|in|ha|be|rin**
mo|no|po|li|sie|ren (ein Monopol aufbauen, die Entwicklung von Monopolen vorantreiben); **Mo|no|po|li|sie|rung**
Mo|no|po|list, der; -en, -en (Besitzer eines Monopols); **Mo|no|po|lis|tin; mo|no|po|lis|tisch**
Mo|no|pol|ka|pi|tal; Mo|no|pol|ka|pi|ta|lis|mus; Mo|no|pol|ka|pi|ta|list; Mo|no|pol|ka|pi|ta|lis|tin; mo|no|pol|ka|pi|ta|lis|tisch
Mo|no|pol|stel|lung
Mo|no|po|ly® [...li], das; - ‹engl.› (ein Gesellschaftsspiel)
Mo|no|pos|to, der; -s, -s ‹ital.› (*Automobilrennsport* Einsitzer mit unverkleideten Rädern)
Mo|no|p|te|ros, der; -, ...eren ‹griech.› (von einem Säulenring umgebener antiker Tempel)
mo|no|sem ‹griech.› (*Sprachwiss.* nur eine Bedeutung habend); **Mo|no|se|mie,** die; -
mo|no|s|ti|chisch ‹griech.› (*Verslehre* in Einzelversen [abgefasst usw.]); **Mo|no|s|ti|chon,** das; -s, ...cha (Einzelvers)
Mo|no|struk|tur [*auch* 'mɔ...] ‹griech.; lat.› (Dominanz eines bestimmten Industrie- od. Dienstleistungszweiges in der Wirtschaft [eines Landes]); **mo|no|struk|tu|riert**
mo|no|syl|la|bisch ‹griech.› (*Sprachwiss.* einsilbig)
mo|no|syn|de|tisch ‹griech.› (*Sprachwiss.* nur im letzten Glied einer Reihung durch eine Konjunktion verbunden, z. B. »Ehre, Macht u. Ansehen«)
Mo|no|the|is|mus, der; - ‹griech.› (Glaube an einen einzigen Gott); **Mo|no|the|ist,** der; -en, -en; **Mo|no|the|is|tin; mo|no|the|is|tisch**
mo|no|the|ma|tisch (ein einzelnes Thema behandelnd)
mo|no|ton ‹griech.› (eintönig; gleichförmig; ermüdend); **Mo|no|to|nie,** die; -, ...ien
Mo|no|t|re|men *Plur.* ‹griech.› (*Zool.* Kloakentiere)
mo|no|trop ‹griech.› (*Biol.* beschränkt anpassungsfähig)
Mo|no|type® [...taip], die; -, -s ‹griech.-engl.› (*Druckw.* Gieß- u. Setzmaschine für Einzelbuchstaben); **Mo|no|ty|pie** [...ty...], die; -, ...ien (ein grafisches Verfahren)
mo|no|va|lent (*fachspr. für* einwertig)
Mo|n|o|xid [*auch* ...'ksi:t], **Mo|n|o|xyd** [*auch* ...'ksy:t] ‹griech.› (Oxid, das ein Sauerstoffatom enthält); *vgl.* Oxid
Mo|no|zel|le [*auch* 'mo:...] ‹griech.; dt.› (kleines elektrochem. Element als Stromquelle)
Mo|n|ö|zie, die; - ‹griech.› (*Bot.* Einhäusigkeit, Vorkommen m. u. w. Blüten auf einer Pflanze); **mo|n|ö|zisch** (einhäusig)
Mo|no|zyt, der; -en, -en *meist Plur.* ‹griech.› (*Med.* größtes [weißes] Blutkörperchen); **Mo|no|zy|to|se,** die; -, -n (krankhafte Vermehrung der Monozyten)
Mon|roe|dok|t|rin [...ro:...] ↑K136, die; - (von dem nordamerik. Präsidenten Monroe 1823 verkündeter Grundsatz der gegenseitigen Nichteinmischung)
Mon|ro|via (Hauptstadt Liberias)
Mon|se|er; Monseer Fragmente (altd. Schriftdenkmal); **Mon|see-Wie|ner Frag|men|te** (Monseer Fragmente)
Mon|sei|g|neur [mõsɛn'jø:ɐ̯], der; -s, *Plur.* -e *u.* -s *u.* Messeigneurs ‹franz.› (Titel u. Anrede hoher franz. Geistlicher, Adliger u. hochgestellter Personen; *Abk.* Mgr.)
Mon|ser|rat *vgl.* Montserrat
Mon|si|eur [mə'sjø:], der; -[s], Messieurs [mɛ'sjø:] ‹franz., »mein Herr«› (*franz. Bez. für* Herr; *als Anrede ohne Artikel; Abk.* M., *Plur.* MM.)
Mon|si|g|no|re [...ɪn'jo:...], der; -[s], ...ri ‹ital.› (Titel hoher Würdenträger der kath. Kirche; *Abk.* Mgr., Msgr.)
Mons|ter, das; -s, - ‹engl.› (Ungeheuer); **Mons|ter...** (*ugs. für* riesig, Riesen...)
Mons|te|ra, die; -, ...rae ‹nlat.› (eine Zimmerpflanze)
Mons|ter|bau *Plur.* ...bauten; **Mons|ter|film; Mons|ter|kon|zert; Mons|ter|pro|gramm; Mons|ter|schau**
Mons|ter|truck [...trak] ‹engl.› (für spezielle Shows umgebautes Fahrzeug mit übergroßen Reifen); **Mons|ter|wel|le**
Mons|t|ra (*Plur. von* Monstrum)
Mons|t|ranz, die; -, -en ‹lat.› (Gefäß zum Tragen u. Zeigen der geweihten Hostie)
mons|t|rös ‹lat.(-franz.)› (furchterregend scheußlich; ungeheuer aufwendig); **Mons|t|ro|si|tät,** die; -, -en; **Mons|t|rum,** das; -s, *Plur.* ...ren *u.* ...ra (Ungeheuer)
Mon|sun, der; -s, -e ‹arab.› (jahreszeitlich wechselnder Wind, bes. im Indischen Ozean); **mon|su|nisch; Mon|sun|re|gen**
Mon|ta|baur [*auch* ...'baʊ̯ɐ̯] (Stadt im Westerwald)
Mon|ta|fon, das; -s (Alpental in Vorarlberg); **mon|ta|fo|ne|risch**
Mon|tag, der; -[e]s, -e; *Abk.* Mo.; *vgl.* Dienstag; **Mon|tag|abend** usw. *vgl.* Dienstagabend usw.
Mon|ta|ge [mɔn'ta:ʒə, *auch* mõ...], die; -, -n ‹franz.› (Aufstellung [einer Maschine], Auf-, Zusammenbau)
Mon|ta|ge|ar|beit; Mon|ta|ge|band, das; **Mon|ta|ge|bau** *Plur.* ...bauten; **Mon|ta|ge|bau|wei|se; Mon|ta|ge|hal|le; Mon|ta|ge|zeit**
mon|tä|gig *vgl.* ...tägig; **mon|täg|lich** *vgl.* ...täglich
Mon|ta|g|nard [mõtan'ja:ɐ̯], der; -s, -s (Mitglied der »Bergpartei« der Franz. Revolution)
mon|tags ↑K70; *vgl.* Dienstag
Mon|tags|aus|ga|be; Mon|tags|au|to (*scherzh. für* Auto mit Produktionsfehlern)
Mon|tags|de|mons|t|ra|ti|on (bes. in Leipzig [1989])
Mon|tags|wa|gen (*svw.* Montagsauto)

M
mono

Mon|tai|g|ne [mõˈtɛnjə] (franz. Schriftsteller u. Philosoph)

mon|tan, mon|ta|nis|tisch ‹lat.› (Bergbau u. Hüttenwesen betreffend)

Mon|ta|na (Staat in den USA; *Abk.* MT)

Mon|tan|ge|sell|schaft; Mon|tan|in|dus|t|rie

Mon|ta|nis|mus, der; - ‹nach dem Begründer Montanus› (schwärmer. altkirchl. Bewegung in Kleinasien); **Mon|ta|nist,** der; -en, -en (Sachverständiger im Bergbau- u. Hüttenwesen; Anhänger des Montanus); **Mon|ta|nis|tin**

mon|ta|nis|tisch *vgl.* montan

Mon|tan|mit|be|stim|mung

Mon|tan|uni|on, die; - (Europäische Gemeinschaft für Kohle u. Stahl)

Mon|ta|nus (Gründer einer altchristl. Sekte)

Mont|blanc, *franz.* **Mont-Blanc** [mõˈblɑ̃ː], der; -[s] ‹franz.› (höchster Gipfel der Alpen u. Europas)

Mont|bre|tie [mõˈbreːtsi̯ə], die; -, -n ‹nach dem franz. Naturforscher de Montbret› (ein Irisgewächs)

Mont Ce|nis [mõ səˈniː], der; - - (ein Alpenpass); **Mont-Ce|nis-Stra|ße,** die; - ↑K146

Mon|te Car|lo (Stadtbezirk von [1]Monaco)

Mon|te-Car|lo-Si|mu|la|ti|on, die; - (eine statistische Methode)

Mon|te Cas|si|no, der; - -, *ital. Schreibung* **Mon|te|cas|si|no,** der; - (Berg u. Kloster bei Cassino)

Mon|te|cris|to, *franz.* **Mon|te-Cris|to** (*bei Dumas in dt. Übersetzung* Monte Christo; Insel im Ligurischen Meer)

Mon|te|ne|g|ri|ner; Mon|te|ne|g|ri|ne|rin; mon|te|ne|g|ri|nisch; Mon|te|ne|g|ro (Staat in Südosteuropa)

Mon|te Ro|sa, der; - - (Gebirgsmassiv in den Westalpen)

Mon|tes|qui|eu [mõtɛsˈki̯øː] (franz. Staatsphilosoph u. Schriftsteller)

Mon|tes|so|ri, Maria (ital. Ärztin u. Pädagogin); **mon|tes|so|ri|pä|d|a|go|gisch** ↑K136

Mon|tes|so|ri|schu|le

Mon|teur [...ˈtøːɐ̯, *auch* mõ...], der; -s, -e (Montagefacharbeiter); **Mon|teur|an|zug; Mon|teu|rin**

Mon|te|ver|di (ital. Komponist)

Mon|te|vi|de|a|ner; Mon|te|vi|de|a|ne|rin; Mon|te|vi|deo (Hauptstadt von Uruguay)

Mon|te|zu|ma (aztek. Herrscher); Montezumas Rache (*ugs. scherzh. für* Durchfall, bes. auf Reisen in südl. Länder)

Mont|gol|fi|e|re [mõ...], die; -, -n ‹nach den Brüdern Montgolfier› (ein Heißluftballon)

mon|tie|ren [*auch* mõ...] ‹franz.› ([eine Maschine, ein Gerüst u. a.] [auf]bauen, aufstellen, zusammenbauen); **Mon|tie|rer; Mon|tie|re|rin; Mon|tie|rung**

Mont|mar|t|re [mõˈmartrə] (Stadtteil von Paris)

Mont|par|nasse [mõparˈnas] (ein Stadtviertel in Paris)

Mon|t|re|al [*auch* ...riˈoːl] (Stadt in Kanada)

Mon|t|reux [mõˈtrøː] (Stadt am Genfer See)

Mont-Saint-Mi|chel [mõsɛ̃miˈʃɛl] (Felsen u. Ort an der franz. Kanalküste)

Mont|sal|watsch, der; -[es] ‹altfranz.› (Name der Gralsburg in der Gralsdichtung)

Mont|ser|rat, Mon|ser|rat (Berg u. Kloster bei Barcelona)

Mon|tur, die; -, -en ‹franz.› (*ugs. für* [Arbeits]kleidung; *österr. auch für* Dienstkleidung, Uniform)

Mo|nu|ment, das; -[e]s, -e ‹lat.› (Denkmal); **mo|nu|men|tal** (gewaltig; großartig)

Mo|nu|men|tal|bau *Plur.* ...bauten; **Mo|nu|men|tal|film; Mo|nu|men|tal|ge|mäl|de**

Mo|nu|men|ta|li|tät, die; -

Moon|boot® [ˈmuːnbuːt], der; -s, -s ‹engl.› (dick gefütterter Winterstiefel [aus Kunststoff])

Moor, das; -[e]s, -e; **Moor|bad; moor|ba|den** *nur im Infinitiv gebräuchlich;* **Moor|bo|den**

Moore [muːɐ̯], Henry (engl. Bildhauer)

Moor|huhn (*svw.* Moorschneehuhn); **Moor|huhn|jagd** (*auch* ein Computerspiel)

moo|rig

Moor|ko|lo|nie; Moor|kul|tur; Moor|lei|che; Moor|pa|ckung; Moor|schnee|huhn (nordeurop. Schneehuhn); **Moor|sied|lung**

[1]**Moos,** das; -es, *Plur.* -e *u.* (*für* Sumpf usw.:) Möser (eine Pflanze; *bayr., österr., schweiz. auch für* Sumpf, [2]Bruch)

[2]**Moos,** das; -es ‹hebr.-jidd.› (*ugs. für* Geld)

Moos|art; moos|ar|tig

moos|be|deckt ↑K59

Moos|bee|re; Moos|farn; Moos|flech|te

moos|grün; moo|sig; Moos|krepp; Moos|pols|ter; Moos|ro|se

Mop *alte Schreibung für* Mopp

Mo|ped, das; -s, -s (leichtes Motorrad); **Mo|ped|fah|rer; Mo|ped|fah|re|rin; Mo|ped|len|ker** (*österr. für* Mopedfahrer); **Mo|ped|len|ke|rin**

Mopp, der; -s, -s ‹engl.› (Staubbesen mit langen Fransen)

Mop|pel, der; -s, - (*ugs. für* kleiner, dicklicher Mensch)

mop|pen (mit dem Mopp reinigen)

mop|pern (*westmd. für* meckern, murren); ich moppere

Mops, der; -es, Möpse (ein Hund); **Möps|chen**

Möp|se *Plur.* (*derb für* Busen)

möp|seln (*landsch. für* muffig riechen); ich möps[e]le

mop|sen (*ugs. für* stehlen); du mopst; sich mopsen (*ugs. für* sich langweilen; sich ärgern)

mops|fi|del (*ugs. für* sehr fidel)

Mops|ge|sicht

mop|sig (*ugs. für* langweilig; dick)

Mo|quette [...ˈkɛt] *vgl.* Mokett

[1]**Mo|ra,** die; - ‹ital.› (ein Fingerspiel)

[2]**Mo|ra,** die; -, ...ren ‹lat.› (kleinste Zeiteinheit im Verstakt)

Mo|ral, die; -, -en *Plur. selten* ‹lat.› (Sittlichkeit; Sittenlehre); **Mo|ral|be|griff**

Mo|ral|co|dex, Mo|ral|ko|dex

Mo|ra|lin, das; -s (spießige Entrüstung in moral. Dingen); **mo|ra|lin|sau|er;** ...sau|res Gehabe

mo|ra|lisch ‹lat.› (der Moral gemäß; sittlich); moralische Maßstäbe; **mo|ra|li|sie|ren** ‹franz.› (moral. Betrachtungen anstellen; den Sittenprediger spielen)

Mo|ra|lis|mus, der; - ‹lat.› (Anerkennung der Sittlichkeit als Zweck u. Sinn des menschl. Lebens; [übertrieben strenge] Beurteilung aller Dinge unter moral. Gesichtspunkten); **Mo|ra|list,** der; -en, -en; **Mo|ra|lis|tin; mo|ra|lis|tisch**

Mo|ra|li|tät, die; -, -en ‹franz.› (Sittenlehre, Sittlichkeit; mittelalterl. geistl. Schauspiel)

Mo|ral|ko|dex; Mo|ral|co|dex

Mo|ral|pau|ke; Mo|ral|phi|lo|so-

M
Mora

phie; **Mo|ral|pre|di|ger; Mo|ral|pre|di|ge|rin; Mo|ral|pre|digt; Mo|ral|theo|lo|gie; Mo|ral|vor|stel|lung** *meist Plur.*
Mo|rä|ne, die; -, -n ‹franz.› (*Geol.* Gletschergeröll); **Mo|rä|nen|land|schaft**
Mo|rast, der; -[e]s, *Plur.* -e *u.* Moräste (sumpfige schwarze Erde, Sumpf[land]); **mo|ras|tig**
Mo|ra|to|ri|um, das; -s, ...ien ‹lat.› (befristete Stundung [von Schulden]; Aufschub)
mor|bid ‹lat.› (kränklich; im [moral.] Verfall begriffen)
Mor|bi|dez|za, die; - ‹ital.› (*bes. Malerei* Zartheit [der Farben])
Mor|bi|di|tät, die; - ‹lat.› (*Med.* Krankheitsstand; Erkrankungsziffer)
mor|bi|phor (ansteckend)
Mor|bo|si|tät, die; - ‹lat.› (Kränklichkeit, Siechtum); **Mor|bus,** der; -, ...bi (Krankheit)
Mor|chel, die; -, -n (ein Pilz)
Mord, der; -[e]s, -e
Mord|an|kla|ge; Mord|an|schlag
mord|be|gie|rig *vgl.* mordgierig
Mord|bren|ner (jmd., der einen Brand legt u. dadurch Menschen tötet); **Mord|bren|ne|rin;**
Mord|bu|be (*veraltet für* Mörder); **Mord|dro|hung**
mor|den
Mor|dent, der; -s, -e ‹ital.› (*Musik* Wechsel zwischen Hauptnote u. nächsttieferer Note, Triller)
Mör|der; Mör|der|ban|de
Mör|der|gru|be; aus seinem Herzen keine Mördergrube machen (*ugs. für* mit seiner Meinung nicht zurückhalten)
Mör|der|hand; *nur in* durch, von Mörderhand; **Mör|de|rin**
mör|de|risch (*veraltend für* mordend; *ugs. für* schrecklich, sehr stark); mörderische Kälte; **mör|der|lich** (*ugs. für* mörderisch)
Mord|fall, der; **Mord|gier; mord|gie|rig,** mord|be|gie|rig; **Mord|in|s|t|ru|ment**
mor|dio! (*veraltet für* Mord!; zu Hilfe!); *vgl.* zetermordio
Mord|kom|mis|si|on; Mord|lust; Mord|nacht; Mord|pro|zess
mords..., Mords... (*ugs. für* sehr groß, gewaltig)
Mords|ar|beit; Mords|ding; Mords|durst; Mords|du|sel; Mords|gau|di; Mords|ge|schrei
Mords|hit|ze; Mords|hun|ger; Mords|kerl; Mords|krach
mords|mä|ßig (*ugs. für* gewaltig); ein mordsmäßiger Lärm
Mords|schreck, Mords|schre|cken; Mords|spaß, *österr. auch* **Mords|spass** (*ugs. für* großer Spaß); **Mords|spek|ta|kel**
mords|we|nig (*ugs. für* sehr wenig)
Mords|wut
Mord|tat; Mord|ver|dacht; Mord|ver|such; Mord|waf|fe
Mo|rel|le, Ma|rel|le, die; -, -n ‹ital.› (eine Sauerkirschenart)
Mo|ren (*Plur. von* [2]Mora)
mo|ren|do ‹ital.› (*Musik* immer leiser werdend); **Mo|ren|do,** das; -s, *Plur.* -s *u.* ...di
Mo|res *Plur.* ‹lat., »[gute] Sitten«›; *nur in* jmdn. Mores lehren (*ugs. für* jmdn. zurechtweisen)
Mo|res|ke, Mau|res|ke, die; -, -n ‹franz.› (*svw.* Arabeske)
Mo|ret|ti, Tobias (österr. Schauspieler)
mor|ga|na|tisch ‹althochd.-mlat.› (zur linken Hand [getraut]); morganatische Ehe (standesungleiche Ehe)
Mor|gar|ten, der; -s (schweiz. Berg)

mor|gen

– jmdn. auf morgen vertrösten; bis morgen; Hausaufgaben für morgen
– die Technik von morgen (der nächsten Zukunft), Entscheidung für morgen (die Zukunft)
– morgen Abend; morgen früh, *bes. österr. auch* morgen Früh; morgen Mittag; morgen Nachmittag ↑K69

Vgl. auch Abend, Dienstag, [1]Morgen

[1]**Mor|gen,** der; -s, - (Tageszeit); guten Morgen! (Gruß); jmdm. Guten *od.* guten Morgen sagen; ↑K69: heute, gestern Morgen; ↑K70: morgens; morgens früh; *vgl.* Abend *u.* früh
[2]**Mor|gen,** der; -s, - ‹*urspr.* Land, das ein Gespann an einem Morgen pflügen kann› (ein altes Feldmaß); fünf Morgen Land
[3]**Mor|gen,** das; - (die Zukunft); das Heute und das Morgen
Mor|gen|an|dacht
Mor|gen|aus|ga|be
mor|gend (*veraltet für* morgig); der morgende Tag
Mor|gen|däm|me|rung
mor|gend|lich (am Morgen geschehend)

morgendlich
Die in alten Texten auch vorkommenden Schreibvarianten *morgenlich* oder *morgentlich* gelten heute nicht mehr als korrekt, die Schreibung mit *d* hat sich (wohl in Anlehnung an *abendlich*) durchgesetzt.

Mor|gen|duft, der; -[e]s (eine Apfelsorte); **Mor|gen|es|sen** (*schweiz. für* Frühstück)
mor|gen|frisch
Mor|gen|frü|he; Mor|gen|ga|be (*früher*); **Mor|gen|grau|en,** das; -;
Mor|gen|gym|nas|tik
Mor|gen|land, das; -[e]s (*veraltet für* Orient); **Mor|gen|län|der; Mor|gen|län|de|rin; mor|gen|län|disch**
Mor|gen|licht, das; -[e]s; **Mor|gen|luft; Mor|gen|ma|ga|zin; Mor|gen|man|tel; Mor|gen|muf|fel** (*ugs. für* jmd., der morgens nach dem Aufstehen mürrisch ist)
Mor|gen|ne|bel
Mor|gen|rock *vgl.* [1]Rock
Mor|gen|rot, das; -s, **Mor|gen|rö|te,** die; -
mor|gens ↑K70, *aber* des Morgens; *vgl.* [1]Morgen, Abend, Dienstag
Mor|gen|son|ne; Mor|gen|spa|zier|gang; Mor|gen|spit|ze (*bes. österr., schweiz. für* Stoßverkehr am Morgen)
Mor|gen|stern (als Stern vor Sonnenaufgang erscheinender Planet Venus; mittelalterl. Schlagwaffe)
Mor|gen|streich, der; -s (*schweiz. für* Eröffnung der Basler Straßenfastnacht)
Mor|gen|stun|de
Mor|gen|thau|plan ↑K136, der; -[e]s ‹nach dem US-Finanzminister Henry Morgenthau› (Vorschlag, Deutschland nach dem Zweiten Weltkrieg in einen Agrarstaat umzuwandeln)
Mor|gen|tour; Mor|gen|zei|tung
mor|gig; der morgige Tag
Mo|ria, die; - ‹griech.› (*Med.* krankhafte Geschwätzigkeit u. Albernheit)
mo|ri|bund ‹lat.› (*Med.* im Sterben liegend)
Mö|ri|ke (dt. Dichter)
Mo|rio-Mus|kat, der; -[s], *Plur.* -s u.

M
Mora

-e ‹nach dem dt. Züchter P. Morio› (eine Reb- u. Weinsorte)

Mo|ris|ke, der; -n, -n ‹span.› (in Spanien sesshaft gewordener Maure)

Mo|ri|tat [*auch* 'mo:...], die; -, -en ([zu einer Bildertafel] vorgetragenes Lied über ein schreckliches od. rührendes Ereignis); **Mo|ri|ta|ten|sän|ger; Mo|ri|ta|ten|sän|ge|rin**

Mo|ritz, *österr. auch* **Mo|riz** (m. Vorn.); der kleine Moritz (*ugs. für* naiver Mensch)

Mor|mo|ne, der; -n, -n (Angehöriger einer nordamerik. Glaubensgemeinschaft); **Mor|mo|nen|tum,** das; -s; **Mor|mo|nin**

Mo|ro|ni (Hauptstadt der Komoren)

mo|ros ‹lat.› (*veraltet für* verdrießlich); **Mo|ro|si|tät,** die; -

Mor|phe, die; - ‹griech.› (Gestalt, Form)

Mor|phem, das; -s, -e (*Sprachwiss.* kleinste bedeutungstragende Einheit in der Sprache)

mor|phen (durch computergestütztes Verfahren die Abbildung von etw. übergangslos in eine andere wechseln lassen)

Mor|pheus (griech. Gott des Traumes); in Morpheus' Armen

Mor|phin, das; -s, -e ‹*nach* Morpheus› (Hauptalkaloid des Opiums; Schmerzmittel)

Mor|phing, das; -s (das Morphen)

Mor|phi|nis|mus, der; - ‹griech.› (Morphiumsucht); **Mor|phi|nist,** der; -en, -en; **Mor|phi|nis|tin**

Mor|phi|um, das; -s (*allgemeinsprachlich für* Morphin)

Mor|phi|um|sprit|ze; Mor|phi|um|sucht, die; -; **mor|phi|um|süch|tig**

Mor|pho|ge|ne|se, Mor|pho|ge|ne|sis [*auch* ...'ge:...], die; -, ...nesen (*Biol.* Ursprung u. Entwicklung von Organen od. Geweben eines pflanzl. od. tierischen Organismus); **mor|pho|ge|ne|tisch** (gestaltbildend); **Mor|pho|ge|nie,** die; -, ...ien (*svw.* Morphogenese)

Mor|pho|lo|ge, der; -n, -n; **Mor|pho|lo|gie,** die; - (*Biol.* Gestaltlehre; *Sprachwiss.* Formenlehre); **Mor|pho|lo|gin; mor|pho|lo|gisch** (die äußere Gestalt betreffend)

morsch; Morsch|heit, die; -

Mor|se|al|pha|bet, Mor|se-Al|pha|bet ‹nach dem nordamerik. Erfinder Morse› (Alphabet für die Telegrafie)

Mor|se|ap|pa|rat, Mor|se-Ap|pa|rat (Telegrafengerät); **mor|sen** (den Morseapparat bedienen); du morst

Mör|ser, der; -s, - (schweres Geschütz; schalenförmiges Gefäß zum Zerkleinern); **mör|sern;** ich mörsere

Mör|ser|stö|ßel

Mor|se|zei|chen

Mor|ta|del|la, die; -, -s ‹ital.› (eine Wurstsorte)

Mor|ta|li|tät, die; -, -en ‹lat.› (*Med.* Sterblichkeit[sziffer])

Mör|tel, der; -s, *Plur. (Sorten:)* -

Mör|tel|kas|ten; Mör|tel|kel|le

mör|teln; ich mört[e]le

Mör|tel|pfan|ne

Mo|ru|la, die; - ‹lat.› (*Biol.* Entwicklungsstufe des Embryos)

Mo|sa|ik, das; -s, *Plur.* -en, *auch* -e ‹griech.-franz.›; **Mo|sa|ik|ar|beit**

mo|sa|ik|ar|tig; Mo|sa|ik|bild; Mo|sa|ik|fuß|bo|den; Mo|sa|ik|stein

mo|sa|isch (nach Moses benannt; jüdisch); mosaisches Bekenntnis; die mosaischen Bücher ↑K 135 *u.* 89; **Mo|sa|is|mus,** der; - (*veraltet für* Judentum)

Mo|sam|bik (Staat in Ostafrika); **Mo|sam|bi|ka|ner; Mo|sam|bi|ka|ne|rin; mo|sam|bi|ka|nisch**

Mosch, der; -[e]s (*landsch. für* allerhand Abfälle, Überbleibsel)

Mo|schee, die; -, ...scheen ‹arab.-franz.› (islam. Bethaus)

Mo|schus, der; - ‹sanskr.› (ein Riechstoff); **mo|schus|ar|tig**

Mo|schus|ge|ruch; Mo|schus|och|se

Mo|se *vgl.* [1]Moses

Mö|se, die; -, -n (*derb für* w. Scham)

[1]**Mo|sel,** die; - (l. Nebenfluss des Rheins)

[2]**Mo|sel,** der; -s, - (*kurz für* Moselwein)

Mo|se|la|ner, Mo|sel|la|ner (Bewohner des Mosellandes); **Mo|se|la|ne|rin, Mo|sel|la|ne|rin**

Mo|sel|wein

Mö|ser (*Plur. von* [1]Moos)

mo|sern ‹hebr.-jidd.› (*ugs. für* nörgeln); ich mosere

[1]**Mo|ses, Mo|se** (jüd. Gesetzgeber im A. T.); fünf Bücher Mosis (des Moses) *od.* Mose

[2]**Mo|ses,** der; -, - (*Seemannsspr.* Beiboot einer Jacht; *auch für* jüngstes Besatzungsmitglied an Bord, Schiffsjunge)

Mos|kau (Hauptstadt Russlands); **Mos|kau|er;** Moskauer Zeit; **Mos|kau|e|rin; mos|kau|isch**

Mos|ki|to, der; -s, -s *meist Plur.* ‹span.› (eine trop. Stechmücke); **Mos|ki|to|netz**

Mos|ko|wi|ter (*veraltend für* Bewohner von Moskau); **Mos|ko|wi|te|rin; mos|ko|wi|tisch**

[1]**Mosk|wa,** die; - (russ. Fluss)

[2]**Mosk|wa** (*russ. Form von* Moskau)

Mos|lem, der; -s, -s ‹arab.› (Anhänger des Islams); *vgl.* Muslim

Mos|lem|bru|der|schaft, die; -, -en (ägypt. polit. Vereinigung)

Mos|le|min, die; -, -nen (*w. Form zu* Moslem)

mos|le|mi|nisch *(veraltet);* **mos|le|misch** *vgl.* muslimisch

Mos|li|me, die; -, -n (*selten für w. Form zu* Moslem); *vgl.* Muslima

mos|so ‹ital.› (*Musik* bewegt, lebhaft)

Mos|sul *vgl.* Mosul

Most, der; -[e]s, -e (unvergorener Frucht-, bes. Traubensaft; *südd., österr. u. schweiz. für* Obstwein, -saft; *schweiz. ugs. für* Benzin); **Most|bir|ne**

Most|bröck|li, das; -[s], -[s]; *vgl.* Götti (*schweiz. für* Bündner Fleisch)

mos|ten

Mos|tert, der; -s (*nordwestd. für* Senf); **Most|rich,** der; -[e]s (*nordostd. für* Senf)

Most|schen|ke, Most|schän|ke *(österr.)*

Most|vier|tel (Landschaft im Westen Niederösterreichs)

Mo|sul, Mos|sul (Stadt im Irak)

Mo|tel [*auch* ...'tɛl], das; -s, -s ‹amerik.; *aus* motorists' hotel› (Hotel an der Autobahn)

Mo|tet|te, die; -, -n ‹ital.› (geistl. Chorwerk); **Mo|tet|ten|stil**

Mo|ther|board ['maðɐbo:ɐ̯t], das; -s, -s ‹engl.› (Hauptplatine im Computer)

Mo|ti|li|tät, die; - ‹lat.› (*Med.* unwillkürlich gesteuerte Muskelbewegungen)

Mo|ti|on, die; -, -en ‹franz.› (*Sprachwiss.* Bildung weiblicher Personenbezeichnungen aus den männlichen mit einem Suffix, z. B. »Freundin« zu »Freund«; *schweiz. für* gewichtigste Form des Antrags in einem Parlament); **Mo|ti|o|när,** der; -s, -e (*schweiz. für* jmd., der eine Motion einreicht); **Mo|ti|o|nä|rin**

Mo|ti̱v, das; -s, -e ⟨lat.(-franz.)⟩ ([Beweg]grund, Antrieb; Leitgedanke; Gegenstand, Thema einer [künstler.] Darstellung; kleinstes musikal. Gebilde)
Mo|ti|va|ti|o̱n, die; -, -en ⟨lat.⟩ (die Beweggründe, die das Handeln eines Menschen bestimmen); **Mo|ti|va|ti|o̱ns|schub**
Mo|ti|va̱|tor, der; -s, ...o̱ren (Person od. Sache, die motiviert); **Mo|ti|va|to̱|rin**
Mo|ti̱v|for|schung (Zweig der Marktforschung)
mo|ti|vie̱|ren ⟨franz.⟩ (begründen; anregen, anspornen); **mo|ti|vie̱rt; Mo|ti|vie̱rt|heit; Mo|ti|vie̱|rung**
Mo|ti̱|vik, die; - ⟨lat.⟩ (Kunst der Motivverarbeitung [in einem Tonwerk]); **mo|ti̱|visch**
mo|ti̱|visch-the|ma̱|tisch; Brahms' motivisch-thematische Arbeit
Mo|ti̱v|samm|ler *(Philat.);* **Mo|ti̱v|samm|le|rin**
Mo̱|to, das; -s, -s ⟨franz.⟩ *(schweiz.; kurz für* Motorrad)
Mo̱|to|cross, Mo̱|to-Cross, das; -, -e ⟨engl.⟩ (Geschwindigkeitsprüfung im Gelände für Motorradsportler)
Mo|to|dro̱m, das; -s, -e ⟨franz.⟩ ([ovale] Rennstrecke)
Mo̱|tor [*auch* moˈtoːɐ̯], der; -s, *Plur.* ...to̱ren, *auch* ...to̱re ⟨lat.⟩ (Antriebskraft erzeugende Maschine; *übertr. für* vorwärtstreibende Kraft)
Mo|tor|block *Plur.* ...blöcke; **Motor|boot**
Mo|to̱|ren|bau, der; -[e]s; **Mo|to̱|ren|ge|räusch; Mo|to̱|ren|lärm; Mo|to̱|ren|öl**
Mo|tor|fahr|zeug; Mo|tor|fahr|zeug|kon|t|rol|le *(schweiz. Amtsspr. für* Behörde, die für die Zulassung von Fahrzeugen zum Straßenverkehr zuständig ist; *Abk.* MFK); **Mo|tor|fahr|zeug|steu|er** *(schweiz. Amtsspr.)*
Mo|tor|hau|be
...mo|to|rig (z. B. zweimotorig, *mit Ziffer* 2-motorig)
Mo|to̱|rik, die; - (Gesamtheit der Bewegungsabläufe des menschl. Körpers; Bewegungslehre); **Mo|to̱|ri|ker** *(Psychol.* jmd., dessen Erinnerungen, Assoziationen o. Ä. vorwiegend von Bewegungsvorstellungen geleitet werden); **Mo|to̱|ri|ke|rin; mo|to̱|risch;** motorisches Gehirnzentrum (Sitz der Bewegungsantriebe)
mo|to|ri|sie̱|ren (mit Kraftmaschinen, -fahrzeugen ausstatten); **Mo|to|ri|sie̱|rung**
Mo̱|tor|jacht, Mo̱|tor|yacht; **Motor|leis|tung; Mo|tor|öl** *vgl.* Motorenöl
Mo|tor|rad
Mo|tor|rad|bril|le; Mo|tor|rad|fahrer; Mo|tor|rad|fah|re|rin; Mo|tor|rad|freak; Mo|tor|rad|ren|nen
Mo|tor|raum *(Kfz-Wesen)*
Mo|tor|rol|ler; Mo|tor|sä|ge; Motor|scha|den; Mo|tor|schiff; Motor|schlep|per
Mo|tor|schlit|ten; Mo|tor|seg|ler; Mo|tor|sport; Mo|tor|sprit|ze; **Mo̱|tor|yacht,** Mo̱|tor|jacht
Mọt|sche|kieb|chen, das; -s, - *(landsch. für* Marienkäfer)
Mọtt|brand *(schweiz. für* Schwelbrand)
Mọt|te, die; -, -n
mọt|ten *(südd. u. schweiz. für* schwelen, glimmen)
mọt|ten|echt; mọt|ten|fest
Mọt|ten|fif|fi, der; -s, -s *(ugs. scherzh. für* Pelzmantel)
Mọt|ten|fraß; Mọt|ten|kis|te; Mọt|ten|ku|gel; Mọt|ten|pul|ver; mọt|ten|si|cher; mọt|ten|zer|fres|sen
Mọt|to, das; -s, -s ⟨ital.⟩ (Denk-, Wahl-, Leitspruch; Devise)
Mo|tu|pro̱|p|rio, das; -s, -s ⟨lat.⟩ (ein nicht auf Eingaben beruhender päpstl. Erlass)
mọt|zen *(ugs. für* nörgelnd schimpfen; *landsch. auch für* schmollen); du motzt; **Mot|ze|re̱i** *(ugs.);* **mọt|zig** *(ugs.)*
Mouche [mʊʃ], die; -, -s ⟨franz.⟩ (Schönheitspflästerchen; Treffer in die Mitte einer Zielscheibe)
mouil|lie|ren [muˈjiː...] ⟨franz.⟩ *(Sprachwiss.* erweichen; ein »j« nachklingen lassen, z. B. nach l in »brillant« = [brɪlˈjant]); **Mouil|lie̱|rung**
Mou|la|ge [muˈlaːʒə], der; -, -s, *auch* die; -, -n ⟨franz.⟩ *(Med.* Abdruck, Abguss, bes. farbiges anatom. Wachsmodell)
Mou|li|né [mu...], der; -s, -s (Garn, Gewebe); **mou|li|nie̱|ren** (Seide zwirnen)
Moun|tain|bike [ˈmau̯ntɪnbai̯k], das; -s, -s ⟨engl.⟩ (Fahrrad für Gelände- bzw. Gebirgsfahrten); **moun|tain|bi|ken** *nur im Infinitiv üblich;* **Moun|tain|bi|ker,** der; -s, -[s] (jmd., der Mountainbike fährt); **Moun|tain|bi|ke|rin; Moun|tain|bi|king,** das; -[s]
Mount Eve|rest [ˈmau̯nt ˈɛvərɪst], der; - - ⟨engl.⟩ (höchster Berg der Erde)
Mount Mc|Kin|ley [- məˈkɪnli], der; - -[s] (höchster Berg Nordamerikas)
Mouse|pad [ˈmau̯spɛt] *vgl.* Mauspad
Mousse [mus, muːs], die; -, -s ⟨franz.⟩ (schaumige Süßspeise; Vorspeise aus püriertem Fleisch); **Mousse au Cho|co|lat** [muːs o ʃokoˈla], die; - - -, -s - - [muːs - -] ⟨franz.⟩ (mit Schokolade hergestellte Mousse)
Mous|se|line [mʊs(ə)ˈliːn], die; -, -s *u.* -n [...nən] ⟨franz.⟩ *(schweiz. für* Musselin)
mous|sie̱|ren [mʊ...] ⟨franz.⟩ (schäumen)
Mous|té|ri|en [mʊsteˈri̯ɛ̃ː], das; -[s] ⟨nach dem franz. Fundort Le Moustier⟩ (Kulturstufe der Älteren Altsteinzeit)
Move [muːf], der; -s, -s *meist Plur.* ⟨engl.⟩ (Bewegungsablauf beim Tanzen; Schritt zur Steuerung spezieller Features bei Computerspielen)
Mo|vie [ˈmuːvi], das, *auch* der; -[s], -s ⟨engl.-amerik.⟩ ([Kino]film)
mo|vie̱|ren *(Sprachwiss.* die weibliche Form zu einer männlichen Personenbezeichnung bilden; z. B. Lehrerin); **Mo|vie̱|rung**
Mö̱|we, die; -, -n (ein Vogel)
Mö̱|wen|ei; Mö̱|wen|ko|lo|nie; Mö̱|wen|schrei
Mọ|xa, die; -, ...xen ⟨jap.-engl.⟩ (als Brennkraut verwendete Beifußwolle; Moxibustion); **mọ|xen** (eine Moxibustion vornehmen); du moxt; **Mo|xi|bus|ti|o̱n,** die; -, -en (ostasiatische Heilbehandlung durch gezielte Wärmeeinwirkung mithilfe von Moxazigarren)
Moz|a̱ra|ber [*auch* ...ˈt̲sa...] *meist Plur.* (Angehöriger der »arabisierten« span. Christen der Maurenzeit); **moz|a̱ra|bisch**
Mo̱|zart (österr. Komponist)
Mo|zar|te̱|um, das; -s (Musikinstitut in Salzburg)
mo̱|zar|tisch ↑K135 : mozartische Kompositionen (von Mozart)
Mo̱|zart-Kon|zert|abend, Mo̱|zart|kon|zert|abend ↑K136
Mo̱|zart|ku|gel ↑K136
Mo̱|zart|zopf (am Hinterkopf mit einer Schleife zusammengebundener Zopf); ↑K136
Moz|za|rẹl|la, der; -s, -s ⟨ital.⟩ (ein

M
Moti

ital. Käse aus Büffel- od. Kuhmilch)
MP, MPi, die; -, -s = Maschinenpistole
mp = mezzopiano
m. p. = manu propria
MPH [ɛmpiːˈleːtʃ] = Master of Public Health; *vgl.* Master
MPOS [ɛmpiː|oːˈlɛs] = Master of Psychoanalytic Observational Studies; *vgl.* Master
MPU, die; -, -[s] = medizinisch-psychologische Untersuchung (z. B. nach einem Führerscheinentzug); **MPU-Sprech|stun|de** *(Fachspr.)*
MP3 (ein Standard der Datenkompression für Musikdateien); **MP3-For|mat** *(EDV)*; **MP3-Play|er**
Mr = Mịster ⟨engl.⟩ (engl. Anrede *[nur mit Eigenn.]*)
Mrd., Md., Mia. = Milliarde[n]
Mrs [ˈmɪsɪs] = Mistress ⟨engl.⟩ (engl. Anrede für verheiratete Frauen *[nur mit Eigenn.]*)
m/s = Meter je Sekunde
Ms (schriftl. engl. Anrede für verheiratete od. unverheiratete Frauen *[nur mit Eigenn.]*)
Ms., Mskr. = Manuskript
[1]**MS** = Motorschiff
[2]**MS,** die; - *meist ohne Artikel* = multiple Sklerose
[3]**MS** = Mississippi
M. Sc. = Master of Science; *vgl.* Master
Msgr., [2]Mgr. = Monsignore
Mskr., Ms. = Manuskript
Mss. = Manuskripte
mSv = Millisievert
Mt = Megatonne
MT = Montana
MTA, der; -[s], -[s] *u.* die; -, -[s] = medizinisch-technische Assistentin, medizinisch-technischer Assistent
Mu̱|ba = Schweizerische Mustermesse Basel
Much|ta̱r, der; -s, -s ⟨arab.⟩ (Dorfschulze)
Mu̱|ci|us (altröm. m. Eigenn.); Mucius Scaevola (röm. Sagengestalt)
Mụck *vgl.* Mucks
[1]**Mụ|cke,** die; -, -n *(ugs. für* Grille, Laune; *südd. für* Mücke)
[2]**Mụ|cke,** die; -, -n *(ugs. für* Musik; Nebengeschäft *[vgl. auch* Mugge])
Mụ̈|cke, die; -, -n
Mụ|cke|fuck, der; -s *(ugs. für* Ersatzkaffee; sehr dünner Kaffee)
mụ|cken *(ugs. für* leise murren)
Mụ̈|cken|dreck *(ugs. für* Kleinigkeit, lächerliche Angelegenheit); **Mụ̈|cken|pla|ge; Mụ̈|cken|schiss** *(derb für* Mückendreck); **Mụ̈|cken|stich**
Mụ|cker (heuchlerischer Frömmler; Duckmäuser); **Mụ|cke|rin; mụ|cke|risch; Mụ|cker|tum,** das; -s
Mụ|cki|bu|de *(ugs. scherzhaft für* Fitnessstudio); **Mụ|ckis** *Plur. (ugs. scherzh. für* Muskeln)
mụ|ckisch *(landsch. für* launisch)
Mụcks, der; -es, -e, Mụck, der; -s, -e, Mụck|ser, der; -s, - *(ugs. für* leiser, halb unterdrückter Laut); keinen Mucks *od.* Muck *od.* Muckser tun
mụcksch *(svw.* muckisch); **mụck|schen** *(landsch. für* muckisch sein)
mụck|sen *(ugs. für* einen Laut geben; eine Bewegung machen); er hat sich nicht gemuckst
Mụck|ser *vgl.* Mucks; **mụcks|mä̱us|chen|stịll** *(ugs. für* ganz still)
Mụd, der; -s *(nordd. für* Schlamm [an Flussmündungen]; Morast); **mụd|dig** *(nordd. für* schlammig)
mü̱|de; sich müde toben; einer Sache müde (überdrüssig) sein; ich bin es müde
Mü̱|dig|keit, die; -
Mu|di̱r, der; -s, -e ⟨arab.(-türk.)⟩ (Leiter eines Verwaltungsbezirkes [in Ägypten])
Mud|ja|hẹd [...dʒ...] *vgl.* Mudschahed
M. U. Dr. *(in Österr.)* = medici̱nae univẹrsae dọctor
Mu|d|scha|hẹd, Mud|ja|hẹd, Mu|ja|hẹd [...dʒ...], der; -, ...di̱n *meist Plur.* ⟨arab., »Kämpfer«⟩ (Freischärler [im islam. Raum])
Mü̱es|li *(schweiz. Form von* Müsli)
Mu|ẹz|zin [*auch, österr. nur,* ˈmuːɛ...], der; -s, -s ⟨arab.⟩ (Gebetsrufer im Islam)
[1]**Mụff,** der; -[e]s *(nordd. für* [1]Schimmel, Kellerfeuchtigkeit)
[2]**Mụff,** der; -[e]s, -e ⟨niederl.⟩ (Handwärmer)
Mụf|fe, die; -, -n (Rohr-, Ansatzstück); Muffe haben *(ugs. für* Angst haben)
[1]**Mụf|fel,** der; -s, - *(Jägerspr.* kurze Schnauze; *Zool.* unbehaarter Teil der Nase bei manchen Säugetieren; *ugs. für* mürrischer Mensch)
[2]**Mụf|fel,** die; -, -n (Schmelztiegel)
[3]**Mụf|fel** *vgl.* Mufflon
mụf|fe|lig, mụff|lig *(nordd. für* mürrisch)
[1]**mụf|feln** *(ugs. für* ständig [mit sehr vollem Mund] kauen; mürrisch sein); ich muff[e]le
[2]**mụf|feln, mụ̈f|feln** *(landsch. ugs. für* muffig riechen); ich muff[e]le
Mụf|fel|ofen ⟨*zu* [2]Muffel⟩
Mụf|fel|wild (Mufflon)
mụf|fen *(landsch. für* dumpf riechen)
Mụf|fen|sau|sen, das; -s *(ugs. für* Angst)
[1]**mụf|fig** *(landsch. für* mürrisch)
[2]**mụf|fig** (dumpf, nach Muff [[1]Schimmel] riechend)
Mụf|fig|keit, die; - ⟨*zu* [1]muffig, [2]muffig⟩
Mụf|f|lon, der; -s, -s, Mụf|fel, das; -s, - ⟨franz.⟩ (ein Wildschaf)
Mụf|ti, der; -[s], -s ⟨arab.⟩ (islam. Gesetzeskundiger)
Mu̱|gel, der; -s, -[n] *(österr. ugs. für* Hügel); **mu̱|ge|lig,** mu̱g|lig *(österr. ugs. für* hügelig; *fachspr. für* mit gewölbter Fläche); **Mu̱|gel|pis|te** *(österr. ugs. für* wellige, unebene Piste)
Mụg|ge, die; -, -n *(landsch. für* Nebengeschäft [bes. für Musiker]; *vgl. auch* [2]Mucke)
Mụg|gel, der; -s, -s ⟨nach den Harry-Potter-Romanen von J. K. Rowling⟩ (Person, die nicht zaubern kann)
Mụ̈g|gel|see, der; -s (südöstl. von Berlin)
mu̱g|lig *vgl.* mugelig
mu̱h!; Muh *od.* muh machen; Muh *od.* muh schreien
Mü̱|he, die; -, -n; mit Müh und Not ↑K13; es kostet mich keine Mühe; ich gebe mir Mühe
mü̱|he|los; Mü̱|he|lo|sig|keit, die; -
mu̱|hen
mü̱|hen, sich; ich mühe mich
mü̱|he|voll; Mü̱|he|wal|tung
Mu̱h|kuh *(Kinderspr. für* Kuh)
Mü̱hl|bach
Mü̱h|le, die; -, -n; **Mü̱h|len|rad** usw. *vgl.* Mühlrad usw.
Mü̱h|le|spiel
Mü̱hl|gra|ben
Mü̱hl|hau|sen/Thü̱|rin|gen; Mü̱hl|häu|ser; Mü̱hl|häu|se|rin
Mü̱hl|heim a. Main [- am -] (Stadt bei Offenbach)
Mü̱hl|heim an der Do̱|nau (Stadt in Baden-Württemberg)
Mü̱hl|rad; Mü̱hl|stein; Mü̱hl|wehr, das; **Mü̱hl|werk**

M
Mühl

Muh|me, die; -, -n (*veraltet für* Tante)
Müh|sal, die; -, -e
müh|sam; Müh|sam|keit, die; -
müh|se|lig; Müh|se|lig|keit
Mu|ja|hed [...dʒ...] *vgl.* Mudschahed
Muk|den (*früher für* Schenjang)
mu|kös ⟨lat.⟩ (*Med.* schleimig)
Mu|ko|sa, die; -, ...sen (Schleimhaut)
Mu|ko|vis|zi|do|se, die; -, -n ⟨lat.⟩ (Erbkrankheit mit Störungen der Sekrete produzierenden Drüsen)
mu|la|tie|ren (*österr. für* an einem Mulatschag teilnehmen); **Mu|la|t|schag,** der; -s, -s ⟨ung.⟩ (*österr. für* ausgelassenes Fest)
Mu|lat|te, der; -n, -n ⟨span.⟩ (*wird häufig als diskriminierend empfunden* Nachkomme eines weißen u. eines schwarzen Elternteils); **Mu|lat|tin**
Mulch, der; -[e]s, -e (Schicht aus zerkleinerten Pflanzen, Torf o. Ä. auf dem Acker- od. Gartenboden)
Mulch|blech (Laubzerkleinerer an Rasenmähern)
mul|chen (mit Mulch bedecken)
Mul|de, die; -, -n; **mul|den|för|mig**
Mu|le|ta, die; -, -s ⟨span.⟩ (rotes Tuch der Stierkämpfer)
Mül|hau|sen, *franz.* Mul|house [myˈluːz] (Stadt im Elsass)
Mül|heim (Ort bei Koblenz)
Mül|heim a. d. Ruhr [- an deːɐ̯ -] (Stadt im Ruhrgebiet)
Mu|li, das; -s, -[s] ⟨lat.⟩ (Maulesel)
[1]**Mull,** der; -[e]s, -e ⟨Hindi-engl.⟩ (ein Baumwollgewebe)
[2]**Mull,** der; -[e]s, -e (*nordd. für* weicher, lockerer Humusboden)
[3]**Mull,** Gold|mull, der; -[e]s, -e (maulwurfähnliches Tier)
Müll, der; -[e]s (Abfälle [der Haushalte, der Industrie])
Müll|ab|fuhr; Müll|ab|la|de|platz
Mul|lah, der; -s, -s ⟨arab.⟩ (Titel von islam. Geistlichen u. Gelehrten)
Müll|auf|be|rei|tung; Müll|au|to; Müll|berg; Müll|beu|tel
Mull|bin|de
Müll|con|tai|ner; Müll|de|po|nie
Müll|ei|mer; Müll|ent|sor|gung
Mül|ler; Mül|ler|bursch, Mül|ler|bur|sche; Mül|le|rei; Mül|le|rin
Mül|le|rin|art; *in den Wendungen* auf *od.* nach Müllerinart (in Mehl gewendet, gebraten u. mit Butter übergossen)
Mül|ler-Thur|gau, der; - ⟨nach dem schweiz. Pflanzenphysiologen H. Müller aus dem Thurgau⟩ (eine Reb- u. Weinsorte)
Müll|frau *(ugs.)*
Mull|gar|di|ne
Müll|gru|be; Müll|hal|de; Müll|hau|fen
Müll|heim (Stadt in Baden-Württemberg)
Müll|kip|pe
Müll|läpp|chen, Mull-Läpp|chen
Müll|mann *Plur.* ...männer *(ugs.);* **Müll|sack; Müll|schlu|cker; Müll|ton|ne; Müll|tren|nung**
Müll|ver|bren|nung; Müll|ver|bren|nungs|an|la|ge
Müll|ver|mei|dung; Müll|wa|gen
Müll|wer|ker (Berufsbez.); **Müll|wer|ke|rin**
Mull|win|del
Mulm, der; -[e]s (lockere Erde; faules Holz); **mul|men** (zu Mulm machen; in Mulm zerfallen)
mul|mig (*ugs. auch für* bedenklich; unwohl); mir ist mulmig *(ugs.)*
Mul|ti, der; -s, -s ⟨lat.⟩ (*ugs. Kurzwort für* multinationaler Konzern)
mul|ti|funk|ti|o|nal (vielen Funktionen gerecht werdend)
mul|ti|kul|ti (*ugs. für* multikulturell); **mul|ti|kul|tu|rell** (viele Kulturen, Angehörige mehrerer Kulturen umfassend)
mul|ti|la|te|ral (mehrseitig); multilaterale Verträge; **Mul|ti|la|te|ra|lis|mus**
Mul|ti|me|dia, das; -[s] (*EDV* Zusammenwirken von verschiedenen Medientypen wie Texten, Bildern, Grafiken, Ton, Animationen, Videoclips)
mul|ti|me|di|al (viele Medien betreffend, berücksichtigend; für viele Medien bestimmt)
Mu|lti|me|dia-PC, der; -[s], -[s]; **Mul|ti|me|dia|show** (multimediale Darstellung verschiedener Kunstarten); **Mul|ti|me|dia|sys|tem** (System, das mehrere Medien [z. B. Fernsehen u. Bücher] verwendet); **Mul|ti|me|dia|ver|an|stal|tung**
Mul|ti|mil|li|o|när; Mul|ti|mil|li|o|nä|rin
mul|ti|na|ti|o|nal (aus vielen Nationen bestehend; in vielen Staaten vertreten)
mul|ti|pel (vielfältig); ...i|p|le Sklerose (eine Nervenkrankheit; *Abk.* MS); **Mul|ti|p|le-Choice-Ver|fah|ren** [ˈmaltɪplˈtʃɔys...] ⟨engl.; dt.⟩ ([Prüfungs]verfahren, bei dem von mehreren vorgegebenen Antworten eine od. mehrere als richtig zu kennzeichnen sind)
mul|ti|plex (*veraltet für* vielfältig); *vgl.* Dr. [h. c.] mult.
Mul|ti|plex, das; -[es], -e (großes Kinozentrum)
Mul|ti|pli|kand, der; -en, -en (*Math.* Zahl, die mit einer anderen multipliziert werden soll)
Mul|ti|pli|ka|ti|on, die; -, -en (Vervielfachung)
Mul|ti|pli|ka|ti|vum, das; -s, ...va (*Sprachwiss.* Vervielfältigungszahlwort)
Mul|ti|pli|ka|tor, der; -s, ...oren (Zahl, mit der eine vorgegebene Zahl multipliziert werden soll; jmd., der Wissen, Informationen weitergibt u. verbreitet); **Mul|ti|pli|ka|to|rin**
mul|ti|pli|zie|ren (malnehmen, vervielfachen); zwei multipliziert mit zwei ist, macht, gibt (*nicht:* sind, machen, geben) vier
mul|ti|re|sis|tent (*Med.* gegenüber einer Vielzahl von Stoffen widerstandsfähig)
Mul|ti|ta|lent (vielseitig begabter Mensch)
Mul|ti|tas|king [...taːs..., *auch* ˈmal...], das; -[s] (gleichzeitiges Ausführen mehrerer Aufgaben, Tätigkeiten [in einem Computer]); **mul|ti|tas|king|fä|hig** *(bes. EDV)*
mul|ti|va|lent (*Psychol.* mehr-, vielwertig [von Tests, die mehrere Lösungen zulassen]); **Mul|ti|va|lenz,** die; -, -en (*bes. Psychol.* Mehrwertigkeit [von psychischen Eigenschaften, Schriftmerkmalen, Tests])
Mul|ti|vi|b|ra|tor, der; -s, ...oren (Bauelement in EDV-Anlagen u. Fernsehgeräten)
Mul|ti|vi|si|ons|wand (Projektionswand, auf die mehrere Dias gleichzeitig projiziert werden)
mul|tum, non mul|ta ⟨lat., »viel, nicht vielerlei«⟩ (Gründlichkeit, nicht Oberflächlichkeit)
Mum [mam], die; -, -s (*engl. ugs. Bezeichnung für* Mutter)
Mum|bai (*früher:* Bombay; Stadt in Indien)
Mu|mie, die; -, -n ⟨pers.-ital.⟩ ([durch Einbalsamieren usw.] vor Verwesung geschützter Leichnam)
mu|mi|en|haft; Mu|mi|en|sarg

M
Muhm

Mu|mi|fi|ka|ti|on, die; -, -en ‹pers.-ital.; lat.› (*seltener für* Mumifizierung; *Med.* Gewebeeintrocknung); **mu|mi|fi|zie|ren; Mu|mi|fi|zie|rung** (Einbalsamierung)

Mumm, der; -s (*ugs. für* Mut, Schneid); keinen Mumm haben

[1]Mum|me, die; - (*landsch. für* Malzbier); Braunschweiger Mumme

[2]Mum|me, die; -, -n (*veraltet für* Larve; Vermummter)

Mum|mel, die; -, -n (Teichrose)

Mum|mel|greis (*ugs. für* alter [zahnloser] Mann); **Mum|mel|grei|sin**

Müm|mel|mann *Plur.* ...männer (*scherzh. für* Hase)

mum|meln (*landsch. für* murmeln; behaglich kauen, wie ein Zahnloser kauen; *auch für* mummen); ich mumm[e]le

müm|meln (fressen [vom Hasen, Kaninchen]); ich mümm[e]le

Mum|mel|see, der; -s

mum|men (*veraltet für* einhüllen); **Mum|men|schanz,** der; -es (*veraltend für* Maskenfest)

Mum|pitz, der; -es (*ugs. für* Unsinn; Schwindel)

Mumps, der, *landsch. auch* die; - ‹engl.› (eine Infektionskrankheit)

Munch [mʊŋk], Edvard (norw. Maler)

Mün|chen (Stadt a. d. Isar); München-Schwabing ↑K 144; **Mün|che|ner,** Münch|ner; Münch[e]ner Kindl; Münch[e]ner Straße ↑K 162; **Mün|che|ne|rin,** Münch|ne|rin

[1]Münch|hau|sen, Karl Friedrich Hieronymus von, *genannt* »Lügenbaron« (Verfasser unglaubhafter Abenteuergeschichten)

[2]Münch|hau|sen, der; -, - (Aufschneider)

Münch|hau|se|ni|a|de, Münch|hau|si|a|de (Erzählung in Münchhausens Art)

münch|hau|sisch; die münchhausischen Schriften ↑K 135 *u.* 89

Münch|ner *vgl.* Münchener

Münch|ne|rin *vgl.* Münchenerin

[1]Mund, der; -[e]s, *Plur.* Münder, *selten auch* Munde *u.* Münde; einen, zwei, ein paar Mundvoll *od.* Mund voll nehmen; einige Mundvoll *od.* Mund voll Brot; den Mund [zu] voll nehmen (großsprecherisch sein)

[2]Mund, Munt, die; - (Schutzverhältnis im germ. Recht); *vgl.* Mundium

Mund|art (Dialekt); **Mund|art|dich|ter; Mund|art|dich|te|rin; Mund|art|dich|tung**

Mund|ar|ten|for|schung, Mund|art|for|schung; Mund|art|ko|mö|die

mund|art|lich (*Abk.* mdal.)

Mund|art|spre|cher; Mund|art|spre|che|rin; Mund|art|wör|ter|buch

Münd|chen

Mund|du|sche

Mün|del, das, *(BGB für beide Geschlechter:)* der; -s, -, *für eine weibliche Person selten auch* die; -, -n ‹*zu* [2]Mund, Munt› (*Rechtsspr.* unter Vormundschaft stehende Person)

Mün|del|geld

mün|del|si|cher *(Bankw.)*; **Mün|del|si|cher|heit,** die; -

mun|den (*geh. für* schmecken)

mün|den

Mün|den (Stadt am Zusammenfluss der Fulda u. der Werra zur Weser; *vgl.* Hann. Münden); **Mün|de|ner; Mün|de|ne|rin**

mund|faul (*ugs. für* wortkarg)

Mund|fäu|le (eitrige Entzündung der Mundschleimhaut u. des Zahnfleisches)

Mund|faul|heit

mund|fer|tig

Mund|flo|ra (*Med.* die Bakterien u. Pilze in der Mundhöhle)

mund|ge|bla|sen; mundgeblasene Gläser

mund|ge|recht

Mund|ge|ruch

Mund|har|mo|ni|ka

Mund|höh|le; Mund|hy|gi|e|ne

mün|dig; mündig sein, werden; *vgl.* mündig sprechen

Mün|dig|keit, die; -; **Mün|dig|keits|er|klä|rung**

mün|dig spre|chen, mün|dig|spre|chen (für mündig erklären); **Mün|dig|spre|chung**

Mun|di|um, das; -s, *Plur.* ...ien *u.* ...ia ‹germ.-mlat.› (Schutzverpflichtung, -gewalt im frühen dt. Recht); *vgl.* [2]Mund

Mund|kom|mu|ni|on *(kath. Kirche)*

münd|lich; Münd|lich|keit, die; -

Mund|ma|ler; Mund|ma|le|rin

Mund|öff|nung *(Zool.)*

Mund|par|tie; Mund|pfle|ge

Mund|pro|pa|gan|da

Mund|raub, der; -[e]s

Mund|rohr (*veraltet für* Mundstück)

Mund|schaft (*früher für* Verhältnis zwischen Schützer u. Beschütztem; Schutzverhältnis)

Mund|schenk, der; -en, -en, *auch:* -[e]s, -e (*früher für* an Fürstenhöfen für die Getränke verantwortlicher Hofbeamter)

Mund|schleim|haut; Mund|schutz, der; -es, -e *Plur. selten (Med., Sport)*; **Mund|spray**

M-und-S-Rei|fen [ˈɛmlʊntˈlɛs...] = Matsch-und-Schnee-Reifen

Mund|stück

mund|tot; jmdn. mundtot machen (zum Schweigen bringen)

Mund|tuch *Plur.* ...tücher (*veraltet für* Serviette)

Mün|dung; Mün|dungs|feu|er

Mün|dungs|scho|ner

Mund|voll, Mund voll *vgl.* [1]Mund

Mund|vor|rat; Mund|was|ser *Plur.* ...wässer

Mund|werk, das; -s, -e; ein großes Mundwerk haben (*ugs. für* großsprecherisch sein)

Mund|werk|zeug *meist Plur.*; **Mund|win|kel**

Mund-zu-Mund-Be|at|mung ↑K 26

Mund-zu-Na|se-Be|at|mung ↑K 26

Mung|ge|n|ast [ˈmʊŋə...] (österr. Barockbaumeisterfamilie)

[1]Mun|go, der; -s, -s ‹angloind.› (eine Schleichkatze)

[2]Mun|go, der; -[s], -s ‹engl.› (Garn, Gewebe aus Reißwolle)

Mu|ni, der; -[s], -[s]; *vgl.* Götti (*schweiz. für* Zuchtstier)

Mu|nin ‹»der Erinnerer«› (*germ. Mythol.* einer der beiden Raben Odins); *vgl.* Hugin

Mu|ni|ti|on, die; -, -en ‹franz.›; **mu|ni|ti|o|nie|ren** (mit Munition versehen); **Mu|ni|ti|o|nie|rung**

Mu|ni|ti|ons|de|pot; Mu|ni|ti|ons|fa|b|rik; Mu|ni|ti|ons|la|ger

Mu|ni|ti|ons|zug

mu|ni|zi|pal ‹lat.› (*veraltet für* städtisch; Verwaltungs...)

Mu|ni|zi|pi|um, das; -s, ...ien (altröm. Landstadt mit Selbstverwaltung)

Mun|ke|lei *(ugs.)*; **mun|keln** (*ugs. für* im Geheimen reden); ich munk[e]le

Müns|ter, das, *selten* der; -s, - (Stiftskirche, Dom)

Müns|te|ra|ner (Einwohner von Münster [Westf.]); **Müns|te|ra|ne|rin**

Müns|ter|bau *Plur.* ...bauten

Müns|ter|kä|se, der; -s, - ‹nach der franz. Stadt Munster im Elsass› (ein Weichkäse)

Müns|ter|land, das; -[e]s (Teil der Westfälischen Bucht)

Müns|ter|turm

M
Müns

Müns|ter (Westf.) (Stadt im Münsterland)
Munt *vgl.* ²Mund
mun|ter; jmdn. munter machen *od.* muntermachen
Mun|ter|keit
Mun|ter|ma|cher (*ugs. für* Anregungsmittel)
Münt|zer, Thomas (dt. ev. Theologe)
Münz|amt; Münz|an|stalt; Münz|ap|pa|rat; Münz|au|to|mat
Mün|ze, die; -, -n (Geldstück; Geldprägestätte)
mün|zen; du münzt; das ist auf mich gemünzt (*ugs. für* das zielt auf mich ab)
Mün|zen|samm|lung, Münz|sammlung
Mün|zer (*veraltet für* Münzenpräger)
Münz|fern|spre|cher
Münz|fuß (Verhältnis zwischen Gewicht u. Feingehalt bei Münzen)
Münz|ge|wicht; Münz|ho|heit; Münz|ka|bi|nett; Münz|kun|de, die; - (*für* Numismatik)
Münz|recht; Münz|samm|lung *vgl.* Münzensammlung
Münz|sor|tier|ma|schi|ne
Münz|stät|te; Münz|tank; Münz|tech|nik; Münz|ver|bre|chen
Münz|wechs|ler
Münz|we|sen, das; -s
Mur, die; - (l. Nebenfluss der Drau)
Mu|rä|ne, die; -, -n ⟨griech.⟩ (ein Fisch)
Mu|rat (m. Vorn.)
mürb, *häufiger* **mür|be;** mürbes Gebäck; Natron kann den Teig mürbe machen *od.* mürbemachen; *vgl.* mürbemachen
Mür|be, die; -; **Mür|be|bra|ten** (*nordd. für* Lendenbraten)
mür|be|ma|chen (*ugs. für* jmds. Widerstand brechen)
Mür|be|teig
Mürb|heit, die; -; **Mür|big|keit,** die; - (*veraltet*)
Mur|bruch, der; -[e]s, ...brüche, Mu|re, die; -, -n (*Geol.* Schutt- od. Schlammstrom im Hochgebirge)
Mürb|teig (*bes. österr. für* Mürbeteig)
Mu|re *vgl.* Murbruch
mu|ren ⟨engl.⟩ (*Seew.* mit einer Muring verankern)
mu|ri|a|tisch ⟨lat.⟩ (kochsalzhaltig)
mu|rig ⟨*zu* Mure⟩; muriges Gelände
Mu|ril|lo [...ˈrɪljo] (span. Maler)
Mu|ring, die; -, -e ⟨engl.⟩ (*Seew.* Vorrichtung zum Verankern mit zwei Ankern)
Mu|rings|bo|je; Mu|rings|schä|kel
Mü|ritz, die; - (See in Mecklenburg)
Mur|kel, der; -s, - (*landsch. für* kleines Kind); **mur|ke|lig, murk|lig** (*landsch. für* klein)
Murks, der; -es (*ugs. für* unordentliche Arbeit; fehlerhaftes Produkt); **murk|sen;** du murkst; **Murk|ser; Murk|se|rin**
Mur|mansk (russ. Hafenstadt)
Mur|mel, die; -, -n (*landsch. für* Spielkügelchen; *vgl. auch* Marbel)
¹mur|meln (leise u. undeutlich sprechen); ich murm[e]le; vor sich hin murmeln
²mur|meln (*landsch. für* mit Murmeln spielen); ich murm[e]le
Mur|mel|tier (ein Nagetier); schlafen wie ein Murmeltier
Mur|ner, der; -s (Kater in der Tierfabel)
Mur|phys Ge|setz [ˈmøːɐ̯fiːs -] ⟨nach engl. »Murphy's Law«⟩ (angenommene Gesetzmäßigkeit, nach der alles misslingt, was misslingen kann)
Murr, die; - (r. Nebenfluss des Neckars)
mur|ren
mür|risch; Mür|risch|keit, die; -
Murr|kopf (*veraltet für* mürrischer Mensch); **murr|köp|fig, murr|köp|fisch**
Mur|ten (Stadt im Kanton Freiburg); **Mur|ten|see,** der; -s
Mürz, die; - (l. Nebenfluss der Mur)
Mus, das, *landsch.* der; -es, -e
Mu|sa, die; - ⟨arab.⟩ (Bananenart)
Mu|sa|fa|ser (Manilahanf)
¹Mu|s|a|get, der; -en ⟨griech., »Musen[an]führer«⟩ (Beiname Apollos)
²Mu|s|a|get, der; -en, -en (*veraltet für* Freund u. Förderer der Künste u. Wissenschaften)
Mus|ca|det [myskaˈdeː], der; -[s], -s (trockener franz. Weißwein)
Mu|sche, die; -, -n ⟨franz.⟩; *vgl.* Mouche
Mu|schel, die; -, -n (*österr. auch für* Becken, z. B. Waschmuschel); **Mu|schel|bank** *Plur.* ...bänke
Mü|schel|chen
mu|schel|för|mig
mu|sche|lig, musch|lig
Mu|schel|kalk (*Geol.* mittlere Abteilung der Triasformation)
Mu|schel|samm|lung; Mu|schel|scha|le; Mu|schel|tau|cher; Mu|schel|tau|che|rin; Mu|schel|werk, das; -[e]s (*Kunstwiss.*)
Mu|schi, die; -, -s (*Kinderspr.* Katze; *ugs. für* Vulva)
Mu|schik [*auch* ...ˈʃɪk], der; -s, -s ⟨russ.⟩ (Bauer im zaristischen Russland)
Mu|schir, der; -s, -e ⟨arab.⟩ (*früher für* türkischer Feldmarschall)
Musch|ko|te, der; -n, -n ⟨*zu* Musketier⟩ (*veraltend für* Soldat [ohne Rang]; einfacher Mensch)
musch|lig, mu|sche|lig
Mu|se, die; -, -n ⟨griech.⟩ (eine der [neun] griech. Göttinnen der Künste); die zehnte Muse (*scherzh. für* Kleinkunst, Kabarett); *vgl. aber* Muße
mu|se|al (zum, ins Museum gehörend; Museums...)
Mu|se|en (*Plur. von* Museum)
Mu|sel|man [...maːn], der; -en, -en (*veraltet für* Anhänger des Islams); *vgl.* Moslem *u.* Muslim; **Mu|sel|ma|nin; mu|sel|ma|nisch**
Mu|sel|mann *Plur.* ...männer (*scherzh., veraltet*)
mu|sen (zu Mus machen); du must
Mu|sen|al|ma|nach
Mu|sen|sohn (*scherzh. für* Dichter); **Mu|sen|tem|pel** (*scherzh. für* Theater); **Mu|sen|toch|ter** (*scherzh.*)
Mu|seo|lo|gie, die; - (Museumskunde); **mu|seo|lo|gisch**
Mu|sette [myˈzɛt], die; -, *Plur.* -s *od.* -n ⟨franz.⟩ (franz. Tanz im $^3/_4$- od. $^6/_8$-Takt)
Mu|se|um, das; -s, ...een ⟨griech.⟩ ([der Öffentlichkeit zugängliche] Sammlung von Altertümern, Kunstwerken o. Ä.)
Mu|se|ums|auf|se|her; Mu|se|ums|auf|se|he|rin; Mu|se|ums|bau *Plur.* ...bauten; **Mu|se|ums|die|ner; Mu|se|ums|die|ne|rin**
mu|se|ums|ei|gen; museumseigene Werkstätten
Mu|se|ums|füh|rer; Mu|se|ums|füh|re|rin; Mu|se|ums|ka|ta|log
mu|se|ums|reif
Mu|se|ums|shop; Mu|se|ums|stück; Mu|se|ums|werk|statt
Mu|si, die; - (*bayr., österr. für* Musikkapelle)
Mu|si|cal [ˈmjuːzikl̩], das; -s, -s ⟨amerik.⟩ (populäres Musiktheater[stück])

Mu|sic|box ['mju:zɪk...], die; -, -es ⟨amerik.⟩ (*svw.* Musikbox)
mu|si̲ert ⟨griech.⟩ (*svw.* musivisch)
Mu|si̲k, die; -, -en ⟨griech.⟩ (*nur Sing.:* Tonkunst; Komposition, Musikstück); [die] Musik lieben
Mu|si̲k|aka|de|mie
Mu|si|ka̲|li|en *Plur.* (gedruckte Musikwerke); **Mu|si|ka̲|li|en|hand|lung**
mu|si|ka̲|lisch (tonkünstlerisch; musikbegabt, Musik liebend); **Mu|si|ka|li|tä̲t,** die; - (musikal. Wirkung; musikal. Empfinden od. Nacherleben)
Mu|si|ka̱nt, der; -en, -en (Musiker, der zum Tanz u. dgl. aufspielt)
Mu|si|ka̱n|ten|kno|chen (*ugs. für* schmerzempfindlicher Ellenbogenknochen)
Mu|si|ka̱n|tin; mu|si|ka̱n|tisch (musizierfreudig)
Mu|si̲k|au|to|mat; Mu|si̲k|bi|b|lio|thek; Mu|si̲k|box, die; -, -en (Schallplattenautomat); **Mu|si̲k|büh|ne**
Mu|si̲k|di|rek|tor (MD); **Mu|si̲k|di|rek|to|rin; Mu|si̲k|dra|ma**
Mu̲|si|ker; Mu̲|si|ke|rin
Mu|si̲k|er|zie|hung; Mu|si̲k|fest; Mu|si̲k|film
Mu|si̲k|freund; Mu|si̲k|freun|din
Mu|si̲k|ge|schäft; Mu|si̲k|ge|schich|te; Mu|si̲k|hoch|schu|le; Mu|si̲k|in|dus|t|rie
Mu|si̲k|in|s|t|ru|ment; Mu|si̲k|in|s|t|ru|men|ten|in|dus|t|rie
Mu|si̲k|jour|na|list; Mu|si̲k|jour|na|lis|tin
Mu|si̲k|ka|pel|le; Mu|si̲k|kas|set|te; Mu|si̲k|kon|ser|ve; Mu|si̲k|korps (Musikkapelle beim Militär)
Mu|si̲k|kri|ti|ker; Mu|si̲k|kri|ti|ke|rin
Mu|si̲k|le|ben, das; -s
Mu|si̲k|leh|rer; Mu|si̲k|leh|re|rin
Mu|si̲k|le|xi|kon
Mu|si̲k lie|bend, mu|si̲k|lie|bend ↑K 58: ein Musik liebender *od.* musikliebender Mensch; **Mu|si̲k|lieb|ha|ber; Mu|si̲k|lieb|ha|be|rin**
Mu|si|ko|lo̲|ge, der; -n, -n (Musikwissenschaftler); **Mu|si|ko|lo|gi̲e,** die; - (Musikwissenschaft); **Mu|si|ko|lo̲|gin**
Mu|si̲k|pä|d|a|go|ge; Mu|si̲k|pä|d|a|go|gik; Mu|si̲k|pä|d|a|go|gin; mu|si̲k|pä|d|a|go|gisch
Mu|si̲k|play|er ⟨engl.⟩ (*EDV-Jargon* Gerät zum Abspielen von Tonaufnahmen); **Mu|si̲k|preis**
Mu|si̲k|pro|du|zent; Mu|si̲k|pro|du|zen|tin
Mu|si̲k|schu|le; Mu|si̲k|sen|der; Mu|si̲k|stil; Mu|si̲k|stück
Mu|si̲k|sze|ne
Mu|si̲k|tausch|bör|se (im Internet)
Mu|si̲k|the|a|ter; Mu|si̲k|ti|tel
Mu|si̲k|tru|he; Mu|si̲k|über|tra|gung; Mu|si̲k|un|ter|richt
Mu̲|si|kus, der; -, *Plur.* ...sizi *u.* ...kusse (*scherzh. für* Musiker)
Mu|si̲k|ver|ein; Mu|si̲k|ver|lag
mu|si̲k|ver|stän|dig
Mu|si̲k|vi|deo (*ugs.*)
Mu|si̲k|werk; Mu|si̲k|werk|statt
Mu|si̲k|wis|sen|schaft; Mu|si̲k|wis|sen|schaft|ler; Mu|si̲k|wis|sen|schaft|le|rin
Mu|si̲k|zeit|schrift; Mu|si̲k|zen|t|rum
Mu̲|sil (österr. Schriftsteller)
mu̲|sisch ⟨griech.⟩ (künstlerisch [aufgeschlossen, hochbegabt]; die schönen Künste betreffend); musisches Gymnasium
Mu|si̲v|ar|beit (Einlegearbeit, Mosaik); **Mu|si̲v|gold** (unechtes Gold); **mu|si̲|visch** ⟨griech.⟩ (eingelegt); musivische Arbeit
Mu|si̲v|sil|ber (Legierung aus Zinn, Wismut u. Quecksilber zum Bronzieren)
mu|si|zie̲|ren; Mu|si|zie̲r|stil
Mus|ka̲t [*österr. u. schweiz.* 'mʊs...], der; -[e]s, -e ⟨sanskr.-franz.⟩ (ein Gewürz); **Mus|ka̲t|blü|te**
Mus|ka̲|te, die; -, -n (*veraltet für* Muskatnuss)
Mus|ka|te̱l|ler, der; -s, - ⟨ital.⟩ (eine Reb- u. Weinsorte); **Mus|ka|te̱l|ler|wein**
Mus|ka̲t|nuss; Mus|ka̲t|nuss|baum
Mu̱s|kel, der; -s, -n ⟨lat.⟩
Mu̱s|kel|atro|phie (*Med.* Muskelschwund); **mu̱s|kel|be|packt**
Mu̱s|kel|fa|ser; Mu̱s|kel|fa|ser|riss
Mu̱s|kel|frau (*ugs.*)
Mu̱s|kel|ka|ter (*ugs. für* Muskelschmerzen); **Mu̱s|kel|kraft; Mu̱s|kel|krampf**
Mu̱s|kel|mann *Plur.* ...männer (*ugs. für* muskulöser [starker] Mann)
Mu̱s|kel|pa|ket (*ugs. für* Muskelmann od. Muskelfrau)
Mu̱s|kel|protz (*ugs. für* jmd., der mit seinen Muskeln prahlt)
Mu̱s|kel|riss; Mu̱s|kel|schwund
Mu̱s|kel|shirt (ärmelloses, die Oberarmmuskeln betonendes Shirt); **Mu̱s|kel|span|nung; Mu̱s|kel|zer|rung**
Mus|ke̲|te, die; -, -n ⟨franz.⟩ (*früher für* schwere Handfeuerwaffe)
Mus|ke|ti̲er, der; -s, -e (*früher für* Fußsoldat)
Mus|ko|vi̲t, Mus|ko|wi̲t, der; -s, -e (heller Glimmer)
mus|ku|lä̲r ⟨lat.⟩ (auf die Muskeln bezüglich, sie betreffend)
Mus|ku|la|tu̲r, die; -, -en (Muskelgefüge, starke Muskeln)
mus|ku|lö̲s ⟨franz.⟩ (mit starken Muskeln versehen; äußerst kräftig)
[1]**Mü̲s|li,** das; -[s], -[s], *schweiz.* Mü̲es|li, das; -[s], -; *vgl.* Götti ⟨schweiz.⟩ (ein Rohkostgericht, bes. aus Getreideflocken)
[2]**Mü̲s|li,** der; -s, -s (*ugs. scherzh. für* jmd., der sich vorwiegend von Rohkost ernährt)
Mu̱s|lim, der; -[s], *Plur.* -e *u.* -s (Anhänger des Islams)
Mus|li̲|ma, die; -, *Plur.* -s *u.* (*selten*) ...men, **Mus|li̲|me,** die; -, -n, **Mus|li̲|min,** die; -, -nen (*w. Formen zu* Muslim)
mus|li̲|misch, mos|le̲|misch (die Muslime betreffend)
Mu̲s|pel|heim (*germ. Mythol.* Welt des Feuers, Reich der Feuerriesen)
Mu̲s|pil|li, das; -s (»Weltbrand«) (altd. Gedicht vom Weltuntergang)
Mu̱ss, das; - (Zwang); es ist ein Muss (notwendig)
Mu̱ss|be|stim|mung, Mu̱ss-Be|stim|mung
Mu̲|ße, die; - (freie Zeit, [innere] Ruhe); *vgl. aber* Muse
Mu̱ss|ehe (*ugs. veraltend*)
Mus|se|li̲n, der; -s, -e ⟨nach der Stadt Mosul⟩ (ein Gewebe); **mus|se|li̲|nen** (aus Musselin)
mü̱s|sen; ich muss; du musst; du muss|test; du müss|test; gemusst; müsse!; ich habe gemusst; *aber* was habe ich hören müssen!
Mu̲|ße|stun|de
Mu̱ss|hei|rat (*ugs. veraltend*)
mü̲|ßig; müßig sein; müßig hin und her gehen; *vgl. aber* müßiggehen
mü̲|ßi|gen; *noch in* sich gemüßigt (veranlasst, genötigt) sehen
Mü̲|ßig|gang, der; -[e]s; **Mü̲|ßig|gän|ger; Mü̲|ßig|gän|ge|rin**
mü̲|ßig|gän|ge|risch
mü̲|ßig|ge|hen (nichts tun, faulenzen); **Mü̲|ßig|keit,** die; - (*geh.*)
Mus|so̱rg|s|ki (russ. Komponist)
mu̱ss|te *vgl.* müssen
Mu̱ss|vor|schrift, Mu̱ss-Vor|schrift
Mu̱s|ta|fa (m. Vorn.)

M
Must

Mus|tang, der; -s, -s ‹engl.› (wild lebendes Präriepferd)
Mus|ter, das; -s, -; nach Muster
Mus|ter|bei|spiel; Mus|ter|be|trieb; Mus|ter|bild; Mus|ter|brief
Mus|ter|buch
Mus|ter|ehe; Mus|ter|ex|em|p|lar; Mus|ter|gat|te; Mus|ter|gat|tin
mus|ter|gül|tig
Mus|ter|gül|tig|keit, die; -
mus|ter|haft
Mus|ter|haf|tig|keit, die; -
Mus|ter|kar|te; Mus|ter|kna|be
Mus|ter|kof|fer; Mus|ter|land
Mus|ter|mes|se *vgl.* ²Messe
mus|tern; ich mustere
Mus|ter|pro|zess
Mus|ter|schü|ler; Mus|ter|schü|le|rin
Mus|ter|schutz, der; -es; **Mus|ter|stück**
Mus|te|rung; Mus|te|rungs|be|scheid
Mus|ter|zeich|ner; Mus|ter|zeich|ne|rin; Mus|ter|zeich|nung
Must-have [ˈmasthɛv, mastˈhɛv], das; -[s], -s ‹engl.› (etw., was man haben muss od. was sein muss)
Mus|topf; aus dem Mustopf kommen (*ugs. für* ahnungslos sein)
Mut, der; -[e]s; jmdm. Mut machen; guten Mut[e]s sein; mir ist traurig zumute *od.* zu Mute
Mu|ta, die; -, ...tä ‹lat.› (*Sprachwiss.* Explosivlaut); Muta cum Liquida (Verbindung von Verschluss- u. Fließlaut, z. B. pl, pr)
mu|ta|bel ‹lat.› (veränderlich); ...a|b|le Merkmale; **Mu|ta|bi|li|tät,** die; - (Veränderlichkeit)
Mu|tant, der; -en, -en (*svw.* Mutante; *bes. österr. auch für* Jugendlicher im Stimmwechsel)
Mu|tan|te, die; -, -n (*Biol.* durch Mutation entstandenes Lebewesen); **Mu|tan|tin**
Mu|ta|ti|on, die; -, -en (*Biol.* spontane od. künstlich erzeugte Veränderung im Erbgefüge; *Med.* Stimmwechsel; *schweiz. auch für* Änderung im Personal- od. Mitgliederbestand)
mu|ta|tis mu|tan|dis (mit den nötigen Abänderungen; *Abk.* m. m.)
Müt|chen, das; -s; an jmdm. sein Mütchen kühlen (an jmdm. seinen Zorn auslassen)
mu|ten (*Bergmannsspr.* Genehmigung zum Abbau beantragen; *Handwerk* um die Erlaubnis nachsuchen, das Meisterstück zu machen); [wohl] gemutet (*veraltet für* gestimmt, gesinnt) sein, *aber* wohlgemut sein
Mu|ter (*Bergmannsspr.* jmd., der Mutung einlegt)
mut|er|füllt
mu|tie|ren ‹lat.› (*Biol.* sich spontan im Erbgefüge ändern; *Med.* die Stimme wechseln)
mu|tig
...mü|tig (z. B. wehmütig)
Müt|lein *vgl.* Mütchen
mut|los; Mut|lo|sig|keit, die; -
mut|ma|ßen (vermuten); du mutmaßt; gemutmaßt; zu mutmaßen; **mut|maß|lich;** der mutmaßliche Täter; **Mut|ma|ßung**
Mut|pro|be
Mut|schein (*Bergmannsspr.* Urkunde über die Genehmigung zum Abbau)
Mutt|chen (*landsch. Koseform von* ²Mutter)
¹Mut|ter, die; -, -n (Schraubenteil)
²Mut|ter, die; -, Mütter; Mutter Erde, Mutter Natur
Müt|ter|be|ra|tungs|stel|le
Mut|ter|bo|den, der; -s (humusreiche oberste Bodenschicht)
Müt|ter|chen
Mut|ter|er|de, die; - (*svw.* Mutterboden)
Mut|ter|freu|den *Plur.; in* Mutterfreuden entgegensehen (*geh. für* schwanger sein)
Müt|ter|ge|ne|sungs|heim; Müt|ter-Ge|ne|sungs|werk; Deutsches Mütter-Genesungswerk
Mut|ter|ge|sell|schaft *(Wirtsch.)*
Mut|ter|ge|stein
Mut|ter|got|tes, die; -, **Mut|ter Got|tes,** die; - -; **Mut|ter|got|tes|bild**
Mut|ter|haus
Mut|ter|herz
Mut|ter|in|s|tinkt
Mut|ter-Kind-Pass (*österr. für* Mutterpass); **Mut|ter-Kind-Pass-Un|ter|su|chung; Mut|ter|kir|che**
Mut|ter|kon|zern *(Wirtsch.)*
Mut|ter|korn *Plur.* ...korne
Mut|ter|ku|chen (Plazenta)
Mut|ter|land *Plur.* ...länder
Mut|ter|leib, der; -[e]s
Müt|ter|lein
müt|ter|lich; müt|ter|li|cher|seits; Müt|ter|lich|keit, die; -
Mut|ter|lie|be; mut|ter|los
Mut|ter|mal *Plur.* ...male
Mut|ter|milch
Mut|ter|mund, der; -[e]s *(Med.)*
Mut|tern|fa|b|rik; Mut|tern|schlüs|sel
Mut|ter|pass
Mut|ter|pflan|ze
Mut|ter|recht
Mut|ter|schaf
Mut|ter|schaft; Mut|ter|schafts|ur|laub *(veraltend)*
Mut|ter|schiff
Mut|ter|schutz, der; -es; **Mut|ter|schutz|ge|setz**
Mut|ter|schwein
mut|ter|see|len|al|lein (ganz allein)
Mut|ter|söhn|chen *(abwertend)*
Mut|ter|spra|che; Mut|ter|sprach|ler; Mut|ter|sprach|le|rin; mut|ter|sprach|lich; muttersprachlicher Unterricht
Mut|ter|stel|le; an jmdm. Mutterstelle vertreten; **Mut|ter|stolz**
Mut|ter|tag; Mut|ter|tier
Mut|ter|witz, der; -es
Mut|ti, die; -, -s (*Koseform von* ²Mutter)
mu|tu|al, mu|tu|ell ‹lat.› (wechselseitig); **Mu|tu|a|lis|mus,** der; - (*Biol.* Beziehung zwischen Lebewesen verschiedener Art zu beiderseitigem Nutzen); **mu|tu|ell** *vgl.* mutual
Mu|tung (*Bergmannsspr.* Antrag auf Erteilung des Abbaurechts); Mutung einlegen (Antrag stellen)
Mut|wil|le, der; -ns
mut|wil|lig; Mut|wil|lig|keit
Mutz, der; -es, -e (*landsch. für* Tier mit gestutztem Schwanz)
Mütz|chen; Müt|ze, die; -, -n; **Müt|zen|schirm**
Mu|zak [ˈmjuːzɛk], die; - ‹engl.› (*Jargon* [anspruchslose] Hintergrundmusik für Büros, Einkaufszentren o. Ä.)
m. v. = mezza voce
MV = Megavolt
m. W. = meines Wissens
MW = Megawatt
MwSt., Mw.-St. = Mehrwertsteuer
¹My, das; -[s], -s (griech. Buchstabe: M, μ)
²My (*kurz für* Mikron)
My|al|gie, die; -, ...ien ‹griech.› (*Med.* Muskelschmerz)
My|an|mar [ˈmi̯a...] (Staat in Hinterindien); *vgl.* Birma *u.* Burma
My|an|ma|re, der; -n, -n; **My|an|ma|rin; my|an|ma|risch**
My|as|the|nie, die; -, ...ien (*Med.* krankhafte Muskelschwäche)
My|ato|nie, die; -, ...ien (*Med.* [angeborene] Muskelerschlaffung)
My|e|li|tis, die; -, ...itiden ‹griech.› (*Med.* Entzündung des Rücken- od. Knochenmarks)

M
Must

My|ke|ne, My|ke|nä (griech. Ort u. antike Ruinenstätte); **my|ke|nisch**

My|ko|lo|ge, der; -n, -n; **My|ko|lo|gie,** die; - ‹griech.› (Pilzkunde); **My|ko|lo|gin; my|ko|lo|gisch**

My|kor|rhi|za, die; -, ...zen (*Bot.* Lebensgemeinschaft zwischen den Wurzeln von höheren Pflanzen u. Pilzen)

My|ko|se, die; -, -n (*Med.* Pilzerkrankung)

My|la|dy [miˈleːdi] ‹engl.› (frühere engl. Anrede an eine Dame = gnädige Frau)

My|lo|nit, der; -s, -e ‹griech.› (*Geol.* Gestein)

My|lord [mi...] ‹engl.› (frühere engl. Anrede an einen Herrn = gnädiger Herr)

Myn|heer [maˈneːɐ̯] ‹niederl.›; *vgl.* Mijnheer

Myo|kard, das; -[e]s, -e, Myo|kar|di|um, das; -s, ...dia ‹griech.› (*Med.* Herzmuskel)

Myo|kar|die, die; -, ...ien, Myo|kar|do|se, die; -, -n (nicht entzündliche Herzmuskelerkrankung)

Myo|kard|in|farkt (Herzinfarkt)

Myo|kar|di|tis, die; -, ...itiden (Herzmuskelentzündung)

Myo|kar|do|se *vgl.* Myokardie

Myo|kard|scha|den

Myo|lo|gie, die; - (*Med.* Muskellehre)

My|om, das; -s, -e (gutartige Muskelgewebsgeschwulst)

myo|morph (muskelfaserig)

My|on, das; -s, ...onen *meist Plur.* ‹griech.› (*Kernphysik* instabiles Elementarteilchen)

my|op ‹griech.› (*Med.* kurzsichtig); **My|o|pe,** der *od.* die; -n, -n (Kurzsichtige[r]); **My|o|pie,** die; -, ...ien (Kurzsichtigkeit); **my|o|pisch** *vgl.* myop

My|o|sin, das; -s (Muskeleiweiß)

My|o|si|tis, die; -, ...itiden ‹griech.› (*Med.* Muskelentzündung)

Myo|to|mie, die; -, ...ien (operative Muskeldurchtrennung)

Myo|to|nie, die; -, ...ien (Muskelkrampf)

My|ri|a... ‹griech.› (10 000 Einheiten enthaltend)

My|ri|a|de, die; -, -n (Anzahl von 10 000; *meist Plur.: übertr. für* unzählig große Menge)

My|ria|po|de, My|rio|po|de, der; -n, -n *meist Plur.* (*Zool.* Tausendfüßer)

Myr|me|ko|lo|gie, die; - ‹griech.› (*Zool.* Ameisenkunde)

Myr|mi|do|ne, der; -n, -n (Angehöriger eines antiken Volksstammes)

My|ro|ba|la|ne, die; -, -n ‹griech.› (Gerbstoff enthaltende Frucht vorderind. Holzgewächse)

Myr|rhe, die; -, -n ‹semit.› (ein aromat. Harz)

Myr|rhen|öl, das; -[e]s; **Myr|rhen|tink|tur**

Myr|te, die; -, -n (immergrüner Baum od. Strauch des Mittelmeergebietes u. Südamerikas)

Myr|ten|kranz; Myr|ten|zweig

Mys|te|ri|en|spiel ‹griech.; dt.› (mittelalterliches geistliches Drama)

mys|te|ri|ös ‹franz.› (geheimnisvoll)

Mys|te|ri|um, das; -s, ...ien ‹griech.› (unergründliches Geheimnis [religiöser Art])

Mys|te|ry [ˈmɪstəri], die; -, -s *od.* das; -s, -s *meist ohne Artikel* ‹engl.› (Film, Roman o. Ä., in dem es um schaurige, übernatürliche Ereignisse geht); **Mys|te|ry|se|rie** *(bes. Fernsehen)*

Mys|ti|fi|ka|ti|on, die; -, -en ‹griech.; lat.› (Täuschung; Vorspiegelung)

mys|ti|fi|zie|ren (mystisch betrachten); **Mys|ti|fi|zie|rung**

Mys|tik, die; - ‹griech.› (*urspr.* Geheimlehre; rel. Richtung, die den Menschen durch Hingabe u. Versenkung zu persönl. Vereinigung mit Gott zu bringen sucht); **Mys|ti|ker; Mys|ti|ke|rin; mys|tisch** (geheimnisvoll)

Mys|ti|zis|mus, der; -, ...men (Wunderglaube, [Glaubens]schwärmerei); **mys|ti|zis|tisch**

My|the, die; -, -n (*älter für* Mythos)

My|then [ˈmiː...], der; -s, - (Gebirgsstock bei Schwyz); der Große, der Kleine Mythen

My|then|bil|dung; My|then|for|schung

my|then|haft; my|thisch ‹griech.› (sagenhaft, erdichtet)

My|tho|lo|gie, die; -, ...ien (überlieferte Götter-, Helden-, Dämonensagen eines Volkes; wissenschaftl. Behandlung der Mythen); **my|tho|lo|gisch; my|tho|lo|gi|sie|ren** (in mythischer Form darstellen)

My|thos, My|thus, der; -, ...then (Sage u. Dichtung von Göttern, Helden u. Geistern; legendäre, glorifizierte Person od. Sache)

My|ti|le|ne, *ngriech.* Mi|ti|li|ni (Hauptstadt von Lesbos)

Myx|ödem ‹griech.› (*Med.* körperl. u. geistige Erkrankung mit heftigen Hautanschwellungen)

My|xo|ma|to|se, die; -, -n (tödlich verlaufende Viruskrankheit bei Hasen- u. [Wild]kaninchen)

My|xo|my|zet, der; -en, -en (*Bot.* ein Schleimpilz)

My|zel, das; -s, -ien ‹griech.›, **My|ze|li|um,** das; -s, ...lien ‹griech.; lat.› (*Bot.* [unter der Erde wachsendes] Fadengeflecht der Pilze)

My|zet, der; -en, -en (*selten für* Pilz); **My|ze|tis|mus,** der; -, ...men (*Med.* Pilzvergiftung)

n N

n = Nano...; Neutron

'n ↑K14 (*ugs. für* ein, einen)

N (Buchstabe); das N; des N, die N, *aber* das n in Wand; der Buchstabe N, n

N = Newton; *chem. Zeichen für* Nitrogenium (Stickstoff); Nord[en]

N, ν = Ny

na! (*bayr., österr. ugs. für* nein!)

na!; na, na!; na ja!; na und?; na gut!; na, so was!

Na (*chem. Zeichen für* Natrium)

Naab, die; - (linker Nebenfluss der Donau); **Naab|eck** (Ortsn.); **Nab|burg** (Stadt an der Naab)

Na|be, die; -, -n (Mittelhülse des Rades)

Na|bel *Plur.* -, *selten auch* Näbel; **Na|bel|bruch**

na|bel|frei; Na|bel|pier|cing

Na|bel|schau *(ugs.)*

Na|bel|schnur *Plur.* ...schnüre

Na|ben|boh|rer; Na|ben|schal|tung (beim Fahrrad)

Na|bob, der; -s, -s ‹Hindi-engl.› (Provinzgouverneur in Indien; reicher Mann)

Na|bo|kov [...kɔf] (amerik. Schriftsteller)

NABU = Naturschutz, Artenschutz, Biotopschutz, Umweltschutz (dt. Naturschutzbund)

Na|buc|co (verkürzte Form des

ital. Nabucodonosor = Nebukadnezar; Oper von Verdi)
nach; nach und nach; nach wie vor; *Präp. mit Dat.:* nach ihm; nach außen; nach Haus[e] *od.* nachhaus[e]; nach langem, schwerem Leiden
nach... (*in Zus. mit Verben,* z. B. nachmachen, du machst nach, nachgemacht, nachzumachen)
nach|äf|fen (*ugs. für* nachahmen); **Nach|äf|fe|rei; Nach|äf|fung**
nach|ah|men; er hat sie nachgeahmt; **nach|ah|mens|wert**
Nach|ah|mer; Nach|ah|me|rin
Nach|ah|mung; Nach|ah|mungs|täter; Nach|ah|mungs|tä|te|rin
Nach|ah|mungs|trieb
nach|ah|mungs|wür|dig
nach|ar|bei|ten
Nach|bar, der; *Gen.* -n, *seltener* -s, *Plur.* -n
Nach|bar|dorf; Nach|bar|gar|ten; Nach|bar|haus
Nach|ba|rin
Nach|bar|land *Plur.* ...länder
nach|bar|lich
Nach|bar|ort *vgl.* [1]Ort
Nach|bar|recht
Nach|bar|schaft; nach|bar|schaft|lich; Nach|bar|schafts|hil|fe
Nach|bars|fa|mi|lie; Nach|bars|frau; Nach|bars|kind; Nach|bars|leu|te *Plur.*
Nach|bar|staat *Plur.* ...staaten
Nach|bar|stadt; Nach|bar|tisch
Nach|bar|wis|sen|schaft
Nach|bau, der; -[e]s, *Plur.* (*für* etwas Nachgebautes) -ten; **nach|bau|en**
nach|be|ar|bei|ten
Nach|be|ben (nach einem Erdbeben)
nach|be|han|deln; Nach|be|hand|lung
nach|be|kom|men *(ugs.)*
nach|be|rei|ten (*Päd.* [den bereits behandelten Unterrichtsstoff] vertiefen o. Ä.); **Nach|be|rei|tung**
nach|be|set|zen (neu besetzen, einen Nachfolger bestimmen)
nach|bes|sern; ich bessere *od.* bessre nach; **Nach|bes|se|rung, Nach|bess|rung**
nach|be|stel|len; Nach|be|stel|lung
nach|be|ten; Nach|be|ter; Nach|be|te|rin
Nach|be|treu|ung
nach|be|zeich|net *(bes. Kaufmannsspr.);* nachbezeichnete Waren
nach|bil|den; Nach|bil|dung
nach|blei|ben (*landsch. für* zurückbleiben; nachsitzen)
nach|bli|cken
nach|blu|ten; Nach|blu|tung
nach|boh|ren (*auch für* hartnäckig nachfragen)
nach|bör|s|lich (nach der Börsenzeit)
nach Chris|ti Ge|burt (*Abk.* n. Chr. G.)
nach|christ|lich
nach Chris|to, nach Chris|tus (*Abk.* n. Chr.)
nach|da|tie|ren (mit einem früheren, *auch* späteren Datum versehen); sie hat das Schreiben nachdatiert; *vgl.* zurückdatieren *u.* vorausdatieren; **Nach|da|tie|rung**
nach|dem; je nachdem; je nachdem[,] ob ... *od.* wie ... ↑K127
nach|den|ken; nach|denk|lich; Nach|denk|lich|keit, die; -
nach|dich|ten; Nach|dich|tung
nach|die|seln *vgl.* dieseln
nach|dop|peln (*schweiz. für* nachbessern; zum zweiten Mal in Angriff nehmen)
nach|drän|gen
nach|dre|hen; eine Szene nachdrehen
Nach|druck, der; -[e]s, *Plur.* *(Druckw.:)* ...drucke
nach|dru|cken; Nach|druck|er|laub|nis
nach|drück|lich; Nach|drück|lich|keit, die; -; **nach|drucks|voll**
Nach|druck|ver|fah|ren
nach|dun|keln; der Anstrich ist *od.* hat nachgedunkelt; er sagt, das Holz dunk[e]le nach
Nach|durst (nach Alkoholgenuss)
nach|ei|fern; nach|ei|ferns|wert; Nach|ei|fe|rung
nach|ei|len
nach|ei|n|an|der; nacheinander starten; die Schüler wurden nacheinander aufgerufen usw.; *vgl.* aneinander
nach|eis|zeit|lich
nach|emp|fin|den; Nach|emp|fin|dung
Na|chen, der; -s, - (*landsch. u. geh. für* Kahn)
nach|ent|rich|ten; Versicherungsbeiträge nachentrichten; **Nach|ent|rich|tung**
Nach|er|be, der; **Nach|er|bin; Nach|erb|schaft**
nach|er|le|ben
Nach|ern|te
nach|er|zäh|len; Nach|er|zäh|lung
Nachf. = Nachfolger[in]
Nach|fahr, der; *Gen.* -en, *selten* -s, *Plur.* -en (*geh. für* Nachfahre); **Nach|fah|re,** der; -n, -n
nach|fah|ren
Nach|fah|ren|ta|fel; Nach|fah|rin
Nach|fall, der (*Bergmannsspr.* Gestein, das bei der Kohlegewinnung nachfällt u. die Kohle verunreinigt)
nach|fär|ben
nach|fas|sen (*auch für* hartnäckig weitere Fragen stellen)
Nach|fei|er; nach|fei|ern
nach|fi|nan|zie|ren; Nach|fi|nan|zie|rung
Nach|fol|ge; Nach|fol|ge|ab|kom|men *(Politik);* **Nach|fol|ge|kan|di|dat; Nach|fol|ge|kan|di|da|tin**
nach|fol|gen
nach|fol|gend; die nachfolgenden Bestimmungen; ↑K72: das Nachfolgende; Nachfolgendes gilt nur mit Einschränkungen; im Nachfolgenden (weiter unten) ist zu lesen ...
Nach|fol|gen|de, der *u.* die; -n, -n
Nach|fol|ge|or|ga|ni|sa|ti|on
Nach|fol|ger (*Abk.* N[a]chf.); **Nach|fol|ge|rin** (*Abk.* N[a]chf.); **Nach|fol|ger|schaft**
Nach|fol|ge|staat *Plur.* ...staaten
nach|for|dern; Nach|for|de|rung
nach|for|men; eine Plastik nachformen
nach|for|schen; Nach|for|schung
Nach|fra|ge; nach|fra|gen
nach|fra|ge|ori|en|tiert
Nach|fra|ger *(Wirtsch.);* **Nach|fra|ge|rin; Nach|fra|ge|rück|gang; Nach|fra|ge|schwan|kung**
Nach|frist *(Rechtsspr.)*
nach|füh|len; nach|füh|lend
nach|füh|ren (*schweiz. für* auf den neuesten Stand bringen)
nach|fül|len; Nach|füll|pack, das, *auch:* der; -s, -s; **Nach|füll|pa|ckung; Nach|fül|lung**
Nach|gang; *nur in* im Nachgang (*Amtsspr.* als Nachtrag)
nach|gä|ren; Nach|gä|rung
nach|ge|ben
nach|ge|bo|ren; nachgebor[e]ner Sohn; **Nach|ge|bo|re|ne,** der *u.* die; -n, -n
Nach|ge|bühr (z. B. Strafporto)
Nach|ge|burt
Nach|ge|fühl
nach|ge|hen
nach|ge|la|gert; nachgelagerte Besteuerung
nach|ge|las|sen (*veraltend für* hinterlassen); ein nachgelassenes Werk

N
nach

nach|ge|ord|net
nach|ge|ra|de
nach|ge|ra|ten; jmdm. nachgeraten
Nach|ge|schmack, der; -[e]s
nach|ge|wie|se|ner|ma|ßen
nach|gie|big; Nach|gie|big|keit
nach|gie|ßen
nach|grü|beln
nach|gu|cken *(ugs.)*
nach|ha|ken (*ugs. auch für* eine [weitere] Frage stellen)
Nach|hall; nach|hal|len; Nach|hall|zeit *(Physik)*
nach|hal|tig (sich für länger stark auswirkend; *Ökologie* nur in dem Maße, wie die Natur es verträgt; *Jargon* nur so groß, viel, dass zukünftige Entwicklungen nicht gefährdet sind); **Nach|hal|tig|keit**, die; -; **Nach|hal|tig|keits|fak|tor**
nach|hän|gen; ich hing nach, du hingst nach; nachgehangen; einer Sache nachhängen; *vgl.* [1]hängen
nach Haus[e], **nach|hau|s[e]**
Nach|hau|se|weg
nach|hel|fen
nach|her [*auch, österr. nur* 'na:x...]
nach|he|rig
Nach|hil|fe; Nach|hil|fe|leh|rer; Nach|hil|fe|leh|re|rin; Nach|hil|fe|schü|ler; Nach|hil|fe|schü|le|rin
Nach|hil|fe|stun|de; Nach|hil|fe|un|ter|richt
Nach|hi|n|ein ↑K81; *nur in:* im Nachhinein (hinterher, nachträglich)
nach|hin|ken
Nach|hol|be|darf; nach|ho|len
Nach|hol|spiel *(Sport)*
Nach|hut, die; -, -en *(Militär)*
nach|ja|gen; dem Glück nachjagen
nach|jus|tie|ren
nach|kar|ten (*ugs. für* eine nachträgliche Bemerkung machen)
Nach|kauf; nach|kau|fen; man kann alle Teile des Geschirrs nachkaufen
Nach|klang
Nach|klapp, der; -s, -s (*ugs. für* Nachtrag)
nach|klin|gen
nach|ko|chen
Nach|kom|ma|stel|le; das Ergebnis auf die zweite Nachkommastelle aufrunden
Nach|kom|me, der; -n, -n; **nach|kom|men; Nach|kom|men|schaft; Nach|kom|min**
Nach|kömm|ling
Nach|kon|t|rol|le; nach|kon|t|rol|lie|ren
Nach|kriegs|er|schei|nung; Nach|kriegs|ge|ne|ra|ti|on; Nach|kriegs|jahr; Nach|kriegs|zeit
nach|ku|cken (*nordd. für* nachgucken)
Nach|kur
nach|la|den
Nach|lass, der; -es, *Plur.* -e *u.* ...lässe
nach|las|sen
Nach|las|ser (*selten für* Erblasser); **Nach|las|se|rin**
Nach|lass|ge|richt
nach|läs|sig; nach|läs|si|ger|wei|se; Nach|läs|sig|keit
Nach|lass|pfle|ger; Nach|lass|pfle|ge|rin
Nach|lass|sa|che, **Nach|lass-Sa|che**
Nach|lass|ver|wal|ter; Nach|lass|ver|wal|te|rin
nach|lau|fen; Nach|läu|fer; Nach|läu|fe|rin
nach|le|ben; einem Vorbild nachleben
Nach|le|ben, das; -s (Leben eines Verstorbenen in der Erinnerung der Hinterbliebenen)
nach|le|gen
Nach|le|se; nach|le|sen
nach|lie|fern; Nach|lie|fe|rung
nach|lö|sen
nachm. = nachmittags
nach|ma|chen *(ugs.)*
Nach|mahd (*landsch. für* Grummet)
nach|ma|len
nach|ma|lig (später)
nach|mals (*veraltet für* später)
nach|mes|sen; Nach|mes|sung
Nach|mie|ter; Nach|mie|te|rin
Nach|mit|tag, der; -[e]s, -e ↑K70: nachmittags; (*Abk.* nachm., *bei Raummangel* nm.); *aber* des Nachmittags; ↑K69: gestern, heute, morgen Nachmittag; Dienstagnachmittag; *vgl.* [1]Mittag
nach|mit|tä|gig *vgl.* ...tägig
nach|mit|täg|lich *vgl.* ...täglich
nach|mit|tags *vgl.* Nachmittag
Nach|mit|tags|be|treu|ung
Nach|mit|tags|schlaf
Nach|mit|tags|stun|de
Nach|mit|tags|un|ter|richt
Nach|mit|tags|vor|stel|lung
Nach|mor|phem (*schweiz. für* Nachsilbe, Suffix)
Nach|nah|me, die; -, -n
Nach|nah|me|ge|bühr; Nach|nah|me|sen|dung
Nach|na|me (Familienname)
nach|no|mi|nie|ren
Nach|nut|zung *(Verwaltungsspr.)*
Na|cho ['natʃo], der; -[s], -s *meist Plur.* ⟨span.⟩ (als Dreieck geschnittenes, frittiertes u. mit Käse überzogenes Maismehlplätzchen)
nach|plap|pern *(ugs.)*
nach|po|lie|ren
Nach|por|to
nach|prä|gen; Nach|prä|gung
nach|prüf|bar; Nach|prüf|bar|keit
nach|prü|fen; Nach|prü|fung
Nach|rang (*österr. für* Gegensatz zu Vorrang, Vorfahrt im Straßenverkehr); **nach|ran|gig** (*svw.* zweitrangig); **Nach|ran|gig|keit; Nach|rang|stra|ße** (*österr. für* Straße ohne Vorfahrtsrecht)
Nach|raum, der; -[e]s (*Forstwirtsch.* Ausschuss)
nach|rech|nen; Nach|rech|nung
Nach|re|de; üble Nachrede
nach|re|den
nach|rei|chen; Unterlagen nachreichen
Nach|rei|fe; nach|rei|fen
nach|rei|sen
nach|ren|nen
Nach|richt, die; -, -en
Nach|rich|ten|agen|tur; Nach|rich|ten|bü|ro
Nach|rich|ten|dienst; nach|rich|ten|dienst|lich
Nach|rich|ten|ka|nal
Nach|rich|ten|ma|ga|zin; Nach|rich|ten|sa|tel|lit; Nach|rich|ten|sen|der; Nach|rich|ten|sen|dung
Nach|rich|ten|sper|re
Nach|rich|ten|spre|cher; Nach|rich|ten|spre|che|rin
Nach|rich|ten|tech|nik; Nach|rich|ten|über|mitt|lung; Nach|rich|ten|we|sen
nach|richt|lich
nach|rü|cken; Nach|rü|cker; Nach|rü|cke|rin
Nach|ruf, der; -[e]s, -e; **nach|ru|fen**
Nach|ruhm; nach|rüh|men
nach|rüs|ten (nachträglich mit einem Zusatzgerät versehen; die militärische Bewaffnung ergänzen, ausbauen); **Nach|rüs|tung**
nach|sa|gen; jmdm. etw. nachsagen
Nach|sai|son
nach|sal|zen
Nach|satz
[1]**nach|schaf|fen** (ein Vorbild nachgestalten); *vgl.* schaffen
[2]**nach|schaf|fen** (nacharbeiten); *vgl.* schaffen
nach|schau|en *(bes. südd., österr., schweiz.)*

N
nach

¹nächst

- nächsten Jahres (*Abk.* n. J.), nächsten Monats (*Abk.* n. M.)
- nächstes Mal, das nächste Mal (*vgl.* ¹Mal)
- bei nächstbester Gelegenheit
- die nächsthöhere Nummer

Großschreibung der Substantivierung ↑K 72:

- der Nächste, die Nächste[,] bitte!
- das ist das Nächste, was zu tun ist
- das müssen wir als Nächstes in Angriff nehmen
- *aber* das kommt der Wahrheit am nächsten
- der nächste Beste; *aber* das Nächstbeste, was sich uns bietet

Vgl. ²nächst *u.* Nächste

nach|schen|ken; Wein nachschenken
nach|schi|cken
nach|schie|ben
Nach|schlag, der; -[e]s, Nachschläge (*Musik; ugs. für* zusätzliche Essensportion)
nach|schla|gen; er ist seinem Vater nachgeschlagen; sie hat in einem Buch nachgeschlagen
Nach|schla|ge|werk, *südd., österr. u. schweiz.* **Nach|schlag|werk**
nach|schlei|chen
Nach|schlüs|sel; Nach|schlüs|sel|dieb|stahl (Diebstahl mithilfe von Nachschlüsseln)
Nach|schöp|fung
nach|schrei|ben
Nach|schrift (*Abk.* NS)
Nach|schub, der; -[e]s, Nachschübe *Plur. selten;* **Nach|schub|ko|lon|ne; Nach|schub|trup|pe**
Nach|schuss (*Wirtsch.* zusätzliche Einzahlung über die Stammeinlage hinaus; *Sport* erneuter Schuss auf das Tor)
Nach|schuss|pflicht
nach|schwat|zen
nach|schwin|gen
nach|se|hen; jmdm. etwas nachsehen; **Nach|se|hen,** das; -s
Nach|sen|de|auf|trag
nach|sen|den; Nach|sen|dung
nach|set|zen; jmdm. nachsetzen
Nach|sicht, die; -; **nach|sich|tig; Nach|sich|tig|keit,** die; -
nach|sichts|voll
Nach|sil|be
nach|sin|gen
nach|sin|nen (*geh. für* nachdenken)
nach|sit|zen (zur Strafe nach dem Unterricht noch in der Schule bleiben müssen); er hat nachgesessen
Nach|som|mer
Nach|sor|ge, die; - (*Med.*)
Nach|spann, der; -[e]s, -e *u.* Nachspänne (*Film, Fernsehen* einem Film o. Ä. folgende Angaben über Mitwirkende u. Ä.)
Nach|spei|se
Nach|spiel
nach|spie|len; Nach|spiel|zeit
nach|spi|o|nie|ren (*ugs.*)
nach|spre|chen; Nach|spre|cher; Nach|spre|che|rin
nach|spü|len
nach|spü|ren
¹nächst *s. Kasten*
²nächst (hinter, gleich nach); *Präp. mit Dat.:* nächst dem Hause, nächst ihm
nächst|bes|ser; die nächstbessere Platzierung
nächst|bes|te *vgl.* ¹nächst; **Nächst|bes|te,** der *u.* die *u.* das; -n, -n
nächst|dem (*veraltend*)
Nächs|te, der; -n, -n (Mitmensch); liebe deinen Nächsten; *vgl.* ¹nächst
nach|ste|hen; jmdm. in nichts nachstehen; **nach|ste|hend;** die nachstehende Erläuterung; *aber* ↑K 72: ich möchte Ihnen Nachstehendes zur Kenntnis bringen; Einzelheiten werden im Nachstehenden behandelt; das Nachstehende muss geprüft werden
nach|stei|gen (*ugs. für* folgen)
nach|stel|len; Nach|stel|lung
Nächs|ten|lie|be
nächs|tens
nächs|tes Mal; das nächste Mal; *vgl.* ¹Mal
nächst|fol|gend; Nächst|fol|gen|de, der *u.* die *u.* das; -n, -n
nächst|ge|le|gen
nächst|hö|her; Nächst|hö|he|re, der *u.* die *u.* das; -n, -n
nächst|jäh|rig
nächst|lie|gend *vgl.* naheliegen
Nächst|lie|gen|de, das; -n
nächst|mög|lich; zum nächstmöglichen Termin; *nicht korrekt:* nächstmöglichst
nach|sto|ßen
nach|stür|zen
nach|su|chen; Nach|su|chung
Nacht, die; -, Nächte; bei, über Nacht; die Nacht über; Tag und Nacht; es wird Nacht; des Nachts, eines Nachts; ↑K 69: [bis, von] gestern, heute, morgen Nacht; Dienstagnacht; *vgl.* nachts
Nacht|ab|sen|kung (bei der Zentralheizung)
nacht|ak|tiv; nachtaktive Tiere
Nacht|an|griff
nach|tan|ken
Nacht|ar|beit; Nacht|aus|ga|be; Nacht|bar
nacht|blau
nacht|blind; Nacht|blind|heit
Nacht|club, Nacht|klub
Nacht|creme, Nacht|crème
Nacht|dienst
nacht|dun|kel
Nach|teil, der; **nach|tei|lig**
näch|te|lang; *aber* drei Nächte lang
nach|ten (*schweiz. u. geh. für* Nacht werden)
näch|tens (nachts)
Nacht|es|sen (*bes. südd., schweiz. für* Abendessen)
Nacht|eu|le (*ugs. auch für* jmd., der bis spät in die Nacht hinein aufbleibt)
Nacht|fahrt; Nacht|fal|ter
nacht|far|ben; nachtfarbener Stoff
Nacht|flug; Nacht|flug|ver|bot
Nacht|frost; Nacht|ge|bet; Nacht|ge|schirr; Nacht|ge|spenst
Nacht|ge|wand (*geh.*)
Nacht|glei|che, die; - (*selten* -n), -n (*svw.* Tagundnachtgleiche)
Nacht|hemd; Nacht|him|mel
Nach|ti|gall, die; -, -en (ein Singvogel); **Nach|ti|gal|len|schlag,** der; -[e]s
näch|ti|gen (übernachten); sie hat bei uns genächtigt; **Näch|ti|gung**
Nach|tisch, der; -[e]s, -e
Nacht|ka|ba|rett
Nacht|käst|chen (*bes. österr. für* Nachttisch)
Nacht|ker|ze (eine Heil- u. Zierpflanze)
Nacht|klub, Nacht|club
Nacht|küh|le; Nacht|la|ger *Plur.* ...lager; **Nacht|le|ben**

N
nach

nạcht|lich; nạcht|li|cher|wei|le
Nạcht|licht *Plur.* ...lichter; **Nạcht|lo|kal; Nạcht|luft**
Nạcht|mahl *(bes. österr.);* **nạcht|mah|len** (*österr. für* zu Abend essen); ich nachtmahle; genachtmahlt; zu nachtmahlen
Nạcht|mahr (Spukgestalt im Traum); **Nạcht|marsch; Nạcht|mensch; Nạcht|mu|sik**
Nạcht|por|ti|er; Nacht|por|ti|e|rin
Nạcht|pro|gramm; Nạcht|quar|tier
Nạch|trag, der; -[e]s, ...träge; **nạch|tra|gen; nạch|tra|gend**
nạch|trä|ge|risch (*geh. für* nachtragend, nicht vergebend)
nạch|träg|lich (später, danach)
Nạch|trags|bud|get *(bes. österr., schweiz.);* **Nạch|trags|haus|halt**
Nạch|trags|prü|fung (*österr. für* Nachprüfung)
nạch|trau|ern
nạch|tre|ten; er hat nachgetreten
Nạcht|ru|he
Nạch|trupp
nạchts; *aber* des Nachts, eines Nachts; nachtsüber, *aber* die Nacht über ↑K70; *vgl.* Abend
Nạcht|schat|ten (eine Pflanze); **Nạcht|schat|ten|ge|wächs** *meist Plur.* (eine Pflanzenfamilie)
Nạcht|schicht
Nạcht|schlaf; nạcht|schla|fend; zu, bei nachtschlafender Zeit
Nạcht|schränk|chen
Nạcht|schwär|mer (*scherzh. für* jmd., der sich die Nacht über vergnügt); **Nạcht|schwär|me|rin**
nạcht|schwarz
Nạcht|schwes|ter
Nạcht|sei|te
Nạcht|spei|cher|ofen; Nạcht|strom
Nạcht|stun|de
nạchts|über *vgl.* nachts
Nạcht|ta|rif; Nạcht|tier; Nạcht|tisch; Nạcht|topf; Nạcht|tre|sor
nạch|tun; es jmdm. nachtun
Nạcht-und-Ne|bel-Ak|ti|on
Nạcht|vi|o|le (eine Zierpflanze)
Nạcht|vo|gel; Nạcht|vor|stel|lung
Nạcht|wa|che; Nạcht|wäch|ter; Nạcht|wäch|ter|füh|rung; Nạcht|wäch|te|rin; Nạcht|wäch|ter|lied
nạcht|wan|deln; ich nachtwand[e]le; ich bin *od.* habe genachtwandelt; zu nachtwandeln
Nạcht|wan|de|rung
Nạcht|wand|ler; Nạcht|wand|le|rin; nạcht|wand|le|risch; mit nachtwandlerischer Sicherheit
Nạcht|wä|sche
Nạcht|zeit; zur Nachtzeit
Nạcht|zug; Nạcht|zu|schlag
nach|un|ter|su|chen; Nach|un|ter|su|chung
Nach|ver|an|la|gung *(Finanzw.)*
nach|ver|si|chern; Nach|ver|si|che|rung
nach|voll|zieh|bar; nach|voll|zie|hen
nach|wach|sen
Nach|wahl; Nach|wahl|be|fra|gung

nach was / wonach
Nach was kommt in der gesprochenen Sprache recht häufig vor: *Nach was hat sie gesucht?* Im geschriebenen Standarddeutsch wird in der Regel *wonach* verwendet: *Wonach hat sie gesucht?*

Nach|we|he *meist Plur.*
nach|wei|nen
Nach|weis, der; -es, -e
nach|weis|bar; nach|wei|sen (beweisen); er hat den Tatbestand nachgewiesen; **nach|weis|lich**
nach|wei|ßen (nochmals weißen)
Nach|welt, die; -
Nach|wen|de|zeit
nach|wer|fen
nach|wie|gen
nach|win|ken
Nach|win|ter; nach|win|ter|lich
nach|wir|ken; Nach|wir|kung
nach|wol|len (*ugs. für* folgen wollen); er hat ihm nachgewollt
Nach|wort *Plur.* ...worte
Nach|wuchs, der; -es
Nach|wuchs|au|tor; Nach|wuchs|au|to|rin; Nach|wuchs|fah|rer; Nach|wuchs|fah|re|rin
Nach|wuchs|för|de|rung
Nach|wuchs|ka|der *(DDR)*
Nach|wuchs|kraft, die; **Nach|wuchs|li|ga; Nach|wuchs|man|gel,** der; -s; **Nach|wuchs|po|li|ti|ker; Nach|wuchs|po|li|ti|ke|rin; Nach|wuchs|pro|b|lem**
Nach|wuchs|spie|ler; Nach|wuchs|spie|le|rin; Nach|wuchs|star; Nach|wuchs|ta|lent
nach|wür|zen
nach|zah|len
nach|zäh|len
Nach|zah|lung
nach|zeich|nen; Nach|zeich|nung
Nach|zei|tig|keit, die; - *(Sprachwiss.)*
nach|zie|hen
Nach|zoll
nach|zot|teln *(ugs.)*
Nach|zucht; nach|züch|ten
Nach|zug; Nach|züg|ler; Nach|züg|le|rin; nach|züg|le|risch
Nach|zugs|ver|bot
Na|cke|dei, der; -s, -s (*scherzh. für* nacktes Kind; Nackte[r])
Na|cken, der; -s, -
na|ckend (*landsch. für* nackt)
Na|cken|haar
Na|cken|schlag; Na|cken|schutz
Na|cken|stüt|ze; Na|cken|wir|bel
na|ckert (*landsch. für* nackt)
Nack|frosch *vgl.* Nacktfrosch
na|ckig (*ugs. für* nackt)
...na|ckig (z. B. kurznackig)
nackt; nackt|ar|mig
Nackt|auf|nah|me (*svw.* Nacktfoto)
Nackt|ba|den, das; -s; *aber* sie gehen gern nackt baden
Nackt|ba|de|strand; Nackt|fo|to
Nackt|frosch, Nack|frosch (*scherzh. für* nacktes Kind)
Nackt|heit, die; -
Nackt|kul|tur, die; -; **Nackt|mo|dell**
Nackt|mull, der; -[e]s, -e (*Zool.* Nagetier in Ostafrika)
Nackt|sa|mer, der; -s, - *meist Plur.* (*Bot.* Pflanze, deren Samenanlage offen an den Fruchtblättern sitzt); **nackt|sa|mig** *(Bot.)*
Nackt|scan|ner (*ugs. für* Körperscanner)
Nackt|schne|cke; Nackt|sze|ne
Nackt|tän|zer; Nackt|tän|ze|rin
Na|del, die; -, -n; **Na|del|ar|beit**
Na|del|baum; Na|del|büch|se
Nä|del|chen
na|del|fein; na|del|fer|tig (zum Nähen vorbereitet [von Stoffen]); **na|del|för|mig**
Na|del|ge|hölz *meist Plur. (Bot.)*
Na|del|geld (*früher* eine Art Taschengeld für Frau od. Tochter)
Na|del|holz
na|de|lig, nad|lig *(fachspr.);* nadelige, nadlige Baumarten
Na|del|kis|sen; Na|del|ma|le|rei (gesticktes buntes Bild)
na|deln (Nadeln verlieren [von Tannen u. a.]); er sagt, der Baum nad[e]le nicht
Na|del|öhr; Na|del|spit|ze; Na|del|stich
Na|del|streif, der; -[s], -e *od.* -ens, -en *(österr.);* **Na|del|strei|fen** (sehr feiner Streifen in Stoffen); **Na|del|strei|fen|an|zug**
Na|del|wald
Na|de|rer (*österr. ugs. für* Spitzel); **Na|de|rin**
Na|di|ne [*auch* na'di:n] (w. Vorn.)
Na|dir, der; -s ‹arab.› (*Astron.* Fuß-

N
Nadi

[1]na|he

(*seltener* nah); näher *(vgl. d.)*; [1]nächst *(vgl. d.)*

I. *Kleinschreibung:*

- die nahe Stadt
- in der näheren Umgebung
- das nächste Kino
- ↑K72: aus nah und fern, von nah und fern

II. *Großschreibung:*

- ↑K72: von Nahem *od.* nahem
- ↑K140: der Nahe Osten

III. *Zusammenschreibung:*

- nahebei parken (*aber* sie parkt nahe bei der Kirche)
- nahezu die Hälfte
- *aber* ich bin nah[e] daran

IV. *Schreibung in Verbindung mit Verben, Adjektiven und Partizipien:*

- nahe bekannt sein
- nahe herangehen, [heran]kommen
- Sie dürfen ruhig näher kommen, näher treten, näher rücken
- ein nahe liegendes *od.* naheliegendes Gehöft
- eine nahe gelegene *od.* nahegelegene Ortschaft
- ein nahe stehendes *od.* nahestehendes Haus
- nah verwandte *od.* nahverwandte Personen

Bei übertragener Bedeutung gilt in der Regel Zusammenschreibung; vgl. nahebringen, näherbringen, nahegehen, nahekommen, nahelegen, naheliegen, nahestehen, nahetreten

punkt, Gegenpunkt des Zenits an der Himmelskugel)

Nad|ja (w. Vorn.)

nad|lig *vgl.* nadelig

NAFTA, die; - ⟨engl.⟩ = North American Free Trade Agreement *od.* Area (nordamerik. Freihandelszone)

Naf|ta|li *vgl.* Naphthali

Na|ga|na, die; - ⟨Zulu⟩ (eine afrik. Viehseuche)

Na|ga|sa|ki (jap. Stadt; am 9. 8. 1945 durch eine Atombombe fast völlig zerstört)

Na|gel, der; -s, Nägel

Na|gel|bett *Plur.* ...betten, *seltener* ...bette; **Na|gel|bett|ent|zün|dung; Na|gel|brett** (für Fakire); **Na|gel|bürs|te**

Nä|gel|chen (kleiner Nagel)

Na|gel|falz; Na|gel|fei|le

na|gel|fest; *nur in* niet- u. nagelfest ↑K31

Na|gel|fluh (*Geol.* ein Gestein)

Na|gel|haut; Na|gel|haut|ent|fer|ner

Nä|gel|kau|en, das; -s

Na|gel|knip|ser

Na|gel|kopf

Na|gel|lack; Na|gel|lack|ent|fer|ner

na|geln; ich nag[e]le

na|gel|neu *(ugs.)*

Na|gel|pfle|ge; Na|gel|plat|te; Na|gel|pro|be (Prüfstein für etwas); **Na|gel|rei|ni|ger**

Na|gel|ring, der; -[e]s (Schwert der germ. Heldensage)

Na|gel|sche|re; Na|gel|schuh; Na|gel|stie|fel; Na|gel|wur|zel; Na|gel|zwi|cker (*bes. österr. für* Nagelknipser)

na|gen; Na|ger; Na|ge|tier

Näg|lein (*veraltet für* Nelke; *vgl. auch* Nägelchen)

NAGRA, der; -s (*Kurzwort für* Fachnormenausschuss Graphisches Gewerbe)

Na|gy [nɔdj], Imre (ung. Staatsmann)

nah *vgl.* [1]nahe, [2]nahe

Näh|ar|beit

Nah|auf|nah|me; Nah|be|reich, der

Nah|bril|le (z. B. für Weitsichtige)

[1]na|he *s. Kasten*

[2]na|he, *seltener* nah; *Präp. mit Dat.:* nahe dem Ufer

Na|he, die; - (linker Nebenfluss des Rheins)

Nä|he, die; -; in der Nähe

na|he|bei; er wohnt nahebei, *aber* er wohnt nahe bei der Post

na|he|brin|gen (Interesse für etwas wecken); den Schülerinnen die Klassiker nahebringen

na|he|ge|hen (stark treffen, bewegen); sein schwerer Unfall ist uns allen sehr nahegegangen

na|he ge|le|gen, na|he|ge|le|gen *vgl.* [1]nahe

Nah|ein|stel|lung *(Fotogr.)*

na|he|kom|men (sich annähern, fast gleichkommen); sie sind einander sehr nahegekommen; der Lösung nahekommen

na|he|le|gen (hinlenken, empfehlen); man hat uns einen Vergleich nahegelegt

na|he|lie|gen (sich anbieten); es liegt nahe, auf den Vorschlag einzugehen; ein naheliegender Vorschlag; die Lösung hat nahegelegen; ein näherliegender *od.* naheliegenderer Gedanke; die am nächsten liegende *od.* naheliegendste *od.* nächstliegende Lösung; *aber* ↑K72: wir sollten das Naheliegende tun; *vgl. auch* näherliegen

na|he lie|gend, na|he|lie|gend; eine nahe liegende *od.* naheliegende Ortschaft; *vgl. aber* naheliegen

na|hen; sich [jmdm.] nahen

nä|hen

nä|her; nähere Erläuterungen; *aber* ↑K72: Näheres folgt; das Nähere findet sich bei ...; ich kann mich des Näher[e]n (der besonderen Umstände) nicht entsinnen; jmdm. etw. des Näher[e]n (genauer) erläutern; alles Nähere können Sie der Gebrauchsanweisung entnehmen; näher kommen (in größere Nähe kommen); dem Abgrund immer näher kommen; weil der Termin näher gekommen, näher gerückt ist; Sie dürfen ruhig näher [heran]treten; *vgl.* [1]nahe *u.* näherkommen, näherliegen usw.

nä|her|brin|gen (verständlicher machen, mit etw. vertraut machen); sie hat ihren Schülern politische Lyrik nähergebracht

Nä|he|rei

nä|her|hin *(bes. Fachspr.)*

Nah|er|ho|lungs|ge|biet

Nä|he|rin

nä|her|kom|men (in engere Beziehung treten); sie sind sich wieder nähergekommen; *aber* sie sind einander wieder viel näher gekommen; *vgl.* näher

nä|her|lie|gen (sich eher anbieten); es hatte nähergelegen, den Bus zu nehmen; *aber* die näher gelegenen *od.* nähergelegenen Ortschaften

nä|hern, sich nähern; ich nähere mich

nä|her|ste|hen (in engerer Beziehung stehen); sie hatten sich

damals nähergestanden; *aber* die näher stehenden *od.* näherstehenden Bäume
nä|her|tre|ten (sein Interesse zuwenden); bevor ich Ihrem Vorschlag nähertrete, …; *vgl.* näher
Nä|he|rung (*Math.* Annäherung); **Nä|he|rungs|wert** *(Math.)*
na|he|ste|hen (vertraut, befreundet sein); eine ihm [besonders] nahestehende Verwandte; sie hat dem Verstorbenen sehr nahegestanden
na|he|tre|ten (befreundet, vertraut werden); er ist mir in letzter Zeit sehr nahegetreten; *aber* jmdm. zu nahe treten *(jmdn. verletzen, beleidigen)*
Na|he|ver|hält|nis (*österr. Rechtsspr. für* Näheverhältnis)
Nä|he|ver|hält|nis (*Rechtsspr.* enge, direkte Beziehung)
Na|he|wein
na|he|zu
Näh|fa|den; Näh|garn
Nah|kampf; Nah|kampf|mit|tel
Näh|käst|chen; aus dem Nähkästchen plaudern (*ugs. für* Geheimnisse ausplaudern); **Näh|kas|ten**
Näh|kis|sen; Näh|korb
nahm *vgl.* nehmen
Näh|ma|schi|ne; Näh|ma|schi|nen|öl
Näh|na|del
Nah|ost (der Nahe Osten); für, in, nach, über Nahost
Nah|ost|kon|fe|renz; Nah|ost|kon|flikt, der; -[e]s
nah|öst|lich
Nah|ost|quar|tett, das; -[e]s (internationales Gremium zur Koordination der politischen Aktivitäten im Nahostkonflikt); ↑K 143
Nah|raum
Nähr|bo|den
Nähr|creme, Nähr|crème
näh|ren; sich nähren; **nahr|haft**
Nähr|he|fe
Nähr|lö|sung; Nähr|mit|tel, das *meist Plur.;* **Nähr|prä|pa|rat; Nähr|salz**
Nähr|stoff *meist Plur.*
nähr|stoff|arm
nähr|stoff|reich
Nah|rung, die; -, *Plur. (fachspr.:)* -en
Nah|rungs|auf|nah|me, die; -, -n *Plur. selten*
Nah|rungs|er|gän|zungs|mit|tel, das (Vitamine o. Ä. in Form von Tabletten, Pulver o. Ä.)
Nah|rungs|ket|te *(Biol.)*
Nah|rungs|man|gel, der
Nah|rungs|mit|tel *meist Plur.*
Nah|rungs|mit|tel|al|ler|gie; Nah|rungs|mit|tel|che|mie; Nah|rungs|mit|tel|in|dus|t|rie; Nah|rungs|mit|tel|pro|duk|ti|on
Nah|rungs|mit|tel|un|ver|träg|lich|keit, die; -, -en
Nah|rungs|mit|tel|ver|gif|tung
Nah|rungs|quel|le
Nah|rungs|su|che; Nah|rungs|ver|wei|ge|rung
Nähr|wert; Nähr|wert|ta|bel|le
Näh|sei|de
Nah|sicht
Naht, die; -, Nähte
Näh|tisch
naht|los
Nah|tod|er|fah|rung
Naht|stel|le
Na|hum (bibl. Prophet)
Nah|ver|kehr; Nah|ver|kehrs|zug
Nah|ver|sor|ger (*österr. für* [Lebensmittel]geschäft in der Umgebung); **Nah|ver|sor|gung**
nah ver|wandt, nah|ver|wandt *vgl.* [1]nahe
Näh|zeug
Nah|ziel; Nah|zo|ne
Na|im, *ökum.* **Na|in** (bibl. Ort in Galiläa)
Nai|ro|bi (Hauptstadt Kenias)
na|iv ‹lat.-franz.› (natürlich; unbefangen; kindlich; einfältig); naive Malerei; naive u. sentimentalische Dichtung (bei Schiller); **Na|i|ve,** die; -n, -n (Darstellerin, die das Rollenfach der jugendlichen Liebhaberin vertritt); **Na|i|vi|tät,** die; -
Na|iv|ling (gutgläubiger, törichter Mensch)
na ja!
Na|ja|de, die; -, -n *meist Plur.* ‹griech.› (*griech. Mythol.* Quellnymphe; *Zool.* Flussmuschel)
Na|ma, der; -[s], -[s] (Angehöriger eines afrik. Stammes); **Na|ma|land,** das; -[e]s
Na|maz [na'ma:s], **Na|mas,** das; - ‹sanskr.-pers.-türk.› (rituelles Stundengebet der Muslime)
Na|me, der; -ns, -n; im Namen; mit Namen; **Na|men,** der; -s, - (*seltener für* Name)
Na|men|ak|tie *vgl.* Namensaktie
Na|men|buch, Na|mens|buch
Na|men|for|schung *vgl.* Namensforschung; **Na|men|ge|bung** *vgl.* Namensgebung; **Na|men|ge|dächt|nis** *vgl.* Namensgedächtnis
Na|men-Je|su-Fest ↑K 137
Na|men|kun|de *vgl.* Namenskunde
na|men|kund|lich
Na|men|lis|te *vgl.* Namensliste
na|men|los; Na|men|lo|se, der *u.* die; -n, -n; **Na|men|lo|sig|keit**
Na|men|nen|nung *vgl.* Namensnennung; **Na|men|pa|pier** *vgl.* Namenspapier; **Na|men|re|gis|ter** *vgl.* Namensregister
na|mens ↑K 70 (im Namen, im Auftrag [von]; mit Namen); *als Präp. mit Gen. (Amtsspr.):* namens der Regierung
Na|mens|ak|tie, Na|men|ak|tie (Aktie, die auf den Namen des Aktionärs ausgestellt ist)
Na|mens|än|de|rung
Na|mens|buch *vgl.* Namenbuch
Na|mens|fest (*svw.* Namenstag)
Na|mens|form
Na|mens|for|schung, Na|men|for|schung; **Na|mens|ge|bung,** Na|men|ge|bung; **Na|mens|ge|dächt|nis,** *seltener* Na|men|ge|dächt|nis; **Na|mens|kun|de,** *fachspr.* Na|men|kun|de, die; -; **Na|mens|lis|te,** *seltener* Na|men|lis|te
Na|mens|nen|nung, *seltener* Na|men|nen|nung
Na|mens|pa|pier, Na|men|pa|pier (*für* Rektapapier)
Na|mens|pa|t|ron; Na|mens|pa|t|ro|nin; Na|mens|recht; Na|mens|re|gis|ter, Na|men|re|gis|ter; **Na|mens|schild** *Plur.* …schilder; **Na|mens|tag; Na|mens|vet|ter; Na|mens|zei|chen; Na|mens|zug**
na|ment|lich; namentlich[,] wenn ↑K 107 *u.* 127
Na|men|ver|wechs|lung; Na|men|ver|zeich|nis; Na|men|wort *Plur.* …wörter (*svw.* Nomen)
nam|haft; jmdn. namhaft machen; **Nam|haft|ma|chung** *(Amtsspr.)*
Na|mi|bia (Republik in Südwestafrika); **Na|mi|bi|er; Na|mi|bi|e|rin; na|mi|bisch**
…na|mig (z. B. vielnamig)
näm|lich ↑K 107 *u.* 127 : nämlich[,] dass/wenn; ↑K 72 : er ist noch der Nämliche (*veraltend für* derselbe); er sagt immer das Nämliche (*veraltend für* dasselbe)
Näm|lich|keit, die; - (*Amtsspr. selten für* Identität); **Näm|lich|keits|be|schei|ni|gung** (*Zollw. svw.* Identitätsnachweis)
Na|mur […'my:ɐ̯] (belg. Stadt)
na, na!
[1]**Nan|cy** ['nã:si, *auch* nã'si:] (Stadt in Frankreich)
[2]**Nan|cy** ['nɛnsi] (w. Vorn.)
Nan|du, der; -s, -s ‹indian.-span.› (ein südamerik. Laufvogel)

Nạn|ga Pạr|bat, der; - - (Berg im Himalaja)
Nä̱|nie, die; -, -n ‹lat.› ([altröm.] Totenklage, Klagegesang)
Na|nị|s|mus, der; - ‹griech.› (*Med., Biol.* Kleinwüchsigkeit)
[1]**Nạn|king** (chin. Stadt)
[2]**Nạn|king,** der; -s, *Plur.* -e *u.* -s (ein Baumwollgewebe)
Nạn|ni, Nạn|ny [...ni] (w. Vorn.)
nạnn|te *vgl.* nennen
[1]**Nạn|ny** *vgl.* Nanni
[2]**Nan|ny** [ˈnɛni], die; -, -s (*engl. Bez. für* Kindermädchen)
Na|no... ‹griech.› (ein Milliardstel einer Einheit, z. B. Nanometer = 10^{-9} Meter; *Zeichen* n); **Na|no|fa|ra̱d** (*Zeichen* nF); **Na|no|me̱|ter** (*Zeichen* nm); **Na|no|se|kụn|de** (*Zeichen* ns)
na̱|no|ska|lig *(Fachspr.)*
Na̱|no|tech|nik; Na̱|no|tech|no|lo|gie, die; -; ...i̱en (Forschung u. Fertigung im Nanometerbereich)
Nạn|sen (norw. Polarforscher)
Nạn|sen|pass (↑K 136; Ausweis für Staatenlose)
Nantes [nã:t] (franz. Stadt)
na|nu̱!
Na̱|palm®, das; -s ‹*Kurzwort aus* Naphthensäure u. Palmitinsäure› (Füllstoff für Benzinbrandbomben); **Na̱|palm|bom|be**
Nạpf, der; -[e]s, Näpfe; **Nạ̈pf|chen**
Nạpf|ku|chen
Nạph|tha, das; -s *od.* die; - ‹pers.› (Roherdöl)
Nạph|tha|li, *ökum.* Naf|ta|li (bibl. m. Eigenn.)
Naph|tha|li̱n, das; -s ‹pers.› (*Chemie* aus Steinkohlenteer gewonnener Kohlenwasserstoff)
Naph|the̱|ne *Plur.* (gesättigte Kohlenwasserstoffe)
Naph|tho̱|le *Plur.* (aromat. Alkohole zur Herstellung künstlicher Farbstoffe)
Na|po̱|le|on (franz. Kaiser)
Na|po|le|on|do̱r, der; -s, -e ‹franz.› (unter Napoleon I. u. III. geprägte Goldmünze); fünf Napoleondor
na|po̱|le|on|freund|lich, Na|po̱|le|on-freund|lich
Na|po|le|o|ni̱|de, der; -n, -n (Abkömmling der Familie Napoleons)
na|po|le|o̱|nisch; die napoleonischen Kriege (die Kriege von Napoleon), *aber* die Napoleonischen Kriege (Epochenbez.)
Na|po̱|le|on|kra|gen ↑K 136

Na̱|po|li (*ital. Form von* Neapel)
Na|po|li|tain [...ˈtɛ̃:], das; -s, -s ‹franz.› (Schokoladentäfelchen)
Na|po|li|taine [...ˈtɛ:n], die; - (ein Gewebe)
Nạp|pa, das; -[s], -s ‹nach der kaliforn. Stadt Napa› (*kurz für* Nappaleder); **Nạp|pa|le|der**
Nạr|be, die; -, -n
nạr|ben (*Gerberei* [Leder] mit Narben versehen); **Nạr|ben,** der; -s, - (*Gerberei* Narbe)
Nạr|ben|bil|dung; Nạr|ben|ge|we|be; Nạr|ben|le|der
nạr|big
Nar|bonne [...ˈbɔn] (franz. Stadt)
Nar|cị|s|sus (*lat. Form von* Narziss)
Nạr|de, die; -, -n ‹semit.› (*Bez. für* verschiedene duftende Pflanzen); **Nạr|den|öl**
Nar|gi|le̱h [*auch* ...ˈgi:le], die; -, -[s] *od.* das; -s, -s ‹pers.› (oriental. Wasserpfeife)
Nar|ko|lep|si̱e, die; -, ...i̱en ‹griech.› (*Med.* anfallartiger Schlafdrang)
Nar|ko̱|se, die; -, -n (*Med.* Betäubung); **Nar|ko̱|se|ap|pa|rat**
Nar|ko̱|se|arzt (*für* Anästhesist); **Nar|ko̱|se|ärz|tin**
Nar|ko̱|se|ge|wehr *(Tiermed.)*
Nar|ko̱|se|mit|tel, das
Nar|ko̱|se|schwes|ter; Nar|ko̱|ti|kum, das; -s, ...ka (Rausch-, Betäubungsmittel); **nar|ko̱|tisch; nar|ko|ti|si̱e|ren** (betäuben)
Nạrr, der; -en, -en
nar|ra|ti̱v ‹lat.› (erzählend); **Nar|ra|to|lo|gi̱e,** die; -, -n (Erzählforschung, Erzähltheorie)
nạr|ren (*geh. für* täuschen)
Nạr|ren|bein (*schweiz. für* Musikantenknochen)
Nạr|ren|frei|heit
Nạr|ren|gil|de (*bes. südd., österr. für* Karnevalsverein)
nạr|ren|haft; Nạr|ren|kap|pe
nạr|ren|si|cher *(ugs.)*
Nạr|ren[s]|pos|se; Narren[s]possen treiben; **Nạr|ren|streich; Nạr|ren|tum,** das; -s; **Nạr|ren|zep|ter**
Nar|re|tei̱ (*veraltend für* Scherz; Unsinn)
Narr|hạl|la|marsch, der; -[e]s (auf Karnevalssitzungen gespielter Marsch); **Narr|hal|le̱|se,** der; -n, -n (Narr beim Karneval); **Narr|hal|le̱|sin,** die; -, -nen
Nä̱r|rin
Nar|ri̱, Nar|ro̱! (schwäbisch-alemannischer Karnevalsruf)
nạ̈r|risch
Nạr|vik (norw. Hafenstadt)

Nạr|wal ‹nord.› (Wal einer bestimmten Art)
[1]**Nar|zịss** ‹griech.› (in sein Bild verliebter schöner Jüngling der griech. Sage)
[2]**Nar|zịss,** der; *Gen.* - *u.* Narzisses, *Plur.* Narzisse (jmd., der sich selbst bewundert u. liebt)
Nar|zịs|se, die; -, -n (eine Frühjahrsblume); **Nar|zịs|sen|blü|te**
Nar|zịss|mus, der; - (übersteigerte Selbstliebe); **Nar|zịsst,** der; -en, -en; **Nar|zịss|tin; nar|zịss|tisch**
NA̱SA, die; - = National Aeronautics and Space Administration (nationale Luft- u. Raumfahrtbehörde der USA)
na|sa̱l ‹lat.› (durch die Nase gesprochen; zur Nase gehörend)
Na|sa̱l, der; -s, -e, Na|sa̱l|laut (*Sprachwiss.* mit Beteiligung des Nasenraumes od. durch die Nase gesprochener Laut, z. B. m, ng); **na|sa|li̱e|ren** ([einen Laut] durch die Nase aussprechen, näseln); **Na|sa|li̱e|rung**
Na|sa̱l|laut *vgl.* Nasal
Na|sa̱l|vo|kal (Vokal mit nasaler Färbung, z. B. o in Bon [bõ:])
Nas|ca [naska] *vgl.* Nazca
na̱|schen; du naschst
Nä̱s|chen
Na̱|scher, *älter* **Nä̱|scher**
Na|sche|rei̱ (wiederholtes Naschen *[nur Sing.]; auch für* Näscherei); **Nä|sche|rei̱** *meist Plur.* (*veraltend für* Süßigkeit); **Na̱|sche|rin, Nä̱|sche|rin**
nạsch|haft; Nạsch|haf|tig|keit
Nạsch|kat|ze (*ugs. für* jmd., der gerne nascht); **Nạsch|maul** (*derb svw.* Naschkatze)
Nạsch|sucht, die; -; **nạsch|süch|tig**
Nạsch|werk, das; -[e]s (*geh. für* Süßigkeiten)
[1]**NASDAQ**® [ˈnɛsdɛk], die; - ‹engl.; *kurz für* National Association of Securities Dealers Automated Quotations System› (in den USA betriebene elektronische Börse)
[2]**NASDAQ**® [ˈnɛsdɛk], der; -[s] (Aktienindex der an der [1]NASDAQ gehandelten Aktien)
Na̱|se, die; -, -n
na̱|se|lang *vgl.* nasenlang
nä̱|seln; ich näs[e]le
Na̱|sen|bär
Na̱|sen|bein; Na̱|sen|bein|bruch
Na̱|sen|blu|ten, das; -s; **Na̱|sen|du|sche; Na̱|sen|flü|gel; Na̱|sen|höh|le; Na̱|sen|klam|mer**
na̱|sen|lang, na̱s[e]|lang; *nur in*

N
Nang

alle nasenlang, alle naselang, alle naslang (sich in kurzen Abständen wiederholend); *vgl.* all
Na|sen|län|ge; Na|sen|laut (*für* Nasal); **Na|sen|loch; Na|sen|ne|ben|höh|le; Na|sen|pflas|ter**
Na|sen-Ra|chen-Raum ↑K 26
Na|sen|ring
Na|sen|rü|cken; Na|sen|schei|de|wand; Na|sen|schleim|haut
Na|sen|schmuck (*Völkerkunde*)
Na|sen|spie|gel (*Med.*)
Na|sen|spit|ze; Na|sen|spray; Na|sen|stü|ber; Na|sen|trop|fen; Na|sen|wur|zel
Na|se|rümp|fen, das; -s; **na|se|rümp|fend;** *aber* ↑K 59: die Nase rümpfend
na|se|weis; Na|se|weis, der; -es, -e (*ugs. für* neugieriger Mensch); Herr, Jungfer Naseweis (*scherzh.*)
nas|füh|ren; ich nasführe; genasführt; zu nasführen
Na|shi [ˈnaʃi], die; -, -s ‹jap.› (eine ostasiat. Frucht)
Nas|horn *Plur.* ...hörner; **Nas|horn|kä|fer; Nas|horn|vo|gel**
...na|sig (z. B. langnasig)
...nä|sig (z. B. hochnäsig)
Na|si|go|reng, das; -[s], -s ‹malai.› (indones. Reisgericht)
nas|lang *vgl.* nasenlang
nass; nasser *od.* nässer, nasses|te *od.* nässes|te; den Boden nass wischen; *vgl.* nass machen, nass schwitzen, nass spritzen
Nass, das; -es (Wasser); gut Nass! (Gruß der Schwimmer)
¹Nas|sau (Stadt a. d. Lahn; ehem. Herzogtum)
²Nas|sau [*engl.* ˈnɛsɔː] (Hauptstadt der Bahamas)
¹Nas|sau|er
²Nas|sau|er (*ugs. für* jmd., der nassauert)
Nas|sau|e|rin
nas|sau|ern (*ugs. für* auf Kosten anderer leben); ich nassau[e]re
nas|sau|isch
Näs|se, die; -
näs|seln (*veraltet, noch landsch. für* ein wenig nass sein, werden); es nässelt
näs|sen; du nässt (nässest), sie nässt; du näss|test; genässt; nässe! *u.* näss!
nass|fest; nassfestes Papier
nass|forsch (*ugs. für* übertrieben forsch)
nass ge|schwitzt, nass|ge|schwitzt; *vgl.* nass schwitzen

Nass-in-Nass-Druck *Plur.* ...drucke (*Druckw.*); ↑K 26
nass|kalt
nass|kle|bend (*Fachspr.*)
näss|lich (ein wenig feucht)
nass ma|chen, nass|ma|chen
Nass|ra|sie|rer; Nass|ra|sur
Nass|schnee, Nass-Schnee
nass schwit|zen, nass|schwit|zen; sie hat ihr Trikot nass geschwitzt *od.* nassgeschwitzt
nass sprit|zen, nass|sprit|zen
Nass|wä|sche; Nass|zel|le (*Bauw.* Raum mit Wasserleitungen)
Nas|tie, die; - ‹griech.› (*Bot.* durch Reiz ausgelöste Bewegung von Teilen einer Pflanze)
Nas|tuch *Plur.* ...tücher (*südd., schweiz. neben* Taschentuch)
nas|zie|rend ‹lat.› (entstehend, im Werden begriffen)
Na|tal (Provinz der Republik Südafrika)
Na|ta|lie *vgl.* Nathalie
Na|ta|li|tät, die; - ‹lat.› (*Statistik* Geburtenhäufigkeit)
Na|tan *vgl.* Nathan
Na|ta|na|el [...eːl, *auch* ...ɛl] *vgl.* ¹Nathanael
Na|ta|scha (w. Vorn.)
Na|tel, das; -s, -s (*schweiz. neben* Handy)
Na|tha|lie [...li, *auch* ...ˈtaːli̯ə, ...ˈliː], **Na|ta|lie** (w. Vorn.)
Na|than, *ökum.* **Na|tan** (bibl. Prophet)
¹Na|tha|na|el, *ökum.* **Na|ta|na|el** [...eːl, *auch* ...ɛl] (Jünger Jesu)
²Na|tha|na|el (m. Vorn.)
Na|ti [ˈnatsi], die; - (*schweiz.; kurz für* Nationalmannschaft)
Na|ti|on, die; -, -en ‹lat.› (Staatsvolk)
na|ti|o|nal; nationales Interesse; nationale Unabhängigkeit, Kultur; ↑K 150: Nationales Olympisches Komitee (*Abk.* NOK)
Na|ti|o|nal|bank *Plur.* ...banken ↑K 142: Schweizerische Nationalbank
na|ti|o|nal|be|wusst; Na|ti|o|nal|be|wusst|sein; Na|ti|o|nal|bi|b|lio|thek ↑K 142: Österreichische Nationalbibliothek
Na|ti|o|nal|cha|rak|ter
na|ti|o|nal|de|mo|kra|tisch
Na|ti|o|nal|denk|mal; Na|ti|o|nal|dress (*svw.* Nationaltrikot)
Na|ti|o|na|le, das; -s, - (*österr. für* Personalangaben, Personenbeschreibung)
Na|ti|o|nal|ein|kom|men
Na|ti|o|nal|elf *vgl.* ²Elf

Na|ti|o|nal|epos
Na|ti|o|nal|far|be *meist Plur.*
Na|ti|o|nal|fei|er|tag; Na|ti|o|nal|flag|ge; Na|ti|o|nal|fonds
Na|ti|o|nal|ga|le|rie
Na|ti|o|nal|gar|de
Na|ti|o|nal|ge|fühl, das; -[e]s
Na|ti|o|nal|ge|richt; Na|ti|o|nal|ge|tränk; Na|ti|o|nal|hei|lig|tum
Na|ti|o|nal|held; Na|ti|o|nal|hel|din
Na|ti|o|nal|hym|ne
na|ti|o|na|li|sie|ren (einbürgern; verstaatlichen); **Na|ti|o|na|li|sie|rung**
Na|ti|o|na|lis|mus, der; -, ...men (übertriebenes Nationalbewusstsein)
Na|ti|o|na|list, der; -en, -en; **Na|ti|o|na|lis|tin; na|ti|o|na|lis|tisch**
Na|ti|o|na|li|tät, die; -, -en (Staatsangehörigkeit; nationale Minderheit)
Na|ti|o|na|li|tä|ten|fra|ge, die; -
Na|ti|o|na|li|tä|ten|po|li|tik
Na|ti|o|na|li|tä|ten|staat *Plur.* ...staaten (Mehrvölkerstaat)
Na|ti|o|na|li|täts|prin|zip, das; -s
Na|ti|o|nal|kir|che
na|ti|o|nal|kon|ser|va|tiv
Na|ti|o|nal|kon|vent
na|ti|o|nal|li|be|ral
Na|ti|o|nal|li|ga (*schweiz. für* höchste Spielklasse im Sport)
Na|ti|o|nal|li|te|ra|tur
Na|ti|o|nal|mann|schaft
Na|ti|o|nal|mu|se|um
Na|ti|o|nal|öko|nom (Volkswirtschaftler); **Na|ti|o|nal|öko|no|mie** (Volkswirtschaftslehre); **Na|ti|o|nal|öko|no|min**
Na|ti|o|nal|park
Na|ti|o|nal|preis (*früher* höchste Auszeichnung der DDR); **Na|ti|o|nal|preis|trä|ger** (*Abk.* NPT); **Na|ti|o|nal|preis|trä|ge|rin**
Na|ti|o|nal|rat (Bez. von Volksvertretungen in der Schweiz u. in Österreich; *auch für* deren Mitglied); **Na|ti|o|nal|rä|tin; Na|ti|o|nal|rats|ab|ge|ord|ne|te** (*österr.*)
Na|ti|o|nal|rats|prä|si|dent (*österr., schweiz.*); **Na|ti|o|nal|rats|prä|si|den|tin; Na|ti|o|nal|rats|wahl|kampf** (*österr., schweiz.*)
Na|ti|o|nal|so|zi|a|lis|mus, der; - (*Abk.* NS); **Na|ti|o|nal|so|zi|a|list; Na|ti|o|nal|so|zi|a|lis|tin; na|ti|o|nal|so|zi|a|lis|tisch**
Na|ti|o|nal|spie|ler (*Sport*); **Na|ti|o|nal|spie|le|rin; Na|ti|o|nal|sport**
Na|ti|o|nal|spra|che

Na|ti|o|nal|staat *Plur.* ...staaten; **na|ti|o|nal|staat|lich**
Na|ti|o|nal|stif|tung
Na|ti|o|nal|stolz; Na|ti|o|nal|stra|ße (*schweiz. für* Autobahn, Autostraße); **Na|ti|o|nal|tanz**
Na|ti|o|nal|team; Na|ti|o|nal|the|a|ter; Na|ti|o|nal|tracht
Na|ti|o|nal|trai|ner *(Sport);* **Na|ti|o|nal|trai|ne|rin; Na|ti|o|nal|tri|kot**
Na|ti|o|nal|ver|samm|lung
Na|ti|o|nen|cup (*Sport* Pokalwettbewerb in verschiedenen Disziplinen)
na|tiv ‹lat.› (natürlich, unverändert); natives Olivenöl
Na|tive Spea|ker [ˈneɪtɪv ˈspiːkɐ], der; - -s, - - ‹engl.› (Muttersprachler[in])
Na|ti|vis|mus, der; - ‹lat.› (*Psychol.* Lehre, nach der es angeborene Vorstellungen, Begriffe, Grundeinsichten usw. gibt)
Na|ti|vist, der; -en, -en; **Na|ti|vis|tin; na|ti|vis|tisch**
Na|ti|vi|tät, die; -, -en (*Astrologie* Stand der Gestirne bei der Geburt eines Menschen)
NATO, Na|to, die; - ‹engl.; *Kurzwort für* North Atlantic Treaty Organization› (Organisation der Signatarmächte des Nordatlantikpakts, Verteidigungsbündnis); **NATO-Ein|greif|trup|pe, Na|to-Ein|greif|trup|pe; na|to|grün** (graugrün); **NATO-Ost|er|wei|te|rung, Na|to-Ost|er|wei|te|rung,** die; -
Na|t|ri|um, das; -s ‹ägypt.› (chemisches Element, Metall; *Zeichen* Na); **Na|t|ri|um|chlo|rid,** das; -[e]s, -e (Kochsalz)
Na|t|ron, das; -s (*ugs. für* doppeltkohlensaures Natrium); **Na|t|ron|lau|ge**
Na|t|schal|nik, der; -s, -s ‹russ.› (*russ. Bez. für* Vorgesetzter)
Nat|té [naˈteː], der; -[s], -s ‹franz.› (*Textilind.* feines, glänzendes Gewebe [mit Würfelmusterung])
Nat|ter, die; -, -n; **Nat|tern|brut; Nat|tern|ge|zücht** *(abwertend)*
Na|tur, die; -, -en ‹lat.›; in Eiche Natur *od.* natur; *vgl. auch* in natura
Na|tu|ral|ab|ga|ben *Plur.;* **Na|tu|ral|be|zü|ge** *Plur.*
Na|tu|ral|ein|kom|men
Na|tu|ra|li|en *Plur.* (Natur-, Landwirtschaftserzeugnisse)

Na|tu|ra|li|en|ka|bi|nett (naturwissenschaftliche Sammlung); **Na|tu|ra|li|en|samm|lung**
Na|tu|ra|li|sa|ti|on, die; -, -en (*svw.* Naturalisierung); **na|tu|ra|li|sie|ren; Na|tu|ra|li|sie|rung** (Einbürgerung, Aufnahme in den Staatsverband; allmähl. Anpassung von Pflanzen u. Tieren)
Na|tu|ra|lis|mus, der; -, ...men (Naturglaube; *nur Sing.:* Wirklichkeitstreue; nach naturgetreuer Darstellung strebende Kunstrichtung); **Na|tu|ra|list,** der; -en, -en; **Na|tu|ra|lis|tin; na|tu|ra|lis|tisch**
Na|tu|ral|lohn; Na|tu|ral|wirt|schaft
Na|tur|apos|tel; Na|tur|arzt; Na|tur|ärz|tin
Na|tur|be|ga|bung
na|tur|be|las|sen
Na|tur|be|ob|ach|tung; Na|tur|be|schrei|bung; na|tur|blond
Na|tur|büh|ne; Na|tur|bur|sche
Na|tur|darm
Na|tur|denk|mal; Na|tur|dich|tung
Na|tur|dün|ger
na|ture [...ˈtyːɐ̯] ‹franz.›; Schnitzel nature (ohne Panade)
Na|tu|rell, das; -s, -e (Veranlagung; Wesensart)
Na|tur|er|eig|nis; Na|tur|er|leb|nis; Na|tur|er|schei|nung
na|tur|far|ben; naturfarbenes Holz; **Na|tur|far|ben|druck** (Farbendruck nach fotografischen Farbaufnahmen)
Na|tur|fa|ser; Na|tur|film; Na|tur|flä|che
Na|tur|for|scher; Na|tur|for|sche|rin
Na|tur|freund; Na|tur|freun|din
Na|tur|gas (*svw.* Erdgas); **Na|tur|ge|fühl,** das; -[e]s
na|tur|ge|ge|ben; na|tur|ge|mäß
Na|tur|ge|schich|te; na|tur|ge|schicht|lich
na|tur|ge|schützt (unter Naturschutz stehend)
Na|tur|ge|setz; na|tur|ge|setz|lich
na|tur|ge|treu
Na|tur|ge|walt
na|tur|haft
Na|tur|haus|halt
Na|tur|heil|kun|de, die
Na|tur|heil|mit|tel
Na|tur|heil|ver|fah|ren
na|tur|his|to|risch
na|tur|iden|tisch; natürliche und naturidentische Aromastoffe

Na|tu|ris|mus, der; - (Freikörperkultur); **Na|tu|rist,** der; -en, -en; **Na|tu|ris|tin**
Na|tur|ka|ta|s|t|ro|phe; Na|tur|kind; Na|tur|kost; Na|tur|kraft, die
Na|tur|kun|de, die; -; **na|tur|kund|lich**
Na|tur|leh|re (*veraltet für* physikalisch-chemischer Teil des naturwissenschaftl. Unterrichts an Schulen); **Na|tur|lehr|pfad**
na|tür|lich ↑K89: natürliche Geometrie, Gleichung *(Math.);* natürliche Person (*Ggs.* juristische Person); **na|tür|li|cher|wei|se; Na|tür|lich|keit**
Na|tur|me|di|zin, die; -
Na|tur|mensch, der
na|tur|nah; Na|tur|nä|he
Na|tur|not|wen|dig|keit
Na|tur|pä|d|a|go|gik, die; -
Na|tur|park; Na|tur|phä|no|men
Na|tur|phi|lo|so|phie
Na|tur|pro|dukt; Na|tur|recht
na|tur|rein
Na|tur|re|li|gi|on; Na|tur|re|ser|vat; Na|tur|schau|spiel; Na|tur|schön|heit
Na|tur|schutz, der; -es; **Na|tur|schutz|bund,** der; **Na|tur|schüt|zer; Na|tur|schüt|ze|rin; Na|tur|schutz|ge|biet** (*Abk.* NSG); **Na|tur|schutz|ge|setz; Na|tur|schutz|park**
Na|tur|sei|de; Na|tur|stein
Na|tur|ta|lent
Na|tur|the|a|ter (Freilichtbühne)
Na|tur|treue; Na|tur|trieb
na|tur|trüb
na|tur|ver|bun|den; na|tur|ver|träg|lich; na|tur|wid|rig
Na|tur|wis|sen|schaft *meist Plur.;* **Na|tur|wis|sen|schaft|ler; Na|tur|wis|sen|schaft|le|rin**
na|tur|wis|sen|schaft|lich; der naturwissenschaftliche Zweig
na|tur|wüch|sig; Na|tur|wüch|sig|keit, die; -
Na|tur|wun|der
Na|tur|zer|stö|rung
Na|tur|zu|stand, der; -[e]s
Nau|arch, der; -en, -en ‹griech.› (Schiffsbefehlshaber im alten Griechenland)
Naue, die; -, -n, *u., schweiz. nur,* **Nau|en,** der; -s, - (*südd. neben* Nachen, Kahn; *schweiz. für* großer [Last]kahn auf Seen)
ˈnauf (*landsch. für* hinauf)
Naum|burg (Stadt an der Saale)

N
Nati

Naum|bur|ger; Naumburger Dom; **Naum|bur|ge|rin**
Nau|p|li|us, der; -, ...ien ‹griech.› (*Zool.* Krebstierlarve)
Na|u|ru (Inselrepublik im Pazifischen Ozean); **Na|u|ru|er; Na|u|ru|e|rin; na|u|ru|isch**
'naus (*landsch. für* hinaus)
Nau|sea, die; - ‹griech.› (*Med.* Übelkeit; Seekrankheit)
Nau|si|kaa [...kaa] (Königstochter in der griech. Sage)
Nau|tik, die; - ‹griech.› (Schifffahrtskunde); **Nau|ti|ker; Nau|ti|ke|rin**
Nau|ti|lus, der; -, *Plur.* - *u.* -se (Tintenfisch)
nau|tisch; nautisches Dreieck (*svw.* sphärisches Dreieck)
Na|va|ho, Na|va|jo ['nɛvəho, *auch* na'vaxo], der; -[s], -[s] (Angehöriger eines nordamerik. Indianerstammes)
Na|var|ra (nordspan. Provinz; *auch für* hist. Provinz in den Westpyrenäen)
Na|var|re|se, der; -n, -n; **Na|var|re|sin; na|var|re|sisch**
Na|vel [*auch* 'ne:...], die; -, -s ‹engl.› (*kurz für* Navelorange); **Na|vel|oran|ge** (kernlose Orange, die eine zweite kleine Frucht einschließt)
Na|vi, das; -s, -s (*ugs.; kurz für* Navigationssystem)
Na|vi|ga|ti|on, die; - ‹lat.› (Orts- u. Kursbestimmung von Schiffen u. Flugzeugen)
Na|vi|ga|ti|ons|feh|ler; Na|vi|ga|ti|ons|ge|rät (*svw.* Navigationssystem); **Na|vi|ga|ti|ons|in|s|t|ru|ment; Na|vi|ga|ti|ons|kar|te**
Na|vi|ga|ti|ons|of|fi|zier (für die Navigation verantwortlicher Offizier); **Na|vi|ga|ti|ons|of|fi|zie|rin**
Na|vi|ga|ti|ons|sys|tem (zur Positionsbestimmung u. Zielführung von Fahrzeugen)
Na|vi|ga|tor, der; -s, ...oren (*Flugw., Seew.* für die Navigation verantwortliches Besatzungsmitglied); **na|vi|ga|to|risch**
na|vi|gie|ren (ein Schiff od. Flugzeug führen)
na|xisch (von Naxos); **Na|xos** (griech. Insel)
Nay|pyi|daw [nɛpji'dɔ] (Regierungssitz von Myanmar)
[1]**Na|za|rä|er,** *ökum.* Na|zo|rä|er, der; -s ‹hebr.› (Beiname Jesu)
[2]**Na|za|rä|er,** *ökum.* Na|zo|rä|er, der; -s, - (Mitglied der frühen Christengemeinden)
[1]**Na|za|re|ner,** der; -s (Beiname Jesu)
[2]**Na|za|re|ner,** der; -s, - (Angehöriger einer Künstlergruppe der Romantik); **Na|za|re|ne|rin**
Na|za|reth, *ökum.* **Na|za|ret** (Stadt in Israel)
Naz|ca, Nas|ca [naska] (Stadt in Peru)
Na|zi, der; -s, -s (*kurz für* Nationalsozialist)
Na|zi|bar|ba|rei; Na|zi|dik|ta|tur
Na|zi|gold, das; -[e]s (von den Nationalsozialisten geraubtes [Gold]vermögen aus vorwiegend jüd. Besitz); **Na|zi|herr|schaft,** die; -; **Na|zi|par|tei; Na|zi|re|gime; Na|zi|reich,** das; -[e]s
Na|zis|mus, der; - (*svw.* Nationalsozialismus); **na|zis|tisch** (*svw.* nationalsozialistisch)
Na|zi|ver|bre|cher; Na|zi|ver|bre|che|rin; Na|zi|zeit
Na|zo|rä|er, der; -s, -; *vgl.* [1]Nazaräer, [2]Nazaräer
Nb (*chem. Zeichen für* Niob)
NB = notabene!
n. Br., nördl. Br. = nördlicher Breite; 50° n. Br.
NC = North Carolina; *vgl.* Nordkarolina
Nchf., Nachf. = Nachfolger[in]
n. Chr. = nach Christus, nach Christo; *vgl.* Christus
n. Chr. G. = nach Christi Geburt; *vgl.* Christus
nd. = niederdeutsch
Nd (*chem. Zeichen für* Neodym)
ND = North Dakota; *vgl.* Norddakota
N'Dja|me|na [ndʒa...] (Hauptstadt von Tschad)
NDR, der; - = Norddeutscher Rundfunk
Ne (*chem. Zeichen für* Neon)
NE = Nebraska
ne!, nee! (*ugs. für* nein!)
'ne [nə] ↑K14 (*ugs. für* eine)
Ne|an|der|ta|ler ‹nach dem Fundort Neandertal bei Düsseldorf› (vorgeschichtlicher Mensch); **Ne|an|der|ta|le|rin**
Ne|a|pel (ital. Stadt); *vgl.* Napoli
Ne|a|pe|ler, Ne|ap|ler, [1]**Ne|a|po|li|ta|ner**
Ne|a|pe|le|rin, Ne|a|po|li|ta|ne|rin
[2]**Ne|a|po|li|ta|ner, Ne|a|po|li|ta|ner|schnit|te** (*österr. für* gefüllte Waffel); **ne|a|po|li|ta|nisch**
Ne|ark|tis, die; - ‹griech.› (tiergeografisches Gebiet, das Nordamerika u. Mexiko umfasst); **ne|ark|tisch;** nearktische Region
NEAT, Ne|at, die; - = Neue Eisenbahn-Alpentransversale (in der Schweiz)
neb|bich ‹jidd.› (*ugs. für* wenn schon!; was macht das!); **Neb|bich,** der; -s, -s (*ugs. für* Nichtsnutz; unbedeutender Mensch)
Ne|bel, der; -s, -
Ne|bel|bank *Plur.* ...bänke; **Ne|bel|bil|dung; Ne|bel|bo|je** (*Seew.*)
Ne|bel|de|cke; Ne|bel|feld
ne|bel|grau; ne|bel|haft
Ne|bel|horn *Plur.* ...hörner (*Seew.*)
ne|be|lig *vgl.* neblig
Ne|bel|kam|mer (*Kernphysik*)
Ne|bel|kap|pe (Tarnkappe)
Ne|bel|ker|ze (*Militär*)
Ne|bel|krä|he; Ne|bel|lam|pe
Ne|bel|mo|nat, Ne|bel|mond (*alte Bez. für* November)
ne|beln; es nebelt; ich neb[e]le
Ne|bel|näs|sen, das; -s (Niederschlag in feinen Tropfen bei dichtem Nebel); **Ne|bel|rei|ßen,** das; -s (*österr. für* Nebelschwaden); **Ne|bel|schein|wer|fer; Ne|bel|schlei|er; Ne|bel|schluss|leuch|te; Ne|bel|schwa|de, Ne|bel|schwa|den; Ne|bel|strei|fen**
Ne|be|lung, Neb|lung, der; -s, -e (*alte Bez. für* November; *vgl.* Nebelmond)
ne|bel|ver|han|gen
Ne|bel|wand
Ne|bel|wer|fer ‹nach dem Erfinder R. Nebel› (*Militär* ein Raketenwerfer)
ne|ben; *Präp. mit Dat. u. Akk.:* neben dem Hause stehen, *aber* neben das Haus stellen; *als Adverb in Zusammensetzungen wie* nebenan, nebenbei u. a.
Ne|ben|ab|re|de (*Rechtsspr.*)
Ne|ben|ab|sicht
Ne|ben|amt; ne|ben|amt|lich
ne|ben|an
Ne|ben|an|schluss; Ne|ben|ar|beit; Ne|ben|aus|ga|be; Ne|ben|aus|gang; Ne|ben|bahn; Ne|ben|be|deu|tung
ne|ben|bei; nebenbei bemerkt
Ne|ben|be|ruf; ne|ben|be|ruf|lich
Ne|ben|be|schäf|ti|gung

N
Nebe

Ne̱|ben|buh|ler; Ne̱|ben|buh|le|rin; Ne̱|ben|buh|ler|schaft
Ne̱|ben|ef|fekt

ne|ben|ei|n|an|der

Man schreibt »nebeneinander« mit dem folgenden Verb in der Regel zusammen, wenn es den gemeinsamen Hauptakzent trägt ↑K 48:

- nebeneinạnderlegen, nebeneinạnderliegen, nebeneinạndersetzen, nebeneinạndersitzen, nebeneinạnderstehen, nebeneinạnderstellen

Aber:

- sich nebeneinander aufstellen
- wir sind nebeneinander hergegangen; *vgl.* nebeneinanderher
- nebeneinander herụnterrutschen

Ne|ben|ei|n|ạn|der [*auch* ˈne:...], das; -s
ne|ben|ei|n|an|der|he̱r; sie haben nebeneinanderher gelebt; sie sind nebeneinanderher über die Wiese gegangen
ne|ben|ei|n|ạn|der|schal|ten; Ne|ben|ei|n|ạn|der|schal|tung
ne|ben|ei|n|ạn|der|sit|zen, ne|ben|ei|n|ạn|der|ste|hen, ne|ben|ei|n|ạn|der|stel|len *vgl.* nebeneinander
Ne̱|ben|ein|gang
Ne̱|ben|ein|kunft *meist Plur.;* **Ne̱|ben|ein|nah|men** *Plur.*
Ne̱|ben|er|schei|nung
Ne̱|ben|er|werb; Ne̱|ben|er|werbs|land|wirt|schaft
Ne̱|ben|er|zeug|nis; Ne̱|ben|fach; Ne̱|ben|fi|gur; Ne̱|ben|fluss
Ne̱|ben|form; Ne̱|ben|frau; Ne̱|ben|ge|bäu|de; Ne̱|ben|ge|dan|ke
Ne̱|ben|ge|lass
Ne̱|ben|ge|räusch
Ne̱|ben|ge|stein (*Bergmannsspr.* Gestein unmittelbar über u. unter dem Flöz)
Ne̱|ben|gleis
Ne̱|ben|hal|le; Ne̱|ben|hand|lung; Ne̱|ben|haus
ne|ben|he̱r; etwas nebenher erledigen; sich etwas nebenher verdienen
ne|ben|he̱r|fah|ren ↑K 48
ne|ben|he̱r|ge|hen ↑K 48
ne|ben|he̱r|lau|fen ↑K 48
ne|ben|hi̱n; etwas nebenhin sagen
Ne̱|ben|höh|le (an die Nasenhöhle angrenzender Hohlraum)
Ne̱|ben|job
Ne̱|ben|kla|ge; Ne̱|ben|klä|ger; Ne̱|ben|klä|ge|rin
Ne̱|ben|kos|ten *Plur.;* **Ne̱|ben|kra|ter; Ne̱|ben|kriegs|schau|platz; Ne̱|ben|li|nie; Ne̱|ben|mann** *Plur.* ...männer *u.* ...leute; **Ne̱|ben|me|tall; Ne̱|ben|nie|re; Ne̱|ben|nut|zung**
ne̱|ben|ord|nen *(Sprachwiss.);* nebenordnende Konjunktionen; **Ne̱|ben|ord|nung** *(Sprachwiss.)*
Ne̱|ben|pro|dukt
Ne̱|ben|raum; Ne̱|ben|rol|le
Ne̱|ben|sa|che; ne̱|ben|säch|lich; Ne̱|ben|säch|lich|keit
Ne̱|ben|sai|son
Ne̱|ben|satz *(Sprachwiss.)*
ne̱|ben|schal|ten (*für* parallel schalten); **Ne̱|ben|schal|tung** (*für* Parallelschaltung)
Ne̱|ben|spie|ler; Ne̱|ben|spie|le|rin
ne̱|ben|ste|hend ↑K 72: Nebenstehendes, das Nebenstehende bitte vergleichen; im Nebenstehenden (*Amtsspr.* hierneben)
Ne̱|ben|stel|le; Ne̱|ben|stra|ße; Ne̱|ben|stre|cke; Ne̱|ben|tä|tig|keit
Ne̱|ben|tisch
Ne̱|ben|ton *Plur.* ...töne; **ne̱|ben|to|nig**
Ne̱|ben|ver|dienst, der; **Ne̱|ben|weg; Ne̱|ben|wir|kung**
Ne̱|ben|woh|nung; Ne̱|ben|zim|mer
Ne̱|ben|zweck
ne̱b|lig, ne̱|be|lig
Ne̱b|lung *vgl.* Nebelung
Ne|b|rạs|ka (Staat in den USA; *Abk.* NE)
ne̱bst; *Präp. mit Dat. (veraltend):* nebst seinem Hunde
nebst|bei (*österr. neben* nebenbei)
Ne|bu|kad|ne|zar, *ökum.* **Ne|bu|kad|nez|zar** *vgl.* Nabucco
ne|bu|lo̱s, ne|bu|lö̱s ⟨lat.⟩ (unklar, verschwommen)
Ne|ces|saire [...sɛˈsɛ:ɐ̯], Nes|ses|sä̱r, das; -s, -s ⟨franz.⟩ ([Reise]behältnis für Toiletten-, Nähutensilien u. a.)
n-Eck [ˈɛn...] ↑K 29 *(Math.)*
Nẹck, Nọ̈ck, der; -en, -en (ein Wassergeist)
Nẹ|ckar, der; -s (rechter Nebenfluss des Rheins)
Ne|ckar|su̱lm (Stadt an der Mündung der Sulm in den Neckar)
nẹ|cken; Ne|cke|re̱i
Nẹ|cking, das; -[s], -s ⟨amerik.⟩ (Austausch von Zärtlichkeiten)
nẹ|ckisch
Nẹd|bal (tschech. Komponist)
Ne|der|lan|dị|stik *(bes. österr.)*
nee! *vgl.* ne!
Ne̱er, die; -, -en (*nordd. für* Wasserstrudel mit starker Gegenströmung); **Ne̱er|strom**
Nẹf|fe, der; -n, -n
Ne|ga|ti|o̱n, die; -, -en ⟨lat.⟩ (Verneinung, Ablehnung; Verneinungswort, z. B. »nicht«)
ne̱|ga|tiv [*auch* ...ˈti:f] (verneinend; ergebnislos; *Math.* kleiner als null; *Elektrot.: Ggs. zu* positiv); **Ne̱|ga|tiv,** das; -s, -e (*Fotogr.* Gegen-, Kehrbild)
Ne̱|ga|tiv|bei|spiel
Ne̱|ga|tiv|bi|lanz
Ne̱|ga|tiv|bild *vgl.* Negativ
Ne|ga|ti̱|ve, die; -, -n (*veraltet für* Verneinung)
Ne̱|ga|tiv|image
Ne|ga|ti|vi|tä̱t, die; -
Ne̱|ga|tiv|lis|te (Verzeichnis von nicht zu verwendenden Wörtern, Sachen o. Ä.)
Ne̱|ga|tiv|steu|er (*Wirtsch.* finanzielle Unterstützung einkommensschwacher Bürger[innen] durch den Staat)
Ne̱|geb [*auch* ˈnɛgɛp] *vgl.* Negev
Ne̱|ger, der; -s, - ⟨lat.⟩ *(wird häufig als diskriminierend empfunden; s. Kasten);* **Ne̱|ge|rin**

Neger

Viele Menschen empfinden die Bezeichnungen *Neger, Negerin* heute als diskriminierend; sie sollten im öffentlichen Sprachgebrauch nicht mehr verwendet werden. Alternative Bezeichnungen sind *Schwarzafrikaner, Schwarzafrikanerin, Afroamerikaner, Afroamerikanerin, Afrodeutscher, Afrodeutsche;* in bestimmten Kontexten auch *Schwarzer, Schwarze.* Vermieden werden sollten auch Zusammensetzungen mit *Neger* wie *Negerkuss,* stattdessen verwendet man besser *Schoko-* od. *Schaumkuss.*

Ne̱|ger|kuss (*svw.* Schokokuss); *vgl.* Neger
Ne̱|ger|skla|ve (schwarzer Sklave); *vgl.* Neger; **Ne̱|ger|skla|vin**
Ne̱|gev [*auch* ˈnɛgɛf], der; -, *auch* die; - (Wüstenlandschaft im Süden Israels)
ne|gie̱|ren ⟨lat.⟩ (verneinen; bestreiten); **Ne|gie̱|rung**
Ne|g|li|gé, Ne|g|li|gee, *in der Schweiz auch* **Né|g|li|gé** [...ˈʒe:],

N
Nebe

das; -s, -s ‹franz.› (Hauskleid; leichter Morgenmantel)
ne|g|li|gen|te [...ˈdʒɛntə] ‹ital.› (*Musik* darüber hinhuschend)
ne|g|li|gie|ren [...ʒiː...] (*veraltend für* vernachlässigen)
ne|g|rid ‹lat.›; negrider Menschentyp *(Anthropol. veraltend)*
Ne|g|ri|to, der; -[s], -[s] (kleinwüchsiger u. dunkelhäutiger Mensch [auf den Philippinen])
Né|g|ri|tude [negriˈtyːt], die; - ‹franz.› (Forderung nach kultureller Eigenständigkeit der Französisch sprechenden Länder Afrikas)
Ne|g|ro|spi|ri|tu|al [ˈniːgrospɪrɪtjuəl], das, *auch* der; -s, -s ‹lat.-engl.-amerik.› (*veraltet für* Spiritual)
Ne|gus, der; -, *Plur. - u.* -se (*früher für* Kaiser von Äthiopien)
Ne|he|mia, Ne|he|mi|as (Gestalt des A. T.)
neh|men; du nimmst, er nimmt; ich nahm, du nahmst; du nähmest; genommen; nimm!; ich nehme es an mich; ↑K82: Geben (*od.* geben) ist seliger denn Nehmen (*od.* nehmen); sich etwas nicht nehmen lassen
Neh|mer (*auch für* Käufer); **Neh|me|rin**
Neh|mer|qua|li|tä|ten *Plur. (Boxen)*
Neh|ru (indischer Staatsmann)
Neh|rung, die; -, -en (schmale Landzunge)
Neid, der; -[e]s; **nei|den**
Nei|der; nei|der|füllt ↑K59; **Nei|derin**
Neid|ham|mel (*ugs. für* neidischer Mensch)
Neid|hard, Neid|hart (m. Vorn.)
nei|disch
neid|los; Neid|lo|sig|keit, die; -
Neid|na|gel *vgl.* Niednagel
neid|voll
Nei|ge, die; -, -n; zur Neige gehen
nei|gen; sich neigen
Nei|ge|tech|nik *(Eisenbahn)*
Nei|gung; Nei|gungs|ehe
nei|gungs|ver|stell|bar
Nei|gungs|win|kel

nein

- nein, nein; nein danke
- oh nein *od.* o nein
- Nein sagen *od.* nein sagen
- das Ja und das Nein; mit [einem] Nein antworten; mit Nein stimmen; das ist die Folge seines Neins ↑K81

ˈ**nein** (*landsch. für* hinein)
Nein|sa|gen, das; -s; **Nein|sa|ger; Nein|sa|ge|rin**
Nein|stim|me
Nei|ße, die; - (ein Flussname); die Oder-Neiße-Grenze ↑K146
Ne|k|ro|bi|o|se, die; -, -n ‹griech.› (*Biol.* langsames Absterben einzelner Zellen)
Ne|k|ro|log, der; -[e]s, -e (Nachruf); **Ne|k|ro|lo|gi|um**, das; -s, ...ien (Totenverzeichnis in Klöstern u. Stiften)
Ne|k|ro|mant, der; -en, -en (Toten-, Geisterbeschwörer); **Ne|k|ro|man|tie**, die; - (Toten-, Geisterbeschwörung); **Ne|k|ro|man|tin**
Ne|k|ro|phi|lie, die; - (*Psychol.* auf Leichen gerichteter Sexualtrieb)
Ne|k|ro|po|le, die; -, ...polen (Totenstadt, Gräberfeld alter Zeit)
Ne|k|rop|sie, die; -, ...ien (Leichenbesichtigung, -öffnung)
Ne|k|ro|se, die; -, -n (*Med.* das Absterben von Geweben, Organen od. Organteilen)
Ne|k|ro|sper|mie, die; -, ...ien (*Med.* Abgestorbensein od. Funktionsunfähigkeit m. Samenzellen; Zeugungsunfähigkeit)
ne|k|ro|tisch (*Med.* abgestorben)
Nek|tar, der; -s, -e ‹griech.› (zuckerhaltige Blütenabsonderung; *griech. Mythol.* ewige Jugend spendender Göttertrank)
Nek|ta|ri|ne, die; -, -n (Pfirsichart mit glatthäutigen Früchten)
Nek|ta|ri|um, das; -s, ...ien (Nektardrüse bei Blütenpflanzen)
Nek|ton, das; -s ‹griech.› (*Biol.* Gesamtheit der im Wasser sich aktiv bewegenden Tiere); **nek|tonisch**
Nel|ke, die; -, -n (eine Blume; ein Gewürz); **Nel|ken|öl**
Nel|ken|strauß *Plur.* ...sträuße
Nel|ken|wurz (eine Pflanze)
Nell, das; -s, -en *Plur. selten* (*schweiz. für* Trumpfneun beim Jass)
Nel|li, Nel|ly (w. Vorn.)
[1]**Nel|son** [...zn̩, *auch* ...sn̩] (engl. Admiral)
[2]**Nel|son**, der; -[s], -s ‹engl.› (Ringergriff)
Ne|ma|to|de, der; -n, -n *meist Plur.* ‹griech.› (*Zool.* Fadenwurm)
ne|me|isch (aus Nemea [Tal in Argolis]); *aber* ↑K150: der Nemeische Löwe *(griech. Mythol.)*

[1]**Ne|me|sis** (griech. Rachegöttin)
[2]**Ne|me|sis**, die; - ‹griech.› (ausgleichende Gerechtigkeit)
NE-Me|tall [ɛnˈeː...] (↑K28; *kurz für* Nichteisenmetall)
ˈ**nen** ↑K14 (*ugs. für* einen)
Ne|na (w. Vorn.)
Nenn|be|trag
nen|nen; du nanntest; *selten* du nenntest; genannt; nenn[e]!; sie nannte ihn einen Dummkopf
nen|nens|wert
Nen|ner *(Math.)*
Nenn|form (*für* Infinitiv); **Nenn|form|satz** (*für* Infinitivsatz)
Nenn|leis|tung *(Technik)*
Nenn|on|kel; Nenn|tan|te
Nen|nung
Nenn|wert; Nenn|wort *Plur.* ...wörter (*für* Nomen)
Nen|ze, der; -n, -n (Angehöriger eines Volkes im Nordwesten Sibiriens); *vgl.* Samojede
neo... ‹griech.› (neu...); **Neo...** (Neu...)
Neo|dym, das; -s (chemisches Element, Metall; *Zeichen* Nd)
Neo|fa|schis|mus (faschistische Bestrebungen nach dem 2. Weltkrieg); **Neo|fa|schist; Neo|faschis|tin; neo|fa|schis|tisch**
Neo|gen, das; -s (*Geol.* Jungtertiär)
Neo|klas|si|zis|mus; neo|klas|si|zistisch
Neo|ko|lo|ni|a|lis|mus
neo|kon|ser|va|tiv
neo|li|be|ral; Neo|li|be|ra|lis|mus *(Wirtsch.)*
Neo|li|thi|kum [*auch* ...ˈlɪ...], das; -s (Jungsteinzeit); **neo|li|thisch** (jungsteinzeitlich)
Neo|lo|gis|mus, der; -, ...men (sprachl. Neubildung)
Neo|mar|xis|mus, der; -
Ne|on, das; -s (chemisches Element, Edelgas; *Zeichen* Ne)
Neo|na|zi; Neo|na|zis|mus
Neo|na|zist; Neo|na|zis|tin; neo|nazis|tisch
ne|on|far|ben (grell)
Ne|on|fisch; Ne|on|lam|pe; Ne|onlicht *Plur.* ...lichter; **Ne|on|re|klame; Ne|on|röh|re**
Neo|phyt, der; -en, -en (erwachsener Neugetaufter im Urchristentum)
Neo|plas|ma (*Med.* [bösartige] Geschwulst)
Neo|po|si|ti|vis|mus
Neo|pren®, das; -s, -e ‹Kunstwort› (synthetischer Kautschuk); **Neopren|an|zug** (vor Kälte schützender Anzug für Taucher u. a.)

N
Neop

Neo|te|nie, die; - (*Med.* unvollkommener Entwicklungszustand eines Organs; *Biol.* Eintritt der Geschlechtsreife im Larvenstadium)

neo|tro|pisch (den Tropen der Neuen Welt angehörend); neotropische Region (tiergeografisches Gebiet, das Mittel- u. Südamerika umfasst)

Neo|vi|ta|lis|mus (Lehre von den Eigengesetzlichkeiten des Lebendigen)

Neo|zo|i|kum, das; -s (*svw.* Känozoikum); **neo|zo|isch** (*svw.* känozoisch)

Ne|pal [*auch* ...ˈpa:l] (Himalajastaat); **Ne|pa|le|se,** der; -n, -n; **Ne|pa|le|sin; ne|pa|le|sisch**

Ne|per, das; -s, - ⟨nach dem schott. Mathematiker J. Napier⟩ (eine physikalische Maßeinheit; *Abk.* Np)

Ne|phe|lin, der; -s, -e ⟨griech.⟩ (ein Mineral)

Ne|phe|lo|me|t|rie, die; - (*Chemie* Messung der Trübung von Flüssigkeiten od. Gasen)

Ne|pho|graf, Ne|pho|graph, der; -en, -en (*Meteorol.* Gerät zur fotografischen Aufzeichnung [der Dichte] von Wolken)

Ne|pho|s|kop, das; -s, -e (Gerät zur Bestimmung der Zugrichtung u. -geschwindigkeit von Wolken)

Ne|ph|ral|gie, die; -, ...ien ⟨griech.⟩ (*Med.* Nierenschmerzen)

Ne|ph|rit, der; -s, -e (ein Mineral)

Ne|ph|ri|tis, die; -, ...itiden (*Med.* Nierenentzündung); **Ne|ph|ro|se,** die; -, -n (Nierenerkrankung mit Gewebeschädigung)

Ne|po|muk (m. Vorn.)

Ne|po|tis|mus, der; - ⟨lat.⟩ (Vetternwirtschaft)

Nepp, der; -s; **nep|pen** (durch überhöhte Preisforderungen übervorteilen); **Nep|per; Nep|pe|rei; Nep|pe|rin; Nepp|lo|kal**

[1]**Nep|tun** (röm. Gott des Meeres)

[2]**Nep|tun,** der; -s (ein Planet)

nep|tu|nisch (durch Einwirkung des Wassers entstanden); neptunische Gesteine (*veraltet für* Sedimentgesteine) ↑K89

Nep|tu|ni|um, das; -s (chemisches Element, ein Transuran; *Zeichen* Np)

Nerd [nø:ɐ̯t], der; -s, -s ⟨engl., »Schwachkopf«⟩ (*Jargon abwertend* sehr intelligenter, aber sozial isolierter Computerfan)

Ne|re|i|de, die; -, -n *meist Plur.* (meerbewohnende Tochter des Nereus); **Ne|reus** (griech. Meergott)

Nerf|ling (ein Fisch)

Nernst|lam|pe ↑K136 ⟨nach dem dt. Physiker u. Chemiker⟩

Ne|ro (röm. Kaiser)

Ne|ro|li|öl, das; -[e]s ⟨ital.; dt.⟩ (Pomeranzenblütenöl)

ne|ro|nisch ⟨*zu* Nero⟩; neronische Christenverfolgung ↑K135

Ner|thus (germ. Göttin)

Ne|ru|da, Pablo (chilen. Lyriker)

Nerv, der; *Gen.* -s, *fachspr. auch* -en, *Plur.* -en ⟨lat.⟩

Ner|va (röm. Kaiser)

Ner|va|tur, die; -, -en ⟨lat.⟩ (Aderung des Blattes, der Insektenflügel)

ner|ven [...f...] (*ugs. für* nervlich strapazieren; belästigen)

Ner|ven|an|span|nung

Ner|ven|arzt; Ner|ven|ärz|tin

ner|ven|auf|peit|schend; ner|ven|auf|rei|bend

Ner|ven|bahn; Ner|ven|be|las|tung

ner|ven|be|ru|hi|gend; Ner|ven|be|ru|hi|gungs|mit|tel

Ner|ven|bün|del; Ner|ven|chi|r|ur|gie, die; -; **Ner|ven|ent|zün|dung**

Ner|ven|gas; Ner|ven|gift, das

Ner|ven|kit|zel; Ner|ven|kli|nik

Ner|ven|kos|tüm, das; -s *(ugs. scherzh.);* **Ner|ven|kraft,** die

ner|ven|krank; Ner|ven|krank|heit

Ner|ven|krieg; Ner|ven|kri|se

Ner|ven|lei|den; ner|ven|lei|dend

Ner|ven|nah|rung; Ner|ven|pro|be

Ner|ven|sa|che *(ugs.); meist in* das ist Nervensache

Ner|ven|sä|ge *(ugs.)*

Ner|ven|schmerz *meist Plur.*

ner|ven|schwach; Ner|ven|schwä|che

ner|ven|stark; Ner|ven|stär|ke

Ner|ven|sys|tem; vegetatives Nervensystem ↑K89; **Ner|ven|zel|le**

ner|ven|zer|fet|zend *(ugs.);* **ner|ven|zer|rei|ßend**

Ner|ven|zu|sam|men|bruch

ner|vig [...f..., *auch* ...v...] (sehnig, kräftig; *ugs. für* die Nerven strapazierend, lästig)

nerv|lich (das Nervensystem betreffend)

ner|vös [...v...] (nervenschwach; unruhig, gereizt; *Med. svw.* nervlich); jmdn. nervös machen; sich nicht nervös machen lassen; **Ner|vo|si|tät,** die; -

nerv|tö|tend

Ner|vus Re|rum, der; - - (Hauptsache; *scherzh. für* Geld)

Nerz, der; -es, -e ⟨slaw.⟩ (Pelz[tier]); **Nerz|farm; Nerz|fell**

Nerz|kra|gen; Nerz|man|tel

Nerz|öl; Nerz|sto|la

Nes|ca|fé®, der; -s, -s ⟨nach der schweiz. Firma Nestlé⟩ (löslicher Kaffeeextrakt)

Nes|chi [...ki, *auch* ...çi], das *od.* die; - ⟨arab.⟩ (arab. Schreibschrift)

Nes|rin (w. Vorn.)

[1]**Nes|sel,** die; -, -n

[2]**Nes|sel,** der; -s, - (ein Gewebe)

Nes|sel|aus|schlag; Nes|sel|fa|den *(Zool.);* **Nes|sel|fie|ber; Nes|sel|pflan|ze; Nes|sel|qual|le; Nes|sel|stoff; Nes|sel|sucht; Nes|sel|tier**

Nes|ses|sär *vgl.* Necessaire

Nes|sus|ge|wand ↑K136 ⟨nach dem vergifteten Gewand des Herakles in der griech. Sage⟩ (Verderben bringende Gabe)

Nest, das; -[e]s, -er; **Nest|bau** *Plur.* ...bauten

Nest|be|schmut|zer (*abwertend für* jmd., der schlecht über die eigene Familie, Gruppe o. Ä. spricht); **Nest|be|schmut|ze|rin**

Nest|chen

Nes|tel, die; -, -n (*landsch. für* Schnur); **nes|teln;** ich nest[e]le

Nes|ter|chen *Plur.*

Nest|flüch|ter; Nest|flüch|te|rin

Nest|häk|chen (das jüngste Kind in der Familie)

Nest|ho|cker; Nest|ho|cke|rin; Nest|jun|ge *vgl.* [2]Junge

Nest|ling (noch nicht flügger Vogel)

[1]**Nes|tor** (greiser König der griech. Sage)

[2]**Nes|tor,** der; -s, ...oren (ältester [anerkannter] Vertreter einer bestimmten Wissenschaft o. Ä.)

Nes|to|ri|a|ner, der; -s, - (Anhänger des Nestorius); **Nes|to|ri|a|nis|mus,** der; - (Lehre des Nestorius)

Nes|to|rin ⟨*zu* [2]Nestor⟩

Nes|to|ri|us (Patriarch von Konstantinopel)

Nes|t|roy (österr. Dramatiker)

Nest|treue

nest|warm; nestwarme Eier; **Nest|wär|me**

Net, das; -s (*ugs.; kurz für* Internet)

Net|book [...bʊk], das; -s, -s ⟨engl.⟩ (kleinformatiges Notebook)

Ne|ti|quet|te [...ˈkɛtə], die; - (*EDV* Gesamtheit der Kommunikationsregeln im Internet)

neu

neu|er, neu|es|te *od.* neus|te; neu|es|tens *od.* neustens

I. *Kleinschreibung:*

– etwas auf neu herrichten

↑K 89:
– das neue Jahr; ein gutes neues Jahr!
– die neue Armut
– die neuen Bundesländer
– neue Sprachen; neuer Wein
– die neue Mathematik (auf der formalen Logik u. der Mengenlehre basierende Mathematik)
– die neue Mitte *(Politik)*; die neue Linke (eine philos. u. politische Richtung)

II. *Großschreibung*
a) *der Substantivierung* ↑K 72:

– etwas, nichts Neues
– das Alte und das Neue
– er ist aufs Neue (auf Neuerungen) erpicht
– sie hat es aufs Neue (wieder) versucht
– auf ein Neues
– aus Alt wird Neu, *auch* aus alt wird neu
– seit Neuestem *od.* neuestem
– von Neuem *od.* neuem

b) *in Namen u. bestimmten namenähnlichen Bezeichnungen* ↑K 88 *u.* 89:

– der Neue Bund *(christl. Rel.)*
– das Neue Forum (1989 in der DDR gegründete Bürgerbewegung; *Abk.* NF)
– die Neue Maas (Flussarm im Mündungsgebiet des Rheins)
– der Neue Markt (*Börsenw.* ehem. Aktienmarkt für junge Unternehmen aus zukunftsorientierten Branchen)
– die Neuen *od.* neuen (elektronischen) Medien
– die Neue Rundschau (Zeitschrift)
– das Neue Testament (*Abk.* N. T.)
– die Neue Welt (Amerika)

III. *Getrenntschreibung in Verbindung mit Verben*
↑K 56:

– neu bauen, neu einrichten, neu bearbeiten, neu entwickeln, neu hinzukommen, neu ordnen
– die Wand soll neu gestrichen werden
– das Geschäft wird neu eröffnet
– der Text wurde neu gesetzt

IV. *In Verbindung mit einem adjektivisch gebrauchten Partizip kann getrennt oder zusammengeschrieben werden* ↑K 58:

– das neu eröffnete *od.* neueröffnete Zweiggeschäft; das Geschäft ist neu eröffnet
– das neu bearbeitete *od.* neubearbeitete Werk
– die neu geschaffenen *od.* neugeschaffenen Anlagen

Vgl. aber neugeboren

nett; net|ter|wei|se *(ugs.)*
Net|tig|keit ⟨*zu* nett⟩
net|to ⟨ital.⟩ (rein, nach Abzug der Verpackung, der Unkosten, der Steuern u. Ä.); mehr Netto vom Brutto ↑K 72
Net|to|ein|kom|men; Net|to|er|trag; Net|to|ge|halt, das; **Net|to|ge|wicht; Net|to|ge|winn; Net|to|lohn; Net|to|mas|se; Net|to|preis**
Net|to|raum|zahl (*Abk.* NRZ); **Net|to|re|gis|ter|ton|ne** (*früher für* Nettoraumzahl; *Abk.* NRT)
Net|to|ver|dienst, der
Net|to|zah|ler (Staat, der in die gemeinsame Kasse eines Bundesstaates mehr einzahlt, als er in Form von Subventionen aus ihr bezieht)
Net|work [ˈnɛtvøːɐ̯k], das; -[s], -s ⟨engl.⟩ (System miteinander verbundener Rundfunksender od. Computer); **Net|wor|king,** das; -s ⟨engl.⟩ (Bildung von Netzwerken)
Netz, das; -es, -e
Netz|agen|tur (Behörde, die den Wettbewerb zwischen Netzbetreibern regelt u. fördert)
Netz|an|schluss; Netz|an|schluss|ge|rät *(Rundfunk)*
netz|ar|tig
Netz|ball *(Sport)*
Netz|be|trei|ber; Netz|be|trei|be|rin
net|zen (*geh. für* nass machen, befeuchten); du netzt
Netz|flüg|ler, der; -s, - (*für* Neuropteren)
netz|för|mig
Netz|ge|rät (*kurz für* Netzanschlussgerät); **Netz|gleich|rich|ter** *(Rundfunk)*
Netz|haut; Netz|haut|ab|lö|sung; Netz|haut|ent|zün|dung
Netz|hemd
Netz|kar|te *(Verkehrsw.)*
Netz|mit|tel, das (Stoff, der die Oberflächenspannung von Flüssigkeiten verringert)
Netz|plan *(Wirtsch.)*; **Netz|plan|tech|nik** *(Wirtsch.)*
Netz|rol|ler *(bes. Tennis)*
Netz|span|nung; Netz|sper|re
Netz|spie|ler *(Sport)*; **Netz|spie|le|rin**
Netz|ste|cker; Netz|teil, das
Netz|werk; soziale Netzwerke; **netz|werk|ba|siert** *(EDV)*; netzwerkbasierte Datenbanken; **netz|wer|ken** *(ugs.); meist im Inf. u. Part. II gebr.*; genetzwerkt; **Netz|wer|ker; Netz|wer|ke|rin; Netz|werk|kar|te; Netz|werk|pro|to|koll; Netz|werk|ver|bin|dung**
neu *s. Kasten*
Neu|an|fang; Neu|an|fer|ti|gung
Neu|an|kömm|ling
Neu|an|la|ge; Neu|an|schaf|fung
neu|apo|s|to|lisch; *aber* ↑K 88: die Neuapostolische Kirche (eine christl. Religionsgemeinschaft)
neu|ar|tig; Neu|ar|tig|keit, die; -
Neu|auf|bau; Neu|auf|la|ge; Neu|auf|nah|me; Neu|aus|ga|be
Neu|bau *Plur.* ...bauten; **Neu|bau|ge|biet; Neu|bau|stre|cke; Neu|bau|vier|tel; Neu|bau|woh|nung**
neu be|ar|bei|tet, neu|be|ar|bei|tet *vgl.* neu; **Neu|be|ar|bei|tung**
Neu|be|ginn

Neu|be|set|zung; Neu|bil|dung
Neu|bran|den|burg (Stadt in Mecklenburg-Vorpommern)
Neu|braun|schweig (kanad. Provinz)
Neu|bür|ger; Neu|bür|ge|rin
Neu|châ|tel [nøʃaˈtɛl] (*franz. Form von* Neuenburg)
Neu-De|lhi (südl. Stadtteil von Delhi, Regierungssitz der Republik Indien)
neu|deutsch *(meist abwertend);* die schicke Bar, neudeutsch »Lounge«; **Neu|deutsch** *(meist abwertend)*
Neu|druck *Plur.* ...drucke
Neue, die; - (*Jägerspr.* frisch gefallener Schnee)
Neu|ein|stel|lung
Neu|ein|stu|die|rung
Neue Ker|ze (bis 1948 dt. Lichtstärkeeinheit [*heute* Candela])
Neu|en|ahr, Bad (Stadt an der Ahr)
Neu|en|burg (Kanton u. Stadt in der Schweiz; *franz.* Neuchâtel); **Neu|en|bur|ger; Neu|en|bur|gerin; Neu|en|bur|ger See,** der; - -s
Neu|eng|land (die nordöstl. Staaten der USA)
neu|eng|lisch *vgl.* deutsch / Deutsch
Neu|ent|de|ckung
neu ent|wi|ckeln *vgl.* neu; **Neu|entwick|lung**

N
Neub

neu|er|dings (kürzlich; *südd., österr., schweiz. auch für* erneut)
Neu|e|rer; Neu|e|rer|be|we|gung *(DDR);* **Neu|e|rin**
neu|er|lich (erneut)
neu|ern (*veraltend für* erneuern); ich neuere
neu er|öff|net, neu|er|öff|net *vgl.* neu; **Neu|er|öff|nung; Neu|erschei|nung**
Neu|e|rung; Neu|e|rungs|sucht
Neu|er|werb; Neu|er|wer|bung
neu|es|tens, neus|tens
Neu|fas|sung; Neu|fest|set|zung
neu|fran|zö|sisch *vgl.* deutsch / Deutsch
Neu|fund|land (kanad. Provinz)
Neu|fund|län|der (Bewohner Neufundlands; *auch* eine Hunderasse); **Neu|fund|län|de|rin; neufund|län|disch**
neu|ge|bo|ren; die neugeborenen Kinder; sich wie neugeboren fühlen; **Neu|ge|bo|re|ne,** das; -n, -n (Säugling)
Neu|ge|burt
neu ge|schaf|fen, neu|ge|schaf|fen *vgl.* neu
Neu|ge|schäft
Neu|ge|stal|tung
Neu|ge|würz, das; -es (*österr. für* Piment)
Neu|gier, Neu|gier|de, die; -; **neugie|rig**
Neu|glie|de|rung
Neu|go|tik; neu|go|tisch
Neu|grad *vgl.* Gon
neu|grie|chisch *vgl.* deutsch / Deutsch; **Neu|griechisch,** das; -[s] (Sprache); *vgl.* Deutsch; **Neu|grie|chi|sche,** das; -n; *vgl.* [2]Deutsche
Neu|grün|dung
Neu|gui|nea [...gi...] ↑K 143 (Insel nördl. von Australien); **Neu|guine|er; Neu|gui|ne|e|rin; neu|guine|isch**
neu|he|b|rä|isch *vgl.* deutsch / Deutsch; **Neu|he|b|räisch,** das; -[s] (Sprache); *vgl.* Deutsch; **Neu|he|b|rä|i|sche,** das; -n; *vgl.* [2]Deutsche; Iwrit
Neu|he|ge|li|a|ner; Neu|he|ge|li|ane|rin; neu|he|ge|li|a|nisch; Neuhe|ge|li|a|nis|mus, der; -
Neu|heit
neu|hoch|deutsch (*Abk.* nhd.); *vgl.* deutsch; **Neu|hoch|deutsch,** das; -[s] (Sprache); *vgl.* Deutsch; **Neu|hoch|deut|sche,** das; -n; *vgl.* [2]Deutsche
Neu|hu|ma|nis|mus
Neu|ig|keit
Neu|in|sze|nie|rung
Neu|jahr
Neu|jahrs|an|spra|che; Neu|jahrsbot|schaft; Neu|jahrs|emp|fang; Neu|jahrs|fest; Neu|jahrs|glückwunsch; Neu|jahrs|gruß; Neujahrs|kar|te; Neu|jahrs|kon|zert; Neu|jahrs|tag; Neu|jahrswunsch
Neu|ka|le|do|ni|en (Inselgruppe östlich von Australien); **Neu|kale|do|ni|er; Neu|ka|le|do|ni|e|rin; neu|ka|le|do|nisch**
Neu|kan|ti|a|ner; Neu|kan|ti|a|nerin; Neu|kan|ti|a|nis|mus (philos. Schule)
Neu|kauf *(Kaufmannsspr.)*
Neu|klas|si|zis|mus
Neu|kölln (Stadtteil von Berlin)
Neu|kon|s|t|ruk|ti|on
Neu|kun|de; Neu|kun|din
Neu|land, das; -[e]s
Neu|la|tein; neu|la|tei|nisch (*Abk.* nlat.); *vgl.* deutsch
Neu|len|ker, der; -s, - (*schweiz. für* Fahranfänger); **Neu|len|ke|rin**
neu|lich
Neu|ling
Neu|mark, die; - (hist. Landschaft in der Mark Brandenburg)
Neu|me, die; -, -n *meist Plur.* ‹griech.› (mittelalterl. Notenzeichen)
neu|mo|disch
Neu|mond
neun, *ugs.* neu|ne; alle neun[e]!; wir sind zu neunen *od.* zu neunt; *vgl.* acht; **Neun,** die; -, -en (Ziffer, Zahl); *vgl.* [1]Acht
Neun|au|ge (ein fischähnliches Wirbeltier)
neun|bän|dig
Neun|eck; neun|eckig
neun|ein|halb, neun|und|ein|halb
Neu|ner; einen Neuner schieben (beim Kegeln); *vgl.* Achter
neu|ner|lei
neun|fach; Neun|fa|che *vgl.* Achtfache
neun|hun|dert
neun|mal *vgl.* achtmal
neun|mal|ge|scheit (*spött. für* neunmalklug)
neun|ma|lig
neun|mal|klug (*ugs. für* überklug)
neun|mo|na|tig
neun|schwän|zig; die neunschwänzige Katze (*Seemannsspr.* Peitsche mit neun Riemen)
neun|stel|lig; neun|stö|ckig; neunstün|dig
neunt *vgl.* neun
neun|tä|gig
neun|tau|send
neun|te *vgl.* achte
neun|tel *vgl.* achtel
Neun|tel, das, *schweiz. meist* der; -s, -; *vgl.* Achtel
neun|tens
Neun|tö|ter (ein Vogel)
neun|und|ein|halb, neun|ein|halb; **neun|und|zwan|zig** *vgl.* acht
neun|zehn *vgl.* acht
neun|zehn|jäh|rig usw. *vgl.* achtjährig usw.
neun|zig *vgl.* achtzig; **neun|zi|ger** *vgl.* achtziger; **Neun|zi|ger** *vgl.* Achtziger; **Neun|zi|ge|rin** *vgl.* Achtzigerin; **neun|zig|jäh|rig** *vgl.* achtzigjährig
Neu|ord|nung; Neu|or|ga|ni|sa|ti|on; Neu|ori|en|tie|rung
Neu|phi|lo|lo|ge; Neu|phi|lo|lo|gie; Neu|phi|lo|lo|gin; neu|phi|lo|logisch
Neu|pla|to|ni|ker; Neu|pla|to|ni|kerin; Neu|pla|to|nis|mus, der; -
Neu|prä|gung; Neu|preis; Neu|produk|ti|on *(Rundfunk, Fernsehen)*
neu|r... *vgl.* neuro...
Neu|r... *vgl.* Neuro...

neu|ral ‹griech.› (*Med.* einen Nerv, die Nerven betreffend)
Neu|r|al|gie, die; -, ...ien ‹griech.› (*Med.* in Anfällen auftretender Nervenschmerz); **Neu|r|al|gi|ker** (an Neuralgie Leidender); **Neu|r|al|gi|ke|rin; neu|r|al|gisch**
Neu|r|a|s|the|nie, die; -, ...ien (*Med. veraltend für* erhöhte Reizbarkeit; Nervenschwäche); **Neu|r|a|s|the|ni|ker** (an Neurasthenie Leidender); **Neu|r|a|s|the|ni|ke|rin; neu|r|a|s|the|nisch**
Neu|re|ge|lung, Neu|reg|lung
neu|reich; Neu|rei|che, der *u.* die; -n, -n
Neu|ries (Papiermaß; 1 000 Bogen)
Neu|rin, das; -s ‹griech.› (starkes Fäulnisgift)
Neu|ri|tis, die; -, ...itiden (*Med.* Nervenentzündung)
neu|ro..., *vor Vokalen* neu|r... (nerven...); **Neu|ro...**, *vor Vokalen* Neu|r... (Nerven...)
Neu|ro|bio|lo|ge; Neu|ro|bio|lo|gie, die; - (Wissenschaft, die Aufbau u. Funktion des Nervensystems erforscht); **Neu|ro|bio|lo|gin**
Neu|ro|chi|r|urg; Neu|ro|chi|r|ur|gie, die; - (Chirurgie des Nervensystems); **Neu|ro|chi|r|ur|gin**
Neu|ro|der|mi|ti|ker (an Neurodermitis Leidender); **Neu|ro|der|mi|ti|ke|rin; Neu|ro|der|mi|tis**, die; -, ...itiden (*Med.* entzündliche Hauterkrankung)
Neu|ro|ethik *(Philos.)*
neu|ro|gen (*Med.* von den Nerven ausgehend)
Neu|ro|lo|ge, der; -n, -n; **Neu|ro|lo|gie**, die; - (Lehre vom Nervensystem u. seinen Erkrankungen); **Neu|ro|lo|gin; neu|ro|lo|gisch**
Neu|rom, das; -s, -e (*Med.* Nervenfasergeschwulst)
Neu|ro|man|tik; Neu|ro|man|ti|ker; Neu|ro|man|ti|ke|rin; neu|ro|man|tisch
Neu|ron, das; -s, *Plur.* ...one, *auch* ...onen ‹griech.› (*Med.* Nervenzelle); **neu|ro|nal**
Neu|ro|pa|thie, die; -, ...ien (*Med.* Nervenkrankheit); **neu|ro|pa|thisch; Neu|ro|pa|tho|lo|gie**, die; -, ...ien (Lehre von den Krankheiten des Nervensystems)
Neu|ro|p|te|ren *Plur.* (*Zool.* Netzflügler)
Neu|ro|se, die; -, -n (*Med., Psychol.* psychische Störung); **Neu|ro|ti|ker** (an Neurose Leidender); **Neu|ro|ti|ke|rin; neu|ro|tisch**
Neu|ro|to|mie, die; -, ...ien (*Med.* Nervendurchtrennung)
Neu|rup|pin (Stadt in Brandenburg); **Neu|rup|pi|ner; Neu|rup|pi|ne|rin; neu|rup|pi|nisch**
Neu|satz *(Druckw.)*
Neu|schnee
Neu|scho|las|tik (Erneuerung der Scholastik *[vgl. d.]*)
Neu|schöp|fung
Neu|schott|land (kanad. Prov.)
Neu|schwan|stein (Schloss König Ludwigs II. von Bayern)
Neu|see|land ↑K143 (Inselgruppe u. Staat im Pazifischen Ozean); **Neu|see|län|der; Neu|see|län|de|rin; neu|see|län|disch**
Neu|siedl am See (österr. Stadt)
Neu|sied|ler See, der; - -s (in Österreich u. Ungarn)
Neu|sil|ber (eine Legierung); **neu|sil|bern;** neusilberne Uhr
Neu|sprach|ler (Lehrer, Kenner der neueren Sprachen); **Neu|sprach|le|rin; neu|sprach|lich**
Neu|sprech, der *od.* das; -[s] ‹nach engl. »Newspeak«› (*svw.* Neudeutsch)
Neuss (Stadt am Niederrhein; *Schreibung bis 1970:* Neuß); **Neus|ser; Neus|se|rin**
Neu|stadt (im Unterschied zur Altstadt)
Neu|start
neus|tens *vgl.* neuestens
Neu|stre|litz (Stadt in Mecklenburg)
Neu|s|t|ri|en (alter Name für das westliche Frankenreich)
Neu|struk|tu|rie|rung
Neu|süd|wales ↑K143 (Gliedstaat des Australischen Bundes)
Neu|tes|ta|ment|ler; Neu|tes|ta|ment|le|rin; neu|tes|ta|ment|lich
Neu|tö|ner (Vertreter neuer Musik); **Neu|tö|ne|rin; neu|tö|ne|risch** (*auch für* ganz modern)
Neu|t|ra [*österr.* ˈneːu...] (*Plur. von* Neutrum)
neu|t|ral ‹lat.› (unparteiisch; keine besonderen Merkmale aufweisend); ein neutrales Land; die neutrale Ecke *(Boxen)*
Neu|t|ra|li|sa|ti|on, die; -, -en
neu|t|ra|li|sie|ren; Neu|t|ra|li|sie|rung
Neu|t|ra|lis|mus, der; - (Grundsatz der Nichteinmischung in fremde Angelegenheiten); **Neu|t|ra|list**, der; -en, -en; **Neu|t|ra|lis|tin; neu|t|ra|lis|tisch**
Neu|t|ra|li|tät, die; -; **Neu|t|ra|li|täts|ab|kom|men; Neu|t|ra|li|täts|bruch**, der; **Neu|t|ra|li|täts|er|klä|rung; Neu|t|ra|li|täts|po|li|tik; Neu|t|ra|li|täts|ver|let|zung**
Neu|t|ren (*Plur. von* Neutrum)
Neu|t|ri|no, das; -s, -s ‹ital.› (*Kernphysik* masseloses Elementarteilchen ohne elektr. Ladung)
Neu|t|ron, das; -s, ...onen ‹lat.› (*Kernphysik* Elementarteilchen ohne elektr. Ladung als Baustein des Atomkerns; *Zeichen* n)
Neu|t|ro|nen|be|schuss; Neu|t|ro|nen|bom|be; Neu|t|ro|nen|strah|len *Plur.*; **Neu|t|ro|nen|waf|fe**
Neu|t|rum [*österr.* ˈneːu...], das; -s, *Plur.* ...tra, *auch* ...tren (*Sprachwiss.* sächliches Substantiv, z. B. »das Buch«; *nur Sing.:* sächl. Geschlecht)
Neu|ver|fil|mung
neu|ver|mählt; das neuvermählte (gerade, eben erst vermählte) Ehepaar; *aber* sie haben sich neu ver|mählt (wieder, erneut vermählt)
Neu|ver|mähl|te, der *u.* die; -n, -n, **neu Ver|mähl|te**, der *u.* die; - -n, - -n ↑K58
Neu|ver|pflich|tung; Neu|ver|schul|dung; Neu|wa|gen; Neu|wahl
neu|wa|schen (*landsch. für* frisch gewaschen)
Neu|wert; neu|wer|tig; Neu|wert|ver|si|che|rung
Neu|wied (Stadt in Rheinland-Pfalz)
Neu-Wien ↑K143; **Neu-Wie|ner; neu-wie|ne|risch**
Neu|wort *Plur.* ...wörter
Neu|zeit, die; -; **neu|zeit|feind|lich; neu|zeit|lich**
Neu|züch|tung; Neu|zu|gang; Neu|zu|las|sung; Neu|zu|stand
Neu|zu|zü|ger, der; -s, - (*schweiz. für* jmd., der neu zugezogen ist); **Neu|zu|zü|ge|rin**
Ne|va|da (Staat in den USA; *Abk.* NV)
Ne|wa, die; - (Abfluss des Ladogasees)
New Age [ˈnjuː ˈeːdʒ], das; - - ‹engl.› (neues Zeitalter als Inbegriff eines neuen Weltbildes)
New|ca|stle [ˈnjuːkɑːs(ə)l] (Stadt in Australien, England u. in den USA)
New|co|mer [ˈnjuːka...], der; -s, - (Neuling); **New|co|me|rin**
New Deal [ˈnjuː ˈdiːl], der; - - ‹amerik.› (Reformprogramm des amerik. Präsidenten F. D. Roosevelt)
New De|lhi [njuː -] *vgl.* Neu-Delhi
New Eco|no|my [ˈnjuː ɪˈkɔnəmi],

N
New

nicht

- nicht wahr?
- gar nicht
- nicht einmal, nicht mal
- mitnichten
- zunichtemachen, zunichtewerden

Getrennt- od. Zusammenschreibung in Verbindung mit Adjektiven und Partizipien ↑K 60:

- nicht berufstätige *od.* nichtberufstätige Frauen
- nicht flektierbare *od.* nichtflektierbare Wörter
- die Darstellung ist nicht amtlich *od.* nichtamtlich
- dieses Kind ist nicht ehelich *od., Rechtsspr. meist,* nichtehelich
- die Sitzung war nicht öffentlich *od.* nichtöffentlich
- die nicht Krieg führenden *od.* nichtkriegführenden Parteien
- nicht leitende *od.* nichtleitende Stoffe
- die nicht organisierten *od.* nichtorganisierten Arbeiter
- nicht rostende *od.* nichtrostende Stähle
- eine nicht zutreffende *od.* nichtzutreffende Behauptung
- Nichtzutreffendes *od.* nicht Zutreffendes streichen ↑K 72

Nur getrennt schreibt man, wenn sich »nicht« auf größere Textteile, z. B. einen ganzen Satz, bezieht:

- die Sitzung kann nicht öffentlich stattfinden
- Frauen, die nicht berufstätig sein konnten ...

Schreibung substantivierter Infinitive ↑K 27 *u.* 82:

- das Nichtkönnen; das Nichtwissen; das Nichtwollen

Aber: das Nicht-bekannt-Sein; das Nicht-loslassen-Können; das Nicht-wissen-Wollen

die; - - (Wirtschaftsbereich der Zukunftsbranchen)
New Hamp|shire [nju: ˈhɛmpʃɐ] (Staat in den USA; *Abk.* NH)
New Jer|sey [nju: ˈdʒøːɐ̯zi] (Staat in den USA; *Abk.* NJ)
New Look [ˈnju: ˈlʊk], der *od.* das; - -[s] ⟨amerik.⟩ (Moderichtung nach dem 2. Weltkrieg)
New Me̲|xi|co [nju: -] (Staat in den USA; *Abk.* NM)
New Or|leans [nju: ɔːɐ̯ˈliːns, *auch* -ˈɔːɐ̯...] (Stadt in Louisiana)
New-Or|leans-Jazz [...dʒɛs], der; - (frühester Jazzstil der nordamerik. Schwarzen)
News [njuːs] *Plur.* ⟨engl.⟩ (Nachrichten)
News|feed [ˈnjuːsfiːd] *vgl.* Feed
News|group [ˈnjuːsgruːp], die; -, -s ⟨engl.⟩ (*EDV* öffentliche Diskussionsrunde im Internet zu einem bestimmten Thema)
News|let|ter, der; -s, *Plur.* -s *u.* - ⟨engl.⟩ (regelmäßig zu beziehende elektron. Post)
News|room [ˈnjuːsruːm], der; -s, -s ⟨engl.⟩ (Raum in einer Redaktion, in dem die eingehenden Nachrichten zentral bearbeitet werden)
News|ti|cker, der ⟨engl.⟩ (Nachrichtenticker; Spalte einer Homepage od. Lauftext auf dem Fernsehbildschirm mit ständig aktualisierten Kurznachrichten)
[1]**New|ton** [ˈnjuːtn̩] (engl. Physiker)
[2]**New|ton,** das; -s, - (Einheit der Kraft; *Zeichen* N)
New|ton|me|ter (Einheit der Energie; *Zeichen* Nm)
New Wave [ˈnju: ˈweːf], der; - - ⟨engl.⟩ (eine Musikrichtung der 1970er- u. 1980er-Jahre)
New York [nju: ˈjoːɐ̯k] (Staat [*Abk.* NY] u. Stadt in den USA); **New Yor|ker, New-Yor|ker** ↑K 145; **New Yor|ke|rin, New-Yor|ke|rin**
Ne̲|xus, der; -, - [ˈnɛksuːs] ⟨lat.⟩ (Zusammenhang, Verbindung)
nF = Nanofarad
NF, das; - = Neues Forum
N. F. = Neue Folge
n-fach [ˈɛn...] ↑K 30
NFC-Chip ⟨zu engl. near field communication, »Nahfeld-Kommunikation«⟩ (*EDV* Chip für eine bargeldlose Bezahlfunktion des Handys)
NGO [ɛndʒiːˈloʊ], die; -, -s = non-governmental organization (Nichtregierungsorganisation, nicht staatliche Organisation)
Ngo̲|ro|ngo̲|ro|kra|ter (Kraterhochland in Tansania)
NH = New Hampshire
NH, N. H. = Normalhöhenpunkt
nhd. = neuhochdeutsch
Ni (*chem. Zeichen für* Nickel)
Ni|a|ga̲|ra (Stadt *u.* Fluss an der Grenze zwischen den USA *u.* Kanada); **Ni|a|ga|ra|fäl|le** [*österr. auch* ...ˈa...] *Plur.*
Nia|mey [njaˈmɛ] (Hauptstadt von Niger)
Ni|a̲m-Ni|a̲m *Plur.* (Volksstamm im Sudan)
ni̲b|beln ⟨engl.⟩ ([Bleche o. Ä.] schneiden od. abtrennen); ich nibb[e]le; **Ni̲bb|ler** (Gerät zum Schneiden von Blechen)
ni̲|beln (*südd. für* nebeln, fein regnen); es nibelt
Ni̲|be|lun|gen (germ. Sagengeschlecht; die Burgunden)
Ni̲|be|lun|gen|hort, der; -[e]s; **Ni̲|be|lun|gen|lied,** das; -[e]s; **Ni̲|be|lun|gen|sa|ge; Ni̲|be|lun|gen|treue**
Ni|cä̲a usw. *vgl.* Nizäa usw.
Ni|ca|ra̲|gua, Ni|ka|ra̲|gua (Staat in Mittelamerika); **Ni|ca|ra|gu|a̲|ner**, Ni|ka|ra|gu|a̲|ner; **Ni|ca|ra|gu|a̲|ne|rin**, Ni|ka|ra|gu|a̲|ne|rin; **ni|ca|ra|gu|a̲|nisch**, ni|ka|ra|gu|a̲|nisch
ni̲cht *s. Kasten*
Ni̲cht|ach|tung
ni̲cht amt|lich, ni̲cht|amt|lich *vgl.* nicht
Ni̲cht|an|er|ken|nung
Ni̲cht|an|griffs|pakt [*auch* ...ˈan...]
Ni̲cht|be|ach|tung, die; -
Ni̲cht|be|fol|gung
ni̲cht be|rufs|tä|tig, ni̲cht|be|rufs|tä|tig *vgl.* nicht
Ni̲cht|be|rufs|tä|ti|ge, der *u.* die; -n, -n, **ni̲cht Be|rufs|tä|ti|ge,** der *u.* die; - -n, - -n ↑K 60
Ni̲cht|christ, der; **Ni̲cht|chris|tin**
ni̲cht christ|lich, ni̲cht|christ|lich *vgl.* nicht
Nich|te, die; -, -n
ni̲cht ehe|lich, ni̲cht|ehe|lich *vgl.* nicht
Ni̲cht|ein|brin|gungs|fall, der (*österr. Amtsspr. für* Zahlungsunfähigkeit); im Nichteinbringungsfall
Ni̲cht|ein|hal|tung
Ni̲cht|ein|mi|schung
Ni̲cht|ei|sen|me|tall
Ni̲cht|er|fül|lung
Ni̲cht|er|schei|nen, das; -s

nicht eu|k|li|disch, **nicht|eu|k|li|disch** *(Math.)*; die nicht euklidische *od.* nichteuklidische Geometrie ↑K135 *u.* 89; *vgl. auch* nicht

Nicht-EU-Staat *Plur.* ...staaten

Nicht|fach|frau; Nicht|fach|mann

nicht flek|tier|bar, **nicht|flek|tier|bar** *(Sprachwiss.)*; *vgl.* nicht

Nicht|ge|fal|len, das; -s *(Kaufmannsspr.)*; bei Nichtgefallen

Nicht|ge|schäfts|fä|hi|ge, der *u.* die; -n, -n, **nicht Ge|schäfts|fä|hi|ge**, der *u.* die; - -n, - -n ↑K60

Nicht|ge|wünsch|te, das; -n, **nicht Ge|wünsch|te**, das; - -n ↑K60

Nicht-hel|fen-Kön|nen, das

Nicht-Ich, das; -[s], -[s] *(Philos.* ↑K21)

nich|tig; null u. nichtig; **Nich|tig|keit; Nich|tig|keits|kla|ge**

Nicht|in|an|spruch|nah|me *(Amtsspr.)*

nicht kom|mu|nis|tisch, **nicht|kom|mu|nis|tisch** *vgl.* nicht

nicht lei|tend, **nicht|lei|tend** *vgl.* nicht; **Nicht|lei|ter**, der *(für* Isolator)

Nicht|me|tall

Nicht|mit|glied

nicht öf|fent|lich, **nicht|öf|fent|lich** *vgl.* nicht

nicht or|ga|ni|siert, **nicht|or|ga|ni|siert** *vgl.* nicht

Nicht|rau|cher; Nicht|rau|cher|ab|teil; Nicht|rau|cher|be|reich; Nicht|rau|che|rin; Nicht|rau|cher|schutz; Nicht|rau|cher|ta|xi; Nicht|rau|cher|zo|ne

Nicht|re|gie|rungs|or|ga|ni|sa|ti|on

nicht ros|tend, **nicht|ros|tend** *vgl.* nicht

nichts

- gar nichts; für nichts; zu nichts
- um nichts und [um] wieder nichts
- mir nichts, dir nichts (ohne Weiteres)
- sich in nichts auflösen; sich in nichts unterscheiden; sie wird ihm in nichts nachstehen
- nach nichts aussehen; viel Lärm um nichts
- ↑K72: nichts Genaues, nichts Näheres, nichts Neues u. a., *aber* nichts and[e]res; nichts weniger als
- ↑K58: ein nichtssagendes *od.* nichts sagendes Gesicht; ein nichts ahnender *od.* nichtsahnender Besucher

Nichts, das; -, -e; etwas aus dem Nichts erschaffen; aus dem Nichts auftauchen; wir stehen vor dem Nichts

nichts ah|nend, **nichts|ah|nend** *vgl.* nichts

Nicht|schwim|mer; Nicht|schwim|mer|be|cken; Nicht|schwim|me|rin

nichts|des|to|min|der; nichts|des|to|trotz *(ugs.)*; **nichts|des|to|we|ni|ger**

Nicht|sein, das; -; das Sein und das Nichtsein

nicht selbst|stän|dig, **nicht selb|stän|dig, nicht|selbst|stän|dig, nicht|selb|stän|dig**; *vgl. auch* nicht *u.* selbstständig

Nicht|sess|haf|te, der *u.* die; -n, -n, **nicht Sess|haf|te**, der *u.* die; - -n, - -n ↑K60

Nichts|kön|ner; Nichts|kön|ne|rin

Nichts|nutz, der; -es, -e; **nichts|nut|zig; Nichts|nut|zin** *(selten)*

nichts|sa|gend, **nichts sa|gend** *vgl.* nichts

nicht staat|lich, **nicht|staat|lich** *vgl.* nicht

Nichts|tu|er *(ugs.)*; **Nichts|tu|e|rin; nichts|tu|e|risch**

Nichts|tun, das; -s

nichts|wür|dig; Nichts|wür|dig|keit

Nicht|tän|zer; Nicht|tän|ze|rin

Nicht|ver|fol|ger|land *Plur.* ...länder (Land, Staat, in dem keine [polit.] Verfolgung stattfindet)

Nicht|wäh|ler; Nicht|wäh|le|rin

Nicht|wei|ter|ga|be, die; -

nicht zie|lend, **nicht|zie|lend** *(für* intransitiv); nicht zielendes *od.* nichtzielendes Verb

Nicht|zu|las|sung

Nicht-zu|stan|de-Kom|men, **Nicht-zu-Stan|de-Kom|men**

Nicht|zu|tref|fen|de, das; -n, **nicht Zu|tref|fen|de**, das; - -n ↑K58; Nichtzutreffendes *od.* nicht Zutreffendes streichen; *vgl.* nicht

Nick, der; -s, -s *(kurz für* Nickname)

[1]**Ni|ckel**, der; -s, - *(landsch. für* boshaftes Kind)

[2]**Ni|ckel**, das; -s (chemisches Element, Metall; *Zeichen* Ni)

[3]**Ni|ckel**, der; -s, - (früheres Zehnpfennigstück)

Ni|ckel|al|ler|gie, die; -; **Ni|ckel|bril|le; Ni|ckel|hoch|zeit** (nach zwölfeinhalbjähriger Ehe)

ni|cke|lig, **nick|lig** ⟨*vgl.* [1]Nickel⟩ *(landsch. für* frech, mutwillig); **Ni|cke|lig|keit**, **Nick|lig|keit**

Ni|ckel|mün|ze

ni|cken; Ni|cker *(ugs. für* Kopfnicken)

Ni|cker|chen *(ugs. für* kurzer Schlaf)

Nick|fän|ger *(Jägerspr.* Genickfänger)

Nick|haut (drittes Augenlid vieler Wirbeltiere)

Ni|cki, der; -s, -s (Pullover aus samtartigem Baumwollstoff); **Ni|cki|pul|lo|ver**

Ni|cki|tuch *Plur.* ...tücher (kleines Halstuch)

nick|lig usw. *vgl.* nickelig usw.

Nick|na|me [*auch* ˈnɪkne:m], der; -ns, -n *u. bei engl. Aussprache* -[s], -s ⟨engl.⟩ *(EDV* Benutzername im Internet)

Ni|col, das; -s, -s ⟨nach dem engl. Erfinder⟩ *(Optik* Prisma zur Polarisation des Lichts)

Ni|cole [...ˈkɔl] (w. Vorn.)

Ni|co|sia [*auch* ...ˈko:...] *vgl.* Nikosia

Ni|co|tin *vgl.* Nikotin

nid *(südd. u. schweiz. mdal. für* unterhalb)

Ni|da|ti|on, die; -, -en ⟨lat.⟩ *(Med.* Einnistung der befruchteten Eizelle in die Gebärmutterschleimhaut)

[1]**Nid|da**, die; - (rechter Nebenfluss des Mains)

[2]**Nid|da** (Stadt an der [1]Nidda)

Ni|del, der; -s *od.* die; -, **Nid|le**, die; - *(schweiz. mdal. für* Sahne)

Nid|wal|den *vgl.* Unterwalden nid dem Wald; **Nid|wald|ner; Nid|wald|ne|rin; nid|wald|ne|risch**

nie; nie mehr; nie und nimmer

nie|der; nieder mit ihm!; auf und nieder

nie|der... *(in Zus. mit Verben,* z. B. niederlegen, du legst nieder, niedergelegt, niederzulegen)

nie|der|bay|e|risch, **nie|der|bay|risch; Nie|der|bay|ern** ↑K143

nie|der|beu|gen; sich niederbeugen

nie|der|bren|nen

nie|der|brin|gen; einen Schacht niederbringen *(Bergmannsspr.* herstellen)

nie|der|brül|len

nie|der|deutsch *(Abk.* nd.); *vgl.* deutsch; **Nie|der|deutsch**, das; -[s] (Sprache); *vgl.* Deutsch; **Nie|der|deut|sche**, das; -n; *vgl.* [2]Deutsche

Nie|der|deutsch|land ↑K143

Nie|der|druck, der; -[e]s, *Plur.* ...drücke *u.* ...drucke

nie|der|drü|cken; nie|der|drü|ckend

N nied

nied|rig

- ein niedriges Haus
- niedrige Absätze
- niedrige Beweggründe
- niedrige Temperaturen
- von niedrigem Niveau
- niedriger Wasserstand

Großschreibung ↑K72:

- Hoch und Niedrig (*veraltet für* jedermann)
- Hohe und Niedrige

Schreibung in Verbindung mit Verben und Partizipien ↑K56 *u.* 58:

- die Ausgaben niedrig halten; das Brett niedrig[er] halten; ein Bild niedrig[er] hängen
- etwas niedrighängen, niedrigerhängen (weniger wichtig nehmen); *aber* etwas zu niedrig hängen
- die niedrig gesinnten *od.* niedriggesinnten Gegner
- die niedrig stehende *od.* niedrigstehende Sonne

Nie|der|druck|ge|biet (*österr. für* Gebiet mit niedrigem Luftdruck)
Nie|der|druck|hei|zung
Nie|der|druck|wet|ter (*österr. für* Wetter, bei dem niedriger Luftdruck herrscht)
nie|de|re; niederer, niederste; ↑K151: die niedere Jagd; aus niederem Stande; der niedere Adel; ↑K72: Hoch und Nieder (jedermann); Hohe und Niedere trafen sich zum Fest; ↑K140: die Niedere Tatra (Teil der Westkarpaten); die Niederen Tauern *Plur.* (Teil der Zentralalpen)
nie|der|ener|ge|tisch (wenig Energie freisetzend, verbrauchend)
nie|der|fah|ren (*bayr., österr. für* überfahren)
nie|der|fal|len
Nie|der|flur|wa|gen *(Technik)*
Nie|der|fran|ken
nie|der|fre|quent *(Physik)*; **Nie|der|fre|quenz**
Nie|der|gang, der
nie|der|ge|drückt
nie|der|ge|hen
nie|der|ge|las|sen; ein niedergelassener Arzt
Nie|der|ge|las|se|ne, der *u.* die; -n, -n (*schweiz. für* Einwohner mit dauerndem Wohnsitz)
nie|der|ge|schla|gen (bedrückt, traurig); **Nie|der|ge|schla|gen|heit**
nie|der|hal|ten; niedergehalten; **Nie|der|hal|tung**
nie|der|hau|en; er hieb den Flüchtenden nieder
nie|der|ho|len; die Flagge wurde niedergeholt
Nie|der|holz (Unterholz)
Nie|der|jagd (*Jägerspr.* Jagd auf Kleinwild)
nie|der|kämp|fen
nie|der|kau|ern, sich
nie|der|knal|len
nie|der|kni|en; niedergekniet
nie|der|knüp|peln
nie|der|kom|men; sie ist [mit Zwillingen] niedergekommen *(veraltend)*; **Nie|der|kunft**, die; -, ...künfte (*veraltend für* Entbindung)
Nie|der|la|ge
Nie|der|lan|de *Plur.*; **Nie|der|län|der**; **Nie|der|län|de|rin**
nie|der|län|disch; *aber* ↑K150: Niederländisches Dankgebet (ein Lied aus dem niederländischen Freiheitskampf gegen Spanien); **Nie|der|län|disch**, das; -[s] (Sprache); *vgl.* Deutsch; **Nie|der|län|di|sche**, das; -n; *vgl.* ²Deutsche
nie|der|las|sen; sich auf dem *od.* auf den Stuhl niederlassen; der Vorhang wurde niedergelassen
Nie|der|las|sung
Nie|der|las|sungs|aus|weis (*österr., schweiz. für* Nachweis des aktuellen Wohnsitzes); **Nie|der|las|sungs|be|wil|li|gung** (*österr., schweiz. für* Aufenthaltsberechtigung); **Nie|der|las|sungs|frei|heit**; **Nie|der|las|sungs|ge|setz** *(bes. österr.)*
nie|der|läu|fig; eine niederläufige Hunderasse
Nie|der|lau|sitz [*auch* ...ˈlau...] (↑K143; Landschaft um Cottbus; *Abk.* N.L.)
nie|der|le|gen; sie hat den Kranz auf der *od.* auf die Platte niedergelegt; sich niederlegen; **Nie|der|le|gung**
nie|der|ma|chen *(ugs.)*; **nie|der|mä|hen**; **nie|der|met|zeln**
Nie|der|ös|ter|reich (↑K143; österr. Bundesland); **Nie|der|ös|ter|rei|cher**; **Nie|der|ös|ter|rei|che|rin**; **nie|der|ös|ter|rei|chisch**
nie|der|pras|seln; **nie|der|reg|nen**; **nie|der|rei|ßen**; das Haus wurde niedergerissen
Nie|der|rhein; **nie|der|rhei|nisch**; *aber* ↑K140: die Niederrheinische Bucht (Tiefland in Nordrhein-Westfalen)
nie|der|rin|gen; der Feind wurde niedergerungen
Nie|der|sach|se; **Nie|der|sach|sen** ↑K143; **Nie|der|säch|sin**; **nie|der|säch|sisch**
nie|der|schie|ßen; jmdn. niederschießen; der Adler ist auf die Beute niedergeschossen
Nie|der|schlag, der; -[e]s, ...schläge
nie|der|schla|gen; sich niederschlagen; der Prozess wurde dann niedergeschlagen
nie|der|schlags|arm; **nie|der|schlags|frei**
Nie|der|schlags|men|ge
nie|der|schlags|reich
Nie|der|schla|gung
Nie|der|schle|si|en ↑K143
nie|der|schmet|tern; jmdn., etwas niederschmettern; dieser Brief hat ihn niedergeschmettert
nie|der|schrei|ben
nie|der|schrei|en; die Menge hat ihn niedergeschrien
Nie|der|schrift
nie|der|schwel|lig (*svw.* niedrigschwellig)
nie|der|set|zen; ich habe mich niedergesetzt
nie|der|sin|ken
nie|der|sit|zen (*landsch. für* sich [nieder]setzen)
Nie|der|span|nung *(Elektrot.)*
nie|ders|te *vgl.* niedere
nie|der|ste|chen
nie|der|stei|gen; sie ist niedergestiegen
nie|der|stim|men; einen Antrag niederstimmen
nie|der|sto|ßen; er hat sie niedergestoßen
nie|der|stre|cken; sie hat ihn niedergestreckt
Nie|der|sturz; **nie|der|stür|zen**; die Lawine ist niedergestürzt
nie|der|tou|rig *(Technik)*
Nie|der|tracht, die; -
nie|der|träch|tig; **Nie|der|träch|tig|keit**
nie|der|tram|peln

nie|der|tre|ten
Nie|de|rung
Nie|de|rungs|moor
[1]**Nie|der|wald,** der; -[e]s (Teil des Rheingaugebirges)
[2]**Nie|der|wald** (durch Austriebe erneuerter Laubwald)
Nie|der|wald|denk|mal, Nie|der|wald-Denk|mal, das; -[e]s
nie|der|wal|zen
nie|der|wärts
Nie|der|was|ser *Plur.* ...wasser (*österr., schweiz. für* Niedrigwasser)
nie|der|wer|fen; niedergeworfen; **Nie|der|wer|fung**
Nie|der|wild
nie|der|zie|hen
nie|der|zwin|gen
nied|lich; Nied|lich|keit
Nied|na|gel (am Fingernagel losgelöstes Hautstückchen)
nied|rig *s. Kasten*
Nied|rig|ener|gie|bau|wei|se
Nied|rig|ener|gie|haus
nied|ri|ger|hän|gen *vgl.* niedrig
nied|rig ge|sinnt, nied|rig|ge|sinnt *(veraltend); vgl.* niedrig
Nied|rig|hal|tung, die; -
Nied|rig|keit
Nied|rig|lohn; Nied|rig|lohn|land *Plur.* ...länder; **Nied|rig|lohn|sek|tor**
Nied|rig|preis; nied|rig|prei|sig; niedrigpreisige Produkte
nied|rig|pro|zen|tig
nied|rig|schwel|lig (leicht erreichbar, nicht bürokratisch erschwert)
nied|rig ste|hend, nied|rig|ste|hend *vgl.* niedrig
Nied|rig|was|ser *Plur.* ...wasser
Ni|el|lo, das; -[s], *Plur.* -s *u.* ...llen, *auch* ...lli ⟨ital.⟩ (eine Verzierungstechnik der Goldschmiedekunst *[nur Sing.]*; mit dieser Technik verziertes Kunstwerk); **Ni|el|lo|ar|beit**
Niels (m. Vorn.)
nie|mals
nie|mand ↑K76; *Gen.* niemand[e]s; *Dat.* niemandem *od.* niemand; *Akk.* niemanden *od.* niemand; ↑K72: niemand Fremdes usw., *aber* ↑K76: niemand anders; niemand kann es besser wissen als sie; **Nie|mand,** der; -[e]s; er, sie ist ein Niemand; der böse Niemand (*auch für* Teufel)
Nie|mands|land *Plur.* ...länder (Kampfgebiet zwischen feindlichen Linien; unerforschtes, herrenloses Land)

Nie|re, die; -, -n; eine künstliche Niere (med. Gerät)
Nie|ren|be|cken; Nie|ren|be|cken|ent|zün|dung
Nie|ren|bra|ten
Nie|ren|ent|zün|dung
nie|ren|för|mig
Nie|ren|ko|lik
nie|ren|krank; Nie|ren|krank|heit
Nie|ren|sen|kung *(Med.);* **Nie|ren|stein; Nie|ren|tisch; Nie|ren|trans|plan|ta|ti|on; Nie|ren|tu|ber|ku|lo|se**
nie|rig (nierenförmig [von Mineralien])
Nierndl, das; -s, -[n] (*österr. für* Niere [als Gericht])
Nier|stei|ner (ein Rheinwein)
Nies|an|fall
nie|seln (*ugs. für* leise regnen); es nieselt; **Nie|sel|re|gen**
nie|sen; du niest; sie nies|te; geniest
Nies|pul|ver; Nies|reiz
Nieß|brauch, der; -[e]s ⟨*zu* nießen = genießen⟩ (*Rechtsspr.* Nutzungsrecht)
Nieß|nutz, der; -es; **Nieß|nut|zer; Nieß|nut|ze|rin**
Nies|wurz, die; -, -en ⟨*zu* niesen⟩ (eine Pflanzengattung)
Niet, der, *auch* das; -[e]s, -e (*fachspr. für* [1]Niete)
[1]**Nie|te,** die; -, -n (Metallbolzen zum Verbinden)
[2]**Nie|te,** die; -, -n ⟨niederl.⟩ (Los, das nichts gewonnen hat; Reinfall, Versager)
nie|ten
Nie|ten|ho|se
Nie|ter (Berufsbez.); **Nie|te|rin**
Niet|ham|mer
Niet|ho|se (*selten für* Nietenhose)
Niet|na|gel; Niet|pres|se
niet- und na|gel|fest ↑K31
Nie|tung
Nietz|sche (dt. Philosoph); **Nietz|sche-Ar|chiv** ↑K136
Ni|fe [*auch* ...fe], das; - ⟨*Kurzw. aus* Ni[ckel] *u.* Fe [Eisen]⟩ (*Bez. für* den nach älterer Theorie aus Nickel u. Eisen bestehenden Erdkern); **Ni|fe|kern**
Nifl|heim [*auch* 'nɪ...], das; -[e]s ⟨»Nebelheim«⟩ (*germ. Mythol.* Reich der Kälte; *auch für* Totenreich)
Ni|gel, der; -s, - (*österr. ugs. für* kleiner Kerl)
ni|gel|na|gel|neu (*südd., schweiz. für* funkelnagelneu)
[1]**Ni|ger,** der; -[s] (afrik. Strom)

[2]**Ni|ger,** -s, *auch mit Artikel* der; -s (Staat in Westafrika)
Ni|ge|ria (Staat in Westafrika); **Ni|ge|ri|a|ner; Ni|ge|ri|a|ne|rin; ni|ge|ri|a|nisch**
Nig|ger, der; -s, - ⟨amerik.⟩ (*diskriminierend für* Schwarzer)
Night|club ['nait...], der; -s, -s ⟨engl.⟩ (Nachtlokal)
Night|ska|ting [...ske:...], das; -s, -s ⟨engl.⟩ (gemeinsame nächtliche Skatingtouren in [größeren] Städten)
Ni|g|rer ⟨*zu* [2]Niger⟩; **Ni|g|re|rin; ni|g|risch**
Ni|g|ro|sin, das; -s, -e ⟨lat.⟩ (ein Farbstoff)
Ni|hi|lis|mus, der; - ⟨lat.⟩ (Philosophie, die alles Bestehende für nichtig hält; völlige Verneinung aller Normen u. Werte)
Ni|hi|list, der; -en, -en; **Ni|hi|lis|tin; ni|hi|lis|tisch**
Nij|me|gen ['nɛi̯me:xə] (niederl. Stadt); *vgl.* Nimwegen
Ni|käa usw. *vgl.* Nizäa usw.
Ni|kab [*auch* 'ni:kap], der; -[s], -[s], *auch* die; -, -[s] ⟨arab.⟩ (Schleier, der das ganze Gesicht, nicht aber die Augen bedeckt)
Ni|ka|ra|gua usw. *vgl.* Nicaragua usw.
Ni|ke (griech. Siegesgöttin)
Ni|ki|ta (m. Vorn.)
Nik|kei-In|dex ['nɪke...], der; - (*Wirtsch.* jap. Aktienindex)
Ni|k|las (m. Vorn.)
Ni|k|laus (*schweiz. für* hl. Nikolaus; *auch* m. Vorn.)
Ni|ko|ba|ren *Plur.* (Inselgruppe im Ind. Ozean)
Ni|ko|de|mus (Jesus anhängender jüdischer Schriftgelehrter)
Ni|kol *vgl.* Nicol
[1]**Ni|ko|laus,** der; -[es], *Plur.* ...läuse, *selten auch* -e ⟨griech.⟩ (als hl. Nikolaus verkleidete Person; den hl. Nikolaus darstellende Figur aus Schokolade)
[2]**Ni|ko|laus** (m. Vorn.)
Ni|ko|laus|abend; Ni|ko|laus|tag (6. Dez.)
Ni|ko|lo [*auch* ...'lo:], der; -s, -s ⟨ital.⟩ (*österr. für* hl. Nikolaus); **Ni|ko|lo|abend; Ni|ko|lo|tag**
Ni|ko|sia, Ni|co|sia [*auch* ...'ko:...] (Hauptstadt von Zypern); **Ni|ko|si|a|ner; Ni|ko|si|a|ne|rin**
Ni|ko|tin, *fachspr.* Ni|co|tin, das; -s ⟨nach dem franz. Gelehrten Nicot⟩ (Alkaloid im Tabak)
ni|ko|tin|arm; ni|ko|tin|frei
Ni|ko|tin|ge|halt, der

N
Niko

ni|ko|tin|gelb
ni|ko|tin|hal|tig; Ni|ko|tin|hal|tig|keit, die; -
Ni|ko|tin|pflas|ter
Ni|ko|tin|sucht; ni|ko|tin|süch|tig
Ni|ko|tin|ver|gif|tung
Nil, der; -[s] (afrik. Fluss)
Nil|del|ta, das; -s ↑K143; **Nil|gans**
Nil|gau, der; -[e]s, -e ‹Hindi› (antilopenartiger ind. Waldbock)
nil|grün
Ni|lo|te, der; -n, -n (Angehöriger am oberen Nil lebender Völker); **Ni|lo|tin; ni|lo|tisch**
Nil|pferd
Nils (m. Vorn.)
Nim|bus, der; -, -se ‹lat.› (besonderes Ansehen, Ruf; *bild. Kunst* Heiligenschein, Strahlenkranz)
nim|mer (*landsch. für* niemals; nicht mehr); nie und nimmer
Nim|mer|leins|tag *(ugs.);* am, bis zum Nimmerleinstag
nim|mer|mehr (*landsch. für* niemals); nie und nimmermehr, nun und nimmermehr; **Nim|mer|mehrs|tag** *vgl.* Nimmerleinstag
nim|mer|mü|de
Nim|mer|satt, der; *Gen.* - *u.* -[e]s, *Plur.* -e (jmd., der nicht genug bekommen kann)
Nim|mer|wie|der|se|hen, das; -s; auf Nimmerwiedersehen *(ugs.)*
nimmt *vgl.* nehmen
[1]**Nim|rod** ‹hebr.› (*A. T.* Herrscher von Babylon, Gründer Ninives)
[2]**Nim|rod,** der; -s, -e ([leidenschaftlicher] Jäger)
Nim|we|gen (*dt. Form von* Nijmegen)
Ni|na (w. Vorn.)
nin|geln (*mitteld. für* wimmern); ich ning[e]le
Ni|ni|ve [...ve] (Hauptstadt des antiken Assyrerreiches); **Ni|ni|vit,** der; -en, -en (Bewohner von Ninive); **Ni|ni|vi|tin; ni|ni|vi|tisch**
Nin|ja, der; -[s], -[s] ‹jap.› (*früher in Japan* in Geheimbünden organisierter Krieger)
Ni|ob, *fachspr.* Ni|o|bi|um, das; -s ‹*nach* Niobe› (chemisches Element, Metall; *Zeichen* Nb)
Ni|o|be [...be] (griech. w. Sagengestalt)
Ni|o|bi|de, der; -n, -n *u.* die; -, -n (Kind der Niobe)
Ni|o|bi|um *vgl.* Niob
Nipf, der; -[e]s (*österr. ugs. für* Mut); jmdm. den Nipf nehmen
Nip|pel, der; -s, - (kurzes Rohrstück mit Gewinde; ab- od. vorstehendes [Anschluss]stück)
nip|pen
Nip|pes [*auch* nɪps, nɪp], der; - ‹franz.› (kleine Ziergegenstände [aus Porzellan])
Nipp|flut (*nordd. für* geringe Flut)
Nip|pon (*jap. Name von* Japan)
Nipp|sa|chen *Plur.* (*svw.* Nippes)
Nipp|ti|de (*svw.* Nippflut)
nir|gend (*veraltend für* nirgends)
nir|gend|her; nir|gend|hin
nir|gends
nir|gends|her usw. *vgl.* nirgendher usw.
nir|gend|wo; nir|gend|wo|her; nir|gend|wo|hin
Ni|ros|ta®, der; -s (*Kurzw. aus* nicht rostender Stahl)
Nir|wa|na, das; -[s] ‹sanskr.› (völlige, selige Ruhe als Endzustand des gläubigen Buddhisten)
Ni|sche, die; -, -n ‹franz.›
Ni|schel, der; -s, - (*bes. mitteld. für* Kopf)
Ni|schen|al|tar
Ni|schen|markt; Ni|schen|pro|dukt
Nisch|ni Now|go|rod (Stadt a. d. Wolga [*früherer Name* Gorki])
Nis|se, die; -, -n, *älter* Niss, die; -, Nisse (Ei der Laus)
Nis|sen|hüt|te ‹nach dem engl. Offizier P. N. Nissen› (↑K136; halbrunde Wellblechbaracke)
nis|sig (voller Nissen, filzig)
nis|ten
Nist|hil|fe; Nist|höh|le; Nist|kas|ten; Nist|platz; Nist|stät|te; Nist|zeit
Nit|hard (fränk. Geschichtsschreiber)
Ni|t|rat, das; -[e]s, -e ‹ägypt.› (*Chemie* Salz der Salpetersäure)
Ni|t|rid, das; -[e]s, -e (Verbindung von Stickstoff mit Metall)
ni|t|rie|ren (mit Salpetersäure behandeln)
Ni|t|ri|fi|ka|ti|on, die; -, -en (Salpeterbildung durch Bodenbakterien); **ni|t|ri|fi|zie|ren** ([durch Bodenbakterien] Salpeter bilden); nitrifizierende Bakterien; **Ni|t|ri|fi|zie|rung**
Ni|t|ril, das; -s, -e (Zyanverbindung)
Ni|t|rit, das; -s, -e (Salz der salpetrigen Säure)
Ni|t|ro|cel|lu|lo|se, die; -
Ni|t|ro|fen, das; -s (ein Unkrautvernichtungsmittel)
Ni|t|ro|ge|la|ti|ne [...ʒe...], die; - (ein Sprengstoff)
Ni|t|ro|ge|ni|um [...ˈɡeː...], das; -s (Stickstoff; *Zeichen* N)
Ni|t|ro|gly|ze|rin, *fachspr. auch* **Ni|t|ro|gly|ce|rin** (ein Heilmittel; ein Sprengstoff)
Ni|t|ro|lack, der; -[e]s, -e (gelöste Nitrozellulose enthaltender Lack)
Ni|t|ro|phos|phat (Düngemittel)
Ni|t|ro|s|a|min, das; -s, -e (eine Stickstoffverbindung)
Ni|t|ro|zel|lu|lo|se, die; - (Zellulosenitrat)
Ni|t|rum, das; -s (*veraltet für* Salpeter)
nit|scheln *(Textilind.);* ich nitsch[e]le; **Nit|schel|werk** (Maschine, mit der Fasern zum Spinnen vorbereitet werden)
ni|t|sche|wo! ‹russ.› (*scherzh. für* macht nichts!, hat nichts zu bedeuten!)
Ni|ue [niːˈueɪ] (Inselstaat im Pazifik); **Ni|u|e|a|ner; Ni|u|e|a|ne|rin; ni|u|e|a|nisch**
Ni|veau [...ˈvoː], das; -s, -s ‹franz.› (waagerechte Fläche auf einer gewissen Höhenstufe; Höhenlage; [Bildungs]stand, Rang)
Ni|veau|dif|fe|renz
ni|veau|frei (*Verkehrsw.* sich nicht in gleicher Höhe kreuzend)
Ni|veau|ge|fäl|le
ni|veau|gleich *(Verkehrsw.)*
Ni|veau|li|nie (Höhenlinie)
ni|veau|los; Ni|veau|lo|sig|keit
Ni|veau|über|gang (*Verkehrsw.* Kreuzung von Straßen, Gleisen auf gleicher Ebene)
Ni|veau|un|ter|schied
ni|veau|voll
Ni|vel|le|ment [...ˈmãː], das; -s, -s (Ebnung, Gleichmachung; Höhenmessung); **ni|vel|lie|ren** (gleichmachen; ebnen; Höhenunterschiede [im Gelände] bestimmen); **Ni|vel|lier|in|s|t|ru|ment; Ni|vel|lie|rung**
Ni|vose [...ˈvoːs], der; -, -s ‹franz., »Schneemonat«› (4. Monat des Kalenders der Franz. Revolution: 21. Dez. bis 19. Jan.)
nix (*ugs. für* nichts)
Nix, der; -es, -e (germ. Wassergeist)
Nix|chen
Ni|xe, die; -, -n (Meerjungfrau; [badendes] Mädchen); **ni|xen|haft**
Ni|zäa (Stadt [*jetziger Name* Iznik] im alten Bithynien); **ni|zä|isch;** *aber* ↑K150: Nizäisches Glaubensbekenntnis
ni|zä|nisch *vgl.* nizäisch
Ni|zä|num, Ni|zä|um, das; -s (Nizäisches Glaubensbekenntnis)

N
niko

Niz|za (franz. Stadt); **Niz|za|er; Niz|za|e|rin; niz|za|isch**
n. J. = nächsten Jahres
NJ = New Jersey
Njas|sa, der; -[s] (afrik. See)
Njas|sa|land, das; -[e]s (*früherer Name von* Malawi)
Nje|men, der; -[s] (*russ. Name der* Memel)
nkr = norwegische Krone
NKWD, der; - ⟨*Abk. aus* russ. Narodny Komissariat Wnutrennich Del = Volkskommissariat des Innern⟩ (sowjet. polit. Geheimpolizei [1934–46])
N. L. = Niederlausitz
nlat. = neulateinisch
Nm = Newtonmeter
NM = New Mexico
nm = Nanometer
nm., nachm. = nachmittags
n. M. = nächsten Monats
N. N. = nomen nescio [- ˈnɛstsio] ⟨lat., »den Namen weiß ich nicht«⟩ *od.* nomen nominandum ⟨»der zu nennende Name«⟩ (z. B. Herr/Frau N. N.)
N. N., NN = Normalnull
NNO = Nordnordost[en]
NNW = Nordnordwest[en]
No = Nobelium
No., N° = Numero
NO = Nordost[en]
nö (*ugs. für* nein)
NÖ = Niederösterreich
No|ah, *ökum.* **No|ach** (bibl. m. Eigenn.); des -, *aber (ohne Artikel)* Noah[s] *u.* Noä; die Arche Noah
no|bel ⟨franz.⟩ (edel; *ugs. für* freigebig); ein no|b|ler Mensch
[1]**No|bel,** der; -s (Löwe in der Tierfabel)
[2]**No|bel** (schwed. Chemiker)
No|bel|ball (*bes. österr.*)
No|bel|bou|tique
No|bel|her|ber|ge (luxuriöses Hotel)
No|bel|heu|ri|ge (*österr. für* gehobenes Lokal (bes. in Wien), in dem neuer Wein aus eigenen Weinbergen ausgeschenkt wird)
No|bel|ho|tel
No|be|li|um, das; -s ⟨*zu* [2]Nobel⟩ (chemisches Element, Transuran; *Zeichen* No)
No|bel|ka|ros|se (*ugs. für* luxuriöses Auto); **No|bel|mar|ke**
No|bel|preis; No|bel|preis|trä|ger; No|bel|preis|trä|ge|rin
No|bel|stif|tung, die; -
No|bi|li|tät, die; -, -en ⟨lat.⟩ (Adel); **no|bi|li|tie|ren** (*früher für* adeln)
No|b|les|se, die; -, -n ⟨franz.⟩ (*veraltet für* Adel; *nur Sing.: veraltend für* vornehmes Benehmen)
no|b|lesse ob|lige [...ˈblɛs ɔˈbliːʃ] (Adel verpflichtet)
No|bo|dy [ˈnoʊbɔdi], der; -[s], -s ⟨engl.⟩ (jmd., der unbedeutend, ein Niemand ist)
noch; noch nicht; noch immer; noch mehr; noch und noch; noch einmal; noch einmal so viel; noch mal *od.* nochmal
Noch|ge|schäft (*Börse*)
noch mal, noch|mal (*ugs.*)
noch|ma|lig; noch|mals
[1]**Nock,** das; -[e]s, -e, *auch* die; -, -en ⟨niederl.⟩ (*Seemannsspr.* Ende eines Rundholzes)
[2]**Nock,** der; -s, -e (*österr. in Bergnamen für* Felskopf, Hügel)
Nöck *vgl.* Neck
No|cken, der; -s, - (*Technik* Vorsprung an einer Welle od. Scheibe); **No|cken|wel|le**
No|ckerl, das; -s, -[n]; *vgl.* Pickerl (*österr. für* Klößchen; naives Mädchen); **No|ckerl|sup|pe** (*österr.*)
Noc|turne [nɔkˈtʏrn], das; -s, -s *od.* die; -, -s ⟨franz., »Nachtstück«⟩ (*Musik* lyrisches, stimmungsvolles Klavierstück)
No|ël [nɔˈɛl], der; - (franz. Weihnachtslied)
No|e|sis, die; - ⟨griech.⟩ (*Philos.* geistiges Wahrnehmen, Denken)
No|e|tik, die; - (Lehre vom Denken, vom Erkennen geistiger Gegenstände); **no|e|tisch**
No|f|re|te|te (altägypt. Königin)
no fu|ture [ˈnoː ˈfjuːtʃɐ] ⟨engl., »keine Zukunft«⟩ (Schlagwort meist arbeitsloser Jugendlicher)
No-Fu|ture-Ge|ne|ra|ti|on, die; - (junge Generation ohne Zukunftsaussichten)
No-Go, das; -[s], -s ⟨engl.⟩ (*ugs. auch für* Verbot; Tabu); diese Tasche ist ein absolutes No-Go
No-go-Area [...ɛri̯ɐ], die; -, -s ⟨engl.⟩ (*bes. Politik, Militär* Gebiet, in dem die öffentliche Sicherheit nicht gewährleistet ist)
noir [no̯aːɐ̯] ⟨franz.⟩ (schwarz); Pinot noir (eine Rotweinrebsorte)
no iron [ˈnoː ˈai̯ən] ⟨engl.⟩ (nicht bügeln, bügelfrei [Hinweis an Kleidungsstücken])
Noi|sette [no̯aˈzɛt], die; -, *Plur.* (*Sorten:*) -s ⟨franz.⟩, **Noi|sette|scho|ko|la|de** (Milchschokolade mit Haselnusscreme)
[1]**NOK,** das; -[s], -s = Nationales Olympisches Komitee
[2]**NOK** (Währungscode für norw. Krone)
Nol|de (dt. Maler u. Grafiker)
nö|len (*nordd. ugs. abwertend für* jammern)
no|lens vo|lens ⟨lat., »nicht wollend wollend«⟩ (wohl od. übel)
nö|lig
No|li|me|tan|ge|re [...ge...], das; -, - ⟨»rühr mich nicht an«⟩ (Springkraut)
Nöl|lie|se, die; -, -n; **Nöl|pe|ter,** der; -s, - (*nordd. ugs. abwertend für* herumjammernde Person)
Nom. = Nominativ
No|ma|de, der; -n, -n ⟨griech.⟩ (Angehöriger eines Hirten-, Wandervolkes)
No|ma|den|da|sein
no|ma|den|haft
No|ma|den|le|ben; No|ma|den|volk
No|ma|din
no|ma|disch (umherziehend)
no|ma|di|sie|ren (umherziehen)
No|men, das; -s, *Plur.* ...mina *od.* - ⟨lat., »Name«⟩ (*Sprachwiss.* Nennwort, Substantiv, z. B. »Haus«; *häufig auch für* Adjektiv *u.* andere deklinierbare Wortarten)
No|men Ac|ti, das; - -, ...mina - (*Sprachwiss.* Substantiv, das den Abschluss od. das Ergebnis eines Geschehens bezeichnet, z. B. »Lähmung, Guss«)
No|men Ac|ti|o|nis, das; - -, ...mina - (*Sprachwiss.* Substantiv, das ein Geschehen bezeichnet, z. B. »Schlaf«)
No|men Agen|tis, das; - -, ...mina - (*Sprachwiss.* Substantiv, das den Träger eines Geschehens bezeichnet, z. B. »Schläfer«)
no|men est omen (der Name deutet schon darauf hin)
No|men In|s|t|ru|men|ti, das; - -, ...mina - (*Sprachwiss.* Substantiv, das ein Werkzeug od. Gerät bezeichnet, z. B. »Bohrer«)
No|men|kla|tor, der; -s, ...oren (Verzeichnis für die in einem Wissenschaftszweig vorkommenden gültigen Namen); **no|men|kla|to|risch**
No|men|kla|tur, die; -, -en (Zusammenstellung, System von [wissenschaftlichen] Fachausdrücken)
No|men|kla|tu|ra, die; - ⟨russ.⟩ (*in der Sowjetunion* Verzeichnis der

N
Nome

wichtigsten Führungspositionen; *übertr. für* Oberschicht); **No|men|kla|tur|ka|der** *(DDR)*

No|men pro|p|ri|um, das; - -, ...mina ...pria ‹lat.› (Eigenname)

No|mi|na *(Plur. von* Nomen)

no|mi|nal (zum Namen gehörend; *Wirtsch.* zum Nennwert); **No|mi|nal|be|trag** (Nennbetrag); **No|mi|na|le,** das; -[s], ...ia *(österr. für* Nominalwert)

no|mi|na|li|sie|ren *(svw.* substantivieren); **No|mi|na|li|sie|rung** *(svw.* Substantivierung)

No|mi|na|lis|mus, der; - (eine philos. Lehre); **No|mi|na|list,** der; -en, -en; **No|mi|na|lis|tin**

No|mi|nal|lohn

No|mi|nal|stil, der; -[e]s (Stil, der das Substantiv, das Nomen, bevorzugt; *Ggs.* Verbalstil)

No|mi|nal|wert

No|mi|na|ti|on, die; -, -en *(früher für* [Recht der] Benennung von Anwärtern auf höhere Kirchenämter durch die Landesregierung; *seltener für* Nominierung)

No|mi|na|tiv, der; -s, -e *(Sprachwiss.* Werfall, 1. Fall; *Abk.* Nom.)

no|mi|nell ([nur] dem Namen nach [bestehend], vorgeblich; zum Nennwert); *vgl.* nominal

no|mi|nie|ren (benennen, bezeichnen; ernennen); **No|mi|nie|rung**

N
Nome

No|mo|gramm, das; -s, -e ‹griech.› *(Math.* Schaubild od. Zeichnung zum graf. Rechnen)

Non, No|ne, die; -, Nonen ‹lat.› (Teil des kath. Stundengebets)

No|na|gon, das; -s, -e ‹lat.; griech.› (Neuneck)

No-Name-Pro|dukt, No|name|pro|dukt ['no:ne:m..., 'no:ne:m...] ‹engl.; lat.› (neutral verpackte Ware ohne Marken- od. Firmenzeichen)

Non-Book-Ab|tei|lung ['nɔn'bʊk..., 'nɔnbʊk...], **Non|book|ab|tei|lung** ‹engl.; dt.› (Abteilung in Buchläden, in der Schallplatten, Poster o. Ä. verkauft werden)

Non|cha|lance [nõʃa'lã:s], die; - ‹franz.› (Lässigkeit, formlose Ungezwungenheit)

non|cha|lant [...'lã:, *attributiv* ...'lant] (formlos, ungezwungen, [nach]lässig); nonchalanteste [...'lantəstə]

No|ne, die; -, -n ‹lat.› *(Musik* neunter Ton [vom Grundton an]; ein Intervall); *vgl.* Non

No|nen *Plur. (im altröm. Kalender* neunter Tag vor den Iden)

No|nen|ak|kord *(Musik)*

No|nett, das; -[e]s, -e (Musikstück für neun Instrumente; *auch* die neun Ausführenden)

Non-Fic|tion, Non|fic|tion [(')nɔn-'fɪkʃn̩], die; -, *auch* das; -[s] ‹engl.-amerik.› (Sach- od. Fachbuch)

Non-Food-Ab|tei|lung, Non|food|ab|tei|lung ['nɔn'fu:t..., 'nɔnfu:t...] ‹engl.; dt.› (Abteilung in Einkaufszentren, in der keine Lebensmittel, sondern andere Gebrauchsgüter verkauft werden)

No|ni|us, der; -, *Plur.* ...ien *u.* -se ‹nach dem Portugiesen Nunes› (verschiebbarer Messstabzusatz)

non|kon|form (nicht angepasst)

Non|kon|for|mis|mus [*auch* 'nɔn...] ‹lat.-engl.› (von der herrschenden Meinung unabhängige Einstellung); **Non|kon|for|mist,** der; -en, -en; **Non|kon|for|mis|tin; non|kon|for|mis|tisch**

Non|kon|for|mi|tät, die; -

Non|ne, die; -, -n; **non|nen|haft**

Non|nen|klos|ter; Non|nen|or|den; Non|nen|schu|le

Non|nen|zie|gel (ein Dachziegel)

Non|pa|reille [nõpa'rɛ:j], die; - ‹franz.› *(Druckw.* ein Schriftgrad)

Non|plus|ul|t|ra, das; - ‹lat.› (Unübertreffbares, Unvergleichliches)

Non-Pro|fit-Un|ter|neh|men, Non|pro|fit|un|ter|neh|men [(')nɔn-'prɔfɪt...] ‹engl.; dt.› (ohne Gewinnerzielungsabsicht tätiges Unternehmen)

Non|pro|li|fe|ra|ti|on [*auch* nɔnprolifə're:ʃn̩], die; - ‹engl.-amerik.› (Nichtweitergabe [von Atomwaffen])

non scho|lae, sed vi|tae dis|ci|mus [- 'sç..., *auch* 'sk... - - -] ‹lat., »nicht für die Schule, sondern für das Leben lernen wir«›

Non|sens, der; *Gen.* - *u.* -es ‹lat.-engl.› (Unsinn; törichtes Gerede)

non|stop ['nɔn'stɔp, 'nɔnstɔp, *auch* ...ʃt...] ‹engl.› (ohne Halt, ohne Pause); nonstop fliegen, spielen

Non|stop-Flug, Non|stop|flug (Flug ohne Zwischenlandung)

Non|stop-Ki|no, Non|stop|ki|no (Kino mit fortlaufenden Vorführungen u. durchgehendem Einlass)

non trop|po ‹ital.› *(Musik* nicht zu viel)

Non|va|leur [nõva'lø:ɐ̯], der; -s, -s ‹franz.› (entwertetes Wertpapier; Investition, die keinen Ertrag abwirft)

non|ver|bal [*auch* 'nɔ...] (nicht mithilfe der Sprache)

Noor, das; -[e]s, -e ‹dän.› *(nordd. für* Haff)

Nop|pe, die; -, -n (Knoten in Geweben)

Nopp|ei|sen (Werkzeug zum Noppen)

nop|pen (Knoten aus dem Gewebe entfernen)

Nop|pen|garn; Nop|pen|ge|we|be

Nop|pen|glas *Plur.* ...gläser

Nop|pen|stoff

nop|pig

Nopp|zan|ge *(svw.* Noppeisen)

No|ra (w. Vorn.)

Nor|bert (m. Vorn.)

Nör|chen ‹*zu* nören› *(nordwestd. für* Schläfchen)

[1]**Nord** (Himmelsrichtung; *Abk.* N); Nord und Süd; *fachspr.* der Wind kommt aus Nord; Autobahnausfahrt Frankfurt-Nord *od.* Frankfurt Nord ↑K148; *vgl.* Norden

[2]**Nord,** der; -[e]s, -e *Plur. selten (geh. für* Nordwind)

Nord|af|ri|ka; Nord|af|ri|ka|ner; Nord|af|ri|ka|ne|rin; nord|af|ri|ka|nisch

Nord|ame|ri|ka; Nord|ame|ri|ka|ner; Nord|ame|ri|ka|ne|rin; nord|ame|ri|ka|nisch

Nord|at|lan|tik|pakt, der; -[e]s; *vgl.* NATO

Nord|aus|t|ra|li|en

Nord|ba|den *vgl.* Baden

Nord|bra|bant (niederl. Prov.)

Nord|da|ko|ta (Staat in den USA; *Abk.* ND)

nord|deutsch; *aber* ↑K140: das Norddeutsche Tiefland, *auch* die Norddeutsche Tiefebene; ↑K150: der Norddeutsche Bund; *vgl.* deutsch; **Nord|deut|sche,** der *u.* die; **Nord|deutsch|land**

Nor|den, der; -s *(Abk.* N); das Gewitter kommt aus Norden; sie zogen gen Norden; *vgl.* [1]Nord

Nor|den|skiöld ['nu:ɐ̯dn̩ʃœlt] (schwed. Polarforscher)

Nor|der|dith|mar|schen (Teil von Dithmarschen)

Nor|der|ney (eine der Ostfriesischen Inseln)

Nord|eu|ro|pa; Nord|eu|ro|pä|er;

Nord|eu|ro|pä|e|rin; nord|eu|ro|pä|isch
Nord|flü|gel
Nord|frank|reich
nord|frie|sisch; *aber* ↑K140: die Nordfriesischen Inseln; **Nord|fries|land**
Nord|ger|ma|ne; Nord|ger|ma|nin; nord|ger|ma|nisch
Nord|halb|ku|gel *(Geogr.)*
Nord|hang
Nord|häu|ser ‹nach der Stadt Nordhausen› ([Korn]branntwein)
Nor|dic Wal|king [-ˈwɔːkɪŋ], das; - -[s] ‹engl.› (als Sport betriebenes Gehen mit Stöcken)
Nord|ire; Nord|irin; nord|irisch; Nord|ir|land
nor|disch (den Norden betreffend); nordische Kälte; die nordischen Sprachen; nordische Kombination (*Skisport* Sprunglauf u. 15-km-Langlauf), *aber* ↑K150: der Nordische Krieg (1700–21)
Nor|dist, der; -en, -en; **Nor|dis|tik,** die; - (Erforschung der nordischen Sprachen u. Kulturen); **Nor|dis|tin**
Nord|ita|li|en
Nord|kap, das; -s (auf einer norw. Insel)
Nord|ka|ro|li|na (Staat in den USA; *Abk.* NC)
Nord|ko|rea (*nicht amtliche Bez. für* Demokratische Volksrepublik Korea); ↑K143; **Nord|ko|re|a|ner; Nord|ko|re|a|ne|rin; nord|ko|re|a|nisch**
Nord|küs|te
Nord|län|der, der; **Nord|län|de|rin**
Nord|land|fahrt; nord|län|disch
Nord|land|rei|se
n[ördl]. Br. = nördlicher Breite

nörd|lich

- die nördliche Halbkugel; nördlicher Breite (*Abk.* n[ördl]. Br.)
- der nördliche Stern[en]himmel, *aber* ↑K140: das Nördliche Eismeer (*älter für* Nordpolarmeer)

An »nördlich« kann ein Substantiv im Genitiv oder mit »von« angeschlossen werden. Der Anschluss mit »von« wird bei artikellosen [geografischen] Namen bevorzugt:

- nördlich dieser Linie; nördlich des Mains
- nördlich von Berlin, *seltener* nördlich Berlins

Nörd|li|che Dwi|na, die; -n - (russischer Strom; *vgl.* Dwina)
Nord|licht *Plur.* ...lichter (*auch scherzh. für* Norddeutscher)
Nörd|lin|gen (Stadt im Ries in Bayern); **Nörd|lin|ger**
Nord|mann|tan|ne, Nord|mann-Tan|ne, Nord|manns|tan|ne ‹nach dem finn. Naturwissenschaftler A. v. Nordmann› (mitteleuropäischer Nadelbaum)
¹Nord|nord|ost (Himmelsrichtung; *Abk.* NNO); *vgl.* Nordnordosten
²Nord|nord|ost, der; -[e]s, -e *Plur. selten* (Nordnordostwind; *Abk.* NNO)
Nord|nord|os|ten, der; -s (*Abk.* NNO); *vgl.* ¹Nordnordost
¹Nord|nord|west (Himmelsrichtung; *Abk.* NNW); *vgl.* Nordnordwesten
²Nord|nord|west, der; -[e]s, -e *Plur. selten* (Nordnordwestwind; *Abk.* NNW)
Nord|nord|wes|ten, der; -s (*Abk.* NNW); *vgl.* ¹Nordnordwest
¹Nord|ost (Himmelsrichtung; *Abk.* NO); *vgl.* Nordosten
²Nord|ost, der; -[e]s, -e *Plur. selten* (Nordostwind)
Nord|os|ten, der; -s (*Abk.* NO); *vgl.* ¹Nordost; **nord|öst|lich;** *aber* ↑K140: die Nordöstliche Durchfahrt
Nord-Ost|see-Ka|nal, der; -s
Nord|ost|wind
Nord|pol
Nord|po|lar|ge|biet; Nord|po|lar|meer
Nord|pol|ex|pe|di|ti|on
Nord|pol|fah|rer; Nord|pol|fah|re|rin
Nord|punkt, der; -[e]s; **Nord|rand**
Nord|rhein-West|fa|len ↑K144
nord|rhein-west|fä|lisch ↑K145
Nord|rho|de|si|en (*früherer Name von* Sambia)
Nord|see, die; - (Meer); **Nord|see|in|sel; Nord|see|ka|nal,** der; -s; **Nord|see|küs|te**
Nord|sei|te; Nord|spit|ze
Nord|staat *meist Plur.* (bes. in den USA)
Nord-Süd-Ge|fäl|le (wirtschaftl. Gefälle zwischen Industrie- u. Entwicklungsländern)
nord|süd|lich; in nordsüdlicher Richtung
Nord|teil, der
Nord|ter|ri|to|ri|um (in Australien)
Nord|ti|rol
Nord|vi|et|nam
Nord|wand
nord|wärts

¹Nord|west (Himmelsrichtung; *Abk.* NW); *vgl.* Nordwesten
²Nord|west, der; -[e]s, -e *Plur. selten* (Nordwestwind)
Nord|wes|ten, der; -s (*Abk.* NW); *vgl.* ¹Nordwest; **nord|west|lich;** *aber* ↑K140: die Nordwestliche Durchfahrt
Nord|west|ter|ri|to|ri|en *Plur.* (in Kanada)
Nord|west|wind; Nord|wind
nö|ren (*nordwestd. für* schlummern); *vgl.* Nörchen
Nör|ge|lei; Nör|gel|frit|ze, der; -n, -n *(ugs. abwertend)*
nör|ge|lig, nörglig
nör|geln; ich nörg[e]le
Nörg|ler; Nörg|le|rin; nörg|le|risch
Nörg|ler|tum, das; -s
nörg|lig *vgl.* nörgelig
no|risch (ostalpin); *aber* ↑K140: die Norischen Alpen
Norm, die; -, -en ‹griech.-lat.› (Richtschnur, Regel; sittliches Gebot od. Verbot als Grundlage der Rechtsordnung; Größenanweisung in der Technik; *Druckerspr.* Bogensignatur)
nor|mal (der Norm entsprechend, vorschriftsmäßig; gewöhnlich, üblich, durchschnittlich)
Nor|mal, das; -s, -e (besonders genauer Maßstab; *meist ohne Artikel, nur Sing.: kurz für* Normalbenzin)
Nor|mal|aus|füh|rung; Nor|mal|ben|zin
Nor|mal|bür|ger; Nor|mal|bür|ge|rin
Nor|mal|druck *Plur.* ...drücke *u.* ...drucke
Nor|ma|le, die; -[n], -[n]; zwei Normale[n] (*Math.* Senkrechte)
nor|ma|ler|wei|se
Nor|mal|fall, der; **Nor|mal|film**
Nor|mal|form *(Sport)*
Nor|mal|ge|wicht; Nor|mal|grö|ße
Nor|mal|hö|he; Nor|mal|hö|hen|punkt, der; -[e]s (*Zeichen* NH, N. H.)
Nor|mal|ho|ri|zont (Ausgangsfläche für Höhenmessungen)
Nor|ma|lie, die; -, -n (*Technik* nach einem bestimmten System vereinheitlichtes Bauelement; *meist Plur.:* Grundform)
nor|ma|li|sie|ren (wieder normal gestalten); sich normalisieren (wieder normal werden); **Nor|ma|li|sie|rung**
Nor|ma|li|tät, die; - (normaler Zustand)

Nor|mal|maß, das
Nor|mal|null, das; -s (*Abk.* N. N., NN)
Nor|ma|lo, der; -s, -s (*ugs. für* Durchschnittsmensch)
Nor|mal|pro|fil (Walzeisenquerschnitt)
Nor|mal|spur (*Eisenbahn* Vollspur); **nor|mal|spu|rig** (vollspurig)
Nor|mal|sterb|li|che, der *u.* die; -n, -n
Nor|mal|tem|pe|ra|tur; Nor|mal|ton *Plur.* ...töne; **Nor|mal|uhr**
Nor|mal|ver|brau|cher; Nor|mal|ver|brau|che|rin
Nor|mal|ver|die|ner; Nor|mal|ver|die|ne|rin
Nor|mal|ver|tei|lung *(Math.);* **Nor|mal|ver|tei|lungs|kur|ve**
Nor|mal|zeit (Einheitszeit)
Nor|mal|zu|stand
Nor|man (m. Vorn.)
Nor|man|die [*auch* ...mã...], die; - (Landschaft in Nordwestfrankreich)
Nor|man|ne, der; -n, -n (Angehöriger eines nordgerm. Volkes); **Nor|man|nin; nor|man|nisch;** normannischer Eroberungszug, *aber* ↑K140: die Normannischen Inseln
nor|ma|tiv ⟨griech.⟩ (maßgebend, als Richtschnur dienend); **Nor|ma|tiv,** das; -s, -e (*regional für* Richtschnur, Anweisung)
Norm|blatt
nor|men (einheitlich festsetzen, gestalten; [Größen] regeln)
Nor|men|aus|schuss
Nor|men|kon|t|rol|le *(Rechtsspr.);* **Nor|men|kon|t|roll|kla|ge**
norm|ge|recht
nor|mie|ren (normgerecht gestalten); **Nor|mie|rung**
Nor|mung (das Normen)
Norm|ver|brauchs|ab|ga|be (*österr. für* treibstoffbezogene Kraftfahrzeugsteuer; *Abk.* NOVA)
Nor|ne, die; -, -n *meist Plur.* ⟨altnord.⟩ (nord. Schicksalsgöttin [Urd, Werdandi, Skuld])
No|ro|vi|rus ⟨nach der amerik. Stadt Norwalk⟩ (Erreger einer Infektionskrankheit)
North Ca|ro|li|na [ˈnɔːθ kɛrəˈlaɪ̯nə] (Nordkarolina; *Abk.* NC)
North Da|ko|ta [ˈnɔːθ dəˈkoːtə] (Norddakota; *Abk.* ND)
Nor|th|um|ber|land [nɔːˈθambɐlənt] (engl. Grafschaft)
Nor|we|gen
Nor|we|ger; Nor|we|ge|rin
Nor|we|ger|mus|ter (ein Strickmuster); **Nor|we|ger|pul|li**
nor|we|gisch; Nor|we|gisch, das; -[s] (Sprache); *vgl.* Deutsch; **Nor|we|gi|sche,** das; -n; *vgl.* [2]Deutsche
No|se|ma|seu|che ⟨griech.; dt.⟩ (eine Bienenkrankheit)
No|so|gra|fie, No|so|gra|phie, die; -, ...ien ⟨griech.⟩ (*Med.* Krankheitsbeschreibung)
No|so|lo|gie, die; -, ...ien (Lehre von den Krankheiten, systematische Beschreibung der Krankheiten); **no|so|lo|gisch**
No-Spiel ⟨jap.-dt.⟩ (eine Form des klassischen jap. Theaters); ↑K21
Nos|sack (dt. Schriftsteller)
Nö|ßel, der *od.* das; -s, - (altes Flüssigkeitsmaß)
Nos|t|al|gie, die; -, ...ien ⟨griech.⟩ ([sehnsuchtsvolle] Rückwendung zu früheren Zeiten u. Erscheinungen, z. B. in Kunst od. Mode); **Nos|t|al|gie|wel|le**
Nos|t|al|gi|ker; Nos|t|al|gi|ke|rin; nos|t|al|gisch
Nos|t|ra|da|mus (französischer Astrologe des 16. Jh.s)
Nos|t|ri|fi|ka|ti|on, die; -, -en ⟨lat.⟩ (Einbürgerung; Anerkennung eines ausländischen Diploms); **nos|t|ri|fi|zie|ren; Nos|t|ri|fi|zie|rung** (*svw.* Nostrifikation)
Nos|t|ro|gut|ha|ben, Nos|t|ro|kon|to ⟨ital.⟩ (Eigenguthaben im Verkehr zwischen Banken)

Not
die; -, Nöte
- ohne Not; zur Not; mit Müh und Not
- wenn Not am Mann ist; seine [liebe] Not haben
- *Aber:* nottun; Seefahrt tut not
- Not sein, Not werden (*veraltend für* nötig sein, werden)
- in Not, in Nöten sein
- *Aber:* vonnöten sein
- Not leiden; *vgl.* Not leidend, notleidend

No|ta, die; -, -s ⟨lat.⟩ (*Wirtsch.* [kleine] Rechnung, Vormerkung); *vgl.* ad notam
No|ta|beln *Plur.* ⟨franz.⟩ (durch Bildung, Rang u. Vermögen ausgezeichnete Mitglieder des [franz.] Bürgertums)
no|ta|be|ne ⟨lat., »merke wohl!«⟩ (übrigens; *Abk.* NB); **No|ta|be|ne,** das; -[s], -[s] (Merkzeichen, Vermerk, Denkzettel)
No|ta|bi|li|tät, die; -, -en (*nur Sing.:* Vornehmheit; *meist Plur.:* hervorragende Persönlichkeit)
Not|an|ker
No|tar, der; -s, -e ⟨lat.⟩ (Amtsperson zur Beurkundung von Rechtsgeschäften)
No|ta|ri|at, das; -[e]s, -e (Amt eines Notars); **No|ta|ri|ats|ge|hil|fe; No|ta|ri|ats|ge|hil|fin**
no|ta|ri|ell (von einem Notar [ausgefertigt]); notariell beglaubigt
No|ta|rin
no|ta|risch (*seltener für* notariell)
Not|arzt
Not|arzt|hub|schrau|ber *(österr.);* **Not|ärz|tin; Not|arzt|wa|gen**
No|tat, das; -[e]s, -e (niedergeschriebene Bemerkung, Notiz)
No|ta|ti|on, die; -, -en (Aufzeichnung [in Notenschrift]; System von Zeichen od. Symbolen)
Not|auf|nah|me; Not|auf|nah|me|la|ger *Plur.* ...lager
Not|aus|gang; Not|aus|rüs|tung; Not|aus|stieg; Not|be|helf; Not|be|leuch|tung; Not|bett
Not|brem|se; Not|brem|sung
Not|brü|cke
Not|burg, Not|bur|ga (w. Vorn.)
Not|dienst; ärztlicher Notdienst
Not|durft, die; - (*veraltend für* Drang, den Darm, die Blase zu entleeren; Stuhlgang)
not|dürf|tig
No|te, die; -, -n ⟨lat.⟩; eine ganze, eine halbe Note; die Note »Drei«; *vgl.* ausreichend *u.* drei
Note|book [ˈnoːtbʊk], das; -s, -s ⟨engl.⟩ (Personal Computer im Buchformat)
No|ten *Plur.* ⟨lat.⟩ (*ugs. für* Musikalien)
No|ten|aus|tausch; No|ten|bank *Plur.* ...banken; **No|ten|blatt**
No|ten|durch|schnitt
No|ten|heft
No|ten|kon|fe|renz *(Schule)*
No|ten|li|nie *meist Plur.*
No|ten|pres|se
No|ten|pult; No|ten|satz, der; -es; **No|ten|schlüs|sel; No|ten|schrift; No|ten|stän|der**
No|ten|ste|cher (Berufsbez.); **No|ten|ste|che|rin**
No|ten|sys|tem; No|ten|um|lauf; No|ten|wech|sel
Note|pad [ˈnoːtpɛt], das; -s, -s ⟨engl.⟩ (Personal Computer im Notizblockformat)

Not|er|be, der (Erbe, der nicht übergangen werden darf); **Not|er|bin**
Not|fall, der
Not|fall|arzt *(bes. schweiz.)*; **Not|fall|ärz|tin; Not|fall|dienst; Not|fall|me|di|zin,** die; -
not|falls ↑K 70
Not|fall|sta|ti|on
Not|feu|er; Not|ge|biet
not|ge|drun|gen
Not|geld
Not|ge|mein|schaft
Not|gro|schen
Not|ha|fen *vgl.* ²Hafen
Not|hel|fer (die vierzehn Nothelfer [Heilige] ↑K 89); **Not|hel|fe|rin**
Not|hil|fe; Not|hil|fe|kurs
no|tie|ren ‹lat.› (aufzeichnen; vormerken; *Kaufmannsspr.* den Kurs eines Papiers, den Preis einer Ware festsetzen; einen bestimmten Kurswert, Preis haben); **No|tie|rung**
No|ti|fi|ka|ti|on, die; -, -en (*veraltet für* Anzeige; Benachrichtigung); **no|ti|fi|zie|ren** *(veraltet)*
nö|tig; für nötig halten; etwas nötig haben, machen; das ist am nötigsten; das Nötigste; es fehlt ihnen am Nötigsten ↑K 72
nö|ti|gen
nö|ti|gen|falls
Nö|ti|gung
No|tiz, die; -, -en ‹lat.›; von etwas Notiz nehmen; **No|tiz|block** *vgl.* Block; **No|tiz|buch**
No|tiz|samm|lung, No|ti|zen|samm|lung; No|tiz|zet|tel
Not|ker (m. Vorn.)
Not|la|ge
not|lan|den; ich notlande; notgelandet; notzulanden; **Not|lan|dung**
Not lei|dend, not|lei|dend ↑K 58; die Not leidende *od.* notleidende Bevölkerung; *aber nur:* äußerste Not leidend, äußerst notleidend; notleidende Kredite *(Bankw.)*
Not|lei|den|de, der *u.* die; -n, -n, **Not Lei|den|de,** der *u.* die; - -n, - -n
Not|lei|ter, die
Not|licht *Plur.* ...lichter
Not|lö|sung; Not|lü|ge; Not|maß|nah|me
Not|na|gel (*ugs. für* jmd., mit dem man in einer Notlage vorliebnimmt)
Not|ope|ra|ti|on; Not|op|fer
no|to|risch ‹lat.› (offenkundig, allbekannt; berüchtigt)

Not|pfen|nig; Not|pro|gramm; Not|quar|tier
No|t|re-Dame [nɔtrəˈdam], die; - (*franz. Bez.* der Jungfrau Maria; Name vieler franz. Kirchen)
not|reif; Not|rei|fe
Not|ruf; Not|ruf|an|la|ge; Not|ruf|num|mer; Not|ruf|säu|le; Not|ruf|zen|t|ra|le
not|schlach|ten; ich notschlachte; notgeschlachtet; notzuschlachten; **Not|schlach|tung**
Not|schrei; Not|si|g|nal; Not|si|tu|a|ti|on; Not|sitz
Not|stand; Not|stands|ge|biet; Not|stands|ge|setz|ge|bung; Not|stands|hil|fe *(österr.)*
Not|strom|ag|gre|gat
Not|tau|fe; not|tau|fen; ich nottaufe; notgetauft; notzutaufen
not|tun; eine Verordnung, die nottut; die Verordnung tat not, hat notgetan; *vgl. auch* Not
Not|tür
Not|tur|no, das; -s, *Plur.* -s *u.* ...ni ‹ital.› (*svw.* Nocturne)
Not|un|ter|kunft; Not|ver|band; Not|ver|kauf; Not|ver|ord|nung; Not|ver|sor|gung
not|voll
not|was|sern; ich notwassere; notgewassert; notzuwassern; **Not|was|se|rung**
Not|wehr, die; -
not|wen|dig [*auch* ...ˈvɛn...] ↑K 72: [sich] auf das, aufs Notwendigste beschränken; es fehlt am Notwendigsten; alles Notwendige tun
not|wen|di|gen|falls; not|wen|di|ger|wei|se; Not|wen|dig|keit
Not|zei|chen
Not|zeit *meist Plur.*
Not|zucht, die; - *(Rechtsspr. früher)*; **not|züch|ti|gen** *(Rechtsspr. früher)*; genotzüchtigt; zu notzüchtigen
Nou|ak|chott [nu̯akˈʃɔt] (Hauptstadt Mauretaniens)
Nou|gat [ˈnu:...] usw. *vgl.* Nugat usw.
Nou|veau|té [nuvo...], die; -, -s ‹franz.› (Neuheit, Neuigkeit)
Nou|velle Cui|sine [nuˈvɛl kʏ̆iˈzi:n], die; - - ‹franz.› (moderne Richtung der Kochkunst)
Nov. = November
¹**No|va,** die; -, ...vä *u.* ...ven ‹lat.› (neuer Stern)
²**No|va** (*Plur. von* Novum; Neuerscheinungen im Buchhandel)
NOVA = Normverbrauchsabgabe
No|va|lis (dt. Dichter)

No|va|ti|on, die; -, -en ‹lat.› (*Rechtsspr.* Schuldumwandlung)
No|ve|cen|to [...ˈtʃɛ...], das; -[s] ‹ital.› ([Kunst]zeitalter des 20. Jh.s in Italien)
No|vel Food, das; - -[s], **No|vel|food,** das; -[s] [ˈnɔvl̩ ˈfu:t, ˈnɔvl̩...] ‹engl.› (gentechnisch veränderte Nahrung)
No|vel|le, die; -, -n ‹lat.› (Prosaerzählung; Nachtragsgesetz)
no|vel|len|ar|tig
No|vel|len|band, der
No|vel|len|dich|ter; No|vel|len|dich|te|rin
No|vel|len|form; No|vel|len|samm|lung
No|vel|len|schrei|ber; No|vel|len|schrei|be|rin
No|vel|let|te, die; -, -n (kleine Novelle)
no|vel|lie|ren (durch ein Nachtragsgesetz ändern, ergänzen); **No|vel|lie|rung**
No|vel|list, der; -en, -en (Novellenschreiber); **No|vel|lis|tin; no|vel|lis|tisch** (novellenartig; unterhaltend)
No|vem|ber, der; -[s], - ‹lat.› (elfter Monat im Jahr; Nebelmond, Neb[e]lung, Windmonat, Wintermonat; *Abk.* Nov.)
no|vem|ber|haft; no|vem|ber|lich
No|vem|ber|ne|bel; No|vem|ber|po|g|rom
No|vem|ber|re|vo|lu|ti|on, die; -
No|ve|ne, die; -, -n ‹lat.› (neuntägige kath. Andacht)
No|vi|lon®, das *u.* der; -s (*schweiz. für* verschiedene Kunststoffbeläge)
No|vi|lu|ni|um, das; -s, ...ien ‹lat.› (*Astron.* erstes Sichtbarwerden der Mondsichel nach Neumond)
No|vi Sad (Provinzhauptstadt in Serbien)
No|vi|tät, die; -, -en ‹lat.› (Neuerscheinung; Neuheit [der Mode u. a.]; *veraltet für* Neuigkeit)
No|vi|ze, der; -n, -n *u.* die; -, -n (Mönch od. Nonne während der Probezeit; Neuling); **No|vi|zen|meis|ter; No|vi|zen|meis|te|rin**
No|vi|zi|at, das; -[e]s, -e (dem Ordensgelübde vorausgehende Probezeit); **No|vi|zi|at|jahr**
No|vi|zin
No|vum, das; -s, ...va (absolute Neuheit, noch nie Dagewesenes); *vgl.* ²Nova
No|wa|ja Sem|l|ja ‹russ.› (russ. Inselgruppe im Nordpolarmeer)

null

Kleinschreibung des Zahlworts: – null Fehler haben – null Grad – null Uhr, null Sekunden – der Wert der Funktion geht gegen null – die Variable gleich null setzen – null Komma eins (0,1) – sie verloren drei zu null (3 : 0) – das Thermometer, der Zeiger der Waage steht auf null – die Stunde null	– er fängt wieder bei null an – die Temperatur, die Stimmung sinkt unter null – von null auf hundert [beschleunigen] – in null Komma nichts (*ugs. für* sehr schnell) – null und nichtig (*emotional verstärkend für* [rechtlich] ungültig) – null (*ugs. für* keine) Ahnung haben – null Bock (*ugs. für* keine Lust) auf etwas haben *Zur Großschreibung vgl.* [1]Null

No|wo|si|bi̱rsk (Stadt in Sibirien)

No̱|xe, die; -, -n ⟨lat.⟩ (*Med.* krankheitserregende Ursache)

No|xi̱n, das; -s, -e (*Med.* aus abgestorbenem Körpereiweiß stammender Giftstoff)

Np (*chem. Zeichen für* Neptunium; Neper)

NPD, die; - = Nationaldemokratische Partei Deutschlands

Nr. = Nummer

Nrn. = Nummern

NRT = Nettoregistertonne

NRW = Nordrhein-Westfalen

NRZ = Nettoraumzahl

ns = Nanosekunde

[1]**NS** = Nachschrift; *auf Wechseln* nach Sicht

[2]**NS** = Nationalsozialismus

NSG = Naturschutzgebiet

NS-O̱p|fer [ɛnˈ|ɛs...] (↑K 72); jmd., der unter dem Nationalsozialismus zu leiden hatte)

NS-Re|gime [ɛnˈ|ɛs...] (↑K 72; nationalsozialistisches Regime)

n. St. = neuen Stils (*Zeitrechnung* nach dem gregorianischen Kalender)

NS-Ver|bre|chen [ɛnˈ|ɛs...] (↑K 72; Verbrechen der Nationalsozialisten); **NS-Ver|bre|cher** (Naziverbrecher); **NS-Ver|bre|che|rin; NS-Zeit**

N. T. = Neues Testament

n-te [ˈɛn...] ↑K 30; *vgl.* x-te

nu̱ (*ugs. für* nun)

Nu̱, der *od.* das; -s (sehr kurze Zeitspanne); *meist in* im Nu, in einem Nu

Nu|an|ce [ˈnyãːsə, *österr.* nyˈãːs], die; -, -n ⟨franz.⟩ (feiner Unterschied; Feinheit; Kleinigkeit); **nu|an|cen|reich**

nu|an|ci̱e|ren; Nu|an|ci̱e|rung

Nu̱|ba, der; -[s], -[s] (Angehöriger eines Volkes im Sudan)

'nü̱|ber (*landsch. für* hinüber)

Nu̱|bi|en (Landschaft in Nordafrika); **Nu̱|bi|er; Nu̱|bi|e|rin**

nu̱|bisch; *aber* ↑K 140: die Nubische Wüste

Nu̱|buk, das; -[s] ⟨engl.⟩ (wildlederartiges Kalbsleder); **Nu̱|buk|le|der**

nüch|tern; Nüch|tern|heit, die; -

Nu̱|cke, Nü̱|cke, die; -, -n (*landsch. für* Laune, Schrulle)

Nu̱|ckel, der; -s, - (*ugs. für* Schnuller); **nu̱|ckeln** (*ugs. für* saugen); ich nuck[e]le

Nu̱|ckel|pin|ne (*ugs. für* altes, klappriges Auto)

nü̱|ckisch ⟨*zu* Nucke⟩

Nu̱d|del, der; -s, - (*landsch. für* Schnuller); **nu̱d|deln** (*landsch. für* nuckeln); ich nudd[e]le

Nu̱|del, die; -, -n (*in der Schweiz nur für* Bandnudeln)

Nu̱|del|brett

nu̱|del|di̱ck (*ugs. für* sehr dick)

Nu̱|del|ge|richt; Nu̱|del|holz

nu̱|deln; ich nud[e]le

Nu̱|del|sa|lat; Nu̱|del|sup|pe; Nu̱|del|teig; Nu̱|del|wal|ker (*österr. für* Nudelholz)

Nu|di̱s|mus, der; - ⟨lat.⟩ (Freikörperkultur); **Nu|di̱st,** der; -en, -en; **Nu|di̱s|tin**

Nu|di|tä̱t (*selten für* Nacktheit)

Nu̱|gat, Nou|gat [ˈnuː...], der *od.* das; -s, -s ⟨franz.⟩ (süße Masse aus Zucker u. Nüssen)

Nu̱|gat|fül|lung, Nou|gat|fül|lung; **Nu̱|gat|scho|ko|la|de,** Nou|gat|scho|ko|la|de

Nug|get [ˈnagɪt], das; -[s], -s ⟨engl.⟩ (natürl. Goldklumpen)

Nu̱g|gi [ˈnuki], der; -s, - (*südd., schweiz. mdal. für* Schnuller)

nu|k|le|a̱r ⟨lat.⟩ (den Atomkern, Kernwaffen betreffend); nukleare Waffen

Nu|k|le|a̱r|kri|mi|na|li|tät; Nu|k|le|a̱r|macht

Nu|k|le|a̱r|me|di|zin, die; - (Teilgebiet der Strahlenmedizin); **Nu|k|le|a̱r|me|di|zi|ner; Nu|k|le|a̱r|me|di|zi|ne|rin**

Nu|k|le|a̱r|spreng|kopf; Nu|k|le|a̱r|waf|fe *meist Plur.*

Nu|k|le|a̱|se, die; -, -n (*Chemie* Nukleinsäuren spaltendes Enzym)

Nu|k|le|i̱n, das; -s, -e (*svw.* Nukleoproteid); **Nu|k|le|i̱n|säu|re**

Nu̱|k|le|on, das; -s, ...o̱nen (Atomkernbaustein); **Nu|k|le|o̱|nik,** die; - (Atomlehre)

Nu|k|leo|pro|te|i̱d, das; -[e]s, -e (*Biochemie* Eiweißverbindung des Zellkerns)

Nu̱|k|le|us, der; -, ...ei (*Biol.* [Zell]kern)

Nu|ku'a|lo̱|fa (Hauptstadt von Tonga)

null *s. Kasten*

[1]**Nu̱ll,** die; -, -en (Ziffer; *ugs. für* gänzlich unfähiger Mensch); die Zahl Null; eine Zahl mit fünf Nullen; die Ziffern Null bis Neun; er ist eine reine Null

[2]**Nu̱ll,** der, *auch* das; -[s], -s (*Skat* Nullspiel)

nu̱ll|a̱cht|fü̱nf|zehn (*ugs. für* wie üblich, Allerwelts...; *in Ziffern* 08/15); **Nu̱ll|a̱cht|fü̱nf|zehn-So|ße** (*ugs.*)

nu̱l|la poe̱|na si̱|ne le̱|ge ⟨lat., »keine Strafe ohne Gesetz«⟩

Nu̱ll-Bo̱ck-Ge|ne|ra|ti|on, die; - (*ugs.*)

Nu̱ll|de|fi|zit (*Politik, bes. österr.*)

Nu̱ll|di|ät (*Med.* [fast] kalorienfreie Diät)

nu̱l|len (mit dem Nullleiter verbinden; *ugs. für* ein neues Jahrzehnt beginnen)

Nu̱ll|ent|scheid (*schweiz. für* Entscheidung, die alles beim Alten lässt); einen Nullentscheid treffen

Nu̱l|ler|jah|re *Plur.* (erstes Jahrzehnt eines Jahrhunderts)

Nu̱ll-Fe̱h|ler-Ritt, **Nu̱ll|fe̱h|ler|ritt** (*Reitsport*)

Nul|li|fi|ka|ti|o̱n, die; -, -en; **nul|li|fi-**

N
Nowo

zie|ren (zunichtemachen, für nichtig erklären)
Nul|li|tät, die; -, -en (*selten für* Nichtigkeit; Ungültigkeit)
Null|kom|ma|nichts, Null|kom|ma|nix; im Nullkommanichts (*landsch. ugs.*)
Null|la|ge, Null-La|ge, die; - (Nullstellung bei Messgeräten)
Null|lei|ter, Null-Lei|ter, der (*Elektrot.*)
Null|li|nie, Null-Li|nie
Null|lohn|run|de, Null-Lohn|run|de (*österr. für* Nullrunde)
Null|lö|sung, Null-Lö|sung
Null|men|ge (*Mengenlehre*)
Null|me|ri|di|an, der; -s
Null|num|mer (*Druckw.* Gratisexemplar einer neu erscheinenden Zeitung od. Zeitschrift; *Sportjargon* torloses Unentschieden)
Null ou|vert [- uˈvɛːɐ̯], der, *auch* das; - -[s], - -s ⟨lat.; franz.⟩ (offenes Nullspiel [beim Skat])
Null|po|si|ti|on (*svw.* Nullstellung)
Null|punkt; die Stimmung sank auf den Nullpunkt (*ugs.*)
Null|run|de (*ugs. für* Lohnrunde ohne [reale] Lohnerhöhung)
Null|se|rie (erste Versuchsserie einer Fertigung)
Null|spiel (*Skat*)
Null|stel|lung (Stand eines Messzeigers auf dem Nullpunkt)
Null|sum|men|spiel, Null-Sum|men-Spiel (Spiel, bei dem die Summe der Einsätze, Verluste u. Gewinne gleich null ist)
Null|ta|rif (kostenlose Gewährung üblicherweise nicht unentgeltlicher Leistungen)
null|te (*Math.* Ordnungszahl zu null)
Null|ver|schul|dung (*Politikjargon*)
Null|wachs|tum, das; -s (*Wirtsch.*)
Nul|pe, die; -, -n (*ugs. für* dummer, langweiliger Mensch)
Nu|me|ra|le, das; -s, *Plur.* ...lien *u.* ...lia ⟨lat.⟩ (*Sprachwiss.* Zahlwort, z. B. »eins«)
Nu|me|ri [*auch* ˈnʊ...] (*Plur. von* Numerus; Name des 4. Buches Mosis)
nu|me|rie|ren, Nu|me|rie|rung *alte Schreibungen für* nummerieren, Nummerierung
Nu|me|rik, die; - (*EDV* numerische Steuerung)
nu|me|risch (zahlenmäßig, der Zahl nach; mit Ziffern [verschlüsselt])

numerisch / nummerisch
Beide Wörter sind korrekt geschrieben. Das auf der zweiten Silbe mit langem *e* betonte *numerisch* ist abgeleitet vom lateinischen *numericus,* das seltener gebrauchte *nummerisch* wurde zu *Nummer* gebildet.

Nu|me|ro [*auch* ˈnʊ...], das; -s, -s ⟨ital.⟩ (*veraltet für* Zahl; *Abk.* No., N°); *vgl.* Nummer
Nu|me|rus [*auch* ˈnʊ...], der; -, ...ri ⟨lat., »Zahl«⟩ (*Sprachwiss.* Zahlform des Substantivs [Singular, Plural]; *Math.* die zu logarithmierende Zahl)
Nu|me|rus clau|sus, der; - - (zahlenmäßig beschränkte Zulassung [bes. zum Studium])
Nu|mi|der [*auch* ˈnuː...], Nu|mi|di|er; **Nu|mi|de|rin,** Nu|mi|di|e|rin
Nu|mi|di|en (antikes nordafrik. Reich); **Nu|mi|di|er** *vgl.* Numider; **Nu|mi|di|e|rin** *vgl.* Numiderin; **nu|mi|disch**
nu|mi|nos ⟨lat.⟩ (*Theol.* [auf das Göttliche bezogen] schauervoll u. anziehend zugleich)
Nu|mis|ma|tik, die; - ⟨griech.⟩ (Münzkunde)
Nu|mis|ma|ti|ker; Nu|mis|ma|ti|ke|rin; nu|mis|ma|tisch
Num|mer, die; -, -n ⟨lat.⟩ (Zahl; *Abk.* Nr., *Plur.* Nrn.); Nummer fünf; etwas ist Gesprächsthema Nummer eins (*ugs.*); Nummer null; auf Nummer sicher gehen (*ugs. für* nichts tun, ohne sich abzusichern); laufende Nummer (*Abk.* lfd. Nr.); *vgl.* Numero
num|me|rie|ren (beziffern, [be]nummern); nummerierte Ausgabe (*Druckw.*); **Num|me|rie|rung**
num|me|risch (*seltener für* numerisch)
num|mern (*selten für* nummerieren); ich nummere
Num|mern|girl (im Varieté)
Num|mern|kon|to; Num|mern|schei|be; Num|mern|schild, das; **Num|mern|schloss; Num|mern|stem|pel; Num|mern|ta|fel**
Num|me|rung (*seltener für* Nummerierung)
Num|mu|lit, der; *Gen.* -s *u.* -en, *Plur.* -e[n] ⟨lat.⟩ (versteinerter Wurzelfüßer im Eozän)
nun; nun mal; nun wohlan!; nun und nimmer; von nun an
Nun|cha|ku [...ˈtʃaku], das; -s, -s ⟨jap.⟩, **Nun|cha|ku|holz** (asiat. Verteidigungswaffe aus zwei verbundenen Holzstäben)
nun|mehr (*geh.*); **nun|meh|rig**
ˈnun|ter (*landsch. für* hinunter)
Nun|ti|a|tur, die; -, -en ⟨lat.⟩ (Amt u. Sitz eines Nuntius)
Nun|ti|us, der; -, ...ien (ständiger Botschafter des Papstes bei weltlichen Regierungen)
nup|ti|al ⟨lat.⟩ (*veraltet für* ehelich, hochzeitlich)
nur; nur Gutes empfangen; nur mehr (*landsch. für* nur noch); warum nur?; nur zu!
Nür|burg|ring, der; -[e]s (↑K143; Autorennstrecke in der Eifel)
Nu|re|jew (russ. Tänzer u. Choreograf)
Nur|han (w. Vorname)
Nur|haus|frau; Nur|haus|mann
Nürn|berg (Stadt in Mittelfranken)
Nürn|ber|ger; Nürnberger Lebkuchen; Nürnberger Trichter; **Nürn|ber|ge|rin**
Nurse [nøːɐ̯s], die; -, *Plur.* -s *u.* -n [...sn̩] ⟨engl.⟩ (*engl. Bez. für* Kinderpflegerin)
nu|sche|lig, nusch|lig
nu|scheln (*ugs. für* undeutlich sprechen); ich nusch[e]le
Nuss, die; -, Nüsse; **Nuss|baum; Nuss|baum|holz**
Nuss|beu|gel (*österr.*)
nuss|braun; Nüss|chen
Nuss|ecke; Nuss|fül|lung; Nuss|gip|fel (*schweiz.*)
nus|sig; ein nussiger Geschmack
Nuss|kip|ferl (*österr.*); **Nuss|kna|cker; Nuss|koh|le; Nuss|ku|chen**
Nüss|li|sa|lat (*schweiz. für* Feldsalat)
Nuss|nu|deln *Plur.*; **Nuss|öl**
Nuss|scha|le, Nuss-Scha|le (*auch für* kleines Boot)
Nuss|schin|ken, Nuss-Schin|ken
Nuss|scho|ko|la|de, Nuss-Scho|ko|la|de
Nuss|stru|del, Nuss-Stru|del (*österr.*)
Nuss|tor|te
Nüs|ter [*auch* ˈnyː...], die; -, -n *meist Plur.*
Nut, die; -, -en (*in der Technik nur so*), **Nu|te,** die; -, -n (Furche, Fuge)
Nu|ta|ti|on, die; -, -en ⟨lat.⟩ (*Astron.* Schwankung der Erdachse gegen den Himmelspol; *Bot.* Wachstumsbewegung der Pflanze)
Nu|te *vgl.* Nut

Nut|ei|sen
nu|ten
Nu|ten|frä|ser
Nu|the, die; - (linker Nebenfluss der Havel)
Nut|ho|bel
[1]**Nu|t|ria,** die; -, -s ‹span.› (Biberratte)
[2]**Nu|t|ria,** der; -s, -s (Pelz aus dem Fell der [1]Nutria)
Nu|t|ri|ment, das; -[e]s, -e ‹lat.› (*Med.* Nahrungsmittel)
Nu|t|ri|ti|on, die; -, -en (Ernährung); **nu|t|ri|tiv** (nährend, nahrungsmäßig)
Nut|sche, die; -, -n (*Chemie* Filtriereinrichtung, Trichter)
nut|schen (*ugs. u. landsch. für* lutschen; *Chemie* durch einen Filter absaugen); du nutschst
Nut|te, die; -, -n (*derb für* Prostituierte); **nut|ten|haft, nut|tig** (*derb für* wie eine Nutte)
nutz; zu nichts nutz sein (*südd., österr. für* zu nichts nütze sein); *vgl.* Nichtsnutz
Nutz, der (*veraltet für* Nutzen); zu Nutz und Frommen; sich etwas zunutze *od.* zu Nutze machen
Nutz|an|wen|dung
nutz|bar; nutzbar machen; **Nutz|bar|keit,** die; -; **Nutz|bar|ma|chung**
Nutz|bau *Plur.* ...bauten
nutz|brin|gend
nüt|ze; [zu] nichts nütze
Nutz|ef|fekt (Nutzleistung, Wirkungsgrad)
nut|zen; du nutzt; *vgl.* nützen
Nut|zen, der; -s, -; es ist von [großem, geringem] Nutzen
nüt|zen; du nützt; es nützt mir nichts

nutzen / nützen
Beide Wörter unterscheiden sich in der Bedeutung nicht. Die Form mit *ü* wird in Süddeutschland, Österreich und der Schweiz häufiger verwendet.

Nut|zen-Kos|ten-Ana|ly|se (*Wirtsch.*)
Nut|zer; Nut|ze|rin
Nutz|fahr|zeug; Nutz|flä|che; Nutz|gar|ten; Nutz|holz
Nutz|kos|ten *Plur.* (*Wirtsch.*)
Nutz|last
Nutz|leis|tung (*Technik*)
nütz|lich; sich nützlich machen; **Nütz|lich|keit**
Nütz|lich|keits|den|ken; Nütz|lich|keits|prin|zip, das; -s
Nütz|ling (*Ggs.* Schädling)
nutz|los; Nutz|lo|sig|keit, die; -
nutz|nie|ßen (*geh. für* von etwas Nutzen haben); du nutznießt; genutznießt
Nutz|nie|ßer; Nutz|nie|ße|rin
nutz|nie|ße|risch; Nutz|nie|ßung (*auch Rechtsspr.* Nießbrauch)
Nutz|pflan|ze; Nutz|tier
Nut|zung
Nut|zungs|dau|er; Nut|zungs|ge|bühr; Nut|zungs|recht (*Rechtsspr.*)
Nutz|wert
Nuuk (Hauptstadt Grönlands); *vgl.* Godthåb
n. V. = nach Vereinbarung; nach Verlängerung (*Sport*)
NV = Nevada
NVA, die; - = Nationale Volksarmee
NW = Nordwest[en]
Ny, das; -[s], -s (griech. Buchstabe; Ν, ν)
NY = New York
Nyk|t|a|l|o|pie, die; - ‹griech.› (*Med.* Nachtblindheit)
Nyk|to|pho|bie, die; -, ...ien (*Med., Psychol.* [krankhafte] Furcht vor Dunkelheit)
Ny|lon [ˈnai...], das; -[s] ‹engl.› (haltbare synthet. Textilfaser)
Ny|lons *Plur.* (*ugs. veraltend für* Nylonstrümpfe); **Ny|lon|strumpf**
Nym|phäa, Nym|phäe, die; -, ...äen ‹griech.› (*Bot.* Seerose)
Nym|phä|um, das; -s, ...äen (Brunnentempel [in der Antike])
Nym|phe, die; -, -n (griech. Naturgottheit; *Zool.* Entwicklungsstufe [der Libelle])
Nym|phen|burg (Schlossanlage in München)
nym|phen|haft
Nym|phen|sit|tich (ein Papagei)
nym|pho|man (an Nymphomanie leidend); **Nym|pho|ma|nie,** die; - (übermäßig gesteigerter Geschlechtstrieb bei der Frau); **Nym|pho|ma|nin** (nymphomane Frau); **nym|pho|ma|nisch**
Ny|norsk, das; - ‹norw.› (norw. Schriftsprache, die auf den Dialekten beruht; *vgl.* Landsmål)
Nys|tag|mus, der; - ‹griech.› (*Med.* Zittern des Augapfels)
Nyx (griech. Göttin der Nacht)
NZD (Währungscode für neuseeländ. Dollar)

o O

o *vgl.* oh!
O (Buchstabe); das O; des O, die O, *aber* das o in Tor; der Buchstabe O, o
O = Ost[en]
O = Oxygenium (*chem. Zeichen für* Sauerstoff)
O' ‹»Nachkomme«› (Bestandteil irischer Eigennamen, z. B. O'Neill [oˈniːl])
Ö (Buchstabe; Umlaut); das Ö; des Ö, die Ö, *aber* das ö in König; der Buchstabe Ö, ö
Ο, ο = Omikron
Ω, ω = Omega
Ω = Ohm
o. a. = oben angeführt
o. ä. = oder ähnlich
o. Ä. = oder Ähnliche[s] (*vgl.* ähnlich)
ÖAMTC, der; -[s] = Österr. Automobil-, Motorrad- und Touring-Club
OAPEC [oˈ|aːpɛk], die; - = **Organization of the Arab Petroleum Exporting Countries** (Organisation der arabischen Erdöl exportierenden Länder)
Oa|se, die; -, -n ‹ägypt.› (Wasserstelle in der Wüste)
OAU, die; - = Organization of African Unity [bis 2002; *vgl.* AU]; **OAU-Staa|ten**
o. B. = ohne Befund
[1]**ob** ↑K81 : das Ob und Wann
[2]**ob** *Präp. mit Dativ* (*veraltet, noch landsch. für* oberhalb, über; z. B. ob dem Walde, Rothenburg ob der Tauber); *Präp. mit Gen., seltener mit Dat.* (*geh. veraltend für* wegen; z. B. ob des Glückes, ob gutem Fang erfreut sein)
Ob, der; -[s] (Strom in Sibirien)
[1]**OB,** der; -[s], -s, *selten* - (Oberbürgermeister)
[2]**OB,** die; -, -s, *selten* - (Oberbürgermeisterin)
Ob|acht, die; -; Obacht geben
Oba|d|ja (bibl. Prophet)
Oba|ma, Barack [bəˈrɑːk] (Präsident der USA)

N
Nute

oben

- nach, von, bis oben; nach oben hin; nach oben zu
- von oben her; von oben herab
- man wusste kaum noch, was oben und was unten war
- wie oben erwähnt wurde, ist …
- oben liegen, stehen, sitzen
- alles Gute kommt von oben
- oben ohne (*ugs. für* busenfrei)

Getrenntschreibung in Verbindung mit Verben:

- oben sein; oben bleiben; oben liegen; oben stehen usw.

In Verbindung mit einem adjektivisch gebrauchten Partizip kann getrennt oder zusammengeschrieben werden ↑K 58 *u.* 72:

- die oben angeführte *od.* obenangeführte Erklärung
- das oben erwähnte *od.* obenerwähnte Faktum
- die oben genannte *od.* obengenannte Tatsache (*Abk.:* o. g.)
- die oben stehenden *od.* obenstehenden, oben zitierten *od.* obenzitierten Bemerkungen
- das Obenerwähnte *od.* das oben Erwähnte
- die Obengenannten *od.* die oben Genannten

ÖBB = Österreichische Bundesbahnen
obd. = oberdeutsch
Ob|dach, das; -[e]s (*veraltend für* Unterkunft, Wohnung)
ob|dach|los; Ob|dach|lo|se, der *u.* die; -n, -n
Ob|dach|lo|sen|asyl; Ob|dach|lo|sen|heim; Ob|dach|lo|sen|zei|tung
Ob|dach|lo|sig|keit, die; -
Ob|duk|ti|on, die; -, -en ⟨lat.⟩ (*Med.* Leichenöffnung); **Ob|duk|ti|ons|be|fund**
ob|du|zie|ren
Ob|e|di|enz, die; - ⟨lat.⟩ (*kath. Kirche* kanonischer Gehorsam der Kleriker gegenüber den geistl. Oberen)
O-Bei|ne *Plur.* ↑K 29
o-bei|nig, O-bei|nig
Obe|lisk, der; -en, -en ⟨griech.⟩ (vierkantiger, nach oben spitz zulaufender Pfeiler)
oben *s. Kasten*
oben|an; obenan stehen, sitzen
oben|auf; obenauf liegen; obenauf (*ugs. für* gesund, guter Laune) sein; obenauf *od.* obenaus schwingen (*schweiz. für* die Oberhand gewinnen, an der Spitze liegen)
oben|aus *vgl.* obenauf
oben|drauf; obendrauf liegen, stellen
oben|drein
oben|drü|ber; obendrüber legen
oben|durch
oben er|wähnt, oben|er|wähnt *vgl.* oben
Oben|er|wähn|te, der, die, das; -n, -n, **oben Er|wähn|te,** der, die, das; - -n, - -n
oben ge|nannt, oben|ge|nannt *vgl.* oben
Oben|ge|nann|te, der, die, das; -n, -n, **oben Ge|nann|te,** der, die, das; - -n, - -n
oben|her; du musst obenher gehen; *aber* von oben her
oben|he|r|um (*ugs. für* im oberen Teil; oben am Körper)
oben|hin (flüchtig); *aber* nach oben hin
Oben-oh|ne-Ba|de|an|zug (↑K 26); **Oben-oh|ne-Ba|den,** das; **Oben-oh|ne-Be|die|nung; Oben-oh|ne-Lo|kal**
oben|rum (*svw.* obenherum)
oben ste|hend, oben|ste|hend *vgl.* oben
Oben|ste|hen|de, das; -n, **oben Ste|hen|de,** das; - -n
oben zi|tiert, oben|zi|tiert *vgl.* oben
ober (*österr. für* über); *Präp. mit Dat.*, z. B. das Schild hängt ober der Tür; *vgl. aber* obere
Ober, der; -s, - ([Ober]kellner; eine Spielkarte)
Ober|alp, der; -s (schweiz. Alpenpass)
Ober|am|mer|gau (Ort am Oberlauf der Ammer); ↑K 143
Ober|arm
Ober|arzt; Ober|ärz|tin
Ober|auf|sicht; Ober|bau *Plur.* …bauten; **Ober|bauch**
ober|bay|e|risch, ober|bay|risch; Ober|bay|ern ↑K 143
Ober|be|fehl, der; -[e]s; **Ober|be|fehls|ha|ber; Ober|be|fehls|ha|be|rin**
Ober|be|griff; Ober|be|klei|dung
Ober|berg|amt
Ober|bett
Ober|bür|ger|meis|ter [*auch* 'o:…] (*Abk.* OB, OBM); **Ober|bür|ger|meis|te|rin** (*Abk.* OB, OBM)
ober|cool (*Jugendspr.*)
Ober|deck
ober|deutsch (*Abk.* obd.); *vgl.* deutsch; **Ober|deutsch,** das; -[s] (Sprache); *vgl.* Deutsch; **Ober|deut|sche,** das; -n; *vgl.* [2]Deutsche
obe|re; der obere Stock; die ober[e]n Klassen; *aber* ↑K 140: das Obere Eichsfeld
[1]**Obe|re,** das; -n (Höheres)
[2]**Obe|re,** der *u.* die; -n, -n (Vorgesetzter, Vorgesetzte)
ober|faul (*ugs. für* sehr verdächtig)
Ober|flä|che
ober|flä|chen|ak|tiv (*Physik, Chemie*)
Ober|flä|chen|be|hand|lung
ober|flä|chen|nah
Ober|flä|chen|span|nung
Ober|flä|chen|struk|tur
Ober|flä|chen|ver|bren|nung
ober|flä|chen|ver|edelt
Ober|flä|chen|was|ser *Plur.* …wasser *u.* …wässer
ober|fläch|lich; Ober|fläch|lich|keit
Ober|förs|ter; Ober|förs|te|rin
Ober|fran|ken ↑K 143
ober|gä|rig; obergäriges Bier; **Ober|gä|rung,** die; -
Ober|ge|frei|te
Ober|ge|richt (Kantonsgericht)
ober|ge|scheit (*bayr., österr. ugs. abwertend* besserwisserisch)
Ober|ge|schoss, *südd., österr. auch* **Ober|ge|schoß** (*Abk.* OG)
Ober|gren|ze
ober|halb; *als Präp. mit Gen.:* der Neckar oberhalb Heidelbergs (von Heidelberg aus flussaufwärts)
Ober|hand, die; -
Ober|haupt
Ober|haus (im Zweikammerparlament)
Ober|hau|sen (Stadt im Ruhrgebiet)
Ober|hemd
Ober|herr|schaft
Ober|hes|sen ↑K 143
Ober|hit|ze; bei Oberhitze backen
Ober|hof|meis|ter [*auch* 'o:…]; **Ober|hof|meis|te|rin**
Ober|ho|heit, die; -

O
Ober

Obe|rin (Oberschwester; Leiterin eines Nonnenklosters)
Ober|in|ge|ni|eur (Ob.-Ing.); **Ober|in|ge|ni|eu|rin**
Ober|in|s|pek|tor (Ob.-Insp.); **Ober|in|s|pek|to|rin**
ober|ir|disch
Ober|ita|li|en ↑K143
ober|kant *(schweiz.); Präp. mit Gen.:* oberkant des Fensters *od.* oberkant Fenster; **Ober|kan|te**
Ober|kell|ner; Ober|kell|ne|rin
Ober|kie|fer, der
Ober|kir|chen|rat [*auch* 'o:...]; **Ober|kir|chen|rä|tin**
Ober|klas|se
Ober|kom|man|die|ren|de, der *u.* die; -n, -n; **Ober|kom|man|do**
Ober|kör|per
Ober|kreis|di|rek|tor; Ober|kreis|di|rek|to|rin
Ober|land, das; -[e]s; **Ober|län|der,** der; -s, - (Bewohner des Oberlandes); **Ober|län|de|rin**
Ober|lan|des|ge|richt [*auch* 'o:...] (*Abk.* OLG)
Ober|län|ge
ober|las|tig (*Seemannsspr.* zu hoch beladen); oberlastige Schiffe
Ober|lauf, der; -[e]s, ...läufe
Ober|lau|sitz [*auch* ...'lau...] (↑K143; Landschaft zwischen Bautzen u. Görlitz; *Abk.* O. L.)
Ober|le|der
Ober|leh|rer; ober|leh|rer|haft; Ober|leh|re|rin
Ober|lei|tung; Ober|lei|tungs|om|ni|bus (*Kurzform* Obus)
Ober|leut|nant (Oblt.; Oberleutnant z. [zur] See); **Ober|leut|nan|tin**
Ober|licht, das; -[e]s, -er *u.* -e
Ober|lich|te, die; -, -n (*bayr., österr. für* hoch gelegenes Fenster, oberster Fensterflügel)
Ober|li|ga; Ober|li|gist
Ober|lip|pe; Ober|lip|pen|bart
Ober|maat; Ober|maa|tin
Ober|ma|te|ri|al
Obe|ron (König der Elfen)
Ober|ös|ter|reich (↑K143; österr. Bundesland); **Ober|ös|ter|rei|cher; Ober|ös|ter|rei|che|rin; ober|ös|ter|rei|chisch**
Ober|pfalz, die; - (↑K143; Regierungsbezirk des Landes Bayern)
Ober|post|di|rek|ti|on [*auch* 'o:...]
Ober|pri|ma [*auch* ...'pri:...]
Ober|rat (Akademischer Oberrat); **Ober|rä|tin**
Ober|re|gie|rungs|rat [*auch* 'o:...]; **Ober|re|gie|rungs|rä|tin**
Ober|rhein; ober|rhei|nisch; *aber* ↑K140: das Oberrheinische Tiefland
Obers, das; - (*ostösterr. für* Sahne)
Ober|schen|kel; Ober|schen|kel|hals; Ober|schen|kel|hals|bruch
Ober|schicht
ober|schläch|tig (durch Wasser von oben angetrieben); oberschlächtiges Mühlrad
ober|schlau (*ugs. für* sich für besonders schlau haltend)
Ober|schle|si|en ↑K143
Ober|schul|amt [*auch* 'o:...]
Ober|schu|le; Ober|schü|ler; Ober|schü|le|rin
Ober|schul|rat [*auch* 'o:...]; **Ober|schul|rä|tin**
Ober|schwes|ter
Obers|creme, Obers|crème (*österr. für* eine Tortenfüllung)
Ober|sei|te; ober|seits (an der Oberseite); oberseits dunkelbraun gefärbt
Ober|se|kun|da [*auch* ...'kʊn...]
Obers|kren (*österr. für* Meerrettichsoße)
Oberst, der; *Gen.* -en *u.* -s, *Plur.* -en, *seltener* -e
oberst... *vgl.* oberste
Ober|staats|an|walt [*auch* 'o:...]; **Ober|staats|an|wäl|tin**
Ober|stabs|arzt [*auch* 'o:...]; **Ober|stabs|ärz|tin**
Ober|stadt|di|rek|tor [*auch* 'o:...]; **Ober|stadt|di|rek|to|rin**
ober|stän|dig *(Bot.)*
Oberst|dorf (Ort im Allgäu)
obers|te; oberstes Stockwerk; dort das Buch, das oberste, hätte ich gern; die obersten Gerichtshöfe; *aber* ↑K150: der Oberste Gerichtshof; ↑K72: das Oberste zuunterst, das Unterste zuoberst kehren (*ugs. für:* alles durchwühlen)
Obers|te, der *u.* die; -n, -n (Vorgesetzter, Vorgesetzte)
Ober|stei|ger *(Bergbau)*
Ober|stim|me
Obers|tin
Oberst|leut|nant [*auch* ...'lɔyt...]; **Oberst|leut|nan|tin** [*auch* ...'lɔyt...]
Ober|stock, der; -[e]s (Stockwerk)
Ober|stüb|chen; *meist in* im Oberstübchen nicht ganz richtig sein *(ugs.)*
Ober|stu|di|en|di|rek|tor [*auch* 'o:...]; **Ober|stu|di|en|di|rek|to|rin**
Ober|stu|di|en|rat [*auch* 'o:...]; **Ober|stu|di|en|rä|tin**
Ober|stu|fe
Ober|teil, das, *auch* der
Ober|ter|tia [*auch* ...'tɛr...]
Ober|ton *Plur.* ...töne
Ober|ver|wal|tungs|ge|richt [*auch* 'o:...]
Ober|vol|ta (*früher für* Burkina Faso); **Ober|vol|ta|er; Ober|vol|ta|e|rin; ober|vol|ta|isch**
ober|wärts (*veraltet für* oberhalb)
Ober|was|ser, das; -s; Oberwasser haben (*ugs. für* im Vorteil sein)
Ober|wei|te
Ober|wie|sen|thal, Kur|ort (im Erzgebirge)
Ob|frau
ob|ge|nannt (*österr., schweiz. Amtsspr., sonst veraltet für* oben genannt)
ob|gleich
Ob|hut, die; - *(geh.)*
Obi, der *od.* das; -[s], -s ⟨jap.⟩ (Kimonogürtel; *Judo* Gürtel der Kampfbekleidung)
obige; die obigen Paragrafen; der Obige (der oben Genannte; *Abk.* d. O.); Obiges gilt auch weiterhin; im Obigen (*Amtsspr.* weiter oben); *vgl.* folgend
Ob.-Ing. = Oberingenieur[in]
Ob.-Insp. = Oberinspektor[in]
Ob|jekt [*Sprachwiss. auch* 'ɔp...], das; -[e]s, -e ⟨lat.⟩ (Gegenstand; *DDR auch* für die Allgemeinheit geschaffene Einrichtung; *österr. Amtsspr. auch für* Gebäude; *Sprachwiss.* Ergänzung)
Ob|jek|te|ma|cher *(Kunstwiss.);* **Ob|jek|te|ma|che|rin**
ob|jek|tiv [*auch* 'ɔp...] (gegenständlich; tatsächlich; sachlich)
Ob|jek|tiv, das; -s, -e (bei optischen Instrumenten die dem Gegenstand zugewandte Linse)
Ob|jek|ti|va|ti|on, die; -, -en (Vergegenständlichung)
ob|jek|ti|vier|bar; ob|jek|ti|vie|ren (vergegenständlichen; von subjektiven Einflüssen befreien); **Ob|jek|ti|vie|rung**
Ob|jek|ti|vis|mus, der; - (philos. Denkrichtung, die vom Subjekt unabhängige objektive Wahrheiten u. Werte annimmt); **ob|jek|ti|vis|tisch** (in der Art des Objektivismus)
Ob|jek|ti|vi|tät, die; - (Sachlichkeit; Vorurteilslosigkeit)
Ob|jekt|kunst, die; - (moderne Kunstrichtung, die statt der Darstellung eines Gegenstandes diesen selbst präsentiert)
Ob|jekt|satz (*Sprachwiss.* Neben-

satz in der Funktion eines Objektes)
Ob|jekt|schutz, der; -es ([polizeil.] Schutz für Gebäude, Sachwerte)
Ob|jekts|ge|ni|tiv *(Sprachwiss.)*
Ob|jekt|spra|che *(Sprachwiss.)*
Ob|jekt|tisch (am Mikroskop); **Ob|jekt|trä|ger** (Glasplättchen [mit Objekt])
[1]**Ob|la|te** [*österr.* 'ɔp...], die; -, -n ‹lat.› (ungeweihte Hostie; dünnes, rundes Gebäck; Unterlage für Konfekt, Lebkuchen)
[2]**Ob|la|te,** der; -n, -n (Laienbruder; Angehöriger einer kath. Genossenschaft); **Ob|la|tin**
Ob|la|ti|on, die; -, -en (*kath. Kirche* Darbringungsgebet der Messe; feierliche Einsetzung von [2]Oblaten u. Oblatinnen)
Ob|leu|te (*Plur. von* Obmann; *Bez. für* Obfrauen u. Obmänner)
ob|lie|gen [*auch* 'ɔp...]; es obliegt, oblag mir, es ist mir oblegen; zu obliegen, *veraltend auch* es liegt, lag mir ob; es hat mir obgelegen; obzuliegen; **Ob|lie|gen|heit**
ob|li|gat ‹lat.› (unerlässlich, unvermeidlich, unentbehrlich); mit obligater Flöte *(Musik)*
Ob|li|ga|ti|on, die; -, -en (*Rechtsspr.* persönl. Haftung für eine Verbindlichkeit; *Wirtsch.* festverzinsl. Wertpapier)
Ob|li|ga|ti|o|nen|recht, das; -[e]s (*schweiz. für* Schuldrecht; *Abk.* OR)
ob|li|ga|to|risch (verbindlich; *auch svw.* obligat); obligatorische Stunden (Pflichtstunden)
Ob|li|ga|to|ri|um, das; -s, ...ien (*schweiz. für* Verpflichtung; Pflichtfach, -leistung)
Ob|li|go [*auch* 'ɔb...], das; -s, -s ‹ital.› (*Wirtsch.* Haftung; Verpflichtung); ohne Obligo (unverbindlich; ohne Gewähr; *Abk.* o. O.), *österr.* außer Obligo
ob|lique [o'bli:k] ‹lat.›; obliquer [...kvɐ] Kasus (*Sprachwiss.* abhängiger Fall); *vgl.* Casus obliquus; **Ob|li|qui|tät,** die; -
Ob|li|te|ra|ti|on, die; -, -en ‹lat.› (*Wirtsch.* Tilgung; *Med.* Verstopfung von Hohlräumen, Kanälen, Gefäßen des Körpers)
ob|long ‹lat.› (*veraltet für* länglich, rechteckig)
Oblt. = Oberleutnant
OBM, der *u.* die; -, - = Oberbürgermeister[in]

Ob|mann *Plur.* ...männer *u.* ...leute; **Ob|män|nin,** die; -, -nen (*veraltend für* Obfrau)
Oboe [*österr. auch* 'o:...], die; -, -n ‹ital.› (ein Holzblasinstrument); **Obo|ist,** der; -en, -en (Oboebläser); **Obo|is|tin**
Obo|lus, der; -, *Plur.* - *u.* -se ‹griech.› (kleine Münze im alten Griechenland; *übertr. für* kleine Geldspende)
Obo|t|rit, der; -en, -en (Angehöriger eines westslaw. Volksstammes); **Obo|t|ri|tin**
Ob|rig|keit (Träger der Macht, der Regierungsgewalt)
ob|rig|keit|lich; Ob|rig|keits|den|ken; ob|rig|keits|hö|rig; Ob|rig|keits|staat *Plur.* ...staaten
Ob|rist, der; -en, -en (*veraltet für* Oberst; *auch für* Mitglied einer Militärjunta); **Ob|ris|tin**
ob|schon
Ob|ser|vant, der; -en, -en ‹lat.› (Mönch der strengeren Ordensregel)
Ob|ser|vanz, die; -, -en (*Rechtsspr.* örtl. begrenztes Gewohnheitsrecht; Befolgung der strengeren Regel eines Mönchsordens)
Ob|ser|va|ti|on, die; -, -en ([wissenschaftl.] Beobachtung; Überwachung)
Ob|ser|va|tor, der; -s, ...oren (wissenschaftl. Beobachter an einem Observatorium); **Ob|ser|va|to|rin**
Ob|ser|va|to|ri|um, das; -s, ...ien ([astron., meteorolog., geophysikal.] Beobachtungsstation)
ob|ser|vie|ren (*auch für* polizeilich überwachen)
Ob|ses|si|on, die; -, -en ‹lat.› (*Psychol.* Zwangsvorstellung)
ob|ses|siv
Ob|si|di|an, der; -s, -e ‹lat.› (ein Gestein)
ob|sie|gen [*auch* 'ɔp...] (*veraltend für* siegen, siegreich sein); ich obsieg[t]e, habe obsiegt, zu obsiegen *(österr. nur so); auch* ich sieg[t]e ob, habe obgesiegt, obzusiegen
ob|s|kur ‹lat.› (dunkel; verdächtig; fragwürdig); **Ob|s|ku|ran|tis|mus,** der; - (Aufklärungs- u. Wissenschaftsfeindlichkeit); **Ob|s|ku|ri|tät,** die; -, -en (Dunkelheit, Unklarheit)
ob|so|let ‹lat.› (nicht mehr üblich; veraltet)
Ob|sor|ge, die; - (*österr. Amtsspr., sonst veraltet für* sorgende Aufsicht)

Obst, das; -[e]s; **Obst|an|bau,** der; -[e]s
Obst|bau, der; -[e]s; **obst|bau|lich**
Obst|baum; Obst|blü|te
Obst|brand (aus Obst gebrannter Schnaps)
Obst|ern|te; Obst|es|sig
Ob|s|te|t|rik, die; - ‹lat.› (*Med.* Lehre von der Geburtshilfe)
Obst|gar|ten
Obst|händ|ler; Obst|händ|le|rin
Obst|hor|de
ob|s|ti|nat ‹lat.› (starrsinnig, widerspenstig)
Ob|s|ti|pa|ti|on, die; -, -en ‹lat.› (*Med.* Stuhlverstopfung); **ob|s|ti|piert** (verstopft)
Obst|kern; Obst|ku|chen
Obst|ler, Öbst|ler (*landsch. für* Obsthändler; aus Obst gebrannter Schnaps)
Obst|le|rin, Öbst|le|rin (*landsch. für* Obstverkäuferin)
Obst|mes|ser, das; **Obst|plan|ta|ge**
obst|reich
ob|s|t|ru|ie|ren ‹lat.› ([Parlamentsbeschlüsse] zu verhindern suchen; hemmen)
Ob|s|t|ruk|ti|on, die; -, -en (Verschleppung [der Arbeiten], Verhinderung [der Beschlussfassung]; *Med.* Verstopfung)
Ob|s|t|ruk|ti|ons|po|li|tik, die; -
Ob|s|t|ruk|ti|ons|tak|tik
ob|s|t|ruk|tiv (hemmend; *Med.* verstopfend)
Obst|saft; Obst|sa|lat; Obst|schaum|wein; Obst|schnit|te (*bes. österr. für* ein Stück Obstkuchen); **Obst|stei|ge** (*bes. südd., österr. für* Obstkiste); **Obst|tag; Obst|tel|ler; Obst|tor|te; Obst|was|ser** *Plur.* ...wässer; **Obst|wein**
ob|s|zön ‹lat.› (unanständig, schamlos, schlüpfrig)
Ob|s|zö|ni|tät, die; -, -en

Obolus
Das aus dem Griechischen stammende Wort wird in der zweiten Silbe mit *o* (nicht mit *u*) geschrieben.

Obus, der; -ses, -se (*kurz für* Oberleitungsomnibus)
Ob|wal|den *vgl.* Unterwalden ob dem Wald; **Ob|wald|ner; Ob|wald|ne|rin; ob|wald|ne|risch**
ob|wal|ten [*auch* 'ɔp...] *(veraltend);* es obwaltet[e], *auch* es waltet[e] ob; es hat obwaltet *od.* obgewaltet; obzuwalten, *auch*

zu obwalten; **ob|wal|tend**; unter den obwaltenden Umständen
ob|wohl; ob|zwar *(veraltend)*
Oc|ca|si|on, die; -, -en ⟨franz.⟩ (*schweiz. für* Okkasion [Gelegenheitskauf, Gebrauchtware])
Oc|chi|ar|beit [ˈɔki...], **Ok|ki|ar|beit** ⟨ital.; dt.⟩ (mit Schiffchen ausgeführte Handarbeit)
och!
Och|lo|kra|tie, die; -, ...ien ⟨griech.⟩ (Pöbelherrschaft [im alten Griechenland]); **och|lo|kra|tisch**
ochots|kisch (die russ. Hafenstadt Ochotsk betreffend); *aber* ↑K140 : das Ochotskische Meer
Ochs, der; -en, -en (*landsch. u. österr. für* Ochse); **Öchs|chen**
Och|se, der; -n, -n
och|sen (*ugs. für* angestrengt arbeiten); du ochst
Och|sen|au|ge (eine Pflanzengattung; ein Schmetterling; *Archit.* ovales od. rundes Dachfenster; *landsch. für* Spiegelei)
Och|sen|brust
Och|sen|fie|sel, der; -s, - (*landsch. für* Ochsenziemer)
Och|sen|fleisch; Och|sen|frosch; Och|sen|kar|ren
Och|sen|maul; Och|sen|maul|sa|lat
Och|sen|schlepp, der; -[e]s, -e (*österr. für* Ochsenschwanz [als Gericht]); **Och|sen|schlepp|sup|pe** *(österr.)*
Och|sen|schwanz; Och|sen|schwanz|sup|pe
Och|sen|tour (*ugs. für* anstrengende Arbeit, mühevolle [Beamten]laufbahn)
Och|sen|zie|mer
Och|se|rei *(ugs.)*
och|sig (*ugs. für* dumm; plump)
Öchs|le, das; -[s], - ⟨nach dem Mechaniker⟩ (Maßeinheit für das spezif. Gewicht des Mostes); 90° Öchsle; Eisweine mit vielen Öchsle; **Öchs|le|grad** ↑K136 ; **Öchs|le|waa|ge**
ocker ⟨griech.⟩ (gelbbraun); eine ocker Wand
Ocker, der *od.*, *österr. nur*, das; -s, - (zur Farbenherstellung verwendete Tonerde; gelbbraune Malerfarbe); in Ocker; ↑K72
ocker|braun
Ocker|far|be; ocker|far|ben, ocker|far|big
ocker|gelb; ocker|hal|tig
Ock|ham [ˈɔkɛm] (engl. mittelalterl. Theologe); **Ock|ha|mis|mus**, der; - (Lehre des Ockham)
Oc|ta|via (*fachspr. meist für* Oktavia); **Oc|ta|vi|an, Oc|ta|vi|a|nus** (*fachspr. meist für* Oktavian, Oktavianus)
od. = oder
Od, das; -[e]s (angebl. Ausstrahlung des menschl. Körpers)
öd *vgl.* öde
Oda (w. Vorn.)
Odal, das; -s, -e (*germ. Recht* Sippeneigentum an Grund u. Boden)
Oda|lis|ke, die; -, -n ⟨türk.⟩ (*früher für* weiße türk. Haremssklavin)
Odd|fel|low [...lo, *auch* ...ˈfɛ...], der; -s, -s, **Odd Fel|low**, der; - -s, - -s ⟨engl.⟩ (Angehöriger einer urspr. engl. humanitären Bruderschaft)
Odds *Plur.* ⟨engl.⟩ (*Sport* Vorgaben [bes. bei Pferderennen])
Ode, die; -, -n ⟨griech.⟩ (feierliches Gedicht)
öde, öd; die ödeste Gegend
Öde, die; -, -n
Odel *vgl.* ²Adel
Odem, der; -s (*geh. für* Atem)
Ödem, das; -s, -e ⟨griech.⟩ (*Med.* Gewebewassersucht); **öde|ma|tös** (ödemartig)
öden (*ugs. für* langweilen; *landsch. für* roden)
Öden|burg (*ung.* Sopron)
Oden|wald, der; -[e]s (Bergland östl. des Oberrheinischen Tieflandes); **Oden|wäl|der; Oden|wäl|de|rin**
Ode|on, das; -s, -s ⟨franz.⟩ (*svw.* Odeum; *auch* Name von Gebäuden für Tanzveranstaltungen u. Ä.)
oder (*Abk.* od.); *vgl.* ähnlich *u.* entweder
Oder, die; - (ein Fluss); **Oder|bruch**, das *od.* der; -[e]s ↑K143 ; **Oder|haff** *vgl.* Stettiner Haff
Oder|men|nig, Acker|men|nig, der; -[e]s, -e (eine Heilpflanze)
Oder-Nei|ße-Gren|ze, die; - ↑K146 ; **Oder-Spree-Ka|nal**, der; -s ↑K146
Odes|sa (ukrain. Hafenstadt)
Ode|um, das; -s, Odeen ⟨griech.-lat.⟩ (im Altertum rundes, theaterähnliches Gebäude für Musik- u. Theateraufführungen)
Odeur [oˈdøːɐ̯], das; -s, *Plur.* -s *u.* -e ⟨franz.⟩ (wohlriechender Duft)
OdF = Opfer des Faschismus
Öd|heit; Ödig|keit
Odin (*nord. Form für* Wodan)
odi|os, odi|ös ⟨lat.⟩ (widerwärtig, verhasst)
ödi|pal *(Psychoanalyse)*; die ödipale Phase (Entwicklungsphase des Kindes)
Ödi|pus (in der griech. Sage König von Theben)
Ödi|pus|kom|plex (starke Bindung eines Kindes an den gegengeschlechtl. Elternteil, meist eines Jungen an seine Mutter)
Odi|um, das; -s ⟨lat.⟩ (übler Beigeschmack, Makel)
Öd|land, das; -[e]s
Öd|nis, die; - *(geh.)*
Odo (m. Vorn.)
Odo|a|ker (germ. Heerführer)
Odon|to|lo|ge, der; -n, -n; **Odon|to|lo|gie**, die; - ⟨griech.⟩ (Zahnheilkunde); **Odon|to|lo|gin**
Odys|see, die; -, ...sseen (*nur Sing.:* griech. Heldengedicht; *übertr. für* Irrfahrt); **odys|se|isch** (die Odyssee betreffend)
Odys|seus (in der griech. Sage König von Ithaka); *vgl.* Ulixes, Ulysses
Oe|bis|fel|de (Stadt in der Altmark)
OECD, die; - ⟨aus engl. Organization for Economic Cooperation and Development⟩ (Organisation für wirtschaftliche Zusammenarbeit u. Entwicklung); **OECD-Land**
Oels|nitz [ˈœ...] (Stadt im Vogtland)
Oels|nitz (Erz|ge|bir|ge) (Stadt am Rande des Erzgebirges)
OeNB, die; - = Oesterreichische Nationalbank
Oe|so|pha|gus *vgl.* Ösophagus
Œu|v|re [ˈøːvrə], das; -[s], -s ⟨franz.⟩ ([Gesamt]werk eines Künstlers); **Œu|v|re|ka|ta|log; Œu|v|re|ver|zeich|nis**
Oeyn|hau|sen, Bad [ˈøːn...] (Badeort im Ravensberger Land)
OEZ = osteuropäische Zeit
ÖFB, der; - = Österreichischer Fußball-Bund
Öf|chen
Ofen, der; -s, Öfen
Ofen|bank *Plur.* ...bänke
Ofen|bau|er *vgl.* ¹Bauer; **Ofen|bau|e|rin**
ofen|fer|tig; ofenfertige Pizza
ofen|frisch
Ofen|hei|zung; Ofen|ka|chel
Ofen|rohr; Ofen|röh|re
Ofen|set|zer; Ofen|set|ze|rin
Ofen|tür
off ⟨engl.⟩ (*bes. Film, Fernsehen* nicht sichtbar [von einer/einem Sprechenden]; *Ggs.* on)
Off, das; -[s] (das Unsichtbarblei-

O obwa

of|fen

↑K89:

- ein offener Brief
- das offene Meer
- ein offener Wein (im Ausschank)
- offene Rücklage *(Wirtsch.)*
- auf offener Straße, Strecke
- Beifall auf offener Bühne, Szene
- Tag der offenen Tür
- offene Handelsgesellschaft (*Abk.* OHG)
- mit offenen Karten spielen (ohne Hintergedanken handeln)

Schreibung in Verbindung mit Verben ↑K56:

- die Tür wird offen sein ↑K49
- das Fenster muss offen bleiben, das Fenster offen lassen
- die Augen offen halten
- das Geschäft [länger] offen halten
- offen (im Ausschank) verkaufter Wein
- jmdm. etwas offen sagen
- die Tür offen stehen lassen

Aber:

- sie mussten ihre Vermögensverhältnisse offenlegen
- *Vgl. auch* offenbleiben, offenhalten, offenlassen, offenstehen

In Verbindung mit einem adjektivisch gebrauchten Partizip kann bei nicht übertragener Bedeutung getrennt oder zusammengeschrieben werden:

- ein offen gebliebenes *od.* offengebliebenes Fenster
- eine offen stehende *od.* offenstehende Tür

Aber nur: eine noch offenstehende Frage

Getrennt schreibt man üblicherweise die adverbialen Fügungen offen gesagt *und* offen gestanden.

ben der/des Sprechenden; *Ggs.* On); im, aus dem Off sprechen

Off|beat, der; -[s], -s (rhythm. Eigentümlichkeit der Jazzmusik)

of|fen *s. Kasten*

Of|fen|aus|schank, der; -[e]s (*schweiz. für* Ausgabe von Getränken aus Flaschen *od.* Fässern); im Offenausschank

Of|fen|bach, Jacques (dt.-franz. Komponist)

Of|fen|bach am Main; Of|fen|ba|cher; Of|fen|ba|che|rin

of|fen|bar [*auch* ...ˈbaːɐ̯]

öf|fen|bar; öffenbare Fenster

of|fen|ba|ren [*österr. u. schweiz.* ˈɔf...]; du offenbarst, hast offenbart *od.* geoffenbart; zu offenbaren; sich offenbaren; **Of|fen|ba|rung; Of|fen|ba|rungs|eid**

of|fen|blei|ben; es ist keine Frage offengeblieben; *vgl. aber* offen

of|fen|hal|ten; wir werden uns mehrere Möglichkeiten offenhalten; *vgl. aber* offen

Of|fen|heit, die; -

of|fen|her|zig; Of|fen|her|zig|keit

of|fen|kun|dig [*auch* ...ˈkʊn...]; **Of|fen|kun|dig|keit**

of|fen|las|sen; sie hat sich alle Möglichkeiten offengelassen; wen ich damit meine, möchte ich vorerst noch offenlassen; *vgl. aber* offen

of|fen|le|gen; seine Vermögensverhältnisse offenlegen

Of|fen|le|gung

Of|fen|markt|po|li|tik *(Bankw.)*

of|fen|sicht|lich [*auch* ...ˈzɪçt...]; **Of|fen|sicht|lich|keit**

of|fen|siv ⟨lat.⟩ (angreifend)

Of|fen|siv|bünd|nis

Of|fen|si|ve, die; -, -n ([milit.] Angriff)

Of|fen|siv|krieg

Of|fen|siv|spiel *(Sport);* **Of|fen|siv|spie|ler; Of|fen|siv|spie|le|rin**

Of|fen|siv|ver|tei|di|ger *(bes. Fußball);* **Of|fen|siv|ver|tei|di|ge|rin**

Of|fen|siv|waf|fe

Of|fen|stall (nach einer Seite hin offener Stall)

of|fen|ste|hen; Ihnen stehen alle Möglichkeiten offen; noch offenstehende Fragen klären wir später; *vgl. aber* offen

öf|fent|lich ↑K89: die öffentliche Meinung; die öffentliche Hand; im öffentlichen *od.* Öffentlichen Dienst; ↑K31: öffentliche und Privatmittel, *aber* Privat- und öffentliche Mittel

Öf|fent|lich|keit; Öf|fent|lich|keits|ar|beit, die; -

öf|fent|lich|keits|scheu; Öf|fent|lich|keits|scheu, die; -

öf|fent|lich|keits|wirk|sam

Öf|fent|lich|keits|wir|kung, die; -

öf|fent|lich-recht|lich ↑K23; die öffentlich-rechtlichen Rundfunkanstalten

Of|fe|rent, der; -en, -en (*Kaufmannsspr.* jmd., der eine Offerte macht); **Of|fe|ren|tin**

of|fe|rie|ren ⟨lat.⟩ (anbieten, darbieten)

Of|fert, das; -[e]s, -e *(österr.),* **Of|fer|te,** die; -, -n ⟨franz.⟩ (Angebot, Anerbieten); **Of|fer|ten|ab|ga|be**

Of|fer|to|ri|um, das; -s, ...ien ⟨lat.⟩ (Teil der kath. Messe)

Öf|fi, das; -s, -s (*bes. österr. ugs. für* öffentliches Verkehrsmittel)

[1]**Of|fice** [...fɪs], das; -[s], -s ⟨engl.⟩ (*engl. Bez. für* Büro)

[2]**Of|fice** [...fɪs], das; -, -s ⟨franz.⟩ (*schweiz. für* Anrichteraum im Gasthaus)

Of|fi|zi|al, der; -s, -e ⟨lat.⟩ (Beamter, bes. Vertreter des Bischofs bei Ausübung der Gerichtsbarkeit; österr. Beamtentitel, z. B. Postoffizial)

Of|fi|zi|al|de|likt *(Rechtsspr.)*

Of|fi|zi|a|lin

Of|fi|zi|al|ver|tei|di|ger (amtlich bestellter Verteidiger); **Of|fi|zi|al|ver|tei|di|ge|rin**

Of|fi|zi|ant, der; -en, -en (einen Gottesdienst haltender kath. Priester; *veraltet für* Unterbeamter, Bediensteter)

of|fi|zi|ell ⟨franz.⟩ (amtlich; verbürgt; förmlich)

Of|fi|zier [*österr. auch* ...ˈsiːɐ̯], der; -s, -e ⟨franz.⟩; **Of|fi|zie|rin**

Offizier

Zusammensetzungen mit *Offizier-* werden beim Militär meist in der Form ohne Fugen-s verwendet, z. B. *Offizieranwärter, Offizierkorps, Offiziermesse.*

O
Offi

Of|fi|ziers|an|wär|ter; Of|fi|ziers|an|wär|te|rin
Of|fi|ziers|ka|si|no
Of|fi|ziers|korps
Of|fi|ziers|lauf|bahn
Of|fi|ziers|mes|se *vgl.* [3]Messe
Of|fi|ziers|rang
Of|fi|zin, die; -, -en ‹lat.› (*veraltet für* [größere] Buchdruckerei; Apotheke); **of|fi|zi|nal, of|fi|zi|nell** (arzneilich; als Heilmittel anerkannt)
of|fi|zi|ös ‹lat.› (halbamtlich; nicht verbürgt)
Of|fi|zi|um, das; -s, ...ien (*kath. Kirche* [1]Messe [an hohen Feiertagen]; Stunden-, Chorgebet; *veraltet für* [Dienst]pflicht)
off li|mits! ‹engl.› (Eintritt verboten!, Sperrzone!)
off|line [...lain] (*EDV* getrennt von der Datenverarbeitungsanlage arbeitend); **Off|line|be|trieb,** der; -[e]s
öff|nen; sich öffnen
Öff|ner; Öff|nung; Öff|nungs|win|kel; Öff|nungs|zeit
off|road [...roʊd] ‹engl.› (abseits der Straße); offroad fahren
Off|roa|der [...roʊdɐ], der; -s, - ‹engl.› (Geländefahrzeug); **Off|road|fahr|zeug** [...roʊt...]
Off|set|druck *Plur.* ...drucke ‹engl.; dt.› (Flachdruck[verfahren]); **Off|set|druck|ma|schi|ne**
Off|shore|boh|rung, Off-Shore-Boh|rung [...ʃoːɐ̯...] (Bohrung [nach Erdöl] von einer Bohrinsel aus)
Off|shore|wind|park, Off-Shore-Wind|park (Windenergieanlage auf See)
off|side [ˈɔfsaid] ‹engl.› (*Sport schweiz. für* abseits); **Off|side,** das; -[s], -s (*Sport schweiz. für* Abseits)
Off|spre|cher, Off-Spre|cher ‹engl.; dt.› *(Fernsehen, Film, Theater);* **Off|spre|che|rin, Off-Spre|che|rin; Off|stim|me, Off-Stim|me**
Off|the|a|ter, Off-The|a|ter (Theater am Rande des etablierten Theaterbetriebes, in dem Stücke meist jüngerer, unbekannterer Autoren gespielt werden)
O. F. M. = Ordo Fratrum Minorum ‹lat.› (Orden der Minderbrüder, Franziskanerorden)
O. [F.] M. Cap. = Ordo [Fratrum] Minorum Capucinorum ‹lat.› (Orden der Minderen Kapuziner[brüder], Kapuzinerorden)

o-för|mig, O-för|mig ↑K 29
oft; öfter (*vgl. d.*), öftesten *(vgl. d.);* wie oft; so oft, *vgl. aber* sooft
öf|ter; öfter als ...; öfter mal was Neues; ↑K 72 : des Öfter[e]n
öf|ters (*landsch. für* öfter)
öf|testen; *nur in* am öftesten (*selten für* am häufigsten)
oft|ma|lig; oft|mals
o. g. = oben genannt
OG = Obergeschoss
ÖGB, der; - = Österreichischer Gewerkschaftsbund
Oger, der; -s, - ‹franz.› (Menschenfresser in franz. Märchen)
OGH, der; -[s] = Oberster Gerichtshof
ogi|val [*auch* oʒi...] ‹franz.› (*Kunstwiss.* spitzbogig); **Ogi|val|stil,** der; -[e]s (Baustil der [franz.] Gotik)
oh!; oh, das ist schade; ein überraschtes Oh; *(in Verbindung mit anderen Wörtern oft ohne h geschrieben:)* oh ja! *od.* o ja!; oh weh! *od.* o weh!
OH = Ohio
oha!
Oheim, der; -s, -e (*veraltet für* Onkel); *vgl. auch* [4]Ohm
OHG, die; -, -s = offene Handelsgesellschaft
[1]**Ohio** [oˈhaio], der; -[s] (Nebenfluss des Mississippis)
[2]**Ohio** (Staat in den USA; *Abk.* OH)
o[h], là, là! [olaˈla] ‹franz.› (Ausruf der Verwunderung)
[1]**Ohm,** das; -[e]s, -e ‹griech.› (früheres Flüssigkeitsmaß); 3 Ohm
[2]**Ohm** (dt. Physiker)
[3]**Ohm,** das; -[s], - (Einheit für den elektr. Widerstand; *Zeichen* Ω); *vgl.* ohmsch
[4]**Ohm,** der; -[e]s, -e (*veraltet für* Onkel; *vgl.* Oheim)
Öhm, der; -[e]s, -e (*westd. für* Oheim)
Öhmd, das; -[e]s (*südwestd. für* das zweite Mähen); **öhm|den** (*südwestd. für* nachmähen)
Ohm|me|ter, das; -s, - ‹*zu* [3]Ohm› (Gerät zur Messung des elektr. Widerstandes)
O. H. M. S. = On His (Her) Majesty's Service ‹engl.› (Im Dienste Seiner [Ihrer] Majestät)
ohmsch ‹*zu* [2]Ohm›; der ohmsche *od.* Ohm'sche Widerstand; das ohmsche *od.* Ohm'sche Gesetz ↑K 135 *u.* 89
oh|ne; *Präp. mit Akk.:* ohne ihren Willen; ohne dass ↑K 126 ; ohne Weiteres *od.* weiteres; oben ohne (*ugs. für* busenfrei); zweifelsohne
oh|ne Be|fund (*Abk.* o. B.)
oh|ne|dem (*veraltet für* ohnedies)
oh|ne|dies
oh|ne|ei|n|an|der; ohneeinander auskommen; *aber:* ohne einander zu sehen
oh|ne|glei|chen
oh|ne|hin
oh|ne Jahr (bei Buchtitelangaben; *Abk.* o. J.)
Oh|ne-mich-Stand|punkt ↑K 26
oh|ne Ob|li|go [*auch* - ˈɔb...] (ohne Verbindlichkeit; *Abk.* o. O.)
oh|ne Ort (bei Buchtitelangaben; *Abk.* o. O.); **oh|ne Ort und Jahr** (bei Buchtitelangaben; *Abk.* o. O. u. J.)
oh|ne Wei|te|res, oh|ne wei|te|res
oh|ne|wei|ters (*österr. für* ohne Weiteres)
Ohn|macht, die; -, -en; **ohn|mäch|tig; Ohn|machts|an|fall**
oho!
Ohr, das; -[e]s, -en; zu Ohren kommen
Öhr, das; -[e]s, -e (Nadelloch)
Öhr|chen (kleines Ohr od. Öhr)
Ohr|clip, Ohr|klipp (Ohrschmuck)
Ohr|druf (Stadt in Thüringen)
Oh|ren|arzt; Oh|ren|ärz|tin
Oh|ren|beich|te
oh|ren|be|täu|bend
Oh|ren|clip, Oh|ren|klipp (*seltener für* Ohrclip)
Oh|ren|ent|zün|dung
oh|ren|fäl|lig
Oh|ren|heil|kun|de, die; **Oh|ren|klap|pe**
Oh|ren|klipp *vgl.* Ohrenclip
oh|ren|krank
Oh|ren|krie|cher (Ohrwurm)
Oh|ren|sau|sen, das; -s; **Oh|ren|schmalz,** das; -es
Oh|ren|schmaus, der; -es (Genuss für die Ohren)
Oh|ren|schmerz *meist Plur.;* **Oh|ren|schüt|zer; Oh|ren|ses|sel; Oh|ren|stöp|sel**
Oh|ren|wei|de, die; -; *vgl.* Ohrenschmaus
Oh|ren|zeu|ge; Oh|ren|zeu|gin
Ohr|fei|ge; ohr|fei|gen; er hat mich geohrfeigt
Ohr|ge|hän|ge; Ohr|ge|räusch *meist Plur.;* **Ohr|hö|rer**
...oh|rig (z. B. langohrig)
Ohr|klipp *vgl.* Ohrclip
Ohr|läpp|chen; Ohr|mar|ke (bei Zuchttieren); **Ohr|mu|schel**
Oh|ro|pax®, das; -, - (Gehörschutzstöpsel)

O
Offi

Ohr|ring; Ohr|schmuck
Ohr|spei|chel|drü|se; Ohr|spü|lung
Ohr|ste|cker; Ohr|trom|pe|te
Ohr|wa|schel, das; -s, -n (*bayr., österr. ugs. für* Ohrläppchen, Ohrmuschel)
Ohr|wurm (*ugs. auch für* leicht eingängige Melodie)
Oie, die; -, -n (Insel); Greifswalder Oie
Ois|t|rach (russ. Geiger)
o. J. = ohne Jahr
oje!; oje|mi|ne! *vgl.* jemine!; **oje|rum**
o. k., O. K. = okay
OK = Oklahoma
Oka, die; - (r. Nebenfluss der Wolga)
Oka|pi, das; -s, -s ‹afrik.› (kurzhalsige Giraffenart)
Oka|ri|na, die; -, *Plur.* -s *u.* ...nen ‹ital.› (tönernes Blasinstrument)
okay [oˈkeː] ‹amerik.› (*ugs. für* richtig, in Ordnung; *Abk.* o. k. *od.* O. K.); **Okay,** das; -[s], -s; sein Okay geben

okay

Das Adjektiv »okay« wird gewöhnlich nicht flektiert:

- es ist alles okay
- das Mädchen ist wirklich okay
- gestern ging es mir schlecht, aber heute bin ich wieder okay

In der Alltagssprache wird es jedoch gelegentlich auch attributiv verwendet:

- ein okayer Typ
- eine okaye Arbeit

Oke|a|ni|de, Oze|a|ni|de, die; -, -n ‹griech.› (*griech. Mythol.* Meernymphe); **Oke|a|nos** (Weltstrom; Gott des Weltstromes)
Oker, die; - (linker Nebenfluss der Aller); **Oker|tal|sper|re, Oker-Tal|sper|re,** die; -
Ok|ka|si|on, die; -, -en ‹lat.› (*veraltet für* Gelegenheit; *Kaufmannsspr.* Gelegenheitskauf)
Ok|ka|si|o|na|lis|mus, der; - (eine philos. Lehre); **Ok|ka|si|o|na|list,** der; -en, -en; **Ok|ka|si|o|na|lis|tin**
ok|ka|si|o|nell ‹franz.› (gelegentlich, Gelegenheits...)
Ok|ki|ar|beit *vgl.* Occhiarbeit
ok|klu|die|ren ‹lat.› (*veraltet für* einschließen, verschließen); **Ok|klu|si|on,** die; -, -en (*Med.* normale Schlussbissstellung der Zähne; *Meteorol.* Zusammentreffen von Kalt- u. Warmfront)
ok|klu|siv; Ok|klu|siv, der; -s, -e (*Sprachwiss.* Verschlusslaut, z. B. p, t, k)
ok|kult ‹lat.› (verborgen; heimlich, geheim); **Ok|kul|tis|mus,** der; - (Lehre vom Übersinnlichen); **Ok|kul|tist,** der; -en, -en; **Ok|kul|tis|tin; ok|kul|tis|tisch**
Ok|ku|pant, der; -en, -en ‹lat.› (*abwertend für* jmd., der fremdes Gebiet okkupiert); **Ok|ku|pan|tin**
Ok|ku|pa|ti|on, die; -, -en (Besetzung [fremden Gebietes] mit od. ohne Gewalt; *Rechtsspr.* Aneignung herrenlosen Gutes)
Ok|ku|pa|ti|ons|heer; Ok|ku|pa|ti|ons|macht
ok|ku|pie|ren
Ok|la|ho|ma (Staat in den USA; *Abk.* OK)
öko (*ugs.; kurz für* ökologisch)
Öko, der; -s, -s (*ugs. scherzhaft für* Anhänger der Ökologiebewegung)
Öko|ar|chi|tek|tur (Architektur, die sich ökologisches Bauen zur Aufgabe gemacht hat)
Öko|au|dit [*auch* ...|ɔːdɪt], das; -s, -s (Betriebsprüfung nach ökologischen Gesichtspunkten)
Öko|bank *Plur.* ...banken (Kreditinstitut zur Förderung von Umwelt- u. Friedensprojekten)
Öko|bi|lanz (Bilanz der Auswirkungen eines Produkts auf die Umwelt); die Ökobilanz von Mehrwegflaschen
Öko|la|bel [...leɪbl̩], das; -s, -s (Aufkleber od. Aufdruck auf einer Ware, der anzeigt, dass sie umweltverträglich erzeugt wurde)
Öko|la|den (Laden, in dem nur umweltfreundliche Waren verkauft werden)
Öko|lo|ge, der; -n, -n; **Öko|lo|gie,** die; - ‹griech.› (Lehre von den Beziehungen der Lebewesen zur Umwelt); **Öko|lo|gin; öko|lo|gisch;** ökologische Nische; ökologisches Bauen; ökologisches Gleichgewicht
Öko|nom, der; -en, -en ‹griech.› (Wirtschaftswissenschaftler; *veraltend für* [Land]wirt); **Öko|no|mie,** die; -, ...ien (Wirtschaftlichkeit, sparsame Lebensführung *[nur Sing.]*; Lehre von der Wirtschaft; *veraltet für* Landwirtschaft[sbetrieb])
Öko|no|mie|rat (österr. Titel); **Öko|no|mie|rä|tin**
Öko|no|mik, die; -, -en (Wirtschaftswissenschaft, -theorie; wirtschaftliche Verhältnisse [eines Landes, Gebietes]; *nach marx. Lehre* Produktionsweise einer Gesellschaftsordnung)
Öko|no|min; öko|no|misch
öko|no|mi|sie|ren (ökonomisch gestalten); **Öko|no|mi|sie|rung**
Öko|par|tei (*ugs. für* der Ökologie verschriebene politische Partei)
Öko|punkt (*österr. für* nach einem Punktesystem berechnete Straßenbenutzungsgebühr für den Schwerlastverkehr)
öko|so|zi|al (Umwelt- u. Sozialpolitik verbindend)
Öko|steu|er (*ugs. für* an ökologischen Gesichtspunkten orientierte Steuer, z. B. auf Energie)
Öko|strom, der; -[e]s (*ugs. für* Strom, der nur aus umweltfreundlichen Energiequellen stammt); **Öko|strom|ge|setz**
Öko|sys|tem (zwischen Lebewesen u. ihrem Lebensraum bestehende Wechselbeziehung)
Öko|tou|ris|mus (umweltbewusstes Reisen)
Öko|tro|pho|lo|ge, der; -n, -n; **Öko|tro|pho|lo|gie,** die; - (Haushalts- u. Ernährungswissenschaft); **Öko|tro|pho|lo|gin**
Öko|wein (Wein aus ökologischem Anbau)
Ok|ra, die; -, -s ‹afrik.› (eine Frucht); **Ok|ra|scho|te**
Okt. = Oktober
Ok|ta|eder, das; -s, - ‹griech.› (Achtflächner); **ok|ta|ed|risch**
Ok|ta|gon *vgl.* Oktogon
Ok|tant, der; -en, -en ‹lat.› (achter Teil des Kreises od. der Kugel; nautisches Winkelmessgerät)
Ok|tan|zahl (Maßzahl für die Klopffestigkeit von Treibstoffen)
[1]**Ok|tav,** das; -s (*Buchw.* Achtelbogengröße [Buchformat]; *Zeichen* 8°, z. B. Lex.-8°); in Oktav; Großoktav *(vgl. d.)*
[2]**Ok|tav,** die; -, -en (kath. Feier; *österr. auch svw.* Oktave)
Ok|ta|va, die; -, ...ven (*österr. für* 8. Klasse des Gymnasiums)
Ok|tav|band, der *(Buchw.)*; **Ok|tav|bo|gen**
Ok|ta|ve, die; -, ...ven, *österr. auch* [2]Ok|tav, die; -, -en (*Musik* achter Ton [vom Grundton an]; ein Intervall; *svw.* Ottaverime)

Ok|tav|for|mat (*Buchw.* Achtelgröße); **Ok|tav|heft** (Heft im Oktavformat)
Ok|ta|via, Ok|ta|vie (röm. w. Eigenn.); *vgl. auch* Octavia; **Ok|ta|vi|an, Ok|ta|vi|a|nus** (röm. Kaiser); *vgl. auch* Octavian, Octavianus
ok|ta|vie|ren ‹lat.› (in die Oktave überschlagen [von Blasinstrumenten])
Ok|tett, das; -[e]s, -e ‹ital.› (Komposition für acht Soloinstrumente od. -stimmen; Gruppe von acht Instrumentalsolisten; Achtergruppe von Elektronen)
Ok|to|ber, der; -[s], - ‹lat.› (zehnter Monat im Jahr; Gilbhard, Weinmonat, Weinmond; *Abk.* Okt.)
Ok|to|ber|fest (in München)
Ok|to|ber|re|vo|lu|ti|on (1917 in Russland)
Ok|t|o|de, die; -, -n ‹griech.› (Elektronenröhre mit acht Elektroden)
Ok|to|gon, das; -s, -e (Achteck; Bau mit achteckigem Grundriss); **ok|to|go|nal** (achteckig)
Ok|to|po|de, der; -n, -n (*Zool.* Achtfüßer)
Ok|to|pus, der; -, ...poden (Gattung achtarmiger Kraken)
Ok|t|roi [ɔkˈtro̯a], der *od.* das; -s, -s ‹lat.-mlat.-franz.› (*geh. für* Zwang); **ok|t|ro|y|ie|ren** [...tro̯aˈjiː...] ‹franz.› (aufdrängen, aufzwingen)
oku|lar ‹lat.› (mit dem Auge, fürs Auge); **Oku|lar,** das; -s, -e (die dem Auge zugewandte Linse eines optischen Gerätes)
Oku|la|ti|on, die; -, -en (Pflanzenveredelungsart)
Oku|li ‹»Augen«› (vierter Sonntag vor Ostern)
oku|lie|ren (durch Okulation veredeln, äugeln); **Oku|lier|mes|ser,** das; **Oku|lie|rung**
Öku|me|ne, die; -, -n ‹griech.› (bewohnte Erde; Gesamtheit der Christen; ökumenische Bewegung)
öku|me|nisch (allgemein; die ganze bewohnte Erde betreffend, Welt...); ↑K89: ökumenische Bewegung (zwischen- u. überkirchl. Bestrebungen christlicher Kirchen u. Konfessionen); ökumenisches Konzil (allgemeine kath. Kirchenversammlung), *aber* ↑K150: der Ökumenische Rat der Kirchen
Öku|me|nis|mus, der; - (*kath. Kirche* Streben nach Einigung aller christl. Konfessionen)
Ok|zi|dent [*auch* ...ˈdɛnt], der; -s ‹lat.› (Abendland; Westen; *vgl.* Orient); **ok|zi|den|tal, ok|zi|den|ta|lisch**
O. L. = Oberlausitz
ö. L. = östlicher Länge
Öl, das; -[e]s, -e
Olaf (m. Vorn.)
Öl|alarm
Öl|ba|ron; Öl|ba|ro|nin
Öl|baum; Öl|be|häl|ter
Öl|berg, der; -[e]s (bei Jerusalem)
Öl|bild; Öl|boh|rung; Öl|bren|ner
Old Eco|no|my [- ɪˈkɔnəmi], die; - - ‹engl.› (traditionelle Wirtschaft im Ggs. zur New Economy)
Ol|den|burg (Landkreis in Niedersachsen)
[1]**Ol|den|bur|ger**
[2]**Ol|den|bur|ger,** der; -s, - (eine Pferderasse)
Ol|den|bur|ger Geest, die; - - (Gebiet in Niedersachsen)
Ol|den|bur|ge|rin
Ol|den|burg (Hol|stein) (Stadt in Schleswig-Holstein)
ol|den|bur|gisch; *aber* ↑K140: Oldenburgisches Münsterland
Ol|den|burg (Ol|den|burg) (Stadt in Niedersachsen)
Ol|des|loe, Bad [...ˈloː] (Stadt in Schleswig-Holstein); **Ol|des|lo|er; Ol|des|lo|e|rin**
Ol|die [...di], der; -s, -s ‹engl.-amerik.› (alter, beliebt gebliebener Schlager)
Öl|druck *Plur.* ...drucke *u.* (*Technik:*) ...drücke; **Öl|druck|brem|se**
Old|ti|mer [...tai̯...], der; -s, - ‹engl.› (altes Modell eines Fahrzeugs [bes. Auto]; *auch scherzh. für* langjähriges Mitglied)
olé! ‹span.› (los!, auf!, hurra!)
Olea (*Plur. von* Oleum)
Ole|an|der, der; -s, - ‹ital.› (ein immergrüner Strauch od. Baum); **Ole|an|der|schwär|mer** (ein Schmetterling)
Ole|at, das; -[e]s, -e ‹griech.› (*Chemie* Salz der Ölsäure)
OLED, Oled, die; -, -s ‹engl.; *Kurzwort für* organic light-emitting diode› (organische Leuchtdiode)
Ole|fin, das; -s, -e (ein ungesättigter Kohlenwasserstoff); **ole|fin|reich**
Ole|in, das; -s, -e (ungereinigte Ölsäure)
Öl|em|bar|go
ölen; Öler, der; -s, - (Gefäß zum Ölen)
Ole|um, das; -s, Olea (Öl; rauchende Schwefelsäure)
Öl|ex|port
Öl ex|por|tie|rend, öl|ex|por|tie|rend; Öl exportierende *od.* ölexportierende Länder ↑K58
ol|fak|to|risch ‹lat.› (*Med., Psychol.* den Geruchssinn betreffend)
Öl|far|be; Öl|far|ben|druck *Plur.* ...drucke
Öl|feld; Öl|feu|e|rung; Öl|film (dünne Ölschicht); **Öl|fil|ter; Öl|fleck; Öl|för|de|rung; Öl|frucht**
OLG, das; - = Oberlandesgericht
Ol|ga (w. Vorn.)
Öl|ge|mäl|de; Öl|ge|sell|schaft
Öl|göt|ze; *nur in* dastehen, dasitzen wie ein Ölgötze, wie die Ölgötzen (*ugs. für* stumm, unbeteiligt, verständnislos dastehen, dasitzen)
Öl|haut; Öl|hei|zung
öl|höf|fig (erdölhöffig)
Oli|fant [*auch* ...ˈfa...], der; -[e]s, -e ([Rolands] elfenbeinernes Hifthorn)
ölig
Oli|g|ä|mie, die; -, ...ien ‹griech.› (*Med.* Blutarmut)
Oli|g|arch, der; -en, -en (Anhänger der Oligarchie); **Oli|g|ar|chie,** die; -, ...ien (Herrschaft einer kleinen Gruppe); **Oli|g|ar|chin; oli|g|ar|chisch**
Oli|go|phre|nie, die; -, ...ien (*Med.* auf erblicher Grundlage beruhender od. sehr früh erworbener Intelligenzdefekt)
Oli|go|pol, das; -s, -e (*Wirtsch.* Marktbeherrschung durch wenige Großunternehmen)
oli|go|troph (nährstoffarm [von Ackerböden])
oli|go|zän (das Oligozän betreffend); **Oli|go|zän,** das; -s (*Geol.* mittlerer Teil des Tertiärs)
Olim ‹lat., »ehemals«›; *nur in* seit, zu Olims Zeiten (*scherzh. für* vor langer Zeit)
Öl|in|dus|t|rie
Oli|tä|ten® *Plur.* ‹lat.› (Naturheilmittel)
oliv ‹griech.› (olivenfarben); ein oliv[farbenes], olives Kleid; *vgl. auch* beige; **Oliv,** das; -[s], -[s]; ein Kleid in Oliv ↑K72
Oli|ve [...və, *österr.* ...fə], die; -, -n ‹griech.› (Frucht des Ölbaumes); **Oli|ven|baum; Oli|ven|ern|te**
oli|ven|far|ben, oli|ven|far|big

O
Okta

Oli|ven|hain; Oli|ven|öl
Oli|ver (m. Vorn.)
oliv|grau; oliv|grün
Oli|vin, der; -s, -e ‹griech.› (ein Mineral)
Öl|kan|ne; Öl|kon|zern; Öl|kri|se; Öl|ku|chen
oll (*landsch. für* alt); olle Kamellen *(vgl. d.)*
Öl|lam|pe
Ol|le, der *u.* die; -n, -n (*landsch. für* Alte)
Öl|lei|tung; Öl|luft|pum|pe
Olm, der; -[e]s, -e (ein Lurch)
Ol|ma = Ostschweizerische land- und milchwirtschaftliche Ausstellung (*heute* Schweizerische Messe für Land- und Milchwirtschaft, St. Gallen)
Öl|ma|le|rei; Öl|mess|stab; Öl|müh|le
Öl|mul|ti *(ugs.); vgl.* Multi
Öl|ofen; Öl|pal|me; Öl|pa|pier
Ol|pe (Stadt im Sauerland)
Öl|pest, die; - (Verschmutzung von Meeresküsten durch [auf dem Wasser treibendes] Rohöl)
Öl|pflan|ze; Öl|platt|form; Öl|preis
Öl|pro|duk|ti|on; Öl|pro|du|zent; Öl|pro|du|zen|tin
Öl pro|du|zie|rend, öl|pro|du|zie|rend; Öl produzierende *od.* ölproduzierende Staaten ↑K58
Öl|quel|le; Öl|raf|fi|ne|rie; Öl|sar|di|ne; Öl|säu|re, die; -; **Öl|scheich** *(ugs.);* **Öl|schicht; Öl|stand; Öl|tank; Öl|tan|ker**
Ol|ten (schweiz. Stadt); **Ol|te|ner,** Olt|ner; **Ol|te|ne|rin,** Olt|ne|rin
Öl|tep|pich
Olt|ner *vgl.* Oltener
Ölung; die Letzte Ölung (*kath. Kirche früher für* Krankensalbung)
öl|ver|schmiert
Öl|vor|kom|men; Öl|vor|rat; Öl|wan|ne *(Technik);* **Öl|wech|sel**
Olymp, der; -s (Gebirgsstock in Griechenland; Wohnsitz der Götter; *scherzh. für* Galerieplätze im Theater)
[1]**Olym|pia** (altgriech. Nationalheiligtum)
[2]**Olym|pia,** das; -[s] (*geh. für* Olympische Spiele)
Olym|pi|a|de, die; -, -n (Olympische Spiele; *selten für* Zeitraum von vier Jahren zwischen zwei Olympischen Spielen; *auch regional für* Wettbewerb)
Olym|pia|dorf; Olym|pia|hal|le; Olym|pia|jahr; Olym|pia|mann|schaft; Olym|pia|me|dail|le; Olym|pia|norm; Olym|pia|park; Olym|pia|qua|li|fi|ka|ti|on
olym|pia|reif
Olym|pia|sieg; Olym|pia|sie|ger; Olym|pia|sie|ge|rin
Olym|pia|sta|di|on; Olym|pia|stadt
Olym|pia|teil|neh|mer; Olym|pia|teil|neh|me|rin
olym|pia|ver|däch|tig (*ugs. für* sportlich hervorragend)
Olym|pia|zwei|te, der *u.* die; -n, -n
Olym|pi|er (Beiname der griech. Götter, bes. des Zeus; gelegentlicher Beiname Goethes)
Olym|pi|o|ni|ke, der; -n, -n (Sieger od. Teilnehmer an den Olympischen Spielen); **Olym|pi|o|ni|kin**

olym|pisch

(göttlich, himmlisch; die Olympischen Spiele betreffend)
Kleinschreibung ↑K89:
- olympische Ruhe
- olympisches Dorf
- der olympische Eid
- das olympische Feuer
- der olympische Gedanke

Großschreibung in Namen ↑K88:
- die Olympischen Spiele
- die Olympischen Sommerspiele/Winterspiele
- Internationales Olympisches Komitee (*Abk.* IOK)
- Nationales Olympisches Komitee (*Abk.* NOK)

Olynth (altgriech. Stadt); **olynthisch;** die olynthischen Reden des Demosthenes ↑K89
Öl|zeug, das; -[e]s; **Öl|zweig**
Oma, die; -, -s (*fam. für* Großmutter)
Omai|ja|de, der; -n, -n (Angehöriger eines arab. Herrschergeschlechtes)
Oma|ma, die; -, -s (*svw.* Oma)
Oman (Staat auf der Arabischen Halbinsel); **Oma|ner; Oma|ne|rin; oma|nisch**
Omar [*auch* ˈɔ...] (arab. Eigenn.)
Om|b|ro|graf, Om|b|ro|graph, der; -en, -en ‹griech.› (*Meteorol.* Gerät zur Aufzeichnung des Niederschlags)
Om|buds|frau ‹engl.; dt.› (Frau, die die Rechte der Bürger[innen] gegenüber den Behörden wahrnimmt); **Om|buds|leu|te** (*Plur. von* Ombudsmann; Gesamtheit der Ombudsfrauen u. Ombudsmänner); **Om|buds|mann** *Plur.* ...männer, *selten* ...leute; *vgl.* Ombudsfrau
O. M. Cap. *vgl.* O. [F.] M. Cap.
Ome|ga, das; -[s], -s (griech. Buchstabe [langes O]; Ω, ω); *vgl.* Alpha
Ome|ga-3-Fett|säu|re (*Fachspr.* in Pflanzenölen u. Fischen vorkommende ungesättigte Fettsäure)
Ome|lett [ɔm(ə)ˈlɛt], das; -[e]s, *Plur.* -e *u.* -s, *auch (österr., schweiz. nur)* **Ome|lette** [ɔm(ə)ˈlɛt(ə)], die; -, -n ‹franz.› (Eierkuchen); Omelette aux Fines Herbes [- ofinˈzɛrb] (mit Kräutern)
Omen, das; -s, *Plur.* - *u.* Omina ‹lat.› (Vorzeichen; Vorbedeutung)
Omi, die; -, -s (*Koseform von* Oma)
Omi|k|ron, das; -[s], -s (griech. Buchstabe [kurzes O]: Ο, ο)
Omi|na (*Plur. von* Omen)
omi|nös ‹lat.› (unheilvoll; anrüchig)
Omis|siv|de|likt ‹lat.› (*Rechtsspr.* Unterlassungsdelikt)
om ma|ni pad|me hum (myst. Formel des lamaist. Buddhismus)
om|nia ad ma|io|rem Dei glo|ri|am ‹lat., »[alles] zur größeren Ehre Gottes«›; *vgl.* ad maiorem ...
Om|ni|bus, der; -ses, -se ‹lat.› (*Kurzw.* Bus)
Om|ni|bus|bahn|hof; Om|ni|bus|fahrt; Om|ni|bus|li|nie
om|ni|po|tent (allmächtig); **Om|ni|po|tenz,** die; - (Allmacht)
om|ni|prä|sent (allgegenwärtig); **Om|ni|prä|senz** (Allgegenwart)
Om|ni|um, das; -s, ...ien (*Radsport* aus mehreren Bahnwettbewerben bestehender Wettkampf)
Om|ni|vo|re, der; -n, -n *meist Plur.* (*Zool.* Allesfresser)
Om|pha|le [...le] (lyd. Königin)
Om|pha|li|tis, die; -, ...itiden ‹griech.› (*Med.* Nabelentzündung)
Omsk (Stadt in Sibirien)
O. m. U. = Originalfassung mit Untertiteln *(Film, Fernsehen)*
on ‹engl.› (*bes. Fernsehen* sichtbar [von einer/einem Sprechenden]); **On,** das; -[s] (das Sichtbarsein der/des Sprechenden); im On
Ona|ger, der; -s, - ‹lat.› (Halbesel in Südwestasien)
on air [...ˈɛːɐ̯] (*Rundfunk* auf Sendung)

Onan (bibl. m. Eigenn.)
Ona|nie, die; - ‹nach Onan› (geschlechtl. Selbstbefriedigung); **ona|nie|ren**
ÖNB, die; - = Österreichische Nationalbibliothek
on de|mand [...di'ma:nt] ‹engl.› (auf Verlangen, auf Bestellung); Bücher, DVDs on demand; wir liefern on demand
On|dit [õ'di:], das; -[s], -s ‹franz.› (Gerücht); einem Ondit zufolge
On|du|la|ti|on, die; -, -en ‹franz.› (das Wellen der Haare mit der Brennschere); **on|du|lie|ren; On|du|lie|rung**
One|ga|see, **One|ga-See**, der; -s (See in Russland)
Onei|da|see, **Onei|da-See**, der; -s (See im Staat New York)
O'Neill [o'ni:l], Eugene ['ju:dʒi:n] (amerik. Dramatiker)
One-Man-Show ['wʌnmænʃoʊ] ‹engl.› (Show, die ein Unterhaltungskünstler allein bestreitet)
One-Night-Stand ['wʌnnaitstɛnt], der; -s, -s ‹engl.› (flüchtiges sexuelles Abenteuer)
One|stepp ['wʌnstɛp], der; -s, -s ‹engl., »Einschritt«› (ein Tanz)
One-Way-Flug ['wʌnweı...] ‹engl.› (Flug zu einem bestimmten Ziel ohne Rückflug); **One-Way-Ti|cket** (Flugschein für einen One-Way-Flug)
On|kel, der; -s, *Plur.* -, *ugs. auch* -s; **on|kel|haft**
On|ko|lo|ge, der; -n, -n ‹griech.›; **On|ko|lo|gie**, die; - (*Med.* Lehre von den Geschwülsten); **On|ko|lo|gin; on|ko|lo|gisch**
on|line [...lain] ‹engl.› (*EDV* ans Datennetz, Internet angeschlossen; im Datennetz, Internet zur Verfügung stehend)
On|line|auk|ti|on; On|line|ban|king [...bɛŋkıŋ], das; -[s] (computergestützte Abwicklung von Bankgeschäften); **On|line|be|trieb**, der; -[e]s
On|line|da|ting [...deıtıŋ], das; -s, -s (Partnersuche über das Internet); **On|line|dienst; On|line|durch|su|chung**
On|line|por|tal
On|li|ner (jmd., der längere Zeit, häufiger online ist); **On|line|re|cher|che; On|li|ne|rin**
On|line|shop|ping; On|line|zei|tung
ONO = Ostnordost[en]
Öno|lo|gie, die; - ‹griech.› (Wein[bau]kunde); **öno|lo|gisch**
Ono|ma|sio|lo|gie, die; -, ...ien ‹griech.› (*Sprachwiss.* Bezeichnungslehre); **ono|ma|sio|lo|gisch**
Ono|mas|tik, die; - (Namenkunde); **Ono|mas|ti|kon**, das; -s, *Plur.* ...ken *u.* ...ka (Wörterverzeichnis in Antike u. Mittelalter)
ono|ma|to|po|e|tisch (laut-, klang-, schallnachahmend)
Ono|ma|to|pö|ie, die; -, ...ien (Bildung eines Wortes durch Lautnachahmung, Lautmalerei, z. B. »Kuckuck«)
Öno|me|ter, das; -s, - ‹griech.› (Weinmesser [zur Bestimmung des Alkoholgehaltes])
ÖNORM, die; - (österr. Norm)
On|spre|cher, **On-Spre|cher** ‹engl.; dt.› *(Fernsehen, Film, Theater);* **On|spre|che|rin**, **On-Spre|che|rin**
On|ta|rio [*auch* ...'tɛ:...] (kanad. Provinz); **On|ta|rio|see**, **On|ta|rio-See**, der; -s
on the rocks [- ðə -] ‹engl.› (mit Eiswürfeln [bei Getränken])
On|to|ge|ne|se, die; -, -n, **On|to|ge|nie**, die; -, ...ien ‹griech.› (*Biol.* Entwicklung des Einzelwesens); **on|to|ge|ne|tisch**
On|to|lo|gie, die; -, ...ien (*Philos.* Wissenschaft vom Seienden); **on|to|lo|gisch**
on top ‹engl.› (noch zusätzlich; an der Spitze, obenauf); eine on top gezahlte Prämie; sie ist modisch wieder on top
Onyx, der; -[es], -e ‹griech.› (ein Halbedelstein)
o. O. = ohne Obligo; ohne Ort
o. ö. = ordentliche[r] öffentliche[r] (z. B. Professor[in] [*Abk.* o. ö. Prof.])
OÖ = Oberösterreich
Oo|ge|ne|se, die; -, -n ‹griech.› (*Med.* Entwicklung der Eizelle); **oo|ge|ne|tisch**
Oo|lith, der; *Gen.* -s *u.* -en, *Plur.* -e[n] (ein Gestein)
Oo|lo|gie, die; - (Wissenschaft vom Vogelei)
o. ö. Prof. = ordentliche[r] öffentliche[r] Professor[in]
o. O. u. J. = ohne Ort und Jahr
op. = opus; *vgl.* Opus
o. P. = ordentliche[r] Professor[in]; *vgl.* Professor
¹OP [o'pe:], der; -[s], -[s] (Operationssaal)
²OP [o'pe:], die; -, -s (Operation)
O. P., O. Pr. = Ordo [Fratrum] Praedicatorum ‹lat.› (Orden der Prediger; Dominikanerorden)
Opa, der; -s, -s (*fam. für* Großvater)
opak ‹lat.› (*fachspr. für* undurchsichtig, lichtundurchlässig)
Opal, der; -s, -e ‹sanskr.› (ein Schmuckstein; ein Gewebe); **opa|len** (aus Opal, durchscheinend wie Opal)
Opa|les|zenz, die; - (opalartiges Schillern); **opa|les|zie|ren, opa|li|sie|ren**
Opal|glas *Plur.* ...gläser
Opan|ke, die; -, -n ‹serb.› (sandalenartiger Schuh [mit am Unterschenkel kreuzweise gebundenen Lederriemen])
Opa|pa, der; -s, -s (*svw.* Opa)
Op-Art, die; - ‹amerik.› (eine moderne Kunstrichtung)
Opa|zi|tät, die; - ‹*zu* opak› (*fachspr. für* Undurchsichtigkeit)
OPEC ['o:pɛk], die; - = Organization of the Petroleum Exporting Countries (Organisation der Erdöl exportierenden Länder)
Opel®, der; -s, - ‹nach dem Maschinenbauer u. Unternehmer Adam Opel› (deutsche Kraftfahrzeugmarke)
Open Air [- 'ɛ:ɐ̯], das; - -s, - -s (*kurz für* Open-Air-Konzert, Open-Air-Festival)
Open-Air-Fes|ti|val ‹engl.› (Musikveranstaltung im Freien); **Open-Air-Kon|zert**
open end ‹engl.› (ohne ein vorher auf einen bestimmten Zeitpunkt festgesetztes Ende)
Open End, das; - -s, - -s (*kurz für* Open-End-Veranstaltung)
Open-End-Dis|kus|si|on; Open-End-Ver|an|stal|tung (Veranstaltung ohne zeitlich festgelegtes Ende)
Ope|ner, der; -s, - ‹engl.› (*Jargon* erstes Musikstück eines Albums od. Konzerts)
Open Source [... 'so:ɐ̯s], die; - -, - -s [...sıs] (*kurz für* Open-Source-Software)
Open-Source-Soft|ware ‹engl.› (*EDV* frei zugängliche u. verwendbare Software)
Oper, die; -, -n ‹ital.›
Ope|ra (*Plur. von* Opus)
ope|ra|bel ‹lat.› (so, dass man damit arbeiten kann; *Med.* operierbar)
Ope|ra buf|fa, die; - -, ...re ...ffe ‹ital.› (komische Oper)
Ope|rand, der; -en, -en ‹lat.› (*Math., EDV* Gegenstand einer Operation)

O
Onan

Ope|ra se|ria, die; --, ...re ...rie (ernste Oper)
Ope|ra|teur [...'tø:ɐ̯], der; -s, -e ‹franz.› (eine Operation vornehmender Arzt; Kameramann; Filmvorführer); **Ope|ra|teu|rin**
Ope|ra|ti|on, die; -, -en ‹lat.› (chirurg. Eingriff, *Abk.* OP; [militärische] Unternehmung; Rechenvorgang; Verfahren)
ope|ra|ti|o|nal (sich durch bestimmte Verfahren vollziehend); **ope|ra|ti|o|na|li|sie|ren** (durch Angabe der Verfahren präzisieren)
Ope|ra|ti|ons|ba|sis
Ope|ra|ti|ons|saal (*Abk.* OP); **Ope|ra|ti|ons|schwes|ter; Ope|ra|ti|ons|tisch**
ope|ra|tiv (*Med.* auf chirurgischem Wege, durch Operation; *Militär* strategisch); operativer Eingriff
Ope|ra|tor [*auch* 'ɔpəre:tɐ], der; -s, *Plur.* ...oren, *auch* -s (jmd., der eine EDV-Anlage überwacht u. bedient); **Ope|ra|to|rin**
Ope|ret|te, die; -, -n ‹ital.› (heiteres musikal. Bühnenwerk)
Ope|ret|ten|fes|ti|val
ope|ret|ten|haft
Ope|ret|ten|kom|po|nist; Ope|ret|ten|kom|po|nis|tin; Ope|ret|ten|me|lo|die; Ope|ret|ten|mu|sik
Ope|ret|ten|staat *Plur.* ...staaten *(scherzh.)*
ope|rier|bar
ope|rie|ren ‹lat.› (eine Operation durchführen; in best. Weise vorgehen; mit etwas arbeiten)
Opern|arie; Opern|ball *vgl.* [2]Ball; **Opern|büh|ne; Opern|füh|rer; Opern|glas** *Plur.* ...gläser; **Opern|gu|cker** (*ugs. für* Opernglas)
opern|haft
Opern|haus; Opern|me|lo|die; Opern|mu|sik; Opern|re|gis|seur; Opern|re|gis|seu|rin
Opern|sän|ger; Opern|sän|ge|rin
Op|fer, das; -s, -; Opfer des Faschismus (*Abk.* OdF)
op|fer|be|reit; Op|fer|be|reit|schaft, die; -
Op|fer|fest (höchstes Fest des Islam)
Op|fer|freu|dig|keit; Op|fer|ga|be; Op|fer|gang, der; **Op|fer|geist,** der; -[e]s; **Op|fer|geld; Op|fer|lamm**
op|fern; ich opfere; sich opfern
Op|fer|pfen|nig; Op|fer|scha|le
Op|fer|sinn, der; -[e]s
Op|fer|stock *Plur.* ...stöcke (in Kirchen aufgestellter Sammelkasten)
Op|fer|tier; Op|fer|tod
Op|fe|rung
Op|fer|wil|le, der; -; **op|fer|wil|lig; Op|fer|wil|lig|keit,** die; -
Op|fer|zeu|ge, der *(Rechtsspr.);* **Op|fer|zeu|gin**
Ophe|lia (Frauengestalt bei Shakespeare)
Ophio|la|t|rie, die; - ‹griech.› (religiöse Schlangenverehrung)
Ophir, *ökum.* Ofir ‹hebr.› (Goldland im A. T.)
Ophit, der; -en, -en ‹griech.› (Schlangenanbeter, Angehöriger einer Sekte); **Ophi|u|chus,** der; - ‹»Schlangenträger«› (ein Sternbild)
Oph|thal|m|i|a|t|rie, Oph|thal|mi|a|t|rik, die; - ‹griech.› (*Med.* Augenheilkunde); **Oph|thal|mie,** die; -, ...ien (Augenentzündung)
Oph|thal|mo|lo|ge, der; -n, -n (Augenarzt); **Oph|thal|mo|lo|gie,** die; - (Lehre von den Augenkrankheiten); **Oph|thal|mo|lo|gin; oph|thal|mo|lo|gisch**
Ophüls [...fʏls] (franz. Filmregisseur)
Opi, der; -s, -s (*Koseform von* Opa)
Opi|at, das; -[e]s, -e ‹griech.› (opiumhaltiges Arzneimittel)
Opi|o|id, das; -s, -e (ein Schmerzmittel)
Opitz (dt. Dichter)
Opi|um, das; -s (ein Betäubungsmittel u. Rauschgift)
Opi|um|ge|setz
opi|um|hal|tig
Opi|um|han|del *vgl.* [1]Handel; **Opi|um|krieg** (1840–42)
Opi|um|pfei|fe
Opi|um|rau|cher; Opi|um|rau|che|rin
Opi|um|schmug|gel; Opi|um|ver|gif|tung
Op|la|den (Stadt in Nordrhein-Westfalen)
ÖPNV, der; - = öffentlicher Personennahverkehr
Opo|le (poln. Stadt an der Oder; *vgl.* Oppeln)
Opos|sum, das; -s, -s ‹indian.› (amerik. Beutelratte; *auch für* Pelz dieses Tieres)
Op|peln (*poln.* Opole); **Op|pel|ner**
Op|pen|hei|mer (amerik. Physiker)
Op|po|nent, der; -en, -en ‹lat.› (Gegner [im Redestreit]); **Op|po|nen|tin; op|po|nie|ren** (widersprechen; sich widersetzen)
op|por|tun ‹lat.› (passend, nützlich, angebracht; zweckmäßig)
Op|por|tu|nis|mus, der; - (prinzipienloses Anpassen an die jeweilige Lage; Handeln nach Zweckmäßigkeit)
Op|por|tu|nist, der; -en, -en; **Op|por|tu|nis|tin; op|por|tu|nis|tisch**
Op|por|tu|ni|tät, die; -, -en (Vorteil, Zweckmäßigkeit)
Op|por|tu|ni|täts|prin|zip (strafrechtlicher Grundsatz, nach dem die Erhebung einer Anklage in das Ermessen der Anklagebehörde gestellt ist)
Op|po|si|ti|on, die; -, -en ‹lat.›
op|po|si|ti|o|nell ‹franz.› (gegensätzlich; gegnerisch; zum Widerspruch neigend)
Op|po|si|ti|ons|füh|rer; Op|po|si|ti|ons|füh|re|rin
Op|po|si|ti|ons|geist, der; -[e]s
Op|po|si|ti|ons|par|tei
Op|po|si|ti|ons|po|li|ti|ker; Op|po|si|ti|ons|po|li|ti|ke|rin
Op|po|si|ti|ons|wort *Plur.* ...wörter (*für* Antonym)
Op|pres|si|on, die; -, -en ‹lat.› (*veraltet für* Unterdrückung; *Med.* Beklemmung)
O. Pr. *vgl.* O. P.
OP-Schwes|ter [o:'pe:...] *(Med.)*
Op|tant, der; -en, -en ‹lat.› (jmd., der optiert); **Op|tan|tin**
Op|ta|tiv, der; -s, -e (*Sprachwiss.* Wunsch-, *auch* Möglichkeitsform des Verbs)
op|tie|ren (sich für etwas entscheiden; die Voranwartschaft auf etwas geltend machen)
Op|tik, die; -, -en *Plur. selten* ‹griech.› (Lehre vom Licht; Linsensystem eines opt. Gerätes; optischer Eindruck, optische Wirkung); **Op|ti|ker** (Hersteller od. Verkäufer von Brillen u. optischen Geräten); **Op|ti|ke|rin**
Op|ti|ma (*Plur. von* Optimum)
op|ti|ma fi|de ‹lat., »in bestem Glauben«›
op|ti|mal (bestmöglich)
Op|ti|mat, der; -en, -en (Angehöriger der herrschenden Geschlechter im alten Rom)
op|ti|mie|ren (optimal gestalten); **Op|ti|mie|rung**
Op|ti|mis|mus, der; - (*Ggs.* Pessimismus); **Op|ti|mist,** der; -en, -en; **Op|ti|mis|tin; op|ti|mis|tisch**
Op|ti|mum, das; -s, ...tima (höchster erreichbarer Wert)
Op|ti|on, die; -, -en ‹lat.› ([Wahl]möglichkeit; Wahl einer bestimmten Staatsangehörigkeit; *Rechtsspr., Wirtsch.* Vor-

O
Opti

anwartschaft auf Erwerb od. zukünftige Lieferung einer Sache)
op|ti|o|nal (nicht zwingend; nach eigener Wahl)
op|ti|o|nie|ren (*Wirtsch.* eine Option auf etw. erwerben)
Op|ti|ons|an|lei|he (*Wirtsch.* Schuldverschreibung, die den Inhaber innerhalb einer bestimmten Frist dazu berechtigt, Aktien zu einem festgelegten Kurs zu erwerben); **Op|ti|ons|ge|schäft** (*Börsenw.* Form des Termingeschäfts, bei der Optionen auf Aktien ge- od. verkauft werden); **Op|ti|ons|schein** (*Wirtsch.* Urkunde, die die Option garantiert u. an der Börse gehandelt wird)
op|tisch ⟨griech.⟩ (die Optik, das Sehen betreffend); optische Täuschung
Op|to|elek|t|ro|nik (Teilgebiet der Elektronik, das sich mit der Wechselwirkung von Optik u. Elektronik befasst); **op|to|elek|t|ro|nisch**
Op|to|me|ter, das; -s, - (*Med.* Sehweitenmesser); **Op|to|me|t|rie**, die; - (Sehkraftbestimmung)
opu|lent ⟨lat.⟩ (reich[lich], üppig); **Opu|lenz**, die; -
Opun|tie, die; -, -n ⟨griech.⟩ (Feigenkaktus)
Opus [*auch* ˈɔ...], das; -, Opera ⟨lat.⟩ ([musikal.] Werk; *Abk. in der Musik* op.)
OR = Oregon
Ora|dour-sur-Glane [...dursyrˈglan] (franz. Ort)
ora et la|bo|ra! ⟨lat., »bete und arbeite!«⟩ (Mönchsregel des Benediktinerordens)
Ora|kel, das; -s, - ⟨lat.⟩ (rätselhafte Weissagung; *auch* Ort, an dem Seherinnen od. Priester Weissagungen verkünden)
ora|kel|haft; ora|keln (in dunklen Andeutungen sprechen); ich orak[e]le; **Ora|kel|spruch**
oral ⟨lat.⟩ (*Med.* den Mund betreffend, durch den Mund; mit dem Mund); **Oral|chi|r|ur|gie** (Teilgebiet der Zahnmedizin)
Oral|sex (*ugs. für* Oralverkehr); **Oral|ver|kehr**, der; -[e]s (oraler Geschlechtsverkehr)
oran|ge [oˈrã:ʒə, *auch, bes. österr.* oˈrã:ʃ] ⟨pers.-franz.⟩ (goldgelb; orangenfarbig); ein orange[farbenes], oranges (*ugs. auch* orangenes) Kleid; *vgl.* beige

[1]**Oran|ge**, die; -, -n (*bes. südd., österr. u. schweiz. für* Apfelsine)
[2]**Oran|ge**, das; -, *Plur.* -, *ugs.* -s (orange Farbe); in Orange ↑K72
Oran|gea|de [...ˈʒa:...], die; -, -n (unter Verwendung von Orangensaft bereitetes Getränk)
Oran|geat [...ˈʒa:t], das; -s, *Plur. (Sorten:)* -e (eingezuckerte Apfelsinenschalen)
oran|gen (*ugs. für* orange); der Himmel färbt sich orangen
Oran|gen|baum; Oran|gen|blü|te
oran|ge[n]|far|ben, oran|ge[n]|far|big
Oran|gen|haut, die; - (*Med.* Cellulite); **Oran|gen|juice** (*bes. österr.*); **Oran|gen|mar|me|la|de; Oran|gen|saft; Oran|gen|scha|le**
Oran|ge|rie [orãʒəˈri:], die; -, ...ien (Gewächshaus zum Überwintern von empfindlichen Pflanzen)
oran|ge|rot
Orang-Utan, der; -s, -s ⟨malai.⟩ (ein Menschenaffe)
Ora|ni|en (niederl. Fürstengeschlecht)
Ora|ni|en|burg (Stadt in Brandenburg)
Ora|ni|er, der; -s, - (zu Oranien Gehörender); **Ora|ni|e|rin**
Oran|je, der; -[s] (Fluss in Südafrika); **Oran|je|frei|staat, Oran|je-Frei|staat**, der; -[e]s (Provinz der Republik Südafrika)
ora pro no|bis! ⟨lat., »bitte für uns!«⟩ (formelhafte Bitte in Litaneien)
Ora|tio ob|li|qua, die; - - ⟨lat.⟩ (*Sprachwiss.* indirekte Rede)
Ora|tio rec|ta, die; - - (*Sprachwiss.* direkte Rede)
Ora|to|ri|a|ner, der; -s, - (Angehöriger einer kath. Weltpriestervereinigung)
ora|to|risch (rednerisch; *Musik* in der Art eines Oratoriums)
Ora|to|ri|um, das; -s, ...ien (episch-dramat. Komposition für Solostimmen, Chor u. Orchester; *kath. Kirche* Andachtsraum)
ORB, der; - = Ostdeutscher Rundfunk Brandenburg
Or|bis pic|tus, der; - - ⟨lat., »gemalte Welt«⟩ (Unterrichtsbuch des Comenius)
Or|bit, der; -s, -s ⟨engl.⟩ (*Raumfahrt* Umlaufbahn)
Or|bi|ta, die; -, ...tae ⟨lat.⟩ (*Med.* Augenhöhle)
or|bi|tal (*Raumfahrt* den Orbit betreffend; *Med.* zur Augenhöhle gehörend)
Or|bi|tal|bahn; Or|bi|tal|ra|ke|te
Or|bi|ter, der; -s, - (*Raumfahrt* Flugkörper, der in einen Orbit gebracht wird)
Or|ca, der; -s, -s, **Or|ca|wal** ⟨lat.⟩ (Schwertwal)
Or|ches|ter [...ˈkɛs..., *österr. auch* ...ˈçɛs...], das; -s, - ⟨griech.⟩ (Vereinigung einer größeren Zahl von Instrumentalmusiker[inne]n; vertiefter Raum für die Musizierenden vor der Bühne)
Or|ches|ter|be|glei|tung; Or|ches|ter|gra|ben; Or|ches|ter|klang; Or|ches|ter|kon|zert
Or|ches|ter|lei|ter, der; **Or|ches|ter|lei|te|rin**
Or|ches|ter|mu|sik; Or|ches|ter|mu|si|ker; Or|ches|ter|mu|si|ke|rin
Or|ches|t|ra [ɔrˈçɛs...], die; -, ...stren (Tanzraum des Chors im altgriech. Theater)
or|ches|t|ral [...kɛs..., *österr. auch* ...çɛs...] (zum Orchester gehörend); **or|ches|t|rie|ren** (für Orchester bearbeiten, instrumentieren); **Or|ches|t|rie|rung**
Or|ches|t|ri|on [...ˈçɛs...], das; -s, ...ien (ein mechan. Musikinstrument)
Or|chi|dee, die; -, -n ⟨griech.⟩ (eine Zierpflanze); **Or|chi|de|en|art; Or|chi|de|en|fach** (ausgefallenes Studienfach)
Or|chis, die; -, - (Knabenkraut)
Or|chi|tis, die; -, ...iti̱den (*Med.* Hodenentzündung)
Or|dal, das; -s, ...ien ⟨angelsächs.⟩ (mittelalterl. Gottesurteil)
Or|den, der; -s, - ⟨lat.⟩ ([klösterliche] Gemeinschaft mit best. Regeln; Ehrenzeichen)
or|den|ge|schmückt ↑K59
Or|dens|band, das; *Plur.* ...bänder
Or|dens|bru|der; Or|dens|frau; Or|dens|mann *Plur.* ...männer *u.* ...leute; **Or|dens|re|gel; Or|dens|rit|ter; Or|dens|schwes|ter**
Or|dens|span|ge; Or|dens|stern
Or|dens|tracht
Or|dens|ver|lei|hung
or|dent|lich; ordentliches (zuständiges) Gericht; ordentliche Professorin, ordentlicher Professor (*Abk.* o. P.); ordentliche öffentliche Professorin, ordentlicher öffentlicher Professor (*Abk.* o. ö. Prof.); **or|dent|li|cher|wei|se; Or|dent|lich|keit**, die; -
Or|der, die; -, *Plur.* -n *od. (Kaufmannsspr. nur:)* -s ⟨franz.⟩

O
opti

(Befehl; *Kaufmannsspr.* Bestellung, Auftrag)
Or|der|buch; Or|der|ein|gang
or|dern (*Kaufmannsspr.* bestellen); ich ordere
Or|der|pa|pier (Wertpapier, das die im Papier bezeichnete Person durch Indossament übertragen kann)
Or|di|na|le, das; -[s], ...lia *meist Plur.* ‹lat.› (Ordinalzahl)
Or|di|nal|zahl (Ordnungszahl, z. B. »zweite«)
or|di|när ‹franz.› (gewöhnlich, alltäglich; unfein, unanständig)
Or|di|na|ria, die; -, ...ien *od.* ...iae ‹lat.› (Inhaberin eines Lehrstuhls an einer Hochschule)
Or|di|na|ri|at, das; -[e]s, -e (ordentliche Hochschulprofessur; eine kirchl. Behörde)
Or|di|na|ri|um, das; -s, ...ien (ordentlicher Staatshaushalt)
Or|di|na|ri|us, der; -, ...ien (Inhaber eines Lehrstuhls an einer Hochschule)
Or|di|när|preis (vom Verleger festgesetzter Buchverkaufspreis; Marktpreis im Warenhandel)
Or|di|na|te, die; -, -n (*Math.* auf der Ordinatenachse abgetragene zweite Koordinate eines Punktes); **Or|di|na|ten|ach|se** (senkrechte Achse des rechtwinkligen Koordinatensystems)
Or|di|na|ti|on, die; -, -en (Weihe, Einsetzung [eines Geistlichen] ins Amt; ärztliche Verordnung, Sprechstunde; *österr. auch für* Arztpraxis)
Or|di|na|ti|ons|hil|fe *(österr.)*; **Or|di|na|ti|ons|zim|mer** *(österr.)*
or|di|nie|ren (*Verb zu* Ordination)
ord|nen; Ord|ner; Ord|ne|rin
Ord|nung; Ordnung halten
Ord|nungs|amt
Ord|nungs|an|trag (*schweiz. für* Antrag zur Tagesordnung im Parlament)
Ord|nungs|dienst
ord|nungs|ge|mäß; ord|nungs|hal|ber; *aber* der Ordnung halber
Ord|nungs|hü|ter (*scherzh. für* Polizist); **Ord|nungs|hü|te|rin**
Ord|nungs|kraft *meist Plur.* (jmd., der für die Wahrung u. Wiederherstellung der öffentlichen Ordnung u. Sicherheit zuständig ist)
Ord|nungs|lie|be; ord|nungs|lie|bend
Ord|nungs|macht (staatliche Institution, die für die Aufrechterhaltung der bestehenden Ordnung zuständig ist)
Ord|nungs|po|li|zei; Ord|nungs|prin|zip; Ord|nungs|ruf
Ord|nungs|sinn, der; -[e]s
Ord|nungs|stra|fe; ord|nungs|wid|rig; Ord|nungs|wid|rig|keit
Ord|nungs|zahl (*für* Ordinalzahl)
or|do|li|be|ral (einen durch straffe Ordnung gezügelten Liberalismus vertretend)
Or|don|nanz, Or|do|nanz, die; -, -en ‹franz.› (*Militär* zu dienstlichen Zwecken abkommandierter Soldat; *veraltet für* Anordnung, Befehl); **Or|don|nanz|of|fi|zier, Or|do|nanz|of|fi|zier**
Or|d|re, die; -, -s; *vgl.* Order
Öre, das; -s, -, *auch* die; -, - (Untereinheit der dän., norw. u. schwed. Krone); 5 Öre
Ore|a|de, die; -, -n *meist Plur.* ‹griech.› (*griech. Mythol.* Bergnymphe)
Ore|ga|no, Ori|ga|no, der; - ‹ital.› (eine Gewürzpflanze)
Ore|gon [*auch* ˈɔrign̩] (Staat in den USA; *Abk.* OR)
Orest, Ores|tes (Sohn Agamemnons)
Ores|tie, die; - (Trilogie des Äschylus)
Öre|sund (Meerenge zwischen Dänemark *u.* Schweden)
ORF, der; -[s] = Österreichischer Rundfunk
Or|fe, die; -, -n ‹griech.› (ein Fisch)
Orff, Carl (dt. Komponist)
Or|gan, das; -s, -e ‹griech.› (Körperteil; Stimme; Beauftragter; Fachblatt, Vereinsblatt)
Or|gan|bank *Plur.* ...banken *(Med.)*
Or|gan|dy [...di], der; -[s] ‹engl.› (ein Baumwollgewebe)
Or|ga|nell, das; -s, -en ‹griech.›, **Or|ga|nel|le,** die; -, -n (*Biol.* organartige Bildung des Zellplasmas von Einzellern)
Or|gan|emp|fän|ger; Or|gan|emp|fän|ge|rin
Or|gan|ent|nah|me; Or|gan|han|del
Or|ga|ni|gramm, das; -s, -e (schematische Darstellung des Aufbaus einer Organisation)
Or|ga|nik, die; - (Wissenschaft von den Organismen)
Or|ga|ni|sa|ti|on, die; -, -en ‹franz.› (Aufbau, planmäßige Gestaltung, Einrichtung, Gliederung [*nur Sing.*]; Gruppe, Verband mit best. Zielen)
Or|ga|ni|sa|ti|ons|bü|ro; Or|ga|ni|sa|ti|ons|feh|ler; Or|ga|ni|sa|ti|ons|form; Or|ga|ni|sa|ti|ons|ga|be; Or|ga|ni|sa|ti|ons|ko|mi|tee; Or|ga|ni|sa|ti|ons|plan *vgl.* ²Plan; **Or|ga|ni|sa|ti|ons|struk|tur; Or|ga|ni|sa|ti|ons|ta|lent**
Or|ga|ni|sa|tor, der; -s, ...oren; **Or|ga|ni|sa|to|rin; or|ga|ni|sa|to|risch**
or|ga|nisch ‹griech.› (belebt, lebendig; auf ein Organ od. auf den Organismus bezüglich); organische Verbindung *(Chemie)*
or|ga|ni|sie|ren ‹franz.› (*auch ugs. für* auf unredliche Weise beschaffen); sich organisieren; **or|ga|ni|siert;** die Arbeiter sind gewerkschaftlich organisiert; organisierte Kriminalität; **Or|ga|ni|sie|rung**
or|ga|nis|misch (zu einem Organismus gehörend)
Or|ga|nis|mus, der; -, ...men (Gefüge; gegliedertes [lebendiges] Ganzes; Lebewesen)
Or|ga|nist, der; -en, -en ‹griech.› (Orgelspieler); **Or|ga|nis|tin**
Or|ga|ni|zer [ˈɔːgənaizɐ], der; -s, - ‹engl.› (als Terminkalender u. Ä. nutzbarer Mikrocomputer)
Or|gan|kon|ser|ve *(Med.)*; **Or|gan|kon|ser|vie|rung**
Or|gan|man|dat (*österr. Amtsspr. für* vom Polizisten direkt verfügtes Strafmandat)
or|ga|no|gen (Organe bildend; organischen Ursprungs)
Or|ga|no|gra|fie, Or|ga|no|gra|phie, die; -, ...ien (*Med.* Beschreibung der Organe u. ihrer Entstehung; *auch svw.* Organigramm); **or|ga|no|gra|fisch, or|ga|no|gra|phisch**
Or|ga|no|lo|gie, die; - (*Musik* Orgelkunde); **or|ga|no|lo|gisch**
Or|gan|sin, der *od.* das; -s ‹franz.› (Kettenseide)
Or|gan|spen|de; Or|gan|spen|der; Or|gan|spen|de|rin
Or|gan|straf|man|dat (*svw.* Organmandat); **Or|gan|straf|ver|fü|gung** (*svw.* Organmandat)
Or|gan|trans|plan|ta|ti|on; Or|gan|ver|pflan|zung
Or|gan|za, der; -s ‹ital.› (ein Seidengewebe)
Or|gas|mus, der; -, ...men ‹griech.› (Höhepunkt der geschlechtl. Erregung); **or|gas|tisch**
Or|gel, die; -, -n ‹griech.›
Or|gel|bau|er *vgl.* ¹Bauer; **Or|gel|bau|e|rin**
Or|gel|kon|zert; Or|gel|mu|sik
or|geln (*veraltet für* auf der Orgel spielen; *derb für* koitieren); ich org[e]le

O
orge

Or|gel|pfei|fe; wie die Orgelpfeifen (*scherzh. für* [in einer Reihe] der Größe nach)
Or|gel|punkt *(Musik);* **Or|gel|re|gis|ter; Or|gel|spiel; Or|gel|werk**
Or|gi|as|mus, der; -, ...men ⟨griech.⟩ (ausschweifende kult. Feier in antiken Mysterien)
or|gi|as|tisch (wild, zügellos)
Or|gie, die; -, -n (ausschweifendes Gelage; Ausschweifung)

original, Original
Nicht immer wird das erste *i* in *original* (von lateinisch *originalis* »ursprünglich«) deutlich gesprochen, wodurch sich die häufig zu findende falsche Schreibung mit nur einem *i* erklärt.

Ori|ent [*auch* o'ri̯ɛnt], der; -s ⟨lat.⟩ (die vorder- u. mittelasiat. Länder; östl. Welt; *veraltet für* Osten; *vgl.* Okzident); ↑K140: der Vordere Orient
Ori|en|ta|le, der; -n, -n (Bewohner der Länder des Orients); **Ori|en|ta|lin; ori|en|ta|lisch** (den Orient betreffend, östlich); orientalische Sprachen, *aber* ↑K150: das Orientalische Institut (in Rom)
Ori|en|ta|list, der; -en, -en; **Ori|en|ta|lis|tik,** die; - (Wissenschaft von den oriental. Sprachen u. Kulturen); **Ori|en|ta|lis|tin; ori|en|ta|lis|tisch**
Ori|ent|ex|press, Ori|ent-Ex|press
ori|en|tie|ren; sich orientieren; auf etw. orientieren *(regional)*
...ori|en|tiert (z. B. ergebnisorientiert, nachfrageorientiert)
Ori|en|tie|rung
Ori|en|tie|rungs|hil|fe
Ori|en|tie|rungs|lauf *(Sport)*
ori|en|tie|rungs|los; Ori|en|tie|rungs|lo|sig|keit, die; -
Ori|en|tie|rungs|marsch; Ori|en|tie|rungs|punkt; Ori|en|tie|rungs|sinn, der; -[e]s; **Ori|en|tie|rungs|stu|fe; Ori|en|tie|rungs|ver|mö|gen,** das; -s
Ori|ent|kun|de, die; -
Ori|ent|tep|pich
Ori|ga|no *vgl.* Oregano
ori|gi|nal ⟨lat.⟩ (ursprünglich, echt; urschriftlich); original Lübecker Marzipan; original französischer Sekt; original Jugendstilvitrine
Ori|gi|nal, das; -s, -e (Urschrift; Urtext; eigentümlicher Mensch)
Ori|gi|nal|auf|nah|me; Ori|gi|nal|aus|ga|be; Ori|gi|nal|do|ku|ment; Ori|gi|nal|druck *Plur.* ...drucke; **Ori|gi|nal|fas|sung**
ori|gi|nal|ge|treu
Ori|gi|nal|grö|ße
Ori|gi|na|li|tät, die; -, -en *Plur. selten* ⟨franz.⟩ (Echtheit; Besonderheit, wesenhafte Eigentümlichkeit)
Ori|gi|nal|pro|gramm *(Eiskunstlauf);* **Ori|gi|nal|re|zept; Ori|gi|nal|spra|che; Ori|gi|nal|text,** der; **Ori|gi|nal|ti|tel; Ori|gi|nal|ton; Ori|gi|nal|treue**
ori|gi|nal|ver|packt *(bes. Kaufmannsspr.)*
Ori|gi|nal|ver|si|on; Ori|gi|nal|zeich|nung; Ori|gi|nal|zu|stand
ori|gi|när ⟨lat.⟩ (grundlegend neu; eigenständig)
ori|gi|nell ⟨franz.⟩ (in seiner Art neu, schöpferisch; *ugs. auch für* komisch)
Ori|no|ko, *span. Schreibung* **Ori|no|co,** der; -[s] (Strom in Venezuela)
[1]**Ori|on** (Held der griech. Sage)
[2]**Ori|on,** der; -[s] (ein Sternbild)
Ori|on|ne|bel, der; -s
Or|kan, der; -[e]s, -e ⟨karib.⟩ (stärkster Sturm); **or|kan|ar|tig**
Or|kan|stär|ke
Ork|ney|in|seln, Ork|ney-In|seln [...ni...] *Plur.* (Inselgruppe nördl. von Schottland)
[1]**Or|kus** (in der röm. Sage Beherrscher der Unterwelt)
[2]**Or|kus,** der; - (Unterwelt)
Or|le|a|ner (Einwohner von Orleans); **Or|le|a|ne|rin**
Or|le|a|nist, der; -en, -en (Anhänger des Hauses Orleans); **Or|le|a|nis|tin**
[1]**Or|le|ans** [...leã], *franz.* [1]**Or|lé|ans** [ɔrle'ã:] (franz. Stadt)
[2]**Or|le|ans,** [2]**Or|lé|ans** [...le'ã:], der; -, - (Angehöriger eines Zweiges des ehem. franz. Königshauses)
[3]**Or|le|ans** [...leã], der; - (ein Gewebe)
Or|log|schiff (*früher für* Kriegsschiff)
Or|muzd (spätpers. Name für den altiran. Gott Ahura Masdah)
Or|na|ment, das; -[e]s, -e ⟨lat.⟩ (Verzierung; Verzierungsmotiv)
or|na|men|tal (schmückend, zierend); **or|na|ment|ar|tig**
Or|na|men|ten|stil, der; -[e]s; **Or|na|ment|form**
or|na|men|tie|ren (mit Verzierungen versehen); **Or|na|men|tik,** die; - (Verzierungskunst)
Or|na|ment|stich
Or|nat, der, *auch* das; -[e]s, -e ⟨lat.⟩ (feierl. Amtstracht)
Or|nis, die; - ⟨griech.⟩ (*Zool.* Vogelwelt [einer Landschaft])
Or|ni|tho|lo|ge, der; -n, -n; **Or|ni|tho|lo|gie,** die; - (Vogelkunde); **Or|ni|tho|lo|gin; or|ni|tho|lo|gisch** (vogelkundlich)
Or|ni|tho|phi|lie, die; - (*Biol.* Blütenbefruchtung durch Vögel)
oro... ⟨griech.⟩ (berg..., gebirgs...); **Oro...** (Berg..., Gebirgs...)
Oro|ge|ne|se, die; -, -n (*Geol.* Gebirgsbildung)
Oro|gra|fie, Oro|gra|phie, die; -, ...ien (*Geogr.* Beschreibung der Reliefformen eines Landes); **oro|gra|fisch, oro|gra|phisch**
Oro|hy|d|ro|gra|fie, Oro|hy|d|ro|gra|phie, die; -, ...ien (*Geogr.* Gebirgs- u. Wasserlaufbeschreibung); **oro|hy|d|ro|gra|fisch, oro|hy|d|ro|gra|phisch**
Or|phe|um, das; -s, ...een ⟨griech.-nlat.⟩ (Konzertsaal)
Or|pheus (sagenhafter griech. Sänger)
Or|phi|ker, der; -s, - (Anhänger einer altgriech. Geheimlehre); **Or|phi|ke|rin; or|phisch** (geheimnisvoll)
Or|p|lid [*auch* 'ɔr...] (von Mörike erfundener Name einer Wunsch- u. Märcheninsel)
[1]**Ort,** der; -[e]s, *Plur.* -e, *bes. Seemannsspr. u. Math.* Örter (Ortschaft; Stelle); geometrische Örter; am angeführten *od.* angegebenen Ort (*Abk.* a. a. O.); an Ort und Stelle; höher[e]n Ort[e]s; allerorten, allerorts
[2]**Ort,** das; -[e]s, Örter (*Bergmannsspr.* Ende einer Strecke, Arbeitsort); vor Ort
[3]**Ort,** der *od.* das; -[e]s, -e (*schweiz. früher für* Bundesglied, Kanton); die 13 Alten Orte
[4]**Ort,** der *od.* das; -[e]s, -e ([Schuster]ahle, Pfriem; *in erdkundlichen Namen für* Spitze, z. B. Darßer Ort [Nordspitze der Halbinsel Darß])
Ort|band, das; *Plur.* ...bänder (Beschlag an der Spitze der Säbelscheide)
Ort|brett (*landsch. für* Eckbrett)
Ört|chen
Or|te|ga y Gas|set [- i -] (span. Philosoph u. Soziologe)
or|ten (die Position, Lage ermitteln, bestimmen)

O
Orge

Or|te|n|au (Landschaft in Baden-Württemberg)
Or|ter (mit dem Orten Beauftragter)
Ör|ter|bau, der; -[e]s (*Bergmannsspr.* Abbauverfahren, bei dem ein Teil der Lagerstätte stehen bleibt)
Or|te|rin ‹*zu* Orter›
ör|tern (Strecken anlegen); ich örtere
or|tho... ‹griech.› (gerade..., aufrecht...; richtig..., recht...); **Or|tho...** (Gerade..., Aufrecht...; Richtig..., Recht...)
Or|tho|chro|ma|sie [...kro...], die; - (Fähigkeit einer fotografischen Schicht, für alle Farben außer Rot empfindlich zu sein); **or|tho|chro|ma|tisch**
or|tho|dox (recht-, strenggläubig); die orthodoxe Kirche; **Or|tho|do|xie,** die; -; ...ien
Or|tho|epie, die; - (*Sprachwiss.* Lehre von der richtigen Aussprache der Wörter); **Or|tho|epik,** die; - (*seltener für* Orthoepie); **or|tho|episch**
Or|tho|ge|ne|se, die; -, -n (*Biol.* Hypothese, nach der die stammesgeschichtl. Entwicklung der Lebewesen zielgerichtet ist)
Or|tho|gna|thie, die; - (*Med.* gerade Kieferstellung)
Or|tho|gon, das; -s, -e (*Geom.* Rechteck); **or|tho|go|nal** (rechtwinklig)
Or|tho|gra|fie, Or|tho|gra|phie, die; -, ...ien (Rechtschreibung); **or|tho|gra|fisch, or|tho|gra|phisch** (rechtschreiblich)
Or|tho|klas, der; -es, -e (*Mineral.* ein Feldspat)
Or|tho|pä|de, der; -n, -n; **Or|tho|pä|die,** die; - (Lehre u. Behandlung von Fehlbildungen u. Erkrankungen der Bewegungsorgane)
Or|tho|pä|die|me|cha|ni|ker; Or|tho|pä|die|me|cha|ni|ke|rin
Or|tho|pä|die|schuh|ma|cher; Or|tho|pä|die|schuh|ma|che|rin
Or|tho|pä|din
or|tho|pä|disch; Or|tho|pä|dist, der; -en, -en (Hersteller orthopädischer Geräte); **Or|tho|pä|dis|tin**
Or|tho|p|te|re, die; -, -n *meist Plur.,* **Or|tho|p|te|ron,** das; -s, ...pteren *meist Plur.* (*Zool.* Geradflügler)
Or|th|op|tist, der; -en, -en (Fachkraft in der Augenheilkunde, die bes. Störungen der Augenbewegung behandelt); **Or|th|op|tis|tin**
Or|tho|s|ko|pie, die; - (*Optik* unverzerrte Abbildung durch Linsen); **or|tho|s|ko|pisch**
Ort|ler, der; -s (höchster Gipfel der Ortlergruppe); **Ort|ler|grup|pe,** die; - (Gebirgsgruppe der Zentralalpen)
ört|lich; Ört|lich|keit
Ort|lieb (m. Vorn.)
Or|to|lan, der; -s, -e ‹ital.› (ein Vogel)
Or|trud (w. Vorn.)
Ort|run (w. Vorn.)
orts|ab|hän|gig
Orts|an|ga|be
orts|an|säs|sig
Orts|au|gen|schein (*südtirol.* Ortstermin, Lokaltermin)
Orts|aus|fahrt; Orts|aus|gang; Orts|bei|rat; Orts|be|sich|ti|gung; Orts|be|stim|mung
orts|be|weg|lich
Ort|schaft
Orts|chef (*österr. ugs. für* Bürgermeister); **Orts|che|fin**
Ort|scheit *Plur.* ...scheite (Querholz zur Befestigung der Geschirrstränge am Fuhrwerk)
Orts|durch|fahrt; Orts|ein|gang; Orts|ein|gangs|schild
Orts|et|ter *vgl.* Etter
orts|fest; orts|fremd; orts|ge|bun|den
Orts|ge|spräch; Orts|grup|pe
Orts|kai|ser (*österr. ugs. für* einflussreicher Bürgermeister); **Orts|kai|se|rin**
Orts|kennt|nis; Orts|kern; Orts|klas|se
Orts|kran|ken|kas|se; Allgemeine Ortskrankenkasse ↑K150 (*Abk.* AOK)
Orts|kun|de, die; -; **orts|kun|dig**
Orts|na|me; Orts|na|men|for|schung
Orts|netz *(Telefonwesen);* **Orts|netz|kenn|zahl** *(Telefonwesen)*
Orts|sinn, der; -[e]s
Orts|ta|fel; Orts|teil, der
Ort|stein (durch Witterungseinflüsse verfestigte Bodenschicht)
Orts|ter|min *(Amtsspr., Rechtsspr.)*
orts|üb|lich
Orts|um|fah|rung *(bes. österr.);* **Orts|um|ge|hung**
orts|un|ab|hän|gig; orts|un|kun|dig
Orts|ver|band; Orts|ver|ein; Orts|ver|kehr
Orts|vor|ste|her; Orts|vor|ste|he|rin
Orts|wech|sel; Orts|zeit; Orts|zu|schlag
Or|tung ‹*zu* orten›; **Or|tungs|kar|te**
Ort|win (m. Vorn.)
Ort|zie|gel (ein Dachziegel)
[1]**Or|vi|e|to** (ital. Stadt)
[2]**Or|vi|e|to,** der; -[s], -s (Weißwein [von [1]Orvieto])
Or|well [...vəl] (engl. Schriftsteller)
Os, der, *auch* das; -[es], -er *meist Plur.* ‹schwed.› (*Geol.* durch Schmelzwasser der Eiszeit entstandener Höhenrücken)
Os (*chem. Zeichen für* Osmium)
öS = österr. Schilling
O-Saft *(ugs.)* = Orangensaft
Osa|ka [*auch* ˈo:...] (jap. Stadt)
OSB, O. S. B. = Ordinis Sancti Benedicti ‹lat., »vom Orden des hl. Benedikt«› (Benediktinerorden)
Os|car, der; -[s], -s ‹amerik.› (volkstüml. Name der Statuette, die als Academy Award [amerik. Filmpreis] verliehen wird)
os|car|no|mi|niert; oscarnominierte Filme
Os|car|preis|trä|ger; Os|car|preis|trä|ge|rin; Os|car|ver|lei|hung
Oschi, der; -s, -s (*ugs. für* großes Ding, große Sache)
Öse, die; -, -n
Ösel (estnische Insel)
Oser (*Plur. von* Os)
[1]**Ösi,** der; -s, -s (*ugs. scherzh. für* Österreicher); [2]**Ösi,** die; -, -s (*ugs. scherzh. für* Österreicherin)
Osi|ris (ägypt. Gott des Nils u. des Totenreiches)
Os|kar (m. Vorn.)
Os|ker, der; -s, - (Angehöriger eines idg. Volksstammes in Mittelitalien); **Os|ke|rin; os|kisch**
Os|ku|la|ti|on, die; -, -en ‹lat.› (*Math.* Berührung zweier Kurven); **os|ku|lie|ren**
Os|lo (Hauptstadt Norwegens); **Os|lo|er; Os|lo|e|rin**
OSM, O. S. M. = Ordinis Servorum *od.* Servarum Mariae ‹lat., »vom Orden der Diener[innen] Marias«›; *vgl.* Servit, Servitin
Os|man (m. Vorname; Begründer der nach ihm benannten Dynastie)
Os|ma|ne, der; -n, -n (Bewohner des Osmanischen Reiches; *[nur Plur.:]* Name einer von 1300 bis 1922 herrschenden turkmen. Dynastie); **Os|ma|nen|tum,** das; -s; **Os|ma|nin**
os|ma|nisch; osmanische Literatur, *aber* ↑K150 : das Osmani-

sche Reich (das türk. Reich bis 1922)

Os|mi|um, das; -s ‹griech.› (chemisches Element, Metall; *Zeichen* Os)

Os|mo|lo|gie, die; - (Lehre von den Riechstoffen u. vom Geruchssinn)

Os|mo|se, die; -, -n (*Chemie, Biol.* Übergang des Lösungsmittels einer Lösung in eine stärker konzentrierte Lösung durch eine feinporige Scheidewand); **os|mo|tisch**

Os|na|brück (Stadt in Niedersachsen)

Os|ning, der; -s (mittlerer Teil des Teutoburger Waldes)

OSO = Ostsüdost[en]

Öso|pha|gus, *fachspr.* Oe|so|phagus, der; -, ...gi ‹griech.› (*Med.* Speiseröhre)

Os|sa|ri|um, Os|su|a|ri|um, das; -s, ...ien ‹lat.› (Beinhaus auf Friedhöfen; antike Gebeinurne)

Os|ser|va|to|re Ro|ma|no, der; - - ‹»Röm. Beobachter«› (päpstl. Zeitung)

Os|se|te, der; -n, -n (Angehöriger eines Bergvolkes im Kaukasus); **Os|se|tin; os|se|tisch**

[1]**Os|si,** der; -s, -s (*ugs. für* Ostdeutscher); [2]**Os|si,** die; -, -s (*ugs. für* Ostdeutsche)

Os|si|an [*auch* ɔˈsi̯aːn] (sagenhafter kelt. Barde)

Os|si|etz|ky [...ki], Carl von (dt. Publizist)

Os|si|fi|ka|ti|on, die; -, -en ‹lat.› (*Med.* Knochenbildung, Verknöcherung); **os|si|fi|zie|ren**

Os|su|a|ri|um *vgl.* Ossarium

[1]**Ost** (Himmelsrichtung; *Abk.* O); Ost und West; *fachspr.* der Wind kommt aus Ost; Autobahnausfahrt Saarbrücken-Ost *od.* Saarbrücken Ost ↑K148; *vgl.* Osten

[2]**Ost,** der; -[e]s, -e *Plur. selten* (*geh. für* Ostwind)

Ost|af|ri|ka; ost|af|ri|ka|nisch

Os|tal|gie, die; - (Sehnsucht nach der DDR); **os|tal|gisch**

ost|asi|a|tisch; Ost|asi|en

ost|bal|tisch

Ost|ber|lin ↑K143; **Ost|ber|li|ner; Ost|ber|li|ne|rin**

Ost|block, der; -[e]s (*früher für* Gesamtheit der Staaten des Warschauer Pakts); **Ost|blockland** *Plur.* ...länder; **Ost|blockstaat** *Plur.* ...staaten

Ost|chi|na

ost|deutsch; Ost|deut|sche, der *u.* die; **Ost|deutsch|land**

Os|te|al|gie, die; -, ...ien ‹griech.› (*Med.* Knochenschmerzen)

Ost|el|bi|en; Ost|el|bi|er (*früher für* Großgrundbesitzer u. Junker); **Ost|el|bi|e|rin; ost|el|bisch**

os|ten (*Bauw.* nach Osten [aus]richten)

Os|ten, der; -s (Himmelsrichtung; *Abk.* O); ↑K140 : der Ferne Osten; der Nahe Osten; der Mittlere Osten; *vgl.* [1]Ost

Ost|en|de (Seebad in Belgien)

os|ten|si|bel ‹lat.› (*geh. veraltend für* auffällig); ...i|b|le Gegenstände

os|ten|siv (*veraltend für* augenscheinlich, offensichtlich)

Os|ten|ta|ti|on, die; -, -en (*veraltend für* Prahlerei)

os|ten|ta|tiv (herausfordernd)

Os|teo|lo|gie, die; - ‹griech.› (*Med.* Knochenlehre)

Os|teo|ma|la|zie, die; -, ...ien (*Med.* Knochenerweichung)

Os|teo|my|e|li|tis, die; -, ...itiden (*Med.* Knochenmarkentzündung)

Os|teo|path, der; -en, -en (*Med.* jmd., der die Osteopathie anwendet)

Os|teo|pa|thie, die; -, ...ien ‹griech.› (*Med.* eine Knochenerkrankung; *nur Sing.* therapeutisches Verfahren, durch das die Funktionsfähigkeit von Knochengerüst, Gewebe u. Organen erhalten od. wiederhergestellt wird); **Os|teo|pa|thin**

Os|teo|plas|tik, die (*Med.* operatives Schließen von Knochenlücken); **os|teo|plas|tisch**

Os|teo|po|ro|se, die; -, -n (*Med.* Knochenschwund)

Os|ter|brauch; Os|ter|ei; Os|ter|fe|rien *Plur.*; **Os|ter|fest; Os|ter|feu|er; Os|ter|glo|cke; Os|ter|ha|se**

Os|te|ria, die; -, *Plur.* -s *u.* ...ien (Gasthaus [in Italien])

Os|ter|in|sel, die; - (im Pazif. Ozean)

Os|ter|ker|ze (*kath. Kirche*); **Os|ter|lamm**

ös|ter|lich

Os|ter|lu|zei [*auch* ...ˈtsai̯], die; -, -en (ein Schlinggewächs)

Os|ter|marsch, der; **Os|ter|marschie|rer; Os|ter|mar|schie|re|rin**

Os|ter|mes|se

Os|ter|mo|nat, Os|ter|mond (*alte Bez. für* April)

Os|ter|mon|tag

Os|tern

das; -, -

(Osterfest)

- zu Ostern (*bes. nordd. u. österr.*)
- an Ostern (*bes. südd.*)
- Ostern ist bald vorbei

Gelegentlich im landschaftlichen Sprachgebrauch und zumeist in Österreich und in der Schweiz wird »Ostern« im Plural verwendet:

- es waren schöne Ostern

In Wunschformeln ist allgemein der Plural üblich:

- fröhliche Ostern!; frohe Ostern!

Os|ter|nacht; Os|ter|pin|ze, die; -, -n (*österr. für* ein Hefegebäck)

Ös|ter|reich; Ös|ter|rei|cher; Ös|ter|rei|che|rin

ös|ter|rei|chisch; *aber* ↑K150 : die Österreichischen Bundesbahnen (*Abk.* ÖBB)

ös|ter|rei|chisch-un|ga|risch; die österreichisch-ungarische Monarchie; **Ös|ter|reich-Un|garn** (ehem. Doppelmonarchie)

ös|ter|reich|weit

Os|ter|sams|tag; Os|ter|sonn|tag

Os|ter|spiel; Os|ter|was|ser, das; -s

Ost|er|wei|te|rung

Os|ter|wo|che (Woche nach Ostern; *auch für* Karwoche)

Ost|eu|ro|pa; Ost|eu|ro|pä|er; Ost|eu|ro|pä|e|rin; ost|eu|ro|pä|isch; osteuropäische Zeit (*Abk.* OEZ)

Ost|fa|le, der; -n, -n (Angehöriger eines altsächsischen Volksstammes); **Ost|fa|len; Ost|fa|lin; ost|fä|lisch**

Ost|flan|dern (belg. Prov.)

Ost|flü|gel

Ost|fran|ken (hist. Landschaft); **ost|frän|kisch**

Ost|frie|se; Ost|frie|sen|witz; Ost|frie|sin

ost|frie|sisch; *aber* ↑K140 : die Ostfriesischen Inseln; **Ost|fries|land**

Ost|front (bes. in den beiden Weltkriegen); **Ost|ge|biet** *meist Plur.*

Ost|geld *vgl.* [2]Ostmark

Ost|ger|ma|ne; Ost|ger|ma|nin; ost|ger|ma|nisch

Os|tia (Hafen des alten Roms)

os|ti|nat, os|ti|na|to ‹ital.› (*Musik* stetig wiederkehrend, ständig wiederholt [vom Bassthema]); **Os|ti|na|to,** der *od.* das; -s, -s *u.* ...ti (Basso ostinato)

Ost|in|di|en; ost|in|disch; ostindi-

sche Waren, *aber* ↑K150: die Ostindische Kompanie *(früher)*
Os|ti|tis, die; -, ...itiden ‹griech.› (*Med.* Knochenentzündung)
Ost|ja|ke, der; -n, -n (Angehöriger eines finn.-ugr. Volkes in Westsibirien)
Ost|kir|che; Ost|küs|te
Ost|ler, der; -s, - (*abwertend für* Bewohner Ostdeutschlands); **Ost|le|rin**

öst|lich

- östlicher Länge (*Abk.* ö. L.)
- das östliche Mittelmeer, *aber* ↑K140: der Östliche Sajan (Teil des Sajangebirges in Sibirien)

An »östlich« kann ein Substantiv im Genitiv oder mit »von« angeschlossen werden. Der Anschluss mit »von« wird bei artikellosen [geografischen] Namen bevorzugt:

- östlich des Rheins; östlich der Oder
- östlich von Berlin, *seltener* östlich Berlins

[1]Ost|mark (hist. Landschaft)
[2]Ost|mark, die; -, - (*früher ugs. für* Währung der DDR)
[1]Ost|nord|ost (Himmelsrichtung; *Abk.* ONO); *vgl.* Ostnordosten
[2]Ost|nord|ost, der; -[e]s, -e *Plur. selten* (Ostnordostwind; *Abk.* ONO)
Ost|nord|os|ten, der; -s (*Abk.* ONO); *vgl.* [1]Ostnordost
Ost|ös|ter|reich; Ost|ös|ter|rei|cher; Ost|ös|ter|rei|che|rin; ost|ös|ter|rei|chisch
Ost|po|li|tik
Ost|preu|ßen; ost|preu|ßisch
Os|t|ra|zis|mus, der; - ‹griech.› (Scherbengericht, altathen. Volksgericht)
Ös|t|ro|gen, *fachspr. auch* Es|t|ro|gen, das; -s, -e ‹griech.› (*Med.* w. Geschlechtshormon)
Ost|rom; ost|rö|misch; *aber* ↑K150: das Oströmische Reich
Os|t|row|s|ki (russ. Dramatiker)
Ost|schweiz; Ost|schwei|zer; Ost|schwei|ze|rin; ost|schwei|ze|risch
Ost|see, die; -
Ost|see|bad; Ostseebad Prerow [...ro]; **Ost|see|in|sel; Ost|see|küs|te**
Ost|sei|te
[1]Ost|süd|ost (Himmelsrichtung; *Abk.* OSO); *vgl.* Ostsüdosten
[2]Ost|süd|ost, der; -[e]s, -e *Plur. selten* (Ostsüdostwind; *Abk.* OSO)
Ost|süd|os|ten, der; -s (*Abk.* OSO); *vgl.* [1]Ostsüdost
Ost|teil, der
Ost|ti|mor (*früher für* Timor-Leste)
Ost|ti|rol
Os|tung, die; - ‹*zu* osten›
Ost|wald (dt. Chemiker); ostwaldsche *od.* Ostwald'sche Farbenlehre ↑K89
ost|wärts
Ost-West-Ge|spräch, das; -[e]s, -e
ost|west|lich; in ostwestlicher Richtung
Ost|wind
Ost|zo|ne (*veraltet für* sowjetische Besatzungszone)
Os|wald (m. Vorn.)
Os|win (m. Vorn.)
OSZE, die; - = Organisation für Sicherheit und Zusammenarbeit in Europa
Os|zil|la|ti|on, die; -, -en ‹lat.› (*Physik* Schwingung); **Os|zil|la|tor,** der; -s, ...toren (Gerät zur Erzeugung elektr. Schwingungen); **os|zil|lie|ren** (schwingen)
Os|zil|lo|graf, Os|zil|lo|graph, der; -en, -en (Schwingungsschreiber)
Os|zil|lo|gramm, das; -s, -e ‹lat.; griech.› (Schwingungsbild)
Öta, der; -[s] (griech. Gebirge)
Ot|al|gie, die; -, ...ien ‹griech.› (*Med.* Ohrenschmerz)
Ot|fried (m. Vorn.)
Othel|lo (Figur bei Shakespeare)
Oth|mar *vgl.* Otmar
Otho (röm. Kaiser)
Ot|i|a|t|rie, die; - ‹griech.› (*Med. veraltend für* Ohrenheilkunde)
Oti|tis, die; -, ...itiden (*Med.* Ohrenentzündung)
Ot|mar, Oth|mar (m. Vorn.)
Oto|lith, der; *Gen.* -s *od.* -en, *Plur.* -e[n] ‹griech., »Gehörsteinchen«› (*Med.* Teil des Gleichgewichtsorgans)
Oto|lo|gie, die; - (*svw.* Otiatrie)
O-Ton = Originalton
Oto|s|kop, das; -s, -e ‹griech.› (*Med.* Ohrenspiegel)
Öt|scher, der; -s (Berg in Niederösterreich)
Ot|ta|ve|ri|me *Plur.* ‹ital.› (*Verslehre* Stanze)
[1]Ot|ta|wa, der; -[s] (Fluss in Kanada)
[2]Ot|ta|wa (Hauptstadt Kanadas)
[3]Ot|ta|wa, der; -[s], -[s] (Angehöriger eines nordamerik. Indianerstammes)
[1]Ot|ter, der; -s, - (eine Marderart)
[2]Ot|ter, die; -, -n (eine Schlange)
Ot|tern|brut; Ot|tern|ge|zücht (*bibl.*)
Ot|ter|zun|ge (versteinerter Fischzahn)
Ott|hein|rich (m. Vorn.)
Ot|ti|lia, Ot|ti|lie (w. Vorn.)
Ot|to (m. Vorn.); Otto Normalverbraucher (*ugs. für* Durchschnittsmensch)
Ot|to|kar (m. Vorn.)
Ot|to|man, der; -s, -e ‹türk.› (ein Ripsgewebe)
[1]Ot|to|ma|ne, die; -, -n (*veraltet für* niedriges Sofa)
[2]Ot|to|ma|ne, der; -n, -n (*svw.* Osmane); **Ot|to|ma|nin**
Ot|to|mo|tor® ↑K136 ‹nach dem Erfinder› (Vergasermotor)
Ot|to|ne, der; -n, -n (Bez. für einen der sächsischen Kaiser Otto I., II. u. III.); **ot|to|nisch**
Öt|zi, der; -[s] ‹nach dem Fundort in den Ötztaler Alpen› (*ugs. scherzh. für* die mumifizierte Leiche eines Vorzeitmenschen)
Ötz|tal; Ötz|ta|ler; Ötztaler Alpen; **Ötz|ta|le|rin**
Oua|ga|dou|gou [u̯aga'du:gu] (Hauptstadt von Burkina Faso)
Oud [u:t] *vgl.* Ud
out [au̯t] ‹engl.› (*österr., schweiz., sonst veraltet für* aus, außerhalb des Spielfeldes [bei Ballspielen]; *ugs. für* unzeitgemäß, unmodern); **Out,** das; -[s], -[s]
Out|back ['au̯tbɛk], das, *auch* der; -[s] ‹engl.› (das Landesinnere Australiens)
Out|cast ['au̯tka:st], der; -s, -s ‹engl.› (von der Gesellschaft Ausgestoßener)
out|door ['au̯tdo:ɐ̯] ‹engl.› (draußen, im Freien); die Party findet outdoor statt
Out|door, das; -[s] (Freizeitaktivitäten im Freien); **Out|door|be|klei|dung; Out|door|ja|cke**
Out|ein|wurf (*Sport österr.*)
ou|ten ['au̯tn̩] ‹engl.›; jmdn. outen (jmds. Homosexualität o. Ä. [ohne dessen Zustimmung] öffentlich bekannt machen); sich outen; er, sie hat sich geoutet; sie outete sich als Raucherin
Out|fit ['au̯t...], das; -s, -s ‹engl.› (Kleidung; Ausrüstung)
Ou|ting ['au̯tɪŋ], das; -s, -s ‹engl.› (das [Sich]outen)
Out|law ['au̯tlo:], der; -[s], -s ‹engl.› (Geächteter, Verbrecher)
Out|li|nie (*Sport österr.*)

Out-of-area-Ein|satz [aut|ɔf-ˈlɛri̯ɐ...] ⟨engl.; dt.⟩ (*Militär, Politik* [bes. von milit. Unternehmungen] Einsatz außerhalb des Bereichs der eigenen Zuständigkeit)
Out-of-the-box-Lö|sung [aut-|ɔfðəˈbɔks...] ⟨engl.; dt.⟩ (*EDV* Lösung [eines Problems] als Fertigprodukt)
Out|per|for|mer [ˈaut...], der; -s, - ⟨engl.⟩ (*Börsenw.* Aktie mit überdurchschnittlicher Kursentwicklung)
Out|put [ˈaut...], der, *auch* das; -s, -s ⟨engl.⟩ (*Wirtsch.* Produktion[smenge]; *EDV* Arbeitsergebnisse einer Rechenanlage)
ou|t|rie|ren [uˈtri:rən] ⟨franz.⟩ (*geh. für* übertreiben); ein outriert modern eingerichtetes Zimmer
Out|si|der [ˈautsai...], der; -s, - ⟨engl.⟩ (Außenseiter); **Out|si|de|rin**
out|sour|cen [ˈautzo:ɐ̯sn̩] (*Wirtsch.* ausgliedern, nach außen verlegen, fremdvergeben); ich source out; du, er, ihr sourct out; der Vertrieb wird outgesourct; outzusourcen
Out|sour|cing [...sɪŋ], das; -s ⟨engl.⟩ (*Wirtsch.* Übergabe von bestimmten Firmenbereichen an spezialisierte Dienstleistungsunternehmen)
Out|take [ˈautte:k], der *u.* das; -s, -s ⟨engl.⟩ (herausgeschnittene Filmszene)
Out|wach|ler (*österr. ugs. für* Linienrichter); **Out|wach|le|rin**
Ou|ver|tü|re [u...], die; -, -n ⟨franz., »Öffnung«⟩ (instrumentales Eröffnungsstück)
Ou|zo [ˈu:zo], der; -[s], -s ⟨griech.⟩ (griech. Anisbranntwein)
oval ⟨lat.⟩ (eirund, länglich rund); **Oval**, das; -s, -e
Oval Of|fice [ˈo:vəl -], das; - -[s] ⟨engl.⟩ (Amtszimmer des amerik. Präsidenten im Weißen Haus)
Ovar, das; -s, -e, **Ova|ri|um**, das; -s, ...ien (*Biol., Med.* Eierstock)
Ova|ti|on, die; -, -en ⟨lat.⟩ (begeisterter Beifall)
Ove|r|all [ˈo:vərɔ:l, *auch* ...ral], der; -s, -s ⟨engl.⟩ (einteiliger [Schutz]anzug)
over|dressed [ˈo:vɐdrɛst] (zu gut, fein angezogen)
Over|drive [ˈo:vɐdraif], der; -[s], -s ⟨engl.⟩ (*Kfz-Technik* Schnellgang)
Over|flow [ˈoʊvɐfloʊ], der; -s (*EDV* Überschreitung der Speicherkapazität von Computern)
Over|head|pro|jek|tor [ˈo:vɐhɛt...] (Projektor, der transparente Vorlagen auf eine Fläche projiziert)
Over|kill [ˈo:vɐ...], der; -[s] ⟨engl.⟩ (*Militär* das Vorhandensein von mehr Waffen, als nötig sind, um den Gegner zu vernichten)
Over|knees [ˈoʊvɐni:z] *Plur.* ⟨engl.⟩ (über die Knie hinausreichende Kniestrümpfe u. Stiefel)
over|sized [ˈoʊvɐsaizd] ([von Kleidungsstücken] größer als tatsächlich nötig)
Ovid (röm. Dichter); **ovi|disch;** die ovidischen Liebeselegien
Ovi|e|do [*span.* ...ðo] (nordspan. Provinz)
ovi|par ⟨lat.⟩ (*Biol.* Eier legend, sich durch Eier fortpflanzend)
ovo|id, ovo|i|disch ⟨lat.; griech.⟩ (eiförmig)
ovo|vi|vi|par ⟨lat.⟩ (Eier mit schon weit entwickelten Embryonen legend)
ÖVP, die; - = Österreichische Volkspartei
Ovu|la|ti|on, die; -, -en ⟨lat.⟩ (*Biol.* Ausstoßung des reifen Eies aus dem Eierstock)
Ovu|la|ti|ons|hem|mer *(Med.);* **Ovu|la|ti|ons|zy|k|lus**
...ow [...o, *österr. ugs.* ...ɔf] (*in deutschen geografischen Namen u. Personennamen,* z. B. Teltow, Wussow ↑K165)
Ow|en [ˈauən] (Stadt in Baden-Württemberg)
Owens [ˈoʊɪnz], Jesse [ˈdʒɛsi] (amerik. Leichtathlet)
Oxa|lit, der; -s, -e ⟨griech.⟩ (ein Mineral)
Oxal|säu|re, die; - ⟨griech.; dt.⟩ (Kleesäure)
Oxer, der; -s, - ⟨engl.⟩ (Zaun zwischen Viehweiden; *Pferdesport* Hindernis bei Springprüfungen)
Ox|ford (engl. Stadt)
Ox|hoft, das; -[e]s, -e (altes Flüssigkeitsmaß); 10 Oxhoft
Oxid, Oxyd, das; -[e]s, -e ⟨griech.⟩ (Sauerstoffverbindung); **Oxi|da|ti|on**, Oxy|da|ti|on, die; -, -en
oxi|die|ren, oxy|die|ren (*Chemie* sich mit Sauerstoff verbinden, Sauerstoff aufnehmen; bewirken, dass sich eine Substanz mit Sauerstoff verbindet); **Oxi|die|rung**, Oxy|die|rung
oxi|disch, oxy|disch (*Chemie* ein Oxid enthaltend)
oxy... (scharf...; sauerstoff...); **Oxy...** (Scharf...; Sauerstoff...)
Oxyd usw. *vgl.* Oxid usw.
Oxy|gen, Oxy|ge|ni|um, das; -s (*griech.-lat. Bez. für* Sauerstoff; chem. Element; *Zeichen* O)
Oxy|hä|mo|glo|bin ⟨griech.; lat.⟩ (sauerstoffhaltiger Blutfarbstoff)
Oxy|mo|ron, das; -s, ...ra ⟨griech.⟩ (*Rhet.* Zusammenstellung zweier sich widersprechender Begriffe als rhetor. Figur, z. B. »Eile mit Weile«)
Oxy|to|non, das; -s, ...na (*Sprachwiss.* auf der letzten, kurzen Silbe betontes Wort)
Oy|bin (Kurort u. Berg im Zittauer Gebirge)
Oza|lid® (*Markenbez. für* Papiere, Gewebe, Filme mit lichtempfindlichen Emulsionen); **Oza|lid|pa|pier; Oza|lid|ver|fah|ren**
Oze|an, der; -s, -e ⟨griech.⟩ (Weltmeer); der große (endlos scheinende) Ozean, *aber* ↑K140: der Große (Pazifische) Ozean
Oze|a|na|ri|um, das; -s, ...ien (Anlage mit Meerwasseraquarien)
Oze|a|naut, der; -en, -en (*svw.* Aquanaut); **Oze|a|nau|tin**
Oze|an|damp|fer; Oze|an|frach|ter
Oze|a|ni|de *vgl.* Okeanide
Oze|a|ni|en (Gesamtheit der Pazifikinseln zwischen Amerika, den Philippinen u. Australien); **oze|a|nisch** (Meeres...; zu Ozeanen gehörend)
Oze|a|no|gra|fie, Oze|a|no|gra|phie, die; - (Meereskunde); **oze|a|no|gra|fisch, oze|a|no|gra|phisch**
Ozel|le, die; -, -n ⟨lat.⟩ (*Zool.* Lichtsinnesorgan bei Insekten u. Spinnentieren)
Oze|lot [*auch* ˈɔ...], der; -s, *Plur.* -e *u.* -s ⟨aztek.⟩ (ein katzenartiges Raubtier Nord- u. Südamerikas; *auch für* Pelz dieses Tieres)
Ozo|ke|rit, der; -s ⟨griech.⟩ (Erdwachs)
Ozon, der *od.* (*fachspr. nur:*) das; -s ⟨griech.⟩ (besondere Form des Sauerstoffs)
Ozon|alarm; Ozon|be|las|tung; Ozon|ge|halt, der
ozon|hal|tig, *österr.* **ozon|häl|tig**
ozo|ni|sie|ren (mit Ozon behandeln)
Ozon|kil|ler (*ugs. für* Ozon zerstö-

O Out-o

rende Substanz); **Ozon|loch** (bes. durch Treibgase verursachte Zerstörung der Ozonschicht in der Stratosphäre)
ozon|reich
Ozon|schicht, die; - *(Meteorol.)*
Ozon|the|ra|pie *(Med.)*
Ozon|wert (messbarer Ozongehalt in der [Atem]luft od. in der Stratosphäre)

p P

p = Penni; Penny; piano; Pico..., Piko...; Pond; typografischer Punkt
p. = pinxit
p., pag. = Pagina
P (Buchstabe); das P; des P, die P, *aber* das p in hupen; der Buchstabe P, p
P = Peta...
P (*chem. Zeichen für* Phosphor)
P *(auf dt. Kurszetteln)* = Papier (*svw.* Brief; *vgl.* B)
P. = Pastor; Pater; Papa
π = [2]Pi
Π, π = [1]Pi
p. a. = pro anno
p. A. = per Adresse
Pa (*chem. Zeichen für* Protactinium; Pascal)
PA = Pennsylvania
Pä|an, der; -s, -e ‹griech.› (altgriech. Hymne)

[1]paar

‹lat.›

- es hatten sich viele angemeldet, aber es kamen nur ein paar (nur wenige)
- ein paar (einige) Leute; die paar (wenigen) Groschen; für ein paar Euro; in den paar Tagen; mit ein paar Worten
- ein paar Hundert *od.* hundert Bücher; ein paar Dutzend *od.* dutzend Mal[e]
- diese paar Mal[e]; ein paar Male; ein paarmal *od. (bei besonderer Betonung)* ein paar Mal

[2]paar (*Biol. selten für* paarig); paare Blätter

Paar

das; -[e]s, -e

(zwei zusammengehörende Personen oder Dinge)

- ein glückliches Paar
- die Kür der Paare
- sich in, zu Paaren aufstellen
- ein Paar Schuhe, ein Paar Strümpfe
- von diesen Socken habe ich noch zwei Paar

Beugung:

- ein Paar neue, *selten* neuer Schuhe
- für zwei Paar neue, *selten* neuer Schuhe
- der Preis eines Paar[e]s neuer Schuhe
- mit einem Paar Schuhe[n]

Paar|be|zie|hung; Paar|bil|dung
paa|ren; sich paaren
Paar|hu|fer *(Zool.)*
paa|rig (paarweise vorhanden); **Paa|rig|keit,** die; -
Paar|lauf *(Sport);* **paar|lau|fen** *nur im Infinitiv u. im Partizip II gebr.;* **Paar|läu|fer** *(Sport);* **Paar|läu|fe|rin**
paar|mal; ein paarmal *od. (bei besonderer Betonung)* paar Mal; *vgl.* [1]paar *u.* [1]Mal
Paa|rung; paa|rungs|be|reit; paa|rungs|wil|lig
paar|wei|se
Paar|ze|her (*svw.* Paarhufer)

Papst

Das Wort geht auf das lateinische *papa* (= Vater) zurück und wird deshalb auch in der Mitte mit *p* (nicht mit *b*) geschrieben.

Pace [pe:s], die; - ‹engl.› (Gangart des Pferdes; Renntempo); **Pace|ma|cher** (Pferd, das das Renntempo bestimmt)
Pace|ma|ker [...me:kɐ], der; -s, - (Pacemacher; *Med.* Herzschrittmacher)
Pacht, die; -, -en
pach|ten
Päch|ter; Päch|te|rin
Pacht|geld; Pacht|gut; Pacht|land, das; -[e]s; **Pacht|sum|me**
Pach|tung; Pacht|ver|trag
pacht|wei|se
Pacht|zins *Plur.* ...zinsen
Pa|chul|ke, der; -n, -n ‹slaw.› (*landsch. für* ungehobelter Bursche, Tölpel)
[1]Pack, der; -[e]s, *Plur.* -e *u.* -s (Gepacktes; Bündel)
[2]Pack, das; -[e]s (*abwertend für* Gesindel, Pöbel)
Pa|ckage [ˈpɛkɪtʃ], das; -s, -s ‹engl.› (Paket); **Pa|ckage|tour,** die; -, -en, *seltener* -s ‹engl.› (durch ein Reisebüro vorbereitete Reise im eigenen Auto mit vorher bezahlten Unterkünften u. sonstigen Leistungen)
Päck|chen
Pack|eis ([übereinandergeschobenes] Scholleneis)
Pa|cke|lei (*österr. ugs. für* heimliches Paktieren); **pa|ckeln** (paktieren)
pa|cken; sich packen (*ugs. für* sich fortscheren)
Pa|cken, der; -s, -
pa|ckend; ein packender Film
Pa|cker; Pa|cke|rei; Pa|cke|rin
Pa|ckerl, das; -s, -[n]; *vgl.* Pickerl (*österr. für* Päckchen; Packung); **Pa|ckerl|sup|pe** (*bayr., österr. ugs. für* Instantsuppe)
Pack|esel (*ugs. für* jmd., dem viele Lasten aufgepackt werden)
Pack|fong, das; -s ‹chin.› (im 18. Jh. aus China eingeführte Kupfer-Nickel-Zink-Legierung)
Pack|kis|te; Pack|lein|wand; Pack|pa|pier; Pack|raum
Pack|set, das; -s, -s (Karton mit Kordel u. Aufkleber für Pakete u. Päckchen)
Pack|sta|ti|on®; Pack|tisch
Pa|ckung (*ugs. auch für* hohe Niederlage im Sport)
Pa|ckungs|bei|lage (Beipackzettel)
Pack|wa|gen; Pack|werk *(Wasserbau);* **Pack|zet|tel** *(Wirtsch.)*
Pad [pɛd], das; -s, -s ‹engl.› (*kurz für* Mousepad, Mauspad, Wattepad, Espressopad)
Pä|d|a|go|ge, der; -n, -n ‹griech.› (Erzieher; Lehrer; Erziehungswissenschaftler)
Pä|d|a|go|gik, die; -, -en (Erziehungslehre, -wissenschaft); **Pä|d|a|go|gi|kum,** das; -s, ...ka (Prüfung in Erziehungswissenschaften für Lehramtskandidat[inn]en)
Pä|d|a|go|gin
pä|d|a|go|gisch (erzieherisch); pädagogische Fähigkeit; [eine] pädagogische Hochschule, *aber*

↑K 150: die Pädagogische Hochschule (*Abk.* PH) Heidelberg
päd|a|go|gi|sie|ren; Päd|a|go|gi|sie|rung; Päd|a|go|gi|um, das; -s, ...ien (*früher für* Vorbereitungsschule für das Studium an einer pädagogischen Hochschule)
Päd|ak, die; -, -s (*österr.; kurz für* Pädagogische Akademie)
PADAM = partial androgen deficiency in the aging male (*Med.* partielles Androgendefizit des alternden Mannes)
Pad|del, das; -s, - ‹engl.›; **Pad|del|boot; Pad|del|boot|fahrt**
pad|deln; ich padd[e]le
Padd|ler; Padd|le|rin
Pad|dock [ˈpɛ...], der; -s, -s ‹engl.› (umzäunter Auslauf)
¹**Pad|dy** [ˈpɛdi], der; -s ‹malai.-engl.› (ungeschälter Reis)
²**Pad|dy** [ˈpɛdi], der; -s, -s ‹engl.; Koseform des m. Vornamens Patrick› (Spitzname des Iren)
Päd|e|rast, der; -en, -en ‹griech.› (Homosexueller mit bes. auf m. Jugendliche gerichtetem Sexualempfinden); **Päd|e|ras|tie,** die; -
Pa|der|born (Stadt in Nordrhein-Westfalen)
Päd|i|a|ter, der; -s, - ‹griech.› (Kinderarzt); **Päd|i|a|te|rin; Päd|i|a|t|rie,** die; - (Kinderheilkunde); **päd|i|a|t|risch**
Pa|di|schah, der; -s, -s ‹pers.› (früherer Titel islam. Fürsten)
Pä|do|ge|ne|se, Pä|do|ge|ne|sis [*auch* ...ˈge:...], die; - ‹griech.› (*Biol.* Fortpflanzung im Larvenstadium)

P
päda

pä|do|phil; Pä|do|phi|le, der *u.* die; -n, -n; **Pä|do|phi|lie,** die; - ‹griech.› (auf Kinder gerichteter Sexualtrieb Erwachsener)
Pa|douk [...ˈdauk], das; -s ‹birman.› (ein Edelholz)
Pa|d|re, der; -, ...dri *u.* -s ‹ital.› (ital. od. span. Ordenspriester)
Pa|dua (ital. Stadt); **Pa|du|a|ner; Pa|du|a|ne|rin; pa|du|a|nisch**
Pa|el|la [...ˈɛlja], die; -, -s ‹katal.-span.› (span. Reisgericht mit Fleisch, Fisch, Gemüse u. a.)
Pa|fe|se, Po|fe|se, die; -, -n *meist Plur.* ‹ital.› (*bayr. u. österr. für* gebackene Weißbrotschnitte)
paff *vgl.* baff
paff!; piff, paff!
paf|fen (*ugs. für* rauchen)
pag., p. = Pagina
Pa|ga|ni|ni (ital. Geigenvirtuose u. Komponist)
Pa|ga|nis|mus, der; -, ...men ‹lat.› (*nur Sing.:* Heidentum; *auch für* heidnische Elemente im christl. Glauben u. Brauchtum)
Pa|gat, der; -[e]s, -e ‹ital.› (Karte im Tarockspiel)
pa|ga|to|risch ‹lat.-ital.› (*Wirtsch.* auf Zahlungsvorgänge bezogen); pagatorische Buchhaltung
Pa|ge [...ʒə], der; -n, -n ‹franz.› (livrierter junger [Hotel]diener; *früher* Edelknabe)
Page|im|pres|sion [ˈpe:dʒ-ɪmprɛʃn̩], die; -, -s ‹engl.› (Aufruf einer Internetseite)
Pa|gen|dienst; Pa|gen|fri|sur; Pa|gen|kopf
Pa|ger [ˈpe:dʒɐ], der; -s, - ‹engl.› (Funkempfangsgerät, das einen eintreffenden Ruf akustisch od. optisch signalisiert)
Page|view [ˈpe:dʒvju:], der; -s, -s ‹engl.› (*svw.* Pageimpression)
Pa|gi|na, die; -, -s ‹lat.› (*veraltet für* [Buch-, Blatt]seite; *Abk.* p. *od.* pag.); **pa|gi|nie|ren** (mit Seitenzahl[en] versehen); **Pa|gi|nier|ma|schi|ne; Pa|gi|nie|rung**
¹**Pa|go|de,** die; -, -n ‹drawid.-port.› (Tempel in Ostasien)
²**Pa|go|de,** die; -, -n, *auch* der; -n, -n (*veraltet für* ostasiat. Götterbild; kleine sitzende Porzellanfigur mit beweglichem Kopf)
Pa|go|den|dach
Pa|go|den|kra|gen (aus mehreren in Stufen übereinandergelegten Teilen bestehender Kragen)
pah!, bah!
Pail|let|te [paˈjɛ...], die; -, -n ‹franz.› (glitzerndes Metallblättchen zum Aufnähen); **pail|let|ten|be|setzt; Pail|let|ten|kleid**
Paint|ball [ˈpe:ntbo:l], der; -[s] ‹engl.› (einen milit. Kampf simulierendes Spiel)
Pair [pɛ:ɐ̯], der; -s, -s ‹franz.› (*früher für* Mitglied des höchsten franz. Adels); *vgl.* ²Peer; **Pai|rie,** die; -, ...ien (Würde eines Pairs); **Pairs|wür|de**
Pak, die; -, -[s] (*Kurzw. für* Panzerabwehrkanone)
Pa|ket, das; -[e]s, -e
Pa|ket|ad|res|se; Pa|ket|an|nah|me; Pa|ket|aus|ga|be; Pa|ket|boot; Pa|ket|dienst
pa|ke|tie|ren (zu einem Paket machen); **Pa|ke|tier|ma|schi|ne**
Pa|ket|kar|te; Pa|ket|lö|sung (*bes. Politik, Wirtsch.*)
Pa|ket|post; Pa|ket|zu|stel|lung
Pa|ki|s|tan (Staat in Asien); **Pa|ki|s|ta|ner; Pa|ki|s|ta|ne|rin; Pa|ki|s|ta|ni,** der; -[s], -[s] *u.* die; -, -[s] (Pakistaner[in]); **pa|ki|s|ta|nisch**
Pa|ko, der; -s, -s ‹indian.-span.› (*svw.* ¹Alpaka)
Pakt, der; -[e]s, -e ‹lat.› (Vertrag; Bündnis)
pak|tie|ren (einen Vertrag schließen; gemeinsame Sache machen); **Pak|tie|rer; Pak|tie|re|rin**
pa|lä|ark|tisch ‹griech.›; paläarktische Region (*Tiergeogr.* Europa, Nordafrika, Asien außer Indien)
Pa|la|din [*auch* ˈpa(:)...], der; -s, -e ‹lat.› (Angehöriger des Heldenkreises am Hofe Karls d. Gr.; treuer, ergebener Anhänger)
Pa|lais [...ˈlɛ:], das; - [paˈlɛ:(s)], - [paˈlɛ:s] ‹franz.› (Palast, Schloss)
Pa|lan|kin, der; -s, *Plur.* -e *u.* -s ‹Hindi› (ind. Tragsessel; Sänfte)
pa|läo... ‹griech.› (alt..., ur...); **Pa|läo...** (Alt..., Ur...)
Pa|läo|an|th|ro|po|lo|ge; Pa|läo|an|th|ro|po|lo|gie (Wissenschaft von den fossilen Menschen); **Pa|läo|an|th|ro|po|lo|gin; pa|läo|an|th|ro|po|lo|gisch**
Pa|läo|bio|lo|gie (Biologie ausgestorbener Lebewesen)
Pa|läo|bo|ta|nik (Botanik ausgestorbener Pflanzen)
Pa|läo|geo|gra|fie, Pa|läo|geo|gra|phie (Geografie der Erdgeschichte)
Pa|läo|graf, Pa|läo|graph, der; -en, -en (Wissenschaftler auf dem Gebiet der Paläografie); **Pa|läo|gra|fie, Pa|läo|gra|phie,** die; -, -n (Lehre von den Schriftarten des Altertums u. des MA.s); **Pa|läo|gra|fin, Pa|läo|gra|phin; pa|läo|gra|fisch, pa|läo|gra|phisch**
Pa|läo|his|to|lo|gie, die; - (Lehre von den Geweben der fossilen Lebewesen)
Pa|läo|kli|ma|to|lo|gie, die; - (Lehre von den Klimaten der Erdgeschichte)
Pa|läo|lith, der; *Gen.* -s *od.* -en, *Plur.* -e[n] (Steinwerkzeug des Paläolithikums)
Pa|läo|li|thi|kum, das; -s (Altsteinzeit); **pa|läo|li|thisch**
Pa|lä|on|to|lo|ge, der; -n, -n; **Pa|lä|on|to|lo|gie,** die; - (Lehre von den Lebewesen vergangener Erdperioden); **Pa|lä|on|to|lo|gin; pa|lä|on|to|lo|gisch**
Pa|läo|phy|ti|kum, das; -s (Frühzeit der Pflanzenentwicklung im Verlauf der Erdgeschichte)

Pa|läo|zän, Pa|leo|zän, das; -s (*Geol.* älteste Abteilung des Tertiärs)

Pa|läo|zo|i|kum, das; -s (erdgeschichtl. Altertum); **pa|läo|zo|isch**

Pa|läo|zoo|lo|gie, die; - (Zoologie der fossilen Tiere)

Pa|las, der; -, -se ⟨lat.⟩ (Hauptgebäude der mittelalterl. Burg)

Pa|last, der; -[e]s, Paläste (Schloss; Prachtbau)

Pa|läs|ti|na (Gebiet zwischen Mittelmeer u. Jordan); **Pa|läs|ti|na|pil|ger**

Pa|läs|ti|nen|ser; Pa|läs|ti|nen|ser|füh|rer; Pa|läs|ti|nen|ser|ge|biet; Pa|läs|ti|nen|se|rin; Pa|läs|ti|nen|ser|prä|si|dent; Pa|läs|ti|nen|ser|staat

pa|läs|ti|nen|sisch; pa|läs|ti|nisch

Pa|läs|t|ra, die; -, ...ren ⟨griech.⟩ (altgriechische Ring-, Fechtschule)

Pa|last|re|vol|te; Pa|last|re|vo|lu|ti|on; Pa|last|wa|che

pa|la|tal ⟨lat.⟩ (den Gaumen betreffend, Gaumen...); **Pa|la|tal,** der; -s, -e, **Pa|la|tal|laut,** der; -[e]s, -e (*Sprachwiss.* am vorderen Gaumen gebildeter Laut, z. B. j)

[1]**Pa|la|tin,** der; -s ⟨lat.⟩ (ein Hügel in Rom)

[2]**Pa|la|tin,** der; -s, -e (*früher für* Pfalzgraf); **Pa|la|ti|na,** die; - (Heidelberger Bibliothek); **Pa|la|ti|nat,** das; -[e]s, -e (*früher für* Würde eines Pfalzgrafen); **pa|la|ti|nisch** (pfälzisch); *aber* ↑K140: der Palatinische Hügel (in Rom)

Pa|la|t|schin|ke, die; -, -n *meist Plur.* ⟨ung.⟩ (*österr. für* gefüllter Eierkuchen)

Pa|lau (Staat im westlichen Pazifik); **Pa|lau|er; Pa|lau|e|rin; pa|lau|isch**

Pa|la|ver, das; -s, - ⟨lat.-port.-engl.⟩ (Ratsversammlung afrik. Stämme; *ugs. für* endloses Gerede u. Verhandeln)

pa|la|vern *(ugs.);* ich palavere; sie haben palavert

Pa|laz|zo, der; -[s], ...zzi ⟨ital.⟩ (*ital. Bez. für* Palast); **Pa|laz|zo|ho|se** (weit geschnittene lange Damenhose)

Pa|le, die; -, -n (*nordd. für* Schote, Hülse)

Pale Ale ['pe:l 'e:l], das; - -[s], - -[s] ⟨engl.⟩ (helles engl. Bier)

pa|len (*nordd. für* [Erbsen] aus den Hülsen [Palen] lösen)

Pa|leo|zän *vgl.* Paläozän

Pa|ler|mer; Pa|ler|me|rin; pa|ler|misch

Pa|ler|mo (Stadt auf Sizilien)

Pa|les|t|ri|na (ital. Komponist)

Pa|le|tot [...to, *auch, österr. nur,* pal(ə)'to:], der; -s, -s (taillierter doppelreihiger Herrenmantel; dreiviertellanger Mantel)

Pa|lett, das; -[e]s, -e (*schweiz. für* Palette); **Pa|let|te,** die; -, -n ⟨franz.⟩ (Farbenmischbrett; genormtes Lademittel für Stückgüter; *übertr. für* bunte Mischung); **pa|let|ten|wei|se**

pa|let|ti; alles paletti (*ugs. für* in Ordnung)

pa|let|tie|ren ⟨franz.⟩ (Versandgut auf einer Palette stapeln)

Pa|li, das; -[s] (Schriftsprache der Buddhisten in Sri Lanka u. Hinterindien)

pa|lim..., pa|lin... ⟨griech.⟩ (wieder...); **Pa|lim...,** Pa|lin... (Wieder...)

Pa|lim|p|sest, der *od.* das; -[e]s, -e (von Neuem beschriebenes Pergament)

Pa|lin|drom, das; -s, -e (Wort[folge] od. Satz, die vorwärts- wie rückwärtsgelesen [den gleichen] Sinn ergeben, z. B. Reliefpfeiler)

Pa|lin|ge|ne|se, die; -, -n (*Rel.* Wiedergeburt; *Biol.* Auftreten von Merkmalen stammesgeschichtl. Vorfahren während der Keimesentwicklung)

Pa|li|n|o|die, die; -, ...ien (*Literaturwiss.* [dichterischer] Widerruf)

Pa|li|sa|de, die; -, -n ⟨franz.⟩ (aus Pfählen bestehendes Hindernis); **Pa|li|sa|den|pfahl; Pa|li|sa|den|wand**

Pa|li|san|der, der; -s, - ⟨indian.-franz.⟩ (brasilian. Edelholz); **Pa|li|san|der|holz; pa|li|san|dern** (aus Palisander)

[1]**Pal|la|di|um,** das; -s, ...ien ⟨griech.⟩ (Bild der Pallas; schützendes Heiligtum)

[2]**Pal|la|di|um,** das; -s (chemisches Element, Metall; *Zeichen* Pd)

Pal|las ⟨griech.⟩ (Beiname der Athene)

Pal|lasch, der; -[e]s, -e ⟨ung.⟩ (schwerer Säbel)

Pal|la|watsch, Bal|la|watsch, der; -[s], -e (*österr. ugs. für* Durcheinander, Blödsinn)

pal|li|a|tiv (*Med.* schmerzlindernd); **Pal|li|a|tiv,** das; -s, -e, **Pal|li|a|ti|vum,** das; -s, ...va ⟨lat.⟩ (*Med.* Linderungsmittel); **Pal|li|a|tiv|me|di|zin** *(Med.)*

Pal|li|um, das; -s, ...ien (Schulterbinde des erzbischöfl. Ornats)

Pal|lot|ti|ner, der; -s, - ⟨nach dem ital. Priester Pallotti⟩ (Angehöriger einer kath. Vereinigung); **Pal|lot|ti|ne|rin; Pal|lot|ti|ner|or|den,** der; -s

[1]**Palm,** der; -s, -e ⟨lat., »flache Hand«⟩ (altes Maß zum Messen von Rundhölzern); 10 Palm

[2]**Palm**® [pa:m], der; -s, -s ⟨engl.⟩ (*kurz für* Palmtop)

Pal|ma de Mal|lor|ca (Hauptstadt von Mallorca)

Palm|art *vgl.* Palmenart

Pal|ma|rum (Palmsonntag)

Palm|baum (*veraltet für* Palme)

Palm|blatt, Pal|men|blatt

Pal|me, die; -, -n; **Pal|men|art; pal|men|ar|tig**

Pal|men|blatt, Palm|blatt

Pal|men|hain; Pal|men|haus

Pal|men|her|zen *Plur.* (*svw.* Palmherzen)

Pal|men|rol|ler (eine südasiatische Schleichkatze)

Pal|men|we|del, Palm|we|del; **Pal|men|zweig,** Palm|zweig

Pal|met|te, die; -, -n ⟨franz.⟩ (*Kunstwiss.* Verzierung; *Gartenbau* Spalierobstbaum)

Palm|her|zen *Plur.* (als Gemüse od. Salat zubereitetes Mark bestimmter Palmen)

pal|mie|ren ⟨lat.⟩ ([bei einem Zaubertrick] in der Handfläche verbergen)

Pal|mi|tin, das; -s (Hauptbestandteil der meisten Fette)

Palm|kätz|chen

Palm|öl

Palm|sonn|tag [*auch* 'palm...]

Palm|top® ['pa:m...], der; -[s], -s ⟨engl.⟩ (Taschencomputer)

Palm|we|del, Pal|men|we|del

Palm|wei|de

Palm|wei|he (*kath. Kirche* Weihe der Palm- od. Buchsbaumzweige am Palmsonntag)

Palm|wein

Pal|my|ra ([Ruinen]stadt in der Syrischen Wüste); **Pal|my|ra|pal|me; Pal|my|rer; Pal|my|re|rin; pal|my|risch**

Palm|zweig, Pal|men|zweig

Pa|lo Al|to ['pɛloʊ 'ɛltoʊ] (Stadt in den USA)

Pa|lo|lo|wurm ⟨polynes.; dt.⟩ (ein trop. Borstenwurm)

pal|pa|bel ⟨lat.⟩ (*Med.* tast-, fühl-, greifbar); ...a|b|le Organe; **Pal|pa-**

ti|o̱n, die; -, -en (*Med.* Untersuchung durch Abtasten)
Pa̱l|pe, die; -, -n (*Zool.* Taster [bei Gliederfüßern])
pal|pie̱|ren (*Med.* betastend untersuchen)
Pal|pi|ta|ti|o̱n, die; -, -en (Pulsschlag, Herzklopfen); **pal|pi|tie̱|ren** (schlagen, pulsieren)
Pa̱l|stek [...ste:k], der; -s, -s (*Seemannsspr.* leicht lösbarer Knoten [bes. zum Festmachen eines Bootes])
Pa|me̱|la [*auch* ˈpɛməla], **Pa|me̱|le** (w. Vorn.)
Pa|mi̱r [*auch* ˈpa:...], der, *auch* das; -[s] (Hochland in Asien)
Pa̱mp, der; -[e]s (*nordd. für* Pamps)
Pa̱m|pa, die; -, -s *meist Plur.* ‹indian.› (baumlose Grassteppe in Südamerika); **Pa̱m|pa[s]|gras**
Pa̱m|pe, die; -, -n (*nordd., mitteld. für* dicke, breiige Masse aus Sand o. Ä. u. Wasser)
Pam|pel|mu̱|se [*auch* ˈpam...], die; -, -n ‹niederl.› (eine Zitrusfrucht)
Pa̱m|per|letsch *vgl.* Bamperletsch
Pa̱mpf, der; -[e]s (*südd. für* Pamps)
Pam|ph|le̱t, das; -[e]s, -e ‹franz.› (Streit-, Schmähschrift); **Pam|ph|le|ti̱st**, der; -en, -en (Verfasser von Pamphleten); **Pam|ph|le|ti̱s|tin**
pa̱m|pig (*nordd., mitteld. für* breiig; *ugs. für* frech, patzig)
Pa̱mps, der; -[es] (*landsch. für* dicker Brei [zum Essen])
Pam|pu̱|sche [*auch* ...ˈpu:...] *vgl.* Babusche
[1]**Pa̱n** (griech. Hirten-, Waldgott)
[2]**Pa̱n**, der; -s, -s ‹poln.› (*früher in Polen* Besitzer eines kleineren Landgutes; *poln. [in Verbindung mit dem Namen]:* Herr); *vgl.* Panje
pan... ‹griech.› (gesamt..., all...); **Pan...** (Gesamt..., All...)
Pa|na|ché [...ˈʃe:] *vgl.* Panaschee
Pa|na̱|de, die; -, -n ‹franz.› (Weißbrotbrei zur Bereitung von Füllungen; Mischung aus Ei u. Semmelmehl zum Panieren)
Pa|na̱|del|sup|pe (*südd. u. österr. für* Suppe mit Weißbroteinlage)
pan|af|ri|ka̱|nisch ↑K150 : Panafrikanische Spiele; **Pan|af|ri|ka|ni̱s|mus**, der; -; *vgl.* Panamerikanismus
Pa̱|na|ma (Staat in Mittelamerika u. dessen Hauptstadt); **Pa̱|na|ma|er; Pa̱|na|ma|e|rin**
Pa̱|na|ma|hut, **Pa̱|na|ma-Hut**, der ↑K143 ; **pa|na|ma̱|isch**
Pa̱|na|ma|ka|nal, **Pa̱|na|ma-Ka|nal**, der; -s ↑K143
pan|ame|ri|ka̱|nisch; panamerikanische Bewegung; **Pan|ame|ri|ka|ni̱s|mus**, der; - (Bestreben, die wirtschaftl. u. polit. Zusammenarbeit aller amerik. Staaten zu verstärken)
pan|ara̱|bisch; panarabische Bewegung; **Pan|ara|bi̱s|mus**, der; -; *vgl.* Panislamismus
Pa|na|ri̱|ti|um, das; -s, ...ien ‹griech.› (*Med.* eitrige Entzündung am Finger)
Pa|na̱sch, der; -[e]s, -e ‹franz.› (Feder-, Helmbusch)
Pa|na|schee̱, Pa|na|ché [...ˈʃe:], das; -s, -s (*veraltet für* mehrfarbiges Eis; Kompott, Gelee aus verschiedenen Obstsorten; *bes. schweiz. für* gemischtes Getränk, bes. Bier u. Limonade)
pa|na|schi̱e|ren (Kandidaten verschiedener Listen wählen); **Pa|na|schie̱r|sys|tem**, das; -s (ein Wahlsystem)
Pa|na|schi̱e|rung, die; -, -en, **Pa|na|schü̱|re**, die; -, -n (*Bot.* weiße Musterung auf Pflanzenblättern)
pan|asi|a̱|tisch
Pan|athe|nä̱|en *Plur.* ‹griech.› (Fest zu Ehren der Athene im alten Athen)
Pa|n|a|ze̱e [*auch* ...ˈtse:], die; -, -n [...ˈtse:ən] ‹griech.› (Allheil-, Wundermittel)
Pan|cake [ˈpænkeɪk], der; -s, -s ‹engl.› (bes. in Nordamerika zum Frühstück verzehrte Art des Pfannkuchens)
Pan|cet|ta [...ˈtʃɛ...], die; -, *auch* der; - ‹ital.› (eine Art Speck)
pan|chro|ma̱|tisch ‹griech.› (*Fotogr.* empfindlich für alle Farben u. Spektralbereiche)
Pan|c|ra̱|ti|us [*österr.* ˈpa...] *vgl.* Pankratius
Pa̱n|da, der; -s, -s (asiat. Bärenart)
Pan|dai|mo̱|ni|on, Pan|dä|mo̱|ni|um, das; -s, ...ien ‹griech.› (Aufenthalt od. Gesamtheit der [bösen] Geister)
Pan|da̱|ne, die; -, -n ‹malai.› (eine Zierpflanze)
Pan|de̱k|ten *Plur.* ‹griech.› (Sammlung altröm. Rechtssprüche)
Pan|de|mi̱e, die; -, ...ien ‹griech.› (*Med.* Epidemie größeren Ausmaßes)
pan|de̱|misch (sehr weit verbreitet); eine pandemische Seuche
Pa̱n|dit, der; -s, -e *u.* -s ‹sanskr.-Hindi› ([Titel] brahmanischer Gelehrter)
Pan|do̱|ra (Gestalt der griech. Mythologie); die Büchse der Pandora
Pand|sch|ab [...ˈdʒa:p, *auch* ˈpa...], das; -[s] ‹sanskr., »Fünfstromland«› (Landschaft in Vorderindien); **Pand|sch|a̱|bi**, das; -[s] (eine neuind. Sprache)
Pa|nee̱l, das; -s, -e ‹niederl.› (Täfelung der Innenwände); **pa|nee|lie̱|ren**
Pa|n|e|gy̱|ri|ker ‹griech.› (Verfasser eines Panegyrikus); **Pa|n|e|gy̱|ri|ke|rin**
Pa|n|e|gy̱|ri|kon, das; -[s], ...ka (liturg. Buch der orthodoxen Kirche)
Pa|n|e|gy̱|ri|kos, Pa|n|e|gy̱|ri|kus, der; -, *Plur.* ...ken *u.* ...zi (Fest-, Lobrede; Fest-, Lobgedicht); **pa|n|e|gy̱|risch**
Pa|nel [ˈpɛnl̩], das; -s, -s ‹engl.› (repräsentative Personengruppe für die Meinungsforschung)
Pa|nel|tech|nik (Methode der Meinungsforschung, die gleiche Personengruppe innerhalb eines bestimmten Zeitraums mehrfach zu befragen)
pa̱|nem et cir|ce̱n|ses ‹lat., »Brot u. Zirkusspiele«› (Lebensunterhalt u. Vergnügungen zur Zufriedenstellung des Volkes)
Pan|en|the|i̱s|mus, der; - ‹griech.› (Lehre, nach der das All in Gott eingeschlossen ist); **pan|en|the|i̱s|tisch**
Pa|net|to̱|ne, der; -[s], ...ni ‹ital.› (ein ital. Kuchen)
Pan|eu|ro̱|pa (erstrebte Gemeinschaft der europäischen Staaten); **pan|eu|ro|pä̱|isch**
Pa̱n|flö|te, Pa̱ns|flö|te ([antike] Hirtenflöte aus aneinandergereihten Pfeifen)
Pan|ga|si̱|us, der; -, ...ien ‹nlat.› (ein Speisefisch)
Pa̱n|has, der; - (niederrhein.-westfäl. Gericht aus Wurstbrühe u. Buchweizenmehl)
Pan|hel|le|ni̱s|mus, der; - (Bewegung zur polit. Einigung der griech. Staaten [in der Antike]); **pan|hel|le|ni̱s|tisch**
[1]**Pa|ni̱er**, das; -s, -e ‹germ.-franz.›

P
Palp

(*veraltet für* Banner; *geh. für* Wahlspruch)
[2]**Pa|nier,** die; - ‹franz.› (*österr. für* Hülle aus Ei u. Semmelbröseln)
pa|nie|ren (in Ei u. Semmelbröseln wenden); **Pa|nier|mehl; Pa|nie|rung**
Pa|nik, die; -, -en ‹*nach* [1]Pan› (durch plötzlichen Schrecken entstandene, unkontrollierte [Massen]angst); **Pa|nik|an|fall; pa|nik|ar|tig; Pa|nik|at|ta|cke**
Pa|nik|ma|che; Pa|nik|re|ak|ti|on; Pa|nik|stim|mung
Pa|nik|ver|kauf (*Börsenw.*)
pa|nisch (lähmend); panischer Schrecken
Pan|is|la|mis|mus, der; - (Streben, alle islam. Völker zu vereinigen)
Pan|je, der; -s, -s ‹slaw.› (*veraltet für* poln. od. russ. Bauer); *vgl.* [2]Pan; **Pan|je|pferd** (poln. od. russ. Landpferd); **Pan|je|wa|gen**
Pan|kar|di|tis, die; -, ...iti|den ‹griech.› (*Med.* Entzündung aller Schichten der Herzwand)
Pan|kow [...ko] (Stadtteil Berlins)
Pan|k|ra|ti|on, das; -s, -s ‹griech.› (altgriechischer Ring- u. Faustkampf)
Pan|k|ra|ti|us, Pan|c|ra|ti|us, **Pan|k|raz** [*österr.* ˈpa...] (m. Vorn.)
Pan|k|re|as, das; - ‹griech.› (*Med.* Bauchspeicheldrüse); **Pan|k|re|a|ti|tis,** die; -, ...iti|den (Entzündung der Bauchspeicheldrüse)
Pan|lo|gis|mus, der; - ‹griech.› (philos. Lehre, nach der das ganze Weltall als Verwirklichung der Vernunft aufzufassen ist)
Pan|mi|xie, die; -, ...i|en ‹griech.› (*Biol.* Kreuzung mit jedem beliebigen Partner der gleichen Tierart)
Pan|na|cot|ta, die; -, Pannacotte, **Pan|na cot|ta,** die; -, Panne cotte ‹ital.› (eine ital. Süßspeise)
Pan|ne, die; -, -n ‹franz.› (Schaden, techn. Störung; Missgeschick)
Pan|nen|dienst; pan|nen|frei
Pan|nen|hel|fer; Pan|nen|hel|fe|rin
Pan|nen|hil|fe; Pan|nen|kof|fer
Pan|nen|kurs (Lehrgang über das Beheben von Autopannen)
Pan|nen|se|rie; Pan|nen|strei|fen (*bes. österr., schweiz. für* Standspur, -streifen)
Pan|no|ni|en (frühere röm. Donauprovinz); **pan|no|nisch** (*österr. auch für* burgenländisch); pannonisches Klima, *aber* ↑K151: das Pannonische Becken

Pa|n|op|ti|kum, das; -s, ...ken ‹griech.› (Kuriositäten-, Wachsfigurenkabinett)
Pa|n|o|ra|ma, das; -s, ...men ‹griech.› (Rundblick; Rundgemälde; [fotograf.] Rundbild); **Pa|no|ra|ma|bild**
Pa|n|o|ra|ma|blick; Pa|n|o|ra|ma|bus; Pa|n|o|ra|ma|fens|ter; Pa|n|o|ra|ma|spie|gel; Pa|no|ra|ma|stra|ße; Pa|no|ra|ma|weg
Pan|ple|gie, die; - ‹griech.› (*Med.* allgemeine, vollständige Muskellähmung)
Pan|psy|chis|mus, der; - ‹griech.› (*Philos.* Lehre, nach der auch die unbelebte Natur beseelt ist)
pan|schen, pant|schen (*ugs. für* mischend verfälschen, verdünnen; mit den Händen od. Füßen im Wasser patschen, planschen); du pan[t]schst
Pan|scher, Pant|scher (*ugs.*); **Pan|sche|rei,** Pant|sche|rei (*ugs.*); **Pan|sche|rin,** Pant|sche|rin (*ugs.*)
Pan|sen, der; -s, - (Magenteil der Wiederkäuer); *vgl.* Panzen
Pan|se|xu|a|lis|mus, der; - ‹griech.; lat.› (psychoanalyt. Richtung, die in der Sexualität den Auslöser für alle psychischen Vorgänge sieht)
Pans|flö|te *vgl.* Panflöte
Pan|sla|wis|mus, der; - (Streben im 19. Jh., alle slaw. Völker zu vereinigen); **pan|sla|wis|tisch**
Pan|so|phie, die; - ‹griech., »Gesamtwissenschaft«› (vom 16. bis zum 18. Jh. Bewegung mit dem Ziel einer Gesamtdarstellung aller Wissenschaften)
Pan|sper|mie, die; - ‹griech.› (Theorie von der Entstehung des Lebens auf der Erde durch Keime von anderen Planeten)
Pan|ta|le|on (ein Heiliger)
Pan|ta|lo|ne, der; -[s], *Plur.* -s *u.* ...ni ‹ital.› (Figur des ital. Volkslustspieles)
Pan|ta|lons [pãtaˈlõ:s, ˈpantalõ:s] *Plur.* ‹franz.› (lange Männerhose mit röhrenförmigen Beinen)
pan|ta rhei ‹griech., »alles fließt«› (Heraklit zugeschriebener Grundsatz, nach dem das Sein als ewiges Werden gedacht wird)
Pan|ter usw. *vgl.* Panther usw.
Pan|the|is|mus, der; - ‹griech.› (Weltanschauung, nach der Gott u. Welt eins sind)

Pan|the|ist, der; -en, -en; **Pan|the|is|tin; pan|the|is|tisch**
Pan|the|on, das; -s, -s (antiker Tempel für alle Götter)
Pan|ther, Pan|ter, der; -s, - ‹griech.› (*svw.* Leopard); **Pan|ther|fell,** Pan|ter|fell
Pan|ti|ne, die; -, -n *meist Plur.* ‹niederl.› (*nordd. für* Holzschuh, -pantoffel)
pan|to... ‹griech.› (all...); **Pan|to...** (All...)
Pan|tof|fel, der; -s, -n ‹franz.› (Hausschuh)
Pan|tof|fel|blu|me
Pan|töf|fel|chen
Pan|tof|fel|held (*ugs. für* Mann, der von seiner Ehefrau beherrscht wird); **Pan|tof|fel|ki|no** (*ugs. scherzh. für* Fernsehen)
Pan|tof|fel|tier|chen (*Biol.*)
Pan|to|graf, Pan|to|graph, der; -en, -en ‹griech.› (Storchschnabel, Instrument zum Übertragen von Zeichnungen im gleichen, größeren od. kleineren Maßstab); **Pan|to|gra|fie, Pan|to|gra|phie,** die; -, ...i|en (mit dem Pantografen hergestelltes Bild)
Pan|to|let|te, die; -, -n *meist Plur.* ‹Kunstwort› (leichter Sommerschuh ohne Fersenteil)
[1]**Pan|to|mi|me,** die; -, -n ‹griech. (-franz.)› (Darstellung einer Szene nur mit Gebärden u. Mienenspiel)
[2]**Pan|to|mi|me,** der; -n, -n (Darsteller einer Pantomime)
Pan|to|mi|mik, die; - (Gebärdenspiel; Kunst der Pantomime); **Pan|to|mi|min; pan|to|mi|misch**
Pan|t|ry [ˈpɛntri], die; -, -s ‹engl.› (Speise-, Anrichtekammer)
pant|schen usw. *vgl.* panschen usw.
Pant|schen-La|ma, der; -[s], -s ‹tibet.› (zweites, kirchliches Oberhaupt des tibetanischen Priesterstaates)
Pan|ty [ˈpɛnti], die; -, -s ‹engl.› (Miederhose)
Pä|n|ul|ti|ma, die; -, *Plur.* ...mä *u.* ...men ‹lat.› (*Sprachwiss.* vorletzte Silbe eines Wortes)
Pan|zen, der; -s, - (*landsch. für* dicker Bauch)
Pan|zer (Kampffahrzeug; feste Hülle; *früher* Rüstung)
Pan|zer|ab|wehr; Pan|zer|ab|wehr|ka|no|ne (*Kurzw.* Pak); **Pan|zer|ab|wehr|ra|ke|te**
pan|zer|bre|chend; panzerbrechende Munition

Pan|zer|di|vi|si|on; Pan|zer|ech|se; Pan|zer|faust; Pan|zer|glas, das; -es; **Pan|zer|gra|ben; Pan|zer|gra|na|te; Pan|zer|gre|na|dier; Pan|zer|gre|na|die|rin** *(selten)*
Pan|zer|hemd *(früher)*
Pan|zer|jä|ger; Pan|zer|jä|ge|rin *(selten);* **Pan|zer|kampf|wa|gen; Pan|zer|kreu|zer**
pan|zern; ich panzere
Pan|zer|plat|te; Pan|zer|schiff; Pan|zer|schrank; Pan|zer|späh|wa|gen; Pan|zer|sper|re
Pan|ze|rung
Pan|zer|wa|gen
Pä|o|nie, die; -, -n ‹griech.› (Pfingstrose)
[1]**Pa|pa** [*veraltend, geh.* ...ˈpaː], der; -s, -s ‹franz.› (Vater)
[2]**Pa|pa,** der; -s ‹griech., »Vater«› (kirchl. Bez. des Papstes; *Abk.* P.); **Pa|pa|bi|li** *Plur.* ‹lat.› (ital. Bez. der als Papstkandidaten infrage kommenden Kardinäle)
Pa|pa|chen
Pa|pa|gal|lo, der; -[s], *Plur.* -s *u.* ...lli ‹ital.› (ital. [junger] Mann, der erotische Abenteuer mit Touristinnen sucht)
Pa|pa|gei [*österr. u. schweiz. auch* ˈpa...], der; *Gen.* -en *u.* -s, *Plur.* -en, *seltener* -e ‹franz.›
Pa|pa|gei|en|grün, das; -[s]
pa|pa|gei|en|haft
Pa|pa|gei|en|krank|heit, die; - ([bes. von Papageien übertragene] bakterielle Infektionskrankheit)
Pa|pa|gei|fisch; Pa|pa|gei|tau|cher (ein Vogel)
Pa|pa|ge|no (Vogelhändler in Mozarts »Zauberflöte«)
pa|pal ‹lat.› (päpstlich); **Pa|pal|sys|tem,** das; -s; **Pa|pa|mo|bil,** das; -s, -e (Fahrzeug des Papstes)
Pa|pa|mo|nat (*österr. ugs. für* einmonatige berufliche Freistellung der Väter nach der Geburt eines Kindes)
Pa|pa|raz|za, die; -, -s ‹ital.› ([aufdringliche] Pressefotografin, Skandalreporterin); **Pa|pa|raz|zo,** der; -s, ...zzi
Pa|pat, der, *auch* das; -[e]s (Amt u. Würde des Papstes)
Pa|pa|ve|ra|ze|en *Plur.* ‹lat.› (*Bot.* Familie der Mohngewächse)
Pa|pa|ve|rin, das; -s (Opiumalkaloid)
Pa|pa|ya, die; -, -s ‹span.› (der Melone ähnliche Frucht)
Päp|chen (*Koseform für* [1]Papa)
Pa|per [ˈpeːpɐ], das; -s, -s ‹engl.› (Schriftstück; schriftl. Unterlage)
Pa|per|back [...bɛk], das; -s, -s (kartoniertes [Taschen]buch)
Pa|pe|te|rie, die; -, ...ien ‹franz.› (*schweiz. für* Papier-, Schreibwaren[geschäft])
pa|phisch (aus Paphos)
Pa|ph|la|go|ni|en (antike Landschaft in Kleinasien)
Pa|phos (im Altertum Stadt auf Zypern)
Pa|pi, der; -s, -s (*Koseform von* [1]Papa)
Pa|pier, das; -s, -e; die Papier verarbeitende *od.* papierverarbeitende Industrie
Pa|pier|bahn; Pa|pier|block *vgl.* Block; **Pa|pier|bo|gen**
Pa|pier|deutsch (umständliches, geschraubtes Deutsch)
pa|pie|ren (aus Papier); papier[e]nes Tischtuch; papier[e]ner Stil
Pa|pier|fa|b|rik; Pa|pier|fet|zen; Pa|pier|flie|ger *(ugs.)*
Pa|pier|form, die; - (*Sport* theoretische Spiel-, Kampfstärke)
Pa|pier|for|mat; Pa|pier|geld, das; -[e]s; **Pa|pier|in|dus|t|rie; Pa|pier|korb**
Pa|pier|kram (*ugs. abwertend für* als lästig empfundene Briefe o. Ä.); **Pa|pier|krieg** (*ugs. für* lange dauernder Schriftverkehr)
pa|pier|los; papierloses Büro
Pa|pier|ma|schee, Pa|pier|ma|ché [paˈpiːɐ̯maʃeː, papi̯eːmaˈʃeː], das; -s, -s ↑K38 ‹franz.› (verformbare Papiermasse)
Pa|pier|mes|ser, das; **Pa|pier|müh|le; Pa|pier|rol|le; Pa|pier|sack; Pa|pier|sche|re; Pa|pier|schlan|ge**
Pa|pier|schnip|sel *(ugs.);* **Pa|pier|schnit|zel** *vgl.* [2]Schnitzel
Pa|pier|ser|vi|et|te; Pa|pier|stau; Pa|pier|ta|schen|tuch
Pa|pier|ti|ger (*übertr. für* nur dem Schein nach starke Person)
Pa|pier|ton|ne; Pa|pier|tü|te
Pa|pier ver|ar|bei|tend, pa|pier|ver|ar|bei|tend ↑K58; **Pa|pier|ver|ar|bei|tung**
Pa|pier|wa|ren *Plur.;* **Pa|pier|wa|ren|hand|lung**
Pa|pier|win|del; Pa|pier|wol|le (Verpackungsmaterial)
pa|pil|lar ‹lat.› (*Med.* warzenartig)
Pa|pil|lar|ge|schwulst; Pa|pil|lar|kör|per; Pa|pil|lar|li|ni|en *Plur.*
Pa|pil|le, die; -, -n (Warze); **Pa|pil|lom,** das; -s, -e (warzenartige Geschwulst der Schleimhaut)
Pa|pil|lon [...piˈjõː], der; -s, -s ‹franz., »Schmetterling«› (weicher Kleiderstoff; Zwergspaniel)
Pa|pil|lo|te [...piˈjoː...], die; -, -n (Haarwickel; *Gastron.* Hülle aus Pergamentpapier für das Braten od. Grillen)
Pa|pin|topf, Pa|pin-Topf [...ˈpɛ̃ː...] ↑K136 ‹nach dem franz. Physiker Papin› (fest schließendes Gefäß zum Erhitzen von Flüssigkeiten über deren Siedepunkt hinaus)
Pa|pi|ros|sa, die; -, ...ossy [...si] ‹russ. Zigarette mit langem Pappmundstück›
Pa|pis|mus, der; - ‹griech.› (*abwertend für* Papsttum); **Pa|pist,** der; -en, -en (Anhänger des Papsttums); **Pa|pis|tin; pa|pis|tisch**
papp; nicht mehr papp sagen können (*ugs. für* sehr satt sein)
Papp, der; -[e]s, -e *Plur. selten* (*landsch. für* Brei; Kleister)
Papp|band, der (in Pappe gebundenes Buch; *Abk.* Pp[bd].)
Papp|be|cher
Papp|de|ckel, Pap|pen|de|ckel
Pap|pe, die; -, -n (steifes, papierähnliches Material)
Pap|pel, die; -, -n ‹lat.› (ein Laubbaum); **Pap|pel|al|lee; Pap|pel|holz**
pap|peln (aus Pappelholz)
päp|peln (*landsch. für* [ein Kind] füttern); ich päpp[e]le
pap|pen (*ugs. für* kleistern, kleben); der Schnee pappt
Pap|pen|de|ckel, Papp|de|ckel
Pap|pen|hei|mer, der; -s, - (Angehöriger des Reiterregiments des dt. Reitergenerals Graf zu Pappenheim); ich kenne meine Pappenheimer (*ugs. für* ich weiß, mit wem ich es zu tun habe)
Pap|pen|stiel (*ugs. für* Wertloses); kein Pappenstiel sein
pap|per|la|papp!
pap|pig *(ugs.)*
Papp|ka|me|rad (*ugs. für* Figur aus Pappe für Schießübungen)
Papp|kar|ton
Papp|ma|schee, Papp|ma|ché [...ʃeː] ↑K38; *vgl.* Papiermaschee
Papp|na|se
Papp|pla|kat, Papp-Pla|kat
papp|satt (*ugs. für* sehr satt)
Papp|schach|tel; Papp|schild
Papp|schnee, der; -s
Papp|tel|ler
Pap|pus, der; -, *Plur.* - *u.* -se ‹griech.› (*Bot.* Haarkrone der Frucht von Korbblütlern)

¹Pa|p|ri|ka, der; -s, -[s] ‹serb.-ung.› (ein Gewürz; ein Gemüse)
²Pa|p|ri|ka, der *od.* die; -, -[s] (*kurz für* Paprikaschote)
Pa|p|ri|ka|ge|mü|se, das; -s; **Pa|p|ri|ka|schnit|zel; Pa|p|ri|ka|scho|te** *vgl.* ⁴Schote; **pa|p|ri|zie|ren** (*bes. österr. für* mit Paprika würzen)
Paps, der; -, -e *(Kinderspr. für* ¹Papa; *meist als Anrede)*
Papst, der; -[e]s, Päpste ‹griech.› (Oberhaupt der kath. Kirche; *auch übertr. für* anerkannte Autorität)
Papst|fa|mi|lie (Umgebung des Papstes); **Päps|tin; Papst|ka|ta|log** (Verzeichnis der Päpste)
päpst|lich; *aber* ↑K150: das Päpstliche Bibelinstitut
Papst|na|me; Papst|tum, das; -s; **Papst|wahl**
Pa|pua [*auch* ...ˈpu:a], der; -[s], -[s] *u.* die; -, -[s] (Ureinwohner[in] Neuguineas)
Pa|pua-Neu|gui|nea (Staat auf Neuguinea); **Pa|pua-Neu|gui|ne|er; Pa|pua-Neu|gui|ne|e|rin; pa|pua-neu|gui|ne|isch**
pa|pu|a|nisch; Pa|pua|spra|che
Pa|py|rin, das; -s ‹griech.› (Pergamentpapier)
Pa|py|ro|lo|gie, die; - (Wissenschaft vom Papyrus)
Pa|py|rus, der; -, ...ri (Papierstaude; Papyrusrolle); **Pa|py|rus|rol|le; Pa|py|rus|stau|de**
Par, das; -[s], -s ‹engl.› (*Golf* festgesetzte Anzahl von Schlägen für ein Loch)
par..., pa|ra... ‹griech.› (bei..., neben..., falsch...); **Par..., Pa|ra...** (Bei..., Neben..., Falsch...)
Pa|ra, der; -s, -s ‹franz.› (*kurz für* parachutiste = franz. Fallschirmjäger)
Pa|ra|ba|se, die; -, -n ‹griech.› (Teil der attischen Komödie)
Pa|ra|bel, die; -, -n ‹griech.› (Gleichnis[rede]; *Math.* Kegelschnittkurve)
Pa|ra|bel|lum®, die; -, -s ‹lat.› (Pistole mit Selbstladevorrichtung); **Pa|ra|bel|lum|pis|to|le**
Pa|ra|bol|an|ten|ne, die; -, -n (Antenne in der Form eines Parabolspiegels)
pa|ra|bo|lisch ‹griech.› (gleichnisweise; *Math.* parabelförmig gekrümmt); **Pa|ra|bo|lo|id,** das; -[e]s, -e (*Math.* gekrümmte Fläche)
Pa|ra|bol|spie|gel (Hohlspiegel)
pa|ra|cel|sisch; paracelsischer Forschergeist; paracelsische Schriften ↑K135
Pa|ra|cel|sus (Naturforscher, Arzt u. Philosoph des 16. Jh.s); **Pa|ra|cel|sus-Me|dail|le**
Pa|ra|de, die; -, -n ‹franz.› (prunkvoller Aufmarsch; *Reitsport* annehmende Zügelhilfe des Reiters, z. B. beim Gangwechsel; *Sport* Abwehrbewegung)
Pa|ra|de|bei|spiel; Pa|ra|de|dis|zi|p|lin *(Sport)*
Pa|ra|dei|ser, der; -s, - (*österr. für* Tomate); **Pa|ra|deis|sa|lat, Pa|ra|dei|ser|sa|lat** *(österr.)*; **Pa|ra|deis|sup|pe** *(österr.)*
Pa|ra|de|kis|sen *(veraltend)*
Pa|ra|de|marsch, der
Pa|ra|den|to|se *vgl.* Parodontose
Pa|ra|de|pferd (*ugs. für* Person, Sache, mit der sich renommieren lässt); **Pa|ra|de|rol|le; Pa|ra|de|schritt; Pa|ra|de|stück; Pa|ra|de|uni|form**
pa|ra|die|ren ‹franz.› (*Militär* in einer Parade vorüberziehen)
Pa|ra|dies, das; -es, -e ‹pers.› (*nur Sing.:* der Garten Eden, Himmel; *übertr. für* Ort der Seligkeit; *Archit.* Portalvorbau an mittelalterl. Kirchen)
Pa|ra|dies|ap|fel (*landsch. für* Tomate; *auch* Zierapfel)
pa|ra|die|sisch (himmlisch)
Pa|ra|dies|vo|gel (*ugs. auch für* Person, die durch ihr Äußeres od. Gebaren auffällt)
Pa|ra|dig|ma, das; -s, *Plur.* ...men, *auch* -ta ‹griech.› (Beispiel, Muster; *Sprachwiss.* Beugungsmuster); **pa|ra|dig|ma|tisch** (beispielhaft; als Muster dienend)
Pa|ra|dig|men|wech|sel (Wechsel von einer [wissenschaftlichen] Grundauffassung zur anderen)
pa|ra|dox ‹griech.› ([scheinbar] widersinnig; *ugs. für* sonderbar)
Pa|ra|dox, das; -es, -e (etwas, was einen Widerspruch in sich enthält; *auch svw.* Paradoxon)
pa|ra|do|xer|wei|se
Pa|ra|do|xie, die; -, ...ien (Widersinnigkeit); **Pa|ra|do|xon,** das; -s, ...xa (scheinbar falsche Aussage, die aber auf eine höhere Wahrheit hinweist; *auch svw.* Paradox)
Pa|r|af|fin, das; -s, -e ‹lat.› (wachsähnlicher Stoff; *meist Plur.: Chemie* gesättigter, aliphatischer Kohlenwasserstoff)
pa|r|af|fi|nie|ren (mit Paraffin behandeln); **pa|r|af|fi|nisch**
Pa|r|af|fin|ker|ze; Pa|r|af|fin|öl
Pa|ra|glei|ten, das; -s, Pa|ra|gli|den [...glai̯...] (Gleitschirmfliegen); **Pa|ra|glei|ter,** Pa|ra|gli|der, der; -s, - (Gleitschirm; Gleitschirmflieger); **Pa|ra|glei|te|rin,** Pa|ra|gli|de|rin (Gleitschirmfliegerin)
Pa|ra|gli|den [...glai̯...] usw. *vgl.* Paragleiten usw.
Pa|ra|gli|ding [...glai̯...], das; -s ‹engl.› (*svw.* Paragleiten)
Pa|ra|graf, Pa|ra|graph, der; -en, -en ([in Gesetzestexten u. wissenschaftlichen Werken] fortlaufend nummerierter Absatz, Abschnitt; *Zeichen* §, *Plur.* §§); §5-Schein (*Amtsspr.* Wohnberechtigungsschein)
Pa|ra|gra|fen|di|ckicht, Pa|ra|gra|phen|di|ckicht; **Pa|ra|gra|fen|dschun|gel,** Pa|ra|gra|phen|dschun|gel
Pa|ra|gra|fen|rei|ter, Pa|ra|gra|phen|rei|ter (*abwertend für* sich übergenau an Vorschriften haltender Mensch); **Pa|ra|gra|fen|rei|te|rin,** Pa|ra|gra|phen|rei|te|rin
pa|ra|gra|fen|wei|se, pa|ra|gra|phen|wei|se
Pa|ra|gra|fen|zei|chen, Pa|ra|gra|phen|zei|chen *vgl.* Paragrafzeichen
Pa|ra|gra|fie, Pa|ra|gra|phie, die; -, ...ien (*Med.* Störung des Schreibvermögens)
pa|ra|gra|fie|ren, pa|ra|gra|phie|ren (in Paragrafen einteilen); **Pa|ra|gra|fie|rung,** Pa|ra|gra|phie|rung
Pa|ra|graf|zei|chen, Pa|ra|graph|zei|chen, **Pa|ra|gra|fen|zei|chen,** Pa|ra|gra|phen|zei|chen (das Zeichen §)
Pa|ra|gramm, das; -s, -e ‹griech.› (Buchstabenänderung in einem Wort od. Namen, wodurch ein scherzhaft-komischer Sinn entstehen kann)
Pa|ra|graph usw. *vgl.* Paragraf usw.
¹Pa|ra|gu|ay, der; -[s] (rechter Nebenfluss des Paraná)
²Pa|ra|gu|ay (südamerik. Staat); **Pa|ra|gu|a|yer; Pa|ra|gu|a|ye|rin; pa|ra|gu|a|yisch**
Pa|ra|ki|ne|se, die; -, -n ‹griech.› (*Med.* Koordinationsstörungen im Bewegungsablauf)
Pa|ra|kla|se, die; -, -n ‹griech.› (*Geol.* Verwerfung)
Pa|ra|k|let, der; *Gen.* -[e]s *u.* -en, *Plur.* -e[n] ‹griech.› (*nur Sing.:*

P
Para

Heiliger Geist; Helfer, Fürsprecher vor Gott)
Pa|ra|la|lie, die; - ‹griech.› (*Med., Psychol.* Wort- u. Lautverwechslung)
Pa|ra|le|xie, die; - ‹griech.› (*Med., Psychol.* Lesestörung mit Verwechslung der gelesenen Wörter)
Pa|ra|li|po|me|non, das; -s, ...mena *meist Plur.* ‹griech.› (*Literaturwiss.* Ergänzung; Randbemerkung)
pa|r|al|lak|tisch ‹griech.›; **Pa|r|al|la|xe**, die; -, -n (*Physik* Winkel, den zwei Gerade bilden, die von verschiedenen Standorten zu einem Punkt gerichtet sind; *Astron.* Entfernungsbestimmung u. -angabe von Sternen; *Fotogr.* Unterschied zwischen dem Bildausschnitt im Sucher u. auf dem Film)
pa|r|al|lel ‹griech.›; [mit etwas] parallel laufen; parallel verlaufen; parallel laufende *od.* parallellaufende Geraden; zwei Systeme parallel schalten; zwei parallel geschaltete *od.* parallelgeschaltete Systeme
Pa|r|al|le|le, die; -, -n (Gerade, die zu einer anderen Geraden in stets gleichem Abstand verläuft; vergleichbarer Fall); vier Parallele[n]
Pa|r|al|lel|epi|ped [...pe:t], das; -[e]s, -e, **Pa|r|al|lel|epi|pe|don**, das; -s, *Plur.* ...da *u.* ...peden (*Math.* Parallelflach)
Pa|r|al|lel|er|schei|nung; Pa|r|al|lel|fall, der
Pa|r|al|lel|flach, das; -[e]s, -e (*Math.* von drei Paaren paralleler Ebenen begrenzter Raumteil)
pa|r|al|lel ge|schal|tet, pa|r|al|lel|ge|schal|tet ↑K58
Pa|r|al|lel|ge|sell|schaft (größere, nicht integrierte Gruppe innerhalb einer Gesellschaft); **pa|r|al|lel|ge|sell|schaft|lich**
pa|r|al|le|li|sie|ren ([vergleichend] nebeneinanderstellen, zusammenstellen); **Pa|r|al|le|li|sie|rung**
Pa|r|al|le|lis|mus, der; -, ...men (Übereinstimmung verschiedener Dinge od. Vorgänge; *Sprachwiss.* inhaltlich u. grammatisch gleichmäßiger Bau von Satzgliedern od. Sätzen)
Pa|r|al|le|li|tät, die; - (Eigenschaft zweier paralleler Geraden)
Pa|r|al|lel|klas|se
Pa|r|al|lel|kreis (*Geogr.* Breitenkreis)
pa|r|al|lel lau|fend, pa|r|al|lel|lau|fend ↑K58
Pa|r|al|lel|li|nie
Pa|r|al|le|lo|gramm, das; -s, -e ‹griech.› (*Math.* Viereck mit paarweise parallelen Seiten)
Pa|r|al|lel|pro|jek|ti|on *(Math.)*
pa|r|al|lel schal|ten *vgl.* parallel; **Pa|r|al|lel|schal|tung** (*Elektrot.* Nebenschaltung)
Pa|r|al|lel|schwung *(Skisport)*; **Pa|r|al|lel|sla|lom** *(Skisport)*
Pa|r|al|lel|stel|le; Pa|r|al|lel|stra|ße; Pa|r|al|lel|ton|art *(Musik)*; **Pa|r|al|lel|uni|ver|sum; Pa|r|al|lel|welt**
Pa|ra|lo|gie, die; -, ...ien ‹griech.› (Vernunftwidrigkeit); **pa|ra|lo|gisch; Pa|ra|lo|gis|mus**, der; -, ...men (*Logik* auf Denkfehlern beruhender Fehlschluss)
Pa|ra|lym|pics [*auch* pɛrəˈlɪmpɪks] *Plur.* ‹engl.› (*internationale Bez. für* die Weltspiele der Menschen mit Behinderung); **pa|ra|lym|pisch** ↑K89: die paralympischen Athleten; *aber* ↑K88: die Paralympischen Spiele
Pa|ra|ly|se, die; -, -n (*Med.* Lähmung; Gehirnerweichung); **pa|ra|ly|sie|ren; Pa|ra|ly|ti|ker** (an Paralyse Erkrankter); **Pa|ra|ly|ti|ke|rin; pa|ra|ly|tisch**
pa|ra|ma|g|ne|tisch ‹griech.› *(Physik)*; **Pa|ra|ma|g|ne|tis|mus**, der; - (Verstärkung des Magnetismus)
Pa|ra|ma|ri|bo (Hauptstadt von Suriname)
Pa|ra|me|di|zin, die; - (*meist abwertend für* Alternativmedizin); **Pa|ra|me|di|zi|ner; Pa|ra|me|di|zi|ne|rin; pa|ra|me|di|zi|nisch**
Pa|ra|ment, das; -[e]s, -e *meist Plur.* ‹lat.› (Altar- u. Kanzeldecke; liturg. Kleidung); **Pa|ra|men|ten|ma|cher; Pa|ra|men|ten|ma|che|rin**
Pa|ra|me|ter, der; -s, - ‹griech.› (*Math.* konstante od. unbestimmt gelassene Hilfsvariable; *Technik* die Leistungsfähigkeit einer Maschine charakterisierende Kennziffer); **pa|ra|me|t|rie|ren, pa|ra|me|t|ri|sie|ren** (mit einem Parameter versehen)
pa|ra|mi|li|tä|risch (halbmilitärisch, militärähnlich)
Pa|ra|my|xo|vi|rus, das; -, ...ren *meist Plur.* ‹griech.› (*Med.* Gruppe von Viren, zu denen u. a. die Erreger von Masern u. Mumps gehören)
Pa|ra|ná, der; -[s] (südamerik. Strom)
Pa|ra|noia, die; - ‹griech.› (*Med.* geistig-seelische Funktionsstörung mit Wahnvorstellungen)
pa|ra|no|id (an Paranoia leidend)
Pa|ra|no|i|ker; Pa|ra|no|i|ke|rin; pa|ra|no|isch
pa|ra|nor|mal ‹griech.› (*Parapsychologie* übersinnlich)
Pa|ra|nuss ‹nach dem brasilian. Ausfuhrhafen Pará› ↑K143 dreikantige Nuss des Paranussbaumes); **Pa|ra|nuss|baum**
Pa|ra|phe, die; -, -n ‹griech.› (Namenszeichen; [Stempel mit] Namenszug); **pa|ra|phie|ren** (mit der Paraphe versehen, zeichnen); **Pa|ra|phie|rung**
Pa|ra|phra|se, die; -, -n ‹griech.› (*Sprachwiss.* verdeutlichende Umschreibung; *Musik* ausschmückende Bearbeitung); **pa|ra|phra|sie|ren**
Pa|ra|ple|gie, die; -, ...ien ‹griech.› (*Med.* doppelseitige Lähmung)
Pa|ra|p|luie [...ˈply:], der *od.* das; -s, -s ‹franz.› (*veraltet für* Regenschirm)
Pa|ra|psy|cho|lo|gie, die; -, ...ien ‹griech.› (Psychologie der okkulten seelischen Erscheinungen); **pa|ra|psy|cho|lo|gisch**
Pa|ra|schi *vgl.* Paraski
Pa|ra|sit, der; -en, -en ‹griech.› (Schmarotzer[pflanze, -tier])
pa|ra|si|tär ‹franz.› (schmarotzerhaft; durch Schmarotzer hervorgebracht)
Pa|ra|si|ten|tum, das; -s ‹griech.›; **pa|ra|si|tisch; Pa|ra|si|tis|mus**, der; - (Schmarotzertum)
Pa|ra|si|to|lo|gie, die; - (Lehre von den Schmarotzern)
Pa|ra|ski, Pa|ra|schi, der; - (*Sport* Kombination aus Fallschirmspringen u. Riesenslalom)
[1]**Pa|ra|sol**, der *od.* das; -s, -s ‹franz.› (*veraltet für* Sonnenschirm)
[2]**Pa|ra|sol**, der; -s, *Plur.* -e *u.* -s (Schirmpilz); **Pa|ra|sol|pilz**
Pa|r|äs|the|sie, die; -, ...ien ‹griech.› (*Med.* anormale Körperempfindung, z. B. Einschlafen der Glieder)
Pa|ra|sym|pa|thi|kus, der; - ‹griech.› (*Med.* Teil des Nervensystems)
pa|rat ‹lat.› (bereit; fertig); etwas parat haben
pa|ra|tak|tisch ‹griech.› (*Sprachwiss.* nebenordnend, -geordnet);

P
Para

Pa|ra|ta|xe, *älter* **Pa|ra|ta|xis,** die; -, ...taxen (Nebenordnung)

Pa|ra|text (Text, der nicht eigentlich zu einem literarischen Werk gehört, wie z. B. Titel, Vorwort)

Pa|ra|ty|phus, der; - ‹griech.› (*Med.* dem Typhus ähnliche Erkrankung)

Pa|ra|vent [...ˈvãː], der *od.* das; -s, -s ‹franz.› (*veraltet für* Wind-, Ofenschirm, spanische Wand)

par avi|on [- aˈvi̯õː] ‹franz., »durch Luftpost«›

pa|ra|zen|t|risch ‹griech.› (*Math.* um den Mittelpunkt liegend od. beweglich)

par|boiled [...bɔylt] ‹engl.› (vitaminschonend vorbehandelt [vom Reis])

Pär|chen ‹*zu* Paar›

Par|cours [...ˈkuːɐ̯], der; -, - ‹franz.› (*Reitsport* Hindernisbahn für Springturniere; *Sport schweiz.* Renn-, Laufstrecke)

par|dauz!

Par|del, Par|der, der; -s, - (*veraltend für* Leopard)

par dis|tance [- ...ˈtãːs] ‹franz.› (aus der Ferne)

Par|don [...ˈdõː, *österr. auch* ...ˈdoːn], der, *auch* das; -s ‹franz.› (*veraltend für* Verzeihung; Nachsicht); Pardon geben; um Pardon bitten; Pardon! (*landsch. für* Verzeihung!)

Par|dun, das; -[e]s, -s ‹niederl.›, **Par|du|ne,** die; -, -n (*Seemannsspr.* Tau, das die Masten od. Stengen nach hinten hält)

Pa|r|en|chym, das; -s, -e ‹griech.› (*Biol.* pflanzliches u. tierisches Grundgewebe; *Bot.* Schwammschicht des Blattes)

Pa|ren|tel, die; -, -en ‹lat.› (*Rechtswiss.* Gesamtheit der Abkömmlinge eines Stammvaters); **Pa|ren|tel|sys|tem,** das; -s (*Rechtswiss.* für die 1. bis 3. Ordnung gültige Erbfolge)

Pa|r|en|the|se, die; -, -n ‹griech.› (*Sprachwiss.* Redeteil, der außerhalb des eigentlichen Satzverbandes steht; Klammer[zeichen]); in Parenthese setzen; **pa|r|en|the|tisch** (eingeschaltet; nebenbei [gesagt])

Pa|reo, der; -s, -s ‹polynes.-span.› (Wickeltuch)

Pa|re|re, das; -[s], -[s] ‹ital.› (*österr. für* med. Gutachten)

par ex|cel|lence [- ɛksɛˈlãːs] ‹franz.› (schlechthin)

Par|fait [...ˈfɛː], das; -s, -s ‹franz.› (gefrorene Speiseeismasse; aus fein gehacktem Fleisch od. Fisch zubereitete Speise)

par force [- ˈfɔrs] ‹franz.› (*geh. für* mit Gewalt; unbedingt)

Par|force|horn *Plur.* ...hörner; **Par|force|jagd** (Hetzjagd)

Par|force|rei|ter; Par|force|rei|te|rin; Par|force|ritt

Par|fum [...ˈfœ̃ː], das; -s, -s, **Par|füm,** das; -s, *Plur.* -e *u.* -s ‹franz.› (wohlriechender Duft)

Par|fü|me|rie, die; -, ...ien (Geschäft für Parfüms u. Kosmetikartikel; Betrieb zur Herstellung von Parfümen)

Par|fü|meur [...ˈmøːɐ̯], der; -s, -e (Fachkraft der Parfümherstellung); **Par|fü|meu|rin** [...ˈmøːrɪn]

Par|fum|fla|sche, Par|füm|fla|sche

par|fü|mie|ren; sich parfümieren

Par|fum|zer|stäu|ber, Par|füm|zer|stäu|ber

pa|ri ‹ital.› (*Bankw.* zum Nennwert; gleich); über, unter pari; die Chancen stehen pari; *vgl.* al pari

Pa|ria, der; -s, -s ‹tamil.-angloind.› (kastenloser Inder; *übertr. für* von der menschlichen Gesellschaft Ausgestoßener); **Pa|ri|a|tum,** das; -s

[1]**pa|rie|ren** ‹franz.› ([einen Hieb] abwehren; *Reiten* [ein Pferd] in eine andere Gangart od. zum Stehen bringen; *Kochkunst* [Fleisch] von Sehnen, Haut, Fett befreien)

[2]**pa|rie|ren** ‹lat.› (gehorchen)

Pa|ri|e|tal|au|ge (*Biol.* lichtempfindl. Sinnesorgan niederer Wirbeltiere)

Pa|ri|kurs (*Wirtsch.* Nennwert eines Wertpapiers)

[1]**Pa|ris** (griech. Sagengestalt)

[2]**Pa|ris** (Hauptstadt Frankreichs)

pa|risch (von der Insel Paros)

[1]**Pa|ri|ser;** Pariser Verträge (von 1954)

[2]**Pa|ri|ser,** der; -s, - (*ugs. für* Präservativ)

Pa|ri|ser Blau, das; - -[s]; **Pa|ri|se|rin**

pa|ri|se|risch (nach Art der in Paris Lebenden)

Pa|ri|si|enne [...ˈzi̯ɛn], die; - (Seidengewebe; franz. Freiheitslied)

pa|ri|sisch (von [der Stadt] Paris)

pa|ri|syl|la|bisch ‹lat.; griech.› (*Sprachwiss.* gleichsilbig in allen Beugungsfällen); **Pa|ri|syl|la|bum,** das; -s, ...ba (in Sing. u. Plur. parisyllabisches Wort)

Pa|ri|tät, die; -, -en ‹lat.› (Gleichstellung, -berechtigung; *Wirtsch.* Austauschverhältnis zwischen zwei od. mehreren Währungen)

pa|ri|tä|tisch (gleichgestellt, -berechtigt); paritätisch getragene Kosten; *aber* ↑K 150: Deutscher Paritätischer Wohlfahrtsverband

Pa|ri|wert (*Bankw.*)

Park, der; -[e]s, *Plur.* -s, *seltener* -e, *schweiz.* Pärke ‹franz.(-engl.)› (großer Landschaftsgarten; Depot [*meist in Zusammensetzungen,* z. B. Wagenpark])

Par|ka, der; -s, -s *od.* die; -, -s ‹eskim.› (knielanger, warmer Anorak mit Kapuze)

Park-and-ride-Sys|tem [...-lɛntˈrai̯t...] ‹engl.-amerik.› (Verkehrssystem, bei dem die Autofahrer am Stadtrand parken u. mit öffentlichen Verkehrsmitteln in die Innenstadt fahren)

Park|an|la|ge; park|ar|tig

Park|aus|weis

Park|bahn (*Raumfahrt* Umlaufbahn, von der aus eine Raumsonde gestartet wird)

Park|bank *Plur.* ...bänke

Park|bucht; Park|dau|er; Park|deck

par|ken (ein Kraftfahrzeug abstellen); **Par|ker; Par|ke|rin**

Par|kett, das; -[e]s, *Plur.* -e *u.* -s ‹franz.› (im Theater meist vorderer Raum zu ebener Erde; getäfelter Fußboden); **Par|kett|bo|den**

Par|ket|te, die; -, -n (*österr. für* Einzelbrett des Parkettfußbodens)

Par|kett|han|del (*Börsenw.*)

par|ket|tie|ren (mit Parkettfußboden versehen)

Par|kett|le|ger; Par|kett|le|ge|rin

Par|kett|sitz (im Theater)

Park|fest

Park|ga|ra|ge (*bes. österr. für* Parkhaus, Tiefgarage); **Park|ge|bühr**

Park|haus

par|kie|ren (*schweiz. für* parken)

Par|king, das; -s, -s ‹engl.› (*schweiz. neben* Parkhaus); **Par|king|me|ter,** der; -s, - (*schweiz. neben* Parkuhr)

[1]**Par|kin|son** (engl. Chirurg)

[2]**Par|kin|son** (*kurz für* Parkinsonkrankheit)

Par|kin|son|krank|heit, Par|kin|son-Krank|heit, die; -; **par|kin|son|sche Krank|heit, Par|kin|son'sche Krank|heit,** die; -n - ↑K 89 *u.* 135

P
Park

Park|kral|le (Vorrichtung zum Blockieren der Räder eines Autos)
Park|leit|sys|tem; Park|leuch|te; Park|licht *Plur.* ...lichter; **Park|lücke; Park|mög|lich|keit**
Par|ko|me|ter, das, *auch* der; -s, - (*bes. österr. für* Parkuhr)
Par|kour [...ˈkuːɐ̯], der, *auch* das; -[s] ⟨Kunstwort⟩ (sportlicher Hindernislauf innerhalb einer Stadt; *vgl. aber* Parcours)
Park|pi|ckerl (*österr. für* Parkberechtigung für Anwohner in Form eines Klebeetiketts); *vgl.* Pickerl
Park|platz; Park|raum; Park|raum|be|wirt|schaf|tung
Park|schei|be; Park|schein
Park|stu|di|um (*ugs. für* vorläufiges Studium bis zum Erhalt des eigentlich erstrebten Studienplatzes)
Park|sün|der; Park|sün|de|rin
Park|uhr; Park|ver|bot
Park|wäch|ter; Park|wäch|te|rin
Park|weg
Park|zeit
Par|la|ment, das; -[e]s, -e ⟨engl.⟩ (gewählte Volksvertretung)
Par|la|men|tär, der; -s, -e ⟨franz.⟩ (Unterhändler); **Par|la|men|tär|flag|ge**
Par|la|men|ta|ri|er, der; -s, - ⟨engl.⟩ (Abgeordneter, Mitglied des Parlamentes); **Par|la|men|ta|ri|e|rin**
Par|la|men|tä|rin
par|la|men|ta|risch (das Parlament betreffend); ↑K89 : eine parlamentarische Anfrage; parlamentarischer Staatssekretär; *aber* ↑K150 : der Parlamentarische Rat (Versammlung von Ländervertretern, die das Grundgesetz ausarbeiteten)
par|la|men|ta|risch-de|mo|kra|tisch
Par|la|men|ta|ris|mus, der; - (Regierungsform, in der die Regierung dem Parlament verantwortlich ist); **par|la|men|tie|ren** ⟨franz.⟩ (*veraltet für* unter-, verhandeln; *landsch. für* hin u. her reden)
Par|la|ments|ab|ge|ord|ne|te; Par|la|ments|aus|schuss; Par|la|ments|be|schluss
Par|la|ments|club *vgl.* Parlamentsklub
Par|la|ments|de|bat|te; Par|la|ments|fe|ri|en *Plur.*; **Par|la|ments|frak|ti|on; Par|la|ments|ge|bäu|de**
Par|la|ments|klub, Par|la|ments|club (*österr. für* Parlamentsfraktion)
Par|la|ments|mehr|heit; Par|la|ments|mit|glied
Par|la|ments|prä|si|dent; Par|la|ments|prä|si|den|tin
Par|la|ments|sitz; Par|la|ments|sit|zung; Par|la|ments|vor|be|halt (*Politik, Rechtsspr.*); **Par|la|ments|wahl** *meist Plur.*
par|lan|do ⟨ital.⟩ (*Musik* mehr gesprochen als gesungen); **Par|lan|do,** das; -s, *Plur.* -s *u.* ...di
Pär|lein ⟨*zu* Paar⟩
par|lie|ren ⟨franz.⟩ (*veraltend für* Konversation machen; in einer fremden Sprache reden)
Par|ma (ital. Stadt); **Par|ma|er; Par|ma|e|rin; par|ma|isch**
Par|mä|ne, die; -, -n (eine Apfelsorte)
Par|me|san, der; -[s] (*kurz für* Parmesankäse)
Par|me|sa|ner (*svw.* Parmaer); **Par|me|sa|ne|rin; par|me|sa|nisch**
Par|me|san|kä|se (ein Reibkäse)
Par|nass, der; *Gen.* Parnass *u.* Parnasses (mittelgriech. Gebirgszug; Musenberg, Dichtersitz); **par|nas|sisch**
Par|nas|sos, Par|nas|sus, der; -; *vgl.* Parnass
pa|r|o|chi|al ⟨griech.⟩ (zur Pfarrei gehörend); **Pa|r|o|chi|al|kir|che** (Pfarrkirche); **Pa|r|o|chie,** die; -, ...ien (Pfarrei; Amtsbezirk eines Geistlichen)
Pa|r|o|die, die; -, ...ien ⟨griech.⟩ (komische Umbildung ernster Dichtung; scherzh. Nachahmung; *Musik* Vertauschung geistl. u. weltl. Texte u. Kompositionen [zur Zeit Bachs])
Pa|r|o|die|mes|se (Messenkomposition unter Verwendung eines schon vorhandenen Musikstücks); *vgl.* [1]Messe
pa|r|o|die|ren (auf scherzhafte Weise nachahmen); **Pa|r|o|dist,** der; -en, -en (jmd., der parodiert); **Pa|r|o|dis|tik,** die; -; **Pa|r|o|dis|tin; pa|r|o|dis|tisch**
Pa|r|o|don|ti|tis, die; -, ...itiden ⟨griech.⟩ (*Med.* Zahnbettentzündung); **Pa|r|o|don|to|se,** Pa|ra|den|to|se, die; -, -n (Zahnbetterkrankung mit Lockerung der Zähne)
Pa|ro|le, die; -, -n ⟨franz.⟩ (Kennwort; Losung; *auch für* Leit-, Wahlspruch); **Pa|ro|le|aus|ga|be**
Pa|role d'Hon|neur [...ˈrɔl dɔˈnøːɐ̯], das; - - ⟨franz.⟩ (*veraltend für* Ehrenwort)
Pa|ro|li ⟨franz.⟩; *nur in* Paroli bieten (Widerstand entgegensetzen)
Pa|r|ö|mie, die; -, ...ien ⟨griech.⟩ ([altgriech.] Sprichwort, Denkspruch); **Pa|r|ö|mio|lo|gie,** die; - (Sprichwortkunde)
Pa|r|o|no|ma|sie, die; -, ...ien (*Rhet.* Zusammenstellung lautlich gleicher od. ähnlich klingender Wörter von gleicher Herkunft)
Pa|r|o|ny|ma, Pa|r|o|ny|me (*Plur. von* Paronymon); **Pa|r|o|ny|mik,** die; - (Lehre von der Ableitung der Wörter); **pa|r|o|ny|misch** (stammverwandt); **Pa|r|o|ny|mon,** das; -s, *Plur.* ...ma *u.* ...onyme (*veraltet für* mit anderen Wörtern vom gleichen Stamm abgeleitetes Wort)
Pa|ros (griech. Insel)
Pa|r|o|tis, die; -, ...iden ⟨griech.⟩ (*Med.* Ohrspeicheldrüse); **Pa|r|o|ti|tis,** die; -, ...itiden (Mumps)
Pa|r|o|xys|mus, der; -, ...men (*Med.* anfallartige Steigerung von Krankheitserscheinungen; *Geol.* aufs Höchste gesteigerte Tätigkeit eines Vulkans)
Pa|r|o|xy|to|non, das; -s, ...tona (*Sprachwiss.* auf der vorletzten Silbe betontes Wort)
Par|se, der; -n, -n ⟨pers.⟩ (Anhänger des Zarathustra)
Par|sec, das; -, - ⟨*Kurzw. aus* Parallaxe *u.* Sekunde⟩ (astron. Längenmaß; *Abk.* pc)
par|sen [*auch* ˈpaːɐ̯sn̩] ⟨engl.⟩ (*EDV* maschinenlesbare Daten analysieren); **Par|ser,** der; -s, - (Programm zum Parsen)
Par|si|fal (*von Richard Wagner gebrauchte Schreibung für* Parzival)
par|sisch (die Parsen betreffend); **Par|sis|mus,** der; - (Religion der Parsen)
Pars pro To|to, das; - - - ⟨lat.⟩ (*Sprachwiss.* Redefigur, die einen Teil für das Ganze setzt)
part. = parterre
Part, der; -s, *Plur.* -s, *auch* -e ⟨franz.⟩ (Anteil; Stimme eines Instrumental- od. Gesangstücks)
Part. = Parterre
[1]**Par|te,** die; -, -n ⟨ital.⟩ (*österr. für* Todesanzeige)
[2]**Par|te,** die; -, -n (*landsch. für* Mietpartei)
Par|tei, die; -, -en ⟨franz.⟩
Par|tei|ab|zei|chen; Par|tei|amt; par|tei|amt|lich

P
Park

Par|tei|an|hän|ger; Par|tei|an|hän|ge|rin
Par|tei|ap|pa|rat; Par|tei|ar|beit
Par|tei|aus|schluss; Par|tei|aus|schluss|ver|fah|ren
Par|tei|aus|weis; Par|tei|ba|sis; Par|tei|bon|ze *(abwertend);* **Par|tei|buch; Par|tei|bü|ro**
Par|tei|chef; Par|tei|che|fin
Par|tei|chi|ne|sisch, das; -[s] (*iron. für* dem Außenstehenden unverständliche Parteisprache)
Par|tei|dis|zi|p|lin, die; -
Par|tei|en|fi|nan|zie|rung; Par|tei|en|ge|setz; Par|tei|en|land|schaft; Par|tei|en|staat *Plur.* ...staaten
Par|tei|en|stel|lung *vgl.* Parteistellung
Par|tei|en|ver|dros|sen|heit (durch Skandale o. Ä. hervorgerufene Unzufriedenheit der Bürger mit den politischen Parteien)
Par|tei|en|ver|kehr, der; -s (*österr. für* Amtsstunden)
Par|tei|freund; Par|tei|freun|din
Par|tei|füh|rer; Par|tei|füh|re|rin; Par|tei|füh|rung; Par|tei|funk|ti|o|när; Par|tei|funk|ti|o|nä|rin
Par|tei|gän|ger; Par|tei|gän|ge|rin
Par|tei|ge|nos|se; Par|tei|ge|nos|sin
Par|tei|ideo|lo|ge; Par|tei|ideo|lo|gin
Par|tei|in|s|tanz; par|tei|in|tern
par|tei|isch (nicht neutral, nicht objektiv; der einen od. der anderen Seite zugeneigt)
Par|tei|ka|der; Par|tei|kon|gress
Par|tei|lehr|jahr (*DDR für* obligator. Schulung der SED-Mitglieder); **Par|tei|lei|tung**
par|tei|lich (im Sinne einer polit. Partei, eine Partei betreffend); **Par|tei|lich|keit**
Par|tei|li|nie
Par|tei|lin|ke (Angehörige[r] des politisch links stehenden Flügels einer [Volks]partei)
par|tei|los; Par|tei|lo|se, der *u.* die; -n, -n; **Par|tei|lo|sig|keit,** die; -
par|tei|mä|ßig
Par|tei|mit|glied
Par|tei|nah|me, die; -, -n
Par|tei|ob|frau (*österr. für* Parteivorsitzende); **Par|tei|ob|mann** *(österr.)*
Par|tei|or|gan; Par|tei|or|ga|ni|sa|ti|on
Par|tei|po|li|tik; par|tei|po|li|tisch; parteipolitisch neutral sein
Par|tei|prä|si|dent (*schweiz. für* Parteivorsitzender); **Par|tei|prä|si|den|tin**
Par|tei|prä|si|di|um; Par|tei|pro|gramm; Par|tei|pro|pa|gan|da
Par|tei|rech|te (Angehörige[r] des politisch rechts stehenden Flügels einer [Volks]partei)
par|tei|schä|di|gend
Par|tei|se|kre|tär; Par|tei|se|kre|tä|rin; Par|tei|spen|de; Par|tei|spen|den|af|fä|re; Par|tei|spit|ze
Par|tei|stel|lung, Par|tei|en|stel|lung (*österr. Rechtsspr. für* Beteiligung am Verfahren); er hat Parteistellung
Par|tei|stra|te|ge; Par|tei|stra|te|gin
Par|tei|tag; Par|tei|tags|be|schluss
par|tei|über|grei|fend; par|tei|un|ab|hän|gig
Par|tei|ung (*selten für* Zerfall in Parteien; [polit.] Gruppierung)
Par|tei|ver|samm|lung
Par|tei|vor|sitz; Par|tei|vor|sit|zen|de; Par|tei|vor|stand
Par|tei|zei|tung; Par|tei|zen|t|ra|le
par|terre [...ˈtɛr] ⟨franz.⟩ (zu ebener Erde; *Abk.* part.); parterre wohnen
Par|ter|re [...ˈtɛr(ə)], das; -s, -s (Erdgeschoss [*Abk.* Part.]; Saalplatz im Theater; Plätze hinter dem Parkett)
Par|ter|re|ak|ro|ba|tik (artistisches Bodenturnen)
Par|ter|re|woh|nung
Par|te|zet|tel (*österr. svw.* [1]Parte)
Par|the|no|ge|ne|se, *älter* **Par|the|no|ge|ne|sis** [*auch* ...ˈgeː...], die; -, ...nesen ⟨griech.⟩ (*Biol.* Jungfernzeugung, Entwicklung aus unbefruchteten Eizellen); **par|the|no|ge|ne|tisch**
Par|the|non, der; -[s] (Tempel der Athene)
Par|ther, der; -s, - (Angehöriger eines nordiran. Volksstammes im Altertum); **Par|the|rin**
Par|thi|en (Land der Parther); **par|thisch**
par|ti|al ⟨lat.⟩ (*veraltet für* partiell); **Par|ti|al...** (Teil...)
Par|ti|al|bruch, der; -[e]s, ...brüche (*Math.* Teilbruch eines Bruches mit zusammengesetztem Nenner); **Par|ti|al|ob|li|ga|ti|on** (*Bankw.* Teilschuldverschreibung); **Par|ti|al|ton** *meist Plur.* (*Musik* Oberton, Teilton eines Klanges)
Par|tie, die; -, ...ien ⟨franz.⟩ (Teil, Abschnitt; bestimmte Bühnenrolle; *Kaufmannsspr.* Posten, größere Menge einer Ware; *österr. auch für* für eine bestimmte Aufgabe zusammengestellte Gruppe von Arbeitern; *Sport* Durchgang, Spiel; *veraltend für* Ausflug); eine gute Partie machen (reich heiraten)
Par|tie|be|zug, der; -[e]s *(Kaufmannsspr.)*
Par|tie|füh|rer (*österr. auch für* Vorarbeiter); **Par|tie|füh|re|rin**
par|ti|ell (teilweise [vorhanden]); partielle Sonnenfinsternis
par|ti|en|wei|se
Par|tie|preis; Par|tie|wa|re (*Kaufmannsspr.* fehlerhafte Ware)
par|tie|wei|se
[1]**Par|ti|kel** [*auch* ...ˈtɪ...], die; -, -n ⟨lat.⟩ (*kath. Kirche* Teilchen der Hostie, Kreuzreliquie; *Sprachwiss.* unflektierbares Wort, z. B. Präposition)
[2]**Par|ti|kel,** das; -s, -, *auch* die; -, -n (*Physik* Elementarteilchen)
Par|ti|kel|fil|ter *(Kfz-Technik)*
par|ti|ku|lar, par|ti|ku|lär (einen Teil betreffend, einzeln)
Par|ti|ku|la|ris|mus, der; - (Sonderbestrebungen staatl. Teilgebiete, Kleinstaaterei)
Par|ti|ku|la|rist, der; -en, -en; **Par|ti|ku|la|ris|tin; par|ti|ku|la|ris|tisch**
Par|ti|ku|lar|recht (*veraltet für* Einzel-, Sonderrecht)
Par|ti|ku|lier, der; -s, -e, **Par|ti|ku|lie|rer,** der; -s, - ⟨franz.⟩ (selbstständiger Schiffseigentümer; Selbstfahrer in der Binnenschifffahrt); **Par|ti|ku|lie|rin, Par|ti|ku|lie|re|rin**
Par|ti|men|to, das *u.* der; -[s], ...ti ⟨ital.⟩ (*Musik* Generalbassstimme)
Par|ti|san, der; *Gen.* -s *u.* -en, *Plur.* -en ⟨franz.⟩ (bewaffneter Widerstandskämpfer im feindlich besetzten Hinterland)
Par|ti|sa|ne, die; -, -n (spießartige Stoßwaffe des 15. bis 18. Jh.s)
Par|ti|sa|nen|ge|biet; Par|ti|sa|nen|kampf; Par|ti|sa|nen|krieg
Par|ti|sa|nin
Par|ti|ta, die; -, ...iten ⟨ital.⟩ (*Musik svw.* Suite)
Par|ti|te, die; -, -n (*Kaufmannsspr.* einzelner Posten einer Rechnung)
Par|ti|ti|on, die; -, -en ⟨lat.⟩ (*geh. für* Teilung, Einteilung; *Logik* Zerlegung des Begriffsinhaltes in seine Teile od. Merkmale)
par|ti|tiv (*Sprachwiss.* die Teilung bezeichnend)
Par|ti|tur, die; -, -en ⟨ital.⟩ (Zusammenstellung aller zu einem

Musikstück gehörenden Stimmen)
Par|ti|zip, das; -s, -ien ‹lat.› (*Sprachwiss.* Mittelwort); Partizip I (Partizip Präsens, Mittelwort der Gegenwart, z. B. »sehend«); Partizip II (Partizip Perfekt, Mittelwort der Vergangenheit, z. B. »gesehen«)
Par|ti|zi|pa|ti|on, die; -, -en (das Teilhaben); **Par|ti|zi|pa|ti|ons|geschäft** *(Wirtsch.);* **Par|ti|zi|pa|tions|kon|to** *(Wirtsch.)*
par|ti|zi|pa|tiv ‹lat.› ([die Betroffenen] beteiligend)
par|ti|zi|pi|al (*Sprachwiss.* mittelwörtlich, Mittelwort...); **Par|ti|zipi|al|bil|dung; Par|ti|zi|pi|al|gruppe; Par|ti|zi|pi|al|kon|s|t|ruk|ti|on; Par|ti|zi|pi|al|satz**
par|ti|zi|pie|ren (Anteil haben, teilnehmen)
Par|ti|zi|pi|um, das; -s, ...pia (*älter für* Partizip)
Part|ner, der; -s, - ‹engl.› (Gefährte; Teilhaber; Teilnehmer; Mitspieler); **Part|ne|rin**
Part|ner|land
Part|ner|look, der; -s *(Mode)*
Part|ner|schaft; part|ner|schaft|lich
Part|ner|staat; Part|ner|stadt
Part|ner|su|che; Part|ner|tausch; Part|ner|ver|mitt|lung; Part|ner|wahl; Part|ner|wech|sel
par|tout [...ˈtuː] ‹franz.› (*ugs. für* durchaus; um jeden Preis)
Par|ty [...ti], die; -, -s ‹engl.-amerik.› (zwangloses Fest)
Par|ty|dro|ge; Par|ty|girl; Par|ty|keller; Par|ty|lö|we (jmd., der auf Partys umschwärmt wird)
Par|ty|lu|der (*ugs. für* junge Frau, die häufig auf Prominentenpartys zu sehen ist)
Par|ty|ser|vice, der, *österr. auch* das (Unternehmen, das Speisen u. Getränke für Festlichkeiten ins Haus liefert)
Pa|r|u|sie, die; - ‹griech.› (*christl. Rel.* Wiederkunft Christi beim Jüngsten Gericht)
Par|ve|nü, *österr. nur* **Par|ve|nu** [...ˈnyː], der; -s, -s ‹franz.› (Emporkömmling; Neureicher)
Par|ze, die; -, -n *meist Plur.* ‹lat.› (röm. Schicksalsgöttin [Atropos, Klotho, Lachesis]); *vgl.* Moira
Par|zel|lar|ver|mes|sung
Par|zel|le, die; -, -n ‹lat.› (vermessenes Stück Land, Baustelle); **Par|zel|len|wirt|schaft; par|zel|lieren** (in Parzellen zerlegen)

Par|zi|val [...f...] (Held der Artussage); *vgl.* Parsifal
Pas [pa], der; -, - ‹franz.› ([Tanz]schritt)
[1]**Pas|cal** (franz. Mathematiker u. Philosoph)
[2]**Pas|cal,** das; -s, - (Einheit des Drucks; *Zeichen* Pa)
PASCAL, das; -s ‹Kunstwort, an [1]Pascal angelehnt› (eine Programmiersprache)
Pasch, der; -[e]s, *Plur.* -e *u.* Päsche ‹franz.› (Wurf mit gleicher Augenzahl auf mehreren Würfeln; *Domino* Stein mit Doppelzahl)
[1]**Pas|cha** [ˈpasça] usw. *vgl.* Passah usw.
[2]**Pa|scha,** der; -s, -s ‹türk.› (früherer oriental. Titel; *ugs. für* rücksichtsloser Mann, der sich [von Frauen] bedienen lässt); **Pa|scha|al|lü|ren** *Plur.*
Pa|scha|lis [*auch* pasˈça:...] ‹hebr.› (Papstname)
[1]**pa|schen** ‹franz.› (würfeln; *bayr. u. österr. mdal. für* klatschen); du paschst
[2]**pa|schen** ‹hebr.› (*veraltet für* schmuggeln); du paschst
Pa|scher; Pa|sche|rei
Pasch|mi|na, der; -s, -s ‹pers.› (dem Kaschmir ähnliches, sehr leichtes u. weiches Gewebe); **Paschmi|na|schal**
pa|scholl! ‹russ.› (*ugs. veraltend für* pack dich!; vorwärts!)
Pasch|tu, das; -s (Amtssprache in Afghanistan)
Pasch|tu|ne, der; -n, -n (Angehöriger eines Volkes in Afghanistan u. Pakistan); **Pasch|tu|nin; paschtu|nisch**
Pas de Ca|lais [ˈpa də ...ˈlɛː], der; - - - ‹franz.› (franz. Name der Straße von Dover)
Pas de deux [ˈpa də ˈdøː], der *oder* das; - - -, - - - ‹franz.› (Tanz für zwei Solotänzer)
Pas|lack, der; -s, -s ‹slaw.› (*nordostd. für* jmd., der für andere schwer arbeiten muss)
Pa|so do|b|le, der; - -, - - ‹span.› (aus einem spanischen Volkstanz entstandener lateinamerik. Gesellschaftstanz im lebhaften $^2/_4$- od. $^3/_4$-Takt)
Pa|so|li|ni (ital. Schriftsteller u. Filmregisseur)
Pas|pel, die; -, -n, *selten* der; -s, -, *bes. österr. u. schweiz.* Passe|poil [pasˈpo̯al], der; -s, -s ‹franz.› (schmaler Nahtbesatz bei Kleidungsstücken)
pas|pe|lie|ren, *bes. österr. u. schweiz.* passe|poi|lie|ren (mit Paspeln versehen); **Pas|pe|lierung,** *bes. österr. u. schweiz.* Passe|poi|lie|rung
pas|peln; ich pasp[e]le
Pas|quill, das; -s, -e ‹ital.› (*veraltend für* [anonyme] Schmäh-, Spottschrift)
Pas|quil|lant, der; -en, -en (Verfasser od. Verbreiter eines Pasquills); **Pas|quil|lan|tin**
Pass, der; -es, Pässe ‹lat.› (Bergübergang; Ausweis [für Reisende]; gezielte Ballabgabe beim Fußball); *vgl. aber* zupasskommen, zupassekommen
Pas|sa usw. *vgl.* Passah usw.
pas|sa|bel ‹lat.› (annehmbar; leidlich); ...a|b|le Gesundheit
Pas|sa|ca|g|lia [...ˈkalja], die; -, ...ien [...jən] ‹ital.› (*Musik* Instrumentalstück aus Variationen über einem ostinaten Bass)
Pas|sa|ge [...ʒə], die; -, -n ‹franz.› (Durchfahrt, -gang; Überfahrt mit Schiff od. Flugzeug; *Musik* schnelle Tonfolge; fortlaufender Teil einer Rede od. eines Textes; *Reitsport* Gangart in der Hohen Schule)
pas|sa|ger [...ˈʒeːɐ] ‹franz.› (*Med.* nur vorübergehend auftretend)
Pas|sa|gier, der; -s, -e ‹ital.(-franz.)› (Schiffsreisender, Fahrgast, Fluggast)
Pas|sa|gier|damp|fer; Pas|sa|gier|flug|zeug; Pas|sa|gier|gut
Pas|sa|gie|rin
Pas|sa|gier|lis|te; Pas|sa|gier|ma|schi|ne; Pas|sa|gier|schiff
Pas|sah, *ökum.* [1]Pas|cha [ˈpasça], das; -[s] ‹hebr.› (jüd. Fest zum Gedenken an den Auszug aus Ägypten; das beim Passahmahl gegessene Lamm); *vgl. auch* Pessach
Pas|sah|fest, *auch* Pes|sach|fest, *ökum.* Pas|cha|fest
Pas|sah|lamm, *auch* Pes|sach|lamm, *ökum.* Pas|cha|lamm
Pas|sah|mahl, *auch* Pes|sach|mahl, *ökum.* Pas|cha|mahl *Plur.* ...mahle
Pass|amt
Pas|sant, der; -en, -en ‹franz.› (Fußgänger; Vorübergehender); **Pas|san|tin**
Pas|sat, der; -[e]s, -e ‹niederl.› (gleichmäßig wehender Tropenwind); **Pas|sat|wind**

P
Part

Pas|sau (Stadt in Bayern); **Pas|sau|er; Pas|sau|e|rin**
Pass|bild
Pas|se, die; -, -n ‹franz.› (glattes Hals- u. Schulterteil an Kleidungsstücken)
pas|sé, pas|see ↑K38 ‹franz.› (*ugs. für* vorbei, abgetan); das ist passé *od.* passee
Pas|sei|er, das; -s, **Pas|sei|er|tal, Pas|sei|er-Tal,** das; -[e]s (Alpental in Südtirol)
pas|sen ‹franz.› (*auch Kartenspiel* auf ein Spiel verzichten; *bes. Fußball* den Ball genau zuspielen); du passt; gepasst; passe! *u.* passt!; das passt sich nicht *(ugs.)*
pas|send; etwas Passendes
Passe|par|tout [paspar'tu:], das, *schweiz.* der; -s, -s (Umrahmung aus leichter Pappe für Grafiken o. Ä.; *schweiz. auch für* Dauerkarte; Hauptschlüssel)
Passe|poil [pas'poal] usw. *vgl.* Paspel usw.
Pas|ser, der; -s, - (*Druckw.* das genaue Übereinanderliegen der einzelnen Formteile u. Druckelemente, bes. beim Mehrfarbendruck)
Pas|se|rel|le, die; -, -n ‹franz.› (*schweiz. für* Fußgängerbrücke)
Passe|vite [pas'vi:t], das; -[s], -s ‹franz.› (*schweiz. für* ein Küchengerät)
Pass|form; Pass|fo|to
Pass|gang, der; -[e]s (Gangart, bei der beide Beine einer Seite gleichzeitig vorgesetzt werden [bes. bei Reittieren]); **Pass|gän|ger; Pass|gän|ge|rin**
pass|ge|nau; pass|ge|recht
Pass|hö|he
Pas|sier|ball *(Tennis); vgl.* [1]Ball
pas|sier|bar (überschreitbar)
pas|sie|ren ‹franz.› (vorübergehen, -fahren; durchqueren, überqueren; geschehen; *Gastron.* durch ein Sieb drücken; *Tennis* den Ball am Gegner vorbeischlagen)
Pas|sier|ge|wicht (*Münzw.* Mindestgewicht)
Pas|sier|ma|schi|ne
Pas|sier|schein; Pas|sier|schein|ab|kom|men; Pas|sier|schein|stel|le
Pas|sier|schlag *(Tennis)*
Pas|sier|sieb
pas|sim ‹lat.› ([im angegebenen Werk] an verschiedenen Stellen)
Pas|si|on, die; -, -en ‹lat.› (*nur Sing.:* Leidensgeschichte Christi; Leidenschaft, leidenschaftliche Hingabe)
pas|si|o|na|to ‹ital.› (*Musik* mit Leidenschaft); **Pas|si|o|na|to,** das; -s, *Plur.* -s *u.* ...ti
pas|si|o|niert ‹franz.› (leidenschaftlich, begeistert)
Pas|si|ons|blu|me; Pas|si|ons|frucht
Pas|si|ons|sonn|tag (*auch für* zweiter Sonntag vor Ostern, *vgl.* Judika)
Pas|si|ons|spiel (Darstellung der Leidensgeschichte Christi); **Pas|si|ons|spiel|haus; Pas|si|ons|weg; Pas|si|ons|wo|che; Pas|si|ons|zeit**
pas|siv [*auch* ...'si:f] ‹lat.› (untätig; teilnahmslos; duldend); passive [Handels]bilanz; passives Wahlrecht (Recht, gewählt zu werden)
Pas|siv, das; -s, -e *Plur. selten* (*Sprachwiss.* Leideform)
Pas|si|va, Pas|si|ven (*Plur. von* Passivum)
Pas|siv|be|waff|nung (das Tragen von Schutzhelm, kugelsicherer Weste o. Ä. zum Schutz gegen Gewalteinwirkung von außen)
Pas|siv|bil|dung *(Sprachwiss.)*
Pas|siv|ge|schäft *(Bankw.);* **Pas|siv|han|del** *(Kaufmannsspr.); vgl.* [1]Handel
Pas|siv|haus (Haus mit sehr geringem Energieverbrauch)
pas|si|vie|ren ([Verbindlichkeiten] in der Bilanz erfassen u. ausweisen; *Chemie* Metalle auf [elektro]chem. Wege korrosionsbeständig machen)
pas|si|visch [*auch* 'pas...] (*Sprachwiss.* das Passiv betreffend)
Pas|si|vi|tät, die; -
Pas|siv|le|gi|ti|ma|ti|on *(Rechtswiss.);* **Pas|siv|mas|se** (Schuldenmasse [im Konkurs]); **Pas|siv|pos|ten** *(Kaufmannsspr.)*
Pas|siv|rau|chen, das; -s
Pas|siv|sal|do (Verlustvortrag); **Pas|siv|sei|te** *(Kaufmannsspr.)*
Pas|si|vum, das; -s, ...va *u., bes. österr.,* ...ven *meist Plur.* (*Kaufmannsspr.* Verbindlichkeit)
Pas|siv|zin|sen *Plur.*
Pass|kon|t|rol|le
Pass|stel|le, Pass-Stel|le
Pass|stra|ße, Pass-Stra|ße
Pas|sung (*Technik* Beziehung zwischen zusammengefügten Maschinenteilen)
Pas|sus, der; -, - ‹lat.› (Schriftstelle, Absatz)
pass|wärts
Pass|wort *Plur.* ...wörter (*EDV* Kennwort); **pass|wort|ge|schützt**
Pass|zwang, der; -[e]s
[1]**Pas|ta** *vgl.* Paste
[2]**Pas|ta,** die; - ‹ital.› (*ital. Bez. für* Teigwaren)
Pas|ta asciut|ta [- a'ʃʊ...], die; - -, ...te ...tte, **Pas|ta|sciut|ta** [...'ʃʊ...], die; -, ...tte (ital. Spaghettigericht)
Pas|te, *selten* [1]**Pas|ta,** die; -, ...sten (streichbare Masse; Teigmasse als Grundlage für Arzneien u. kosmetische Mittel)
Pas|tell, das; -[e]s, -e ‹ital.(-franz.)› (mit Pastellfarben gemaltes Bild); **pas|tel|len**
Pas|tell|far|be; pas|tell|far|ben
pas|tel|lig
Pas|tell|ma|le|rei; Pas|tell|stift *vgl.* [1]Stift; **Pas|tell|ton** *Plur.* ...töne
Pas|ter|nak (russischer Schriftsteller)
Pas|ter|ze, die; - (größter österreichischer Gletscher)
Pas|tet|chen; Pas|te|te, die; -, -n ‹roman.› (Fleisch-, Fischspeise u. a. [in Teighülle])
Pas|teur [...'tøːɐ̯] (franz. Bakteriologe)
Pas|teu|ri|sa|ti|on [...tø...], die; -, -en (Entkeimung); **pas|teu|ri|sie|ren;** pasteurisierte Milch; **Pas|teu|ri|sie|rung**
Pas|til|le, die; -, -n ‹lat.› (Kügelchen, Plätzchen, Pille)
Pas|ti|nak, der; -s, -e, **Pas|ti|na|ke,** die; -, -n ‹lat.› (krautige Pflanze, deren Wurzeln als Gemüse u. Viehfutter dienen)
Past|milch (*schweiz.; kurz für* pasteurisierte Milch)
Pas|tor [*auch* ...'to:ɐ̯], der; -s, *Plur.* ...oren, *auch* ...ore, *landsch. auch* ...öre ‹lat.› (ev. od. kath. Geistlicher; *Abk.* P.)
pas|to|ral (seelsorgerisch; feierlich); **Pas|to|ral|brief** *(christl. Rel.)*
[1]**Pas|to|ra|le,** das; -s, -s *od.* die; -, -n ‹ital.› (ländlich-friedvolles Tonstück; Schäferspiel)
[2]**Pas|to|ra|le,** das; -s, -s (Hirtenstab des katholischen Bischofs)
Pas|to|ral|theo|lo|gie, die; - (praktische Theologie)
Pas|to|rat, das; -[e]s, -e (*bes. nordd. für* Pfarramt, -wohnung)
Pas|to|rel|le, die; -, -n ‹ital.› (mittelalterl. Hirtenliedchen)
Pas|to|rin
Pas|tor pri|ma|ri|us, der; - -, ...ores

...rii (Hauptpastor; Oberpfarrer; *Abk.* P. prim.)
pas|tos ‹ital.› (*bild. Kunst* dick aufgetragen)
pas|tös ‹franz.› (breiig, dickflüssig; *Med.* gedunsen)
Pa|ta|go|ni|en (südlichster Teil Amerikas); **Pa|ta|go|ni|er; Pa|ta|go|ni|e|rin; pa|ta|go|nisch**
Patch [pɛtʃ], der; -[es], -es, *selten* das; -[s], -s ‹engl.› (*EDV* Software zur Behebung von Programmfehlern); **pat|chen**
Pat|chen (*fam. für* Patenkind)
Patch|work [ˈpɛtʃvøːɐ̯k], das; -s, -s ‹amerik.› (aus bunten Flicken zusammengesetzter Stoff, auch Leder in entsprechender Verarbeitung)
Patch|work|bio|gra|fie, **Patch|work|bio|gra|phie** (Lebenslauf mit vielen verschiedenartigen Ausbildungs- u. Berufsstationen)
Patch|work|fa|mi|lie (*ugs. für* Familie, in der außer den gemeinsamen Kindern auch Kinder aus früheren Beziehungen der Eltern leben)
[1]**Pa|te**, der; -n, -n (Taufzeuge, *auch für* Patenkind)
[2]**Pa|te**, die; -, -n (*svw.* Patin)
Pa|tel|la, die; -, ...llen ‹lat.› (*Med.* Kniescheibe); **Pa|tel|lar|re|flex**
Pa|ten|be|trieb *(DDR);* **Pa|ten|bri|ga|de** *(DDR)*
Pa|te|ne, die; -, -n ‹griech.› (*christl. Kirche* Hostienteller)
Pa|ten|ge|schenk; Pa|ten|kind; Pa|ten|on|kel
Pa|ten|schaft; Pa|ten|schafts|ver|trag (*DDR* Vertrag zwischen einem Betrieb u. einer Bildungseinrichtung zum Zwecke gegenseitiger Hilfe sowie kultureller u. polit. Zusammenarbeit)
Pa|ten|sohn
pa|tent ‹lat.› (*ugs. für* praktisch, tüchtig, brauchbar)
Pa|tent, das; -[e]s, -e (Urkunde über die Berechtigung, eine Erfindung allein zu verwerten; Bestallungsurkunde eines [Schiffs]offiziers; *schweiz. auch für* amtliche Bewilligung zum Ausüben einer Tätigkeit, eines Berufes); **Pa|tent|amt**
Pa|ten|tan|te
Pa|tent|an|walt; Pa|tent|an|wäl|tin
pa|tent|fä|hig; pa|tent|ge|schützt; pa|ten|tier|bar; pa|ten|tie|ren (durch ein Patent schützen)
Pa|tent|in|ha|ber; Pa|tent|in|ha|be|rin
Pa|tent|knopf; Pa|tent|lö|sung *(ugs.)*
Pa|ten|toch|ter
Pa|tent|recht; pa|tent|recht|lich; Pa|tent|re|zept *(ugs.);* **Pa|tent|rol|le; Pa|tent|schrift; Pa|tent|schutz,** der; -es; **Pa|tent|ur|kun|de; Pa|tent|ver|schluss**
Pa|ter, der; -s, *Plur.* - *u.* Pa|t|res ‹lat.› (kath. Ordensgeistlicher; *Abk.* P., *Plur.* PP.)
Pa|ter|fa|mi|li|as (*veraltet scherzh. für* Familienoberhaupt, Hausherr)
Pa|ter|ni|tät, die; - (*veraltet für* Vaterschaft)
[1]**Pa|ter|nos|ter**, das; -s, - (Vaterunser)
[2]**Pa|ter|nos|ter**, der; -s, - (ständig umlaufender Aufzug); **Pa|ter|nos|ter|auf|zug**
pa|ter, pec|ca|vi ‹lat.; »Vater, ich habe gesündigt«›; »pater, peccavi« sagen (flehentlich um Verzeihung bitten); **Pa|ter|pec|ca|vi,** das; -, - (reuiges Geständnis)
Pa|the|tik, die; - ‹griech.› (übertriebene, gespreizte Feierlichkeit); **Pa|thé|tique** [...teˈtiːk], die; - ‹franz.› (Titel einer Klaviersonate Beethovens u. einer Sinfonie Tschaikowskys); **pa|the|tisch** ‹griech.› (voller Pathos; [übertrieben] feierlich)
pa|tho|gen (*Med.* krankheitserregend); pathogene Bakterien; **Pa|tho|ge|ne|se**, die; -, -n (Entstehung u. Entwicklung einer Krankheit); **Pa|tho|ge|ni|tät,** die; - (Fähigkeit, Krankheiten hervorzurufen)
pa|tho|g|no|mo|nisch, pa|tho|g|nos|tisch (für eine Krankheit kennzeichnend)
Pa|tho|lo|ge, der; -n, -n; **Pa|tho|lo|gie**, die; -, ...ien (*nur Sing.:* allgemeine Lehre von den Krankheiten; pathologisches Institut); **Pa|tho|lo|gin; pa|tho|lo|gisch** (die Pathologie betreffend; krankhaft); pathologische Anatomie
Pa|tho|pho|bie, die; -, ...ien (*Psychol.* Furcht vor Krankheiten)
Pa|tho|phy|sio|lo|gie (Lehre von den Krankheitsvorgängen u. Funktionsstörungen [in einem Organ])
Pa|tho|psy|cho|lo|gie, die; - (*svw.* Psychopathologie)
Pa|thos, das; - ([übertriebene] Gefühlserregung; feierliche Ergriffenheit)
Pa|ti|ence [...ˈsi̯ãːs], die; -, -n ‹franz.› (Geduldsspiel mit Karten); **Pa|ti|ence|spiel**
Pa|ti|ent, der; -en, -en ‹lat.› (vom Arzt behandelte od. betreute Person); **Pa|ti|en|ten|sprech|stun|de; Pa|ti|en|ten|ver|fü|gung; Pa|ti|en|tin**
Pa|tin ‹*zu* [1]Pate›
Pa|ti|na, die; - ‹ital.› (ein grünlicher Überzug auf Kupfer; Edelrost); **pa|ti|nie|ren** (mit einer künstlichen Patina versehen)
Pa|tio, der; -s, -s ‹span.› (Innenhof eines [span.] Hauses)
Pa|tis|se|rie, die; -, ...ien ‹franz.› (*bes. schweiz. für* feines Gebäck; Konditorei); **Pa|tis|si|er** [...ˈsi̯eː], der; -s, -s (Konditor); **Pa|tis|si|è|re** [...ˈsi̯eːrə], die; -, -n
Pat|mos (griech. Insel)
Pat|na|reis ‹nach der ind. Stadt› ([langkörniger] Reis); ↑K143
Pa|tois [...ˈto̯a], das; -, - ‹franz.› (*franz. Bez. für* Sprechweise der Landbevölkerung)
Pa|t|ras (griech. Stadt)
Pa|t|res (*Plur. von* Pater)
Pa|t|ri|arch, der; -en, -en ‹griech.› (Stammvater im A. T.; Ehren-, Amtstitel einiger Bischöfe; Titel hoher orthodoxer Geistlicher)
pa|t|ri|ar|chal (das Patriarchat betreffend)
pa|t|ri|ar|cha|lisch (altväterlich; ehrwürdig; väterlich-bestimmend; männlich-autoritativ)
Pa|t|ri|ar|chal|kir|che (Hauptkirche)
Pa|t|ri|ar|chat, das, *in der Theol. auch* der; -[e]s, -e (Würde, Sitz u. Amtsbereich eines Patriarchen; Vaterherrschaft, -recht)
Pa|t|ri|ar|chin
pa|t|ri|ar|chisch (einem Patriarchen entsprechend)
Pa|t|ri|cia ‹lat.› (w. Vorn.)
Pa|t|rick (m. Vorn.)
pa|t|ri|mo|ni|al ‹lat.› (erbherrlich); **Pa|t|ri|mo|ni|al|ge|richts|bar|keit** (*früher für* Rechtsprechung durch den Grundherrn)
Pa|t|ri|mo|ni|um, das; -s, ...ien (*röm. Recht* väterl. Erbgut)
[1]**Pa|t|ri|ot**, der; -en, -en ‹griech.› (jmd., der für sein Vaterland eintritt)
[2]**Pa|t|ri|ot** [ˈpɛtri̯ət], die; -, -s ‹engl.› (eine amerik. Flugabwehrrakete)
Pa|t|ri|o|tin; pa|t|ri|o|tisch ‹griech.›; **Pa|t|ri|o|tis|mus,** der; -
Pa|t|ris|tik, die; - (Wissenschaft von den Schriften u. Lehren der Kirchenväter); **Pa|t|ris|ti|ker**

P
past

(Kenner, Erforscher der Patristik); **Pa|t|ris|ti|ke|rin; pa|t|ris|tisch**

Pa|t|ri|ze, die; -, -n ‹lat.› (*Druckw.* Stempel, Prägestock; Gegenform zur Matrize)

Pa|t|ri|zia ‹lat.› (w. Vorn.)

Pa|t|ri|zi|at, das; -[e]s, -e ‹lat.› (Gesamtheit der altröm. Adelsgeschlechter; ratsfähige Bürgerfamilien der dt. Städte im MA.)

Pa|t|ri|zi|er (Angehöriger des Patriziats); **Pa|t|ri|zi|er|ge|schlecht; Pa|t|ri|zi|er|haus; Pa|t|ri|zi|e|rin; pa|t|ri|zisch**

Pa|t|ro|k|los, Pa|t|ro|k|lus [*auch* 'pa:...] (Freund Achills)

Pa|t|ro|lo|gie, die; - ‹griech.› (*svw.* Patristik)

[1]**Pa|t|ron,** der; -s, -e ‹lat.› (Schutzherr, -heiliger; Stifter einer Kirche; *ugs. für* übler Kerl)

[2]**Pa|t|ron** [pa'trõ:], der; -s, -s ‹franz.› (*schweiz. für* Betriebsinhaber)

Pa|t|ro|na, die; -, ...nä ‹lat.› ([heilige] Beschützerin)

Pa|t|ro|na|ge [...ʒə], die; -, -n ‹franz.› (Günstlingswirtschaft)

Pa|t|ro|nanz, die; -, -en ‹lat.› (*österr. meist für* Schirmherrschaft)

Pa|t|ro|nat, das; -[e]s, -e (Würde, Amt eines Schutzherrn [im alten Rom]; Rechtsstellung des Stifters einer christlichen Kirche od. seines Nachfolgers; Schirmherrschaft); **Pa|t|ro|nats|fest**

Pa|t|ro|nats|herr; Pa|t|ro|nats|her|rin

Pa|t|ro|ne, die; -, -n ‹franz.› (Geschoss u. Treibladung enthaltende [Metall]hülse; Behälter [z. B. für Tinte]); **Pa|t|ro|nen|füll|hal|ter**

Pa|t|ro|nen|gurt; Pa|t|ro|nen|hül|se; Pa|t|ro|nen|kam|mer; Pa|t|ro|nen|ta|sche; Pa|t|ro|nen|trom|mel

Pa|t|ro|nin ‹lat.› (Schutzherrin, Schutzheilige)

Pa|t|ro|nym, das; -s, -e, **Pa|t|ro|ny|mi|kon, Pa|t|ro|ny|mi|kum,** das; -s, ...ka ‹griech.› (nach dem Namen des Vaters gebildeter Name, z. B. Petersen = Peters Sohn); **pa|t|ro|ny|misch**

Pa|t|rouil|le [...'trʊljə, *österr.* ...'tru:jə], die; -, -n ‹franz.› (Spähtrupp; Kontrollgang)

Pa|t|rouil|len|boot; Pa|t|rouil|len|fahrt; Pa|t|rouil|len|flug

Pa|t|rouil|len|füh|rer; Pa|t|rouil|len|füh|re|rin

Pa|t|rouil|len|gang, der

pa|t|rouil|lie|ren [...trʊl'ji:..., *auch, österr. nur,* ...tru'ji:...] (auf Patrouille gehen; [als Posten] auf u. ab gehen)

Pa|t|ro|zi|ni|um, das; -s, ...ien ‹lat.› (im alten Rom die Vertretung durch einen Patron vor Gericht; Schutzherrschaft eines Heiligen über eine kath. Kirche; Patronatsfest); **Pa|t|ro|zi|ni|ums|fest**

patsch!; pitsch, patsch!

[1]**Patsch,** der; -[e]s, -e (klatschendes Geräusch)

[2]**Patsch,** der; -en, -en (*österr. ugs. für* Tollpatsch)

Pat|sche, die; -, -n (*ugs. für* Hand; Gegenstand zum Schlagen [z. B. Feuerpatsche]; *nur Sing.:* Schlamm, Matsch); in der Patsche sitzen (*ugs. für* in einer unangenehmen Lage sein)

pät|scheln (*landsch. für* [spielerisch] rudern); ich pätsch[e]le

pat|schen (*ugs.*); du patschst

Pat|schen, der; -s, - (*österr. für* Hausschuh; Reifendefekt)

pat|sche|nass *vgl.* patschnass

Pat|scherl, das; -s, -[n]; *vgl.* Pickerl (*österr. ugs. für* ungeschicktes Kind); **pat|schert** (*bayr., österr. ugs. für* unbeholfen)

Patsch|hand, Patsch|händ|chen (*Kinderspr.*)

patsch|nass, pat|sche|nass (*ugs. für* klatschnass)

Pat|schu|li [*auch* pa'tʃu:li], das; -[s], -s ‹tamil.› (Duftstoff aus der Patschulipflanze); **Pat|schu|li|öl; Pat|schu|li|pflan|ze** (eine asiat. Pflanze)

patt ‹franz.› (*Schach* nicht mehr in der Lage, einen Zug zu machen, ohne seinen König ins Schach zu bringen); patt sein; den Gegner patt setzen *od.* pattsetzen

Patt, das; -s, -s (*auch für* Situation, in der keine Partei einen Vorteil erringen kann)

Pat|te, die; -, -n ‹franz.› (Taschenklappe, Taschenbesatz)

Pat|tern ['pɛ...], das; -s, -s ‹engl.› (*Psychol.* [Verhaltens]muster, [Denk]schema; *Sprachwiss.* Sprachmuster)

Patt|si|tu|a|ti|on *vgl.* Patt

pat|zen (*ugs. für* kleinere Fehler machen; *bayr., österr. für* klecksen); du patzt

Pat|zen, der; -s, - (*bayr. u. österr. für* Klecks, Klumpen)

Pat|zer (*ugs. für* jmd., der patzt; Fehler); **Pat|ze|rei** (*ugs.*)

pat|zig (*ugs. für* frech, grob; *südd. auch für* klebrig, breiig); **Pat|zig|keit** (*ugs.*)

Pau|kant, der; -en, -en (*Verbindungsw.* Fechter bei einer Mensur)

Pauk|arzt (*Verbindungsw.*); **Pauk|bo|den; Pauk|bril|le**

Pau|ke, die; -, -n; auf die Pauke hauen (*ugs. für* ausgelassen sein)

pau|ken (die Pauke schlagen; *Verbindungsw.* eine Mensur fechten; *ugs. für* angestrengt lernen)

Pau|ken|fell; Pau|ken|höh|le (*Med.* Teil des Mittelohrs); **Pau|ken|schall**

Pau|ken|schlag; Pau|ken|schlä|gel

Pau|ken|schlä|ger (*selten*); **Pau|ken|schlä|ge|rin; Pau|ken|wir|bel**

Pau|ker (*Schülerspr. auch für* Lehrer); **Pau|ke|rei; Pau|ke|rin**

Pau|kist, der; -en, -en (Paukenspieler); **Pau|kis|tin**

Pauk|tag (*Verbindungsw.*)

Paul (m. Vorn.)

Pau|la, Pau|li|ne (w. Vorn.)

pau|li|nisch ‹*zu* Paulus›; eine paulinische Erleuchtung haben; paulinische Briefe, Schriften ↑K 89 *u.* 135; **Pau|li|nis|mus,** der; - (*christl. Theol.* Lehre des Apostels Paulus)

Pau|low|nia, die; -, ...ien ‹nach der russ. Großfürstin Anna Pawlowna› (ein Zierbaum)

Pauls|kir|che, die; -

Pau|lus (Apostel); Pauli (des Paulus) Bekehrung (kath. Fest)

Paun|zen, der; -s, - *u.* die; -, - *meist Plur.* (eine österr. Mehlspeise); Erdäpfelpaunzen

Pau|pe|ris|mus, der; - ‹lat.› (*veraltend für* Massenarmut)

Pau|sa|ni|as (spartan. Feldherr u. Staatsmann; griech. Reiseschriftsteller)

Paus|back, der; -[e]s, -e (*landsch. für* pausbäckiger Mensch); **Paus|ba|cken** *Plur.* (*landsch. für* dicke Wangen); **paus|ba|ckig,** *häufiger* **paus|bä|ckig**

pau|schal (alles zusammen; rund)

Pau|schal|ab|fin|dung; Pau|schal|ab|schrei|bung; Pau|schal|an|ge|bot; Pau|schal|be|steu|e|rung; Pau|schal|be|trag; Pau|schal|be|wer|tung

Pau|scha|le, die; -, -n ‹*latinisierende Bildung zu dt.* Pauschsumme› (geschätzte Summe; Gesamtbetrag); **pau|scha|lie|ren** (abrunden); **Pau|scha|lie|rung**

pau|scha|li|sie|ren (stark verallge-

meinern); **Pau|scha|li|tät,** die; -, -en (Undifferenziertheit)
Pau|schal|preis; Pau|schal|rei|se; Pau|schal|sum|me; Pau|schal|ta|rif
Pau|schal|tou|ris|mus; Pau|schal|tou|rist; Pau|schal|tou|ris|tin
Pau|schal|ur|teil; Pau|schal|ver|si|che|rung
Pausch|be|trag
Pau|sche, die; -, -n (Wulst am Sattel; Handgriff am Seitpferd)
Päu|schel *vgl.* Bäuschel
Pau|schen|pferd (*bes. österr. u. schweiz. für* Seitpferd)
Pausch|quan|tum; Pausch|sum|me
[1]**Pau|se,** die; -, -n ⟨griech.⟩ (Ruhezeit; Unterbrechung); die große Pause (in der Schule, im Theater)
[2]**Pau|se,** die; -, -n ⟨franz.⟩ (Kopie mittels Durchzeichnung)
pau|sen (durchzeichnen); du paust; er paus|te
Pau|sen|brot (bes. für Schüler); **Pau|sen|fül|ler** *(ugs.)*; **Pau|sen|gong,** der (bes. in Schulen); **Pau|sen|gym|nas|tik; Pau|sen|hal|le; Pau|sen|hof; pau|sen|los**
Pau|sen|pfiff *(Sport)*; **Pau|sen|platz** (*schweiz. für* Schulhof); **Pau|sen|raum; Pau|sen|stand** *(Sport)*; **Pau|sen|tee** *(bes. Sport)*; **Pau|sen|zei|chen**
pau|sie|ren ⟨griech.⟩ (innehalten, ruhen, zeitweilig aufhören)
Paus|pa|pier; Paus|zeich|nung
Pa|va|ne, die; -, -n ⟨franz.⟩ (langsamer Schreittanz; *später* Einleitungssatz der Suite)
Pa|via (ital. Stadt)
Pa|vi|an, der; -s, -e ⟨niederl.⟩ (ein Affe)
Pa|vil|lon [ˈpavɪljõ, *österr.* paviˈjõ:], der; -s, -s ⟨franz.⟩ (kleiner, frei stehender, meist runder Bau; Ausstellungsgebäude; Festzelt; *Archit.* vorspringender Gebäudeteil); **Pa|vil|lon|sys|tem** *(Archit.)*
Paw|lat|sche, die; -, -n ⟨tschech.⟩ (*österr. für* Bretterbühne; baufälliges Haus); **Paw|lat|schen|haus** (*österr. für* Laubenganghaus); **Paw|lat|schen|the|a|ter** *(österr.)*
Paw|low (russ. Physiologe); **paw|lowsch;** die pawlowschen *od.* Pawlow'schen Hunde ↑K135 *u.* 89
Pax, die; - ⟨lat., »Frieden«⟩ (*kath. Kirche* Friedensgruß, -kuss)
Pax vo|bis|cum! ⟨lat.; »Friede [sei] mit euch!«⟩
Pay|card [ˈpe:ka:ɐ̯t], die; -, -s ⟨engl.⟩ (aufladbare Chipkarte zum bargeldlosen Bezahlen)
Pay|ing Guest [ˈpe:ɪŋ ˈgɛst], der; - -s, - -s ⟨engl.⟩ (jmd., der bei einer Familie als Gast wohnt, aber für Unterkunft u. Verpflegung bezahlt)
Pay-per-View [ˈpe:pəˈvju:], das; -[s] ⟨engl.⟩ (Verfahren für den Empfang einzeln abrechenbarer Programme des Privatfernsehens)
Pay|roll [ˈpe:ro:l], die; -, -s ⟨engl.⟩ (*ugs. für* Lohnliste)
Pay-TV [ˈpe:ti:vi:], das; -[s] ⟨engl.⟩ (nur gegen Gebühr zu empfangendes Privatfernsehen)
Pa|zi|fik [*auch* ˈpa:...], der; -[s] ⟨lat.-engl.⟩ (Großer od. Pazifischer Ozean); **Pa|zi|fik|bahn,** die; -; **pa|zi|fisch;** pazifische Inseln, *aber* ↑K140: der Pazifische Ozean
Pa|zi|fis|mus, der; - ⟨lat.⟩ (Ablehnung des Krieges aus religiösen od. ethischen Gründen); **Pa|zi|fist,** der; -en, -en; **Pa|zi|fis|tin; pa|zi|fis|tisch; pa|zi|fi|zie|ren** (*veraltend für* beruhigen; befrieden); **Pa|zi|fi|zie|rung**
Pb = Plumbum
P. b. b. = Postgebühr bar bezahlt (Österreich)
pc = Parsec
p. c., v. H., % = pro centum; *vgl.* Prozent
[1]**PC,** der; -[s], -s, *selten* - (Personal Computer)
[2]**PC** [*auch* pi:ˈsi:], die; - (Political Correctness)
PCB, das; -[s], -[s] = polychloriertes Biphenyl (bestimmte giftige, krebserregende chem. Verbindung)
p. Chr. [n.] = post Christum [natum]
PC-Nut|zer; PC-Nut|ze|rin
Pd (*chem. Zeichen für* [2]Palladium)
PD = Privatdozent[in]
PdA, die; - = Partei der Arbeit (kommunistische Partei in der Schweiz)
PDA [*auch* pi:di:ˈleɪ], der; -[s], -s = Personal Digital Assistant (*svw.* Organizer)
PDF = Portable Document Format (*EDV* ein Dateiformat; in diesem Format erstellte Datei); **PDF-Da|tei; PDF-For|mat**
PDS, die; - = Partei des Demokratischen Sozialismus
Pea|nuts [ˈpi:nats] *Plur.* ⟨engl., »Erdnüsse«⟩ (*ugs. für* Kleinigkeiten; unbedeutende Geldsumme)
Pearl Har|bor [ˈpø:ɐ̯l ...bə] (amerik. Flottenstützpunkt im Pazifik)
Pe|can|nuss *vgl.* Pekannuss
Pech, das; *Gen.* -s, *seltener* -es, *Plur. (Arten:)* -e (*südd. u. österr. auch für* Harz)
Pech|blen|de (ein Mineral); **Pech|draht; Pech|fa|ckel**
pech|fins|ter *(ugs.)*; **pe|chig**
Pech|koh|le; Pech|nel|ke
pech|ra|ben|schwarz *(ugs.)*; **pech|schwarz** *(ugs.)*
Pech|sträh|ne *(ugs.)*; **Pech|vo|gel** (*ugs. für* Mensch, der [häufig] Unglück hat)
pe|cken (*bayr., österr. für* picken)
Pe|co|ri|no, der; -[s], -s ⟨ital.⟩ (ein ital. Hartkäse aus Schafsmilch)
Pe|dal, das; -s, -e ⟨lat.⟩ (Fußhebel; Teil an der Fahrradtretkurbel); **Pe|da|le,** die; -, -n (*landsch. für* Pedal [am Fahrrad]); **pe|da|lie|ren** (*scherzh. für* in die Pedale treten; radeln)
Pe|da|lo, das; -s, -s ⟨franz.⟩ (*schweiz. für* Tretboot)
Pe|dal|weg *(Kfz-Technik)*
pe|dant (*österr. neben* pedantisch)
Pe|dant, der; -en, -en ⟨griech.⟩ (ein in übertriebener Weise genauer, kleinlicher Mensch); **Pe|dan|te|rie,** die; -, ...ien; **Pe|dan|tin; pe|dan|tisch**
Ped|dig|rohr, das; -[e]s (Markrohr der Rotangpalme zum Flechten von Korbwaren)
Pe|dell, der; -s, -e, *österr. meist* der; -en, -en (*veraltet für* Hausmeister einer Schule)
Pe|di|g|ree [...ri], der; -s, -s ⟨engl.⟩ (Stammbaum bei Tieren u. Pflanzen)
Pe|di|kü|re, die; -, -n ⟨franz.⟩ (*nur Sing.:* Fußpflege; Fußpflegerin); **pe|di|kü|ren;** sie hat pedikürt
Pe|di|ment, das; -s, -e ⟨lat.⟩ (*Geogr.* terrassenartige Fläche am Fuß eines Gebirges)
Pe|do|graf, Pe|do|graph, der; -en, -en ⟨lat.⟩ (Wegmesser); **Pe|do|me|ter,** das; -s, - (Schrittzähler)
Pe|d|ro (m. Vorn.)
Pee|ling [ˈpi:...], das; -s, -s ⟨engl.⟩ (kosmetische Schälung der [Gesichts]haut; kosmetisches Produkt zur Beseitigung von Hautunreinheiten u. abgestorbenen Hautschüppchen)
Pee|ne, die; - (Fluss in Mecklenburg-Vorpommern); **Pee|ne|mün|de** (Gemeinde auf Usedom)

Peep|show ['pi:p...], die; -, -s ⟨engl.⟩ (Möglichkeit, gegen Geldeinwurf durch ein Guckfenster eine unbekleidete Frau zu betrachten)

[1]**Peer**, Per (m. Vorn.)

[2]**Peer** [pi:ɐ̯], der; -s, -s ⟨engl.⟩ (Mitglied des höchsten engl. Adels; Mitglied des engl. Oberhauses); *vgl.* Pair; **Pee|rage** ['pi:ərɪtʃ], die; - (Würde eines Peers; Gesamtheit der Peers); **Pee|ress** ['pi:rɛs], die; -, -es (Gattin eines Peers; weibliches Mitglied des englischen Hochadels, des Oberhauses)

Peer|group ['pi:ɐ̯gru:p], die; -, -s ⟨engl.⟩ (*Päd.* Gruppe von gleichaltrigen Kindern od. Jugendlichen)

Peer Gynt (norw. Sagengestalt)

Peers|wür|de

Pe|ga|sos ⟨griech.⟩, [1]**Pe|ga|sus**, der; - (geflügeltes Ross der griech. Sage; Dichterross)

[2]**Pe|ga|sus**, der; - (ein Sternbild)

Pe|gel, der; -s, - (Wasserstandsmesser); **Pe|gel|hö|he; Pe|gel|stand**

Peg|ma|tit, der; -s, -e ⟨griech.⟩ (ein grobkörniges Gestein)

[1]**Peg|nitz**, die; - (Fluss in Bayern)

[2]**Peg|nitz** (Stadt an der Pegnitz)

Peg|nitz|or|den, der; -s ↑K143

Peh|le|wi ['pɛç...], das; - (Mittelpersisch)

Pei|es *Plur.* ⟨hebr.⟩ (Schläfenlocken [der orthodoxen Ostjuden])

pei|len (die Richtung, Entfernung, Wassertiefe bestimmen)

Pei|ler; Peil|fre|quenz; Peil|ge|rät; Peil|li|nie; Peil|rah|men *(Funkw.)*

Pei|lung

Pein, die; - (Schmerz, Qual)

pei|ni|gen; Pei|ni|ger; Pei|ni|ge|rin; Pei|ni|gung

pein|lich; *(Rechtsspr. veraltet):* peinliches Recht (Strafrecht), peinliche Gerichtsordnung (Strafprozessordnung); **pein|li|cher|wei|se; Pein|lich|keit**

pein|sam; pein|voll

Pei|sis|t|ra|tos (athen. Tyrann)

Peit|sche, die; -, -n

peit|schen; du peitschst

Peit|schen|hieb; Peit|schen|knall

Peit|schen|leuch|te (Straßenlaterne mit gebogenem Mast)

Peit|schen|schlag; Peit|schen|stiel

Peit|schen|wurm (ein Fadenwurm)

pe|jo|ra|tiv (*Sprachwiss.* verschlechternd, abwertend); **Pe|jo|ra|ti|vum**, das; -s, ...va (Wort mit abwertendem Sinn)

Pe|kan|nuss, Pe|can|nuss ⟨indian.; dt.⟩ (nussartiger Samen eines nordamerik. Baums)

Pe|ka|ri, das; -s, -s ⟨karib.-franz.⟩ (amerik. Wildschwein)

Pe|ke|sche, die; -, -n ⟨poln.⟩ (Schnürrock; stud. Festjacke)

Pe|ki|ne|se, *fachspr.* Pe|kin|ge|se, der; -n, -n ⟨nach der chin. Hauptstadt Peking⟩ (eine Hunderasse)

Pe|king, Bei|jing ['beidʒɪŋ, *auch* ...'dʒɪŋ] (Hauptstadt Chinas); **Pe|kin|ger; Pe|kin|ge|rin**

Pe|king|mensch *(Anthropol.)*

Pe|king|oper

PEKiP® = Prager Eltern-Kind-Programm (ein Konzept zur Begleitung der frühkindlichen Entwicklung)

Pek|ten|mu|schel ⟨lat.; dt.⟩ (*Zool.* Kammmuschel)

Pek|tin, das; -s, -e *meist Plur.* ⟨griech.⟩ (gelierender Pflanzenstoff)

pek|to|ral ⟨lat.⟩ (*Med.* die Brust betreffend; Brust...)

Pek|to|ra|le, das; -[s], *Plur.* -s *u.* ...lien (Brustkreuz kath. geistl. Würdenträger; ein mittelalterl. Brustschmuck)

pe|ku|ni|är ⟨lat.-franz.⟩ (geldlich; in Geld bestehend; Geld...)

pek|zie|ren ⟨lat.⟩ (*landsch. für* etwas anstellen); *vgl.* pexieren

Pe|la|gi|al, das; -s ⟨griech.⟩ (*Ökologie* das freie Wasser der Meere u. Binnengewässer)

Pe|la|gi|a|ner (Anhänger der Lehre des Pelagius); **Pe|la|gi|a|ne|rin; Pe|la|gi|a|nis|mus**, der; -

pe|la|gisch ⟨griech.⟩ (*Biol.* im freien Wasser lebend); *aber* ↑K140: Pelagische Inseln (Inselgruppe südl. von Sizilien)

Pe|la|gi|us (engl. Mönch)

Pe|lar|go|nie, die; -, -n ⟨griech.⟩ (eine Zierpflanze)

Pe|las|ger (Angehöriger einer Urbevölkerung Griechenlands); **Pe|las|ge|rin; pe|las|gisch**

Pe|la|ti *Plur.* ⟨ital.⟩ (*österr., schweiz. für* Dosentomaten)

Pele|mele [pɛl'mɛl], das; - (Mischmasch; eine Süßspeise)

Pe|le|ri|ne, die; -, -n ⟨franz.⟩ ([ärmelloser] Umhang; *schweiz., sonst veraltend für* Regenmantel)

Pe|leus (Vater des Achill); **Pe|li|de**, der; -n (Beiname des Achill)

Pe|li|kan [*auch* ...'ka:n], der; -s, -e ⟨griech.⟩ (ein Vogel)

Pe|li|on, der; -[s] (Gebirge in Thessalien)

Pel|l|a|g|ra, das; -[s] ⟨griech.⟩ (*Med.* Krankheit durch Vitamin-B_2-Mangel)

Pel|le, die; -, -n ⟨lat.⟩ (*landsch. für* Haut, Schale); jmdm. auf die Pelle rücken (*ugs. für* energisch zusetzen); jmdm. auf der Pelle sitzen (*ugs. für* lästig sein)

pel|len (*landsch. für* schälen)

Pel|let, das; -s, -s *meist Plur.* ⟨engl.⟩ (*fachspr. für* durch Pelletieren entstandenes Kügelchen); **pel|le|tie|ren** (feinkörnige Stoffe zu kugelförmigen Stückchen zusammenfügen)

Pell|kar|tof|fel

Pe|lo|pon|nes, der; -[es], *fachspr. auch* die; - (südgriechische Halbinsel)

pe|lo|pon|ne|sisch; *aber* ↑K151: der Peloponnesische Krieg

Pe|lops (Sohn des Tantalus)

Pe|lo|ta, die; - ⟨span.⟩ (ein baskisches Ballspiel)

Pe|lo|ton [...'tõ:], das; -s, -s ⟨franz.⟩ (*früher für* kleine milit. Einheit; *Radsport* geschlossenes Fahrerfeld bei Straßenrennen)

Pe|lot|te, die; -, -n (*Med.* ballenförmiges Druckpolster)

Pel|sei|de, die; - ⟨ital.; dt.⟩ (geringwertiges Rohseidengarn)

Pel|tast, der; -en, -en ⟨griech.⟩ (altgriech. leicht bewaffneter Fußsoldat)

Pe|lusch|ke, die; -, -n ⟨slaw.⟩ (*landsch. für* Ackererbse)

Pelz, der; -es, -e; jmdm. auf den Pelz rücken (*ugs. für* jmdn. drängen)

Pelz|be|satz; pelz|be|setzt

[1]**pel|zen** (*fachspr. für* den Pelz abziehen; *ugs. für* faulenzen); du pelzt

[2]**pel|zen** (*bayr., österr. für* pfropfen); du pelzt

Pelz|fut|ter; pelz|ge|füt|tert

pel|zig

Pelz|kap|pe; Pelz|kra|gen; Pelz|mantel

Pelz|mär|te, Pelz|mär|tel, der; -[s], - ⟨nach dem hl. Martin⟩ (*südd. für* Knecht Ruprecht)

Pelz|müt|ze

Pelz|ni|ckel *vgl.* Belznickel

Pelz|sto|la

Pelz|tier; Pelz|tier|farm; Pelz|tierzucht

pelz|ver|brämt; Pelz|ver|brä|mung

Pelz|wa|re; Pelz|werk, das; -[e]s

Pem|ba (Insel vor Ostafrika); **Pem|ba|er; Pem|ba|e|rin; pem|ba|isch**

Pem|mi|kan, der; -s ‹indian.› (haltbarer Dauerproviant nordamerik. Indianer aus getrocknetem Fleisch u. Fett)

Pem|phi|gus, der; - ‹griech.› (*Med.* eine Hautkrankheit)

P. E. N., PEN [pɛn], der; -[s] ‹engl.; *Kurzw. aus* poets, essayists, novelists› (internationale Schriftstellervereinigung)

Pe|nal|ty ['pɛnl̩ti], der; -[s], -s ‹engl.› (*Sport, bes. Eishockey* Strafstoß; *schweiz. Fußball* Elfmeter); **Pe|nal|ty|schie|ßen**

Pe|na|ten *Plur.* ‹lat.› (röm. Hausgötter; *übertr. für* häuslicher Herd, Wohnung, Heim)

Pence [pɛns] (*Plur. von* Penny)

P.E.N.-Club, PEN-Club

Pen|dant [pã'dã:], das; -s, -s ‹franz.› (Gegenstück)

Pen|del, das; -s, - ‹lat.› (um eine Achse od. einen Punkt frei schwingender Körper)

Pen|del|ach|se *(Kfz-Technik)*; **Pen|del|lam|pe**

pen|deln; ich pend[e]le

Pen|del|sä|ge; Pen|del|schwin|gung; Pen|del|tür; Pen|del|uhr; Pen|del|ver|kehr, der; -s

pen|dent ‹ital.› (*schweiz. für* schwebend, unerledigt)

Pen|den|tif [pãdã...], das; -s, -s (*Archit.* Zwickel)

Pen|denz, die; -, -en ‹ital.› (*schweiz. für* schwebendes Geschäft, unerledigte Aufgabe)

Pen|de|rec|ki [...'rɛtski], Krzysztof ['kʃʏʃtɔf] (poln. Komponist)

Pend|ler; Pend|le|rin

Pend|ler|pau|scha|le (steuerliche Vergünstigung für Berufspendler); **Pend|ler|stre|cke; Pend|ler|ver|kehr,** der; -s; **Pend|ler|zug**

Pen|do|li|no®, der; -[s], -s (Hochgeschwindigkeitszug mit besonderer Neigetechnik)

Pen|du|le [pã'dy:...], **Pen|dü|le,** die; -, -n ‹franz.› (Pendeluhr)

Pe|ne|lo|pe [...pe] (Frau des Odysseus)

Pe|nes (*Plur. von* Penis)

pe|ne|t|rant ‹franz.› (durchdringend; aufdringlich)

Pe|ne|t|ranz, die; -, -en (Aufdringlichkeit; *Genetik* Häufigkeit, mit der ein Erbfaktor wirksam wird)

Pe|ne|t|ra|ti|on, die; -, -en ‹lat.› (Durchdringung; das Eindringen); **pe|ne|t|rie|ren**

peng!; peng, peng!

Pen|hol|der|griff [...ho:l...] ‹engl.; dt.› (*Tischtennis* Schlägerhaltung, bei der der Griff zwischen Daumen u. Zeigefinger nach oben zeigt)

pe|ni|bel ‹franz.› (sehr genau, fast kleinlich; *landsch. für* peinlich); ...i|b|le Lage; **Pe|ni|bi|li|tät,** die; - (Genauigkeit)

Pe|ni|cil|lin *vgl.* Penizillin

Pen|in|su|la, die; -, ...suln ‹lat.› (*veraltet für* Halbinsel)

Pe|nis, der; -, *Plur.* -se *u.* Penes ‹lat.› (m. Glied)

Pe|nis|bruch, der *(Med.)*

Pe|nis|neid *(Psychoanalyse)*

Pe|ni|zil|lin, *fachspr. u. österr.* Pe|ni|cil|lin, das; -s, -e ‹lat.› (ein Antibiotikum); **Pe|ni|zil|lin|am|pul|le; Pe|ni|zil|lin|sprit|ze**

Pen|nal, das; -s, -e ‹lat.› (*österr. für* Federbüchse)

Pen|nä|ler, der; -s, - (*ugs. für* Schüler einer höheren Lehranstalt); **pen|nä|ler|haft; Pen|nä|le|rin**

Penn|bru|der (*svw.* Penner)

[1]**Pen|ne,** die; -, -n ‹jidd.› (*ugs. für* behelfsmäßiges Nachtquartier)

[2]**Pen|ne,** die; -, -n ‹lat.› (*Schülerspr. veraltend* Schule)

[3]**Pen|ne** *Plur.* ‹ital.› (kurze, röhrenförmige Nudeln)

pen|nen (*ugs. für* schlafen)

Pen|ner (*ugs. für* Stadt-, Landstreicher; *auch*: Schimpfwort); **Pen|ne|rin**

Pen|ni, der; -[s], -[s] (Untereinheit der Markka; *Abk.* p)

Penn|syl|va|nia [...sɪl've:ni̯a], *eingedeutscht* **Penn|syl|va|ni|en** [...zɪl...] (Staat in den USA; *Abk.* PA); **penn|syl|va|nisch**

Pen|ny [...ni], der; -s, *Plur.* (*für einige Stücke:*) Pennys *u.* (*bei Wertangabe:*) Pence [pɛns] ‹engl.› (engl. Münze; Untereinheit des brit. Pfunds; *Abk.* p, *früher* d [= denarius])

Pen|ny|loa|fer (Loafer mit einem quer über den Spann verlaufenden Lederstreifen)

Pen|sa (*Plur. von* Pensum)

pen|see [pã...] ‹franz.› (dunkellila); ein pensee Kleid; *vgl.* blau *u.* beige; **Pen|see,** das; -s, -s (*franz. Bez. für* Gartenstiefmütterchen); **pen|see|far|big; Pen|see|kleid**

Pen|sen (*Plur. von* Pensum)

Pen|si|on [pã..., *bes. südd., österr., schweiz.* pɛn...], die; -, -en ‹franz.› (Ruhestand *[nur Sing.]*; Ruhegehalt für Beamte u. Beamtinnen; kleineres Hotel)

Pen|si|o|när, der; -s, -e (Ruheständler; *bes. schweiz. für* Kostgänger, [Dauer]gast einer Pension); **Pen|si|o|nä|rin**

Pen|si|o|nat, das; -[e]s, -e (Internat, bes. für Mädchen)

pen|si|o|nie|ren (in den Ruhestand versetzen); **Pen|si|o|nier|te,** der *u.* die; -n, -n (*schweiz. für* Ruheständler, Ruheständlerin); **Pen|si|o|nie|rung; Pen|si|o|nist** [pɛn...], der; -en, -en (*österr. für* Ruheständler); **Pen|si|o|nis|tin**

Pen|si|ons|al|ter [pã..., *südd., österr., schweiz.* pɛn...]; **Pen|si|ons|an|spruch; Pen|si|ons|an|tritt**

pen|si|ons|be|rech|tigt; Pen|si|ons|be|rech|ti|gung

Pen|si|ons|er|hö|hung

Pen|si|ons|fonds (*Finanzw.* Einrichtung zur betrieblichen Altersversorgung)

Pen|si|ons|gast *Plur.* ...gäste

Pen|si|ons|ge|schäft (*Bankw.* Verkauf von Wechseln od. Effekten mit einer Rückkaufverpflichtung)

Pen|si|ons|kas|se (*Versicherungsw.* Einrichtung zur betrieblichen Altersversorgung)

Pen|si|ons|preis

Pen|si|ons|re|form

pen|si|ons|reif *(ugs.)*

Pen|si|ons|rück|stel|lun|gen *Plur.* *(Wirtsch.)*

Pen|si|ons|ver|si|che|rung (*österr. für* Rentenversicherung)

Pen|si|ons|ver|si|che|rungs|an|stalt

Pen|si|ons|zah|ler (*österr. für* Erwerbstätige, die mit ihren Einkommenssteuern die Pensionen der Ruheständler finanzieren); **Pen|si|ons|zah|le|rin**

Pen|sum, das; -s, *Plur.* ...sen *u.* ...sa ‹lat.› (zugeteilte Arbeit; Lehrstoff)

pent..., pen|ta... ‹griech.› (fünf...); **Pent..., Pen|ta...** (Fünf...)

Pen|ta|de, die; -, -n (Zeitraum von fünf Tagen); **Pen|ta|eder,** das; -s, - (Fünfflächner)

[1]**Pen|ta|gon,** das; -s, -e (Fünfeck)

[2]**Pen|ta|gon,** das; -s (das auf einem fünfeckigen Grundriss errichtete amerik. Verteidigungsministerium)

Pen|ta|gon|do|de|ka|eder (von zwölf Fünfecken begrenzter Körper)

Pen|ta|gramm, das; -s, -e, **Pent|al-**

per	
⟨lat.⟩ (durch, mit, gegen, für) *Präposition mit Akkusativ oder Dativ:* – per Gesetz – per Akklamation gewählt – per Bahn, per Schiff reisen – es ging per Flugzeug nach Dubai – per Internet einkaufen – etwas per Post, per Boten schicken – per internationalen *od.* internationalem Haftbefehl – [mit jemandem] per Du *od.* per du sein (jemanden duzen)	*Häufig in der Amts- und Kaufmannssprache:* – per Adresse ([*Abk.* p. A.], *besser:* bei) – per Monat (*besser:* jeden Monat, im Monat, monatlich) – per (*besser:* das, je *od.* pro) Stück – per ersten *od.* erstem Januar – per eingeschriebenen *od.* eingeschriebenem Brief

pha, das; -[s], -s (fünfeckiger Stern; Drudenfuß)

Pen|ta|me|ter, der; -s, - (ein [nach dt. Messung] sechsfüßiger Vers)

Pen|tan, das; -s, -e (ein Kohlenwasserstoff)

Pen|t|ar|chie, die; -, ...ien (Herrschaft von fünf Mächten)

Pen|ta|teuch, der; -[s] (die fünf Bücher Mose im A.T.)

Pen|t|ath|lon [*auch* ...ˈa:tlɔn], der *u.* das; -s (antiker Fünfkampf)

Pen|ta|to|nik, die; - (Fünftonmusik)

Pen|te|kos|te, die; - ⟨griech.⟩ (50. Tag nach Ostern; Pfingsten)

Pen|te|li|kon, der; -[s] (Gebirge in Attika); **pen|te|lisch;** pentelischer Marmor ↑K89

Pen|te|re, die; -, -n ⟨griech., »Fünfruderer«⟩ (antikes Kriegsschiff)

Pent|haus *vgl.* Penthouse

Pen|the|si|lea, Pen|the|si|leia ⟨griech.⟩ (eine Amazonenkönigin in der griech. Sage)

Pent|house [...haus], das; -, -s ⟨amerik.⟩, Pent|haus, das; -es, ...häuser (exklusive Dachterrassenwohnung über einem Etagenhaus)

Pen|ti|um®, der; -[s], -s (besonders schneller Mikroprozessor)

Pen|t|o|de, die; -, -n ⟨griech.⟩ (Elektronenröhre mit 5 Elektroden)

Pe|nun|ze, die; -, -n *meist Plur.* ⟨poln.⟩ (*ugs. für* Geld)

Pep, der; -[s] ⟨amerik.; *von* pepper = Pfeffer⟩ (Elan, Schwung)

Pe|pe|ro|ne, der; -, ...ni, *häufiger* **Pe|pe|ro|ni,** die; -, - *meist Plur.* ⟨ital.⟩ (scharfe, kleine [in Essig eingemachte] Paprikaschote)

Pe|pi|ta, der *od.* das; -s, -s ⟨span.⟩ (kariertes Gewebe); **Pe|pi|ta|kleid; Pe|pi|ta|kos|tüm; Pe|pi|ta|mus|ter**

Pe|p|lon, das; -s, *Plur.* ...len *u.* -s, **Pe|p|los,** der; -, *Plur.* ...len *u.* - ⟨griech.⟩ (altgriech. Umschlagtuch der Frauen)

Pep|mit|tel (*ugs. für* Aufputschmittel)

pep|pig (mit Pep)

Pep|pil|le *vgl.* Pepmittel

Pep|ping (dt. Komponist u. Musikschriftsteller)

Pep|po (m. Vorn.)

Pep|sin, das; -s, -e ⟨griech.⟩ (Enzym des Magensaftes; ein Arzneimittel); **Pep|sin|wein**

Pep|ti|sa|ti|on, die; - (*Chemie*)

pep|tisch (verdauungsfördernd)

pep|ti|sie|ren (in kolloide Lösung überführen)

Pep|ton, das; -s, -e (Abbaustoff des Eiweißes); **Pep|ton|u|rie,** die; - (*Med.* Ausscheidung von Peptonen im Harn)

per *s. Kasten*

¹Per, Peer (m. Vorn.)

²Per, das; -s (*kurz für* bes. bei der chem. Reinigung verwendetes Perchloräthylen)

per an|num ⟨lat.⟩ (*veraltet für* jährlich; *Abk.* p. a.)

per as|pe|ra ad as|t|ra ⟨lat., »auf rauen Wegen zu den Sternen«⟩

Per|bo|rat, das; -[e]s, -e *meist Plur.* ⟨lat.; pers.⟩ (chem. Verbindung aus Wasserstoffperoxid u. Boraten); **Per|bor|säu|re,** die; -

per cas|sa ⟨ital.⟩ ([gegen] bar, bei Barzahlung); *vgl.* Kassa

Perche|akt, Perche-Akt [ˈpɛrʃ...], der; -[e]s, -e ⟨franz.⟩ (artist. Darbietung an einer langen, elastischen Stange)

Per|chlor|äthy|len, *fachspr.* **Per|chlor|ethy|len** (*Chemie* ein Lösungsmittel bes. für Fette u. Öle); *vgl.* ²Per

Percht, die; -, -en (myth. Gestalt); **Perch|ten|lauf** (Umzug u. Tänze in Perchtenmasken [zur Fastnachtszeit]); **Perch|ten|mas|ke**

per con|to ⟨ital.⟩ (*Kaufmannsspr.* auf Rechnung)

Per|cus|sion [pəˈkaʃn̩], die; -, -s ⟨engl.⟩ (*Musik* Gruppe von Schlaginstrumenten); *vgl. auch* Perkussion

per de|fi|ni|ti|o|nem ⟨lat.⟩ (erklärtermaßen)

per|du [...ˈdy:] ⟨franz.⟩ (*ugs. für* verloren, weg, auf u. davon)

pe|r|em[p]|to|risch (*Rechtsspr.* aufhebend; endgültig)

pe|r|en|nie|rend ⟨lat.⟩ (*Bot.* ausdauernd; mehrjährig [von Stauden- u. Holzgewächsen])

Pe|res|t|ro|i|ka, die; - ⟨russ., »Umbau«⟩ (Umbildung, Neugestaltung [urspr. des polit. u. wirtschaftl. Systems der Sowjetunion])

per|fekt ⟨lat.⟩ (vollkommen; abgemacht); einen Vertrag, eine Vereinbarung perfekt machen

Per|fekt [*auch* ...ˈfɛkt], das; -s, -e *Plur. selten* (*Sprachwiss.* vollendete Gegenwart, Vorgegenwart)

per|fek|ti|bel (vervollkommnungsfähig); ...i|b|le Dinge

Per|fek|ti|bi|lis|mus, der; - (*Philos.* Lehre von der Vervollkommnung); **Per|fek|ti|bi|list,** der; -en, -en; **Per|fek|ti|bi|lis|tin; Per|fek|ti|bi|li|tät,** die; - (Vervollkommnungsfähigkeit)

Per|fek|ti|on, die; - (Vollendung, Vollkommenheit); **per|fek|ti|o|nie|ren; Per|fek|ti|o|nie|rung**

Per|fek|ti|o|nis|mus, der; - (übertriebenes Streben nach Vervollkommnung); **Per|fek|ti|o|nist,** der; -en, -en; **Per|fek|ti|o|nis|tin; per|fek|ti|o|nis|tisch**

per|fek|tisch (das Perfekt betreffend); **per|fek|tiv;** *in der Fügung* perfektive Aktionsart (*Sprach-*

wiss. Aktionsart eines Verbs, die eine zeitl. Begrenzung des Geschehens ausdrückt, z. B. »verblühen«); **per|fek|ti|visch** (perfektisch; *veraltet für* perfektiv)
per|fid *österr. nur so, od.* **per|fi|de** ‹lat.-franz.› (niederträchtig, gemein); **Per|fi|die,** die; -, ...ien (Niedertracht); **Per|fi|di|tät,** die; -, -en (*selten für* Perfidie)
Per|fo|ra|ti|on, die; -, -en ‹lat.› (Lochung; Reiß-, Trennlinie; Zähnung [bei Briefmarken]); **Per|fo|ra|tor,** der; -s, ...oren (Gerät zum Perforieren)
per|fo|rie|ren; Per|fo|rier|ma|schi|ne
Per|for|mance [...ˈfɔːməns, *auch* ...fɔr...], die; -, -s [...sɪs] ‹engl., »Vorführung«› (einem Happening ähnliche künstlerische Aktion; *Finanzw.* Wertentwicklung einer Kapitalanlage; *EDV* Leistungsstärke eines Rechners)
per|for|mant ‹engl.› (*EDV* leistungsfähig)
Per|for|manz, die; - ‹lat.› (*Sprachwiss.* Sprachverwendung in einer bestimmten Situation)
per|for|ma|tiv, per|for|ma|to|risch (*Sprachwiss.* eine mit einer Äußerung beschriebene Handlung zugleich vollziehend, z. B. »ich gratuliere dir«)
per|for|men [...ˈfɔː..., *auch* ...ˈfɔrm...] ‹engl.› (darbieten, vorführen; *Finanzw.* sich wertmäßig entwickeln)
Per|for|mer [...ˈfɔː..., *auch* ...ˈfɔr...], der; -s, - ‹engl.› (Künstler, der Performances zeigt); **Per|for|me|rin**
per|ga|me|nisch (aus Pergamon)
Per|ga|ment, das; -[e]s, -e ‹griech.› (bearbeitete Tierhaut; alte Handschrift); **Per|ga|ment|band,** der; *Plur.* ...bände; **per|ga|men|ten** (aus Pergament); **Per|ga|ment|pa|pier; Per|ga|ment|rol|le**
Per|ga|min, das; -s (durchscheinendes, pergamentartiges Papier)
Per|ga|mon (antike Stadt in Nordwestkleinasien); **Per|ga|mon|al|tar, Per|ga|mon-Al|tar; Per|ga|mon|mu|se|um, Per|ga|mon-Mu|se|um,** das; -s
Per|gel, das; -s, - ‹ital.› (*südd. für* Weinlaube); **Per|go|la,** die; -, ...len (Weinlaube; berankter Laubengang)
per|hor|res|zie|ren ‹lat.› (verabscheuen, zurückschrecken)

P
perf

Pe|ri, der; -s, -s *od.* die; -, -s *meist Plur.* ‹pers.› (feenhaftes Wesen der altpers. Sage)
pe|ri... ‹griech.› (um..., herum...); **Pe|ri...** (Um..., Herum...)
Pe|ri|ar|th|ri|tis, die; -, ...itiden ‹griech.› (*Med.* Entzündung in der Umgebung von Gelenken)
Pe|ri|car|di|um *vgl.* Perikard
Pe|ri|chon|d|ri|tis [...çɔn...], die; -, ...itiden ‹griech.› (*Med.* Knorpelhautentzündung); **Pe|ri|chon|d|ri|um,** das; -s, ...ien (*Med.* Knorpelhaut)
pe|ri|cu|lum in mo|ra ‹lat.› (Gefahr besteht, wenn man zögert)
Pe|ri|derm, das; -s, -e ‹griech.› (*Bot.* ein Pflanzengewebe)
Pe|ri|dot, der; -s ‹franz.› (ein Mineral); **Pe|ri|do|tit,** der; -s, -e (ein Tiefengestein)
Pe|ri|gas|t|ri|tis, die; -, ...itiden ‹griech.› (*Med.* Entzündung des Bauchfellüberzuges des Magens)
Pe|ri|gä|um, das; -s, ...äen ‹griech.› (*Astron.* der Punkt der größten Erdnähe des Mondes od. eines Satelliten; *Ggs.* Apogäum)
Pe|ri|gon, das; -s, -e, **Pe|ri|go|ni|um,** das; -s, ...ien (*Bot.* Blütenhülle aus gleichartigen Blättern)
Pe|ri|hel, das; -s, -e (*Astron.* der Punkt einer Planeten- od. Kometenbahn, der der Sonne am nächsten liegt; *Ggs.* Aphel)
Pe|ri|he|pa|ti|tis, die; -, ...itiden (*Med.* Entzündung des Bauchfellüberzuges der Leber)
Pe|ri|kard, das; -[e]s, -e, Pe|ri|kar|di|um, *med.-fachspr.* Pe|ri|car|di|um, das; -s, ...ien (*Med.* Herzbeutel); **Pe|ri|kar|di|tis,** die; -, ...itiden (*Med.* Herzbeutelentzündung); **Pe|ri|kar|di|um** *vgl.* Perikard
Pe|ri|karp, das; -s, -e (*Bot.* [äußere] Hülle der Früchte von Samenpflanzen)
Pe|ri|klas, der; *Gen.* - *u.* -es, *Plur.* -e (ein Mineral)
pe|ri|k|le|isch; perikleischer Geist, perikleische Verwaltung
Pe|ri|k|les (athen. Staatsmann)
Pe|ri|ko|pe, die; -, -n ‹griech.› (zu gottesdienstl. Verlesung vorgeschriebener Bibelabschnitt; *Verslehre* Strophengruppe)
Pe|ri|me|ter [*schweiz.* ˈperi...], das, *schweiz.* der; -s, - (*Med.* Vorrichtung zur Messung des Gesichtsfeldes; *schweiz. für* Umfang eines Gebietes); **pe|ri|me|t|rie|ren; pe|ri|me|t|risch**
pe|ri|na|tal (*Med.* die Zeit während, kurz vor u. nach der Geburt betreffend)
Pe|ri|o|de, die; -, -n ‹griech.› (Zeit[abschnitt]; Menstruation; Satzgefüge; Schwingungsdauer; unendlicher Dezimalbruch)
Pe|ri|o|den|er|folg *(Wirtsch.);* **Pe|ri|o|den|rech|nung** *(Wirtsch.);* **Pe|ri|o|den|sys|tem** *(Chemie);* **Pe|ri|o|den|zahl** *(Elektrot.)*
...pe|ri|o|dig (z. B. zweiperiodig)
Pe|ri|o|dik, die; - (*svw.* Periodizität)
Pe|ri|o|di|kum, das; -s, ...ka *meist Plur.* (periodisch erscheinende [Zeit]schrift)
pe|ri|o|disch (regelmäßig auftretend, wiederkehrend); periodischer Dezimalbruch; periodisches System *(Chemie)*
pe|ri|o|di|sie|ren (in Zeitabschnitte einteilen); **Pe|ri|o|di|sie|rung**
Pe|ri|o|di|zi|tät, die; -, -en (regelmäßige Wiederkehr)
Pe|ri|o|don|ti|tis, die; -, ...itiden ‹griech.› (*Med.* Entzündung der Zahnwurzelhaut)
Pe|ri|ö|ke, der; -n, -n ‹»Umwohner«› (freier, aber polit. rechtloser Bewohner im alten Sparta)
pe|ri|oral (*Med.* um den Mund herum)
Pe|ri|ost, das; -[e]s, -e (*Med.* Knochenhaut); **Pe|ri|os|ti|tis,** die; -, ...itiden (*Med.* Knochenhautentzündung)
Pe|ri|pa|te|ti|ker ‹griech.› (Philosoph aus der Schule des Aristoteles); **pe|ri|pa|te|tisch; Pe|ri|pa|tos,** der; - (Wandelgang; Teil der Schule in Athen, wo Aristoteles lehrte)
Pe|ri|pe|tie, die; -, ...ien (entscheidender Wendepunkt, Umschwung [in einem Drama])
pe|ri|pher (am Rande befindlich, Rand...)
Pe|ri|phe|rie, die; -, ...ien ([Kreis]umfang; Umkreis; Stadtrand, Randgebiet); **Pe|ri|phe|rie|ge|rät** (*EDV* an einen Computer anschließbares Gerät)
Pe|ri|phra|se, die; -, -n (*Rhet.* Umschreibung); **pe|ri|phra|sie|ren; pe|ri|phras|tisch** (umschreibend)
Pe|ri|p|te|ros, der; -, *Plur.* - *od.* ...teren (griech. Tempel mit umlaufendem Säulengang)
Pe|ri|s|kop, das; -s, -e ‹griech.›

(Fernrohr mit geknicktem Strahlengang); **pe|ri|s|ko|pisch**
Pe|ri|s|po|me|non, das; -s, ...na (*Sprachwiss.* Wort mit einem Zirkumflex auf der letzten Silbe)
Pe|ri|s|tal|tik, die; - (*Med.* wellenförmig fortschreitendes Zusammenziehen, z. B. der Speiseröhre); **pe|ri|s|tal|tisch**
Pe|ri|s|ta|se, die; - (*Biol., Med.* die auf die Entwicklung des Organismus einwirkende Umwelt); **pe|ri|s|ta|tisch** (umweltbedingt)
Pe|ri|s|te|ri|um, das; -s, ...ien (mittelalterl. Hostiengefäß in Gestalt einer Taube)
Pe|ri|s|tyl, das; -s, -e, **Pe|ri|s|ty|li|um,** das; -s, ...ien (von Säulen umgebener Innenhof des antiken Hauses)
Pe|ri|to|ne|um, das; -s, ...neen (*Med.* Bauchfell)
Pe|ri|to|ni|tis, die; -, ...itiden (*Med.* Bauchfellentzündung)
Per|kal, der; -s, -e ‹pers.› (ein Baumwollgewebe)
Per|ka|lin, das; -s, -e (stark appretiertes Gewebe [für Bucheinbände])
Per|ko|lat, das; -[e]s, -e ‹lat.› (*Pharm.* durch Perkolation gewonnener Pflanzenextrakt)
Per|ko|la|ti|on, die; -, -en (Herstellung konzentrierter Pflanzenextrakte)
Per|ko|la|tor, der; -s, ...oren (Gerät zur Perkolation); **per|ko|lie|ren**
Per|kus|si|on, die; -, -en ‹lat.› (Zündung durch Stoß od. Schlag [beim Perkussionsgewehr des 19. Jh.s]; ärztl. Organuntersuchung durch Beklopfen der Körperoberfläche; Anschlagvorrichtung beim Harmonium); *vgl. auch* Percussion
Per|kus|si|o|nist, der; -en, -en (jmd., der ein Perkussionsinstrument spielt); **Per|kus|si|o|nis|tin**
Per|kus|si|ons|ge|wehr
Per|kus|si|ons|ham|mer *(Med.)*
Per|kus|si|ons|in|s|t|ru|ment (Schlaginstrument)
Per|kus|si|ons|schloss; Per|kus|si|ons|waf|fe; Per|kus|si|ons|zün|dung
per|kus|siv (*Musik* überwiegend vom Rhythmus geprägt, durch rhythmische Geräusche erzeugt)
per|kus|so|risch (*Med.* durch Perkussion nachweisbar)
per|ku|tan ‹lat.› (*Med.* durch die Haut hindurch)
per|ku|tie|ren ‹lat.› (*Med.* abklopfen); **per|ku|to|risch** (*svw.* perkussorisch)
[1]**Perl,** die; - (*Druckw.* ein Schriftgrad)
[2]**Perl** [pøːɐ̯l], das; -[s] *meist ohne Artikel* ‹Kurzwort aus engl. Practical Extraction and Report Language› (*EDV* eine Programmiersprache)
Per|le, die; -, -n
[1]**per|len** (tropfen; Bläschen bilden)
[2]**per|len** (aus Perlen [hergestellt])
per|len|be|setzt; per|len|be|stickt
Per|len|col|li|er, Per|len|kol|li|er
Per|len|fi|scher; Per|len|fi|sche|rin
Per|len|ket|te; Per|len|kol|li|er, Per|len|col|li|er; **Per|len|schnur** *Plur.* ...schnüre; **Per|len|sti|cke|rei**
Per|len|tau|cher; Per|len|tau|che|rin
Per|len|züch|ter; Per|len|züch|te|rin
Perl|garn
perl|grau
Perl|huhn
per|lig
Per|lit, der; -s, -e ‹lat.› (ein Gestein; Gefügebestandteil des Eisens); **Per|lit|guss** (Spezialgusseisen für hohe Beanspruchungen)
Perl|mu|schel
Perl|mutt [*auch* ...ˈmʊt], das; -s ‹*verkürzt aus* »Perlmutter«›
Perl|mut|ter [*auch* ...ˈmʊt...], die; - *od.* das; -s (glänzende Innenschicht von Perlmuschel- u. Seeschneckenschalen); **Perl|mut|ter|fal|ter** (ein Schmetterling)
Perl|mut|ter|far|be; perl|mut|ter|far|ben (*svw.* perlmuttfarben)
Perl|mut|ter|knopf (*svw.* Perlmuttknopf); **perl|mut|tern** (aus Perlmutter); **perl|mutt|far|ben; Perl|mutt|knopf**
Per|lon®, das; -s (eine synthet. Textilfaser); **Per|lon|strumpf**
per|lon|ver|stärkt
Perl|schrift, die; -; **Perl|stich**
Per|lus|t|ra|ti|on, die; -, -en ‹lat.›, Per|lus|t|rie|rung (*österr., sonst veraltet für* Untersuchung); **per|lus|t|rie|ren; Per|lus|t|rie|rung** *vgl.* Perlustration
Perl|wein
perl|weiß
Perl|zwie|bel
[1]**Perm** (Stadt in Russland)
[2]**Perm,** das; -s (*Geol.* jüngster Teil des Paläozoikums)
Per|ma|frost, der; -[e]s (Dauerfrostboden)
per|ma|nent ‹lat.› (dauernd, ununterbrochen, ständig)
Per|ma|nent|gelb, das; -[s] (lichtechtes Gelb); **Per|ma|nent|weiß,** das; -[es]
Per|ma|nenz, die; - (Dauer[haftigkeit]); in Permanenz (dauernd, ständig); **Per|ma|nenz|the|o|rie,** die; - *(Geol.)*
Per|man|ga|nat, das; -s, -e ‹lat.; griech.› (chem. Verbindung, die als Oxidations- u. Desinfektionsmittel verwendet wird)
per|me|a|bel ‹lat.› (durchdringbar, durchlässig); ...a|b|le Körper; **Per|me|a|bi|li|tät,** die; -, -en
per mil|le (*svw.* pro mille)
per|misch ‹*zu* [2]Perm›
Per|mis|si|on, die; -, -en ‹lat.› (*veraltend für* Erlaubnis)
per|mis|siv (*Soziol., Psychol.* nachgiebig, frei gewähren lassend); **Per|mis|si|vi|tät,** die; -
per|mit|tie|ren (*veraltend für* erlauben, zulassen)
per|mu|ta|bel ‹lat.› (umstellbar, vertauschbar); ...a|b|le Größen
Per|mu|ta|ti|on, die; -, -en (*Fachspr.* Austausch, Umstellung, Vertauschung); **per|mu|tie|ren**
Per|nam|bu|co (brasilian. Bundesstaat); **Per|nam|buk|holz,** Fer|nam|buk|holz (Brasilienholz)
Per|nio, der; -, *Plur.* ...ionen *u.* ...ionen ‹lat.› (*Med.* Frostbeule); **Per|ni|o|sis,** die; -, ...sen (Frostschaden der Haut)
per|ni|zi|ös ‹franz.› (bösartig); perniziöse Anämie *(Med.)*
Per|nod® [...ˈnoː], der; -[s], -s ‹franz.› (ein alkohol. Getränk)
Pe|ro|nis|mus, der; - ‹nach dem ehem. argentin. Staatspräsidenten Perón› (eine polit.-soziale Bewegung in Argentinien)
Pe|ro|nist, der; -en, -en (Anhänger des Peronismus); **Pe|ro|nis|tin; pe|ro|nis|tisch**
Pe|ro|no|s|po|ra, die; - ‹griech.› (Gattung Pflanzen schädigender Algenpilze)
per|oral ‹lat.› (*Med.* durch den Mund)
Per|oxid, **Per|oxyd,** das; -[e]s, -e ‹lat.; griech.› (sauerstoffreiche chem. Verbindung)
per pe|des [apo|s|to|lo|rum] ‹lat., »zu Fuß [wie die Apostel]«›
Per|pen|di|kel, der *od.* das; -s, - ‹lat.› (Uhrpendel; Senkrechte)
per|pen|di|ku|lar, per|pen|di|ku|lär (senk-, lotrecht)
Per|pe|tua (eine Heilige)

P
Perp

per|pe|tu|ie|ren ‹lat.› (ständig weitermachen; fortdauern)
Per|pe|tu|um mo|bi|le, das; - -[s], *Plur.* - -[s] *u.* ...tua ...bilia (utopische Maschine, die ohne Energieverbrauch dauernd Arbeit leistet; *Musik* in kurzwertigen Noten verlaufendes virtuoses Instrumentalstück)
Per|pi|g|nan [...ˈnjã:] (franz. Stadt)
per|plex ‹lat.› (*ugs. für* verwirrt, verblüfft; bestürzt); **Per|ple|xi|tät,** die; - (Bestürzung, Verwirrung)
per pro|cu|ra ‹lat.› (*Kaufmannsspr.* in Vollmacht; *Abk.* pp., ppa.); *vgl.* Prokura
Per|ron [...ˈrõ:, *österr.* peˈro:n, *schweiz.* ˈpɛrõ], der; -s, -s ‹franz.› (*schweiz., sonst veraltet für* Bahnsteig)
per sal|do ‹ital.› (*Kaufmannsspr.* als Rest zum Ausgleich)
per se ‹lat.› (von selbst); das versteht sich per se
Per|sen|ning, die; -, *Plur.* -e[n] *od.* -s ‹niederl.› (*nur Sing.:* Gewebe für Segel, Zelte u. a.; *Seemannsspr.* Schutzbezug aus Persenning)
Per|se|pho|ne [...ne] (griech. Göttin der Unterwelt)
Per|se|po|lis (Hauptstadt Altpersiens)
Per|ser (Bewohner von Persien; Angehöriger einer Persisch sprechenden Ethnie in Vorder- u. Zentralasien; Perserteppich); **Per|se|rin**
Per|ser|kat|ze; Per|ser|krieg *meist Plur.;* **Per|ser|tep|pich**
[1]**Per|seus** (Held der griech. Sage)
[2]**Per|seus,** der; - (Sternbild)
Per|se|ve|ranz, die; - ‹lat.› (*veraltend für* Beharrlichkeit, Ausdauer)
Per|se|ve|ra|ti|on, die; -, -en (*Psychol.* [krankhaftes] Verweilen bei einem bestimmten Gedanken); **per|se|ve|rie|ren**
Per|shing [ˈpə:ʃɪŋ], die; -, -s ‹nach dem amerik. General› (eine milit. Mittelstreckenrakete)
Per|si|a|ner (Karakulschafpelz [früher über Persien gehandelt]); **Per|si|a|ner|man|tel**
Per|si|en (*ältere Bez. für* Iran)
Per|si|f|la|ge [...ʒə], die; -, -n ‹franz.› (Verspottung); **per|si|f|lie|ren**
Per|si|ko, der; -s, -s ‹franz.› (aus Pfirsich- od. Bittermandelkernen bereiteter Likör)
Per|sil|schein ‹nach dem Waschmittel Persil®› (*ugs. für* entlastende Bescheinigung)
Per|si|mo|ne, die; -, -n ‹indian.› (essbare Frucht einer nordamerik. Dattelpflaumenart)
Per|si|pan [*auch* ˈpɛr...], das; -s, -e ‹nach lat. persicus (Pfirsich) *u.* Marzipan gebildet› (Ersatz für Marzipan aus Pfirsich- od. Aprikosenkernen)
per|sisch; persischer Teppich, *aber* ↑K140: der Persische Golf; **Per|sisch,** das; -[s] (Sprache); *vgl.* Deutsch; **Per|si|sche,** das; -n; *vgl.* [2]Deutsche
per|sis|tent (anhaltend, beharrlich); **Per|sis|tenz,** die; -, -en
Per|so, der; -s, -s (*ugs.; kurz für* Personalausweis)
Per|son, die; -, -en ‹etrusk.-lat.› (Mensch; Wesen); *vgl.* in persona
Per|so|na gra|ta, die; - - (gern gesehener Mensch; Diplomat, gegen den das Gastland keine Einwände erhebt)
Per|so|na in|gra|ta, die; - -, Per|sona non gra|ta, die; - - - (unerwünschte Person; Diplomat, dessen Aufenthalt vom Gastland nicht gewünscht wird)
per|so|nal (persönlich; Persönlichkeits...); im personalen Bereich
Per|so|nal, das; -s (Belegschaft, alle Angestellten [eines Betriebes])
Per|so|nal|ab|bau, der; -[e]s; **Per|so|nal|ab|tei|lung; Per|so|nal|ak|te** *meist Plur.;* **Per|so|nal|auf|wand; Per|so|nal|aus|weis**
Per|so|nal|be|ra|ter; Per|so|nal|be|ra|te|rin; Per|so|nal|be|ra|tung
Per|so|nal|bü|ro
Per|so|nal|chef; Per|so|nal|che|fin
Per|so|nal Com|pu|ter [ˈpø:ɐ̯sənəl kɔmˈpju:tɐ], der; - -s, - - ‹engl.› (*Abk.* PC)
Per|so|nal|da|ten *Plur.* (Angaben zur Person)
Per|so|nal|de|bat|te *(bes. Politik)*
Per|so|nal|de|cke (Gesamtheit des zur Verfügung stehenden Personals in einem Betrieb o. Ä.)
Per|so|na|le, die; -, -n (*österr. für* Ausstellung der Werke eines einzelnen Künstlers)
Per|so|nal|ein|satz; Per|so|nal|ein|spa|rung
Per|so|na|ler, der; -s, - ([leitender] Mitarbeiter der Personalabteilung eines Unternehmens); **Per|so|na|le|rin**
Per|so|nal|fach|frau *(bes. schweiz.);* **Per|so|nal|fach|mann,** der; -s, *Plur.* ...leute
Per|so|nal|form (*Sprachwiss.* nach Person u. Zahl bestimmte Verbform)
Per|so|nal|fra|ge *meist Plur.*
Per|so|na|lia *Plur.* (*svw.* Personalien)
Per|so|na|lie, die; -, -n ([allgemeine] Information, Einzelheit zu einer Person; *nur Plur.:* Ausweispapiere; [bes. behördliche] Angaben über Lebenslauf u. Verhältnisse eines Menschen; Mitteilungen zu Einzelpersonen einer Firma)
per|so|nal|in|ten|siv; personalintensive Betriebe
per|so|na|li|sie|ren (auf eine Person beziehen od. ausrichten)
Per|so|na|li|tät, die; -, -en (Persönlichkeit); **Per|so|na|li|täts|prin|zip,** das; -s *(Rechtswiss.)*
per|so|na|li|ter (*veraltet für* persönlich)
Per|so|na|li|ty|show; Per|so|na|li|ty-Show [pø:ɐ̯səˈnɛliti...], die; -, -s ‹amerik.› (Show, die von der Persönlichkeit eines Künstlers getragen wird)
Per|so|nal|ka|rus|sell (*ugs. für* Neubesetzung mehrerer Positionen mit bereits vorhandenem Personal); **Per|so|nal|kos|ten** *Plur.*
Per|so|nal|lea|sing; Per|so|nal|lea|sing|fir|ma
Per|so|nal|lei|ter, der; **Per|so|nal|lei|te|rin**
Per|so|nal|man|gel; Per|so|nal|pla|nung; Per|so|nal|po|li|tik
Per|so|nal|pro|no|men (*Sprachwiss.* persönliches Fürwort, z. B. »er, wir«)
Per|so|nal|rat *Plur.* ...räte
Per|so|nal|re|fe|rent; Per|so|nal|re|fe|ren|tin
Per|so|nal-Ser|vice-Agen|tur, Per|so|nal|ser|vice|agen|tur (Einrichtung, in der Arbeitslose befristet als Leiharbeitnehmer eingestellt u. weitervermittelt od. -qualifiziert werden; *Abk.* PSA)
Per|so|nal Trai|ner [ˈpø:ɐ̯sənəl ˈtre:nɐ], der; - -s, - - ‹engl.› (Fitnesstrainer für die individuelle Betreuung einzelner Personen);

P
perp

Per|so|nal Trai|ne|rin, die; --, --nen
Per|so|nal|uni|on (Vereinigung mehrerer Ämter in einer Person)
Per|so|nal|ver|rech|ner (*österr. für* Lohnbuchhalter); **Per|so|nal|ver|rech|ne|rin; Per|so|nal|ver|rech|nung**
Per|so|nal|ver|tre|tung (*Verwaltungsspr.*)
Per|so|nal|ver|wal|tung; Per|so|nal|wech|sel; Per|so|nal|we|sen
Per|so|na non gra|ta *vgl.* Persona ingrata
Per|sön|chen
per|so|nell ⟨franz.⟩ (das Personal betreffend)
Per|so|nen|auf|zug
Per|so|nen|be|för|de|rung; Per|so|nen|be|för|de|rungs|ge|setz
Per|so|nen|be|schrei|bung
per|so|nen|be|zo|gen; personenbezogene Daten
Per|so|nen|fir|ma (Firma, deren Name aus einem od. mehreren Personennamen besteht; *Ggs.* Sachfirma)
per|so|nen|ge|bun|den
Per|so|nen|ge|sell|schaft (*Wirtsch.*)
Per|so|nen|grup|pe; Per|so|nen|kon|t|rol|le
Per|so|nen|kraft|wa|gen (*Abk.* Pkw *od.* PKW)
Per|so|nen|kreis; Per|so|nen|kult
Per|so|nen|nah|ver|kehr; öffentlicher Personennahverkehr (*Abk.* ÖPNV)
Per|so|nen|na|me
Per|so|nen|scha|den (*Ggs.* Sachschaden)
Per|so|nen|schiff|fahrt
Per|so|nen|schutz, der; -es
Per|so|nen|stand, der; -[e]s (Familienstand); **Per|so|nen|stands|re|gis|ter**
Per|so|nen|ver|kehr; Per|so|nen|ver|si|che|rung; Per|so|nen|waa|ge; Per|so|nen|wa|gen; Per|so|nen|zahl; Per|so|nen|zug
Per|so|ni|fi|ka|ti|on, die; -, -en; **per|so|ni|fi|zie|ren; Per|so|ni|fi|zie|rung** (Verkörperung)
per|sön|lich (in [eigener] Person; eigen[artig]; selbst); persönliches Fürwort (*für* Personalpronomen)
Per|sön|lich|keit; per|sön|lich|keits|be|wusst
Per|sön|lich|keits|bil|dung; Per|sön|lich|keits|ent|fal|tung; Per|sön|lich|keits|ent|wick|lung
per|sön|lich|keits|fremd (einer Person wesensfremd)
Per|sön|lich|keits|kult (*selten für* Personenkult); **Per|sön|lich|keits|recht; Per|sön|lich|keits|stö|rung; Per|sön|lich|keits|wahl; Per|sön|lich|keits|wert**
Per|sons|be|schrei|bung (*österr. für* Personenbeschreibung)
Per|s|pek|tiv, das; -s, -e ⟨lat.⟩ (kleines Fernrohr)
Per|s|pek|ti|ve, die; -, -n (Darstellung von Raumverhältnissen in der ebenen Fläche; Sicht, Blickwinkel; Aussicht [für die Zukunft])
Per|s|pek|ti|ven|grup|pe (*österr. für* Arbeitsgruppe, Kommission)
Per|s|pek|ti|ven|wech|sel
per|s|pek|ti|visch (die Perspektive betreffend); perspektivische Verkürzung
per|s|pek|tiv|los; Per|s|pek|tiv|lo|sig|keit
Per|s|pek|tiv|pla|nung (*Wirtsch.* langfristige Globalplanung)
Per|s|pi|ra|ti|on, die; - ⟨lat.⟩ (*Med.* Hautatmung); **per|s|pi|ra|to|risch**
Per|su|a|si|on, die; -, -en ⟨lat.⟩ (Überredung[skunst]); **per|su|a|siv** (der Überredung dienend)
[1]**Perth** [pəːθ] (schott. Grafschaft u. deren Hauptstadt)
[2]**Perth** [pəːθ] (Hauptstadt Westaustraliens)
Pe|ru (südamerik. Staat)
Pe|ru|a|ner; Pe|ru|a|ne|rin; pe|ru|a|nisch
Pe|ru|bal|sam
Pe|rü|cke, die; -, -n ⟨franz.⟩; **Pe|rü|cken|ma|cher**
Pe|ru|gia [...dʒa] (ital. Stadt)
per|vers ⟨lat.(-franz.)⟩ (abartig, widernatürlich; verderbt)
Per|ver|si|on, die; -, -en
Per|ver|si|tät, die; -, -en
per|ver|tie|ren (verfälschen, [sich] ins Negative verkehren); **Per|ver|tiert|heit; Per|ver|tie|rung**
Per|zent, das; -[e]s, -e ⟨lat.⟩ (*österr. veraltet für* Prozent)
per|zep|ti|bel ⟨lat.⟩ (wahrnehmbar; fassbar); ...i|b|le Geräusche; **Per|zep|ti|bi|li|tät,** die; - (Wahrnehmbarkeit; Fasslichkeit)
Per|zep|ti|on, die; -, -en (sinnliche Wahrnehmung)
per|zep|tiv, per|zep|to|risch (wahrnehmend); **per|zi|pie|ren** (erfassen; wahrnehmen)
Pe|sa|de, die; -, -n ⟨franz.⟩ (*Reiten* Figur der Hohen Schule)
pe|san|te ⟨ital.⟩ (*Musik* schleppend, wuchtig); **Pe|san|te,** das; -[s], -s (*Musik* pesante gespieltes Musikstück)
Pesch|mer|ga, der; -[s], - (Selbstbezeichnung der kurdischen Freiheitskämpfer im Irak)
Pe|sel, der; -s, - (*nordd. für* bäuerl. Wohnraum)
pe|sen (*ugs. für* eilen, rennen); du pest; er/sie pes|te
Pe|se|ta, Pe|se|te, die; -, ...ten ⟨span.⟩ (frühere span. Währungseinheit; *Abk.* Pta)
Pe|so, der; -[s], -[s] (Währungseinheit in Mittel- u. Südamerika u. auf den Philippinen)
Pes|sach, das; -s ⟨hebr.⟩ (*svw.* Passah)
Pes|sar, das; -s, -e ⟨griech.⟩ (*Med.* [Kunststoff]ring o. Ä., der den Gebärmuttermund zur Empfängnisverhütung verschließt)
Pes|si|mis|mus, der; - ⟨lat.⟩ (seelische Gedrücktheit; Schwarzseherei; *Ggs.* Optimismus)
Pes|si|mist, der; -en, -en; **Pes|si|mis|tin; pes|si|mis|tisch**
Pes|si|mum, das; -s, ...ma (*Biol.* schlechteste Umweltbedingungen)
[1]**Pest,** die; - ⟨lat.⟩ (eine Seuche)
[2]**Pest** (Stadtteil von Budapest)
Pes|ta|loz|zi (schweiz. Pädagoge u. Sozialreformer)
pest|ar|tig; pestartiger Gestank
Pest|beu|le; Pest|hauch
Pes|ti|lenz, die; -, -en ⟨lat.⟩ (*veraltet für* [1]Pest); **pes|ti|len|zi|a|lisch**
Pes|ti|zid, das; -s, -e (Schädlingsbekämpfungsmittel)
pest|krank; Pest|kran|ke
Pes|to, das *od.* der; -s, -s ⟨ital.⟩ (Würzpaste aus Olivenöl, Knoblauch, Basilikum, Pinienkernen u. a.)
Pest|säu|le (Gedenksäule zur Erinnerung an eine überstandene Pest)
PET = Polyethylenterephthalat (ein Kunststoff)
Pe|ta... ⟨griech.⟩ (das Billiardenfache einer Einheit, z. B. Petajoule = 10^{15} Joule)
Pé|tanque [peˈtãk], das; -[s] *od.* die; - ⟨franz.⟩ (aus Südfrankreich stammendes Kugelspiel)
Pe|tar|de, die; -, -n ⟨franz.⟩ (*früher für* Sprengmörser, -ladung)

Pe|tent, der; -en, -en ‹lat.› (*Amtsspr.* Antrag-, Bittsteller); **Pe|ten|tin**
Pe|ter (m. Vorn.)
Pe|ter|le, das; -[s] (*landsch. für* Petersilie); **Pe|ter|li,** der; -[s] (*schweiz. mdal. für* Petersilie)
Pe|ter|männ|chen (ein Fisch)
Pe|ter-Paul-Kir|che ↑K137
Pe|ters|burg (*kurz für* Sankt Petersburg)
Pe|ters|fisch (ein Speisefisch)
Pe|ter|sil, der; -s ‹griech.› (*bayr., österr. neben* Petersilie); **Pe|ter|si|lie,** die; -, -n (ein Küchenkraut); **Pe|ter|si|li|en|kar|tof|feln** *Plur.;* **Pe|ter|si|li|en|wur|zel**
Pe|ters|kir|che; Pe|ters|pfen|nig
Pe|ter-und-Paul-Kir|che ↑K137
Pe|ter-und-Pauls-Tag ↑K137 (kath. Fest)
Pe|ter|wa|gen (*ugs. für* Funkstreifenwagen)
PET-Fla|sche (*vgl.* PET)
Pe|tit [pəˈtiː], die; - ‹franz.› (*Druckw.* ein Schriftgrad)
Pe|ti|tes|se, die; -, -n (Geringfügigkeit)
Pe|tit Four [pətiˈfuːɐ̯], das; - -s, -s -s [pətiˈfuːɐ̯] ‹franz.› (feines Kleingebäck)
Pe|ti|ti|on, die; -, -en ‹lat.› (Gesuch); **pe|ti|ti|o|nie|ren**
Pe|ti|ti|ons|aus|schuss; Pe|ti|ti|ons|recht (Bittrecht, Beschwerderecht)
Pe|tit|satz, der; -es; **Pe|tit|schrift** (*Druckw.*)
Pe|tö|fi [...tøː...] (ung. Lyriker)
Pe|t|ra (w. Vorn.)
Pe|t|rar|ca (ital. Dichter u. Gelehrter)
Pe|t|ras|si (ital. Komponist)
Pe|t|re|fakt, das; -[e]s, -e[n] ‹griech.; lat.› (*veraltet für* Versteinerung)
Pe|t|ri *vgl.* Petrus
Pe|t|ri|fi|ka|ti|on, die; -, -en ‹griech.; lat.› (Versteinerungsprozess); **pe|t|ri|fi|zie|ren** (versteinern)
Pe|t|ri Heil! *vgl.* Petrus; **Pe|t|ri|jün|ger** (*scherzh. für* Angler)
Pe|t|ri|kir|che
pe|t|ri|nisch; petrinischer Lehrbegriff, petrinische Briefe
Pe|t|ri|scha|le ‹nach dem dt. Bakteriologen Petri› (Glasschale, in der Bakterienkulturen angelegt werden)
Pe|t|ro|che|mie ‹griech.› (*svw.* Petrolchemie; *veraltend für* Wissenschaft von der chem. Zusammensetzung der Gesteine); **pe|t|ro|che|misch**
Pe|t|ro|dol|lar, der; -[s], -s (von Erdöl fördernden Staaten eingenommenes Geld in amerik. Währung)
Pe|t|ro|ge|ne|se, die; -, -n ‹griech.› (Gesteinsbildung); **pe|t|ro|ge|ne|tisch**
Pe|t|ro|graf, Pe|t|ro|graph, der; -en, -en (Kenner u. Forscher auf dem Gebiet der Petrografie)
Pe|t|ro|gra|fie, Pe|t|ro|gra|phie, die; -, ...ien (Gesteinskunde, -beschreibung); **Pe|t|ro|gra|fin, Pe|t|ro|gra|phin; pe|t|ro|gra|fisch, pe|t|ro|gra|phisch**
pe|t|rol ‹griech.; lat.› (von kräftigem Türkis); ein petrol T-Shirt; *vgl.* beige
Pe|t|rol, das; -s (*schweiz. neben* Petroleum)
Pe|t|rol|che|mie (auf Erdöl u. Erdgas beruhende techn. Rohstoffgewinnung in der chem. Industrie); **pe|t|rol|che|misch**
Pe|t|ro|le|um, das; -s (*auch veraltet für* Erdöl)
Pe|t|ro|le|um|ko|cher; Pe|t|ro|le|um|lam|pe; Pe|t|ro|le|um|ofen
pe|t|rol|far|ben, pe|t|rol|far|big
Pe|t|ro|lo|ge, der; -n, -n; **Pe|t|ro|lo|gie,** die; - (Wissenschaft von der Bildung u. Umwandlung der Gesteine); **Pe|t|ro|lo|gin**
Pe|t|rus (Apostel); Petri Heil! (Anglergruß); Petri (des Petrus) Stuhlfeier (kath. Fest), Petri Kettenfeier (kath. Fest), *aber* Petrikirche usw.
Pet|schaft, das; -s, -e ‹tschech.› (Stempel zum Siegeln)
pet|schie|ren (mit einem Petschaft schließen); **pet|schiert** (*österr. ugs. für* in einer peinlichen Situation, ruiniert); petschiert sein
Pet|ti|coat [ˈpɛtikoːt], der; -s, -s ‹engl.› (steifer Taillenunterrock)
Pet|ting, das; -[s], -s ‹amerik.› (sexuelles Liebesspiel ohne eigentlichen Geschlechtsverkehr)
pet|to *vgl.* in petto
Pe|tu|nie, die; -, -n ‹indian.› (eine Zierpflanze)
Petz, der; -es, -e (*scherzh. für* Bär); Meister Petz
[1]**Pet|ze,** die; -, -n (*landsch. für* Hündin)
[2]**Pet|ze,** die; -, -n (*Schülerspr. abwertend*)
[1]**pet|zen** (*Schülerspr. abwertend für* mitteilen, dass jmd. etwas Unerlaubtes getan hat); du petzt
[2]**pet|zen** (*landsch. für* zwicken, kneifen); du petzt
Pet|zer ‹*zu* [1]petzen›; **Pet|ze|rin**
peu à peu [ˈpøː a ˈpøː] ‹franz.› (*ugs. für* nach u. nach)
pe|xie|ren (*svw.* pekzieren)
pF = Picofarad
Pf. = Pfennig
Pfad, der; -[e]s, -e; **Pfäd|chen**
pfa|den (*schweiz. für* [einen verschneiten Weg] begeh-, befahrbar machen)
Pfa|der (*schweiz.; kurz für* Pfadfinder); **Pfa|de|rin**
Pfad|fin|der; Pfad|fin|de|rin
[1]**Pfa|di,** der; -s, -s (*bes. schweiz. für* Pfadfinder)
[2]**Pfa|di,** die; -, -s (*bes. schweiz. für* Pfadfinderin)
pfad|los
Pfaf|fe, der; -n, -n (*abwertend für* Geistlicher)
Pfaf|fen|hüt|chen (ein giftiger Zierstrauch)
Pfaf|fen|knecht (*abwertend*)
Pfaf|fen|tum, das; -s (*abwertend*)
pfäf|fisch (*abwertend*)
Pfahl, der; -[e]s, Pfähle
Pfahl|bau *Plur.* ...bauten; **Pfahl|bau|er** *vgl.* [1]Bauer; **Pfahl|bau|e|rin, Pfahl|bäu|e|rin**
Pfahl|bür|ger (*veraltend für* Kleinbürger); **Pfahl|bür|ge|rin**
pfäh|len
Pfahl|gra|ben; Pfahl|grün|dung (*Bauw.*); **Pfahl|mu|schel**
Pfäh|lung
Pfahl|werk; Pfahl|wur|zel
[1]**Pfalz,** die; -, -en ‹lat.› ([kaiserl.] Palast; Hofburg für kaiserl. Hofgericht; Gebiet, auch Burg des Pfalzgrafen)
[2]**Pfalz,** die; - (südl. Teil des Bundeslandes Rheinland-Pfalz)
Pfäl|zer; Pfälzer Wein; **Pfäl|ze|rin; Pfäl|zer Wald, Pfäl|zer|wald**
Pfalz|graf (im MA.); **Pfalz|grä|fin; pfalz|gräf|lich**
pfäl|zisch
Pfand, das; -[e]s, Pfänder
pfänd|bar; Pfänd|bar|keit, die; -
Pfand|brief (*Bankw.*)
Pfand|bruch, der; -[e]s, ...brüche (Beseitigung gepfändeter Sachen)
Pfand|ef|fek|ten *Plur.* (*Bankw.*)
pfän|den
[1]**Pfän|der** (*südd. für* Gerichtsvollzieher)

P
Pete

[2]**Pfän|der,** der; -s (Berg bei Bregenz)
Pfän|de|rin
Pfän|der|spiel
Pfand|fla|sche; Pfand|geld; Pfand|haus
Pfand|kehr, die; - *(Rechtsspr.)*
Pfandl, das, -s, -n *(österr. ugs. für* Pfandleihanstalt); **Pfand|leih|an|stalt** *(österr.);* **Pfand|lei|he; Pfand|lei|her; Pfand|lei|he|rin**
Pfand|mar|ke; Pfand|pflicht; Pfand|recht; Pfand|schein; Pfand|sie|gel
Pfän|dung; Pfän|dungs|auf|trag; Pfän|dungs|schutz, der; -es (Schutz vor zu weit gehenden Pfändungen); **Pfän|dungs|ver|fü|gung**
pfand|wei|se; Pfand|zet|tel
Pfänn|chen
Pfan|ne, die; -, -n; jmdn. in die Pfanne hauen *(ugs. für* jmdn. zurechtweisen, erledigen, ausschalten)
pfan|nen|fer|tig (bereit zur Zubereitung; *schweiz. auch für* ausgereift)
Pfan|nen|ge|richt; Pfan|nen|stiel
Pfän|ner *(früher für* Besitzer einer Saline); **Pfän|ne|rin; Pfän|ner|schaft** *(früher für* Genossenschaft zur Nutzung der Solquellen)
Pfann|ku|chen
Pfarr|ad|mi|nis|t|ra|tor; Pfarr|ad|mi|nis|t|ra|to|rin
Pfarr|amt; Pfarr|bü|che|rei
Pfar|re, die; -, -n *(landsch.);* **Pfar|rei; pfar|rei|lich**
Pfar|rer; Pfar|re|rin
Pfar|rers|frau *(svw.* Pfarrfrau); **Pfar|rers|kö|chin; Pfar|rers|sohn; Pfar|rers|toch|ter**
Pfarr|frau
Pfarr|ge|mein|de *(kath. Kirche);* **Pfarr|ge|mein|de|rat**
Pfarr|haus; Pfarr|heim
Pfarr|hel|fer; Pfarr|hel|fe|rin
Pfarr|herr *(veraltet);* **Pfarr|hof**
Pfarr|kin|der|gar|ten; Pfarr|kir|che
pfarr|lich
Pfarr|saal; Pfarr|stel|le
Pfarr|vi|kar; Pfarr|vi|ka|rin
Pfarr|zen|t|rum
Pfau, der; -[e]s, -e[n], *österr. auch* der; -en, -en (ein Vogel)
pfau|chen *(österr. für* fauchen)
Pfau|en|au|ge; Pfau|en|fe|der; Pfau|en|rad
Pfau|en|thron, der; -[e]s (Thron früherer Herrscher des Iran)
Pfau|hahn; Pfau|hen|ne
Pfd. = Pfund
Pfef|fer, der; -s, *Plur. (Sorten:)* - (eine Pflanze; Gewürz); weißer, schwarzer Pfeffer ↑K151
Pfef|fer|fres|ser *(für* Tukan)
pfef|fe|rig, pfeff|rig
Pfef|fer|ku|chen; Pfef|fer|ku|chen|häus|chen
Pfef|fer|ling *(selten für* Pfifferling [Pilz])
[1]**Pfef|fer|minz** [*auch* ...'mın...], der; -es, -e (ein Likör); 3 Pfefferminz
[2]**Pfef|fer|minz** [*auch* ...'mın...], das; -es, -e (Bonbon, Plätzchen mit Pfefferminzgeschmack); **Pfef|fer|minz|bon|bon**
Pfef|fer|min|ze [*auch* ...'mın...] (eine Heil- u. Gewürzpflanze); **Pfef|fer|minz|li|kör; Pfef|fer|minz|pas|til|le; Pfef|fer|minz|tee**
Pfef|fer|müh|le; Pfef|fer|mu|schel
pfef|fern; ich pfeffere
Pfef|fer|nuss
Pfef|fe|ro|ne, der; -, *Plur.* ...oni, *selten* -n *(svw.* Pfefferoni); **Pfef|fe|ro|ni,** der; -, - ‹sanskr.; ital.› *(österr. für* Peperoni)
Pfef|fer|sack *(veraltend für* Großkaufmann)
Pfef|fer|spray; Pfef|fer|steak; Pfef|fer|strauch; Pfef|fer|streu|er
Pfef|fer-und-Salz-Mus|ter ↑K26
pfeff|rig, pfef|fe|rig
Pfei|fe, die; -, -n *(ugs. auch für* ängstlicher Mensch; Versager)
pfei|fen; du pfiffst; du pfiffest; gepfiffen; pfeif[e]!; auf etwas pfeifen *(ugs. für* an etwas nicht interessiert sein)
Pfei|fen|be|steck; Pfei|fen|de|ckel; Pfei|fen|kopf; Pfei|fen|kraut
Pfei|fen|mann *Plur.* ...männer *(ugs. für* Schiedsrichter)
Pfei|fen|rau|cher; Pfei|fen|rau|che|rin; Pfei|fen|rei|ni|ger; Pfei|fen|stän|der; Pfei|fen|stop|fer; Pfei|fen|ta|bak
Pfei|fer; Pfei|fe|rei
Pfeif|fer-Drü|sen|fie|ber, das; -s ‹nach dem dt. Arzt E. Pfeiffer› *(Med.* eine Infektionskrankheit)
Pfeif|kes|sel; Pfeif|kon|zert; Pfeif|ton *Plur.* ...töne
Pfeil, der; -[e]s, -e
Pfei|ler, der; -s, -
Pfei|ler|ba|si|li|ka; Pfei|ler|bau, der; -[e]s *(Bergmannsspr.* ein Abbauverfahren)
pfeil|ge|ra|de; pfeil|ge|schwind
Pfeil|gift, das; **Pfeil|hecht; Pfeil|kraut; Pfeil|rich|tung**
pfeil|schnell
Pfeil|wurz (eine trop. Staude)
pfel|zen *(österr. landsch. für* pfropfen)
Pfen|nig, der; -s, -e (Untereinheit der Mark; *Abk.* Pf.; 100 Pf. = 1 [Deutsche] Mark); 6 Pfennig
Pfen|nig|ab|satz (hoher, dünner Absatz bei Damenschuhen); **Pfen|nig|be|trag** (sehr geringer Betrag)
Pfen|nig|fuch|ser *(ugs. für* Geizhals); **Pfen|nig|fuch|se|rei; Pfen|nig|fuch|se|rin**
pfen|nig|groß
Pfen|nig|stück *(früher);* **pfen|nig|stück|groß**
Pfen|nig|wa|re (Kleinigkeit)
pfen|nig|wei|se
Pferch, der; -[e]s, -e (Einhegung, eingezäunte Fläche); **pfer|chen** (hineinzwängen)
Pferd, das; -[e]s, -e; zu Pferde
Pfer|de|ap|fel
Pfer|de|bahn (von Pferden gezogene Straßenbahn)
Pfer|de|de|cke
Pfer|de|dok|tor *(ugs.);* **Pfer|de|dok|to|rin**
Pfer|de|drosch|ke; Pfer|de|fleisch; Pfer|de|fuß; Pfer|de|ge|biss *(ugs.);* **Pfer|de|ge|sicht** *(ugs.);* **Pfer|de|kar|re[n]; Pfer|de|kop|pel,** die
Pfer|de|kur (Rosskur; *vgl.* [1]Kur)
Pfer|de|län|ge *(Reitsport);* **Pfer|de|lun|ge**
Pfer|de|metz|ger *(landsch.);* **Pfer|de|metz|ge|rin**
Pfer|de|na|tur *(ugs.)*
Pfer|de|ren|nen
Pfer|de|schwanz *(auch für* eine Frisur)
Pfer|de|sport; Pfer|de|stall
Pfer|de|stär|ke (frühere techn. Maßeinheit; *Abk.* PS; *vgl.* HP)
Pfer|de|strie|gel; Pfer|de|wa|gen
Pfer|de|wirt; Pfer|de|wir|tin
Pfer|de|zucht
...pfer|dig (z. B. sechspferdig)
Pferd|pau|schen, der; -, - *(schweiz. für* Seitpferd); **Pferd|sprung** *(Turnen)*
Pfet|te, die; -, -n (waagerechter, tragender Balken im Dachstuhl); **Pfet|ten|dach**
pfet|zen *(landsch. für* kneifen)
pfiat [pfi:ɐt] *(bayr., österr. für* »lebe [lebt] wohl!«); pfiat di/euch [Gott] (»behüt dich/euch Gott!«)
pfiff *vgl.* pfeifen
Pfiff, der; -[e]s, -e

Pfif|fer|ling (ein Pilz); keinen Pfifferling wert sein *(ugs.)*
pfif|fig; Pfif|fig|keit, die; -
Pfif|fi|kus, der; -[ses], -se *(ugs. für* schlauer Mensch)

Pfings|ten
das; -, - ‹griech.›
(christlicher Feiertag am 50. Tag nach Ostern)
– zu Pfingsten *(bes. nordd. u. österr.)*
– an Pfingsten *(bes. südd.)*
– Pfingsten fällt früh; Pfingsten ist bald vorbei
Gelegentlich im landschaftlichen Sprachgebrauch und zumeist in Österreich und in der Schweiz wird »Pfingsten« im Plural verwendet:
– die[se] Pfingsten fallen früh; nach den Pfingsten
In Wunschformeln ist allgemein der Plural üblich:
– fröhliche Pfingsten!; frohe Pfingsten!

Pfingst|fe|ri|en *Plur.;* **Pfingst|fest**
Pfingst|ler (Anhänger einer religiösen Bewegung); **Pfingst|le|rin**
pfingst|lich
Pfingst|mon|tag; Pfingst|och|se; Pfingst|ro|se (Päonie); **Pfingst|sonn|tag; Pfingst|ver|kehr; Pfingst|wo|che**
Pfir|sich, der; -s, -e; Pfirsich Melba (Pfirsich mit Vanilleeis und Himbeermark)
Pfir|sich|baum; Pfir|sich|blü|te; Pfir|sich|bow|le
pfir|sich|far|ben
Pfir|sich|haut *(übertr. auch für* samtige, rosige Gesichtshaut)
Pfis|ter *(veraltet für* [Hof-, Kloster]bäcker); **Pfis|te|rei**
Pfit|scher Joch, das; - -s (Alpenpass in Südtirol)
Pfitz|ner (dt. Komponist)
Pflanz, der; - *(österr. ugs. für* Hohn, Schwindel)
Pflänz|chen; Pflan|ze, die; -, -n; pflanzenfressende *od.* Pflanzen fressende Tiere
pflan|zen *(österr. ugs. auch für* zum Narren halten); du pflanzt
pflan|zen|ar|tig
Pflan|zen|bau, der; -[e]s; **Pflan|zen|de|cke; Pflan|zen|ex|trakt; Pflan|zen|fa|ser; Pflan|zen|fett**
pflan|zen|fres|send, Pflan|zen fres|send ↑K58; **Pflan|zen|fres|ser**
Pflan|zen|gift, das; **Pflan|zen|grün,** das; -s; **Pflan|zen|kost; Pflan|zen|krank|heit; Pflan|zen|kun|de,** die; -; **Pflan|zen|milch; Pflan|zen|öl; Pflan|zen|reich**
Pflan|zen|schutz, der; -es; **Pflan|zen|schutz|mit|tel,** das
Pflan|zen|welt
Pflan|zer; Pflan|ze|rin
Pflanz|gar|ten; Pflanz|kar|tof|feln *Plur.*
pflanz|lich; pflanzliche Kost
Pflänz|ling
Pflanz|stock *Plur.* ...stöcke
Pflan|zung *(auch für* Plantage)
Pflas|ter, das; -s, - (Heil- od. Schutzverband; Straßenbelag); ein teures Pflaster *(ugs. für* Stadt mit teuren Lebensverhältnissen); **Pfläs|ter|chen**
Pflas|te|rer, *landsch. u. schweiz.* **Pfläs|te|rer; Pflas|te|rin,** *landsch. u. schweiz.* **Pfläs|te|rin**
Pflas|ter|ma|ler (jmd., der auf Bürgersteige o. Ä. [Kreide]bilder malt); **Pflas|ter|ma|le|rin**
pflas|ter|mü|de
pflas|tern, *landsch. u. schweiz.* **pfläs|tern;** ich pflastere, *landsch. u. schweiz.* pflästere
Pflas|ter|stein
Pflas|ter|tre|ter *(veraltend für* müßig Herumschlendernder); **Pflas|ter|tre|te|rin**
Pflas|te|rung, *landsch. u. schweiz.* **Pfläs|te|rung**
Pflatsch, der; -[e]s, -e, **Pflat|schen,** der; -s, - *(landsch. für* Fleck durch verschüttete Flüssigkeit; jäher Regenguss)
pflat|schen *(landsch. für* klatschend aufschlagen); du pflatschst
Pfläum|chen
Pflau|me, die; -, -n
pflau|men *(ugs. für* scherzhafte Bemerkungen machen)
Pflau|men|au|gust *(abwertend für* nichtssagender, charakterloser Mann; *vgl.* ²August)
Pflau|men|baum; Pflau|men|brannt|wein (Slibowitz); **Pflau|men|ku|chen; Pflau|men|mus; Pflau|men|schnaps**
pflau|men|weich
Pfle|ge, die; -
Pfle|ge|am|nes|tie *(österr. für* Arbeitserlaubnis für ausländische Pflegekräfte)
Pfle|ge|amt
pfle|ge|arm
pfle|ge|be|dürf|tig; Pfle|ge|be|dürf|ti|ge; Pfle|ge|be|dürf|tig|keit
Pfle|ge|be|foh|le|ne, der *u.* die; -n, -n
Pfle|ge|dienst; Pfle|ge|ein|rich|tung
Pfle|ge|el|tern *Plur.*
Pfle|ge|fall, der; **Pfle|ge|fa|mi|lie; Pfle|ge|geld**
pfle|ge|ge|recht; pflegegerechte Wohnungen
Pfle|ge|heim; Pfle|ge|kas|se; Pfle|ge|kind; Pfle|ge|kraft
pfle|ge|leicht
Pfle|ge|mo|dell *(Politik)*
Pfle|ge|mut|ter
pfle|gen; du pflegtest; gepflegt; pfleg[e]!; *in der Wendung* »der Ruhe pflegen« *auch* du pflogst; du pflögest; gepflogen
Pfle|ge|not|stand; Pfle|ge|per|so|nal
Pfle|ger *(auch für* Vormund); **Pfle|ge|rin; pfle|ge|risch**
Pfle|ge|satz; allgemeiner Pflegesatz
Pfle|ge|sohn
Pfle|ge|sta|ti|on; Pfle|ge|stät|te; Pfle|ge|stel|le; Pfle|ge|stu|fe; Pfle|ge|sys|tem
Pfle|ge|toch|ter; Pfle|ge|va|ter
Pfle|ge|ver|si|che|rung
pfleg|lich; Pfleg|ling
pfleg|sam *(selten für* sorgsam)
Pfleg|schaft *(Rechtsspr.);* **Pfleg|schafts|ge|richt** *(österr. für* Vormundschaftsgericht)
Pflicht, die; -, -en ‹*zu* pflegen›
Pflicht|ar|beit; Pflicht|bei|trag; Pflicht|be|such
pflicht|be|wusst; Pflicht|be|wusst|sein
Pflicht|ei|fer; pflicht|eif|rig
Pflicht|ein|stel|lung
Pflich|ten|heft; Pflich|ten|kreis
Pflicht|er|fül|lung; Pflicht|ex|em|p|lar; Pflicht|fach; Pflicht|ge|fühl
Pflicht|ge|gen|stand *(österr. für* Pflichtfach in der Schule)
pflicht|ge|mäß
...pflich|tig (z. B. schulpflichtig)
Pflicht|jahr; Pflicht|kür
Pflicht|lauf *(Sport);* **Pflicht|lau|fen,** das; -s *(Sport)*
Pflicht|leis|tung; Pflicht|lek|tü|re
Pflicht|pfand (Pfandgeld, das auf bestimmte Getränkeverpackungen erhoben wird)
Pflicht|platz (Arbeitsplatz, der mit einem Schwerbeschädigten besetzt werden muss)
Pflicht|pro|gramm
Pflicht|re|ser|ve *meist Plur.* *(Wirtsch.)*
pflicht|schul|dig, pflicht|schul|digst

P
Pfif

Pflịcht|schu|le (*bes. österr. für* Volks- u. Hauptschule)
Pflịcht|stun|de
Pflịcht|teil, der, *österr. nur so, od.* das
pflịcht|treu; Pflịcht|treue
Pflịcht|übung
Pflịcht|um|tausch, der; -[e]s (vorgeschriebener Geldumtausch bei Reisen in bestimmte Länder)
pflịcht|ver|ges|sen; der pflichtvergessene Mensch; **Pflịcht|ver|ges|sen|heit**
Pflịcht|ver|let|zung
pflịcht|ver|si|chert; Pflịcht|ver|si|che|rung
Pflịcht|ver|tei|di|ger; Pflịcht|ver|tei|di|ge|rin; Pflịcht|ver|tei|di|gung
pflịcht|wid|rig; pflichtwidriges Verhalten
Pflọck, der; -[e]s, Pflöcke; **Pflọ̈ck|chen**
pflo|cken, pflö|cken
Pflọtsch, der; -[e]s (*schweiz. mdal. für* Schneematsch)
Pflụ̈|cke, die; -, -n (Pflücken)
pflụ̈|cken; Pflụ̈|cker; Pflụ̈|cke|rin
Pflụ̈ck|rei|fe; Pflụ̈ck|sa|lat
Pflu̲g, der; -[e]s, Pflüge
pflü̲|gen; Pflü̲|ger; Pflü̲|ge|rin
Pflu̲g|mes|ser, das; **Pflu̲g|schar,** die; -, -en, *landwirtschaftl. auch* das; -[e]s, -e; **Pflu̲g|sterz,** der; -es, -e; *vgl.* [2]Sterz
Pflü̲m|li, das *u.* der; -[s], -[s]; *vgl.* Götti (*schweiz. mdal. für* Pflaumenschnaps)
Pfọrt|ader *(Med.)*; **Pfọ̈rt|chen**
Pfọr|te, die; -, -n; die Burgundische Pforte ↑K140
Pfọr|ten|ring (*früher für* Klopfring an einer Pforte)
Pfọ̈rt|ner; Pfọ̈rt|ner|haus; Pfọ̈rt|ne|rin; Pfọ̈rt|ner|lo|ge
Pfọrz|heim (Stadt am Nordrand des Schwarzwaldes)
Pfọ̈st|chen
Pfọs|ten, der; -s, -; **Pfọs|ten|schuss** *(Sport)*
Pfö̲t|chen; Pfo̲|te, die; -, -n
Pfri̲e̲m, der; -[e]s, -e (ein [Schuster]werkzeug); *vgl.* Ahle
pfri̲e̲|meln (*landsch. für* mit den Fingerspitzen hin u. her drehen; *ugs. für* mit den Fingern nestelnd, pulend zu schaffen machen); ich pfriem[e]le
Pfri̲e̲|men|gras
Pfrịl|le, die; -, -n (*svw.* Elritze)
Pfrọpf, der; -[e]s, -e *u.* -ens, -en (zusammengepresste Masse, die etwas verstopft, verschließt); **Pfrọ̈pf|chen**
[1]**pfrọp|fen** (durch Einsetzen eines wertvolleren Sprosses veredeln)
[2]**pfrọp|fen** ([eine Flasche] verschließen); **Pfrọp|fen,** der; -s, - (Kork, Stöpsel; *auch für* Pfropf)
Pfrọ̈pf|ling
Pfrọpf|mes|ser, das; **Pfrọpf|reis,** das
Pfrụ̈n|de, die; -, -n (Einkommen durch ein Kirchenamt; *auch scherzh. für* [fast] müheloses Einkommen)
Pfrụ̈n|der (*schweiz. für* Pfründner); **Pfrụ̈n|de|rin**
Pfrụnd|haus *(schweiz.)*, **Pfrụ̈nd|haus** (*landsch. für* Altenheim)
Pfrụ̈nd|ner (*landsch. für* Insasse eines Pfründhauses); **Pfrụ̈nd|ne|rin**
Pfu̲hl, der; -[e]s, -e (große Pfütze; Sumpf; *landsch. für* Jauche)
Pfü̲hl, der, *auch* das; -[e]s, -e (*veraltet für* Kissen)
pfu̲i̲!; pfui, pfui!; pfui Teufel!; pfui, schäm dich!; pfui gack *(österr. Kinderspr.)*
Pfu̲i̲, das; -s, -s; Pfui *od.* pfui rufen; ein verächtliches Pfui ertönte; **Pfu̲i̲|ruf**
Pfu̲l|men, der *u.* das; -s, - (*schweiz. für* breites Kopfkissen)
Pfụnd, das; -[e]s, -e ‹lat.› (Gewichtseinheit; *Abk.* Pfd.; *Zeichen:* ℔; Währungseinheit in Großbritannien [*Währungscode* GBP] u. anderen Staaten; *in Deutschland u. in der Schweiz als amtl. Gewichtsbezeichnung abgeschafft*); 4 Pfund Butter
Pfụ̈nd|chen
...pfụ̈n|der (z. B. Zehnpfünder, *mit Ziffern* 10-Pfünder; ↑K29)
pfụn|dig (*ugs. für* großartig, toll)
...pfụ̈n|dig (z. B. zehnpfündig, *mit Ziffern* 10-pfündig; ↑K29)
Pfụnd|no|te
Pfụnds|kẹrl *(ugs.)*; **Pfụnds|spa̲ß,** *österr. auch* **Pfụnds|spạss** *(ugs.)*
Pfụnd Stẹr|ling [- ˈst..., - ˈʃt..., *auch* - ˈstœ:(r)...], das; - -, - - (brit. Währungseinheit; *Zeichen* £, *Währungscode* GBP)
pfụnd|wei|se
Pfụsch, der; -[e]s (Pfuscherei; *österr. auch für* Schwarzarbeit); **Pfụsch|ar|beit**
pfụ|schen (*ugs. für* liederlich arbeiten; *österr. u. landsch. für* schwarzarbeiten); du pfuschst
Pfụ|scher; Pfụ|sche|re̲i̲; pfụ|scher|haft; Pfụ|sche|rin
pfụtsch (*österr. für* futsch)
Pfụ̈tz|chen; Pfụ̈t|ze, die; -, -n
Pfụ̈tz|ei|mer (*Bergmannsspr.* Schöpfeimer)
Pfụ̈t|zen|was|ser, das; -s
PGH = Produktionsgenossenschaft des Handwerks *(regional)*
ph = Phot
PH, die; -, -s = pädagogische Hochschule; *vgl.* pädagogisch
Phä|a̲|ke, der; -n, -n (Angehöriger eines [genussliebenden] Seefahrervolkes der griech. Sage; *übertr. für* sorgloser Genießer); **Phä|a̲|ken|le|ben,** das; -s; **Phä|a̲|kin**
Phạ̈|don (altgriech. Philosoph)
Phạ̈|d|ra (Gattin des Theseus)
Phạ̈|d|rus (röm. Fabeldichter)
Pha|e̲|thon (griech. Sagengestalt; Sohn des Helios)
Pha|ge, der; -n, -n (*svw.* Bakteriophage)
Pha|go|zyt, der; -en, -en *meist Plur.* ‹griech.› (*Med.* weißes Blutkörperchen, das bes. Bakterien unschädlich macht)
Pha|lanx, die; -, ...lạngen ‹griech.› (geschlossene Schlachtreihe *[bes. übertr.]; Med.* Finger-, Zehenglied)
Pha|le|ron (Vorstadt des antiken Athen)
phạl|lisch ‹griech.› (den Phallus betreffend)
Phal|lo|kra̲t, der; -en, -en (*abwertend für* phallokratischer Mann); **Phal|lo|kra|ti̲e̲,** die; -, ...i̲en (*abwertend für* gesellschaftliche Vorherrschaft des Mannes); **phal|lo|kra̲|tisch**
Phạl|los, der; -, *Plur.* ...lloi *u.* ...llen; *vgl.* Phallus; **Phạl|lus,** der; -, *Plur.* ...lli *u.* ...llen, *auch* -se ([erigiertes] m. Glied)
Phạl|lus|kult (*Völkerkunde* rel. Verehrung des Phallus als Sinnbild der Naturkraft); **Phạl|lus|sym|bol** *(bes. Psychol.)*
Pha|ne|ro|ga̲|me, die; -, -n ‹griech.› (*Bot.* Samenpflanze)
Phä|no|lo|gi̲e̲, die; - ‹griech.› (Lehre von den Erscheinungen des jahreszeitl. Ablaufs in der Pflanzen- u. Tierwelt, z. B. der Laubverfärbung der Bäume)
Phä|no|me̲n, das; -s, -e ([Natur]erscheinung; seltenes Ereignis; Wunder[ding]; *übertr. für* Genie)
phä|no|me|na̲l (außerordentlich, außergewöhnlich, erstaunlich)
Phä|no|me|na|lịs|mus, der; - (phi-

los. Lehre, nach der nur die Erscheinungen der Dinge, nicht diese selbst erkennbar sind)
Phä|no|me|no|lo|gie, die; - (Lehre von den Wesenserscheinungen der Dinge); **phä|no|me|no|lo|gisch**
Phä|no|me|non, das; -s, ...na (*svw.* Phänomen)
Phä|no|typ *vgl.* Phänotypus; **phä|no|ty|pisch; Phä|no|ty|pus,** der; -, ...pen (*Biol.* Erscheinungsbild, -form eines Organismus)
Phan|ta|sie *vgl.* ²Fantasie
phan|ta|sie|be|gabt *vgl.* fantasiebegabt
Phan|ta|sie|ge|bil|de *vgl.* Fantasiegebilde
Phan|ta|sie|ge|stalt *vgl.* Fantasiegestalt
phan|ta|sie|los *vgl.* fantasielos; **Phan|ta|sie|lo|sig|keit** *vgl.* Fantasielosigkeit
phan|ta|sie|ren *vgl.* ¹fantasieren
phan|ta|sie|voll *vgl.* fantasievoll
Phan|ta|sie|vor|stel|lung *vgl.* Fantasievorstellung
Phan|ta|sie|welt *vgl.* Fantasiewelt
Phan|tas|ma, das; -s, ...men (Trugbild)
Phan|tas|ma|go|rie, die; -, ...ien (Zauber, Truggebilde; künstl. Darstellung von Trugbildern, Gespenstern u. a.); **phan|tas|ma|go|risch**
Phan|ta|sos *vgl.* Phantasus
Phan|tast *vgl.* Fantast; **Phan|tas|te|rei** *vgl.* Fantasterei; **Phan|tas|tik** *vgl.* Fantastik; **Phan|tas|tin** *vgl.* Fantastin
phan|tas|tisch *vgl.* fantastisch
Phan|ta|sus (griech. Traumgott)
Phan|tom, das; -s, -e (Trugbild; *Med.* Nachbildung eines Körperteils od. Organs für Versuche od. für den Unterricht)
Phan|tom|bild (*Kriminalistik* nach Zeugenaussagen gezeichnetes Porträt); **Phan|tom|er|leb|nis** *(Med.)*; **Phan|tom|schmerz** (*Med.* Schmerzgefühl an einem amputierten Glied)
¹Pha|rao, der; -[s], ...onen ⟨ägypt.⟩ (altägypt. König)
²Pha|rao, das; -s ⟨franz.⟩ (altes franz. Kartenglücksspiel)
Pha|rao|amei|se
Pha|ra|o|nen|grab; Pha|ra|o|nen|rat|te (Ichneumon); **Pha|ra|o|nen|reich; pha|ra|o|nisch**
Pha|ri|sä|er ⟨hebr.⟩ (Angehöriger einer altjüd., die religiösen Gesetze streng einhaltenden Partei; *übertr. für* hochmütiger, selbstgerechter Heuchler; heißer Kaffee mit Rum u. Schlagsahne)
pha|ri|sä|er|haft; Pha|ri|sä|e|rin; Pha|ri|sä|er|tum, das; -s *(geh.)*; **pha|ri|sä|isch**
Pha|ri|sä|is|mus, der; - (Lehre der Pharisäer; *übertr. für* Selbstgerechtigkeit, Heuchelei)
Phar|ma|be|ra|ter (Arzneimittelvertreter); **Phar|ma|be|ra|te|rin**
Phar|ma|bran|che
Phar|ma|her|stel|ler; Phar|ma|her|stel|le|rin
Phar|ma|in|dus|t|rie (Arzneimittelindustrie)
Phar|ma|kant, der; -en, -en ⟨griech.⟩ (Facharbeiter in der Pharmaindustrie); **Phar|ma|kan|tin**
Phar|ma|ko|lo|ge, der; -n, -n (Wissenschaftler auf dem Gebiet der Pharmakologie); **Phar|ma|ko|lo|gie,** die; - (Arzneimittelkunde); **Phar|ma|ko|lo|gin**
phar|ma|ko|lo|gisch
Phar|ma|kon, das; -s, ...ka (Arzneimittel; Gift)
Phar|ma|kon|zern
Phar|ma|ko|pöe [...ˈpøː, ...ˈpøːə], die; -, -n [...ˈpøːən] (amtl. Arzneibuch)
Phar|ma|re|fe|rent (Arzneimittelvertreter); **Phar|ma|re|fe|ren|tin**
Phar|ma|un|ter|neh|men
Phar|ma|zeut, der; -en, -en (Arzneikundiger); **Phar|ma|zeu|tik,** die; - (Arzneimittelkunde); **Phar|ma|zeu|ti|kum,** das; -s, ...ka (Arzneimittel); **Phar|ma|zeu|tin**
phar|ma|zeu|tisch; phar|ma|zeu|tisch-tech|nisch ↑K23; pharmazeutisch-technischer Assistent, pharmazeutisch-technische Assistentin (*Abk.* PTA)
Phar|ma|zie, die; - (Lehre von der Arzneimittelzubereitung, Arzneimittelkunde)
Pha|ro, das; -s (*verkürzte Bildung zu* ²Pharao)
Pha|ryn|gis|mus, der; -, ...men ⟨griech.⟩ (*Med.* Schlundkrampf)
Pha|ryn|gi|tis, die; -, ...itiden (Rachenentzündung)
Pha|ryn|go|s|kop, das; -s, -e (Endoskop zur Untersuchung des Rachens); **Pha|ryn|go|s|ko|pie,** die; -, ...ien (Ausspiegelung des Rachens)
Pha|rynx, der; -, ...ryngen (Rachen)
Pha|se, die; -, -n ⟨griech.⟩ (Abschnitt einer [stetigen] Entwicklung, [Zu]stand; *Physik* Schwingungszustand beim Wechselstrom)
Pha|sen|bild *(Film)*; **Pha|sen|mes|ser,** der; **Pha|sen|ver|schie|bung**
pha|sen|wei|se
...pha|sig (z. B. einphasig)
phatt, *seltener* phat [fɛt] ⟨engl.⟩ (*Jugendspr.* hervorragend); der Film war richtig phatt *od.* phat; *aber nur* phatte Beats
Phei|di|as *vgl.* Phidias
Phe|n|a|ce|tin, das; -s ⟨griech.-nlat.⟩ (schmerzstillender Wirkstoff)
Phe|nol, das; -s ⟨griech.⟩ (Karbolsäure)
Phe|nol|ph|tha|le|in, das; -s (chem. Indikator)
Phe|no|plast, der; -[e]s, -e *meist Plur.* (ein Kunstharz)
Phe|nyl|grup|pe (*Chemie* einwertige Atomgruppe in vielen aromat. Kohlenwasserstoffen)
Phe|ro|mon, das; -s, -e ⟨griech.-nlat.⟩ (*Biol.* Wirkstoff, der auf andere Individuen der gleichen Art Einfluss hat, sie z. B. anlockt)
Phi, das; -[s], -s (griech. Buchstabe: Φ, φ)
Phi|a|le, die; -, -n ⟨griech.⟩ (altgriech. flache [Opfer]schale)
Phi|di|as (altgriech. Bildhauer); **phi|di|as|sisch;** phidiassische Elemente; die phidiassische Athenastatue ↑K89
phil..., phi|lo... ⟨griech.⟩ (...liebend); **Phil..., Phi|lo...** (...freund)
Phi|l|a|del|phia (Stadt in Pennsylvanien)
Phi|l|a|del|phi|er; Phi|l|a|del|phi|e|rin; phi|l|a|del|phisch
Phi|l|an|th|rop, der; -en, -en ⟨griech.⟩ (Menschenfreund); **Phi|l|an|th|ro|pie,** die; - (Menschenliebe); **Phi|l|an|th|ro|pin**
Phi|l|an|th|ro|pi|nis|mus (*svw.* Philanthropismus)
phi|l|an|th|ro|pisch (menschenfreundlich)
Phi|l|an|th|ro|pis|mus, der; - ([von Basedow u. a. begründete] Erziehungsbewegung)
Phi|l|a|te|lie, die; - ⟨griech.⟩ (Briefmarkenkunde)
Phi|l|a|te|list, der; -en, -en (Briefmarkensammler); **Phi|l|a|te|lis|tin; phi|l|a|te|lis|tisch**
Phi|le|mon (phryg. Sagengestalt; Gatte der Baucis)
Phi|le|mon und Bau|cis (antikes Vorbild ehelicher Liebe u.

Treue sowie selbstloser Gastfreundschaft)

Phil|har|mo|nie, die; -, ...ien ⟨griech.⟩ (Name von musikalischen Gesellschaften, von Orchestern u. ihren Konzertsälen)

Phil|har|mo|ni|ker [*österr. auch* 'fɪl...] (Künstler, der in einem philharmonischen Orchester spielt); **Phil|har|mo|ni|ke|rin**

phil|har|mo|nisch

Phil|hel|le|ne, der; -n, -n ⟨griech.⟩ (Freund der Griechen [der den Befreiungskampf gegen die Türken unterstützte]); **Philhel|le|nin; Phil|hel|le|nis|mus**, der; -

Phi|l|ipp (m. Vorn.)

Phi|l|ip|per|brief, der; -[e]s 1K64 (Brief des Paulus an die Gemeinde von Philippi)

Phi|l|ip|pi (im Altertum Stadt in Makedonien)

Phi|l|ip|pi|ka, die; -, ...ken (Kampfrede [des Demosthenes gegen König Philipp von Makedonien]; Strafrede)

Phi|l|ip|pi|ne (w. Vorn.)

Phi|l|ip|pi|nen *Plur.* (Inselgruppe u. Staat in Südostasien)

Phi|l|ip|pi|ner (Bewohner der Philippinen; *vgl.* Filipino); **Phil|ip|pi|ne|rin** *vgl.* Filipina

phi|l|ip|pi|nisch

phi|l|ip|pisch; in philippischer Manier; philippische Reden 1K89

Phi|l|ip|pus (Apostel)

Phi|lis|ter, der; -s, - (Angehöriger des Nachbarvolkes der Israeliten im A. T.; *übertr. für* Spießbürger; *Verbindungsw.* im Berufsleben stehender Alter Herr)

Phi|lis|te|rei; phi|lis|ter|haft; Phi|lis|te|rin

Phi|lis|te|ri|um, das; -s (*Verbindungsw.* das spätere Berufsleben eines Studenten)

Phi|lis|ter|tum, das; -s

phi|lis|t|rös (beschränkt; spießig)

Phil|lu|me|nie, die; - ⟨griech.; lat.⟩ (das Sammeln von Streichholzschachteln od. deren Etiketten)

Phil|lu|me|nist, der; -en, -en; **Phil|lu|me|nis|tin**

phi|lo... usw. *vgl.* phil... usw.

Phi|lo|den|d|ron, der, *auch* das; -s, ...ren ⟨griech.⟩ (eine Blattpflanze)

Phi|lok|tet (Gestalt der griech. Sage)

Phi|lo|lo|ge, der; -n, -n ⟨griech.⟩ (Sprach- u. Literaturforscher)

Phi|lo|lo|gie, die; -, ...ien (Sprach- u. Literaturwissenschaft)

Phi|lo|lo|gin; phi|lo|lo|gisch

[1]**Phi|lo|me|la**, [1]**Phi|lo|me|le**, die; -, ...len ⟨griech.⟩ (*veraltet für* Nachtigall)

[2]**Phi|lo|me|la**, [2]**Phi|lo|me|le** (w. Vorn.)

Phi|lo|me|na (w. Vorn.)

Phi|lo|se|mit, der; -en, -en ⟨griech.⟩; **Phi|lo|se|mi|tin; phi|lo|se|mi|tisch**

Phi|lo|se|mi|tis|mus, der; - (judenfreundl. Bewegung im 18. Jh.; *abwertend für* unkrit. Haltung gegenüber der Politik Israels)

Phi|lo|soph, der; -en, -en ⟨griech.⟩ (jmd., der sich mit Philosophie beschäftigt)

Phi|lo|so|phas|ter, der; -s, - (Scheinphilosoph)

Phi|lo|so|phem, das; -s, -e (Ergebnis philos. Lehre, Ausspruch des Philosophen)

Phi|lo|so|phie, die; -, ...ien (Streben nach Erkenntnis des Zusammenhanges der Dinge in der Welt; Denk-, Grundwissenschaft); **phi|lo|so|phie|ren**

Phi|lo|so|phi|kum, das; -s, ...ka (*früher für* philosophisch-pädagogische Prüfung beim Staatsexamen für das Gymnasiallehramt)

Phi|lo|so|phin; phi|lo|so|phisch

Phi|mo|se, die; -, -n ⟨griech.⟩ (*Med.* Verengung der Vorhaut)

Phi|o|le, die; -, -n ⟨griech.⟩ (bauchiges Glasgefäß mit langem Hals)

Phi|shing ['fɪʃɪŋ], das; -[s] ⟨engl.⟩ (*EDV* das Erschleichen von persönlichen Daten mit gefälschten E-Mails o. Ä.); **Phi|shing|mail**, **Phi|shing-Mail** ['...meɪl], die; -, -s, *auch, bes. südd., österr., schweiz.:* das; -s, -s

Phle|bi|tis, die; -, ...itiden ⟨griech.⟩ (*Med.* Venenentzündung)

Phleg|ma, das; -s ⟨griech.⟩ (Ruhe, [Geistes]trägheit, Gleichgültigkeit, Schwerfälligkeit)

Phleg|ma|ti|ker (körperlich träger, geistig wenig regsamer Mensch); **Phleg|ma|ti|ke|rin**

Phleg|ma|ti|kus, der; -, -se (*ugs. scherzh. für* träger, schwerfälliger Mensch); **phleg|ma|tisch**

Phlox, der; -es, -e, *auch* die; -, -e ⟨griech.⟩ (eine Zierpflanze)

Phlo|xin, das; -s (ein roter Farbstoff)

pH-neu|t|ral [peːˈhaː...] (einen weder sauren noch alkalischen pH-Wert aufweisend); pH-neutrale Seife

Phnom Penh [pnɔm ˈpɛn] (Hauptstadt von Kambodscha)

Phö|be (griech. Mondgöttin; Beiname der Artemis)

Pho|bie, die; -, ...ien ⟨griech.⟩ (*Med.* krankhafte Angst)

Phö|bos *vgl.* Phöbus; **Phö|bus** (Beiname Apollos)

phon..., Phon..., pho|no..., Phono...

(laut..., Laut...)

Das ph *in den aus dem Griechischen stammenden Wörtern mit »phon« kann generell durch* f *ersetzt werden:*

– fon..., Fon..., fo|no..., Fo|no...

Phon, [1]Fon, das; -s, -s ⟨griech.⟩ (Maßeinheit für die Lautstärke); 50 Phon *od.* Fon

Pho|nem, Fo|nem, das; -s, -e (*Sprachwiss.* Laut, kleinste bedeutungsdifferenzierende sprachl. Einheit)

Pho|ne|ma|tik, Fo|ne|ma|tik, die; - (*svw.* Phonologie); **pho|ne|ma|tisch**, fo|ne|ma|tisch (das Phonem betreffend)

pho|ne|misch, fo|ne|misch

Pho|ne|tik, Fo|ne|tik, die; - (Lehre von der Lautbildung); **Pho|ne|ti|ker**, Fo|ne|ti|ker; **Pho|ne|ti|ke|rin**, Fo|ne|ti|ke|rin; **pho|ne|tisch**, fo|ne|tisch

Pho|ni|a|ter, Fo|ni|a|ter; **Pho|ni|a|te|rin**, Fo|ni|a|te|rin; **Pho|ni|a|t|rie**, Fo|ni|a|t|rie, die; - (*Med.* Lehre von den Erkrankungen des Stimmapparates)

Phö|ni|ker *vgl.* Phönizier

pho|nisch, fo|nisch (die Stimme, den Laut betreffend)

Phö|nix, der; -[es], -e ⟨griech.⟩ (Vogel der altägypt. Sage, der sich im Feuer verjüngt)

Phö|ni|zi|en (im Altertum Küstenland an der Ostküste des

Mittelmeeres); **Phö|ni|zi|er; Phö|ni|zi|e|rin; phö|ni|zisch**

Pho|no|dik|tat, Fo|no|dik|tat ⟨griech.; lat.⟩ (auf Tonband o. Ä. gesprochenes Diktat)

Pho|no|gramm, Fo|no|gramm, das; -s, -e (Aufzeichnung von Schallwellen auf Tonband usw.)

Pho|no|graph, Fo|no|graf, der; -en, -en (von Edison 1877 erfundenes Tonaufnahmegerät); **Pho|no|gra|phie**, Fo|no|gra|fie, die; -, ...ien (*veraltet für* lautgetreue Schreibung); **pho|no|gra|phisch**, fo|no|gra|fisch (lautgetreu; die Phonographie betreffend)

Pho|no|lith, Fo|no|lith, der; *Gen.* -s *u.* -en, *Plur.* -e[n] (ein Ergussgestein)

Pho|no|lo|gie, Fo|no|lo|gie, die; - (Wissenschaft, die die Funktion der Laute in einem Sprachsystem untersucht); **pho|no|lo|gisch**, fo|no|lo|gisch

Pho|no|me|ter, Fo|no|me|ter, das; -s, - (Lautstärkemesser); **Pho|no|me|t|rie**, Fo|no|me|t|rie, die; - (Messung akust. Reize u. Empfindungen)

pho|no..., **Pho|no...**, fo|no..., Fo|no..., **Pho|no...** *vgl.* phon..., Phon...

Pho|no|tech|nik, Fo|no|tech|nik

Pho|no|thek, Fo|no|thek, die; -, -en (*svw.* Diskothek)

Pho|no|ty|pis|tin, Fo|no|ty|pis|tin (w. Schreibkraft, die vorwiegend nach einem Diktiergerät schreibt)

phon|stark, fon|stark; *vgl.* Phon

Phon|zahl, Fon|zahl; *vgl.* Phon

Phos|gen, das; -s ⟨griech.⟩ (ein giftiges Gas)

Phos|phat, das; -[e]s, -e (Salz der Phosphorsäure); **phos|phat|hal|tig**

Phos|phin, das; -s, -e (Phosphorwasserstoff)

Phos|phit, das; -s, -e (Salz der phosphorigen Säure)

Phos|phor, der; -s (chem. Element; *Zeichen* P); **Phos|phor|bom|be**

Phos|pho|res|zenz, die; - (Nachleuchten vorher bestrahlter Stoffe); **phos|pho|res|zie|ren**

phos|phor|hal|tig; phos|pho|rig

Phos|pho|ris|mus, der; -, ...men (Phosphorvergiftung)

Phos|pho|rit, der; -s, -e (ein Sedimentgestein)

Phos|phor|säu|re; Phos|phor|ver|gif|tung

Phot, das; -s, - ⟨griech.⟩ (alte Leuchtstärkeeinheit; *Zeichen* ph)

pho|to..., Pho|to...

(licht..., Licht...)

Das ph *in den aus dem Griechischen stammenden Wörtern mit »photo« kann generell durch* f *ersetzt werden:*

– foto..., Foto...

Pho|to *alte Schreibung für* Foto

Pho|to|al|bum usw. *alte Schreibung für* Fotoalbum usw.

Pho|to|che|mie [*auch* 'fo:...] *vgl.* Fotochemie; **Pho|to|che|mi|gra|phie** [*auch* 'fo:...] *vgl.* Fotochemigrafie; **pho|to|che|mi|gra|phisch** [*auch* 'fo:...] *vgl.* fotochemigrafisch; **pho|to|che|misch** [*auch* 'fo:...] *vgl.* fotochemisch

Pho|to|ef|fekt *vgl.* Fotoeffekt

Pho|to|elek|t|ri|zi|tät [*auch* 'fo:...] *vgl.* Fotoelektrizität

Pho|to|elek|t|ron *vgl.* Fotoelektron

Pho|to|ele|ment *vgl.* Fotoelement

pho|to|gen *vgl.* fotogen; **Pho|to|ge|ni|tät** *vgl.* Fotogenität

Pho|to|gramm usw. *vgl.* Fotogramm usw.

Pho|to|gram|me|t|rie *vgl.* Fotogrammetrie; **pho|to|gram|me|t|risch** *vgl.* fotogrammetrisch

Pho|to|graph usw. *vgl.* Fotograf usw.

pho|to|gra|phie|ren *alte Schreibung für* fotografieren

Pho|to|gra|vü|re *vgl.* Fotogravüre

Pho|to|in|dus|t|rie *alte Schreibung für* Fotoindustrie

Pho|to|ko|pie usw. *vgl.* Fotokopie usw.

Pho|to|li|tho|gra|phie *vgl.* Fotolithografie

pho|to|me|cha|nisch [*auch* 'fo:...] *vgl.* fotomechanisch

Pho|to|me|ter usw. *vgl.* Fotometer usw.

Pho|ton, Fo|ton [*auch* fo'to:n], das; -s, ...onen (*Physik* kleinstes Energieteilchen einer elektromagnetischen Strahlung)

Pho|to|phy|sio|lo|gie [*auch* 'fo:...] *vgl.* Fotophysiologie

Pho|to|satz *vgl.* Fotosatz

Pho|to|sphä|re [*auch* 'fo:...] *vgl.* Fotosphäre

Pho|to|syn|the|se [*auch* 'fo:...] *vgl.* Fotosynthese

pho|to|tak|tisch *vgl.* fototaktisch

Pho|to|the|ra|pie [*auch* 'fo:...] *vgl.* Fototherapie

pho|to|trop *vgl.* fototrop

Pho|to|vol|ta|ik *vgl.* Fotovoltaik; **pho|to|vol|ta|isch** *vgl.* fotovoltaisch

Pho|to|zel|le *vgl.* Fotozelle

Phra|se, die; -, -n ⟨griech.⟩ (leere Redensart, nichtssagende Äußerung; Redewendung; *Musik* selbstständige Tonfolge)

Phra|sen|dre|scher *(abwertend)*; **Phra|sen|dre|sche|rei** (nichtssagendes Gerede); **Phra|sen|dre|sche|rin** *(abwertend)*

phra|sen|haft; phra|sen|reich

Phra|sen|schwein (Sparschwein, in das eine Münze werfen muss, wer eine abgedroschene Redensart verwendet)

Phra|seo|lo|gie, die; -, ...ien (*Sprachwiss.* Lehre od. Sammlung von den eigentümlichen Redewendungen einer Sprache); **phra|seo|lo|gisch; Phra|seo|lo|gis|mus**, der; -, ...men (*svw.* Idiom)

phra|sie|ren (*Musik* der Gliederung der Motive [u. a.] entsprechend interpretieren); **Phra|sie|rung** (melodisch-rhythmische Einteilung eines Tonstücks)

Phre|ne|sie, die; -, ...ien ⟨griech.⟩ (*Med. veraltet für* Geisteskrankheit); **phre|ne|tisch** (geisteskrank); *vgl. aber* frenetisch

Phre|ni|tis, die; -, ...itiden (*Med.* Zwerchfellentzündung)

Phry|gi|en (antikes Reich in Nordwestkleinasien)

Phry|gi|er; Phry|gi|e|rin

phry|gisch; phrygische Mütze (Sinnbild der Freiheit bei den Jakobinern)

Phry|ne (griech. Hetäre)

Phthi|sis, die; -, ...sen ⟨griech.⟩ (*Med.* Schrumpfung, Schwund)

Phu|ket [pu...] (thailänd. Insel)

pH-Wert (↑K29); Maßzahl für die Konzentration der Wasserstoffionen in einer Lösung)

Phy|ko|lo|gie, die; - ⟨griech.⟩ (Algenkunde)

Phy|le, die; -, -n ⟨griech.⟩ (Geschlechterverband im antiken Griechenland)

phy|le|tisch (*Biol.* die Abstammung betreffend)

Phyl|lis (w. Eigenn.)

Phyl|lit, der; -s, -e ⟨griech.⟩ (ein Gestein)

Phyl|lo|kak|tus (ein Blattkaktus)

Phyl|lo|kla|di|um, das; -s, ...ien

P
Phön

(*Bot.* blattähnlicher Pflanzenspross)
Phyl|lo|pha|ge, der; -n, -n (*Zool.* Pflanzen-, Blattfresser)
Phyl|lo|po|de, der; -n, -n *meist Plur.* (*Zool.* Blattfüßer [Krebs])
Phyl|lo|ta|xis, die; -, ...xen (*Bot.* Blattstellung)
Phyl|lo|xe|ra, die; -, ...ren (*Zool.* Reblaus)
Phy|lo|ge|ne|se, die; -, -n ‹griech.› (*svw.* Phylogenie); **phy|lo|ge|ne|tisch**
Phy|lo|ge|nie, die; -, ...ien (Stammesgeschichte der Lebewesen)
Phy|lum, das; -s, ...la (*Biol.* Tier- od. Pflanzenstamm)
Phy|sa|lis, die; -, *Plur.* - *u.* ...alen ‹griech.› (*Bot.* Blasen-, Judenkirsche; Kapstachelbeere)
Phy|s|i|a|ter, der; -s, - ‹griech.› (Naturarzt); **Phy|s|i|a|te|rin; Phy|s|i|a|t|rie,** die; - (Naturheilkunde)
Phy|sik, die; - (Wissenschaft von der Struktur u. der Bewegung der unbelebten Materie)
phy|si|ka|lisch; physikalische Chemie, physikalische Maßeinheit, *aber* ↑K151 : das Physikalische Institut der Universität Bonn
Phy|si|ker; Phy|si|ke|rin
Phy|sik|leh|rer; Phy|sik|leh|re|rin
Phy|si|ko|che|mie (physikalische Chemie); **phy|si|ko|che|misch**
Phy|si|kum, das; -s, ...ka (Vorprüfung im Medizinstudium)
Phy|sik|un|ter|richt
Phy|si|o|g|nom, der; -en, -en ‹griech.› (Deuter der äußeren Erscheinung eines Menschen)
Phy|si|o|g|no|mie, die; -, ...ien (äußere Erscheinung eines Lebewesens, bes. Gesichtsausdruck)
Phy|si|o|g|no|mik, die; - (Ausdrucksdeutung [Kunst, von der Physiognomie her auf seelische Eigenschaften zu schließen])
Phy|si|o|g|no|mi|ker (*svw.* Physiognom); **Phy|si|o|g|no|mi|ke|rin; Phy|si|o|g|no|min; phy|si|o|g|no|misch**
Phy|sio|krat, der; -en, -en ‹griech.› (Vertreter des Physiokratismus); **Phy|sio|kra|tin; phy|sio|kra|tisch**
Phy|sio|kra|tis|mus, der; - (volkswirtschaftl. Theorie des 18. Jh.s, die die Landwirtschaft als die Quelle des Nationalreichtums ansah)
Phy|sio|lo|ge, der; -n, -n ‹griech.› (Erforscher der Lebensvorgänge); **Phy|sio|lo|gie,** die; - (Lehre von den Lebensvorgängen); **Phy|sio|lo|gin; phy|sio|lo|gisch** (die Physiologie betreffend)
Phy|sio|the|ra|peut (jmd., der die Physiotherapie anwendet; Berufsbez.); **Phy|sio|the|ra|peu|tin; phy|sio|the|ra|peu|tisch; Phy|sio|the|ra|pie** (Heilbehandlung mit Wärme, Wasser, Strom usw. sowie Krankengymnastik u. Massage)
Phy|sis, die; - (Körper; körperliche Beschaffenheit, Natur)
phy|sisch (natürlich; körperlich)
phy|to|gen ‹griech.› (aus Pflanzen entstanden)
Phy|to|geo|gra|fie, **Phy|to|geo|gra|phie** (Pflanzengeografie)
Phy|to|me|di|zin; Phy|to|pa|tho|lo|gie, die; - (Wissenschaft von den Pflanzenkrankheiten); **phy|to|pa|tho|lo|gisch**
phy|to|phag (*Zool.* pflanzenfressend); **Phy|to|pha|ge,** der; -n, -n *meist Plur.* (Pflanzenfresser)
Phy|to|phar|ma|zie; Phy|to|plank|ton (Gesamtheit der im Wasser lebenden pflanzl. Organismen); **Phy|to|the|ra|pie** [*auch* ...'pi:] (Pflanzenheilkunde)
[1]**Pi,** das; -[s], -s (griech. Buchstabe: Π, π)
[2]**Pi,** das; -[s] (*Math.* Zahl, die das Verhältnis von Kreisumfang zu Kreisdurchmesser angibt; $\pi = 3{,}1415...$); der π-fache Durchmesser, *aber* das π-Fache
Pia (w. Vorn.)
Pi|af|fe, die; -, -n ‹franz.› (*Reiten* Trab auf der Stelle); **pi|af|fie|ren** (die Piaffe ausführen)
Pi|a|ni|no, das; -s, -s ‹ital.› (kleines [2]Piano)
pi|a|nis|si|mo (*Musik* sehr leise; *Abk.* pp); **Pi|a|nis|si|mo,** das; -s, *Plur.* -s *u.* ...mi
Pi|a|nist, der; -en, -en (Klavierspieler, -künstler); **Pi|a|nis|tik,** die; - (Klavierspielkunst); **Pi|a|nis|tin; pi|a|nis|tisch** (die Technik, Kunst des Klavierspielens betreffend)
pi|a|no (*Musik* leise; *Abk.* p)
[1]**Pi|a|no,** das; -s, *Plur.* -s *u.* ...ni (leises Spielen, Singen)
[2]**Pi|a|no,** das; -s, -s (*kurz für* Pianoforte); **Pi|a|no|bar; Pi|a|no|for|te,** das; -s, -s (*veraltet für* Klavier); *vgl.* Fortepiano
Pi|a|no|la, das; -s, -s (selbsttätig spielendes Klavier)
Pi|a|rist, der; -en, -en ‹lat.› (Angehöriger eines kath. Lehrordens)
Pi|as|sa|va, die; -, ...ven ‹indian.-port.› (Palmenblattfaser); **Pi|as|sa|va|be|sen**
Pi|ast, der; -en, -en (Angehöriger eines poln. Geschlechtes)
Pi|as|ter, der; -s, - ‹griech.› (Währungseinheit in Ägypten, Libanon, Sudan, Syrien)
Pi|as|tin ‹*zu* Piast›
Pi|a|ve, die, *auch* der; - (ital. Fluss)
Pi|az|za, die; -, ...zze ‹ital.› ([Markt]platz); **Pi|az|zet|ta,** die; -, ...tte[n] (kleine Piazza)
Pi|ca, die; - ‹lat.› (genormter Schriftgrad für Schreibmaschine u. Computer)
Pi|car|de, der; -n, -n; **Pi|car|die,** die; - (hist. Provinz in Nordfrankreich); **pi|car|disch**
Pi|cas|so, Pablo (span. Maler u. Grafiker)
Pic|ca|dil|ly [...kəˈdɪli] (eine Hauptstraße in London)
Pic|card [...ˈka:(r)], Auguste [oˈgʏst] (schweiz. Physiker)
[1]**Pic|co|lo**, [1]Pik|ko|lo, der; -s, -s ‹ital.› (Kellnerlehrling)
[2]**Pic|co|lo**, [2]Pik|ko|lo, das; -s, *Plur.* ...li *u.* -s (*kurz für* Piccoloflöte)
Pic|co|lo|fla|sche, Pik|ko|lo|flasche (kleine Sektflasche)
Pic|co|lo|flö|te, Pik|ko|lo|flö|te (kleine Querflöte)
Pic|co|lo|mi|ni, der; -[s], - (Angehöriger eines ital. Geschlechtes)
Pi|che|lei (*ugs.*); **Pi|che|ler** usw. *vgl.* Pichler usw.
pi|cheln (*ugs. für* trinken); ich pich[e]le
Pi|chel|stei|ner Fleisch, das; - -[e]s, **Pi|chel|stei|ner Topf,** der; - -[e]s (ein Eintopfgericht)
[1]**pi|chen** (*landsch. für* mit Pech überziehen)
[2]**pi|chen** (kleben, heften)
Pich|ler, Pi|che|ler (*ugs. für* Trinker); **Pich|le|rin,** Pi|che|le|rin
Pick, der; -[e]s (*österr. ugs. für* Klebstoff)
Pi|cke, die; -, -n (Spitzhacke; *Fußball* Fußspitze)
[1]**Pi|ckel,** der; -s, - (Spitzhacke)
[2]**Pi|ckel,** der; -s, - (Hautpustel, Mitesser)
pi|ckel|hart (*österr., schweiz. für* hart; unnachgiebig)
Pi|ckel|hau|be (preuß. Infanteriehelm)
Pi|ckel|he|ring (gepökelter Hering; *übertr. für* Spaßmacher im älteren Lustspiel)

pi|cke|lig, pick|lig ‹*zu* [2]Pickel›
pi|ckeln (*landsch. für* mit der Spitzhacke arbeiten); ich pick[e]le
pi|cken (*österr. ugs. auch für* kleben, haften)

Pi|ckerl

das; -s, -[n] (*österr. für* Klebeetikett; Autobahnvignette)

Substantive aus Österreich (und teilweise auch solche aus Bayern) mit der Endung -erl *bilden dort meist alle Pluralformen mit der Endung -n:* mehrere Pickerln, mehreren Pickerln; Schwammerln klauben (*österr. für* Pilze sammeln). *Außerhalb Österreichs und Bayerns können sie im Nominativ, Akkusativ u. Genitiv Plural auch ohne Endung gebraucht werden:* mehrere Pickerl[n] kaufen.

pi|ckerl|pflich|tig *(österr.);* pickerlpflichtige Autobahnen
Pi|ckerl|sün|der (*österr. ugs. für* Verkehrsteilnehmer, dessen Fahrzeug nicht mit der erforderlichen Vignette versehen ist); **Pi|ckerl|sün|de|rin**
pi|ckern (*landsch. für* essen); ich pickere
pi|ckert, pi|ckig (*österr. ugs. für* klebrig)
Pick|ham|mer (*Bergmannsspr.* Abbauhammer)
pi|ckig *vgl.* pickert
Pi|ck|les ['pɪkl̩s] *Plur.; vgl.* Mixed Pickles
pick|lig *vgl.* pickelig
Pick|nick, das; -s, *Plur.* -e *u.* -s ‹franz.› (Essen im Freien); **pick|ni|cken**; gepicknickt; **Pick|nick|korb**
pick|süß ‹ital.; dt.› (*österr. für* sehr süß); das picksüße Hölzl (die Piccoloklarinette) 1K89
Pick-up [pɪk'|ap, *auch* 'pɪkap], der; -s, -s ‹engl.› (elektr. Tonabnehmer für Schallplatten; kleinerer Lieferwagen mit Pritsche)
Pick-up-Shop [...ʃɔp], der; -s, -s (Laden, bei dem der Käufer für Waren, die normalerweise angeliefert werden, den Transport selbst übernimmt)
Pi|co..., Pi|ko... ‹ital.› (ein Billionstel einer Einheit; *Zeichen* p; *vgl.* Picofarad)
pi|co|bel|lo ‹niederd.; ital.› (*ugs. für* tadellos)
Pi|co|fa|rad, Pi|ko|fa|rad (ein billionstel Farad; *Abk.* pF)
Pi|cot [...'ko:], der; -s, -s ‹franz.› (Spitzenmasche)
Pic|pus|mis|si|o|nar, **Pic|pus-Mis|si|o|nar** ['pɪkpʏs...] ‹nach dem ersten Haus in der Picpusstraße in Paris› (Angehöriger der kath. Genossenschaft der hl. Herzen Jesu u. Mariä)
PID = Präimplantationsdiagnostik
Pi|de, das; -s, -s ‹türk.› (Fladenbrot)
Pid|gin|eng|lisch, **Pid|gin-Eng|lisch** [...dʒ...], das; -[s] (vereinfachte Mischsprache aus Englisch u. einer anderen Sprache)
Pi|e|ce ['pi̯e:s(ə)], die; -, -n ‹franz.› ([musikal.] Zwischenspiel; Theaterstück)
Pieck (erster Präsident der DDR)
Pi|e|des|tal, das; -s, -e ‹franz.› (Sockel; Untersatz)
pie|fig (*ugs. für* spießig)
Pief|ke, der; -[s], -[s] (*landsch. für* Wichtigtuer, Angeber; *österr. abwertend für* Deutscher)
Piek, die; -, -en (*Seemannsspr.* unterster Teil des Schiffsraumes)

piken, piksen

Die beiden Wörter finden sich häufig mit *ie* geschrieben. Da sie aber ihrer Herkunft nach Nebenformen zu *picken* sind, ist es bis heute bei der Schreibung mit einfachem *i* geblieben.

piek|fein (*ugs. für* besonders fein); **piek|sau|ber** (*ugs. für* besonders sauber)
Pi|e|mont, -s, *auch mit Artikel* das; -[s] (Landschaft in Nordwestitalien)
Pi|e|mon|te|se, der; -n, -n; **Pi|e|mon|te|sin**; **pi|e|mon|te|sisch**, **pi|e|mon|tisch**
pien|sen, **pien|zen** (*landsch. für* jammern; quälend bitten)
piep!; piep, piep!
Piep, der; *nur in ugs. Wendungen wie* einen Piep haben (*ugs. für* nicht recht bei Verstand sein); sie tut, sagt, macht keinen Piep mehr (*ugs. für* sie ist tot)
pie|pe, **piep|egal** (*ugs. für* gleichgültig); das ist mir piepe *od.* piepegal
Pie|pel, der; -s, -[s] (*landsch. für* kleiner Junge; Penis)
pie|pen; es ist zum Piepen (*ugs. für* es ist zum Lachen)
Pie|pen *Plur.* (*ugs. für* Geld)
Piep|hahn (*landsch. für* Penis)
Piep|matz (*ugs. für* Vogel)
pieps! *(ugs.); vgl.* Pieps
Pieps, der; -es, -e *(ugs.);* keinen Pieps [mehr] von sich geben; er kann nicht mehr Pieps *od.* pieps sagen
piep|sen; du piepst; **Piep|ser**
piep|sig (*ugs. für* hoch u. dünn [von der Stimme]; winzig); **Piep|sig|keit**, die; - *(ugs.)*
Piep|ton *Plur.* ...töne
Piep|vo|gel *(Kinderspr.)*
[1]**Pier**, der; -s, *Plur.* -e *od.* -s, *Seemannsspr.* die; -, -s ‹engl.› (Hafendamm; Landungsbrücke)
[2]**Pier**, der; -[e]s, -e (*nordd. für* Sandwurm als Fischköder)
pier|cen ‹engl.› (die Haut zur Anbringung von Körperschmuck durchbohren od. durchstechen); du pierct; gepierct; **Pier|cing**, das; -s, -s
Pi|erre [pi̯ɛ:r] (m. Vorn.)
Pi|er|ret|te, die; -, -n ‹franz.› (w. Lustspielfigur)
Pi|er|rot [...'ro:], der; -s, -s (m. Lustspielfigur)
pie|sa|cken (*ugs. für* quälen); gepiesackt; **Pie|sa|cke|rei**
pie|schern (*nordd. für* urinieren)
pie|seln (*ugs. für* regnen; urinieren); ich pies[e]le
Pie|se|pam|pel, der; -s, - (*landsch. abwertend für* dummer, engstirniger Mensch)
Pies|por|ter (ein Moselwein)
Pi|e|ta, **Pi|e|tà** [...'ta], die; -, -s ‹ital.› (Darstellung der Maria mit dem Leichnam Christi auf dem Schoß; Vesperbild)
Pi|e|tät, die; - ‹lat.› (Respekt, taktvolle Rücksichtnahme)
pi|e|tät|los; **Pi|e|tät|lo|sig|keit**
pi|e|tät|voll
Pi|e|tis|mus, der; - (ev. Erweckungsbewegung; *auch für* schwärmerische Frömmigkeit)
Pi|e|tist, der; -en, -en; **Pi|e|tis|tin**; **pi|e|tis|tisch**
piet|schen (*landsch. für* ausgiebig Alkohol trinken); du pietschst
pi|e|zo|elek|t|risch ['pi̯e...] ‹griech.›; **Pi|e|zo|elek|t|ri|zi|tät**, die; - (*Physik* durch Druck entstehende Elektrizität an der Oberfläche bestimmter Kristalle)
Pi|e|zo|kris|tall ['pi̯e...]; **Pi|e|zo|me-**

P pick

ter, das; -s, - (Druckmesser); **Pi|e|zo|quarz** *(Physik, Technik)*

piff, paff!

Pig|ment, das; -[e]s, -e ‹lat.› (Farbstoff, -körper); **Pig|men|ta|ti|on,** die; -, -en (Färbung)

Pig|ment|druck *Plur.* ...drucke (Kohledruck, fotograf. Kopierverfahren u. dessen Erzeugnis); **Pig|ment|far|be; Pig|ment|fleck**

pig|men|tie|ren (Pigment bilden; sich durch Pigmente einfärben); **Pig|men|tie|rung; pig|ment|los; Pig|ment|mal** *Plur.* ...male (Muttermal)

Pi|g|no|le [pɪnˈjoː...], die; -, -n ‹ital.› (Piniennuss); **Pi|g|no|li, Pi|g|no|lie,** die; -, ...ien (*österr. für* Pignole)

Pi|ja|cke, die; -, -n ‹engl.› (*nordd. für* blaue Seemannsüberjacke)

[1]**Pik,** der; -s, *Plur.* -e *u.* -s ‹franz.› (Bergspitze); *vgl.* Piz

[2]**Pik,** der; -s, -e (*ugs. für* heiml. Groll); einen Pik auf jmdn. haben

[3]**Pik,** das; -[s], -, *österr. auch* die; -, - (Spielkartenfarbe)

pi|kant (scharf [gewürzt]; reizvoll; schlüpfrig); pikantes Abenteuer; **Pi|kan|te|rie,** die; -, ...ien; **pi|kan|ter|wei|se**

Pi|kar|de usw. (*eindeutschend für* Picarde usw.)

pi|ka|resk, pi|ka|risch ‹span.›; pikaresker, pikarischer Roman (*Literaturwiss.* Schelmenroman)

Pik|ass, Pik-Ass [*auch* ˈpiːk...], das; -es, -e

Pi|ke, die; -, -n ‹franz.› (Spieß [des Landsknechts]); von der Pike auf dienen (*ugs. für* im Beruf bei der untersten Stellung anfangen)

[1]**Pi|kee,** der, *österr. auch* das; -s, -s ([Baumwoll]gewebe)

[2]**Pi|kee** *vgl.* Piqué

pi|kee|ar|tig

Pi|kee|kra|gen; Pi|kee|wes|te

pi|ken, pik|sen (*ugs. für* stechen); du pikst

Pi|ke|nier, der; -s, -e (mit der Pike bewaffneter Landsknecht)

Pi|kett, das; -[e]s, -e (ein Kartenspiel; *schweiz. für* einsatzbereite Mannschaft [bei Militär u. Feuerwehr]); **Pi|kett|stel|lung** (*schweiz. für* Bereitschaftsstellung)

pi|kie|ren ([zu dicht stehende Jungpflanzen] in größeren Abständen neu einpflanzen)

pi|kiert (ein wenig beleidigt, gekränkt, verstimmt)

[1]**Pik|ko|lo** *vgl.* [1]Piccolo

[2]**Pik|ko|lo** *vgl.* [2]Piccolo

Pik|ko|lo|fla|sche *vgl.* Piccoloflasche

Pik|ko|lo|flö|te *vgl.* Piccoloflöte

Pik|ko|lo|mi|ni (*dt. Schreibung für* Piccolomini)

Pi|ko... *vgl.* Pico...

Pi|kör, der; -s, -e ‹franz.› (Vorreiter bei der Parforcejagd)

Pi|k|rat, das; -[e]s, -e ‹griech.› (*Chemie* Pikrinsäuresalz)

Pi|k|rin|säu|re, die; - (organ. Verbindung, die früher als Färbemittel u. Sprengstoff verwendet wurde)

pik|sen *vgl.* piken

Pik|ser, der; -s, - *(ugs.)*

Pik|sie|ben, Pik-Sie|ben [*auch* ˈpiːk...]; dastehen wie Piksieben od. Pik-Sieben (*ugs. für* verwirrt, hilflos sein)

Pik|te, der; -n, -n (Angehöriger der ältesten Bevölkerung Schottlands)

Pik|to|gramm, das; -s, -e ‹lat.; griech.› (grafisches Symbol [mit international festgelegter Bed.], z. B. Totenkopf für »Gift«)

Pi|kul, der *od.* das; -s, - ‹malai.› (Gewicht in Ostasien)

Pi|lar, der; -en, -en ‹span.› (*Reiten* Pflock zum Anbinden der Halteleine bei der Pferdedressur)

Pi|las|ter, der; -s, - ‹lat.› ([flacher] Wandpfeiler)

Pi|la|tes, das; - ‹nach dem Erfinder› (ein Fitnessprogramm)

[1]**Pi|la|tus** (röm. Landpfleger in Palästina); *vgl.* Pontius Pilatus

[2]**Pi|la|tus,** der; - (Berg bei Luzern)

Pi|lau, Pi|law, der; -s ‹pers. *u.* türk.› (oriental. Reiseintopf)

Pil|ger (Wallfahrer; *auch* Wanderer); **Pil|ger|fahrt; Pil|ge|rin**

pil|gern; ich pilgere

Pil|ger|rei|se; Pil|ger|schaft; Pil|gers|mann *Plur.* ...männer *u.* ...leute (*älter für* Pilger); **Pil|ger|stab; Pil|ger|stät|te**

Pil|g|rim, der; -s, -e (*veraltet für* Pilger)

pi|lie|ren ‹franz.› (zerstoßen, schnitzeln [bes. Rohseife])

Pil|ke, die; -, -n *(veraltend),* **Pil|ker,** der; -s, - (fischförmiger, mit vier Haken versehener Köder beim Hochseeangeln); **pil|ken** (mit der Pilke angeln)

Pil|le, die; -, -n ‹lat.› ([kugelförmiges] Arzneimittel; *nur Sing.,* *meist mit bestimmtem Artikel: kurz für* Antibabypille)

Pil|len|dre|her (ein Käfer; *ugs. scherzh. für* Apotheker); **Pil|len|dre|he|rin**

Pil|len|knick (*ugs. für* Geburtenrückgang durch Verbreitung der Antibabypille); **Pil|len|schach|tel**

Pil|le|pal|le, das; -s (*ugs. für* Kleinkram, Gleichgültiges)

Pil|ler, Pil|ler|mann *Plur.* ...männer (*ugs. für* Penis)

pil|lie|ren (*Landwirtsch.* Saatgut zu Kügelchen rollen); **Pil|lie|rung**

Pil|ling, das; -s ‹engl.› (Knötchenbildung in Textilien); **pil|ling|frei**

Pi|lot, der; -en, -en ‹franz.› (Flugzeugführer; Rennfahrer; Lotsenfisch; *veraltet für* Lotse, Steuermann)

Pi|lot|an|la|ge (*Technik* Versuchsanlage); **Pi|lot|bal|lon** (unbemannter Ballon zur Feststellung des Höhenwindes)

Pi|lo|te, die; -, -n ‹franz.› (*Bauw.* Rammpfahl)

Pi|lo|ten|schein

Pi|lot|film (Testfilm für eine geplante Fernsehserie)

[1]**pi|lo|tie|ren** (steuern)

[2]**pi|lo|tie|ren** ‹*zu* Pilote› ([Piloten] einrammen); **Pi|lo|tie|rung**

Pi|lo|tin

Pi|lot|pha|se; Pi|lot|pro|jekt

Pi|lot|sen|dung *vgl.* Pilotfilm

Pi|lot|stu|die (vorläufige, wegweisende Untersuchung); **Pi|lot|ton** (zur synchronen Steuerung von Bild u. Ton; *vgl.* [1]Ton)

Pi|lot|ver|such *vgl.* Pilotstudie

Pils, das; -, - (*kurz für* Pils[e]ner Bier); 3 Pils

Pil|sen (*tschech.* Plzeň); [1]**Pil|se|ner, Pils|ner**

[2]**Pil|se|ner, Pils|ner,** das; -s, - (Bier)

Pil|se|ne|rin, Pils|ne|rin

Pilz, der; -es, -e; **pilz|ar|tig**

Pilz|be|fall; Pilz|er|kran|kung; Pilz|fa|den; pilz|för|mig; pil|zig

Pilz|in|fek|ti|on

Pilz|kopf (*ugs. veraltend für* Beatle)

Pilz|krank|heit; Pilz|kun|de, die; -

pilz|re|sis|tent (widerstandsfähig gegen Pilzbefall)

Pilz|samm|ler; Pilz|samm|le|rin

Pilz|ver|gif|tung

Pi|ment, der *od.* das; -[e]s, -e ‹lat.› (Nelkenpfeffer, Küchengewürz)

Pim|mel, der; -s, - (*ugs. für* Penis)

pim|pe (*nordd. für* gleichgültig)

Pim|pe|lei *(ugs.)*; **pim|pe|lig,** pimp|lig (*ugs. für* zimperlich, wehlei-

dig); **pim|peln** (*ugs. für* zimperlich, wehleidig sein); ich pimp[e]le
pim|pen ⟨engl.-amerik.⟩ (*ugs. für* effektvoller gestalten); ich pimpe
¹pim|pern (*bayr. für* klimpern; klingeln); ich pimpere
²pim|pern (*derb für* koitieren)
Pim|per|nell, der; -s, -e *u.* Pim|pi|nel|le, die; -, -n ⟨sanskr.⟩ (eine Küchen- u. Heilpflanze)
Pim|per|nuss ⟨*zu* ¹pimpern⟩ (ein Zierstrauch)
Pimpf, der; -[e]s, -e (kleiner Junge; jüngster Angehöriger einer Jugendbewegung); **Pimp|fin**
Pim|pi|nel|le *vgl.* Pimpernell
pimp|lig *vgl.* pimpelig
Pin, der; -s, -s ⟨engl.⟩ (*fachspr. für* [Verbindungs]stift; [getroffener] Kegel beim Bowling)
PIN, die; -, -s = personal identification number (persönl. Geheimzahl)
Pi|na|ko|id, das; -[e]s, -e ⟨griech.⟩ (eine Kristallform)
Pi|na|ko|thek, die; -, -en (Bilder-, Gemäldesammlung)
Pi|nas|se, die; -, -n ⟨niederl.⟩ (Beiboot [von Kriegsschiffen])
Pin|ce|nez [pɛ̃s(ə)ˈneː], das; -[...ˈneːs] ⟨franz.⟩ (*veraltet für* Klemmer, Kneifer)
PIN-Code, PIN-Kode *vgl.* PIN
Pin|dar (altgriech. Lyriker); **pin|da|risch**; pindarische Verse ↑K135; **Pin|da|ros** *vgl.* Pindar
Pin|ge *vgl.* Binge
pin|ge|lig (*ugs. für* kleinlich; empfindlich); **Pin|ge|lig|keit**
Ping|pong [*österr.* ...ˈpɔŋ], das; -s ⟨engl.⟩ (*veraltet für* Tischtennis); **Ping|pong|schlä|ger**
Pin|gu|in, der; -s, -e (ein Vogel der Antarktis)
Pi|nie, die; -, -n ⟨lat.⟩ (Kiefer einer bestimmten Art); **Pi|ni|en|kern**; **Pi|ni|en|wald**; **Pi|ni|en|zap|fen**
pink ⟨engl.⟩ (rosa); ein pink Kleid; *vgl. auch* beige; **¹Pink**, das; -s, -s (kräftiges Rosa); in Pink ↑K72
²Pink, die; -, -en, **¹Pin|ke**, die; -, -n (*nordd. für* Segelschiff; Fischerboot)
²Pin|ke, Pin|ke|pin|ke, die; - (*ugs. für* Geld)
¹Pin|kel, der; -s, - (*ugs.*); *meist in* feiner Pinkel (vornehm tuender Mensch)
²Pin|kel, die; -, -n (*nordd. für* eine fette, gewürzte Wurst)
pin|keln (*ugs. für* urinieren); ich pink[e]le
Pin|kel|pau|se (*ugs.*)
Pin|kel|wurst
pin|ken (*landsch. für* hämmern)
Pin|ke|pin|ke *vgl.* ²Pinke
pink|far|ben ⟨*zu* pink⟩
PIN-Kode, PIN-Code *vgl.* PIN
pink|rot
Pin|ne, die; -, -n ([Kompass]stift; Teil des Hammers; *bes. nordd. für* Reißzwecke; *Seemannsspr.* Hebelarm am Steuerruder)
pin|nen (*bes. nordd. für* mit Pinnen versehen, befestigen)
Pinn|na|del, Pinn-Na|del (Stecknadel, mit der Notizzettel u. Ä. an einer Pinnwand befestigt werden)
PIN-Num|mer *vgl.* PIN
Pinn|wand (Tafel zum Anheften von Merkzetteln u. Ä.)
Pi|noc|chio [...ˈnɔki̯o], der; -[s] ⟨ital.⟩ (Titelgestalt eines Kinderbuchs)
Pi|no|le, die; -, -n ⟨ital.⟩ (*Technik* Teil der Spitzendrehmaschine)
Pi|not [piˈnoː], der; -[s], -s ⟨franz.⟩ (eine Rebsorte); Pinot blanc, noir
Pin|scher, der; -s, - (eine Hunderasse)
¹Pin|sel, der; -s, - (*ugs. für* törichter Mensch, Dummkopf)
²Pin|sel, der; -s, - ⟨lat.⟩
pin|sel|ar|tig
Pin|se|lei (*ugs. abwertend*); **Pin|se|ler**, Pins|ler; **Pin|se|le|rin**, Pins|le|rin; **pin|seln**; ich pins[e]le
Pin|sel|stiel
Pin|sel|strich
Pins|ler usw. *vgl.* Pinseler usw.
¹Pint, der; -s, -e (*ugs. für* Penis)
²Pint [paint], das; -s, -s ⟨engl.⟩ (engl. u. amerik. Hohlmaß; *Abk.* pt)
Pin|te, die; -, -n (*landsch. für* Wirtshaus, Schenke)
Pin-up [...ˈap], das; -s, -s ⟨engl.⟩ (*kurz für* Pin-up-Girl); **Pin-up-Boy**, der; -s, -s (leicht bekleideter Mann auf [Illustrierten]bildern, die an die Wand geheftet werden können); **Pin-up-Girl**
pinx. = pinxit; **pin|xit** ⟨lat., »hat es gemalt«⟩ (neben dem Namen des Künstlers auf Gemälden; *Abk.* p. *od.* pinx.)
Pin|yin [ˈpɪnjɪn], das; - ⟨chin.⟩ (System der Transkription chin. Begriffszeichen mit lat. Buchstaben)
Pin|zet|te, die; -, -n ⟨franz.⟩ (kleine Greif-, Federzange)
Pinz|gau, der; -[e]s (österr. Landschaft)
Pi|om|bi *Plur.* ⟨ital.⟩ (*hist. Bez. für* die Staatsgefängnisse im Dogenpalast von Venedig)
Pi|o|nier, der; -s, -e ⟨franz.⟩ (Soldat der techn. Truppe; *übertr. für* Wegbereiter; *DDR* Angehöriger einer Kinderorganisation)
Pi|o|nier|ab|tei|lung; **Pi|o|nier|arbeit**; **Pi|o|nier|geist**, der; -[e]s; **Pi|o|nie|rin**
Pi|o|nier|la|ger *Plur.* ...lager (*DDR*)
Pi|o|nier|leis|tung
Pi|o|nier|lei|ter, der (*DDR*); **Pi|o|nier|lei|te|rin**
Pi|o|nier|pflan|ze (*Bot.*)
Pi|o|nier|tat
Pi|o|nier|trup|pe (*Militär*); **Pi|o|nier|zeit**
Pi|pa|po, das; -s (*ugs. für* was dazugehört); mit allem Pipapo
¹Pi|pe, Pip|pe, die; -, -n (*österr. für* Fass-, Wasserhahn)
²Pipe [paip], das *od.* die; -, -s ⟨engl.⟩ (engl. u. amerik. Hohlmaß für Wein u. Branntwein)
Pipe|line [ˈpaiplain], die; -, -s (Rohrleitung [für Gas, Erdöl])
Pi|pet|te, die; -, -n ⟨franz.⟩ (Saugröhrchen, Stechheber); **pi|pet|tie|ren**
Pi|pi, das; -s (*Kinderspr.*); Pipi machen; **Pi|pi|fax**, der; - (*ugs. für* überflüssiges Zeug; Unsinn)
Pip|pau, der; -[e]s (eine Pflanzengattung)
Pip|pe *vgl.* ¹Pipe
Pip|pin [*auch* ˈpɪ...] (Name fränk. Fürsten)
Pips, der; -es (eine Geflügelkrankheit); den Pips haben (*ugs. für* erkältet sein); **pip|sig**
Pi|qué [...ˈkeː], das; -s, -s ⟨franz.⟩ (Reinheitsgrad für Diamanten)
Pi|ran|del|lo (ital. Schriftsteller)
Pi|ran|ha [...ˈranja] ⟨indian.-port.⟩, Pi|ra|ya [...ja] ⟨indian.⟩ der; -[s], -s (ein Raubfisch)
Pi|rat, der; -en, -en ⟨griech.⟩ (Seeräuber)
Pi|ra|ten|par|tei
Pi|ra|ten|schiff; **Pi|ra|ten|sen|der**
Pi|ra|ten|tum, das; -s; **Pi|ra|te|rie**, die; -, ...ien ⟨franz.⟩; **Pi|ra|tin**
Pi|rä|us, der; - (Hafen von Athen)
Pi|ra|ya [...ja] *vgl.* Piranha
Pir|ma|sens (Stadt in Rheinland-Pfalz)
Pi|ro|ge, die; -, -n ⟨karib.-franz.⟩ (indian. Einbaum)

Pi|rog|ge, die; -, *Plur.* -n, *auch* ...gi ⟨russ.⟩ (mit Fleisch, Kraut u. a. gefüllte Teigtasche; ein osteuropäisches Gericht)
Pi|rol, der; -s, -e (ein Singvogel)
Pi|rou|et|te [...ˈru̯...], die; -, -n ⟨franz.⟩ (*Tanz, Eiskunstlauf* schnelle Drehung um die eigene Achse; *Reiten* Drehung in der Hohen Schule); **pi|rou|et|tie|ren**
Pirsch, die; -, -en (Schleichjagd); auf der Pirsch sein; **pir|schen**; du pirschst; **Pirsch|gang**, der
[1]**Pi|sa** (ital. Stadt); der Schiefe Turm von Pisa ↑K150
PISA, [2]**Pi|sa** = Programme for International Student Assessment (*svw.* PISA-Studie)
PISA-E, **Pi|sa-E** (die PISA-Studie ergänzender, auf die dt. Bundesländer bezogener Schulleistungsvergleich)
Pi|sa|ner ⟨*zu* [1]Pisa⟩; **Pi|sa|ne|rin**
Pi|sang, der; -s, -s *u.* -e ⟨malai.-niederl.⟩ (eine Bananenart)
pi|sa|nisch ⟨*zu* [1]Pisa⟩
PISA-Schock, **Pi|sa-Schock**, der (allgemeine Bestürzung nach dem schlechten Abschneiden deutscher Schülerinnen u. Schüler bei der PISA-Studie)
PISA-Stu|die, **Pi|sa-Stu|die** (internationale Studie, in der Schülerleistungen verglichen werden)
Pi|see|bau, der; -[e]s ⟨franz.; dt.⟩ (Bauweise, bei der die Mauern aus festgestampftem Lehm o. Ä. bestehen)
pis|pern (*landsch. für* wispern); ich pispere
Piss, der; -es (*svw.* Pisse)
Pis|sar|ro (franz. Maler)
Pis|se, die; - (*derb für* Harn); **pis|sen** *(derb);* du pisst; **Pis|ser** (derbes Schimpfwort)
Pis|soir [...ˈso̯a:ɐ̯], das; -s, *Plur.* -e *u.* -s ⟨franz.⟩ (öffentl. Toilette für Männer)
Pis|ta|zie, die; -, -n ⟨pers.⟩ (ein Baum mit essbaren Samen; der Samenkern dieses Baumes); **Pis|ta|zi|en|nuss**
Pis|te, die; -, -n ⟨franz.⟩ (Ski-, Rad- od. Autorennstrecke; Rollbahn auf Flugplätzen; unbefestigter Verkehrsweg; Rand der Manege)
Pis|ten|rau|pe
Pis|ten|row|dy (*abwertend für* rücksichtsloser Skifahrer); **Pis|ten|sau** *Plur.* ...säue (*derb für* rücksichtsloser Skifahrer); **Pis|ten|schwein** (*svw.* Pistensau)

Pis|till, das; -s, -e ⟨lat.⟩ (*Pharm.* Stampfer; *Bot.* Blütenstempel)
Pis|to|ia [...ja] (ital. Stadt); **Pis|to|ia|er**; **Pis|to|ia|e|rin**; **pis|to|ia|isch**
[1]**Pis|to|le**, die; -, -n ⟨tschech.-roman.⟩ (alte Goldmünze)
[2]**Pis|to|le**, die; -, -n ⟨tschech.⟩; wie aus der Pistole geschossen (*ugs. für* spontan, sofort)
Pis|to|len|lauf; **Pis|to|len|schuss**; **Pis|to|len|ta|sche**
Pis|ton [...ˈtõ:], das; -s, -s ⟨franz.⟩ (Pumpenkolben; Zündstift bei Perkussionswaffen; Pumpenventil der Blechinstrumente; *franz. Bez. für* [2]Kornett); **Pis|ton|blä|ser**
Pi|ta, **Pit|ta**, das; -s, -s *od.* die; -, -s ⟨neugriech.⟩ ([gefülltes] Fladenbrot); **Pi|ta|brot**, **Pit|ta|brot**
Pi|ta|ha|ya, **Pi|ta|ya**, die; -, -s ⟨indian.-span.⟩ (eine trop. Frucht)
Pi|ta|val, der; -[s], -s ⟨nach dem franz. Rechtsgelehrten⟩ (Sammlung berühmter Rechtsfälle); Neuer Pitaval
Pi|ta|ya *vgl.* Pitahaya
Pit|bull, der; -s, -s ⟨engl.⟩ (eine Hunderasse)
Pitch|pine [ˈpɪtʃpain], die; -, -s ⟨engl.⟩ (nordamerik. Pechkiefer); **Pitch|pine|holz**
Pi|the|k|an|th|ro|pus, der; -, ...pi ⟨griech.⟩ (javan. u. chin. Frühmensch des Diluviums)
pi|the|ko|id (affenähnlich)
pit|sche|nass, **pit|sche|pat|sche|nass**, **pitsch|nass** *(ugs.);* **pitsch, patsch** *(Kinderspr.);* **pitsch|patsch|nass** *(ugs.)*
Pit|ta usw. *vgl.* Pita usw.
pit|to|resk ⟨franz.⟩ (malerisch)
Pi|ty|u|sen *Plur.* (Teil der Balearen)
Pi|us (m. Vorn.)
Pi|vot [...ˈvo:], der *od.* das; -s, -s ⟨franz.⟩ (*Technik* Schwenkzapfen an Drehkränen u. a.)
Pi|xel, das; -s, - ⟨Kunstwort aus engl. **picture element**⟩ (*EDV* kleinstes Element bei der gerasterten, digitalisierten Darstellung eines Bildes; Bildpunkt); mit 20 000 Pixeln
Piz, der; -es, -e ⟨ladin.⟩ (Bergspitze); **Piz Ber|ni|na** (Gipfel in der Berninagruppe); **Piz Bu|in** (Gipfel in der Silvrettagruppe); **Piz Pa|lü** (Gipfel in der Berninagruppe)
Piz|za, die; -, *Plur.* -s, *auch* Pizzen *od.* Pizze ⟨ital.⟩ (mit Tomaten, Käse u. a. belegtes Hefegebäck)

Piz|za|bä|cker; **Piz|za|bä|cke|rin**
Piz|za|bring|dienst; **Piz|za|ser|vice** [...zø:ɐ̯vɪs], der, *österr. auch* das
Piz|ze|ria, die; -, *Plur.* ...rien, *auch* -s (Lokal, in dem Pizzas angeboten werden)
piz|zi|ca|to ⟨ital.⟩ (*Musik* mit den Fingern gezupft)
Piz|zi|ka|to, das; -s, *Plur.* -s *u.* ...ti
Pjöng|jang (Hauptstadt von Nordkorea)
PKR (Währungscode für pakistanische Rupie)
Pkt. = Punkt
Pkw, **PKW**, der; -[s], -[s] = Personenkraftwagen
Pkw-Fah|rer, **PKW-Fah|rer**; **Pkw-Fah|re|rin**, **PKW-Fah|re|rin**
pl., **Pl.**, Plur. = Plural
Pla|ce|bo, das; -s, -s ⟨lat.⟩ (*Med.* Scheinmedikament ohne Wirkstoffe); **Pla|ce|bo|ef|fekt** (durch ein Placebo hervorgerufene Wirkung)
Pla|ce|ment [plasəˈmã:], das; -s, -s ⟨franz.⟩ (*Wirtsch.* Anlage von Kapitalien; Absatz von Waren)
Pla|cet *vgl.* Plazet
pla|chan|dern (*ostd. für* plaudern; [einfältig] reden)
Pla|che *vgl.* Blahe
Pla|ci|da (altröm. w. Vorn.); **Pla|ci|dus** (altröm. m. Vorn.)
pla|cie|ren [...ˈsi:...] (*älter für* platzieren)
pla|cken, sich (*ugs. für* sich abmühen)
Pla|cken, der; -s, - (*landsch. für* großer Fleck)
Pla|cke|rei *(ugs.)*
pla|dauz! (*nordwestd. für* pardauz!)
plad|dern (*nordd. für* heftig regnen); es pladdert
plä|die|ren; auf schuldig plädieren
Plä|do|yer [...do̯aˈje:], das; -s, -s (zusammenfassende Rede des Strafverteidigers od. Staatsanwaltes vor Gericht)
Pla|fond [...ˈfõ:, *österr. meist* ...ˈfo:n], der; -s, -s ⟨franz.⟩ (oberer Grenzbetrag; *landsch. für* [Zimmer]decke)
pla|fo|nie|ren (nach oben hin begrenzen); **Pla|fo|nie|rung**
Pla|ge, die; -, -n; **Pla|ge|geist** *Plur.* ...geister
pla|gen; sich plagen
Pla|ge|rei
Plag|ge, die; -, -n (*nordd. für* ausgestochenes Rasenstück)
Pla|gi|at, das; -[e]s, -e ⟨lat.⟩ (Diebstahl geistigen Eigentums); **Pla-**

gi|a|tor, der; -s, ...oren; **Pla|gi|a|to|rin; pla|gi|a|to|risch**
pla|gi|ie|ren (ein Plagiat begehen)
Pla|gi|o|klas, der; -es, -e ⟨griech.⟩ (ein Mineral)
Plaid [ple:t], das, *älter* der; -s, -s ⟨engl.⟩ ([Reise]decke; *auch* großes Umhangtuch aus Wolle)
Pla|kat, das; -[e]s, -e ⟨niederl.⟩ (großformatiger öffentlicher Aushang od. Anschlag); **Pla|kat|ak|ti|on; Pla|kat|far|be**
pla|ka|tie|ren (Plakate ankleben; durch Plakate bekannt machen); **Pla|ka|tie|rung**
pla|ka|tiv (bewusst herausgestellt, sehr auffällig)
Pla|kat|kunst, die; -; **Pla|kat|ma|le|rei; Pla|kat|säu|le; Pla|kat|schrift; Pla|kat|wand; Pla|kat|wer|bung**
Pla|ket|te, die; -, -n ⟨franz.⟩ (kleine Platte mit einer Reliefdarstellung; Abzeichen; *auch für* Aufkleber [als Prüfzeichen])
Pla|ko|der|men *Plur.* ⟨griech.⟩ (ausgestorbene Panzerfische)
Pla|k|o|dont, der; -en, -en ⟨»Breitzahner«⟩ (ausgestorbene Echsenart)
Pla|ko|id|schup|pe (Schuppe der Haie)
plan ⟨lat.⟩ (flach, eben); etwas plan schleifen *od.* planschleifen; eine plan geschliffene *od.* plangeschliffene Fläche
¹Plan, der; -[e]s, Pläne (*veraltet für* Ebene; Kampfplatz); *noch in* auf den Plan rufen (zum Erscheinen veranlassen)
²Plan, der; -[e]s, Pläne (Grundriss, Entwurf, Karte; Absicht)
Plan|ab|fahrt (*österr. für* fahrplanmäßige Abfahrt); **Plan|an|kunft** *(österr.)*
Pla|na|rie, die; -, -n (ein Strudelwurm)
plan|bar ⟨*zu* ²Plan⟩
Planche [plã:ʃ], die; -, -n ⟨franz.⟩ (Fechtbahn)
Plan|chet|te [plãˈʃɛt(ə)], die; -, -n ⟨franz.⟩ (Miederstäbchen; *Parapsychologie* Gerät zum automatischen Schreiben)
Planck (dt. Physiker); **plancksch;** plancksches *od.* Planck'sches Strahlungsgesetz ↑K 89 *u.* 135
Pla|ne, die; -, -n ([Wagen]decke)
Plä|ne, die; -, -n ⟨franz.⟩ (*veraltet für* Ebene)
pla|nen; Pla|ner
Plä|ner, der; -s (*Geol.* heller Mergel)
Plan|er|fül|lung (in der DDR)
Pla|ne|rin; pla|ne|risch
Plä|ne|schmied; Plä|ne|schmie|den, das; -s; **Plä|ne|schmie|din**
Pla|net, der; -en, -en ⟨griech.⟩ (sich um eine Sonne bewegender Himmelskörper)
pla|ne|tar *vgl.* planetarisch; **pla|ne|ta|risch;** planetarischer Nebel
Pla|ne|ta|ri|um, das; -s, ...ien ([Gebäude mit einem] Instrument zur Darstellung der Bewegung der Gestirne)
Pla|ne|ten|bahn; Pla|ne|ten|ge|trie|be *(Technik);* **Pla|ne|ten|jahr; Pla|ne|ten|kon|s|tel|la|ti|on; Pla|ne|ten|sys|tem**
Pla|ne|to|id, der; -en, -en (kleiner Planet)
Plan|fest|stel|lung; Plan|fest|stel|lungs|ver|fah|ren *(Amtsspr.)*
Plan|film (flach gelagerter Film im Gegensatz zum Rollfilm)
plan|ge|mäß
Plan|heit, die; - (Ebenheit)
Pla|nier|bank *Plur.* ...bänke *(Technik);* **pla|nie|ren** ⟨lat.⟩ ([ein]ebnen); **Pla|nier|rau|pe; Pla|nier|schild,** der; **Pla|nie|rung**
Pla|ni|fi|ka|ti|on, die; -, -en ⟨lat.⟩ (wirtschaftl. Rahmenplanung des Staates als Orientierungshilfe für Privatunternehmen)
Pla|ni|glob, das; -s, -en, **Pla|ni|glo|bi|um,** das; -s, ...ien ⟨lat.⟩ (kreisförmige Karte einer Erdhalbkugel)
Pla|ni|me|ter, das; -s, - ⟨lat.; griech.⟩ (Gerät zum Messen des Flächeninhaltes)
Pla|ni|me|t|rie, die; - (Geometrie der Ebene); **pla|ni|me|t|risch**
Plan|kal|ku|la|ti|on (Kalkulation mithilfe der Plankostenrechnung)
Plan|ke, die; -, -n (starkes Brett, Bohle; Bretterzaun)
Plän|ke|lei; plän|keln (sich streiten; ein Gefecht austragen); ich plänk[e]le
Plan|ken|zaun
Plan|kos|ten *Plur.;* **Plan|kos|ten|rech|nung** *(Wirtsch.)*
Plank|ton, das; -s ⟨griech.⟩ (*Biol.* Gesamtheit der im Wasser schwebenden niederen Lebewesen); **plank|to|nisch**
Plank|ton|netz
Plank|tont, der; -en, -en (im Wasser schwebendes Lebewesen)
plan|los; Plan|lo|sig|keit
plan|mä|ßig; Plan|mä|ßig|keit
Plan|num|mer
pla|no ⟨lat.⟩ (*fachspr. für* glatt, ungefalzt [bes. von Druckbogen u. Karten])
Plan|pos|ten (*österr. für* Planstelle)
Plan|qua|d|rat
Plan|rück|stand *(DDR)*
Plansch|be|cken, Plantsch|becken; **plan|schen,** plant|schen; du planschst *od.* plantschst
plan schlei|fen, plan|schlei|fen *vgl.* plan
Plan|schul|den *Plur. (DDR)*
Plan|soll *(DDR); vgl.* ²Soll
Plan|spiel; Plan|spra|che (*svw.* Kunstsprache); **Plan|stel|le**
Plan|ta|ge [...ʒə], die; -, -n ⟨franz.⟩ ([An]pflanzung, landwirtschaftl. Großbetrieb [in trop. Gegenden]); **Plan|ta|gen|be|sit|zer; Plan|ta|gen|be|sit|ze|rin; Plan|ta|gen|wirt|schaft**
plan|tar ⟨lat.⟩ (*Med.* die Fußsohle betreffend)
Plantsch|be|cken, Plansch|be|cken; **plant|schen** *vgl.* planschen
Pla|num, das; -s ⟨lat.⟩ (eingeebnete Untergrundfläche beim Straßen- u. Gleisbau)
Pla|nung; Pla|nungs|ab|tei|lung; Pla|nungs|bü|ro; Pla|nungs|kom|mis|si|on; Pla|nungs|pha|se; Pla|nungs|rech|nung *(Math.);* **Pla|nungs|re|fe|rat** (Abteilung einer Behörde); **Pla|nungs|si|cher|heit; Pla|nungs|sta|di|um**
plan|voll
Plan|wa|gen
Plan|wirt|schaft (zentral geleitete Wirtschaft); **Plan|zahl** *(Wirtsch.)*
plan|zeich|nen (*fachspr. für* Grundrisse, Karten o. Ä. zeichnen *[nur im Infinitiv gebräuchlich]*)
Plan|zeich|ner; Plan|zeich|ne|rin
Plan|zeich|nung
Plan|ziel
Plap|pe|rei *(ugs.);* **Plap|pe|rer** *(ugs.)*
plap|per|haft *(ugs.);* **Plap|per|haf|tig|keit,** die; - *(ugs.)*
Plap|pe|rin *(ugs.)*
Plap|per|maul (*ugs. für* jmd., der plappert); **Plap|per|mäul|chen**
plap|pern (*ugs. für* viel u. gerne reden); ich plappere
Plaque [plak], die; -, -s ⟨franz.⟩ (*Med.* Zahnbelag; Ablagerung in den Blutgefäßen; Hautfleck)
plär|ren *(ugs.);* **Plär|rer; Plär|re|rin**
Plä|san|te|rie, die; -, ...ien ⟨franz.⟩ (*veraltet für* Scherz)
Plä|sier, das; -s, -e (*landsch., sonst veraltend für* Vergnügen, Spaß); **plä|sier|lich** (*veraltet für* vergnüglich, heiter)

Plas|ma, das; -s, ...men ‹griech.› (Protoplasma; flüssiger Bestandteil des Blutes; leuchtendes, elektr. leitendes Gasgemisch)
Plas|ma|bild|schirm; Plas|ma|chemie; Plas|ma|fern|se|her
Plas|ma|phy|sik; Plas|ma|wol|ke *(Astron.)*
Plas|mo|di|um, das; -s, ...ien (vielkernige Protoplasmamasse)
Plast, der; -[e]s, -e *meist Plur.* ‹griech.› (*regional für* Kunststoff)
Plas|te, die; -, -n (*regional für* [2]Plastik)
pläs|tern (*rhein. u. westfäl.* in dicken Tropfen regnen); es plästert
Plas|te|tü|te *(regional)*
Plas|tics ['plɛstɪks] *Plur.* ‹engl.› (*engl. Bez. für* Kunststoffe)
Plas|ti|de, die; -, -n *meist Plur.* ‹griech.› (*Bot.* Bestandteil der Pflanzenzelle)
[1]**Plas|tik,** die; -, -en (*nur Sing.:* Bildhauerkunst; Bildwerk; *übertr. für* Körperlichkeit; *Med.* operativer Ersatz von zerstörten Gewebs- u. Organteilen)
[2]**Plas|tik,** das; -s (Kunststoff)
Plas|tik|ab|fall; Plas|tik|be|cher; Plas|tik|beu|tel; Plas|tik|blu|me; Plas|tik|bom|be
Plas|ti|ker (Bildhauer); **Plas|ti|ke|rin**
Plas|tik|fo|lie; Plas|tik|geld, das; -[e]s (*ugs. für* Kreditkarte); **Plas|tik|helm; Plas|tik|pla|ne; Plas|tik|sack; Plas|tik|sa|ckerl** (*bayr., österr. für* Plastiktüte, -tragetasche); **Plas|tik|spreng|stoff; Plas|tik|tra|ge|ta|sche; Plas|tik|tü|te**
Plas|ti|lin, das; -s, *österr. nur so,* **Plas|ti|li|na,** die; - (Knetmasse)
Plas|ti|na|ti|on, die; - (ein Konservierungsverfahren, das vor allem bei der anatomischen Präparierung angewendet wird)
plas|tisch (knetbar; deutlich hervortretend; anschaulich; einprägsam); **Plas|ti|zi|tät,** die; - (Formbarkeit, Körperlichkeit; Bildhaftigkeit, Anschaulichkeit)
Plas|t|ron [...'trõ:, *österr.* ...'tro:n], der *od.* das; -s, -s ‹franz.› (breite [weiße] Krawatte; gestickter Brustlatz an Frauentrachten; eiserner Brust- od. Armschutz im MA.; Stoßkissen beim Fechttraining)
Pla|täa (im Altertum Stadt in Böotien); **Pla|tä|er; Pla|tä|e|rin**
Pla|ta|ne, die; -, -n ‹griech.› (ein Laubbaum); **Pla|ta|nen|blatt**
Pla|teau [...'to:], das; -s, -s ‹franz.› (Hochebene, Hochfläche; Tafelland); **pla|teau|för|mig**
Pla|teau|schuh (Schuh mit einer sehr dicken Sohle); **Pla|teau|sohle** (sehr dicke Schuhsohle)
Pla|te|resk, das; -[e]s ‹span.› (Baustil der span. Spätgotik u. der ital. Frührenaissance)
Pla|tin [*österr.* ...'ti:n], das; -s ‹span.› (chemisches Element, Edelmetall; *Zeichen* Pt); **pla|tin|blond** (weißblond); **Pla|tin|draht**
Pla|ti|ne, die; -, -n ‹griech.› (Montageplatte für elektrische Bauteile; Teil der Web- od. Wirkmaschine; *Hüttenw.* Formteil)
Pla|tin|hoch|zeit
pla|ti|nie|ren (mit Platin überziehen); **Pla|ti|no|id,** das; -[e]s, -e ‹span.; griech.› (eine Legierung)
Pla|tin|schmuck
Pla|ti|tude [...'ty:d(ə)] *vgl.* Plattitüde
Pla|to *vgl.* Platon; **Pla|ton** (altgriechischer Philosoph); **Pla|to|ni|ker** (Anhänger der Lehre Platos); **Pla|to|ni|ke|rin**
pla|to|nisch; platonische (geistige) Liebe; platonisches Jahr; die platonischen Schriften ↑K 89 *u.* 135
Pla|to|nis|mus, der; - (Weiterentwicklung u. Abwandlung der Philosophie Platos)
platsch!; plat|schen *(ugs.);* du platschst
plät|schern; ich plätschere
platsch|nass *(ugs.)*
platt (flach); das platte Land; da bist du platt! (*ugs. für* da bist du sprachlos, sehr erstaunt!); die Nase platt drücken *od.* plattdrücken
Platt, das; -[s] (das Niederdeutsche; Dialekt)
Plätt|brett
Plätt|chen
platt|deutsch *vgl.* deutsch / Deutsch; **Platt|deutsch,** das; -[s] (Sprache); *vgl.* Deutsch; **Platt|deut|sche,** das; -n; *vgl.* [2]Deutsche
platt drü|cken, platt|drü|cken *vgl.* platt
[1]**Plat|te,** die; -, -n (*österr. ugs. auch für* [Gangster]bande)
[2]**Plat|te,** der; -n, -n (*ugs. für* Autoreifen ohne Luft)
Plät|te, die; -, -n (*landsch. für* Bügeleisen; *bayr. u. österr. für* flaches Schiff)
Plätt|ei|sen *(landsch.)*
plät|teln (*bayr., österr. für* [Schuh]plattler tanzen)
plät|teln (mit Platten, Fliesen auslegen od. verkleiden); ich plätt[e]le; **plat|ten** (*landsch. für* platt machen; Platten legen)
Plat|ten, der; -s, - (*ugs. für* [2]Platte)
plät|ten (*landsch. für* bügeln)
Plat|ten|al|bum; Plat|ten|ar|chiv
Plat|ten|bau *Plur.* ...bauten; **Plat|ten|bau|wei|se; Plat|ten|be|lag**
Plat|ten|boss; Plat|ten|co|ver; Plat|ten|fir|ma; Plat|ten|in|dus|t|rie; Plat|ten|la|bel; Plat|ten|la|den
Plat|ten|le|ger; Plat|ten|le|ge|rin
Plat|ten|samm|lung; Plat|ten|schrank
Plat|ten|see, der; -s (ungarischer See); *vgl.* Balaton
[1]**Plat|ten|se|er**
[2]**Plat|ten|se|er,** der; -s (ein Wein)
Plat|ten|spie|ler
Plat|ten|ste|cher (ein Lehrberuf)
Plat|ten|tel|ler; Plat|ten|wechs|ler
Plat|ten|weg
Platt|erb|se
plat|ter|dings (*ugs. für* schlechterdings)
Plät|te|rei *(landsch.);* **Plät|te|rin**
Platt|fisch
Platt|form; platt|form|über|greifend; platt|form|un|ab|hän|gig
Platt|frost (Frost ohne Schnee)
Platt|fuß; platt|fü|ßig; Platt|fuß|in|di|a|ner *(ugs.);* **Platt|fuß|in|di|a|ne|rin**
Platt|heit
Platt|hirsch (*Jägerspr.* geweihloser Rothirsch)
plat|tie|ren ‹franz.› ([mit Metall] überziehen; umspinnen); **Plat|tie|rung; Plat|tier|ver|fah|ren**
plat|tig (glatt [von Felsen])
Plat|ti|tü|de, Pla|ti|tude [...'ty:d(ə)], die; -, -n ‹franz.› (*geh. für* Plattheit, Seichtheit)
Platt|ler (ein Älplertanz)
platt|ma|chen (*ugs. für* zerstören, dem Erdboden gleichmachen)
Plätt|ma|schi|ne *(landsch.)*
platt|na|sig
Platt|stich; Platt- und Stielstich; **Platt|[stich|]sti|cke|rei**
Platt|wan|ze; Platt|wurm
Platz, der; -es, Plätze (*landsch. auch für* Kuchen, Plätzchen); *Schreibung in Straßennamen:* ↑K 162 *u.* 163; Platz finden, greifen, haben; Platz machen, nehmen; am Platz[e] sein; Platz sparen; *vgl.* platzsparend
Platz|angst, die; -

P
Plat

Platz|an|wei|ser; Platz|an|wei|se|rin
Platz|be|darf
Plätz|chen
Platz|deck|chen
Plat|ze; *in* die Platze kriegen (*landsch. für* wütend werden)
plat|zen; du platzt; einen Ballon platzen lassen; *aber* eine Veranstaltung platzen lassen *od.* platzenlassen
plät|zen (*landsch. für* mit lautem Knall schießen; Bäume durch Abschlagen eines Rindenstückes zeichnen; den Boden mit den Vorderläufen aufscharren [vom Schalenwild]); du plätzt
plat|zen las|sen, plat|zen|las|sen *vgl.* platzen
...plät|zer (*schweiz. für* ...sitzer)
Platz|hal|ter *(bes. Sprachwiss.)*
Platz|hirsch (stärkster Hirsch eines Brunftplatzes)
plat|zie|ren ⟨franz.⟩ (aufstellen, an einen bestimmten Platz stellen, bringen; *Kaufmannsspr.* [Kapitalien] unterbringen, anlegen); sich platzieren (*Sport* einen vorderen Platz erreichen)
plat|ziert (*Sport* genau gezielt); ein platzierter Schuss, Schlag
Plat|zie|rung; Plat|zie|rungs|vor|schrift (für Werbeanzeigen o. Ä.)
...plät|zig (*schweiz. für* ...sitzig)
Platz|kar|te; Platz|kon|zert
Platz|kos|ten|rech|nung (*Wirtsch.* Berechnung der Kosten für einzelne Abteilungen eines Betriebes)
Plätz|li, das; -[s], -[s]; *vgl.* Götti (*schweiz. mdal. für* flaches Stück, *bes. für* Plätzchen, Schnitzel)
Platz|man|gel, der; -s
Platz|mie|te; Platz|ord|ner; Platz|ord|ne|rin
Platz|pa|t|ro|ne
Platz|re|gen
Platz|run|de *(bes. Sport)*
platz|spa|rend, Platz spa|rend ↑K58: eine platzsparende *od.* Platz sparende Lösung; *aber nur* eine viel Platz sparende Lösung; eine besonders platzsparende, noch platzsparendere Lösung
Platz|sper|re *(Sport)*
Platz|tel|ler
Platz|ver|hält|nis|se *Plur.*
Platz|ver|tre|tung *(Kaufmannsspr.)*
Platz|ver|weis *(Sport)*
Platz|wart; Platz|war|tin
Platz|wech|sel
Platz|wet|te
Platz|wun|de
Platz|zif|fer *(Sport)*
Plau|de|rei; Plau|de|rer, Plaud|rer; Plau|de|rin, Plaud|re|rin
plau|dern; ich plaudere
Plau|der|stünd|chen; Plau|der|ta|sche (*ugs. scherzh. für* jmd., der gern plaudert, geschwätzig ist);
Plau|der|ton, der; -[e]s
Plaud|rer *vgl.* Plauderer
Plaud|re|rin *vgl.* Plauderin
Plau|en (Stadt im Vogtland); **Plau|e|ner;** Plauener Spitzen; **Plau|e|ne|rin; plau|ensch,** plau|isch; plauensche, *auch* plauische Ware
Plau|en|sche Grund, der; -n -[e]s (bei Dresden)
Plau|er Ka|nal, der; - -s ⟨*nach* Plaue (Ortsteil von Brandenburg)⟩
Plau|er See, der; - -s ⟨*nach* Plau (Stadt in Mecklenburg)⟩
Plau|e|sche Grund, der; -n -[e]s (bei Erfurt)
plau|isch *vgl.* plauensch
Plausch, der; -[e]s, *Plur.* -e *u.* Pläusche (*bes. südd., österr. für* gemütliche Plauderei; *schweiz. mdal. für* Vergnügen, Spaß);
plau|schen (*bes. südd., österr. für* gemütlich plaudern); du plauschst
plau|si|bel ⟨lat.⟩ (einleuchtend, begreiflich); plausi|b|le Gründe;
Plau|si|bi|li|tät, die; -, -en
plaus|tern (*landsch. für* plustern)
Plau|tus (römischer Komödiendichter)
plauz!; Plauz, der; -es, -e (*ugs. für* Fall; Schall); einen Plauz tun
Plau|ze, die; -, -n ⟨slaw.⟩ (*landsch. für* Lunge; Bauch); es auf der Plauze haben (stark erkältet sein)
plau|zen ⟨*zu* Plauz⟩; du plauzt
Play-back, Play|back [ˈpleːbɛk, ...ˈbɛk], das; -[s], -s ⟨engl.⟩ (*Film u. Fernsehen* Verfahren der synchronen Bildaufnahme zu einer bereits vorliegenden Tonaufzeichnung; Bandaufzeichnung);
Play-back-Ver|fah|ren, Play|back|ver|fah|ren, Play|back-Ver|fah|ren
Play|boy [ˈpleː...], der; -s, -s ⟨engl.-amerik.⟩ ([reicher jüngerer] Mann, der vor allem seinem Vergnügen lebt)
Play|er [ˈpleːɐ], der; -s, - ⟨engl.⟩ (*Jargon* Gerät zur Wiedergabe von Datenträgern; Programm zum Abspielen von Audio- od. Videodateien)
Play|girl [ˈpleː...], das; -s, -s (leichtlebige, attraktive jüngere Frau)
Play-off, Play|off [pleːˈɔf, *auch* ˈpleːɔf], das; -[s], -s (*Sport* System von Ausscheidungsspielen);
Play-off-Run|de, Play|off|run|de, Play|off-Run|de
Play|sta|tion® [ˈpleːsteːʃn̩], die; -, -s (Spielkonsole mit CD-ROM- bzw. DVD-Laufwerk)
Pla|zen|ta, die; -, *Plur.* -s *u.* ...ten ⟨griech.-lat.⟩ (*Med., Biol.* Mutterkuchen, Nachgeburt); **pla|zen|tal, pla|zen|tar**
Pla|zet, das; -s, -s ⟨lat.⟩ (Bestätigung, Erlaubnis)
pla|zie|ren usw. *alte Schreibung für* platzieren usw.

platzieren
Die frühere Schreibung mit einfachem *z* wurde in Anlehnung an das Wort *Platz* durch die tz-Schreibung ersetzt.

Ple|be|jer, der; -s, - ⟨lat.⟩ (Angehöriger der niederen Schichten [im alten Rom]; ungehobelter Mensch); **Ple|be|je|rin; ple|be|jisch** (ungebildet, ungehobelt, pöbelhaft)
Ple|bis|zit, das; -[e]s, -e (Entscheidung durch Volksabstimmung); **ple|bis|zi|tär**
[1]**Plebs** [*auch* pleːps], der; -es, *österr.* die; - (Volk; Pöbel)
[2]**Plebs** [*auch* pleːps], die; - (das [arme] Volk im alten Rom)
Plei|n|air [plɛˈnɛːɐ̯], das; -s, -s ⟨franz.⟩ (Freilichtmalerei); **Plei|n|air|ma|le|rei**
Plei|ße, die; - (rechter Nebenfluss der Weißen Elster)
pleis|to|zän ⟨griech.⟩; **Pleis|to|zän,** das; -s (*Geol.* Eiszeitalter)
plei|te ⟨hebr.-jidd.⟩ (*ugs. für* zahlungsunfähig); pleite sein, werden; ich bin pleite
Plei|te, die; -, -n; das ist, wird ja eine Pleite (ein Reinfall); Pleite machen, wir machten Pleite; vor der Pleite stehen; **Plei|te|bank** (*ugs. für* Bank, die Pleite macht)
plei|te|ge|hen (*ugs. für* Bankrott machen); die Firma ging pleite
Plei|te|gei|er *(ugs.)*; **Plei|te|wel|le**
Plei|ti|er [...ˈti̯eː], der; -s, -s (*ugs. für* jmd., der pleite ist)
Ple|ja|de, die; - (griech. Regengöttin); **Ple|ja|den** *Plur.* (Siebengestirn [eine Sterngruppe])
Plek|t|ron, das; -s, *Plur.* ...tren *u.* ...tra ⟨griech.⟩ (Stäbchen od. Plättchen, mit dem die Saiten

mancher Zupfinstrumente angerissen werden)
Plek|t|rum *vgl.* Plektron
Plem|pe, die; -, -n (*ugs. für* dünnes, fades Getränk); **plem|pern** (*landsch. für* spritzen, [ver]schütten; seine Zeit mit nichtigen Dingen vertun); ich plempere
plem|plem (*ugs. für* verrückt)
Ple|nar|saal ‹lat.; dt.›; **Ple|nar|sit|zung** (Vollsitzung); **Ple|nar|ver|samm|lung** (Vollversammlung)
ple|ni|po|tent (*veraltet für* ohne Einschränkung bevollmächtigt, allmächtig); **Ple|ni|po|tenz**
ple|no or|ga|no ‹lat.› (mit vollen Registern [bei der Orgel])
ple|no ti|tu|lo ‹lat.› (*österr., sonst veraltet für* mit vollem Titel; *Abk.* P.T., p.t.)
Plen|te, die; -, -n (*südd.*), **Plen|ten,** der; -s, - (*österr.*) ‹ital.› (Brei aus Mais- od. Buchweizenmehl)
Plen|ter|be|trieb (*svw.* Femelbetrieb)
plen|tern (*Forstwirtsch.* einzelne Bäume schlagen); ich plentere
Ple|num, das; -s, ...nen ‹lat.› (Gesamtheit [des Parlaments, Gerichts u. a.], Vollversammlung)
Pleo|chro|is|mus [...k...], der; - ‹griech.› (Eigenschaft gewisser Kristalle, Licht nach mehreren Richtungen in verschiedene Farben zu zerlegen)
pleo|morph usw. *vgl.* polymorph usw.
Ple|o|nas|mus, der; -, ...men (*Rhet.* überflüssige Häufung sinngleicher od. sinnähnlicher Ausdrücke; z. B. weißer Schimmel); **ple|o|nas|tisch** (überflüssig gesetzt; überladen)
Ple|o|n|e|xie, die; - (Habsucht; Geltungssucht)
Ple|sio|sau|ri|er, Ple|sio|sau|rus, der; -, ...rier ‹griech.› (ein ausgestorbenes Reptil)
Ple|thi *vgl.* Krethi und Plethi
Ple|tho|ra, die; -, *Plur.* ...ren, *fachspr.* ...rae ‹griech.› (*Med.* vermehrter Blutandrang)
Ple|thys|mo|graf, Ple|thys|mo|graph, der; -en, -en ‹griech.› (*Med.* Apparat zur Messung von Umfangsveränderungen eines Gliedes od. Organs)
Pleu|el, der; -s, - (*Technik* Schubstange); **Pleu|el|stan|ge**
Pleu|ra, die; -, ...ren ‹griech.› (*Med.* Brust-, Rippenfell)
Pleu|reu|se [plø'rø:...], die; -, -n ‹franz.› (*früher für* Trauerbesatz an Kleidern; lange Straußenfeder auf Frauenhüten)
Pleu|ri|tis, die; -, ...itiden ‹griech.› (*Med.* Brust-, Rippenfellentzündung)
Pleu|r|o|dy|nie, die; -, ...ien (Seitenschmerz, Seitenstechen)
Pleu|ro|pneu|mo|nie, die; -, ...ien (Rippenfell- u. Lungenentzündung)
ple|xi|form ‹lat.› (*Med.* geflechtartig)
Ple|xi|glas® ‹lat.; dt.› (ein glasartiger Kunststoff)
Ple|xus, der; -, - ‹lat.› (*Med.* Gefäß- od. Nervengeflecht)
Pli, der; -s ‹franz.› (*landsch. für* Gewandtheit [im Benehmen])
Plicht, die; -, -en (offener Sitzraum hinten in Motor- u. Segelbooten)
plie|ren (*nordd. für* blinzelnd schauen; weinen); **plie|rig** (*nordd. für* blinzelnd; verweint)
plietsch (*nordd. für* pfiffig)
Plie|vi|er [...'vie:] (dt. Schriftsteller)
Pli|ni|us (röm. Schriftsteller)
plin|kern (*nordd. für* blinzeln); ich plinkere
Plin|se, die; -, -n ‹slaw.› (*landsch. für* Eier- od. Kartoffelspeise)
plin|sen (*nordd. für* weinen); du plinst
Plin|sen|teig (*landsch.*)
Plin|the, die; -, -n ‹griech.› ([Säulen]platte; Sockel[mauer])
Plin|ze, die; -, -n; *vgl.* Plinse
plio|zän ‹griech.›; **Plio|zän,** das; -s (*Geol.* jüngste Stufe des Tertiärs)
Plis|see, das; -s, -s ‹franz.› (in Fältchen gelegtes Gewebe); **Plis|see|rock; plis|sie|ren**
PLN (Währungscode für Zloty)
PLO, die; - ‹aus engl. Palestine Liberation Organization› (Dachorganisation der palästinensischen Befreiungsorganisationen)
Plock|wurst (eine Dauerwurst)
Plom|be, die; -, -n ‹franz.› (Bleisiegel, -verschluss; [Zahn]füllung); **plom|bie|ren; Plom|bie|rung**
plop|pen (*ugs. für* ein leicht knallendes Geräusch erzeugen)
Plör|re, die; -, -n (*nordd. für* wässriges, fades Getränk)
Plot, der, *auch* das; -s, -s ‹engl.› (*Literaturwiss.* Handlung[sablauf]; *EDV* grafische Darstellung); **Plot|ter** (*EDV*)
Plöt|ze, die; -, -n ‹slaw.› (ein Fisch)
plötz|lich; Plötz|lich|keit, die; -
Plu|der|ho|se; plu|de|rig, plu|drig
plu|dern (sich bauschen); ich pludere
plu|drig *vgl.* pluderig
Plug-and-play, Plug-and-Play ['plʌg ənd 'pleɪ], das; - ‹engl.› (*EDV* Computerfunktion, die die Inbetriebnahme des Gerätes vereinfacht); **Plug-and-play-Funk|ti|on, Plug-and-Play-Funk|ti|on** (*EDV*)
Plug-in, der *od.* das; -s, -s ‹engl.› (*EDV* kleines Softwareprogramm, das in eine größere Anwendung integriert werden kann)
Plum|bum, das; -s ‹lat.› (*lat. Bez. für* Blei; *Zeichen* Pb)
Plu|meau [ply'mo:], das; -s, -s ‹franz.› (Federdeckbett)
plump; eine plumpe Falle
Plum|pe, die; -, -n (*ostmitteld. für* Pumpe); **plum|pen** (*ostmitteld. für* pumpen)
Plump|heit
plumps!; plötzlich hat es plumps gemacht; **Plumps,** der; -es, -e (*ugs.*)
Plump|sack (im Kinderspiel)
plump|sen (*ugs. für* dumpf fallen); du plumpst; **Plumps|klo** (*ugs. für* Toilette ohne Spülung)
Plum|pud|ding ['plam...] ‹engl.› (englische Süßspeise)
plump|ver|trau|lich, plump-ver|trau|lich ↑K23
Plun|der, der; -s, -n (*nur Sing.: ugs. für* altes Zeug; Backwerk aus Blätterteig); **Plun|der|bre|zel**
Plün|de|rei; Plün|de|rer, Plünd|rer
Plun|der|ge|bäck
Plün|de|rin, Plünd|re|rin
plün|dern; ich plündere
Plun|der|teig
Plün|de|rung; Plünd|rer, Plün|de|rer; **Plünd|re|rin,** Plün|de|rin
Plün|nen *Plur.* (*nordd. für* [alte] Kleider)
Plun|ze, die; -, -n (*ostmitteld. für* Blutwurst); **Plun|zen,** die; -, - (*bayr. für* Blutwurst; *scherzh. für* dicke, schwerfällige Person)
plu|ral (*bildungsspr. für* pluralistisch)
Plu|ral, der; -s, -e ‹lat.› (*Sprachwiss.* Mehrzahl; *Abk.* pl., Pl., Plur.); **Plu|ral|en|dung**
Plu|ra|le|tan|tum, das; -s, *Plur.* -s *u.* Pluraliatantum (*Sprachwiss.*

P
Plur

nur im Plural vorkommendes Wort, z. B. »die Leute«)
plu|ra|lisch (im Plural [gebraucht, vorkommend]); **Plu|ra|li|sie|rung**
Plu|ra|lis Ma|jes|ta|tis, der; - -, ...les - (auf die eigene Person angewandte Pluralform)
Plu|ra|lis|mus, der; - (philosophische Meinung, dass die Wirklichkeit aus vielen selbstständigen Weltprinzipien besteht; Vielgestaltigkeit gesellschaftlicher, politischer u. anderer Phänomene); **plu|ra|lis|tisch**
Plu|ra|li|tät, die; -, -en (Mehrheit; Vielfältigkeit)
Plu|ral|wahl|recht (Wahlrecht, bei dem best. Wählergruppen zusätzliche Stimmen haben)
plu|ri|form (vielgestaltig)
Plu|ri|pa|ra, die; -, ...paren ‹lat.› (*Med.* Frau, die mehrmals geboren hat)
plu|ri|po|tent ‹lat.› (*Biol., Med.* mehrere Entwicklungsmöglichkeiten in sich tragend)
plus (und; *Zeichen* + [positiv]; *Ggs.* minus); drei plus drei ist, macht, gibt (*nicht:* sind, machen, geben) sechs; plus 15 Grad *od.* 15 Grad plus; mit einer Genauigkeit von plus/minus 5 Prozent; eine Drei plus in Mathe schreiben; der Konzern erzielte ein Geschäftsergebnis von 10 Prozent plus (gegenüber dem Vorjahr); die Generation 70 plus (der über 70-Jährigen)
Plus, das; -, - (Mehr, Überschuss, Gewinn; Vorteil); die Firma hat im letzten Jahr [ein] Plus gemacht; **Plus|be|trag**
Plüsch [plʏʃ, *auch* plyːʃ], der; -[e]s, -e ‹franz.› (Florgewebe)
Plüsch|au|gen *Plur.* (*ugs. für* sanft blickende [große] Augen)
plü|schen (aus Plüsch); **plü|schig** (wie Plüsch); **Plüsch|ses|sel; Plüsch|so|fa; Plüsch|tier**
Plus|grad (Grad über dem Gefrierpunkt)
Plus|mi|nus|zei|chen (*Math.*)
Plus|pol; Plus|punkt
Plus|quam|per|fekt, das; -s, -e ‹lat.› (*Sprachwiss.* Vorvergangenheit)
plus|tern; die Federn plustern (sträuben, aufrichten); ich plustere mich
Plus|zei|chen (Zusammenzähl-, Additionszeichen; *Zeichen* +)
Plu|t|arch, Plu|t|ar|chos (griechischer philosophischer Schriftsteller)

¹Plu|to (Beiname des Gottes Hades; griech. Gott des Reichtums u. des Überflusses)
²Plu|to, der; - (ein Zwergplanet)
Plu|to|krat, der; -en, -en ‹griech.› (jmd., der durch seinen Reichtum politische Macht ausübt); **Plu|to|kra|tie**, die; -, ...ien (Geldherrschaft; Geldmacht); **Plu|to|kra|tin**
Plu|ton *vgl.* ¹Pluto; **plu|to|nisch** (der Unterwelt zugehörig); plutonische Gesteine (Tiefengesteine); **Plu|to|nis|mus**, der; - (Tiefenvulkanismus; veraltete geol. Lehre, nach der die Gesteine ursprünglich in glutflüssigem Zustand waren)
Plu|to|ni|um, das; -s (chem. Element, Transuran; *Zeichen* Pu)
Plut|zer (*österr. mdal. für* Kürbis; Steingutflasche; grober Fehler)
plu|vi|al ‹lat.› (*Geol.* als Regen fallend)
Plu|vi|a|le, das; -s, -[s] (Vespermantel des katholischen Priesters; Krönungsmantel)
Plu|vi|al|zeit (*Geol.* in den subtropischen Gebieten eine den Eiszeiten entsprechende Periode mit kühlerem Klima u. stärkeren Niederschlägen)
Plu|vio|graf, Plu|vio|graph, der; -en, -en ‹lat.; griech.› (*Meteorol.* Regenmesser); **Plu|vio|me|ter**, das; -s, - (*Meteorol.* Regenmesser); **Plu|vio|ni|vo|me|ter**, das; -s, - (*Meteorol.* Gerät zur Aufzeichnung des Niederschlags)
Plu|vi|ose [plyˈvi̯oːs], der; -, -s [...oːs] ‹franz., »Regenmonat«› (5. Monat des Kalenders der Franz. Revolution: 20. Jan. bis 18. Febr.)
Plu|vi|us ‹lat.› (Beiname Jupiters)
Ply|mouth [ˈplɪməθ] (engl. Stadt)
Ply|mouth Rocks *Plur.* (eine Hühnerrasse)
PLZ = Postleitzahl
Plzeň [ˈpɪlzɛn] (Hauptstadt des Westböhmischen Kreises; *vgl.* Pilsen)
Pm (*chem. Zeichen für* Promethium)
p. m. = post meridiem; post mortem; pro memoria
p. m., v. T., ‰ = per *od.* pro mille
PMS, das; - *auch ohne Artikel* = prämenstruelles Syndrom (*Med.*)
Pneu, der; -s, -s ‹griech.› (*kurz für* ²Pneumatik, Pneumothorax)

Pneu|ma, das; -s ‹griech.; »Hauch«› (*Theol.* Heiliger Geist)
¹Pneu|ma|tik, die; - (Lehre von den Luftbewegungen u. vom Verhalten der Gase; deren Anwendung in der Technik)
²Pneu|ma|tik [*österr.* ...ˈma...], der; -s, -s, *österr.* die; -, -en (Luftreifen; *Kurzform* Pneu)
pneu|ma|tisch (die Luft, das Atmen betreffend; durch Luft[druck] bewegt, bewirkt); pneumatische Bremse (Luftdruckbremse)
Pneu|mo|graf, Pneu|mo|graph, der; -en, -en (Vorrichtung zur Aufzeichnung der Atembewegungen)
Pneu|mo|kok|kus, der; -, ...kken (Erreger der Lungenentzündung); **Pneu|mo|ko|ni|o|se**, die; -, -n (Staublunge)
Pneu|mo|nie, die; -, ...ien (Lungenentzündung); **Pneu|mo|pe|ri|kard**, das; -[e]s (Luftansammlung im Herzbeutel)
Pneu|mo|pleu|ri|tis, die; -, ...itiden (Rippenfellentzündung bei leichter Lungenentzündung)
Pneu|mo|tho|rax, der; -[es], -e (krankhafte od. künstliche Luft-, Gasansammlung im Brustfellraum; *Kurzform* Pneu)
Po (*chem. Zeichen für* Polonium)
¹Po, der; -[s] (italienischer Fluss)
²Po, der; -s, -s (*kurz für* Popo)
P. O. = Professor ordinarius (ordentlicher Professor, ordentliche Professorin)
Po|ba|cke (*ugs.*)
Pö|bel, der; -s ‹franz.› (Gesindel)
Pö|be|lei
pö|bel|haft; Pö|bel|haf|tig|keit
Pö|bel|herr|schaft
pö|beln (*ugs. für* durch beleidigende Äußerungen provozieren); ich pöb[e]le
Poch, das, *auch* der; -[e]s (ein Kartenglücksspiel); **Poch|brett**
po|chen
Po|chet|te [pɔˈʃɛtə], die; -, -n ‹franz.› (Einstecktuch; kleine, flache Damenhandtasche)
po|chie|ren [...ˈʃiː...] ‹franz.› (*Gastron.* Speisen, bes. aufgeschlagene Eier, in kochendem Wasser gar werden lassen)
Poch|stem|pel (Balken zum Zerkleinern von Erzen); **Poch|werk** (*Bergbau*)
Po|cke, die; -, -n (Eiterbläschen)
Po|cken *Plur.* (eine Infektions-

P
plur

krankheit); **Po̱|cken|epi|de|mie; Po̱|cken|imp|fung**
Po̱|cken|nar|be; po̱|cken|nar|big
Po̱|cken|schutz|imp|fung; Po̱|cken|vi|rus
Po̱|cket|ka|me|ra ⟨engl.; lat.⟩ (Taschenkamera)
Po̱ck|holz (Guajakholz)
po̱|ckig
po|co ⟨ital.⟩ (*Musik* [ein] wenig); poco a poco (nach und nach); poco largo (ein wenig langsam)
Po̱|d|a|g|ra, das; -[s] ⟨griech.⟩ (*Med.* Fußgicht); **po|d|a̱|g|risch**
Po|d|al|gie, die; -, ...i̱en (*Med.* Fußschmerzen)
Pod|cast [ˈpɔtka:st], der; -s, -s ⟨engl.⟩ (Reportage, [Radio]beitrag o. Ä. zum Herunterladen als Audiodatei aus dem Internet); **po̱d|cas|ten** (einen Podcast bereitstellen, herunterladen od. abspielen); ich podcaste; gepodcastet; **Po̱d|cas|ting,** das; -[s] (das Produzieren u. Bereitstellen eines Podcasts)
Po|de̱st, das, *österr. nur so, auch* der; -[e]s, -e ⟨griech.⟩ ([Treppen]absatz; kleines Podium)
Po|des|ta̱, *ital. Schreibung* **Po|des|tà,** der; -[s], -s (*ital. Bez. für* Bürgermeister)
Po̱|dex, der; -[es], -e ⟨lat.⟩ (*scherzh. für* Gesäß)
Po̱d|go|ri|ca [...tsa] (Hauptstadt Montenegros)
Po̱|di|um, das; -s, ...ien ⟨griech.⟩ (trittartige Erhöhung [für Redner usw.]); **Po̱|di|ums|dis|kus|si|on; Po̱|di|ums|ge|spräch**
Po|do|lo̱|ge, der; -n, -n (Fachkraft für med. Fußpflege); **Po|do|lo|gie** (Fußheilkunde); **Po|do|lo̱|gin**
Po|do|me̱|ter, das; -s, - ⟨griech.⟩ (Schrittzähler)
Pod|so̱l, der; -s ⟨russ.⟩ (graue bis weiße Bleicherde)
Poe [po:], Edgar Allan [ˈɛtgə ˈɛlən] (amerik. Schriftsteller)
Po̱-Ebe|ne, Po̱|ebe|ne, die; - ↑K 143 (Ebene des Flusses Po)
Po|e̱m, das; -s, -e ⟨griech.⟩ (*scherzh., sonst veraltend für* größere lyrisch-epische Dichtung)
Po|e|si̱e, die; -, ...i̱en (Dichtung; Dichtkunst; dichterischer Stimmungsgehalt, Zauber); **Po|e|sie|al|bum; po|e|sie|los; Po|e|sie|lo|sig|keit**
Po|e̱t, der; -en, -en (*oft scherzh. für* [lyrischer] Dichter)
Po|e̱|ta lau|re|a̱|tus, der; - -, ...tae ...ti ⟨lat.⟩ ([lorbeer]gekrönter, mit einem Ehrentitel ausgezeichneter Dichter)
Po|e|ta̱s|ter, der; -s, - ⟨griech.⟩ (*abwertend für* schlechter Dichter); **Po|e|ta̱s|te|rin**
Po|e̱|tik, die; -, -en ([Lehre von der] Dichtkunst)
Po|e̱|tin ⟨*zu* Poet⟩; **po|e̱|tisch**
po|e|ti|sie|ren (dichterisch ausschmücken; dichtend erfassen)
Po|e|to|lo|gie, die; - (Wissenschaft von der Dichtkunst); **po|e|to|lo̱|gisch**
Po|e|t|ry-Slam, Po|e|t|ry|slam [ˈpo:ətrislɛm], der; -s, -s ⟨engl.⟩ (auf einer Bühne vor Publikum ausgetragener Wettbewerb, bei dem die Teilnehmer selbst verfasste Texte vortragen)
Po̱|fel, der; -s (*südd. u. österr. svw.* Bafel; Wertloses)
po̱|fen (*ugs. für* schlafen)
Po|fe̱|se *vgl.* Pafese
Po|ga̱t|sche, die; -, -n ⟨ung.⟩ (*ostösterr. für* eine Art Weißbrot)
Po̱|go, der; -[s], -s ⟨engl.⟩ (Tanz zu Punk- u. Heavy-Metal-Musik)
Po|g|ro̱m, der *od.* das; -s, -e ⟨russ.⟩ (Ausschreitungen gegen nationale, religiöse, ethnische Minderheiten); **Po|g|ro̱m|het|ze**
Po|g|ro̱m|nacht, die; - (Nacht vom 9. zum 10. Nov. 1938 mit nationalsozialistischen Pogromen gegen die deutschen Juden); **Po|g|ro̱m|op|fer**
poi|ki|lo|the̱rm ⟨griech.⟩ (wechselwarm [von Tieren])
Poi|lu [pọaˈly:], der; -[s], -s ⟨franz.⟩ (Spitzname des franz. Soldaten im Ersten Weltkrieg)
Point [pọɛ̃:], der; -s, -s ⟨franz.⟩ (*Würfelspiel* Auge; *Kartenspiel* Stich; *Kaufmannsspr.* Notierungseinheit von Warenpreisen an Produktenbörsen)
Point d'Hon|neur [ˈpọɛ̃: dɔˈnø:ɐ̯], der; - - (*veraltet für* Punkt, an dem sich jmd. in seiner Ehre getroffen fühlt)
Poin|te [ˈpọɛ̃:...], die; -, -n (überraschender Schlusseffekt [bes. eines Witzes])
Poi̱n|ter, der; -s, - ⟨engl.⟩ (Vorstehhund)
poin|tie|ren [pọɛ̃...] ⟨franz.⟩ (unterstreichen, betonen); **poin|tiert** (betont; zugespitzt)
Poin|til|lis|mus [pọɛ̃tiˈjɪ..., *auch* ...ˈlɪs...], der; - (Richtung der impressionistischen Malerei); **Poin|til|list,** der; -en, -en; **Poin|til|lis|tin; poin|til|lis|tisch**
Po̱|jatz, der; -, -e (*landsch. für* Bajazzo, Hanswurst)
Po|ka̱l, der; -s, -e ⟨ital.⟩ (Trinkgefäß mit Fuß; Sportpreis; *kurz für* Pokalwettbewerb); **Po|ka̱l|end|spiel; Po|ka̱l|fi|na|le; Po|ka̱l|fi|na|list; Po|ka̱l|sie|ger; Po|ka̱l|spiel; Po|ka̱l|sys|tem; Po|ka̱l|ver|tei|di|ger; Po|ka̱l|wett|be|werb**
Pö̱|kel, der; -s, - ([Salz]lake); **Pö̱|kel|fass; Pö̱|kel|fleisch; Pö̱|kel|he|ring; Pö̱|kel|la|ke; pö̱|keln;** ich pök[e]le
Po̱|ke|mon®, das; -[s], -[s] (Figur einer japanischen Zeichentrickserie für Kinder)
Po̱|ker, das; -s ⟨amerik.⟩ (ein Kartenglücksspiel)
Pö̱|ker, der; -s, - (*nordd. Kinderspr. für* Podex, Gesäß)
Po̱|ker|face [...fe:s], das; -, -s [...fe:sɪs] ⟨amerik.⟩; **Po̱|ker|ge|sicht; Po̱|ker|mie|ne**
po̱|kern ⟨amerik.⟩; ich pokere
Po̱|ker|spiel
po|ku|lie|ren ⟨lat.⟩ (*veraltet für* bechern, zechen)
¹Po̱l, der; -s, -e ⟨griech.⟩ (Drehpunkt; Endpunkt der Erdachse; *Math.* Bezugspunkt; *Elektrot.* Aus- u. Eintrittspunkt des Stromes)
²Po̱l, der; -s, -e ⟨franz.⟩ (Oberseite von Samt u. Plüsch)
Po|la̱ck, der; -en, -en ⟨poln.⟩ (*diskriminierende Bez. für* Pole)
po|la̱r ⟨griech.⟩ (am Pol befindlich, die Pole betreffend; entgegengesetzt wirkend); polare Strömungen, Luftmassen
Po|la̱|re, die; -, -n (*Math.* Verbindungslinie der Berührungspunkte zweier Tangenten an einem Kegelschnitt); zwei Polare[n]
Po|la̱r|eis; Po|la̱r|ex|pe|di|ti|on; Po|la̱r|fau|na
Po|la̱r|for|scher; Po|la̱r|for|sche|rin
Po|la̱r|front (*Meteorol.* Front zwischen polarer Kaltluft u. tropischer Warmluft)
Po|la̱r|fuchs; Po|la̱r|ge|biet; Po|la̱r|ge|gend; Po|la̱r|hund
Po|la|ri|sa|ti|o̱n, die; -, -en (deutliches Hervortreten von Gegensätzen; *Physik* das Herstellen einer festen Schwingungsrichtung aus sonst unregelmäßigen Schwingungen des natürlichen Lichtes)
Po|la|ri|sa|ti|o̱ns|ebe|ne; Po|la|ri|sa-

P
Pola

ti|ons|fil|ter; Po|la|ri|sa|ti|ons|mi|k|ro|s|kop; Po|la|ri|sa|ti|ons|strom

Po|la|ri|sa|tor, der; -s, ...oren (Vorrichtung, die polarisierte Strahlung aus natürlicher erzeugt)

po|la|ri|sie|ren (der Polarisation unterwerfen); sich polarisieren (in seiner Gegensätzlichkeit immer stärker hervortreten); **Po|la|ri|sie|rung**

Po|la|ri|tät, die; -, -en (Vorhandensein zweier [1]Pole, Gegensätzlichkeit)

Po|lar|kreis; Po|lar|land *Plur.* ...länder; **Po|lar|licht** *Plur.* ...lichter; **Po|lar|luft,** die; -; **Po|lar|meer; Po|lar|nacht**

Po|la|ro|id|ka|me|ra® [...'rɔyt..., *auch* ...ro'it...] (Fotoapparat, der kurz nach der Aufnahme das fertige Bild liefert)

Po|lar|sta|ti|on; Po|lar|stern, der; -[e]s; **Po|lar|zo|ne**

Pol|der, der; -s, - ‹niederl.› (eingedeichtes Land); **Pol|der|deich**

Po|le, der; -n, -n

Po|lei, der; -[e]s, -e ‹lat.› (Bez. verschiedener Heil- u. Gewürzpflanzen); **Po|lei|min|ze**

Po|le|mik, die; -, -en ‹griech.› (wissenschaftliche, literarische Fehde, Auseinandersetzung; [unsachlicher] Angriff)

Po|le|mi|ker; Po|le|mi|ke|rin

po|le|misch; po|le|mi|sie|ren

po|len ‹griech.› (an einen elektrischen Pol anschließen)

Po|len

Po|len|ta, die; -, *Plur.* -s *u.* ...ten ‹ital.› (ein Maisgericht)

Po|len|te, die; - ‹jidd.› (*ugs. für* Polizei)

P

Pola

Pole|po|si|tion, Pole-Po|si|tion ['po:lpəzɪʃn̩], die; -, -s ‹engl.› (beste Startposition beim Autorennen; *Jargon für* Marktführerschaft)

Po|les|je, Po|less|je, die; - (osteurop. Wald- u. Sumpflandschaft)

Pol|gar (österr. Schriftsteller)

Pol|hö|he *(Geogr.)*

Po|li|ce [...sə], die; -, -n ‹franz.› (Versicherungsschein); **po|li|cie|ren** (*Versicherungsw.* eine Police ausstellen); **Po|li|cie|rung**

Po|li|ci|nel|lo [...tʃi...], der; -s, ...lli ‹ital.› (*veraltete Nebenform von* Pulcinella)

Po|lier, der; -s, -e ‹franz.› (Vorarbeiter der Maurer u. Zimmerleute; Bauführer)

Po|lier|bürs|te

po|lie|ren ‹franz.›

Po|lie|rer; Po|lie|re|rin

Po|lie|rin

Po|lier|mit|tel; Po|lier|stahl *(Druckw.);* **Po|lier|wachs**

Po|li|kli|nik (medizinische Einrichtung zur ambulanten Behandlung); **po|li|kli|nisch**

Po|lin

Po|lio, die; - (*kurz für* Poliomyelitis); **Po|lio|in|fek|ti|on; Po|lio|my|e|li|tis,** die; -, ...itiden ‹griech.› (*Med.* Kinderlähmung)

Po|lis, die; -, Poleis ‹griech.› (altgriechischer Stadtstaat)

Po|lit|bü|ro ‹*Kurzw. für* Politisches Büro› (Führungsorgan von kommunistischen Parteien)

[1]Po|li|tes|se, die; - ‹franz.› (*veraltet für* Höflichkeit, Artigkeit)

[2]Po|li|tes|se, die; -, -n ‹*aus* Polizei *u.* Hostess› (Angestellte einer Gemeinde, die bes. die Einhaltung des Parkverbots kontrolliert)

Po|li|ti|cal Cor|rect|ness [...kl̩ kɔ'rɛk...] ↑K 40; die; - - ‹engl.› (Einstellung, die alle diskriminierenden Ausdrucksweisen u. Handlungen ablehnt)

po|li|tie|ren ‹lat.-franz.› (*ostösterr. für* polieren)

Po|li|tik, die; -, Politiken *Plur. selten* ‹griech.› ([Lehre von der] Staatsführung; zielgerichtetes Verhalten)

Po|li|ti|kas|ter, der; -s, - (*abwertend für* jmd., der viel von Politik spricht, ohne etwas davon zu verstehen); **Po|li|ti|kas|te|rin**

Po|li|ti|ker; Po|li|ti|ke|rin

po|li|tik|fä|hig; Po|li|tik|fä|hig|keit

Po|li|ti|kum, das; -s, ...ka (Tatsache, Vorgang von politischer Bedeutung)

Po|li|ti|kus, der; -, -se (*ugs. scherzh. für* jmd., der sich gern mit Politik beschäftigt)

Po|li|tik|ver|dros|sen|heit; Po|li|tik|ver|ständ|nis

Po|li|tik|wis|sen|schaft; Po|li|tik|wis|sen|schaft|ler; Po|li|tik|wis|sen|schaft|le|rin; po|li|tik|wis|sen|schaft|lich

po|li|tisch (die Politik betreffend); ↑K 89 : politische Karte (Staatenkarte); politische Wissenschaft; politische Geografie; politische Geschichte; politische Ökonomie; sich politisch korrekt äußern, verhalten; politisch-gesellschaftlich ↑K 23

po|li|ti|sie|ren (von Politik reden; politisch behandeln); **Po|li|ti|sie|rung**

Po|lit|land|schaft

Po|lit|of|fi|zier *(DDR)*

Po|li|to|lo|ge, der; -n, -n; **Po|li|to|lo|gie,** die; - (Wissenschaft von der Politik); **Po|li|to|lo|gin**

Po|lit|re|vue

Po|lit|ruk, der; -s, -s ‹russ.› (*früher für* politischer Führer in einer sowjetischen Truppe)

Po|lit|sze|ne

Po|lit|thril|ler (Thriller mit politischem Inhalt)

Po|li|tur, die; -, -en ‹lat.› (Glätte, Glanz; Poliermittel; *nur Sing.:* äußerer Anstrich, Lebensart)

Po|li|zei, die; -, -en ‹griech.›

Po|li|zei|ak|ti|on; Po|li|zei|an|ga|ben *Plur.;* **Po|li|zei|ap|pa|rat; Po|li|zei|auf|ge|bot; Po|li|zei|au|to**

Po|li|zei|be|am|te; Po|li|zei|be|am|tin

Po|li|zei|be|hör|de; po|li|zei|be|kannt; Po|li|zei|be|richt

Po|li|zei|chef; Po|li|zei|che|fin; Po|li|zei|dienst; Po|li|zei|dienst|stel|le

Po|li|zei|di|rek|ti|on; Po|li|zei|ein|heit; Po|li|zei|ein|satz; Po|li|zei|es|kor|te; Po|li|zei|funk; Po|li|zei|ge|setz; Po|li|zei|ge|wahr|sam; Po|li|zei|ge|walt; Po|li|zei|ge|werk|schaft

Po|li|zei|griff; Po|li|zei|hund; Po|li|zei|in|s|pek|ti|on; Po|li|zei|kom|mis|sar; Po|li|zei|kom|mis|sa|rin

Po|li|zei|kon|tin|gent; Po|li|zei|kon|t|rol|le; Po|li|zei|kräf|te *Plur.*

po|li|zei|lich ↑K 89 : polizeiliches Führungszeugnis; polizeiliche Meldepflicht; ↑K 72 : der polizeilich Gesuchte

Po|li|zei|meis|ter; Po|li|zei|meis|te|rin; Po|li|zei|not|ruf

Po|li|zei|ober|meis|ter; Po|li|zei|ober|meis|te|rin

Po|li|zei|or|ches|ter; Po|li|zei|or|gan; Po|li|zei|pos|ten; Po|li|zei|prä|senz

Po|li|zei|prä|si|dent; Po|li|zei|prä|si|den|tin; Po|li|zei|prä|si|di|um

Po|li|zei|re|vier; Po|li|zei|schutz, der; -es; **Po|li|zei|si|re|ne; Po|li|zei|spit|zel**

Po|li|zei|spre|cher; Po|li|zei|spre|che|rin

Po|li|zei|staat *Plur.* ...staaten; **Po|li|zei|strei|fe; Po|li|zei|stun|de,** die *Plur. selten;* **Po|li|zei|uni|form; Po|li|zei|wa|che; Po|li|zei|we|sen,** das; -s; **po|li|zei|wid|rig**

Po|li|zist, der; -en, -en; **Po|li|zis|tin**

Po|liz|ze, die; -, -n (*österr. für* Police)

Pölk, das *od.* der; -[e]s, -e (*nordd. für* halb erwachsenes, männliches kastriertes Schwein)
Pol|ka, die; -, -s ‹poln.-tschech.› (ein Tanz)
pol|ken (*nordd. für* bohren, mit den Fingern entfernen)
Pol|lack, der; -s, -s (eine Schellfischart)
Pol|len, der; -s, - ‹lat.› (Blütenstaub); **Pol|len|al|l|er|gie; Pol|lenana|ly|se; Pol|len|flug; pol|len|frei**
Pol|len|korn, das; *Plur.* ...körner; **Pol|len|schlauch**
Pol|ler, der; -s, - (*Seemannsspr.* Holz- od. Metallpfosten zum Befestigen der Taue; Markierungsklotz im Straßenverkehr)
Pol|lu|ti|on, die; -, -en ‹lat.› (*Med.* unwillkürlicher [nächtlicher] Samenerguss)
[1]**Pol|lux** (Held der griechischen Sage); Kastor und Pollux (Zwillingsbrüder)
[2]**Pol|lux,** der; - (Zwillingsstern im Sternbild Gemini)
pol|nisch; polnische Wurst, *aber* ↑K 150: der Polnische Erbfolgekrieg; **Pol|nisch,** das; -[s] (Sprache); *vgl.* Deutsch; **Pol|ni|sche,** das; -n; *vgl.* [2]Deutsche
Po|lo, das; -s ‹engl.› (Ballspiel vom Pferd aus)
Po|lo|hemd (kurzärmeliges Trikothemd)
Po|lo|nai|se [...ˈnɛː...], **Po|lo|nä|se,** die; -, -n ‹franz.› (ein Reihentanz)
Po|lo|nia (lateinischer Name von Polen); **po|lo|ni|sie|ren** (polnisch machen)
Po|lo|nist, der; -en, -en; **Po|lo|nistik,** die; - (Wissenschaft von der polnischen Sprache u. Kultur); **Po|lo|nis|tin; po|lo|nis|tisch**
Po|lo|ni|um, das (chemisches Element, Halbmetall; *Zeichen* Po)
Po|lo|shirt (*svw.* Polohemd)
Po|lo|spiel (*svw.* Polo)
Pols|ter, das, *österr.* der; -s, *Plur.* -, *österr.* Pölster (*österr. auch für* Kissen); **Pöls|ter|chen**
Pols|te|rer; Pols|ter|gar|ni|tur; Polste|rin; Pols|ter|mö|bel
pols|tern; ich polstere
Pols|ter|ses|sel; Pols|ter|stoff; Polster|stuhl; Pols|ter|tür
Pols|te|rung
Pol|ter, der *od.* das; -s, - (*südwestd. für* Holzstoß)
Pol|ter|abend
Pol|te|rer; Pol|ter|geist *Plur.* ...geister; **pol|te|rig,** poltrig
Pol|te|rin ‹*zu* Polterer›
pol|tern; ich poltere; **polt|rig,** polte|rig
Pol|wechs|ler, Pol|wen|der (*Elektrot.*)
po|ly... ‹griech.› (viel...); **Po|ly...** (Viel...)
Po|ly|ac|ryl, das; -s ‹griech.› (ein Kunststoff)
Po|ly|amid, das; -[e]s, -e ‹griech.› (ein elastischer Kunststoff)
Po|ly|an|d|rie, die; - ‹griech.› (*Völkerkunde* Vielmännerei)
Po|ly|ar|th|ri|tis, die; -, ...itiden ‹griech.› (*Med.* Entzündung mehrerer Gelenke)
Po|ly|äs|the|sie, die; -, ...ien ‹griech.› (*Med.* das Mehrfachempfinden eines Berührungsreizes)
Po|ly|äthy|len, *chem. fachspr.* Poly|ethy|len, das; -s, -e ‹griech.› (ein Kunststoff)
Po|ly|bi|os, Po|ly|bi|us (griechischer Geschichtsschreiber)
po|ly|chrom [...k...] ‹griech.› (vielfarbig, bunt); **Po|ly|chro|mie,** die; -, ...ien (Vielfarbigkeit); **po|lychro|mie|ren** (vielfarbig, bunt ausstatten)
Po|ly|dak|ty|lie, die; -, ...ien ‹griech.› (*Med.* Bildung von überzähligen Fingern od. Zehen)
Po|ly|deu|kes (griechischer Name von [1]Pollux)
Po|ly|eder, das; -s, - ‹griech.› (*Math.* Vielflächner)
Po|ly|eder|krank|heit (*Biol.* eine Raupenkrankheit)
po|ly|ed|risch (*Math.* vielflächig)
Po|ly|es|ter, der; -s, - ‹griech.› (ein Kunststoff)
Po|ly|ethy|len *vgl.* Polyäthylen
po|ly|fon, po|ly|phon ‹griech.› (*Musik* mehrstimmig, vielstimmig); polyfoner *od.* polyphoner Satz; **Po|ly|fo|nie,** Po|ly|pho|nie, die; -, ...ien (Mehrstimmigkeit, Vielstimmigkeit; ein Kompositionsstil); **po|ly|fo|nisch,** po|lypho|nisch (*veraltend für* polyfon)
po|ly|funk|ti|o|nal (verschiedene, mehrere Funktionen habend)
po|ly|gam ‹griech.› (mehrehig, vielehig); **Po|ly|ga|mie,** die; - (Mehr-, Vielehe); **Po|ly|ga|mist,** der; -en, -en; **Po|ly|ga|mis|tin**
po|ly|gen ‹griech.› (vielfachen Ursprungs; *Biol.* durch mehrere Erbfaktoren bedingt)
po|ly|glott ‹griech.› (vielsprachig; viele Sprachen sprechend)
[1]**Po|ly|glot|te,** der *u.* die; -n, -n (jmd., der viele Sprachen spricht)
[2]**Po|ly|glot|te,** die; -, -n (*Buchw.* mehrsprachige Ausgabe von Texten); **Po|ly|glot|ten|bi|bel**
Po|ly|gon, das; -s, -e ‹griech.› (*Math.* Vieleck); **po|ly|go|nal** (vieleckig)
Po|ly|gon|aus|bau, der; -[e]s (*Bergmannsspr.*)
Po|ly|gon|bo|den (*Geol.*)
Po|ly|graf, Po|ly|graph, der; -en, -en ‹griech.› (Gerät zur gleichzeitigen Registrierung mehrerer [med. od. psycholog.] Vorgänge)
Po|ly|gra|fie, Po|ly|gra|phie, die; -, ...ien (*Med.* Röntgenuntersuchung zur Darstellung von Organbewegungen; *nur Sing.: regional für* Gesamtheit des grafischen Gewerbes)
Po|ly|gy|nie, die; - ‹griech.› (*Völkerkunde* Vielweiberei)
Po|ly|his|tor, der; -s, ...oren ‹griech.› (*veraltet für* in vielen Fächern bewanderter Gelehrter)
Po|ly|hym|nia, Po|lym|nia (Muse des ernsten Gesanges)
po|ly|karp, po|ly|kar|pisch ‹griech.› (*Bot.* in einem bestimmten Zeitraum mehrmals Blüten u. Früchte ausbildend)
Po|ly|karp (ein Heiliger)
Po|ly|kla|die, die; - ‹griech.› (*Bot.* Bildung von Seitensprossen nach Verletzung einer Pflanze)
Po|ly|k|let (altgriech. Bildhauer)
Po|ly|kon|den|sa|ti|on, die; -, -en ‹griech.; lat.› (*Chemie* Zusammenfügen einfachster Moleküle zu größeren zur Gewinnung von Kunststoffen)
Po|ly|kra|tes (ein Tyrann von Samos)
po|ly|mer ‹griech.› (*Chemie* aus größeren Molekülen bestehend); **Po|ly|mer,** das; -s, -e, **Poly|me|re,** das; -n, -n *meist Plur.* (*Chemie* eine Verbindung aus Riesenmolekülen)
Po|ly|me|rie, die; -, ...ien (*Biol.* das Zusammenwirken mehrerer gleichartiger Erbfaktoren bei der Ausbildung eines Merkmals; *Chemie* Bez. für die besonderen Eigenschaften polymerer Verbindungen)
Po|ly|me|ri|sat, das; -[e]s, -e (*Chemie* durch Polymerisation entstandener neuer Stoff); **Po|ly|me-**

ri|sa|ti|on, die; -, -en (auf Polymerie beruhendes chemisches Verfahren zur Herstellung von Kunststoffen)

po|ly|me|ri|sier|bar; po|ly|me|ri|sie|ren; Po|ly|me|ri|sie|rung

Po|ly|me|ter, das; -s, - ‹griech.› (meteorologisches Messgerät)

Po|ly|me|t|rie, die; -, ...ien ‹griech.› (*Verslehre, Musik* Vielfalt in Metrik u. Takt)

Po|lym|nia *vgl.* Polyhymnia

po|ly|morph ‹griech.› (viel-, verschiedengestaltig); **Po|ly|mor|phie,** die; -, ...ien, **Po|ly|mor|phis|mus,** der; -, ...men (Vielgestaltigkeit, Verschiedengestaltigkeit)

Po|ly|ne|si|en ‹griech.› (Inselwelt im mittleren Pazifik); **Po|ly|ne|si|er; Po|ly|ne|si|e|rin; po|ly|ne|sisch**

Po|ly|neu|ro|pa|thie, die; -, ...ien (*Med.* eine Nervenkrankheit)

Po|ly|nom, das; -s, -e ‹griech.› (*Math.* vielgliedrige Größe); **po|ly|no|misch**

po|ly|nu|k|le|är ‹griech.; lat.› (*Med.* vielkernig)

Po|lyp, der; -en, -en ‹griech.› (ein Nesseltier mit Fangarmen; *veraltet für* Tintenfisch; *Med.* gestielte Geschwulst, Nasenwucherung; *ugs. für* Polizeibeamter); **po|ly|pen|ar|tig**

Po|ly|pha|ge, der; -n, -n *meist Plur.* ‹griech.› (*Zool.* sich von verschiedenartigen Pflanzen od. Beutetieren ernährendes Tier); **Po|ly|pha|gie,** die; -

Po|ly|phem, Po|ly|phe|mos (griechische Sagengestalt; Zyklop)

po|ly|phon usw. *vgl.* polyfon usw.

Po|ly|pi|o|nie, die; - ‹griech.› (*Med.* Fettsucht)

po|ly|plo|id ‹griech.› (*Biol.* mit mehrfachem Chromosomensatz [von Zellen])

Po|ly|re|ak|ti|on ‹griech.; lat.› (*Chemie* Bildung hochmolekularer Verbindungen)

Po|ly|rhyth|mik ‹griech.› (*Musik* verschiedenartige, aber gleichzeitig ablaufende Rhythmen in einer Komposition); **po|ly|rhyth|misch**

Po|ly|sac|cha|rid, Po|ly|sa|cha|rid [...zaxa...], das; -[e]s, -e ‹griech.› (Vielfachzucker, z. B. Stärke, Zellulose)

po|ly|sem, po|ly|se|man|tisch ‹griech.› (*Sprachwiss.* mehr-, vieldeutig); **Po|ly|se|mie,** die; -, ...ien (Mehrdeutigkeit [von Wörtern])

Po|ly|sty|rol, das; -s, -e ‹griech.; lat.› (*Chemie* ein Kunststoff)

po|ly|syn|de|tisch ‹griech.› (*Sprachwiss.* durch Konjunktionen verbunden); **Po|ly|syn|de|ton,** das; -s, ...ta (durch Konjunktionen verbundene Wort- od. Satzreihe)

po|ly|syn|the|tisch ‹griech.› (*Sprachwiss.* vielfach zusammengesetzt); polysynthetische Sprachen; **Po|ly|syn|the|tis|mus,** der; - (Verschmelzung von Bestandteilen des Satzes in ein großes Satzwort)

Po|ly|tech|ni|ker ‹griech.› (an einem Polytechnikum Ausgebildeter); **Po|ly|tech|ni|ke|rin; Po|ly|tech|ni|kum** (*früher für* höhere technische Lehranstalt)

po|ly|tech|nisch (viele Zweige der Technik umfassend); ↑K89: polytechnische Oberschule (*in der DDR* zehnklassige Schule; *Abk.* POS); polytechnischer Lehrgang (9. Jahr der allgemeinen Schulpflicht in Österreich)

Po|ly|the|is|mus, der; - ‹griech.› (Glaube an viele Götter); **Po|ly|the|ist,** der; -en, -en; **Po|ly|the|is|tin; po|ly|the|is|tisch**

Po|ly|to|na|li|tät, die; -, -en ‹griech.› (*Musik* gleichzeitiges Auftreten mehrerer Tonarten in den verschiedenen Stimmen eines Tonstücks)

po|ly|trop ‹griech.› (*Biol.* vielfach anpassungsfähig)

Po|ly|va|lenz, die; -, -en ‹griech.; lat.› (breit gefächerte Einsatzmöglichkeit)

Po|ly|vi|nyl|chlo|rid, das; -[e]s ‹griech.› (*Chemie* ein säurefester Kunststoff; *Abk.* PVC)

döl|zen (*bayr., österr. für* [durch Stützen, Verschalung] abstützen); du pölzt

Po|ma|de, die; -, -n ‹franz.› ([Haar]fett); **po|ma|dig** (mit Pomade eingerieben; *ugs. für* träge; blasiert); **po|ma|di|sie|ren** (mit Pomade einreiben)

Po|me|lo, die; -, -s ‹engl.› (eine Zitrusfrucht)

Po|me|ran|ze, die; -, -n ‹ital.› (apfelsinenähnliche Zitrusfrucht); **Po|me|ran|zen|öl**

Pom|mer, der; -n, -n; **Pom|me|rin**

pom|me|risch, pom|mersch; *aber* ↑K140: die Pommersche Bucht

Pom|mer|land, das; -[e]s; **Pom|mern**

pom|mersch *vgl.* pommerisch

Pom|mes *Plur.* (*ugs. für* Pommes frites); **Pommes Cro|quettes** [ˈpɔm kroˈkɛt] *Plur.* ‹franz.› (Kroketten aus Kartoffelbrei); **Pommes Dau|phine** [ˈpɔm doˈfiːn] *Plur.* (eine Art Kartoffelkroketten); **Pommes frites** [pɔm ˈfrɪt] *Plur.* (in Fett gebackene Kartoffelstäbchen)

Po|mo|lo|gie, die; - ‹lat.; griech.› (Obst[bau]kunde)

Po|mo|na (römische Göttin der Baumfrüchte)

Pomp, der; -[e]s ‹franz.› (prachtvolle Ausstattung; [übertriebener] Prunk)

¹Pom|pa|dour [põpaˈduːɐ̯] (Mätresse Ludwigs XV.)

²Pom|pa|dour [...duːɐ̯], der; -s, *Plur.* -e *u.* -s (*früher für* beutelartige Handtasche)

Pom|pei *vgl.* Pompeji; **Pom|pe|ja|ner** (*seltener für* Pompejer); **pom|pe|ja|nisch** (*seltener für* pompejisch); **Pom|pe|jer**

Pom|pe|ji, Pom|pei (Stadt u. Ruinenstätte am Vesuv); **pom|pe|jisch**

Pom|pe|jus (römischer Feldherr u. Staatsmann)

pomp|haft; Pomp|haf|tig|keit

Pom|pon [põˈpõː, *auch* pɔmˈpõː], der; -s, -s ‹franz.› (knäuelartige Quaste aus Wolle od. Seide)

pom|pös ‹franz.› ([übertrieben] prächtig; prunkhaft)

Po|mu|chel, der; -s, - ‹slaw.› (*nordostd. für* Dorsch); **Po|mu|chels|kopp,** der; -s, ...köppe (*nordostd. für* dummer, plumper Mensch)

pö|nal ‹griech.› (*veraltet für* die Strafe, das Strafrecht betreffend); **Pö|na|le,** das; -s, ...ien, *auch* die; -, -n (*österr., sonst veraltet für* Strafe, Buße); **Pö|nal|ge|setz** (*kath. Moraltheologie*)

Po|na|pe (eine Karolineninsel)

pon|ceau [põˈsoː] ‹franz.› (leuchtend orangerot); ein ponceau Kleid; *vgl. auch* beige; **Pon|ceau,** das; -s, -s (leuchtendes Orangerot); in Ponceau ↑K72

Pon|cho [...tʃo], der; -s, -s ‹indian.› (capeartiger [Indio]mantel)

pon|cie|ren [põˈsiː...] ‹franz.› (mit Bimsstein abreiben; mit Kohlenstaubbeutel durchpausen)

Pond, das; -[s], - ‹lat.› (alte physikal. Krafteinheit; *Zeichen* p)

pon|de|ra|bel (*veraltet für* wägbar); pondera|b|le Angelegenheiten; **Pon|de|ra|bi|li|en** *Plur.* (*veraltet für* kalkulierbare Dinge)

P poly

Pon|gau, der; -[e]s (salzburgische Alpenlandschaft)
Pö|ni|tent, der; -en, -en ‹lat.› (*kath. Kirche veraltend für* Büßender, Beichtender); **Pö|ni|ten|tin; Pö|ni|tenz,** die; -, -en (*veraltend für* Buße, Bußübung); **Pö|ni|ten|zi|ar, Pö|ni|ten|ti|ar,** der; -s, -e (*veraltend für* Beichtvater)
Pon|te, die; -, -n ‹lat.› (*landsch. für* breite Fähre)
Pon|ti|cel|lo [...ˈtʃɛ...], der; -s, *Plur.* -s *u.* ...lli ‹ital.› (*Musik* Steg der Streichinstrumente)
Pon|ti|fex, der; -, Pontifizes, *auch* Pontifices (Oberpriester im alten Rom); **Pon|ti|fex ma|xi|mus,** der; - -, ...tifices ...mi (oberster Priester im alten Rom; Titel des römischen Kaisers u. danach des Papstes)
Pon|ti|fi|ces (*Plur. von* Pontifex)
pon|ti|fi|kal (*kath. Kirche* bischöflich); **Pon|ti|fi|kal|amt** (eine von einem Bischof od. Prälaten gehaltene feierliche Messe)
Pon|ti|fi|ka|le, das; -[s], ...lien (liturgisches Buch für die bischöflichen Amtshandlungen); **Pon|ti|fi|ka|li|en** *Plur.* (die den katholischen Bischof auszeichnenden liturgischen Gewänder u. Abzeichen)
Pon|ti|fi|kat, das *od.* der; -[e]s, -e (Amtsdauer u. Würde des Papstes od. eines Bischofs)
Pon|ti|fi|zes (*Plur. von* Pontifex)
Pon|ti|ni|sche Sümp|fe *Plur.* (ehemaliges Sumpfgebiet bei Rom)
pon|tisch ‹griech.› (steppenhaft, aus der Steppe stammend)
Pon|ti|us Pi|la|tus (römischer Statthalter in Palästina); von Pontius zu Pilatus laufen (*ugs. für* mit einem Anliegen [vergeblich] von einer Stelle zur anderen gehen)
Pon|ton [põˈtõː, *österr.* pɔnˈtoːn], der; -s, -s ‹franz.› (Brückenschiff)
Pon|ton|brü|cke; Pon|ton|form
Pon|to|nier, der; -s, -e (*schweiz. Militär* Soldat einer Spezialtruppe für das Übersetzen über Flüsse u. Seen u. den Bau von Kriegsbrücken)
Pon|t|re|si|na (schweiz. Kurort)
Pon|tus (im Altertum Reich in Kleinasien); **Pon|tus Eu|xi|nus,** der; - - ‹lat.› (im Altertum das Schwarze Meer)
[1]**Po|ny** [...ni, ˈpoː...], das; -s, -s ‹engl.› (Kleinpferd)
[2]**Po|ny,** der; -s, -s (fransenartig in die Stirn gekämmtes Haar)
Po|ny|fran|sen *Plur.*; **Po|ny|fri|sur**
Po|ny|hof; Po|ny|rei|ten, das; -s
[1]**Pool** [puːl], der; -s, -s ‹engl.› (*kurz für* Swimmingpool)
[2]**Pool** [puːl], der; -s, -s (*Wirtsch.* Gewinnverteilungskartell)
Pool|bar, die (an einem Swimmingpool gelegene Bar)
Pool|bil|lard (Billard, bei dem die Kugeln in Löcher am Rand des Spieltisches gespielt werden müssen)
Pool|nu|del (*svw.* Schwimmnudel)

Poleposition
Der erste Bestandteil *pole* (eigtl. = Stab) dieses englischen Wortes bezog sich ursprünglich auf die Markierung der günstigsten Startposition [auf der Innenbahn] beim Pferderennen. Er hat nichts mit mit dem englischen *pool* zu tun.

Pop, der; -[s] ‹engl.› (*kurz für* Popmusik, Pop-Art u. a.)
Po|panz, der; -es, -e ‹slaw.› ([vermummte] Schreckgestalt; *ugs. für* willenloser Mensch)
Pop-Art, die; - ‹amerik.› (eine moderne Kunstrichtung); **Pop-Art-Künst|ler; Pop-Art-Künst|le|rin**
Pop|corn, das; -s ‹engl.› (Puffmais)
Po|pe, der; -n, -n ‹griech.-russ.› (niederer Geistlicher der russisch-orthodoxen Kirche; *auch abwertend für* Geistlicher)
Po|pel, der; -s, - (*ugs. für* verhärteter Nasenschleim; *landsch. für* schmutziger kleiner Junge)
po|pe|lig, pop|lig (*ugs. für* armselig, schäbig; knauserig)
Po|pe|lin [*österr.* pɔpˈliːn], der; -s, -e, **Po|pe|li|ne** [...ˈliːn(ə), *österr.* pɔpˈliːn], der; -s, - [...nə] *u.* die; -, - [...nə] ‹franz.› (*Sammelbez. für* feinere ripsartige Stoffe in Leinenbindung)
po|peln (*ugs. für* in der Nase bohren); ich pop[e]le
Pop|far|be; pop|far|ben; der popfarbene Wagen
Pop|fes|ti|val; Pop|grup|pe
Pop|idol, Pop-Idol; Pop|iko|ne, Pop-Iko|ne (Kultfigur des Pop)
Pop|kon|zert; Pop|kul|tur; Pop|kunst
pop|lig *vgl.* popelig
Pop|li|te|ra|tur; Pop|mo|de
Pop|mu|sik; pop|mu|si|ka|lisch; Pop|mu|si|ker; Pop|mu|si|ke|rin
Po|po, [2]Po, der; -s, -s (*fam. für* Gesäß)
Po|po|ca|te|petl, der; -[s] (Vulkan in Mexiko)
pop|pen (*ugs. für* koitieren); wir poppten
Pop|per, der; -s, - ‹*zu* Pop› (Jugendlicher [bes. in den 80er-Jahren], der sich durch modische Kleidung u. gepflegtes Äußeres bewusst abheben will)
pop|pig (mit Stilelementen der Pop-Art; auffallend); ein poppiges Plakat; poppige Farben
Pop|sän|ger; Pop|sän|ge|rin; Pop|star *vgl.* [2]Star; **Pop|sze|ne**
po|pu|lär ‹lat.› (volkstümlich; beliebt; gemeinverständlich)
po|pu|la|ri|sie|ren (gemeinverständlich darstellen; in die Öffentlichkeit bringen); **Po|pu|la|ri|sie|rung**
Po|pu|la|ri|tät, die; - (Volkstümlichkeit, Beliebtheit)
Po|pu|lär|mu|sik (*svw.* Popmusik)
po|pu|lär|wis|sen|schaft|lich; eine populärwissenschaftliche Buchreihe
Po|pu|la|ti|on, die; -, -en (*Biol.* Gesamtheit der Individuen einer Art in einem eng begrenzten Bereich; *veraltet für* Bevölkerung); **Po|pu|la|ti|ons|dich|te** (*Biol.*)
Po|pu|lis|mus, der; - (opportunistische Politik, die die Gunst der Massen zu gewinnen sucht); **Po|pu|list,** der; -en, -en; **Po|pu|lis|tin; po|pu|lis|tisch**
Pop-up, das; -s, -s (*kurz für* Pop-up-Fenster); **Pop-up-Blo|cker** (*EDV*)
Pop-up-Buch [...lap...] ‹engl.; dt.› (Bilderbuch, in dem sich beim Aufschlagen Bildteile aufstellen)
Pop-up-Fens|ter (*EDV* [kleines] rechteckiges Feld mit Informationen, das sich durch Mausklick auf eine bestimmte Fläche öffnet); **Pop-up-Me|nü**
Por|cia (altrömischer w. Eigenn.)
Po|re, die; -, -n ‹griech.› (feine [Haut]öffnung); **po|ren|tief** (*Werbespr.*); porentief sauber
po|rig (Poren aufweisend, löchrig)
Pör|kel[t], Pör|költ, das; -s ‹ung.› (dem Gulasch ähnliches Fleischgericht mit Paprika)
Por|ling (ein Baumpilz)
Por|no, der; -s, -s (*ugs.; kurz für*

pornografischer Film, Roman u. Ä.); **Por|no|film** *(ugs.)*
Por|no|graf, Por|no|graph, der; -en, -en ‹griech.› (Verfasser pornografischer Werke)
Por|no|gra|fie, Por|no|gra|phie, die; -, ...ien (einseitig das Sexuelle darstellende Schriften od. Bilder); **Por|no|gra|fin**, Por|no|gra|phin; **por|no|gra|fisch**, por|no|gra|phisch
Por|no|graph usw. *vgl.* Pornograf usw.
Por|no|heft *(ugs.)*; **por|no|phil** (Pornografie liebend); **Por|no|vi|deo** *(ugs.)*
po|rös ‹griech.› (durchlässig, löchrig); **Po|ro|si|tät**, die; -
Por|phyr [*auch* ...'fy:ɐ̯], der; -s, -e ‹griech.› (ein Ergussgestein); **Por|phy|rit**, der; -s, -e (ein Ergussgestein)
Por|ree, der; -s, -s ‹franz.› (eine Gemüsepflanze)
Por|ridge [...ɪtʃ], der, *auch* das; -s ‹engl.› (Haferbrei)
Por|sche®, der; -[s], -s ‹nach dem österr. Automobilkonstrukteur Ferdinand Porsche› (Kraftfahrzeugmarke)
Porst, der; -[e]s, -e (ein Heidekrautgewächs)
Port, der; -[e]s, -e ‹lat.› *(veraltet für* Hafen, Zufluchtsort)
Por|ta, die; - *(kurz für* [1]Porta Westfalica)
por|ta|bel; portable DVD-Player
Por|ta|b|le [...təbl̩], der, *auch* das; -s, -s ‹engl.› (tragbares Rundfunk- od. Fernsehgerät)
Por|ta Hun|ga|ri|ca, die; - - ‹lat., »Ungarische Pforte«› (Donautal zwischen Wiener Becken u. Oberungarischem Tiefland)
Por|tal, das; -s, -e ([Haupt]eingang, [prunkvolles] Tor; *auch EDV* Website, die als Einstieg ins Internet dient); **Por|tal|sei|te**
Por|ta|men|to, das; -s, *Plur.* -s *od.* ...ti ‹ital.› *(Musik* Hinüberschleifen von einem Ton zum anderen)
Por|ta Ni|g|ra, die; - - ‹lat., »schwarzes Tor«› (monumentales römisches Stadttor in Trier)
Por|ta|tiv, das; -s, -e ‹lat.› (kleine tragbare Zimmerorgel)
por|ta|to ‹ital.› *(Musik* getragen, abgehoben, ohne Bindung)
Port-au-Prince [pɔrto'prɛ̃:s] (Hauptstadt Haitis)
[1]**Por|ta West|fa|li|ca**, die; - - ‹lat.›, West|fä|li|sche Pfor|te, die; -n - (Weserdurchbruch zwischen Weser- u. Wiehengebirge)
[2]**Por|ta West|fa|li|ca** (Stadt an der [1]Porta Westfalica)
Porte|feuille [...'fœj], das; -s, -s *(veraltet für* Brieftasche; Mappe; *Politik* Geschäftsbereich eines Ministers; *Wirtsch.* Bestand an Wertpapieren)
Porte|mon|naie [pɔrtmɔ'ne:, *auch* 'pɔrt...], Port|mo|nee ↑K38, das; -s, -s ‹franz.› (Geldtäschchen, Börse)
Por|t|e|pee [pɔrte...], das; -s, -s *(früher für* Degen-, Säbelquaste); **Por|t|e|pee|trä|ger** *(früher für* Offizier od. höherer Unteroffizier)
Por|ter, der, *auch* das; -s, - ‹engl.› (starkes [englisches] Bier)
Por|ter|house|steak [...haus...] (dicke Scheibe aus dem Rippenstück des Rinds mit [Knochen u.] Filet)
Port|fo|lio, das; -s, -s ‹ital.› (Mappe mit Grafiken; *Wirtsch.* Wertpapierbestand)
Por|ti *(Plur. von* Porto)
Por|ti|ci [...tʃi] (italienische Stadt)
Por|ti|er [...'ti̯e:, *österr.* ...'ti:ɐ̯], der; -s, *Plur.* -s, *österr.* -e ‹franz.› (Pförtner; Hauswart)
Por|ti|e|re, die; -, -n (Türvorhang)
por|tie|ren ‹franz.› *(schweiz. für* zur Wahl vorschlagen)
Por|ti|e|rin ‹*zu* Portier›
Por|ti|ers|frau
Por|ti|kus, der, *fachspr. auch* die; -, *Plur.* - *od.* ...ken ‹lat.› (Säulenhalle)
Por|ti|on, die; -, -en ‹lat.› ([An]teil, abgemessene Menge); er ist nur eine halbe Portion *(ugs. für* er ist sehr klein, er zählt nicht); **Por|ti|ön|chen**
por|ti|o|nen|wei|se, por|ti|ons|wei|se
por|ti|o|nie|ren (in Portionen einteilen); **Por|ti|o|nie|rung**
Por|ti|un|ku|la, die; - (Marienkapelle bei Assisi); **Por|ti|un|ku|la|ab|lass**, der; -es (vollkommener Ablass)
Port|juch|he, das; -s, -s *(ugs. scherzh. für* Portemonnaie)
Port|land|ze|ment, der; -[e]s
Port Lou|is [- 'lu:ɪs] (Hauptstadt von Mauritius)
Port|mo|nee *vgl.* Portemonnaie
Port Mores|by [- 'mo:ɐ̯sbi] (Hauptstadt von Papua-Neuguinea)
Por|to, das; -s, *Plur.* -s *u.* ...ti ‹ital.› (Beförderungsentgelt für Postsendungen); **Por|to|buch**
por|to|frei
Port of Spain [- - 'spe:n] (Hauptstadt von Trinidad u. Tobago)
Por|to|kas|se
Por|to No|vo (Hauptstadt Benins)
por|to|pflich|tig
Por|to Ri|co *(alter Name für* Puerto Rico)
Por|t|rait *frühere Schreibung für* Porträt
Por|t|rät [...'trɛ:], das; -s, -s ‹franz.› (Bildnis eines Menschen); **Por|t|rät|auf|nah|me; Por|t|rät|fo|to|gra|fie**, Por|t|rät|pho|to|gra|phie
por|t|rä|tie|ren; Por|t|rä|tist, der; -en, -en (Porträtmaler); **Por|t|rä|tis|tin; Por|t|rät|ma|ler; Por|t|rät|ma|le|rin; Por|t|rät|sta|tue; Por|t|rät|stu|die; Por|t|rät|zeich|nung**
Port Said (ägyptische Stadt)
Ports|mouth [...məθ] (englischer u. amerikanischer Ortsname)
Port Su|dan (Stadt am Roten Meer)
Por|tu|gal
Por|tu|ga|le|ser, der; -s, - (alte Goldmünze)
Por|tu|gie|se, der; -n, -n (Bewohner von Portugal)
Por|tu|gie|ser (eine Reb- u. Weinsorte)
Por|tu|gie|sin
por|tu|gie|sisch; Por|tu|gie|sisch, das; -[s] (Sprache); *vgl.* Deutsch; **Por|tu|gie|si|sche**, das; -n; *vgl.* [2]Deutsche
Por|tu|gie|sisch-Gui|nea ↑K140 *(früherer Name von* Guinea-Bissau)
Por|tu|lak, der; -s, *Plur.* -e *u.* -s ‹lat.› (eine Gemüse- u. Zierpflanze)
Port|wein ‹nach der port. Stadt Porto›
Por|zel|lan, das; -s, -e ‹ital.›; echt Meißner Porzellan; chinesisches Porzellan; **por|zel|la|nen** (aus Porzellan)
Por|zel|lan|er|de; Por|zel|lan|fi|gur; Por|zel|lan|la|den; Por|zel|lan|ma|le|rei; Por|zel|lan|ma|nu|fak|tur; Por|zel|lan|schne|cke; Por|zel|lan|tel|ler
Por|zia (w. Vorn.)
Pos. = Position
POS, die; -, - = polytechnische Oberschule; *vgl.* polytechnisch
Po|sa|da, die; -, ...den ‹span.› (Wirtshaus)
Po|sa|ment, das; -[e]s, -en *meist Plur.* ‹lat.› (Besatz zum Verzie-

P
Porn

ren von Kleidung, Polstermöbeln u. Ä., z. B. Borte, Schnur)

Po|sa|men|ter, der; -s, - *u.* **Po|sa|men|tier,** der; -s, -e, *österr. nur* **Po|sa|men|tie|rer** (Posamentenhersteller u. -händler)

Po|sa|men|te|rie, die; -, ...ien ([Geschäft für] Posamenten)

Po|sa|men|te|rin ‹*zu* Posamenter›

Po|sa|men|tier *vgl.* Posamenter

Po|sa|men|tier|ar|beit

po|sa|men|tie|ren; Po|sa|men|tie|rer *vgl.* Posamenter; **Po|sa|men|tie|re|rin, Po|sa|men|tie|rin**

Po|sau|ne, die; -, -n ‹lat.› (ein Blechblasinstrument)

po|sau|nen; ich habe posaunt

Po|sau|nen|blä|ser; Po|sau|nen|chor, der; **Po|sau|nen|en|gel**

Po|sau|nist, der; -en, -en; **Po|sau|nis|tin**

[1]Po|se, die; -, -n (*nordd. für* Feder[kiel], Bett; *Angeln* an der Schnur befestigter Schwimmer)

[2]Po|se, die; -, -n ‹franz.› ([gekünstelte] Stellung, Körperhaltung)

Po|sei|don (griechischer Gott des Meeres)

Po|se|mu|ckel, Po|se|mu|kel [*auch* 'po:...] (*ugs. für* kleiner, unbedeutender Ort)

po|sen (*svw.* posieren); er pos|te

Po|ser, der; -s, - ‹engl.› (*Jargon abwertend* jmd., der sich gekünstelt benimmt); **Po|se|rin**

po|sie|ren (eine [2]Pose einnehmen, schauspielern)

Po|sil|li|po, der; -[s] (Bergrücken am Golf von Neapel)

Po|si|ti|on, die; -, -en ‹franz.› ([An]stellung, Stelle, Lage; Einzelposten [*Abk.* Pos.]; Standort eines Schiffes od. Flugzeuges; Standpunkt, grundsätzliche Auffassung); **po|si|ti|o|nell** (die Position betreffend)

po|si|ti|o|nie|ren (in eine bestimmte Position bringen; ein Produkt auf dem Markt einordnen); **Po|si|ti|o|nie|rung**

Po|si|ti|ons|be|stim|mung; Po|si|ti|ons|lam|pe; Po|si|ti|ons|la|ter|ne; Po|si|ti|ons|licht *Plur.* ...lichter; **Po|si|ti|ons|mel|dung** *(Seew., Flugw.);* **Po|si|ti|ons|pa|pier** *(bes. Politik);* **Po|si|ti|ons|win|kel** *(Astron.)*

po|si|tiv [*auch* ...'ti:f] ‹lat.› (zustimmend; günstig; bestimmt, gewiss; *auch kurz für* HIV-positiv); ↑K89 : positive Theologie; *(Math.:)* positive Zahlen; *(Physik:)* positiver Pol; ↑K72 : im Positiven wie im Negativen

[1]Po|si|tiv [*auch* ...'ti:f], das; -s, -e (kleine Standorgel ohne Pedal; *Fotogr.* vom Negativ gewonnenes, seitenrichtiges Bild)

[2]Po|si|tiv [*auch* ...'ti:f], der; -s, -e (*Sprachwiss.* Grundstufe, nicht gesteigerte Form, z. B. »schön«)

Po|si|ti|vis|mus, der; - (philosophische Position, die allein das Tatsächliche als Gegenstand der Erkenntnis zulässt); **Po|si|ti|vist,** der; -en, -en; **Po|si|ti|vis|tin; po|si|ti|vis|tisch; Po|si|tiv|lis|te** (Liste zugelassener Stoffe)

Po|si|ti|vum, das; -s, ...va ‹lat.› (das Positive)

Po|si|t|ron, das; -s, ...onen ‹lat.; griech.› (*Kernphysik* positiv geladenes Elementarteilchen)

Po|si|tur, die; -, -en ‹lat.› ([herausfordernde] Haltung; *landsch. für* Gestalt, Statur); sich in Positur setzen, stellen

Pos|se, die; -, -n (derb-komisches Bühnenstück)

Pos|se|kel, der; -s, - (*nordostd. für* großer Schmiedehammer)

Pos|sen, der; -s, - (derber, lustiger Streich); Possen reißen

pos|sen|haft; Pos|sen|haf|tig|keit

Pos|sen|rei|ßer; Pos|sen|rei|ße|rin

Pos|ses|si|on, die; -, -en ‹lat.› (*Rechtsspr.* Besitz)

pos|ses|siv [*auch* ...'si:f] (*Sprachwiss.* besitzanzeigend); **Pos|ses|siv** [*auch* ...'si:f], das; -s, -e (*bes. fachspr. svw.* Possessivpronomen)

Pos|ses|siv|pro|no|men (*Sprachwiss.* besitzanzeigendes Fürwort, z. B. »mein«); **Pos|ses|si|vum,** das; -s, ...va (*älter für* Possessivpronomen)

pos|ses|so|risch (*Rechtsspr.* den Besitz betreffend)

pos|sier|lich (spaßhaft, drollig); **Pos|sier|lich|keit**

Pöß|neck (Stadt in Thüringen)

Post, die; -, -en *Plur. selten* ‹ital.› ↑K150 : er wohnt im Gasthaus »Zur Alten Post«

Post|ab|ho|ler; Post|ab|ho|le|rin

Post|agen|tur

pos|ta|lisch (die Post betreffend, durch die Post, Post...)

Pos|ta|ment, das; -[e]s, -e ‹ital.› (Unterbau)

Post|amt *(früher);* **post|amt|lich**

Post|an|ge|stell|te, der *u.* die

Post|an|schrift

Post|an|wei|sung *(früher)*

Post|ar|beit (*österr. veraltend für* dringende Arbeit)

Post|aus|gang

Post|au|to; Post|au|to|bus, Post|bus (*bes. österr., schweiz. für* Linienbus der Post)

Post|bank *Plur.* ...banken; **Post|bar|scheck**

Post|be|am|te; Post|be|am|tin

Post|be|diens|te|te, der *u.* die

Post|be|zirk

Post|bo|te *(ugs.);* **Post|bo|tin**

Post|brief|kas|ten

Pöst|chen (kleiner Posten)

post Chris|tum [na|tum] ‹lat.› (*veraltet für* nach Christi Geburt; *Abk.* p. Chr. [n.])

Post|dienst; Post|dienst|leis|ter (Unternehmen, das Briefe, Pakete u. a. befördert)

Post|di|rek|ti|on *(früher)*

Post|doc, der; -s, -s *u.* die; -, -s ‹engl.› (nach der Promotion auf dem jeweiligen Spezialgebiet noch weiter forschender Wissenschaftler bzw. Wissenschaftlerin); **Post|doc|stel|le, Post|doc-Stel|le**

Post|ein|gang

post|em|b|ry|o|nal ‹lat.; griech.› (*Med.* nach dem embryonalen Stadium)

[1]pos|ten ‹ital.› (*schweiz. regional mdal. für* einkaufen)

[2]pos|ten ‹engl.› (*EDV* sich mit Fragen, Antworten, Kommentaren an Newsgroups beteiligen)

Pos|ten, der; -s, - (bestimmte Menge einer Ware; Rechnungsbetrag; Amt, Stellung; Wache; Schrotsorte); ein Posten Kleider; [auf] Posten stehen ↑K54

Pos|ten|kom|man|dant (*österr. für* Leiter einer Polizeidienststelle); **Pos|ten|kom|man|dan|tin**

Pos|ter, das, *seltener* der; -s, *Plur.* -, *bei engl. Ausspr.* -s ‹engl.› (plakatartiges, großformatig gedrucktes Bild)

poste re|s|tante ['pɔst ...'tã:t] ‹franz.› (*franz. Bez. für* postlagernd)

Pos|te|ri|o|ri|tät, die; - (*veraltet für* niedrigerer Rang)

Pos|te|ri|tät, die; -, -en (*veraltet für* Nachkommenschaft, Nachwelt)

Post|fach

post fes|tum ‹lat.; »nach dem Fest«› (hinterher, zu spät)

Post|fi|li|a|le

post|frisch *(Philat.)*

Post|ge|bühr *(früher)*

Post|ge|heim|nis, das; -ses

Post|gi|ro|amt; Post|gi|ro|dienst; Post|gi|ro|kon|to; Post|gi|ro|ver|kehr

post|gla|zi|al ⟨lat.⟩ (*Geol.* nacheiszeitlich)

post|gra|du|al, post|gra|du|ell (nach Abschluss eines Studiums [mit Erwerb eines akademischen Grades] erfolgend); postgradualer *od.* postgradueller Lehrgang

Post|hal|te|rei *(früher)*

Post|horn *Plur.* ...hörner

post|hum, pos|tum ⟨lat.⟩ (nach jmds. Tod; nachgelassen)

pos|tie|ren ⟨franz.⟩ (aufstellen); sich postieren; **Pos|tie|rung**

Pos|til|le, die; -, -n ⟨lat.⟩ (Erbauungs-, Predigtbuch)

Pos|til|li|on [*österr. nur so, auch* ...ˈli̯o:n], der; -s, -e ⟨ital.(-franz.)⟩ (*früher für* Postkutscher); **Pos|til|lon d'Amour** [...tiˈjõ: daˈmu:ɐ̯], der; - -, -s - [...jõ: -] ⟨franz.⟩ (Liebesbote, Überbringer eines Liebesbriefes)

post|in|dus|t|ri|ell (*Soziol.* nach der Industrialisierung [folgend])

post|kar|bo|nisch ⟨lat.⟩ (*Geol.* nach dem Karbon [liegend])

Post|kar|te; Post|kar|ten|grö|ße; Post|kar|ten|gruß; Post|kar|ten|idyll

Post|kas|ten *(landsch.)*

post|ko|lo|ni|al (nach der Kolonialzeit)

Post|kom|mu|ni|on ⟨lat.⟩ (ein Schlussgebet der kath. Messe)

post|kom|mu|nis|tisch (nach dem Zusammenbruch eines kommunistischen Regierungssystems)

Post|kon|fe|renz (Zusammenkunft zur Postbearbeitung u. -verteilung)

post|kul|misch ⟨lat.; engl.⟩ (*Geol.* nach dem Kulm [liegend])

Post|kun|de, der; **Post|kun|din**

Post|kut|sche

post|la|gernd; postlagernde Sendungen

Post|leit|zahl (*Abk.* PLZ)

Post|ler (*ugs. für* bei der Post Beschäftigter); **Pöst|ler** (*schweiz. svw.* Postler); **Post|le|rin** *(ugs.)*; **Pöst|le|rin** *(schweiz.)*

Post|meis|ter *(früher)*; **Post|meis|te|rin**

post me|ri|di|em ⟨lat.⟩ (nachmittags; *Abk.* p. m.)

Post|mi|nis|ter *(früher)*; **Post|mi|nis|te|rin; Post|mi|nis|te|ri|um**

post|mo|dern ⟨engl.⟩; postmoderne Architektur; **Post|mo|der|ne,** die; - ([umstrittene] Bez. für verschiedene Strömungen der gegenwärtigen Architektur, Kunst u. Kultur)

post|mor|tal ⟨lat.⟩ (*Med.* nach dem Tode eintretend); **post mor|tem** (nach dem Tode; *Abk.* p. m.)

post|na|tal (*Med.* nach der Geburt auftretend)

post|nu|me|ran|do ⟨lat.⟩ (*Wirtsch.* nachträglich [zahlbar]); **Post|nu|me|ra|ti|on,** die; -, -en (Nachzahlung)

Pos|to ⟨ital.⟩; *nur in* Posto fassen (*veraltet für* sich aufstellen)

Pos|to|mat®, der; -en, -en (Geldautomat der Schweizer Post[bank])

post|ope|ra|tiv ⟨lat.⟩ (*Med.* nach der Operation)

Post|pa|ket

post|pu|ber|tär (*Med.* nach der Pubertät auftretend)

Post|rat *Plur.* ...räte

Post|re|gal, das; -s, ...lien (*früher für* Recht des Staates, das Postwesen in eigener Regie zu führen)

Post|sack; Post|schal|ter

Post|scheck; Post|scheck|amt (*früher für* Postgiroamt; *Abk.* PSchA); **Post|scheck|kon|to** (*früher für* Postgirokonto)

Post|schiff

Post|schließ|fach (*Abk.* PSF)

Post|sen|dung

Post|skript, das; -[e]s, -e, *österr. nur* **Post|skrip|tum,** das; -s, *Plur.* ...ta, *österr. auch* ...te ⟨lat.⟩ (Nachschrift; *Abk.* PS)

post|so|zi|a|lis|tisch (*svw.* postkommunistisch)

Post|spar|buch

Post|spa|ren, das; -s

Post|spar|kas|se *(früher)*; **Post|spar|kas|sen|dienst**

Post|stem|pel

Post|sze|ni|um, das; -s, ...ien ⟨lat.; griech.⟩ (Raum hinter der Bühne; *Ggs.* Proszenium)

post|ter|ti|är ⟨lat.⟩ (*Geol.* nach dem Tertiär [liegend])

post|trau|ma|tisch ⟨lat.; griech.⟩ (*Med.* infolge einer Verletzung, eines Traumas auftretend); posttraumatische Belastungsstörung

Pos|tu|lant, der; -en, -en ⟨lat.⟩ (*veraltet für* Bewerber); **Pos|tu|lan|tin**

Pos|tu|lat, das; -[e]s, -e (Forderung); **pos|tu|lie|ren; Pos|tu|lie|rung**

pos|tum *vgl.* posthum

Pos|tur, die; -, -en (*schweiz. mdal. für* Statur; *vgl.* Positur)

post ur|bem con|di|tam ⟨lat.⟩ (nach Gründung der Stadt [Rom]; *Abk.* p. u. c.)

Post|ver|bin|dung; Post|ver|kehr; Post|ver|sand; Post|voll|macht

Post|weg; auf dem Postweg (mit der Post verschickt)

post|wen|dend

Post|wert|zei|chen; Post|we|sen, das; -s; **Post|wurf|sen|dung; Post|zu|stel|lung**

[1]Pot, das; -s ⟨engl.⟩ (*ugs. für* Marihuana)

[2]Pot, der; -s ⟨engl.⟩ (*ugs. für* Summe aller Gewinneinsätze)

po|tem|kinsch [*auch* paˈtjɔmkɪnʃ] ⟨nach dem russ. Fürsten⟩ ↑K 89 *u.* 135 : Potemkinsche *od.* Potemkin'sche *od.* potemkinsche Dörfer (Vorspiegelungen)

po|tent ⟨lat.⟩ (mächtig, einflussreich; zahlungskräftig, vermögend; *Med.* zum Geschlechtsverkehr fähig, zeugungsfähig)

Po|ten|tat, der; -en, -en (Machthaber; Herrscher); **Po|ten|ta|tin**

po|ten|ti|al usw. *vgl.* potenzial usw.; **po|ten|ti|ell** *vgl.* potenziell

Po|ten|til|la, die; -, ...llen ⟨lat.⟩ (Fingerkraut)

Po|ten|tio|me|ter usw. *vgl.* Potenziometer usw.

Po|tenz, die; -, -en ⟨lat., »Macht«⟩ (*nur Sing.:* Fähigkeit des Mannes, den Geschlechtsverkehr auszuüben, Zeugungsfähigkeit; innewohnende Kraft, Leistungsfähigkeit; *Med.* Verdünnungsgrad eines homöopath. Mittels; *Math.* Produkt aus gleichen Faktoren); **Po|tenz|ex|po|nent** (*Math.* Hochzahl einer Potenz)

po|ten|zi|al, po|ten|ti|al ⟨lat.⟩ (möglich; die [bloße] Möglichkeit bezeichnend)

Po|ten|zi|al, Po|ten|ti|al, das; -s, -e (Leistungsfähigkeit; *Physik* Maß für die Stärke eines Kraftfeldes)

Po|ten|zi|al|aus|gleich, Po|ten|ti|al|aus|gleich, der; -[e]s, -e (*Technik* elektrische Verbindung zur Verringerung der Spannung zwischen leitfähigen Körpern)

Po|ten|zi|al|dif|fe|renz, Po|ten|ti|al|dif|fe|renz (*Physik* Unterschied elektrischer Kräfte bei aufgeladenen Körpern)

Po|ten|zi|a|lis, Po|ten|ti|a|lis, der; -, ...les ‹lat.› (*Sprachwiss.* Modus der Möglichkeit)
Po|ten|zi|a|li|tät, Po|ten|ti|a|li|tät, die; -, -en (*bes. Philos.* Möglichkeit)
po|ten|zi|ell, po|ten|ti|ell ‹franz.› (möglich [im Gegensatz zu wirklich]; der Anlage nach); potenzielle *od.* potentielle Energie *(Physik)* ↑K 89
po|ten|zie|ren (verstärken, erhöhen, steigern; *Math.* zur Potenz erheben, mit sich selbst vervielfältigen); **Po|ten|zie|rung**
Po|ten|zio|me|ter, Po|ten|tio|me|ter, das; -s, - ‹lat.; griech.› (*Elektrot.* regelbarer Widerstand als Spannungsteiler); **po|ten|zio|me|t|risch**, po|ten|tio|me|t|risch
Po|tenz|pil|le *(ugs.);* **Po|tenz|schwä|che; Po|tenz|schwie|rig|kei|ten** *Plur.;* **po|tenz|stei|gernd; Po|tenz|stö|rung**
Po|ti|phar, *ökum.* **Po|ti|far** (bibl. m. Eigenn.)
Po|tit|ze, die; -, -n ‹slowen.› (*österr. für* eine mit Nüssen, Mohn o. Ä. gefüllte Mehlspeise)
Pot|pour|ri [...pʊri, *österr.* ...ˈri:], das; -s, -s ‹franz.› (Allerlei; aus populären Melodien zusammengesetztes Musikstück)
Pots|dam (Hauptstadt Brandenburgs); **Pots|da|mer;** das Potsdamer Abkommen; **Pots|da|me|rin**
Pott, der; -[e]s, Pötte (*bes. nordd. ugs. für* Topf; [altes] Schiff); zu Potte kommen (*ugs. für* zurechtkommen; etwas [mit einem Ergebnis] abschließen)
Pott|asche, die; - (Kaliumkarbonat)
Pott|bä|cker (*landsch. für* Töpfer); **Pott|bä|cke|rin**
Pott|harst *vgl.* Potthast
pott|häss|lich (*ugs. für* sehr hässlich)
Pott|hast, Pott|harst, der; -[e]s, -e (westfälisches Schmorgericht aus Gemüse u. Rindfleisch)
Pott|sau *Plur.* ...säue (derbes Schimpfwort)
Pott|wal (ein Zahnwal)
potz Blitz!; potz|tau|send!
Po-Ufer, **Po|ufer** ‹*zu* [1]Po›
Pou|lar|de [pu...], die; -, -n ‹franz.› (noch nicht geschlechtsreifes Masthuhn)
Poule [pu:l], die; -, -n ([Spiel]einsatz [beim Billard o. Ä.])
Pou|let [...ˈle:], das; -s, -s (junges Masthuhn)
Pour le Mé|rite [ˈpu:ɐ̯ lə meˈri:t], der; - - - (hoher preußischer Verdienstorden)
pous|sie|ren (*ugs. veraltend für* flirten)
Pou|voir [puˈvo̯a:r], das; -s, -s ‹franz.› (*österr. für* Handlungsvollmacht)
po|wer ‹franz.› (*landsch. für* armselig); pow[e]re Leute
Po|w|er [ˈpau̯...], die; - ‹engl.› (*ugs. für* Stärke, Leistung, Wucht); **Po|w|er|frau**
po|w|ern (große Leistung entfalten; mit großem Einsatz unterstützen); ich powere
Po|w|er|play, das; -[s] (*bes. Eishockey* anhaltender gemeinsamer Ansturm auf das gegnerische Tor)
Po|w|er|slide [...slai̯t], das; -[s], -s (eine Kurvenfahrtechnik bei Autorennen)
Po|widl, der; -s, - ‹tschech.› (*österr. für* Pflaumenmus); **Po|widl|knö|del**
Poz|z[u]|o|la|n|er|de *vgl.* Puzzolanerde
pp = pianissimo
pp. = perge, perge ‹lat. »fahre fort«› (und so weiter)
pp., ppa. = per procura
Pp., Ppbd. = Pappband
PP. = Patres
P. P. = praemissis praemittendis
ppa., pp. = per procura
Ppbd., Pp. = Pappband
P. prim. = Pastor primarius
Pr (*chem. Zeichen für* Praseodym)
PR [pe:ˈ|ɛr] = Public Relations (Öffentlichkeitsarbeit)
Prä, das; -s ‹lat., »vor«›; das Prä haben (*ugs. für* den Vorrang haben)
prä... (vor...); **Prä...** (Vor...)
Prä|am|bel, die; -, -n (feierliche Einleitung; Vorrede)
prä|bi|o|tisch *vgl.* prebiotisch
PR-Ab|tei|lung ‹*zu* PR = Public Relations›
Pra|cher, der; -s, - ‹slaw.› (*bes. nordd. für* zudringlicher Bettler); **Pra|che|rin; pra|chern** (*bes. nordd. für* betteln); ich prachere
Pracht, die; -; **Pracht|aus|ga|be; Pracht|band**, der; **Pracht|bau** *Plur.* ...bauten; **Pracht|ex|em|p|lar**
präch|tig; Präch|tig|keit, die; -
Pracht|jun|ge, der; **Pracht|kerl** *(ugs.);* **Pracht|mä|del**
Pracht|stra|ße; Pracht|stück; Pracht|trep|pe; pracht|voll
Pracht|weib *(ugs.);* **Pracht|werk**
pra|cken (*österr. ugs. für* schlagen); **Pra|cker** (*österr. ugs. für* Teppichklopfer, Fliegenklatsche)
Prä|de|s|ti|na|ti|on, die; - ‹lat.› (Vorherbestimmung); **Prä|de|s|ti|na|ti|ons|leh|re** *(Theol.)*
prä|de|s|ti|nie|ren; prä|de|s|ti|niert (vorherbestimmt; wie geschaffen [für etwas]); **Prä|de|s|ti|nie|rung**, die; -
Prä|di|kant, der; -en, -en ‹lat.› ([Hilfs]prediger); **Prä|di|kan|ten|or|den**, der; -s (*selten für* Dominikanerorden); **Prä|di|kan|tin**
Prä|di|kat, das; -[e]s, -e ‹lat.› ([gute] Zensur, Beurteilung; *kurz für* Adelsprädikat; *Sprachwiss.* Satzaussage)
prä|di|ka|ti|sie|ren ([einen Film o. Ä.] mit einem Prädikat versehen)
prä|di|ka|tiv (aussagend; das Prädikat betreffend); **Prä|di|ka|tiv**, das; -s, -e (*Sprachwiss.* auf das Subjekt od. Objekt bezogenes Satzglied)
Prä|di|ka|tiv|satz *(Sprachwiss.);* **Prä|di|ka|ti|vum**, das; -s, ...va (*älter für* Prädikativ)
Prä|di|kats|ex|a|men (mit einer sehr guten Note bestandenes Examen)
Prä|di|kats|no|men (*älter für* Prädikativ)
Prä|di|kats|wein
prä|dis|po|nie|ren ‹lat.› (im Vorhinein festlegen; empfänglich machen, bes. für Krankheiten); **Prä|dis|po|si|ti|on**, die; -, -en (*Med.* Anlage, Empfänglichkeit [für eine Krankheit])
Pra|do, der; -[s] (spanisches Nationalmuseum in Madrid)
prä|do|mi|nie|ren ‹lat.› (vorherrschen, überwiegen)
prae|mis|sis prae|mit|ten|dis ‹lat.› (*veraltet für* der gebührende Titel sei vorausgeschickt; *Abk.* P. P.)
prä|emp|tiv ‹engl.› (vorbeugend, einer sich bereits abzeichnenden Entwicklung zuvorkommend)
Prä|exis|tenz, die; -, -en ‹lat.› (*Philos., Theol.* das Existieren in einem früheren Leben)
prä|fa|b|ri|zie|ren (im Voraus festlegen)
Prä|fa|ti|on, die; -, -en ‹lat.› (Dankgebet als Teil der katholischen Eucharistiefeier u. des evangelischen Abendmahlsgottesdienstes)

Prä|fekt, der; -en, -en ‹lat.› (hoher Beamter im alten Rom; oberster Verwaltungsbeamter eines Departements in Frankreich, einer Provinz in Italien; Leiter des Chors als Vertreter des Kantors); **Prä|fek|tin; Prä|fek|tur,** die; -, -en (Amt, Bezirk, Amtsräume eines Präfekten)
prä|fe|ren|ti|ell *vgl.* präferenziell
Prä|fe|renz, die; -, -en (Vorzug, Vorrang; Bevorzugung)
prä|fe|ren|zi|ell, prä|fe|ren|ti|ell ‹lat.› (vorrangig)
Prä|fe|renz|lis|te; Prä|fe|renz|spanne *(Wirtsch.);* **Prä|fe|renz|stellung** *(bes. Wirtsch.);* **Prä|fe|renzzoll** (Zoll, der einen Handelspartner bes. begünstigt)
prä|fe|rie|ren (den Vorzug geben)
Prä|fix [*auch* ...ˈfɪks], das; -es, -e ‹lat.› (*Sprachwiss.* vorn an den Wortstamm angefügtes Wortbildungselement, z. B. »be-« in »beladen«)
Prä|for|ma|ti|on, die; -, -en ‹lat.› (*Biol.* angenommene Vorherbildung des fertigen Organismus im Keim); **prä|for|mie|ren; Prä|for|mie|rung**
Prag (Hauptstadt der Tschechischen Republik); *vgl.* Praha
präg|bar; Präg|bar|keit, die; -
Prä|ge|bild *(Münzw.);* **Prä|ge|druck** *Plur.* ...drucke *(Druckw.);* **Prä|ge|ei|sen** (Prägestempel); **Prä|ge|form** *(Münzw.);* **Prä|ge|ma|schi|ne** (Prägestock)
prä|gen
PR-Agen|tur
Prä|ge|pha|se (frühe, ein Lebewesen prägende Phase)
Prä|ge|pres|se *(Druckw.)*
Pra|ger ‹*zu* Prag›; der Prager Fenstersturz
Prä|ger ‹*zu* prägen›
Pra|ge|rin
Prä|ge|rin
Prä|ge|stät|te; Prä|ge|stem|pel; Prä|ge|stock, der; -[e]s, ...stöcke
prä|gla|zi|al ‹lat.› (*Geol.* voreiszeitlich)
Prag|ma|tik, die; -, -en ‹griech.› (*nur Sing.:* Orientierung auf das Nützliche, Sachbezogenheit; *Sprachwiss.* Lehre vom sprachlichen Handeln; *österr. auch für* Dienstpragmatik); **Prag|ma|ti|ker; Prag|ma|ti|ke|rin**
prag|ma|tisch (auf praktisches Handeln gerichtet; sachbezogen); ↑K89: pragmatische Angaben (Gebrauchsangaben im Wörterbuch); pragmatische (den ursächlichen Zusammenhang darlegende) Geschichtsschreibung; *aber* ↑K150: Pragmatische Sanktion (Grundgesetz des Hauses Habsburg von 1713)
prag|ma|ti|sie|ren (*österr. für* in ein Beamtendienstverhältnis übernehmen); **Prag|ma|ti|sie|rung**
Prag|ma|tis|mus, der; - (philosophische Richtung, die alles Denken u. Handeln vom Standpunkt des prakt. Nutzens aus beurteilt); **Prag|ma|tist,** der; -en, -en; **Prag|ma|tis|tin**
prä|g|nant ‹lat.› (knapp u. treffend); **Prä|g|nanz,** die; -
Prä|gung
Pra|ha (*tschech. Form von* Prag)
Prä|his|to|rie [*auch, österr. nur,* ˈprɛ:...], die; - ‹lat.› (Vorgeschichte); **Prä|his|to|ri|ker; Prä|his|to|ri|ke|rin; prä|his|to|risch** (vorgeschichtlich)
prah|len; Prah|ler; Prah|le|rei; Prah|le|rin; prah|le|risch
Prahl|hans, der; -es, ...hänse (*ugs. für* jmd., der gern prahlt)
Prahl|sucht, die; -; **prahl|süch|tig**
Prahm, der; -[e]s, *Plur.* -e *od.* Prähme ‹tschech.› (großer Lastkahn)
Praia (Hauptstadt von Kap Verde)
Prä|im|plan|ta|ti|ons|di|a|g|nos|tik (*Med.* vor der Einpflanzung in den Uterus durchgeführte Untersuchung eines im Reagenzglas gezeugten Embryos)
Prai|ri|al [prɛ...], der; -[s], -s ‹franz., »Wiesenmonat«› (9. Monat des Kalenders der Franz. Revolution: 20. Mai bis 18. Juni)
Prä|ju|diz, das; -es, *Plur.* -e *od.* -ien ‹lat.› (Vorentscheidung; hochrichterliche Entscheidung, die bei Beurteilung künftiger Rechtsfälle herangezogen wird)
prä|ju|di|zi|ell ‹franz.› (bedeutsam für die Beurteilung eines späteren Sachverhalts)
prä|ju|di|zie|ren ‹lat.› (der [richterlichen] Entscheidung vorgreifen); präjudizierter Wechsel (*Bankw.* nicht eingelöster Wechsel, dessen Protest versäumt wurde)
prä|kam|b|risch (*Geol.* vor dem Kambrium [liegend]); **Prä|kam|b|ri|um,** das; -s (vor dem Kambrium liegender erdgeschichtlicher Zeitraum)
prä|kar|bo|nisch ‹lat.› (*Geol.* vor dem Karbon [liegend])
prä|kar|di|al, prä|kor|di|al (*Med.* vor dem Herzen [liegend]); **Prä|kar|di|al|gie,** die; -, ...ien ‹lat.; griech.› (Schmerzen in der Herzgegend)
prä|klu|die|ren ‹lat.› (*Rechtsspr.* jmdm. die Geltendmachung eines Rechtes gerichtlich verweigern); **Prä|klu|si|on,** die; -, -en (Ausschließung; Rechtsverwirkung); **prä|klu|siv, prä|klu|si|visch; Prä|klu|siv|frist**
prä|ko|lum|bi|a|nisch, *fachspr. meist* **prä|ko|lum|bisch** (die Zeit vor der Entdeckung Amerikas durch Kolumbus betreffend)
prä|kor|di|al *vgl.* präkardial; **Prä|kor|di|al|angst** *(Med.)*
Pra|k|rit, das; -s (die mittelindischen Volkssprachen)
prakt. Arzt, prakt. Ärz|tin *vgl.* praktisch
prak|ti|fi|zie|ren ‹griech.; lat.› (in die Praxis umsetzen, verwirklichen); **Prak|ti|fi|zie|rung**
Prak|tik, die; -, -en ‹griech.› (Art der Ausübung von etwas; Handhabung; Verfahrensweise; *meist Plur.:* nicht einwandfreies [unerlaubtes] Vorgehen)
Prak|ti|ka (*Plur. von* Praktikum)
prak|ti|ka|bel (brauchbar; benutzbar; zweckmäßig); eine praktika|b|le Einrichtung
Prak|ti|ka|bel, das; -s, - (*Theater* fest gebauter, begehbarer Teil der Bühnendekoration)
Prak|ti|ka|bi|li|tät, die; -
Prak|ti|kant, der; -en, -en (jmd., der ein Praktikum absolviert); **Prak|ti|kan|tin**
Prak|ti|ker (Mensch mit Erfahrung u. Geschick; *Ggs.* Theoretiker); **Prak|ti|ke|rin**
Prak|ti|kum, das; -s, ...ka (praktische Übung an der Hochschule; im Rahmen einer Ausbildung außerhalb der [Hoch]schule abzuleistende praktische Tätigkeit); **Prak|ti|kums|be|richt; Prak|ti|kums|platz; Prak|ti|kums|stel|le; Prak|ti|kums|ver|trag**
Prak|ti|kus, der; -, -se (*scherzh. für* jmd., der immer u. überall Rat weiß)
PR-Ak|ti|on ‹*zu* PR = Public Relations›
prak|tisch (auf die Praxis bezüglich; zweckmäßig; geschickt; tatsächlich); ↑K89: praktische Ärztin/praktischer Arzt (Ärz-

P
Präf

tin/Arzt für Allgemeinmedizin; *Abk.* prakt. Ärztin/prakt. Arzt); praktisches Jahr (einjähriges Praktikum); praktisches (tätiges) Christentum; ↑K 72: etwas Praktisches schenken; sie hat praktisch (*ugs. für* so gut wie) kein Geld

prak|ti|zie|ren (in der Praxis anwenden; als Arzt usw. tätig sein; ein Praktikum machen)

prä|kul|misch ⟨lat.; engl.⟩ (*Geol.* vor dem ^{2}Kulm [liegend])

Prä|lat, der; -en, -en ⟨lat.⟩ (kath. geistlicher Würdenträger; leitender ev. Geistlicher); **Prä|la|tin; Prä|la|tur,** die; -, -en (Amt, Sitz eines Prälaten)

Prä|li|mi|nar|frie|den ⟨lat.; dt.⟩ (vorläufiger Frieden)

Prä|li|mi|na|ri|en *Plur.* ⟨lat.⟩ ([diplomatische] Vorverhandlungen; Einleitung)

Pra|li|ne, die; -, -n ⟨nach dem franz. Marschall du Plessis-Praslin⟩ (mit Schokolade überzogene Süßigkeit); **Pra|li|né,** das; -s, -s (*schweiz. für* Praline); **Pra|li|nee,** das; -s, -s (*bes. österr. u. schweiz. für* Praline)

prall (voll; stramm); einen Sack prall füllen *od.* prallfüllen

Prall, der; -[e]s, -e (heftiges Auftreffen); **pral|len**

Pral|ler, Prall|tril|ler (*Musik* Wechsel zwischen Hauptnote u. nächsthöherer Note)

Prall|kis|sen (*seltener für* Airbag)

Prall|tril|ler *vgl.* Praller

prall|voll (*ugs.*)

prä|lu|die|ren ⟨lat.⟩ (*Musik* einleitend spielen); **Prä|lu|di|um,** das; -s, ...ien (Vorspiel)

Prä|ma|tu|ri|tät, die; - ⟨lat.⟩ (*Med.* Frühreife)

prä|mens|t|ru|ell ⟨lat.⟩ (*Med.* der Menstruation vorausgehend); prämenstruelles Syndrom (*Abk.* PMS)

Prä|mie, die; -, -n ⟨lat.⟩ (Belohnung, Preis; [Zusatz]gewinn; zusätzliche Vergütung; Versicherungsbeitrag)

Prä|mi|en|an|lei|he (*Wirtsch.*); **Prä|mi|en|aus|lo|sung**

prä|mi|en|be|güns|tigt; prämienbegünstigtes Sparen

Prä|mi|en|de|pot (*Versicherungsw.*)

prä|mi|en|frei

Prä|mi|en|ge|schäft (*Kaufmannsspr.*)

Prä|mi|en|lohn (*Wirtsch.*); **Prä|mi|en|lohn|sys|tem**

Prä|mi|en|los; Prä|mi|en|rück|ge|währ (Gewähr für Beitragsrückzahlung); **Prä|mi|en|schein**

prä|mi|en|spa|ren *meist nur im Infinitiv gebr.*; **Prä|mi|en|spa|ren,** das; -s; **Prä|mi|en|spa|rer; Prä|mi|en|spa|re|rin; Prä|mi|en|spar|ver|trag; Prä|mi|en|zah|lung; Prä|mi|en|zie|hung; Prä|mi|en|zu|schlag**

prä|mie|ren, prä|mi|ie|ren; Prä|mie|rung, Prä|mi|ie|rung

Prä|mis|se, die; -, -n ⟨lat.⟩ (Voraussetzung; Vordersatz eines logischen Schlusses)

Prä|mons|t|ra|ten|ser, der; -s, - ⟨nach dem franz. Kloster Prémontré⟩ (Angehöriger eines katholischen Ordens)

prä|na|tal ⟨lat.⟩ (*Med.* der Geburt vorausgehend)

Prand|tau|er (österreichischer Barockbaumeister)

Prandtl-Rohr, Prandtl|rohr ⟨nach dem dt. Physiker⟩ (*Physik* Gerät zum Messen des Drucks in einer Strömung)

pran|gen; Pran|ger, der; -s, - (*MA. für* Schandpfahl)

Pran|ke, die; -, -n (Klaue, Tatze; *ugs. für* große, derbe Hand); **Pran|ken|hieb**

Prä|no|men, das; -s, *Plur.* - *u.* ...mina ⟨lat.⟩ (Vorname [der alten Römer])

prä|nu|me|ran|do ⟨lat.⟩ (*Wirtsch.* im Voraus [zu zahlen])

Prä|nu|me|ra|ti|on, die; -, -en (Vorauszahlung); **prä|nu|me|rie|ren**

Pranz, der; -es (*landsch. für* Prahlerei); **pran|zen; Pran|zer; Pran|ze|rin**

Prä|pa|rand, der; -en, -en ⟨lat.⟩ (*früher für* jmd., der sich auf das Lehrerseminar vorbereitet); **Prä|pa|ran|din**

Prä|pa|rat, das; -[e]s, -e ⟨lat.⟩ (zubereitete Substanz, z. B. Arzneimittel; *Biol.* zu Lehrzwecken konservierter Pflanzen- od. Tierkörper; *Med.* zum Mikroskopieren vorbereiteter Gewebeteil); **Prä|pa|ra|ten|samm|lung**

Prä|pa|ra|ti|on, die; -, -en ⟨lat.⟩ (*bes. Biol., Med.* Herstellung eines Präparates); **Prä|pa|ra|tor,** der; -s, ...oren; **Prä|pa|ra|to|rin**

prä|pa|rie|ren ⟨lat.⟩; sich präparieren (vorbereiten); Körper- od. Pflanzenteile präparieren (dauerhaft, haltbar machen); **Prä|pa|rie|rung**

prä|peln (*landsch. für* [etwas Gutes] essen); ich präp[e]le

Prä|pon|de|ranz, die; - ⟨lat.⟩ (*veraltet für* Übergewicht)

Prä|po|si|ti|on, die; -, -en ⟨lat.⟩ (*Sprachwiss.* Verhältniswort, z. B. auf, bei, in, vor, zwischen); **prä|po|si|ti|o|nal; Prä|po|si|ti|o|nal|at|tri|but; Prä|po|si|ti|o|nal|ge|fü|ge; Prä|po|si|ti|o|nal|ob|jekt**

Prä|po|si|tur, die; -, -en (Stelle eines Präpositus); **Prä|po|si|tus,** der; -, ...ti (Vorgesetzter; Propst)

prä|po|tent ⟨lat.⟩ (*veraltet für* übermächtig, *österr. für* überheblich, aufdringlich); **Prä|po|tenz,** die; -

Prä|pu|ti|um, das; -s, ...ien ⟨lat.⟩ (*Med.* Vorhaut)

Prä|raf|fa|e|lit, der; -en, -en ⟨lat.; ital.⟩ (*Kunstwiss.* Nachahmer des vorraffaelischen Malstils)

PR-Ar|beit ⟨*zu* PR = Public Relations⟩

Prä|rie, die; -, ...ien ⟨franz.⟩ (Grasebene in Nordamerika)

Prä|rie|aus|ter (ein Mixgetränk)

Prä|rie|gras; Prä|rie|hund (ein Nagetier); **Prä|rie|in|di|a|ner; Prä|rie|in|di|a|ne|rin; Prä|rie|wolf**

Prä|ro|ga|tiv, das; -s, -e ⟨lat.⟩, **Prä|ro|ga|ti|ve,** die; -, -n (Vorrecht; *früher* nur dem Herrscher vorbehaltenes Recht)

Prä|sens, das; -, *Plur.* ...sentia *od.* ...senzien ⟨lat.⟩ (*Sprachwiss.* Gegenwart); **Prä|sens|par|ti|zip** *vgl.* Partizip

prä|sent (anwesend; gegenwärtig)

Prä|sent, das; -[e]s, -e ⟨franz.⟩ ([kleineres] Geschenk)

prä|sen|ta|bel (*veraltend für* ansehnlich; vorzeigbar); präsenta|b|le Ergebnisse

Prä|sen|tant, der; -en, -en ⟨lat.⟩ (*Wirtsch.* jmd., der einen fälligen Wechsel vorlegt)

Prä|sen|ta|ti|on, die; -, -en (das Vorstellen, das Präsentieren; *Wirtsch.* Vorlegung eines fälligen Wechsels)

Prä|sen|ta|ti|ons|gra|fik (*EDV*)

Prä|sen|ta|ti|ons|recht (*kath. Kirche* Vorschlagsrecht)

Prä|sen|tia (*Plur. von* Präsens)

prä|sen|tie|ren ⟨franz.⟩ (vorstellen; vorlegen [bes. einen Wechsel]; milit. Ehrenbezeigung [mit dem Gewehr] machen); sich präsentieren (sich zeigen)

Prä|sen|tier|griff (*Militär*)

Prä|sen|tier|tel|ler; auf dem Prä-

P
Präs

sentierteller sitzen (*ugs. für* allen Blicken ausgesetzt sein)
Prä|sen|tie|rung
prä|sen|tisch ⟨lat.⟩ (*Sprachwiss.* das Präsens betreffend)
Prä|sent|korb
Prä|senz, die; -, -en (Gegenwart, Anwesenheit; Ausstrahlung)
Prä|senz|bi|b|lio|thek (Bibliothek, deren Bücher nicht nach Hause mitgenommen werden dürfen)
Prä|senz|die|ner (*österr. für* Soldat im Grundwehrdienst des österreichischen Bundesheeres); **Prä|senz|dienst** (*österr. für* Grundwehrdienst)
Prä|sen|zi|en (*Plur. von* Präsens)
Prä|senz|lis|te (Anwesenheitsliste); **Prä|senz|pflicht; Prä|senz|stär|ke** (augenblickliche Personalstärke [bei der Truppe])
Pra|seo|dym, das; -s ⟨griech.⟩ (chemisches Element, Seltenerdmetall; *Zeichen* Pr)
Prä|ser (*ugs.; kurz für* Präservativ)
prä|ser|va|tiv ⟨lat.⟩ (vorbeugend, verhütend); **Prä|ser|va|tiv**, das; -s, -e ⟨lat.⟩ (Gummischutz für das männliche Glied zur Empfängnisverhütung u. zum Schutz vor Infektionen)
Prä|ser|ve, die; -, -n *meist Plur.* (Halbkonserve)
Prä|ses, der *u.* die; -, *Plur.* ...sides *u.* ...siden ⟨lat.⟩ (*kath. u. ev. Kirche* Vorsitzende[r], Vorstand)
Prä|si|de, der; -n, -n (*Verbindungsw.* Leiter einer Kneipe, eines Kommerses)
Prä|si|dent, der; -en, -en (Vorsitzender; Staatsoberhaupt in einer Republik); **Prä|si|den|ten|amt; Prä|si|den|ten|wahl; Prä|si|den|tin**
Prä|si|dent|schaft; Prä|si|dent|schafts|kan|di|dat; Prä|si|dent|schafts|kan|di|da|tin; Prä|si|dent|schafts|wahl; Prä|si|dent|schafts|wahl|kampf
Prä|si|des (*Plur. von* Präses)
prä|si|di|al (den Präsidenten, das Präsidium betreffend)
Prä|si|di|al|de|mo|kra|tie
Prä|si|di|a|le, die; - (*österr. für* [Konferenz des] Präsidium[s] des Nationalrats)
Prä|si|di|al|ge|walt; Prä|si|di|al|ka|bi|nett; Prä|si|di|al|re|gie|rung
Prä|si|di|al|sys|tem (Regierungsform, bei der das Staatsoberhaupt gleichzeitig Regierungschef ist)
prä|si|die|ren (den Vorsitz führen, leiten); einem (*schweiz.* einen) Ausschuss präsidieren
Prä|si|di|um, das; -s, ...ien (leitendes Gremium; Vorsitz; Amtsgebäude eines [Polizei]präsidenten); **Prä|si|di|ums|mit|glied; Prä|si|di|ums|sit|zung**
prä|si|lu|risch ⟨nlat.⟩ (*Geol.* vor dem Silur [liegend])
prä|skri|bie|ren ⟨lat.⟩ (vorschreiben; verordnen); **Prä|skrip|ti|on**, die; -, -en; **prä|skrip|tiv** (vorschreibend; regelnd)
Prass, der; -es (*veraltet für* Plunder)
pras|seln; sie sagt, der Regen prass[e]le jetzt weniger
pras|sen (schlemmen); du prasst, er/sie prasst; du prasstest; er/sie hat geprasst; prasse! *u.* prass!; **Pras|ser; Pras|se|rei; Pras|se|rin**
prä|sta|bi|lie|ren ⟨lat.⟩ (*veraltet für* vorher festsetzen); prästabilierte Harmonie (Leibniz)
Prä|s|tant, der; -en, -en (große, zinnerne Orgelpfeife)
prä|su|mie|ren ⟨lat.⟩ (*Rechtsspr., Philos.* annehmen; voraussetzen); **Prä|sum|ti|on**, die; -, -en (Annahme; Vermutung; Voraussetzung); **prä|sum|tiv** (mutmaßlich)
Prä|ten|dent, der; -en, -en ⟨lat.⟩ (jmd., der Anspruch auf eine Stellung, ein Amt, bes. auf einen Thron, erhebt); **Prä|ten|den|tin; prä|ten|die|ren**
Prä|ten|ti|on, die; -, -en (Anspruch; Anmaßung); **prä|ten|ti|ös** (anspruchsvoll; anmaßend)
Pra|ter, der; -s (Park mit Vergnügungsplatz in Wien)
Prä|te|r|i|tio, die; -, ...onen ⟨lat.⟩, **Prä|te|r|i|ti|on**, die; -, -en (*Rhet.* scheinbare Übergehung)
Prä|te|r|i|to|prä|sens, das; -, *Plur.* ...sentia *od.* ...senzien (*Sprachwiss.* Verb, dessen Präsens [Gegenwart] ein früheres starkes Präteritum [Vergangenheit] ist u. dessen neue Vergangenheitsformen schwach gebeugt werden, z. B. »können, wissen«)
Prä|te|r|i|tum, das; -s, ...ta (*Sprachwiss.* Vergangenheit)
prä|ter|prop|ter ⟨lat.⟩ (etwa, ungefähr)
Prä|tor, der; -s, ...oren ⟨lat.⟩ (höchster [Justiz]beamter im alten Rom); **Prä|to|ri|a|ner** (Angehöriger der Leibwache der röm. Feldherren od. Kaiser)
Prät|ti|gau, das; -[e]s (Talschaft in Graubünden)
Prä|tur, die; -, -en ⟨lat.⟩ (Amt eines Prätors)
Prat|ze, die; -, -n (*svw.* Pranke)
Prau, die; -, -e ⟨malai.⟩ (Boot der Malaien)
Prä|ven|ti|on, die; -, -en ⟨lat.⟩ (Vorbeugung, Verhütung); **Prä|ven|ti|ons|maß|nah|me**
prä|ven|tiv
Prä|ven|tiv|an|griff; Prä|ven|tiv|be|hand|lung *(Med.)*; **Prä|ven|tiv|krieg; Prä|ven|tiv|maß|nah|me; Prä|ven|tiv|me|di|zin**, die; -; **Prä|ven|tiv|schlag** *(Militär)*
prä|ver|bal (vor dem Spracherwerb [liegend])
Pra|w|da, die; - ⟨russ., »Wahrheit«⟩ (Moskauer Tageszeitung)
Pra|xe|dis [*auch* 'pra...] (eine Heilige)
Pra|xis, die; -, ...xen ⟨griech.⟩ (*nur Sing.:* Tätigkeit, Ausübung, Erfahrung, *Ggs.* Theorie; Räumlichkeiten für die Berufsausübung bestimmter Berufsgruppen); *vgl.* in praxi
pra|xis|be|zo|gen; Pra|xis|be|zug
pra|xis|fern; pra|xis|fremd
Pra|xis|ge|bühr, die; - (von Kassenpatienten vierteljährlich zu entrichtende Gebühr beim Arztbesuch)
pra|xis|ge|recht; pra|xis|nah; pra|xis|ori|en|tiert
pra|xis|taug|lich; Pra|xis|taug|lich|keit, die; -
pra|xis|ver|bun|den
Pra|xi|te|les (altgriechischer Bildhauer)
Prä|ze|dens, das; -, ...denzien ⟨lat.⟩ (früherer Fall, früheres Beispiel; Beispielsfall)
Prä|ze|denz|fall, der (Präzedens)
Prä|ze|denz|strei|tig|keit (Rangstreitigkeit)
Prä|zep|tor, der; -s, ...oren (*veraltet für* Lehrer; Erzieher)
Prä|zes|si|on, die; -, -en (*Astron.* durch Kreiselbewegung der Erdachse verursachte Rücklaufbewegung des Schnittpunktes zwischen Himmelsäquator u. Ekliptik)
Prä|zi|pi|tat, das; -[e]s, -e (*Chemie* Bodensatz, Niederschlag); **Prä|zi|pi|ta|ti|on**, die; -, -en (Ausfällung); **prä|zi|pi|tie|ren** (ausfällen)
Prä|zi|pi|tin, das; -s, -e (*Med.* immunisierender Stoff im Blut)
prä|zis *österr., schweiz. meist so, auch* **prä|zi|se** ⟨lat.⟩ (genau;

P
Präs

pünktlich; eindeutig); **prä|zi|sie|ren** (genau[er] angeben); **Prä|zi|sie|rung**
Prä|zi|si|on, die; - (Genauigkeit)
Prä|zi|si|ons|ar|beit; Prä|zi|si|ons|ge|rät; Prä|zi|si|ons|in|s|t|ru|ment; Prä|zi|si|ons|ka|me|ra
Prä|zi|si|ons|mess|ge|rät; Prä|zi|si|ons|mes|sung
Prä|zi|si|ons|mo|tor; Prä|zi|si|ons|uhr; Prä|zi|si|ons|waa|ge
pre|bio|tisch (das Wachstum der Darmflora unterstützend)
Pré|cis [preˈsiː], der; -, - ‹franz.› (kurze Inhaltsangabe)
Pre|del|la, die; -, *Plur.* -s *u.* ...llen ‹ital.› (Sockel eines Altaraufsatzes)
pre|di|gen
Pre|di|ger; Pre|di|ge|rin; Pre|di|ger|or|den; Pre|di|ger|se|mi|nar
Pre|digt, die; -, -en
Pre|digt|amt; Pre|digt|stuhl (*veraltend für* Kanzel); **Pre|digt|text**
Pre|fe|rence [...ˈrãːs], die; -, -n ‹franz.› (ein franz. Kartenspiel)
Pre|gel, der; -s (ein Fluss)
prei|en ‹niederl.› *(Seemannsspr.);* ein Schiff preien (anrufen)
Preis, der; -es, -e (Geldbetrag; Belohnung; *geh. für* Lob); um jeden, keinen Preis; Preis freibleibend *(Kaufmannsspr.)*
Preis|ab|bau, der; -[e]s; **Preis|ab|schlag; Preis|ab|spra|che**
Preis|agen|tur (Unternehmen, das Waren gegen Entgelt zu einem möglichst günstigen Preis vermittelt); **Preis|an|ga|be; Preis|an|ord|nung** (*in der DDR; Abk.* PAO); **Preis|an|stieg**
Preis|auf|ga|be
Preis|auf|trieb *(Wirtsch.)*
Preis|aus|schrei|ben, das; -s, -
preis|be|rei|nigt *(Wirtsch.);* **preis|be|wusst**
Preis|bil|dung *(Wirtsch.);* **Preis|bin|dung**
Preis|bo|xer *(früher);* **Preis|bo|xe|rin**
Preis|bre|cher; Preis|bre|che|rin
Preis|druck, der; -[e]s *(Wirtsch.)*
Prei|sel|bee|re
Preis|emp|feh|lung; unverbindliche Preisempfehlung
prei|sen; du preist, er preist; du priesest, sie pries; gepriesen; preis[e]!
Preis|ent|wick|lung; Preis|er|hö|hung; Preis|er|mä|ßi|gung; Preis|ex|plo|si|on
Preis|fra|ge
Preis|ga|be; preis|ge|ben; du gibst preis; preisgegeben; preiszugeben
preis|ge|bun|den
Preis|ge|fäl|le; Preis|ge|fü|ge
preis|ge|krönt
Preis|geld; Preis|ge|richt
preis|ge|senkt *(Kaufmannsspr.)*
Preis|ge|stal|tung; Preis|gren|ze
preis|güns|tig
Preis|in|dex *Plur.* ...indizes, *auch* ...indices *(Wirtsch.);* **Preis|kal|ku|la|ti|on**
Preis|kampf; Preis|kar|tell *(Wirtsch.)*
preis|ke|geln *nur im Infinitiv und Partizip II gebräuchlich;* wir wollen preiskegeln; **Preis|ke|geln,** das; -s
Preis|klas|se
Preis|kom|mis|si|on (*österr. für* Kommission zur Preisüberwachung)
Preis|kon|junk|tur *(Wirtsch.);* **Preis|kon|t|rol|le; Preis|kon|ven|ti|on** *(Wirtsch.);* **Preis|kor|rek|tur**
Preis|la|ge; in jeder Preislage
Preis-Leis|tungs-Ver|gleich
Preis-Leis|tungs-Ver|hält|nis
preis|lich; preisliche Unterschiede
Preis|lied
Preis|lis|te
Preis-Lohn-Spi|ra|le, die; -; ↑K26 *(Wirtsch.)*
Preis|nach|lass; Preis|ni|veau; Preis|po|li|tik
Preis|rät|sel
preis|re|du|ziert
Preis|rich|ter; Preis|rich|te|rin
Preis|rück|gang
Preis|schie|ßen
Preis|schild, das; **Preis|schla|ger** *(ugs.);* **Preis|schrau|be** *(Wirtschaftsjargon);* **Preis|schub; Preis|schwan|kung; Preis|sen|kung**
Preis|skat
Preis|span|ne; Preis|sprung
preis|sta|bil; Preis|sta|bi|li|tät
Preis|stei|ge|rung; Preis|stei|ge|rungs|ra|te *(Wirtsch.)*
Preis|stopp (Verbot der Preiserhöhung); **Preis|stopp|ver|ord|nung**
Preis|sturz; Preis|sys|tem; Preis|ta|fel
Preis|trä|ger; Preis|trä|ge|rin
preis|trei|bend
Preis|trei|ber; Preis|trei|be|rei; Preis|trei|be|rin
Preis|über|wa|chung; Preis|un|ter|gren|ze; Preis|un|ter|schied; Preis|ver|fall; Preis|ver|gleich
Preis|ver|lei|hung; Preis|ver|tei|lung
Preis|ver|zeich|nis; Preis|vor|be|halt; Preis|vor|schrift; Preis|vor|teil
preis|wert
Preis|wu|cher
preis|wür|dig; Preis|wür|dig|keit
Preis|zer|fall (*bes. schweiz. für* Preisverfall)
pre|kär ‹franz.› (misslich, schwierig, bedenklich)
Pre|ka|ri|at, das; -s ‹lat.› (*Politik, Soziol.* in Armut lebender Bevölkerungsteil)
Pre|ka|ri|tät, die; - (Gesamtheit der prekären Arbeitsverhältnisse)
Prell|ball, der; -[e]s (dem Faustball ähnliches Spiel)
Prell|bock *(Eisenbahn)*
prel|len; Prel|ler; Prel|le|rei; Prel|le|rin
Prell|schuss; Prell|stein; Prel|lung
Pré|lude [preˈlyːt], das; -s, -s ‹franz.› (der Fantasie ähnliches Klavier- od. Instrumentalstück; *auch svw.* Präludium)
Pre|mi|er [prəˈmi̯eː, pre...], der; -s, -s ‹franz.› (Premierminister)
Pre|mi|e|re [*österr.* ...ˈmi̯ɛːr̥], die; -, -n (Erst-, Uraufführung)
Pre|mi|e|ren|abend; Pre|mi|e|ren|be|su|cher; Pre|mi|e|ren|be|su|che|rin; Pre|mi|e|ren|pu|b|li|kum
Pre|mi|er|mi|nis|ter; Pre|mi|er|mi|nis|te|rin
pre|mi|um ‹lat.-engl.› (von besonderer, bester Qualität); **Pre|mi|um|mar|ke; Pre|mi|um|pro|dukt**
Pre|paid|han|dy [ˈpriːpeːt...] ‹engl.› (Handy, das mit einer Prepaidkarte funktioniert); **Pre|paid|kar|te** (wiederaufladbare Guthabenkarte [für Handys])
Pre|quel [ˈpriːkwəl], das; -s, -s ‹engl.› (Fortsetzungsfilm, dessen Handlung nicht nach, sondern vor den Ereignissen des älteren Films liegt; *Ggs.* Sequel)
Pres|by|ter, der; -s, - ‹griech.› ([urchristlicher] Gemeindeältester; Priester; Mitglied des Presbyteriums)
Pres|by|te|ri|al|ver|fas|sung *(ev.-reformierte Kirche)*
Pres|by|te|ri|a|ner, der; -s, - (Angehöriger protestantischer Kirchen mit Presbyterialverfassung in England u. Amerika); **Pres|by|te|ri|a|ne|rin; pres|by|te|ri|a|nisch**
Pres|by|te|rin; Pres|by|te|ri|um, das; -s, ...ien (Versammlung[sraum] der Presbyter; Kirchenvorstand; Chorraum)
pre|schen (*ugs. für* rennen, eilen); du preschst

Pre|sen|ter [pri...], der; -s, - ⟨engl.⟩ (*EDV* Fernbedienung für den Computer)
Pre|shave [ˈpriːʃeːf], das; -[s], -s ⟨engl.⟩ (*kurz für* Preshave-Lotion)
Pre|shave-Lo|ti|on, **Pre|shave|lo|ti|on** (Gesichtswasser zum Gebrauch vor der Rasur)
Pres|ley [...li], Elvis (amerik. Sänger)
press (*Sport* eng, nah); jmdn. press decken
pres|sant ⟨franz.⟩ (*noch landsch. für* dringlich, eilig)
Press|ball *(Fußball)*
Press|burg (*slowak.* Bratislava; Hauptstadt der Slowakei)
Pres|se, die; -, -n (*kurz für* Druck-, Obst-, Ölpresse usw.; *nur Sing.:* Gesamtheit der periodischen Druckschriften; *nur Sing.:* Zeitungs-, Zeitschriftenwesen); die freie Presse
Pres|se|agen|tur; Pres|se|amt; Pres|se|aus|sen|dung (*österr. für* Pressemitteilung); **Pres|se|aus|weis**
Pres|se|be|richt; Pres|se|be|richt|er|stat|ter; Pres|se|be|richt|er|stat|te|rin
Pres|se|bü|ro (Agentur)
Pres|se|chef; Pres|se|che|fin
Pres|se|dienst; Pres|se|emp|fang; Pres|se|er|klä|rung; Pres|se|er|zeug|nis
Pres|se|fo|to; Pres|se|fo|to|graf, Pres|se|pho|to|graph; **Pres|se|fo|to|gra|fin**, Pres|se|pho|to|gra|phin
Pres|se|frei|heit, die; -; **Pres|se|ge|setz; Pres|se|ge|spräch; Pres|se|in|for|ma|ti|on; Pres|se|kam|pa|g|ne; Pres|se|kom|men|tar; Pres|se|kon|fe|renz; Pres|se|land|schaft; Pres|se|mel|dung; Pres|se|mit|tei|lung**
pres|sen; du presst, er/sie presst; du presstest; gepresst; presse! *u.* press!
Pres|se|no|tiz; Pres|se|or|gan; Pres|se|rat *Plur. selten;* **Pres|se|recht**
Pres|se|re|fe|rent; Pres|se|re|fe|ren|tin; Pres|se|schau; Pres|se|spre|cher; Pres|se|spre|che|rin
Pres|se|stel|le; Pres|se|stim|me; Pres|se|text, der; **Pres|se|tri|bü|ne**
Pres|se|ver|tre|ter; Pres|se|ver|tre|te|rin
Pres|se|we|sen, das; -s; **Pres|se|zen|sur**, die; -; **Pres|se|zen|t|rum**
Press|form
press|frisch; pressfrische CDs
Press|glas *Plur.* ...gläser; **Press|he|fe; Press|holz**
pres|sie|ren (*bes. südd., österr. u. schweiz. für* drängen, eilig sein; sich beeilen); es pressiert
Pres|sing, das; -s ⟨engl.⟩ (*Fußball* eine Spieltaktik)
Pres|si|on, die; -, -en ⟨lat.⟩ (Druck; Nötigung, Zwang)
Press|koh|le; Press|kopf (eine Wurstart)
Press|ling (*für* Brikett)
Press|luft, die; -; **Press|luft|boh|rer; Press|luft|fla|sche; Press|luft|ham|mer**
Press|sack, **Press-Sack**, der; -[e]s (*svw.* Presskopf)
Press|schlag, **Press-Schlag** *(Fußball)*
Press|span, **Press-Span; Press|span|plat|te**, **Press-Span|plat|te**
Press|stoff, **Press-Stoff**
Press|stroh, **Press-Stroh**
Pres|sung
Pres|sure-Group, **Pres|sure|group** [ˈprɛʃɐgruːp], die; -, -s ⟨engl.-amerik.⟩ (Interessenverband, der [oft mit Druckmitteln] Einfluss zu gewinnen sucht)
Press|we|he *meist Plur. (Med.)*
Press|wurst (*svw.* Presskopf)
Pres|ti (*Plur. von* Presto)
Pres|ti|ge [...ˈtiːʒə, ...ˈtiːʃ], das; -s ⟨franz.⟩ (Ansehen, Geltung)
Pres|ti|ge|den|ken; Pres|ti|ge|ge|winn; Pres|ti|ge|grund *meist Plur.;* **Pres|ti|ge|ob|jekt; Pres|ti|ge|sa|che; pres|ti|ge|träch|tig; Pres|ti|ge|ver|lust**
pres|tis|si|mo ⟨ital.⟩ (*Musik* sehr schnell); **Pres|tis|si|mo**, das; -s, *Plur.* -s *u.* ...mi
pres|to (*Musik* schnell); **Pres|to**, das; -s, *Plur.* -s *u.* ...ti
Prêt-à-por|ter [prɛtapɔrˈteː], das; -s, -s ⟨franz.⟩ (von einem Modeschöpfer entworfenes Konfektionskleid)
pre|ti|ös *vgl.* preziös
Pre|ti|o|se *vgl.* Preziose
Pre|to|ria (Hauptstadt der Republik Südafrika)
Preu|ße, der; -n, -n; **Preu|ßen; Preu|ßin; preu|ßisch** ↑K 89 : preußische Reformen, *aber* ↑K 140 : der Preußische Höhenrücken
Preu|ßisch|blau
Pre|view [ˈpriːvjuː], die; -, -s, *auch* der *u.* das; -s, -s ⟨engl.⟩ (Voraufführung [eines Films]; *EDV* Vorschau)
pre|zi|ös, pre|ti|ös ⟨franz.⟩ (kostbar; gekünstelt)
Pre|zi|o|se, Pre|ti|o|se, die; -, -n *meist Plur.* ⟨lat.⟩ (Kostbarkeit; Schmuckstück)
PR-Frau ⟨*zu* PR = Public Relations⟩ (*ugs. für* für die Öffentlichkeitsarbeit zuständige Mitarbeiterin)
Pri|a|mel, die; -, -n, *auch* das; -s, - ⟨lat.⟩ (Spruchgedicht, bes. des deutschen Spätmittelalters)
Pri|a|mos, Pri|a|mus (griechische Sagengestalt)
pri|a|pe|isch ⟨griech.⟩ (den Priapus betreffend; *veraltet für* unzüchtig); priapeische Gedichte
Pri|a|pos, Pri|a|pus (griech.-röm. Gott der Fruchtbarkeit)
Pri|cke, die; -, -n (Markierung in flachen Küstengewässern)
Pri|ckel, der; -s, - (Reiz, Erregung); **pri|cke|lig**, prick|lig (prickelnd); **pri|ckeln**; sie sagt, es prick[e]le; ↑K 82 : ein Prickeln auf der Haut empfinden; **pri|ckelnd** ↑K 72 : etwas Prickelndes für den Gaumen
pri|cken (mit Pricken versehen; *landsch., bes. nordd. für* [aus]stechen; abstecken)
prick|lig *vgl.* prickelig
Priel[1], der; -s (Bergname); ↑K 140 : der Große, Kleine Priel
Priel[2], der; -[e]s, -e (schmaler Wasserlauf im Wattenmeer)
Priem, der; -[e]s, -e ⟨niederl.⟩ (Stück Kautabak); **prie|men** (Tabak kauen); **Priem|ta|bak**
Prieß|nitz (Begründer einer Naturheilmethode)
Prieß|nitz|kur ↑K 136 (eine Kaltwasserkur); **Prieß|nitz|um|schlag**
Pries|ter, der; -s, -; **Pries|ter|amt**, das; -[e]s
pries|ter|haft
Pries|te|rin
Pries|ter|kon|gre|ga|ti|on
Pries|ter|kö|nig; Pries|ter|kö|ni|gin
pries|ter|lich
Pries|ter|schaft; Pries|ter|se|mi|nar; Pries|ter|tum, das; -s; **Pries|ter|wei|he**
Priest|ley [...li] (englischer Schriftsteller)
Prig|nitz, die; - (Landschaft in Nordostdeutschland)
Prim, die; -, -en ⟨lat.⟩ (Fechthieb; Morgengebet im katholischen Brevier; *svw.* Prime *[Musik]*)
Prim. = Primar, Primararzt, Primarius; Primaria
pri|ma ⟨ital.⟩ (*Kaufmannsspr. veraltend für* vom Besten, erstklas-

P
Pres

sig; *Abk.* Ia; *ugs. für* ausgezeichnet, großartig); prima Essen
Pri|ma, die; -, ...men ⟨lat.⟩ (*veraltende Bez. für* die beiden oberen Klassen eines Gymnasiums)
Pri|ma|bal|le|ri|na, die; -, ...nen ⟨ital.⟩ (erste Tänzerin); **Pri|ma|don|na,** die; -, ...nnen (erste Sängerin)
Pri|ma|ge [...ʒə], die; -, -n ⟨franz.⟩ (Primgeld)
Pri|ma|ner ⟨lat.⟩ (Schüler der Prima); **pri|ma|ner|haft** (unerfahren, unreif); **Pri|ma|ne|rin**
Pri|mar, der; -s, -e (*österr. für* Chefarzt einer Krankenhausabteilung; *Abk.* Prim.)
pri|mär ⟨franz.⟩ (die Grundlage bildend; ursprünglich, erst...)
Pri|mar|arzt *(österr.); vgl.* Primar; **Pri|mar|ärz|tin** *(österr.)*
Pri|mär|ener|gie (Energiegehalt der natürlichen Energieträger, z. B. Wasserkraft)
Pri|mär|grup|pe *(Soziol.)*
Pri|ma|ria, die; -, ...iae ⟨lat.⟩ (*österr. für* Chefärztin einer Krankenhausabteilung; *Abk.* Prim.)
Pri|ma|ri|us, der; -, ...ien ⟨lat.⟩ (erster Geiger im Streichquartett; *österr. svw.* Primar)
Pri|mar|leh|rer *(schweiz.)*; **Pri|mar|leh|re|rin** *(schweiz.)*
Pri|mär|li|te|ra|tur *Plur. selten* (der eigentliche literarische Text); *vgl.* Sekundärliteratur
Pri|mär|markt *(Wirtsch.)*
Pri|mar|schu|le (*schweiz. für* Volksschule, Grundschule)
Pri|mär|span|nung *(Physik)*; **Pri|mär|strom** *(Elektrot.)*
Pri|mar|stu|fe (1. bis 4. Schuljahr)
Pri|mär|tu|mor *(Med.)*
Pri|mär|wick|lung *(Elektrot.)*
Pri|ma|ry ['praɪməri], die; -, ...ries [...riz] ⟨engl.-amerik.⟩; Vorwahl (im Wahlsystem der USA)
[1]**Pri|mas,** der; -, *Plur.* -se, *auch* ...aten ⟨»der Erste, Vornehmste«⟩ (Ehrentitel bestimmter Erzbischöfe)
[2]**Pri|mas,** der; -, -se (Solist u. Vorgeiger einer Zigeunerkapelle)
[1]**Pri|mat,** der *od.* das; -[e]s, -e (Vorrang, bevorzugte Stellung; [Vor]herrschaft; oberste Kirchengewalt des Papstes)
[2]**Pri|mat,** der; -en, -en *meist Plur.* (*Biol.* Angehöriger einer Menschen, Affen u. Halbaffen umfassenden Ordnung der Säugetiere); **Pri|ma|tin**
Pri|ma|wech|sel *(Bankw.)*

Pri|me, die; -, -n (*Musik* erster Ton der diatonischen Tonleiter; Intervall im Einklang)
Pri|mel, die; -, -n (eine Frühjahrsblume)
Pri|men (*Plur. von* Prim, Prima *u.* Prime)
Prime|time, die; -, -s, **Prime Time,** die; - -, - -s ['praimtaim] ⟨engl.⟩ (abendliche Hauptsendezeit [beim Fernsehen])
Prim|gei|ger (erster Geiger im Streichquartett); **Prim|gei|ge|rin**
Prim|geld ⟨lat.⟩ (Sondervergütung für den Schiffskapitän)
Pri|mi (*Plur. von* Primus)
pri|mis|si|ma ⟨ital.⟩ (*ugs. für* ganz prima, ausgezeichnet)
pri|mi|tiv ⟨lat.⟩ (einfach, dürftig; *abwertend für* von geringem geistig-kulturellem Niveau)
Pri|mi|ti|ve, der *u.* die; -n, -n *meist Plur.* (*veraltet für* Angehörige[r] eines naturverbundenen, auf einer niedrigen Zivilisationsstufe stehenden Volkes)
pri|mi|ti|vi|sie|ren; Pri|mi|ti|vi|sie|rung
Pri|mi|ti|vis|mus, der; - (künstlerische Tendenz zu naiver, vereinfachender Darstellung)
Pri|mi|ti|vi|tät, die; -
Pri|mi|tiv|ling *(ugs.)*
Pri|mi|ti|vum, das; -s, ...va (*Sprachwiss.* Stamm-, Wurzelwort)
Pri|miz, die; -, -en (*kath. Kirche* erste [feierliche] Messe des Primizianten); **Pri|miz|fei|er; Pri|mi|zi|ant,** der; -en, -en (neu geweihter katholischer Priester)
Pri|mi|zi|en *Plur.* (den römischen Göttern dargebrachte »Erstlinge« von Früchten u. Ä.)
Pri|mo|ge|ni|tur, die; -, -en (*früher für* Erbfolgerecht des Erstgeborenen u. seiner Nachkommen)
Pri|mus, der; -, *Plur.* ...mi *u.* -se (Klassenbester); **Pri|mus in|ter Pa|res,** der; - - -, ...mi - - (der Erste unter Gleichen, ohne Vorrang)
Prim|zahl (nur durch 1 u. durch sich selbst teilbare Zahl)
Prince of Wales ['prɪns - 've:ls], der; - - - (Titel des britischen Thronfolgers); **Prin|cess of Wales**
Print, der; -[s], -s ⟨engl.⟩ (*Buchw., Fotogr.* Druck; *nur Sing. u. meist ohne Artikel* Printmedien); im Print sein; die Sparten Funk, Fernsehen und Print; **Print|aus|ga|be** *(Verlagsw.)*

Prin|te, die; -, -n ⟨niederl.⟩ (ein Gebäck); Aachener Printen
prin|ted in ... ['prɪntɪd ɪn] ⟨engl.⟩ (in ... gedruckt [Vermerk in Büchern])
Prin|ter, der; -s, - (automatisches Kopiergerät; Drucker)
Prin|ting-on-De|mand, *auch* **Prin|ting-on-de|mand** [...di'ma:nt], das; - ⟨engl.⟩ (schnelle Herstellung von Druck-Erzeugnissen [in kleinerer Zahl] auf Bestellung)
Print|me|di|um *meist Plur.* (z. B. Zeitung, Zeitschrift, Buch)
Print|ser|ver *(EDV)*
Prinz, der; -en, -en ⟨lat.⟩
Prin|zen|gar|de (Garde eines Karnevalsprinzen)
Prin|zen|in|seln *Plur.* (im Marmarameer)
Prin|zen|paar, das; -[e]s, -e (Prinz u. Prinzessin [im Karneval])
Prin|zess, die; -, -en (*veraltet für* Prinzessin)
Prin|zess|boh|ne *meist Plur.*
Prin|zes|sin; Prin|zess|kleid
Prinz|ge|mahl (Ehemann einer regierenden Herrscherin)
Prinz-Hein|rich-Müt|ze ⟨nach dem preuß. Prinzen⟩ (Schiffermütze)
Prin|zip, das; -s, *Plur.* -ien, *selten* -e ⟨lat.⟩ (Grundlage; Grundsatz)
[1]**Prin|zi|pal,** der; -s, -e (*veraltet für* Lehrherr; Geschäftsführer)
[2]**Prin|zi|pal,** das; -s, -e (Hauptregister der Orgel)
Prin|zi|pal|gläu|bi|ger (Hauptgläubiger)
Prin|zi|pa|lin (*veraltet für* Geschäftsführerin; Theaterleiterin)
Prin|zi|pat, das, *auch* der; -[e]s, -e (*veraltet für* Vorrang; römische Verfassungsform der ersten Kaiserzeit)
prin|zi|pi|ell (grundsätzlich)
prin|zi|pi|en|fest
Prin|zi|pi|en|fra|ge
prin|zi|pi|en|los; Prin|zi|pi|en|lo|sig|keit
Prin|zi|pi|en|rei|ter (jmd., der kleinlich auf seinen Prinzipien beharrt); **Prin|zi|pi|en|rei|te|rei; Prin|zi|pi|en|rei|te|rin; Prin|zi|pi|en|streit**
prin|zi|pi|en|treu; Prin|zi|pi|en|treue
prinz|lich; Prinz|re|gent
Pri|on, das; -s, ...onen ⟨Kunstwort⟩ (*Med.* Eiweißpartikel, das Erreger einer Gehirnerkrankung sein könnte)
Pri|or, der; -s, Prioren ⟨lat.⟩ ([Kloster]oberer, -vorsteher; *auch für* Stellvertreter eines Abtes); **Pri|o-**

rat, das; -[e]s, -e (Amt, Würde eines Priors; von einer Abtei abhängiges Kloster); **Pri|o|rin** [*auch* 'pri:...]

pri|o|ri|sie|ren (den Vorrang einräumen, bevorzugen); **Pri|o|ri|sie|rung; pri|o|ri|tär** (oberste Priorität habend, dringlich)

Pri|o|ri|tät, die; -, -en ‹franz.› (Vor[zugs]recht, Erstrecht, Vorrang; *nur Sing.:* zeitliches Vorhergehen); Prioritäten setzen (festlegen, was vorrangig ist)

Pri|o|ri|tä|ten *Plur.* (Wertpapiere mit Vorzugsrechten)

Pri|o|ri|tä|ten|lis|te

Pri|o|ri|täts|ak|tie (Vorzugsaktie)

Pris|chen (kleine Prise)

Pri|se, die; -, -n ‹franz.› (*Seew.* [im Krieg] erbeutetes [Handels]schiff od. -gut; kleine Menge [Tabak, Salz u. a.], die zwischen Daumen u. Zeigefinger zu greifen ist); **Pri|sen|ge|richt** *(Seew.);* **Pri|sen|kom|man|do; Pri|sen|recht**

Pris|ma, das; -s, ...men ‹griech.› (*Math.* Polyeder; *Optik* lichtbrechender Körper); **pris|ma|tisch** (prismenförmig); **Pris|ma|to|id,** das; -[e]s, -e (prismenähnlicher Körper)

Pris|men|fern|rohr; Pris|men|glas *Plur.* ...gläser; **Pris|men|su|cher** (bei Spiegelreflexkameras)

Prit|sche, die; -, -n (flaches Schlagholz [beim Karneval]; hölzerne Liegestatt; Ladefläche eines Lkw)

prit|schen (*Sport* den Volleyball mit den Fingern weiterspielen); du pritschst

Prit|schen|wa|gen

P

Prio

pri|vat

‹lat.›

(persönlich; nicht öffentlich; vertraulich; vertraut)

– eine private Meinung, Angelegenheit
– die private Wirtschaft; eine private Krankenversicherung
– private Altersvorsorge
– Verkauf an privat; Kauf von privat
– sich privat versichern; ein privat versicherter *od.* privatversicherter Patient
– eine privat angestellte *od.* privatangestellte Tagesmutter

Vgl. auch Private

Pri|vat|ad|res|se; Pri|vat|an|ge|le|gen|heit

pri|vat an|ge|stellt, pri|vat|an|ge|stellt ↑K58; *vgl.* privat

Pri|vat|an|le|ger *(Finanzw.);* **Pri|vat|an|le|ge|rin**

Pri|vat|an|wen|der; Pri|vat|an|wen|de|rin; Pri|vat|ar|mee

pri|vat|ärzt|lich; privatärztliche Behandlung

Pri|vat|au|di|enz; Pri|vat|bahn; Pri|vat|bank *Plur.* ...banken; **Pri|vat|be|sitz,** der; -es; **Pri|vat|brief**

Pri|vat|de|tek|tiv; Pri|vat|de|tek|ti|vin; Pri|vat|do|zent (Hochschullehrer ohne Beamtenstelle); **Pri|vat|do|zen|tin**

Pri|vat|druck *Plur.* ...drucke

Pri|va|te, der *u.* die; -n, -n (Privatperson; *Plur. auch für* die privaten Fernsehsender)

Pri|vate Ban|king ['praivɪt 'bɛŋkɪŋ], das; - -[s] ‹engl.› (*Bankw.* Privatkundengeschäft)

Pri|vat|ei|gen|tum; Pri|vat|fern|se|hen; Pri|vat|flug|zeug; Pri|vat|frau; Pri|vat|ge|brauch, der; -[e]s; **Pri|vat|ge|lehr|te; Pri|vat|ge|spräch**

Pri|vat|hand; *nur in* aus, von, in Privathand

Pri|vat|haus; Pri|vat|haus|halt

Pri|vat|heit, die; -, -en *Plur. selten*

Pri|va|ti|er [...'tie:], der; -s, -s (*veraltend für* Privatmann, Rentner)

pri|va|tim (*veraltend für* [ganz] persönlich, vertraulich)

Pri|vat|in|i|ti|a|ti|ve; Pri|vat|in|te|r|es|se; Pri|vat|in|ves|tor; Pri|vat|in|ves|to|rin

Pri|va|ti|on, die; -, -en (*veraltet für* Beraubung; Entziehung)

pri|va|ti|sie|ren (staatliches Vermögen in Privatvermögen umwandeln; als Rentner[in] od. als Privatperson vom eigenen Vermögen leben); **Pri|va|ti|sie|rung**

pri|va|tis|si|me [...me] (im engsten Kreise; streng vertraulich); **Pri|va|tis|si|mum,** das; -s, ...ma (Vorlesung für einen ausgewählten Kreis; *übertr. für* Ermahnung)

Pri|va|tist, der; -en, -en (*österr. für* Schüler, der sich ohne Schulbesuch auf die Prüfung an einer Schule vorbereitet); **Pri|va|tis|tin**

Pri|vat|kla|ge; Pri|vat|kli|nik; Pri|vat|kon|kurs; Pri|vat|kon|to; Pri|vat|kon|tor

Pri|vat|kun|de, der; **Pri|vat|kun|den|ge|schäft** *(Wirtsch.);* **Pri|vat|kun|din; Pri|vat|kund|schaft**

Pri|vat|le|ben

Pri|vat|leh|rer; Pri|vat|leh|re|rin

Pri|vat|leu|te *Plur.;* **Pri|vat|mann** *Plur.* ...leute, *selten* ...männer

Pri|vat|mit|tel *Plur.* ↑K31: Privat- u. öffentliche Mittel, *aber* öffentliche und Privatmittel

pri|vat|nüt|zig; privatnützigen Zwecken dienend

Pri|vat|pa|ti|ent; Pri|vat|pa|ti|en|tin

Pri|vat|per|son; Pri|vat|quar|tier

Pri|vat|ra|dio *(österr.)*

Pri|vat|raum; Pri|vat|recht; pri|vat|recht|lich; Pri|vat|sa|che; Pri|vat|samm|lung; Pri|vat|schu|le

Pri|vat|se|kre|tär; Pri|vat|se|kre|tä|rin

Pri|vat|sen|der; Pri|vat|sphä|re; Pri|vat|sta|ti|on; Pri|vat|stun|de; Pri|vat|uni|ver|si|tät; Pri|vat|un|ter|richt; Pri|vat|ver|gnü|gen; Pri|vat|ver|mö|gen

pri|vat ver|si|chert, pri|vat|ver|si|chert ↑K58; *vgl.* privat; **Pri|vat|ver|si|cher|te; Pri|vat|ver|si|che|rung**

Pri|vat|weg

Pri|vat|wirt|schaft; pri|vat|wirt|schaft|lich

Pri|vat|woh|nung; Pri|vat|zim|mer

Priv.-Doz. = Privatdozent[in]

Pri|vi|leg, das; -[e]s, *Plur.* -ien, *auch* -e ‹lat.› (Vor-, Sonderrecht); **pri|vi|le|gie|ren; pri|vi|le|giert; Pri|vi|le|gi|um,** das; -s, ...ien (*älter für* Privileg)

Prix [pri:], der; -, - ‹franz.› (*franz. Bez. für* Preis); Prix Goncourt ['pri: gõ'ku:ɐ̯] (französischer Literaturpreis)

PR-Kam|pa|g|ne; PR-Mann *Plur.* PR-Leute ‹*zu* PR = Public Relations› *(ugs.); vgl.* PR-Frau

pro

‹lat.›

(für, je)

Präposition mit Akkusativ oder Dativ

– pro Stück
– pro Band
– pro gefahrenen *od.* gefahrenem Kilometer
– pro verkauftes *od.* verkauftem Exemplar
– pro Angestellten *od.* Angestelltem
– pro Kranken *od.* Krankem

Pro, das; -s (Für); das Pro und Kontra (das Für und Wider)

pro... (z. B. proamerikanisch, prowestlich)

Pro|be

die; -, -n

- zur Probe, auf Probe
- die Probe aufs Exempel machen; jmdn. auf die Probe stellen
- [einen Wagen] Probe fahren; wir sind Probe gefahren; wir haben das Auto Probe gefahren; ohne Probe zu fahren
- lass die Maschine Probe laufen; die Maschine ist Probe gelaufen
- wir mussten [eine Seite] Probe schreiben
- wann wollen Sie Probe singen?; hat sie schon Probe gesungen?
- sie haben vormittags Probe geturnt
- Aber ↑K72: zum Probesingen, Probeturnen usw. bitte pünktlich kommen!

pro an|no ⟨lat.⟩ (*veraltet für* jährlich; *Abk.* p. a.)
pro|ba|bel ⟨lat.⟩ (*veraltet für* wahrscheinlich); proba|b|le Gründe
Pro|ba|bi|lis|mus, der; - (*Philos.* Wahrscheinlichkeitslehre; *kath. Moraltheologie* Lehre, nach der in Zweifelsfällen eine Handlung erlaubt ist, wenn gute Gründe dafürsprechen)
Pro|ba|bi|li|tät, die; -, -en (Wahrscheinlichkeit)
Pro|band, der; -en, -en (Testperson; *Genealogie* jmd., für den eine Ahnentafel aufgestellt werden soll); **Pro|ban|din**
pro|bat (erprobt; bewährt)
Pröb|chen
Pro|be *s. Kasten*
Pro|be|ab|zug; Pro|be|alarm; Pro|be|ar|beit; Pro|be|auf|nah|me; Pro|be|be|trieb; Pro|be|boh|rung; Pro|be|druck *Plur.* ...drucke; **Pro|be|ex|em|p|lar**
Pro|be fah|ren *vgl.* Probe; **Pro|be|fahrt**
Pro|be|füh|rer|schein *(österr.)*
pro|be|hal|ber
Pro|be|jahr; Pro|be|lauf
Pro|be lau|fen *vgl.* Probe
prö|beln (*schweiz. für* allerlei Versuche anstellen); ich pröb[e]le
pro|ben; Pro|ben|ar|beit
Pro|ben|ent|nah|me, *fachspr.* **Pro|be[n]|nah|me,** die; -, -n
Pro|be|num|mer
Pro|be schrei|ben *vgl.* Probe
Pro|be|sei|te *(Druckw.);* **Pro|be|sen|dung**
Pro|be sin|gen *vgl.* Probe
Pro|be|stück
Pro|be tur|nen *vgl.* Probe
pro|be|wei|se; Pro|be|zeit
pro|bie|ren (versuchen, kosten, prüfen); ↑K82: Probieren *od.* probieren geht über Studieren *od.* studieren
Pro|bie|rer (Prüfer); **Pro|bie|re|rin**
Pro|bier|glas *Plur.* ...gläser; **Pro|bier|preis; Pro|bier|stu|be**
pro|bio|tisch ⟨engl.⟩ (mit bestimmten Bakterien o. Ä. versehen, die die Darmflora verbessern sollen)
Pro|b|lem, das; -s, -e ⟨griech.⟩ (zu lösende Aufgabe; Frage[stellung]; Schwierigkeit)
Pro|b|le|ma|tik, die; -, -en (Gesamtheit von Problemen; Schwierigkeit [etwas zu klären]); **pro|b|le|ma|tisch; pro|b|le|ma|ti|sie|ren** (die Problematik von etwas aufzeigen)
Pro|b|lem|be|reich; Pro|b|lem|be|wusst|sein; Pro|b|lem|fall, der; **Pro|b|lem|fa|mi|lie; Pro|b|lem|film**
pro|b|lem|frei
Pro|b|lem|grup|pe; Pro|b|lem|haar; Pro|b|lem|haut; Pro|b|lem|kind; Pro|b|lem|kreis
pro|b|lem|los
Pro|b|lem|lö|ser; Pro|b|lem|lö|se|rin; Pro|b|lem|lö|sung
Pro|b|lem|müll
pro|b|lem|ori|en|tiert
Pro|b|lem|schach; Pro|b|lem|schwan|ger|schaft; Pro|b|lem|stel|lung; Pro|b|lem|stück; Pro|b|lem|zo|ne
Probst|zel|la (Ort im nordwestlichen Frankenwald)
Pro|ce|de|re *vgl.* Prozedere
pro cen|tum ⟨lat.⟩ (für das Hundert; *Abk.* p. c.; *Zeichen* %); *vgl.* Prozent
Pro|de|kan, der; -s, -e ⟨lat.⟩ (Vertreter des Dekans an einer Hochschule); **Pro|de|ka|nin**
Pro|di (ital. Politiker)
pro do|mo ⟨lat.⟩ (in eigener Sache; für sich selbst); pro domo reden
Pro|drom, das; -s, -e ⟨griech.⟩, **Pro|dro|mal|sym|p|tom** (*Med.* Vorbote einer Krankheit)
Pro|du|cer [...ˈdjuːsɐ], der; -s, - ⟨engl.⟩ (*engl. Bez. für* Hersteller, [Film]produzent, Fabrikant); **Pro|du|ce|rin**
Pro|duct-Place|ment, Pro|duct|place|ment [ˈprɔdaktpleːsmɛnt], das; -s, -s ⟨engl.⟩ (Werbemaßnahme im Film, bei der ein Produkt als Requisit in die Spielhandlung einbezogen wird)
Pro|dukt, das; -[e]s, -e ⟨lat.⟩ (Erzeugnis; Ertrag; Folge, Ergebnis [*Math.* der Multiplikation])
pro|dukt|be|glei|tend; pro|dukt|be|zo|gen
Pro|duk|ten|bör|se (*Wirtsch.* Warenbörse); **Pro|duk|ten|han|del; Pro|duk|ten|markt**
Pro|dukt|haf|tung *(Wirtsch.)*
Pro|duk|ti|on, die; -, -en (Herstellung, Erzeugung)
Pro|duk|ti|ons|an|la|ge; Pro|duk|ti|ons|aus|fall; Pro|duk|ti|ons|ba|sis
pro|duk|ti|ons|be|zo|gen
Pro|duk|ti|ons|bri|ga|de *(DDR);* **Pro|duk|ti|ons|fak|tor; Pro|duk|ti|ons|fir|ma; Pro|duk|ti|ons|form; Pro|duk|ti|ons|gang,** der; **Pro|duk|ti|ons|gü|ter** *Plur.;* **Pro|duk|ti|ons|ka|pa|zi|tät**
Pro|duk|ti|ons-Know-how, Pro|duk|ti|ons|know|how, Pro|duk|ti|ons-Know|how
Pro|duk|ti|ons|kol|lek|tiv *(in der DDR);* **Pro|duk|ti|ons|kos|ten** *Plur.*
Pro|duk|ti|ons|lei|ter, der; **Pro|duk|ti|ons|lei|te|rin**
Pro|duk|ti|ons|mit|tel; Pro|duk|ti|ons|plan; Pro|duk|ti|ons|pro|zess; Pro|duk|ti|ons|stät|te; Pro|duk|ti|ons|stei|ge|rung; Pro|duk|ti|ons|team; Pro|duk|ti|ons|tech|nik
pro|duk|ti|ons|tech|nisch
Pro|duk|ti|ons|ver|hält|nis|se *Plur.;* **Pro|duk|ti|ons|ver|la|ge|rung; Pro|duk|ti|ons|vo|lu|men; Pro|duk|ti|ons|zif|fer; Pro|duk|ti|ons|zweig**
pro|duk|tiv (ergiebig; fruchtbar, schöpferisch)
Pro|duk|ti|vi|tät, die; -, -en
Pro|duk|ti|vi|täts|ren|te (Rente, die der wirtschaftlichen Produktivität angepasst wird); **Pro|duk|ti|vi|täts|stei|ge|rung; Pro|duk|ti|vi|täts|stu|fe**
Pro|duk|tiv|kraft, die; -, ...kräfte
Pro|duk|tiv|kre|dit (Kredit für die Errichtung von Anlagen od. die Bestreitung der laufenden Betriebsausgaben)

Pro|dukt|li|nie *(Wirtsch.)*
Pro|dukt|ma|nage|ment *(Wirtsch.);* **Pro|dukt|ma|na|ger; Pro|dukt|ma|na|ge|rin**
Pro|dukt|pa|let|te *(Werbespr.)*
Pro|dukt|pi|rat; Pro|dukt|pi|ra|te|rie (rechtswidriges Nachahmen u. Vertreiben von Markenprodukten); **Pro|dukt|pi|ra|tin**
Pro|du|zent, der; -en, -en (Hersteller, Erzeuger); **Pro|du|zen|tin**
pro|du|zie|ren ([Güter] hervorbringen, [er]zeugen, schaffen); sich produzieren (die Aufmerksamkeit auf sich lenken)
Pro|en|zym, das; -s, -e ‹lat.; griech.› (Vorstufe eines Enzyms)
Prof, der; -s, -s *u.* die; -, -s *(ugs. Kurzwort für* Professor[in])
Prof. = Professor[in]
pro|fan ‹lat.› (unheilig, weltlich; alltäglich)
Pro|fa|na|ti|on, Pro|fa|nie|rung, die; -, -en (Entweihung)
Pro|fan|bau *Plur.* ...bauten *(Kunstwiss.* nicht kirchliches Bauwerk; *Ggs.* Sakralbau)
Pro|fa|ne, der *u.* die; -n, -n (Unheilige[r], Ungeweihte[r])
pro|fa|nie|ren (entweihen; säkularisieren); **Pro|fa|nie|rung** *vgl.* Profanation; **Pro|fa|ni|tät,** die; -, -en (Unheiligkeit, Weltlichkeit; Alltäglichkeit)
pro|fa|schis|tisch (dem Faschismus zuneigend)
[1]Pro|fess, der; -en, -en ‹lat.› (Mitglied eines geistl. Ordens nach Ablegung der Gelübde)
[2]Pro|fess, die; -, -e (Ablegung der [Ordens]gelübde)
Pro|fes|si|on, die; -, -en ‹franz.› *(veraltet für* Beruf; Gewerbe)
Pro|fes|sio|nal [prəˈfɛʃ(ə)nəl], der; -s, -s ‹engl.› (Berufssportler; *Kurzw.* Profi)
pro|fes|si|o|na|li|sie|ren (zum Beruf machen); **Pro|fes|si|o|na|li|sie|rung**
Pro|fes|si|o|na|lis|mus, der; - ‹lat.› (Professionalität); **Pro|fes|si|o|na|li|tät,** die; - (das Professionellsein); **pro|fes|si|o|nell** ‹franz.› (berufsmäßig; fachmännisch)
Pro|fes|si|o|nist, der; -en, -en *(österr. für* Handwerker, Facharbeiter); **Pro|fes|si|o|nis|tin**
pro|fes|si|ons|mä|ßig
Pro|fes|sor, der; -s, ...oren ‹lat.› (Hochschullehrer; Titel für verdiente Lehrkräfte, Forscher u. Künstler; *österr. auch für* definitiv angestellter Lehrer an höheren Schulen; *Abk.* Prof.); ordentlicher Professor (*Abk.* o. P.); außerordentlicher Professor (*Abk.* ao., a. o. Prof.); emeritierter Professor
pro|fes|so|ral (professorenhaft, würdevoll)
Pro|fes|so|ren|frau; Pro|fes|so|ren|kol|le|gi|um; Pro|fes|so|ren|schaft; Pro|fes|so|ren|ti|tel, Pro|fes|sor|ti|tel
Pro|fes|so|rin [*auch* ...ˈfɛ...] *(im Titel u. in der Anrede auch* Frau Professor); **Pro|fes|so|r(inn)en** *(kurz für* Professorinnen u. Professoren)
Pro|fes|sor|ti|tel, Pro|fes|so|ren|ti|tel
Pro|fes|sur, die; -, -en (Lehrstuhl, -amt)
Pro|fi, der; -s, -s ‹*Kurzw. für* Professional› (Berufssportler[in]; jmd., der etwas fachmännisch betreibt); **Pro|fi|bo|xer; Pro|fi|bo|xe|rin; Pro|fi|fuß|ball; Pro|fi|ge|schäft**
pro|fi|haft
Pro|fi|kil|ler; Pro|fi|kil|le|rin
Pro|fil, das; -s, -e ‹ital.(-franz.)› (Seitenansicht; Längs- od. Querschnitt; Riffelung bei Gummireifen; charakteristisches Erscheinungsbild)
Pro|fi|la|ger, das; -s *(Sport);* ins Profilager wechseln
Pro|fil|bild; Pro|fil|ei|sen
Pro|fi|ler [proˈfaɪlɐ, *auch* ˈpro:...], der; -s, - ‹engl.› (Fachmann für die Erstellung eines psychologischen Profils eines gesuchten Täters); **Pro|fi|le|rin**
pro|fi|lie|ren ‹franz.› (im Querschnitt darstellen); sich profilieren (sich ausprägen, hervortreten); **pro|fi|liert** *(auch für* gerillt, geformt; scharf umrissen; von ausgeprägter Art); **Pro|fi|lie|rung**
Pro|fi|li|ga *(Sport)*
Pro|fil|li|nie
pro|fil|los
Pro|fil|neu|ro|se *(Psychol.* übertriebene Sorge um die Profilierung der eigenen Persönlichkeit); **Pro|fil|neu|ro|ti|ker; Pro|fil|neu|ro|ti|ke|rin**
Pro|fil|soh|le; Pro|fil|stahl *(Technik);* **Pro|fil|tie|fe** *(Kfz-Technik)*
Pro|fi|sport, der; -[e]s
Pro|fit [*auch* ...ˈfɪt], der; -[e]s, -e ‹franz.› (Nutzen; Gewinn; Vorteil); ↑K58 : ein Profit bringendes *od.* profitbringendes Geschäft; *aber nur* ein äußerst profitbringendes Geschäft; ein großen Profit bringendes Geschäft
pro|fi|ta|bel (gewinnbringend); ein pro|fi|ta|b|les Geschäft; **Pro|fi|ta|bi|li|tät,** die; -, -en
Pro|fit brin|gend, pro|fit|brin|gend *vgl.* Profit
Pro|fit|cen|ter, Pro|fit-Cen|ter (Unternehmensbereich mit eigener Verantwortung für geschäftlichen Erfolg)
Pro|fit|chen *(meist für* nicht ganz ehrlicher Gewinn)
Pro|fi|te|rol, der *u.* das; -s, -[s] ‹ital.›, **Pro|fi|te|ro|le** [*franz.* ...ˈrɔl], die; -, -n *u.* (bei franz. Aussprache) -s [...ˈrɔl] ‹franz.› (Windbeutel aus [ungesüßtem] Brandteig)
Pro|fi|teur [...ˈtø:ɐ̯], der; -s, -e ‹franz.›; **Pro|fi|teu|rin**
pro|fit|geil *(ugs. abwertend für* profitgierig)
Pro|fit|gier; pro|fit|gie|rig
pro|fi|tie|ren (Nutzen ziehen)
Pro|fit|jä|ger (jmd., der profitgierig ist); **Pro|fit|jä|ge|rin**
pro|fit|lich *(landsch. für* gewinnsüchtig; gewinnbringend)
Pro|fit|ma|xi|mie|rung *(Wirtsch.)*
pro|fit|ori|en|tiert *(Wirtsch.)*
Pro|fit|stre|ben, das; -s
pro for|ma ‹lat.› (der Form wegen, zum Schein); **Pro-for|ma-An|kla|ge** ↑K26
Pro|fos, der; *Gen.* -es *u.* -en, *Plur.* -e[n] ‹niederl.› *(früher für* Verwalter der Militärgerichtsbarkeit)
pro|fund ‹lat.› (tief, gründlich; *Med.* tief liegend)
pro|fus *(Med.* reichlich, übermäßig; stark)
Pro|ge|ni|tur, die; -, -en ‹lat.› *(Med.* Nachkommen[schaft])
Pro|ges|te|ron, das; -s (Gelbkörperhormon)
Pro|g|no|se, die; -, -n ‹griech.› (Vorhersage); **Pro|g|no|se|ver|fah|ren; Pro|g|nos|tik,** die; - (Lehre von der Prognose); **Pro|g|nos|ti|kon, Pro|g|nos|ti|kum,** das; -s, *Plur.* ...ken *u.* ...ka (Vorzeichen); **pro|g|nos|tisch**
pro|g|nos|ti|zie|ren; Pro|g|nos|ti|zie|rung
Pro|gramm, das; -[e]s, -e ‹griech.› (Plan; Darlegung von Grundsätzen; Ankündigung; Spiel-, Sende-, Fest-, Arbeits-, Vortragsfolge; *EDV* Folge von

Anweisungen für einen Computer)
Pro|gramm|ab|lauf; Pro|gramm|än|de|rung; Pro|gramm|an|zei|ger
Pro|gram|ma|tik, die; -, -en (Zielsetzung, -vorstellung); **Pro|gram|ma|ti|ker; Pro|gram|ma|ti|ke|rin; pro|gram|ma|tisch**
Pro|gramm|di|rek|tor *(bes. Fernsehen);* **Pro|gramm|di|rek|to|rin**
Pro|gramm|fol|ge
pro|gramm|fül|lend
Pro|gramm|fül|ler (*Fernsehen* Sendung, die eingesetzt werden kann, um Lücken im Programm zu füllen)
pro|gramm|ge|mäß
Pro|gramm|ge|stal|tung
pro|gramm|ge|steu|ert *(EDV)*
Pro|gramm|heft; Pro|gramm|hin|weis
pro|gram|mier|bar
pro|gram|mie|ren ([im Ablauf] festlegen; ein Programm [für einen Computer] schreiben); **Pro|gram|mie|rer** *(EDV);* **Pro|gram|mie|re|rin; Pro|gram|mier|spra|che; Pro|gram|mie|rung**
Pro|gramm|ki|no
pro|gramm|lich
Pro|gramm|ma|cher, Pro|gramm-Ma|cher *(Jargon);* ↑K25; **Pro|gramm|ma|che|rin, Pro|gramm-Ma|che|rin**
pro|gramm|mä|ßig
Pro|gramm|mu|sik, Pro|gramm-Mu|sik ↑K25
Pro|gramm|pla|nung; Pro|gramm|punkt; Pro|gramm|steu|e|rung (automatische Steuerung); **Pro|gramm|vor|schau; Pro|gramm|zeit|schrift**
Pro|gress, der; -es, -e ‹lat.› (Fortschritt; Fortgang); **Pro|gres|si|on,** die; -, -en (das Fortschreiten; [Stufen]folge, Steigerung; *Steuerwesen* unverhältnismäßige Zunahme des Steuersatzes bei geringfügig steigendem Einkommen; *Math. veraltet* Aufeinanderfolge von Zahlen usw.); kalte Progression; arithmetische, geometrische Progression
Pro|gres|sis|mus, der; - ([übertriebene] Fortschrittlichkeit); **Pro|gres|sist,** der; -en, -en; **Pro|gres|sis|tin; pro|gres|sis|tisch**
pro|gres|siv ‹franz.› (stufenweise fortschreitend, sich entwickelnd; fortschrittlich)
Pro|gres|sive Jazz [proːˈɡresɪv ˈ-], der; - - ‹engl.› (moderne Stilrichtung des Jazz)
Pro|gres|si|vist, der; -en, -en
Pro|gres|siv|steu|er, die *(Wirtsch.)*

Pogrom
Das Substantiv stammt aus dem Russischen und ist nicht mit der lateinischen Vorsilbe *Pro-* (wie etwa in *Programm, Produkt, Profit*) gebildet worden.

Pro|gym|na|si|um, das; -s, ...ien (Gymnasium ohne Oberstufe)
pro|hi|bie|ren ‹lat.› (*veraltet für* verhindern; verbieten)
Pro|hi|bi|ti|on, die; -, -en (Verbot, bes. von Alkoholherstellung u. -abgabe); **Pro|hi|bi|ti|o|nist,** der; -en, -en (Befürworter der Prohibition); **Pro|hi|bi|ti|o|nis|tin**
pro|hi|bi|tiv (verhindernd, abhaltend, vorbeugend); **Pro|hi|bi|tiv|maß|re|gel; Pro|hi|bi|tiv|zoll** (Sperr-, Schutzzoll)
Pro|jekt, das; -[e]s, -e ‹lat.› (Plan[ung], Entwurf, Vorhaben); **Pro|jek|tant,** der; -en, -en (Planer); **Pro|jek|tan|tin; Pro|jekt|ar|beit**
pro|jekt|be|zo|gen; projektbezogene Fördermittel
Pro|jek|te[n]|ma|cher; Pro|jek|te[n]|ma|che|rin
Pro|jekt|ent|wick|lung
pro|jekt|ge|bun|den
Pro|jekt|grup|pe (Arbeitsgruppe für ein bestimmtes Projekt)
pro|jek|tie|ren; Pro|jek|tie|rung
Pro|jek|til, das; -s, -e ‹franz.› (Geschoss)
Pro|jek|ti|on, die; -, -en ‹lat.› (Darstellung auf einer Fläche; Vorführung mit dem Bildwerfer)
Pro|jek|ti|ons|ap|pa|rat (Bildwerfer); **Pro|jek|ti|ons|ebe|ne** *(Math.);* **Pro|jek|ti|ons|flä|che** *(bes. Psychol.);* **Pro|jek|ti|ons|lam|pe; Pro|jek|ti|ons|schirm; Pro|jek|ti|ons|wand**
Pro|jekt|lei|ter, der; **Pro|jekt|lei|te|rin; Pro|jekt|lei|tung**
Pro|jekt|ma|nage|ment
Pro|jek|tor, der; -s, ...oren (Bildwerfer)
Pro|jekt|part|ner; Pro|jekt|part|ne|rin
Pro|jekt|wo|che (Unterrichtswoche mit fächerübergreifendem Themenschwerpunkt; *österr. auch für* Klassenfahrt)
pro|ji|zie|ren (auf einer Fläche darstellen; mit dem Projektor vorführen); **Pro|ji|zie|rung**
Pro|kla|ma|ti|on, die; -, -en ‹lat.› (amtliche Bekanntmachung, Verkündigung; Aufruf); **pro|kla|mie|ren; Pro|kla|mie|rung**
Pro|kli|se, Pro|kli|sis, die; -, ...klisen ‹griech.› (*Sprachwiss.* Anlehnung eines unbetonten Wortes an das folgende betonte; *Ggs.* Enklise); **Pro|kli|ti|kon,** das; -s, ...ka (unbetontes Wort, das sich an das folgende betonte anlehnt, z. B. »und 's Mädchen [= u. das Mädchen] sprach«); **pro|kli|tisch**
Pro|ko|f|jew [...jef], Sergej [...ˈgei] (russischer Komponist)
pro|kom|mu|nis|tisch (dem Kommunismus zuneigend)
Pro|kon|sul, der; -s, -n ‹lat.› (ehem. Konsul; Statthalter einer römischen Provinz); **Pro|kon|su|lat,** das; -[e]s, -e
Pro|kop, Pro|ko|pi|us (byzantinischer Geschichtsschreiber)
pro Kopf; Pro-Kopf-Ver|brauch ↑K26
Pro|k|rus|tes (Gestalt der griechischen Sage); **Pro|k|rus|tes|bett** ↑K136 (Schema, in das jmd. od. etwas hineingezwängt wird)
Prok|t|al|gie, die; -, ...ien ‹griech.› (*Med.* neuralgische Schmerzen in After u. Mastdarm)
Prok|ti|tis, die; -, ...itiden ‹griech.› (Mastdarmentzündung)
Prok|to|lo|ge, der; -n, -n (Facharzt für Erkrankungen im Bereich des Mastdarms); **Prok|to|lo|gie,** die; -; **Prok|to|lo|gin; prok|to|lo|gisch**
Prok|to|spas|mus, der; -, ...men (Krampf des Afterschließmuskels)
Prok|to|s|ta|se, die; -, -n (Kotzurückhaltung im Mastdarm)
Pro|ku|ra, die; -, ...ren ‹lat.-ital.› (Handlungsvollmacht; Recht, den Geschäftsinhaber zu vertreten); in Prokura; *vgl.* per procura; **Pro|ku|ra|ti|on,** die; -, -en (Stellvertretung durch einen Bevollmächtigten; Vollmacht)
Pro|ku|ra|tor, der; -s, ...oren (Statthalter einer römischen Provinz; hoher Staatsbeamter der Republik Venedig; Vermögensverwalter eines Klosters)
Pro|ku|rist, der; -en, -en (Inhaber einer Prokura); **Pro|ku|ris|tin**
Pro|ky|on, der; -[s] ‹griech.› (ein Stern)

P
Prok

Pro|laps, der; -es, -e ‹lat.›, **Pro|lap|sus,** der; -, - (*Med.* Vorfall, Heraustreten von inneren Organen)
Pro|le|go|me|na *Plur.* ‹griech.› (einleitende Vorbemerkungen)
Pro|lep|se, Pro|lep|sis [*auch* ˈpro:...], die; -, ...lepsen ‹griech.› (*Rhet.* Vorwegnahme eines Satzgliedes); **pro|lep|tisch**
Pro|let, der; -en, -en ‹lat.› (*abwertend für* ungebildeter, ungehobelter Mensch)
Pro|le|ta|ri|at, das; -[e]s, -e (Gesamtheit der Proletarier)
Pro|le|ta|ri|er, der; -s, - (Angehöriger der wirtschaftlich unselbstständigen, besitzlosen Klasse); **Pro|le|ta|ri|e|rin**
Pro|le|ta|ri|er|vier|tel
pro|le|ta|risch; pro|le|ta|ri|sie|ren (zu Proletariern machen); **Pro|le|ta|ri|sie|rung**
pro|le|ten|haft (ungebildet u. ungehobelt); **Pro|le|tin**
Pro|let|kult, der; -[e]s (von der russischen Oktoberrevolution ausgehende kulturrevolutionäre Bewegung der 1920er-Jahre)
[1]**Pro|li|fe|ra|ti|on,** die; -, -en ‹lat.› (*Med.* Sprossung, Wucherung)
[2]**Pro|li|fe|ra|ti|on** [*auch* ...fəˈre:ʃn], die; - ‹engl.-amerik.› (Weitergabe von Atomwaffen od. Mitteln zu ihrer Herstellung)
pro|li|fe|rie|ren ‹lat.› (*Med.* sprossen, wuchern)
Proll, der; -s, -s (*ugs. für* Prolet); **prol|len** (*ugs. für* sich wie ein Prolet aufführen); **prol|lig** (*ugs. für* proletenhaft)
Pro|lo, der; -s, -s (*ugs. für* Prolet)
Pro|log, der; -[e]s, -e ‹griech.› (Einleitung; Vorwort, -spiel, -rede; *Radsport* Rennen zum Auftakt einer Etappenfahrt)
Pro|lon|ga|ti|on, die; -, -en ‹lat.› (*Wirtsch.* Verlängerung [einer Frist, bes. einer Kreditfrist], Aufschub, Stundung); **Pro|lon|ga|ti|ons|ge|schäft; Pro|lon|ga|ti|ons|wech|sel**
pro|lon|gie|ren (verlängern; stunden); **Pro|lon|gie|rung**
pro me|mo|ria ‹lat.› (zum Gedächtnis; *Abk.* p. m.)
Pro|me|na|de, die; -, -n ‹franz.› (Spazierweg; Spaziergang); *Schreibung in Straßennamen:* ↑K 162 *u.* 163
Pro|me|na|den|deck (auf Schiffen); **Pro|me|na|den|kon|zert**
Pro|me|na|den|mi|schung (*ugs. scherzh. für* nicht reinrassiger Hund)
Pro|me|na|den|weg
pro|me|nie|ren (spazieren gehen)
Pro|mes|se, die; -, -n ‹franz.› (*österr. Bankw., sonst veraltet* Schuldverschreibung; Urkunde, in der eine Leistung versprochen wird)
pro|me|the|isch ‹griech.› (↑K 135; *auch für* himmelstürmend); prometheisches Ringen; **Pro|me|theus** (griech. Sagengestalt)
Pro|me|thi|um, das; -s (chemisches Element, Metall; *Zeichen* Pm)
Pro|mi, der; -s, -s *u.* die; -, -s (*ugs. kurz für* Prominente[r])
pro mil|le ‹lat.› (für tausend, für das Tausend, vom Tausend; *Abk.* p. m., v. T.; *Zeichen* ‰)
Pro|mil|le, das; -[s], - (Tausendstel); 2 Promille
Pro|mil|le|gren|ze; Pro|mil|le|satz (Vomtausendsatz)
pro|mi|nent ‹lat.› (hervorragend, bedeutend, maßgebend)
Pro|mi|nen|te, der *u.* die; -n, -n (bekannte Persönlichkeit)
Pro|mi|nenz, die; -, -en (Gesamtheit der Prominenten; *veraltet für* [hervorragende] Bedeutung); **Pro|mi|nen|zen** *Plur.* (hervorragende Persönlichkeiten)
pro|misk (*Fachspr.* promiskuitiv)
Pro|mis|ku|i|tät, die; - ‹lat., »Vermischung«› (Geschlechtsverkehr mit häufig wechselnden Partnern); **pro|mis|ku|i|tiv**
pro|mo|ten ‹engl.› (für etwas Werbung machen); er/sie promotet, hat promotet
Pro|mo|ter, der; -s, - ‹engl.› (Veranstalter von Berufssportwettkämpfen; Salespromoter); **Pro|mo|te|rin**
[1]**Pro|mo|ti|on,** die; -, -en ‹lat.› (Erlangung, Verleihung der Doktorwürde); Promotion sub auspiciis [praesidentis] (*österr. für* Ehrenpromotion unter der Schirmherrschaft des Bundespräsidenten)
[2]**Pro|mo|tion** [...ʃn], die; -, -s ‹amerik.› (Förderung durch gezielte Werbemaßnahmen)
Pro|mo|tion|tour
Pro|mo|tor, der; -s, ...oren ‹lat.› (Förderer, Manager)
Pro|mo|vend, der; -en, -en (jmd., der die Doktorwürde anstrebt); **Pro|mo|ven|din**
pro|mo|vie|ren (die Doktorwürde erlangen, verleihen); ich habe promoviert; ich bin [von der ... Fakultät zum Doktor ...] promoviert worden
prompt ‹lat.› (sofort; rasch); prompte (schnelle) Bedienung
Promp|ter, der; -s, - (*kurz für* Teleprompter®)
Prompt|heit, die; -
Pro|no|men, das; -s, *Plur.* -, *älter* ...mina ‹lat.› (*Sprachwiss.* Fürwort, z. B. »ich, mein«); **pro|no|mi|nal** (fürwörtlich)
Pro|no|mi|nal|ad|jek|tiv (*Sprachwiss.* unbestimmtes Für- od. Zahlwort, nach dem das folgende [substantivisch gebrauchte] Adjektiv wie nach einem Pronomen od. wie nach einem Adjektiv gebeugt wird, z. B. »manche«: manche geeignete, *auch noch:* geeigneten Einrichtungen)
Pro|no|mi|nal|ad|verb (*Sprachwiss.* Adverb, das für eine Fügung aus Präposition u. Pronomen steht, z. B. »darüber« = »über das« od. »über es«)
pro|non|cie|ren [...nõˈsi:...] ‹franz.› (*veraltet für* deutlich aussprechen; scharf betonen); **pro|non|ciert**
[1]**Proof** [pru:f], das; -, - ‹engl.› (Maß für den Alkoholgehalt von Getränken)
[2]**Proof,** der, *auch* das; -s, -s (*Druckw.* Probeabzug); **Proo|fing** [ˈpru:fɪŋ], das; -s (*Druckw.* am Bildschirm stattfindendes Überprüfen von Daten für elektronische Publikationen)
Pro|ömi|um, das; -s, ...ien ‹griech.› (Vorrede; Einleitung)
Pro|pä|deu|tik, die; -, -en ‹griech.› (Einführung in die Vorkenntnisse, die zu einem Studium gehören); **Pro|pä|deu|ti|kum,** das; -s, ...ka (*schweiz. für* med. Vorprüfung); **pro|pä|deu|tisch**
Pro|pa|gan|da, die; - ‹lat.› (Werbung für politische Grundsätze, kulturelle Belange od. wirtschaftliche Zwecke); **Pro|pa|gan|da|ap|pa|rat; Pro|pa|gan|da|chef; Pro|pa|gan|da|che|fin**
Pro|pa|gan|da|feld|zug; Pro|pa|gan|da|film; Pro|pa|gan|da|kam|pa|g|ne; Pro|pa|gan|da|lü|ge; Pro|pa|gan|da|ma|te|ri|al; Pro|pa|gan|da|schrift; Pro|pa|gan|da|sen|dung
pro|pa|gan|da|wirk|sam
Pro|pa|gan|dist, der; -en, -en (jmd., der Propaganda treibt;

P
Prol

Werber); **Pro|pa|gan|dis|tin; pro|pa|gan|dis|tisch**
Pro|pa|ga|tor, der; -s, ...oren (jmd., der etwas propagiert); **Pro|pa|ga|to|rin**
pro|pa|gie|ren ‹lat.› (verbreiten, werben für etwas); **Pro|pa|gie|rung**
Pro|pan, das; -s ‹griech.› (ein Brenn-, Treibgas); **Pro|pan|gas,** das; -es
Pro|par|oxy|to|non, das; -s, ...tona ‹griech.› (*Sprachwiss.* auf der drittletzten, kurzen Silbe betontes Wort)
Pro|pel|ler, der; -s, - ‹engl.›; **Pro|pel|ler|an|trieb; Pro|pel|ler|flug|zeug; Pro|pel|ler|ma|schi|ne; Pro|pel|ler|tur|bi|ne**
Pro|pen *vgl.* Propylen
pro|per, pro|p|re ‹franz.› (sauber, ordentlich); **Pro|per|ge|schäft** (*Wirtsch.* Geschäft für eigene Rechnung)
Pro|pe|ri|s|po|me|non, das; -s, ...mena ‹griech.› (*Sprachwiss.* auf der vorletzten, langen Silbe betontes Wort)
Pro|pha|se, die; -, -n ‹griech.› (*Biol.* erste Phase der indirekten Zellkernteilung)
Pro|phet, der; -en, -en ‹griech.› (Weissager, Seher; Mahner); ↑K150: die Großen Propheten (z. B. Jesaja), die Kleinen Propheten (z. B. Hosea); **Pro|phe|ten|ga|be,** die; -
Pro|phe|tie, die; -, ...ien (Weissagung)
Pro|phe|tin; pro|phe|tisch (seherisch, vorausschauend)
pro|phe|zei|en (voraussagen); er hat prophezeit; **Pro|phe|zei|ung**
Pro|phy|lak|ti|kum, das; -s, ...ka ‹griech.› (*Med.* vorbeugendes Mittel)
pro|phy|lak|tisch (vorbeugend, verhütend); **Pro|phy|la|xe,** die; -, -n (Maßnahme[n] zur Vorbeugung, [Krankheits]verhütung)
Pro|pi|on|säu|re (ein Konservierungsmittel)
Pro|po|lis, die; - ‹griech.› (Bienenharz)
Pro|po|nent, der; -en, -en ‹lat.› (*veraltet für* Antragsteller); **Pro|po|nen|tin; pro|po|nie|ren**
Pro|pon|tis, die; - ‹griech.› (Marmarameer)
Pro|por|ti|on, die; -, -en ‹lat.› ([Größen]verhältnis; *Math.* Verhältnisgleichung)
pro|por|ti|o|nal (verhältnismäßig; in gleichem Verhältnis stehend; entsprechend)
Pro|por|ti|o|na|le, die; -n, -n (*Math.* Glied einer Verhältnisgleichung); drei Proportionale[n]; mittlere Proportionale
Pro|por|ti|o|na|li|tät, die; -, -en (Verhältnismäßigkeit, proportionales Verhältnis)
Pro|por|ti|o|nal|wahl (*bes. österr. u. schweiz. für* Verhältniswahl)
pro|por|ti|o|nell (*österr. für* dem Proporz entsprechend)
pro|por|ti|o|niert (bestimmte Proportionen aufweisend); gut, schlecht proportioniert; **Pro|por|ti|o|niert|heit,** die; -
Pro|por|ti|ons|glei|chung (*Math.* Verhältnisgleichung)
Pro|porz, der; -es, -e (Verteilung von Sitzen u. Ämtern nach dem Stimmenverhältnis bzw. dem Verhältnis der Partei- od. Konfessionszugehörigkeit; *bes. österr. u. schweiz. für* Verhältniswahlsystem); **Pro|porz|den|ken; Pro|porz|wahl** (*bes. österr., schweiz. für* Verhältniswahl)
Pro|po|si|ti|on, die; -, -en ‹lat.› (Ausschreibung bei Pferderennen; *veraltet für* Vorschlag, Antrag; *Sprachwiss.* Satzinhalt)
Prop|pen, der; -s, - (*nordd. für* Pfropfen); **prop|pen|voll** (*ugs. für* ganz voll; übervoll)
Pro|prä|tor, der; -s, ...oren (römischer Provinzstatthalter, der vorher Prätor war)
pro|p|re *vgl.* proper
Pro|p|re|tät, die; - ‹franz.› (*veraltet, aber noch landsch. für* Reinlichkeit, Sauberkeit)
pro|p|ri|e|tär (*EDV* nur für ein spezielles herstellereigenes Computermodell verwendbar)
Pro|p|ri|e|tär, der; -s, -e (*veraltet für* Eigentümer); **Pro|p|ri|e|tä|rin**
Pro|p|ri|e|tät, die; -, -en (*veraltet für* Eigentum, Eigentumsrecht); **Pro|p|ri|e|täts|recht**
Pro|p|ri|um, das; -s ‹lat.› (*Psychol.* Identität, Selbstgefühl; *kath. Kirche* die wechselnden Texte u. Gesänge der Messe)
Propst, der; -[e]s, Pröpste ‹lat.› (Kloster-, Stiftsvorsteher; Superintendent); **Props|tei,** die; -, -en (Amt[ssitz], Sprengel, Wohnung einer Pröpstin/eines Propstes); **Pröps|tin**
Pro|pusk [*auch* ...ˈpʊsk], der; -[e]s, -e ‹russ.› (*russ. Bez. für* Passierschein, Ausweis)
Pro|py|lä|en *Plur.* ‹griech.› (Vorhalle griechischer Tempel)
Pro|py|len, Pro|pen, das; -s ‹griech.› (ein gasförmiger ungesättigter Kohlenwasserstoff)
Pro|rek|tor, der; -s, ...oren ‹lat.› (Stellvertreter des Rektors); **Pro|rek|to|rat,** das; -[e]s, -e; **Pro|rek|to|rin**
Pro|sa, die; - ‹lat.› (Rede [Schrift] in ungebundener Form; *übertr. für* Nüchternheit); **Pro|sa|dich|tung**
Pro|sa|i|ker (nüchterner Mensch; *älter für* Prosaist); **Pro|sa|i|ke|rin**
pro|sa|isch (in Prosa; *übertr. für* nüchtern)
Pro|sa|ist, der; -en, -en (Prosa schreibender Schriftsteller); **Pro|sa|is|tin**
Pro|sa|schrift|stel|ler; Pro|sa|schrift|stel|le|rin
Pro|sa|text; Pro|sa|über|set|zung; Pro|sa|werk
Pro|sec|co, der; -[s], -s ‹ital.› (ein italienischer Schaum-, Perl- od. Weißwein)
Pro|sek|tor [*auch* ...ˈzɛk...], der; -s, ...oren ‹lat.› (Arzt, der Sektionen durchführt; Leiter der Prosektur); **Pro|sek|tur,** die; -, -en (Abteilung eines Krankenhauses, in der Sektionen durchgeführt werden)
Pro|se|lyt, der; -en, -en ‹griech.› (zum Judentum übergetretener Heide im Altertum; Neubekehrter); **Pro|se|ly|ten|ma|cher; Pro|se|ly|ten|ma|che|rei** *(abwertend);* **Pro|se|ly|tin**
Pro|se|mi|nar, das; -s, -e ‹lat.› (Seminar für Studienanfänger)
Pro|ser|pi|na (*lat. Form von* Persephone)
pro|sit!, prost! ‹lat.› (wohl bekomms!); pros[i]t Neujahr!; pros[i]t allerseits!; prost Mahlzeit! *(ugs.);* **Pro|sit,** das; -s, -s, Prost, das; -[e]s, -e (Zutrunk); ein Prosit der Gemütlichkeit!
pro|skri|bie|ren ‹lat.› (ächten); **Pro|skrip|ti|on,** die; -, -en (Ächtung)
Pro|s|o|die, die; -, ...ien ‹griech.› (Silbenmessung[slehre]; Lehre von der metrisch-rhythmischen Behandlung der Sprache); **Pro|s|o|dik,** die; -, -en (*seltener für* Prosodie); **pro|s|o|disch**
Pro|s|pekt, der, *österr. auch* das; -[e]s, -e ‹lat.› (Werbeschrift; Ansicht [von Gebäuden, Straßen u. a.]; Bühnenhintergrund; Pfeifengehäuse der Orgel;

Wirtsch. allgemeine Darlegung der Lage eines Unternehmens)
pro|s|pek|tie|ren; Pro|s|pek|tie|rung, Pro|s|pek|ti|on, die; -, -en (Erkundung nutzbarer Bodenschätze; *Wirtsch.* Drucksachenwerbung)
pro|s|pek|tiv (der Aussicht, Möglichkeit nach)
Pro|s|pek|tor, der; -s, ...oren (jmd., der Bodenschätze erkundet); **Pro|s|pek|to|rin**
Pro|s|pekt|wer|bung
pro|s|pe|rie|ren ‹lat.› (gedeihen, vorankommen); **Pro|s|pe|ri|tät,** die; - (Wohlstand, wirtschaftlicher Aufschwung)
prost! *vgl.* prosit!; **Prost** *vgl.* Prosit
Pro|s|ta|glan|din, das; -s, -e *meist Plur.* ‹griech.; lat.› (*Med.* im menschlichen Körper vorhandene hormonähnliche Substanz)
Pro|s|ta|ta, die; -, ...tae ‹griech.-lat.› (Vorsteherdrüse); **Pro|s|ta|ta|krebs; Pro|s|ta|ti|ker** (*Med.* jmd., der an einer übermäßigen Vergrößerung der Prostata leidet); **Pro|s|ta|ti|tis,** die; -, ...itiden (Entzündung der Prostata)
pros|ten; prös|ter|chen! *(ugs.);* **Prös|ter|chen** (*zu* Prost)
pro|s|ti|tu|ie|ren ‹lat.›; sich prostituieren; **Pro|s|ti|tu|ier|te,** die; -n, -n (Frau, die Prostitution betreibt); **Pro|s|ti|tu|ti|on,** die; - ‹franz.› (gewerbsmäßige Ausübung sexueller Handlungen)
Pro|s|t|ra|ti|on, die; -, -en ‹lat.› (*kath. Kirche* Fußfall; *Med.* hochgradige Erschöpfung)
Pro|sze|ni|um, das; -s, ...ien ‹griech.› (vorderster Teil der Bühne, Vorbühne); **Pro|sze|ni|ums|lo|ge** (Bühnenloge)
prot. = protestantisch
Pro|t|ac|ti|ni|um, das; -s ‹griech.› (radioaktives chemisches Element, Metall; *Zeichen* Pa)
Pro|t|a|go|nist, der; -en, -en ‹griech.› (*altgriech. Theater* erster Schauspieler; zentrale Gestalt; Vorkämpfer); **Pro|t|a|go|nis|tin** (zentrale Gestalt; Vorkämpferin)
Pro|te|gé [...ˈʒeː], der; -s, -s ‹franz.› (Günstling; Schützling); **pro|te|gie|ren** [...ˈʒiː...]
Pro|te|id, das; -[e]s, -e ‹griech.› (mit anderen chemischen Verbindungen zusammengesetzter Eiweißkörper); **Pro|te|in,** das; -s, -e (vorwiegend aus Aminosäuren aufgebauter Eiweißkörper)
pro|te|isch (in der Art des [1]Proteus, wandelbar, unzuverlässig)
Pro|tek|ti|on, die; -, -en ‹lat.› (Förderung; Schutz)
Pro|tek|ti|o|nis|mus, der; - (Politik, die z. B. durch Schutzzölle die inländische Wirtschaft begünstigt); **Pro|tek|ti|o|nist,** der; -en, -en; **Pro|tek|ti|o|nis|tin; pro|tek|ti|o|nis|tisch**
pro|tek|tiv ([vor schädlichen Einwirkungen] schützend)
Pro|tek|tor, der; -s, ...oren (Beschützer; Förderer; Schutz-, Schirmherr); **Pro|tek|to|rat,** das; -[e]s, -e (Schirmherrschaft; Schutzherrschaft; das unter Schutzherrschaft stehende Gebiet); **Pro|tek|to|rin**
Pro|te|ro|zo|i|kum, das; -s ‹griech.› (*Geol.* Abschnitt der erdgeschichtl. Frühzeit)
Pro|test, der; -[e]s, -e ‹lat.-ital.› (Einspruch; Missfallensbekundung; *Wirtsch.* [beurkundete] Verweigerung der Annahme od. der Zahlung eines Wechsels od. Schecks); zu Protest gehen (von Wechseln); **Pro|test|ak|ti|on**
Pro|tes|tant, der; -en, -en ‹lat.› (Angehöriger des Protestantismus); **Pro|tes|tan|tin; pro|tes|tan|tisch** (*Abk.* prot.); **Pro|tes|tan|tis|mus,** der; - (Gesamtheit der auf die Reformation zurückgehenden evangelischen Kirchengemeinschaften)
Pro|tes|ta|ti|on, die; -, -en (*veraltet für* Protest)
Pro|test|be|we|gung; Pro|test|brief; Pro|test|de|mons|t|ra|ti|on; Pro|test|ge|schrei; Pro|test|hal|tung
pro|tes|tie|ren (Einspruch erheben, Verwahrung einlegen); einen Wechsel protestieren (*Wirtsch.* zu Protest gehen lassen)
Pro|test|ko|mi|tee; Pro|test|kund|ge|bung
Pro|test|ler *(ugs.);* **Pro|test|le|rin**
Pro|test|marsch; Pro|test|no|te; Pro|test|par|tei; Pro|test|re|so|lu|ti|on; Pro|test|ruf
Pro|test|sän|ger; Pro|test|sän|ge|rin
Pro|test|schrei|ben; Pro|test|song; Pro|test|streik; Pro|test|sturm; Pro|test|tag; Pro|test|ver|an|stal|tung; Pro|test|ver|samm|lung
Pro|test|wäh|ler; Pro|test|wäh|le|rin
Pro|test|wel|le; Pro|test|zug
[1]Pro|teus (verwandlungsfähiger griechischer Meergott)
[2]Pro|teus, der; -, - (Mensch, der leicht seine Gesinnung ändert)
pro|teus|haft
Prot|evan|ge|li|um *vgl.* Protoevangelium
Pro|the|se, die; -, -n ‹griech.› (künstlicher Ersatz eines fehlenden Körperteils; Zahnersatz; *Sprachwiss.* Bildung eines neuen Lautes am Wortanfang)
Pro|the|sen|trä|ger; Pro|the|sen|trä|ge|rin
Pro|the|tik, die; - (Wissenschaftsbereich, der sich mit der Entwicklung u. Herstellung von Prothesen befasst); **pro|the|tisch**
Pro|tist, der; -en, -en ‹griech.› (*Biol.* Einzeller)
Pro|to|evan|ge|li|um, das; -s ‹griech.› (*kath. Kirche* erste Verkündigung des Erlösers [1. Mose 3, 15])
pro|to|gen ‹griech.› (*Geol.* am Fundort entstanden [von Erzlagern])
Pro|to|koll, das; -s, -e ‹griech.› (förmliche Niederschrift, Tagungsbericht; Beurkundung einer Aussage, Verhandlung u. a.; *nur Sing.:* Gesamtheit der im diplomatischen Verkehr gebräuchlichen Formen); zu Protokoll geben
Pro|to|koll|ab|tei|lung
Pro|to|kol|lant, der; -en, -en ([Sitzungs]schriftführer); **Pro|to|kol|lan|tin; pro|to|kol|la|risch**
Pro|to|koll|chef; Pro|to|koll|che|fin
Pro|to|koll|füh|rer; Pro|to|koll|füh|re|rin
pro|to|kol|lie|ren (ein Protokoll aufnehmen; beurkunden); **Pro|to|kol|lie|rung**
Pro|to|koll|stre|cke (bei Staatsbesuchen o. Ä. abgefahrene Strecke)
Pro|ton, das; -s, ...onen ‹griech.› (*Kernphysik* ein Elementarteilchen); **Pro|to|nen|be|schleu|ni|ger**
Pro|to|no|tar, der; -s, -e ‹griech.; lat.› (Notar der päpstlichen Kanzlei; *auch* Ehrentitel)
Pro|to|phy|te, die; -, -n *meist Plur.* ‹griech.›, **Pro|to|phy|ton,** das; -s, ...yten *meist Plur.* (*Bot.* einzellige Pflanze)
Pro|to|plas|ma, das; -s (*Biol.* Lebenssubstanz aller pflanzl., tier. u. menschl. Zellen)
Pro|to|typ [*selten* ...ˈtyːp], der; -s, -en ‹griech.; lat.› (Muster; Urbild; Inbegriff); **pro|to|ty|pisch**

P
pros

Pro|to|zo|on, das; -s, ...zoen *meist Plur.* (*Biol.* Urtierchen)
pro|tra|hie|ren ⟨lat.⟩ (*Med.* verzögern)
Pro|tu|be|ranz, die; -, -en *meist Plur.* ⟨lat.⟩ (aus dem Sonneninnern ausströmende glühende Gasmasse; *Med.* stumpfer Vorsprung an Organen, bes. an Knochen)
Protz, der; *Gen.* -es, *älter* -en, *Plur.* -e, *älter* -en (*ugs. für* Angeber; *landsch. für* Kröte)
Prot|ze, die; -, -n ⟨ital.⟩ (*früher für* Vorderwagen von Geschützen u. a.)
prot|zen *(ugs.);* du protzt; **prot|zen|haft** *(ugs.);* **Prot|zen|tum,** das; -s; **Prot|ze|rei; Prot|zer|tum** (*svw.* Protzentum)
prot|zig; Prot|zig|keit
Protz|wa|gen *(Militär früher)*
Proust [pru:st] (französischer Schriftsteller)
Prov. = Provinz
Pro|vence [...ˈvã:s], die; - (französische Landschaft)
Pro|ve|ni|enz, die; -, -en ⟨lat.⟩ (Herkunft, Ursprung)
Pro|ven|za|le, der; -n, -n (Bewohner der Provence); **Pro|ven|za|lin; pro|ven|za|lisch**
Pro|verb ⟨lat.⟩, Pro|ver|bi|um, das; -s, ...ien (*veraltet für* Sprichwort); **pro|ver|bi|al, pro|ver|bi|a|lisch, pro|ver|bi|ell** (*veraltet für* sprichwörtlich)
Pro|ver|bi|um *vgl.* Proverb
Pro|vi|ant, der; -s, -e *Plur. selten* ⟨ital. *u.* franz.⟩ ([Mund]vorrat; Wegzehrung; Verpflegung); **pro|vi|an|tie|ren** (*veraltet für* verproviantieren); **Pro|vi|ant|wa|gen**
Pro|vi|der [proˈvaidɐ], der; -s, - (*EDV* Anbieter eines Zugangs zum Internet o. Ä.)
Pro|vinz, die; -, -en ⟨lat.⟩ (Land[esteil]; größeres staatliches od. kirchliches Verwaltungsgebiet; das Land im Gegensatz zur Hauptstadt; *abwertend für* [kulturell] rückständige Gegend; *Abk.* Prov.); **Pro|vinz|blatt; Pro|vinz|büh|ne; Pro|vinz|haupt|stadt**
Pro|vin|zi|al, der; -s, -e (*kath. Kirche* Vorsteher einer Ordensprovinz)
pro|vin|zi|a|li|sie|ren
Pro|vin|zi|a|lis|mus, der; -, ...men (*Sprachwiss.* vom standardsprachlichen Wortschatz abweichender Ausdruck; *abwertend für* provinzielles Denken, Verhalten)
pro|vin|zi|ell ⟨franz.⟩ (die Provinz betreffend; landschaftlich; mundartlich; *abwertend für* hinterwäldlerisch); **Pro|vinz|ler** (*abwertend für* Provinzbewohner; [kulturell] rückständiger Mensch); **Pro|vinz|le|rin; pro|vinz|le|risch**
Pro|vinz|nest *(abwertend);* **Pro|vinz|pos|se** *(abwertend);* **Pro|vinz|stadt; Pro|vinz|the|a|ter**
Pro|vi|si|on, die; -, -en ⟨ital.⟩ (Vergütung, [Vermittlungs]gebühr)
Pro|vi|si|ons|ba|sis; auf Provisionsbasis [arbeiten]; **pro|vi|si|ons|frei; Pro|vi|si|ons|rei|sen|de; Pro|vi|si|ons|zah|lung**
Pro|vi|sor, der; -s, ...oren ⟨lat.⟩ (*früher für* erster Gehilfe des Apothekers; *österr. für* als Vertreter amtierender Geistlicher); **Pro|vi|so|rin**
pro|vi|so|risch ⟨franz.⟩ (vorläufig); **Pro|vi|so|ri|um,** das; -s, ...ien (vorläufige Einrichtung; Übergangslösung)
Pro|vi|t|a|min, das; -s, -e (Vorstufe eines Vitamins)
Pro|vo, der; -s, -s ⟨lat.-niederl.⟩ (Vertreter einer [1965 in Amsterdam entstandenen] antibürgerlichen Protestbewegung)
pro|vo|kant ⟨lat.⟩ (provozierend)
Pro|vo|ka|teur [...ˈtøːɐ̯], der; -s, -e ⟨franz.⟩ (jmd., der provoziert); **Pro|vo|ka|teu|rin**
Pro|vo|ka|ti|on, die; -, -en (Herausforderung; Aufreizung)
pro|vo|ka|tiv, pro|vo|ka|to|risch (herausfordernd)
pro|vo|zie|ren (herausfordern, reizen; auslösen); **Pro|vo|zie|rung**
pro|xi|mal ⟨lat.⟩ (*Med.* der [Körper]mitte zu gelegen)
Pro|xy|ser|ver [...søːɐ̯vɐ], der; -s, - ⟨engl.⟩ (*EDV* Server, der als Vermittler zwischen einem internen Servernetzwerk u. dem Internet dient)
Pro|ze|de|re, Pro|ce|de|re, das; -[s], - ⟨lat.⟩ (Verfahrensordnung, -weise; Prozedur)
pro|ze|die|ren ⟨lat.⟩ (*veraltet für* zu Werke gehen, verfahren)
Pro|ze|dur, die; -, -en ⟨lat.⟩ (Verfahren, [schwierige, unangenehme] Behandlungsweise)
Pro|zent, das; -[e]s, -e ⟨ital.⟩ ([Zinsen, Gewinn] vom Hundert, Hundertstel; *Abk.* p. c., v. H.; Zeichen %); 5 Prozent *od.* 5 %; *vgl.* Fünfprozentklausel
Pro|zent|be|reich
...pro|zen|tig (z. B. fünfprozentig, *mit Ziffer* 5-prozentig; eine fünfprozentige *od.* 5-prozentige *od.* 5%ige Anleihe)
pro|zen|tisch (*veraltet für* prozentual)
Pro|zent|kurs *(Börsenw.)*
Pro|zent|punkt (Prozent [als Differenz zweier Prozentzahlen])
Pro|zent|rech|nung; Pro|zent|satz; Pro|zent|span|ne *(Kaufmannsspr.)*
pro|zen|tu|al, *österr.* pro|zen|tu|ell (im Verhältnis zum Hundert, in Prozenten ausgedrückt); **pro|zen|tu|a|li|ter** (*veraltet für* prozentual)
pro|zen|tu|ell *vgl.* prozentual; **pro|zen|tu|ie|ren** (in Prozenten ausdrücken)
Pro|zent|wert; Pro|zent|zahl; Pro|zent|zei|chen (das Zeichen %)
Pro|zess, der; -es, -e ⟨lat.⟩ (Vorgang, Ablauf; Verfahren; Entwicklung; gerichtliche Durchführung von Rechtsstreitigkeiten); **Pro|zess|ak|te; Pro|zess|auf|takt; Pro|zess|be|ginn**
Pro|zess|be|ob|ach|ter; Pro|zess|be|ob|ach|te|rin
Pro|zess|be|richt; Pro|zess|be|tei|lig|te, der *u.* die; -n, -n
pro|zess|be|voll|mäch|tigt; Pro|zess|be|voll|mäch|tig|te, der *u.* die; -n, -n
pro|zess|fä|hig; Pro|zess|fä|hig|keit, die; -
Pro|zess|fi|nan|zie|rung
pro|zess|füh|rend; die prozessführenden Parteien; **Pro|zess|füh|rungs|klau|sel** *(Versicherungsw.)*
Pro|zess|ge|bühr
Pro|zess|geg|ner; Pro|zess|geg|ne|rin
Pro|zess|han|sel, der; -s, -[n] (*ugs. für* jmd., der bei jeder Gelegenheit prozessiert)
pro|zes|sie|ren (einen Prozess führen)
Pro|zes|si|on, die; -, -en ([feierlicher kirchlicher] Umzug, Bitt- od. Dankgang); **Pro|zes|si|ons|kreuz** *(kath. Kirche)*
Pro|zes|si|ons|spin|ner (ein Schmetterling)
Pro|zess|kos|ten *Plur.;* **Pro|zess|kos|ten|hil|fe** *(Rechtsspr.)*
Pro|zes|sor, der; -s, ...oren (zentraler Teil einer Datenverarbeitungsanlage)

P
Proz

Pro|zess|ord|nung
pro|zess|ori|en|tiert
Pro|zess|par|tei
Pro|zess|rech|ner (besonderer Computer für industrielle Fertigungsabläufe)
Pro|zess|recht
pro|zes|su|al (auf einen Rechtsstreit bezüglich)
Pro|zess|voll|macht
pro|zy|k|lisch (*Wirtsch.* einem bestehenden Konjunkturzustand gemäß)
prü|de ‹franz.› (zimperlich, spröde [in sittlich-erotischer Beziehung])
Pru|de|lei (*landsch. für* Pfuscherei); **pru|de|lig,** prud|lig (*landsch. für* unordentlich); **pru|deln** (*landsch. für* pfuschen); ich prud[e]le
Pru|den|tia (w. Vorn.)
Pru|den|ti|us (christlich-lateinischer Dichter)
Prü|de|rie, die; - ‹franz.› (Zimperlichkeit, Ziererei)
prud|lig *vgl.* prudelig
Prüf|au|to|mat
prüf|bar
Prüf|be|richt
prü|fen
Prü|fer; Prü|fer|bi|lanz, Prü|fungs|bi|lanz *(Wirtsch.)*; **Prü|fe|rin**
Prüf|feld; Prüf|ge|rät; Prüf|ling
Prüf|me|tho|de; Prüf|norm; Prüf|pi|ckerl (*österr. für* TÜV-Plakette); **Prüf|stand; Prüf|stein**
Prü|fung; mündliche, schriftliche Prüfung
Prü|fungs|angst; Prü|fungs|ar|beit; Prü|fungs|auf|ga|be; Prü|fungs|aus|schuss; Prü|fungs|be|din|gun|gen *Plur.*; **Prü|fungs|bi|lanz** *vgl.* Prüferbilanz; **Prü|fungs|fach; Prü|fungs|fahrt; Prü|fungs|fra|ge; Prü|fungs|ge|bühr; Prü|fungs|kom|mis|si|on; Prü|fungs|ord|nung; Prü|fungs|ter|min; Prü|fungs|un|ter|la|ge; Prü|fungs|ver|fah|ren; Prü|fungs|ver|merk**
Prüf|ver|fah|ren; Prüf|vor|schrift
[1]Prü|gel, der; -s, - (Stock)
[2]Prü|gel *Plur.* (*ugs. für* Schläge)
Prü|ge|lei
Prü|gel|kna|be (jmd., der anstelle des Schuldigen bestraft wird)
prü|geln; ich prüg[e]le; sich prügeln
Prü|gel|stra|fe; Prü|gel|sze|ne
Prü|gel|tor|te (*westösterr. für* Baumkuchen)
Prü|nel|le, die; -, -n ‹franz.› (entsteinte, getrocknete Pflaume)

Prunk, der; -[e]s; **Prunk|bau** *Plur.* ...bauten; **Prunk|bett**
prun|ken
Prunk|ge|mach; Prunk|ge|wand
prunk|haft
prunk|los; Prunk|lo|sig|keit, die; -
Prunk|raum; Prunk|saal; Prunk|schwert *(Kunstwiss.)*; **Prunk|ses|sel; Prunk|sit|zung** (im Karneval); **Prunk|stück**
Prunk|sucht, die; - *(abwertend)*; **prunk|süch|tig**
prunk|voll; Prunk|wa|gen
Prun|t|rut (Stadt im Kanton Jura; *franz.* Porrentruy)
Pru|ri|go, die; -, Prurigines *od.* der; -s, -s ‹lat.› (*Med.* Juckflechte); **Pru|ri|tus,** der; - (Hautjucken)
Pru|ße, der; -n, -n *meist Plur.* (*alte Bez. für* Preuße [Angehöriger eines zu den baltischen Völkern gehörenden Stammes])
prus|ten (stark schnauben)
Pruth, der; -[s] (linker Nebenfluss der Donau)
Pry|ta|ne, der; -n, -n ‹griech.› (Mitglied der in altgriechischen Staaten regierenden Behörde); **Pry|ta|nei|on,** das; -s, ...eien, **Pry|ta|ne|um,** das; -s, ...een (Versammlungshaus der Prytanen)
PS = Pferdestärke; Postskript[um]
PSA = Personal-Service-Agentur
Psa|li|gra|fie, Psa|li|gra|phie, die; - ‹griech.› (Kunst des Scherenschnittes)
Psalm, der; -[e]s, -en ‹griech.› (geistliches Lied)
Psal|men|dich|ter; Psal|men|dich|te|rin; Psal|men|sän|ger; Psal|men|sän|ge|rin
Psal|mist, der; -en, -en (Psalmendichter, -sänger); **Psal|mis|tin**
Psal|m|o|die, die; -, ...ien (Psalmengesang); **psal|m|o|die|ren** (Psalmen vortragen; eintönig singen); **psal|m|o|disch**
Psal|ter, der; -s, - (Buch der Psalmen im A. T.; ein Saiteninstrument; *Zool.* Blättermagen der Wiederkäuer)
PSchA = Postscheckamt
pscht!, pst!
pseud..., pseu|do... ‹griech.› (falsch...)
Pseud..., Pseu|do... (Falsch...)
Pseu|d|e|pi|gra|fen, Pseu|d|e|pi|gra|phen *Plur.* (Schriften aus der Antike, die einem Autor fälschlich zugeschrieben wurden)
pseu|do... usw. *vgl.* pseud... usw.
Pseu|do|krupp (*Med.* Anfall von Atemnot u. Husten bei Kehlkopfentzündung)
Pseu|do|lo|gie, die; -, ...ien (*Med.* krankhaftes Lügen)
pseu|do|morph (*Mineralogie* Pseudomorphose zeigend); **Pseu|do|mor|pho|se,** die; -, -n (*Mineralogie* [Auftreten eines] Mineral[s] in der Kristallform eines anderen Minerals)
pseu|d|o|nym (unter einem Decknamen [verfasst]); **Pseu|d|o|nym,** das; -s, -e (Deck-, Künstlername)
Pseu|do|po|di|um, das; -s, ...ien (*Biol.* Scheinfüßchen mancher Einzeller)
Pseu|do|wis|sen|schaft; pseu|do|wis|sen|schaft|lich
PSF = Postschließfach
[1]Psi, das; -[s], -s (griechischer Buchstabe: Ψ, ψ)
[2]Psi, das; -[s] *meist ohne Artikel* (bestimmendes Element parapsychologischer Vorgänge)
Psi|lo|me|lan, der; -s, -e ‹griech.› (ein Manganerz)
Psi|phä|no|men ‹griech.› (parapsychologische Erscheinung)
Psit|ta|ko|se, die; -, -n ‹griech.› (*Med.* Papageienkrankheit)
Pso|ri|a|sis, die; -, ...iasen ‹griech.› (*Med.* Schuppenflechte); **Pso|ri|a|ti|ker; Pso|ri|a|ti|ke|rin**
PS-stark [pe:ˈɛs...] ↑K28
pst!, pscht!
Psy|ch|a|go|ge, der; -n, -n ‹griech.›; **Psy|ch|a|go|gik,** die; - (pädagogisch-therapeutische Betreuung zum Abbau von Verhaltensstörungen o. Ä.); **Psy|ch|a|go|gin**
[1]Psy|che (*griech. Mythol.* Gattin des Eros)
[2]Psy|che, die; -, -n (Seele; *österr. veraltend auch für* mit Spiegel versehene Frisiertoilette)
psy|che|de|lisch (in einem [durch Rauschmittel hervorgerufenen] euphorischen, tranceartigen Gemütszustand befindlich; Glücksgefühle hervorrufend)
Psy|ch|i|a|ter, der; -s, - (Facharzt für Psychiatrie); **Psy|ch|i|a|te|rin**
Psy|ch|i|a|t|rie, die; -, ...ien (*nur Sing.:* Lehre von den seelischen Störungen, von den Geisteskrankheiten; *ugs. für* psychiatrische Klinik)
psy|ch|i|a|t|rie|ren (*bes. österr. für* psychiatrisch untersuchen); **psy|ch|i|a|t|risch**
psy|chisch (seelisch); psychische Krankheiten

Psy|cho, der; -s, -s (*Jargon* psychisch kranke Person)
Psy|cho|ana|ly|se, die; - (Verfahren zur Untersuchung unbewusster seelischer Vorgänge); **psy|cho|ana|ly|sie|ren**
Psy|cho|ana|ly|ti|ker (die Psychoanalyse vertretender od. anwendender Psychologe, Arzt); **Psy|cho|ana|ly|ti|ke|rin; psy|cho|ana|ly|tisch**
Psy|cho|di|a|g|nos|tik, die; - (Lehre von den Methoden zur Erkenntnis u. Erforschung psychischer Besonderheiten)
Psy|cho|dra|ma, das; -s, ...men
psy|cho|gen (seelisch bedingt)
Psy|cho|ge|ne|se, Psy|cho|ge|ne|sis [*auch* ...ˈge:...], die; -, ...nesen (Entstehung u. Entwicklung der Seele, des Seelenlebens)
Psy|cho|gramm, das; -s, -e (grafische Darstellung von Fähigkeiten u. Eigenschaften einer Persönlichkeit; psychologische Persönlichkeitsstudie)
Psy|cho|ki|ne|se, die; - (parapsychologische Einflussnahme auf Bewegungsvorgänge ohne physikalische Ursache)
Psy|cho|kri|mi (*ugs. kurz für* psychologischer Kriminalfilm, -roman)
Psy|cho|lin|gu|is|tik, die; - (Wissenschaft von den psychischen Vorgängen bei Gebrauch u. Erlernen der Sprache)
Psy|cho|lo|ge, der; -n, -n; **Psy|cho|lo|gie,** die; -, -n (Wissenschaft von den psychischen Vorgängen); **Psy|cho|lo|gin; psy|cho|lo|gisch**
psy|cho|lo|gi|sie|ren (nach psychologischen Gesichtspunkten untersuchen od. darstellen); **Psy|cho|lo|gi|sie|rung**
Psy|cho|lo|gis|mus, der; -, ...men (Überbewertung der Psychologie)
Psy|cho|me|t|rie, die; -, ...ien (Messung psychischer Vorgänge; Hellsehen durch Betasten von Gegenständen)
Psy|cho|neu|ro|se, die; -, -n (psychisch bedingte Neurose)
Psy|cho|path, der; -en, -en; **Psy|cho|pa|thie,** die; -, ...ien (*veraltet für* Persönlichkeitsstörung); **Psy|cho|pa|thin; psy|cho|pa|thisch**
Psy|cho|pa|tho|lo|gie, die; -, ...ien (Wissenschaft von den Störungen des seelischen Erlebens)
Psy|cho|phar|ma|kon, das; -s, ...ka (auf die Psyche einwirkendes Arzneimittel)
Psy|cho|phy|sik, die; - (Lehre von den Wechselbeziehungen des Physischen u. des Psychischen); **psy|cho|phy|sisch**
Psy|cho|se, die; -, -n (krankhafte geistig-seelische Störung)
Psy|cho|so|ma|tik, die; - (Wissenschaft von der Bedeutung seelischer Vorgänge für Entstehung u. Verlauf körperlicher Krankheiten); **psy|cho|so|ma|tisch**
psy|cho|so|zi|al (durch psychische u. soziale Gegebenheiten bestimmt); psychosoziale Entwicklung
Psy|cho|ter|ror, der; -s (Einschüchterung mit psychischen Mitteln)
Psy|cho|the|ra|peut [*auch* ˈpsy:ço...], der; -en, -en (die Psychotherapie anwendender Arzt od. Psychologe); **Psy|cho|the|ra|peu|tik,** die; - (Seelenheilkunde); **Psy|cho|the|ra|peu|tin; psy|cho|the|ra|peu|tisch**
Psy|cho|the|ra|pie, die; -, ...ien (Heilbehandlung für psychische Störungen)
Psy|cho|thril|ler (mit psychologischen Effekten spannend gemachter Kriminalfilm od. -roman)
psy|cho|tisch ⟨*zu* Psychose⟩
Psy|ch|ro|me|ter [...ç...], das; -s, - ⟨griech.⟩ (*Meteorol.* Luftfeuchtigkeitsmesser)
pt = Pint
Pt (*chem. Zeichen für* Platin)
P. T. = pleno titulo
Pta = Peseta
PTA, der; -[s], -[s] *u.* die; -, -[s] = pharmazeutisch-technischer Assistent, pharmazeutisch-technische Assistentin
Ptah (ägyptischer Gott)
PTBS = posttraumatische Belastungsstörung *(Med., Psychol.)*
Pte|r|a|n|o|don, das; -s, ...donten ⟨griech.⟩ (Flugsaurier der Kreidezeit); **Pte|ro|dak|ty|lus,** der; -, ...ylen (Flugsaurier des Juras)
Pte|ro|po|de, der; -n, -n *meist Plur.* (*Zool.* Ruderschnecke)
Pte|ro|sau|ri|er *meist Plur.* (urzeitliche Flugechse)
Pte|ry|gi|um, das; -s, ...ia (*Zool.* Flug-, Schwimmhaut)
Pto|le|mä|er, der; -s, - (Angehöriger eines makedonischen Herrschergeschlechtes im hellenistischen Ägypten); **Pto|le|mä|e|rin; pto|le|mä|isch;** das ptolemäische Weltsystem
Pto|le|mä|us (griechischer Geograf, Astronom u. Mathematiker in Alexandria)
Pto|ma|in, das; -s, -e ⟨griech.⟩ (*Med.* Leichengift)
PTT (*schweiz. früher Abk. für* Post, Telefon, Telegraf)
Pty|a|lin, das; -s ⟨griech.⟩ (ein Speichelenzym)
Pu (*chem. Zeichen für* Plutonium)
Pub [pap], das, *auch* der; -s, -s ⟨engl.⟩ (Wirtshaus im englischen Stil, Bar)
pu|ber|tär ⟨lat.⟩ (mit der Geschlechtsreife zusammenhängend)
Pu|ber|tät, die; - ([Zeit der eintretenden] Geschlechtsreife; Reifezeit); **Pu|ber|täts|zeit**
pu|ber|tie|ren (in die Pubertät eintreten, sich in ihr befinden)
Pu|bes|zenz, die; - (*Med.* Geschlechtsreifung)
pu|b|li|ce [...tse] ⟨lat.⟩ (öffentlich [von bestimmten Universitätsvorlesungen])
Pu|b|li|ci|ty [paˈblɪsiti], die; - ⟨engl.⟩ (Öffentlichkeit; Reklame, [Bemühung um] öffentliches Aufsehen); **pu|b|li|ci|ty|scheu; pu|b|li|ci|ty|träch|tig**
Pu|b|lic-pri|vate-Part|ner|ship [ˈpablɪkˈpraivɪtˈpa:ɐ̯tnɐʃɪp], die; -, -s ⟨engl.⟩ (*Wirtsch.* projektbezogene Zusammenarbeit zwischen Staat u. Privatwirtschaft, *Abk.* PPP)
Pu|b|lic Re|la|tions [ˈpablɪk riˈleɪʃn̩s] *Plur.* ⟨amerik.⟩ (Öffentlichkeitsarbeit; Kontaktpflege; *Abk.* PR); **Pu|b|lic-Re|la|tions-Ab|tei|lung**
Pu|b|lic Vie|wing [ˈpablɪk ˈvju:ɪŋ], das; - -[s], - -s ⟨engl.⟩ (öffentliche Liveübertragung eines [Sport]ereignisses auf Großleinwänden im Freien)
pu|b|lik ⟨franz.⟩ (öffentlich; offenkundig; allgemein bekannt); publik werden; einen Skandal publik machen *od.* publikmachen
Pu|b|li|ka|ti|on, die; -, -en (Veröffentlichung)
Pu|b|li|ka|ti|ons|mit|tel, das; **Pu|b|li|ka|ti|ons|or|gan**
pu|b|li|ka|ti|ons|reif
Pu|b|li|ka|ti|ons|ver|bot
pu|b|lik ma|chen, pu|b|lik|ma|chen *vgl.* publik
Pu|b|li|kum, das; -s ⟨lat.⟩; **Pu|b|li-**

P
Publ

kums|er|folg; Pu̱|b|li|kums|geschmack; Pu̱|b|li|kums|in|te|res|se
Pu̱|b|li|kums|jo|ker (Hilfestellung des Studiopublikums beim Fernsehquiz »Wer wird Millionär?«)
Pu̱|b|li|kums|lieb|ling; Pu̱|b|li|kumsma|g|net
pu̱|b|li|kums|nah
Pu̱|b|li|kums|rat (*österr. für* Gremium im öffentlich-rechtlichen Rundfunk, das Hörer- u. Zuschauerinteressen vertritt)
Pu̱|b|li|kums|ren|ner *(Jargon)*
Pu̱|b|li|kums|ver|kehr, der; -s
pu̱|b|li|kums|wirk|sam
Pu̱|b|li|kums|zeit|schrift
pu|b|li|zie̱|ren (veröffentlichen, herausgeben); **pu|b|li|zie̱r|freudig**
Pu|b|li|zi̱st, der; -en, -en (polit. Schriftsteller; Tagesschriftsteller; Journalist); **Pu|b|li|zi̱s|tik,** die; -; **Pu|b|li|zi̱s|tin; pu|b|li|zi̱s|tisch**
Pu|b|li|zi|tä̱t, die; - (Öffentlichkeit, Bekanntheit)
p. u. c. = post urbem conditam
Puc|ci|ni [...ˈtʃiː...] Giacomo (ital. Komponist)
Pụck, der; -s, -s ‹engl.› (Kobold; Hartgummischeibe beim Eishockey)
pụ|ckern (*ugs. für* klopfen); sie sagt, die Wunde puckere
Pu̱d, das; -[s], - ‹russ.› (altes russisches Gewicht); 5 Pud
Pụd|del|ei|sen ‹engl.; dt.› *(Hüttenw.)*
¹pụd|deln (*bes. westmd. für* jauchen; im Wasser planschen); ich pudd[e]le
²pụd|deln ‹engl.› (*Hüttenw.* aus Roheisen Schweißstahl gewinnen); ich pudd[e]le; **Pụd|del|ofen**
Pụd|ding, der; -s, *Plur.* -e *u.* -s ‹engl.› (eine Süß-, Mehlspeise); **Pụd|ding|form; Pụd|ding|pul|ver**
Pu̱|del, der; -s, - (eine Hunderasse; *ugs. für* Fehlwurf [beim Kegeln])
Pu̱|del|müt|ze
pu̱|deln (*ugs. für* vorbeiwerfen [beim Kegeln]); ich pud[e]lle
pu̱|del|nạckt *(ugs.);* **pu̱|del|nạss** *(ugs.);* **pu̱|del|wo̱hl** *(ugs.);* sich pudelwohl fühlen
Pu̱|der, der, *ugs. auch* das; -s, - ‹franz.›; **Pu̱|der|do|se**
pu̱|de|rig, pu̱d|rig
pu̱|dern; ich pudere; sich pudern
Pu̱|der|quas|te
Pu̱|de|rung
Pu̱|der|zu|cker, der; -s
pu̱d|rig, pu̱|de|rig
Pu|e̱|b|lo, der; -s, -s ‹span.› (Dorf der Puebloindianer); **Pu|e̱|b|lo|indi|a|ner** (Angehöriger eines Indianerstammes im Südwesten Nordamerikas); **Pu|e̱|b|lo|in|di|ane|rin**
Pu-E̱rh-Tee ‹nach dem Ort Pu'er in China› (chin. Teesorte)
pu|e|ri̱l ‹lat.› (knabenhaft; kindlich); **Pu|e|ri|li|tä̱t,** die; - (kindliches, kindisches Wesen)
Pu|er|pe|ra̱l|fie|ber, das; -s (*Med.* Kindbettfieber); **Pu|er|pe̱|ri|um,** das; -s, ...ien (*Med.* Wochenbett)
Pu|er|to Ri|ca̱|ner, Pu|er|to-Ri|ca̱ner (Bewohner von Puerto Rico)
Pu|er|to Ri|ca̱|ne|rin, Pu|er|to-Ri|ca̱ne|rin
pu|er|to-ri|ca̱|nisch
Pu|e̱r|to Ri̱|co (Insel der Großen Antillen)
puff! (Schallwort)
¹Pụff, der; -[e]s, -e (*veraltet, aber noch landsch. für* Bausch; *landsch. für* gepolsterter Wäschebehälter)
²Pụff, das; -[e]s (ein Brett- u. Würfelspiel)
³Pụff, der, *auch* das; -s, -s (*ugs. für* Bordell)
⁴Pụff, der; -[e]s, *Plur.* Püffe, *seltener* Puffe (*ugs. für* Stoß)
Pụff|är|mel; Pụff|boh|ne
Pụ̈ff|chen (kleiner ¹Puff; leichter ⁴Puff)
Pụf|fe, die; -, -n (Bausch); **pụf|fen** (bauschen; *ugs. für* stoßen); er pufft ihn, *auch* ihm in die Seite
Pụf|fer (federnde, Druck u. Aufprall abfangende Vorrichtung [an Eisenbahnwagen u. a.]; *kurz für* Kartoffelpuffer); **Pụ̈f|ferchen; pụf|fern;** ich puffere
Pụf|fer|staat; Pụf|fer|zo|ne
pụf|fig (bauschig)
Pụff|mais
Pụff|mut|ter *Plur.* ...mütter ‹*zu* ³Puff› *(ugs.)*
Pụff|ot|ter, die (eine Schlange)
Pụff|reis, der; -es
Pụff|spiel ‹*zu* ²Puff›
puh!
Pu̱l, der; -[s], -s ‹pers.› (Untereinheit des Afghani)
Pụ̈l|cher, der; -s, - (*österr. ugs. für* Strolch)
Pul|ci|nẹll [...tʃi...], der; -s, -e (*eindeutschend für* Pulcinella); **Pulci|nẹl|la** *vgl.* Policinello
pu̱|len (*nordd. für* bohren, herausklauben)
Pu̱|lit|zer (amerikanischer Journalist u. Verleger); **Pu̱|lit|zer|preis, Pu̱|lit|zer-Preis**
Pụlk, der; -[e]s, *Plur.* -s, *selten auch* -e ‹slaw.› (Verband von Kampfflugzeugen od. milit. Kraftfahrzeugen; Anhäufung)
Pull-down-Me|nü [...ˈdau̯n...] ‹engl.› (*EDV* Menü, das bei Aktivierung [nach unten] aufklappt)
Pụl|le, die; -, -n ‹lat.› (*ugs. für* Flasche)
¹pụl|len (*nordd. für* rudern; *Reiten* in unregelmäßiger Gangart vorwärtsdrängen [vom Pferd])
²pụl|len, pụl|lern (*landsch. ugs. für* urinieren); ich pulle, pullere
Pụl|ler, Pụl|ler|mann *Plur.* ...männer (*landsch. für* Penis)
pụl|lern *vgl.* ²pullen
Pụl|li, der; -s, -s (*ugs. für* leichter Pullover)
Pụll|man|kap|pe (*österr. für* Baskenmütze)
Pụll|man|wa|gen, Pụll|man-Wa|gen ‹nach dem amerik. Konstrukteur› (sehr komfortabler [Schnellzug]wagen)
Pul|l|o̱|ver, der; -s, - ‹engl.›
Pul|l|un|der, der; -s, - (kurzer, ärmelloser Pullover)
pul|mo|na̱l ‹lat.› (*Med.* die Lunge betreffend, Lungen...)
Pụlp, der; -s, -en ‹engl.›, **Pụl|pe** ‹lat.›, **Pụ̈l|pe,** die; -, -n ‹franz.› (breiige Masse mit Fruchtstücken zur Herstellung von Obstsaft od. Konfitüre)
Pụl|pa, die; -, ...pae ‹lat.› (*Med.* weiche, gefäßreiche Gewebemasse im Zahn u. in der Milz)
Pụl|pe, Pụ̈l|pe *vgl.* Pulp
Pul|pi̱|tis (*Med.* Zahnmarkentzündung)
pul|pö̱s (*Med.* fleischig; markig; aus weicher Masse bestehend)
Pụl|que [...kə], der; -[s] ‹indian.-span.› (gegorener Agavensaft)
Pụls, der; -es, -e ‹lat., »Stoß, Schlag«› (Aderschlag; Pulsader am Handgelenk); **Pụls|ader**
Pul|sa̱r, der; -s, -e (*Astron.* kosmische Radioquelle mit periodischen Strahlungspulsen)
Pul|sa|ti|o̱n, die; -, -en (*Med.* Pulsschlag; *Astron.* Veränderung eines Sterndurchmessers)
Pul|sa̱|tor, der; -s, ...o̱ren (Gerät zur Erzeugung pulsierender Bewegungen, z. B. bei der Melkmaschine)

P
Publ

pul|sen (*seltener für* pulsieren); du pulst
Puls|fre|quenz (*Med.*)
pul|sie|ren ‹lat.› (rhythmisch schlagen, klopfen; an- u. abschwellen)
Pul|si|on, die; -, -en (*fachspr. für* Stoß, Schlag)
Puls|mes|sung
Pul|so|me|ter, das; -s, - ‹lat.; griech.› (eine kolbenlose Dampfpumpe)
Puls|schlag; Puls|wär|mer; Puls|zahl
Pult, das; -[e]s, -e ‹lat.›; **Pult|dach**
Pul|ver […f…, *auch* …v…], das; -s, - ‹lat.›; **Pül|ver|chen**
Pul|ver|dampf; Pul|ver|fass
pul|ver|fein; pulverfeiner Kaffee
Pul|ver|form; Milch in Pulverform
pul|ve|rig, pulv|rig
Pul|ve|ri|sa|tor […v…], der; -s, …oren (Maschine zur Herstellung von Pulver durch Stampfen od. Mahlen)
pul|ve|ri|sie|ren ‹franz.› (zu Pulver zerreiben); **Pul|ve|ri|sie|rung**
Pul|ver|kaf|fee
Pul|ver|ma|ga|zin; Pul|ver|müh|le (*früher für* Fabrik für die Herstellung von Schießpulver)
pul|vern; ich pulvere
Pul|ver|schnee
pul|ver|tro|cken
Pul|ver|turm (*früher*)
pulv|rig, pul|ve|rig
Pu|ma, der; -s, -s ‹peruan.› (ein Raubtier)
Pum|mel, der; -s, - (*ugs. für* rundliches Kind); **Pum|mel|chen**
pum|me|lig, pumm|lig (*ugs. für* dicklich)
Pump, der; -s, -e; auf Pump leben (*ugs. für* von Geborgtem leben)
Pum|pe, die; -, -n
Püm|pel, der; -s, - (*nordd. für* Saugglocke zur Abflussreinigung)
pum|pen (*ugs. auch für* borgen)
Pum|pen|an|la|ge; Pum|pen|haus; Pum|pen|schwen|gel
pum|perl|ge|sund (*bayr. u. österr. ugs. für* kerngesund)
pum|pern (*landsch., bes. bayr., österr. ugs. für* laut u. heftig klopfen, rumoren); ich pumpere
Pum|per|ni|ckel, der, *auch* das; -s, - (ein Schwarzbrot)
Pump|gun [ˈpampgan], die; -, -s ‹engl.› (mehrschüssiges Gewehr, bei dem das Repetieren durch Zurückziehen des Vorderschaftes erfolgt)
Pump|ho|se (weite Hose [mit Kniebund])
Pumps [pœmps], der; -, - ‹engl.› (ausgeschnittener Damenschuh mit höherem Absatz)
Pump|spei|cher|werk; Pump|werk
Pu|muckl (Kobold aus einem bekannten Kinderbuch)
Pu|na, die; - ‹indian.› (Hochfläche der südamerikanischen Anden mit Steppennatur)
Punch [pantʃ], der; -s, -s ‹engl.› (Boxhieb; große Schlagkraft); **Pun|cher**, der; -s, - (Boxer, der besonders kraftvoll schlagen kann); **Pun|che|rin; Pun|ching|ball** (Übungsgerät für Boxer)
Punc|tum sa|li|ens, das; - - ‹lat., »springender Punkt«› (Kernpunkt; Entscheidendes)
Pu|ni|er (Karthager); **Pu|ni|e|rin; pu|nisch** ↑K151 : die Punischen Kriege; der Erste, Zweite, Dritte Punische Krieg
Punk [paŋk], der; -[s], -s ‹engl.› (*nur Sing.:* bewusst primitiv-exaltierte Rockmusik; Punker)
Pun|ker (Jugendlicher, der durch Verhalten u. spezielle Aufmachung seine antibürgerliche Einstellung ausdrückt); **Pun|ke|rin; pun|kig**
Punk|rock, Punk-Rock, der; -[s]; *vgl.* ²Rock; **Punk|ro|cker, Punk-Ro|cker; Punk|ro|cke|rin, Punk-Ro|cke|rin**
Punkt, der; -[e]s, -e ‹lat.› (*Abk.* Pkt.); Punkt 8 Uhr; typografischer Punkt (*Druckw.* frühere Maßeinheit für Schriftgröße u. Zeilenabstand; *Abk.* p); 2 Punkt Durchschuss; der Punkt auf dem i
Punkt|ab|zug, Punk|te|ab|zug
Punk|tal|glas® *Plur.* …gläser (*Optik*)
Punk|ta|ti|on, die; -, -en (*Rechtsspr.* Vorvertrag, Vertragsentwurf)
Punkt|ball (Übungsgerät für Boxer)
Pünkt|chen
Punk|te|ab|zug *vgl.* Punktabzug
Punk|te|kampf (*Sport*)
punk|ten; Punk|te|stand, Punktstand
Punk|te|sys|tem, Punkt|sys|tem
punkt|för|mig; punkt|ge|nau
Punkt|ge|winn (*Sport*)
punkt|gleich (*Sport*); **Punkt|gleich|heit**, die; -
punk|tie|ren (mit Punkten versehen, tüpfeln; *Med.* eine Punktion ausführen); punktierte Note (*Musik*); **Punk|tier|na|del** (*Med.*); **Punk|tie|rung;**
Punk|ti|on, Punk|tur, die; -, -en (*Med.* Einstich in eine Körperhöhle zur Entnahme von Flüssigkeiten)
Punkt|lan|dung (*bes. Raumfahrt* Landung genau am vorausberechneten Punkt)
pünkt|lich; Pünkt|lich|keit, die; -
punkt|los (*Sport*); **Punkt|nie|der|la|ge** (*Sport*)
punk|to (*bes. österr. u. schweiz. für* betreffs); *Präposition mit Genitiv:* punkto gottloser Reden; *allein stehende, stark zu beugende Substantive im Singular bleiben ungebeugt:* punkto Geld; *vgl.* in puncto
Punkt|rich|ter (*Sport*); **Punkt|rich|te|rin**
Punkt|rol|ler (ein Massagegerät)
Punkt|schrift (Blindenschrift)
punkt|schwei|ßen; *nur im Infinitiv u. im Partizip II gebräuchlich;* punktgeschweißt; **Punkt|schwei|ßung**
Punkt|sieg (*Sport*); **Punkt|spiel**
Punkt|stand *vgl.* Punktestand; **Punkt|sys|tem** *vgl.* Punktesystem
punk|tu|ell (punktweise; einzelne Punkte betreffend)
Punk|tum; *nur in* [und damit] Punktum! (und damit Schluss!)
Punk|tur *vgl.* Punktion
Punkt|ver|lust
Punkt|vor|teil (*bes. Schule, Sport*)
Punkt|wer|tung; Punkt|zahl
Punsch, der; -[e]s, *Plur.* -e, *auch* Pünsche ‹engl.› (ein alkohol. Getränk); **Punsch|es|senz; Punsch|glas** *Plur.* …gläser; **Punsch|schüs|sel**
Punz|ar|beit
Pun|ze, die; -, -n (Stahlstäbchen für Treibarbeit; eingestanztes Zeichen zur Angabe des Edelmetallgehalts)
pun|zen, pun|zie|ren (Metall treiben; ziselieren; den Feingehalt von Gold- u. Silberwaren kennzeichnen); du punzt; **Punz|ham|mer; pun|zie|ren** *vgl.* punzen
Pup, der; -[e]s, -e, Pups, der; -es, -e, Pup|ser (*ugs. für* abgehende Blähung)
Pu|pe, der *od.* die; -n, -n (*derb für* Homosexueller; *berlin. auch für* verdorbenes Weißbier)
pu|pen, pup|sen (*ugs. für* eine

Blähung abgehen lassen); du pupst
pu|pil|lar ‹lat.› (zur Pupille gehörend)
Pu|pil|le, die; -, -n ‹lat.› (Sehöffnung im Auge); **Pu|pil|len|er|wei|te|rung; Pu|pil|len|ver|en|gung**
pu|pi|ni|sie|ren ‹nach dem amerik. Elektrotechniker Pupin› (Pupinspulen einbauen)
Pu|pin|spu|le, Pu|pin-Spu|le (eine Induktionsspule)
pu|pi|par ‹lat.› *(Zool.)*; pupipare Insekten (Insekten, deren Larven sich gleich nach der Geburt verpuppen)
Püpp|chen
Pup|pe, die; -, -n
pup|pen *(landsch. für* mit Puppen spielen); du puppst
Pup|pen|dok|tor; Pup|pen|dok|to|rin
Pup|pen|film; Pup|pen|ge|sicht
pup|pen|haft
Pup|pen|haus; Pup|pen|kli|nik; Pup|pen|kü|che; Pup|pen|mut|ter
Pup|pen|spiel; Pup|pen|spie|ler; Pup|pen|spie|le|rin
Pup|pen|stu|be; Pup|pen|the|a|ter; Pup|pen|wa|gen; Pup|pen|woh|nung
pup|pig *(ugs. für* klein u. niedlich)
Pups *vgl.* Pup; **pup|sen** *vgl.* pupen; **Pup|ser** *vgl.* Pup
pur ‹lat.› (rein, unverfälscht, lauter); pures Gold; Whisky pur
Pü|ree, das; -s, -s ‹franz.› (Brei, breiförmige Speise)
Pur|gans, das; -, *Plur.* ...anzien *u.* ...antia, **Pur|ga|tiv,** das; -s, -e ‹lat.› *(Med.* Abführmittel)
Pur|ga|to|ri|um, das; -s (Fegefeuer)
pur|gie|ren *(Med.* abführen); **Pur|gier|mit|tel,** das
pü|rie|ren (zu Püree machen)
Pü|rier|stab (elektrisches Gerät zum Pürieren)
Pu|ri|fi|ka|ti|on, die; -, -en (liturgische Reinigung); **pu|ri|fi|zie|ren** *(veraltet für* reinigen, läutern)
Pu|rim [*auch* 'pu:...], das; -s ‹hebr.› (ein jüdisches Fest)
Pu|rin, das; -s, -e *meist Plur.* ‹lat.› *(Chemie* eine organische Verbindung)
Pu|ris|mus, der; - ‹lat.› (Reinigungseifer; [übertriebenes] Streben nach Sprachreinheit); **Pu|rist,** der; -en, -en; **Pu|ris|tin; pu|ris|tisch**
Pu|ri|ta|ner (Anhänger des Puritanismus); **Pu|ri|ta|ne|rin**
pu|ri|ta|nisch (sittenstreng)
Pu|ri|ta|nis|mus, der; - (streng calvinistische Richtung im England des 16./17. Jh.s)
Pur|pur, der; -s ‹griech.› (hochroter Farbstoff; prächtiges, purpurfarbiges Gewand); **pur|pur|far|ben, pur|pur|far|big**
Pur|pur|man|tel
pur|purn; pur|pur|rot; Pur|pur|rö|te, die; -
Pur|pur|schne|cke
pur|ren *(landsch. für* stochern; necken, stören; *Seemannsspr.* [zur Wache] wecken)
Pur|ser ['pø:ɐ̯zɐ], der; -s, - ‹engl.› (Zahlmeister auf einem Schiff; Chefsteward im Flugzeug)
Pur|se|rette [...'rɛt], die; -, -s *(w. Form zu* Purser); **Pur|se|rin**
pu|ru|lent ‹lat.› *(Med.* eitrig)
Pur|zel, der; -s, - *(fam. für* kleiner Kerl)
Pür|zel, der; -s, - *(Jägerspr.* Schwanz des Wildschweins)
Pur|zel|baum
pur|zeln; ich purz[e]le
Pu|schel, Pü|schel, der; -s, - *u.* die; -, -n *(landsch. für* Quaste; fixe Idee, Steckenpferd)
pu|schen; du puschst; *vgl.* pushen
Pu|schen [*auch* 'pu:...], der; -s, - *(nordd. svw.* Babusche)
Pusch|kin (russischer Dichter)
Pusch|lav, das; -s (Tal im Süden von Graubünden; *ital.* Val [di] Poschiavo)
pu|shen [...ʃ...], pu|schen ‹engl.-amerik.› (mit Rauschgift handeln; *auch für* in Schwung bringen, propagieren); du pushst
Pu|sher, der; -s, - (Rauschgifthändler); **Pu|she|rin**
Push-up ['pʊʃap], der; -s, -s *(kurz für* Push-up-BH); **Push-up-BH** ['pʊʃapbeha:] (ein üppiges Dekolleté formender BH)
Pus|sel|ar|beit *(ugs. für* mühsame Arbeit)
Pus|sel|chen *(fam. für* kleines Kind od. Tier)
pus|se|lig, puss|lig *(ugs. für* Geschicklichkeit erfordernd, umständlich); **Pus|sel|kram**
pus|seln *(ugs. für* sich mit Kleinigkeiten beschäftigen; herumbasteln); ich puss[e]le
puss|lig *vgl.* pusselig
Pus|te, die; - *(ugs.)*; aus der Puste (außer Atem) sein; [ja,] Puste *od.* Pustekuchen! *(ugs. für* aber nein, gerade das Gegenteil)
Pus|te|blu|me (abgeblühter Löwenzahn)
Pus|te|ku|chen *(ugs.); nur in* [ja,] Pustekuchen!; *vgl.* Puste
Pus|tel, die; -, -n ‹lat.› (Hitze-, Eiterbläschen, ²Pickel)
pus|ten *(landsch. für* blasen; heftig atmen)
Pus|ter|tal, das; -[e]s (ein Alpental)
pus|tu|lös ‹lat.› (voll Pusteln); pustulöse Haut
Pusz|ta ['pʊs...], die; -, ...ten ‹ung.› (Grassteppe, Weideland in Ungarn)
pu|ta|tiv ‹lat.› *(Rechtsspr.* vermeintlich, irrigerweise für gültig gehalten); **Pu|ta|tiv|ehe; Pu|ta|tiv|not|wehr**
Put|bus (Ort auf Rügen); **Put|bu|ser, Put|bus|ser; Put|bu|se|rin, Put|bus|se|rin**
Pu|te, die; -, -n (Truthenne); **Pu|ten|schnit|zel** *vgl.* ¹Schnitzel
Pu|ter (Truthahn); **pu|ter|rot;** puterrot werden
Pu|tin (russ. Politiker)
put, put (Lockruf für Hühner)
Put|put, das; -s, -[s] (Lockruf; *Kinderspr.* Huhn)
Pu|t|re|fak|ti|on, Pu|t|res|zenz, die; -, -en ‹lat.› *(Med.* Verwesung, Fäulnis); **pu|t|res|zie|ren**
Putsch, der; -[e]s, -e (politischer Handstreich); **put|schen;** du putschst
püt|sche|rig *(nordd. für* kleinlich, umständlich); **püt|schern** *(nordd. für* umständlich arbeiten, ohne etwas zustande zu bringen); ich pütschere
Put|schist, der; -en, -en; **Put|schis|tin; Putsch|ver|such**
Putt [*auch* pat], der; -[s], -s ‹engl.› *(Golf* Schlag mit dem Putter)
Pütt, der; -s, *Plur.* -e, *auch* -s *(rhein. u. westfäl. für* Bergwerk)
Put|te, die; -, -n ‹ital.›, **Put|to,** der; -s, *Plur.* ...tti *u.* ...tten *(bild. Kunst* nackte Kinderfigur, kleine Engelsfigur)
put|ten [*auch* 'pa...] ‹engl.› *(Golf* den Ball mit dem Putter schlagen); **Put|ter,** der; -s, - (Spezialgolfschläger [für das Einlochen])
Put|to *vgl.* Putte
Putz, der; -es, -e
Pütz, Püt|ze, die; -, ...tzen *(Seemannsspr.* Eimer)

P
pupi

Put|ze, die; -, -n (*ugs. für* Putzfrau)
Putz|ei|mer
put|zen; du putzt; sich putzen; ein Kleid putzen lassen (*österr. für* chemisch reinigen lassen)
Put|zer; **Put|ze|rei** (*österr. auch für* chem. Reinigung); **Put|ze|rin** (*westösterr. für* Putzfrau)
Put|ze|te, die; -, -n (*südd., schweiz. für* Hausputz, Großreinemachen)
Putz|fim|mel (*ugs.*)
Putz|frau
put|zig (*ugs. für* drollig)
Putz|kas|ten; **Putz|ko|lon|ne**; **Putz|lap|pen**; **Putz|lum|pen** (*landsch. für* Putzlappen)
Putz|ma|cher (*veraltet für* Modist); **Putz|ma|che|rin**
Putz|mit|tel
putz|mun|ter (*ugs. für* sehr munter)
Putz|sucht, die; -; **putz|süch|tig**
Putz|tag; **Putz|teu|fel** (*ugs. für* jmd., der übertrieben oft u. gründlich sauber macht); **Putz|tuch** *Plur.* ...tücher; **Putz|wol|le**; **Putz|zeug**
puz|zeln ['pasl̩n, *auch* 'pʊ...] ⟨engl.⟩ (ein Puzzle zusammensetzen); ich puzz[e]le; **Puz|zle** [...sl̩], das; -s, -s (ein Geduldsspiel); **Puzz|ler**; **Puzz|le|rin**; **Puz|zle|spiel**
Puz|zo|la|n|er|de, die; - ⟨nach Pozzuoli bei Neapel⟩ (ein Sedimentgestein, Aschentuff)
PVC, das; -[s] ⟨aus: Polyvinylchlorid⟩ (ein Kunststoff)
PW, der; -[s], *Plur.* -s, *selten* - (*schweiz.*) = Personenwagen
Py|ämie, die; -, ...ien ⟨griech.⟩ (*Med.* Infektion durch Eitererreger in der Blutbahn)
Py|e|li|tis, die; -, ...itiden ⟨griech.⟩ (*Med.* Entzündung des Nierenbeckens); **Py|e|lo|gra|fie**, **Py|e|lo|gra|phie**, die; -, ...ien (Röntgenaufnahme des Nierenbeckens); **Py|e|lo|gramm**, das; -s, -e (Röntgenbild von Nierenbecken u. Harnwegen); **Py|e|lo|ne|phri|tis**, die; -, ...itiden (Entzündung von Nierenbecken u. Nieren); **Py|e|lo|zys|ti|tis**, die; -, ...itiden (Entzündung von Nierenbecken u. Blase)
Pyg|mäe, der; -n, -n ⟨griech.⟩ (Angehöriger einer kleinwüchsigen Bevölkerungsgruppe in Afrika); **pyg|mä|en|haft**; **Pyg|mä|in**; **pyg|mä|isch** (kleinwüchsig)
Pyg|ma|li|on (griech. Sagengestalt)
Pyhrn|au|to|bahn, die; - (Autobahn in Österreich); **Pyhrn|pass**, der; -es (österr. Alpenpass)
Py|ja|ma [pydʒ..., *österr.* pidʒ...], der, *österr. u. schweiz. auch* das; -s, -s ⟨Hindi-engl.⟩ (Schlafanzug); **Py|ja|ma|ho|se**; **Py|ja|ma|ja|cke**
Py|k|ni|ker ⟨griech.⟩ (*Anthropol.* kräftiger, gedrungen gebauter Mensch); **Py|k|ni|ke|rin**; **py|k|nisch**
Py|k|no|me|ter, das; -s, - (*Physik* Dichtemesser); **py|k|no|tisch** (*Med.* dicht zusammengedrängt)
Py|la|des (Freund des Orest in der griechischen Sage)
Py|lon, der; *Gen.* -en, *auch* -s, *Plur.* -en, *auch* -e, **Py|lo|ne**, die; -, -n ⟨griech.⟩ (großes, von Ecktürmen flankiertes Eingangstor altägyptischer Tempel u. Paläste; tragender Pfeiler einer Hängebrücke; kegelförmige Absperrmarkierung auf Straßen)
Py|lo|rus, der; -, ...ren ⟨griech.⟩ (*Med.* Pförtner; Schließmuskel am Magenausgang)
pyo|gen ⟨griech.⟩ (*Med.* Eiterungen verursachend)
Py|or|rhö, die; -, -en (*Med.* eitriger Ausfluss); **py|or|rho|isch**
py|ra|mi|dal ⟨ägypt.⟩ (pyramidenförmig; *ugs. für* gewaltig, riesenhaft)
Py|ra|mi|de, die; -, -n (ägyptischer Grabbau; geometrischer Körper); **py|ra|mi|den|för|mig**; **Py|ra|mi|den|stadt**; **Py|ra|mi|den|stumpf** (*Math.*)
Py|r|a|no|me|ter, das; -s, - ⟨griech.⟩ (*Meteorol.* Gerät zur Messung der Sonnen- u. Himmelsstrahlung)
Py|re|nä|en *Plur.* (Gebirge zwischen Spanien u. Frankreich); **Py|re|nä|en|halb|in|sel**, die; -; **py|re|nä|isch**
Py|re|th|rum, das; -s, ...ra ⟨griech.⟩ (aus einer Chrysantheme gewonnenes Insektizid)
Py|re|ti|kum, das; -s, ...ka ⟨griech.⟩ (*Med.* Fieber erzeugendes Arzneimittel); **py|re|tisch** (Fieber erzeugend); **Py|r|e|xie**, die; -, ...ien (Fieber[anfall])
Py|rit, der; -s, -e ⟨griech.⟩ (Eisen-, Schwefelkies)
Pyr|mont, Bad (Stadt im Weserbergland)
py|ro|gen ⟨griech.⟩ (*Geol.* magmatisch entstanden; *Med. auch svw.* pyretisch)
Py|ro|ly|se, die; -, -n (*Chemie* Zersetzung von Stoffen durch Hitze); **py|ro|ly|sie|ren**; **py|ro|ly|tisch**
py|ro|man (an Pyromanie leidend)
Py|ro|ma|ne, der; -n, -n (an Pyromanie Leidender); **Py|ro|ma|nie**, die; - (krankhafter Trieb, Brände zu legen); **Py|ro|ma|nin**; **Py|ro|me|ter**, das; -s, - (Messgerät für hohe Temperaturen)
py|ro|phor (selbstentzündlich, in feinster Verteilung an der Luft aufglühend); **Py|ro|phor**, der; -s, -e (Stoff mit pyrophoren Eigenschaften)
Py|ro|tech|nik [*auch* 'py:...], die; - (Herstellung u. Gebrauch von Feuerwerkskörpern); **Py|ro|tech|ni|ker**; **Py|ro|tech|ni|ke|rin**; **py|ro|tech|nisch**
Py|ro|xen, der; -s, -e *meist Plur.* (gesteinsbildendes Mineral)
Pyr|rhus (König von Epirus); **Pyr|rhus|sieg** ↑K136; Scheinsieg, zu teuer erkaufter Sieg)
Pyr|rol, das; -s ⟨griech.⟩ (eine chem. Verbindung)
Py|tha|go|rä|er usw. *vgl.* Pythagoreer usw.
[1]**Py|tha|go|ras** (altgriechischer Philosoph)
[2]**Py|tha|go|ras**, der; - (*kurz für* pythagoreischer Lehrsatz)
Py|tha|go|re|er, *österr.* Py|tha|go|rä|er (Anhänger der Lehre des Pythagoras); **py|tha|go|re|isch**, py|tha|go|rä|isch ↑K89 *u.* 135: die pythagoreische Philosophie; pythagoreischer Lehrsatz (grundlegender Satz der Geometrie)
[1]**Py|thia** (Priesterin in Delphi)
[2]**Py|thia**, die; -, ...ien (Frau, die orakelhafte Anspielungen macht)
py|thisch (dunkel, orakelhaft); pythische Worte, *aber* Pythische (zu Pytho [Delphi] gefeierte) Spiele ↑K89
Py|thon, der; -s, -s (eine Riesenschlange)
Py|xis, die; -, *Plur.* ...iden, *auch* ...ides ⟨griech.⟩ (Hostienbehälter)
PZB [pe:tsɛt'be:], die; - = punktförmige Zugbeeinflussung (*Eisenbahn*)

P
PZB

q Q

q = Quintal
q = schweiz. Zentner (100 kg)
Q [ku:, *österr., außer Math.*, kve:] (Buchstabe); das Q; des Q, die Q, *aber* das q in verquer; der Buchstabe Q, q
Q. = Quintus
qcm *vgl.* cm^2; **qdm** *vgl.* dm^2
q. e. d. = quod erat demonstrandum
Qi, [2]Chi [tʃi:], das; -[s] ⟨chin.⟩ (die Lebensenergie in der chin. Philosophie)
Qi|gong [tʃiˈgʊŋ], das; -; *meist ohne Artikel* ⟨chin.⟩ (eine chinesische Heilmethode)
Qin|dar [ˈkin...], der; -s, -ka [...ˈdarka] (Untereinheit des [2]Lek)
qkm *vgl.* km^2; **qm** *vgl.* m^2; **qmm** *vgl.* mm^2
QR-Code® ⟨*zu* engl. quick response »schnelle Antwort«⟩ (zweidimensionaler, aus Punkten zu einem Quadrat zusammengesetzter, elektronisch lesbarer Code)
qua ⟨lat.⟩ ([in der Eigenschaft] als; gemäß); qua Beamter; qua amtliche, *auch* amtlicher Befugnis
Quab|be, die; -, -n (*nordd. für* Fettwulst); **quab|be|lig,** quabb|lig (*für* schwabbelig, fett); **quab|beln;** ich quabb[e]le; **quab|big; quabb|lig** *vgl.* quabbelig
Qua|cke|lei (*landsch. für* ständiges, törichtes Reden); **Qua|cke|ler, Quack|ler** (*landsch. für* Schwätzer); **qua|ckeln** (*landsch. für* viel u. töricht reden); ich quack[e]le
Quack|sal|ber (*svw.* Kurpfuscher); **Quack|sal|be|rei; Quack|sal|be|rin; quack|sal|be|risch; quack|sal|bern;** ich quacksalbere; gequacksalbert; zu quacksalbern
Quad [kvɔt], das; -[s], -s ⟨engl.⟩ (vierrädriges Motorrad)
Quad|del, die; -, -n (juckende Anschwellung der Haut)
Qua|de, der; -n, -n (Angehöriger eines westgermanischen Volkes)
Qua|der, der; -s, - *od.* die; -, -n ⟨lat.⟩ (*Math.* ein von sechs Rechtecken begrenzter Körper; behauener [viereckiger] Bruchsteinblock); **Qua|der|bau** *Plur.* ...bauten; **qua|der|för|mig; Qua|der|stein**
Qua|d|ra|ge|si|ma, die; - ⟨lat.⟩ (vierzigtägige christliche Fastenzeit vor Ostern)
Qua|d|ran|gel, das; -s, - ⟨lat.⟩ (*svw.* Viereck)
Qua|d|rant, der; -en, -en ⟨lat.⟩ (*Math.* Viertelkreis)
[1]**Qua|d|rat,** das; -[e]s, -e ⟨lat.⟩ (Viereck mit vier rechten Winkeln u. vier gleichen Seiten; zweite Potenz einer Zahl)
[2]**Qua|d|rat,** das; -[e]s, -e[n] (*Druckw.* Geviert, Bleistück zum Ausfüllen nicht druckender Stellen)
Qua|d|rat|de|zi|me|ter (*Zeichen* dm^2)
qua|d|rä|teln (mit Geviertstücken würfeln [Würfelspiel der Buchdrucker u. Setzer]); ich quadrät[e]le
Qua|d|ra|ten|kas|ten *(Druckw.)*
Qua|d|rat|fuß, der; -es; 10 Quadratfuß
qua|d|ra|tisch; quadratische Gleichung (Gleichung zweiten Grades)
Qua|d|rat|ki|lo|me|ter (*Zeichen* km^2)
Qua|d|rat|lat|schen *Plur.* (*ugs. scherzh. für* große, unförmige Schuhe)
Qua|d|rat|mei|le; Qua|d|rat|me|ter (*Zeichen* m^2); **Qua|d|rat|me|ter|preis; Qua|d|rat|mil|li|me|ter** (*Zeichen* mm^2)
Qua|d|rat|schä|del (*ugs. für* breiter, eckiger Kopf; *übertr. für* starrsinniger, begriffsstutziger Mensch)
Qua|d|ra|tur, die; -, -en (Verfahren zur Flächenberechnung); **Qua|d|ra|tur|ma|le|rei** *(Kunstwiss.)*
Qua|d|rat|wur|zel; Qua|d|rat|zahl; Qua|d|rat|zen|ti|me|ter (*Zeichen* cm^2)
Qua|d|ri|en|na|le, die; -, -n ⟨ital.⟩ (alle vier Jahre stattfindende Veranstaltung); **Qua|d|ri|en|ni|um,** das; -s, ...ien ⟨lat.⟩ (*veraltet für* Zeitraum von vier Jahren)
qua|d|rie|ren ⟨lat.⟩ (*Math.* [eine Zahl] in die zweite Potenz erheben)
Qua|d|ri|ga, die; -, ...gen ⟨lat.⟩ (Viergespann in der Antike)
Qua|d|ril|le [k(v)aˈdrɪljə, *österr.* kaˈdrɪl], die; -, -n ⟨span.-franz.⟩ (ein Tanz)
Qua|d|ril|li|on, die; -, -en ⟨franz.⟩ (vierte Potenz einer Million)
Qua|d|ri|nom, das; -s, -e ⟨lat.; griech.⟩ (*Math.* die Summe aus vier Gliedern)
Qua|d|ri|re|me, die; -, -n ⟨lat.⟩ (antikes Kriegsschiff mit vier übereinanderliegenden Ruderbänken)
Qua|d|ri|vi|um, das; -s (im mittelalterlichen Universitätsunterricht die vier höheren Fächer Arithmetik, Geometrie, Astronomie, Musik)
Qua|d|ro, das; -s ⟨lat.⟩ (*Kurzw. für* Quadrofonie)
qua|d|ro|fon, qua|d|ro|phon ⟨lat.; griech.⟩ (*svw.* quadrofonisch); **Qua|d|ro|fo|nie, Qua|d|ro|pho|nie,** die; - (Vierkanalstereofonie); **qua|d|ro|fo|nisch, qua|d|ro|pho|nisch**
Qua|d|ro|sound, der; -s ⟨engl.-amerik.⟩ (quadrofonische Klangwirkung)
Qua|d|ru|pe|de, der; -n, -n *meist Plur.* ⟨lat.⟩ (*Zool. veraltet für* Vierfüßer)
[1]**Qua|d|ru|pel,** das; -s, - ⟨franz.⟩ (vier zusammengehörende mathematische Größen)
[2]**Qua|d|ru|pel,** der; -s, - (frühere span. Goldmünze)
Qua|d|ru|pel|al|li|anz (Allianz zwischen vier Staaten)
Quag|ga, das; -s, -s ⟨hottentott.⟩ (ein ausgerottetes Zebra)
Quai [ke:, kɛ(:)], der *od.* das; -s, -s ⟨franz.⟩ (*schweiz. für* Uferstraße); *vgl.* [1]Kai; **Quai d'Or|say** [ˈke dɔrˈsɛ:], der; - - ⟨franz.⟩ (Straße in Paris; *übertr. für* das franz. Außenministerium)
quak!
Quä|ke, die; -, -n (Instrument zum Nachahmen des Angstschreis der Hasen)
Qua|kel|chen (*fam. für* kleines Kind)
qua|keln (*landsch. für* undeutlich reden); ich quak[e]le
qua|ken; der Frosch quakt; **quä|ken;** eine quäkende Stimme
Quä|ker, der; -s, - ⟨engl.⟩ (Angehöriger einer christl. Glaubensgemeinschaft); **Quä|ke|rin; quä|ke|risch**
Quak|frosch (*Kindersprache. für* Frosch)
Qual, die; -, -en
quä|len; sich quälen

Quä|ler; Quä|le|rei; Quä|le|rin; quä|le|risch; Quäl|geist *Plur.* ...geister *(ugs.)*

[1]Qua|li, die; -, -s *(ugs. kurz für* Qualifikation)

[2]Qua|li, der; -s, -s *(ugs. kurz für* qualifizierter [Schul]abschluss)

Qua|li|fi|ka|ti|on, die; -, -en ‹lat.› (Befähigung[snachweis]; Teilnahmeberechtigung für sportliche Wettbewerbe); **Qua|li|fi|ka|ti|ons|ren|nen; Qua|li|fi|ka|ti|ons|run|de; Qua|li|fi|ka|ti|ons|spiel**

qua|li|fi|ka|to|risch (die [berufliche] Qualifikation betreffend)

qua|li|fi|zie|ren (als etw. bezeichnen, klassifizieren; befähigen); sich qualifizieren (sich eignen; sich als geeignet erweisen; eine Qualifikation erwerben)

qua|li|fi|ziert; qualifizierte Mehrheit; qualifiziertes Vergehen (*Rechtsspr.* Vergehen unter erschwerenden Umständen)

Qua|li|fi|zie|rung *(auch für* fachl. Aus- u. Weiterbildung); **Qua|li|fi|zie|rungs|maß|nah|me**

Qua|li|fy|ing [ˈkvɔlɪfaiɪŋ], das; -s, -s ‹engl.› (*Rennsport* Qualifikation u. Festlegung der Startreihenfolge für ein [Auto]rennen)

Qua|li|tät, die; -, -en (Beschaffenheit, Güte, Wert); erste, zweite, mittlere Qualität

qua|li|ta|tiv [*auch* ˈkva...] (dem Wert, der Beschaffenheit nach)

Qua|li|täts|an|for|de|rung

Qua|li|täts|an|spruch

Qua|li|täts|ar|beit (Wertarbeit)

qua|li|täts|be|wusst; Qua|li|täts|be|wusst|sein

Qua|li|täts|be|zeich|nung; Qua|li|täts|ein|bu|ße; Qua|li|täts|er|zeug|nis; Qua|li|täts|ga|ran|tie; Qua|li|täts|kon|t|rol|le

Qua|li|täts|ma|nage|ment (*Wirtsch.* Gesamtheit der Maßnahmen zur Absicherung einer Mindestqualität von Produkten u. Dienstleistungen)

Qua|li|täts|man|gel; Qua|li|täts|merk|mal; Qua|li|täts|min|de|rung; Qua|li|täts|norm

qua|li|täts|ori|en|tiert

Qua|li|täts|si|che|rung; Qua|li|täts|sie|gel; Qua|li|täts|stan|dard; Qua|li|täts|stei|ge|rung; Qua|li|täts|stu|fe; Qua|li|täts|ver|bes|se|rung

qua|li|tät[s]|voll

Qua|li|täts|wa|re; Qua|li|täts|wein; Qualitätswein mit Prädikat

Quall, der; -[e]s, -e *(landsch. für* emporquellendes Wasser)

Qual|le, die; -, -n (ein Nesseltier); **qual|lig**

Qualm, der; -[e]s

qual|men; qual|mig

Quals|ter, der; -s, - *(nordd. für* Schleim, Auswurf); **quals|te|rig, quals|trig; quals|tern;** ich qualstere

Qual|tin|ger (österr. Schriftsteller u. Schauspieler)

qual|voll

Qual|zucht (*Fachspr.* Zucht von Tieren, bei der Abnormitäten u. gesundheitliche Schäden aus wirtschaftlichen Gründen in Kauf genommen werden)

Quant, das; -s, -en ‹lat.› (*Physik* kleinste Energiemenge)

Quänt|chen (eine kleine Menge); ein Quäntchen Glück ↑K133

quan|teln (eine Energiemenge in Quanten aufteilen); ich quant[e]le

Quan|ten (*Plur. von* Quant *u.* Quantum)

Quan|ten|bio|lo|gie; Quan|ten|me|cha|nik, die; -

Quan|ten|phy|sik; Quan|ten|phy|si|ker; Quan|ten|phy|si|ke|rin

Quan|ten|sprung *(übertr. auch für* [durch eine Entdeckung, Erfindung o. Ä. ermöglichter] entscheidender Fortschritt)

Quan|ten|the|o|rie (Theorie der mikrophysikalischen Erscheinungen u. Objekte)

quan|ti|fi|zier|bar; quan|ti|fi|zie|ren ([Eigenschaften] in Zahlen u. messbare Größen umsetzen); **Quan|ti|fi|zie|rung**

Quan|ti|tät, die; -, -en (Menge, Größe; *Sprachwiss.* Dauer, Länge eines Lautes od. einer Silbe); **quan|ti|ta|tiv** [*auch* ˈkvan...] (der Quantität nach, mengenmäßig)

Quan|ti|täts|glei|chung *(Wirtsch.)*

Quan|ti|täts|the|o|rie (*Wirtsch.* Theorie, nach der ein Kausalzusammenhang zwischen Geldmenge u. Preisniveau besteht)

Quan|ti|té né|g|li|gea|b|le [kã...ˈʒa:bl], die; - - ‹franz.› (wegen ihrer Kleinheit außer Acht zu lassende Größe; Belanglosigkeit)

quan|ti|tie|ren ‹lat.› (*Sprachwiss.* die Silben [nach der Länge od. Kürze] messen)

Quan|tum, das; -s, ...ten (Menge, Anzahl, Maß, Summe, Betrag)

Quap|pe, die; -, -n (ein Fisch; eine Lurchlarve, Kaulquappe)

Qua|ran|tä|ne [ka...], die; -, -n ‹franz.› (vorübergehende Isolierung von Personen od. Tieren, die eine ansteckende Krankheit haben [könnten]); **Qua|ran|tä|ne|sta|ti|on**

Quar|gel, der; -s, - *(österr. für* kleiner, runder Käse)

[1]Quark, der; -[e]s (aus saurer Milch hergestelltes Nahrungsmittel; *ugs. auch für* Wertloses); red nicht solchen Quark (Unsinn)

[2]Quark [kvo:ɐ̯k], das; -s, -s ‹engl.› (*Physik* Elementarteilchen)

Quark|brot

quar|kig

Quark|kä|se; Quark|käul|chen (gebackenes [3]Küchlein aus Kartoffeln u. Quark); **Quark|ku|chen** *(landsch.);* **Quark|schnit|te; Quark|spei|se**

Quar|re, die; -, -n *(nordd. für* weinerliches Kind; zänkische Frau); **quar|ren; quar|rig;** das Kind ist quarrig

[1]Quart, die; -, -en ‹lat.› (Fechthieb)

[2]Quart, das; -s, -e ‹lat.› (altes Flüssigkeitsmaß; *nur Sing.:* Viertelbogengröße [Buchformat]; *Abk.* 4°); 3 Quart; in Quart; Großquart (*Abk.* Gr.-4°)

[3]Quart, die; -, -en, **Quar|te,** die; -, -n ‹lat.› (*Musik* vierter Ton der diatonischen Tonleiter; Intervall im Abstand von 4 Stufen)

Quar|ta, die; -, ...ten ‹lat.› *(veraltende Bez. für* die dritte Klasse eines Gymnasiums)

Quar|tal, das; -s, -e ‹lat.› (Vierteljahr)

Quar|tal[s]|ab|schluss; Quar|tals|be|richt

Quar|tal[s]|säu|fer *(ugs.);* **Quar|tal[s]|säu|fe|rin**

quar|tal[s]|wei|se (vierteljahrsweise)

Quar|tals|zahl *meist Plur.* *(Wirtsch.)*

Quar|ta|na, die; - ‹lat.› (*Med.* Viertagefieber, Art der Malaria)

Quar|ta|ner ‹lat.› (Schüler der Quarta); **Quar|ta|ne|rin**

Quar|tan|fie|ber, das; -s *(svw.* Quartana)

quar|tär ‹lat.› (zum Quartär gehörend); **Quar|tär,** das; -s (*Geol.* obere Formation des Neozoikums); **Quar|tär|for|ma|ti|on,** die; -

Quart|band, der *(Buchw.);* **Quart|blatt**

Quar|te *vgl.* [3]Quart
Quar|tel, das; -s, - (*bayr. für* kleines Biermaß)
Quar|ten (*Plur. von* Quart, Quarte *u.* Quarta)
Quar|ter [ˈkvoːɐ̯...], der; -s, - ‹engl.› (altes engl. u. amerik. Hohlmaß u. Gewicht)
Quar|ter|back [ˈkvoːɐ̯tɐbɛk], der; -[s], -s ‹engl.-amerik.› (Spielmacher im amerik. Football)
Quar|ter|deck [ˈkvar...] (Hinterdeck)
Quar|ter|pipe [ˈkvoːɐ̯tɐpaip], die; -, -s ‹engl.; »Viertelröhre«› (halbe Halfpipe *[vgl. d.]*)
Quar|tett, das; -[e]s, -e ‹ital.› (Musikstück für vier Stimmen od. vier Instrumente; *auch für* die vier Ausführenden; ein Kartenspiel)
Quart|for|mat (*Buchw.*)
Quar|tier, das; -s, -e ‹franz.› (Unterkunft, bes. von Truppen; *schweiz. auch für* Stadtviertel)
quar|tie|ren (*selten für* einquartieren)
Quar|tier|ma|cher; Quar|tier|ma|che|rin
Quar|tier|ma|nage|ment *vgl.* Quartiersmanagement
Quar|tiers|frau
Quar|tiers|ma|nage|ment, Quar|tier|ma|nage|ment (*Politik, Soziol.* [behördliche] Bemühungen, einen Stadtteil attraktiver zu machen)
Quar|tiers|wirt; Quar|tiers|wir|tin
Quar|til, das; -s, -e ‹lat.› (*bes. Statistik* Viertel [in einer bestimmten Rangliste])
Quart|sext|ak|kord (*Musik*)
Quarz, der; -es, -e (ein Mineral)
quar|zen (*ugs. für* rauchen)
Quarz|fels, der; -[ens] *u.* -en; **Quarz|fil|ter; Quarz|gang,** der
quarz|ge|steu|ert
Quarz|glas *Plur.* ...gläser
quarz|hal|tig; quarz|häl|tig (*österr.*); **quar|zig**
Quar|zit, der; -s, -e (ein Gestein)
Quarz|kris|tall; Quarz|lam|pe; Quarz|steu|e|rung (*Elektrot.*); **Quarz|uhr** (*in Werbetexten oft mit der englischen tz-Schreibung*)
Quas, der; -es, -e ‹slaw.› (*landsch. für* Gelage, Schmaus; bes. Pfingstbier mit festlichem Tanz); *vgl. aber* Kwass
Qua|sar, der; -s, -e ‹lat.› (sternenähnliches Objekt im Kosmos mit extrem starker Radiofrequenzstrahlung)
qua|sen (*landsch. für* prassen); du quast [mit etw.]
qua|si ‹lat.› (gewissermaßen, gleichsam, sozusagen)
Qua|si|mo|do|ge|ni|ti ‹lat., »wie die neugeborenen [Kinder]«› (erster Sonntag nach Ostern)
qua|si|of|fi|zi|ell (gewissermaßen offiziell); **qua|si|op|tisch** (*Physik* ähnlich den Lichtwellen sich ausbreitend)
Qua|si|sou|ve|rä|ni|tät, die; -, -en (scheinbare Souveränität)
Quas|se|lei (*ugs. für* [dauerndes] Quasseln); **quas|seln** (*ugs. für* unaufhörlich u. schnell reden, schwatzen); ich quass[e]le
Quas|sel|strip|pe, die; -, -n (*ugs. für* Telefon; *auch für* jmd., der viel redet)
Quas|sie, die; -, -n ‹nach dem angeblichen Entdecker› (südamerik. Baum, dessen Holz Bitterstoff enthält)
Quast, der; -[e]s, -e (*nordd. für* [Borsten]büschel, breiter Pinsel); **Quäst|chen**
Quas|te, die; -, -n (Troddel, Schleife); **Quas|ten|be|hang**
Quas|ten|flos|ser (*Zool.*)
quas|ten|för|mig
Quäs|ti|on, die; -, -en ‹lat.› (wissenschaftliche Streitfrage)
Quäs|tor, der; -s, ...oren ‹lat.› (altröm. Beamter; Schatzmeister an Hochschulen; *schweiz. geh. für* Kassenwart eines Vereins); **Quäs|to|rin; Quäs|tur,** die; -, -en (Amt eines Quästors; Kasse an einer Hochschule)
Qua|tem|ber, der; -s, - ‹lat.› (vierteljährlicher kath. Fasttag); **Qua|tem|ber|fas|ten,** das; -s
qua|ter|när ‹lat.› (*Chemie* aus vier Teilen bestehend)
Qua|ter|ne, die; -, -n (Reihe von vier gesetzten od. gewonnenen Nummern in der alten Zahlenlotterie)
quatsch! (Schallwort)
[1]Quatsch, der; -[e]s (*landsch. für* Matsch)
[2]Quatsch, der; -[e]s (*ugs. für* dummes Gerede, Unsinn; *auch für* Alberei); Quatsch reden; das ist ja Quatsch!; ach Quatsch!
[1]quat|schen [*auch* kva:...] (*landsch.*); der Boden quatscht unter den Füßen
[2]quat|schen (*ugs.*); du quatschst
Quat|sche|rei (*ugs.*); **Quatsch|kopf** (*ugs.*)
quatsch|nass (*ugs. für* sehr nass)
Quat|t|ro|cen|tist [...tʃɛn...], der; -en, -en (Dichter, Künstler des Quattrocentos); **Quat|t|ro|cen|to** [...ˈtʃɛnto], das; -[s] (*Kunstwiss.* das 15. Jh. in Italien [als Stilbegriff], Frührenaissance)
Que|bec [kviˈbɛk], **Qué|bec** [keˈbɛk] (Provinz u. Stadt in Kanada); **Que|be|cer, Qué|be|cer** [...ˈbɛkɐ]; **Que|be|ce|rin, Qué|be|ce|rin**
Que|b|ra|cho [keˈbratʃo], das; -s ‹span.› (gerbstoffreiches Holz eines südamerikanischen Baumes); **Que|b|ra|cho|rin|de** (ein Arzneimittel)
[1]Que|chua [ˈkɛtʃu̯a], der; -[s], -[s] (Angehöriger eines indianischen Volkes in Peru)
[2]Que|chua, die; -, - (Angehörige eines indianischen Volkes in Peru)
[3]Que|chua, das; -[s] (eine indianische Sprache)
queck (*für* quick)
Que|cke, die; -, -n (eine Graspflanze); **que|ckig** (voller Quecken)
Queck|sil|ber (chemisches Element, Metall; *Zeichen* Hg)
Queck|sil|ber|dampf; Queck|sil|ber|dampf|lam|pe
queck|sil|ber|hal|tig; queck|sil|be|rig *vgl.* quecksilbrig; **queck|sil|bern** (aus Quecksilber)
Queck|sil|ber|prä|pa|rat; Queck|sil|ber|sal|be; Queck|sil|ber|säu|le; Queck|sil|ber|ver|gif|tung
queck|silb|rig, queck|sil|be|rig ([unruhig] wie Quecksilber)
Qued|lin|burg (Stadt im nördlichen Harzvorland)
Queen [kviːn], die; -, -s (*nur Sing.:* jeweils regierende englische Königin)
Quee|ne, die; -, -n (*nordd. für* Färse)
Queens|land [ˈkviːnslɛnt] (Staat des Australischen Bundes)
Queich, die; - (linker Nebenfluss des Oberrheins)
Queis, der; - (linker Nebenfluss des [2]Bobers)
Quell, der; -[e]s, -e *Plur. selten* (*geh. für* Quelle)
Quell|be|wöl|kung
Quell|chen
Quell|code (*EDV* ursprünglicher Programmcode eines Computerprogramms); **Quell|da|tei**

Q
Quar

quer

– kreuz und quer; quer [über die Straße] gehen

Getrenntschreibung vom folgenden Verb, wenn »quer« konkret die Lage angibt:

– sich quer [ins Bett] legen
– das Fahrrad quer [vor die Einfahrt] stellen

Zusammenschreibung mit dem folgenden Verb bei übertragener Gesamtbedeutung ↑K56:

– sich nicht länger querlegen, querstellen (*ugs. für* sich widersetzen)
– einer muss doch immer querschießen! (*ugs. für* Schwierigkeiten machen)
– wir brauchen jemanden, der auch einmal querdenkt (unkonventionell, originell denkt)
– einen Wechsel querschreiben (*bes. Bankw.* akzeptieren)

Getrennt- oder Zusammenschreibung bei nicht übertragener Bedeutung in Verbindung mit einem adjektivisch gebrauchten Partizip ↑K58:

– ein quer gestreifter *oder* quergestreifter Pullover

Quel|le, die; -, -n; Nachrichten aus amtlicher, erster Quelle
[1]**quel|len** (schwellen, größer werden; hervordringen, sprudeln); du quillst, du quollst; du quöllest; gequollen; quill!; Wasser quillt
[2]**quel|len** (im Wasser weichen lassen); du quellst; du quelltest; gequellt; quell[e]!; ich quelle Bohnen
Quel|len|an|ga|be; Quel|len|for|schung; Quel|len|kri|tik; Quel|len|kun|de, die; -
quel|len|mä|ßig
Quel|len|ma|te|ri|al
quel|len|reich
Quel|len|samm|lung
Quel|len|schutz *(Rechtsspr.)*
Quel|len|steu|er, die (Steuer, die in dem Staat erhoben wird, wo der Gewinn, die Einnahme erwirtschaftet wurde)
Quel|len|stu|di|um
Quel|ler (eine Strandpflanze)
quell|fä|hig
Quell|fas|sung; Quell|fluss
quell|frisch
Quell|ge|biet; Quell|nym|phe
quell|of|fen *(EDV)*
Quell|text (*svw.* Quellcode)
Quel|lung
Quell|was|ser *Plur.* ...wasser; **Quell|wol|ke**
Quem|pas, der; - ⟨lat.⟩ (ein weihnachtlicher Wechselgesang); **Quem|pas|lied**
Quen|del, der; -s, - (Name verschiedener Pflanzen)
Quen|ge|lei; quen|ge|lig, queng|lig
quen|geln (*ugs. für* weinerlich nörgelnd immer wieder um etwas bitten, keine Ruhe geben [meist von Kindern]); ich queng[e]le
Queng|ler; Queng|le|rin; queng|lig, quen|ge|lig
Quent, das; -[e]s, -e ⟨lat.⟩ (altes dt. Gewicht); 5 Quent; **Quent|chen** *alte Schreibung für* Quäntchen
quer *s. Kasten*
quer|ab (*Seemannsspr.* rechtwinklig zur Längsrichtung [des Schiffs])
Quer|bahn|steig; Quer|bal|ken; Quer|bau *Plur.* ...bauten; **Quer|baum** (älteres Turngerät)
quer|beet (*ugs. für* ohne festgelegte Richtung; nicht vorgegeben)
quer|den|ken *vgl.* quer; **Quer|den|ker** (jmd., der unkonventionell u. originell denkt); **Quer|den|ke|rin**
quer|durch; er ist einfach querdurch gelaufen, *aber* sie läuft quer durch die Felder
Que|re, die; - *(ugs.); meist in* in die Quere kommen; in die Kreuz und [in die] Quer[e]
Quer|ein|stei|ger; Quer|ein|stei|ge|rin; Quer|ein|stieg
Que|re|le, die; -, -n *meist Plur.* ⟨lat.⟩ (Streiterei)
que|ren (überschreiten, überschneiden); **quer|feld|ein**
Quer|feld|ein|lauf; Quer|feld|ein|ren|nen; Quer|feld|ein|ritt
Quer|flö|te; Quer|for|mat; quer|for|ma|tig
Quer|gang, der (*auch für* Klettertour auf einer waagerecht verlaufenden Route)
quer|ge|hen (*ugs. für* nicht recht sein); *vgl. auch* quer; **quer gestreift, quer|ge|streift** *vgl.* quer
Quer|haus; Quer|holz
Quer|kopf (*ugs. für* jmd., der sich immer widersetzt); **quer|köp|fig; Quer|köp|fig|keit** *(ugs.)*
Quer|la|ge *(Med.)*; **Quer|lat|te**
quer|le|gen *vgl.* quer
quer|le|sen (*ugs. für* überfliegen); *vgl.* quer
Quer|li|nie; Quer|pass *(Sport)*; **Quer|pfei|fe; Quer|rin|ne**
quer|schie|ßen *vgl.* quer
Quer|schiff (Teil einer Kirche)
quer|schiffs *(Seemannsspr.)*
Quer|schlag (*Bergmannsspr.* Gesteinsstrecke, die [annähernd] senkrecht zu den Schichten verläuft)
Quer|schlä|ger (abprallendes od. quer aufschlagendes Geschoss)
Quer|schnitt
quer|schnitt[s]|ge|lähmt; Quer|schnitt[s]|ge|lähm|te; Quer|schnitt[s]|läh|mung
quer|schrei|ben *vgl.* quer
Quer|schuss
quer|stel|len *vgl.* quer
Quer|stra|ße; Quer|strich; Quer|sum|me
Quer|trei|ber (jmd., der etwas zu durchkreuzen trachtet); **Quer|trei|be|rei; Quer|trei|be|rin**
quer|über *(veraltend)*; querüber liegt ein Haus, *aber* sie geht quer über den Hof
Que|ru|lant, der; -en, -en ⟨lat.⟩ (Nörgler, Quengler); **Que|ru|lan|tin; que|ru|lie|ren**
Que|rung; Quer|ver|bin|dung; Quer|ver|weis; Quer|wand
Que|ry [ˈkviːri], die; -, -s, *selten* das *od.* der; -s, -s ⟨lat.-engl.⟩ (*EDV* Datenabfrage)
Que|se, die; -, -n (*nordd. für* durch Quetschung entstandene Blase; Schwiele; Finne des Quesenbandwurms); **que|sen** (*nordd. für* quengeln); du quest
Que|sen|band|wurm
que|sig (*nordd. auch für* quengelig)
Quetsch, der; -[e]s, -e (*westmd., südd. für* Zwetschenschnaps)
[1]**Quet|sche,** die; -, -n (*landsch. für* Zwetsche)
[2]**Quet|sche,** die; -, -n (*landsch. für*

Presse; *ugs. für* kleines Geschäft, kleiner Betrieb)
quet|schen; du quetschst
Quetsch|fal|te; Quetsch|kar|tof|feln *Plur.* (*landsch. für* Kartoffelpüree); **Quetsch|kom|mo|de** (*scherzh. für* Ziehharmonika)
Quet|schung; Quetsch|wun|de
[1]**Quet|zal** [kɛ...], der; -[s], -s ‹indian.-span.› (bunter Urwaldvogel; Wappenvogel von Guatemala)
[2]**Quet|zal** [kɛ...], der; -[s], -[s] (Währungseinheit in Guatemala); 5 Quetzal
[1]**Queue** [kø:], das, *auch* der; -s, -s ‹franz.› (Billardstock)
[2]**Queue,** die; -, -s (*veraltend für* Menschenschlange, Ende einer [Marsch]kolonne)
Quiche [kɪʃ], die; -, -s ‹franz.› (Speckkuchen aus Mürbe- od. Blätterteig)
Qui|chotte *vgl.* Don Quichotte
quick (*landsch., bes. nordd. für* rege, schnell)
Quick|born, der; -[e]s, -e (*veraltet für* Jungbrunnen)
Qui|ckie, der; -s, -s ‹engl.› (*ugs. für* etwas sehr schnell Abgehandeltes, Erledigtes; schneller Liebesakt)
quick|le|ben|dig
Quick|stepp [...stɛp], der; -s, -s ‹engl.› (ein Tanz)
Quick|test 1K136 ‹nach dem amerik. Arzt A. J. Quick› (*Med.* Verfahren zur Bestimmung der Gerinnungszeit des Blutes); **Quick|wert**
Qui|dam, der; - ‹lat.›; ein gewisser Quidam (*veraltet für* ein gewisser Jemand)
Quid|pro|quo, das; -[s], -s ‹lat.› (Austausch, Ersatz)
Quie, die; -, Quien (*svw.* Queene)
quiek!; quiek, quiek!; **quie|ken, quiek|sen;** du quiekst; **Quiek|ser** *(ugs.)*
Qui|e|tis|mus, der; - ‹lat.› (inaktive Haltung; religiöse Bewegung); **Qui|e|tist,** der; -en, -en (Anhänger des Quietismus); **Qui|e|tis|tin; qui|e|tis|tisch**
Qui|e|tiv, das; -s, -e (*Pharm.* Beruhigungsmittel)
quietsch|bunt (*ugs. für* sehr bunt)
Quiet|sche|ent|chen, Quiet|sche|en|te (ein Kinderspielzeug)
quiet|schen; du quietschst; **Quiet|scher** *(ugs.)*
quietsch|fi|del *(ugs.)*
quietsch|gelb, quietsch|grün, quietsch|ro|sa usw. *vgl.* quietschbunt
quietsch|ver|gnügt (*ugs. für* sehr vergnügt)
Qui|jo|te *vgl.* Don Quijote
Quil|la|ja, die; -, -s ‹indian.› (ein chilenischer Seifenbaum); **Quil|la|ja|rin|de**
quil|len (*veraltet, noch landsch. für* [1]quellen)
quillt *vgl.* [1]quellen
Quilt, der; -s, -s ‹engl.› (eine Art Steppdecke); **Quilt|de|cke; quil|ten** (Quilts herstellen)
Qui|nar, der; -s, -e ‹lat.› (eine altrömische Münze)
quin|ke|lie|ren, quin|qui|lie|ren ‹lat.› (*bes. nordd. für* hell u. leise singen)
Qui|noa, die; -, -s ‹Quechua› (*Bot.* eine südamerik. Nutzpflanze)
Quin|qua|ge|si|ma, die; *Gen. -, bei Gebrauch ohne Artikel auch* ...mä ‹lat., »fünfzigster« [Tag]› (siebter Sonntag vor Ostern); **Quin|quen|ni|um,** das; -s, ...ien (*veraltet für* Jahrfünft)
quin|qui|lie|ren *vgl.* quinkelieren
Quin|quil|li|on, die; -, -en ‹lat.› (5. Potenz der Million)
[1]**Quint,** die; -, -en ‹lat.› (Fechthieb)
[2]**Quint,** die; -, -en, Quin|te, die; -, -n ‹lat.› (*Musik* fünfter Ton der diaton. Tonleiter; Intervall im Abstand von 5 Stufen)
Quin|ta, die; -, ...ten ‹lat.› (*veraltend für* zweite Klasse eines Gymnasiums)
Quin|tal [*auch* kɛ̃..., kɪn...], der; -s, -[e] ‹roman.› (Gewichtsmaß [Zentner] in Frankreich, Spanien u. in mittel- u. südamerik. Staaten; *Zeichen* q); 2 Quintal
Quin|ta|na, die; - ‹lat.› (*Med.* Fünftage[wechsel]fieber)
Quin|ta|ner (Schüler der Quinta); **Quin|ta|ne|rin**
Quin|tan|fie|ber, das; -s (*svw.* Quintana)
Quin|te *vgl.* [2]Quint; **Quin|ten** (*Plur. von* Quinta *u.* Quint)
Quin|ten|zir|kel, der; -s *(Musik)*
Quin|ter|ne, die; -, -n ‹lat.› (Reihe von fünf Nummern in der alten Zahlenlotterie)
Quint|es|senz, die; -, -en ‹lat.› ([als Ergebnis] das Wesentliche einer Sache)
Quin|tett, das; -[e]s, -e ‹ital.› (Musikstück für fünf Stimmen od. fünf Instrumente; *auch für* die fünf Ausführenden)
Quin|ti|li|an, Quin|ti|li|a|nus (röm. Redner, Verfasser eines lat. Lehrbuches der Rhetorik);
Quin|ti|li|us (altröm. m. Eigenn.)
Quin|til|li|on, die; -, -en (*svw.* Quinquillion)
Quin|to|le, die; -, -n ‹lat.› (Gruppe von fünf Tönen, die einen Zeitraum von drei, vier od. sechs Tönen gleichen Taktwertes in Anspruch nehmen); **Quint|sext|ak|kord** *(Musik)*
Quin|tus (altröm. m. Vorn.; *Abk.* Q.)
Qui|pro|quo, das; -[s], -s ‹lat.› (Verwechslung einer Person mit einer anderen)
Qui|pu [ˈkɪ...], das; -[s], -s ‹indian.› (Knotenschrift der Inkas)
Qui|rin, Qui|ri|nus (römischer Gott; römischer Tribun; ein Heiliger)
Qui|ri|nal, der; -s (Hügel in Rom; Sitz des italienischen Staatspräsidenten)
Qui|ri|te, der; -n, -n (altrömischer Vollbürger)
Quirl, der; -[e]s, -e; **quir|len**
quir|lig (*ugs. für* lebhaft)
Qui|si|sa|na, das; - ‹ital.› (Name von Kur- u. Gasthäusern)
Quis|ling, der; -s, -e ‹nach dem norw. Faschistenführer› (*abwertend für* Kollaborateur)
Quis|qui|li|en *Plur.* ‹lat.› (Kleinigkeiten)
Qui|to [ˈki:...] (Hauptstadt Ecuadors)
quitt ‹franz.› (ausgeglichen, fertig, befreit); wir sind quitt *(ugs.);* mit jmdm. quitt sein
Quit|te, die; -, -n (ein Obstbaum; dessen Frucht)
quit|te|gelb, quit|ten|gelb
Quit|ten|baum; Quit|ten|brot (in Stücke geschnittene, feste Quittenmarmelade); **Quit|ten|ge|lee; Quit|ten|kä|se,** der; -s (*österr. für* Quittenbrot); **Quit|ten|mar|me|la|de; Quit|ten|mus**
quit|tie|ren ‹franz.› ([den Empfang] bescheinigen; *veraltend für* [ein Amt] niederlegen); etwas mit einem Achselzucken quittieren (hinnehmen)
Quit|tung (Empfangsbescheinigung); **Quit|tungs|block** *vgl.* Block; **Quit|tungs|for|mu|lar**
Qui|vive [kiˈvi:f] ‹franz.› (Werdaruf); *nur in* auf dem Quivive sein (*ugs. für* auf der Hut sein)

Quiz [kvɪs], das; -, *Plur.* -, *ugs. auch* -ze ‹engl.› (Frage-und-Antwort-Spiel)
Quiz|fra|ge; Quiz|mas|ter (Fragesteller u. Moderator bei einer Quizveranstaltung); **Quiz|mas|te|rin; Quiz|run|de; Quiz|sen|dung; Quiz|show; quiz|zen** *(ugs.)*; du quizzt
Qum|ran [k...], Kum|ran (Ruinenstätte am Nordwestufer des Toten Meeres)
quod erat de|mons|t|ran|dum ‹lat., »was zu beweisen war«› (*Abk.* q. e. d.)
Quod|li|bet, das; -s, -s ‹lat.› (Durcheinander, Mischmasch; ein Kartenspiel; *Musik* scherzhafte Zusammenstellung verschiedener Melodien u. Texte)
quoll *vgl.* [1]quellen
quor|ren (*Jägerspr.* balzen [von der Schnepfe])
Quo|rum, das; -s, ...ren ‹lat.› (*bes. südd., schweiz. für* die zur Beschlussfassung in einer Körperschaft erforderliche Zahl anwesender Mitglieder)
Quo|ta|ti|on, die; -, -en ‹lat.› (Kursnotierung an der Börse)
Quo|te, die; -, -n ‹lat.› (Anteil [von Personen], der bei Aufteilung eines Ganzen auf den Einzelnen od. eine Einheit entfällt; *auch kurz für* Einschaltquote)
quo|teln (nach Quoten aufteilen); ich quot[e]le; **Quo|te|lung**
Quo|ten|brin|ger (*Fernsehen* Schauspieler o. Ä. od. Sendung mit einer hohen Einschaltquote); **Quo|ten|brin|ge|rin**
Quo|ten|druck (Anforderung, eine gute Einschaltquote zu erzielen)
Quo|ten|frau (*ugs. für* Frau, die aufgrund einer Quotenregelung in eine bestimmte Position berufen wurde)
Quo|ten|kar|tell *(Wirtsch.)*
Quo|ten|re|ge|lung (Festlegung eines angemessenen Anteils von Frauen in [politischen] Gremien)
Quo|ti|ent, der; -en, -en ‹lat.› (*Math.* Ergebnis einer Division)
quo|tie|ren (den Preis angeben od. mitteilen); **Quo|tie|rung** (*svw.* Quotation); **quo|ti|sie|ren** (in Quoten aufteilen); **Quo|ti|sie|rung**
quo va|dis? ‹lat., »wohin gehst du?«› (wohin wird das führen, was wird daraus?)

r R

r. = rechts
R., Reg[t]., Rgt. = Regiment
r, R = Radius
R = [2]Rand; Reaumur
R (Buchstabe); das R; des R, die R, *aber* das r in fahren; der Buchstabe R, r
Ρ, ρ = Rho
® ‹engl., »eingetragenes Warenzeichen«› = registered [trademark]
Ra *vgl.* [1]Re
Ra (*chem. Zeichen für* Radium)
[1]Raab (Stadt in Ungarn)
[2]Raab, die; - (rechter Nebenfluss der Donau)
Raa|be (dt. Schriftsteller)
Rab (eine dalmatinische Insel)
Ra|ba|nus Mau|rus *vgl.* Hrabanus Maurus
Ra|bat [ra'ba(:)t] (Hauptstadt von Marokko)
Ra|batt, der; -[e]s, -e ‹ital.› (Preisnachlass); **Ra|batt|ak|ti|on** *(Wirtsch.)*
Ra|bat|te, die; -, -n ‹niederl.› ([Rand]beet)
Ra|batt|ge|setz
ra|bat|tie|ren ‹ital.› (Rabatt gewähren); **Ra|bat|tie|rung**
Ra|batt|mar|ke; Ra|batt|schlacht *(ugs.)*
Ra|batz, der; -es (*ugs. für* Krawall, Unruhe); Rabatz machen
Ra|bau, der; *Gen.* -s *u.* -en, *Plur.* -e[n] (*niederrhein. für* kleine graue Renette; Rabauke)
Ra|bau|ke, der; -n, -n (*ugs. für* Rüpel, gewalttätiger Mensch)
Ra|bau|kin *(selten)*
Rab|bi, der; -[s], *Plur.* -s *u.* ...inen ‹hebr.› (*nur Sing.:* Ehrentitel jüdischer Gesetzeslehrer u. a.; Träger dieses Titels); **Rab|bi|nat,** das; -[e]s, -e (Amt, Würde eines Rabbi[ners]); **Rab|bi|ner,** der; -s, - (jüdischer Gesetzes-, Religionslehrer, Geistlicher, Prediger); **Rab|bi|ne|rin; rab|bi|nisch**
Räb|chen (*landsch. auch für* frecher Bengel)
Ra|be, der; -n, -n
Rä|be, die; -, -n (*schweiz. für* Weiße Rübe)
Ra|bea (w. Vorn.)
Ra|be|lais [...bəˈlɛː] (französischer Satiriker)
Ra|ben|aas (Schimpfwort); **Ra|ben|el|tern** *Plur.* (lieblose Eltern)
Ra|ben|krä|he
Ra|ben|mut|ter *Plur.* ...mütter (lieblose Mutter)
Ra|ben|schlacht, die; - (Schlacht bei Raben [Ravenna])
ra|ben|schwarz *(ugs.)*
Ra|ben|stein ([Richtstätte unter dem] Galgen)
Ra|ben|va|ter (liebloser Vater)
Ra|ben|vo|gel
ra|bi|at ‹lat.› (wütend; grob, gewalttätig)
Ra|bin (israel. Politiker)
Ra|bitz|wand ↑K136 ‹nach dem Erfinder› (Gipswand mit Drahtnetzeinlage)
Ra|bu|list, der; -en, -en ‹lat.› (Wortverdreher, Haarspalter); **Ra|bu|lis|te|rei; Ra|bu|lis|tik,** die; -; **Ra|bu|lis|tin; ra|bu|lis|tisch** (spitzfindig, wortklauberisch)
Ra|che, die; -; [an jmdm.] Rache nehmen; **Ra|che|akt**
Ra|che|durst; ra|che|dürs|tend ↑K59; **ra|che|durs|tig**
Ra|che|en|gel; Ra|che|feld|zug; Ra|che|ge|dan|ke; Ra|che|ge|lüs|te *Plur.*; **Ra|che|göt|tin**
Ra|chel (w. Vorn.)
Ra|chen, der; -s, -
rä|chen; gerächt; sich rächen
Ra|chen|blüt|ler *(Bot.)*
Ra|chen|ka|tarrh; Ra|chen|krebs
Ra|chen|man|del *vgl.* [1]Mandel; **Ra|chen|put|zer** (*ugs. scherzh. für* scharfes alkohol. Getränk)
Ra|che|plan *vgl.* [2]Plan; **Rä|cher; Rä|che|rin; Ra|che|schwur**
Rach|gier; rach|gie|rig
Ra|chi|tis, die; -, ...itiden ‹griech.› (*Med.* durch Mangel an Vitamin D hervorgerufene Krankheit); **ra|chi|tisch**
Rach|ma|ni|now (russ.-amerik. Komponist)
Rach|sucht, die; -; **rach|süch|tig**
Ra|cine [...ˈsiːn] (franz. Dramendichter)
Rack [rɛk], das; -s, -s ‹engl.› (Regal für eine Stereoanlage)
Ra|cke, Ra|ke, die; -, -n (ein Vogel)
Ra|ckel|huhn (*Jägerspr.* Kreuzung aus Birkhahn u. Auerhenne); **Ra|ckel|wild**
Ra|cker, der; -s, - (*fam. für* Schlingel)

Ra|cke|rei, die; -; **ra|ckern** (*ugs. für* sich abarbeiten); ich rackere
Ra|cket ['rɛ...], **Ra|kett**, das; -s, -s ‹engl.› ([Tennis]schläger)
Ra|c|lette [...klɛt, *auch* ...'klɛt], die; -, -s, *auch* das; -s, -s ‹franz.› (ein Walliser Käsegericht); **Ra|c|lette|kä|se**
rad = Radiant

Rad

das; -[e]s, Räder
- Rad fahren; ich fahre Rad; weil ich gern Rad fahre; sie ist Rad gefahren; um Rad zu fahren, *aber* sie ist beim Radfahren verunglückt
- die Rad fahrenden *od.* radfahrenden Kinder
- er kann Rad schlagen; ich schlage [ein] Rad; er hat [ein] Rad geschlagen, kann ein Rad schlagen; um Rad zu schlagen, *aber* er hat sich beim Radschlagen verletzt
- wir kamen zu Rad [und nicht zu Fuß]
- unter die Räder kommen (*ugs. für* völlig herunterkommen; eine schwere Niederlage hinnehmen müssen)

Ra|dar [*auch, österr. nur* 'ra:...], das, *nicht fachspr. auch* der; -s, -e ‹*aus* engl. radio detection and ranging› (Verfahren zur Ortung von Gegenständen mithilfe gebündelter elektromagnetischer Wellen; Radargerät)
Ra|dar|an|la|ge
Ra|dar|as|t|ro|no|mie
Ra|dar|fal|le (*ugs.*); **Ra|dar|ge|rät; Ra|dar|kon|t|rol|le**
Ra|dar|me|te|o|ro|lo|gie
Ra|dar|pei|lung; Ra|dar|pis|to|le (kleines handliches Radargerät); **Ra|dar|schirm; Ra|dar|sen|sor; Ra|dar|sta|ti|on**
Ra|dar|tech|ni|ker; Ra|dar|tech|ni|ke|rin
Ra|dar|wa|gen
Ra|dau, der; -s (*ugs. für* Lärm, Krach); Radau machen; **Ra|dau|bru|der** (jmd., der Krach macht, randaliert); **Ra|dau|ma|cher; Ra|dau|ma|che|rin**
Rad|ball; Rad|bal|ler; Rad|bal|le|rin; Rad|ball|spiel
Rad|brem|se; Rad|bruch, der
Räd|chen
Rad|damp|fer; Rad|durch|mes|ser

Ra|de, die; -, -n (*kurz für* Kornrade)
ra|de|bre|chen; du radebrechst; du radebrechtest; geradebrecht; zu radebrechen
Ra|de|gund, Ra|de|gun|de (w. Vorn.)
Ra|de|ha|cke (*ostmitteld. für* Rodehacke)
ra|deln (Rad fahren); ich rad[e]le
rä|deln (ausradeln); ich räd[e]le
Rä|dels|füh|rer; Rä|dels|füh|re|rin
Ra|den|thein (österr. Ort)
Rä|der|chen *Plur.*
Rä|der|ge|trie|be
...rä|de|rig, ...räd|rig (z. B. dreiräderig)
rä|dern (*früher für* durch das Rad hinrichten); ich rädere
Rä|der|tier *meist Plur.* (Schlauchwurm)
Rä|der|werk
Ra|detz|ky [...ki] (österr. Feldherr); **Ra|detz|ky|marsch**, **Ra|detz|ky-Marsch**, der; -[e]s
Rad|fah|ren, das; -s
Rad fah|ren *vgl.* Rad; **Rad fah|rend, rad|fah|rend** *vgl.* Rad
Rad|fah|rer; Rad|fah|rer|ho|se; Rad|fah|re|rin; Rad|fahr|weg; Rad|fel|ge; Rad|fern|weg; Rad|ga|bel
Ra|di, der; -s, - (*bayr. u. österr. für* Rettich); einen Radi kriegen (*bayr. u. österr. ugs. für* gerügt werden)
ra|di|al ‹lat.› (auf den Radius bezogen, strahlenförmig; von einem Mittelpunkt ausgehend)
Ra|di|al|ge|schwin|dig|keit (*Physik*)
Ra|di|al|li|nie (*österr. für* Straße, Straßenbahnlinie u. dgl., die von der Stadtmitte zum Stadtrand führt)
Ra|di|al|rei|fen
Ra|di|al|sym|me|t|rie (*Zool.*); **ra|di|al|sym|me|t|risch**
Ra|di|ant, der; -en, -en (*Astron.* scheinbarer Ausgangspunkt der Sternschnuppen; *Math.* Einheit des ebenen Winkels; *Zeichen* rad)
ra|di|är ‹franz.› (strahlig)
Ra|di|a|ti|on, die; -, -en (Strahlung); **Ra|di|a|tor**, der; -s, ...oren (ein Heizkörper)
Ra|dic|chio [...kjo], der; -[s] ‹ital.› (eine ital. Zichorienart)
Ra|di|en (*Plur. von* Radius)
ra|die|ren ‹lat.›; **Ra|die|rer** (Künstler, der Radierungen anfertigt; *ugs. für* Radiergummi); **Ra|die|re|rin**
Ra|dier|gum|mi, der, *ugs. auch* das

Ra|dier|kunst, die; - (Ätzkunst)
Ra|dier|mes|ser, das
Ra|dier|na|del
Ra|die|rung (mit einer geätzten Platte gedruckte Grafik)
Ra|dies|chen ‹lat.› (eine Pflanze)
ra|di|kal (politisch, ideologisch extrem; gründlich; rücksichtslos)
Ra|di|kal, das; -s, -e (*Chemie* Atom, Molekül od. Ion mit einem ungepaarten Elektron); freie Radikale
Ra|di|kal|di|ät
Ra|di|ka|le, der *u.* die; -n, -n
Ra|di|ka|len|er|lass (Verbot, Mitglieder extremistischer Organisationen im öffentlichen Dienst zu beschäftigen)
Ra|di|ka|lins|ki, der; -s, -s (*ugs. für* Radikaler)
ra|di|ka|li|sie|ren (radikal machen); **Ra|di|ka|li|sie|rung** (Entwicklung zum Radikalen)
Ra|di|ka|lis|mus, der; -, ...men (rücksichtslos bis zum Äußersten gehende [politische, religiöse usw.] Richtung); **Ra|di|ka|list**, der; -en, -en; **Ra|di|ka|lis|tin**
Ra|di|ka|li|tät, die; -, -en
Ra|di|kal|kur; Ra|di|kal|ope|ra|ti|on
Ra|di|kand, der; -en, -en (*Math.* Zahl, deren Wurzel gezogen werden soll)
Ra|dio, das (*südd., österr. ugs., schweiz. für das Gerät auch* der); -s, -s (Rundfunk[gerät])
ra|dio... ‹lat.›, **Ra|dio...** (Strahlen..., [Rund]funk...)
ra|dio|ak|tiv; radioaktiver Niederschlag; radioaktive Stoffe; **Ra|dio|ak|ti|vi|tät**, die; -
Ra|dio|ama|teur; Ra|dio|ama|teu|rin
Ra|dio|ap|pa|rat
Ra|dio|as|t|ro|no|mie
Ra|dio|bio|lo|gie
Ra|dio|car|bon|me|tho|de *vgl.* Radiokarbonmethode
Ra|dio|che|mie
Ra|dio|ele|ment (radioaktives chemisches Element)
Ra|dio|ge|rät
Ra|dio|gra|fie, **Ra|dio|gra|phie**, die; -, ...ien (Untersuchung mit Röntgenstrahlen); **ra|dio|gra|fisch**, **ra|dio|gra|phisch**
Ra|dio|gramm, das; -s, -e ‹lat.; griech.› (Röntgenbild)
Ra|dio|in|ter|view
Ra|dio|kar|bon|me|tho|de, *fachspr.* Ra|dio|car|bon|me|tho|de, die; -

R
Rack

(*Chemie, Geol.* Verfahren zur Altersbestimmung ehemals organischer Stoffe)
Ra|dio|kol|leg
Ra|dio|la|rie, die; -, -n *meist Plur.* ‹lat.› (*Zool.* Strahlentierchen)
Ra|dio|lo|ge, der; -n, -n ‹lat.; griech.› (*Med.* Facharzt für Röntgenologie u. Strahlenheilkunde); **Ra|dio|lo|gie,** die; - (Strahlenkunde); **Ra|dio|lo|gin; ra|dio|lo|gisch**
Ra|dio|me|te|o|ro|lo|gie; Ra|dio|me|ter, das; -s, - (*Physik* Strahlungsmessgerät); **Ra|dio|me|t|rie,** die; -
Ra|dio|mo|de|ra|tor; Ra|dio|mo|de|ra|to|rin; Ra|dio|pro|gramm
Ra|dio|quel|le (*Physik, Astron.*)
Ra|dio|re|kor|der, Ra|dio|re|cor|der
Ra|dio|röh|re; Ra|dio|sen|der; Ra|dio|sen|dung
Ra|dio-Sin|fo|nie|or|ches|ter, Ra|dio-Sym|pho|nie|or|ches|ter ↑K 22
Ra|dio|son|de (*Meteorol., Physik*)
Ra|dio|spot; Ra|dio|sta|ti|on
Ra|dio|stern (*Astron.*)
Ra|dio|strah|lung (*Physik, Astron.*)
Ra|dio|te|le|gra|fie, Ra|dio|te|le|gra|phie
Ra|dio|te|le|s|kop (*Astron.*)
Ra|dio|text (im Display eines entsprechend ausgerüsteten Radios)
Ra|dio|the|ra|pie [*auch* 'ra:...] (*Med.* Heilbehandlung durch Bestrahlung)
Ra|dio|we|cker
Ra|di|um, das; -s ‹lat.› (radioaktives chemisches Element, Metall; *Zeichen* Ra)
Ra|di|um|be|strah|lung; Ra|di|um|ema|na|ti|on, die; - (*ältere Bez. für* Radon); **ra|di|um|hal|tig**
Ra|di|us, der; -, ...ien (Halbmesser des Kreises; *Abk.* r, R); die Berechnung des Radius
Ra|dix, die; -, ...izes ‹lat.› (*fachspr. für* Wurzel); **ra|di|zie|ren** (*Math.* die Wurzel aus einer Zahl ziehen)
Rad|kap|pe; Rad|kas|ten; Rad|kranz
Radl, das; -s, -n (*bayr., österr. ugs. für* Fahrrad)
Rad|la|der (bei Bau- u. Erdarbeiten eingesetztes Räumfahrzeug)
[1]**Rad|ler** (Radfahrer)
[2]**Rad|ler,** das, *auch* der; -s, - (*landsch., bes. südd., für* Getränk aus Bier u. Limonade)
Rad|ler|ho|se; Rad|le|rin; Rad|ler|maß, die (*svw.* [2]Radler)
Rad|ma|cher (*landsch. für* Stellmacher); **Rad|ma|che|rin**
Rad|man|tel
Ra|dolf, Ra|dulf (m. Vorn.)
Ra|dom, das; -s, -s ‹engl.› (Radarschutzkuppel, Traglufthalle)
Ra|don [*auch* ...'do:n], das; -s ‹lat.› (radioaktives chemisches Element, Edelgas; *Zeichen* Rn)
Rad|pro|fi (Profi im Radsport)
Rad|rei|fen; Rad|renn|bahn; Rad|ren|nen
...räd|rig *vgl.* ...räderig
Rad|satz
Ra|d|scha [*auch* 'ra:...], der; -s, -s ‹sanskr.› (ind. Fürstentitel)
Rad|schla|gen, das; -s
Rad schla|gen *vgl.* Rad
Rad|schuh (Bremsklotz aus Holz od. Eisen)
Rad|sport, der; -[e]s; **Rad|sport|ler; Rad|sport|le|rin**
Rad|stadt (Stadt im österr. Bundesland Salzburg); **Rad|städ|ter Tau|ern** *Plur.*
Rad|stand; Rad|sturz; Rad|tour
Ra|dulf, Ra|dolf (m. Vorn.)
Rad|wan|de|rung; Rad|wan|der|weg; Rad|wech|sel; Rad|weg; Rad|we|ge|netz, Rad|weg|netz
Raes|feld ['ra:s...] (Ort in Nordrhein-Westfalen)
RAF, die; - = Rote-Armee-Fraktion
R. A. F. = Royal Air Force
Räf, das; -[e]s, -e (*schweiz. für* [1]Reff, [2]Reff)
Ra|fa|el [...e:l, *auch* ...ɛl] (*ökum. u. österr. für* Raphael); *vgl. aber* Raffael
Raf|fa|el [...e:l, *auch* ...ɛl] (italienischer Maler); *vgl. aber* Raphael; **raf|fa|e|lisch;** raffaelische Farbgebung; die raffaelische Madonna ↑K 89 *u.* 135
Raf|fel, die; -, -n (*landsch. für* großer, hässlicher Mund; loses Mundwerk; geschwätzige [alte] Frau; Gerät zum Abstreifen von Beeren; Reibeisen; Klapper); **raf|feln** (*landsch. für* raspeln; rasseln; schwatzen); ich raff[e]le
raf|fen; Raff|gier; raff|gie|rig; raf|fig (*landsch. für* raffgierig)
Raf|fi|na|de, die; -, -n ‹franz.› (gereinigter Zucker); **Raf|fi|nat,** das; -[e]s, -e (Produkt der Raffination); **Raf|fi|na|ti|on,** die; -, -en (Verfeinerung, Veredelung)
Raf|fi|ne|ment [...'mã:], das; -s, -s (Überfeinerung; Raffinesse)
Raf|fi|ne|rie, die; -, ...ien (Anlage zum Reinigen von Zucker od. zur Verarbeitung von Rohöl)
Raf|fi|nes|se, die; -, -n (Durchtriebenheit, Schlauheit)
Raf|fi|neur [...'nø:ɐ̯], der; -s, -e (Betreiber od. Angestellter einer Raffinerie; Maschine zum Feinmahlen von Holzsplittern)
raf|fi|nie|ren (Zucker reinigen; Rohöl zu Brenn- od. Treibstoff verarbeiten)
Raf|fi|nier|ofen; Raf|fi|nier|stahl
raf|fi|niert (gereinigt; durchtrieben, schlau); raffinierter Zucker; ein raffinierter Betrüger; **Raf|fi|niert|heit**
Raf|fi|no|se, die; - (zuckerartige chem. Verbindung)
Raff|ke, der; -s, -s (*ugs. für* raffgieriger Mensch)
Raff|sucht, die; -
Raf|fung
Raff|zahn (*landsch. für* stark überstehender Zahn; *ugs. für* raffgieriger Mensch)
Raft, das; -s, -s ‹engl.› (schwimmende Insel aus Treibholz; Schlauchboot); **raf|ten** (Rafting betreiben); **Raf|ter; Raf|te|rin; Raf|ting,** das; -s (das Wildwasserfahren einer Gruppe im Schlauchboot); **Raf|ting|tour**
Rag [rɛk], der; -[s] (*kurz für* Ragtime)
Ra|gaz, Bad (schweiz. Badeort)
Ra|ge [...ʒə], die; - ‹franz.› (*ugs. für* Wut, Raserei); in der Rage; in Rage bringen
ra|gen
Ra|gio|nen|buch [ra'dʒo:...] ‹ital.; dt.› (*schweiz. für* Verzeichnis der ins Handelsregister eingetragenen Firmen)
Ra|g|lan [*auch* 'rɛglən], der; -s, -s ‹engl.› ([Sport]mantel mit angeschnittenem Ärmel); **Ra|g|lan|är|mel; Ra|g|lan|schnitt**
Rag|na|rök, die; - ‹altnord.› (*germ. Mythol.* Weltuntergang)
Ra|gout [...'gu:], das; -s, -s ‹franz.› (Gericht aus Fleisch-, Geflügel- od. Fischstückchen in pikanter Soße); **Ra|gout fin** [ragu'fɛ̃:], *fachspr.* **Ra|goût fin** [...gu'fɛ̃:], das; - -, -s -s [- -] (feines Ragout)
Rag|time ['rɛktaim], der; -[s] ‹amerik.› (afroamerikanischer Stil populärer Klaviermusik)
Ra|gu|sa (*ital. Name von* Dubrovnik)
Rag|wurz (eine Orchideengattung)
Rah, Ra|he, die; -, Rahen (*See-*

R
Rahe

mannsspr. Querstange am Mast für das Rahsegel)
Ra|hel (w. Vorn.)
Rahm, der; -[e]s (*landsch. für* Sahne)
Rähm, der; -[e]s, -e (*Bauw.* waagerechter Teil des Dachstuhls)
Rahm|but|ter
Rähm|chen
rah|men; Rah|men, der; -s, -
Rah|men|ab|kom|men
Rah|men|an|ten|ne
Rah|men|be|din|gung *meist Plur.*
Rah|men|bruch, der; -[e]s, ...brüche
Rah|men|er|zäh|lung
rah|men|ge|näht; rahmengenähte Schuhe
Rah|men|ge|setz
Rah|men|hand|lung
Rah|men|naht
Rah|men|plan *vgl.* [2]Plan; **Rah|men|pro|gramm; Rah|men|richt|li|nie** *meist Plur.;* **Rah|men|ta|rif; Rah|men|ver|ein|ba|rung; Rah|men|ver|trag**
rah|mig (*landsch. für* sahnig)
Rahm|kä|se; Rahm|schnit|zel *vgl.* [1]Schnitzel; **Rahm|so|ße, Rahm|sau|ce; Rahm|sup|pe**
Rah|mung
Rah|ne, die; -, -n (*bayr., österr. für* Rote Rübe); *vgl.* Rande
Rah|se|gel (*Seemannsspr.*)
Rai, der; -[s] ⟨arab.⟩ (populärer arab. Musikstil)
Raid [reːt], der; -s, -s ⟨engl.⟩ (*Militär* Überraschungsangriff)
Raiff|ei|sen (Familienname); **Raiff|ei|sen|bank** *Plur.* ...banken
Rai|gras *vgl.* Raygras
[1]**Rai|mund, Rei|mund** (m. Vorn.)
[2]**Rai|mund** (österr. Dramatiker)
Rain, der; -[e]s, -e (Ackergrenze; *schweiz. u. südd. für* Abhang)
Rai|nald, Rei|nald (m. Vorn.); Rainald von Dassel (Kanzler Friedrichs I. Barbarossa)
rai|nen (*veraltet für* abgrenzen)
Rai|ner, Rei|ner (m. Vorn.)
Rain|farn (eine Pflanze); **Rai|nung** (*veraltet für* Festsetzung der Ackergrenze); **Rain|wei|de** (Liguster)
ra|jo|len (*svw.* rigolen)
Ra|ke *vgl.* Racke
Ra|kel, die; -, -n (*Druckw.* Vorrichtung zum Abstreichen überschüssiger Farbe von der eingefärbten Druckform)
rä|keln *vgl.* rekeln
Ra|ke|te, die; -, -n ⟨ital.⟩ (ein Feuerwerkskörper; ein Flugkörper)
Ra|ke|ten|ab|schuss|ram|pe
Ra|ke|ten|ab|wehr; Ra|ke|ten|ab|wehr|sys|tem
Ra|ke|ten|an|griff; Ra|ke|ten|an|trieb; Ra|ke|ten|ap|pa|rat (*Seew.*)
ra|ke|ten|ar|tig (*übertr. auch für* sehr schnell)
Ra|ke|ten|au|to; Ra|ke|ten|ba|sis; Ra|ke|ten|be|schuss
ra|ke|ten|be|stückt
Ra|ke|ten|flug|zeug; Ra|ke|ten|schlit|ten; Ra|ke|ten|spreng|kopf; Ra|ke|ten|start; Ra|ke|ten|start|ram|pe; Ra|ke|ten|stu|fe; Ra|ke|ten|stütz|punkt; Ra|ke|ten|treib|stoff; Ra|ke|ten|trieb|werk; Ra|ke|ten|waf|fe; Ra|ke|ten|wer|fer; Ra|ke|ten|zeit|al|ter, das; -s
Ra|kett *vgl.* Racket
Ra|ki, der; -[s], -s ⟨türk.⟩ (ein Branntwein aus Rosinen u. Anis)
Ralf (m. Vorn.)
Ral|le, die; -, -n (ein Vogel)
[1]**Ral|lye** [...li, *auch* ˈrɛli], die; -, -s, *schweiz. auch* das; -s, -s ⟨engl.-franz.⟩ (Autorennen [in einer od. mehreren Etappen] mit Sonderprüfungen)
[2]**Ral|lye, Ral|ly** [ˈrɛli], die; -, -s, *schweiz. auch* das; -s, -s ⟨engl.⟩ (*Börsenw.* kurzer, starker Anstieg der Börsenkurse)
Ral|lye-Cross, Ral|lye|cross, das; -, -e (Autorennen auf Rennstrecken mit wechselndem Streckenbelag)
Ral|lye|fah|rer; Ral|lye|fah|re|rin
Ralph (m. Vorn.)
RAM, das; -[s], -[s] ⟨*aus* engl. random access memory⟩ (*EDV* Informationsspeicher mit wahlfreiem Zugriff)
Ra|ma|dan, der; -[s], -e ⟨arab.⟩ (Fastenmonat der Moslems)
Ra|ma|ja|na, das; - ⟨sanskr.⟩ (indisches religiöses Nationalepos)
Ra|ma|su|ri, die; - ⟨ital.⟩ (*bayr. u. österr. ugs. für* großes Durcheinander; Trubel)
Ram|ba|zam|ba, der *od.* das; -s, -s (*ugs. für* Aufruhr, Aufregung)
Ram|bo, der; -s, -s ⟨nach dem amerik. Filmhelden⟩ (*ugs. für* brutaler Kraftprotz)
Ram|bouil|let [rãbuˈjeː] (franz. Stadt); **Ram|bouil|let|schaf, Ram|bouil|let-Schaf** (ein feinwolliges Schaf)
Ram|bur, der; -s, -e ⟨franz.⟩ (Apfel einer säuerlichen Sorte)
Rameau [raˈmoː], Jean-Philippe [ʒãfiˈlip] (franz. Komponist)
Ra|mes|si|de, der; -n, -n (Herrscher aus dem Geschlecht des Ramses)
Ra|mie, die; -, ...ien ⟨malai.-engl.⟩ (Bastfaser, Chinagras)
Ramm, der; -[e]s, -e (Rammsporn [früher an Kriegsschiffen])
Ramm|bär, der; -s, *Plur.* -en, *fachspr. auch* -e; **Ramm|bock; Ramm|bug**
ramm|dö|sig (*ugs. für* benommen)
Ram|me, die; -, -n (Fallklotz)
Ram|mel, der; -s, - (*landsch. für* ungehobelter Kerl, Tölpel)
Ram|me|lei (*ugs. für* Balgerei; *derb für* häufiges Koitieren)
ram|meln (*ugs. für* sich balgen, sich stoßen; *Jägerspr.* belegen, decken [bes. von Hasen u. Kaninchen]; *derb für* koitieren); ich ramm[e]le
ram|mel|voll (*ugs. für* sehr voll)
ram|men
Ramm|ham|mer; Ramm|klotz
Ramm|ler (Männchen von Hasen u. Kaninchen)
Ramm|ma|schi|ne, Ramm-Ma|schi|ne
Ramms|kopf *vgl.* Ramskopf
Ramm|sporn, der; -[e]s, -e
Ram|pe, die; -, -n ⟨franz.⟩ (schiefe Ebene zur Überwindung von Höhenunterschieden; Auffahrt; Verladebühne; *Theater* Vorbühne); **Ram|pen|licht**
Ram|pen|sau *Plur.* ...säue (*derb für* leidenschaftlicher Bühnenkünstler)
ram|po|nie|ren ⟨ital.⟩ (*ugs. für* stark beschädigen)
Ram|s|au [*auch* ˈram...] (Name verschiedener Orte in Südbayern u. Österreich)
[1]**Ramsch,** der; -[e]s, -e *Plur. selten* (*ugs. für* wertloses Zeug; minderwertige Ware)
[2]**Ramsch,** der; -[e]s, -e ⟨franz.⟩ (Spielart beim Skat, mit dem Ziel, möglichst wenig Punkte zu bekommen)
[1]**ram|schen** ⟨*zu* [1]Ramsch⟩ (*ugs. für* Ramschware billig aufkaufen); du ramschst
[2]**ram|schen** (einen [2]Ramsch spielen); du ramschst
Ram|scher ⟨*zu* [1]Ramsch⟩ (*ugs. für* Aufkäufer zu Schleuderpreisen); **Ram|sche|rin**
Ramsch|la|den; Ramsch|wa|re
Ram|ses (Name ägypt. Könige)
Rams|kopf, Ramms|kopf (Pferdekopf mit stark gekrümmtem Nasenrücken)

ran (*ugs. für* heran); ↑K13
Ran (*germ. Mythol.* Gattin des Meerriesen Ägir)
Ranch [rɛntʃ], die; -, -[e]s ‹amerik.› (größerer landwirtschaftlicher Betrieb mit Viehzucht in Nordamerika); **Ran|cher,** der; -s, -[s]; **Ran|che|rin**
[1]**Rand,** der; -[e]s, Ränder; außer Rand und Band sein *(ugs.)*; zurande *od.* zu Rande kommen
[2]**Rand** [rɛnt], der; -s, -[s] ‹engl.› (Währungseinheit der Republik Südafrika; *Abk.* R; *Währungscode* ZAR); 5 Rand
Ran|da|le, die; -, -n; *meist in der Wendung* Randale machen (*ugs. für* randalieren); **ran|da|lie|ren; Ran|da|lie|rer; Ran|da|lie|re|rin**
Rand|aus|gleich
Rand|be|din|gung *meist Plur.*
Rand|beet (Rabatte)
Rand|be|mer|kung; Rand|be|reich
Rand|be|zirk
Ränd|chen
Ran|de, die; -, -n (*schweiz. für* Rote Rübe); *vgl.* Rahne
Rän|del|mut|ter *Plur.* ...muttern
rän|deln (mit einer Randverzierung versehen; riffeln); ich ränd[e]le; **Rän|del|rad; Rän|del|schrau|be; Rän|de|lung**
Rän|der (*Plur. von* [1]Rand)
...rän|de|rig *vgl.* ...randig
rän|dern; ich rändere
Rand|er|schei|nung; Rand|exis|tenz; Rand|fi|gur; Rand|ge|biet; Rand|ge|bir|ge; Rand|glos|se
Rand|grup|pe *(bes. Soziol.)*
...ran|dig, ...rän|de|rig, ...ränd|rig (z. B. breitrandig *od.* breitränd[e]rig)
Rand|la|ge; Rand|leis|te
rand|los; randlose Brille
Rand|no|tiz; Rand|num|mer
Ran|dolf, Ran|dulf (m. Vorn.)
Rand|per|sön|lich|keit *(Soziol.)*; **Rand|pro|b|lem**
...ränd|rig *vgl.* ...randig
Rand|sied|lung
Rand|sport|art
Rand|staat *Plur.* ...staaten
rand|stän|dig *(bes. Soziol., Bot.)*
Rand|stein; Rand|stel|lung; Rand|strei|fen
Ran|dulf, Ran|dolf (m. Vorn.)
Rand|ver|zie|rung
rand|voll; ein randvolles Glas
Rand|zeich|nung; Rand|zif|fer; Rand|zo|ne
Ranft, der; -[e]s, Ränfte (*landsch. für* Brotkanten, -kruste); **Ränft|chen, Ränft|lein**
rang *vgl.* ringen
Rang, der; -[e]s, Ränge ‹franz.›; jmdm. den Rang ablaufen (jmdn. überflügeln, übertreffen); der erste, zweite Rang; eine Schauspielerin ersten Ranges; ein Sänger von Rang
Rang|ab|zei|chen; Rang|äl|tes|te
Ran|ge, die; -, -n, *selten* der; -n, -n (*landsch. für* unartiges Kind)
ran|ge|hen (*ugs. für* herangehen; etwas energisch anpacken); ↑K13
Ran|ge|lei; ran|geln (*für* sich balgen, raufen); ich rang[e]le
Ran|ger [ˈreːndʒɐ], der; -s, -[s] ‹amerik.› (Soldat mit Spezialausbildung; Aufseher in Nationalparks; *früher* Angehöriger einer Polizeitruppe in Nordamerika [z. B. Texas Ranger])
Rang|er|hö|hung
Ran|ge|rin [ˈreːndʒ...]
Rang|fol|ge
rang|geln (*Sport bayr., österr.* eine Form des Ringens)
rang|gleich
rang|hoch; ranghohe, ranghöhere, ranghöchste Militärs; **Rang|höchs|te,** der *u.* die; -n, -n; **rang|hö|her** *vgl.* ranghoch
Ran|gier|bahn|hof [rãˈʒiːɐ̯..., *österr.* ranˈʒiːɐ̯...]
ran|gie|ren ‹franz.› (einen Rang innehaben [vor, hinter jmdm.]; *Eisenbahn* verschieben)
Ran|gie|rer; Ran|gie|re|rin
Ran|gier|gleis; Ran|gier|lok; Ran|gier|lo|ko|mo|ti|ve; Ran|gier|meis|ter; Ran|gier|meis|te|rin
Ran|gie|rung
...ran|gig (z. B. zweitrangig)
Rang|lis|te
Rang|lo|ge (im Theater)
rang|mä|ßig
rang|nie|der
Rang|ord|nung; Rang|rei|he (*bes. Statistik, Wirtsch.* Rangliste); **Rang|stu|fe**
Ran|gun (Hauptstadt von Myanmar [Birma]); **Ran|gun|reis, Ran|gun-Reis,** der; -es
Rang|un|ter|schied
Rang|zei|chen (Rangabzeichen)
ran|hal|ten, sich (*ugs. für* sich beeilen); ↑K13
rank (*geh. für* schlank; geschmeidig); rank und schlank
Rank, der; -[e]s, Ränke (*schweiz. für* Wegbiegung; Kniff, Trick); *vgl.* Ränke
Ran|ke, die; -, -n (Pflanzenteil)
Rän|ke *Plur.* (*veraltend für* Intrigen, Machenschaften); Ränke schmieden; *vgl.* Rank
[1]**ran|ken,** sich ranken
[2]**ranken** [ˈrɛŋkn̩] ‹*zu* Ranking› (in einem Ranking einen bestimmten Platz belegen)
Ran|ken, der; -s, - (*landsch. für* dickes Stück Brot)
ran|ken|ar|tig
Ran|ken|ge|wächs; Ran|ken|or|na|ment; Ran|ken|werk, das; -[e]s (ein Ornament)
Rän|ke|schmied *(veraltend)*; **Rän|ke|schmie|din; Rän|ke|spiel; Rän|ke|sucht,** die; -
rän|ke|süch|tig; rän|ke|voll
ran|kig
Ran|king [ˈrɛŋkɪŋ], das; -s, -s ‹engl.› (*bes. Wirtsch.* Rangliste, Bewertung)
ran|klot|zen (*ugs. für* viel arbeiten); ↑K13
ran|kom|men (*ugs. für* herankommen, drankommen); ↑K13
ran|krie|gen (*ugs. für* zur Verantwortung ziehen; hart arbeiten lassen); ↑K13
Ran|kü|ne, die; -, -n ‹franz.› (*veraltend für* Groll, heimliche Feindschaft; Rachsucht)
ran|las|sen (*ugs. für* jmdm. die Gelegenheit geben, seine Fähigkeiten zu beweisen; sich zum Geschlechtsverkehr bereitfinden); ↑K13
ran|ma|chen, sich (*ugs. für* sich heranmachen); ↑K13
ran|müs|sen (*ugs. für* [mit]arbeiten müssen); ↑K13
rann|te *vgl.* rennen
ran|schaf|fen (*ugs. für* heranschaffen); ↑K13
ran|schmei|ßen, sich (*ugs. für* sich anbiedern); ↑K13
Rans|mayr (österr. Schriftsteller)
Ra|nun|kel, die; -, -n ‹lat.› (ein Hahnenfußgewächs)
ran|wan|zen, sich (*ugs. für* sich anbiedern); ↑K13
Ränz|chen; Rän|zel, das, *nordd. auch* der; -s, - (kleiner Ranzen)
ran|zen (*Jägerspr.* begatten [von Füchsen u. anderen Raubtieren])
Ran|zen, der; -s, - (Schultasche; *ugs. für* dicker Bauch)
Ran|zer (*landsch. für* grober Tadel)
ran|zig ‹niederl.›; ranziges Öl
Ränz|lein
Ranz|zeit ‹*zu* ranzen›
Ra|oul [...ˈuːl] (m. Vorn.)
Rap [rɛp], der; -[s], -s ‹engl.-ame-

rik.⟩ (auf rhythmischem Sprechgesang basierender Musikstil)
Ra|pal|lo (Seebad bei Genua); **Ra|pal|lo|ver|trag,** der; -[e]s
Rap|fen, der; -s, - (ein Karpfenfisch)
Ra|pha|el, Ra|fa|el [...e:l, *auch* ...ɛl] (einer der Erzengel); *vgl. aber* Raffael
Ra|phia, die; -, ...ien ⟨madagass.⟩ (afrikanische Bastpalme, Nadelpalme); **Ra|phia|bast**
Ra|phi|den *Plur.* ⟨griech.⟩ (*Bot.* nadelförmige Kristalle in Pflanzenzellen)
ra|pid, *österr. nur so, od.* **ra|pi|de** ⟨lat.⟩ (überaus schnell); **Ra|pi|di|tät,** die; -
Ra|pier, das; -s, -e ⟨franz.⟩ (Fechtwaffe, Degen)
Rap|mu|sik [ˈrɛp...], die; - ⟨*zu* Rap⟩ (Popmusik in der Form des Raps)
Rapp, der; -s, -e (*landsch. für* Traubenkamm, entbeerte Traube)
Rap|pe, der; -n, -n (schwarzes Pferd)
Rap|pel, der; -s, - (*ugs. für* plötzlicher Zorn; Verrücktheit); **rap|pe|lig,** rapp|lig *(ugs.)*
Rap|pel|kopf (*ugs. für* aufbrausender Mensch); **rap|pel|köp|fisch**
rap|peln (*ugs. für* klappern; *österr. für* verrückt sein); ich rapp[e]le
rap|pel|tro|cken (*landsch. für* völlig trocken); **rap|pel|voll** (*ugs. für* sehr voll)
rap|pen [ˈrɛp...] ⟨*zu* Rap⟩ (einen Rap singen, spielen); ich rappe; gerappt
Rap|pen, der; -s, - (schweiz. Münze, Untereinheit des Schweizer Franken; *Abk.* Rp.; 100 Rappen = 1 Schweizer Franken); **Rap|pen|spal|ter** (*schweiz. für* Pfennigfuchser); **Rap|pen|spal|te|rin**
Rap|per [ˈrɛp...], der; -s, - ⟨*zu* Rap⟩ (Rapsänger); **Rap|pe|rin; Rap|ping,** das; -[s] (*svw.* Rap)
rapp|lig *vgl.* rappelig
Rap|port, der; -[e]s, -e ⟨franz.⟩ (Bericht, dienstl. Meldung; *Textiltechnik* Musterwiederholung bei Geweben); **rap|por|tie|ren**
Rapp|schim|mel (Pferd)
raps!; rips, raps!
Raps, der; -es, *Plur. (Sorten:)* -e (eine Ölpflanze)
Raps|acker; Raps|blü|te
rap|schen, rap|sen (*landsch. für* hastig wegnehmen); du rapschst/rapst
Raps|erd|floh; Raps|feld; Raps|glanz|kä|fer; Raps|ku|chen *(Landwirtsch.);* **Raps|öl**
Rap|tus, der; -, *Plur.* - *u.* (*für* Rappel:) -se ⟨lat.⟩ (*Med.* Anfall von Raserei; *scherzh. für* Rappel)
Ra|pünz|chen (Feldsalat); **Ra|pünz|chen|sa|lat**
Ra|pun|ze, Ra|pun|zel, die; -, -n (*landsch. für* Feldsalat)
Ra|pu|se, die; - ⟨tschech.⟩; *in den Wendungen* in die Rapuse kommen *od.* gehen (*landsch. für* verloren gehen); in die Rapuse geben (*landsch. für* preisgeben)
rar ⟨lat.⟩ (selten)
Ra|ri|tät, die; -, -en (seltenes Stück, seltene Erscheinung)
Ra|ri|tä|ten|ka|bi|nett; Ra|ri|tä|ten|samm|lung
rar|ma|chen, sich (*ugs. für* sich selten sehen lassen)
Ras, der; -, - ⟨arab.⟩ (Vorgebirge; Berggipfel; *früher* äthiopischer Fürstentitel)
ra|sant ⟨lat.⟩ (*ugs. für* sehr schnell; schnittig; schwungvoll); **Ra|sanz,** die; -
ra|sau|nen (*landsch. für* lärmen, poltern); er hat rasaunt
rasch
ra|scheln; ich rasch[e]le
ra|sches|tens; ra|schest|mög|lich *(österr., schweiz.)*
Rasch|heit, die; -
rasch|le|big; rasch|wüch|sig
ra|sen (wüten; sehr schnell fahren, rennen); du rast; er ras|te
Ra|sen, der; -s, -; ich muss noch Rasen mähen; **Ra|sen|bank** *Plur.* ...bänke
ra|sen|be|deckt; ra|sen|be|wach|sen
Ra|sen|blei|che
ra|send (wütend; schnell); sie hat mich rasend gemacht; rasend werden, *aber* ↑K82 : es ist zum Rasendwerden
Ra|sen|de|cke; Ra|sen|flä|che
Ra|sen|hei|zung (in Sportstadien)
Ra|sen|mä|her; Ra|sen|mä|her|prin|zip, das; -s (*ugs. für* Grundsatz, allen gleich viel wegzunehmen); **Ra|sen|platz; Ra|sen|schach** *(Fußballjargon)*
Ra|sen|spiel; Ra|sen|spie|ler; Ra|sen|spie|le|rin
Ra|sen|sport; Ra|sen|spren|ger; Ra|sen|strei|fen; Ra|sen|ten|nis; Ra|sen|tep|pich
Ra|ser (*ugs. für* unverantwortlich schnell Fahrender); **Ra|se|rei; Ra|se|rin**
Ra|sier|ap|pa|rat
Ra|sier|creme, Ra|sier|crème
ra|sie|ren ⟨franz.⟩; sich rasieren
Ra|sie|rer (*ugs.; kurz für* Rasierapparat); **Ra|sier|klin|ge**
Ra|sier|mes|ser, das; **Ra|sier|pin|sel; Ra|sier|schaum; Ra|sier|sei|fe**
Ra|sier|sitz (*ugs. scherzh. für* Sitz in der ersten Reihe im Kino)
Ra|sier|spie|gel; Ra|sier|was|ser *Plur.* ...wasser *u.* ...wässer; **Ra|sier|zeug**
ra|sig (mit Rasen bewachsen)
Rä|son [rɛˈzõː], die; - ⟨franz.⟩ (*veraltend für* Vernunft, Einsicht); jmdn. zur Räson bringen; **Rä|so|neur** [...ˈnøːɐ̯], der; -s, -e (*veraltet für* jmd., der ständig räsoniert); **Rä|so|neu|rin**
rä|so|nie|ren (sich wortreich äußern; *ugs. für* ständig schimpfen)
Rä|son|ne|ment [...ˈmãː], das; -s, -s (*veraltend für* vernünftige Überlegung)
Ras|pa, die; -, -s, *ugs. auch* der; -s, -s ⟨span.⟩ (ein lateinamerikanischer Gesellschaftstanz)
[1]**Ras|pel,** die; -, -n (ein Werkzeug)
[2]**Ras|pel,** der; -s, - *meist Plur.* (geraspeltes Stückchen [von Schokolade, Kokosnuss u. a.])
ras|peln; ich rasp[e]le
Ras|pu|tin [*auch* ...ˈpuː...] (russ. Eigenn.)
raß *(südd.),* **räß** (*südd., schweiz. mdal. für* scharf gewürzt, beißend [von Speisen]; resolut, streng, unfreundlich [von Personen])
Ras|se, die; -, -n ⟨franz.⟩; **Ras|se|hund**
Ras|sel, die; -, -n (Knarre, Klapper)
Ras|sel|ban|de, die; -, -n (*ugs. scherzh. für* übermütige, zu Streichen aufgelegte Kinderschar)
Ras|se|lei; Ras|se|ler, Rass|ler; **Ras|se|le|rin,** Rass|le|rin; **ras|seln;** ich rass[e]le
Ras|sen|dis|kri|mi|nie|rung; Ras|sen|ge|setz; Ras|sen|hass; Ras|sen|het|ze; Ras|sen|ideo|lo|gie; Ras|sen|kon|flikt
Ras|sen|merk|mal *(Biol.)*
Ras|sen|pro|b|lem; Ras|sen|tren|nung; Ras|sen|un|ru|hen *Plur.;* **Ras|sen|wahn** *(abwertend)*
Ras|se|pferd

R
Rapa

ras|se|rein (reinrassig); **Ras|se|rein|heit,** die; - *(Biol.)*
ras|se|ver|edelnd *(Biol.)*
ras|sig (von ausgeprägter Art)
ras|sisch (der Rasse entsprechend, auf die Rasse bezogen)
Ras|sis|mus, der; - (Rassendenken u. die daraus folgende Diskriminierung von Personen aufgrund bestimmter biologischer Merkmale)
Ras|sist, der; -en, -en (Vertreter des Rassismus); **Ras|sis|tin; ras|sis|tisch**
Räß|kä|se (*westösterr. für* einen würzigen Käse)
Rass|ler, Ras|se|ler
Rass|le|rin, Ras|se|le|rin
Rast, die; -, -en; ohne Rast und Ruh
Ras|ta, der; -s, -s (*kurz für* Rastafari); **Ras|ta|fa|ri,** der; -s, -s ⟨engl.⟩ (Anhänger einer religiösen Bewegung in Jamaika); **Ras|ta|lo|cke** *meist Plur.* (aus Haarsträhnen gezwirbeltes od. geflochtenes Zöpfchen)
Ra|statt (Stadt im Oberrhein. Tiefland); **Ra|stat|ter; Ra|stat|te|rin**
Ras|te, die; -, -n (Stützkerbe)
Ras|tel, das; -s, - ⟨ital.⟩ (*österr. für* Schutzgitter, Drahtgeflecht)
ras|ten
[1]**Ras|ter,** der; -s, - ⟨lat.⟩ (Glasplatte od. Folie mit engem Liniennetz zur Zerlegung eines Bildes in Rasterpunkte)
[2]**Ras|ter,** das; -s, - (Fläche des Fernsehbildschirmes, die sich aus Lichtpunkten zusammensetzt)
ras|ter|ar|tig
Ras|ter|ät|zung (*für* Autotypie)
Ras|ter|fahn|dung (Überprüfung eines großen Personenkreises mithilfe von Computern)
Ras|ter|mi|k|ro|s|kop
ras|tern (ein Bild durch Rasterpunkte zerlegen); ich rastere
Ras|ter|plat|te; Ras|ter|punkt; Ras|te|rung
Rast|haus; Rast|hof
rast|los; Rast|lo|sig|keit, die; -
Rast|platz
Ras|t|ral, das; -s, -e ⟨lat.⟩ (Gerät zum Ziehen von Notenlinien); **ras|t|rie|ren**
Rast|sta|ti|on *(bes. österr.)*; **Rast|stät|te; Rast|tag**
Ra|sul|bad ⟨arab.; dt.⟩ (ein Dampfbad, bei dem Kräuter u. Schlämme eingesetzt werden)
Ra|sur, die; -, -en ⟨lat.⟩ (das Rasieren; Schrifttilgung)

Rat

der; -[e]s, *Plur. (für Personen und Institutionen)* Räte

- sich Rat holen
- jemanden um Rat fragen
- bei jemandem Rat suchen
- sich Rat suchend *od.* ratsuchend an jemanden wenden; *aber nur* zuverlässigen Rat suchend
- einen Ratsuchenden *od.* Rat Suchenden nicht abweisen
- zurate *od.* zu Rate gehen, ziehen

↑K150: der Große Rat (schweiz. Bez. für Kantonsparlament)
- der Hohe Rat (in Jerusalem zur Zeit Jesu)

Rät, Rhät, das; -s ⟨nach den Rätischen Alpen⟩ (*Geol.* jüngste Stufe des Keupers)
Ra|tan|hia|wur|zel [...ˈtani̯a...] ⟨indian.; dt.⟩ (Wurzel einer südamerikanischen Pflanze)
Ra|ta|touille [...ˈtu̯i], die; -, -s *u.* das; -s, -s ⟨franz.⟩ (*Gastron.* Gemüse aus Tomaten, Auberginen, Paprika usw.)
Ra|te, die; -, -n ⟨ital.⟩ (Teilzahlung; Teilbetrag)
Rä|te|de|mo|kra|tie
Ra|te|fuchs (*ugs. für* jmd., der erfolgreich an Ratespielen, Quizsendungen o. Ä. teilnimmt); **Ra|te|füch|sin**
[1]**ra|ten;** du rätst, er rät; du rietst; du rietest, er riet; geraten; rat[e]!
[2]**raten** [ˈreɪtn̩] ⟨*zu* Rating⟩ (*Wirtsch.* hinsichtlich der Bonität einstufen)
Ra|ten|be|trag; Ra|ten|ge|schäft; Ra|ten|kauf; Ra|ten|kre|dit (*kurz für* Ratenzahlungskredit); **Ra|ten|spar|ver|trag** *(Bankw.)*; **Ra|ten|wech|sel**
ra|ten|wei|se
Ra|ten|zah|lung; Ra|ten|zah|lungs|kre|dit
[1]**Ra|ter** (jmd., der etw. rät)
[2]**Ra|ter** [ˈreːtɐ], der; -s, - ⟨*zu* engl. to rate, »einschätzen«⟩ (jmd., der ein Rating vornimmt)
Rä|ter, Rhä|ter (Bewohner des alten Rätien)
Rä|te|re|gie|rung; Rä|te|re|pu|b|lik
[1]**Ra|te|rin** ⟨*zu* [1]Rater⟩
[2]**Ra|te|rin** [ˈreːtərɪn] ⟨*zu* [2]Rater⟩
Rä|te|rin, Rhä|te|rin
Rä|te|russ|land *(Geschichte)*
Ra|te|show; Ra|te|spiel

Rä|te|staat; Rä|te|sys|tem
Ra|te|team
Rat|ge|ber; Rat|ge|be|rin
Rat|haus; Rat|haus|saal
Ra|the|nau (dt. Staatsmann)
Ra|the|now [...no] (Stadt an der Havel)
Rä|ti|en, Rhä|ti|en (altröm. Prov.; *auch für* Graubünden)
Ra|ti|fi|ka|ti|on, die; -, -en ⟨lat.⟩ (Anerkennung eines völkerrechtlichen Vertrages); **Ra|ti|fi|ka|ti|ons|ur|kun|de**
ra|ti|fi|zie|ren; Ra|ti|fi|zie|rung
Rä|ti|kon, Rhä|ti|kon, das; -s, *auch* der; -[s] (Teil der Ostalpen an der österreichisch-schweizerischen Grenze)
Rä|tin (Titel)
Ra|ti|né, der; -s, -s ⟨franz.⟩ (ratiniertes Gewebe)
Ra|ting [ˈreɪtɪŋ], das; -s, -s ⟨engl.⟩ (*Psychol., Soziol.* Verfahren zur Einschätzung; *auch Bankw.* Einstufung der Zahlungsfähigkeit eines internationalen Schuldners); **Ra|ting|agen|tur** (Agentur, die die Bonität von Wertpapieren, Unternehmen u. Ä. einschätzt)
ra|ti|nie|ren (*Textiltechnik* Knötchen od. Wellen [auf Gewebe] erzeugen)
Ra|tio, die; - ⟨lat.⟩ (Vernunft; logischer Verstand); *vgl.* Ultima Ratio
Ra|ti|on, die; -, -en ⟨franz.⟩ (zugeteiltes Maß, [An]teil; täglicher Verpflegungssatz); die eiserne Ration
ra|ti|o|nal ⟨lat.⟩ (vernünftig; begrifflich fassbar); rationale Zahlen *(Math.)*
Ra|ti|o|na|li|sa|tor, der; -s, ...oren (jmd., der rationalisiert)
ra|ti|o|na|li|sie|ren ⟨franz.⟩ (zweckmäßiger u. wirtschaftlicher gestalten); **Ra|ti|o|na|li|sie|rung; Ra|ti|o|na|li|sie|rungs|maß|nah|me**
Ra|ti|o|na|lis|mus, der; - ⟨lat.⟩ (Geisteshaltung, die das rationale Denken als einzige Erkenntnisquelle ansieht); **Ra|ti|o|na|list,** der; -en, -en; **Ra|ti|o|na|lis|tin; ra|ti|o|na|lis|tisch**
Ra|ti|o|na|li|tät, die; -, -en (rationales Wesen; Vernünftigkeit)
ra|ti|o|nell ⟨franz.⟩ (zweckmäßig, wirtschaftlich)
ra|ti|o|nen|wei|se, ra|ti|ons|wei|se
ra|ti|o|nie|ren (einteilen; in relativ kleinen Mengen zuteilen); **Ra|ti|o|nie|rung**

rä|tisch, rhä|tisch ⟨*zu* R[h]äter, R[h]ätien⟩; *aber* ↑K140: die R[h]ätischen Alpen
rät|lich (*veraltend für* ratsam)
rat|los; Rat|lo|sig|keit, die; -
Rä|to|ro|ma|ne [*auch* ˈrɛ:...], der; -n, -n (Angehöriger eines Alpenvolkes mit eigener romanischer Sprache); **Rä|to|ro|ma|nin; rä|to|ro|ma|nisch** ↑K149; **Rä|to|ro|ma|nisch**, das; -[s] (Sprache); *vgl.* Deutsch; **Rä|to|ro|ma|ni|sche**, das; -n; *vgl.* ²Deutsche
rat|sam
Rats|be|schluss
ratsch!; ritsch, ratsch!
Rat|sche, Rät|sche [*schweiz.* ˈrɛtʃ...], die; -, -n (*südd., schweiz. für* Rassel, Klapper; *ugs. auch für* schwatzhafte Person)
rat|schen, rät|schen [*schweiz.* ˈrɛ...] (*südd., österr., schweiz. ugs. auch für* schwatzen, etwas ausplaudern); du ratschst
Rat|schlag, der; -[e]s, ...schläge; **rat|schla|gen** *(veraltend)*; du ratschlagst; du ratschlagtest; geratschlagt; zu ratschlagen
Rat|schluss
Rats|die|ner; Rats|die|ne|rin
Rät|sel, das; -s, -; Rätsel raten, *aber* ↑K82: das Rätselraten
Rät|sel|ecke; Rät|sel|fra|ge; Rät|sel|freund; Rät|sel|freun|din
rät|sel|haft; Rät|sel|haf|tig|keit
Rät|sel|lö|ser; Rät|sel|lö|se|rin; Rät|sel|lö|sung
rät|seln; ich räts[e]le
Rät|sel|ra|ten, das; -s
rät|sel|voll
Rät|sel|zeit|schrift; Rät|sel|zei|tung
Rats|frau; Rats|herr; Rats|her|rin
Rats|kel|ler; Rats|mit|glied
Rats|prä|si|dent; Rats|prä|si|den|tin
Rats|sit|zung
Rat su|chend, rat|su|chend ↑K58; *vgl.* Rat; **Rat|su|chen|de**, der *u.* die; -n, -n, **Rat Su|chen|de**, der *u.* die; - -n, - -n; *vgl.* Rat
Rats|ver|samm|lung; Rats|vor|sit|zen|de
Rat|tan, das; -s, -e ⟨malai.⟩ (*svw.* Peddigrohr)
Rat|te, die; -, -n; **Rat|ten|be|kämp|fung; Rat|ten|fal|le**
Rat|ten|fän|ger; Rat|ten|fän|ge|rin
Rat|ten|gift, das
Rat|ten|kö|nig (mit den Schwänzen ineinander verschlungene Ratten; *ugs. übertr. für* unlösbare Schwierigkeiten)
Rat|ten|loch
rat|ten|scharf (*ugs. für* großartig; erotisch-attraktiv)
Rat|ten|schwanz (*ugs. übertr. für* endlose Folge)
Rat|ten|schwänz|chen (*scherzh. für* kurzer, dünner Haarzopf)
Rät|ter, der; -s, -, *auch* die; -, -n (*Technik* Sieb)
rat|tern; ich rattere
rät|tern (mit dem Rätter sieben); ich rättere; **Rät|ter|wä|sche** (ein Siebverfahren)
Ratt|ler, der; -s, - (*veraltet für* für den Rattenfang geeigneter Hund)
Ratz, der; -es, -e (*landsch. für* Ratte, Hamster; *Jägerspr.* Iltis)
Rat|ze, die; -, -n (*ugs. für* Ratte)
Rat|ze|fum|mel, der; -s, - (*Schülerspr.* Radiergummi)
rat|ze|kahl ⟨*umgebildet aus* radikal⟩ (*ugs. für* völlig leer, kahl)
Rät|zel, das; -s, - (*landsch. für* zusammengewachsene Augenbrauen; Mensch mit solchen Brauen)
¹**rat|zen** (*ugs. für* schlafen); du ratzt
²**rat|zen** (*landsch. für* ritzen); du ratzt
rat|ze|putz (*ugs. für* restlos)
ratz|fatz (*ugs. für* schnell, im Nu)
rau; ein raues Wesen; ein rauer Ton; eine raue Luft; ein noch raueres Klima; die rau[e]sten Sitten
Rau, Johannes (achter dt. Bundespräsident)
Raub, der; -[e]s, -e
Rau|bank *Plur.* ...bänke (langer Hobel)
Rau|bauz, der; -es, -e (*ugs. für* grober Mensch); **rau|bau|zig** *(ugs.)*
Raub|bau, der; -[e]s; Raubbau treiben
Raub|druck, der; -[e]s, -e
Rau|bein, das; -[e]s, -e (äußerlich grober, aber im Grunde gutmütiger Mensch); **rau|bei|nig**
rau|ben
Räu|ber; Räu|ber|ban|de; Räu|be|rei
Räu|ber|ge|schich|te; Räu|ber|haupt|mann; Räu|ber|höh|le
Räu|be|rin
räu|be|risch; räu|bern; ich räubere
Räu|ber|pis|to|le (Räubergeschichte); **Räu|ber|zi|vil** (*ugs. für* sehr legere Kleidung)
Raub|fisch
Raub|gier; raub|gie|rig
Raub|gold, das; -[e]s (Nazigold)
Raub|gut
Raub|kat|ze
Raub|ko|pie; Raub|ko|pie|rer; Raub|ko|pie|re|rin
Raub|kunst
Raub|mord; Raub|mör|der; Raub|mör|de|rin
rau|bors|tig
Raub|pres|sung (von Schallplatten u. CDs)
Raub|rit|ter; Raub|rit|ter|tum, das; -s
raub|süch|tig
Raub|tier; Raub|tier|ka|pi|ta|lis|mus
Raub|über|fall
Raub|vo|gel (*ältere Bez. für* Greifvogel); **Raub|wild** (*Jägerspr.* alle jagdbaren Raubtiere); **Raub|zeug**, das; -[e]s (*Jägerspr.* alle nicht jagdbaren Raubtiere)
Raub|zug
Rauch, der; -[e]s
Rauch|ab|zug; Rauch|bier; Rauch|bom|be
rau|chen; rauchende Schwefelsäure
Rauch|ent|wick|lung
Rau|cher
Räu|cher|aal
Rau|cher|ab|teil; Rau|cher|bein; Rau|cher|ecke
Rau|che|rei
Räu|che|rei
Rau|cher|ent|wöh|nung
Räu|cher|fisch
Rau|cher|hus|ten, der; -s
räu|che|rig
Rau|che|rin
Räu|cher|kam|mer; Räu|cher|ker|ze
Rau|cher|knei|pe
Räu|cher|lachs; Räu|cher|männ|chen (Holzfigur, die eine Räucherkerze enthält)
räu|chern; ich räuchere
Räu|cher|pfan|ne; Räu|cher|scha|le; Räu|cher|schin|ken; Räu|cher|speck, der; -[e]s; **Räu|cher|stäb|chen**
Räu|che|rung; Räu|cher|wa|re
Rau|cher|wa|ren *Plur.* (*schweiz. neben* Rauchwaren [Tabakwaren])
Rau|cher|zim|mer; Rau|cher|zo|ne
Rauch|fah|ne
Rauch|fang (*österr. für* Schornstein); **Rauch|fang|keh|rer** (*österr. für* Schornsteinfeger); **Rauch|fang|keh|re|rin**
rauch|far|ben, *selten* **rauch|far|big**
Rauch|fass (ein kultisches Gerät)
Rauch|fleisch
rauch|frei
Rauch|gas *meist Plur.*
rauch|ge|schwän|gert; rauch|ge|schwärzt

R
räti

Rauch|glas, das; -es
rauch|grau; rau|chig
Rauch|lachs (*schweiz. für* Räucherlachs)
rauch|los
Rauch|mas|ke; Rauch|mel|der
Rauch|näch|te *vgl.* Raunächte
Rauch|op|fer
Rauch|quarz (dunkler Bergkristall)
Rauch|sa|lon
Rauch|säu|le; Rauch|schwa|de, Rauch|schwa|den
Rauch|schwal|be
Rauch|si|g|nal
Rauch|ta|bak; Rauch|tisch
Rauch|to|pas (*svw.* Rauchquarz)
Rauch|ver|bot; Rauch|ver|gif|tung; Rauch|ver|zeh|rer
Rauch|wa|re *meist Plur.* (Pelzware)
Rauch|wa|ren *Plur.* (*ugs. für* Tabakwaren)
Rauch|wa|ren|han|del *vgl.* [1]Handel; **Rauch|wa|ren|mes|se**
Rauch|werk, das; -[e]s (Pelzwerk)
Rauch|wol|ke; Rauch|zei|chen
Räu|de, die; - (Krätze, Grind); **räu|dig; Räu|dig|keit,** die; -
Raue, die; -, -n (*landsch. für* Leichenschmaus)
rau|en (rau machen); **Rau|e|rei**
rauf (*ugs. für* herauf); ↑K13
Rau|fa|ser; Rau|fa|ser|ta|pe|te
Rauf|bold, der; -[e]s, -e (jmd., der gern mit anderen rauft); **Rauf|bol|din** *(selten)*
Rau|fe, die; -, -n (Futterkrippe)
räu|feln *vgl.* aufräufeln
rau|fen (*auch für* mit jmdm. [prügelnd u. ringend] kämpfen); **Rau|fer; Rau|fe|rei; Rau|fe|rin**
rauf|fah|ren (*ugs. für* herauffahren); ↑K13
Rauf|lust, die; -; **rauf|lus|tig**
Rau|frost; Rau|fut|ter, das; -s *(Landwirtsch.)*
Rau|graf (früherer oberrheinischer Grafentitel); **Rau|grä|fin**
rauh usw. *alte Schreibung für* rau usw.
Rau|haar|da|ckel
rau|haa|rig
Rau|heit
Rau|ig|keit
Rau|ke, die; -, -n (eine Pflanze)
raum; raumer Wind (*Seemannsspr.* Wind, der schräg von hinten weht); raumer Wald (*Forstwirtsch.* offener, lichter Wald)
Raum, der; -[e]s, Räume; *vgl.* Raum sparend *u.* raumgreifend
Raum|akus|tik; Raum|an|ga|be (adverbiale Bestimmung des Raumes, des Ortes)
Raum|an|zug
Raum|auf|tei|lung
Raum|aus|stat|ter (Berufsbez.); **Raum|aus|stat|te|rin; Raum|aus|stat|tung**
Raum|bild; Raum|bild|ver|fah|ren (Herstellung von Bildern, die einen räumlichen Eindruck hervorrufen)
Räum|boot (zum Beseitigen von Minen)
Räum|chen
Raum|de|ckung *(Sport)*
Raum|ein|heit *(bes. Geogr.)*
Raum|emp|fin|den, das; -s
räu|men; Räu|mer; Räu|me|rin
Raum|er|spar|nis
Raum|fäh|re; Raum|fah|rer; Raum|fah|re|rin; Raum|fahrt
Raum|fahrt|be|hör|de; Raum|fahrt|me|di|zin, die; -; **Raum|fahrt|pro|gramm; Raum|fahrt|tech|ni|ker; Raum|fahrt|tech|ni|ke|rin**
Raum|fahr|zeug
Räum|fahr|zeug (zum Schneeräumen u. a.)
Raum|flug; Raum|for|schung
Raum|ge|fühl, das; -[e]s; **Raum|ge|stal|tung**
Raum|glei|ter
raum|grei|fend; raumgreifende Schritte
raum|hoch
Raum|in|halt
Raum|in|s|tal|la|ti|on *(Kunstwiss.)*
Raum|kap|sel; Raum|kli|ma
Räum|kom|man|do
Raum|kunst, die; -; **Raum|leh|re** (*für* Geometrie)
räum|lich; Räum|lich|keit
Raum|man|gel *vgl.* [2]Mangel
Räum|ma|schi|ne
Raum|maß, das; **Raum|me|ter** (*alte Maßeinheit für* 1 m^3 geschichtetes Holz mit Zwischenräumen; *vgl.* Festmeter; *Abk.* Rm, rm)
Raum|ord|nung; Raum|ord|nungs|plan
Raum|pend|ler
Raum|pfle|ger; Raum|pfle|ge|rin
Raum|pla|nung; Raum|pro|gramm
Raum|schiff; Raum|schiff|fahrt, die; -, *Plur.* (*für* Raumflüge:) -en, **Raum|schiff-Fahrt,** die; -, *Plur.* (*für* Raumfahrten:) -en
Raum|sinn, der; -[e]s
Raum|son|de (unbemanntes Raumfahrzeug)
raum|spa|rend, Raum spa|rend ↑K58: eine raumsparende *od.* Raum sparende Lösung, *aber nur* eine noch raumsparendere Lösung
Raum|sta|ti|on
Räum|te, die; -, -n (*Seemannsspr.* verfügbarer [Schiffs]laderaum)
Raum|tei|ler (frei stehendes Regal); **Raum|tem|pe|ra|tur**
Raum|trans|por|ter
Räu|mung; Räu|mungs|ar|bei|ten *Plur.;* **Räu|mungs|frist; Räu|mungs|kla|ge; Räu|mungs|ver|kauf**
Raum|wahr|neh|mung
Raum|wirt|schafts|the|o|rie
Raum|zahl (Maßzahl für den Rauminhalt von Schiffen)
Raum-Zeit-Kon|ti|nu|um *(Physik)*
Rau|näch|te, Rauch|näch|te *Plur.* (im Volksglauben die »Zwölf Nächte« zwischen dem 25. Dez. u. dem 6. Jan.)
rau|nen (dumpf, leise sprechen; flüstern); **Rau|nen,** das; -s
raun|zen (*landsch. für* widersprechen, nörgeln; *ugs. für* sich grob u. laut äußern); du raunzt
Raun|zer; Raun|ze|rei; Raun|ze|rin; raun|zig
Räup|chen
Rau|pe, die; -, -n; **rau|pen** (*landsch. für* von Raupen befreien); **rau|pen|ar|tig**
Rau|pen|bag|ger; Rau|pen|fahr|zeug
Rau|pen|fraß, der; -es
Rau|pen|ket|te; Rau|pen|schlep|per
Rau|putz
Rau|ra|ker, Rau|ri|ker, der; -s, - (Angehöriger eines keltischen Volksstammes)
Rau|reif, der; -[e]s
raus (*ugs. für* heraus); ↑K13
Rausch, der; -[e]s, Räusche
rausch|arm *(Technik)*
Rausch|bee|re (im Hochmoor u. im Gebirge wachsende Beerenart)
Rausch|brand, der; -[e]s (eine Tierkrankheit)
Rau|sche|bart (*veraltend scherzh. für* [Mann mit] Vollbart)
rau|schen (*auch Jägerspr.* brünstig sein [vom Schwarzwild]); du rauschst; **rau|schend;** ein rauschendes Fest
Rau|scher, der; -s (*rhein. für* schäumender Most)
Rausch|gelb, das; -[s] (ein Mineral [Auripigment])
Rausch|gift, das
Rausch|gift|be|kämp|fung, die; -; **Rausch|gift|han|del; Rausch|gift|händ|ler; Rausch|gift|händ|le|rin; Rausch|gift|kri|mi|na|li|tät**

rausch|gift|süch|tig; Rausch|gift|süch|ti|ge, der *u.* die; -n, -n
Rausch|gold (dünnes Messingblech); **Rausch|gold|en|gel**
rausch|haft
Rausch|mit|tel, das
Rausch|nar|ko|se (*Med.* kurze, leichte Narkose)
Rausch|sil|ber (dünnes Neusilberblech)
Rausch|tat *(Rechtsspr.)*
Rausch|trin|ken
Rausch|zeit (Brunstzeit des Schwarzwildes)
Rausch|zu|stand
raus|ekeln *(ugs.);* ↑K13 ; **raus|feu|ern; raus|flie|gen; raus|hal|ten; raus|ho|len; raus|kom|men; raus|krie|gen; raus|las|sen; raus|lau|fen; raus|müs|sen; raus|neh|men**
Räus|pe|rer; räus|pern, sich; ich räuspere mich
raus|re|den, sich *(ugs.);* ↑K13
raus|rü|cken *(ugs.);* ↑K13
raus|schmei|ßen *(ugs.);* ↑K13 ; **Raus|schmei|ßer** (*ugs. für* jmd., der randalierende Gäste aus dem Lokal entfernt; letzter Tanz); **Raus|schmei|ße|rin; Raus|schmiss** *(ugs.)*
raus|wer|fen (*ugs. für* heraus-, hinauswerfen); ↑K13 ; **Raus|wurf**
[1]**Rau|te,** die; -, -n ‹lat.› (eine Pflanze)
[2]**Rau|te,** die; -, -n (Rhombus)
Rau|ten|de|lein (elfisches Wesen; Figur bei Gerhart Hauptmann)
rau|ten|för|mig
Rau|ten|kranz *(Heraldik);* **Rau|ten|kro|ne; Rau|ten|mus|ter**
Rau|wa|cke (eine Kalksteinart)
Rau|wa|re (aufgerautes Gewebe; *landsch. für* Rauchware)
Rave [re:f], der *od.* das; -[s], -s ‹engl.› (größere Tanzveranstaltung zu Technomusik)
Ra|vel (französischer Komponist)
ra|ven ‹*zu* Rave›; in der Disco wurde geravt
Ra|ven|na (italienische Stadt)
Ra|vens|berg [...v...] (ehemalige westfälische Grafschaft); **Ra|vens|ber|ger;** Ravensberger Land; **Ra|vens|ber|ge|rin; ra|vens|ber|gisch**
Ra|vens|brück (Frauenkonzentrationslager der Nationalsozialisten)
Ra|vens|burg (oberschwäb. Stadt)
Ra|ver ‹*zu* Rave›; **Ra|ve|rin**
Ra|vi|o|li *Plur.* ‹ital.› (gefüllte kleine Nudelteigtaschen)

rav|vi|van|do ‹ital.› (*Musik* wieder belebend, schneller werdend)
Ra|wal|pin|di (Stadt in Pakistan)
Rax, die; - (österr. Gebirge)
Ra|yé [rɛˈje:], der; -[s], -s ‹franz.› (ein gestreiftes Gewebe)
Ray|gras, **Rai|gras** ‹engl.; dt.› (hoch wachsendes [Futter]gras)
Ra|y|on [rɛˈjõ:, *österr. meist* raˈjo:n], der; -s, *Plur.* -s, *auch* -e [...ˈjo:nə] ‹franz.› (*österr. u. schweiz. für* Bezirk, [Dienst]bereich; *auch für* [Warenhaus]abteilung); **Ra|y|on|chef** (*österr. u. schweiz. für* Abteilungsleiter [im Warenhaus]); **Ra|y|on|che|fin; ra|y|o|nie|ren** [rɛjɔ...] (*österr. für* einem [Dienst]bezirk zuteilen)
Ra|y|onne [rɛjɔn], die; - ‹franz.› (*schweiz. für* Reyon)
Ra|y|ons|in|s|pek|tor [...ˈjo:ns..., *auch* rɛˈjõ:...] *(österr.);* **Ra|y|ons|in|s|pek|to|rin**
ra|ze|mös ‹lat.› (*Bot.* traubenförmig); razemöse Blüte
Raž|nji|ći [ˈraʒn(j)itʃi] *Plur.* ‹serbokroat.› (ein Fleischgericht)
Raz|zia, die; -, *Plur.* ...ien, *seltener* -s ‹arab.-franz.› (überraschende Fahndung der Polizei in einem Gebäude od. Gebiet)
Rb (*chem. Zeichen für* Rubidium)
RB, das; - = Radio Bremen
RB = Regionalbahn
RBB, der; - = Rundfunk Berlin-Brandenburg
Rbl = Rubel
rd. = rund
re ‹ital.› (Solmisationssilbe)
Re (*chem. Zeichen für* Rhenium)
[1]**Re** (ägyptischer Sonnengott)
[2]**Re,** das; -s, -s ‹lat.› (*Kartenspiele* Erwiderung auf ein Kontra)
RE® = Regionalexpress
Rea|der [ˈri:...], der; -s, - ‹engl.› (Buch mit Auszügen aus der [wissenschaftlichen] Literatur u. verbindendem Text; *kurz für* E-Book-Reader)
Rea|der's Di|gest® [ˈri:dəz ˈdaidʒɛst], der *od.* das; - - (Monatszeitschrift, die u. a. Auszüge aus neu erschienenen Büchern bringt)
Rea|dy|made, **Rea|dy-made** [ˈrɛdime:t], das; -[s], -s ‹engl.› (*Kunstwiss.* beliebiger, serienmäßig hergestellter Gegenstand, der vom Künstler zum Kunstwerk erhoben wird)
Re|a|gens, das; -, ...genzien, **Re|a|genz,** das; -es, -ien ‹lat.› (*Chemie* Stoff, der mit einem anderen eine bestimmte chemische Reaktion herbeiführt u. diesen so identifiziert)
Re|a|genz|glas *Plur.* ...gläser (Prüfglas für [chemische] Versuche); **Re|a|genz|pa|pier**
re|agie|ren (eine Wirkung zeigen; *Chemie* eine chem. Reaktion eingehen); auf etwas reagieren
Re|ais [riˈais] *vgl.* [1]Real
Re|ak|tanz, die; -, -en (*Elektrot.* Blindwiderstand)
Re|ak|ti|on, die; -, -en (Rück-, Gegenwirkung; chemische Umwandlung; *nur Sing.:* Gesamtheit aller fortschrittsfeindlichen politischen Kräfte)
re|ak|ti|o|när ‹franz.› (Gegenwirkung erstrebend od. ausführend; *abwertend für* nicht fortschrittlich)
Re|ak|ti|o|när, der; -s, -e (*abwertend für* jmd., der sich jeder fortschrittlichen Entwicklung entgegenstellt); **Re|ak|ti|o|nä|rin**
re|ak|ti|ons|fä|hig; Re|ak|ti|ons|fä|hig|keit
Re|ak|ti|ons|ge|schwin|dig|keit; Re|ak|ti|ons|psy|cho|se
re|ak|ti|ons|schnell; re|ak|ti|ons|trä|ge
Re|ak|ti|ons|ver|mö|gen, das; -s; **Re|ak|ti|ons|zeit**
re|ak|tiv ‹lat.› (rückwirkend; auf Reize reagierend)
re|ak|ti|vie|ren (wieder in Tätigkeit setzen; wieder anstellen; chem. wieder umsetzungsfähig machen); **Re|ak|ti|vie|rung**
Re|ak|ti|vi|tät, die; -, -en ‹*zu* reaktiv›
Re|ak|tor, der; -s, ...oren (Vorrichtung, in der eine chemische od. eine Kernreaktion abläuft)
Re|ak|tor|block *Plur.* ...blöcke
Re|ak|tor|geg|ner; Re|ak|tor|geg|ne|rin
Re|ak|tor|kern; Re|ak|tor|phy|sik; Re|ak|tor|si|cher|heit, die; -; **Re|ak|tor|tech|nik,** die; -; **Re|ak|tor|un|fall**
re|al ‹lat.› (wirklich, tatsächlich; dinglich, sachlich)
[1]**Re|al,** der; -[s], Reais [riˈais] ‹port.› (Währungseinheit in Brasilien); 50 Reais *od.* 50 Real
[2]**Re|al,** der; -s, -es ‹span.› (alte spanische Münze)
[3]**Re|al,** der; -s, Reis ‹port.› (alte portugiesische Münze)
Re|a|la, die; -, -s ‹*weibliche Form zu* Realo›
Re|al|akt *(Rechtsspr.);* **Re|al|bü|ro** (*österr.; kurz für* Realitätenbüro)

R
raus

Re|al|ein|kom|men; Re|al|en|zy|k|lo|pä|die (Sachwörterbuch)
Re|al|er|satz (*schweiz. für* Entschädigung durch Gleichwertiges)
Re|al|gar, der; -s, -e ‹arab.› (ein Mineral)
Re|al|ge|mein|de (land- od. forstwirtschaftl. Genossenschaft)
Re|al|gym|na|si|um (*früher, noch österr., schweiz.*)
Re|a|li|en *Plur.* ‹lat.› (wirkliche Dinge, Tatsachen; Sachkenntnisse); **Re|a|li|en|buch**
Re|al|in|ju|rie (*Rechtsspr.* tätliche Beleidigung)
Re|a|li|sa|ti|on, die; -, -en (Verwirklichung; *Wirtsch.* Umwandlung in Geld)
Re|a|li|sa|tor, der; -s, ...oren (jmd., der einen Film, eine Fernsehsendung verwirklicht); **Re|a|li|sa|to|rin**
re|a|li|sier|bar; Re|a|li|sier|bar|keit, die; -
re|a|li|sie|ren (verwirklichen; erkennen, begreifen; *Wirtsch.* in Geld umwandeln); **Re|a|li|sie|rung**
Re|a|lis|mus, der; - ([nackte] Wirklichkeit; Kunstdarstellung des Wirklichen; Wirklichkeitssinn; Bedachtsein auf die Wirklichkeit, den Nutzen)
Re|a|list, der; -en, -en; **Re|a|lis|tik,** die; - ([ungeschminkte] Wirklichkeitsdarstellung); **Re|a|lis|tin; re|a|lis|tisch**
Re|a|li|tät, die; -, -en (Wirklichkeit, Gegebenheit)
Re|a|li|tä|ten *Plur.* (Gegebenheiten; *bes. österr. auch für* Immobilien); **Re|a|li|tä|ten|bü|ro** (*österr. für* Immobilienbüro)
Re|a|li|tä|ten|händ|ler (*österr. für* Immobilienmakler); **Re|a|li|tä|ten|händ|le|rin**
re|a|li|täts|be|zo|gen; re|a|li|täts|fern; Re|a|li|täts|fer|ne; re|a|li|täts|fremd
re|a|li|täts|nah; Re|a|li|täts|nä|he
Re|a|li|täts|sinn, der; -[e]s; **Re|a|li|täts|ver|lust; Re|a|li|täts|ver|wei|ge|rung** (*bes. Politikjargon*)
re|a|li|ter (in Wirklichkeit)
Re|a|li|ty|show, Re|a|li|ty-Show [riˈɛlɪtiʃoː], die; -, -s ‹engl.› (Fernsehsendung, in der tatsächlich Geschehendes [bes. Unglücksfälle] live gezeigt od. später nachgestellt wird)
Re|a|li|ty-TV [riˈɛlɪti:...], das; -[s] ‹engl.› (Sparte des Fernsehens, in der Realityshows o. Ä. produziert werden)
Re|al|kanz|lei (*österr. für* Immobilienbüro)
Re|al|ka|pi|tal (*Wirtsch.*)
Re|al|ka|ta|log (*Bibliothekswesen veraltend*)
Re|al|kon|kor|danz (*Theol.*)
Re|al|kon|kur|renz, die; -, -en (*Rechtsspr.*); **Re|al|kon|trakt** (*Rechtsspr.*)
Re|al|kre|dit (*Bankw.*); **Re|al|last** *meist Plur.* (*Bankw.*)
Re|al|le|xi|kon (Sachwörterbuch)
Re|al|lohn
Re|a|lo, der; -s, -s (*ugs. für* Realpolitiker [bes. bei den Grünen])
Re|al|po|li|tik (Politik auf realen Grundlagen); **re|al|po|li|tisch**
Re|al|pro|dukt (*Wirtsch.*)
Re|al|schul|ab|schluss
Re|al|schu|le (Schule, die mit der mittleren Reife abschließt)
Re|al|schü|ler; Re|al|schü|le|rin
Re|al|schul|leh|rer; Re|al|schul|leh|re|rin
Re|al|steu|er, die *meist Plur.*
Real|time, die; -, **Real Time,** die; - - [ˈriːəltaim, - ˈtaim] ‹engl.› (*EDV* Echtzeit)
Re|al|wert; Re|al|wirt|schaft (Teil der Gesamtwirtschaft, der nicht zur Finanzwirtschaft gehört); **Re|al|wör|ter|buch** (Sachwörterbuch)
re|ama|teu|ri|sie|ren [...tø...] (*Sport*)
Re|ani|ma|ti|on, die; -, -en ‹lat.› (*Med.* Wiederbelebung); **Re|ani|ma|ti|ons|zen|t|rum**
re|ani|mie|ren (wiederbeleben); **Re|ani|mie|rung**
Re|au|mur [...omyːɐ̯] ‹nach dem franz. Physiker› (Gradeinheit beim 80-teiligen Thermometer; *Zeichen* R; *fachspr.* °R); 3° R, *fachspr.* 3 °R
Reb|bach *vgl.* Reibach
Reb|bau, der; -[e]s; **Reb|berg**
Re|be, die; -, -n
Re|bec|ca (w. Vorn.)
Re|bek|ka (w. Vorn.)
Re|bell, der; -en, -en ‹franz.› (Aufrührer, Aufständischer); **Re|bel|len|be|we|gung; Re|bel|len|füh|rer; Re|bel|len|füh|re|rin**
re|bel|lie|ren; Re|bel|lin
Re|bel|li|on, die; -, -en
re|bel|lisch
re|beln ([Trauben u. a.] abbeeren); ich reb[e]le; *vgl.* Gerebelte
Re|ben|blü|te; Re|ben|hü|gel; Re|ben|saft
Reb|gut, das (*schweiz. für* Weingut)
Reb|hendl, das; -s, -[n] (*österr. neben* Rebhuhn); **Reb|huhn** [*österr. nur so, sonst auch* ˈrɛp...]
Reb|laus (ein Insekt)
Reb|ling (Rebenschössling)
Re|bound [riˈbaunt, *auch* ˈriːbaunt], der; -s, -s ‹engl.› (*Basketball* vom Brett od. Korbring abprallender Ball)
Re|boun|der [riˈbaundɐ], der; -s, - (*Basketball* Spieler, der um den Rebound kämpft; Trampolin); **Re|boun|de|rin**
Reb|pfahl
Re|break [ˈriːbreːk], der *od.* das; -s, -s ‹engl.› (*Sport* Break, das man nach einem gegnerischen Break erzielt)
Reb|schnitt
Reb|schnur, die; -, ...schnüre (*österr. für* Reepschnur)
Reb|schu|le; Reb|sor|te; Reb|stock *Plur.* ...stöcke
Re|bus, der *od.* das; -, -se ‹lat.› (Bilderrätsel)
Rec., Rp. = recipe
Re|call [ˈriːkɔːl], der; -s, -s ‹engl.› (Einladung zur nächsten Runde bei einem Casting)
Re|cei|ver [riˈsiːvɐ], der; -s, - ‹engl.› (Hochfrequenzteil für Satellitenempfang; Empfänger u. Verstärker für Hi-Fi-Wiedergabe)
Re|chaud [...ˈʃoː], der *od.* das; -s, -s ‹franz.› (Wärmeplatte; *österr. u. schweiz. für* [Gas]kocher)
re|chen (*südd., österr., schweiz. für* harken); gerecht; **Re|chen,** der; -s, - (*südd., österr., schweiz. für* Harke)
Re|chen|an|la|ge; Re|chen|auf|ga|be; Re|chen|au|to|mat; Re|chen|brett; Re|chen|buch; Re|chen|ex|em|pel; Re|chen|feh|ler; Re|chen|heft
Re|chen|künst|ler; Re|chen|künst|le|rin
Re|chen|leis|tung (*EDV*); **Re|chen|ma|schi|ne; Re|chen|ope|ra|ti|on**
Re|chen|schaft, die; -; **Re|chen|schafts|be|richt; Re|chen|schafts|le|gung; Re|chen|schafts|pflicht; re|chen|schafts|pflich|tig**
Re|chen|schei|be; Re|chen|schie|ber; Re|chen|schwä|che (Lernstörung beim Rechnen); **Re|chen|stab**
Re|chen|stiel (Stiel des Rechens)
Re|chen|stun|de; Re|chen|ta|fel; Re|chen|un|ter|richt; Re|chen|zei|chen; Re|chen|zen|t|rum
Re|cher|che [...ˈʃɛrʃə], die; -, -n

rẹcht / Rẹcht

Kleinschreibung:

- ein rechter Winkel
- der rechte Ort; der rechte Zeitpunkt
- zur rechten Hand, rechter Hand (rechts)
- jmds. rechte Hand (jmds. engster Mitarbeiter) sein
- jetzt erst recht
- so ist es recht; das ist [mir] durchaus, ganz, völlig recht; es soll mir recht sein
- das ist nicht recht von dir
- das geschieht ihm recht
- es ist [nur] recht und billig; alles, was recht ist
- man kann ihm nichts recht machen
- gehe ich recht in der Annahme, dass …

Großschreibung:

- das Recht, des Recht[e]s, die Rechte
- bürgerliches Recht, öffentliches Recht
- im Recht sein
- von Rechts wegen
- mit Recht, ohne Recht
- etwas für Recht erkennen
- nach Recht und Gewissen
- Recht finden, Recht sprechen; sein Recht suchen, bekommen
- das Recht anwenden, vertreten, verletzen, beugen
- sein Recht fordern; auf sein Recht pochen; zu seinem Recht kommen
- zu Recht; zu Recht bestehen, erkennen; sie ist zu Recht auf den zweiten Platz gekommen, *aber* sie ist allein gut zurechtgekommen, kommt allein gut zurecht

Vgl. auch rechtens *u.* zurechtbiegen, zurechtfinden usw.

Groß- oder Kleinschreibung:

- du hast recht *od.* Recht daran getan
- recht *od.* Recht haben; *aber nur:* wie recht sie hat!; du hast ja so recht!; damit hat er völlig recht
- recht *od.* Recht behalten
- recht *od.* Recht bekommen
- jmdm. recht *od.* Recht geben

meist Plur. ‹franz.› (Nachforschung); **Re|cher|che|auf|trag**

Re|cher|cheur [...ˈʃøːɐ̯], der; -s, -e; **Re|cher|cheu|rin**

re|cher|chie|ren

rẹch|nen; gerechnet

Rẹch|nen, das; -s; **Rẹch|ner; Rẹch|ne|rei**

rẹch|ner|ge|steu|ert; rẹch|ner|ge|stützt

Rẹch|ne|rin

rẹch|ne|risch

Rẹch|nung; einer Sache Rechnung tragen

Rẹch|nungs|ab|gren|zung (in der Buchführung); **Rẹch|nungs|ab|gren|zungs|pos|ten**

Rẹch|nungs|ab|la|ge; Rẹch|nungs|amt; Rẹch|nungs|art; Rẹch|nungs|be|trag; Rẹch|nungs|block *vgl.* Block; **Rẹch|nungs|buch; Rẹch|nungs|ein|heit** *(Finanzw.)*

Rẹch|nungs|füh|rer (Buchhalter); **Rẹch|nungs|füh|re|rin; Rẹch|nungs|füh|rung**

Rẹch|nungs|hof; Rẹch|nungs|jahr; Rẹch|nungs|le|gung; Rẹch|nungs|num|mer; Rẹch|nungs|pos|ten

Rẹch|nungs|prü|fer; Rẹch|nungs|prü|fe|rin; Rẹch|nungs|prü|fung

Rẹch|nung[s]|stel|lung

Rẹch|nungs|we|sen, das; -s

rẹcht / Rẹcht *s. Kasten*

Rẹcht, das; -[e]s, -e

rẹcht|dre|hend; rechtdrehender (sich in Uhrzeigerrichtung drehender) Wind

[1]Rẹch|te, der, die, das; -n; du bist mir der/die Rechte; an den/die Rechten kommen; das Rechte treffen, tun; etwas, nichts Rechtes können, wissen; nach dem Rechten sehen

[2]Rẹch|te, die; -n, -n (rechte Hand; rechte Seite; *Politik* die rechts stehenden Parteien, eine rechts stehende Gruppe); zur Rechten; in meiner Rechten; er traf ihn mit einer blitzschnellen Rechten *(Boxen);* die gemäßigte, äußerste Rechte; er gehört der Rechten an *(Politik)*

Rẹcht|eck; rẹcht|eckig

Rẹch|te|hand|re|gel, die; - *(Physik)*

rẹch|ten

rẹch|tens (rechtmäßig, zu Recht); er wurde rechtens verurteilt; die Kündigung war rechtens, wurde für nicht rechtens gehalten

rẹch|ter Hạnd (rechts); **rẹch|ter|seits**

rẹcht|fer|ti|gen; gerechtfertigt; **Rẹcht|fer|ti|gung**

Rẹcht|fer|ti|gungs|schrift; Rẹcht|fer|ti|gungs|ver|such

rẹcht|gläu|big; Rẹcht|gläu|big|keit

Rẹcht|ha|ber; Rẹcht|ha|be|rei; Rẹcht|ha|be|rin; rẹcht|ha|be|risch

Rẹcht|kant, das *od.* der; -[e]s, -e *(veraltet für* Quader)

rẹcht|läu|fig (*Astron.* entgegen dem Uhrzeigersinn laufend)

rẹcht|lich; rechtliches Gehör (*Rechtsspr.* verfassungsrechtlich garantierter Anspruch des Staatsbürgers, seinen Standpunkt vor Gericht vorzubringen); **Rẹcht|lich|keit,** die; -

rẹcht|los; Rẹcht|lo|sig|keit, die; -

rẹcht|mä|ßig; Rẹcht|mä|ßig|keit, die; -, -en *Plur. selten*

rẹchts

(*Abk.* r.)

- rechts von mir, rechts vom Eingang
- *auch mit Genitiv:* rechts des Waldes, rechts der Isar

Nur Kleinschreibung:

- von, gegen, nach rechts
- von rechts nach links
- mit rechts (mit der rechten Hand) schreiben
- Terror von rechts, Protest gegen rechts
- an der Kreuzung gilt rechts vor links
- er weiß nicht, was rechts und was links ist

Getrenntschreibung:

- rechts außen spielen; *aber* der Rechtsaußen
- rechts um! (milit. Kommando; *aber* rechtsum)
- rechts sein (*ugs. für* Rechtshänder sein)

Getrennt- oder Zusammenschreibung ↑K58:

- politisch rechts stehende *od.* rechtsstehende Parteien
- ein rechts abbiegendes *od.* rechtsabbiegendes Fahrzeug

R
Rech

Rẹchts|ab|bie|ger *(Verkehrsw.);* **Rẹchts|ab|bie|ge|rin**
Rẹchts|ab|tei|lung; Rẹchts|akt; Rẹchts|an|ge|le|gen|heit; Rẹchts|an|schau|ung; Rẹchts|an|spruch
Rẹchts|an|walt; Rẹchts|an|wäl|tin
Rẹchts|an|walt[s]|bü|ro; Rẹchts|an|walt[s]|kam|mer; Rẹchts|an|walt[s]|kanz|lei; Rẹchts|an|walt[s]|pra|xis
Rẹchts|an|wen|dung; Rẹchts|auf|fas|sung; Rẹchts|aus|kunft
Rẹchts|aus|la|ge *(Boxen);* **Rẹchts|aus|le|ger** *(Boxen);* **Rẹchts|aus|le|ge|rin**
Rẹchts|aus|schuss *(Politik)*
rechts au|ßen *vgl.* rechts
Rechts|au|ßen, der; -, -; er spielt den klassischen Rechtsaußen
Rẹchts|be|griff
Rẹchts|be|helf *(Rechtsspr.)*
Rẹchts|bei|stand; Rẹchts|be|leh|rung
Rẹchts|be|ra|ter; Rẹchts|be|ra|te|rin; Rẹchts|be|ra|tung
Rẹchts|be|schwer|de; Rẹchts|beu|gung; Rẹchts|be|wusst|sein
Rẹchts|bre|cher; Rẹchts|bre|che|rin; Rẹchts|bruch, der
rẹchts|bün|dig
rẹcht|schaf|fen *(veraltend);* **Rẹcht|schaf|fen|heit,** die; -
Rẹcht|schreib|buch, Rẹcht|schrei|be|buch
rẹcht|schrei|ben *nur im Inf. gebräuchlich;* er kann nicht rechtschreiben, *aber* er kann nicht recht schreiben (er schreibt unbeholfen); **Rẹcht|schrei|ben,** das; -s; **Rẹcht|schreib|feh|ler; Rẹcht|schreib|fra|ge**
rẹcht|schreib|lich
Rẹcht|schreib|re|form
Rẹcht|schrei|bung; Rẹcht|schreib|wör|ter|buch
Rẹchts|drall, der; -[e]s, -e
rẹchts|dre|hend; ein rechtsdrehendes Gewinde; *aber* nach rechts drehend; *vgl.* rechtdrehend; **Rẹchts|dre|hung**
rẹchts|el|bisch
Rẹchts|emp|fin|den
Rẹcht|ser *(ugs. für* Rechtshänder)
rẹchts|er|fah|ren
Rẹcht|set|zung, Rẹchts|set|zung
Rẹchts|ex|per|te; Rẹchts|ex|per|tin
rẹchts|ex|t|rem; Rẹchts|ex|t|re|mis|mus, der; -; **Rẹchts|ex|t|re|mist; Rẹchts|ex|t|re|mis|tin; rẹchts|ex|t|re|mis|tisch**
rẹchts|fä|hig; Rẹchts|fä|hig|keit, die; -
Rẹchts|fall, der; **Rẹchts|form; Rẹchts|fra|ge**
rẹchts|frei; ein rechtsfreier Raum; **Rẹchts|frie|de[n]**
Rẹchts|ga|lopp *(Reiten)*
Rẹchts|gang, der *(für* gerichtliches Verfahren)
Rẹchts|ge|lehr|sam|keit *(veraltet)*
rẹchts|ge|lehrt; Rẹchts|ge|lehr|te
rẹchts|ge|rich|tet
Rẹchts|ge|schäft; rẹchts|ge|schäft|lich
Rẹchts|ge|schich|te, die; -
Rẹchts|ge|win|de
Rẹchts|grund; Rẹchts|grund|la|ge; Rẹchts|grund|satz
rẹchts|gül|tig; Rẹchts|gül|tig|keit
Rẹchts|gut; Rẹchts|gut|ach|ten
Rẹchts|han|del *Plur.* ...händel
Rẹchts|hän|der; Rẹchts|hän|de|rin
rẹchts|hän|dig; Rẹchts|hän|dig|keit, die; -
rẹchts|hän|gig (gerichtlich noch nicht abgeschlossen)
rẹchts|her *(veraltet für* von rechts her); **rẹchts|he|rum;** rechtsherum drehen, *aber* nach rechts herumdrehen
Rẹchts|hil|fe; Rẹchts|hil|fe|ab|kom|men; Rẹchts|hil|fe|er|su|chen *(Rechtsspr.);* **Rẹchts|hil|fe|ord|nung**
rẹchts|hin *(veraltet für* nach rechts hin)
Rẹchts|his|to|ri|ker; Rẹchts|his|to|ri|ke|rin
Rẹchts|kon|su|lent, der; -en, -en *(svw.* Rechtsbeistand); **Rẹchts|kon|su|len|tin**
Rẹchts|kraft, die; -; formelle (äußere) Rechtskraft; materielle (sachliche) Rechtskraft; **rẹchts|kräf|tig**
rẹchts|kun|dig
Rẹchts|kurs; Rẹchts|kur|ve
Rẹchts|la|ge *(Rechtswiss.)*
rẹchts|las|tig; rẹchts|läu|fig
Rẹchts|leh|re
rẹchts|li|be|ral
Rẹchts|me|di|zin, die; -; **Rẹchts|me|di|zi|ner; Rẹchts|me|di|zi|ne|rin; rẹchts|me|di|zi|nisch**
Rẹchts|mit|tel, das; **Rẹchts|mit|tel|be|leh|rung**
Rẹchts|nach|fol|ge; Rẹchts|nach|fol|ger; Rẹchts|nach|fol|ge|rin
Rẹchts|norm; Rẹchts|ord|nung
Rẹchts|par|tei
Rẹchts|pfle|ge, die; -; **Rẹchts|pfle|ger; Rẹchts|pfle|ge|rin**
Rẹchts|phi|lo|so|phie, die; -
Rẹchts|po|li|tik; rẹchts|po|li|tisch
Rẹchts|po|pu|lis|mus (zur extremen politischen Rechten neigender Populismus); **Rẹchts|po|pu|list; Rẹchts|po|pu|lis|tin; rẹchts|po|pu|lis|tisch**
Rẹcht|spre|chung
rẹchts|ra|di|kal; Rẹchts|ra|di|ka|le; Rẹchts|ra|di|ka|lis|mus
rẹchts|rhei|nisch
Rẹchts|ruck *(Politik)*
rẹchts|rum *(ugs.)*
Rẹchts|sa|che; Rẹchts|satz; Rẹchts|schrift
Rẹchts|schutz, der; -es; **rẹchts|schutz|ver|si|chert; Rẹchts|schutz|ver|si|che|rung**
rẹchts|sei|tig; rechtsseitig gelähmt
Rẹchts|set|zung, Rẹcht|set|zung
Rẹchts|si|cher|heit; Rẹchts|spra|che *Plur. selten;* **Rẹchts|spruch**
Rẹchts|staat *Plur.* ...staaten; **rẹchts|staat|lich; Rẹchts|staat|lich|keit,** die; -
Rẹchts|stand|punkt
rẹchts ste|hend, rẹchts|ste|hend *vgl.* rechts
Rẹchts|stel|lung; Rẹchts|streit; Rẹchts|strei|tig|keit; Rẹchts|sys|tem; Rẹchts|ti|tel; Rẹchts|trä|ger *(Rechtswiss.);* **Rẹchts|trä|ge|rin**
rẹcht|su|chend; der rechtsuchende Bürger, *aber* der sein Recht suchende Bürger
rẹchts|uf|rig
rechts|ụm [*auch* ˈrɛ...]; rechtsum machen; *vgl.* rechts
rechts|um|kehrt *(schweiz.);* rechtsumkehrt machen *(auch übertr. für* den entgegengesetzten Weg einschlagen)
Rẹchts|un|si|cher|heit
Rẹchts|un|ter|zeich|ne|te, rẹchts Un|ter|zeich|ne|te *vgl.* Unterzeichnete
rẹchts|ver|bind|lich; Rẹchts|ver|bind|lich|keit
Rẹchts|ver|dre|her *(abwertend);* **Rẹchts|ver|dre|he|rin**
Rẹchts|ver|fah|ren
Rẹchts|ver|kehr
Rẹchts|ver|let|zung; Rẹchts|ver|ord|nung
Rẹchts|ver|tre|ter; Rẹchts|ver|tre|te|rin
Rẹchts|ver|wei|ge|rung
Rẹchts|vor|schlag *(schweiz. für* Einspruch gegen Zwangsvollstreckung)
Rẹchts|vor|schrift; Rẹchts|vor|stel|lung; Rẹchts|weg
Rẹchts|wen|dung
Rẹchts|we|sen, das; -s
rẹchts|wid|rig; rẹchts|wirk|sam

R
rech

Rẹchts|wis|sen|schaft; rẹchts|wis|sen|schaft|lich

rẹcht|wink|lig

rẹcht|zei|tig

Re|ci|fe [re'si:fi] (brasilian. Stadt)

re̲|ci|pe! [...pe] ‹lat., »nimm!«› (auf ärztl. Rezepten; *Abk.* Rec. *u.* Rp.)

Re|ci|tal [ri'saitl], das; -s, -s, Re|zi|tal, das; -s, -e ‹engl.› (Solistenkonzert)

re|ci|tạn|do [...tʃ...] ‹ital.› (*Musik* rezitierend)

Rẹck, das; -[e]s, *Plur.* -e, *auch* -s (ein Turngerät)

Rẹ|cke, der; -n, -n ([Sagen]held)

rẹ|cken; sich recken und strecken

rẹ|cken|haft ‹*zu* Recke›

Reck|ling|hau|sen (Stadt im Ruhrgebiet); **Reck|ling|häu|ser; Reck|ling|häu|se|rin**

Rẹck|stan|ge; Rẹck|tur|nen; Rẹck|tur|ner; Rẹck|tur|ne|rin; Rẹck|übung

Re|cọr|der *vgl.* Rekorder

rẹc|te ‹lat.› (*veraltet für* richtig)

Rẹc|to, Rẹk|to, das; -s, -s (*fachspr. für* [Blatt]vorderseite)

Rẹc|tor ma|g|ni|fi|cus, der; - -, ...o̲res ...fici ‹lat.› (Titel des Hochschulrektors)

re|cy|cel|bar, re|cy|c|le|bar [ri'saikl...] ‹engl.›; **re|cy|celn, re|cy|c|len** (einem Recycling zuführen); das Altglas wird recycelt *od.* recyclet; ich recyc[e]le

Re|cy|c|ling, das; -s (Wiederverwendung bereits benutzter Rohstoffe); **Re|cy|c|ling|an|la|ge**

re|cy|c|ling|fä|hig

Re|cy|c|ling|hof; Re|cy|c|ling|pa|pier; Re|cy|c|ling|ver|fah|ren

Re|dak|teur [...'tø:ɐ̯], der; -s, -e ‹franz.› (jmd., der im Verlagswesen, Rundfunk od. Fernsehen Manuskripte be- u. ausarbeitet); **Re|dak|teu|rin** [...'tø:...]

Re|dak|ti|o̲n, die; -, -en (Tätigkeit des Redakteurs; Gesamtheit der Redakteure u. deren Arbeitsraum); **re|dak|ti|o|nẹll**

Re|dak|ti|o̲ns|as|sis|tent; Re|dak|ti|o̲ns|as|sis|ten|tin

Re|dak|ti|o̲ns|ge|heim|nis; Re|dak|ti|o̲ns|mit|glied; Re|dak|ti|o̲ns|schluss; Re|dak|ti|o̲ns|sta|tut

Re|dạk|tor, der; -s, ...o̲ren ‹lat.› (Herausgeber; *schweiz. auch svw.* Redakteur); **Re|dak|to̲|rin**

Rẹd|der, der; -s, - (*nordd., nur noch in Straßennamen* enger Weg [zwischen Hecken])

Re̲|de, die; -, -n; Rede und Antwort stehen; zur Rede stellen

Re̲|de|blü|te; Re̲|de|du|ell; Re̲|de|fi|gur; Re̲|de|fluss *Plur. selten;* **Re̲|de|frei|heit**, die; -; **Re̲|de|ga|be**, die; -

re̲|de|ge|wal|tig; re̲|de|ge|wandt; Re̲|de|ge|wandt|heit

Re̲|de|kunst

Re|d|emp|to|rịst, der; -en, -en ‹lat.› (Angehöriger einer kath. Kongregation); **Re|d|emp|to|rịs|tin**

re̲|den; gut reden haben; von sich reden machen; ↑K82: jmdn. zum Reden bringen; nicht viel Redens von einer Sache machen; Reden ist Silber, Schweigen ist Gold

Re̲|dens|art; re̲|dens|art|lich

Re|de|rei

Re̲|de|schwall; Re̲|de|strom; Re̲|de|ver|bot; Re̲|de|wei|se, die; **Re̲|de|wen|dung; Re̲|de|zeit**

re|di|gie|ren ‹franz.› (druckfertig machen; abfassen; bearbeiten)

Re|din|gote [redɛ̃'gɔt, *auch* rə...], die; -, -n, *auch* der; -[s], -s ‹franz.› (taillierter Damenmantel mit Reverskragen)

Re̲|dis|fe|der (*österr. für* Schreibfeder für Tusche u. Ä.)

re|dis|kon|tie|ren ‹ital.› ([einen diskontierten Wechsel] an- od. weiterverkaufen); **Re|dis|kon|tie|rung**

re|di|vi|vus ‹lat.› (wiedererstanden)

re̲d|lich; Re̲d|lich|keit, die; -

Rẹd|neck, der; -s, -s ‹engl.› (der Arbeiterklasse angehörender weißer Landbewohner aus den Südstaaten)

Re̲d|ner

Re̲d|ner|büh|ne; Re̲d|ner|ga|be

Re̲d|ne|rin; re̲d|ne|risch

Re̲d|ner|lis|te; Re̲d|ner|pult; Re̲d|ner|tri|bü|ne

Re|dou|te [...'du:..., *österr.* ...'dut], die; -, -n ‹franz.› (*österr. für* Maskenball)

re|dres|sie|ren ‹franz.› (*Med.* wieder einrenken)

re̲d|se|lig; Re̲d|se|lig|keit, die; -

Re|du|it [re'dy̆i:], das; -s, -s ‹franz.› (*früher für* Verteidigungsanlage im Kern einer Festung)

Re|duk|ti|o̲n, die; -, -en ‹lat.; *zu* reduzieren›; **Re|duk|ti|o|nịs|mus; re|duk|ti|o|nịs|tisch**

Re|duk|ti|o̲ns|di|ät; Re|duk|ti|o̲ns|mit|tel (*Chemie*); **Re|duk|ti|o̲ns|ofen** (*Technik*); **Re|duk|ti|o̲ns|tei|lung** (*Biol.*)

re|d|un|dạnt ‹lat.› (überreichlich, üppig; weitschweifig)

Re|d|un|dạnz, die; -, -en (Überladung, Überfluss; *EDV* nicht notwendiger Teil einer Information); **re|d|un|dạnz|frei**

Re|du|p|li|ka|ti|o̲n, die; -, -en ‹lat.› (*Sprachwiss.* Verdoppelung eines Wortes od. Wortteils, z. B. »Bonbon«); **re|du|p|li|zie|ren**

re|du|zi|bel ‹lat.› (*Math.*); **re|du|zie|ren** (zurückführen; herabsetzen, einschränken; vermindern; *Chemie* Sauerstoff entziehen); **Re|du|zie|rung**

Re|du|zier|ven|til (*Technik*)

ree!, *seltener* rhe̲! (Segelkommando)

Ree̲|de, die; -, -n (Ankerplatz vor dem Hafen)

Ree̲|der (Schiffseigner); **Ree|de|rei** (Schifffahrtsunternehmen); **Ree|de|rei|flag|ge; Ree̲|de|rin**

re|ẹll ‹franz.› (anständig, ehrlich; ordentlich; wirklich [vorhanden], echt); reelle Zahlen (*Math.*); **Re|el|li|tät**, die; -

Re|en|gi|nee|ring [ri:ɛndʒɪ'nɪə-rɪŋ], das; -[s] ‹engl.› (grundlegende Umgestaltung eines Unternehmens zur Kostenreduzierung u. Flexibilisierung)

Ree̲p, das; -[e]s, -e (*nordd. für* Seil, Tau); **Ree̲|per|bahn** (*nordd. für* Seilerbahn; Straße in Hamburgs Vergnügungsviertel)

Ree̲p|schlä|ger (*nordd. für* Seiler); **Ree̲p|schlä|ge|rin; Ree̲p|schnur** (*fachspr. für* starke Schnur od. dünneres, sehr festes Seil)

Ree̲t, das; -s (*nordd. für* Ried); **Ree̲t|dach** (*nordd.*); **ree̲t|ge|deckt**

ref., re|form. = reformiert

RE̲FA, die; - = Reichsausschuss für Arbeitszeitermittlung (*seit 1995* REFA-Verband für Arbeitsgestaltung, Betriebsorganisation u. Unternehmensentwicklung e. V.); **RE̲FA-Fach|frau** ↑K28; **RE̲FA-Fach|mann** ↑K28

Re|fạk|tie, die; -, -n ‹niederl.› (*Kaufmannsspr.* Gewichts- od. Preisabzug wegen beschädigter od. fehlerhafter Ware); **re|fak|tie|ren** (einen Nachlass gewähren)

Re|fek|to̲|ri|um, das; -s, ...ien ‹lat.› (Speisesaal [in Klöstern])

Re|fe|rạt, das; -[e]s, -e ‹lat.› (Abhandlung, Bericht, Vortrag; Sachgebiet eines Referenten)

Re|fe|rats|lei|ter, der; **Re|fe|rats|lei|te|rin**

Re|fe|ree [refəˈriː, *auch* ˈrefəri], der; -s, -s ⟨engl.⟩ (*Sport* Schieds-, Ringrichter)

Re|fe|ren|dar, der; -s, -e ⟨lat.⟩ (Anwärter auf die höhere Beamtenlaufbahn nach der ersten Staatsprüfung); **Re|fe|ren|da|ri|at,** das; -[e]s, -e (Vorbereitungsdienst für Referendare); **Re|fe|ren|da|rin**

Re|fe|ren|dum, das; -s, *Plur.* ...den *u.* ...da (Volksabstimmung, -entscheid [bes. in der Schweiz])

Re|fe|rent, der; -en, -en (Berichterstatter; Sachbearbeiter); *vgl. aber* Reverend; **Re|fe|ren|tin**

Re|fe|renz, die; -, -en (Beziehung, Empfehlung; *auch für* jmd., der eine Referenz erteilt); *vgl. aber* Reverenz

Re|fe|renz|kurs *(Börsenw.);* **Re|fe|renz|lis|te,** Re|fe|ren|zen|lis|te

re|fe|rie|ren ⟨franz.⟩ (berichten, vortragen)

[1]**Reff,** das; -[e]s, -e (*ugs. abwertend für* hagere [alte] Frau)

[2]**Reff,** das; -[e]s, -e (*landsch. für* Rückentrage)

[3]**Reff,** das; -[e]s, -s (*Seemannsspr.* Vorrichtung zum Verkürzen eines Segels); **ref|fen**

re|fi|nan|zie|ren (*Finanzw.* fremde Mittel aufnehmen, um damit selbst Kredit zu geben); **Re|fi|nan|zie|rung**

Re|fla|ti|on, die; -, -en ⟨lat.⟩ (*Finanzw.* Erhöhung der im Umlauf befindlichen Geldmenge); **re|fla|ti|o|när**

Re|flek|tant, der; -en, -en ⟨lat.⟩ (*veraltend für* Bewerber, Interessent); **Re|flek|tan|tin**

re|flek|tie|ren ⟨lat.⟩ ([zu]rückstrahlen, spiegeln; nachdenken, erwägen; *ugs. für* Absichten haben auf etwas)

Reflexion

Das Wort leitet sich vom lateinischen *reflexio* (= das Zurückbeugen) her und wird deshalb mit *x* geschrieben.

Re|flek|tor, der; -s, ...oren ([Hohl]spiegel; Teil einer Richtantenne; Fernrohr mit Parabolspiegel); **re|flek|to|risch** (durch einen Reflex bedingt, Reflex...)

Re|flex, der; -es, -e ⟨franz.⟩ (Widerschein, Rückstrahlung zerstreuten Lichts; unwillkürliches Ansprechen auf einen Reiz); **re|flex|ar|tig**

Re|flex|be|we|gung

re|flex|haft; Re|flex|hand|lung

Re|fle|xi|on, die; -, -en ⟨lat.⟩ (Rückstrahlung von Licht, Schall, Wärme u. a.; Vertiefung in einen Gedankengang, Betrachtung); **Re|fle|xi|ons|win|kel** *(Physik)*

re|fle|xiv ⟨lat.⟩ (durch [Nach]denken u. Erwägen; *Sprachwiss.* rückbezüglich); reflexives Verb (rückbezügliches Verb, z. B. »sich schämen«); **Re|fle|xiv,** das; -s, -e (*svw.* Reflexivpronomen); **Re|fle|xiv|pro|no|men** (*Sprachwiss.* rückbezügliches Fürwort, z. B. »sich« *in* »er wäscht sich«); **Re|fle|xi|vum,** das; -s, ...va (*älter für* Reflexivpronomen)

Re|flex|schal|tung (*Elektrot.* Wendeschaltung)

Re|flex|zo|nen|mas|sa|ge (*Med.* Massage bestimmter Zonen der Körperoberfläche zur Beeinflussung innerer Organe)

reform., ref. = reformiert

Re|form, die; -, -en ⟨lat.⟩ (Umgestaltung; Verbesserung des Bestehenden; Neuordnung)

Re|form|agen|da

Re|for|ma|ti|on, die; -, -en (Umgestaltung; *nur Sing.:* Glaubensbewegung des 16. Jh.s, die zur Bildung der ev. Kirchen führte)

Re|for|ma|ti|ons|fest; Re|for|ma|ti|ons|tag (31. Okt.); **Re|for|ma|ti|ons|zeit; Re|for|ma|ti|ons|zeit|al|ter,** das; -s

Re|for|ma|tor, der; -s, ...oren; **Re|for|ma|to|rin; re|for|ma|to|risch**

re|form|be|dürf|tig; Re|form|be|dürf|tig|keit

Re|form|be|stre|bung *meist Plur.;* **Re|form|be|we|gung**

Re|for|mer ⟨engl.⟩ (Verbesserer, Erneuerer); **Re|for|me|rin; re|for|me|risch**

re|form|fä|hig; re|form|freu|dig

Re|form|haus®

re|for|mie|ren ⟨lat.⟩; **re|for|miert** (*Abk.* ref., reform.); reformierte Kirche ↑K151; **Re|for|mier|te,** der *u.* die; -n, -n (Anhänger[in] der reformierten Kirche); **Re|for|mie|rung**

Re|for|mis|mus, der; - (Bewegung zur Verbesserung eines [sozialen] Zustandes od. [politischen] Programms)

Re|for|mist, der; -en, -en; **Re|for|mis|tin; re|for|mis|tisch**

Re|form|klei|dung; Re|form|kom|mu|nis|mus; Re|form|kon|zil; Re|form|kost; Re|form|kurs; Re|form|pä|d|a|go|gik; Re|form|plan; Re|form|po|li|tik; Re|form|pro|gramm; Re|form|stau; Re|form|ver|trag; Re|form|vor|ha|ben; Re|form|vor|schlag; Re|form|wa|re *meist Plur.;* **Re|form|werk**

Re|f|rain [...ˈfrɛ̃ː], der; -s, -s ⟨franz.⟩ (Kehrreim)

re|frak|tär ⟨lat.⟩ (*Med.* unempfindlich; unempfänglich für neue Reize)

Re|frak|ti|on, die; -, -en ⟨lat.⟩ (*Physik* [Strahlen]brechung an Grenzflächen zweier Medien); **Re|frak|to|me|ter,** das; -s, - (*Optik* Gerät zur Messung des Brechungsvermögens)

Re|frak|tor, der; -s, ...oren (aus Linsen bestehendes Fernrohr)

Re|frak|tu|rie|rung (*Med.* erneutes Brechen eines schlecht geheilten Knochens)

Re|f|ri|ge|ra|tor, der; -s, ...oren ⟨lat.⟩ (Kühler; Gefrieranlage)

Re|fu|gié [...fyˈʒieː], der; -s, -s ⟨franz.⟩ (Flüchtling, bes. aus Frankreich geflüchteter Protestant [17. Jh.])

Re|fu|gi|um [...gi̯ʊm], das; -s, ...ien ⟨lat.⟩ (Zufluchtsort)

re|fun|die|ren ⟨lat.⟩ (*österr. für* ersetzen, zurückerstatten)

Re|fus, Re|füs [rəˈfyː, *auch* re...], der; -, - ⟨franz.⟩ (*veraltet für* Ablehnung; Weigerung); **re|fü|sie|ren** *(veraltet)*

reg. = registered

Reg, die; -, -[s] ⟨ham.⟩ (Geröllwüste [in der algerischen Sahara])

Reg., Regt., Rgt. = Regiment

[1]**Re|gal,** das; -s, -e ([Bücher-, Waren]gestell mit Fächern)

[2]**Re|gal,** das; -s, -e ⟨franz.⟩ (kleine, nur aus Zungenstimmen bestehende Orgel; Zungenregister der Orgel)

[3]**Re|gal,** das; -s, ...lien *meist Plur.* ⟨lat.⟩ (*früher für* [wirtschaftlich nutzbares] Hoheitsrecht, z. B. Zoll-, Münz-, Postrecht)

Re|gal|brett; Re|gal|fach

re|ga|lie|ren ⟨franz.⟩ (*landsch. für* reichlich bewirten); sich regalieren (sich an etwas satt essen)

Re|gal|wand

Re|gat|ta, die; -, ...tten ⟨ital.⟩ (Bootswettfahrt); **Re|gat|ta|stre|cke**

Reg.-Bez. ↑K28 = Regierungsbezirk

R
Reg.

re|ge; reger, regste; rege sein, werden; er ist körperlich und geistig rege
Re|gel, die; -, -n ‹lat.›
Re|gel|an|fra|ge *(Amtsspr.)*
re|gel|bar; Re|gel|bar|keit, die; -
Re|gel|blu|tung
Re|gel|fall, der; -[e]s
re|gel|haft; Re|gel|haf|tig|keit
Re|gel|kreis *(Kybernetik, Biol.)*
re|gel|los; Re|gel|lo|sig|keit
re|gel|mä|ßig; regelmäßige Verben *(Sprachwiss.);* **Re|gel|mä|ßig|keit**
re|geln; ich reg[e]le; sich regeln; **re|gel|recht**
Re|gel|satz (Richtsatz für die Bemessung von Sozialhilfeleistungen)
Re|gel|schu|le; Re|gel|stu|di|en|zeit
Re|gel|tech|nik; Re|gel|tech|ni|ker; Re|gel|tech|ni|ke|rin
Re|gel|über|wa|chung (regelmäßige Überwachung)
Re|ge|lung, Reg|lung
Re|ge|lungs|tech|nik
Re|gel|ver|stoß *(Sport);* **Re|gel|werk**
re|gel|wid|rig; Re|gel|wid|rig|keit
re|gen; sich regen bringt Segen
[1]**Re|gen,** der; -s, -; saurer Regen ↑K89 (Niederschlag, der schweflige Säure enthält)
[2]**Re|gen** (linker Nebenfluss der Donau)
re|gen|arm; regenärmer, regenärmste
Re|gen|bo|gen
Re|gen|bo|gen|fa|mi|lie (Familie mit gleichgeschlechtlichem Elternpaar)
re|gen|bo|gen|far|ben, re|gen|bo|gen|far|big; Re|gen|bo|gen|far|ben *Plur.*
Re|gen|bo|gen|haut (*für* [2]Iris); **Re|gen|bo|gen|haut|ent|zün|dung**
Re|gen|bo|gen|pres|se, die; - (vorwiegend triviale Unterhaltung, Gesellschaftsklatsch u. a. druckende Wochenzeitschriften)
Re|gen|bo|gen|tri|kot, das (Trikot des Radweltmeisters)
Re|gen|cape; Re|gen|dach
re|gen|dicht
Re|ge|ne|rat, das; -[e]s, -e ‹lat.› (durch chemische Aufbereitung gewonnenes Material)
Re|ge|ne|ra|ti|on, die; -, -en (Neubildung [von zerstörtem od. verletztem Gewebe]; Neubelebung; Wiederherstellung)
re|ge|ne|ra|ti|ons|fä|hig; Re|ge|ne|ra|ti|ons|fä|hig|keit, die; -
Re|ge|ne|ra|ti|ons|zeit
re|ge|ne|ra|tiv; Re|ge|ne|ra|tiv|ver|fah|ren (*Technik* Verfahren zur Rückgewinnung von Wärme)
Re|ge|ne|ra|tor, der; -s, ...oren (Wärmespeicher)
re|ge|ne|rier|bar
re|ge|ne|rie|ren (erneuern, neu beleben); sich regenerieren
Re|gen|fall, der *meist Plur.;* **Re|gen|fass; Re|gen|front; Re|gen|guss**
Re|gen|haut® (wasserdichter Regenmantel)
Re|gen|kar|te; Re|gen|man|tel; Re|gen|men|ge
re|gen|nass
Re|gen|pfei|fer (ein Vogel)
re|gen|reich; Re|gen|rin|ne
Re|gens, der; -, *Plur.* Regentes *u.* ...enten ‹lat.› (Vorsteher, Leiter [bes. kath. Priesterseminare])
Re|gens|burg (Stadt an der Donau)
[1]**Re|gens|bur|ger;** Regensburger Domspatzen
[2]**Re|gens|bur|ger,** die; -, - (eine Wurstsorte)
Re|gens|bur|ge|rin
Re|gen|schat|ten (die regenarme Seite eines Gebirges)
Re|gen|schau|er; Re|gen|schirm
Re|gens Cho|ri, der; - -, Regentes - ‹lat.› (Chorleiter in der katholischen Kirche)
Re|gen|schutz
re|gen|schwer; regenschwere Wolken
Re|gent, der; -en, -en ‹lat.› (Staatsoberhaupt; Herrscher)
Re|gen|tag
Re|gen|tes (*Plur. von* Regens)
Re|gen|tin
Re|gen|ton|ne; Re|gen|trop|fen
Re|gent|schaft, die; -, -en; **Re|gent|schafts|rat** *Plur.* ...räte
Re|gen|wald; der tropische Regenwald
Re|gen|was|ser, das; -s; **Re|gen|wet|ter,** das; -s; **Re|gen|wol|ke; Re|gen|wurm; Re|gen|zeit**
Re|ger (dt. Komponist)
Re|gest, das; -[e]s, -en *meist Plur.* ‹lat.› (zusammenfassende Inhaltsangabe einer Urkunde)
Reg|gae [...ge], der; -[s] ‹engl.› (Stilrichtung der Popmusik)
Re|gie [...ˈʒiː], die; - ‹franz.› (Spielleitung [bei Theater, Film, Fernsehen usw.]; verantwortliche Führung, Verwaltung)
Re|gie|an|wei|sung; Re|gie|as|sis|tent; Re|gie|as|sis|ten|tin
Re|gie|be|trieb (Betrieb der öffentlichen Hand); **Re|gie|ein|fall; Re|gie|feh|ler**
Re|gie|kos|ten *Plur.*
re|gie|lich *(selten)*
Re|gi|en [...ˈʒiː...] *Plur.* (*österr. für* Regie-, Verwaltungskosten)
re|gier|bar
re|gie|ren ‹lat.› (lenken; [be]herrschen; *Sprachwiss.* einen bestimmten Fall fordern); ↑K89: Regierender Bürgermeister (*im Titel, sonst:* regierender Bürgermeister)
Re|gie|rung; Re|gie|rungs|ab|kom|men; Re|gie|rungs|amt; re|gie|rungs|amt|lich
Re|gie|rungs|an|tritt; Re|gie|rungs|ar|beit, die; -; **Re|gie|rungs|auf|trag; Re|gie|rungs|bank** *Plur.* ...bänke
Re|gie|rungs|be|am|te; Re|gie|rungs|be|am|tin
Re|gie|rungs|be|schluss; Re|gie|rungs|be|tei|li|gung; Re|gie|rungs|be|zirk (*Abk.* Reg.-Bez.); **Re|gie|rungs|bil|dung; Re|gie|rungs|bünd|nis**
Re|gie|rungs|chef; Re|gie|rungs|che|fin
Re|gie|rungs|de|le|ga|ti|on
Re|gie|rungs|di|rek|tor; Re|gie|rungs|di|rek|to|rin
Re|gie|rungs|er|klä|rung
re|gie|rungs|fä|hig
Re|gie|rungs|form
re|gie|rungs|freund|lich
Re|gie|rungs|ge|bäu|de; Re|gie|rungs|ge|walt; Re|gie|rungs|ko|a|li|ti|on
Re|gie|rungs|kom|mis|sär (*österr. für* Regierungsbeauftragter); **Re|gie|rungs|kom|mis|sä|rin**
Re|gie|rungs|kom|mis|si|on
Re|gie|rungs|kreis *meist Plur.;* wie aus Regierungskreisen verlautet ...
Re|gie|rungs|kri|se; Re|gie|rungs|la|ger *Plur.* ...lager; **Re|gie|rungs|mann|schaft** *(ugs.);* **Re|gie|rungs|mit|glied**
re|gie|rungs|nah; regierungsnahe Medien
Re|gie|rungs|par|tei; Re|gie|rungs|po|li|tik
Re|gie|rungs|prä|si|dent; Re|gie|rungs|prä|si|den|tin; Re|gie|rungs|prä|si|di|um
Re|gie|rungs|pro|gramm
Re|gie|rungs|rat *Plur.* ...räte ([höherer] Verwaltungsbeamter [*Abk.* Reg.-Rat]; *schweiz. für* Kantonsregierung u. deren Mitglieder); **Re|gie|rungs|rä|tin**
Re|gie|rungs|sei|te; re|gie|rungs|sei|tig (*Amtsspr.* vonseiten der Regierung)

R
rege

Re|gie|rungs|sitz; Re|gie|rungs|spit|ze

Re|gie|rungs|spre|cher; Re|gie|rungs|spre|che|rin

Re|gie|rungs|stel|le; Re|gie|rungs|sys|tem

re|gie|rungs|treu

Re|gie|rungs|trup|pe *meist Plur.*

Re|gie|rungs|über|ein|kom|men; Re|gie|rungs|um|bil|dung; Re|gie|rungs|ver|ant|wor|tung

Re|gie|rungs|ver|tre|ter; Re|gie|rungs|ver|tre|te|rin

Re|gie|rungs|vier|tel; Re|gie|rungs|vor|la|ge; Re|gie|rungs|wech|sel; Re|gie|rungs|zeit

Re|gier|werk (Gesamtheit von Pfeifen, Manualen, Pedalen, Traktur u. Registratur einer Orgel)

Re|gie|the|a|ter

Re|gime [...ˈʒiːm], das; -s, *Plur.* - [...ˈʒiːmə], *auch* -s [...ˈʒiːms] ⟨franz.⟩ (*abwertend für* [diktatorische] Regierungsform; Herrschaft)

Re|gime|geg|ner; Re|gime|geg|ne|rin

Re|gime|kri|ti|ker; Re|gime|kri|ti|ke|rin; re|gime|kri|tisch

Re|gi|ment, das; -[e]s, *Plur.* -e *u.* (*für* Truppeneinheiten:) -er ⟨lat.⟩ (Regierung; Herrschaft; größere Truppeneinheit; *Abk.* R., Reg[t]., Rgt.)

re|gi|men|ter|wei|se

Re|gi|ments|arzt *(Militär);* **Re|gi|ments|ärz|tin**

Re|gi|ments|kom|man|deur; Re|gi|ments|kom|man|deu|rin

Re|gi|ments|stab

Re|gime|wech|sel

Re|gi|na (w. Vorn.); **Re|gi|nald** (m. Vorn.); **Re|gi|ne** (w. Vorn.)

Re|gi|o|lekt, der; -[e]s, -e ⟨lat.; griech.⟩ (Dialekt in rein geografischer Hinsicht)

Re|gi|on, die; -, -en ⟨lat.⟩ (Gegend; Bereich); **re|gi|o|nal** (gebietsweise; eine Region betreffend)

Re|gi|o|nal|aus|ga|be *(Zeitungsw.)*

Re|gi|o|nal|bahn (Zug des Personennahverkehrs; *Abk.* RB)

Re|gi|o|nal|bi|schof *(ev. Kirche);* **Re|gi|o|nal|bi|schö|fin**

Re|gi|o|nal|co|de (*EDV* Kennung einer DVD *od.* Blu-ray-Disc)

Re|gi|o|nal|ex|press® (schneller Zug des Personennahverkehrs; *Abk.* RE)

Re|gi|o|nal|geld (nur in einer bestimmten Region verwendetes Tauschmittel)

re|gi|o|na|li|sie|ren (auf ein bestimmtes Gebiet begrenzen); **Re|gi|o|na|li|sie|rung**

Re|gi|o|na|lis|mus, der; -, ...men (Ausprägung landschaftlicher Sonderbestrebungen; *Sprachwiss.* regionale Spracheigentümlichkeit); **Re|gi|o|na|list**, der; -en, -en; **Re|gi|o|na|lis|tin**

Re|gi|o|nal|kü|che

Re|gi|o|nal|li|ga *(Sport);* **Re|gi|o|nal|li|gist**

Re|gi|o|nal|pla|nung (Planung der räumlichen Ordnung u. Entwicklung einer Region)

Re|gi|o|nal|pro|gramm *(Rundfunk, Fernsehen)*

Re|gi|o|nal|ver|kehr *Plur. selten*

Re|gi|o|nal|wäh|rung (*svw.* Regionalgeld)

Re|gi|o|nal|zug

Re|gis|seur [...ʒɪˈsøːɐ̯], der; -s, -e ⟨franz.⟩; **Re|gis|seu|rin**

Re|gis|ter, das; -s, - ⟨lat.⟩ ([alphabetisches] Verzeichnis von Namen, Begriffen o. Ä.; Stimmenzug bei Orgel u. Harmonium)

re|gis|tered [...dʒɪstət] ⟨engl.⟩ (in ein Register eingetragen; patentiert; gesetzlich geschützt; *Abk.* reg.)

Re|gis|ter|hal|ten, das; -s (*Druckw.* genaues Aufeinanderpassen von Farben beim Mehrfarbendruck od. von Vorder- u. Rückseite)

Re|gis|ter|ton|ne (*Seew. früher* Einheit für die Schiffsvermessung)

Re|gis|t|ra|tor, der; -s, ...oren (jmd., der ein Register führt, etwas registriert); **Re|gis|t|ra|to|rin**

Re|gis|t|ra|tur, die; -, -en (Aufbewahrungsort für Akten; Aktengestell, -schrank; die die Register auslösende Schaltvorrichtung bei Orgel u. Harmonium)

Re|gis|t|rier|bal|lon (*Meteorol.* mit Messinstrumenten bestückter Treibballon zur Erforschung der höheren Luftschichten)

re|gis|t|rie|ren ⟨lat.⟩ ([in ein Register] eintragen; selbsttätig aufzeichnen; einordnen; bewusst wahrnehmen; *bei Orgel u. Harmonium* Register ziehen); **Re|gis|t|rier|kas|se; Re|gis|t|rie|rung**

Re|g|le|ment [...ˈmãː, ...ˈmɛnt], das; -s, *Plur.* -s *u.* (bei deutscher Aussprache) -e ⟨franz.⟩ (Bestimmungen; [Dienst]vorschrift)

re|g|le|men|ta|risch (den Bestimmungen genau entsprechend)

re|g|le|men|tie|ren (durch Vorschriften regeln); **Re|g|le|men|tie|rung**

re|g|le|ment|mä|ßig; re|g|le|ment|wid|rig

Reg|ler *(Technik)*

Re|g|let|te, die; -, -n ⟨franz.⟩ (*Druckw.* Bleistreifen für den Zeilendurchschuss)

reg|los

Reg|lung, Re|ge|lung

reg|nen; Reg|ner (ein Bewässerungsgerät); **reg|ne|risch**

Reg.-Rat ↑K28 = Regierungsrat

re|gre|die|ren (*Rechtsspr.* Regress nehmen)

Re|gress, der; -es, -e ⟨lat.⟩ (*Rechtsspr.* Ersatzanspruch, Rückgriff auf den Hauptschuldner); **Re|gress|an|spruch; Re|gress|for|de|rung; re|gres|sie|ren** (*österr. für* Ersatzanspruch erheben)

Re|gres|si|on, die; -, -en ⟨lat.⟩ (Rückgang); **re|gres|siv** (rückläufig; rückschrittlich)

Re|gress|pflicht; re|gress|pflich|tig

reg|sam; Reg|sam|keit, die; -

Regt., R., Rgt. = Regiment

Re|gu|la (w. Vorn.)

Re|gu|lar, der; -s, -e ⟨lat.⟩ (Mitglied eines katholischen Ordens)

re|gu|lär ⟨lat.⟩ (der Regel gemäß, vorschriftsmäßig, üblich); reguläre Truppen (gemäß dem Wehrgesetz eines Staates aufgestellte Truppen)

Re|gu|lar|geist|li|che

Re|gu|la|ri|en *Plur.* (auf der Tagesordnung stehende, regelmäßig abzuwickelnde [Vereins]angelegenheiten)

Re|gu|la|ri|tät, die; -, -en (Regelmäßigkeit; Richtigkeit)

Re|gu|la|ti|on, die; -, -en (*Biol.*, *Med.* die Regelung der Organsysteme eines lebendigen Körpers; Anpassung eines Lebewesens an Störungen); **Re|gu|la|ti|ons|stö|rung; Re|gu|la|ti|ons|sys|tem**

re|gu|la|tiv (ein Regulativ darstellend, regulierend); **Re|gu|la|tiv**, das; -s, -e (regelnde Vorschrift; steuerndes Element)

Re|gu|la|tor, der; -s, ...oren (regulierende Kraft, Vorrichtung); **re|gu|la|to|risch**

re|gu|lier|bar

re|gu|lie|ren ⟨lat.⟩ (regeln, ordnen; [ein]stellen); **Re|gu|lie|rung; Re|gu|lie|rungs|be|hör|de; Re|gu|lie|rungs|wut** *(ugs.)*

[1]**Re|gu|lus** (altrömischer Feldherr)
[2]**Re|gu|lus,** der; -, -se (*nur Sing.:* ein Stern; *veraltet für* gediegenes Metall)
Re|gung; re|gungs|los; Re|gungs|lo|sig|keit, die; -
Reh, das; -[e]s, -e
Re|ha, die; -, -s (*kurz für* Rehabilitation, Rehabilitationsklinik)
Re|ha|bi|li|tand, der; -en, -en ⟨lat.⟩ (behinderte Person, der die Wiedereingliederung in das berufliche u. gesellschaftliche Leben ermöglicht werden soll); **Re|ha|bi|li|tan|din**
Re|ha|bi|li|ta|ti|on, die; -, -en (Wiedereingliederung einer behinderten Person in das berufliche u. gesellschaftliche Leben; *auch für* Rehabilitierung)
Re|ha|bi|li|ta|ti|ons|kli|nik
Re|ha|bi|li|ta|ti|ons|zen|t|rum
re|ha|bi|li|tie|ren ⟨lat.⟩; sich rehabilitieren (sein Ansehen wiederherstellen); **Re|ha|bi|li|tie|rung** (Wiedereinsetzung [in die ehemaligen Rechte]; Ehrenrettung)
Re|ha|kli|nik (*kurz für* Rehabilitationsklinik); **Re|ha|zen|t|rum** (*kurz für* Rehabilitationszentrum)
Reh|bein (*Tiermed.* Überbein beim Pferd)
Reh|bock; Reh|bra|ten
reh|braun
Reh|brunft
Re|he, die; - (*Tiermed.* eine Hufkrankheit)
reh|far|ben, reh|far|big
Reh|geiß
Reh|jun|ge, das; -n (*österr. für* Rehklein)
Reh|kalb; Reh|keu|le; Reh|kitz
Reh|klein (ein Gericht)
reh|le|dern
Reh|ling (*landsch. für* Pfifferling)
Reh|pos|ten (grober Schrot); **Reh|rü|cken**
Reh|zie|mer (Rehrücken)
Rei|bach, der; -s ⟨hebr.-jidd.⟩ (*ugs. für* Verdienst, Gewinn)
Reib|ah|le
Rei|be, die; -, -n
Rei|be|brett (zum Glätten des Putzes); **Reib|ei|sen**
Rei|be|ku|chen (*landsch., bes. rhein. für* Kartoffelpuffer)
Rei|be|laut (Frikativ)
rei|ben; du riebst; du riebest; gerieben; reib[e]!; ↑K82: durch kräftiges Reiben säubern
Rei|ber (*auch landsch. für* Reibe)
Rei|ber|dat|schi, der; -s, - (*landsch., bes. bayr.* Kartoffelpuffer)
Rei|be|rei *meist Plur.* (kleine Streitigkeit)
Reib|flä|che; Reib|gers|tel, das; -s (*österr. für* eine Suppeneinlage)
Reib|kä|se; Reib|tuch *Plur.* ...tücher (*österr. für* Scheuertuch)
Rei|bung; Rei|bungs|elek|t|ri|zi|tät; Rei|bungs|flä|che
rei|bungs|frei; rei|bungs|los; Rei|bungs|lo|sig|keit, die; -
Rei|bungs|punkt; Rei|bungs|ver|lust; Rei|bungs|wär|me; Rei|bungs|wi|der|stand
Reib|zun|ge (*Zool.* Zunge von Weichtieren)

reich

Großschreibung der Substantivierung ↑K72:
– Arm und Reich (*veraltet für* jedermann)
– Arme und Reiche

Schreibung in Verbindung mit Verben und adjektivisch gebrauchten Partizipien:
– jmdn. reich machen *od.* reichmachen
– wir haben den Altar reich geschmückt; *aber* ein [mit Blumen] reich geschmückter *od.* reichgeschmückter Altar
– die Fassaden wurden reich verziert; *aber* reich verzierte *od.* reichverzierte Fassaden

Reich, das; -[e]s, -e; von Reichs wegen; ↑K151: das Deutsche Reich; das Römische Reich; das Heilige Römische Reich Deutscher Nation
Rei|che, der *u.* die; -n, -n
rei|chen (geben; sich erstrecken; auskommen; genügen)
Rei|che|n|au, die; - (Insel im Bodensee)
Rei|chen|steu|er (*ugs. für* Vermögenssteuer)
reich ge|schmückt, reich|ge|schmückt *vgl.* reich
reich|hal|tig; Reich|hal|tig|keit, die; -
reich|lich
Reichs|abt (*Geschichte*)*;* **Reichs|äb|tis|sin**
Reichs|acht (*Geschichte*)*;* Acht
Reichs|ad|ler; Reichs|ap|fel, der; -s (Teil der Reichsinsignien)
Reichs|ar|chiv, das; -s (Sammelstelle der Reichsakten [1871 bis 1945]); **Reichs|bahn** (*Geschichte*)*;* **Reichs|bann** (*Geschichte*)*;* **Reichs|frei|herr** (*Geschichte*)
Reichs|ge|richt, das; -[e]s (höchstes dt. Gericht [1879 bis 1945])
Reichs|gren|ze; Reichs|grün|dung
Reichs|hälf|te (*bes. österr. ugs. für* Einfluss- u. Machtbereich einer der beiden großen Parteien in Österreich); die linke, schwarze Reichshälfte
Reichs|in|si|g|ni|en *Plur.* (*Geschichte*)
Reichs|kam|mer|ge|richt, das; -[e]s (höchstes dt. Gericht [1495 bis 1806])
Reichs|kanz|ler (leitender dt. Reichsminister [1871 bis 1945]); **Reichs|kanz|le|rin; Reichs|klein|odi|en** *Plur.*
Reichs|kris|tall|nacht, die; - (*nationalsoz.* Pogromnacht)
Reichs|mark (dt. Währungseinheit [1924 bis 1948]; *Abk.* RM)
reichs|mit|tel|bar (*Geschichte*)
Reichs|pfen|nig (dt. Münzeinheit [1924 bis 1948])
Reichs|po|g|rom|nacht, die; - (Pogromnacht)
Reichs|prä|si|dent (dt. Staatsoberhaupt [1919 bis 1934])
Reichs|rat, der; -[e]s (Vertretung der dt. Länder beim Reich [1919 bis 1934])
Reichs|stadt (*Bez. für* die früheren reichsunmittelbaren Städte)
Reichs|stän|de *Plur.* (*Geschichte* die reichsunmittelbaren Fürsten, Städte u. a. des Dt. Reiches)
Reichs|tag (*Geschichte* Versammlung der Reichsstände [bis 1806]; *nur Sing.:* dt. Volksvertretung [1871 bis 1945]; Parlament bestimmter Staaten)
Reichs|tags|brand, der; -[e]s (Brand des Berliner Reichstagsgebäudes am 27. 2. 1933)
Reichs|tags|ge|bäu|de
reichs|un|mit|tel|bar (*Geschichte* Kaiser u. Reich unmittelbar unterstehend)
Reichs|ver|si|che|rungs|ord|nung, die; - (Gesetz zur Regelung der öffentl.-rechtl. Invaliden-, Kranken- u. Unfallversicherung; *Abk.* RVO)
Reichs|wehr, die; - (*Bez. für* das dt. 100 000-Mann-Heer [1921 bis 1935])
Reich|tum, der; -s, ...tümer
reich ver|ziert, reich|ver|ziert *vgl.* reich
Reich|wei|te

R
Regu

[1]rein

Kleinschreibung:
- reine Luft
- die reine Wahrheit
- reinen Sinnes
- rein Schiff! (seemänn. Kommando)
- jmdm. reinen Wein einschenken (jmdm. die volle Wahrheit sagen)

Großschreibung der Substantivierung ↑K72:
- etwas Reines anziehen
- ins Reine bringen, kommen, schreiben
- mit etwas, mit jmdm. im Reinen sein

Schreibung in Verbindung mit Verben:
- das Zimmer rein halten
- die Gewässer rein erhalten
- das Zimmer rein machen *od.* reinmachen (*vgl. aber* reinemachen)
- die Wäsche rein waschen *od.* reinwaschen; *aber* sich reinwaschen (seine Unschuld beweisen)
- den Text noch einmal reinschreiben (ins Reine schreiben)

Schreibung in Verbindung mit Farb- und Stoffadjektiven:
- ein reingoldener Ring
- eine reinsilberne Kette
- das Material ist reinleinen
- ein reinseidener Schal
- ein reinwollener Stoff

Vgl. auch [2]rein *u.* [3]rein

Rei|der|land, das; -[e]s (Teil Nordhollands); *vgl.* Rheiderland
reif (voll entwickelt; geeignet)
[1]**Reif,** der; -[e]s (gefrorener Tau)
[2]**Reif,** der; -[e]s, -e (*geh. für* Reifen, Diadem, Fingerring)
Rei|fe, die; - (z. B. von Früchten); mittlere Reife (Abschluss der Realschule od. der 10. Klasse der höheren Schule); **Rei|fe|grad**
[1]**rei|fen** (reif werden); gereift sein; eine gereifte Persönlichkeit
[2]**rei|fen** ([1]Reif ansetzen); es hat gereift
Rei|fen, der; -s, -; **Rei|fen|druck** *Plur.* ...drücke; **Rei|fen|pan|ne; Rei|fen|pro|fil; Rei|fen|scha|den; Rei|fen|spur; Rei|fen|wech|sel**
Rei|fe|prü|fung
Rei|fe|rei (*fachspr. für* Raum, in dem geerntete Früchte nachreifen)
Rei|fe|tei|lung *(Biol.)*
Rei|fe|zeit; Rei|fe|zeug|nis
Reif|glät|te
reif|lich
Reif|rock *(früher)*
Rei|fung, die; - (das Reifwerden)
Rei|fungs|pro|zess
Rei|gen, *veraltet* Rei|hen, der; -s, - (ein Tanz)
Rei|gen|füh|rer; Rei|gen|füh|re|rin; Rei|gen|tanz
Rei|he, die; -, -n; in, außer der Reihe; der Reihe nach; an der Reihe sein; an die Reihe kommen; in Reih und Glied ↑K13; arithmetische Reihe, geometrische Reihe *(Math.)*
[1]**rei|hen** (in Reihen ordnen); sie reihte, hat gereiht
[2]**rei|hen** (lose, vorläufig nähen); sie reihte, hat gereiht, *landsch. u. fachspr. auch* rieh, hat geriehen
[3]**rei|hen** (*Jägerspr.* während der Paarungszeit zu mehreren einer Ente folgen [von Erpeln])
[1]**Rei|hen,** der; -s, - (*südd. für* Fußrücken)
[2]**Rei|hen** *vgl.* Reigen
Rei|hen|bau *(Bauw.);* **Rei|hen|bau|wei|se**
Rei|hen|bil|dung; Rei|hen|dorf
Rei|hen|fol|ge
Rei|hen|grab; Rei|hen|haus; Rei|hen|schal|tung (*für* Serienschaltung); **Rei|hen|sied|lung; Rei|hen|un|ter|su|chung**
rei|hen|wei|se
Rei|her, der; -s, - (ein Vogel)
Rei|her|bei|ze (*Jägerspr.* Reiherjagd); **Rei|her|fe|der; Rei|her|horst**
rei|hern (*ugs. für* erbrechen); ich reihere
Rei|her|schna|bel (eine Pflanze)
Reih|fa|den; Reih|garn
...rei|hig (z. B. einreihig)
reih|um; es geht reihum
Rei|hung
Reih|zeit (*Jägerspr.* Paarungszeit der Enten)
Rei|ki ['re:ki], das; -s ‹jap.› (Händeauflegen als Heilkunst)
Reim, der; -[e]s, -e; ein stumpfer (männlicher) Reim, ein klingender (weiblicher) Reim
Reim|art; Reim|chro|nik (im MA.)
rei|men; sich reimen; **Rei|me|rei**
Reim|le|xi|kon; reim|los
Re|im|plan|ta|ti|on, die; -, -en ‹lat.› (*Med.* Wiedereinpflanzung); **re|im|plan|tie|ren**
Re|im|port, der; -[e]s, -e ‹lat.› (Wiedereinfuhr bereits ausgeführter Güter); **re|im|por|tie|ren**
Reims [rɛ̃:s] (franz. Stadt)
Reim|schmied (*scherzh. für* Versemacher); **Reim|schmie|din**
Reim|ser ‹zu Reims›; **Reim|se|rin**
Rei|mund *vgl.* [1]Raimund
Reim|wort *Plur.* ...wörter
[1]**rein** *s. Kasten*
[2]**rein** (*ugs. für* herein, hinein); *vgl.* reinbringen, reinfeiern, [2]reinmachen usw.
[3]**rein** (*ugs. für* durchaus, ganz, gänzlich); er ist rein toll; sie war rein weg (ganz hingerissen); *vgl.* rein[e]weg
Rein, die; -, -en (*bayr. u. österr. ugs. für* flacher Kochtopf, Kuchenform)
Rei|nald, Rai|nald (m. Vorn.)
Rein|an|ke, die; -, -n (*österr. für* Rheinanke)
rein|brin|gen *(ugs.)*
rein|but|tern (*ugs. für* [Geld] hineinstecken); ↑K14
Reindl, das; -s, -[n] (*südd. u. österr. Verkleinerungsform von* Rein)
Reind|ling (*südostösterr.* ein Hefekuchen)
Rei|ne, die; - (*geh. für* Reinheit)
Rei|ne|clau|de [rɛ(:)nəˈklo:də] *vgl.* Reneklode
Rein|ein|nah|me *(Wirtsch.)*
Rei|ne|ke Fuchs (Name des Fuchses in der Tierfabel)
Rei|ne|ma|che|frau, Rein|ma|che|frau; **rei|ne|ma|chen** (*landsch. für* putzen); hast du schon reinegemacht? *vgl.* [1]rein; **Rei|ne|ma|chen,** Rein|ma|chen, das; -s *(landsch.)*
Rei|ner, Rai|ner (m. Vorn.)
rein|er|big (*für* homozygot)
Rein|er|hal|tung, die; -
Rein|er|lös; Rein|er|trag
Rei|net|te [rɛ...] *vgl.* Renette
rei|ne|weg, rein|weg (*ugs. für* ganz

R
rein

u. gar); das ist rein[e]weg zum Lachen
Rein|fall, der; ↑K14 *(ugs.)*; **rein|fal|len** *(ugs.)*
Re|in|farkt, der; -[e]s, -e ‹lat.› (*Med.* wiederholter Infarkt)
rein|fei|ern (*ugs. für* bis in den kommenden Tag feiern)
Re|in|fek|ti|on, die; -, -en ‹lat.› (*Med.* erneute Infektion); **re|in|fi|zie|ren**, sich reinfizieren
rein|ge|hen *(ugs.)*
Rein|ge|schmeck|te *vgl.* Hereingeschmeckte
Rein|ge|wicht; Rein|ge|winn
rein|gol|den
Rein|hal|tung
rein|hän|gen, sich; ↑K14 (*ugs. für* sich bei etw. engagieren)
Rein|hard (m. Vorn.)
Rein|hardt (österr. Schauspieler u. Theaterleiter)
rein|hau|en (*ugs. für* viel essen); jmdm. eine reinhauen (*ugs. für* jmdn. verprügeln)
Rein|heit, die; -
Rein|heits|ge|bot (Rechtsvorschrift für das Brauen von Bier, das für den deutschen Markt bestimmt ist)
Rein|hild, Rein|hil|de (w. Vorn.)
Rein|hold (m. Vorn.)
rein|hö|ren *(ugs.)*
rei|ni|gen; Rei|ni|ger; Rei|ni|ge|rin
Rei|ni|gung
Rei|ni|gungs|creme, **Rei|ni|gungs|crème**
Rei|ni|gungs|in|s|ti|tut; Rei|ni|gungs|kraft
Rei|ni|gungs|milch; Rei|ni|gungs|mit|tel, das; **Rei|ni|gungs|tuch** *Plur.* ...tücher
Re|in|kar|na|ti|on, die; -, -en ‹lat.› (Wiederverkörperung von Gestorbenen)
rein|kli|cken *(EDV ugs.)*
rein|kni|en, sich *(ugs.)*; ↑K14; **rein|kom|men; rein|kön|nen; rein|krie|gen**
Rein|kul|tur
rein|las|sen *(ugs.)*; ↑K14; **rein|le|gen**
rein|lei|nen
rein|lich; Rein|lich|keit, die; -; **rein|lich|keits|lie|bend**
Rein|ma|che|frau *vgl.* Reinemachefrau
[1]**rein|ma|chen** ‹*zu* [2]rein›; den Ball reinmachen (*ugs. für* ins Tor schießen)
rein ma|chen, [2]**rein|ma|chen** *vgl.* [1]rein
Rein|ma|chen *vgl.* Reinemachen

Rein|mar (m. Eigenn.)
Rein|ni|ckel, das
Rei|nold (m. Vorn.)
rein|pas|sen *(ugs.)*; ↑K14; **rein|ras|seln**
rein|ras|sig; Rein|ras|sig|keit, die; - *(Biol.)*
Rein|raum *(Technik)*
rein|re|den *(ugs.)*; ↑K14; **rein|rei|ßen**
rein|rei|ten (*ugs. für* in eine unangenehme Lage bringen)
rein|schau|en *(ugs.)*
Rein|schiff, das; -s (gründliche Schiffsreinigung)
rein|schnup|pern *(ugs.)*
rein|schrei|ben *vgl.* [1]rein
Rein|schrift; rein|schrift|lich
rein|sei|den; rein|sil|bern
rein|ste|cken *(ugs.)*
re|in|sze|nie|ren *vgl.* inszenieren; **Re|in|sze|nie|rung**
Re|in|te|g|ra|ti|on
Rein|ver|mö|gen *(Wirtsch.)*
rein|wa|schen; sich von jeder Schuld reinwaschen wollen; *vgl.* [1]rein
rein|weg *vgl.* reineweg
rein|weiß
rein|wol|len; reinwollene Decken
Rein|zeich|nung
rein|zie|hen *(ugs.)*; sich eine Flasche Bier reinziehen (*ugs. für* konsumieren)
Rein|zucht
[1]**Reis**, der; -es, *Plur.* (*für* Reisarten:) -e ‹griech.› (ein Getreide)
[2]**Reis**, das; -es, -er (kleiner, dünner Zweig; Pfropfreis)
[3]**Reis**, Johann Philipp (Erfinder des Telefons)
[4]**Reis** (*Plur. von* [3]Real)
Reis|an|bau, Reis|bau, der; -[e]s; **Reis|bau|er** *vgl.* [2]Bauer; **Reis|bäu|e|rin**
Reis|be|sen (*svw.* Reisigbesen)
Reis|brannt|wein; Reis|brei
Rei|se, die; -, -n
Rei|se|an|den|ken
Rei|se|apo|the|ke
Rei|se|be|glei|ter; Rei|se|be|glei|te|rin; Rei|se|bei|la|ge *(Zeitungsw.)*; **Rei|se|be|kannt|schaft**
Rei|se|be|richt; Rei|se|be|schrei|bung; Rei|se|be|steck
Rei|se|buch; Rei|se|buch|han|del
Rei|se|bü|ro; Rei|se|bus; Rei|se|de|cke; Rei|se|di|p|lo|ma|tie; Rei|se|er|leb|nis
rei|se|fer|tig; Rei|se|fie|ber
Rei|se|frei|heit, die; - *(früher)*
Rei|se|füh|rer; Rei|se|füh|re|rin
Rei|se|geld

Rei|se|ge|päck; Rei|se|ge|päck|ver|si|che|rung
Rei|se|ge|schwin|dig|keit; Rei|se|ge|sell|schaft; Rei|se|grup|pe
Rei|se|ka|der (*DDR* jmd., der zu Reisen ins [westl.] Ausland zugelassen war)
Rei|se|kas|se; Rei|se|kos|ten *Plur.*; **Rei|se|krank|heit**, die; -; **Rei|se|kre|dit|brief**
Rei|se|land *Plur.* ...länder
Rei|se|lei|ter, der; **Rei|se|lei|te|rin**
Rei|se|lei|tung
Rei|se|lek|tü|re
Rei|se|lust, die; -; **rei|se|lus|tig**
rei|sen; du reist; du reis|test; gereist; reis[e]!; **Rei|sen|de**, der *u.* die; -n, -n
Rei|se|ne|ces|saire, **Rei|se|nes|ses|sär**
Rei|se|pass; Rei|se|plan; Rei|se|pro|s|pekt; Rei|se|pro|vi|ant
Rei|ser|be|sen (*svw.* Reisigbesen)
Rei|se|rei (dauerndes Reisen)
rei|sern (*Jägerspr.* Witterung [von Zweigen u. Ästen] nehmen)
Reis|ern|te
Rei|se|rou|te; Rei|se|rück|tritt[s]|ver|si|che|rung; Rei|se|ruf; Rei|se|sai|son; Rei|se|scheck; Rei|se|spe|sen *Plur.*; **Rei|se|ta|sche**
Rei|se|ver|an|stal|ter; Rei|se|ver|an|stal|te|rin
Rei|se|ver|bot
Rei|se|ver|kehr, der; -s; **Rei|se|ver|kehrs|kauf|frau; Rei|se|ver|kehrs|kauf|mann**
Rei|se|vor|be|rei|tung *meist Plur.*
Rei|se|we|cker
Rei|se|wet|ter, das; -s; **Rei|se|wet|ter|be|richt**
Rei|se|zeit; Rei|se|ziel; Rei|se|zug *(Eisenbahn)*
Reis|feld
Reis|holz, das; -es (*veraltet für* Reisig)
rei|sig (*veraltet für* beritten)
Rei|sig, das; -s
Rei|sig|be|sen; Rei|sig|bün|del
Rei|si|ge, der; -n, -n (*im Mittelalter* berittener Söldner)
Rei|sig|holz, das; -es
Reis|korn *Plur.* ...körner
Reis|lauf, der; -[e]s (*früher bes. in der Schweiz* Eintritt in fremden Dienst als Söldner); **Reis|läu|fer**
Reis|lein ‹*zu* [2]Reis›
Reis|mehl; Reis|pa|pier; Reis|pud|ding; Reis|rand *(Gastron.)*
Reiß|ah|le
Reiß|aus; *nur in* Reißaus nehmen (*ugs. für* davonlaufen)

R
Rein

Reiß|bahn (abreißbarer Teil der Ballonhülle)
Reiß|blei, das (Grafit); **Reiß|brett** (Zeichenbrett)
Reis|schleim; Reis|schnaps
rei|ßen; du reißt, er/sie reißt; du rissest, er/sie riss; gerissen; reiß[e]!; reißende (wilde) Tiere
Rei|ßen, das; -s (*ugs. auch für* Rheumatismus)
rei|ßend; reißender Strom; reißende Schmerzen; reißender Absatz
Rei|ßer (*ugs. für* besonders spannender, effektvoller Film, Roman u. a.); **rei|ße|risch;** reißerische Schlagzeilen
Reiß|fe|der
reiß|fest; Reiß|fes|tig|keit, die; -
Reiß|lei|ne (am Fallschirm u. an der Reißbahn); **Reiß|li|nie** (Perforation); **Reiß|na|gel** (*svw.* Reißzwecke); **Reiß|schie|ne**
Reis|stroh|tep|pich; Reis|sup|pe
Reiß|ver|schluss
Reiß|ver|schluss|sys|tem, **Reiß|ver|schluss-Sys|tem** (*Straßenverkehr);* sich nach dem Reißverschlusssystem *od.* Reißverschluss-System einfädeln
Reiß|wolf, der; **Reiß|wol|le; Reiß|zahn; Reiß|zeug; Reiß|zir|kel; Reiß|zwe|cke**
Reis|te, die; -, -n (*schweiz. für* Holzrutsche, ²Riese); **reis|ten** (*schweiz. für* gefälltes Holz [in einer Rinne] zu Tal gleiten lassen)
Reis|wein (Sake)
Reit|bahn
Rei|tel, der; -s, - (*mitteld. für* Drehstange, Knebel); **Rei|tel|holz** (*mitteld.*)
rei|ten; du reitest; du rittst (rittest), er/sie ritt; du rittest; geritten; reit[e]!; **rei|tend;** reitende Artillerie; reitende Post
¹**Rei|ter**, der; -s, -
²**Rei|ter**, die; -, -n (*landsch., bes. österr. für* [Getreide]sieb)
Rei|ter|an|griff
Rei|te|rei; Rei|ter|hof
Rei|te|rin; rei|ter|lich; rei|ter|los
Rei|ter|re|gi|ment
Rei|ters|frau (*scherzh.);* **Rei|ters|mann** *Plur.* ...männer *u.* ...leute (*veraltend*)
Rei|ter|stand|bild; Rei|ter|ver|ein
Reit|ger|te; Reit|hal|le, die; **Reit|ho|se**
Reit im Wịnkl (Ort in Bayern)
Reit|leh|rer; Reit|leh|re|rin
Reit|peit|sche; Reit|pferd
Reit|schu|le (*südwestd. u. schweiz. regional auch für* Karussell)
Reit|sport, der; -[e]s; **Reit|stall; Reit|stie|fel; Reit|stun|de; Reit|tier; Reit|tur|nier**
Reit- und Fahr|tur|nier ↑K31
Reit- und Sprịng|tur|nier ↑K31
Reit|un|ter|richt; Reit|weg
Reiz, der; -es, -e; ↑K72 : der Reiz des Neuen
reiz|bar; Reiz|bar|keit, die; -
Reiz|bla|se (*Med.*)
rei|zen; du reizt
rei|zend; am reizends|ten
Reiz|fi|gur (Emotionen auslösende Person)
Reiz|gas; Reiz|hus|ten
Reiz|ker, der; -s, - ‹slaw.› (ein Pilz)
Reiz|kli|ma
reiz|los; Reiz|lo|sig|keit, die; -
Reiz|ma|gen (*Med.);* **Reiz|mit|tel**
Reiz|schwel|le (*Psychol., Physiol.*)
Reiz|stoff; Reiz|strom (*Med.);* **Reiz|the|ma** *vgl.* Reizwort; **Reiz|über|flu|tung**
Rei|zung
reiz|voll
Reiz|wä|sche, die; - (*ugs.*)
Reiz|wort *Plur.* ...worte *u.* ...wörter (Emotionen auslösendes Wort)
re|ka|pi|ta|li|sie|ren (*Finanzw.* mit fehlendem Kapital versorgen; **Re|ka|pi|ta|li|sie|rung**
Re|ka|pi|tu|la|ti|on, die; -, -en ‹lat.› (Wiederholung, Zusammenfassung); **re|ka|pi|tu|lie|ren**
Re|kel, der; -s, - (*nordd. für* grober, ungeschliffener Mensch)
Re|ke|lei
re|keln, rä|keln, sich (sich behaglich recken u. dehnen); ich rek[e]le *od.* räk[e]le mich
Re|kla|mant, der; -en, -en ‹lat.› (*Rechtsspr.* Beschwerdeführer); **Re|kla|man|tin; Re|kla|ma|ti|on**, die; -, -en (Beanstandung); **Re|kla|ma|ti|ons|recht**
Re|kla|me, die; -, -n (Werbung; Anpreisung von Waren)
Re|kla|me|feld|zug; Re|kla|me|flä|che; re|kla|me|haft
Re|kla|me|pla|kat; Re|kla|me|rum|mel (*ugs.);* **Re|kla|me|trick**
re|kla|mie|ren ([zurück]fordern; beanstanden)
re|ko|g|nos|zie|ren ‹lat.› (*veraltet für* [die Echtheit] anerkennen; auskundschaften; *früher, heute noch schweiz. für* erkunden, aufklären [beim Militär]); **Re|ko|g|nos|zie|rung**
Re|kom|man|da|ti|on, die; -, -en ‹franz.› (*veraltet für* Empfehlung); **Re|kom|man|da|ti|ons|schrei|ben** (*veraltet*)
re|kom|man|die|ren (*veraltet, aber noch landsch. für* empfehlen; *österr. veraltet für* [einen Brief] einschreiben lassen)
Re|kom|pẹns, die; -, -en ‹lat.› (*Wirtsch.* Entschädigung)
Re|kom|pen|sa|ti|on; re|kom|pen|sie|ren
re|kon|s|t|ru|ier|bar
re|kon|s|t|ru|ie|ren ‹lat.› ([den ursprünglichen Zustand] wiederherstellen od. nachbilden; den Ablauf eines früheren Ereignisses wiedergeben; *regional auch für* renovieren, sanieren)
Re|kon|s|t|ru|ie|rung; Re|kon|s|t|ruk|ti|on, die; -, -en; **re|kon|s|t|ruk|tiv** (*Med.* wiederherstellend)
re|kon|va|les|zẹnt ‹lat.› (*Med.* genesend); **Re|kon|va|les|zẹnt**, der; -en, -en; **Re|kon|va|les|zẹn|tin; Re|kon|va|les|zẹnz**, die; -; **re|kon|va|les|zie|ren**
Re|kọrd, der; -[e]s, -e ‹engl.›
Re|kọrd|be|such
Re|kọr|der, Re|cọr|der (Gerät zur elektromagnetischen Speicherung u. Wiedergabe von Bild- u. Tonsignalen)
Re|kọrd|er|geb|nis; Re|kọrd|ern|te; Re|kọrd|flug; Re|kọrd|hal|ter; Re|kọrd|hal|te|rin; Re|kọrd|hö|he
Re|kọrd|in|ter|na|ti|o|na|le, der *u.* die; -n, -n (*Sport*)
Re|kọrd|jahr; Re|kọrd|leis|tung; Re|kọrd|mar|ke
Re|kọrd|meis|ter; Re|kọrd|meis|te|rin
Re|kọrd|stand; Re|kọrd|tief; Re|kọrd|um|satz
re|kọrd|ver|däch|tig
Re|kọrd|ver|such; Re|kọrd|wei|te; Re|kọrd|zahl; Re|kọrd|zeit
Re|kre|a|ti|on, die; -, -en ‹lat.› (*veraltet für* Erholung; Erfrischung); **re|kre|ie|ren** (*veraltet*)
Re|k|rut, der; -en, -en ‹franz.› (Soldat in der ersten Zeit der Ausbildung)
Re|k|ru|ten|aus|bil|der; Re|k|ru|ten|aus|bil|de|rin; Re|k|ru|ten|aus|bil|dung
Re|k|ru|ten|schu|le (*schweiz. für* milit. Grundausbildung); **Re|k|ru|ten|zeit**
re|k|ru|tie|ren (*Militär veraltet für* Rekruten mustern); sich rekrutieren (sich zusammensetzen, sich bilden); **Re|k|ru|tie|rung; Re|k|ru|tin**
Rẹk|ta (*Plur. von* Rektum)

rek|tal ‹lat.› (*Med.* auf den Mastdarm bezüglich)
Rek|tal|er|näh|rung; Rek|tal|nar|ko|se; Rek|tal|tem|pe|ra|tur
rek|t|an|gu|lär ‹lat.› (*veraltet für* rechtwinklig)
Rek|ta|pa|pier (*Bankw.* Wertpapier, auf dem der Besitzer namentlich genannt ist)
Rek|t|a|s|zen|si|on, die; -, -en ‹lat.› (*Astron.* gerades Aufsteigen eines Sternes)
Rek|ta|wech|sel (*Bankw.* auf den Namen des Inhabers ausgestellter Wechsel)
Rek|ti|fi|ka|ti|on, die; -, -en ‹lat.› (*veraltet für* Berichtigung; *Chemie* Reinigung durch wiederholte Destillation; *Math.* Bestimmung einer Kurvenlänge)
Rek|ti|fi|zier|an|la|ge (Reinigungsanlage)
rek|ti|fi|zie|ren ‹*zu* Rektifikation›
Rek|ti|on, die; -, -en ‹lat.› (*Sprachwiss.* Fähigkeit eines Wortes [z. B. einer Präposition], den Kasus des von ihm abhängenden Wortes zu bestimmen)
Rek|to *vgl.* Recto
Rek|tor, der; -s, ...oren ‹lat.› (Leiter einer [Hoch]schule)
Rek|to|rat, das; -[e]s, -e (Amt[szimmer], Amtszeit eines Rektors); **Rek|to|rats|re|de** (Rede eines Hochschulrektors bei der Amtsübernahme)
Rek|to|ren|kon|fe|renz
Rek|to|rin; Rek|tor|re|de
Rek|to|s|kop, das; -s, -e ‹lat.; griech.› (*Med.* Spiegel zur Mastdarmuntersuchung); **Rek|to|s|ko|pie,** die; -, ...ien
Rek|tum, das; -s, ...ta ‹lat.› (Mastdarm)
re|kul|ti|vie|ren ‹franz.› (unfruchtbar gewordenen Boden wieder nutzbar machen); **Re|kul|ti|vie|rung**
Re|ku|pe|ra|tor, der; -s, ...oren ‹lat.› (Wärmeaustauscher zur Rückgewinnung der Wärme heißer Abgase)
Re|kur|rent, der; -en, -en (*schweiz. für* Beschwerdeführer); **Re|kur|ren|tin**
re|kur|rie|ren ‹lat.› (auf etwas zurückkommen; *schweiz. für* Beschwerde einlegen, führen)
Re|kurs, der; -es, -e ‹lat.› (das Zurückgehen, Zuflucht; *Rechtsspr.* Beschwerde, Einspruch); **Re|kurs|an|trag**
re|kur|siv (*Math.* zurückgehend bis zu bekannten Werten)
Re|lais [rəˈlɛː], das; -, - ‹franz.› (*Elektrot.* Schalteinrichtung; *Postw. früher* Auswechslung[sstelle] der Pferde); **Re|lais|sta|ti|on**
Re|la|ti|on, die; -, -en ‹lat.› (Beziehung, Verhältnis); **Re|la|ti|ons|be|griff** *(Logik)*
re|la|tiv ‹lat.› (verhältnismäßig; vergleichsweise; bedingt); relative (einfache) Mehrheit
Re|la|tiv, das; -s, -e (*Sprachwiss.* Relativpronomen; Relativadverb)
Re|la|tiv|ad|verb (*Sprachwiss.* bezügliches Umstandswort, z. B. »wo« in »dort, wo der Fluss tief ist«)
re|la|ti|vie|ren (zu etw. anderem in Beziehung setzen; einschränken); **Re|la|ti|vie|rung**
Re|la|ti|vis|mus, der; - (philosophische Lehre, für die alle Erkenntnis nur relativ, nicht allgemein gültig ist); **re|la|ti|vis|tisch**
Re|la|ti|vi|tät, die; -, -en (Bezüglichkeit, Bedingtheit; *nur Sing.:* das Relativsein)
Re|la|ti|vi|täts|the|o|rie, die; - (von Einstein begründete physikalische Theorie)
Re|la|tiv|pro|no|men (*Sprachwiss.* bezügliches Fürwort, z. B. »das« in: »ein Buch, das ich kenne«); **Re|la|tiv|satz**
Re|launch [ˈriːlɔːntʃ, riˈlɔːntʃ], der *u.* das; -[e]s, -[e]s ‹engl.› (Neugestaltung eines [alten] Produkts od. der Werbung dafür); **re|laun|chen;** relauncht
re|laxed, re|laxt [riˈlɛkst] ‹engl.› (*ugs. für* entspannt); relaxed *od.* relaxt sein; *aber nur* ein relaxter Typ; sie war die Relaxteste von allen; **re|la|xen** (*ugs. für* sich entspannen); wir haben relaxt, waren ganz relaxt; **Re|la|xing,** das; -s (das Relaxen)

relaxt / relaxed
Das Adjektiv *relaxed* (englisches Partizip zu *to relax*) ist im Deutschen früher gebräuchlich geworden als das Verb *relaxen.* Dessen Partizip *relaxt* wird heute ebenso häufig verwendet wie die Form mit *-ed.* In attributiver Verwendung (eine *relaxte* Stimmung) gilt nur die t-Schreibung.

[1]Re|lease, das *od.* der; -[s], -s [...sɪs], *(selten:)* die; -, -s (*bes. EDV* [Neu]veröffentlichung)
[2]Re|lease [riˈliːs], das; -, -s [...sɪs] ‹engl.› (*kurz für* Releasecenter)
Re|lease|cen|ter, Re|lease-Cen|ter (*veraltet für* Einrichtung zur Heilung Drogenabhängiger)
Re|lea|ser (*veraltet für* Psychotherapeut od. Sozialarbeiter, der bei der Behandlung Drogenabhängiger mitwirkt); **Re|lea|se|rin**
Re|lease|zen|t|rum, Re|lease-Zen|t|rum *(veraltet); vgl.* [2]Release
Re|le|ga|ti|on, die; -, -en ‹lat.› (Verweisung von der [Hoch]schule; *Sport* Relegationsspiele); **Re|le|ga|ti|ons|spiel** (*Sport* über Ab- od. Aufstieg entscheidendes Spiel; Qualifikationsspiel)
re|le|gie|ren (von der [Hoch]schule verweisen)
re|le|vant ‹lat.› (erheblich, wichtig); **Re|le|vanz,** die; -, -en
Re|li, die; - *meist ohne Artikel* (*Schülerspr.* Religionsunterricht)
Re|li|ef, das; -s, *Plur.* -s *u.* -e ‹franz.› (über eine Fläche erhaben hervortretendes Bildwerk; *Geogr.* Form der Erdoberfläche, plastische Nachbildung der Oberfläche eines Geländes)
re|li|ef|ar|tig; Re|li|ef|bild
Re|li|ef|druck *Plur.* ...drucke (Hoch-, Prägedruck); **Re|li|ef|kar|te** *(Kartografie)*
Re|li|ef|pfei|ler; Re|li|ef|sti|cke|rei
Re|li|gi|on, die; -, -en ‹lat.›
Re|li|gi|ons|aus|übung, die; -; **Re|li|gi|ons|be|kennt|nis; Re|li|gi|ons|buch; Re|li|gi|ons|er|satz; Re|li|gi|ons|frei|heit,** die; -; **Re|li|gi|ons|frie|de; Re|li|gi|ons|ge|mein|schaft**
Re|li|gi|ons|ge|schich|te, die; -
Re|li|gi|ons|krieg
Re|li|gi|ons|leh|re; Re|li|gi|ons|leh|rer; Re|li|gi|ons|leh|re|rin
re|li|gi|ons|los; Re|li|gi|ons|lo|sig|keit, die; -
Re|li|gi|ons|phi|lo|so|phie; Re|li|gi|ons|po|li|zei (Polizei in islamischen Ländern, die die Einhaltung islamischer Vorschriften überwacht); **Re|li|gi|ons|stif|ter; Re|li|gi|ons|stif|te|rin; Re|li|gi|ons|strei|tig|kei|ten** *Plur.;* **Re|li|gi|ons|stun|de; Re|li|gi|ons|un|ter|richt**
Re|li|gi|ons|wis|sen|schaft; Re|li|gi|ons|wis|sen|schaft|ler; Re|li|gi|ons|wis|sen|schaft|le|rin; re|li|gi|ons|wis|sen|schaft|lich

Re|li|gi|ons|zu|ge|hö|rig|keit
re|li|gi|ös ⟨franz.⟩
Re|li|gi|o|se, der *u.* die; -n, -n *meist Plur.* ⟨lat.⟩ (Mitglied einer Ordensgemeinschaft)
Re|li|gi|o|si|tät, die; -
re|likt ⟨lat.⟩ (*Biol.* in Resten vorkommend)
Re|likt, das; -[e]s, -e (Rest; Überbleibsel); **Re|lik|ten|fau|na,** die; - (*Zool.* Überbleibsel einer früheren Tierwelt); **Re|lik|ten|flo|ra,** die; - *(Bot.)*
Re|ling, die; -, *Plur.* -s, *seltener* -e ([Schiffs]geländer, Brüstung)
Re|li|qui|ar, das; -s, -e ⟨lat.⟩ (Reliquienbehälter)
Re|li|quie, die; -, -n (Überrest der Gebeine, Kleider o. Ä. eines Heiligen als Gegenstand religiöser Verehrung)
Re|li|qui|en|schrein
Re|lish [...lɪʃ], das; -s, -es [...ʃɪs] ⟨engl.⟩ (würzige Soße aus Gemüsestückchen)
Re|ma|gen (Stadt am Mittelrhein)
Re|make [ˈriːmeːk], das; -s, -s ⟨engl.⟩ (Neuverfilmung; Neufassung einer künstlerischen Produktion)
Re|ma|nenz, die; - ⟨lat.⟩ (*Physik* Restmagnetismus)
Re|marque [rəˈmark] (dt. Schriftsteller)
Re|ma|su|ri *vgl.* Ramasuri
Rem|bours [rãˈbuːɐ̯], der; -, - (*Überseehandel* Finanzierung u. Geschäftsabwicklung über eine Bank); **Rem|bours|ge|schäft; Rem|bours|kre|dit**
Rem|brandt (niederl. Maler); Rembrandt van Rijn [fan *od.* van ˈrɛin]
Re|me|di|um, das; -s, *Plur.* ...ien *u.* ...ia ⟨lat.⟩ (*Med.* Arzneimittel; *Münzw.* zulässiger Mindergehalt [der Münzen an edlem Metall])
Re|me|dur, die; -, -en (*veraltend für* Abhilfe); Remedur schaffen
Re|mi|gi|us (ein Heiliger)
Re|mi|g|rant, der; -en, -en ⟨lat.⟩ (Rückwanderer, zurückgekehrter Emigrant); **Re|mi|g|ran|tin**
re|mi|li|ta|ri|sie|ren ⟨franz.⟩ (das aufgelöste Heerwesen eines Landes von Neuem organisieren); **Re|mi|li|ta|ri|sie|rung**
Re|mi|nis|zenz, die; -, -en ⟨lat.⟩ (Erinnerung; Anklang)
Re|mi|nis|ze|re ⟨»gedenke!«⟩ (fünfter Sonntag vor Ostern)
re|mis [rəˈmiː] ⟨franz.⟩ (unentschieden); **Re|mis,** das; -, *Plur.* - *u.* -en (unentschiedenes Spiel)
Re|mi|se, die; -, -n (*veraltend für* Geräte-, Wagenschuppen; *Jägerspr.* Schutzgehölz für Wild)
re|mi|sie|ren (*bes. Schach* ein Remis erzielen)
Re|mis|si|on, die; -, -en ⟨lat.⟩ (*Buchw.* Rücksendung von Remittenden; *Med.* vorübergehendes Nachlassen von Krankheitserscheinungen; *Physik* das Zurückwerfen von Licht an undurchsichtigen Flächen)
Re|mit|ten|de, die; -, -n (*Buchw.* beschädigtes od. fehlerhaftes Druck-Erzeugnis, das an den Verlag zurückgeschickt wird)
Re|mit|tent, der; -en, -en (*Wirtsch.* Wechselnehmer); **Re|mit|ten|tin**
re|mit|tie|ren (*Buchw.* zurücksenden; *Med.* nachlassen)
Re|mix [ˈriː...], der; -[es], -e ⟨engl.⟩ (neu gestaltete Tonaufnahme)
Rem|mi|dem|mi, das; -s (*ugs. für* lärmendes Treiben, Trubel)
re|mons|t|rie|ren ⟨mlat.⟩ (*Rechtsspr.* Einwände erheben)
re|mon|tant [*auch* ...mõ...] ⟨franz.⟩ (*Bot.* zum zweiten Mal blühend); **Re|mon|tant|ro|se**
Re|mon|te [*auch* ...ˈmõː...], die; -, -n (junges Pferd)
re|mon|tie|ren [*auch* ...mõ...] (*Bot.* zum zweiten Mal blühen od. fruchten; *früher* den milit. Bestand durch Jungpferde ergänzen); **Re|mon|tie|rung**
Re|mon|toir|uhr [...mõˈtoaːɐ̯...] (*veraltet für* ohne Schlüssel aufzieh- u. stellbare Taschenuhr)
Re|mou|la|de [...mu...], die; -, -n ⟨franz.⟩ (eine Kräutermayonnaise); **Re|mou|la|den|so|ße, Re|mou|la|den|sau|ce**
Rem|pe|lei *(ugs.)*; **rem|peln** (*ugs. für* absichtlich stoßen); ich remp[e]le
REM-Pha|se ⟨engl.; rapid eye movements⟩ (*Med., Psychol.* während des Schlafs auftretende Traumphase, die an den schnellen Augenbewegungen des Schläfers zu erkennen ist)
Remp|ler (*ugs. für* Stoß)
Remp|ter *vgl.* Remter
Rems, die; - (rechter Nebenfluss des Neckars)
Rem|scheid (Stadt in Nordrhein-Westfalen)
Rem|ter, der; -s, - ⟨lat.⟩ (Speise-, Versammlungssaal [in Burgen u. Klöstern])
Re|mu|ne|ra|ti|on, die; -, -en ⟨lat.⟩ (*veraltet, noch österr. für* Entschädigung, Vergütung); *vgl. aber* Renumeration; **re|mu|ne|rie|ren** *(veraltet, noch österr.)*
Re|mus (Zwillingsbruder des Romulus)
¹Ren [reːn, rɛn], das; -s, *Plur.* Rene *u.* -s [rɛns] ⟨nord.⟩ (ein nordländ. Hirsch)
²Ren, der; -s, -es ⟨lat.⟩ (*Med.* Niere)
Re|nais|sance [rənɛˈsãːs], die; -, -n ⟨franz.⟩ (*nur Sing.:* auf der Antike aufbauende kulturelle Bewegung vom 14. bis 16. Jh.; erneutes Aufleben)
Re|nais|sance|dich|ter; Re|nais|sance|dich|te|rin
Re|nais|sance|ma|ler; Re|nais|sance|ma|le|rin
Re|nais|sance|stil, der; -[e]s
Re|nais|sance|zeit, die; -
Re|na|ta, Re|na|te (w. Vorn.)
re|na|tu|rie|ren ⟨lat.⟩ (in einen naturnahen Zustand zurückführen); **Re|na|tu|rie|rung**
Re|na|tus (m. Vorn.)
Re|nault® [rəˈnoː], der; -[s], -s ⟨nach dem Ingenieur u. Unternehmer Louis Renault⟩ (franz. Kraftfahrzeug)
Ren|con|t|re [rãˈkõːtrə] *vgl.* Renkontre
Ren|dant, der; -en, -en ⟨franz.⟩ (Rechnungsführer); **Ren|dan|tin**
Ren|dan|tur, die; -, -en ⟨lat.⟩ (*veraltet für* Gelder einnehmende u. auszahlende Behörde)
Ren|de|ment [rãdəˈmãː], das; -s, -s ⟨franz.⟩ (Gehalt an reinen Bestandteilen, bes. Gehalt an reiner Wolle; *schweiz. für* Leistung [eines Sportlers])
Ren|dez|vous, *schweiz. auch* **Ren-dez-vous** [rãdeˈvuː], das; -, - (Verabredung [von Verliebten]; Begegnung von Raumfahrzeugen im Weltall); **Ren|dez|vous-ma|nö|ver; Ren|dez|vous|tech|nik**
Ren|di|te, die; -, -n ⟨ital.⟩ (*Wirtsch.* Verzinsung, Ertrag)
Ren|di|te|ob|jekt; ren|di|te-schwach; ren|di|te|träch|tig
Re|né [rəˈneː] (m. Vorn.)
Re|née [rəˈneː] (w. Vorn.)
Re|ne|gat, der; -en, -en ⟨lat.⟩ (Abweichler, Abtrünniger); **Re-ne|ga|ten|tum,** das; -s; **Re|ne|ga-tin**
Re|ne|k|lo|de, Rei|ne|clau|de [rɛ(ː)nəˈkloːdə], die; -, -n ⟨franz.⟩ (eine Edelpflaume); *vgl.* Ringlotte

R
Rene

Re|net|te, Rei|net|te [rɛ...], die; -, -n ‹franz.› (ein Apfel)
Ren|for|cé [rãfɔrˈseː], der *od.* das; -s, -s ‹franz.› (ein Baumwollgewebe)
re|ni|tent ‹lat.› (widerspenstig, widersetzlich); **Re|ni|ten|te,** der *u.* die; -n, -n; **Re|ni|tenz,** die; -
Ren|ke, die; -, -n, **Ren|ken,** der; -s, - (ein Fisch in den Voralpenseen)
ren|ken (*veraltet für* drehend hin u. her bewegen)
Ren|kon|t|re, Ren|con|t|re [rãˈkõːtrə], das; -s, -s ‹franz.› (*veraltend für* feindl. Begegnung; Zusammenstoß)
Renk|ver|schluss (*für* Bajonettverschluss)
Ren|min|bi [rɛn...], der; -s, -s ‹chin.› (Währung der Volksrepublik China); *vgl.* Yuan
Renn|au|to; Renn|bahn; Renn|boot
ren|nen; du ranntest, *selten:* du renntest; gerannt; renn[e]!
Ren|nen, das; -s, -
Ren|ner (*ugs. auch für* etwas, was erfolgreich, beliebt ist)
Ren|ne|rei
Renn|fah|rer; Renn|fah|re|rin
Renn|fie|ber, das; -s; **Renn|lei|ter,** der; **Renn|lei|te|rin; Renn|ma|schi|ne** (Motorrad für Rennen); **Renn|pferd; Renn|pis|te**
Renn|platz; Renn|rad; Renn|rei|ter; Renn|rei|te|rin; Renn|ro|del; Renn|ro|deln, das; -s
Renn|sport, der; -[e]s; **Renn|stall**
Renn|steig, Renn|stieg, Renn|weg, der; -[e]s (Kammweg auf der Höhe des Thüringer Waldes u. Frankenwaldes)
Renn|stre|cke; Renn|tag; Renn|wagen
Renn|weg *vgl.* Rennsteig
Re|noir [rəˈnoaːɐ̯] (französischer Maler u. Grafiker)
Re|nom|mee, das; -s, -s ‹franz.› ([guter] Ruf, Leumund)
re|nom|mie|ren (prahlen); **Re|nom|mier|stück; re|nom|miert** (berühmt, angesehen, namhaft)
Re|nom|mist, der; -en, -en (Prahlhans); **Re|nom|mis|te|rei; Re|nom|mis|tin**
Re|non|ce [...ˈnõːs(ə)], die; -, -n ‹franz.› (*Kartenspiel* Fehlfarbe)
Re|no|va|ti|on, die; -, -en ‹lat.› (*schweiz., sonst veraltet für* Renovierung)
re|no|vie|ren (erneuern, instand setzen); **Re|no|vie|rung; re|no|vie|rungs|be|dürf|tig**
Ren|sei|g|ne|ment [rãsɛnjəˈmãː], das; -s, -s ‹franz.› (*veraltet für* Auskunft, Nachweis)
ren|ta|bel (zinstragend; einträglich); ein ...a|b|les Geschäft
Ren|ta|bi|li|tät, die; - (*Wirtsch.* Einträglichkeit)
Ren|ta|bi|li|täts|ge|sichts|punkt
Ren|ta|bi|li|täts|prü|fung
Ren|ta|bi|li|täts|rech|nung
Rent|amt (*früher für* Rechnungsamt)
Ren|te, die; -, -n ‹franz.› (regelmäßiges Einkommen [aus Vermögen od. rechtl. Ansprüchen])
Ren|tei (*svw.* Rentamt)
Ren|ten|al|ter
Ren|ten|an|lei|he (Anleihe des Staates, für die kein Tilgungszwang besteht)
Ren|ten|an|pas|sung; Ren|ten|an|spruch; Ren|ten|bank *Plur.* ...banken; **Ren|ten|ba|sis; Ren|ten|bei|trag; Ren|ten|be|mes|sungs|grund|la|ge**
Ren|ten|be|ra|ter; Ren|ten|be|ra|te|rin; Ren|ten|be|ra|tung
Ren|ten|be|steu|e|rung; Ren|ten|ein|tritts|al|ter
Ren|ten|emp|fän|ger; Ren|ten|emp|fän|ge|rin
Ren|ten|er|hö|hung
Ren|ten|fonds (*Wirtsch.* Investmentfonds für festverzinsliche Wertpapiere)
Ren|ten|for|mel (*Rentenvers.*)
Ren|ten|kas|se; Ren|ten|lü|cke
Ren|ten|mark (dt. Währungseinheit [1923])
Ren|ten|markt (Handel mit festverzinslichen Wertpapieren)
Ren|ten|pa|pier (Rentenwert)
ren|ten|pflich|tig
Ren|ten|rech|nung (*Math.*); **Ren|ten|re|form; Ren|ten|schein; Ren|ten|sys|tem**
Ren|ten|ver|schrei|bung (ein Wertpapier, das die Zahlung einer Rente verbrieft)
Ren|ten|ver|si|che|rung
Ren|ten|wert (ein Wertpapier mit fester Verzinsung)
Ren|ten|zah|lung
[1]**Ren|tier** [*auch* ˈrɛn...] (*svw.* [1]Ren)
[2]**Ren|ti|er** [...ˈti̯eː], der; -s, -s ‹franz.› (*veraltend für* Rentner; jmd., der von den Erträgen seines Vermögens lebt)
ren|tie|ren (Gewinn bringen); sich rentieren (sich lohnen)
Ren|tier|flech|te [*auch* ˈrɛn...] ([Futter für das [1]Ren liefernde] Flechte nördlicher Länder)
ren|tier|lich (*svw.* rentabel)
Rent|ner; Rent|ne|rin; Rent|ner|pa|ra|dies (*ugs.*)
Re|nu|me|ra|ti|on, die; -, -en ‹lat.› (*Wirtsch.* Rückzahlung); *vgl. aber* Remuneration; **re|nu|me|rie|ren** (zurückzahlen)
Re|nun|zi|a|ti|on, **Re|nun|ti|a|ti|on,** die; -, -en ‹lat.› (Abdankung [eines Monarchen]); **re|nun|zie|ren**
Re|ok|ku|pa|ti|on, die; -, -en ‹lat.› (Wiederbesetzung); **re|ok|ku|pie|ren**
Re|or|ga|ni|sa|ti|on, die; -, -en *Plur. selten* ‹lat.; franz.› (Neugestaltung); **Re|or|ga|ni|sa|tor,** der; -s, ...oren; **Re|or|ga|ni|sa|to|rin; re|or|ga|ni|sie|ren**
Rep, der; -s, *Plur.* -s *u.* (*ugs.*) Repse (*kurz für* Republikaner [Mitglied einer rechtsgerichteten Partei])
re|pa|ra|bel ‹lat.› (sich reparieren lassend); ...a|b|le Schäden
Re|pa|ra|teur [...ˈtøːɐ̯], der; -s, -e (jmd., der etwas berufsmäßig repariert); **Re|pa|ra|teu|rin**
Re|pa|ra|ti|on, die; -, -en (Wiederherstellung; *nur Plur.:* Kriegsentschädigung); **Re|pa|ra|ti|ons|leis|tung; Re|pa|ra|ti|ons|zah|lung**
Re|pa|ra|tur, die; -, -en ‹lat.›
re|pa|ra|tur|an|fäl|lig
Re|pa|ra|tur|an|nah|me; Re|pa|ra|tur|ar|beit *meist Plur.*
re|pa|ra|tur|be|dürf|tig
Re|pa|ra|tur|kos|ten *Plur.*
Re|pa|ra|tur|werk|statt
re|pa|rie|ren ‹lat.›
re|par|tie|ren ‹franz.› (*Börse* Wertpapiere aufteilen, zuteilen); **Re|par|ti|ti|on,** die; -, -en
re|pa|t|ri|ie|ren ‹lat.› (die frühere Staatsangehörigkeit wieder verleihen; Kriegs-, Zivilgefangene in die Heimat entlassen); **Re|pa|t|ri|ie|rung**
Re|per|kus|si|on, die; -, -en ‹lat.› (*Musik* Sprechton beim Psalmenvortrag; Durchführung des Themas durch alle Stimmen der Fuge)
Re|per|toire [...ˈtoaːɐ̯], das; -s, -s ‹franz.› (Vorrat einstudierter Stücke usw., Spielplan); **Re|per|toire|stück** (populäres, immer wieder gespieltes Stück)
Re|pe|tent, der; -en, -en ‹lat.› (*bes. österr. u. schweiz.* für Schüler, der eine Klasse wiederholt; *veraltet für* Hilfslehrer); **Re|pe|ten|tin**
re|pe|tie|ren (wiederholen)

Re|pe|tier|ge|wehr; Re|pe|tier|uhr (Taschenuhr mit Schlagwerk)
Re|pe|ti|ti|on, die; -, -en (Wiederholung)
Re|pe|ti|tor, der; -s, ...oren (jmd., der mit Studierenden den Lehrstoff wiederholt; *auch für* Korrepetitor); **Re|pe|ti|to|rin**
Re|pe|ti|to|ri|um, das; -s, ...ien (Wiederholungsunterricht, -buch)
Re|plik, die; -, -en ‹franz.› (Gegenrede, Erwiderung; vom Künstler selbst angefertigte Nachbildung eines Originals); **Re|pli|ka,** Re|pli|ca, die; -, -s ([minderwertige] Nachbildung); **Re|pli|kat,** das; -[e]s, -e (*Kunstwiss.* Nachbildung eines Originals); **re|pli|zie|ren** ‹lat.›
re|po|ni|bel ‹lat.› (*Med.* sich reponieren lassend); ...i|b|ler Bruch; **re|po|nie|ren** ([Knochen, Organe] wieder in die normale Lage zurückbringen)
Re|port, der; -[e]s, -e u. -s ‹franz.› (Bericht, Mitteilung; *Börse* Kursaufschlag bei der Verlängerung von Termingeschäften)
Re|por|ta|ge [...ʒə], die; -, -n ‹franz.› (Bericht[erstattung] über ein aktuelles Ereignis); **Re|por|ta|ge|ma|ga|zin**
Re|por|ter, der; -s, - ‹engl.› (Zeitungs-, Fernseh-, Rundfunkberichterstatter); **Re|por|te|rin**
Re|por|ting [*auch* rɪˈpoːɐ̯...], das; -s, -s ‹engl.› ([informierendes] Berichten)
Re|po|si|ti|on, die; -, -en ‹lat.› (*Med.* das Reponieren)
Re|po|w|e|ring [riˈpauərɪŋ], das; -s ‹engl.› (Ersatz von Maschinen durch neue, leistungsfähigere)
re|prä|sen|ta|bel ‹franz.› (würdig; stattlich; wirkungsvoll); ...a|b|le Erscheinung
Re|prä|sen|tant, der; -en, -en ‹franz.› (Vertreter, Abgeordneter); **Re|prä|sen|tan|ten|haus**
Re|prä|sen|tan|tin
Re|prä|sen|tanz, die; -, -en ([geschäftl.] Vertretung)
Re|prä|sen|ta|ti|on, die; -, -en ([Stell]vertretung; *nur Sing.:* standesgemäßes Auftreten, gesellschaftlicher Aufwand)
Re|prä|sen|ta|ti|ons|auf|wen|dung
Re|prä|sen|ta|ti|ons|gel|der *Plur.*
Re|prä|sen|ta|ti|ons|schluss (*Statistik* bei Schätzungen angewandtes Schlussverfahren)
re|prä|sen|ta|tiv ‹franz.› (vertretend; typisch; wirkungsvoll); repräsentative Demokratie
Re|prä|sen|ta|tiv|bau *Plur.* ...bauten; **Re|prä|sen|ta|tiv|be|fra|gung** *(Statistik);* **Re|prä|sen|ta|tiv|er|he|bung; Re|prä|sen|ta|tiv|ge|walt,** die; - *(Politik)*
Re|prä|sen|ta|ti|vi|tät, die; -
Re|prä|sen|ta|tiv|sys|tem *(Politik);* **Re|prä|sen|ta|tiv|um|fra|ge**
re|prä|sen|tie|ren ‹franz.› (vertreten; etwas darstellen; standesgemäß auftreten)
Re|pres|sa|lie, die; -, -n *meist Plur.* ‹lat.› (Vergeltungsmaßnahme, Druckmittel)
Re|pres|si|on, die; -, -en ‹franz.› (Unterdrückung [von Kritik, polit. Bewegungen u. Ä.]); **re|pres|si|ons|frei; Re|pres|si|ons|in|s|t|ru|ment**
re|pres|siv (unterdrückend)
Re|pres|siv|zoll (Schutzzoll)
Re|print, der; -s, -s ‹engl.› (*Buchw.* unveränderter Nachdruck, Neudruck)
Re|pri|se, die; -, -n ‹franz.› (*Börse* Kurserholung; *Musik* Wiederholung; *Theater, Film* Wiederaufnahme [eines Stückes] in den Spielplan)
re|pri|va|ti|sie|ren ‹franz.› (staatliches od. gesellschaftliches Eigentum in Privatbesitz zurückführen); **Re|pri|va|ti|sie|rung**
Re|pro, die; -, -s *u.* das; -s, -s ‹*Kurzform von* Reproduktion› (*Druckw.* fotografische Reproduktion einer Bildvorlage)
Re|pro|duk|ti|on, die; -, -en ‹lat.› (Nachbildung; Wiedergabe eines Originals [bes. durch Druck]; Vervielfältigung)
Re|pro|duk|ti|ons|bio|lo|gie (Gebiet der Biologie u. Medizin, das sich mit In-vitro-Fertilisation beschäftigt)
Re|pro|duk|ti|ons|fak|tor *(Kernphysik);* **Re|pro|duk|ti|ons|for|schung**
Re|pro|duk|ti|ons|fo|to|gra|fie, Re|pro|duk|ti|ons|pho|to|gra|phie *(Druckw.);* **Re|pro|duk|ti|ons|gra|fik, Re|pro|duk|ti|ons|gra|phik** *(bild. Kunst)*
Re|pro|duk|ti|ons|me|di|zin, die; -; **Re|pro|duk|ti|ons|me|di|zi|ner; Re|pro|duk|ti|ons|me|di|zi|ne|rin; Re|pro|duk|ti|ons|tech|nik**
Re|pro|duk|ti|ons|ver|fah|ren
re|pro|duk|tiv
re|pro|du|zier|bar; re|pro|du|zie|ren ‹*zu* Reproduktion›
Re|pro|gra|fie, Re|pro|gra|phie, die; -, ...ien (Sammelbezeichnung für verschiedene Kopierverfahren)
Reps, der; -es, *Plur. (Sorten:)* -e (*südd. für* Raps)
Rep|til, das; -s, *Plur.* -ien, *selten* -e ‹franz.› (Kriechtier); **Rep|ti|li|en|fonds** (*iron. für* Geldfonds, über dessen Verwendung Regierungsstellen keine Rechenschaft abzulegen brauchen)
Re|pu|b|lik, die; -, -en ‹franz.›; die Berliner Republik; die Erste Republik (in Österreich)
Re|pu|b|li|ka|ner; Re|pu|b|li|ka|ne|rin; re|pu|b|li|ka|nisch
Re|pu|b|li|ka|nis|mus, der; - (*veraltend für* Streben nach einer republikanischen Verfassung)
Re|pu|b|lik|flucht (*DDR* Flucht aus der DDR); **re|pu|b|lik|flüch|tig**
re|pu|b|lik|weit
Re|pu|di|a|ti|on, die; -, -en ‹lat.› (*Wirtsch.* Verweigerung eines gesetzl. Zahlungsmittels [durch die Bevölkerung]; Zahlungsverweigerung eines Staates)
Re|pul|si|on, die; -, -en ‹franz.› (*Technik* Ab-, Zurückstoßung); **Re|pul|si|ons|mo|tor**
re|pul|siv (zurück-, abstoßend)
Re|pun|ze, die; -, -n ‹lat.; ital.› (Stempel [für Feingehalt bei Waren aus Edelmetall]); **re|pun|zie|ren** (mit einem Feingehaltsstempel versehen)
Re|pu|ta|ti|on, die; - ‹lat.-franz.› ([guter] Ruf, Ansehen)
re|pu|tier|lich (*veraltet für* ansehnlich; achtbar; ordentlich)
Re|qui|em, das; -s, *Plur.* -s, *österr.* ...quien ‹lat.› (*kath. Kirche* Totenmesse; *Musik* [1]Messe)
re|qui|es|cat in pa|ce ‹»er/sie ruhe in Frieden!«› (*Abk.* R. I. P.)
re|qui|rie|ren ‹lat.› (beschlagnahmen [für milit. Zwecke])
Re|qui|sit, das; -s, -en (Zubehör; Gegenstand, der für eine Theateraufführung od. eine Filmszene verwendet wird)
Re|qui|si|te, die; -, -n (Requisitenkammer; für die Requisiten zuständige Stelle beim Theater); **Re|qui|si|ten|kam|mer**
Re|qui|si|teur [...ˈtøːɐ̯], der; -s, -e ‹franz.› (*Theater, Film* Verwalter der Requisiten); **Re|qui|si|teu|rin**
Re|qui|si|ti|on, die; -, -en ‹*zu* requirieren›
resch (*bayr. u. österr. für* knusprig;

barsch; spritzig, säuerlich [vom Wein])

Re|schen|pass, der; -es, **Re|schen|schei|deck,** das; -s (österreichisch-italienischer Alpenpass)

Re|search [riˈzøːɐ̯tʃ], das; -[s], -s, *auch* die; -, -s ‹engl.› (Markt-, Meinungsforschung)

Re|se|da, die; -, *Plur.* ...den, *selten* -s ‹lat.› (eine Pflanze); **re|se|da|far|ben; Re|se|de,** die; -, -n (Reseda)

Re|sek|ti|on, die; -, -en ‹lat.› (*Med.* operative Entfernung kranker Organteile)

Re|ser|va|ge [...ʒə], die; - ‹franz.› (*Textilind.* Schutzbeize, die das Aufnehmen von Farbe verhindert)

Re|ser|vat, das; -[e]s, -e ‹lat.› (Vorbehalt; Sonderrecht; Freigehege für gefährdete Tierarten; *auch für* Reservation)

Re|ser|va|ti|on, die; -, -en (Vorbehalt; den Indianern vorbehaltenes Gebiet in Nordamerika; *schweiz. für* Reservierung)

Re|ser|vat|recht (Sonderrecht)

Re|ser|ve, die; -, -n ‹franz.› (Ersatz; Vorrat; *Militär* nicht aktive Wehrpflichtige; *Wirtsch.* Rücklage; *nur Sing.:* Zurückhaltung, Verschlossenheit); in Reserve (vorrätig); [Leutnant usw.] der Reserve (*Abk.* d. R.)

Re|ser|ve|ar|mee

Re|ser|ve|bank *Plur.* ...bänke *(Sport)*

Re|ser|ve|fonds (*Wirtsch.* Rücklage)

Re|ser|ve|ka|nis|ter

Re|ser|ve|of|fi|zier; Re|ser|ve|of|fi|zie|rin

Re|ser|ve|rad; Re|ser|ve|rei|fen

Re|ser|ve|spie|ler; Re|ser|ve|spie|le|rin

Re|ser|ve|stoff *(Biol.)*

Re|ser|ve|tank

Re|ser|ve|übung

re|ser|vie|ren ‹lat.› (vormerken, vorbestellen, freihalten)

re|ser|viert (*auch für* zurückhaltend, kühl); **Re|ser|viert|heit**

Re|ser|vie|rung

Re|ser|vist, der; -en, -en (Soldat der Reserve); **Re|ser|vis|ten|übung** *(Militär);* **Re|ser|vis|tin**

Re|ser|voir [...ˈvo̯aːɐ̯], das; -s, *Plur.* -e *u.* -s ‹franz.› (Sammelbecken, Behälter)

re|se|zie|ren ‹lat., *zu* Resektion›

Re|si|dent, der; -en, -en ‹franz.› (jmd., der seinen [zweiten] Wohnsitz im [südlichen] Ausland hat; *veraltend für* Regierungsvertreter, Statthalter); **Re|si|den|tin**

Re|si|denz, die; -, -en ‹lat.› (Wohnsitz des Staatsoberhauptes, eines Fürsten, eines hohen Geistlichen; Hauptstadt)

Re|si|denz|pflicht; Re|si|denz|stadt; Re|si|denz|the|a|ter

re|si|die|ren ‹lat.› (seinen Wohnsitz haben [bes. von regierenden Fürsten])

re|si|du|al ‹lat.› (*Med.* zurückbleibend, restlich); **Re|si|du|um,** das; -s, ...duen (Rest [als Folge einer Krankheit])

Re|si|g|na|ti|on, die; -, -en *Plur. selten* ‹lat.› (Ergebung in das Schicksal); **re|si|g|na|tiv** (durch Resignation gekennzeichnet)

re|si|g|nie|ren; re|si|g|niert (mutlos, niedergeschlagen)

re|si|li|ent ‹lat.› (*bes. Päd., Psychol.* widerstandsfähig [gegenüber psychischen Belastungen]); **Re|si|li|enz,** die; -, -en

Re|si|nat, das; -[e]s, -e ‹lat.› (*Chemie* Salz der Harzsäure)

Ré|sis|tance [rezɪsˈtãːs], die; - ‹franz.› (franz. Widerstandsbewegung gegen die deutsche Besatzung im 2. Weltkrieg)

re|sis|tent ‹lat.› (widerstandsfähig); **Re|sis|tenz,** die; -, -en (Widerstand[sfähigkeit]); **re|sis|tie|ren** (widerstehen; ausdauern); **re|sis|tiv** (widerstehend)

Re|skript, das; -[e]s, -e ‹lat.› (feierliche Rechtsentscheidung des Papstes od. eines Bischofs)

re|so|lut ‹lat.› (entschlossen, beherzt, tatkräftig); **Re|so|lut|heit**

Re|so|lu|ti|on, die; -, -en ‹lat.› (Beschluss, Entschließung); **Re|so|lu|ti|ons|ent|wurf**

Re|so|nanz, die; -, -en ‹lat.› (*Musik, Physik* Mittönen, -schwingen; Widerhall, Zustimmung)

Re|so|nanz|bo|den *(Musik);* **Re|so|nanz|fre|quenz** *(Physik);* **Re|so|nanz|kas|ten** *(Musik);* **Re|so|nanz|kör|per; Re|so|nanz|raum**

Re|so|na|tor, der; -s, ...oren (mitschwingender Körper)

Re|so|pal®, das; -s (ein Kunststoff)

re|sor|bie|ren ‹lat.› (ein-, aufsaugen); **Re|sorp|ti|on,** die; -, -en (Aufnahme [gelöster Stoffe in die Blut- bzw. Lymphbahn]); **Re|sorp|ti|ons|fä|hig|keit**

Re|sort [*auch* rɪˈzoːɐ̯t], das; -s, -s ‹engl.› (*kurz für* Urlaubsresort)

Ressource
Wie im Französischen, aus dem das Wort entlehnt ist, schreibt man *Ressource* mit zwei *s.*

Re|so|zi|a|li|sa|ti|on, die; -, -en ‹lat.› (*svw.* Resozialisierung)

re|so|zi|a|li|sier|bar; re|so|zi|a|li|sie|ren; Re|so|zi|a|li|sie|rung (schrittweise Wiedereingliederung von Straffälligen in die Gesellschaft)

resp. = respektive

Re|s|pekt, der; -[e]s ‹franz.› (Achtung; Ehrerbietung; *Buchw., Kunstwiss.* leerer Rand [bei Drucksachen, Kupferstichen]); *vgl.* Respekt einflößend

re|s|pek|ta|bel (ansehnlich; angesehen); ...a|b|le Größe; **Re|s|pek|ta|bi|li|tät,** die; - (Ansehen)

Re|s|pekt|blatt (*Buchw.* leeres Blatt am Anfang eines Buches)

Re|s|pekt ein|flö|ßend, re|s|pekt|ein|flö|ßend ↑K 58: eine Respekt einflößende *od.* respekteinflößende Persönlichkeit, *aber nur* eine großen Respekt einflößende Persönlichkeit, eine äußerst respekteinflößende Persönlichkeit

re|s|pek|tie|ren ‹franz.› (achten, in Ehren halten; *Wirtsch.* einen Wechsel bezahlen)

re|s|pek|tier|lich (*veraltend für* ansehnlich, achtbar)

Re|s|pek|tie|rung

re|s|pek|tiv ‹lat.› (*veraltet für* jeweilig)

re|s|pek|ti|ve (beziehungsweise; oder; und; *Abk.* resp.)

re|s|pekt|los; Re|s|pekt|lo|sig|keit

Re|s|pekts|per|son

re|s|pekt|voll

Res|pi|ghi [...gi] (italienischer Komponist)

Re|s|pi|ra|ti|on, die; - ‹lat.› (*Med.* Atmung); **Re|s|pi|ra|ti|ons|ap|pa|rat; Re|s|pi|ra|tor,** der; -s, ...oren (Beatmungsgerät); **re|s|pi|ra|to|risch** (die Atmung betreffend, auf ihr beruhend)

re|s|pi|rie|ren (atmen)

re|s|pon|die|ren ‹lat.› (*veraltet für* antworten)

Re|s|pons, der; -es, -e (auf eine Initiative o. Ä. hin erfolgende Reaktion)

Re|s|pon|so|ri|um, das; -s, ...ien (liturgischer Wechselgesang)

R
Resc

Res|sen|ti|ment [...sãti'mã:], das; -s, -s ‹franz.› (gefühlsmäßige Abneigung); **res|sen|ti|ment|ge|la|den**
Res|sort [...'so:ɐ̯], das; -s, -s ‹franz.› (Geschäfts-, Amtsbereich)
Res|sort|chef; Res|sort|che|fin
res|sor|tie|ren (*veraltend für* zugehören, unterstehen)
Res|sort|lei|ter, der; **Res|sort|lei|te|rin; Res|sort|mi|nis|ter; Res|sort|mi|nis|te|rin**
res|sort|zu|stän|dig *(österr.);* der ressortzuständige Stadtrat
Res|sour|ce [...'sʊrsə], die; -, -n *meist Plur.* ‹franz.› (Rohstoff-, Erwerbsquelle; Geldmittel); **res|sour|cen|scho|nend**
Rest, der; -[e]s, *Plur.* -e *u. (Kaufmannsspr., bes. von Schnittwaren:)* -er, *schweiz.* -en ‹lat.›
Rest|ab|schnitt; Rest|al|ko|hol
Re|s|tant, der; -en, -en (*Bankw.* rückständiger Schuldner; nicht abgeholtes Wertpapier; *Wirtsch.* Ladenhüter); **Re|s|tan|ten|lis|te; Re|s|tan|tin**
Rest|auf|la|ge
Re|s|tau|rant [...to'rã:], das; -s, -s ‹franz.› (Gaststätte); **Re|s|tau|rant|be|sit|zer; Re|s|tau|rant|be|sit|ze|rin; Re|s|tau|rant|be|such; Re|s|tau|rant|füh|rer; Re|s|tau|rant|ket|te**
Re|s|tau|rant|schiff (zu einem Restaurant umgebautes, als Restaurant genutztes Schiff)
Re|s|tau|ra|teur [...tora'tø:ɐ̯], der; -s, -e (*schweiz., sonst veraltet für* Gastwirt); **Re|s|tau|ra|teu|rin**
Re|s|tau|ra|ti|on, die; -, -en ‹lat.› (*seltener für* Restaurierung; Wiederherstellung der alten Ordnung nach einem Umsturz; *geh. für* Gastwirtschaft)
Re|s|tau|ra|ti|ons|ar|beit *meist Plur.;* **Re|s|tau|ra|ti|ons|be|trieb**
Re|s|tau|ra|ti|ons|po|li|tik, die; -; **Re|s|tau|ra|ti|ons|zeit**
re|s|tau|ra|tiv (*geh. für* auf die Wiederherstellung früherer Verhältnisse abzielend, gerichtet)
Re|s|tau|ra|tor, der; -s, ...oren (Wiederhersteller [von Kunstwerken]); **Re|s|tau|ra|to|rin**
re|s|tau|rie|ren ‹franz.› (wieder in den ursprünglichen Zustand bringen, ausbessern [bes. von Kunstwerken]); **Re|s|tau|rie|rung**
Rest|be|stand; Rest|be|trag
Res|te|ver|kauf; Res|te|ver|wer|tung
Rest|for|de|rung; Rest|grup|pe
Rest|harn
re|s|ti|tu|ie|ren ‹lat.› (wieder einsetzen; zurückerstatten, ersetzen); **Re|s|ti|tu|ti|on,** die; -, -en
Re|s|ti|tu|ti|ons|edikt, das; -[e]s (von 1629); **Re|s|ti|tu|ti|ons|kla|ge** (Klage auf Wiederaufnahme eines Verfahrens)
Rest|kar|te
Rest|kos|ten|rech|nung (betriebswirtschaftl. Kalkulationsverfahren)
Rest|lauf|zeit
rest|lich; das restliche Geld, *aber* alles Restliche regeln wir morgen ↑K 72
Rest|loch *(Bergbau)*
rest|los
Rest|müll
Rest|nut|zungs|dau|er *(Wirtsch.)*
Rest|pos|ten
Re|s|t|rik|ti|on, die; -, -en ‹lat.› (Einschränkung, Vorbehalt)
Re|s|t|rik|ti|ons|maß|nah|me *(Politik);* **re|s|t|rik|tiv** (ein-, beschränkend, einengend); restriktive Konjunktion (*Sprachwiss.*, z. B. »insofern«)
re|s|t|rin|gie|ren (*selten für* einschränken)
Rest|ri|si|ko
re|struk|tu|rie|ren ‹lat.› (neu strukturieren); **Re|struk|tu|rie|rung** (Neuordnung)
Rest|stim|men|man|dat (*österr. für* Überhangmandat)
Rest|stra|fe; Rest|sum|me
Rest|sü|ße, die; - *(Weinbau)*
Rest|ur|laub; Rest|wär|me; Rest|wert; Rest|zu|cker *(Fachspr.)*
Re|sul|tan|te, die; -, -n ‹franz.› (*Physik* Ergebnisvektor von verschieden gerichteten Bewegungs- od. Kraftvektoren)
Re|sul|tat, das; -[e]s, -e ‹franz.› (Ergebnis)
re|sul|ta|tiv (ein Resultat bewirkend); resultative Verben (*Sprachwiss.* Verben, die das Ergebnis eines Vorgangs mit einschließen, z. B. »aufessen«)
re|sul|tat|los; re|sul|tie|ren (sich [als Schlussfolgerung] ergeben; folgen); **Re|sul|tie|ren|de,** die; -n, -n (*svw.* Resultante)
Ré|su|mé, das; -s, -s (*schweiz. häufig für* Resümee)
Re|sü|mee, das; -s, -s ‹franz.› (Zusammenfassung); **re|sü|mie|ren**
Re|ta|bel, das; -s, - ‹franz.› (*Kunstwiss.* Altaraufsatz)
re|tard ‹lat.-franz.› (verzögert wirkend [Zusatzbezeichnung bei Arzneimitteln])
Re|tard [rə'ta:ɐ̯], der; -s ‹franz.› (Verzögerung [bei Uhren])
Re|tar|da|ti|on, die; -, -en ([Entwicklungs]verzögerung, Verlangsamung)
re|tar|die|ren (verzögern, zurückbleiben); retardierendes Moment (bes. im Drama)
Re|ten|ti|on, die; -, -en ‹lat.› (*Med.* Zurückhaltung von auszuscheidenden Stoffen im Körper)

Rhetorik
In dem aus dem Griechischen stammenden Wort gehört das *h* zum *R* und nicht zum *t*.

Re|ti|kül, der *od.* das; -s, *Plur.* -e *u.* -s ‹franz.› (*svw.* Ridikül)
re|ti|ku|lar, re|ti|ku|lär ‹lat.› (*Med.* netzartig, netzförmig); **re|ti|ku|liert** (mit netzartigem Muster); retikulierte Gläser
Re|ti|na, die; -, ...nae (*Med.* Netzhaut des Auges); **Re|ti|ni|tis,** die; -, ...itiden (Netzhautentzündung)
Re|ti|nol, das; -s (Vitamin A_1)
Re|ti|ra|de, die; -, -n ‹franz.› (*veraltet für* Ankleidezimmer)
re|ti|rie|ren (*scherzh., sonst veraltet für* sich zurückziehen)
Re|tor|si|on, die; -, -en ‹lat.› (*Rechtsspr.* Vergeltung)
Re|tor|te, die; -, -n ‹franz.› (Destillationsgefäß)
Re|tor|ten|ba|by (durch künstliche Befruchtung außerhalb des Mutterleibes entstandenes Kind)
Re|tor|ten|gra|fit, Re|tor|ten|gra|phit, der; -s (*Chemie* grafitähnlich aussehender Stoff aus fast reinem Kohlenstoff)
Re|tor|ten|kind
Re|tor|ten|koh|le (*svw.* Retortengrafit)
re|tour [re'tu:ɐ̯] ‹franz.› (*landsch., österr., schweiz., sonst veraltet für* zurück)
Re|tour|bil|lett (*schweiz., sonst veraltet für* Rückfahrkarte)
Re|tou|re, die; -, -n *meist Plur.* (*Wirtsch.* Rücksendung an den Verkäufer)
Re|tour|[fahr|]kar|te (*österr. für* Rückfahrkarte); **Re|tour|gang** (*österr. für* Rückwärtsgang)
Re|tour|geld (*österr., schweiz. für* Wechselgeld)

Re|tour|kut|sche (*ugs. für* Zurückgeben eines Vorwurfs, einer Beleidigung)
re|tour|nie|ren [...tʊ...] (*Wirtsch.* zurücksenden [an den Verkäufer]; *Tennis* den gegnerischen Ball zurückschlagen)
Re|tour|sen|dung; Re|tour|spiel (*österr. für* Rückspiel)
Re|trai|te [rəˈtrɛ:tə], die; -, -n ⟨franz.⟩ (*Militär veraltet für* Rückzug; Zapfenstreich der Kavallerie)
Re|trak|ti|on, die; -, -en ⟨lat.⟩ (*Med.* Schrumpfung)
Re|t|rie|val [rɪˈtri:vl̩], das; -s, -s ⟨engl.⟩ (*EDV* das Suchen u. Auffinden gespeicherter Daten)
Re|t|rie|ver (britischer Jagdhund)
re|t|ro (*Jargon* frühere Stilrichtungen aufgreifend); ihre Musik klingt retro
re|t|ro|da|tie|ren ⟨lat.⟩ (*veraltet für* zurückdatieren)
Re|t|ro|fle|xi|on, die (*Med.* Rückwärtsknickung von Organen)
re|t|ro|grad ⟨lat.⟩ (rückläufig; rückgebildet)
Re|t|ro|look, der; -s, -s ⟨engl.⟩ (Moderichtung, die an einen früheren Modestil anknüpft)
Re|t|ro|s|pek|ti|on, die; -, -en ⟨lat.⟩ (Rückschau, Rückblick); **re|t|ro|s|pek|tiv** (rückschauend); **Re|t|ro|s|pek|ti|ve**, die; -, -n (*svw.* Retrospektion; *auch für* Präsentation des [Früh]werks eines Künstlers o. Ä.)
Re|t|ro|ver|si|on, die; -, -en ⟨lat.⟩ (*Med.* Rückwärtsneigung, bes. der Gebärmutter); **re|t|ro|ver|tie|ren** (zurückwenden, zurückneigen)
Re|t|ro|vi|rus, das; -, ...ren (*Med.* tumorerzeugendes Virus)
re|t|ro|ze|die|ren ⟨lat.⟩ (*veraltet für* zurückweichen; [etwas] wieder abtreten; *Wirtsch.* rückversichern); **Re|t|ro|zes|si|on**, die; -, -en (*veraltet für* Wiederabtretung; *Wirtsch.* bes. Form der Rückversicherung)
Ret|si|na, der; -[s], *Plur. (Sorten:)* -s ⟨neugriech.⟩ (geharzter griech. Weißwein)
ret|ten; Ret|ter; Ret|te|rin
Ret|tich, der; -s, -e ⟨lat.⟩
rett|los (*Seemannsspr.* unrettbar); rettloses Schiff
Ret|tung (*nur Sing.: österr. auch kurz für* Rettungsdienst)
Ret|tungs|ak|ti|on; Ret|tungs|an|ker; Ret|tungs|ar|bei|ten *Plur.*; **Ret|tungs|arzt; Ret|tungs|ärz|tin**
Ret|tungs|as|sis|tent; Ret|tungs|as|sis|ten|tin
Ret|tungs|ba|ke
Ret|tungs|bom|be (*Bergbau*)
Ret|tungs|boot; Ret|tungs|dienst; Ret|tungs|flug|zeug
Ret|tungs|fonds (*bes. Politik*); **Ret|tungs|gür|tel; Ret|tungs|hub|schrau|ber; Ret|tungs|in|sel; Ret|tungs|leit|stel|le**
ret|tungs|los
Ret|tungs|mann|schaft
Ret|tungs|pa|ket (*Politikjargon*); **Ret|tungs|ring**
Ret|tungs|sa|ni|tä|ter; Ret|tungs|sa|ni|tä|te|rin
Ret|tungs|schirm (*bes. Politik*)
Ret|tungs|schlauch (der Feuerwehr); **Ret|tungs|schlit|ten** (der Bergwacht)
Ret|tungs|schuss; *in der Fügung* finaler Rettungsschuss (*Amtsspr.* Todesschuss, der in einer Notsituation zur Rettung einer Person auf den Täter abgegeben werden kann)
Ret|tungs|schwim|men, das; -s; **Ret|tungs|schwim|mer; Ret|tungs|schwim|me|rin**
Ret|tungs|sta|ti|on; Ret|tungs|ver|such
Ret|tungs|wa|che; Ret|tungs|wa|gen; Ret|tungs|wes|te (*Seew.*)
[1]**Re|turn** [riˈtø:ɐ̯n], der; -s, -s ⟨engl.⟩ (*Tennis, Tischtennis* nach dem Aufschlag des Gegners zurückgeschlagener Ball)
[2]**Re|turn** *ohne Artikel gebr.* (*kurz für* Returntaste); **Re|turn|tas|te** (Taste auf der Computertastatur zum Bestätigen od. Beenden eines Vorgangs)
Re|tu|sche, die; -, -n ⟨franz.⟩ (Nachbesserung [bes. von Fotografien]); **Re|tu|scheur** [...ˈʃø:ɐ̯], der; -s, -e; **Re|tu|scheu|rin; re|tu|schie|ren** (nachbessern [bes. Fotografien])
Reuch|lin (dt. Humanist)
Reue, die; -; **reu|en**; es reut mich
reue|voll; Reu|geld (*Rechtsspr.* Abstandssumme); **reu|ig**
Reu|kauf (*Wirtsch.* Kauf mit Rücktrittsrecht gegen Zahlung eines Reugeldes)
reu|mü|tig
re|unie|ren [re|y...] ⟨franz.⟩ (*veraltet für* [wieder] vereinigen, versöhnen; sich versammeln)
[1]**Re|uni|on**, die; -, -en (*veraltet für* [Wieder]vereinigung)
[2]**Re|uni|on** [re|yˈni̯õ:], die; -, -s (*veraltet für* gesellige Veranstaltung)
Ré|uni|on [reyˈni̯õ:] (Insel im Indischen Ozean; französisches Überseedepartement)
Re|uni|ons|kam|mern *Plur.* (durch Ludwig XIV. eingesetzte französische Gerichte zur Durchsetzung von Annexionen)
Reu|se, die; -, -n (Korb zum Fischfang)
[1]**Reuß**, die; - (rechter Nebenfluss der Aare)
[2]**Reuß** (Name zweier früherer Thüringer Fürstentümer)
Reu|ße, der; -n, -n (*früher für* Russe)
re|üs|sie|ren ⟨franz.⟩ (gelingen; Erfolg, Glück haben)
reu|ßisch ⟨*zu* [2]Reuß⟩
reu|ten (*südd., österr., schweiz. veraltet für* roden)
Reu|ter (niederd. Mundartdichter)
Reut|lin|gen (Stadt in Baden-Württemberg)
Reut|te (Ort in Tirol)
Reu|ter (dt. Komponist)
Rev. = Reverend
Re|vak|zi|na|ti|on, die; -, -en ⟨lat.⟩ (*Med.* Wiederimpfung); **re|vak|zi|nie|ren**
Re|val (*dt. Name von* Tallinn)
re|va|lie|ren ⟨lat.⟩ (*veraltend für* sich für eine Auslage schadlos halten; *Kaufmannsspr.* [eine Schuld] decken); **Re|va|lie|rung** (*Kaufmannsspr.* Deckung)
Re|val|va|ti|on, die; -, -en (*Wirtsch.* Aufwertung einer Währung); **re|val|vie|ren**
Re|van|che [reˈvã:ʃ(ə)], die; -, -n ⟨franz.⟩ (Vergeltung; Rache)
Re|van|che|foul (*Sport*)
Re|van|che|krieg
re|van|che|lus|tig
Re|van|che|po|li|tik, die; -
Re|van|che|spiel
re|van|chie|ren, sich (sich rächen; einen Gegendienst erweisen)
Re|van|chis|mus, der; - (nationalist. Vergeltungspolitik); **Re|van|chist**, der; -en, -en; **Re|van|chis|tin; re|van|chis|tisch**
Re|ve|nue [rəvəˈny:], die; -, -n [...ˈny:ən] *meist Plur.* ⟨franz.⟩ (*veraltend für* Einkommen)
Re|ve|rend, der; -s, -s ⟨lat.⟩ (*nur Sing.:* Titel der Geistlichen in England u. Amerika; *Abk.* Rev.; Träger dieses Titels)
Re|ve|renz, die; -, -en (Ehrerbie-

R
Reto

tung; Verbeugung); *vgl.* Referenz

Re|ve|rie, die; -, ...ien ⟨franz., »Träumerei«⟩ (*Musik* Fantasiestück)

[1]**Re|vers** [rəˈvɛːɐ̯], das, *österr.* der; -, - ⟨franz.⟩ (Umschlag od. Aufschlag an Kleidungsstücken)

[2]**Re|vers** [reˈvɛrs, *auch* rəˈveːɐ̯], der; *Gen.* -es [reˈvɛrzəs], *auch* - [rəˈvɛːɐ̯(s)], *Plur.* -e [reˈvɛrzə], *auch* - [rəˈvɛːɐ̯s] (Rückseite [einer Münze])

[3]**Re|vers** [reˈvɛrs], der; -es, -e (schriftliche Erklärung rechtlichen Inhalts)

re|ver|si|bel ⟨lat.⟩ (umkehrbar; *Med.* heilbar); ...i|b|le Prozesse; **Re|ver|si|bi|li|tät,** die; -

[1]**Re|ver|si|b|le** [...bl̩], der; -s, -s (beidseitig verwendbares Gewebe mit einer glänzenden u. einer matten Seite)

[2]**Re|ver|si|b|le,** das; -s, -s (Kleidungsstück, das beidseitig getragen werden kann)

re|ver|sie|ren (*österr. für* ein Fahrzeug wenden)

Re|ver|si|on, die; -, -en (*fachspr. für* Umkehrung)

Re|vers|sys|tem *(Wirtsch.)*

Re|vi|dent, der; -en, -en ⟨lat.⟩ (*Rechtsspr.* jmd., der Revision beantragt; früherer österr. Beamtentitel)

re|vi|die|ren (durchsehen, überprüfen); sein Urteil revidieren

Re|vier [reˈviːɐ̯], das; -s, -e ⟨niederl.⟩ (Bezirk, Gebiet, Bereich; *kurz für* Forst-, Jagd-, Polizeirevier; *Bergbau* großes Gebiet, in dem Bergbau betrieben wird; *Militär* Krankenstube)

re|vie|ren (*Jägerspr.* in einem Revier nach Beute suchen)

Re|vier|förs|ter; Re|vier|förs|te|rin

re|vier|krank *(Soldatenspr.);* **Re|vier|kran|ke,** der

Re|vier|wa|che

[1]**Re|view** [riˈvjuː], die; -, -s ⟨engl.⟩ (Titel[bestandteil] englischer u. amerikanischer Zeitschriften)

[2]**Re|view,** das *od.* der; -s, -s, *auch* die; -, -s (kritische Besprechung eines Buchs, Films u. a.)

Re|vi|re|ment [revirəˈmãː, *österr.* revirˈmãː], das; -s, -s ⟨franz.⟩ (Umbesetzung von [staatlichen] Ämtern)

Re|vi|si|on, die; -, -en ⟨lat.⟩ ([nochmalige] Durchsicht; Prüfung; Änderung [einer Ansicht]; *Rechtsspr.* Überprüfung eines Urteils)

Re|vi|si|o|nis|mus, der; - (Streben nach Änderung eines bestehenden Zustandes od. eines Programms; eine Strömung in der Arbeiterbewegung); **Re|vi|si|o|nist,** der; -en, -en (Verfechter des Revisionismus); **Re|vi|si|o|nis|tin; re|vi|si|o|nis|tisch**

Re|vi|si|ons|an|trag *(Rechtsspr.)*

re|vi|si|ons|be|dürf|tig

Re|vi|si|ons|frist *(Rechtswiss.)*

Re|vi|si|ons|ge|richt

Re|vi|si|ons|ver|fah|ren

Re|vi|si|ons|ver|hand|lung

Re|vi|sor, der; -s, ...oren (Wirtschaftsprüfer; *Druckw.* Korrektor der Umbruchfahnen); **Re|vi|so|rin**

re|vi|ta|li|sie|ren ⟨lat.⟩ (*Med.* wieder kräftigen, funktionsfähig machen; *österr. auch für* generalsanieren); **Re|vi|ta|li|sie|rung**

Re|vi|val [riˈvaɪvl̩], das; -s, -s ⟨engl.⟩ (Wiederbelebung)

Re|vo|ka|ti|on, die; -, -en ⟨lat.⟩ (Widerruf)

Re|vol|te, die; -, -n ⟨franz.⟩ (Empörung, Auflehnung, Aufruhr); **re|vol|tie|ren**

Re|vo|lu|ti|on, die; -, -en ⟨lat.⟩; **re|vo|lu|ti|o|när** ⟨franz.⟩ ([staats]umwälzend)

Re|vo|lu|ti|o|när, der; -s, -e; **Re|vo|lu|ti|o|nä|rin**

re|vo|lu|ti|o|nie|ren; Re|vo|lu|ti|o|nie|rung

Re|vo|lu|ti|ons|füh|rer; Re|vo|lu|ti|ons|füh|re|rin

Re|vo|lu|ti|ons|gar|de; Re|vo|lu|ti|ons|ge|richt; Re|vo|lu|ti|ons|held; Re|vo|lu|ti|ons|hel|din; Re|vo|lu|ti|ons|rat

Re|vo|lu|ti|ons|re|gie|rung; Re|vo|lu|ti|ons|tri|bu|nal; Re|vo|lu|ti|ons|wir|ren *Plur.*

Re|vo|luz|zer, der; -s, - ⟨ital.⟩ (*abwertend für* Revolutionär); **Re|vo|luz|ze|rin**

Re|vol|ver, der; -s, - ⟨engl.⟩ (kurze Handfeuerwaffe; drehbarer Ansatz an Werkzeugmaschinen)

Re|vol|ver|blatt (*abwertend für* reißerisch aufgemachte Zeitung)

Re|vol|ver|held; Re|vol|ver|hel|din; Re|vol|ver|knauf; Re|vol|ver|lauf

Re|vol|ver|pres|se, die; - *(abwertend); vgl.* Revolverblatt

Re|vol|ver|schnau|ze (*ugs. für* schnelles, vorlautes Sprechen; schnell u. vorlaut sprechender Mensch)

re|vol|vie|ren ⟨lat.⟩ (*Technik* zurückdrehen)

Re|vol|ving|ge|schäft (*Wirtsch.* mithilfe von Revolvingkrediten finanziertes Geschäft); **Re|vol|ving|kre|dit** (Kredit in Form von immer wieder prolongierten kurzfristigen Krediten)

re|vo|zie|ren ⟨lat.⟩ (zurücknehmen, widerrufen)

Re|vue [rəˈvyː], die; -, -n [...ˈvyːən] ⟨franz.⟩ (Zeitschrift mit allgemeinen Überblicken; musikalisches Ausstattungsstück); Revue passieren lassen (sich intensiv erinnern)

Re|vue|büh|ne; Re|vue|film; Re|vue|girl; Re|vue|star *vgl.* [2]Star; **Re|vue|the|a|ter**

Rex|ap|pa|rat® (*österr. für* Einkochapparat); **Rex|glas**® (*österr. für* Einmachglas)

Reyk|ja|vík [ˈrɛi̯kjaviːk, *auch* ˈrai̯kjaviːk, ...vɪk] (Hauptstadt Islands)

Re|y|on [reˈjõː], der *od.* das; - ⟨franz.⟩ (Kunstseide aus Viskose)

Re|zen|sent, der; -en, -en ⟨lat.⟩ (Verfasser einer Rezension); **Re|zen|sen|tin; re|zen|sie|ren**

Re|zen|si|on, die; -, -en ⟨lat.⟩ (kritische Besprechung von Büchern, Theateraufführungen u. a.); **Re|zen|si|ons|ex|em|p|lar; Re|zen|si|ons|stück** (Besprechungsstück)

re|zent ⟨lat.⟩ (*Biol.* gegenwärtig lebend, auftretend; *landsch. für* säuerlich, pikant); rezente Kulturen (*Völkerkunde* noch bestehende altertümliche Kulturen)

Re|zept, das; -[e]s, -e ⟨lat.⟩ ([Arznei-, Koch]vorschrift, Verordnung); **Re|zept|block** *vgl.* Block; **Re|zept|buch; re|zept|frei; re|zep|tie|ren** (Rezepte ausschreiben)

Re|zep|ti|on, die; -, -en ⟨lat.⟩ (Auf-, An-, Übernahme; verstehende Aufnahme eines Textes, eines Kunstwerks; Empfangsbüro im Hotel); **Re|zep|ti|ons|ge|schich|te**

re|zep|tiv (aufnehmend, empfangend; empfänglich); **Re|zep|ti|vi|tät,** die; - (Aufnahmefähigkeit, Empfänglichkeit)

Re|zep|tor, der; -s, ...oren (*Biol., Physiol.* reizaufnehmende Zelle als Bestandteil z. B. der Haut od. eines Sinnesorgans)

Re|zept|pflicht, die; -; **re|zept|pflich|tig**

Re|zep|tur, die; -, -en (Anfertigung von Rezepten; Arbeitsraum in der Apotheke)
Re|zess, der; -es, -e ‹lat.› (*Rechtsspr.* Auseinandersetzung, Vergleich, Vertrag)
Re|zes|si|on, die; -, -en ‹lat.-engl.› (*Wirtsch.* Rückgang der Konjunktur); **Re|zes|si|ons|pha|se**
re|zes|siv (*Biol.* zurücktretend; nicht in Erscheinung tretend [von Erbfaktoren])
re|zi|div ‹lat.› (*Med.* wiederkehrend [von Krankheiten]); **Re|zi|div,** das; -s, -e (Rückfall); **re|zi|di|vie|ren** (in Abständen wiederkehren)
Re|zi|pi|ent, der; -en, -en ‹lat.› (jmd., der einen Text, ein Musikstück o. Ä. rezipiert; *Physik* Glasglocke, die zu Versuchszwecken luftleer gepumpt werden kann); **Re|zi|pi|en|tin**
re|zi|pie|ren (etwas als Hörer[in], Leser[in], Betrachter[in] aufnehmen, übernehmen)
re|zi|p|rok ‹lat.› (wechselseitig, gegenseitig, aufeinander bezüglich); reziproker Wert (*Math.* Kehrwert [durch Vertauschung von Zähler u. Nenner]); reziprokes Pronomen (*Sprachwiss.* wechselbezügliches Fürwort, z. B. »einander«); **Re|zi|p|ro|zi|tät,** die; - (Wechselseitigkeit)
Re|zi|tal *vgl.* Recital
re|zi|tan|do *vgl.* recitando
Re|zi|ta|ti|on, die; -, -en ‹lat.› (künstlerischer Vortrag einer Dichtung); **Re|zi|ta|ti|ons|abend**
Re|zi|ta|tiv, das; -s, -e ‹ital.› ([dramatischer] Sprechgesang); **re|zi|ta|ti|visch** (in der Art des Rezitativs)
Re|zi|ta|tor, der; -s, ...oren ‹lat.› (jmd., der rezitiert); **Re|zi|ta|to|rin; re|zi|tie|ren**
Re|zy|k|lat, das; -[e]s, -e ‹lat.; griech.› (Produkt eines Recyclingverfahrens)
re|zy|k|lie|ren ‹*zu* Zyklus›; *vgl.* recyceln
rf., rfz. = rinforzando
R-Ge|spräch ['ɛr...] ↑K29 (Ferngespräch, das der od. die Angerufene bezahlt)
Rgt., R., Reg[t]. = Regiment
RGW, der; - = Rat für gegenseitige Wirtschaftshilfe (1949–1991)
rh, Rh *vgl.* Rhesusfaktor
Rh (*chem. Zeichen für* Rhodium)
Rha|ba|nus Mau|rus *vgl.* Hrabanus Maurus
Rha|bar|ber, der; -s, - ‹griech.›; **Rha|bar|ber|kom|pott; Rha|bar|ber|ku|chen**
Rhab|dom, das; -s, -e ‹griech.› (*Med.* Sehstäbchen in der Netzhaut des Auges)
Rha|da|man|thys (Totenrichter in der griech. Sage)
Rha|ga|de, die; -, -n ‹griech.› (*Med.* Einriss in der Haut)
Rhap|so|de, der; -n, -n ‹griech.› (fahrender Sänger im alten Griechenland)
Rhap|so|die, die; -, ...ien (erzählendes Gedicht, Heldenlied; [aus Volksweisen zusammengesetztes] Musikstück); ↑K150: die Ungarische Rhapsodie (Musikstück von Liszt); **rhap|so|disch** (zur Rhapsodie gehörend; unzusammenhängend, bruchstückartig)
Rhät usw. *vgl.* Rät usw.
rhe! *vgl.* ree!
Rhe|da-Wie|den|brück (Stadt im Münsterland)
Rhe|de (Ort östl. von Bocholt)
Rhei|der|land, das; -[e]s (Teil Ostfrieslands); *vgl.* Reiderland
Rheidt (Ort nördl. von Bonn)
Rhein, der; -[e]s (ein Strom)
rhein|ab, rhein|ab|wärts
Rhein|an|ke, die; -, -n (ein Fisch)
rhein|auf, rhein|auf|wärts
Rhein|bund, der; -[e]s ↑K143 (deutscher Fürstenbund unter französischer Führung)
Rhein|fall, der
Rhein|gau, der, *landsch.* das; -[e]s (Landschaft in Hessen)
Rhein-Her|ne-Ka|nal, der; -s ↑K144
Rhein|hes|sen
rhei|nisch; rheinische Fröhlichkeit, *aber* ↑K140: das Rheinische Schiefergebirge; ↑K150: Rheinischer Merkur (Zeitung)
Rhei|nisch-Ber|gi|sche Kreis, der; -n -es (Landkreis im Reg.-Bez. Köln)
rhei|nisch-west|fä|lisch; *aber* ↑K150: die Rheinisch-Westfälische Technische Hochschule [in Aachen]
Rhein|land, das; -[e]s (*Abk.* Rhld.)
Rhein|lan|de *Plur.* (Siedlungsgebiete der Franken beiderseits des Rheins)
Rhein|län|der (*auch* ein Tanz); **Rhein|län|de|rin; rhein|län|disch**
Rhein|land-Pfalz; rhein|land-pfäl|zisch ↑K145
Rhein-Main-Do|nau-Groß|schiff|fahrts|weg, der; -[e]s ↑K146
Rhein-Main-Flug|ha|fen, der; -s ↑K146
Rhein-Mar|ne-Ka|nal, der; -s ↑K146
Rhein|pfalz
Rhein|pro|vinz, die; - (ehemalige preußische Provinz beiderseits des Mittel- u. Niederrheins)
Rhein-Rho|ne-Ka|nal, der; -s ↑K146
Rhein-Schie-Ka|nal [...'sxi:...], der; -s ↑K146
Rhein|schiff|fahrt
Rhein|sei|ten|ka|nal, der; -s ↑K143
Rhein|tal; Rhein|ufer
Rhein|wald, das; -[e]s (oberste Talstufe des Hinterrheins)
Rhein|wein
rhe|na|nisch ‹lat.› (*veraltet für* rheinisch)
Rhe|ni|um, das; -s (chemisches Element, Metall; *Zeichen* Re)
Rheo|lo|gie, die; - ‹griech.› (Teilgebiet der Physik, das Fließerscheinungen von Stoffen unter Einwirkung äußerer Kräfte untersucht)
Rhe|o|s|tat, der; *Gen.* -[e]s *u.* -en, *Plur.* -e[n] (stufenweise veränderlicher elektr. Widerstand)
Rhe|sus, der; -, - ‹nlat.› (*svw.* Rhesusaffe); **Rhe|sus|af|fe** (in Süd- u. Ostasien vorkommender, meerkatzenartiger Affe)
Rhe|sus|fak|tor (*Med.* erbl. Merkmal der roten Blutkörperchen; *kurz* Rh-Faktor; *Zeichen* Rh = Rhesusfaktor positiv, rh = Rhesusfaktor negativ)
Rhe|tor, der; -s, ...oren ‹griech.› (Redner der Antike)
Rhe|to|rik, die; - (Redekunst; Lehre von der wirkungsvollen Gestaltung der Rede); **Rhe|to|ri|ker; Rhe|to|ri|ke|rin; Rhe|to|rin**
rhe|to|risch; rhetorische Frage (Frage, auf die keine Antwort erwartet wird)
Rheu|ma, das; -s ‹griech.› (*kurz für* Rheumatismus); **Rheu|ma|de|cke**
Rheu|ma|ti|ker (an Rheumatismus Leidender); **Rheu|ma|ti|ke|rin**
rheu|ma|tisch; Rheu|ma|tis|mus, der; -, ...men (schmerzhafte Erkrankung der Gelenke, Muskeln, Nerven, Sehnen)
Rheu|ma|to|lo|ge, der; -n, -n; **Rheu|ma|to|lo|gie,** die; - (Lehre vom Rheumatismus); **Rheu|ma|to|lo|gin; rheu|ma|to|lo|gisch**
Rheu|ma|wä|sche, die; -
Rheydt (Stadtteil von Mönchengladbach)
Rh-Fak|tor [ɛr'ha:...] (*Med. svw.* Rhesusfaktor)

R
Reze

Rhi|ni|tis, die; -, ...itiden ‹griech.› (*Med.* Nasenschleimhautentzündung, Schnupfen)

Rhi|no|lo|ge, der; -n, -n; **Rhi|no|lo|gie,** die; - (Nasenheilkunde); **Rhi|no|lo|gin**

Rhi|no|plas|tik, die (chirurgische Korrektur der Nase)

Rhi|no|s|kop, das; -s, -e (Nasenspiegel); **Rhi|no|s|ko|pie,** die; -, ...ien (Untersuchung mit dem Rhinoskop)

Rhi|no|ze|ros, das; *Gen.* - *u.* -ses, *Plur.* -se (Nashorn)

Rhi|zom, das; -s, -e ‹griech.› (*Bot.* bewurzelter unterirdischer Spross)

Rhi|zo|po|de, der; -n, -n *meist Plur.* (*Zool.* Wurzelfüßer)

Rhld. = Rheinland

Rh-ne|ga|tiv [ɛrha:...] (den Rhesusfaktor nicht aufweisend)

Rho, das; -[s], -s (griechischer Buchstabe: Ρ, ρ)

Rho|d|a|mi|ne *Plur.* ‹griech.; lat.› (*Chemie* Gruppe lichtechter Farbstoffe)

Rho|dan, das; -s ‹griech.› (eine einwertige Gruppe in chemischen Verbindungen)

Rhode Is|land [ˈro:t ˈai̯lənt] (Staat in den USA; *Abk.* RI)

Rho|de|län|der [ˈro:də...], das; -s, - (ein Haushuhn)

Rho|de|si|en ‹nach Cecil Rhodes› (früherer Name von Simbabwe); **Rho|de|si|er; Rho|de|si|e|rin; rho|de|sisch**

rho|di|nie|ren ‹griech.› (mit Rhodium überziehen)

rho|disch ‹*zu* Rhodos›

Rho|di|um, das; -s ‹griech.› (chemisches Element, Metall; *Zeichen* Rh)

Rho|do|den|d|ron, der, *auch* das; -s, ...ren ‹griech.› (eine Zierpflanze); **Rho|do|den|d|ron|strauch**

Rho|do|pen *Plur.* (Gebirge in Bulgarien u. Griechenland)

Rho|dos (griechische Mittelmeerinsel)

rhom|bisch ‹griech.› (rautenförmig)

Rhom|bo|eder, das; -s, - (von sechs Rhomben begrenzte Kristallform)

Rhom|bo|id, das; -[e]s, -e (*Math.* schiefwinkliges Parallelogramm mit paarweise ungleichen Seiten)

Rhom|bus, der; -, ...ben ([2]Raute; *Math.* gleichseitiges Parallelogramm)

Rhön, die; - (Teil des Hessischen Berglandes)

Rho|ne, *franz.* **Rhône** [ro:n], die; - (schweizerisch-französischer Fluss)

Rhön|rad (ein Turngerät)

Rho|ta|zis|mus, der; -, ...men ‹griech.› (*Sprachwiss.* Übergang eines zwischen Vokalen stehenden stimmhaften s zu r, z. B. griech. »genēseos« gegenüber lat. »generis«)

Rh-po|si|tiv [ɛrha:...] (den Rhesusfaktor aufweisend)

Rhus, der *u.* die; - ‹griech.› (Essigbaum)

Rhyth|men (*Plur. von* Rhythmus)

Rhyth|mik, die; - ‹griech.› (Art des Rhythmus; *auch* Lehre vom Rhythmus)

Rhyth|mi|ker; Rhyth|mi|ke|rin

rhyth|misch (den Rhythmus betreffend, taktmäßig); rhythmische Sportgymnastik

rhyth|mi|sie|ren (in einen bestimmten Rhythmus bringen)

Rhyth|mus, der; -, ...men ‹griech.› (regelmäßige Wiederkehr; geregelter Wechsel; Zeit-, Gleichmaß; taktmäßige Gliederung)

Rhyth|mus|ge|fühl; Rhyth|mus|gi|tar|re; Rhyth|mus|grup|pe; Rhyth|mus|in|s|t|ru|ment

RI = Rhode Island

Ria (w. Vorn.)

Ri|ad (Hauptstadt von Saudi-Arabien)

Ri|al, der; -[s], -s ‹pers. *u.* arab.› (Währungseinheit in Iran, Jemen u. Oman); 100 Rial; *vgl.* Riyal

RIAS, der; - ‹Rundfunksender im amerik. Sektor› (Rundfunkanstalt in Berlin [bis 1992])

Ri|bat|tu|ta, die; -, ...ten ‹ital.› (*Musik* langsam beginnender, allmählich schneller werdender Triller)

rib|bel|fest

rib|beln (*landsch. für* zwischen Daumen u. Zeigefinger rasch [zer]reiben); ich ribb[e]le

Ri|bi|sel, die; -, -n ‹arab.-ital.› (*österr. für* Johannisbeere); **Ri|bi|sel|saft** *(österr.)*

Ri|bo|fla|vin, das; -s ‹Kunstwort› (Vitamin B_2)

Ri|bo|nu|k|le|in|säu|re (wichtiger Bestandteil des Kerneiweißes der Zelle; *Abk.* RNS)

Ri|bo|som, das; -s, -en *meist Plur.* ‹Kunstwort› (*Biol.* vor allem aus Ribonukleinsäure u. Protein bestehendes, für den Eiweißaufbau wichtiges submikroskopisch kleines Körnchen)

Ri|car|da (w. Vorn.)

Ri|chard (m. Vorn.)

Ri|chard-Wag|ner-Fest|spie|le *Plur.* ↑K137

Ri|che|li|eu [rɪʃəˈli̯ø:] (franz. Staatsmann)

Ri|che|li|eu|sti|cke|rei ↑K136 (Weißstickerei mit ausgeschnittenen Mustern)

Richt|an|ten|ne; Richt|ba|ke; Richt|baum

Richt|beil (ein Stellmacherwerkzeug; Henkerbeil)

Richt|blei, das *(Bauw.)*

Richt|block *Plur.* ...blöcke

Rich|te, die; - (*landsch. für* gerade Richtung); in die Richte bringen usw.

rich|ten; sich richten; richt euch! (militärisches Kommando)

Rich|ter; Rich|ter|amt; Rich|te|rin; rich|ter|lich; Rich|ter|ro|be

Rich|ter|schaft, die; -

Rich|ter|ska|la, Rich|ter-Ska|la, die; - ‹nach dem amerikanischen Seismologen› (Skala zur Messung der Erdbebenstärke)

Rich|ter|spruch; Rich|ter|stuhl; Rich|ter|tisch

Richt|fest; Richt|feu|er; Richt|funk; Richt|ge|schwin|dig|keit

rich|tig *s. Kasten Seite 898*

rich|ti|ger|wei|se

rich|tig|ge|hend; das war eine richtiggehende (durchaus so zu nennende) Blamage; *vgl.* richtig

Rich|tig|keit, die; -

rich|tig|lie|gen (*ugs. für* sich nicht irren); *vgl.* richtig

rich|tig|ma|chen (*ugs. für* begleichen); *vgl.* richtig

rich|tig|stel|len (berichtigen); *vgl.* richtig

Rich|tig|stel|lung (Berichtigung)

Richt|ka|no|nier

Richt|kranz

Richt|li|nie *meist Plur.;* **Richt|li|ni|en|kom|pe|tenz**

Richt|mi|k|ro|fon, Richt|mi|k|ro|phon

Richt|platz

Richt|preis; Richt|satz

Richt|schnur *Plur.* ...schnuren

Richt|schüt|ze (*svw.* Richtkanonier)

Richt|schwert; Richt|stät|te

Richt|strah|ler (eine Antenne für Kurzwellensender)

Richt|stre|cke (*Bergmannsspr.*

rịch|tig

Großschreibung der Substantivierung ↑K72: – das Richtige tun – das Richtige sein – er wartet noch auf die Richtige – es wäre das Richtigste, wenn …; *aber* es wäre am richtigsten, wenn … *Schreibung in Verbindung mit Verben und Partizipien:* – eine Uhr, die richtig geht – das Besteck hat richtig gelegen	– wenn ich das richtig sehe, gibt es keine größeren Probleme – die Uhrzeiger richtig stellen *od.* richtigstellen; *aber* eine Behauptung richtigstellen – wenn er doch einmal etwas richtig machen würde!; *aber* die Rechnung endlich richtigmachen (*ugs. für* begleichen) – mit einer Annahme richtigliegen *(ugs.)* – eine richtig gehende *od.* richtiggehende Uhr; *aber nur* es war eine richtiggehende Verschwörung

waagerechte Strecke, die möglichst geradlinig angelegt wird)

Rịch|tung; sie flohen [in] Richtung Heimat

rịch|tung|ge|bend ↑K59

Rịch|tungs|än|de|rung; Rịch|tungs|an|zei|ger (Blinkleuchte); **Rịch|tungs|fahr|bahn** *(Verkehrsw.)*

rịch|tungs|los; Rịch|tungs|lo|sig|keit, die; -

Rịch|tungs|pfeil

rịch|tungs|sta|bil *(Kfz-Technik);* **Rịch|tungs|sta|bi|li|tät**

Rịch|tungs|ver|kehr, der; -s

Rịch|tungs|wahl (Wahl, von der eine Wende in der politischen Richtung erwartet wird)

Rịch|tungs|wech|sel; rịch|tungs|wei|send, rịch|tung|wei|send

Richt|waa|ge

Richt|wert; Rịcht|zahl

Rịck, das; -[e]s, *Plur.* -e, *auch* -s (*landsch. für* Stange; Gestell)

Ri|cke, die; -, -n (weibliches Reh)

Ri|cọt|ta, der; -s ‹ital.› (ital. Frischkäse)

ri|di|kül ‹franz.› (*veraltet für* lächerlich)

Ri|di|kül, der *od.* das; -s, *Plur.* -e *u.* -s (*früher für* Arbeitsbeutel; Strickbeutel)

rieb *vgl.* reiben

Rie|bel, der; -s, -[n] (*westösterr. für* Gericht aus Weizen od. Maisgrieß)

riech|bar; rie|chen; du rochst; du röchest; gerochen; riech[e]!

Rie|cher (*ugs. für* Nase *[bes. im übertr. Sinne]);* einen guten Riecher für etwas haben (etwas gleich merken)

Riech|fläsch|chen

Riech|kol|ben (*ugs. scherzh. für* Nase); **Riech|or|gan**

Riech|salz; Riech|stoff; Riech|was|ser *Plur.* ...wässer

[1]**Ried,** das; -[e]s, -e (Schilf, Röhricht)

[2]**Ried,** die; -, -en, **Rie|de,** die; -, -n (*österr. für* Nutzfläche in den Weinbergen)

Ried|gras

Ried|hü|fel, das; -s (*österr. für* eine Rindfleischsorte)

rief *vgl.* rufen

Rie|fe, die; -, -n (Längsrinne; Streifen, Rippe)

rie|feln (mit Rillen versehen); ich rief[e]le; **Rie|fe|lung**

rie|fen (*svw.* riefeln); **Rie|fen|samt** (*landsch. für* Cordsamt)

rie|fig

Rie|ge, die; -, -n (Turnerabteilung)

Rie|gel, der; -s, -; **Rie|gel|chen**

Rie|gel|hau|be (*früher für* bayrische Frauenhaube)

Rie|gel|haus (*schweiz. für* Fachwerkhaus)

rie|geln (*veraltet, noch landsch. für* verriegeln); ich rieg[e]le

Rie|gel|stel|lung *(Militär);* **Rie|gel|werk** (*landsch. für* Fachwerk)

Rie|gen|füh|rer; Rie|gen|füh|re|rin; rie|gen|wei|se

Riem|chen (*Bauw. auch* schmales Bauelement, z. B. Fliese); **Riem|chen|san|da|le**

[1]**Rie|men,** der; -s, - (Lederstreifen)

[2]**Rie|men,** der; -s, - ‹lat.› (längeres, mit beiden Händen bewegtes Ruder); sich in die Riemen legen

Rie|men|an|trieb; Rie|men|schei|be (Radscheibe am Riemenwerk)

Rie|men|schnei|der, Tilman (dt. Bildhauer u. Holzschnitzer)

Rie|mer (*landsch. für* Riemenmacher); **Rie|me|rin**

ri|en ne va plus [ˈri̯ɛ̃: nə va ˈply:] ‹franz., »nichts geht mehr«› (beim Roulettespiel die Ansage des Croupiers, dass nicht mehr gesetzt werden kann)

Ri|en|zi (römischer Volkstribun)

[1]**Ries,** das; -es (Becken zwischen Schwäbischer u. Fränkischer Alb); Nördlinger Ries

[2]**Ries,** das; -es, -e ‹arab.› (Papiermaß); 4 Ries Papier

[1]**Rie|se,** der; -n, -n (außergewöhnlich großer Mensch; *auch für* sagenhaftes, mythisches Wesen, Märchengestalt)

[2]**Rie|se,** die; -, -n (*südd., österr. für* [Holz]rutsche im Gebirge)

[3]**Rie|se,** Adam ‹*eigtl.* Ries› (dt. Rechenmeister); 12 mal 12 ist nach Adam Riese (richtig gerechnet) 144

Rie|sel|feld; rie|seln; ich ries[e]le

rie|sen (*südd. für* mit Holzrutschen herablassen)

Rie|sen|an|stren|gung *(ugs.);* **Rie|sen|ar|beit,** die; -; **Rie|sen|aus|wahl,** die; -; **Rie|sen|dụmm|heit; Rie|sen|er|fọlg**

Rie|sen|fel|ge *(Turnen)*

Rie|sen|ge|bir|ge, das; -s

Rie|sen|ge|schäft *(ugs.);* **Rie|sen|ge|wịnn** *(ugs.);* **Rie|sen|glück** *(ugs.)*

rie|sen|groß; rie|sen|haft

Rie|sen|hụn|ger *(ugs.)*

Rie|sen|rad

Rie|sen|rọss (Schimpfwort)

Rie|sen|schild|krö|te

Rie|sen|schlan|ge

Rie|sen|schrịtt

Rie|sen|sla|lom *(Skisport)*

Rie|sen|spaß, *österr. auch* **Rie|sen|spass** *(ugs.);* **rie|sen|stark**

Rie|sen|stück *(ugs.)*

Rie|sen|tor|lauf *(Skisport)*

rie|sig (gewaltig groß; hervorragend, toll); riesig große Wellen; die Wellen waren riesig groß

Rie|sin; rie|sisch (*selten für* zu den Riesen gehörend)

Ries|ling, der; -s, -e (eine Reb- u. Weinsorte); **Ries|ling|sekt**

Ries|ter, der; -s, - (*veraltend für* Lederflicken auf dem Schuh)

ries|tern (*ugs. für* eine Riester-Rente ansparen)

Ries|ter-Ren|te, Ries|ter|ren|te ‹nach dem ehem. Bundesarbeitsminister W. Riester› (staatl. geförderte private Zusatzrente)

ries|wei|se ‹*zu* [2]Ries›

riet *vgl.* [1]raten
Riet, das; -[e]s, -e (Weberkamm); **Riet|blatt**
Rif, das; -[s] ⟨arab.⟩, **Rif|at|las,** der; - (Gebirge in Marokko)
[1]**Riff,** das; -[e]s, *Plur.* -e *u.* -s (Felsenklippe; Sandbank)
[2]**Riff,** der; -s, -s ⟨engl.⟩ (*bes. Jazz, Popmusik* ständig wiederholte, rhythmische Tonfolge)
Rif|fel, die; -, -n (Flachskamm; rippenähnlicher Streifen; *bayr. u. österr. für* gezackter Berggrat [bes. in Bergnamen, z. B. die Hohe Riffel])
Rif|fel|glas *Plur.* ...gläser; **Rif|fel|kamm; Rif|fel|ma|schi|ne**
rif|feln ([Flachs] kämmen; aufrauen; mit Riefen versehen); ich riff[e]le; **Rif|fe|lung**
Ri|fi|fi, das; -s ⟨franz.⟩ (raffiniertes Verbrechen)
Rif|ka|by|le, der; -n, -n (Bewohner des Rifatlas)
Ri|ga (Hauptstadt Lettlands)
Ri|ga|er; Rigaer Bucht; **Ri|ga|e|rin; ri|ga|isch;** *aber* ↑K140: der Rigaische Meerbusen (*svw.* Rigaer Bucht)
Ri|ga|to|ni *Plur.* ⟨ital.⟩ (kurze, röhrenförmige Nudeln)
Ri|gel, der; -[s] ⟨arab.⟩ (ein Stern)
Rigg, das; -s, -s, **Rig|gung,** die; -, -en ⟨engl.⟩ (*Seemannsspr.* Takelung; Segel[werk])
rig|gen ([auf]takeln)
Ri|gi, der; -[s], *auch* die; - (Gebirgsmassiv in der Schweiz)
ri|gid, ri|gi|de ⟨lat.⟩ (streng; steif, starr); **Ri|gi|di|tät,** die; -, -en (starres Festhalten, Strenge; *Med.* Versteifung, [Muskel]starre)
Ri|gips|plat|te® (Gipskartonplatte zur Verkleidung von Innenwänden)
Ri|go|le, die; -, -n ⟨franz.⟩ (*Landwirtsch.* tiefe Rinne, Abzugsgraben); **ri|go|len** (tief pflügen od. umgraben); ich habe rigolt
Ri|go|let|to (Titelheld in der gleichnamigen Oper von Verdi)
Ri|gol|pflug
Ri|go|ris|mus, der; - ⟨lat.⟩ (übertriebene Strenge; strenges Festhalten an Grundsätzen); **Ri|go|rist,** der; -en, -en; **Ri|go|ris|tin; ri|go|ris|tisch** (überaus streng)
ri|go|ros ⟨lat.⟩ ([sehr] streng); **Ri|go|ro|si|tät,** die; -
Ri|go|ro|sum, das; -s, *Plur.* ...sa, *österr.* ...sen (mündl. Examen)
Rig|ve|da, Rig|we|da, der; -[s] ⟨sanskr.⟩ (Sammlung der ältesten indischen Opferhymnen)
Ri|je|ka (Hafenstadt in Kroatien); *vgl.* Fiume
Rijs|wijk [ˈrai̯svai̯k] (niederländische Stadt)
Ri|kam|bio, der; -s, ...ien ⟨ital.⟩ (*Bankw.* Rückwechsel)
Rik|scha, die; -, -s ⟨jap.⟩ (zweirädriger Wagen, der von einem Menschen gezogen wird u. zur Beförderung von Personen dient)
Riks|mål [...mo:l], das; -[s] ⟨norw.⟩ (*ältere Bez. für* Bokmål)
Ril|ke, Rainer Maria (österr. Dichter)
Ril|le, die; -, -n; **ril|len**
ril|len|för|mig; Ril|len|pro|fil
ril|lig (*selten für* gerillt)
Rim|baud [rɛ̃ˈbo:] (franz. Dichter)
Ri|mes|se, die; -, -n ⟨ital.⟩ (*Wirtsch.* in Zahlung gegebener Wechsel); **Ri|mes|sen|wech|sel**
Ri|mi|ni (italienische Hafenstadt)
Rims|ki-Kor|sa|kow (russischer Komponist)
Rind, das; -[e]s, -er
Rin|de, die; -, -n
Rin|den|boot; Rin|den|hüt|te
rin|den|los; Rin|den|tee
Rin|der|bra|ten, *südd., österr. u. schweiz.* Rinds|bra|ten
Rin|der|brem|se
Rin|der|brust; Rin|der|fi|let; Rin|der|gu|lasch; Rin|der|hack|fleisch
Rin|der|her|de; rin|de|rig (brünstig [von der Kuh])
Rin|der|le|ber; Rin|der|len|de
rin|dern (brünstig sein [von der Kuh])
Rin|der|pest, die; **Rin|der|ras|se; Rin|der|seu|che; Rin|der|talg**
Rin|der|wahn, Rin|der|wahn|sinn (eine Rinderkrankheit)
Rin|der|zucht
Rin|der|zun|ge; Rind|fleisch
rin|dig (mit Rinde versehen)
Rind|le|der *vgl.* Rindsleder; **rind|le|dern** *vgl.* rindsledern
Rinds|bra|ten usw. *südd., österr., schweiz. für* Rinderbraten usw.
Rinds|le|der; rinds|le|dern (aus Rindsleder); **Rinds|sup|pe** (*bayr., österr. selten für* Fleischbrühe)
Rind|stück (Beefsteak); **Rind|sup|pe** *(österr.);* **Rinds|vö|gerl,** das; -s, -[n]; *vgl.* Pickerl (*österr. für* Rinderroulade)
Rind|viech (*auch* Schimpfwort)
Rind|vieh (*auch* Schimpfwort)
rin|for|zan|do ⟨ital.⟩ (*Musik* stärker werdend; *Abk.* rf., rfz.)
Rin|for|zan|do, das; -s, *Plur.* -s *u.* ...di *(Musik)*
ring (*südd., schweiz. mdal. für* leicht, mühelos)
Ring, der; -[e]s, -e; **ring|ar|tig**
Ring|arzt *(Boxen)*
Ring|bahn; Ring|buch
Rin|gel, der; -s, - (kleineres ringförmiges od. spiraliges Gebilde); **Rin|gel|blu|me**
Rin|gel|chen *vgl.* Ringlein
rin|ge|lig, ring|lig
Rin|gel|lo|cke
rin|geln; ich ring[e]le [mich]
Rin|gel|nat|ter
Rin|gel|natz (dt. Dichter); Ringelnatz' Gedichte ↑K16
Rin|gel|piez, der; -[es], -e (*ugs. scherzh. für* anspruchsloses Tanzvergnügen); Ringelpiez mit Anfassen
Rin|gel|pul|li; Rin|gel|rei|gen, *österr. nur* **Rin|gel|rei|hen; Rin|gel|schwanz; Rin|gel|söck|chen**
Rin|gel|spiel (*österr. für* Karussell); **Rin|gel|ste|chen,** das; -s, - (früheres ritterliches Spiel)
Rin|gel|tau|be; Rin|gel|wurm
rin|gen; du rangst; du rängest; gerungen; ring[e]!
Rin|gen, das; -s
Rin|ger; Rin|ger|griff; Rin|ge|rin
rin|ge|risch; seine ringerischen Qualitäten
Ring|fahn|dung (Großfahndung der Polizei nach Straftätern)
Ring|fin|ger
Ring|form; ring|för|mig
Ring|ge|schäft; Ring|gra|ben
ring|hö|rig (*schweiz. neben* schalldurchlässig, hellhörig)
Ring|kampf; Ring|kämp|fer; Ring|kämp|fe|rin
Ring|knor|pel (Kehlkopfknorpel)
Ring|lein (kleiner Ring)
ring|lig *vgl.* ringelig
Rin|g|lot|te, die; -, -n (*landsch. u. österr. für* Reneklode)
Ring|mau|er
Ring|rich|ter *(Boxen);* **Ring|rich|te|rin**
rings *vgl.* ringsum
Ring|schloss; Ring|schlüs|sel; rings|he|r|um; Ring|stra|ße
rings|um; ringsum (rundherum) läuft ein Geländer; ringsum (überall) stehen Sträucher, *aber* die Kinder standen rings um ihren Lehrer; rings um den See standen Bäume; **rings|um|her**
Ring|tausch; Ring|ten|nis; Ring|vor|le|sung; Ring|wall

Rink, der; -en, -en, **Rin|ke**, die; -, -n (*landsch. für* Schnalle)
Rin|ken, der; -s, - (*svw.* Rink)
Rin|ne, die; -, -n
rin|nen; es rann; es ränne, *selten* rönne; geronnen; rinn[e]!
Rinn|sal, das; -[e]s, -e (*geh. für* kleines fließendes Gewässer)
Rinn|stein
Rio de Ja|nei|ro [- - ʒaˈneː...] (Stadt in Brasilien)
Rio de la Pla|ta, der; - - - - (gemeinsame Mündung der Flüsse Paraná u. Uruguay)
Rio-de-la-Pla|ta-Bucht, die; - ↑K146
Rio Gran|de do Sul (Bundesstaat in Brasilien)
Ri|o|ja [riˈɔxa], der; -[s] (ein span. Rotwein)
R. I. P. = requiescat in pace
Ri|pos|te, die; -, -n ‹ital.› (*Fechten* unmittelbarer Gegenangriff); **ri|pos|tie|ren**
Ripp|chen; Rip|pe, die; -, -n
rip|peln, sich (*landsch. für* sich regen); ich ripp[e]le mich
rip|pen (mit Rippen versehen; *ugs. für* stehlen; *EDV* Einlesen der Daten einer CD o. Ä. in ein Anwendungsprogramm); gerippt
Rip|pen|bo|gen; Rip|pen|bruch, der
Rip|pen|fell; Rip|pen|fell|ent|zün|dung
Rip|pen|heiz|kör|per
Rip|pen|speer, der *od.* das; -[e]s (gepökeltes Schweinebruststück mit Rippen); Kasseler Rip|pe[n]speer
Rip|pen|stoß; Rip|pen|stück
Rip|perl, das; -s, -[n]; *vgl.* Pickerl (*österr. für* Schweinerippchen)
Ripp|li, das; -[s], -[s]; *vgl.* Götti (*schweiz. für* Schweinerippchen)
rips!; rips, raps!
Rips, der; -es, -e ‹engl.› (geripptes Gewebe); **Rips|band**, das
ri|pu|a|risch ‹lat.› (am [Rhein]ufer wohnend); ripuarische Franken (um Köln)
ri|ra|rutsch!
Ri|sa|lit, der; -s, -e ‹ital.› (*Bauw.* Vorbau, Vorsprung)
ri|scheln (*landsch. für* rascheln, knistern); sie sagt, es risch[e]le
Ri|si-Bi|si, *auch, bes. österr.*, **Ri|si|bi|si** *vgl.* Risi-Pisi
Ri|si|ko, das; -s, ...ken, *selten* -s ‹ital.›; **Ri|si|ko|ana|ly|se**
ri|si|ko|be|haf|tet; ri|si|ko|be|reit; Ri|si|ko|be|reit|schaft, die; -; **Ri|si|ko|fak|tor; Ri|si|ko|fonds**
ri|si|ko|frei; ri|si|ko|freu|dig
Ri|si|ko|ge|burt; Ri|si|ko|grup|pe (*Med., Soziol.*); **Ri|si|ko|ka|pi|tal** (*Wirtsch.*); **Ri|si|ko|le|bens|ver|si|che|rung** ↑K22; **Ri|si|ko|leh|re** (Lehre von den Ursachen u. der Eindämmung der möglichen Folgen eines Risikos)
ri|si|ko|los
Ri|si|ko|ma|nage|ment (*Wirtsch.* Unternehmensstrategie zur Erkennung, Bewältigung u. Ausschaltung von Risiken)
Ri|si|ko|pa|pier (*Börsenw.*)
Ri|si|ko|pa|ti|ent (besonders gefährdeter Patient); **Ri|si|ko|pa|ti|en|tin**
Ri|si|ko|prä|mie (*Wirtsch.*)
ri|si|ko|reich; ri|si|ko|scheu
Ri|si|ko|schwan|ger|schaft; Ri|si|ko|sport; Ri|si|ko|vor|sor|ge (*bes. Wirtsch., Versicherungsw.*)
Ri|si-Pi|si, *auch, bes. österr.*, **Ri|si|pi|si**, das; -[s], - ‹ital.› (ein Gericht aus Reis u. Erbsen)
ris|kant ‹franz.› (gewagt); **ris|kie|ren** (wagen, aufs Spiel setzen)
Risk|ma|nage|ment ‹engl.› (*svw.* Risikomanagement)
Ri|skon|t|ro *vgl.* Skontro
Ri|sor|gi|men|to [...dʒi...], das; -[s] ‹ital.› (italienische Einigungsbewegung im 19. Jh.)
Ri|sot|to, der; -[s], -s, *auch, österr. nur* das; -s, -[s] ‹ital.› (Reisspeise)
Ris|pe, die; -, -n (Blütenstand); **ris|pen|för|mig; Ris|pen|gras; ris|pig**
riss *vgl.* reißen
Riss, der; -es, -e; **riss|fest**
ris|sig
Ris|so|le, die; -, -n (*Gastron.* halbmondförmiges Pastetchen)
Rist, der; -[e]s, -e (Fuß-, Handrücken; *kurz für* Widerrist)
Ris|te, die; -, -n (*landsch. für* Flachsbündel)
Rist|griff (*Turnen*)
Ris|to|ran|te, das; -, ...ti ‹ital.› (*ital. Bez. für* Restaurant)
ri|stor|nie|ren ‹ital.› (*Wirtsch.* rückbuchen); **Ri|stor|no**, der *od.* das; -s, -s (*Wirtsch.* Rückbuchung, Rücknahme)
ri|s|ve|g|li|an|do [...vɛlˈja...] ‹ital.› (*Musik* munter, lebhaft werdend); **ri|s|ve|g|li|a|to** (*Musik* [wieder] munter, lebhaft)
rit. = ritardando, ritenuto
Ri|ta (w. Vorn.)
ri|tar|dan|do ‹ital.› (*Musik* langsamer werdend; *Abk.* rit.); **Ri|tar|dan|do**, das; -s, *Plur.* -s *u.* ...di
ri|te ‹lat.› (genügend [geringstes Prädikat beim Rigorosum])
ri|ten., rit. = ritenuto
Ri|ten *Plur. von* Ritus
Ri|ten|kon|gre|ga|ti|on, die; - (eine päpstliche Behörde)
ri|te|nu|to ‹ital.› (*Musik* zurückgehalten, plötzlich langsamer; *Abk.* rit., riten.); **Ri|te|nu|to**, das; -s, *Plur.* -s *u.* ...ti
Ri|tor|nell, das; -s, -e ‹ital.› (*Verslehre* dreizeilige Strophe; *Musik* sich [mehrfach] wiederholender Teil eines Musikstücks)
Ri|trat|te, die; -, -n ‹ital.› (*svw.* Rikambio)
ritsch!; ritsch, ratsch!
Rit|scher, der; -s, **Rit|schert**, das; -s (*österr. für* Speise aus Graupen u. Hülsenfrüchten)
ritt *vgl.* reiten
Ritt, der; -[e]s, -e
Ritt|ber|ger, der; -s, - ‹nach dem dt. Eiskunstläufer› (Drehsprung im Eiskunstlauf)
Rit|ter; die Ritter des Pour le Mérite; der Ritter von der traurigen Gestalt (Don Quichotte); arme *od.* Arme Ritter (eine Süßspeise)
Rit|ter|burg; Rit|ter|dich|tung
Rit|ter|gut; Rit|ter|guts|be|sit|zer
Rit|te|rin
rit|ter|lich; Rit|ter|lich|keit
Rit|ter|ling (ein Pilz)
rit|tern (*österr. ugs. für* in einer letzten Entscheidung um etwas kämpfen); ich rittere
Rit|ter|or|den; Rit|ter|ro|man; Rit|ter|rüs|tung; Rit|ter|saal
Rit|ter|schaft, die; -; **rit|ter|schaft|lich**
Rit|ter|schlag
Rit|ters|mann *Plur.* ...leute
Rit|ter|sporn *Plur.* ...sporne (eine Gartenstaude)
Rit|ter|tum, das; -s
Rit|ter-und-Räu|ber-Ro|man ↑K26
Rit|ter|we|sen, das; -s
Rit|ter|zeit
rit|tig (zum Reiten geschult, reitgerecht [von Pferden]); **Rit|tig|keit**, die; -; **Rit|tig|keits|ar|beit**, die; - (*Pferdesport*)
ritt|lings
Ritt|meis|ter (*Militär früher*)
Ri|tu|al, das; -s, *Plur.* -e *u.* -ien ‹lat.› (religiöser Brauch; Zeremoniell)
Ri|tu|al|buch; Ri|tu|al|hand|lung
ri|tu|a|li|sie|ren (zum Ritual werden lassen)
Ri|tu|a|lis|mus, der; - (Richtung der

R
Rink

anglikanischen Kirche); **Ri|tu|a|list,** der; -en, -en
Ri|tu|al|mord
ri|tu|ell ⟨franz.⟩ (zum Ritus gehörend; durch den Ritus geboten)
Ri|tus, der; -, ...ten ⟨lat.⟩ (gottesdienstlicher [Fest]brauch; Zeremoniell)
Ritz, der; -es, -e (Kerbe, Schramme; *auch für* Ritze)
Rit|ze, die; -, -n (sehr schmale Spalte od. Vertiefung)
Rit|zel, das; -s, - (*Technik* kleines Zahnrad)
rit|zen; du ritzt; **Rit|zer** (*ugs. für* kleine Schramme; jmd., der sich absichtlich ritzt); **Rit|ze|rin; Rit|zung**
Ri|u|kiu|in|seln *Plur.* (Inselkette im Pazifik)
Ri|va|le, der; -n, -n ⟨franz.⟩ (Mitbewerber); **Ri|va|lin**
ri|va|li|sie|ren (um den Vorrang kämpfen); **Ri|va|li|tät,** die; -, -en
Ri|ver|boat|shuf|fle, Ri|ver|boat-Shuf|fle [...bo:tʃafl̩], die; -, -s ⟨amerik.⟩ (Vergnügungsfahrt auf einem [Fluss]schiff, bei der eine [Jazz]band spielt)
ri|ver|so ⟨ital.⟩ (*Musik* umgekehrt, vor- u. rückwärts zu spielen)
Ri|vi|e|ra, die; -, ...ren *Plur. selten* (Küstengebiet am Mittelmeer)
Ri|y|al, der; -[s], -s ⟨arab.⟩ (Währungseinheit in Saudi-Arabien); 100 Riyal; *vgl.* Rial
Ri|zi|nus [*österr.* ...'tsi:...], der; -, *Plur.* - *u.* -se ⟨lat.⟩ (ein Wolfsmilchgewächs, Heilpflanze); **Ri|zi|nus|öl**
r.-k., röm.-kath. = römisch-katholisch
RKW, das; -[s], -s = Rationalisierungs- und Innovationszentrum der Deutschen Wirtschaft, *früherer Name* Rationalisierungskuratorium der Deutschen Wirtschaft
Rm, *früher* rm = Raummeter
RM = Reichsmark
Rn (*chem. Zeichen für* Radon)
RNA, die; - ⟨aus engl. ribonucleic acid⟩ (Ribonukleinsäure)
RNS, die; - = Ribonukleinsäure
Roa|die ['ro:di], der; -s, -s ⟨amerik.⟩ (jmd., der gegen Bezahlung beim Transport, Auf- u. Abbau der Ausrüstung einer Rockgruppe o. Ä. hilft); **Road|ma|na|ger** ['ro:t...] (für die Bühnentechnik verantwortlicher Begleiter einer Rockgruppe)
Road|map ['ro:tmɛp], die; -, -s ⟨engl.⟩ (*EDV* Plan für die zukünftige Entwicklung von Technologien u. Produkten; *nur Sing. auch für* amerik. Friedensplan für den Nahen Osten)
Road|mo|vie ['ro:tmu:vi], das (Spielfilm, dessen Handlung sich unterwegs, bei einer Autofahrt abspielt)
Road|pri|cing, Road-Pri|cing ['roʊdpraɪsɪŋ], das; -s ⟨engl.⟩ (*Verkehrsw.* Gebühr für die Benutzung einer Straße mit einem Kraftfahrzeug)
Road|show ['ro:t...] ⟨engl.⟩ (Werbeveranstaltung, die mobil an verschiedenen Orten erfolgt)
Roads|ter ['ro:tstɐ], der; -s, - ⟨engl.⟩ (offener, zweisitziger Sportwagen)
Roa|ming ['ro:mɪŋ], das; -s ⟨engl.⟩ (*EDV, Telefonie* Verbindungsübergabe zwischen verschiedenen [Mobilfunk]netzen); **Roa|ming|ge|bühr**
Roa|ring Twen|ties ['ro:... ...ti:s] *Plur.* ⟨engl., »die stürmischen Zwanziger(jahre)«⟩ (die 20er-Jahre des 20. Jh.s in den USA u. in Westeuropa)
Roast|beef ['ro:stbi:f, 'rɔ...], das; -s, -s ⟨engl.⟩ (Rostbraten)
Rob|be, die; -, -n (Seesäugetier)
Robbe-Gril|let [rɔpgri'je:] (französischer Schriftsteller)
rob|ben (robbenartig kriechen); sie robbt
Rob|ben|fang; Rob|ben|fän|ger; Rob|ben|fän|ge|rin; Rob|ben|fell
Rob|ben|jagd; Rob|ben|jä|ger; Rob|ben|jä|ge|rin; Rob|ben|schlag (Erlegung der Robbe mit einem Knüppel); **Rob|ben|ster|ben**
Rob|ber, der; -s, - ⟨engl.⟩ (*svw.* [1]Rubber)
Ro|be, die; -, -n ⟨franz.⟩ (kostbares, langes [Abend]kleid; Amtstracht, bes. für Richter, Anwälte, Geistliche)
Ro|bert (m. Vorn.)
Ro|ber|ta, Ro|ber|ti|ne (w. Vorn.)
Ro|bes|pi|erre [...bɛs'pjɛ:ɐ̯] (Führer in der Franz. Revolution)
Ro|bin Hood ['rɔbɪn 'hʊd] (engl. Sagengestalt)
Ro|bi|nie, die; -, -n ⟨nach dem franz. Botaniker Robin⟩ (ein Zierbaum od. -strauch)
Ro|bin|so|na|de, die; -, -n (Robinsongeschichte)
Ro|bin|son Cru|soe [- ...zo] (Held in einem Roman von Daniel Defoe)
Ro|bin|son|lis|te (Liste von Personen, die keine Werbesendungen erhalten möchten)
Ro|bot, die; -, -en ⟨tschech.⟩ (*veraltet für* Frondienst); **ro|bo|ten** (*ugs. für* schwer arbeiten); er hat gerobotet
Ro|bo|ter (elektronisch gesteuerter Automat); **ro|bo|ter|haft**
Ro|bu|rit, der; -s ⟨lat.⟩ (ein Sprengstoff)
ro|bust ⟨lat.⟩ (stark, widerstandsfähig); **Ro|bust|heit,** die; -
Ro|caille [...'kaj], das *od.* die; -, -s ⟨franz.⟩ (*Kunst* Muschelwerk)
roch *vgl.* riechen
Ro|cha|de [...x..., *auch* ...ʃ...], die; -, -n ⟨arab.-span.-franz.⟩ (*Schach* Doppelzug von König u. Turm; *schweiz. auch für* [Ämter]tausch)
Roche|fort [rɔʃ'fo:ɐ̯] (französische Stadt)
rö|cheln; ich röch[e]le
Ro|chen, der; -s, - (ein Seefisch)
Ro|chett [...ʃ...], das; -s, -s ⟨franz.⟩ (Chorhemd kath. Geistlicher)
ro|chie|ren [...x..., *auch* ...ʃ...] ⟨arab.-span.-franz.⟩ (die Rochade ausführen; die Positionen wechseln)
[1]Ro|chus (Heiliger)
[2]Ro|chus ⟨hebr.-jidd.⟩; einen Rochus auf jmdn. haben (*ugs. für* zornig auf jmdn. sein)
[1]Rock, der; -[e]s, Röcke
[2]Rock, der; -[s] ⟨amerik.⟩ (Stilrichtung der Popmusik)
Rock and Roll [- ɛnt -], Rock 'n' Roll [...kn̩...], der; - - -[s], - - -s (stark synkopierter amerikanischer Musikstil u. Tanz)
Rock-and-Roll-Meis|ter|schaft, Rock-'n'-Roll-Meis|ter|schaft
Rock|band [...bɛnt], die (*svw.* Rockgruppe)
Röck|chen
ro|cken ([2]Rock spielen)
Ro|cken, der; -s, - (Spinngerät)
Ro|cken|bol|le, die; -, -n (*nordd. für* Perlzwiebel)
Ro|cken|stu|be (Spinnstube)
Ro|cker, der; -s, - ⟨engl.⟩ (Angehöriger einer Gruppe von Jugendlichen [mit Lederkleidung u. Motorrad als Statussymbolen]; Rockmusiker); **Ro|cker|ban|de; Ro|cker|braut** (*ugs. für* Freundin eines Rockers); **Ro|cke|rin**
Rock|fes|ti|val; Rock|grup|pe; ro|ckig; Rock|kon|zert; Rock|mu|si|cal; Rock|mu|sik; Rock|mu|si|ker; Rock|mu|si|ke|rin
Rock 'n' Roll [...kn̩...] usw. *vgl.* Rock and Roll usw.

R
Rock

Rock|oper
Rock|röh|re (*ugs. für* Rocksängerin)
Rock|sän|ger; Rock|sän|ge|rin
Rock|saum; Rock|schoß
Rock|star *vgl.* ²Star
Rock|ta|sche
Ro|cky Moun|tains [...ki ˈmaʊntɪns] *Plur.* (nordamerikanisches Gebirge)
Rock|zip|fel
Ro|de|ha|cke
¹**Ro|del,** der; -s, Rödel (*südwestd., schweiz. früher* Verzeichnis)
²**Ro|del,** der; -s, - (*bayr. für* Schlitten)
³**Ro|del,** die; -, -n (*österr. für* kleiner Schlitten; *landsch. für* Kinderrassel)
Ro|del|bahn; ro|deln; ich rod[e]le
rö|deln (*Soldatenspr.* sich mit Sturmgepäck durch das Gelände bewegen; *ugs. auch* angestrengt arbeiten); ich röd[e]le
Ro|del|schlit|ten
ro|den
Ro|deo, der *od.* das; -s, -s ‹engl.› (Reiterschau der Cowboys in den USA)
Ro|der (Gerät zum Roden [von Kartoffeln, Rüben])
Ro|de|rich (m. Vorn.)
Ro|din [roˈdɛ̃ː] (franz. Bildhauer)
Rod|ler; Rod|le|rin
ro|do|mon|tie|ren (*veraltet für* aufschneiden)
Ro|don|ku|chen [...ˈdõː...], der; -s, - ‹franz.; dt.› (*landsch.* ein Napfkuchen)
Ro|d|ri|go (m. Vorn.)
Ro|dung
Ro|ga|te ‹lat., »bittet!«› (fünfter Sonntag nach Ostern)
Ro|ga|ti|on, die; -, -en (*veraltet für* Fürbitte; kath. Bittumgang)
Ro|gen, der; -s, - (Fischeier)
Ro|ge|ner, Rog|ner (w. Fisch)
Ro|gen|stein (rogenartige Versteinerung)
ro|ger! [ˈrɔdʒɐ] ‹engl.› (*Funkw.* [Nachricht] verstanden!; *ugs. auch für* in Ordnung!)
Ro|ger [*auch* rɔˈʒeː, ˈrɔdʒɐ] (dt., franz., engl. m. Vorn.)
Rög|gel|chen (*rhein. für* Roggenbrötchen)
Rog|gen, der; -s, *Plur. (Sorten:)* - (ein Getreide); **Rog|gen|brot; Rog|gen|bröt|chen; Rog|gen|ern|te; Rog|gen|feld; Rog|gen|mehl**
Rog|ner *vgl.* Rogener
roh; rohe Gewalt; roh behauener *od.* rohbehauener Stein; roh bearbeiteter *od.* rohbearbeiteter Stein; im Rohen fertig
Roh|ar|beit; Roh|bau *Plur.* ...bauten; **Roh|bi|lanz** *(Wirtsch.)*
Roh|da|ten *Plur. (EDV)*
Roh|di|a|mant; Roh|ei|sen, das; -s; **Roh|ei|sen|ge|win|nung**
Ro|heit *alte Schreibung für* Rohheit
Roh|ent|wurf; Roh|er|trag
ro|her|wei|se; Roh|ge|wicht
Roh|heit
Roh|kost; Roh|köst|ler; Roh|köst|le|rin
Roh|ling; Roh|ma|te|ri|al
Roh|milch; Roh|milch|kä|se
Roh|öl
Roh|pro|dukt; Roh|pro|duk|ten|händ|ler; Roh|pro|duk|ten|händ|le|rin
Rohr, das; -[e]s, -e (*österr. auch für* Backofen)
Rohr|am|mer (ein Vogel)
Rohr|blatt|in|s|t|ru|ment *(Musik)*
Rohr|bruch, der; **Röhr|chen** (kleines Rohr; kleine Röhre)
Rohr|dom|mel, die; -, -n (ein Vogel)
Röh|re, die; -, -n
röh|ren (brüllen [vom Hirsch zur Brunftzeit])
Röh|ren|be|wäs|se|rung
Röh|ren|blüt|ler, der; -s, - *(Bot.)*
Röh|ren|brun|nen (Brunnen, aus dem das Wasser ständig rinnt)
Röh|ren|ho|se; Röh|ren|jeans
Röh|ren|kno|chen; Röh|ren|pilz
rohr|far|ben (*für* beige)
Rohr|flech|ter; Rohr|flech|te|rin; Rohr|flö|te
rohr|för|mig
Rohr|ge|flecht
Röh|richt, das; -s, -e (Rohrdickicht)
Rohr|kol|ben
Rohr|kre|pie|rer (*Soldatenspr.* Geschoss, das im Geschützrohr u. Ä. explodiert; *ugs.* Misserfolg)
Rohr|le|ger; Rohr|le|ge|rin; Rohr|lei|tung
Röhr|ling (ein Pilz)
Roh|rohr|zu|cker, der; -s (hellbrauner Rohrzucker)
Rohr|post
Rohr|rück|lauf, der; -[e]s (beim Geschütz)
Rohr|sän|ger (ein Singvogel)
Rohr|spatz; *in* schimpfen wie ein Rohrspatz *(ugs.)*
Rohr|stock *Plur.* ...stöcke; **Rohr|stuhl**
Rohr|wei|he (ein Greifvogel)
Rohr|zan|ge
Rohr|zu|cker
Roh|schrift (*für* Konzept)
Roh|sei|de; roh|sei|den; ein rohseidenes Kleid
Roh|stahl *vgl.* Stahl
Roh|stoff; roh|stoff|arm
Roh|stoff|fra|ge, Roh|stoff-Fra|ge
Roh|stoff|lie|fe|rant; Roh|stoff|man|gel, der; -s; **Roh|stoff|markt; Roh|stoff|preis; Roh|stoff|quel|le**
roh|stoff|reich
roh|stoff|ver|ar|bei|tend; die rohstoffverarbeitende Industrie; **Roh|stoff|ver|ar|bei|tung**
Roh|stoff|ver|brauch
Roh|ta|bak; Roh|zu|cker; Roh|zu|stand
Roi|busch|tee, Rooi|bos|tee [ˈrɔy...] ‹afrikaans›; *vgl.* Rotbuschtee
roi|en, ro|jen (*Seemannsspr.* rudern); er roit, rojet; er hat geroit, gerojet
Ro|kit|no|sümp|fe *Plur.* (in der Polesje)
Ro|ko|ko [*auch* ...ˈkɔ..., *österr.* ...ˈkoː], das; *Gen.* -s, *fachspr. auch* - ‹franz.› ([Kunst]stil des 18. Jh.s); **Ro|ko|ko|kom|mo|de; Ro|ko|ko|stil,** der; -[e]s; **Ro|ko|ko|zeit,** die; -
Ro|land (m. Vorn.)
Ro|lands|lied, das; -[e]s
Ro|land[s]|säu|le
Rolf (m. Vorn.)
Rol|la|den *alte Schreibung für* Rollladen
Rol|la|tor, der; -s, -en (Gehhilfe mit Rädern)
Roll|back, Roll-back [ˈroːlbɛk], das; -[s], -s ‹engl.› (Rückzug, erzwungenes Zurückweichen; Rückgang)
Roll|bahn; Roll|bal|ken (*österr. für* Rollladen); **Roll|ball,** der; -[e]s (Mannschaftsballspiel)
Roll|bra|ten
Roll|brett (*svw.* Rollerbrett)
Röll|chen; Rol|le, die; -, -n
rol|len ↑K82: der Wagen kommt ins Rollen
Rol|len|be|set|zung *(Theater);* **Rol|len|bild; Rol|len|fach** *(Theater)*
rol|len|för|mig; rol|len|spe|zi|fisch
Rol|len|spiel *(Soziol.);* **Rol|len|tausch; Rol|len|ver|hal|ten; Rol|len|ver|tei|lung**
Rol|ler (Motorroller; Kinderfahrzeug; m. [Kanarien]vogel mit rollendem Schlag; *österr. für* Rollbraten; *österr. auch svw.* Rollfähre); [mit dem] Roller fahren, *aber* ↑K82: das Rollerfahren
Rol|ler|blade® [...bleːd], der; -s, -s *meist Plur.* ‹engl.› (ein Inlineskate)

R
Rock

Rol|ler|brett (*für* Skateboard)
rol|lern; ich rollere
Rol|ler|skate [...ske:t], der; -s, -s ⟨engl.⟩ (*svw.* Discoroller)
Roll|fäh|re (*österr. für* Seilfähre)
Roll|feld; Roll|film; Roll|geld; Roll|gut; Roll|ho|ckey
Rol|li, der; -s, -s (*ugs. für* leichter Rollkragenpullover)
rol|lie|ren ⟨lat.⟩ (umlaufen; *Schneiderei* den Rand einrollen)
Rol|li|fah|rer (*ugs. für* Rollstuhlfahrer); **Rol|li|fah|re|rin**
rol|lig ([von Katzen] brünstig)
Roll|kom|man|do
Roll|kra|gen; Roll|kra|gen|pul|l|o|ver
Roll|kunst|lauf, der; -[e]s
Roll|kur (*Med.*)
Roll|la|den, **Roll-La|den,** der; -s, *Plur.* ...läden, *seltener* ...laden
Roll|la|den|kas|ten
Roll|la|den|schrank
Roll|lei|ne, **Roll-Lei|ne**
Roll|loch, **Roll-Loch** (*Bergmannsspr.* steil abfallender Grubenbau)
Roll|mops (gerollter eingelegter Hering)
Rol|lo [*auch, österr. nur,* ...'lo:], das; -s, -s (aufrollbarer Vorhang)
Roll|out, **Roll-out** [ro:l'|aut], der, *auch* das; -s, -s ⟨engl.⟩ (öffentliche Vorstellung eines neuen Fahrzeugtyps; *EDV* Einführung neuer Programme u. ihre Integration in ein bestehendes System)
Roll|schie|ne; Roll|schin|ken
Roll|schnell|lauf, **Roll|schnell-Lauf**
Roll|schrank
Roll|schuh; Rollschuh laufen, *aber* ↑K 82: das Rollschuhlaufen; **Roll|schuh|bahn; Roll|schuh|sport,** der; -[e]s
Roll|sitz; Roll|ski; Roll|splitt; Roll|sport, der; -[e]s (*svw.* Rollschuhsport)
Rolls-Royce® [rɔls'rɔys, 'ro:ls-'rɔys], der; -, -[s] ⟨nach den Firmengründern Charles Stewart Rolls u. Henry Royce⟩ (britische Kraftfahrzeugmarke)
Roll|stuhl; Roll|stuhl|fah|rer; Roll|stuhl|fah|re|rin; roll|stuhl|gän|gig (*bes. schweiz. für* rollstuhlgerecht); **roll|stuhl|ge|recht;** rollstuhlgerechte Wohnungen; **Roll|stuhl|sport**
Roll|trep|pe
[1]**Rom** (Hauptstadt Italiens)
[2]**Rom,** der; -, -a ⟨sanskr.⟩ (das als diskriminierend empfundene Wort »Zigeuner« ersetzende Bezeichnung [bes. für einen aus Südosteuropa stammenden Angehörigen der Gruppe]; *vgl.* Sinto)
ROM, das; -[s], -[s] ⟨aus engl. read-only memory⟩ (*EDV* Informationsspeicher, dessen Inhalt nur gelesen, aber nicht verändert werden kann)
Röm (größte dän. Nordseeinsel)
Ro|ma (*Plur. von* [2]Rom)
Ro|ma|dur [*österr.* ...'du:ɐ̯], der; -[s], -s ⟨franz.⟩ (ein Weichkäse)
Ro|ma|g|na [...'manja], die; - (eine italienische Landschaft)
Ro|man, der; -s, -e ⟨franz.⟩; historische Romane; **ro|man|ar|tig**
Ro|man|au|tor; Ro|man|au|to|rin
Ro|män|chen
Ro|man|ci|er [...mã'si̯e:], der; -s, -s (Romanschriftsteller)
Ro|mand [ro'mã:], der; -[s], -s ⟨franz.⟩ (Schweizer mit französischer Muttersprache); **Ro|man|de** [ro'mã:d(ə)], die; -, -s ⟨*zu* Romand⟩
Ro|man|die [romã'di:], die; - (die französischsprachige Schweiz)
Ro|ma|ne, der; -n, -n ⟨lat.⟩ (Angehöriger eines Volkes mit romanischer Sprache); **Ro|ma|nen|tum,** das; -s
Ro|ma|nes|co, der; -s ⟨ital.⟩ (grüner Blumenkohl)
Ro|man|fi|gur; Ro|man|ge|stalt
ro|man|haft
Ro|man|held; Ro|man|hel|din
Ro|ma|ni [*auch* 'rɔ...], das; - ⟨*zu* [2]Rom⟩ (Sprache der Sinti u. Roma)
Ro|ma|nik, die; - ⟨lat.⟩ (Kunststil vom 11. bis 13. Jh.; Zeit des romanischen Stils)
Ro|ma|nin ⟨*zu* Romane⟩
ro|ma|nisch (zu den Romanen gehörend; im Stil der Romanik, die Romanik betreffend; *schweiz. auch für* rätoromanisch [*vgl.* romantsch]); romanische Sprachen; **ro|ma|ni|sie|ren** (römisch, romanisch machen)
Ro|ma|nist, der; -en, -en; **Ro|ma|nis|tik,** die; - (Wissenschaft von den romanischen Sprachen u. Literaturen; Wissenschaft vom römischen Recht); **Ro|ma|nis|tin; ro|ma|nis|tisch**
Ro|man|li|te|ra|tur *Plur. selten*
Ro|ma|now [*auch* 'rɔ...] (ehemaliges russisches Herrschergeschlecht)
Ro|man|schrei|ber; Ro|man|schrei|be|rin; Ro|man|schrift|stel|ler; Ro|man|schrift|stel|le|rin
Ro|man|tik, die; - ⟨lat.⟩ (Kunst- u. Literaturrichtung von etwa 1800 bis 1830; gefühlsbetonte Stimmung); **Ro|man|ti|ker** (Anhänger, Dichter usw. der Romantik; *abwertend für* Fantast, Schwärmer); **Ro|man|ti|ke|rin**
ro|man|tisch (zur Romantik gehörend; gefühlsbetont, schwärmerisch); **ro|man|ti|sie|ren** (romantisch darstellen, gestalten)
Ro|man|ti|tel
ro|mantsch (rätoromanisch); **Ro|mantsch,** das; -[s] (rätoromanische Sprache [in Graubünden])
Ro|ma|nus (m. Vorn.)
Ro|man|vor|la|ge
Ro|man|ze, die; -, -n ⟨franz.⟩ (romantisches Liebeserlebnis; erzählendes volkstüml. Gedicht; liedartiges Musikstück mit besonderem Stimmungsgehalt)
Ro|man|zen|dich|ter; Ro|man|zen|dich|te|rin; Ro|man|zen|samm|lung
Ro|man|ze|ro, der; -s, -s ⟨span.⟩ (span. Romanzensammlung)
Ro|meo (Gestalt bei Shakespeare)
[1]**Rö|mer** (Einwohner Roms; Angehöriger des Römischen Reiches; *auch für* eine Dachziegelart)
[2]**Rö|mer,** der; -s (das alte Rathaus in Frankfurt am Main)
[3]**Rö|mer** (bauchiges Kelchglas für Wein)
Rö|mer|brief, der; -[e]s (*N. T.*)
Rö|me|rin
Rö|mer|stra|ße ↑K 162
Rö|mer|topf®
Rö|mer|tum, das; -s
Rom|fah|rer; Rom|fahrt
rö|misch (auf Rom, auf die alten Römer bezogen); römische Zeitrechnung, römische Zahlen, römisches Bad, römisches Recht, die römischen Kaiser, *aber* ↑K 150: das Römische Reich, das Heilige Römische Reich Deutscher Nation
rö|misch-iri|sch ↑K 23: römisch-irisches Bad (ein Heißluftbad)
rö|misch-ka|tho|lisch ↑K 23 (*Abk.* r.-k., röm.-kath.); die römisch-katholische Kirche
röm.-kath. = römisch-katholisch
Rom|mé, **Rom|mee** ['rɔme, *auch* ...'me:], das; -s, -s ⟨franz.⟩ (ein Kartenspiel; *vgl.* Rummy)
Rom|ni, die; -, Romnija (*w. Form zu* [2]Rom)
Rø|mø ['rœmʏ:] (*dän. Form von* Röm)

R
Rømø

Ro|mu|ald (m. Vorn.)
Ro|mu|lus (in der römischen Sage Gründer Roms); Romulus und Remus; ↑K16: Romulus' Bruder Remus; Romulus Augustulus (letzter weström. Kaiser)
RON (Währungscode für Leu)
Ro|nald (m. Vorn.)
Ron|ces|valles [ˈrõːsəval, *auch* rɔnsesˈvaljɛs] (span. Ort)
Ron|de [*auch* ˈrõː...], die; -, -n ‹franz.› (*früher für* Runde, Rundgang; Wachen u. Posten kontrollierender Offizier)
Ron|deau [rɔnˈdoː], das; -s, -s (Gedichtform; *österr. für* rundes Beet, runder Platz)
Ron|dell, das; -s, -e, *selten* Run|dell (Rundteil [an der Bastei]; Rundbeet)
Ron|do, das; -s, -s ‹ital.› (mittelalterliches Tanzlied; Instrumentalsatz mit mehrfach wiederkehrendem Thema)
Ron|ka|li|sche Fel|der *Plur.* (Ebene in Oberitalien)
rönt|gen (mit Röntgenstrahlen durchleuchten); du röntgst; sie wurde geröntgt
Rönt|gen (dt. Physiker)
Rönt|gen|ap|pa|rat ↑K136
Rönt|gen|arzt; Rönt|gen|ärz|tin
Rönt|gen|auf|nah|me; Rönt|gen|be|hand|lung; Rönt|gen|be|strah|lung; Rönt|gen|bild
Rönt|gen|blick, der; -[e]s (*scherzh. für* alles durchdringender Blick)
Rönt|gen|di|a|g|nos|tik; Rönt|gen|ge|rät
rönt|ge|ni|sie|ren (*österr. für* röntgen)
Rönt|gen|ki|ne|ma|to|gra|fie, **Rönt|gen|ki|ne|ma|to|gra|phie**, die; -; ...ien (Filmen des durch Röntgenstrahlen entstehenden Bildes)
Rönt|ge|no|gra|fie, **Rönt|ge|no|gra|phie**, die; -, ...ien (fotografische Aufnahme mit Röntgenstrahlen); **rönt|ge|no|gra|fisch**, **rönt|ge|no|gra|phisch; Rönt|ge|no|gramm**, das; -s, -e (Röntgenbild)
Rönt|ge|no|lo|ge, der; -n, -n; **Rönt|ge|no|lo|gie**, die; - (Lehre von den Röntgenstrahlen); **Rönt|ge|no|lo|gin; rönt|ge|no|lo|gisch**
Rönt|ge|no|s|ko|pie, die; -, ...ien (Durchleuchtung mit Röntgenstrahlen)
Rönt|gen|pass; Rönt|gen|rei|hen|un|ter|su|chung; Rönt|gen|schirm; Rönt|gen|schwes|ter; Rönt|gen|spek|t|rum; Rönt|gen|strah|len *Plur.*
Rönt|gen|struk|tur|ana|ly|se (röntgenologische Untersuchung der Struktur von Kristallen)
Rönt|gen|tie|fen|the|ra|pie
Rönt|gen|un|ter|su|chung
Rooi|bos|tee [ˈrɔy...] ‹afrikaans›; *vgl.* Rotbuschtee
Roo|ming-in, **Roo|ming|in** [ˈruːmɪŋˈɪn], das; -[s], -s ‹engl.› (gemeinsame Unterbringung von Mutter u. Kind in einem Krankenhauszimmer)
Roo|se|velt [ˈroːzəvɛlt] (Name zweier Präsidenten der USA)
Rope-Skip|ping, **Rope|skip|ping** [ˈroːp...], das; -s ‹engl.› (als Sport betriebenes Seilspringen)
Roque|fort [ˈrɔkfoːɐ̯], der; -[s], -s ‹nach dem franz. Ort› (ein Käse); **Roque|fort|kä|se** ↑K143
Ror|schach (schweiz. Stadt)
Ror|schach|test, **Ror|schach-Test** ‹nach dem Schweizer Psychiater› (ein psychologisches Testverfahren)
ro|sa ‹lat.› (rosenfarbig, blassrot); ein rosa (*ugs. auch* rosa[n]es) Kleid; *vgl.* blau
[1]**Ro|sa**, das; -[s], -[s] (rosa Farbe); *vgl.* Blau
[2]**Ro|sa** (w. Vorn.)
ro|sa|far|ben, ro|sa|far|big
Ro|sa|lia, Ro|sa|lie (w. Vorn.)
Ro|sa|li|en|ge|bir|ge, das; -s (nördl. Ausläufer der Zentralalpen)
Ro|sa|lin|de (w. Vorn.)
Ro|sa|mund, Ro|sa|mun|de (w. Vorn.)
Ros|ani|lin, das; -s (ein Farbstoff)
Ro|sa|ri|um, das; -s, ...ien (Rosenpflanzung; kath. Rosenkranzgebet)
ro|sa|rot ↑K23
Ro|sa|zee, die; -, -n (*Bot.* Rosengewächs)
rösch [*auch* røːʃ] (*Bergmannsspr.* grob; *bes. südd., auch schweiz. mdal. für* knusprig)
Rö|sche, die; -, -n (*Bergmannsspr.* Graben od. stollenartiger Gang, der Wasser zu- od. abführt)
Rös|chen (kleine Rose; *kurz für* Blumenkohlröschen)
[1]**Ro|se**, die; -, -n
[2]**Ro|se** (w. Vorn.)
ro|sé ‹franz.› (rosig, zartrosa); rosé Spitze; *vgl. auch* beige; in Rosé ↑K72
[1]**Ro|sé**, das; -[s], -[s] (rosé Farbe)
[2]**Ro|sé**, der; -[s], -s (Roséwein)
Ro|seau [...ˈzoː] (Hauptstadt von Dominica)
Ro|see|wein *vgl.* Roséwein
ro|sé|far|ben, ro|sé|far|big
Ro|seg|ger [*auch* roˈzɛ..., ˈrɔ...] (österr. Schriftsteller)
Ro|se|ma|rie (w. Vorn.)
Ro|sen|blatt; Ro|sen|busch; Ro|sen|duft
ro|sen|far|ben, ro|sen|far|big
Ro|sen|gar|ten
Ro|sen|hoch|zeit (*ugs. für* 10. Jahrestag der Eheschließung)
Ro|sen|holz; Ro|sen|kohl, der; -[e]s; **Ro|sen|kranz**
Ro|sen|krieg (*übertr. für* Ehekrieg)
Ro|sen|mon|tag ‹*zu* rasen = tollen› (Fastnachtsmontag); **Ro|sen|mon|tags|zug**
Ro|se|no|bel [*auch* ...ˈnoː...], der; -s, - ‹engl.› (alte Goldmünze)
Ro|sen|öl
Ro|sen|pa|p|ri|ka
Ro|sen|quarz (ein Schmuckstein)
ro|sen|rot
Ro|sen|schau; Ro|sen|stock *Plur.* ...stöcke; **Ro|sen|strauch; Ro|sen|strauß** *Plur.* ...sträuße
Ro|sen|was|ser *Plur.* ...wässer
Ro|sen|züch|ter; Ro|sen|züch|te|rin
Ro|se|o|le, die; -, -n ‹lat.› (*Med.* ein Hautausschlag)
[1]**Ro|sette** [...ˈzɛt] (Stadt in Unterägypten)
[2]**Ro|set|te**, die; -, -n ‹franz.› (Verzierung in Rosenform; Bandschleife; Edelsteinschliff)
Ro|sé|wein, *fachspr. auch* Ro|see|wein (blassroter Wein)
Ro|si (w. Vorn.)
ro|sig; eine rosig weiße Blüte
Ro|si|nan|te, die; -, -n ‹span.› (Don Quichottes Pferd; *selten für* Klepper)
Ro|si|ne, die; -, -n ‹franz.›
Ro|si|nen|brot; Ro|si|nen|bröt|chen; Ro|si|nen|ku|chen
Ro|si|nen|pi|cke|rei (*ugs. für* gezielte Auswahl der besten Teile aus einem Ganzen)
ro|sin|far|ben
Rös|lein *vgl.* Röschen
Ros|ma|rin [*auch* ...ˈriːn], der; -s ‹lat.› (eine Gewürzpflanze); **Ros|ma|rin|öl**
Ro|so|lio, der; -s, -s ‹ital.› (ein Likör)
Ross, das; -es, *Plur.* Rosse *u.* Rösser (*südd., österr., schweiz., sonst geh. für* Pferd)
Roß, das; -es, -e, **Ro|ße**, die; -, -n (*mitteld. für* Wabe)
Ross|ap|fel (*landsch. scherzh. für* Pferdekot)

ro̱t

röter, rötes|te, *seltener* roter, rotes|te **I.** *Kleinschreibung* ↑K89: – rote Farbe – rote Grütze – die roten Blutkörperchen – der rote Faden – der rote Teppich – der rote Hahn (Feuer) – das rote Ass (Kartenspiel) – er wirkt auf sie wie ein rotes Tuch – sie hat keinen roten Heller (kein Geld) mehr – jetzt ist [es] rot (an der Ampel) **II.** *Großschreibung* **a)** *der Substantivierung* ↑K72: – die Roten (*ugs. für* die Sozialisten, Kommunisten u. a.) – Alarmstufe Rot **b)** *in Namen und bestimmten namenähnlichen Fügungen* ↑K88 *u.* 89: – das Rote Meer – die Rote Erde (Bezeichnung für Westfalen) – der Rote Fluss (in Vietnam) – der Rote Main (ein Quellfluss des Mains)	– die Rote Wand (Berg in Österreich) – der Rote Planet (Mars) – die Rote Liste (der vom Aussterben bedrohten Tier- und Pflanzenarten) – die Rote Liste® (Arzneimittelverzeichnis) – das Rote Kreuz – der Rote Halbmond – die Rote Armee (Sowjetarmee) – Rote Be[e]te – Rote Johannisbeeren – die Rote *od.* rote Karte *(bes. Fußball)* **III.** *Schreibung in Verbindung mit Verben und adjektivisch gebrauchten Partizipien:* – vor Verlegenheit rot werden – sich die Augen rot weinen *od.* rotweinen – sich die Haut rot scheuern *od.* rotscheuern – *aber* rotsehen (*ugs. für* vor Wut die Kontrolle verlieren); als der Junge frech wurde, hat sie plötzlich rotgesehen – die rot glühende *od.* rotglühende Sonne – rot glühendes *od.* rotglühendes Eisen – ein rot gestreifter *od.* rotgestreifter Pullover – rot geweinte *od.* rotgeweinte Augen *Vgl. aber* rotbraun, rotgrün *u.* rotsehen

Ro̱ss|arzt (*veraltet für* Tierarzt im Heer)
Ro̱ss|brei|ten *Plur.* (windschwache Zone im subtropischen Hochdruckgürtel)
Rö̱ss|chen, Rö̱s|sel, das; -s, -[n], Rö̱ssl, das; -s, -[n], Rö̱ss|lein (kleines Ross)
Ro̱|ße *vgl.* Roß
Rö̱s|sel *vgl.* Rösschen
Ro̱s|se|len|ker *(geh.)*
Rö̱s|sel|sprung (Rätselart)
ro̱s|sen (brünstig sein [von der Stute]); die Stute rosst
Ro̱ss|haar; Ro̱ss|haar|ma|t|rat|ze
ro̱s|sig ‹*zu* rossen›
Ros|si̱|ni (ital. Komponist)
Ro̱ss|kamm (Pferdestriegel; *spött. für* Pferdehändler)
Ro̱ss|kas|ta|nie
Ro̱ss|kur (*ugs. für* mit drastischen Mitteln durchgeführte Kur)
Rö̱ssl, Rö̱ss|lein *vgl.* Rösschen
Ro̱ss|schlach|ter, Ro̱ss-Schlach|ter, Ro̱ss|schläch|ter, Ro̱ss-Schläch|ter (*landsch. für* Pferdeschlächter)
Ro̱ss|schwanz, Ro̱ss-Schwanz *(bes. österr., schweiz.)*
Ro̱ss|täu|scher (*veraltet für* Pferdehändler); **Ross|täu|sche|rei; Ro̱ss|täu|sche|rin; Ro̱ss|täu|scher|trick**
Ro̱ss|trap|pe, die; - (ein Felsen im Harz)
[1]**Ro̱st** [*schweiz., landsch.* ro:st], der; -[e]s, -e ([Heiz]gitter; *landsch. für* Stahlmatratze)
[2]**Ro̱st,** der; -[e]s (Zersetzungsschicht auf Eisen; Pflanzenkrankheit)
Ro̱st|an|satz; ro̱st|be|stän|dig; Ro̱st|bil|dung
Ro̱st|bra|ten; Ro̱st|brat|wurst
ro̱st|braun
Rö̱st|brot [*auch* 'rœ...]
Rö̱s|te, die; -, -n (Röstvorrichtung; Erhitzung von Erzen; Rotten [von Flachs])
ro̱s|ten (Rost ansetzen)
rö̱s|ten (braten; bräunen [Kaffee, Brot u. a.]; [Erze u. Hüttenprodukte] erhitzen; [Flachs] rotten)
Rö̱s|ter, der; -s, - (*österr. für* Kompott od. Mus aus Holunderbeeren od. Zwetschen)
Rö̱st|erd|äp|fel *Plur.* (*österr. für* Bratkartoffeln)
Rös|te|re̲i
ro̱st|far|ben, ro̱st|far|big
Ro̱st|fleck; Ro̱st|fraß
ro̱st|frei; rostfreier Stahl
rö̱st|frisch; röstfrischer Kaffee
Ro̱st|ge|fahr, die; -
Rö̱s|ti, die; - (*schweiz. für* [grob geraspelte] Bratkartoffeln)
ro̱s|tig
rö̱s|tig (den Geschmack von etw. Geröstetem aufweisend, z. B. bei Wein od. Bier)
Rö̱st|kar|tof|fel *meist Plur.* (*landsch. für* Bratkartoffel)
Ro̱st|lau|be (*ugs. für* Auto mit vielen Roststellen)
Ro̱s|tock (Hafenstadt an der Ostsee); **Ro̱s|to|cker; Ro̱s|to|cke|rin**
Ros|tow [...'tɔf] (Name zweier Städte in Russland); Rostow am Don
Ro̱st|pilz (Erreger von Pflanzenkrankheiten)
Ro̱s|t|ra, die; -, ...ren ‹lat.› (Rednerbühne im alten Rom)
Ros|t|ro|po̱|witsch, Mstislaw (russ. Cellist u. Dirigent)
ro̱st|rot; rostrot färben
Rö̱st|schnit|te
Ro̱st|schutz; Ro̱st|schutz|mit|tel; Ro̱st|stel|le
Rö̱s|tung
Ro̱st|wurst *(landsch.)*
Ro̱|s|with, Ro|s|wi̱|tha (w. Vorn.)
ro̱t *s. Kasten*
Ro̱t, das; -[s], -[s] (rote Farbe); bei Rot ist das Überqueren der Straße verboten; die Ampel steht auf, zeigt Rot; er spielte Rot aus *(Kartenspiel)*
Rö̱t, das; -[e]s (*Geol.* Stufe der unteren Triasformation)
Ro̱|ta, die; - ‹ital.›, Ro̱|ta Ro|ma̱|na, die; - - ‹lat.› (höchster Gerichtshof der kath. Kirche)
Ro̱t|al|ge (rötlich gefärbte Alge)

Ro|tang, der; -s, *Plur.* -s und -e ⟨malai.⟩ (eine Palmenart); **Ro|tang|pal|me**
Ro|ta|print® ⟨lat.; engl.⟩ (Offsetdruck- u. Vervielfältigungsmaschinen)
Ro|ta|ri|er (Mitglied des Rotary Clubs); **Ro|ta|ri|e|rin; ro|ta|risch**
Rot|ar|mist, der; -en, -en *(früher);* **Rot|ar|mis|tin**
Ro|ta Ro|ma|na *vgl.* Rota
Ro|ta|ry Club [...ri -, *auch* ...təri ˈklap], der; - -s, - -s ⟨engl.⟩ (Vereinigung führender Persönlichkeiten unter dem Gedanken des Dienstes am Nächsten)
Ro|ta|ry In|ter|na|tio|nal [- ...ˈnɛʃənl], der; - -s (internationale Dachorganisation der Rotary Clubs)
Ro|ta|ti|on, die; -, -en ⟨lat.⟩ (Drehung, Umlauf); **Ro|ta|ti|ons|achse; Ro|ta|ti|ons|be|we|gung; Ro|ta|ti|ons|druck** *Plur.* ...drucke
Ro|ta|ti|ons|el|lip|so|id *(Math.)*
Ro|ta|ti|ons|kol|ben|mo|tor *(Technik)*
Ro|ta|ti|ons|kör|per; Ro|ta|ti|ons|ma|schi|ne; Ro|ta|ti|ons|pa|ra|bo|lo|id *(Math.);* **Ro|ta|ti|ons|pres|se; Ro|ta|ti|ons|prin|zip** *(Politik)*
Ro|ta|to|ri|en *Plur.* (*Zool.* Rädertierchen)
Rot|au|ge (ein Fisch)
rot|ba|ckig, rot|bä|ckig
Rot|barsch
Rot|bart; rot|bär|tig
rot|blau; rot|blond; rot|braun ↑K23
Rot|bu|che
Rot|busch (ein südafrik. Strauch)
Rot|busch|tee (südafrik. Teesorte)
Rot|chi|na, das; -s (*für* Volksrepublik China)
Rot|dorn *Plur.* ...dorne
Rö|te, die; -, -n
Ro|te-Ar|mee-Frak|ti|on, die; Rote[n]-Armee-Fraktion ↑K26 (eine terroristische Vereinigung; *Abk.* RAF); sie gehörte zur Rote[n]-Armee-Fraktion
Ro|te-Au|gen-Ef|fekt, der; Rote[n]-Augen-Effekt[e]s, Rote[n]-Augen-Effekte ↑K26 *(Fotogr.)*
Ro|te-Be|te-Sa|lat, der; Rote[n]-Bete-Salat[e]s, Rote[n]-Bete-Salate ↑K26; *vgl. auch* Bete
Ro|te-Kreuz-Los, das; Rote[n]-Kreuz-Loses, Rote[n]-Kreuz-Lose ↑K26
Ro|te-Kreuz-Lot|te|rie, die; Rote[n]-Kreuz-Lotterie, Rote[n]-Kreuz-Lotterien ↑K26
Ro|te-Kreuz-Schwes|ter, die; Rote[n]-Kreuz-Schwester, Rote[n]-Kreuz-Schwestern ↑K26; *vgl.* Rotkreuzschwester
Rö|tel, der; -s, - (roter Mineralfarbstoff; Zeichenstift)
Rö|teln *Plur.* (eine Infektionskrankheit)
Rö|tel|stift *vgl.* [1]Stift; **Rö|tel|zeich|nung**
rö|ten; sich röten
Ro|ten|burg a. d. Ful|da (Stadt in Hessen)
Ro|ten|burg (Wüm|me) (Stadt in Niedersachsen); *vgl. aber* Rothenburg
Ro|te|turm|pass, der; -es (in den Karpaten)
Rot|fe|der (ein Fisch)
Rot|fil|ter *(Fotogr.)*
Rot|fo|rel|le
Rot|fuchs (rothaariger Mensch)
Rot|gar|dist *(früher);* **Rot|gar|dis|tin**
rot ge|ädert, rot|ge|ädert
rot|ge|sich|tig
rot ge|streift, rot|ge|streift *vgl.* rot
rot ge|weint, rot|ge|weint *vgl.* rot
rot glü|hend, rot|glü|hend *vgl.* rot
Rot|glut, die; -
rot-grün, rot|grün ↑K23; ein rot-grünes *od.* rotgrünes Bündnis (zwischen Sozialdemokraten u. Grünen); die Forderungen von Rot-Grün *od.* Rotgrün
Rot|grün|blind|heit, die; - (Farbenfehlsichtigkeit, bei der Rot u. Grün verwechselt werden)
Rot|gül|dig|erz, *fachspr. auch* **Rot|gül|tig|erz** (ein Silbererz)
Rot|guss (Gussbronze)
[1]**Roth,** Eugen (dt. Schriftsteller)
[2]**Roth,** Gerhard (österr. Schriftsteller)
[3]**Roth,** Joseph (österr. Schriftsteller)
Rot|haar|ge|bir|ge, das; -s (Teil des Rheinischen Schiefergebirges)
rot|haa|rig
Rot|haut (*abwertend, scherzh. für* Indianer)
Ro|then|burg ob der Tau|ber (Stadt in Bayern)
Ro|then|burg (Ober|lau|sitz) [*auch* ...ˈlau...] (Stadt an der Lausitzer Neiße); *vgl. aber* Rotenburg
Rot|hirsch
Roth|schild (Name einer Bankiersfamilie)
ro|tie|ren ⟨lat.⟩ (umlaufen, sich um die eigene Achse drehen; die Position wechseln; *ugs. für* sich erregen u. in hektische Aktivität verfallen)
Ro|tis|se|rie, die; -, ...ien ⟨franz.⟩ (Grillrestaurant)
Rot|ka|bis (*schweiz. für* Rotkohl)
Rot|käpp|chen (eine Märchengestalt)
rot ka|riert, rot|ka|riert
Rot|kehl|chen (ein Singvogel)
Rot|kohl, der; -[e]s
Rot|kraut, das; -[e]s
Rot|kreuz|schwes|ter, Rote-Kreuz-Schwes|ter, die; Rote[n]-Kreuz-Schwester, Rote[n]-Kreuz-Schwestern ↑K26 *(vgl. d.)*
Rot|lauf, der; -[e]s ([Tier]krankheit)
röt|lich; rötlich braun usw.
Rot|licht, das; -[e]s; **Rot|licht|be|zirk** (Rotlichtviertel); **Rot|licht|mi|li|eu** (Dirnenmilieu); **Rot|licht|vier|tel** (Amüsierviertel)
Rot|lie|gen|de, das; -n (*Geol.* untere Abteilung der Permformation)
Röt|ling (ein Pilz)
rot|na|sig
Ro|tor, der; -s, ...oren ⟨lat.⟩ (sich drehender Teil von [elektrischen] Maschinen); **Ro|tor|an|ten|ne; Ro|tor|blatt; Ro|tor|schiff**
Ro|traud (w. Vorn.)
rot-rot, rot|rot ↑K23; die rot-rote *od.* rotrote Koalition (zwischen SPD u. Linkspartei); die Stimmen von Rot-Rot *od.* Rotrot
Rot|rü|be (*landsch. für* Rote Rübe)
Rot|schopf *(ugs.)*
Rot|schwanz, Rot|schwänz|chen (ein Singvogel)
rot|se|hen ↑K47 (*ugs. für* vor Wut die Beherrschung verlieren); sie sieht rot; rotgesehen; rotzusehen
Rot|spon, der; -[e]s, -e (*ugs. für* Rotwein)
Rot|stift *vgl.* [1]Stift
Rot|sün|der (Sportler, der die Rote Karte bekommen hat); **Rot|sün|de|rin**
Rot|tan|ne
Rot|te, die; -, -n (ungeordnete Schar, Gruppe von Menschen)
[1]**rot|ten** (*veraltet für* eine Rotte bilden)
[2]**rot|ten, röt|ten** (*Landwirtsch.* [Flachs] der Zersetzung aussetzen, um die Fasern herauszulösen)
Rot|ten, der; -s (dt. Name des Oberlaufes der Rhone)
Rot|ten|burg a. d. Laa|ber (Ort in Niederbayern)

R
Rota

Rọt|ten|burg am Nẹ|ckar (Stadt in Baden-Württemberg)
rọt|ten|wei|se
Rot|ter|dạm [*auch* 'rɔ...] (niederländische Stadt); **Rot|ter|dạ|mer;** der Rotterdamer Hafen; **Rot|ter|dạ|me|rin**
Rọt|tier (*Jägerspr.* Hirschkuh)
Rọtt|wei|ler, der; -s, - (eine Hunderasse)
Ro|tụn|de, die; -, -n ‹lat.› (*Archit.* Rundbau; runder Saal)
Rö̱|tung; rọt|wan|gig
Rọt|wein; Rọt|wein|glas *Plur.* ...gläser
rọt-weiß, rọt|weiß ↑K23; ein rotweißes *od.* rotweißes Band; eine rot-weiß *od.* rotweiß karierte Bluse; sie spielen in Rot-Weiß *od.* Rotweiß
rọt|welsch; Rọt|welsch, das; -[es] (Gaunersprache); *vgl.* Deutsch; **Rọt|wel|sche,** das; -n; *vgl.* ²Deutsche
Rọt|wild; Rọt|wurst (Blutwurst)
Rọtz, der; -es ([Tier]krankheit; *derb für* Nasenschleim)
Rọtz|ben|gel (*derb für* ungepflegter, unerzogener Junge)
Rọt|ze, die; - (*landsch. derb für* Nasenschleim; Schnupfen)
rọt|zen (*derb für* sich die Nase putzen; ausspucken); du rotzt
Rọtz|fah|ne (*derb für* Taschentuch)
rọtz|frẹch (*ugs. für* sehr frech); **rọtzig** *(derb)*
Rọtz|jun|ge, der (*svw.* Rotzbengel)
Rọtz|krank|heit *(Tiermed.)*
Rọtz|löf|fel (*svw.* Rotzbengel)
Rọtz|na|se (*derb; auch übertr. für* naseweises, freches Kind); **rọtznä|sig** *(derb)*
Rọtz|pip|pen, die; -, - (*österr. ugs. für* Rotzbengel)
Rọt|zun|ge (ein Fisch)
Roué [rue:], der; -[s], -s ‹franz.› (*veraltet für* Lebemann)
Rou|en [ruã:] (französische Stadt an der unteren Seine)
Rouge [ru:ʃ], das; -s, -s ‹franz.› (rote Schminke)
Rouge et noir ['ru:ʃ e 'noa:ɐ̯], das; - - - ‹franz., »rot und schwarz«› (ein Glücksspiel)
Rou|la|de [ru...], die; -, -n ‹franz.› (gerollte u. gebratene Fleischscheibe; *Musik* virtuose Gesangspassage)
Rou|leau [ru'lo:], das; -s, -s (*älter für* Rollo)
Rou|lette, das; -s, -s, **Rou|lẹtt,** das; -s, *Plur.* -e *u.* -s [ru'lɛt] ‹franz.› (ein Glücksspiel); **Rou|lette|tisch, Rou|lẹtt|tisch, Rou|lẹtt-Tisch**
rou|lie|ren (*svw.* rollieren)
Round Ta|b|le ['raunt 'te:bl̩], der; - - ‹engl.› (*kurz für* Round-Table-Gespräch); **Round-Ta|b|le-Ge|spräch** ↑K26 ‹engl.› (Gespräch am runden Tisch zwischen Gleichberechtigten); **Round-Ta|b|le-Kon|fe|renz**
¹Rous|seau [ru'so:], Jean-Jacques (schweiz.-franz. Schriftsteller)
²Rous|seau [ru'so:], Henri (französischer Maler)
Rous|sil|lon [rusi'jõ:], das; -[s] (eine südfranz. Landschaft)
Rou|te ['ru:tə], die; -, -n ‹franz.› (festgelegte Wegstrecke); **Rou|ten|pla|ner; Rou|ten|ver|zeich|nis**
Rou|ti|ne [ru...], die; -, -n (durch längere Erfahrung erworbene Gewandtheit; gewohnheitsmäßige Ausführung)
Rou|ti|ne|ak|ti|on; Rou|ti|ne|an|gele|gen|heit; Rou|ti|ne|ar|beit; Rou|ti|ne|kon|t|rol|le
rou|ti|ne|mä|ßig
Rou|ti|ne|sa|che; Rou|ti|ne|über|prüfung; Rou|ti|ne|un|ter|su|chung
Rou|ting ['ru:tɪŋ], das; -s, -s ‹engl.› (*EDV* das Ermitteln eines geeigneten [besonders günstigen] Wegs für die Übertragung von Daten in einem Netzwerk)
Rou|ting|soft|ware
Rou|ti|ni|er [...'ni̯e:], der; -s, -s (jmd., der Routine hat); **Rou|ti|ni|e|rin**
rou|ti|niert (erfahren, gewandt)
Row|dy ['raudi], der; -s, -s ‹engl.› ([jüngerer] gewalttätiger Mensch); **row|dy|haft; Row|dytum,** das; -s
ro|y|al [roa'ja:l] ‹franz.› (königlich; königstreu)
Ro|y|al ['rɔyəl], der; -s, -s *meist Plur.* ‹engl.› (*Jargon* Mitglied der [engl.] Königsfamilie)
Ro|y|al Air Force ['rɔyəl 'ɛ:ɐ̯ fo:ɐ̯s], die; - - - ‹engl., »Königliche Luftwaffe«› (Bez. der britischen Luftwaffe; *Abk.* R. A. F.)
Ro|y|a|lis|mus [roaja...], der; - ‹franz.› (Königstreue)
Ro|y|a|lịst, der; -en, -en; **Ro|y|a|lịstin; ro|y|a|lịs|tisch** (königstreu)
Rp. = Rappen
Rp., Rec. = recipe
RP *(früher; bei Telegrammen)* = Réponse payée ‹franz., »Antwort bezahlt«›
RSFSR = Russische Sozialistische Föderative Sowjetrepublik (1918 bis 1991)
RSS [ɛrlɛs'lɛs] = Really Simple Syndication (*EDV* Datenformat, mit dem Inhalte von Webseiten bes. übersichtlich bereitgestellt werden können); **RSS-Feed** [ɛrlɛs'lɛsfi:d] ‹engl.› (*EDV* Darbietung von Inhalten im Format RSS)
RT = Registertonne
RTA = radiologisch-technischer Assistent, radiologisch-technische Assistentin
Ru (*chem. Zeichen für* Ruthenium)
Ru|ạn|da (Staat in Zentralafrika)
Ru|ạn|der; Ru|ạn|de|rin; ru|ạndisch
RUB (Währungscode für russ. Rubel)
ru|ba|to ‹ital.› (*Musik* nicht im strengen Zeitmaß); **Ru|ba|to,** das; -s, *Plur.* -s *u.* ...ti
rụb|be|lig (*landsch. für* rau; uneben)
Rụb|bel|los (Lotterielos, bei dem die Gewinnzahl o. Ä. von einer abreibbaren Schutzschicht verdeckt ist)
rụb|beln (kräftig reiben); ich rubb[e]le
¹Rub|ber ['ra...], der; -s, - ‹engl.› (Doppelpartie im Whist od. Bridge)
²Rub|ber ['ra...], der; -s (*engl. Bez. für* Gummi)
Rü̱b|chen; Rü̱|be, die; -, -n
Ru̱|bel, der; -s, - ‹russ.› (Währungseinheit in Belarus [*Währungscode* BYR] u. in der Russischen Föderation [RUB]; *Abk.* Rbl)
Ru̱|ben (bibl. m. Eigenn.)
Rü̱|ben|acker
rü̱|ben|ar|tig
Rü̱|ben|feld; Rü̱|ben|kraut, das; -[e]s (*landsch. für* Sirup)
Ru̱|bens (flämischer Maler)
Rü̱|ben|si|rup
ru̱|benssch; rubenssche *od.* Rubens'sche Farbgebung; rubenssche *od.* Rubens'sche Gemälde ↑K89 *u.* 135
Rü̱|ben|zu|cker, der; -s
rü̱|ber (*ugs. für* herüber, hinüber); **rü̱|ber|brin|gen; rü̱|ber|ge|hen** *(ugs.)*; **rü̱|ber|kom|men**
rü̱|ber|ma|chen (*ugs.; früher auch für* aus der DDR in die Bundesrepublik überwechseln)
rü̱|ber|schie|ben *(ugs.)*; **rü̱|berwach|sen;** etw. rüberwachsen

R
rübe

lassen (*ugs. für* etw. herüberreichen)
Rü|be|zahl (Berggeist des Riesengebirges)
Ru|bi|di|um, das; -s ⟨lat.⟩ (chem. Element, Metall; *Zeichen* Rb)
Ru|bi|kon, der; -[s] (italienischer Fluss); den Rubikon überschreiten (*übertr. für* eine wichtige Entscheidung treffen)
Ru|bin, der; -s, -e ⟨lat.⟩ (ein Edelstein)
Ru|bi|net|te®, die; -, -n (eine Apfelsorte)
ru|bin|far|ben, ru|bin|far|big
Ru|bin|glas *Plur.* ...gläser
ru|bin|rot
Rüb|kohl, der; -[e]s (*schweiz. neben* Kohlrabi); **Rüb|öl**
Ru|b|ra, Ru|b|ren *Plur. von* Rubrum
Ru|b|rik, die; -, -en ⟨lat.⟩ (Spalte, Kategorie)
ru|b|ri|zie|ren (einordnen, einstufen; *früher für* Überschriften u. Initialen malen); **Ru|b|ri|zie|rung**
Ru|b|rum, das; -s, *Plur.* ...ra *u.* ...ren ([Akten]aufschrift; kurze Inhaltsangabe)
Rüb|sa|me[n], der; ...mens, **Rüb|sen,** der; -s (eine Ölpflanze)
Ruch [*auch* rʊx], der; -[e]s, Rüche (*selten für* Geruch; zweifelhafter Ruf)
ruch|bar [*auch* ˈrʊx...] (bekannt, offenkundig); ruchbar werden
Ruch|brot (*schweiz. für* aus dunklem Mehl gebackenes Brot)
Ruch|gras (eine Grasgattung)
ruch|los [*auch* ˈrʊx...] (*geh. für* niedrig, gemein, böse, verrucht); **Ruch|lo|sig|keit**
ruck!; hau ruck!, ho ruck!
Ruck, der; -[e]s, -e; mit einem Ruck
Rück (*svw.* Rick)
rück|ab|wi|ckeln (rückgängig machen); das Geschäft wurde rückabgewickelt; um den Vertrag rückabzuwickeln; **Rück|ab|wick|lung**
Rück|an|sicht; Rück|ant|wort
ruck|ar|tig; Ruck|ar|tig|keit
Rück|äu|ße|rung
Rück|bank
Rück|bau, der; -[e]s; **rück|bau|en** (durch Baumaßnahmen in einen früheren [naturnäheren] Zustand bringen); die Straße wurde rückgebaut; um die Straße rückzubauen
Rück|be|för|de|rung; Rück|be|sin|nung
rück|be|stä|ti|gen; ich rückbestätige die Buchung, habe die Buchung rückbestätigt; **Rück|be|stä|ti|gung**
rück|be|züg|lich; rückbezügliches Fürwort (Reflexivpronomen)
Rück|bil|dung; Rück|bil|dungs|gym|nas|tik
Rück|blen|de *(Film);* **rück|blen|den**
Rück|blick; rück|bli|ckend
rück|bu|chen; der Betrag wurde rückgebucht; **Rück|bu|chung**
rück|da|tie|ren; sie hat den Brief rückdatiert; um den Brief rückzudatieren
Rück|de|ckungs|ver|si|che|rung (*Wirtsch.* eine Risikoversicherung)
rück|dre|hend *(Meteorol.);* rückdrehender Wind (sich gegen den Uhrzeigersinn drehender Wind, z. B. von Nord auf Nordwest; *Ggs.* rechtdrehend)
ru|ckel|frei ([bei der Filmwiedergabe] ohne Wackeln des Bildes)
ru|cke|lig (ruckelnd)
ru|ckeln (*landsch. für* leicht, ein wenig ²rucken); sie sagt, der Wagen ruck[e]le
¹ru|cken, ruck|sen (gurren [von Tauben])
²ru|cken ([sich] ruckartig bewegen)
rü|cken; jmdm. zu Leibe rücken
Rü|cken, der; -s, -; offener Rücken (Krankheitsbild, *vgl.* Spina bifida)
Rü|cken|aus|schnitt; Rü|cken|de|ckung; Rü|cken|flos|se
rü|cken|frei; ein rückenfreies Kleid
Rü|cken|la|ge; Rü|cken|leh|ne
Rü|cken|mark, das
Rü|cken|mark|ent|zün|dung, Rü|cken|marks|ent|zün|dung; Rü|cken|mark|sub|s|tanz
Rü|cken|mus|kel; Rü|cken|mus|ku|la|tur
Rü|cken|num|mer *(Sport)*
Rü|cken|schmerz *meist Plur.*
Rü|cken|schu|le
rü|cken|schwim|men, Rü|cken schwim|men; *aber nur:* sie schwimmt Rücken; beim Rückenschwimmen; **Rü|cken|schwim|men,** das; -s
Rü|cken|stär|kung
Rü|cken|tra|ge
Rück|ent|wick|lung
Rü|cken|wind; Rü|cken|wir|bel
Rück|er|bit|tung *(Amtsspr.);* unter Rückerbittung (*Abk.* u. R.)
Rück|er|in|ne|rung; Rück|er|obe|rung
rück|er|stat|ten; die Reisekosten werden ihr rückerstattet; um die Auslagen rückzuerstatten; **Rück|er|stat|tung**
Rück|fahr|kar|te
Rück|fahr|schein|wer|fer
Rück|fahrt
Rück|fall, der; **rück|fäl|lig; Rück|fäl|lig|keit; Rück|fall|kri|mi|na|li|tät; Rück|fall|ri|si|ko; Rück|fall|tä|ter; Rück|fall|tä|te|rin**
rück|fet|tend; rückfettende Hautcreme
Rück|flug; Rück|fluss
Rück|for|de|rung *(Wirtsch.)*
Rück|fra|ge; rück|fra|gen; sie hat noch einmal rückgefragt; ohne rückzufragen
Rück|front
rück|füh|ren; die Gewinne wurden rückgeführt; **Rück|füh|rung**
Rück|ga|be; Rück|ga|be|recht; Rück|ga|be|ter|min
Rück|gang, der; **rück|gän|gig;** rückgängige Geschäfte; etw. rückgängig machen; **Rück|gän|gig|ma|chung**
Rück|ge|bäu|de
rück|ge|bil|det
Rück|ge|win|nung
Rück|grat, das; -[e]s, -e; **rück|grat|los; Rück|grat|ver|krüm|mung**
Rück|griff (*auch für* Regress)
Rück|halt; Rück|hal|te|be|cken *(Wasserwirtsch.);* **rück|halt|los**
Rück|hand, die; - *(bes. Tennis, Tischtennis);* **Rück|kampf**
Rück|kauf; Rück|kaufs|recht; Rück|kaufs|wert
Rück|kehr, die; -; **rück|keh|ren** (*seltener für* zurückkehren)
Rück|keh|rer; Rück|keh|re|rin
Rück|kehr|hil|fe (finanzielle Zuwendung für ausländische Arbeitnehmer, die freiwillig in ihre Heimat zurückkehren)
Rück|kehr|prä|mie (*svw.* Rückkehrhilfe)
rück|kehr|wil|lig; Rück|kehr|wil|li|ge, der *u.* die; -n, -n
rück|kop|peln; ich rückkopp[e]le; **Rück|kop|pe|lung, Rück|kopp|lung** *(Fachspr.)*
rück|kreu|zen; Rück|kreu|zung
Rück|kunft, die; - (*geh. für* Rückkehr)
Rück|la|ge (zurückgelegter Betrag)
Rück|lauf; rück|läu|fig; rückläufige Bewegung; rückläufige Entwicklung; **Rück|läu|fig|keit**
Rück|lauf|quo|te
Rück|leuch|te; Rück|licht *Plur.* ...lichter
rück|lings

R
Rübe

Rück|marsch, der
Rück|mel|dung
Rück|nah|me, die; -, -n; **Rück|nah|me|au|to|mat; Rück|nah|me|pflicht** *(Verwaltungsspr.)*
Rück|pass *(Sport);* **Rück|por|to; Rück|rei|se; Rück|ruf; Rück|ruf|ak|ti|on**
Rück|run|de (*Sport; Ggs.* Hinrunde)
Ruck|sack
Ruck|sack|bom|ber (jmd., der einen Terroranschlag mit im Rucksack verborgenem Sprengstoff verübt); **Ruck|sack|bom|be|rin**
Ruck|sack|tou|rist; Ruck|sack|tou|ris|tin; Ruck|sack|ur|lau|ber; Ruck|sack|ur|lau|be|rin
Rück|schau; rück|schau|end
Rück|schein (*Postw.* Empfangsbestätigung für den Absender)
Rück|schlag; Rück|schlag|ven|til (Ventil, das ein Gas od. eine Flüssigkeit nur in einer Richtung durchströmen lässt)
rück|schlie|ßen; Rück|schluss
Rück|schritt; rück|schritt|lich; Rück|schritt|lich|keit, die; -
Rück|sei|te; rück|sei|tig
ruck|sen *vgl.* [1]rucken
Rück|sen|dung
Rück|set|zer (*Börsenjargon* [vorübergehender] Kursrückgang)
Rück|sicht, die; -, -en; ohne, in, mit Rücksicht auf; Rücksicht nehmen
rück|sicht|lich (*Amtsspr.* mit Rücksicht auf); *mit Gen.:* rücksichtlich seiner Fähigkeiten
Rück|sicht|nah|me, die; -, -n
rück|sichts|los; Rück|sichts|lo|sig|keit
rück|sichts|voll; sie ist ihm gegenüber *od.* gegen ihn immer sehr rücksichtsvoll
Rück|sied|lung
Rück|sitz; Rück|spie|gel
Rück|spiel (*Sport; Ggs.* Hinspiel)
Rück|spra|che; mit jmdm. Rücksprache halten, nehmen
Rück|stand; im Rückstand bleiben, in Rückstand kommen; die Rückstände aufarbeiten
rück|stand|frei *vgl.* rückstandsfrei
rück|stän|dig; Rück|stän|dig|keit
rück|stands|frei, *seltener* rückstand|frei
Rück|stau
Rück|stel|lung (*Wirtsch.* Passivposten in der Bilanz zur Berücksichtigung ungewisser Verbindlichkeiten)
Rück|stoß; Rück|stoß|an|trieb (*für* Raketenantrieb)
Rück|strah|ler (Schlusslicht)
Rück|tas|te; Rück|trans|port
Rück|tritt; Rück|tritt|brem|se
Rück|tritts|dro|hung; Rück|tritts|for|de|rung; Rück|tritts|ge|such; Rück|tritts|recht
rück|über|set|zen; der Text ist rückübersetzt; **Rück|über|set|zung; Rück|um|schlag**
rück|ver|fol|gen *(bes. Fachspr.)*
rück|ver|gü|ten *(Wirtsch.);* ich werde ihm den Betrag rückvergüten; der Betrag wurde ihr rückvergütet; um Beträge rückzuvergüten; **Rück|ver|gü|tung**
Rück|ver|si|che|rer *(Versicherungsw.)*
rück|ver|si|chern, sich; ich rückversichere mich; rückversichert; rückzuversichern; **Rück|ver|si|che|rung**
Rück|wand
Rück|wan|de|rung
Rück|wa|re (*Wirtsch.* in das Zollgebiet zurückkehrende Ware)
rück|wär|tig; rückwärtige Verbindungen
rück|wärts; rückwärts einparken, *aber* beim Rückwärtseinparken; *vgl.* abwärts, vorwärts
rück|wärts|fah|ren
Rück|wärts|gang, der
rück|wärts|ge|hen; manche Kinder können heute nicht einmal mehr rückwärtsgehen; mit dem Umsatz ist es immer mehr rückwärtsgegangen (er hat sich verschlechtert)
rück|wärts|ge|wandt; eine rückwärtsgewandte Politik
rück|wärts|lau|fen; rückwärtsgelaufen
rück|wärts|le|sen; den Satz rückwärtslesen, *aber* rückwärts vorlesen
Rück|wech|sel (*für* Rikambio)
Rück|weg
ruck|wei|se
Rück|wen|dung
rück|wir|kend; Rück|wir|kung
rück|zahl|bar; Rück|zah|lung
Rück|zie|her; einen Rückzieher machen (*ugs. für* zurückweichen; *Fußball* den Ball über den Kopf nach hinten spielen)
ruck, zuck!, ruck|zuck! *(ugs.)*
Rück|zug; Rück|zugs|ge|biet; Rück|zugs|ge|fecht
Ru|co|la, Ru|ko|la, der; - ‹ital.› (Raukensalat)
rü|de, rüd ‹franz.› (roh, grob, ungesittet)
Rü|de, der; -n, -n (m. Hund)
Ru|del, das; -s, -
Ru|del|gu|cken, Ru|del|ku|cken, das; -s (*ugs. für* gemeinsames Anschauen von auf Großbildschirmen übertragenenen Veranstaltungen [bes. im Sport, meist auf öffentlichen Plätzen]); **ru|del|wei|se**
Ru|der, das; -s, -; ans Ruder (*ugs. für* in eine leitende Stellung) kommen
Ru|de|ral|pflan|ze ‹lat.; dt.› (Pflanze, die auf stickstoffreichen Schuttplätzen gedeiht)
Ru|der|bank *Plur.* ...bänke; **Ru|der|blatt; Ru|der|boot**
Ru|der|club, Ru|der|klub
Ru|de|rer, Rud|rer
Ru|der|fü|ßer *(Zool.)*
Ru|der|gän|ger (*Segeln* jmd., der das Ruder bedient); **Ru|der|gän|ge|rin; Ru|der|haus**
...ru|de|rig, ...rud|rig (z. B. achtrud[e]rig)
Ru|de|rin, Rud|re|rin
Ru|der|klub, Ru|der|club; **Ru|der|ma|schi|ne**
ru|dern; ich rudere
Ru|der|re|gat|ta; Ru|der|sport, der; -[e]s; **Ru|der|ver|band;** Deutscher Ruderverband; **Ru|der|ver|ein**
Rü|des|heim am Rhein (Stadt in Hessen); **Rü|des|hei|mer; Rü|des|hei|me|rin**
Rüd|heit *(selten)*
Ru|di (m. Vorn.)
Rü|di|ger (m. Vorn.)
Ru|di|ment, das; -[e]s, -e ‹lat.› (Überbleibsel; verkümmertes Organ); **ru|di|men|tär** (nicht ausgebildet; verkümmert)
Ru|dolf, Ru|dolph (m. Vorn.)
Ru|dol|fi|ni|sche Ta|feln *Plur.* (von Kepler für Kaiser Rudolf II. zusammengestellte Tafeln über Sternenbahnen)
Ru|dolph *vgl.* Rudolf
Ru|dol|stadt (Stadt a. d. Saale); **Ru|dol|städ|ter**
Rud|rer *vgl.* Ruderer
Rud|re|rin *vgl.* Ruderin
...rud|rig *vgl.* ...ruderig
Rüeb|li, das; -[s], -; *vgl.* Götti (*schweiz. für* Karotte)
Ruf, der; -[e]s, -e; **Ruf|be|reit|schaft** (Bereitschaftsdienst)
Rü|fe, die; -, -n (*schweiz., westösterr. für* Mure)
ru|fen; du rufst; du riefst; du rie-

fest; gerufen; ruf[e]!; er ruft mich, den Arzt rufen
Ru|fer; Ru|fe|rin
Rüf|fel, der; -s, - (*ugs. für* Verweis, Tadel); **rüf|feln;** ich rüff[e]le; **Rüff|ler; Rüff|le|rin**
Ruf|mord (schwere Verleumdung)
Ruf|nä|he; Ruf|na|me
Ruf|num|mer
Ruf|preis (*österr. für* bei einer Auktion ausgerufener Preis)
Ruf|säu|le
ruf|schä|di|gend; Ruf|schä|di|gung
Ruf|ta|xi
Ruf|ton *(Telefonie);* **Ruf|um|lei|tung**
Ruf|wei|te, die; -; **Ruf|zei|chen**
Rug|by ['rakbi], das; -[s] ‹engl.› (ein Ballspiel)
Rü|ge, die; -, -n
Ru|gel, der; -s, - (*schweiz. für* Rundholz)
rü|gen
Rü|gen (Insel vor der vorpommerschen Ostseeküste); **Rü|ge|ner; Rü|ge|ne|rin; rü|gensch,** rü|gisch
rü|gens|wert
Rü|ger; Rü|ge|rin
Ru|gi|er (Angehöriger eines ostgermanischen Volksstammes)
rü|gisch *vgl.* rügensch
Ru|he, die; -; jmdn. zur [letzten] Ruhe betten (*geh. für* beerdigen); sich zur Ruhe setzen
Ru|he|bank *Plur.* ...bänke
Ru|he|be|dürf|nis; ru|he|be|dürf|tig; Ru|he|bett (*veraltet für* Liegesofa)
Ru|he|ge|halt, das (*svw.* Pension); **ru|he|ge|halt[s]|fä|hig** *(Amtsspr.)*
Ru|he|geld (Altersrente)
Ru|he|ge|nuss (*österr. Amtsspr. für* Pension); **ru|he|ge|nuss|fä|hig** (ruhegehaltsfähig)
Ru|he|kis|sen; Ru|he|la|ge
ru|he|los; Ru|he|lo|sig|keit, die; -
Ru|he|mas|se *(Physik)*

ru|hen

– ruht! (*österr. für* rührt euch!)

Schreibung in Verbindung mit Verben:

– man soll die Toten ruhen lassen
– ein Verfahren ruhen lassen *od.* ruhenlassen
– die Angelegenheit wird ihn nicht ruhen lassen *od.* ruhenlassen
– wir wollen sie ein wenig ruhen lassen
– sie hat dort nicht ruhen können, nicht ruhen wollen

ru|hend; er ist der ruhende Pol; der ruhende Verkehr
ru|hen las|sen, ru|hen|las|sen *vgl.* ruhen
Ru|hens|be|stim|mun|gen *Plur.* (*österr. für* Bestimmungen über Zuverdienstgrenzen für Pensionisten)
Ru|hens|be|trag (Berechnungsgröße bei vorgezogener Pensionierung)
Ru|he|pau|se; Ru|he|pha|se; Ru|he|platz; Ru|he|pol; Ru|he|po|si|ti|on
Ru|he|puls; Ru|he|raum; Ru|he|sitz
Ru|he|stand, der; -[e]s; im Ruhestand (*Abk.* i. R.); **Ru|he|ständ|ler; Ru|he|ständ|le|rin**
Ru|he|statt, Ru|he|stät|te *(geh.)*
Ru|he|stel|lung *(bes. Militär)*
ru|he|stö|rend; ruhestörender Lärm ↑K59; **Ru|he|stö|rer; Ru|he|stö|re|rin; Ru|he|stö|rung**
Ru|he|tag; Ru|he|zeit; Ru|he|zo|ne; Ru|he|zu|stand
ru|hig; ruhig Blut bewahren; ruhig sein, werden, bleiben; ein Gelenk ruhig stellen *od.* ruhigstellen; **ru|hig|stel|len** (durch Medikamente beruhigen); einen Patienten ruhigstellen; *vgl.* ruhig; **Ru|hig|stel|lung** *(Med.)*
Ruh|la (Stadt in Thüringen)
Ruhm, der; -[e]s
Ruh|mas|se (*svw.* Ruhemasse)
ruhm|be|deckt ↑K59
Ruhm|be|gier[|de], die; -; **ruhm|be|gie|rig** ↑K59
rüh|men; sich seines Wissens rühmen; ↑K82: nicht viel Rühmens machen; **rüh|mens|wert**
Ruh|mes|blatt; *meist in* kein Ruhmesblatt sein
Ruh|mes|hal|le; Ruh|mes|tat
rühm|lich; ruhm|los; ruhm|re|dig (*geh. für* prahlerisch); **ruhm|reich**
Ruhm|sucht, die; -; **ruhm|süch|tig**
ruhm|voll
Ruh|pol|ding (Gemeinde in Bayern)
[1]**Ruhr,** die; -, -en *Plur. selten* (Infektionskrankheit des Darmes)
[2]**Ruhr,** die; - (rechter Nebenfluss des Rheins); *vgl. aber* Rur
Rühr|ei
rüh|ren; sich rühren; etwas schaumig rühren; den Teig glatt rühren *od.* glattrühren
rüh|rend; eine rührende Szene; am rührends|ten
Ruhr|ge|biet, das; -[e]s
rüh|rig; Rüh|rig|keit, die; -

ruhr|krank
Rühr|ku|chen
Rühr|löf|fel; Rühr|ma|schi|ne
Rühr|mich|nicht|an, das; -, - (Springkraut); das Kräutlein Rührmichnichtan
Ruhr|ort (Stadtteil von Duisburg)
Ruhr|pott, der; -[e]s (*ugs. für* Ruhrgebiet)
rühr|sam (*veraltet für* rührselig; rührig)
Rühr|schüs|sel
rühr|se|lig; Rühr|se|lig|keit
Rühr|stück
Rühr|teig
Rüh|rung, die; -
Rühr|werk
Ru|in, der; -s ‹lat.-franz.› ([finanzieller] Zusammenbruch)
Ru|i|ne, die; -, -n ‹lat.-franz.› (zerfallen[d]es Bauwerk); **ru|i|nen|ar|tig; Ru|i|nen|grund|stück; ru|i|nen|haft; Ru|i|nen|stadt**
ru|i|nie|ren ‹lat.› (zerstören, verwüsten); sich ruinieren
ru|i|nös (zum Ruin führend)
Ruis|dael ['rɔʏsda:l] (niederländischer Maler)
Ru|ko|la *vgl.* Rucola
Ru|län|der, der; -s, - (eine Reb- u. Weinsorte)
Rülps, der; -es, -e (*ugs. für* hörbares Aufstoßen); **rülp|sen** *(ugs.);* du rülpst; **Rülp|ser; Rülp|se|rin**
rum (*ugs. für* herum); ↑K13
Rum [*südd. u. österr. auch, schweiz. meist* ru:m], der; -s, *Plur.* -s, *österr.* -e ‹engl.› (Branntwein [aus Zuckerrohr])
rum|al|bern *(ugs.)*
Ru|mä|ne, der; -n, -n; **Ru|mä|ni|en; Ru|mä|nin; ru|mä|nisch**
Ru|mä|nisch, das; -[s] (Sprache); *vgl.* Deutsch; **Ru|mä|ni|sche,** das; -n; *vgl.* [2]Deutsche
Rum|ba, die; -, -s, *ugs. auch, österr. u. schweiz. nur,* der; -s, -s ‹kuban.› (ein Tanz)
Rum|fla|sche
rum|fum|meln *(ugs.);* **rum|ge|ben** *(ugs.);* **rum|ge|hen** *(ugs.);* **rum|ham|peln** *(ugs.);* **rum|hän|gen** (*ugs. für* sich irgendwo zum Zeitvertreib aufhalten); **rum|ho|cken** *(ugs.);* **rum|kom|man|die|ren** *(ugs.);* **rum|krie|gen** (*ugs. für* zu etwas bewegen; hinter sich bringen)
Rum|ku|gel (eine Süßigkeit)
rum|lie|gen *(ugs.)*
rum|ma|chen *(ugs.)*
Rum|mel, der; -s *(ugs.)*
rum|meln (*landsch. für* lärmen);

ich rumm[e]le; **Rum|mel|platz** *(ugs.)*
Rum|my ['rœmi, *auch* 'rami], das; -s, -s ‹engl.› *(österr. für* Rommee)
Ru|mor, der; -s ‹lat.› *(veraltet für* Lärm, Unruhe); **ru|mo|ren;** er hat rumort
[1]**Rum|pel,** der; -s *(südd. u. mitteld. für* Gerumpel; Gerümpel)
[2]**Rum|pel,** die; -, -n *(mitteld. veraltend für* Waschbrett)
Rum|pel|füß|ler *(ugs. abwertend für* schlechter Fußballspieler)
rum|pe|lig, rump|lig *(landsch. für* holprig)
Rum|pel|kam|mer *(ugs.)*
rum|peln *(ugs.);* ich rump[e]le
Rum|pel|stilz|chen, das; -s (eine Märchengestalt)
Rumpf, der; -[e]s, Rümpfe
rümp|fen; die Nase rümpfen
Rumpf|krei|sen, das; -s (eine gymnastische Übung)
rump|lig *vgl.* rumpelig
Rump|steak, das; -s, -s ‹engl.› ([gebratene] Rindfleischscheibe)
rums!; rum|sen *(landsch. für* krachen); es rumst
rum|sit|zen *(ugs.)*
rum|ste|hen *(ugs.)*
Rum|topf; Rum|ver|schnitt
Run [ran], der; -s, -s ‹engl.› (Ansturm [auf etwas Begehrtes])
rund ([*im Sinne von* etwa] *Abk.* rd.); Gespräch am runden Tisch; rund um die Uhr *(ugs. für* im 24-Stunden-Betrieb); rund um die Welt, *aber* rundum; einen Stein rund machen *od.* rundmachen; *vgl.* rundmachen; **Rund,** das; -[e]s, -e
Run|da, das; -s, -s (Rundgesang; Volkslied im Vogtland)
Rund|ab|lage *(scherzh. auch für* Papierkorb)
Rund|bank *Plur.* ...bänke
Rund|bau *Plur.* ...bauten
rund|bäu|chig
Rund|beet *(für* Rondell)
Rund|blick
Rund|bo|gen; Rund|bo|gen|fens|ter
Rund|bürs|te
Run|de, die; -, -n; die Runde machen; die erste Runde
Rün|de, die; - *(veraltet für* Rundsein)
Run|dell, das; -s, -e *(veraltet für* Rondell)
run|den; sich runden
Run|den|re|kord *(Motorsport)*
Run|den|zeit *(Sport)*
Rund|er|lass
rund|er|neu|ern; runderneuerte Reifen; **Rund|er|neu|e|rung**
Rund|fahrt; Rund|flug
Rund|fra|ge; rund|fra|gen; rundgefragt
Rund|funk, der; -s
Rund|funk|an|stalt; Rund|funk|emp|fän|ger; Rund|funk|ge|bühr; Rund|funk|ge|rät
Rund|funk|hö|rer; Rund|funk|hö|re|rin; Rund|funk|kom|men|ta|tor; Rund|funk|kom|men|ta|to|rin
Rund|funk|or|ches|ter; Rund|funk|pro|gramm
Rund|funk|rat (Kontrollorgan des öffentlich-rechtlichen Rundfunks); **Rund|funk|sen|der**
Rund|funk|spre|cher; Rund|funk|spre|che|rin
Rund|funk|sta|ti|on; Rund|funk|tech|nik
Rund|funk|teil|neh|mer; Rund|funk|teil|neh|me|rin
Rund|funk|über|tra|gung; Rund|funk|wer|bung
Rund|gang, der
rund|ge|hen ↑K47; es geht rund *(ugs. für* es ist viel Betrieb); es ist rundgegangen
Rund|ge|sang
Rund|heit, die; -
rund|he|r|aus; etwas rundheraus sagen; **rund|he|r|um**
Rund|holz; Rund|ho|ri|zont *(Theater);* **Rund|kurs**
Rund|lauf; rund|lau|fen *(ugs. auch für* störungsfrei ablaufen); seit der Umstrukturierung läuft nicht mehr alles rund
rund|lich; Rund|lich|keit, die; -
Rund|ling (Dorfanlage)
rund|ma|chen *(ugs. für* tadeln, maßregeln; *seltener für* abschließend überarbeiten); *vgl.* rund
Rund|mail (E-Mail in der Art eines Rundschreibens)
Rund|rei|se
Rund|rü|cken *(Med.)*
Rund|ruf; Rund|schau; Rund|schild; Rund|schlag
Rund|schrei|ben; Rund|schrift; Rund|sicht; Rund|stre|cke
rund|stri|cken; Rund|strick|na|del
Rund|stück *(nordd. für* Brötchen)
Rund|tanz
rund|um
Rund|um|be|treu|ung
Rund-um-die-Uhr-Be|wa|chung
rund|um|her
Rund|um|schlag
Rund|um-sorg|los-Pa|ket *(bes. Werbespr.);* **Rund|um|ver|gla|sung**
Run|dung
Rund|wan|der|weg
rund|weg; etwas rundweg ablehnen
Rund|weg
Ru|ne, die; -, -n ‹altnord.› (germanisches Schriftzeichen); **Ru|nen|al|pha|bet; Ru|nen|for|schung; Ru|nen|schrift; Ru|nen|stein**
Run|ge, die; -, -n ([senkrechte] Stütze an der Wagenseite); **Run|gen|wa|gen**
ru|nisch ‹*zu* Rune›
Run|kel, die; -, -n *(bes. österr. u. schweiz. für* Runkelrübe); **Run|kel|rü|be**
Run|ken, der; -s, - *(mitteld. für* unförmiges Stück Brot)
Runks, der; -es, -e *(ugs. für* ungeschliffener Mensch)
Run|ning Gag ['ra... '-], der; - -s, - -s ‹engl.› (Gag, der sich immer wiederholt)
Ru|no|lo|ge, der; -n, -n ‹altnord.; griech.›; **Ru|no|lo|gie,** die; - (Runenkunde); **Ru|no|lo|gin**
Runs, der; -es, -e, *häufiger* **Run|se,** die; -, -n *(südd., österr., schweiz. für* Rinne an Berghängen mit Wildbach)
run|ter (↑K13 *ugs. für* herunter, hinunter)
run|ter|fah|ren *(ugs.)*
run|ter|fal|len *(ugs.);* **run|ter|flie|gen** *(ugs.);* **run|ter|hau|en** *(ugs.);* jmdm. eine runterhauen; **run|ter|ho|len** *(ugs.);* **run|ter|kom|men** *(ugs.);* **run|ter|la|den** *(ugs.);* **run|ter|las|sen** *(ugs.);* **run|ter|ma|chen** *(ugs.);* **run|ter|put|zen** *(ugs.);* **run|ter|rut|schen** *(ugs.);* **run|ter|schlu|cken** *(ugs.);* **run|ter|set|zen** *(ugs.);* **run|ter|wer|fen** *(ugs.);* **run|ter|zie|hen** *(ugs.)*
Run|zel, die; -, -n; **run|ze|lig; run|zeln;** ich runz[e]le; **runz|lig** *(svw.* runzelig)
Ru|od|lieb (Gestalt des ältesten [lateinisch geschriebenen] Romans der dt. Literatur)
Rü|pel, der; -s, -; **Rü|pe|lei**
rü|pel|haft; Rü|pel|haf|tig|keit
rü|pe|lig
Ru|pert, Ru|p|recht (m. Vorn.); Knecht Ruprecht
[1]**rup|fen;** Gras, Geflügel rupfen
[2]**rup|fen** (aus Rupfen); **Rup|fen,** der; -s, - (Jutegewebe); **Rup|fen|lein|wand**

Ru|pi|ah, die; -, - ‹Hindi› (indones. Währungseinheit)
Ru|pie, die; -, -n (Währungseinheit in Indien [*Währungscode* INR], Pakistan [PKR], Sri Lanka [LKR] u. anderen Staaten)
rup|pig; Rup|pig|keit; Rupp|sack (*ugs. für* ruppiger Mensch)
Ru|p|recht; *vgl.* Rupert *u.* Knecht Ruprecht
Rup|tur, die; -, -en ‹lat.› (*Med.* Zerreißung)
Rur, die; - (rechter Nebenfluss der Maas); *vgl. aber* ²Ruhr
ru|ral ‹lat.› (*bildungsspr. für* ländlich)
Rus, die; - ‹russ.› (alte Bez. der ostslawischen Stämme im 9./10. Jh.); Kiewer Rus
Rusch, der; -[e]s, -e ‹lat.› (*nordd. für* Binse)
Rü|sche, die; -, -n (gefältelter [Stoff]besatz)
Ru|schel, die; -, -n, *auch* der; -s, - (*landsch. für* ruschelige Person); **ru|sche|lig, rusch|lig** (*landsch. für* unordentlich, schlampig); **ru|scheln** *(landsch.);* ich rusch[e]le
Rü|schen|blu|se; Rü|schen|hemd
rusch|lig *vgl.* ruschelig
Rush|hour [ˈraʃlaʊ̯ɐ], die; -, -s ‹engl.› (Hauptverkehrszeit)
Ruß, der; -es, *Plur. (fachspr.)* -e; **ruß|be|schmutzt** ↑K59
Rus|se, der; -n, -n (Einwohner Russlands; Angehöriger eines ostslawischen Volkes)
Rüs|sel, der; -s, -; **rüs|sel|ar|tig; rüs|sel|för|mig; Rüs|sel|kä|fer; Rüs|sel|tier**
ru|ßen (*schweiz. auch für* entrußen); du rußt; es rußt
Rus|sen|blu|se; Rus|sen|kit|tel
Rus|sen|ma|fia
ruß|far|ben, ruß|far|big; Ruß|fil|ter; ruß|ge|schwärzt; ruß|ge|sich|tig; ru|ßig; Ru|ßig|keit, die; -
Rus|sin
rus|sisch ↑K89 : russisches Roulette; russische *od.* Russische Eier; *aber* ↑K150 : die Russische Föderation, der Russisch-Türkische Krieg (1877/78); *vgl.* deutsch; **Rus|sisch,** das; -[s] (Sprache); *vgl.* Deutsch
Rus|sisch|brot, das; -[e]s (ein Gebäck)
Rus|si|sche, das; -n; *vgl.* ²Deutsche
rus|sisch|grün; ein russischgrüner Stoff, der Stoff ist russischgrün; *aber* ein Stoff in Russischgrün; ein dunkles Russischgrün
rus|sisch-or|tho|dox; russisch-orthodoxe Kirche
rus|sisch-rö|misch; russisch-römisches Bad ↑K23
rus|sisch|spra|chig
Russ|ki (*ugs., auch diskriminierend für* Russe, russischer Soldat)
Russ|land
russ|land|deutsch; Russ|land|deut|sche, der *u.* die; -n, -n
Ruß|par|ti|kel; Ruß|par|ti|kel|fil|ter
ruß|schwarz
Ruß|tau, der (eine Pflanzenkrankheit)
ruß|ver|schmiert
Rüst|an|ker (*Seemannsspr.* Ersatzanker)
¹Rüs|te, die; - (*landsch. für* Rast, Ruhe)
²Rüs|te, die; -, -n (*Seemannsspr.* starke Planke an der Schiffsaußenseite zum Befestigen von Ketten od. Stangen)
rüs|ten; sich rüsten *(geh.);* Gemüse rüsten (*schweiz. für* putzen, vorbereiten)
Rüs|ter [*auch* ˈryː...], die; -, -n (Ulme); **rüs|tern** (aus Rüsterholz); **Rüs|ter[n]|holz**
Rus|ti|co, der *u.* das; -s, Rustici [...tʃi] ‹ital.› (*schweiz. für* tessinisches Bauernhaus; Ferienhaus in diesem Stil)
rüs|tig; Rüs|tig|keit, die; -
Rus|ti|ka, die; - ‹lat.› (*Archit.* Mauerwerk aus Quadern mit roh bearbeiteten Außenflächen)
rus|ti|kal ‹lat.› (ländlich, bäuerlich); **Rus|ti|ka|li|tät,** die; -
Rüst|kam|mer
Rüst|mes|ser, das (*schweiz. für* Küchenmesser)
Rüst|tag *(jüd. Rel.)*
Rüs|tung
Rüs|tungs|ab|bau; Rüs|tungs|auf|trag; Rüs|tungs|aus|ga|be *meist Plur.;* **Rüs|tungs|be|gren|zung; Rüs|tungs|ex|port; Rüs|tungs|fa|b|rik; Rüs|tungs|geg|ner; Rüs|tungs|geg|ne|rin**
Rüs|tungs|in|dus|t|rie; Rüs|tungs|kon|t|rol|le; Rüs|tungs|kon|zern; Rüs|tungs|spi|ra|le; Rüs|tungs|wett|lauf
Rüst|zeit; Rüst|zeug
Rut *vgl.* ²Ruth
Ru|te, die; -, -n (Gerte; altes Längenmaß; männliches Glied bei Tieren; *Jägerspr.* Schwanz)
Ru|ten|bün|del; Ru|ten|gän|ger (Wünschelrutengänger); **Ru|ten|gän|ge|rin**
¹Ruth (w. Vorn.)
²Ruth, *ökum.* **Rut** (biblischer w. Eigenn.); das Buch Ruth
Rut|hard (m. Vorn.)
Ru|the|ne, der; -n, -n (*früher Bez. für* im ehemaligen Österreich-Ungarn lebender Ukrainer); **Ru|the|nin; ru|the|nisch**
Ru|the|ni|um, das; -s (chemisches Element, Metall; *Zeichen* Ru)
Ru|ther|ford [ˈraðɐfət] (engl. Physiker); **Ru|ther|for|di|um,** das; -s ‹nach dem engl. Physiker› (ein chem. Element)
Ru|til, der; -s, -e ‹lat.› (ein Mineral)
Ru|ti|lis|mus, der; - (*Med.* Rothaarigkeit)
Ru|tin, das; -s ‹lat.› (*Pharmazie* ein pflanzlicher Wirkstoff)
Rüt|li, das; -s (Bergmatte am Vierwaldstätter See); **Rüt|li|schwur,** der; -[e]s ↑K143 (sagenumwobener Treueschwur bei der Gründung der Schweizerischen Eidgenossenschaft)
rutsch!
Rutsch, der; -[e]s, -e; guten Rutsch [ins neue Jahr]!
Rutsch|bahn; Rut|sche, die; -, -n
rut|schen; du rutschst
Rut|sche|rei; rutsch|fest; Rutsch|ge|fahr, die; -; **rut|schig; Rutsch|par|tie** *(ugs.);* **rutsch|si|cher**
Rut|te, die; -, -n (ein Fisch)
Rüt|tel|be|ton
Rüt|te|lei
Rüt|tel|fal|ke
rüt|teln; ich rütt[e]le; **Rüt|tel|sieb**
Rütt|ler (ein Baugerät)
¹Ru|wer, die; - (rechter Nebenfluss der Mosel)
²Ru|wer, der; -s, - (eine Weinsorte)
Ruys|dael [ˈrɔy̯sdaːl] *vgl.* Ruisdael
RVO = Reichsversicherungsordnung
Rwan|da (*engl. Schreibung für* Ruanda); **rwan|disch**
Rye [raɪ], der; -, -s, **Rye|whis|key** ‹amerik.› (Roggenwhiskey)

Rhythmus
Das Substantiv ist über das Lateinische aus dem Griechischen ins Deutsche entlehnt worden. Wie das Herkunftswort wird es am Wortanfang mit *Rhy-* geschrieben.

S s

s = Sekunde
s, sh = Shilling
s. = sieh[e]!
's = [1]es *(vgl. d.)*
S (Buchstabe); das S; des S, die S, *aber* das s in Hase; der Buchstabe S, s
S = Schilling; Sen; [1]Siemens; Süd[en]; Sulfur *(chem. Zeichen für* Schwefel)
S = small (Kleidergröße: klein)
S. = San, Sant', Santa, Santo, São; Seite
S., Se. = Seine [Exzellenz usw.]
Σ, ς, σ = Sigma
$ = Dollar
s. a. = sine anno
Sa. = Summa; Sachsen; Samstag, Sonnabend
Saal, der; -[e]s, Säle; *aber* Sälchen *(vgl. d.)*; **Saal|bau** *Plur.* ...bauten
Saal|burg, die; - (römische Grenzbefestigung im Taunus)
Saa|le, die; - (linker Nebenfluss der Elbe)
Saal|feld (Saa|le) (Stadt in Thüringen)
Saal|ord|ner; Saal|ord|ne|rin
Saal|schlacht; Saal|toch|ter *(schweiz. für* Kellnerin im Speisesaal); **Saal|tür**
Saal|wet|te (bei der Fernsehshow »Wetten, dass ...?« die Wette des Moderators gegen das Publikum)
Saa|ne, die; - (linker Nebenfluss der Aare)
Saa|nen (schweizerischer Ort); **Saa|nen|kä|se**
Saar, die; - (rechter Nebenfluss der Mosel)
Saar|brü|cken (Hauptstadt des Bundeslandes Saarland); **Saar|brü|cker; Saar|brü|cke|rin**
Saar|ge|biet, das; -[e]s
Saar|land, das; -[e]s; **Saar|län|der; Saar|län|de|rin; saar|län|disch;** *aber* ↑K 150: Saarländischer Rundfunk
Saar|louis [...'lu̯i] (Stadt im Saarland); **Saar|louis|er** [...'lu̯iɐ]; **Saar|louis|e|rin**
Saar-Na|he-Berg|land ↑K 146
Saat, die; -, -en; **Saa|ten|pfle|ge**, die; -; **Saa|ten|stand**, der; -[e]s
Saat|ge|trei|de; Saat|gut, das; -[e]s; **Saat|kar|tof|fel; Saat|korn** *Plur.* ...körner; **Saat|krä|he**
Sa|ba (historisches Land in Südarabien); **Sa|bä|er**, der; -s, - (Angehöriger eines alten Volkes in Südarabien); **Sa|bä|e|rin**
Sab|bat, der; -s, -e ⟨hebr., »Ruhetag«⟩ (Samstag, jüdischer Feiertag)
Sab|ba|ta|ri|er *(svw.* Sabbatist); **Sab|ba|ta|ri|e|rin**
Sab|ba|ti|cal [sə'bɛtɪkl̩], das; -s, -s ⟨engl.⟩ (längere berufl. Freistellung)
Sab|ba|tist, der; -en, -en (Angehöriger einer christlichen Gemeinschaft, die den Sabbat einhält); **Sab|ba|tis|tin**
Sab|bat|jahr *(jüd. Rel.; auch für* einjährige berufl. Freistellung); **Sab|bat|stil|le**
Sab|bel, der; -s, - *(nordd. für* Mund; *nur Sing.: svw.* Sabber); **Sab|bel|lätz|chen** *(nordd. für* Sabberlätzchen); **sab|beln** *(nordd. für* sabbern); ich sabb[e]le
Sab|ber, der; -s *(ugs. für* ausfließender Speichel); **Sab|ber|lätz|chen** *(fam.)*; **sab|bern** *(ugs. für* Speichel ausfließen lassen; schwatzen); ich sabbere
Sä|bel, der; -s, - ⟨ung.-poln.⟩
Sä|bel|bei|ne *Plur. (ugs. für* O-Beine); **sä|bel|bei|nig**
Sä|bel|fech|ten, das; -s
sä|bel|för|mig
Sä|bel|ge|ras|sel *(abwertend)*
Sä|bel|hieb
sä|beln *(ugs. für* ungeschickt schneiden); ich säb[e]le
Sä|bel|ras|seln, das; -s *(abwertend)*; **sä|bel|ras|selnd; Sä|bel|rass|ler; Sä|bel|rass|le|rin**
Sa|bi|na, Sa|bi|ne (w. Vorn.)
Sa|bi|ner (Angehöriger eines historischen Volksstammes in Mittelitalien); **Sa|bi|ner Ber|ge** *Plur.*; **Sa|bi|ne|rin; sa|bi|nisch**
Sa|bot [...'bo:], der; -[s], -s ⟨franz.⟩ (Holzschuh; hinten offener Damenschuh)
Sa|bo|ta|ge [...ʒə], die; -, -n ⟨franz.⟩ (vorsätzliche Schädigung od. Zerstörung von wirtschaftl. u. milit. Einrichtungen); **Sa|bo|ta|ge|akt**
Sa|bo|teur [...'tø:ɐ̯], der; -s, -e; **Sa|bo|teu|rin; sa|bo|tie|ren**
Sa|b|ra, die; -, -s (w. Form zu Sabre); **Sa|b|re**, der; -[s], -s ⟨hebr.⟩ (in Israel geborener Nachkomme jüdischer Einwanderer)
Sa|b|ri|na (w. Vorn.)
SAC = Schweizer Alpen-Club
Sac|cha|ra|se, Sa|cha|ra|se [...xa...], die; -, -n ⟨sanskr.⟩ (ein Enzym)
Sac|cha|ri|me|t|rie, Sa|cha|ri|me|t|rie, die; - ⟨sanskr.; griech.⟩ (Bestimmung des Zuckergehaltes)
Sac|cha|rin *vgl.* Sacharin
Sac|cha|ro|se, Sa|cha|ro|se [...xa...], die; - *(Chemie* Zucker)
Sa|cha|lin (ostasiatische Insel)
Sach|an|la|ge *meist Plur.*; **Sach|an|la|ge|ver|mö|gen** *(Wirtsch.)*
Sa|cha|ra|se [...xa...] *vgl.* Saccharase; **Sa|cha|ri|me|t|rie** *vgl.* Saccharimetrie
Sa|cha|rin, *fachspr.* Sac|cha|rin, das; -s (ein Süßstoff)
Sa|char|ja (jüdischer Prophet)
Sa|cha|ro|se [...xa...] *vgl.* Saccharose
Sach|be|ar|bei|ter; Sach|be|ar|bei|te|rin
Sach|be|griff; Sach|be|reich, der; **Sach|be|schä|di|gung; sach|be|zo|gen; Sach|be|zü|ge** *Plur.*; **Sach|buch; sach|dien|lich; Sach|dis|kus|si|on**
Sa|che, die; -, -n; in Sachen Meyer [gegen Müller]; in Sachen (zum Thema) neuer Trainer; zur Sache kommen
Sach|ein|la|ge *(Wirtsch.* Sachwerte, die bei der Gründung einer AG eingebracht werden)
Sä|chel|chen
Sa|chen|recht *(Rechtsspr.)*; **Sach|er|klä|rung**
Sa|cher|tor|te ⟨nach dem Wiener Hotelier Sacher⟩ (eine Schokoladentorte); ↑K 136
Sach|fir|ma (Firma, deren Name den Gegenstand des Unternehmens angibt; *Ggs.* Personenfirma)
Sach|fra|ge; sach|fremd; Sach|ge|biet; sach|ge|mäß; sach|ge|recht
Sach|grün|dung *(Wirtsch.* Gründungsform einer AG)
Sach|in|dex; Sach|in|ves|ti|ti|on *(Wirtsch.)*; **Sach|ka|ta|log**
Sach|kennt|nis; Sach|kom|pe|tenz; Sach|kos|ten Plur. *(Wirtsch.)*
Sach|kun|de, die; -; **Sach|kun|de|un|ter|richt; sach|kun|dig**
Sach|la|ge
Sach|le|gi|ti|ma|ti|on *(Rechtsspr.)*
Sach|leis|tung
sach|lich (zur Sache gehörend;

auch für objektiv); sachliche Kritik; sachliche Angaben
säch|lich; sächliches Geschlecht *(Sprachwiss.)*
Sach|lich|keit; die Neue Sachlichkeit *(Kunstwiss.)*
Sach|män|gel|haf|tung, die; -
Sach|mit|tel *Plur.;* **Sach|prä|mie; Sach|preis; Sach|re|gis|ter**
[1]**Sachs** (dt. Meistersinger); Hans Sachs' Gedichte ↑K16
[2]**Sachs**, [1]Sax, der; -es, -e (germanisches Eisenmesser, kurzes Schwert)
Sach|scha|den
Sach|se, der; -n, -n; **säch|seln** (sächsisch sprechen); ich sächs[e]le; **Sach|sen** *(Abk.* Sa.)
Sach|sen-An|halt ↑K144 ; **Sach|sen-An|hal|ter,** Sach|sen-An|hal|ti|ner; **Sach|sen-An|hal|te|rin,** Sach|sen-An|hal|ti|ne|rin; **sach|sen-an|hal|tisch,** sach|sen-an|hal|ti|nisch
Sach|sen|hau|sen (Konzentrationslager der Nationalsozialisten)
Sach|sen|spie|gel, der; -s (eine Rechtssammlung des dt. MA.s)
Sach|sen|wald, der; -[e]s (Waldgebiet östlich von Hamburg)
Säch|sin; säch|sisch; *aber* ↑K140 : die Sächsische Schweiz (Teil des Elbsandsteingebirges)
Sach|spen|de
sacht; sacht|chen *(obersächs. für* ganz sacht); **sach|te** *(ugs.)*
Sach|ver|halt; Sach|ver|halts|dar|stel|lung *(bes. österr. Rechtsspr.)*
Sach|ver|si|che|rung
Sach|ver|stand
sach|ver|stän|dig; Sach|ver|stän|di|ge, der *u.* die; -n, -n
Sach|ver|stän|di|gen|gut|ach|ten; Sach|ver|stän|di|gen|rat
Sach|ver|zeich|nis
Sach|wal|ter; Sach|wal|te|rin; sach|wal|te|risch
Sach|wei|ser *(seltener für* Sachregister); **Sach|wert; Sach|wis|sen; Sach|wör|ter|buch; Sach|zu|sam|men|hang; Sach|zwang** *meist Plur.*
Sack, der; -[e]s, Säcke; 5 Sack Mehl; mit Sack und Pack
Sack|bahn|hof
Säck|chen
Sä|ckel, der; -s, - *(landsch. für* Hosentasche; Geldbeutel); **Sä|ckel|meis|ter** *(bes. schweiz. für* Kassenwart, Schatzmeister); **Sä|ckel|meis|te|rin**
sä|ckeln *(landsch. für* in Säcke füllen); ich säck[e]le
Sä|ckel|wart *(landsch. für* Kassenwart); **Sä|ckel|war|tin**
[1]**sa|cken** *(landsch. für* in Säcke füllen)
[2]**sa|cken** (sich senken; sinken)
sä|cken *(früher für* in einem Sack ertränken)
Sa|ckerl, das; -s, -[n]; *vgl.* Pickerl *(bayr., österr. für* Tüte, Beutel, Tragetasche)
sa|cker|lot! *vgl.* sapperlot!; **sa|cker|ment!** *vgl.* sapperment!
sä|cke|wei|se (in Säcken)
sack|för|mig
Sack|gas|se
Sack|geld *(schweiz. für* Taschengeld)
sack|grob *(ugs. für* sehr grob)
sack|hüp|fen *nur im Infinitiv u. Part. I gebr.;* **Sack|hüp|fen,** das; -s
Sä|ckin|gen (badische Stadt am Hochrhein); **Sä|ckin|ger; Sä|ckin|ge|rin**
Sack|kar|re; Sack|kar|ren; Sack|kleid; Sack|lau|fen, das; -s
sack|lei|nen; ein sackleinenes Hemd; **Sack|lei|nen;** ein Hemd aus Sackleinen; **Sack|lein|wand**
Säck|ler *(landsch. für* Lederarbeiter); **Säck|le|rin**
Sack|pfei|fe (Dudelsack)
Sack|ro|del, die *(österr. für* Sackkarre)
Sack|tuch (grobes Tuch; *südd., österr. ugs. neben* Taschentuch)
sack|wei|se
Sad|du|zä|er, der; -s, - ⟨hebr.⟩ (Angehöriger einer altjüd. Partei)
Sa|de|baum ⟨lat.; dt.⟩ (ein wacholderartiger Nadelbaum)
Sa|dhu [...du], der; -[s], -s ⟨sanskr.⟩ (als Eremit u. bettelnder Asket lebender Hindu)
Sa|dis|mus, der; -, *Plur. (für* Handlungen:) ...men ⟨nach dem franz. Schriftsteller de Sade⟩ (Lust am Quälen, an Grausamkeiten); **Sa|dist,** der; -en, -en; **Sa|dis|tin; sa|dis|tisch**
Sa|do|ma|so, der; - *(ugs.);* **Sa|do|ma|so|chis|mus,** der; -, ...men (Verbindung von Sadismus u. Masochismus); **sa|do|ma|so|chis|tisch**
Sa|do|wa (Dorf bei Königgrätz)
sä|en; du säst, er/sie sät; du sätest; gesät; säe!; **Sä|er; Sä|e|rin**
Sa|fa|ri, die; -, -s ⟨arab.⟩ (Gesellschaftsreise zum Jagen, Fotografieren [in Afrika]); **Sa|fa|ri|jeep; Sa|fa|ri|park** (Tierpark, den Besucher mit dem Auto durchqueren)
Safe [ze:f], der, *auch* das; -s, -s ⟨engl.⟩ (Geldschrank, Stahlkammer, Sicherheitsfach)
Sa|fer Sex ['ze:... '-], der; - -[es] (die Gefahr einer Aidsinfektion minderndes Sexualverhalten)
Saf|fi|an, der; -s ⟨pers.⟩ (feines Ziegenleder); **Saf|fi|an|le|der**
Sa|f|lor, der; -s, -e ⟨arab.-ital.⟩ (Färberdistel); **sa|f|lor|gelb**
Sa|f|ran, der; -s, -e ⟨pers.⟩ (Krokus; Farbstoff; *nur Sing.:* ein Gewürz); **sa|f|ran|gelb**
Saft, der; -[e]s, Säfte *(österr. auch für* Bratensoße); **Saft|bra|ten**
saf|ten
Saft|fut|ter *vgl.* [1]Futter
saft|grün
saf|tig *(ugs. auch für* derb); **Saf|tig|keit**
Saft|kur (mit Obst- od. Gemüsesäften durchgeführte [1]Kur)
Saft|la|den *(ugs. abwertend für* schlecht funktionierender Betrieb)
saft|los; saft- u. kraftlos ↑K31
Saft|pres|se; Saft|sack (Schimpfwort); **Saft|schub|se,** die; -, -n *(ugs. abwertend für* Flugbegleiterin); **Saft|tag**
Sa|ga ['za(:)ga], die; -, -s ⟨altnord.⟩ (altisländische Prosaerzählung)
sag|bar
Sa|ge, die; -, -n
Sä|ge, die; -, -n; **Sä|ge|blatt; Sä|ge|bock; Sä|ge|fisch; Sä|ge|mehl,** das; -[e]s; **Sä|ge|müh|le**
sa|gen; es kostet sage und schreibe (tatsächlich) zwanzig Euro; ich habe mir sagen lassen, dass ...; von ihm wollen wir uns nichts sagen (befehlen) lassen; sie hat hier das Sagen ↑K82
sä|gen
Sa|gen|buch; Sa|gen|dich|tung; Sa|gen|for|scher; Sa|gen|for|sche|rin; Sa|gen|ge|stalt
sa|gen|haft *(ugs. auch für* unvorstellbar); **Sa|gen|kreis; sa|gen|um|wo|ben** ↑K59
Sa|ger *(österr. ugs. für* Ausspruch)
Sä|ger; Sä|ge|rei; Sä|ge|rin
Sä|ge|spä|ne *Plur.;* **Sä|ge|werk; Sä|ge|wer|ker; Sä|ge|wer|ke|rin**
Sä|ge|zahn
sa|git|tal ⟨lat.⟩ *(Biol., Med.* parallel zur Mittelachse liegend); **Sa|git|tal|ebe|ne** (der Mittelebene des Körpers parallele Ebene)
Sa|go, der, *österr. meist* das; -s ⟨indones.⟩ (gekörntes Stärke-

mehl); **Sa|go|pal|me; Sa|go-sup|pe**
sah *vgl.* sehen
Sa|ha|ra [*auch* ˈza:...], die; - ‹arab.› (Wüste in Nordafrika)
Sa|hel [*auch* ˈza:hɛl], der; -[s] ‹arab.› (Gebiet südlich der Sahara); **Sa|hel|zo|ne**, die
Sa|hib, der; -[s], -s ‹arab.-Hindi› (in Indien u. Pakistan titelähnliche Bez. od. höfliche Anrede)
Sah|ne, die; -; süße, saure Sahne; **Sah|ne|bon|bon; Sah|ne|eis; Sah-ne|häub|chen; Sah|ne|känn|chen; Sah|ne|kä|se; Sah|ne|meer|ret-tich**, der; -s
sah|nen; Sah|ne|quark
Sah|ne|sau|ce *vgl.* Sahnesoße
Sah|ne|schnit|te
Sah|ne|so|ße, Sah|ne|sau|ce
Sah|ne|stück; Sah|ne|tor|te
sah|nig
Saib|ling (ein Fisch); *vgl.* Salbling
Sai|gon [*auch* ...ˈgɔn] (*früherer Name von* Ho-Chi-Minh-Stadt)
[1]**Saint** [sn̩t] ‹engl., »heilig«›; (*Abk.* St *od.* St.; *»Saint« erscheint als Bestandteil von engl. u. amerik. Heiligennamen u. darauf zurückgehenden Ortsnamen. Es steht sowohl in m. als auch in w. Namen und wird ohne Bindestrich verwendet:* Saint Louis [sn̩t ˈlu:ɪs]; Saint Anne [sn̩t ˈɛn]; *vgl.* San, Sankt, São)
[2]**Saint** [sɛ̃] ‹franz., »heilig«›; (*Abk.* St; *»Saint« erscheint als Bestandteil von m. franz. Heiligennamen u. darauf zurückgehenden Ortsnamen. Es steht mit einem Bindestrich:* Saint-Cyr [sɛ̃ˈsi:ɐ̯]; *vgl.* San, Sankt, São)
Sainte [sɛ̃t]; *»Sainte« erscheint als Bestandteil von w. franz. Heiligennamen u. darauf zurückgehenden Ortsnamen. Es steht mit einem Bindestrich:* Sainte-Marie [sɛ̃tmaˈri:]; *vgl.* [2]Saint, San, Sankt
Saint-Exu|pé|ry [sɛ̃tɛksypeˈri:] (franz. Schriftsteller)
Saint Geor|ge's [sn̩t ˈdʒɔ:dʒɪs] (Hauptstadt Grenadas)
Saint John's [sn̩t ˈdʒɔns] (Hauptstadt von Antigua u. Barbuda)
Saint Lou|is [sn̩t ˈlu:ɪs] (Stadt in Missouri)
Saint-Saëns [sɛ̃ˈsɑ̃:s] (franz. Komponist)
Saint-Si|mo|nis|mus [sɛ̃si...], der; - ‹nach dem franz. Sozialreformer Saint-Simon› (sozialistische Lehre); **Saint-Si|mo|nist**, der; -en, -en; **Saint-Si|mo|nis|tin**

Sa|is (altägyptische Stadt)
Sai|son [zɛˈzõ:, *auch, bes. südd., österr.*, zɛˈzo:n], die; -, *Plur.* -s, *auch, bes. südd., österr.*, ...onen ‹franz.› (Hauptbetriebs-, Hauptreise-, Hauptgeschäftszeit, Theaterspielzeit)
sai|son|ab|hän|gig; sai|so|nal
Sai|son|ar|beit; Sai|son|ar|bei|ter; Sai|son|ar|bei|te|rin
Sai|son|auf|takt; Sai|son|aus|ver-kauf; sai|son|be|dingt; Sai|son|be-ginn, der; -[e]s; **sai|son|be|rei-nigt** *(Amtsspr.)*
Sai|son|be|trieb; Sai|son|en|de; Sai|son|er|geb|nis *(Sport)*; **Sai-son|er|öff|nung; Sai|son|ge-schäft**
Sai|so|ni|er [zɛzɔˈni̯e:] *vgl.* Saisonnier
Sai|son|in|dex *(Wirtsch.)*; **Sai|son-kenn|zei|chen; Sai|son|kre|dit** *(Bankw.)*
Sai|son|lauf (einzelner Durchgang beim [Auto]rennen)
Sai|son|ni|er, Sai|so|ni|er [zɛzɔˈni̯e:], der; -s, -s (*österr., schweiz. für* Saisonarbeiter)
Sai|son|schluss; Sai|son|start
sai|son|un|ab|hän|gig
Sai|son|wan|de|rung (saisonbedingte Wanderung von Arbeitskräften)
sai|son|wei|se
Sai|son|ziel *(Sport)*
Sai|te, die; -, -n (gedrehter Tierdarm, Metall od. Kunststoff [zur Bespannung von Musikinstrumenten]); andere Saiten aufziehen; *vgl. aber* Seite
Sai|ten|hal|ter (Teil eines Saiteninstrumentes); **Sai|ten|in|s|t|ru-ment; Sai|ten|spiel**, das; -[e]s
...sai|tig (z. B. fünfsaitig)
Sait|ling (Schafdarm)
Sa|ke, der; - ‹jap.› (aus Reis hergestellter japanischer Wein)
Sak|ko [*österr.* ...ˈko:], das, *österr. nur so, auch* der; -s, -s (Herrenjackett); **Sak|ko|an|zug**
sa|k|ra! ‹lat.› (*südd. ugs. für* verdammt!)
sa|k|ral ‹lat.› (den Gottesdienst betreffend; *Med.* zum Kreuzbein gehörend); **Sa|k|ral|bau** *Plur.* ...bauten (*Kunstwiss.* kirchl. Bauwerk; *Ggs.* Profanbau)
Sa|k|ra|ment, das; -[e]s, -e ‹lat.› (eine gottesdienstliche Handlung); **sa|k|ra|men|tal; Sa|k|ra-men|ta|li|en** *Plur.* (*kath. Kirche* sakramentähnliche Zeichen u. Handlungen, z. B. Wasserweihe;

auch Bez. für geweihte Dinge, z. B. Weihwasser)
Sa|k|ra|men|ter, der; -s, - (*landsch. für* jmd., über den man sich ärgert; Schimpfwort)
sa|k|ra|ment|lich; Sa|k|ra|ments-häus|chen
Sa|k|ri|fi|zi|um, das; -s, ...ien (*svw.* [Mess]opfer)
Sa|k|ri|leg, das; -s, -e, Sa|k|ri|le|gi-um, das; -s, ...ien ‹lat.› (Vergehen gegen Heiliges); **sa|k|ri|le-gisch; Sa|k|ri|le|gi|um** *vgl.* Sakrileg
sa|k|risch (*südd. für* verdammt)
Sa|k|ris|tan, der; -s, -e ‹lat.› (kath. Küster, Mesner); **Sa|k|ris|ta|nin**
Sa|k|ris|tei ‹lat.› (Kirchenraum für den Geistlichen u. die gottesdienstlichen Geräte)
sa|k|ro|sankt (unverletzlich)
sä|ku|lar ‹lat.› (alle hundert Jahre wiederkehrend; weltlich); **Sä|ku-lar|fei|er** (Hundertjahrfeier)
Sä|ku|la|ri|sa|ti|on, die; -, -en ‹lat.› (Einziehung geistlicher Besitzungen; Verweltlichung); **sä|ku-la|ri|sie|ren** (kirchlichen Besitz verstaatlichen); **Sä|ku|la|ri|sie-rung** (Verweltlichung; Lösung der Bindungen an die Kirche)
Sä|ku|lum, das; -s, ...la ‹lat.› (Jahrhundert)
Sa|la|din ‹arab.› (ein Sultan)
Sa|lam ‹arab.› (arabisches Grußwort); Salam alaikum! (Heil, Friede mit euch!)
Sa|la|man|ca (spanische Stadt u. Provinz)
Sa|la|man|der, der; -s, - ‹griech.› (ein Schwanzlurch)
Sa|la|mi, die; -, -[s], *schweiz. auch* der; -s, - ‹ital.› (eine Dauerwurst)
Sa|la|mi|ni|er; Sa|la|mi|ni|e|rin; Sa-la|mis (griechische Insel; Stadt auf der Insel Salamis)
Sa|la|mi|tak|tik (*ugs. für* Taktik, bei der man durch mehrere kleinere Übergriffe od. Forderungen ein größeres Ziel zu verwirklichen sucht)
Sa|la|mi|wurst
Sa|lär, das; -s, -e ‹franz.› (*schweiz. für* Gehalt, Lohn); **sa|la|rie|ren** (*schweiz. für* besolden); **Sa|la|rie-rung**
Sa|lat, der; -[e]s, -e; gemischter Salat; **Sa|lat|bar**, die; **Sa|lat|be-steck; Sa|lat|blatt; Sa|lat|bü|fett, Sa|lat|buf|fet; Sa|lat|gur|ke**
Sa|lat|häup|tel, das (*österr. für* Salatkopf)

Sa|la|ti|e|re, die; -, -n (*veraltet für* Salatschüssel)
Sa|lat|kar|tof|fel *meist Plur.*; **Sa|lat|kopf; Sa|lat|öl; Sa|lat|pflan|ze; Sa|lat|plat|te**
Sa|lat|sau|ce *vgl.* Salatsoße; **Sa|lat|schleu|der; Sa|lat|schüs|sel; Sa|lat|so|ße**, Sa|lat|sau|ce; **Sa|lat|tel|ler**
Sal|ba|der (*abwertend für* langweiliger [frömmelnder] Schwätzer); **Sal|ba|de|rei; Sal|ba|de|rin; salba|dern**; ich salbadere; er/sie hat salbadert
Sal|band, das; *Plur.* ...bänder (Gewebekante, -leiste; *Geol.* Berührungsfläche eines Ganges mit dem Nebengestein)
Sal|be, die; -, -n
Sal|bei [*österr. nur so, sonst auch* ...'bai], der; -s, *österr. nur so, sonst auch* die; - ‹lat.› (eine Heil- u. Gewürzpflanze); **Sal|bei|tee**
sal|ben; Sal|ben|do|se
Salb|ling (*svw.* Saibling)
Salb|öl (*kath. Kirche*)
Sal|bung; sal|bungs|voll (übertrieben würdevoll)
Säl|chen (kleiner Saal)
Sal|chow [...ço], der; -[s], -s ‹nach dem schwed. Eiskunstläufer U. Salchow› (ein Drehsprung beim Eiskunstlauf); einfacher, doppelter, dreifacher Salchow
Sal|den|bi|lanz (*Wirtsch.*); **Sal|den|lis|te** (*Wirtsch.*)
sal|die|ren ‹ital.› ([eine Rechnung] ausgleichen, abschließen; *österr. für* die Bezahlung einer Rechnung bestätigen); **Sal|die|rung**
Sal|do, der; -s, *Plur.* ...den, -s *u.* ...di ‹ital.› (Unterschied der beiden Seiten eines Kontos)
Sal|do|an|er|kennt|nis, das (*Wirtsch.* Schuldanerkenntnis dem Gläubiger gegenüber); **Sal|do|kon|to** (Kontokorrentbuch); **Sal|do|über|trag; Sal|do|vor|trag**
Sä|le (*Plur. von* Saal)
Sa|lem *vgl.* Salam
Sa|lep, der; -s, -s ‹arab.› (getrocknete Orchideenknolle, die für Heilzwecke verwendet wird)
Sa|le|si|a|ner (Mitglied der Gesellschaft des hl. Franz von Sales; Angehöriger einer kath. Priestergenossenschaft)
Sales|ma|na|ger ['se:ls...] ‹engl.› (*Wirtsch.* Verkaufsleiter, [Groß]verkäufer); **Sales|ma|na|ge|rin**
Sales|pro|mo|ter (Vertriebskaufmann mit besonderen Kenntnissen auf dem Gebiet der Marktbeeinflussung); **Sales|pro|mo|te|rin; Sales|pro|mo|tion** [...ʃn] (Verkaufsförderung)
Sa|lettl, das; -s, -[n] ‹ital.› (*bayr. u. österr. für* Pavillon, Laube, Gartenhäuschen)
Sä|li, das; -[s], -[s]; *vgl.* Götti (*schweiz. für* besonderer Raum in Gastwirtschaften)
Sa|li|cyl|säu|re *vgl.* Salizylsäure
[1]**Sa|li|er** *Plur.* ‹lat.› (Vereinigung altrömischer Priester)
[2]**Sa|li|er**, der; -s, - (Angehöriger der salischen Franken; Angehöriger eines dt. Kaisergeschlechtes)
Sa|li|ne, die; -, -n ‹lat.› (Anlage zur Salzgewinnung); **Sa|li|nen|salz**
Sa|ling, die; -, *Plur.* -e[n] *u.* -s (*Seemannsspr.* Stange am Mast zur Abstützung der Wanten)
Sa|lin|ger ['sɛlɪndʒə] (amerik. Schriftsteller)
sa|li|nisch (*selten für* salzartig, -haltig)
Salis|bu|ry ['sɔ:lzbəri] (engl. Stadt)
sa|lisch; salische Franken; salische Gesetze, *aber* ↑K150 : das Salische Gesetz (über die Thronfolge)
Sa|li|zyl|säu|re, *fachspr.* Sa|li|cyl|säu|re, die; - ‹lat.; griech.; dt.› (eine organische Säure)
Sal|kan|te (Gewebeleiste)
Salk|vak|zi|ne, Salk-Vak|zi|ne [*auch* 'so:(l)k...] ‹nach dem amerik. Bakteriologen J. E. Salk (1914–1995)› (Impfstoff gegen Kinderlähmung)
Sal|leis|te (Gewebeleiste)
Sal|lust, Sal|lus|ti|us (röm. Geschichtsschreiber)
Sal|ly [...li] (m. *od.* w. Vorn.)
[1]**Salm**, der; -[e]s, -e ‹lat.› (ein Fisch)
[2]**Salm**, der; -s, -e ‹*zu* Psalm› (*ugs. für* umständliches Gerede)
Sal|ma|nas|sar (Name assyrischer Könige)
Sal|mi|ak [*auch, österr. nur,* 'zal...], der, *auch* das; -s ‹lat.› (eine Ammoniakverbindung)
Sal|mi|ak|geist, der; -[e]s (Ammoniaklösung)
Sal|mi|ak|lö|sung; Sal|mi|ak|pas|til|le
Salm|ler (ein Fisch)
Sal|mo|nel|len *Plur.* ‹nach dem amerik. Pathologen u. Bakteriologen Salmon› (Darmkrankheiten hervorrufende Bakterien); **Sal|mo|nel|lo|se**, die; -, -n (*Med.* durch Salmonellen verursachte Erkrankung)
Sal|mo|ni|den *Plur.* ‹lat.; griech.› (*Zool.* Familie der Lachsfische)
Sa|lo|me [...me] (Stieftochter des Herodes)
Sa|lo|mon, *ökum.* **Sa|lo|mo** (bibl. König, Sohn Davids); *Gen.* Salomo[n]s *u.* Salomonis
Sa|lo|mo|nen *Plur.* (Inselstaat östlich von Neuguinea); **Sa|lo|mo|ner; Sa|lo|mo|ne|rin; Sa|lo|mon-In|seln** (*schweiz. neben* Salomonen)
sa|lo|mo|nisch ‹*zu* Salomon›; salomonische Schriften; salomonisches (weises) Urteil; salomonische Weisheit
Sa|lo|mon[s]|sie|gel (Weißwurz, ein Liliengewächs)
Sa|lon [za'lõ:, *südd., österr.* za'lo:n], der; -s, -s ‹franz.› (Gesellschafts-, Empfangszimmer; Friseur-, Mode-, Kosmetikgeschäft; [Kunst]ausstellung)
Sa|lon|da|me (*Theater*)
sa|lon|fä|hig
Sa|lo|ni|ker, Sa|lo|ni|ki|er; **Sa|lo|ni|ke|rin**, Sa|lo|ni|ki|e|rin
Sa|lo|ni|ki (nordgriechische Stadt); *vgl.* Thessaloniki
Sa|lon|kom|mu|nist (*iron.*); **Sa|lon|kom|mu|nis|tin**
Sa|lon|lö|we (*abwertend*)
Sa|lon|mu|sik; Sa|lon|or|ches|ter
Sa|lon|wa|gen (*Eisenbahn*)
Sa|loon [sə'lu:n], der; -s, -s ‹amerik.› (Lokal, dessen Einrichtung dem Stil der Westernfilme nachempfunden ist)
sa|lopp ‹franz.› (ungezwungen; nachlässig); **Sa|lopp|heit**
Sal|pe, die; -, -n ‹griech.› (ein walzenförmiges Meerestier)
Sal|pe|ter, der; -s ‹lat.› (*Bez. für* einige Salze der Salpetersäure); **Sal|pe|ter|dün|ger; Sal|pe|ter|er|de; sal|pe|ter|hal|tig; sal|pe|te|rig** *vgl.* salpetrig; **Sal|pe|ter|säu|re**, die; -; **sal|pet|rig**; salpetrige Säure ↑K89
Sal|pinx, die; -, ...ingen ‹griech.› (*Med.* [Ohr]trompete; Eileiter)
Sal|sa, die; -, -s, *ugs. auch* der; -[s], -s ‹span.› (Art der lateinamerikanischen Popmusik; ein Tanz)
Sal|se, die; -, -n ‹ital.› (*Geol.* Schlammsprudel, -vulkan; *österr. auch für* Fruchtgelee)
Sal|siz, das; -es, -e (Graubündener Wurstsorte)
SALT, Salt [*auch* so:lt] = Strategic Arms Limitation Talks (Gesprä-

S
Sala

che über die Begrenzung der strategischen Rüstung)
Sal|ta, das; -s ‹lat., »spring!«› (ein Brettspiel)
Sal|ta|rel|lo, der; -s, ...lli ‹ital.› (ital. u. span. Springtanz)
Sal|ta|to, das; -s, *Plur.* -s *u.* ...ti (*Musik* Spiel mit hüpfendem Bogen)
Sal|t|im|boc|ca, die; -, -s ‹ital.› (mit Schinken u. Salbei gefülltes [Kalbs]schnitzel)
SALT-Kon|fe|renz, Salt-Kon|fe|renz
Salt Lake Ci|ty [ˈsɔːlt leɪk ˈsɪti] (Hauptstadt des amerik. Bundesstaates Utah)
Sal|to, der; -s, *Plur.* -s *u.* ...ti ‹ital.› (freier Überschlag; Luftrolle); **Sal|to mor|ta|le,** der; - -, *Plur.* - - *u.* ...ti ...li (meist dreifacher Salto in großer Höhe)
sa|lü! [*auch* ...ˈlyː] (bes. in der Schweiz übliche Grußformel)
Sa|lut, der; -[e]s, -e ‹franz.› ([milit.] Ehrengruß)
Sa|lu|ta|ti|on, die; -, -en ‹lat.› (*veraltet für* feierliche Begrüßung)
sa|lu|tie|ren ‹lat.› (militärisch grüßen)
Sa|lu|to|ge|ne|se, die; - ‹lat.; griech.› (*Med.* Gesamtheit gesundheitsfördernder *u.* -erhaltender Faktoren)
Sa|lut|schuss
Sal|va|dor, El usw. *vgl.* El Salvador usw.; **Sal|va|do|ri|a|ner; Sal|va|do|ri|a|ne|rin; sal|va|do|ri|a|nisch**
Sal|va|ti|on, die; -, -en ‹lat.› (*veraltet für* Rettung; Verteidigung)
[1]**Sal|va|tor,** der; -s (Jesus als Retter, Erlöser)
[2]**Sal|va|tor®,** das *od.* der; -s (ein bayrisches Starkbier); **Sal|va|tor|bier** (als ®: Salvator-Bier); **Sal|va|tor|bräu** (als ®: Salvator-Bräu)
Sal|va|to|ri|a|ner (Angehöriger einer kath. Priesterkongregation; *Abk.* SDS *[vgl. d.]*)
sal|va|to|risch (*Rechtsspr.* nur ergänzend geltend); salvatorische Klausel ↑K89
sal|va ve|nia ‹lat.› (*veraltet für* mit Erlaubnis, mit Verlaub [zu sagen]; *Abk.* s. v.)
sal|ve! [...və] ‹lat., »sei gegrüßt!«› (lateinischer Gruß)
Sal|ve [...və], die; -, -n ‹franz.› (gleichzeitiges Schießen von mehreren Feuerwaffen)
sal|vie|ren ‹lat.› (*veraltet für* retten); *noch in* sich salvieren (sich von einem Verdacht reinigen), salviert sein
sal|vo ti|tu|lo (*veraltet für* mit Vorbehalt des richtigen Titels; *Abk.* S. T.)
Sal|wei|de (eine Weidenart)
Salz, das; -es, -e
Sal|z|ach, die; - (rechter Nebenfluss des Inns)
Salz|ader
Salz|amt (*österr. scherzh. für* vergeblich angerufene Behörde)
salz|arm; salz|ar|tig
Salz|bad; Salz|be|las|tung *(Ökol.);* **Salz|berg|bau; Salz|berg|werk; Salz|bo|den; Salz|bre|zel; Salz|bröt|chen**
Salz|burg (österr. Bundesland u. dessen Hauptstadt); **Salz|bur|ger;** Salzburger Festspiele, Salzburger Nockerln (eine Mehlspeise); **Salz|bur|ge|rin; salz|bur|ge|risch, salz|bur|gisch**
Salz|det|furth, Bad (Stadt südlich von Hildesheim)
sal|zen; du salzt; gesalzen (*in übertr. Bedeutung nur so,* z. B. die Preise sind gesalzen, ein gesalzener Witz), *auch* gesalzt
Säl|zer (*veraltet für* Salzsieder, -händler; jmd., der [Fleisch, Fische] einsalzt)
Salz|fass; Salz|fleisch; Salz|gar|ten (Anlage zur Salzgewinnung); **Salz|ge|halt,** der; **Salz|ge|win|nung; Salz|gru|be** (Salzbergwerk); **Salz|gur|ke**
salz|hal|tig; Salz|he|ring; sal|zig
Salz|kam|mer|gut, das; -[e]s (österreichische Alpenlandschaft)
Salz|kar|tof|fel *meist Plur.;* **Salz|korn** *Plur.* ...körner; **Salz|ko|te** (*früher für* Salzsiedehaus); *vgl.* [2]Kote; **Salz|krus|te; Salz|la|ger|stät|te; Salz|la|ke; Salz|lam|pe; Salz|le|cke** *vgl.* Lecke
salz|los
Salz|lö|sung; Salz|man|del; Salz|pfan|ne; Salz|pflan|ze
salz|sau|er (Salzsäure enthaltend)
Salz|säu|le; Salz|säu|re; Salz|see
Salz|sie|der; Salz|sie|de|rin
Salz|so|le; Salz|stan|ge; Salz|stan|gerl, das; -s, -[n]; *vgl.* Pickerl *(bayr., österr.);* **Salz|steu|er,** die; **Salz|stock** (Salzlagerstätte)
Salz|stra|ße (antiker Verkehrsweg für den Transport von Salz)
Salz|streu|er; Salz|teig
Salz|uf|len, Bad (Stadt am Teutoburger Wald)
Salz|was|ser; Salz|wüs|te; Salz|zoll
Sam [sɛm] (m. Vorn.); Onkel Sam (*scherzh. Bez. für* USA; *vgl.* Uncle Sam); **Sa|ma|el** [...eːl, *auch* ...ɛl] *vgl.* Samiel
Sä|mann *Plur.* ...männer
Sa|ma|ria [*auch* ...ˈriːa] (antike Stadt u. historische Landschaft in Palästina); **Sa|ma|ri|ta|ner** (Angehöriger eines Volkes in Palästina); *vgl.* Samariter; **Sa|ma|ri|ta|ne|rin; sa|ma|ri|ta|nisch;** der samaritanische Pentateuch *(Rel.)* ↑K89
Sa|ma|ri|ter (Bewohner von Samaria; Krankenpfleger); barmherziger Samariter; **Sa|ma|ri|ter|dienst; Sa|ma|ri|te|rin; Sa|ma|ri|ter|tum,** das; -s
Sa|ma|ri|um, das; -s (chemisches Element, Metall; *Zeichen* Sm)
[1]**Sa|mar|kand** (Stadt in Usbekistan)
[2]**Sa|mar|kand,** der; -[s], -s (ein Teppich)
Sä|ma|schi|ne
Sam|ba, die; -, -s, *auch u. österr. nur* der; -s, -s ‹afrik.-port.› (ein Tanz)
Sam|be|si, der; -[s] (Strom in Afrika)
Sam|bia (Staat in Afrika); **Sam|bi|er; Sam|bi|e|rin; sam|bisch**
Sam|bu|ca, der; -s, -s ‹ital.› (italienischer Anislikör)
[1]**Sa|me,** der; -n, -n (Lappe)
[2]**Sa|me,** der; -ns, -n (*seltener für* Samen); **Sa|men,** der; -s, -
Sa|men|bank *Plur.* ...banken *(Med.);* **Sa|men|er|guss**
Sa|men|fa|den; Sa|men|flüs|sig|keit; Sa|men|hand|lung; Sa|men|kap|sel *(Bot.);* **Sa|men|kern; Sa|men|korn** *Plur.* ...körner
Sa|men|lei|ter, der *(Med.)*
Sa|men|pflan|ze
Sa|men|raub; Sa|men|spen|der (bei künstl. Befruchtung); **Sa|men|strang** *(Med.);* **Sa|men|zel|le**
Sa|men|zucht, die; -
Sä|me|rei
Sa|mi|ch|laus [...xlaus], der; -[es], ...läuse (*schweiz. für* St. Nikolaus)
Sa|mi|el, Sa|ma|el [...eːl, *auch* ...ɛl], der; -[s] ‹hebr.› (böser Geist, Teufel)
sä|mig (seimig; dickflüssig); **Sä|mig|keit,** die; -
sa|misch (von Samos)
sä|misch ‹slaw.› (fettgegerbt)
Sä|misch|ger|ber; Sä|misch|ger|be|rin; Sä|misch|le|der
Sa|mis|dat, der; - ‹russ.› (im Selbstverlag erschienene [verbotene] Literatur in der Sowjetunion)
Sam|land, das; -[e]s (Halbinsel

zwischen dem Frischen u. dem Kurischen Haff); **Sam|län|der,** der; **Sam|län|de|rin; sam|län|disch**
Säm|ling (aus Samen gezogene Pflanze)
Sam|mel|ak|ti|on; Sam|mel|al|bum; Sam|mel|an|schluss; Sam|mel|auf|trag *(Postw.)*; **Sam|mel|band,** der
Sam|mel|be|cken; Sam|mel|be|griff; Sam|mel|be|häl|ter; Sam|mel|be|stel|lung; Sam|mel|be|zeich|nung; Sam|mel|büch|se
Sam|mel|de|pot (*Bankw.* eine Form der Wertpapierverwahrung)
Sam|me|lei
Sam|mel|ei|fer; Sam|mel|fahr|schein; Sam|mel|frucht *(Bot.)*; **Sam|mel|ge|biet; Sam|mel|grab**
Sam|mel|gut; Sam|mel|gut|ver|kehr, der; -s; **Sam|mel|kla|ge**
Sam|mel|kon|to; Sam|mel|la|ger
Sam|mel|lei|den|schaft; Sam|mel|lin|se *(Optik)*; **Sam|mel|map|pe**
sam|meln; ich samm[e]le
Sam|mel|na|me *(Sprachwiss.)*; **Sam|mel|platz; Sam|mel|schie|ne** *(Elektrot.)*; **Sam|mel|stel|le**
Sam|mel|su|ri|um, das; -s, ...ien (*ugs. für* angesammelte Menge verschiedenartigster Dinge)
Sam|mel|tas|se; Sam|mel|ta|xi; Sam|mel|trans|port; Sam|mel|trieb, der; -[e]s; **Sam|mel|werk; Sam|mel|wert|be|rich|ti|gung** *(Bankw.)*; **Sam|mel|wut**
Sam|met, der; -s, -e (*veraltet für* Samt)
Samm|ler; Samm|ler|fleiß; Samm|ler|freu|de; Samm|le|rin; Samm|ler|stück
Samm|lung
Sam|my ['zɛmi] (m. Vorn.)
Sam|ni|te, der; -n, -n, **Sam|ni|ter,** der; -s, - (Angehöriger eines italischen Volkes); **Sam|ni|te|rin**
Sa|moa (Inselgruppe im Pazifischen Ozean); *vgl.* Westsamoa
Sa|moa|in|seln *Plur.* ↑K143; **Sa|mo|a|ner; Sa|mo|a|ne|rin; sa|mo|a|nisch**
Sa|mo|je|de, der; -n, -n (*früher für* Nenze)
¹**Sa|mos** (griechische Insel)
²**Sa|mos,** der; -, - (Wein von ¹Samos)
Sa|mo|thra|ke (griechische Insel)
Sa|mo|war [*auch* 'za...], der; -s, -e ⟨russ.⟩ (russ. Teemaschine)
Sam|pan, der; -s, -s ⟨chin.⟩ (chinesisches Wohnboot)
sam|peln, sam|plen ['sɛmpl̩n, 'zampl̩n] ⟨engl.⟩ (einen Sampler zusammenstellen; ein Sampling durchführen); ich samp[e]le; gesampelt *od.* gesamplet; **Sample** ['sɛmpl̩], das; -[s], -s (Stichprobe; Muster; Ergebnis von Samplings); **Sam|p|ler** ['sɛmplɐ, 'zamplɐ] (CD o. Ä. mit einer Auswahl von [bereits früher veröffentlichten] Titeln; Gerät zum Durchführen von Samplings); **Sam|p|ling,** das; -s, -s (Bearbeitung von Tönen, Klängen u. Neuzusammenstellung am Computer)
Sam|son *vgl.* Simson
Sams|tag, der; -[e]s, -e ⟨hebr., »Sabbattag«⟩ (*Abk.* Sa.); langer, kurzer Samstag; *vgl.* Dienstag; **Sams|tag|abend** *vgl.* Dienstagabend
sams|täg|lich *vgl.* ...täglich; **samstags** ↑K70; *vgl.* Dienstag
samt; samt und sonders; *Präp. mit Dat.:* samt dem Geld
Samt, der; -[e]s, -e (ein Gewebe); **Samt|an|zug; samt|ar|tig; Samt|band,** das; *Plur.* ...bänder; **samten** (aus Samt)
Samt|ge|mein|de (Gemeindeverband [in Niedersachsen])
Samt|hand|schuh; jmdn. mit Samthandschuhen anfassen (jmdn. vorsichtig behandeln)
Samt|ho|se
sam|tig (samtartig); eine samtige Haut
Samt|ja|cke; Samt|kleid

säm|tlich

- sie waren sämtlich (allesamt, vollzählig) erschienen

Das auf »sämtlich« folgende Adjektiv wird schwach gebeugt:

- sämtlicher aufgehäufte Sand, mit sämtlichem gesammelten Material, sämtliches vorhandene Eigentum

Im Plural wird es seltener auch stark gebeugt:

- sämtliche vortrefflichen, *auch* vortreffliche Einrichtungen
- sämtlicher vortrefflicher, *auch* vortrefflichen Einrichtungen
- sämtliche Stimmberechtigten, *auch* Stimmberechtigte

Samt|pföt|chen; Samt|pfo|te; Samt|tep|pich
samt|weich
Sa|mu|el [...e:l, *auch* ...ɛl] (bibl. Eigenn.)
Sa|mum [*auch* ...'mu:m], der; -s, *Plur.* -s *u.* -e ⟨arab.⟩ (*Geogr.* ein heißer Wüstenwind)
Sa|mu|rai, der; -[s], -[s] ⟨jap.⟩ (Angehöriger des jap. Adels)
San *s. Kasten*
Sa|naa (Hauptstadt Jemens)
Sa|na|to|ri|um, das; -s, ...ien ⟨lat.⟩ (Heilanstalt; Genesungsheim)
San Ber|nar|di|no, der; - - (italienischer Name des Sankt-Bernhardin-Passes)
San|cho Pan|sa [...tʃo -] (Knappe Don Quichottes)
Sanc|ta Se|des, die; - - ⟨lat.⟩ (*lat. Bez. für* Heiliger [Apostolischer] Stuhl)
sanc|ta sim|p|li|ci|tas! ⟨»heilige Einfalt!«⟩
Sanc|ti|tas, die; - ⟨»Heiligkeit«⟩ (Titel des Papstes)
Sanc|tus, das; -, - (Lobgesang der kath. Messe)
Sand, der; -[e]s, -e
Sand|aal (ein Fisch)
San|da|le, die; -, -n ⟨griech.⟩ (leichte Fußbekleidung); **San|da|len|film** (*scherzh. für* in der Antike spielender Film); **San|da|let|te,** die; -, -n (sandalenartiger Sommerschuh)
San|da|rak, der; -s ⟨griech.⟩ (ein tropisches Harz)
sand|ar|tig
Sand|bad
Sand|bahn; Sand|bahn|ren|nen *(Sport)*
Sand|bank *Plur.* ...bänke; **Sand|blatt** (beim Tabak); **Sand|bo|den; Sand|burg; Sand|dorn** *Plur.* ...dorne (eine Pflanzengattung)
San|del|holz ⟨sanskr.; dt.⟩ (duftendes Holz verschiedener Sandelbaumgewächse); **San|del|holz|öl**
¹**san|deln** (*österr. ugs. für* langsam arbeiten, faulenzen); ich sand[e]le
²**san|deln** *(südd.)*, **sän|deln** (*schweiz. für* im Sand spielen); ich sand[e]le, sänd[e]le
San|del|öl (*svw.* Sandelholzöl)
san|den (*mdal. u. schweiz. für* mit Sand bestreuen; *auch für* Sand streuen)
sand|far|ben, sand|far|big (*für* beige)
Sand|förm|chen (ein Kinderspielzeug); **Sand|gru|be**
Sand|ha|se (Fehlwurf beim Kegeln; *Soldatenspr. veraltend für* Infanterist)
Sand|hau|fen; Sand|ho|se (Sand führender Wirbelsturm)

San

⟨lat., »heilig«⟩

»San« erscheint als Bestandteil von Heiligennamen u. von darauf zurückgehenden Ortsnamen.

I. *Im Italienischen:*

a) *»San« steht vor Konsonanten, außer vor Sp… u. St…, in männlichen Namen (Abk.* S.):

– San Giuseppe [- dʒu…], S. Giuseppe
– San Jacopo, S. Jacopo

b) *»Sant'« steht vor Vokalen in männlichen u. weiblichen Namen (Abk.* S.):

– Sant'Angelo [- …dʒe…], S. Angelo
– Sant'Agata, S. Agata

c) *»Santa« steht vor Konsonanten in weiblichen Namen (Abk.* S.):

– Santa Lucia [- …ˈtʃiːa], S. Lucia

d) *Der Plural »Sante« steht in weiblichen Namen (Abk.* SS.):

– Sante Maria e Maddalena, SS. Maria e Maddalena

e) *Der Plural »Santi« steht in männlichen Namen (Abk.* SS.):

– Santi Pietro e Paolo, SS. Pietro e Paolo

f) *»Santo« steht vor Sp… und St… in männlichen Namen (Abk.* S.):

– Santo Spirito, S. Spirito
– Santo Stefano, S. Stefano

II. *Im Spanischen:*

a) *»San« steht in männlichen Namen, außer vor Do… u. To… (Abk.* S.):

– San Bernardo, S. Bernardo

b) *»Santa« steht in weiblichen Namen (Abk.* Sta.):

– Santa Maria, Sta. Maria

c) *»Santo« steht vor Do… und To… in männlichen Namen (Abk.* Sto.):

– Santo Domingo, Sto. Domingo
– Santo Tomás, Sto. Tomás

III. *Im Portugiesischen:*

a) *»Santa« steht in weiblichen Namen (Abk.* Sta.):

– Santa Clara, Sta. Clara

b) *»Santo« steht in männlichen Namen (Abk.* Sto.):

– Santo André, Sto. André

Vgl. Saint, Sankt *u.* São

San Di|e|go [*engl.* sɛn diˈeɪgoʊ] (Stadt in Kalifornien)
san|dig
San|di|nis|mus, der; - ⟨nach C. A. Sandino, der 1927 einen Kleinkrieg gegen die amerik. Truppen in Nicaragua führte⟩ (am Marxismus-Leninismus orientierte Bewegung in Nicaragua); **San|di|nist**, der; -en, -en; **San|di|nis|tin**
Sand|kas|ten; Sand|kas|ten|lie|be (Liebe aus der Kinderzeit); **Sand|kas|ten|spiel; Sand|kis|te** *(bes. österr.)*
Sand|korn *Plur.* …körner
Sand|ku|chen
Sand|ler (*österr. für* Obdachloser); **Sand|le|rin**
Sand|mann, *häufiger* **Sand|männ|chen** (eine Märchengestalt)
Sand|pa|pier; Sand|platz
San|d|ra (w. Vorn.)
sand|reich
Sand|sack; Sand|schie|fer
Sand|stein; Sand|stein|fels, Sand|stein|fel|sen; Sand|stein|ge|bir|ge
sand|strah|len *nur im Infinitiv u. im Partizip II gebr.;* sandgestrahlt, *auch* gesandstrahlt; **Sand|strahl|ge|blä|se**
Sand|strand; Sand|sturm
sand|te *vgl.* senden
Sand|tor|te; Sand|uhr
Sand|wich [ˈzɛntvɪtʃ], das *od.* der; *Gen.* -[e]s *od.* -, *Plur.* -[e]s, *auch* -e ⟨engl.⟩ (belegte Weißbrotschnitte); **Sand|wich|bau|wei|se** *(Technik);* **Sand|wich|kind** (mittleres Kind zwischen zwei Geschwistern); **Sand|wich|we|cken** (*österr. für* langes Weißbrot)
Sand|wüs|te
san|fo|ri|sie|ren ⟨nach dem amerik. Erfinder Sanford Cluett⟩ ([Gewebe] krumpfecht machen)
San Fran|cis|co (Stadt in Kalifornien)
sanft; sanfter Tourismus
Sänf|te, die; -, -n (Tragstuhl); **Sänf|ten|trä|ger; Sänf|ten|trä|ge|rin**
Sanft|heit, die; -; **sänf|ti|gen** *(veraltet);* **Sanft|mut**, die; -; **sanft|mü|tig; Sanft|mü|tig|keit**, die; -
sang *vgl.* singen
Sang, der; -[e]s, Sänge *(veraltet);* mit Sang und Klang; **sang|bar**
Sän|ger; fahrender Sänger; **Sän|ger|bund**, der; **Sän|ger|chor; Sän|ger|fest; Sän|ge|rin; Sän|ger|kna|be; Sän|ger|schaft**
San|ges|bru|der; san|ges|freu|dig; San|ges|freund
san|ges|froh; san|ges|kun|dig
San|ges|lust, die; -; **san|ges|lus|tig**
sang|los; *nur in* sang- u. klanglos (*ugs. für* ohne viel Aufhebens, unbemerkt); ↑K31
San|g|ria, die; -, -s ⟨span.⟩ (Rotweinbowle)
San|g|ri|ta®, die; -, -s (gewürzter Saft mit Fruchtfleisch)
San|gu|i|ni|ker ⟨lat.⟩ (heiterer, lebhafter Mensch); **San|gu|i|ni|ke|rin; san|gu|i|nisch**
San|he|d|rin, der; -s (*hebr. Form von* Synedrion)
San|he|rib (ein assyrischer König)
Sa|ni, der; -s, -s (*ugs., bes. Soldatensprache; kurz für* Sanitäter)
sa|nie|ren ⟨lat.⟩ (gesund machen; gesunde Lebensverhältnisse schaffen; durch Renovierung u. Modernisierung den neuen Lebensverhältnissen anpassen; wieder rentabel machen); sich sanieren (*ugs. für* wirtschaftlich gesunden)
Sa|nie|rer; Sa|nie|re|rin; Sa|nie|rung; Sa|nie|rungs|ar|bei|ten *Plur.*
sa|nie|rungs|be|dürf|tig
Sa|nie|rungs|bi|lanz; Sa|nie|rungs|fall, der; **Sa|nie|rungs|ge|biet; Sa|nie|rungs|kon|zept; Sa|nie|rungs|kos|ten** *Plur.;* **Sa|nie|rungs|maß|nah|me; Sa|nie|rungs|ob|jekt; Sa|nie|rungs|plan; Sa|nie|rungs|pro|gramm**
sa|nie|rungs|reif
sa|ni|tär ⟨franz.⟩ (gesundheitlich); sanitäre Anlagen; **Sa|ni|tär|an|la|ge** *meist Plur.;* **Sa|ni|tär|be|darf; Sa|ni|tär|ein|rich|tun|gen** *Plur.*
sa|ni|ta|risch ⟨lat.⟩ (*schweiz. für*

Sankt

‹lat., »heilig«› (*Abk.* St.) *In Heiligennamen und in auf solche zurückgehenden Ortsnamen steht kein Bindestrich:* – Sankt Peter, Sankt Elisabeth, Sankt Gallen – St. Paulus, St. Elisabeth, St. Pölten *In Ableitungen wird ein Bindestrich gesetzt; bei Formen auf -er kann man darauf verzichten* ↑K147: – die sankt-gallischen Klosterschätze – die Sankt Gallener *od.* Sankt-Gallener Handschrift – die Sankt Galler *od.* Sankt-Galler Einwohner – die St. Andreasberger *od.* St.-Andreasberger Bergwerke	*Wird »Sankt« od. »St.« Teil einer Aneinanderreihung, müssen Bindestriche stehen* ↑K146: – die Sankt-Gotthard-Gruppe – das St.-Elms-Feuer – die St.-Marien-Kirche – der Sankt-Lorenz-Strom – der Sankt-Wolfgang-See *Vgl.* Saint, San *u.* São

gesundheitlich, gesundheitspolizeilich)

Sa|ni|tär|tech|nik, die; -

Sa|ni|tät, die; - ‹lat.› (*schweiz. u. österr. für* [militärisches] Sanitätswesen)

Sa|ni|tä|ter (in Erster Hilfe, Krankenpflege Ausgebildeter); **Sa|ni|tä|te|rin; Sa|ni|täts|ar|ti|kel**

Sa|ni|täts|au|to; Sa|ni|täts|be|hör|de (Gesundheitsbehörde); **Sa|ni|täts|dienst; Sa|ni|täts|ein|heit**

Sa|ni|täts|ge|frei|te

Sa|ni|täts|ge|schäft; Sa|ni|täts|haus

Sa|ni|täts|ko|lon|ne; Sa|ni|täts|kom|pa|nie

Sa|ni|täts|korps; Sa|ni|täts|kraft|wa|gen (*Kurzw.* Sank[r]a)

Sa|ni|täts|of|fi|zier; Sa|ni|täts|of|fi|zie|rin; Sa|ni|täts|rat *Plur.* ...räte (*Abk.* San.-Rat); **Sa|ni|täts|rä|tin; Sa|ni|täts|sol|dat; Sa|ni|täts|sol|da|tin**

Sa|ni|täts|trup|pe; Sa|ni|täts|wa|che; Sa|ni|täts|wa|gen; Sa|ni|täts|zelt

San Jo|sé [- xo...] (Hauptstadt von Costa Rica)

San-Jo|sé-Schild|laus ↑K146

sank *vgl.* sinken

San|ka, San|k|ra, der; -[s], -[s] (*bes. Soldatenspr.* Sanitätskraftwagen)

Sankt *s. Kasten*

Sankt An|d|re|as|berg (Stadt im Harz)

Sankt Bern|hard, der; - -[s] (Name zweier Pässe in den Alpen); der Große, der Kleine Sankt Bernhard; **Sankt-Bern|har|din-Pass,** der; -es

Sankt Bla|si|en (Stadt im südlichen Schwarzwald); **Sankt-Bla|si|en-Stra|ße** ↑K162

Sankt Flo|ri|an (österr. Stift)

Sankt-Flo|ri|ans-Prin|zip, das; -s ↑K146 (Grundsatz, Unangenehmes von sich wegzuschieben, auch wenn andere dadurch geschädigt werden)

Sankt Gal|len (Kanton u. Stadt in der Schweiz)

Sankt Gal|le|ner, Sankt-Gal|le|ner, *in der Schweiz nur* **Sankt Gal|ler, Sankt-Gal|ler** *vgl.* Sankt

Sankt Gal|le|ne|rin, Sankt-Gal|le|ne|rin, *in der Schweiz nur* **Sankt Gal|le|rin, Sankt-Gal|le|rin** *vgl.* Sankt; **sankt-gal|lisch** ↑K147

Sankt Gott|hard, der; - -[s] (schweizerischer Alpenpass)

Sankt He|le|na (Insel im südlichen Atlantischen Ozean)

Sank|ti|on, die; -, -en ‹lat.-franz.› (*geh. für* Billigung; *Rechtsspr.* Erteilung der Gesetzeskraft; *meist Plur.:* Zwangsmaßnahme)

sank|ti|o|nie|ren (bestätigen; Sanktionen verhängen); **Sank|ti|o|nie|rung**

Sank|tis|si|mum, das; -s (*kath. Rel.* Allerheiligstes, geweihte Hostie)

Sankt-Lo|renz-Strom, der; -[e]s ↑K146 (in Nordamerika)

Sankt Mär|gen (Ort im südlichen Schwarzwald)

Sankt-Mi|cha|e|lis-Tag, der; -[e]s, -e ↑K137 (29. Sept.)

Sankt Mo|ritz [*auch* - moˈrɪts] (Ort im Oberengadin)

Sankt-Nim|mer|leins-Tag, der; -[e]s ↑K137 *(ugs. scherzh.);* bis zum Sankt-Nimmerleins-Tag

Sankt Pau|li (Stadtteil von Hamburg)

Sankt Pe|ters|burg (russische Stadt an der Newa)

Sankt Pöl|ten (Hauptstadt von Niederösterreich)

Sank|tu|a|ri|um, das; -s, ...ien ‹lat.› (Altarraum in der kath. Kirche; [Aufbewahrungsort eines] Reliquienschrein[s])

Sankt-Wolf|gang-See, der; -s ↑K146, **Wolf|gang|see,** der; -s ↑K143, **Aber|see,** der; -s ↑K143 (im Salzkammergut)

San-Ma|ri|ne|se, der; -n, -n (Einwohner von San Marino); **San-Ma|ri|ne|sin; san-ma|ri|ne|sisch; San Ma|ri|no** (Staat u. seine Hauptstadt auf der Apenninen-Halbinsel)

San.-Rat = Sanitätsrat

San Sal|va|dor (Hauptstadt von El Salvador)

Sans|cu|lot|te [sãsky...], der; -n, -n ‹franz., »Ohne[knie]hose«› (*Bez. für* einen Revolutionär der Französischen Revolution)

San Se|bas|ti|án [*span.* san sevasˈti̯an] (span. Stadt)

San|se|vi|e|ria, San|se|vi|e|rie, die; -, ...ien ‹nach dem ital. Gelehrten Raimondo di Sangro, Fürst von San Severo› (ein trop. Liliengewächs, Zimmerpflanze)

sans gêne [sã ˈʒɛn] ‹franz.› (*veraltet für* zwanglos; nach Belieben)

San|si|bar (Insel an der Ostküste Afrikas); **San|si|ba|rer; San|si|ba|re|rin; san|si|ba|risch**

Sans|k|rit [*auch, österr. u. schweiz. nur,* ...ˈkrɪt], das; -[s] (Literatur- u. Gelehrtensprache des Altindischen)

Sans|k|rit|for|scher; Sans|k|rit|for|sche|rin; sans|k|ri|tisch

Sans|k|ri|tist, der; -en, -en; **Sans|k|ri|tis|tik,** die; - (Wissenschaft vom Sanskrit); **Sans|k|ri|tis|tin**

Sans|sou|ci [ˈsãːsusi] ‹franz., »sorgenfrei«› (Schloss in Potsdam)

Sant' *vgl.* San; **San|ta** *vgl.* San

San|ta Claus [ˈsɛntə ˈkloːs], der;

S Sani

- -, - - ‹amerik.› (*amerik. Bez. für* Weihnachtsmann)
San|ta Lu|cia [- ...'tʃi:a], die; - - (neapolitanisches Schifferlied)
San|t|an|der (spanische Stadt u. Provinz)
San|te *vgl.* San; **San|ti** *vgl.* San
San|t|i|a|go, San|t|i|a|go de Chi|le [- - 'tʃi:le] (Hauptstadt Chiles)
San|t|i|a|go de Com|pos|te|la (span. Stadt)
Sän|tis, der; - (schweiz. Alpengipfel)
San|to *vgl.* San
San|to Do|min|go (Hauptstadt der Dominikanischen Republik)
San|to|me|er (Staatsbürger von São Tomé u. Príncipe); **San|to|me|e|rin; san|to|me|isch**
San|to|rin (griechische Insel)
San|tos (brasilianische Stadt)
São ['za:o] ‹port., »heilig«› (*vor Konsonanten in port. m. Heiligennamen u. auf solche zurückgehenden Ortsnamen; Abk.* S.); São Paulo, S. Paulo
Saône [so:n], die; - (franz. Fluss)
São Pau|lo [*auch* s... 'paulu] (Stadt u. Bundesstaat in Brasilien)
São To|mé [- ...'me:] (Hauptstadt von São Tomé u. Príncipe); **São To|mé|er, São-To|mé|er; São To|mé|e|rin, São-To|mé|e|rin; são-to|mé|isch; São To|mé und Prín|ci|pe** [- - - 'prɪnsipə] (westafrikanischer Inselstaat)
Sa|phir [*auch, österr. nur,* ...'fi:ɐ̯], der; -s, -e ‹semit.-griech.› (ein Edelstein); **Sa|phir|na|del**
sa|pi|en|ti sat! ‹lat., »genug für den Verständigen!«› (es bedarf keiner weiteren Erklärung für den Eingeweihten)
Sa|pin, der; -s, -e, **Sa|pi|ne,** die; -, -n, Sap|pel, der; -s, - ‹ital.› (*Forstwirtsch.* Werkzeug zum Wegziehen gefällter Bäume)
Sa|po|nin, das; -s, -e ‹lat.› (ein pflanzlicher Wirkstoff)
Sap|pe, die; -, -n ‹franz.› (*Militär früher für* Lauf-, Annäherungsgraben)
Sap|pel *vgl.* Sapin
sap|per|lot!, sa|cker|lot! ‹franz.› (*veraltet, aber noch landsch.* ein Ausruf des Unwillens od. des Erstaunens); **sap|per|ment!,** sa|cker|ment! (*svw.* sapperlot)
Sap|peur [...'pø:ɐ̯], der; -s, -e ‹franz.› (*früher* Soldat für den Sappenbau; *schweiz.* Soldat der techn. Truppe, Pionier)
sap|phisch [...fɪʃ, *auch* ...pfɪʃ] ↑K 135 *u.* 89 : sapphische Strophe, sapphisches Versmaß; **Sap|pho** (griechische Dichterin)
Sap|po|ro [*auch* 'sa...] (japanische Stadt)
sa|p|ris|ti! ‹franz.› (*veraltet* Ausruf des Erstaunens, Unwillens)
Sa|p|ro|bie, die; -, -n *meist Plur.* ‹griech.› (*Biol.* von faulenden Stoffen lebender Organismus); **Sa|p|ro|bi|ont,** der; -en, -en (*svw.* Saprobie)
sa|p|ro|gen (Fäulnis erregend)
Sa|p|ro|pel, das; -s, -e (Faulschlamm, der unter Sauerstoffabschluss in Seen u. Meeren entsteht)
Sa|p|ro|pha|gen *Plur.* (Pflanzen od. Tiere, die sich von faulenden Stoffen ernähren); **sa|p|ro|phil** (auf, in od. von faulenden Stoffen lebend); **Sa|p|ro|phyt,** der; -en, -en (pflanzlicher Organismus, der von faulenden Stoffen lebt)
Sa|ra, Sa|rah (w. Vorn.)
Sa|ra|ban|de, die; -, -n ‹pers.-arab.-span.-franz.› (ein alter Tanz)
Sa|ra|gos|sa (Stadt u. Provinz in Spanien)
Sa|ra|je|vo (Hauptstadt von Bosnien-Herzegowina)
Sa|ra|sa|te (spanischer Geiger u. Komponist)
Sa|ra|ze|ne, der; -n, -n ‹arab.› (*veraltet für* Araber, Muslim); **Sa|ra|ze|nin; sa|ra|ze|nisch**
Sar|da|na|pal (assyrischer König)
Sar|de, der; -n, -n, *veraltend* Sar|di|ni|er (Bewohner Sardiniens)
Sar|del|le, die; -, -n ‹ital.› (ein Fisch); **Sar|del|len|but|ter; Sar|del|len|fi|let; Sar|del|len|pas|te**
Sar|des (Hauptstadt des alten Lydiens)
Sar|din, Sar|di|ni|e|rin
Sar|di|ne, die; -, -n ‹ital.› (ein Fisch); **Sar|di|nen|büch|se**
Sar|di|ni|en (italienische Insel im Mittelmeer); **Sar|di|ni|er** *vgl.* Sarde; **Sar|di|ni|e|rin** *vgl.* Sardin; **sar|di|nisch, sar|disch**
sar|do|nisch ‹lat.› (boshaft, hämisch); sardonisches (*Med.* krampfhaftes) Lachen
Sar|d|o|nyx, der; -[es], -e ‹griech.› (ein Schmuckstein)
Sarg, der; -[e]s, Särge
Sar|gas|so|see, die; - ‹port.; dt.› (Teil des Nordatlantiks)
Sarg|de|ckel; Sarg|fa|b|rik; Sarg|na|gel; Sarg|trä|ger; Sarg|trä|ge|rin; Sarg|tuch *Plur.* ...tücher
Sa|ri, der; -[s], -s ‹sanskr.-Hindi› (gewickeltes Gewand indischer Frauen)
Sa|ri|na (w. Vorn.)
Sar|kas|mus, der; -, ...men ‹griech.› (*nur Sing.:* [beißender] Spott; sarkastische Äußerung); **sar|kas|tisch** (spöttisch)
Sar|kom, das; -s, -e, *auch* **Sar|ko|ma,** das; -s, -ta ‹griech.› (*Med.* bösartige Geschwulst); **sar|ko|ma|tös; Sar|ko|ma|to|se,** die; -, -n (*Med.* ausgebreitete Sarkombildung)
Sar|ko|phag, der; -[e]s, -e (Steinsarg, [Prunk]sarg)
Sar|ma|te, der; -n, -n (Angehöriger eines historischen asiatischen Nomadenvolkes); **Sar|ma|ti|en** (alter Name des Landes zwischen Weichsel u. Wolga); **Sar|ma|tin; sar|ma|tisch**
Sar|nen (Hauptort des Halbkantons Obwalden)
Sa|rong, der; -[s], -s ‹malai.› (um die Hüfte geschlungenes, buntes Tuch der Malaien)
Sar|rass, der; -es, -e ‹poln.› (Säbel mit schwerer Klinge)
Sar|raute [...'ro:t], Nathalie (franz. Schriftstellerin)
SARS, Sars = severe acute respiratory syndrome; schweres akutes respiratorisches Syndrom (eine Infektionskrankheit)
Sar|t|re [...rə], Jean-Paul [ʒã'pɔl] (franz. Philosoph u. Schriftsteller)
SAS, die; - = Scandinavian Airlines System (Skandinavische Luftlinien)
Sa|sa|ni|de *vgl.* Sassanide
Sa|scha (m. Vorn.)
Sa|shi|mi [...ʃ...], das; -[s], -[s] ‹jap.› (in kleine Portionen geschnittener roher Fisch)
Sas|kat|che|wan [səs'kɛtʃɪvn̩] ‹engl.› (kanadische Provinz)
Sa-Sprin|gen [ɛs'a:...] ‹*Kurzw. für* schweres Springen der Kategorie a› (*Pferdesport* schwierige Springprüfung)
saß *vgl.* sitzen
Sass, der; -en, -en, Sas|se, der; -n, -n (*früher für* Grundbesitzer; Ansässiger)
Sas|sa|f|ras, der; -, - ‹franz.› (nordamerik. Laubbaum); **Sas|sa|f|ras|öl,** das; -[e]s (ätherisches Öl aus dem Holz des Sassafras)
Sas|sa|ni|de, der; -n, -n, *fachspr. auch* Sa|sa|ni|de (Angehöriger eines alten pers. Herrscherge-

schlechtes); **sas|sa|ni|disch,** *fachspr. auch* sa|sa|ni|disch

[1]**Sas|se** *vgl.* Sass

[2]**Sas|se,** die; -, -n (*Jägerspr.* Hasenlager)

Sass|nitz (Hafenstadt a. d. Ostküste von Rügen; *Schreibung bis 1991:* Saßnitz)

Sa|tan, der; -s, -e ‹hebr.›, **Sa|ta|nas,** der; -, -se (*nur Sing.:* Teufel; boshafter Mensch)

sa|ta|nisch (teuflisch)

Sa|ta|nis|mus, der; - (Teufelsverehrung); **Sa|ta|nist,** der; -en, -en; **Sa|ta|nis|tin**

Sa|tans|bra|ten (*ugs. scherzh. für* pfiffiger, durchtriebener Kerl; Schlingel); **Sa|tans|kerl**

Sa|tans|pilz

Sa|tans|weib

Sa|tel|lit, der; -en, -en ‹lat.› (*Astron.* Mond der Planeten; *Raumfahrt* künstlicher Mond, Raumsonde; *kurz für* Satellitenstaat)

Sa|tel|li|ten|bahn; Sa|tel|li|ten|bild; Sa|tel|li|ten|da|ten *Plur.;* **Sa|tel|li|ten|emp|fang** *(bes. Fernsehen);* **Sa|tel|li|ten|fern|se|hen; Sa|tel|li|ten|flug; Sa|tel|li|ten|fo|to**

Sa|tel|li|ten|funk; sa|tel|li|ten|ge|steu|ert; sa|tel|li|ten|ge|stützt; Sa|tel|li|ten|na|vi|ga|ti|on; Sa|tel|li|ten|pro|gramm; Sa|tel|li|ten|schüs|sel *(ugs.)*

Sa|tel|li|ten|staat *Plur.* ...staaten (von einer Großmacht abhängiger, formal selbstständiger Staat); **Sa|tel|li|ten|stadt** (Trabantenstadt)

Sa|tel|li|ten|te|le|fon; Sa|tel|li|ten|über|tra|gung (Übertragung über einen Fernsehsatelliten)

Sa|tem|spra|che (Sprache aus einer bestimmten Gruppe der indogermanischen Sprachen)

Sa|ter|land, das; -[e]s (oldenburgische Landschaft)

Sa|ter|tag, der; -[e]s, -e ‹lat.› (*westfäl., ostfries. für* Sonnabend)

Sa|tin [...'tɛ̃], der; -s, -s ‹arab.-franz.› (*Sammelbez. für* Gewebe in Atlasbindung mit glänzender Oberfläche)

Sa|ti|na|ge [...ʒə], die; -, -n (Glättung [von Papier u. a.])

Sa|tin|blu|se; Sa|tin|holz (eine glänzende Holzart)

sa|ti|nie|ren ([Papier] glätten)

Sa|ti|nier|ma|schi|ne

Sa|ti|re, die; -, -n ‹lat.› (ironisch-witzige literarische od. künstlerische Darstellung u. Kritik menschlicher Schwächen u. Laster); **Sa|ti|ri|ker** (Verfasser von Satiren); **Sa|ti|ri|ke|rin; sa|ti|risch**

Sa|tis|fak|ti|on, die; -, -en ‹lat.› (Genugtuung); **sa|tis|fak|ti|ons|fä|hig**

Sa|t|rap, der; -en, -en ‹pers.› (altpersischer Statthalter); **Sa|t|ra|pen|wirt|schaft,** die; - (*abwertend für* Behördenwillkür); **Sa|t|ra|pie,** die; -, ...ien (altpersische Statthalterschaft); **Sa|t|ra|pin**

Sat|su|ma, die; -, -s ‹nach der früheren japanischen Provinz Satsuma› (Mandarinenart)

satt; ein sattes Blau; sich satt essen, trinken; satt sein (*ugs. auch für* völlig betrunken sein); weil ich deine Launen satt bin *(ugs.); vgl. aber* satthaben; die hungrigen Kinder satt bekommen; *vgl. aber* sattbekommen; Bier kann richtig satt machen *od.* sattmachen

satt|be|kom|men (*ugs. für* nicht mehr mögen); ich habe den Stress jetzt endgültig sattbekommen; *vgl.* satt

satt|blau

Sat|te, die; -, -n (*nordd. für* größere, flache Schüssel)

Sat|tel, der; -s, Sättel; **Sät|tel|chen**

Sat|tel|dach

Sat|tel|de|cke

sat|tel|fest (*auch für* kenntnissicher, -reich)

Sat|tel|gurt; Sat|tel|kis|sen; Sat|tel|knopf

sat|teln; ich satt[e]le

Sat|tel|pferd (das im Gespann links gehende Pferd)

Sat|tel|schlep|per

Sat|tel|ta|sche

Sat|te|lung, Satt|lung

Sat|tel|zeug

Sat|tel|zug

satt es|sen, sich; *vgl.* satt

satt|gelb; satt|grün

satt|ha|ben (*ugs. für* nicht mehr mögen); weil ich deine Launen satthabe; *vgl.* satt

Satt|heit, die; -

satt|hö|ren, sich

sät|ti|gen; eine gesättigte Lösung *(Chemie)*

Sät|ti|gung; Sät|ti|gungs|bei|la|ge (*meist scherzh. für* sättigende Beilage); **Sät|ti|gungs|ge|fühl; Sät|ti|gungs|grad**

Satt|ler; Satt|ler|ar|beit; Satt|le|rei; Satt|ler|hand|werk, das; -[e]s; **Satt|le|rin; Satt|lung** *vgl.* Sattelung

satt ma|chen, satt|ma|chen *vgl.* satt

satt|rot

satt|sam (hinlänglich)

satt|se|hen, sich

Sa|tu|ra|ti|on, die; -, -en ‹lat., »Sättigung«› (ein besonderes Verfahren bei der Zuckergewinnung); **sa|tu|rie|ren** (sättigen; [Ansprüche] befriedigen); **sa|tu|riert** (zufriedengestellt); **Sa|tu|riert|heit**

[1]**Sa|turn,** der; -[s] ‹lat.› (ein Planet)

[2]**Sa|turn** *vgl.* Saturnus

[3]**Sa|turn,** die; -, -s (*kurz für* Saturnrakete)

Sa|tur|na|li|en *Plur.* (altröm. Fest zu Ehren des Gottes Saturn)

sa|tur|nisch; saturnischer Vers ↑K89; Saturnisches Zeitalter (das Goldene Zeitalter in der antiken Sage)

Sa|turn|ra|ke|te, Sa|turn-Ra|ke|te (amerik. Trägerrakete)

Sa|tur|nus (röm. Gott der Aussaat)

Sa|tyr, der; *Gen.* -s *u.* -n, *Plur.* -n ‹griech.› (Waldgeist u. Begleiter des Dionysos in der griech. Sage mit menschl. Körper, tierischen Ohren, Schwanz, Hörnern u. Hufen); **sa|tyr|ar|tig**

Sa|ty|ri|a|sis, die; - (*Med.* krankhafte Steigerung des männlichen Geschlechtstriebes)

Sa|tyr|spiel

Satz, der; -es, Sätze; ein verkürzter, elliptischer Satz

Satz|aus|sa|ge (*svw.* Prädikat)

Satz|ball *(Sport); vgl.* [1]Ball

Satz|band, das; *Plur.* ...bänder

Satz|bau, der; -[e]s; **Satz|bau|plan; Satz|bruch,** der (*für* Anakoluth)

Sätz|chen; Satz|er|gän|zung

satz|fer|tig; ein Manuskript satzfertig machen, *aber* das Satzfertigmachen ↑K82

Satz|ge|fü|ge; Satz|ge|gen|stand

Satz|ge|winn *(Sport)*

Satz|glied

...sät|zig (*Musik* z. B. viersätzig)

Satz|kon|s|t|ruk|ti|on; Satz|leh|re (*für* Syntax); **Satz|rei|he**

Satz|spie|gel *(Druckw.);* **Satz|tech|nik**

Satz|teil, der

Sat|zung; Sat|zungs|än|de|rung; sat|zungs|ge|mäß

Satz|ver|bin|dung

Satz|ver|lust *(Sport)*

satz|wei|se

S
sass

satz|wer|tig; satzwertiger Infinitiv; satzwertiges Partizip
Satz|zei|chen; Satz|zu|sam|men|hang
[1]**Sau,** die; -, *Plur.* Säue *u.* (*bes. von* Wildschweinen:) -en
[2]**Sau** (*frühere dt. Bez. für* [2]Save)

sau|ber

sau|be|rer, saub|rer, sau|bers|te

Schreibung in Verbindung mit Verben:

- sauber halten; ich halte sauber; sauber gehalten; sauber zu halten
- das hast du sauber (*ugs., oft ironisch für* sehr gut) gemacht!
- sauber machen *od.* saubermachen (reinigen); wir haben das Zimmer sauber gemacht *od.* saubergemacht
- beim Saubermachen sein ↑K82

Sau|ber|frau *vgl.* Saubermann
Sau|ber|keit, die; -; **säu|ber|lich**
sau|ber ma|chen, sau|ber|ma|chen *vgl.* sauber
Sau|ber|mann *Plur.* ...männer (*scherzh.; auch für* jmd., der auf die Wahrung der Moral achtet)
säu|bern; ich säubere; **Säu|be|rung; Säu|be|rungs|ak|ti|on; Säu|be|rungs|wel|le**
sau|blöd, sau|blö|de (*derb für* sehr blöd[e])
Sau|boh|ne
Sau|ce ['zo:sə, *österr.* zo:s] *vgl.* Soße; **Sauce bé|ar|naise** [- bear'nɛ:s], die; - - ‹franz.› (eine weiße Kräutersoße); **Sauce hol|lan|daise** [- ɔlãˈdɛ:s], die; - - (eine weiße Soße)
Sau|ci|e|re [zo'si̯e:rə, *österr.* zo'si̯ɛ:r], die; -, -n ‹franz.› (Soßenschüssel)
sau|cie|ren ([Tabak] mit einer Soße behandeln)
Sau|cis|chen [zos..., *auch* so...] (kleine [Brat]wurst)
Sau|di, der; -s, -s, **Sau|di-Ara|ber** (Bewohner von Saudi-Arabien); **Sau|di-Ara|be|rin; Sau|di-A|ra|bi|en** (arabischer Staat); **sau|di-ara|bisch, sau|disch**
sau|dumm (*derb für* sehr dumm)
sau|en (*vom Schwein* Junge bekommen)
sau|er; saure Gurken, Heringe; saurer Regen ↑K89; er ist gleich sauer (*ugs. für* verärgert) geworden; ↑K72: gib ihm Saures! (*ugs. für* prügle ihn!)
Sau|er, das; -s (*Druckerspr.* bezahlte, aber noch nicht geleistete Arbeit; *fachspr. kurz für* Sauerteig)
Sau|er|amp|fer; Sau|er|bra|ten; Sau|er|brun|nen; Sau|er|dorn *Plur.* ...dorne
Sau|e|rei (*derb*)
Sau|er|kir|sche; Sau|er|klee, der; -s; **Sau|er|kohl,** der; -[e]s (*landsch.*); **Sau|er|kraut,** das; -[e]s
Sau|er|land, das; -[e]s (westfäl. Landschaft); **Sau|er|län|der; Sau|er|län|de|rin; sau|er|län|disch**
säu|er|lich; Säu|er|lich|keit, die; -
Säu|er|ling (kohlensaures Mineralwasser; Sauerampfer)
Sau|er|milch, die; -
säu|ern (sauer machen; *auch für* sauer werden); ich säu[e]re; das Brot wird gesäuert
Säu|er|nis, die; -
Sau|er|rahm
Sau|er|stoff, der; -[e]s (chemisches Element, Gas; *Zeichen* O)
Sau|er|stoff|ap|pa|rat
sau|er|stoff|arm
Sau|er|stoff|bad; Sau|er|stoff|be|hand|lung (*Med.*); **Sau|er|stoff|du|sche**
Sau|er|stoff|fla|sche, Sau|er|stoff-Fla|sche
Sau|er|stoff|ge|halt, der; **Sau|er|stoff|ge|rät**
sau|er|stoff|hal|tig
Sau|er|stoff|man|gel, der; -s; **Sau|er|stoff|mas|ke**
sau|er|stoff|reich
Sau|er|stoff|tank; Sau|er|stoff|ver|sor|gung; Sau|er|stoff|zelt; Sau|er|stoff|zu|fuhr
sau|er|süß ↑K23
Sau|er|teig
sau|er|töp|fisch (griesgrämig)
Säu|e|rung
Säu|e|rungs|mit|tel, das
Sau|er|was|ser *Plur.* ...wässer
Sauf|aus, der; -, - (*veraltend für* Trinker); **Sauf|bold,** der; -[e]s, -e (*svw.* Saufaus)
Sau|fe|der (*Jägerspr.* Spieß zum Abfangen des Wildschweines)
sau|fen (*derb in Bezug auf Menschen, bes. für* Alkohol trinken); du säufst; du soffst; du söffest; gesoffen; sauf[e]!; **Säu|fer** (*derb*); **Sau|fe|rei** (*derb*); **Säu|fe|rin**
Säu|fer|le|ber (*ugs.*); **Säu|fer|na|se** (*ugs.*)
Säu|fer|wahn; Säu|fer|wahn|sinn
Sauf|ge|la|ge (*derb*); **Sauf|kum|pan** (*derb*); **Sauf|kum|pa|nin**
Sau|fraß (*derb*)
Sauf|tour (*derb*)
Säug|am|me; Säug|bag|ger
sau|gen; du saugst; du sogst, *auch* saugtest; du sögest; gesogen, *auch* gesaugt (*Technik nur* saugte, gesaugt); saug[e]!
säu|gen
Sau|ger (saugendes Junges; Schnuller)
Säu|ger (Säugetier); **Säu|ge|tier**
saug|fä|hig; Saug|fä|hig|keit, die; -
Saug|fla|sche; Saug|glo|cke (*Med.*); **Saug|he|ber** (*Chemie*); **Saug|kap|pe; Saug|kraft; Saug|lei|tung**
Säug|ling (Kind im 1. Lebensjahr)
Säug|lings|gym|nas|tik, die; -; **Säug|lings|heim; Säug|lings|pfle|ge; Säug|lings|schwes|ter; Säug|lings|sterb|lich|keit; Säug|lings|waa|ge**
Saug|mas|sa|ge; Saug|napf (Haftorgan bei bestimmten Tieren); **Saug|pum|pe**
sau|grob (*derb für* sehr grob)
Saug|rohr; Saug|wir|kung
Sau|hatz (*Jägerspr.*)
Sau|hau|fen (*derb*); **Sau|hund** (*derb*)
säu|isch (*derb für* sehr unanständig)
Sau|jagd (*Jägerspr.*)
sau|kalt (*ugs. für* sehr kalt)
Sau|kerl (*derb*)
Sau|klaue (*derb für* unleserliche Handschrift)
sau|ko|misch (*ugs. für* sehr komisch)
Saul (bibl. König)
Säul|chen
Säu|le, die; -, -n
Säu|len|ab|schluss (*für* Kapitell)
säu|len|ar|tig; säu|len|för|mig
Säu|len|fuß; Säu|len|gang; Säu|len|hal|le
Säu|len|hei|li|ge (*svw.* Stylit)
Säu|len|kak|tus
Säu|len|schaft; Säu|len|tem|pel
...säu|lig (z. B. mehrsäulig)
Sau|lus (bibl. m. Eigenn.)
[1]**Saum,** der; -[e]s, Säume (*veraltet für* Last)
[2]**Saum,** der; -[e]s, Säume (Rand; Besatz)
Sau|ma|gen (*Gastron.* gefüllter Schweinemagen)
sau|mä|ßig (*derb*)

Säum|chen (kleiner Saum)
[1]**säu|men** (mit einem Rand, Besatz versehen)
[2]**säu|men** (*veraltet für* mit Saumtieren Lasten befördern)
[3]**säu|men** (*geh. veraltend für* zögern)
[1]**Säu|mer** (Zusatzteil der Nähmaschine)
[2]**Säu|mer** (*veraltet für* Saumtier, Lasttier; Saumtiertreiber)
[3]**Säu|mer** (*geh. für* Säumender, Zögernder); **Säu|me|rin**
säu|mig; Säu|mig|keit
Saum|naht
Säum|nis, die; -, -se *od.* das; -ses, -se *(Rechtswiss., sonst veraltend);* **Säum|nis|zu|schlag**
Saum|pfad ⟨*zu* [1]Saum⟩ (Gebirgsweg für Saumtiere)
Saum|sal, die; -, -e *od.* das; -[e]s, -e (*veraltet für* Säumigkeit, Nachlässigkeit)
saum|se|lig; Saum|se|lig|keit
Saum|tier ⟨*zu* [1]Saum⟩ (Tragtier)
Sau|na, die; -, *Plur.* -s *od.* ...nen ⟨finn.⟩ (Heißluftbad); **Sau|na|bad; Sau|na|gang,** der
sau|nen, sau|nie|ren (ein Saunabad nehmen); **Sau|nist; Sau|nis|tin**
Sau|rach, der; -[e]s, -e (ein Strauch)
Säu|re, die; -, -n
säu|re|arm; säu|re|be|stän|dig; säu|re|fest; säu|re|frei
Säu|re|ge|halt, der
Sau|re-Gur|ken-Zeit, Sau|re|gur|ken|zeit (*scherzh. für* politisch od. geschäftlich ruhige Zeit); *aber nur* in der Sauren-Gurken-Zeit *(ugs.)*
säu|re|hal|tig
Säu|re|man|gel, der; -s; **Säu|re|man|tel** *(Med.);* **Säu|re|mes|ser,** der; **Säu|re|rest** *(Chemie);* **Säu|re|schutz|an|zug; Säu|re|über|schuss; Säu|re|ver|gif|tung**
Sau|ri|er, der; -s, - (urweltliche [Riesen]echse)
Saus; *nur in* in Saus und Braus (sorglos prassend); in Saus und Braus leben
sau|schwer (*derb für* sehr schwer)
Sau|se, die; -, -n (*ugs. für* ausgelassene Feier); eine Sause machen
säu|seln; ich säus[e]le
sau|sen; du saust; er/sie saus|te; sausen lassen *od.* sausenlassen (*ugs. für* aufgeben)
Sau|ser (*landsch. für* neuer Wein u. dadurch hervorgerufener Rausch)
Sau|se|schritt; *nur in* im Sauseschritt (sehr schnell); **Sau|se|wind** (*auch für* unsteter, lebhafter junger Mensch)
Saus|sure [soˈsyːɐ̯], Ferdinand de (schweiz. Sprachwissenschaftler)
Sau|stall (*meist derb für* schmutzige Verhältnisse, Unordnung)
Sau|ternes [soˈtɛrn], der; -, - ⟨nach der gleichnamigen Ortschaft⟩ (ein franz. Wein)
sau|teu|er (*derb für* sehr teuer)
sau|tie|ren [so...] ⟨lat.-franz.⟩ (kurz in der Pfanne braten; in heißem Fett schwenken)
Sau|vi|g|non [sovɪnˈjõː], der; -s, -s ⟨franz.⟩ (eine Rebsorte); Sauvignon blanc
Sau|wet|ter, das; -s (*derb für* sehr schlechtes Wetter); **sau|wohl** (*ugs. für* sehr wohl); **Sau|wut** (*derb für* heftige Wut)
Sa|van|ne, die; -, -n ⟨indian.⟩ (Steppe mit einzeln od. gruppenweise stehenden Bäumen)
[1]**Save** [saːf] (linker Nebenfluss der Garonne)
[2]**Sa|ve** [...və] (rechter Nebenfluss der Donau)
Sa|vi|g|ny [...vɪnji], Friedrich Carl von (dt. Jurist)
Sa|voir-vi|v|re [...vo̯aːɐ̯ˈviːvrə], das; - ⟨franz.⟩ ([feine] Lebensart; Manieren)
Sa|vo|na|ro|la (italienischer Bußprediger u. Reformator)
Sa|vo|y|ar|de [...ˈjar...], der; -n, -n ⟨franz.⟩ (Savoyer); **Sa|vo|y|ar|din**
Sa|vo|y|en [zaˈvɔyən] (historische Provinz in Ostfrankreich); **Sa|vo|y|er; Sa|vo|y|e|rin; sa|vo|y|isch**
[1]**Sax** *vgl.* [2]Sachs
[2]**Sax,** das; -, -e (*Kurzw. für* Saxofon)
Sa|xi|f|ra|ga, die; -, ...agen ⟨lat.⟩ (*Bot.* Steinbrech)
Sa|xo|fon, Sa|xo|phon, das; -s, -e ⟨nach dem belg. Erfinder A. Sax⟩ (ein Blasinstrument); **Sa|xo|fo|nist,** Sa|xo|pho|nist, der; -en, -en (Saxofonbläser); **Sa|xo|fo|nis|tin,** Sa|xo|pho|nis|tin
Sa|xo|ne, der; -n, -n (Angehöriger einer altgerm. Stammesgruppe; [Alt]sachse)
Sa|xo|phon usw. *vgl.* Saxofon usw.
Sa|zer|do|ti|um, das; -s ⟨lat.⟩ (Priestertum, -amt; im MA. die geistliche Gewalt des Papstes)
Sb = Stibium (*chem. Zeichen für* Antimon)
SB = Selbstbedienung (z. B. SB-Markt, SB-Tankstelle)
S-Bahn® [ˈɛs...], die; -, -en (Schnellbahn); **S-Bahn|hof; S-Bahn-Sta|ti|on**
S-Bahn-Sur|fen, das; -s (*ugs. für* waghalsiges Mitfahren an der Außenseite eines S-Bahn-Wagens); **S-Bahn-Wa|gen,** der; -s, - ↑K26
SBB *Plur., auch* die; - = Schweizerische Bundesbahnen
Sbir|re, der; -n, -n ⟨ital.⟩ (*früher für* italienischer Polizeidiener)
s. Br., südl. Br. = südlicher Breite; 50° s. Br.
Sbrinz, der; -[es] (ein [Schweizer] Hartkäse)
sc., scil. = scilicet
sc., sculps. = sculpsit
Sc (*chem. Zeichen für* Scandium)
SC = South Carolina
Sca|la, die; - ⟨ital., »Treppe«⟩; Mailänder Scala (Mailänder Opernhaus); *vgl.* Skala
Scam|pi *Plur.* ⟨ital.⟩ (eine Art kleiner Krebse)
Scan [skɛn], der *od.* das; -s, -s ⟨engl.⟩ (das Scannen)
Scan|di|um, das; -s (chemisches Element, Metall; *Zeichen* Sc)
scan|nen [ˈskɛn...] ⟨engl.⟩ (mit einem Scanner abtasten)
Scan|ner, der; -s, - (ein elektronisches Eingabegerät); **Scan|ner|kas|se; Scan|ning,** das; -[s], -s (das Scannen)
Sca|pa Flow [- ˈfloː] (Bucht zwischen den Orkneyinseln)
Scar|lat|ti (Name verschiedener italienischer Komponisten)
Scart, der; -s, -s ⟨franz.⟩ (Steckverbindung zum Anschluss von Videogeräten); **Scart|buch|se; Scart|ka|bel**
Scat [skɛt], der; -, -s ⟨engl.⟩ (Gesangsstil, bei dem zusammenhanglose Silben gesungen werden); **scat|ten** [ˈskɛtn̩]; er hat gescattet
Scene [siːn], die; -, -s *Plur. selten* ⟨engl.⟩ (*ugs. für* durch bestimmte Moden, Lebensformen u. a. geprägtes Milieu)
[1]**Scha|be,** [2]Schwa|be, die; -, -n (ein Insekt)
[2]**Scha|be,** die; -, -n (ein Werkzeug)
Schä|be, die; -, -n (Holzteilchen vom Flachs)
Scha|be|fleisch; Schab|ei|sen; Scha|be|mes|ser (*svw.* Schabmesser)
scha|ben; Scha|ber; Scha|be|rei
Scha|ber|nack, der; -[e]s, -e (übermütiger Streich, Possen)
schä|big *(abwertend);* **Schä|big|keit**

S
Säum

Schab|kunst, die; - (eine grafische Technik); **Schab|kunst|blatt**

Scha|b|lo|ne, die; -, -n (ausgeschnittene Vorlage; Muster; Schema, Klischee)

Scha|b|lo|nen|ar|beit; Scha|b|lo|nen|druck *Plur.* ...drucke

scha|b|lo|nen|haft; scha|b|lo|nen|mä|ßig

scha|b|lo|nie|ren, scha|b|lo|ni|sie|ren (nach der Schablone [be]arbeiten, behandeln)

Schab|mes|ser, das

Scha|bot|te, die; -, -n ‹franz.› (schweres Fundament für Maschinenhämmer)

Scha|b|ra|cke, die; -, -n ‹türk.› (verzierte Satteldecke; *ugs. für* abgenutzte, alte Sache; *abwertend für* alte Frau); **Scha|b|ra|cken|ta|pir**

Schab|sel, das; -s, -

Schab|zie|ger, *schweiz.* **Schab|zi|ger** (harter [Schweizer] Kräuterkäse)

Schach, das; -s, -s ‹pers.›; Schach spielen, bieten; in Schach halten (nicht gefährlich werden lassen); Schach und matt!; **Schach|auf|ga|be**

Schach|brett; schach|brett|ar|tig; Schach|brett|mus|ter

Schach|com|pu|ter

Scha|chen, der; -s, - (*südd., österr. u. schweiz. für* Waldstück, -rest; *schweiz. auch für* Niederung, Uferland)

Scha|cher, der; -s ‹hebr.› (übles, feilschendes Geschäftemachen)

Schä|cher (*bibl.* Räuber, Mörder)

Scha|che|rei ‹hebr.›; **Scha|che|rer; Scha|che|rin; scha|chern** (*abwertend für* feilschend handeln); ich schachere

Schach|fi|gur

schach|matt (*ugs. auch für* sehr matt); jmdn. schachmatt setzen

Schach|meis|ter; Schach|meis|te|rin; Schach|meis|ter|schaft; Schach|olym|pi|a|de

Schach|par|tie; Schach|pro|b|lem

Schach|spiel; Schach|spie|ler; Schach|spie|le|rin

Schacht, der; -[e]s, Schächte; Schacht kriegen (*nordd. für* Prügel bekommen)

Schach|tel, die; -, -n

Schach|tel|be|tei|li|gung *(Wirtsch.)*; **Schäch|tel|chen; Schach|tel|di|vi|den|de** *(Wirtsch.)*

Schäch|te|lein

Schach|tel|ge|sell|schaft *(Wirtsch.)*

Schach|tel|halm

schach|teln; ich schacht[e]le

Schach|tel|satz *(Sprachwiss.)*

schach|ten (eine Grube, einen Schacht graben)

schäch|ten ‹hebr.› (nach religiöser Vorschrift schlachten); **Schäch|ter; Schäch|te|rin**

Schach|tisch

Schacht|meis|ter (Vorarbeiter im Tiefbau); **Schacht|meis|te|rin; Schacht|ofen**

Schäch|tung ‹*zu* schächten›

Schach|tur|nier; Schach|uhr

Schach|welt|meis|ter; Schach|welt|meis|te|rin; Schach|welt|meis|ter|schaft

Schach|zug

Schad|bild; Schadbilder an Nadelbäumen

scha|de ↑K 70; es ist schade um jmdn. *od.* um etwas; schade, dass ...; ich bin mir dafür zu schade; o wie schade!; es ist jammerschade!

Scha|de, der (*veraltet für* Schaden); *nur noch in* es soll, wird dein Schade nicht sein

Schä|del, der; -s, -

Schä|del|ba|sis *(Med.)*; **Schä|del|ba|sis|bruch,** der; *vgl.* [1]Bruch

Schä|del|bruch, der; *vgl.* [1]Bruch; **Schä|del|dach; Schä|del|de|cke; Schä|del|form**

Schä|del-Hirn-Trau|ma, *med.-fachspr. auch* **Schä|del|hirn|trau|ma**

...schä|de|lig, ...schäd|lig (z. B. langschäd[e]lig)

Schä|del|stät|te (*auch* Golgatha)

scha|den; jmdm. schaden

Scha|den, der; -s, Schäden; zu Schaden kommen *(Amtsspr.)*

Scha|den|be|gren|zung, Scha|dens|be|gren|zung; **Scha|den|be|rech|nung,** Scha|dens|be|rech|nung

Scha|den|be|richt, Scha|dens|be|richt

Scha|den|er|satz, *fachspr. meist* Scha|dens|er|satz; **Scha|den|er|satz|an|spruch; Scha|den|er|satz|for|de|rung; Scha|den|er|satz|kla|ge; Scha|den|er|satz|leis|tung**

Scha|den|er|satz|pflicht; scha|den|er|satz|pflich|tig

Scha|den|fest|stel|lung, Scha|dens|fest|stel|lung

Scha|den|feu|er

Scha|den|frei|heits|ra|batt

Scha|den|freu|de, die; -; **scha|den|froh**

Scha|den|nach|weis, Scha|dens|nach|weis; **Scha|dens|be|gren|zung,** Scha|den|be|gren|zung

Scha|dens|be|rech|nung, Scha|den|be|rech|nung; **Scha|dens|be|richt,** Scha|den|be|richt

Scha|dens|er|satz (*im BGB für* Schadenersatz)

Scha|dens|fall

Scha|dens|fest|stel|lung, Scha|den|fest|stel|lung; **Scha|dens|nach|weis,** Scha|den|nach|weis

Scha|den|ver|hü|tung; Scha|den|ver|si|che|rung

Schad|fraß, der; -es

schad|haft; Schad|haf|tig|keit

schä|di|gen; Schä|di|ger; Schä|di|ge|rin; Schä|di|gung

Schad|in|sekt

schäd|lich; Schäd|lich|keit

...schäd|lig *vgl.* ...schädelig

Schäd|ling; Schäd|lings|be|fall

Schäd|lings|be|kämp|fung; Schäd|lings|be|kämp|fungs|mit|tel, das

schad|los; sich schadlos halten

Schad|los|bür|ge (*Wirtsch.* Bürge bei der Ausfallbürgschaft); **Schad|los|bür|gin**

Schad|los|hal|tung, die; -

Scha|dor *vgl.* Tschador

Scha|dow [...do] (dt. Bildhauer)

Schad|soft|ware *(EDV)*

Schad|stoff; schad|stoff|arm

Schad|stoff|aus|stoß; Schad|stoff|be|las|tung; Schad|stoff|cock|tail; Schad|stoff|emis|si|on

schad|stoff|frei ↑K 25

Schad|stoff|ge|halt, der; **schad|stoff|hal|tig**

Schad|stoff|pla|ket|te

schad|stoff|re|du|ziert; Schad|stoff|re|du|zie|rung

schad|stoff|reich

Schaf, das; -[e]s, -e; **Schaf|bock**

Schäf|chen; seine Schäfchen ins Trockene bringen (*ugs. auch für* sich großen Gewinn verschaffen), im Trockenen haben (*ugs. auch für* sich seinen Vorteil gesichert haben)

Schäf|chen|wol|ke *meist Plur.*

Schä|fer; Schä|fer|dich|tung

Schä|fe|rei

Schä|fer|hund

Schä|fe|rin

Schä|fer|kar|ren; Schä|fer|ro|man; Schä|fer|spiel

Schä|fer|stünd|chen (heimliches Beisammensein von Verliebten)

Schaff, das; -[e]s, -e (*südd., österr. für* [offenes] Gefäß; *landsch. für* Schrank); *vgl.* [2]Schaft *u.* Schapp; **Schäff|chen** ‹*zu* Schaff›

Schaf|fel, das; -s, -n (*bayr., österr. ugs. für* [kleines] Schaff)

Schaf|fell

schạf|fen

I. (vollbringen; *landsch. für* arbeiten; in [reger] Tätigkeit sein; *Seemannsspr.* essen)
Formen: du schafftest; geschafft; schaff[e]!

- sie hat den ganzen Tag geschafft *(landsch.)*
- sie haben es geschafft; er hat die Kiste ins Haus geschafft
- diese Sorgen sind aus der Welt geschafft (sind beseitigt)
- ich möchte mit dieser Sache nichts mehr zu schaffen haben
- ich habe mir daran zu schaffen gemacht

II. (schöpferisch, gestaltend hervorbringen)
Formen: du schufst; du schüfest; geschaffen; schaff[e]!

- Schiller hat »Wilhelm Tell« geschaffen
- er ist zum Lehrer wie geschaffen
- er stand da, wie ihn Gott geschaffen hat
- sie schuf, *auch* schaffte [endlich] Abhilfe, Ordnung, Platz, Raum
- es muss [endlich] Abhilfe, Ordnung, Platz, Raum geschaffen, *selten* geschafft werden

schạf|fen *s. Kasten*
Schạf|fen, das; -s; **Schạf|fens|drang,** der; -[e]s
Schạf|fens|freu|de; schạf|fens|freu|dig
Schạf|fens|kraft *Plur. selten;* **schạf|fens|kräf|tig**
Schạf|fens|lust, die; -; **schạf|fens|lus|tig**
Schạf|fens|pro|zess
Schạf|fer (*landsch. für* tüchtiger Arbeiter; *Seemannsspr.* Mann, der die Schiffsmahlzeit besorgt u. anrichtet; *österr. veraltet für* Aufseher auf einem Gutshof)
Schaf|fe|re̲i̲ (*Seemannsspr.* Schiffsvorratskammer; *landsch. für* [mühseliges] Arbeiten); **Schạf|fe|rin** *(landsch.)*
Schaff|ha̲u̲|sen (Kanton u. Stadt in der Schweiz); **Schaff|ha̲u̲|ser; Schaff|ha̲u̲|se|rin; schaff|ha̲u̲|se|risch**
schạf|fig (*landsch. u. schweiz. mdal. für* fleißig, eifrig)
Scha̲f|fleisch
Schạ̈ff|ler (*bayr. für* Böttcher); **Schạ̈ff|le|rin; Schạ̈ff|ler|tanz** (Zunfttanz der Schäffler)
Schạff|ner (jmd., der in öffentlichen Verkehrsmitteln Fahrscheine kontrolliert; *veraltet für* Verwalter); **Schaff|ne|re̲i̲** (*veraltet für* Schaffneramt, -wohnung); **Schạff|ne|rin**
schạff|ner|los; schaffnerlose Züge
Schạf|fung, die; -
Scha̲f|gar|be (eine Heilpflanze)
Scha̲f|her|de; Scha̲f|hirt; Scha̲f|hir|tin
Scha|fi|i̲t, der; -en, -en (Angehöriger einer islam. Rechtsschule)
Scha̲f|käl|te, Scha̲fs|käl|te (Mitte Juni auftretender Kaltlufteinbruch)
Scha̲f|kä|se *vgl.* Schafskäse
Scha̲f|kopf, Scha̲fs|kopf, der; -[e]s (ein Kartenspiel)
Scha̲f|le|der; Schä̲f|lein; Scha̲f|milch, Scha̲fs|milch, die; -
Scha|fọtt, das; -[e]s, -e ⟨niederl.⟩ (Gerüst für Hinrichtungen)
Scha̲f|pelz *vgl.* Schafspelz; **Scha̲f|que|se** (Drehwurm); **Scha̲f|schur**
Scha̲fs|käl|te *vgl.* Schafkälte
Scha̲fs|kä|se, *österr. nur* Scha̲f|kä|se
Scha̲fs|kleid; *nur in* der Wolf im Schafskleid
Scha̲fs|kopf (Schimpfwort; *vgl.* Schafkopf)
Scha̲fs|milch *vgl.* Schafmilch
Scha̲fs|na|se (*auch* eine Apfel-, Birnensorte; *auch für* dummer Mensch)
Scha̲fs|pelz, Scha̲f|pelz
Scha̲f|stall
[1]Schạft, der; -[e]s, Schäfte (z. B. Lanzenschaft)
[2]Schạft, der; -[e]s, Schäfte (*südd. u. schweiz. für* Gestell[brett], Schrank); *vgl. auch* Schaff *u.* Schapp
...schaft (z. B. Landschaft)
Schạ̈ft|chen; schạ̈f|ten (mit einem Schaft versehen; [Pflanzen] veredeln; *landsch. für* prügeln)
Schạft|le|der; Schạft|stie|fel
Scha̲f|wei|de; Scha̲f|wol|le; Scha̲f|zucht
Scha̲h, der; -s, -s ⟨pers., »König«⟩ (persischer Herrschertitel; *meist kurz für* Schah-in-Schah)
Scha̲h-in-Scha̲h, der; -[s], -s ⟨»König der Könige«⟩ (früherer Titel des Herrschers des Iran)
Scha|ka̲l, der; -s, -e ⟨sanskr.⟩ (ein hundeartiges Raubtier)
Scha̲|ke, die; -, -n (*Technik* Ring, Kettenglied)
Schä̲|kel, der; -s, - (*Technik* u-förmiges Verbindungsglied aus Metall); **schä̲|keln** (mit einem Schäkel verbinden); ich schäk[e]le
Schä̲|ker ⟨hebr.-jidd.⟩; **Schä|ke|re̲i̲; Schä̲|ke|rin; schä̲|kern** (scherzen); ich schäkere
scha̲l; schales (abgestandenes) Bier; schale (fade) Witze
Scha̲l, der; -s, *Plur.* -s, *auch* -e ⟨pers.-engl.⟩
Scha|lạn|der, der; -s, - (*landsch. für* Pausenraum in Brauereien)
Scha̲l|brett (für Verschalungen verwendetes rohes Brett)
[1]Schä̲l|chen (kleiner Schal)
[2]Schä̲l|chen (kleine Schale)
[1]Scha̲|le, die; -, -n (flaches Gefäß; *österr. auch für* Tasse)
[2]Scha̲|le, die; -, -n (Hülle; *Jägerspr.* Huf beim Schalenwild)
Schä̲l|ei|sen (ein Werkzeug)
schä̲|len
Scha̲|len|bau|wei|se
scha̲|len|för|mig
Scha̲|len|guss (ein Hartguss)
Scha̲|len|kreuz (Teil des Windgeschwindigkeitsmessers)
scha̲|len|los (ohne [2]Schale)
Scha̲|len|obst (Obst mit harter, holziger [2]Schale, z. B. Nüsse)
Scha̲|len|ses|sel ⟨*zu* [1]Schale⟩; **Scha̲|len|sitz**
Scha̲|len|tier *meist Plur.* (z. B. Muschel, Schnecke)
Scha̲|len|wild (*Jägerspr.* Rot-, Schwarz-, Steinwild)
Scha̲l|heit ⟨*zu* schal⟩
Schä̲l|hengst (Zuchthengst)
Scha̲l|holz
...scha|lig (z. B. dünnschalig)
Schạlk, der; -[e]s, *Plur.* -e *u.* Schälke (Spaßvogel, Schelm)
Schạl|ke, die; -, -n (*Seemannsspr.* wasserdichter Abschluss einer Luke); **schạl|ken** (wasserdicht schließen)
schạlk|haft; Schạlk|haf|tig|keit, die; -; **Schạlk|heit**
Scha̲l|kra|gen; Scha̲l|kra|wat|te
Schä̲l|kur *(Kosmetik)*
Schạll, der; -[e]s, *Plur.* -e *od.* Schälle

Schall|be|cher (bei Blasinstrumenten); **Schall|bo|den**
schall|däm|mend ↑K59; **Schall|däm|mung**
Schall|dämp|fer; Schall|de|ckel
schall|dicht
Schall|do|se
schal|len; es schallt; es schallte, *seltener* scholl; es schallte, *seltener* schölle; geschallt; schall[e]!; schallendes Gelächter
schal|lern (*ugs. für* laut knallen); jmdm. eine schallern (jmdm. eine Ohrfeige geben); ich schallere
schall|ge|dämpft
Schall|ge|schwin|dig|keit
Schall|iso|la|ti|on; schall|iso|liert
Schall|leh|re, **Schall-Leh|re,** die; -
Schall|lei|ter, **Schall-Lei|ter,** der
Schall|loch, **Schall-Loch**
Schall|mau|er (extrem hoher Luftwiderstand bei einem die Schallgeschwindigkeit erreichenden Flugobjekt); die Schallmauer durchbrechen
schall|los *vgl.* schalenlos
Schall|plat|te
Schall|plat|ten|al|bum; Schall|plat|ten|ar|chiv; Schall|plat|ten|auf|nah|me; Schall|plat|ten|in|dus|t|rie; Schall|plat|ten|mu|sik
schall|schlu|ckend ↑K59
Schall|schutz
schall|si|cher; schall|tot; schalltoter Raum
Schall|trich|ter (trichterförmiges Gerät zur Schallverstärkung); **schall|ver|stär|kend; Schall|wel|le** *meist Plur.*
Schall|wort *Plur.* ...wörter (durch Lautnachahmung entstandenes Wort)
Schall|zei|chen (*Amtsspr. für* das Betätigen der Hupe)
Schalm, der; -[e]s, -e (*Forstwirtsch.* in die Rinde eines Baumes geschlagenes Zeichen)
Schal|mei, die; -, -en (ein Holzblasinstrument; *auch für* Register der Klarinette u. der Orgel); **Schal|mei|blä|ser; Schal|mei|blä|se|rin; Schal|mei|en|klang**
schal|men (*Forstwirtsch.* einen Baum mit einem Schalm versehen)
Schal|obst *vgl.* Schalenobst
Scha|lom!, Sha|lom! ‹hebr., »Friede«› (hebräische Begrüßungsformel)
Scha|lot|te, die; -, -n ‹franz.› (eine kleine Zwiebel)
schalt *vgl.* schelten
Schalt|an|la|ge; Schalt|bild; Schalt|brett
Schal|te, die; -, -n (*Funk- u. Fernsehjargon* Schaltung)
Schalt|ele|ment
schal|ten; er hat geschaltet (beim Autofahren den Gang gewechselt; *ugs. für* begriffen, verstanden, reagiert); sie hat damit nach Belieben geschaltet
Schal|ter; Schal|ter|be|am|te; Schal|ter|be|am|tin; Schal|ter|dienst; Schal|ter|hal|le; Schal|ter|raum; Schal|ter|schluss, der; -es; **Schal|ter|stun|den** *Plur.*
Schalt|flä|che *(EDV)*
Schalt|ge|trie|be; Schalt|he|bel
Schal|tier *meist Plur.* (*svw.* Schalentier)
Schalt|jahr
Schalt|kas|ten; Schalt|knüp|pel; Schalt|kreis; Schalt|pau|se *(Rundfunkt.)*; **Schalt|plan** *vgl.* [2]Plan; **Schalt|pult**
Schalt|satz *(Sprachwiss.)*
Schalt|sche|ma (Schaltplan); **Schalt|skiz|ze; Schalt|stel|le; Schalt|ta|fel**
Schalt|tag
Schalt|tisch; Schalt|uhr
Schal|tung; Schal|tungs|über|sicht
Schalt|werk; Schalt|zei|chen *(Elektrot.)*; **Schalt|zen|t|ra|le**
Scha|lung (Bretterverkleidung)
Schä|lung (Entfernung der Schale, der Haut u. a.)
Scha|lup|pe, die; -, -n ‹franz.› (Küstenfahrzeug; *auch für* größeres [Bei]boot)
Schal|wild *vgl.* Schalenwild
Scham, die; -
Scha|ma|de, Cha|ma|de [ʃa...], die; -, -n ‹franz.› (*früher für* [mit der Trommel od. Trompete gegebenes] Zeichen der Kapitulation); Schamade schlagen, blasen (*übertr. für* klein beigeben, aufgeben)
Scha|ma|ne, der; -n, -n ‹sanskr.-tungus.› (Zauberpriester bei [asiat.] Naturvölkern); **Scha|ma|nin; Scha|ma|nis|mus,** der; - (eine Religionsform)
Scham|bein *(Med.)*; **Scham|berg; Scham|drei|eck**
schä|men, sich; sie schämte sich ihres Verhaltens, *heute meist* wegen ihres Verhaltens
scham|fi|len (*Seemannsspr.* scheuern); er hat schamfilt
Scham|frist *(Politikjargon)*
Scham|ge|fühl
Scham|ge|gend; Scham|gren|ze; Scham|haar *meist Plur.*
scham|haft; Scham|haf|tig|keit
schä|mig (*landsch. für* verschämt); **Schä|mig|keit,** die; -
Scham|lip|pe *meist Plur.* (äußeres weibliches Geschlechtsorgan)
scham|los; Scham|lo|sig|keit
Scham|mes, der; -, - ‹hebr.-jidd.› (Diener in einer Synagoge u. Assistent des jüdischen Gemeindevorstehers)
Scha|mott, der; -s ‹jidd.› (*ugs. für* Kram, Zeug, wertlose Sachen)
Scha|mot|te, die; - ‹ital.› (feuerfester Ton); **Scha|mot|te|stein; Scha|mot|te|zie|gel**
scha|mot|tie|ren (*österr. für* mit Schamottesteinen auskleiden)
scham|po|nie|ren, scham|pu|nie|ren ‹Hindi-engl.› (mit Shampoo einschäumen, waschen)
Scham|pus, der; - (*ugs. für* Champagner, Sekt)
scham|rot; Scham|rö|te, die; -
Scham|schwel|le
Scham|tei|le *Plur. (selten)*
scham|ver|let|zend; scham|voll
schand|bar; Schand|bar|keit
Schan|de, die; -, -n *Plur. selten;* jmdm. Schande machen; *aber* zuschanden *od.* zu Schanden gehen, machen, werden
Schan|deck, Schan|de|ckel (*Seemannsspr.* oberste Schiffsplanke)
schän|den; Schän|der; Schän|de|rin
Schand|fleck
schänd|lich; Schänd|lich|keit
Schand|mal *Plur.* ...male *u.* ...mäler; **Schand|maul** *(ugs. abwertend)*; **Schand|pfahl** *(früher)*; **Schand|tat**
Schän|dung
Schand|ur|teil
Schan|figg, das; -[s] (Tal zwischen Arosa u. Chur)
Schang|hai, *amtlich* Shang|hai [ʃ..., *auch* ˈʃ...] (Stadt in China); **schang|hai|en** (*Seemannsspr.* Matrosen gewaltsam heuern); sie wurden schanghait
Scha|ni, der; -s, -[s] (*ostösterr. ugs. für* Diener; Kellner); **Scha|ni|gar|ten** (*ostösterr. für* kleiner Garten vor dem Lokal für die Bewirtung im Freien)
[1]**Schank,** der; -[e]s, Schänke (*veraltet für* Ausschank)
[2]**Schank,** die; -, -en (*österr. für* Raum für den Ausschank, Theke)
Schank|be|trieb
Schän|ke *vgl.* Schenke

S
Schä

Schan|ker, der; -s, - ‹lat.-franz.› (*Med.* Geschwür bei Geschlechtskrankheiten); harter, weicher Schanker

Schank|er|laub|nis; Schank|er|laub|nis|steu|er, die; **Schank|ge|rech|tig|keit** (*veraltet für* Schankkonzession); **Schank|kell|ner; Schank|kell|ne|rin; Schank|kon|zes|si|on** (behördliche Genehmigung, alkoholische Getränke auszuschenken)

Schank|stu|be, Schänk|stu|be, Schenk|stu|be; Schank|tisch, Schänk|tisch, Schenk|tisch

Schank|wirt, Schänk|wirt, Schenk|wirt; Schank|wir|tin, Schänk|wir|tin, Schenk|wir|tin; Schank|wirt|schaft, Schänk|wirt|schaft, Schenk|wirt|schaft

Schan|tung [ʃ...], der; -s, -s ‹nach der chin. Provinz› (ein Seidengewebe); **Schan|tung|sei|de**

Schanz|ar|beit *meist Plur. (Militär)*; **Schanz|bau**, der; -[e]s

[1]**Schan|ze**, die ‹altfranz.› (*veraltet für* Glückswurf, -umstand); *nur noch in* in die Schanze schlagen (aufs Spiel setzen)

[2]**Schan|ze**, die; -, -n (*Militär früher für* geschlossene Verteidigungsanlage; *Seemannsspr.* Oberdeck des Achterschiffes; *kurz für* Sprungschanze)

schan|zen (*früher für* an einer [2]Schanze arbeiten); du schanzt

Schan|zen|bau (*svw.* Schanzbau)

Schan|zen|re|kord *(Sport)*; **Schan|zen|tisch** (Absprungfläche einer Sprungschanze)

Schan|zer *(Militär früher)*

Schanz|kleid (*Seemannsspr.* Schiffsschutzwand)

Schanz|werk (*früher für* Festungsanlage); **Schanz|zeug** *(Militär früher)*

Schapf, der; -[e]s, -e, **Schap|fe**, die; -, -n (*landsch. für* Schöpfgefäß mit langem Stiel)

Schap|ka, die; -, -s ‹slaw.› (Kappe, Mütze [aus Pelz]); *vgl. aber* Tschapka

Schapp, der *od.* das; -s, -s (*Seemannsspr.* Schrank, Fach)

[1]**Schap|pe**, die; -, -n ‹franz.› (ein Gewebe aus Seidenabfall)

[2]**Schap|pe**, die; -, -n (*Bergmannsspr.* Tiefenbohrer)

Schap|pel, das; -s, - ‹franz.› (*landsch. für* Kopfschmuck)

Schap|pe|sei|de (*svw.* [1]Schappe)

[1]**Schar**, die; -, -en (größere Anzahl, Menge, Gruppe)

[2]**Schar**, die; -, -en, *fachspr.* das; -[e]s, -e (Pflugschar)

Scha|ra|de, die; -, -n ‹franz.› (Worträtsel, bei dem das zu erratende Wort pantomimisch dargestellt wird)

Schär|baum (*Weberei* Garn- od. Kettbaum)

Schar|be, die; -, -n (Kormoran)

Schar|bock, der; -[e]s ‹niederl.› (*veraltet für* Skorbut); **Schar|bocks|kraut**, das; -[e]s

Schä|re, die; -, -n *meist Plur.* ‹schwed.› (kleine, der Küste vorgelagerte Felsinsel)

scha|ren; sich scharen

schä|ren (*Weberei* Kettfäden aufziehen)

Schä|ren|kreu|zer (ein Segelboot); **Schä|ren|küs|te**

scha|ren|wei|se

scharf; schärfer, am schärfs|ten; ein scharfes Getränk; scharfes s (*für* Eszett); ↑K72: er ist ein Scharfer (*ugs. für* ein strenger Polizist, Beamter u. Ä.); ↑K75: etwas aufs, auf das Schärfs|te *od.* schärfs|te verurteilen; scharf durchgreifen, sehen, schießen usw.; ↑K56: das Objektiv scharf stellen *od.* scharfstellen, *aber nur* das Objektiv scharf einstellen; das Messer, eine Bombe scharf machen *od.* scharfmachen; *vgl. aber* scharfmachen

scharf|äu|gig

Scharf|blick, der; -[e]s

Schär|fe, die; -, -n

Scharf|ein|stel|lung

schär|fen

Schär|fen|tie|fe *(Fotogr.)*

scharf|kan|tig

scharf|ma|chen (*ugs. für* aufhetzen, sexuell erregen); um den Hund scharfzumachen; ein scharfgemachter Hund; *vgl.* scharf; **Scharf|ma|cher; Scharf|ma|che|rei; Scharf|ma|che|rin**

Scharf|rich|ter (*für* Henker); **Scharf|rich|te|rin**

Scharf|schie|ßen, das; -s; **Scharf|schüt|ze; Scharf|schüt|zin**

scharf|sich|tig; Scharf|sich|tig|keit

Scharf|sinn, der; -[e]s

scharf|sin|nig; Scharf|sin|nig|keit

scharf stel|len, scharf|stel|len *vgl.* scharf

Schär|fung

scharf|za|ckig; scharf|zah|nig

scharf|zün|gig; Scharf|zün|gig|keit

Schär|has|pel ‹*zu* schären›

Scha|ria, Sche|ria, die; - ‹arab.› (religiöses Gesetz des Islams)

[1]**Schar|lach**, der, *österr.* das; -s ‹mlat.› (lebhaftes Rot)

[2]**Schar|lach**, der; -s (eine Infektionskrankheit); **Schar|lach|aus|schlag**

schar|la|chen (hochrot)

Schar|lach|far|be, die; -; **schar|lach|far|ben, schar|lach|far|big**

Schar|lach|fie|ber, das; -s

schar|lach|rot

Schar|la|tan, der; -s, -e ‹franz.› (Schwindler, der bestimmte Fähigkeiten vortäuscht); **Schar|la|ta|ne|rie**, die; -, ...ien; **Schar|la|ta|nin**

Schär|ma|schi|ne *(Weberei)*; *vgl.* schären

Schar|müt|zel, das; -s, - (kurzes, kleines Gefecht, Plänkelei)

Scharn, der; -[e]s, -e, **Schar|ren**, der; -s, - (*landsch. für* Verkaufsstand für Fleisch od. Brot)

Scharn|horst (preuß. General)

Schar|nier, das; -s, -e ‹franz.› (Drehgelenk [für Türen])

Schar|nier|band, das; *Plur.* ...bänder; **Schar|nier|ge|lenk**

Schär|pe, die; -, -n (um Schulter od. Hüften getragenes breites Band)

Schar|pie, die; - ‹franz.› (*früher für* zerzupfte Leinwand als Verbandmaterial)

Schär|rah|men ‹*zu* schären›

Schar|re, die; -, -n (ein Werkzeug zum Scharren); **Scharr|ei|sen**

schar|ren

Schar|ren *vgl.* Scharn

Schar|rier|ei|sen (ein Steinmetzwerkzeug); **schar|rie|ren** ‹franz.› (mit dem Scharriereisen bearbeiten)

Schar|schmied (Schmied, der Pflugscharen herstellt)

Schar|te, die; -, -n (Einschnitt; [Mauer]lücke; schadhafte Stelle); eine Scharte auswetzen (*ugs. für* einen Fehler wiedergutmachen; eine Niederlage o. Ä. wettmachen)

Schar|te|ke, die; -, -n (*veraltend für* wertloses Buch, Schmöker; *ugs. abwertend für* unsympathische alte Frau)

schar|tig

Schär|trom|mel ‹*zu* schären›

Scha|rung (*Geogr.* spitzwinkliges Zusammenlaufen zweier Gebirgszüge)

Schar|wen|zel, Scher|wen|zel, der; -s, - ‹tschech.› (*landsch. für* Unter, Bube [in Kartenspielen]; *veraltend für* übertrieben dienstbeflissener Mensch);

schar|wen|zeln (*ugs. für* sich dienernd hin u. her bewegen; herumscharwenzeln); ich scharwenz[e]le, er hat scharwenzelt
Schar|werk (*veraltet für* harte Arbeit); **schar|wer|ken** (*landsch. für* Gelegenheitsarbeiten ausführen); gescharwerkt; **Schar|wer|ker** *(landsch.)*; **Schar|wer|ke|rin**
Schasch|lik, der *od.* das; -s, -s ⟨russ.⟩ (am Spieß gebratene od. gegrillte Fleischstückchen mit Zwiebelringen, Paprika u. Speckscheiben)
schas|sen ⟨franz.⟩ (*ugs. für* [von der Schule, der Lehrstätte, aus dem Amt] jagen); du schasst, er/sie schasst; du schasstest; geschasst; schasse! *u.* schass!
schas|sie|ren (mit kurzen, gleitenden Schritten geradlinig tanzen)
schat|ten (*geh. für* Schatten geben); geschattet
Schat|ten, der; -s, -; Schatten spenden; ein Schatten spendender *od.* schattenspendender Baum ↑K58
Schat|ten|bild; Schat|ten|bo|xen, das; -s; **Schat|ten|da|sein**
schat|ten|haft
schat|ten|halb (*schweiz. für* auf der Schattenseite eines Bergtals)
Schat|ten|haus|halt *(Wirtsch.)*; **Schat|ten|ka|bi|nett; Schat|ten|kö|nig; Schat|ten|kö|ni|gin**
schat|ten|los
Schat|ten|mann *Plur.* ...männer
Schat|ten|mo|rel|le (eine Sauerkirschsorte)
Schat|ten|pflan|ze *(Bot.)*; **Schat|ten|platz**
Schat|ten|re|gie|rung
schat|ten|reich
Schat|ten|reich *(Mythol.)*
Schat|ten|riss
Schat|ten|sei|te; schat|ten|sei|tig
Schat|ten spen|dend, schat|ten|spen|dend *vgl.* Schatten
Schat|ten|spiel; Schat|ten|the|a|ter
Schat|ten|wirt|schaft (Gesamtheit der wirtschaftlichen Betätigungen, die nicht amtlich erfasst werden können [z. B. Schwarzarbeit])
schat|tie|ren ([ab]schatten); **Schat|tie|rung**
schat|tig
Schatt|sei|te (*österr. u. schweiz. neben* Schattenseite); **schatt|sei|tig** (*österr. u. schweiz. neben* schattenseitig)
Scha|tul|le, die; -, -n ⟨mlat.⟩ (Geld-, Schmuckkästchen; *früher für* Privatkasse eines Fürsten)
Schatz, der; -es, Schätze
Schatz|amt; Schatz|an|wei|sung
schätz|bar; Schätz|bar|keit, die; -
Schatz|brief *meist Plur.*
Schätz|chen
schät|zen; du schätzt; schätzen lernen; sie haben sich [zu] schätzen gelernt; **schät|zens|wert; Schät|zer; Schät|ze|rin**
Schatz|grä|ber; Schatz|grä|be|rin; Schatz|in|sel; Schatz|kam|mer; Schatz|kanz|ler (in Großbritannien); **Schatz|kanz|le|rin**
Schatz|käst|chen, Schatz|käst|lein
Schatz|meis|ter; Schatz|meis|te|rin
Schätz|preis
Schatz|su|che; Schatz|su|cher; Schatz|su|che|rin
Schat|zung (*veraltet für* Belegung mit Abgaben; *schweiz. für* [amtliche] Schätzung des [Gebäude]werts)
Schät|zung; schät|zungs|wei|se
Schatz|wech|sel (*Bankw.* Wechsel mit kurzer Laufzeit)
Schätz|wert
schau (*ugs. veraltend für* ausgezeichnet, wunderbar)
Schau, die; -, -en (Ausstellung, Überblick; Vorführung); zur Schau stehen, stellen, tragen; jmdm. die Schau stehlen (*ugs. für* ihn um die Beachtung u. Anerkennung der anderen bringen)
Schaub, der; -[e]s, Schäube (*südd., österr. für* Garbe, Strohbund); 3 Schaub
Schau|be, die; -, -n ⟨arab.⟩ (weiter, vorn offener Mantelrock des MA.s)
Schau|be|gier; schau|be|gie|rig (*geh. für* schaulustig)
Schau|bild
Schau|brot *meist Plur. (jüd. Rel.)*
Schau|bu|de; Schau|büh|ne
Schau|der, der; -s, -; Schauder erregen; **schau|der|bar** (*ugs. scherzh. für* schauderhaft)
schau|der|er|re|gend, Schau|der er|re|gend ↑K58 : ein schaudererregender *od.* Schauder erregender Vorfall, *aber nur* ein heftigen Schauder erregender Vorfall, ein äußerst schaudererregender Vorfall, ein noch schaudererregenderer Vorfall
Schau|der|ge|schich|te
schau|der|haft
schau|dern; ich schaudere; mir *od.* mich schaudert
schau|der|voll *(geh.)*
schau|en

schauen / sehen

Das Verb *schauen* wird besonders in Süddeutschland, in Österreich und in der Schweiz anstelle von *sehen* gebraucht, wenn ein Hinsehen gemeint ist: *Ich schaute auf die Uhr. Schau dir das an!* Im Sinne von »mit den Augen wahrnehmen« ist dagegen auch überregional nur das Wort *sehen* gebräuchlich: *Ich habe dich gestern im Kino gesehen.*

[1]**Schau|er,** der; -s, - (Schreck; Regenschauer)
[2]**Schau|er** (*selten für* Schauender)
[3]**Schau|er,** der; -s, - (*Seemannsspr.* Hafen-, Schiffsarbeiter)
[4]**Schau|er,** der *od.* das; -s, - (*landsch. für* Schutzdach; *auch für* offener Schuppen)
schau|er|ar|tig; schauerartige Regenfälle
Schau|er|bild
schau|er|er|re|gend, Schau|er er|re|gend (*svw.* schaudererregend)
Schau|er|frau *vgl.* Schauermann
Schau|er|ge|schich|te
Schau|e|rin *vgl.* [2]Schauer, [3]Schauer
schau|er|lich; Schau|er|lich|keit
Schau|er|mann, der; -[e]s, ...leute (*Seemannsspr.* Hafen-, Schiffsarbeiter)
Schau|er|mär|chen
schau|ern; ich schau[e]re; mir *od.* mich schauert
Schau|er|ro|man
schau|er|voll
Schau|fel, die; -, -n; **Schau|fel|bag|ger; Schau|fel|blatt**
Schäu|fel|chen
Schäu|fe|le, das; -s, - (*Gastron.* geräuchertes od. gepökeltes Schulterstück vom Schwein); die Knochen von drei Schäufele
schau|fel|för|mig
schau|fe|lig, schauf|lig
Schau|fel|la|der
schau|feln; ich schauf[e]le
Schau|fel|rad; Schau|fel|rad|bag|ger; Schau|fel|rad|damp|fer
Schau|fens|ter; Schau|fens|ter|aus|la|ge; Schau|fens|ter|bum|mel; Schau|fens|ter|de|ko|ra|ti|on
Schau|fens|ter|krank|heit, die; - (Durchblutungsstörung in den Beinen, die zu häufigem Stehenbleiben zwingt)

Schau|fens|ter|pup|pe; Schau|fens|ter|wa|re; Schau|fens|ter|wett|be|werb
Schäu|ferl, das; -s, -[n]; *vgl.* Pickerl; ein Schäuferl nachlegen (*österr. für* etw. eskalieren lassen; seine Anstrengungen verstärken)
Schauf|ler (Damhirsch)
schauf|lig *vgl.* schaufelig
Schau|ge|schäft
Schau|ins|land (Berg im südlichen Schwarzwald)
Schau|kampf
Schau|kas|ten
Schau|kel, die; -, -n; **Schau|kel|be|we|gung; Schau|ke|lei; schau|ke|lig,** schauk|lig
schau|keln; ich schauk[e]le
Schau|kel|pferd; Schau|kel|po|li|tik, die; -; **Schau|kel|reck; Schau|kel|stuhl**
Schauk|ler; Schauk|le|rin; schauk|lig *vgl.* schaukelig
schau|lau|fen *nur im Infinitiv u. Partizip gebr.;* **Schau|lau|fen,** das; -s *(Eiskunstlauf)*
Schau|lust, die; -; **schau|lus|tig; Schau|lus|ti|ge,** der *u.* die; -n, -n
Schaum, der; -[e]s, Schäume; **schaum|ar|tig; Schaum|bad**
schäum|bar; schäumbare Stoffe
schaum|be|deckt ↑K59
Schaum|bla|se; Schaum|blu|me (beim Bier)
Schaum|burg-Lip|pe (Landkreis in Niedersachsen); **schaum|burg-lip|pisch**
schäu|men
Schaum|fes|ti|ger
Schaum|ge|bäck
Schaum|ge|bo|re|ne, die; -n (Beiname der aus dem Meer aufgetauchten Aphrodite)
schaum|ge|bremst; schaumgebremste Waschmittel
Schaum|glas *(Technik)*
Schaum|gold (unechtes Gold)
Schaum|gum|mi, der, *auch* das; -s, -[s]; **Schaum|gum|mi|pols|ter**
schau|mig; Eiweiß schaumig schlagen
Schaum|kel|le; Schaum|kraut; Schaum|kro|ne; Schaum|kuss (Schokokuss); **Schaum|löf|fel; Schaum|lösch|ge|rät; Schaum|par|ty; Schaum|rei|ni|ger**
Schaum|rol|le (*österr. für* mit Schlagsahne gefülltes Gebäck)
Schaum|schlä|ger (ein Küchengerät; *auch für* Angeber, Blender); **Schaum|schlä|ge|rei** *(abwertend);* **Schaum|schlä|ge|rin** *(abwertend)*
Schaum|spei|se
Schaum|stoff; Schaum|stoff|kis|sen
Schaum|tep|pich *(Flugw.)*
Schau|mün|ze
Schaum|wein; Schaum|wein|steu|er, die
Schau|ob|jekt; Schau|or|ches|ter; Schau|pa|ckung; Schau|platz; Schau|pro|gramm
Schau|pro|zess
Schau|raum
schau|rig; schaurig-schön; **Schau|rig|keit**
Schau|sei|te
Schau|spiel
Schau|spiel|di|rek|tor; Schau|spiel|di|rek|to|rin
schau|spie|len; ich schauspiele; geschauspielt; zu schauspielen
Schau|spie|ler; Schau|spie|ler|be|ruf; Schau|spie|le|rei; Schau|spie|le|rin
schau|spie|le|risch
schau|spie|lern *(ugs., oft abwertend);* ich schauspielere; geschauspielert; zu schauspielern
Schau|spiel|haus; Schau|spiel|kunst
Schau|spiel|schu|le; Schau|spiel|schü|ler; Schau|spiel|schü|le|rin
Schau|spiel|un|ter|richt
Schau|stel|ler; Schau|stel|le|rin; Schau|stel|lung
Schau|stück
Schau|ta|fel; Schau|tanz
Schau|te *vgl.* ¹Schote
Schau|tur|nen, das; -s; **Schau|tur|nier**
¹**Scheck,** *schweiz. auch* Check, Cheque [ʃɛk], der; -s, -s ‹engl.› (Zahlungsanweisung [an eine Bank]); ein ungedeckter Scheck
²**Scheck,** der; -en, -en; *vgl.* ¹Schecke
Scheck|ab|tei|lung; Scheck|be|trug; Scheck|be|trü|ger; Scheck|be|trü|ge|rin
Scheck|buch; Scheck|buch|jour|na|lis|mus *(abwertend)*
Scheck|dis|kon|tie|rung
¹**Sche|cke,** der; -n, -n ‹franz.› (scheckiges Pferd od. Rind)
²**Sche|cke,** die; -, -n (scheckige Stute od. Kuh)
Scheck|fä|hig|keit, die; -; **Scheck|fäl|schung**
Scheck|heft; scheck|heft|ge|pflegt; ein scheckheftgepflegtes Auto
sche|ckig; das Pferd ist scheckig braun
sche|ckig|la|chen, sich *(ugs.)*
Scheck|in|kas|so; Scheck|kar|te; Scheck|recht; Scheck|ver|kehr
Scheck|vieh (scheckiges Vieh)
Sched|bau, Shed|bau [ʃ...] *Plur.* ...bauten ‹engl.; dt.› (eingeschossiger Bau mit Sheddach);
Sched|dach, Shed|dach (sägezahnförmiges Dach)
scheel (*ugs. für* missgünstig, geringschätzig); scheel blicken; ich blicke scheel; scheel geblickt; scheel zu blicken; ein scheel blickender *od.* scheelblickender Mensch
Scheel (vierter dt. Bundespräsident)
scheel|äu|gig (*svw.* scheel blickend); **scheel bli|ckend, scheel|bli|ckend** *vgl.* scheel
Scheel|sucht, die; - (*veraltend für* Neid, Missgunst); **scheel|süch|tig** *(veraltend)*
Sche|fe, die; -, -n (*südd. für* ⁴Schote)
Schef|fel, der; -s, - (ein altes Hohlmaß); **schef|feln** (*ugs. für* [geizig] zusammenraffen); ich scheff[e]le; es scheffelt (es kommt viel ein); **schef|fel|wei|se**
Sche|he|ra|za|de, Sche|he|re|za|de [...'za:...] ‹pers.› (Märchenerzählerin aus Tausendundeiner Nacht)
Scheib|chen; scheib|chen|wei|se
Schei|be, die; -, -n; **schei|ben** (*bayr., österr. für* rollen, [Kegel] schieben)
Schei|ben|brem|se
schei|ben|för|mig
Schei|ben|gar|di|ne; Schei|ben|han|tel; Schei|ben|ho|nig; Schei|ben|kleis|ter, der; -s (*verhüllend für* Scheiße); **Schei|ben|kupp|lung**
Schei|ben|schie|ßen, das; -s
Schei|ben|wasch|an|la|ge; Schei|ben|wa|scher; Schei|ben|wi|scher
schei|big
Scheib|tru|he (*österr. für* Schubkarren)
Scheich, der; -s, *Plur.* -e *u.* -s ‹arab.› ([Stammes]oberhaupt in arabischen Ländern; *ugs. abwertend für* Freund, Liebhaber); **Scheich|tum**
Schei|de, die; -, -n
Schei|d|egg, die; - (Name zweier Pässe in der Schweiz); die Große Scheidegg, die Kleine Scheidegg
Schei|de|kunst, die; - (*alte Bez. für* Chemie)
schei|den; du schiedst; du schiedest; geschieden *(vgl. d.);* scheid[e]!
Schei|den|ent|zün|dung *(Med.)*
Schei|de|wand; Schei|de|was|ser *Plur.* ...wässer *(Chemie);* **Schei|de|weg**
Schei|ding, der; -s, -e (*alte Bez. für* September)

S
Scha

Schei|dung
Schei|dungs|an|walt; Schei|dungs|an|wäl|tin
Schei|dungs|grund; Schei|dungs|kind; Schei|dungs|kla|ge; Schei|dungs|pro|zess; Schei|dungs|ra|te
Schei|dungs|rich|ter; Schei|dungs|rich|te|rin
Schei|dungs|ur|teil
Scheik *vgl.* Scheich
Schein, der; -[e]s, -e
Schein|an|griff; Schein|ar|chi|tek|tur (die nur gemalten Architekturteile auf Wand od. Decke); **Schein|ar|gu|ment**
Schein|asy|lant *(häufig diskriminierend);* **Schein|asy|lan|tin**
schein|bar (nur dem Scheine nach)

scheinbar / anscheinend

Das Adjektiv »scheinbar« besagt, dass etwas nur dem Schein nach, nicht aber in Wirklichkeit so ist, wie es sich darstellt. Dieses Wort steht im Gegensatz zu »wirklich«, »wahr«, »tatsächlich«:

– Die meisten Abstürze passieren in scheinbar harmlosem Gelände.

Mit »anscheinend« wird die Vermutung zum Ausdruck gebracht, dass etwas so ist, wie es erscheint.

– Herr Maier ist anscheinend krank. (= Es sieht so aus/hat den Anschein, als ob Herr Maier krank sei; vermutlich ist er es tatsächlich.)

Schein|be|schäf|ti|gung; Schein|blü|te; Schein|da|sein; Schein|ehe
schei|nen; du schienst; du schienest; geschienen; schein[e]!; die Sonne schien, hat geschienen; sie kommt scheints *(ugs. für* anscheinend) erst morgen
Schein|exis|tenz; Schein|fir|ma; Schein|frucht *(Biol.);* **Schein|füß|chen** (bei Amöben); **Schein|ge|fecht; Schein|ge|schäft; Schein|ge|sell|schaft; Schein|ge|winn; Schein|grund; Schein|grün|dung** *(Wirtsch.)*
schein|hei|lig; Schein|hei|li|ge, der *u.* die; -n, -n; **Schein|hei|lig|keit**
Schein|hei|rat
Schein|in|va|li|de, der *u.* die; -n, -n *(schweiz. für* jmd., der Invalidität vortäuscht, um Versicherungsleistungen zu erschleichen)
Schein|kauf; Schein|kauf|mann *(Rechtsspr.);* **Schein|pro|b|lem**
schein|selbst|stän|dig, schein|selb|stän|dig; Schein|selbst|stän|dig|keit, Schein|selb|stän|dig|keit
Schein|tod; schein|tot; Schein|to|te, der *u.* die; -n, -n
Schein|va|ter (gesetzlicher, aber nicht leiblicher Vater)
Schein|ver|trag; Schein|welt
Schein|wer|fer; Schein|wer|fer|ke|gel; Schein|wer|fer|licht
Schein|wi|der|stand *(Elektrot.)*
Scheiß, der; - *(derb für* unangenehme Sache; Unsinn); **Scheiß|angst** *(derb);* **Scheiß|dreck** *(derb)*
schei|ße *(derb);* das sieht scheiße aus; **Schei|ße,** die; - *(derb);* **scheiß|egal** *(derb)*
schei|ßen *(derb);* ich schiss; du schissest; geschissen; scheiß[e]!
Schei|ßer *(derb);* **Schei|ße|rei** *Plur. selten (derb);* **Schei|ße|rin**
scheiß|freund|lich *(derb für* übertrieben freundlich)
Scheiß|haus *(derb);* **Scheiß|kerl** *(derb);* **Scheiß|la|den** *(derb)*
scheiß|vor|nehm *(derb)*
Scheiß|wet|ter *(derb)*
Scheit, das; -[e]s, *Plur.* -e, *bes. österr. u. schweiz.* -er (Holzscheit; *landsch. für* Spaten)
Schei|tel, der; -s, -; **Schei|tel|bein** (ein Schädelknochen); **Schei|tel|li|nie**
schei|teln; ich scheit[e]le
Schei|tel|punkt; schei|tel|recht *(veraltet für* senkrecht)
Schei|tel|wert; Schei|tel|win|kel
schei|ten *(schweiz. für* Holz spalten)
Schei|ter|bei|ge ‹zu ²Beige› *(schweiz. für* Holzstoß); **Schei|ter|hau|fen**
schei|tern; ich scheitere
Scheit|holz
scheit|recht *(veraltet für* waagerecht u. geradlinig)
Scheit|stock, der; -[e]s, ...stöcke *(schweiz. für* Holzklotz zum Holzspalten)
Sche|kel, der; -s, - ‹hebr.› (israel. Währungseinheit; *Währungscode* ILS); *vgl.* Sekel
Schelch, der *od.* das; -[e]s, -e *(rhein., ostfränk. für* größerer Kahn)
Schel|de, die; - (Zufluss der Nordsee)
Schelf, der *od.* das; -s, -e ‹engl.› *(Geogr.* Festlandsockel; Flachmeer entlang der Küste)
Schel|fe, Schil|fe, die; -, -n *(landsch. für* [Frucht]hülse, ²Schale); **schel|fen,** schil|fen *(seltener für* schelfern, schilfern); **schel|fe|rig,** schelf|rig, schil|fe|rig, schilf|rig *(landsch.);* **schel|fern,** schil|fern *(landsch. für* in kleinen Teilen od. Schuppen abschälen); ich schelfere
Schelf|meer
schelf|rig *vgl.* schelferig
Schel|lack, der; -[e]s, -e ‹niederl.› (ein Harz); **Schel|lack|plat|te**
¹**Schel|le,** die; -, -n (ringförmige Klammer [an Rohren u. a.])
²**Schel|le,** die; -, -n (Glöckchen; *landsch. für* Ohrfeige); **schel|len**
Schel|len *Plur., als Sing. gebraucht* (eine Spielkartenfarbe; Karo); Schellen sticht
Schel|len|ass, Schel|len-Ass
Schel|len|baum (Instrument der Militärkapelle)
Schel|len|ge|läut, Schel|len|ge|läu|te
Schel|len|kap|pe; Schel|len|kö|nig
Schell|fisch
Schell|ham|mer (ein Werkzeug)
Schell|hengst *vgl.* Schälhengst
Schel|ling (dt. Philosoph)
Schell|kraut, das; -[e]s *(älter für* Schöllkraut); **Schell|wurz,** die; -
Schelm, der; -[e]s, -e (Spaßvogel)
Schel|men|ro|man; Schel|men|streich; Schel|men|stück
Schel|me|rei; Schel|min; schel|misch
Schel|s|ky [...ki] (dt. Soziologe)
Schel|te, die; -, -n (scharfer Tadel; ernster Vorwurf); **schel|ten** (schimpfen, tadeln); du schiltst, er schilt; du schaltst, er schalt; du schöltest; gescholten; schilt!
Schel|to|pu|sik, der; -s, -e ‹russ.› (eine Schleiche)
Schelt|re|de *(geh.);* **Schelt|wort** *Plur.* ...wörter *u.* ...worte *(geh.)*
Sche|ma, das; -s, *Plur.* -s *u.* -ta, *auch* Schemen ‹griech.› (Muster, Aufriss; Konzept); nach Schema F (gedankenlos u. routinemäßig); **Sche|ma|brief**
sche|ma|tisch; eine schematische Zeichnung
sche|ma|ti|sie|ren (nach einem Schema behandeln; vereinfachen); **Sche|ma|ti|sie|rung**
Sche|ma|tis|mus, der; -, ...men (gedankenlose Nachahmung eines Schemas; statistisches Handbuch einer kath. Diözese od. eines geistl. Ordens, *österr. früher auch* der öffentlichen Bediensteten)
Schem|bart (Maske mit Bart)

Schem|bart|lau|fen, das; -s; **Schem|bart|spiel**
Sche|mel, der; -s, -
[1]**Sche|men,** der; -s, - (Schatten[bild]; *landsch. für* Maske)
[2]**Sche|men** (*Plur. von* Schema)
sche|men|haft ⟨*zu* [1]Schemen⟩
Schen|jang, *engl.* Shen|yang [ʃ...] (Stadt in China)
Schenk, der; -en, -en (*veraltet für* Diener [zum Einschenken]; Wirt)
Schen|ke, Schän|ke, die; -, -n
Schen|kel, der; -s, -
Schen|kel|bruch; Schen|kel|druck, der; -[e]s (beim Reiten)
Schen|kel|hals; Schen|kel|hals|bruch
schen|kel|klop|fend
Schen|kel|kno|chen; Schen|kel|stück
schen|ken (als Geschenk geben; *älter für* einschenken)
Schen|ken|dorf (dt. Dichter)
Schen|ker (*veraltet für* Bierwirt, Biereinschenker; *Rechtsspr.* jmd., der eine Schenkung macht); **Schen|ke|rin; Schen|kin** *(veraltet)*
Schenk|stu|be, Schank|stu|be, Schänk|stu|be; **Schenk|tisch**, Schank|tisch, Schänk|tisch
Schen|kung; Schen|kungs|brief; Schen|kung[s]|steu|er, die; **Schen|kungs|ur|kun|de**
Schenk|wirt, Schank|wirt, Schänk|wirt
Schenk|wir|tin, Schank|wir|tin, Schänk|wir|tin; **Schenk|wirt|schaft**, Schank|wirt|schaft, Schänk|wirt|schaft
schepp (*landsch. für* schief)
schep|pern (*ugs. für* klappern, klirren); ich scheppere
Scher|baum (Stange der Gabeldeichsel)
Scher|be, die; -, -n (Bruchstück aus Glas, Ton o. Ä.); **Scher|bel,** der; -s, - (*landsch. für* Scherbe)
scher|beln (*landsch. für* tanzen; *schweiz. für* spröde klingen; klirren, rascheln); ich scherb[e]le
Scher|ben, der; -s, - (*südd., österr. für* Scherbe; *Keramik* gebrannter, noch nicht glasierter Ton)
Scher|ben|ge|richt (*für* Ostrazismus); ein Scherbengericht veranstalten (streng mit jmdm. ins Gericht gehen); **Scher|ben|hau|fen**
Sche|re, die; -, -n
[1]**sche|ren** (abschneiden); du scherst, er schert die Schafe; du schorst, *selten* schertest; du schörest, *selten* schertest; geschoren, *selten* geschert; scher[e]!; *vgl.* scherren
[2]**sche|ren,** sich (*ugs. für* sich fortmachen; sich um etwas kümmern); scher dich zum Teufel!; er hat sich nicht im Geringsten darum geschert
Sche|ren|arm *(Technik);* **sche|ren|ar|tig; Sche|ren|fern|rohr; Sche|ren|git|ter; Sche|ren|schlag** *(Fußball)*
Sche|ren|schlei|fer; Sche|ren|schnitt
Sche|ren|sprung *(Turnen)*
Sche|ren|zaun
Sche|rer
Sche|re|rei *meist Plur.* (*ugs. für* Unannehmlichkeit)
Sche|re|rin
Scher|fes|tig|keit *(Technik)*
Scherf|lein (*veraltet für* kleiner Geldbetrag, Spende); sein Scherflein beitragen
Scher|ge, der; -n, -n (Handlanger, Vollstrecker der Befehle eines Machthabers); **Scher|gen|dienst** *(abwertend);* **Scher|gin**
Sche|ria *vgl.* Scharia
Sche|rif, der; *Gen.* -s *u.* -en, *Plur.* -s *u.* -e[n] ⟨arab.⟩ (ein arab. Titel)
Scher|kopf (am elektrischen Rasierapparat); **Scher|kraft; Scher|ma|schi|ne; Scher|maus** (Wühlmaus, Wasserratte); **Scher|mes|ser,** das
scher|ren (*österr. ugs. für* schaben, kratzen)
Scher|sprung *(Turnen)*
Sche|rung *(Math., Physik)*
Scher|wen|zel *vgl.* Scharwenzel
Scher|wind *(Flugw.)*
Scher|wol|le
[1]**Scherz,** der; -es, -e (*bayr., österr. ugs. für* Brotanschnitt, Kanten)
[2]**Scherz,** der; -es, -e; aus, im Scherz
scher|zan|do [sk...] ⟨ital.⟩ (*Musik* heiter [vorzutragen])
Scherz|ar|ti|kel; Scherz|bold, der; -[e]s, -e *(ugs.);* **Scherz|bol|din**
scher|zen; du scherzt, du scherztest
Scherz|fra|ge; Scherz|ge|dicht
scherz|haft; scherz|haf|ter|wei|se; Scherz|haf|tig|keit, die; -
Scherz|keks *(ugs.)*
Scherzl, das; -s, -[n] (*bayr., österr. für* Brotanschnitt, Kanten; *österr. auch für* Schwanzstück vom Rind)
Scher|zo [sk...], das; -s, *Plur.* -s *u.* ...zi ⟨ital.⟩ (heiteres Tonstück)
Scherz|rät|sel; Scherz|re|de
scherz|wei|se
Scherz|wort *Plur.* ...worte
sche|sen (*landsch. für* eilen); du schest
scheu; scheu sein, werden; [die Pferde] scheu machen *od.* scheumachen; **Scheu,** die; - (Angst, banges Gefühl); ohne Scheu
Scheu|che, die; -, -n (Schreckgestalt); **scheu|chen**
scheu|en; sich scheuen; das Pferd hat gescheut; ich habe mich vor dieser Arbeit gescheut
Scheu|er, die; -, -n (*landsch. für* Scheune)
Scheu|er|be|sen; Scheu|er|lap|pen; Scheu|er|leis|te
Scheu|er|mann|krank|heit, Scheu|er|mann-Krank|heit ↑K 136, die; - ⟨nach dem dän. Orthopäden Scheuermann⟩ (die Wirbelsäule betreffende Entwicklungsstörung bei Jugendlichen)
scheu|ern; ich scheu[e]re
Scheu|er|sand; Scheu|er|tuch *Plur.* ...tücher
Scheu|klap|pe *meist Plur.;* **Scheu|le|der** (*svw.* Scheuklappe)
scheu ma|chen, scheu|ma|chen *vgl.* scheu
Scheu|ne, die; -, -n
Scheu|nen|dre|scher; *nur in* [fr]essen wie ein Scheunendrescher (*ugs. für* sehr viel essen)
Scheu|nen|tor, das
Scheu|re|be (eine Reb- u. Weinsorte)
Scheu|sal, das; -s, *Plur.* -e, *ugs.* ...säler
scheuß|lich; Scheuß|lich|keit
Schi usw. *vgl.* Ski usw.
Schib|bo|leth [*auch* ˈʃ...], das; -s, *Plur.* -e *u.* -s ⟨hebr.⟩ (*selten für* Erkennungszeichen, Losungswort)
Schicht, die; -, -en (Gesteinsschicht; Überzug; Arbeitszeit, bes. des Bergmanns; Belegschaft); die führende Schicht; Schicht arbeiten; zur Schicht gehen
Schicht|ar|beit, die; -; **Schicht|ar|bei|ter; Schicht|ar|bei|te|rin**
Schicht|be|ginn; Schicht|be|trieb; Schicht|dienst
Schich|te, die; -, -n (*österr. für* [Gesteins]schicht)
schich|ten; Schicht|en|de
Schich|ten|fol|ge *(Geol.);* **Schich|ten|kopf** *(Bergmannsspr.)*
schich|ten|spe|zi|fisch *(Soziol., Sprachwiss.);* **schich|ten|wei|se** *vgl.* schichtweise

S
Sche

schief

- sie macht ein schiefes (missvergnügtes) Gesicht; ein schiefer (scheeler) Blick
- schiefe (nicht zutreffende) Vergleiche
- in ein schiefes Licht geraten (falsch beurteilt werden)
- ↑K 89: die schiefe Ebene; ein schiefer Winkel
- *aber* ↑K 88: der Schiefe Turm von Pisa

Schreibung in Verbindung mit Verben ↑K 56:

- schief sein; schief werden; schief sitzen, liegen, stehen, gehen, laufen; schief halten; jmdn. schief ansehen; schief urteilen; schief denken
- die Decke hat schief gelegen
- den Mund schief ziehen *od.* schiefziehen
- sie hat die Absätze schief getreten *od.* schiefgetreten
- er hat den Verband schief gewickelt; ein schief gewickelter *od.* schiefgewickelter Verband

Aber:

- da bist du aber schiefgewickelt (*ugs. für* sehr im Irrtum)
- die Sache ist [total] schiefgegangen (*ugs. für* misslungen)
- das Unternehmen ist [ziemlich] schiefgelaufen (*ugs. für* missglückt)
- da hast du wohl [ganz] schiefgelegen (*ugs. für* einen falschen Standpunkt vertreten)
- wir haben uns schiefgelacht (*ugs. für* heftig gelacht)

Schicht|ge|stein *(Geol.);* **Schicht|holz** *(Forstwirtsch.)*
schich|tig (*für* lamellar)
...schich|tig (z. B. zweischichtig)
Schicht|kä|se; Schicht|lohn
Schich|tung
Schicht|un|ter|richt; Schicht|wech|sel
schicht|wei|se, schich|ten|wei|se
Schicht|wol|ke (*für* Stratuswolke); **Schicht|zeit**
schick (fein; modisch, elegant); ein schicker Mantel; *vgl.* chic
Schick, der; -[e]s; *vgl.* Chic
schi|cken; Grüße schicken; es schickt sich nicht; er hat sich schnell in diese Verhältnisse geschickt (sich damit abgefunden)
schi|cker (*ugs. für* leicht betrunken)
Schi|cke|ria, die; - ‹ital.› (besonders modebewusste obere Gesellschaftsschicht)
Schi|cki|mi|cki, der; -s, -s (*ugs. für* jmd., der viel Wert auf modische, schicke Dinge legt; modischer Kleinkram)
schick|lich *(geh.);* ein schickliches Betragen; **Schick|lich|keit**
Schick|sal, das; -s, -e; **schick|sal|haft; schick|sal[s]|er|ge|ben**
Schick|sals|fra|ge; Schick|sals|fü|gung
Schick|sals|ge|fähr|te; Schick|sals|ge|fähr|tin
Schick|sals|ge|mein|schaft; Schick|sals|glau|be; Schick|sals|göt|tin; Schick|sals|schlag
schick|sals|schwan|ger *(geh.)*
Schick|sals|tag
schick|sals|träch|tig *(geh.)*
Schick|sals|tra|gö|die
schick|sals|ver|bun|den; Schick|sals|ver|bun|den|heit, die; -
schick|sals|voll
Schick|sals|wahl (*Politik* Wahl, von der man eine Entscheidung über das politische Schicksal einer Regierung o. Ä. erwartet)
Schick|sals|wen|de
Schick|schuld, die; - (*Rechtsspr.* Bringschuld, bei der das Geld an den Gläubiger zu senden ist)
Schick|se, die; -, -n ‹jidd.› (*ugs. abwertend für* leichtlebige Frau)
Schi|ckung (*geh. für* Fügung, Schicksal)
schieb|bar; eine schiebbare Abdeckung
Schie|be|bock (*landsch. für* Schubkarre); **Schie|be|büh|ne; Schie|be|dach; Schie|be|fens|ter**
schie|ben; du schobst; du schöbest; geschoben; schieb[e]!
Schie|ber (Riegel, Maschinenteil; ein Tanz; *ugs. auch für* gewinnsüchtiger Geschäftemacher, Betrüger); **Schie|be|reg|ler** (Regler, der geschoben, nicht gedreht wird); **Schie|be|rei; Schie|be|rin; Schie|ber|müt|ze** *(ugs.)*
Schie|be|tür; Schie|be|wi|der|stand *(Physik)*
Schieb|leh|re (*ältere Bez. für* Messschieber)
Schie|bung (*ugs. für* betrügerischer Handel, Betrug)
schiech (*bayr. u. österr. für* hässlich, zornig, furchterregend)
schied *vgl.* scheiden
Schie|dam [sxi...] (niederländische Stadt); **Schie|da|mer; Schie|da|merin**
schied|lich (*veraltet für* friedfertig); schiedlich und friedlich; **schied|lich-fried|lich** ↑K 23
Schieds|frau; Schieds|ge|richt; Schieds|klau|sel; Schieds|kom|mis|si|on *(Rechtsspr.);* **Schieds|mann** *Plur.* ...leute *u.* ...männer
Schieds|rich|ter; Schieds|rich|ter|as|sis|tent; Schieds|rich|ter|as|sis|ten|tin; Schieds|rich|ter|ball; Schieds|rich|ter|be|lei|di|gung; Schieds|rich|ter|ent|schei|dung; Schieds|rich|te|rin
schieds|rich|ter|lich; schieds|rich|tern; ich schiedsrichtere; er hat gestern das Spiel geschiedsrichtert; **Schieds|rich|ter|ur|teil**
Schieds|spruch; Schieds|stel|le
Schieds|ur|teil; Schieds|ver|fah|ren
schief *s. Kasten*
Schie|fe, die; -
Schie|fer, der; -s, - (ein Gestein; *landsch. auch für* Holzsplitter)
Schie|fer|bruch, der; **Schie|fer|dach; Schie|fer|ge|bir|ge**
schie|fer|grau; schie|fe|rig, schiefrig; **schie|fern** (schieferig sein; *Weinbau* Erde mit [zerkleinertem] Schiefer bestreuen); ich schiefere
Schie|fer|öl; Schie|fer|plat|te; Schie|fer|ta|fel
Schie|fe|rung
schief|ge|hen (*ugs. für* misslingen); *vgl.* schief
schief|ge|wi|ckelt *vgl.* schief
Schief|hals *(Med.);* **Schief|heit**
schief|la|chen, sich (*ugs. für* heftig lachen); *vgl.* schief
Schief|la|ge
schief|lau|fen (*ugs. für* misslingen); *vgl.* schief

S
schi

schief|lie|gen (*ugs. für* einen falschen Standpunkt vertreten; sich irren); *vgl.* schief
schief|mäu|lig (*veraltend für* missgünstig)
schief|rig *vgl.* schieferig
schief tre|ten, **schief|tre|ten** *vgl.* schief
schief|wink|lig
schief zie|hen, **schief|zie|hen** *vgl.* schief
schie|gen (*landsch. für* mit einwärtsgekehrten Beinen gehen, [Schuhe] schief treten)
schiel|äu|gig
Schie|le (österreichischer Maler)
schie|len; sie schielt
schien *vgl.* scheinen
Schien|bein; Schien|bein|bruch; Schien|bein|scho|ner; Schien|bein|schüt|zer
Schie|ne, die; -, -n
schie|nen
Schie|nen|bahn; Schie|nen|brem|se; Schie|nen|bus
Schie|nen|er|satz|ver|kehr
Schie|nen|fahr|zeug
schie|nen|ge|bun|den; schienengebundene Fahrzeuge
schie|nen|gleich *(Verkehrsw.)*
Schie|nen|gü|ter|ver|kehr
Schie|nen|netz; Schie|nen|räu|mer
Schie|nen|stoß (Stelle, an der zwei Schienen aneinandergefügt sind); **Schie|nen|strang; Schie|nen|ver|kehr; Schie|nen|weg**
[1]**schier** (bald, beinahe, gar); das ist schier unmöglich
[2]**schier** (*landsch. für* unvermischt, rein); schieres Fleisch
Schi|er (*Plur. von* Schi)
Schier|ling (eine Giftpflanze); **Schier|lings|be|cher; Schier|lings|tan|ne** (Tsuga)
Schier|mon|ni|k|oog [sxi:...] (eine der Westfriesischen Inseln)
Schieß|aus|bil|dung
Schieß|baum|wol|le
Schieß|be|fehl
Schieß|bu|de; Schieß|bu|den|be|sit|zer; Schieß|bu|den|be|sit|ze|rin; Schieß|bu|den|fi|gur (*umgangssprachlich auch für* lächerlicher Mensch)
Schieß|ei|sen (*ugs. für* Schusswaffe)
schie|ßen (*auch Bergmannsspr. für* sprengen; *südd., österr. auch für* verbleichen); du schießt, er schießt; du schossest, er schoss; du schössest; geschossen; schieß[e]!; die Zügel schießen lassen *od.* schießenlassen; ein Projekt schießen lassen *od.* schießenlassen (*ugs. für* aufgeben)
Schie|ßen, das; -s, -; ↑K82: es ist zum Schießen (*ugs. für* es ist zum Lachen)
schie|ßen las|sen, **schie|ßen|las|sen** *vgl.* schießen
Schie|ßer (*ugs. für* jmd., der sich Drogen spritzt)
Schie|ße|rei
Schie|ße|rin (*ugs.; svw.* Fixerin)
Schieß|ge|wehr
Schieß|hund (*veraltet für* Hund, der angeschossenes Wild aufspürt); *noch in* aufpassen wie ein Schießhund *(ugs.)*
Schieß|meis|ter (*Bergmannsspr.* Sprengmeister); **Schieß|meis|te|rin**
Schieß|platz; Schieß|prü|gel, der (*ugs. für* Gewehr)
Schieß|pul|ver; Schieß|schar|te; Schieß|schei|be; Schieß|sport; Schieß|stand; Schieß|übung
schieß|wü|tig
Schiet, der; -s ‹»Scheiße«› (*nordd. für* Kot, Dreck; Unangenehmes); **schie|tig; Schiet|kram**
Schi|fah|rer usw. *vgl.* Skifahrer usw.
Schiff, das; -[e]s, -e
schiff|bar; schiffbar machen; **Schiff|bar|keit**, die; -; **Schiff|bar|ma|chung**
Schiff|bau *vgl.* Schiffsbau; **Schiff|bau|er** *vgl.* [1]Bauer; **Schiff|bau|e|rin; Schiff|bau|in|ge|ni|eur; Schiff|bau|in|ge|ni|eu|rin**
Schiff|bruch, der; **schiff|brü|chig; Schiff|brü|chi|ge**, der *u.* die; -n, -n
Schiff|brü|cke
Schiff|chen (*auch für* eine militärische Kopfbedeckung)
Schiff|chen|ar|beit (*svw.* Okkiarbeit)
schif|feln (*landsch. für* Kahn fahren); ich schiff[e]le
schif|fen (*veraltet für* zu Wasser fahren; *derb für* urinieren)
Schif|fer; Schif|fe|rin
Schif|fer|kla|vier (*ugs. für* Ziehharmonika); **Schif|fer|kno|ten; Schif|fer|müt|ze; Schif|fer|pa|tent**
Schif|fer|schei|ße *(derb); nur in der Wendung* dumm wie Schifferscheiße (sehr dumm) sein
Schiff|fahrt, **Schiff-Fahrt; Schiff|fahrts|ge|richt; Schiff|fahrts|ge|sell|schaft; Schiff|fahrts|kun|de**, die; - (*für* Navigation); **Schiff|fahrts|li|nie; Schiff|fahrts|po|li|zei; Schiff|fahrts|recht; Schiff|fahrts|stra|ße; Schiff|fahrts|weg; Schiff|fahrts|zei|chen**
Schiff|län|de (*schweiz. für* Anlegestelle, Landungsbrücke)
Schiffs|agent (Vertreter einer Reederei); **Schiffs|agen|tin; Schiffs|arzt; Schiffs|ärz|tin**
Schiffs|bau, *bes. fachspr.* Schiffbau, der; -[e]s; **Schiffs|be|sat|zung; Schiffs|brief**
Schiff|schau|kel, Schiffs|schau|kel (große Jahrmarktsschaukel)
Schiffs|eig|ner; Schiffs|eig|ne|rin; Schiffs|fahrt (Fahrt mit einem Schiff); **Schiffs|fracht; Schiffs|glo|cke; Schiffs|hal|ter; Schiffs|he|be|werk; Schiffs|jour|nal** (Logbuch); **Schiffs|jun|ge; Schiffs|ka|pi|tän; Schiffs|ka|pi|tä|nin; Schiffs|ka|ta|s|t|ro|phe; Schiffs|koch; Schiffs|kö|chin; Schiffs|la|dung; Schiffs|last**
Schiffs|mak|ler; Schiffs|mak|le|rin
Schiffs|ma|ni|fest (für die Verzollung im Seeverkehr benötigte Liste der geladenen Waren)
Schiffs|mann|schaft; Schiffs|me|cha|ni|ker; Schiffs|me|cha|ni|ke|rin; Schiffs|mo|dell; Schiffs|na|me; Schiffs|of|fi|zier; Schiffs|of|fi|zie|rin; Schiffs|pa|pie|re *Plur.;* **Schiffs|pas|sa|ge; Schiffs|plan|ke; Schiffs|raum** (Rauminhalt eines Schiffs); **Schiffs|rei|se; Schiffs|rumpf**
Schiffs|schau|kel *vgl.* Schiffschaukel
Schiffs|schrau|be; Schiffs|si|re|ne; Schiffs|ta|ge|buch; Schiffs|tau, das; **Schiffs|tau|fe; Schiffs|ver|kehr; Schiffs|werft; Schiffs|zoll; Schiffs|zwie|back**
Schi|flie|gen *vgl.* Skifliegen
schif|ten (*Bauw.* [Balken] nur durch Nägel verbinden; [zu]spitzen, dünner machen; *Seemannsspr.* die Stellung des Segels verändern; verrutschen [von der Ladung]); **Schif|ter** (*Bauw.* Dachsparren); **Schif|tung**
Schi|ha|serl *vgl.* Skihaserl
Schi|is|mus, der; - ‹arab.› (eine Glaubensrichtung des Islam); **Schi|it**, der; -en, -en; **Schi|i|ten|füh|rer; Schi|i|tin; schi|i|tisch**
Schi|jö|ring *vgl.* Skijöring
Schi|ka|ne, die; -, -n ‹franz.› (böswillig bereitete Schwierigkeit; *Sport* [eingebaute] Schwierigkeit in einer Autorennstrecke); **Schi|ka|neur** [...ˈnøːɐ̯], der; -s, -e (jmd., der andere schikaniert); **Schi|ka|neu|rin**
schi|ka|nie|ren; schi|ka|nös

S
schi

Schi|kjö|ring […jø:…] *vgl.* Skikjöring
Schi|kurs *vgl.* Skikurs; **Schi|lauf** usw. *vgl.* Skilauf usw.
Schil|cher (*österr. für* ²Schiller [hellroter Wein])
¹**Schild,** das; -[e]s, -er (Erkennungszeichen, Aushängeschild)
²**Schild,** der; -[e]s, -e (Schutzwaffe)
Schild|bür|ger ‹»mit Schild bewaffneter Städter«; *später* auf die Stadt Schilda[u] bezogen› (engstirniger Mensch, Spießer); **Schild|bür|ge|rin; Schild|bür|ger|streich**
Schild|drü|se; Schild|drü|sen|hor|mon; Schild|drü|sen|krebs; Schild|drü|sen|über|funk|ti|on; Schild|drü|sen|un|ter|funk|ti|on
Schil|der|brü|cke (die Fahrbahn überspannende Beschilderung)
Schil|de|rer (jmd., der etw. schildert)
Schil|der|haus, Schil|der|häus|chen (Holzhäuschen für die Schildwache)
Schil|de|rin ‹*zu* Schilderer›
Schil|der|ma|ler; Schil|der|ma|le|rin
schil|dern; ich schildere; **Schil|de|rung**
Schil|der|wald (*ugs. für* Häufung von Verkehrszeichen)
Schild|farn; Schild|knap|pe *(Geschichte)*
Schild|krot, das; -[e]s (*landsch. für* Schildpatt)
Schild|krö|te; Schild|krö|ten|sup|pe
Schild|laus
Schild|patt, das; -[e]s (Hornplatte einer Seeschildkröte); **Schild|patt|kamm**
Schild|wa|che (*veraltet für* militärischer Wachposten [vor einem Eingang])
Schi|leh|rer usw. *vgl.* Skilehrer usw.
Schilf, das; -[e]s, -e ‹lat.›; **schilf|be|deckt** ↑K59; **Schilf|dach**
Schil|fe, die; -, -n; *vgl.* Schelfe
¹**schil|fen** *vgl.* schelfen
²**schil|fen** (aus Schilf)
schil|fe|rig, schilf|rig *vgl.* schelferig
schil|fern, schel|fern (*landsch. für* in kleinen Teilen od. Schuppen abschälen; abschilfern); ich schilfere
Schilf|gras; Schilf|halm
schil|fig
Schilf|mat|te
schilf|rig *vgl.* schelferig
Schilf|rohr; Schilf|rohr|sän|ger (ein Vogel)
Schi|lift *vgl.* Skilift

Schill, der; -[e]s, -e (ein Flussfisch, Zander)
Schil|le|bold, der; -[e]s, -e (*nordd. für* Libelle)
¹**Schil|ler** (dt. Dichter)
²**Schil|ler,** der; -s, - (Farbenglanz; *landsch. für* zwischen Rot u. Weiß spielender Wein)
schil|le|rig, schill|rig (*selten für* schillernd)
schil|le|risch; die schillerischen Balladen; Balladen von schillerischem Pathos; *vgl.* schillersch
Schil|ler|kra|gen
Schil|ler|lo|cke (Gebäck; geräuchertes Fischstück)
Schil|ler|mu|se|um, Schil|ler-Mu|se|um
schil|lern; das Kleid schillert in vielen Farben; ich schillere; **schil|lernd;** ein schillernder (verschwommener) Begriff
schil|lersch; die schillerschen *od.* Schiller'schen Balladen; ihr gelangen Balladen von schillerschem *od.* Schiller'schem Pathos
Schil|ler|wein
Schil|ling, der; -s, -e (frühere österr. Währungseinheit); 6 Schilling; *vgl.* Shilling
schill|rig *vgl.* schillerig
Schil|lum, das; -s, -s ‹pers.› (Rohr zum Rauchen von Haschisch)
schil|pen, tschil|pen (zwitschern)
schilt *vgl.* schelten
Schil|ten *Plur., auch als Sing. gebr.* (*schweiz. für* eine Farbe der dt. Spielkarten)
Schi|mä|re, ²Chi|mä|re, die; -, -n ‹griech.› (Trugbild, Hirngespinst); **schi|mä|risch**
¹**Schim|mel,** der; -s (weißlicher Pilzüberzug auf organischen Stoffen)
²**Schim|mel,** der; -s, - (weißes Pferd)
Schim|mel|be|lag; Schim|mel|bo|gen (nicht od. nur einseitig bedruckter Bogen)
Schim|mel|ge|spann
schim|me|lig, schimm|lig
Schim|mel|kä|se
schim|meln; er sagt, das Brot schimm[e]le
Schim|mel|pilz
Schim|mel|rei|ter, der; -s (geisterhaftes Wesen der dt. Sage; Beiname Wodans)
Schim|mer; schim|mern; er sagt, ein Licht schimmere
schimm|lig, schim|me|lig
Schim|pan|se, der; -n, -n ‹afrik.› (ein Menschenaffe)

Schimpf, der; -[e]s; *meist in* mit Schimpf und Schande
schimp|fen
Schimp|fer; Schimp|fe|rei; Schimp|fe|rin; Schimpf|ka|no|na|de
schimpf|lich (schändlich, entehrend)
Schimpf|na|me; Schimpf|wort *Plur.* …worte *u.* …wörter
Schi|na|kel, das; -s, -[n] ‹ung.› (*österr. ugs. für* kleines Boot)
Schind|an|ger (*veraltet für* Platz, wo Tiere abgehäutet werden)
Schin|del, die; -, -n; **Schin|del|dach**
schin|deln; ich schind[e]le
schin|den; du schindetest, *seltener* schund[e]st; du schündest; geschunden; schind[e]!; **Schin|der** (jmd., der andere quält; *veraltet für* Abdecker); **Schin|de|rei**
Schin|der|han|nes ↑K138 (Führer einer Räuberbande am Rhein um 1800); **Schin|de|rin**
Schin|der|kar|re[n] *(früher)*
schin|dern (*obersächs. für* auf dem Eise gleiten); ich schindere
Schind|lu|der; *nur in* mit jmdm. Schindluder treiben (*ugs. für* jmdn. schmählich behandeln)
Schind|mäh|re (altes, verbrauchtes Pferd)
Schin|kel (dt. Baumeister, Maler)
Schin|ken, der; -s, -
Schin|ken|brot; Schin|ken|bröt|chen
Schin|ken|klop|fen, das; -s (ein Spiel)
Schin|ken|kno|chen; Schin|ken|röll|chen; Schin|ken|speck; Schin|ken|wurst
Schinn, der; -s (*bes. nordd. für* Kopfschuppen); **Schin|ne,** die; -, -n *meist Plur.* (*bes. nordd. für* Kopfschuppe)
Schin|to|is|mus, der; - ‹jap.› (jap. Religion); **Schin|to|ist,** der; -en, -en; **Schin|to|is|tin, Shintoistin; schin|to|is|tisch**
Schi|pis|te *vgl.* Skipiste
Schipp|chen; ein Schippchen machen *od.* ziehen (das Gesicht mit aufgeworfener Unterlippe zum Weinen verziehen)
Schip|pe, die; -, -n (*nordd., mitteld. für* Schaufel; *ugs. scherzh. für* unmutig aufgeworfene Unterlippe); **schip|pen**
Schip|pen *Plur., als Sing. gebr.* (eine Spielkartenfarbe; ³Pik); Schippen sticht
Schip|pen|ass, Schip|pen-Ass [*auch* 'ʃɪ…]
schip|pern (*ugs. für* mit dem Schiff fahren); ich schippere

S schi

Schi|ras, der; -, - ‹nach der Stadt in Iran› (ein Teppich; Fettschwanzschaf, dessen Fell als Halbpersianer gehandelt wird)

Schi|ri, der; -s, -s (*ugs. Kurzw. für* Schiedsrichter)

schir|ken (*landsch. für* einen flachen Stein über das Wasser hüpfen lassen)

Schirm, der; -[e]s, -e

Schirm|bild; Schirm|bild|fo|to|gra|fie, Schirm|bild|pho|to|gra|phie; **Schirm|bild|ge|rät** (Röntgengerät); **Schirm|bild|rei|hen|un|ter|su|chung; Schirm|bild|stel|le**

Schirm|dach

schir|men (*veraltend für* schützen); **Schir|mer; Schir|me|rin**

Schirm|fa|b|rik

Schirm|frau

Schirm|fut|te|ral

Schirm|git|ter|röh|re *(Elektrot.)*

Schirm|herr; Schirm|her|rin; Schirm|herr|schaft

Schirm|hül|le

Schirm|ling (Schirmpilz)

Schirm|ma|cher; Schirm|ma|che|rin

Schirm|müt|ze; Schirm|pilz; Schirm|stän|der

Schir|mung

Schi|rok|ko, der; -s, -s ‹arab.-ital.› (ein warmer Mittelmeerwind)

schir|ren (*selten für* anschirren, [an]spannen)

Schirr|meis|ter (*früher* für Fahrzeuge u. Geräte verantwortlicher Unteroffizier); **Schirr|meis|te|rin; Schir|rung**

Schir|ting, der; -s, *Plur.* -e *u.* -s ‹engl.› (ein Baumwollgewebe)

Schir|wan, der; -[s], -s ‹nach der aserbaidschanischen Steppe› (ein Teppich)

Schi|scha *vgl.* Shisha

Schis|ma [*auch* ˈsçɪs...], das; -s, *Plur.* ...men *u.* -ta ‹griech.› ([Kirchen]spaltung); **Schis|ma|ti|ker** (Abtrünniger); **Schis|ma|ti|ke|rin; schis|ma|tisch**

Schi|sport usw. *vgl.* Skisport usw.

Schi|sprin|gen *vgl.* Skispringen

schiss *vgl.* scheißen

Schiss, der; -es, -e *Plur. selten* (*derb für* Kot; *nur Sing.: ugs. für* Angst); Schiss haben; **Schis|ser,** der; -s, - (*derb für* Angsthase); **Schis|se|rin** *(derb)*

Schiss|la|weng *vgl.* Zislaweng

Schi|ur|laub *vgl.* Skiurlaub

Schi|wa ‹sanskr.› (eine der Hauptgottheiten des Hinduismus)

schi|zo|gen [*auch* sçi...] ‹griech.› (*Biol.* durch Spaltung entstanden); **Schi|zo|go|nie,** die; - (Form der ungeschlechtlichen Fortpflanzung)

schi|zo|id [*auch* sçi...] (schizophrenieähnlich)

Schi|zo|pha|sie [*auch* sçi...], die; -, ...ien (*Med.* Sprachverwirrtheit)

schi|zo|phren [*auch* sçi...] ‹griech.› (an Schizophrenie erkrankt); **Schi|zo|phre|nie,** die; -, ...ien (*Med.* eine schwere Psychose)

schi|zo|typ [*auch* sçi...] ‹griech.› (an Schizotypie erkrankt); **Schi|zo|ty|pie,** die; -, -n (*Med.* eine Psychose)

Schlab|ber, die; -, -n (*landsch. für* Mundwerk); **Schlab|be|rei; schlab|be|rig,** schlabb|rig; **Schlab|ber|look** [...luk], der; -s, -s ‹dt., engl.› (Mode, bei der die Kleidungsstücke sehr weit geschnitten sind)

schlab|bern (*ugs. für* schlürfend trinken u. essen; *landsch. für* reden, schwatzen); ich schlabbere

schlabb|rig *vgl.* schlabberig

Schlacht, die; -, -en

Schlach|ta, die; - ‹poln.› (der ehemalige niedere Adel in Polen)

Schlacht|bank *Plur.* ...bänke

schlacht|bar; schlach|ten

Schlach|ten|bumm|ler *(ugs.)*; **Schlach|ten|bumm|le|rin**

Schlach|ter, Schläch|ter (*nordd. für* Fleischer)

Schlach|te|rei, Schläch|te|rei (*nordd. für* Fleischerei; Gemetzel, Metzelei); **Schlach|te|rin, Schläch|te|rin**

Schlacht|feld

Schlacht|fest

Schlacht|ge|schrei

Schlacht|ge|wicht; Schlacht|haus; Schlacht|hof; Schlacht|mes|ser, das; **Schlacht|op|fer**

Schlacht|plan

Schlacht|plat|te

schlacht|reif

Schlacht|rei|he *(Militär früher)*

Schlacht|ross, das; -es, -e; **Schlacht|ruf; Schlacht|schiff**

Schlacht|schitz, der; -en, -en ‹poln.› (Angehöriger der Schlachta)

Schlacht|schwein; Schlacht|tag; Schlacht|tier

Schlach|tung

Schlacht|vieh; Schlacht|vieh|be|schau

schlacht|warm

schlack (*bayr. u. schwäb. für* träge; schlaff); **Schlack,** der; -[e]s (*nordd. für* breiige Masse; Schneeregen); **Schlack|darm** (*nordd. für* Mastdarm)

Schla|cke, die; -, -n (Rückstand beim Verbrennen, besonders von Koks); **schla|cken** (Schlacke bilden); geschlackt

Schla|cken|bahn; Schla|cken|erz

schla|cken|frei

Schla|cken|gru|be; Schla|cken|hal|de

schla|cken|reich

Schla|cken|rost

[1]schla|ckern (*landsch. für* schlenkern); ich schlackere; mit den Ohren schlackern

[2]schla|ckern (*nordd. für* nass schneien); es schlackert; **Schla|cker|schnee; Schla|cker|wet|ter**

schla|ckig

Schlack|wurst

Schlad|ming (Stadt im Ennstal); **Schlad|min|ger; Schlad|min|ge|rin**

Schlaf, der; -[e]s

Schlaf|an|zug; Schlaf|an|zug|ho|se; Schlaf|an|zug|ja|cke

Schlaf|ap|noe (*Med.* im Schlaf auftretender Atemstillstand)

Schlaf|at|ta|cke *(Med.)*

Schlaf|au|ge *meist Plur.* (bei Puppen; *ugs. auch für* versenkbarer Autoscheinwerfer)

Schlaf|baum (Baum, auf dem bestimmte Vögel regelmäßig schlafen)

Schläf|chen

Schlaf|couch

Schlä|fe, die; -, -n (Schädelteil)

schla|fen; du schläfst; du schliefst; du schliefest; geschlafen; schlaf[e]!; schlafen gehen; [sich] schlafen legen

Schlä|fen|ader; Schlä|fen|bein; Schlä|fen|ge|gend

Schla|fen|ge|hen, das; -s; vor dem Schlafengehen; **Schla|fens|zeit**

Schlaf|ent|zug

Schlä|fer (*auch für* noch nicht aktiver Agent od. Terrorist); **Schlä|fe|rin**

schlä|fern; mich schläfert

schlaff; Schlaff|heit, die; -

Schlaf|fi, der; -s, -s (*ugs. abwertend für* energieloser Mensch)

Schlaf|for|scher; Schlaf|for|sche|rin

Schlaf|gän|ger (*früher für* Mieter einer Schlafstelle); **Schlaf|gast; Schlaf|ge|le|gen|heit; Schlaf|ge|mach** *meist Plur.*

Schla|fitt|chen ‹*aus* »Schlagfittich« = Schwungfedern›; jmdn. am *od.* beim Schlafittchen nehmen, kriegen, packen (*ugs. für* jmdn. packen)

Schlaf|krank|heit; Schlaf|la|bor
Schlaf|lied
schlaf|los; Schlaf|lo|sig|keit, die; -
Schlaf|man|gel; Schlaf|man|ko (*schweiz. für* Schlafmangel)
Schlaf|mit|tel
Schlaf|müt|ze (*auch scherzh. für* Viel-, Langschläfer; träger, schwerfälliger Mensch); **schlaf|müt|zig; Schlaf|müt|zig|keit**
Schlaf|platz; Schlaf|pup|pe
Schlaf|rat|te (*ugs. für* Langschläfer); **Schlaf|ratz** (*svw.* Schlafratte)
Schlaf|raum
schläf|rig; Schläf|rig|keit, die; -
Schlaf|rock *vgl.* [1]Rock; **Schlaf|saal; Schlaf|sack**
Schlaf|stadt (Trabantenstadt mit geringen Möglichkeiten zur Freizeitgestaltung)
Schlaf|stel|le; Schlaf|stel|lung; Schlaf|stö|rung *meist Plur.*
Schlaf|sucht, die; -; **schlaf|süch|tig**
Schlaf|ta|b|let|te; Schlaf|trunk
schlaf|trun|ken; Schlaf|trun|ken|heit, die; -
Schlaf-wach-Rhyth|mus 1K26 (*Physiol.*)
Schlaf|wa|gen
schlaf|wan|deln; ich schlafwand[e]le; sie schlafwandelte; er hat (*auch* ist) geschlafwandelt; zu schlafwandeln; **Schlaf|wand|ler; Schlaf|wand|le|rin; schlaf|wand|le|risch**
Schlaf|zen|t|rum
Schlaf|zim|mer
Schlaf|zim|mer|blick (*ugs. für* betont sinnlicher Blick mit nicht ganz geöffneten Lidern)
Schlaf|zim|mer|ein|rich|tung
[1]**Schlag,** der; -[e]s, Schläge; Schlag 2 Uhr; Schlag auf Schlag
[2]**Schlag,** der; -[e]s (*österr.; kurz für* Schlagobers); Kaffee mit Schlag
Schlag|ab|tausch (*Sport, auch übertr.*); **Schlag|ader; Schlag|an|fall; Schlag|an|fall|pa|ti|ent; Schlag|an|fall|pa|ti|en|tin**
schlag|ar|tig
Schlag|ball
schlag|bar
Schlag|baum; Schlag|be|sen (*Musik*); **Schlag|boh|rer; Schlag|bohr|ma|schi|ne; Schlag|bol|zen; Schlag|di|s|tanz** (*Sport*)
Schla|ge, die; -, -n (*landsch. für* Hammer)
Schlag|ei|sen (*Jägerspr.*)
Schlä|gel, der; -s, - ([Bergmanns]hammer; *auch für* Trommelschlägel); *vgl. aber* [1]Schlegel
Schlä|gel|chen (kleiner Schlag; *landsch.* leichter Schlaganfall)
schla|gen; du schlägst; du schlugst; du schlügest; er hat geschlagen; schlag[e]!; er schlägt ihn (*auch* ihm) ins Gesicht; Alarm schlagen; Rad schlagen; schlagende Wetter (*Bergmannsspr.* explosives Gemisch aus Grubengas u. Luft)
Schla|ger ([Tanz]lied, das in Mode ist; etwas, das sich gut verkauft, großen Erfolg hat)
Schlä|ger (Raufbold; Fechtwaffe; Sportgerät); **Schlä|ge|rei**
Schla|ger|fes|ti|val
Schlä|ge|rin
Schla|ger|mu|sik
schlä|gern (*österr. für* Bäume fällen, schlagen); ich schlägere
Schla|ger|sän|ger; Schla|ger|sän|ge|rin
Schla|ger|spiel (*Sport*)
Schla|ger|star *vgl.* [2]Star
Schla|ger|text; Schla|ger|tex|ter (Verfasser von Schlagertexten); **Schla|ger|tex|te|rin**
Schlä|ger|trupp; Schlä|ger|trup|pe
Schlä|ger|typ
Schlä|ge|rung (*österr.*)
schlag|fer|tig; Schlag|fer|tig|keit
schlag|fest
Schlag|flä|che (beim Golfschläger)
Schlag|fluss (*veraltet für* Schlaganfall)
Schlag|frau (*Rudersport*)
Schlag|hand (*Boxen*)
Schlag|holz (beim Schlagball)
Schlag|ho|se (*Schneiderei, Mode*)
Schlag|in|s|t|ru|ment
schlag|ka|putt (*ugs. für* völlig erschöpft)
Schlag|keu|le (*Sport*)
Schlag|kraft, die; -; **schlag|kräf|tig**
Schlag|licht *Plur.* ...lichter; **schlag|licht|ar|tig**
Schlag|loch
Schlag|mann *Plur.* ...männer (*Rudersport*)
Schlag|obers (*österr. für* Schlagsahne); **Schlag|obers|hau|be; Schlag|rahm**
Schlag|ring
Schlag|sah|ne
Schlag|schat|ten; Schlag|sei|te
Schlag|stock; Schlag|waf|fe
Schlag|werk (der Uhr)
Schlag|wet|ter *Plur.* (schlagende Wetter)
Schlag|wort *Plur.* ...worte *u.* (*bes. für* Stichwörter eines Schlagwortkatalogs:) ...wörter; **Schlag|wort|ka|ta|log; Schlag|wort|wol|ke** (*EDV*)
Schlag|zahl (*Rudern*)
Schlag|zei|le; schlag|zei|len|träch|tig
Schlag|zeug (Gruppe von Schlaginstrumenten); **Schlag|zeu|ger; Schlag|zeu|ge|rin**
Schlaks, der; -es, -e (*ugs. für* lang aufgeschossener, ungeschickter Mensch); **schlak|sig**
Schla|mas|sel, der, *auch, österr. nur,* das; -s ⟨jidd.⟩ (*ugs. für* Unglück, verfahrene Situation); **Schla|mas|tik,** die; -, -en (*landsch. für* Schlamassel)
Schlamm, der; -[e]s, *Plur.* -e *u.* Schlämme; **Schlamm|bad**
Schlamm|bei|ßer (ein Fisch)
schlam|men (mit Wasser aufbereiten; Schlamm absetzen); **schläm|men** (von Schlamm reinigen); **schlam|mig**
Schlämm|krei|de
Schlamm|la|wi|ne
Schlamm|mas|se, **Schlamm-Mas|se**
Schlamm|pa|ckung
Schlämm|putz (dünner, aufgestrichener Putzüberzug)
Schlamm|schlacht ([Fußball]spiel auf aufgeweichtem Spielfeld; mit herabsetzenden u. unsachlichen Äußerungen geführter Streit)
Schlamm|ver|fu|gung (*Bauw.*)
Schlamp, der; -[e]s, -e (*landsch. für* unordentlicher Mensch)
schlam|pam|pen (*landsch. für* schlemmen); er hat schlampampt
Schlam|pe, die; -, -n, *österr.* **Schlam|pen** (*ugs. abwertend für* unordentliche Frau); **schlam|pen** (*ugs. für* unordentlich sein); **Schlam|per** (*ugs. abwertend für* Mensch, der unordentlich arbeitet od. gekleidet ist); **Schlam|pe|rei** (*ugs. für* Nachlässigkeit; Unordentlichkeit); **Schlam|pe|rin**
Schlam|per|mäpp|chen (*ugs. für* Federmäppchen); **Schlam|per|rolle** (*ugs.*)
schlam|pert (*bayr., österr. ugs. für* schlampig)
schlam|pig (*ugs. für* unordentlich; schluderig); **Schlam|pig|keit**
schlang *vgl.* schlingen
Schlan|ge, die; -, -n; Schlange stehen 1K54
Schlän|gel|chen
schlän|ge|lig, schläng|lig
schlän|geln, sich; ich schläng[e]le mich durch die Menge
schlan|gen|ar|tig

S
schl

Schlạn|gen|be|schwö|rer; Schlạn|gen|be|schwö|re|rin
Schlạn|gen|biss; Schlạn|gen|brut; Schlạn|gen|farm
Schlạn|gen|fraß, der; -es (*ugs. für* schlechtes Essen)
Schlạn|gen|gift
Schlạn|gen|gru|be (Ort, wo Gefahren drohen; gefährliche Situation)
Schlạn|gen|gur|ke (Salatgurke)
schlạn|gen|haft
Schlạn|gen|le|der
Schlạn|gen|li|nie
Schlạn|gen|mensch; Schlạn|gen|tanz
schlạ̈ng|lig *vgl.* schlängelig
schlạnk; auf die schlanke Linie achten; Kleider, Fitnessprogramme, die schlank machen *od.* schlankmachen
Schlạn|kel, der; -s, -[n] (*österr. ugs. für* Schelm, Schlingel)
schlạn|ker|hạnd (*veraltend für* ohne Weiteres)
Schlạnk|heit, die; -; **Schlạnk|heits|kur; Schlạnk|heits|pil|le** *(ugs.);* **Schlạnk|heits|wahn**
schlạnk ma|chen, schlạnk|ma|chen *vgl.* schlank; **Schlạnk|ma|cher** (*ugs. für* Mittel, das das Abnehmen erleichtern soll)
schlạnk|weg (*ugs. für* ohne Weiteres)
Schlạp|fen, der; -s, - (*bayr., österr. ugs. für* Schlappen)
schlạpp (*ugs. für* schlaff, müde, abgespannt); die Hitze hat uns schlapp gemacht *od.* schlappgemacht; *vgl.* schlappmachen
Schlạ̈pp|chen (*ugs. für* kleiner Schlappen; bei der Gymnastik, beim Ballett u. Ä. getragener Schuh)
Schlạp|pe, die; -, -n (Niederlage)
schlạp|pen (*ugs. für* lose sitzen [vom Schuh]; *landsch. für* schlurfend gehen)
Schlạp|pen, der; -s, - (*ugs. für* bequemer Hausschuh)
Schlạp|per|milch, die; - (*landsch. für* saure Milch)
schlạp|pern (*landsch. für* schlürfend trinken u. essen; lecken; *ugs. für* schwätzen); ich schlappere
Schlạpp|heit
Schlạpp|hut, der
schlạp|pig (*landsch. für* nachlässig)
schlạpp|ma|chen ↑K47 (*ugs. für* nicht durchhalten, am Ende seiner Kräfte sein); sie haben schlappgemacht; *vgl.* schlapp
Schlạpp|ohr (*scherzh. für* Hase)
Schlạpp|schwanz (*ugs. abwertend für* willensschwacher, energieloser Mensch)
Schlạpp|seil (zwischen zwei Befestigungspunkten lose hängendes Seil zum Balancieren)
Schla|rạf|fe, der; -n, -n (*veraltet für* [auf Genuss bedachter] Müßiggänger; Mitglied der Schlaraffia)
Schla|rạf|fen|land, das; -[e]s; **Schla|rạf|fen|le|ben,** das; -s
Schla|rạf|fia, die; - (Schlaraffenland; Vereinigung zur Pflege der Geselligkeit unter Künstlern u. Kunstfreunden)
Schlạr|pe, die; -, -n (*landsch. u. schweiz. für* bequemer, ausgetretener [Haus]schuh)
schlau; ein schlaues Kerlchen; *vgl.* schlaumachen
Schlau|be, die; -, -n (*landsch. für* Fruchthülle, ²Schale); **schlau|ben** (*landsch. für* enthülsen)
Schlau|ber|ger (*ugs. für* schlauer, pfiffiger Mensch); **Schlau|ber|ge|rei** *(ugs.);* **Schlau|ber|ge|rin**
Schlauch, der; -[e]s, Schläuche; ein Schlauch sein (*ugs. für* sehr anstrengend sein)
schlauch|ar|tig
Schlauch|boot
schlau|chen (*ugs. für* sehr anstrengend sein; *landsch. für* auf jmds. Kosten leben)
schlauch|för|mig
Schlauch|lei|tung
schlauch|los; schlauchlose Reifen
Schlauch|pilz; Schlauch|rei|fen
Schlauch|rol|le (zum Aufrollen des Wasserschlauchs); **Schlauch|wa|gen**
Schlauch|wurm *(Zool.)*
Schlau|der, die; -, -n (*Bauw.* eiserne Verbindung an Bauwerken); **schlau|dern** (durch Schlaudern befestigen); ich schlaudere
Schläue, die; - (Schlauheit)
schlau|er|wei|se
Schlau|fe, die; -, -n (Schleife)
Schlau|fuchs (*svw.* Schlauberger); **Schlau|füch|sin**
Schlau|heit; Schlau|ig|keit *(veraltet)*
Schlau|kopf (*svw.* Schlauberger)
schlau|ma|chen, sich (*ugs. für* sich informieren)
Schlau|mei|er (*svw.* Schlauberger); **Schlau|mei|e|rei,** die; -, -en; **Schlau|mei|e|rin**
Schla|wi|ner (*ugs. für* Nichtsnutz, pfiffiger, durchtriebener Mensch); **Schla|wi|ne|rin**

Schlafittchen
Das nur in umgangssprachlichen Wendungen wie *jemanden am Schlafittchen fassen/packen* gebräuchliche Substantiv wird fälschlicherweise oft *Schlawittchen* ausgesprochen und entsprechend geschrieben. Wortgeschichtlich handelt es sich um eine Bildung zur frühneuhochdeutschen Zusammensetzung *Schla[g]fittich,* mit der eigentlich die Schwungfedern von Enten- und Gänseflügeln bezeichnet werden.

schlẹcht *s. Kasten*
schlẹch|ter|dịngs (geradezu); das ist schlechterdings unmöglich
schlẹch|ter|stel|len (zurücksetzen, [wirtschaftlich] benachteiligen); *vgl.* schlecht; **Schlẹch|ter|stel|lung**
schlẹcht ge|hen, schlẹcht|ge|hen *vgl.* schlecht
schlẹcht ge|launt, schlẹcht|ge|launt *vgl.* schlecht
Schlẹcht|heit
schlẹcht|hịn (in typischer Ausprägung; an sich; geradezu)
schlẹcht|hịn|nig (*veraltet für* absolut, völlig)
Schlẹch|tig|keit
schlẹcht|ma|chen (herabsetzen); *vgl.* schlecht
schlẹcht|re|den (durch überzogene Kritik abwerten); *vgl.* schlecht
schlẹcht sit|zend, schlẹcht|sit|zend *vgl.* schlecht
schlẹcht ste|hen, schlẹcht|ste|hen *vgl.* schlecht
schlẹcht|weg (geradezu, einfach)
Schlẹcht|wẹt|ter, das; -s; bei Schlechtwetter; **Schlẹcht|wẹt|ter|front; Schlẹcht|wẹt|ter|geld** *(Bauw.);* **Schlẹcht|wẹt|ter|pe|ri|o|de**
Schlẹck, der; -s, -e (*südd. u. schweiz. für* Leckerbissen); das ist kein Schleck (*schweiz. für* das ist mühsam, schwierig)
schlẹ|cken
Schlẹ|cker (*ugs. für* Schleckermaul; *österr. landsch. für* Lutscher); **Schle|cke|rei; schlẹ|cker|haft** (*landsch. für* naschhaft); **Schlẹ|cke|rin; Schlẹ|cker|maul,** *schweiz.* Schlẹck|maul (*ugs. für* jmd., der gern nascht)
schlẹ|ckern; ich schleckere
schlẹ|ckig (*landsch. für* naschhaft)
Schlẹck|maul *vgl.* Schleckermaul

schlecht

I. *Kleinschreibung:*

- schlechtes Wetter
- der schlechte Ruf
- schlecht (schlicht) und recht

II. *Großschreibung* ↑K 72:

- etwas, nichts, viel, wenig Schlechtes
- im Guten und im Schlechten

III. *Schreibung in Verbindung mit Verben und Partizipien* ↑K 56 *u.* K 58:

- schlecht sein, schlecht werden, schlecht singen, schlecht spielen usw.
- auf einem Bein kann man schlecht stehen
- jmdn. schlecht beraten; schlecht beraten sein (unklug handeln)
- du hast die Aufgabe schlecht gemacht (schlecht ausgeführt); *aber* sie hat ihn überall ziemlich schlechtgemacht (herabgesetzt)
- der Redner hat schlecht geredet; *aber* wir wollen die Erfolge des Projekts nicht schlechtreden (durch überzogene Kritik abwerten)
- ich kann in diesen Schuhen schlecht gehen; *aber* es wird ihr sicher [sehr] schlecht gehen *od.* schlechtgehen (sie befindet sich in einer üblen Lage)
- als es um die Firma schlecht stand *od.* schlechtstand
- weil die Chancen schlecht stehen *od.* schlechtstehen
- der schlecht gelaunte *od.* schlechtgelaunte Besucher
- eine schlecht bezahlte *od.* schlechtbezahlte Tätigkeit
- ein schlecht sitzender *od.* schlechtsitzender Anzug
- die neue Vereinbarung wird sie nicht schlechterstellen (benachteiligen)
- durch seinen Stellenwechsel hat er sich wirtschaftlich schlechtergestellt

Schlẹck|stän|gel (*schweiz. für* [Dauer]lutscher); **Schlẹck|werk,** das; -[e]s *(landsch.)*

[1]**Schle̲|gel,** der; -s, -, *österr. auch* Schlö̲|gel (*landsch. u. österr., schweiz. für* [Kalbs-, Reh]keule); *vgl. aber* Schlägel

[2]**Schle̲|gel,** August Wilhelm (dt. Schriftsteller u. Wissenschaftler)

Schle̲h|dorn *Plur.* ...dorne (ein Strauch); **Schle̲|he,** die; -, -n (Schlehdorn; dessen Frucht); **Schle̲|hen|blü|te; Schle̲|hen|li|kör**

[1]**Schle̲i,** die; - (Förde an der Ostküste Schleswigs)

[2]**Schle̲i** *vgl.* Schleie

Schle̲i|che, die; -, -n (schlangenähnliche Echse)

schle̲i|chen; du schlichst; du schlichest; geschlichen; schleich[e]!; **schle̲i|chend** (fast unbemerkt beginnend u. allmählich fortschreitend); schleichende Inflation

Schle̲i|cher (*svw.* Leisetreter); **Schlei|che|re̲i** *(ugs.)*; **Schle̲i|che|rin**

Schle̲ich|han|del, der; -s

Schle̲ich|kat|ze

Schle̲ich|pfad; Schle̲ich|tem|po

Schle̲ich|weg; auf Schleichwegen

Schle̲ich|wer|bung

Schle̲ie, die; -, -n, Schle̲i, der; -[e]s, -e (ein Fisch)

Schle̲i|er, der; -s, -

Schle̲i|er|eu|le

Schle̲i|er|fahn|dung (polizeiliche Kontrollen ohne konkreten Anlass od. Verdacht)

schle̲i|er|haft (*ugs. für* rätselhaft)

Schle̲i|er|kraut (eine Pflanze)

Schle̲i|er|ma|cher (dt. Theologe, Philosoph u. Pädagoge)

Schle̲i|er|schwanz (ein Fisch)

Schle̲i|er|tanz

Schle̲if|ap|pa|rat; Schle̲if|au|to|mat; Schle̲if|band, das; *Plur.* ...bänder; **Schle̲if|bank** *Plur.* ...bänke

[1]**Schle̲i|fe,** die; -, -n (Schlinge)

[2]**Schle̲i|fe,** die; -, -n (*landsch. für* Schlitterbahn)

schle̲i|fen *s. Kasten Seite 940*

Schle̲i|fen|blu|me

Schle̲i|fen|fahrt; Schle̲i|fen|flug

schle̲i|fen las|sen, schle̲i|fen|las|sen *vgl.* schleifen

Schle̲i|fer (jmd., der etw. schleift; alter Bauerntanz; *Musik* kleine Verzierung; *Soldatenspr.* rücksichtsloser Ausbilder); **Schlei|fe|re̲i; Schle̲i|fe|rin**

Schle̲if|fun|ken|pro|be *(Technik)*

Schle̲if|kon|takt *(Elektrot.)*

Schle̲if|lack; Schle̲if|lack|mö|bel

Schle̲if|ma|schi|ne; Schle̲if|mit|tel; Schle̲if|pa|pier

Schle̲if|ring *(Elektrot.)*

Schle̲if|spur; Schle̲if|stein

Schle̲i|fung

Schle̲im, der; -[e]s, -e

Schle̲im ab|son|dernd, schle̲im|ab|son|dernd ↑K 58; **Schle̲im|ab|son|de|rung**

Schle̲im|beu|tel; Schle̲im|beu|tel|ent|zün|dung

Schle̲im|drü|se

schle̲i|men; Schle̲i|mer (*ugs. für* Schmeichler); **Schle̲i|me|rin**

Schle̲im|fisch

Schle̲im|haut

schle̲i|mig; schle̲im|lö|send ↑K 59; schleimlösende Mittel; das Mittel wirkt stark schleimlösend

Schle̲im|pilz

Schle̲im|schei|ßer (*derb abwertend für* Schmeichler); **Schle̲im|schei|ße|rin**

Schle̲im|sup|pe

Schle̲i|ße, die; -, -n (dünner Span; *früher* Schaft der Feder nach Abziehen der Fahne)

schle̲i|ßen (*veraltet für* abnutzen, zerreißen; *landsch. für* auseinanderreißen; spalten); du schleißt; sie schleißt; du schlissest *u.* schleißtest, er schliss *u.* schleißte; geschlissen *u.* geschleißt; schleiß[e]!; Federn schleißen; **Schle̲iß|fe|der; schle̲i|ßig** (*landsch. für* verschlissen, abgenutzt)

Schle̲iz (Stadt im Vogtland); **Schle̲i|zer; Schle̲i|ze|rin**

Schle|mihl [*auch* 'ʃle:...], der; -s, -e ⟨hebr.-jidd.⟩ (Pechvogel; *landsch. für* gerissener Kerl)

schlẹmm ⟨engl.⟩; *nur in* schlemm machen, werden

Schlẹmm, der; -s, -e *(Bridge, Whist)*; großer Schlemm (alle Stiche); kleiner Schlemm (alle Stiche bis auf einen)

schlẹm|men (gut u. reichlich

S
schl

schlei|fen

Unregelmäßige Beugung in den Bedeutungen »schärfen«, »die Oberfläche von etw. bearbeiten«, »hart drillen« und (landsch.) »schlittern«:

- ich schliff mein Messer, habe es geschliffen
- du schliffst das Parkett
- geschliffene Diamanten; geschliffene Dialoge
- sie sagt, du schliffest die Rekruten; schleif[e] sie nicht so!
- im Winter sind wir immer geschliffen *(landsch.)*

Regelmäßige Beugung in den Bedeutungen »über den Boden oder eine Fläche ziehen, sich am Boden oder an einer Fläche bewegen« und »niederreißen«:

- sie schleifte die Kiste, hat sie geschleift
- der Vorhang schleifte über den Boden; er hat, *seltener* ist über den Boden geschleift
- die Fahrradkette schleifte am Schutzblech
- schleif[e] die Festung!; die Festung wurde geschleift

In Verbindung mit »lassen« kann bei übertragener Bedeutung getrennt oder zusammengeschrieben werden:

- alles schleifen lassen *od.* schleifenlassen (*ugs. für* sich um nichts mehr kümmern)

Aber nur:

- die Messer schleifen lassen
- die Schleppe des Kleides auf dem Boden schleifen lassen

essen); **Schlem|mer; Schlem|me|rei; schlem|mer|haft; Schlem|me|rin; schlem|me|risch**
Schlem|mer|lo|kal; Schlem|mer|mahl[|zeit]
Schlem|pe, die; -, -n (Rückstand bei der Spirituserzeugung; Viehfutter)
schlen|dern; ich schlendere; **Schlen|der|schritt**
Schlen|d|ri|an, der; -[e]s (*ugs. für* Schlamperei)
Schlen|ge, die; -, -n (*nordd. für* Reisigbündel; Buhne)
Schlen|ke, die; -, -n (*Geol.* Wasserrinne im Moor)
Schlen|ker (schlenkernde Bewegung; kurzer Umweg); **Schlen|ke|rich,** Schlenk|rich, der; -s, -e (*obersächs. für* Stoß, Schwung)
schlen|kern; ich schlenkere die Arme, mit den Armen schlenkern
Schlenk|rich *vgl.* Schlenkerich
schlen|zen (*[Eis]hockey u. Fußball* den Ball od. Puck mit einer schiebenden od. schlenkernden Bewegung spielen); du schlenzt; **Schlen|zer,** der; -s, -
Schlepp, der; *nur in Wendungen wie* in Schlepp nehmen, im Schlepp haben
Schlepp|an|ten|ne
Schlepp|bü|gel *(Skisport)*
Schlepp|dach *(Bauw.)*
Schlepp|damp|fer
Schlep|pe, die; -, -n
schlep|pen; schlep|pend
Schlep|pen|kleid
Schlep|per (*auch für* jmd., der Illegale über die Grenze bringt)
Schlep|pe|rei *(ugs.)*; **Schlep|pe|rin**
Schlepp|kahn
Schlepp|kleid (Schleppenkleid)
Schlepp|lift *(Skisport)*
Schlepp|netz; Schlepp|netz|fahn|dung *(Kriminologie)*
Schlepp|pin|sel, Schlepp-Pin|sel, der; -s, - (Pinsel für den Steindruck)
Schlepp|schiff
Schlepp|schiff|fahrt
Schlepp|seil; Schlepp|start (Segelflugstart durch Hochschleppen mit einem Motorflugzeug)
Schlepp|tau, das; -[e]s, -e
Schlepp|zug
Schle|si|en; Schle|si|er; Schle|si|e|rin; schle|sisch ↑K 89 *u.* 142: schlesisches *od.* Schlesisches Himmelreich (ein Gericht), *aber* ↑K 150: der Erste Schlesische Krieg
Schles|wig; Schles|wi|ger; Schles|wi|ge|rin
Schles|wig-Hol|stein; Schles|wig-Hol|stei|ner; Schles|wig-Hol|stei|ne|rin; schles|wig-hol|stei|nisch ↑K 145; *aber* ↑K 150: der Schleswig-Holsteinische Landtag
schles|wi|gisch, schles|wigsch
schlet|zen (*schweiz. mdal. für* [die Tür] zuschlagen); du schletzt
Schleu|der, die; -, -n
Schleu|der|ball
Schleu|der|be|ton
Schleu|der|brett *(Sport)*
Schleu|de|rei
Schleu|de|rer, Schleud|rer
Schleu|der|gang, der (bei der Waschmaschine)
Schleu|der|ge|fahr
Schleu|der|ho|nig
Schleu|de|rin, Schleud|re|rin
Schleu|der|kurs (für Autofahrer)
Schleu|der|ma|schi|ne (Zentrifuge)
schleu|dern; ich schleudere
Schleu|der|preis
Schleu|der|pum|pe (Zentrifugalpumpe)
Schleu|der|sitz; Schleu|der|stan|ge (Gardinenstange); **Schleu|der|start** *(Flugw.)*
Schleu|der|trau|ma *(Med.)*
Schleu|der|wa|re *(ugs.)*
Schleud|rer, Schleu|de|rer
Schleud|re|rin, Schleu|de|rin
schleu|nig (schnell); **schleu|nigst** (auf dem schnellsten Wege)
Schleu|se, die; -, -n; **schleu|sen;** du schleust
Schleu|sen|kam|mer; Schleu|sen|tor, das; **Schleu|sen|tür**
Schleu|sen|wär|ter; Schleu|sen|wär|te|rin
Schleu|ser (*svw.* Schlepper); **Schleu|ser|ban|de; Schleu|se|rin**
schleuß! (*veraltet für* schließ[e]!); **schleußt** (*veraltet für* schließt)
schlich *vgl.* schleichen
Schlich, der; -[e]s, -e (feinkörniges Erz; *nur Plur.: ugs. für* List, Trick); **Schli|che** *vgl.* Schlich
schlicht; schlichte Eleganz
Schlich|te, die; -, -n (Klebflüssigkeit zum Glätten u. Verfestigen der Gewebe)
schlich|ten (vermittelnd beilegen; *auch für* mit Schlichte behandeln; *österr., bayr. auch für* stapeln); einen Streit schlichten
Schlich|ter; Schlich|te|rin
Schlich|ter|spruch
Schlicht|heit
Schlicht|ho|bel
Schlich|tung; Schlich|tungs|aus|schuss; Schlich|tungs|stel|le
Schlich|tungs|ver|fah|ren; Schlich|tungs|ver|such
schlicht|weg
Schlick, der; -[e]s, -e (an organi-

S
Schl

schlimm

schlim|mer, schlimms|te

Kleinschreibung:

- schlimm sein; schlimm stehen
- im schlimmsten Fall[e]
- schlimme Zeiten; eine schlimme Lage
- sie ist am schlimmsten d[a]ran

Großschreibung der Substantivierung ↑K 72:

- etwas, wenig, nichts Schlimmes
- das Schlimmste fürchten
- zum Schlimmsten kommen; sich zum Schlimmen wenden
- das ist noch lange nicht das Schlimmste; das Schlimmste ist, dass man sich nicht wehren kann
- ich bin auf das, aufs Schlimmste gefasst
- *aber* sie wurde auf das, aufs Schlimmste *od.* auf das, aufs schlimmste (in sehr schlimmer Weise) getäuscht ↑K 75

schen Stoffen reicher Schlamm am Boden von Gewässern; Schwemmland); **Schlick|ab|la|ge|rung**

schli|cken ([sich] mit Schlick füllen); **schli|cke|rig,** schlick|rig *(nordd.)*

Schli|cker|milch, die; - (*landsch. für* Sauermilch)

schli|ckern (*landsch. für* schwanken; schlittern); ich schlickere

schli|ckig (*nordd. für* voller Schlick)

Schlick|krap|ferln *Plur.* (*west-, südösterr.* ravioliähnliche Teigtaschen)

schlick|rig *vgl.* schlickerig

Schlick|watt

schlief *vgl.* schlafen

Schlief, der; -[e]s, -e (*landsch. für* klitschige Stelle [im Brot]); *vgl.* Schliff

schlie|fen (*Jägerspr. u. bayr., österr. ugs. für* in den Bau schlüpfen, kriechen); du schloffst; du schlöffest; geschloffen; schlief[e]!; **Schlie|fen,** das; -s (*Jägerspr.* Einfahren des Hundes in den [Dachs]bau); **Schlie|fer** (*Jägerspr.* Hund, der in den [Dachs]bau schlieft)

Schlief|fen (ehemaliger Chef des dt. Generalstabes)

schlie|fig (*landsch. für* klitschig [vom Brot])

Schlie|mann (dt. Altertumsforscher)

Schlier, der; -s (*bayr. u. österr. für* Mergel)

Schlie|re, die; -, -n (*nur Sing.: landsch. für* schleimige Masse; streifige Stelle [im Glas])

schlie|ren (*Seemannsspr.* gleiten, rutschen); **schlie|rig** (*landsch. für* schleimig, schlüpfrig)

Schlier|sand, der; -[e]s (*österr. für* feiner [Schwemm]sand)

¹Schlier|see (Ort am ²Schliersee)

²Schlier|see, der; -s

Schlier|se|er; Schlier|se|e|rin

Schließ|an|la|ge; schließ|bar; Schlie|ße, die; -, -n

schlie|ßen; du schließt, sie schließt (*veraltet* sie schleußt); du schlossest, er schloss; du schlössest; geschlossen; schließ[e]! (*veraltet* schleuß!)

Schlie|ßer; Schlie|ße|rin

Schließ|fach; Schließ|frucht (Frucht, die sich bei der Reife nicht öffnet); **Schließ|ket|te; Schließ|korb**

schließ|lich

Schließ|mus|kel

Schließ|rah|men *(Druckw.)*

Schlie|ßung

Schließ|zeit; Schließ|zy|lin|der (im Sicherheitsschloss)

schliff *vgl.* schleifen

Schliff, der; -[e]s, -e (geschliffene Fläche [im Glas]; das Schleifen; *nur Sing.:* das Geschliffensein; *landsch. für* klitschige Stelle [im Brot], Schlief; *nur Sing.: ugs. für* gute Umgangsformen)

Schliff|art

Schliff|flä|che, Schliff-Flä|che

Schliff|form, Schliff-Form

schlif|fig (*svw.* schliefig)

schlimm *s. Kasten*

schlimms|ten|falls

Schling|be|schwer|den *Plur.*

Schlin|ge, die; -, -n

¹Schlin|gel, das; -s, - (*landsch. für* Öse)

²Schlin|gel, der; -s, - (*scherzh. für* übermütiger Junge; freches Kerlchen); **Schlin|gel|chen, Schlin|ge|lein**

schlin|gen; du schlangst; du schlängest; sie hat geschlungen; schling[e]!

Schlin|gen|stel|ler; Schlin|gen|stel|le|rin

Schlin|gen|tisch *(Med.)*

Schlin|ger|be|we|gung; Schlin|ger|kiel (Seitenkiel zur Verminderung des Schlingerns)

Schlin|ger|kurs (*bes. Politik* Kurs, dem es an Geradlinigkeit fehlt)

schlin|gern (um die Längsachse schwanken [von Schiffen]); das Schiff schlingert; ich schlingere; ↑K 82: ins Schlingern kommen

Schlin|ger|tank (Tank zur Verminderung des Schlingerns)

Schling|pflan|ze

Schling|stich *(Handarbeiten)*

Schling|strauch

Schlipf, der; -[e]s, -e (*schweiz. für* [Berg-, Fels-, Erd]rutsch)

Schlipf|krap|fen *Plur.* (*westösterr. für* Teigtaschen)

Schlipp, der; -[e]s, -e ‹engl.› (*Seemannsspr.* schiefe Ebene für den Stapellauf eines Schiffes)

Schlip|pe, die; -, -n (*nordd. für* Rockzipfel; *landsch. für* enger Durchgang)

schlip|pen (*Seemannsspr.* lösen, loslassen)

Schlip|per, der; -s (*landsch. für* abgerahmte, dicke Milch); **schlip|pe|rig,** schlipp|rig (*landsch. für* gerinnend); **Schlip|per|milch,** die; - *(landsch.)*

schlipp|rig *vgl.* schlipperig

Schlips, der; -es, -e (Krawatte); **Schlips|hal|ter; Schlips|na|del**

Schlit|tel, das; -s, - (*landsch. für* kleiner Schlitten); **schlit|teln** (*schweiz. für* rodeln); ich schlitt[e]le; schlitteln lassen (laufen lassen, sich um etwas nicht kümmern); **schlit|ten** *(landsch.)*

Schlit|ten, der; -s, - ↑K 54: Schlitten fahren; ich bin Schlitten gefahren

Schlit|ten|bahn; Schlit|ten|fah|ren, das; -s; **Schlit|ten|fahrt; Schlit|ten|hund; Schlit|ten|ku|fe**

Schlit|ter|bahn

schlit|tern ([auf dem Eis] gleiten); ich schlittere

Schlitt|schuh; Schlittschuh laufen ↑K 54; ich bin Schlittschuh

S Schl

gelaufen; **Schlitt|schuh|lau|fen,** das; -s; **Schlitt|schuh|läu|fer; Schlitt|schuh|läu|fe|rin**

Schlitz, der; -es, -e

Schlitz|au|ge; schlitz|äu|gig

schlit|zen; du schlitzt

schlitz|för|mig

Schlitz|mes|ser, das

Schlitz|ohr (*ugs. für* gerissene Person); **schlitz|oh|rig** *(ugs.);* ein schlitzohriger Geschäftsmann; **Schlitz|oh|rig|keit** *(ugs.)*

Schlitz|ver|schluss *(Fotogr.)*

Schlö|gel *vgl.* [1]Schlegel

schloh|weiß (ganz weiß)

Schlor|re, die; -, -n (*landsch. für* Hausschuh); **schlor|ren** (*landsch. für* schlurfen)

schloss *vgl.* schließen

Schloss, das; Schlosses, Schlösser; **schloss|ar|tig; Schlöss|chen**

Schlo|ße, die; -, -n *meist Plur.* (*landsch. für* Hagelkorn); **schlo|ßen** *(landsch.);* es schloßt; es hat geschloßt

Schlos|ser; Schlos|ser|ar|beit; Schlos|se|rei; Schlos|ser|hand|werk, das; -[e]s; **Schlos|se|rin**

schlos|sern; ich schlossere

Schlos|ser|werk|statt

Schloss|gar|ten; Schloss|ge|spenst; Schloss|herr; Schloss|her|rin; Schloss|hof

Schloss|hund; *nur in* heulen wie ein Schlosshund

Schloss|ka|pel|le; Schloss|kel|ler; Schloss|kir|che; Schloss|park; Schloss|ru|i|ne

Schlot, der; -[e]s, *Plur.* -e, *seltener* Schlöte (*ugs. auch für* Nichtsnutz; unangenehmer Mensch); **Schlot|ba|ron** (*veraltend abwertend für* Großindustrieller [im Ruhrgebiet]); **Schlot|fe|ger** (*landsch. für* Schornsteinfeger); **Schlot|fe|ge|rin**

Schlot|te, die; -, -n (Zwiebelblatt; *Bergmannsspr.* Hohlraum im Gestein); **Schlot|ten|zwie|bel**

schlot|te|rig, schlott|rig

Schlöt|ter|ling (*schweiz. für* Spottwort, Anzüglichkeit)

schlot|tern; ich schlottere

schlot|zen (*bes. schwäb. für* genüsslich trinken); du schlotzt

Schlucht, die; -, -en

schluch|zen; du schluchzt; **Schluch|zer**

Schluck, der; -[e]s, *Plur.* -e, *selten* Schlücke

Schluck|auf, der; -s; **Schluck|be|schwer|den** *Plur.*

Schlück|chen; schlück|chen|wei|se

schlu|cken; Schlu|cken, der; -s (Schluckauf); **Schlu|cker** *(ugs.); meist in* armer Schlucker (mittelloser, bedauernswerter Mensch); **Schlu|cke|rin**

Schluck|imp|fung

schluck|sen (*ugs. für* Schluckauf haben); du schluckst; **Schluck|ser** (*ugs. für* Schluckauf)

Schluck|specht (*ugs. scherzh. für* Trinker)

schluck|wei|se

Schlu|der|ar|beit; Schlu|de|rei

schlu|de|rig, schlud|rig (*ugs. für* nachlässig)

schlu|dern (*ugs. für* nachlässig arbeiten); ich schludere

schlud|rig *vgl.* schluderig

Schluff, der; -[e]s, *Plur.* -e *u.* Schlüffe (Ton; [Schwimm]sand; *landsch. für* enger Durchlass; *südd. veraltend für* Muff)

Schluft, die; -, Schlüfte (*veraltet für* Schlucht, Höhle)

schlug *vgl.* schlagen

Schlum|mer, der; -s; **Schlum|mer|kis|sen; Schlum|mer|lied**

schlum|mern; ich schlummere

Schlum|mer|rol|le; Schlum|mer|stünd|chen; Schlum|mer|trunk

Schlumpf, der; -[e]s, Schlümpfe (zwergenhafte Comicfigur)

Schlumps, der; -es, -e (*landsch. für* unordentlicher Mensch)

Schlund, der; -[e]s, Schlünde

Schlun|ze, die; -, -n (*landsch. abwertend für* unordentliche Frau); **schlun|zig** *(landsch.)*

Schlup *vgl.* Slup

Schlupf, der; -[e]s, *Plur.* Schlüpfe *u.* -e (*Technik; auch veraltend für* Unterschlupf)

schlup|fen *(südd., österr.), häufiger* **schlüp|fen**

Schlüp|fer ([Damen]unterhose)

Schlupf|ja|cke

Schlupf|lid; Schlupf|loch

schlüpf|rig (*auch für* zweideutig, anstößig); **Schlüpf|rig|keit**

Schlupf|stie|fel; Schlupf|wes|pe; Schlupf|win|kel

Schlupf|zeit

Schlup|pe, die; -, -n (*landsch. für* [Band]schleife)

schlur|fen (schleppend gehen); er hat geschlurft; er ist dorthin geschlurft

schlür|fen ([Flüssigkeit] geräuschvoll in den Mund einsaugen; *landsch. für* schlurfen)

Schlur|fer (Schlurfender)

Schlür|fer (Schlürfender)

Schlur|fe|rin

Schlür|fe|rin

Schlu|ri, der; -s, -s (*ugs. für* leichtfertiger, unzuverlässiger Mensch)

schlur|ren (*landsch., bes. nordd. für* schlurfen); **Schlur|ren,** der; -s, - (*nordd. für* Pantoffel)

Schlu|se, die; -, -n (*landsch. für* Schale, Hülle; *auch für* Falschgeld)

Schluss, der; Schlusses, Schlüsse

Schluss|ab|rech|nung; Schluss|ab|stim|mung; Schluss|ak|kord; Schluss|akt; Schluss|ball; Schluss|be|ar|bei|tung; Schluss|be|mer|kung; Schluss|be|richt; Schluss|be|spre|chung; Schluss|bi|lanz *(Kaufmannsspr.);* **Schluss|bild; Schluss|brief** *(Kaufmannsspr.);* **Schluss|drit|tel** *(Eishockey)*

Schlüs|sel, der; -s, -

Schlüs|sel|band, das; *Plur.* ...bänder; **Schlüs|sel|bart**

Schlüs|sel|be|griff

Schlüs|sel|bein; Schlüs|sel|bein|bruch

Schlüs|sel|be|trieb

Schlüs|sel|blu|me

Schlüs|sel|brett; Schlüs|sel|bund, der, *österr. nur so, od.* das; -[e]s, -e

Schlüs|sel|chen

Schlüs|sel|dienst

Schlüs|sel|er|leb|nis *(Psychol.)*

schlüs|sel|fer|tig (bezugsfertig [von Neubauten])

Schlüs|sel|fi|gur; Schlüs|sel|fra|ge; Schlüs|sel|ge|walt; Schlüs|sel|in|dus|t|rie

Schlüs|sel|kind (Kind mit eigenem Wohnungsschlüssel, das nach der Schule unbeaufsichtigt ist)

Schlüs|sel|kraft (*bes. österr. für* hoch qualifizierte Fach- od. Führungskraft)

Schlüs|sel|loch

Schlüs|sel|loch|chi|r|ur|gie (*ugs. für* minimalinvasive Chirurgie)

schlüs|seln (*fachspr. für* nach einem bestimmten Verhältnis [Schlüssel] aufteilen); ich schlüss[e]le

Schlüs|sel|po|si|ti|on

Schlüs|sel|qua|li|fi|ka|ti|on; Schlüs|sel|reiz (*Psychol.* Reiz, der eine bestimmte Reaktion bewirkt)

Schlüs|sel|ring

Schlüs|sel|rol|le; Schlüs|sel|ro|man; Schlüs|sel|stel|lung; Schlüs|sel|tech|no|lo|gie

Schlüs|se|lung

Schlüs|sel|wort *vgl.* Wort

schluss|end|lich (*landsch. für* schließlich)

Schluss|fei|er

Schlus̱s|fol|ge (*svw.* Schlussfolgerung); **schlus̱s|fol|gern;** ich schlussfolgere; du schlussfolgerst; geschlussfolgert; um zu schlussfolgern; **Schlus̱s|fol|ge|rung**
Schlus̱s|for|mel
schlüs̱|sig; schlüssig sein; [sich] schlüssig werden; ich wurde mir darüber schlüssig; ein schlüssiger Beweis
Schlus̱s|ka|pi|tel; Schlus̱s|kurs *(Börse)*
Schlus̱s|läu|fer *(Sport);* **Schlus̱s|läu|fe|rin** *(Sport)*
Schlus̱s|leuch|te; Schlus̱s|licht
Schlus̱s|mann *Plur.* ...männer *od.* ...leute; **Schlus̱s|mi|nu|te; Schlus̱s|no|te** *(Rechtsspr.);* **Schlus̱s|no|tie|rung** *(Börsenw.);* **Schlus̱s|pfiff** *(Sport);* **Schlus̱s|pha|se; Schlus̱s|punkt; Schlus̱s|rang** (*schweiz. für* endgültige Platzierung bei sportlichen Wettkämpfen); **Schlus̱s|rech|nung**
Schlus̱s|re|dak|teur; Schlus̱s|re|dak|teu|rin; Schlus̱s|re|dak|ti|on
Schlus̱s|re|de
Schlus̱s-s, das; -, - ↑K29
Schlus̱s|satz, Schlus̱s-Satz
Schlus̱s|si|g|nal, Schlus̱s-Si|g|nal (*fachspr., bes. Funkw.*)
Schlus̱s|si|re|ne, Schlus̱s-Si|re|ne
Schlus̱s|spurt, Schlus̱s-Spurt *(Sport)*
Schlus̱s|stein, Schlus̱s-Stein *(Archit.)*
Schlus̱s|strich, Schlus̱s-Strich
Schlus̱s|sze|ne, Schlus̱s-Sze|ne
Schlus̱s|ver|kauf; Schlus̱s|ver|tei|lung *(Rechtsspr.);* **Schlus̱s|wort** *Plur.* ...worte; **Schlus̱s|zei|chen**
Schlüṯt|li, das; -[s], -[s]; *vgl.* Götti (*schweiz. mdal. für* Säuglingsjäckchen)
Schluṯz|krap|fen *Plur.* (*west-, südösterr.* Teigtaschen)
Schmạch, die; -
schmạch|be|deckt *(geh.);* ↑K59
schmạch|be|la|den *(geh.);* ↑K59
schmạch|ten *(geh.)*
Schmạcht|fet|zen (*ugs. abwertend für* rührseliges Lied)
schmặch|tig
Schmạcht|korn *Plur.* ...körner (*Landwirtsch.* verkümmertes Korn)
Schmạcht|lap|pen (*ugs. abwertend für* Hungerleider; verliebter Jüngling)
Schmạcht|lo|cke (*ugs. für* in die Stirn gekämmte Locke)
Schmạcht|rie|men (*ugs. für* Gürtel)
schmạch|voll *(geh.)*
[1]**Schmạck,** der; -[e]s, -e (Mittel zum Schwarzfärben)
[2]**Schmạck,** die; -, -en, **Schma̩|cke,** die; -, -n (*früher für* kleines Küstenschiff)
Schmä̩|cker|chen *vgl.* Schmeckerchen
Schma̩|ckes *Plur.* (*landsch. für* Schwung, Wucht; *auch für* Hiebe, Prügel); mit Schmackes
schmạck|haft; Schmạck|haf|tig|keit, die; -
Schma̩|cko|fatz, der *u.* das; -[es], -e ⟨poln.⟩ (*ugs. für* Leckerbissen)
Schmạd|der, der; -s (*bes. nordd. für* [nasser] Schmutz); **schmạd|dern** (*bes. nordd. für* kleckern, sudeln); ich schmaddere
Schmäh, der; -s, -[s] (*österr. ugs. für* Trick); Schmäh führen (Sprüche machen); **Schmä̲h|bru|der** (*svw.* Schmähführer)
schmä̲|hen
Schmä̲h|füh|rer (*österr. für* jmd., der für [billige, leicht durchschaubare] Tricks od. Witze bekannt ist); **Schmä̲h|füh|re|rin**
schmä̲h|lich; Schmä̲h|lich|keit
Schmä̲h|re|de; Schmä̲h|schrift
Schmä̲h|sucht, die; -; **schmä̲h|süch|tig; Schmä̲|hung; Schmä̲h|wort** *Plur.* ...worte
schma̲l; schmaler *u.* schmäler, schmalste, *auch* schmälste
schma̲l|brüs|tig
schmä̲|len (*veraltend für* zanken; herabsetzen; *Jägerspr.* schrecken [vom Rehwild])
schmä̲|lern (verringern, verkleinern); ich schmälere; **Schmä̲|le|rung**
Schma̲l|film; Schma̲l|fil|mer; Schma̲l|fil|me|rin; Schma̲l|film|ka|me|ra
Schma̲l|hans; *nur in* da ist Schmalhans Küchenmeister (*ugs. für* jmd. muss sparsam leben)
Schma̲l|heit, die; -
Schmal|kạl|den (Stadt am Südwestrand des Thüringer Waldes); **Schmal|kạl|de|ner,** Schmal|kạl|der; **Schmal|kạl|de|ne|rin,** Schmal|kạl|de|rin; **schmal|kạl|disch;** *aber* ↑K150: der Schmalkaldische Bund (1531)
schma̲l|lip|pig; schma̲l|ran|dig
Schma̲l|reh *vgl.* Schmaltier
Schma̲l|sei|te
Schma̲l|spur *(Eisenbahn)*
Schma̲l|spur|aka|de|mi|ker *(ugs.);* **Schma̲l|spur|aka|de|mi|ke|rin**
Schma̲l|spur|bahn; schma̲l|spu|rig
Schma̲l|te, die; -, -n ⟨ital.⟩ (Kobaltschmelze, ein Blaufärbemittel [für Porzellan u. Keramik]); **schma̲l|ten** (*veraltend für* emaillieren)
Schma̲l|tier (weibliches Rot-, Damod. Elchwild vor dem ersten Setzen); **Schma̲l|vieh** (*veraltend für* Kleinvieh)
Schmạlz, das; -es, -e; **Schmạlz|brot**
Schmä̲l|ze, die; -, -n (zum Schmälzen der Wolle benutzte Flüssigkeit); *vgl. aber* Schmelze
schma̲l|zen (Speisen mit [heißem] Schmalz zubereiten, übergießen); du schmalzt; geschmalzt *u.* geschmalzen (*in übertr. Bedeutung nur so,* z. B. es ist mir zu geschmalzen [*ugs. für* zu teuer]); gesalzen und geschmalzen
schmä̲l|zen (schmalzen; *auch für* Wolle vor dem Spinnen einfetten); du schmälzt; geschmälzt
Schmạlz|fleisch
Schmạlz|ge|ba|cke|ne, das; -n
schma̲l|zig (*abwertend für* übertrieben gefühlvoll, sentimental)
Schmạlz|ler, der; -s (*bes. bayr. für* fettdurchsetzter Schnupftabak)
Schmạlz|tol|le (*ugs. scherzh. für* pomadisierte Haartolle)
Schmạnd, Schmạnt, der; -[e]s ([saure] Sahne; *ostmitteld. für* Matsch, Schlamm)
Schmạnd|kar|tof|feln, Schmạnt|kar|tof|feln *Plur.*
Schma̩n|kerl, das; -s, -[n]; *vgl.* Pickerl (*bayr., österr. für* eine süße Mehlspeise; Leckerbissen)
Schmạnt *vgl.* Schmand
schma|rọt|zen (auf Kosten anderer leben); du schmarotzt; du schmarotztest; er hat schmarotzt
Schma|rọt|zer; schma|rọt|zer|haft; Schma|rọt|ze|rin; schma|rọt|ze|risch
Schma|rọt|zer|pflan|ze; Schma|rọt|zer|tier; Schma|rọt|zer|tum, das; -s; **Schma|rọt|zer|wes|pe**
Schma̩r|re, die; -, -n (*landsch. für* lange Hiebwunde, Narbe)
Schma̩r|ren, Schma̩rrn, der; -s, - (*bayr. u. österr. für* eine Mehlspeise; *ugs. für* wertloses Zeug; Unsinn)
Schma̩|sche, die; -, -n ⟨poln.⟩ (*fachspr. für* Fell eines tot geborenen Lammes)
Schmạtz, der; -es, *Plur.* -e, *auch* Schmätze (*ugs. für* [lauter] Kuss); **Schmặtz|chen**

S
Schm

schmat|zen; du schmatzt
Schmät|zer (ein Vogel)
Schmauch, der; -[e]s (*landsch. für* qualmender Rauch); **schmau|chen; Schmauch|spu|ren** *Plur.* (*Kriminalistik* Reste unverbrannten Pulvers nach einem Schuss)
Schmaus, der; -es, Schmäuse (*veraltend, noch scherzh. für* reichhaltiges u. gutes Mahl); **schmau|sen** (*scherzh., sonst veraltend für* vergnügt u. mit Genuss essen); du schmaust; **Schmau|se|rei** *(veraltend)*
schme|cken
Schme|cker|chen, Schmä|ckerchen, das; -s, - (*landsch. für* Leckerbissen)
Schmei|che|lei; schmei|chel|haft
Schmei|chel|kätz|chen, Schmei|chel|kat|ze *(fam.)*
schmei|cheln; ich schmeich[e]le
Schmei|chel|wort *Plur.* ...worte; **Schmeich|ler; Schmeich|le|rin; schmeich|le|risch**
schmei|dig (*veraltet für* geschmeidig); **schmei|di|gen** (*veraltend für* geschmeidig machen)
[1]**schmei|ßen** (*ugs. für* werfen; *auch für* aufgeben; misslingen lassen); du schmeißt; du schmissest, er/sie schmiss; geschmissen; schmeiß[e]!
[2]**schmei|ßen** (*Jägerspr.* Kot auswerfen); der Habicht schmeißt, schmeißte, hat geschmeißt
Schmeiß|flie|ge
Schmelz, der; -es, -e
Schmelz|bad *(Technik)*
schmelz|bar; Schmelz|bar|keit
Schmelz|but|ter
Schmel|ze, die; -, -n; *vgl. aber* Schmälze
[1]**schmel|zen** (flüssig werden); du schmilzt, es schmilzt; du schmolzest; du schmölzest; geschmolzen; schmilz!
[2]**schmel|zen** (flüssig machen); du schmilzt, *veraltend* schmelzt; es schmilzt, *veraltend* schmelzt; du schmolzest, *veraltend* schmelztest; du schmölzest, *veraltend* schmelzest; geschmolzen, *veraltend* geschmelzt; schmilz!, *veraltend* schmelze!
Schmel|zer; Schmel|ze|rei; Schmel|ze|rin
Schmelz|far|be; Schmelz|glas (Email); **Schmelz|hüt|te**
Schmelz|kä|se
Schmelz|ofen; Schmelz|punkt; Schmelz|schwei|ßung; Schmelz|tie|gel
Schmel|zung
Schmelz|wär|me; Schmelz|was|ser *Plur.* ...wasser *u. (bes. fachspr.)* ...wässer; **Schmelz|zo|ne**
Schmer, der *od.* das; -s (*landsch. für* Bauchfett des Schweines); **Schmer|bauch** (*ugs. svw.* Fettbauch)
Schmer|fluss, der; -es (*für* Seborrhö)
Schmer|le, die; -, -n (ein Fisch)
Schmer|ling (ein Speisepilz)
Schmerz, der; -es, -en; schmerzlindernd, *aber* den Schmerz lindernd; schmerzstillend, *aber* den Schmerz stillend ↑K58
Schmerz|am|bu|lanz
schmerz|arm
schmerz|emp|find|lich; Schmerz|emp|find|lich|keit; Schmerz|emp|fin|dung
schmer|zen; du schmerzt; die Füße schmerzten ihr *od.* sie; es schmerzt mich, dass sie nicht geschrieben hat
schmer|zen|reich *vgl.* schmerzensreich
Schmer|zens|geld
Schmer|zens|kind *(veraltet);* **Schmer|zens|laut; Schmer|zens|mann**, der; -[e]s (*Kunst* Darstellung des leidenden Christus); **Schmer|zens|mut|ter**, die; - (*Kunst* Darstellung der trauernden Maria)
schmer|zens|reich *(geh.)*
Schmer|zens|schrei
schmerz|er|füllt; Schmerz|for|schung; schmerz|frei; der Patient ist heute schmerzfrei
Schmerz|ge|fühl; Schmerz|gren|ze
schmerz|haft; eine schmerzhafte Operation; **Schmerz|haf|tig|keit**
Schmerz|kli|nik (schmerztherapeutische Klinik)
schmerz|lich; ein schmerzlicher Verlust; **Schmerz|lich|keit**, die; -
schmerz|lin|dernd; ein schmerzlinderndes Medikament ↑K59; *vgl.* Schmerz
schmerz|los; Schmerz|lo|sig|keit
Schmerz|mit|tel
Schmerz|pa|ti|ent; Schmerz|pa|ti|en|tin
Schmerz|schwel|le
schmerz|stil|lend; schmerzstillende Tabletten ↑K59; *vgl.* Schmerz
Schmerz|ta|b|let|te
Schmerz|the|ra|peut; Schmerz|the|ra|peu|tin; schmerz|the|ra|peu|tisch; Schmerz|the|ra|pie
schmerz|un|emp|find|lich; schmerz|ver|zerrt; schmerz|voll
Schmet|ten, der; -s ‹tschech.› (*ostmitteld. für* Sahne); **Schmet|ten|kä|se** *(ostmitteld.)*
Schmet|ter|ball *(Sport)*
Schmet|ter|ling
Schmet|ter|lings|blü|te; Schmet|ter|lings|blüt|ler *(Bot.)*
Schmet|ter|lings|kas|ten; Schmet|ter|lings|netz; Schmet|ter|lings|samm|lung
Schmet|ter|lings|stil, der; -[e]s (Schwimmstil)
schmet|tern; ich schmettere
Schmi|cke, die; -, -n (*nordd. für* Peitsche; Ende der Peitschenschnur)
Schmidt-Rott|luff (dt. Maler u. Grafiker)
Schmied, der; -[e]s, -e
schmied|bar; Schmied|bar|keit
Schmie|de, die; -, -n
Schmie|de|ar|beit
Schmie|de|ei|sen; schmie|de|ei|sern
Schmie|de|feu|er; Schmie|de|ham|mer; Schmie|de|hand|werk; Schmie|de|kunst
Schmie|de|meis|ter; Schmie|de|meis|te|rin
schmie|den
Schmie|de|ofen; Schmie|din
Schmie|ge, die; -, -n (*Technik* Winkelmaß mit beweglichen Schenkeln; *auch landsch. für* zusammenklappbarer Maßstab)
schmie|gen; sich schmiegen
schmieg|sam; Schmieg|sam|keit
Schmie|le, die; -, -n (Name verschiedener Grasarten); **Schmiel|gras**
Schmier|dienst (beim Auto)
[1]**Schmie|re**, die; -, -n (*abwertend auch für* schlechtes Theater)
[2]**Schmie|re**, die; - ‹hebr.-jidd.› (*Gaunerspr.* Wache); Schmiere stehen
schmie|ren (*ugs. auch für* bestechen)
Schmie|ren|ko|mö|di|ant *(abwertend);* **Schmie|ren|ko|mö|di|an|tin; Schmie|ren|schau|spie|ler** *(abwertend);* **Schmie|ren|schau|spie|le|rin; Schmie|ren|stück** *(abwertend)*
Schmie|rer; Schmie|re|rei; Schmie|re|rin
Schmier|fett; Schmier|film
Schmier|fink, der; *Gen.* -en, *auch* -s, *Plur.* -en *(ugs. abwertend)*
Schmier|geld *meist Plur. (ugs.);* **Schmier|geld|zah|lung**
Schmier|heft
schmie|rig; Schmie|rig|keit, die; -

S
schm

Schmier|kä|se; Schmier|mit|tel; Schmier|nip|pel
Schmier|öl; Schmier|pres|se; Schmier|sei|fe
Schmie|rung; Schmier|zet|tel
schmilzt *vgl.* [1]schmelzen, [2]schmelzen
Schmin|ke, die; -, -n; **schmin|ken; Schmink|stift; Schmink|tisch**
[1]**Schmir|gel,** der; -s, - (*ostmitteld. für* Tabakspfeifensaft)
[2]**Schmir|gel,** der; -s ⟨ital.⟩ (ein Schleifmittel); **schmir|geln;** ich schmirg[e]le; **Schmir|gel|pa|pier**
schmiss *vgl.* [1]schmeißen
Schmiss, der; -es, -e; **schmis|sig;** eine schmissige Musik
[1]**Schmitz,** der; -es, -e (*veraltet, noch landsch. für* Fleck, Klecks; *Druckw.* verschwommene Wiedergabe)
[2]**Schmitz,** der; -es, -e (*landsch. für* [leichter] Hieb, Schlag)
Schmit|ze, die; -, -n (*landsch. für* Peitsche, Ende der Peitschenschnur); **schmit|zen** (*landsch. für* [mit der Peitsche] schlagen)
Schmock, der; -[e]s, *Plur.* Schmöcke, *auch* -e *u.* -s ⟨slowen.; nach Freytags »Journalisten«⟩ (gesinnungsloser Zeitungsschreiber)
Schmok, der; -s (*nordd. für* Rauch)
Schmö|ker, der; -s, - (*nordd. für* Raucher; *ugs. für* anspruchsloses, aber fesselndes Buch); **Schmö|ke|rin**
schmö|kern (*ugs. für* [viel] lesen); ich schmökere
Schmol|le, die; -, -n (*bayr., österr. für* Brotkrume)
Schmoll|ecke (*ugs.*)
schmol|len
schmol|lis! (*Verbindungsw.* Zuruf beim [Brüderschaft]trinken); **Schmol|lis,** das; -, -; mit jmdm. Schmollis trinken
Schmoll|mund
Schmölln (Stadt in Ostthüringen)
Schmoll|win|kel (*ugs.*)
schmolz *vgl.* [1]schmelzen, [2]schmelzen
Schmon|zes, der; - ⟨jidd.⟩ (*ugs. für* leeres Gerede; überflüssiger Kram); **Schmon|zet|te,** die; -, -n (*ugs. für* albernes Machwerk)
Schmor|bra|ten; schmo|ren; jmdn. schmoren lassen *od.* schmorenlassen (*ugs. für* im Ungewissen lassen); **Schmor|fleisch**
schmor|gen (*westmd. für* knausern; geizig sein)
Schmor|obst; Schmor|pfan|ne; Schmor|topf

Schmu, der; -s (*ugs. für* leichter Betrug); Schmu machen
schmuck; eine schmucke Uniform
Schmuck, der; -[e]s, -e *Plur. selten*
Schmuck|blatt|te|le|gramm, Schmuck|blatt-Te|le|gramm
schmü|cken
Schmuck|käst|chen; Schmuck|kas|ten; Schmuck|kof|fer
schmuck|los; Schmuck|lo|sig|keit, die; -
Schmuck|na|del; Schmuck|stein; Schmuck|stück; Schmuck|te|le|gramm
Schmü|ckung
schmuck|voll (*veraltet*)
Schmuck|wa|ren *Plur.;* **Schmuck|wa|ren|in|dus|t|rie**
Schmud|del, der; -s (*ugs. für* Unsauberkeit); **Schmud|del|ecke** (*ugs.*); in die Schmuddelecke drängen; **Schmud|de|lei** (*ugs. für* Sudelei)
schmud|de|lig, schmudd|lig (*ugs. für* unsauber)
Schmud|del|kind (*ugs. abwertend*)
schmud|deln (*ugs. für* sudeln, schmutzen); ich schmudd[e]le
Schmud|del|wet|ter (*ugs. für* nasskaltes, regnerisches Wetter)
schmudd|lig *vgl.* schmuddelig
Schmug|gel, der; -s; **Schmug|ge|lei**
schmug|geln; ich schmugg[e]le; **Schmug|gel|wa|re**
Schmugg|ler; Schmugg|ler|ban|de; Schmugg|le|rin; Schmugg|ler|ring; Schmugg|ler|schiff
schmu|len (*landsch. für* verstohlen blicken, schielen)
schmun|zeln; ich schmunz[e]le
schmur|geln (*landsch. für* in Fett braten); ich schmurg[e]le
Schmus, der; -es ⟨hebr.-jidd.⟩ (*ugs. für* leeres Gerede; Schöntun)
Schmu|se|ka|ter; Schmu|se|kat|ze (*fam.*)
Schmu|se|kurs (auf Annäherung, Ausgleich abzielender [politischer] Kurs)
schmu|sen (*ugs.*); du schmust; er schmuste; **Schmu|ser** (*ugs.*); **Schmu|se|rei** (*ugs.*); **Schmu|se|rin**
Schmutt, der; -es (*nordd. für* feiner Regen)
Schmutz, der; -es (*südwestd. auch für* Fett, Schmalz); ein Schmutz abweisendes *od.* schmutzabweisendes Material, *aber nur* jeden Schmutz abweisend, sehr schmutzabweisend ↑K58
Schmutz|ar|beit
Schmutz|blatt (*Druckw.*)
Schmutz|bürs|te

schmut|zen; du schmutzt
Schmutz|fän|ger; Schmutz|fink, der; *Gen.* -en, *auch* -s, *Plur.* -en (*ugs. für* jmd., der schmutzig ist); **Schmutz|fleck**
Schmut|zi|an, der; -[e]s, -e (*veraltend für* Schmutzfink; *österr. ugs. für* Geizhals)
schmut|zig; sich schmutzig machen; schmutzig gelb, schmutzig grau usw. ↑K60; **Schmut|zig|keit**
Schmutz|kü|bel|kam|pa|g|ne (*österr. abwertend für* mit unfairen Mitteln geführte Kampagne)
Schmutz|schicht; Schmutz|ti|tel (*Druckw.*); **schmutz|un|emp|find|lich; Schmutz|wä|sche,** die; -; **Schmutz|was|ser** *Plur.* ...wässer; **Schmutz|zu|la|ge**
Schna|bel, der; -s, Schnäbel; **Schnä|bel|chen; Schnä|be|lei** (*ugs. auch für* das Küssen); **Schnä|be|lein,** Schnäb|lein
Schna|bel|flö|te
schna|bel|för|mig
Schna|bel|hieb
...schnä|be|lig, ...schnäb|lig (z. B. langschnäb[e]lig)
Schna|bel|kerf (*Zool.*)
schnä|beln (*ugs. auch für* küssen); ich schnäb[e]le; sich schnäbeln
Schna|bel|schuh; Schna|bel|tas|se
Schna|bel|tier (ein Eier legendes Säugetier)
Schnäb|lein *vgl.* Schnäbelein
...schnäb|lig *vgl.* ...schnäbelig
schna|bu|lie|ren (*ugs. für* mit Behagen essen)
Schnack, der; -[e]s, *Plur.* -s *u.* Schnäcke (*nordd. ugs. für* Plauderei; Scherzwort; Gerede)
schna|ckeln (*bayr. für* schnalzen); ich schnack[e]le
schna|cken (*nordd. für* plaudern); Platt schnacken
Schna|ckerl, der, *auch* das; -s (*österr. für* Schluckauf)
schnack|seln (*südd., österr. ugs. für* koitieren); ich schnacks[e]le
Schna|der|hüp|fe[r]l, das; -s, -[n], *vgl.* Pickerl (*bayr. u. österr. für* volkstüml. satirischer Vierzeiler)
schnaf|te (*berlin. veraltend für* hervorragend, vortrefflich)
Schna|ke, die; -, -n (eine langbeinige Mücke; *landsch. für* Stechmücke)
schnä|ken (*landsch. für* naschen)
Schna|ken|pla|ge; Schna|ken|stich
schnä|kig (*landsch. für* wählerisch [im Essen])

S
schn

Schnäll|chen
Schnal|le, die; -, -n (*österr. auch svw.* Klinke)
schnal|len (*südd. auch für* schnalzen); etwas schnallen (*ugs. für* verstehen)
Schnal|len|schuh
schnal|zen; du schnalzt; **Schnal|zer; Schnalz|laut**
schnapp!; schnipp, schnapp!
Schnapp|at|mung *(Med.)*
Schnäpp|chen (*ugs. für* vorteilhafter Kauf); **Schnäpp|chen|jagd; Schnäpp|chen|jä|ger; Schnäppchen|jä|ge|rin**
Schnäpp|chen|preis (*ugs. für* bes. günstiger Kaufpreis)
schnap|pen; Schnap|per
Schnäp|per, Schnep|per (ein Vogel; *Sport* [Sprung]bewegung; Nadel zur Blutentnahme; *früher für* Armbrust; *landsch. für* Schnappschloss); **schnäp|pern**, schnep|pern (*Sport* in Hohlkreuzhaltung springen); ich schnäppere, ich schneppere; **Schnäp|per|sprung**, Schnep|persprung *(Sport)*
Schnapp|mes|ser, das
Schnapp|schloss
Schnapp|schuss
Schnaps, der; -es, Schnäpse
Schnaps|bren|ner; Schnaps|bren|nerei; Schnaps|bren|ne|rin
Schnäps|chen
Schnaps|dros|sel *(ugs. abwertend)*
schnäp|seln (*ugs. svw.* [1]schnapsen); ich schnäps[e]le
[1]**schnap|sen** (*ugs. für* Schnaps trinken); du schnapst
[2]**schnap|sen** (*bayr., österr. für* Schnapsen spielen); **Schnap|sen,** das; -s (bayr., österr. Kartenspiel)
Schnaps|fah|ne *(ugs.)*; **Schnaps|flasche; Schnaps|glas** *Plur.* …gläser
Schnaps|idee (*ugs. für* seltsame, verrückte Idee)
Schnaps|lei|che (*ugs. scherzh. für* Betrunkener); **Schnaps|na|se** *(ugs.)*; **Schnaps|stam|perl** (*bayr., österr. für* Schnapsglas)
Schnaps|zahl (*scherzh. für* Zahl aus gleichen Ziffern)
schnar|chen
Schnar|cher; Schnar|che|rin
Schnarch|na|se (*ugs. scherzh. für* jmd., der schnarcht; *ugs. abwertend für* jmd., der sehr langsam ist); **schnarch|na|sig**
Schnar|re, die; -, -n
schnar|ren
Schnarr|werk (bei der Orgel)
Schnat, Schna|te, die; -, …ten (*landsch. für* junges abgeschnittenes [2]Reis; Grenze einer Flur)
Schnä|tel, das; -s, - (*landsch. für* Pfeifchen aus Weidenrinde)
Schnat|te|rer; schnat|te|rig, schnatt|rig; **Schnat|te|rin**
Schnat|ter|lie|se (*ugs. für* schwatzhaftes Mädchen)
schnat|tern; ich schnattere
schnatt|rig *vgl.* schnatterig
schnät|zeln (*hess.; svw.* schnatzen); ich schnätz[e]le; sich schnätzeln; **schnat|zen** (*hess. für* sich putzen, das Haar aufstecken); du schnatzt; sich schnatzen
Schnau, die; -, -en (*nordd. für* geschnäbeltes Schiff)
schnau|ben; du schnaubst; du schnaubtest (*veraltend* schnobst); du schnaubtest (*veraltend* schnöbest); geschnaubt (*veraltend* geschnoben); schnaub[e]!
schnäu|big (*hess. für* wählerisch)
Schnauf, der; -[e]s, -e (*landsch. für* [hörbarer] Atemzug)
schnau|fen; Schnau|fer *(ugs.)*
Schnau|ferl, das; -s, -[n]; *vgl.* Pickerl (*ugs. scherzh. für* altes Auto)
Schnau|pe, die; -, -n (*südd. für* Ausguss an Kannen u. a.)
Schnauz, der; -es, Schnäuze (*bes. schweiz. für* Schnurrbart)
Schnauz|bart; schnauz|bär|tig
Schnäuz|chen
Schnau|ze, die; -, -n (*auch derb für* Mund); **schnau|zen;** du schnauzt
schnäu|zen; du schnäuzt; sich schnäuzen
Schnau|zer, der; -s, - (Hund einer bestimmten Rasse; *ugs. kurz für* Schnauzbart)
schnau|zig (grob [schimpfend])
…schnau|zig, …schnäu|zig (*ugs.;* z. B. großschnauzig, großschnäuzig)
Schnäuz|tuch *Plur.* …tücher (*bayr., österr. veraltend für* Taschentuch)
Schneck, der; -s, -en (*bes. südd., österr. für* Schnecke)
Schne|cke, die; -, -n
Schne|cken|boh|rer (ein Werkzeug); **schne|cken|för|mig; Schnecken|fri|sur; Schne|cken|gang,** der; -[e]s
Schne|cken|ge|häu|se; Schne|ckenhaus
Schne|cken|li|nie (*selten für* Spirale); **Schne|cken|nu|del** (*landsch. für* ein Hefegebäck)
Schne|cken|post, die; - *(scherzh.)*; **Schne|cken|tem|po,** das; -s *(ugs.)*
Schne|ckerl, das; -s, -[n]; *vgl.* Pickerl (*österr. ugs. für* Locke)
schned|de|reng|teng!, schned|dereng|teng|teng! (Nachahmung des Trompetenschalles)
Schnee, der; -s; im Jahre, anno Schnee (*österr. für* vor langer Zeit)
schnee|arm; schneearme Winter
Schnee|ball (Kugel aus Schnee; ein Strauch); **schnee|bal|len** *fast nur im Infinitiv u. Partizip II gebr.;* geschneeballt
Schnee|ball|prin|zip (best. Art der Verbreitung einer Nachricht)
Schnee|ball|schlacht
Schnee|ball|sys|tem (bestimmte, in Deutschland verbotene Form des Warenabsatzes; Schneeballprinzip)
schnee|be|deckt ↑K59
Schnee|bee|re (ein Strauch)
[1]**Schnee|berg** (Stadt im westlichen Erzgebirge)
[2]**Schnee|berg,** der; -[e]s (höchster Gipfel des Fichtelgebirges)
Schnee|be|sen (ein Küchengerät)
schnee|blind; Schnee|blind|heit
Schnee|brett (flach überhängende Schneemassen); **Schnee|bril|le**
Schnee|bruch (Baumschaden durch zu große Schneelast; *vgl.* [1]Bruch); **Schnee|de|cke**
Schnee-Ei|fel, **Schnee|ei|fel,** die; -; *vgl.* Schneifel
schnee|er|hellt ↑K169
Schnee-Eu|le, **Schnee|eu|le**
Schnee|fall; Schnee|fall|gren|ze; Schnee|flo|cke; Schnee|frä|se
schnee|frei
Schnee|gans; Schnee|ge|stö|ber
schnee|glatt; auf schneeglatter Fahrbahn; **Schnee|glät|te,** die; -
Schnee|glöck|chen
Schnee|gren|ze
Schnee|grie|sel (*Meteorol.* Griesel)
Schnee|ha|se; Schnee|hemd *(Militär)*; **Schnee|hö|he; Schnee|huhn**
schnee|ig; schneeige Hänge
Schnee|ka|no|ne (Gerät zur Erzeugung von künstlichem Schnee)
Schnee|ket|te *meist Plur.*
Schnee|kö|nig (*ostmitteld. für* Zaunkönig); er freut sich wie ein Schneekönig (*ugs. für* er freut sich sehr)
Schnee|kö|ni|gin (Märchenfigur)
Schnee|kop|pe, die; - (höchster Berg des Riesengebirges)

Schnee|land|schaft; Schnee|last; Schnee|le|o|pard; Schnee|le|o|par|din
Schnee|mann *Plur.* ...männer
Schnee|mas|se *meist Plur.;* **Schnee|matsch** *vgl.* ²Matsch
Schnee|mensch (Fabelwesen); *vgl. auch* Yeti
Schnee|mo|bil (Kettenfahrzeug zur Fortbewegung im Schnee)
Schnee|mo|nat, Schnee|mond (*alte Bez. für* Januar)
Schnee|pflug; Schnee|räu|mer
Schnee|re|gen
schnee|reich; eine schneereiche Saison
Schnee|ru|te (*österr. für* Schneebesen)
Schnee|schau|fel; Schnee|schleu|der; Schnee|schmel|ze; Schnee|schuh
schnee|si|cher; ein schneesicheres Skigebiet
Schnee|sturm *vgl.* ¹Sturm; **Schnee|trei|ben; Schnee|ver|hält|nis|se** *Plur.;* **Schnee|ver|we|hung; Schnee|was|ser,** das; -s; **Schnee|wech|te**
Schnee|we|he
schnee|weiß
Schnee|witt|chen, das; -s ‹»Schneeweißchen«› (dt. Märchengestalt)
Schnee|zaun
Schne|gel, der; -s, - (*Biol.* [hauslose] Schnecke)
Schneid, der; -[e]s, *bayr., österr.* die; - (*ugs. für* Mut; Tatkraft)
Schneid|ba|cken *Plur.;* **Schneid|boh|rer; Schneid|bren|ner**
Schnei|de, die; -, -n
Schnei|de|brett, Schneid|brett
Schneid|ei|sen
Schnei|del|holz (*Forstwirtsch.* abgehauene Nadelholzzweige)
Schnei|de|müh|le (*selten für* Sägemühle)
schnei|den; du schnittst; du schnittest; ich habe mir, *auch* mich in den Finger geschnitten; schneid[e]!
Schnei|der
Schnei|de|raum *(Filmtechnik)*
Schnei|de|rei; Schnei|der|ge|sel|le; Schnei|der|ge|sel|lin; Schnei|der|hand|werk, das; -[e]s
Schnei|de|rin; Schnei|der|kos|tüm; Schnei|der|krei|de
Schnei|der|meis|ter; Schnei|der|meis|te|rin
schnei|dern; ich schneidere
Schnei|der|pup|pe; Schnei|der|sitz; Schnei|der|werk|statt
Schnei|de|tech|nik
Schnei|de|tisch *(Filmtechnik)*
Schnei|de|werk|zeug
Schnei|de|zahn
schnei|dig (forsch); **Schnei|dig|keit,** die; -
Schneid|klup|pe (Werkzeug zum Gewindeschneiden)
schnei|en
Schnei|fel, Schnee-Ei|fel, Schnee|ei|fel, die; - (ein Teil der Eifel)
Schnei|se, die; -, -n ([gerader] Durchhieb [Weg] im Wald)
schnei|teln (*Forstwirtsch.* von überflüssigen Ästen, Trieben befreien); ich schneit[e]le
schnell; schnells|tens; so schnell wie (*älter* als) möglich; ihr müsst jetzt schnell machen (euch beeilen); ↑K56 : ein Rennpferd, ein Fahrzeug schnell machen *od.* schnellmachen; auf die schnelle Tour *(ugs.);* auf die Schnelle (*ugs. für* rasch, schnell); ↑K89 : schneller Brüter (ein Kernreaktor); ↑K150 : Schnelle Medizinische Hilfe; *Abk.* SMH *(vgl. d.)*
Schnell|bahn (*Abk.* S-Bahn)
Schnell|boot; Schnell|bus; Schnell|damp|fer
Schnell|den|ker *(ugs.);* **Schnell|den|ke|rin**
Schnell|dienst
Schnell|durch|gang, Schnell|durch|lauf
¹**Schnel|le,** die; - (Schnelligkeit)
²**Schnel|le,** die; -, -n (Stromschnelle)
schnel|len
Schnel|ler (*landsch. für* Geräusch, das durch Schnippen mit zwei Fingern entsteht)
Schnell|feu|er; Schnell|feu|er|ge|wehr; Schnell|feu|er|pis|to|le *(Militär)*
schnell|fü|ßig
Schnell|gang *(Kfz-Technik)*
Schnell|gast|stät|te; Schnell|ge|richt
Schnell|hef|ter
Schnell|heit, die; - (*selten für* Schnelligkeit)
Schnel|lig|keit
Schnell|im|biss; Schnell|koch|plat|te; Schnell|koch|topf
Schnell|kraft
Schnell|kurs
Schnell|last|wa|gen, Schnell-Last|wa|gen (schnell fahrender Lastkraftwagen)
Schnell|läu|fer, Schnell-Läu|fer
Schnell|läu|fe|rin, Schnell-Läu|fe|rin
schnell|le|big; Schnell|le|big|keit
Schnell|le|ser, Schnell-Le|ser
Schnell|le|se|rin, Schnell-Le|se|rin
Schnell|mer|ker (*ugs. scherzh., oft iron.* Mensch mit bes. rascher Auffassung); **Schnell|mer|ke|rin**
Schnell|pa|ket; Schnell|rei|ni|gung; Schnell|re|s|tau|rant
Schnell|schuss (*ugs. für* schnelle Maßnahme, Reaktion)
schnells|tens; schnellst|mög|lich
Schnell|stra|ße
Schnell|test; Schnell|ver|fah|ren
Schnell|ver|kehr
Schnell|wä|sche|rei (*svw.* Schnellreinigung)
Schnell|zug (*svw.* D-Zug)
Schnep|fe, die; -, -n (ein Vogel)
Schnep|fen|jagd; Schnep|fen|vo|gel; Schnep|fen|zug *(Jägerspr.)*
Schnep|pe, die; -, -n (*mitteld. für* Schnabel [einer Kanne]; schnabelförmige Spitze [eines Kleidungsstückes])
Schnep|per *vgl.* Schnäpper; **schnep|pern** *vgl.* schnäppern; **Schnep|per|sprung** *vgl.* Schnäppersprung
schnet|zeln (*bes. schweiz. für* [Fleisch] fein zerschneiden); ich schnetz[e]le; geschnetzeltes Fleisch
Schneuß, der; -es, -e (*Archit.* Fischblasenornament)
Schneu|ze, die; -, -n (*früher für* Lichtputzschere)
schneu|zen *alte Schreibung für* schnäuzen
schni|cken (*landsch. für* schnippen)
Schnick|schnack, der; -[e]s (*ugs. für* [törichtes] Gerede; nutzloser Kleinkram)
schnie|ben (*mitteld. für* schnauben); *auch mit starker Beugung:* du schnobst; du schnöbest; geschnoben
Schnie|del|wutz, der; -es, -e (*ugs. scherzh. für* Penis)
schnie|fen (*bes. mitteld. für* hörbar durch die Nase einatmen)
schnie|geln (*ugs. für* übertrieben herausputzen); sich schniegeln; ich schnieg[e]le [mich]; geschniegelt und gebügelt *od.* gestriegelt (fein hergerichtet)
schnie|ke (*berlin. für* fein, schick)
Schnie|pel, der; -s, - (*veraltet für* Angeber, Geck; *ugs. für* Penis)
Schnip|fel, der; -s, - (*landsch. für* Schnipsel); **schnip|feln;** ich schnipf[e]le
schnipp!; schnipp, schnapp!

Schnịpp|chen; *nur noch in* jmdm. ein Schnippchen schlagen (*ugs. für* einen Streich spielen)
Schnịp|pel, der *od.* das; -s, - (*ugs. für* Schnipsel)
Schnip|pel|boh|nen *Plur. (landsch.)*
Schnịp|pel|chen; Schnip|pe|lei *(ugs. abwertend)*
schnịp|peln; ich schnipp[e]le
schnịp|pen; mit den Fingern schnippen
schnịp|pisch
schnịpp, schnạpp!
Schnịpp|schnạpp[|schnụrr], das; -[s] (ein [Karten]spiel)
Schnịp|sel, der *od.* das; -s, - (*ugs. für* kleines [abgeschnittenes] Stück); **Schnip|se|lei** *(ugs.);* **schnịp|seln;** ich schnips[e]le
schnịp|sen (*svw.* schnippen); du schnipst
schnịtt *vgl.* schneiden
Schnịtt, der; -[e]s, -e (*ugs. auch für* Durchschnitt, Gewinn)
Schnịtt|blu|me; Schnịtt|boh|ne; Schnịtt|brot
Schnịt|te, die; -, -n (*österr. auch für* Waffel)
Schnịtt|ent|bin|dung (*Med.* Entbindung durch Kaiserschnitt)
Schnịt|ter (*veraltend für* Mäher); **Schnịt|te|rin**
schnịtt|fest; schnittfeste Wurst
Schnịtt|flä|che; Schnịtt|holz
schnịt|tig (*auch für* rassig); ein schnittiges Auto; **Schnịt|tig|keit**
Schnịtt|kä|se
Schnịtt|kur|ve *(Math.)*
Schnịtt|lauch, der; -[e]s
Schnịtt|li|nie
Schnịtt|meis|ter (*svw.* Cutter); **Schnịtt|meis|te|rin**
Schnịtt|men|ge *(Math.)*
Schnịtt|mus|ter; Schnịtt|mus|ter|bogen
Schnịtt|punkt; Schnịtt|stel|le (*EDV* Verbindungsstelle zweier Geräte- od. Anlagenteile)
Schnịtt|ver|let|zung
Schnịtt|wa|re; schnịtt|wei|se
Schnịtt|wun|de
Schnịtz, der; -es, -e (*landsch. für* kleines [gedörrtes] Obststück)
Schnịtz|ar|beit (Schnitzerei); **Schnịtz|bank** *Plur.* ...bänke; **Schnịtz|bild**
[1]**Schnịt|zel,** das; -s, - (dünne Fleischscheibe zum Braten); Wiener Schnitzel
[2]**Schnịt|zel,** das, *österr. nur so, od.* der; -s, - (*ugs. für* abgeschnittenes Stück)
Schnịt|zel|bank *Plur.* ...bänke (*veraltet für* Bank zum Schnitzen; Bänkelsängerverse mit Bildern)
Schnit|ze|lei *(landsch.)*
Schnịt|zel|jagd
Schnịt|zel|klop|fer (*österr. für* Fleischklopfer)
schnịt|zeln (*landsch. auch für* schnitzen); ich schnitz[e]le
schnịt|zen; du schnitzt
Schnịt|zer (*ugs. auch für* Fehler)
Schnit|ze|rei; Schnịt|ze|rin
Schnịtz|kunst, die; -
[1]**Schnịtz|ler** (*schweiz. für* jmd., der schnitzt)
[2]**Schnịtz|ler** (österr. Schriftsteller)
Schnịtz|le|rin
Schnịtz|mes|ser, das; **Schnịtz|werk**
schno|bern (*landsch. für* schnuppern); ich schnobere
schnöd (*bes. südd., österr., schweiz. für* schnöde)
Schnọd|der, der; -s (*derb für* Nasenschleim)
schnọd|de|rig, schnọdd|rig (*ugs. für* provozierend, unverschämt); schnodd[e]rige Bemerkungen; **Schnọd|de|rig|keit, Schnọdd|rig|keit** *(ugs.);* **schnọdd|rig,** schnọd|de|rig
schnö|de; schnöder Gewinn, Mammon; **schnö|den** (*schweiz. für* schnöde reden); **Schnöd|heit,** *häufiger* **Schnö|dig|keit** *(geh. abwertend)*
schno|feln (*österr. ugs. für* schnüffeln; durch die Nase sprechen); ich schnof[e]le
Schnọr|chel, der; -s, - (Luftrohr für das U-Boot; Teil eines Sporttauchgerätes); **schnọr|cheln** (mit dem Schnorchel tauchen); ich schnorch[e]le
Schnọ̈r|kel, der; -s, -; **Schnör|ke|lei; schnọ̈r|kel|haft; schnọ̈r|ke|lig,** schnọ̈rk|lig; **Schnọ̈r|kel|kram** *(ugs.);* **schnọ̈r|kel|los** (nüchtern, schlicht); **schnọ̈r|keln;** ich schnörk[e]le; **Schnọ̈r|kel|schrift; schnọ̈rk|lig,** schnọ̈r|ke|lig
schnọr|ren (*ugs. für* [er]betteln); **Schnọr|rer; Schnor|re|rei; Schnọr|re|rin**
Schnö|sel, der; -s, - (*ugs. für* dummer u. frecher junger Mensch); **schnö|se|lig** *(ugs.);* **Schnö|se|lin**
Schnụ|cke, die; -, -n (*kurz für* Heidschnucke)
Schnụ|ckel|chen (Schäfchen; *auch* Kosewort)
schnụ|cke|lig, schnụck|lig (*ugs. für* nett, süß; lecker, appetitlich)
Schnụ|cki, das; -s, -s (*ugs.; svw.* Schnuckelchen); **Schnụ|cki|putz,** der; -es, -e (*ugs. für svw.* Schnuckelchen)
schnụck|lig *vgl.* schnuckelig
schnụ|de|lig, schnụdd|lig (*ugs. für* unsauber; *berlin. für* lecker)
Schnüf|fe|lei
schnụf|feln (*landsch. für* schnüffeln)
schnụ̈f|feln (*auch für* spionieren); ich schnüff[e]le; **Schnụ̈f|fel|stoff** (*ugs. für* Mittel, das berauschende Dämpfe abgibt)
Schnụf|fel|tuch (ein Spielzeug aus weichem Stoff für Babys)
Schnụ̈ff|ler; Schnụ̈ff|le|rin
schnụl|len (*landsch. für* saugen)
Schnụl|ler (Gummisauger für Kleinkinder)
Schnụl|ze, die; -, -n (*ugs. für* sentimentales Kino-, Theaterstück, Lied); **Schnụl|zen|sän|ger; Schnụl|zen|sän|ge|rin; schnụl|zig** *(ugs.)*
schnụp|fen; Tabak schnupfen
Schnụp|fen, der; -s, -; **Schnụp|fen|mit|tel; Schnụp|fen|spray**
Schnụp|fer; Schnụp|fe|rin
Schnụpf|ta|bak; Schnụpf|ta|bak[s]|do|se
Schnụpf|tuch *Plur.* ...tücher
schnụp|pe (*ugs. für* gleichgültig); es ist mir schnuppe
Schnụp|pe, die; -, -n (*landsch. für* verkohlter Docht)
Schnụp|per|an|ge|bot *(Werbespr.);* **Schnụp|per|kurs; Schnụp|per|lehre** (*ugs. für* kurzzeitige Teilnahme an einer betriebl. Ausbildung [zur Erleichterung der Berufswahl])
schnụp|pern; ich schnuppere
[1]**Schnur,** die; -, *Plur.* Schnüre, *seltener* Schnuren (Bindfaden)
[2]**Schnur,** die; -, -en (*veraltet für* Schwiegertochter)
schnur|ar|tig
Schnür|bo|den *(Theater)*
Schnür|chen; das geht wie am Schnürchen (*ugs. für* das geht reibungslos)
schnü|ren (auch von der Gangart des Fuchses)
schnur|ge|ra|de, *ugs.* **schnur|gra|de**
Schnur|ke|ra|mik, die; - (Kulturkreis der Jüngeren Steinzeit)
Schnür|leib, Schnür|leib|chen *(veraltet)*
schnur|los; schnurlos telefonieren; **Schnur|los|te|le|fon**
Schnürl|re|gen *(österr.);* **Schnürl|samt** (*österr. für* Cord)
Schnür|mie|der
Schnur|rạnt, der; -en, -en (*veraltet für* [Bettel]musikant)

S
Schn

Schnurr|bart; Schnurr|bart|bin|de; schnurr|bär|tig
Schnur|re, die; -, -n (scherzhafte Erzählung)
[1]**schnur|ren** (ein brummendes Geräusch von sich geben)
[2]**schnur|ren** usw. (*landsch. für* schnorren usw.)
Schnurr|haar (bei Raubtieren, bes. bei Katzen)
Schnür|rie|men (Schnürsenkel)
schnur|rig (*veraltend für* komisch); ein schnurriger Kauz; **Schnur|rig|keit**
Schnur|rock, Schnür|rock (*früher für* Männerrock mit Schnüren)
Schnür|schuh; Schnür|sen|kel
schnur|sprin|gen *vorwiegend im Infinitiv u. im Partizip II gebr.;* schnurgesprungen
Schnur|sprin|gen (*österr. für* Seilspringen)
Schnür|stie|fel
schnur|stracks (*ugs.*)
Schnü|rung
schnurz (*ugs. für* gleich[gültig], egal); das ist mir schnurz; **schnurz|pie|pe, schnurz|piep|egal** (*ugs.*)
Schnüt|chen; Schnu|te, die; -, -n (*bes. nordd. für* Mund; *ugs. für* [Schmoll]mund, unwilliger Gesichtsausdruck)
Scho|ah, Sho|ah [*auch* 'ʃo:...], die; - ‹hebr.› (Verfolgung u. Ermordung der Juden zur Zeit des Nationalsozialismus)
schob *vgl.* schieben
Scho|ber, der; -s, - (Scheune; *südd., österr. für* geschichteter Heu-, Getreidehaufen)
Schö|berl, das; -s, -[n], *vgl.* Pickerl (*österr. für* eine Suppeneinlage)
scho|bern, schö|bern (*bes. österr. für* in Schober setzen); ich schobere, schöbere
Scho|chen, der; -s, Schöchen (*südd., schweiz. für* kleinerer Heuhaufen)
[1]**Schock,** das; -[e]s, -e (ein altes Zählmaß = 60 Stück); 3 Schock Eier
[2]**Schock,** der; -[e]s, *Plur.* -s, *veraltet* -e ‹engl.› (plötzliche nervliche od. seelische Erschütterung; akutes Kreislaufversagen)
Schock|ab|sor|ber (*Technik* ein Dämpfungssystem)
scho|ckant ‹franz.› (*veraltend für* anstößig)
Schock|be|hand|lung
scho|cken ‹engl.› (*ugs. für* schockieren); **Scho|cker** (*ugs. für* schockierender Roman, Film)
Schock|far|be (besonders grelle Farbe); **schock|far|ben**
Schock|fo|to (Foto, auf dem etwas Schockierendes zu sehen ist)
schock|ge|fro|ren; schock|ge|fros|tet
scho|ckie|ren ‹franz.› (einen Schock verursachen, in große Entrüstung versetzen)
scho|cking *vgl.* shocking
Schock|schwe|re|not! (*veraltet*)
Schock|the|ra|pie
schock|wei|se; dreischockweise
Schock|wel|le *meist Plur.;* **Schock|wir|kung; Schock|zu|stand**
Schof, der; -[e]s, -e (*nordd. für* Strohbündel [zum Dachdecken]; *Jägerspr.* Kette [von Gänsen od. Enten])
scho|fel, scho|fe|lig, schof|lig ‹hebr.-jidd.› (*ugs. für* gemein; geizig); ein schof[e]les *od.* schof[e]liges Verhalten; er hat ihn schofel *od.* schof[e]lig behandelt
Scho|fel, der; -s, - (*ugs. für* schlechte Ware)
scho|fe|lig *vgl.* schofel
Schöf|fe, der; -n, -n
Schöf|fen|bank *Plur.* ...bänke
Schöf|fen|ge|richt; Schöf|fen|se|nat (*österr. für* ein Schöffengericht für bestimmte Delikte)
Schöf|fen|stuhl; Schöf|fin
schof|lig *vgl.* schofel
Scho|gun ['ʃo:gu:n] *vgl.* Shogun
Scho|ko, die; -, -[s] (*ugs.; kurz für* Schokolade)
Scho|ko|drops; Scho|ko|keks (*ugs., Werbespr.*); **Scho|ko|kuss** (mit Schokolade überzogenes Schaumgebäck)
Scho|ko|la|de, die; -, -n ‹mexik.›; **scho|ko|la|den** (aus Schokolade)
scho|ko|la|de[n]|braun
Scho|ko|la|de[n]|eis; Scho|ko|la|de[n]|fa|b|rik
scho|ko|la|de[n]|far|ben, scho|ko|la|de[n]|far|big
Scho|ko|la|de[n]|guss
Scho|ko|la|de[n]|os|ter|ha|se
Scho|ko|la|de[n]|pud|ding
Scho|ko|la|de[n]|sei|te (*ugs. für* die Seite, die am vorteilhaftesten aussieht; jmds. angenehme Wesenszüge)
Scho|ko|la|de[n]|streu|sel
Scho|ko|la|de[n]|ta|fel
Scho|ko|la|de[n]|tor|te
scho|ko|la|dig
Scho|ko|rie|gel
Scho|lar, der; -en, -en ‹griech.› ([fahrender] Schüler, Student [im MA.])
Scho|l|arch, der; -en, -en (Schulvorsteher im MA.)
Scho|las|tik, die; - (mittelalterliche Philosophie; engstirnige Schulweisheit); **Scho|las|ti|ker** (Anhänger, Lehrer der Scholastik; *auch für* spitzfindiger Mensch); **Scho|las|ti|ke|rin; scho|las|tisch; Scho|las|ti|zis|mus,** der; - (Überbewertung der Scholastik; *auch für* Spitzfindigkeit)
Scho|li|ast, der; -en, -en ‹griech.› (Verfasser von Scholien); **Scho|lie,** die; -, -n, **Scho|li|on,** das; -s, ...lien (Anmerkung [zu griechischen u. römischen Schriftstellern], Erklärung)
Schol|le, die; -, -n (flacher [Erd-, Eis]klumpen; [Heimat]boden; ein Fisch); **Schol|len|bre|cher**
Schol|len|ge|bir|ge (*Geol.*)
schol|lern (dumpf rollen, tönen)
Schol|li; *nur in* mein lieber Scholli! (*ugs.* Ausruf des Erstaunens od. der Ermahnung)
schol|lig ‹*zu* Scholle›
Schöll|kraut, das; -[e]s (eine Pflanze)
Scho|lo|chow (russischer Schriftsteller)
Schol|ti|sei, die; -, -en (*nordd. veraltet für* Amt des Gemeindevorstehers)
schon; obschon, wennschon; wennschon – dennschon; schon mal (*ugs.*)
schön *s. Kasten Seite 950*
Schön|berg (österr. Komponist)
Schon|be|zug
Schön|brunn (Schloss in Wien)
Schön|druck *Plur.* ...drucke (Bedrucken der Vorderseite des Druckbogens)
[1]**Schö|ne,** die; -n, -n (schöne Frau)
[2]**Schö|ne,** die; - (*veraltend für* Schönheit)
scho|nen; sich schonen
Scho|nen (Landschaft im Süden Schwedens)
schö|nen (schöner erscheinen lassen; *fachspr. für* [Färbungen] verschönern, [Flüssigkeiten] künstlich klar machen)
[1]**Scho|ner** (Schutzdeckchen)
[2]**Scho|ner,** der; -s, - ‹engl.› (ein mehrmastiges Segelschiff)
schön|fär|ben ([zu] günstig darstellen); ich färbe schön; schöngefärbt; schönzufärben; *aber* das Kleid wurde [besonders]

schön

I. *Kleinschreibung:*

- die schöne Literatur; die schönen Künste; das schöne (weibliche) Geschlecht
- eine schöne Bescherung *(ugs. iron.)*
- gib die schöne (*Kinderspr. für* rechte) Hand!
- am schönsten ↑K 74

II. *Großschreibung*
a) *der Substantivierung* ↑K 72:

- etwas Schönes; nichts Schöneres
- die Schönste unter ihnen; der Schönste der Schönen
- die Welt des Schönen; das Gefühl für das Schöne und Gute
- auf das, aufs Schönste *od.* auf das, aufs schönste übereinstimmen ↑K 75

b) *in Namen* ↑K 134:

- Philipp der Schöne

III. *Schreibung in Verbindung mit Verben:*
a) *Getrenntschreibung:*

- schön sein, schöner sein
- es kann noch schöner werden
- das Bild ist schön geworden
- sich schön anziehen
- die Eier schön, schöner färben
- den Brief [besonders] schön schreiben

b) *Nur in Zusammenschreibung:*

- schönfärben (günstig darstellen)
- schönmachen (Männchen machen)
- schönreden (beschönigen)
- schönschreiben (Schönschrift schreiben)
- schöntun (schmeicheln)

c) *Getrennt- oder Zusammenschreibung:*

- sich für das Fest schön machen *od.* schönmachen

schön gefärbt; **Schön|fär|ber; Schön|fär|be|rei** ([zu] günstige Darstellung); **Schön|fär|be|rin**
Schon|frist; Schon|gang *(Technik)*
Schon|gau|er (dt. Maler u. Kupferstecher)
Schon|ge|biet; Schon|ge|he|ge
Schön|geist *Plur.* ...geister; **Schön|geis|te|rei** (einseitige Betonung schöngeistiger Interessen); **schön|geis|tig;** schöngeistige Literatur
Schon|hal|tung
Schön|heit; Schön|heits|chi|r|urg; Schön|heits|chi|r|ur|gie; Schön|heits|chi|r|ur|gin; Schön|heits|farm
Schön|heits|feh|ler
Schön|heits|fleck; Schön|heits|ide|al; Schön|heits|kö|ni|gin
Schön|heits|kur; Schön|heits|mit|tel; Schön|heits|ope|ra|ti|on
Schön|heits|pfläs|ter|chen; Schön|heits|pfle|ge
Schön|heits|re|pa|ra|tur
Schön|heits|sa|lon
Schön|heits|sinn, der; -[e]s
schön|heits|trun|ken *(geh.)*
Schön|heits|wett|be|werb
Schon|kli|ma (den Organismus nicht belastendes Klima)
Schon|kost (*für* Diät)
Schön|ling (*abwertend für* [übertrieben gepflegter] gut aussehender Mann)
schön|ma|chen; der Hund hat schöngemacht (hat Männchen gemacht); *aber* das hat er [besonders] schön gemacht; sie haben sich für das Fest schön gemacht *od.* schöngemacht
Schon|platz (*regional für* Arbeitsplatz für Genesende, Schwangere)
schön|rech|nen; er hat die Bilanz schöngerechnet
schön|re|den (beschönigen); er hat das Ergebnis schöngeredet; *aber* die Vortragende hat schön geredet; **Schön|re|de|rei** (schmeichelnde Darstellung)
Schön|red|ner (Schmeichler); **Schön|red|ne|rei** (Schönrederei); **Schön|red|ne|rin; schön|red|ne|risch**
schön|schrei|ben (Schönschrift schreiben); sie haben in der Schule schöngeschrieben; *aber* er hat diesen Aufsatz [besonders] schön geschrieben
Schön|schreib|heft; Schön|schreib|kunst; Schön|schreib|übung
Schön|schrift
schöns|tens
Schön|tu|er; Schön|tu|e|rei; Schön|tu|e|rin; schön|tu|e|risch
schön|tun (*ugs. für* schmeicheln); er hat ihr immer schöngetan
Scho|nung (Nachsicht, das Schonen; junger geschützter Baumbestand)
Schö|nung ⟨*zu* schönen⟩
scho|nungs|be|dürf|tig
scho|nungs|los; Scho|nungs|lo|sig|keit, die; -
scho|nungs|voll
Schon|ver|mö|gen (Teil des Vermögens eines Beziehers von Sozialleistungen, den dieser nicht anzugreifen braucht)
Schon|wasch|gang
Schön|wet|ter|la|ge; Schön|wet|ter|wol|ke
Schon|zeit *(Jägerspr.)*
Scho|pen|hau|er (dt. Philosoph)
Scho|pen|hau|e|ri|a|ner (Anhänger Schopenhauers); **Scho|pen|hau|e|ri|a|ne|rin**
scho|pen|hau|e|risch; ein schopenhauerisches Werk ↑K 135 *u.* 89; schopenhauerisches Denken (nach Art von Schopenhauer); **scho|pen|hau|ersch;** ein schopenhauersches *od.* Schopenhauer'sches Werk; schopenhauersches *od.* Schopenhauer'sches Denken
Schopf, der; -[e]s, Schöpfe (Haarbüschel; *kurz für* Haarschopf; *landsch. u. schweiz. auch für* Wetterdach; Nebengebäude, [Wagen]schuppen)
Schopf|bra|ten (*österr. für* gebratener Schweinekamm)
Schöpf|brun|nen
Schöpf|chen (kleiner Schopf)
Schöp|fe, die; -, -n (*veraltend für* Gefäß, Platz zum Schöpfen); **Schöpf|ei|mer**
[1]**schöp|fen** (Flüssigkeit entnehmen)
[2]**schöp|fen** (*veraltet für* erschaffen)
[1]**Schöp|fer** (Schöpfgefäß)
[2]**Schöp|fer** (Erschaffer, Urheber; *nur Sing.:* Gott)
Schöp|fer|geist, der; -[e]s *(geh.)*
Schöp|fer|hand, die; - *(geh.)*
Schöp|fe|rin
schöp|fe|risch
Schöp|fer|kraft *(geh.);* **Schöp|fer|tum,** das; -s
Schöpf|ge|fäß; Schöpf|kel|le; Schöpf|löf|fel; Schöpf|rad

S
Schö

Schöp|fung; Schöp|fungs|akt
Schöp|fungs|be|richt; Schöp|fungs|ge|schich|te; Schöp|fungs|tag
Schöpp|chen (kleiner Schoppen)
Schöp|pe, der; -n, -n (*nordd. für* Schöffe)
schöp|peln (*landsch. für* gern od. gewohnheitsmäßig [einen Schoppen] trinken); ich schöpp[e]le
schop|pen (*bayr., österr. u. schweiz. mdal. für* hineinstopfen, nudeln, zustecken)
Schop|pen, der; -s, - (altes Flüssigkeitsmaß; Glas mit einem viertel [auch halben] Liter Wein [auch Bier]; *südwestd. u. schweiz. auch für* Babyflasche; *landsch. für* Schuppen)
Schöp|pen|stedt (Stadt in Niedersachsen); **Schöp|pen|sted|ter; Schöp|pen|sted|te|rin; schöp|pen|sted|tisch**
Schop|pen|wein
schop|pen|wei|se
Schöps, der; -es, -e (*österr. für* Hammel); **Schöps|chen; Schöp|sen|bra|ten; Schöp|sen|fleisch; Schöp|ser|ne,** das; -n (*österr. für* Hammelfleisch)
schor *vgl.* [1]scheren
scho|ren (*landsch. für* umgraben)
Schorf, der; -[e]s, -e; **schorf|ar|tig; schorf|be|deckt; schor|fig**
Schörl, der; -[e]s, -e (schwarzer Turmalin)
Schor|le, Schor|le|mor|le, die; -, -n, *selten* das; -s, -s (Getränk aus Wein od. Saft u. Mineralwasser)
Schorn|stein
Schorn|stein|fe|ger; Schorn|stein|fe|ge|rin
schoss *vgl.* schießen
[1]**Schoss,** der; Schosses, *Plur.* Schosse[n] *u.* Schösse[r] (*veraltet für* Zoll, Steuer, Abgabe)
[2]**Schoss,** der; Schosses, Schosse (junger Trieb)
[1]**Schoß,** der; -es, Schöße (beim Sitzen durch Oberschenkel u. Unterleib gebildeter Winkel; *geh. für* Mutterleib; Teil der Kleidung)
[2]**Schoß,** die; -, *Plur.* Schoßen *u.* Schöße (*österr. für* Frauenrock)
Schöß|chen (an der Taille eines Frauenkleides angesetzter [gekräuselter] Stoffstreifen); **Schöß|chen|ja|cke; Schö|ßel,** der, *auch* das; -s, - (*österr. für* Schößchen; Frackschoß)
schos|sen (austreiben); die Pflanze schosst, schosste, hat geschosst;
Schos|ser, der; -s, - (verfrüht blühende Pflanze)
Schoß|hund; Schoß|hünd|chen
Schoß|kind
Schöss|ling (Ausläufer, Trieb einer Pflanze)
Schos|ta|ko|witsch, Dmitri (russischer Komponist)
Schot, die; -, -e[n] (*Seemannsspr.* Segelleine)
Schöt|chen (kleine [4]Schote)
[1]**Scho|te,** der; -n, -n ‹hebr.-jidd.› (*ugs. für* Narr, Einfaltspinsel)
[2]**Scho|te,** die; -, -n (Schot)
[3]**Scho|te,** die; -, -n (*ugs. für* [zum Spaß] erfundene Geschichte)
[4]**Scho|te,** die; -, -n (Fruchtform); **scho|ten|för|mig; Scho|ten|frucht**
[1]**Schott,** der; -s, -s ‹arab.› (mit Salzschlamm gefülltes Becken [im Atlasgebirge])
[2]**Schott,** das; -[e]s, *Plur.* -en, *auch* -e (*Seemannsspr.* wasserdichte [Quer]wand im Schiff)
[1]**Schot|te,** der; -n, -n (Bewohner von Schottland)
[2]**Schot|te,** der; -n, -n (*nordd. für* junger Hering)
[3]**Schot|te,** die; - (*südd., schweiz. für* Molke)
[1]**Schot|ten,** der; -s (*südd., westösterr. für* Quark)
[2]**Schot|ten,** der; -s, - (ein Gewebe)
Schot|ten|ka|ro; Schot|ten|mus|ter
Schot|ten|rock; Schot|ten|witz
Schot|ter, der; -s, - (zerkleinerte Steine; *auch für* von Flüssen abgelagerte kleine Steine); **Schot|ter|de|cke**
schot|tern (mit Schotter belegen); ich schottere; **Schot|ter|pis|te; Schot|ter|stra|ße; Schot|te|rung**
Schot|tin; schot|tisch
Schot|tisch, der; -, -, **Schot|ti|sche,** der; -n, -n (ein Tanz); einen Schottischen tanzen
Schott|land; Schott|län|der *(selten);* **Schott|län|de|rin** *(selten);* **schott|län|disch** *(selten)*
Schraf|fe, die; -, -n *meist Plur.* (Strich einer Schraffur); **schraf|fen** (schraffieren)
schraf|fie|ren (mit Schraffen versehen; stricheln)
Schraf|fie|rung, Schraf|fung, Schraf|fur, die; -, -en (feine parallele Striche, die eine Fläche hervorheben)
schräg; schräg halten, laufen, liegen, stehen; den Schrank schräg stellen *od.* schrägstellen; ↑K58: schräg laufende *od.* schräglaufende Linien; schräg gegenüber; schräge Musik (*ugs. bes. für* Jazzmusik)
Schräg|bau, der; -[e]s (*Bergmannsspr.* ein Abbauverfahren in steil gelagerten Flözen)
Schrä|ge, die; -, -n
schra|gen (*veraltet für* kreuzweise [zu Schragen] verbinden)
Schra|gen, der; -s, - (*veraltet für* z. B. als [Toten]bahre, Sägebock od. zum Auslegen von Waren verwendetes, auf kreuzweise verschränkten Füßen ruhendes Gestell)
schrä|gen (schräg abkanten)
Schräg|heck
Schräg|heit; schräg|hin; Schräg|la|ge
schräg lau|fend, schräg|lau|fend *vgl.* schräg
Schräg|schnitt; Schräg|schnitt|passe|par|tout [...paspar'tu:]
Schräg|schrift
schräg stel|len, schräg|stel|len *vgl.* schräg
Schräg|strei|fen; Schräg|strich
schräg|über (*selten für* schräg gegenüber)
Schrä|gung (*selten für* Schräge)
schral (*Seemannsspr.* ungünstig); schraler Wind; **schra|len;** der Wind schralt
Schram, der; -[e]s, Schräme (*Bergmannsspr.* horizontaler od. geneigter Einschnitt im Flöz); **Schram|boh|rer, Schräm|boh|rer; schrä|men** (Schräme machen); **Schräm|ma|schi|ne** (Maschine zur Herstellung eines Schrams)
Schram|me, die; -, -n
Schram|mel|mu|sik ↑K136, die; - ‹nach den österr. Musikern Johann u. Josef Schrammel›
schram|men; schram|mig
Schrank, der; -[e]s, Schränke
Schrank|bett; Schränk|chen
Schran|ke, die; -, -n
Schränk|ei|sen (Gerät zum Schränken der Säge)
Schrank|ele|ment
Schran|ken, der; -s, - (*österr. für* Bahnschranke)
schrän|ken (die Zähne eines Sägeblattes wechselweise abbiegen; *Jägerspr.* die Tritte etwas versetzt hintereinandersetzen [vom Rothirsch])
schran|ken|los; Schran|ken|lo|sig|keit, die; -
Schran|ken|wär|ter; Schran|ken|wär|te|rin
Schrank|fach
schrank|fer|tig; schrankfertige Wäsche

S
schr

schre|cken

I. *In der Bedeutung »in Schrecken geraten« wird*
a) *in Zusammensetzungen wie »auf-, hoch-, zurück-, zusammenschrecken« sowohl unregelmäßig als auch regelmäßig gebeugt:*
- du schrickst, *auch* schreckst zurück
- du schrakst, *auch* schrecktest zurück
- sie meinte, du schräkest, *auch* schrecktest zurück
- schrick, *auch* schreck[e] nicht zurück!
- *aber heute nur noch:* du bist zurückgeschreckt

b) *»erschrecken« stets unregelmäßig gebeugt:*
- du erschrickst
- du erschrakst
- du bist erschrocken

II. *In den Bedeutungen »in Schrecken [ver]setzen; abschrecken« und (jägersprachlich) »schreien« wird regelmäßig gebeugt:*
- du schreckst sie mit Drohungen; du schrecktest mich mit deiner Ankündigung; dieser Traum schreckt mich; das Telefon hat mich [aus meinen Gedanken] geschreckt; schreck[e] mich nicht so!
- sie schreckte gerade die Eier [ab]
- du [er]schrecktest sie; du hast sie erschreckt
- der Rehbock schreckte, hat geschreckt *(Jägerspr.)*

Vgl. auch [1]erschrecken, [2]erschrecken, [3]erschrecken

Schrank|kof|fer; Schrank|spie|gel
Schrank|tür; Schrank|wand
Schran|ne, die; -, -n (*südd. veraltend für* Fleischer-, Bäckerladen; Getreidemarkt[halle]; *bayr., österr. landsch. für* Markt[halle])
Schranz, der; -es, Schränze (*südd., schweiz. mdal. für* Riss)
Schran|ze, die; -, -n, *seltener* der; -n, -n (*abwertend für* Höfling)
Schra|pe, die; -, -n (*nordd. für* Gerät zum Schaben); **schra|pen** (*nordd. für* schrappen)
Schrap|nell, das; -s, *Plur.* -e *u.* -s ⟨nach dem engl. Artillerieoffizier H. Shrapnel⟩ (*früher für* Sprenggeschoss mit Kugelfüllung; *ugs. abwertend für* ältere, hässliche Frau)
Schrapp|ei|sen; schrap|pen (*landsch. für* [ab]kratzen); **Schrap|per** (ein Fördergefäß)
Schrap|sel, das; -s, - (*nordd. für* das Abgekratzte)
Schrat, der; -[e]s, -e, *landsch.* **Schrä|tel,** der; -s, -, **Schratt,** der; -[e]s, -e (zottiger Waldgeist)
Schrat|te, die; -, -n (*Geol.* Rinne, Schlucht in Kalkgestein); *vgl.* [2]Karre; **Schrat|ten|kalk** (zerklüftetes Kalkgestein)
Schräub|chen; Schraub|de|ckel
Schrau|be, die; -, -n
Schrau|bel, die; -, -n (*Bot.* schraubenförmiger Blütenstand)
schrau|ben
Schrau|ben|bol|zen
Schrau|ben|damp|fer; Schrau|ben|dre|her (*fachspr. für* Schraubenzieher); **Schrau|ben|fe|der; Schrau|ben|flü|gel**
schrau|ben|för|mig
Schrau|ben|ge|win|de; Schrau|ben|kopf; Schrau|ben|li|nie; Schrau|ben|mut|ter *Plur.* ...muttern; **Schrau|ben|pres|se; Schrau|ben|rad; Schrau|ben|sal|to**
Schrau|ben|schlüs|sel; Schrau|ben|spin|del *(Maschinenbau)*
Schrau|ben|win|de *(Technik)*
Schrau|ben|zie|her
Schrau|ber (*ugs. für* Mechaniker, Bastler); **Schrau|be|rin**
Schraub|stock *Plur.* ...stöcke
Schrau|bung
Schraub|ver|schluss
Schraub|zwin|ge
Schre|ber|gar|ten ↑K136 ⟨nach dem Leipziger Arzt Schreber⟩ (Kleingarten in Gartenkolonien); **Schre|ber|gärt|ner; Schre|ber|gärt|ne|rin**
Schreck, der; -[e]s, -e, Schre|cken, der; -s, -; Schrecken erregen; ↑K58: eine schreckenerregende *od.* Schrecken erregende Verlautbarung; *aber nur* eine höchst schreckenerregende Verlautbarung
Schreck|bild
Schre|cke, die; -, -n (*kurz für* Heuschrecke)
schre|cken *s. Kasten*
Schre|cken *vgl.* Schreck
schre|cken|er|re|gend, Schre|cken er|re|gend; eine schreckenerregende *od.* Schrecken erregende Nachricht; *aber nur* noch schreckenerregender, besonders schreckenerregend, großen Schrecken erregend ↑K58
Schre|ckens|bi|lanz
schre|ckens|blass; schre|ckens|bleich
Schre|ckens|bot|schaft; Schre|ckens|herr|schaft; Schre|ckens|nach|richt; Schre|ckens|vi|si|on
schreck|er|füllt
Schreck|ge|spenst
schreck|haft; Schreck|haf|tig|keit
schreck|lich *vgl.* schlimm; **Schreck|lich|keit**
Schreck|nis, das; -ses, -se *(geh.)*
Schreck|schrau|be (*ugs. abwertend für* unangenehme Frau)
Schreck|schuss; Schreck|schuss|pis|to|le
Schreck|se|kun|de
Shred|der, der; -s, - ⟨engl.⟩ (Anlage zum Verschrotten von Autowracks; Zerkleinerungsmaschine für Gartenabfälle)
Shred|der|ma|te|ri|al
shred|dern
Schrei, der; -[e]s, -e; **Schrei|ad|ler**
Schrei|ba|by *(ugs.)*
Schreib|ar|beit *meist Plur.*; **Schreib|au|to|mat; Schreib|be|darf; Schreib|block** *vgl.* Block; **Schreib|blo|cka|de; Schreib|bü|ro**
Schrei|be, die; - (*ugs. für* Geschriebenes; Schreibgerät; Schreibstil)
schrei|ben; du schriebst; du schriebest; geschrieben; schreib[e]!; er hat mir sage und schreibe (tatsächlich) zwanzig Euro abgenommen; **Schrei|ben,** das; -s, - (Schriftstück)
Schrei|ber; Schrei|be|rei; Schrei|be|rin
Schrei|ber|ling (*abwertend für* [viel u.] schlecht schreibender Autor)
Schrei|ber|see|le (bürokratischer, kleinlicher Mensch)
schreib|faul; Schreib|faul|heit
Schreib|fe|der; Schreib|feh|ler
Schreib|ge|bühr *meist Plur. (schweiz.)*
schreib|ge|schützt (*bes. EDV* vor Änderungen durch unbefugtes Schreiben geschützt)
schreib|ge|wandt
Schreib|heft; Schreib|kraft; Schreib|krampf; Schreib|map|pe
Schreib|ma|schi|ne; Schreib|ma-

S
Schr

schi|nen|pa|pier; Schreib|ma|schi|nen|schrift
Schreib|pa|pier; Schreib|pro|gramm *(EDV)*; **Schreib|pult; Schreib|schrank; Schreib|schrift; Schreib|stu|be**
Schreib|tisch; Schreib|tisch|gar|ni|tur; Schreib|tisch|hengst *(ugs. abwertend)*; **Schreib|tisch|lam|pe; Schreib|tisch|tä|ter** (jmd., der ein Verbrechen von anderen ausführen lässt, in führender Position dafür verantwortlich ist); **Schreib|tisch|tä|te|rin**
Schreib|übung
Schrei|bung
Schreib|un|ter|la|ge; Schreib|un|ter|richt
Schreib|wa|ren *Plur.*; **Schreib|wa|ren|ge|schäft; Schreib|wa|ren|hand|lung**
Schreib|wei|se, die; **Schreib|zeug**, das; -[e]s
schrei|en; du schriest; geschrien; schrei[e]!; die schreiendsten Farben
Schrei|er; Schrei|e|rei *(ugs.)*; **Schrei|e|rin; Schrei|hals** *(abwertend)*; **Schrei|krampf**
Schrein, der; -[e]s, -e ‹lat.› (schintoistischer Tempel; *veraltend für* Schrank; [Reliquien]behältnis)
Schrei|ner (*bes. südd., westd., schweiz. für* Tischler); **Schrei|ne|rei; Schrei|ne|rin; schrei|nern**; ich schreinere
Schreit|bag|ger *(Technik)*
schrei|ten; du schrittst; du schrittest; geschritten; schreit[e]!
Schreit|tanz; Schreit|vo|gel
Schrenz, der; -es, -e (*veraltend für* minderwertiges Papier, Löschpapier)
schrie *vgl.* schreien
schrieb *vgl.* schreiben
Schrieb, der; -s, -e, **Schriebs**, der; -es, -e (*ugs., oft abwertend für* Schreiben, Brief)
Schrift, die; -, -en; die deutsche, gotische, lateinische, griechische, kyrillische Schrift
Schrift|art; Schrift|bild
schrift|deutsch; Schrift|deutsch, das; -[s]; **Schrift|deut|sche**, das; -n
Schrif|ten *Plur.* (*schweiz. für* Ausweispapiere); **Schrif|ten|rei|he; Schrif|ten|ver|zeich|nis**
Schrift|er|ken|nung *(EDV)*
Schrift|form
Schrift|füh|rer; Schrift|füh|re|rin
Schrift|ge|lehr|te (im N. T.)
schrift|ge|mäß
Schrift|gie|ßer; Schrift|gie|ße|rei; Schrift|gie|ße|rin
Schrift|grad; Schrift|gut, das; -[e]s; **Schrift|hö|he**
Schrift|lei|ter, der; **Schrift|lei|te|rin; Schrift|lei|tung**
schrift|lich; schriftliche Arbeit; schriftliche Prüfung; jmdm. etwas schriftlich geben; ↑K72: jmdm. etwas Schriftliches geben; **Schrift|lich|keit**, die; - (schriftliche Niederlegung)
Schrift|pro|be; Schrift|rol|le; Schrift|sach|ver|stän|di|ge
Schrift|satz; Schrift|set|zer; Schrift|set|ze|rin
Schrift|spra|che; schrift|sprach|lich
Schrift|stel|ler; Schrift|stel|le|rei *Plur. selten*; **Schrift|stel|le|rin; schrift|stel|le|risch; schrift|stel|lern**; ich schriftstellere; geschriftstellert
Schrift|stück; Schrift|tum, das; -s; **Schrift|typ**
Schrift|ver|kehr, der; -s
schrift|ver|stän|dig
Schrift|wech|sel; Schrift|zei|chen; Schrift|zug
schrill; schril|len; Schrill|heit
Schrimp *vgl.* Shrimp
schrin|nen (*nordd. für* schmerzen); die Wunde schrinnt
Schrip|pe, die; -, -n (*bes. berlin. für* Brötchen)
Schritt, der; -[e]s, -e; 5 Schritt weit; Schritt für Schritt; auf Schritt und Tritt; Schritt fahren, Schritt halten
Schritt|feh|ler *(Sport)*
Schritt|fol|ge (beim Tanzen)
Schritt|ge|schwin|dig|keit
Schritt|kom|bi|na|ti|on *(Sport)*
Schritt|län|ge
Schritt|ma|cher; Schritt|ma|che|rin; Schritt|ma|cher|ma|schi|ne *(Radrennen)*
Schritt|mes|ser, der
Schritt|tanz, Schritt-Tanz
Schritt|tem|po, Schritt-Tem|po, das; -s
schritt|wei|se
Schritt|wei|te (bei der Hose); **Schritt|zäh|ler**
Schro|fen, der; -s, - (*landsch., bes. österr. für* Felsklippe)
schroff
Schroff, der; *Gen.* -[e]s *u.* -en, *Plur.* -en, **Schrof|fen**, der; -s, -; *vgl.* Schrofen
Schroff|heit
schroh (*fränk. u. hess. für* hässlich; *landsch. für* sehr dünn)
schröp|fen; Schröp|fer (*selten für* Schröpfkopf); **Schröpf|kopf** *(Med.)*
Schropp|ho|bel *vgl.* Schrupphobel
Schrot, der *od.* das; -[e]s, -e (grob gemahlene Getreidekörner; kleine Bleikügelchen); mit Schrot schießen
Schrot|blatt (mittelalterliches Kunstblatt in Metallschnitt)
Schrot|brot
schro|ten (grob zerkleinern); geschrotet, *älter* geschroten
Schrö|ter (*selten für* Hirschkäfer)
Schrot|flin|te
Schroth|kur ↑K136 ‹nach dem österr. Naturheilkundler J. Schroth› (Naturheilverfahren, das u. a. auf Trockenkostdiät, geringer Flüssigkeitsaufnahme u. Schwitzpackungen basiert)
Schrot|korn
Schrot|ku|gel; Schrot|la|dung
Schröt|ling (Metallstück zum Prägen von Münzen)
Schrot|mehl; Schrot|müh|le; Schrot|sä|ge; Schrot|schuss
Schrot|schuss|krank|heit, die; - (eine Pflanzenkrankheit)
Schrott, der; -[e]s, -e *Plur. selten* (Altmetall); **schrot|ten** (*ugs. für* zu Schrott machen)
Schrott|han|del; Schrott|händ|ler; Schrott|händ|le|rin
Schrott|hau|fen; Schrott|im|mo|bi|lie (*ugs. abwertend für* Immobilie, die nichts od. nur wenig wert ist); **Schrott|kis|te** (*ugs. abwertend für* altes, schrottreifes Auto); **Schrott|platz; Schrott|preis; Schrott|pres|se; schrott|reif**
Schrott|trans|port, Schrott-Trans|port; Schrott|wert, der; -[e]s
Schrot|waa|ge (Vorrichtung zur Prüfung waagerechter Flächen)
Schrubb|be|sen, Schrubb-Be|sen *(landsch.)*
schrub|ben (mit einer Bürste o. Ä. reinigen); *vgl.* schruppen
Schrub|ber ([Stiel]scheuerbürste)
Schrul|le, die; -, -n (seltsame Laune; *ugs. auch für* eigensinnige alte Frau); **schrul|len|haft**
schrul|lig; Schrul|lig|keit
schrumm!; schrumm|fi|de|bumm!
Schrum|pel, die; -, -n (*landsch. für* Falte, Runzel; alte Frau); **schrum|pe|lig** *vgl.* schrumplig
schrum|peln (*landsch. für* schrumpfen); ich schrump[e]le
schrumpf|be|stän|dig; schrumpfbeständige Stoffe

schrụmp|fen
Schrụmpf|ger|ma|ne (*ugs. abwertend für* kleinwüchsiger Mensch)
schrụmp|fig
Schrụmpf|kopf (eingeschrumpfter Kopf eines getöteten Feindes [als Trophäe])
Schrụmpf|le|ber; Schrụmpf|nie|re
Schrụmp|fung
schrụmp|lig, schrụm|pe|lig (*landsch. für* faltig u. eingetrocknet)
Schrụnd, der; -[e]s, Schründe (*südd., österr., schweiz. für* Randspalte eines Gletschers; Felsspalte, Kluft); **Schrụn|de,** die; -, -n ([Haut]riss, Spalte); **schrụndig** (*landsch. für* rissig)
schrụp|pen (grob hobeln); *vgl.* schrubben; **Schrụpp|fei|le; Schrụpp|ho|bel**
Schrụz, der; -es (*obersächs. für* Minderwertiges, Wertloses)
Schtẹtl, Stẹtl, das; -s, - ‹jidd.› (*früher für* kleinere Stadt [in Osteuropa] mit jüdischer, nach eigenen Traditionen lebender Bevölkerung)
Schụb, der; -[e]s, Schübe
Schụb|ab|schal|tung (*Kfz-Technik*)
Schụb|be|jack, der; -s, -s (*nordd. für* Schubiack)
schụb|ben (*nordd. für* kratzen)
Schu̱|ber, der; -s, - (Schutzkarton für Bücher; *österr. auch für* Absperrvorrichtung, Schieber)
Schu̱|bert (österr. Komponist)
Schụb|fach
Schụb|haft (*österr. für* Abschiebehaft); **Schụb|häft|ling**
Schu̱|bi|ack, der; -s, *Plur.* -s *u.* -e ‹niederl.› (*ugs. für* Lump, niederträchtiger Mensch)
schu|bi|du̱ (gesungene Silbenfolge ohne Bedeutung aus der Jazz- od. Popmusik)
Schụb|kar|re[n]; Schụb|kas|ten; Schụb|kraft
Schụb|la|de; schub|la|di|sie|ren (*schweiz. für* unbearbeitet weglegen)
Schụb|leh|re (*svw.* Schieblehre)
Schụb|leich|ter (Schiff)
Schụb|leis|tung
Schụ̈b|lig, Schụ̈b|ling, der; -s, -e (*schweiz. mdal. für* [leicht geräucherte] Wurst)
Schụb|mo|dul, der; -s, -n (*Physik*)
Schụbs, der; -es, -e (*ugs. für* Stoß)
Schụb|schiff
schụb|sen (*ugs. für* [an]stoßen); du schubst; **Schub|se|rei** (*ugs.*)

Schụb|stan|ge; Schụb|um|kehr (Verfahren zur Abbremsung eines Flugzeuges nach der Landung)
schụb|wei|se
Schụb|wir|kung
schụ̈ch|tern; Schụ̈ch|tern|heit
schụ|ckeln (*landsch. für* schaukeln); ich schuck[e]le
schụd|dern (*landsch. für* schauern, frösteln); es schuddert mich
schu̱f *vgl.* schaffen
Schu̱|fa ®, **SCHU̱|FA,** die; - ‹*Kurzw. aus* Schutzorganisation für allgemeine Kreditsicherung› (eine Auskunftei der Kreditwirtschaft); **Schu̱|fa-Aus|kunft, SCHU̱|FA-Aus|kunft**
Schụf|fel, die; -, -n (ein Gartengerät)
Schụft, der; -[e]s, -e (*abwertend*)
schụf|ten (*ugs. für* hart arbeiten); Schuf|te|rei (*ugs.*)
schụf|tig; Schụf|tig|keit
Schụf|tin
Schu̱h, der; -[e]s, -e; 3 Schuh lang
Schu̱h|an|zie|her
Schu̱h|band, das; *Plur.* ...bänder (*landsch. für* Schnürsenkel); **Schu̱h|ban|del, Schu̱h|bandl** (*bayr., österr. für* Schuhband, Schnürsenkel); **Schu̱h|bän|del** (*bes. schweiz. für* Schuhband, Schnürsenkel)
Schu̱h|bürs|te
Schu̱h|chen, Schü̱h|chen
Schu̱h|creme, Schu̱h|crème
Schu̱h|fa|b|rik; Schu̱h|ge|schäft; Schu̱h|grö|ße; Schu̱h|kar|ton
Schu̱h|la|den *Plur.* ...läden
Schü̱h|lein
Schu̱h|leis|ten; Schu̱h|löf|fel
Schu̱h|ma|cher; Schuh|ma|che|rei; Schu̱h|ma|che|rin
Schu̱h|num|mer
Schu̱h|platt|ler (ein Volkstanz)
Schu̱h|put|zer; Schu̱h|put|ze|rin
Schu̱h|rie|men; Schu̱h|soh|le; Schu̱h|span|ner
Schu̱h|werk, das; -[e]s; **Schu̱h|wich|se** (*ugs.*)
Schu̱|ko® (*Kurzw. für* Schutzkontakt); *in Verbindungen wie;* **Schu̱|ko|ste|cker** (*Kurzw. für* Stecker mit besonderem Schutzkontakt)
Schu̱l|ab|bre|cher; Schu̱l|ab|bre|che|rin; Schu̱l|ab|gän|ger; Schu̱l|ab|gän|ge|rin
Schu̱l|ab|schluss
Schu|lạm|mit *vgl.* ²Sulamith
Schu̱l|amt
Schu̱l|an|fang; Schu̱l|an|fän|ger; Schu̱l|an|fän|ge|rin

Schu̱l|ar|beit (Hausaufgabe; *österr. auch svw.* Klassenarbeit)
Schu̱l|arzt; Schu̱l|ärz|tin; schu̱l|ärzt|lich
Schu̱l|at|las; Schu̱l|auf|ga|be; Schu̱l|auf|satz; Schu̱l|auf|sicht; Schu̱l|auf|sichts|be|hör|de; Schu̱l|aus|flug
schu̱l|au|to|nom (*österr. Schule* in der Verantwortung der einzelnen Schule[n] liegend); schulautonome [Ferien]tage; **Schu̱l|au|to|no|mie**
Schu̱l|bahn (*österr. Amtsspr. für* Schullaufbahn)
Schu̱l|bank *Plur.* ...bänke; **Schu̱l|be|ginn,** der; -[e]s; **Schu̱l|be|hör|de**
Schu̱l|bei|spiel
Schu̱l|be|such
schu̱l|bil|dend
Schu̱l|bil|dung; Schu̱l|bub (*südd., österr., schweiz. für* Schuljunge)
Schu̱l|buch; Schu̱l|buch|ak|ti|on (*österr. für* kostenlose Ausstattung mit Schulbüchern)
Schu̱l|bus; Schu̱l|chor
Schụld, die; -, -en; es ist meine Schuld; [bei jmdm.] Schulden haben, machen; [an etwas] Schuld *od.* die Schuld haben; jmdm. Schuld *od.* die Schuld geben; an etwas Schuld tragen; *aber* ↑K70: schuld sein; du hast dir etwas zuschulden *od.* zu Schulden kommen lassen
Schụld|ab|än|de|rung (*Rechtswiss.*); **Schụld|an|er|kennt|nis,** das (*Rechtswiss.*); **Schụld|bei|tritt; Schụld|be|kennt|nis**
schụld|be|la|den (*geh.*)
Schụld|be|weis; schụld|be|wusst; Schụld|be|wusst|sein
Schụld|buch|for|de|rung (*Wirtsch.*)
Schụld|ein|ge|ständ|nis
schụl|den; er schuldet ihr Geld
Schụl|den|ab|bau
Schụl|den|berg (*ugs.*); **Schụl|den|brem|se** (*ugs.*); **Schụl|den|er|lass; Schụl|den|fal|le** (*ugs.*)
schụl|den|fi|nan|ziert
schụl|den|frei (ohne Schulden)
Schụl|den|haf|tung (*Rechtsspr.*)
Schụl|den|last; Schụl|den|schnitt; Schụl|den|til|gung
schụld|fä|hig (*Rechtsspr.*); **Schụld|fä|hig|keit,** die; -
Schụld|fra|ge; schụld|frei (ohne Schuld); **Schụld|ge|fühl**
schụld|haft
Schụld|haft, die; - (*früher*)
Schu̱l|dienst, der; -[e]s
schụl|dig; auf schuldig plädieren (Schuldigsprechung beantragen); eines Verbrechens schul-

S
schr

dig sein; jmdn. für schuldig erklären; jmdn. schuldig sprechen *od.* schuldigsprechen (verurteilen); **Schul|di|ge,** der *u.* die; -n, -n
Schul|di|ger (*bibl.* jmd., der sich schuldig gemacht hat)
schul|di|ger|ma|ßen
Schul|dig|keit; seine [Pflicht u.] Schuldigkeit tun
schul|dig spre|chen, schul|dig|sprechen *vgl.* schuldig
Schul|dig|spre|chung
Schul|di|rek|tor; Schul|di|rek|to|rin
Schuld|kom|plex (*Psychol.*)
schuld|los; Schuld|lo|sig|keit, die; -
Schuld|ner; Schuld|ner|be|ra|tung; Schuld|ne|rin
Schuld|ner|mehr|heit (*Rechtsspr.*); **Schuld|ner|ver|zug** (*Rechtsspr.*)
Schuld|recht (*Rechtsspr.*)
Schuld|schein; Schuld|spruch; Schuld|über|nah|me
Schuld|um|wand|lung; Schuld|verhält|nis; Schuld|ver|schrei|bung
schuld|voll
Schuld|zins *Plur.* ...zinsen
Schuld|zu|wei|sung
Schu|le, die; -, -n; Schule machen (Nachahmer finden); ↑K 89 u. 151 : die Hohe *od.* hohe Schule (*Reitsport*); die höhere Schule (*vgl.* höher)
schu|lei|gen ↑K 151
Schul|ein|gangs|pha|se (*Amtsspr.*)
schu|len
Schul|eng|lisch (Englischkenntnisse, die jmd. auf der Schule erworben hat)
schul|ent|las|sen ↑K 59 ; **Schul|entlas|sung**
Schü|ler; Schü|ler|aus|tausch; Schüler|aus|weis
schü|ler|haft
Schul|er|hal|ter (*österr. für* Schulträger)
Schü|le|rin
Schü|ler/-innen, Schü|ler(innen) (*kurz für* Schülerinnen u. Schüler)
Schü|ler|lot|se (Schüler, der als Verkehrshelfer eingesetzt ist); **Schü|ler|lot|sin**
Schü|ler|mit|ver|ant|wor|tung; Schü|ler|mit|ver|wal|tung (*Abk.* SMV); **Schü|ler|par|la|ment**
Schü|ler|schaft
Schü|ler|spra|che; Schü|ler|ver|tretung (*Abk.* SV); **Schü|ler|wett|bewerb; Schü|ler|zahl; Schü|ler|zeitung**
Schul|fach; Schul|fe|ri|en *Plur.*; **Schul|fest; Schul|form**
schul|frei *vgl.* hitzefrei
Schul|freund; Schul|freun|din
Schul|funk; Schul|gang, der; **Schulgar|ten; Schul|ge|bäu|de; Schulge|bühr; Schul|geld**
Schul|ge|lehr|sam|keit
Schul|ge|mein|schafts|aus|schuss (*österr. für* Gremium aus Lehrern, Eltern u. Schülern)
Schul|ge|setz; Schul|got|tes|dienst; Schul|haus; Schul|heft; Schul|hof; Schul|hort
schu|lisch
Schul|jahr; Schul|jah|res|be|ginn
Schul|ju|gend; Schul|jun|ge, der
Schul|ka|me|rad; Schul|ka|me|ra|din
Schul|kennt|nis|se *Plur.*; **Schul|kind; Schul|klas|se; Schul|land|heim; Schul|leis|tung**
Schul|lei|ter, der; **Schul|lei|te|rin; Schul|lei|tung**
Schul|mäd|chen; Schul|mann *Plur.* ...männer (Lehrer)
schul|mä|ßig
Schul|me|di|zin, die; -; **schul|me|dizi|nisch**
Schul|meis|ter; Schul|meis|te|rin; schul|meis|ter|lich; schul|meistern; ich schulmeistere; geschulmeistert; zu schulmeistern
schul|mü|de
Schul|mu|sik; Schul|no|te; Schul|orches|ter; Schul|ord|nung
Schul|or|ga|ni|sa|ti|ons|ge|setz (*österr.; Abk.* SchOG)
Schulp, der; -[e]s, -e (Schale der Tintenfische)
Schul|part|ner *Plur.* (*österr. für* Lehrende, Schüler[innen] *u.* Eltern); **Schul|part|ner|schaft**
Schul|pflicht; schul|pflich|tig; schulpflichtiges Alter; schulpflichtiges Kind
Schul|pfor|ta ([*früher* Fürstenschule] bei Naumburg)
Schul|po|li|tik; schul|po|li|tisch
Schul|psy|cho|lo|ge; Schul|psy|cholo|gin
Schul|ran|zen
Schul|rat *Plur.* ...räte; **Schul|rä|tin**
Schul|recht, das; -[e]s; **Schul|reform; Schul|rei|fe; Schul|rei|se** (*schweiz. für* Klassenfahrt); **Schul|sack** (*schweiz. für* Schulranzen; Schulbildung)
Schul|schiff
Schul|schluss, der; ...schlusses; **Schul|sport**
Schul|spre|cher; Schul|spre|che|rin
Schul|stress
Schul|stu|fe; Schul|stun|de; Schulsys|tem; Schul|tag; Schul|ta|sche
Schul|ter, die; -, -n
Schul|ter|blatt
schul|ter|frei
Schul|ter|ge|lenk
Schul|ter|klap|pe
schul|ter|lang; schulterlanges Haar
schul|tern; ich schultere
Schul|ter|pols|ter; Schul|ter|rie|men
Schul|ter|schluss (das Zusammenhalten [von Interessengruppen u. a.])
Schul|ter|sieg (beim Ringen); **Schul|ter|zu|cken; schul|ter|zuckend**
Schult|heiß, der; -en, -en (*früher für* Gemeindevorsteher; *im Kanton Luzern* Präsident des Regierungsrates); **Schult|hei|ßenamt; Schult|hei|ßin**
Schul|trä|ger (*Amtsspr.*); **Schul|tüte** (am ersten Schultag); **Schultyp**
Schu|lung; Schu|lungs|kurs
Schul|uni|form; Schul|un|ter|richt; Schul|ver|sa|gen; Schul|ver|such; Schul|ver|wal|tung
Schul|ver|wei|ge|rer; Schul|ver|weige|rin
Schul|wart (*österr. für* Hausmeister einer Schule); **Schul|war|tin**
Schul|weg; Schul|weis|heit (*abwertend für* angelerntes Wissen); **Schul|we|sen; Schul|wis|sen**
Schul|ze, der; -n, -n (*veraltet für* Gemeindevorsteher)
Schul|zeit
Schul|zen|amt (*veraltet*)
Schul|zen|t|rum; Schul|zeug|nis; Schul|zim|mer (*schweiz. für* Klassenzimmer)
Schu|man (franz. Politiker)
Schu|mann (dt. Komponist)
Schüm|li, der; -[s], -[s], **Schüm|likaf|fee** (unter Druck gebrühter Kaffee mit cremigem Schaum)
Schum|mel, der; -s (*ugs. für* Schummelei, Betrug); **Schumme|lei** (*ugs.*)
schum|meln (*ugs. für* [leicht] betrügen); ich schumm[e]le
Schum|mer, der; -s, - (*landsch. für* Dämmerung)
schum|me|rig, schumm|rig (*ugs. für* dämmerig, halbdunkel)
schum|mern (*landsch. für* dämmern; *fachspr. für* [Landkarte] schattieren); ich schummere; ↑K 82 : im Schummern (*landsch. für* in der Dämmerung)
Schum|me|rung (*fachspr. für* Schattierung)
Schumm|ler, der; -s, - (*ugs. für* jmd., der schummelt); **Schummle|rin**

S
Schu

schụmm|rig *vgl.* schummerig
Schụm|per|lied (*obersächs. für* Liebeslied, derbes Volkslied)
schụm|pern (*ostmitteld. für* auf dem Schoße schaukeln); ich schumpere
Schụnd, der; -[e]s (Wertloses, Minderwertiges)
Schụnd|blatt (*abwertend für* Zeitschrift, die nur Schund enthält); **Schụnd|heft** (*svw.* Schundblatt); **Schụnd|li|te|ra|tur,** die; -; **Schund|ro|man**
schụn|keln ([sich] hin u. her wiegen; *landsch. für* schaukeln); ich schunk[e]le; **Schụn|kel|wal|zer**
Schụpf, der; -[e]s, -e (*südd., schweiz. mdal. für* Schubs, Stoß, Schwung); **schụp|fen**
Schụp|fen, der; -s, - (*bayr., österr. für* Schuppen, Wetterdach)
Schụp|fer (*österr. ugs. für* Stoß, Schubs)
Schụpf|nu|del *meist Plur.* (*südd. für* Nudel aus Kartoffelpüree, Mehl u. Ei)
[1]**Schu̱|po,** die; - (*Kurzw. für* Schutzpolizei)
[2]**Schu̱|po,** der; -s, -s (*veraltet; Kurzw. für* Schutzpolizist)
Schụpp, der; -[e]s, -e (*nordd. für* Schubs, Stoß, Schwung)
Schüpp|chen (kleine Schuppe)
Schụp|pe, die; -, -n (Haut-, Hornplättchen)
Schụ̈p|pe, die; -, -n (*landsch. für* Schippe)
Schụ̈p|pel, der; -s, - (*bayr. u. österr. mdal. für* Büschel)
schụ̈p|peln (*veraltet für* schiebend bewegen); ich schüpp[e]le
[1]**schụp|pen** (*landsch. für* stoßen, schieben)
[2]**schụp|pen** ([Fisch]schuppen entfernen; Schuppen bilden)
Schụp|pen, der; -s, - (Raum für Holz u. a.); *vgl.* Schupfen
schụ̈p|pen (*landsch. für* schippen)
Schụp|pen *Plur.* (*landsch. für* Schippen)
schụp|pen|ar|tig
Schụp|pen|bil|dung; Schụp|pen|flech|te (*Med.*)
Schụp|pen|pan|zer; Schụp|pen|tier
schụp|pig
Schụps (*vgl.* Schubs); **schụp|sen** (*vgl.* schubsen); du schupst
Schu̱r, die; -, -en (Scheren [der Schafe])
Schụ̈r|ei|sen
schü̱|ren; Schü̱|rer (*landsch. für* Schürhaken)
Schụrf, der; -[e]s, Schürfe (*Bergmannsspr.* Suche nach nutzbaren Lagerstätten)
schụ̈r|fen
Schụ̈r|fer (*Bergmannsspr.*); **Schụ̈r|fe|rin; Schụ̈rf|kü|bel** (ein Fördergerät); **Schụ̈rf|loch; Schụ̈rf|recht**
Schụ̈r|fung
Schụ̈rf|wun|de
schụ̈r|gen (*landsch. für* schieben, stoßen, treiben)
Schụ̈r|ha|ken
Schu|ri|ge|le̱i (*ugs.*); **schu̱|ri|geln** (*ugs. für* schikanieren, quälen); ich schurig[e]le
Schụr|ke, der; -n, -n (*abwertend*); **Schụr|ken|staat** (*abwertend*); **Schụr|ken|streich** (*veraltend*); **Schur|ke|re̱i** (*abwertend*); **Schụr|kin; schụr|kisch**
Schụr|re, die; -, -n (*landsch. für* Rutsche); **schụr|ren** (*landsch. für* mit knirschendem Geräusch über den Boden scharren)
Schu̱r|wol|le; schu̱r|wol|len (aus Schurwolle)
Schụrz, der; -es, -e
Schụ̈r|ze, die; -, -n
schụ̈r|zen; du schürzt
Schụ̈r|zen|band, das; *Plur.* ...bänder
Schụ̈r|zen|jä|ger (*ugs. für* Mann, der ständig Frauen umwirbt)
Schụ̈r|zen|kleid; Schụ̈r|zen|zip|fel
Schụsch|nigg (österr. Politiker)
Schụss, der; -es, Schüsse; 2 Schuss Rum; 2 Schuss (*auch* Schüsse) abgeben; in Schuss (*ugs. für* in Ordnung) halten, haben
Schụss|ab|ga|be (*Amtsspr.*)
Schụss|bein (*Fußball*)
schụss|be|reit
[1]**Schụs|sel,** der; -s, - *od.* die; -, -n (*ugs. für* unkonzentrierter, vergesslicher Mensch)
[2]**Schụs|sel,** die; -, -n (*landsch. für* Schlitterbahn)
Schụ̈s|sel, die; -, -n
schụ̈s|sel|för|mig
schụs|se|lig, schuss|lig (*ugs. für* unkonzentriert, vergesslich)
schụs|seln (*ugs. für* fahrig, unruhig sein; *landsch. für* schlittern); ich schuss[e]le
Schụs|ser (*landsch. für* Spielkügelchen); **schụs|sern** (*landsch.*); ich schussere
Schụss|fa|den (*Weberei*)
Schụss|fahrt (*Skisport*)
Schụss|feld
schụss|fer|tig; schụss|fest (kugelsicher; *Jägerspr.* an Schüsse gewöhnt)
Schụss|garn (*Weberei*)
Schụss|ge|le|gen|heit (*Sport*)
schụss|ge|recht (*Jägerspr.*)
Schụss|ge|rin|ne (*Wasserbau*)
schụs|sig (*landsch. für* [über]eilig, hastig)
Schụss|ler (*landsch. für* mit Schussern Spielender; *ugs. svw.* [1]Schussel); **Schụss|le|rin**
Schụ̈ß|ler|salz, Schụ̈ß|ler-Salz *meist Plur.* ⟨nach dem dt. Arzt W. H. Schüßler⟩ (in der Alternativmedizin als Arznei angewandter Mineralstoff)
schụss|lig *vgl.* schusselig
Schụss|li|nie; Schụss|rich|tung
schụss|schwach (*Sport*); **Schụss-schwä|che, Schụss-Schwä|che** (*bes. Fuß-, Handball*)
schụss|si|cher; schụss|stark (*Sport*); **Schụss|stär|ke, Schụss-Stär|ke**
Schụss|ver|let|zung; Schụss|waf|fe; Schụss|waf|fen|ge|brauch (*bes. Polizeiw.*); **Schụss|wech|sel; Schụss|wei|te; Schụss|wun|de; Schụss|zahl**
Schu̱s|ter; Schu̱s|ter|ah|le; Schus|te|re̱i (*veraltet*); **Schu̱s|te|rin**
Schu̱s|ter|jun|ge, der (*veraltet für* Schusterlehrling; *berlin. für* Roggenbrötchen)
schu̱s|tern (*landsch., sonst veraltet für* das Schuhmacherhandwerk ausüben; *abwertend für* Pfuscharbeit machen); ich schustere
Schu̱s|ter|pal|me (eine Pflanze)
Schu̱s|ter|pech; Schu̱s|ter|pfriem; Schu̱s|ter|werk|statt
Schu̱|te, die; -, -n (flaches, offenes Wasserfahrzeug; haubenartiger Frauenhut); **Schu̱|ten|hut**
Schụtt, der; -[e]s; **Schụtt|ab|la|de|platz; Schụtt|berg**
Schụ̈tt|be|ton; Schụ̈tt|bo|den (*landsch.*)
Schụ̈t|te, die; -, -n (kleiner Behälter [z. B. für Mehl]; *landsch. für* Bund); eine Schütte Stroh
Schụ̈t|tel|brot (hartes Fladenbrot)
Schụ̈t|tel|frost; Schụ̈t|tel|läh|mung (*Med.*)
schụ̈t|teln; ich schütt[e]le
Schụ̈t|tel|reim; Schụ̈t|tel|rut|sche (*Bergbau*)
schụ̈t|ten
schụ̈t|ter (spärlich; schwach)
schụ̈t|tern (schütteln); der Wagen schüttert
Schụ̈tt|gut (*Wirtsch.*; z. B. Kohle, Sand)
Schụtt|hal|de; Schụtt|hau|fen; Schụtt|ke|gel (*Geol.*)
Schụ̈tt|ofen (*Hüttenw.*)
Schụtt|platz

S
schu

Schụ̈tt|stein (*schweiz. für* Ausguss, Spülbecken); **Schụ̈tt|stroh**
Schụ̈t|tung
Schụtz, der; -es, *Plur. (Technik:)* -e; zu Schutz und Trutz
[1]**Schụ̈tz**, der; -en, -en (*veraltet für* [1]Schütze)
[2]**Schụ̈tz**, das; -es, -e (*Elektrot.* ferngesteuerter Schalter)
[3]**Schụ̈tz**, das; -es, -e, [2]**Schụ̈t|ze**, die; -, -n (bewegliches Wehr)
Schụtz|an|strich; Schụtz|an|zug
Schụtz|be|dürf|nis; schụtz|be|dürf|tig; Schụtz|be|foh|le|ne, der *u.* die; -n, -n
Schụtz|be|haup|tung; Schụtz|blech; Schụtz|brett; Schụtz|brief; Schụtz|bril|le; Schụtz|bünd|nis; Schụtz|dach
[1]**Schụ̈t|ze**, der; -n, -n (Schießender)
[2]**Schụ̈t|ze**, die; -, -n (*svw.* [3]Schütz)
schụ̈t|zen; du schützt
Schụ̈t|zen, der; -s, - (*Weberei* Gerät zur Aufnahme der Schussspulen, Schiffchen)
Schụ̈t|zen|bru|der; Schụ̈t|zen|fest
Schụtz|en|gel
Schụ̈t|zen|ge|sell|schaft; Schụ̈t|zen|gil|de
Schụ̈t|zen|gra|ben
Schụ̈t|zen|haus
Schụ̈t|zen|hil|fe *(ugs.)*
Schụ̈t|zen|kö|nig; Schụ̈t|zen|kö|ni|gin; Schụ̈t|zen|lie|sel, die; -, -n ↑K 138
Schụ̈t|zen|li|nie; Schụ̈t|zen|pan|zer
Schụ̈t|zen|platz
Schụ̈t|zen|schwes|ter
Schụ̈t|zen|steu|e|rung, Schütz|steu|e|rung ⟨*zu* [2]Schütz⟩ *(Elektrot.)*
schụ̈t|zens|wert
Schụ̈t|zen|ver|ein; Schụ̈t|zen|wie|se
Schụ̈t|zer (*kurz für* Knie-, Ohrenschützer)
Schụtz|far|be; Schụtz|fär|bung *(Zool.)*; **Schụtz|film**
Schụtz|frist; Schụtz|ge|biet; Schụtz|ge|bühr
Schụtz|geist *Plur.* ...geister
Schụtz|geld; Schụtz|geld|er|pres|sung; Schụtz|geld|zah|lung
Schụtz|ge|mein|schaft
Schụtz|git|ter; Schụtz|glas *Plur.* ...gläser; **Schụtz|ha|fen** *vgl.* [2]Hafen
Schụtz|haft
Schụtz|hand|schuh; Schụtz|hau|be
Schụtz|haus *(österr.)*
Schụtz|hei|li|ge *(kath. Rel.)*
Schụtz|helm
Schụtz|herr; Schụtz|her|rin; Schụtz|herr|schaft
Schụtz|hül|le; Schụtz|hüt|te
schụtz|imp|fen; ich schutzimpfe; schutzgeimpft; schutzzuimpfen; **Schụtz|imp|fung**
Schụ̈t|zin
Schụtz|klau|sel *(Politik, Wirtsch.)*
Schụtz|klei|dung
Schụ̈tz|ling
schụtz|los; Schụtz|lo|sig|keit, die; -
Schụtz|macht
Schụtz|mann *Plur.* ...männer *u.* ...leute (*ugs. für* [Schutz]polizist)
Schụtz|mar|ke
Schụtz|mas|ke; Schụtz|maß|nah|me; Schụtz|mit|tel
Schụtz|pa|t|ron (*svw.* Schutzheilige); **Schụtz|pa|t|ro|nin**
Schụtz|plan|ke *(Verkehrsw.)*
Schụtz|po|li|zei (*Kurzwort* [1]Schupo); **Schụtz|po|li|zist** (*Kurzwort* [2]Schupo); **Schụtz|po|li|zis|tin**
Schụtz|raum; Schụtz|recht; Schụtz|schicht; Schụtz|schild, der
Schụtz|sper|re (*Sport* befristetes Wettkampfverbot aus gesundheitlichen Gründen)
Schụ̈tz|steu|e|rung *vgl.* Schützensteuerung
Schutz su|chend, **schụtz|su|chend**
Schụtz|trup|pe
Schụtz|um|schlag
Schụtz-und-Trụtz-Bünd|nis *(veraltend)*; ↑K 26
Schụtz|ver|band; Schụtz|ver|trag; Schụtz|vor|keh|rung; Schụtz|vor|rich|tung; Schụtz|wall
Schụtz|weg (*österr. für* Fußgängerüberweg); **Schụtz|wehr**, die *(veraltet; noch Fachspr.)*
schụtz|wür|dig
Schụtz|zoll; Schụtz|zoll|po|li|tik
Schụtz|zo|ne
Schw. = Schwester
Schwa̲|bach (Stadt in Mittelfranken); [1]**Schwa̲|ba|cher**
[2]**Schwa̲|ba|cher**, die; - (*Druckw.* eine Schriftgattung)
Schwa̲|ba|che|rin
Schwa̲|ba|cher Schrịft, die; - -
Schwab|be|le̲i (*ugs. für* Wackelei; *landsch. für* Geschwätz)
schwạb|be|lig, schwạbb|lig (*ugs. für* schwammig, fett; wackelnd)
schwạb|beln (*ugs. für* wackeln; *landsch. für* schwätzen); ich schwabb[e]le
Schwạb|ber, der; -s, - (moppähnlicher Besen auf Schiffen)
schwạb|bern; ich schwabbere (*svw.* schwabbeln)
schwạbb|lig *vgl.* schwabbelig
[1]**Schwa̲|be**, der; -n, -n (Bewohner von Schwaben)
[2]**Schwa̲|be** *vgl.* [1]Schabe
schwä̲|beln (schwäbisch sprechen); ich schwäb[e]le
Schwa̲|ben
Schwa̲|ben|al|ter, das; -s (*scherzh. für* 40. Lebensjahr)
Schwa̲|ben|spie|gel, der; -s (Rechtssammlung des dt. MA.s)
Schwa̲|ben|streich *(scherzh.)*
Schwä̲|bin; schwä̲|bisch; die schwäbische Mundart, *aber* ↑K 140: die Schwäbische Alb
Schwä̲|bisch Gmụ̈nd (Stadt in Baden-Württemberg)
Schwä̲|bisch Hạll (Stadt in Baden-Württemberg); **schwä̲|bisch-hạ̈l|lisch**
schwạch *s. Kasten Seite 958*
schwạch|at|mig
schwạch be|gabt, **schwạch|be|gabt** *vgl.* schwach; **Schwạch|be|gab|ten|för|de|rung**
schwạch be|sucht, **schwạch|be|sucht** *vgl.* schwach
schwạch be|tont, **schwạch|be|tont** *vgl.* schwach
schwạch be|völ|kert, **schwạch|be|völ|kert** *vgl.* schwach
schwạch be|wegt, **schwạch|be|wegt** *vgl.* schwach
schwạch|blau
schwạch|brüs|tig
Schwạ̈|che, die; -, -n; **Schwạ̈|che|an|fall; Schwạ̈|che|ge|fühl**
schwạ̈|cheln; ich schwäch[e]le
schwạ̈|chen
schwạch ent|wi|ckelt, **schwạch|ent|wi|ckelt**
Schwạ̈|che|zu|stand
Schwạch|heit
schwạch|her|zig
Schwạch|kopf (*abwertend für* dummer Mensch); **schwạch|köp|fig**
schwạ̈ch|lich; Schwạ̈ch|lich|keit
Schwạ̈ch|ling
schwạch|ma|chen (*ugs. für* aufregen, nervös machen); wie der mich schwachmacht!; *aber* was den Körper schwach macht *od.* schwachmacht (schwächen)
Schwach|ma̲t, der; -en, -en, **Schwach|ma̲|ti|kus**, der; -, -se (*scherzh. für* Schwächling)
Schwạch|punkt
schwạch|sich|tig; Schwạch|sich|tig|keit
Schwạch|sinn, der; -[e]s *(Med. veraltet; ugs. abwertend)*; **schwạch|sin|nig** *(Med. veraltet; ugs. abwertend)*

S
schw

schwach

schwä|cher, schwächs|te **I.** *Kleinschreibung:* – das schwache (*veraltend für* das weibliche) Geschlecht – eine schwache Stunde – *Sprachwiss.:* schwache Deklination; ein schwaches Verb **II.** *Großschreibung bei der Substantivierung* – ↑K72: – etwas Schwaches, alles Schwache – das Recht des Schwachen	**III.** *In Verbindung mit adjektivisch gebrauchten Partizipien kann getrennt oder zusammengeschrieben werden* ↑K58: – ein schwach begabter *od.* schwachbegabter Schüler – eine schwach besuchte *od.* schwachbesuchte Veranstaltung – eine schwach betonte *od.* schwachbetonte, schwächer betonte Silbe – die schwach bevölkerte *od.* schwachbevölkerte Gegend; die am schwächsten bevölkerten Gegenden – die schwach bewegte *od.* schwachbewegte See *Vgl. auch* schwachmachen, schwachwerden

Schwach|stel|le
Schwach|strom, der *Plur. selten;* **Schwach|strom|lei|tung; Schwach|strom|tech|nik**
Schwä|chung
schwach wer|den, schwach|wer|den (nachgeben); die Gefahr besteht, dass ich doch noch schwach werde *od.* schwachwerde; *aber* der Kranke ist schon zu schwach geworden; mir ist ganz schwach geworden
[1]**Schwa|de** *vgl.* [2]Schwaden
[2]**Schwa|de,** die; -, -n, [1]**Schwa|den,** der; -s, - (Reihe abgemähten Grases od. Getreides)
[2]**Schwa|den,** der; -s, -, [1]Schwa|de, die; -, -n (Dampf, Dunst; *Bergmannsspr.* schlechte [gefährl.] Grubenluft)
schwa|den|wei|se ⟨*zu* [2]Schwade⟩
schwa|dern (*südd. für* plätschern; schwatzen); ich schwadere
Schwa|d|ron, die; -, -en ⟨ital.⟩ (*früher für* kleinste Einheit der Kavallerie); **schwa|d|ro|nen|wei|se,** schwa|d|rons|wei|se
Schwa|d|ro|neur […ˈnøːɐ̯], der; -s, -e ⟨franz.⟩ (*veraltend für* jmd., der schwadroniert); **Schwa|d|ro|neu|rin; schwa|d|ro|nie|ren** (wortreich u. prahlerisch schwatzen)
Schwa|d|rons|chef *(Militär früher);* **schwa|d|rons|wei|se** *vgl.* schwadronenweise
Schwa|fe|lei (*ugs. für* überflüssiges Gerede); **schwa|feln;** ich schwaf[e]le *(ugs.)*
Schwa|ger, der; -s, Schwäger (*veraltet auch für* Postkutscher); **Schwä|ge|rin; schwä|ger|lich; Schwä|ger|schaft**
Schwä|her, der; -s, - (*veraltet für* Schwiegervater od. Schwager); **Schwä|he|rin** (*veraltet für* Schwiegermutter od. Schwägerin)
Schwai|ge, die; -, -n (*bayr. u. österr. landsch. für* Alm)
schwai|gen (*bayr. u. österr. für* eine Schwaige betreiben, Käse bereiten); **Schwai|ger** (*bayr. u. österr. landsch. für* Senner); **Schwai|ge|rin; Schwaig|hof**
Schwälb|chen
Schwal|be, die; -, -n (*ugs. auch für* absichtliches Hinfallen im Fußballspiel, um ein gegnerisches Foul vorzutäuschen)
Schwal|ben|nest; Schwal|ben|schwanz
Schwalk, der; -[e]s, -e (*nordd. für* Dampf, Qualm; Bö); **schwal|ken** (*nordd. für* herumbummeln)
Schwall, der; -[e]s, -e (Gewoge, Welle, Guss [Wasser]); **Schwall|brau|se** (Duscharmatur mit breitem, weichem Strahl)
Schwalm, die; - (Fluss u. Landschaft in Hessen); **Schwäl|mer; Schwäl|me|rin**
schwamm *vgl.* schwimmen
Schwamm, der; -[e]s, Schwämme (*bayr., österr., schweiz. auch für* Pilz); Schwamm drüber! (*ugs. für* vergessen wir das!)
schwamm|ar|tig
Schwämm|chen
Schwam|merl, das, *bayr. auch* der; -s, -[n]; *vgl.* Pickerl (*bayr. u. österr. für* Pilz)
schwam|mig; Schwam|mig|keit *Plur. selten*
Schwamm|spin|ner (ein Schmetterling)
Schwamm|tuch *Plur.* …tücher
Schwam|pel, die; -, -n, **Schwam|pel|ko|a|li|ti|on, Schwam|pel-Ko|a|li|ti|on** ⟨aus »Schwarz« und »Ampelkoalition«⟩ (*ugs.; svw.* Jamaikakoalition)
Schwan, der; -[e]s, Schwäne; **Schwän|chen**
schwand *vgl.* schwinden
schwa|nen *(ugs.);* mir schwant (ich ahne) etwas
Schwa|nen|ge|sang (*geh. für* letztes Werk eines Künstlers; letztes Aufleben einer zu Ende gehenden Epoche o. Ä.)
Schwa|nen|hals
Schwa|nen|jung|frau, Schwan|jungfrau *(Mythol.)*
Schwa|nen|teich; schwa|nen|weiß
schwang *vgl.* schwingen
Schwang, der; *nur noch in* im Schwang[e] (gebräuchlich) sein
schwan|ger; Schwan|ge|re, die; -n, -n; **Schwan|ge|ren|be|ra|tung; Schwan|ge|ren|geld; Schwan|ge|ren|gym|nas|tik**
Schwan|ge|ren|kon|flikt|be|ra|tung; Schwan|ge|ren|vor|sor|ge
schwän|gern; ich schwängere
Schwan|ger|schaft
Schwan|ger|schafts|ab|bruch; Schwan|ger|schafts|be|klei|dung; Schwan|ger|schafts|gym|nas|tik; Schwan|ger|schafts|kon|flikt; Schwan|ger|schafts|mo|nat; Schwan|ger|schafts|strei|fen *meist Plur.*
Schwan|ger|schafts|test (Test zum Nachweis einer bestehenden Schwangerschaft)
Schwan|ger|schafts|ur|laub; Schwan|ger|schafts|wo|che
Schwän|ge|rung
Schwan|jung|frau *vgl.* Schwanenjungfrau
schwank (*geh. für* biegsam); schwanke Gestalten
Schwank, der; -[e]s, Schwänke
schwan|ken
Schwank|fi|gur
Schwank|schwin|del *(Med.)*

S
Schw

schwarz

schwär|zer, schwär|zes|te

I. *Kleinschreibung:*

- schwarz in schwarz
- schwarz auf weiß
- schwarzer Tee; schwarzer Humor; schwarze Magie (böse Zauberei); das schwarze Schaf; eine schwarze Messe
- ein schwarzes (verbotenes) Geschäft; ein schwarzes (illegales) Konto; die schwarze Liste; der schwarze Markt
- ein schwarzer Tag; ein schwarzer Freitag (*vgl. aber* der Schwarze Freitag) ↑K 151

II. *Großschreibung*

a) ↑K 72:

- ein Schwarzer (dunkelhäutiger, -haariger Mensch)
- das Schwarze
- die Farbe Schwarz
- ein Kleid in Schwarz
- das kleine Schwarze anziehen
- aus Schwarz Weiß machen wollen
- ins Schwarze treffen

b) ↑K 140:

- das Schwarze Meer
- der Schwarze Erdteil (Afrika)

c) ↑K 150:

- die Schwarze Hand (ehemaliger serbischer Geheimbund)
- Schwarzer Holunder (Sambucus nigra); Schwarze Johannisbeere; Schwarze Witwe (eine Spinne)
- der Schwarze Freitag (Name eines Freitags mit großen Börsenstürzen in den USA)

III. *Groß- oder Kleinschreibung bei bestimmten festen Verbindungen mit neuer Gesamtbedeutung und bei einigen fachsprachlichen Verbindungen* ↑K 89:

- das Schwarze *od.* schwarze Brett (Anschlagbrett)
- Schwarzer *od.* schwarzer Peter (ein Kartenspiel)
- der Schwarze *od.* schwarze Tod (Beulenpest im MA.)
- die Schwarze *od.* schwarze Kunst (Zauberei; *veraltet für* Buchdruck)
- das schwarze *od.* Schwarze Gold (Kohle, Erdöl)
- der schwarze *od.* Schwarze Mann (Schornsteinfeger, Schreckgestalt)
- schwarzes *od.* Schwarzes Loch *(Astron.)*

IV. *Schreibung in Verbindung mit Verben:*

a) ↑K 56:

- sich schwarz kleiden
- ihre Hände waren schwarz geworden
- sich die Haare schwarz färben *od.* schwarzfärben
- sich mit Ruß das Gesicht schwarz malen *od.* schwarzmalen
- sie können warten, bis sie schwarz werden *od.* schwarzwerden (*ugs. für* bis in alle Ewigkeit)

b) *Zusammenschreibung, wenn eine idiomatische Verbindung mit einem einfachen Verb vorliegt:*

Vgl. schwarzarbeiten, schwarzärgern, schwarzbrennen, schwarzfahren, schwarzgehen, schwarzhören, schwarzkopieren, schwarzmalen, schwarzschlachten, schwarzsehen

Aber: Waren schwarz exportieren, schwarz verkaufen

V. *In Verbindung mit adjektivisch gebrauchten Partizipien* ↑K 58:

- ein schwarz gestreifter *od.* schwarzgestreifter Stoff
- schwarz gerändertes *od.* schwarzgerändertes Papier

Schwan|kung; Schwan|kungs|brei|te; Schwan|kungs|ra|te

Schwanz, der; -es, Schwänze; **Schwänz|chen**

Schwän|ze|lei *(ugs.)*; **schwän|zeln** (*ugs. iron. für* geziert gehen); ich schwänz[e]le; **Schwän|zel|tanz** *(Zool.)*

schwän|zen (*ugs. für* [am Schulunterricht o. Ä.] nicht teilnehmen); du schwänzt

Schwanz|en|de

Schwän|zer *(ugs.)*; **Schwän|ze|rin**

Schwanz|fe|der; Schwanz|flos|se

schwanz|ge|steu|ert (*ugs. für* von seinem Sexualtrieb beherrscht)

...schwän|zig (z. B. langschwänzig)

schwanz|las|tig (vom Flugzeug)

Schwanz|lurch; Schwanz|spit|ze; Schwanz|stück; Schwanz|wir|bel

schwapp!, schwaps!

Schwapp, der; -[e]s, -e, Schwaps, der; -es, -e (*ugs. für* klatschendes Geräusch; Wasserguss)

schwap|pen, schwap|sen (*ugs. für* in schwankender Bewegung sein, klatschend überfließen)

schwaps!, schwapp!; **Schwaps** *vgl.* Schwapp; **schwap|sen;** du schwapst; *vgl.* schwappen

Schwä|re, die; -, -n (*geh. für* Geschwür); **schwä|ren** (*geh. für* eitern); **schwä|rig** *(geh.)*

Schwarm, der; -[e]s, Schwärme

schwär|men; Schwär|mer (*auch* ein Feuerwerkskörper; ein Schmetterling); **Schwär|me|rei; Schwär|me|rin; schwär|me|risch**

Schwarm|geist *Plur.* ...geister

Schwarm|in|tel|li|genz (*Fachjargon* Fähigkeit eines Kollektivs zu sinnvoll erscheinendem Verhalten)

Schwärm|zeit (bei Bienen)

Schwar|te, die; -, -n (dicke Haut [z. B. des Schweins]; *ugs. für* dickes [altes] Buch; zur Verschalung dienendes rohes Brett)

schwar|ten (*ugs. für* verprügeln; *selten für* viel lesen)

Schwar|ten|ma|gen (eine Wurstart); **schwar|tig**

schwarz *s. Kasten*

Schwarz, das; -[es], - (Farbe); ein Abendkleid in Schwarz; er spielte Schwarz aus *(Kartenspiel);* Schwarz (schwarze Kleidung, Trauerkleidung) tragen; in Schwarz (Trauerkleidung) gehen; *vgl.* Blau

Schwar|z|ach (Name mehrerer Orte)

Schwarz|af|ri|ka (die Länder Afrikas, die zumeist von Schwarzen bewohnt u. regiert werden); **Schwarz|af|ri|ka|ner; Schwarz|af|ri|ka|ne|rin; schwarz|af|ri|ka|nisch**

Schwarz|ar|beit, die; -; **schwarz|ar|bei|ten;** ich arbeite schwarz; schwarzgearbeitet; schwarzzuarbeiten ↑K47; **Schwarz|ar|bei|ter; Schwarz|ar|bei|te|rin**

schwarz|är|gern, sich (*ugs. für* sich sehr ärgern)

schwarz|äu|gig; schwarz|bär|tig

Schwarz|bee|re (*südd. u. österr. neben* Heidelbeere)

Schwarz|blech

schwarz|braun ↑K23

schwarz|bren|nen (ohne Lizenz); sie haben Schnaps, CDs schwarzgebrannt

Schwarz|bren|ne|rei

Schwarz|brot

Schwarz|buch (Zusammenstellung von Dokumenten über Gräueltaten); **Schwarz|bu|che**

schwarz|bunt; schwarzbunte Kühe

Schwarz|dorn *Plur.* ...dorne

Schwarz|dros|sel (Amsel)

[1]**Schwar|ze,** der *u.* die; -n, -n (dunkelhäutiger, -haariger Mensch)

[2]**Schwar|ze,** der; -n (*veraltet für* Teufel)

[3]**Schwar|ze,** das; -n; ins Schwarze treffen ↑K72

[4]**Schwar|ze,** der; -n, -n (*österr. für* Mokka ohne Milch)

Schwär|ze, die; -, -n (*nur Sing.:* das Schwarzsein; Farbe zum Schwarzmachen)

schwär|zen (schwarz färben; *südd., österr. veraltend für* schmuggeln); du schwärzt; **Schwär|zer** (*südd., österr. veraltend für* Schmuggler)

Schwarz|er|de (dunkler Humusboden)

Schwär|ze|rin

schwarz|fah|ren ↑K47 (ohne Berechtigung ein [öffentl.] Verkehrsmittel benutzen); sie ist schwarzgefahren; **Schwarz|fah|rer; Schwarz|fah|re|rin; Schwarz|fahrt**

schwarz fär|ben, schwarz|fär|ben *vgl.* schwarz

Schwarz|fäu|le (eine Pflanzenkrankheit); **Schwarz|fil|ter** *(Fotogr.);* **Schwarz|fleisch** (*landsch. für* durchwachsener geräucherter Speck)

schwarz|ge|hen (*ugs. für* wildern; unerlaubt über die Grenze gehen); er ist schwarzgegangen ↑K47

schwarz-gelb, schwarz|gelb ↑K23; eine schwarz-gelbe *od.* schwarzgelbe Koalition (aus Christdemokraten u. Liberalen); die Wirtschaftspolitik von Schwarz-Gelb *od.* Schwarzgelb

Schwarz|geld (illegale Einnahme)

schwarz ge|rän|dert, schwarz|ge|rän|dert *vgl.* schwarz; **schwarz ge|streift, schwarz|ge|streift** *vgl.* schwarz

schwarz|grau; schwarz|haa|rig

Schwarz|han|del *vgl.* [1]Handel; **Schwarz|han|dels|ge|schäft; Schwarz|händ|ler; Schwarz|händ|le|rin**

schwarz|hö|ren ↑K47 (*Rundfunk* ohne Genehmigung mithören); sie hat schwarzgehört; **Schwarz|hö|rer; Schwarz|hö|re|rin**

Schwarz|kit|tel (Wildschwein; *abwertend für* kath. Geistlicher)

Schwarz|kon|to (illegales Konto)

schwarz|ko|pie|ren (ohne Lizenz)

Schwarz|kunst, die; - (*svw.* Schabkunst); **Schwarz|künst|ler; Schwarz|künst|le|rin**

schwärz|lich; schwärzlich braun

schwarz|ma|len (pessimistisch darstellen); *vgl.* schwarz; **Schwarz|ma|ler** (*ugs. für* Pessimist); **Schwarz|ma|le|rei** (*ugs. für* Pessimismus); **Schwarz|ma|le|rin**

Schwarz|markt; Schwarz|markt|preis

Schwarz|meer|flot|te, die; -; **Schwarz|meer|ge|biet,** das; -[e]s

Schwarz|plätt|chen (Mönchsgrasmücke); **Schwarz|pul|ver**

Schwarz|rock *Plur.* ...röcke (*abwertend für* kath. Geistlicher)

schwarz-rot-gol|den, schwarz|rot|gol|den; eine schwarz-rotgold[e]ne *od.* schwarzrotgold[e]ne Fahne; die Fahne Schwarz-Rot-Gold oder Schwarzrotgold

Schwarz|sau|er, das; -s (ein norddeutsches Gericht aus Fleischragout od. Gänseklein)

schwarz|schlach|ten ([in Not-, Kriegszeiten] ohne amtl. Genehmigung heimlich schlachten); sie schlachteten schwarz; er hat oft schwarzgeschlachtet ↑K47; **Schwarz|schlach|tung**

schwarz|se|hen ↑K47 (*ugs. für* ohne Anmeldung fernsehen; pessimistisch sein); sie sieht immer schwarz; für seine Zukunft hat er [ziemlich] schwarzgesehen; *aber* das sollte man nicht zu schwarz sehen

Schwarz|se|her (*ugs. für* Pessimist; jmd., der ohne Anmeldung fernsieht); **Schwarz|se|he|rei; Schwarz|se|he|rin; schwarz|se|he|risch**

Schwarz|sen|der

Schwarz|specht; Schwarz|storch

Schwarz|tee

Schwär|zung

Schwarz|wald, der; -[e]s (dt. Gebirge); **Schwarz|wald|bahn,** die; -; **Schwarz|wäl|der;** Schwarzwälder Kirschtorte; **Schwarz|wäl|de|rin; schwarz|wäl|de|risch**

Schwarz|wald|haus; Schwarz|wald|hoch|stra|ße, die; - ↑K143

Schwarz|was|ser|fie|ber, das; -s (Malaria)

schwarz-weiß, schwarz|weiß ↑K23; schwarz-weiß malen *od.* schwarzweiß malen (undifferenziert, einseitig positiv od. negativ darstellen); eine Fotografie in Schwarz-Weiß *od.* Schwarzweiß

Schwarz-Weiß-Auf|nah|me, Schwarz|weiß|auf|nah|me; Schwarz-Weiß-Fern|se|her, Schwarz|weiß|fern|se|her; Schwarz-Weiß-Film, Schwarz|weiß|film; Schwarz-Weiß-Fo|to|gra|fie, Schwarz|weiß|fo|to|gra|fie; Schwarz-Weiß-Ma|le|rei, Schwarz|weiß|ma|le|rei

schwarz wer|den, schwarz|wer|den *(ugs.);* sie können warten, bis sie schwarz werden *od.* schwarzwerden (bis in alle Ewigkeit)

Schwarz|wild (*Jägerspr.* Wildschweine); **Schwarz|wurz** (eine Heilpflanze); **Schwarz|wur|zel** (eine Gemüsepflanze)

Schwatz, der; -es, -e (*ugs. für* Geplauder, Geschwätz); **Schwatz|ba|se** (*ugs. für* geschwätzige Person)

Schwätz|chen; schwat|zen, *bes. südd.* **schwät|zen;** du schwatzt, *bes. südd.* du schwätzt

Schwät|zer; Schwät|ze|rei; Schwät|ze|rin; schwät|ze|risch

schwatz|haft; Schwatz|haf|tig|keit, die; -

Schwatz|maul *(derb abwertend)*

S

Schw

Schwaz (österreichische Stadt im Inntal)
Schwe|be, die; -; *nur in* in der Schwebe (*auch für* unentschieden, noch offen)
Schwe|be|bahn; Schwe|be|bal|ken (ein Turngerät); **Schwe|be|baum** (im Pferdestall)
schwe|ben
Schwe|be|stoff (*svw.* Schwebstoff); **Schwe|be|stütz** *(Turnen);* **Schwe|be|teil|chen; Schwe|be|zu|stand**
Schweb|flie|ge; Schweb|stoff *(Chemie)*
Schwe|bung *(Physik)*
Schwe|de, der; -n, -n
Schwe|den
Schwe|den|bom|be® (*österr. für* Mohrenkopf); **Schwe|den|kü|che; Schwe|den|plat|te; Schwe|den|punsch; Schwe|den|rät|sel** (eine besondere Form des Kreuzworträtsels); **Schwe|den|schan|ze** (Befestigungsanlage)
Schwe|din
schwe|disch ↑K142: hinter schwedischen Gardinen (*ugs. für* im Gefängnis); *vgl.* deutsch; **Schwedisch,** das; -[s] (Sprache); *vgl.* Deutsch; **Schwe|di|sche,** das; -n; *vgl.* [2]Deutsche
Schwe|fel, der; -s (chemisches Element, Nichtmetall; *Zeichen* S); **schwe|fel|arm; schwe|fel|ar|tig**
Schwe|fel|ban|de (*ugs. für* [2]Bande)
Schwe|fel|blu|me, Schwe|fel|blü|te, die; - *(Chemie);* **Schwe|fel|di|oxid, Schwe|fel|di|oxyd** *vgl.* Oxid
Schwe|fel|far|be; schwe|fel|far|ben, schwe|fel|far|big; schwe|fel|gelb
Schwe|fel|ge|ruch; schwe|fel|hal|tig
Schwe|fel|holz, Schwe|fel|hölz|chen (*veraltet für* Streichholz)
schwe|fe|lig *vgl.* schweflig
Schwe|fel|kies (ein Mineral)
Schwe|fel|koh|len|stoff
Schwe|fel|kopf (ein Pilz); **Schwe|fel|kur; Schwe|fel|le|ber** (für medizinische Bäder verwendete Schwefelverbindung)
schwe|feln; ich schwef[e]le
Schwe|fel|pu|der; Schwe|fel|quel|le; Schwe|fel|sal|be
schwe|fel|sau|er *(Chemie);* **Schwe|fel|säu|re,** die; -; **Schwe|fe|lung; Schwe|fel|ver|bin|dung**
Schwe|fel|was|ser|stoff, der; -[e]s (ein giftiges Gas); **schwef|lig,** schwe|fe|lig
Schwe|gel, Schwie|gel, die; -, -n (mittelalterliche Querpfeife; Flötenwerk an älteren Orgeln); **Schweg|ler** (Schwegelbläser); **Schweg|le|rin**
Schweif, der; -[e]s, -e
schwei|fen (*geh. für* ziellos [durch die Gegend] ziehen); ein Brett schweifen (ihm eine gebogene Gestalt geben)
Schweif|sä|ge; Schweif|stern (*veraltet für* Komet); **Schwei|fung**
schweif|we|deln (*veraltet auch für* kriecherisch schmeicheln); ich schweifwed[e]le; geschweifwedelt; zu schweifwedeln
Schwei|ge|ge|bot; Schwei|ge|geld; Schwei|ge|ge|lüb|de; Schwei|ge|marsch; Schwei|ge|mi|nu|te
schwei|gen (still sein); du schwiegst; du schwiegest; geschwiegen; schweig[e]!; die schweigende Mehrheit; **Schweigen,** das; -s
Schwei|ge|pflicht
Schwei|ger ↑K88: der Große Schweiger (*Bez. für* Moltke)
schweig|sam; Schweig|sam|keit
Schwein, das; -[e]s, -e (*nur Sing.: ugs. auch für* Glück); kein Schwein (*ugs. für* niemand)
schwein|chen|ro|sa
Schwei|ne|ba|cke; Schwei|ne|bauch; Schwei|ne|bra|ten
Schwei|ne|do|ping (*ugs. abwertend für* Verwendung von Antibiotika in der Schweinezucht)
Schwei|ne|fett; Schwei|ne|fi|let; Schwei|ne|fleisch
Schwei|ne|fraß (*derb für* minderwertiges Essen)
Schwei|ne|grip|pe (eine auch auf Menschen u. von Mensch zu Mensch übertragbare Viruserkrankung bei Schweinen)
Schwei|ne|hund *(ugs. abwertend);* der innere Schweinehund (*ugs. für* Feigheit, Bequemlichkeit)
Schwei|ne|igel usw. *vgl.* Schweinigel usw.
Schwei|ne|ko|ben, *nordd.* **Schwei|ne|ko|fen**
Schwei|ne|ko|te|lett; Schwei|ne|le|ber; Schwei|ne|len|de
Schwei|ne|mast, die; **Schwei|ne|mäs|te|rei; Schwei|ne|pest**
Schwei|ne|rei (*derb für* Schmutz; ärgerliche Sache, Anstößiges)
Schwei|ne|ripp|chen
schwei|nern (vom Schwein); **Schwei|ner|ne,** das; -n (*bayr., österr. für* Schweinefleisch)
Schwei|ne|schmalz; Schwei|ne|schnit|zel *vgl.* [1]Schnitzel; **Schwei|ne|stall**
schwei|ne|teu|er (*ugs. für* sehr teuer)
Schwei|ne|zucht
Schwei|ne|zy|k|lus (*Wirtsch.* regelmäßig wiederkehrende starke [Preis]schwankungen)
Schwein|furt (Stadt am Main); **Schwein|fur|ter; Schwein|fur|te|rin**
Schwein|hund (*selten für* Schweinehund)
Schwein|igel (*ugs. für* schmutziger od. unflätiger Mensch); **Schwein|ige|lei** *(ugs.);* **schweinigeln** (*ugs. für* unanständige Witze erzählen); ich schweinig[e]le; geschweinigelt; zu schweinigeln
schwei|nisch
Schwein|kram (*bes. nordd. ugs. abwertend für* Unanständiges)
Schweins|bors|te; Schweins|bra|ten (*südd., österr., schweiz. für* Schweinebraten)
Schweins|ga|lopp; im Schweinsgalopp (*ugs. scherzh. für* schnell u. nicht besonders sorgfältig)
Schweins|keu|le; Schweins|kopf
Schweins|le|der; schweins|le|dern
Schweins|ohr (*auch* ein Gebäck); **Schweins|rü|cken; Schweins|schnit|zel** (*österr. für* Schweineschnitzel); **Schweins|stel|ze** (*österr. für* Eisbein)
Schweiß, der; -es, -e *Plur. selten* (*Jägerspr. auch für* Blut des Wildes)
Schweiß|ab|son|de|rung
Schweiß|ap|pa|rat
Schweiß|aus|bruch; Schweiß|band, das; *Plur.* ...bänder
schweiß|be|deckt ↑K59
Schweiß|bil|dung; Schweiß|blatt (*svw.* Armblatt)
Schweiß|bren|ner; Schweiß|draht
Schweiß|drü|se
schwei|ßen (Werkstoffe durch Wärme, Druck fest miteinander verbinden; *Jägerspr.* bluten [vom Wild]); du schweißt; du schweißtest; geschweißt
Schwei|ßer (Facharbeiter für Schweißarbeiten); **Schwei|ße|rin**
Schweiß|fähr|te *(Jägerspr.)*
schweiß|feucht
Schweiß|fleck; Schweiß|fuß
schweiß|ge|ba|det; schweiß|hem|mend
Schweiß|hund *(Jägerspr.)*
schwei|ßig
Schweiß|le|der (ein ledernes Schweißband)
Schweiß|naht

schweiß|nass
Schweiß|per|le; Schweiß|po|re
Schweiß|stahl; Schweiß|tech|nik
schweiß|trei|bend; schweiß|trie|fend ↑K59; **Schweiß|trop|fen; Schweiß|tuch** *Plur.* ...tücher; **schweiß|über|strömt**
Schwei|ßung
schweiß|ver|klebt
Schweit|zer (elsässischer Missionsarzt)
Schweiz, die; -; die französische, welsche Schweiz (französischsprachiger Teil der Schweiz), *aber* ↑K140: die Holsteinische, die Sächsische Schweiz
[1]**Schwei|zer** (Bewohner der Schweiz; *auch für* Melker; *landsch. für* Küster in kath. Kirchen)
[2]**Schwei|zer** ↑K90; Schweizer Bürgerinnen und Bürger; Schweizer Jura (Gebirge), Schweizer Käse, Schweizer Land (schweizerisches Gebiet; *vgl. aber* Schweizerland)
Schwei|zer|de|gen (jmd., der sowohl als Schriftsetzer wie auch als Drucker ausgebildet ist)
schwei|zer|deutsch ↑K149 (schweizerisch mundartlich); *vgl.* deutschschweizerisch; **Schwei|zer|deutsch,** das; -[s] (deutsche Mundart[en] der Schweiz)
Schwei|zer|gar|de ↑K64 (päpstliche Garde); **Schwei|zer|häus|chen** (Sennhütte)
Schwei|ze|rin
schwei|ze|risch; die schweizerischen Eisenbahnen; schweizerische Post; *aber* ↑K150: die Schweizerische Eidgenossenschaft; Schweizerische Bundesbahnen (*Abk.* SBB); Schweizerische Depeschenagentur (*Abk.* SDA)
Schwei|zer|land, das; -[e]s (Land der Schweizer); *vgl. aber* [2]Schweizer
Schwei|zer|volk, das; -[e]s (Volk der Schweizer); *aber* Schweizer Volk (Volk der Schweiz) ↑K64
Schweiz|rei|se; schweiz|weit
Schwejk [ʃvai̯k, *auch* ʃvɛjk] (Held eines Romans des tschech. Schriftstellers J. Hašek)
Schwel|brand
Schwelch|malz, das; -es (an der Luft getrocknetes Malz)
schwe|len (langsam flammenlos [ver]brennen; glimmen); **Schwe|le|rei** *(Technik)*
schwel|gen; in Erinnerungen schwelgen; **Schwel|ger; Schwel|ge|rei; Schwel|ge|rin; schwel|ge|risch**
Schwel|koh|le; Schwel|koks
Schwel|le, die; -, -n
[1]**schwel|len** (größer, stärker werden; sich ausdehnen); du schwillst; er/sie schwillt; du schwollst; du schwöllest; geschwollen; schwill!; ihr Hals ist geschwollen; die Brust schwoll ihm vor Freude
[2]**schwel|len** (größer, stärker machen; ausdehnen); du schwellst; du schwelltest; geschwellt; schwell[e]!; der Wind schwellte die Segel; der Stolz hat seine Brust geschwellt; mit geschwellter Brust
Schwel|len|angst, die; - (*Psychol.* Angst vor dem Betreten fremder Räume, vor ungewohnter Umgebung)
Schwel|len|land *Plur.* ...länder (relativ weit industrialisiertes Entwicklungsland)
Schwel|len|wert *(Psychol.)*
Schwel|ler (Teil der Orgel u. des Harmoniums)
Schwell|kopf (*landsch. für* überlebensgroßer Maskenkopf)
Schwell|kör|per *(Med.)*
Schwel|lung
Schwell|werk (Schweller)
Schwe|lung
Schwemm|bo|den
Schwem|me, die; -, -n (flache Stelle eines Gewässers als Badeplatz für das Vieh; zeitlich begrenztes überreichl. Warenangebot; *landsch. für* einfaches Lokal; *österr. veraltet für* Warenhausabteilung mit niedrigen Preisen)
schwem|men (*österr. auch für* Wäsche spülen)
Schwemm|gut; Schwemm|land, das; -[e]s; **Schwemm|sand**
Schwemm|sel, das; -s (*fachspr. für* Angeschwemmtes)
Schwemm|stein *(Bauw.)*
Schwen|de, die; -, -n (durch Abbrennen urbar gemachter Wald; Rodung); **schwen|den**
Schwen|gel, der; -s, -
Schwenk, der; -[e]s, *Plur.* -s, *selten* -e (*Film* durch Schwenken der Kamera erzielte Einstellung)
schwenk|bar
Schwenk|be|reich, der; **Schwenk|büh|ne** *(Bergmannsspr.)*
schwen|ken; Fahnen schwenken; **Schwen|ker** (Kognakglas)
Schwenk|glas; Schwenk|grill; Schwenk|kran; Schwenk|seil; Schwen|kung
schwer *s. Kasten*
schwer|ab|hän|gig *(Med.)*
Schwer|ar|beit; Schwer|ar|bei|ter; Schwer|ar|bei|te|rin
Schwer|ath|let; Schwer|ath|le|tik; Schwer|ath|le|tin
schwer|be|hin|dert, schwer be|hin|dert (durch eine schwere körperliche Behinderung dauernd geschädigt [u. dadurch in der Erwerbsfähigkeit stark gemindert]); *aber nur* schwerer, am schwers|ten behindert ↑K62; der Gipsverband hat ihn schwer behindert; **Schwer|be|hin|der|te,** der *u.* die; -n, -n; **Schwer|be|hin|der|ten|aus|weis; Schwer|be|hin|der|ten|ge|setz**
schwer be|la|den, schwer|be|la|den *vgl.* schwer
schwer|be|schä|digt, schwer be|schä|digt (*svw.* schwerbehindert); *aber* schwer, schwerer, am schwers|ten beschädigt; ein schwer beschädigtes Fahrzeug (↑K62); **Schwer|be|schä|dig|te,** der *u.* die; -n, -n
schwer be|waff|net, schwer|be|waff|net *vgl.* schwer; **Schwer|be|waff|ne|te,** der *u.* die; -n, -n, **schwer Be|waff|ne|te,** der *u.* die; - -n, - -n
schwer|blü|tig; Schwer|blü|tig|keit, die; -
Schwe|re, die; - (Gewicht); die Schwere der Schuld; **Schwe|re|feld** *(Physik, Astron.)*
schwe|re|los; Schwe|re|lo|sig|keit
Schwe|re|not, die; *nur in veralteten Fügungen wie* Schwerenot [noch einmal]!; dass dich die Schwerenot!; **Schwe|re|nö|ter** (charmanter, durchtriebener Mann); **Schwe|re|nö|te|rin**
schwer er|zieh|bar, schwer|er|zieh|bar *vgl.* schwer; **Schwer|er|zieh|ba|re,** der *u.* die; -n, -n, **schwer Er|zieh|ba|re,** der *u.* die; - -n, - -n ↑K72
schwer|fal|len (Schwierigkeiten bereiten, nicht leicht sein); *vgl.* schwer
schwer|fäl|lig; Schwer|fäl|lig|keit
Schwer|ge|wicht (*bes. Sport* eine Körpergewichtsklasse); **schwer|ge|wich|tig**
Schwer|ge|wicht|ler; Schwer|ge|wicht|le|rin
Schwer|ge|wichts|meis|ter; Schwer-

schwer

schwe|rer, schwers|te

Kleinschreibung ↑K89:

- schwere (ernste, getragene) Musik
- schweres (großkalibriges) Geschütz
- schweres Wasser (Sauerstoff-Deuterium-Verbindung)
- ein schwerer Junge (*ugs. für* Gewaltverbrecher)
- ihr Tod war ein schwerer Schlag (großer Verlust) für die Familie

Getrennt- und Zusammenschreibung in Verbindung mit Verben, Adjektiven und Partizipien ↑K56 *u.* 59:

- das lässt sich nur schwer machen
- dabei kann man sich schwer verletzen
- er ist auf der Treppe sehr schwer gefallen
- diese Aufgabe ist ihr schwergefallen, *aber* viel zu schwer gefallen
- es hat schwergehalten (es war schwierig), ihn davon zu überzeugen
- du darfst den Vorwurf nicht so schwernehmen (ernst nehmen); *aber* das solltest du nicht allzu schwer nehmen
- ich habe mich, *seltener* mir damit schwergetan (*ugs.*)
- er hat ihr das Leben schwer gemacht *od.* schwergemacht
- sie hat es im Leben schwer gehabt *od.* schwergehabt
- ein schwer erziehbares *od.* schwererziehbares Kind
- die schwer kranken *od.* schwerkranken Patienten
- schwer lösliche *od.* schwerlösliche Substanzen
- [sehr] schwer verdauliche *od.* schwerverdauliche Speisen
- eine schwer verständliche *od.* schwerverständliche Sprache
- ein schwer verträglicher *od.* schwerverträglicher Wein
- ein schwer beladener *od.* schwerbeladener Wagen
- ein schwer bewaffneter *od.* schwerbewaffneter Polizist
- schwer verwundet *od.* schwerverwundet
- schwerwiegend (*vgl. d.*) *od.* schwer wiegend
- schwer verletzte *od.* schwerverletzte Opfer
- die Schwerverletzten *od.* schwer Verletzten ↑K72

Aber nur:

- sehr schwer verdauliche Speisen
- die äußerst schwer verwundeten Soldaten

Vgl. auch schwerbehindert, schwer behindert; schwerbeschädigt, schwer beschädigt

ge|wichts|meis|te|rin; Schwer|ge|wichts|meis|ter|schaft

schwer ha|ben, schwer|ha|ben *vgl.* schwer

schwer|hal|ten (schwierig sein); *vgl.* schwer

schwer|hö|rig; Schwer|hö|rig|keit

Schwe|rin (Hauptstadt von Mecklenburg-Vorpommern)

Schwer|in|dus|t|rie

Schwe|ri|ner; Schwe|ri|ne|rin

Schwer|kraft, die; -

schwer krank, schwer|krank *vgl.* schwer; **Schwer|kran|ke,** der *u.* die; -n, -n, **schwer Kran|ke,** der *u.* die; - -n, - -n ↑K72

schwer|kriegs|be|schä|digt (*Amtsspr.*); **Schwer|kriegs|be|schä|dig|te**

Schwer|las|ter; Schwer|last|ver|kehr

schwer|lich (kaum)

schwer lös|lich, schwer|lös|lich *vgl.* schwer

schwer ma|chen, schwer|ma|chen *vgl.* schwer

Schwer|me|tall; Schwer|me|tall|emis|si|on

Schwer|mut, die; -; **schwer|mü|tig; Schwer|mü|tig|keit**

schwer|neh|men (als bedrückend empfinden); *vgl.* schwer

Schwer|öl

Schwer|punkt; schwer|punkt|mä|ßig; Schwer|punkt|streik; Schwer|punkt|the|ma

schwer|reich (*ugs. für* sehr reich); eine schwerreiche Frau; er ist schwerreich

Schwer|spat (ein Mineral)

Schwerst|ar|beit; Schwerst|ar|bei|ter; Schwerst|ar|bei|te|rin

schwerst|be|hin|dert; Schwerst|be|hin|der|te, der *u.* die; -n, -n

schwerst|be|schä|digt; Schwerst|be|schä|dig|te, der *u.* die; -n, -n

Schwerst|kran|ke, der *u.* die; -n, -n

schwerst|pfle|ge|be|dürf|tig

Schwerst|pfle|ge|be|dürf|ti|ge, der *u.* die; -n, -n

Schwert, das; -[e]s, -er

Schwer|ter|ge|klirr, Schwert|geklirr

Schwert|fisch

schwert|för|mig

Schwert|fort|satz (Teil des Brustbeins)

Schwert|ge|klirr *vgl.* Schwertergeklirr; **Schwert|knauf; Schwert|lei|te** (*früher für* Ritterschlag)

Schwert|li|lie *vgl.* [3]Iris

Schwer|trans|por|ter

Schwert|schlu|cker; Schwert|schlu|cke|rin; Schwert|tanz

Schwert|trä|ger (ein Fisch)

schwer|tun, sich; *vgl.* schwer

Schwert|wal (eine Delfinart)

Schwer|ver|bre|cher; Schwer|ver|bre|che|rin

schwer ver|dau|lich, schwer|ver|dau|lich *vgl.* schwer

schwer ver|letzt, schwer|ver|letzt *vgl.* schwer; **Schwer|ver|letz|te,** der *u.* die; -n, -n, **schwer Ver|letz|te,** der *u.* die; - -n, - -n ↑K72

schwer ver|ständ|lich, schwer|ver|ständ|lich *vgl.* schwer

schwer ver|träg|lich, schwer|ver|träg|lich *vgl.* schwer

schwer ver|wun|det, schwer|ver|wun|det *vgl.* schwer

schwer|wie|gend, schwer wie|gend; schwerer wiegende *od.* schwerwiegendere Bedenken, am schwers|ten wiegende *od.* schwerwiegends|te Bedenken

Schwes|ter, die; -, -n (*Abk.* Schw.)

Schwes|ter|fir|ma; Schwes|ter|herz (*scherzh., veraltet*)

schwes|ter|lich; Schwes|ter|lie|be (Liebe der Schwester [zum Bruder, zur Schwester])

Schwes|tern|hau|be; Schwes|tern|haus; Schwes|tern|hel|fe|rin; Schwes|tern|lie|be (Liebe zwischen Schwestern); **Schwes|tern|or|den; Schwes|tern|paar**

Schwes|tern|schaft (Gesamtheit von Schwestern)

Schwes|tern|schu|le; Schwes|tern-

schü|le|rin; **Schwes|tern|tracht; Schwes|tern|wohn|heim**
Schwes|ter|par|tei; Schwes|ter|schiff; Schwes|ter|stadt (Nachbarstadt)
Schwet|zin|gen (Stadt südlich von Mannheim); **Schwet|zin|ger;** Schwetzinger Spargel; **Schwet|zin|ge|rin**
Schwib|bo|gen (Kerzenhalter in Form eines Schwebebogens; *Archit.* zwischen zwei Mauerteilen frei stehender Bogen)
schwieg *vgl.* schweigen
Schwie|gel *vgl.* Schwegel
Schwie|ger, die; -, -n (*veraltet für* Schwiegermutter)
Schwie|ger|el|tern *Plur.*; **Schwie|ger|mut|ter** *Plur.* ...mütter; **Schwie|ger|sohn; Schwie|ger|toch|ter; Schwie|ger|va|ter**
Schwie|le, die; -, -n; **schwie|lig**
Schwie|mel, der; -s, - (*landsch. für* Rausch; leichtsinniger Mensch, Zechbruder); **schwie|me|lig,** schwiem|lig (*landsch. für* schwindlig, taumelig)
schwie|meln (*landsch. für* taumeln; bummeln, leichtsinnig leben); ich schwiem[e]le
schwiem|lig *vgl.* schwiemelig
schwie|rig; Schwie|rig|keit; Schwie|rig|keits|grad
Schwimm|an|zug; Schwimm|bad; Schwimm|bag|ger; Schwimm|bas|sin; Schwimm|be|cken; Schwimm|be|we|gung *meist Plur.*; **Schwimm|bla|se; Schwimm|blatt** (*Bot.*); **Schwimm|dock**
schwim|men; du schwammst; du schwömmest, *auch* schwämmest; geschwommen; schwimm[e]!
Schwim|mer; Schwim|me|rin
Schwimm|flos|se; Schwimm|flü|gel; Schwimm|fuß; Schwimm|gür|tel; Schwimm|hal|le; Schwimm|haut; Schwimm|kä|fer; Schwimm|ker|ze; Schwimm|kom|pass; Schwimm|kran
Schwimm|leh|rer; Schwimm|leh|re|rin
Schwimm|meis|ter, Schwimm-Meis|ter; Schwimm|meis|te|rin, Schwimm-Meis|te|rin
Schwimm|nu|del (eine Schwimmhilfe); **Schwimm|sand; Schwimm|sport; Schwimm|sta|di|on; Schwimm|stil; Schwimm|un|ter|richt; Schwimm|vo|gel; Schwimm|wes|te**
Schwin|del, der; -s (*ugs. auch für* Lüge; Täuschung)
Schwin|del|an|fall; Schwin|de|lei
schwin|del|er|re|gend, Schwin|del er|re|gend; in schwindelerregender *od.* Schwindel erregender Höhe; *aber nur* in äußerst schwindelerregender Höhe, in noch schwindelerregenderer Höhe ↑K58; **schwin|del|frei**
Schwin|del|ge|fühl
schwin|del|haft
schwin|de|lig, schwind|lig
schwin|deln; ich schwind[e]le; es schwindelt mir, *seltener* mich
Schwin|del|zet|tel (*österr. ugs. für* Spickzettel)
schwin|den; du schwandst; du schwändest; geschwunden; schwind[e]!
Schwind|ler; Schwind|le|rin; schwind|le|risch
schwind|lig, schwin|de|lig
Schwind|maß, das (*Technik*)
Schwind|span|nung (*Bauw.*)
Schwind|sucht, die; - (*veraltet*); **schwind|süch|tig** (*veraltet*)
Schwin|dung (*Fachspr.*)
Schwing|ach|se (*[Kfz-]Technik*); **Schwing|bo|den**
Schwing|büh|ne (*Technik*)
Schwin|ge, die; -, -n
Schwin|gel, der; -s, - (ein Rispengras)
schwin|gen (*schweiz. auch für* in besonderer Weise ringen); hin und her schwingen; du schwangst; du schwängest; geschwungen; schwing[e]!
Schwin|gen, das; -s (*schweiz. für* eine Art des Ringens)
Schwin|ger (Boxschlag mit gestrecktem Arm; *schweiz. für* jmd., der das Schwingen betreibt); **Schwin|ge|rin**
Schwin|ger|kö|nig (*schweiz. für* Sieger in einem Schwinget); **Schwin|ger|kö|ni|gin**
Schwin|get, der; -s, -e (*schweiz. für* Schwingveranstaltung, -wettkampf); **Schwing|fest**
Schwing|kreis (*Elektrot.*)
Schwing|quarz (*Technik*)
Schwing|schlei|fer (ein elektr. Werkzeug zum Schleifen)
Schwing|tür
Schwin|gung; Schwin|gungs|dämp|fer; Schwin|gungs|dau|er; Schwin|gungs|kreis (Schwingkreis); **Schwin|gungs|zahl**
schwipp!; schwipp, schwapp!
Schwip|pe, die; -, -n (*landsch. für* biegsames Ende; Peitsche); **schwip|pen** (*landsch.*)
Schwipp|schwa|ger (Schwager des Ehepartners od. des Bruders bzw. der Schwester); **Schwipp|schwä|ge|rin**
schwipp, schwapp!
Schwips, der; -es, -e (*ugs.*)
schwir|be|lig, schwirb|lig (*landsch. für* schwindlig); **schwir|beln** (*landsch. für* schwindeln; sich im Kreise drehen); ich schwirb[e]le; **schwirb|lig** *vgl.* schwirbelig
Schwirl, der; -[e]s, -e (Singvogel)
schwir|ren
Schwirr|vo|gel (*veraltet für* Kolibri)
Schwitz|bad
Schwit|ze, die; -, -n (*kurz für* Mehlschwitze)
schwit|zen; du schwitzt; du schwitztest; geschwitzt
schwit|zig
Schwitz|kas|ten; Schwitz|kur; Schwitz|was|ser
Schwof, der; -[e]s, -e (*ugs. für* öffentliches Tanzvergnügen); **schwo|fen** (*ugs. für* tanzen)
schwoi|en, schwo|jen ⟨niederl.⟩ (*Seemannsspr.* sich [vor Anker] drehen [von Schiffen]); das Schiff schwoit, schwojet, hat geschwoit, geschwojet
schwor *vgl.* schwören
schwö|ren; du schworst, *veraltet* schwurst; du schwürest; geschworen; schwör[e]!; auf jmdn., auf eine Sache schwören
Schwuch|tel, die; -, -n (*ugs. abwertend od. diskriminierend für* [femininer] Homosexueller)
schwul (*ugs. u. Selbstbez. für* homosexuell)
schwül
Schwu|le, der; -n, -n (*ugs. u. Selbstbez. für* Homosexueller)
Schwü|le, die; -
Schwu|len|bar *vgl.* schwul; **Schwu|len|sze|ne** *vgl.* schwul
schwül|heiß ↑K23
Schwu|li|bus; *nur in* in Schwulibus sein (*ugs. scherzh. für* bedrängt sein); **Schwu|li|tät,** die; -, -en (*ugs. für* Verlegenheit, Klemme)
Schwulst, der; -[e]s, Schwülste; **schwuls|tig** (aufgeschwollen, aufgeworfen; *österr. für* schwülstig)
schwüls|tig (überladen); **Schwüls|tig|keit**
schwül|warm ↑K23
schwum|me|rig, schwumm|rig (*ugs. für* schwindelig; bange)
Schwund, der; -[e]s
Schwund|aus|gleich (*Technik*)
Schwund|stu|fe (*Sprachwiss.*)

S Schw

Schwụng, der; -[e]s, Schwünge
Schwụng|brett; Schwụng|fe|der
schwụng|haft
Schwụng|kraft
schwụng|los
Schwụng|rad; Schwụng|rie|men
Schwụng|stem|me *(Turnen)*
schwụng|voll
schwụpp!; Schwụpp, der; -[e]s, -e, Schwụps *(ugs. für* Stoß); **schwupp|di|wụpp!; schwụps!; Schwụps** *vgl.* Schwupp
Schwu̲r, der; -[e]s, Schwüre
schwu̲r|be|lig *(ugs. für* schwindelig, verwirrt)
Schwu̲r|fin|ger *meist Plur.*
Schwu̲r|ge|richt; Schwu̲r|ge|richts|ver|hand|lung; Schwu̲r|hand
Schwyz [ʃviːt͜s] (Kanton der Schweiz u. dessen Hauptort); **Schwy̲|zer; Schwy̲|zer|dütsch, Schwy|zer|tütsch,** das; -[s] *(schweiz. mdal. für* Schweizerdeutsch); **schwy̲|ze|risch**
Schwy̲|zer|ör|ge|li, das; -[s], - *(schweiz. für* eine Harmonika)
Sci|ence-Fic|tion, Sci|ence|fic|tion [ˈsai̯ənsˈfɪkʃn̩], die; - ‹amerik.› (fantastische Literatur utopischen Inhalts auf naturwissenschaftlich-technischer Grundlage); **Sci|ence-Fic|tion-Ro|man, Sci|ence|fic|tion|ro|man, Sci|ence-fic|tion-Ro|man**
Sci|en|to|lo̲|ge [sai̯ənto...], der; -n, -n ‹amerik.› (Angehöriger der Scientology); **Sci|en|to|lo̲|gin**
Sci|en|to|lo|gy® [sai̯ənˈtɔlədʒi] ‹amerik.› (eine Religionsgemeinschaft)
scil., sc. = scilicet
sci̲|li|cet ‹lat.› (nämlich; *Abk.* sc., scil.)
Scil|la *vgl.* Szilla
Sci̲|pio (Name berühmter Römer)
Scoop [skuːp], der; -s, -s ‹engl.› (sensationeller [Presse]bericht)
Scoo|ter [ˈskuːtɐ], der; -s, - (Motorroller)
Scor|da|tu̲|ra, Skor|da|tu̲r, die; - ‹ital.› *(Musik* Umstimmen von Saiten der Streich- u. Zupfinstrumente)
Score [skoːɐ̯], der; -s, -s ‹engl.› *(Sport* Spielstand, Spielergebnis); **sco̲|ren** (einen Punkt, ein Tor o. Ä. erzielen); gescort
Scor|se|se [skɔːˈsɛsi] (amerik. Filmregisseur)
Scotch [skɔt͜ʃ], der; -s, -s ‹engl.› (schottischer Whisky)
Scọtch|ter|ri|er (Hunderasse)
Sco|tịs|mus, der; - (philos. Lehre nach dem Scholastiker Duns Scotus); **Sco|tịst,** der; -en, -en; **Sco|tịs|tin**
Scọt|land Yard [...lənt ˈjaːɐ̯t], der; - - ‹engl.› (Londoner Polizei[gebäude])
Scọtt (schottischer Dichter)
Scou|bi|dou [skubiˈduː], das; -s, -s ‹franz.› (Bastelspiel aus bunten Plastikbändern)
Scout [skau̯t], der; -s, -s ‹engl.› (Pfadfinder; jmd., der etwas aufspüren soll)
Scrab|b|le® [ˈskrɛbl̩], das; -[s], -s ‹engl.› (ein Gesellschaftsspiel)
Scra|pie [ˈskreːpi], die; - ‹engl.› *(Tiermed.* eine Tierseuche); **Scra|pie|test**
scrat|chen [ˈskrɛt͜ʃn̩] ‹engl.›; sie scratcht, hat gescratcht; **Scratching** [ˈskrɛt͜ʃ...], das; -s ‹engl.› (das Hervorbringen akustischer Effekte durch Manipulation der laufenden Schallplatte)
scree|nen [ˈskriːnən] ‹engl.› *(Fachspr.* [in einer Reihenuntersuchung] überprüfen, untersuchen); gescreent
Scree|ning [ˈskriːnɪŋ], das; -s, -s ‹engl.› *(Fachspr.* Verfahren zur Reihenuntersuchung)
Screen|shot [ˈskriːnʃɔt], der; -s, -s *(EDV* Abbildung einer Bildschirmanzeige)
Scrịp, der; -s, -s ‹engl.› *(Wirtsch.* Gutschein über nicht gezahlte Zinsen)
scrol|len [ˈskroːlən] ‹engl.› *(EDV* die Bildschirmdarstellung gleitend verschieben); **Scrol|ling,** das; -s
Scu̲|do, der; -, ...di ‹ital.› (alte italienische Münze)
Scụd|ra|ke|te *[auch* ˈskat...] (eine militärische Kurz- u. Mittelstreckenrakete)
sculps., sc. = sculpsit
scụlp|sit ‹lat., »hat [es] gestochen«› (Zusatz zum Namen des Stechers auf Kupfer- u. Stahlstichen; *Abk.* sc., sculps.)
Scyl|la *(lat. Form von* Szylla, *griech.* Skylla)
s. d. = sieh[e] dort
SD = South Dakota
SDA, die; - = Schweizerische Depeschenagentur
SDI [ɛsdiːˈlai̯] = strategic defense initiative (US-amerikanisches Projekt zur Stationierung von Waffen im Weltraum)
SDS = Societa̲tis Divi̲ni Salvato̲ris (»von der Gesellschaft vom Göttlichen Heiland«; Salvatorianer)
Se *(chem. Zeichen für* Selen)
Se., S. = Seine [Exzellenz usw.]
SE = Stadtexpress
Seal [ziːl], der *od.* das; -s, -s ‹engl.› (Fell der Pelzrobbe; ein Pelz); **Seal|man|tel**
Seals|field [ˈziː...] (österr. Schriftsteller)
Seal|skin [ˈziː...], der *od.* das; -[s], -s ‹engl.› *(svw.* Seal; Plüschgewebe als Nachahmung des Seals)
Sean [ʃoːn] (m. Vorn.)
Sé|an|ce [zeˈãːs(ə)], die; -, -n ‹franz.› ([spiritistische] Sitzung)
Se|at|tle [siˈɛtl̩] (Stadt in den USA)
Se|bạs|ti|an (m. Vorn.)
Se|bor|rhö̲, die; -, -en ‹lat.; griech.› *(Med.* krankhaft gesteigerte Talgabsonderung)
¹sec = Sekans; Sekunde *(vgl. d.)*
²sec [sɛk] ‹franz.› (trocken [von franz. Schaumweinen])
Sẹc|co|re|zi|ta|tiv ‹ital.› *(Musik* nur von einem Tasteninstrument begleitetes Rezitativ)
Se|cen|tịs|mus [...t͜ʃɛ...], der; - ‹ital.› (Stilrichtung der Barockpoesie im Italien des 17. Jh.s); **Se|cen|tịst,** der; -en, -en; **Se|cen|tịs|tin**
Se|cẹn|to, das; -[s] *(toskan. Form von* Seicento)
Se|ces|si|o̲n, die; - ‹lat.› (österr. Form des Jugendstils; Ausstellungsgebäude in Wien); *vgl.* Sezession
Sẹch, das; -[e]s, -e (messerartiges Teil am Pflug)
sẹchs; wir sind zu sechsen *od.* zu sechst, wir sind sechs; *vgl.* acht
Sẹchs, die; -, -en (Zahl); er hat eine Sechs gewürfelt; sie hat in Latein eine Sechs geschrieben; *vgl.* Eins *u.* ¹Acht
Sẹchs|ach|ser (Wagen mit sechs Achsen; *mit Ziffer* 6-Achser ↑K29); **sẹchs|ach|sig**
Sechs|ạch|tel|takt ↑K26; im Sechsachteltakt
Sẹchs|eck; sẹchs|eckig
sẹchs|ein|hạlb, sẹchs|und|ein|hạlb
Sẹchs|en|der *(Jägerspr.)*
Sẹch|ser *(landsch. früher auch für* Fünfpfennigstück); *vgl.* Achter
sẹch|ser|lei; auf sechserlei Art
Sẹch|ser|pack, der; -s, -s; **Sẹch|ser|pa|ckung**
Sẹch|ser|rei|he (in Sechserreihen)
Sẹch|ser|tra|gerl *(österr. für*

Getränkebehälter für 6 Flaschen)
sechs|fach; Sechs|fa|che *vgl.* Achtfache
Sechs|flach, das; -[e]s, -e, **Sechs|fläch|ner** (*für* Hexaeder)
sechs|flä|chig; sechs|hun|dert
sechs|jäh|rig *vgl.* achtjährig
Sechs|kant, das *od.* der; -[e]s, -e ↑K66; **Sechs|kant|ei|sen** ↑K66; **sechs|kan|tig**
sechs|köp|fig *vgl.* achtköpfig
Sechs|ling
sechs|mal *vgl.* achtmal; **sechs|ma|lig**
sechs|mo|na|tig (sechs Monate dauernd); **sechs|mo|nat|lich** (alle sechs Monate)
Sechs|pass, der; -es, ...pässe (*Archit.* Verzierungsform mit sechs Bogen)
Sechs|spän|ner; sechs|spän|nig
sechs|spu|rig; sechsspurige Autobahnen
sechs|stel|lig
Sechs|stern (sechsstrahliger Stern der Volkskunst)
sechs|stün|dig (sechs Stunden dauernd)
sechst *vgl.* sechs
Sechs|ta|ge|ren|nen (*mit Ziffer* 6-Tage-Rennen)
sechs|tä|gig *vgl.* achttägig
sechs|tau|send
sechs|te; sie hat den sechsten Sinn (ein Gespür) dafür; *vgl.* achte
sechs|tei|lig *vgl.* achtteilig
sechs|tel *vgl.* achtel; **Sechs|tel,** das, *schweiz. meist* der; -s, -; *vgl.* Achtel
sechs|tens
Sechs|und|drei|ßig|flach, das; -[e]s, -e, **Sechs|und|drei|ßig|fläch|ner** (*für* Triakisdodekaeder)
sechs|und|ein|halb, sechs|ein|halb
Sechs|und|sech|zig, das; - (ein Kartenspiel)
sechs|und|zwan|zig *vgl.* acht
sechs|wö|chig (sechs Wochen dauernd)
Sechs|zy|lin|der (*ugs. für* Sechszylindermotor od. damit ausgerüsteter Kraftwagen); **Sechs|zy|lin|der|mo|tor** (*mit Ziffer* 6-Zylinder-Motor); **sechs|zy|lin|d|rig** (*mit Ziffer* 6-zylindrig ↑K29)
Sech|ter, der; -s, - ‹lat.› (ein altes [Getreide]maß; *bayr., österr. für* Eimer, Milchgefäß)
sech|zehn *vgl.* acht
sech|zehn|hun|dert
sech|zehn|jäh|rig *vgl.* achtjährig
Sech|zehn|me|ter|raum (*Fußball*)
sech|zig *vgl.* achtzig
sech|zi|ger *vgl.* achtziger
Sech|zi|ger *vgl.* Achtziger
Sech|zi|ge|rin *vgl.* Achtzigerin
sech|zig|jäh|rig *vgl.* achtjährig
Se|con|da, die; -, -s; *vgl.* Secondo
se|cond|hand [ˈsɛkəntˈhɛnt] ‹engl.› (aus zweiter Hand); **Se|cond|hand|shop** [ˈsɛkəntˈhɛntʃɔp], der; -s, -s (Laden, in dem gebrauchte Kleidung u. a. verkauft wird)
Se|cond Life® [ˈsɛkənt ˈlaif], das; - - ‹engl.› (eine virtuelle Welt im Internet)
Se|con|do, der; -s, -s ‹ital.› (*schweiz. für* Zuwanderer der zweiten Generation)
Se|c|ret Ser|vice [ˈsiːkrɪt ˈsøːɐ̯vɪs], der; - - ‹engl.› (britischer [politischer] Geheimdienst)
Se|cu|ri|ty [sɪˈkjuːriti], die; -, -s (*engl. Bez. für* Sicherheit, Sicherheitsdienst)
SED, die; - = Sozialistische Einheitspartei Deutschlands (Staatspartei der DDR [1946–1989])
Se|da (*Plur. von* Sedum)
se|da|tiv (*Med.* beruhigend, schmerzstillend); **Se|da|tiv,** das; -s, -e, **Se|da|ti|vum,** das; -s, ...va (*Med.* Beruhigungsmittel)
Sed|card [...kaːɐ̯t], die; -, -s ‹nach Sebastian Sed, dem Geschäftsführer einer brit. Modelagentur› (Bewerbungsunterlage für [2]Models)
SED-Dik|ta|tur
Se|dez, das; -es ‹lat.› (Sechzehntelbogengröße [Buchformat]; *Abk.* 16°); **Se|dez|for|mat**
Se|dia ges|ta|to|ria [- dʒ...], die; - - ‹ital.› (Tragsessel des Papstes bei feierlichen Aufzügen)
se|die|ren (*Med.* beruhigen)
Se|di|ment, das; -[e]s, -e ‹lat.› (Ablagerung, Schicht); **se|di|men|tär** (durch Ablagerung entstanden); **Se|di|men|tär|ge|stein**
Se|di|men|ta|ti|on, die; -, -en (Ablagerung); **Se|di|ment|ge|stein; se|di|men|tie|ren**
Se|dis|va|kanz, die; -, -en ‹lat.› (Zeitraum, während dessen das Amt des Papstes od. eines Bischofs unbesetzt ist)
Sed|na, die; - *od.* der; -[s]; *meist ohne Artikel* ‹nach einer Göttin der Inuit› (ein Planetoid des Sonnensystems)
Se|dum, das; -s, Seda ‹lat.› (*Bot.* Fetthenne)
[1]**See,** der; -s, Se|en (stehendes Binnengewässer)
[2]**See,** die; -, Se|en (*nur Sing.:* Meer; Seegang; *Seemannsspr.* [Sturz]welle)
See|aal; See|ad|ler
See|al|pen *Plur.* (Teil der Westalpen)
See|amt
see|ar|tig, se|en|ar|tig
See|bad; See|bär; See|be|ben
see|be|schä|digt (*für* havariert)
See|be|stat|tung; See|blick (ein Zimmer mit Seeblick)
See|blo|cka|de; See|büh|ne
See-Ele|fant, See|ele|fant, der; -en, -en (große Robbe)
see|er|fah|ren ↑K25
See-Er|fah|rung, See|er|fah|rung
see|fah|rend; See|fah|rer; See|fah|re|rin; See|fahrt
See|fahrt|buch; See|fahrt|schu|le
see|fest (seetüchtig)
See|fest ([Sommer]fest an einem See)
See|fisch; See|fracht; See|fracht|ge|schäft
See|frau ‹*zu* Seemann›
See|funk; See|gang, der; -[e]s
See Ge|ne|za|reth, *ökum.* Gen|ne|sa|ret, der; -s - (bibl. Name für den See von Tiberias)
See|gfrör|ni, die; -, ...nen (*schweiz. für* das Zufrieren, Zugefrorensein eines Sees)
See|gras; See|gras|ma|t|rat|ze
See|grund
See|gur|ke (ein [meerbewohnender] Stachelhäuter)
See|ha|fen; See|han|del; See|heil|bad; See|herr|schaft, die; -
See|hö|he (*bes. österr. für* Meter über dem Meeresspiegel)
See|hund; See|hunds|fän|ger; See|hunds|fell
See|igel; See|igel|kak|tus
See|jung|fer (eine Libelle); **See|jung|frau** (eine Märchengestalt)
See|ka|dett; See|kar|te; See|kas|se (Versicherung für in der Seefahrt beschäftigte Personen)
see|klar; Schiffe seeklar machen
See|kli|ma, das; -s
see|krank; See|krank|heit, die; -
See|krieg; See|kuh; See|lachs
See|land (dänische Insel; niederländische Provinz)
Seel|chen; See|le, die; -, -n (*südd. ugs. auch für* mit Salz u. Kümmel bestreutes kleines Weißbrot); meiner Seel! ↑K13; die unsterbliche Seele

S
sech

See|len|ach|se (in Feuerwaffen)
See|len|adel *(geh.);* **See|len|amt** (*kath. Kirche* Totenmesse)
See|len|blind|heit (*für* Agnosie)
See|len|bräu|ti|gam (*bes. Mystik* Christus)
See|len|frie|de[n]; See|len|grö|ße, die; -; **See|len|gü|te** *(geh.);* **See|len|heil; See|len|hirt** (*veraltend für* Geistlicher); **See|len|hir|tin**
See|len|klemp|ner (*scherzh. für* Psychologe); **See|len|klemp|ne|rin**
See|len|kun|de, die; - (*veraltend für* Psychologie); **see|len|kun|dig**
See|len|le|ben, das; - *(geh.)*
see|len|los *(geh.)*
See|len|mas|sa|ge *(ugs.);* **See|len|mes|se; See|len|qual** *(geh.)*
See|len|ru|he; see|len|ru|hig
see|len[s]|gut; see|len|stark
See|len|strip|tease [...ˈʃtrɪpti:s] ⟨dt.; engl.⟩ (*ugs., oft abwertend od. scherzh. für* öffentliche Zurschaustellung persönlicher Gefühle)
see|len|ver|gnügt (*ugs. für* heiter)
See|len|ver|käu|fer (*ugs. für* skrupelloser Mensch; *Seemannsspr.* zum Abwracken reifes Schiff); **See|len|ver|käu|fe|rin**
see|len|ver|wandt; See|len|ver|wandt|schaft
see|len|voll *(geh.)*
See|len|wan|de|rung; See|len|zu|stand
See|leu|te (*Plur. von* Seemann)
see|lisch; das seelische Gleichgewicht; die seelischen Kräfte
See|löwe
Seel|sor|ge, die; -; **Seel|sor|ger; Seel|sor|ge|rin; seel|sor|ge|risch; seel|sor|ger|lich, seel|sorg|lich**
See|luft, die; -; **See|macht**
See|mann *Plur.* ...leute; **See|män|nin; see|män|nisch**
See|manns|amt; See|manns|brauch
See|mann|schaft, die; - (seemännische Kenntnisse)
See|manns|garn, das; -[e]s (erfundene Geschichte); **See|manns|heim; See|manns|kno|ten; See|manns|le|ben,** das; -s; **See|manns|lied; See|manns|los,** das; -es; **See|manns|spra|che; See|manns|tod**
See|mei|le (*Zeichen* sm)
See|mi|ne
se|en|ar|tig *vgl.* seeartig; **Se|en|kun|de,** die; - (*für* Limnologie)
See|not, die; -; **See|not|ret|tungs|dienst; See|not|ret|tungs|kreu|zer; See|not|zei|chen**
Se|en|plat|te
s. e. e. o., s. e. et o. = salvo errore et omissione ⟨lat.⟩ (Irrtum u. Auslassung vorbehalten)
See|pferd|chen; See|po|cke (Krebstier)
See|räu|ber; See|räu|be|rei; See|räu|be|rin; see|räu|be|risch
See|recht; See|rei|se; See|ro|se
Seer|su|cker [ˈsi:ɐ̯sakɐ], der; -s ⟨Hindi-engl.⟩ (kreppähnliches Baumwollgewebe)
See|sack; See|sand; See|schiff|fahrt, die; -; **See|schlacht; See|schlan|ge; See|sei|te**
See|sen (Stadt am Nordwestrand des Harzes)
See|sper|re; See|stern
See|stra|ße; See|stra|ßen|ord|nung
See|streit|kräf|te *Plur.;* **See|stück** (Gemälde mit Seemotiv)
See|tang
see|taug|lich
s. e. et o. *vgl.* s. e. e. o.; **see|tüch|tig**
See|ufer
See|ver|bren|nung ([Müll]verbrennung auf [2]See); **See|ver|si|che|rung; See|vo|gel; See|wal|ze** *vgl.* Seegurke; **See|war|te** (die Deutsche Seewarte in Hamburg)
see|wärts
See|was|ser|aqua|ri|um
See|weg; See|we|sen, das; -s; **See|wet|ter|dienst; See|wind**
See|wolf (ein Meeresfisch)
See|zei|chen; See|zoll|ha|fen
See|zun|ge (ein Fisch)
Se|gel, das; -s, -; **Se|gel|boot**
se|gel|fer|tig
se|gel|flie|gen *nur im Infinitiv gebräuchlich;* **Se|gel|flie|ger; Se|gel|flie|ge|rin**
Se|gel|flug; Se|gel|flug|zeug
Se|gel|jacht, Se|gel|yacht
Se|gel|kurs; se|gel|los; Se|gel|ma|cher; Se|gel|ma|che|rin
se|geln; ich seg[e]le
Se|gel|oh|ren *Plur. (ugs.)*
Se|gel|re|gat|ta; Se|gel|schiff; Se|gel|sport; Se|gel|sur|fen, das; -s; **Se|gel|törn** (Fahrt mit einem Segelboot); **Se|gel|tuch** *Plur.* ...tuche
Se|gel|yacht, Se|gel|jacht
Se|gen, der; -s, -; Segen bringen; die Segen bringende *od.* segenbringende Weihnachtszeit; Segen spendend *od.* segenspendend
se|gens|reich; Se|gens|spruch; se|gens|voll; Se|gens|wunsch
Se|ger (dt. Technologe)
Se|ger|ke|gel® ↑K136 (*Zeichen* SK); **Se|ger|por|zel|lan,** das; -s
Se|ges|tes (Cheruskerfürst; Vater der Thusnelda)
Seg|ge, die; -, -n (*nordd. für* Riedgras, Sauergras)
Se|ghers (dt. Schriftstellerin)
Seg|ler; Seg|le|rin
Seg|ment, das; -[e]s, -e ⟨lat.⟩ (Abschnitt, Teilstück)
seg|men|tal (in Form eines Segmentes); **seg|men|tär** (aus Abschnitten gebildet)
seg|men|tie|ren; Seg|men|tie|rung (Gliederung in Abschnitte)
seg|nen; gesegnete Mahlzeit!; **Seg|nung**
[1]Se|gre|ga|ti|on, die; -, -en ⟨lat.⟩ (*Biol.* Aufspaltung der Erbfaktoren während der Reifeteilung der Geschlechtszellen; *veraltet für* Ausscheidung, Trennung)
[2]Se|gre|ga|tion [sɛgriˈge:ʃn̩], die; -, -s ⟨engl.⟩ (*Soziol.* Absonderung einer Bevölkerungsgruppe [nach Hautfarbe, Religion])
se|gre|gie|ren
Seg|way® [...ve:], der; -s, -s ⟨nach der Herstellerfirma⟩ (Stehroller)
Seh|ach|se
seh|be|hin|dert; Seh|be|hin|der|te, der *u.* die; -n, -n; **Seh|be|hin|de|rung**
se|hen; du siehst, er/sie sieht; ich sah, du sahst; du sähest; gesehen; sieh[e]!; sieh[e] da!; ich habe es gesehen, *aber* ich habe es kommen sehen, *selten* gesehen; ↑K82: ich kenne ihn nur vom Sehen; ihm wird Hören u. Sehen *od.* hören u. sehen vergehen *(ugs.);* ihr solltet euch mal wieder zu Hause sehen lassen; ihre Leistungen können sich sehen lassen *od.* sehenlassen (sind beachtlich) ↑K55
se|hens|wert; se|hens|wür|dig
Se|hens|wür|dig|keit, die; -, -en
Se|her (*Jägerspr. auch* Auge des Raubwildes; *österr. auch für* Fernsehzuschauer)
Se|her|blick; Se|her|ga|be
Se|he|rin; se|he|risch
Seh|feh|ler; seh|ge|schä|digt; Seh|ge|schä|dig|te, der *u.* die; -n, -n
Seh|ge|wohn|heit *meist Plur.;* **Seh|hil|fe; Seh|kraft,** die; -; **Seh|kreis; Seh|loch** (*für* Pupille)
Seh|ne, die; -, -n
seh|nen, sich; stilles Sehnen ↑K82
Seh|nen|ent|zün|dung; Seh|nen|re|flex *(Med.);* **Seh|nen|riss**
Seh|nen|satz *(Math.)*
Seh|nen|schei|de; Seh|nen|schei-

S
Sehn

²sein

- ich bin, du bist, er/sie/es ist, wir sind, ihr seid, sie sind
- ich sei, du seist, er/sie/es sei, wir seien, ihr seiet, sie seien
- ich war, du warst, er/sie/es war, wir waren, ihr wart, sie waren
- ich wäre, du wärst, er/sie/es wäre, wir wären, ihr wärt, sie wären
- das wars, *auch* war's ↑K14
- seiend; gewesen
- sei, seid ruhig!
- Seien Sie bitte so freundlich …

Verbindungen mit dem Verb »sein« werden getrennt geschrieben:

- da sein; heraus sein; hier sein; zusammen sein
- sie wollte ihn Sieger sein lassen

Aber:

- ich möchte das lieber sein lassen *od.* seinlassen (*ugs. für* nicht tun)
- das Dasein, das Sosein, das Zusammensein
- das So-oder-anders-Sein ↑K27

den|ent|zün|dung; Seh|nen|zer|rung
Seh|nerv
seh|nig
sehn|lich
Sehn|sucht, die; -, …süchte
sehn|süch|tig; sehn|suchts|voll
Seh|öff|nung; Seh|or|gan (Auge)
Seh|pro|be; Seh|prü|fung
sehr; so sehr; zu sehr; gar sehr; sehr fein (*Abk.* ff); sehr viel, sehr vieles; sehr bedauerlich; er hat die Note »sehr gut« erhalten; *vgl.* ausreichend
seh|ren (*mdal. für* verletzen)
Seh|rohr (*für* Periskop)
Seh|schär|fe; Seh|schlitz
seh|schwach; Seh|schwä|che; Seh|schwa|chen|schu|le
Seh|stäb|chen *(Med.)*; **Seh|stö|rung; Seh|test; Seh|ver|mö|gen,** das; -s; **Seh|zen|t|rum** *(Med.)*
Sei|ber, Sei|fer, der; -s (*landsch. für* ausfließender Speichel [bes. bei kleinen Kindern]); **sei|bern,** sei|fern; ich seibere, seifere
Sei|cen|to [zɛiˈtʃɛ…], das; -[s] ⟨ital.⟩ (*Kunst* das 17. Jh. in Italien); *vgl.* Secento
Seich, der; -[e]s, **Sei|che,** die; - (*landsch. derb für* Urin; seichtes Gerede; schales Getränk); **sei|chen** (*derb für* urinieren)
Sei|cherl, das; -s, -[n]; *vgl.* Pickerl (*österr. ugs. für* Feigling)
Seiches [sɛ(:)ʃ] *Plur.* ⟨franz.⟩ (periodische Niveauschwankungen von Seen usw.)
seicht; Seicht|heit, Seich|tig|keit
seid (*2. Pers. Plur. Indikativ Präs. von* ²sein); ihr seid immer willkommen; seid vorsichtig!; *vgl. aber* seit
Sei|de, die; -, -n
Sei|del, das; -s, - ⟨lat.⟩ (Gefäß; Flüssigkeitsmaß); 3 Seidel Bier
Sei|del|bast, der; -[e]s, -e (ein Strauch)
sei|den (aus Seide); **sei|den|ar|tig**
Sei|den|at|las *Plur.* -se; **Sei|den|blu|se; Sei|den|fa|den; Sei|den|glanz; Sei|den|kra|wat|te; Sei|den|ma|le|rei; sei|den|matt; Sei|den|pa|pier**
Sei|den|rau|pe; Sei|den|rau|pen|zucht
Sei|den|schal; Sei|den|spin|ner (ein Schmetterling)
Sei|den|stra|ße, die; - (eine alte asiatische Karawanenstraße)
sei|den|weich; sei|dig
Sei|en|de, das; -n *(Philos.)*
Sei|fe, die; -, -n (Waschmittel; *Geol.* Ablagerung); grüne Seife
sei|fen (abseifen; *Geol.* Minerale auswaschen); **sei|fen|ar|tig**
Sei|fen|bla|se; Sei|fen|flo|cke
Sei|fen|ge|bir|ge (erz- od. edelsteinhaltiges Gebirge)
Sei|fen|kis|ten|ren|nen
Sei|fen|lap|pen; Sei|fen|lau|ge
Sei|fen|oper (*ugs. für* triviale Rundfunk- od. Fernsehserie)
Sei|fen|pul|ver; Sei|fen|scha|le; Sei|fen|schaum
Sei|fen|sie|der; jmdm. geht ein Seifensieder auf (*ugs. für* jmd. begreift etwas); **Sei|fen|sie|de|rin**
Sei|fen|spen|der
Sei|fer usw. *vgl.* Seiber usw.
Seif|fen (Kurort im Erzgebirge)
sei|fig
Seif|ner (*veraltet für* Erzwäscher)
Sei|ge, die; -, -n (*Bergmannsspr.* vertiefte Rinne, in der das Grubenwasser abläuft); **sei|ger** (*Bergmannsspr.* senkrecht)
sei|gern (*veraltet für* seihen, sickern; *Hüttenw.* [sich] ausscheiden; ausschmelzen); ich seigere
Sei|ger|riss (bildlicher Durchschnitt eines Bergwerks); **Sei|ger|schacht** (*Bergbau* senkrechter Schacht); **Sei|ge|rung**
Sei|g|neur [zɛnˈjøːɐ̯], der; -s, -s ⟨franz.⟩ (*veraltet für* vornehmer Weltmann)
Sei|he, die; -, -n *(landsch.)*
sei|hen (*landsch. für* durch ein Sieb gießen, filtern)
Sei|her (*landsch. für* Sieb für Flüssigkeiten); **Sei|herl,** das; -s, -[n]; *vgl.* Pickerl (*österr. für* [Tee]sieb)
Seih|tuch *Plur.* …tücher *(landsch.)*
Seil, das; -[e]s, -e; auf dem Seil laufen, tanzen (*vgl. aber* seiltanzen); über das Seil hüpfen, springen (*vgl. aber* seilhüpfen, seilspringen); [am] Seil ziehen
Seil|bahn
¹sei|len (Seile herstellen)
²sei|len (*nordd. für* segeln)
Sei|ler; Sei|le|rei; Sei|le|rin
Sei|ler|meis|ter; Sei|ler|meis|te|rin
seil|hüp|fen *vorwiegend im Infinitiv u. im Partizip II gebräuchlich;* seilgehüpft; *vgl.* Seil; **Seil|hüp|fen,** das; -s
Seil|schaft (die durch ein Seil verbundenen Bergsteiger; *übertr. für* Gruppe von Personen, die eng zusammenarbeiten)
Seil|schwe|be|bahn
seil|sprin|gen *vorwiegend im Infinitiv u. im Partizip II gebräuchlich;* seilgesprungen; *vgl.* Seil; **Seil|sprin|gen,** das; -s
Seil|steu|e|rung *(Bobsport)*
seil|tan|zen *vorwiegend im Infinitiv u. im Partizip II gebräuchlich;* seilgetanzt; *vgl.* Seil; **Seil|tän|zer; Seil|tän|ze|rin**
Seil|trom|mel; Seil|win|de; Seil|zie|hen, das; -s; **Seil|zug**
Seim, der; -[e]s, -e (*veraltend für* dicker [Honig]saft)
sei|mig (*veraltend für* dickflüssig)
¹sein; seine Schwester, sein Kind; *aber* ↑K85: Seine (*Abk.* S[e].), Seiner (*Abk.* Sr.) Exzellenz; *vgl.* ¹dein *u.* seine
²sein *s. Kasten*

Sei|te

die; -, -n

- siehe Seite 20 (*Abk.* s. S. 20)
- der Text folgt auf Seite 3–7 *od.* auf den Seiten 3–7

Vgl. auch Saite

Groß- und Getrenntschreibung:

- die linke, rechte Seite
- auf der Seite der Schwächeren sein
- von allen Seiten
- von zuständiger Seite
- etwas zur Seite legen
- jemandem zur Seite treten, stehen

Klein- und Zusammenschreibung:

- beiseite *(vgl. d.)*
- seitens *(vgl. d.)*
- meinerseits, ihrerseits; beiderseits; allseits, allerseits
- väterlicherseits, mütterlicherseits
- deutscherseits, englischerseits (*seltener für* von deutscher, englischer Seite)
- einerseits, andererseits (*auch* anderseits)
- abseits *(vgl. d.)*
- diesseits; beidseits
- bergseits

Klein- und Zusammenschreibung oder Groß- und Getrenntschreibung ↑K63:

- aufseiten, auf Seiten
- vonseiten, von Seiten
- zuseiten, zu Seiten

Sein, das; -s; das Sein und das Nichtsein; das wahre Sein
sei|ne, sei|ni|ge ↑K76: wir wollen jedem das Seine *od.* das seine zukommen lassen; er muss das Seine *od.* das seine dazu beitragen, tun; sie ist die Seine *od.* die seine; er sorgte für die Seinen *od.* die seinen
Sei|ne ['zɛ:n(ə)], die; - (französischer Fluss)
sei|ner|seits
sei|ner|zeit (damals, dann; *Abk.* s. Z.); **sei|ner|zei|tig**
sei|nes|glei|chen; Leute seinesgleichen; er hat nicht seinesgleichen
sei|net|hal|ben *(veraltend)*
sei|net|we|gen; sei|net|wil|len; *nur in* um seinetwillen
sei|ni|ge *vgl.* seine
sein las|sen, sein|las|sen *vgl.* ²sein
Sei|sing, der; -s, -e (*svw.* Zeising)
Seis|mik, die; - ‹griech.› (Erdbebenkunde); **seis|misch** (die Seismik bzw. Erdbeben betreffend)
Seis|mo|graf, Seis|mo|graph, der; -en, -en (Gerät zur Aufzeichnung von Erdbeben); **seis|mo|gra|fisch,** seis|mo|gra|phisch
Seis|mo|gramm, das; -s, -e (Aufzeichnung der Erdbebenwellen)
Seis|mo|graph usw. *vgl.* Seismograf usw.
Seis|mo|lo|ge, der; -n, -n; **Seis|mo|lo|gie,** die; - (*svw.* Seismik); **Seis|mo|lo|gin; seis|mo|lo|gisch**
Seis|mo|me|ter, das; -s, - (Gerät zur Messung der Erdbebenstärke); **seis|mo|me|t|risch**
seit; *Präposition mit Dativ:* seit dem Zusammenbruch; seit alters ↑K70; seit damals, gestern, heute; seit Kurzem *od.* kurzem; seit Langem *od.* langem; *Konjunktion:* seit ich hier bin; *vgl. aber* seid

seit

Im Gegensatz zur mit *d* geschriebenen Verbform *seid (ihr seid)* enden die Präposition und die Konjunktion *seit (seit drei Jahren; ihr geht es besser, seit sie Sport treibt)* mit *t.*

seit|ab (abseits)
seit|dem; seitdem ist sie gesund; seitdem ich hier bin; *aber* seit dem Tag, an dem ...
Sei|te *s. Kasten*
Sei|ten|air|bag *(Kfz-Technik)*
Sei|ten|al|tar; Sei|ten|an|sicht; Sei|ten|arm; Sei|ten|auf|prall|schutz
Sei|ten|aus *(Sport)*
Sei|ten|aus|gang
Sei|ten|aus|li|nie *(Sport)*
Sei|ten|bau *Plur.* ...bauten
Sei|ten|blick; Sei|ten|bli|cke|ge|sell|schaft, die; - (*österr. für* medienpräsente Gesellschaftsschicht)
Sei|ten|ein|gang
Sei|ten|ein|stei|ger; Sei|ten|ein|stei|ge|rin
Sei|ten|fens|ter; Sei|ten|flü|gel; Sei|ten|front
Sei|ten|füh|rung (der Reifen)
Sei|ten|gang, der; **Sei|ten|ge|wehr**
Sei|ten|hal|bie|ren|de, die; -n, -n *(Math.);* zwei Seitenhalbierende
Sei|ten|hieb
sei|ten|lang; seitenlange Briefe, *aber* ein vier Seiten langer Brief
Sei|ten|leit|werk *(Flugw.)*
Sei|ten|li|nie
Sei|ten|por|tal; Sei|ten|ram|pe
Sei|ten|ru|der *(Flugw.)*
sei|tens ↑K70 *Präposition mit Genitiv (Amtsspr.):* seitens des Angeklagten wurde Folgendes eingewendet; **Sei|ten|schei|be**
Sei|ten|schiff *(Archit.)*
Sei|ten|schnei|der (ein Werkzeug)
Sei|ten|schritt
sei|ten|schwim|men *im Allgemeinen nur im Infinitiv gebräuchlich;* **Sei|ten|schwim|men,** das; -s
Sei|ten|sprung
sei|ten|stän|dig (*Bot.* von Blättern)
Sei|ten|ste|chen, das; -s
Sei|ten|stra|ße; Sei|ten|strei|fen; Sei|ten|stück; Sei|ten|ta|sche; Sei|ten|teil, das, *auch* der; **Sei|ten|trakt; Sei|ten|trieb** *(Bot.);* **Sei|ten|tür**
sei|ten|ver|kehrt
Sei|ten|wa|gen; Sei|ten|wahl *(Sport);* **Sei|ten|wech|sel**
sei|ten|wei|se
Sei|ten|wind; Sei|ten|zahl; Sei|ten|zu|griff (*EDV* Aufruf einer Webseite)
seit|her; seit|he|rig
...sei|tig (z. B. allseitig)
seit|lich
Seit|ling, der; -s, -e (ein Pilz)
seit|lings *(veraltet)*
Seit|pferd *(Turnen)*
seit|wärts *vgl.* abwärts; **Seit|wärts|be|we|gung; seit|wärts|tre|ten**
Sei|wal ‹norw.› (eine Walart)
Sejm [sɛɪm], der; -s ‹poln.› (oberste polnische Volksvertretung)
sek, Sek. = Sekunde

S
Sek.

SEK (Währungscode für schwed. Krone)
Se|kans, der; -, *Plur.* -, *auch* Sekanten ‹lat.› (*Math.* Verhältnis der Hypotenuse zur Ankathete im rechtwinkligen Dreieck; *Zeichen* sec)
Se|kan|te, die; -, -n (Gerade, die eine Kurve schneidet)
Se|kel, Sche|kel, der; -s, - ‹hebr.› (altbabylon. u. hebr. Gewichts- u. Münzeinheit)
sek|kant ‹ital.› (*österr. für* lästig, zudringlich)
Sek|ka|tur, die; -, -en (*österr. für* Quälerei, Belästigung); **sek|kie|ren** (*österr. für* quälen, belästigen)
Se|kond|hieb ‹ital.; dt.› (ein Fechthieb)
[1]**Se|kret,** das; -[e]s, -e ‹lat.› (*Med.* Absonderung; *veraltet für* vertrauliche Mitteilung)
[2]**Se|kret,** die; - (stilles Gebet des Priesters während der Messe)
Se|kre|tär, der; -s, -e ‹lat.-franz.› (Beamter des mittleren Dienstes; Funktionär in einer Partei, Gewerkschaft o. Ä.; kaufmännischer Angestellter; Schreibschrank; Greifvogel)
Se|kre|ta|ri|at, das; -[e]s, -e (Kanzlei, Geschäftsstelle)
Se|kre|tä|rin
se|kre|tie|ren ‹lat.› (*Med.* absondern); **Se|kre|ti|on,** die; -, -en (*Med.* Absonderung); **se|kre|to|risch**
Sekt, der; -[e]s, -e ‹ital.›; **Sekt|du|sche** (das Übergießen od. Nassspritzen mit Sekt [zur Feier eines sportlichen Erfolges])
Sek|te, die; -, -n ‹lat.› ([kleinere] Glaubensgemeinschaft); **Sek|ten|an|hän|ger; Sek|ten|an|hän|ge|rin; Sek|ten|we|sen,** das; -s
Sekt|fla|sche; Sekt|flö|te; Sekt|früh|stück; Sekt|glas *Plur.* ...gläser
Sek|tie|rer ‹lat.› (jmd., der von einer politischen, religiösen o. ä. Richtung abweicht); **Sek|tie|re|rin; sek|tie|re|risch; Sek|tie|rer|tum,** das; -s
Sek|ti|on, die; -, -en ‹lat.› (Abteilung, Gruppe, Fachbereich; *Med.* Leichenöffnung)
Sek|ti|ons|be|fund *(Med.)*
Sek|ti|ons|chef (Abteilungsvorstand; *in Österr.* höchster Beamtenrang); **Sek|ti|ons|che|fin**
sek|ti|ons|wei|se
Sekt|kelch; Sekt|kel|le|rei; Sekt|kor|ken; Sekt|kü|bel; Sekt|lau|ne
Sek|tor, der; -s, ...oren ‹lat.› ([Sach]gebiet, Bezirk; *Math.* Ausschnitt); **sek|to|ral**
Sek|to|ren|gren|ze
Sekt|scha|le; Sekt|steu|er, die
Se|kund, die; -, -en ‹lat.› (*österr. svw.* Sekunde [in der Musik])
Se|kun|da, die; -, ...den (*veraltend für* die 6. u. 7. Klasse eines Gymnasiums)
Se|kund|ak|kord *(Musik)*
Se|kun|da|ner (Schüler einer Sekunda); **Se|kun|da|ne|rin**
Se|kun|dant, der; -en, -en ‹lat.› (Beistand, Zeuge [im Zweikampf]; Berater eines Sportlers); **Se|kun|dan|tin**
se|kun|där ‹franz.› (zweitrangig; untergeordnet; nachträglich hinzukommend; Neben...)
Se|kun|dar|arzt (*österr. für* Assistenzarzt); **Se|kun|dar|ärz|tin**
Se|kun|där|elek|t|ron (*Physik* durch Beschuss mit einer primären Strahlung aus einem festen Stoff ausgelöstes Elektron); **Se|kun|där|emis|si|on** (*Physik* Emission von Sekundärelektronen); **Se|kun|där|ener|gie** (*Technik* aus einer Primärenergie gewonnene Energie)
Se|kun|dar|leh|rer *(schweiz.)*; **Se|kun|dar|leh|re|rin**
Se|kun|där|li|te|ra|tur *Plur. selten* (wissenschaftliche u. kritische Literatur über Dichter, Dichtungen, Dichtungsepochen)
Se|kun|där|roh|stoff *meist Plur.* (*regional für* Altmaterial)
Se|kun|dar|schu|le (*schweiz. für* Realschule)
Se|kun|där|sta|tis|tik (Auswertung von nicht primär für statistische Zwecke gesammelten Daten)
Se|kun|där|strom *(Elektrot.)*
Se|kun|dar|stu|fe (ab dem 5. Schuljahr)
Se|kun|där|tu|gend (Tugend von minderem Rang)
Se|kun|där|wick|lung *(Elektrot.)*
Se|kun|da|wech|sel *(Bankw.)*
Se|künd|chen
Se|kun|de, die; -, -n ‹lat.› ($^{1}/_{60}$ Minute, *Abk.* Sek. [*Zeichen* s; *veraltet* sec, sek]; *Geom.* $^{1}/_{60}$ Minute [*Zeichen* ″]; *Musik* zweiter Ton der diaton. Tonleiter; Intervall im Abstand von 2 Stufen; *Druckerspr.* am Fuß der dritten Seite eines Bogens stehende Zahl mit Sternchen)
Se|kun|den|kle|ber
se|kun|den|lang; sekundenlanges Zögern, *aber* ein vierzig Sekunden langer Herzstillstand
Se|kun|den|schlaf; Se|kun|den|schnel|le, die; -; in Sekundenschnelle; **Se|kun|den|zei|ger**
se|kun|die|ren ‹lat.-franz.› (beistehen [im Zweikampf]; helfen, schützen); jmdm. sekundieren
se|künd|lich, se|kund|lich (in jeder Sekunde)
Se|kun|do|ge|ni|tur, die; -, -en (*früher für* Besitz[recht] des zweitgeborenen Sohnes)
Se|ku|rit®, das; -s ‹nlat.› (nicht splitterndes Glas)
sel. = selig
se|la! ‹hebr.› (*veraltend für* abgemacht!, Schluss!)
Se|la, das; -s, -s (Musikzeichen in den Psalmen)
Se|la|don [*auch* ...'dõː], das; -s, -s ‹wohl nach dem graugrünen Gewand des franz. Romanhelden Céladon› (chinesisches Porzellan mit grüner Glasur); **Se|la|don|por|zel|lan**
Se|lam *vgl.* Salam
Se|lam|lik, der; -[s], -s ‹arab.-türk.› (Empfangsraum im orientalischen Haus)
selb|an|der (*veraltet für* zu zweit)
selb|dritt (*veraltet für* zu dritt)
sel|be; zur selben (zu derselben) Zeit
sel|ber (*meist ugs. für* selbst)
Sel|ber|ma|chen, das; -s ↑K82 *(ugs.)*
sel|big *(veraltet)*; zu selbiger Stunde, zur selbigen Stunde
selbst *s. Kasten*
Selbst, das; -; ein Stück meines Selbst; **Selbst|ab|ho|ler; Selbst|ab|ho|le|rin; Selbst|ach|tung,** die; -; **Selbst|ak|zep|tanz** *(Psychol.)*; **Selbst|ana|ly|se**
selb|stän|dig *vgl.* selbstständig; **Selb|stän|dige** *vgl.* Selbstständige; **Selb|stän|dig|keit** *vgl.* Selbstständigkeit
Selbst|an|kla|ge; Selbst|an|ste|ckung; Selbst|an|zei|ge
Selbst|auf|ga|be; Selbst|auf|lö|sung
Selbst|auf|merk|sam|keit *(Psychol.)*
Selbst|auf|op|fe|rung; Selbst|aus|beu|tung; Selbst|aus|kunft (Angaben zur eigenen Person)
Selbst|aus|lö|ser *(Fotogr.)*
Selbst|be|die|nung *Plur. selten* (*Abk.* SB); **Selbst|be|die|nungs|la|den; Selbst|be|die|nungs|re|s|tau|rant**
Selbst|be|frie|di|gung (Masturbation); **Selbst|be|fruch|tung** *(Bot.)*

selbst

- von selbst; selbst wenn ↑K 126
- selbst (sogar) bei Glatteis fährt er schnell

Getrenntschreibung:

- selbst backen; selbst brauen; selbst machen; selbst nutzen; selbst verdienen usw.

In Verbindung mit einem adjektivisch gebrauchten od. substantivierten Partizip kann getrennt oder zusammengeschrieben werden ↑K 58:

- ein selbst gebackener *od.* selbstgebackener Kuchen
- selbst gebrautes *od.* selbstgebrautes Bier
- selbst gedrehte *od.* selbstgedrehte Zigaretten
- ein selbst ernannter *od.* selbsternannter Experte
- selbst gemachte *od.* selbstgemachte Marmelade
- eine selbst genutzte *od.* selbstgenutzte Eigentumswohnung
- ein selbst geschneiderter *od.* selbstgeschneiderter Anzug
- selbst verdientes *od.* selbstverdientes Geld
- ein selbst verschuldeter *od.* selbstverschuldeter Unfall
- sie verschenkt gern Selbstgemachtes *od.* selbst Gemachtes

Zusammenschreibung:

- selbstentzündlich (von selbst entzündlich)
- selbstklebend (von selbst klebend)
- *Ebenso:* selbstredend, selbstvergessen, selbstverständlich usw.

Vgl. auch selber

Sẹlbst|be|halt, der; -[e]s, -e (*Versicherungsw.* Selbstbeteiligung)
Sẹlbst|be|haup|tung; Sẹlbst|be|herr|schung; Sẹlbst|be|kös|ti|gung; Sẹlbst|be|schei|dung, die; - (*geh.*)
Sẹlbst|be|schrän|kung; Sẹlbst|be|schul|di|gung
Sẹlbst|be|stä|ti|gung; Sẹlbst|be|stäu|bung (*Bot.*)
sẹlbst|be|stimmt (eigenverantwortlich); **Sẹlbst|be|stim|mung; Sẹlbst|be|stim|mungs|recht**
Sẹlbst|be|tei|li|gung (*Versicherungsw.*); **Sẹlbst|be|trug**
Sẹlbst|be|weih|räu|che|rung (*ugs. abwertend*)
sẹlbst|be|wusst; Sẹlbst|be|wusst|sein
Sẹlbst|be|zeich|nung
Sẹlbst|be|zich|ti|gung; Sẹlbst|be|zich|ti|gungs|schrei|ben
Sẹlbst|bild (*Psychol.*); **Sẹlbst|bild|nis**
Sẹlbst|bin|der
Sẹlbst|bio|gra|fie, Sẹlbst|bio|gra|phie
Sẹlbst|dar|stel|ler; Sẹlbst|dar|stel|le|rin; Sẹlbst|dar|stel|lung
Sẹlbst|dis|zi|p|lin, die; -
sẹlbst|durch|schrei|bend; selbstdurchschreibendes Papier
Sẹlbst|ein|schät|zung
Sẹlbst|ein|tritt (*Wirtsch.*)
Sẹlbst|ent|fal|tung
sẹlbst|ent|zünd|lich *vgl.* selbst; **Sẹlbst|ent|zün|dung**
Sẹlbst|er|fah|rung; Sẹlbst|er|fah|rungs|grup|pe; Sẹlbst|er|hal|tung; Sẹlbst|er|hal|tungs|trieb
Sẹlbst|er|kennt|nis
sẹlbst er|nannt, sẹlbst|er|nannt *vgl.* selbst
Sẹlbst|er|nied|ri|gung
Sẹlbst|er|zeu|ger; Sẹlbst|er|zeu|ge|rin
Sẹlbst|fah|rer; Sẹlbst|fah|re|rin
Sẹlbst|fi|nan|zie|rung
Sẹlbst|fin|dung (*geh.*)
sẹlbst ge|ba|cken, sẹlbst|ge|ba|cken *vgl.* selbst; **sẹlbst ge|braut, sẹlbst|ge|braut** *vgl.* selbst
sẹlbst ge|dreht, sẹlbst|ge|dreht *vgl.* selbst
sẹlbst|ge|fäl|lig; Sẹlbst|ge|fäl|lig|keit
Sẹlbst|ge|fühl, das; -[e]s
sẹlbst ge|macht, sẹlbst|ge|macht *vgl.* selbst
sẹlbst|ge|nüg|sam
sẹlbst ge|nutzt, sẹlbst|ge|nutzt *vgl.* selbst
sẹlbst|ge|recht; Sẹlbst|ge|rech|tig|keit
sẹlbst ge|schnei|dert, sẹlbst|ge|schnei|dert *vgl.* selbst; **sẹlbst ge|schrie|ben, sẹlbst|ge|schrie|ben** *vgl.* selbst
Sẹlbst|ge|spräch
sẹlbst ge|strickt, sẹlbst|ge|strickt *vgl.* selbst
sẹlbst|ge|wiss (*geh. für* selbstbewusst); **Sẹlbst|ge|wiss|heit** (*geh.*)
sẹlbst|haf|tend; selbsthaftende Etiketten
Sẹlbst|hass (*bes. Psychol.*)
Sẹlbst|hei|lung (*Med.*); **Sẹlbst|hei|lungs|kraft** *meist Plur.*
sẹlbst|herr|lich; Sẹlbst|herr|lich|keit
Sẹlbst|hil|fe; Sẹlbst|hil|fe|grup|pe
Sẹlbst|in|duk|ti|on (*Elektrot.*)
Sẹlbst|iro|nie
sẹlbs|tisch (*geh. für* egoistisch)
Sẹlbst|jus|tiz; Sẹlbst|kas|tei|ung
sẹlbst|kle|bend
Sẹlbst|kon|t|rol|le
Sẹlbst|kos|ten *Plur.*; **Sẹlbst|kos|ten|preis; Sẹlbst|kos|ten|rech|nung**
Sẹlbst|kri|tik; sẹlbst|kri|tisch
Sẹlbst|la|der; Sẹlbst|la|de|waf|fe
Sẹlbst|läu|fer (etw., was wie von selbst Erfolg hat)
Sẹlbst|laut (Vokal)
Sẹlbst|lob
sẹlbst|los; Sẹlbst|lo|sig|keit
Sẹlbst|me|di|ka|ti|on (*Med.*)
Sẹlbst|mit|leid
Sẹlbst|mord; Sẹlbst|mord|an|schlag; Sẹlbst|mord|at|ten|tat
Sẹlbst|mord|at|ten|tä|ter; Sẹlbst|mord|at|ten|tä|te|rin
Sẹlbst|mör|der; Sẹlbst|mör|de|rin
sẹlbst|mör|de|risch; sẹlbst|mord|ge|fähr|det
Sẹlbst|mord|kom|man|do; Sẹlbst|mord|ra|te; Sẹlbst|mord|ver|such
Sẹlbst|por|t|rät
sẹlbst|quä|le|risch
sẹlbst|re|dend
Sẹlbst|re|fe|renz (*fachspr. für* Rückbeziehung, Bezugnahme auf sich selbst; *Math., Logik* Eigenschaft von Sätzen, sich in ihrer Aussage auf sich selbst zu beziehen)
sẹlbst|re|fe|ren|zi|ell, sẹlbst|re|fe|ren|ti|ell (auf sich selbst bezogen); **Sẹlbst|re|fle|xi|on**
sẹlbst|rei|ni|gend; Sẹlbst|rei|ni|gung
sẹlbst|schä|di|gend
Sẹlbst|schuss; Sẹlbst|schuss|an|la|ge
Sẹlbst|schutz, der; -es
sẹlbst|si|cher; Sẹlbst|si|cher|heit *Plur. selten*
sẹlbst|stän|dig, sẹlb|stän|dig; sich

selbstständig *od.* selbständig machen; **Sẹlbst|stän|di|ge**, Sẹlbstän|dige, der *u.* die; -n, -n; **Sẹlbst|stän|dig|keit**, Sẹlb|ständig|keit
Sẹlbst|stel|ler *(Rechtsspr.)*; **Sẹlbststel|le|rin**
Sẹlbst|stu|di|um
Sẹlbst|sucht, die; -; **sẹlbst|süch|tig**
sẹlbst|tä|tig
Sẹlbst|täu|schung
Sẹlbst|tö|tung (Selbstmord)
sẹlbst|tra|gend (aus sich heraus statisch stabil; *österr., schweiz. auch für* sich selbst finanzierend)
Sẹlbst|über|he|bung; Sẹlbst|überschät|zung; Sẹlbst|über|win|dung
Sẹlbst|un|fall (*schweiz. für* selbst verschuldeter Unfall, an dem keine anderen Personen beteiligt waren)
Sẹlbst|un|ter|richt
Sẹlbst|ver|ach|tung, die; -
sẹlbst|ver|ant|wor|tet *(Amtsspr.)*; **Sẹlbst|ver|ant|wor|tung,** die; -
Sẹlbst|ver|brau|cher; Sẹlbst|verbrau|che|rin
Sẹlbst|ver|bren|nung
sẹlbst ver|dient, **sẹlbst|ver|dient** *vgl.* selbst
sẹlbst|ver|ges|sen
Sẹlbst|ver|lag, der; -[e]s
sẹlbst|ver|let|zend; selbstverletzendes Verhalten
Sẹlbst|ver|let|zung
Sẹlbst|ver|leug|nung
sẹlbst|ver|liebt; Sẹlbst|ver|liebt|heit
Sẹlbst|ver|mark|tung
Sẹlbst|ver|pfle|gung, die; -
Sẹlbst|ver|pflich|tung
Sẹlbst|ver|schul|den *(Amtsspr.)*
sẹlbst ver|schul|det, **sẹlbst|verschul|det** *vgl.* selbst
Sẹlbst|ver|sor|ger; Sẹlbst|ver|sorge|rin
sẹlbst|ver|ständ|lich; Sẹlbst|verständ|lich|keit; Sẹlbst|ver|ständnis
Sẹlbst|ver|stüm|me|lung
Sẹlbst|ver|such *(Med.)*
Sẹlbst|ver|tei|di|gung
Sẹlbst|ver|trau|en
Sẹlbst|ver|wal|tung
Sẹlbst|ver|wirk|li|chung
Sẹlbst|vor|wurf
Sẹlbst|wahr|neh|mung
Sẹlbst|wert|ge|fühl *(Psychol.)*
Sẹlbst|zen|sur, die; -
Sẹlbst|zer|flei|schung
sẹlbst|zer|stö|re|risch; Sẹlbst|zerstö|rung
Sẹlbst|zucht, die; - *(geh.)*

sẹlbst|zu|frie|den; Sẹlbst|zu|frieden|heit
Sẹlbst|zün|der (*Kfz-Technik* [Auto mit] Dieselmotor)
Sẹlbst|zweck *Plur. selten*
Sẹlbst|zwei|fel
sẹl|chen (*bayr. u. österr. für* räuchern); **Sẹl|cher** (*bayr. u. österr. für* jmd., der mit Geselchtem handelt); **Sel|che|rei** (*bayr. u. österr. für* Fleisch- u. Wursträucherei); **Sẹl|che|rin; Sẹlch|fleisch; Sẹlch|kam|mer; Sẹlch|kar|ree** (*österr. für* Kasseler Rippenspeer); **Sẹlch|rol|ler** (*österr. für* geräucherter Rollbraten)
Sel|d|schụ|ke, der; -n, -n (Angehöriger eines türk. Volksstammes); **Sel|d|schụ|kin**
se|le|gie|ren ⟨lat.⟩ (*fachspr. für* auswählen)
Se|lẹk|ta, die; -, ...ten (*früher für* Oberklasse, Begabtenklasse)
se|lek|tie|ren (auswählen)
Se|lek|ti|on, die; -, -en ⟨lat.-engl.⟩ (Auswahl; *Biol.* Auslese); **se|lekti|o|nie|ren** (*svw.* selektieren)
Se|lek|ti|ons|druck, der; -[e]s; **Selek|ti|ons|leh|re; Se|lek|ti|ons|theo|rie**
se|lek|tiv (auswählend; mit Auswahl; *Funkw.* trennscharf); **Selek|ti|vi|tät,** die; - (*Funkw.* Trennschärfe)
Se|len, das; -s ⟨griech.⟩ (chemisches Element, Halbmetall; *Zeichen* Se); **Se|le|nat,** das; -[e]s, -e (Salz der Selensäure)
Se|le|ne (griechische Mondgöttin)
se|le|nig (*Chemie* Selen enthaltend); selenige Säure; **Se|le|nit,** das; -s, -e (Salz der selenigen Säure)
Se|le|no|gra|fie, **Se|le|no|gra|phie,** die; - (Beschreibung u. kartografische Darstellung der Mondoberfläche)
Se|le|no|lo|gie, die; - (Mondkunde, besonders Mondgeologie); **se|leno|lo|gisch**
Se|len|säu|re *(Chemie)*
Se|len|zel|le (ein elektrotechnisches Bauelement)
Se|leu|ki|de, Se|leu|zi|de, der; -n, -n (Angehöriger einer makedonischen Dynastie in Syrien); **Seleu|ki|din, Se|leu|zi|din**
Self... (Selbst...)
Self|ak|tor, der; -s, -s (Spinnmaschine)
Self|ful|fil|ling Pro|phe|cy [ˈzɛlffʊlfɪlɪŋ ˈprɔfəsi], die; - -, - -s (sich selbst erfüllende Voraussage)

Sẹlf|made|man [...meːtmɛn], der; -s, ...men [...mən] (jmd., der sich aus eigener Kraft hochgearbeitet hat)
se|lig (*Abk.* sel.); selige Weihnachtszeit; selig sein; selig werden; jmdn. selig machen *od.* seligmachen (beglücken); *vgl.* seligpreisen, seligsprechen
Se|li|ge, der *u.* die; -n, -n
Se|lig|keit
se|lig ma|chen, **se|lig|ma|chen** *vgl.* selig
se|lig|prei|sen; wir können uns seligpreisen, noch immer so erfolgreich zu sein; **Se|lig|preisung**
se|lig|spre|chen *(kath. Kirche)*; der Mönch wurde vom Papst seliggesprochen; **Se|lig|spre|chung**
Sẹl|le|rie [...ri, *österr. auch* ...ˈriː], der; -s, -[s] *od., österr. auch,* die; -, *Plur.* -, *österr.* ...ien ⟨griech.⟩ (eine Gemüsepflanze); **Sẹl|le|riesa|lat; Sẹl|le|rie|salz**
Sẹl|ma (w. Vorn.)
sẹl|ten; seltener, seltens|te; ↑K89 : seltene, *auch* Seltene Erden (*Chemie* Oxide der Seltenerdmetalle; *unrichtige Bez. für* die Seltenerdmetalle selbst); selten gut (*ugs. für* besonders gut); ein seltener Vogel (*ugs. auch für* sonderbarer Mensch)
Sẹl|ten|erd|me|tall *(Chemie)*
Sẹl|ten|heit; Sẹl|ten|heits|wert, der; -[e]s
Sẹl|ters (Name verschiedener Orte); Selterser Wasser
Sẹl|ter[s]|was|ser *Plur.* ...wässer
sẹlt|sam; sẹlt|sa|mer|wei|se; Sẹltsam|keit
[1]**Sem** (bibl. m. Eigenn.)
[2]**Sem,** das; -s, -e ⟨griech.⟩ (*Sprachwiss.* kleinster Bestandteil der Wortbedeutung)
Se|man|tik, die; - (Lehre von der Bedeutung sprachlicher Zeichen); **se|man|tisch**
Se|ma|phor, das *od., österr. nur,* der; -s, -e (Signalmast; optischer Telegraf); **se|ma|pho|risch**
Se|ma|sio|lo|gie, die; -; ...ien (Wortbedeutungslehre); **se|masio|lo|gisch**
Se|mẹs|ter, das; -s, - ⟨lat.⟩ ([Studien]halbjahr); **Se|mẹs|ter|an|fang; Se|mẹs|ter|be|ginn; Se|mẹs|teren|de; Se|mẹs|ter|fe|ri|en** *Plur.*; **Se|mẹs|ter|zeug|nis**
...se|mes|t|rig (z. B. sechssemestrig)

S
Selb

se|mi… ⟨lat.⟩ (halb…); **Se|mi…** (Halb…)
Se|mi|fi|na|le *(Sport)*
Se|mi|ko|lon, das; -s, *Plur.* -s *u.* …la ⟨lat.; griech.⟩ (Strichpunkt)
se|mi|lu|nar ⟨lat.⟩ (halbmondförmig); **Se|mi|lu|nar|klap|pe** *(Med.* eine Herzklappe)
Se|mi|nar, das; -s, *Plur.* -e, *österr. u. schweiz. auch* -ien ⟨lat.⟩ (Übungskurs an Hochschulen; kirchl. Institut zur Ausbildung von Geistlichen [z. B. Priestern]; *schweiz. für* Lehrerbildungsanstalt); **Se|mi|nar|ar|beit**
Se|mi|na|rist, der; -en, -en (Seminarschüler); **Se|mi|na|ris|tin; se|mi|na|ris|tisch**
Se|mi|nar|lei|ter; Se|mi|nar|lei|te|rin
Se|mi|nar|schein; Se|mi|nar|übung
Se|mio|lo|gie, Se|mi|o|tik, die; - ⟨griech.⟩ (Lehre von den Zeichen, Zeichentheorie; *auch svw.* Symptomatologie)
se|mi|per|me|a|bel ⟨lat.⟩ *(Chemie, Biol.* halbdurchlässig); …a|b|le Membran; **Se|mi|per|me|a|bi|li|tät,** die; -
se|mi|pro|fes|si|o|nell; Se|mi|pro|fi
Se|mi|ra|mis (assyrische Königin)
Se|mit, der; -en, -en ⟨*zu* [1]Sem⟩ (Angehöriger einer eine semitische Sprache sprechenden Völkergruppe); **Se|mi|tin; se|mi|tisch**
Se|mi|tist, der; -en, -en (Erforscher der alt- u. der neusemit. Sprachen u. Literaturen); **Se|mi|tis|tik,** die; -; **Se|mi|tis|tin; se|mi|tis|tisch**
Se|mi|vo|kal *(Sprachwiss.* Halbvokal)
Sem|mel, die; -, -n *(bes. österr., bayr.);* **sem|mel|blond**
Sem|mel|brö|sel; Sem|mel|kloß; Sem|mel|knö|del *(bayr., österr.);* **Sem|mel|kren** *(österr. für* Meerrettichsoße); **Sem|mel|mehl**
Sem|mel|weis (ungarischer Arzt)
Sem|me|ring, der; -[s] (Alpenpass)
Sem|pach (schweiz. Ortsn.)
Sem|pa|cher See, der; - -s (See im Schweizer Mittelland)
Sem|per (dt. Baumeister)
sem|pern *(österr. ugs. für* nörgeln, jammern)
Sem|st|wo, das; -s, -s ⟨russ.⟩ (ehemaliges russisches Selbstverwaltungsorgan)
sen. = senior
Sen, der; -[s], -[s] (kleinste Währungseinheit in Japan, Kambodscha, Indonesien u. Malaysia)
Se|nat, der; -[e]s, -e ⟨lat.⟩ (Rat [der Alten] im alten Rom; Teil der Volksvertretung, z. B. in den USA; Regierungsbehörde in Hamburg, Bremen u. Berlin; akademische Verwaltungsbehörde; Richterkollegium bei Obergerichten)
Se|na|tor, der; -s, …oren (Mitglied des Senats; Ratsherr); **Se|na|to|rin; se|na|to|risch**
Se|nats|be|schluss; Se|nats|prä|si|dent; Se|nats|prä|si|den|tin; Se|nats|sit|zung; Se|nats|spre|cher; Se|nats|spre|che|rin; Se|nats|vor|la|ge
Se|na|tus Po|pu|lus|que Ro|ma|nus ⟨»Senat und Volk von Rom«⟩ *(Abk.* S. P. Q. R.)
Sen|cken|berg (dt. Arzt u. Naturforscher); **sen|cken|ber|gisch;** Senckenbergische Naturforschende Gesellschaft ↑K150
Send, der; -[e]s, -e *(früher für* [Kirchen]versammlung; geistliches Gericht)
Send|bo|te *(veraltend);* **Send|bo|tin**
Sen|de|an|la|ge; Sen|de|an|stalt; Sen|de|be|reich, der; **Sen|de|fol|ge; Sen|de|for|mat** (bestimmter Typ von Fernseh- od. Rundfunksendung)
Sen|de|ge|biet; Sen|de|ge|fäß *(schweiz. für* Sendeformat); **Sen|de|haus**
Sen|de|lei|ter, der; **Sen|de|lei|te|rin**

sen|den

- ich sandte *u.* sendete
- du sandtest *u.* sendetest
- *selten* wenn er könnte, sendete *(nicht:* sändte) er ein Fax
- gesandt *u.* gesendet; send[e]!

In der Bedeutung »schicken« sind die Vergangenheitsformen mit »a« häufiger. Im Bereich Technik werden nur die Formen mit »e« verwendet:

- ich sandte, *auch* sendete ihr einen Brief

Aber nur: er sendete einen Funkspruch; das Hörspiel wurde später gesendet

Sen|de|pau|se; Sen|de|plan
Sen|de|platz (Zeit, zu der eine Sendung [regelmäßig] ausgestrahlt wird)
Sen|der; Sen|der|an|la|ge
Sen|de|raum; Sen|de|rei|he
Sen|der|such|lauf *(Rundfunk)*
Sen|de|saal; Sen|de|schluss; Sen|de|sta|ti|on; Sen|de|ter|min
Sen|de- und Emp|fangs|ge|rät ↑K31
Sen|de|zei|chen; Sen|de|zeit; Sen|de|zen|t|ra|le; Sen|de|zen|t|rum
Send|ge|richt ⟨*zu* Send⟩ *(früher)*
Send|schrei|ben
Sen|dung
Sen|dungs|be|wusst|sein
Se|ne|ca (römischer Dichter u. Philosoph)
Se|ne|fel|der (österreichischer Erfinder des Steindruckes)
[1]**Se|ne|gal,** der; -[s] (afrikanischer Fluss)
[2]**Se|ne|gal,** -s, *auch mit Artikel* der; -[s] (Staat in Afrika); **Se|ne|ga|le|se,** der; -n, -n; **Se|ne|ga|le|sin; se|ne|ga|le|sisch**
Se|ne|ga|wur|zel, die; - ⟨indian.; dt.⟩ (ein Arzneimittel)
Se|ne|schall, der; -s, -e ⟨franz.⟩ (Oberhofbeamter im merowingischen Reich)
Se|nes|zenz, die; - ⟨lat.⟩ *(Med.* das Altern; Altersschwäche)
Senf, der; -[e]s, -e ⟨griech.⟩
senf|far|ben, senf|far|big
Senf|gas (ein Giftgas)
Senf|glas *Plur.* …gläser; **Senf|gur|ke; Senf|korn** *Plur.* …körner; **Senf|pflas|ter**
Senf|so|ße, Senf|sau|ce
Senf|ten|berg (Stadt südwestlich von Cottbus)
Senf|tun|ke
Sen|ge, die; - *(landsch. für* [2]Prügel)
sen|gen; sen|ge|rig, seng|rig *(landsch. für* angebrannt)
Se|n|hor [zɛnˈjoːɐ̯], der; -s, -es ⟨port.⟩ *(port. Bez. für* Herr; Besitzer); **Se|n|ho|ra,** die; -, -s *(port. Bez. für* Dame, Frau; Besitzerin); **Se|n|ho|ri|ta,** die; -, -s *(port. Bez. für* unverheiratete Frau)
se|nil ⟨lat.⟩ ([geistig] greisenhaft); **Se|ni|li|tät,** die; -
se|ni|or ⟨»älter«⟩ *(hinter Namen* der Ältere; *Abk.* sen.); Karl Meyer senior
Se|ni|or, der; -s, …oren (Ältester; Vorsitzender; Sportler etwa zwischen 20 u. 30 Jahren; *meist Plur.:* ältere Menschen)
Se|ni|o|rat, das; -[e]s, -e *(veraltet für* Ältestenwürde, Amt des Vorsitzenden; *auch für* Majorat, Ältestenrecht)
Se|ni|or|chef; Se|ni|or|che|fin
Se|ni|or Con|sul|tant [ˈsiːni̯ɐ -], der; - -s, - -s ⟨engl.⟩ (Unterneh-

mensberater mit mehrjähriger Berufserfahrung)
se|ni|o|ren|ge|recht; seniorengerechte Wohnungen
Se|ni|o|ren|gym|nas|tik; Se|ni|o|ren|heim; Se|ni|o|ren|klas|se *(Sport);* **Se|ni|o|ren|kon|vent** *(Verbindungsw.);* **Se|ni|o|ren|nach|mit|tag; Se|ni|o|ren|re|si|denz; Se|ni|o|ren|sport; Se|ni|o|ren|treff**
Se|ni|o|rin
Se|ni|or(inn)en (*kurz für* Seniorinnen u. Senioren)
Senk|blei, das *(Bauw.)*
Sen|ke, die; -, -n
Sen|kel, der; -s, - (*kurz für* Schnürsenkel; *schweiz. auch für* Senkblei); etwas, jmdn. in den Senkel stellen (*schweiz. für* etwas zurechtrücken, jmdn. zurechtweisen)
sen|ken; Sen|ker (ein Werkzeug; *auch für* Steckling)
Senk|fuß; Senk|gru|be; Senk|kas|ten; Senk|lot
senk|recht; senkrecht [herunter]fallen, stehen; ↑K 72: das ist das einzig Senkrechte (*ugs. für* Richtige); **Senk|rech|te,** die; -n, -n; zwei -[n]
Senk|recht|start; Senk|recht|star|ter (ein Flugzeugtyp; *ugs. auch für* jmd., der schnell Karriere macht); **Senk|recht|star|te|rin**
Senk|rü|cken
Sen|kung
Sen|kungs|abs|zess *(Med.)*
Senk|waa|ge (*Physik* Gerät zur Bestimmung der Dichte von Flüssigkeiten)
Senn, der; -[e]s, -e, *schweiz. auch* der; -en, -en, *bayr., österr. auch* Sen|ne, der; -n, -n (*bayr., österr., schweiz. für* Bewirtschafter einer Sennhütte, Almhirt)
Sen|na, die; - ⟨arab.⟩ (Blätter der Sennespflanze)
[1]**Sen|ne** *vgl.* Senn
[2]**Sen|ne,** die; -, -n (*veraltet für* Alm)
[3]**Sen|ne,** die; - (südwestliches Vorland des Teutoburger Waldes)
sen|nen (*bayr., österr., schweiz. für* eine Alm bewirtschaften)
[1]**Sen|ner** (*bayr., österr. svw.* Senn)
[2]**Sen|ner** (Pferd aus der [3]Senne)
Sen|ne|rei (*bayr., österr. für* Sennhütte, Käserei in den Alpen); **Sen|ne|rin** (Bewirtschafterin einer Almhütte)
Sen|nes|blatt *meist Plur.* ⟨arab.; dt.⟩ (*svw.* Senna); **Sen|nes|blät|ter|tee** (ein Abführmittel)
Sen|nes|pflan|ze (Kassie); **Sen|nes|scho|te**
Senn|hüt|te; Sen|nin (*svw.* Sennerin); **Senn|wirt|schaft**
Se|non, das; -s ⟨nach dem kelt. Stamm der Senonen⟩ (*Geol.* zweitjüngste Stufe der oberen Kreideformation)
Se|ñor [zɛnˈjoːɐ̯], der; -s, -es ⟨span.⟩ (*span. Bez. für* Herr); **Se|ño|ra,** die; -, -s (*span. Bez. für* Frau); **Se|ño|ri|ta,** die; -, -s (*span. Bez. für* unverheiratete Frau)
Sen|sal, der; -s, -e ⟨ital.⟩ (*österr. für* Kursmakler); **Sen|sa|lie,** Sen|sa|rie, die; -, ...ien (*österr. für* Maklergebühr); **Sen|sa|lin**
Sen|sa|rie *vgl.* Sensalie
Sen|sa|ti|on, die; -, -en ⟨franz., »Empfindung«⟩ (aufsehenerregendes Ereignis); **sen|sa|ti|o|nell**
Sen|sa|ti|ons|be|dürf|nis, das; -ses; **Sen|sa|ti|ons|gier**
sen|sa|ti|ons|lüs|tern
Sen|sa|ti|ons|ma|che *(abwertend);* **Sen|sa|ti|ons|mel|dung; Sen|sa|ti|ons|nach|richt; Sen|sa|ti|ons|pres|se,** die; -; **Sen|sa|ti|ons|pro|zess; Sen|sa|ti|ons|sucht,** die; -
Sen|se, die; -, -n; [jetzt ist aber] Sense! (*ugs. für* Schluss!, jetzt ist es genug!); **sen|sen** (mit der Sense mähen)
Sen|sen|mann (*veraltet für* Schnitter; *verhüllend für* Tod)
Sen|sen|wurf (Sensenstiel)
sen|si|bel ⟨franz.⟩ (reizempfindlich, empfindsam; feinfühlig); ...i|b|le Nerven; sensible (nicht für die Öffentlichkeit bestimmte) Daten; **Sen|si|bel|chen** (*abwertend für* empfindsame Person)
Sen|si|bi|li|sa|tor, der; -s, ...oren ⟨lat.⟩ (die Lichtempfindlichkeit der fotografischen Schicht verstärkender Farbstoff)
sen|si|bi|li|sie|ren (empfindlich machen); **Sen|si|bi|li|sie|rung**
Sen|si|bi|li|tät, die; -, -en ⟨franz.⟩ (Empfindlichkeit, Empfindsamkeit; Feinfühligkeit)
sen|si|tiv ⟨lat.(-franz.)⟩ (sehr empfindlich; leicht reizbar; feinnervig); **Sen|si|ti|vi|tät,** die; -, -en ([Über]empfindlichkeit)
Sen|si|to|me|ter, das; -s, - ⟨lat.; griech.⟩ (*Fotogr.* Lichtempfindlichkeitsmesser); **Sen|si|to|me|t|rie,** die; - (Lichtempfindlichkeitsmessung)
Sen|sor, der; -s, Sensoren ⟨lat.⟩ (*Technik* Messfühler; Berührungsschalter)
Sen|so|ri|en *Plur.* (*Med.* Gebiete der Großhirnrinde, in denen Sinnesreize bewusst werden)
Sen|so|rik, die; -, -en (ein Teilgebiet der Messtechnik; die Sensoren in einem Gerät od. System)
sen|so|risch (die Sinne betreffend)
Sen|so|ri|um, das; -s, ...ien (Gespür; *vgl. auch* Sensorien)
Sen|sor|tas|te *(Elektrot.)*
Sen|su|a|lis|mus, der; - (*Philos.* Lehre, nach der alle Erkenntnis allein auf Sinneswahrnehmung zurückführbar ist); **Sen|su|a|list,** der; -en, -en; **Sen|su|a|lis|tin; sen|su|a|lis|tisch**
Sen|su|a|li|tät, die; - (*Med.* Empfindungsvermögen); **sen|su|ell** ⟨franz.⟩ (die Sinne betreffend)
Sen|ta (w. Vorn.)
Sen|tenz, die; -, -en ⟨lat.⟩ (einprägsamer Ausspruch; Sinnspruch); **sen|tenz|ar|tig** (einprägsam, in der Art einer Sentenz); **sen|tenz|haft** (*svw.* sentenziös); **sen|ten|zi|ös** ⟨franz.⟩ (sentenzartig; sentenzenreich)
Sen|ti|ment [zãtiˈmãː], das; -s, -s ⟨franz.⟩ (Empfindung, Gefühl)
sen|ti|men|tal [zentimen...] ⟨engl.⟩ (*oft abwertend für* [übertrieben] empfindsam; rührselig)
sen|ti|men|ta|lisch (*veraltet für* sentimental; *Literaturwiss.* die verloren gegangene Natürlichkeit durch Reflexion wiederzugewinnen suchend); naive und sentimentalische Dichtung
sen|ti|men|ta|li|sie|ren
Sen|ti|men|ta|li|tät, die; -, -en (*oft abwertend für* Empfindsamkeit, Rührseligkeit)
Se|nus|si, der; -, *Plur.* - *u.* ...ssen (Anhänger eines islam. Ordens)
Se|oul [sɔʊl] (Hauptstadt von Südkorea)
se|pa|rat ⟨lat.⟩ (abgesondert; einzeln); **Se|pa|rat|druck** *Plur.* ...drucke (Sonderdruck); **Se|pa|rat|ein|gang** *(bes. schweiz.);* **Se|pa|rat|frie|de[n]**
Se|pa|ra|ti|on, die; -, -en ⟨lat.⟩ (*veraltend für* Absonderung; Trennung)
Se|pa|ra|tis|mus, der; - (Streben nach Loslösung eines Gebietes aus dem Staatsganzen); **Se|pa|ra|tist,** der; -en, -en; **Se|pa|ra|tis|tin; se|pa|ra|tis|tisch**
Se|pa|ra|tor, der; -s, ...oren (*fachspr. für* Zentrifuge)

S
seni

Se|pa|ree, **Sé|pa|rée** [zepaˈreː], das; -s, -s ‹franz.› (Sonderraum, Nische in einem Lokal; Chambre séparée)
se|pa|rie|ren (absondern)
Se|phar|de, der; -n, -n, **Se|phar|di**, der; -, ...dim [...diːm, *auch* ...ˈdiːm] ‹hebr.› (ein spanisch-portugiesischer od. orientalischer Jude); **Se|phar|din**; **se|phar|disch**
se|pia ‹griech.› (graubraunschwarz); *vgl.* beige
Se|pia, die; -, ...ien (*Zool.* Tintenfisch; *nur Sing.*: ein Farbstoff)
Se|pia|kno|chen; **Se|pia|scha|le**; **Se|pia|zeich|nung**; **Se|pie**, die; -, -n (Sepia [Tintenfisch])
Sepp, **Sep|pel** (m. Vorn.)
Sep|pel|ho|se (kurze Trachtenlederhose); **Sep|pel|hut** (Trachtenhut)
Sep|sis, die; -, Sepsen ‹griech., »Fäulnis«› (*Med.* Blutvergiftung)
Sept. = September
Sep|ta (*Plur. von* Septum)
Sept|ak|kord (*svw.* Septimenakkord)
Sep|ta|rie, die; -, -n ‹lat.› (*Geol.* Knolle mit radialen Rissen in kalkhaltigen Tonen); **Sep|ta|ri|en|ton**, der; -[e]s
Sep|tem|ber, der; -[s], - ‹lat.› (der neunte Monat des Jahres, Herbstmond, Scheiding; *Abk.* Sept.)
Sep|tem|ber-Ok|to|ber-Heft, **Sep|tem|ber/Ok|to|ber-Heft** ↑K 26 *u.* 156
Sep|tett, das; -[e]s, -e ‹ital.› (Musikstück für sieben Stimmen od. Instrumente; *auch für* die sieben Ausführenden)
Sep|tim, die; -, -en ‹lat.› (*österr. svw.* Septime)
Sep|ti|me, die; -, -n (*Musik* siebenter Ton der diatonischen Tonleiter; ein Intervall im Abstand von sieben Stufen)
Sep|ti|men|ak|kord
sep|tisch ‹griech.› (die Sepsis betreffend; mit Keimen behaftet)
Sep|tu|a|ge|si|ma, die; *Gen.* -, *bei Gebrauch ohne Artikel auch* ...mä ‹lat.› (neunter Sonntag vor Ostern); Sonntag Septuagesima *od.* Septuagesimä
Sep|tu|a|gin|ta, die; - ([angeblich] von siebzig Gelehrten angefertigte Übersetzung des A. T. ins Griechische)
Sep|tum, das; -s, *Plur.* ...ta *u.* ...ten ‹lat.› (*Med.* Scheidewand, Zwischenwand in einem Organ)
seq. = sequens
seqq. = sequentes
Se|quel [ˈsiːkwəl], das; -s, -s ‹engl.› (Fortsetzungsfilm)
se|quens ‹lat.› (*veraltet für* folgend; *Abk.* seq.); **se|quen|tes** (*veraltet für* die Folgenden; *Abk.* seqq.)
se|quen|ti|ell *vgl.* sequenziell
Se|quenz, die; -, -en ([Aufeinander]folge, Reihe; liturg. Gesang; Wiederholung einer musikal. Figur auf verschiedenen Tonstufen; kleinere filmische Handlungseinheit; Serie aufeinanderfolgender Spielkarten; *EDV* Folge von Befehlen, Daten)
se|quen|zi|ell, se|quen|ti|ell (*EDV* fortlaufend, nacheinander zu verarbeiten)
[1]**Se|ques|ter**, der, *auch* das; -s, - ‹lat.› (*svw.* Sequestration; *Med.* abgestorbenes Knochenstück)
[2]**Se|ques|ter**, der; -s, - (*Rechtsspr.* [Zwangs]verwalter)
Se|ques|t|ra|ti|on, die; -, -en (*Rechtsspr.* Beschlagnahme; [Zwangs]verwaltung); **se|ques|t|rie|ren**
Se|quo|ia, die; -, -s, **Se|quo|ie** [...jə], die; -, -n ‹indian.› (ein Nadelbaum, Mammutbaum)
Se|ra (*Plur. von* Serum)
Sé|rac [zeˈrak], der; -s, -s ‹franz.› (*Geogr.* zacken- od. turmartiges Gebilde an Gletschern)
Se|ra|fim *Plur.* (*ökum. für* Seraphim); *vgl.* Seraph; **se|ra|fisch**
[1]**Se|rail** [zeˈrai̯], der; -s, -s ‹pers.› (Wolltuch)
[2]**Se|rail**, das; -s, -s (Palast [des Sultans])
Se|ra|pei|on, das; -s, ...eia ‹ägypt.-griech.›, **Se|ra|pe|um**, das; -s, ...peen (Serapistempel)
Se|raph, der; -s, *Plur.* -e *u.* -im ‹hebr.› ([Licht]engel des A. T.); *vgl.* Serafim; **se|ra|phisch** (zu den Engeln gehörend, engelgleich; verzückt)
Se|ra|pis (altägyptischer Gott)
Ser|be, der; -n, -n (Angehöriger eines südslawischen Volkes)
ser|beln (*schweiz. für* kränkeln, welken); ich serb[e]le
Ser|bi|en (Staat in Südosteuropa)
Ser|bi|en und Mon|te|ne|g|ro (früherer Staat in Südosteuropa)
Ser|bin; **ser|bisch**; serbische Bohnensuppe; **Ser|bisch**, das; -[s]; *vgl.* Deutsch; **Ser|bi|sche**, das; -n; *vgl.* [2]Deutsche
ser|bisch-mon|te|ne|g|ri|nisch
Ser|bo|kro|a|tisch, das; -[s] (zusammenfassende Bez. für die Sprachen Bosnisch, Kroatisch u. Serbisch); *vgl.* Deutsch; **Ser|bo|kro|a|ti|sche**, das; -n; *vgl.* [2]Deutsche
Se|ren (*Plur. von* Serum)
Se|re|na|de, die; -, -n ‹franz.› (Abendmusik, -ständchen)
Se|ren|ge|ti-Na|ti|o|nal|park, der; -[e]s (Wildreservat in Tansania)
Se|re|nis|si|mus, der; -, ...mi ‹lat.› (*veraltet für* Durchlaucht; *meist scherzh. für* Fürst eines Kleinstaates)
Se|re|ni|tät, die; - ‹lat.› (*veraltet für* Heiterkeit)
Serge [zɛrʃ], die, *auch, österr. nur* der; -, -n [...ʒn̩] ‹franz.› (ein Gewebe)
Ser|geant [...ˈʒant, *engl.* ˈsaːɐ̯dʒənt], der; -en, -en, *bei engl. Ausspr.* der; -[s], -s ‹franz.(-engl.)› (Unteroffizier)
Se|rie, die; -, -n ‹lat.›; **se|ri|ell** (serienmäßig; in Reihen); serielle Musik
Se|ri|en|an|fer|ti|gung; **Se|ri|en|ein|bre|cher**; **Se|ri|en|ein|bre|che|rin**; **Se|ri|en|fa|b|ri|ka|ti|on**; **Se|ri|en|fer|ti|gung**
Se|ri|en|kil|ler; **Se|ri|en|kil|le|rin**
se|ri|en|mä|ßig
Se|ri|en|mör|der; **Se|ri|en|mör|de|rin**
Se|ri|en|pro|duk|ti|on
se|ri|en|reif; **Se|ri|en|rei|fe**
Se|ri|en|schal|ter; **Se|ri|en|schal|tung** (*Elektrot.* Reihenschaltung)
Se|ri|en|tä|ter *(Kriminalistik)*; **Se|ri|en|tä|te|rin**
Se|ri|en|tod *(Fernsehen)*; den Serientod sterben; **se|ri|en|wei|se**
Se|ri|fe, die; -, -n *meist Plur.* ‹engl.› (kleiner Abschlussstrich bei Schrifttypen); **se|ri|fen|los**
Se|ri|gra|fie, **Se|ri|gra|phie**, die; -, ...ien ‹griech.› (*Druckw.* Siebdruck)
se|ri|ös ‹franz.› (ernsthaft, [vertrauens]würdig); **Se|ri|o|si|tät**
Ser|mon, der; -s, -e ‹lat.› (*veraltet für* Predigt; *ugs. für* langweiliges Geschwätz)
Sernf, der (Fluss im Schweizer Kanton Glarus)
Se|ro (*regional; kurz für* Sekundärrohstoff[e])
Se|ro|di|a|g|nos|tik ‹lat.; griech.› (*Med.* Erkennen einer Krankheit

durch Untersuchung des Serums)
Se|ro|lo|gie, die; - (Lehre vom Blutserum); **se|ro|lo|gisch**
se|rös ‹lat.› (aus Serum bestehend, Serum absondernd)
Se|ro|to|nin, das; -s, -e ‹lat.› (*Med.* hormonähnlicher Stoff in Darm u. Magen)
Ser|pel, die; -, -n ‹lat.› (Röhren bewohnender Borstenwurm)
Ser|pent, der; -[e]s, -e ‹lat.› (ein altes Blasinstrument)
Ser|pen|tin, der; -s, -e (ein Mineral, Schmuckstein)
Ser|pen|ti|ne, die; -, -n (in Schlangenlinie verlaufender Weg an Berghängen; Windung); **Ser|pen|ti|nen|stra|ße**
Ser|pen|tin|ge|stein
Ser|ra|del|la, Ser|ra|del|le, die; -, ...llen ‹port.› (eine Futterpflanze)
Se|rum, das; -s, *Plur.* ...ren *u.* ...ra ‹lat.› (*Med.* wässriger Bestandteil des Blutes; Impfstoff); **Se|rum|be|hand|lung; Se|rum|kon|ser|ve; Se|rum|krank|heit**
Ser|val, der; -s, *Plur.* -e *u.* -s ‹franz.› (ein Raubtier)
Ser|va|ti|us, Ser|vaz (m. Vorn.)
Ser|ve|la, die *od.* der; -, *Plur.* -s, *schweiz.* - ‹franz.› (*landsch. für* Zervelatwurst; *schweiz. neben* Cervelat); **Ser|ve|lat|wurst** *vgl.* Zervelatwurst
Ser|ver [ˈzøːɐ̯vɐ], der; -s, - ‹engl.› (*EDV* Rechner mit bestimmten Aufgaben in einem Netzwerk); **ser|ver|ba|siert** *(EDV)*
[1]**Ser|vice** [...ˈviːs], das; *Gen.* - *u.* -s, *Plur.* - ‹franz.› ([Tafel]geschirr)
[2]**Ser|vice** [ˈzøːɐ̯vɪs], der, *österr. auch* das; -[s], -s [...vɪs(ɪs)] ‹engl.› ([Kunden]dienst, Bedienung; *Tennis* Aufschlag[ball])
Ser|vice|ge|bühr [ˈzøːɐ̯vɪs...]; **Ser|vice|leis|tung; Ser|vice|netz** (Kundendienstnetz); **Ser|vice|pack** [...pɛk], das; -s, -s ‹engl.› (*EDV* Patches enthaltendes Programmpaket zur Aktualisierung von Softwareprodukten)
Ser|vice pu|b|lic [sɛrˈvis pyˈblik], der; - - (*schweiz. für* vom Staat erbrachte u. zu erbringende Dienstleistung)
Ser|vice|un|ter|neh|men [ˈzøːɐ̯vɪs...]; **Ser|vice|wüs|te** (*ugs. für* das völlige Fehlen akzeptabler Dienstleistungen); **Ser|vice|zen|t|rum; Ser|vice|zu|schlag**
ser|vie|ren [zɛr...] ‹franz.› (bei Tisch bedienen; auftragen; *Tennis* den Ball aufschlagen)
Ser|vie|rer; Ser|vie|re|rin; Ser|vier|tisch; Ser|vier|toch|ter (*schweiz. für* Serviererin); **Ser|vier|wa|gen**
Ser|vi|et|te, die; -, -n
Ser|vi|et|ten|kloß *(Gastron.)*; **Ser|vi|et|ten|knö|del** *(österr.)*
Ser|vi|et|ten|ring
Ser|vi|et|ten|tech|nik (das Basteln, Verschönern von Gegenständen mithilfe von Servietten)
ser|vil ‹lat.› (unterwürfig); **Ser|vi|lis|mus,** der; -, ...men (*selten für* Servilität); **Ser|vi|li|tät,** die; -, -en (Unterwürfigkeit)
Ser|vit, der; -en, -en ‹lat.› (Angehöriger eines Bettelordens; *Abk.* OSM); **Ser|vi|tin** (Angehörige des weiblichen Zweiges der Serviten)
Ser|vi|tut, die; -, -en, *auch* das; -[e]s, -e (*bes. österr. u. schweiz. Rechtsspr.* Dienstbarkeit, Grundlast)
Ser|vo|brem|se (Bremse mit einer die Bremswirkung verstärkenden Vorrichtung); **Ser|vo|len|kung; Ser|vo|mo|tor**
ser|vus! ‹»[Ihr] Diener«› (*bes. bayr. u. österr.* freundschaftl. Gruß)
Se|sam, der; -s, -s ‹semit.› (eine Pflanze mit ölhaltigem Samen); Sesam, öffne dich! (Zauberformel [im Märchen])
Se|sam|bein (*Med.* ein Knochen)
Se|sam|brot; Se|sam|bröt|chen; Se|sam|öl
Se|sel, der; -s, - ‹griech.› (eine Heil- u. Gewürzpflanze)
Ses|sel, der; -s, - ([gepolsterter] Stuhl mit Armlehnen; *österr. für* Stuhl); **Ses|sel|bahn**
Ses|sel|fur|zer (*derb für* Verwaltungs-, Büroangestellter)
Ses|sel|kle|ber (*österr., schweiz. für* an seinem [politischen] Amt zu lange festhaltender Mensch); **Ses|sel|kle|be|rin**
Ses|sel|leh|ne
Ses|sel|leis|te (*österr. für* Fußleiste); **Ses|sel|lift**
Ses|sel|rü|cken, das; -s (*bes. österr. für* Wechsel in den Führungspositionen)
sess|haft; Sess|haf|tig|keit
Ses|si|on, die; -, -en ‹lat.› (Sitzung[szeit], Sitzungsperiode)
Ses|ter, der; -s, - ‹lat.› (altes Hohlmaß)
Ses|terz, der; -es, -e ‹lat.› (altrömische Münze); **Ses|ter|zi|um,** das; -s, ...ien (1000 Sesterze)
Ses|ti|ne, die; -, -n ‹ital.› (eine Lied- u. Strophenform)
[1]**Set** *vgl.* Seth
[2]**Set,** das, *auch* der; -[s], -s ‹engl.› (Satz [= Zusammengehöriges]; Platzdeckchen)
[3]**Set,** das; -[s], - (*Druckw.* Dickteneinheit bei den Monotypeschriften); 7 Set
[4]**Set,** der; -[s], -s (*Film, Fernsehen* Drehort; Szenenaufbau, Dekoration); am Set
Seth, *ökum.* [1]Set (bibl. m. Eigenn.); **Se|thit,** der; -en, -en (Abkömmling von Seth)
Set|te|cen|to [...ˈtʃɛ...], das; -[s] ‹ital.› (das 18. Jh. in Italien [als Stilbegriff])
Set|ter, der; -s, - ‹engl.› (Hund einer bestimmten Rasse)
Set-up, Set|up [ˈsɛtlap], das; -s, -s ‹engl.› (*EDV* Hilfsprogramm, das neue Software auf dem Computer installiert)
Setz|ar|beit (*Bergmannsspr.* nasse Aufbereitung)
Setz|ei
set|zen (*Jägerspr. auch für* gebären); du setzt; sich setzen; sich ein Denkmal setzen lassen; sie sollten die Kinder sich setzen lassen; wir müssen das Gesagte sich erst einmal setzen lassen *od.* setzenlassen (es erst einmal verarbeiten)
Set|zer (Schriftsetzer); **Set|ze|rei; Set|ze|rin; Setz|feh|ler** *(Druckw.)*
Setz|gut, das; -[e]s *(Landwirtsch.)*
Setz|ham|mer (ein Schmiedehammer); **Setz|ha|se** *(Jägerspr.)*; **Setz|holz** (ein Gartengerät)
Setz|kas|ten
Setz|kopf (Nietkopf)
Setz|lat|te (*Bauw.* Richtscheit)
Setz|ling (junge Pflanze; Zuchtfisch)
Setz|li|nie *(Druckw.)*
Setz|lis|te *(Turniersport)*
Setz|ma|schi|ne *(Druckw.)*
Setz|mei|ßel (ein Schmiedewerkzeug); **Set|zung**
Setz|waa|ge (*svw.* Wasserwaage)
Seu|che, die; -, -n; **Seu|chen|be|kämp|fung; Seu|chen|ge|fahr**
seu|chen|haft; Seu|chen|herd
Seu|chen|wan|ne *(bes. Landwirtsch.)*
seuf|zen; du seufzt; **Seuf|zer**
Seuf|zer|brü|cke, die; - (in Venedig)
Seu|rat [søˈra] (franz. Maler)
Se|ve|rin, Se|ve|ri|nus (m. Vorn.)

S
Sero

Se|ve|rus (römischer Kaiser)
Se|ve|so|gift, **Se|ve|so-Gift,** das; -[e]s ⟨nach der ital. Stadt⟩ (*emotional für* Dioxin)
Se|vil|la [...ˈvɪlja] (spanische Stadt); **Se|vil|la|ner; Se|vil|la|ne|rin**
Sè|v|res [ˈsɛ:vrə] (Vorort von Paris); **Sè|v|res|por|zel|lan** ↑K 143
Se|was|to|pol (Stadt auf der Krim)
Sex, der; -[es] ⟨engl.⟩ (Geschlecht[lichkeit]; Geschlechtsverkehr)
Se|xa|ge|si|ma, die; *Gen.* -, *bei Gebrauch ohne Artikel auch* ...mä (achter Sonntag vor Ostern); Sonntag Sexagesima *od.* Sexagesimä
Se|xa|ge|si|mal|sys|tem, das; -s (*Math.* Zahlensystem, das auf der Basis 60 aufgebaut ist)
Sex-Ap|peal, **Sex|ap|peal** [...ləpi:l], der; -s ⟨engl.-amerik.⟩ (sexuelle Anziehungskraft)
Sex|bom|be (*ugs. für* Frau mit starkem sexuellem Reiz); **Sex|film; Sex|fo|to; Sex|gier; sex|hung|rig; Sex|idol**
Se|xis|mus, der; - ([Diskriminierung aufgrund der] Vorstellung, dass eines der beiden Geschlechter dem anderen von Natur aus überlegen sei); **Se|xist,** der; -en, -en; **Se|xis|tin; se|xis|tisch**
Sex|ma|ga|zin; Sex|muf|fel (*ugs.*)
Se|xo|lo|ge, der; -n, -n (Sexualforscher); **Se|xo|lo|gie,** die; -; **Se|xo|lo|gin; se|xo|lo|gisch**
Sex|shop; Sex|sym|bol
Sext, die; -, -en ⟨lat.⟩ (drittes Tagesgebet des Breviers; *österr. svw.* Sexte)
Sex|ta, die; -, ...ten (*veraltende Bez. für* erste Klasse eines Gymnasiums)
Sext|ak|kord (*Musik* erste Umkehrung des Dreiklangs mit der Terz im Bass)
Sex|ta|ner (Schüler der Sexta); **Sex|ta|ner|bla|se** (*ugs. scherzh. für* schwache Blase); **Sex|ta|ne|rin**
Sex|tant, der; -en, -en (Winkelmessinstrument)
Sex|te, die; -, -n (*Musik* sechster Ton der diaton. Tonleiter; Intervall im Abstand von 6 Stufen)
Sex|tett, das; -[e]s, -e ⟨ital.⟩ (Musikstück für sechs Stimmen od. sechs Instrumente; *auch für* die sechs Ausführenden)
Sex|til|li|on, die; -, -en ⟨lat.⟩ (sechste Potenz einer Million)
Sex|to|le, die; -, -n (*Musik* Figur von 6 Noten gleicher Form mit dem Zeitwert von 4 od. 8 Noten)
Sex|tou|ris|mus
se|xu|al ⟨lat.⟩ (*meist in Zusammensetzungen, sonst seltener für* sexuell)
Se|xu|al|auf|klä|rung; Se|xu|al|de|likt; Se|xu|al|er|zie|hung
Se|xu|al|ethik
Se|xu|al|for|scher; Se|xu|al|for|sche|rin; Se|xu|al|for|schung
Se|xu|al|hor|mon
Se|xu|al|hy|gi|e|ne, die; -
se|xu|a|li|sie|ren (die Sexualität überbetonen); **Se|xu|a|li|sie|rung**
Se|xu|a|li|tät, die; - (Geschlechtlichkeit)
Se|xu|al|kun|de, die; -; **Se|xu|al|kun|de|un|ter|richt**
Se|xu|al|le|ben, das; -s; **Se|xu|al|mo|ral; Se|xu|al|pä|d|a|go|gik; Se|xu|al|pa|tho|lo|gie; Se|xu|al|psy|cho|lo|gie**
Se|xu|al|tä|ter; Se|xu|al|tä|te|rin
Se|xu|al|trieb
Se|xu|al|ver|bre|chen; Se|xu|al|ver|bre|cher; Se|xu|al|ver|bre|che|rin
Se|xu|al|ver|kehr, der; -s
se|xu|ell ⟨franz.⟩ (die Sexualität betreffend, geschlechtlich)
Se|xus, der; -, - ⟨lat.⟩ (Geschlecht)
se|xy [...ksi] ⟨engl.⟩ (*ugs. für* erotisch-attraktiv); sexy Wäsche
Sey|chel|len [zeˈʃɛ...] *Plur.* (Inselgruppe u. Staat im Indischen Ozean); **Sey|chel|len|nuss**, **Sey|chel|len-Nuss** (Frucht der Seychellennusspalme); **Sey|chel|ler; Sey|chel|le|rin; sey|chel|lisch**
Seyd|litz (preuß. Reitergeneral)
se|zer|nie|ren ⟨lat.⟩ (*Med.* [ein Sekret] absondern); **Se|zer|nie|rung** (*Med.* Absonderung)
Se|zes|si|on, die; -, -en ⟨lat.⟩ (Absonderung, Trennung; Abfall der nordamerikanischen Südstaaten); **Se|zes|si|o|nist,** der; -en, -en (Angehöriger einer Sezession; *früher für* Anhänger der nordamerik. Südstaaten im Sezessionskrieg); **Se|zes|si|o|nis|tin; se|zes|si|o|nis|tisch**
Se|zes|si|ons|krieg (1861–65)
Se|zes|si|ons|stil, der; -[e]s (*Kunst*)
se|zie|ren ⟨lat.⟩ (anatomisch zerlegen); **Se|zier|mes|ser,** das
sf = sforzando, sforzato
SFB, der; - = Sender Freies Berlin
SfH, die; - = Stiftung für Hochschulzulassung (*vgl.* ZVS)
SFOR, **Sfor** [ˈɛsfɔ:ɐ̯], die; - ⟨engl.; *Kurzwort für* Stabilization Force⟩ (ehem. internationale Truppe unter NATO-Führung in Bosnien u. Herzegowina)
s-för|mig, **S-för|mig** [ˈɛs...] ↑K 29 (in der Form eines S)
SFOR-Trup|pe, **Sfor-Trup|pe**
sfor|zan|do, sfor|za|to ⟨ital.⟩ (*Musik* verstärkt, stark [hervorgehoben]; *Abk.* sf)
Sfor|zan|do, das; -s, *Plur.* -s *u.* ...di, **Sfor|za|to,** das; -s, *Plur.* -s *u.* ...ti
sfr, sFr. *vgl.* ²Franken
sfu|ma|to ⟨ital.⟩ (*Kunst* duftig; mit verschwimmenden Umrissen)
s. g. = so genannt
SG, die; - = Spielgemeinschaft; Sportgemeinschaft
s-Ge|ni|tiv [ˈɛs...] (*Sprachwiss.*)
SGML, die *od.* das; - *meist ohne Artikel* = standard generalized mark-up language (*EDV* eine normierte Form der Textmarkierung)
Sgraf|fi|to, das; -s, *Plur.* -s *u.* ...ti ⟨ital.⟩ (*Kunst* Kratzputz [Wandmalerei])
's-Gra|ven|ha|ge [sxra:vənˈha:xə] (*offizielle niederländische Form von* Den Haag)
sh, s = Shilling
Shag [ʃɛk], der; -s, -s ⟨engl.⟩ (fein geschnittener Pfeifentabak); **Shag|pfei|fe; Shag|ta|bak**
¹Shake [ʃe:k], der; -s, -s ⟨engl.⟩ (ein Mischgetränk)
²Shake, das; -s, -s (starkes Vibrato im Jazz)
Shake|hands [...ˈhɛnts], das; -, - (Händeschütteln)
Sha|ker, der; -s, - (Mixbecher)
Shake|s|peare [ˈʃe:kspi:ɐ̯] (engl. Dichter); **shake|s|pearesch** [ˈʃe:kspi:ɐ̯ʃ]; shakespearesche *od.* Shakespeare'sche Dramen, Sonette; shakespearesche *od.* Shakespeare'sche Lebensnähe; **shake|s|pea|risch;** shakespearische Dramen, Sonette; shakespearische Lebensnähe
Sha|lom! [ʃ...] *vgl.* Schalom!
Sham|poo [ˈʃampu, *österr.* ...ˈpo:], **Sham|poon** [ʃɛmˈpu:n, *auch, österr. nur* ʃamˈpo:n], das; -s, -s ⟨Hindi-engl.⟩ (flüssiges Haarwaschmittel); **sham|poo|nie|ren** *vgl.* schamponieren
Shang|hai [ʃ..., *auch* ˈʃ...] *vgl.* Schanghai
Shan|non [ˈʃɛnən], der; -[s] (irischer Fluss)
Shan|ty [ˈʃɛnti, *auch* ˈʃa...], das; -s, -s ⟨engl.⟩ (Seemannslied); **Shan|ty|chor**

Sha|ping|ma|schi|ne [ˈʃeː...] ‹engl.; griech.› (Metallhobelmaschine, Schnellhobler)
Share [ʃɛːɐ̯], der; -, -s ‹engl.› (*engl. Bez. für* Aktie)
Share|hol|der-Va|lue, **Share|hol|der|va|lue** [ˈʃɛːɐ̯hoːldɐˈvɛljuː], der; -[s], -s ‹engl.› (*Wirtsch.* Marktwert des sich auf die Aktionäre aufteilenden Eigenkapitals eines Unternehmens)
Share|ware [...vɛːɐ̯], die; -, -s (*EDV* zu Testzwecken kostengünstig angebotene Software)
Shaw [ʃoː] (irisch-englischer Dichter)
Shed|bau [ʃ...] usw. *vgl.* Schedbau usw.
She-DJ [ˈʃiːˈdiːdʒeː], die; -, -s ‹engl.› (*schweiz. für* w. DJ)
Shef|field [ʃ...] (englische Stadt)
Shel|ley [ˈʃɛli] (Familienname eines engl. Dichterehepaares)
Shen|yang [ʃ...] *vgl.* Schenjang
She|riff [ʃ...], der; -s, -s ‹engl.› (Verwaltungsbeamter in England; höchster Vollzugsbeamter [einer Stadt] in den USA)
Sher|lock Holmes [ˈʃøːɐ̯... ˈhoːms, *auch* ˈʃɛr... ˈhɔlms] (englische Romanfigur [Detektiv])
Sher|pa [ʃ...], der; -[s], -s ‹tibet.-engl.› (Angehöriger eines tibetischen Volksstammes [der als Lastträger u. Bergführer bei Expeditionen im Himalajagebiet arbeitet]); **Sher|pa|ni**, die; -, -s
Sher|ry [ˈʃɛri], der; -s, -s ‹engl.› (spanischer Wein, Jerez)
's-Her|to|gen|bosch [shɛrtoːxən-ˈbɔs] (*offizielle niederländische Form von* Herzogenbusch)
Shet|land [ʃ..., *auch* ...lɛnt], der; -[s], -s ‹nach den schott. Inseln› (ein grau melierter Wollstoff)
Shet|land|in|seln, **Shet|land-In|seln** *Plur.* (Inselgruppe nordöstlich von Schottland); **Shet|land|po|ny; Shet|land|wol|le**, die; -
Shi|at|su [ʃ...], das; -[s] ‹jap.› (Druckmassage)
Shift|tas|te [ʃ...] ‹engl.; dt.› (Umschalttaste)
Shi|i|ta|ke [ʃi-i...], der; -[s], -s ‹jap.› (asiat. Speisepilz); **Shi|i|ta|ke|pilz**
Shil|ling [ʃ...], der; -s, -s ‹engl.› (frühere Münzeinheit in Großbritannien; 20 Shilling = 1 Pfund Sterling; *Abk.* s *od.* sh); 10 Shilling; *vgl. aber* Schilling
Shim|my [ˈʃɪmi], der; -[s], -s ‹amerik.› (Tanz der 1920er-Jahre)
Shirt [ʃøːɐ̯t], das; -s, -s ‹engl.› ([kurzärmeliges] Hemd)
Shi|sha [ˈʃiːʃa], die; -, -s, Schi|scha ‹pers.-türk.-arab.› (Wasserpfeife)
Shit [ʃ...], der *u.* das; -s ‹engl.› (*ugs. für* Haschisch)
Shit|storm [ˈʃɪtstɔːm], der; -s, -s ‹engl.› (*EDV* Entrüstungssturm [mit Beleidigungen] in einem Internetmedium)
Sho|ah [*auch* ˈʃoː...] *vgl.* Schoah
sho|cking [ʃ...], scho|cking ‹engl.› (*ugs. für* anstößig)
Sho|gun, Scho|gun [ˈʃoːguːn], der; -s, -e ‹jap.› (*früher* Titel japanischer Feldherren)
Shoo|ting [ˈʃuːtɪŋ], das; -s, -s ‹engl.› (Aufnahme von Werbefotos o. Ä.)
Shoo|ting|star [ˈʃuː...], der; -s, -s ‹engl., »Sternschnuppe«› (Person od. Sache, die schnell an die Spitze gelangt [z. B. im Schlagergeschäft]; Senkrechtstarter)
Shop [ʃ...], der; -s, -s ‹engl.› (Laden, Geschäft)
Sho|p|a|ho|lic [ʃɔpəˈhɔlɪk], der; -s, -s ‹engl.› (jmd., der zwanghaft ständig etwas kauft)
shop|pen (einen Einkaufsbummel machen); **Shop|per**, der; -s, - (jmd., der einkauft; größere [Hand]tasche); **Shop|pe|rin; Shop|ping**, das; -s (Einkaufsbummel)
Shop|ping|cen|ter, **Shop|ping-Cen|ter**, das; -s, - (Einkaufszentrum)
Short|list [ʃ...], die; -, -s ‹engl.› (engere Auswahlliste)
Shorts [ʃ...] *Plur.* ‹engl.› (kurze sportl. Hose)
Short Sto|ry, die; - -, - -s, **Short|sto|ry**, die; -, -s [*auch* ˈʃɔːt ˈstɔːri] (*angelsächs. Bez. für* Kurzgeschichte)
Short|track [...trɛk], der; -s ‹engl.› (Eisschnelllauf auf einer kurzen Bahn)
Shor|ty, das, *auch* der; -s, -s (Damenpyjama mit kurzer Hose)
Show [ʃoː], die; -, -s ‹engl.› (Schau, Vorführung; buntes, aufwendiges Unterhaltungsprogramm); **Show|block** *Plur.* ...blöcke (Show als Einlage in einer Fernsehsendung)
Show|busi|ness [ˈʃoːbɪznɪs], das; - ‹engl. »Schaugeschäft«› (Unterhaltungsindustrie)
Show|case [ˈʃoːkeːs], der *od.* das; -, *u.* -s, Plur. -s ‹engl., »Schaukasten«› (Präsentation, Vorführung [zu PR-Zwecken])
Show|down, **Show-down** [ʃoːˈdaun], der; -[s], -s (Entscheidungskampf)
Show|ge|schäft
Show|man [ˈʃoːmən], der; -s, ...men [...mən] (im Showgeschäft Tätiger)
Show|mas|ter, der; -s, - ‹anglisierend› (Unterhaltungskünstler, der eine Show präsentiert); **Show|mas|te|rin**
Show|view® [ˈʃoːvjuː], das; -s (Videoprogrammierung über Ziffernreihen)
Shred|der [ʃ...] (*englische Schreibung von* Schredder)
Shrimp [ʃr...], Schrimp, der; -s, -s *meist Plur.* ‹engl.› (kleine Krabbe)
Shuf|f|le|board [ˈʃaflboːɐ̯t], das; -s ‹engl.› (ein Spiel)
Shunt [ʃant], der; -s, -s ‹engl.› (*Elektrot.* parallel geschalteter Widerstand)
Shut|tle [ˈʃatl], der *od.* das; -s, -s ‹engl.› ([Fahrzeug im] Pendelverkehr; *kurz für* Spaceshuttle); **Shut|tle|bus**
Shy|lock [ˈʃai...], der; -[s], -s ‹nach Shakespeares »Kaufmann von Venedig«› (*geh. für* hartherziger Geldverleiher)
si ‹ital.› (Solmisationssilbe)
Si (*chem. Zeichen für* Silicium)
SI, das; - = Système International d'Unités (internationales Einheitensystem)
SIA, der; - = Schweizerischer Ingenieur- und Architektenverein
Si|al, das; -[s] (*Geol.* oberer Teil der Erdkruste)
Si|am (alter Name von Thailand); **Si|a|me|se**, der; -n, -n; **Si|a|me|sin; si|a|me|sisch;** siamesische Zwillinge; **Si|am|kat|ze**
Si|be|li|us (finnischer Komponist)
Si|bi|lant, der; -en, -en ‹lat.› (*Sprachwiss.* Zischlaut, z. B. s)
Si|bi|rer (*svw.* Sibirier); **Si|bi|re|rin**
Si|bi|ri|en
Si|bi|ri|er; Si|bi|ri|e|rin; si|bi|risch
Si|biu (rumänische Stadt; *vgl.* Hermannstadt)
Si|byl|la, **¹Si|byl|le** [...ˈbɪ...] (w. Vorn.)
²Si|byl|le, die; -, -n ‹griech.› (weissagende Frau, Wahrsagerin)
si|byl|li|nisch (wahrsagerisch; geheimnisvoll)
sic! [ziːk, zɪk] ‹lat.› (so!, wirklich so!)

S
Shap

si|cher

si|che|rer, si|chers|te

I. *Groß- oder Kleinschreibung*
a) *Kleinschreibung:*

- es ist am sichersten, wenn wir hier verschwinden
- auf Nummer sicher sein
- auf Nummer sicher gehen

b) *Großschreibung* ↑K72:

- wir suchen etwas Sicheres
- das Sicherste sind Gürtelreifen
- es ist das Sicherste, was du tun kannst
- es ist das Sicherste, sofort zu verschwinden
- ich fühle mich im Sichern (geborgen)

II. *Schreibung in Verbindung mit Verben:*

- du kannst sicher sein, dass sie dir helfen wird
- ein Arzneimittel, das sicher wirkt
- die Polizei will die Straßen auch nachts wieder sicher machen *od.* sichermachen
- in diesen Schuhen kann man sicher gehen; er ist in diesen Schuhen sicher gegangen

Aber:
- sie will in dieser Sache [ganz] sichergehen (Gewissheit haben)
- ein Beweisstück sicherstellen

III. *In Verbindung mit adjektivisch gebrauchten Partizipien* ↑K58:

- ein sicher wirkendes *od.* sicherwirkendes Arzneimittel

Aber nur:
- die sichergestellten Beweismittel

sich
Sich|aus|wei|nen, das; -s ↑K82
Si|chel, die; -, -n; **si|chel|för|mig**
si|cheln (mit der Sichel abschneiden); ich sich[e]le
Si|chel|wa|gen (Streitwagen im Altertum)
si|cher *s. Kasten*
si|cher|ge|hen (Gewissheit haben)
Si|cher|heit
Si|cher|heits|ab|stand; Si|cher|heits|au|to; Si|cher|heits|be|auf|trag|te; Si|cher|heits|be|hör|de; Si|cher|heits|be|stim|mung *meist Plur.*
Si|cher|heits|bin|dung *(Sport)*
Si|cher|heits|den|ken
Si|cher|heits|dienst
Si|cher|heits|di|rek|ti|on (*österr. für* Sicherheitsbehörde eines Bundeslandes); **Si|cher|heits|fach**
Si|cher|heits|fa|den; Si|cher|heits|ga|ran|tie *(bes. Politik);* **Si|cher|heits|glas** *Plur.* ...gläser; **Si|cher|heits|grün|de** *Plur.;* aus Sicherheitsgründen; **Si|cher|heits|gurt**
si|cher|heits|hal|ber
Si|cher|heits|ket|te; Si|cher|heits|ko|pie; Si|cher|heits|kraft *meist Plur.;* **Si|cher|heits|leis|tung** *(Wirtsch.);* **Si|cher|heits|li|nie** (*schweiz. auch für* Fahrstreifenbegrenzung); **Si|cher|heits|lü|cke; Si|cher|heits|man|gel** *meist Plur.;* **Si|cher|heits|maß|nah|me**
Si|cher|heits|na|del
Si|cher|heits|or|gan *meist Plur.* (mit Staatsschutz u. Ä. befasste Dienststelle)
Si|cher|heits|po|li|tik; si|cher|heits|po|li|tisch
Si|cher|heits|rat, der; -[e]s (UN-Behörde); **Si|cher|heits|ri|si|ko** (jmd. od. etwas die Sicherheit Gefährdendes)
Si|cher|heits|schloss; Si|cher|heits|schuh; Si|cher|heits|stan|dard; Si|cher|heits|sys|tem *(Technik)*
Si|cher|heits|tech|nik; si|cher|heits|tech|nisch
Si|cher|heits|ven|til *(Technik);* **Si|cher|heits|ver|schluss**
Si|cher|heits|vor|keh|rung; Si|cher|heits|vor|schrift
si|cher|lich; si|chern; ich sichere
si|cher|stel|len (sichern; in [polizeilichen] Gewahrsam geben od. nehmen); ein Beweisstück sicherstellen; um sicherzustellen, dass nichts passiert; **Si|cher|stel|lung**
Si|che|rung; Si|che|rungs|ab|tre|tung *(Wirtsch.);* **Si|che|rungs|ge|ber** *(Wirtsch.);* **Si|che|rungs|ge|be|rin; Si|che|rungs|hy|po|thek** *(Wirtsch.)*
Si|che|rungs|kas|ten
Si|che|rungs|ko|pie *(EDV)*
Si|che|rungs|neh|mer *(Wirtsch.);* **Si|che|rungs|neh|me|rin**
Si|che|rungs|über|eig|nung *(Wirtsch.);* **Si|che|rungs|ver|wah|rung** *(Rechtsspr.)*
si|cher wir|kend, si|cher|wir|kend *vgl.* sicher
Sich-ge|hen-Las|sen, das; -s ↑K27
Sich|ler (ein Schreitvogel)
Sicht, die; -, -en; auf, bei, nach Sicht *(Kaufmannsspr.);* auf lange Sicht; außer Sicht, in Sicht kommen, sein
sicht|bar; etwas sichtbar machen; **Sicht|bar|keit; sicht|bar|lich** *(veraltet)*
Sicht|be|reich
Sicht|be|ton; Sicht|blen|de; Sicht|ein|la|ge *(Bankw.)*
[1]**sich|ten** (auswählen, durchsehen)
[2]**sich|ten** (erblicken)
Sicht|feld; Sicht|flug; Sicht|gren|ze
sich|tig (*Seemannsspr.* klar); sichtiges Wetter
Sicht|kar|te (Zeitkarte im Personenverkehr); **Sicht|kar|ten|in|ha|ber** *(Amtsspr.);* **Sicht|kar|ten|in|ha|be|rin**
sicht|lich (offenkundig)
Sicht|li|nie; Sicht|schutz
[1]**Sich|tung** (das Auswählen)
[2]**Sich|tung,** die; - (das Erblicken)
Sicht|ver|hält|nis|se *Plur.*
Sicht|ver|merk; sicht|ver|merk|frei *(Amtsspr.)*
Sicht|wech|sel *(Bankw.)*
Sicht|wei|se; Sicht|wei|te
Sicht|wer|bung
Si|chu|an [ˈsɪtʃu̯an] (chin. Provinz)
[1]**Si|cke,** die; -, -n (*Technik* rinnenförmige Biegung, Kehlung)
[2]**Si|cke, Sie|ke,** die; -, -n (*Jägerspr.* Vogelweibchen)
si|cken (mit [1]Sicken versehen); gesickt; **Si|cken|ma|schi|ne**
Si|cker|gru|be
si|ckern; er sagt, das Wasser sickere; **Si|cker|was|ser** *Plur.* ...wässer
sic tran|sit glo|ria mun|di ⟨lat.⟩ (so vergeht die Herrlichkeit der Welt)
Sid|dhar|tha [...ˈdar...] ⟨sanskr.⟩ (weltlicher Name Buddhas)
Side|board [ˈsai̯tbɔːɐ̯t], das; -s, -s ⟨engl.⟩ (Anrichte, Büfett)
[1]**si|de|risch** ⟨lat.⟩ (auf die Sterne bezüglich; Stern...); siderisches Jahr (Sternjahr)

²sie|ben

(Zahlwort)
Kleinschreibung ↑K 78 *u.* 89:
- sieben auf einen Streich
- wir sind zu sieben *od.* zu siebt (*älter* siebent)
- wir sind sieben; sie kommt mit sieben[en]
- die sieben Sakramente; die sieben Todsünden; die sieben fetten und die sieben mageren Jahre
- die sieben freien Künste (im MA.)
- Schneewittchen und die sieben Zwerge
- für jemanden ein Buch mit sieben Siegeln sein (jemandem völlig unverständlich sein)
- um sieben Ecken (*ugs. für* weitläufig) mit jmdm. verwandt sein
- die sieben Weltwunder

Großschreibung in Namen ↑K 88:
- Sieben Berge (Landschaft in Niedersachsen)
- die Sieben Schwaben

Vgl. auch acht; Sieben

²si|de|risch ‹griech.› (aus Eisen; auf Eisen reagierend); siderisches Pendel *(Parapsychologie)*
Si|de|rit, der; -s, -e (gelbbraunes Eisenerz); **Si|de|ro|lith**, der; *Gen.* -s *u.* -en, *Plur.* -e[n] (Eisensteinmeteorit)
Si|don (phönizische Stadt)
Si|do|nia, Si|do|nie (w. Vorn.)
Si|do|ni|er (Bewohner von Sidon); **Si|do|ni|e|rin; si|do|nisch**
sie; sie kommt, sie kommen; Mode für sie und ihn
¹Sie ↑K 84 *(Höflichkeitsanrede an eine Person od. mehrere Personen gleich welchen Geschlechts:)* kommen Sie bitte!; jmdn. mit Sie anreden; ↑K 76: das steife Sie; *(veraltete Anrede an eine Person weiblichen Geschlechts:)* höre Sie! ↑K 85
²Sie, die; -, -[s] (*ugs. für* Mensch od. Tier weiblichen Geschlechts); es ist eine Sie; ein Er u. eine Sie
Sieb, das; -[e]s, -e; **sieb|ar|tig**
Sieb|bein (ein Knochen)
Sieb|druck *Plur.* ...drucke *(Druckw.)*
¹sie|ben (durchsieben)
²sie|ben *s. Kasten*
Sie|ben, die; -, *Plur.* -, *auch* -en (Zahl); eine böse Sieben; *vgl.* ¹Acht
sie|ben|ar|mig; siebenarmiger Leuchter
Sie|ben|bür|gen (*dt. Name von* Transsilvanien); **Sie|ben|bür|ger; Sie|ben|bür|ge|rin; sie|ben|bür|gisch**
Sie|ben|eck; sie|ben|eckig
sie|ben|ein|halb, sie|ben|und|ein|halb
Sie|be|ner *vgl.* Achter; **sie|be|ner|lei**; auf siebenerlei Art
sie|ben|fach; Sie|ben|fa|che *vgl.* Achtfache
Sie|ben|ge|bir|ge, das; -s
Sie|ben|ge|stirn, das; -[e]s (Sterngruppe)
sie|ben|hun|dert
sie|ben|jäh|rig; *aber* ↑K 151: der Siebenjährige Krieg
Sie|ben|kampf (Mehrkampf der Frauen in der Leichtathletik)
sie|ben|köp|fig
sie|ben|mal *vgl.* achtmal; **sie|ben|ma|lig**
Sie|ben|mei|len|schritt *meist Plur.* (*ugs. scherzh. für* riesiger Schritt); **Sie|ben|mei|len|stie|fel** *Plur.*
Sie|ben|me|ter, der; -s, - *(Hallenhandball)*
Sie|ben|mo|nats|kind
Sie|ben|punkt (ein Marienkäfer)
Sie|ben|sa|chen *Plur.* (*ugs. für* Habseligkeiten); seine Siebensachen packen
Sie|ben|schlä|fer (Nagetier; *volkstüml. für* 27. Juni als Lostag für eine Wetterregel)
Sie|ben|schritt, der; -[e]s (ein Volkstanz)
Sie|ben|sit|zer; sie|ben|stel|lig
Sie|ben|stern (Primelgewächs)
sie|bent (*älter für* siebt)
sie|ben|tau|send
sie|ben|te, sieb|te *vgl.* achte
sie|ben|tel *vgl.* siebtel; **Sie|ben|tel** *vgl.* Siebtel
sie|ben|tens, sieb|tens
sie|ben|und|ein|halb, sie|ben|ein|halb
sie|ben|und|sieb|zig *vgl.* acht; **sie|ben|und|sieb|zig|mal** *vgl.* achtmal
sieb|för|mig
Sieb|kreis *(Elektrot.)*
Sieb|ma|cher; Sieb|ma|che|rin
Sieb|ma|schi|ne
Sieb|röh|re *(Bot.)*
Sieb|schal|tung *(Elektrot.)*
Sieb|schöp|fer (*österr. für* Schaumlöffel)
siebt *vgl.* ²sieben
sieb|te, sie|ben|te *vgl.* achte
sieb|tel *vgl.* achtel; **Sieb|tel**, das, *schweiz. meist* der; -s, -
sieb|tens, sie|ben|tens
sieb|zehn *vgl.* acht; **sieb|zehn|hun|dert**
sieb|zehn|jäh|rig *vgl.* achtjährig
sieb|zehn|te ↑K 151: Siebzehnter (17.) Juni (Tag des Gedenkens an den 17. Juni 1953, den Tag des Aufstandes in der DDR); *vgl.* achte
Sieb|zehn|und|vier, das; - (ein Kartenglücksspiel)
sieb|zig *vgl.* achtzig
sieb|zi|ger *vgl.* achtziger; **Sieb|zi|ger** *vgl.* Achtziger; **Sieb|zi|ge|rin** *vgl.* Achtzigerin
sieb|zig|jäh|rig *vgl.* achtjährig
siech (*veraltend für* krank, hinfällig); **sie|chen; Sie|chen|haus** *(veraltet)*; **Siech|tum**, das; -s
Sie|de, die; - (*landsch. für* gesottenes Viehfutter); **sie|de|heiß** (*selten für* siedend heiß; *vgl.* sieden); **Sie|de|hit|ze**
sie|deln; ich sied[e]le
sie|den; du sottest *u.* siedetest; du söttest *u.* siedetest; gesotten *u.* gesiedet; sied[e]!; siedend heiß
Sie|de|punkt; Sie|der; Sie|de|rei
Sie|de|was|ser|re|ak|tor *(Kernphysik)*
Sied|fleisch (*südd., schweiz. für* Suppenfleisch)
Sied|ler; Sied|le|rin; Sied|lung
Sied|lungs|bau; Sied|lungs|dich|te; Sied|lungs|form; Sied|lungs|ge|biet; Sied|lungs|geo|gra|fie, Sied|lungs|geo|gra|phie
Sied|lungs|haus; Sied|lungs|kun|de, die; **Sied|lungs|land**, das; -[e]s; **Sied|lungs|po|li|tik; Sied|lungs|pro|gramm**
¹Sieg, der; -[e]s, -e
²Sieg, die; - (rechter Nebenfluss des Rheins)
Sie|gel, das; -s, - ‹lat.› (Stempelabdruck; [Brief]verschluss)
Sie|gel|be|wah|rer *(früher)*
Sie|gel|lack
sie|geln; ich sieg[e]le
Sie|gel|ring

S
side

Sie|ge|lung, Sieg|lung
sie|gen
Sie|ger; Sie|ger|eh|rung; Sie|ge|rin
Sie|ger|kranz, Sie|ges|kranz
Sie|ger|land, das; -[e]s (Landschaft); **Sie|ger|län|der; Sie|ger|län|de|rin; sie|ger|län|disch**
Sie|ger|macht; Sie|ger|mann|schaft; Sie|ger|mie|ne; Sie|ger|po|dest; Sie|ger|po|kal
Sie|ger|stra|ße, die; -; *nur in Wendungen wie* auf der Siegerstraße sein (im Begriff sein zu siegen)
sie|ges|be|wusst
Sie|ges|bot|schaft; Sie|ges|fei|er
Sie|ges|freu|de; sie|ges|froh
Sie|ges|ge|schrei
sie|ges|ge|wiss; Sie|ges|ge|wiss|heit
Sie|ges|göt|tin; Sie|ges|kranz *vgl.* Siegerkranz; **Sie|ges|preis; Sie|ges|säu|le; Sie|ges|se|rie** *(Sport)*
sie|ges|si|cher
Sie|ges|sträh|ne *(Sport);* **Sie|ges|tor; Sie|ges|tref|fer** *(Sport)*
sie|ges|trun|ken *(geh.)*
Sie|ges|wil|le, der; -; **Sie|ges|zug**
Sieg|fried (germanische Sagengestalt; m. Vorn.); ↑K134: Jung Siegfried
sieg|ge|wohnt
sieg|haft *(geh. für* siegessicher; *veraltet für* siegreich)
Sieg|hard (m. Vorn.)
Sieg|lind, Sieg|lin|de (w. Vorn.)
sieg|los
Sieg|lung, Sie|ge|lung
Sieg|mar, Sig|mar
Sieg|mund, Si|gis|mund (m. Vorn.)
Sieg|prä|mie; sieg|reich
Sieg|tref|fer *(svw.* Siegestreffer)
Sieg|wurz (Gladiole)
sie|he! *(Abk.* s.); siehe da!; **sie|he dort!** *(Abk.* s. d.); **sie|he oben!** *(Abk.* s. o.); **sie|he un|ten!** *(Abk.* s. u.); **sieht** *vgl.* sehen
SI-Ein|heit [ɛsˈiː...] (internationale Basiseinheit; *vgl.* SI)
Sie|ke *vgl.* ²Sicke
Siel, der *od.* das; -[e]s, -e *(nordd. u. fachspr. für* Abwasserleitung; kleine Deichschleuse); **Siel|bau** *Plur.* ...bauten
Sie|le, die; -, -n (Riemen[werk der Zugtiere]); in den Sielen (mitten in der Arbeit) sterben
sie|len, sich *(landsch. für* sich mit Behagen hin u. her wälzen)
Sie|len|ge|schirr
Sie|len|zeug, Siel|zeug
¹Sie|mens (Familienn.; ®)
²Sie|mens, das; -, - (elektrischer Leitwert; *Zeichen* S)
Sie|mens-Mar|tin-Ofen ↑K137 (zur Stahlerzeugung; *Abk.* SM-Ofen)
Sie|mens|stadt (Stadtteil von Berlin)
si|e|na ⟨ital.⟩ (rotbraun); ein siena Muster; *vgl.* blau *u.* beige
Si|e|na (italienische Stadt); **Si|e|na|er|de,** die; - ↑K143 (eine Malerfarbe); **Si|e|ne|se,** der; -n, -n; **Si|e|ne|ser; Si|e|ne|sin**
Si|en|ki|e|wicz [ʃɛŋˈkjɛvɪtʃ] (polnischer Schriftsteller)
Si|er|ra, die; -, *Plur.* ...rren *u.* -s ⟨span.⟩ (Gebirgskette)
Si|er|ra Le|o|ne (Staat in Afrika)
Si|er|ra Le|o|ner, Si|er|ra-Le|o|ner; Si|er|ra Le|o|ne|rin, Si|er|ra-Le|o|ne|rin; si|er|ra-le|o|nisch
Si|er|ra Ne|va|da, die; - - ⟨»Schneegebirge«⟩ (spanisches u. amerikanisches Gebirge)
Si|es|ta, die; -, *Plur.* ...sten *u.* -s ⟨ital.⟩ ([Mittags]ruhe)
Siet|land *Plur.* ...länder *(nordd. für* tief liegendes Marschland); **Siet|wen|dung** *(nordd. für* Binnendeich)
Sie|vert, das; -[s], - ⟨nach dem schwed. Radiologen R. M. Sievert⟩ *(Physik, Med.* Maßeinheit für die Belastung durch Strahlung; *Zeichen* Sv)
sie|zen (mit »Sie« anreden); du siezt
Sif *(germ. Mythol.* Gemahlin Thors)
Siff, der; -s *(ugs. für* Schmutz); **sif|fig**
Sif|flö|te ⟨franz.⟩ (eine hohe Orgelstimme)
Si|gel, das; -s, - ⟨lat.⟩, Si|g|le, die; -, -n ⟨franz.⟩ [...gl̩] (festgelegtes Abkürzungszeichen)
Sight|see|ing [ˈsaɪ̯tsiːɪŋ], das; -s, -[s] ⟨engl.⟩ (Besichtigung von Sehenswürdigkeiten); **Sight|see|ing|tour, Sight|see|ing-Tour** (Besichtigungsfahrt)
Si|gil|la|rie, die; -, -n (fossile Pflanzengattung)
Si|gis|mund *vgl.* Siegmund
Si|g|le [...gl̩] *vgl.* Sigel
Sig|ma, das; -[s], -s (griechischer Buchstabe: Σ, σ, ς)
Sig|mar *vgl.* Siegmar
Sig|ma|rin|gen (Stadt a. d. Donau)
Sig|ma|rin|ger; sig|ma|rin|ge|risch
sign. = signatum
Si|g|na *(Plur. von* Signum)
Si|g|nal, das; -s, -e ⟨lat.⟩
Si|g|nal|an|la|ge; Si|g|nal|buch
Si|g|na|le|ment [...ˈmãː, *schweiz.* ...ˈmɛnt], das; -s, -s, *schweiz.* das; -[e]s, -e ⟨franz.⟩ ([Personen]beschreibung; *Landwirtsch.* Zusammenstellung der ein bestimmtes Tier kennzeichnenden Angaben)
Si|g|nal|far|be; Si|g|nal|feu|er; Si|g|nal|flag|ge
Si|g|nal|gast *Plur.* ...gasten (Matrose)
Si|g|nal|glo|cke; Si|g|nal|horn
Si|g|na|li|sa|ti|on *(schweiz. für* Ausschilderung; Beschilderung)
si|g|na|li|sie|ren (Signal[e] übermitteln); **Si|gna|li|sie|rung**
Si|g|nal|lam|pe; Si|g|nal|licht *Plur.* ...lichter; **Si|g|nal|mast,** der
Si|g|nal|reiz *(svw.* Schlüsselreiz)
Si|g|nal|sys|tem; Si|g|nal|über|tra|gung; Si|g|nal|wir|kung
Si|g|na|tar, der; -s, -e ⟨lat.⟩ *(veraltet für* Unterzeichner); **Si|g|na|ta|rin**
Si|g|na|tar|macht ([einen Vertrag] unterzeichnende Macht); **Si|g|na|tar|staat**
Si|g|na|tion [sɪˈgneːʃn̩], die; -, -s ⟨engl.⟩ *(österr. für* Erkennungsmelodie)
si|g|na|tum (unterzeichnet; *Abk.* sign.)
Si|g|na|tur, die; -, -en (Namenszeichen, Unterschrift; symbol. Landkartenzeichen; Buchnummer in einer Bibliothek)
Si|g|net [*auch* zɪnˈjeː], das; -s, *Plur.* -s, *bei dt. Ausspr.* -e ⟨franz.⟩ (Buchdrucker-, Verleger-, Firmenzeichen)
si|g|nie|ren [...ˈgniː...] ⟨lat.⟩ (mit einer Signatur versehen)
Si|g|nier|stun|de
si|g|ni|fi|kant ⟨lat.⟩ (bedeutsam, kennzeichnend); **Si|g|ni|fi|kanz,** die; -, -en (Bedeutsamkeit)
Si|g|nor [zɪnˈjoːɐ̯], der; -, -i ⟨ital.⟩ *(ital. Bez. für* Herr *[mit folgendem Namen]);* **Si|g|no|ra,** die; -, *Plur.* -s *u.* ...re *(ital. Bez. für* Frau); **Si|g|no|re,** der; -, ...ri *(ital. Bez. für* Herr *[ohne folgenden Namen])*
Si|g|no|ria, Si|g|no|rie, die; -, ...ien *(früher für* die höchste Behörde der italienischen Stadtstaaten)
Si|g|no|ri|na, die; -, *Plur.* -s, *auch* ...ne *(ital. Bez. für* unverheiratete Frau); **Si|g|no|ri|no,** der; -, *Plur.* -s, *auch* ...ni *(frühere ital. Bez. für* junger Herr)
Si|g|num, das; -s, ...na ⟨lat.⟩ (Zeichen; verkürzte Unterschrift)
Sig|rid (w. Vorn.)

Si̱|g|rist, der; -en, -en ‹lat.› (*schweiz. für* Küster, Mesner); **Si̱|g|ris|tin**
Sig|run (w. Vorn.)
Si̱|ka|hirsch ‹jap.; dt.› (ein ostasiatischer Hirsch)
Si̱kh [...k], der; -[s], -s *u.* die; -, -s (Anhänger[in] einer ind. Religionsrichtung)
Sik|ka|ti̱v, das; -s, -e ‹lat.› (Trockenmittel für Ölfarben)
Si̱k|kim (ind. Bundesstaat im Himalaja); **Si̱k|ki|mer; Si̱k|ki|merin; si̱k|ki|misch**
Si|la̱|ge [...ʒə] *vgl.* Ensilage
Si|la̱n, das; -s, -e (*Chemie* Siliciumwasserstoff)
Si̱l|be, die; -, -n; **Si̱l|ben|maß; Si̱l|ben|rät|sel; Si̱l|ben|tren|nung**
Si̱l|ber, das; -s (chemisches Element, Edelmetall; *Zeichen* Ag); *vgl.* Argentum
...sil|ber *vgl.* ...silbler
Si̱l|ber|ar|beit; Si̱l|ber|bar|ren; Si̱l|ber|berg|werk; Si̱l|ber|be|steck
Si̱l|ber|blick (*ugs. scherzh. für* leicht schielender Blick)
Si̱l|ber|bro|kat; Si̱l|ber|dis|tel; Si̱l|ber|draht; Si̱l|ber|fa|den
si̱l|ber|far|ben, si̱l|ber|far|big
Si̱l|ber|fisch|chen (ein Insekt); **Si̱l|ber|fuchs**
Si̱l|ber|geld, das; -[e]s
Si̱l|ber|glanz (*auch veraltet für* Argentit); **si̱l|ber|glän|zend**
si̱l|ber|grau; si̱l|ber|haa|rig; si̱l|ber|hal|tig; si̱l|ber|hell
Si̱l|ber|hoch|zeit
si̱l|be|rig, si̱lb|rig
Si̱l|ber|ling (eine alte Silbermünze)
Si̱l|ber|lö|we (Puma); **Si̱l|ber|me|dail|le; Si̱l|ber|mö|we; Si̱l|ber|mün|ze**
si̱l|bern; silbern färben; ↑K89: silberne Hochzeit, *aber* ↑K151: Silberner Sonntag (*früher* vorletzter Sonntag vor Weihnachten); Silbernes Lorbeerblatt (eine Auszeichnung für besondere Sportleistungen)
Si̱l|ber|pa|pier; Si̱l|ber|pap|pel; Si̱l|ber|rei|her
Si̱l|ber|schei|be (*ugs. für* Compact Disc)
Si̱l|ber|schmied; Si̱l|ber|schmie|din
Si̱l|ber|stift (ein Zeichenstift)
Si̱l|ber|streif, Si̱l|ber|strei|fen; *meist in* Silberstreif[en] am Horizont (Zeichen beginnender Besserung)
Si̱l|ber|ta|b|lett; Si̱l|ber|tan|ne
si̱l|ber|ver|gol|det; ein silbervergoldeter Pokal (ein vergoldeter silberner Pokal)
si̱l|ber|weiß
Si̱l|ber|zeug (*ugs. für* Silbergerät)
Si̱l|ber|zwie|bel (Perlzwiebel)
...sil|big (z. B. dreisilbig)
si̱l|bisch (eine Silbe bildend)
...silb|ler, ...sil|ber (z. B. Zweisilbler, Zweisilber)
si̱lb|rig, si̱l|be|rig
Si̱ld, der; -[e]s, -[e] ‹skand.› (pikant eingelegter junger Hering)
Si|le̱n, der; -s, -e ‹griech.› (Fabelwesen der griechischen Sage)
Si|len|ti|um! ‹lat.› (Ruhe!)
Si̱l|ge, die; -, -n ‹griech.› (ein Doldengewächs)
Sil|hou|et|te [ziˈlu̯e...], die; -, -n ‹franz.› (Umriss; Schattenriss, Scherenschnitt); **sil|hou|et|tie̱|ren** *(veraltend)*
Si|li|ca̱t *vgl.* Silikat
Si|li̱|ci|um *vgl.* Silizium
Si|li|co̱n *vgl.* Silikon
Si|li|con Val|ley [ˈsɪlɪkn̩ ˈvɛli], das; - -[s] (Zentrum der amerik. Elektronik- u. Computerbranche bei San Francisco)
si|lie̱|ren ‹span.› (im Silo einlagern)
Si|li|fi|ka|ti|o̱n, die; -, -en ‹lat.› (*Geol.* Verkieselung); **si|li|fi|zie̱|ren**
Si|li|ka̱t, *fachspr.* Si|li|ca̱t, das; -[e]s, -e (*Chemie* Salz der Kieselsäure)
Si|li|ko̱n, *fachspr.* Si|li|co̱n, das; -s, -e (sehr wärme- u. wasserbeständiger Kunststoff)
Si|li|ko̱n|bu|sen; Si|li|ko̱n|im|plan|tat
Si|li|ko̱|se, die; -, -n (*Med.* Steinstaublunge)
Si|li̱|zi|um, *fachspr.* Si|li̱|ci|um, das; -s ‹lat.› (chemisches Element, Nichtmetall; *Zeichen* Si)
Si̱l|ke (w. Vorn.)
Si̱l|len *Plur.* ‹griech.› (altgriechische parodistische Spottgedichte auf Dichter u. a.)
Si̱|lo, der *od.* das; -s, -s ‹span.› (Großspeicher [für Getreide, Erz u. a.]; Gärfutterbehälter)
Si̱|lo|fut|ter; Si̱|lo|turm

Silhouette

Das Wort geht auf den Namen eines französischen Politikers zurück. Es hat seine französische Schreibweise im Deutschen behalten.

Si|lu̱r, das; -s (*Geol.* eine Formation des Paläozoikums)
Si|lu̱|rer (Angehöriger eines vorkelt. Volksstammes in Wales); **Si|lu̱|re|rin**
si|lu̱|risch (die Silurer betreffend; *Geol.* das Silur betreffend; im Silur entstanden)
Sil|va̱n, Sil|va̱|nus (m. Vorn.)
Sil|va̱|ner (eine Reb- u. Weinsorte)
¹Sil|ve̱s|ter (m. Vorn.)
²Sil|ve̱s|ter, der, *auch* das; -s, - *meist ohne Artikel* ‹nach Papst Silvester I.› (letzter Tag im Jahr)
Sil|ve̱s|ter|abend; Sil|ve̱s|ter|ball *vgl.* ²Ball; **Sil|ve̱s|ter|fei|er; Sil|ve̱s|ter|kon|zert; Sil|ve̱s|ter|nacht; Sil|ve̱s|ter|par|ty**
Sil|via (w. Vorn.)
Sil|v|re̱t|ta, Sil|v|re̱t|ta|grup|pe, Sil|v|re̱t|ta-Grup|pe, die; - (Gebirgsgruppe der Zentralalpen); **Sil|v|re̱t|ta-Ho̱ch|al|pen|stra|ße,** die; -
¹Si̱|ma, die; -, *Plur.* -s *u.* ...men ‹griech.› (*Archit.* Traufrinne antiker Tempel)
²Si̱|ma, das; -[s] ‹nlat.› (*Geol.* unterer Teil der Erdkruste)
Si̱|mandl, das; -s, -[n] ‹*eigtl.* Mann, der durch eine »Sie« beherrscht wird› (*bayr. u. österr. ugs. für* Pantoffelheld)
Sim|ba̱b|we (Staat in Afrika); **Sim|ba̱b|wer; Sim|ba̱b|we|rin; sim|ba̱b|wisch**
Si̱|me|on (bibl. m. Eigenn. u. Vorn.)
Si̱|mi|li|stein ‹lat.; dt.› (unechter Schmuckstein)
SI̱M-Kar|te ‹zu engl. Subscriber Identification Module› (Speicherchip von Mobiltelefonen)
Si̱m|men|tal (schweizerische Landschaft); **Si̱m|men|ta|ler; Si̱m|men|ta|le|rin**
Si̱m|mer, das; -s, - (ein altes Getreidemaß)
si̱m|mern (köcheln); ich simmere
Si̱m|mer|ring® (eine Antriebswellendichtung)
Si̱|mon (Apostel; m. Vorn.)
Si|mo̱|ne (w. Vorn.)
Si|mo̱|ni|des (griech. Lyriker)
Si|mo|nie̱, die; -, ...i̱en ‹nach dem Zauberer Simon› (Kauf od. Verkauf von geistlichen Ämtern)
si|mo̱|nisch (nach Art Simons)
si̱m|pel ‹franz.› (einfach, einfältig); sim|p|le Frage; **Si̱m|pel,** der; -s, - (*landsch. für* Dummkopf)
Si̱m|plex, das; -, *Plur.* -e *u.* ...pli̱zia ‹lat.› (*Sprachwiss.* einfaches, nicht zusammengesetztes Wort)
Sim|p|li|ci̱s|si|mus, Sim|p|li|zi̱s|si-

S
Sigr

mus, der; - ‹nlat.› (Titel[held] eines Romans von Grimmelshausen; frühere polit.-satir. deutsche Wochenschrift)

Sim|p|li|fi|ka|ti|on, die; -, -en (*seltener für* Simplifizierung)

sim|p|li|fi|zie|ren ‹lat.› (in einfacher Weise darstellen; vereinfachen); **Sim|p|li|fi|zie|rung**

Sim|p|li|zia (*Plur. von* Simplex)

Sim|p|li|zis|si|mus *vgl.* Simplicissimus

Sim|p|li|zi|tät, die; -, -en (Einfachheit, Schlichtheit)

Sim|p|lon, der; -[s], **Sim|p|lon|pass,** der; -es, **Sim|p|lon-Pass,** der; -es; **Sim|p|lon|stra|ße, Sim|p|lon-Stra|ße,** die; -; **Sim|p|lon|tun|nel, Sim|p|lon-Tun|nel,** der; -s

Sims, der *od.* das; -es, -e ‹lat.› (waagerechter [Wand]vorsprung; Leiste)

Sim|sa|la|bim (Zauberwort)

Sim|se, die; -, -n (ein Riedgras; *landsch. für* Binse)

sim|sen (*ugs. für* eine SMS versenden); du simst, hast gesimst; **Sim|ser; Sim|se|rin**

Sims|ho|bel

Sim|son, *seltener* Sam|son (bibl. m. Eigenn.)

Si|mu|lant, der; -en, -en ‹lat.› (jmd., der eine Krankheit vortäuscht); **Si|mu|lan|tin**

Si|mu|la|ti|on, die; -, -en ‹lat.› (Vortäuschung; Nachahmung im Simulator o. Ä.)

Si|mu|la|tor, der; -s, ...oren (Gerät, in dem bestimmte Bedingungen u. [Lebens]verhältnisse realistisch herstellbar sind)

si|mu|lie|ren ‹lat.› (vorgeben; sich verstellen; übungshalber im Simulator o. Ä. nachahmen)

si|mul|tan ‹lat.› (gleichzeitig)

Si|mul|tan|büh|ne (*Theater*)

Si|mul|tan|dol|met|schen, das; -s; **Si|mul|tan|dol|met|scher; Si|mul|tan|dol|met|sche|rin**

Si|mul|ta|ne|i|tät, Si|mul|ta|ni|tät, die; -, -en (*fachspr. für* Gemeinsamkeit, Gleichzeitigkeit)

Si|mul|tan|kir|che (Kirchengebäude für mehrere Bekenntnisse); **Si|mul|tan|schu|le** (Gemeinschaftsschule); **Si|mul|tan|spiel** (Schachspiel gegen mehrere Gegner gleichzeitig)

sin = Sinus

Si|nai [...nai], der; -[s] (Gebirgsmassiv auf der gleichnamigen ägyptischen Halbinsel)

Si|nai|ge|bir|ge, Si|nai-Ge|bir|ge, das; -s; **Si|nai|halb|in|sel, Si|nai-Halb|in|sel,** die; -

Si|n|an|th|ro|pus, der; -, ...pi ‹griech.› (*Anthropol.* Pekingmensch)

Si|na|t|ra, Frank [frɛŋk] (amerik. Sänger u. Filmschauspieler)

Si|nau, der; -s, -e (Frauenmantel, eine Pflanze)

si|ne an|no ‹lat., »ohne [Angabe des] Jahr[es]«› (veralteter Hinweis bei Buchtitelangaben; *Abk.* s. a.)

si|ne ira et stu|dio [- - - st...] ‹»ohne Zorn u. Eifer«› (sachlich)

Si|ne|ku|re, die; -, -n ‹lat.› (müheloses Amt; Pfründe)

si|ne lo|co ‹lat., »ohne [Angabe des] Ort[es]«› (veralteter Hinweis bei Angaben von Buchtiteln; *Abk.* s. l.); **si|ne lo|co et an|no** ‹»ohne [Angabe des] Ort[es] u. [des] Jahr[es]«› (veralteter Hinweis bei Angaben von Buchtiteln; *Abk.* s. l. e. a.)

si|ne tem|po|re [- ...re] (ohne akademisches Viertel, pünktlich; *Abk.* s. t.); *vgl.* cum tempore

Sin|fo|nie, Sym|pho|nie, die; -, ...ien ‹griech.› (groß angelegtes Orchesterwerk in meist vier Sätzen)

Sin|fo|nie|kon|zert, Sym|pho|nie|kon|zert; **Sin|fo|nie|or|ches|ter,** Sym|pho|nie|or|ches|ter

Sin|fo|ni|et|ta, die; -, ...tten ‹ital.› (kleine Sinfonie)

Sin|fo|ni|ker, Sym|pho|ni|ker (Verfasser von Sinfonien; *nur Plur.:* Mitglieder eines Sinfonieorchesters); **Sin|fo|ni|ke|rin,** Sym|pho|ni|ke|rin

sin|fo|nisch, sym|pho|nisch (sinfonieartig); sinfonische, symphonische Dichtung

Sing. = Singular

Sing|aka|de|mie

Sin|ga|pur [*auch* ...ˈpuːɐ̯] (Staat u. Stadt an der Südspitze der Halbinsel Malakka); **Sin|ga|pu|rer; Sin|ga|pu|re|rin; sin|ga|pu|risch**

sing|bar; Sing|dros|sel

Sin|ge|grup|pe (*DDR*)

sin|gen; du sangst; du sängest; gesungen; sing[e]!; die Singende *od.* singende Säge ↑K89 (ein Musikinstrument); **Sin|gen (Ho|hen|twiel)** (Stadt im Hegau)

Sin|ge|ner; Sin|ge|ne|rin

Sin|ge|rei (*ugs.*)

Sin|ger-Song|wri|ter ‹engl.› (jmd., der selbst geschriebene Lieder singt); **Sin|ger-Song|wri|te|rin**

Sin|gha|le|se [zɪŋga...], der; -n, -n (Angehöriger eines indischen Volkes auf Sri Lanka); **Sin|gha|le|sin; sin|gha|le|sisch**

Sing|kreis (kleinerer Chor)

sin|g|le [...ŋl] (alleinstehend); wir sind alle jung und single

¹**Sin|g|le** [...ŋl], das; -[s], -s ‹engl.› (Einzelspiel [im Tennis o. Ä.])

²**Sin|g|le,** die; -, -s (kleine Schallplatte)

³**Sin|g|le,** der; -[s], -s (alleinstehender Mensch); **Sin|g|le|treff,** der (*ugs.*)

Sin|grün, das; -s, -[e] (Immergrün)

Sing|sang, der; -[e]s (*ugs.*)

Sing|schwan

Sing-Sing, das; -[s], -s ‹Staatsgefängnis von New York bei der Industriestadt Ossining (*früher* Sing Sing)› (*ugs. für* Gefängnis)

Sing|spiel; Sing|stim|me; Sing|stun|de

Sin|gu|lar, der; -s, -e ‹lat.› (*Sprachwiss.* Einzahl; *Abk.* Sing.)

sin|gu|lär (vereinzelt; selten)

Sin|gu|la|re|tan|tum, das; -s, *Plur.* -s *u.* Singulariatantum (*Sprachwiss.* nur im Singular vorkommendes Wort, z. B. »das All«)

Sin|gu|lar|form; sin|gu|la|risch (im Singular [gebraucht])

Sin|gu|la|ris|mus, der; - (*Philos.*)

Sin|gu|la|ri|tät, die; -, -en *meist Plur.* (vereinzelte Erscheinung; Besonderheit)

Sing|vo|gel; Sing|wei|se, die

si|nis|ter ‹lat.› (*selten für* unheilvoll); sinist[e]re Pläne

sin|ken; er/sie/es sinkt; ich sank, du sankst; du sänkest; gesunken; sink[e]!; sinkende Unfallzahlen

Sink|flug (*Flugw.*)

Sink|kas|ten (bei Abwasseranlagen); **Sink|stoff** (Substanz, die sich im Wasser absetzt)

Sinn, der; -[e]s, -e; bei, von Sinnen sein

sinn|be|to|nend; *aber* das gegen den Sinn betonende Ablesen von Texten

sinn|be|tö|rend (*geh.*)

Sinn|bild; sinn|bild|lich

sin|nen; du sannst; du sännest, *veraltet* sönnest; gesonnen; sinn[e]!; *vgl.* gesinnt *u.* gesonnen

sin|nen|froh

Sin|nen|lust, die; -; **Sin|nen|mensch;**

Sin|nen|rausch, der; -[e]s; **Sin|nen|reiz**
sinn|ent|leert; sinn|ent|stel|lend
Sin|nen|welt, die; -
sinn|er|füllt; ein sinnerfülltes Leben
Sinn|er|gän|zung *(Sprachwiss.)*
Sin|nes|än|de|rung; Sin|nes|art
sin|nes|be|hin|dert (*bes. österr. Päd.* im Gehör- od. Sehsinn behindert); **Sin|nes|be|hin|der|te,** der *u.* die; -n, -n
Sin|nes|ein|druck; Sin|nes|or|gan
Sin|nes|reiz (*Biol.* Reiz, der auf ein Sinnesorgan einwirkt)
Sin|nes|stö|rung; Sin|nes|täu|schung; Sin|nes|wahr|neh|mung; Sin|nes|wan|del; Sin|nes|zel|le *meist Plur. (Anat., Zool.)*
sinn|fäl|lig; Sinn|fäl|lig|keit, die; -
Sinn|fra|ge (Frage nach dem Sinn, bes. des menschlichen Daseins)
sinn|frei (ohne Sinn)
Sinn|ge|bung; Sinn|ge|dicht; Sinn|ge|halt, der
sinn|ge|mäß; sinn|haft (*geh. für* sinnvoll); **Sinn|haf|tig|keit,** die; -
sin|nie|ren (*ugs. für* in Nachdenken versunken sein); **Sin|nie|rer; Sin|nie|re|rin**
sin|nig (*meist iron. für* sinnvoll; *veraltet für* nachdenklich); **sin|ni|ger|wei|se; Sin|nig|keit**
Sinn|kri|se
sinn|lich; Sinn|lich|keit
sinn|los; Sinn|lo|sig|keit
sinn|reich; Sinn|spruch
sinn|stif|tend, Sinn stif|tend ↑K58
Sinn|su|che
sinn|ver|wandt; sinn|ver|wir|rend; sinn|voll
sinn|wid|rig; Sinn|wid|rig|keit
Sinn|zu|sam|men|hang
Si|no|lo|ge, der; -n, -n; **Si|no|lo|gie,** die; - ‹griech.› (Chinakunde); **Si|no|lo|gin; si|no|lo|gisch**
sin|te|mal (*veraltet für* da, weil)
Sin|ter, der; -s, - (mineral. Ablagerung aus Quellen); **Sin|ter|glas,** das; -es; **sin|tern** ([durch]sickern; Sinter bilden; *Technik* durch Erhitzen zusammenbacken lassen); **Sin|ter|ter|ras|se**
Sint|flut ‹»umfassende Flut«› *(A. T.); vgl.* Sündflut; **sint|flut|ar|tig**
Sin|ti|za, Sin|te|za, die; -, -s ‹Romani› (weiblicher Sinto)
Sin|to, der; -, ...ti *meist Plur.* (das als diskriminierend empfundene Wort »Zigeuner« ersetzende Selbstbezeichnung für einen in Deutschland lebenden Angehörigen der Gruppe; *vgl.* [2]Rom)
Si|nus, der; -, *Plur.* - *u.* -se ‹lat.› (*Med.* Ausbuchtung, Hohlraum; *Math.* eine Winkelfunktion im rechtwinkligen Dreieck, *Zeichen* sin)
Si|nu|si|tis, die; -, ...itiden (*Med.* Entzündung der Nasennebenhöhlen)
Si|nus|kur|ve *(Math.);* **Si|nus|schwin|gung** *(Physik)*
Si|on *vgl.* Zion
Si|oux [ˈziːʊks, *engl.* suː], der *u.* die; -, - (Angehörige[r] einer Sprachfamilie der nordamerik. Indianer)
Si|pho, der; -s, ...onen ‹griech.› (*Zool.* Atemröhre von Schnecken, Muscheln u. a.)
Si|phon [...fõ, *österr.* ziˈfoːn], der, *auch* das; -s, -s (Geruchsverschluss bei Wasserausgüssen; Getränkegefäß, bei dem die Flüssigkeit durch Kohlensäure herausgedrückt wird)
Si|pho|no|pho|re, die; -, -n *meist Plur.* ‹griech.› (*Zool.* Staats- od. Röhrenqualle)
Si|phon|ver|schluss (Geruchsverschluss)
Sip|pe, die; -, -n
Sip|pen|haft; Sip|pen|haf|tung
Sip|pen|ver|band *(Völkerkunde)*
Sipp|schaft (*abwertend für* Verwandtschaft; Gesindel)
Sir [søːɐ̯], der; -s, -s ‹engl.› (*engl. Anrede [ohne Namen]* »Herr«; *vor Vorn.* engl. Adelstitel)
Si|rach (bibl. m. Eigenn.); *vgl.* Jesus Sirach
Sire [ziːɐ̯] ‹franz.› (franz. Anrede an einen Monarchen)
Si|re|ne, die; -, -n ‹griech., nach den Fabelwesen der griech. Sage› (Nebelhorn, Warngerät; verführerische Frau; *Zool.* Seekuh); **Si|re|nen|alarm; Si|re|nen|ge|heul; Si|re|nen|ge|sang**
si|re|nen|haft (verführerisch)
Si|re|nen|pro|be
Si|ri|us, der; - ‹griech.› (ein Stern); **si|ri|us|fern** *(geh.)*
Sir|rah, die; - ‹arab.› (ein Stern)
sir|ren (hell klingen, surren)
Sir|ta|ki, der; -[s], -s ‹griech.› (ein griechischer Volkstanz)
Si|rup, der; -s, -e *od.* -s ‹arab.› (dickflüssiger Rüben- od. Obstsaft); **si|rup|ähn|lich**
Si|sal, der; -s ‹nach der mexik. Stadt›; **Si|sal|aga|ve; Si|sal|hanf; Si|sal|läu|fer**
sis|tie|ren ‹lat.› ([Verfahren] einstellen; *bes. Rechtsspr.* jmdn. zur Feststellung seiner Personalien auf die Polizeiwache bringen); **Sis|tie|rung**
Sis|t|rum, das; -s, Sistren ‹griech.› (altägyptische Rassel)
Si|sy|phos ‹griech.›, **Si|sy|phus** (Gestalt der griechischen Sage)
Si|sy|phus|ar|beit ↑K136 (vergebliche Arbeit)
Si|tar, der; -[s], -[s] *u.* die; -, -[s] ‹iran.› (indische Laute)
Sit|com, die; -, -s ‹engl.› (Situationskomödie)
Site [sait], die; -, -s ‹engl.› (*EDV* Website)
Sit-in, Sit|in [sɪtˈ|ɪn], das; -[s], -s ‹amerik.› (Sitzstreik)
Sit|te, die; -, -n
Sit|ten (Hauptstadt des Kantons Wallis)
Sit|ten|bild
Sit|ten|co|dex *vgl.* Sittenkodex
Sit|ten|de|zer|nat; Sit|ten|ge|mäl|de; Sit|ten|ge|schich|te
Sit|ten|ko|dex, Sit|ten|co|dex, der; -[es], -e
Sit|ten|ko|mö|die; Sit|ten|leh|re
sit|ten|los; Sit|ten|lo|sig|keit, die; -
Sit|ten|po|li|zei
Sit|ten|rich|ter; Sit|ten|rich|te|rin
Sit|ten|schil|de|rung
sit|ten|streng; Sit|ten|stren|ge
Sit|ten|strolch
Sit|ten|ver|derb|nis *(geh.);* **Sit|ten|ver|fall**
sit|ten|wid|rig; Sit|ten|wid|rig|keit
Sit|tich, der; -s, -e (ein Papagei)
sitt|lich; Sitt|lich|keit
Sitt|lich|keits|de|likt
Sitt|lich|keits|ver|bre|chen; Sitt|lich|keits|ver|bre|cher; Sitt|lich|keits|ver|bre|che|rin
sitt|sam *(veraltend);* **Sitt|sam|keit,** die; -
Si|tu|a|ti|on, die; -, -en ‹lat.›; **si|tu|a|ti|ons|be|dingt**
Si|tu|a|ti|ons|ko|mik
Si|tu|a|ti|ons|ko|mö|die
si|tu|a|ti|ons|spe|zi|fisch
si|tu|a|tiv (durch die Situation bedingt)
si|tu|ie|ren ‹franz.› (in einen Zusammenhang stellen; einbetten)
si|tu|iert (in bestimmten [wirtschaftlichen] Verhältnissen lebend); sie ist besser situiert als er
Si|tu|la, die; -, ...ulen ‹lat.› (bronzezeitlicher Eimer)
Si|tus, der; -, - ‹lat.› (*Med.* Lage [von Organen]); *vgl.* in situ

S
Sinn

sit|zen

- du sitzt (*bes. schweiz. auch* sitzest)
- er/sie/es sitzt
- du saßest; er/sie/es saß
- ich meinte, du säßest bereits
- gesessen; sitz[e]!
- ich habe (*südd., österr., schweiz.:* bin) gesessen
- einen sitzen haben (*ugs. für* betrunken sein)
- ich bin noch nicht zum Sitzen gekommen ↑K82

Man schreibt »sitzen« in wörtlicher Bedeutung getrennt vom folgenden »bleiben« oder »lassen« ↑K55:

- ich will jetzt hier sitzen bleiben
- wir sind auf der Bank sitzen geblieben
- er hätte das Kind ruhig sitzen lassen können

Bei übertragener Bedeutung kann getrennt oder zusammengeschrieben werden ↑K55:

- sie ist sitzen geblieben *od.* sitzengeblieben (*ugs. für* ist in der Schule nicht versetzt worden)
- wir sind auf den Blumen sitzen geblieben *od.* sitzengeblieben (*ugs. für* haben sie nicht verkaufen können)
- ich habe den Vorwurf nicht auf mir sitzen lassen *od.* sitzenlassen (nicht unwidersprochen gelassen)
- die Lehrer haben ihn sitzen lassen *od.* sitzenlassen (*ugs. für* in der Schule nicht versetzt)
- ich habe ihn sitzen lassen, *seltener* sitzen gelassen *od.* sitzenlassen, *seltener* sitzengelassen (*ugs. für* im Stich gelassen), als er meine Hilfe brauchte

sit ve|nia ver|bo ⟨lat.⟩ (man verzeihe das Wort!; *Abk.* s. v. v.)
Sitz, der; -es, -e
Sitz|bad; Sitz|ba|de|wan|ne
Sitz|bank *Plur.* ...bänke
Sitz|blo|cka|de; Sitz|ecke
sit|zen *s. Kasten*
sit|zen blei|ben, sit|zen|blei|ben *vgl.* sitzen; **Sit|zen|blei|ber; Sit|zen|blei|be|rin**
sit|zend; sitzende Tätigkeit
sit|zen las|sen, sit|zen|las|sen *vgl.* sitzen
...sit|zer (z. B. Zweisitzer)
Sitz|fal|te; Sitz|flä|che
Sitz|fleisch, das; -[e]s (*ugs. scherzh. für* Ausdauer)
Sitz|ge|le|gen|heit
Sitz|grup|pe
...sit|zig (z. B. viersitzig)
Sitz|kis|sen; Sitz|mö|bel
Sitz|nach|bar; Sitz|ord|nung
Sitz|pink|ler *(ugs.);* **Sitz|pink|le|rin** *(ugs. scherzh.)*
Sitz|platz; Sitz|po|si|ti|on; Sitz|rei|he
Sitz|rie|se (*ugs. scherzh. für* jmd. mit kurzen Beinen u. langem Oberkörper); **Sitz|rie|sin**
Sitz|sack (aus einer mit kleinen Kügelchen aus Styropor o. Ä. gefüllten Hülle bestehendes Sitzmöbel)
Sitz|stan|ge; Sitz|streik
Sit|zung
Sit|zungs|be|richt; Sit|zungs|geld *(Politik);* **Sit|zungs|pro|to|koll; Sit|zungs|saal; Sit|zungs|zim|mer**
Sitz|ver|tei|lung (in einem Parlament o. Ä.)
Six|pack [...pɛk], das *od.* der; -s, -s (*engl. Bez. für* Sechserpackung)
Six|ti|na, die; - ⟨nach Papst Sixtus IV.⟩ (Kapelle im Vatikan); **six|ti|nisch;** *aber* ↑K150: Sixtinische Kapelle, Sixtinische Madonna
Si|zi|li|a|ne, die; -, -n ⟨ital.⟩ (eine Versform)
Si|zi|li|a|ner, Si|zi|li|er (Bewohner von Sizilien); **Si|zi|li|a|ne|rin,** Si|zi|li|e|rin; **si|zi|li|a|nisch,** si|zi|lisch; *aber* ↑K151: Sizilianische Vesper (Volksaufstand in Palermo während der Ostermontagsvesper 1282)
Si|zi|li|en (süditalienische Insel)
Si|zi|li|er usw. *vgl.* Sizilianer usw.
SJ = Societatis Jesu ⟨lat., »von der Gesellschaft Jesu«⟩ (Jesuit)
SK = Segerkegel
Ska, der; -[s] (jamaikanischer Musikstil)
Ska|bi|es, die; - ⟨lat.⟩ (*Med.* Krätze); **ska|bi|ös**
Ska|bi|o|se, die; -, -n (eine Wiesenblume)
Ska|ger|rak, das *od.* der; -s (Meeresteil zwischen Norwegen u. Jütland)
skål! [sko:l] ⟨skand.⟩ (*skand. für* prost!, zum Wohl!)
Ska|la, die; -, *Plur.* ...len, *selten* -s ⟨ital., »Treppe«⟩ (Maßeinteilung [an Messgeräten]; Stufenfolge); *vgl.* Skale *u.* Scala; **Ska|la|hö|he**
ska|lar (*Math.* durch reelle Zahlen bestimmt); **Ska|lar,** der; -s, -e (*Math.* durch einen reellen Zahlenwert bestimmte Größe; *Zool.* ein Buntbarsch)
Skal|de, der; -n, -n ⟨altnord.⟩ (altnordischer Dichter u. Sänger); **Skal|den|dich|tung; Skal|din; skal|disch**
Ska|le, die; -, -n (*in der Bedeutung* »Maßeinteilung« *bes. fachspr. für* Skala); **Ska|len|zei|ger**
ska|lie|ren (in eine Skala einstufen); **Ska|lie|rung**
Skalp, der; -s, -e ⟨engl.⟩ (*früher* abgezogene behaarte Kopfhaut des Gegners als Siegeszeichen)
Skal|pell, das; -s, -e ⟨lat.⟩ (kleines chirurgisches Messer)
skal|pie|ren (den Skalp nehmen)
Skan|dal, der; -s, -e ⟨griech.⟩; **Skan|dal|au|tor; Skan|dal|au|to|rin; Skan|dal|ge|schich|te**
skan|da|li|sie|ren (Anstoß nehmen); sich über etw. skandalisieren
Skan|dal|nu|del *(ugs.)*
skan|da|lös (anstößig; unerhört)
Skan|dal|pres|se, die; -
skan|dal|süch|tig; skan|dal|träch|tig; skan|dal|um|wit|tert
skan|die|ren ⟨lat.⟩ (taktmäßig nach Versfüßen lesen; rhythmisch sprechen, rufen)
Skan|di|na|vi|en
Skan|di|na|vi|er; Skan|di|na|vi|e|rin
skan|di|na|visch; *aber* ↑K140: die Skandinavische Halbinsel
Ska|po|lith, der; *Gen.* -s *od.* -en, *Plur.* -e[n] ⟨lat.; griech.⟩ (ein Mineral)
Ska|pu|lier, das; -s, -e ⟨lat.⟩ (bei der Mönchstracht Überwurf über Brust u. Rücken)
Ska|ra|bä|en|gem|me
Ska|ra|bä|us, der; -, ...äen ⟨griech.⟩ (Pillendreher, Mistkäfer des Mittelmeergebietes; dessen Nachbildung als Siegel, als Amulett [im alten Ägypten])
Ska|ra|muz, der; -[es], -e ⟨ital.⟩ (Figur des prahlerischen Soldaten im franz. u. ital. Lustspiel)
Skarn, der; -s, -e ⟨schwed.⟩ (*Geol.* vorwiegend aus Kalk-Eisen-Silikaten bestehendes Gestein)
skar|tie|ren ⟨ital.⟩ (*österr. Amtsspr. für* alte Akten aussortieren)
Skat, der; -[e]s, *Plur.* -e *u.* -s (*nur Sing.:* ein Kartenspiel; zwei ver-

deckt liegende Karten beim Skatspiel)
Skat|abend; Skat|bru|der *(ugs.)*
Skate|board ['ske:tbo:ɐ̯t], das; -s, -s ⟨engl.⟩ (Rollerbrett); **Skate|boar|der** (Skateboardfahrer); **Skate|boar|de|rin**
[1]**ska|ten** *(ugs. für* Skat spielen)
[2]**ska|ten** ['ske:tn̩] ⟨engl.⟩ (Rollschuh laufen); **Skate|night** ['ske:tnait], die; -, -s ⟨engl.⟩ (nächtliche Veranstaltung für Inlineskater in [größeren] Städten)
Skate|park ['ske:t...] (größere Anlage zum Skateboardfahren)
[1]**Ska|ter** *(ugs. für* Skatspieler)
[2]**Ska|ter** ['ske:tɐ] ⟨engl.⟩ (Rollschuhläufer); **Ska|ter|an|la|ge**
[1]**Ska|te|rin**
[2]**Ska|te|rin** ['ske:tə...]
Skat|ge|richt, das; -[e]s (in Altenburg)
Ska|ting ['ske:...], das; -s (das Rollschuhlaufen mit Inlineskates)
Skat|kar|te
Ska|tol, das; -s ⟨griech.; lat.⟩ (eine chemische Verbindung)
Ska|to|pha|ge usw. *vgl.* Koprophage usw.; **Ska|to|pha|gin**
Skat|par|tie; Skat|run|de; Skat|spiel; Skat|spie|ler; Skat|spie|le|rin; Skat|tur|nier
Skeet|schie|ßen ['ski:t...], das; -s ⟨engl.; dt.⟩ (Wurftaubenschießen mit Schrotgewehren)
Ske|let ⟨griech.⟩ *(teilweise noch in der Med. gebrauchte Nebenform von* Skelett)
Ske|le|ton [...tn̩], der; -s, -s ⟨engl.⟩ (niedriger Sportrennschlitten)
Ske|lett, das; -[e]s, -e ⟨griech.⟩ (Knochengerüst, Gerippe; tragendes Grundgerüst)
Ske|lett|bau *Plur.* ...bauten (Gerüst-, Gerippebau); **Ske|lett|bau|wei|se,** die; -; **Ske|lett|bo|den** *(Geol.)*
Ske|lett|bürs|te (eine Haarbürste mit weit auseinanderstehenden Borsten); **Ske|lett|form**
ske|let|tie|ren (das Skelett bloßlegen)
Skep|sis, die; - ⟨griech.⟩ (Zweifel, kritisch prüfende Haltung)
Skep|ti|ker (Zweifler; Vertreter des Skeptizismus); **Skep|ti|ke|rin**
skep|tisch (zweifelnd; misstrauisch; kühl u. streng prüfend)
Skep|ti|zis|mus, der; - (Zweifel [an der Möglichkeit sicheren Wissens]; skeptische Haltung)
Sketch [sketʃ], der; -[e]s, -e ⟨engl.; »Skizze«⟩ (kurze, effektvolle Bühnenszene im Kabarett od. Varieté)
Ski [ʃi:], Schi, der; -s, *Plur.* -, *auch* -er ⟨norw.⟩; Ski alpin, Ski nordisch; ↑K54: Ski fahren, Ski laufen; *aber* jmdm. das Skifahren, Skilaufen beibringen; Ski und eislaufen, eis- und Ski laufen; *aber* das Ski- und Eislaufen, das Eis- und Skilaufen; Ski Heil! (Skiläufergruß)
Skia|gra|fie, Skia|gra|phie, die; -, ...ien ⟨griech.⟩ (antike Schattenmalerei)
Ski|ak|ro|ba|tik, Schi|ak|ro|ba|tik
Ski|a|s|ko|pie, die; -, ...ien ⟨griech.⟩ *(Med.* Verfahren zur Feststellung von Brechungsfehlern des Auges)
Ski|bob, Schi|bob (lenkbarer, einkufiger Schlitten)
Ski|fah|ren, Schi|fah|ren, das; -s; *vgl.* Ski
Ski|fah|rer, Schi|fah|rer; **Ski|fah|re|rin,** Schi|fah|re|rin
Skiff, das; -[e]s, -e *u.* -s ⟨engl.⟩ *(Sport* nord. Einmannruderboot)
Ski|flie|gen, Schi|flie|gen, das; -s; **Ski|flug,** Schi|flug
Ski|ge|biet, Schi|ge|biet
Ski|gym|nas|tik, Schi|gym|nas|tik
Ski|ha|serl, Schi|ha|serl, das; -s, -[n]; *vgl.* Pickerl *(ugs. für* junge Anfängerin im Skilaufen)
Ski|jö|ring, Ski|kjö|ring [...jø:...], Schi|jö|ring, Schi|kjö|ring [...jø:...], das; -s, -s ⟨norw.⟩ (Skilauf mit Pferde- od. Motorradvorspann)
Ski|kurs, Schi|kurs
Ski|lang|lauf, Schi|lang|lauf
Ski|lauf, Schi|lauf; **Ski|lau|fen,** Schi|lau|fen, das; -s
Ski|läu|fer, Schi|läu|fer; **Ski|läu|fe|rin,** Schi|läu|fe|rin
Ski|leh|rer, Schi|leh|rer; **Ski|leh|re|rin,** Schi|leh|re|rin
Ski|lift, Schi|lift
Skim|ming, das; -s ⟨engl.⟩ *(EDV* eine Technik des Kreditkartenbetrugs)
Skin, der; -s, -s *(kurz für* Skinhead); **Skin|head** [...hɛt], der; -s, -s ⟨engl.⟩ ([zu Gewalttätigkeit neigender] Jugendlicher mit kahl geschorenem Kopf)
Skink, der; -[e]s, -e ⟨griech.⟩ (Glatt- od. Wühlechse)
Skip, der; -s, -s ⟨engl.⟩ (Mannschaftsführer beim Curling)
Ski|pass, Schi|pass
Ski|pis|te, Schi|pis|te
Skip|per ⟨engl.⟩ (Kapitän einer [Segel]jacht); **Skip|pe|rin**
Ski|ren|nen, Schi|ren|nen
Ski|sport, Schi|sport
Ski|sprin|gen, Schi|sprin|gen, das; -s, -; **Ski|sprin|ger,** Schi|sprin|ger; **Ski|sprin|ge|rin,** Schi|sprin|ge|rin; **Ski|sprung,** Schi|sprung
Ski|spur, Schi|spur
Ski|stie|fel, Schi|stie|fel; **Ski|stock,** Schi|stock *Plur.* ...stöcke
Ski|un|fall, Schi|un|fall
Ski|ur|laub, Schi|ur|laub
Ski|wachs, Schi|wachs
Ski|wan|dern, Schi|wan|dern, das; -s; **Ski|was|ser,** Schi|was|ser, das; -s (ein Getränk)
Ski|zir|kus, Schi|zir|kus (System von Skiliften; alpine Skirennen mit den dazugehörenden Veranstaltungen)
Skiz|ze, die; -, -n ⟨ital.⟩; **Skiz|zen|block** *vgl.* Block; **Skiz|zen|buch**
skiz|zen|haft
skiz|zie|ren (entwerfen; andeuten)
Skiz|zier|pa|pier; Skiz|zie|rung
Skla|ve, der; -n, -n ⟨slaw.⟩ (unfreier, rechtloser Mensch)
Skla|ven|ar|beit; Skla|ven|han|del
Skla|ven|tum, das; -s; **Skla|ve|rei**
Skla|vin; skla|visch
Skle|ra, die; -, ...ren ⟨griech.⟩ *(Med.* Lederhaut des Auges)
Skle|ri|tis, die; -, ...itiden (Entzündung der Lederhaut des Auges)
Skle|ro|der|mie, die; -, ...ien (krankhafte Hautverhärtung)
Skle|ro|me|ter, das; -s, - (Härtemesser [bei Kristallen])
Skle|ro|se, die; -, -n *(Med.* krankhafte Verhärtung von Geweben u. Organen); **skle|ro|tisch**
Sko|li|on, das; -s, ...ien ⟨griech.⟩ (altgriechisches Tischlied, Einzelgesang beim Gelage)
Sko|li|o|se, die; -, -n ⟨griech.⟩ *(Med.* seitliche Verkrümmung der Wirbelsäule)
Sko|lo|pen|der, der; -s, - ⟨griech.⟩ (tropischer Tausendfüßer)
skon|tie|ren ⟨ital.⟩ *(Wirtsch.* Skonto gewähren); **Skon|to,** der *od.* das; -s, *Plur.* ...ti, *seltener* -s ([Zahlungs]abzug, Nachlass [bei Barzahlung])
Skon|t|ra|ti|on, die; -, -en ⟨ital.⟩ *(Wirtsch.* Fortschreibung, Bestandsermittlung von Waren durch Eintragung der Zu- u. Abgänge); **skon|t|rie|ren**
Skon|t|ro, das; -s, -s (Nebenbuch der Buchhaltung zur täglichen

Ermittlung von Bestandsmengen); **Skon|t|ro|buch**

Skoo|ter ['sku:...], der; -s, - ‹engl.› ([elektrisches] Kleinauto auf Jahrmärkten)

Skop, der; -s, -s ‹angelsächs.› (*früher* Dichter u. Sänger in der Gefolgschaft angelsächs. Fürsten)

Skop|je (Hauptstadt von ²Mazedonien)

Skop|ze, der; -n, -n ‹russ.› (Angehöriger einer russischen Sekte des 19. Jh.s); **Skop|zin**

Skor|but, der; -[e]s ‹mlat.› (*Med.* Krankheit durch Mangel an Vitamin C); **skor|bu|tisch**

Skor|da|tur *vgl.* Scordatura

Skore [sko:ɐ̯], das; -s, -s ‹engl.› (*Sport schweiz. svw.* Score); **skoren** (Sport *österr. u. schweiz. neben* scoren)

Skor|pi|on, der; -s, -e ‹griech.› (ein Spinnentier; *nur Sing.:* ein Sternbild)

Sko|te, der; -n, -n (Angehöriger eines alten irischen Volksstammes in Schottland); **Sko|tin**

Sko|tom, das; -s, -e ‹griech.› (*Med.* Gesichtsfelddefekt)

skr = schwedische Krone

Skrei, der; -s, -s ‹norw.› (Kabeljau)

Skri|bent, der; -en, -en ‹lat.› (*veraltend für* Schreiberling); **Skri|bentin**

Skript, das; -[e]s, *Plur.* -e[n] *u.* (*bes. für* Drehbücher:) -s ‹engl.› (schriftliche Ausarbeitung; Nachschrift einer Hochschulvorlesung; Drehbuch; *EDV* kleines Programm)

Skript|girl, das; -s, -s (Mitarbeiterin eines Filmregisseurs, die die Einstellung für jede Aufnahme einträgt)

Skrip|tum, das; -s, *Plur.* ...ten *u.* ...ta ‹lat.› (*älter für* Skript)

skrip|tu|ral (die Schrift betreffend)

skro|fu|lös ‹lat.› (*Med.* an Skrofulose leidend); **Skro|fu|lo|se,** die; -, -n (Haut- u. Lymphknotenerkrankung bei Kindern)

skro|tal ‹lat.› (*Med.* zum Skrotum gehörend); **Skro|tal|bruch,** der; **Skro|tum,** das; -s, ...ta (Hodensack)

¹Skru|pel, das; -s, - ‹lat.› (altes Apothekergewicht)

²Skru|pel, der; -s, - *meist Plur.* (Bedenken; Gewissensbiss); **skru|pel|los; Skru|pel|lo|sig|keit**

skru|pu|lös (*veraltend für* ängstlich; peinlich genau)

Skud|de, die; -, -n (kleinste Hausschafrasse)

Skuld (*germ. Mythol.* Norne der Zukunft)

Skull, das; -s, -s ‹engl.› (Ruder); **Skull|boot; skul|len** (rudern); **Skul|ler** (Sportruderer); **Skul|lerin**

Skulp|teur [...'tø:ɐ̯], der; -s, -e ‹franz.› (Künstler, der Skulpturen herstellt); **Skulp|teu|rin**

skulp|tie|ren ‹lat.› (ausmeißeln)

Skulp|tur, die; -, -en (plastisches Bildwerk; *nur Sing.:* Bildhauerkunst); **skulp|tu|ral** (in der Art, der Form einer Skulptur)

Skulp|tu|ren|samm|lung

¹Skunk, der; -s, *Plur.* -e *od.* -s ‹indian.-engl.› (Stinktier)

²Skunk, der; -s, -s *meist Plur.* (Pelz des Stinktiers)

skur|ril ‹etrusk.-lat.› (verschroben, eigenwillig; drollig); **Skur|ri|li|tät,** die; -, -en

S-Kur|ve ['ɛs...] ↑K 29

Skůs, der; -, - ‹franz.› (Trumpfkarte im Tarockspiel)

Sku|ta|ri (albanische Stadt); **Sku|ta|ri|see, Sku|ta|ri-See,** der; -s

Sky|bea|mer ['skai̯bi:mɐ], der; -s, - ‹engl.› (starker Scheinwerfer, der Lichtstrahlen am Nachthimmel aussendet)

Skye|ter|ri|er ['skai̯...] ‹engl.› (Hunderasse)

Sky|lab ['skai̯lɛp] ‹engl.› (Name einer amerik. Raumstation)

Sky|light ['skai̯lai̯t], das; -s, -s ‹engl.› (*Seemannsspr.* Oberlicht)

Sky|line ['skai̯lai̯n], die; -, -s (Silhouette einer Stadt)

Skyl|la (*griech. Form von* Szylla)

sky|pen ['skai̯pn̩] ‹nach der Software Skype› (über das Internet telefonieren); ich skype; geskypt

Sky|the, der; -n, -n (Angehöriger eines alten nordiranischen Reitervolkes); **Sky|thi|en** (Land); **Sky|thin; sky|thisch**

s. l. = sine loco

Sla|lom, der; -s, -s ‹norw.› (*Ski- u. Kanusport* Torlauf; *auch übertr. für* Zickzacklauf, -fahrt); Slalom fahren, Slalom laufen

Sla|lom|kurs; Sla|lom|lauf; Sla|lom|läu|fer; Sla|lom|läu|fe|rin; Sla|lom|sieg

slam|men ['slɛmən] ‹engl.› (an einem Poetry-Slam teilnehmen)

Slam-Po|e|t|ry, Slam|po|e|t|ry ['slɛmpo:ətri], die; - ‹engl.› (beim Poetry-Slam vorgetragene Dichtung)

Slang [slɛŋ], der; -s, -s ‹engl.› (saloppe Umgangssprache; Jargon)

Slap|stick ['slɛpstɪk], der; -s, -s ‹engl.› (grotesk-komischer Gag, vor allem im [Stumm]film)

Slash [slɛʃ], der; -s, -[e]s ‹engl.› (Schrägstrich, z. B. in Internetadressen)

s-Laut ['ɛs...] ↑K 29

Sla|we, der; -n, -n ‹slaw.›; **Sla|wen|tum,** das; -s; **Sla|win; sla|wisch; sla|wi|sie|ren** (slawisch machen)

Sla|wis|mus, der; -, ...men (slawische Spracheigentümlichkeit in einer anderen Sprache)

Sla|wist, der; -en, -en; **Sla|wis|tik,** die; - (Wissenschaft von den slaw. Sprachen u. Literaturen); **Sla|wis|tin; sla|wis|tisch**

Sla|wo|ni|en (Gebiet in Kroatien); **Sla|wo|ni|er; Sla|wo|ni|e|rin; sla|wo|nisch**

Sla|wo|phi|lie, die; - ‹slaw.; griech.› (Slawenliebe)

s. l. e. a. = sine loco et anno

Sleip|nir ‹altnord.› (*germ. Mythol.* das achtbeinige Pferd Odins)

Sle|vogt (dt. Maler u. Grafiker)

Sli|bo|witz, Sli|wo|witz, der; -[es], -e ‹serbokroat.› (ein Pflaumenbranntwein)

Slice [slai̯s], der; -, -s [...sɪs] ‹engl.› (bestimmter Schlag beim Golf u. beim Tennis)

Slick, der; -s, -s ‹engl.› (breiter Rennreifen ohne Profil)

Slide|show ['slai̯t...] ‹engl.› ([automatisch ablaufende] Vorführung einer Serie digitaler Bilder)

Sli|ding Tack|ling ['slai̯dɪŋ 'tɛk...] *vgl.* Tackling

Sling|pumps, der; -, - ‹engl.› (über der Ferse mit einem Riemchen gehaltener Pumps)

Slip, der; -s, -s ‹engl. »Unterrock«› (beinlose Unterhose); **Slip|ein|la|ge**

Sli|pon, der; -s, -s (Herrensportmantel mit Raglanärmeln)

Slip|per, der; -s, -[s] (Schlupfschuh mit niedrigem Absatz)

Sli|wo|witz *vgl.* Slibowitz

Slo|gan ['slo:gn̩], der; -s, -s ‹gälisch-engl.› (Schlagwort)

Sloop [slu:p] *vgl.* Slup

Slot, der; -s, -s ‹engl.› (*EDV* Steckplatz; *Flugw.* Zeitfenster für die Starts u. Landungen von Flugzeugen)

Slo|ter|dijk [...dai̯k] (dt. Philosoph u. Schriftsteller)

Slot|ma|schi|ne (ein Spielautomat)

S
Slot

Slo|wa̲|ke, der; -n, -n (Angehöriger eines westslawischen Volkes); **Slo|wa|ke̲i,** die; - (Staat in Mitteleuropa); **Slo|wa̲|kin**
slo|wa̲|kisch; Slo|wa̲|kisch, das; -[s] (Sprache); *vgl.* Deutsch; **Slo|wa̲|ki|sche,** das; -n; *vgl.* ²Deutsche
Slo|we̲|ne, der; -n, -n (Einwohner von Slowenien); **Slo|we̲|ni|en** (Staat im Süden Mitteleuropas); **Slo|we̲|ni|er** (Slowene); **Slo|we̲|ni|e|rin, Slo|we̲|nin**
slo|we̲|nisch; Slo|we̲|nisch, das; -[s] (Sprache); *vgl.* Deutsch; **Slo|we̲|ni|sche,** das; -n; *vgl.* ²Deutsche
Slow Food, das; - -[s], **Slow|food,** das; -[s] [ˈsloːfuːt] ‹engl.› (naturbelassenes Essen, das in Ruhe verzehrt wird)
Slow|fox [ˈsloː...], der; -[es], -e ‹engl.› (ein Tanz)
Slow Mo|tion [- ...ʃn̩], die; - - ‹engl.› (Zeitlupe; in Zeitlupe abgespielter Film[ausschnitt])
Slum [slam], der; -s, -s *meist Plur.* ‹engl.› (Elendsviertel); **Slum|be|woh|ner; Slum|be|woh|ne|rin**
Slu̲p, die; -, -s ‹engl.› (Küstenschiff, Segeljacht)
sm = Seemeile
Sm (*chem. Zeichen für* Samarium)
S. M. = Seine Majestät
small [smɔːl] ‹engl.› (Kleidergröße: klein; *Abk.* S)
Small Cap [ˈsmoːlkɛp], der; - -s, - -s, **Small|cap,** der; -s, -s ‹engl.› (Wertpapier eines kleinen Unternehmens)
Small Talk [ˈsmoːltoːk], der, *auch* das; - -s, - -s, **Small|talk,** der, *auch* das; -s, -s ‹engl.› (beiläufige Konversation)
Smạl|te *vgl.* Schmalte
Sma|rạgd, der; -[e]s, -e ‹griech.› (ein Edelstein)
Sma|rạgd|ei|dech|se
sma|rạg|den (aus Smaragd; smaragdgrün); **sma|rạgd|grün**
sma̲rt ‹engl.› (modisch elegant, schneidig; clever)
Sma̲rt|card, die; -, -s, **Sma̲rt Card,** die; - -, - -s ‹engl.› (Plastikkarte als Zahlungsmittel, Datenträger od. Ausweis)
Sma̲r|tie, der; -s, -s (*ugs. für* jmd., der smart ist)
Sma̲rt|phone [...foːn], das; -s, -s, **Sma̲rt Phone,** das; - -s, - -s ‹engl.› (Handy, das auch Adressen u. Termine verwalten, Fotos aufnehmen usw. kann)
Smash [smɛʃ], der; -[s], -s ‹engl.› (*Tennis, Badminton* Schmetterschlag)
Sme̲g|ma, das; -[s] ‹griech.› (*Med.* Absonderung der Vorhauttalgdrüsen)
Sme̩|ta|na (tschech. Komponist)
SMH = Schnelle Medizinische Hilfe (*DDR* ärztl. Notdienst)
Smi|ley [ˈsma̲ili], das; -s, -s (*EDV* Emoticon in Form eines lächelnden Gesichts)
SM-Ofen [ɛsˈɛm...] = Siemens-Martin-Ofen
Smo̩g, der; -[s], -s ‹engl.› (mit Abgasen, Rauch u. a. gemischter Dunst od. Nebel über Industriestädten); **Smo̩g|alarm**
Smo̲k|ar|beit; smo̲|ken ‹engl.› (Stoff fälteln); eine gesmokte Bluse
Smo̲|king, der; -s, -s ‹engl.› (Gesellschaftsanzug mit seidenen Revers für Herren); **Smo̲|king|schlei|fe**
Smo|le̩nsk (russische Stadt)
Smoo|thie [ˈsmuːðiː], der; -s, -s ‹engl.› (Mixgetränk aus Obst u. Milchprodukten)
Smö̲r|gås|bord [...goːs...], der; -s, -s ‹schwed.› (Tafel mit verschiedenen, meist kalten Vorspeisen)
Smö̩r|re|bröd, das; -[s], -s ‹dän.› (reich belegtes Brot)
smor|za̩n|do ‹ital.› (*Musik* verlöschend); **Smor|za̩n|do,** das; -s, *Plur.* -s *u.* ...di
¹**SMS**®, der; - (*meist ohne Artikel*) ‹*aus* engl. Short Message Service› (ein Mobilfunkdienst, mit dem kurze Nachrichten an Mobilfunkteilnehmer gesendet werden); eine Nachricht per SMS versenden
²**SMS,** die; -, - (*ugs. auch* SMSen), *bes. österr. u. schweiz. auch:* das; -, - (über den Mobilfunkdienst versendete Nachricht; Textnachricht); eine SMS erhalten; **SMS-Nach|richt**
Smu̩t|je, der; -[s], -s (*Seemannsspr.* Schiffskoch)
SMV, die; -, -[s] = Schülermitverantwortung, Schülermitverwaltung
Smy̲r|na (türkische Stadt; *heutiger Name* Izmir); **Smy̲r|na|er** (*auch* ein Teppich); **smy̲r|na|isch; Smy̲r|na|tep|pich, Smy̲r|na-Tep|pich**
Sn = Stannum (*chem. Zeichen für* Zinn)
Snack [snɛk], der; -s, -s ‹engl.› (Imbiss); **Snack|bar,** die
Snail|mail, Snail-Mail [ˈsneːlmeːl] ‹engl.; »Schneckenpost«› (*EDV* Briefpost im Gegensatz zur elektronischen Post)
Snea|ker [ˈsniː...], der; -s, *Plur.* -s *u.* - ‹amerik.› (sportlich wirkender Schuh)
Sneak|pre|view, Sneak-Pre|view [ˈsniːk(ˈ)priːvjuː], die; -, -s ‹engl.› (Überraschungsvoraufführung eines Films)
sni̩f|fen ‹engl.› (*ugs. für* sich durch das Einatmen von Dämpfen berauschen)
Sno̩b, der; -s, -s ‹engl.› (vornehm tuender, eingebildeter Mensch)
Snö̲|ber (*schweiz. ugs. für* Snowboarder); **Snö̲|be|rin**
Sno|bi|e|ty [...ˈba̲iəti], die; - (vornehm tuende Gesellschaft)
Sno|bi̩s|mus, der; -, ...men; **sno|bi̩s|tisch**
Snow|bike® [ˈsnoʊba̲ik], das; -s, -s ‹engl.› (eine Art Skibob); **snow|bi|ken** *nur im Infinitiv üblich* (mit dem Snowbike fahren)
Snow|board [ˈsnoʊboːɐ̯t], das; -s, -s ‹engl.› (als Sportgerät dienendes Brett zum Gleiten auf Schnee); **snow|boar|den** (mit dem Snowboard gleiten); wir snowboarden, snowboardeten, sind *od.* haben gesnowboardet; **Snow|boar|der; Snow|boar|de|rin; Snow|boar|ding,** das; -s (das Snowboarden)
Snow|ci|e|ty [snoʊˈsa̲iətɪ], die; - (*bes. österr. ugs. für* die vornehme Gesellschaft in den Wintersportorten)
snow|ki|ten [ˈsnoʊka̲itn̩] ‹engl.› (mit Skiern u. Lenkdrachen fahren); wir snowkiten, snowkiteten, sind *od.* haben gesnowkitet; **Snow|ki|ter; Snow|ki|te|rin; Snow|ki|ting,** das; -s (das Snowkiten)
¹**so̲** *s. Kasten*
²**so̲** (Solmisationssilbe)
s. o. = sieh[e] oben!
So. = Sonntag
SO = Südost[en]
Soap [soʊp], die; -, -s ‹engl.› (Seifenoper)
so|a̲|ve ‹ital.› (*Musik* lieblich, sanft, angenehm, süß)
so|ba̩ld; *Konjunktion:* sobald ich

S
Slow

¹so

– so einer, so eine, so eins *od.* eines – so etwas, *ugs.* so was – so dass (*vgl. auch* sodass) – so an die 100 Leute, so gegen acht Uhr – so ein Mann, so eine Person – so wahr mir Gott helfe – so schnell, so lang[e] wie *od.* als möglich – die Meisterschaft war so gut wie gewonnen – ich will so sein, so werden, so bleiben	– etwas so betrachten, so sehen, so nennen – so betrachtet, so gesehen – die sogenannten *od.* so genannten Schwellenländer *Zur Getrennt- oder Zusammenschreibung von »sobald, sofern, sogleich, solang« usw. vgl. die einzelnen Stichwörter.*

komme, *aber (Adverb):* ich komme so bald nicht; kommt so bald wie *od.* als möglich

Soc|cer ['sɔkɐ], das, *auch* der; -s ⟨engl.⟩ (*amerik. Bez. für* Fußball)

Social Media ['soʊʃəl 'mi:di̯ɐ] *Plur.* ⟨engl.⟩; (*EDV* Gesamtheit der Weblogs, Wikis, sozialen Netzwerke u. Ä., über die im Internet miteinander kommuniziert wird)

So|ci|e|tas Je|su, die; - - (*lat. Gen.* Societatis Jesu) ⟨lat., »Gesellschaft Jesu«⟩ (der Orden der Jesuiten; *Abk.* SJ)

So|ci|e|tas Ver|bi Di|vi|ni, die; - - - ⟨»Gesellschaft des Göttlichen Wortes«⟩ (kath. Missionsgesellschaft von Steyl in der niederl. Provinz Limburg; *Abk.* SVD)

So|ci|e|ty [sə'saiəti], die; - ⟨engl.⟩ (*kurz für* High Society)

Söck|chen

So|cke, die; -, -n

So|ckel, der; -s, -; **So|ckel|be|trag** (bei Lohnerhöhungen)

So|cken, der; -s, - (*landsch. für* Socke)

Sod, der; -[e]s, -e (*veraltet für* das Sieden; *nur Sing.:* Sodbrennen)

¹So|da, die; - *u.* das; -s ⟨span.⟩ (Natriumkarbonat)

²So|da, das; -s (Sodawasser)

So|da|le, der; -n, -n ⟨lat.⟩ (Mitglied einer Sodalität); **So|da|li|tät**, die; -, -en (katholische Genossenschaft, Bruderschaft)

So|da|lith, der; *Gen.* -s *od.* -en, *Plur.* -e[n] ⟨span.; griech.⟩ (ein Mineral)

so|dann

so|dass, **so dass**; er arbeitete Tag und Nacht, sodass *od.* so dass er krank wurde; *aber* er arbeitete so, dass er krank wurde

So|da|was|ser *Plur.* ...wässer (kohlensäurehaltiges Mineralwasser)

Sod|bren|nen, das; -s (brennendes Gefühl im Magen u. in der Speiseröhre)

Sod|brun|nen (*schweiz. für* Ziehbrunnen)

So|de, die; -, -n (*landsch., bes. nordd. für* Rasenstück; ziegelsteingroßes Stechtorfstück; *veraltet für* Salzsiederei)

So|dom (biblische Stadt); Sodom u. Gomorrha (Zustand der Lasterhaftigkeit); *vgl.* Gomorrha

So|do|mie, die; - ⟨nlat.⟩ (Geschlechtsverkehr mit Tieren); **So|do|mit**, der; -en, -en (Einwohner von Sodom; Sodomie Treibender); **So|do|mi|tin; so|do|mi|tisch**

So|doms|ap|fel (Gallapfel)

so|eben; sie kam soeben herein; *aber* sie hat es so eben (gerade) noch geschafft

Soest [zo:st] (Stadt in Nordrhein-Westfalen); **Soes|ter**; Soester Börde (Landstrich); **Soes|te|rin**

So|fa, das; -s, -s ⟨arab.⟩; **So|fa|ecke; So|fa|kis|sen; So|fa|mel|ker** (*ugs. für* Landwirt, der seine Milchquote verpachtet)

so|fern (falls); sofern er seine Pflicht getan hat, ...; *aber* die Sache liegt mir so fern, dass ...

soff *vgl.* saufen

Sof|fin, **SoFFin**, der; -[s] ⟨= Sonderfonds Finanzmarktstabilisierung⟩ *(Wirtsch.)*

Sof|fit|te, die; -, -n *meist Plur.* ⟨ital.⟩ (Deckendekoration einer Bühne); **Sof|fit|ten|lam|pe**

So|fia (Hauptstadt Bulgariens); **So|fi|a|er**; *vgl. auch* Sofioter; **So|fi|a|e|rin**

So|fi|o|ter ⟨*zu* Sofia⟩; **So|fi|o|te|rin**

so|fort; er soll sofort kommen; *aber* immer so fort (immer so weiter)

So|fort|bild|ka|me|ra

So|fort|hil|fe

so|for|tig; sofortige Hilfe

So|fort|maß|nah|me; So|fort|pro|gramm

So|fort|ren|te ([auch vor dem Rentenalter] sofort ausgezahlte Rente); **So|fort|wir|kung**

soft ⟨engl.⟩ (*ugs. für* sanft, zärtlich); ein softer Typ

Soft|ball [...bɔ:l], der; -s ⟨engl.-amerik.⟩ (Form des Baseballs mit größerem Ball u. kleinerem Feld)

Soft|co|py [...kɔpi], die; -, -s, **Soft Co|py**, die; - -, - -s ⟨engl.⟩ (*EDV* Darstellung von Daten od. Texten auf dem Monitor)

Soft|co|ver ⟨engl.⟩ (Buch mit weichem, flexiblem Einband)

Soft|drink, der; -s, -s, **Soft Drink**, der; - -s, - -s ⟨engl.⟩ (alkoholfreies Getränk)

Soft Drug [- 'drag], die; - -, - -s ⟨engl.⟩ (Rauschgift mit geringerem Suchtpotenzial)

Soft|eis, das; -es (sahniges, weiches Speiseeis); drei Softeis

Sof|tie, der; -s, -s (*ugs. für* Mann von sanftem Wesen)

Soft|por|no, der; -s, -s

Soft|rock, der; -[s], **Soft Rock**, der; - -[s] (leisere, melodischere Form der Rockmusik)

Soft|shell [...ʃ...], die; - *u.* der; - ⟨engl.⟩ (ein atmungsaktives u. wasserabstoßendes Gewebe für Jacken, Schuhe u. Ä.)

Soft Skill [*auch* '- 'skɪl], der *od.* das; - -s, - -s *meist Plur.* ⟨engl.⟩ (Fähigkeit im Umgang mit anderen Menschen)

Soft|ware [...vɛ:ɐ̯], die; -, -s ⟨engl.⟩ (*EDV* die zum Betrieb einer Datenverarbeitungsanlage benötigten Programme)

Soft|ware|ent|wick|ler; Soft|ware|ent|wick|le|rin; Soft|ware|fir|ma; Soft|ware|her|stel|ler; Soft|ware|her|stel|le|rin

Soft|ware|pa|ket (*EDV* mehrere Programme, die aufeinander abgestimmt sind)

sog. = sogenannt

Sog, der; -[e]s, -e (unter landwärts gerichteten Wellen seewärts ziehender Meeresstrom; saugende Luftströmung)
so|gar; er kam sogar zu mir nach Hause; *aber* sie hat so gar kein Vertrauen zu mir
so|ge|nannt, **so ge|nannt** (*Abk.* sog.); *vgl.* [1]so
sog|gen (sich in Kristallform niederschlagen)
so|gleich (sofort); er soll sogleich kommen; *aber* sie sind sich alle so gleich, dass ...
Sohl|bank *Plur.* ...bänke (*Bauw.* Fensterbank)
Soh|le, die; -, -n ‹lat.› (Fuß-, Talsohle; *Bergmannsspr.* untere Begrenzungsfläche einer Strecke; *landsch. auch für* Lüge)
soh|len (*landsch. auch für* lügen)
Soh|len|gän|ger (*Zool.* Gruppe von Säugetieren)
Soh|len|le|der, **Sohl|le|der**
söh|lig (*Bergmannsspr.* waagerecht)
Sohn, der; -[e]s, Söhne; **Söhnchen**; **Soh|ne|mann**, der; -[e]s, ...männer *(fam.)*
Soh|nes|lie|be; **Soh|nes|pflicht**
sohr (*nordd. für* dürr, welk)
Sohr, der; -s (*nordd. für* Sodbrennen)
[1]**Söh|re**, die; - (Teil des Hessischen Berglandes)
[2]**Söh|re**, die; - (*nordd. für* Dürre); **söh|ren** (*nordd. für* verdorren)
soi|g|niert [zo̯aˈnjiːɐt] ‹franz.› (*veraltend für* gepflegt)
Soi|ree [zo̯aˈreː], die; -, ...reen ‹franz.› (Abendgesellschaft)
So|ja, die; -, ...jen *od.* das; -s, ...jen ‹jap.-niederl.› (eiweißhaltige Nutzpflanze)
So|ja|boh|ne; **So|ja|mehl**; **So|ja|öl**; **So|ja|so|ße**, **So|ja|sau|ce**
So|jus ‹russ., »Bund, Bündnis«› (Raumschiffserie der UdSSR)
So|k|ra|tes (griech. Philosoph); **So|k|ra|tik**, die; - ‹griech.› (Lehrart des Sokrates); **So|k|ra|ti|ker** (Schüler des Sokrates; Verfechter der Lehre des Sokrates); **So|k|ra|ti|ke|rin**; **so|k|ra|tisch**; sokratische Lehrart; die sokratische Lehre
sol ‹ital.› (Solmisationssilbe)
[1]**Sol** (römischer Sonnengott)
[2]**Sol**, der; -[s], -[s] ‹span.› (peruanische Währungseinheit)
[3]**Sol**, das; -s, -e (*Chemie* kolloide Lösung)

so|lang, so|lan|ge

(während, währenddessen)
Zusammenschreibung nur bei der Konjunktion und dem Adverb:
- solang[e] ich krank war, bist du bei mir geblieben
- du musst das erledigen, solang[e] du Urlaub hast
- ich werde das, solang[e] ich kann, verhindern
- mache das ruhig erst fertig, ich warte solang[e]

Getrenntschreibung bei allen anderen Verbindungen:
- ich warte so lang[e] wie *od.* als möglich
- du hast mich so lange warten lassen, dass ich eingeschlafen bin
- du musst so lange warten, bis alle da sind
- dreimal so lang[e] wie nötig

So|la|nin, das; -s ‹lat.› (giftiges Alkaloid verschiedener Nachtschattengewächse)
So|la|num, das; -s, ...nen (*Bot.* Nachtschattengewächs)
so|lar ‹lat.› (die Sonne betreffend)
So|lar|an|la|ge; **So|lar|au|to**
So|lar|bat|te|rie (Sonnenbatterie)
so|lar|be|trie|ben; **So|lar|ener|gie**
So|la|ri|sa|ti|on, die; -, -en (*Fotogr.* Umkehrung der Lichteinwirkung bei starker Überbelichtung des Films)
so|la|risch (*svw.* solar)
So|la|ri|um, das; -s, ...ien (Anlage für künstliche Sonnenbäder unter UV-Bestrahlung)
So|lar|jahr *(Astron.)*; **So|lar|kol|lek|tor** *(Energietechnik)*; **So|lar|kon|s|tan|te** *(Meteorol.)*; **So|lar|kraft|werk**; **So|lar|mo|bil**; **So|lar|park**
So|lar|ple|xus [...ˈplɛ...], der; - (*Med.* Nervengeflecht im Oberbauch; Sonnengeflecht)
So|lar|strom, der; -[e]s; **So|lar|tech|nik**, die; -
So|lar|teur [...ˈtøːɐ̯], der; -s, -e (Fachkraft für Bau u. Instandhaltung von Solaranlagen); **So|lar|teu|rin**
so|lar|ther|misch (*Meteorol., Physik, Energietechnik* die Sonnenenergie, -wärme betreffend)
So|lar|zel|le
So|la|wech|sel ‹ital.; dt.› (*Finanzw.* Wechsel, bei dem sich der Aussteller selbst zur Zahlung verpflichtet)

Sol|bad
solch *s. Kasten*
sol|cher|art; solcherart Dinge; *aber* Dinge solcher Art
sol|cher|lei; **sol|cher|ma|ßen**
Sold, der; -[e]s, -e ‹lat.› *(Militär)*
Sol|da|nel|le, die; -, -n ‹ital.› (Trodelblume)
Sol|dat, der; -en, -en ‹lat.›
Sol|da|ten|fried|hof; **Sol|da|ten|le|ben**, das; -s; **Sol|da|ten|spra|che**; **Sol|da|ten|tum**, das; -s
Sol|da|tes|ka, die; -, ...ken (rücksichtslos u. gewalttätig vorgehendes Militär)
Sol|da|tin; **sol|da|tisch**
Sold|buch
Söld|ner; **Söld|ner|füh|rer**; **Söld|ner|heer**; **Söld|ne|rin**
Sol|do, der; -s, *Plur.* -s *u.* ...di (frühere italienische Münze)
So|le, die; -, -n (kochsalzhaltiges Wasser); **Sol|ei** (in Salzlake eingelegtes hart gekochtes Ei); **So|len|lei|tung**
so|lenn ‹lat.› (*veraltend für* feierlich); **So|len|ni|tät**, die; -, -en (*veraltend für* Feierlichkeit)
So|le|no|id, das; -[e]s, -e ‹griech.› (*Physik* zylindrische Metallspule, die bei Stromdurchfluss wie ein Stabmagnet wirkt)
So|let|ti®, das; -s, - (*österr. für* kleine dünne Salzstange)
Sol|fa|ta|ra, **Sol|fa|ta|re**, die; -, ...ren ‹ital.› (Ausdünstung schwefelhaltiger heißer Dämpfe in ehem. Vulkangebieten)
sol|feg|gie|ren [...feˈdʒiː...] ‹ital.› (*Musik* Solfeggien singen)
Sol|feg|gio [...ˈfɛdʒo], das; -s, ...ggien [...ˈfɛdʒi̯ən] (auf die Solmisationssilben gesungene Übung)
Sol|fe|ri|no (italienisches Dorf)
[1]**So|li** (*Plur. von* Solo)
[2]**So|li**, der; -s (*ugs.; kurz für* Solidaritätszuschlag)
so|lid *österr. nur so,* so|li|de ‹lat.› (fest; haltbar, zuverlässig; gediegen)
So|li|dar|bei|trag; **So|li|dar|ge|mein|schaft**; **So|li|dar|haf|tung** (*Rechtsspr., Wirtsch.* Haftung von Gesamtschuldnern)
so|li|da|risch (gemeinsam, übereinstimmend, eng verbunden)
so|li|da|ri|sie|ren, sich (sich solidarisch erklären); **So|li|da|ri|sie|rung**
So|li|da|ris|mus, der; - (Richtung der [kath.] Sozialphilosophie)
So|li|da|ri|tät, die; - (Zusammengehörigkeitsgefühl, Gemein-

S
Sog

solch

Man schreibt »solch« immer klein:
- solches sollte nicht möglich sein
- es gibt immer solche und solche
- ein solcher ist mir unbekannt
- das Leben als solches, der Mensch als solcher

Beugung:
- solcher, solche, solches
- solch einer, solch eine, solch ein[e]s
- solch ein Widersinn; ein solcher Widersinn
- solch feiner Stoff *od.* solcher feine Stoff
- solch gute *od.* solche guten, *auch* gute Menschen
- solche Gefangenen, *auch* Gefangene
- das Leben solch frommer Leute *od.* solcher frommen, *auch* frommer Leute
- mit solch schönem Schirm, mit solch einem schönen Schirm, mit einem solch[en] schönen Schirm
- in solcher erzieherischen, *seltener* erzieherischer Absicht

sinn); **So|li|da|ri|täts|ad|res|se; So|li|da|ri|täts|bei|trag; So|li|da|ri|täts|er|klä|rung; So|li|da|ri|täts|ge|fühl; So|li|da|ri|täts|kund|ge|bung; So|li|da|ri|täts|spen|de; So|li|da|ri|täts|streik; So|li|da|ri|täts|zu|schlag**

So|li|dar|pakt *(Politik);* **So|li|dar|prin|zip; So|li|dar|schuld|ner** (*Rechtsspr.* Gesamtschuldner); **So|li|dar|schuld|ne|rin**

so|li|de *vgl.* solid

so|li|die|ren (*veraltet für* befestigen, versichern)

So|li|di|tät, die; - (Festigkeit, Haltbarkeit; Zuverlässigkeit)

So|li|lo|qui|um, das; -s, ...ien ‹lat.› (Selbstgespräch in der antiken Bekenntnisliteratur)

So|ling, die; -, *Plur.* -s, *auch* -e; *auch* das *od.* der; -s, -s (ein Rennsegelboot)

So|lin|gen (Stadt in Nordrhein-Westfalen); **So|lin|ger;** Solinger Stahlwaren; **So|lin|ge|rin**

So|lip|sis|mus, der; - ‹lat.› (philos. Lehre, nach der die Welt für den Menschen nur in seinen Vorstellungen besteht); **So|lip|sist,** der; -en, -en; **So|lip|sis|tin; so|lip|sis|tisch**

So|list, der; -en, -en (Einzelsänger, -spieler); **So|lis|ten|kon|zert; So|lis|tin; so|lis|tisch**

[1]So|li|tär, der; -s, -e ‹franz.› (einzeln gefasster Edelstein)

[2]So|li|tär, das; -s (Brettspiel für eine Person)

So|li|tude [...ˈty:t], **So|li|tü|de** ‹franz.; »Einsamkeit«› die; -, -n (Name von Schlössern u. a.)

Sol|jan|ka, die; -, -s ‹russ.› (eine Fleischsuppe)

[1]Soll, das; -s, Sölle ‹*zu* Suhle› (*Geol.* runder See eiszeitlicher Herkunft)

[2]Soll, das; -[s], -[s]; das Soll und [das] Haben; das Soll und das Muss

Soll|ar|beits|zeit, Soll-Ar|beits|zeit

Soll|be|stand, Soll-Be|stand

Soll|be|trag, Soll-Be|trag

Soll|bruch|stel|le, Soll-Bruch|stel|le *(Technik)*

Soll|ein|nah|me, Soll-Ein|nah|me

sol|len; ich habe gesollt, *aber* ich hätte das nicht tun sollen

Söl|ler, der; -s, - ‹lat.› (*Archit.* offene Plattform oberer Stockwerke; *landsch. für* Dachboden)

Sol|ling, der; -[s] (Teil des Weserberglandes)

Soll-Ist-Ver|gleich (*Wirtsch.* Gegenüberstellung von Soll- u. Istzahlen)

Soll|kauf|mann, Soll-Kauf|mann *(veraltet)*

Soll|sei|te, Soll-Sei|te

Soll|stär|ke, Soll-Stär|ke

Soll|zahl, Soll-Zahl *(Wirtsch.)*

Soll|zeit, Soll-Zeit *(Wirtsch.)*

Soll|zin|sen, Soll-Zin|sen *Plur.*

Soll|zu|stand, Soll-Zu|stand

Sol|mi|sa|ti|on, die; - ‹ital.› (*Musik* Tonleitersystem; absolute Solmisation mit den Silben do, re, mi, fa, sol, la, si; relative Solmisation mit den Silben do, re, mi, fa, so, la, ti); **Sol|mi|sa|ti|ons|sil|be; sol|mi|sie|ren**

Soln|ho|fen (Ort in Mittelfranken); **Soln|ho|fe|ner, Soln|ho|fer;** Solnhof[en]er Schiefer, Platten; **Soln|ho|fe|ne|rin, Soln|ho|fe|rin**

so|lo ‹ital.› (*bes. Musik* als Solist; *ugs. für* allein); ganz solo; solo tanzen; **So|lo,** das; -s, *Plur.* -s *u.* ...li (Einzelvortrag, -spiel, -tanz); ein Solo singen, spielen, tanzen

So|lo|al|bum; So|lo|ge|sang; So|lo|in|s|t|ru|ment; So|lo|kar|ri|e|re; So|lo|ma|schi|ne *(Motorsport)*

So|lon (griech. Gesetzgeber); **so|lo|nisch** (weise wie Solon); solonische Weisheit

So|lo|part; So|lo|sän|ger; So|lo|sän|ge|rin; So|lo|stim|me; So|lo|sze|ne (Einzelauftritt, -spiel)

So|lo|tanz; So|lo|tän|zer; So|lo|tän|ze|rin

So|lo|thurn (Kanton u. Stadt in der Schweiz); **So|lo|thur|ner; So|lo|thur|ne|rin; so|lo|thur|nisch**

So|lö|zis|mus, der; -, ...men ‹griech.› (*Rhet.* grober Sprachfehler)

Sol|per, der; -s ‹»Salpeter«› (*westmd. für* Salzbrühe); **Sol|per|fleisch** (*westmd. für* Pökelfleisch)

Sol|quel|le; Sol|salz

Sol|sche|ni|zyn (russ. Schriftsteller)

Sol|sti|ti|um, das; -s, ...ien ‹lat.› (*Astron.* Sonnenwende)

Sol|ti [ʃ...], György [dʒœrtʃ] (ungarischer Dirigent)

so|lu|bel ‹lat.› (*Chemie* löslich, auflösbar); ...u|b|le Mittel

So|lu|ti|on, die; -, -en (Arzneimittellösung)

Sol|veig ‹skand.› (w. Vorn.)

Sol|vens, das; -, *Plur.* ...venzien *u.* ...ventia ‹lat.› (*Med.* [Schleim] lösendes Mittel)

sol|vent (*bes. Wirtsch.* zahlungsfähig); **Sol|venz,** die; -, -en (Zahlungsfähigkeit)

sol|vie|ren (eine Schuld abzahlen; *Chemie* auflösen)

Sol|was|ser *Plur.* ...wässer

So|ma, das; -s, -ta ‹griech.› (*Med.* Körper [im Gegensatz zu Geist, Seele, Gemüt])

So|ma|li, der; -[s], -s (Angehöriger eines ostafrikanischen Volkes)

So|ma|lia (Staat in Afrika); **So|ma|li|er; So|ma|li|e|rin**

So|ma|li|land, das; -[e]s (nordostafrik. Landschaft); **so|ma|lisch**

so|ma|tisch ‹griech.› (*Med.* das Soma betreffend, körperlich); **so|ma|to|gen** (körperlich bedingt); **So|ma|to|lo|gie,** die; - (Lehre vom menschlichen Körper)

Som|b|re|ro, der; -s, -s ‹span.› (breitrandiger Strohhut)

so|mit [*auch* ˈzo:...] (also); somit bist du der Aufgabe enthoben; *aber* ich nehme es so (in dieser Form, auf diese Weise) mit

Som|me|li|er [...ˈli̯e:], der; -s, -s

⟨franz.⟩ (Weinkellner); **Som|me|li|è|re** [...ˈli̯eːrə], die; -, -n
Som|mer, der; -s, -; Sommer wie Winter; sommers *(vgl. d.)*; sommersüber *(vgl. d.)*
Som|mer|abend; Som|mer|an|fang; Som|mer|auf|ent|halt; Som|mer|fahr|plan; Som|mer|fe|ri|en *Plur.*; **Som|mer|fest; Som|mer|fri|sche**, die; -, -n *(veraltend)*
Som|mer|gers|te; Som|mer|ge|trei|de; Som|mer|halb|jahr; Som|mer|haus; Som|mer|hit; Som|mer|hit|ze
söm|me|rig (*landsch. für* einen Sommer alt); sömmerige Karpfen
Som|mer|kleid; Som|mer|klei|dung; Som|mer|kol|lek|ti|on; Som|mer|kurs; som|mer|lich
Som|mer|loch (*ugs. für* Saure-Gurken-Zeit)
Som|mer|mär|chen (wunderbares, großartiges Ereignis, das in einem Sommer stattfindet)
Som|mer|mo|nat
söm|mern (*landsch. für* sonnen; [Vieh] im Sommer auf der Weide halten); ich sömmere
Som|mer|nacht; Som|mer|nachts|traum (Komödie von Shakespeare)
Som|mer|olym|pi|a|de; Som|mer|pau|se; Som|mer|preis; Som|mer|re|gen; Som|mer|rei|se; Som|mer|re|si|denz; Som|mer|ro|del|bahn
som|mers ↑K70; *aber* des Sommers
Som|mer|saat; Som|mer|sai|son
Som|mers|an|fang (*selten für svw.* Sommeranfang)
Som|mer|schluss|ver|kauf; Som|mer|schuh; Som|mer|se|mes|ter
Som|mer|sitz
Som|mer|ski|ge|biet, Som|mer|schi|ge|biet
Som|mer|smog; Som|mer|son|nen|wen|de; Som|mer|spie|le *Plur.* (die Olympischen Sommerspiele)
Som|mer|spros|se *meist Plur.*; **som|mer|spros|sig**
som|mers|über; *aber* den Sommer über
Som|mers|zeit (Jahreszeit; *vgl.* Sommerzeit)
Som|mer|tag; som|mer|tags ↑K70
Som|mer|the|a|ter (*ugs. auch für* Aktivitäten von Politikern während der Parlamentsferien)
Som|mer|tou|ris|mus
Som|me|rung, die; -, -en (*Landwirtsch.* Sommergetreide)
Söm|me|rung (*landsch. für* das Sömmern)
Som|mer|ur|laub
Som|mer|vo|gel (*landsch., bes. schweiz. mdal. für* Schmetterling); **Som|mer|weg; Som|mer|wet|ter**, das; -s
Som|mer|zeit (Jahreszeit; um meist eine Stunde vorverlegte Zeit während des Sommers; *vgl.* Sommerszeit)
som|nam|bul ⟨lat.⟩ (schlafwandelnd, mondsüchtig); **Som|nam|bu|le**, der *u.* die; -n, -n (Schlafwandler[in]); **Som|nam|bu|lis|mus**, der; -
so|nach [*auch* ˈzoː...] (folglich, also); *aber* sprich es so nach, wie ich es dir vorspreche
So|na|gramm, das; -s, -e ⟨lat.; griech.⟩ *(Sprachwiss.)*
So|nant, der; -en, -en ⟨lat.⟩ (*Sprachwiss.* Silben bildender Laut); **so|nan|tisch** *(Sprachwiss.)*
So|nar, das; -s, -e ⟨engl., Kurzw.⟩ (*Technik* Verfahren zur Ortung von Gegenständen mithilfe ausgesandter Schallimpulse); **So|nar|ge|rät**
So|na|te, die; -, -n ⟨ital.⟩ (aus drei od. vier Sätzen bestehendes Musikstück für ein od. mehrere Instrumente); **So|na|ti|ne**, die; -, -n (kleinere, leichtere Sonate)
Son|de, die; -, -n ⟨franz.⟩ (*Med.* Instrument zum Einführen in Körper- od. Wundkanäle; *Technik* Vorrichtung zur Förderung von Erdöl od. Erdgas; *auch kurz für* Raumsonde)
son|der (*veraltet für* ohne); *Präposition mit Akkusativ:* sonder allen Zweifel, sonder Furcht
Son|der|ab|schrei|bung *(Wirtsch.)*; **Son|der|ab|zug; Son|der|ak|ti|on** *(bes. Kaufmannsspr.)*; **Son|der|an|fer|ti|gung; Son|der|an|ge|bot; Son|der|aus|füh|rung; Son|der|aus|ga|be; Son|der|aus|stat|tung; Son|der|aus|stel|lung**
son|der|bar; etwas Sonderbares; **son|der|ba|rer|wei|se; Son|der|bar|keit**
Son|der|be|auf|trag|te; Son|der|be|hand|lung (*auch nationalsoz. verhüllend für* Liquidierung); **Son|der|bei|trag**
Son|der|be|wa|cher *(Sport)*; **Son|der|be|wa|che|rin; Son|der|bot|schaf|ter; Son|der|bot|schaf|te|rin**
Son|der|brief|mar|ke
Son|der|bund, der (z. B. in der Schweiz 1845 bis 1847)
Son|der|burg (dänische Stadt)
Son|der|bus; Son|der|de|po|nie; Son|der|de|zer|nat; Son|der|druck *Plur.* ...drucke; **Son|der|ein|satz; Son|der|fahrt; Son|der|fall**, der; **Son|der|form; Son|der|ge|neh|mi|gung; son|der|glei|chen**
Son|der|heft; Son|der|heit *(selten)*; in Sonderheit (*geh. für* besonders, im Besonderen); in Sonderheit[,] wenn ↑K127
Son|der|in|te|r|es|se *meist Plur.*; **Son|der|klas|se; Son|der|kom|man|do; Son|der|kom|mis|si|on; Son|der|kon|di|ti|on** *meist Plur. (bes. Kaufmannsspr.)*; **Son|der|kon|to; Son|der|kos|ten** *Plur.*
son|der|lich ↑K72: nichts Sonderliches (Ungewöhnliches)
Son|der|ling
Son|der|mel|dung; Son|der|müll (gefährliche Stoffe enthaltender Müll)
[1]**son|dern**; *Konjunktion:* nicht nur der Bruder, sondern auch die Schwester
[2]**son|dern**; ich sondere
Son|der|num|mer; Son|der|par|tei|tag; Son|der|pos|ten; Son|der|preis; Son|der|pro|gramm; Son|der|ra|batt; Son|der|ra|ti|on; Son|der|recht
Son|der|re|ge|lung, Son|der|reg|lung; Son|der|rol|le
son|ders; samt und sonders
Son|der|schau; Son|der|schicht
Son|der|schu|le (Förderschule); **Son|der|schü|ler; Son|der|schü|le|rin; Son|der|schul|leh|rer; Son|der|schul|leh|re|rin**
Son|der|sen|dung
Son|ders|hau|sen (Stadt südl. von Nordhausen); **Son|ders|häu|ser; Son|ders|häu|se|rin**
Son|der|sit|zung; Son|der|spra|che *(Sprachwiss.)*; **Son|der|sta|tus; Son|der|stel|lung; Son|der|stem|pel; Son|der|steu|er**, die
Son|de|rung
Son|der|ur|laub; Son|der|ver|kauf; Son|der|ver|mö|gen *(Rechtsspr.)*; **Son|der|weg; Son|der|wunsch; Son|der|zei|chen** *(Druckw.)*
Son|der|zie|hungs|recht *meist Plur.* (*Wirtsch. Abk.* SZR)
Son|der|zug; Son|der|züg|lein (*schweiz. für* Sonderregelung, Abweichung vom Üblichen)
son|die|ren ⟨franz.⟩ ([mit der Sonde] untersuchen; ausforschen, vorfühlen); **Son|die|rung; Son|die|rungs|ge|spräch**

S
Somm

So|nett, das; -[e]s, -e ‹ital.› (eine Gedichtform)
Song, der; -s, -s ‹engl.› (Lied [oft mit sozialkritischem Inhalt])
Song|wri|ter, der; -s, - ‹engl.› (jmd., der Songs schreibt); **Song|wri|te|rin,** die; -, -nen
Son|ja (w. Vorn.)
Sonn|abend, der; -s, -e; *Abk.* Sa.; *vgl.* Dienstag; **sonn|abend|lich; sonn|abends** ↑K70; *vgl.* Dienstag

Sonnabend / Samstag
Die beiden Wochentagsbezeichnungen werden in jeweils unterschiedlichen Regionen unterschiedlich bevorzugt: Im Süden überwiegt der Gebrauch von *Samstag,* im Norden und vor allem im Osten ist überwiegend *Sonnabend* üblich. Im Westen und auch schon im Norden scheint sich *Samstag* allmählich durchzusetzen.

Son|ne, die; -, -n
Son|ne|berg (Stadt am Südrand des Thüringer Waldes)
son|nen; sich sonnen
Son|nen|an|be|ter (jmd., der sich gerne sonnt u. bräunt); **Son|nen|an|be|te|rin**
son|nen|arm; sonnenarme Jahre
Son|nen|auf|gang
Son|nen|bad; son|nen|ba|den *meist nur im Infinitiv u. Part. II gebr.;* sonnengebadet
Son|nen|bahn; Son|nen|ball, der; -[e]s
Son|nen|bank *Plur.* ...bänke (Gerät zum Bräunen)
Son|nen|bat|te|rie (Vorrichtung, mit der Sonnenenergie in elektrische Energie umgewandelt wird); **Son|nen|blen|de**
Son|nen|blu|me; Son|nen|blu|men|kern
Son|nen|brand; Son|nen|bräu|ne, die; -; **Son|nen|bril|le**
Son|nen|creme, Son|nen|crème
Son|nen|dach; Son|nen|deck
son|nen|durch|flu|tet *(geh.)*
Son|nen|ein|strah|lung; Son|nen|ener|gie; Son|nen|fins|ter|nis; Son|nen|fleck, der; -[e]s, -e[n]
son|nen|ge|bräunt
Son|nen|ge|flecht (*für* Solarplexus)
Son|nen|glast *(geh.);* **Son|nen|glut**
Son|nen|gott
son|nen|hell; son|nen|hung|rig
Son|nen|hut, der; **Son|nen|jahr**
son|nen|klar *(ugs.)*
Son|nen|kol|lek|tor (zur Wärmegewinnung aus Sonnenenergie)
Son|nen|kö|nig, der; -s (Beiname Ludwigs XIV. von Frankreich)
Son|nen|krin|gel; Son|nen|kult
Son|nen|licht, das; -[e]s; **Son|nen|nä|he; Son|nen|pro|tu|be|ranz** *meist Plur. (Astron.)*
Son|nen|rad; Son|nen|schei|be; Son|nen|schein, der; -[e]s; **Son|nen|schirm**
Son|nen|schutz; Son|nen|schutz|creme, Son|nen|schutz|crème; Son|nen|schutz|mit|tel, das
Son|nen|se|gel; Son|nen|sei|te
son|nen|se|lig
Son|nen|stäub|chen; Son|nen|stich; Son|nen|strahl
Son|nen|stu|dio (Bräunungsstudio)
Son|nen|sturm *(Astron.);* **Son|nen|sys|tem; Son|nen|tag**
Son|nen|tau (eine Pflanze)
Son|nen|tier|chen (ein Einzeller)
Son|nen|uhr; Son|nen|un|ter|gang
son|nen|ver|brannt
Son|nen|wa|gen *(Mythol.)*
Son|nen|wär|me; Son|nen|wär|me|kraft|werk
Son|nen|war|te (Observatorium zur Sonnenbeobachtung)
Son|nen|wen|de, die; **Son|nen|wend|fei|er,** Sonn|wend|fei|er
Son|nen|zel|le (zur Erzeugung von elektrischer Energie aus Sonnenenergie)
son|nig
Sonn|sei|te *(österr. u. schweiz. neben* Sonnenseite); **sonn|sei|tig** *(österr., schweiz.)*
Sonn|tag, der; -[e]s, -e (*Abk.* So.); des Sonntags, *aber* ↑K70: sonntags; ↑K31: sonn- und alltags, sonn- und feiertags, sonn- und festtags, sonn- und werktags; *vgl.* Dienstag
Sonn|tag|abend *vgl.* Dienstagabend
sonn|tä|gig *vgl.* ...tägig
sonn|täg|lich *vgl.* ...täglich
Sonn|tag|mit|tag *vgl.* Dienstagabend; **Sonn|tag|mor|gen** *vgl.* Dienstagabend; **Sonn|tag|nach|mit|tag** *vgl.* Dienstagabend; **Sonn|tag|nacht** *vgl.* Dienstagnacht
sonn|tags ↑K70; *vgl.* Dienstag *u.* Sonntag
Sonn|tags|ar|beit; Sonn|tags|aus|ga|be; Sonn|tags|bei|la|ge; Sonn|tags|bra|ten; Sonn|tags|dienst
Sonn|tags|fah|rer *(abwertend);* **Sonn|tags|fah|re|rin**
Sonn|tags|fra|ge (Meinungsumfrage nach der bei gedachten Wahlen am nächsten Sonntag zu wählenden Partei)
Sonn|tags|got|tes|dienst
Sonn|tags|jä|ger *(abwertend);* **Sonn|tags|jä|ge|rin**
Sonn|tags|kind; Sonn|tags|re|de
Sonn|tags|ru|he; Sonn|tags|schu|le (*früher für* Kindergottesdienst)
Sonn|tags|zei|tung
Sonn|tag|vor|mit|tag *vgl.* Dienstagabend
sonn|ver|brannt (*neben* sonnenverbrannt)
Sonn|wend|fei|er *vgl.* Sonnenwendfeier
Son|ny|boy [ˈzan..., *auch* ˈzɔn...], der; -s, -s ‹engl.› (sympathischer [junger] Mann mit unbeschwert-fröhlichem Charme)
So|no|graf, So|no|graph, der; -en, -en ‹lat.; griech.›
So|no|gra|fie, So|no|gra|phie, die; -, ...ien ‹lat.; griech.› (*Med.* Untersuchung mit Ultraschall)
so|nor ‹lat.› (klangvoll, volltönend); **So|no|ri|tät,** die; -, -en

sonst
Man schreibt »sonst« immer getrennt vom folgenden Wort:
- hast du sonst noch eine Frage, sonst noch [et]was auf dem Herzen?
- ist sonst jemand, sonst wer bereit[,] mitzuhelfen?
- ich hätte fast sonst was (*ugs. für* wer weiß was) gesagt
- kann ich Ihnen sonst wie helfen?
- sie könnte ja sonst wo sein
- da könnte ja sonst jemand, sonst wer (*ugs. für* irgendjemand) kommen

sons|tig; die sonstigen Möglichkeiten; ↑K72: über Sonstiges wurde nicht gesprochen; das Sonstige, alles Sonstige erledigen wir morgen; Essen, Kleidung und Sonstiges (*vgl. auch* übrig)
sonst je|mand, sonst was usw. *vgl.* sonst
Sont|ho|fen (Ort im Allgäu)
so|oft; sooft du zu mir kommst, immer ...; *aber* ich habe es dir so oft gesagt, dass ...
Soon|wald, der; -[e]s (Gebirgszug im südöstlichen Hunsrück)
Soor, der; -[e]s, -e (*Med.* Pilzbelag in der Mundhöhle); **Soor|pilz**

so|viel, so viel

Zusammenschreibung bei der Konjunktion:
- soviel ich weiß, ist es umgekehrt
- sie hat Urlaub, soviel ich weiß

Getrenntschreibung bei allen anderen Verbindungen:
- so viel für heute
- sein Wort bedeutet so viel wie ein Eid
- rede nicht so viel!
- du kannst haben, so viel wie du willst; du kannst so viel haben, wie du willst
- so viel als
- so viel wie (*Abk.* svw.)
- so viel wie (*älter:* als) möglich
- noch einmal so viel
- er hat halb, doppelt so viel Geld wie (*seltener:* als) du
- so viel [Geld] wie du hat er auch
- du weißt so viel, dass ...
- ich habe so viel Zeit, dass ...
- er musste so viel leiden
- so viele Gelegenheiten
- so vieles Schöne

Ableitungen:
- zum sovielten Mal
- das sovielte Mal

So|phia, So|phie, So|fie [*auch* ˈzɔfi] (w. Vorn.); die Kalte Sophie (*landsch. für* 15. Mai); **So|phi|en|kir|che** ↑K136

So|phis|ma, das; -s, ...men ⟨griech.⟩, **So|phis|mus,** der; -, ...men (Trugschluss; Spitzfindigkeit)

So|phist, der; -en, -en (jmd., der spitzfindig, haarspalterisch argumentiert; *urspr.* griech. Wanderlehrer); **So|phis|te|rei**

So|phis|tik, die; - (philosophische Lehre; sophistische Denkart, Argumentationsweise)

So|phis|tin; so|phis|tisch (spitzfindig, haarspalterisch)

so|pho|k|le|isch; sophokleisches Denken; sophokleische Tragödien; **So|pho|k|les** (griechischer Tragiker)

So|ph|ro|sy|ne, die; - ⟨griech.⟩ (antike Tugend der Besonnenheit)

So|por, der; -s ⟨lat.⟩ (*Med.* starke Benommenheit); **so|po|rös**

So|pot (polnische Stadt an der Ostsee; *vgl.* Zoppot)

So|p|ran, der; -s, -e ⟨ital.⟩ (höchste Frauen- od. Knabenstimme; Sopransänger[in]); **So|p|ra|nist,** der; -en, -en (Knabe mit Sopranstimme); **So|p|ra|nis|tin**

So|p|ra|por|te, Su|p|ra|por|te, die; -, -n ⟨ital.⟩ ([reliefartiges] Wandfeld über einer Tür)

So|p|ron [ʃ...] *vgl.* Ödenburg

So|ra|bist, der; -en, -en; **So|ra|bis|tik,** die; - (Wissenschaft von der sorbischen Sprache u. Kultur); **So|ra|bis|tin; so|ra|bis|tisch**

So|ra|ya (w. Vorn.)

Sor|be, der; -n, -n (Angehöriger einer westslaw. Volksgruppe); **Sor|ben|sied|lung**

Sor|bet [*auch* ...ˈbeː], der *od.* das; -s, -s, **Sor|bett,** der *od.* das; -[e]s, -e ⟨arab.⟩ (eisgekühltes Getränk; Halbgefrorenes)

Sor|bin ⟨*zu* Sorbe⟩

Sor|bin|säu|re (*Chemie* ein Konservierungsstoff)

sor|bisch; Sor|bisch, das; -[s] (Sprache); *vgl.* Deutsch; **Sor|bi|sche,** das; -n; *vgl.* ²Deutsche

¹Sor|bit, der; -s ⟨lat.⟩ (*Chemie* ein sechswertiger Alkohol; ein pflanzlicher Wirkstoff)

²Sor|bit, der; -s ⟨nach dem britischen Forscher Sorby⟩ (Bestandteil der Stähle)

Sor|bonne [...ˈbɔn], die; - (die älteste Pariser Universität)

Sor|di|ne, die; -, -n, **Sor|di|no,** der; -s, *Plur.* -s *u.* ...ni ⟨ital.⟩ (*Musik* Dämpfer); *vgl.* con sordino

Sor|dun, der *od.* das; -s, -e (Schalmei des 16. u. 17. Jh.s; früheres dunkel klingendes Orgelregister)

So|re, die; -, -n ⟨Gaunerspr.⟩ (Diebesgut, Hehlerware)

Sor|ge, die; -, -n; Sorge tragen; **sor|gen;** sich sorgen

Sor|gen|fal|te; sor|gen|frei

Sor|gen|kind; Sor|gen|last

sor|gen|los (ohne Sorgen); **sor|gen|schwer; sor|gen|voll**

Sor|ge|pflicht; Sor|ge|recht (*Rechtsspr.*); gemeinsames Sorgerecht

Sorg|falt, die; -; **sorg|fäl|tig; Sorg|fäl|tig|keit,** die; -; **Sorg|falts|pflicht**

Sor|gho [...go], der; -s, -s ⟨ital.⟩, **Sor|ghum** [...gʊm], das; -s, -s (eine Getreidepflanze)

sorg|lich (*veraltend*)

sorg|los; Sorg|lo|sig|keit

sorg|sam; Sorg|sam|keit, die; -

Sorp|ti|on, die; -, -en ⟨lat.⟩ (*Chemie* Aufnahme eines Gases od. gelösten Stoffes durch einen anderen festen od. flüssigen Stoff)

Sor|rent (italienische Stadt)

sor|ry! ⟨engl.⟩ (*ugs. für* Entschuldigung!)

Sor|te, die; -, -n ⟨lat.⟩ (Art, Gattung; Wert, Güte)

Sor|ten *Plur.* (*Bankw.* ausländische Geldsorten, Devisen)

Sor|ten|fer|ti|gung (*Wirtsch.*); **Sor|ten|ge|schäft; Sor|ten|han|del** (*Wirtsch.*); **Sor|ten|kal|ku|la|ti|on; Sor|ten|kurs** (*Bankw.*); **Sor|ten|markt** (*Bankw.*); **Sor|ten|pro|duk|ti|on** (*Wirtsch.*)

sor|ten|rein

Sor|ten|ver|zeich|nis; Sor|ten|zet|tel (*Kaufmannsspr.*)

sor|tie|ren (sondern, auslesen, sichten); **Sor|tie|rer; Sor|tie|re|rin; Sor|tier|ma|schi|ne**

sor|tiert (*auch für* hochwertig); **Sor|tie|rung**

Sor|ti|le|gi|um, das; -s, ...ien (Weissagung durch Lose)

Sor|ti|ment, das; -[e]s, -e ⟨ital.⟩ (Warenangebot, -auswahl eines Kaufmanns; *auch für* Sortimentsbuchhandel)

Sor|ti|men|ter (Angehöriger des Sortimentsbuchhandels, Ladenbuchhändler); **Sor|ti|men|te|rin; Sor|ti|ments|buch|han|del; Sor|ti|ments|buch|händ|ler; Sor|ti|ments|buch|händ|le|rin**

SOS [ɛs|oːˈɛs] (internationales Seenotzeichen, *gedeutet als* save our ship = rette[t] unser Schiff! *od.* save our souls = rette[t] unsere Seelen!)

so|sehr; sosehr ich diesen Plan auch billige, ...; *aber* er lief so sehr, dass ...

SOS-Kin|der|dorf ↑K28 (Einrichtung zur Betreuung u. Erziehung elternloser od. verlassener

S
Soph

so|weit, so weit

Zusammenschreibung bei der Konjunktion:
- soweit ich es beurteilen kann, wird ...
- sie ist gesund, soweit mir bekannt ist

Getrenntschreibung bei allen anderen Verbindungen:
- ich bin [noch nicht] so weit
- es, die Sache ist so weit
- es geht ihm so weit gut, nur ...
- so weit wie *od.* als möglich will ich nachgeben
- wirf den Ball so weit wie möglich
- es kommt noch so weit, dass ...
- so weit, so gut
- ich kann den Weg so weit übersehen, dass ...
- eine Sache so weit fördern, dass ...

Kinder in familienähnlichen Gruppen)

[1]**so|so** (drückt Ironie od. Zweifel aus); soso, du warst also gestern krank

[2]**so|so** (*ugs. für* nicht [gerade] gut; ungünstig); es steht damit soso

SOS-Ruf ↑K28

So|ße [*österr.* zo:s], Sau|ce ['zo:sə, *österr.* zo:s], die; -, -n ‹franz.› (Brühe, Tunke; *in der Tabakbereitung* Beize)

so|ßen (*svw.* saucieren)

So|ßen|löf|fel, Sau|cen|löf|fel; **So|ßen|schüs|sel**, Sau|cen|schüs|sel

sost. = sostenuto

sos|te|nu|to ‹ital.› (*Musik* gehalten, getragen; *Abk.* sost.)

So|ter, der; -, -e ‹griech.› (Retter, Heiland; Ehrentitel Jesu Christi); **So|te|rio|lo|gie**, die; -, ...ien (*Theol.* Lehre vom Erlösungswerk Jesu Christi, Heilslehre)

Sot|schi (russ. Stadt am Schwarzen Meer)

Sott, der *od.* das; -[e]s (*nordd. für* Ruß)

Sot|ti|se, die; -, -n *meist Plur.* ‹franz.› (*veraltet, aber noch landsch. für* Dummheit; Grobheit; freche, stichelnde Äußerung)

sot|to vo|ce [- ...tʃə] ‹ital.› (*Musik* halblaut, gedämpft)

Sou [zu:], der; -, -s ‹franz.› (frühere französische Münze im Wert von 5 Centimes)

Sou|b|ret|te [zu...], die; -, -n ‹franz.› (Sängerin heiterer Sopranpartien in Oper u. Operette)

Sou|chong ['zu:(')ʃɔŋ], der; -[s], -s ‹chin.-franz.› (chinesischer Tee); **Sou|chong|tee**

Souf|f|lé, **Souf|f|lee** [zu...], das; -s, -s ‹franz.› (*Gastron.* Eierauflauf)

Souf|f|leur [zu'flø:ɐ̯], der; -s, -e (*Theater* jmd., der souffliert); **Souf|f|leur|kas|ten; Souf|f|leu|se**, die; -, -n ‹*zu* Souffleur›

souf|f|lie|ren (flüsternd vorsprechen)

Soul [soʊl], der; -[s] ‹amerik.› (Jazz od. Popmusik mit starker Betonung des Expressiven)

Sound [saunt], der; -s, -s ‹amerik.› (*Musik* Klang[wirkung]; musikalische Stilrichtung)

Sound|check ['saunt...]; **Sound|chip; Sound|kar|te** *(EDV)*

so|und|so (*ugs. für* unbestimmt wie ...); soundso breit, groß, viel usw.; Seite soundso; *aber* etwas so und so (so und wieder anders) erzählen; ↑K81 : [der] Herr Soundso

so|und|so|viel|mal; *bei besonderer Betonung* soundso viel Mal

so|und|so|viel|te; der soundsovielte Mai, Abschnitt usw.; *aber* ↑K82 : am Soundsovielten des Monats

Sound|track ['saunttrɛk], der; -s, -s ‹engl.› (Tonspur eines Films; Filmmusik)

Sou|per [zu'pe:], das; -s, -s ‹franz.› (festliches Abendessen); **sou|pie|ren**

Sou|sa|fon, **Sou|sa|phon** [zu...], das; -s, -e ‹nach dem amerikanischen Komponisten J. Ph. Sousa› (eine Basstuba)

Sous|chef ['su:ʃɛf], der; -s, -s ‹franz.› (*schweiz. für* Stellvertreter des [Bahnhofs]vorstandes; *Gastron.* Stellvertreter des Küchenchefs); **Sous|che|fin**

Sous|sol [su'sɔl], das *u.* der; -s, -s (*schweiz. für* Untergeschoss)

Sou|ta|che [zu'taʃ(ə)], Su|tasch, die; -, -n (schmale, geflochtene Litze); **sou|ta|chie|ren**

Sou|ta|ne [zu..., *auch* su...], die; -, -n ‹franz.› (Gewand der kath. Geistlichen); **Sou|ta|nel|le**, die; -, -n (bis ans Knie reichender Gehrock der katholischen Geistlichen)

Sou|ter|rain [zutɛ'rɛ̃:, *auch* 'zu:...], das; -s, -s ‹franz.› (Kellergeschoss); **Sou|ter|rain|woh|nung**

Sou|th|amp|ton [saʊ̯'θɛmptn̩] (britische Stadt)

South Ca|ro|li|na ['saʊ̯θ kɛrə'laɪ̯nə] (Südkarolina; *Abk.* SC)

South Da|ko|ta ['saʊ̯θ də'ko:tə] (Süddakota; *Abk.* SD)

Sou|ve|nir [zuvə...], das; -s, -s ‹franz.› (Andenken, Erinnerungsstück)

Sou|ve|nir|la|den

sou|ve|rän [zuvə...] ‹franz.› (unumschränkt; selbstständig; überlegen)

Sou|ve|rän, der; -s, -e (Herrscher; Landes-, Oberherr; *bes. schweiz. für* Gesamtheit der Wähler); **Sou|ve|rä|nin**

Sou|ve|rä|ni|tät, die; -, -en (Unabhängigkeit; Landes-, Oberhoheit); **Sou|ve|rä|ni|täts|an|spruch**

Sove|reign ['zɔvrɪn], der; -[s], -s ‹engl.› (frühere engl. Goldmünze)

so|viel, so viel *s. Kasten*

so|viel|mal *bei besonderer Betonung* so viel Mal; *aber nur* so viele Male

so wahr; so wahr mir Gott helfe

so was, **so|was** (*ugs. für* so etwas)

Sow|chos ['sɔfxɔs], der; -, ...chose, **Sow|cho|se** [...'x..., *auch* ...'ç...], die; -, -n, *österr. nur so* ‹russ.› (Staatsgut in der Sowjetunion)

so|weit, so weit *s. Kasten*

so|we|nig, so we|nig

Zusammenschreibung bei der Konjunktion:
- sowenig ich mich daran gewöhnen kann, dass ...

Getrenntschreibung bei allen anderen Verbindungen:
- ich bin so wenig (ebenso wenig) dazu bereit wie du
- tu das so wenig wie *od.* als möglich
- ich habe so wenig Geld wie du
- du hast so wenig gelernt, dass du durchfallen wirst

So|we|to ‹aus engl. South Western Township = südwestliche Township› (südwestl. Stadtteil von Johannesburg)

so|wie, so wie

Zusammenschreibung bei der Konjunktion:

- sowie (sobald) er kommt, soll er nachsehen
- sie wird es dir geben, sowie sie damit fertig ist
- wissenschaftliche und technische sowie (und, und auch) schöne Literatur
- er sowie seine Frau war *od.* waren da

Getrenntschreibung beim Vergleich »so ... wie«:

- es kam so, wie ich es erwartet hatte
- so, wie ich ihn kenne, kommt er nicht
- wir machen es so wie immer

so|wie|so

So|w|jet [*auch* 'zɔ...], der; -s, -s ‹russ., »Rat«› (Form der Volksvertretung *[in der Sowjetunion]; nur Plur.:* Sowjetbürger)

so|w|je|tisch

So|w|jet|re|pu|b|lik; So|w|jet|russ|land; So|w|jet|stern; So|w|jet|uni|on, die; -; *Abk.* SU (bis 1991)

so|wohl; sowohl die Eltern als [auch] *od.* wie [auch] die Kinder

So|wohl-als-auch, das; -

So|zi, der; -s, -s *u.* Sozen (*abwertend kurz für* Sozialdemokrat)

So|zia, die; -, -s ‹lat.› (*meist scherzh. für* Beifahrerin auf einem Motorrad od. -roller)

so|zi|a|bel (*Soziol.* umgänglich, gesellig); ...a|b|le Menschen; **So|zi|a|bi|li|tät,** die; -

so|zi|al (die Gesellschaft, die Gemeinschaft betreffend, gesellschaftlich; gemeinnützig, wohltätig); sozial schwach; der *od.* die sozial Schwache; die soziale Frage; soziale Sicherheit; sozialer Wohnungsbau; soziale Marktwirtschaft; soziale Netzwerke

So|zi|al|ab|bau, der; -[e]s

So|zi|al|ab|ga|be *meist Plur.;* **so|zi|al|ab|ga|ben|frei**

So|zi|al|amt; So|zi|al|ar|beit; So|zi|al|ar|bei|ter; So|zi|al|ar|bei|te|rin

So|zi|al|bei|trä|ge *Plur.;* **So|zi|al|be|richt; So|zi|al|be|ruf**

so|zi|al|dar|wi|nis|tisch

So|zi|al|de|mo|krat; So|zi|al|de|mo|kra|tie (Sozialdemokratische Partei; Gesamtheit der sozialdemokratischen Parteien); **So|zi|al|de|mo|kra|tin; so|zi|al|de|mo|kra|tisch;** *aber* ↑K150 : die Sozialdemokratische Partei Deutschlands (*Abk.* SPD)

So|zi|al|ein|kom|men; So|zi|al|ethik; So|zi|al|fall, der

So|zi|al|fonds (für soziale Zwecke eingerichteter Fonds); der Europäische Sozialfonds ↑K150

So|zi|al|for|schung; So|zi|al|für|sor|ge (Sozialhilfe der DDR)

So|zi|al|ge|richt; So|zi|al|ge|richts|bar|keit; So|zi|al|ge|richts|ge|setz

So|zi|al|ge|schich|te; So|zi|al|ge|setz|ge|bung

So|zi|al|hil|fe; So|zi|al|hil|fe|emp|fän|ger; So|zi|al|hil|fe|emp|fän|ge|rin

So|zi|a|li|sa|ti|on, die; - (Prozess der Einordnung des Individuums in die Gesellschaft)

so|zi|a|li|sie|ren (verstaatlichen; in die Gesellschaft einordnen); **So|zi|a|li|sie|rung**

So|zi|a|lis|mus, der; -, ...men (Gesamtheit der Theorien, politischen Bewegungen u. Staatsformen, die auf gemeinschaftlichen od. staatlichen Besitz der Produktionsmittel u. eine gerechte Verteilung der Güter hinzielen); **So|zi|a|list,** der; -en, -en; **So|zi|a|lis|tin**

so|zi|a|lis|tisch; sozialistischer Realismus (eine auf dem Marxismus gründende künstler. Richtung in kommunist. Ländern), *aber* ↑K150 : die Sozialistische Internationale; Sozialistische Einheitspartei Deutschlands (Staatspartei der DDR; *Abk.* SED)

So|zi|al|kom|pe|tenz (Fähigkeit einer Person, in ihrer sozialen Umwelt selbstständig zu handeln); **So|zi|al|kon|takt**

So|zi|al|kri|tik; so|zi|al|kri|tisch

So|zi|al|kun|de, die

So|zi|al|kür|zung; So|zi|al|las|ten *Plur.*

So|zi|al|leh|re *(christl. Kirche)*

So|zi|al|leis|tung *meist Plur.*

so|zi|al|li|be|ral, so|zi|al-li|be|ral

So|zi|al|lohn

So|zi|al|mi|nis|ter; So|zi|al|mi|nis|te|rin; So|zi|al|mi|nis|te|ri|um

So|zi|al|neid; So|zi|al|öko|no|mie

So|zi|al|pä|d|a|go|ge; So|zi|al|pä|d|a|go|gik; So|zi|al|pä|d|a|go|gin; so|zi|al|pä|d|a|go|gisch

So|zi|al|part|ner *(Politik);* **So|zi|al|part|ner|schaft; so|zi|al|part|ner|schaft|lich**

So|zi|al|plan

So|zi|al|po|li|tik; So|zi|al|po|li|ti|ker; So|zi|al|po|li|ti|ke|rin; so|zi|al|po|li|tisch

So|zi|al|pres|ti|ge; So|zi|al|pro|dukt *(Wirtsch.);* **So|zi|al|psy|cho|lo|gie**

So|zi|al|raum; so|zi|al|räum|lich (*bes. Soziol.* die gesellschaftliche u. räumliche Lebenswelt betreffend)

So|zi|al|recht; So|zi|al|re|form

So|zi|al|ren|te; So|zi|al|rent|ner; So|zi|al|rent|ne|rin

so|zi|al|re|vo|lu|ti|o|när

So|zi|al|staat *Plur.* ...staaten; **So|zi|al|sta|ti|on; So|zi|al|sta|tis|tik; So|zi|al|struk|tur; So|zi|al|sys|tem; So|zi|al|ta|rif**

So|zi|al|ver|hal|ten

So|zi|al|ver|mö|gen *(Wirtsch.)*

so|zi|al|ver|si|chert; So|zi|al|ver|si|che|rung (*Abk.* SV); **So|zi|al|ver|si|che|rungs|bei|trag**

so|zi|al ver|träg|lich, so|zi|al|ver|träg|lich

So|zi|al|we|sen

So|zi|al|wis|sen|schaft *meist Plur.*

So|zi|al|woh|nung; So|zi|al|zu|la|ge

So|zi|e|tät, die; -, -en (Gesellschaft; Genossenschaft)

So|zio|gra|fie, So|zio|gra|phie, die; -, ...ien (*Soziol.* Darstellung der Formen menschlichen Zusammenlebens innerhalb bestimmter Räume u. Zeiten)

So|zio|gramm, das; -s, -e (*Soziol.* grafische Darstellung sozialer Beziehungen innerhalb einer Gruppe)

so|zio|kul|tu|rell (die soziale Gruppe u. ihr Wertesystem betreffend)

So|zio|lekt, der; -[e]s, -e (*Sprachwiss.* Sprachgebrauch von Gruppen, Institutionen o. Ä.)

So|zio|lin|gu|is|tik (*Sprachwiss.* wissenschaftliche Betrachtungsweise des Sprechverhaltens verschiedener Gruppen, Schichten o. Ä.); **so|zio|lin|gu|is|tisch**

So|zio|lo|ge, der; -n, -n

So|zio|lo|gie, die; -, ...ien ‹lat.; griech.› (Wissenschaft zur Erforschung komplexer Erscheinungen u. Zusammenhänge in der menschlichen Gesellschaft)

So|zio|lo|gin; so|zio|lo|gisch

so|zio|öko|no|misch

S
Sowe

So|zi|us, der; -, *Plur.* ...zien, ...zii, *auch* -se ‹lat.› (*Wirtsch.* Teilhaber; Beifahrer[sitz]); **So|zi|us|sitz** (Rücksitz auf dem Motorrad)
so|zu|sa|gen (gewissermaßen); *aber* er versucht, es so zu sagen, dass es verständlich ist
Sp. = Spalte *(Buchw.)*
SP, SP Schweiz (Sozialdemokratische Partei der Schweiz)
[1]**Spa** [spa:] (belgische Stadt)
[2]**Spa,** das, *auch* der; -[s], -s ‹nach [1]Spa› (Wellnessbad)
Space|lab ['spe:slɛp], das; -[s], -s ‹engl.› (von ESA u. NASA entwickeltes Raumlabor)
Space|shut|tle [...ʃatl̩], der od. das; -s, -s (Raumfähre)
Spach|tel, der; -s, - *od., österr. nur,* die; -, -n; **Spach|tel|ma|le|rei; Spach|tel|mas|se**
spach|teln (*ugs. auch für* [tüchtig] essen); ich spacht[e]le
spack (*landsch. für* dürr; eng)
Spa|cken, der; -[s] -, **Spa|cko,** der; -s, -s (derbes Schimpfwort)
Spa|dil|le [...'dɪljə], die; -, -n (höchster Trumpf im Lomber)
Spa|er [sp...] ‹*zu* [1]Spa›
[1]**Spa|gat,** der, *österr. nur so, od.* das; -[e]s, -e ‹ital.› (*Gymnastik* Körperhaltung, bei der die Beine so weit gespreizt sind, dass sie eine Gerade bilden)
[2]**Spa|gat,** der; -[e]s, -e ‹ital.› (*bayr., österr. für* Bindfaden)
Spa|gat|pro|fes|sor (*ugs. scherzh. für* Professor, dessen Universitäts- u. Wohnort weit auseinanderliegen); **Spa|gat|pro|fes|so|rin**
Spa|ghet|ti [...'gɛ...], **Spa|get|ti** *Plur.* ‹ital.›; Spaghetti bolognese
Spa|ghet|ti|eis, Spa|get|ti|eis
spä|hen
Spä|her; Spä|he|rei; Spä|he|rin
Spa|hi [sp..., *auch* ʃp...], der; -s, -s ‹pers., »Krieger«› (*früher für* [adliger] Reiter im türkischen Heer; Angehöriger einer aus Nordafrikanern gebildeten französischen Reitertruppe)
Späh|trupp (*für* Patrouille)
Spa|ke, die; -, -n (*nordd. für* Hebel, Hebebaum)
spa|kig (*nordd. für* schimmelig)
Spa|la|to (*ital. Form von* Split)
Spa|lett, das; -[e]s, -e ‹ital.› (*österr. für* hölzerner Fensterladen)
Spa|lier, das; -s, -e (Gitterwand; Doppelreihe von Personen als Ehrengasse); Spalier stehen
Spa|lier|baum; Spa|lier|obst

Spalt, der; -[e]s, -e
spalt|bar; Spalt|bar|keit, die; -
spalt|breit; eine spaltbreite Öffnung; **Spalt|breit,** der; -, **Spalt breit,** der; - -; die Tür einen Spaltbreit *od.* Spalt breit öffnen
Spält|chen
Spal|te, die; -, -n (*auch für* Schnitz, Scheibe; *Abk. [Buchw.]* Sp.)
spal|ten; gespalten *u.* gespaltet; *in adjektivischem Gebrauch fast nur* gespalten; gespaltenes Holz, eine gespaltene Zunge
Spal|ten|brei|te
spal|ten|lang; ein spaltenlanger Artikel, *aber* drei Spalten lang; **spal|ten|wei|se**
spalt|er|big *(Biol.)*
Spalt|fuß
...spal|tig (z. B. zweispaltig)
Spalt|le|der; Spalt|pilz; Spalt|pro|dukt *(Physik, Chemie);* **Spalt|stock** *Plur.* ...stöcke (*schweiz. für* Hackklotz)
Spal|tung
Spam [spɛm], der *od.* das; -s, -s *od.* die; -, -s ‹engl.› (unerwünscht zugesandte E-Mail zu Werbezwecken); **Spam|fil|ter** *(EDV)*
Spam|mail, Spam-Mail *(EDV)*
spam|men ['spɛm...] ‹engl.› (Spams verschicken); **Spam|mer,** der; -s, - ‹engl.› (jmd., der Spams verschickt); **Spam|me|rin**
Span, der; -[e]s, Späne; **span|ab|he|bend** ↑K59 *(Technik);* **Spän|chen**
Span|d|ril|le, die; -, -n ‹ital.› (*Archit.* Bogenzwickel)
spa|nen (Späne abheben); spanende Werkzeuge; [1]**spä|nen** (mit Metallspänen abreiben)
[2]**spä|nen** (*landsch. für* entwöhnen); **Span|fer|kel** (noch nicht entwöhntes Ferkel)
Späng|chen
Span|ge, die; -, -n; **Span|gen|schuh**
Spa|ni|el [*auch* 'spɛ...], der; -s, -s ‹engl.› (ein Jagd- u. Haushund)
Spa|ni|en; Spa|ni|er; Spa|ni|e|rin
Spa|ni|o|le, der; -n, -n (Nachkomme von einst aus Spanien vertriebenen Juden)
spa|nisch; das kommt mir spanisch (*ugs. für* seltsam) vor; ↑K89 *u.* 142: spanischer Reiter (*Militär* ein bestimmtes Hindernis); spanischer Stiefel (ein Folterwerkzeug); spanische Wand (*svw.* Paravent), *aber* ↑K151: der Spanische Erbfolgekrieg; Spanische Fliege (ein Insekt); ↑K150: die Spanische Reitschule (in Wien)

Spa|nisch, das; -[s] (Sprache); *vgl.* Deutsch; **Spa|ni|sche,** das; -n; *vgl.* [2]Deutsche
Spa|nisch-Gui|nea (*früher für* Äquatorialguinea)
Span|korb
spann *vgl.* spinnen
Spann, der; -[e]s, -e (oberer Teil, Rist des menschlichen Fußes)
Spann|be|ton; Spann|be|ton|brü|cke; Spann|be|ton|kon|s|t|ruk|ti|on
Spann|bett|tuch
Spann|dienst (*früher für* spezieller Frondienst); Hand- und Spanndienst leisten
Span|ne, die; -, -n (ein altes Längenmaß)
span|nen
span|nend; das span|nends|te Buch
span|nen|lang *(veraltet)*
Span|ner (*ugs. auch für* Voyeur); **Span|ne|rin**
spann|fä|hig; Spann|gar|di|ne
Spann|kraft, die; -; **Spann|la|ken; Spann|rah|men** *(Buchbinderei)*
Spann|tep|pich (*bes. schweiz. für* Teppichboden)
Span|nung
Span|nung füh|rend, span|nung|füh|rend ↑K58
Span|nungs|ab|fall *(Elektrot.)*
Span|nungs|bo|gen (Spannung erzeugende Abfolge von Ereignissen); **Span|nungs|feld**
span|nungs|füh|rend *(Elektrot.)*
Span|nungs|ge|biet
span|nungs|ge|la|den
Span|nungs|ko|ef|fi|zi|ent *(Physik)*
span|nungs|los
Span|nungs|mes|ser, der; **Span|nungs|mo|ment,** das; **Span|nungs|prü|fer; Span|nungs|reg|ler**
span|nungs|reich
Span|nungs|ver|hält|nis
span|nungs|voll
Span|nungs|wand|ler *(Elektrot.)*
Span|nungs|zu|stand
Spann|vor|rich|tung; Spann|wei|te
Span|plat|te; Span|schach|tel
Spant, das, *in der Luftfahrt auch* der; -[e]s, -en *meist Plur.* (rippenähnl. Bauteil zum Verstärken der Außenwand von Schiffs- u. Flugzeugrümpfen)
Span|ten|riss (eine Schiffskonstruktionszeichnung)
Spar|bat|zen (*schweiz. für* Spargroschen); **Spar|be|trag; Spar|bren|ner; Spar|brief; Spar|buch; Spar|büch|se; Spar|ein|la|ge**
spa|ren; Spa|rer

spät

spä|ter, spä|tes|te	*Bei Substantivierungen:*
– spätestens; am spätesten – von [morgens] früh bis [abends] spät	– die zu spät Kommenden, die zu spät Gekommenen – das Zuspätkommen *od.* Zu-spät-Kommen
In Verbindung mit Verben wird »spät« getrennt geschrieben ↑K56:	*Bei adjektivisch gebrauchten Partizipien kann getrennt oder zusammengeschrieben werden* ↑K58:
– spät sein, werden – zu spät kommen – der Komponist hat die Oper spät vollendet	– eine spät vollendete *od.* spätvollendete Oper

Spa|rer|frei|be|trag *(Steuerw.)*
Spare|ribs [ˈspɛəɪbs] *Plur.* ⟨engl.⟩ (Schälrippchen)
Spa|re|rin
Spar|flam|me; Spar|för|de|rung
Spar|gel, der; -s, -, *schweiz. auch* die; -, -n; **Spar|gel|beet; Spar|gel|ge|mü|se,** das; -s; **Spar|gel|grün,** das; -s; **Spar|gel|kraut,** das; -[e]s; **Spar|gel|spit|ze**
Spar|gel|ste|cher; Spar|gel|ste|che|rin; Spar|gel|sup|pe
Spar|gel|tar|zan, der; -s, *Plur.* -e *od.* -s (*ugs. scherzh. für* schmächtiger Junge od. Mann)
Spar|gi|ro|ver|kehr; Spar|gro|schen; Spar|gut|ha|ben
Spark, der; -[e]s (eine Pflanze)
Spar|kas|se; Spar|kas|sen|buch; Spar|kon|to
Spar|kurs; Spar|lam|pe (Glühlampe mit niedrigem Stromverbrauch)
spär|lich; Spär|lich|keit, die; -
Spar|maß|nah|me *meist Plur.*; **Spar|pa|ket; Spar|pfen|nig; Spar|plan; Spar|po|li|tik; Spar|prä|mie; Spar|pro|gramm; Spar|quo|te**
Spar|re, die; -, -n (*svw.* Sparren)
spar|ren ⟨engl.⟩ (*Boxen* mit jmdm. im Training boxen); er hat zwei Stunden gesparrt
Spar|ren, der; -s, -; **Spar|ren|dach; spar|rig** (*Bot.* seitwärts abstehend); sparrige Äste
Spar|ring, das; -s (Boxtraining); **Spar|rings|kampf; Spar|rings|part|ner; Spar|rings|part|ne|rin**
spar|sam; Spar|sam|keit, die; -
Spar|schwein; Spar|strumpf
Spart, der *od.* das; -[e]s, -e (*svw.* Esparto)
Spar|ta [ʃp..., *auch* sp...] (altgriechische Stadt)
Spar|ta|ki|a|de [ʃp..., *auch* sp...], die; -, -n (Sportveranstaltung in osteuropäischen Ländern [bis 1990])
Spar|ta|kist, der; -en, -en (Angehöriger des Spartakusbundes); **Spar|ta|kis|tin; Spar|ta|kus** (Führer eines röm. Sklavenaufstandes); **Spar|ta|kus|bund,** der; -[e]s (kommunist. Kampfbund 1917/18)
Spar|ta|ner [ʃp..., *auch* sp...] (Bewohner von Sparta); **Spar|ta|ne|rin; spar|ta|nisch;** spartanische (strenge, harte) Zucht
Spar|te, die; -, -n (Abteilung, Fach, Gebiet; Geschäfts-, Wissenszweig; Zeitungsspalte)
Spar|ten|sen|der (auf eine spezielle Programmkategorie beschränkter Fernsehsender)
spar|ten|über|grei|fend
Spar|te|rie, die; - ⟨franz.⟩ (Flechtwerk aus Spänen od. Bast)
Spart|gras (*svw.* Espartogras)
Spar|ti|at [ʃp..., *auch* sp...], der; -en, -en (dorischer Vollbürger im alten Sparta); **Spar|ti|a|tin**
spar|tie|ren [ʃp..., sp...] ⟨ital.⟩ (*Musik* in Partitur setzen)
Spar- und Dar|le|hens|kas|se ↑K31
Spar|ver|si|on; Spar|ver|trag; Spar|ziel; Spar|zins; Spar|zwang
spas|misch, spas|mo|disch [ʃp..., *auch* sp...] ⟨griech.⟩ (*Med.* krampfhaft, krampfartig)
spas|mo|gen (krampferzeugend)
Spas|mo|ly|ti|kum, das; -s, ...ka (krampflösendes Mittel); **spas|mo|ly|tisch**
Spas|mus, der; -, ...men (Krampf)
Spaß, der; -es, Späße, *österr. auch* **Spass,** der; -es, Spässe; Spaß (*österr. auch* Spass) machen
Spaß|brem|se (*ugs. für* Spielverderber, Langweiler)
Späß|chen
spa|ßen; du spaßt; **Spa|ße|rei**
spa|ßes|hal|ber
Spa|ßet|teln, *österr. auch* **Spas|set|teln** *Plur.* (*österr. ugs. für* Scherz); Spaßetteln *od.* Spassetteln machen
spaß|frei (sehr nüchtern; langweilig)
Spaß|ge|sell|schaft; spaß|haft; spaß|hal|ber *(bes. österr.)*
spa|ßig; Spa|ßig|keit
Spaß|ma|cher; Spaß|ma|che|rin
Spaß|ver|der|ber; Spaß|ver|der|be|rin
Spaß|vo|gel *(scherzh.)*
Spas|ti|ker [ʃp..., *auch* sp...] ⟨griech.⟩ (an einer spasmischen Krankheit Leidender); **Spas|ti|ke|rin**
spas|tisch (mit Erhöhung des Muskeltonus einhergehend)
spat (*veraltet für* spät)
[1]**Spat,** der; -[e]s, *Plur.* -e *u.* Späte (ein Mineral)
[2]**Spat,** der; -[e]s (Pferdekrankheit)
spät *s. Kasten*
spät|abends; *aber* eines Spätabends
Spät|an|ti|ke
Spät|aus|sied|ler; Spät|aus|sied|le|rin
Spät|ba|rock
Spät|bur|gun|der (eine Reb- u. Weinsorte)
Spät|dienst
Spä|te, die; - *(veraltet); noch in* der Späte
Spa|tel, der; -s, - *(österr. nur so) u.* die; -, -n (*svw.* Spachtel)
Spa|ten, der; -s, -
Spa|ten|for|schung (archäologische Forschung durch Ausgrabungen); **Spa|ten|stich**
Spät|ent|wick|ler; Spät|ent|wick|le|rin
spä|ter; bis später; **spä|ter|hin**
spä|tes|tens; Spät|fol|ge
Spät|ge|bä|ren|de, die; -n, -n, **spät Ge|bä|ren|de,** die; - -n, - -n; **Spät|ge|burt**
Spät|go|tik
Spa|tha [sp..., *auch* ʃp...], die; -, ...then ⟨griech.⟩ (*Bot.* Blütenscheide kolbiger Blütenstände)
spat|hal|tig (*zu* [1]Spat)
Spät|heim|keh|rer
Spät|herbst; spät|herbst|lich
Spa|ti|en [ʃp..., *auch* sp...] (*Plur. von* Spatium); **Spa|ti|en|brei|te** *(Druckw.)*; **Spa|ti|en|keil**
spa|tig (spatkrank; *vgl.* [2]Spat)
spa|ti|ie|ren, spa|ti|o|nie|ren [ʃp..., *auch* sp...] ⟨lat.⟩ (*Druckw.* [mit

S
Spar

Zwischenräumen] durchschießen, sperren)
spa|ti|ös (weit, geräumig)
Spa|ti|um, das; -s, ...ien (*Druckw.* Zwischenraum; schmales Ausschlussstück)
Spät|jahr (*für* Herbst)
Spät|la|tein; spät|la|tei|nisch
Spät|le|se; Spät|ling
Spät|mit|tel|al|ter
Spät|nach|mit|tag; eines Spätnachmittags; **spät|nach|mit|tags**
Spät|nach|rich|ten *Plur.*; **Spät|pha|se; Spät|pro|gramm; Spät|ro|man|tik; Spät|scha|den; Spät|schicht**
Spät|som|mer; spät|som|mer|lich
spät voll|en|det, **spät|voll|en|det** *vgl.* spät
Spät|vor|stel|lung; Spät|werk
Spät|wes|tern *(Film)*
Spatz, der; *Gen.* -en, *auch* -es, *Plur.* -en; **Spätz|chen**
Spat|zen|hirn *(ugs. abwertend)*
Spat|zen|nest; Spät|zin
Spätz|le *Plur.* (schwäbische Mehlspeise); mit Spätzle
Spätz|li *Plur.* (*schweiz. für* Spätzle)
Spät|zün|der *(ugs.)*; **Spät|zün|de|rin**
Spät|zün|dung
spa|zie|ren ‹lat.›; spazieren fahren, führen, gehen usw.; spazieren gegangen; spazieren zu fahren; spazieren gehende *od.* spazierengehende Menschen
Spa|zie|ren|ge|hen, das; -s ↑K82
spa|zie|ren rei|ten
Spa|zier|fahrt
Spa|zier|gang, der; **Spa|zier|gän|ger; Spa|zier|gän|ge|rin**
Spa|zier|ge|her *(österr.)*; **Spa|zier|ge|he|rin**
Spa|zier|ritt; Spa|zier|stock *Plur.* ...stöcke; **Spa|zier|weg**
SPD, die; - = Sozialdemokratische Partei Deutschlands; **SPD-Frak|ti|on; SPD-ge|führt**; die SPD-geführten Länder
Specht, der; -[e]s, -e (ein Vogel)
spech|teln (*österr. ugs. für* spähen, spionieren); ich specht[e]le; **spech|ten** *(bayr.)*; **Specht|ler** *(österr. ugs.)*; **Specht|le|rin**
Specht|mei|se (*svw.* Kleiber)
Spe|cial [ˈspɛʃl], das; -s, -s ‹engl.› (Sondersendung, Sonderbericht zu einem Thema)
Spe|cial Ef|fect [- ɪˈfɛkt], der; - -s, - -s ‹engl.› (*Film, Fernsehen* [von Computern erzeugter] Bild- od. Toneffekt)
Speck, der; -[e]s, *Plur. (Sorten:)* -e
speck|bäu|chig; Speck|hals
spe|ckig
Speck|ku|chen; Speck|na|cken; Speck|schwar|te; Speck|sei|te
Speck|so|ße, **Speck|sau|ce**
Speck|stein (*für* Steatit)
spe|die|ren ‹ital.› ([Güter] versenden, befördern, verfrachten)
Spe|di|teur [...ˈtøːɐ̯], der; -s, -e (Transportunternehmer); **Spe|di|teu|rin**
Spe|di|ti|on, die; -, -en (Transportunternehmen; Versand[abteilung])
Spe|di|ti|ons|fir|ma; Spe|di|ti|ons|ge|schäft; Spe|di|ti|ons|kauf|frau; Spe|di|ti|ons|kauf|mann
spe|di|tiv (*schweiz. für* rasch)
Speech [spiːtʃ], der; -es, *Plur.* -e *u.* -es [...ɪs] ‹engl.› (Rede)
[1]**Speed** [spiːt], der; -[s], -s ‹engl.› (*bes. Sport* Geschwindigkeit)
[2]**Speed**, das; -[s] (*Jargon* Aufputsch-, Rauschmittel)
Speed|be|werb (*österr. Skisport* Abfahrt u. Super-G)
Speed|da|ting, **Speed-Da|ting** [ˈspiːddeɪtɪŋ], das; -s, -s ‹engl.› (Methode der Partnersuche durch kurze Gespräche mit wechselnden Personen)
Speed|ska|ting, **Speed-Ska|ting** (Wettlauf auf Inlineskates)
Speed|way [...veː], der; -s, -s (*Motorsport* Rennstrecke)
Speed|way-Ren|nen, **Speed|way-ren|nen**
Speer, der; -[e]s, -e; den Speer werfen; **Speer|län|ge**
Speer|wer|fen, das; -s ↑K82; **Speer|wer|fer; Speer|wer|fe|rin; Speer|wurf**
spei|ben (*bayr. u. österr. mdal. für* erbrechen); er hat gespieben
Spei|che, die; -, -n
Spei|chel, der; -s; **Spei|chel|drü|se; Spei|chel|fluss**, der; -es
Spei|chel|le|cker *(abwertend)*; **Spei|chel|le|cke|rei; Spei|chel|le|cke|rin; spei|chel|le|cke|risch**
spei|cheln; ich speich[e]le
Spei|chel|pro|be; Spei|chel|test *(bes. Gerichtsmedizin)*
Spei|chen|kranz
Spei|cher, der; -s, -
spei|cher|bar
Spei|cher|bild (*svw.* Hologramm)
Spei|cher|ka|pa|zi|tät
Spei|cher|kar|te *(EDV)*; **Spei|cher|me|di|um** *(EDV)*
spei|chern; ich speichere
Spei|cher|ofen (*für* Regenerativofen)
Spei|cher|platz *(bes. EDV)*
Spei|che|rung
spei|en; du spiest; gespien
Spei|er|ling (ein Obstbaum mit gerbstoffhaltigen Früchten)
Spei|gatt, **Spei|gat** (*Seemannsspr.* rundes Loch in der Schiffswand zum Wasserablauf)
Speik, der; -[e]s, -e ‹lat.› (Name mehrerer Pflanzen)
Speil, der; -[e]s, -e (Holzstäbchen [zum Verschließen des Wurstdarmes]); **spei|len**
[1]**Speis**, der; -es ‹lat.› (*landsch. für* Mörtel)
[2]**Speis**, die; -, -en (*bayr. u. österr. für* Speisekammer)
Spei|se, die; -, -n (*auch für* Mörtel); [mit] Speis und Trank ↑K13
Spei|se|brei; Spei|se|eis; Spei|se|fett; Spei|se|fisch; Spei|se|gast|stät|te; Spei|se|kam|mer
Spei|se|kar|te, Spei|sen|kar|te
spei|sen; du speist; er/sie speis|te; gespeist (*schweiz. übertr. od. mdal.* gespiesen)
Spei|sen|auf|zug; Spei|sen|fol|ge
Spei|sen|kar|te, Spei|se|kar|te
Spei|se|öl; Spei|se|op|fer; Spei|se|plan; Spei|se|quark; Spei|se|rest; Spei|se|röh|re; Spei|se|saal; Spei|se|schrank
Spei|se|täub|ling (ein Pilz)
Spei|se|wa|gen (bei der Eisenbahn)
Spei|se|was|ser *Plur.* ...wässer (für Dampfkessel)
Spei|se|zet|tel; Spei|se|zim|mer
Speis|ko|balt (ein Mineral)
Spei|sung
Spei|täub|ling, Spei|teu|fel (ein Pilz)
spei|übel
Spek|ta|bi|li|tät [sp..., *auch* ʃp...], die; -, -en ‹lat.› (an Hochschulen Anrede an den Dekan); Eure (*Abk.* Ew.) Spektabilität
[1]**Spek|ta|kel** [ʃp...], der; -s, - (*ugs. für* Krach, Lärm)
[2]**Spek|ta|kel**, das; -s, - (*veraltet für* Schauspiel)
spek|ta|keln (*ugs. für* lärmen); ich spektak[e]le
spek|ta|ku|lär (aufsehenerregend)
Spek|ta|ku|lum, das; -s, ...la (*scherzh. für* [2]Spektakel)
Spek|t|ra [ʃp..., *auch* sp...] (*Plur. von* Spektrum); **spek|t|ral** ‹lat.› (das Spektrum betreffend)
Spek|t|ral|ana|ly|se; Spek|t|ral|far|be; Spek|t|ral|klas|se *(Astron.)*; **Spek|t|ral|li|nie**
Spek|t|ren (*Plur. von* Spektrum)

S
Spek

Spek|t|ro|s|kop, das; -s, -e (Vorrichtung zum Bestimmen der Wellenlängen von Spektrallinien); **Spek|t|ro|s|ko|pie**, die; -, ...ien; **spek|t|ro|s|ko|pisch**

Spek|t|rum, das; -s, *Plur.* ...tren *u.* ...tra ⟨lat.⟩ (durch Lichtzerlegung entstehendes farbiges Band; *übertr. für* Vielfalt)

Spe|ku|la (*Plur. von* Spekulum)

Spe|ku|lant, der; -en, -en ⟨lat.⟩ (jmd., der spekuliert); **Spe|ku|lan|tin**

Spe|ku|la|ti|on, die; -, -en (auf Mutmaßungen beruhende Erwartung; auf Gewinne aus Preisveränderungen abzielende Geschäftstätigkeit; *Philos.* Vernunftstreben nach Erkenntnis jenseits der Sinnenwelt)

Spe|ku|la|ti|ons|ge|schäft; Spe|ku|la|ti|ons|ge|winn; Spe|ku|la|ti|ons|kauf; Spe|ku|la|ti|ons|ob|jekt; Spe|ku|la|ti|ons|pa|pier; Spe|ku|la|ti|ons|steu|er, die

Spe|ku|la|ti|us, der; -, - ⟨niederl.⟩ (ein Gebäck)

spe|ku|la|tiv ⟨lat.⟩ (auf Mutmaßungen beruhend; auf Gewinne aus Preisveränderungen abzielend; *Philos.* in reinen Begriffen denkend)

spe|ku|lie|ren (Spekulationsgeschäfte machen; mit etwas rechnen)

Spe|ku|lum [sp..., *auch* ʃp...], das; -s, ...la (*Med.* Spiegel)

Spe|läo|lo|ge [ʃp..., *auch* sp...], der; -n, -n ⟨griech.⟩; **Spe|läo|lo|gie**, die; - (Höhlenkunde); **Spe|läo|lo|gin; spe|läo|lo|gisch**

Spelt, der; -[e]s, -e, Spelz, der; -es, -e (eine Getreideart)

Spe|lun|ke, die; -, -n ⟨griech.⟩ (verrufene Kneipe)

Spelz *vgl.* Spelt

Spel|ze, die; -, -n (Getreidekornhülse; Teil des Gräserblütenstandes); **spel|zig**

Spen|cer [ˈspɛnsɐ] (engl. Philosoph); *vgl. aber* Spenser

spen|da|bel ⟨lat.⟩ (*ugs. für* freigebig); ...a|b|le Laune

Spen|de, die; -, -n; **spen|den**

Spen|den|af|fä|re; Spen|den|ak|ti|on; Spen|den|auf|kom|men; Spen|den|auf|ruf; Spen|den|be|schei|ni|gung; Spen|den|geld *meist Plur.;* **Spen|den|kon|to**

Spen|den|samm|ler; Spen|den|samm|le|rin

Spen|der; Spen|de|rin

Spen|der|or|gan (*Med.*)

spen|die|ren (freigebig für jmdn. bezahlen)

Spen|dier|ho|sen; *nur in* die Spendierhosen anhaben *(ugs.)*

Spen|dung

spen|geln (*österr. für* Blech bearbeiten); ich speng[e]le

Speng|ler (*bes. südd., österr., schweiz. für* Klempner); **Speng|le|rei; Speng|le|rin**

Spen|ser [ˈspɛnsɐ] (engl. Dichter); *vgl. aber* Spencer

Spen|zer, der; -s, - ⟨engl.⟩ (kurzes, eng anliegendes Jäckchen)

Sper|ber, der; -s, - (ein Greifvogel)

sper|bern (*schweiz. für* scharf blicken); ich sperbere

Spe|renz|chen, Spe|ren|zi|en *Plur.* ⟨lat.⟩ (*ugs. für* Umschweife, Schwierigkeiten); [keine] Sperenzchen *od.* Sperenzien machen

Sper|ling, der; -s, -e; **Sper|lings|vo|gel**

Sper|ma [ʃp..., *auch* sp...], das; -s, *Plur.* ...men *u.* -ta ⟨griech.⟩ (*Biol.* männliche Samenzellen enthaltende Flüssigkeit)

Sper|ma|to|ge|ne|se, die; -, -n (Samenbildung im Hoden)

Sper|ma|tor|rhö, die; -, -en (*Med.* Samenfluss ohne geschlechtliche Erregung)

Sper|ma|to|zo|on, das; -s, ...oen (*svw.* Spermium)

Sper|men (*Plur. von* Sperma)

Sper|mi|en (*Plur. von* Spermium)

Sper|mio|ge|ne|se, die; - (*svw.* Spermatogenese)

Sper|mi|um, das; -s, ...ien (reife männliche Keimzelle)

sperr|an|gel|weit *(ugs.)*

Sperr|bal|lon; Sperr|bat|te|rie *(Militär);* **Sperr|baum; Sperr|be|trag; Sperr|be|zirk**

Sper|re, die; -, -n

sper|ren (*südd., österr. auch für* schließen); sich sperren

Sperr|feu|er *(Militär)*

Sperr|flä|che (*Verkehrsw.* markierte, nicht zu befahrende Fläche auf Straßen); **Sperr|frist** *(Rechtsspr.);* **Sperr|ge|biet; Sperr|gut; Sperr|gut|ha|ben**

Sperr|holz; Sperr|holz|plat|te

sper|rig

Sperr|ket|te; Sperr|klau|sel; Sperr|klin|ke *(Technik);* **Sperr|kon|to; Sperr|kreis** *(Elektrot.)*

Sperr|li|nie (*österr. für* Linie auf der Straße, die nicht überfahren werden darf)

Sperr|mau|er; Sperr|mi|no|ri|tät *(Wirtsch.)*

Sperr|müll

Sperr|rad, Sperr-Rad, das; -[e]s, ...räder; **Sperr|rie|gel, Sperr-Rie|gel**, der; -s, -

Sperr|sitz; Sperr|stun|de

Sper|rung

Sperr|ver|merk; Sperr|zeit (Polizeistunde); **Sperr|zoll** *Plur.* ...zölle; **Sperr|zo|ne**

Spe|sen *Plur.* ⟨ital.⟩ ([Un]kosten; Auslagen); **Spe|sen|ab|rech|nung; spe|sen|frei**

Spe|sen|platz *(Bankw.);* **Spe|sen|rech|nung**

Spe|sen|rit|ter (jmd., der hohe Spesen macht u. sich daran bereichert); **Spe|sen|rit|te|rin**

Spe|sen|skan|dal

Spes|sart, der; -s (Bergland im Mainviereck)

spet|ten ⟨ital.⟩ (*schweiz. regional für* [im Haushalt, in einem Geschäft] aushelfen); **Spet|te|rin** (*schweiz. regional für* Stundenhilfe)

Spey|er (Stadt am Rhein); **Spey|e|rer, Spey|rer; Spey|e|rin, Spey|re|rin; spey|e|risch, spey|risch**

Spe|ze|rei *meist Plur.* ⟨ital.⟩ (*veraltend für* Gewürze)

[1]**Spe|zi**, der; -s, -[s] ⟨lat.⟩ (*südd., österr. für* [Busen]freund)

[2]**Spe|zi**®, das; -s, -[s] (Getränk aus Limonade u. Cola)

spe|zi|al (*Werbespr., sonst veraltet für* speziell)

Spe|zi|al, das; -s, -e; *vgl.* Special

Spe|zi|al... (Sonder..., Einzel..., Fach...)

Spe|zi|al|aus|bil|dung; Spe|zi|al|dis|zi|p|lin; Spe|zi|al|ef|fekt; Spe|zi|al|ein|heit; Spe|zi|al|fahr|zeug; Spe|zi|al|ge|biet; Spe|zi|al|ge|rät; Spe|zi|al|ge|schäft

Spe|zi|a|li|sa|ti|on, die; -, -en (*seltener für* Spezialisierung)

spe|zi|a|li|sie|ren; sich spezialisieren; **Spe|zi|a|li|sie|rung**

Spe|zi|a|list, der; -en, -en (Fachmann); **Spe|zi|a|lis|ten|tum**, das; -s; **Spe|zi|a|lis|tin**

Spe|zi|a|li|tät, die; -, -en (Besonderheit; Fachgebiet)

Spe|zi|a|li|tä|ten|re|s|tau|rant

Spe|zi|al|sla|lom (Wettbewerbsart im alpinen Skisport); **Spe|zi|al|sprung|lauf; Spe|zi|al|trai|ning; Spe|zi|al|wis|sen**

spe|zi|ell (besonders; eigens; hauptsächlich); ↑K72 : im Speziellen (im Einzelnen)

S

Spek

Spe|zi|es [ʃp..., *auch* sp...], die; -, - (besondere Art einer Gattung, Tier- od. Pflanzenart)
Spe|zi|e|sis|mus, der; - ⟨engl.⟩ (Anschauung, nach der der Mensch allen anderen Arten überlegen u. daher berechtigt sei, deren Vertreter nach seinem Gutdünken zu behandeln)
Spe|zi|es|ta|ler (*früher für* ein harter Taler im Gegensatz zu Papiergeld)
Spe|zi|fi|ka|ti|on, die; -, -en (Einzelaufstellung, -aufzählung)
Spe|zi|fi|ka|ti|ons|kauf *(Wirtsch.)*
Spe|zi|fi|kum, das; -s, ...ka (Besonderes, Entscheidendes; *Med.* gegen eine bestimmte Krankheit wirksames Mittel)
spe|zi|fisch ([art]eigen; kennzeichnend, eigentümlich); spezifisches Gewicht *(Physik);* spezifischer Widerstand *(Physik)*
Spe|zi|fi|tät, die; -, -en (Eigentümlichkeit, Besonderheit)
spe|zi|fi|zie|ren (einzeln aufführen; zergliedern); **Spe|zi|fi|zie|rung**
Sphä|re, die; -, -n ⟨griech., »Himmel[skugel]«⟩ ([Gesichts-, Wirkungs]kreis; [Macht]bereich)
Sphä|ren|har|mo|nie; Sphä|ren|mu|sik
sphä|risch (die [Himmels]kugel betreffend); sphärische Trigonometrie (*Math.* Berechnung von Dreiecken auf der Kugeloberfläche)
Sphä|ro|id, das; -[e]s, -e (kugelähnl. Figur, Rotationsellipsoid); **sphä|ro|i|disch** (kugelähnlich)
Sphä|ro|lith, der; *Gen.* -s *u.* -en, *Plur.* -e[n] (kugeliges Mineralgebilde); **sphä|ro|li|thisch**
Sphä|ro|lo|gie, die; - (Lehre von der Kugel)
Sphä|ro|me|ter, das; -s, - (Kugel-, Dickenmesser)
Sphä|ro|si|de|rit, der; -s, -e (ein Mineral)
Sphen, der; -s, -e ⟨griech.⟩ (ein Mineral)
Sphe|no|id, das; -[e]s, -e (eine Kristallform); **sphe|no|i|dal** (keilförmig)
Sphink|ter, der; -s, ...ere ⟨griech.⟩ (*Med.* Schließmuskel)
[1]**Sphinx,** die; - (geflügelter Löwe mit Frauenkopf in der griechischen Sage; Sinnbild des Rätselhaften)
[2]**Sphinx,** die; -, -e, *in der archäol. Fachspr. meist* der; -, *Plur.* -e *u.* Sphingen (ägyptisches Steinbild in Löwengestalt, meist mit Männerkopf; Symbol des Sonnengottes od. des Königs)
Sphra|gis|tik, die; - ⟨griech.⟩ (Siegelkunde)
Sphyg|mo|graf, Sphyg|mo|graph, der; -en, -en ⟨griech.⟩ (*Med.* Pulsschreiber)
Spick, der; -[e]s, -e (*Schülerspr. landsch. für* Spickzettel)
Spick|aal (*nordd. für* Räucheraal)
Spi|ckel, der; -s, - (*schweiz. für* Zwickel an Kleidungsstücken)
[1]**spi|cken** (Fleisch zum Braten mit Speckstreifen durchziehen)
[2]**spi|cken** (*Schülerspr.* in der Schule abschreiben); **Spi|cker** (*auch svw.* Spickzettel); **Spi|cke|rin**
Spick|gans (*nordd. für* geräucherte Gänsebrust)
Spick|na|del
Spick|zet|tel (*Schülerspr.* zum Spicken vorbereiteter Zettel)
Spi|der [ˈspai̯...], der; -s, - ⟨engl.⟩ (offener Sportwagen; *EDV* Suchmaschine, die selbstständig Websites durchsucht u. diese indiziert)
Spie|gel, der; -s, - ⟨lat.⟩
Spie|gel|bild; spie|gel|bild|lich
spie|gel|blank
Spie|gel|ei
Spie|gel|fech|ter *(abwertend);* **Spie|gel|fech|te|rei; Spie|gel|fech|te|rin**
Spie|gel|flä|che; Spie|gel|ge|wöl|be *(Archit.);* **Spie|gel|glas** *Plur.* ...gläser
spie|gel|glatt
spie|ge|lig *(veraltet)*
Spie|gel|karp|fen
spie|geln; ich spieg[e]le; sich spiegeln
Spie|gel|re|flex|ka|me|ra
Spie|gel|saal; Spie|gel|schrank; Spie|gel|schrift; Spie|gel|strich (waagerechter Strich vor Unterabsätzen); **Spie|gel|te|le|s|kop**
Spie|ge|lung, Spieglung
spie|gel|ver|kehrt
Spieg|lung, Spie|ge|lung
Spie|ker, der; -s, - (*nordd. für* großer [Schiffs]nagel); **spie|kern** *(nordd.);* ich spiekere
Spie|ker|oog (eine der Ostfriesischen Inseln)
Spiel, das; -[e]s, -e
Spiel|ab|bruch; Spiel|abend, Spie|le|abend; **Spiel|al|ter,** das; -s; **Spiel|an|lei|tung; Spiel|an|teil** *(Sport);* **Spiel|an|zug; Spiel|art; Spiel|aus|gang; Spiel|au|to|mat; Spiel|ball** *vgl.* [1]Ball; **Spiel|bank** *Plur.* ...banken; **spiel|bar;** eine schwer spielbare Komposition
Spiel|be|ginn
Spiel|bein (*Sport, bild. Kunst; Ggs.* Standbein)
spiel|be|rech|tigt *(Sport);* **Spiel|be|rech|ti|gung**
Spiel|berg [ˈspiːlbəːɡ], Steven [ˈstiːvn̩] (amerik. Filmregisseur u. -produzent)
Spiel|be|trieb; Spiel|dau|er; Spiel|do|se
Spie|le|abend, Spiel|abend
spie|len; spielen gehen; Schach spielen; die Kinder spielen Fangen; sich mit etwas spielen (*südd., österr. für* etwas nicht ernsthaft betreiben; etwas leicht bewältigen); die Muskeln spielen lassen *od.* spielenlassen
spie|lend (mühelos)
Spiel|en|de
spiel|ent|schei|dend ↑K59
Spie|ler; Spie|le|rei; Spie|le|rin
spie|le|risch
Spie|ler|na|tur
Spie|ler|trans|fer
Spiel|feld; Spiel|feld|hälf|te
Spiel|fi|gur; Spiel|film; Spiel|flä|che; Spiel|fol|ge; Spiel|form (Spielart)
spiel|frei
Spiel|freu|de; spiel|freu|dig
Spiel|füh|rer *(Sport);* **Spiel|füh|re|rin** *(Sport)*
Spiel|ge|fähr|te; Spiel|ge|fähr|tin
Spiel|geld; Spiel|ge|mein|schaft (*Abk.* SG); **Spiel|ge|rät**
Spiel|ge|stal|ter *(Sport);* **Spiel|ge|stal|te|rin**
Spiel|hahn (*Jägerspr.* Birkhahn)
Spiel|hälf|te; Spiel|hal|le; Spiel|höl|le *(abwertend)*
Spiel|ka|me|rad; Spiel|ka|me|ra|din
Spiel|kar|te; Spiel|ka|si|no
Spiel|kind (Kind im Spielalter; verspielter Mensch)
Spiel|klas|se *(Sport)*
Spiel|kon|so|le (Gerät für elektronische Spiele); **Spiel|lei|den|schaft**
Spiel|lei|ter, der; **Spiel|lei|te|rin; Spiel|lei|tung**
Spiel|ma|cher *(Sport);* **Spiel|ma|che|rin** *(Sport)*
Spiel|mann *Plur.* ...leute; **Spiel|manns|dich|tung; Spiel|manns|zug**
Spiel|mar|ke; Spiel|mi|nu|te *(Sport);* **Spiel|oper**
Spiel|ort *(bes. Theater, Sport)*
Spie|lo|thek, die; -, -en (Einrichtung zum Verleih von Spielen; *auch für* Spielhalle)

S
Spie

Spi̲el|pau|se; Spi̲el|pha|se; Spi̲el|plan; Spi̲el|platz
Spi̲el|raum; Spi̲el|re|gel; Spi̲el|run|de; Spi̲el|saal
Spi̲el|sa|chen *Plur.*
Spi̲el|schuld
Spi̲el|schu|le; Spi̲el|stand
spi̲el|stark *(Sport);* **Spi̲el|stär|ke**
Spi̲el|stät|te (*svw.* Spielort)
Spi̲el|stra|ße
Spi̲el|sucht; spi̲el|süch|tig
Spi̲el|tag; Spi̲el|teu|fel; Spi̲el|tisch (*auch* Teil der Orgel); **Spi̲el|trieb; Spi̲el|uhr; Spi̲el|ver|bot** *(Sport)*
Spi̲el|ver|der|ber; Spi̲el|ver|der|be|rin
Spi̲el|ver|ei|ni|gung (*Abk.* Spvg., Spvgg.); **Spi̲el|ver|lauf**
Spi̲el|wa|ren *Plur.;* **Spi̲el|wa|ren|ge|schäft; Spi̲el|wa|ren|händ|ler; Spi̲el|wa|ren|händ|le|rin; Spi̲el|wa|ren|in|dus|t|rie**
Spi̲el|wei|se; Spi̲el|werk; Spi̲el|wie|se; Spi̲el|witz, der; -es; **Spi̲el|zeit**
Spi̲el|zeug; Spi̲el|zeug|ei|sen|bahn; Spi̲el|zeug|in|dus|t|rie; Spi̲el|zeug|pis|to|le
Spi̲el|zim|mer; Spi̲el|zug
Spi̲er, der *od.* das; -[e]s, -e (*nordd. für* Spitze; Grasspitze); **Spi̲er|chen;** ein Spierchen (*nordd. für* ein wenig)
Spi̲e|re, die; -, -n (*Seemannsspr.* Rundholz, Segelstange)
Spi̲er|ling (ein Fisch)
Spi̲er|strauch
Spi̲eß, der; -es, -e (Kampf-, Jagdspieß; Bratspieß; Erstlingsform des Geweihs der Hirscharten; *Soldatenspr.* Kompaniefeldwebel; *Druckw.* im Satz zu hoch stehendes, deshalb mitdruckendes Ausschlussstück)
Spi̲eß|bock (einjähriger Rehbock)
Spi̲eß|bra|ten
Spi̲eß|bür|ger, Spi̲e|ßer (*abwertend für* engstirniger Mensch); **Spi̲eß|bür|ge|rin,** Spi̲e|ße|rin; **spi̲eß|bür|ger|lich; Spi̲eß|bür|ger|lich|keit; Spi̲eß|bür|ger|tum**
spi̲e|ßen; du spießt; sich spießen (*österr. für* klemmen, nicht vorangehen); die Sache spießt sich
Spi̲e|ßer *vgl.* Spießbürger; **spi̲e|ßer|haft; Spi̲e|ße|rin** *vgl.* Spießbürgerin
spi̲e|ße|risch; Spi̲e|ßer|tum, das; -s
spi̲eß|för|mig
Spi̲eß|ge|sel|le *(abwertend);* **Spi̲eß|ge|sel|lin**
Spi̲eß|glanz, der; -es, -e *meist Plur.* (*Sammelbez. für* verschiedene Minerale)
spi̲e|ßig; Spi̲e|ßig|keit
Spi̲eß|ru|te; Spießruten laufen ↑K 54; **Spi̲eß|ru|ten|lauf; Spi̲eß|ru|ten|lau|fen,** das; -s ↑K 82
Spi|ka [ʃp..., *auch* sp...], die; - ‹lat., »Ähre«› (ein Stern)
Spike [ʃpa̲ik, spa̲ik], der; -s, -s ‹engl.› (Dorn für Laufschuhe od. Autoreifen; *nur Plur.:* rutschfester Laufschuh, Spike[s]reifen); **Spike[s]|rei|fen**
Spịll, das; -[e]s, *Plur.* -e *od.* -s ([Anker]winde)
Spil|la̲|ge [...ʒə], die; -, -n (*Wirtsch.* Wertverlust durch Eindringen von Feuchtigkeit)
Spịl|le, die; -, -n (*landsch. für* Spindel)
spịl|le|rig *vgl.* spillrig
Spịl|ling, der; -s, -e (gelbe Pflaume)
spịll|rig, spịl|le|rig (*landsch. für* dürr)
Spin [spɪn], der; -s, -s ‹engl.› (*Physik* Drehimpuls der Elementarteilchen im Atom; *Sport* Effet)
Spi|na bi̲|fi|da, die; - - ‹lat.› (*Med.* Spaltbildung der Wirbelsäule)
spi|na̲l [ʃp..., *auch* sp...] ‹lat.› (*Med.* die Wirbelsäule, das Rückenmark betreffend); spinale Kinderlähmung
Spi|na̲t, der; -[e]s, *Plur. (Sorten:)* -e ‹pers.-arab.› (ein Gemüse)
Spi|na̲t|wach|tel (*ugs. abwertend für* schrullige [alte] Frau)
Spịnd, der *u.* das; -[e]s, -e (einfacher, schmaler Schrank)
Spịn|del, die; -, -n
Spịn|del|baum (ein Zierstrauch)
spịn|del|dụ̈rr
Spịn|del|la|ger *Plur.* ...lager; **Spịn|del|schne|cke**
Spịn|dok|tor [sp...] ‹engl.› (für Öffentlichkeitsarbeit [in einer polit. Partei] Verantwortlicher); **Spịn|dok|to|rin**
Spi|nẹll, der; -s, -e ‹ital.› (ein Mineral)
Spi|nẹtt, das; -[e]s, -e ‹ital.› (kleines Cembalo)
Spịn|na|ker, der; -s, - ‹engl.› (*Seemannsspr.* großes Beisegel)
Spịnn|dü|se (bei Textilmaschinen)
Spịn|ne, die; -, -n
spịn|ne|fe̲ind *(ugs.); nur in* jmdm. spinnefeind sein
spịn|nen; du spinnst; du spannst; du spönnest, *auch* spännest; gesponnen; spinn[e]!
Spịn|nen|ar|me *Plur.* (lange, dürre Arme); **Spịn|nen|bei|ne** *Plur.*
Spịn|nen|netz
Spịn|ner; Spịn|ne|rei; Spịn|ne|rin; Spịn|ner|lied
spịn|nert (*abwertend, bes. südd. für* leicht verrückt)
Spịnn|fa|den; Spịnn|fa|ser; Spịnn|ge|we|be, Spịn|nen|ge|we|be (*svw.* Spinnwebe)
Spịn|ning® [sp...], das; -s ‹engl.› (ein Fitnesstraining auf speziellen stationären Fahrrädern)
Spịnn|ma|schi|ne; Spịnn|rad; Spịnn|ro|cken; Spịnn|stoff; Spịnn|stu|be
Spịnn|we|be (Spinnennetz)
Spịnn|wir|tel
Spin-ọff [sp...], das *od.* der; -[s], -s ‹engl.› (*Wirtsch.* Ausgliederung einzelner Geschäftsbereiche aus dem Mutterunternehmen; von Universitätsangehörigen gegründete Firma, die auf den an der Universität geleisteten Forschungen aufbaut)
spi|nö̲s [ʃp..., *auch* sp...] ‹lat.› (*veraltend für* schwierig; heikel)
Spi|no̲|za (niederl. Philosoph); **spi|no̲|za|isch** ↑K 89 *u.* 135; spinozaische Lehre, spinozaische Schriften; **Spi|no|zi̲s|mus,** der; - (Lehre des Spinoza); **spi|no|zi̲s|tisch**
Spịnt, der *od.* das; -[e]s, -e (*landsch. für* Fett; weiches Holz); **spịn|tig** *(landsch.)*
spin|ti|si̲e|ren (*ugs. für* grübeln); **Spin|ti|si̲e|rer; Spin|ti|sie|re|re̲i; Spin|ti|si̲e|re|rin**
Spi|o̲n, der; -s, -e ‹ital., »Späher«›
Spi|o|na̲|ge [...ʒə], die; - ‹franz.› (Auskundschaftung von wirtschaftlichen, politischen u. militärischen Geheimnissen)
Spi|o|na̲|ge|ab|wehr; Spi|o|na̲|ge|af|fä|re; Spi|o|na̲|ge|ap|pa|rat; Spi|o|na̲|ge|dienst; Spi|o|na̲|ge|fall, der; **Spi|o|na̲|ge|film; Spi|o|na̲|ge|netz; Spi|o|na̲|ge|ring**
spi|o|ni̲e|ren; Spi|o|nie|re|re̲i *(ugs.)*
Spi|o̲|nin
Spi|rä̲e [ʃp..., *auch* sp...], die; -, -n ‹griech.› (Spierstrauch)
spi|ra̲l ‹griech.› (*fachspr. für* spiralig); **Spi|ra̲l|boh|rer** (schraubenförmiger Bohrer)
Spi|ra̲|le, die; -, -n (Schneckenlinie; *ugs. für* spiralförmiges Pessar)
Spi|ra̲l|fe|der
spi|ra̲l|för|mig
spi|ra̲|lig (spiralförmig)
Spi|ra̲l|li|nie; Spi|ra̲l|ne|bel; Spi|ra̲l|win|dung

S
Spie

Spi|rans ['ʃp..., *auch* 'sp...], die; -, ...ranten, **Spi|rant** [ʃp..., *auch* sp...], der; -en, -en ⟨lat.⟩ (*Sprachwiss.* Reibelaut, Frikativlaut, z. B. f); **spi|ran|tisch**

Sperenzchen, Sperenzien
Diesen Wörtern liegt das mittellateinische *sperantia* (= Hoffnung) zugrunde (gemeint ist die Hoffnung, dass man etwas erreicht, indem man sich ziert, Umstände macht). Deshalb werden sie in der ersten Silbe mit *e*, und nicht, wie man gelegentlich sieht, mit *i* geschrieben.

Spi|ril|le, die; -, -n *meist Plur.* ⟨griech.⟩ (Bakterie von gedrehter Form, Schraubenbakterie)
Spi|rit [sp...], der; -s, -s ⟨lat.-engl.⟩ (Geist [eines Verstorbenen]; Geist, Grundhaltung einer bestimmten Sache, Epoche)
Spi|ri|tis|mus [ʃp..., sp...], der; - ⟨lat.⟩ (Glaube an Erscheinungen von Seelen Verstorbener)
Spi|ri|tist, der; -en, -en; **Spi|ri|tis|tin; spi|ri|tis|tisch**
spi|ri|tu|al (geistig; übersinnlich)
[1]**Spi|ri|tu|al** [ʃp..., *auch* sp...], der; *Gen.* -s *u.* -en, *Plur.* -en (Seelsorger, Beichtvater in kath. theol. Anstalten u. Klöstern)
[2]**Spi|ri|tu|al** [sp...tjuəl], das, *auch* der; -s, -s ⟨amerik.⟩ (geistl. Lied der Afroamerikaner im Süden der USA)
Spi|ri|tu|a|li|en [ʃp..., *auch* sp...] *Plur.* ⟨lat.⟩ (*MA. für* geistliche Dinge)
spi|ri|tu|a|li|sie|ren [ʃp..., *auch* sp...] (vergeistigen); **Spi|ri|tu|a|li|sie|rung**
Spi|ri|tu|a|lis|mus, der; - (Lehre von der Wirklichkeit u. Wirksamkeit des Geistes); **Spi|ri|tu|a|list,** der; -en, -en; **Spi|ri|tu|a|lis|tin; spi|ri|tu|a|lis|tisch**
Spi|ri|tu|a|li|tät, die; - (Geistigkeit)
spi|ri|tu|ell ⟨franz.⟩ (geistig; geistlich)
Spi|ri|tu|o|se, die; -, -n *meist Plur.* (alkoholisches Getränk); **Spi|ri|tu|o|sen|ge|schäft**
[1]**Spi|ri|tus** [sp...], der; -, - ⟨lat.⟩ (Hauch, Atem, [Lebens]geist)
[2]**Spi|ri|tus** [ʃp...], der; -, *Plur.* (*Sorten:*) -se (Weingeist, Alkohol)
Spi|ri|tus as|per [sp... -], der; - -, - -i (*Sprachwiss.* für den h-Anlaut im Altgriechischen; *Zeichen* ʽ)
Spi|ri|tus|bren|ner
Spi|ri|tus fa|mi|li|a|ris, der; - - (*geh. für* guter Geist des Hauses; Vertraute[r] der Familie)
Spi|ri|tus|ko|cher; Spi|ri|tus|lack; Spi|ri|tus|lam|pe
Spi|ri|tus Rec|tor [sp... -], der; - - (*geh. für* leitende, treibende Kraft)
Spir|kel, der; -s, - (*nordostd. für* Griebe; schmächtiger Mensch)
Spi|ro|chä|te [ʃp..., *auch* sp...], die; -, -n ⟨griech.⟩ (*Med.* ein Krankheitserreger)
Spi|ro|er|go|me|ter [ʃp..., *auch* sp...], das; -s, - ⟨lat.; griech.⟩ (*Med.* Gerät zur Messung der körperlichen Leistungsfähigkeit anhand des Sauerstoffverbrauchs)
Spi|ro|me|ter, das; -s, - (*Med.* Atemmesser); **Spi|ro|me|t|rie,** die; -, ...ien (Messung [u. Aufzeichnung] der Atmung)
Spir|re, die; -, -n (*Bot.* ein Blütenstand)
Spis|sen, das; -s (*Jägerspr.* Balz-, Lockruf des Haselhahns)
Spi|tal, das, *auch* der; -s, ...täler ⟨lat.⟩ (*landsch. für* Krankenhaus; *veraltet für* Altenheim); **Spi|ta|ler, Spi|tä|ler,** Spitt|ler (*veraltet, noch landsch. für* Insasse eines Spitals); **Spi|tals|arzt** *(österr.);* **Spi|tals|ärz|tin**
Spi|t|ex, die; - (*schweiz. für* spitalexterne Pflege)
Spit|tal an der Drau (Stadt in Kärnten)
Spit|tel, das, *auch* der; -s, - (*landsch. für* Spital)
Spit|te|ler, Carl (schweiz. Dichter)
Spitt|ler *vgl.* Spitaler
spitz; eine spitze Zunge haben (gehässig reden); ein spitzer Winkel *(Geom.);* spitz zulaufen; ein Werkzeug spitz schleifen *od.* spitzschleifen
Spitz, der; -es, -e (eine Hunderasse; *landsch. für* leichter Rausch; *bayr., österr., schweiz. für* Spitze)
Spitz|ahorn
Spitz|bart; spitz|bär|tig
Spitz|bauch; Spitz|bein (unterstes Teil des Fußes des geschlachteten Schweins)
spitz|be|kom|men (spitzkriegen *[vgl. d.]*)
Spitz|ber|gen (Insel in der Inselgruppe Svalbard)
Spitz|bo|gen; Spitz|bo|gen|fens|ter; spitz|bo|gig
Spitz|boh|rer
Spitz|bu|be, *südd., österr. u. schweiz.* **Spitz|bub; Spitz|bü|be|rei; Spitz|bü|bin; spitz|bü|bisch**
Spitz|dach
spit|ze (*ugs. für* hervorragend); ein spitze Auto; er hat spitze gespielt; die neue CD ist spitze; das finde ich spitze
Spit|ze, die; -, -n; an der Spitze stehen; auf Spitz und Knopf stehen (*bes. südd. für* vor einer knappen Entscheidung stehen)
Spit|zel, der; -s, -; **spit|zeln;** ich spitz[e]le
spit|zen; du spitzt
Spit|zen|blu|se
Spit|zen|club *vgl.* Spitzenklub;
Spit|zen|deck|chen
Spit|zen|er|zeug|nis
Spit|zen|funk|ti|o|när; Spit|zen|funk|ti|o|nä|rin
Spit|zen|ge|schwin|dig|keit
Spit|zen|ge|spräch *(bes. Politik)*
Spit|zen|grup|pe
Spit|zen|häub|chen; Spit|zen|hau|be
Spit|zen|kan|di|dat; Spit|zen|kan|di|da|tin
Spit|zen|klas|se
Spit|zen|klöp|pe|lei; Spit|zen|klöpp|le|rin
Spit|zen|klub, Spit|zen|club
Spit|zen|kön|ner; Spit|zen|kön|ne|rin; Spit|zen|kraft
Spit|zen|kra|gen
Spit|zen|leis|tung; Spit|zen|lohn; Spit|zen|mann|schaft; Spit|zen|or|ga|ni|sa|ti|on; Spit|zen|platz
Spit|zen|po|li|ti|ker; Spit|zen|po|li|ti|ke|rin
Spit|zen|po|si|ti|on; Spit|zen|qua|li|tät
Spit|zen|rei|ter; Spit|zen|rei|te|rin
Spit|zen|spiel *(Sport);* **Spit|zen|spie|ler; Spit|zen|spie|le|rin**
Spit|zen|sport; Spit|zen|sport|ler; Spit|zen|sport|le|rin
Spit|zen|stel|lung
Spit|zen|steu|er|satz
Spit|zen|tanz
Spit|zen|tech|no|lo|gie
Spit|zen|tuch *Plur.* ...tücher
Spit|zen|ver|band
Spit|zen|ver|die|ner; Spit|zen|ver|die|ne|rin
Spit|zen|ver|kehr; Spit|zen|wein; Spit|zen|wert; Spit|zen|zeit
Spit|zer (*kurz für* Bleistiftspitzer)
spitz|fin|dig; Spitz|fin|dig|keit
Spitz|fuß *(Med.);* **Spitz|gie|bel; Spitz|ha|cke**
spit|zig *(veraltend)*
Spitz|keh|re

S
Spit

spitz|krie|gen (*ugs. für* merken, durchschauen); ich kriege etwas spitz; ich habe etwas spitzgekriegt; spitzzukriegen

Spitz|küh|ler (*ugs. für* Spitzbauch); **Spitz|mar|ke** *(Druckw.)*; **Spitzmaus; Spitz|na|me**

spitz|na|sig; spitz|oh|rig

Spitz|pfei|ler (*für* Obelisk)

spitz schlei|fen, spitz|schlei|fen *vgl.* spitz

Spitz|weg (dt. Maler)

Spitz|we|ge|rich (eine Heilpflanze)

spitz|wink|lig

spitz|zün|gig; Spitz|zün|gig|keit

Splanch|no|lo|gie [sp...], die; - ⟨griech.⟩ (*Med.* Lehre von den Eingeweiden)

Splat|ter|mo|vie [ˈsplɛtɐmuːvi] ⟨engl.⟩ (blutrünstiger Horrorfilm)

Spleen [ʃpliːn, spliːn], der; -s, *Plur.* -e *u.* -s ⟨engl.⟩ (seltsamer Einfall; Schrulle, Marotte); **splee|nig; Splee|nig|keit**

Spleiß, der; -es, -e (*Seemannsspr.* Verbindung von zwei Seilenden)

Splei|ße, die; -, -n (*landsch. für* Span, Splitter)

splei|ßen (*landsch. für* fein spalten; *Seemannsspr.* Tauenden miteinander verflechten); du spleißt; du splissest *od.* spleißtest; er/sie spliss *od.* spleißte; gesplissen *od.* gespleißt; spleiß[e]!

Splen [spleːn, *auch* ʃp...], der; -s, -es ⟨griech.⟩ (*Med.* Milz)

splen|did [ʃp..., *auch* sp...] ⟨lat.⟩ (*veraltend für* freigebig; glanzvoll; *Druckw.* aufgelockert)

Splen|did Iso|la|tion [ˈsplɛndɪt aisəˈleːʃn̩], die; - - ⟨engl.⟩ (Bündnislosigkeit)

Spließ, der; -es, -e (Holzspan unter den Dachziegelfugen; Schindel); **Spließ|dach**

Splint, der; -[e]s, -e (Vorsteckstift als Sicherung)

Splint|holz (weiche Holzschicht unter der Rinde)

Spliss, der; -es, -e (*landsch. für* Splitter; kleiner Abschnitt; *nur Sing.:* gespaltene Haarspitzen)

splis|sen (*landsch. für* spleißen); du splisst; du splisstest; gesplisst; splisse! *u.* spliss!

[1]**Split** [sp...] (Stadt in Kroatien); *vgl.* Spalato

[2]**Split** [ʃp..., *auch* sp...], der; -s, -s ⟨engl.⟩ (*Wirtsch.* Aufteilung von Aktien in neue Aktien mit kleinerem Nennwert)

Splitt, der; -[e]s, -e (zerkleinertes Gestein für den Straßenbau; *nordd. für* Span, Schindel)

split|ten ⟨engl.⟩ (das Splitting anwenden; aufteilen); gesplittet

Split|ter, der; -s, -

Split|ter|bom|be; Split|ter|bruch

split|ter|fa|ser|nackt *(ugs.)*

split|ter|frei; splitterfreies Glas

Split|ter|gra|ben *(Militär)*

Split|ter|grup|pe

split|te|rig, splitt|rig

Split|ter|mi|ne

split|tern; ich splittere

split|ter|nackt *(ugs.)*

Split|ter|par|tei

split|ter|si|cher

Split|ter|wir|kung

Split|ting [ʃp..., *auch* sp...], das; -s ⟨engl.⟩ (Form der Haushaltsbesteuerung, bei der das Einkommen der Ehegatten zusammengezählt u. beiden zu gleichen Teilen angerechnet wird; Verteilung der Erst- u. Zweitstimmen auf verschiedene Parteien [bei Wahlen]); **Split|ting|vor|teil**

splitt|rig, split|te|rig

Splü|gen, der; -s, **Splü|gen|pass**, der; -es (Alpenpass an der schweizerisch-italienischen Grenze)

SPÖ, die; - = Sozialdemokratische Partei Österreichs

Spo|di|um [ʃp..., *auch* sp...], das; -s ⟨griech.⟩ (*Chemie* Knochenkohle)

Spo|du|men, der; -s, -e (ein Mineral)

Spoerl [ʃpœ...] (dt. Schriftsteller)

Spoi|ler [ʃp..., *auch* sp...], der; -s, - ⟨amerik.⟩ (Luftleitblech)

Spö|ken|kie|ker [sp...] (*nordd. für* Geisterseher, Hellseher); **Spö|ken|kie|ke|rei** (*nordd. svw.* Spintisiererei); **Spö|ken|kie|ke|rin**

Spo|li|en [ʃp..., *auch* sp...] *Plur.* ⟨lat.⟩ (Nachlass katholischer Geistlicher; *Archit.* aus anderen Bauten wiederverwendete Bauteile); **Spo|li|en|recht** (im MA. das Recht, den Nachlass katholischer Geistlicher einzuziehen)

Spo|li|um, das; -s, ...ien (Beutestück [im alten Rom])

Spom|pa|na|de[l]n *Plur.* (*österr. ugs. für* Dummheiten)

spon|de|isch [ʃp..., *auch* sp...] ⟨griech.⟩ (in, mit Spondeen); **Spon|de|us**, der; -, ...deen (ein Versfuß)

spon|die|ren ⟨lat.⟩ (*österr. für* den Magistertitel erwerben, verliehen bekommen; *vgl.* Sponsion)

Spon|dyl|ar|th|ri|tis [ʃp..., *auch* sp...] ⟨griech.⟩ (*Med.* Entzündung der Wirbelgelenke); **Spon|dy|li|tis**, die; -, ...itiden (Wirbelentzündung); **Spon|dy|lo|se**, die; -, -n (krankhafte Veränderung an den Wirbelkörpern u. Bandscheiben)

Spon|gia [sp..., *auch* ʃp...], die; -, ...ien ⟨griech.⟩ (*Biol.* Schwamm); **spon|gi|form** (schwammförmig)

Spon|gin, das; -s (Stoff, aus dem das Skelett der Hornschwämme besteht); **spon|gi|ös** (schwammig; locker)

spon|sern [ʃp...] ⟨engl.⟩ (als Sponsor fördern); ich sponsere, habe gesponsert

Spon|si|on, die; -, -en ⟨lat.⟩ (*österr. für* [akademische Feier zur] Verleihung des Magistertitels)

Spon|sor [ʃp..., *auch* ˈspɔnsɐ], der; -s, *Plur.* ...oren [...ˈzoː...] *u.* -s [ˈspɔnsɐs] ⟨engl.⟩ (Förderer; Geldgeber [im Sport]; Person, Gruppe, die Rundfunk- od. Fernsehsendungen [zu Reklamezwecken] finanziert)

spon|so|ren (sponsern); ich sponsore, habe gesponsort

Spon|so|ren|geld *meist Plur.*; **Spon|so|rin; Spon|so|ring** [*auch* ˈspɔnsə...], das; -s, -s (das Sponsern); **Spon|sor|schaft**

spon|tan [ʃp..., *auch* sp...] ⟨lat.⟩; **Spon|ta|ne|i|tät, Spon|ta|ni|tät**, die; -, -en

Spon|ti, der; -s, -s (*ugs. für* Angehöriger einer undogmatischen linksgerichteten Gruppe); **Spon|ti|grup|pe**

Spor, der; -[e]s, -e (*landsch. für* Schimmel[pilz])

Spo|ra|den [ʃp..., *auch* sp...] *Plur.* ⟨griech.⟩ (Inseln im Ägäischen Meer)

spo|ra|disch ([nur] gelegentlich)

Spo|r|an|gi|um, das; -s, ...ien (*Bot.* Sporenbildner u. -behälter)

spor|co [ʃp..., *auch* sp...] ⟨ital.⟩ (mit Verpackung); *vgl.* Sporko

Spo|re, die; -, -n ⟨griech.⟩ (ungeschlechtliche Fortpflanzungszelle bestimmter Pflanzen; Dauerform von Bakterien); eine Sporen bildende *od.* sporenbildende, Sporen tragende *od.* sporentragende Pflanze

Spo|ren (*Plur. von* Sporn *u.* Spore)

Spo|ren bil|dend, spo|ren|bil|dend ↑K 58

Spo|ren|blatt; Spo|ren|kap|sel
spo|ren|klir|rend
Spo|ren|pflan|ze; Spo|ren|schlauch; Spo|ren|tier|chen
Spo|ren tra|gend, **spo|ren|tra|gend** ↑K58
Spör|gel, der; -s, - (eine Futterpflanze)
spo|rig (*landsch. für* schimmelig)
Spor|ko [ʃp..., *auch* sp...], das; -s ⟨ital.⟩ (Bruttogewicht); *vgl.* sporco
Sporn, der; -[e]s, *Plur.* Sporen *u.*, *bes. fachspr.*, -e; einem Pferd die Sporen geben
spor|nen (*veraltend*)
Sporn|räd|chen
sporn|streichs (unverzüglich)
Spo|ro|phyt [ʃp..., *auch* sp...], der; -en, -en ⟨griech.⟩ (*Bot.* Sporenpflanze)
Spo|ro|zo|on, das; -s, ...zoen *meist Plur.* (*Zool.* Sporentierchen)
Sport, der; -[e]s, *Plur. (Arten:)* -e ⟨engl.⟩; Sport treibend *od.* sporttreibend
Sport|ab|zei|chen
Sport|an|geln, das; -s
Sport|ang|ler; Sport|ang|le|rin
Sport|an|la|ge; Sport|art; Sport|ar|ti|kel
Sport|arzt; Sport|ärz|tin
sport|be|geis|tert
Sport|bei|la|ge (einer Zeitung); **Sport|be|richt; Sport|be|richt|er|stat|tung; Sport|boot; Sport|bund; Sport|club** *vgl.* Sportklub
Sport|cou|pé
Sport|di|rek|tor; Sport|di|rek|to|rin
Sport|dress
Spor|tel, die; -, -n *meist Plur.* ⟨griech.⟩ (*früher für* Gebühr, die direkt dem Gerichtsherrn zufloss); **Spor|tel|frei|heit**, die; - (Kostenfreiheit)
spor|teln (nebenbei Sport treiben); ich sport[e]le
Sport|er|eig|nis; Sport|fan; Sport|feld; Sport|fest
Sport|fi|schen, das; -s
Sport|flie|ger; Sport|flie|ge|rei, die; -; **Sport|flie|ge|rin**
Sport|flug|zeug
Sport|freund; Sport|freun|din
Sport|funk|ti|o|när; Sport|funk|ti|o|nä|rin
Sport|geist (*svw.* Sportsgeist); **Sport|ge|mein|schaft** (*Abk.* SG); **Sport|ge|rät**
sport|ge|recht
Sport|ge|richt; Sport|ge|schäft; Sport|ge|schich|te; Sport|ge|wehr; Sport|hal|le; Sport|hemd; Sport|herz; Sport|hoch|schu|le; Sport|ho|se; Sport|ho|tel
spor|tiv ⟨engl.⟩ (sportlich)
Sport|jour|na|list; Sport|jour|na|lis|tin
Sport|ka|me|rad; Sport|ka|me|ra|din; Sport|ka|me|rad|schaft
Sport|ka|no|ne (*svw.* Sportskanone); **Sport|kap|pe** (leichte Kappe aus Stoff mit längerem Schild); **Sport|klei|dung; Sport|klub**, Sport|club
Sport|leh|rer; Sport|leh|re|rin
Sport|ler; Sport|ler|herz; Sport|le|rin
sport|lich; sport|lich-ele|gant ↑K23; **Sport|lich|keit**, die; -
sport|mä|ßig, sports|mä|ßig
Sport|me|di|zin, die; -; **Sport|me|di|zi|ner; Sport|me|di|zi|ne|rin; sport|me|di|zi|nisch**
Sport|mel|dung; Sport|müt|ze; Sport|nach|rich|ten *Plur.*
Sport|platz
Sport|pres|se, die; -
Sport|re|por|ter; Sport|re|por|te|rin
Sport|scha|den; Sport|schuh; Sport|schu|le
Sport|schüt|ze; Sport|schüt|zin
Sport|sen|dung
Sports|freund (ugs. Anrede); **Sports|freun|din**
Sports|geist, der; -[e]s; **Sports|ka|no|ne** (*ugs.*); **Sports|mann** *Plur.* ...leute, *auch* ...männer
sports|mä|ßig, sport|mä|ßig
Sport|spra|che; Sport|sta|di|on; Sport|stät|te; Sport|strumpf
Sport|stu|dent; Sport|stu|den|tin
Sports|wear [sp...vɛːɐ̯], die; - ⟨engl.⟩ (sportliche [Freizeit]kleidung)
Sport|tau|chen, das; -s
Sport|tau|cher; Sport|tau|che|rin
Sport|teil, der (einer Zeitung)
Sport trei|bend, **sport|trei|bend** ↑K58
Sport|un|fall; Sport|un|ter|richt; Sport|ver|an|stal|tung; Sport|ver|band
Sport|ver|ein (*Abk.* SV; ↑K31: Turn- u. Sportverein; *Abk.* TuS)
Sport|ver|let|zung; Sport|waf|fe; Sport|wa|gen; Sport|wart
Sport|wis|sen|schaft; Sport|wis|sen|schaft|ler; Sport|wis|sen|schaft|le|rin
Sport|zei|tung; Sport|zen|t|rum
Spot [sp...], der; -s, -s ⟨engl.⟩ (kurzer Werbetext, -film; *kurz für* Spotlight)
Spot|ge|schäft (Geschäft gegen sofortige Lieferung u. Kasse [im internationalen Verkehr])
Spot|light [...lait], das; -s, -s (auf einen Punkt gerichtetes Licht)
Spot|markt (Markt, auf dem Rohöl frei verkauft wird)
Spott, der; -[e]s; **Spott|bild**
spott|bil|lig (*ugs.*)
Spott|dros|sel
Spöt|te|lei; spöt|teln; ich spött[e]le
spot|ten; Spöt|ter; Spöt|te|rei; Spöt|te|rin
Spott|fi|gur; Spott|ge|burt (*geh. abwertend*); **Spott|ge|dicht; Spott|geld**, das; -[e]s (*ugs.*)
spöt|tisch
Spott|lied; Spott|lust, die; -; **Spott|na|me; Spott|preis** (*ugs.*); **Spott|sucht**, die; -; **Spott|vers; Spott|vo|gel**
S. P. Q. R. = Senatus Populusque Romanus (Senat und Volk von Rom)
sprach *vgl.* sprechen
Sprach|at|las (Kartenwerk zur Sprachgeografie; *vgl.* [4]Atlas); **Sprach|bar|ri|e|re** (*Sprachwiss.*); **Sprach|bau**, der; -[e]s
sprach|be|gabt
Sprach|be|herr|schung; Sprach|be|ra|tung; Sprach|com|pu|ter; Sprach|denk|mal *Plur.* ...mäler; *geh.* ...male
Spra|che, die; -, -n
Sprach|emp|fin|den
Spra|chen|fra|ge; Spra|chen|kampf; Spra|chen|recht; Spra|chen|schu|le; Spra|chen|stu|di|um
Sprach|ent|wick|lung; Sprach|er|ken|nung (*EDV*); **Sprach|er|werb; Sprach|fä|hig|keit; Sprach|fa|mi|lie**
Sprach|fas|sung (Version eines Textes in einer bestimmten Sprache)
Sprach|feh|ler
sprach|fer|tig; Sprach|fer|tig|keit
Sprach|for|scher; Sprach|for|sche|rin; Sprach|for|schung
Sprach|füh|rer; Sprach|ge|biet; Sprach|ge|brauch, der; -[e]s; **Sprach|ge|fühl**, das; -[e]s; **Sprach|ge|mein|schaft; Sprach|ge|nie**
Sprach|geo|gra|fie, **Sprach|geo|gra|phie**
Sprach|ge|schich|te; sprach|ge|schicht|lich
Sprach|ge|sell|schaft; Sprach|ge|setz
Sprach|ge|walt, die; -; **sprach|ge|wal|tig**
sprach|ge|wandt; Sprach|ge|wandt|heit, die; -

S
Spra

Sprach|gren|ze; Sprach|gut, das; -[e]s
...spra|chig (z. B. fremdsprachig)
Sprach|in|sel; Sprach|kar|te
Sprach|ken|ner; Sprach|ken|ne|rin
Sprach|kennt|nis|se *Plur.;* **Sprach|kom|pe|tenz; Sprach|kri|tik; Sprach|kul|tur**
Sprach|kun|de *(veraltend)*
sprach|kun|dig
sprach|kund|lich *(veraltet)*
Sprach|kunst, die; -; **Sprach|kurs; Sprach|la|bor; Sprach|laut**
Sprach|leh|re; Sprach|leh|rer; Sprach|leh|re|rin
Sprach|len|kung
sprach|lich
...sprach|lich (z. B. fremdsprachlich)
sprach|los; Sprach|lo|sig|keit
Sprach|ma|ni|pu|la|ti|on
Sprach|mitt|ler *(geh.);* **Sprach|mitt|le|rin**
Sprach|norm; Sprach|nor|mung
Sprach|pfle|ge, die; -, -n; **Sprach|phi|lo|so|phie; Sprach|psy|cho|lo|gie; Sprach|raum; Sprach|re|ge|lung; Sprach|rein|heit; Sprach|rei|se**
sprach|rich|tig; Sprach|rich|tig|keit
Sprach|rohr; Sprach|schatz, der; -es; **Sprach|schicht; Sprach|schnit|zer**
Sprach|schöp|fer; Sprach|schöp|fe|rin; sprach|schöp|fe|risch
Sprach|schwie|rig|keit; Sprach|sil|be; Sprach|spiel; Sprach|stamm; Sprach|sta|tis|tik; Sprach|stil; Sprach|stö|rung; Sprach|stu|di|um; Sprach|sys|tem; Sprach|ta|lent
Sprach|tech|no|lo|gie *(fachspr.)*
Sprach|teil|ha|ber; Sprach|teil|ha|be|rin
sprach|üb|lich
Sprach|übung; Sprach|un|ter|richt; Sprach|ver|ar|bei|tung; Sprach|ver|ein; Sprach|ver|wir|rung; Sprach|wan|del
sprach|wid|rig
Sprach|wis|sen|schaft; Sprach|wis|sen|schaft|ler; Sprach|wis|sen|schaft|le|rin; sprach|wis|sen|schaft|lich
Sprach|witz
Sprach|zen|t|rum (Teil des Gehirns); **Sprach|zeug|nis**
sprang *vgl.* springen
sprat|zen *(Hüttenw.* Gasblasen auswerfen)
Spray [ʃpreː, *auch* spreː], der *od.* das; -s, -s ‹engl.› (Flüssigkeitszerstäuber; in feinsten Tröpfchen versprühte Flüssigkeit); **Spray|do|se**
spray|en; gesprayt
Spray|er, der; -s, - (jmd., der [Graffiti an Wände o. Ä.] sprayt); **Spray|e|rin**
Sprech|akt *(Sprachwiss.);* **Sprech|an|la|ge; Sprech|bla|se** (in Comics); **Sprech|büh|ne; Sprech|chor**
spre|chen; du sprichst; du sprachst; du sprächest; gesprochen; sprich!; vor sich hin sprechen; das Kind lernt sprechen; ↑K 82: das lange Sprechen strengt mich an; sie wollten die Gefangenen nicht miteinander sprechen lassen; *aber* die Fakten für sich sprechen lassen *od.* sprechenlassen; die Waffen sprechen lassen *od.* sprechenlassen
Spre|cher; Spre|che|rin
Spre|cher/-innen, Spre|cher(innen) (*kurz für* Sprecherinnen u. Sprecher)
spre|che|risch
Sprech|er|laub|nis; Sprech|er|zie|hung

> **Sprecherziehung**
> Das Wort *Sprecherziehung* sollte nicht zwischen *r* und *z* getrennt werden, da sonst eine irritierende und das Lesen hemmende Trennung entsteht.

Sprech|funk; Sprech|funk|ge|rät
Sprech|ge|sang
Sprech|kun|de, die; -; **sprech|kund|lich**
Sprech|kunst
Sprech|leh|rer; Sprech|leh|re|rin
Sprech|pau|se; Sprech|rol|le; Sprech|sil|be; Sprech|stö|rung
Sprech|stun|de; Sprech|stun|den|hil|fe *(veraltend)*
Sprech|tag; Sprech|the|a|ter; Sprech|übung; Sprech|un|ter|richt; Sprech|ver|bot; Sprech|wei|se, die; -, -n; **Sprech|werk|zeu|ge** *Plur.;* **Sprech|zeit; Sprech|zim|mer**
Spree, die; - (linker Nebenfluss der Havel); **Spree-Athen** (*scherzh. für* Berlin)
Spree|wald, der; -[e]s ↑K 143; **Spree|wäl|der;** Spreewälder Tracht; **Spree|wäl|de|rin**
Spre|he, die; -, -n (*westmd. u. nordwestd. für* ³Star)
Sprei|ßel, der, *österr.* das; -s, - (*landsch., bes. bayr., österr. für* Splitter, Span); **Sprei|ßel|holz,** das; -es (*österr. für* Kleinholz)
Spreit|de|cke, Sprei|te, die; -, -n (*landsch. für* Lage [Getreide zum Dreschen]; [Bett]decke); **sprei|ten** (*veraltend für* ausbreiten); **Spreit|la|ge** (*landsch. für* Getreidelage)
spreiz|bei|nig
Spreiz|dü|bel
Sprei|ze, die; -, -n (Turnübung)
sprei|zen; du spreizt; gespreizt
Spreiz|fuß; Spreiz|sprung *(Turnen)*
Sprei|zung
Spreiz|win|del
Spreng|bom|be
Spren|gel, der; -s, - (Amtsgebiet eines Bischofs, Pfarrers; *österr. für* Amtsbezirk)
spren|gen
Spreng|ge|schoss *vgl.* Geschoss; **Spreng|gra|na|te; Spreng|kam|mer; Spreng|kap|sel; Spreng|kom|man|do; Spreng|kopf; Spreng|kör|per; Spreng|kraft; Spreng|la|dung**
Spreng|laut (*für* Explosiv)
Spreng|meis|ter; Spreng|meis|te|rin
Spreng|mit|tel, das; **Spreng|pa|t|ro|ne; Spreng|pul|ver; Spreng|punkt; Spreng|satz**
Spreng|sel, der *od.* das; -s, - (*ugs. für* Sprenkel)
Spreng|stoff; Spreng|stoff|an|schlag; Spreng|stoff|gür|tel; spreng|stoff|hal|tig; Spreng|stoff|wes|te
Spreng|trupp; Spren|gung
Spreng|wa|gen
Spreng|werk (*Bauw.* Träger mit Streben)
Spreng|wir|kung
Spren|kel, der; -s, - (Fleck, Tupfen)
spren|ke|lig, sprenk|lig
spren|keln; ich sprenk[e]le; ein gesprenkeltes (getupftes) Fell
sprenk|lig, spren|ke|lig
spren|zen (*südwestd. für* stark sprengen; regnen); du sprenzt
Spreu, die; -; **spreu|ig**
spricht *vgl.* sprechen
Sprich|wort *Plur.* ...wörter; **Sprich|wör|ter|samm|lung; sprich|wört|lich;** sprichwörtliche Redensart
Sprie|gel, der; -s, - (Bügel für das Wagenverdeck; *landsch. für* Aufhängeholz der Fleischer)
Sprie|ße, die; -, -n (*Bauw.* Quer-, Stützbalken; *landsch. für* Sprosse)
Sprie|ßel, das; -s, -[n] (*österr. für* Sprosse)
¹**sprie|ßen** (*Bauw.* stützen); du

sprießt; du sprießtest; gesprießt; sprieß[e]!
[2]**sprie|ßen** (hervorwachsen); es sprießt; es spross; es sprösse; gesprossen; sprieß[e]!
Sprieß|holz *(Bauw.)*
Spriet, das; -[e]s, -e (*Seemannsspr.* dünne Spiere)
[1]**Spring**, der; -[e]s, -e (*landsch. für* das Sprudeln; Quelle)
[2]**Spring**, die; -, -e (*Seemannsspr.* Leine zum Festmachen; Trosse zum ausgeworfenen Anker)
Spring|blen|de *(Fotogr.)*
Spring|brun|nen
sprin|gen; du springst; du sprangst; du sprängest; gesprungen; spring[e]!; ein paar Euro springen lassen *od.* springenlassen *(ugs.)*
Sprin|ger; Sprin|ge|rin
Sprin|ger|le, das; -s, - (ein südd. Gebäck); von den Springerle sind keine mehr da
Sprin|ger|li, das; -[s], -[s]; *vgl.* Götti (*schweiz. svw.* Springerle)
Sprin|ger|stie|fel (von Fallschirmspringern getragener Schnürstiefel)
Spring|flut
Spring|form (eine Kuchenform)
Sprin|gin|kerl, das; -s, -n (*österr. für* Springinsfeld)
Spring|ins|feld, der; -[e]s, -e *(scherzh.)*
Spring|kä|fer; Spring|kraut, das; -[e]s (eine Pflanzengattung)
spring|le|ben|dig
Spring|maus; Spring|mes|ser, das
Spring|pferd; Spring|prü|fung
Spring|rei|ten, das; -s; **Spring|rei|ter; Spring|rei|te|rin**
Spring|schnur *(österr.)*; **Spring|seil**, Sprung|seil
Spring|ti|de (*svw.* Springflut)
Spring|wurz, Spring|wur|zel
Sprink|ler, der; -s, - ‹engl.› (Berieselungsgerät); **Sprink|ler|an|la|ge** (Feuerlöschanlage)
Sprint, der; -s, -s ‹engl.› (*Sport* Kurzstreckenlauf); **sprin|ten**
Sprin|ter, der; -s, -; **Sprin|te|rin**
Sprin|ter|ren|nen *(Radsport)*
Sprint|stre|cke; Sprint|ver|mö|gen, das; -s
Sprit, der; -s, -e *Plur. selten* (*kurz für* Spiritus; *ugs. für* Treibstoff); ↑K58: eine spritsparende *od.* Sprit sparende Fahrweise; *aber nur* eine besonders spritsparende, noch spritsparendere Fahrweise; **sprit|durs|tig** *(ugs.)*
Sprit|fres|ser *(ugs. abwertend)*
spri|tig (wie Sprit riechend, schmeckend)
Sprit|preis *(ugs.)*; **Sprit|schlu|cker** *(ugs. abwertend)*
sprit|spa|rend, Sprit spa|rend *vgl.* Sprit; **Sprit|ver|brauch** *(ugs.)*
Spritz|ap|pa|rat; Spritz|ar|beit; Spritz|be|ton; Spritz|beu|tel *(Gastron.)*; **Spritz|dü|se**
Sprit|ze, die; -, -n
sprit|zen; du spritzt
Sprit|zen|haus *(veraltend)*; **Sprit|zen|meis|ter** *(früher)*
Sprit|zer; Sprit|ze|rei
Spritz|fahrt *(ugs.)*
Spritz|ge|ba|cke|ne, das; -n
Spritz|gie|ßen, das; -s *(Technik)*; **Spritz|guss**, der; -es *(Technik)*
sprit|zig; Sprit|zig|keit, die; -
Spritz|kan|ne (*schweiz. für* Gießkanne)
Spritz|ku|chen
Spritz|lack; Spritz|la|ckie|rung
Spritz|ma|le|rei; Spritz|pis|to|le; Spritz|tour *(ugs.)*
spröd, sprö|de
Sprö|de, die; - (*älter für* Sprödigkeit); **Spröd|heit; Sprö|dig|keit**
Spross, der; -es, -e[n] (Nachkomme; Pflanzentrieb; *Jägerspr.* Teil des Geweihs); **Spross|ach|se** *(Bot.)*; **Sprös|chen**
Spros|se, die; -, -n (Querholz der Leiter; Hautfleck; *auch für* Spross [Geweihteil])
spros|sen; du sprosst, er/sie/es sprosst; du sprosstest; gesprosst; sprosse! *u.* spross!
Spros|sen|kohl, der; -[e]s (*österr. für* Rosenkohl)
Spros|sen|lei|ter, die; **Spros|sen|wand** (ein Turngerät)
Spros|ser, der; -s, - (ein Vogel)
Spröss|ling *(scherzh.)*
Spros|sung *(veraltend)*
Sprot|te, die; -, -n (ein Fisch)
Spruch, der; -[e]s, Sprüche
Spruch|band, das; *Plur.* ...bänder
Spruch|buch; Spruch|dich|tung
Sprü|che|klop|fer *(ugs. abwertend)*; **Sprü|che|klop|fe|rei; Sprü|che|klop|fe|rin**
Spruch|kam|mer (frühere Entnazifizierungsbehörde)
Sprüch|lein
spruch|reif
Spruch|weis|heit
Spru|del, der; -s, -
Spru|del|kopf (*veraltet für* aufbrausender Mensch)
spru|deln (*österr. auch für* quirlen); ich sprud[e]le
Spru|del|stein (*für* Aragonit)
Spru|del|was|ser *Plur.* ...wässer
Spru|dler (*österr. für* Quirl)
Sprue [spruː], die; - ‹engl.› (*Med.* chronische Erkrankung des Dünndarms; Zöliakie)
Sprüh|do|se
sprü|hen
Sprüh|fla|sche; Sprüh|pflas|ter; Sprüh|re|gen
Sprung, der; -[e]s, Sprünge; auf dem Sprung sein
Sprung|an|la|ge; Sprung|bal|ken (beim Weitsprung); **Sprung|ball** *(Basketball)*; **Sprung|be|cken; Sprung|bein; sprung|be|reit; Sprung|brett; Sprung|de|ckel**
Sprung|fe|der; Sprung|fe|der|ma|trat|ze
sprung|fer|tig
Sprung|ge|lenk; Sprung|gru|be
sprung|haft; Sprung|haf|tig|keit
Sprung|hö|he; Sprung|hü|gel; Sprung|kraft; Sprung|lauf *(Skisport)*; **Sprung|pferd** *(Turnen)*; **Sprung|schan|ze** *(Skisport)*; **Sprung|seil; Sprung|stab** *(Leichtathletik)*; **Sprung|tuch** *Plur.* ...tücher; **Sprung|turm; Sprung|wurf** *(Handball, Basketball)*
SP Schweiz *vgl.* SP
Spu|cke, die; - (*ugs. für* Speichel)
spu|cken (speien); **Spuck|napf**
Spuk, der; -[e]s, -e (Gespenst); **spu|ken** (gespensterhaftes Unwesen treiben); **Spu|ke|rei** *(ugs.)*; **Spuk|ge|schich|te; Spuk|ge|stalt; spuk|haft**
Spül|au|to|mat
Spül|be|cken
Spu|le, die; -, -n
Spü|le, die; -, -n
spu|len
spü|len
Spu|ler (an der Nähmaschine)
Spü|ler; Spü|le|rin
Spül|gang
Spül|icht, das; -s, -e (*veraltend für* Spülwasser)
Spül|kas|ten
Spul|ma|schi|ne
Spül|ma|schi|ne; Spül|mit|tel, das; **Spül|stein** *(landsch.)*; **Spül|tisch; Spül|trog** (*schweiz. für* Spülbecken)
Spü|lung; Spül|wasch|gang
Spül|was|ser *Plur.* ...wässer
Spul|wurm
Spu|man|te [sp...], der; -[s], -s ‹ital.› (*ital. Bez. für* Schaumwein)
[1]**Spund**, der; -[e]s, *Plur.* Spünde *u.* -e ‹ital.› (Fassverschluss; *Tischlerei* Feder)

[2]**Spund,** der; -[e]s, -e (junger Mann)
Spund|boh|le *(Bauw.)*; **Spund|boh|rer**
spun|den (*Tischlerei* mit Spund versehen; [Bretter] durch Feder u. Nut verbinden)
spun|dig (*landsch. für* nicht richtig durchgebacken)
Spund|loch; Spun|dung
Spun|dus, der; - (*österr. ugs. für* Respekt, Furcht); **Spund|wand** (wasserdichte Bohlen- od. Eisenwand); **Spund|zap|fen**
Spun|ten, der; -s, - (*schweiz. für* [1]Spund; *schweiz. mdal. für* einfache Gaststätte)
Spur, die; -, -en
spür|bar
Spur|brei|te
spu|ren (*Skisport* die erste Spur legen; *ugs. für* gefügig sein)
spü|ren
Spu|ren|ele|ment *meist Plur.* (für den Organismus unentbehrliches, aber nur in sehr geringen Mengen benötigtes Element)
Spu|ren|le|ger *(Skisport)*; **Spu|ren|nach|weis; Spu|ren|si|che|rung; Spu|ren|su|che** *Plur. selten*
Spü|rer; Spür|hund
...spu|rig (z. B. schmalspurig)
Spur|kranz (bei Schienenfahrzeugen)
spur|los
Spür|na|se *(übertr. ugs.)*
Spür|pan|zer
Spur|ril|le *(Verkehrsw.)*
spur|si|cher
Spür|sinn, der; -[e]s
Spurt, der; -[e]s, *Plur.* -s, *selten* -e ‹engl.› (schneller Lauf)
spur|ten; spurt|schnell; spurt|stark; Spurt|ver|mö|gen, das; -s
Spur|wech|sel; Spur|wei|te
Spu|ta (*Plur. von* Sputum)
spu|ten, sich (sich beeilen)
Sput|nik [ʃp..., *auch* sp...], der; -s, -s ‹russ., »Gefährte«› (Bez. für die ersten sowjetischen Erdsatelliten)
Spu|tum [ʃp..., *auch* sp...], das; -s, ...ta ‹lat.› (*Med.* Auswurf)
Spvg., Spvgg. = Spielvereinigung
Squa|len, das; -s, -e ‹lat.› (*Chemie, Biol.* organische Substanz, ein Antioxidans)
Square [skvɛːɐ̯], der *od.* das; -[s], -s ‹engl.› (*engl. Bez. für* Quadrat; Platz)
Square|dance [...da:ns], der; -, -s (amerik. Volkstanz)
Squash [skvɔʃ], das; -[s] ‹engl.› (Fruchtsaft mit Fruchtfleisch; dem Tennis ähnliches Ballspiel)
Squat|ter [ˈskvɔtɐ], der; -s, - ‹engl.› (jmd., der illegal auf unbebautem Land siedelt; *auch für* Hausbesetzer); **Squat|te|rin**
Squaw [skvo:], die; -, -s ‹indian.-engl.› (nordamerikanische Indianerfrau)
Squi|re [ˈskvai̯ɐ], der; -[s], -s ‹engl.› (engl. Gutsherr)
sr = Steradiant
Sr = *chemisches Zeichen für* Strontium
Sr. = Seiner (Durchlaucht usw.)
SR, der; - = Saarländischer Rundfunk
SRG, die; - = Schweizerische Radio- und Fernsehgesellschaft
SRI = socially responsible investing (das Einbeziehen sozialer u. ökologischer Kriterien in Investitionsentscheidungen)
SRI-Fonds
Sri Lan|ka ‹singhales.› (Inselstaat im Indischen Ozean)
Sri Lan|ker, Sri-Lan|ker ↑K 145; **Sri Lan|ke|rin, Sri-Lan|ke|rin**
sri-lan|kisch
SS. = Sante, Santi
SSD, der; - = Staatssicherheitsdienst (der DDR)
SSO = Südsüdost[en]
SSR, die; - = Sozialistische Sowjetrepublik (bis 1991); *vgl.* SSSR
SSSR, die; - ‹*für* russ. СССР = Union der Sozialistischen Sowjetrepubliken (bis 1991)› (Sowjetunion)
SSW = Südsüdwest[en]
st! (Ruf, mit dem man [leise] auf sich aufmerksam machen will; Aufforderung, leise zu sein)
s. t. = sine tempore
St = [1]Saint; [2]Saint; Stratus
St. = Sankt; [1]Saint; Stück; Stunde
S. T. = salvo titulo
Sta. = Santa
[1]**Staat,** der; -[e]s, -en ‹lat.›; von Staats wegen; Staaten bildende *od.* staatenbildende Insekten
[2]**Staat,** der; -[e]s (*ugs. für* Prunk); Staat machen (prunken)
Staa|ten bil|dend, staa|ten|bil|dend ↑K 58
Staa|ten|bund ‹*zu* [1]Bund›
Staa|ten|ge|mein|schaft
staa|ten|los; Staa|ten|lo|se, der *u.* die; -n, -n; **Staa|ten|lo|sig|keit,** die; -; **Staa|ten|sys|tem**
staat|lich; staat|li|cher|seits; Staat|lich|keit, die; - (Status eines Staates)
Staats|af|fä|re; Staats|akt; Staats|ak|ti|on
Staats|ama|teur (Amateursportler, der vom Staat so sehr gefördert wird, dass er den Sport wie ein Profi betreiben kann); **Staats|ama|teu|rin**
Staats|amt
Staats|an|ge|hö|ri|ge, der *u.* die
Staats|an|ge|hö|rig|keit, die; -, -en
Staats|an|lei|he
Staats|an|walt; Staats|an|wäl|tin; Staats|an|walt|schaft; staats|an|walt|schaft|lich
Staats|ap|pa|rat; Staats|ar|chiv; Staats|aus|ga|be *meist Plur.*; **Staats|bank** *Plur.* ...banken; **Staats|ban|kett; Staats|bank|rott**
Staats|be|am|te; Staats|be|am|tin
Staats|be|gräb|nis; Staats|be|such; Staats|be|trieb; Staats|bi|b|lio|thek
Staats|bür|ger; Staats|bür|ge|rin; Staats|bür|ger|kun|de, die; - (Unterrichtsfach, bes. in der DDR); **staats|bür|ger|lich; Staats|bür|ger|schaft; Staats|bür|ger|schafts|nach|weis** *(österr.)*
Staats|bürg|schaft
Staats|chef; Staats|che|fin
Staats|die|ner; Staats|die|ne|rin; Staats|dienst
staats|ei|gen; Staats|ei|gen|tum
Staats|ein|nah|me *meist Plur.*
staats|er|hal|tend
Staats|ex|a|men; Staats|fei|er|tag
Staats|feind; Staats|fein|din
staats|feind|lich; Staats|feind|lich|keit, die; -
Staats|fi|nan|zen *Plur.*; **Staats|flag|ge; Staats|form; Staats|forst**
Staats|frau; Staats|füh|rung; Staats|gast; Staats|ge|biet
staats|ge|fähr|dend; Staats|ge|fähr|dung
Staats|ge|fäng|nis; Staats|ge|heim|nis; Staats|gel|der *Plur.*; **Staats|ge|richts|hof; Staats|ge|walt; Staats|gren|ze**
Staats|grund|ge|setz (*österr. für* Gesetzeswerk mit Grundrechten [als Teil der Verfassung])
Staats|grün|dung; Staats|haus|halt; Staats|ho|heit, die; -
Staats|ka|len|der (*in der Schweiz* Verzeichnis der Behörden eines Kantons od. des Bundes)
Staats|kanz|lei; Staats|kanz|ler *(Geschichte)*; **Staats|ka|pi|ta|lis|mus; Staats|ka|ros|se; Staats|kas|se; Staats|kir|che**
Staats|kne|te (*ugs. für* vom Staat gezahltes Geld)

Staats|kos|ten *Plur.;* auf Staatskosten

Staats|kri|se; Staats|kunst, die; -; **Staats|leh|re**

Staats|li|ga (*österr. für* oberste Liga mancher Sportarten)

Staats|macht; Staats|mann *Plur.* ...männer; **staats|män|nisch**

Staats|meis|ter (*Sport österr. für* Landesmeister); **Staats|meis|te|rin; Staats|meis|ter|schaft**

Staats|mi|nis|ter; Staats|mi|nis|te|rin; Staats|mi|nis|te|ri|um

Staats|mo|no|pol; staats|mo|no|po|lis|tisch

Staats|not|stand

Staats|ober|haupt; Staats|oper

Staats|or|gan

Staats|pa|pier *meist Plur. (Finanzw.)*

Staats|par|tei (in Staaten mit Einparteiensystem)

Staats|plei|te (*ugs. für* Staatsbankrott)

Staats|po|li|tik; staats|po|li|tisch

Staats|prä|si|dent; Staats|prä|si|den|tin

Staats|prü|fung; die erste, die zweite Staatsprüfung

Staats|qual|le (ein Nesseltier)

Staats|quo|te (Verhältnis der Staatsausgaben zum Sozialprodukt)

Staats|rä|son

Staats|rat *Plur.* ...räte; **Staats|rä|tin; Staats|rats|vor|sit|zen|de**

Staats|recht; Staats|recht|ler; Staats|recht|le|rin; staats|recht|lich

Staats|re|gie|rung

Staats|re|li|gi|on

Staats|sä|ckel

Staats|schau|spie|ler; Staats|schau|spie|le|rin

Staats|schrei|ber (*schweiz. für* Vorsteher einer Staatskanzlei); **Staats|schrei|be|rin**

Staats|schul|den *Plur.*

Staats|schutz, der; -es; **Staats|schüt|zer** *(ugs.);* **Staats|schüt|ze|rin**

Staats|se|kre|tär; Staats|se|kre|tä|rin

Staats|si|cher|heit; Staats|si|cher|heits|dienst, der; -[e]s (*früher* politische Geheimpolizei der DDR; *Abk.* SSD)

Staats|streich; Staats|the|a|ter

staats|tra|gend

Staats|trau|er; Staats|un|ter|neh|men; Staats|ver|bre|chen; Staats|ver|dros|sen|heit; Staats|ver|schul|dung; Staats|ver|trag; Staats|volk; Staats|we|sen; Staats|wirt|schaft; Staats|wis|sen|schaft

Staats|ziel (*Rechtsspr.* dem Staat in der Verfassung vorgegebenes Ziel [z. B. Umweltschutz])

Stab, der; -[e]s, Stäbe; 25 Stab Roheisen; **Stab|an|ten|ne**

Sta|bat Ma|ter [st... -], das; - -, - - ⟨lat., »die Mutter [Jesu] stand [am Kreuze]«⟩ ([vertonte] mittelalterliche Sequenz)

Stäb|chen; Stab|ei|sen

Sta|bel|le, die; -, -n ⟨roman.⟩ (*schweiz. für* Stuhl, dessen Beine [u. Lehne] einzeln in die Sitzfläche eingelassen sind)

stä|beln (*landsch. für* [Pflanzen] anbinden); ich stäb[e]le

sta|bend (*für* alliterierend)

Sta|berl, der; -s (eine Gestalt der Wiener Posse)

stab|för|mig

Stab|füh|rung (musikalische Leitung)

Stab|hoch|sprin|ger; Stab|hoch|sprin|ge|rin; Stab|hoch|sprung

sta|bil ⟨lat.⟩ (beständig, fest; kräftig, widerstandsfähig); stabil machen (stabilisieren)

Sta|bi|li|sa|ti|on, die; -, -en ⟨lat.⟩

Sta|bi|li|sa|tor, der; -s, ...oren (Vorrichtung zur Verringerung der Kurvenneigung bei Kraftwagen; Zusatz, der die Zersetzung chemischer Verbindungen verhindern soll; elektrischer Spannungsregler)

sta|bi|li|sie|ren (stabil machen); **Sta|bi|li|sie|rung**

Sta|bi|li|sie|rungs|flä|che *(Flugw.);* **Sta|bi|li|sie|rungs|flos|se** (bei Autos, Schiffen u. a.)

Sta|bi|li|tät, die; -, -en; **Sta|bi|li|täts|pakt; Sta|bi|li|täts|po|li|tik**

Stab|lam|pe; Stab|mi|xer (elektrisches Gerät zum Mixen)

Stab|reim (Anlautreim, Alliteration); **stab|rei|mend**

Stabs|arzt; Stabs|ärz|tin

Stabs|chef; Stabs|che|fin

Stabs|feld|we|bel; Stabs|feld|we|be|lin

stab|sich|tig (*für* astigmatisch); **Stab|sich|tig|keit**

Stabs|of|fi|zier; Stabs|of|fi|zie|rin

Stabs|stel|le

Stabs|ve|te|ri|när; Stabs|ve|te|ri|nä|rin

Stab|ta|schen|lam|pe

Stab|wech|sel (beim Staffellauf)

Stab|werk *(got. Archit.)*

stacc. = staccato

stac|ca|to [ʃt..., *auch* st...] ⟨ital.⟩ (*Musik* deutlich abgesetzt; *Abk.* stacc.); **Stac|ca|to** [ʃt..., *auch* st...] *vgl.* Stakkato

stach *vgl.* stechen

Sta|chel, der; -s, -n

Sta|chel|bee|re

Sta|chel|draht; Sta|chel|draht|ver|hau; Sta|chel|draht|zaun

Sta|chel|hals|band

Sta|chel|häu|ter *(Zool.)*

sta|che|lig, stach|lig; **Sta|che|lig|keit,** Stach|lig|keit, die; -

sta|cheln; ich stach[e]le

Sta|chel|schwein

stach|lig usw. *vgl.* stachelig usw.

Stack, das; -[e]s, *Plur.* -e *u.* -s (*Seew.* Buhne); **Stack|deich**

stad (*österr. u. bayr. ugs. für* still)

Sta|del, der; -s, *Plur.* -, *schweiz. auch* Städel (*bayr., österr., schweiz. für* Scheune, kleines [offenes] Gebäude)

Sta|den, der; -s, - (*südd. für* Ufer[straße])

sta|di|al ⟨griech.-lat.⟩ (stufenweise, abschnittsweise)

Sta|di|on, das; -s, ...ien ⟨griech.⟩ (*auch* altgriechisches Wegmaß); **Sta|di|on|an|sa|ge; Sta|di|on|spre|cher; Sta|di|on|spre|che|rin**

Sta|di|um, das; -s, ...ien ([Zu]stand, Entwicklungsstufe, Abschnitt)

Stadt, die; -, Städte [*auch* ˈʃtɛ...]

Stadt|amt (*bes. österr. für* Verwaltungsbehörde einer Stadt)

Stadt|an|sicht; Stadt|ar|chiv

stadt|aus|wärts

Stadt|au|to|bahn; Stadt|bahn

Stadt|bau *Plur.* ...bauten (städtischer Bau); **Stadt|bau|amt; Stadt|bau|rat; Stadt|bau|rä|tin**

stadt|be|kannt

Stadt|be|völ|ke|rung; Stadt|be|woh|ner; Stadt|be|woh|ne|rin; Stadt|be|zirk; Stadt|bi|b|lio|thek; Stadt|bild; Stadt|bü|che|rei; Stadt|bum|mel *(ugs.)*

Stadt|chef (*ugs. für* Bürgermeister); **Stadt|che|fin**

Städt|chen [*auch* ˈʃtɛ...]

Stadt|chro|nik

Stadt|di|rek|tor; Stadt|di|rek|to|rin

Städ|te|bau [*auch* ˈʃtɛ...], der; -[e]s; **städ|te|bau|lich**

Städ|te|bil|der [*auch* ˈʃtɛ...] *Plur. (Kunstwiss.)*

Städ|te|bund [*auch* ˈʃtɛ...], der (im MA.)

stadt|ein|wärts

Städ|te|kampf [*auch* ˈʃtɛ...]

Stadt|ent|wäs|se|rung

S

Stad

Stadt|ent|wick|lung *(Politik)*
Städ|te|part|ner|schaft [*auch* 'ʃtɛ...]
Städ|te|pla|ner; Städ|te|pla|ne|rin
Städ|ter [*auch* 'ʃtɛ...]; **Städ|te|rin**
Stadt|er|neu|e|rung
Städ|te|tag [*auch* 'ʃtɛ...]
Stadt|ex|press (Zug des Personennahverkehrs; *Abk.* SE)
Stadt|fahrt
stadt|fein; sich stadtfein machen
Stadt|fest; Stadt|flucht; Stadt|führer; Stadt|füh|rung; Stadt|gar|ten; Stadt|gas, das; -es; **Stadt|ge|biet; Stadt|ge|mein|de; Stadt|geschich|te; Stadt|ge|spräch; Stadtgra|ben; Stadt|gren|ze; Stadtgue|ril|la; Stadt|hal|le; Stadt|haus**
Stadt|in|di|a|ner (*ugs. für* jmd., der seine Ablehnung der bestehenden Gesellschaft durch auffällige Kleidung [u. Gesichtsbemalung] zum Ausdruck bringt); **Stadt|in|di|a|ne|rin**
Stadt|in|ne|re
städ|tisch [*auch* 'ʃtɛ...]
Stadt|käm|me|rer; Stadt|käm|me|rin
Stadt|kas|se; Stadt|kern; Stadt|kreis
stadt|kun|dig
Städt|lein [*auch* 'ʃtɛ...]
Stadt|mar|ke|ting; Stadt|mau|er; Stadt|meis|ter|schaft *(Sport);* **Stadt|mensch; Stadt|mis|si|on; Stadt|mit|te; Stadt|mu|se|um; Stadt|mu|si|kant** *(früher);* **Stadtpark; Stadt|par|la|ment; Stadtpfei|fer** *(früher)*
Stadt|phy|si|ka, die; -, -[s], **Stadtphy|si|kus,** der; -, -se ‹lat.› (*österr. für* Amtsärztin bzw. Amtsarzt)
Stadt|plan
Stadt|pla|ner; Stadt|pla|ne|rin; Stadt|pla|nung
Stadt|prä|si|dent (Oberbürgermeister); **Stadt|prä|si|den|tin**
Stadt|rand; Stadt|rand|er|ho|lung; Stadt|rand|sied|lung
Stadt|rat *Plur.* ...räte; **Stadt|rä|tin**
Stadt|recht; Stadt|rei|ni|gung; Stadt|rund|fahrt; Stadt|sä|ckel *(scherzh.);* **Stadt|sa|nie|rung; Stadt|schloss**
Stadt|schrei|ber; Stadt|schrei|be|rin
Stadt|staat
Stadt|strei|cher; Stadt|strei|che|rin
Stadt|teil; Stadt|teil|ar|beit; Stadtteil|bi|b|li|o|thek
Stadt|teil|po|li|tik; Stadt|teil|po|liti|ker; Stadt|teil|po|li|ti|ke|rin
Stadt|the|a|ter; Stadt|tor; Stadt|väter *Plur.;* **Stadt|ver|kehr**
Stadt|ver|ord|ne|te, der *u.* die; -n, -n; **Stadt|ver|ord|ne|ten|versamm|lung**
Stadt|ver|wal|tung; Stadt|vier|tel; Stadt|wald; Stadt|wap|pen; Stadt|wer|ke *Plur.;* **Stadt|wohnung; Stadt|zen|t|rum**
Staël [sta(:)l], Madame de (franz. Schriftstellerin)
Sta|fel, der; -s, Stäfel ‹roman.› (*schweiz. für* Alpweide mit Hütte[n])
Sta|fet|te, die; -, -n ‹ital.› (*früher für* Meldereiter; Gruppe von Personen, die, etappenweise wechselnd, etwas [schnell] übermitteln); **Sta|fet|ten|lauf**
Staf|fa|ge [...ʒə], die; -, -n ‹französierende Bildung› (Belebung [eines Bildes] durch Figuren; Nebensächliches, Ausstattung)
Staf|fel, die; -, -n; 4 × 100-m-Staffel *od.* 4-mal-100-Meter-Staffel ↑K26
Staf|fel|an|lei|he *(Wirtsch.);* **Staffel|be|tei|li|gung** *(Wirtsch.)*
Staf|fe|lei
staf|fel|för|mig
Staf|fel|lauf *(Sport);* **Staf|fel|mie|te**
staf|feln; ich staff[e]le
Staf|fel|preis; Staf|fel|rech|nung; Staf|fel|span|ne *(Wirtsch.)*
Staf|fe|lung, Staff|lung
staf|fel|wei|se
Staf|fel|wett|be|werb *(Sport)*
staf|fie|ren ‹franz.› (*österr. für* schmücken, putzen; einen Stoff auf einen anderen aufnähen)
Staf|fie|rer; Staf|fie|re|rin; Staf|fierung
Staff|lung, Staf|fe|lung
Stag, das; -[e]s, -e[n] (*Seemannsspr.* [Stahl]tau zum Verspannen eines Mastes)
Stage [sta:ʒ], der; -s, -s [...ʒ] *u.* die; -, -s [...ʒ] ‹franz.› (*schweiz. für* Aufenthalt bei einer Firma o. Ä. zur weiterführenden Ausbildung od. als Praktikum)
Stage|di|ving ['ste:dʒdaivɪŋ], das; -s, -s ‹engl.› (Sprung von der Bühne ins Publikum)
Stag|fla|ti|on [ʃt..., *auch* st...], die; -, -en ‹aus Stagnation *u.* Inflation› (von wirtschaftlichem Stillstand begleitete Inflation)
Sta|gi|aire [sta'ʒi̯ɛ:r], der; -[s], -s ‹franz.› (*schweiz. für* jmd., der einen Stage absolviert)
Sta|g|na|ti|on [ʃt..., *auch* st...], die; -, -en ‹lat.› (Stillstand); **sta|g|nieren; Sta|g|nie|rung**
Stag|se|gel (*Seemannsspr.* an einem Stag gefahrenes Segel)
stahl *vgl.* stehlen
Stahl, der; -[e]s, *Plur.* Stähle, *selten* Stahle
Stahl|ar|bei|ter; Stahl|ar|bei|te|rin
Stahl|bad; Stahl|band, das; *Plur.* ...bänder; **Stahl|bau** *Plur.* ...bauten; **Stahl|be|ton**
stahl|blau
Stahl|blech; Stahl|bürs|te; Stahldraht
stäh|len
stäh|lern (aus Stahl)
Stahl|er|zeu|gung; Stahl|fe|der; Stahl|flach|stra|ße *(Straßenbau);* **Stahl|fla|sche**
stahl|grau; stahl|hart
Stahl|helm; Stahl|in|dus|t|rie; Stahlkam|mer
Stahl|ko|cher (*ugs. für* Stahlarbeiter); **Stahl|ko|che|rin**
Stahl|kon|s|t|ruk|ti|on; Stahl|plat|te; Stahl|pro|duk|ti|on
Stahl|rohr; Stahl|rohr|mö|bel
Stahl|ross (*scherzh. für* Fahrrad)
Stahl|seil
Stahl|ske|lett|bau|wei|se
Stahl|ste|cher; Stahl|ste|che|rin; Stahl|stich
Stahl|trä|ger; Stahl|tros|se; Stahl|tür; Stahl|werk; Stahl|wol|le, die; -
stak *vgl.* [1]stecken
Sta|ke, die; -, -n, **Sta|ken,** der; -s, - (*landsch. für* Stange zum Schieben von Flößen, Kähnen)
Stake|hol|der ['steɪkhoʊldɐ], der; -s, - ‹engl.› (*Wirtsch.* Person, für die es von Belang ist, wie ein bestimmtes Unternehmen sich verhält (z. B. Aktionär, Lieferant)
sta|ken (*landsch. für* mit Staken fortbewegen)
Sta|ket [ʃta...], das; -[e]s, -e ‹niederl.› (Lattenzaun); **Sta|ke|te,** die; -, -n (*bes. österr. für* Zaunlatte); **Sta|ke|ten|zaun**
Stak|ka|to, Stac|ca|to [ʃt..., *auch* st...], das; -s, *Plur.* -s *u.* ...ti ‹ital.› (*Musik* kurz abgestoßener Vortrag); *vgl.* staccato
stak|sen (*ugs. für* mit steifen Schritten gehen); du stakst; **stak|sig**
Sta|lag|mit [ʃt..., *auch* st...], der; *Gen.* -s *u.* -en, *Plur.* -e[n] ‹griech.› (Tropfstein vom Boden her, Auftropfstein); **sta|lag|mi|tisch**
Sta|lak|tit, der; *Gen.* -s *u.* -en, *Plur.* -e[n] (Tropfstein an Decken, Abtropfstein); **Sta|lak|ti|ten|gewöl|be** (in der islamischen Baukunst); **sta|lak|ti|tisch**
Sta|lin [ʃt..., *auch* st...] (sowjetischer Politiker)

Sta|lin|grad *vgl.* Wolgograd
Sta|li|nis|mus, der; - (von Stalin geprägte Interpretation des Marxismus u. die von ihm danach geprägte Herrschaftsform); **Sta|li|nist,** der; -en, -en; **Sta|li|nis|tin; sta|li|nis|tisch**
Sta|lin|or|gel (*früher für* sowjetischer Raketenwerfer)
stal|ken [ˈstɔ:kn̩] ‹engl.› (jmdn. durch fortwährende Nachstellungen terrorisieren); **Stal|ker** [ˈstɔ:kɐ], der; -s, - ‹engl.› (jmd., der eine andere Person fortgesetzt beleidigt, verfolgt od. ihr auflauert); **Stal|ke|rin; Stal|king,** das; -[s]
Stall, der; -[e]s, Ställe
Stall|bur|sche; Ställ|chen; Stall|dün|ger (natürl. Dünger)
stal|len (im Stall unterbringen, im Stall untergebracht sein)
Stall|füt|te|rung
Stall|ge|fähr|te *(Rennsport);* **Stall|ge|fähr|tin**
Stall|ge|ruch (*auch für* Zugehörigkeit zu einem bestimmten Verein)
Stall|ha|se (Hauskaninchen)
Stall|knecht *(veraltend)*
Stall|la|ter|ne, Stall-La|ter|ne
Stall|magd *(veraltend)*
Stall|meis|ter; Stall|meis|te|rin
Stall|or|der (*bes. Rennsport* Anweisung an einen Fahrer od. Jockey, einen Konkurrenten aus dem eigenen Team od. Rennstall taktisch zu begünstigen)
Stall|pflicht
Stall|lung
Stall|wa|che (*auch für* Präsenz am Regierungssitz während der Parlamentsferien)
Stam|bul [ʃt..., *auch* st...] (Stadtteil von Istanbul)
Sta|mi|no|di|um [ʃt..., *auch* st...], das; -s, ...ien ‹lat.› (*Bot.* unfruchtbares Staubblatt)
Stamm, der; -[e]s, Stämme
Stamm|ak|tie; Stamm|baum; Stamm|be|leg|schaft; Stamm|be|set|zung; Stamm|buch; Stamm|burg
stamm|bür|tig (*Bot.* am Stamm ansetzend [von Blüten])
Stämm|chen
Stamm|da|ten *Plur. (EDV)*
Stamm|ein|la|ge *(Wirtsch.)*
stam|meln; ich stamm[e]le
stam|men
stam|mern (*nordd. für* stammeln); ich stammere
Stam|mes|be|wusst|sein; Stam|mes|füh|rer; Stam|mes|füh|re|rin; Stam|mes|fürst; Stam|mes|fürs|tin
Stam|mes|ge|schich|te; stam|mes|ge|schicht|lich
Stam|mes|häupt|ling; Stam|mes|kun|de, die; **Stam|mes|na|me**
Stamm|es|sen
Stam|mes|spra|che; Stam|mes|ver|band; Stam|mes|zu|ge|hö|rig|keit
Stamm|form; Stamm|gast *Plur.* ...gäste; **Stamm|ge|richt**
stamm|haft
Stamm|hal|ter (erster männlicher Nachkomme)
Stamm|haus
stäm|mig; Stäm|mig|keit, die; -
Stamm|ka|pi|tal; Stamm|knei|pe *(ugs.)*
Stamm|kun|de, der; **Stamm|kun|din; Stamm|kund|schaft**
Stamm|land *Plur.* ...länder
Stamm|ler; Stamm|le|rin
Stamm|lo|kal
Stamm|mann|schaft, Stamm-Mann|schaft
Stamm|mie|te, Stamm-Mie|te
Stamm|mie|ter, Stamm-Mie|ter
Stamm|mut|ter, Stamm-Mut|ter *Plur.* ...mütter
Stamm|per|so|nal; Stamm|platz; Stamm|pu|b|li|kum; Stamm|re|gis|ter *(Bankw.);* **Stamm|rol|le** (*Militär früher);* **Stamm|sil|be; Stamm|sitz**
Stamm|spie|ler *(Sport);* **Stamm|spie|le|rin**
Stamm|ta|fel
Stamm|tisch; Stamm|tisch|po|li|ti|ker; Stamm|tisch|po|li|ti|ke|rin
Stamm|ton *Plur.* ...töne *(Musik)*
Stamm|va|ter
stamm|ver|wandt; Stamm|ver|wandt|schaft
Stamm|vo|kal; Stamm|wäh|ler *meist Plur.;* **Stamm|wäh|le|rin; Stamm|wort; Stamm|wür|ze**
Stamm|zel|le (*Med.* undifferenzierte, d. h. keinem endgültigen Zelltyp angehörende Zelle)
Stamm|zel|len|for|schung, Stamm|zell|for|schung
Sta|mo|kap, der; -[s] (*Kurzw. für* staatsmonopolistischer Kapitalismus)
Stam|pe, die; -, -n (*bes. berlin. für* Gaststätte, Kneipe)
Stam|pe|de [ʃt..., *auch* st..., *engl.* stæmˈpi:d], die; -, *Plur.* -n, *bei engl. Aussprache* -s ‹engl.› (wilde Flucht einer in Panik geratenen [Rinder]herde)
Stam|per, der; -s, - (Schnapsglas ohne Fuß); **Stam|perl,** das; -s, -[n]; *vgl.* Pickerl (*bayr. u. österr. für* Stamper); **stam|pern** (*bayr., österr. ugs. für* scheuchen, jagen)
Stampf|be|ton *(Bauw.)*
Stamp|fe, die; -, -n (ein Werkzeug zum Stampfen)
stamp|fen; Stamp|fer; Stampf|kar|tof|feln *Plur.* (*landsch. für* Kartoffelbrei)
Stam|pi|g|lie [...ˈpɪljə], die; -, -n ‹ital.› (*österr. für* Stempel)
Stan [stɛn] (m. Vorn.)
stand *vgl.* stehen

Stand

der; -[e]s, Stände
– einen schweren Stand haben
– er ist gut im Stande (bei guter Gesundheit)
– jemanden in den Stand setzen[,] etwas zu tun
– standhalten *(vgl. d.)*

In folgenden Fällen kann zusammen- oder auch getrennt geschrieben werden:
– außerstande *od.* außer Stande
– imstande *od.* im Stande sein
– instand *od.* in Stand halten
– instand *od.* in Stand setzen
– zustande *od.* zu Stande bringen, kommen

Stan|dard [ʃt..., *auch* st...], der; -s, -s ‹engl.› (Maßstab, Norm; Qualitäts- *od.* Leistungsniveau)
Stan|dard|aus|rüs|tung; Stan|dard|brief
stan|dard|deutsch; Stan|dard|deutsch, Stan|dard|deut|sche, das
Stan|dard|far|be; Stan|dard|form
stan|dar|di|sie|ren (normen); **Stan|dar|di|sie|rung**
Stan|dard|kal|ku|la|ti|on *(Wirtsch.)*
Stan|dard|klas|se *(Sport)*
Stan|dard|kos|ten *Plur. (Wirtsch.);* **Stan|dard|kos|ten|rech|nung**
Stan|dard|lö|sung; stan|dard|mä|ßig; Stan|dard|mo|dell; Stan|dard|preis
Stan|dard|si|tu|a|ti|on (z. B. Freistoß, Eckstoß im Fußball)
Stan|dard|soft|ware
Stan|dard|spra|che (*Sprachwiss.* gesprochene u. geschriebene Form der Hochsprache)
Stan|dard|tanz
Stan|dard|werk (mustergültiges Sach- od. Fachbuch)
Stan|dard|wert (Festwert)
Stan|dar|te, die; -, -n ‹franz.›

(kleine [quadratische] Fahne [als Hoheitszeichen]; *Jägerspr.* Schwanz des Fuchses u. des Wolfes); **Stan|dar|ten|trä|ger**
Stand|bein (*Sport, bild. Kunst; Ggs.* Spielbein)
Stand|bild
Stand|box (Standlautsprecher)
Stand-by, **Stand|by** ['stɛntbai], das; -[s], -s ‹engl.› (Form der Flugreise ohne feste Platzbuchung; *Elektronik* Bereitschaftsschaltung); **Stand-by-Be|trieb**, **Stand|by|be|trieb**
Ständ|chen
Stan|de, die; -, -n, **Stan|den**, der; -, - (*landsch. für* [2]Kufe, Bottich)
Stän|de *Plur.* (ständische Volksvertretung); **Stän|de|kam|mer**
Stän|del, Stän|del|wurz *vgl.* Stendel, Stendelwurz
Stan|den *vgl.* Stande
Stän|de|ord|nung; Stän|de|or|ga|ni|sa|ti|on
Stan|der, der; -s, - (Dienstflagge am Auto z. B. von hohen Regierungsbeamten; *Seemannsspr.* kurze, dreieckige Flagge)
Stän|der, der; -s, - (*Jägerspr. auch* Fuß des Federwildes)
Stän|de|rat, der; -[e]s, ...räte (*in der Schweiz* Vertretung der Kantone in der Bundesversammlung u. deren Mitglied); **Stän|de|recht**
Stän|der|lam|pe (*schweiz. für* Stehlampe); **Stän|der|pilz**
Stan|des|amt; stan|des|amt|lich; standesamtliche Eheschließung; **Stan|des|be|am|te; Stan|des|be|am|tin**
stan|des|be|wusst; Stan|des|be|wusst|sein; Stan|des|dün|kel; Stan|des|eh|re *(veraltet)*
stan|des|ge|mäß
Stan|des|herr *(früher)*
Stan|des|or|ga|ni|sa|ti|on; Stan|des|per|son; Stan|des|pflicht; Stan|des|recht; Stan|des|re|gis|ter
Stän|de|staat *Plur.* ...staaten (*früher*)
Stan|des|un|ter|schied; Stan|des|ver|tre|tung; Stän|de|tag *(früher)*
stand|fest; Stand|fes|tig|keit, die; -
Stand|fo|to *(Film)*
Stand|fuß|ball, der; -[e]s *(ugs.)*
Stand|gas, das; -es *(Kfz-Technik)*
Stand|geld (Marktgeld)
Stand|ge|richt *(Militär)*
Stand|glas *Plur.* ...gläser (Messzylinder)
stand|haft; Stand|haf|tig|keit, die; -
stand|hal|ten ↑K47 : er hält stand; sie hat standgehalten; standzuhalten
Stand|hei|zung *(Kfz-Technik)*
stän|dig (dauernd); ständiges Mitglied, ständige Vertretung, *aber* ↑K150 : Ständige Konferenz der Kultusminister der Länder
Stan|ding ['stɛndɪŋ], das; -s ‹engl.› (Rang, Ansehen)
Stan|ding Ova|tions ['stɛndɪŋ o've:ʃn̩s] *Plur.* ‹engl.› (Ovationen im Stehen)
stän|disch (die Stände betreffend; nach Ständen gegliedert)
Standl, das; -s, -[n] (*bayr., österr. ugs. für* Verkaufsstand); **Standler; Standl|le|rin**
Stand|licht *Plur.* ...lichter (bei Kraftfahrzeugen)
Stand|mie|te
Stand|ort, der; -[e]s, -e (*Militär auch svw.* Garnison)
Stand|ort|be|stim|mung; Stand|ort|fak|tor *(Wirtsch.)*; **Stand|ort|vor|teil; Stand|ort|wech|sel**
Stand|pau|ke (*ugs. für* Strafrede)
Stand|punkt; Stand|quar|tier
Stand|recht, das; -[e]s (Kriegsstrafrecht); **stand|recht|lich**; standrechtliche Erschießung
stand|si|cher; Stand|si|cher|heit, die; -
Stand|spur; Stand|strei|fen
Stand|uhr
Stand-up-Pad|deln ['stɛndap...], das; -, ‹engl.; dt.› (*vgl.* Stehpaddeln)
Stand|vo|gel; Stand|waa|ge
Stan|ge, die; -, -n (*Jägerspr. auch* Stamm des Hirschgeweihes, Schwanz des Fuchses); von der Stange kaufen (Konfektionsware kaufen)
Stän|gel, der; -s, - (Teil der Pflanze); **Stän|gel|blatt**
Stän|gel|chen, Stän|ge|lein, Stänglein (kleine Stange; kleiner Stängel)
...stän|ge|lig, ...stäng|lig (z. B. kurzstäng[e]lig)
stän|gel|los
stän|geln (an Stangen anbinden); ich stäng[e]le
Stan|gen|boh|ne; Stan|gen|holz
Stan|gen|pferd (an der Deichsel gehendes Pferd eines Gespanns); **Stan|gen|rei|ter** (*früher für* Reiter auf dem Stangenpferd); **Stan|gen|rei|te|rin**
Stan|gen|sel|le|rie; Stan|gen|spar|gel; Stan|gen|weiß|brot
Stäng|lein *vgl.* Stängelchen
...stäng|lig *vgl.* ...stängelig
Sta|nis|laus, Sta|nis|law [...laf] (m. Vorn.)
Sta|nit|zel, Sta|nitzl, das; -s, -[n] ‹ital.› (*bayr. u. österr. für* spitze Tüte)
stank *vgl.* stinken
Stank, der; -[e]s (*ugs. für* Zank, Ärger); **Stän|ker** (*svw.* Stänkerer); **Stän|ke|rei; Stän|ke|rer** *(ugs. abwertend)*; **Stän|ke|rin**
stän|kern (*ugs. für* Gestank verbreiten; für Ärger, Unruhe sorgen); ich stänkere
Stan|ley ['stɛnli] (m. Vorn.)
Stan|ley|mes|ser® ['stɛnli...] ‹engl.; dt.› (*bes. österr. für* Teppichmesser)
Stan|ni|ol, das; -s, -e ‹nlat.› (eine silberglänzende Zinnfolie, *ugs. auch für* Aluminiumfolie)
Stan|ni|ol|blätt|chen; Stan|ni|ol|fo|lie; Stan|ni|ol|pa|pier
Stan|num [st..., *auch* ʃt...], das; -s (*lat. Bez. für* Zinn; *chem. Zeichen* Sn)
Stans (Hauptort des Halbkantons Nidwalden)
stan|te pe|de [st... -] ‹lat., »stehenden Fußes«› (*ugs. scherzh. für* sofort)
[1]**Stan|ze**, die; -, -n ‹ital.› (*Verslehre* achtzeilige Strophenform)
[2]**Stan|ze**, die; -, -n (Ausschneidewerkzeug, -maschine für Bleche u. a.; Prägestempel)
stan|zen; du stanzt
Stanz|form; Stanz|ma|schi|ne
Sta|pel, der; -s, -; vom Stapel gehen, lassen, laufen
Sta|pel|be|trieb *(EDV)*
Sta|pel|holz
Sta|pe|lie, die; -, -n ‹nach dem niederl. Arzt J. B. van Stapel› (Aasblume od. Ordensstern)
Sta|pel|lauf
sta|peln; ich stap[e]le
Sta|pel|platz; Sta|pe|lung; Sta|pel|wa|re; sta|pel|wei|se
Stap|fe, die; -, -n, **Stap|fen**, der; -s, - (Fußspur); **stap|fen**
Stap|fen *vgl.* Stapfe
Sta|phy|lo|kok|kus [ʃt..., *auch* st...], der; -, ...kken *meist Plur.* ‹griech.› (*Med.* traubenförmige Bakterie)
Stap|ler (*kurz für* Gabelstapler)
Stap|ler|fah|rer; Stap|ler|fah|re|rin
Staps, der; -es, -e (*obersächs. für* ungelenker Bursche)
[1]**Star**, der; -[e]s, -e ‹*zu* starr› (Augenkrankheit); ↑K151 : der graue, grüne, schwarze Star
[2]**Star** [ʃt..., *auch* st...], der; -s, -s

‹engl., »Stern«› (berühmte Persönlichkeit [beim Theater, Film]; *kurz für* Starboot)
[3]**Star,** der; -[e]s, -e (ein Vogel)
Stär, der; -[e]s, -e (*landsch. für* Widder)
Star|al|lü|ren *Plur.* (launenhafte Eigenheiten eines [2]Stars)
Star|an|walt (berühmter Anwalt); **Star|an|wäl|tin**
Star|auf|ge|bot
starb *vgl.* sterben
Star|be|set|zung
star|blind
Star|boot [ʃt..., *auch* st...] ‹engl.; dt.› (ein Sportsegelboot)
Star|di|ri|gent; Star|di|ri|gen|tin
stä|ren (*landsch. für* brünstig sein nach dem Stär)
Sta|ren|kas|ten, Star|kas|ten
Star|gast ‹*zu* [2]Star›

stark
stär|ker, stärks|te
- eine starke Natur; sie hat starke Nerven
- *(Sprachwiss.:)* starke Deklination; ein starkes Verb

Großschreibung:
- das Recht des Starken
- August II., der Starke

Schreibung in Verbindung mit Verben und Partizipien ↑K 56 *u.* 58:
- stark sein, stark werden
- sie hat sich für den Plan starkgemacht (*ugs. für* sehr eingesetzt)
- der Trainer hat seine Mannschaft starkgeredet (ihren Erfolg herbeigeredet)
- taktische Fehler hatten den Gegner stark gemacht *od.* starkgemacht
- eine stark behaarte *od.* starkbehaarte Brust
- stark bewachte *od.* starkbewachte Gefangene

Stark|bier; Stark|bier|fest
Stär|ke, die; -, -n; **Stär|ke|ge|halt**
stär|ke|hal|tig
Stär|ke|mehl
stär|ken
Star|ken|burg (Südteil des Regierungsbezirks Darmstadt); **star|ken|bur|gisch**
Stär|ke|zu|cker
Star|king, der; -s, -s (Apfelsorte)
stark|kno|chig; stark|lei|big
stark|ma|chen, sich; *vgl.* stark
stark|re|den *vgl.* stark
Stark|re|gen *(bes. Meteorol.)*
Stark|strom *Plur. selten;* **Stark|strom|tech|nik,** die; -; **Stark|strom|tech|ni|ker**
Star|kult ‹*zu* [2]Star›
Stär|kung; Stär|kungs|mit|tel, das
Star|let, Star|lett [ˈʃt..., *auch* ˈst...], das; -s, -s ‹engl., »Sternchen«› (Nachwuchsfilmschauspielerin)
Star|man|ne|quin
Starn|ber|ger See, der; - -s
Sta|rost [st..., *auch* ʃt...], der; -en, -en ‹poln.› (*früher für* polnischer Landrat); **Sta|ros|tei** (Amt eines Starosten)
starr; ein starres Prinzip
Starr|ach|se *(Kfz-Technik)*
Star|re, die; -
star|ren; von *od.* vor Schmutz starren
Star|re|por|ter; Star|re|por|te|rin
Starr|heit, die; -
Starr|kopf (*abwertend für* eigensinniger Mensch); **starr|köp|fig**
Starr|krampf, der; -[e]s (*kurz für* Wundstarrkrampf)
Starr|sinn, der; -[e]s; **starr|sin|nig**
Starr|sucht, die; - (*für* Katalepsie)
Stars and Stripes [- ɛnt ˈstraɪ̯ps] *Plur.* (Nationalflagge der USA, Sternenbanner)
Start, der; -[e]s, *Plur.* -s, *selten* -e ‹engl.›; fliegender Start; stehender Start
Start|au|to|ma|tik; Start|bahn; Start|be|rech|ti|gung
start|be|reit
Start|block *Plur.* ...blöcke *(Sport)*
star|ten
Star|ter (*Sport* Person, die das Zeichen zum Start gibt; jmd., der startet; Anlasser eines Motors); **Star|te|rin**
Star|ter|kit [ˈstaːɐ̯tɐ...], das *od.* der; -[s], -s ‹engl.› (Startausstattung)
Start|er|laub|nis; Start|flag|ge; Start|geld
Start|gut|ha|ben
Start|hil|fe; Start|hil|fe|ka|bel
Start|ka|pi|tal
start|klar
Start|kom|man|do
Start|läu|fer *(Sport);* **Start|läu|fe|rin**
Start|li|nie; Start|loch; Start|ma|schi|ne *(Rennsport);* **Start|num|mer; Start|pass; Start|pis|to|le; Start|platz; Start|ram|pe; Start|recht,** das; -[e]s; **Start|schuss**
Start|schwie|rig|keit *meist Plur.*
Start|sei|te (*EDV* Homepage)
Start|si|g|nal; Start|sprung
Start-Stopp-Au|to|ma|tik *(Kfz-Technik);* **Start-Stopp-Sys|tem**
Start-und-Lan|de-Bahn
Start-up [ˈstaːɐ̯t|ap], das; -s, -s ‹engl.›, **Start-up-Un|ter|neh|men** (neu gegründetes Wirtschaftsunternehmen)
Start|ver|bot; Start|zei|chen
Start-Ziel-Sieg ↑K 26
Sta|se, Sta|sis [st..., *auch* ʃt...], die; -, Stasen ‹griech.› (*Med.* Stauung)
Sta|si, die, *selten* der; - (*ugs. kurz für* Staatssicherheitsdienst der DDR); **Sta|si|ak|te; Sta|si|mit|ar|bei|ter; Sta|si|mit|ar|bei|te|rin**
Sta|sis [st..., *auch* ʃt...] *vgl.* Stase
Staß|furt (Stadt südl. von Magdeburg); **Staß|fur|ter; Staß|fur|te|rin**
State De|part|ment [ˈsteɪt diˈpaːɐ̯tmɛnt], das; - -[s] ‹engl.› (das Außenministerium der USA)
State|ment [ˈsteɪtmɛnt], das; -s, -s ‹engl.› (Verlautbarung)
State of the Art [ˈsteɪt əv ðɪ ˈaːɐ̯t], der; - - - - ‹engl.› (neuester Stand [in der Entwicklung von etw.])
sta|tie|ren ‹lat.› (als Statist od. Statistin tätig sein)
Stä|tig|keit, die; - (Störrigkeit [von Pferden]); *vgl. aber* Stetigkeit
Sta|tik [ʃt..., *auch* st...], die; -, -en ‹griech.› (Lehre von den Kräften im Gleichgewicht); **Sta|ti|ker** (Bauingenieur mit speziellen Kenntnissen in der Statik); **Sta|ti|ke|rin**
Sta|ti|on, die; -, -en ‹lat.›
sta|ti|o|när (an einen festen Standort gebunden; die Behandlung, den Aufenthalt in einem Krankenhaus betreffend); stationäre Behandlung
sta|ti|o|nie|ren (an bestimmte Plätze stellen; aufstellen); **Sta|ti|o|nie|rung; Sta|ti|o|nie|rungs|kos|ten** *Plur.*
Sta|ti|ons|arzt; Sta|ti|ons|ärz|tin
Sta|ti|ons|pfle|ger; Sta|ti|ons|pfle|ge|rin; Sta|ti|ons|schwes|ter
Sta|ti|ons|tas|te (zur automatischen Einstellung eines Radiosenders)
Sta|ti|ons|vor|stand (*österr. u. schweiz. für* Stationsvorsteher); **Sta|ti|ons|vor|ste|her** (Bahnhofsvorsteher); **Sta|ti|ons|vor|ste|he|rin**
sta|tisch [ʃt..., *auch* st...] ‹griech.› (die Statik betreffend; stillstehend, ruhend)
stä|tisch (störrisch, widerspenstig [von Pferden])

¹statt

(anstatt)
Präposition mit Genitiv:
- statt meiner
- statt eines Rates
- ich möchte diese Blume statt derer, die Sie mir gegeben haben (*vgl.* deren / derer)
- die Ärztin, statt deren *od.* derer der Assistent operiert hatte, war selbst krank geworden (*vgl.* deren / derer)
- der Kanzler, statt dessen (für den) eine Ministerin erschienen war, ließ grüßen; *aber* der Kanzler konnte nicht kommen, stattdessen (dafür) schickte er seine Ministerin

Veraltet oder ugs. mit Dativ:
- statt einem Stein; statt dem Vater

Standardsprachlich mit Dativ, wenn der Genitiv nicht erkennbar wird:
- statt Worten will ich Taten sehen

Konjunktion:
- statt mit Drohungen versucht er es mit Ermahnungen
- statt dass ... ↑K126
- statt zu ... ↑K117
- die Nachricht kam an mich statt an dich
- sie gab das Geld ihm statt mir

Sta|tist, der; -en, -en ⟨lat.⟩ (*Theater u. übertr.* stumme Person; Nebenfigur); **Sta|tis|te|rie,** die; -, ...ien (Gesamtheit der Statisten u. Statistinnen); *vgl. auch* statieren
Sta|tis|tik, die; -, -en ([vergleichende] zahlenmäßige Erfassung, Untersuchung u. Darstellung von Massenerscheinungen)
Sta|tis|ti|ker; Sta|tis|ti|ke|rin
Sta|tis|tin
sta|tis|tisch (zahlenmäßig); *aber* ↑K150: das Statistische Bundesamt (in Wiesbaden)
Sta|tiv, das; -s, -e ([dreibeiniges] Gestell für Apparate)
Sta|to|blast [ʃt..., *auch* st...], der; -en, -en ⟨griech.⟩ (*Biol.* ungeschlechtlicher Fortpflanzungskörper der Moostierchen)
Sta|to|lith, der; *Gen.* -s *u.* -en, *Plur.* -e[n] (*Med.* Steinchen im Gleichgewichtsorgan; *Bot.* Stärkekorn in Pflanzenwurzeln)
Sta|tor [ʃt..., *auch* st...], der; -s, ...oren ⟨lat.⟩ (nicht rotierender Teil einer elektrischen Maschine)
¹statt *s. Kasten*
²statt; an meiner statt; an Eides, an Kindes, an Zahlungs statt
statt|des|sen; die Kanzlerin konnte nicht kommen, stattdessen (dafür) schickte sie einen Minister; *vgl.* ¹statt
Stät|te, die; -, -n
statt|fin|den ↑K47; es findet statt ↑K71; es hat stattgefunden; stattzufinden
statt|ge|ben ↑K47; *zur Beugung vgl.* stattfinden
statt|ha|ben ↑K47 (*veraltet*); es hat statt ↑K71; es hat stattgehabt; stattzuhaben
statt|haft; Statt|haf|tig|keit, die; -
Statt|hal|ter (*früher für* Stellvertreter); **Statt|hal|te|rin; Statt|hal|ter|schaft**
statt|lich ⟨*zu* ²Staat (Prunk)⟩ (ansehnlich); **Statt|lich|keit,** die; -
sta|tu|a|risch [ʃt..., *auch* st...] ⟨lat.⟩ (statuenhaft)
Sta|tue [...tuə], die; -, -n (Standbild, Bildsäule); **sta|tu|en|haft**
Sta|tu|et|te, die; -, -n ⟨franz.⟩ (kleine Statue)
sta|tu|ie|ren ⟨lat.⟩ (aufstellen; festsetzen; bestimmen); ein Exempel statuieren (ein warnendes Beispiel geben)
Sta|tur [ʃt...], die; -, -en (Gestalt; Wuchs)
Sta|tus [ʃt..., *auch* st...], der; -, - (Zustand, Stand; Lage, Stellung); die Beschreibung des Status; die wirtschaftlichen Status verschiedener Länder

Status

Das aus dem Lateinischen stammende Substantiv lautet im Genitiv und im Plural gleich wie im Nominativ Singular, also *des Status* und *die Status.* Ein Unterschied besteht lediglich in der Aussprache. Im Plural wird das *u* lang gesprochen.

Sta|tus|den|ken
Sta|tus Nas|cen|di, der; - - (Zustand chemischer Stoffe im Augenblick ihres Entstehens)
Sta|tus quo, der; - - (gegenwärtiger Zustand)
Sta|tus quo an|te, der; - - - (Zustand vor dem bezeichneten Tatbestand, Ereignis)
Sta|tus|sym|bol [ʃt..., *auch* st...]
Sta|tut [ʃt...], das; -[e]s, -en ([Grund]gesetz; Satzung); **sta|tu|ta|risch** (auf Statut beruhend, satzungs-, ordnungsgemäß)
Sta|tu|tar|stadt (*österr. für* Stadt mit eigenem Stadtrecht)
Sta|tu|ten|än|de|rung; sta|tu|ten|ge|mäß; sta|tu|ten|wid|rig
Stau, der; -[e]s, *Plur.* -s *od.* -e;
Stau|an|la|ge
Staub, der; -[e]s, *Plur. (Technik:)* -e *u.* Stäube; Staub saugen *od.* staubsaugen (*vgl. d.);* ein Staub abweisendes *od.* staubabweisendes Gewebe; *aber nur* ein noch staubabweisenderes Gewebe ↑K58
Staub|al|l|er|gie
staub|be|deckt; ein staubbedecktes Regal
Staub|be|sen; Staub|beu|tel; Staub|blatt *(Bot.)*
Stäub|chen; staub|dicht
Stau|be|cken
stau|ben; es staubt
stäu|ben (zerstieben)
Stau|be|ra|tung (eines Automobilklubs)
stäu|bern (*landsch. für* Staub entfernen); ich stäubere
Staub|ex|plo|si|on; Staub|fa|den *(Bot.); Staub|fän|ger* *(ugs.)*
staub|frei
staub|ge|bo|ren; Staub|ge|bo|re|ne, der *u.* die; -n, -n *(bibl.)*
Staub|ge|fäß *(Bot.)*
stau|big
Staub|korn *Plur.* ...körner; **Staub|lap|pen; Staub|la|wi|ne**
Stäub|ling (ein Pilz)
Staub|lun|ge; Staub|man|tel; Staub|pin|sel
staub|sau|gen, Staub sau|gen; er staubsaugte *od.* saugte Staub; er hat [den Teppich] gestaubsaugt; er hat Staub gesaugt; um zu staubsaugen *od.* Staub zu saugen

S
Stat

¹ste|cken	
(sich irgendwo, in etwas befinden, dort festsitzen, befestigt sein) *Beugung (vgl. aber ²stecken):* – du steckst – *Vergangenheit:* du stecktest, *älter u. geh.* stakst – *Konjunktiv II:* du stecktest, *älter u. geh.* stäkest – der Schreck steckte, *älter u. geh.* stak ihm noch in den Gliedern – ihre Füße steckten, *älter u. geh.* staken in hochhackigen Schuhen – gesteckt; steck[e]!	*Man schreibt »stecken« in wörtlicher Bedeutung getrennt von »bleiben« und »lassen«:* – stecken bleiben; ich bleibe stecken; der Nagel ist stecken geblieben – er hat den Schlüssel stecken lassen, *seltener* stecken gelassen *Bei übertragener Bedeutung kann getrennt oder zusammengeschrieben werden:* – sie ist während des Vortrags stecken geblieben *od.* steckengeblieben – du kannst dein Geld stecken lassen *od.* steckenlassen, ich bezahle

Staub|sau|ger; Staub|schicht
staub|tro|cken (vom Lack)
Staub|tuch *Plur.* ...tücher; **Staub|we|del; Staub|wol|ke; Staub|zu|cker,** der; -s
Stau|che, die; -, -n *meist Plur.* (*landsch. für* Pulswärmer)
stau|chen; Stau|cher (*ugs. für* Zurechtweisung); **Stau|chung**
Stau|damm
Stau|de, die; -, -n
stau|den|ar|tig; Stau|den|ge|wächs; Stau|den|sa|lat (*landsch. für* Kopfsalat); **stau|dig**
stau|en (hemmen; *Seemannsspr.* [Ladung auf Schiffen] unterbringen); sich stauen
Stau|er (jmd., der Schiffe be- u. entlädt); **Stau|e|rin**
Stauf, der; -[e]s, -e (*veraltet für* Humpen; Hohlmaß); 5 Stauf
Stau|fe, der; -n, -n, **Stau|fer,** der; -s, - (Angehöriger eines schwäbischen Fürstengeschlechtes); **Stau|fe|rin; Stau|fer|zeit,** die; -
Stauf|fen|berg, Claus Schenk Graf von (dt. Widerstandskämpfer)
Stauf|fer|büch|se, Stauf|fer-Büch|se ‹nach dem Hersteller› (Schmiervorrichtung); **Stauf|fer|fett, Stauf|fer-Fett,** das; -[e]s
stau|fisch ‹*zu* Staufe›
Stau|ge|fahr *(bes. Verkehrsw.)*
Stau|mau|er
stau|nen; Stau|nen, das; -s; Staunen erregen
stau|nen|er|re|gend, Stau|nen er|re|gend; ein staunenerregender *od.* Staunen erregender Vorfall; *aber nur* ein großes Staunen erregender Vorfall, ein äußerst staunenerregender Vorfall ↑K58
stau|nens|wert
¹Stau|pe, die; -, -n (eine Hundekrankheit)
²Stau|pe, die; -, -n (*früher für* öffentliche Züchtigung); **stäu|pen** (*früher für* [öffentlich] auspeitschen)
Stau|punkt; Stau|raum; Stau|see; Stau|stu|fe
Stau|ung; Stau|ungs|be|hand|lung
Stau|was|ser *Plur.* ...wasser; **Stau|wehr** *vgl.* ²Wehr; **Stau|werk**
St. Chris|toph und Ne|vis [sn̩t - -ˈniːvɪs] (*svw.* St. Kitts u. Nevis)
Std. = Stunde
Ste = Sainte
Stea|di|cam® [ˈstɛdikɛm], die; -, -s ‹engl.› (*Film* [Handkamera mit] Tragevorrichtung, die das Verwackeln des Bildes verhindert)
Steak [steːk], das; -s, -s ‹engl.› (kurz gebratene Fleischschnitte); **Steak|haus**
Stea|mer [ˈstiː...], der; -s, - ‹engl.› (Dampfschiff)
Ste|a|rin [ʃt..., *auch* st...], das; -s, -e ‹griech.› (Rohstoff für Kerzen); **Ste|a|rin|ker|ze**
Ste|a|tit, der; -s, -e (ein Talk; Speckstein)
Ste|a|to|py|gie, die; - (*Med.* starker Fettansatz am Gesäß)
Ste|a|to|se, die; -, -n (*Med.* Verfettung)
Stech|ap|fel
Stech|bei|tel; Stech|ei|sen
ste|chen; du stichst; du stachst; du stächest; gestochen; stich!; er sticht ihn/sie, *auch* ihm/ihr ins Bein
Ste|chen, das; -s, - *(Sport)*
ste|chend; ein stechender Geruch
Ste|cher
Stech|flie|ge; Stech|he|ber
Stech|kar|te (Karte für die Stechuhr)
Stech|mü|cke; Stech|pad|del; Stech|pal|me; Stech|rüs|sel; Stech|schritt *(Militär)*
Stech|uhr (eine Kontrolluhr)
Stech|vieh (*österr. für* Kälber u. Schweine)
Steck|be|cken (Bettpfanne)
Steck|brief; steck|brief|lich
Steck|do|se
¹ste|cken *s. Kasten*
²ste|cken (etwas in etwas einfügen, hineinbringen, etwas festheften); du stecktest; gesteckt; steck[e]!
Ste|cken, der; -s, - (¹Stock)
ste|cken blei|ben, ste|cken|blei|ben *vgl.* ¹stecken
Ste|cken|blei|ben, das; -s ↑K82
ste|cken las|sen, ste|cken|las|sen *vgl.* ¹stecken
Ste|cken|pferd
Ste|cker
Ste|ckerl|fisch (*bes. südd., österr. für* Fisch, der auf einen Stock gespießt über offenem Feuer gebraten wird)
Steck|kar|te (*EDV* leicht austauschbare Leiterplatte)
Steck|kis|sen; Steck|kon|takt
Steck|ling (abgeschnittener Pflanzenteil, der neue Wurzeln bildet)
Steck|mo|dul *(EDV)*
Steck|mu|schel
Steck|na|del; Steck|na|del|kopf; steck|na|del|kopf|groß
Steck|platz (*EDV* Anschlussstelle für eine Steckkarte)
Steck|reis, das; **Steck|rü|be; Steck|schach; Steck|scha|le** *(Blumenbinderei)*
Steck|schloss (Sicherung gegen Einbruch); **Steck|schlüs|sel**
Steck|schuss
Steck|schwamm *(Blumenbinderei)*
Steck|tuch *Plur.* ...tücher (*österr. für* Kavalierstaschentuch)
Steck|va|se; Steck|zwie|bel
Ste|din|gen, Ste|din|ger Land, das; - -[e]s (Marsch zwischen der Hunte u. der Weser unterhalb von Bremen); **Ste|din|ger** ‹»Gestadebewohner«›; **Ste|din-**

ste|hen

- du stehst; du stand[e]st; du stündest *od.* ständest; gestanden; steh[e]!
- ich habe (*südd., österr., schweiz.* bin) gestanden
- zu Diensten stehen, zu Gebote stehen, zur Verfügung stehen
- das wird dich, *auch* dir teuer zu stehen kommen

Großschreibung der Substantivierung ↑K72*:*

- sie schläft im Stehen
- ihr fällt das Stehen schwer
- das Auto zum Stehen bringen

Man schreibt »stehen« in wörtlicher Bedeutung getrennt von »bleiben« und »lassen«:

- stehen bleiben (nicht weitergehen); sie ist einfach dort stehen geblieben
- man hat die Angeklagten stehen lassen (sie durften sich nicht hinsetzen)

Bei übertragener Bedeutung kann getrennt oder zusammengeschrieben werden:

- man hat ihn einfach am Bahnhof stehen lassen *od.* stehenlassen, *seltener* stehen gelassen *od.* stehengelassen
- die Uhr ist stehen geblieben *od.* stehengeblieben
- sie hat die Suppe stehen lassen *od.* stehenlassen

Vgl. auch stehend

ge|rin; Ste|din|ger Land *vgl.* Stedingen
Steel|band ['sti:lbɛnt], die; -, -s ⟨engl.⟩ ([4]Band mit Instrumenten aus leeren Ölfässern)
Stee|p|le|chase ['sti:pl̩tʃe:s], die; -, Plur. -n [...tʃe:sn̩] *u.* -s [...sɪs] ⟨engl.⟩ (Wettrennen mit Hindernissen, Jagdrennen); **Steep|ler,** der; -s, - (Pferd für Hindernisrennen)
Ste|fan *vgl.* Stephan; **Ste|fa|nia,** Ste|fa|nie *vgl.* Stephania; **Stef|fen** *vgl.* Stephan; **Stef|fi** (w. Vorn.)
Steg, der; -[e]s, -e; *Schreibung in Straßennamen* ↑K162 *u.* 163
Ste|g|o|don [ʃt..., *auch* st...], das; -s, ...donten ⟨griech.⟩ (urweltliches Rüsseltier); **Ste|go|sau|ri|er** (urweltliches Kriechtier)
Steg|reif ⟨»Steigbügel«⟩; aus dem Stegreif (unvorbereitet); **Steg|reif|büh|ne; Steg|reif|dich|ter; Steg|reif|dich|te|rin; Steg|reif|ko|mö|die; Steg|reif|the|a|ter,** das
Steh|auf, der; -, - (ein altes Trinkgefäß); **Steh|auf|männ|chen**
Steh|bier|hal|le
Steh|bünd|chen (an Blusen od. Kleidern)
Steh|ca|fé; Steh|emp|fang
ste|hen *s. Kasten*
ste|hen blei|ben, ste|hen|blei|ben *vgl.* stehen
Ste|hen|blei|ben, das; -s ↑K82
ste|hend; stehenden Fußes; das stehende Heer; ↑K72 : alles in ihrer Macht Stehende
ste|hen las|sen, ste|hen|las|sen *vgl.* stehen
Ste|her (Radrennfahrer hinter einem Schrittmacher; Rennpferd für lange Strecken); **Ste|he|rin; Ste|her|ren|nen** *(Radsport, Pferdesport)*
Steh|gei|ger; Steh|gei|ge|rin
Steh|im|biss
Steh|kon|vent (*scherzh. für* Personengruppe, die sich stehend unterhält)
Steh|kra|gen; Steh|lam|pe; Steh|lei|ter, die
steh|len; du stiehlst, er stiehlt; du stahlst; du stählest, *selten* stöhlest; gestohlen; stiehl!
Steh|ler; Hehler und Stehler; **Steh|le|rin**
Steh|pad|deln, das; -s (im Stehen auf einer Art Surfbrett ausgeführtes Paddeln)
Steh|platz; Steh|pult
Steh|rol|ler (elektr. Fahrzeug mit zwei parallelen Rädern)
Steh|satz, der; -es *(Druckw.);* **Steh|tisch; Steh|ver|mö|gen,** das; -s
Stei|er|mark, die; - (österr. Bundesland); **Stei|er|mär|ker** (*vgl. auch* Steirer usw.); **Stei|er|mär|ke|rin; stei|er|mär|kisch**
steif; ein steifer Hals; ein steifer Grog; steif sein, werden; du musst das Bein steif halten, *aber* die Ohren steifhalten; Sahne steif schlagen *od.* steifschlagen
steif|bei|nig; Stei|fe, die; -, -n (*nur Sing.:* Steifheit; Stütze); **stei|fen**
Steiff|tier® ⟨nach der Stofftierherstellerin Margarete Steiff⟩ (ein Stofftier)
steif|hal|ten *vgl.* steif
Steif|heit; Stei|fig|keit, die; -
steif|lei|nen (aus steifem Leinen); **Steif|lei|nen; Steif|lein|wand**
steif schla|gen, steif|schla|gen *vgl.* steif
Stei|fung, die; -, -en
Steig, der; -[e]s, -e (steiler, schmaler Weg)
Steig|bü|gel; Steig|bü|gel|hal|ter (*abwertend für* Helfer bei jmds. Karriere)
Stei|ge, die; -, -n (steile Fahrstraße; Lattenkiste)
Steig|ei|sen
stei|gen; du stiegst; du stiegest; gestiegen; steig[e]!; ↑K82 : das Steigen der Kurse; einen Drachen steigen lassen; eine Party steigen lassen *od.* steigenlassen *(ugs.)*
Stei|ger (Aufsichtsperson im Bergbau)
Stei|ge|rer (jmd., der bei einer Versteigerung bietet)
Stei|ge|rin (w. Aufsichtsperson im Bergbau; w. Person, die bei einer Versteigerung bietet)
stei|gern; ich steigere; du steigerst dich
Stei|ge|rung (*auch für* Komparation; *schweiz. auch für* Versteigerung); **stei|ge|rungs|fä|hig**
Stei|ge|rungs|ra|te *(Wirtsch.)*
Stei|ge|rungs|stu|fe; erste Steigerungsstufe (*für* Komparativ); zweite Steigerungsstufe (*für* Superlativ)
Steig|fä|hig|keit (bei Kraftfahrzeugen); **Steig|fell** *(Skisport);* **Steig|flug; Steig|hö|he**
Steig|lei|ter, die; **Steig|lei|tung**
Steig|rie|men (am Pferdesattel)

Stei|gung; Stei|gungs|ta|fel *(Eisenbahn);* **Stei|gungs|win|kel**
Steig|wachs *(Skisport)*
steil
Steil|ab|fahrt *(Skisport)*
Stei|le, die; -, -n (Steilheit)
Steil|feu|er; Steil|feu|er|ge|schütz
Steil|hang
Steil|heit
Steil|kur|ve; Steil|küs|te; Steil|pass *(Sport);* **Steil|rand; Steil|schrift; Steil|spiel,** das; -[e]s *(Sport);* **Steil|ufer; Steil|vor|la|ge** *(Sport)*
Steil|wand; Steil|wand|zelt
Stein, der; -[e]s, -e; eine zwei Stein starke Mauer *(Bauw.)*
Stein|ad|ler
stein|alt (sehr alt)
Stein|axt; Stein|bank *Plur.* ...bänke; **Stein|bau** *Plur.* ...bauten
Stein|bei|ßer (ein Fisch)
Stein|block *vgl.* Block; **Stein|bock; Stein|bo|den; Stein|boh|rer**
Stein|brech, der; -[e]s, -e (eine Pflanze)
Stein|bre|cher (Maschine, die Gestein zerkleinert); **Stein|bruch**
Stein|butt (ein Fisch)
Stein|damm; Stein|druck *Plur.* ...drucke; **Stein|ei|che**
stei|nen *(veraltet für* umgrenzen)
stei|nern (aus Stein); ein steinernes Kreuz, *aber* ↑K140: das Steinerne Meer
Stein|er|wei|chen, das; *nur in* zum Steinerweichen *(ugs.)*
Stein|flie|se; Stein|frucht; Stein|fuß|bo|den; Stein|gar|ten (Felsengarten); **Stein|grab**
Stein|gut, das; -[e]s, *Plur. (Sorten:)* -e
Stein|ha|gel
stein|hart
Stein|hau|er; Stein|hau|e|rin
Stein|hau|fen; Stein|haus; Stein|holz (ein Fußbodenbelag)
Stein|hu|der Meer, das; - -[e]s (See zwischen Weser u. Leine)
stei|nig
stei|ni|gen; Stei|ni|gung
Stein|kauz; Stein|klee, der; -s
Stein|koh|le; Stein|koh|len|berg|werk; Stein|koh|len|för|de|rung; Stein|koh|len|for|ma|ti|on, die; - *(Geol.* eine Formation des Paläozoikums); **Stein|koh|len|la|ger; Stein|koh|len|teer; Stein|koh|len|ze|che; Stein|koh|len|zeit,** die; - *(für* Karbon)
Stein|la|wi|ne; Stein|lei|den *(Med.)*
Stein|mandl, das; -s, -[n] *(bayr. u. österr. für* Wegzeichen aus Stein)
Stein|mar|der; Stein|mau|er
Stein|metz, der; -en, -e[n]; **Stein|met|zin**
Stein|nel|ke; Stein|obst
Stein|öl, das; -[e]s *(veraltet für* Petroleum)
Stein|pilz; Stein|plat|te
[1]**stein|reich;** steinreicher Boden
[2]**stein|reich;** steinreiche Familien
Stein|salz; Stein|sarg
Stein|schlag; Stein|schlag|ge|fahr
Stein|schleu|der
Stein|schmät|zer (ein Vogel)
Stein|schnei|de|kunst, die; -; **Stein|schnei|der** *(svw.* Graveur); **Stein|schnei|de|rin**
Stein|set|zer (Pflasterer); **Stein|set|ze|rin**
Stein|wein (ein Frankenwein)
Stein|werk (Steinbruchbetrieb)
Stein|wild; Stein|wurf; Stein|wüs|te; Stein|zeich|nung
Stein|zeit; stein|zeit|lich; Stein|zeit|mensch
Stein|zeug
Stei|per, der; -s, - *(landsch. für* [untergestellte] Stütze)
Stei|rer ⟨*zu* Steiermark⟩; **Stei|rer|an|zug** (österr. Trachtenanzug); **Stei|rer|hut; Stei|re|rin; stei|risch**
Steiß, der; -es, -e; **Steiß|bein; Steiß|la|ge** *(Med.)*
Stek [st..., *auch* ʃt...], der; -s, -s *(Seemannsspr.* Knoten)
Ste|le [st..., *auch* ʃt...], die; -, -n ⟨griech.⟩ (Grabsäule od. -tafel)
Stel|la (w. Vorn.)
Stel|la|ge [...ʒə], die; -, -n ⟨niederl.⟩ (Gestell, Ständer); **Stel|la|ge|ge|schäft** (Börsentermingeschäft)
stel|lar [ʃt..., *auch* st...] ⟨lat.⟩ (die Fixsterne betreffend)
Stel|lar|as|t|ro|nom ⟨lat.; griech.⟩; **Stel|lar|as|t|ro|no|mie**
Stell|dich|ein, das; -[s], -[s] *(veraltend für* Verabredung)

Stel|le
die; -, -n
- an erster Stelle, an zweiter Stelle
- zur Stelle sein
- anstelle *od.* an Stelle von Worten
- anstelle *od.* an Stelle der Mutter
- *aber* an die Stelle der Mutter ist der Vormund getreten

stel|len
Stel|len|ab|bau, der; -[e]s; **Stel|len|an|ge|bot; Stel|len|aus|schrei|bung; Stel|len|be|set|zung; Stel|len|bil|dung; Stel|len|bör|se; Stel|len|dienst|al|ter; Stel|len|ge|such**
stel|len|los
Stel|len|markt *(svw.* Arbeitsmarkt); **Stel|len|rück|gang**
Stel|len|su|che *Plur. selten;* **stel|len|su|chend** ↑K72: ein Stellensuchender
Stel|len|ver|mitt|lung; Stel|len|wech|sel
stel|len|wei|se
Stel|len|wert
Stel|ler, der; -s, - *(Volleyball);* **Stel|le|rin**
Stell|flä|che; Stell|he|bel
...stel|lig (z. B. vierstellig, *mit Ziffer* 4-stellig); ↑K29
Stel|ling, die; -, *Plur.* -e, *auch* -s *(Seemannsspr.* an Seilen hängendes Brettgerüst zum Arbeiten an der Bordwand eines Schiffes)
Stell|ma|cher *(landsch. für* Wagenbauer); **Stell|ma|che|rei; Stell|ma|che|rin**
Stell|mes|ser, das *(schweiz. für* Schnappmesser)
Stell|platz; Stell|pro|be *(Theater);* **Stell|rad; Stell|schrau|be**
Stel|lung *(österr. auch für* Musterung); Stellung nehmen; **Stel|lung|nah|me,** die; -, -n
Stel|lungs|be|fehl; Stel|lungs|kampf; Stel|lungs|krieg
stel|lungs|los; Stel|lungs|lo|se, der *u.* die; -n, -n; **Stel|lungs|lo|sig|keit,** die; -
Stel|lungs|pflicht *(österr., schweiz. für* Verpflichtung, sich zur Musterung einzufinden); **stel|lungs|pflich|tig**
Stel|lungs|spiel *(Sport)*
Stel|lung[s]|su|che *Plur. selten;* auf Stellung[s]suche sein; **stel|lung[s]|su|chend; Stel|lung[s]|su|chen|de,** der *u.* die; -n, -n
stell|ver|tre|tend; die stellvertretende Vorsitzende; **Stell|ver|tre|ter; Stell|ver|tre|te|rin; Stell|ver|tre|ter|krieg; Stell|ver|tre|tung**
Stell|wand
Stell|werk *(Eisenbahn);* **Stell|werks|meis|ter; Stell|werks|meis|te|rin**
St.-Elms-Feu|er *vgl.* Elmsfeuer
Stelz|bein *(ugs.)*
Stel|ze, die; -, -n *(österr. auch für* Eisbein, Hachse); Stelzen laufen ↑K54
stel|zen *(meist iron.);* du stelzt
Stel|zen|läu|fer; Stel|zen|läu|fe|rin
Stelz|fuß; Stelz|gang, der; -[e]s; **stel|zig**

Stelz|vo|gel; Stelz|wur|zel *(Bot.)*
Stem|ma [ʃt..., *auch* st...], das; -s, -ta (Stammbaum, bes. der verschiedenen Handschriften eines literarischen Werks)
Stemm|bo|gen *(Skisport)*
Stem|me, die; -, -n *(Turnen)*
Stemm|ei|sen
stem|men
Stemm|mei|ßel, Stemm-Mei|ßel, der; -s, -
Stem|pel, der; -s, -; **Stem|pel|far|be**
Stem|pel|geld *(ugs. für* Arbeitslosenunterstützung)
Stem|pel|kar|te; Stem|pel|kis|sen; Stem|pel|mar|ke
stem|peln; ich stemp[e]le; stempeln gehen *(ugs. für* Arbeitslosenunterstützung beziehen)
stem|pel|pflich|tig *(österr. für* gebührenpflichtig)
Stem|pel|schnei|der (Berufsbez.); **Stem|pel|schnei|de|rin**
Stem|pel|stän|der; Stem|pel|steu|er, die
Stem|pe|lung, Stemp|lung
Stem|pen, der; -s, - *(bayr. für* kurzer Pfahl, Pflock)
Sten|dal (Stadt in der Altmark)
Sten|del, Stän|del, der; -s, -, **Sten|del|wurz,** Stän|del|wurz (eine Orchideengattung)
Sten|dhal [stɛ̃ˈdal] (franz. Autor)
Sten|ge, die; -, -n *(Seemannsspr.* Verlängerung des Mastes)
Sten|gel *alte Schreibung für* Stängel usw.
¹**Ste|no,** die; - *(ugs. Kurzw. für* Stenografie); ²**Ste|no,** das; -s, -s *(ugs. Kurzw. für* Stenogramm)
ste|no... ⟨griech.⟩ (eng...); **Ste|no...** (Eng...)
Ste|no|block *(ugs. svw.* Stenogrammblock); *vgl.* Block
Ste|no|graf, Ste|no|graph, der; -en, -en; **Ste|no|gra|fie,** Ste|no|gra|phie, die; -, ...ien (Kurzschrift); **ste|no|gra|fie|ren,** ste|no|gra|phie|ren; **Ste|no|gra|fin,** Ste|no|gra|phin; **ste|no|gra|fisch,** ste|no|gra|phisch
Ste|no|gramm, das; -s, -e (Text in Stenografie); **Ste|no|gramm|block** *vgl.* Block; **Ste|no|gramm|hal|ter**
Ste|no|graph, Ste|no|gra|phie *vgl.* Stenograf, Stenografie
Ste|no|kar|die [ʃt..., *auch* st...], die; -, ...ien *(Med.* Herzbeklemmung [bei Angina Pectoris])
Ste|no|kon|to|rist; Ste|no|kon|to|ris|tin
Ste|no|se [ʃt..., st...], **Ste|no|sis** [ʃt..., *auch* st...], die; -, ...osen *(Med.* Verengung [der Blutgefäße])
ste|no|therm [ʃt..., *auch* st...] *(Biol.* nur geringe Temperaturschwankungen ertragend)
ste|no|top [ʃt..., *auch* st...] *(Biol.* begrenzt verbreitet)
ste|no|ty|pie|ren [ʃt...] (in Kurzschrift aufnehmen u. danach in Maschinenschrift übertragen); **Ste|no|ty|pist,** der; -en, -en; **Ste|no|ty|pis|tin**
Stent [st...], der; -s, -s ⟨engl.⟩ *(Med.* eine Gefäßprothese, die in verengte Gefäße eingebracht wird, um diese zu dehnen)
Sten|tor [ʃt..., *auch* st...] (stimmgewaltiger Held der griech. Sage); **Sten|tor|stim|me**
Stenz, der; -es, -e *(ugs. für* eitler, selbstgefälliger junger Mann)
Step [ʃt..., *auch* st...] *alte Schreibung für* Stepp
Ste|phan, Ste|fan, Stef|fen (m. Vorn.); **Ste|pha|nia,** Ste|fa|nia, **Ste|pha|nie,** Ste|fa|nie [*auch* ˈʃtefani, *österr.* ...ˈni:] (w. Vorn.)
Ste|pha|nit, der; -s, -e (ein Mineral)
Ste|pha|ni|tag
Ste|phans|dom, der; -[e]s (in Wien); **Ste|phans|tag**
Stepp [ʃt..., *auch* st...], der; -s, -s ⟨engl.⟩ (eine Tanzart); Stepp tanzen
Stepp|ae|ro|bic [ʃt..., *auch* st...], das; -s *od.* die; - ⟨engl.⟩ (Aerobic an stufenartigen Geräten)
Stepp|de|cke
Step|pe, die; -, -n ⟨russ.⟩ (baumlose, wasserarme Ebene)
¹**step|pen** (nähen)
²**step|pen** [ʃt...; *auch* st...] ⟨engl.⟩ (Stepp tanzen)
Step|pen|be|woh|ner; Step|pen|be|woh|ne|rin
Step|pen|flo|ra; Step|pen|fuchs; Step|pen|gras; Step|pen|huhn; Step|pen|wolf *(svw.* Präriewolf)
Step|per [ʃt..., *auch* st...] (Stepptänzer; Fitnessgerät)
Step|pe|rei ⟨*zu* ¹steppen⟩
¹**Step|pe|rin** (Näherin)
²**Step|pe|rin** [ʃt..., *auch* st...] (Stepptänzerin)
Stepp|fut|ter; Stepp|ja|cke
Stepp|ke, der; -[s], -s *(ugs., bes. berlin. für* kleiner Kerl)
Stepp|ma|schi|ne; Stepp|naht
Stepp|schritt
Stepp|sei|de; Stepp|stich
Stepp|tanz; Stepp|tän|zer; Stepp|tän|ze|rin
Ster, der; -s, *Plur.* -e *u.* -s ⟨griech.⟩ (ein Raummaß für Holz); 3 Ster
Ste|ra|di|ant, der; -en, -en ⟨griech.; lat.⟩ *(Math.* Einheit des Raumwinkels; *Zeichen* sr)
Ster|be|ab|lass *(kath. Kirche);* **Ster|be|amt** *(kath. Kirche)*
Ster|be|bett; Ster|be|buch; Ster|be|da|tum; Ster|be|fall; Ster|be|ge|läut; Ster|be|geld; Ster|be|glo|cke; Ster|be|hil|fe; Ster|be|kas|se; Ster|be|kreuz
ster|ben; du stirbst; du starbst, du stürbest; gestorben *(vgl. d.);* stirb!; jmdn. in Würde sterben lassen; ein Projekt sterben lassen *od.* sterbenlassen *(ugs.)*
Ster|ben, das; -s; im Sterben liegen; das große Sterben (die Pest); es ist zum Sterben langweilig *(ugs. für* sehr langweilig)
Ster|bens|angst
ster|bens|elend; ster|bens|krank; ster|bens|lang|wei|lig
Ster|bens|see|le; *nur in* keine, nicht eine Sterbensseele (niemand); **Ster|bens|wort, Ster|bens|wört|chen** *(ugs.); nur in* kein Sterbenswort, kein Sterbenswörtchen
Ster|be|ort *Plur.* ...orte; **Ster|be|ra|te; Ster|be|sa|k|ra|men|te** *Plur. (kath. Kirche);* **Ster|be|stun|de; Ster|be|tag; Ster|be|ur|kun|de; Ster|be|zim|mer**
sterb|lich; Sterb|li|che, der *u.* die; -n, -n
Sterb|lich|keit; Sterb|lich|keits|zif|fer
ste|reo [ʃt..., *auch* st...] ⟨griech.⟩ *(kurz für* stereofon); die Schallplatte wurde stereo aufgenommen
Ste|reo, das; -s, -s *(kurz für* Stereofonie, Stereotypplatte)
ste|reo... (starr, massiv, unbeweglich; räumlich, körperlich)
Ste|reo... (Fest..., Raum..., Körper...)
Ste|reo|an|la|ge; Ste|reo|bild (Raumbild); **Ste|reo|che|mie** (Lehre von der räumlichen Anordnung der Atome im Molekül); **Ste|reo|emp|fang**
ste|reo|fon, ste|reo|phon
Ste|reo|fo|nie, Ste|reo|pho|nie, die; - (Technik der räumlich wirkenden Tonübertragung)
ste|reo|fo|nisch, ste|reo|pho|nisch
Ste|reo|fo|to|gra|fie, Ste|reo|pho|to|gra|phie (Herstellung von Stereoskopbildern)
Ste|reo|laut|spre|cher

S
Stel

Ste|reo|me|ter, das; -s, - (optisches Gerät zur Messung des Volumens fester Körper)
Ste|reo|me|t|rie, die; - (Geometrie des Raumes; Raumlehre)
ste|reo|me|t|risch (körperlich, Körper...)
ste|reo|phon, Ste|reo|pho|nie usw. *vgl.* stereofon, Stereofonie usw.
Ste|reo|pho|to|gra|phie *vgl.* Stereofotografie
Ste|reo|plat|te; Ste|reo|sen|dung
Ste|reo|s|kop, das; -s, -e (Vorrichtung, durch die man Bilder plastisch sieht); **Ste|reo|s|ko|pie,** die; - (Raumbildtechnik); **ste|reo|s|ko|pisch**
Ste|reo|ton *Plur.* ...töne (räumlich wirkender [2]Ton)
ste|reo|typ ([fest]stehend, unveränderlich; *übertr. für* ständig [wiederkehrend], leer, abgedroschen; mit feststehender Schrift gedruckt)
Ste|reo|typ, das; -s, -e (*Psychol.* stereotypes Urteil)
Ste|reo|typ|druck *Plur.* ...drucke (Druck von der Stereotypplatte)
Ste|reo|ty|peur [...'pøːɐ̯], der; -s, -e ⟨franz.⟩ (*Druckw.* jmd., der Matern herstellt u. ausgießt); **Ste|reo|ty|peu|rin**
Ste|reo|ty|pie, die; -, ...i̯en ⟨griech.⟩ (*Druckw.; nur Sing.:* Herstellung u. Ausgießen von Matern; *Psychol.* ständiges Wiederholen von Äußerungen od. Bewegungsabläufen); **ste|reo|ty|pie|ren** *(Druckw.)*
Ste|reo|typ|me|tall; Ste|reo|typ|plat|te (feste Druckplatte)
ste|ril [ʃt..., *auch* st...] ⟨lat.⟩ (unfruchtbar; keimfrei); **Ste|ri|li|sa|ti|on,** die; -, -en (Unfruchtbarmachung; Entkeimung)
Ste|ri|li|sa|tor, der; -s, ...oren (Entkeimungsapparat); **Ste|ri|li|sier|ap|pa|rat**
ste|ri|li|sie|ren (keimfrei machen; zeugungsunfähig machen); **Ste|ri|li|sie|rung**
Ste|ri|li|tät, die; - (Unfruchtbarkeit; Keimfreiheit)
Ste|rin [ʃt..., *auch* st...], das; -s, -e ⟨griech.⟩ (eine organische chemische Verbindung)
Ster|ke, die; -, -n (*nordd. für* Färse)
Ster|let, Ster|lett, der; -s, -e ⟨russ.⟩ (ein Fisch)
Ster|ling ['ʃtɛr..., *auch* 'stɛr..., 'støːɐ̯...], der; -s, -e (*vgl.* Pfund Sterling)

[1]**Stern,** der; -s, -e ⟨engl.⟩ (*Seemannsspr.* Heck des Schiffes)
[2]**Stern,** der; -[e]s, -e (Himmelskörper)
Stern|anis (ein asiat. Gewürz)
Stern|bild; Stern|blu|me
Stern|chen|nu|del *meist Plur.* (eine Suppeneinlage)
Stern|deu|ter (*für* Astrologe); **Stern|deu|te|rei; Stern|deu|te|rin; Stern|deu|tung**
Ster|ne|koch (mit einem od. mehreren Sternen ausgezeichneter Koch); **Ster|ne|kö|chin**
Ster|nen|ban|ner
ster|nen|hell (*svw.* sternhell)
Ster|nen|him|mel (*svw.* Sternhimmel)
ster|nen|klar (*svw.* sternklar)
Ster|nen|licht, das; -[e]s
ster|nen|los; ster|nen|wärts
Ster|nen|zelt, das; -[e]s *(geh.)*
Stern|fahrt (*für* Rallye)
stern|för|mig
Stern|for|scher; Stern|for|sche|rin
Stern|frucht (Karambole); **Stern|ge|wöl|be** *(Archit.)*
Stern|gu|cker *(ugs.)*; **Stern|gu|cke|rin**
stern|ha|gel|voll (*ugs. für* sehr betrunken)
Stern|hau|fen *(Astron.)*
stern|hell
Stern|him|mel; Stern|jahr (*svw.* siderisches Jahr); **Stern|kar|te**
stern|klar
Stern|kun|de, die; -; **stern|kun|dig**
Stern|marsch, der; **Stern|mo|tor; Stern|na|me; Stern|ort,** der; -[e]s, ...örter; **Stern|schnup|pe**
Stern|sin|gen, das; -s (Volksbrauch zur Dreikönigszeit); **Stern|sin|ger; Stern|sin|ge|rin**
Stern|stun|de (glückliche Schicksalsstunde)
Stern|sys|tem; Stern|war|te; Stern|wol|ke *(Astron.)*; **Stern|zei|chen; Stern|zeit** *(Astron.)*
Ste|ro|id, das; -[e]s, -e *meist Plur.* ⟨Kunstw.⟩ (*Biochemie* eine organische Verbindung)
Stert, der; -[e]s, -e (*nordd. für* [2]Sterz [Schwanz usw.])
[1]**Sterz,** der; -es, -e (*bayr. u. österr. für* eine [Mehl]speise)
[2]**Sterz,** der; -es, -e (Schwanz; Führungsteil am Pflug)
ster|zeln (den Hinterleib aufrichten [von Bienen])
stet *(veraltet)*; stete Vorsicht; **Ste|te, Stet|heit,** die; - (*veraltend für* Stetigkeit)

Ste|tho|s|kop [ʃt..., *auch* st...], das; -s, -e ⟨griech.⟩ (*Med.* Hörrohr)
ste|tig (fortwährend); **Ste|tig|keit;** *vgl. aber* Stätigkeit
Stetl *vgl.* Schtetl
stets; stets|fort (*schweiz. für* fortwährend)
Stet|tin (*poln.* Szczecin); **Stet|ti|ner; Stet|ti|ner Haff,** das; - -[e]s, Oder|haff, das; -[e]s; **Stet|ti|ne|rin**
[1]**Steu|er,** das; -s, - (Lenkvorrichtung)
[2]**Steu|er,** die; -, -n (Abgabe); direkte, indirekte Steuer
Steu|er|ab|setz|be|trag (*österr. für* Freibetrag)
Steu|er|ab|zug; Steu|er|am|nes|tie; Steu|er|än|de|rungs|ge|setz; Steu|er|an|ge|le|gen|heit; Steu|er|an|pas|sungs|ge|setz; Steu|er|an|spruch; Steu|er|auf|kom|men; Steu|er|auf|sicht
Steu|er|aus|fall *meist Plur.*
Steu|er|aus|gleichs|kon|to; Steu|er|aus|schuss
[1]**steu|er|bar** (*Amtsspr.* steuerpflichtig)
[2]**steu|er|bar** (sich steuern lassend); **Steu|er|bar|keit**
Steu|er|be|frei|ung
steu|er|be|güns|tigt
Steu|er|be|hör|de; Steu|er|be|las|tung; Steu|er|be|mes|sungs|grund|la|ge
Steu|er|be|ra|ter; Steu|er|be|ra|te|rin
Steu|er|be|scheid; Steu|er|be|trag; Steu|er|be|trug; Steu|er|be|voll|mäch|tig|te, der *u.* die; **Steu|er|bi|lanz; Steu|er|bo|nus**
Steu|er|bord, das; -[e]s, -e (rechte Schiffsseite); **steu|er|bord[s]**
Steu|er|di|ckicht; Steu|er|ein|he|bung (*österr. für* Steuererhebung); **Steu|er|ein|nah|me** *meist Plur.*
Steu|e|rer, Steu|rer
Steu|er|er|he|bung (Festsetzung u. Einzug von Steuern)
Steu|er|er|hö|hung; Steu|er|er|klä|rung; Steu|er|er|lass; Steu|er|er|leich|te|rung; Steu|er|er|mä|ßi|gung; Steu|er|er|mitt|lungs|ver|fah|ren; Steu|er|er|stat|tung
Steu|er|ex|per|te; Steu|er|ex|per|tin
Steu|er|fahn|der; Steu|er|fahn|de|rin; Steu|er|fahn|dung
steu|er|fi|nan|ziert
Steu|er|flucht; Steu|er|flücht|ling
Steu|er|for|mu|lar
Steu|er|frau ⟨*zu* Steuermann⟩

S
Steu

steu|er|frei; Steu|er|frei|be|trag; Steu|er|frei|heit
Steu|er|fuß (*schweiz. für* jährlich festgelegter Steuersatz)
Steu|er|ge|heim|nis; Steu|er|geld
Steu|er|ge|rät *(Elektrot.)*
Steu|er|ge|rech|tig|keit, die; -; **Steu|er|ge|setz; Steu|er|hel|fer; Steu|er|hin|ter|zie|hung**
Steu|er|iden|ti|fi|ka|ti|ons|num|mer
Steu|e|rin (*w. Form zu* Steuerer)
Steu|er|kar|te; Steu|er|klas|se
Steu|er|knüp|pel (im Flugzeug)
Steu|er|last; steu|er|lich
steu|er|los; ein steuerloses Schiff
Steu|er|mann *Plur.* ...leute, *auch* ...männer
Steu|er|mar|ke; Steu|er|mess|be|trag
steu|er|min|dernd
Steu|er|mit|tel *Plur.;* aus Steuermitteln finanziert
Steu|er|mo|ral
steu|ern; ich steu[e]re; ein Boot steuern; dem Übel steuern (*geh. für* entgegenwirken)
Steu|er|nach|lass
Steu|er|oa|se (Land mit bes. günstigen steuerlichen Verhältnissen); **Steu|er|pa|ra|dies** *(ugs.)*
Steu|er|pflicht; steu|er|pflich|tig
Steu|er|po|li|tik; steu|er|po|li|tisch
Steu|er|pro|gres|si|on
Steu|er|prü|fer; Steu|er|prü|fe|rin
Steu|er|pult; Steu|er|rad
Steu|er|recht; steu|er|recht|lich
Steu|er|re|form
Steu|er|ru|der
Steu|er|satz
Steu|er|säu|le *(Kfz-Technik)*
Steu|er|schät|zung
Steu|er|schrau|be (*nur in Wendungen wie* die Steuerschraube anziehen, an der Steuerschraube drehen)
Steu|er|schuld; Steu|er|sen|kung; Steu|er|straf|recht, das; -[e]s
Steu|er|sün|der *(ugs.);* **Steu|er|sün|de|rin** *(ugs.)*
Steu|er|sys|tem
Steu|er|ta|bel|le; Steu|er|ta|rif
Steu|e|rung; Steu|er|ven|til
Steu|er|ver|an|la|gung; Steu|er|ver|ge|hen
Steu|er|ver|güns|ti|gung; Steu|er|ver|güns|ti|gungs|ab|bau|ge|setz
Steu|er|ver|gü|tung
Steu|er|vogt (*schweiz. abwertend für* Fiskus)
Steu|er|vo|r|aus|zah|lung
Steu|er|vor|rich|tung
Steu|er|vor|teil
Steu|er|werk *(EDV)*
Steu|er|we|sen, das; -s
Steu|er|zah|ler; Steu|er|zah|le|rin
Steu|er|zet|tel; Steu|er|zu|schlag
Steu|rer, Steu|e|rer; **Steu|re|rin,** Steu|e|rin
Ste|ven [...v...], der; -s, - (*nordd. für* das Schiff vorn u. hinten begrenzender Balken)
Ste|ward [ˈstjuːɐt], der; -s, -s ‹engl.› (Betreuer an Bord von Flugzeugen, Schiffen u. a.)
Ste|war|dess [ˈstjuːɐ..., *auch* ...ˈdɛs], die; -, -en
Ste|wi®, der; -[s], -[s] (*schweiz. für* Wäscheständer, Wäschespinne)
Stey|ler, der; -s, - (Angehöriger des Ordens der Steyler Missionare; *vgl.* Societas Verbi Divini)
Steyr (oberösterr. Stadt)
StGB, das; - = Strafgesetzbuch
St. Geor|ge's *vgl.* Saint George's
sti|bit|zen (*ugs. für* sich listig aneignen); du stibitzt
Sti|bi|um [ʃt..., *auch* st...], das; -s ‹griech.-lat.› (*lat. Bez. für* Antimon; *Zeichen* Sb)
Stich, der; -[e]s, -e; im Stich lassen; etwas hält Stich (erweist sich als einwandfrei)
Stich|bahn *(Eisenbahn);* **Stich|blatt** (Handschutz bei Fechtwaffen); **Stich|bo|gen** (flacher Rundbogen)
Sti|chel, der; -s, - (ein Werkzeug); **Sti|che|lei** (*auch für* Neckerei; Boshaftigkeiten)
Sti|chel|haar; sti|chel|haa|rig
sti|cheln (*auch für* boshafte Bemerkungen machen); ich stich[e]le; ↑K82 : er kann das Sticheln nicht lassen
Stich|ent|scheid (*schweiz. für* Entscheidung durch die Stimme des Präsidenten bei Stimmengleichheit)
stich|fest; hieb- und stichfest ↑K31
Stich|flam|me; Stich|fra|ge; Stich|gra|ben
Stich hal|ten *vgl.* Stich
stich|hal|tig, *österr.* **stich|häl|tig**
Stich|hal|tig|keit, *österr.* **Stich|häl|tig|keit,** die; -
sti|chig (säuerlich)
Stich|jahr; Stich|kampf *(Sport);* **Stich|ka|nal** *(Wasserbau);* **Stich|kap|pe** *(Bauw.)*
Stich|ler ‹*zu* sticheln›
Stich|ling (ein Fisch)
Sti|cho|my|thie [ʃt..., *auch* st...], die; -, ...ien ‹griech.› (versweise wechselnde Rede u. Gegenrede in einem Versdrama)
Stich|pro|be; stich|pro|ben|ar|tig; stich|pro|ben|wei|se
Stich|punkt; stich|punkt|ar|tig
Stich|sä|ge; Stich|stra|ße
sticht *vgl.* stechen
Stich|tag; Stich|ver|let|zung; Stich|waf|fe; Stich|wahl
Stich|wort *Plur.* (*für* Wort, das in einem Wörterbuch, Lexikon o. Ä. behandelt wird:) ...wörter *u.* (*für* Einsatzwort für Schauspieler *od. für* kurze Aufzeichnung aus einzelnen wichtigen Wörtern:) ...worte
stich|wort|ar|tig
Stich|wort|re|gis|ter; Stich|wort|ver|zeich|nis
Stich|wun|de
Stick [stɪk], der; -s, -s ‹engl.› (*kurz für* Joystick, USB-Stick u. a.)
Sti|ckel, der; -s, - (*südd. u. schweiz. für* Stecken; Stützstange für Erbsen, Reben u. a.)
sti|cken
[1]**Sti|cker** (jmd., der stickt)
[2]**Sti|cker** [*auch* st...], der; -s, - ‹engl.› (Aufkleber)
Sti|cke|rei; Sti|cke|rin; Stick|garn
sti|ckig
Stick|luft, die; -
Stick|ma|schi|ne
Stick|mus|ter; Stick|mus|ter|tuch *Plur.* ...tücher
Stick|oxid, Stick|oxyd
Stick|rah|men
Stick|stoff, der; -[e]s (chemisches Element, Gas; *Zeichen* N; *vgl.* Nitrogenium)
Stick|stoff|bak|te|ri|en *Plur.;* **Stick|stoff|dün|ger; stick|stoff|frei** ↑K25 ; **stick|stoff|hal|tig**
stie|ben; du stobst, *auch* stiebtest; du stöbest, *auch* stiebtest; gestoben, *auch* gestiebt; stieb[e]!; Funken stieben
Stief|bru|der
Stie|fel, der; -s, - (Fußbekleidung; Trinkglas in Stiefelform); **Stie|fel|chen; Stie|fe|let|te,** die; -, -n (Halbstiefel); **Stie|fel|knecht**
stie|feln (*ugs. für* gehen, stapfen, trotten); ich stief[e]le
Stie|fel|schaft, der
Stief|el|tern *Plur.;* **Stief|ge|schwis|ter** *Plur.;* **Stief|kind; Stief|mut|ter** *Plur.* ...mütter
Stief|müt|ter|chen (Zierpflanze)
stief|müt|ter|lich
Stief|schwes|ter; Stief|sohn; Stief|toch|ter; Stief|va|ter
stieg *vgl.* steigen
Stie|ge, die; -, -n (Verschlag, flache [Latten]kiste; Zählmaß [20

S
steu

still

Kleinschreibung ↑K89:
- stiller Teilhaber, stille Reserven, stille Rücklagen, stille Beteiligung *(Kaufmannsspr.)*
- das stille Örtchen (*ugs. scherzh. für* Toilette)
- eine stille Messe *(kath. Kirche)*

Großschreibung:
- im Stillen (unbemerkt)
- ↑K140 : der Stille Ozean
- ↑K151 : der Stille Freitag (Karfreitag); die Stille Woche (Karwoche)

Schreibung in Verbindung mit Verben:
- still sein, still werden, still bleiben
- in der Kirche sollen wir ganz still (ruhig) sitzen
- die Kinder sollten lernen, still zu sitzen *od.* stillzusitzen (sich zu konzentrieren)
- du musst die Lampe, den Kopf ganz still (ruhig) halten

Vgl. aber stillhalten, stilllegen, stillliegen, stillschweigen, stillstehen

Stück]; enge Holztreppe; *bes. südd., österr. für* Treppe[nflur])

Stie|gen|be|leuch|tung; Stie|gen|ge|län|der; Stie|gen|haus (*südd., österr. für* Treppenhaus)

Stieg|litz, der; -es, -e ‹slaw.› (Distelfink)

stiehlt *vgl.* stehlen

stie|kum ‹hebr.-jidd.› (*ugs. für* heimlich, leise)

Stiel, der; -[e]s, -e (Griff; Stängel); mit Stumpf und Stiel

Stiel|au|ge (*ugs. scherzh. in* Stielaugen machen)

Stiel|be|sen; Stiel|bürs|te

stie|len (mit Stiel versehen)

Stiel|glas *Plur.* ...gläser

...stie|lig (z. B. kurzstielig)

Stiel|kamm

stiel|los; ein stielloses Glas; *vgl. aber* stillos

Stiel|mus, das; -es (*landsch. für* Gemüse aus Rübenstielen u. -blättern)

Stiel|stich *(Stickerei)*

stie|men (*nordd. für* dicht schneien; qualmen); **Stiem|wet|ter,** das; -s (*nordd. für* Schneesturm)

stier (starr; *österr., schweiz. mdal. auch für* ohne Geld)

Stier, der; -[e]s, -e

¹stie|ren (starr blicken)

²stie|ren (*svw.* rindern)

³stie|ren (*bayr., österr. für* stochern, stöbern)

stie|rig (brünstig [von der Kuh])

Stier|kampf; Stier|kampf|are|na; Stier|kämp|fer; Stier|kämp|fe|rin

stierln (*österr. ugs. für* stöbern); ich stierl[e]

Stier|na|cken; stier|na|ckig

Stie|sel, Stie|ßel, der; -s, - (*ugs. für* Flegel); **stie|se|lig, sties|lig, stie|ße|lig, stieß|lig**

stieß *vgl.* stoßen

¹Stift, der; -[e]s, -e (Bleistift; Nagel)

²Stift, der; -[e]s, -e (*ugs. für* halbwüchsiger Junge, Lehrling)

³Stift, das; -[e]s, -e, *selten* -er (fromme Stiftung; *veraltet für* Altenheim)

stif|teln; ich stift[e]le; gestiftelte Karotten

¹stif|ten (spenden; gründen; bewirken)

²stif|ten; *nur in* stiften gehen (*ugs. für* ausreißen, fliehen)

¹Stif|ter (österr. Schriftsteller)

²Stif|ter; Stif|ter|fi|gur *(bild. Kunst);* **Stif|te|rin**

Stif|terl, das; -s, -[n]; *vgl.* Pickerl (*österr. für* kleine Weinflasche)

Stif|ter|ver|band; Stifterverband für die Deutsche Wissenschaft

Stifts|da|me; Stifts|fräu|lein; Stifts|herr; Stifts|kir|che; Stifts|schu|le

Stif|tung

Stif|tungs|brief; Stif|tungs|fest

Stif|tungs|rat *Plur.* ...räte *(kath. Kirche);* **Stif|tungs|ur|kun|de**

Stift|zahn

Stig|ma [ʃt..., *auch* st...], das; -s, *Plur.* ...men *u.* -ta ‹griech., »Stich«› ([Wund-, Brand]mal; *Bot.* Narbe der Blütenpflanzen; *Zool.* äußere Öffnung der Tracheen; *Biol.* Augenfleck)

Stig|ma|ti|sa|ti|on, die; -, -en (Auftreten der fünf Wundmale Christi bei einem Menschen)

stig|ma|ti|sie|ren (brandmarken, zeichnen); **Stig|ma|ti|sier|te,** der *u.* die; -n, -n; **Stig|ma|ti|sie|rung**

Stil [ʃt..., *auch* st...], der; -[e]s, -e ‹lat.› (Einheit der Ausdrucksformen [eines Kunstwerkes, eines Menschen, einer Zeit]; Darstellungsweise, Art [Bau-, Schreibart usw.]); alten Stils (*Abk.* a. St.), neuen Stils (*Abk.* n. St.);

Stil|art; stil|bil|dend; stilbildend für eine Epoche

Stil|blü|te; Stil|bruch, der; **Stil|ebe|ne** *(Sprachwiss.)*

stil|echt; stilechte Möbel

Stil|ele|ment; Stil|emp|fin|den; Stil|ent|wick|lung

Sti|lett [ʃt..., *auch* st...], das; -s, -e ‹ital.› (kleiner Dolch)

Sti|let|to, der; -s, -s ‹ital.-engl.› (Damenschuh mit sehr spitzem hohem Absatz); **Sti|let|to|ab|satz**

Stil|feh|ler; Stil|fi|gur; Stil|fra|ge

Stilf|ser Joch, das; - -[e]s (ein Alpenpass)

Stil|ge|fühl, das; -[e]s; **stil|ge|recht; stil|ge|treu**

Stil|iko|ne, Stil-Iko|ne (jmd., dessen [Kleidungs]stil von vielen als nachahmenswert empfunden wird)

sti|li|sie|ren ‹lat.› (nur in den wesentlichen Grundstrukturen darstellen); **Sti|li|sie|rung**

Sti|list, der; -en, -en (jmd., der guten Stil beherrscht); **Sti|lis|tik,** die; -, -en (Stilkunde); **Sti|lis|tin**

sti|lis|tisch

Stil|kri|tik *(bes. Kunstwiss.);* **stil|kri|tisch**

Stil|kun|de; stil|kund|lich

still *s. Kasten*

Still [st...], das; -s, -s ‹engl.› ([Video]standfoto)

stil|le (*ugs. für* still)

Stil|le, die; -; in aller Stille

Stil|le|ben *alte Schreibung für* Stillleben

stil|le|gen usw. *alte Schreibung für* stilllegen usw.

Still|leh|re

stil|len

Still|geld (*schweiz. für* Unterstützung für stillende Mütter)

still|ge|legt *vgl.* stilllegen

still|ge|stan|den! (militärisches Kommando)

Still|hal|te|ab|kom|men

still|hal|ten (alles geduldig ertragen; nichts tun); du musst stillhalten; wir haben lange genug stillgehalten; *vgl. aber* still

Still|le|ben, Still-Le|ben, das; -s, - (*Malerei* bildl. Darstellung von Gegenständen in künstl. Anordnung)

still|le|gen (außer Betrieb setzen); ich lege still; stillgelegt; stillzulegen; eine stillgelegte Fabrik
Still|le|gung, **Still-Le|gung**
still|lie|gen (außer Betrieb sein); die Fabrik hat stillgelegen; *aber* das Kind hat ganz still (ruhig) gelegen
stil|los; ein stilloses Verhalten; *vgl. aber* stiellos; **Stil|lo|sig|keit**
still|schwei|gen (schweigen, nichts verraten); er hat lange stillgeschwiegen; **Still|schwei|gen;** jmdm. Stillschweigen auferlegen; **still|schwei|gend**
still sit|zen, **still|sit|zen** (konzentriert sein; sich nicht beschäftigen); *aber* still (ruhig) sitzen; *vgl.* still
Still|stand
still|ste|hen (in der Bewegung aufhören); sein Herz hat stillgestanden; die Zeit schien stillzustehen; stillgestanden! *(Militär); aber* das Kind hat lange ganz still (ruhig) gestanden
Stil|lung, die; -
still|ver|gnügt
Still|zeit
Stil|mit|tel, das; **Stil|mix; Stil|mö|bel; Stil|no|te** *(Sport);* **Stil|rich|tung; Stil|schicht** (*svw.* Stilebene)
stil|si|cher; Stil|si|cher|heit, die; -
Stil|treue
Stil|übung; Stil|un|ter|su|chung
stil|voll; Stil|wan|del; stil|wid|rig
Stil|wör|ter|buch
Stimm|ab|ga|be; Stimm|auf|wand; Stimm|band, das; *Plur.* ...bänder
stimm|be|rech|tigt; Stimm|be|rech|tig|te, der *u.* die; -n, -n; **Stimm|be|rech|ti|gung**
Stimm|be|zirk
stimm|bil|dend; Stimm|bil|dung
Stimm|bruch, der; -[e]s
Stimm|bür|ger *(schweiz.);* **Stimm|bür|ge|rin**
Stimm|chen; Stim|me, die; -, -n
stim|men
Stim|men|an|teil; Stim|men|aus|zäh|lung; Stim|men|fang; Stim|men|ge|winn
Stim|men|ge|wirr
Stim|men|gleich|heit; Stim|men|kauf; Stim|men|mehr *(schweiz.);* **Stim|men|mehr|heit**
stim|men|stark; die stimmenstärkste Partei
Stimm|ent|hal|tung
Stim|men|ver|hält|nis; Stim|men|ver|lust; Stim|men|zu|wachs
Stim|mer (eines Musikinstrumentes); **Stim|me|rin**
stimm|fä|hig
Stimm|frei|ga|be (*schweiz. für* Verzicht einer Partei auf eine Abstimmungsempfehlung)
Stimm|füh|rung, die; - *(Musik);* **Stimm|ga|bel**
stimm|ge|wal|tig
stimm|haft (*Sprachwiss.* weich auszusprechen); **Stimm|haf|tig|keit,** die; -
stim|mig ([überein]stimmend)
...stim|mig (z. B. vierstimmig, *mit Ziffer* 4-stimmig)
Stim|mig|keit
Stimm|la|ge; stimm|lich
Stimm|lo|kal (*bes. südd., österr., schweiz. für* Wahllokal)
stimm|los (*Sprachwiss.* hart auszusprechen); **Stimm|lo|sig|keit,** die; -
Stimm|recht
Stimm|rit|ze; Stimm|schlüs|sel (Gerät zum Klavierstimmen); **Stimm|stock** (in Streichinstrumenten)
Stim|mung; stim|mungs|an|fäl|lig
Stim|mungs|ba|ro|me|ter *(ugs.);* **Stim|mungs|bild; Stim|mungs|ka|no|ne** (*ugs. für* jmd., der für gute Stimmung sorgt)
Stim|mungs|ka|pel|le; Stim|mungs|ma|che; Stim|mungs|mu|sik; Stim|mungs|um|schwung
stim|mungs|voll; Stim|mungs|wan|del
Stimm|vieh *(abwertend)*
Stimm|volk (*schweiz. für* Gesamtheit der Stimmberechtigten); **Stimm|zet|tel**
Sti|mu|lans [ʃt..., *auch* st...], das; -, *Plur.* ...lantia *u.* ...lanzien ⟨lat.⟩ (*Med.* anregendes Mittel)
Sti|mu|lanz, die; -, -en (Anreiz, Antrieb)
Sti|mu|la|ti|on, die; -, -en (Stimulierung); **sti|mu|lie|ren; Sti|mu|lie|rung** (Erregung, Anregung, Reizung)
Sti|mu|lus, der; -, ...li (Reiz, Antrieb)
Stink|asant (*svw.* Asant)
stink|be|sof|fen *(derb)*
Stink|bom|be
Stin|ke|fin|ger (*ugs. für* eine obszöne Geste)
stin|ken; du stankst; du stänkest; gestunken; stink[e]!
Stin|ker (*ugs. für* unangenehmer Mensch); **Stin|ke|rin**
stink|faul *(ugs.);* **stink|fein** *(ugs.)*
stin|kig
Stink|kä|fer (*landsch. für* Mistkäfer)
stink|lang|wei|lig *(ugs.)*
Stink|lau|ne (*ugs. für* sehr schlechte Laune)
Stink|mar|der (*Jägerspr.* Iltis); **Stink|mor|chel**
stink|nor|mal *(ugs.);* **stink|sau|er** (*ugs. für* sehr verärgert)
Stink|stie|fel (*derb für* unangenehmer Mensch)
Stink|tier
stink|vor|nehm *(ugs.)*
Stink|wan|ze
Stink|wut *(ugs.)*
Stint, der; -[e]s, -e (ein Fisch)
Sti|pen|di|at, der; -en, -en ⟨lat.⟩ (jmd., der ein Stipendium erhält); **Sti|pen|di|a|tin**
Sti|pen|di|en|ver|ga|be
Sti|pen|di|um, das; -s, ...ien (Geldbeihilfe für Schüler[innen], Studierende, Gelehrte)
Stipp, der; -[e]s, -e, **Stip|pe,** die; -, -n (*landsch. für* Kleinigkeit; Punkt; Pustel; Tunke); auf den Stipp (sofort)
Stipp|be|such *(nordd.)*
stip|pen (*ugs. für* tupfen, tunken); **stip|pig** (*landsch. für* gefleckt; mit Pusteln besetzt); **Stip|pig|keit,** die; - *(landsch.)*
Stipp|vi|si|te (*ugs. für* kurzer Besuch)
Sti|pu|la|ti|on [ʃt..., *auch* st...], die; -, -en ⟨lat.⟩ (vertragliche Abmachung, Übereinkunft)
sti|pu|lie|ren; Sti|pu|lie|rung
stirbt *vgl.* sterben
Stirn, die; -, -en, *geh.* Stir|ne, die; -, -n
Stirn|band, das; *Plur.* ...bänder; **Stirn|bein**
Stir|ne *vgl.* Stirn
Stirn|flä|che; Stirn|glat|ze
Stirn|höh|le; Stirn|höh|len|ent|zün|dung; Stirn|höh|len|ver|ei|te|rung
Stirn|lo|cke; Stirn|reif; Stirn|rie|men
Stirn|run|zeln, das; -s; **stirn|run|zelnd**
Stirn|sei|te; Stirn|wand; Stirn|zie|gel
St. John's *vgl.* Saint John's
St. Kitts und Ne|vis [sn̩t - - ˈniːvɪs] (Staat im Bereich der Westindischen Inseln)
St. Lu|cia [sn̩t ˈluːʃə] (Staat im Bereich der Westindischen Inseln); *vgl.* Lucianer
Sto. = Santo
Stoa [st...], die; -, Stoen ⟨griech.⟩ (*nur Sing.:* altgriechische Philosophenschule; altgriechische Säulenhalle)
stob *vgl.* stieben

S
stil

Stö|ber, der; -s, - (*Jägerspr.* Hund, der zum [Auf]stöbern des Wildes gebraucht wird); **Stö|be|rei** (*landsch. auch für* Großreinemachen); **Stö|ber|hund**
stö|bern (*ugs. für* suchen, [wühlend] herumsuchen; *Jägerspr.* aufjagen; flockenartig umherfliegen; *landsch. auch für* sauber machen); ich stöbere; es stöbert (*landsch. für* es schneit)
Sto|chas|tik [st..., *auch* ʃt...], die; - ‹griech.› (Betrachtungsweise der analytischen Statistik nach der Wahrscheinlichkeitstheorie); **sto|chas|tisch**
Sto|cher, der; -s, - (Werkzeug zum Stochern); **Sto|cher|kahn**
sto|chern; ich stochere
[1]**Stock,** der; -[e]s, Stöcke (Stab u. Ä., Baumstumpf); über Stock und Stein; in den Stock (Fußblock) legen
[2]**Stock,** der; -[e]s, - (Stockwerk); das Haus hat zwei Stock, ist zwei Stock hoch; ein Haus von drei Stock
[3]**Stock** [st...], der; -s, -s ‹engl.› (*Wirtsch.* Vorrat, Warenlager; Grundkapital)
Stock|aus|schlag (*Forstwirtsch.* Bildung von Sprossen an Baumstümpfen)
stock|be|sof|fen, stock|be|trun|ken (*ugs. für* völlig betrunken)
Stock|bett (Etagenbett)
stock|blind *(ugs.)*
Stock|brot (aus Teig, der um einen Stock gewickelt wird, über offenem Feuer gebackenes Brot)
Stock|car [st...], der; -s, -s ‹engl.› (*Motorsport* mit starkem Motor ausgestatteter Serienwagen für Autorennen); **Stock|car-Ren|nen, Stock|car|ren|nen**
Stöck|chen; Stock|de|gen
stock|dumm (*ugs. für* sehr dumm); **stock|dun|kel** *(ugs.)*
Stö|ckel, der; -s, - (*ugs. für* hoher Absatz); **Stö|ckel|ab|satz**
stö|ckeln (*ugs. für* auf Stöckeln laufen); ich stöck[e]le
Stö|ckel|schuh
sto|cken (nicht vorangehen; *bayr. u. österr. auch für* gerinnen); ↑K82: ins Stocken geraten, kommen; gestockte Milch (*bayr. u. österr. für* Dickmilch)
Stock|en|te
Sto|cke|r|au (Stadt in Niederösterreich)
Sto|ckerl, das; -s, -[n]; *vgl.* Pickerl (*bayr., österr. für* Hocker; Podest); **Sto|ckerl|platz** (*bayr., österr. für* Siegerrang)
Stock|fäu|le *(Forstwirtsch.)*
Stock|feh|ler *(Hockey, Eishockey)*
stock|fins|ter (*ugs. für* völlig finster)
Stock|fisch (*ugs. auch für* wenig gesprächiger Mensch)
Stock|fleck, Stock|fle|cken; stock|fle|ckig
stock|hei|ser (*ugs. für* sehr heiser)
Stock|holm [*auch* ...'hɔlm] (Hauptstadt Schwedens); **Stock|hol|mer; Stock|hol|me|rin**
sto|ckig (muffig; stockfleckig)
...stö|ckig (z. B. vierstöckig, *mit Ziffer* 4-stöckig; ↑K29)
stock|kon|ser|va|tiv *(ugs.)*
Stöckl, das; -s, -[n] (*österr. für* Nebengebäude)
Stöck|li, das; -[s], -[s]; *vgl.* Götti (*schweiz. für* Nebengebäude eines Bauernhofs; Altenteil; *auch für* Ständerat)
Stock|na|gel
stock|nüch|tern *(ugs.)*
Stock-Op|ti|on, Stock|op|ti|on ['stɔk|ɔpʃn̩, *auch* ...|ɔptsi̯o:n], die; -, -en, *bei engl. Ausspr.* -s, *meist Plur.* ‹engl.› (*Wirtsch.* Mitarbeiterbeteiligung in Form von Aktien)
Stock|punkt (Temperatur der Zähigkeitszunahme von Ölen)
Stock|ro|se (Malve)
stock|sau|er (*ugs. für* sehr verärgert, sehr wütend)
Stock|schirm; Stock|schla|gen, das; -s *(Eishockey);* **Stock|schnup|fen,** der; -s; **Stock|schwämm|chen** (ein Pilz)
stock|steif (*ugs. für* völlig steif); **stock|taub** (*ugs. für* völlig taub)
Stock|uhr (*österr. veraltet für* Standuhr)
Sto|ckung
Stock|werk
Stock|zahn (*bayr., österr., schweiz. für* Backenzahn)
Stoff, der; -[e]s, -e; **Stoff|bahn; Stoff|bal|len; Stoff|be|hang**
Stof|fel, der; -s, - (*ugs. für* ungeschickter, unhöflicher Mensch, Tölpel); **stof|fe|lig, stoff|lig** (*ugs. für* tölpisch, unhöflich)
Stoff|far|be, Stoff-Far|be
Stoff|fet|zen, Stoff-Fet|zen
Stoff|fül|le, Stoff-Fül|le
stoff|hal|tig (*selten für* materiell)
stoff|lich (materiell); **Stoff|lich|keit**
stoff|lig *vgl.* stoffelig
Stoff|rest; Stoff|samm|lung; Stoff|ser|vi|et|te; Stoff|tier
Stoff|wech|sel; Stoff|wech|sel|krank|heit
stöh|nen ↑K82: leises Stöhnen
stoi! [st...] ‹russ.› (halt!)
Sto|i|ker [ʃt..., *auch* st...] ‹griech.› (Anhänger der Stoa; Vertreter des Stoizismus); **Sto|i|ke|rin; sto|isch** (zur Stoa gehörend; unerschütterlich, gleichmütig); **Sto|i|zis|mus,** der; - (Lehre der Stoiker; Unerschütterlichkeit, Gleichmut)
Sto|la [ʃt..., *auch* st...], die; -, ...len ‹griech.› (Gewand, Umhang)
Stol|berg (Harz) (Kurort in Sachsen-Anhalt)
Stol|berg (Rhld.) (Stadt bei Aachen)
Stol|ge|büh|ren [ʃt..., *auch* st...] *Plur.* (Pfarramtsnebenbezüge)
Stoll|berg (Erzgeb.) (Stadt in Sachsen)
Stol|le, die; -, -n, [1]**Stollen,** der; -s, - (ein Weihnachtsgebäck)
[2]**Stol|len,** der; -s, - (Zapfen am Hufeisen, an [Fußball]schuhen; *Bergmannsspr.* waagerechter Grubenbau; *Verslehre* eine Strophe des Aufgesangs im Meistersang)
Stol|len|bau, der; -[e]s; **Stol|len|gang,** der; **Stol|len|mund|loch** *(Bergmannsspr.)*
Stol|per|draht
Stol|pe|rer; Stol|pe|rin
stol|pern; ich stolpere
Stol|per|stein (Schwierigkeit, an der etwas, jmd. scheitern kann)
stolz; Stolz, der; -es
Stol|ze (Erfinder eines Kurzschriftsystems); **Stol|ze-Schrey;** das Kurzschriftsystem Stolze-Schrey
stolz|ge|schwellt; mit stolzgeschwellter Brust
stol|zie|ren (stolz einherschreiten)
Sto|ma [st..., *auch* ʃt...], das; -s, -ta ‹griech.› (*Med.* Mund-, Spaltöffnung; künstlicher Darmausgang o. Ä.; *Biol.* Spaltöffnung des Pflanzenblattes); **sto|ma|chal** (*Med.* den Magen betreffend)
Sto|ma|ti|tis, die; -, ...itiden (Entzündung der Mundschleimhaut); **Sto|ma|to|lo|gie,** die; - (Lehre von den Erkrankungen der Mundhöhle); **sto|ma|to|lo|gisch**
Stone|henge ['sto:nhentʃ] (Kultstätte der Jungsteinzeit u. frühen Bronzezeit in Südengland)
stop! [ʃt..., st...] ‹engl.› (*auf Verkehrsschildern* halt!; *im Telegra-*

fenverkehr für Punkt); *vgl.* stopp!
Stop *alte Schreibung für* Stopp *(Tennis)*
Stop-and-go [st...|ɛnt...], das; -[s], -[s] ⟨engl.⟩ (langsames Fahren mit häufigem Anhalten); **Stop-and-go-Ver|kehr,** der; -[e]s (durch langsames Fahren u. häufiges Anhalten der Fahrzeuge gekennzeichneter Verkehr)
Stopf|buch|se, Stopf|büch|se (Maschinenteil)
Stopf|ei
stop|fen; Stop|fen, der; -s, - (*landsch. für* Stöpsel, Kork); **Stop|fer**
Stopf|garn; Stopf|na|del; Stopf|pilz
Stop|fung
Stop|over, Stop-over ['st..., *auch* ...'|o:vɐ], der; -s, -s ⟨engl.⟩ (Zwischenaufenthalt)
stopp! (halt!); *vgl.* stop!; **Stopp,** der; -s, -s (Halt, Unterbrechung; *bes. Tennis* Stoppball)
Stopp|ball *(Sport)*
[1]**Stop|pel,** der; -s, -[n] (*österr. für* Stöpsel)
[2]**Stop|pel,** die; -, -n; **Stop|pel|bart** *(ugs.);* **stop|pel|bär|tig**
Stop|pel|feld
Stop|pel|fri|sur; Stop|pel|haar
stop|pe|lig, stopp|lig
stop|peln (Ähren u. Ä. aufsammeln; *österr. auch für* nach Kork riechen [beim Wein]); ich stopp[e]le
Stop|pel|zie|her (*österr. für* Korkenzieher)
stop|pen (anhalten; mit der Stoppuhr messen)
Stop|per (*Fußball* Mittelläufer); **Stop|pe|rin**
Stopp|licht *Plur.* ...lichter
stopp|lig *vgl.* stoppelig
Stopp|preis, Stopp-Preis (Höchstpreis); **Stopp|schild; Stopp|si|gnal; Stopp|stra|ße; Stopp|uhr**
Stöp|sel, der; -s, -
stöp|seln; ich stöps[e]le
[1]**Stör,** der; -[e]s, -e (ein Fisch)
[2]**Stör,** die; -, -en (*südd., österr. u. schweiz. früher für* Arbeit, die ein Gewerbetreibender im Hause des Kunden verrichtet)
[3]**Stör,** die; - (Fluss in Schleswig-Holstein)
Stör|ak|ti|on
stör|an|fäl|lig; Stör|an|fäl|lig|keit
Sto|rax ['st..., *auch* 'ʃt...] *vgl.* Styrax
Storch, der; -[e]s, Störche; **Storch|bein; storch|bei|nig**
stor|chen (*ugs. für* wie ein Storch einherschreiten)
Stor|chen|nest; Stör|chin; Störch|lein; Storch|nest (*svw.* Storchennest)
Storch|schna|bel (eine Pflanze; Gerät zum mechanischen Verkleinern od. Vergrößern von Zeichnungen)
[1]**Store** [ʃto:ɐ̯, *auch* st..., *schweiz.* 'ʃto:rə], der; -s, -s, *schweiz. meist* die; -, -n ⟨franz.⟩ (Fenstervorhang; *schweiz. für* Markise; Sonnenvorhang)
[2]**Store** [sto:ɐ̯], der; -s, -s (*engl. Bez. für* Vorrat, Lager; Laden)
Sto|ren, der; -s, - (*schweiz. neben* [1]Store)
[1]**stö|ren** (*südd. u. österr. für* auf der [2]Stör arbeiten)
[2]**stö|ren** (hindern, belästigen); sich stören; ich störte mich an seinem Benehmen
Stö|ren|fried, der; -[e]s, -e *(abwertend)*
[1]**Stö|rer** (*südd. u. österr. für* auf der [2]Stör Arbeitender; Landfahrer)
[2]**Stö|rer** (jmd., der [2]stört); **Stö|re|rei; Stö|re|rin**
Stör|fak|tor; Stör|fall (bes. in einem Kernkraftwerk); **Stör|feu|er; stör|frei**
stor|gen (*landsch. für* als Landstreicher umherziehen); **Stor|ger** (*landsch. für* Landstreicher)
Stör|ge|räusch
Storm (dt. Schriftsteller)
Stör|ma|nö|ver
Stor|marn (Gebiet u. Landkreis im südlichen Holstein); **Stor|mar|ner; Stor|mar|ne|rin; stor|marnsch**
stor|nie|ren [ʃt..., *auch* st...] ⟨ital.⟩ (*Kaufmannsspr.* rückgängig machen; Buchungsfehler berichtigen); **Stor|nie|rung**
Stor|no, der *u.* das; -s, ...ni (Berichtigung; Rückbuchung, Löschung); **Stor|no|bu|chung**
Stor|no|ver|si|che|rung *(österr.)*
stör|rig (*seltener für* störrisch); **Stör|rig|keit** *(selten)*
stör|risch; Stör|risch|keit
Stör|schnei|de|rin ⟨*zu* [2]Stör⟩
Stör|schutz (gegen Rundfunkstörungen); **Stör|sen|der; Stör|stel|le**
Stör|te|be|ker (ein Seeräuber)
Stor|ting [ʃt..., *auch* st...], das; -[s] (norwegische Volksvertretung)
Stö|rung; Stö|rungs|feu|er (*svw.* Störfeuer)
stö|rungs|frei *(bes. Technik)*
Stö|rungs|front *(Meteorol.)*
Stö|rungs|stel|le (für Störungen [im Fernsprechverkehr] zuständige Abteilung); **Stö|rungs|su|che**
Sto|ry ['stɔ:ri], die; -, -s ⟨engl.⟩ (Geschichte, Bericht)
Stoß, der; -es, Stöße (*Bergmannsspr. auch für* seitliche Begrenzung eines Grubenbaus)
Stoß|band, das; *Plur.* ...bänder; **Stoß|bor|te** (an der Hose)
Stöß|chen
Stoß|dämp|fer; Stoß|de|gen
Stö|ßel, der; -s, - (Stoßgerät; *Kfz-Technik* Bauteil zwischen Nocken *u.* Ventil eines Verbrennungsmotors)
stoß|emp|find|lich
sto|ßen; du stößt, er/sie/es stößt; du stießest; gestoßen; stoß[e]!; er stößt ihr, *auch* sie in die Seite
Stö|ßer (*auch für* Sperber)
Sto|ße|rei
Stoß|fän|ger *(Kfz-Technik)*
stoß|fest
Stoß|ge|bet; Stoß|ge|schäft
stö|ßig; ein stößiger Ziegenbock
Stoß|kraft; stoß|kräf|tig
stoß|lüf|ten; *nur im Infinitiv und Partizip II gebr.:* mehrmals täglich kurz stoßlüften; stoßgelüftet
Stoß|rich|tung; Stoß|seuf|zer
stoß|si|cher
Stoß|stan|ge; Stoß|the|ra|pie *(Med.)*
Stoß|trupp *(Militär);* **Stoß|trupp|ler**
Stoß|ver|kehr, der; -[e]s (Verkehr zur Zeit der stärksten Verkehrsdichte); **Stoß|waf|fe**
stoß|wei|se
Stoß|zahn; Stoß|zeit *(Verkehrsw.)*
Sto|tin|ka [st...], die; -, ...ki ⟨bulgar.⟩ (Untereinheit des Lew)
Stot|te|rei *(ugs.);* **Stot|te|rer,** Stott|rer; **stot|te|rig,** stott|rig; **Stot|te|rin,** Stott|re|rin; **stot|tern;** ich stottere; ↑K82: ins Stottern geraten; etwas auf Stottern (*ugs. für* auf Ratenzahlung) kaufen
Stott|rer *vgl.* Stotterer
Stott|re|rin *vgl.* Stotterin
stott|rig *vgl.* stotterig
Stotz, der; -es, -e, *schweiz. nur* **Stot|zen,** der; -s, - (*landsch. für* Baumstumpf; Bottich; *schweiz. für* Keule eines Schlachttiers)
stot|zig (*südwestd. u. schweiz. mdal. für* steil)
Stout [staut], der; -[s], -s ⟨engl.⟩ (dunkles englisches Bier)
Stov|chen, Stöv|chen (*nordd. für* Kohlenbecken; Wärmevorrichtung für Tee od. Kaffee)
Sto|ve [...və], die; -, -n (*nordd. für* Trockenraum)

S
Stop

sto|wen (*nordd. für* dämpfen, dünsten); gestowtes Obst
StPO = Strafprozessordnung
Str. = Straße
stra|ban|zen usw. *vgl.* strawanzen usw.
Stra|bo, Stra|bon [st...] (griechischer Geograf u. Geschichtsschreiber)
[1]**Strac|cia|tel|la** [stratʃa...], das; -[s] ⟨ital.⟩ (eine Speiseeissorte)
[2]**Strac|cia|tel|la,** die; -, ...le ⟨ital.⟩ (ital. [Eier]einlaufsuppe)
strack (*landsch. für* gerade, straff, steif; faul, träge; *auch für* völlig betrunken)
stracks (geradeaus; sofort)
Strad|dle [ˈstrɛdl̩], der; -[s], -s ⟨engl.⟩ (*Leichtathletik* ein Sprungstil im Hochsprung)
[1]**Stra|di|va|ri** [st...] (italienischer Meister des Geigenbaus)
[2]**Stra|di|va|ri,** die; -, -[s] (Stradivarigeige); **Stra|di|va|ri|gei|ge**
Straf|ak|ti|on; Straf|an|dro|hung; Straf|an|stalt; Straf|an|trag; Straf|an|zei|ge; Straf|ar|beit
Straf|auf|he|bung; Straf|auf|he|bungs|grund
Straf|auf|schub; Straf|aus|maß (*österr. für* Strafmaß); **Straf|aus|set|zung**
Straf|bank *Plur.* ...bänke *(Sport)*
straf|bar; Straf|bar|keit
Straf|be|fehl; Straf|be|fug|nis; Straf|be|scheid
straf|be|wehrt (*Rechtsspr.* mit Strafe bedroht)
Stra|fe, die; -, -n; **Straf|ecke** *(Sport);* **stra|fen**
Straf|ent|las|se|ne, der *u.* die; -n, -n
Straf|er|lass; straf|er|schwe|rend
straf|ex|er|zie|ren *(nur im Infinitiv u. Partizip I u. II gebräuchlich)*
Straf|ex|pe|di|ti|on
straff
straf|fäl|lig; Straf|fäl|lig|keit, die; -
straf|fen (straff machen); **Straff|heit,** die; -
straf|frei; Straf|frei|heit, die; -
Straf|fung; straff zie|hen, straff|zie|hen; den Gurt straff ziehen *od.* straffziehen
Straf|ge|fan|ge|ne; Straf|ge|richt; Straf|ge|richts|bar|keit
Straf|ge|setz; Straf|ge|setz|buch (*Abk.* StGB); **Straf|ge|setz|ge|bung**
Straf|ge|walt, die; -; **Straf|jus|tiz; Straf|kam|mer; Straf|ko|lo|nie; Straf|kom|pa|nie** *(Militär);* **Straf|la|ger** *Plur.* ...lager

sträf|lich; sträflicher Leichtsinn; **Sträf|lich|keit,** die; -
Sträf|ling; Sträf|lings|klei|dung
straf|los; Straf|lo|sig|keit, die; -
Straf|man|dat; Straf|maß, das; **Straf|maß|nah|me**
straf|mil|dernd; Straf|mil|de|rung
Straf|mi|nu|te *(Sport)*
straf|mün|dig
Straf|nach|lass
Straf|por|to; Straf|pre|digt
Straf|pro|zess; Straf|pro|zess|ord|nung (*Abk.* StPO)
Straf|punkt *(Sport)*
Straf|rah|men (*Rechtsspr.* Spielraum für die Strafzumessung); **Straf|raum** *(Sport)*
Straf|recht; Straf|recht|ler; Straf|recht|le|rin; straf|recht|lich; Straf|rechts|re|form
Straf|re|gis|ter; Straf|re|gis|ter|aus|zug *(österr., schweiz.);* **Straf|re|gis|ter|be|schei|ni|gung** *(österr.)*
Straf|rich|ter; Straf|rich|te|rin
Straf|run|de *(Biathlon)*
Straf|sa|che; Straf|se|nat
Straf|stoß *(Sport)*
Straf|tat; Straf|tat|be|stand
Straf|tä|ter; Straf|tä|te|rin
Straf|til|gung; Straf|til|gungs|grund
Straf|um|wand|lung; Straf|ver|bü|ßung; Straf|ver|ei|te|lung; Straf|ver|fah|ren
Straf|ver|fol|ger (Mitarbeiter einer Strafverfolgungsbehörde); **Straf|ver|fol|ge|rin; Straf|ver|fol|gung; Straf|ver|fol|gungs|be|hör|de**
Straf|ver|fü|gung
straf|ve|ri|fi|zie|ren *nur im Infinitiv u. Partizip II gebr. (Sport österr.);* **Straf|ve|ri|fi|zie|rung** (*Sport österr. für* Festlegung eines zu wertenden Ergebnisses bei irregulär verlaufenen Spielen)
straf|ver|schär|fend; Straf|ver|schär|fung
straf|ver|set|zen *nur im Infinitiv u. Partizip II gebr.;* strafversetzt; **Straf|ver|set|zung**
Straf|ver|tei|di|ger; Straf|ver|tei|di|ge|rin; Straf|voll|stre|ckung
Straf|voll|zug; Straf|voll|zugs|an|stalt
straf|wei|se; straf|wür|dig
Straf|zeit; Straf|zet|tel; Straf|zu|mes|sung
Strahl, der; -[e]s, -en; **Strahl|an|trieb**
Strah|le|mann *Plur.* ...männer (*ugs. für* jmd., der ein [übertrieben] fröhliches Gesicht macht)
strah|len

sträh|len (*landsch. u. schweiz. mdal. für* kämmen)
Strah|len|be|hand|lung; Strah|len|be|las|tung; Strah|len|bio|lo|gie
Strah|len|bre|chung; Strah|len|bün|del; Strah|len|che|mie
strah|lend; ihr strah|lends|tes Lächeln
Strah|len|do|sis; strah|len|för|mig
Strah|len|krank|heit; Strah|len|kranz; Strah|len|kun|de, die; -
Strah|len|pilz; Strah|len|schä|di|gung; Strah|len|schutz, der; -es
Strah|len|the|ra|pie; Strah|len|tier|chen; Strah|len|tod
Strah|ler (*schweiz. auch für* [Berg]kristallsucher)
Sträh|ler *vgl.* Strehler
Strahl|flug|zeug (Düsenflugzeug)
strah|lig
...strah|lig (z. B. achtstrahlig, *mit Ziffer* 8-strahlig; ↑K29)
Strahl|kraft, die; **Strahl|rich|tung; Strahl|rohr; Strahl|stär|ke; Strahl|trieb|werk**
Strah|lung; Strah|lungs|ener|gie; Strah|lungs|gür|tel; Strah|lungs|in|ten|si|tät; Strah|lungs|wär|me
Strähn, der; -[e]s, -e (*österr. für* Büschel von Wolle od. Garn)
Strähn|chen *Plur.* (getönte od. gefärbte Haarsträhnen)
Sträh|ne, die; -, -n; **sträh|nig**
straight [streɪt] ⟨engl.⟩ (*Jargon* heterosexuell)
Strak, das; -[e]s, -e (*Schiffbau* Verlauf der Linien eines Bootskörpers); **stra|ken** (*Schiffbau, Technik* vorschriftsmäßig verlaufen [von einer Kurve]; streichen, strecken)
Stral|sund [*auch* ...ˈzʊ...] (Hafenstadt an der Ostsee); **Stral|sun|der; Stral|sun|de|rin**
Stra|min, der; -s, -e ⟨niederl.⟩ (Gittergewebe für Kreuzstickerei); **Stra|min|de|cke**
stramm; ein strammer Junge; strammer *od.* Strammer Max (Spiegelei u. Schinken auf Brot); *vgl.* strammstehen, stramm ziehen
stram|men (*landsch. für* straff anziehen)
Stramm|heit; stramm|ste|hen; ich stehe stramm; strammgestanden; strammzustehen
stramm zie|hen, stramm|zie|hen; jmdm. den Hosenboden stramm ziehen *od.* strammziehen; ein Seil stramm ziehen *od.* strammziehen

S
stra

Stram|pel|an|zug; Stram|pel|hös|chen
stram|peln; ich stramp[e]le
Stram|pel|sack
stramp|fen (*südd. u. österr. für* stampfen; strampeln)
Stramp|ler (Strampelanzug)
Strand, der; -[e]s, Strände
Strand|an|zug; Strand|bad; Strand|burg; Strand|ca|fé; Strand|dis|tel
stran|den; Strand|gut; Strand|ha|fer
Strand|hau|bit|ze; *nur in Wendungen wie* voll, betrunken, blau wie eine Strandhaubitze sein (*ugs. für* völlig betrunken sein)
Strand|kleid; Strand|korb; Strand|krab|be; Strand|läu|fer (ein Vogel); **Strand|mu|schel** (Wind- u. Sonnenschutz in Form eines nach vorn offenen Igluzeltes); **Strand|pro|me|na|de; Strand|recht**
Stran|dung
Strand|wa|che
Strang, der; -[e]s, Stränge; über die Stränge schlagen *(ugs.)*
Stran|ge, die; -, -n (*schweiz. neben* Strang); eine Strange Garn, Wolle
strän|gen (*veraltend für* [ein Zugtier] anspannen)
Stran|gu|la|ti|on, Stran|gu|lie|rung, die; -, -en ‹griech.› (Erdrosselung; *Med.* Abklemmung); **stran|gu|lie|ren**
Stran|g|u|rie [st..., *auch* ʃt...], die; -, ...ien (*Med.* Harnzwang)
Stra|paz, die; -, -en (*österr. für* Strapaze); **Stra|pa|ze,** die; -, -n ‹ital.› ([große] Anstrengung)
stra|paz|fä|hig (*österr. für* strapazierfähig); **stra|pa|zier|bar; Stra|pa|zier|bar|keit,** die; -
stra|pa|zie|ren (übermäßig anstrengen, beanspruchen)
stra|pa|zier|fä|hig; Stra|pa|zier|fä|hig|keit, die; -
stra|pa|zi|ös (anstrengend)
Straps, der; -es, -e ‹engl.› (Strumpfhalter)
Stras|bourg [strasˈbuːɐ̯] (*franz. Schreibung von* Straßburg)
Stras|burg (Stadt in der nördlichen Uckermark)
Strass, der; *Gen.* - *u.* -es, *Plur.* -e ‹nach dem Erfinder Stras› (Edelsteinimitation)
straß|auf, straß|ab (überall in den Straßen)
Straß|burg (Stadt im Elsass); *vgl.* Strasbourg; **Straß|bur|ger;** Straßburger Münster; Straßburger Eide; **Straß|bur|ge|rin; straß|bur|gisch**
Sträß|chen; Stra|ße, die; -, -n (*Abk.* Str.); *Schreibung in Straßennamen* ↑K 162 u. 163
Stra|ßen|an|zug
Stra|ßen|ar|bei|ten; Stra|ßen|ar|bei|ter; Stra|ßen|ar|bei|te|rin
Stra|ßen|bahn; Stra|ßen|bah|ner (*ugs. für* Angestellter der Straßenbahn); **Stra|ßen|bah|ne|rin; Stra|ßen|bahn|fah|rer; Stra|ßen|bahn|fah|re|rin**
Stra|ßen|bahn|gar|ni|tur *(österr.)*
Stra|ßen|bahn|hal|te|stel|le
Stra|ßen|bahn|wa|gen
Stra|ßen|ban|kett *vgl.* [2]Bankett
Stra|ßen|bau *Plur.* -ten; **Stra|ßen|bau|amt**
Stra|ßen|be|gren|zungs|grün
Stra|ßen|be|kannt|schaft; Stra|ßen|be|lag; Stra|ßen|be|leuch|tung; Stra|ßen|bild; Stra|ßen|ca|fé; Stra|ßen|damm; Stra|ßen|de|cke; Stra|ßen|dorf; Stra|ßen|ecke
Stra|ßen|fe|ger (*regional; ugs. auch für* attraktive Fernsehsendung); **Stra|ßen|fe|ge|rin**
Stra|ßen|fest; Stra|ßen|füh|rung; Stra|ßen|fuß|ball; Stra|ßen|glät|te; Stra|ßen|gra|ben
Stra|ßen|han|del; Stra|ßen|händ|ler; Stra|ßen|händ|le|rin
Stra|ßen|kampf; Stra|ßen|kar|te
Stra|ßen|keh|rer *(bes. südd.);* **Stra|ßen|keh|re|rin**
Stra|ßen|kind; Stra|ßen|kreu|zer *(ugs.);* **Stra|ßen|kreu|zung**
Stra|ßen|künst|ler; Stra|ßen|künst|le|rin
Stra|ßen|la|ge; Stra|ßen|lärm; Stra|ßen|la|ter|ne; Stra|ßen|mäd|chen (*für* Prostituierte); **Stra|ßen|meis|te|rei**
Stra|ßen|mu|si|kant; Stra|ßen|mu|si|kan|tin
Stra|ßen|na|me; Stra|ßen|netz; Stra|ßen|pflas|ter; Stra|ßen|pro|s|ti|tu|ti|on
Stra|ßen|put|zer (*schweiz. regional für* Straßenkehrer); **Stra|ßen|put|ze|rin**
Stra|ßen|rand; Stra|ßen|raub; Stra|ßen|räu|ber; Stra|ßen|räu|be|rin
Stra|ßen|rei|ni|gung; Stra|ßen|ren|nen *(Radsport);* **Stra|ßen|sän|ger; Stra|ßen|sän|ge|rin**
Stra|ßen|schild, das; **Stra|ßen|schlacht; Stra|ßen|schuh; Stra|ßen|sei|te; Stra|ßen|sper|re; Stra|ßen|sper|rung; Stra|ßen|strich** (*ugs. für* Straßenprostitution)
Stra|ßen|the|a|ter; Stra|ßen|tun|nel; Stra|ßen|über|füh|rung; Stra|ßen|un|ter|füh|rung
Stra|ßen|ver|kehr, der; -s; **Stra|ßen|ver|kehrs|ord|nung** (*Abk.* StVO); **Stra|ßen|ver|kehrs-Zu|las|sungs-Ord|nung,** die; - (*Abk.* StVZO)
Stra|ßen|ver|zeich|nis; Stra|ßen|wal|ze; Stra|ßen|zei|tung; Stra|ßen|zoll; Stra|ßen|zug
Stra|ßen|zu|stand; Stra|ßen|zu|stands|be|richt
Stra|ße-Schie|ne-Ver|kehr, der; -[e]s ↑K 26
Stra|te|ge [ʃt..., st...], der; -n, -n ‹griech.› (jmd., der strategisch vorgeht)
Stra|te|gie, die; -, ...ien (Kriegskunst; genau geplantes Vorgehen); **Stra|te|gie|pa|pier; Stra|te|gin; stra|te|gisch;** strategische Verteidigung
Stra|ti|fi|ka|ti|on [ʃt..., *auch* st...], die; -, -en ‹lat.› (*Geol.* Schichtung; *Landwirtsch.* Schichtung von Saatgut in feuchtem Sand od. Wasser); **stra|ti|fi|zie|ren** (*Geol.* die Reihenfolge der Schichten feststellen; *Landwirtsch.* [Saatgut] schichten)
Stra|ti|gra|fie, Stra|ti|gra|phie, die; -, ...ien ‹lat.; griech.› (*Geol.* Schichtenkunde); **stra|ti|gra|fisch, stra|ti|gra|phisch**
Stra|to|sphä|re, die; - (Schicht der Erdatmosphäre in einer Höhe von etwa 12 bis 80 km); **Stra|to|sphä|ren|flug; stra|to|sphä|risch**
Stra|tus, der; -, ...ti ‹lat.› (tiefer hängende, ungegliederte Schichtwolke; *Abk.* St); **Stra|tus|wol|ke**
Strau|be, die; -, -n (*bayr., österr. für* ein Schmalzgebäck)
sträu|ben; sich sträuben; ↑K 82: da hilft kein Sträuben
strau|big (*landsch. für* struppig)
Strauch, der; -[e]s, Sträucher; **strauch|ar|tig**
Strauch|dieb (*veraltet für* herumstreifender Dieb)
strau|cheln; ich strauch[e]le
strau|chig; Sträuch|lein
Strauch|rit|ter *(veraltet abwertend)*
Strauch|werk, das; -[e]s
Straus, Oscar (österr. Komponist)
Straus|berg (Stadt östlich von Berlin)
Strauss, Richard (dt. Komponist)
[1]**Strauß** (Name mehrerer österreichischer Komponisten; *eigene Schreibung der Familie:* Strauss)
[2]**Strauß,** der; -es, -e (ein Vogel);

S
Stra

Vogel Strauß; *vgl.* Vogel-Strauß-Politik

[3]**Strauß,** der; -es, Sträuße (Blumenstrauß; *geh. veraltend für* Kampf)

Sträuß|chen

Strau|ßen|ei; Strau|ßen|farm; Strau|ßen|fe|der

Strauß|wirt|schaft (*landsch. für* durch Zweige [Strauß] kenntlich gemachter Ausschank für eigenen [neuen] Wein)

stra|wan|zen, stra|ban|zen (*bayr. u. österr. für* sich herumtreiben)

Stra|wan|zer, Stra|ban|zer; **Stra|wan|ze|rin,** Stra|ban|ze|rin

Stra|win|s|ky [...ki], *eigene Schreibung des Komponisten, nach Transkriptionssystem eigtl.* Stra|win|s|ki (russ. Komponist)

Straz|za [ʃt..., *auch* st...], die; -, ...zzen ‹ital.› (Abfall bei der Seidenverarbeitung)

Straz|ze, die; -, -n (*Kaufmannsspr.* Kladde)

strea|men [ˈstri:mən] ‹engl.› (*EDV* durch Streaming übertragen); gestreamt; **Strea|ming** [ˈstri:...], das; -[s] ‹engl.› (*EDV* Verfahren zur Übertragung von Bild u. Ton an Endgeräte in Echtzeit)

Streb, der; -[e]s, -e (*Bergmannsspr.* Kohlenabbaufront zwischen zwei Strecken)

Streb|bau, der; -[e]s (bergmänn. Gewinnungsverfahren)

Stre|be, die; -, -n (schräge Stütze)

Stre|be|bal|ken; Stre|be|bo|gen

stre|ben ↑K82: das Streben nach Geld

Stre|be|pfei|ler

Stre|ber; Stre|be|rei

stre|ber|haft; Stre|be|rin; stre|be|risch; stre|bern *(bes. österr.);* ich strebere; **Stre|ber|tum,** das; -s

Stre|be|werk *(Bauw.)*

streb|sam; Streb|sam|keit, die; -

Stre|bung *(geh.)*

streck|bar; Streck|bar|keit, die; -

Streck|bett *(Med.)*

Stre|cke, die; -, -n (*Bergmannsspr. auch* meist waagerecht vorgetriebener Grubenbau); zur Strecke bringen (*Jägerspr.* erlegen)

stre|cken; jmdn. zu Boden strecken

Stre|cken|ab|schnitt; Stre|cken|ar|bei|ter; Stre|cken|ar|bei|te|rin; Stre|cken|flug; Stre|cken|füh|rung; Stre|cken|netz

Stre|cken|re|kord *(Sport);* **Stre|cken|strich** *(Druckw.);* **Stre|cken|tau|chen; Stre|cken|wär|ter; Stre|cken|wär|te|rin**

stre|cken|wei|se

Stre|cker (*svw.* Streckmuskel)

Streck|me|tall

Streck|mus|kel; Stre|ckung

Streck|ver|band; Streck|win|kel (*für* Supplementwinkel)

Stree|ru|witz (österr. Schriftstellerin)

Street|ball [ˈstri:tbɔ:l], der; -s ‹engl.› (auf Höfen gespielte Variante des Basketballs)

Street|dance [ˈstri:tda:ns], der; - ‹engl.› (improvisierter, auf der Straße entstandener Tanzstil); **Street|dan|cer; Street|dan|ce|rin**

Street|wear [ˈstri:tvɛ:ɐ̯], die; - ‹engl.› (Alltagskleidung)

Street|work [ˈstri:tvø:ɐ̯k], die; - ‹engl.› (Hilfe u. Beratung für Drogenabhängige u. a. innerhalb ihres Wohnbereichs); **Street|wor|ker,** der; -s, -; **Street|wor|ke|rin**

Streh|ler (ein Werkzeug zum Gewindeschneiden)

Streich, der; -[e]s, -e; **Streich|bürs|te**

Strei|che, die; -, -n (*früher für* Flanke einer Festungsanlage)

Strei|chel|ein|heit (*scherzh. für* freundliche Zuwendung, Lob)

strei|cheln; ich streich[e]le

Strei|chel|zoo

Strei|che|ma|cher; Strei|che|ma|che|rin

strei|chen; du strichst; du strichest; gestrichen; streich[e]!

Strei|chen, das; -s (ein Gangfehler beim Pferd; *Geol.* Verlauf der Streichlinie)

Strei|cher (Spieler eines Streichinstrumentes)

Strei|che|rei *(ugs.)*

Strei|che|rin

streich|fä|hig; Streich|fä|hig|keit, die; -; **streich|fer|tig;** streichfertige Farbe; **Streich|flä|che; Streich|form; Streich|garn**

Streich|holz (Zündholz); **Streich|holz|schach|tel; Streich|in|s|t|ru|ment; Streich|kä|se; Streich|kon|zert**

Streich|li|nie (*Geol.* waagerechte Linie auf der Schichtfläche einer Gebirgsschicht)

Streich|mu|sik; Streich|or|ches|ter; Streich|quar|tett; Streich|quin|tett; Streich|trio

Strei|chung; Streich|wurst

Streif, der; -[e]s, -e; *vgl.* Streifen

Streif|band, das; *Plur.* ...bänder *(Postw.);* **Streif|band|zei|tung**

Strei|fe, die; -, -n (zur Kontrolle eingesetzte kleine Militär- od. Polizeieinheit, *auch für* Fahrt, Gang einer solchen Einheit)

strei|fen; Strei|fen, der; -s, -, *seltener* Streif, der; -[e]s, -e

Strei|fen|be|am|te; Strei|fen|be|am|tin

Strei|fen|bil|dung

Strei|fen|dienst

strei|fen|för|mig

Strei|fen|füh|rer; Strei|fen|füh|re|rin; Strei|fen|gang, der

Strei|fen|po|li|zist; Strei|fen|po|li|zis|tin; Strei|fen|wa|gen

strei|fen|wei|se

Strei|fe|rei (Streifzug)

strei|fig

Streif|licht *Plur.* ...lichter

Streif|schuss; Streif|zug

Streik, der; -[e]s, -s ‹engl.› (Arbeitsniederlegung)

Streik|ak|ti|on; Streik|auf|ruf

Streik|bre|cher; Streik|bre|che|rin; Streik|bruch, der; **streik|brü|chig**

Streik|dro|hung

strei|ken

Strei|ken|de, der *u.* die; -n, -n

Streik|geld; Streik|kas|se; Streik|ko|mi|tee; Streik|lei|tung; Streik|lo|kal; Streik|pos|ten; Streik|recht; Streik|wel|le

Streit, der; -[e]s, -e; **Streit|axt**

streit|bar; Streit|bar|keit

strei|ten; du strittst; du strittest; gestritten; streit[e]!

Strei|ter; Strei|te|rei; Strei|te|rin

Streit|fall; Streit|fra|ge; Streit|ge|gen|stand; Streit|ge|spräch

Streit|hahn, Streit|ham|mel (*ugs. für* streitsüchtiger Mensch)

Streit|hansl, der; -s, -[n] (*südd., österr. ugs. für svw.* Streithahn)

strei|tig, strit|tig; die Sache ist streitig *(Rechtsspr. nur so) od.* strittig; *aber nur* jmdm. etwas streitig machen; **Strei|tig|keit** *meist Plur.*

Streit|kräf|te *Plur.* (der mögliche Singular »Streitkraft« wird nur selten gebraucht)

Streit|kul|tur; Streit|lust, die; -; **streit|lus|tig; Streit|macht**

Streit|ob|jekt; Streit|punkt

Streit|ross *(veraltet)*

Streit|sa|che

Streit|schlich|ter; Streit|schlich|te|rin; Streit|schrift

Streit|sucht, die; -; **streit|süch|tig**

Streit|ver|kün|dung *(Rechtsspr.)*

Streit|wa|gen

Streit|wert

Stre|mel, der; -s, - (*nordd. für* [langer] Streifen); seinen Stremel

S
Stre

wegarbeiten (*ugs. für* zügig arbeiten)
strem|men (*landsch. ugs. für* zu eng, zu straff sein; beengen); es stremmt; sich stremmen (*landsch. für* sich anstrengen)

streng
– am strengs|ten; strengs|tens
Groß- und Kleinschreibung ↑K75:
– auf das, aufs Strengste *od.* auf das, aufs strengste
Schreibung in Verbindung mit Verben ↑K56:
– streng sein; streng riechen; streng urteilen; jemanden streng bestrafen usw.
– du musst das nicht so streng nehmen (genau nehmen)
– eine streng genommene *od.* strenggenommene Wertung
– streng genommen[,] ist das nicht ganz zutreffend

Stren|ge, die; -; *vgl. aber* Strang; **stren|gen** (*veraltet für* einengen; straff anziehen)
streng ge|nom|men, streng|ge|nom|men *vgl.* streng
streng|gläu|big; Streng|gläu|big|keit, die; -
streng neh|men *vgl.* streng
strengs|tens
stren|zen (*südd. ugs. für* stehlen)
Strep|to|kok|kus [ʃt..., *auch* st...], der; -, ...kken *meist Plur.* ‹griech.› (eine Bakterie)
Strep|to|my|zin, *fachspr. meist* **Strep|to|my|cin,** das; -s (ein Antibiotikum)
[1]**Stre|se|mann** (dt. Staatsmann)
[2]**Stre|se|mann,** der; -s (ein Gesellschaftsanzug)
Stress, der; -es, -e ‹engl.› (*Med.* starke körperliche u. seelische Belastung; *ugs. auch für* Ärger); Stress auslösende *od.* stressauslösende Faktoren; **Stress|ab|bau,** der; -[e]s
Stress aus|lö|send, stress|aus|lö|send ↑K58
stres|sen (*ugs. für* als Stress wirken); der Lärm stresst; ich bin gestresst
Stress|fak|tor
stress|frei; stress|ge|plagt
Stress|hor|mon (z. B. Adrenalin)
stres|sig (*ugs. für* aufreibend, [sehr] anstrengend)
stress|re|sis|tent
Stress|si|tu|a|ti|on, Stress-Si|tu|a|ti|on; Stress|test
Stretch [strɛtʃ], der; -[e]s, -es ‹engl.› (ein elastisches Gewebe)
stret|chen (Stretching betreiben); du stretchst; **Stret|ching** [ˈstrɛtʃɪŋ], das; -s (aus Dehnungsübungen bestehende Form der Gymnastik)
Stretch|li|mo [ˈstrɛtʃ...], die; -, -s (*ugs.; kurz für* Stretchlimousine); **Stretch|li|mou|si|ne** ‹engl.; franz.› (bes. lange Limousine)
Streu, die; -, -en *Plur. selten*
Streu|be|sitz, der; -es; **Streu|bom|be** *(Militär);* **Streu|büch|se**
Streue, die; -, -n *Plur. selten* (*schweiz. neben* Streu)
streu|en; Streu|er (Streubüchse)
Streu|fahr|zeug; Streu|feu|er *(Militär);* **Streu|gut,** das; -[e]s; **Streu|ko|lon|ne; Streu|licht,** das; -[e]s; **Streu|mu|ni|ti|on** *(Militär)*
streu|nen (sich herumtreiben)
Streu|ner *(ugs.);* **Streu|ne|rin**
Streu|obst|wie|se
Streu|pflicht; Streu|salz; Streu|sand, der; -[e]s
Streu|sel, der *od.* das; -s, - *meist Plur.;* **Streu|sel|ku|chen**
Streu|sied|lung
Streu|ung; Streu|ungs|ko|ef|fi|zi|ent; Streu|ungs|maß, das *(Statistik)*
Streu|wa|gen; Streu|zu|cker
strich *vgl.* streichen
Strich, der; -[e]s, -e (*südd. u. schweiz. mdal. auch für* Zitze; *ugs. auch für* Straßenprostitution); **Strich|ät|zung** *(Druckw.)*
Strich|code, Strich|kode (Verschlüsselung bestimmter Angaben [auf Waren] in Form paralleler Striche); **Strich|ein|tei|lung**
stri|cheln; ich strich[e]le
Stri|cher (*ugs. für* Strichjunge); **Stri|che|rin**
Strich|jun|ge *(ugs., oft abwertend)*
Strich|kampf (*Sport schweiz. für* Abstiegskampf)
Strich|kode *vgl.* Strichcode
strich|lie|ren (*österr. für* stricheln)
Strich|mäd|chen (*ugs., oft abwertend für* Prostituierte)
Strich|männ|chen
Strich|punkt (Semikolon)
Strich|re|gen; Strich|vo|gel
strich|wei|se; Strich|zeich|nung
Strick, der; -[e]s, -e (*ugs. scherzh. auch für* Spitzbube)
Strick|ap|pa|rat; Strick|ar|beit; Strick|beu|tel; Strick|bünd|chen
stri|cken; Stri|cker; Stri|cke|rei; Stri|cke|rin; Strick|garn; Strick|ja|cke; Strick|kleid
Strick|lei|ter, die; **Strick|lei|ter|ner|ven|sys|tem** *(Zool.)*
Strick|ma|schi|ne; Strick|mo|de; Strick|mus|ter; Strick|na|del; Strick|stoff; Strick|strumpf; Strick|wa|re *meist Plur.;* **Strick|wes|te; Strick|zeug**
Stri|du|la|ti|ons|or|gan [ʃt..., *auch* st...] ‹lat.; griech.› (*Zool.* Werkzeug mancher Insekten zur Erzeugung zirpender Töne)
Strie|gel, der; -s, - ‹lat.› (Gerät mit Zacken; harte Bürste [zur Pflege des Pferdefells])
strie|geln; ich strieg[e]le
Strie|me, die; -, -n, *häufiger* **Strie|men,** der; -s, -; **strie|mig**
Strie|zel, der; -s, - (*landsch. ugs. für* Lausbub; *landsch., österr. für* eine Gebäckart)
strie|zen (*ugs. für* quälen; *nordd. ugs. auch für* stehlen)
Strike [straik], der; -s, -s ‹engl.› (das Abräumen mit dem ersten Wurf beim Bowling)
strikt [ʃt..., *auch* st...] ‹lat.› (streng; genau); **strik|te** (*seltener für* strikt)
Strik|tur, die; -, -en (*Med.* Verengung von Körperkanälen)
Strind|berg (schwed. Dichter)
string. = stringendo
String [st...], der; -s, -s ‹engl.› (*EDV* Zeichenkette; *auch kurz für* Stringtanga); **strin|gen|do** [strɪnˈdʒɛ...] ‹ital.› (*Musik* schneller werdend)
strin|gent [ʃt..., *auch* st...] ‹lat.› (bündig, zwingend); **Strin|genz,** die; -
String|re|gal [ˈʃt..., *auch* ˈst...], das; -s, -e ‹engl.; dt.› (Regal, dessen Bretter in ein an der Wand befestigtes Metallgestell eingelegt sind)
String|tan|ga [ˈst...] ‹engl.; Tupi› (Tanga[slip], dessen rückwärtiger Teil nur aus einem schnurförmigen Stück Stoff besteht)
Strip [ʃt..., *auch* st...], der; -s, -s ‹engl.-amerik.› (*kurz für* Striptease; [Wundpflaster]streifen)
Strip|pe, die; -, -n (*landsch. für* Bindfaden; Band; *ugs. scherzh. für* Fernsprechleitung)
strip|pen [ʃt..., *auch* st...] ‹engl.-amerik.› (*ugs. für* einen Striptease vorführen; *Druckw.* [Zeilen] im Film montieren)
Strip|pen|zie|her (*ugs. für* Drahtzieher); **Strip|pen|zie|he|rin**

S
stre

Strip|per; Strip|pe|rin (*ugs. für* Stripteasetänzerin)
Strip-Po|ker, Strip|po|ker [ʃt..., *auch* st...], das *u.* der; -s ‹engl.-amerik.› (Kartenglücksspiel, bei dem der/die Verlierer[in] ein Kleidungsstück ablegen muss)
Strip|tease [ˈʃtrɪpti:s, *auch* ˈst...], der, *auch* das; -, -s [...ti:zəs] (Entkleidungsvorführung [in Nachtlokalen]); **Strip|tease|lo|kal; Strip|tease|tän|zer; Strip|tease|tän|ze|rin**
Stritt, der; -[e]s (*bayr. für* Streit)
strit|tig *vgl.* streitig
Stritt|mat|ter (dt. Schriftsteller)
Striz|zi, der; -s, -s (*bes. bayr., österr. ugs. für* Strolch; Zuhälter)
Stro|bel, der; -s, - (*landsch. für* struppiger Haarschopf); **stro|be|lig** (*landsch. für* strubbelig usw.); **stro|beln** (*landsch. für* struppig machen; struppig sein); ich strob[e]le; **strob|lig** *vgl.* strobelig
Stro|bo|s|kop [st..., *auch* ʃt...], das; -s, -e ‹griech.› (ein optisches Gerät zur Messung von Drehzahlen o. Ä.); **stro|bo|s|ko|pisch; Stro|bo|s|kop|licht** (schnell aufblitzendes Licht)
Stroh, das; -[e]s; **Stroh|bal|len**
stroh|blond; Stroh|blu|me; Stroh|bund, das; **Stroh|dach**
stroh|dumm (sehr dumm)
stro|hern (aus Stroh)
stroh|far|ben, stroh|far|big
Stroh|feim, Stroh|fei|me, Stroh|fei|men *vgl.* Feim
Stroh|feu|er; stroh|ge|deckt
Stroh|halm; Stroh|hau|fen; Stroh|hut, der; **Stroh|hüt|te**
stro|hig (*auch für* wie Stroh; saftlos, trocken)
Stroh|kopf (*ugs. für* Dummkopf); **Stroh|mann** *Plur.* ...männer *u.* ...leute (vorgeschobene Person)
Stroh|mat|te; Stroh|pres|se; Stroh|pup|pe; Stroh|sack; Stroh|scho|ber *(südd., österr.);* **Stroh|schuh**
stroh|tro|cken; Stroh|wisch
Stroh|wit|we (*ugs. für* Ehefrau, die vorübergehend ohne ihren Mann lebt); **Stroh|wit|wer** *(ugs.); vgl.* Strohwitwe
Stroke-Unit [ˈstro:kju:nɪt], die; -, -s ‹engl.› (*Med.* auf die Behandlung von Schlaganfallpatienten spezialisierte Krankenstation)
Strolch, der; -[e]s, -e; **strol|chen; Strol|chen|fahrt** (*schweiz. für* Fahrt mit einem gestohlenen Wagen)
Strom, der; -[e]s, Ströme; es regnet in Strömen; ein Strom führendes *od.* stromführendes Kabel; ein stromsparendes *od.* Strom sparendes Gerät
strom|ab
Strom|ab|nah|me; Strom|ab|neh|mer
strom|ab|wärts; strom|an; strom|auf, strom|auf|wärts
Strom|aus|fall
Strom|au|to|bahn (Leitung für große Mengen von elektrischem Strom)
¹**Strom|bo|li** [st...] (eine der Liparischen Inseln); ²**Strom|bo|li,** der; - (Vulkan auf ¹Stromboli)
strö|men
Stro|mer (*ugs. für* Herumtreiber, Landstreicher; *meist Plur.: Wirtsch.* Stromerzeuger); **Stro|me|rin; stro|mern;** ich stromere
Strom|er|zeu|ger; Strom|er|zeu|ge|rin; Strom|er|zeu|gung
Strom füh|rend, strom|füh|rend ↑K58; *vgl.* Strom
Strom|ge|win|nung; Strom|ka|bel; Strom|kon|zern; Strom|kos|ten; Strom|kreis; Strom|lei|tung
Ström|ling (eine Heringsart)
Strom|li|nie; Strom|li|ni|en|form; strom|li|ni|en|för|mig; Strom|li|ni|en|wa|gen
Strom|lü|cke (Lücke in der Stromversorgung)
Strom|markt; Strom|men|ge; Strom|mes|ser, der; **Strom|netz; Strom|preis; Strom|rech|nung; Strom|schlag; Strom|schnel|le**
strom|spa|rend, Strom spa|rend ↑K58; *vgl.* Strom
Strom|sper|re; Strom|stär|ke; Strom|stoß
Strom|tank|stel|le; Strom|ta|rif
Strö|mung; Strö|mungs|ge|schwin|dig|keit; Strö|mungs|leh|re
Strom|un|ter|bre|cher; Strom|ver|brauch; Strom|ver|sor|ger; Strom|ver|sor|gung; Strom|wen|der; Strom|wirt|schaft; Strom|zäh|ler
Stron|ti|um [st..., *auch* ʃt...], das; -s ‹nach dem schottischen Dorf Strontian› (chemisches Element, Metall; *Zeichen* Sr)
Stro|ph|an|thin [ʃt..., *auch* st...], das; -s, -e ‹griech.› (ein Arzneimittel); **Stro|ph|an|thus,** der; -, - (eine Heilpflanze)
Stro|phe, die; -, -n ‹griech.› **Stro|phen|an|fang; Stro|phen|bau,** der; -[e]s; **Stro|phen|en|de; Stro|phen|form; Stro|phen|lied**
...stro|phig (z. B. dreistrophig, *mit Ziffer* 3-strophig; ↑K29)
stro|phisch (in Strophen geteilt)
Stropp, der; -[e]s, -s (*Seemannsspr.* kurzes Tau mit Ring od. Schlinge; *landsch. für* Aufhänger)
Stros|se, die; -, -n (*Bergmannsspr.* Stufe, Absatz)
Strot|ter (*österr. für* jmd., der im Abfall stöbert); **Strot|te|rin**
strot|zen; du strotzt; das Kind strotzt vor *od.* von Energie
strub (*schweiz. mdal. für* struppig; schwierig); strüber, strübste
strub|be|lig, strubb|lig *(ugs.);* **Strub|bel|kopf; strubb|lig** *vgl.* strubbelig
Stru|del, der; -s, - ([Wasser]wirbel; *landsch., bes. südd. u. österr. für* ein Gebäck)
stru|deln; ich strud[e]le
Stru|del|teig *(Kochkunst)*
Stru|del|topf (*Geol.* Kolk, Gletschermühle)
Struk|to|gramm, das; -s, -e ‹lat.; griech.› (*EDV* graf. Darstellung der logischen Struktur eines Programms)
Struk|tur [ʃt..., *auch* st...], die; -, -en ‹lat.› ([Sinn]gefüge, Bau; Aufbau, innere Gliederung); **struk|tu|ral** (*seltener für* strukturell)
Struk|tu|ra|lis|mus, der; - (*Sprachwiss.* Richtung, die Sprache als ein geschlossenes Zeichensystem versteht u. die Struktur dieses Systems erfassen will); **Struk|tu|ra|list,** der; -en, -en; **Struk|tu|ra|lis|tin; struk|tu|ra|lis|tisch**
Struk|tur|ana|ly|se; Struk|tur|än|de|rung; struk|tur|be|stim|mend
struk|tu|rell
Struk|tur|fonds (Fonds der EU zur Förderung strukturschwacher Regionen)
Struk|tur|for|mel *(Chemie);* **Struk|tur|ge|we|be; Struk|tur|hil|fe**
struk|tu|rie|ren (mit einer Struktur versehen); **Struk|tu|riert|heit; Struk|tu|rie|rung**
struk|tur|kon|ser|va|tiv (an vorhandenen Strukturen, Formen festhaltend; *Ggs.* wertkonservativ)
Struk|tur|kri|se; Struk|tur|po|li|tik; Struk|tur|re|form

struk|tur|schwach (industriell nicht entwickelt)
Struk|tur|ta|pe|te; Struk|tur|wan|del
strul|len (*bes. nordd. ugs. für* urinieren)
Stru|ma [ʃt..., *auch* st...], die; -, *Plur.* ...men *u.* ...mae ‹lat.› (*Med.* Kropf); **stru|mös** (kropfartig)
Strumpf, der; -[e]s, Strümpfe
Strumpf|band *Plur.* ...bänder
Strümpf|chen
Strumpf|fa|b|rik; Strumpf|hal|ter; Strumpf|ho|se; Strumpf|mas|ke; strumpf|so|ckig (*landsch. für* auf Strümpfen); **Strumpf|wa|re; Strumpf|wir|ker; Strumpf|wir|ke|rei; Strumpf|wir|ke|rin**
Strunk, der; -[e]s, Strünke (als Rest übrig gebliebener Pflanzenstiel od. Baumstumpf); **Strünk|chen**
strunz|dumm (*ugs. für* sehr dumm)
strun|zen (*landsch., bes. westd.* angeben, prahlen); du strunzt
strup|fen (*südd. u. schweiz. mdal. für* [ab]streifen)
strup|pig; Strup|pig|keit, die; -
Struw|wel|kopf (*landsch. für* Strubbelkopf); **Struw|wel|pe|ter**, der; -s, - (*fam. für* Kind mit strubbeligem Haar; *nur Sing.:* Gestalt aus einem Kinderbuch)
Strych|nin [ʃt..., *auch* st...], das; -s ‹griech.› (ein giftiges Alkaloid; ein Arzneimittel)
Stu|art [ˈʃtu:art, *engl.* ˈstju:ɐ̯t], der; -s, -s *u.* die; -, -s (Angehörige[r] eines schottischen Geschlechts); **Stu|art|kra|gen**
Stu|bai, das; -[s] (ein Tiroler Alpental); **Stu|bai|er Al|pen** *Plur.;* **Stu|bai|tal**
Stub|ben, der; -s, - (*nordd. für* [Baum]stumpf; *auch für* grobschlächtiger Mensch, Flegel)
Stub|ben|kam|mer, die; - (Kreidefelsen auf Rügen)
¹Stüb|chen, das; -s, - (ein altes Flüssigkeitsmaß)
²Stüb|chen (kleine Stube)
Stu|be, die; -, -n
Stu|ben|äl|tes|te; Stu|ben|ar|rest; Stu|ben|dienst; Stu|ben|flie|ge; Stu|ben|ge|lehr|te
Stu|ben|ho|cker (*ugs.*); **Stu|ben|ho|cke|rei** (*ugs.*); **Stu|ben|ho|cke|rin**
Stu|ben|kü|ken, *österr.* Stu|ben|kücken (sechs bis acht Wochen altes Küken)
Stu|ben|mu|si, die; - (*bayr., österr. für* Volksmusik[gruppe])
stu|ben|rein
Stu|ben|ti|ger (*scherzh. für* Katze)
Stu|ben|wa|gen (im Haus verwendeter Korbwagen für Säuglinge)
Stü|ber, der; -s, - ‹niederl.› (frühere niederrhein. Münze; *auch kurz für* Nasenstüber)
Stü|berl, das; -s, -[n]; *vgl.* Pickerl (*bayr., österr. für* kleine Stube, Gaststube)
Stuck, der; -[e]s ‹ital.› (aus Gips hergestellte Ornamentik)
Stück, das; -[e]s, -e (*Abk.* St.); 5 Stück Zucker; Stücker zehn (*ugs. für* ungefähr zehn); ein Stück weit
Stuck|ar|beit
Stück|ar|beit, die; - (Akkordarbeit)
Stu|cka|teur [...ˈtø:ɐ̯], der; -s, -e ‹franz.› (Stuckarbeiter, -künstler); **Stu|cka|teu|rin; Stu|cka|tor**, der; -s, ...oren ‹ital.› (Stuckkünstler); **Stu|cka|to|rin; Stu|cka|tur**, die; -, -en (Stuckarbeit)
Stück|chen; stück|chen|wei|se
Stuck|de|cke
stü|ckeln; ich stück[e]le; **Stü|cke|lung**, Stück|lung
stu|cken (*landsch. ugs. für* angestrengt lernen)
stü|cken (*selten für* zusammen-, aneinanderstücken)
stu|cke|rig (*nordd.*); **stu|ckern** (*nordd. für* holpern, rütteln)
Stü|cke|schrei|ber (Schriftsteller, der Theaterstücke, Fernsehspiele o. Ä. verfasst); **Stü|cke|schrei|be|rin**
Stück|fass (ein Weinmaß); **Stück|ge|wicht; Stück|gut** (stückweise verkaufte od. als Frachtgut aufgegebene Ware)
stu|ckie|ren ‹ital.› (*selten für* [Wände] mit Stuck versehen)
Stück|kauf; Stück|koh|le; Stück|kos|ten *Plur.;* **Stück|lis|te; Stück|lohn**
Stück|lung, Stü|cke|lung
Stück|no|tie|rung; Stück|preis; Stück|rech|nung
stück|wei|se
Stück|werk; *nur in* Stückwerk sein, bleiben; **Stück|zahl**
Stück|zin|sen *Plur.* (*Bankw.* bis zu einem Zwischentermin aufgelaufene Zinsen)
stud. = studiosus, z. B. stud. medicinae ‹lat.› (Student der Medizin; *Abk.* stud. med)
Stu|dent, der; -en, -en ‹lat.› (Hochschüler)

Studenten / Studierende
Als geschlechtsneutrale Bezeichnung setzt sich die Form *Studierende* immer mehr durch. Sie wird auch verwendet, wenn man die Paarformel *Studenten und Studentinnen* nicht zu oft wiederholen will.

Stu|den|ten|aus|weis; Stu|den|ten|be|we|gung
Stu|den|ten|blu|me (Name verschiedener Pflanzen)
Stu|den|ten|bu|de; Stu|den|ten|fut|ter *vgl.* ¹Futter; **Stu|den|ten|ge|mein|de; Stu|den|ten|heim; Stu|den|ten|knei|pe; Stu|den|ten|lied; Stu|den|ten|müt|ze; Stu|den|ten|par|la|ment**
Stu|den|ten|pfar|rer; Stu|den|ten|pfar|re|rin
Stu|den|ten|pro|test; Stu|den|ten|re|vol|te (*ugs.*); **Stu|den|ten|schaft**
Stu|den|ten|spra|che; Stu|den|ten|un|ru|hen *Plur.;* **Stu|den|ten|ver|bin|dung**
Stu|den|ten|ver|tre|ter; Stu|den|ten|ver|tre|te|rin
Stu|den|ten|werk; Stu|den|ten|wohn|heim; Stu|den|ten|zeit
Stu|den|tin; Stu|den|t(inn)en (*kurz für* Studentinnen u. Studenten)
stu|den|tisch
Stu|di, der; -s, -s *u.* die; -, -s (*ugs. für* Student[in])
Stu|die, die; -, -n (Entwurf, kurze [skizzenhafte] Darstellung; Vorarbeit)
Stu|di|en (*Plur. von* Studie *u.* Studium)
Stu|di|en|ab|bre|cher; Stu|di|en|ab|bre|che|rin; Stu|di|en|ab|schluss
Stu|di|en|an|fän|ger; Stu|di|en|an|fän|ge|rin
Stu|di|en|as|ses|sor; Stu|di|en|as|ses|so|rin
Stu|di|en|auf|ent|halt
stu|di|en|be|glei|tend
Stu|di|en|bei|hil|fe (*österr. für* staatl. Stipendium); **Stu|di|en|bei|trag** (*österr. für* Studiengebühren); **Stu|di|en|be|ra|tung**
Stu|di|en|be|wer|ber; Stu|di|en|be|wer|be|rin
Stu|di|en|brief; Stu|di|en|buch
Stu|di|en|di|rek|tor; Stu|di|en|di|rek|to|rin

S
stru

Stu|di|en|ein|gangs|pha|se (*bes. österr. für* Lehrveranstaltungen zur Orientierung der Studienanfänger); **Stu|di|en|fach; Stu|di|en|freund; Stu|di|en|freun|din**

Stu|di|en|gang, der; **Stu|di|en|ge|bühr; Stu|di|en|grup|pe; stu|di|en|hal|ber; Stu|di|en|jahr**

Stu|di|en|kol|leg (Vorbereitungskurs an einer Hochschule, bes. für ausländische Studierende)

Stu|di|en|kol|le|ge; Stu|di|en|kol|le|gin

Stu|di|en|kom|mis|si|on (österr. Gremium zur Durchführung des Lehr- u. Prüfungsbetriebs)

Stu|di|en|plan; Stu|di|en|platz

Stu|di|en|rat *Plur.* ...räte; **Stu|di|en|rä|tin; Stu|di|en|re|fe|ren|dar; Stu|di|en|re|fe|ren|da|rin**

Stu|di|en|re|form; Stu|di|en|rei|se; Stu|di|en|zeit; Stu|di|en|zweck; zu Studienzwecken

stu|die|ren; eine studierte Kollegin; ↑K82: Probieren *od.* probieren geht über Studieren *od.* studieren

Stu|die|ren|de, der *u.* die; -n, -n; **Stu|die|ren|den|aus|weis; Stu|die|ren|den|ge|mein|de; Stu|die|ren|den|par|la|ment; Stu|die|ren|den|wohn|heim**

Stu|dier|stu|be; Stu|dier|te, der *u.* die; -n, -n (*ugs. für* jmd., der studiert hat); **Stu|di|ker** (*ugs. scherzh., sonst veraltend für* Student); **Stu|di|ke|rin**

Stu|dio, das; -s, -s ‹ital.› (Atelier; *Film- u. Rundfunk* Aufnahmeraum; Versuchsbühne); **Stu|dio|büh|ne; Stu|dio|film; Stu|dio|gast**

Stu|dio|mu|si|ker; Stu|dio|mu|si|ke|rin

Stu|di|o|sa, die; -, ...ae (*scherzh. für* Studentin); **Stu|di|o|sus,** der; -, ...si (*scherzh. für* Student)

Stu|di|um, das; -s, ...ien (wissenschaftl. [Er]forschung; Hochschulbesuch, -ausbildung; [kritisches] Durchlesen, -arbeiten); **Stu|di|um ge|ne|ra|le** [ʃt..., *auch* st...], das; - - (frühe Form der Universität im MA.; Vorlesungen allgemeinbildender Art an einer Hochschule)

Stu|fe, die; -, -n; **stu|fen**

Stu|fen|bar|ren *(Turnen);* **Stu|fen|dach; Stu|fen|fol|ge**

stu|fen|för|mig

Stu|fen|gang, der; **Stu|fen|ge|bet** *(kath. Kirche früher);* **Stu|fen|heck; Stu|fen|lei|ter,** die

stu|fen|los

Stu|fen|plan; Stu|fen|py|ra|mi|de; Stu|fen|ra|ke|te

stu|fen|wei|se

stu|fig (mit Stufen versehen); **...stu|fig** (z. B. fünfstufig, *mit Ziffer* 5-stufig; ↑K29); **Stu|fung**

Stuhl, der; -[e]s, Stühle (*auch kurz für* Stuhlgang); elektrischer Stuhl; der Heilige, der Päpstliche Stuhl ↑K150; **Stuhl|bein**

Stühl|chen

Stuhl|drang, der; -[e]s *(Med.);* **Stuhl|ent|lee|rung**

Stüh|le|rü|cken, das; -s (*auch für* Wechsel in Führungspositionen)

Stuhl|fei|er, die; -; Petri Stuhlfeier (kath. Fest)

Stuhl|gang, der; -[e]s

Stuhl|kan|te; Stuhl|kis|sen; Stuhl|leh|ne; Stuhl|rei|he

Stuhl|un|ter|su|chung

Stu|ka [*auch* ˈʃtʊka], der; -s, -s *u.* die; -, -s (*kurz für* Sturzkampfflugzeug)

Stuk|ka|teur usw. *alte Schreibung für* Stuckateur usw.

Stul|le, die; -, -n (*nordd., bes. berlin. für* Brotschnitte)

Stulp|är|mel (*svw.* Stulpenärmel)

Stul|pe, die; -, -n (Aufschlag an Ärmeln u. a.)

stül|pen

Stul|pen|är|mel; Stul|pen|hand|schuh; Stul|pen|stie|fel

Stülp|na|se

stumm; Stum|me, der *u.* die; -n, -n

Stum|mel, der; -s, -; **Stum|mel|af|fe**

Stum|mel|chen, Stüm|mel|chen

stüm|meln (*landsch. für* Bäume stark zurückschneiden); ich stümm[e]le

Stum|mel|pfei|fe; Stum|mel|schwanz

Stumm|film; Stumm|heit, die; -

Stum|pe, der; -n, -n; **¹Stum|pen,** der; -s, - (*landsch. für* [Baum]stumpf)

²Stum|pen, der; -s, - (Grundform des Filzhutes; Zigarre)

Stüm|per (*abwertend für* Nichtskönner); **Stüm|pe|rei; stüm|per|haft; Stüm|pe|rin; stüm|pern** (schlecht arbeiten); ich stümpere

stumpf; Stumpf, der; -[e]s, Stümpfe; mit Stumpf und Stiel (restlos); **Stümpf|chen; stump|fen** (stumpf machen); **Stumpf|heit**

Stumpf|näs|chen, Stumpf|na|se; stumpf|na|sig

Stumpf|sinn, der; -[e]s; **stumpf|sin|nig; Stumpf|sin|nig|keit**

stumpf|wink|lig

Stünd|chen

Stun|de

die; -, -n

(*Abk.* Std., *auch* St.; *Zeichen* h [*Astron.* ʰ])

- die Stunde null
- von Stund an (*veraltend für* von diesem Augenblick an)
- ich habe zwei Stunden lang telefoniert, *aber* ich habe stundenlang telefoniert
- eine halbe Stunde
- in anderthalb Stunden
- eine viertel Stunde *od.* eine Viertelstunde
- in drei viertel Stunden *od.* in drei Viertelstunden (*aber* in einer Dreiviertelstunde); *vgl.* Viertel

stun|den (Frist zur Zahlung geben)

Stun|den|buch (Gebetbuch des MA.s); **Stun|den|frau** (*landsch. für* Frau, die einige Stunden im Haushalt hilft); **Stun|den|ge|bet; Stun|den|ge|schwin|dig|keit; Stun|den|glas** *Plur.* ...gläser (Sanduhr); **Stun|den|halt** (*schweiz. für* [stündl.] Marschpause); **Stun|den|ho|tel**

Stun|den|ki|lo|me|ter (*ugs. für* Kilometer je Stunde; *vgl.* km/h)

Stundenkilometer

Das Wort bezeichnet die Anzahl der Kilometer, die in einer Stunde bei gleichbleibender Geschwindigkeit zurückgelegt werden. Da man das zusammengesetzte Wort nicht einfach als »Stunde pro Kilometer« oder »Kilometer einer Stunde« auflösen kann, wird es gelegentlich als unlogische oder unsinnige Wortbildung kritisiert.

stun|den|lang; ich habe stundenlang gewartet; *aber* sie lag eine Stunde lang, ganze Stunden lang wach

Stun|den|lohn; Stun|den|plan; Stun|den|schlag; Stun|den|takt; im Stundentakt

stun|den|wei|se

stun|den|weit; sie liefen stundenweit, *aber* drei Stunden weit

S
stun

Stun|den|zahl; Stun|den|zei|ger (bei der Uhr)
...stün|dig (z. B. zweistündig [zwei Stunden dauernd], *mit Ziffer* 2-stündig; ↑K29)
Stünd|lein
stünd|lich (jede Stunde)
...stünd|lich (z. B. zweistündlich [alle zwei Stunden wiederkehrend], *mit Ziffer* 2-stündlich; ↑K29)
Stun|dung ⟨*zu* stunden⟩
Stunk, der; -s (*ugs. für* Zank, Unfrieden, Nörgelei)
Stunt [stant], der; -s, -s ⟨engl.⟩ (gefährliches, akrobatisches Kunststück [als Filmszene]); **Stunt|frau; Stunt|girl; Stunt|man** [...mɛn], der; -s, ...men [...mən] (*Film* Double für Stunts); **Stunt|wo|man** [...vʊmən], die; -, ...women
stu|pend [st..., *auch* ʃt...] ⟨lat.⟩ (erstaunlich)
Stupf, der; -[e]s, -e (*südd., schweiz. mdal. für* Stoß); **stup|feln,** *schweiz. nur* **stup|fen** (*südd., österr. und schweiz. ugs. für* stupsen); **Stup|fer** (*südd., österr. und schweiz. ugs. für* Stups)
stu|pid [ʃtu..., *auch* st...] ⟨lat.⟩ (dumm, stumpfsinnig); **stu|pi|de** ⟨lat.⟩; **Stu|pi|di|tät,** die; -, -en
Stu|por, der; -s (*Med.* Starrheit, Regungslosigkeit)
Stups, der; -es, -e (*ugs. für* Stoß); **stup|sen** (*ugs. für* stoßen); du stupst; **Stups|na|se** (*ugs.*)
stur (*ugs. für* unbeweglich, hartnäckig); stur Heil (*ugs. für* mit großer Sturheit); auf stur schalten (*ugs. für* auf keine Bitte o. Ä. eingehen); **Stur|heit** (*ugs.*)
sturm (*südwestd. u. schweiz. mdal. für* verworren, schwindelig); mir ist sturm
[1]**Sturm,** der; -[e]s, Stürme; Sturm laufen; Sturm läuten
[2]**Sturm,** der; -[e]s (*österr. für* in Gärung übergegangener Weinmost, *svw.* Federweißer)
Sturm|an|griff; Sturm|ball (*Seew.*); *vgl.* [1]Ball; **Sturm|band,** das; *Plur.* ...bänder (Kinnriemen)
sturm|be|reit
Sturm|bö; Sturm|bock (ein Belagerungsgerät); **Sturm|böe; Sturm|boot; Sturm|deich**
stür|men
Stür|mer; Stür|me|rei (*ugs.*); **Stür|mer|foul** (*Sport*); **Stür|me|rin**
sturm|er|probt (kampferprobt)
Stür|mer und Drän|ger, der; -s - -s, - - - (*Literaturwiss.*)
Stur|mes|brau|sen, das; -s (*geh.*)
Sturm|fah|ne (*früher*); **Sturm|feu|er|zeug; Sturm|flut**
sturm|frei (*ugs.*); sturmfreie Bude
Sturm|fri|sur (*scherzh.*); **Sturm|ge|päck** (*Militär*)
sturm|ge|peitscht; die sturmgepeitschte See
Sturm|glo|cke
Sturm|hau|be; die Große Sturmhaube, Kleine Sturmhaube (Gipfel im Riesengebirge)
Sturm|hut, der (*svw.* Eisenhut)
stür|misch; Sturm|la|ter|ne; Sturm|lauf; Sturm|läu|ten, das; -s; **Sturm|lei|ter,** die; **Sturm|mö|we**
sturm|reif (*Militär*)
Sturm|rei|he (*Sport*)
Sturm|rie|men (*Militär* Kinnriemen)
Sturm|scha|den
Sturm|schritt; *meist in* im Sturmschritt
sturm|schwach (*Sport*)
Sturm|si|g|nal; Sturm|spit|ze; Sturm|tief (*Meteorol.*)
Sturm und Drang, der; *Gen.* - - -[e]s *u.* - - - (*Literaturwiss.*); **Sturm-und-Drang-Zeit,** die; - ↑K26
Sturm|vo|gel; Sturm|war|nung; Sturm|wind; Sturm|zei|chen
Sturz, der; -es, *Plur.* Stürze, *auch* (*für* Träger:) Sturze (jäher Fall; *Bauw.* waagerechter Träger als oberer Abschluss von Tür- od. Fensteröffnungen)
Sturz|acker; Sturz|bach
sturz|be|trun|ken (*ugs. für* völlig betrunken)
Stür|ze, die; -, -n (*landsch. für* Topfdeckel)
Stur|zel, Stür|zel, der; -s, - (*landsch. für* stumpfes Ende, [Baum]stumpf)
stür|zen; du stürzt
Sturz|flug; Sturz|flut; Sturz|ge|burt (*Med.*); **Sturz|gut** (z. B. Kohle, Schotter); **Sturz|helm**
Sturz|kampf|flug|zeug (im 2. Weltkrieg; *Abk.* Stuka); **Sturz|pflug** (*Landwirtsch. selten*); **Sturz|re|gen; Sturz|see,** die; -, -n
Stuss, der; -es ⟨hebr.-jidd.⟩ (*ugs. für* Unsinn); Stuss reden
Stut|buch (Stammtafeln der zur Zucht verwendeten Pferde)
Stu|te, die; -, -n
Stu|ten, der; -s, - (*landsch. für* [längliches] Weißbrot)
Stu|ten|zucht
Stut|foh|len (w. Fohlen)
Stutt|gart (Stadt am Neckar); **Stutt|gart-Bad Cann|statt** ↑K147; **Stutt|gar|ter; Stutt|gar|te|rin**
[1]**Stutz,** der; -es, *Plur.* -e *od.* Stütze (*landsch. für* Stoß; verkürztes Ding [Federstutz u. a.]; Wandbrett; *schweiz. mdal. für* steiler Hang, bes. steiles Wegstück); auf den Stutz (*landsch. für* plötzlich; sofort)
[2]**Stutz,** der; -es, Stütze (*schweiz. ugs. für* Franken); hundert Stutz *od.* Stütze
Stütz, der; -es, -e (*Turnen*)
Stütz|bal|ken
Stüt|ze, die; -, -n
stut|zen; du stutzt
Stut|zen, der; -s, - (kurzes Gewehr; Wadenstrumpf; Ansatzrohrstück; *bayr., österr. auch für* Kniestrumpf)
stüt|zen; du stützt
Stut|zer (*veraltend für* geckenhaft wirkender, eitler Mann; *schweiz. auch für* Stutzen [Gewehr]); **stut|zer|haft; Stut|zer|haf|tig|keit,** die; -; **stut|zer|mä|ßig; Stut|zer|tum,** das; -s
Stutz|flü|gel (*Musik* kleiner, kurzer Flügel)
Stütz|ge|we|be (*Med.*)
stut|zig; stutzig werden; **stüt|zig** (*südd. für* stutzig; widerspenstig)
Stütz|keh|re (*Turnen*); **Stütz|kor|sett; Stütz|last; Stütz|mau|er; Stütz|pfei|ler; Stütz|punkt; Stütz|rad; Stütz|sprung** (*Turnen*); **Stütz|strumpf**
Stutz|uhr (kleine Standuhr)
Stüt|zung; Stüt|zungs|kauf (*Finanzw.*); **Stüt|zungs|maß|nah|me** *meist Plur.* (*bes. Wirtsch.*)
Stütz|ver|band (*Med.*)
St. Vin|cent und die Gre|na|di|nen [sn̩t ˈvɪnsn̩t - - -] St. Vincents und der Grenadinen (Inselstaat im Bereich der Westindischen Inseln); *vgl.* Vincenter
StVO = Straßenverkehrsordnung
StVZO = Straßenverkehrs-Zulassungs-Ordnung
sty|gisch [st...] (zum Styx gehörend; schauerlich, unheimlich)
Style [stai̯l], der; -s, -s (*engl. Bez. für* Stil); **sty|len** [ˈstai̯...] ⟨engl.⟩ (entwerfen, gestalten); gestylt; **Sty|ling,** das; -s, -s (Formgebung; äußere Gestaltung)
sty|lish, sty|lisch [ˈstai̯lɪʃ] ⟨engl.⟩ (stilvoll); **Sty|list,** der; -en, -en (Formgestalter; jmd., der das

S
Stun

Styling [bes. von Autos] entwirft); **Sty|lis|tin**
Sty|lit [st..., *auch* ʃt...], der; -en, -en ⟨griech.⟩ (auf einer Säule lebender frühchristl. Eremit)
Stym|pha|li|de [st..., *auch* ʃt...], der; -n, -n *meist Plur.* ⟨griech.⟩ (Vogelungeheuer in der griech. Sage)
Sty|rax [ˈsty:..., *auch* ˈʃt...], **Sto|rax** [ˈst..., *auch* ˈʃt...], der; -[es], -e ⟨griech.⟩ (eine Heilpflanze; Balsam)
Sty|rol [ʃt..., *auch* st...], das; -s ⟨griech.; arab.⟩ (eine chem. Verbindung)
Sty|ro|por® [ʃt..., *auch* st...], das; -s ⟨griech.; lat.⟩ (ein Kunststoff)
Styx [st..., *auch* ʃt...], der; - (Fluss der Unterwelt in der griech. Sage)
s. u. = sieh[e] unten!
SU, die; - = Sowjetunion
Su|a|da, Su|a|de, die; -, ...den ⟨lat.⟩ (Redeschwall)
[1]**Su|a|he|li**, Swa|hi|li, der; -[s], -[s] (Afrikaner, dessen Muttersprache [2]Suaheli ist)
[2]**Su|a|he|li**, Swa|hi|li, das; -[s] (Sprache); *vgl.* Kisuaheli
Su|á|rez [...ɛs] Francisco (span. Theologe, Jesuit)
su|a|so|risch ⟨lat.⟩ (überredend)
sub... ⟨lat.⟩ (unter...); **Sub...** (Unter...)
sub|al|pin, sub|al|pi|nisch ⟨lat.⟩ (*Geogr.* räumlich an die Alpen anschließend; bis zur Nadelwaldgrenze reichend)
sub|al|tern ⟨lat.⟩ (untergeordnet; unselbstständig); **Sub|al|tern|be|am|te; Sub|al|tern|be|am|tin**
Sub|al|ter|ne, der *u.* die; -n, -n
sub|ant|ark|tisch ⟨lat.; griech.⟩ (*Geogr.* zwischen Antarktis u. gemäßigter Klimazone gelegen)
sub|ark|tisch (zwischen Arktis u. gemäßigter Klimazone gelegen); subarktische Zone
Sub|bot|nik, der; -[s], -s ⟨russ.⟩ (*DDR für* [freiwilliger] unentgeltl. Arbeitseinsatz)
Sub|di|a|kon ⟨lat.; griech.⟩ (*kath. Kirche früher für* Inhaber der untersten der höheren Weihen)
Sub|do|mi|nan|te [*oder* ...ˈnan...] ⟨lat.⟩ (*Musik* die Quarte vom Grundton aus)
sub|fos|sil ⟨lat.⟩ (*Biol.* in geschichtl. Zeit ausgestorben)
sub|gla|zi|al ⟨lat.⟩ (*Geol.* unter dem Gletschereis befindlich)
su|bi|to ⟨ital.⟩ (*Musik* schnell, sofort anschließend)
Sub|jekt [*Sprachwiss. auch* ˈzʊp...], das; -[e]s, -e ⟨lat.⟩ (*Sprachwiss.* Satzgegenstand; *Philos.* wahrnehmendes, denkendes Wesen; *abwertend für* gemeiner Mensch)
Sub|jek|ti|on, die; -, -en (*Rhet.* Aufwerfen einer Frage, die man selbst beantwortet)
sub|jek|tiv [*auch* ˈzʊ...] (dem Subjekt angehörend, in ihm begründet; persönlich; einseitig, parteiisch, unsachlich)
Sub|jek|ti|vis|mus, der; - (philos. Denkrichtung, nach der das Subjekt für die Geltung der Erkenntnis entscheidend ist; *auch für* Ichbezogenheit); **subjek|ti|vis|tisch**
Sub|jek|ti|vi|tät, die; - (persönl. Auffassung; Einseitigkeit)
Sub|jekt|satz (*Sprachwiss.*)
Sub|junk|tiv [*auch* ...ˈti:f], der; -s, -e ⟨lat.⟩ (*selten für* Konjunktiv)
Sub|ka|te|go|rie ⟨lat.; griech.⟩ (*bes. Sprachwiss.* Unterordnung, Untergruppe einer Kategorie)
Sub|kon|ti|nent ⟨lat.⟩ (geogr. geschlossener Teil eines Kontinents, der aufgrund seiner Größe u. Gestalt eine gewisse Eigenständigkeit hat); der indische Subkontinent
Sub|kul|tur ⟨lat.⟩ (bes. Kulturgruppierung innerhalb eines übergeordneten Kulturbereichs); **sub|kul|tu|rell**
sub|ku|tan ⟨lat.⟩ (*Med.* unter der Haut, unter die Haut)
su|b|lim ⟨lat.⟩ (erhaben; fein; nur einem feineren Verständnis od. Empfinden zugänglich)
Su|b|li|mat, das; -[e]s, -e (Ergebnis einer Sublimation; eine Quecksilberverbindung); **Su|b|li|ma|ti|on**, die; -, -en (*Chemie* unmittelbarer Übergang eines festen Stoffes in den Gaszustand u. umgekehrt)
su|b|li|mie|ren (erhöhen; läutern, verfeinern; in künstler. Leistung[en] umsetzen; *Chemie* der Sublimation unterwerfen); **Su|b|li|mie|rung**
Su|b|li|mi|tät, die; - (*selten für* Erhabenheit)
sub|ma|rin ⟨lat.⟩ (*Biol.* unterseeisch)
Sub|mer|si|on, die; -, -en ⟨lat.⟩ (*Geol.* Untertauchen des Festlandes unter den Meeresspiegel)
Sub|mis|si|on, die; -, -en ⟨lat.⟩ (*Wirtsch.* öffentl. Ausschreibung; Vergabe an denjenigen, der das günstigste Angebot macht; *veraltet für* Ehrerbietigkeit, Unterwürfigkeit; Unterwerfung); **Sub|mis|si|ons|kar|tell** (*Wirtsch.*); **Sub|mis|si|ons|weg**; im Submissionsweg[e]
Sub|mit|tent, der; -en, -en (Bewerber [um einen Auftrag]; [An]bieter); **Sub|mit|ten|tin; sub|mit|tie|ren** (sich [um einen Auftrag] bewerben)
sub|op|ti|mal ⟨engl.⟩ (weniger gut)
Sub|or|di|na|ti|on, die; -, -en ⟨lat.⟩ (*Sprachwiss.* Unterordnung; *veraltend für* Unterordnung, Gehorsam); **sub|or|di|nie|ren**; subordinierende (unterordnende) Konjunktion (z. B. »wenn«)
sub|po|lar ⟨lat.⟩ (*Geogr.* zwischen Polarzone u. gemäßigter Klimazone gelegen)
Sub|prime|kre|dit [ˈsʌbˈpraim...] ⟨engl.; franz.⟩ (*Wirtsch., Bankw.* Hypothekenkredit mit erhöhtem Ausfallrisiko)
sub|se|quent ⟨lat.⟩ (*Geogr.* den weicheren Schichten folgend [von Flüssen])
sub|si|di|är, *älter* **sub|si|di|a|risch** ⟨lat.⟩ (helfend, unterstützend; zur Aushilfe dienend)
Sub|si|di|a|ris|mus, der; -, **Sub|si|di|a|ri|tät**, die; -, -en (Prinzip, das dem Staat nur die helfende Ergänzung der Selbstverantwortung kleiner Gemeinschaften zugesteht); **Sub|si|di|a|ri|täts|prin|zip**, das; -s
Sub|si|di|en *Plur.* (*veraltet für* Hilfsgelder)
Sub|sis|tenz, die; -, -en ⟨lat.⟩ (*veraltet für* [Lebens]unterhalt); **Sub|sis|tenz|wirt|schaft** (bäuerl. Produktion nur für den eigenen Bedarf)
Sub|skri|bent, der; -en, -en ⟨lat.⟩; **Sub|skri|ben|tin; sub|skri|bie|ren; Sub|skrip|ti|on**, die; -, -en (Vorausbestellung von später erscheinenden Büchern); **Sub|skrip|ti|ons|preis**
sub spe|cie ae|ter|ni|ta|tis [- sp... -] ⟨lat.⟩ (unter dem Gesichtspunkt der Ewigkeit)
Sub|spe|zi|es, die; -, - ⟨lat.⟩ (*Biol.* Unterart)
Sub|stan|dard ⟨engl.⟩ (*Sprachwiss.* Sprachebene unterhalb der Standardsprache; *bes. österr. für*

S
Subs

unterdurchschnittliche [Wohn]qualität); **Sub|stan|dard|woh|nung**

Sub|s|tan|ti|a|li|tät *vgl.* Substanzialität; **sub|s|tan|ti|ell** *vgl.* substanziell; **sub|s|tan|ti|ie|ren** *vgl.* substanziieren

Sub|s|tan|tiv, das; -s, -e ⟨lat.⟩ (*Sprachwiss.* Hauptwort, Dingwort, Nomen, z. B. »Haus, Wald, Ehre«); **sub|s|tan|ti|vie|ren** (zum Substantiv machen); **sub|s|tan|ti|viert; Sub|s|tan|ti|vie|rung** (z. B. »das Schöne, das Laufen«); **sub|s|tan|ti|visch**

Sub|s|tanz, die; -, -en ([körperl.] Masse, Stoff, Bestand[teil]; *nur Sing.: Philos.* das Dauernde, das Wesentliche; *auch für* Materie)

Sub|s|tan|zi|a|li|tät, Sub|s|tan|ti|a|li|tät, die; - (Wesentlichkeit, Substanzsein); **sub|s|tan|zi|ell,** sub|s|tan|ti|ell (wesenhaft, wesentlich; stofflich; materiell; nahrhaft); **sub|s|tan|zi|ie|ren,** sub|s|tan|ti|ie|ren (mit Substanz erfüllen, begründen, fundieren)

sub|s|tanz|los; Sub|stanz|lo|sig|keit, die; -; **Sub|s|tanz|ver|lust**

sub|s|ti|tu|ier|bar; sub|s|ti|tu|ie|ren ⟨lat.⟩ (*fachspr. für* austauschen, ersetzen); **Sub|s|ti|tu|ie|rung**

[1]**Sub|s|ti|tut,** das; -[e]s, -e (*svw.* Surrogat)

[2]**Sub|s|ti|tut,** der; -en, -en (Verkaufsleiter); **Sub|s|ti|tu|tin**

Sub|s|ti|tu|ti|on, die; -, -en (*fachspr. für* Stellvertretung, Ersetzung); **Sub|s|ti|tu|ti|ons|pro|be** *(Sprachwiss.)*

Sub|s|t|rat, das; -[e]s, -e ⟨lat.⟩ (*fachspr. für* [materielle] Grundlage; Substanz; *Sprachwiss.* überlagerte sprachliche Grundschicht; *Landwirtsch.* Nährboden)

sub|su|mie|ren ⟨lat.⟩ (ein-, unterordnen; unter einem Thema zusammenfassen); **Sub|su|mie|rung; Sub|sum|ti|on,** die; -, -en; **sub|sum|tiv** (*Philos.* unterordnend; einbegreifend)

S
Subs

Sub|teen [ˈzapti:n], der; -s, -s ⟨amerik.⟩ (Mädchen od. Junge im Alter von etwa zehn Jahren)

sub|til ⟨lat.⟩ (zart, fein, sorgsam; spitzfindig, schwierig); **Sub|ti|li|tät,** die; -, -en

Sub|tra|hend, der; -en, -en ⟨lat.⟩ (abzuziehende Zahl)

sub|tra|hie|ren (*Math.* abziehen)

Sub|trak|ti|on, die; -, -en (das Abziehen); **Sub|trak|ti|ons|ver|fah|ren; sub|trak|tiv** (auf Subtraktion beruhend)

Sub|tro|pen *Plur.* ⟨lat.; griech.⟩ (*Geogr.* Gebiete des Übergangs von den Tropen zur gemäßigten Klimazone); **sub|tro|pisch**

Sub|un|ter|neh|men *(Wirtsch.);* **Sub|un|ter|neh|mer** *(Wirtsch.);* **Sub|un|ter|neh|me|rin**

Su|b|urb [ˈzabø:ɐ̯p], die; -, -s ⟨engl.⟩ (*engl. Bez. für* Vorstadt)

Su|b|ur|bia [zaˈbø:ɐ̯bi̯a], die; - ⟨engl.⟩ (Gesamtheit der um die großen Industriestädte wachsenden Trabanten- u. Schlafstädte)

sub|ur|bi|ka|risch [zʊp|ʊ...] ⟨lat.⟩ (*kath. Kirche* vor Rom gelegen); suburbikarisches Bistum

Sub|ven|ti|on, die; -, -en *meist Plur.* ⟨lat.⟩ (*Wirtsch.* zweckgebundene Unterstützung aus öffentl. Mitteln); **sub|ven|ti|o|nie|ren; Sub|ven|ti|o|nie|rung; Sub|ven|ti|ons|ab|bau; Sub|ven|ti|ons|be|geh|ren** *(Wirtsch.)*

Sub|ver|si|on, die; -, -en ⟨lat.⟩ (Umsturz); **sub|ver|siv** (zerstörend, umstürzlerisch)

sub vo|ce [- ...tsə] ⟨lat.⟩ (unter dem [Stich]wort; *Abk.* s. v.)

Sub|woo|fer [ˈsapvʊfɐ], der; -s, - ⟨engl.⟩ (ein Basslautsprecher)

Such|ak|ti|on; Such|an|zei|ge; Such|ar|beit; Such|au|to|ma|tik; Such|bild; Such|dienst

Su|che, die; -, -n

su|chen; Su|cher; Su|che|rei

Such|flug|zeug; Such|funk|ti|on *(EDV);* **Such|hund; Such|lauf; Such|lis|te**

Such|ma|schi|ne (*EDV* Programmsystem zur Informationsrecherche im Internet); **Such|mel|dung; Such|schein|wer|fer; Such|schiff**

Sucht, die; -, *Plur.* Süchte *od.* Suchten; **Sucht|ge|fahr; sucht|ge|fähr|det**

Sucht|gift, das (*österr. amtl. für* Drogen, Rauschgift); **Sucht|gift|dea|ler; Sucht|gift|dea|le|rin; Sucht|gift|fahn|der; Sucht|gift|fahn|de|rin**

süch|tig; Süch|ti|ge, der *u.* die; -n, -n; **Süch|tig|keit,** die; -

sucht|krank; Sucht|kran|ke

Sucht|mit|tel (süchtig machende Droge); **Sucht|po|ten|zi|al,** Sucht|po|ten|ti|al

Such|trupp

Sucht|ver|hal|ten *(Fachspr.)*

Su|chu|mi (Hauptstadt von Abchasien)

su|ckeln (*landsch. für* nuckeln); ich suck[e]le

[1]**Su|c|re** (Hauptstadt Boliviens)

[2]**Su|c|re,** der; -, - ⟨span.⟩ (frühere ecuadorian. Währungseinheit)

Sud, der; -[e]s, -e (Flüssigkeit, in der etwas gekocht wurde; durch Auskochen erhaltene Lösung)

[1]**Süd** (Himmelsrichtung; *Abk.* S); Nord und Süd; *fachspr.* der Wind kommt aus Süd; Autobahnausfahrt Frankfurt-Süd *od.* Frankfurt Süd ↑K148; *vgl.* Süden

[2]**Süd,** der; -[e]s, -e *Plur. selten* (*geh. für* Südwind); der warme Süd blies um das Haus

Süd|af|ri|ka; Republik Südafrika; **Süd|af|ri|ka|ner; Süd|af|ri|ka|ne|rin; süd|af|ri|ka|nisch;** *aber* ↑K140: die Südafrikanische Union (*ehem. Bez. für* Republik Südafrika)

Süd|ame|ri|ka; Süd|ame|ri|ka|ner; Süd|ame|ri|ka|ne|rin; süd|ame|ri|ka|nisch

Su|dan, -s, *auch mit Artikel* der; -[s] ⟨arab.⟩ (Staat in Mittelafrika); **Su|da|ner** *vgl.* Sudanese; **Su|da|ne|rin** *vgl.* Sudanesin; **Su|da|ne|se,** der; -n, -n (Bewohner des Sudans); **Su|da|ne|sin; su|da|ne|sisch**

süd|asi|a|tisch; Süd|asi|en

Su|da|ti|on, die; - ⟨lat.⟩ (*Med.* das Schwitzen)

Süd|aus|t|ra|li|en

Süd|ba|den *vgl.* Baden

Süd|da|ko|ta (Staat in den USA)

Sud|den Death [ˈsadn̩ ˈdɛθ], der; - -, - - ⟨engl.⟩ (*Sport* Spielentscheidung durch das erste gefallene Tor in einem zusätzlichen Spielabschnitt)

süd|deutsch *vgl.* deutsch / Deutsch; **Süd|deut|sche,** der *u.* die

Süd|deutsch|land

Su|del, der; -s, - (*schweiz. für* flüchtiger Entwurf, Kladde; *landsch. für* Schmutz; Pfütze)

Su|de|lei *(ugs.);* **Su|de|ler,** Sud|ler *(ugs.);* **Su|de|le|rin,** Sud|le|rin; **su|de|lig,** sud|lig *(ugs.)*

su|deln (*ugs. für* Schmutz verursachen; schmieren; pfuschen); ich sud[e]le; **Su|del|wet|ter,** das; -s *(landsch.)*

Sü|den, der; -s (Himmelsrichtung; *Abk.* S); der Wind kommt aus Süden; sie zogen gen Süden; *vgl.* [1]Süd

Sü|der|dith|mar|schen (Teil von Dithmarschen)

su|dern (*österr. ugs. abwertend für* jammern, nörgeln)
Sü|der|oog (eine Hallig)
Su|de|ten *Plur.* (Gebirge in Mitteleuropa); **su|de|ten|deutsch; Su|de|ten|land,** das; -[e]s; **su|de|tisch** (die Sudeten betreffend)
Süd|eu|ro|pa; Süd|eu|ro|pä|er; Süd|eu|ro|pä|e|rin; süd|eu|ro|pä|isch
Süd|flü|gel
Süd|frank|reich
Süd|frucht *meist Plur.*
Süd|halb|ku|gel *(Geogr.);* **Süd|hang**
Sud|haus (für die Bierherstellung)
Süd|hol|land; Süd|ita|li|en
Süd|ka|ro|li|na (Staat in den USA)
Süd|ko|rea ↑K143 (*nicht amtliche Bez. für* Republik Korea); **Süd|ko|re|a|ner; Süd|ko|re|a|ne|rin; süd|ko|re|a|nisch**
Süd|küs|te
Süd|län|der, der; **Süd|län|de|rin; süd|län|disch**
südl. Br., s. Br. = südlicher Breite
Sud|ler *vgl.* Sudeler
Sud|le|rin *vgl.* Sudelerin

süd|lich

- südlicher Breite (*Abk.* s[üdl]. B.)
- der südliche Sternenhimmel, *aber* ↑K150 : das Südliche Kreuz (ein Sternbild)

An »südlich« kann ein Substantiv im Genitiv oder mit »von« angeschlossen werden. Der Anschluss mit »von« wird bei artikellosen [geografischen] Namen bevorzugt:

- südlich des Äquators; südlich der Donau
- südlich von Berlin, *seltener* südlich Berlins

sud|lig *vgl.* sudelig
Süd|nord|ka|nal, der; -s (Kanal in Nordwestdeutschland)
Su|do|ku [*auch* zu'do:ku], das; -[s], -s ‹jap.› (ein Rätselspiel mit Zahlenquadraten)
Süd|os|se|ti|en (Gebiet im Norden Georgiens)
[1]**Süd|ost** (Himmelsrichtung; *Abk.* SO)
[2]**Süd|ost,** der; -[e]s, -e *Plur. selten* (Wind)
Süd|ost|asi|en
Süd|os|ten, der; -s (*Abk.* SO); gen Südosten; *vgl.* [1]Südost
süd|öst|lich; Süd|ost|wind
Sud|pfan|ne
Süd|pol; Süd|po|lar|ex|pe|di|ti|on; Süd|po|lar|meer, das; -[e]s
Süd|rho|de|si|en (*früherer Name von* Simbabwe)
Süd|see, die; - (Pazifischer Ozean, bes. der südl. Teil); **Süd|see|in|su|la|ner; Süd|see|in|su|la|ne|rin**
Süd|sei|te; süd|sei|tig
Süd|spit|ze *(bes. Geogr.)*
Süd|staat *meist Plur.* (bes. in den USA)
Süd|sudan, -s, *auch mit Artikel* der; -[s] (Staat in Afrika)
[1]**Süd|süd|ost** (Himmelsrichtung; *Abk.* SSO)
[2]**Süd|süd|ost,** der; -[e]s, -e *Plur. selten* (Südsüdostwind; *Abk.* SSO); **Süd|süd|os|ten,** der; -s (*Abk.* SSO)
[1]**Süd|süd|west** (Himmelsrichtung; *Abk.* SSW)
[2]**Süd|süd|west,** der; -[e]s, -e *Plur. selten* (Südsüdwestwind; *Abk.* SSW); **Süd|süd|wes|ten,** der; -s (*Abk.* SSW)
Süd|teil, der
Süd|ti|rol (Gebiet der Provinz Bozen; *früher* der 1919 an Italien gefallene Teil des altösterr. Kronlandes Tirol); **Süd|ti|ro|ler; Süd|ti|ro|le|rin; süd|ti|ro|lisch**
Süd|vi|et|nam; süd|vi|et|na|me|sisch
süd|wärts
Sud|wein
[1]**Süd|west** (Himmelsrichtung; *Abk.* SW)
[2]**Süd|west,** der; -[e]s, -e *Plur. selten* (Wind)
süd|west|deutsch *vgl.* deutsch / Deutsch; **Süd|west|deutsch|land**
Süd|wes|ten, der; -s (*Abk.* SW); gen Südwesten
Süd|wes|ter, der; -s, - (wasserdichter Seemannshut)
süd|west|lich
Süd|west|staat, der; -[e]s (anfängliche Bez. des Landes Baden-Württemberg)
Süd|west|wind; Süd|wind
Su|es (ägypt. Stadt); *vgl.* Suez; **Su|es|ka|nal,** der; -s ↑K143 (Kanal zw. Mittelmeer u. Rotem Meer)
Su|e|ve usw. *vgl.* Swebe usw.
Su|ez [...ɛs, *auch* ...ɛts] (*franz. Schreibung von* Sues); **Su|ez|ka|nal** (*franz. Schreibung von* Sueskanal)
Suff, der; -[e]s (*ugs. für* das Betrunkensein; Trunksucht); **Süf|fel,** der; -s, - (*landsch. für* Säufer); **süf|feln** (*ugs. für* gern Alkohol trinken); ich süff[e]le
süf|fig (*ugs. für* gut trinkbar)
Süf|fi|sance [...'zã:s], die; - ‹franz.› (*svw.* Süffisanz); **süf|fi|sant; Süf|fi|sanz,** die; - (Selbstgefälligkeit; Spott)
Suf|fix [*auch* ...'fɪks], das; -es, -e ‹lat.› (*Sprachwiss.* hinten an den Wortstamm angefügtes Wortbildungselement); **Suf|fi|xo|id,** das; -[e]s, -e (einem Suffix ähnliches Wortbildungselement)
suf|fi|zi|ent ‹lat.› (*bes. Med.* genügend, ausreichend); **Suf|fi|zi|enz,** die; - (Hinlänglichkeit; *Med.* ausreichende Leistungsfähigkeit [eines Organs])
Süff|ler, Süff|ling (*landsch. für* jmd., der gern u. viel trinkt); **Süff|le|rin**
Suf|f|ra|gan, der; -s, -e ‹lat.› (einem Erzbischof unterstellter Diözesanbischof)
Suf|f|ra|get|te, die; -, -n ‹engl.› (engl. Frauenrechtlerin)
Suf|fu|si|on, die; -, -en ‹lat.› (*Med.* Blutaustritt unter die Haut)
Su|fi, der; -[s], -s ‹arab.› (Anhänger des Sufismus); **Su|fis|mus,** der; - (eine asketisch-mystische Richtung im Islam)
Su|gam|b|rer, der; -s, - (Angehöriger eines germ. Volkes); **Su|gam|b|re|rin**
sug|ge|rie|ren ‹lat.› (seelisch beeinflussen; einreden)
sug|ges|ti|bel (beeinflussbar); ...i|b|le Menschen; **Sug|ges|ti|bi|li|tät,** die; - (Beeinflussbarkeit)
Sug|ges|ti|on, die; -, -en (seelische Beeinflussung); **sug|ges|tiv** (seelisch beeinflussend; verfänglich); **Sug|ges|tiv|fra|ge** (Frage, die eine bestimmte Antwort nahelegt)
Sug|ges|to|pä|die, die; - (ganzheitlich orientierte Lernmethode)
Su|go, der; -[s], -s *od.* die; -, -s (*ital. Bez. für* [Tomaten]soße)
Suhl (Stadt am SW-Rand des Thüringer Waldes)
Suh|le, die; -, -n (Lache; feuchte Bodenstelle); **suh|len,** sich (*bes. Jägerspr.* sich in einer Suhle wälzen [vom Rot- u. Schwarzwild])
Süh|ne, die; -, -n; **Süh|ne|al|tar**
süh|nen; Süh|ne|op|fer; Süh|ne|rich|ter; Sühn|op|fer; Süh|nung
sui ge|ne|ris ‹lat.› (nur durch sich selbst eine Klasse bildend, einzig, besonders)
Sui|te ['svi:t(ə)], die; -, -n ‹franz.› (zusammengehörende Zimmer in einem [luxuriösen] Hotel; *Musik* Folge von [Tanz]sätzen)
Su|i|zid, der, *auch* das; -[e]s, -e

⟨lat.⟩ (Selbstmord); **su|i|zi|dal** (selbstmörderisch); **Su|i|zi|dent,** der; -en, -en (Selbstmörder); **Su|i|zi|den|tin**

Su|i|zid|ra|te; Su|i|zid|ri|si|ko

Su|jet [zy'ʒe:], das; -s, -s ⟨franz.⟩ (Gegenstand künstlerischer Darstellung; Stoff)

Suk|ka|de, die; -, -n ⟨roman.⟩ (kandierte Fruchtschale)

Suk|ku|bus, der; -, ...kuben ⟨lat.⟩ (weiblicher Buhlteufel des mittelalterlichen Volksglaubens); *vgl.* Inkubus

suk|ku|lent ⟨lat.⟩ (*Bot.* saftvoll, fleischig); **Suk|ku|len|te,** die; -, -n (Pflanze trockener Gebiete); **Suk|ku|lenz,** die; - (*Bot.* Saftfülle)

Suk|kurs, der; -es, -e ⟨lat.⟩ (*schweiz., sonst veraltet für* Hilfe, Unterstützung)

Suk|zes|si|on, die; -, -en ⟨lat.⟩ ([Rechts]nachfolge; Thronfolge; *Biol.* Entwicklungsreihe); **Suk|zes|si|ons|krieg** (Erbfolgekrieg); **Suk|zes|si|ons|staat** *Plur.* ...staaten (Nachfolgestaat)

suk|zes|siv (allmählich [eintretend]); ein sukzessiver Abwärtstrend; **suk|zes|si|ve** (allmählich, nach u. nach); etwas verändert sich sukzessive

[1]**Su|la|mith** [*auch* ...'mi:t] (w. Vorn.)

[2]**Su|la|mith,** *ökum.* Schu|lam|mit (bibl. w. Eigenn.)

Su|la|we|si (eine der Großen Sundainseln)

Su|lei|ka (w. Vorn.)

Sü|lei|man, Sü|ley|man (türk. Vorname)

Sul|fat, das; -[e]s, -e ⟨lat.⟩ (Salz der Schwefelsäure)

Sul|fid, das; -[e]s, -e (Salz der Schwefelwasserstoffsäure); **sul|fi|disch** (Schwefel enthaltend)

Sul|fit, das; -s, -e (Salz der schwefligen Säure); **Sul|fit|lau|ge**

Sul|fo|n|a|mid, das; -[e]s, -e *meist Plur.* (ein chemotherapeutisches Arzneimittel gegen Infektionskrankheiten)

Sul|fur, das; -s ⟨lat.⟩ (*lat. Bez. für* Schwefel; *Zeichen* S)

Sul|ky [...ki, *auch* 'za...], der, *auch* das; -s, -s ⟨engl.⟩ (zweirädriger Wagen für Trabrennen)

Süll, der *od.* das; -[e]s, -e (*nordd. für* [hohe] Türschwelle; *Seemannsspr.* Lukeneinfassung)

Sul|la (röm. Feldherr u. Staatsmann)

Sul|tan, der; -s, -e ⟨arab., »Herrscher«⟩ (Titel islamischer Herrscher); **Sul|ta|nat,** das; -[e]s, -e (Sultansherrschaft); **Sul|ta|nin**

Sul|ta|ni|ne, die; -, -n (große kernlose Rosine)

Sulz, die; -, -en, **Sul|ze,** die; -, -n (*südd., österr., schweiz. für* Sülze); **Sül|ze,** die; -, -n (Fleisch, Fisch u. a. in Gallert); **sul|zen** (*südd., österr. für* sülzen); du sulzt; gesulzt; **sül|zen** (zu Sülze verarbeiten; *ugs. auch für* [dummes Zeug] reden, quatschen); du sülzt; gesülzt; **Sülz|ko|te|lett**

Su|mach, der; -[s], *Plur.* -e *u.* -s ⟨arab.⟩ (ein Gerbstoffe lieferndes Holzgewächs); *vgl.* [1]Schmack

Su|ma|t|ra [*auch* 'zu:...] (zweitgrößte der Großen Sundainseln)

Su|mer (das alte Südbabylonien); **Su|me|rer,** der; -s, - (Angehöriger des ältesten Volkes in Südbabylonien); **Su|me|re|rin; su|me|risch** *vgl.* deutsch / Deutsch; **Su|me|risch,** das; -[s] (Sprache); *vgl.* Deutsch; **Su|me|ri|sche,** das; -n; *vgl.* [2]Deutsche

summ!; summ, summ!

Sum|ma, die; -, Summen ⟨lat.⟩ (in der Scholastik die zusammenfassende Darstellung von Theologie u. Philosophie; *veraltet für* Summe; *Abk.* Sa.); *vgl.* in summa

sum|ma cum lau|de ⟨»mit höchstem Lob«⟩ (höchstes Prädikat bei Doktorprüfungen)

Sum|mand, der; -en, -en (*Math.* hinzuzuzählende Zahl); **sum|ma|risch** (kurz zusammengefasst); **sum|ma sum|ma|rum** (alles in allem)

Sum|ma|ti|on, die; -, -en (*bes. Math.* Bildung einer Summe; Aufrechnung); **Sümm|chen**

Sum|me, die; -, -n; in Summe (*österr. für* insgesamt)

sum|men; eine Melodie summen

Sum|men|bi|lanz *(Wirtsch.)*; **Sum|men|ver|si|che|rung**

Sum|mer (Vorrichtung, die Summtöne erzeugt); **Sum|mer|zei|chen**

sum|mie|ren ⟨lat.⟩ (zusammenzählen); sich summieren (anwachsen); **Sum|mie|rung**

Summ|ton *Plur.* ...töne

Sum|mum Bo|num, das; - - ⟨lat.⟩ (*Philos.* höchstes Gut; Gott); **Sum|mus Epi|s|co|pus,** der; - - (oberster Bischof, Papst; *früher für* Landesherr als Oberhaupt einer ev. Landeskirche in Deutschland)

Su|mo, das; - ⟨jap.⟩ (eine japanische Form des Ringkampfes)

Sum|per, der; -s, - (*österr. ugs. für* Spießer, Banause)

Sumpf, der; -[e]s, Sümpfe; **Sumpf|bi|ber** (Nutria); **Sumpf|blü|te** (*abwertend für* moralische Verfallserscheinung; Auswuchs); **Sumpf|bo|den**

Sumpf|dot|ter|blu|me

sump|fen (*ugs. für* zechen)

sümp|fen (*Bergmannsspr.* entwässern; *Töpferei* Ton mit Wasser ansetzen)

Sumpf|fie|ber (Malaria); **Sumpf|gas; Sumpf|ge|biet; Sumpf|gegend; Sumpf|huhn** (*auch ugs. scherzh. für* unsolider Mensch)

sump|fig; Sumpf|land, das; -[e]s; **Sumpf|ot|ter,** der (Nerz); **Sumpf|pflan|ze; Sumpf|zy|p|res|se**

Sums, der; -es (*ugs. svw.* Gesums); [einen] großen Sums machen

Sun|blo|cker ['san...], der; -s, - ⟨engl.⟩ (Sonnenschutzmittel mit hohem Lichtschutzfaktor)

Sund, der; -[e]s, -e (Meerenge [zwischen Ostsee u. Kattegat])

Sun|da|in|seln, Sun|da-In|seln *Plur.* ↑K143 (südostasiat. Inselgruppe); die Großen, die Kleinen Sundainseln *od.* Sunda-Inseln

Sün|de, die; -, -n; **Sün|den|ba|bel,** das; -s *(meist scherzh.)*; **Sün|den|be|kennt|nis; Sün|den|bock** *(ugs.)*; **Sün|den|fall,** der; **Sün|den|last,** die; -; **Sün|den|lohn,** der; -[e]s *(geh.)*

sün|den|los, sünd|los; **Sün|den|lo|sig|keit,** Sünd|lo|sig|keit, die; -

Sün|den|pfuhl *(abwertend, scherzh.)*; **Sün|den|re|gis|ter** *(ugs.)*; **Sün|den|ver|ge|bung**

Sün|der; Sün|de|rin; Sün|der|mie|ne *(ugs.)*; **Sünd|flut** (*volkstümliche Umdeutung von* Sintflut [*vgl. d.*])

sünd|haft; sündhaft teuer *(ugs.)*; **Sünd|haf|tig|keit,** die; -

sün|dig; sün|di|gen; sünd|lich (*landsch. svw.* sündig)

sünd|los usw. *vgl.* sündenlos usw.

Sun|dow|ner ['sandaun...], der; -s, - ⟨engl.⟩ ([alkohol.] Getränk, das zum Sonnenuntergang eingenommen wird)

sünd|teu|er (*ugs. für* überaus teuer)

Sun|nis|mus, der; - ⟨arab.⟩ (eine Hauptrichtung des Islams); **Sunnit,** der; -en, -en (Angehöriger

der orthodoxen Hauptrichtung des Islams); **Sun|ni|tin; sun|ni|tisch**
Sün|tel, der; -s (Bergzug im Weserbergland)
[1]**Su|o|mi** (*finn. Name für* Finnland)
[2]**Su|o|mi,** das; - (finn. Sprache)
su|per ⟨lat.⟩ (*ugs. für* hervorragend, großartig); das war super, eine super Schau; er hat super gespielt
Su|per, das; -s *meist ohne Artikel* (*kurz für* Superbenzin); Super E10 (mit einem bis zu 10-prozentigen Anteil Bioethanol)
su|per... (über...); **Su|per...** (Über...)
Su|per|al|ko|ho|li|ka *Plur.* (*südtirol.* Spirituosen)
su|perb, sü|perb ⟨franz.⟩ (vorzüglich; prächtig)
Su|per|ben|zin
Su|per|car|go, Su|per|kar|go, der; -s, -s ⟨lat.; span.⟩ (*Seemannsspr., Kaufmannsspr.* bevollmächtigter Frachtbegleiter)
Su|per|cup *(Fußball früher)*
su|per|fein (*ugs. für* sehr fein)
Su|per|frau
Su|per-G [...dʒiː], der; -[s], -[s] ⟨engl.⟩ (alpiner Skiwettbewerb zwischen Abfahrtslauf u. Riesenslalom)
Su|per-GAU (*Jargon* besonders katastrophaler GAU)
su|per|gut (*ugs. für* sehr gut)
Su|per|held; Su|per|hel|din
Su|per|he|te|ro|dyn|emp|fän|ger ⟨lat.; griech.; dt.⟩ (ein Rundfunkempfänger)
Su|per|in|ten|dent [*auch* ˈzuː...], der; -en, -en ⟨lat.⟩ (höherer ev. Geistlicher); **Su|per|in|ten|den|tin; Su|per|in|ten|den|tur,** die; -, -en (Superintendent[inn]enamt, -wohnung)
Su|pe|ri|or, der; -s, ...oren (Oberer, Vorgesetzter, bes. in Klöstern); **Su|pe|ri|o|rin; Su|pe|ri|o|ri|tät,** die; - (Überlegenheit)
Su|per|kar|go *vgl.* Supercargo
su|per|klug (*ugs. für* sehr klug)
Su|per|la|tiv, der; -s, -e ⟨lat.⟩ (*Sprachwiss.* 2. Steigerungsstufe, Höchststufe, Meiststufe, z. B. »schönste«; *übertr. für* etwas, was zum Besten gehört); **su|per|la|ti|visch** [*auch* ...ˈtiː...]
Su|per League [- ˈliːg], die; - - (*Sport* höchste Schweizer Fußballliga)
Su|per|lear|ning [ˈsuːpəløːɐ̯nɪŋ], das; -s ⟨engl.⟩ (*svw.* Suggestopädie)
su|per|leicht (*ugs. für* sehr leicht)
Su|per|macht; Su|per|mann *Plur.* ...männer; **Su|per|markt**
Su|per|mo|del, das (*ugs. für* bes. berühmtes Fotomodell)
su|per|mo|dern (*ugs. für* sehr modern)
Su|per|na|tu|ra|lis|mus *vgl.* Supranaturalismus
Su|per|no|va (*Astron.* bes. lichtstarke Nova); *vgl.* [1]Nova
Su|per|phos|phat ⟨lat.; griech.⟩ (phosphorhaltiger Kunstdünger)
Su|per|preis (besonders günstiger Preis)
su|per|reich (*ugs. für* sehr reich)
Su|per|re|vi|si|on (*Wirtsch.* Nach-, Überprüfung)
Su|per|rie|sen|sla|lom
su|per|schlau (*ugs. für* sehr schlau); **su|per|schnell** (*ugs. für* sehr schnell)
Su|per|star (*ugs. für* bes. großer, berühmter Star); *vgl.* [2]Star
Su|per|strat, das; -[e]s, -e (*Sprachwiss.* bodenständig gewordene Sprache eines Erobervolkes); *vgl.* Substrat
Su|per|tan|ker *(ugs.)*
Su|per|vi|si|on, die; - ⟨lat.⟩ (Beratung eines Arbeitsteams, einer Organisation zur Erhöhung der Effektivität; Beratung u. Beaufsichtigung von Psychotherapeuten); **Su|per|vi|sor** [*engl.* ˈs(j)uːpɐvaɪ̯zɐ], der; -s, ...oren, *bei engl.Ausspr.* -s, -s (psychologisch ausgebildete Person, die Supervision betreibt); **Su|per|vi|so|rin**
Su|per|zei|chen *(Kybernetik)*
su|pi (*ugs. emotional für* super); das ist supi, eine supi Sache; es hat supi funktioniert
Su|pi|num, das; -s, ...na (lat. Verbform)
Süpp|chen; Sup|pe, die; -, -n
Sup|pé (österr. Komponist)
Sup|pen|fleisch; Sup|pen|grün, das; -s; **Sup|pen|huhn**
Sup|pen|kas|par, der; -s ↑K138 (Gestalt aus dem »Struwwelpeter«); **Sup|pen|kas|per** (*ugs. für* Kind, das ungern Suppe isst)
Sup|pen|kel|le; Sup|pen|kno|chen; Sup|pen|kraut
Sup|pen|kü|che (karitative Einrichtung, die warme Mahlzeiten für Bedürftige anbietet)
Sup|pen|löf|fel; Sup|pen|nu|del; Sup|pen|schüs|sel; Sup|pen|tas|se; Sup|pen|tel|ler; Sup|pen|ter|ri|ne; Sup|pen|topf; Sup|pen|wür|fel; sup|pig
Sup|ple|ant, der; -en, -en ⟨franz.⟩ (*schweiz. für* Ersatzmann [in einer Behörde]); **Sup|ple|an|tin**
Sup|ple|ment, das; -[e]s, -e ⟨lat.⟩ (*Buchw.* Ergänzung[sband, -teil]; *kurz für* Supplementwinkel); **Sup|ple|ment|band,** der; **Sup|ple|ment|lie|fe|rung; Sup|ple|ment|win|kel** (*Math.* Ergänzungswinkel)
sup|ple|to|risch (*veraltet für* ergänzend, stellvertretend)
sup|plie|ren (*veraltet, österr. noch für* Schulstunden vertretungsweise halten); **Sup|plier|stun|de** *(österr.)*
Sup|pli|kant, der; -en, -en ⟨lat.⟩ (*veraltet für* Bittsteller); **Sup|pli|kan|tin; sup|pli|zie|ren** (*veraltet für* ein Bittgesuch einreichen)
sup|po|nie|ren ⟨lat.⟩ (voraussetzen; unterstellen)
Sup|port, der; -[e]s, -e ⟨lat.⟩ (*Technik* schlittenförmiger Werkzeugträger auf dem Bett einer Drehbank; *EDV* Unterstützung, Hilfe); **Sup|port|dreh|bank**
Sup|po|si|ti|on, die; -, -en ⟨lat.⟩ (Voraussetzung; Unterstellung); **Sup|po|si|to|ri|um,** das; -s, ...ien (*Med.* Arzneizäpfchen); **Sup|po|si|tum,** das; -s, ...ta (*veraltet für* Vorausgesetztes, Annahme)
Sup|pres|si|on, die; -, -en ⟨lat.⟩ (*Med.* Unterdrückung; Zurückdrängung); **sup|pres|siv; sup|pri|mie|ren**
su|p|ra|lei|tend ⟨lat.; dt.⟩; supraleitender Draht; **Su|p|ra|lei|ter,** der (elektr. Leiter, der bei Unterschreiten einer bestimmten Temperatur völlig widerstandslos Strom leitet)
su|p|ra|na|ti|o|nal ⟨lat.⟩ (übernational [von Kongressen, Gemeinschaften u. a.])
Su|p|ra|na|tu|ra|lis|mus, Su|per|na|tu|ra|lis|mus, der; - ⟨lat.⟩ (Glaube an Übernatürliches); **su|p|ra|na|tu|ra|lis|tisch,** su|per|na|tu|ra|lis|tisch
Su|p|ra|por|te *vgl.* Sopraporte
Su|p|re|mat, der *od.* das; -[e]s, -e ⟨lat.⟩, **Su|p|re|ma|tie,** die; -, ...ien ([päpstl.] Obergewalt; Vorrangstellung)
Su|p|re|ma|tis|mus, der; - ⟨lat.-russ.⟩ (eine Art des Konstruktivismus)
Su|p|re|mat[s]|eid (*früher für* Eid der engl. Beamten u. Geistli-

chen, mit dem sie den Supremat des engl. Königs anerkannten)
Su|pre|mum, das; -s, ...ma ‹lat.› (*Math.* obere Grenze einer beschränkten Menge)
Sur, die; -, -en (*bayr., österr. für* Pökel, Salzlake)
Su|re, die; -, -n ‹arab.› (Kapitel des Korans)
su|ren (*bayr., österr. für* pökeln)
Surf|brett ['zø:ɐ̯f...] ‹engl.; dt.›
sur|fen ['zø:ɐ̯fn̩] ‹engl.› (auf dem Surfbrett fahren; im Internet nach Informationen suchen); **Sur|fer; Sur|fe|rin; Sur|fing,** das; -s (Wellenreiten, Brandungsreiten [auf einem Surfbrett]; Windsurfen)
Sur|fleisch (*österr. für* Pökelfleisch)
Su|ri|mi, das; -[s] ‹jap.› (Krebsfleischimitat)
¹Su|ri|nam *vgl.* ²Suriname; **²Su|ri|nam,** *auch* **¹Su|ri|na|me** [zyri...], der; -[s] (Fluss im nördl. Südamerika); **²Su|ri|na|me** [zyri...], *auch* ¹Su|ri|nam (Republik im nördl. Südamerika); **Su|ri|na|mer; Su|ri|na|me|rin; su|ri|na|misch**
Sur|plus ['zø:ɐ̯pləs], das; -, - ‹engl.› (*Wirtsch.* Überschuss, Gewinn)
sur|re|al [*auch* 'zʏ...] ‹franz.› (unwirklich)
Sur|re|a|lis|mus [*auch* zʏre...], der; - ‹franz.› (Kunst- u. Literaturrichtung, die das Traumhaft-Unbewusste künstlerisch darstellen will); **Sur|re|a|list,** der; -en, -en; **Sur|re|a|lis|tin; sur|re|a|lis|tisch**
sur|ren
Sur|ro|gat, das; -[e]s, -e ‹lat.› (Ersatz[mittel, -stoff], Behelf); **Sur|ro|ga|ti|on,** die; -, -en (*Rechtswiss.* Austausch eines Vermögensgegenstandes gegen einen anderen, der den gleichen Rechtsverhältnissen unterliegt)
Sur|round|sys|tem [sə'raunt...], das; -s, -e ‹engl.; griech.› (Mehrkanaltonsystem, mit dem ein gleichmäßig verteilter Raumklang erzeugt wird)
Su|sa (altpers. Stadt)
Su|san ['su:zn̩] (w. Vorn.); **Su|san|na, Su|san|ne** (w. Vorn.); **Su|se** (w. Vorn.)
Su|shi ['zu:ʃi], das; -[s], -[s] ‹jap.› (aus rohem Fisch [Fleisch, Krustentieren, Gemüse, Pilzen u. a.] auf einer Unterlage aus Reis bestehendes Gericht); **Su|shi|bar**
Su|si (w. Vorn.)
Su|si|ne, die; -, -n ‹ital.› (eine ital. Pflaume)
su|s|pekt ‹lat.› (verdächtig)
sus|pen|die|ren ‹lat.› (zeitweilig aufheben; [einstweilen] des Dienstes entheben; *Med.* anheben, aufhängen; *Chemie* eine Suspension herbeiführen); **Sus|pen|die|rung**
Sus|pen|si|on, die; -, -en ([einstweilige] Dienstenthebung; zeitweilige Aufhebung; *Med.* Anhebung, Aufhängung; *Chemie* Aufschwemmung feinstverteilter fester Stoffe in einer Flüssigkeit); **sus|pen|siv** (aufhebend, aufschiebend)
Sus|pen|so|ri|um, das; -s, ...ien (*Med.* Tragverband, z. B. für den Hodensack; *Sport* Schutz für die m. Geschlechtsteile)
süß; am süßesten; **Süß,** das; -es (*Druckw.* geleistete, aber noch nicht bezahlte Arbeit)
Sü|ße, die; -; **sü|ßen;** du süßt
Süß|holz (eine Pflanzengattung; Droge)
Süß|holz|rasp|ler (*ugs. für* Schmeichler)
Sü|ßig|keit
Süß|kar|tof|fel; Süß|kir|sche
süß|lich; Süß|lich|keit
Süß|most; Süß|mos|ter (jmd., der Süßmost o. Ä. herstellt); **Süß|mos|te|rei; Süß|mos|te|rin**
Süß|rahm|but|ter
süß|sau|er
Süß|spei|se; Süß|stoff
Süß|wa|re *meist Plur.*
süß|wa|ren|frei; eine süßwarenfreie Kasse
Süß|wa|ren|ge|schäft
Süß|was|ser; Süß|was|ser|fisch; Süß|was|ser|tier
Süß|wein
Sust, die; -, -en (*schweiz. früher für* öffentl. Rast- u. Lagerhaus)
Sus|ten, der; -s, **Sus|ten|pass, Sus|ten-Pass,** der; -es (schweiz. Alpenpass)
sus|zep|ti|bel ‹lat.› (*veraltet für* empfänglich); ...i|b|le Natur
Sus|zep|ti|on, die; -, -en (*Bot.* Reizaufnahme der Pflanze); **sus|zi|pie|ren** (einen Reiz aufnehmen [von Pflanzen])
Su|tasch *vgl.* Soutache
sut|je (*nordd. für* sacht, sanft)
Süt|ter|lin|schrift, Süt|ter|lin-Schrift, die; - ↑K136 ‹nach dem dt. Pädagogen u. Grafiker L. Sütterlin› (Grundlage der von 1915 bis 1940 an den Schulen verwendeten Schreibschrift)
Su|tur, die; -, -en ‹lat.› (*Med.* [Knochen-, Schädel]naht)
su|um cu|i|que ‹lat., »jedem das Seine«› (preuß. Wahlspruch)
SUV [*auch* zʊf, ɛsju:'vi:], das *od.* der; -[s], -[s] = sport utility vehicle ‹engl.› (Geländewagen)
¹Su|va (Hauptstadt von Fidschi)
SUVA, ²Su|va, die; - = Schweizerische Unfallversicherungsanstalt
s. v. = salva venia; sub voce
Sv = Sievert
¹SV, der; - = Sportverein
²SV, die; - = Sozialversicherung
³SV, die; -, -s = Schülervertretung
sva. = so viel als
Sval|bard ‹norw.› (norw. Inselgruppe im Nordpolarmeer)
SVD = Societas Verbi Divini
Sven (m. Vorn.); **Sven|ja** (w. Vorn.)
SVP, die; - = Schweizerische Volkspartei; Südtiroler Volkspartei
s. v. v. = sit venia verbo
svw. = so viel wie
SW = Südwest[en]
Swa|hi|li; *vgl.* ¹Suaheli, ²Suaheli
Swa|mi, der; -[s], -s ‹Hindi› (hinduistischer Mönch, Lehrer)
Swap [svɔp], der; -s, -s ‹engl.› (*Bankw., Börse* Austausch bestimmter Rechte, Pflichten o. Ä; Differenz zwischen Kassakurs u. Terminkurs); **Swap|ge|schäft** (*Börse* Devisenaustauschgeschäft)
SWAPO, die; - = South West African People's Organization (südwestafrikanische Befreiungsbewegung)
Swa|si, der *u.* die; -, - (Bewohner[in] von Swasiland); **Swa|si|land** (Staat in Südafrika); **Swa|si|län|der** (*österr. für* Swasi); **Swa|si|län|de|rin; swa|si|län|disch**
Swas|ti|ka, die; -, ...ken, *auch* der; -[s], -s ‹sanskr.› (altind. Bez. des Hakenkreuzes)
Swea|ter ['svɛ:..., *auch* 'svɛ...], der; -s, - ‹engl.› (*svw.* Sweatshirt); **Sweat|shirt** ['svɛ...] (weit geschnittener Pullover)
Swe|be, der; -n, -n (Angehöriger eines Verbandes westgerm. Stämme); **Swe|bin; swe|bisch**
Swe|den|borg (schwed. Naturphilosoph)
Swift (engl.-ir. Schriftsteller)
Swim|ming|pool, der; -s, -s ‹engl.› (Schwimmbecken)
Swi|ne, die; - (Hauptmündungsarm der Oder)

S
Supr

Swin|egel, der; -s, - (*nordd. für* Igel)
Swi|ne|mün|de (*poln.* Świnoujście)
Swing, der; -[s] ⟨engl.⟩ (ein Stil des Jazz; *Wirtsch.* Kreditgrenze bei bilateralen Handelsverträgen); **swin|gen;** swingte; geswingt
Swin|ger (*ugs. auch für* jmd., der ein promiskuitives Sexualleben hat); **Swin|ge|rin; Swin|ger|klub, Swin|ger|club**
Swing|fox
Świ|nou|jście [ʃfinɔˈujʃtʃɛ] (Hafenstadt u. Seebad auf Usedom, *vgl.* Swinemünde)
Swiss, die; - (schweiz. Luftfahrtgesellschaft); **Swiss|air** [...sɛːɐ̯], die; - ⟨engl.⟩ (ehem. schweiz. Luftfahrtgesellschaft)
swit|chen [ˈsvɪtʃn̩] ⟨engl.⟩ (*Wirtsch.* ein über ein Drittland abgewickeltes Außenhandelsgeschäft tätigen; [hin u. her] wechseln; zappen); geswitcht
SWR, der; - = Südwestrundfunk
Sy|ba|ris (antike griech. Stadt in Unteritalien); **Sy|ba|rit,** der; -en, -en (Einwohner von Sybaris; *veraltet für* Schlemmer); **sy|ba|ri|tisch**
Syd|ney [ˈsɪdnɪ] (Hauptstadt von Neusüdwales in Australien)
Sy|e|ne (*alter Name von* Assuan); **Sy|e|nit,** der; -s, -e ⟨griech.⟩ (ein Tiefengestein); **Sy|e|nit|gneis; Sy|e|nit|por|phyr**
Sy|ko|mo|re, die; -, -n ⟨griech.⟩ (ägypt. Maulbeerfeigenbaum); **Sy|ko|mo|ren|holz**
Sy|ko|phant, der; -en, -en (im alten Athen gewerbsmäßiger Ankläger; *veraltet für* Verräter, Verleumder); **Sy|ko|phan|tin; sy|ko|phan|tisch** *(veraltet)*
Sy|ko|se, die; -, -n ⟨griech.⟩ (*Med.* Bartflechte[nbildung])
syll... ⟨griech.⟩ (mit..., zusammen...); **Syll...** (Mit..., Zusammen...)
syl|la|bisch ⟨griech.⟩ (*veraltet für* silbenweise); **Syl|la|bus,** der; -, *Plur.* - *u.* ...bi (Zusammenfassung; Verzeichnis [der früher durch den Papst verurteilten Lehren])
Syl|lep|se, Syl|lep|sis, die; -, ...epsen (*Rhet.* Zusammenfassung, eine Form der Ellipse); **syl|lep|tisch**
Syl|lo|gis|mus, der; -, ...men ⟨griech.⟩ (*Philos.* logischer Schluss vom Allgemeinen auf das Besondere); **syl|lo|gis|tisch**
[1]**Syl|phe,** der; -n, -n, *auch* die; -, -n ⟨lat.⟩ ([m.] Luftgeist des mittelalterl. Zauberglaubens)
[2]**Syl|phe,** die; -, -n (ätherisch zartes weibliches Wesen)
Syl|phi|de, die; -, -n (w. [1]Sylphe; schlanke, anmutige junge Frau); **syl|phi|den|haft**
Sylt (eine der Nordfriesischen Inseln)
Syl|ves|ter *vgl.* [1]Silvester

> **Silvester**
> Die Bezeichnung für den letzten Tag im Jahr wird, anders als der Vorname *Sylvester/Silvester,* ausschließlich mit *i* geschrieben.

Syl|vin, das, *auch* der; -s, -e ⟨nach dem Arzt Sylvius⟩ (ein Mineral)
sym... ⟨griech.⟩ (mit..., zusammen...); **Sym...** (Mit..., Zusammen...)
Sym|bi|ont, der; -en, -en ⟨griech.⟩ (*Biol.* Partner einer Symbiose); **Sym|bi|o|se,** die; -, -n (»Zusammenleben« ungleicher Lebewesen zu gegenseitigem Nutzen); **sym|bi|o|tisch** (in Symbiose lebend)
Sym|bol, das; -s, -e ⟨griech.⟩ (Wahrzeichen; Sinnbild; Zeichen); **Sym|bol|cha|rak|ter,** der; -s; **Sym|bol|fi|gur; sym|bol|haft; Sym|bol|haf|tig|keit,** die; -
Sym|bo|lik, die; - (sinnbildliche Bedeutung od. Darstellung; Bildersprache; Verwendung von Symbolen); **sym|bo|lisch**
sym|bo|li|sie|ren (sinnbildlich darstellen); **Sym|bo|li|sie|rung**
Sym|bo|lis|mus, der; - (Strömung in Literatur u. bildender Kunst als Reaktion auf Realismus u. Naturalismus); **Sym|bo|list,** der; -en, -en; **Sym|bo|lis|tin; sym|bo|lis|tisch**
Sym|bol|kraft, die; -; **Sym|bol|spra|che** *(EDV);* **sym|bol|träch|tig; Sym|bol|träch|tig|keit,** die; -
Sym|ma|chie, die; -, ...ien ⟨griech.⟩ (Bundesgenossenschaft der altgriech. Stadtstaaten)
Sym|me|t|rie, die; -, ...ien ⟨griech.⟩ (spiegelbildliche Übereinstimmung); **Sym|me|t|rie|ach|se** (*Math.* Spiegelachse); **Sym|me|t|rie|ebe|ne**
sym|me|t|risch
sym|pa|the|tisch ⟨griech.⟩ (von geheimnisvoller Wirkung); sympathetische Tinte (unsichtbare Geheimtinte)
Sym|pa|thie, die; -, ...ien ([Zu]neigung; Wohlgefallen)
Sym|pa|thie|be|kun|dung; Sym|pa|thie|er|klä|rung; Sym|pa|thie|kund|ge|bung; Sym|pa|thie|streik; Sym|pa|thie|trä|ger (jmd., der die Sympathie anderer auf sich zieht); **Sym|pa|thie|trä|ge|rin**
Sym|pa|thi|kus, der; - (*Med.* Teil des vegetativen Nervensystems)
Sym|pa|thi|sant, der; -en, -en (jmd., der einer Gruppe od. einer Anschauung wohlwollend gegenübersteht); **Sym|pa|thi|san|tin**
sym|pa|thisch (anziehend; ansprechend; zusagend); **sym|pa|thi|sie|ren** (gleiche Anschauungen haben); mit jemandem sympathisieren
Sym|pho|nie *vgl.* Sinfonie
Sym|phy|se, die; -, -n ⟨griech.⟩ (*Med.* Verwachsung; Knochenfuge); **sym|phy|tisch** (zusammengewachsen)
Sym|p|le|ga|den *Plur.* (zwei zusammenschlagende Felsen vor dem Eingang ins Schwarze Meer [in der griech. Sage])
Sym|po|si|on, Sym|po|si|um, das; -s, ...ien ⟨griech.⟩ (wissenschaftl. Tagung; Trinkgelage im alten Griechenland)
Sym|p|tom, das; -s, -e ⟨griech.⟩ (Anzeichen; Merkmal; Krankheitszeichen); **Sym|p|to|ma|tik,** die; - (*Med.* Gesamtheit von Symptomen); **sym|p|to|ma|tisch** (anzeigend, warnend; bezeichnend); **Sym|p|to|ma|to|lo|gie,** die; - (*Med.* Lehre von den Krankheitszeichen)
syn... ⟨griech.⟩ (mit..., zusammen...); **Syn...** (Mit..., Zusammen...)
sy|n|a|go|gal ⟨griech.⟩ (den jüd. Gottesdienst od. die Synagoge betreffend); **Sy|n|a|go|ge,** die; -, -n (gottesdienstl. Versammlungsort der jüd. Gemeinde)
sy|n|al|lag|ma|tisch ⟨griech.⟩ (*Rechtsspr.* gegenseitig)
Sy|n|a|lö|phe, die; -, -n ⟨griech.⟩ (*Verslehre* Verschmelzung zweier Silben)
sy|n|an|d|risch ⟨griech.⟩ (*Bot.* mit verwachsenen Staubblättern); synandrische Blüte
Sy|n|ap|se, die; -, -n ⟨griech.⟩ (*Biol.* Verbindung zwischen Zellen zur Reizübertragung)

Sy|n|ä|re|se, Sy|n|ä|re|sis, die; -, ...resen ‹griech.› (*Sprachwiss.* Zusammenziehung zweier Vokale zu einer Silbe)

Sy|n|äs|the|sie, die; -, ...ien ‹griech.› (*Med.* Miterregung eines Sinnesorgans bei Reizung eines andern; *Rhet.* sprachlich ausgedrückte Verschmelzung mehrerer Sinneseindrücke, z. B. »schreiendes Rot«); **sy|n|äs|the|tisch**

syn|chron [...k...] ‹griech.› (gleichzeitig, zeitgleich, gleichlaufend; *auch für* synchronisch); **Syn|chron|ge|trie|be; Syn|chro|nie,** die; - (*Sprachwiss.* Darstellung des Sprachzustandes eines bestimmten Zeitraums)

Syn|chro|ni|sa|ti|on, die; -, -en *u.* Syn|chro|ni|sie|rung (Herstellen des Synchronismus; Zusammenstimmung von Bild, Sprechton u. Musik im Film; bild- u. bewegungsechte Übertragung fremdsprachiger Partien eines Films)

syn|chro|nisch (die Synchronie betreffend); **syn|chro|ni|sie|ren** ‹*zu* Synchronisation›; **Syn|chro|ni|sie|rung** *vgl.* Synchronisation

Syn|chro|nis|mus, der; -, ...men (Gleichzeitigkeit; Gleichlauf; zeitl. Übereinstimmung); **syn|chro|nis|tisch; Syn|chro|ni|zi|tät,** die; -, -en

Syn|chron|ma|schi|ne; Syn|chron|mo|tor

syn|chron|schwim|men *nur im Infinitiv gebräuchlich;* **Syn|chron|schwim|men,** das; -s *(Sport);* **Syn|chron|schwim|mer; Syn|chron|schwim|me|rin**

Syn|chron|spre|cher; Syn|chron|spre|che|rin; Syn|chron|uhr

Syn|chro|t|ron, das; -s, *Plur.* -e, *auch* -s (*Kernphysik* Beschleuniger für geladene Elementarteilchen)

Syn|dak|ty|lie, die; -, ...ien ‹griech.› (*Med.* Verwachsung von Fingern od. Zehen)

syn|de|tisch ‹griech.› (*Sprachwiss.* durch Bindewort verbunden)

Syn|di|ka, die; -, -s ‹*zu* Syndikus›

Syn|di|ka|lis|mus, der; - ‹griech.› (*Bez. für* sozialrevolutionäre Bestrebungen mit dem Ziel der Übernahme der Produktionsmittel durch autonome Gewerkschaften); **Syn|di|ka|list,** der; -en, -en; **Syn|di|ka|lis|tin; syn|di|ka|lis|tisch**

Syn|di|kat, das; -[e]s, -e (*Wirtsch.* Verkaufskartell; *Bez. für* geschäftlich getarnte Verbrecherorganisation in den USA); **Syn|di|ka|ti|on,** die; -, -en ‹engl.› (*Wirtsch.* Verkauf von [lizenzierten] Inhalten)

Syn|di|kus, der; -, *Plur.* -se *u.* ...dizi (*Rechtsspr.* Rechtsbeistand einer Körperschaft)

syn|di|zie|ren (*Wirtsch.* in einem Verkaufskartell zusammenfassen; [lizenzierte] Inhalte weiterverkaufen); **Syn|di|zie|rung**

Syn|drom, das; -s, -e ‹griech.› (*Med.* Krankheitsbild); depressives Syndrom; prämenstruelles Syndrom; psychovegetatives Syndrom

Sy|n|e|chie, die; -, ...ien ‹griech.› (*Med.* Verwachsung)

Sy|n|e|d|ri|on, das; -s, ...ien ‹griech.› (altgriech. Ratsbehörde; *svw.* Synedrium); **Sy|n|e|d|ri|um,** das; -s, ...ien (Hoher Rat der Juden in griech. u. röm. Zeit)

Sy|n|ek|do|che [...xe], die; -, -n [...ˈdɔ...] ‹griech.› (*Rhet., Stilkunde* Setzung des engeren Begriffs für den umfassenderen)

Sy|n|er|ge|tik, die; - ‹griech.› (die Lehre vom Zusammenwirken; Selbstorganisation); **sy|n|er|ge|tisch** (zusammen-, mitwirkend)

Sy|n|er|gie, die; -, ...ien (Zusammenwirken); **Sy|n|er|gie|ef|fekt** (positive Wirkung, die sich aus dem Zusammenschluss od. der Zusammenarbeit zweier Unternehmen o. Ä. ergibt)

Sy|n|er|gis|mus, der; - (*Theol.* Lehre vom Zusammenwirken des menschl. Willens u. der göttlichen Gnade; *Chemie, Med.* Zusammenwirken von Substanzen od. Faktoren); **sy|n|er|gis|tisch**

Sy|n|e|sis, die; -, ...esen ‹griech.› (*Sprachwiss.* sinngemäß richtige Wortfügung, die streng genommen nicht den grammatischen Regeln entspricht)

Syn|kar|pie, die; - ‹griech.› (*Bot.* Zusammenwachsen der Fruchtblätter zu einem einzigen Fruchtknoten)

syn|kli|nal ‹griech.› (*Geol.* muldenförmig [von Lagerstätten]); **Syn|kli|na|le, Syn|kli|ne,** die; -, -n (*Geol.* Mulde)

Syn|ko|pe [ˈzʏnkope, *Musik nur* ...ˈkoːpə], die; -, ...open ‹griech.› (*Sprachwiss.* Ausfall eines unbetonten Vokals zwischen zwei Konsonanten im Wortinnern; *Verslehre* Ausfall einer Senkung im Vers; *Med.* kurze Bewusstlosigkeit; *Musik* Betonung eines unbetonten Taktwertes); **syn|ko|pie|ren; syn|ko|pisch**

Syn|kre|tis|mus, der; - ‹griech.› (Verschmelzung, Vermischung [von Lehren od. Religionen]); **Syn|kre|tist,** der; -en, -en; **Syn|kre|tis|tin; syn|kre|tis|tisch**

Sy|n|od, der; -s, -e ‹griech.› (*früher für* oberste Behörde der russ. Kirche); Heiliger Synod

sy|n|o|dal (die Synode betreffend); **Sy|n|o|da|le,** der *u.* die; -n, -n (Mitglied einer Synode); **Sy|n|o|dal|ver|fas|sung; Sy|n|o|dal|ver|samm|lung**

Sy|n|o|de, die; -, -n (Kirchenversammlung, bes. die evangelische); **sy|n|o|disch** (*seltener für* synodal)

Sy|n|ö|kie *vgl.* Synözie

sy|n|o|nym ‹griech.› (*Sprachwiss.* sinnverwandt); synonyme Wörter; **Sy|n|o|nym,** das; -s, *Plur.* -e, *auch* Synonyma (*Sprachwiss.* sinnverwandtes Wort, z. B. »Frühjahr, Lenz, Frühling«)

Sy|n|o|ny|men|wör|ter|buch *vgl.* Synonymwörterbuch

Sy|n|o|ny|mie, die; -, ...ien (Sinnverwandtschaft [von Wörtern u. Wendungen]); **Sy|n|o|ny|mik,** die; - (Lehre von den sinnverwandten Wörtern); **sy|n|o|ny|misch** (*älter für* synonym)

Sy|n|o|nym|wör|ter|buch (Wörterbuch, in dem Synonyme in Gruppen dargestellt sind)

Sy|n|op|se, Sy|n|op|sis, die; -, ...opsen ‹griech.› (knappe Zusammenfassung; vergleichende Übersicht; Nebeneinanderstellung von Texten, bes. der Evangelien des Matthäus, Markus u. Lukas)

Sy|n|op|tik, die; -, -en (*Meteorol.* für eine Wettervorhersage notwendige großräumige Wetterbeobachtung)

Sy|n|op|ti|ker (einer der drei Evangelisten Matthäus, Markus u. Lukas); **sy|n|op|tisch** ([übersichtlich] zusammengestellt, nebeneinandergereiht); synoptische Evangelien

Sy|n|ö|zie, Sy|n|ö|kie, die; -, ...ien ‹griech.› (*Zool.* Zusammenleben verschiedener Organismen, das den Wirtstieren weder schadet noch nützt; *Bot. auch für* Monözie); **sy|n|ö|zisch**

Syn|tag|ma, das; -s, *Plur.* …men *od.* …ta ‹griech.› (*Sprachwiss.* Verknüpfung von Wörtern zu Wortgruppen, Wortverbindungen); **syn|tag|ma|tisch** (das Syntagma betreffend)

syn|tak|tisch (die Syntax betreffend); syntaktische Fügung; **Syn|tax,** die; -, -en (*Sprachwiss.* Lehre vom Satzbau; Satzlehre)

Syn|the|se, die; -, -n ‹griech.› (Zusammenfügung [einzelner Teile zu einem Ganzen]; *Philos.* Aufhebung des sich in These u. Antithese Widersprechenden in eine höhere Einheit; *Chemie* Aufbau einer Substanz); **Syn|the|se|pro|dukt** (Kunststoff)

Syn|the|si|zer […təsaizɐ, *engl.* ˈsɪnθɪsaɪzə], der; -s, - ‹griech.-engl.› (*Musik* Gerät zur elektron. Klangerzeugung)

Syn|the|tics [zʏnˈteːtɪks] *Plur.* (*Sammelbez. für* synthet. erzeugte Kunstfasern u. Produkte daraus); **Syn|the|tik,** das; -s *meist ohne Artikel* ([Gewebe aus] Kunstfaser)

syn|the|tisch ‹griech.› (zusammensetzend; *Chemie* künstlich hergestellt); synthetisches Urteil *(Philos.);* synthetische Edelsteine; **syn|the|ti|sie|ren** (*Chemie* aus einfacheren Stoffen herstellen)

Sy|phi|lis, die; - ‹nach dem Titel eines lat. Lehrgedichts des 16. Jh.s› (*Med.* eine Geschlechtskrankheit); **sy|phi|lis|krank; Sy|phi|li|ti|ker** (an Syphilis Leidender); **Sy|phi|li|ti|ke|rin; sy|phi|li|tisch**

Siphon

Wie im Französischen, aus dem wir das Wort entlehnt haben, wird *Siphon* mit *i* geschrieben.

Sy|ra|kus (Stadt auf Sizilien); **Sy|ra|ku|ser; Sy|ra|ku|se|rin; sy|ra|ku|sisch**

Sy|rer; Sy|re|rin; Sy|ri|en (die Arabische Republik Syrien; Staat im Vorderen Orient); **Sy|ri|er** usw. *vgl.* Syrer usw.

Sy|rin|ge, die; -, -n ‹griech.› (Flieder)

[1]**Sy|rinx** (griech. Nymphe)

[2]**Sy|rinx,** die; -, …ingen (Hirtenflöte; Stimmorgan der Vögel)

sy|risch (aus Syrien; Syrien betreffend); *aber* ↑K140 : die Syrische Wüste

Syr|jä|ne, der; -n, -n (Angehöriger eines finnisch-ugrischen Volkes); **Syr|jä|nin**

Sy|ro|lo|ge, der; -n, -n ‹griech.› (Erforscher der Sprachen, der Geschichte u. der Altertümer Syriens); **Sy|ro|lo|gie,** die; -; **Sy|ro|lo|gin**

Syr|te, die; -, -n ‹griech.› (*veraltet für* Untiefe, Sandbank); die Große Syrte, die Kleine Syrte (zwei Meeresbuchten an der Küste Nordafrikas)

Sisyphus

Sisyphus, der der griechischen Sage nach dazu verurteilt war, einen Felsblock einen steilen Berg hinaufzuwälzen, von wo er kurz vor dem Gipfel immer wieder herabrollte, wird in der ersten Silbe mit einem *i,* in der zweiten mit einem *y* geschrieben. Ebenso: *Sisyphusarbeit.*

Sys|tem, das; -s, -e ‹griech.›

Sys|tem|ab|sturz *(EDV);* **Sys|tem|ad|mi|nis|t|ra|tor** (*EDV* Betreuer einer Datenverarbeitungsanlage); **Sys|tem|ad|mi|nis|t|ra|to|rin**

Sys|tem|ana|ly|se; Sys|tem|ana|ly|ti|ker (Fachmann in der EDV); **Sys|tem|ana|ly|ti|ke|rin**

Sys|te|ma|tik, die; -, -en (planmäßige Darstellung, einheitl. Gestaltung; *nur Sing.: Biol.* Lehre vom System der Lebewesen); **Sys|te|ma|ti|ker; Sys|te|ma|ti|ke|rin**

sys|te|ma|tisch (das System betreffend; in ein System gebracht; planmäßig)

sys|te|ma|ti|sie|ren (in ein System bringen); **Sys|te|ma|ti|sie|rung**

Sys|tem|bau|wei|se; Sys|tem|cha|rak|ter, der; -s; **Sys|tem|feh|ler** *(EDV)*

sys|tem|feind|lich; sys|tem|fremd; sys|tem|im|ma|nent

sys|te|misch (*Biol., Med.* den gesamten Organismus betreffend; *auch übertr. für* ein Gesamtsystem beeinflussend)

sys|tem|kon|form; Sys|tem|kri|ti|ker; Sys|tem|kri|ti|ke|rin

sys|tem|los (planlos); **Sys|tem|lo|sig|keit,** die; -

Sys|tem|ma|nage|ment (systematische Unternehmensführung); **Sys|tem|ma|na|ger** *(EDV);* **Sys|tem|ma|na|ge|rin**

sys|te|mo|id (systemähnlich)

Sys|tem|pro|gram|mie|rer *(EDV);* **Sys|tem|pro|gram|mie|re|rin**

sys|tem|re|le|vant (für ein System bedeutsam); **Sys|tem|re|le|vanz,** die; -

sys|tem|über|grei|fend

Sys|tem|ver|än|de|rer; Sys|tem|ver|än|de|rin; Sys|tem|zwang

Sy|s|to|le [*auch* ˈzʏstole], die; -, …olen (*Med.* Zusammenziehung des Herzmuskels); **sy|s|to|lisch;** systolischer Blutdruck

Sy|zy|gie, die; -, …ien ‹griech.› (*Astron.* Konjunktion u. Opposition von Sonne u. Mond)

s. Z. = seinerzeit

Szcze|cin [ˈʃtʃɛtʃin] (poln. Hafenstadt an der Oder); *vgl.* Stettin

Sze|chu|an, Sze|tschu|an [ˈsɛtʃuan] (*ältere Formen von* Sichuan)

Sze|ged, Sze|ge|din [ˈsɛ…] (ung. Stadt); **Sze|ge|di|ner;** Szegediner Gulasch; **Sze|ge|di|ne|rin**

Szek|ler [ˈsɛ…], der; -s, - (Angehöriger eines ung. Volksstammes); **Szek|le|rin**

Sze|nar, das; -s, -e ‹lat.› (*seltener für* Szenario, Szenarium); **Sze|na|rio,** das; -s, -s, *auch* …ien ‹ital.› ([in Szenen gegliederter] Entwurf eines Films; Modell möglicher Ereignisse; *auch für* Szenarium); **Sze|na|ri|um,** das; -s, …ien ‹lat.› (Übersicht über Szenenfolge u. a. eines Theaterstücks)

Sze|ne, die; -, -n ‹franz.› (Schauplatz; Auftritt als Unterabteilung des Aktes; Vorgang, Anblick; Zank, Vorhaltungen; charakteristischer Bereich für bestimmte Aktivitäten)

Sze|ne|blatt; Sze|ne|gän|ger *(ugs.);* **Sze|ne|gän|ge|rin; Sze|ne|jar|gon; Sze|ne|knei|pe** *(ugs.);* **Sze|ne|ma|ga|zin**

Sze|nen|ap|plaus; Sze|nen|fol|ge; Sze|nen|wech|sel

Sze|ne|rie, die; -, …ien (Bühnen-, Landschaftsbild)

Sze|ne|treff *(ugs.);* **sze|nig**

sze|nisch (bühnenmäßig)

Szep|ter (*österr. für* Zepter)

Sze|tschu|an [ˈsɛtʃuan] *vgl.* Szechuan

szi|en|ti|fisch ‹lat.› (*fachspr. für* wissenschaftlich); **Szi|en|tis|mus,** der; - (die auf Wissen u. Wissenschaft gegründete Haltung; Lehre der Szientisten); **Szi|en-**

S
Szie

tịst, der; -en, -en (Angehöriger einer christl. Sekte); **Szi|en|tịs|tin; szi|en|tịs|tisch**

Szịl|la, *bes. fachspr.* Scịl|la, die; -, - od. ...en ⟨griech.⟩ (eine [Heil]pflanze; Blaustern)

Szin|ti|grạmm, das; -s, -e (*Med.* durch die Einwirkung der Strahlung radioaktiver Stoffe auf eine fluoreszierende Schicht erzeugtes Leuchtbild)

Szin|til|la|ti|on, die; -, -en ⟨lat.⟩ (*Astron.* Funkeln [von Sternen]; *Physik* Lichtblitze beim Auftreffen radioaktiver Strahlung auf fluoreszierende Stoffe); **szin|til|lie|ren** (funkeln)

SZR, das; - = Sonderziehungsrecht

Szyl|la, die; - ⟨griech.⟩ (*eindeutschend für lat.* Scylla, *griech.* Skylla; bei Homer Seeungeheuer in einem Felsenriff in der Straße von Messina); zwischen Szylla und Charybdis (in einer ausweglosen Lage)

Szy|ma|nọw|s|ki [ʃ...], Karol (poln. Komponist)

Szy|the usw. *vgl.* Skythe usw.

t T

t = Tonne

T (Buchstabe); das T; des T, die T, *aber* das t in Rate; der Buchstabe T, t

T = Tera...; Tesla; *chem. Zeichen für* Tritium

T. = Titus

Θ, ϑ = Theta

T, τ = Tau

Ta (*chem. Zeichen für* Tantal)

¹Tab [tɛp], der; -s, -s ⟨engl.⟩ (*EDV* Dialogfeld)

²Tạb, der; -s, -s (*kurz für* Tabulator)

Tạ|bak [*auch* 'ta:... *u., bes. österr.,* ...'bak], der; -s, *Plur. (Sorten:)* -e ⟨span.⟩

Ta|bak|an|bau, Ta|bak|bau, der; -[e]s; **Ta|bak|blatt; Ta|bak|brü|he; Ta|bak|händ|ler; Ta|bak|händ|le|rin; Ta|bak|in|dus|t|rie; Ta|bak|kon|sum,** der; -s; **Ta|bak|mo|no|pol**

Ta|bak|pflan|ze; Ta|bak|pflan|zer; Ta|bak|pflan|ze|rin; Ta|bak|pflan|zung; Ta|bak|plan|ta|ge; Ta|bak|rauch; Ta|bak|rau|cher; Ta|bak|rau|che|rin

Ta|baks|beu|tel; Ta|baks|do|se; Ta|baks|pfei|fe

Ta|bak|steu|er, die; **Ta|bak|steu|er|er|hö|hung; Ta|bak|strauch**

Ta|bạk|tra|fik (*österr. für* Laden für Tabakwaren, Briefmarken, Zeitungen u. Ä.); **Ta|bạk|tra|fi|kant** (*österr. für* Besitzer einer Tabaktrafik); **Ta|bạk|tra|fi|kan|tin**

Ta|bak|wa|ren *Plur.;* **Ta|bak|wer|bung**

Ta|bạs|co®, der; -s ⟨span.⟩ (eine scharfe Würzsoße); **Ta|bạs|co|so|ße, Ta|bạs|co|sau|ce**

Ta|ba|ti|e|re, die; -, -n ⟨franz.⟩ (*früher für* Schnupftabaksdose; *österr. auch noch für* Zigaretten-, Tabaksdose)

Tab|bou|leh [...bu'le:] *vgl.* Taboulé

ta|bel|la|risch ⟨lat.⟩ (in der Anordnung einer Tabelle); **ta|bel|la|ri|sie|ren** (in Tabellen [an]ordnen); **Ta|bel|la|ri|sie|rung**

Ta|bẹl|le, die; -, -n ⟨lat.⟩

Ta|bẹl|len|drit|te, der *u.* die; -n, -n; **Ta|bẹl|len|en|de; Ta|bẹl|len|ers|te**

Ta|bẹl|len|form; ta|bẹl|len|för|mig

Ta|bẹl|len|füh|rer; Ta|bẹl|len|füh|re|rin; Ta|bẹl|len|füh|rung; Ta|bẹl|len|kal|ku|la|ti|on *(EDV);* **Ta|bẹl|len|letz|te; Ta|bẹl|len|platz; Ta|bẹl|len|spit|ze; Ta|bẹl|len|stand,** der; -[e]s; **Ta|bel|len|vor|letz|te,** der *u.* die; -n, -n; **Ta|bẹl|len|zwei|te,** der *u.* die; -n, -n

ta|bel|lie|ren (auf maschinellem Wege in Tabellenform darstellen); **Ta|bel|lie|rer; Ta|bel|lie|re|rin**

Ta|bel|lier|ma|schi|ne (*EDV* Lochkartenmaschine, die Tabellen ausdruckt)

Ta|ber|na|kel, das, *auch, bes. in der kath. Kirche,* der; -s, - ⟨lat.⟩ (*kath. Kirche* Aufbewahrungsort der Eucharistie [auf dem Altar]; Ziergehäuse in der gotischen Baukunst)

Ta|bes, die; - ⟨lat.⟩ (*Med.* Rückenmarksschwindsucht); **Ta|bi|ker** (Tabeskranker); **Ta|bi|ke|rin; ta|bisch**

Tạ|b|lar, das; -s, -e ⟨franz.⟩ (*schweiz. für* Gestellbrett)

Ta|b|leau [...'blo:], das; -s, -s ⟨franz.⟩ (wirkungsvoll gruppiertes Bild, bes. im Schauspiel; *veraltet für* Gemälde)

Ta|b|le|dance, Ta|b|le-Dance ['te:bl̩da:ns], der; - ⟨engl.⟩ (erotische Show [in Nachtlokalen])

Ta|b|le d'Hôte [- 'do:t], die; - - ⟨franz.⟩ (*veraltet für* [gemeinschaftliche] Gasthaustafel)

Ta|b|let-PC ['tɛblɛt...], der; -[s], -[s] ⟨engl.⟩ (tragbarer flacher Computer in der Form eines Schreibblocks)

Ta|b|lẹtt, das; -[e]s, *Plur.* -s, *auch* -e ⟨franz.⟩ (Servierbrett)

Ta|b|let|te, die; -, -n ⟨franz.⟩

ta|b|lẹt|ten|ab|hän|gig; Ta|b|lẹt|ten|ab|hän|gi|ge, der *u.* die; -n, -n; **Ta|b|lẹt|ten|ab|hän|gig|keit,** die; -

Ta|b|lẹt|ten|form, die; -; in Tablettenform; **Ta|b|lẹt|ten|miss|brauch,** der; -[e]s; **Ta|b|lẹt|ten|röhr|chen**

Ta|b|lẹt|ten|sucht, die; -; **ta|b|lẹt|ten|süch|tig; Ta|b|lẹt|ten|süch|ti|ge,** der *u.* die

ta|b|let|tie|ren (in Tablettenform bringen)

Ta|b|li|num, das; -s, ...na ⟨lat.⟩ (getäfelter Hauptraum des altröm. Hauses)

Ta|b|loid ['tablɔyd], das; -, -s ⟨engl.⟩ (Boulevardzeitung; ein Zeitungsformat)

Ta|b|loid|for|mat

¹Ta|bor, der; -[s] (Berg in Israel)

²Ta|bor (tschech. Stadt)

Ta|bo|rit, der; -en, -en ⟨nach der Stadt Tabor⟩ (*Geschichte* Angehöriger einer radikalen Gruppe der Hussiten; *vgl.* Hussit); **Ta|bo|ri|tin**

Ta|bou|lé, Tab|bou|leh [...bu'le:], das; -[s], -[s], *auch* die; -, -[s] ⟨arab.-franz.⟩ (libanesischer Salat)

Tä|b|ris, der; -, - ⟨nach der iran. Stadt⟩ (ein Perserteppich)

Tạb|tas|te (*kurz für* Tabulatortaste)

ta|bu ⟨polynes., »verboten«⟩ (unverletzlich, unantastbar); *nur prädikativ:* das ist tabu

Ta|bu, das; -s, -s (*Völkerkunde* Gebot bei [Natur]völkern, bes. geheiligte Personen, Tiere, Pflanzen, Gegenstände zu meiden; *allg. für* etwas, das man nicht tun darf); es ist ein Tabu

Ta|bu|bruch; Ta|bu|gren|ze

ta|bu|ie|ren usw. *vgl.* tabuisieren usw.; **ta|bu|i|sie|ren,** ta|bu|ie|ren (für tabu erklären, als ein Tabu behandeln); **Ta|bu|i|sie|rung,** Ta|bu|ie|rung

Ta|bu|la ra|sa, die; - - ⟨lat., »abgeschabte Tafel«⟩ (*meist übertr.*

S
Szie

für unbeschriebenes Blatt); Tabula rasa machen (reinen Tisch machen)

Ta|bu|la|tor, der; -s, ...oren (Taste auf der Computertastatur zum Tabellieren); **Ta|bu|la|tor|tas|te**

ta|bu|los

Ta|bu|rett, das; -[e]s, -e ‹arab.-franz.› (*schweiz., sonst veraltet für* Hocker, Stuhl ohne Lehne)

Ta|bu|schran|ke; Ta|bu|schwel|le; Ta|bu|the|ma; Ta|bu|vor|schrift; Ta|bu|wort *Plur.* ...wörter; **Ta|bu|zo|ne**

Ta|che|les ‹hebr.-jidd.›; *nur in* Tacheles reden (*ugs. für* offen miteinander reden, jmdm. seine Meinung sagen)

ta|chi|nie|ren (*österr. ugs. für* faulenzen); **Ta|chi|nie|rer** (*österr. ugs. für* Faulenzer); **Ta|chi|nie|re|rin**

Ta|chis|mus [...ˈʃɪs...], der; - ‹nlat.› (Richtung der abstrakten Malerei, die Empfindungen durch spontanes Auftragen von Farbflecken auszudrücken sucht)

Ta|cho, der; -s, -s (*ugs.; kurz für* Tachometer)

Ta|cho|graf, Ta|cho|graph, der; -en, -en ‹griech.› (Fahrtenschreiber)

Ta|cho|me|ter, der, *auch* das; -s, - ([Fahr]geschwindigkeitsmesser)

Ta|chy|gra|fie, Ta|chy|gra|phie, die; -, ...ien (aus Zeichen für Silben bestehendes Kurzschriftsystem des Altertums); **ta|chy|gra|fisch, ta|chy|gra|phisch**

Ta|chy|kar|die, die; -, ...ien (*Med.* beschleunigter Herzschlag)

Ta|chy|me|ter, das; -s, - (*Geodäsie* Messgerät für Geländeaufnahmen)

Ta|chy|on, das; -s, ...onen *meist Plur.* (*Kernphysik* hypothet. Elementarteilchen, das Überlichtgeschwindigkeit besitzen soll)

ta|ci|te|isch; die taciteischen Schriften ↑K 89 *u.* 135; **Ta|ci|tus** (altröm. Geschichtsschreiber)

Ta|cker, der; -s, - ‹engl.› (Gerät, mit dem etw. geheftet werden kann); **ta|ckern;** ich tackere

Tack|ling [ˈtɛk...], das; -s, -s ‹engl., *eigtl.* »sliding tackling«› (*Fußball* Verteidigungstechnik, bei der der Verteidigende in die Füße des Gegners hineinrutscht)

Tacks, Täks, der; -es, -e ‹engl.› (keilförmiger Stahlnagel)

Tad|dä|us *vgl.* Thaddäus

Ta|del, der; -s, -; **Ta|de|lei**

ta|del|frei; ta|del|haft; ta|del|los

ta|deln; ich tad[e]le

ta|delns|wert; ta|delns|wür|dig

Ta|del|sucht, die; - (*geh. abwertend*); **ta|del|süch|tig**

Tad|ler; Tad|le|rin

Ta|d|schi|ke [...ˈdʒiː...], der; -n, -n (Angehöriger eines iran. Volkes in Mittelasien); **Ta|d|schi|kin; ta|d|schi|kisch; Tad|schi|kisch,** das; -[s] (Sprache); **Tad|schi|ki|sche,** das; -n; *vgl.* ^{2}Deutsche; **Ta|d|schi|ki|s|tan** (Staat im Südosten Mittelasiens)

Tadsch Ma|hal, Taj Ma|hal, der; -[s] (Mausoleum in Agra in Indien)

Tae|k|won|do [tɛ...], das; -[s] ‹korean.› (koreanisches System der Selbstverteidigung)

Tael [tɛːl, *auch* teːl], das; -[s], -s (früheres chin. Gewicht); 5 Tael

Taf. = Tafel

Ta|fel, die; -, -n; *Abk.* Taf.

Ta|fel|an|schrieb, der; -s, -e

ta|fel|ar|tig

Ta|fel|auf|satz; Ta|fel|berg; Ta|fel|be|steck; Ta|fel|bild

Tä|fel|chen

Ta|fel|en|te

ta|fel|fer|tig; ta|fel|för|mig

Ta|fel|freu|den *Plur.*; **Ta|fel|ge|bir|ge; Ta|fel|ge|schirr; Ta|fel|glas** *Plur.* ...gläser; **Ta|fel|leuch|ter; Ta|fel|ma|le|rei; Ta|fel|mu|sik**

ta|feln (*geh. für* speisen); ich taf[e]le

tä|feln (mit Steinplatten, Holztafeln verkleiden); ich täf[e]le

Ta|fel|obst; Ta|fel|öl; Ta|fel|run|de; Ta|fel|sche|re *(Technik)*; **Ta|fel|sil|ber,** das; -s (Tafelbesteck aus Silber)

Ta|fel|spitz, der; -es, -e (*österr. für* Rindfleisch von der Hüfte; eine Rindfleischspeise)

Ta|fel|tuch *Plur.* ...tücher

Tä|fe|lung

Ta|fel|waa|ge; Ta|fel|was|ser *Plur.* ...wässer; **Ta|fel|wein; Ta|fel|werk**

Tä|fer, das; -s, - (*schweiz., westösterr. für* Täfelung)

Ta|ferl|klass|ler (*österr. ugs. scherzh. für* Erstklässler); **Ta|ferl|klass|le|rin**

tä|fern (*schweiz., westösterr. für* täfeln); ich täfere; **Tä|fe|rung** (*schweiz., westösterr. für* Täfelung)

taff *vgl.* tough

Taft, der; -[e]s, -e ‹pers.› (Stoff aus [Kunst]seide); **taf|ten** (aus Taft); **Taft|kleid**

Tag

der; -[e]s, -e

Großschreibung:

- Tag und Nacht, Tag für Tag
- den ganzen Tag
- am, bei Tage
- in acht Tagen; vor vierzehn Tagen
- eines [schönen] Tag[e]s
- im Laufe des heutigen Tag[e]s
- über Tag, unter Tage *(Bergmannsspr.)*

Kleinschreibung ↑K 70:

- tags; tags darauf, tags zuvor
- tagsüber; tagaus, tagein; tagtäglich
- heutigentags; heutzutage
- tagelang *(vgl. d.)*

Groß- oder Kleinschreibung:

- unter Tags, *österr., schweiz.* untertags (den Tag über)
- wir wollen nur Guten *od.* guten Tag sagen
- zutage *od.* zu Tage bringen, fördern, kommen, treten

Tag... (*südd., österr. u. schweiz. in Zusammensetzungen für* Tage..., z. B. Tagbau, Tagblatt, Taggeld, Taglohn u. a.)

tag|aus; *nur in* tagaus, tagein *od.* tagein, tagaus

Tag-Cloud, Tag|cloud [ˈtɛgklaud], die; -, -s ‹engl.› (*EDV* optische Anordnung von (Schlag)wörtern, um deren Gewichtung u. Beziehungen zu veranschaulichen)

Tag|dieb *vgl.* Tag...

Tag|dienst (*Ggs.* Nachtdienst)

Ta|ge|ar|beit (*früher für* Arbeit des Tagelöhners); **Ta|ge|bau** *vgl.* Tag...; **Ta|ge|blatt** *vgl.* Tag...

Ta|ge|buch; ta|ge|buch|ar|tig; Ta|ge|buch|auf|zeich|nung; Ta|ge|buch|ein|trag; Ta|ge|buch|no|tiz; Ta|ge|buch|num|mer (*Abk.* Tgb.-Nr.); **Ta|ge|buch|schrei|ber; Ta|ge|buch|schrei|be|rin**

Ta|ge|dieb (Nichtstuer, Müßiggänger; *vgl.* Tag...); **Ta|ge|geld** *vgl.* Tag...

tag|ein *vgl.* tagaus

ta|ge|lang; *aber* ganze, mehrere, zwei Tage lang

Ta|ge|lied *(Literaturwiss.)*

Ta|ge|lohn *vgl.* Tag...; **Ta|ge|löh|ner** *vgl.* Tag...; **Ta|ge|löh|ne|rin** *vgl.* Tag...; **ta|ge|löh|nern** *vgl.* Tag...

Ta|ge|marsch *vgl.* Tagesmarsch

ta|gen

T
tage

Ta|ge|rei|se; Ta|ges|ab|lauf
ta|ges|ak|tu|ell
Ta|ges|an|bruch; Ta|ges|ar|beit (Arbeit eines Tages); **Ta|ges|aus|flug**
Ta|ges|be|darf; Ta|ges|be|fehl
Ta|ges|bruch (durch einstürzende Bergwerksstollen verursachter Einbruch der Erdoberfläche)
Ta|ges|creme, **Ta|ges|crème**
Ta|ges|de|cke; Ta|ges|ein|nah|me; Ta|ges|er|eig|nis; Ta|ges|form; Ta|ges|gast; Ta|ges|geld *(Bankw.)*; **Ta|ges|ge|schäft; Ta|ges|ge|sche|hen; Ta|ges|ge|spräch; Ta|ges|heim**
ta|ges|hell (*seltener für* taghell)
Ta|ges|höchst|tem|pe|ra|tur *(Meteorol.)*
Ta|ges|kar|te; Ta|ges|kas|se; Ta|ges|kli|nik
Ta|ges|kurs; Ta|ges|lauf; Ta|ges|leis|tung
Ta|ges|licht, das; -[e]s; **Ta|ges|licht|pro|jek|tor** (*für* Overheadprojektor)
Ta|ges|lo|sung; Ta|ges|marsch
Ta|ges|me|nü (preiswertes, jeweils nur an einem Tag angebotenes Menü im Restaurant)
Ta|ges|mut|ter *Plur.* ...mütter
Ta|ges|ord|nung; Ta|ges|ord|nungs|punkt (*Abk.* TOP)
Ta|ges|po|li|tik; ta|ges|po|li|tisch
Ta|ges|pres|se, die; -; **Ta|ges|pro|gramm; Ta|ges|ra|ti|on; Ta|ges|raum; Ta|ges|satz**
Ta|ges|sieg; Ta|ges|sie|ger; Ta|ges|sie|ge|rin
Ta|ges|stät|te
Ta|ges|sup|pe; Ta|ges|tel|ler (*bes. österr., schweiz. für* nur aus einem Hauptgang bestehendes Tagesmenü)
Ta|ges|va|ter; Ta|ges|wan|de|rung; Ta|ges|zeit; Ta|ges|zei|tung; Ta|ges|ziel
Ta|ge|tes, die; -, - ⟨lat.⟩ (Studenten- od. Samtblume)
ta|ge|wei|se
Ta|ge|werk (altes Feldmaß; *nur Sing.: geh. für* tägliche Arbeit, Aufgabe; Arbeit eines Tages)
Tag|fahr|licht *(Kfz-Technik)*
Tag|fahrt (*Bergmannsspr.* Ausfahrt aus dem Schacht)
Tag|fal|ter
Tag|ge|bäu|de (*Bergmannsspr.* Schachtgebäude)
Tag|geld *vgl.* Tag...
tag|hell
...tä|gig (z. B. sechstägig [sechs Tage dauernd], *mit Ziffer* 6-tägig; ↑K29)
Ta|g|li|a|tel|le [talja...] *Plur.* ⟨ital.⟩ (schmale ital. Bandnudeln)
täg|lich (alle Tage); tägliches Brot; täglicher Bedarf
...täg|lich (z. B. sechstäglich [alle sechs Tage wiederkehrend], *mit Ziffer* 6-täglich ↑K29)
Tag|li|lie *(Bot.)*
Tag|lohn *vgl.* Tag...; **Tag|löh|ner** *vgl.* Tag...; **Tag|löh|ne|rin** *vgl.* Tag...
Ta|go|re [...ˈgoːɐ̯, ...ˈgoːrə], Ra|bin|d|ra|nath (ind. Dichter u. Philosoph)
Tag|por|ti|er (*Ggs.* Nachtportier); **Tag|por|ti|e|rin; Tag|raum** (*österr. für* Tagesraum)
tags; tags darauf, tags zuvor; *vgl.* Tag
Tag|satz (*südd., österr., schweiz. für* Tagessatz)
Tag|sat|zung (*österr. Rechtsspr. für* behördlich bestimmter Termin; *schweiz. [früher] für* Tagung der Ständevertreter)
Tag|schicht (*Ggs.* Nachtschicht)
Tag|sei|te
tags|über; tag|täg|lich
Tag|traum; tag|träu|men; taggeträumt; **Tag|träu|mer; Tag|träu|me|rin**
Tag|und|nacht|glei|che, **Tag-und-Nacht-Glei|che**, die; - (*selten* -n), -n; Frühjahrs-Tagundnachtgleiche
Ta|gung; Ta|gungs|bü|ro; Ta|gungs|ge|bäu|de; Ta|gungs|map|pe; Ta|gungs|ort *Plur.* ...orte; **Ta|gungs|teil|neh|mer; Ta|gungs|teil|neh|me|rin**
Tag|wa|che, *schweiz. auch* **Tag|wacht** (*österr., schweiz. für* Weckzeit u. Weckruf der Soldaten)
Tag|werk (*bes. südd., österr. für* Tagewerk)
Ta|hi|ti (die größte der Gesellschaftsinseln); **Ta|hi|ti|a|ner; Ta|hi|ti|a|ne|rin; ta|hi|ti|a|nisch; ta|hi|tisch**
[1]**Tai** *vgl.* [1]Thai
[2]**Tai** *vgl.* [2]Thai
Tai-Chi [...ˈtʃiː], das; -[s] ⟨chin.⟩ ([in der chinesischen Philosophie] Urgrund des Seins, aus dem alles entsteht; *auch* Abfolge von Übungen mit langsamen, fließenden Bewegungen; Schattenboxen)
Tai|fun, der; -s, -e ⟨chin.⟩ (trop. Wirbelsturm in Südostasien)
Tai|ga, die; -, -s *Plur. selten* ⟨russ.⟩ (sibirischer Waldgürtel)
Tai|ko|naut, der; -en, -en ⟨chin.⟩ (chinesischer Weltraumfahrer); **Tai|ko|nau|tin**
Tail|le [ˈtaljə, *österr.* ˈtailjə], die; -, -n ⟨franz.⟩ (schmalste Stelle des Rumpfes; Gürtelweite); **tail|len|be|tont**; ein taillenbetontes Kleid; **Tail|len|wei|te**
[1]**Tail|leur** [taˈjøːɐ̯], der; -s, -s (*veraltet für* Schneider)
[2]**Tail|leur**, das; -s, -s (*bes. schweiz. für* Schneiderkostüm)
tail|lie|ren [ta(l)ˈjiː...]; **tail|liert**
Tai|lor|made [ˈteːlɐmeːt], das; -[s], -s ⟨engl.⟩ (im konventionellen Stil geschneidertes Kostüm)
Taine [teːn] (franz. Historiker)
Tai|peh [*auch* ...ˈpeː] (Hauptstadt Taiwans)
Tai|wan [*auch* ...ˈva(ː)n] ([nur von wenigen Staaten offiziell anerkannter] Inselstaat in Ostasien); **Tai|wa|ner**, der; -s, -, **Tai|wa|ne|se**, der; -n, -n; **Tai|wa|ne|rin, Tai|wa|ne|sin; tai|wa|nisch, tai|wa|ne|sisch**
Ta|jine, **Ta|gine** [...ˈdʒiːn], die; -, -s *od.* der; -s, -s ⟨arab.⟩ (marokkanischer Schmortopf; ein Gericht)
Taj Ma|hal *vgl.* Tadsch Mahal
Ta|jo [...xo], der; -[s] (span.-port. Fluss); *vgl.* Tejo
Take [teːk], der *od.* das; -s, -s ⟨engl.⟩ (*Film, Fernsehen* einzelne Szenenaufnahme)
Take-away, **Take|away** [ˈteːk|əveː], der *u.* das; -s, -s ⟨engl.⟩ (Imbisslokal, in dem Speisen u. Getränke vor allem zum Mitnehmen verkauft werden)
Ta|kel, das; -s, - (*Seemannsspr.* schwere Talje; Takelage); **Ta|ke|la|ge** [...ʒə], die; -, -n (Segelausrüstung eines Schiffes)
Ta|ke|ler, Tak|ler (im Takelwerk Arbeitender); **Ta|ke|le|rin, Tak|le|rin; ta|keln**; ich tak[e]le; **Ta|ke|lung, Tak|lung; Ta|kel|werk**, das; -[e]s
Take-off, **Take|off** [ˈteːk...], das *od.* der; -[s], -s ⟨engl.⟩ (Start eines Flugzeugs o. Ä.; Beginn)
Take-out, **Take|out** [ˈteːk|aut], der *od.* das; -s, -s ⟨engl.⟩ (herausgeschnittene Filmszene)
Take-over, **Take|over**, das *od.* der; -s, -s ⟨engl.⟩ [ˈteːk|oːvɐ] (*Wirtsch.* Kauf, Übernahme eines Unternehmens)
Tak|ler usw. *vgl.* Takeler usw.
Täks *vgl.* Täcks
[1]**Takt**, der; -[e]s, -e ⟨lat.⟩ (*nur Sing.:* Zeit-, Tonmaß; Zeiteinheit in

T
Tage

einem Musikstück; *Technik* einer von mehreren Arbeitsgängen im Motor, Hub; Arbeitsabschnitt in der Fließbandfertigung od. in der Automation); Takt halten

[2]**Takt**, der; -[e]s ‹franz.› (Feingefühl; Zurückhaltung)

tak|ten (*Technik* in Arbeitstakten bearbeiten); **Takt|feh|ler**

takt|fest

Takt|fre|quenz *(EDV)*; **Takt|ge|ber** *(EDV)*

Takt|ge|fühl, das; -[e]s

T-Ak|tie ['te:...] (Aktie der Deutschen Telekom AG)

[1]**tak|tie|ren** (den [1]Takt angeben)

[2]**tak|tie|ren** ‹*zu* Taktik› (taktisch vorgehen); **Tak|tie|rer** (jmd., der [2]taktiert); **Tak|tie|re|rin**

Tak|tik, die; -, -en ‹griech.› (geschicktes Vorgehen, planmäßige Ausnutzung einer Lage; *Militär* Truppenführung)

Tak|ti|ker; **Tak|ti|ke|rin**

tak|til (*Biol.* das Tasten, den Tastsinn betreffend)

tak|tisch

takt|los; **Takt|lo|sig|keit**

Takt|maß; **takt|mä|ßig**

Takt|mes|ser, der; **Takt|stock** *Plur.* ...stöcke; **Takt|stra|ße** *(Technik)*

Takt|strich *(Musik)*

Takt|ver|kehr *(Verkehrsw.)*

takt|voll

Tal, das; -[e]s, Täler; zu Tal[e] fahren; **tal|ab**; **tal|ab|wärts**

Ta|lar, der; -s, -e ‹ital.› (langes Amtskleid); **ta|lar|ar|tig**

tal|auf|wärts; **tal|aus**

Tal|bo|den; **Tal|brü|cke**; **Täl|chen**; **tal|ein**; **tal|ein|wärts**; **Tal|en|ge**

Ta|lent, das; -[e]s, -e ‹griech.› (Begabung, Fähigkeit; jmd., der [auf einem bestimmten Gebiet] besonders begabt ist; altgriech. Gewichts- u. Geldeinheit)

ta|lent|frei; **Ta|lent|frei|heit**, die; -

ta|len|tiert (begabt); **Ta|len|tiert|heit**, die; -

ta|lent|los; **Ta|lent|lo|sig|keit**, die; -

Ta|lent|pro|be; **Ta|lent|schmie|de** *(ugs.)*; **Ta|lent|scout** (Talentsucher[in])

Ta|lent|su|che; **ta|lent|voll**

Ta|ler, der; -s, - (frühere Münze); **ta|ler|groß**; **Ta|ler|stück**

Tal|fahrt

Talg, der; -[e]s, -e ([Rinder-, Hammel]fett); **talg|ar|tig**; **Talg|drü|se**; **tal|gen**; **tal|gig**

Talg|licht *Plur.* ...lichter

Ta|li|ban, der; -[s], - *meist Plur.* ‹Paschtu› (Angehöriger einer radikalen islamischen Miliz in Afghanistan); **Ta|li|ban|kämp|fer**; **Ta|li|ban|kämp|fe|rin**

Ta|li|on, die; -, -en ‹lat.› (Vergeltung [durch das gleiche Übel]); **Ta|li|ons|leh|re**, die; - (Rechtslehre von der Wiedervergeltung)

Ta|lis|man, der; -s, -e ‹griech.› (Glücksbringer)

Tal|je, die; -, -n ‹niederl.› (*Seemannsspr.* Flaschenzug); **tal|jen** (aufwinden); er taljet, hat getaljet; **Tal|je|reep** (über die Talje laufendes starkes Tau)

[1]**Talk**, der; -[e]s ‹arab.› (ein Mineral)

[2]**Talk** [tɔ:k], der; -s, -s ‹engl.› (*ugs. für* Unterhaltung, Plauderei, [öffentliches] Gespräch)

tal|ken ['tɔ:kn̩] (*ugs. für* sich in einer Talkshow unterhalten); **Tal|ker** (*Jargon* Talkmaster)

Tal|ke|rin *vgl.* Talker

Talk|mas|ter ‹*zu* [2]Talk› (Moderator einer Talkshow); **Talk|mas|te|rin**

Talk|pu|der

Talk|run|de; **Talk|show** ['tɔ:kʃo:], die; -, -s ‹engl.› (Fernsehsendung, in der ein Moderator od. eine Moderatorin u. geladene Gäste miteinander [über ein Thema] sprechen)

Tal|kum, das; -s ‹arab.› (feiner weißer [1]Talk als Streupulver); **tal|ku|mie|ren** (Talkum einstreuen)

Tal|ley|rand [...lɛ'rã:] (franz. Staatsmann)

Tal|linn (Hauptstadt Estlands); *vgl.* Reval

Tal|mi, das; -s (vergoldete [Kupfer-Zink-]Legierung; *übertr. für* Unechtes); **Tal|mi|glanz**; **Tal|mi|gold**; **tal|min** (*selten für* aus Talmi; unecht); **Tal|mi|wa|re**

Tal|mud, der; Gen. -[e]s *u.* -, Plur. -e ‹hebr., »Lehre«› (Sammlung der Gesetze u. religiösen Überlieferungen des nachbibl. Judentums); **tal|mu|disch**; **Tal|mu|dis|mus**, der; -; **Tal|mu|dist**, der; -en, -en (Talmudkenner); **Tal|mu|dis|tin**

Tal|mul|de

Ta|lon [...'lõ:, *österr.* ...'lo:n], der; -s, -s ‹franz.› (Kontrollabschnitt einer Eintrittskarte o. Ä.; Spielkartenrest [beim Geben], Kartenstamm [bei Glücksspielen]; Kaufsteine [beim Dominospiel]; *Börse* Erneuerungsschein bei Wertpapieren; *Musik* Griffende [»Frosch«] des Bogens)

Tal|schaft (*schweiz. u. westösterr. für* Land u. Leute eines Tales; *Geogr.* Gesamtheit eines Tales u. seiner Nebentäler)

Tal|schi *vgl.* Talski; **Tal|sen|ke**

Tal|ski, Tal|schi (bei der Fahrt am Hang der untere Ski)

Tal|soh|le; **Tal|sper|re**

Tal|sta|ti|on (unterer Haltepunkt einer Bergbahn)

Ta|lung *(Geogr.)*; **tal|wärts**

Ta|ma|got|chi [...'gɔtʃi], das *od.* der; -, -s ‹jap.-engl.› (kleines Computerspiel)

Ta|ma|ra (w. Vorn.)

Ta|ma|rin|de, die; -, -n ‹arab.› (eine trop. Pflanzengattung)

Ta|ma|ris|ke, die; -, -n ‹vulgärlat.› (ein Strauch mit kleinen Blättern u. rosafarbenen Blüten)

Tam|bour [...bu:ɐ̯, *auch* ...'bu:ɐ̯], der; -s, *Plur.* -e, *schweiz.* -en ['tambu:rən] ‹pers.› (*veraltend für* Trommler; *Archit.* Zwischenstück bei Kuppelgewölben; *Technik* Trommel, zylindrischer Behälter [an Maschinen]); **Tam|bour|ma|jor** (Leiter eines Spielmannszuges); **Tam|bour|ma|jo|rin**

Tam|bur, der; -s, -e (Stickrahmen)

tam|bu|rie|ren (mit Tamburierstichen sticken; Haare zwischen Tüll u. Gaze einknoten [bei der Perückenherstellung])

Tam|bu|rier|stich (flächendeckender Zierstich)

Tam|bu|rin [*auch* ...'ri:n], das; -s, -e (kleine Hand-, Schellentrommel; Stickrahmen)

Tam|bu|riz|za, die; -, -s ‹serbokroat.› (mandolinenähnliches Saiteninstrument)

Ta|mi|flu®, das; -s ‹Kunstwort› (Medikament zur Behandlung der Vogelgrippe)

Ta|mil, das; -[s] (Sprache der Tamilen); **Ta|mi|le**, der; -n, -n (Angehöriger eines vorderind. Volkes); **Ta|mi|lin**; **ta|mi|lisch**

Tamp, der; -s, -e, **Tam|pen**, der; -s, - (*Seemannsspr.* Tau-, Kettenende)

Tam|pon [*auch* ...'põ:, *österr. nur* ...'po:n], der; -s, -s (*Med.* [Watte-, Mull]bausch; *Druckw.* Ballen, mit denen gestochene Platten für den Druck eingeschwärzt werden); **Tam|po|na|de**, die; -, -n (*Med.* Aus-, Zustopfung); **Tam|po|na|ge** [...ʒə], die; -, -n (*Technik* Abdichtung eines Bohrlochs)

tam|po|nie|ren (*Med.* [mit Tampons] ausstopfen)

Tam|tạm [*auch* ˈtam...], das; -s, -s (chinesisches, mit einem Klöppel geschlagenes Becken; Gong; afrik. Holztrommel; *nur Sing.: ugs. für* laute, Aufmerksamkeit erregende Betriebsamkeit)
Ta|mu|le usw. *vgl.* Tamile usw.
tan = Tangens
TẠN, die; -, -s ⟨*Abk. für* Transaktionsnummer⟩ (eine beim Onlinebanking o. Ä. zusätzlich zur PIN anzugebende Codenummer)
Ta|na|g|ra (altgriech. Stadt); **Ta|na|g|ra|fi|gur**, **Ta|na|g|ra-Figur** (Tonfigur aus Tanagra)
Ta|na|na|ri|ve (früherer Name von Antananarivo)
Tạnd, der; -[e]s ⟨lat.⟩ (wertloses Zeug)
Tän|de|lei; Tän|de|ler *vgl.* Tändler; **Tän|de|le|rin** *vgl.* Tändlerin
Tạn|del|markt (*österr. für* Trödel-, Flohmarkt); **Tän|del|markt** (*landsch. für* Trödelmarkt)
tän|deln; ich tänd[e]le
Tạn|dem, das; -s, -s ⟨lat.-engl.⟩ (zweisitziges Fahrrad; Wagen mit zwei hintereinandergespannten Pferden; *Technik* zwei hintereinandergeschaltete Antriebe); **Tạn|dem|ach|se** *(Kfz-Technik)*
Tạn|de|mer (Sozialarbeiter, der gemeinsam mit einem behinderten Menschen eine Übung [z. B. im Sport] ausführt); **Tạn|de|me|rin**
Tạnd|ler (*bayr. u. österr. ugs. für* Tänd[e]ler); **Tänd|ler** (Schäker; *landsch. für* Trödler); **Tạnd|le|rin; Tänd|le|rin**
Tạng, der; -[e]s, -e ⟨nordisch⟩ (Bezeichnung mehrerer größerer Arten der Braunalgen)
¹Tạn|ga, der; -s, -s ⟨Tupi⟩ (sehr knapper Bikini od. Slip)
²Tạn|ga (Stadt in Tanganjika)
Tan|ga|n|ji|ka (Teilstaat von Tansania); **Tan|ga|n|ji|ka|see, Tan|ga|n|ji|ka-See,** der; -s; **Tan|ga|n|ji|ker; Tan|ga|n|ji|ke|rin; tan|ga|n|ji|kisch**
Tạn|ga|slip
Tan|gens [ˈtaŋgɛns], der; -, - ⟨lat.⟩ (*Math.* eine Winkelfunktion im Dreieck; *Zeichen* tan)
Tạn|gens|satz, der; -es
Tan|gẹn|te, die; -, -n (Gerade, die eine gekrümmte Linie in einem Punkt berührt); **Tan|gẹn|ten|vier|eck; tan|gen|ti|al** (eine gekrümmte Linie od. Fläche berührend)
Tạn|ger (marokkan. Hafenstadt)
tan|gie|ren (berühren)
Tạn|go, der; -s, -s ⟨span.⟩ (ein Tanz)
Tạn|g|ram, das; -s ⟨chin.⟩ (ein Spiel)
Tạn|ja (w. Vorn.)
Tạnk, der; -s, *Plur.* -s, *seltener* -e ⟨engl.⟩
Tạn|ke, die; -, -n (*ugs. für* Tankstelle); **tạn|ken**
Tạn|ker; Tạn|ker|flot|te
Tạnk|fahr|zeug; Tạnk|flug|zeug; Tạnk|fül|lung; Tạnk|in|halt
Tan|ki|ni, der; -s, -s ⟨engl.⟩ (Bikini mit einem ärmellosen T-Shirt als Oberteil)
Tạnk|la|ger; Tạnk|las|ter, der *(ugs.)*; **Tạnk|last|wa|gen; Tạnk|last|zug**
Tạnk|red (m. Vorn.)
Tạnk|säu|le; Tạnk|schiff; Tạnk|schloss; Tạnk|stel|le; Tạnk|stopp *(ugs.)*
Tank|top [ˈtɛŋktɔp], das; -s, -s ⟨engl.⟩ (ärmelloses T-Shirt)
Tạnk|uhr; Tạnk|ver|schluss; Tạnk|wa|gen; Tạnk|wart; Tạnk|war|tin
Tạnn, der; -[e]s, -e (*geh. für* [Tannen]wald); im dunklen Tann; **Tạnn|ast** (*schweiz. neben* Tannenast)
Tan|nat, das; -[e]s, -e ⟨franz.⟩ (Gerbsäuresalz)
Tänn|chen; Tạn|ne, die; -, -n
tạn|nen (aus Tannenholz)
Tạn|nen|ast; Tạn|nen|baum; Tạn|nen|hä|her; Tạn|nen|harz, das; **Tạn|nen|holz; Tạn|nen|ho|nig; Tạn|nen|mei|se; Tạn|nen|na|del; Tạn|nen|reis** *(geh.)*; **Tạn|nen|rei|sig; Tạn|nen|wald; Tạn|nen|zap|fen; Tạn|nen|zweig**
Tạnn|häu|ser (ein Minnesänger)
Tạn|nicht, Tän|nicht, das; -[e]s, -e (*veraltet für* Tannenwäldchen)
tan|nie|ren ⟨franz.⟩ (mit Tannin behandeln); **Tan|nin,** das; -s, -e (Gerbsäure); **Tan|nin|bei|ze**
Tänn|ling (junge Tanne)
Tạnn|zap|fen (*landsch., bes. schweiz., neben* Tannenzapfen)
Tan|sa|nia [*auch* ...ˈzaːnia] (die Vereinigte Republik Tansania; Staat in Afrika); **Tan|sa|ni|er; Tan|sa|ni|e|rin; tan|sa|nisch**
Tan|sa|nit, der; -s, -e (ein Edelstein)
Tạn|se, die; -, -n (*schweiz. für* [auf dem Rücken zu tragendes] Gefäß für Milch, Trauben u. Ä.)
Tạn|tal, das; -s ⟨griech.⟩ (chemisches Element, Metall; *Zeichen* Ta)
Tan|ta|li|de, der; -n, -n *meist Plur.* (Nachkomme des Tantalus); **Tạn|ta|lus** (in der griech. Sage König in Phrygien); **Tạn|ta|lus|qua|len** *Plur.* ↑K136
Tạnt|chen; Tạn|te, die; -, -n
Tạn|te-Em|ma-La|den
tạn|ten|haft (betulich)
Tạn|tes *vgl.* Dantes
Tan|ti|e|me [*auch* tã...], die; -, -n (*Kaufmannsspr.* Gewinnbeteiligung an einem Unternehmen)
tạn|tig (*ugs. für* betulich)
Tạn|t|ra, das; -[s] (Lehre einer religiösen Strömung in Indien)
Tạnz, der; -es, Tänze
Tạnz|abend; Tạnz|bar, die; **Tạnz|bär**
Tạnz|bein; *in der Wendung* das Tanzbein schwingen *(ugs.)*
Tạnz|bo|den *Plur.* ...böden; **Tạnz|ca|fé; Tänz|chen; Tạnz|die|le**
tän|zeln; ich tänz[e]le
tạn|zen; du tanzt; die Puppen tanzen lassen; **Tän|zer; Tan|ze|rei; Tän|ze|rin; tän|ze|risch**
Tạnz|flä|che; tạnz|freu|dig; Tạnz|grup|pe; Tạnz|ka|pel|le; Tạnz|kar|te *(früher)*; **Tạnz|kunst**
Tạnz|kurs, Tạnz|kur|sus
Tạnz|leh|rer; Tạnz|leh|re|rin
Tạnz|lied; Tạnz|lo|kal
tạnz|lus|tig
Tạnz|ma|rie|chen (Tänzerin im Karneval)
Tạnz|muf|fel *(ugs.)*; **Tạnz|mu|sik; Tạnz|or|ches|ter**
Tạnz|part|ner; Tạnz|part|ne|rin
Tạnz|platz *(veraltend)*; **Tạnz|saal; Tạnz|schritt; Tạnz|schu|le; Tạnz|schü|ler; Tạnz|schü|le|rin**
Tạnz|sport; Tạnz|stun|de; Tạnz|tee; Tạnz|the|a|ter; Tạnz|tur|nier; Tạnz|un|ter|richt; Tạnz|ver|an|stal|tung
Tao [*auch* tau], das; - ⟨chin., »der Weg«⟩ (das All-Eine, das absolute, vollkommene Sein in der chin. Philosophie); **Tao|is|mus,** der; - (chin. Volksreligion)
Ta|pa, die; -, -s *od.* der; -s, -s *meist Plur.* ⟨span.⟩ (in Bars o. Ä. angebotener Appetithappen)
Tape [teːp], das, *auch* der; -[s], -s ⟨engl.⟩ (Band, Tonband); **Tape|deck,** das; -s, -s (Tonbandgerät ohne Verstärker u. Lautsprecher); **ta|pen** (*ugs. für* einen Tapeverband anlegen)
Ta|per|greis *(ugs. abwertend)*; **ta|pe|rig, tap|rig** (*nordd. für* unbeholfen, gebrechlich); **ta|pern** (*nordd. für* sich unbeholfen bewegen); ich tapere
Ta|pet, das ⟨griech.⟩; *nur noch in*

etwas aufs Tapet (*ugs. für* zur Sprache) bringen
Ta|pe|te, die; -, -n; **Ta|pe|ten|bahn**
Ta|pe|ten|kleis|ter; Ta|pe|ten|leim
Ta|pe|ten|mus|ter; Ta|pe|ten|rol|le; Ta|pe|ten|tür; Ta|pe|ten|wech|sel *(ugs.)*
Tape|ver|band ['te:p...] (Verband aus klebenden Binden od. Pflastern)
Ta|pe|zier, der; -s, -e ‹ital.› (*südd. für* Tapezierer); **Ta|pe|zier|arbeit,** Ta|pe|zie|rer|ar|beit; **ta|pezie|ren; Ta|pe|zie|rer** (*österr. auch für* Polsterer); **Ta|pe|zie|re|rin**
Ta|pe|zier|tisch; Ta|pe|zier|werkstatt, Ta|pe|zie|rer|werk|statt
Tap|fe, die; -, -n *meist Plur.,* **Tapfen,** der; -s, - *meist Plur.* (Fußspur)
tap|fer; Tap|fer|keit; Tap|fer|keitsme|dail|le
Ta|pi|o|ka, die; - ‹indian.› (gereinigte Stärke aus Maniokwurzeln); **Ta|pi|o|ka|stär|ke**
Ta|pir [*österr.* ...'pi:ɐ̯], der; -s, -e ‹indian.› (südamerik. u. asiat. Tier mit dichtem Fell u. kurzem Rüssel)
Ta|pis|se|rie, die; -, ...ien ‹franz.› (teppichartige Stickerei)
tapp!; tapp, tapp!
Tapp, das; -s (ein Kartenspiel)
tap|pen; tap|pig *(landsch.);* **täppisch; tapp|rig** (*Nebenform von* taperig); **tap|rig** *vgl.* taperig
Taps, der; -es, -e (*ugs. für* ungeschickter Mensch; Spur von Mensch od. Tier)
tap|sen (*ugs. für* plump auftreten); du tapst; **tap|sig** *(ugs.)*
Ta|ra, die; -, ...ren ‹arab.› (*Kaufmannsspr.* die Verpackung; deren Gewicht)
Ta|ran|tel, die; -, -n ‹ital.› (südeurop. Wolfsspinne)
Ta|ran|tel|la, die; -, *Plur.* -s *u.* ...llen (südital. Volkstanz)
Tar|busch, der; -[e]s, -e ‹pers.› (*arab. Bez. für* ²Fes)
tar|dan|do ‹ital.› (*Musik* zögernd, langsam); **Tar|dan|do,** das; -s, *Plur.* -s *u.* ...di
Ta|ren (*Plur. von* Tara)
Ta|rent (ital. Stadt); **Ta|ren|ter, Taren|ti|ner; ta|ren|ti|nisch**
Tar|gi, der; -[s], Tuareg [*auch* ...'rɛk] (Angehöriger berberischer Volksstämme in der Sahara)
Tar|hon|ya [...ja], die; - ‹ung.› (eine ung. Mehlspeise)
ta|rie|ren ‹arab.› (Gewicht eines Gefäßes od. einer Verpackung bestimmen od. ausgleichen); **Tarier|waa|ge**
Ta|rif, der; -[e]s, -e ‹arab.-franz.› (planvoll geordnete Zusammenstellung von Güter- od. Leistungspreisen, auch von Steuern u. Gebühren; Preis-, Lohnstaffel; Gebührenordnung)
Ta|rif|ab|schluss
ta|ri|fa|risch (*seltener für* tariflich)
Ta|rif|aus|ei|n|an|der|set|zung; Tarif|au|to|no|mie; Ta|rif|be|reich; Ta|rif|be|zirk; Ta|rif|dschun|gel; Ta|rif|er|hö|hung; ta|rif|ge|bunden; Ta|rif|grup|pe; Ta|rif|hoheit
ta|ri|fie|ren (tariflich festlegen); **Tari|fie|rung**
Ta|rif|kom|mis|si|on; Ta|rif|kon|flikt
ta|rif|lich; Ta|rif|lohn
ta|rif|los; ta|rif|mä|ßig
Ta|rif|ord|nung; Ta|rif|par|tei *meist Plur.;* **Ta|rif|part|ner; Ta|rif|partne|rin**
Ta|rif|po|li|tik; ta|rif|po|li|tisch
Ta|rif|recht; ta|rif|recht|lich
Ta|rif|ren|te; Ta|rif|run|de; Ta|rifsatz; Ta|rif|streit; Ta|rif|ver|bund; Ta|rif|ver|hand|lung
Ta|rif|ver|trag; Tarifvertrag für den öffentlichen Dienst (*Abk.* TVöD); **ta|rif|ver|trag|lich**
Ta|rif|zo|ne
Tar|la|tan, der; -s, -e ‹franz.› (feines Baumwoll- od. Zellwollgewebe)
Tarn|an|strich; Tarn|an|zug
tar|nen; sich tarnen; **Tarn|far|be; Tarn|fir|ma; Tarn|kap|pe**
Tarn|kap|pen|bom|ber (ein [mit Radar nicht erkennbares] amerik. Kampfflugzeug)
Tarn|man|tel; Tarn|na|me; Tarnnetz; Tar|nung
Ta|ro, der; -s, -s ‹polynes.› (eine trop. Knollenfrucht)
Ta|rock, das, *österr. nur so, od.* der; -s, -s ‹ital.› (ein Kartenspiel); **taro|cken, ta|ro|ckie|ren** (Tarock spielen); **Ta|rock|spiel**
Ta|rot [...'ro:], das *od.* der; -s, -s ‹franz.-engl.› (dem Tarock ähnliches Kartenspiel, das zu spekulativen Deutungen verwendet wird); **Ta|rot|kar|te**
Tar|pan, der; -s, -e ‹russ.› (ein ausgestorbenes Wildpferd)
Tar|pe|ji|sche Fels, der; -n -en, **Tarpe|ji|sche Fel|sen,** der; -n -s (Richtstätte im alten Rom)
Tar|quin, Tar|qui|ni|us (in der röm. Sage Name zweier Könige)
Tar|qui|ni|er, der; -s, - (Angehöriger eines etrusk.-röm. Geschlechtes); **Tar|qui|ni|e|rin**
Tar|qui|ni|us *vgl.* Tarquin
¹Tar|ra|go|na (span. Stadt)
²Tar|ra|go|na, der; -s, -s (ein span. Wein)
Tar|ra|go|ne|se, der; -n, -n
Tar|ra|go|ne|sin, die; -, -nen
Tar|ser ‹*zu* ¹Tarsus›; **Tar|se|rin; tarsisch**
¹Tar|sus ‹griech.› (Stadt in Kleinasien)
²Tar|sus, der; -, ...sen ‹griech.› (*Med.* Fußwurzel; Lidknorpel; *Zool.* »Fuß« des Insektenbeines)
¹Tar|tan, der; -[s], -s ‹engl.› (Plaid in buntem Karomuster; karierter Umhang der Schotten)
²Tar|tan®, der; -s ‹Kunstwort› (ein wetterfester Kunststoffbelag für Laufbahnen)
Tar|tan|bahn; Tar|tan|be|lag
Tar|ta|ne, die; -, -n ‹ital.› (Fischerfahrzeug im Mittelmeer)

Tatar
Sowohl der Angehörige einer bestimmten, vor allem in Russland beheimateten Bevölkerungsgruppe als auch das nach dieser Gruppe benannte Gericht aus rohem Rindfleisch werden mit einem Wort bezeichnet, in dem kein *r* nach dem ersten *a* geschrieben wird.

tar|ta|re|isch ‹griech.› (zur Unterwelt gehörend, unterweltlich)
Tar|ta|ros, ¹Tar|ta|rus, der; - (Unterwelt in der griechischen Mythologie)
²Tar|ta|rus, der; - ‹mlat.› (Weinstein)
Tar|te ['tart(ə)], die; -, -n *od.* -s ‹franz.› (*Kochkunst* flacher, mit Obst belegter Kuchen)
Tar|t|rat, das; -[e]s, -e (Salz der Weinsäure)
Tart|sche, die; -, -n ‹franz.› (ein mittelalterlicher Schild)
Tar|tu (*estn. u. russ. Form von* Dorpat)
Tar|tüff, der; -s, -e ‹nach einer Gestalt bei Molière› (Heuchler)
Tar|tu|fo, das; -s, -s ‹ital.› (mit Schokolade überzogene Halbkugel aus Speiseeis)
Tar|zan (Dschungelheld in Büchern von E. R. Burroughs)
Täsch|chen; Ta|sche, die; -, -n
Tä|schel|kraut, das; -[e]s

Ta|schen|aus|ga|be; Ta|schen|buch; Ta|schen|com|pu|ter; Ta|schen|dieb; Ta|schen|die|bin; Ta|schen|dieb|stahl; Ta|schen|fahr|plan; Ta|schen|fei|tel *vgl.* Feitel; **Ta|schen|for|mat**

Ta|schen|geld; Ta|schen|ka|len|der; Ta|schen|kamm; Ta|schen|krebs; Ta|schen|lam|pe; Ta|schen|mes|ser, das; **Ta|schen|rech|ner; Ta|schen|schirm; Ta|schen|spie|gel**

Ta|schen|spie|ler; Ta|schen|spie|le|rei; ta|schen|spie|lern; ich taschenspielere; getaschenspielert; zu taschenspielern

Ta|schen|spie|ler|trick

Ta|schen|trä|ger *(ugs., oft abwertend);* **Ta|schen|trä|ge|rin**

Ta|schen|tuch *Plur.* ...tücher; **Ta|schen|uhr; Ta|schen|wör|ter|buch**

Ta|scherl, das; -s, -[n]; *vgl.* Pickerl (*bayr. u. österr. ugs. für* kleine Tasche, *auch* eine Süßspeise)

Tasch|kent (Hauptst. von Usbekistan)

Tasch|ner (*österr. u. südd. für* Täschner); **Täsch|ner** (Taschenmacher); **Tasch|ne|rin; Täsch|ne|rin**

Ta|ser ['te:zɐ], der; -s, - ⟨engl.⟩ (eine Elektroschockpistole)

Task|leis|te (*EDV* Bildschirmbereich, der die aufgerufenen Programme anzeigt)

Tas|ma|ni|en (austral. Insel); **Tas|ma|ni|er; Tas|ma|ni|e|rin; tas|ma|nisch**

TASS, die; - = Telegrafnoe Agenstvo Sovetskogo Sojuza (Nachrichtenagentur der Sowjetunion, 1925–1991)

Täss|chen

Tas|se, die; -, -n; **Tas|sen|rand**

Tas|so (ital. Dichter)

Tas|ta|tur, die; -, -en ⟨ital.⟩

tast|bar

Tas|te, die; -, -n; **Tast|emp|fin|dung**

tas|ten (*Druckw. auch für* den Taster bedienen)

Tas|ten|druck *Plur.* ...drücke; **Tas|ten|in|s|t|ru|ment; Tas|ten|scho|ner; Tas|ten|schrei|ben,** das; -s (*seltener für* Tastschreiben); **Tas|ten|te|le|fon; Tas|ter** (ein Abtastgerät; *Zool. svw.* Palpe; *Druckw.* schreibmaschinenähnl. Teil der Setzmaschine; Setzer, der den Taster bedient)

Tast|or|gan; Tast|schrei|ben, das; -s (das Schreiben mit einer Tastatur); **Tast|sinn,** der; -[e]s

tat *vgl.* tun

Tat, die; -, -en; in der Tat

Ta|ta|mi, die; -, -s ⟨jap.⟩ (Unterlage für Futons o. Ä.)

[1]**Ta|tar,** der; -en, -en (Angehöriger einer Bevölkerungsgruppe im Wolgagebiet in Südrussland, in der Ukraine u. in Westsibirien)

[2]**Ta|tar,** das; -s, -[s] ⟨nach den Tataren⟩ (rohes, geschabtes Rindfleisch [mit Ei u. Gewürzen]);

Ta|tar|beef|steak

Ta|ta|rei, die; - (die innerasiatische Heimat der Tataren); ↑K140 : die Große, die Kleine Tatarei

Ta|ta|ren|mel|dung, Ta|ta|ren|nach|richt (*veraltend für* unwahrscheinliche Schreckensnachricht)

Ta|ta|rin *vgl.* [1]Tatar; **ta|ta|risch**

ta|tau|ie|ren ⟨tahit.⟩ (*Völkerkunde* tätowieren)

Tat|aus|gleich (*österr. Rechtsspr. für* Wiedergutmachung ohne gerichtliches Urteil); außergerichtlicher Tatausgleich

Tat|be|richt; Tat|be|stand; Tat|be|tei|li|gung; Tat|ein|heit, die; -; in Tateinheit mit ... *(Rechtsspr.)*

Ta|ten|drang, der; -[e]s

Ta|ten|durst *(geh.);* **ta|ten|durs|tig** *(geh.)*

ta|ten|froh

ta|ten|los; Ta|ten|lo|sig|keit, die; -

Tä|ter; Tä|ter|be|schrei|bung; Tä|ter|grup|pe

Tä|te|rin; Tä|ter|schaft

Tat|form, Tä|tig|keits|form (*für* Aktiv)

Tat|ge|sche|hen; Tat|her|gang

Ta|ti|an (frühchristl. Schriftsteller)

tä|tig; tä|ti|gen *(Kaufmannsspr.);* ein Geschäft, einen Kauf tätigen (*dafür besser:* abschließen)

Tä|tig|keit

Tä|tig|keits|be|reich; Tä|tig|keits|be|richt; Tä|tig|keits|drang, der; -[e]s; **Tä|tig|keits|feld**

Tä|tig|keits|form *vgl.* Tatform; **Tä|tig|keits|wort** *Plur.* ...wörter (*für* Verb)

Tä|ti|gung *(Kaufmannsspr.)*

Tat|ja|na (w. Vorn.)

Tat|kraft, die; -; **tat|kräf|tig**

tät|lich; tätlich werden; tätlicher Angriff; **Tät|lich|keit** *meist Plur.*

Tat|mensch; Tat|mo|tiv

Tat|ort, der; -[e]s, ...orte

Tat|ort|ana|ly|ti|ker *(Kriminalistik);* **Tat|ort|ana|ly|ti|ke|rin**

tä|to|wie|ren ⟨tahit.⟩ (Zeichnungen mit Farbstoffen in die Haut einritzen); **Tä|to|wie|rer; Tä|to|wie|re|rin; Tä|to|wie|rung** (Hautzeichnung)

Ta|t|ra, die; - (Gebirgskette der Karpaten); ↑K140 : die Hohe, die Niedere Tatra

Tat|sa|che; Tat|sa|chen|be|richt; Tat|sa|chen|ent|schei|dung (vom Schiedsrichter während des Spiels gefällte Entscheidung); **Tat|sa|chen|ma|te|ri|al**

tat|säch|lich [*auch* ...'zɛ...]; **Tat|säch|lich|keit**

Tätsch, der; -[e]s, -e (*südd. für* Brei; ein Backwerk)

Tat|sche, die; -, -n (*landsch. für* Hand; leichter Schlag)

tät|scheln; ich tätsch[e]le

tat|schen (*ugs. für* plump anfassen); du tatschst

Tatsch|kerl, das; -s, -[n]; *vgl.* Pickerl (*ostösterr. ugs. svw.* Tascherl [Süßspeise])

Tat|tedl *vgl.* Thaddädl

Tat|ter|greis *(ugs.);* **Tat|te|rich,** der; -[e]s (*ugs. für* [krankhaftes] Zittern); **tat|te|rig,** tatt|rig *(ugs.);* **tat|tern** (*ugs. für* zittern); ich tattere

Tat|ter|sall, der; -s, -s ⟨nach dem engl. Stallmeister⟩ (geschäftl. Unternehmen für Reitsport; Reitbahn, -halle)

[1]**Tat|too** [tɛ'tu:], das; -[s], -s (*engl. Bez. für* Zapfenstreich)

[2]**Tat|too,** der *od.* das; -s, -s (*engl. Bez. für* Tätowierung)

tatt|rig *vgl.* tatterig

ta|tü|ta|ta!; Ta|tü|ta|ta, das; -[s], -[s] *(ugs.)*

Tat|ver|dacht; tat|ver|däch|tig; Tat|ver|däch|ti|ge; Tat|waf|fe

Tätz|chen; Tat|ze, die; -, -n (Pfote, Fuß der Raubtiere; *ugs. für* plumpe Hand)

Tat|zeit

Tat|zel|wurm, der; -[e]s (sagenhaftes Kriechtier im Volksglauben einiger Alpengebiete)

Tat|zeu|ge; Tat|zeu|gin

[1]**Tau,** der; -[e]s (Niederschlag)

[2]**Tau,** das; -[e]s, -e (starkes [Schiffs]seil)

[3]**Tau,** das; -[s], -s (griech. Buchstabe: Τ, τ)

taub; sich taub stellen; taube (leere) Nuss; taubes Gestein (*Bergmannsspr.* Gestein ohne Erzgehalt)

taub|blind; Taub|blin|de

Täub|chen

[1]**Tau|be,** die; -, -n

[2]**Tau|be,** der *u.* die; -n, -n

tau|ben|blau (blaugrau)

Tau|ben|ei

tau|be|netzt ⟨*zu* [1]Tau⟩

tau|ben|grau (blaugrau)

T
Tasc

tau|send

(*als römisches Zahlzeichen* M)

I. *Kleinschreibung:*

- [acht] von tausend
- bis tausend zählen
- tausend Dank, tausend Grüße
- Land der tausend Seen (Finnland)

II. *Klein- oder Großschreibung bei unbestimmten (d. h. nicht in Ziffern schreibbaren) Mengenangaben:*

- ein paar Tausend *od.* tausend; ein paar Tausend *od.* tausend Bäume, Menschen
- einige, mehrere, viele Tausend *od.* tausend Büroklammern
- einige, mehrere, viele Tausende *od.* tausende
- Tausende *od.* tausende von Menschen
- die Summe geht in die Tausende *od.* tausende
- sie strömten zu Tausenden *od.* tausenden herein
- Tausend und Abertausend *od.* tausend und abertausend Sterne
- Tausende und Abertausende *od.* tausende und abertausende bunter Laternen (*vgl. auch* aber)

III. *Zusammenschreibung in Verbindung mit bestimmten Zahlwörtern:*

- eintausend, zweitausend, zweieinhalbtausend [Personen]
- tausendeins, eintausendeins, eintausendundeins, tausendundeins
- [ein]tausend[und]achtzig
- [ein]tausend[und]ein Liter, bei [ein]tausend[und]einem Liter
- [ein]tausend[und]ein Euro

Tau|ben|haus; Tau|ben|ko|bel (*südd., österr. für* Taubenschlag); **Tau|ben|nest; Tau|ben|pla|ge; Tau|ben|post; Tau|ben|schlag**

Tau|ben|zucht; Tau|ben|züch|ter; Tau|ben|züch|te|rin

[1]**Tau|ber, Täu|ber,** der; -s, - (männliche Taube)

[2]**Tau|ber,** die; - (linker Nebenfluss des Mains)

Tau|ber|bi|schofs|heim (Stadt an der [2]Tauber)

Tau|be|rich, Täu|be|rich *vgl.* [1]Tauber

Taub|heit, die; -

Täu|bin

Täub|ling (ein Pilz)

Taub|nes|sel (eine Pflanze)

taub|stumm (*veraltend; bes. von Gehörlosen oft als diskriminierend empfunden*); **Taub|stum|me** (*veraltend für* Gehörlose[r])

Tauch|aus|rüs|tung (*svw.* Taucherausrüstung)

Tauch|boot (Unterseeboot)

tau|chen; Tau|chen, das; -s

Tauch|en|te

Tau|cher

Tau|cher|an|zug; Tau|cher|aus|rüs|tung; Tau|cher|bril|le; Tau|cher|glo|cke; Tau|cher|helm *vgl.* [1]Helm

Tau|che|rin

Tau|cher|krank|heit (*svw.* Caissonkrankheit); **Tau|cher|ku|gel**

Tauch|fahrt; Tauch|gang, der

tauch|klar (von U-Booten)

Tauch|kurs; Tauch|ma|nö|ver; Tauch|sie|der; Tauch|sport; Tauch|sta|ti|on; Tauch|tie|fe; Tauch|tou|ris|mus

[1]**tau|en;** es taut

[2]**tau|en** (*nordd. für* mit einem Tau vorwärtsziehen; schleppen)

Tau|en|de

[1]**Tau|ern,** der; -s, - (*Bez. für* Übergänge in den [2]Tauern)

[2]**Tau|ern** *Plur.* (Gruppe der Ostalpen); ↑K 140 : die Hohen, die Niederen Tauern

Tau|ern|bahn ↑K 143 ; **Tau|ern|ex|press; Tau|ern|tun|nel**

Tauf|be|cken; Tauf|be|kennt|nis; Tauf|brun|nen; Tauf|buch (*svw.* Taufregister)

Tau|fe, die; -, -n

tau|fen; getauft (*vgl. d.*)

Täu|fer; Täu|fe|rin

Tauf|for|mel; Tauf|ge|lüb|de

Tauf|ge|sinn|te, der *u.* die; -n, -n (*Bez. für* Mennonit[in], Baptist[in] u. Anhänger[in] bestimmter Freikirchen)

Tauf|ka|pel|le; Tauf|ker|ze; Tauf|kir|che; Tauf|kleid

Täuf|ling; Tauf|na|me; Tauf|pa|te; Tauf|pa|tin; Tauf|re|gis|ter

tau|frisch ⟨*zu* [1]Tau⟩

Tauf|scha|le; Tauf|schein; Tauf|spruch; Tauf|stein

tau|gen; das taugt nichts; das taugt mir (*österr. für* gefällt mir)

Tau|ge|nichts, der; *Gen.* - *u.* -es, *Plur.* -e

taug|lich; Taug|lich|keit

tau|ig (*geh. für* feucht von [1]Tau)

Tau|mel, der; -s; **tau|me|lig,** taumlig

Tau|mel|lolch (eine Grasart)

tau|meln; ich taum[e]le; **taum|lig** *vgl.* taumelig

tau|nass ⟨*zu* [1]Tau⟩

Tau|nus, der; - (Teil des Rheinischen Schiefergebirges)

taupe [to:p] ⟨lat.-franz.⟩ (maulwurfsgrau)

Tau|punkt

Tau|ri|en (früheres russ. Gouvernement); **Tau|ri|er**

Tau|rin, das; -s ⟨griech.⟩ (eine organische Säure)

Tau|ris (alter Name für die Krim)

Tau|rus, der; - (Gebirge in Kleinasien)

Tau|salz (*svw.* Streusalz)

Tausch, der; -[e]s, *Plur.* -e *u.* Täusche; **Tausch|bör|se; tau|schen;** du tauschst

täu|schen; du täuschst; täuschend ähnlich; **Täu|scher**

Tau|sche|rei (*ugs.*)

Täu|sche|rin

Tausch|ge|schäft; Tausch|han|del *vgl.* [1]Handel

tau|schie|ren ⟨arab.-franz.⟩ (Edelmetalle in unedle Metalle einhämmern); **Tau|schie|rung**

Tausch|ob|jekt

Täu|schung; Täu|schungs|ma|nö|ver; Täu|schungs|ver|such

Tausch|ver|fah|ren; Tausch|ver|kehr; Tausch|ver|trag; tausch|wei|se

Tausch|wert; Tausch|wirt|schaft

tau|send *s. Kasten*

[1]**Tau|send,** der (*veraltet für* Teufel); *nur noch in* ei der Tausend!, potztausend!

[2]**Tau|send,** die; -, -en (Zahl); *vgl.* [1]Acht

[3]**Tau|send,** das; -s, -e (Maßeinheit; *Abk.* Tsd.); das ist ein Tausend Zigarren (eine Kiste mit einem Tausend Zigarren); [fünf] vom Tausend (*Abk.* v. T., p. m.; *Zeichen* ‰); in Tausend oder tausend (in Listen, Tabellen u. Ä.); *vgl.* tausend

Tau|send|blatt, das; -[e]s (eine Wasserpflanze)

tau|send|ein, tau|send|und|ein *(vgl. d.)*; **tau|send|eins,** tau|send-und|eins
Tau|sen|der *vgl.* Achter; **tau|sen-der|lei**
tau|send|fach; Tau|send|fa|che *vgl.* Achtfache
tau|send|fäl|tig
Tau|send|fü|ßer; Tau|send|füß|ler
Tau|send|gul|den|kraut, Tau|send-gül|den|kraut, das; -[e]s (eine Heilpflanze)
Tau|send|jahr|fei|er *(mit Ziffern* 1 000-Jahr-Feier; ↑K26)
tau|send|jäh|rig; *aber* ↑K151 : das Tausendjährige Reich (*bibl.; auch iron. Bez. für* die Zeit der nationalsoz. Herrschaft); *vgl.* achtjährig
Tau|send|künst|ler; Tau|send|künst-le|rin
tau|send|mal *vgl.* achtmal, hundertmal; **tau|send|ma|lig**
Tau|send|mark|schein *(mit Ziffern* 1 000-Mark-Schein; ↑K26)
tau|send|sa|cker|ment! *(veraltet)*
Tau|send|sa|sa *(veraltende Schreibung für* Tausendsassa)
Tau|send|sas|sa, der; -s, -[s] (vielseitig begabter Mensch)
Tau|send|schön, das; -s, -e, **Tau-send|schön|chen** (eine Pflanze)
tau|send|sei|tig
tau|sends|te *vgl.* achte, hundertste; **tau|sends|tel** *vgl.* achtel; **Tau|sends|tel,** das, *schweiz. meist* der; -s, -; *vgl.* Achtel; **Tau-sends|tel|se|kun|de; tau|sends-tens**
tau|send|und|ein, tau|send|ein; *vgl.* hundert[und]ein; ein Märchen aus Tausendundeiner Nacht; **tau|send|und|eins** *vgl.* tausendeins
Tau|to|lo|gie, die; -, ...ien (Fügung, die einen Sachverhalt doppelt wiedergibt, z. B. »immer u. ewig«, »voll u. ganz«; *auch svw.* Pleonasmus); **tau|to|lo|gisch**
tau|to|mer (der Tautomerie unterliegend); **Tau|to|me|rie,** die; -, ...ien (*Chemie* eine Art der chem. Isomerie)
Tau|trop|fen; Tau|was|ser *Plur.* ...wasser (*svw.* Schmelzwasser)
Tau|werk, das; -[e]s
Tau|wet|ter; Tau|wind
Tau|zie|hen, das; -s (*übertr. auch für* Hin u. Her)
Ta|ver|ne, die; -, -n ⟨ital.⟩ (italienisches Wirtshaus)
Ta|xa|me|ter, das *od.* der; -s, - ⟨lat.; griech.⟩ (Fahrpreisanzeiger in Taxis; *veraltet für* Taxi)
Tax|amt
Ta|xa|ti|on, die; -, -en ⟨lat.⟩ (Schätzung, Wertermittlung)
ta|xa|tiv *(österr. für* vollständig); taxativ aufzählen
Ta|xa|tor, der; -s, ...oren (Schätzer, Wertermittler)
[1]**Ta|xe,** die; -, -n ([Wert]schätzung; [amtlich] festgesetzter Preis; Gebühr)
[2]**Ta|xe,** die; -, -n *(svw.* Taxi)
tax|frei (gebührenfrei)
Ta|xi, das, *schweiz. auch* der; -s, -s (Auto zur Personenbeförderung gegen Bezahlung); **Ta|xi|chauf-feur; Ta|xi|chauf|feu|rin**
ta|xie|ren (schätzen, den Wert ermitteln); **Ta|xie|rung** *vgl.* Taxation
Ta|xi|fah|rer; Ta|xi|fah|re|rin; Ta|xi-fahrt; Ta|xi|len|ker *(österr. für* Taxifahrer); **Ta|xi|len|ke|rin; Ta-xi|stand; Tax|ler** *(bes. südd., österr. ugs. für* Taxifahrer); **Tax-le|rin**
Ta|xo|no|mie, die; -, ...ien ⟨griech.⟩ (Einordnung in ein bestimmtes System); **ta|xo|no|misch**
Tax|preis (geschätzter Preis)
Ta|xus, der; -, - ⟨lat.⟩ (*Bot.* Eibe); **Ta|xus|he|cke**
Tax|wert (Schätzwert)
Tay|lor|sys|tem, Tay|lor-Sys|tem [ˈteːlɐ...], das; -s ⟨nach dem Amerikaner F. W. Taylor⟩ (System der wissenschaftlichen Betriebsführung mit dem Ziel, einen möglichst wirtschaftlichen Betriebsablauf zu erzielen)
Ta|zet|te, die; -, -n ⟨ital.⟩ (eine Narzissenart)
Taz|zerl, das; -s, -[n]; *vgl.* Pickerl ⟨ital.⟩ *(österr. ugs. für* Untertasse, Verpackungsteller)
[1]**Tb** *(chem. Zeichen für* Terbium)
[2]**Tb, Tbc** = Tuberkulose
Tbc-krank [teːbeːˈtseː...], Tbk-krank [teːbeːˈkaː...], Tb-krank [teːˈbeː...] ↑K28 *u.* 97 (tuberkulosekrank); **Tbc-Kran|ke,** Tbk-Kran|ke, Tb-Kran|ke, der *u.* die; -n, -n ↑K28
Tbi|lis|si *(georg. Form von* Tiflis)
Tbk = Tuberkulose
Tbk-krank [teːbeːˈkaː...], **Tb-krank** usw. *vgl.* Tbc-krank usw.
T-Bone-Steak [ˈtiːboːn...] ⟨engl.⟩ (Steak aus dem Rippenstück des Rinds)
Tc *(chem. Zeichen für* Technetium)
T-Car [ˈtiːkaːɐ̯], das; -s, -s ⟨engl.⟩ (Trainings- od. Ersatzrennwagen)
TCS, der; - = Touring-Club der Schweiz
Te *(chem. Zeichen für* Tellur)
Teach-in, Teach|in [tiːtʃ...], das; -s, -s ⟨amerik.⟩ (Protestdiskussion)
Teak [tiːk], das; -s ⟨engl.⟩ *(kurz für* Teakholz); **Teak|baum** (ein südostasiat. Baum mit wertvollem Holz); **tea|ken** *(selten für* aus Teakholz); **Teak|holz; Teak|holz-mö|bel**
Team [tiːm], das; -s, -s ⟨engl.⟩ (Arbeitsgruppe; *Sport* Mannschaft, *österr. auch für* Nationalmannschaft); **Team|ar|beit**
Team|be|werb *(österr. für* Mannschaftswettbewerb)
Team|chef; Team|che|fin
team|fä|hig; Team|fä|hig|keit
Team|geist, der; -[e]s
Team|ka|pi|tän; Team|ka|pi|tä|nin
Team|kol|le|ge; Team|kol|le|gin
Team|lei|berl *(österr. für* Nationaltrikot)
Team|lei|ter, der; **Team|lei|te|rin; Team|ma|na|ger; Team|ma|na|ge-rin; Team|mit|glied; team|ori|en-tiert**
Team|tea|ching, Team-Tea|ching [...tiːtʃɪŋ], das; -[s] (gemeinsames Unterrichten mehrerer Lehrkräfte)
Team|work [...vøːɐ̯k], das; -s, -s (Gemeinschaftsarbeit)
Tea|room [ˈtiːruːm], der, *schweiz. auch* das; -s, -s ⟨engl.⟩ (Teestube; *schweiz. für* Café, in dem kein Alkohol ausgeschenkt wird)
Tea|ser [ˈtiːzɐ], der; -s, - ⟨engl.⟩ (Neugier erweckendes Werbemittel)
TecDAX® (Aktienindex, der die 30 größten an der Frankfurter Wertpapierbörse notierten Technologieunternehmen umfasst)
Tech|ne|ti|um, das; -s ⟨griech.⟩ (chem. Element; *Zeichen* Tc)
tech|ni|fi|zie|ren ⟨griech.; lat.⟩; **Tech|ni|fi|zie|rung**
Tech|nik, die; -, -en ⟨griech.⟩
Tech|ni|ker; Tech|ni|ke|rin
tech|nik|feind|lich; Tech|nik|fol|gen-ab|schät|zung; Tech|nik|freak; tech|nik|gläu|big
Tech|ni|kum, das; -s, *Plur.* ...ka, *auch* ...ken (technische Fachschule)

tech|nisch

⟨griech.-franz.⟩

Kleinschreibung ↑K89:

- technischer Ausdruck (Fachwort); technische Berufe
- er ist technischer Zeichner
- [eine] technische Hochschule, [eine] technische Universität

Großschreibung in Namen ↑K150:

- die Technische Universität (*Abk.* TU) Berlin
- Technisches Hilfswerk (Name einer Hilfsorganisation; *Abk.* THW)
- Technischer Überwachungs-Verein (*Abk.* TÜV)

Als Funktionsbezeichnung ↑K89:

- der Technische Direktor, *sonst* der technische Direktor

tech|ni|sie|ren; Tech|ni|sie|rung
Tech|ni|zis|mus, der; -, ...men (techn. Ausdrucksweise)
Tech|no [ˈtɛk...], das *od.* der; -[s] ⟨engl.⟩ (elektronische, von bes. schnellem Rhythmus bestimmte Tanzmusik)
tech|no|id (durch die Technik bedingt, verursacht)
Tech|no|krat, der; -en, -en ⟨griech.⟩; **Tech|no|kra|tie,** die; -, ...ien (vorherrschende Stellung der Technik in Wirtschaft u. Politik); **Tech|no|kra|tin; tech|no|kra|tisch**
Tech|no|lo|ge, der; -n, -n; **Tech|no|lo|gie,** die; -, ...ien (Gesamtheit der techn. Prozesse in einem Fertigungsbereich; techn. Verfahren; *nur Sing.:* Lehre von der Umwandlung von Rohstoffen in Fertigprodukte)
Tech|no|lo|gie|park (Gelände, auf dem Firmen moderne Technologien entwickeln)
Tech|no|lo|gie|trans|fer (Weitergabe technologischer Forschungsergebnisse)
Tech|no|lo|gie|un|ter|neh|men; Tech|no|lo|gie|zen|t|rum
Tech|no|lo|gin; tech|no|lo|gisch
Tech|no|mu|sik; Tech|no|par|ty
Tech|no|pol, das; -s, -e (*meist abwertend für* beherrschender Einfluss moderner Technologie)
Tech|tel|mech|tel [*auch* ˈtɛ...], das; -s, - (*ugs. für* Liebelei, Flirt)
Te|ckel, der; -s, - (*fachspr. für* Dackel)
TED [tɛt], der; -s ⟨*Kurzwort aus* Teledialog⟩ (Computer, der telefonische Stimmabgaben annimmt u. hochrechnet)
Ted|dy [...di], der; -s, -s ⟨engl.⟩ (Stoffbär als Kinderspielzeug); **Ted|dy|bär,** der; -en, -en; **Ted|dy|fut|ter** *vgl.* ²Futter; **Ted|dy|man|tel**
Te|de|um, das; -s, -s ⟨lat., *aus* »Te Deum laudamus« = »Dich, Gott, loben wir!«⟩ (*nur Sing.: kath. Kirche* Hymnus der lateinischen Liturgie; musikalisches Werk über diesen Hymnus)
[1]**Tee,** der; -s, -s ⟨chin.⟩; schwarzer, grüner, russischer Tee
[2]**Tee** [ti:], das; -s, -s ⟨engl.⟩ (*Golf* kleiner Stift, der in den Boden gedrückt u. auf den der Golfball vor dem Abschlag aufgesetzt wird)
TEE, der; -[s], -[s] = Trans-Europ-Express *(früher)*
Tee|bä|cke|rei (*österr. für* Teegebäck)
Tee|beu|tel; Tee|blatt *meist Plur.;* **Tee|brett; Tee|but|ter** (*österr. für* Markenbutter)
Tee-Ei, Tee|ei
Tee-Ern|te, Tee|ern|te
Tee|ge|bäck; Tee|ge|sell|schaft; Tee|glas *Plur.* ...gläser; **Tee|haus**
Tee|in *vgl.* Tein
Tee|kan|ne; Tee|kes|sel (*auch* ein Ratespiel); **Tee|kü|che; Tee|licht** *Plur.* ...lichter *u.* ...lichte
Tee|löf|fel; tee|löf|fel|wei|se
Teen [ti:n], der; -s, -s *meist Plur.,* **Teen|ager** [ˈti:nlɛ:dʒɐ], der; -s, - ⟨engl.⟩ (Junge od. Mädchen im Alter zwischen 13 u. 19 Jahren); **teen|ager|haft; Teen|ager|idol; Teen|ager|schwan|ger|schaft**
Tee|nie, Tee|ny [ˈti:ni], der; -s, -s ([jüngerer, bes. w.] Teen); **Tee|nie|schwarm, Tee|ny|schwarm**
Teer, der; -[e]s, -e
Teer|dach|pap|pe; Teer|de|cke
tee|ren; teeren und federn (früher als Strafe)
Teer|far|be; Teer|farb|stoff; Teer|fass; teer|hal|tig; tee|rig
Teer|ja|cke (*scherzh. für* Matrose)
Tee|ro|se (eine Rosensorte)
Teer|pap|pe; Teer|sei|fe; Teer|stra|ße; Tee|rung
Tee|scha|le; Tee|ser|vice *vgl.* [1]Service; **Tee|sieb; Tee|sor|te; Tee|strauch; Tee|stu|be**
Tee|tas|se; Tee|tisch; Tee|wa|gen; Tee|was|ser, das; -s; **Tee|wurst**
Te|fil|la, die; - ⟨hebr.⟩ (jüd. Gebet[buch]); **Te|fil|lin** *Plur.* (Gebetsriemen der Juden)
Te|f|lon®, das; -s ⟨Kunstwort⟩ (hitzefeste Kunststoffbeschichtung in Pfannen o. Ä.)
[1]**Te|gel,** der; -s (kalkreicher Ton)
[2]**Te|gel** (Stadtteil u. Flughafen von Berlin); Tegeler Schloss
[1]**Te|gern|see,** der; -s (See in Oberbayern)
[2]**Te|gern|see** (Stadt am gleichnamigen See); **Te|gern|se|er; Te|gern|se|e|rin**
Te|gu|ci|gal|pa [...s...] (Hauptstadt von Honduras)
Te|he|ran [*auch* ...ˈra:n] (Hauptstadt Irans)
Teich, der; -[e]s, -e (Gewässer)
Teich|huhn; Teich|molch; Teich|mu|schel
Tei|cho|s|ko|pie, die; - ⟨griech., »Mauerschau«⟩ (Schilderung von Ereignissen durch einen Schauspieler, der diese außerhalb der Bühne zu sehen scheint)
Teich|pflan|ze; Teich|rohr; Teich|rohr|sän|ger (ein Vogel)
Teich|ro|se; Teich|schilf
teig (*landsch. für* überreif, weich)
Teig, der; -[e]s, -e; den Teig gehen lassen; **Teig|far|be; tei|gig**
Teig|ling (schon geformtes, backfertiges Teigstück)
Teig|mas|se; Teig|men|ge; Teig|räd|chen; Teig|rest; Teig|scha|ber; Teig|schüs|sel; Teig|ta|sche *(Kochkunst);* **Teig|wa|ren** *Plur.*

Teil

der *od.* das; -[e]s, -e

Großschreibung ↑K89:

- zum Teil (*Abk.* z. T.)
- ein großer Teil des Tages
- jedes Teil (Stück) prüfen
- er hat sein[en] Teil getan
- ein gut Teil
- das (*selten* der) bessere Teil
- sein[en] Teil dazu beitragen
- ich für mein[en] Teil

Kleinschreibung ↑K70:

- teils *(vgl. d.)*
- einesteils, meinesteils, ander[e]nteils
- großenteils, größtenteils, meistenteils

Vgl. auch teilhaben, teilnehmen, zuteilwerden

Teil|ab|schnitt (z. B. einer Autobahn); **Teil|an|sicht; Teil|as|pekt**
teil|au|to|ma|ti|siert; Teil|au|to|ma|ti|sie|rung

teil|bar; Teil|bar|keit, die; -
Teil|be|reich; Teil|be|trag
Teil|chen; Teil|chen|be|schleu|ni|ger *(Kernphysik);* **Teil|chen|strah|lung** *(Physik)*
tei|len; geteilt; zehn geteilt durch fünf ist, macht, gibt (*nicht:* sind, machen, geben) zwei
Tei|ler; größter gemeinsamer Teiler (*Abk.* g. g. T., ggT)
Teil|er|folg
tei|ler|fremd; teilerfremde Zahlen *(Math.)*
Tei|le|zu|rich|ter (Anlernberuf); **Tei|le|zu|rich|te|rin**
Teil|fa|b|ri|kat
Teil|ge|biet; Teil|ge|ständ|nis
Teil|ha|be, die; -; **teil|ha|ben** ↑K47; du hast teil ↑K71, *aber* du hast keinen Teil; teilgehabt; teilzuhaben; **Teil|ha|ber; Teil|ha|be|rin**
Teil|ha|ber|schaft
Teil|ha|ber|ver|si|che|rung
teil|haf|tig [*auch* ...ˈha...]; einer Sache teilhaftig sein, werden
...tei|lig (z. B. zehnteilig, *mit Ziffern* 10-teilig; ↑K29)
teil|kas|ko|ver|si|chert; Teil|kas|ko|ver|si|che|rung
Teil|kos|ten|rech|nung; Teil|leis|tung; Teil|men|ge *(Math.)*
teil|mö|b|liert; Teil|mö|b|lie|rung
Teil|nah|me, die; -; **Teil|nah|me|be|din|gung**
teil|nah|me|be|rech|tigt; Teil|nah|me|be|rech|tig|te; Teil|nah|me|ge|bühr
teil|nahms|los; Teil|nahms|lo|sig|keit, die; -; **teil|nahms|voll**
teil|neh|men ↑K47; du nimmst teil ↑K71; teilgenommen; teilzunehmen; **teil|neh|mend; Teil|neh|men|de,** der *u.* die
Teil|neh|mer; Teil|neh|mer|an|schluss *(Telefonie);* **Teil|neh|mer|feld; Teil|neh|me|rin; Teil|neh|mer|kreis; Teil|neh|mer|land; Teil|neh|mer|lis|te; Teil|neh|mer|zahl**
teil|rechts|fä|hig (*österr. für* zum Teil rechtsfähig)
Teil|re|pu|b|lik
teils ↑K70; teils gut, teils schlecht
Teil|satz (*Sprachwiss.* Satz als Teil eines Satzgefüges od. einer Satzverbindung)
Teil|schuld; Teil|schuld|ver|schrei|bung (*für* Partialobligation)
Teil|sieg; Teil|stre|cke; Teil|strich; Teil|stück
Tei|lung; Tei|lungs|zei|chen (*für* Trennungsstrich)
Teil|ver|hält|nis *(Math.)*
teil|ver|staat|licht; Teil|ver|staat|li|chung
teil|wei|se
Teil|zah|lung; Teil|zah|lungs|kre|dit
Teil|zeit, die; -; Teilzeit arbeiten; ich arbeite Teilzeit; weil sie Teilzeit arbeitet; du hast Teilzeit gearbeitet; Teilzeit zu arbeiten; Teilzeit arbeitende *od.* teilzeitarbeitende Frauen; in Teilzeit arbeiten; **Teil|zeit|ar|beit**
teil|zeit|be|schäf|tigt; Teil|zeit|be|schäf|tig|te; Teil|zeit|be|schäf|ti|gung
Teil|zei|ter, der; -s, - (*bes. schweiz. für* jmd., der Teilzeit arbeitet); **Teil|zei|te|rin; Teil|zeit|job** *(ugs.);* **Teil|zeit|kraft; Teil|zeit|stel|le**
Te|in, Tee|in, The|in, das; -s ⟨chin.-nlat.⟩ (Alkaloid in Teeblättern, Koffein)
Teint [tɛ̃ː], der; -s, -s ⟨franz.⟩ (Gesichtsfarbe; Beschaffenheit der Gesichtshaut)
T-Ei|sen [ˈteː...] (von T-förmigem Querschnitt); ↑K29
Teis|te, die; -, -n (ein Seevogel)
Te|ja[s] (letzter Ostgotenkönig)
Te|jo [tɛʒu] (*port. Form von* Tajo)
Tek|to|nik, die; - ⟨griech.⟩ (*Geol.* Lehre vom Bau der Erdkruste); **tek|to|nisch**
Tek|tur, die; -, -en ⟨lat.⟩ (*Buchw.* Deckblatt, Korrekturstreifen)
Tel. = Telefon
Tel Aviv-Jaf|fa [tɛl aˈviːf...] (Stadt in Israel)
Te|le, das; -[s], -[s] *Plur. selten* (*Jargon* Teleobjektiv)
te|le... ⟨griech.⟩ (fern...); **Te|le...** (Fern...)
Te|le|ar|beit, die; - (Form der Heimarbeit, bei der der Arbeitnehmer über Datenleitungen mit dem Arbeitgeber verbunden ist); **Te|le|ar|bei|ter; Te|le|ar|bei|te|rin; Te|le|ar|beits|platz**
Te|le|ban|king [...bɛŋkɪŋ], das; -[s] ⟨engl.⟩ (Abwicklung von Bankgeschäften über Telekommunikation)
Te|le|di|a|log *vgl.* TED
Te|le|fax, das; -, -e ⟨Kunstw. aus engl. telefacsimile = Fernkopie⟩ (Fernkopie; Fernkopierer; *nur Sing.:* Fernkopiersystem); **te|le|fa|xen** (fernkopieren); du telefaxt, hast getelefaxt; **Te|le|fax|num|mer**
Te|le|fon [*auch* ˈteːləfoːn], das; -s, -e ⟨griech.⟩
Te|le|fon|ak|ti|on (telefonisch durchgeführte Befragung, Werbung o. Ä.)
Te|le|fon|an|la|ge; Te|le|fon|an|ruf; Te|le|fon|an|schluss; Te|le|fon|ap|pa|rat
Te|le|fo|nat, das; -[e]s, -e (Telefongespräch, Anruf); **Te|le|fon|ban|king** [...bɛŋkɪŋ], das; -[s] (Erledigung persönlicher Bankangelegenheiten per Telefon)
Te|le|fon|be|ant|wor|ter (*schweiz. für* Anrufbeantworter)
Te|le|fon|buch; Te|le|fon|dienst; Te|le|fon|ge|bühr; Te|le|fon|ge|sell|schaft; Te|le|fon|ge|spräch; Te|le|fon|hö|rer; Te|le|fon|hot|line
Te|le|fo|nie, die; - (Sprechfunk; Fernmeldewesen)
te|le|fo|nie|ren; te|le|fo|nisch
Te|le|fo|nist, der; -en, -en (Angestellter im Fernsprechverkehr); **Te|le|fo|nis|tin**
Te|le|fo|ni|tis, die; - (*ugs. scherzh. für* Neigung, oft zu telefonieren)
Te|le|fon|jo|ker (beim Fernsehquiz)
Te|le|fon|ka|bel; Te|le|fon|kar|te; Te|le|fon|kon|fe|renz; Te|le|fon|lei|tung; Te|le|fon|netz
Te|le|fon|num|mer
Te|le|fon|rech|nung; Te|le|fon|schnur; Te|le|fon|seel|sor|ge; Te|le|fon|sex; Te|le|fon|sprech|zeit; Te|le|fon|ter|ror; Te|le|fon|über|wa|chung; Te|le|fon|ver|bin|dung; Te|le|fon|wert|kar|te *(österr.);* **Te|le|fon|zel|le; Te|le|fon|zen|t|ra|le**
Te|le|fo|to (*kurz für* Telefotografie); **Te|le|fo|to|gra|fie,** Te|le|pho|to|gra|phie (fotograf. Fernaufnahme)
te|le|gen ⟨griech.⟩ (für Fernsehaufnahmen geeignet)
Te|le|graf, Te|le|graph, der; -en, -en ⟨griech., »Fernschreiber«⟩ (Apparat zur Übermittlung von Nachrichten durch vereinbarte Zeichen)
Te|le|gra|fen|mast, Te|le|gra|phen|mast
Te|le|gra|fie, Te|le|gra|phie, die; - (elektrische Fernübertragung von Nachrichten mit vereinbarten Zeichen); **te|le|gra|fie|ren,** te|le|gra|phie|ren; **te|le|gra|fisch,** te|le|gra|phisch; **Te|le|gra|fist,** Te|le|gra|phist, der; -en, -en; **Te|le|gra|fis|tin,** Te|le|gra|phis|tin
Te|le|gramm, das; -s, -e ⟨griech.⟩
Te|le|gramm|bo|te; Te|le|gramm|bo|tin; Te|le|gramm|for|mu|lar; Te|le|gramm|ge|bühr; Te|le|gramm|stil, der; -[e]s
Te|le|graph usw. *vgl.* Telegraf usw.

T
teil

Te|le|ka|me|ra
Te|le|ki|ne|se, die; - ‹griech.› (das Bewegtwerden von Gegenständen in der Parapsychologie)
Te|le|kol|leg (unterrichtende Sendereihe im Fernsehen)
Te|le|kom (*kurz für* Deutsche Telekom AG [Unternehmen auf dem Telekommunikationssektor]); **Te|le|kom|mu|ni|ka|ti|on** (Kommunikation mithilfe elektronischer Medien)
te|le|ko|pie|ren; Te|le|ko|pie|rer (Fernkopierer); **Te|le|kra|tie,** die; - (Vorherrschaft der elektronischen Medien); **te|le|kra|tisch**
Te|le|lear|ning [...lə:nɪŋ], das; -s ‹engl.› (Unterricht mithilfe der Telekommunikation)
Te|le|mach (Sohn des Odysseus)
Te|le|mann (dt. Komponist)
[1]**Te|le|mark** (norw. Verwaltungsgebiet)
[2]**Te|le|mark,** der; -s, -s (früher üblicher Bremsschwung im Skilauf)
Te|le|mark|auf|sprung (beim Skispringen); **Te|le|mark|schwung**
Te|le|ma|tik, die; - ‹*Kurzw. aus* Telekommunikation *u.* Informatik› (auf die Verbindung von Datenverarbeitung u. Telekommunikation gerichteter Forschungsbereich)
Te|le|me|ter, das; -s, - ‹griech.› (Entfernungsmesser); **Te|le|me|t|rie,** die; -; **te|le|me|t|risch**
Te|le|no|ve|la, die; -, -s (Fernsehfilm in vielen, fast täglichen Fortsetzungen)
Te|le|ob|jek|tiv (Linsenkombination für Fernaufnahmen)
Te|leo|lo|gie, die; - ‹griech.› (Lehre vom Zweck u. von der Zweckmäßigkeit); **te|leo|lo|gisch**
Te|le|path, der; -en, -en ‹griech.› (für Telepathie Empfänglicher); **Te|le|pa|thie,** die; - (Fernfühlen ohne körperliche Vermittlung); **Te|le|pa|thin; te|le|pa|thisch**
Te|le|phon usw. *alte Schreibung für* Telefon usw.
Te|le|pho|to|gra|phie *vgl.* Telefotografie
Te|le|plas|ma (angeblich von Medien abgesonderter Stoff in der Parapsychologie)
Te|le|promp|ter®, der; -s, - ‹engl.› (Vorrichtung, die es den Moderatoren im Fernsehen ermöglicht, den vorzutragenden Text ohne Blicksenkung vom Monitor abzulesen)
Te|le|shop|ping [...ʃɔpɪŋ], das; -s ‹griech.-engl.› (Einkaufen per Bestellung von im Fernsehen od. durch andere elektronische Medien angebotenen Waren)
Te|le|s|kop, das; -s, -e ‹griech.› (Fernrohr); **Te|le|s|kop|an|ten|ne; Te|le|s|kop|au|ge**
te|le|s|ko|pisch (das Teleskop betreffend; [nur] durch das Teleskop sichtbar)
Te|le|s|kop|mast, der (ein ausziehbarer Mast); **Te|le|s|kop|stan|ge**
Te|le|spiel (*svw.* Videospiel)
Te|le|sta|ti|on (Säule mit einem öffentlichen Fernsprecher)
Te|le|text, der; -[e]s (System zur elektron. Übermittlung von Texten u. ihrer Darstellung auf dem Bildschirm eines Fernsehgeräts)
Te|le|tub|bies® [...tabi:s] *Plur.* ‹engl.› (Figuren einer Fernsehserie für kleine Kinder)
Te|le|vi|si|on, die; - ‹engl.› (Fernsehen; *Abk.* TV)
Te|lex, das, *schweiz.* der; -, -e ‹*Kurzw. aus engl.* teleprinter exchange› (Fernschreiben, Fernschreiber; *nur Sing.:* Fernschreibnetz); **te|le|xen;** du telext
Tell (Schweizer Volksheld)
Tel|ler, der; -s, -
Tel|ler|brett; Tel|ler|ei|sen (Fanggerät für Raubwild)
tel|ler|fer|tig; Tel|ler|fleisch (eine Speise); **tel|ler|för|mig**
Tel|ler|ge|richt (ein einfaches Gericht); **Tel|ler|mi|ne** *(Militär);* **Tel|ler|müt|ze**
tel|lern (in Rückenlage mit Handbewegungen schwimmen); ich tellere
Tel|ler|rand; Tel|ler|tuch *Plur.* ...tücher; **Tel|ler|wä|scher; Tel|ler|wä|sche|rin**
Tells|ka|pel|le, die; -
Tel|lur, das; -s ‹lat.› (chemisches Element, Halbmetall; *Zeichen* Te); **tel|lu|rig** *(Chemie);* tellurige Säure
tel|lu|risch (*Geol.* auf die Erde bezüglich, von ihr herrührend)
Tel|lu|rit, das; -s, -e (Salz der tellurigen Säure)
Tel|lu|ri|um, das; -s, ...ien (*Astron.* Gerät zur Veranschaulichung der Bewegung der Erde um die Sonne)
Te|lo|pha|se, die; -, -n ‹griech.› (*Biol.* Endstadium der Kernteilung)
[1]**Tel|tow** [...to] (Stadt bei Berlin)
[2]**Tel|tow,** der; -s (Gebiet südl. von Berlin); **Tel|to|wer;** Teltower Rübchen; **Tel|to|we|rin; Tel|tow|ka|nal,** der; -s ↑K 143
Tem|pel, der; -s, - ‹lat.›; **Tem|pel|bau** *Plur.* ...bauten; **Tem|pel|die|ner; Tem|pel|die|ne|rin**
Tem|pel|ge|sell|schaft, die; - (christl. Gemeinschaft, deren Ziel der Aufbau eines eschatologischen Gottesreiches u. die Überwindung des biblischen Babylon ist)
Tem|pel|herr (Templer); **Tem|pel|or|den,** der; -s (Templerorden)
Tem|pel|pro|s|ti|tu|ti|on
Tem|pel|rit|ter; Tem|pel|schatz
Tem|pe|ra|far|be ‹ital.-dt.› (eine Deckfarbe); **Tem|pe|ra|ma|le|rei**
Tem|pe|ra|ment, das; -[e]s, -e ‹lat.› (Wesens-, Gemütsart; *nur Sing.:* lebhafte Wesensart, Feuer)
tem|pe|ra|ment|los; Tem|pe|ra|ment|lo|sig|keit, die; -
Tem|pe|ra|ments|aus|bruch; Tem|pe|ra|ment[s]|bol|zen *(ugs.)*
tem|pe|ra|ment|voll
Tem|pe|ra|tur, die; -, -en ‹lat.› (Wärme[grad, -zustand]; [leichtes] Fieber); **tem|pe|ra|tur|ab|hän|gig; Tem|pe|ra|tur|an|stieg; Tem|pe|ra|tur|aus|gleich; tem|pe|ra|tur|be|stän|dig; Tem|pe|ra|tur|reg|ler; Tem|pe|ra|tur|rück|gang; Tem|pe|ra|tur|schwan|kung; Tem|pe|ra|tur|sturz; Tem|pe|ra|tur|un|ter|schied**
Tem|pe|renz, die; - (*selten für* Mäßigkeit, bes. im Alkoholgenuss); **Tem|pe|renz|ler; Tem|pe|renz|le|rin; Tem|pe|renz|ver|ein** (Verein der Gegner des Alkoholmissbrauchs)
Tem|per|guss, der; -es ‹engl.-dt.› (schmiedbares Gusseisen)
tem|pe|rier|bar; tem|pe|rie|ren ‹lat.› (die Temperatur regeln); **Tem|pe|rie|rung**
Tem|per|koh|le, die; - ‹engl.-dt.›
tem|pern ‹engl.› (*Hüttenw.* Eisenguss durch Glühverfahren schmiedbar machen); ich tempere
Tem|pest|boot ‹engl.-dt.› (ein Sportsegelboot)
tem|pes|to|so ‹ital.› (*Musik* heftig, stürmisch)
Tem|pi pas|sa|ti *Plur.* ‹ital.› (vergangene Zeiten)
Tem|p|late [...le:t] ‹engl.› (*EDV* [Dokument]vorlage)
Tem|p|lei|se, der; -n, -n *meist Plur.* ‹franz.› (Gralsritter)
Temp|ler (Angehöriger des Temp-

lerordens; Mitglied der Tempelgesellschaft); **Temp|le|rin; Temp|ler|or|den,** der; -s (ein geistl. Ritterorden des Mittelalters)
Tem|po, das; -s, *Plur.* -s *u.* ...pi ⟨ital.⟩; **Tem|po|li|mit** (allgemeine Geschwindigkeitsbegrenzung)
Tem|po|mat®, der; *Gen.* -en *u. (seltener)* -[e]s, *Plur.* -en *u. (seltener)* -e (automatische Geschwindigkeitsregelung bei Fahrzeugen)
Tem|po|ra (*Plur. von* Tempus)
tem|po|ral ⟨lat.⟩ (*Sprachwiss.* zeitlich; *Med.* zu den Schläfen gehörend)
Tem|po|ra|li|en *Plur.* (mit der Verwaltung eines kirchlichen Amtes verbundene weltliche Rechte u. Einkünfte der Geistlichen im MA.)
Tem|po|ral|satz (*Sprachwiss.* Umstandssatz der Zeit)
tem|po|rär ⟨franz.⟩ (zeitweilig, vorübergehend)
Tem|po|rär|an|ge|stell|te (*schweiz. für* Leiharbeitnehmer[in])
Tem|po|rär|bü|ro (*schweiz. für* Zeitarbeitsfirma)
tem|po|reich; eine temporeiche Komödie
Tem|po|sün|der; Tem|po|sün|de|rin; Tem|po|ver|lust
Tem|po-30-Zo|ne
Tem|p|ra|nil|lo [...ˈnɪljo], der; -s ⟨span.⟩ (eine Rebsorte)
Tem|pus, das; -, ...pora ⟨lat.⟩ (*Sprachwiss.* Zeitform [des Verbs])
ten. = tenuto
Te|na|kel, das; -s, - ⟨lat.⟩ (*Druckw.* Gerät zum Halten des Manuskriptes beim Setzen, Blatthalter)
Te|na|zi|tät, die; - (*Chemie, Physik* Zähigkeit; Ziehbarkeit)
Ten|denz, die; -, -en ⟨lat.⟩ (Streben nach einem bestimmten Ziel; Neigung, Strömung; Zug, Richtung, Entwicklung[slinie])
Ten|denz|be|trieb; Ten|denz|dich|tung
ten|den|zi|ell (der Tendenz nach, entwicklungsmäßig); **ten|den|zi|ös** (etwas bezweckend, beabsichtigend; parteilich gefärbt)
Ten|denz|stück; Ten|denz|wen|de
Ten|der, der; -s, - ⟨engl.⟩ (Vorratswagen der Dampflokomotive [für Kohle u. Wasser]; *Seew.* Begleitschiff, Hilfsfahrzeug)
ten|die|ren ⟨lat.⟩ ([zu etwas] hinneigen); *vgl. aber* tentieren

Te|ne|rif|fa (zu den Kanarischen Inseln gehörende Insel)
Te|niers (niederl. Malergeschlecht)
Tenn, das; -s, -e (*schweiz. Nebenform von* Tenne)
Ten|ne, die; -, -n; **Ten|nen|raum**
[1]Ten|nes|see [...ˈsiː, *auch* ˈtɛ...], der; -[s] (linker Nebenfluss des Ohio)
[2]Ten|nes|see (Staat in den USA; *Abk.* TN)
Ten|nis, das; - ⟨engl.⟩ (ein Ballspiel); Tennis spielen ↑K54
Ten|nis|arm (Tennisellbogen)
Ten|nis|ball *vgl.* [1]Ball; **Ten|nis|club** *vgl.* Tennisklub; **Ten|nis|court**
Ten|nis|ell|bo|gen (*Med.* Entzündung am Ellbogengelenk)
Ten|nis|klub, Ten|nis|club; **Ten|nis|leh|rer; Ten|nis|leh|re|rin; Ten|nis|match; Ten|nis|part|ner; Ten|nis|part|ne|rin; Ten|nis|platz; Ten|nis|pro|fi; Ten|nis|ra|cket; Ten|nis|schlä|ger; Ten|nis|schuh**
Ten|nis|spiel; Ten|nis|spie|ler; Ten|nis|spie|le|rin; Ten|nis|star *vgl.* [2]Star; **Ten|nis|tur|nier; Ten|nis|wand; Ten|nis|zir|kus** (*ugs. für* Tenniswettkämpfe mit den dazugehörigen Veranstaltungen)
Ten|no, der; -[s], -s ⟨jap.⟩ (jap. Kaisertitel); *vgl.* [1]Mikado
Ten|ny|son [...nɪsn̩] (engl. Dichter)
[1]Te|nor, der; -s ⟨lat.⟩ (Haltung; Inhalt, Sinn, Wortlaut)
[2]Te|nor, der; -s, ...nöre ⟨ital.⟩ (hohe Männerstimme; Tenorsänger)
Te|nor|buf|fo; Te|nor|horn *Plur.* ...hörner; **Te|no|rist,** der; -en, -en (Tenorsänger); **Te|nor|schlüs|sel**
Ten|sid, das; -[e]s, -e *meist Plur.* ⟨lat.⟩ (aktiver Stoff in Waschmitteln u. Ä.)
Ten|si|on, die; -, -en (*Physik* Spannung der Gase u. Dämpfe; Druck)
Ten|ta|kel, der *od.* das; -s, - *meist Plur.* ⟨lat.⟩ (Fanghaar fleischfressender Pflanzen; Fangarm)
Ten|ta|ku|lit, der; -en, -en (eine fossile Flügelschnecke)
Ten|ta|men, das; -s, ...mina (Vorprüfung [z. B. beim Medizinstudium]; *Med.* Versuch); **ten|tie|ren** (*veraltet, aber noch landsch. für* prüfen; versuchen, unternehmen; *österr. ugs. für* beabsichtigen); *vgl. aber* tendieren
Te|nue [təˈnyː], **Te|nü,** das; -s, -s ⟨franz.⟩ (*schweiz. für* vorgeschriebene Art, sich zu kleiden; Anzug)

Te|nu|is, die; -, ...ues ⟨lat.⟩ (*Sprachwiss.* stimmloser Verschlusslaut, z. B. p)
te|nu|to ⟨ital.⟩ (*Musik* ausgehalten; *Abk.* ten.); ben tenuto (gut gehalten)
Teo *vgl.* Theo; **Teo|bald** *vgl.* Theobald; **Teo|de|rich** *vgl.* Theoderich
Te|pi|da|ri|um, das; -s, ...ien ⟨lat.⟩ (temperierter Aufenthaltsraum im römischen Bad)
Tep|li|ce (Kurort in Böhmen); **Teplitz** (*dt. Form von* Teplice)
Tepp *vgl.* Depp; **tep|pert** *vgl.* deppert
Tep|pich, der; -s, -e
Tep|pich|bo|den; Tep|pich|bürs|te; Tep|pich|flie|se; Tep|pich|ge|schäft; Tep|pich|händ|ler; Tep|pich|händ|le|rin
Tep|pich|kehr|ma|schi|ne; Tep|pich|klop|fer; Tep|pich|stan|ge; Tep|pich|we|ber; Tep|pich|we|be|rin
Te|qui|la [...ˈkiː...], der; -[s], -[s] ⟨span.⟩ (ein mexik. Branntwein)
Ter (span. Fluss)
Te|ra... ⟨griech.⟩ (das Billionenfache einer Einheit, z. B. Terameter = 10^{12} Meter; *Zeichen* T)
Te|ra|byte *(EDV)*

Terrasse
Dieses Wort geht letztlich auf das lateinische *terra* (= Erde) zurück; deshalb schreibt man es mit zwei *r.*

te|ra|to|gen ⟨griech.⟩ (*Med.* Fehlbildungen bewirkend [bes. von Medikamenten]); **Te|ra|to|lo|ge,** der; -n, -n; **Te|ra|to|lo|gie,** die; - ⟨griech.⟩ (Lehre von den Fehlbildungen der Lebewesen); **Te|ra|to|lo|gin; te|ra|to|lo|gisch**
Ter|bi|um, das; -s ⟨nach dem schwedischen Ort Ytterby⟩ (chemisches Element, Metall; *Zeichen* Tb)
Te|re|bin|the, die; -, -n ⟨griech.⟩ (Terpentinbaum)
Te|renz (altröm. Lustspieldichter)
Term, der; -s, -e ⟨lat.⟩ (*Math.* Glied einer Formel, bes. einer Summe; *Physik* ein Zahlenwert von Frequenzen od. Wellenzahlen eines Atoms, Ions od. Moleküls; *Sprachwiss. svw.* Terminus)
Ter|me, der; -n, -n (*veraltet für* Grenzstein); *vgl. aber* Therme
Ter|min, der; -[e]s, -e (festgesetzter Tag, Zeitpunkt)
ter|mi|nal (*veraltet für* die Grenze,

das Ende betreffend; *Math.* am Ende stehend)

Ter|mi|nal ['tø:ɐ̯minl], der, *auch, EDV nur,* das; -s, -s ⟨engl.⟩ (Abfertigungshalle für Fluggäste; Zielbahnhof für Containerzüge; *EDV* Datenendstation, Abfragestation)

Ter|min|bör|se *(Börsenw.)*

Ter|min|druck, der; -[e]s; **Ter|min|ein|la|ge** *(Bankw.)*

ter|min|ge|mäß; ter|min|ge|recht

Ter|min|ge|schäft *(Kaufmannsspr.* Lieferungsgeschäft)

Ter|mi|ni *(Plur. von* Terminus)

ter|mi|nie|ren ⟨lat.⟩ (befristen; zeitlich festlegen); **Ter|mi|nie|rung**

ter|mi|ni|sie|ren *(österr. für* terminieren); **Ter|mi|ni|sie|rung; Ter|min|ka|len|der; ter|min|lich; Ter|min|markt** *(Börsenw.);* **Ter|min|not**

Ter|mi|no|lo|ge, der; -n, -n ⟨lat.; griech.⟩; **Ter|mi|no|lo|gie,** die; -, ...ien (Gesamtheit, Systematik eines Fachwortschatzes); **Ter|mi|no|lo|gin; ter|mi|no|lo|gisch**

Ter|min|plan; Ter|min|stress; Ter|min|treue

Ter|mi|nus, der; -, ...ni ⟨lat.⟩ (Fachwort, -ausdruck); **Ter|mi|nus tech|ni|cus,** der; - -, ...ni ...ci (Fachwort, -ausdruck)

Ter|min|ver|ein|ba|rung

Ter|mi|te, die; -, -n ⟨lat.⟩ (ein Insekt); **Ter|mi|ten|hü|gel; Ter|mi|ten|staat** *Plur.* ...staaten

ter|när ⟨lat.⟩ *(Chemie* dreifach; Dreistoff...)

Ter|ne, die; -, -n ⟨ital.⟩ (Reihe von drei gesetzten od. gewonnenen Nummern in der alten Zahlenlotterie); **Ter|no,** der; -s, -s *(österr. svw.* Terne)

Ter|pen, das; -s, -e ⟨griech.⟩ (Bestandteil ätherischer Öle); **ter|pen|frei**

Ter|pen|tin, das, *österr. meist* der; -s, -e (ein Harz); **Ter|pen|tin|öl**

Ter|p|si|cho|re [...çore] (Muse des Tanzes u. des Chorgesanges)

Ter|ra di Si|e|na, die; - - - ⟨ital.⟩ (Sienaerde, eine braune Farbe)

Ter|rain [...'rɛ̃:], das; -s, -s ⟨franz.⟩ (Gebiet; [Bau]gelände, Grundstück); **Ter|rain|be|schrei|bung**

Ter|ra in|co|g|ni|ta, die; - - ⟨lat., »unbekanntes Land«⟩ (unerforschtes Gebiet)

Ter|ra|kot|ta, Ter|ra|cot|ta, die; -, ...tten ⟨ital.⟩ *(nur Sing.:* gebrannter Ton; Gefäß od. Bildwerk daraus); **ter|ra|kot|ta|far|ben, ter|ra|cot|ta|far|ben**

Ter|ra|ri|a|ner ⟨lat.⟩ (Terrarienliebhaber); **Ter|ra|ri|a|ne|rin; Ter|ra|ri|en|kun|de,** die; -; **Ter|ra|ris|tik,** die; - (Terrarienkunde); **Ter|ra|ri|um,** das; -s, ...ien (Behälter für die Haltung kleiner Lurche u. Ä.)

Ter|ras|se, die; -, -n ⟨franz.⟩

ter|ras|sen|ar|tig; Ter|ras|sen|dach; ter|ras|sen|för|mig; Ter|ras|sen|gar|ten; Ter|ras|sen|haus

Ter|ras|sen|strah|ler (im Freien verwendetes pilzförmiges Heizgerät); **Ter|ras|sen|tür**

ter|ras|sie|ren (terrassenförmig anlegen); **Ter|ras|sie|rung**

Ter|raz|zo, der; -[s], ...zzi ⟨ital.⟩ (mosaikartiger Fußbodenbelag); **Ter|raz|zo|fuß|bo|den**

ter|res|t|risch ⟨lat.⟩ (die Erde betreffend; Erd...; *Fernsehen* nicht über Kabel od. Satellit)

ter|ri|bel ⟨lat.⟩ *(veraltet für* schrecklich); ...i|b|le Zustände

Ter|ri|er, der; -s, - ⟨engl.⟩ (kleiner bis mittelgroßer engl. Jagdhund)

ter|ri|gen ⟨lat.; griech.⟩ *(Biol.* vom Festland stammend)

Ter|ri|ne, die; -, -n ⟨franz.⟩ ([Suppen]schüssel)

ter|ri|to|ri|al ⟨lat.⟩ (zu einem Gebiet gehörend, ein Gebiet betreffend); **Ter|ri|to|ri|al|ge|walt; Ter|ri|to|ri|al|ge|wäs|ser; Ter|ri|to|ri|al|heer** *(Militär);* **Ter|ri|to|ri|al|ho|heit**

Ter|ri|to|ri|a|li|tät, die; - (Zugehörigkeit zu einem Staatsgebiet); **Ter|ri|to|ri|a|li|täts|prin|zip**

Ter|ri|to|ri|al|kom|man|do *(Militär);* **Ter|ri|to|ri|al|staat** *Plur.* ...staaten; **Ter|ri|to|ri|al|ver|tei|di|gung** *(Militär)*

Ter|ri|to|ri|um, das; -s, ...ien [...i̯ən] (Grund; Bezirk; [Staats-, Hoheits]gebiet)

Ter|roir [tɛ'ro̯a:ɐ̯], das; -s, -s ⟨franz.⟩ (den Charakter eines Weins bestimmende natürliche Umgebung)

Ter|ror, der; -s ⟨lat.⟩ (Gewaltherrschaft, Gewaltaktionen)

Ter|ror|akt; Ter|ror|an|griff; Ter|ror|an|schlag; Ter|ror|at|ta|cke; Ter|ror|be|kämp|fung

Ter|ror|camp *(ugs. für* Ausbildungslager für Terroristen)

Ter|ror|grup|pe; Ter|ror|herr|schaft

ter|ro|ri|sie|ren ⟨franz.⟩ (Terror ausüben; unter Druck setzen); **Ter|ro|ri|sie|rung**

Ter|ro|ris|mus, der; - (Ausübung von [polit. motivierten] Gewaltakten); **Ter|ro|rist,** der; -en, -en; **Ter|ro|ris|tin; ter|ro|ris|tisch**

Ter|ror|jus|tiz; Ter|ror|kom|man|do; Ter|ror|me|tho|de; Ter|ror|netz|werk; Ter|ror|or|ga|ni|sa|ti|on; Ter|ror|pro|zess; Ter|ror|trup|pe; ter|ror|ver|däch|tig; Ter|ror|ver|däch|ti|ge, der *u.* die; -n, -n; **Ter|ror|wel|le; Ter|ror|zel|le**

[1]Ter|tia, die; -, ...ien ⟨lat., »dritte«⟩ *(veraltende Bez.* [Unter- u. Obertertia] *für* die 4. u. 5. Klasse eines Gymnasiums)

[2]Ter|tia, die; - *(Druckw.* ein Schriftgrad)

Ter|ti|al, das; -s, -e *(veraltet für* Jahresdrittel)

Ter|ti|a|na|fie|ber *(Med.* Dreitagewechselfieber)

Ter|ti|a|ner (Schüler der [1]Tertia); **Ter|ti|a|ne|rin**

ter|ti|är ⟨franz.⟩ (an dritter Stelle; das Tertiär betreffend)

Ter|ti|är, das; -s *(Geol.* älterer Teil der Erdneuzeit); **Ter|ti|är|for|ma|ti|on,** die; -

Ter|ti|a|ri|er *vgl.* Terziar

Ter|ti|a|ri|e|rin *vgl.* Terziarin

Ter|ti|a|rin *vgl.* Terziarin

Ter|ti|um Com|pa|ra|ti|o|nis, das; - -, ...ia - ⟨lat.⟩ (Vergleichspunkt)

Ter|tul|li|an (röm. Kirchenschriftsteller)

Terz, die; -, -en ⟨lat.⟩ (ein Fechthieb; *Musik* dritter Ton der diaton. Tonleiter; Intervall im Abstand von 3 Stufen); Terz machen *(ugs. für* sich lautstark beschweren, Krawall machen)

Ter|zel, der; -s, - *(Jägerspr.* männlicher Falke)

Ter|ze|rol, das; -s, -e ⟨ital.⟩ (kleine Pistole)

Ter|zett, das; -[e]s, -e (dreistimmiges Gesangstück; *auch für* Gruppe von drei Personen; dreizeilige Strophe des Sonetts)

Ter|zi|ar, der; -s, -en, Ter|ti|a|ri|er, der; -s, - ⟨lat.⟩ (Angehöriger eines Dritten Ordens); **Ter|zi|a|rin,** Ter|ti|a|ri|e|rin

Ter|zi|ne, die; -, -n ⟨ital.⟩ (Strophe von drei Versen)

Te|sa|film® (ein Klebeband)

Te|sching, das; -s, *Plur.* -e *u.* -s (eine kleine Handfeuerwaffe)

Tes|la, das; -, - ⟨nach dem amerik. Physiker⟩ (Einheit der magnetischen Induktion; *Zeichen* T); **Tes|la|strom, Tes|la-Strom,** der; -[e]s *(Elektrot.* Hochfrequenzstrom sehr hoher Spannung)

[1]**Tes|sin,** der; -s (schweiz.-ital. Fluss)
[2]**Tes|sin,** das; -s (schweiz. Kanton); **Tes|si|ner; tes|si|nisch**
Test, der; -[e]s, *Plur.* -s, *auch* -e ‹engl.› (Probe; Prüfung)
Tes|ta|ment, das; -[e]s, -e ‹lat.› (letztwillige Verfügung; Bund Gottes mit den Menschen); ↑K 150 : Altes Testament (*Abk.* A. T.), Neues Testament (*Abk.* N. T.); **tes|ta|men|ta|risch** (durch letztwillige Verfügung)
Tes|ta|ments|er|öff|nung
Tes|ta|ments|voll|stre|cker; Tes|ta|ments|voll|stre|cke|rin
Tes|tat, das; -[e]s, -e (Zeugnis, Bescheinigung)
Tes|ta|tor, der; -s, ...oren (Person, die ein Testament errichtet; Erblasser); **Tes|ta|to|rin**
Tes|ta|zee, die; -, -n *meist Plur.* ‹lat.› (*Biol.* Schalen tragende Amöbe)
Test|bild *(Fernsehen)*
Test|bo|gen
tes|ten ‹*zu* Test›; **Tes|ter** (jmd., der testet); **Test|er|geb|nis; Tes|te|rin**
Test|fah|rer; Test|fah|re|rin; Test|fahrt
Test|fall, der; **Test|feld; Test|flug; Test|fra|ge; Test|ge|län|de**
tes|tie|ren ‹lat.› (ein Testat geben, bescheinigen; *Rechtsspr.* ein Testament machen); **Tes|tie|rer** (*svw.* Testator); **Tes|tie|re|rin; Tes|tie|rung**
Tes|ti|kel, der; -s, - ‹lat.› (*Med.* Hoden)
Tes|ti|mo|ni|um, das; -s, *Plur.* ...ien *u.* ...ia ‹lat.› (*Rechtsspr. veraltet für* Zeugnis); **Tes|ti|mo|ni|um Pau|per|ta|tis,** das; - -, ...ia - (*Rechtsspr. veraltet für* amtliche Bescheinigung der Mittellosigkeit für Prozessführende; *geh. für* Armutszeugnis)
Test|kan|di|dat; Test|kan|di|da|tin
Test|län|der|spiel *(Sport)*
Test|lauf; Test|me|tho|de; Test|ob|jekt
Tes|to|s|te|ron, das; -s ‹lat.› (*Med.* m. Keimdrüsenhormon); **Tes|to|s|te|ron|spie|gel**
Test|per|son; Test|pha|se; Test|pi|lot; Test|pi|lo|tin; Test|rei|he; Test|sa|tel|lit; Test|se|rie; Test|sie|ger; Test|sie|ge|rin; Test|spiel; Test|stopp (*kurz für* Atomteststopp); **Test|stre|cke**
Tes|tu|do, die; -, ...dines ‹lat., »Schildkröte«› (im Altertum Schutzdach [bei Belagerungen]; *Med.* Schildkrötenverband)
Tes|tung; Test|ver|brauch, der; -[e]s; **Test|ver|fah|ren**
Te|ta|nie, die; -, ...ien ‹griech.› (schmerzhafter Muskelkrampf); **te|ta|nisch**
Te|ta|nus [*auch* ˈtɛ...], der; - (*Med.* Wundstarrkrampf); **Te|ta|nus|imp|fung; Te|ta|nus|se|rum**
Te|te [ˈtɛːtə], die; -, -n ‹franz., »Kopf«› (*veraltet für* Anfang, Spitze [eines Truppenkörpers])
tête-à-tête [tɛtaˈtɛːt] (*veraltet für* vertraulich, unter vier Augen)
Tête-à-Tête, Tete-a-Tete, das; -[s], -s (zärtliches Beisammensein)
[1]**Te|thys** (in der altgriech. Mythol. Gattin des Okeanos u. Mutter der Gewässer); *vgl. aber* Thetis
[2]**Te|thys,** die; - (urzeitliches Meer)
Te|t|ra, der; -[s], -s (*Kurzw. für* Tetrachlorkohlenstoff); **Te|t|ra|chlor|koh|len|stoff,** der; -[e]s ‹griech.; dt.› (ein Lösungsmittel)
Te|t|ra|chord [...k...], der *od.* das; -[e]s, -e (Folge von vier Tönen einer Tonleiter)
Te|t|ra|eder, das; -s, - (Vierflächner, dreiseitige Pyramide)
Te|t|ra|gon, das; -s, -e (Viereck); **te|t|ra|go|nal**
Te|t|ra|lin®, das; -s (ein Lösungsmittel)
Te|t|ra|lo|gie, die; -, ...ien ‹griech.› (Folge von vier eine Einheit bildenden Dichtwerken, Kompositionen u. a.)
Te|t|ra|me|ter, der; -s, - (aus vier Einheiten bestehender Vers)
Te|t|ra|po|die, die; -, ...ien (vierfüßige Verszeile)
Te|t|rarch, der; -en, -en ‹»Vierfürst«› (im Altertum Herrscher über den vierten Teil eines Landes); **Te|t|rar|chie,** die; -, ...ien (Vierfürstentum)
Te|t|ro|de, die; -, -n (elektron. Bauelement; Vierpolröhre)
Tet|zel (Ablassprediger zur Zeit Luthers)
Teu|chel, der; -s, - (*südd. u. schweiz. für* hölzerne Wasserleitungsröhre)
teu|er; teu|rer, teu|ers|te; ein teures Kleid; das kommt mir *od.* mich teuer zu stehen
Teu|e|rung; Teu|e|rungs|aus|gleich; Teu|e|rungs|ra|te; Teu|e|rungs|wel|le; Teu|e|rungs|zu|la|ge
Teu|fe, die; -, -n (*Bergmannsspr.* Tiefe)
Teu|fel, der; -s, -; zum Teufel jagen *(ugs.);* zum Teufel! *(ugs.);* auf Teufel komm raus (*ugs. für* ohne Vorsicht, bedenkenlos)
Teu|fe|lei; Teu|fe|lin
Teu|fels|aus|trei|ber (*für* Exorzist); **Teu|fels|aus|trei|be|rin; Teu|fels|aus|trei|bung** (*für* Exorzismus)
Teu|fels|bra|ten (*ugs. für* boshafter Mensch; tollkühner Bursche); **Teu|fels|brut,** die; - *(ugs.)*
Teu|fels|gei|ge (*svw.* Bumbass)
Teu|fels|kerl *(ugs.);* **Teu|fels|kreis; Teu|fels|kunst; Teu|fels|weib** *(ugs.);* **Teu|fels|werk; Teu|fels|zeug,** das; -[e]s *(ugs.)*
teu|fen (*Bergmannsspr.* einen Schacht herstellen)
teuf|lisch; ein teuflischer Plan
Teu|fung *(Bergmannsspr.)*
Teu|ro, der; -[s], -s ‹zusammengezogen aus »teuer« u. »Euro«› (*ugs. für* Euro [im Hinblick auf die mit seiner Einführung verbundene empfundene Preiserhöhung])
Teu|to|bur|ger Wald, der; - -[e]s (Höhenzug des Weserberglandes)
Teu|to|ne, der; -n, -n (Angehöriger eines germ. Volksstammes); **Teu|to|nen|grill** (*ugs. scherzh. für* Strand in einem südlichen Urlaubsland, an dem sich massenhaft deutsche Touristen sonnen); **Teu|to|nia** (*lat. Bezeichnung für* Deutschland); **Teu|to|nin; teu|to|nisch** (*auch abwertend für* deutsch)
tex = Tex; **Tex,** das; -, - ‹lat.› (internationales Maß für die längenbezogene Masse textiler Fasern u. Garne; *Zeichen* tex)
Tex., TX = Texas
Te|xa|ner; Te|xa|ne|rin; te|xa|nisch; Te|xas (Staat in den USA; *Abk.* TX)
Te|xas|fie|ber, Te|xas-Fie|ber, das; -s (Rindermalaria)
Te|xas Ran|ger [- ˈreːndʒɐ] *vgl.* Ranger
Tex|mex, das; - *meist ohne Artikel* ‹engl.› (Popmusik mit texanischen u. mexikanischen Stilelementen; für das texanisch-mexikanische Grenzgebiet charakteristisches Essen)
[1]**Text,** der; -[e]s, -e ‹lat.› (Wortlaut, Beschriftung; [Buch]stelle)
[2]**Text,** die; - (*Druckw.* ein Schriftgrad)
Text|ab|druck *Plur.* ...drucke; **Text|ana|ly|se; Text|au|to|mat; Text|bau|stein; Text|buch**

Text|chef (im Pressewesen); **Text|che|fin**
Text|dich|ter; Text|dich|te|rin
tex|ten (einen [Schlager-, Werbe]text gestalten); **Tex|ter**
Text|er|fas|ser (jmd., der [berufsmäßig] Texte in eine EDV-Anlage eingibt); **Text|er|fas|se|rin; Text|er|fas|sung**
Tex|te|rin; text|ge|mäß
Text|ge|stal|ter; Text|ge|stal|te|rin; Text|ge|stal|tung
tex|til (die Textiltechnik, die Textilindustrie betreffend; Gewebe...); **Tex|til|ar|bei|ter; Tex|til|ar|bei|te|rin; Tex|til|be|trieb**
Tex|til|fa|b|rik; Tex|til|fa|b|ri|kant; Tex|til|fa|b|ri|kan|tin
tex|til|frei (*scherzh. für* nackt)
Tex|til|ge|wer|be; Tex|til|groß|han|del ↑K31 : Textilgroß- u. -einzelhandel
Tex|ti|li|en *Plur.* (Gewebe, Faserstofferzeugnisse [außer Papier])
Tex|til|in|dus|t|rie; Tex|til|ta|pe|te
Tex|til|tech|ni|ker; Tex|til|tech|ni|ke|rin; Tex|til|ver|ed|ler; Tex|til|ver|ed|le|rin; Tex|til|wa|ren *Plur.*
Text|in|ter|pre|ta|ti|on; Text|kri|tik
text|las|tig; text|lich
Text|lin|gu|is|tik; Text|pas|sa|ge
Text|sor|te *(Sprachwiss.)*; **Text|stel|le**
Tex|tur, die; -, -en (*Chemie, Technik* Gewebe, Verbindung; Struktur); **tex|tu|rie|ren** (*Textilind.* ein Höchstmaß an textilen Eigenschaften verleihen)
Text|ver|ar|bei|tung *(EDV)*; **Text|ver|ar|bei|tungs|ge|rät; Text|ver|ar|bei|tungs|pro|gramm; Text|ver|ar|bei|tungs|sys|tem**
Text|ver|gleich; Text|wort *Plur.* ...worte
Te|zett [*auch* ...ˈtset], das; -, - (Buchstabenverbindung »tz«); bis ins, bis zum Tezett (*ugs. für* vollständig)
T-för|mig [ˈteː...] (in Form eines lat. T); ↑K29
TFT, der; -[s], -[s] ‹engl.› = thin film transistor (Flachbildschirm); **TFT-Mo|ni|tor**
Tgb.-Nr. = Tagebuchnummer
TGL, die; - = Technische Normen, Gütevorschriften und Lieferbedingungen (*DDR* Zeichen für techn. Standards, z. B. TGL 11801)
TGV [teʒeˈveː], der; -[s], -[s] = train à grande vitesse (franz. Hochgeschwindigkeitszug)
Th (*chem. Zeichen für* Thorium)
TH, die; -, -s = technische Hochschule; *vgl.* technisch
Tha|cke|ray [ˈθɛkəri] (engl. Schriftsteller)
Thad|dädl, der; -s, -[n] (*österr. ugs. für* einfältiger Mensch)
Thad|dä|us, *ökum.* Tad|dä|us (Apostel)
[1]**Thai,** [1]Tai, der; -[s], -[s] (Bewohner Thailands; Angehöriger einer Völkergruppe in Südostasien)
[2]**Thai,** [2]Tai, das; - (Sprache der Thai)
Thai|bo|xen, das; -s (asiat. Sportart)
Thai|land (Staat in Hinterindien)
Thai|län|der; Thai|län|de|rin; thai|län|disch
Tha|is (altgriech. Hetäre)
Tha|la|mus, der; -, ...mi ‹griech.› (*Med.* Hauptteil des Zwischenhirns)
tha|las|so|gen ‹griech.› (*Geogr.* durch das Meer entstanden); **Tha|las|so|me|ter,** das; -s, - (Meerestiefenmesser; Messgerät für Ebbe u. Flut); **Tha|las|so|the|ra|pie** *(Med.)*
Tha|lat|ta, Tha|lat|ta! ‹»das Meer, das Meer!«› (Freudenruf der Griechen nach der Schlacht von Kunaxa, als sie das Schwarze Meer erblickten)
Tha|le (Harz) (Stadt an der Bode); **Tha|len|ser; Tha|len|se|rin**
Tha|les (altgriech. Philosoph)
Tha|lia (Muse der heiteren Dichtkunst u. des Lustspieles; eine der drei Chariten)
Thal|li|um, das; -s ‹griech.› (chemisches Element, Metall; *Zeichen* Tl)
Thal|lus, der; -, ...lli (*Bot.* Pflanzenkörper ohne Wurzel, Stängel u. Blätter)
Thäl|mann, Ernst (dt. kommunist. Politiker)
Tha|na|to|lo|gie, die; - ‹griech.› (*Med., Psychol.* Sterbekunde)
Thanks|gi|ving Day [θɛŋksˈgɪvɪŋ deː], der; - -[s], - -s (Erntedanktag in den USA [4. Donnerstag im November])
Tha|randt (Stadt südwestl. von Dresden); **Tha|rand|ter; Tha|rand|te|rin**
That|cher [ˈθɛtʃɐ], Margaret [ˈmaːɐ̯gərɪt] (engl. Politikerin); **That|che|ris|mus,** der; - ‹nach der engl. Politikerin› (von ihr geprägte Form der Sozial-, Finanz- u. Wirtschaftspolitik)
Tha|ya, die; - (niederösterr. Fluss)
Thea (w. Vorn.)
The|a|ter, das; -s, - ‹griech.› (*ugs. auch für* Aufregung; Vortäuschung); **The|a|ter|abend**
The|a|ter|abon|ne|ment; The|a|ter|abon|nent; The|a|ter|abon|nen|tin; The|a|ter|ar|beit; The|a|ter|auf|füh|rung; The|a|ter|bau *Plur.* ...bauten
The|a|ter|be|such; The|a|ter|be|su|cher; The|a|ter|be|su|che|rin
The|a|ter|büh|ne; The|a|ter|ca|fé
The|a|ter|di|rek|tor; The|a|ter|di|rek|to|rin
The|a|ter|don|ner *(spött.)*; **The|a|ter|ge|schich|te; The|a|ter|grup|pe; The|a|ter|kar|te; The|a|ter|kas|se**
The|a|ter|kri|tik; The|a|ter|kri|ti|ker; The|a|ter|kri|ti|ke|rin
The|a|ter|ma|cher *(ugs.)*; **The|a|ter|ma|che|rin** *(ugs.)*
The|a|ter|pro|be; The|a|ter|pro|gramm; The|a|ter|pu|b|li|kum; The|a|ter|raum
The|a|ter|re|gis|seur; The|a|ter|re|gis|seu|rin; The|a|ter|ring (Besucherorganisation); **The|a|ter|saal; The|a|ter|star** *vgl.* [2]Star
The|a|ter|stück; The|a|ter|vor|stel|lung; The|a|ter|wis|sen|schaft
The|a|ti|ner, der; -s, - (Angehöriger eines ital. Ordens); **The|a|ti|ne|rin**
the|a|tral ‹griech.› (das Theater betreffend); **The|a|t|ra|lik,** die; - (übertriebenes schauspielerisches Wesen); **the|a|t|ra|lisch** (bühnenmäßig; gespreizt, pathetisch)
The|ba|is (*altgriech. Bez. für* das Gebiet um die ägypt. Stadt Theben)
The|ba|ner (Bewohner der griech. Stadt Theben); **The|ba|ne|rin; the|ba|nisch; The|ben** (Stadt im griech. Böotien; *im Altertum auch* Stadt in Oberägypten)
Thé dan|sant [- dãˈsãː], der; - -, -s -s [- ...ˈsãː] ‹franz., »Tanztee«› (kleiner [Haus]ball)
The|in *vgl.* Tein
The|is|mus, der; - ‹griech.› (Lehre von einem persönlichen, außerweltlichen Gott)
Theiß, die; - (linker Nebenfluss der Donau)
The|ist, der; -en, -en ‹griech.› (Anhänger des Theismus); **The|is|tin; the|is|tisch**
The|ke, die; -, -n ‹griech.› (Schanktisch; Ladentisch)
The|k|la (w. Vorn.)
The|ma, das; -s, *Plur.* ...men, *auch* -ta ‹griech.› (Aufgabe, Gegen-

stand; Gesprächsstoff; Leitgedanke [bes. in der Musik])
The|ma|tik, die; -, -en (Themenstellung; Ausführung eines Themas); **the|ma|tisch**
the|ma|ti|sie|ren (zum Thema machen); **The|ma|ti|sie|rung**
The|men|be|reich, der; **The|men|ka|ta|log; The|men|kom|plex; The|men|kreis; The|men|park; The|men|stel|lung; The|men|wahl; The|men|wech|sel**
The|mis (griech. Göttin des Rechtes)
The|mis|to|k|les (athenischer Staatsmann)
Them|se, die; - (Fluss in England)
Theo, Teo (m. Vorn.)
Theo|bald (m. Vorn.)
Theo|bro|min, das; -s ‹griech.› (Alkaloid der Kakaobohnen)
Theo|de|rich (m. Vorn.)
Theo|di|zee, die; -, ...een ‹griech.› (Rechtfertigung Gottes hinsichtlich des von ihm in der Welt zugelassenen Übels)
Theo|do|lit, der; -[e]s, -e (ein Winkelmessgerät)
Theo|dor (m. Vorn.); **Theo|do|ra, Theo|do|re** (w. Vorn.)
the|o|do|si|a|nisch ↑K 135; *aber* ↑K 88: der Theodosianische Kodex; **Theo|do|si|us** (röm. Kaiser)
Theo|gno|sie, Theo|gno|sis, die; - ‹griech.› (Gotteserkenntnis); **Theo|go|nie,** die; -, ...ien (myth. Lehre von Entstehung u. Abstammung der Götter)
Theo|krat, der; -en, -en; **Theo|kra|tie,** die; -, ...ien ‹»Gottesherrschaft«› (Herrschaftsform, bei der die Staatsgewalt allein religiös legitimiert ist); **theo|kra|tisch**
Theo|krit (altgriech. Idyllendichter)
Theo|lo|ge, der; -n, -n ‹griech., »Gottesgelehrter«› (jmd., der Theologie studiert hat, auf dem Gebiet der Theologie beruflich tätig ist); **Theo|lo|gie,** die; -, ...ien (systematische Auslegung u. Erforschung einer Religion); **Theo|lo|gie|pro|fes|sor; Theo|lo|gie|pro|fes|so|rin; Theo|lo|gin**
theo|lo|gisch; theo|lo|gi|sie|ren (etwas unter theologischem Aspekt erörtern)
Theo|man|tie, die; -, ...ien (Weissagung durch göttliche Eingebung)
theo|morph, theo|mor|phisch (in göttlicher Gestalt)
Theo|pha|nie, die; -, ...ien (Gotteserscheinung)
Theo|phil, Theo|phi|lus (m. Vorn.)
The|or|be, die; -, -n ‹ital.› (tief gestimmte Laute des 16. bis 18. Jh.s)
The|o|rem, das; -s, -e ‹griech.› ([mathematischer, philosophischer] Lehrsatz)
The|o|re|ti|ker (*Ggs.* Praktiker); **The|o|re|ti|ke|rin**
the|o|re|tisch; die theoretische Physik; **the|o|re|ti|sie|ren** (etwas rein theoretisch erwägen)
The|o|rie, die; -, ...ien; **the|o|rie|las|tig; The|o|ri|en|streit**
Theo|soph, der; -en, -en ‹griech.›; **Theo|so|phie,** die; -, ...ien ‹»Gottesweisheit«› (Erlösungslehre, die durch Meditation über Gott den Sinn des Weltgeschehens erkennen will); **theo|so|phisch**
The|ra|peut, der; -en, -en ‹griech.› (behandelnder Arzt, Heilkundiger); **The|ra|peu|tik,** die; -, -en (Lehre von der Behandlung der Krankheiten); **The|ra|peu|ti|kum,** das; -s, ...ka (Heilmittel); **The|ra|peu|tin; the|ra|peu|tisch**
The|ra|pie, die; -, ...ien (Heilbehandlung); **The|ra|pie|for|schung; The|ra|pie|grup|pe; The|ra|pie|platz; the|ra|pie|ren** (einer Therapie unterziehen); **the|ra|pie|re|sis|tent**
The|re|min, das; -s, -s, *auch* der; -s, -e ‹nach dem russ. Erfinder› (elektron. Musikinstrument, das ohne Berührung, nur durch Handbewegungen zwischen zwei Antennen gespielt wird)
The|re|se, The|re|sia (w. Vorn.)
the|re|si|a|nisch ↑K 89 *u.* 135; eine theresianische Skulptur; *aber* die Stiftung Theresianische Akademie (in Wien)
The|re|si|en|stadt (*tschech.* Terezín; Stadt in der Tschechischen Republik; Konzentrationslager der Nationalsozialisten)
therm... ‹griech.› (warm...); **Therm...** (Wärme...)
ther|mal (auf Wärme, auf warme Quellen bezogen)
Ther|mal|bad; Ther|mal|quel|le; Ther|mal|salz; Ther|mal|schwimm|bad; Ther|mal|was|ser *Plur.* ...wässer
Ther|me, die; -, -n (warme Quelle; Thermalbad); **Ther|men** *Plur.* (warme Bäder im antiken Rom)
Ther|mi|dor, der; -[s], -s ‹franz., »Hitzemonat«› (11. Monat des Kalenders der Franz. Revolution: 19. Juli bis 17. Aug.)
Ther|mik, die; -, -en ‹griech.› (*Meteorol.* aufwärtsgerichtete Warmluftbewegung); **Ther|mik|se|gel|flug**
ther|misch (die Wärme betreffend, Wärme...)
Ther|mit®, das; -s, -e (große Hitze entwickelndes Gemisch aus pulverisiertem Aluminium u. Metalloxid); **Ther|mit|schwei|ßen,** das; -s
Ther|mo|che|mie [*auch* ...'mi:] (Untersuchung der Wärmeumsetzung bei chem. Vorgängen); **ther|mo|che|misch**
Ther|mo|chro|mie [...k...], die; - (*Chemie* Wärmefärbung)
Ther|mo|dy|na|mik [*auch* ...'na:...], die; - (*Physik* Wärmelehre); **ther|mo|dy|na|misch** [*auch* ...'na:...]
ther|mo|elek|t|risch [*auch* ...'lɛ...]; **Ther|mo|elek|t|ri|zi|tät** [*auch* ...'tɛ:t] (durch Wärmeunterschied erzeugte Elektrizität)
Ther|mo|ele|ment (ein Temperaturmessgerät)
Ther|mo|graf, Ther|mo|graph, der; -en, -en (Temperaturschreiber); **Ther|mo|gra|fie,** Ther|mo|gra|phie, die; - (Verfahren zur fotografischen Aufnahme von Objekten mittels ihrer unterschiedlichen Wärmestrahlung); **Ther|mo|gramm,** das; -s, -e (bei der Thermografie entstehende Aufnahme); **Ther|mo|graph** *vgl.* Thermograf
Ther|mo|ho|se
Ther|mo|kau|ter, der; -s, - (*Med.* Glühstift für Operationen)
Ther|mo|man|tel
Ther|mo|me|ter, das; -s, - (ein Temperaturmessgerät)
ther|mo|nu|k|le|ar [*auch* 'tɛ...] (*Physik* die bei der Kernreaktion auftretende Wärme betreffend); **Ther|mo|nu|k|le|ar|waf|fe**
Ther|mo|pane® [...'pe:n], das; - (ein Isolierglas); **Ther|mo|pane|fens|ter**
Ther|mo|pa|pier (ein Spezialpapier [z. B. für Faxgeräte])
ther|mo|phil (*Biol.* die Wärme liebend)
Ther|mo|phor, der; -s, -e (*österr. für* Wärmflasche; Wärmespeicher)
Ther|mo|plast, der; -[e]s, -e *meist Plur.* (bei höheren Temperaturen formbarer Kunststoff)
Ther|mo|py|len *Plur.* (Engpass im alten Griechenland)

Ther|mos|fla|sche® (Warmhaltegefäß); **Ther|mos|kan|ne®; Ther|mos|krug®** (*schweiz. für* Thermoskanne)
Ther|mo|sphä|re, die; - (*Meteorol.* Schicht der Erdatmosphäre in etwa 80 bis 130 km Höhe)
Ther|mo|s|tat, der; *Gen.* -[e]s *u.* -en, *Plur.* -e[n] *u.* das; *Gen.* -[e]s, *Plur.* -e (automat. Temperaturregler)
The|ro|phyt, der; -en, -en ⟨griech.⟩ (*Bot.* einjährige Pflanze)
Ther|si|tes (schmäh- u. streitsüchtiger Grieche vor Troja)
the|sau|rie|ren ⟨griech.⟩ ([Geld, Wertsachen, Edelmetalle] horten); **The|sau|rie|rung**
The|sau|rus, der; -, *Plur.* ...ren *u.* ...ri ⟨»[Wort]schatz«⟩ (Titel wissenschaftlicher Sammelwerke u. umfangreicher Wörterbücher)
The|se, die; -, -n ⟨griech.⟩ (aufgestellter [Leit]satz, Behauptung); *vgl. aber* Thesis
The|sei|on, das; -s (Heiligtum des Theseus in Athen)
the|sen|haft; The|sen|pa|pier
The|seus (griech. Sagenheld)
The|sis, die; -, ...sen ⟨griech.⟩ (*Verslehre* Senkung)
Thes|pis (Begründer der altgriech. Tragödie); **Thes|pis|kar|ren** (Wanderbühne); ↑K136
Thes|sa|li|en (Landschaft in Nordgriechenland); **Thes|sa|li|er; Thes|sa|li|e|rin; thes|sa|lisch**
Thes|sa|lo|ni|cher (Einwohner von Thessaloniki); **Thes|sa|lo|ni|che|rin; Thes|sa|lo|ni|ki** (*griech. Name für* Saloniki); **thes|sa|lo|nisch**
The|ta, das; -[s], -s (griech. Buchstabe: Θ, ϑ)
The|tis (Meernymphe der griech. Sage, Mutter Achills); *vgl. aber* ¹Tethys
Thid|reks|sa|ga, die; - (norw. Sammlung dt. Heldensagen um Dietrich von Bern); ↑K136
Thig|mo|ta|xis, die; -, ...xen ⟨griech.⟩ (*Biol.* durch Berührungsreiz ausgelöste Orientierungsbewegung)
Thi|lo *vgl.* Tilo
Thim|phu (Hauptstadt Bhutans)
Thing, das; -[e]s, -e ⟨*nord. Form von* Ding⟩ (germ. Volks-, Gerichts- u. Heeresversammlung); *vgl.* ²Ding; **Thing|platz; Thing|stät|te**
Think|tank, Think-Tank [ˈθɪŋkteŋk], der; -s, -s ⟨engl.⟩ (Denkfabrik)
Thi|o|phen, das; -s ⟨griech.⟩ (schwefelhaltige Verbindung)
Thi|xo|tro|pie, die; - ⟨griech.⟩ (*Chemie* Eigenschaft gewisser Gele, sich durch Rühren, Schütteln u. Ä. zu verflüssigen)
Tho|los, die, *auch* der; -, *Plur.* ...loi *u.* ...len ⟨griech.⟩ (altgriech. Rundbau mit Säulenumgang)
¹Tho|ma, Hans (dt. Maler)
²Tho|ma, Ludwig (dt. Schriftsteller)
Tho|ma|ner, der; -s, - (Mitglied des Thomanerchors); **Tho|ma|ner|chor,** der; -[e]s (an der Thomaskirche in Leipzig)
¹Tho|mas (m. Vorn.)
²Tho|mas, *ökum.* To|mas (Apostel); ungläubiger Thomas, ungläubige Thomasse
Tho|mas a Kem|pis (mittelalterl. Theologe)
Tho|mas|kan|tor (Leiter des Thomanerchors)
Tho|mas|mehl ⟨nach dem brit. Metallurgen S. G. Thomas⟩ (Düngemittel)
Tho|mas von Aquin (mittelalterl. Kirchenlehrer); **Tho|mis|mus,** der; - (Lehre des Thomas von Aquin); **Tho|mist,** der; -en, -en; **Tho|mis|tin; tho|mis|tisch**
Thon, der; -s, *Plur.* -s *u.* -e ⟨franz.⟩ (*schweiz. für* Thunfisch)
Tho|net|stuhl, Tho|net-Stuhl ⟨nach dem dt. Industriellen M. Thonet⟩ (aus gebogenem Holz hergestellter Stuhl)
Thor (*germ. Mythol.* Sohn Odins); *vgl.* Donar
Tho|ra [*auch* ˈto:...], die; - ⟨hebr., »Lehre«⟩ (die 5 Bücher Mosis, das mosaische Gesetz)
tho|ra|kal ⟨griech.⟩ (*Med.* den Brustkorb betreffend)
Tho|ra|rol|le (Rolle mit dem Text der Thora); **Tho|ra|stu|di|um**
Tho|rax, der; -[es], -e ⟨griech.⟩ (Brustkorb; mittleres Segment bei Gliederfüßern)
Tho|ri|um, das; -s ⟨nach dem Gott Thor⟩ (radioaktives chemisches Element, Metall; *Zeichen* Th)
Thorn (*poln.* Toruń)
Thors|ten *vgl.* Torsten
Thor|vald|sen, Thor|wald|sen (dän. Bildhauer)
Thot, Thoth (ägypt. Gott)
Thra|ker (Bewohner von Thrakien); **Thra|ke|rin; Thra|ki|en** (Gebiet auf der Balkanhalbinsel); **thra|kisch**
Thra|zi|er usw. *vgl.* Thraker usw.
Thread [θret], der; -[s], -s ⟨engl.⟩ (*EDV* Reihenfolge der Ausführungsschritte eines Programms; Folge von Beiträgen in einem Internetforum)
Thrill [θrɪl], der; -s, -s ⟨engl.⟩ (Nervenkitzel); **Thril|ler,** der; -s, - (Film, Roman o. Ä., der Spannung u. Nervenkitzel erzeugt)
Thrips, der; -, -e ⟨griech.⟩ (*Zool.* Blasenfüßer)
Throm|bo|se, die; -, -n ⟨griech.⟩ (*Med.* Verstopfung von Blutgefäßen durch Blutgerinnsel); **Throm|bo|se|nei|gung; throm|bo|tisch** (*Med.*)
Throm|bo|zyt, der; -en, -en (*Med.* Blutplättchen); **Throm|bus,** der; -, ...ben (*Med.* Blutgerinnsel, Blutpfropf)
Thron, der; -[e]s, -e ⟨griech.⟩
Thron|an|wär|ter; Thron|an|wär|te|rin; Thron|be|stei|gung
thro|nen; Thron|er|be, der; **Thron|er|bin; Thron|fol|ge; Thron|fol|ger; Thron|fol|ge|rin**
Thron|ju|bi|lä|um; Thron|prä|ten|dent; Thron|prä|ten|den|tin; Thron|re|de; Thron|saal; Thron|ses|sel; Thron|ver|zicht
Thu|ja, *österr. auch* **Thu|je,** die; -, ...jen ⟨griech.⟩ (Lebensbaum)
thu|ky|di|de|isch ⟨griech.⟩; die thukydideischen Reden ↑K89 *u.* 135; **Thu|ky|di|des** (altgriech. Geschichtsschreiber)
Thu|le (in der Antike sagenhafte Insel im hohen Norden)
Thu|li|um, das; -s (chemisches Element, Metall; *Zeichen* Tm)
Thun (schweiz. Stadt); **Thu|ner See,** der; - -s
Thun|fisch, Tun|fisch ⟨griech.; dt.⟩
Thur, die; - (linker Nebenfluss des Hochrheins); **Thur|gau,** der; -[e]s (schweiz. Kanton); **Thur|gau|er; thur|gau|isch**
Thü|rin|gen; Thü|rin|ger; Thüringer Wald; **Thü|rin|ge|rin; thü|rin|gisch**
Thurn und Ta|xis (ein Adelsgeschlecht); die thurn-und-taxissche *od.* Thurn-und-Taxis'sche Post ↑K89, 135 *u.* 139
Thus|nel|da (Gattin des Arminius)
THW, das; -, -s *Plur. selten* = Technisches Hilfswerk
Thy|mi|an, der; -s, -e ⟨griech.⟩ (eine Gewürz- u. Heilpflanze)
Thy|mus, der; -, ...mi ⟨griech.⟩ (hinter dem Brustbein gelegene Drüse, Wachstumsdrüse); **Thy|mus|drü|se** (*svw.* Thymus)
Thy|re|o|i|di|tis, die; -, ...itiden

tief

- zutiefst
- tiefblau, tiefrot, tiefschwarz
- tiefernst, tieftraurig
- tiefgründig

Groß- und Kleinschreibung:

- etwas Tiefes
- alles Hohe und Tiefe
- etwas auf das, aufs Tiefste *od.* auf das, aufs tiefste beklagen ↑K75

Schreibung in Verbindung mit Verben und adjektivisch gebrauchten Partizipien ↑K56 *u.* 58:

- tief sein, tief werden, tief atmen, tief graben, tief liegen, tief stehen
- tief bohren (in der Tiefe bohren), *vgl. aber* tiefbohren
- wenn die Schwalben tief fliegen, *vgl. aber* tieffliegen
- mit tief bewegter *od.* tiefbewegter Stimme
- tief empfundenes *od.* tiefempfundenes Mitleid
- die tief erschütterte *od.* tieferschütterte Frau
- tief gehende, tiefer gehende *od.* tiefgehende, tiefgehendere Untersuchungen
- tief greifende, tiefer greifende *od.* tiefgreifende, tiefgreifendere Veränderungen
- tief liegende *od.* tiefliegende Augen; *aber nur* tiefer liegende Augen
- eine tief verschneite *od.* tiefverschneite Landschaft
- *Vgl. auch* tieferlegen, tiefgefrieren, tiefkühlen, tiefstapeln, tieftauchen; tiefgekühlt, tiefschürfend, tiefst...

⟨griech.⟩ (*Med.* Schilddrüsenentzündung)

Thy|ris|tor, der; -s, ...oren ⟨griech.-lat.⟩ (*Elektrot.* steuerbares Halbleiterelement)

Thyr|sos, der; -, ...soi, **Thyr|sus,** der; -, ...si ⟨griech.⟩ (Bacchantenstab)

ti ⟨ital.⟩ (Solmisationssilbe)

Ti (*chem. Zeichen für vgl.* [2]Titan)

Ti|a|ra, die; -, ...ren ⟨pers.⟩ (Kopfbedeckung der altpers. Könige; dreifache Krone des Papstes)

Ti|ber, der; -[s] (ital. Fluss)

Ti|be|ri|as (Stadt am See Genezareth)

Ti|be|ri|us (röm. Kaiser)

[1]**Ti|bet** [*auch* ...'be:t] (Hochland in Zentralasien)

[2]**Ti|bet,** der; -[e]s, -e (ein Wollgewebe; eine Reißwollart)

Ti|be|ta|ner usw. *vgl.* Tibeter usw.; **Ti|be|ter; Ti|be|te|rin; ti|be|tisch**

Ti|bor (m. Vorn.)

Tic [tɪk], der; -s, -s ⟨franz.⟩ (*Med.* krampfartiges Zusammenziehen der Muskeln; Zucken)

Tick, der; -s, -s (wunderliche Eigenart, Schrulle; *auch für* Tic)

ti|cken; du tickst wohl nicht ganz richtig *(ugs.)*; **Ti|cker** (*ugs. für* Fernschreiber)

Ti|cket, das; -s, -s ⟨engl., »Zettel«⟩ (Fahrkarte, Flugkarte, Eintrittskarte; *ugs. auch für* Strafmandat); **Ti|cke|ting,** das; -[s] (Verkauf von Tickets)

tick|tack!; Tick|tack, das; -s

Ti|de, die; -, -n (*nordd. für* regelmäßig wechselnde Bewegung der See; Flut); **Ti|de|hub** *vgl.* Tidenhub; **Ti|den** *Plur.* (Gezeiten); **Ti|den|hub** (Wasserstandsunterschied bei den Gezeiten)

Tie|break, Tie-Break ['tai...], der *od.* das; -s, -s ⟨engl.⟩ (*Tennis* Satzverkürzung [beim Stand von 6:6]); ↑K41

Tieck (dt. Dichter)

tief *s. Kasten*

Tief, das; -s, -s (Fahrrinne; *Meteorol.* Gebiet tiefen Luftdrucks)

Tief|aus|läu|fer *(Meteorol.)*

Tief|bahn|hof, der ([weitgehend] unterirdisch angelegter Bahnhof)

Tief|bau; Tief|bau|amt

tief be|wegt, tief|be|wegt *vgl.* tief

tief|blau

tief|boh|ren (*fachspr. für* bis in große Tiefe bohren); **Tief|boh|rung**

Tief|de|cker (Flugzeugtyp)

Tief|druck, der; -[e]s, *Plur. (Druckw.:)* -e

Tief|druck|ge|biet *(Meteorol.)*

Tie|fe, die; -, -n; **Tief|ebe|ne**

tief emp|fun|den, tief|emp|fun|den; *vgl.* tief, tiefstempfunden

Tie|fen|be|strah|lung *(Med.)*; **Tie|fen|ge|stein; Tie|fen|in|ter|view; Tie|fen|li|nie; Tie|fen|mes|sung**

Tie|fen|psy|cho|lo|gie; tie|fen|psy|cho|lo|gisch

Tie|fen|rausch (beim Tieftauchen)

Tie|fen|schär|fe (*Fotogr. ugs. für* Schärfentiefe)

Tie|fen|wir|kung

tie|fer|le|gen *(Kfz-Technik)*; ein tiefergelegtes Auto

tief|ernst

tief er|schüt|tert, tief|er|schüt|tert *vgl.* tief

tief|flie|gen (*Flugw.* im Tiefflug fliegen); *aber* das Flugzeug ist zu tief geflogen; wenn die Schwalben tief fliegen, gibt es Regen

Tief|flie|ger; Tief|flie|ger|an|griff

Tief|flug; Tief|flug|ver|bot

Tief|gang, der *(Schiffbau)*; **Tief|gang|mes|ser,** der

Tief|ga|ra|ge

tief|ge|frie|ren; ein tiefgefrorener Hase

tief ge|fühlt, tief|ge|fühlt

tief ge|hend, tief|ge|hend *vgl.* tief

tief|ge|kühlt ↑K57: tiefgekühltes Gemüse od. Obst; das Obst ist tiefgekühlt

tief|ge|stellt; tiefgestellte Ziffern

tief|gläu|big

Tief|grab

tief grei|fend, tief|grei|fend *vgl.* tief

tief|grün|dig

tief|küh|len (*svw.* tiefgefrieren)

Tief|kühl|fach; Tief|kühl|ket|te; Tief|kühl|kost; Tief|kühl|schrank; Tief|kühl|tru|he

Tief|la|der (Wagen mit tief liegender Ladefläche)

Tief|land *Plur.* ...länder *od.* ...lande; **Tief|land|bucht**

tief lie|gend, tief|lie|gend *vgl.* tief

Tief|par|ter|re; Tief|punkt

tief|rot

Tief|schlaf; Tief|schlag ([Box]hieb unterhalb der Gürtellinie); **Tief|schnee; Tief|schnee|fah|ren,** das; -s *(Ski)*

tief|schür|fend (sehr gründlich); eine tiefschürfende Abhandlung

tief|schwarz

Tief|see, die; -; **Tief|see|for|schung; Tief|see|tau|cher; Tief|see|tau|che|rin**

Tief|sinn, der; -[e]s; **tief|sin|nig; Tief|sin|nig|keit**

tiefst...; *in Verbindung mit Parti-*

T
Thyr

zipien, z. B. tiefstempfunden, tiefstgehend, tiefstschürfend usw.; *vgl. aber* tief

Tief|stand

Tief|sta|pe|lei; tief|sta|peln (*Ggs.* hochstapeln); tiefgestapelt, tiefzustapeln; **Tief|stap|ler; Tief-stap|le|rin**

Tief|start *(Sport)*

tief ste|hend, tief|ste|hend; bei tief stehender *od.* tiefstehender Sonne

tiefst|emp|fun|den; tiefstempfundenes Mitleid

Tiefst|kurs; Tiefst|preis

Tief|strah|ler

Tiefst|stand; Tiefst|tem|pe|ra|tur; Tiefst|wert

tief|tau|chen *(Sport); nur im Infinitiv und Partizip II gebr.*

tief|trau|rig

tief ver|schneit, tief|ver|schneit *vgl.* tief

tief|zie|hen (*Technik* Blech in einen Hohlkörper umformen)

Tie|gel, der; -s, -

Tien|gen *vgl.* Waldshut-Tiengen

Ti|en|schan [*auch* ˈtiɛ...], der; -[s] (Gebirgssystem Innerasiens)

Ti|en|t|sin (chin. Stadt)

Tier, das; -[e]s, -e; **Tier|art**

Tier|arzt; Tier|ärz|tin; tier|ärzt|lich; eine tierärztliche Hochschule, *aber* ↑K150: die Tierärztliche Hochschule Hannover

Tier|buch; Tier|freund; Tier|freun-din; Tier|fut|ter *vgl.* [1]Futter

Tier|gar|ten; Tier|gärt|ner; Tier|gärt-ne|rin; tier|ge|recht; Tier|ge-schich|te

Tier|ge|stalt; in Tiergestalt; **tier-haft**

Tier|hal|ter; Tier|hal|te|rin; Tier|hal-tung

Tier|händ|ler; Tier|händ|le|rin; Tier-hand|lung

Tier|heil|kun|de, die; **Tier|heim**

tie|risch (*ugs. auch für* sehr)

Tier|kli|nik

Tier|kör|per|be|sei|ti|gungs|an|stalt (*Amtsspr. svw.* Abdeckerei)

Tier|kreis, der; -es *(Astron.);* **Tier-kreis|zei|chen**

Tier|kun|de (Zoologie *[nur Sing.];* zoologisches Lehrwerk)

tier|lieb; Tier|lie|be; tier|lie|bend

Tier|me|di|zin, die; -; **Tier|mehl; Tier|park; Tier|pfle|ger; Tier|pfle-ge|rin**

Tier|pro|duk|ti|on, die; - (*regional für* Viehzucht)

Tier|quä|ler; Tier|quä|le|rei; Tier-quä|le|rin

Tier|reich; Tier|schau

Tier|schutz, der; -es; **Tier|schüt|zer; Tier|schüt|ze|rin; Tier|schutz|ge-setz; Tier|schutz|ver|ein**

Tier|seu|che; Tier|ver|such; Tier|welt

Tier|zucht, die; -; **Tier|züch|ter; Tier-züch|te|rin**

Tif|fa|ny|lam|pe [...fəni...] ⟨nach dem amerik. Kunsthandwerker⟩ (Lampe mit einem aus bunten Glasstücken zusammengesetzten Schirm)

Tif|lis [ˈtiː..., ˈtɪ...] (Hauptstadt Georgiens); *vgl. auch* Tbilissi

Ti|fo|so, der; -, ...si ⟨ital.⟩ (*ital. Bez. für* [Fußball]fan)

Ti|ger, der; -s, - ⟨griech.-lat.⟩

Ti|ger|au|ge (Edelstein aus der Quarzgruppe); **Ti|ger|fell; Ti|ger-hai; Ti|ge|rin; Ti|ger|kat|ze; Ti-ger|li|lie; Ti|ger|look**

ti|gern (streifig machen; *ugs. für* irgendwohin gehen); ich tigere

Ti|ger|staat (*Wirtsch.* asiatischer Staat mit hohem Wirtschaftswachstum)

Tight [tait], die; -, -s ⟨engl.⟩ (eng anliegende Sporthose)

Ti|g|ris, der; - (Strom in Vorderasien)

Ti|la|pia, der; -s, -s *od.* ...ien (ein afrik. Buntbarsch)

Til|bu|ry [...bəri], der; -[s], -s ⟨engl.⟩ (*früher für* leichter zweirädriger Wagen in Nordamerika)

Til|de, die; -, -n ⟨span.⟩ (span. u. port. Aussprachezeichen; *Druckw.* Wiederholungszeichen: ~)

tilg|bar; til|gen; Til|gung

Til|gungs|an|lei|he *(Wirtsch.);* **Til-gungs|ka|pi|tal; Til|gungs|ra|te; Til|gungs|sum|me**

Till (m. Vorn.); **Til|la** (w. Vorn.)

Till Eu|len|spie|gel (niederd. Schelmengestalt)

Till|mann, Til|man, Til|mann (m. Vorn.)

Til|ly [...li] (Feldherr im Dreißigjährigen Krieg)

Til|man, Til|mann *vgl.* Tillmann

Ti|lo, Thi|lo (m. Vorn.)

Til|sit (Stadt an der Memel)

Til|si|ter, der; -s, - (ein Käse)

Tim, Timm (m. Vorn.)

Tim|b|re [ˈtɛ̃ːbrə], das; -s, -s ⟨franz.⟩ (Klangfarbe der Gesangsstimme); **tim|b|rie|ren**

Tim|buk|tu (Stadt in Mali)

ti|men [ˈtai̯...] ⟨engl.⟩ (*Sport* mit der Stoppuhr messen; zeitlich abstimmen); ein gut getimter Ball

Time-out [ˈtai̯mˈlau̯t], das; -[s], -s (*Basketball, Volleyball* Auszeit)

Ti|mer [ˈtai̯mɐ], der; -s, - ⟨engl.⟩ (Zeitschaltuhr; Terminkalender)

Times [tai̯ms], die; - (engl. Zeitung)

Time|sha|ring [...ʃɛːɐ̯...], das; -[s] ⟨engl.⟩ (gekauftes Wohnrecht an einer Ferienwohnung während einer bestimmten Zeit)

Ti|ming, das; -s, -s (zeitl. Abstimmen von Abläufen)

Timm *vgl.* Tim

Ti|mo (m. Vorn.)

Ti|mo|kra|tie, die; -, ...ien ⟨griech.⟩ (Herrschaft der Besitzenden); **ti-mo|kra|tisch**

Ti|mon; Timon von Athen (athen. Philosoph u. Sonderling; Urbild des Menschenhassers)

Ti|mor (eine Sundainsel); **Ti|mo|rer; Ti|mo|re|rin; ti|mo|re|sisch; Ti-mor-Les|te** (Staat in Südostasien)

Ti|mo|the|us (Gehilfe des Paulus)

Ti|mo|the|us|gras, das; -es (ein Futtergras)

Tim|pa|no, der; -s, ...ni ⟨griech.⟩ (*Musik* Pauke)

Ti|mur, Ti|mur-Leng (mittelasiat. Eroberer)

TIN, die; -, -s = tax identification number (Steueridentifikationsnummer)

Ti|na, Ti|ne, Ti|ni (w. Vorn.)

tin|geln (*ugs. für* [mal hier, mal dort] im Tingeltangel auftreten); ich ting[e]le

Tin|gel|tan|gel [*auch* ...ˈta...], der *u., österr. nur,* das; -s, - (*ugs. für* Tanzlokal; Varieté)

Ti|ni *vgl.* Tina

Tink|ti|on, die; -, -en ⟨lat.⟩ (*Chemie* Färbung); **Tink|tur,** die; -, -en ([Arznei]auszug)

Tin|nef, der; -s ⟨hebr.-jidd.⟩ (*ugs. für* Schund; dummes Zeug)

Tin|ni|tus, der; -, - ⟨lat.⟩ (Rauschen, Klingeln od. Pfeifen in den Ohren)

Tin|te, die; -, -n; **Tin|ten|fass**

Tin|ten|fisch

Tin|ten|fleck, Tin|ten|fle|cken; Tin-ten|kil|ler; Tin|ten|klecks; Tin|ten-kleck|ser (*ugs. svw.* Schreiberling); **Tin|ten|kleck|se|rin; Tin|ten-ku|li**

Tin|ten|pilz

tin|ten|schwarz; Tin|ten|stift *vgl.* [1]Stift; **Tin|ten|strahl|dru|cker**

tin|tig

Tint|ling (Tintenpilz)

Tin|to|ret|to (ital. Maler)
Tip *alte Schreibung für* Tipp
Ti|pi, das; -s, -s ‹Indianerspr.› (kegelförmiges Indianerzelt)
Tipp, der; -s, -s (nützlicher Hinweis; Vorhersage bei Lotto u. Toto; *ugs. für* ausgefüllter Wettschein)
Tip|pel, der; -s, - (*nordd. für* Punkt; *österr. ugs. für* Beule); *vgl.* Dippel
Tip|pel|bru|der (*ugs. für* Landstreicher)
Tip|pel|chen (*landsch. für* Tüpfelchen); bis aufs Tippelchen
Tip|pe|lei *(ugs.)*; **tip|pe|lig,** tipp|lig (*landsch. für* kleinlich)
tip|peln (*ugs. für* zu Fuß gehen, wandern); ich tipp[e]le; **Tip|pel|schwes|ter**
[1]**tip|pen** (leicht berühren; *ugs. für* auf einer Tastatur schreiben); er hat ihm, *auch* ihn auf die Schulter getippt
[2]**tip|pen** (wetten)
Tip|pen, das; -s (ein Kartenspiel)
Tip|per ‹*zu* [2]tippen›; **Tip|pe|rin**
Tipp-Ex®, das; - (Korrekturflüssigkeit od. -streifen); **Tipp|feh|ler** (*ugs. für* Fehler beim [1]Tippen)
Tipp|ge|mein|schaft ‹*zu* [2]tippen›
tipp|lig *vgl.* tippelig
Tipp|schein
Tipp|se, die; -, -n (*ugs. abwertend für* Sekretärin)
Tipp|spiel (kommerzielle Wette)
tipp|topp ‹engl.› (*ugs. für* hochfein; tadellos)
Tipp|zet|tel (Wettzettel)
Ti|ra|de, die; -, -n ‹franz.› (Wortschwall; *Musik* tonleiterartige Verzierung)
Ti|ra|mi|su, das; -[s], -s ‹ital.› (Süßspeise aus Mascarpone u. in Kaffee getränkten Biskuits)
Ti|ra|na (Hauptstadt Albaniens)
Ti|rass, der; -es, -e ‹franz.› (*Jägerspr.* Deckgarn, -netz); **ti|ras|sie|ren** ([Vögel] mit dem Tirass fangen)
ti|ri|li!; Ti|ri|li, das; -s; **ti|ri|lie|ren** (pfeifen, singen [von Vögeln])
ti|ro! ‹franz., »schieße hoch!«› (*Jägerspr.* Zuruf an den Schützen, wenn Federwild vorbeistreicht)
Ti|ro (Freund Ciceros)
Ti|rol (österr. Bundesland); **Ti|ro|ler;** Tiroler Ache; **Ti|ro|le|rin; ti|ro|le|risch** *(bes. österr.)*
Ti|ro|li|enne [...ˈli̯ɛn], die; -, -n ‹franz.› (ein Rundtanz)
ti|ro|lisch (tirolerisch)
ti|ro|nisch ‹*zu* Tiro›; tironische Noten (altröm. Kurzschriftsystem); ↑K 89 *u.* 135
Ti|ryns (altgriech. Stadt); **Ti|ryn|ther; Ti|ryn|the|rin; ti|ryn|thisch**
Tisch, der; -[e]s, -e; bei Tisch (beim Essen) sein; zu Tisch gehen; Gespräch am runden Tisch
Tisch|abend|mahl (gemeinsames Essen nach einem Gottesdienst)
Tisch|bein; Tisch|be|sen; Tisch|blatt (*fachspr. u. schweiz. neben* Tischplatte); **Tisch|com|pu|ter; Tisch|da|me; Tisch|de|cke**
ti|schen (*schweiz. für* den Tisch decken); du tischst; **tisch|fer|tig**
Tisch|fuß|ball, der; -[e]s; **Tisch|fuß|ball|spiel; Tisch|ge|bet; Tisch|ge|sell|schaft; Tisch|ge|spräch; Tisch|grill; Tisch|herr; Tisch|kan|te; Tisch|kar|te; Tisch|lam|pe; Tisch|läu|fer**
Tisch|lein|deck|dich, das; -
Tisch|ler; Tisch|ler|ar|beit; Tisch|le|rei; Tisch|le|rin
tisch|lern; ich tischlere; **Tisch|ler|plat|te; Tisch|ler|werk|statt**
Tisch|ma|nie|ren *Plur.*
Tisch|nach|bar; Tisch|nach|ba|rin
Tisch|ord|nung; Tisch|plat|te; Tisch|rand *Plur.* ...ränder; **Tisch|rech|ner; Tisch|re|de; Tisch|re|ser|vie|rung; Tisch|rü|cken,** das; -s; **Tisch|se|gen; Tisch|sit|te**
Tisch|ten|nis; Tisch|ten|nis|ball; Tisch|ten|nis|plat|te; Tisch|ten|nis|schlä|ger; Tisch|ten|nis|spiel; Tisch|ten|nis|spie|ler; Tisch|ten|nis|spie|le|rin
Tisch|tuch *Plur.* ...tücher; **Tisch|tuch|klam|mer; Tisch|vor|la|ge; Tisch|wein; Tisch|zeit**
Ti|si|pho|ne [...ne] (eine der drei Erinnyen)
Tit. = Titel
[1]**Ti|tan,** Ti|ta|ne, der; ...nen, ...nen (einer der riesenhaften, von Zeus gestürzten Götter der griech. Sage; *übertr. für* jmd., der durch außergewöhnliche Machtfülle o. Ä. beeindruckt)
[2]**Ti|tan,** das; -s ‹griech.› (chem. Element, Metall; *Zeichen* Ti)
Ti|ta|ne *vgl.* [1]Titan
Ti|tan|ei|sen|erz
ti|ta|nen|haft (riesenhaft)
Ti|ta|nia (Feenkönigin, Gemahlin Oberons)
Ti|ta|nic [...ɪk], die; - (engl. Passagierschiff, das 1912 nach Zusammenstoß mit einem Eisberg unterging)
Ti|ta|ni|de, der; -n, -n ‹griech.› (Nachkomme der Titanen)
ti|ta|nisch (riesenhaft)
Ti|ta|no|ma|chie, die; - (Kampf der Titanen gegen Zeus in der griech. Sage)
Ti|tan|ra|ke|te ‹*zu* [1]Titan›
Ti|tel [*auch* ˈtɪ...], der; -s, - ‹lat.› (*Abk.* Tit.)
Ti|tel|am|bi|ti|on *meist Plur.*; **Ti|tel|an|wär|ter** *(Sport)*; **Ti|tel|an|wär|te|rin**
Ti|tel|auf|la|ge; Ti|tel|bild; Ti|tel|blatt; Ti|tel|bo|gen
Ti|te|lei (Gesamtheit der dem Textbeginn vorangehenden Seiten mit den Titelangaben eines Druckwerkes)
Ti|tel|fa|vo|rit *(bes. Sport)*; **Ti|tel|fa|vo|ri|tin**
Ti|tel|fi|gur; Ti|tel|ge|schich|te
Ti|tel|ge|winn *(bes. Sport)*
Ti|tel|held; Ti|tel|hel|din
Ti|tel|kampf *(Sport)*
Ti|tel|kir|che (Kirche eines Kardinalpriesters in Rom)
ti|tel|los; ti|teln (mit Titel versehen); ich tit[e]le
Ti|tel|part, Ti|tel|par|tie (Titelrolle)
Ti|tel|rol|le; Ti|tel|schrift; Ti|tel|schutz, der; -es *(Rechtsspr.)*; **Ti|tel|sei|te; Ti|tel|song; Ti|tel|sto|ry**
Ti|tel|sucht, die; -; **ti|tel|süch|tig**
Ti|tel|trä|ger; Ti|tel|trä|ge|rin
Ti|tel|ver|tei|di|ger; Ti|tel|ver|tei|di|ge|rin
Ti|tel|zei|le
Ti|ter, der; -s, - ‹franz.› (Maß für die Feinheit eines Seiden-, Reyonfadens; *Chemie* Gehalt einer Lösung)
Ti|thon, das; -s ‹griech.› (*Geol.* oberste Stufe des Malms)
Ti|ti|ca|ca|see, der; -s (See in Südamerika)
Ti|ti|see, der; -s (See im südlichen Schwarzwald)
Ti|to|is|mus, der; - ‹nach dem jugoslaw. Staatspräsidenten Josip Broz Tito› (kommunist. Staatsform im ehem. Jugoslawien)
Ti|t|ra|ti|on, die; -, -en ‹lat.› (Bestimmung des Titers, Ausführung einer chem. Maßanalyse); **Ti|t|re** [ˈtiːtɐ, ...trə], der; -s, -s (*veraltet für* Titer; *im franz. Münzwesen Bez. für* Feingehalt); **ti|t|rie|ren** *(Chemie)*
tit|schen (*landsch. für* eintunken); du titschst
Tit|te, die; -, -n (*derb für* w. Brust)
Ti|tu|lar, der; -s, -e ‹lat.› (*veraltet für* Titelträger)

Ti|tu|lar... (nur dem Titel nach)
Ti|tu|lar|bi|schof; Ti|tu|lar|pro|fes|sor; Ti|tu|lar|pro|fes|so|rin; Ti|tu|lar|rat *Plur.* ...räte; **Ti|tu|lar|rä|tin**
Ti|tu|la|tur, die; -, -en (Betitelung)
ti|tu|lie|ren (Titel geben, benennen); **Ti|tu|lie|rung**
Ti|tu|lus, der; -, ...li (mittelalterliche Bildunterschrift)
Ti|tus (röm. Kaiser; altröm. m. Vorn.; *Abk.* T.)
Tiu (altgerm. Gott); *vgl.* Tyr, Ziu
[1]**Ti|vo|li** (ital. Stadt)
[2]**Ti|vo|li,** das; -[s], -s (Vergnügungsort; Gartentheater; italienisches Kugelspiel)
Ti|xo®, der; -s, -s (*österr. für* durchsichtiges Klebeband)
Ti|zi|an (ital. Maler); **ti|zi|a|nisch;** tizianische Malweise ↑K 89 *u.* 135; **ti|zi|an|rot**
tja! [tja(:)]
Tjalk, die; -, -en ‹niederl.› (ein einmastiges Küstenfahrzeug)
Tjost, die; -, -en *od.* der; -[e]s, -e ‹franz.› (mittelalterl. Reiterzweikampf mit scharfen Waffen)
tkm = Tonnenkilometer
Tkm = tausend Kilometer
Tl = *Zeichen für* Thallium
TL = [2]Lira; Teelöffel
Tm = *Zeichen für* Thulium
TM = Trademark *(vgl. d.)*
Tme|sis, die; -, ...sen ‹griech.› *(Sprachwiss.* Trennung eigentlich zusammengehörender Wortteile, z. B. »ich *vertraue* dir ein Geheimnis *an«)*
TN = Tennessee
TNT, das; -[s] = Trinitrotoluol (ein Sprengstoff)
Tö, die; -, -s *od.* das; -s, -s (*ugs.; kurz für* Toilette)
Toast [to:st], der; -[e]s, *Plur.* -e *u.* -s ‹engl.› (geröstete Weißbrotschnitte; Trinkspruch); **Toastbrot; toas|ten** ([Weißbrot] rösten; einen Trinkspruch ausbringen); **Toas|ter** (elektr. Gerät zum Rösten von [Weiß]brot)
To|ba|go *vgl.* Trinidad
To|bak, der; -[e]s, -e (*veraltet für* Tabak); *vgl.* anno
To|bel, das, *österr.* der; -s, - (*südd., österr., schweiz. für* enge [Wald]schlucht)
to|ben; To|be|rei
To|bi|as (m. Vorn.)
To|bog|gan, der; -s, -s ‹indian.› (ein kufenloser [kanad. Indianer]schlitten)
Tob|sucht, die; -; **tob|süch|tig; Tob|suchts|an|fall**
Toc|ca|ta, Tok|ka|ta, die; -, ...ten ‹ital.› (ein Musikstück)
Toch|ter, die; -, Töchter; **Töch|ter|chen**
Toch|ter|fir|ma; Toch|ter|ge|schwulst (*für* Metastase); **Toch|ter|ge|sell|schaft** *(Wirtsch.);* **Toch|ter|kir|che**
Töch|ter|lein; töch|ter|lich
Töch|ter|schu|le *(veraltet);* höhere Töchterschule
Toch|ter|un|ter|neh|men *(Wirtsch.)*
Toch|ter|zel|le *(Med.)*
Tod, der; -[e]s, -e; zu Tode fallen, hetzen, erschrecken

tod-/tot-, Tod-/Tot-

Zusammensetzungen mit »Tod«:

- Mit *d* schreibt man Zusammensetzungen, die das Substantiv *Tod* als Bestimmungswort haben: *todbereit* (zum Tode bereit), *todgeweiht; Todfeind, Todsünde, Todkranker.*
- In vielen Fällen dient das Wort nur als Verstärkung des Ausdrucks mit der Bedeutung »sehr, äußerst«: *todblass, todernst, todkrank, todmüde, todunglücklich.*

Zusammensetzungen mit »tot«:

- Mit *t* schreibt man Zusammensetzungen, die das Adjektiv *tot* als Bestimmungswort haben: *sich totarbeiten, totfahren, totsagen, totschießen, tottreten; Totgeburt, Totgeglaubter, Totschlag.*

tod|bang; tod|be|reit
tod|blass *vgl.* totenblass
tod|bleich *vgl.* totenbleich
tod|brin|gend ↑K 59
Tod|dy [...di], der; -[s], -s ‹Hindi-engl.› (Palmwein; grogartiges Getränk)
tod|elend (*ugs. für* sehr elend)
tod|ernst (*ugs. für* sehr ernst)
To|des|ah|nung; To|des|angst; To|des|an|zei|ge; To|des|art; To|des|da|tum; To|des|dro|hung; To|des|en|gel; To|des|fall, der; **To|des|fol|ge** *Plur. selten (Rechtsspr.);* **To|des|furcht; To|des|ge|fahr; To|des|jahr; To|des|kampf**
To|des|kan|di|dat; To|des|kan|di|da|tin; To|des|la|ger
To|des|mut; to|des|mu|tig
To|des|nach|richt; To|des|not *(geh.);* **To|des|op|fer; To|des|qual; To|des|ritt**
To|des|schein (*schweiz. für* Totenschein); **To|des|schuss; To|des|schüt|ze; To|des|schüt|zin**
To|des|schwa|d|ron (paramilitärisch organisierte Terrorgruppe, die mit tödlichen Gewaltaktionen ihr Ziel verfolgt)
To|des|spi|ra|le *(Eiskunstlauf)*
To|des|stoß; To|des|stra|fe; To|des|strei|fen (*svw.* Todeszone); **To|des|stun|de; To|des|tag; To|des|trieb** *(Psychol.);* **To|des|ur|sa|che; To|des|ur|teil; To|des|ver|ach|tung**
to|des|wür|dig; To|des|zeit; To|des|zel|le; To|des|zo|ne ([Grenz]gebiet, das durch Schussanlagen, Minen u. Ä. gesichert ist)
tod|feind; einander todfeind sein
Tod|feind; Tod|fein|din
tod|ge|weiht *(geh.);* **Tod|ge|weih|te,** der *u.* die; -n, -n
tod|krank; Tod|kran|ke
tod|lang|wei|lig *(ugs.)*
töd|lich
tod|matt *(ugs.);* **tod|mü|de** *(ugs.)*
To-do-Lis|te [tu'du:...] ‹engl.; dt.› (Liste zu erledigender Aufgaben)
tod|schick *(ugs.);* **tod|si|cher** *(ugs.);* **tod|ster|bens|krank** *(ugs.)*
tod|still *vgl.* totenstill
Tod|sün|de
Todt|moos (Ort im Schwarzwald)
tod|trau|rig; tod|un|glück|lich; tod|wund *(geh.)*
Toe|loop, Toe-Loop ['tu:lu:p, *auch* 'to:...], der; -[s], -s ‹engl.› (Sprung beim Eiskunstlauf)
töff!; töff, töff!; **Töff,** der; -s, -[s] (*schweiz. mdal. für* Motorrad)
Tof|fee [...fi, ...fe], das; -s, -s ‹engl.› (eine Weichkaramelle)
Tof|fel, Töf|fel, der; -s, - (dummer Mensch)
töff, töff!; Töff|töff, das; -s, -s (*Kinderspr.* Auto)
To|fu, der; -[s] ‹jap.› (eiweißreiches Produkt aus Sojabohnen)
To|ga, die; -, ...gen ‹lat.› ([altröm.] Obergewand)
Tög|ge|li|kas|ten (*schweiz. für* Tischfußball)
Tog|gen|burg, das; -s (schweiz. Tallandschaft)
to go [tu 'go:] ‹engl.› (zum Mitnehmen); Pizza to go
To|go (Staat in Westafrika)
To|go|er; To|go|e|rin; to|go|isch; To|go|le|se usw. *vgl.* Togoer usw.
To|hu|wa|bo|hu, das; -[s], -s ‹hebr.,

»wüst und leer«) (Wirrwarr, Durcheinander)
To|i|lẹt|te [tọa...], die; -, -n ‹franz.› (Frisiertisch; [feine] Kleidung; Klosett); Toilette machen (sich [gut] anziehen)

Toilette
Zusammensetzungen mit dem Wort *Toilette* werden in Österreich ohne Fugen-n gebildet, z. B. *Toiletteartikel, Toilettebürste, Toilettespiegel.* Sie kommen in dieser Form sonst nur gelegentlich vor.

To|i|lẹt|ten|ar|ti|kel; To|i|lẹt|ten|bürs|te
To|i|lẹt|ten|frau; To|i|lẹt|ten|mann
To|i|lẹt|ten|pa|pier; To|i|lẹt|ten|schüs|sel
To|i|lẹt|ten|sei|fe; To|i|lẹt|ten|spie|gel; To|i|lẹt|ten|tisch; To|i|lẹt|ten|was|ser *Plur.* ...wässer
Toise [tọa:s], die; -, -n ‹franz.› (altes franz. Längenmaß)
to̲i, to̲i, to̲i! (*ugs. für* unberufen!)
To|ka|dil|le [...ˈdɪljə], das; -s ‹span.› (ein Brettspiel)
To|ka̲i|er, To̲|ka|jer ‹nach der ung. Stadt Tokaj› (ung. Natursüßwein); **To|ka̲i|er|wein, To̲|ka|jer|wein**
To̲|kaj [...ka̲i] (ung. Stadt)
To|ken [ˈtoʊkən], das; -s, -[s] ‹engl.› (*bes. EDV* Folge zusammenhängender Zeichen od. Folge von Bits)
To̲|kio (Hauptstadt Japans)
To̲|kio|er, To|kio̲|ter; To̲|kio|e|rin, To|kio̲|te|rin
Tok|ka̲|ta *vgl.* Toccata
To̲|kyo usw. *vgl.* Tokio usw.
To|la̲r, der; -s, -s (frühere slowen. Währungseinheit; Währungscode SIT)
Tö̲|le, die; -, -n (*ugs. für* Hund, Hündin)
To|le|da̲|ner; Toledaner Klinge; **To|le|da̲|ne|rin; To|le̲|do** (span. Stadt)
to|le|ra̲|bel ‹lat.› (erträglich, zulässig); ...a|b|le Werte
to|le|rạnt (duldsam; nachsichtig; weitherzig)
To|le|rạnz, die; -, *Plur. (Technik:)* -en (Duldsamkeit; *Technik* zulässige Abweichung vom vorgegebenen Maß); **To|le|rạnz|be|reich**, der *(Technik);* **To|le|rạnz|do|sis** (für den Menschen zulässige Strahlungsbelastung); **To|le|rạnz|edikt; To|le|rạnz|gren|ze**
to|le|ri̲er|bar; to|le|ri̲e|ren (dulden, gewähren lassen); **To|le|ri̲e|rung**
tọll; ein tolles Treiben; die tollen Tage (Fastnacht); **tọll|dreist**
Tọl|le, die; -, -n (*ugs. für* Büschel; Haarschopf)
tọl|len; Tol|le|re̲i; Tọll|haus; Tọll|heit
Tol|li|tä̲t, die; -, -en (Fastnachtsprinz od. -prinzessin)
Tọll|kir|sche
tọll|kühn; Tọll|kühn|heit
Tọll|patsch, der; -[e]s, -e ‹ung.› (*ugs. für* ungeschickter Mensch); **tọll|pat|schig** *(ugs.);* **Tọll|pat|schig|keit**, die; -
Tọll|wut; tọll|wü|tig
Tọl|patsch usw. *alte Schreibung* für Tollpatsch usw.
Tọ̈l|pel, der; -s, -; **Töl|pe|le̲i; tọ̈l|pel|haft; tọ̈l|pisch**
Tols|to̲i (russ. Dichter)
Tọ̈lt, der; -s ‹isländ.› (spezielle Gangart bes. des Islandponys)
Tol|te̲|ke, der; -n, -n (Angehöriger eines altmexik. Kulturvolkes); **Tol|te̲|kin; tol|te̲|kisch**
tọ̈l|ten ‹*zu* Tölt›
To̲|lu|bal|sam, To̲|lu-Bal|sam, der; -s ↑K143 ‹nach der Hafenstadt Tolú in Kolumbien› (ein Pflanzenbalsam)
To|lu|i|di̲n, das; -s (eine Farbstoffgrundlage)
To|lu|o̲l, das; -s (ein Lösungsmittel)
Tọ|ma|hawk [...ha:k], der; -s, -s ‹indian.› (Streitaxt der [nordamerik.] Indianer)
To̲|mas *vgl.* ²Thomas
To|ma̲|si di Lam|pe|du̲|sa (ital. Schriftsteller)
To|ma̲|te, die; -, -n ‹mexik.›
To|ma̲|ten|ket|chup, To|ma̲|ten|ket|schup
To|ma̲|ten|mark, das; **To|ma̲|ten|pü|ree** (*schweiz. für* Tomatenmark); **to|ma̲|ten|rot; To|ma̲|ten|saft; To|ma̲|ten|sa|lat; To|ma̲|ten|so|ße, To|ma̲|ten|sau|ce; To|ma̲|ten|sup|pe; to|ma|ti|si̲e|ren** (*Gastron.* mit Tomatenmark versehen)
Tọm|bak, der; -s ‹malai.› (eine Legierung, Goldimitation)
Tọm|bo|la, die; -, *Plur.* -s, *selten* ...bo̲len ‹ital.› (Verlosung)
Tọm|ke (m. *od.* w. Vorn.)
Tọm|my [...mi], der; -[s], -s ‹engl.› (m. Vorn.; Spitzname des engl. Soldaten)
To|mo|gra|fi̲e, To|mo|gra|phi̲e, die; -, ...i̲en ‹griech.› (*Med.* schichtweises Röntgen *[nur Sing.];* dabei erzeugtes Diagnosebild)
Tọmsk (westsibir. Stadt)
Tom|tọm, Tọm-Tọm, das; -s, -s ‹Hindi-engl.› (eine Trommel)
¹To̲n, der; -[e]s, *Plur. (Sorten:)* -e (Verwitterungsrückstand tonerdehaltiger Silikate)
²To̲n, der; -[e]s, Töne ‹griech.› (Laut usw.); Ton in Ton gemustert; **To̲n|ab|neh|mer**
to|na̲l (*Musik* auf einen Grundton bezogen); **To|na|li|tä̲t**, die; -, -en (Bezogenheit aller Töne auf einen Grundton)
to̲n|an|ge|bend ↑K59
To̲n|arm
¹To̲n|art *(Musik)*
²To̲n|art ‹*zu* ¹Ton›; **to̲n|ar|tig**
To̲n|auf|nah|me; To̲n|auf|zeich|nung; To̲n|aus|fall
To̲n|band, das; *Plur.* ...bänder
To̲n|band|auf|nah|me; To̲n|band|ge|rät; To̲n|band|pro|to|koll
To̲n|bank *Plur.* ...bänke (*nordd. für* Ladentisch, Schanktisch)
To̲n|bild; To̲n|blen|de
Tøn|der [ˈtœndɐ, ˈtʏnɐ] (*dän. Form von* Tondern); **Tọn|dern** (dän. Stadt)
To̲n|dich|ter; To̲n|dich|te|rin; To̲n|dich|tung
Tọn|do, das, *fachspr. auch* der; -s, *Plur.* -s *u.* ...di ‹ital.› (Rundbild, bes. in der Florentiner Kunst des 15. u. 16. Jh.s)
to̲|nen (*Fotogr.* den Farbton verbessern)
¹tö̲|nen (färben)
²tö̲|nen (klingen)
To̲|ner, der; -s, - ‹engl.› (Druckfarbe für Kopiergeräte o. Ä.)
To̲n|er|de; essigsaure Tonerde
tö̲|nern (aus ¹Ton); tönernes Geschirr
To̲n|fall, der; **To̲n|film; To̲n|fol|ge; To̲n|fre|quenz**
Tọn|ga (Inselstaat im Pazifik); **Tọn|ga|er; Tọn|ga|e|rin; Tọn|ga|in|seln** *Plur.;* **tọn|ga|isch; Tọn|ga|spra|che**
To̲n|ge|bung *(Musik, Sprachwiss.)*
To̲n|ge|fäß; To̲n|ge|schirr; To̲n|gru|be; to̲n|hal|tig; tonhaltige Erde
To̲n|hö|he
¹To̲|ni, To̲|ny (m. u. w. Vorn.)
²To̲|ni, der; -s, -s (*DDR ugs. für* Funkstreifenwagen der Volkspolizei)
Tọ|nic [...ɪk], das; -[s], -s ‹engl.› (*kurz für* Tonicwater); **To|nic|wa|ter** [ˈtɔnɪkvo:tɐ], das; -[s], -[s] (chininhaltige Limonade)

T
Toil

to|nig ‹*zu* [1]Ton› (tonartig)
...to|nig (z. B. hochtonig)
...tö|nig (z. B. eintönig)
To|ni|ka, die; -, ...ken ‹griech.› (*Musik* Grundton eines Tonstücks; der darauf aufgebaute Dreiklang)
To|ni|kum, das; -s, ...ka ‹griech.› (*Pharm.* stärkendes Mittel)
Ton|in|ge|ni|eur; Ton|in|ge|ni|eu|rin
[1]**to|nisch** (*Musik* die Tonika betreffend); tonischer Dreiklang
[2]**to|nisch** (*Med.* kräftigend; den Tonus betreffend)
Ton|ka|bi|ne
Ton|ka|boh|ne ‹indian.; dt.› (ein Aromatisierungsmittel)
Ton|ka|me|ra; Ton|kon|ser|ve; Ton|kopf; Ton|kunst; Ton|künst|ler; Ton|künst|le|rin; Ton|la|ge; Ton|lei|ter, die
ton|los; Ton|lo|sig|keit, die; -
Ton|ma|le|rei
Ton|meis|ter *(Film, Rundfunk);* **Ton|meis|te|rin**
Ton|na|ge [...ʒə, *österr.* ...ʃ], die; -, -n (Rauminhalt eines Schiffes)
Tönn|chen
Ton|ne, die; -, -n ‹mlat.› (*auch* Maßeinheit für Masse = 1 000 kg; *Abk.* t)
Ton|nen|dach; Ton|nen|ge|halt, der (Raumgehalt eines Schiffes); **Ton|nen|ge|wöl|be**
Ton|nen|ki|lo|me|ter (Maßeinheit für Frachtsätze; *Zeichen* tkm); **Ton|nen|le|ger** (Fahrzeug, das Seezeichen [Tonnen] auslegt)
ton|nen|schwer (sehr schwer); *aber* fünf Tonnen schwer
ton|nen|wei|se
...ton|ner (z. B. Dreitonner, *mit Ziffer* 3-Tonner, Laster mit 3 t Ladegewicht; ↑K 66)
Ton|pfei|fe ‹*zu* [1]Ton›
Ton|qua|li|tät; Ton|schnei|der (beim Tonfilm); **Ton|schnei|de|rin; Ton|set|zer** (*für* Komponist); **Ton|set|ze|rin**
Ton|sil|le, die; -, -n *meist Plur.* ‹lat.› (*Med.* Gaumen-, Rachenmandel); **Ton|sil|l|ek|to|mie,** die; -, ...ien ‹lat.; griech.› (operative Entfernung der Gaumenmandeln); **Ton|sil|li|tis,** die; -, ...itiden (Mandelentzündung)
Ton|spur *(Film);* **Ton|stö|rung; Ton|stück** (Musikstück); **Ton|stu|dio**
Ton|sur, die; -, -en ‹lat.› (*früher für* kahl geschorene Stelle auf dem Kopf kath. Geistlicher); **ton|su|rie|ren** (die Tonsur schneiden)
Ton|ta|fel
Ton|tau|be (*Sport* Wurftaube); **Ton|tau|ben|schie|ßen**
Ton|tech|ni|ker; Ton|tech|ni|ke|rin
Ton|trä|ger
Tö|nung (Art der Farbgebung)
To|nus, der; -, Toni ‹griech.› (*Med.* Spannungszustand der Gewebe, bes. der Muskeln)
Ton|wa|re
Ton|wert
To|ny *vgl.* [1]Toni; **Ton|zei|chen**
Tool [tu:l], das; -s, -s ‹engl.› (*EDV* Programm, das zusätzliche Aufgaben innerhalb eines anderen Programms übernimmt)
top ‹engl.› (von höchster Güte; hochmodern); er ist immer top gekleidet
Top, das; -s, -s ‹engl.› ([ärmelloses] Oberteil)
TOP, der; -[s], -[s] *mit Zahlen meist ohne Artikel u. ungebeugt* = Tagesordnungspunkt
top... ‹engl.› (sehr, in hohem Maße, z. B. topmodern)
Top... ‹engl.› (Spitzen..., z. B. Topmodel, Topstar)
top|ak|tu|ell
To|pas [*österr. meist* 'to:...], der; -es, -e ‹griech.› (ein Schmuckstein); **to|pas|far|ben, to|pas|far|big**
Topf, der; -[e]s, Töpfe
Top|fa|vo|rit; Top|fa|vo|ri|tin
Topf|blu|me; Töpf|chen
topf|eben (ganz eben, flach)
top|fen (in einen Topf pflanzen)
Top|fen, der; -s (*bayr. u. österr. für* Quark); **Top|fen|knö|del** *(bayr., österr.);* **Top|fen|ko|lat|sche** *(österr.);* **Top|fen|pa|lat|schin|ke** *(österr.);* **Top|fen|stru|del** *(bayr., österr.);* **Top|fen|ta|scherl** *(bayr., österr.)*
Töp|fer; Töp|fe|rei
Töp|fer|er|de; Töp|fer|hand|werk, das; -[e]s; **Töp|fe|rin**
Töp|fer|markt; Töp|fer|meis|ter; Töp|fer|meis|te|rin
[1]**töp|fern** (irden, tönern)
[2]**töp|fern** (Töpferwaren machen); ich töpfere
Töp|fer|schei|be; Töp|fer|wa|re
Topf|gu|cker *(ugs.);* **Topf|gu|cke|rin**
top|fit ‹engl.› (in bester [körperlicher] Verfassung)
Topf|ku|chen; Topf|lap|pen; Topf|markt
Top|form, die; - (*bes. Sport* Bestform)
Topf|pflan|ze; Topf|rei|ni|ger; Topf|schla|gen, das; -s (ein Spiel)
top|ge|setzt (*Sport* als Nummer eins gesetzt)
To|pik, die; - ‹griech.› (Lehre von den Topoi; *vgl.* Topos)
To|pi|nam|bur, der; -s, *Plur.* -s *u.* -e *od.* die; -, -en ‹brasilian.› (eine Gemüse- u. Futterpflanze)
to|pisch ‹griech.› (*Med.* örtlich, äußerlich wirkend)
top|less ‹engl.-amerik., »oben ohne«› (busenfrei)
Top|ma|nage|ment (*Wirtsch.* Spitze der Unternehmensleitung); **Top|ma|na|ger; Top|ma|na|ge|rin**
Top|mann|schaft; Top|mo|del *vgl.* [2]Model
To|po|graf, To|po|graph, der; -en, -en ‹griech.› (Vermessungsingenieur); **To|po|gra|fie, To|po|gra|phie,** die; -, ...ien (Orts-, Lagebeschreibung, -darstellung); **to|po|gra|fisch, to|po|gra|phisch**
To|poi (*Plur. von* Topos)
To|po|lo|gie, die; - (Lehre von der Lage u. Anordnung geometrischer Gebilde im Raum); **to|po|lo|gisch**
To|p|o|ny|mie, To|p|o|ny|mik, die; - (Ortsnamenforschung)
To|pos, der; -, ...poi (*Sprachwiss.* feste Wendung, immer wieder gebrauchte Formulierung, z. B. »wenn ich nicht irre«)
topp! (zustimmender Ausruf)
Topp, der; -s, *Plur.* -e[n] *u.* -s (*Seemannsspr.* oberstes Ende eines Mastes; *ugs. scherzh. für* oberster Rang im Theater)
[1]**top|pen** (*Seemannsspr.* [die Rahen] zur Mastspitze ziehen; *Chemie* Benzin durch Destillation vom Rohöl scheiden)
[2]**top|pen** (übertreffen); ich toppe, du toppst, er/sie toppt, getoppt
Topp|flag|ge
topp|las|tig (*Seew.* zu viel Gewicht in der Takelage habend)
Topp|la|ter|ne; Topp|se|gel
Topps|gast, der; -[e]s, -en (Matrose, der das Toppsegel bedient)
top|se|c|ret [...'si:krɪt] ‹engl.› (streng geheim)
Top|spiel *(Sport);* **Top|spie|ler; Top|spie|le|rin**
Top|spin (*bes. Golf, Tennis, Tischtennis* starker Drall des Balls in Flugrichtung)
Top|star (Spitzenstar; *vgl.* [2]Star); **Top|team** (Spitzenteam)
Top Ten *Plur. od.* die; - -, - -s (Hitparade [mit zehn Titeln, Werken u. a.])

Top|ver|die|ner *(ugs.)*; **Top|ver|die|ne|rin**

Toque [tɔk], die; -, -s ‹span.-franz.› (kleiner barettartiger Frauenhut; Kochmütze)

[1]**Tor**, das; -[e]s, -e (große Tür; *Sport* Angriffsziel); *Schreibung in Straßennamen:* ↑K 162 *u.* 163

[2]**Tor**, der; -en, -en (törichter Mensch)

Tor|aus, das; - *(Sport)*; **Tor|aus|beu|te** *(Sport)*; **Tor|bi|lanz** *(Sport)*

Tor|bo|gen

Tor|chan|ce *(Sport)*

Tord|alk, der; *Gen.* -[e]s *od.* -en, *Plur.* -e[n] ‹schwed.› (ein arkt. Seevogel)

Tor|dif|fe|renz *(Sport)*

To|re|a|dor, der; *Gen.* -s *u.* -en, *Plur.* -e[n] ‹span.› (Stierkämpfer)

Tor|ein|fahrt

To|re|ra, die; -, -s ‹span.› (Stierkämpferin)

Tor|er|folg *(Sport)*

To|re|ro, der; -[s], -s (Stierkämpfer)

To|res|schluss *vgl.* Torschluss

To|reu|tik, die; - ‹griech.› (Kunst der Metallbearbeitung)

Torf, der; -[e]s, *Plur. (Arten:)* -e; Torf stechen

Torf|bal|len; Torf|bo|den; Torf|er|de; Torf|feu|e|rung; Torf|ge|win|nung

tor|fig; Torf|moor; Torf|moos *Plur.* ...moose; **Torf|mull**

Tor|fol|ge (*Sport* Reihenfolge der erzielten Tore)

Tor|frau *(Sport)*

Torf|ste|cher; Torf|stich; Torf|streu

Tor|gau (Stadt a. d. Elbe); **Tor|gau|er; Tor|gau|e|rin; tor|gau|isch**

tor|ge|fähr|lich *(Sport)*; **Tor|ge|fähr|lich|keit**

törg|ge|len ‹*zu* [1]Torkel› (*südtirol. für* im Spätherbst den neuen Wein trinken); ich törgg[e]le

Tor|heit

Tor|hö|he; Tor|hü|ter *(bes. Sport)*; **Tor|hü|te|rin**

tö|richt; tö|rich|ter|wei|se

To|ries [...i:s] *Plur.* (*früher* die Konservative Partei in England); *vgl.* Tory

Tö|rin ‹*zu* [2]Tor›

To|ri|no (*ital. Form von* Turin)

Tor|in|s|tinkt; Tor|jä|ger *(Sport)*; **Tor|jä|ge|rin**

[1]**Tor|kel**, der; -s, - *od.* die; -, -n (*landsch. für* Weinkelter)

[2]**Tor|kel**, der; -s, - (*landsch. für* ungeschickter Mensch; *nur Sing.:* Taumel; unverdientes Glück)

tor|keln (*ugs. für* taumeln); ich tork[e]le

Törl, das; -s, -[n] (*österr. für* Felsendurchgang; Gebirgsübergang)

Tor|lauf (*für* Slalom); **Tor|li|nie**

tor|los; torloses Unentschieden

Tor|mann *Plur.* ...männer, *auch* ...leute (*svw.* Torwart, -hüter)

Tor|men|till, der; -s ‹lat.› (Blutwurz, eine Heilpflanze)

Tor|mög|lich|keit *(Sport)*

Törn, der; -s, -s ‹engl.› (Fahrt mit einem Segelboot)

Tor|na|do, der; -s, -s ‹engl.› (Wirbelsturm in Nordamerika)

Tor|nis|ter, der; -s, - ‹slaw.› ([Fell-, Segeltuch]ranzen, bes. des Soldaten)

To|ron|ter; To|ron|te|rin; To|ron|to (kanad. Stadt)

Tor|out [...|aut] (*Sport österr. für* Toraus)

tor|pe|die|ren ‹lat.› (mit Torpedo[s] beschießen, versenken; *übertr. für* stören, verhindern); **Tor|pe|die|rung**

Tor|pe|do, der; -s, -s (Unterwassergeschoss); **Tor|pe|do|boot**

Tor|pfei|ler; Tor|pfos|ten

Tor|qua|tus (altröm. m. Eigenn. [Ehrenname])

tor|quie|ren ‹lat.› (*Technik* krümmen, drehen)

Torr, das; -s, - ‹nach E. Torricelli (*vgl. d.*)› (alte Maßeinheit des Luftdrucks)

Tor|raum *(Fußball, Handball)*; **Tor|raum|li|nie**

tor|reif *(bes. Fußball)*; eine torreife Situation

Tor|ren|te, der; -, -n ‹ital.› (*Geogr.* Gießbach, Regenbach)

Tor|res|stra|ße, **Tor|res-Stra|ße**, die; - ↑K 143 ‹nach dem span. Entdecker› (Meerenge zwischen Australien u. Neuguinea)

Tor|ri|cel|li [...'tʃɛ...] (ital. Physiker); **tor|ri|cel|lisch**; die torricellische Leere (im Luftdruckmesser); ↑K 89 *u.* 135

Tor|rich|ter *(Sport)*; **Tor|rich|te|rin**

Tor|schluss, der; -es, To|res|schluss; vor Torschluss, Toresschluss; **Tor|schluss|pa|nik**

Tor|schuss *(Sport)*

Tor|schüt|ze *(Sport)*; **Tor|schüt|zen|kö|nig; Tor|schüt|zen|kö|ni|gin; Tor|schüt|zin**

Tor|si|on, die; -, -en ‹lat.› (*bes. Technik* Verdrehung, Verdrillung, Verwindung)

Tor|si|ons|elas|ti|zi|tät; Tor|si|ons|fes|tig|keit (Verdrehungsfestigkeit)

Tor|si|ons|mo|dul (Materialkonstante, die bei der Torsion auftritt); **Tor|si|ons|waa|ge**

Tor|so, der; -s, *Plur.* -s *u.* ...si ‹ital.› (unvollständig erhaltene Statue; Bruchstück)

Tors|ten, Thors|ten (m. Vorn.)

Tort, der; -[e]s ‹franz.› (*veraltend für* Kränkung, Unbill); jmdm. einen Tort antun; zum Tort

Tört|chen; Tor|te, die; -, -n ‹ital.›

Tor|te|lett, das; -s, -s, **Tor|te|let|te**, die; -, -n (Törtchen aus Mürbeteigboden)

Tor|tel|li|ni *Plur.* ‹ital.› (gefüllte, ringförmige Nudeln)

Tor|ten|auf|satz; Tor|ten|bo|den

Tor|ten|dia|gramm

Tor|ten|guss; Tor|ten|he|ber; Tor|ten|schau|fel

Tor|til|la [...'tɪlja], die; -, -s ‹span.› (Fladenbrot; Omelette)

Tor|tur, die; -, -en ‹lat.› (Folter, Qual)

To|ruń ['tɔrʊn] (poln. Stadt; *vgl.* Thorn)

To|rus, der; -, Tori ‹lat.› (*Math.* eine ringförmige geometr. Fläche)

Tor|ver|hält|nis *(Sport)*

Tor|wa|che *(früher)*; **Tor|wäch|ter**

Tor|wand *(Sport)*; **Tor|wart** *(Sport)*; der Verein hat zwei Torwarte

Tor|wär|ter *(früher)*; **Tor|war|tin**

Tor|weg

To|ry [...ri], der; -s, -s *u.* ...ies (Vertreter der konservativen Politik in Großbritannien); *vgl.* Tories; **To|ry|is|mus** [...'ɪs...], **To|rys|mus** [...'rɪ...], der; - *(früher)*; **to|ry|is|tisch, to|rys|tisch**

Tos|be|cken *(Wasserbau)*

Tos|ca|na (*ital. Schreibung von* Toskana)

Tos|ca|ni|ni (ital. Dirigent)

to|sen; der Bach tos|te

Tos|ka|na, die; - (ital. Landschaft); **Tos|ka|ner; Tos|ka|ne|rin; tos|ka|nisch**

tot *s. Kasten*

to|tal ‹franz.› (gänzlich, völlig; Gesamt...); **To|tal**, das; -s, -e (*schweiz. für* Gesamt, Summe)

To|tal|an|sicht

To|tal|aus|fall; To|tal|aus|ver|kauf

To|ta|le, die; -, -n (*Film* Kameraeinstellung, die das Ganze einer Szene erfasst)

To|ta|li|sa|tor, der; -s, ...oren (staatl. Einrichtung zum

tot

Kleinschreibung ↑K89: – der tote Punkt; ein totes Gleis; im toten Winkel – toter Mann (*Bergmannsspr.* abgebaute Teile einer Grube) – toter Briefkasten (Agentenversteck für Mitteilungen u. a.) *Großschreibung:* – ↑K72: etwas Starres und Totes – der, die Tote – ↑K140: das Tote Gebirge (in Österr.), das Tote Meer	– ↑K150: die Tote Hand (öffentlich-rechtliche Körperschaft oder Stiftung, bes. Kirche, Klöster, im Hinblick auf ihr nicht veräußerbares od. vererbbares Vermögen) *Getrenntschreibung:* – tot sein; tot scheinen; sich tot stellen; tot umfallen *Getrennt- oder Zusammenschreibung* ↑K58: – ein tot geborenes *od.* totgeborenes Kind – ein tot geglaubter *od.* totgeglaubter Soldat *Vgl. aber* totarbeiten, totfahren usw.

Abschluss von Wetten auf Rennpferde; *Kurzw.* Toto)

to|ta|li|tär (diktatorisch, sich alles unterwerfend [vom Staat]; *selten für* ganzheitlich); **To|ta|li|ta|ris|mus,** der; - ⟨lat.⟩; **to|ta|li|ta|ris|tisch**

To|ta|li|tät, die; -, -en ⟨franz.⟩ (Gesamtheit, Ganzheit); **To|ta|li|täts|an|spruch**

To|tal|ope|ra|ti|on *(Med.);* **To|tal|re|vi|si|on** *(bes. schweiz. Rechtsspr.);* **To|tal|scha|den; To|tal|ver|lust**

tot|ar|bei|ten, sich *(ugs.);* ich arbeite mich tot; totgearbeitet; totzuarbeiten ↑K56

tot|är|gern, sich (*ugs. für* sich sehr ärgern); ich habe mich totgeärgert ↑K56

To|te, der *u.* die; -n, -n

To|tem, das; -s, -s ⟨indian.⟩ (*Völkerkunde* bei Naturvölkern Ahnentier u. Stammeszeichen der Sippe); **To|tem|fi|gur; To|tem|glau|be**

To|te|mis|mus, der; - (Glaube an die übernatürliche Kraft des Totems u. seine Verehrung); **to|te|mis|tisch**

To|tem|pfahl; To|tem|tier

tö|ten

To|ten|acker (*veraltet für* Friedhof)

to|ten|ähn|lich

To|ten|amt *(kath. Kirche);* **To|ten|bah|re; To|ten|be|schwö|rung; To|ten|bett**

to|ten|blass, tod|blass; **To|ten|bläs|se; to|ten|bleich,** tod|bleich

To|ten|eh|rung; To|ten|fei|er; To|ten|fest; To|ten|frie|den (*schweiz. für* Totenruhe); **To|ten|glo|cke; To|ten|gott; To|ten|grä|ber; To|ten|grä|be|rin; To|ten|hemd; To|ten|kla|ge**

To|ten|kopf; To|ten|kopf|schwär|mer (ein Schmetterling)

To|ten|kult *(Völkerkunde)*

To|ten|mahl (*bes. österr., sonst selten od. geh. für* Leichenschmaus)

To|ten|mas|ke; To|ten|mes|se *vgl.* [1]Messe; **To|ten|op|fer; To|ten|reich** *Plur. selten;* **To|ten|ru|he; To|ten|schä|del; To|ten|schein; To|ten|sonn|tag; To|ten|stadt** (*für* Nekropole); **To|ten|star|re**

to|ten|still, tod|still; **To|ten|stil|le**

To|ten|tanz; To|ten|vo|gel; To|ten|wa|che

tot|fah|ren; er hat ihn totgefahren ↑K56

tot ge|bo|ren, tot|ge|bo|ren *vgl.* tot

Tot|ge|burt

tot ge|glaubt, tot|ge|glaubt *vgl.* tot; **Tot|ge|glaub|te,** der *u.* die; -n, -n, **tot Ge|glaub|te,** der *u.* die; - -n, - -n

Tot|ge|sag|te, der *u.* die; -n, -n

Tot|holz *(Forstwirtsch.)*

To|ti|la (Ostgotenkönig)

tot|krie|gen ↑K47 *(ugs.);* er ist nicht totzukriegen (er hält viel aus) ↑K56; **tot|la|chen,** sich (*ugs. für* heftig lachen); ich habe mich [fast, halb] totgelacht ↑K56; das ist zum Totlachen ↑K82; **tot|lau|fen,** sich (*ugs. für* von selbst zu Ende gehen); es hat sich totgelaufen ↑K56; **tot|ma|chen** (*ugs. für* töten); er hat den Käfer totgemacht ↑K56

Tot|mann|brem|se, Tot|mann|knopf (*Eisenbahn* eine Bremsvorrichtung)

To|to, das, *auch* der; -s, -s (*Kurzw. für* Totalisator; Sport-, Fußballtoto)

To|to|er|geb|nis *meist Plur.;* **To|to|ge|winn; To|to|schein; To|to|tipp**

Tot|punkt *(Technik)*

Tot|rei|fe *(Landwirtsch.)*

tot|sa|gen; sie wurde totgesagt ↑K56; **tot|schie|ßen;** der Hund wurde totgeschossen ↑K56

Tot|schlag, der; -[e]s

Tot|schlag|ar|gu|ment *(ugs.)*

tot|schla|gen; er wurde [halb] totgeschlagen; er hat seine Zeit totgeschlagen (*ugs. für* nutzlos verbracht) ↑K56; **Tot|schlä|ger; Tot|schlä|ge|rin**

tot|schwei|gen; sie hat den Vorfall totgeschwiegen ↑K56

tot stel|len *vgl.* tot

tot|tram|peln; er wurde totgetrampelt ↑K56; **tot|tre|ten;** er hat den Käfer totgetreten ↑K56

Tö|tung; fahrlässige Tötung

Tö|tungs|ab|sicht; Tö|tungs|de|likt; Tö|tungs|ver|such

Tot|zeit *(Technik)*

Touch [tatʃ], der; -s, -s ⟨engl.⟩ (Anstrich; Anflug, Hauch)

tou|chie|ren [tuˈʃiː...] ⟨franz.⟩ (*Sport* [nur leicht] berühren)

Touch|pad [ˈtatʃpɛd], das; -s, -s ⟨engl.⟩ (*EDV* Fläche, auf der man durch Berührung mit dem Finger (anstelle einer Maus) Steuerungsbefehle erzeugt)

Touch|screen [ˈtatʃskriːn], der; -s, -s ⟨engl.⟩ (Computerbildschirm, der auf Antippen mit dem Finger o. Ä. reagiert)

tough [taf] ⟨engl.⟩, taff (*ugs. für* robust, durchsetzungsfähig); eine toughe *od.* taffe Frau, ein tougher *od.* taffer Typ

Tou|lon [tuˈlõː] (franz. Stadt)

Tou|louse [tuˈluːs] (franz. Stadt)

Tou|louse-Lau|t|rec [...ˈluːsloˈtrɛk] (franz. Maler u. Grafiker)

Tou|pet [tuˈpeː], das; -s, -s ⟨franz.⟩ (Halbperücke; Haarersatz; *schweiz. regional auch für* Unverfrorenheit)

tou|pie|ren (dem Haar durch Auflockern ein volleres Aussehen geben); **Tou|pie|rung**

Tour [tuːɐ̯], die; -, -en ⟨franz.⟩; in einer Tour (*ugs. für* ohne Unterbrechung); auf Touren kommen (eine hohe Geschwindigkeit

erreichen; *übertr. für* in Schwung kommen)
Tou|raine [tu'rɛ:n], die; - (westfranz. Landschaft)
Tour de France ['tu:ɐ̯ də 'frã:s], die; - - -, -s - - [tu:ɐ̯ - -] ‹franz.› (in Frankreich alljährlich von Berufsradsportlern in Etappen ausgetragenes Radrennen)
Tour de Suisse [- də 'svɪs], die; - - -, -s - - [turdə] (schweiz. Radrennen)
Tour d'Ho|ri|zon [- dɔri'zõ:], die; - -, -s [tu:ɐ̯] - (informativer Überblick)
tou|ren ['tu:...]; wir sind durch Asien getourt
Tou|ren|ge|her (*südd., österr., schweiz. für* jmd., der eine Berg- od. Skiwanderung macht); **Tou|ren|ge|he|rin**
Tou|ren|ski, **Tou|ren|schi**
Tou|ren|wa|gen; Tou|ren|zahl (*svw.* Drehzahl); **Tou|ren|zäh|ler** (Drehzahlmesser)
Tou|ri ['tu:...], der; -s, -s (*ugs. Kurzwort für* Tourist)
Tou|ris|mus, der; - ‹engl.› (Fremdenverkehr); **Tou|ris|mus|bran|che; Tou|ris|mus|in|dus|t|rie; Tou|ris|mus|ver|ein; Tou|ris|mus|wirt|schaft**
Tou|rist, der; -en, -en (Urlaubsreisender); **Tou|ris|ten|at|trak|ti|on; Tou|ris|ten|klas|se** (preiswerte Reiseklasse im See- u. Luftverkehr)
Tou|ris|ten|strom
Tou|ris|tik, die; - (Gesamtheit der touristischen Einrichtungen u. Veranstaltungen); **Tou|ris|ti|ker** (Fachmann für Touristik); **Tou|ris|ti|ke|rin; Tou|ris|tin; tou|ris|tisch**
Tour|nai [tʊr'nɛ:] (belg. Stadt); **Tour|nai|tep|pich**, **Tour|nai-Tep|pich**
Tour|né [tʊr...], das; -s, -s ‹franz.› (*Kartenspiel* aufgedecktes Kartenblatt, dessen Farbe als Trumpffarbe gilt)
Tour|ne|dos [...nə'do:], das; -, - (runde Lendenschnitte)
Tour|nee, die; -, *Plur.* -s *u.* ...neen (Gastspielreise von Künstlern)
Tour|nee|lei|ter, der; **Tour|nee|lei|te|rin; Tour|nee|ver|an|stal|ter; Tour|nee|ver|an|stal|te|rin**
tour-re|tour [tu:rre'tu:r] ‹franz.› (*österr. für* hin u. zurück)
To|wa|rischtsch, der; -[s], *Plur.* -s, *auch* -i ‹russ.› (*russ. Bez. für* Genosse)
To|w|er ['tau̯...], der; -s, - ‹engl., »Turm«› (ehemalige Königsburg in London; Flughafenkontrollturm); **To|w|er|brü|cke**, die; -
Town|ship ['tau̯nʃɪp], die; -, -s (von Farbigen bewohnte städtische Siedlung [in Südafrika])
To|x|al|bu|min, das; -s, -e ‹griech.; lat.› (eiweißartiger Giftstoff)
to|xi|gen (Giftstoffe erzeugend; durch Vergiftung verursacht)
To|xi|ko|lo|ge, der; -n, -n ‹griech.›; **To|xi|ko|lo|gie**, die; - (Lehre von den Giften u. ihren Wirkungen); **To|xi|ko|lo|gin; to|xi|ko|lo|gisch**
To|xi|kum, das; -s, ...ka (*Med.* Gift); **To|xin**, das; -s, -e (*Med.* organischer Giftstoff [von Bakterien])
to|xisch (giftig; durch Gift verursacht); **To|xi|zi|tät**, die; -
Toyn|bee [...bi] (engl. Historiker)
TP = Triangulationspunkt, trigonometrischer Punkt
Trab, der; -[e]s; Trab laufen, rennen, reiten ↑K54; jmdn. auf Trab bringen, in Trab halten *(ugs.)*
[1]**Tra|bant**, der; -en, -en (*früher für* Begleiter; Diener; *Astron.* Mond; *Technik* künstl. Erdmond, Satellit)
[2]**Tra|bant**®, der; -s, -s (Kraftfahrzeug aus der DDR)
Tra|ban|ten|stadt (selbstständige Randsiedlung einer Großstadt)
Trab|bi, Tra|bi, der; -s, -s (*kurz für* [2]Trabant)
tra|ben
Tra|ber (Pferd); **Tra|ber|bahn**
Tra|bi *vgl.* Trabbi
Trab|renn|bahn; Trab|ren|nen
Trab|zon [...psɔn, *auch* ...'psɔn] (türk. Hafenstadt)
Tra|chea, die; -, ...een (*Med.* Luftröhre); **Tra|chee**, die; -, ...een (Atmungsorgan niederer Tiere; *Bot.* Wasser leitendes pflanzl. Gefäß)
Tracht, die; -, -en; eine Tracht Prügel *(ugs.)*
trach|ten; nach etwas trachten
Trach|ten|an|zug; Trach|ten|fest
Trach|ten|grup|pe *vgl.* [1]Gruppe
Trach|ten|ja|cke; Trach|ten|ka|pel|le; Trach|ten|kos|tüm; Trach|ten|um|zug
träch|tig; Träch|tig|keit
Tracht|ler (*landsch. für* Teilnehmer an einem Trachtenfest); **Tracht|le|rin**
Tra|chyt, der; -s, -e ‹griech.› (ein Ergussgestein)
Track [trɛk], der; -s, -s ‹engl.› (*Schifffahrt* Schiffsroute; *EDV* abgegrenzter Bereich auf einem Datenträger; Musikstück, Nummer [bes. auf einer CD]); **Track|list**, die; -, -s, **Track|lis|te** *(EDV)*
Trade|mark ['tre:t...], die; -, -s ‹engl.› (*engl. Bez. für* Warenzeichen; *Abk.* TM)
tra|den ['tre:...] ‹engl.› (*Wirtsch., Börsenwesen* [mit Aktien] handeln); **Tra|der**, der; -s, -; **Tra|de|rin**
Tra|des|kan|tie, die; -, -n ‹nach dem Engländer Tradescant› (Dreimasterblume, eine Zierpflanze)
Trade-Uni|on, **Trade|uni|on** ['tre:t(')ju:njən], die; -, -s ‹engl.› (*engl. Bez. für* Gewerkschaft)
tra|die|ren ‹lat.› (überliefern)
Tra|ding ['tre:...], das; -s (*Wirtsch., Börsenwesen* Handel)
Tra|di|ti|on, die; -, -en (Überlieferung; Herkommen; Brauch)
Tra|di|tio|nal [trə'dɪʃənl], das; -s, -s ‹engl.› (altes, immer wieder gespieltes od. gesungenes [folkloristisches] Musikstück)
Tra|di|ti|o|na|lis|mus, der; - (bewusstes Festhalten an der Tradition); **Tra|di|ti|o|na|list**, der; -en, -en; **tra|di|ti|o|na|lis|tisch**
tra|di|ti|o|nell ‹franz.› (überliefert, herkömmlich)
tra|di|ti|ons|be|wusst; Tra|di|ti|ons|be|wusst|sein
tra|di|ti|ons|ge|bun|den; tra|di|ti|ons|ge|mäß
Tra|di|ti|ons|kon|zern; Tra|di|ti|ons|mar|ke
tra|di|ti|ons|reich
Tra|di|ti|ons|ver|ein
traf *vgl.* treffen
träf (*schweiz. für* treffend, schlagend)
Tra|fal|gar (Kap an der span. Atlantikküste südöstl. von Cádiz)
Tra|fik, die; -, -en ‹franz.› (*bes. österr. für* [Tabak]laden)
Tra|fi|kant, der; -en, -en; **Tra|fi|kan|tin**
Tra|fo, der; -[s], -s (*kurz für* Transformator); **Tra|fo|sta|ti|on**
Traft, die; -, -en ‹poln.› (*nordostd. für* großes Floß auf der Weichsel)
träg, trä|ge
Tra|gant, der; -[e]s, -e ‹griech.› (eine Pflanze; Gummisubstanz als Bindemittel)
Trag|bah|re; Trag|band, das; *Plur.* ...bänder
trag|bar

T
Tour

Trag|büt|te; Trag|de|cke
Tra|ge, die; -, -n
trä|ge, träg
Tra|ge|gurt, *seltener* Trag|gurt; **Tra|ge|korb,** *seltener* Trag|korb
Tra|g|e|laph, der; -en, -en ⟨griech.⟩ (altgriech. Fabeltier)
tra|gen; du trägst, er trägt; du trugst; du trügest; getragen; trag[e]!; ↑K82 : zum Tragen kommen; **tra|gend;** eine tragende (grundlegende) Rolle spielen
Trä|ger; Trä|ge|rin
Trä|ger|kleid; Trä|ger|ko|lon|ne
Tra|gerl, das; -s, -[n]; *vgl.* Pickerl (*österr. für* Tragegestell)
Trä|ger|lohn
trä|ger|los; ein trägerloses Kleid
Trä|ger|ra|ke|te; Trä|ger|rock; Trä|ger|schaft; Trä|ger|schür|ze
Trä|ger|wel|le *(Funktechnik)*
Tra|ge|ta|sche; Tra|ge|tü|te
Tra|ge|zeit, Trag|zeit (Dauer der Trächtigkeit)
trag|fä|hig; Trag|fä|hig|keit, die; -
Trag|flä|che; Trag|flä|chen|boot
Trag|gurt *vgl.* Tragegurt
Träg|heit, die; -, -en
Träg|heits|ge|setz *(Physik);* **Träg|heits|mo|ment,** das
Trag|him|mel (Baldachin)
Trag|holz (*svw.* Fruchtholz)
tra|gie|ren ⟨griech.⟩ (*veraltend für* eine Rolle [tragisch] spielen)
Tra|gik, die; - (Kunst des Trauerspiels; schweres, schicksalhaftes Leid); **Tra|gi|ker** (Trauerspieldichter); **Tra|gi|ke|rin**
Tra|gi|ko|mik; tra|gi|ko|misch (halb tragisch, halb komisch); **Tra|gi|ko|mö|die** (Schauspiel, in dem Tragisches u. Komisches miteinander verbunden sind)
tra|gisch; tra|gi|scher|wei|se
Trag|korb *vgl.* Tragekorb
Trag|kraft; trag|kräf|tig
Trag|last; Trag|luft|hal|le
Tra|gö|de, der; -n, -n ⟨griech.⟩ (Heldendarsteller)
Tra|gö|die, die; -, -n (Trauerspiel; [großes] Unglück)
Tra|gö|di|en|dar|stel|ler; Tra|gö|di|en|dar|stel|le|rin; Tra|gö|di|en|dich|ter; Tra|gö|di|en|dich|te|rin
Tra|gö|din
Trag|rie|men; Trag|seil; Trag|ses|sel; Trag|tier
Trag|wei|te
Trag|werk *(Bauw., Flugzeugbau)*
Trag|zeit *vgl.* Tragezeit
Traid|bo|den; Traid|kas|ten (*österr. Völkerkunde* Getreidespeicher)
Trail [tre:l], der; -s, -s ⟨engl.⟩ (*engl. Bez. für* Wanderpfad)
Trai|ler [ˈtre:...], der; -s, - ⟨engl.⟩ (Anhänger [zum Transport von Booten, Containern u. a.]; als Werbung für einen Film gezeigte Ausschnitte)
Train [trɛ̃:, *auch, österr. nur* trɛ:n], der; -s, -s ⟨franz.⟩ (*früher für* Tross, Heeresfuhrwesen)
Trai|nee [trɛˈni:, tre...], der; -s, -s ⟨engl.⟩ (jmd., der für eine bestimmte Aufgabe vorbereitet wird)
Trai|ner [ˈtrɛ:..., *auch* ˈtre:...], der; -s, - (jmd., der Sportler systematisch auf Wettkämpfe vorbereitet; Betreuer von Rennpferden; *schweiz. auch kurz für* Trainingsanzug); **Trai|ner|bank** *Plur.* ...bänke; **Trai|ner|fuchs** (*ugs. für* sehr erfahrener, schlauer Trainer); **Trai|ne|rin**
Trai|ner|li|zenz; Trai|ner|schein; Trai|ner|wech|sel
trai|nie|ren
Trai|ning, das; -s, -s; **Trai|nings|an|zug; Trai|nings|camp; Trai|nings|ein|heit; trai|nings|frei; Trai|nings|ho|se; Trai|nings|ja|cke; Trai|nings|la|ger** *Plur.* ...lager; **Trai|nings|me|tho|de; Trai|nings|mög|lich|keit**
Trai|nings|part|ner; Trai|nings|part|ne|rin; Trai|nings|plan; Trai|nings|pro|gramm; Trai|nings|rück|stand; Trai|nings|zeit; Trai|nings|zen|t|rum
Trai|teur [trɛˈtø:ɐ̯], der; -s, -e ⟨franz.⟩ (Leiter einer Großküche; *schweiz. für* Hersteller u. Lieferant von Fertiggerichten); **Trai|teu|rin** [...ˈtø:rɪn]
Tra|jan [*österr.* ˈtra:...], Tra|ja|nus (röm. Kaiser); **Tra|jans|säu|le,** die; - ↑K136 ; **Tra|jans|wall,** der; -[e]s; **Tra|ja|nus** *vgl.* Trajan
Tra|jekt, der *od.* das; -[e]s, -e ⟨lat.⟩ ([Eisenbahn]fährschiff; *veraltet für* Überfahrt)
Tra|jek|to|ri|en *Plur.* (*Math.* Kurven, die sämtliche Kurven einer ebenen Kurvenschar schneiden)
Tra|keh|nen (Ort in Ostpreußen)
[1]**Tra|keh|ner;** Trakehner Hengst
[2]**Tra|keh|ner** (Pferd)
Trakl (österr. Dichter)
Trakt, der; -[e]s, -e ⟨lat.⟩ (Gebäudeteil; *bes. Med.* Längsausdehnung, z. B. Darmtrakt)
trak|ta|bel (*veraltet für* leicht zu behandeln, umgänglich); ...a|b-ler Mensch
Trak|tan|den|lis|te (*schweiz. für* Tagesordnung); **trak|tan|die|ren** (*schweiz. für* auf die Tagesordnung setzen); **Trak|tan|dum,** das; -s, ...den (*schweiz. für* Tagesordnungspunkt)
Trak|tat, das *od.* der; -[e]s, -e ([wissenschaftl.] Abhandlung; religiöse Schrift); **Trak|tät|chen** (*abwertend für* kleine Schrift [mit religiösem Inhalt])
trak|tie|ren (schlecht behandeln, quälen); **Trak|tie|rung**
Trak|ti|on, die; -, -en (*bes. Physik, Technik* das Ziehen, Zugkraft)
Trak|tor, der; -s, ...oren (Zugmaschine, Schlepper); **Trak|to|rist,** der; -en, -en ⟨lat.-russ.⟩ (*regional für* Traktorfahrer); **Trak|to|ris|tin**
Tral|je, die; -, -n ⟨niederl.⟩ (*nordd. für* Gitter[stab])
tral|la!, tral|la|la! [*auch* ˈtra...], **tral|la|la|la!** [*auch* ˈtra...]
Träl|le|borg *frühere Schreibung für* Trelleborg
träl|lern; ich trällere
[1]**Tram,** der; -[e]s, *Plur.* -e *u.* Träme (*österr. svw.* Tramen)
[2]**Tram,** die; -, -s, *schweiz.* das; -s, -s ⟨engl.⟩ (Straßenbahn); **Tram|bahn** (*südd. für* Straßenbahn)
Trä|mel, der; -s, - (*landsch. für* Klotz, Baumstumpf); **Tra|men,** der; -s, - (*südd. für* Balken)
Tra|min (Ort in Südtirol)
[1]**Tra|mi|ner;** Traminer Wein
[2]**Tra|mi|ner** (eine Reb- u. Weinsorte)
Tra|mon|ta|na, Tra|mon|ta|ne, die; -, ...nen ⟨ital., »von jenseits des Gebirges«⟩ (ein kalter Nordwind in Italien)
Tramp [trɛ...], der; -s, -s ⟨engl.⟩ (Landstreicher, umherziehender Gelegenheitsarbeiter [bes. in den USA]; Trampschiff)
Tram|pel, der *od.* das; -s, - (*ugs. für* plumper Mensch)
tram|peln; ich tramp[e]le
Tram|pel|pfad; Tram|pel|tier (zweihöckeriges Kamel; *ugs. für* plumper Mensch)
tram|pen [ˈtrɛ...] ⟨engl.⟩ (per Anhalter reisen); **Tram|per; Tram|pe|rin**
Tramp|fahrt (Fahrt eines Trampschiffes)
Tram|po|lin [*auch* ...ˈli:n], das; -s, -e ⟨ital.⟩ (ein Sprunggerät); **Tram|po|lin|sprung**
Tramp|schiff; Tramp|schiff|fahrt (nicht an feste Linien gebundene Frachtschifffahrt)

Tram|way [...vai], die; -, -s ‹engl.› (*ostösterr. für* Straßenbahn)
Tran, der; -[e]s, *Plur. (Sorten:)* -e (flüssiges Fett von Seesäugetieren, Fischen)
Tran|ce ['trã:s(ə)], die; -, -n ‹franz.› (schlafähnlicher Zustand [in Hypnose]); **Tran|ce|zu|stand**
Tran|che ['trã:ʃ(ə)], die; -, -n ‹franz.› (fingerdicke Fleisch- od. Fischschnitte; *Wirtsch.* Teilbetrag einer Wertpapieremission)
Trän|chen (kleine Träne)
tran|chie|ren [trã'ʃi:...] ‹franz.› ([Fleisch, Geflügel, Braten] zerlegen); **Tran|chier|mes|ser,** das
Trä|ne, die; -, -n; **trä|nen**
Trä|nen|bein *(Med.)*; **Trä|nen|drü|se**
trä|nen|er|stickt; trä|nen|feucht
Trä|nen|fluss; Trä|nen|gas, das; -es
Trä|nen|gru|be (beim Hirsch)
trä|nen|nass; trä|nen|reich
Trä|nen|sack; Trä|nen|schlei|er
trä|nen|über|strömt
Tran|fun|zel, *selten* **Tran|fun|sel** (*ugs. für* schlecht brennende Lampe; [geistig] schwerfälliger Mensch)
tra|nig (voller Tran; wie Tran; *ugs. für* langweilig, langsam)
trank *vgl.* trinken
Trank, der; -[e]s, Tränke; **Tränk|chen**
Trän|ke, die; -, -n (Tränkplatz für Tiere); **trän|ken**
Trank|op|fer; Trank|sa|me, die; - (*schweiz. für* Getränk)
Tränk|stoff
Trän|kung
Tran|lam|pe
Tran|qui|li|zer ['trɛŋkvilaizɐ], der; -s, - ‹engl.› (beruhigendes Medikament)
tran|quil|lo [tra...] ‹ital.› (*Musik* ruhig)
trans..., Trans... ‹lat.› ([nach] jenseits)
Trans|ak|ti|on, die; -, -en ‹lat.› (größeres finanzielles Unternehmen)
Trans|ak|ti|ons|steu|er *(Finanzw.)*
trans|al|pin; trans|al|pi|nisch ([von Rom aus] jenseits der Alpen liegend)
trans|at|lan|tisch (überseeisch)
Trans|bai|ka|li|en (Landschaft östl. vom Baikalsee)
Trans|da|nu|bi|en (ungarische Region an der Donau)
Tran|se, die; -, -n (*ugs. für* Transvestit)
Tran|sept, der *od.* das; -[e]s, -e ‹mlat.› (*Archit.* Querhaus)
Trans-Eu|rop-Ex|press (*veraltet;* Zug im europ. Personenverkehr [bis 1987])
Trans|fer, der; -s, -s ‹engl.› (*Wirtsch.* Zahlung ins Ausland in fremder Währung; *Psychol., Päd.* Übertragung erlernter Vorgänge auf eine andere Aufgabe; *Sport* Wechsel eines Berufsspielers zu einem anderen Verein; Weitertransport im Reiseverkehr); **Trans|fer|ab|kom|men**
trans|fe|rie|ren (Geld in eine fremde Währung umwechseln; *österr. Amtsspr.* [dienstlich] versetzen); **Trans|fe|rie|rung**
Trans|fer|leis|tung (*svw.* Transfer)
Trans|fer|lis|te *(Fußball)*
Trans|fer|stra|ße *(Technik)*
Trans|fi|gu|ra|ti|on, die; -, -en ‹lat.› ([Darstellung der] Verklärung Christi)
Trans|for|ma|ti|on, die; -, -en ‹lat.› (Umformung; Umwandlung; Umgestaltung); **Trans|for|ma|ti|ons|gram|ma|tik** *(Sprachwiss.)*
Trans|for|ma|tor, der; -s, ...oren (elektr. Umspanner; *Kurzw.* Trafo); **Trans|for|ma|tor|an|la|ge**
Trans|for|ma|to|ren|häus|chen, Trans|for|ma|tor|häus|chen
trans|for|mie|ren (umformen, umwandeln; umspannen); **Trans|for|mie|rung**
trans|fun|die|ren ‹lat.› (*Med.* [Blut] übertragen); **Trans|fu|si|on,** die; -, -en
trans|gen ‹lat.› (*Biol.* ein zusätzliches, eingeschleustes Gen von einer anderen Art in sich tragend)
Trans|gen|der [trans'dʒɛndɐ], der; -s, - ‹lat.; engl.› (jmd., der seine Geschlechtszugehörigkeit nicht akzeptiert)
Tran|sis|tor, der; -s, ...oren ‹engl.› (*Elektronik* ein Halbleiterbauelement); **Tran|sis|tor|ge|rät**
tran|sis|to|rie|ren, tran|sis|to|ri|sie|ren
Tran|sis|tor|ra|dio
Tran|sit [*auch* ...'zɪt, 'tran...], der; -s, -e ‹ital.› (*Wirtsch.* Durchfuhr von Waren; Durchreise von Personen); **Tran|sit|ab|kom|men; Tran|sit|han|del** *vgl.* [1]Handel; **tran|si|tie|ren** (*Wirtsch.* durchlaufen, passieren)
Tran|si|ti|on, die; -, -en ‹lat.› (*bes. Fachspr.* Übergang); **Tran|si|ti|ons|pha|se**
tran|si|tiv ‹lat.› (*Sprachwiss.* ein Akkusativobjekt fordernd; zielend); transitives Verb; **Tran|si|tiv,** das; -s, -e (zielendes Verb, z. B. [den Hund] »schlagen«); **Tran|si|ti|vum,** das; -s, ...va (*älter für* Transitiv)
Tran|sit|land *Plur.* ...länder
tran|si|to|risch (vorübergehend); **Tran|si|to|ri|um,** das; -s, ...ien (*Wirtsch.* vorübergehender Haushaltsposten [für die Dauer eines Ausnahmezustandes])
Tran|sit|rei|sen|de; Tran|sit|ver|bot (Durchfuhrverbot); **Tran|sit|ver|kehr,** der; -[e]s; **Tran|sit|vi|sum; Tran|sit|weg; Tran|sit|zoll**
Trans|jor|da|ni|en (*früherer Name von* Jordanien)
Trans|kau|ka|si|en (Landschaft zwischen Schwarzem Meer u. Kaspischem Meer); **trans|kau|ka|sisch**
Trans|kei, die; - ([formal unabhängige] Republik in Südafrika [jenseits des Flusses Kei])
trans|kon|ti|nen|tal ‹lat.› (einen Erdteil durchquerend)
tran|skri|bie|ren ‹lat.› (*Sprachwiss.* einen Text in eine andere Schrift, z. B. eine phonet. Umschrift, übertragen; Wörter aus Sprachen, die keine Lateinschrift haben, annähernd lautgerecht in Lateinschrift wiedergeben [*vgl.* Transliteration]; *Musik* umsetzen); **Tran|skrip|ti|on,** die; -, -en
Trans|la|ti|on, die; -, -en ‹lat.› (*Fachspr.* Übertragung, Übersetzung)
Trans|li|te|ra|ti|on, die; -, -en ‹lat.› (*Sprachwiss.* buchstabengetreue Umsetzung eines Textes in eine andere Schrift [bes. aus nicht lateinischer in lat. Schrift] mit zusätzlichen Zeichen); **trans|li|te|rie|ren**
Trans|lo|ka|ti|on, die; -, -en ‹lat.› (*Biol.* Verlagerung eines Chromosomenbruchstückes in ein anderes Chromosom); **trans|lo|zie|ren** (*Biol.* sich verlagern)
trans|lu|zent, trans|lu|zid ‹lat.› (durchsichtig, durchscheinend)
Trans|mis|si|on, die; -, -en ‹lat.› ([Vorrichtung zur] Kraftübertragung von einem Antriebssystem auf mehrere Maschinen); **Trans|mis|si|ons|rie|men**
trans|mit|tie|ren (übertragen, übersenden)
trans|na|ti|o|nal (*Wirtsch.* übernational)
trans|oze|a|nisch (jenseits des Ozeans liegend)
trans|pa|rent ‹lat.-franz.› (durch-

scheinend; durchsichtig; durchschaubar)
Trans|pa|rent, das; -[e]s, -e (Spruchband; durchscheinendes Bild); **Trans|pa|rent|pa|pier** (Pauspapier)
Trans|pa|renz, die; -, -en (Durchsichtigkeit; Durchschaubarkeit)
Tran|s|pi|ra|ti|on, die; - ‹lat.› (Schweißbildung; Hautausdünstung; *Bot.* Abgabe von Wasserdampf, bes. an den Blättern); **tran|s|pi|rie|ren**
Trans|plan|tat, das; -[e]s, -e ‹lat.› (überpflanztes Gewebestück); **Trans|plan|ta|ti|on,** die; -, -en (*Med.* Überpflanzung von Organen, Gewebeteilen od. lebenden Zellen; *Bot.* Pfropfung); **Trans|plan|ta|ti|ons|me|di|zin,** die; -; **trans|plan|tie|ren** *(Med.)*
Trans|pon|der, der; -s, - ‹engl.› (*Nachrichtentechnik* Gerät zum Empfangen u. Senden von Funksignalen)
trans|po|nie|ren ‹lat.› (*Musik* in eine andere Tonart übertragen); **Trans|po|nie|rung**
Trans|port, der; -[e]s, -e ‹lat.› (Beförderung); **trans|por|ta|bel** (beförderbar); ...a|b|ler Ofen
Trans|port|an|la|ge (Förderanlage); **Trans|port|ar|bei|ter; Trans|port|ar|bei|te|rin; Trans|port|band,** das; *Plur.* ...bänder; **Trans|port|be|häl|ter; Trans|port|be|ton**
Trans|por|ter, der; -s, - ‹engl.› (Transportauto, -flugzeug, -schiff)
Trans|por|teur [...'tøːɐ̯], der; -s, -e ‹franz.› (jmd., der etwas transportiert; Zubringer an der Nähmaschine); **Trans|por|teu|rin**
trans|port|fä|hig; Trans|port|fä|hig|keit; Trans|port|flug|zeug; Trans|port|füh|rer; Trans|port|ge|fähr|dung; Trans|port|ge|wer|be; Trans|port|gut
trans|por|tie|ren (befördern); **Trans|por|tie|rung**
Trans|port|kas|ten; Trans|port|kis|te; Trans|port|kos|ten *Plur.*
Trans|port|mit|tel, das; **Trans|port|schiff; Trans|port|un|ter|neh|men; Trans|port|we|sen,** das; -s
Trans|po|si|ti|on, die; -, -en ‹lat.› (Übertragung eines Musikstückes in eine andere Tonart)
Trans|ra|pid®, der; -[s] (eine Magnetschwebebahn)
Trans|se|xu|a|li|tät, die; - ‹lat.› (*Med., Psychol.* Gefühl der Zugehörigkeit zum anderen Geschlecht, häufig verbunden mit dem Bestreben nach Geschlechtsumwandlung); **trans|se|xu|ell; Trans|se|xu|el|le,** der *u.* die; -n, -n
Trans|sib [*auch* 'tra...], die; - (*kurz für* Transsibirische Eisenbahn); **trans|si|bi|risch** (Sibirien durchquerend); *aber* ↑K150: die Transsibirische Eisenbahn
Trans|sil|va|ni|en (*alter Name von* Siebenbürgen); **trans|sil|va|nisch;** *aber* ↑K140: die Transsilvanischen Alpen
Trans|sub|s|tan|ti|a|ti|on, die; -, -en ‹lat.› (*kath. Kirche* Verwandlung von Brot u. Wein in Leib u. Blut Christi); **Trans|sub|s|tan|ti|a|ti|ons|leh|re,** die; -
Trans|su|dat, das; -[e]s, -e ‹lat.› (*Med.* abgesonderte Flüssigkeit in Körperhöhlen)
Trans|syl|va|ni|en usw. *vgl.* Transsilvanien usw.
Trans|uran, das; -s, -e *meist Plur.* ‹lat.-griech.› (künstlich gewonnenes radioaktives Element mit höherem Atomgewicht als Uran)
Tran|su|se, die; -, -n (*ugs. für* langweiliger Mensch)
Trans|vaal (Provinz der Republik Südafrika)
trans|ver|sal ‹lat.› (quer verlaufend, schräg); **Trans|ver|sa|le,** die; -, -n (Gerade, die eine geometr. Figur durchschneidet); drei Transversale[n]; **Trans|ver|sal|wel|le** *(Physik)*
Trans|ves|tis|mus, der; - ‹lat.› (*Med., Psychol.* im sexuellen Verhalten Tendenz zur Bevorzugung von Kleidungsstücken, die für das andere Geschlecht typisch sind); **Trans|ves|tit,** der; -en, -en; **Trans|ves|ti|tin; Trans|ves|ti|tis|mus** *vgl.* Transvestismus
tran|s|zen|dent ‹lat.› (übersinnlich, -natürlich); **tran|s|zen|den|tal** (*Philos.* aller Erfahrungserkenntnis zugrunde liegend; *Scholastik svw.* transzendent); transzendentale Logik; **Tran|s|zen|denz,** die; - (das Überschreiten der Grenzen der Erfahrung, des Bewusstseins); **tran|s|zen|die|ren**
Tran|tü|te (*ugs. für* langsamer, [geistig] schwerfälliger Mensch)
Trap, der; -s, -s ‹engl.› (Geruchsverschluss)
Tra|pez, das; -es, -e ‹griech.› (Viereck mit zwei parallelen, aber ungleich langen Seiten; quer an zwei Seilen hängende Stange für akrobatische Übungen); **Tra|pez|akt** (am Trapez ausgeführte Zirkusnummer); **Tra|pez|form; tra|pez|för|mig; Tra|pez|künst|ler; Tra|pez|künst|le|rin; Tra|pez|li|nie**
Tra|pe|zo|eder, das; -s, - (*Geom.* Körper, der von gleichschenkeligen Trapezen begrenzt wird)
Tra|pe|zo|id, das; -[e]s, -e (Viereck ohne parallele Seiten)
Tra|pe|zunt (*früherer Name von* Trabzon)
trapp!; trapp, trapp!
Trapp, der; -[e]s, -e ‹schwed.› (*Geol.* großflächiger, in mehreren Lagen treppenartig übereinanderliegender Basalt)
[1]**Trap|pe,** die; -, -n, *Jägerspr. auch* der; -n, -n ‹slaw.› (ein Steppenvogel)
[2]**Trap|pe,** die; -, -n (*nordd. für* [schmutzige] Fußspur)
trap|peln (mit kleinen Schritten rasch gehen); ich trapp[e]le; **trap|pen** (schwer auftreten)
Trap|per, der; -s, - ‹engl., »Fallensteller«› (nordamerik. Pelzjäger)
Trap|pist, der; -en, -en ‹nach der Abtei La Trappe› (Angehöriger des Ordens der reformierten Zisterzienser mit Schweigegelübde); **Trap|pis|ten|kä|se; Trap|pis|ten|klos|ter; Trap|pis|ten|or|den,** der; -s; **Trap|pis|tin** (Angehörige des w. Trappistenordens)
Trap|schie|ßen ‹engl.; dt.› (Wurftaubenschießen mit Schrotgewehren)
trap|sen (*ugs. für* sehr laut auftreten); du trapst
tra|ra!; Tra|ra, das; -s (*ugs. für* Lärm; großartige Aufmachung, hinter der nichts steckt)
Trash [trɛʃ], der; -[s] ‹engl.› (Schund, Ramsch); **tra|shig** (*ugs. für* kitschig, geschmacklos); ein trashiger Film
Tra|si|me|ni|sche See, der; -n -s; ↑K140 (in Italien)
Trass, der; -es, -e ‹niederl.› (vulkanisches Tuffgestein)
Tras|sant, der; -en, -en ‹ital.› (*Wirtsch.* Aussteller eines gezogenen Wechsels); **Tras|san|tin; Tras|sat,** der; -en, -en (zur Bezahlung eines Wechsels Verpflichteter); **Tras|sa|tin**
Tras|se, die; -, -n ‹franz.› ([abgesteckter] Verlauf eines Verkehrsweges, einer Versorgungsleitung usw.; Bahnkörper, Bahn-, Straßendamm); **Tras|see,** das; -s, -s (*schweiz. für* Trasse); **Tras|see-**

füh|rung *(schweiz.)*; **Tras|sen|füh|rung**

tras|sie|ren (eine Trasse abstecken, vorzeichnen; *Wirtsch.* einen Wechsel auf jmdn. ziehen od. ausstellen); **Tras|sie|rung**

Tras|te|ve|re ‹ital., »jenseits des Tibers«› (röm. Stadtteil); **Tras|te|ve|ri|ner; Tras|te|ve|ri|ne|rin**

trat *vgl.* treten

Tratsch, der; -[e]s *(ugs. für* Geschwätz, Klatsch); **trat|schen;** du tratschst; **Trat|sche|rei**

Trat|te, die; -, -n ‹ital.› *(Bankw.* gezogener Wechsel)

Trat|to|ria, die; -, ...ien ‹ital.› *(ital. Bez. für* Wirtshaus)

Trau|al|tar

Träub|chen

Trau|be, die; -, -n; **trau|ben|för|mig**

Trau|ben|ho|lun|der; Trau|ben|kamm (Stiel der Weintraube); **Trau|ben|kern; Trau|ben|kern|öl; Trau|ben|kur; Trau|ben|le|se; Trau|ben|most; Trau|ben|saft; Trau|ben|wick|ler** (ein Schmetterling); **Trau|ben|zu|cker,** der; -s

trau|big

Traud|chen, Trau|de[l], Trud|chen, Tru|de (w. Vorn.)

trau|en; der Pfarrer traut das Paar; jmdm. trauen (vertrauen); sich trauen; ich traue mich nicht (*selten* mir nicht), das zu tun

Trau|er, die; -; **Trau|er|an|zei|ge; Trau|er|ar|beit,** die; - *(Psychol.)*; **Trau|er|bin|de; Trau|er|bot|schaft; Trau|er|brief; Trau|er|fall,** der; **Trau|er|fa|mi|lie** *(bes. schweiz. für* Hinterbliebene bei einem Todesfall); **Trau|er|fei|er; Trau|er|flor; Trau|er|gast** *Plur.* ...gäste; **Trau|er|ge|fol|ge; Trau|er|ge|leit; Trau|er|ge|mein|de; Trau|er|got|tes|dienst; Trau|er|haus; Trau|er|hil|fe; Trau|er|jahr; Trau|er|kar|te; Trau|er|klei|dung**

Trau|er|kloß *(ugs. für* langweiliger, energieloser Mensch)

Trau|er|mahl *(geh.)*

Trau|er|man|tel (ein Schmetterling)

Trau|er|marsch, der; **Trau|er|mie|ne**

trau|ern; ich trau[e]re

Trau|er|nach|richt; Trau|er|rand; Trau|er|re|de; Trau|er|schlei|er; Trau|er|spiel; Trau|er|wei|de; Trau|er|zeit; Trau|er|zug

Trau|fe, die; -, -n

träu|feln; ich träuf[e]le; **träu|fen** *(veraltet für* träufeln)

Trau|gott (m. Vorn.)

trau|lich; Trau|lich|keit

Traum, der; -[e]s, Träume

Trau|ma, das; -s, *Plur.* ...men *u.* -ta ‹griech.› (starke seelische Erschütterung; *Med.* Wunde); **trau|ma|tisch; trau|ma|ti|sie|ren** ([seelisch] verletzen); **Trau|ma|ti|sie|rung**

Traum|au|to; Traum|be|ruf; Traum|bild; Traum|buch; Traum|deu|ter; Traum|deu|te|rin; Traum|deu|tung; Traum|dich|tung

Trau|men *(Plur. von* Trauma)

träu|men; ich träumte von meinem Bruder; mir träumte von ihm; es träumte mir *(geh.)*; das hätte ich mir nicht träumen lassen *(ugs. für* hätte ich nie geglaubt)

Träu|mer; Träu|me|rei; Traum|er|geb|nis; Träu|me|rin

träu|me|risch

Traum|fa|b|rik (Welt des Films)

Traum|fän|ger (eine Art Mobile, dem die Fähigkeit zugeschrieben wird, böse Träume abzuhalten)

Traum|frau; Traum|ge|bil|de; Traum|ge|sicht *Plur.* ...gesichte

traum|haft

Trau|mi|net, der; -s, -s *(österr. ugs. scherzh. für* Feigling)

Traum|job; Traum|land; Traum|mann *Plur.* ...männer; **Traum|no|te; Traum|paar; Traum|strand**

Traum|tän|zer *(abwertend)*; **Traum|tän|ze|rin**

traum|ver|lo|ren; traum|ver|sun|ken

traum|wan|deln usw. *vgl.* schlafwandeln usw.; **traum|wand|le|risch; Traum|welt; Traum|ziel**

traun! *(geh. veraltet für* in der Tat!)

Traun, die; - (rechter Nebenfluss der Donau)

Trau|ner, der; -s, - *(österr. für* flaches Lastschiff); **Traun|see,** der; -s (oberösterr. See); **Traun|vier|tel,** das; -s (oberösterr. Landschaft)

trau|rig; Trau|rig|keit

Trau|ring; Trau|schein; Trau|spruch

traut; trautes Heim; trauter Freund

Traut|chen *vgl.* Traudchen

¹Trau|te (w. Vorn.); *vgl.* Traude[l]

²Trau|te, die; - *(ugs. für* Vertrauen, Mut); keine Traute haben

Trau|ung; Trau|zeu|ge; Trau|zeu|gin

Tra|vel|ler|scheck [ˈtrɛ...] ‹engl.› (Reisescheck)

tra|vers ‹franz.› (quer [gestreift]); traverse Stoffe

Tra|vers [...ˈvɛːɐ̯, *auch* ...ˈvɛrs], der; - (Gangart beim Dressurreiten)

Tra|ver|se, die; -, -n *(Archit.* Querbalken, Ausleger; *Technik* Querverbinder zweier fester od. parallel beweglicher Maschinenteile; *Wasserbau* Querbau zur Flussregelung; *Bergsteigen* Quergang); **Tra|ver|sen|sys|tem** *(Technik)*

tra|ver|sie|ren *(Reiten* eine Reitbahn in der Diagonale durchreiten; *Fechten* durch Seitwärtstreten dem gegnerischen Angriff ausweichen; *Bergsteigen* eine Wand od. einen Hang horizontal überqueren); **Tra|ver|sie|rung**

Tra|ver|tin, der; -s, -e ‹ital.› (mineralischer Kalkabsatz bei Quellen u. Bächen)

Tra|ves|tie, die; -, ...ien ‹lat.› ([scherzhafte] Umgestaltung [eines Gedichtes]); **tra|ves|tie|ren** *(auch für* ins Lächerliche ziehen); **Tra|ves|tie|show** ‹lat.; engl.› (Darbietung, bei der vorwiegend Männer in Frauenkleidung auftreten)

Trawl [ˈtroːl], das; -s, -s ‹engl.› (Grundschleppnetz); **Traw|ler,** der; -s, - (ein Fischdampfer)

Trax, der; -[es], -e ‹aus amerik. Traxcavator®› *(schweiz. für* Planierraupe)

Treat|ment [ˈtriːtmɛnt], das; -s, -s ‹engl.› *(Film, Fernsehen* Vorstufe des Drehbuchs)

Tre|be, die; *nur in* auf [die] Trebe gehen *(ugs. für* sich herumtreiben); **Tre|be|gän|ger** *(ugs. für* jugendlicher Herumtreiber); **Tre|be|gän|ge|rin**

Tre|ber *Plur.* (Rückstände [beim Keltern u. Bierbrauen])

Tre|cen|tist [...tʃ...], der; -en, -en ‹ital.› (Dichter, Künstler des Trecentos); **Tre|cen|tis|tin; Tre|cen|to** [...ˈtʃɛ...], das; -[s] *(Kunstwiss.* das 14. Jh. in Italien)

Treck, der; -s, -s (Zug von Menschen, Flüchtenden [mit Fuhrwerken]); **tre|cken** ‹engl.› (ziehen; mit einem Treck wegziehen); *vgl.* trekken

Tre|cker (Traktor)

Tre|cking usw. *vgl.* Trekking usw.

¹Treff, das; -s, -s ‹franz.› (Kreuz, Eichel [im Kartenspiel])

²Treff, der; -[e]s, -e *(veraltet für* Schlag, Hieb; Niederlage)

³Treff, der; -s, -s *(ugs. für* Treffen, Zusammenkunft)

Treff|ass, Treff-Ass [*auch* ˈtrɛf...] ‹*zu* ¹Treff›

tref|fen; du triffst; du trafst; du

T
Tras

träfest; getroffen; triff!; **Tref|fen,** das; -s, -; **tref|fend**
Tref|fer; Tref|fer|an|zei|ge; Tref|fer|quo|te; Tref|fer|zahl
treff|lich; Treff|lich|keit, die; -
Treff|punkt
treff|si|cher; Treff|si|cher|heit
Treib|an|ker; Treib|ar|beit; Treib|ball, der; -[e]s; **Treib|eis**
trei|ben; du triebst; du triebest; getrieben; treib[e]!; zu Paaren treiben; sich vom Wind treiben lassen; *aber* man darf sich im Leben nicht einfach treiben lassen *od.* treibenlassen; **Trei|ben,** das; -s, *Plur.* (*für* Treibjagden:) -; **trei|bend;** die treibende Kraft
Trei|ber; Trei|be|rei; Trei|be|rin
Treib|fäus|tel (*Bergmannsspr.* schwerer Bergmannshammer)
Treib|gas; Treib|gut
Treib|haus; Treib|haus|ef|fekt, der; -[e]s (Einfluss der Erdatmosphäre auf den Wärmehaushalt der Erde); **Treib|haus|gas** (Gas, das zum Treibhauseffekt beiträgt, z. B. Kohlendioxid); **Treib|haus|kul|tur; Treib|haus|luft,** die; -
Treib|holz; Treib|jagd; Treib|la|dung; Treib|mi|ne; Treib|mit|tel; Treib|netz; Treib|öl; Treib|rie|men; Treib|sand
Treib|satz (*Technik; auch übertr. für* Antrieb, Impuls)
Treib|stoff; Treib|stoff|preis; Treib|stoff|zoll *(schweiz.); vgl.* [1]Zoll; **Treib|stoff|zu|schlag** *(Flugw.)*
Trei|chel, die; -, -n (*schweiz. für* eine Kuhglocke)
Trei|del, der; -s, -n (*früher für* Zugtau zum Treideln); **Trei|de|ler** (*svw.* Treidler)
trei|deln (ein Wasserfahrzeug vom Ufer aus stromaufwärts ziehen); ich treid[e]le
Trei|del|pfad; Trei|del|weg (Leinpfad); **Treid|ler** (jmd., der einen Kahn treidelt)
trei|fe ⟨hebr.-jidd.⟩ (nach jüd. Speisegesetzen unrein; *Ggs.* koscher)
trek|ken, tre|cken ⟨engl.⟩ (Trekking betreiben)
Trek|king, Tre|cking, das; -s, -s ⟨engl.⟩ (mehrtägige Wanderung od. Fahrt [durch ein unwegsames Gebiet]); **Trek|king|bike,** Tre|cking|bike [...baik], das; -s, -s (Fahrrad, das bes. für längere Touren mit Gepäck geeignet ist); **Trek|king|rad,** Tre|cking|rad; **Trek|king|tour,** Tre|cking|tour

Trel|le|borg (schwed. Stadt)
Tre|ma, das; -s, *Plur.* -s *u.* -ta ⟨griech.⟩ (Trennpunkte, Trennungszeichen [über einem von zwei getrennt auszusprechenden Vokalen, z. B. franz. naïf »naiv«]; *Med.* Lücke zwischen den mittleren Schneidezähnen)
Tre|ma|to|de, die; -, -n *meist Plur.* (*Biol.* Saugwurm)
tre|mo|lan|do ⟨ital.⟩ (*Musik* bebend, zitternd); **tre|mo|lie|ren,** tre|mu|lie|ren (beim Gesang [übersteigert] beben u. zittern); **Tre|mo|lo,** das; -s, *Plur.* -s *u.* ...li
Tre|mor, der; -s, ...ores ⟨lat.⟩ (*Med.* das Muskelzittern)
Trem|se, die; -, -n (*nordd. für* Kornblume)
Tre|mu|lant, der; -en, -en ⟨lat.⟩ (Orgelhilfsregister)
tre|mu|lie|ren *vgl.* tremolieren
Trench|coat [ˈtrɛntʃ...], der; -[s], -s ⟨engl.⟩ (ein Wettermantel)
Trend, der; -s, -s ⟨engl.⟩ (Grundrichtung einer Entwicklung)
trend|be|wusst
tren|deln (*landsch. für* nicht vorankommen); ich trend[e]le
Trend|for|scher; Trend|for|sche|rin; Trend|for|schung (wissenschaftliche Beschäftigung mit den zu erwartenden Trends auf technischem, wirtschaftlichem u. sozialem Gebiet)
tren|dig (*svw.* trendy)
Trend|mel|dung; Trend|scout [...skaut] ⟨engl.⟩ (jmd., der Trends nachspürt); **Trend|set|ter,** der; -s, - ⟨engl.⟩ (jmd., der den Trend bestimmt; etwas, was einen Trend auslöst); **Trend|set|te|rin; Trend|sport, Trend|sport|art; Trend|um|kehr; Trend|wen|de**
tren|dy (*ugs. für* modisch; dem Trend entsprechend)
trenn|bar; Trenn|bar|keit, die; -
Trenn|di|ät (eine Schlankheitsdiät)
tren|nen; sich trennen
Trenn|kost (Trenndiät)
Trenn|li|nie; Trenn|mes|ser, das
Trenn|punk|te *Plur.* (Trema)
trenn|scharf; Trenn|schär|fe
Trenn|schei|be; Trenn|stab (z. B. zwischen Waren verschiedener Kunden an der Supermarktkasse); **Trenn|strich**
Tren|nung; Tren|nungs|ent|schä|di|gung; Tren|nungs|geld; Tren|nungs|li|nie; Tren|nungs|schmerz; Tren|nungs|strich; Tren|nungs|zei|chen
Trenn|wand

Tren|se, die; -, -n ⟨niederl.⟩ (leichter Pferdezaum); **Tren|sen|ring**
Trente-et-qua|rante [trãtekaˈrãːt], das; - ⟨franz., »dreißig und vierzig«⟩ (ein Kartenspiel)
Tren|ti|ner ⟨*zu* Trento⟩; **Tren|ti|ne|rin**
Tren|to (*ital. Form von* Trient)
tren|zen (*Jägerspr.* in besonderer Weise röhren [vom Hirsch]; *bayr., österr. für* sabbern, weinerlich jammern)
Tre|pan, der; -s, -e ⟨franz.⟩ (*Med.* Bohrer zum Öffnen der Schädeldecke); **Tre|pa|na|ti|on,** die; -, -en (*Med.* Öffnung der Schädeldecke mit dem Trepan)
Tre|pang, der; -s, *Plur.* -e *u.* -s ⟨malai.⟩ (getrocknete Seegurke)
tre|pa|nie|ren ⟨*zu* Trepanation⟩ *(Med.)*
trepp|ab; trepp|auf; treppauf, treppab laufen
Trepp|chen
Trep|pe, die; -, -n; Treppen steigen
Trep|pel|weg (*bayr., österr. für* Treidelweg)
Trep|pen|ab|satz; Trep|pen|auf|gang; Trep|pen|be|leuch|tung; Trep|pen|flur, der; **Trep|pen|ge|län|der; Trep|pen|gie|bel; Trep|pen|haus; Trep|pen|läu|fer; Trep|pen|lift; Trep|pen|po|dest; Trep|pen|rei|ni|gung; Trep|pen|stei|gen,** das; -s; **Trep|pen|stu|fe; Trep|pen|wan|ge** (die Stufen verbindendes Seitenteil einer [Holz]treppe); **Trep|pen|witz**
Tre|sen, der; -s, - (*nordd. u. mitteld. für* Laden-, Schanktisch)
Tre|sor, der; -s, -e ⟨franz.⟩ (Panzerschrank; Stahlkammer); **Tre|sor|raum; Tre|sor|schlüs|sel**
Tres|pe, die; -, -n (ein Gras); **tres|pig** (voller Trespen [vom Korn])
Tres|se, die; -, -n ⟨franz.⟩ (Borte)
Tres|sen|rock; Tres|sen|stern; Tres|sen|win|kel
tres|sie|ren (*Perückenmacherei* kurze Haare mit Fäden aneinanderknüpfen)
Tres|ter, der; -s, - (Tresterbranntwein; *Plur.:* Rückstände beim Keltern); **Tres|ter|brannt|wein; Tres|ter|schnaps**
Tret|au|to; Tret|boot; Tret|ei|mer
tre|ten; du trittst; du tratst (tratest); du trätest; getreten; tritt!; er tritt ihn (*auch* ihm) auf den Fuß
Tre|ter (*ugs. für* [sehr bequemer] Schuh); **Tre|te|rei** *(ugs.)*

Tret|mi|ne; Tret|müh|le (*ugs. für* gleichförmiger [Berufs]alltag); **Tret|rad; Tret|rol|ler**

treu

treu|er, treu|es|te, treus|te

– jemandem etwas zu treuen Händen übergeben (anvertrauen)

Getrenntschreibung in Verbindung mit Verben ↑K56:

– treu sein, bleiben

Getrennt- oder Zusammenschreibung in Verbindung mit adjektivisch gebrauchten Partizipien ↑K58:

– ein mir treu ergebener *od.* treuergebener Freund
– eine treu gesinnte *od.* treugesinnte Freundin
– ein treu sorgender *od.* treusorgender Vater

Treu|bruch, der; **treu|brü|chig**
treu|deutsch (*ugs. für* typisch deutsch); **treu|doof** ↑K23 (*ugs. für* naiv u. dümmlich)
Treue, die; -; in guten Treuen (*schweiz. für* im guten Glauben); auf Treu und Glauben ↑K13; meiner Treu!; **Treue|bruch**, der; **Treue|eid, Treu|eid; Treue|ge|löb|nis**
Treue|pflicht (*Rechtsspr.*)
Treue|prä|mie; Treue|ra|batt
treu er|ge|ben, treu|er|ge|ben *vgl.* treu
Treue|schwur
treu ge|sinnt, treu|ge|sinnt *vgl.* treu
Treu|hand, die; - (*Rechtsspr.* Treuhandgesellschaft); **Treu|hand|an|stalt**, die; -
Treu|hän|der (jmd., dem etwas »zu treuen Händen« übertragen wird); **Treu|hän|der|de|pot** (*Bankw.*); **Treu|hän|de|rin; treu|hän|de|risch**
Treu|hand|ge|schäft (*Rechtswiss.*)
Treu|hand|ge|sell|schaft (Gesellschaft, die fremde Rechte ausübt)
treu|hän|disch (*österr. für* treuhänderisch)
Treu|hand|kon|to; Treu|hand|schaft
treu|her|zig; Treu|her|zig|keit
treu|lich (*veraltend für* getreulich)
treu|los; Treu|lo|sig|keit
Treu|pflicht *vgl.* Treuepflicht
treu sor|gend, treu|sor|gend *vgl.* treu
Tre|vi|ra®, das; -[s] (ein Gewebe aus synthetischer Faser)
Tre|vi|sa|ner; Tre|vi|so (ital. Stadt)
Tri|a|de, die; -, -n ⟨griech.⟩ (Dreizahl, Dreiheit; [kriminelle] chin. Geheimorganisation)
Tri|a|ge [...ʒə], die; -, -n (Ausschuss [bei Kaffeebohnen]; Einteilung von Verletzten)
Tri|al [ˈtra͜iəl], das; -s, -s ⟨engl.⟩ (Geschicklichkeitsprüfung von Motorradfahrern)
Tri|al-and-Er|ror-Me|tho|de [ˈtra͜iəl|ɛntˈ|ɛroːɐ̯...], die; - ⟨engl., »Versuch und Irrtum«⟩ (*Psychol.* ein Lernverfahren; *Kybernetik* eine Problemlösungsmethode)
Tri|an|gel [*österr.* ...ˈa...], der; -s, - *od.* die; -, -n, *österr.* das; -s, - ⟨lat.⟩ (*Musik* ein Schlaggerät)
tri|an|gu|lär (dreieckig)
Tri|an|gu|la|ti|on, die; -, -en (*Geodäsie* Festlegung eines Netzes von trigonometrischen Punkten); **Tri|an|gu|la|ti|ons|punkt** (*Zeichen* TP)
tri|an|gu|lie|ren; Tri|an|gu|lie|rung
Tri|a|non [...ˈnõː], das; -s, -s (Name zweier Versailler Lustschlösser)
Tri|a|ri|er ⟨lat.⟩ (altröm. Legionsveteran in der 3. [letzten] Schlachtreihe)
Tri|as, die; -, - ⟨griech., »Dreiheit«⟩ (Dreizahl, Dreiheit; *nur Sing.*: *Geol.* unterste Formation des Mesozoikums); **Tri|as|for|ma|ti|on**, die; -; **tri|as|sisch**
Tri|ath|let (jmd., der Triathlon betreibt); **Tri|ath|le|tin; Tri|ath|lon**, der *u.* das; -s, -s ⟨griech.⟩ (Mehrkampf aus Schwimmen, Radfahren u. Laufen an einem Tag; *Skisport* Mehrkampf aus Langlauf, Schießen u. Riesenslalom)
Tri|ba|de, die; -, -n ⟨griech.⟩ (*veraltet für* Lesbierin)
Tri|ba|lis|mus, der; - ⟨lat.-engl.⟩ (Stammesbewusstsein, Stammesegoismus)
Tri|bun, der; *Gen.* -s *u.* -en, *Plur.* -e[n] ⟨lat.⟩ ([altröm.] Volksführer)
Tri|bu|nal, das; -s, -e ([hoher] Gerichtshof)
Tri|bu|nat, das; -[e]s, -e (Amt, Würde eines Tribuns)
Tri|bü|ne, die; -, -n ⟨franz.⟩; **Tri|bü|nen|platz**
tri|bu|ni|zisch ⟨lat.⟩ (einen Tribunen betreffend)
Tri|bus, die; -, - (Wahlbezirk im alten Rom)
Tri|but, der; -[e]s, -e (Abgabe, Steuer); etwas fordert einen hohen Tribut (hohe Opfer); einer Sache Tribut zollen (sich ihr beugen); **tri|bu|tär** (*veraltet für* tributpflichtig); **Tri|but|last; tri|but|pflich|tig**
Tri|chi|ne, die; -, -n ⟨griech.⟩ (schmarotzender Fadenwurm); **tri|chi|nen|hal|tig; Tri|chi|nen|schau; Tri|chi|nen|schau|er; Tri|chi|nen|schau|e|rin**
tri|chi|nös (mit Trichinen behaftet); **Tri|chi|no|se**, die; -, -n (Trichinenkrankheit)
Trich|ter, der; -s, -; **trich|ter|för|mig**
Trich|ter|ling (ein Pilz)
Trich|ter|mün|dung (*Geogr.* trichterförmige Flussmündung)
trich|tern; ich trichtere
Trick, der; -s, -s ⟨engl.⟩ (Kunstgriff; Kniff; List); **Trick|auf|nah|me**
Trick|be|trug; Trick|be|trü|ger; Trick|be|trü|ge|rin
Trick|dieb; Trick|die|bin; Trick|dieb|stahl
Trick|film; Trick|kis|te (*ugs.*)
trick|reich
Trick|schi|lau|fen *vgl.* Trickskilaufen
trick|sen (*ugs. für* mit Tricks arbeiten, bewerkstelligen); **Trick|ser** (*ugs.*); **Trick|se|rei** (*ugs.*)
Trick|ski|lau|fen, Trick|schi|lau|fen, das; -s (Sportart, bei der auf besonderen Skiern artistische Sprünge, Drehungen u. Ä. gemacht werden)
Trick|tech|nik
Trick|track, das; -s, -s ⟨franz.⟩ (ein Brett- u. Würfelspiel)
tri|cky [...ki] ⟨engl.⟩ (*ugs. für* trickreich)
Tri|cot (*in dieser franz. Schreibung schweiz. neben* Trikot)
Tri|dent, der; -[e]s, -e ⟨lat.⟩ (Dreizack)
Tri|den|ti|ner ⟨*zu* Trient⟩; Tridentiner Alpen; **Tri|den|ti|ne|rin; tri|den|ti|nisch;** *aber* ↑K88: das Tridentinische Konzil; das Tridentinische Glaubensbekenntnis; **Tri|den|ti|num**, das; -s (das Tridentinische Konzil)
Tri|du|um, das; -s, ...duen ⟨lat.⟩ (Zeitraum von drei Tagen)
trieb *vgl.* treiben
Trieb, der; -[e]s, -e; **trieb|ar|tig**
Trieb|be|frie|di|gung; Trieb|fe|der
trieb|ge|steu|ert
trieb|haft; Trieb|haf|tig|keit

Trieb|hand|lung; Trieb|kraft; Trieb|le|ben, das; -s
trieb|mä|ßig
Trieb|mör|der; Trieb|mör|de|rin
Trieb|rad; Trieb|sand
Trieb|tä|ter; Trieb|tä|te|rin
Trieb|ver|bre|chen; Trieb|ver|bre|cher; Trieb|ver|bre|che|rin
Trieb|wa|gen; Trieb|werk
Trief|au|ge; trief|äu|gig
trie|fen; du triefst; du trieftest, *geh.* troffst; du trieftest, *geh.* tröffest; getrieft, *selten noch* getroffen; trief[e]!; von *od.* vor Fett triefen; **trief|nass**
[1]**Triel,** der; -[e]s, -e (ein Vogel)
[2]**Triel,** der; -[e]s, -e (*südd. für* Wamme; Maul); **trie|len** (*südd. für* sabbern); **Trie|ler** (*südd. für* Sabberlätzchen)
Tri|en|na|le, die; -, -n ⟨lat.⟩ (dreijährliche Veranstaltung, bes. in der bildenden Kunst, im Film)
Tri|en|ni|um, das; -s, ...ien ⟨lat.⟩ (Zeitraum von drei Jahren)
Tri|ent (ital. Stadt); *vgl.* Trento *u.* Tridentiner
Trier (Stadt an der Mosel)
Tri|e|re, die; -, -n ⟨griech.⟩ (ein antikes Kriegsschiff)
Trie|rer (*zu* Trier); **Trie|re|rin; trie|risch**
Tri|est (Stadt an der Adria); **Tri|es|ter; Tri|es|te|rin**
trie|zen (*ugs. für* quälen, plagen); du triezt
trifft *vgl.* treffen
Tri|fle ['traifl], das; -s, -s ⟨engl.⟩ (eine engl. Süßspeise)
Tri|fo|kal|bril|le ⟨lat.; dt.⟩; **Tri|fo|kal|glas** *Plur.* ...gläser (Brillenglas mit drei verschieden geschliffenen Teilen für drei Entfernungen)
Tri|fo|li|um, das; -s, ...ien ⟨lat.⟩ (*Bot.* Dreiblatt, Kleeblatt)
Tri|fo|ri|um, das; -s, ...ien ⟨lat.⟩ (*Archit.* säulengetragene Galerie in Kirchen)
Trift, die; -, -en (Weide; Holzflößung; *auch svw.* Drift); **trif|ten** (loses Holz flößen)
[1]**trif|tig** (*svw.* driftig)
[2]**trif|tig** ([zu]treffend); triftiger Grund; **Trif|tig|keit,** die; -
Tri|ga, die; -, *Plur.* -s *u.* ...gen ⟨lat.⟩ (Dreigespann)
Tri|ge|mi|nus, der; -, ...ni ⟨lat.⟩ (*Med.* aus drei Ästen bestehender fünfter Hirnnerv); **Tri|ge|mi|nus|neu|r|al|gie**
Trig|ger, der; -s, - ⟨engl.⟩ (*Elektrot.* einen [Schalt]vorgang auslösender Impuls); **trig|gern** (*bes. EDV* auslösen, aktivieren); ich triggere
Tri|glyph, der; -s, -e, **Tri|gly|phe,** die; -, -n ⟨griech.⟩ (*Archit.* dreiteiliges Feld am Fries des dorischen Tempels)
tri|go|nal ⟨griech.⟩ (*Math.* dreieckig); **Tri|go|nal|zahl** *(Math.)*
Tri|go|no|me|t|rie, die; - (Dreiecksmessung, -berechnung); **tri|go|no|me|t|risch;** trigonometrischer Punkt (*Zeichen* TP)
Trike [traɪk], das; -s, -s ⟨engl.⟩ ([motorradähnliches] Fahrzeug mit drei Rädern)
tri|klin ⟨griech.⟩; triklines System (ein Kristallsystem)
Tri|kli|ni|um, das; -s, ...ien (altröm. Esstisch, an drei Seiten von Speisesofas umgeben)
Tri|ko|lo|re, die; -, -n ⟨franz.⟩ (dreifarbige [franz.] Fahne)
[1]**Tri|kot** [...'ko:, *auch* 'trɪ...], der, *selten* das; -s, -s ⟨franz.⟩ (maschinengestrickter od. gewirkter Stoff)
[2]**Tri|kot,** das; -s, -s (Kleidungsstück)
Tri|ko|ta|ge [...ʒə, *österr.* ...ʃ], die; -, -n *meist Plur.* (Wirkware)
Tri|kot|wer|bung (Werbung auf den Trikots von Sportlern)
tri|la|te|ral ⟨lat.⟩ (dreiseitig)
Tril|ler ⟨ital.⟩; **tril|lern;** ich trillere; **Tril|ler|pfei|fe**
Tril|li|ar|de, die; -, -n ⟨lat.⟩ (tausend Trillionen); **Tril|li|on,** die; -, -en (eine Million Billionen)
Tri|lo|bit, der; -en, -en ⟨griech.⟩ (ein urweltliches Krebstier)
Tri|lo|gie, die; -, ...ien ⟨griech.⟩ (Folge von drei [zusammengehörenden] Dichtwerken, Kompositionen u. a.)
Tri|ma|ran, der; -s, -e ⟨lat.; tamil.-engl.⟩ (Segelboot mit drei Rümpfen)
Tri|mes|ter, das; -s, - ⟨lat.⟩ (Zeitraum von drei Monaten; Dritteljahr eines Unterrichtsjahres)
Tri|me|ter, der; -s, - ⟨griech.⟩ (aus drei Versfüßen bestehender Vers)
Trimm, der; -[e]s ⟨engl.⟩ (*Seemannsspr.* Lage eines Schiffes bezüglich Tiefgang u. Schwerpunkt; ordentlicher u. gepflegter Zustand eines Schiffes)
Trimm-dich-Pfad
trim|men (*bes. Seemannsspr.* zweckmäßig verstauen, in die optimale Lage bringen; *Funktechnik* auf die gewünschte Frequenz einstellen; [Hunden] das Fell scheren; *ugs. für* in einen gewünschten Zustand bringen); ein auf alt getrimmter Schrank; trimm dich durch Sport!
Trim|mer (*Technik* verstellbarer Kleinkondensator; jmd., der sich durch Sport trimmt; jmd., der Hunde trimmt; Gerät zum Scheren von Hunden); **Trim|me|rin**
Trim|mung (Längsrichtung eines Schiffes)
Tri|ne, die; -, -n (ugs. Schimpfwort); dumme Trine
Tri|ni|dad (südamerik. Insel)
Tri|ni|dad und To|ba|go (Staat im Karibischen Meer)
Tri|ni|ta|ri|er, der; -s, - ⟨lat.⟩ (Bekenner der Dreieinigkeit; Angehöriger eines kath. Bettelordens); **Tri|ni|ta|ri|e|rin**
Tri|ni|tät, die; - (*christl. Rel.* Dreieinigkeit, Dreifaltigkeit); **Tri|ni|ta|tis** (Sonntag nach Pfingsten); **Tri|ni|ta|tis|fest**
Tri|ni|t|ro|to|lu|ol, das; -s (stoßunempfindlicher Sprengstoff; *Abk.:* TNT); *vgl.* Trotyl
trink|bar; Trink|bar|keit
Trink|be|cher; Trink|brannt|wein
trin|ken; du trankst; du tränkest; getrunken; trink[e]!
Trin|ker; Trin|ke|rei; Trin|ker|heil|an|stalt; Trin|ke|rin
trink|fest; Trink|fes|tig|keit
Trink|fla|sche
trink|freu|dig; Trink|freu|dig|keit
Trink|ge|fäß; Trink|ge|la|ge; Trink|geld; Trink|glas *Plur.* ...gläser; **Trink|hal|le; Trink|halm; Trink|horn; Trink|kul|tur; Trink|kur** *vgl.* [1]Kur; **Trink|lied; Trink|milch; Trink|scha|le; Trink|spruch**
Trink|was|ser *Plur. meist* ...wässer
Trink|was|ser|auf|be|rei|tung; Trink|was|ser|auf|be|rei|tungs|an|la|ge ↑K22; **Trink|was|ser|qua|li|tät; Trink|was|ser|schutz|ge|biet; Trink|was|ser|ver|ord|nung; Trink|was|ser|ver|sor|gung**
Tri|nom, das; -s, -e ⟨griech.⟩ (*Math.* dreigliedrige Zahlengröße); **tri|no|misch**
Trio, das; -s, -s ⟨ital.⟩ (Musikstück für drei Instrumente, *auch für* die drei Ausführenden; Gruppe von drei Personen)
Tri|o|de, die; -, -n ⟨griech.⟩ (*Elektrot.* Verstärkerröhre mit drei Elektroden)
Tri|o|le, die; -, -n ⟨ital.⟩ (*Musik*

Figur von 3 Tönen im Taktwert von 2 od. 4 Tönen; *ugs. auch für* Geschlechtsverkehr zu dritt)
Tri|o|lett, das; -[e]s, -e ‹franz.› (eine Gedichtform)

Trilogie
Die Bezeichnung für eine Folge von drei [zusammengehörenden] Dichtwerken, Kompositionen o. Ä. ist zusammengesetzt aus griechisch *tri-* (nicht *trio-!*) »drei-« und *logos* »Wort, Rede«. Das häufig in eine Dreizahl bezeichnenden Wörtern griechischer Herkunft auftretende *o* (*Triode, Triole* usw.) gehört dabei stets zum zweiten Wortbestandteil, nicht aber zu *tri-*.

Trip, der; -s, -s ‹engl.› (Ausflug, Reise; Rauschzustand durch Drogeneinwirkung, *auch für* die dafür benötigte Dosis)
[1]**Tri|pel,** das; -s, - ‹franz.› (die Zusammenfassung dreier Dinge, z. B. Dreieckspunkte)
[2]**Tri|pel,** der; -s, - (*veraltet für* dreifacher Gewinn)
[3]**Tri|pel,** der; -s ‹nach Tripolis› (*Geol.* Kieselerde)
Tri|pel|al|li|anz (*Völkerrecht* Allianz von drei Staaten)
Tri|ph|thong, der; -[e]s, -e ‹griech.› (*Sprachwiss.* Dreilaut, drei eine Silbe bildende Selbstlaute, z. B. ital. miei »meine«)
Tri|p|lé, das; -s, -s ‹franz.› (*Billard* Zweibandenspiel)
Tri|plik, die; -, -en ‹lat.› (*veraltend für* Antwort des Klägers auf eine Duplik)
tri|p|lo|id (einen dreifachen Chromosomensatz enthaltend)
Trip|ma|dam, die; -, -en ‹franz.› (eine Pflanze)
Tri|po|den (*Plur. von* Tripus)
Tri|po|lis (Hauptstadt Libyens); **Tri|po|li|ta|ni|en** (Gebiet in Libyen); **tri|po|li|ta|nisch**
trip|peln; ich tripp[e]le; **Trip|pel|schritt**
Trip|per, der; -s, - ‹*zu nordd.* drippen = tropfen› (eine Geschlechtskrankheit)
Tri|p|tik *vgl.* Triptyk
Tri|p|ty|chon, das; -s, *Plur.* ...chen *u.* ...cha ‹griech.› (dreiteiliger Altaraufsatz)
Tri|p|tyk, Tri|p|tik, das; -s, -s ‹engl.› (dreiteiliger Grenzübertrittsschein für Wohnanhänger u. Wasserfahrzeuge)
Tri|pus, der; -, ...poden ‹griech.› (Dreifuß, altgriech. Gestell für Gefäße)
Tri|re|me, die; -, -n ‹lat.› (*svw.* Triere)
Tris|me|gis|tos, der; - ‹griech., »der Dreimalgrößte«› (Beiname des ägypt. Hermes)
Tris|mus, der; -, ...men ‹griech.› (*Med.* Kiefersperre)
trist ‹franz.› (traurig, öde)
Tris|tan (mittelalterliche Sagengestalt)
Tris|te, die; -, -n (*bayr., österr. u. schweiz. für* um eine Stange aufgehäuftes Heu od. Stroh)
Tris|tesse [...'tɛs], die; -, -n ‹franz.› (Traurigkeit); **Trist|heit,** die; -
Tris|ti|en *Plur.* ‹lat.› (Trauergedichte)
Tri|t|a|go|nist, der; -en, -en ‹griech.› (dritter Schauspieler auf der altgriech. Bühne)
Tri|ti|um, das; -s ‹griech.› (schweres Wasserstoffisotop; *Zeichen* T)
[1]**Tri|ton,** das; -s, ...onen (schwerer Wasserstoffkern)
[2]**Tri|ton** (griech. fischleibiger Meergott, Sohn Poseidons)
[3]**Tri|ton,** der; ...onen, ...onen (Meergott im Gefolge Poseidons)
Tri|to|nus, der; - ‹griech.› (*Musik* übermäßige Quarte)
tritt *vgl.* treten
Tritt, der; -[e]s, -e; Tritt halten
Tritt|brett; Tritt|brett|fah|rer (*ugs. für* jmd., der von einer Sache zu profitieren versucht, ohne selbst etwas dafür zu tun); **Tritt|brett|fah|re|rin**
tritt|fest; Tritt|lei|ter, die; **tritt|si|cher; Tritt|si|cher|heit,** die; -
Tri|umph, der; -[e]s, -e ‹lat.› (großer Sieg, Erfolg; *nur Sing.:* Siegesfreude, -jubel); **tri|um|phal**
Tri|um|pha|tor, der; -s, ...oren (feierlich einziehender Sieger); **Tri|um|pha|to|rin**
Tri|umph|bo|gen; tri|umph|ge|krönt; Tri|umph|ge|schrei
tri|um|phie|ren (siegen; jubeln)
Tri|umph|wa|gen; Tri|umph|zug
Tri|um|vir, der; *Gen.* -s *u.* -n, *Plur.* -n ‹lat.› (Mitglied eines Triumvirats); **Tri|um|vi|rat,** das; -[e]s, -e (Dreimännerherrschaft [im alten Rom])
tri|va|lent ‹lat.› (*fachspr. für* dreiwertig)
Tri|via *Plur.* ‹lat.› ([allgemein] Wissenswertes)
tri|vi|al ‹lat.› (platt, abgedroschen); **Tri|vi|a|li|tät,** die; -, -en
Tri|vi|al|li|te|ra|tur *Plur. selten;* **Tri|vi|al|ro|man; Tri|vi|al|schrift|stel|ler; Tri|vi|al|schrift|stel|le|rin**
Tri|vi|um, das; -s ‹lat.› (im mittelalterl. Universitätsunterricht die Fächer Grammatik, Dialektik u. Rhetorik)
Tri|zeps, der; -[es], -e ‹lat.› (*Med.* Oberarmmuskel)
Tro|as, die; - (im Altertum kleinasiat. Landschaft)
Tro|ca|de|ro, der; -[s] (Name eines ehemaligen Palastes in Paris)
tro|chä|isch ‹griech.› (aus Trochäen bestehend); **Tro|chä|us,** der; -, ...äen ([antiker] Versfuß)
Tro|chi|lus, der; -, ...ilen ‹griech.› (*Archit.* Hohlkehle in der Basis ionischer Säulen)
Tro|chit, der; *Gen.* -s *u.* -en, *Plur.* -en ‹griech.› (Stängelglied versteinerter Seelilien); **Tro|chi|ten|kalk** (*Geol.* viele Trochiten enthaltender Kalkstein)
Tro|cho|pho|ra, die; -, ...phoren (*Biol.* Larve der Ringelwürmer)
tro|cken *s. Kasten*
Tro|cken|an|la|ge; Tro|cken|ap|pa|rat
Tro|cken|bee|ren|aus|le|se
Tro|cken|bio|top; Tro|cken|blu|me; Tro|cken|bo|den
tro|cken bü|geln, tro|cken|bü|geln (durch Bügeln trocknen); *vgl.* trocken
Tro|cken|dock; Tro|cken|ei, das; -[e]s (Eipulver); **Tro|cken|eis** (feste Kohlensäure); **Tro|cken|ele|ment; Tro|cken|far|be**
tro|cken föh|nen, tro|cken|föh|nen (durch Föhnen trocknen); *vgl.* trocken
Tro|cken|fut|ter; Tro|cken|füt|te|rung; Tro|cken|ge|mü|se; Tro|cken|ge|stell; Tro|cken|hau|be; Tro|cken|he|fe
Tro|cken|heit; tro|cken|le|gen ↑K47 (entwässern; mit frischen Windeln versehen); **Tro|cken|le|gung**
Tro|cken|mau|er (ohne Mörtel errichtete Mauer)
Tro|cken|milch; Tro|cken|ofen; Tro|cken|pe|ri|o|de; Tro|cken|platz; Tro|cken|prä|pa|rat
Tro|cken|ra|sie|rer (*ugs.*)*;* **Tro|cken|ra|sur**
Tro|cken|raum
tro|cken rei|ben, tro|cken|rei|ben ↑K47 (durch Reiben trocknen); *vgl.* trocken
Tro|cken|schi|kurs *vgl.* Trockenskikurs

T
Trio

tro̱|cken

Kleinschreibung:

- trockene Wäsche
- trockener Humor
- ein trockener Wein; dieser Wein ist am trockensten

Großschreibung:

- auf dem Trockenen (auf trockenem Boden) stehen
- auf dem Trockenen sein/sitzen (*ugs. für* festsitzen, nicht weiterkommen; [aus finanziellen Gründen] in Verlegenheit sein; nichts mehr zu trinken haben)
- nach dem Regen wieder im Trockenen (auf trockenem Boden) sein; dort werden wir endlich im Trockenen (*ugs. für* geborgen) sein
- sein Schäfchen ins Trockene bringen, im Trockenen haben (*ugs. für* sich wirtschaftlich sichern, gesichert haben)

Schreibung in Verbindung mit Verben:

- die Haare trocken schneiden
- die Wäsche wird bald ganz trocken sein
- wir wollen trocken (im Trockenen) sitzen; *aber* sie ließen uns bei dieser Einladung trockensitzen (ohne Getränke sitzen)
- die Kartoffeln sollen [ganz] trocken (an einem trockenen Ort) liegen
- der Anzug darf nur trocken (in trockenem Zustand) gereinigt werden
- sich trocken rasieren
- die Wäsche trocken schleudern *od.* trockenschleudern (durch Schleudern trocknen)
- das Hemd trocken bügeln *od.* trockenbügeln (durch Bügeln trocknen); *aber nur* trocken (in trockenem Zustand) bügeln
- die Fläche soll trocken gerieben *od.* trockengerieben (durch Reiben getrocknet) werden
- den Fußboden trocken wischen *od.* trockenwischen (durch Wischen trocknen); *aber nur* den Fußboden trocken (mit einem trockenen Tuch) wischen
- die Haare trocken föhnen *od.* trockenföhnen (durch Föhnen trocknen)
- der Sumpf wird trockengelegt (ausgetrocknet, entwässert)
- die Kuh hat mehrere Wochen trockengestanden (keine Milch gegeben)

Tro̱|cken|schleu|der

tro̱|cken schleu|dern, **tro̱|cken|schleu|dern** ↑K 47 (durch Schleudern trocknen); *vgl.* trocken

tro̱|cken|sit|zen (ohne Getränk sitzen); *vgl.* trocken

Tro̱|cken|ski|kurs, Tro̱|cken|schi|kurs

Tro̱|cken|spin|ne (Wäschespinne)

Tro̱|cken|spi|ri|tus, der; -

tro̱|cken|ste|hen *(fachspr.)*; *vgl.* trocken

Tro̱|cken|übung (*Sport* vorbereitende Übung beim Erlernen einer sportl. Tätigkeit); **Tro̱|cken|wä|sche**

tro̱|cken wi|schen, **tro̱|cken|wi|schen** ↑K 47 (durch Wischen trocknen); *vgl.* trocken

Tro̱|cken|zeit; **Tro̱|cken|zo|ne** *(Geogr.)*

Trö̱ck|ne, die; - (*schweiz. für* anhaltende Trockenheit)

tro̱ck|nen; **Tro̱ck|ner**; **Tro̱ck|nung**

Tro̱ck|nungs|raum (*schweiz. für* Trockenraum)

Tro̱d|del, die; -, -n (kleine Quaste); **Tro̱d|del|blu|me**

Tro̱d|del|chen, **Trö̱d|del|chen**

Trö̱|del, der; -s (*ugs. für* alte, wertlose Gegenstände; Kram); **Trö̱|del|bu|de**; **Trö|de|le̱i** (*ugs. abwertend für* störendes, lästiges Trödeln)

Trö̱|del|frit|ze (*ugs. abwertend für* männliche Person, die ständig trödelt)

Trö̱|del|kram; **Trö̱|del|la|den**

Trö̱|del|lie|se *vgl.* Trödelfritze

Trö̱|del|markt

trö̱|deln (*ugs. für* beim Arbeiten u. Ä. langsam sein; schlendern); ich tröd[e]le; **Trö̱d|ler**; **Trö̱d|le|rin**; **Trö̱d|ler|la|den**

Tro̱|er *vgl.* Trojaner

Tro̱g, der; -[e]s, Tröge

Tro̱|ja usw. *vgl.* Troja usw.

Tro̱i|er *vgl.* Troyer

Tro̱i|ka, die; -, -s ⟨russ.⟩ (russ. Dreigespann)

tro̱|isch *vgl.* trojanisch

Trois|dorf [ˈtroː...] (Stadt in Nordrhein-Westfalen)

Tro̱|ja, Tro̱|ia (antike kleinasiat. Stadt); **Tro|ja̱|ner**, Tro|ia̱|ner (Bewohner von Troja; *EDV auch für* trojanisches Pferd [Computervirus]); **Tro|ja̱|ne|rin**, Tro|ia̱|ne|rin; **tro|ja̱|nisch**, tro|ia̱|nisch; die trojanischen *od.* troianischen Helden, *aber* (↑K 151): der Trojanische *od.* Troianische Krieg; (↑K 88): das Trojanische *od.* Troianische Pferd (bei Homer); ein trojanisches *od.* troianisches Pferd (*EDV* ein besonderes Computervirus)

trö̱l|len (*schweiz. für* [den Gerichtsgang] leichtfertig od. mutwillig verzögern); **Trö|le|re̱i**; **trö̱|le|risch**

Tro̱ll, der; -[e]s, -e (Kobold); **Tro̱ll|blu|me**; **tro̱l|len**, sich *(ugs.)*

Tro̱l|ley [...li], der; -s, -s ⟨engl.⟩ (Rollenkoffer)

Tro̱l|ley|bus [...li...] ⟨engl.⟩ (*bes. schweiz. für* Oberleitungsbus)

Tro̱l|lin|ger, der; -s, - (eine Reb- u. Weinsorte)

Tro̱ll|kind (*svw.* Wechselbalg)

Tro̱m|be, die; -, -n ⟨ital.(-franz.)⟩ (*Meteorol.* Wasser-, Sand-, Windhose)

Tro̱m|mel, die; -, -n; **Tro̱m|mel|brem|se**

Trö̱m|mel|chen; **Trom|me|le̱i** *(ugs.)*

Tro̱m|mel|fell; **Tro̱m|mel|feu|er**

tro̱m|meln; ich tromm[e]le

Tro̱m|mel|re|vol|ver; **Tro̱m|mel|schlag**; **Tro̱m|mel|schlä|gel**; **Tro̱m|mel|schlä|ger**; **Tro̱m|mel|schlä|ge|rin**; **Tro̱m|mel|stock** *Plur.* ...stöcke

Tro̱m|mel|wasch|ma|schi|ne

Tro̱m|mel|wir|bel

Tro̱mm|ler; **Tro̱mm|le|rin**

Trom|pe̱|te, die; -, -n ⟨franz.⟩

trom|pe̱|ten; er hat trompetet

Trom|pe̱|ten|baum; **Trom|pe̱|ten|si|g|nal**; **Trom|pe̱|ten|so|lo**; **Trom|pe̱|ten|stoß**; **Trom|pe̱|ten|tier|chen** (ein Wimpertierchen)

Trom|pe̱|ter; **Trom|pe̱|te|rin**

Trom|pe̱|ter|vo|gel

Tro̱m|sø [...zø] (norwegische Stadt)

Tro̱nd|heim (*norw. Schreibung von* Drontheim)

trotz

Präposition mit Genitiv:
- trotz des Regens
- trotz vieler Ermahnungen

Besonders südd., schweiz. und österr. auch mit Dativ:
- trotz dem Regen
- trotz vielen Ermahnungen

Allgemein häufiger mit Dativ, wenn Artikel oder Pronomen fehlen, und immer, wenn der Genitiv im Plural nicht erkennbar ist oder wenn ein Genitivattribut zwischen »trotz« und das davon abhängende Substantiv tritt:
- trotz heftigem Regen
- trotz nassem Asphalt
- trotz Beweisen
- trotz Atomkraftwerken
- trotz des Bootes heftigem Schwanken

Ebenso in:
- trotz alldem, trotz alledem
- trotz allem

Ein stark gebeugtes Substantiv im Singular ohne Artikel und Attribut bleibt oft ungebeugt:
- trotz Regen [und Kälte]
- trotz Umbau

Tro|pe, die; -, -n, **Tro|pus,** der; -, ...pen ‹griech., »Wendung«› (Vertauschung des eigentlichen Ausdrucks mit einem bildlichen, z. B. »Bacchus« für »Wein«)

Tro|pen *Plur.* (heiße Zone zwischen den Wendekreisen)

Tro|pen|an|zug; Tro|pen|arzt; Tro|pen|ärz|tin; Tro|pen|fie|ber, das; -s; **Tro|pen|helm; Tro|pen|in|s|ti|tut; Tro|pen|kli|ma,** das; -s; **Tro|pen|kol|ler,** der; -s; **Tro|pen|krank|heit; Tro|pen|me|di|zin,** die; -; **Tro|pen|pflan|ze**

tro|pen|taug|lich; Tro|pen|taug|lich|keit, die; -

¹Tropf, der; -[e]s, Tröpfe (*ugs. für* einfältiger Mensch)

²Tropf, der; -[e]s, -e (*Med.* Vorrichtung für die Tropfinfusion)

tropf|bar; tropf|bar|flüs|sig

Tröpf|chen; Tröpf|chen|in|fek|ti|on

tröpf|chen|wei|se

tröp|feln; ich tröpf[e]le

trop|fen; Trop|fen, der; -s, -

Trop|fen|fän|ger; Trop|fen|form; trop|fen|för|mig; trop|fen|wei|se

Tropf|fla|sche; Tropf|in|fu|si|on

tropf|nass

Tropf|stein; Tropf|stein|höh|le

Tropf|teig (*österr. für* flüssiger Teig für eine Suppeneinlage)

Tro|phäe, die; -, -n ‹griech.› (Siegeszeichen [erbeutete Fahnen u. Ä.]; Jagdbeute [z. B. Geweih])

tro|phisch ‹griech.› (*Med.* die Ernährung betreffend)

Tro|pi|ka, die; - ‹griech.› (schwere Form der Malaria)

tro|pisch (zu den Tropen gehörend; heiß; *Rhet.* bildlich)

Tro|pis|mus, der; -, ...men (*Bot.* Krümmungsbewegung der Pflanze, die durch äußere Reize hervorgerufen wird)

Tro|po|sphä|re, die; - (*Meteorol.* unterste Schicht der Erdatmosphäre)

¹Tro|pus *vgl.* Trope

²Tro|pus, der; -, Tropen (im gregorianischen Gesang der Kirchenton u. die Gesangsformel für das Schluss-Amen; melodische Ausschmückung von Texten im gregorianischen Choral)

tross! (*landsch. für* schnell!)

Tross, der; -es, -e ‹franz.› (*Militär früher für* die Truppe mit Verpflegung u. Munition versorgender Wagenpark; *übertr. für* Gefolge, Haufen)

Tros|se, die; -, -n (starkes Tau; Drahtseil)

Tross|schiff, Tross-Schiff

Trost, der; -[e]s; ein Trost bringender *od.* trostbringender Brief ↑K 58; **trost|be|dürf|tig**

Trost brin|gend, trost|brin|gend *vgl.* Trost

trös|ten; sich trösten; **Trös|ter; Trös|te|rin**

tröst|lich

trost|los; Trost|lo|sig|keit

Trost|pflas|ter; Trost|preis

trost|reich

Trös|tung; Trost|wort *Plur.* ...worte

Trö|te, die; -, -n (*landsch. für* [Kinder]trompete); **trö|ten** *(landsch.)*

Trott, der; -[e]s, -e *Plur. selten* (lässige Gangart; *ugs. für* langweiliger, routinemäßiger [Geschäfts]gang; eingewurzelte Gewohnheit)

Trott|baum (Teil der [alten] Weinkelter); **Trot|te,** die; -, -n (*südwestd. u. schweiz. für* [alte] Weinkelter)

Trot|tel, der; -s, - (*ugs. für* einfältiger Mensch, Dummkopf); **Trot|te|lei**

trot|tel|haft; Trot|tel|haf|tig|keit, die; -

trot|te|lig; Trot|te|lig|keit, die; -; **Trot|te|lin**

trot|teln (*ugs. für* langsam [u. unaufmerksam] gehen); ich trott[e]le; **trot|ten** (*ugs. für* schwerfällig gehen)

Trot|teur [...ˈtøːɐ̯], der; -s, -s ‹franz.› (Laufschuh mit niedrigem Absatz)

Trot|ti|nett, das; -s, -e ‹franz.› (*schweiz. für* Kinderroller)

Trot|toir [...ˈtoaːɐ̯], das; -s, *Plur.* -e *u.* -s (*schweiz. für* Bürgersteig)

Tro|tyl, das; -s (*svw.* Trinitrotoluol)

trotz *s. Kasten*

Trotz, der; -es; aus Trotz; dir zum Trotz; Trotz bieten

Trotz|al|ter, das; -s

trotz|dem; trotzdem ist es falsch; *auch als Konj.:* trotzdem (*älter* trotzdem dass) du nicht rechtzeitig eingegriffen hast

trot|zen; du trotzt

Trot|zer (*Bot.* zweijährige Pflanze, die im zweiten Jahr keine Blüten bildet)

trot|zig

Trotz|ki (russ. Revolutionär); **Trotz|kis|mus,** der; - (von Trotzki begründete u. vertretene revolutionäre Theorie); **Trotz|kist,** der; -en, -en; **Trotz|kis|tin; trotz|kis|tisch**

Trotz|kopf; trotz|köp|fig; Trotz|pha|se; Trotz|re|ak|ti|on; Trotz|ver|hal|ten

Trou|ba|dour [ˈtruːbaduːɐ̯, *auch* ...ˈduːɐ̯], der; -s, *Plur.* -e *u.* -s ‹franz.› (provenzal. Minnesänger des 12. u. 13. Jh.s)

Trou|b|le [ˈtrabl̩], der; -s ⟨engl.⟩ (*ugs. für* Ärger, Unannehmlichkeiten)
Trou|b|le|shoo|ter [...ʃuː...], der; -s, - ⟨engl.⟩ (jmd., der sich bemüht, Probleme od. Konflikte zu lösen); **Trou|b|le|shoo|te|rin**
Trou|vère [truˈvɛːɐ̯], der; -[s], -s ⟨franz.⟩ ([nord]franz. Minnesänger des 12. u. 13. Jh.s)
Troy|er, Troi|er, der; -s, - (Matrosenunterhemd; grobmaschiger Rollkragenpullover mit Reißverschluss)
Troyes [troa] (franz. Stadt)
Troy|ge|wicht ⟨*zu* Troyes⟩ (Gewicht für Edelmetalle u. a. in Großbritannien u. in den USA)
Trub, der; -[e]s (*fachspr. für* Bodensatz beim Wein, Bier)
trüb, trü|be; im Trüben fischen (*ugs.* unklare Zustände zum eigenen Vorteil ausnutzen)
Trü|be, die; -
Tru|bel, der; -s
trü|ben; Trüb|heit
Trüb|nis, die; -, -se *(veraltet)*
Trüb|sal, die; -, -e
trüb|se|lig; Trüb|se|lig|keit
Trüb|sinn, der; -[e]s; **trüb|sin|nig**
Trub|stoff *meist Plur.; vgl.* Trub
Trü|bung
Truch|sess, der; *Gen.* -es, *älter* -en, *Plur.* -e (im MA. für Küche u. Tafel zuständiger Hofbeamter)
Truck [trak], der; -s, -s ⟨engl.⟩ (*amerik. u. internat. Bez. für* Lastkraftwagen); **Tru|cker**, der; -s, - ⟨engl.⟩ (Lastwagenfahrer); **Tru|cke|rin**
Truck|sys|tem ⟨engl.⟩ (frühere Form der Lohnzahlung in Waren, Naturalien)
Trud|chen, Tru|de, Tru|di (w. Vorn.)
tru|deln (*Fliegerspr.* drehend niedergehen od. abstürzen; *landsch. für* würfeln); ich trud[e]le
Tru|di *vgl.* Trude
Truf|faut [tryˈfo], François [frãˈsoa] (französischer Filmregisseur)
Trüf|fel, die; -, -n, *ugs. meist* der; -s, - ⟨franz.⟩ (ein Pilz; eine kugelförmige Praline); **Trüf|fel|le|ber|pas|te|te**
trüf|feln (mit Trüffeln anrichten); ich trüff[e]le
Trüf|fel|schwein; Trüf|fel|wurst
trug *vgl.* tragen
Trug, der; -[e]s; Lug und Trug
Trug|bild; Trug|dol|de *(Bot.)*
trü|gen; du trogst; du trögest; getrogen; trüg[e]!; **trü|ge|risch**
Trug|ge|bil|de; Trug|schluss
Tru|he, die; -, -n; **Tru|hen|de|ckel**
Trul|lo, der; -s, Trulli ⟨ital.⟩ (für Apulien typisches rundes Haus mit konischem Dach)
Trum, der *od.* das; -[e]s, *Plur.* -e *u.* Trümer ⟨Nebenform von [1]Trumm⟩ (*Bergmannsspr.* Abteilung eines Schachtes; kleiner Gang; *Maschinenbau* frei laufender Teil des Förderbandes od. des Treibriemens)
Tru|man [...mən] (Präsident der USA)
[1]**Trumm**, der *od.* das; -[e]s, *Plur.* -e *u.* Trümmer (*svw.* Trum)
[2]**Trumm**, das; -[e]s, Trümmer (*landsch. für* großes Stück, Exemplar)
Trüm|mer *Plur.* ([Bruch]stücke); etwas in Trümmer schlagen
Trüm|mer|feld; Trüm|mer|flo|ra; Trüm|mer|frau *(früher);* **Trüm|mer|ge|stein; Trüm|mer|grund|stück**
trüm|mer|haft
Trüm|mer|hau|fen; Trüm|mer|land|schaft; Trüm|mer|schutt
Trumpf, der; -[e]s, Trümpfe ⟨lat.⟩ (eine der [wahlweise] höchsten Karten beim Kartenspielen, mit denen Karten anderer Farben gestochen werden können)
Trumpf|ass, **Trumpf-Ass**
trump|fen (mit einer Trumpfkarte stechen; als Trumpf ausspielen); er hat das Herzass gestochen
Trumpf|far|be; Trumpf|kar|te; Trumpf|kö|nig
Trunk, der -[e]s, Trünke *Plur. selten (geh.);* **trun|ken;** sie ist trunken vor Freude
Trun|ken|bold, der; -[e]s, -e *(abwertend);* **Trun|ken|bol|din**
Trun|ken|heit, die; -
trun|kie|ren ⟨lat.-engl.⟩ (*EDV* eine Zeichenfolge durch Platzhalter abkürzen, ersetzen o. Ä.); **Trun|kie|rung**
Trunk|sucht, die; - *(veraltend)*
Trupp, der; -s, -s ⟨franz.⟩
Trüpp|chen
Trup|pe, die; -, -n
Trup|pen|ab|bau; Trup|pen|ab|zug
Trup|pen|arzt; Trup|pen|ärz|tin
Trup|pen|auf|marsch; Trup|pen|auf|sto|ckung; Trup|pen|be|such; Trup|pen|be|treu|ung; Trup|pen|be|we|gung; Trup|pen|ein|heit
Trup|pen|füh|rer; Trup|pen|füh|re|rin; Trup|pen|gat|tung; Trup|pen|kon|tin|gent; Trup|pen|kon|zen|t|ra|ti|on; Trup|pen|pa|ra|de; Trup|pen|stär|ke
Trup|pen|stel|ler (Nation od. Organisation, die Truppen für einen militärischen Einsatz stellt); **Trup|pen|stel|le|rin; Trup|pen|teil**, der
Trup|pen|trans|port; Trup|pen|trans|por|ter; Trup|pen|übungs|platz; Trup|pen|un|ter|kunft; Trup|pen|ver|pfle|gung
trupp|wei|se
Trü|sche, die; -, -n (ein Fisch)
Trust [trast], der; -[e]s, *Plur.* -e *u.* -s ⟨engl.⟩ (Konzern); **trust|ar|tig**
Trus|tee [...ˈtiː], der; -s, -s (*engl. Bez. für* Treuhänder); **trust|frei**
Tru|te, die; -, -n (*schweiz. für* Truthenne)
Trut|hahn; Trut|hen|ne; Trut|huhn
Trutz, der; -es *(veraltet);* zu Schutz und Trutz; Schutz-und-Trutz-Bündnis *(vgl. d.);* **Trutz|burg; trut|zen** (*veraltet für* trotzen); du trutzt; **trut|zig** *(geh. veraltend)*
TRY (Währungscode für türk. Lira)
Try|pa|no|so|ma, das; -s, ...men ⟨griech.⟩ (*Zool.* Geißeltierchen)
Tryp|sin, das; -s ⟨griech.⟩ (Ferment der Bauchspeicheldrüse)
Tsa|t|si|ki *vgl.* Zaziki
[1]**Tschad**, der; -[s] (*kurz für* Tschadsee)
[2]**Tschad**, -s, *auch mit Artikel* der; -[s] (Staat in Afrika); **Tscha|der; Tscha|de|rin; tscha|disch**
Tscha|dor, der; -s, -s ⟨pers.⟩ ([von iranischen Frauen getragener] langer Schleier)
Tschad|see, **Tschad-See**, der; -s ↑K 143 (See in Zentralafrika)
Tschai|kow|s|ky [...ki], *eigene Schreibung des Komponisten, nach üblichem Transkriptionssystem eigtl.* Tschai|kow|s|ki (russ. Komponist)
Tscha|ko, der; -s, -s ⟨ung.⟩ (*früher für* Kopfbedeckung bei Militär u. Polizei)
Tschap|ka, die; -, -s ⟨poln.⟩ (Kopfbedeckung der Ulanen); *vgl. aber* Schapka
Tschap|perl, das; -s, -[n]; *vgl.* Pickerl (*österr. ugs. für* tapsiger Mensch)
Tschar|dasch *alte Schreibung für* Csardas
tschau!, ciao! [tʃau] ⟨ital.⟩ (*ugs.* [Abschieds]gruß)
Tsche|che, der; -n, -n
Tsche|cherl, das; -s, -[n]; *vgl.* Pickerl (*österr. ugs. für* kleines, einfaches Gast-, Kaffeehaus)

T
Tsch

tsche|chern (*österr. ugs. für* schwer arbeiten; viel Alkohol trinken)
Tsche|chi|en (*kurz für* Tschechische Republik); **Tsche|chin; tsche|chisch;** *aber* ↑K88: die Tschechische Republik; **Tsche|chisch,** das; -[s] (Sprache); *vgl.* Deutsch; **Tsche|chi|sche,** das; -n; *vgl.* ²Deutsche; **Tsche|chi|sche Re|pu|b|lik** (Staat in Mitteleuropa)
Tsche|cho|slo|wa|ke, der; -n, -n; **Tsche|cho|slo|wa|kei,** die; - (ehem. Staat in Mitteleuropa; *Abk.* ČSFR); **Tsche|cho|slo|wa|kin; tsche|cho|slo|wa|kisch**
Tsche|chow (russ. Schriftsteller)
Tsche|ki|ang (chin. Provinz)
Tsche|kist, der; -en, -en ([in Ländern des ehemaligen Ostblocks] Angehöriger des Staatssicherheitsdienstes); **Tsche|kis|tin**
tschen|t|schen (*südösterr. für* nörgeln); du tschentschst
Tscher|kes|se, der; -n, -n (Angehöriger einer Gruppe kaukas. Volksstämme); **Tscher|kes|sin; tscher|kes|sisch**
Tscher|no|byl (ukrain. Stadt)
Tscher|no|sem, Tscher|no|s|jom [...'sjɔm], das; -[s] ⟨russ.⟩ (*fachspr. für* Schwarzerde)
Tsche|ro|ke|se, der; -n, -n (Angehöriger eines nordamerik. Indianerstammes); **Tsche|ro|ke|sin**
Tscher|wo|nez, der; -, ...wonzen (ehem. russ. Währungseinheit)
Tsche|t|sche|ne, der; -n, -n (Angehöriger eines kaukas. Volkes)
Tsche|t|sche|ni|en (Republik in der Russischen Föderation)
Tsche|t|sche|nin; tsche|t|sche|nisch
Tschi|buk [*auch* 'tʃi:...], der; -s, -s ⟨türk.⟩ (lange türkische Tabakspfeife)
Tschick, der; -s, -[s] ⟨ital.⟩ (*österr. ugs. für* Zigarette[nstummel]); **tschi|cken** (*österr. ugs. für* rauchen)
Tschi|kosch *alte Schreibung für* Csikos
tschil|pen, schil|pen (zwitschern)
Tschi|nel|len *Plur.* ⟨ital.⟩ (Becken [messingnes Schlaginstrument])
tsching!; tsching|bum!
Tschis|ma, der; -s, ...men ⟨ung.⟩ (niedriger, farbiger ung. Stiefel)
Tschuk|t|sche, der; -n, -n (Angehöriger eines altsibir. Volkes); **Tschuk|t|schin**
Tschur|t|schen, die; -, - (*österr. landsch. für* Kiefernzapfen)
tschüs!, tschüss! (*ugs. für* auf Wiedersehen!); wir wollen dir tschüs *od.* Tschüs, tschüss *od.* Tschüss sagen
Tschusch, der; -en, -en (*österr. ugs. abwertend für* Ausländer, bes. Südslawe, Türke)
Tsd. = Tausend
Tse|t|se|flie|ge ⟨Bantu; dt.⟩ (Stechfliege, die bes. die Schlafkrankheit überträgt); **Tse|t|se|pla|ge**
T-Shirt ['ti:ʃø:ɐ̯t] ⟨engl.⟩ ([kurzärmliges] Oberteil aus Trikot)
Tshwa|ne ['t͜sva:nə] (vorgeschlagener neuer Name für Pretoria)
Tsi|nan (chin. Stadt)
Tsing|tau (chin. Stadt)
Tsu|ga, die; -, *Plur.* -s *u.* ...gen ⟨jap.⟩ (Schierlings- od. Hemlocktanne)
Tsu|na|mi [*auch* 't͜su:...], der; -s, -[s] *od.* die; -, -[s] ⟨jap.⟩ ([durch Seebeben ausgelöste] Flutwelle); **Tsu|na|mi|ka|tas|t|ro|phe**
TSV = Turn- und Sportverein[igung]
T-Trä|ger ['te:...], der; -s, - ↑K29 (*Bauw.*)
TU, die; - = technische Universität; *vgl.* technisch
Tu|a|reg [*auch* ...'rɛk] (*Plur. von* Targi)
¹Tu|ba, die; -, *Plur.* ...ben *u.* -s ⟨lat.⟩ (Blechblasinstrument)
²Tu|ba, die; -, ...ben (*Med.* Eileiter, Ohrtrompete)
Tüb|bing, der; -s, -e *od.* -s (*Bergmannsspr.* Tunnel-, Schachtringsegment)
Tu|be, die; -, -n ⟨lat.⟩ (röhrenförmiger Behälter [für Farben u. a.]; *Med. auch für* Tuba)
Tu|ben (*Plur. von* Tuba *u.* Tubus); **Tu|ben|schwan|ger|schaft**
Tu|ber|kel, der; -s, -, *österr. auch* die; -, -n ⟨lat.⟩ (*Med.* Knötchen)
Tu|ber|kel|bak|te|rie; Tu|ber|kel|ba|zil|lus
tu|ber|ku|lar (knotig)
Tu|ber|ku|lin, das; -s (Substanz zum Nachweis von Tuberkulose)
tu|ber|ku|lös (mit Tuberkeln durchsetzt)
Tu|ber|ku|lo|se, die; -, -n (eine Infektionskrankheit; *Abk.* Tb, Tbc, Tbk); **Tu|ber|ku|lo|se|für|sor|ge**
tu|ber|ku|lo|se|krank (*Abk.* Tbc-krank, Tb-krank, Tbk-krank); **Tu|ber|ku|lo|se|kran|ke**
Tu|be|ro|se, die; -, -n ⟨lat.⟩ (eine aus Mexiko stammende stark duftende Zierpflanze)
Tü|bin|gen (Stadt am Neckar); **Tü|bin|ger; Tü|bin|ge|rin**
Tu|bist, der; -en, -en (Tubaspieler); **Tu|bis|tin**
tu|bu|lär, tu|bu|lös ⟨lat.⟩ (*Med.* röhrenförmig)
Tu|bus, der; -, *Plur.* ...ben *u.* -se (bei optischen Geräten das linsenfassende Rohr; bei Glasgeräten der Rohransatz)
Tuch, das; -[e]s, *Plur.* Tücher *u.* (*Arten:*) -e
tuch|ar|tig; Tuch|bahn
Tü|chel|chen
tu|chen (aus Tuch)
Tu|chent, die; -, -en (*österr. für* mit Federn gefüllte Bettdecke)
Tuch|fa|b|rik; Tuch|fa|b|ri|kant; Tuch|fa|b|ri|kan|tin
Tuch|füh|lung, die; -; *nur in Wendungen wie* [mit jmdm.] Tuchfühlung haben; [mit jmdm.] auf Tuchfühlung sein, sitzen; wir bleiben auf Tuchfühlung (in Verbindung)
Tuch|han|del; Tuch|händ|ler; Tuch|händ|le|rin
Tüch|lein
Tuch|ma|cher; Tuch|ma|che|rin; Tuch|man|tel
Tu|chol|s|ky [...ki] (dt. Journalist u. Schriftsteller)
tüch|tig; Tüch|tig|keit
Tü|cke, die; -, -n
tu|ckern (vom Motor); sie sagt, der Motor tuckere
tü|ckisch; eine tückische Krankheit; **tück|schen** (*ostmitteld. u. nordd. für* heimlich zürnen); du tückschst
tuck|tuck! (Lockruf für Hühner)
tü|de|lig (*nordd. für* unbeholfen)
Tü|der, der; -s, - (*nordd. für* Seil zum Anbinden von Tieren auf der Weide); **tü|dern** (*nordd. für* Tiere auf der Weide anbinden; in Unordnung bringen)
Tu|dor [*auch* 'tju:dɐ], der; -[s], -s (Angehöriger eines engl. Herrschergeschlechtes); **Tu|dor|bo|gen** (*Archit.*); **Tu|dor|stil,** der; -[e]s
Tu|e|rei (*ugs. für* Ziererei)
¹Tuff, der; -[e]s, -s (*landsch. für* Strauß, Büschel [von Blumen o. Ä.])
²Tuff, der; -[e]s, -e ⟨ital.⟩ (ein Gestein)
Tuff|fels, Tuff-Fels, Tuff|fel|sen, Tuff-Fel|sen; tuf|fig; Tuff|stein
Tüf|tel|ar|beit (*ugs.*); **Tüf|te|lei** (*ugs.*); **Tüf|te|ler** usw. *vgl.* Tüftler usw.; **tüf|teln** (*ugs. für* eine knifflige Aufgabe mit Ausdauer zu lösen suchen); ich tüft[e]le
Tuf|ting... ['taf...] ⟨engl.⟩ (*in Zus.* Spezialfertigungsart für Auslege-

T
tsch

ware u. Teppiche, bei der Schlingen in das Grundgewebe eingenäht werden); **Tuf|ting|tep|pich; Tuf|ting|ver|fah|ren,** das; -s
Tüft|ler; Tüft|le|rin; tüft|lig
Tu|gend, die; -, -en
Tu|gend|bold, der; -[e]s, -e (*iron. für* tugendhafter Mensch); **Tu|gend|bol|din; tu|gend|haft; Tu|gend|haf|tig|keit,** die; -; **Tu|gend|held** *(auch iron.);* **Tu|gend|hel|din**
tu|gend|los; Tu|gend|lo|sig|keit, die; -; **tu|gend|sam** *(veraltend)*
Tu|gend|wäch|ter *(iron.);* **Tu|gend|wäch|te|rin**
Tui|le|ri|en [tÿilə...] *Plur.* ‹»Ziegeleien«› (ehem. Residenzschloss der franz. Könige in Paris)
Tu|is|ko, Tu|is|to (germ. Gottheit, Stammvater der Germanen)
Tu|kan [*auch* ...ˈka:n], der; -s, -e ‹indian.› (Pfefferfresser [ein mittel- u. südamerik. Vogel])
Tu|la (russ. Stadt)
Tu|la|ar|beit, Tu|la-Ar|beit (Silberarbeit mit Ornamenten)
Tu|la|r|ä|mie, die; -, ...ien ‹indian.; griech.› (Hasenpest, die auf Menschen übertragen werden kann)
Tu|li|pan, der; -[e]s, -e, **Tu|li|pa|ne,** die; -, -n ‹pers.› (*veraltet für* Tulpe)
Tüll, der; -s, *Plur. (Arten:)* -e ‹nach der franz. Stadt Tulle› (netzartiges Gewebe); **Tüll|blu|se**
Tül|le, die; -, -n (*landsch. für* [Ausguss]röhrchen; kurzes Rohrstück zum Einstecken)
Tüll|gar|di|ne
Tul|lia (altröm. w. Eigenn.)
Tul|li|us (altröm. m. Eigenn.)
Tulln (Bezirk u. Stadt in Niederösterreich)
Tüll|schlei|er; Tüll|vor|hang
Tul|pe, die; -, -n ‹pers.›
Tul|pen|feld; Tul|pen|zwie|bel
...tum (z. B. Besitztum, das; -s, ...tümer)
tumb (*altertümelnd scherzh. für* einfältig)
¹Tum|ba, die; -, ...ben ‹griech.› (Scheinbahre beim kath. Totengottesdienst; Überbau eines Grabes mit Grabplatte)
²Tum|ba, die; -, -s ‹span.› (eine große Trommel)
Tum|b|ler [ˈtamblɐ] ‹engl.› (*schweiz. für* Wäschetrockner)
...tüm|lich (z. B. eigentümlich)
Tum|mel, der; -s, - (*landsch. für* Rausch)
tum|meln (bewegen); sich tummeln ([sich be]eilen; *auch für* herumtollen); ich tumm[e]le [mich]; **Tum|mel|platz**
Tumm|ler ‹»Taumler«› (*früher für* Trinkgefäß mit abgerundetem Boden, Stehauf)
Tümm|ler (Delfin; eine Taube)
Tu|mor, der; -s, *Plur.* ...oren, *nicht fachspr. auch* ...ore ‹lat.› (*Med.* Geschwulst); **Tu|mor|bil|dung; Tu|mor|er|kran|kung; Tu|mor|wachs|tum; Tu|mor|zel|le**
Tüm|pel, der; -s, -
Tu|mu|li (*Plur. von* Tumulus)
Tu|mult, der; -[e]s, -e ‹lat.› (Lärm; Unruhe; Auflauf; Aufruhr)
tu|mult|ar|tig
Tu|mul|tu|ant, der; -en, -en (Unruhestifter; Ruhestörer, Aufrührer); **Tu|mul|tu|an|tin**
tu|mul|tu|a|risch, tu|mul|tu|ös (mit Lärm, Erregung einhergehend)
Tu|mu|lus, der; -, ...li ‹lat.› (vorgeschichtliches Hügelgrab)
tun; ich tue *od.* tu, du tust, er/sie tut, wir tun, ihr tut, sie tun; du tatst (tatest), er/sie tat; du tätest; tuend; getan; tu[e]!, tut!; *vgl.* dick[e]tun, guttun, schöntun, wohltun
Tun, das; -s; das Tun und Treiben
Tün|che, die; -, -n; **tün|chen; Tün|cher** *(landsch.);* **Tün|che|rin; Tün|cher|meis|ter; Tün|cher|meis|te|rin**
Tun|d|ra, die; -, ...ren ‹finn.-russ.› (baumlose Kältesteppe jenseits der arktischen Waldgrenze); **Tun|d|ren|step|pe**
Tu|nell, das; -s, -e (*landsch., vor allem südd. u. österr. neben* Tunnel)
tu|nen [ˈtju:...] ‹engl.› (die Leistung [eines Kfz-Motors] nachträglich steigern); ein getunter Motor, Wagen
Tu|ner [ˈtju:nɐ], der; -s, - (*Elektronik* Kanalwähler)
Tu|ne|si|en (Staat in Nordafrika); **Tu|ne|si|er; Tu|ne|si|e|rin; tu|ne|sisch**
Tun|fisch *vgl.* Thunfisch
Tun|gu|se, der; -n, -n (*svw.* Ewenke); **Tun|gu|sin; tun|gu|sisch**
Tu|nicht|gut, der; *Gen.* - *u.* -[e]s, *Plur.* -e
Tu|ni|ka, die; -, ...ken ‹lat.› (altröm. Untergewand)
Tu|ning [ˈtju:...], das; -s, -s ‹engl.› (nachträgliche Erhöhung der Leistung eines Kfz-Motors)
Tu|nis (Hauptstadt Tunesiens); **Tu|ni|ser; Tu|ni|se|rin; tu|ni|sisch**
Tun|ke, die; -, -n; **tun|ken**
tun|lich (*veraltend für* ratsam, angebracht); **Tun|lich|keit,** die; -; **tun|lichst** (*svw.* möglichst)
Tun|nel, der; -s, *Plur.* - *u.* -s ‹engl.›; *vgl. auch* Tunell; **Tun|nel|bau**
Tun|nel|blick, der; -[e]s (eingeschränkte Sehfähigkeit; starrer Blick; *übertr. auch für* eingeengte Sichtweise)
tun|neln (*ugs., bes. Fußball* den Ball zwischen den Beinen des Gegners hindurchspielen); ich tunn[e]le
Tun|nel|röh|re
Tun|te, die; -, -n (*ugs. für* Homosexueller mit femininem Gebaren); **tun|ten|haft; tun|tig**
Tun|wort *vgl.* Tuwort
Tu|pa|ma|ra, die; -, -s; **Tu|pa|ma|ro,** der; -s, -s ‹nach dem Inkakönig Túpac Amaru› (uruguayischer Stadtguerilla)
Tu|pel, das; -s, - ‹Kunstw.› (*Math.* zusammengehörende Elemente einer Menge)
Tupf, der; -[e]s, -e (*südd., österr. u. schweiz. für* Tupfen)
Tüp|fel, der *od., österr. nur,* das; -s, - (Pünktchen); **Tüp|fel|chen;** das Tüpfelchen auf dem i; das i-Tüpfelchen ↑K29
Tüp|fel|farn
tüp|fe|lig, tüpf|lig
tüp|feln; ich tüpf[e]le
tup|fen; Tup|fen, der; -s, - (Punkt; [kreisrunder] Fleck); **Tup|fer**
tüpf|lig, tüp|fe|lig
¹Tu|pi, der; -[s], -[s] (Angehöriger einer südamerik. Sprachgemeinschaft)
²Tu|pi, das; - (indian. Verkehrssprache in Südamerika)
Tup|per|par|ty® [*engl.* ˈta...] ‹engl.› (gesellige, private Veranstaltung zum Verkauf von Tupperware®-Artikeln [bes. Aufbewahrungsbehältern aus Plastik])
Tür, die; -, -en; von Tür zu Tür; du kriegst die Tür nicht zu! (*ugs. für* das ist nicht zu fassen!)
Tu|ran (Tiefland in Mittelasien)
Tu|ran|dot (pers. Märchenprinzessin)
Tür|an|gel
Tu|ra|ni|er; Tu|ra|ni|e|rin; tu|ra|nisch (aus Turan)
Tu|ras, der; -, -se (*Technik* Kettenstern [bei Baggern])
Tur|ban, der; -s, -e ‹pers.› ([moslem.] Kopfbedeckung); **tur|ban|ar|tig**
Tur|bel|la|rie, die; -, -n *meist Plur.* ‹lat.› (*Zool.* Strudelwurm)

Tur|bi|ne, die; -, -n ⟨franz.⟩ (*Technik* eine Kraftmaschine)
Tur|bi|nen|an|trieb; Tur|bi|nen|flug|zeug; Tur|bi|nen|haus
Tur|bo, der; -s, -s (*Kfz-Technik; kurz für* Turbolader)
Tur|bo|ab|i|tur, **Tur|bo-Ab|i|tur** (*ugs. für* Abitur nach zwölf Schuljahren)
tur|bo|geil (*ugs. für* großartig)
Tur|bo|ge|ne|ra|tor
Tur|bo|ka|pi|ta|lis|mus (*ugs. für* ungebremster Kapitalismus)
Tur|bo|kom|pres|sor (Kreiselverdichter); **Tur|bo|la|der; Tur|bo|mo|tor**
Tur|bo|prop, das; -s, -s (*kurz für* Turbo-Prop-Flugzeug); **Tur|bo-Prop-Flug|zeug**, **Tur|bo|prop-Flug|zeug, Tur|bo|prop|flug|zeug** (Turbinen-Propeller-Flugzeug)
Tur|bo|ven|ti|la|tor (Kreisellüfter)
tur|bu|lent (stürmisch, ungestüm)
Tur|bu|lenz, die; -, -en (turbulentes Geschehen; *Physik* Auftreten von Wirbeln in einem Luft-, Gas- od. Flüssigkeitsstrom)
Tür|chen; Tür|drü|cker; Tü|re, die; -, -n (*landsch. neben* Tür)
tü|ren|knal|lend (*ugs. für* die Türen laut zuschlagend)
Turf, der; -s ⟨engl., »Rasen«⟩ (Pferderennbahn)
Tür|fal|le (*schweiz. für* Türklinke); **Tür|flü|gel; Tür|fül|lung**
Tur|gen|jew (russ. Dichter)
Tur|gor, der; -s ⟨lat.⟩ (*Med.* Spannungszustand des Gewebes; *Bot.* Innendruck der Pflanzenzellen)
Tür|griff; Tür|he|ber
Tür|hü|ter; Tür|hü|te|rin
...tü|rig (z. B. viertürig)
Tu|rin (ital. Stadt); *vgl.* Torino; **Tu|ri|ner; Tu|ri|ne|rin; tu|ri|nisch**
Tür|ke, der; -n, -n; einen Türken bauen (*ugs., oft als diskriminierend empfunden, für* etwas vortäuschen, vorspielen)
Tür|kei, die; -
tür|ken (*ugs., oft als diskriminierend empfunden, für* vortäuschen, fälschen)
Tür|ken, der; -s (*österr. landsch. für* Mais)
Tür|ken|bund, der; -[e]s, ...bünde (eine Lilienart); **Tür|ken|sä|bel; Tür|ken|sitz**, der; -es; **Tür|ken|tau|be; Tür|ken|tum**, das; -s (türkische Wesensart)
Tur|ke|s|tan (innerasiatisches Gebiet)
Tur|key [ˈtøːɐ̯ki], der; -s, -s ⟨engl.⟩ (unangenehmer Zustand, nachdem die Wirkung eines Rauschgiftes nachgelassen hat)
Tür|kin
tür|kis ⟨franz.⟩ (türkisfarben); ein türkis[farbenes], türkises Kleid
¹**Tür|kis**, der; -es, -e (ein Schmuckstein)
²**Tür|kis**, das; - (türkisfarbener Ton); in Türkis ↑K72
tür|kis|blau
tür|kisch; Tür|kisch, das; -[s] (Sprache); *vgl.* Deutsch; **Tür|ki|sche**, das; -n; *vgl.* ²Deutsche
Tür|kisch|rot, das; -[s]
tür|kis|far|ben, tür|kis|far|big
tür|kis|grün
tur|ki|sie|ren (türkisch machen)
Tür|klin|ke; Tür|klop|fer
Turk|me|ne, der; -n, -n (Angehöriger eines Turkvolkes); **Turk|me|ni|en** *vgl.* Turkmenistan; **Turk|me|nin; turk|me|nisch; Turk|me|ni|s|tan** (Staat in Mittelasien)
Tur|ko|lo|ge, der; -n, -n ⟨türk.; griech.⟩ (Wissenschaftler auf dem Gebiet der Turkologie); **Tur|ko|lo|gie**, die; - (Erforschung der Turksprachen u. -kulturen); **Tur|ko|lo|gin**
Turk|spra|che; Turk|stamm; Turk|ta|ta|ren *Plur.* (Turkvolk der Tataren); **Turk|volk** (Volk mit einer Turksprache)
Turm, der; -[e]s, Türme
Tur|ma|lin, der; -s, -e ⟨singhales.-franz.⟩ (ein Schmuckstein)
Turm|bau *Plur.* ...bauten; **Türm|chen; Turm|dreh|kran**
¹**tür|men** (aufeinanderhäufen)
²**tür|men** ⟨hebr.⟩ (*ugs. für* weglaufen, ausreißen)
Tür|mer; Tür|me|rin; Turm|fal|ke; Turm|hau|be; turm|hoch
...tür|mig (z. B. zweitürmig)
Turm|sprin|gen, das; -s *(Sport)*; **Turm|uhr; Turm|wäch|ter; Turm|zim|mer**
Turn [tøːɐ̯n], der; -s, -s ⟨engl.⟩ (Kehre im Kunstfliegen); *vgl. aber* Törn
Turn|an|zug
Tur|n|a|round [ˈtəːnəraʊnd], der; -[s], -s ⟨engl.⟩ (*bes. Wirtsch.* Umschwung in der wirtschaftlichen Situation eines Unternehmens)
Turn|beu|tel
tur|nen; Tur|nen, das; -s; **Tur|ner; Tur|ne|rei; Tur|ne|rin; tur|ne|risch; Tur|ner|schaft**
Turn|fest; Turn|ge|rät; Turn|hal|le; Turn|hemd; Turn|ho|se
Tur|nier, das; -s, -e ⟨franz.⟩ (*früher für* ritterliches, *jetzt* sportliches Kampfspiel; Wettkampf); **tur|nie|ren** *(veraltet)*
Tur|nier|pferd; Tur|nier|platz
Tur|nier|rei|ter; Tur|nier|rei|te|rin
Tur|nier|sieg; Tur|nier|sie|ger; Tur|nier|sie|ge|rin
Tur|nier|tanz; Tur|nier|tän|zer; Tur|nier|tän|ze|rin
Turn|klei|dung
Turn|leh|rer; Turn|leh|re|rin
Turn|pat|schen (*österr. ugs. für* Turnschuh)
Turn|schuh; fit wie ein Turnschuh (*ugs. für* sehr fit)
Turn|schuh|ge|ne|ra|ti|on, die; - (Generation von Jugendlichen [bes. der 80er-Jahre], die lässige Kleidung bevorzugt)
Turn|stun|de; Turn|übung; Turn|un|ter|richt
Tur|nus, der; - *u.* -ses, - *u.* -se ⟨griech.⟩ (Reihenfolge; Wechsel; Umlauf; *österr. auch für* Arbeitsschicht, praktische Ausbildungszeit des Arztes); im Turnus; **Tur|nus|arzt** *(österr.)*; **Tur|nus|ärz|tin**
tur|nus|ge|mäß; tur|nus|mä|ßig
Turn|va|ter, der; -s; Turnvater Jahn
Turn|ver|ein (*Abk.* TV); ↑K31 : Turn- und Sportverein (*Abk.* TuS)
Turn|wart; Turn|war|tin
Turn|zeug, das; -[e]s
Tür|öff|ner; Tür|öff|nung
Tu|ron, das; -s (*Geol.* zweitälteste Stufe der Oberen Kreide)
Tür|pfos|ten; Tür|rah|men
Tür|rie|gel; Tür|schild, das; **Tür|schlie|ßer; Tür|schloss; Tür|schnal|le** (*österr. für* Türklinke); **Tür|schwel|le; Tür|spalt**
Tür|ste|her; Tür|ste|he|rin
Tür|stock *Plur.* ...stöcke (*Bergmannsspr.* senkrecht aufgestellter Holzpfahl, Streckenausbauteil; *bayr., österr. für* [Holz]einfassung der Türöffnung); **Tür|sturz** *Plur.* -e *u.* ...stürze *(Bauw.)*
tur|teln (girren); ich turt[e]le; **Tur|tel|tau|be**
TuS [tʊs] = Turn- und Sportverein
Tusch, der; -[e]s, *Plur.* -e *u.* -s (Musikbegleitung bei einem Hochruf)
Tu|sche, die; -, -n ⟨franz.⟩
Tu|sche|lei; tu|scheln (heimlich [zu]flüstern); ich tusch[e]le
¹**tu|schen** ⟨franz.⟩ (mit Tusche zeichnen); du tuschst
²**tu|schen** (*landsch. für* zum Schweigen bringen); du tuschst
Tusch|far|be

T
Turb

tu|schie|ren (*fachspr. für* ebene Metalloberflächen [nach Markierung mit Tusche] herstellen)
Tusch|kas|ten; Tusch|ma|le|rei; Tusch|zeich|nung
Tus|ku|lum, das; -s, ...la ‹lat.; nach dem altröm. Tusculum› (*veraltet für* [ruhiger] Landsitz)
Tus|nel|da *vgl.* Thusnelda
Tus|se, die; -, -n (*svw.* Tussi)
Tus|si, die; -, -s (*ugs. abwertend für* Mädchen, Frau, Freundin)
tut!; tut, tut!
Tu|t|an|ch|a|mun, Tu|t|en|ch|a|mun (ägypt. König)
Tu|tand, der; -en, -en ‹lat.› (von einem Tutor, einer Tutorin betreute Person); **Tu|tan|din**
Tüt|chen
Tu|te, die; -, -n (*ugs. für* Signalhorn; *landsch. auch für* Tüte)
Tü|te, die; -, -n
Tu|tel, die; -, -en ‹lat.› (Vormundschaft); **tu|te|la|risch**
tu|ten ↑K82 : von Tuten und Blasen keine Ahnung haben *(ugs.)*
Tu|t|en|ch|a|mun *vgl.* Tutanchamun
Tü|ten|sup|pe (*ugs. für* Instantsuppe)
Tu|tor, der; -s, ...oren ‹lat.› (jmd., der Studienanfänger betreut; *im röm. Recht für* Vormund); **Tu|to|rin; Tu|to|ri|um,** das; -s, ...rien ([begleitende] Übung an einer Hochschule)
Tut|si, der; -[s], -[s] *u.* die; -, -[s] (Angehörige[r] eines afrik. Volkes)
Tüt|tel, der; -s, - (*landsch. für* Pünktchen); **Tüt|tel|chen** (*ugs. für* ein Geringstes)
tut|ti ‹ital., »alle«› *(Musik);* **Tut|ti,** das; -[s], -[s] (volles Orchester)
Tut|ti|frut|ti, das; -[s], -[s] ‹ital.; »alle Früchte«› (eine Süßspeise; *veraltet für* Allerlei)
Tut|ti|spie|ler (Orchestermusiker ohne solistische Aufgaben); **Tut|ti|spie|le|rin**
tut, tut!
Tu|tu [ty'ty:], das; -[s], -s ‹franz.› (Ballettröckchen)
TÜV® [tyf], der; -[s] = Technischer Überwachungs-Verein
Tu|va|lu (Inselstaat im Pazifik); **Tu|va|lu|er; Tu|va|lu|e|rin; tu|va|lu|isch**
TÜV-ge|prüft ↑K28 ; **TÜV-Pla|ket|te®**
Tu|wort, Tun|wort *Plur.* ...wörter (*veraltend für* Verb)
TV [te:'fau, *auch* ti:'vi:], das; -[s], -s = Television
TV, der; - = Turnverein
TV-Mo|de|ra|tor; TV-Mo|de|ra|to|rin
TVöD = Tarifvertrag für den öffentlichen Dienst
TV-Pre|mi|e|re; TV-Re|chte; TV-Sen|der; TV-Se|rie; TV-Star
Twain ['tve:n], Mark (amerik. Schriftsteller)
Tweed [tvi:t], der; -s, *Plur.* -s *u.* -e ‹engl.› (ein Gewebe)
Tweet [tvi:t], der *od.* das; -s, -s ‹engl.› (*EDV* beim Twittern gesendete Nachricht)
Twen, der; -[s], -s ‹anglisierend› (junger Mann, junge Frau in den Zwanzigern)
Twen|ter, das; -s, - (*nordd. für* zweijähriges Schaf, Rind od. Pferd)
Twie|te, die; -, -n (*nordd. für* Zwischengässchen)
Twill, der; -s, *Plur.* -s *u.* -e ‹engl.› (Baumwollgewebe [Futterstoff]; Seidengewebe)
Twin|set, das, *auch* der; -[s], -s ‹engl.› (Pullover u. Strickjacke von gleicher Farbe u. aus gleichem Material)
¹Twist, der; -[e]s, -e ‹engl.› (mehrfädiges Baumwoll[stopf]garn)
²Twist, der; -s, -s ‹amerik.› (ein Tanz); **twis|ten** (Twist tanzen)
twit|tern ‹nach dem Dienstleistungsprogramm Twitter® [engl. to twitter = zwitschern]› (Kurznachrichten über das Internet senden u. empfangen); ich twittere, habe getwittert
Two|stepp ['tu:step], der; -s, -s ‹engl., »Zweischritt«› (ein Tanz)
TX, Tex. = Texas
¹Ty|che (griech. Göttin des Glücks u. des Zufalls)
²Ty|che, die; - (Schicksal, Zufall, Glück)
Ty|coon [tai'ku:n], der; -s, -s ‹jap.-amerik.› (mächtiger Geschäftsmann od. Parteiführer)
Tym|pa|non, ¹Tym|pa|num, das; -s, ...na ‹griech.› (*Archit.* Giebelfeld über Fenstern u. Türen [oft mit Reliefs geschmückt])
²Tym|pa|num, das; -s, ...na (altgriech. Handtrommel; trommelartiges Schöpfrad in der Antike; *Med. veraltend* Paukenhöhle [im Ohr])
¹Typ, der; -s, -en ‹griech.› (*nur Sing.: Philos.* Urbild, Beispiel; *Psychol.* bestimmte psycholog. Ausprägung; *Technik* Gattung, Bauart, Muster, Modell)
²Typ, der; *Gen.* -s, *auch* -en, *Plur.* -en (*ugs. für* Mensch, Person)
Ty|pe, die; -, -n ‹franz.› (gegossener Druckbuchstabe, Letter; *ugs. für* komische Figur; *bes. österr. svw.* ¹Typ *[Technik]*)
ty|pen ([industrielle Artikel] nur in bestimmten notwendigen Größen herstellen)
Ty|pen|druck *Plur.* ...drucke; **Ty|pen|he|bel; Ty|pen|rad** (für Schreibmaschinen); **Ty|pen|rei|ni|ger; Ty|pen|setz|ma|schi|ne**
Ty|ph|li|tis, die; -, ...tiden ‹griech.› (*Med.* Blinddarmentzündung)
Ty|phon, das; -s, -e ‹griech.-lat.› (Schiffssirene)
ty|phös ‹griech.› (typhusartig)
Ty|phus, der; - (eine Infektionskrankheit); **Ty|phus|epi|de|mie; Ty|phus|er|kran|kung**
Ty|pik, die; -, -en ‹griech.› (*Psychol.* Lehre vom Typ)
ty|pisch; ty|pi|scher|wei|se
ty|pi|sie|ren (typisch darstellen, gestalten, auffassen; typen; *österr. für* die Normentsprechung bestätigen); **Ty|pi|sie|rung**
Ty|po|graf, Ty|po|graph, der; -en, -en (Schriftsetzer; Zeilensetzmaschine)
Ty|po|gra|fie, Ty|po|gra|phie, die; -, ...ien (Buchdruckerkunst; typografische Gestaltung)
Ty|po|gra|fin, Ty|po|gra|phin
ty|po|gra|fisch, ty|po|gra|phisch; typografischer *od.* typographischer Punkt (*vgl.* Punkt)
Ty|po|lo|gie, die; -, ...ien (Lehre von den Typen, Einteilung nach Typen); **ty|po|lo|gisch**
Ty|po|skript, das; -[e]s, -e (maschinengeschriebenes Manuskript)
Ty|pung ‹*zu* typen›
Ty|pus, der; -, Typen (*svw.* ¹Typ *[Philos., Psychol.]*)
Tyr (altgerm. Gott); *vgl.* Tiu, Ziu
Ty|rann, der; -en, -en ‹griech.› (Gewaltherrscher; *auch* herrschsüchtiger Mensch); **Ty|ran|nei,** die; -, -en (Gewaltherrschaft; Willkür[herrschaft])
Ty|ran|nen|herr|schaft; Ty|ran|nen|tum, das; -s; **Ty|ran|nin**
Ty|ran|nis, die; - (Gewaltherrschaft, bes. im alten Griechenland)
ty|ran|nisch (gewaltsam, willkürlich); **ty|ran|ni|sie|ren** (gewaltsam, willkürlich behandeln; unterdrücken); **Ty|ran|ni|sie|rung**
Ty|ran|no|sau|rus, der; -, ...rier (riesiger Dinosaurier); **Ty|ran|no|sau|rus Rex,** der; - -
Ty|ras (ein Hundename)
Ty|ri|er, *ökum.* **Ty|rer** (Bewohner

von Tyros); **Ty|ri|e|rin,** *ökum.* **Ty|re|rin; ty|risch; Ty|ros** (phöniz. Stadt)
Ty|ro|sin, das; -s ‹griech.› (*Biochemie* eine Aminosäure)
Tyr|rhe|ner (Bewohner Etruriens); **Tyr|rhe|ne|rin; tyr|rhe|nisch;** *aber* ↑K140: das Tyrrhenische Meer (Teil des Mittelmeeres)
Ty|rus (*lat. Name von* Tyros)
Tz *vgl.* Tezett

u U

u. *in Firmennamen auch* & = und
U (Buchstabe); das U; des U, die U, *aber* das u in Mut; der Buchstabe U, u
U = Unterseeboot; *chem. Zeichen für* Uran
Ü (Buchstabe; Umlaut); das Ü; des Ü, die Ü, *aber* das ü in Mütze; der Buchstabe Ü, ü
u. a. = und and[e]re, und and[e]res, unter ander[e]m, unter ander[e]n
UAH (Währungscode für Griwna)
u. a. m. = und and[e]re mehr, und and[e]res mehr
u. Ä. [m.] = und Ähnliche[s] [mehr] (*vgl.* ähnlich)
u. A. w. g., U. A. w. g. = um [*od.* Um] Antwort wird gebeten
U-Bahn (*kurz für* Untergrundbahn); ↑K29: **U-Bahn|hof; U-Bahn-Netz; U-Bahn-Sta|ti|on; U-Bahn-Tun|nel** ↑K28
übel *s. Kasten*
Übel, das; -s, -; das ist von, *geh.* vom Übel
übel be|ra|ten, übel|be|ra|ten *vgl.* übel
übel ge|launt, übel|ge|launt *vgl.* übel
übel ge|sinnt, übel|ge|sinnt *vgl.* übel
Übel|keit
übel|lau|nig; Übel|lau|nig|keit
übel neh|men, übel|neh|men; sie nahm uns das übel
übel|neh|me|risch
übel rie|chend, übel|rie|chend *vgl.* übel
Übel|sein, das; -s; **Übel|stand** (*veraltend*)
Übel|tat (*geh.*); **Übel|tä|ter; Übel|tä|te|rin**
übel|wol|len; Menschen, die uns übelwollen; übelwollende Menschen; **Übel|wol|len,** das; -s
übel|wol|lend
[1]**üben;** ein Klavierstück üben
[2]**üben** (*landsch. für* drüben)
über *s. Kasten*
über...; *in Verbindung mit Verben: unfeste Zusammensetzungen* ↑K47, z. B. überbauen (*vgl. d.*), er baut über, hat übergebaut; überzubauen; *feste Zusammensetzungen,* z. B. überbauen (*vgl. d.*), er überbaut, hat überbaut; zu überbauen
über|ak|tiv; Über|ak|ti|vi|tät
über|all [*auch* ...'|al]; **über|all|her, über|all her;** sie kamen von überallher *od.* überall her;
über|all|hin
über|al|tert; Über|al|te|rung *Plur. selten (bes. Statistik)*
Über|an|ge|bot
über|ängst|lich
über|an|stren|gen; ich habe mich überanstrengt; **Über|an|stren|gung**
über|ant|wor|ten (*geh. für* übergeben, überlassen); die Gelder wurden ihr überantwortet; **Über|ant|wor|tung**
über|ar|bei|ten (*landsch.*); sie hat einige Stunden übergearbeitet; **über|ar|bei|ten;** sich überarbeiten; du hast dich völlig überarbeitet; sie hat den Aufsatz überarbeitet; **Über|ar|bei|tung**
über|aus
über|ba|cken; das Gemüse wird überbacken
[1]**Über|bau,** der; -[e]s, *Plur.* -e *u.* -ten (vorragender Oberbau, Schutzdach; *Rechtsspr.* Bau über die Grundstücksgrenze hinaus)
[2]**Über|bau,** der; -[e]s, -e (nach Marx die auf den wirtschaftl. u. sozialen Grundlagen basierenden Anschauungen einer Gesellschaft u. die entsprechenden Institutionen)
über|bau|en; er hat übergebaut (über die Baugrenze hinaus); **über|bau|en;** er hat die Einfahrt (mit einem Dach) überbaut; **Über|bau|ung**
über|be|an|spru|chen; du überbeanspruchst den Wagen; sie ist überbeansprucht; überzubeanspruchen; **Über|be|an|spru|chung**
Über|be|griff (*seltener für* Oberbegriff)
über|be|hal|ten (*landsch. für* übrig behalten); wir behalten nichts über, haben nichts überbehalten; überzubehalten
über|be|hü|ten *oft im Partizip II;* ein überbehütetes Kind; **Über|be|hü|tung**
Über|bein (verhärtete Sehnengeschwulst)
über|be|kom|men (*ugs.*); ich bekam

übel

– üble Nachrede; übler Ruf
– die Verhältnisse sind hier am übelsten
– ich habe nicht übel Lust, das zu tun (ich möchte es tun)
– wir wurden übelst beschimpft
– beinahe hätte ich mich übelst blamiert

Großschreibung ↑K72:

– er hat nichts, etwas Übles getan
– es wäre das Übelste, wenn ...

Schreibung in Verbindung mit Verben und adjektivisch gebrauchten Partizipien:

– übel sein; mir ist übel
– übel riechen
– jemandem übel mitspielen
– sie wäre übel beraten, wenn sie sich darauf einließe
– sie wird es uns nicht übel nehmen *od.* übelnehmen
– ein übel gelaunter *od.* übelgelaunter Chef
– übel gesinnte *od.* übelgesinnte Nachbarn
– übel riechende *od.* übelriechende Abfälle
– ein übel beratener *od.* übelberatener Kunde

Aber:

– jemandem übelwollen; übelwollende Menschen

über

Präposition mit Dativ und Akkusativ:	*Adverb:*
– das Bild hängt über dem Sofa, *aber* das Bild über das Sofa hängen – überm *(vgl. d.)*, übers *(vgl. d.)* – über Gebühr; über Land fahren; über die Maßen – über Nacht; über Tag *(Bergmannsspr.)* – über Wunsch, Antrag von ... (*österr. Amtsspr. für* auf Wunsch, Antrag von ...) – über kurz oder lang ↑K72 – Kinder über acht Jahre – Gemeinden über 10 000 Einwohner – über dem Lesen ist sie eingeschlafen	– über und über (sehr; völlig) – die ganze Zeit über – wir mussten über (mehr als) zwei Stunden warten – Gemeinden von über (mehr als) 10 000 Einwohnern – die über Siebzigjährigen (*mit Ziffern* 70-Jährigen) – er ist mir über (überlegen) – das ist mir über (zu viel)

das fette Essen bald über, habe es überbekommen; überzubekommen

über|be|las|ten; du überbelastest den Wagen, sie ist überbelastet; überzubelasten; **Über|be|las|tung**

über|be|le|gen; der Raum war überbelegt; überzubelegen; **Über|be|le|gung**

über|be|lich|ten *(Fotogr.);* du überbelichtest die Aufnahme, sie ist überbelichtet; überzubelichten; **Über|be|lich|tung**

Über|be|schäf|ti|gung, die; -, -en

über|be|set|zen; der Zug war überbesetzt; überzubesetzen; **Über|be|set|zung**

über|be|to|nen; sie überbetont diese Entwicklung, sie hat sie lange Zeit überbetont; überzubetonen; **Über|be|to|nung**

über|be|trieb|lich; überbetriebliche Mitbestimmung

über|be|völ|kert (übervölkert); **Über|be|völ|ke|rung**

über|be|wer|ten; er überbewertet diese Vorgänge; er hat sie überbewertet; überzubewerten; **Über|be|wer|tung**

über|be|zah|len; er ist überbezahlt; überzubezahlen; **Über|be|zah|lung**

über|biet|bar; über|bie|ten; sich überbieten; der Rekord wurde überboten; **Über|bie|tung**

über|bin|den *(Musik);* diese Töne müssen übergebunden werden; **über|bin|den** (*schweiz. für* [eine Verpflichtung] auferlegen); die Aufgabe wurde ihr überbunden

Über|biss (*ugs. für* das Überstehen der oberen Schneidezähne)

über|bla|sen (*Musik* bei Holz- u. Blechblasinstrumenten durch stärkeres Blasen die höheren Töne hervorbringen)

über|blei|ben (*landsch. für* übrig bleiben); es bleibt nicht viel über, es ist nicht viel übergeblieben; überzubleiben; **Über|bleib|sel,** das; -s, -

über|blen|den; die Bilder werden überblendet; **Über|blen|dung** (*Film* die Überleitung eines Bildes in ein anderes)

Über|blick; über|bli|cken; sie hat den Vorgang überblickt; **Über|blicks|dar|stel|lung; über|blicks|wei|se**

über|bor|den (über die Ufer treten; über das normale Maß hinausgehen, ausarten); der Betrieb ist, *auch* hat überbordet

über|bra|ten; *nur in* jmdm. eins überbraten (*ugs. für* einen Schlag, Hieb versetzen)

über|breit; Über|brei|te

Über|brettl, das; -s, - ([frühere Berliner] Kleinkunstbühne)

über|brin|gen; er hat die Nachricht überbracht; **Über|brin|ger; Über|brin|ge|rin; Über|brin|gung**

über|brück|bar; über|brü|cken; sie hat den Gegensatz klug überbrückt; **Über|brü|ckung**

Über|brü|ckungs|bei|hil|fe; Über|brü|ckungs|hil|fe; Über|brü|ckungs|kre|dit

über|brü|hen

über|bu|chen; einen Flug überbuchen; überbuchte Hotels; **Über|bu|chung**

über|bür|den *(geh.);* sie ist mit Arbeit überbürdet; **Über|bür|dung**

Über|dach; über|da|chen; der Bahnsteig wurde überdacht; **Über|da|chung**

Über|dampf, der; -[e]s (der nicht für den Gang der Maschine notwendige Dampf)

über|dau|ern; die Altertümer haben Jahrhunderte überdauert

Über|de|cke; über|de|cken *(ugs.);* ich habe das Tischtuch übergedeckt; **über|de|cken;** mit Eis überdeckt; **Über|de|ckung**

über|deh|nen ([bis zum Zerreißen] dehnen, auseinanderziehen); der Muskel ist überdehnt; **Über|deh|nung**

über|den|ken; sie hat es lange überdacht

über|deut|lich

über|dies [*auch* 'y:...]

über|di|men|si|o|nal (übermäßig groß); **über|di|men|si|o|nie|ren** *meist im Partizip II gebraucht* (viel zu groß gestalten); ein überdimensionierter Verwaltungsapparat; **Über|di|men|si|o|nie|rung**

über|do|sie|ren; er überdosiert das Medikament, hat es überdosiert; überzudosieren; **Über|do|sie|rung; Über|do|sis;** eine Überdosis Schlaftabletten

über|dre|hen; die Uhr ist überdreht; **über|dreht** (*ugs. für* überspannt; unnatürlich munter)

[1]**Über|druck,** der; -[e]s, *Plur.* ...drücke *u.* ...drucke (zu starker Druck)

[2]**Über|druck,** der; -[e]s, ...drucke (nochmaliger Druck auf Geweben, Papier u. Ä.); **über|dru|cken;** die Briefmarke wurde überdruckt

Über|druck|ka|bi|ne; Über|druck|ven|til

Über|druss, der; -es; **über|drüs|sig;** *mit Gen.:* des Lebens, des Freundes überdrüssig sein; seiner überdrüssig sein, *selten auch mit Akk.:* ich bin ihn überdrüssig

über|dün|gen; die Felder sind völlig überdüngt; **Über|dün|gung**

über|durch|schnitt|lich

über|eck; übereck stellen

Über|ei|fer; über|eif|rig

über|eig|nen; das Haus wurde ihm übereignet; **Über|eig|nung**

Über|ei|le; über|ei|len; sich übereilen; du hast dich übereilt; **übereilt** (verfrüht); ein übereilter Schritt; **Über|ei|lung**

über|ei|n|an|der

Man schreibt »übereinander« mit dem folgenden Verb in der Regel zusammen, wenn es den gemeinsamen Hauptakzent trägt ↑K 48:

- übereinanderlegen, übereinanderstellen
- die Beine übereinanderschlagen
- Kisten übereinanderstapeln usw.

Aber: übereinander reden, übereinander herfallen, sich übereinander ärgern usw.

über|ein|kom|men; ich komme überein; übereingekommen; um übereinzukommen; **Über|ein|kom|men,** das; -s, - (Abmachung, Einigung); **Über|ein|kunft,** die; -, ...künfte (Übereinkommen)
über|ein|stim|men; wir stimmen überein, haben übereingestimmt; übereinzustimmen; **Über|ein|stim|mung**
über|ein|tref|fen *vgl.* übereinkommen
über|emp|find|lich; Über|emp|find|lich|keit
über|er|fül|len; sie übererfüllt das Soll; sie hat es übererfüllt; überzuerfüllen; **Über|er|fül|lung**
Über|er|näh|rung
über|er|reg|bar; Über|er|reg|bar|keit, die; -
über|es|sen; ich habe mir die Speise übergegessen; **über|es|sen,** sich; ich habe mich übergessen (zu viel gegessen)
über|fach|lich
über|fah|ren; ich bin übergefahren (über den Fluss); **über|fah|ren;** das Kind ist überfahren worden; er hätte mich bei den Verhandlungen fast überfahren (*ugs. für* überrumpelt); **Über|fahrt; Über|fahrts|zeit**
Über|fall, der; **über|fall|ar|tig; über|fal|len;** man hat sie überfallen
über|fal|len (*Jägerspr.* ein Hindernis überspringen [vom Schalenwild])
Über|fall|ho|se (sehr weite Kniebundhose)
über|fäl|lig (zur erwarteten Zeit noch nicht eingetroffen); ein überfälliger (verfallener) Wechsel
Über|fall|kom|man|do, *österr.* **Über|falls|kom|man|do**
Über|fang (farbige Glasschicht auf Glasgefäßen); **über|fan|gen;** die Vase ist blau überfangen; **Über|fang|glas**
über|fär|ben (*fachspr. für* abfärben); die Druckschrift hat übergefärbt; **über|fär|ben;** der Stoff soll überfärbt werden
über|fein; über|fei|nern; ich überfeinere; überfeinert; **Über|fei|ne|rung**
über|fir|nis|sen; die Truhe wurde überfirnisst
über|fi|schen; überfischte Gewässer; **Über|fi|schung**
Über|fleiß; über|flei|ßig
über|flie|gen (*ugs. für* nach der anderen Seite fliegen); die Hühner sind übergeflogen; **über|flie|gen;** er hat die Alpen überflogen; ich habe das Buch überflogen; **Über|flie|ger** (jmd., der begabter, tüchtiger u. schneller erfolgreich ist als der Durchschnitt); **Über|flie|ge|rin**
über|flie|ßen; das Wasser ist übergeflossen; sie floss über vor Dankbarkeit; **über|flie|ßen;** das Gelände ist von Wasser überflossen
Über|flug (das Überfliegen)
über|flü|geln; er hat alle überflügelt; **Über|flü|ge|lung, Über|flüg|lung**
Über|fluss, der; -es; **Über|fluss|ge|sell|schaft**
über|flüs|sig; über|flüs|si|ger|wei|se
über|flu|ten; das Wasser ist übergeflutet; **über|flu|ten;** der Strom hat die Dämme überflutet; **Über|flu|tung**
über|for|dern; er hat mich überfordert; **Über|for|de|rung**
über|for|men (*geh. für* mit einer neuen Form überdecken); **Über|for|mung**
Über|fracht; über|frach|ten (*svw.* [1]überladen); **Über|frach|tung**
über|fra|gen (Fragen stellen, auf die man nicht antworten kann); **über|fragt;** ich bin überfragt
über|frem|den; Über|frem|dung
über|fres|sen, sich; du hast dich überfressen *(derb)*
über|freund|lich
über|frie|ren; die Straße ist überfroren; überfrierende Nässe
Über|fuhr, die; -, -en (*österr. für* Fähre)
über|füh|ren, [1]über|füh|ren (an einen anderen Ort bringen); man überführte ihn in eine Spezialklinik *od.* führte ihn in eine Spezialklinik über; die Leiche wurde nach ... übergeführt *od.* überführt; **[2]über|füh|ren** (einer Schuld); der Mörder wurde überführt; **Über|füh|rung;** Überführung der Leiche; Überführung einer Straße; Überführung eines Verbrechers; **Über|füh|rungs|kos|ten** *Plur.*
Über|fül|le; über|fül|len; über|füllt; überfüllte Züge; **Über|fül|lung**
Über|funk|ti|on
über|füt|tern; ein überfütterter Hund; **Über|füt|te|rung**
Über|ga|be; Über|ga|be|ver|hand|lun|gen, *österr. auch* **Über|gabs|ver|hand|lun|gen** *Plur.;* **Über|ga|be|ver|trag,** *österr. auch* **Über|gabs|ver|trag** *(Rechtsspr.)*
Über|gang, der; **Über|gangs|bahn|hof; Über|gangs|bei|hil|fe; Über|gangs|be|stim|mung; Über|gangs|er|schei|nung; Über|gangs|frist; Über|gangs|geld** *(Sozialvers.)*
über|gangs|los
Über|gangs|lö|sung; Über|gangs|man|tel; Über|gangs|pha|se; Über|gangs|re|ge|lung; Über|gangs|re|gie|rung; Über|gangs|sta|di|um
über|gangs|wei|se; Über|gangs|zeit; Über|gangs|zu|stand
Über|gar|di|ne
über|ge|ben; ich habe ihm eins übergegeben (*ugs. für* einen Schlag, Hieb versetzt); **über|ge|ben;** er hat die Festung übergeben; ich habe mich übergeben (erbrochen)
Über|ge|bot (höheres Gebot bei einer Versteigerung)
über|ge|hen; wir gingen zum nächsten Thema über; das Grundstück ist in andere Hände übergegangen; die Augen gingen ihr über (sie war überwältigt; *geh. auch für* sie hat geweint); **über|ge|hen** (unbeachtet lassen); sie überging ihn; sie hat den Einwand übergangen; **Über|ge|hung;** mit Übergehung
über|ge|meind|lich
über|ge|nau; über|ge|nug
Über|ge|nuss (*österr. Amtsspr.* Überzahlung)
über|ge|ord|net
Über|ge|päck *(Flugw.)*
Über|ge|wicht, das; -[e]s; **über|ge|wich|ten** (*Börsenw.* überproportional berücksichtigen); Bankaktien sind in diesem Investmentfonds übergewichtet; **über|ge|wich|tig**

U
Über

über|gie|ßen; sie hat die Milch übergegossen; **über|gie|ßen** (oberflächlich gießen; oben begießen); sie hat die Blumen nur übergossen; mit etw. übergossen sein; **Über|gie|ßung**
über|gip|sen
über|gla|sen (mit Glas decken); du überglast; er überglaste den Balkon; der Balkon ist überglast; **Über|gla|sung**
über|glück|lich
über|gol|den; der Ring wurde übergoldet
über|grei|fen; die Seuche hat übergegriffen; **über|grei|fend; Über|griff**
über|groß; Über|grö|ße
über|grü|nen; das Haus ist [mit Efeu] übergrünt
Über|guss
über|ha|ben (*ugs. für* satthaben; angezogen haben; *landsch. für* übrig haben); sie hat die ständigen Klagen übergehabt
über|hal|ten (*Forstwirtsch.* stehen lassen); eine Kiefer überhalten; **Über|häl|ter** (*Forstwirtsch.* Baum, der beim Abholzen stehen gelassen wird)
Über|ham|mer (*bes. österr. ugs. für* Hit, tolle Sache)
Über|hand|nah|me, die; -
über|hand|neh|men; etwas nimmt überhand; es hat überhandgenommen; überhandzunehmen
Über|hang
über|hän|gen; sie hat den Käfig mit einem Tuch überhängt; *vgl.* [2]hängen
[1]**über|hän|gen;** die Felsen hingen über; *vgl.* [1]hängen
[2]**über|hän|gen;** sie hat den Mantel übergehängt; *vgl.* [2]hängen
Über|hang|man|dat (in Direktwahl gewonnenes Mandat, das über die Zahl der einer Partei nach dem Stimmenverhältnis zustehenden Parlamentssitze hinausgeht); **Über|hangs|recht**
über|happs, **über|haps** (*bayr., österr. ugs. für* übereilt; ungefähr)
über|hart; überharter Einsatz
über|has|ten; das Tempo ist überhastet; **Über|has|tung**
über|häu|fen; sie war mit Arbeit überhäuft; der Tisch ist mit Papieren überhäuft; **Über|häu|fung**
über|haupt
über|he|ben; ich habe mich überhoben (*landsch. für* verhoben)
über|heb|lich (anmaßend); **Über|heb|lich|keit; Über|he|bung** (*veraltend*)
Über|he|ge, die; - (*Forstwirtsch.*)
über|hei|zen (zu stark heizen); das Zimmer ist überheizt
über|hin (*veraltet für* oberflächlich); etwas überhin prüfen
über|hit|zen (zu stark erhitzen); du überhitzt; der Ofen ist überhitzt; **Über|hit|zung**
über|hö|hen (höher bauen; *auch für* verklären); einen Damm überhöhen; etwas Alltägliches künstlerisch überhöhen; **überhöht** (zu hoch); überhöhte Preise; **Über|hö|hung**
über|ho|len (*Seemannsspr.*); die Segel wurden übergeholt; das Schiff hat übergeholt (sich auf die Seite gelegt); **über|ho|len;** er hat ihn überholt; die Maschine ist überholt worden
Über|hol|ma|nö|ver; Über|hol|spur
über|holt (nicht mehr aktuell, nicht mehr zeitgemäß); überholte Ansichten
Über|ho|lung; über|ho|lungs|be|dürf|tig
Über|hol|ver|bot; Über|hol|ver|such; Über|hol|vor|gang; Über|hol|weg
über|hö|ren (*ugs.*); ich habe mir den Schlager übergehört; **über|hö|ren;** das möchte ich überhört haben!
Über-Ich, **Über|ich** (*Psychol.*)
über|in|di|vi|du|ell
Über|in|ter|pre|ta|ti|on; über|in|ter|pre|tie|ren
über|ir|disch
über|kan|di|delt (*ugs. für* überspannt)
Über|ka|pa|zi|tät (*Wirtsch.*)
über|kip|pen; er ist nach vorn übergekippt
über|kle|ben; überklebte Plakate
Über|kleid; über|klei|den; der Balken wird mit Spanplatten überkleidet (*veraltend*); **Über|klei|dung** (Überkleider); **Über|klei|dung** (*veraltend für* Verkleidung [eines Wandschadens])
über|klet|tern; er hat den Zaun überklettert
über|klug
über|ko|chen; die Milch ist übergekocht; **über|ko|chen;** die Suppe muss noch einmal überkocht werden
über|kom|men (*Seemannsspr.* über das Deck spülen, spritzen; *landsch. für* etwas endlich geben od. sagen); die Brecher kommen über; er ist damit übergekommen; **über|kom|men;** Ekel überkam sie, hat sie überkommen; überkommene Bräuche
Über|kom|pen|sa|ti|on; über|kom|pen|sie|ren (in übersteigertem Maße ausgleichen)
über|kon|fes|si|o|nell
über Kopf, **über|kopf** *vgl.* Kopf
Über|kopf|ball (*Tennis*)
über Kreuz *vgl.* Kreuz
über|kreu|zen; sich überkreuzen; mit überkreuzten Beinen dasitzen
über|krie|gen (*ugs.; svw.* überbekommen)
über|kro|nen; der Zahn wurde überkront
über|krus|ten
über|küh|len (*österr. für* [langsam] abkühlen)
[1]**über|la|den;** der Anhänger wurde überladen; *vgl.* [1]laden
[2]**über|la|den;** überladener Stil
Über|la|dung
über|la|gern; überlagert; sich überlagern; **Über|la|ge|rung**
Über|land|bus; Über|land|fahrt; Über|land|lei|tung
über|lang; Über|län|ge
über|lap|pen; überlappt; **Über|lap|pung**
über|las|sen (*landsch. für* übrig lassen); sie hat ihm etwas übergelassen; **über|las|sen** (abtreten; anvertrauen); sie hat mir das Haus überlassen; **Über|las|sung**
über|las|ten; über|las|tet; über|las|tig; Über|las|tung
Über|lauf (Ablauf für überschüssiges Wasser); **Über|lauf|be|cken**
über|lau|fen; das Wasser läuft über; er ist zum Feind übergelaufen; die Galle ist ihm übergelaufen; **über|lau|fen;** die Ärztin wird von Kranken überlaufen; es hat mich kalt überlaufen; **Über|läu|fer** (Soldat, der zum Gegner überläuft; *Jägerspr.* Wildschwein im zweiten Jahr)
über|laut
über|le|ben; diese Vorstellungen sind überlebt; **Über|le|ben|de,** der *u.* die; -n, -n
Über|le|bens|chan|ce
über|le|bens|fä|hig; Über|le|bens|fä|hig|keit; Über|le|bens|fra|ge
über|le|bens|groß; eine überlebensgroße Abbildung; **Über|le|bens|grö|ße**
Über|le|bens|kampf; Über|le|bens|stra|te|gie; Über|le|bens|trai|ning
über|le|bens|wich|tig
über|le|gen (*ugs. für* darüberlegen); sie legte eine Decke über

[1]**über|le|gen** (bedenken, nachdenken); er überlegte lange; ich habe mir das überlegt; ↑K 82: nach reiflichem Überlegen

[2]**über|le|gen;** sie ist mir überlegen; **Über|le|gen|heit**

über|le|gens|wert

über|legt (*auch für* sorgsam); **Über|le|gung;** mit Überlegung

über|lei|ten; ein Lied leitete zum zweiten Teil über; **Über|lei|tung**

über|le|sen ([schnell] durchlesen; [bei oberflächlichem Lesen] nicht bemerken); er hat den Brief nur überlesen; er hat diesen Druckfehler überlesen

Über|licht|ge|schwin|dig|keit

über|lie|fern; überlieferte Bräuche; **Über|lie|fe|rung**

über|lie|gen (länger als vorgesehen in einem Hafen liegen [von Schiffen]); **Über|lie|ge|zeit**

Über|lin|gen (Stadt am Bodensee); **Über|lin|ger See,** der; - -s (Teil des Bodensees)

über|lis|ten; er wurde überlistet; **Über|lis|tung**

überm (*ugs. für* über dem); ↑K 14; überm Haus

über|ma|chen (*veraltend für* vererben, vermachen); sie hat ihm ihr Vermögen übermacht

Über|macht, die; -, ...mächte; **über|mäch|tig**

über|ma|len (*ugs.*); sie hat [über den Rand] übergemalt; **über|ma|len;** das Bild war übermalt; **Über|ma|lung**

über|man|nen; der Schlaf hat sie übermannt

über|manns|hoch

Über|man|tel

über|mar|chen (*schweiz. für* eine festgesetzte Grenze überschreiten)

Über|maß, das; -es; im Übermaß; **über|mä|ßig**

über|mäs|ten; übermästete Tiere

Über|mensch, der; **über|mensch|lich; Über|mensch|lich|keit**

über|mit|teln; ich übermitt[e]le; er hat diese freudige Nachricht übermittelt; **Über|mit|te|lung, Über|mitt|lung**

über|mor|gen; übermorgen Abend ↑K 69

über|mü|de; über|mü|den; über|mü|det; Über|mü|dung

Über|mut; über|mü|tig

übern (*ugs. für* über den); ↑K 14; übern Graben

über|nächs|te; am übernächsten Tag

über|nach|ten; er hat hier übernachtet; **über|näch|tig,** *österr. nur so, sonst meist* **über|näch|tigt** (von zu langem Aufbleiben müde); **Über|nächt|ler** (*schweiz. für* in Stall, Schuppen usw. Übernachtender); **Über|nach|tung**

Über|nah|me, die; -, -n; feindliche Übernahme (*Wirtsch.*)

Über|nah|me|an|ge|bot

Über|nah|me|kan|di|dat; Über|nah|me|kan|di|da|tin

Über|nah|me|schlacht (*emotional*)

Über|nah|me|stel|le (*österr. für* Annahmestelle)

Über|na|me (Spitzname)

über|na|ti|o|nal

über|na|tür|lich

über|neh|men; sie hat das Geschäft übernommen; ich habe mich übernommen

über|neh|men; sie hat die Tasche übergenommen (*ugs.*)

Über|neh|mer; Über|neh|me|rin

Über|nut|zung

über|ord|nen; er ist ihm übergeordnet; **Über|ord|nung**

Über|or|ga|ni|sa|ti|on, die; -, -en (Übermaß von Organisation); **über|or|ga|ni|siert**

über|ört|lich; über|par|tei|lich

über|pin|seln

Über|preis (überhöhter Preis)

über|pri|vi|le|giert

Über|pro|duk|ti|on

über|pro|por|ti|o|nal

über|prüf|bar; über|prü|fen; Über|prü|fung; Über|prü|fungs|kom|mis|si|on

über|pu|dern

über|qua|li|fi|ziert

über|quel|len; der Eimer quoll über; der Teig ist übergequollen

über|quer (*veraltend für* über Kreuz); **über|que|ren; Über|que|rung**

über|ra|gen (größer sein); sie hat alle überragt

über|ra|gen (hervorstehen); der Balken hat übergeragt

über|ra|gend (andere, anderes weit übertreffend); eine überragende Leistung

über|ra|schen; du überraschst; er wurde überrascht; **über|ra|schend; über|ra|schen|der|wei|se; Über|ra|schung**

Über|ra|schungs|an|griff; Über|ra|schungs|be|such; Über|ra|schungs|coup; Über|ra|schungs|ef|fekt

Über|ra|schungs|ei®

Über|ra|schungs|er|folg; Über|ra|schungs|gast; Über|ra|schungs|mann|schaft (*Sport*); **Über|ra|schungs|mo|ment,** das

über|re|agie|ren (unangemessen heftig reagieren); **Über|re|ak|ti|on;** Überreaktion der Haut

über|rech|nen (rechnerisch überschlagen)

über|re|den; sie hat mich dazu überredet; **Über|re|dung; Über|re|dungs|kunst**

über|re|gi|o|nal

Über|re|gu|lie|rung

über|reich

über|rei|chen; überreicht

über|reich|lich

Über|rei|chung

Über|reich|wei|te

über|reif; Über|rei|fe

über|rei|ßen; sie hat den Ball überrissen (*Tennis*); er hat wieder nichts überrissen (*österr. ugs. für* verstanden, begriffen)

über|rei|zen; seine Augen sind überreizt; **Über|reizt|heit; Über|rei|zung**

über|ren|nen; sie wurde überrannt

Über|re|prä|sen|ta|ti|on; über|re|prä|sen|tiert

Über|rest

über|rie|seln (*geh.*); ein Schauer überrieselte sie

Über|rock (*veraltet für* Gehrock, Überzieher)

Über|roll|bü|gel (bes. bei Sport- u. Rennwagen); **über|rol|len;** er wurde überrollt

über|rum|peln; der Feind wurde überrumpelt; **Über|rum|pe|lung, Über|rump|lung**

über|run|den (im Sport); **Über|run|dung**

übers (*ugs. für* über das); ↑K 14; übers Wochenende

über|sä|en (besäen); übersät (dicht bedeckt); der Himmel ist mit Sternen übersät

über|satt; über|sät|ti|gen; eine übersättigte Lösung (*Chemie*); **Über|sät|ti|gung**

über|säu|ern; Über|säu|e|rung

Über|schall|flug; Über|schall|flug|zeug

Über|schall|ge|schwin|dig|keit

über|schat|ten; Über|schat|tung

über|schät|zen; überschätzt; **Über|schät|zung**

über|schau|bar; Über|schau|bar|keit; über|schau|en; überschaut

über|schäu|men; der Sekt schäumt über

über|schie|ßen (*landsch. für* überfließen; über ein Maß hinausgehen)

U
über

über|schläch|tig (*fachspr. für* durch Wasser von oben angetrieben)
über|schla|fen; das muss ich erst [noch] überschlafen
Über|schlag, der; -[e]s, ...schläge; **über|schla|gen;** die Stimme ist übergeschlagen
[1]**über|schla|gen;** ich habe die Kosten überschlagen; er hat sich überschlagen
[2]**über|schla|gen;** das Wasser ist überschlagen (*landsch. für* lauwarm)
über|schlä|gig (ungefähr)
Über|schlag|la|ken (Teil der Bettwäsche)
über|schläg|lich (überschlägig)
Über|schlags|rech|nung
über|schlags|wei|se
über|schlie|ßen *(Druckw.)*
über|schnap|pen; der Riegel des Schlosses hat *od.* ist übergeschnappt; die Stimme ist übergeschnappt; du bist wohl übergeschnappt (*ugs. für* du hast wohl den Verstand verloren)
über|schnei|den, sich; **Über|schnei|dung**
über|schnei|en; überschneite Dächer
über|schnell
über|schrei|ben; das Haus ist auf ihn überschrieben; **Über|schrei|bung** (Übereignung [einer Forderung usw.])
über|schrei|en; er hat ihn überschrien
über|schrei|ten; du hast die Grenze überschritten; ↑K82 : das Überschreiten der Gleise ist verboten; **Über|schrei|tung**
Über|schrift
Über|schuh
über|schul|det; Über|schul|dung
Über|schuss; über|schüs|sig; Über|schuss|pro|duk|ti|on
über|schüt|ten; sie hat mich mit Vorwürfen überschüttet; **Über|schüt|tung**
Über|schwang, der; -[e]s; im Überschwang der Gefühle; **über|schwäng|lich; Über|schwäng|lich|keit**
über|schwap|pen; die Suppe ist übergeschwappt
über|schwem|men; Über|schwem|mung; Über|schwem|mungs|ge|biet; Über|schwem|mungs|ka|ta|s|t|ro|phe
über|schweng|lich usw. *alte Schreibung für* überschwänglich usw.
über|schwer; überschwere Last
Über|see *ohne Artikel;* Waren von Übersee, aus Übersee; **Über|see|brü|cke; Über|see|damp|fer; Über|see|ha|fen; über|see|isch;** überseeischer Handel
über|seh|bar; über|se|hen *(ugs.);* du hast dir dieses Kleid übergesehen; **über|se|hen;** ich habe den Fehler übersehen
über|sen|den; der Brief wurde ihr übersandt; **Über|sen|dung**
über|setz|bar; Über|setz|bar|keit
über|set|zen (ans andere Ufer bringen od. gelangen); wir setzen über; er hat den Wanderer übergesetzt; **über|set|zen** (in eine andere Sprache übertragen); ich habe den Satz ins Englische übersetzt
Über|set|zer; Über|set|ze|rin
über|setzt (*schweiz. für* überhöht); übersetzte Preise, übersetzte Geschwindigkeit
Über|set|zung; Über|set|zungs|ar|beit; Über|set|zungs|bü|ro; Über|set|zungs|feh|ler; Über|set|zungs|pro|gramm
Über|sicht, die; -, -en; **über|sich|tig** (*veraltend für* weitsichtig); **über|sicht|lich** (leicht zu überschauen); **Über|sicht|lich|keit; Über|sichts|kar|te; Über|sichts|ta|fel**
über|sie|deln, über|sie|deln (den Wohnort wechseln); ich sied[e]le über *od.* ich übersied[e]le; ich bin damals übergesiedelt *od.* übersiedelt
Über|sie|de|lung, Über|sied|lung
Über|sied|ler; Über|sied|le|rin
Über|sied|lung, Über|sie|de|lung
über|sinn|lich; Über|sinn|lich|keit, die; -
Über|soll
über|sonnt
über|span|nen; ich habe den Bogen überspannt; **über|spannt** (übertrieben; verschroben); **Über|spannt|heit**
Über|span|nung (zu hohe Spannung in einer elektrischen Anlage); **Über|span|nung; Über|span|nungs|schutz**
über|spie|len; sie überspielte die peinliche Situation; er hatte die Deckung überspielt *(Sport);* er hat die CD auf Kassette überspielt; **über|spielt** (*Sport* durch [zu] häufiges Spielen überanstrengt; *österr. für* häufig gespielt, nicht mehr neu [vom Klavier]); **Über|spie|lung**
über|spit|zen (übertreiben); **über|spitzt** (übermäßig); **Über|spitzt|heit; Über|spit|zung**
über|spre|chen (*Rundfunk, Fernsehen* in eine aufgenommene [fremdsprachige] Rede einen anderen Text hineinsprechen)
über|sprin|gen; der Funke ist übergesprungen; **über|sprin|gen;** ich habe eine Klasse übersprungen; **Über|sprin|gung**
über|spru|deln; das Wasser ist übergesprudelt
Über|sprung|hand|lung (*Verhaltensf.* bestimmte Verhaltensweise in Konfliktsituationen)
über|spü|len; das Ufer ist überspült
über|staat|lich
Über|stän|der (*Forstwirtsch.* überalterter, nicht mehr wachsender Baum); **über|stän|dig**
über|stark
über|ste|chen (im Kartenspiel eine höhere Trumpfkarte ausspielen); er hat übergestochen; **über|ste|chen;** er hat ihn überstochen
über|ste|hen; der Balken steht über; **über|ste|hen;** sie überstand die Operation; die Gefahr ist überstanden
über|stei|gen; sie hat den Grat überstiegen; das übersteigt meinen Verstand
über|stei|gen; sie ist übergestiegen
über|stei|gern (überhöhen); **Über|stei|ge|rung**
Über|stei|gung
über|stel|len (*Amtsspr.* jmdn. [weisungsgemäß] einer anderen Stelle übergeben); er wurde überstellt; **Über|stel|lung**
über|stem|peln; ich überstemp[e]le
Über|sterb|lich|keit (höhere Sterblichkeit als erwartet)
über|steu|ern (*Elektrot.* einen Verstärker überlasten, sodass der Ton verzerrt wird; *Kfz-Technik* zu starke Wirkung des Lenkradeinschlags zeigen); **Über|steu|e|rung**
über|stim|men
über|strah|len
über|stra|pa|zie|ren; ein überstrapaziertes Schlagwort
über|strei|chen; die Wand wird nicht tapeziert, sondern nur übergestrichen; **über|strei|chen;** er hat die Täfelung mit Lack überstrichen
über|strei|fen
über|streu|en; mit Zucker überstreut
über|strö|men; der Fluss hat die Felder weithin überströmt
über|strö|men; überströmende Herzlichkeit
Über|strumpf *(veraltend)*

U
Über

über|stül|pen
Über|stun|de; Überstunden machen; **Über|stun|den|geld; Über|stun|den|pau|scha|le; Über|stun|den|zu|schlag**
über|stür|zen (übereilen); er hat die Angelegenheit überstürzt; die Ereignisse überstürzten sich; **Über|stür|zung**
über|ta|rif|lich; übertarifliche Bezahlung
über|täu|ben; das hat seinen Schmerz übertäubt
über|tau|chen (*österr. ugs. für* [eine Krankheit, Krise] überstehen)
über|teu|ern; überteuerte Ware; **Über|teu|e|rung**
über|ti|teln; Über|ti|te|lung (*Theater* Text auf einer Anzeigetafel oberhalb der Bühne)
über|töl|peln; ich übertölp[e]le; **Über|töl|pe|lung, Über|tölp|lung**
über|tö|nen; Über|tö|nung
Über|topf
Über|trag, der; -[e]s, ...träge
über|trag|bar; Über|trag|bar|keit
1**über|tra|gen;** ich habe ihm das Amt übertragen; die Krankheit hat sich auf mich übertragen
2**über|tra|gen;** eine übertragene Bedeutung; übertragene (*österr. für* gebrauchte, abgetragene) Kleidung
Über|tra|ger (*Fernmeldewesen* Transformator); **Über|trä|ger; Über|trä|ge|rin; Über|tra|gung**
Über|tra|gungs|ge|schwin|dig|keit
Über|tra|gungs|sa|tel|lit; Über|tra|gungs|ver|merk; Über|tra|gungs|wa|gen (*Abk.* Ü-Wagen); **Über|tra|gungs|weg**
über|trai|niert
über|tref|fen; ihre Leistungen haben alles übertroffen
über|trei|ben; Über|trei|bung
über|tre|ten; er ist zur evangelischen Kirche übergetreten; sie hat, ist beim Weitsprung übergetreten (*Sport*); **über|tre|ten;** ich habe das Gesetz übertreten; ich habe mir den Fuß übertreten (*landsch. für* vertreten); **Über|tre|tung; Über|tre|tungs|fall,** der; *nur in* im Übertretungsfall[e] (*Amtsspr.*)
über|trie|ben; Über|trie|ben|heit
Über|tritt
über|trump|fen (überbieten, ausstechen); übertrumpft
über|tun (*ugs.*); ich habe mir einen Mantel übergetan; **über|tun,** sich (*landsch. für* sich übernehmen); du hast dich übertan

über|tün|chen
über|über|mor|gen
Über|va|ter (Respekt einflößende, beherrschende Figur)
über|ver|si|chern; die Schiffsladung war überversichert; **Über|ver|si|che|rung**
Über|ver|sor|gung
über|ver|tre|ten (*schweiz. für* überrepräsentiert); **Über|ver|tre|tung**
über|völ|kern; diese Provinz ist übervölkert; **Über|völ|ke|rung**
über|voll
über|vor|sich|tig
über|vor|tei|len; er wurde übervorteilt; **Über|vor|tei|lung**
über|wach
über|wa|chen (beaufsichtigen); er wurde überwacht
über|wach|sen; mit Moos überwachsen
über|wäch|tet *alte Schreibung für* überwechtet
Über|wa|chung; Über|wa|chungs|dienst; Über|wa|chungs|ka|me|ra; Über|wa|chungs|staat; Über|wa|chungs|stel|le; Über|wa|chungs|sys|tem
über|wal|len (sprudelnd überfließen); das Wasser ist übergewallt; **über|wal|len** (*geh.*); von Nebel überwallt
über|wäl|ti|gen; er wurde überwältigt; **über|wäl|ti|gend; Über|wäl|ti|gung**
über|wäl|zen (abwälzen); die Kosten wurden auf die Gemeinden überwälzt

über was / worüber
Über was kommt in der gesprochenen Sprache recht häufig vor: *Über was habt ihr gesprochen?* Im geschriebenen Standarddeutsch wird in der Regel *worüber* verwendet: *Worüber habt ihr gesprochen?*

über|wech|seln; sie ist aufs Gymnasium übergewechselt
über|wech|tet (von einem Schneeüberhang bedeckt)
Über|weg
über|wei|sen; sie hat das Geld überwiesen
über|wei|ßen (hell überstreichen); er hat die Wand überweißt
Über|wei|sung; Über|wei|sungs|auf|trag; Über|wei|sungs|for|mu|lar; Über|wei|sungs|schein
über|weit; Über|wei|te; Kleider in Überweiten

Über|welt; über|welt|lich (übersinnlich, übernatürlich)
über|wend|lich (*Handarbeit*); überwendlich nähen (so nähen, dass die Fäden über die aneinandergelegten Stoffkanten hinweggehen); überwendliche Naht; **über|wend|lings;** überwendlings nähen
über|wer|fen; sie hat den Mantel übergeworfen; **über|wer|fen,** sich; wir haben uns überworfen (verfeindet); **Über|wer|fung**
über|wer|tig (*Psychol.*); **Über|wer|tig|keit,** die; -; **Über|wer|tung**
Über|we|sen
über|wie|gen ([an Zahl od. Einfluss] stärker sein); die Laubbäume überwiegen; die Mittelmäßigen haben überwogen; **über|wie|gend** [*auch* 'y:...]
über|wind|bar; über|win|den; die Schwierigkeiten wurden überwunden; **Über|win|der; Über|win|de|rin; Über|win|dung**
über|win|tern; ich überwintere; das Getreide hat gut überwintert; **Über|win|te|rung**
über|wöl|ben; der Raum wurde überwölbt; **Über|wöl|bung**
über|wu|chern; das Unkraut hat den Weg überwuchert; **Über|wu|che|rung**
Über|wurf (Umhang; *Ringen* ein Hebegriff; *österr., schweiz. u. landsch. auch für* Zierdecke, Tagesdecke)
Über|zahl, die; -; in der Überzahl sein; **über|zah|len** (zu hoch bezahlen); **über|zäh|len** (nachzählen); sie hat den Betrag noch einmal überzählt; **über|zäh|lig; Über|zah|lung**
über|zeich|nen (*ugs. für* über den vorgesehenen Rand zeichnen); **über|zeich|nen;** die Anleihe ist überzeichnet; **Über|zeich|nung**
Über|zeit, die; -, -en (*schweiz. für* Überstunden); **Über|zeit|ar|beit,** die; -; **über|zeit|lich**
über|zeu|gen; sie hat ihn überzeugt; sich überzeugen; **über|zeu|gend;** das überzeugends|te Argument; **über|zeugt** (fest an etwas glaubend); eine überzeugte Demokratin; **Über|zeugt|heit; Über|zeu|gung; Über|zeu|gungs|ar|beit,** die; -; **Über|zeu|gungs|kraft,** die; -
Über|zeu|gungs|tä|ter (*Rechtsspr.* jmd., der um einer [politischen, religiösen o. ä.] Überzeugung willen straffällig geworden ist); **Über|zeu|gungs|tä|te|rin**

U
über

üb|rig

– übriges Verlorenes; übrige kostbare Gegenstände

Großschreibung der Substantivierung ↑K72:

– ein Übriges tun (mehr tun, als nötig ist)
– im Übrigen (sonst, ferner)
– das, alles Übrige
– die, alle Übrigen

Schreibung in Verbindung mit Verben und adjektivisch gebrauchten Partizipien:

– er hat von seinem Vermögen nichts übrig behalten
– von dem Kuchen wird nichts übrig bleiben
– ihr wolltet mir doch ein Stück Kuchen übrig lassen!
– solange wir etwas Geld übrig haben ...
– der übrig gebliebene *od.* übriggebliebene Kuchen

Bei übertragener Bedeutung:

– etwas für jmdn. übrighaben (jmdn. mögen)
– ↑K55: uns wird nichts anderes übrig bleiben *od.* übrigbleiben, als nachzugeben
– ↑K55: sie haben uns nichts anderes übrig gelassen *od.* übriggelassen, als zur Polizei zu gehen

über|zeu|gungs|treu
über|zie|hen; er zieht eine Jacke über, hat eine Jacke übergezogen; **über|zie|hen;** sie überzieht den Kuchen mit einem Zuckerguss; er hat sein Konto überzogen; das Bett überziehen (*österr. für* beziehen); er hat es endlich überzogen (*österr. für* verstanden); **Über|zie|her**
Über|zie|hungs|kre|dit
über|zo|gen (übertrieben)
über|züch|tet; der Hund ist überzüchtet
über|zu|ckern
Über|zug; Über|zugs|pa|pier
über|zwerch [*auch* ...ˈt̮svɛ...] (*landsch. für* quer, über Kreuz; verschroben; übermütig)
Ubi|er, der; -s, - (Angehöriger eines germ. Volksstammes); **Ubi|e|rin**
Ubi|quist, der; -en, -en ‹lat.› (*Biol.* auf der gesamten Erdkugel verbreitete Pflanzen- od. Tierart); **ubi|qui|tär** (überall verbreitet)
üb|lich ↑K72: seine Rede enthielt nur das Übliche; **üb|li|cher|wei|se; Üb|lich|keit,** die; -
U-Bo|gen ↑K29
U-Boot, *bundeswehramtlich* **Uboot** ↑K28 (Unterseeboot; *Abk.* U); **U-Boot-Krieg** ↑K26
üb|rig *s. Kasten*
üb|rig blei|ben, üb|rig|blei|ben *vgl.* übrig
üb|ri|gens
üb|rig|ha|ben; *in der Wendung* etwas für jmdn. übrighaben (jmdn. mögen); *vgl.* übrig
üb|rig las|sen, üb|rig|las|sen *vgl.* übrig
Übung; Übungs|ar|beit; Übungs|auf|ga|be; Übungs|buch
übungs|hal|ber
Übungs|hang; Übungs|lei|ter, der; **Übungs|lei|te|rin; Übungs|platz; Übungs|pro|gramm; Übungs|sa|che,** die; **Übungs|schie|ßen; Übungs|stück**
Ücht|land *vgl.* Üechtland
Ucker|mark, die; - (nordostd. Landschaft); **Ucker|mär|ker; Ucker|mär|ke|rin; ucker|mär|kisch**
Ud, Oud [u:t], die; -, -s ‹arab.› (Laute mit 4 bis 7 Saitenpaaren)
u. desgl. [m.] = und desgleichen [mehr]
u. dgl. [m.] = und dergleichen [mehr]
u. d. M. = unter dem Meeresspiegel
ü. d. M. = über dem Meeresspiegel
Udo (m. Vorn.)
UdSSR, die; - = Union der Sozialistischen Sowjetrepubliken (bis 1991)
u. E. = unseres Erachtens
Üecht|land [ˈy:ɛxt...], **Ücht|land,** das; -[e]s (in der Schweiz); *vgl.* Freiburg im Üchtland
Ue|cker [ˈʏkɐr], die; - (nordd. Fluss)
UEFA, die; - = Union of European Football Associations (Europäischer Fußballverband); **UEFA-Po|kal** ↑K28
U-Ei|sen (Walzeisen von u-förmigem Querschnitt); ↑K29; **U-Ei|sen-för|mig** ↑K26
Uel|zen [ˈʏ...] (Stadt in der Lüneburger Heide); **Uel|ze|ner, Uel|zer; Uel|ze|ne|rin, Uel|ze|rin**
Uer|din|gen [ˈy:ɐ̯...] (Stadtteil von Krefeld)
UFA®, die; - = Universum-Film-AG (deutsche Filmproduktionsgesellschaft); **UFA-Film** ↑K28; **UFA-Film|pro|duk|ti|on** ↑K28
Ufer, das; -s, -; *Schreibung in Straßennamen:* ↑K162 *u.* 163
Ufer|bau *Plur.* ...bauten; **Ufer|be|fes|ti|gung; Ufer|bö|schung; Ufer|füh|rung; Ufer|geld** (Hafengebühr); **Ufer|land|schaft; Ufer|läu|fer** (ein Vogel)
ufer|los; seine Pläne gingen ins Uferlose
Ufer|pro|me|na|de; Ufer|schwal|be; Ufer|stra|ße; Ufer|weg
uff!
u. ff. = und folgende [Seiten]
Uf|fi|zi|en *Plur.* (Palast mit Gemäldesammlung in Florenz)
Uffz. = Unteroffizier
Ufo, UFO, das; -[s], -s ‹engl.; *Kurzw. für* unidentified flying object› (unbekanntes Flugobjekt)
Ufo|lo|ge; Ufo|lo|gie, die; - (Beschäftigung mit Ufos); **Ufo|lo|gin**
u-för|mig, U-för|mig (in Form eines lat. U); ↑K29
UG = Untergeschoss
Ugan|da (Staat in Afrika); **Ugan|der; Ugan|de|rin; ugan|disch**
ug|risch *vgl.* finnisch-ugrisch
uh!
U-Haft ↑K28 (*kurz für* Untersuchungshaft)
U-Ha|ken ↑K29
Uh|land (dt. Dichter)

Uhr

die; -, -en

– Punkt, Schlag acht Uhr
– es ist zwei Uhr nachts
– es ist ein Uhr, *aber* es ist eins
– es ist 6:30 [Uhr], 6.30 [Uhr], 6^{30} [Uhr] (*gesprochen* sechs Uhr dreißig)
– es schlägt 12 [Uhr]
– um fünf [Uhr] aufstehen
– ich komme um 20 Uhr
– der Zug fährt um halb acht [Uhr] abends
– ich wartete bis zwei Uhr nachmittags
– Achtuhrzug (*mit Ziffer* 8-Uhr-Zug; ↑K26)

Uhr|band, das; *Plur.* ...bänder; **Ühr|chen**
Uh|ren|in|dus|t|rie; Uh|ren|kas|ten; Uh|ren|ra|dio
Uhr|ket|te; Uhr|ma|cher; Uhr|ma|che|rei; Uhr|ma|che|rin; Uhr|ta|sche; Uhr|werk; Uhr|zei|ger; Uhr|zei|ger|sinn; *nur in* im *u.* entgegen dem Uhrzeigersinn; **Uhr|zeit**
UHT-Milch ⟨= Ultra-high-Temperature-Milch⟩ (*schweiz. für* H-Milch)
Uhu, der; -s, -s (ein Vogel)
Uhud|ler, der; -s, - (österr. Weinsorte)
ui!
UIC, der; - = UEFA-Intertotocup (ein früherer europ. Fußballwettbewerb)
Ui|gu|re, der; -n, -n (Angehöriger eines Turkvolkes); **Ui|gu|rin**
ui je! (*österr. für* oje!)
UK [juː'keɪ], das; - = United Kingdom [of Great Britain and Northern Ireland] ⟨engl.⟩ (Vereinigtes Königreich [Großbritannien u. Nordirland])
Ukas, der; -ses, -se ⟨russ.⟩ (Erlass, Verordnung [des Zaren])
Uke|lei, der; -s, *Plur.* -e *u.* -s ⟨slaw.⟩ (ein Karpfenfisch)
Uk|ra|i|ne [*auch* u'krai̯nə], die; - (Staat in Osteuropa); **Uk|ra|i|ner; Uk|ra|i|ne|rin; uk|ra|i|nisch; Uk|ra|i|nisch,** das; -[s] (Sprache); *vgl.* Deutsch; **Uk|ra|i|ni|sche,** das; -n; *vgl.* ²Deutsche
Uku|le|le, die *od.* das; -, -n ⟨hawaiisch⟩ (kleine Gitarre)
UKW [uːkaː'veː] *ohne Artikel* = Ultrakurzwelle; **UKW-Emp|fän|ger** ↑K28; **UKW-Sen|der**
Ul, die; -, -en (*nordd. für* Eule; Handbesen)
Ulan, der; -en, -en ⟨türk.-poln.⟩ (*früher für* Lanzenreiter)
Ulan-Ba|tor (Hauptstadt der Mongolei)
¹Ule|ma, der; - ⟨arab.-türk., »die Gelehrten«⟩ (Gesamtheit der islamischen Rechts- u. Religionsgelehrten)
²Ule|ma, der; -s, -s (islamischer Rechts- u. Religionsgelehrter)
Ulen|flucht, die; -, -en ⟨»Eulenflug«⟩ (*nordd. für* Dachöffnung des westfäl. Bauernhauses)
Ulen|spie|gel (*Nebenform von* Eulenspiegel)
Ul|fi|las, Wul|fi|la (Bischof der Westgoten)
Uli [*auch* 'ʊ...], Ul|li (m. od. w. Vorn.)
Uli|xes, Ulys|ses (*lat. Name von* Odysseus)
Ulk, der; *Gen.* -s, *seltener* -es, *Plur.* -e (Spaß; Unfug)
Ülk, der; -[e]s, -e (*nordd. für* Iltis)
ul|ken; Ul|ke|rei; ul|kig *(ugs.);* **Ulk|nu|del** *(ugs. scherzh.)*
Ul|kus, das; -, Ulzera ⟨lat.⟩ (*Med.* Geschwür)
Ul|la (w. Vorn.)
Ul|li *vgl.* Uli
¹Ulm (Stadt an der Donau)
²Ulm, ¹Ul|me, die; -, ...men (*Bergmannsspr.* seitliche Fläche im Bergwerksgang)
²Ul|me, die; -, -n ⟨lat.⟩ (ein Laubbaum); **Ul|men|blatt**
Ul|mer ⟨*zu* ¹Ulm⟩; Ulmer Spatz; **Ul|me|rin**
Ul|rich (m. Vorn.)
Ul|ri|ke (w. Vorn.)
¹Uls|ter [*auch* 'al...] ⟨engl.⟩ (hist. Provinz im Norden der Insel Irland)
²Uls|ter [*auch* 'al...], der; -s, - (weiter [Herren]mantel; schwerer Mantelstoff)
ult. = ultimo
Ul|ti|ma Ra|tio ↑K40, die; - - ⟨lat.⟩ (letztes Mittel)
ul|ti|ma|tiv (in Form eines Ultimatums; nachdrücklich); **Ul|ti|ma|tum,** das; -s, ...ten (letzte, äußerste Aufforderung)
ul|ti|mo (am Letzten [des Monats]; *Abk.* ult.); ultimo März; bis ultimo *od.* Ultimo (*ugs. für* sehr lange); **Ul|ti|mo,** der; -s, -s (letzter Tag [des Monats]); **Ul|ti|mo|ge|schäft**
Ul|t|ra, der; -s, -s ⟨lat.⟩ (polit. Fanatiker, [Rechts]extremist; [rechtsradikaler] fanatischer Fußballanhänger)
ul|t|ra|cool *(Jugendspr.)*
ul|t|ra|flach; ul|t|ra|hart
ul|t|ra|kon|ser|va|tiv
ul|t|ra|kurz; Ul|t|ra|kurz|wel|le (*Physik, Rundfunk* elektromagnetische Welle unter 10 m Länge; *Abk.* UKW); **Ul|t|ra|kurz|wel|len|emp|fän|ger; Ul|t|ra|kurz|wel|len|sen|der**
ul|t|ra|lang
Ul|t|ra|leicht|flug|zeug (besonders leicht u. einfach gebautes [Sport]flugzeug)
ul|t|ra|ma|rin ⟨lat., »übers Meer« [eingeführt]⟩ (kornblumenblau); **Ul|t|ra|ma|rin,** das; -s
Ul|t|ra|mi|k|ro|s|kop (zur Beobachtung kleinster Teilchen)
ul|t|ra|mon|tan ⟨lat.⟩ (streng päpstlich gesinnt); **Ul|t|ra|mon|ta|nis|mus,** der; - (streng päpstliche Gesinnung [im ausgehenden 19. Jh.])
ul|t|ra|rot (*svw.* infrarot); **Ul|t|ra|rot**
Ul|t|ra|schall, der; -[e]s (mit dem menschlichen Gehör nicht mehr wahrnehmbarer Schall)
Ul|t|ra|schall|be|hand|lung; Ul|t|ra|schall|di|a|g|nos|tik; Ul|t|ra|schall|schwei|ßung; Ul|t|ra|schall|un|ter|su|chung *(Med., Technik);* **Ul|t|ra|schall|wel|le** *meist Plur.*
ul|t|ra|scharf
Ul|t|ra|strah|lung (kosmische Höhenstrahlung)
ul|t|ra|vi|o|lett ([im Sonnenspektrum] über dem violetten Licht; *Abk.* UV); ultraviolette Strahlen (*kurz* UV-Strahlen; ↑K28); **Ul|t|ra|vi|o|lett,** das; -[s] (*Abk.* UV)
Ulys|ses *vgl.* Ulixes
Ul|ze|ra (*Plur. von* Ulkus); **Ul|ze|ra|ti|on,** die; -, -en ⟨lat.⟩ (*Med.* Geschwürbildung); **ul|ze|rie|ren** (geschwürig werden); **ul|ze|rös** (geschwürig); ulzeröses Organ
um *s. Kasten*
um...; *in Verbindung mit Verben: unfeste Zusammensetzungen* ↑K47, z. B. umbauen *(vgl. d.),* umgebaut; *feste Zusammensetzungen,* z. B. umbauen *(vgl. d.),* umbaut
um|ackern; umgeackert
um|ad|res|sie|ren; umadressiert
uma|mi ⟨jap.⟩ (einen herzhaften Geschmack vermittelnd)
um|än|dern; Um|än|de|rung
um Ant|wort wird ge|be|ten, Um Ant|wort wird ge|be|ten (*Abk.* u. [*od.* U.] A. w. g.)
um|ar|bei|ten; der Anzug wurde umgearbeitet; **Um|ar|bei|tung**
um|ar|men; er hat sie umarmt; sie umarmten sich; **Um|ar|mung**
Um|bau, der; -[e]s, *Plur.* -e *u.* -ten
Um|bau|ar|beit *meist Plur.*
um|bau|en (anders bauen); das Theater wurde völlig umgebaut
um|bau|en (mit Bauten umschließen); er hat seinen Hof mit Ställen umbaut; umbauter Raum
um|be|hal|ten; sie hat den Schal umbehalten
um|be|nen|nen; Um|be|nen|nung
¹Um|ber *vgl.* Umbra
²Um|ber, der; -s, -n ⟨lat.⟩ (ein Speisefisch des Mittelmeeres)
Um|ber|to (m. Vorn.)
um|be|schrie|ben; der umbeschriebene Kreis (Umkreis)
um|be|set|zen; die Rolle wurde umbesetzt; **Um|be|set|zung**

U
Uhrb

um

Präposition mit Akkusativ:	Konjunktion:
– um vieles, um nichts, um ein Mehrfaches größer – um alles in der Welt [nicht] – einen Tag um den anderen – um Rat fragen – ich komme um 20 Uhr (*vgl.* Uhr) – ich gehe um Milch (*österr. für* um Milch zu holen) – um ein Bedeutendes, um ein Beträchtliches (viel) *Adverb:* – um sein (*ugs. für* vorüber sein); da die Zeit um ist, um war; die Zeit ist um gewesen – links um! (*vgl.* links) – es waren um [die] (etwa) zwanzig Kinder – Gemeinden von um (etwa) 10 000 Einwohnern	– um zu; er kommt, um uns zu helfen ↑K 116 – um so zu wirken, setzte er eine traurige Miene auf *Großschreibung* ↑K 81: – das Um und Auf (*österr. für* das Ganze, das Wesentliche) *Vgl. auch* umeinander; umsonst; umso; ums (um das) *u.* willen

um|be|sin|nen, sich; ich habe mich umbesonnen
um|bet|ten; wir haben den Kranken, die Toten umgebettet; **Um|bet|tung**
um|bie|gen
um|bil|den; die Regierung wurde umgebildet; **Um|bil|dung**
um|bin|den; sie hat ein Tuch umgebunden; **um|bin|den;** er hat den Finger mit Leinwand umbunden
um|bla|sen; der Wind hat sie fast umgeblasen; **um|bla|sen;** von Winden umblasen
Um|blatt (inneres Hüllblatt der Zigarre)
um|blät|tern; umgeblättert
Um|blick; um|bli|cken, sich
Um|b|ra, die; -, Um|ber, der; -s ‹lat.› (ein brauner Farbstoff)
um|bran|den; von Wellen umbrandet
um|brau|sen; von Beifall umbraust
um|bre|chen; den Acker umbrechen; der Zaun ist umgebrochen worden; **um|bre|chen** (*Druckw.* den Drucksatz in Seiten einteilen); er umbricht den Satz; der Satz wird umbrochen, ist noch zu umbrechen; **Um|bre|cher** (*Druckw.* Metteur); **Um|bre|che|rin**
Um|b|rer, der; -s, - (Angehöriger eines italischen Volksstamms); **Um|b|re|rin**
Um|b|ri|en (ital. Region)
um|brin|gen; umgebracht
um|b|risch (aus Umbrien)
Um|bruch, der; -[e]s, ...brüche (grundlegende [polit.] Änderung, Umwandlung; *Druckw.* das Umbrechen); **Um|bruch|kor|rek|tur; Um|bruch|pha|se; Um|bruch|si|tu|a|ti|on**
um|bu|chen; einen Betrag umbuchen; sie hat die Reise umgebucht; **Um|bu|chung**
um|da|tie|ren; er hat den Brief umdatiert
um|den|ken; Um|denk|pro|zess, Um|den|kungs|pro|zess
um|deu|ten; Um|deu|tung
um|di|ri|gie|ren; wir haben den Transport umdirigiert
um|dis|po|nie|ren (seine Pläne ändern); ich habe umdisponiert
um|drän|gen; sie wurde von allen Seiten umdrängt
um|dre|hen; sich umdrehen; er dreht jeden Pfennig, Cent um (ist sehr sparsam); sie hat den Spieß umgedreht (ist ihrerseits [mit denselben Mitteln] zum Angriff übergegangen); du hast dich umgedreht
Um|dre|hung; Um|dre|hungs|ge|schwin|dig|keit; Um|dre|hungs|zahl
Um|druck *Plur.* ...drucke (*nur Sing.:* ein Vervielfältigungsverfahren; Ergebnis dieses Verfahrens); **Um|druck|ver|fah|ren**
um|düs|tern, sich *(geh.)*
um|ei|n|an|der; sich umeinander kümmern; umeinander herumtanzen
um|ei|n|an|der|lau|fen (*bes. südd., österr. für* herumlaufen)
um|er|zie|hen; sie wurden politisch umerzogen; **Um|er|zie|hung,** die; -, -en; **Um|er|zie|hungs|la|ger** *Plur.* ...lager
um|fä|cheln *(geh.);* der Wind hat mich umfächelt
um|fah|ren (fahrend umwerfen; *landsch. für* fahrend einen Umweg machen); er hat das Verkehrsschild umgefahren; ich bin [beinahe eine Stunde] umgefahren; **um|fah|ren** (um etwas herumfahren); er umfuhr das Hindernis; er hat die Insel umfahren; **Um|fahrt; Um|fah|rung** (*österr. u. schweiz. auch svw.* Umgehungsstraße); **Um|fah|rungs|stra|ße** *(österr., schweiz.)*
Um|fall, der; -[e]s (*ugs. für* plötzlicher Gesinnungswandel)
um|fal|len; sie ist tot umgefallen; bei der Abstimmung ist er doch noch umgefallen *(ugs.);* ↑K 82: sie war zum Umfallen müde *(ugs.);* **Um|fal|ler** *(auch Fußball);* **Um|fal|le|rin**
Um|fang; um|fan|gen *(geh.);* die Nacht umfing uns; ich halte ihn umfangen; **um|fäng|lich**
um|fang|mä|ßig, um|fangs|mä|ßig; **um|fang|reich; Um|fangs|be|rech|nung; um|fangs|mä|ßig,** um|fang|mä|ßig
um|fär|ben; der Mantel wurde umgefärbt
um|fas|sen (anders fassen; *landsch. auch für* den Arm um jmdn. legen); der Schmuck wird umgefasst; er fasste die Frau um; **um|fas|sen** (umschließen; in sich begreifen); ich habe ihn umfasst; die Sammlung umfasst alles Wesentliche; **um|fas|send; Um|fas|sung; Um|fas|sungs|mau|er**
Um|feld; das soziale Umfeld
um|fir|mie|ren (einen anderen Handelsnamen annehmen); wir haben umfirmiert; **Um|fir|mie|rung**
um|flech|ten; eine umflochtene Weinflasche
um|flie|gen (*landsch. für* fliegend einen Umweg machen; *ugs. für* hinfallen); das Flugzeug war eine weite Strecke umgeflogen; das Schild ist umgeflogen; **um|flie|gen;** die Krähen haben den alten Turm umflogen

um|flie|ßen; umflossen von ...

um|flo|ren *(geh.);* Tränen umflorten seinen Blick

um|for|men; er formt den Satz um; **Um|for|mer** *(Elektrot.)*

um|for|mu|lie|ren

Um|for|mung

Um|fra|ge; Umfrage halten; **Um|fra|ge|er|geb|nis; Um|fra|ge|hoch**

um|fra|gen; die Meinungsforscher haben wieder umgefragt

Um|fra|ge|tief

um|frie|den, *seltener* **um|frie|di|gen** (*geh. für* mit einem Zaun umgeben); er hat seinen Garten umfriedet, *seltener* umfriedigt; **Um|frie|di|gung,** *häufiger* **Um|frie|dung**

um|fül|len; Um|fül|lung

um|funk|ti|o|nie|ren (die Funktion von etwas ändern; zweckentfremdet einsetzen); die Veranstaltung wurde zu einer Protestversammlung umfunktioniert; **Um|funk|ti|o|nie|rung**

Um|gang; um|gäng|lich (freundlich, erträglich); **Um|gäng|lich|keit,** die; -

Um|gangs|form *meist Plur.*

Um|gangs|recht *Plur. selten* (*Rechtsspr.* Recht der Eltern auf persönlichen Umgang mit dem eigenen Kind)

Um|gangs|spra|che; um|gangs|sprach|lich

Um|gangs|ton *Plur.* ...töne

um|gar|nen; sie hat ihn umgarnt; **Um|gar|nung**

um|gau|keln; der Schmetterling hat die Blüten umgaukelt

um|ge|ben *(landsch.);* er gab mir den Mantel um, hat mir den Mantel umgegeben (umgehängt); **um|ge|ben;** er umgab das Haus mit einer Hecke; sie war von Kindern umgeben; sich umgeben mit ...

Um|ge|bin|de|haus *(Bauw.)*

Um|ge|bung

Um|ge|gend *(ugs.)*

um|ge|hen; ein Gespenst geht dort um; er ist umgegangen (*landsch. für* hat einen Umweg gemacht); **um|ge|hen;** sie umgeht alle Fragen; er hat das Gesetz umgangen; **um|ge|hend;** mit umgehender (nächster) Post; **Um|ge|hung; Um|ge|hungs|stra|ße**

um|ge|kehrt; es verhält sich umgekehrt, als du denkst

um|ge|stal|ten; Um|ge|stal|tung

um|ge|wöh|nen; sich umgewöhnen

um|gie|ßen; sie hat den Wein umgegossen

um|git|tern; umgittert; **Um|git|te|rung**

um|glän|zen *(geh.);* von Licht umglänzt

um|gol|den *(geh.);* umgoldet

um|gra|ben; Um|gra|bung

um|grei|fen (in einen anderen Griff wechseln); er hat bei der Riesenfelge umgegriffen; **um|grei|fen** (umfassen); sie hatte den Stock fest umgriffen

um|gren|zen; sie umgrenzte das Aufgabengebiet; der Garten ist von Steinen umgrenzt; **Um|gren|zung**

um|grup|pie|ren; umgruppiert; **Um|grup|pie|rung**

um|gu|cken, um|ku|cken, sich (*ugs. für* sich umsehen)

um|gür|ten *(früher);* ich habe mir das Schwert umgegürtet; **um|gür|ten** *(früher);* sich umgürten; mit dem Schwert umgürtet

um|ha|ben *(ugs.);* sie hat nicht einmal ein Tuch umgehabt

um|ha|cken

um|hä|keln; ein umhäkeltes Taschentuch

um|hal|sen; sie hat ihn umhalst; **Um|hal|sung**

Um|hang; um|hän|gen; ich hängte mir den Mantel um; ich habe die Bilder umgehängt (anders gehängt); *vgl.* ²hängen; **um|hän|gen** (hängend umgeben); das Bild war mit Flor umhängt *od.* umhangen; *vgl.* ²hängen

Um|hän|ge|ta|sche, Um|häng|ta|sche; Um|hän|ge|tuch, Um|hang|tuch, Um|häng|tuch *Plur.* ...tücher

um|hau|en (abschlagen, fällen usw.); er haute, *geh.* hieb den Baum um; das hat mich umgehauen (*ugs. für* das hat mich in großes Erstaunen versetzt)

um|he|gen *(geh.);* **Um|he|gung**

um|her (im Umkreis)

um|her... (bald hierhin, bald dorthin ..., z. B. umherlaufen; er läuft umher, ist umhergelaufen)

um|her|bli|cken; um|her|fah|ren; um|her|ge|hen; um|her|geis|tern; um|her|ir|ren; um|her|lau|fen; um|her|schlei|chen; um|her|schlen|dern; um|her|schwei|fen; um|her|schwir|ren; um|her|strei|chen; um|her|strei|fen; um|her|tra|gen; um|her|zie|hen

um|hin|kom|men (umhinkönnen)

um|hin|kön|nen; *nur verneint:* ich kann nicht umhin[,] es zu tun; ich habe nicht umhingekonnt; nicht umhinzukönnen

um|hö|ren, sich; ich habe mich danach umgehört

um|hül|len; umhüllt mit ...; **Um|hül|lung**

Umi|ak, der *od.* das; -s, -s ‹eskim.› (Boot der Eskimofrauen)

U/min = Umdrehungen pro Minute

um|in|ter|pre|tie|ren (umdeuten)

um|ju|beln; umjubelt

um|kämp|fen *meist im 2. Part. gebr.;* die Festung war hart umkämpft

Um|kar|ton *(fachspr.)*

Um|kehr, die; -; **um|kehr|bar; Um|kehr|bar|keit,** die; -

um|keh|ren; sich umkehren; sie ist umgekehrt; sie hat die Tasche umgekehrt; **Um|kehr|film** (Film, der beim Entwickeln ein Positiv liefert); **Um|kehr|schluss; Um|keh|rung**

um|kip|pen; der Stuhl kippte um; er ist bei den Verhandlungen umgekippt (*ugs. für* hat seinen Standpunkt geändert); sie ist plötzlich umgekippt (*ugs. für* ohnmächtig geworden); der See ist umgekippt (biologisch abgestorben); **Um|kip|pen,** das; -s

um|klam|mern; Um|klam|me|rung

um|klapp|bar; um|klap|pen

Um|klei|de, die; -, -n (*ugs. für* Umkleideraum); **Um|klei|de|ka|bi|ne**

um|klei|den, sich; ich habe mich umgekleidet (anders gekleidet)

um|klei|den (umgeben, umhüllen); umkleidet mit, von ...

Um|klei|de|raum; Um|klei|dung, die; -

Um|klei|dung

um|kni|cken; sie ist [mit dem Fuß] umgeknickt

um|kom|men; er ist im Krieg umgekommen; ↑K82: die Hitze ist ja zum Umkommen *(ugs.)*

um|ko|pie|ren *(Fototechnik)*

um|krän|zen; umkränzt; **Um|krän|zung**

Um|kreis, der; -es *Plur. (Geom.:)* -e; **um|krei|sen;** der Storch hat das Nest umkreist; **Um|krei|sung**

um|krem|peln (*ugs. auch für* völlig ändern)

um|ku|cken *vgl.* umgucken

um|la|ckie|ren

um|la|den; die Säcke wurden umgeladen; *vgl.* ¹laden; **Um|la|dung**

Um|la|ge (Steuer; Beitrag)

ụm|la|gern (an einen anderen Platz bringen [zum Lagern]); die Waren wurden umgelagert; **um|la̲|gern** (umgeben, eng umschließen); umlagert von ...; *vgl.* lagern; **Ụm|la|ge|rung; Um|la̲|ge|rung**

Ụm|la|ge|sys|tem

Ụm|land, das; -[e]s (ländliches Gebiet um eine [Groß]stadt); **Ụm|land|ge|mein|de**

Ụm|lauf (*auch für* Fruchtfolge; *Med.* eitrige Entzündung an Finger od. Hand); in Umlauf geben, sein (von Zahlungsmitteln); **Ụm|lauf|bahn; um|lau̲|fen;** der Mond umläuft die Erde in 28 Tagen; ich habe den Platz umlaufen

ụm|lau|fen (laufend umwerfen; *landsch. für* einen Umweg machen; weitergegeben werden); sie hätte das Kind fast umgelaufen; wir sind umgelaufen; eine Nachricht ist umgelaufen

Ụm|lauf|ren|di|te *Plur. selten* (*Wirtsch.* Rendite festverzinslicher, im Umlauf befindlicher Wertpapiere)

Ụm|lauf[s]|ge|schwin|dig|keit; Ụm|lauf[s]|zeit

Ụm|lauf|ver|mö|gen *(Wirtsch.)*

Ụm|laut (ä, ö, ü); **ụm|lau|ten;** ein umgelautetes U ist ein Ü

Ụm|le|ge|ka|len|der; Ụm|le|ge|kra|gen; um|le̲|gen; ein Braten, umlegt mit Gemüse; **ụm|le|gen** (*derb auch für* erschießen); er legte den Mantel um; er hat die Karten umgelegt (gewendet od. anders gelegt); **Um|le̲|gung; Ụm|le|gung** (*auch für* Flurbereinigung)

ụm|lei|ten (anders leiten); der Verkehr wurde umgeleitet; **Ụm|lei|tung; Ụm|lei|tungs|schild,** das

ụm|len|ken; die Fahrzeuge wurden umgelenkt; **Ụm|len|kung**

ụm|ler|nen; sie hat umgelernt

ụm|lie|gend; umliegende Häuser

Ụm|luft, die; - (*Technik* aufbereitete, zurückgeleitete Luft)

Ụm|ma, die; - ‹arab.› (die religiöse Gemeinschaft aller Muslime)

ụm|mä|hen (*auch ugs. für* umfahren, niederstrecken)

ụm|man|geln (*ugs. für* überfahren); er hat ein Schild umgemangelt

um|mạn|teln; ich ummant[e]le; ein ummanteltes Kabel; **Um|mạn|te|lung**

um|mau̲|ern (mit Mauerwerk umgeben); **Um|mau̲|e|rung**

ụm|me *(ugs.); nur in* für umme (umsonst)

ụm|mel|den; ich habe mich umgemeldet; **Ụm|mel|dung**

ụm|mo|deln (ändern, umgestalten); umgemodelt; **Ụm|mo|de|lung, Ụm|mod|lung**

ụm|mün|zen; die Niederlage wurde in einen Sieg umgemünzt (umgedeutet)

um|nạch|tet (*geh. für* verwirrt); **Um|nạch|tung** *(geh.)*

ụm|nä|hen; sie hat den Saum umgenäht (eingeschlagen u. festgenäht); **um|nä̲|hen;** eine umnähte (eingefasste) Kante

um|ne̲|beln; sie war leicht umnebelt (benommen); **Um|ne̲|be|lung, Um|ne̲b|lung**

ụm|neh|men *(ugs.);* sie hat eine Decke umgenommen

ụm|nie|ten (*derb für* niederschlagen, -schießen); sie haben ihn umgenietet

Ụm|or|ga|ni|sa|ti|on; ụm|or|ga|ni|sie|ren

ụm|ori|en|tie|ren; Ụm|ori|en|tie|rung

ụm|pa|cken (anders packen); der Koffer wurde umgepackt

um|pflạn|zen (mit Pflanzen umgeben); umpflanzt mit ...; **ụm|pflan|zen** (verpflanzen); die Blumen wurden umgepflanzt; **Ụm|pflan|zung; Um|pflạn|zung**

ụm|pflü|gen; er hat den Acker umgepflügt; **Ụm|pflü|gung**

ụm|pla|nen (neu planen); **Ụm|pla|nung**

ụm|po|len (*Physik, Elektrot.* Plus- u. Minuspol vertauschen); umgepolt; **Ụm|po|lung**

ụm|prä|gen; die Goldstücke wurden umgeprägt; **Ụm|prä|gung**

ụm|pro|gram|mie|ren; Ụm|pro|gram|mie|rung

ụm|pum|pen; die Ladung des Tankers wurde umgepumpt

ụm|pus|ten *(ugs.)*

um|quar|tie|ren; er wurde umquartiert; **Ụm|quar|tie|rung**

ụm|rah|men (mit anderem Rahmen versehen); das Bild muss umgerahmt werden; **um|ra̲h|men** (mit Rahmen versehen, einrahmen); die Vorträge wurden von musikalischen Darbietungen umrahmt; **Ụm|rah|mung; Um|ra̲h|mung**

um|rạn|den; sie hat den Artikel mit Rotstift umrandet; **um|rạ̈n|dert;** seine Augen waren rot umrändert; **Um|rạn|dung**

ụm|ran|gie|ren; umrangiert

um|rạn|ken; von Rosen umrankt; **Um|rạn|kung**

Ụm|raum (umgebender Raum)

ụm|räu|men; wir haben das Zimmer umgeräumt; **Ụm|räu|mung**

ụm|rech|nen; sie hat Euro in Schweizer Franken umgerechnet; **Ụm|rech|nung; Ụm|rech|nungs|kurs**

ụm|rei|ßen (einreißen; zerstören); er hat den Zaun umgerissen; **um|rei̲|ßen** (im Umriss zeichnen; andeuten); sie hat die Situation kurz umrissen

ụm|rei|ten (reitend umwerfen); er hat den Mann umgeritten; **um|rei̲|ten;** er hat das Feld umritten

ụm|ren|nen; er hat sie umgerannt

Ụm|rich|ter, der; -s, - (*Elektrot.* Stromrichter zum direkten Energieaustausch zwischen zwei verschiedenartigen Wechselstromnetzen)

um|rị̣n|gen; von Kindern umringt

Ụm|riss; Ụm|riss|zeich|nung

Ụm|ritt

ụm|rüh|ren; umgerührt

um|rụn|den; Um|rụn|dung

ụm|rüst|bar; ụm|rüs|ten (für bestimmte Aufgaben technisch verändern); die Maschine wurde umgerüstet; **Ụm|rüs|tung**

ụms (um das); ↑K14; es geht ums Ganze; ein Jahr ums *od.* um das andere

ụm|sä|beln (*ugs. für* zu Fall bringen); er hat den Stürmer umgesäbelt

ụm|sä|gen

ụm|sat|teln (*ugs. übertr. auch für* einen anderen Beruf ergreifen); **Ụm|sat|te|lung, Ụm|satt|lung**

Ụm|satz; Ụm|satz|ana|ly|se *(Wirtsch.);* **Ụm|satz|an|stieg; Ụm|satz|be|tei|li|gung; Ụm|satz|ein|bu|ße; Ụm|satz|mi|nus; Ụm|satz|plus,** das; -; **Ụm|satz|pro|vi|si|on; Ụm|satz|ren|di|te** (Gewinn im Verhältnis zum Umsatz); **Ụm|satz|rück|gang**

ụm|satz|stark; Ụm|satz|stei|ge|rung; Ụm|satz|steu|er, die; **Ụm|satz|war|nung; Ụm|satz|ziel**

ụm|säu|men; das Kleid muss noch umgesäumt werden (der Saum muss umgelegt u. genäht werden); **um|säu̲|men;** das Dorf ist von Bergen umsäumt (umgeben)

ụm|schal|ten; die Ampel schaltet auf Rot um; **Ụm|schal|ter; Ụm|schalt|he|bel; Ụm|schal|tung**

Um|scha̲|lung (Verschalung)

U
Umsc

um|schat|ten *(geh.)*; ihre Augen waren umschattet
Um|schau, die; -; Umschau halten; **um|schau|en,** sich *(landsch.)*
Um|schicht (*Bergmannsspr.* Wechsel); **um|schich|ten;** das Heu wurde umgeschichtet; **um|schich|tig** (wechselweise); **Um|schich|tung; Um|schich|tungs|pro|zess**
um|schif|fen (in ein anderes Schiff bringen); die Waren, die Passagiere wurden umgeschifft; **um|schif|fen;** er hat die Klippe umschifft (die Schwierigkeit umgangen); **Um|schif|fung; Um|schif|fung**
Um|schlag (*auch für* Umladung); **Um|schlag|bahn|hof**
um|schla|gen (umsetzen; umladen); die Güter wurden umgeschlagen; das Wetter ist, *auch* hat umgeschlagen; **um|schla|gen** (einpacken); die Druckbogen werden umschlagen (*Druckw.* gewendet); **Um|schlag|ent|wurf**
Um|schlag|ha|fen *vgl.* ²Hafen; **Um|schlag|platz; Um|schlag|sei|te** *(Buchw.)*; **Um|schlag|tuch, Um|schla|ge|tuch** *Plur.* ...tücher
Um|schlag|zeich|nung
um|schlei|chen; die Katze hat das Futter umschlichen
um|schlich|ten *(österr.)*; er hat das Holz umgeschlichtet
um|schlie|ßen; von einer Mauer umschlossen; **Um|schlie|ßung**
um|schlin|gen; ich habe mir das Tuch umgeschlungen; **um|schlin|gen;** sie hielt ihn fest umschlungen; **Um|schlin|gung; Um|schlin|gung**
Um|schluss (*Amtsspr.* gegenseitiger Besuch od. gemeinsamer Aufenthalt von Häftlingen in einer Zelle)
um|schmei|cheln; sie wird von der Katze umschmeichelt
um|schmei|ßen *(ugs.)*; er hat den Tisch umgeschmissen
um|schmel|zen; das Altmetall wurde umgeschmolzen; **Um|schmel|zung**
um|schnal|len; umgeschnallt
um|schrei|ben (neu, anders schreiben; übertragen); er hat den Aufsatz umgeschrieben; die Hypothek wurde umgeschrieben; **um|schrei|ben** (mit anderen Worten ausdrücken); sie hat unsere Aufgabe mit wenigen Worten umschrieben; **Um|schrei|bung** (Neuschreibung; andere Buchung); **Um|schrei|bung** (andere Form des Ausdrucks); **um|schrie|ben** (*Med. auch für* deutlich abgegrenzt, bestimmt); eine umschriebene Hautflechte; **Um|schrift**
um|schub|sen *(ugs.)*; er hat ihn umgeschubst
um|schul|den (*Wirtsch.* Kredite umwandeln); **Um|schul|dung**
um|schu|len; Um|schü|ler; Um|schü|le|rin; Um|schu|lung
um|schüt|ten; umgeschüttet
um|schwär|men; umschwärmt
um|schwe|ben; umschwebt
Um|schwei|fe *Plur.*; ohne Umschweife (geradeheraus)
um|schwen|ken; er ist plötzlich umgeschwenkt
um|schwir|ren; von Mücken umschwirrt
Um|schwung, der; -[e]s, ...schwünge (*nur Sing.: schweiz. auch für* Umgebung des Hauses)
um|se|geln; sie hat die Insel umsegelt; **Um|se|ge|lung, Um|seg|lung**
um|se|hen, sich
um sein *vgl.* um
um|sei|tig; um|seits *(Amtsspr.)*
um|setz|bar; um|set|zen; sie setzte die Pflanzen um; er hat seinen Plan in die Tat umgesetzt; ich habe mich umgesetzt; **Um|set|zung**
Um|sich|grei|fen, das; -s; *vgl.* greifen
Um|sicht, die; -; **um|sich|tig; Um|sich|tig|keit**
um|sie|deln; ich sied[e]le um; umgesiedelt; **Um|sie|de|lung; Um|sied|ler; Um|sied|le|rin; Um|sied|lung**
um|sin|ken; sie ist vor Müdigkeit umgesunken
um|so; umso besser; umso größer; umso schöner; **um|so meh|r[,] als** ↑K127
um|sonst
um|sor|gen; der Kranke wurde umsorgt
um|so we|ni|ger[,] als ↑K127
um|span|nen (neu, anders [be]spannen; *auch für* transformieren); der Strom wurde auf 9 Volt umgespannt; **um|span|nen** (umfassen); seine Arbeit hat viele Wissensgebiete umspannt; **Um|span|ner** (*für* Transformator); **Um|span|nung; Um|span|nung; Um|spann|werk**
um|spie|len; er hat die Abwehr umspielt *(Sport)*
um|spin|nen; umsponnener Draht
um|sprin|gen; der Wind sprang um; er ist übel mit dir umgesprungen; **um|sprin|gen;** die Hunde umsprangen sie; **Um|sprung**
um|spu|len; das Tonband wird umgespult
um|spü|len; von Wellen umspült
Um|stand; unter Umständen (*Abk.* u. U.); in anderen Umständen (*verhüllend für* schwanger) sein; mildernde Umstände *(Rechtsspr.)*; keine Umstände machen; gewisser Umstände halber, eines gewissen Umstandes halber, *aber* umständehalber, umstandshalber
um|stän|de|hal|ber *vgl.* Umstand
um|ständ|lich; Um|ständ|lich|keit
Um|stands|an|ga|be *(Sprachwiss.)*; **Um|stands|be|stim|mung; Um|stands|er|gän|zung; Um|stands|für|wort**
um|stands|hal|ber *vgl.* Umstand
Um|stands|kleid; Um|stands|klei|dung
Um|stands|krä|mer (*ugs. für* umständlicher Mensch)
um|stands|los
Um|stands|mo|de
Um|stands|satz; Um|stands|wort *Plur.* ...wörter (Adverb); **um|stands|wört|lich** (adverbial)
um|ste|chen; wir haben das Beet umgestochen; **um|ste|chen** (mit Stichen befestigen); die Stoffkanten werden umstochen
um|ste|cken (anders stecken); sie hat die Blumen umgesteckt; *vgl.* ²stecken; **um|ste|cken;** umsteckt mit ...; *vgl.* ²stecken
um|ste|hen (*landsch. für* verenden; verderben); umgestanden (verdorben [von Flüssigkeiten]; verendet [von Tieren]); **um|ste|hen;** umstanden von ...; **um|ste|hend** ↑K72 : im Umstehenden finden sich die näheren Erläuterungen; er soll Umstehendes beachten; das Umstehende (auf der anderen Seite Gesagte), die Umstehenden (die Zuschauer)
Um|stei|ge|bahn|hof; um|stei|ge|frei *(Verkehrsw.)*; umsteigefreie Bahnverbindungen; **um|stei|gen;** sie ist umgestiegen; **Um|stei|ger; Um|stei|ge|rin**
um|stel|len; er stellte die Mannschaft um; der Schrank wurde umgestellt; sich umstellen; **um|stel|len** (umgeben); die Polizei hat das Haus umstellt; **Um|stel|lung; Um|stel|lung; Um|stel|lungs|pro|zess**

U
umsc

um|stem|peln; der Pass wurde umgestempelt
um|steu|ern (anders ausrichten); der Satellit soll umgesteuert werden; **Um|steu|e|rung**
Um|stieg, der; -[e]s, -e
um|stim|men; er hat sie umgestimmt; **Um|stim|mung**
um|sto|ßen
um|strah|len; umstrahlt von ...
um|stri|cken (neu, anders stricken); sie hat den Pullover umgestrickt; **um|stri|cken;** umstrickt ([unlösbar] umgeben, umgarnt) von Intrigen; **Um|stri|ckung; Um|stri|ckung**
um|strit|ten
um|strö|men; umströmt von ...
um|struk|tu|rie|ren; umstrukturiert; **Um|struk|tu|rie|rung**
um|stül|pen; er hat das Fass umgestülpt; **um|stül|pen** *(Druckw.);* er hat das Papier umstülpt; **Um|stül|pung**
Um|sturz *Plur.* ...stürze; **Um|sturz|be|we|gung; um|stür|zen;** das Gerüst ist umgestürzt; **Um|stürz|ler; Um|stürz|le|rin; um|stürz|le|risch; Um|stür|zung; Um|sturz|ver|such**
um|tan|zen; sie haben das Feuer umtanzt
um|tau|fen; er wurde umgetauft
Um|tausch; um|tau|schen; sie hat das Kleid umgetauscht; **Um|tausch|recht**
um|tei|len *(schweiz. für* neu zuordnen); jmdn. in den Zivildienst umteilen; umgeteilt werden; **Um|tei|lung**
um|ti|teln; der Film wurde umgetitelt
um|top|fen; der Gärtner hat die Pflanze umgetopft
um|to|sen *(geh.);* umtost von ...
um|trei|ben (planlos herumtreiben); er wurde von Angst umgetrieben
um|tre|ten (durch einen od. mehrere Tritte zu Fall bringen)
Um|trieb (*Landwirtsch.* Zeit vom Pflanzen eines Baumbestandes bis zum Fällen; Nutzungszeit bei Reben, Geflügel, Vieh; *Bergmannsspr.* Strecke, die an Schächten vorbei- od. um sie herumführt; *meist Plur.: schweiz. für* Aufwand [z. B. an Zeit, Arbeit, Geld]); **Um|trie|be** *Plur.* (umstürzlerische Aktivitäten; *vgl.* Umtrieb); **um|trie|big** (rege, rührig); **Um|trie|big|keit**
Um|trunk, der; -[e]s, *Plur.* -e *u.* Umtrünke
UMTS ⟨engl.⟩ = universal mobile telecommunication system (Mobilfunkstandard mit direktem Zugang zum Internet u. vielen multimedialen Funktionen); **UMTS-Han|dy; UMTS-Li|zenz**
um|tun *(ugs.);* sich umtun; ich habe mich danach umgetan
U-Mu|sik, die; - **1K28** (*kurz für* Unterhaltungsmusik); *Ggs.* E-Musik
Um|ver|pa|ckung (für Verkauf od. Transport einer Ware entbehrliche Verpackung)
um|ver|tei|len; Um|ver|tei|lung
um|wach|sen; mit Gebüsch umwachsen
um|wal|len *(geh.);* von Nebel umwallt
Um|wal|lung ⟨*zu* [2]Wall⟩
Um|wälz|an|la|ge (Anlage für den Abfluss verbrauchten u. den Zustrom frischen Wassers o. Ä.); **um|wäl|zen; Um|wälz|pum|pe; Um|wäl|zung**
um|wan|deln (ändern); ich wand[e]le um; sie war wie umgewandelt; **um|wan|deln** (*geh. für* um etwas herumwandeln); sie hat den Platz umwandelt; **Um|wan|de|lung** *vgl.* Umwandlung
um|wan|dern; ich umwandere den See, habe den See umwandert
Um|wand|lung, *seltener* Um|wan|de|lung (Änderung); **Um|wand|lungs|pro|zess**

> **um was / worum**
> *Um was* kommt in der gesprochenen Sprache recht häufig vor: *Um was geht es hier eigentlich?* Im geschriebenen Standarddeutsch wird in der Regel *worum* verwendet: *Worum geht es hier eigentlich?*

um|wech|seln; ich wechs[e]le um; er hat das Geld umgewechselt; **Um|wechs|lung,** *seltener* **Um|wech|se|lung**
Um|weg
Um|weg|ren|ta|bi|li|tät (*Wirtsch.* mit einem Projekt verbundene indirekte Einnahmen)
um|we|hen; das Zelt wurde umgeweht ([vom Wind] umgerissen); **um|we|hen;** umweht von ...
Um|welt; Um|welt|auf|la|ge (Auflage zum Schutz der Umwelt);
Um|welt|au|to (*ugs. für* umweltfreundlicheres Auto)
um|welt|be|dingt
Um|welt|be|din|gung *meist Plur.;* **Um|welt|be|hör|de; Um|welt|be|las|tung; Um|welt|be|richt**
um|welt|be|wusst; Um|welt|be|wusst|sein
Um|welt|bun|des|amt
Um|welt|ein|fluss; Um|welt|fak|tor
um|welt|feind|lich; Um|welt|flücht|ling; Um|welt|for|schung
um|welt|freund|lich; Um|welt|freund|lich|keit, die; -
um|welt|ge|recht
Um|welt|ka|ta|s|t|ro|phe
Um|welt|kom|mis|sar (ein Amt der EU-Kommission); **Um|welt|kom|mis|sa|rin**
Um|welt|kri|mi|na|li|tät
Um|welt|mi|nis|ter; Um|welt|mi|nis|te|rin; Um|welt|mi|nis|te|ri|um
um|welt|neu|t|ral; Um|welt|or|ga|ni|sa|ti|on; Um|welt|pa|pier (Recyclingpapier); **Um|welt|pla|ket|te** (*svw.* Feinstaubplakette)
Um|welt|po|li|tik; Um|welt|po|li|ti|ker; Um|welt|po|li|ti|ke|rin; um|welt|po|li|tisch
Um|welt|scha|den *meist Plur.*
um|welt|schäd|lich; um|welt|scho|nend
Um|welt|schutz, der; -es; **Um|welt|schüt|zer; Um|welt|schüt|ze|rin; Um|welt|schutz|or|ga|ni|sa|ti|on**
Um|welt|sün|der *(ugs.);* **Um|welt|sün|de|rin** *(ugs.)*
Um|welt|tech|nik *Plur. selten;* **Um|welt|tech|no|lo|gie; Um|welt|ver|schmut|zung**
um|welt|ver|träg|lich; Um|welt|ver|träg|lich|keit
Um|welt|zer|stö|rung
Um|welt|zo|ne (Gebiet, in dem [bis auf bestimmte Ausnahmen] nur Kfz mit Feinstaubplakette fahren dürfen)
um|wen|den; er wandte *od.* wendete die Seite um, hat sie umgewandt *od.* umgewendet; sich umwenden; **Um|wen|dung**
um|wer|ben; eine viel umworbene *od.* vielumworbene Sängerin
um|wer|fen; er warf den Tisch um; diese Nachricht hat ihn umgeworfen (*ugs. für* aus der Fassung gebracht); **um|wer|fend;** umwerfende Komik
um|wer|ten; alle Werte wurden umgewertet; **Um|wer|tung**
um|wi|ckeln (neu, anders wickeln); ich wick[e]le um; er hat die Schnur umgewickelt; **um|wi-**

ckeln; umwickelt mit ...; **Um|wi|cke|lung, Um|wick|lung; Um|wi|cke|lung, Um|wick|lung**

um|wid|men (*Amtsspr.* für einen anderen Zweck bestimmen); in Industriegelände umgewidmetes Agrarland; **Um|wid|mung**

um|win|den; sie hat das Tuch umgewunden; **um|win|den;** umwunden mit ...

um|wit|tern *(geh.);* von Geheimnissen, Gefahren umwittert

um|wo|ben *(geh.);* von Sagen umwoben

um|wo|gen *(geh.);* umwogt von ...

um|woh|nend ↑K 72: die Umwohnenden

Um|woh|ner; Um|woh|ne|rin

um|wöl|ken; seine Stirn war vor Unmut umwölkt; **Um|wöl|kung**

um|wüh|len; umgewühlt

um|zäu|nen; Um|zäu|nung

um|zeich|nen (anders zeichnen); sie hat das Bild umgezeichnet

um|zie|hen, sich umziehen; ich habe mich umgezogen; wir sind [nach Frankfurt] umgezogen; **um|zie|hen;** der Himmel hat sich umzogen; umzogen mit ...

um|zin|geln; ich umzing[e]le; das Lager wurde umzingelt; **Um|zin|ge|lung, Um|zing|lung**

um zu *vgl.* um

Um|zug; um|zugs|hal|ber; Um|zugs|kos|ten *Plur.;* **Um|zugs|tag**

um|zün|geln; ich umzüng[e]le; umzüngelt von Flammen

UN [uːˈlɛn] *Plur.; auch in singularischer Verwendung ‹Abk. für engl.* United Nations› (Vereinte Nationen); die UN beschließen *od.* beschließt; *vgl. auch* UNO *u.* VN

un|ab|än|der|lich [*auch* ˈʊ...]; **Un|ab|än|der|lich|keit**

un|ab|ding|bar [*auch* ˈʊ...]; **Un|ab|ding|bar|keit; un|ab|ding|lich**

un|ab|hän|gig; Un|ab|hän|gig|keit; Un|ab|hän|gig|keits|er|klä|rung

un|ab|kömm|lich [*auch* ...ˈkœ...]; **Un|ab|kömm|lich|keit,** die; -

un|ab|läs|sig [*auch* ˈʊ...]

un|ab|seh|bar [*auch* ˈʊ...]; unabsehbare Folgen; die Kosten steigen ins Unabsehbare; **Un|ab|seh|bar|keit**

un|ab|setz|bar [*auch* ...ˈzɛ...]

un|ab|sicht|lich

un|ab|steig|bar [*auch* ˈʊ...] *(Sportjargon)*

un|ab|weis|bar [*auch* ˈʊ...]; **un|ab|weis|lich**

un|ab|wend|bar [*auch* ˈʊ]; ein unabwendbares Verhängnis; **Un|ab|wend|bar|keit**

un|acht|sam; Un|acht|sam|keit

un|ähn|lich; Un|ähn|lich|keit

un|ak|zep|ta|bel

un|an|bring|lich (*Postw.* unzustellbar)

un|an|fecht|bar [*auch* ...ˈfɛ...]; **Un|an|fecht|bar|keit,** die; -

un|an|ge|bracht; un|an|ge|foch|ten; un|an|ge|mel|det; un|an|ge|mes|sen; Un|an|ge|mes|sen|heit

un|an|ge|nehm

un|an|ge|passt; Un|an|ge|passt|heit

¹un|an|ge|se|hen (nicht angesehen)

²un|an|ge|se|hen (*Amtsspr.* ohne Rücksicht auf); *Präp. mit Gen. od. Akk.:* unangesehen der Umstände *od.* unangesehen die Umstände

un|an|ge|strengt; un|an|ge|tas|tet; unangetastet bleiben

un|an|greif|bar [*auch* ...ˈgrai...]; **Un|an|greif|bar|keit,** die; -

un|an|nehm|bar [*auch* ...ˈneː...]; **Un|an|nehm|bar|keit,** die; -

Un|an|nehm|lich|keit *meist Plur.*

un|an|sehn|lich; Un|an|sehn|lich|keit

un|an|stän|dig; Un|an|stän|dig|keit

un|an|stö|ßig; Un|an|stö|ßig|keit, die; -

un|an|tast|bar [*auch* ˈʊ...]; **Un|an|tast|bar|keit,** die; -

un|ap|pe|tit|lich; Un|ap|pe|tit|lich|keit

¹Un|art (schlechte Angewohnheit; Unartigkeit)

²Un|art, der; -[e]s, -e (*veraltet für* unartiges Kind)

un|ar|tig; Un|ar|tig|keit

un|ar|ti|ku|liert (unverständlich, undeutlich ausgesprochen)

Una Sanc|ta, die; - - ‹lat., »die eine heilige [Kirche]«› (Selbstbez. der röm.-kath. Kirche)

un|äs|the|tisch (unschön)

un|at|trak|tiv

Unau, das; -[s], -s ‹Tupi› (ein südamerik. Faultier)

un|auf|dring|lich; Un|auf|dring|lich|keit, die; -

un|auf|fäl|lig; Un|auf|fäl|lig|keit, die; -

un|auf|find|bar [*auch* ˈʊ...]

un|auf|ge|for|dert

un|auf|ge|klärt

un|auf|ge|regt

un|auf|halt|bar [*auch* ˈʊ...]; **un|auf|halt|sam; Un|auf|halt|sam|keit,** die; -

un|auf|hör|lich [*auch* ˈʊ...]

un|auf|lös|bar [*auch* ˈʊ...]; **Un|auf|lös|bar|keit,** die; -; **un|auf|lös|lich** [*auch* ˈʊ...]; **Un|auf|lös|lich|keit,** die; -

un|auf|merk|sam; Un|auf|merk|sam|keit

un|auf|rich|tig; Un|auf|rich|tig|keit

un|auf|schieb|bar [*auch* ˈʊ...]; **Un|auf|schieb|bar|keit,** die; -

un|aus|bleib|lich [*auch* ˈʊ...]

un|aus|denk|bar [*auch* ˈʊ...]

un|aus|führ|bar [*auch* ˈʊ...]; **Un|aus|führ|bar|keit,** die; -

un|aus|ge|bil|det

un|aus|ge|füllt; Un|aus|ge|füllt|sein, das; -s

un|aus|ge|gli|chen; Un|aus|ge|gli|chen|heit

un|aus|ge|go|ren; un|aus|ge|reift

un|aus|ge|schla|fen

un|aus|ge|setzt (unaufhörlich)

un|aus|ge|spro|chen

un|aus|ge|wo|gen; Un|aus|ge|wo|gen|heit

un|aus|lösch|lich [*auch* ˈʊ...]; ein unauslöschlicher Eindruck

un|aus|rott|bar [*auch* ˈʊ...]; ein unausrottbares Vorurteil

un|aus|sprech|bar [*auch* ˈʊ...]; **un|aus|sprech|lich**

un|aus|steh|lich [*auch* ˈʊ...]; **Un|aus|steh|lich|keit,** die; -

un|aus|tilg|bar [*auch* ˈʊ...]

un|aus|weich|lich [*auch* ˈʊ...]

Un|band, der; -[e]s, *Plur.* -e *u.* ...bände (*landsch. für* Wildfang)

un|bän|dig

un|bar (bargeldlos)

un|barm|her|zig; Un|barm|her|zig|keit

un|be|ab|sich|tigt

un|be|ach|tet; un|be|acht|lich *(Rechtsspr.)*

un|be|an|stan|det; un|be|ant|wor|tet; un|be|ar|bei|tet; un|be|auf|sich|tigt; un|be|baut

un|be|dacht (unüberlegt, vorschnell); eine unbedachte Äußerung; **un|be|dach|ter|wei|se; Un|be|dacht|heit; un|be|dacht|sam; Un|be|dacht|sam|keit**

un|be|dankt (*österr. für* nicht ausreichend gewürdigt)

un|be|darft (unerfahren; naiv); **Un|be|darft|heit**

un|be|deckt

un|be|denk|lich; Un|be|denk|lich|keit, die; -; **Un|be|denk|lich|keits|be|schei|ni|gung**

un|be|deu|tend; Un|be|deu|tend|heit

un|be|dingt [*auch* ...ˈdɪ...]; unbedingte Reflexe; **Un|be|dingt|heit**

un|be|ein|druckt

un|be|ein|fluss|bar [*auch* ...ˈlai...];

Un|be|ein|fluss|bar|keit, die; -; **un|be|ein|flusst**
un|be|fahr|bar [*auch* ...ˈfaːɐ̯...]
un|be|fan|gen; Un|be|fan|gen|heit
un|be|fes|tigt
un|be|fleckt; *aber* ↑K 150 : die Unbefleckte Empfängnis [Mariens]
un|be|frie|di|gend; un|be|frie|digt; Un|be|frie|digt|heit
un|be|fris|tet; unbefristetes Darlehen
un|be|fugt; Un|be|fug|te, der *u.* die; -n, -n
un|be|gabt; Un|be|gabt|heit, die; -
un|be|greif|lich [*auch* ˈʊ...]; **un|be|greif|li|cher|wei|se; Un|be|greif|lich|keit**
un|be|grenzt; Un|be|grenzt|heit, die; -
un|be|grün|det
un|be|haart
Un|be|ha|gen; un|be|hag|lich; Un|be|hag|lich|keit
un|be|han|delt; un|be|hau|en; aus unbehauenen Steinen
un|be|haust (*geh. für* kein Zuhause habend)
un|be|hel|ligt [*auch* ...ˈhɛ...]
un|be|herrscht; Un|be|herrscht|heit
un|be|hin|dert
un|be|hol|fen; Un|be|hol|fen|heit
un|be|irr|bar [*auch* ˈʊ...]; **Un|be|irr|bar|keit,** die; -; **un|be|irrt** [*auch* ˈʊ...]; **Un|be|irrt|heit,** die; -

un|be|kannt

Kleinschreibung:
- eine unbekannte Frau
- [nach] unbekannt verzogen
- Anzeige gegen unbekannt erstatten

Großschreibung ↑K 72 *u.* 151:
- der große Unbekannte
- eine Gleichung mit mehreren Unbekannten *(Math.)*
- das Grab des Unbekannten Soldaten

un|be|kann|ter|wei|se; Un|be|kannt|heit
un|be|klei|det
un|be|küm|mert [*auch* ...ˈkʏ...]; **Un|be|küm|mert|heit**
un|be|las|tet
un|be|lebt; eine unbelebte Straße
un|be|leckt; von etwas unbeleckt sein (*ugs. für* von etwas nichts wissen, verstehen)
un|be|lehr|bar [*auch* ...ˈleːɐ̯...]; **Un|be|lehr|bar|keit**
un|be|leuch|tet
un|be|lich|tet *(Fotogr.)*
un|be|liebt; Un|be|liebt|heit, die; -
un|be|mannt
un|be|merkt
un|be|mit|telt
un|be|nom|men [*auch* ˈʊ...]; es bleibt ihm unbenommen
un|be|nutz|bar [*auch* ...ˈnʊ...]; **un|be|nutzt**
un|be|ob|ach|tet
un|be|quem; Un|be|quem|lich|keit
un|be|re|chen|bar [*auch* ˈʊ...]; **Un|be|re|chen|bar|keit**
un|be|rech|tigt; un|be|rech|tig|ter|wei|se
un|be|rück|sich|tigt [*auch* ...ˈrʏ...]
un|be|ru|fen; in unberufene Hände gelangen; **un|be|ru|fen!**
un|be|rühr|bar; Un|be|rühr|ba|re, der *u.* die; -n, -n (jmd., der in Indien der niedrigsten od. gar keiner Kaste angehört); **un|be|rührt; Un|be|rührt|heit,** die; -
un|be|scha|det; unbeschadet seines Rechtes *od.* seines Rechtes unbeschadet; **un|be|schä|digt**
un|be|schäf|tigt
un|be|schei|den; Un|be|schei|den|heit
un|be|schol|ten (untadelig, integer); **Un|be|schol|ten|heit,** die; -; **Un|be|schol|ten|heits|zeug|nis**
un|be|schrankt; unbeschrankter Bahnübergang
un|be|schränkt [*auch* ...ˈʃrɛ...] (nicht eingeschränkt); *vgl.* eGmuH; **Un|be|schränkt|heit,** die; -
un|be|schreib|lich [*auch* ˈʊ...]; **Un|be|schreib|lich|keit**
un|be|schrie|ben; ein unbeschriebenes Blatt sein *(ugs.)*
un|be|schützt
un|be|schwert; Un|be|schwert|heit
un|be|seelt
un|be|se|hen [*auch* ˈʊ...]; das glaubt man unbesehen
un|be|setzt
un|be|sieg|bar [*auch* ˈʊ...]; **Un|be|sieg|bar|keit,** die; -; **un|be|sieg|lich; Un|be|sieg|lich|keit,** die; -; **un|be|siegt**
un|be|son|nen; Un|be|son|nen|heit
un|be|sorgt
un|be|spiel|bar [*auch* ˈʊ...]; der Platz war unbespielbar; **un|be|spielt;** unbespielte Kassetten
un|be|stän|dig; Un|be|stän|dig|keit
un|be|stä|tigt [*auch* ...ˈʃtɛː...]
un|be|stech|lich [*auch* ...ˈʃtɛ...]; **Un|be|stech|lich|keit,** die; -
un|be|stimm|bar [*auch* ...ˈʃtɪm...]; **Un|be|stimm|bar|keit; un|be|stimmt;** unbestimmtes Fürwort (*für* Indefinitpronomen); **Un|be|stimmt|heit; Un|be|stimmt|heits|re|la|ti|on** (Begriff der Quantentheorie)
un|be|streit|bar [*auch* ˈʊ...]; **un|be|strit|ten** [*auch* ...ˈʃtrɪ...]
un|be|tei|ligt [*auch* ...ˈtai̯...]
un|be|tont
un|be|trächt|lich [*auch* ...ˈtrɛ...]; **Un|be|trächt|lich|keit,** die; -
un|be|tre|ten; unbetretenes Gebiet
un|be|trof|fen
un|beug|bar [*auch* ...ˈbɔy̯...]; **un|beug|sam;** unbeugsamer Wille; **Un|beug|sam|keit,** die; -
un|be|wacht
un|be|waff|net
un|be|wäl|tigt; die unbewältigte Vergangenheit
un|be|wan|dert *vgl.* bewandert
un|be|weg|lich; Un|be|weg|lich|keit; un|be|wegt
un|be|weibt (*scherzh. für* ohne [Ehe]frau)
un|be|wie|sen
un|be|wohn|bar [*auch* ˈʊ...]; **un|be|wohnt**
un|be|wusst; Un|be|wuss|te, das; -n; **Un|be|wusst|heit**
un|be|zahl|bar [*auch* ˈʊ...]; **Un|be|zahl|bar|keit,** die; -; **un|be|zahlt**
un|be|zähm|bar [*auch* ˈʊ...]; **Un|be|zähm|bar|keit,** die; -
un|be|zwei|fel|bar [*auch* ˈʊ...]
un|be|zwing|bar [*auch* ˈʊ...]; **un|be|zwing|lich** [*auch* ˈʊ...]
Un|bil|den *Plur.* (*geh. für* Unannehmlichkeiten); die Unbilden der Witterung
Un|bil|dung, die; -
Un|bill, die; - (*geh. für* Unrecht); **un|bil|lig** *(geh.);* unbillige (nicht angemessene) Härte; **Un|bil|lig|keit** *(geh.)*
un|blu|tig
un|bot|mä|ßig; Un|bot|mä|ßig|keit
un|brauch|bar; Un|brauch|bar|keit, die; -
un|bü|ro|kra|tisch
un|buß|fer|tig *(christl. Rel.);* **Un|buß|fer|tig|keit,** die; -
UN-Char|ta, die; - (1945 unterzeichnete Gründungsurkunde der Vereinten Nationen [UN])
un|christ|lich; Un|christ|lich|keit, die; -, -en
Un|cle Sam [ˈaŋkl̩ ˈsɛm] (*scherzh. für* die USA, bes. die US-Regierung)
un|cool *(Jugendspr.)*
und (*Abk.* u., *bei Firmen auch* &); und and[e]re, and[e]res (*Abk.*

u. a.); und and[e]re mehr, und and[e]res mehr (*Abk.* u. a. m.); und Ähnliche[s] (*Abk.* u. Ä.); drei und drei ist, macht, gibt (*nicht* sind, machen, geben) sechs; ... und, und, und (*ugs. für* und dergleichen mehr)
Ụn|dank; ụn|dank|bar; eine undankbare Aufgabe; **Ụn|dank|bar|keit**
ụn|da|tiert
und der|glei|chen [mehr] (*Abk.* u. dgl. [m.]); **und des|glei|chen [mehr]** (*Abk.* u. desgl. [m.])
ụn|de|fi|nier|bar [*auch* ...ˈniːɐ̯...]
ụn|de|kli|nier|bar [*auch* ...ˈniːɐ̯...]
ụn|de|mo|kra|tisch
un|dẹnk|bar; un|dẹnk|lich
un|der|co|ver [ˈandɐkavɐ] ⟨engl.⟩; undercover (verdeckt) ermitteln
Un|der|co|ver|agent ⟨engl.; lat.⟩ (Geheimagent, der sich in eine heimlich zu überwachende Gruppe einschleust); **Un|der|co|ver|agen|tin**
Un|der|dog [ˈandɐdɔk], der; -s, -s ⟨engl.⟩ ([sozial] Benachteiligter, Schwächerer)
un|der|dressed [ˈandɐdrɛst] ⟨engl.⟩ (zu schlecht angezogen; *Ggs.* overdressed)
Un|der|ground [ˈandɐgraʊ̯nt], der; -[s] ⟨engl., »Untergrund«⟩
Un|der|state|ment [andɐˈsteːtmɛnt], das; -s, -s ⟨engl.⟩ (Untertreibung)
ụn|deut|lich; Ụn|deut|lich|keit
Un|de|zi|me, die; -, -n ⟨lat.⟩ (*Musik* elfter Ton der diaton. Tonleiter; Intervall im Abstand von 11 Stufen)
ụn|dicht; Ụn|dicht|heit, die; -, -en (*Fachspr.*); **Ụn|dich|tig|keit,** die; -
ụn|dif|fe|ren|ziert
Un|di|ne, die; -, -n ⟨lat.⟩ (w. Wassergeist)
Ụn|ding, das; -[e]s, -e (Unmögliches; Unsinniges)
ụn|di|p|lo|ma|tisch
ụn|dis|ku|ta|bel [*auch* ...ˈtaː...]
ụn|dis|zi|p|li|niert; Ụn|dis|zi|p|li|niert|heit
ụnd/oder; geben Sie uns bitte Ihre Adresse und/oder Telefonnummer
ụn|dog|ma|tisch; ụn|do|ku|men|tiert; ụn|dra|ma|tisch
Ụnd|set, Sigrid (norw. Dichterin)
ụnd so fọrt (*Abk.* usf.); **ụnd so wei|ter** (*Abk.* usw.)
Un|du|la|ti|on, die; -, -en ⟨lat.⟩ (*Physik* Wellenbewegung; *Geol.* Sattel- u. Muldenbildung durch Gebirgsbildung); **Un|du|la|ti|ons|the|o|rie**, die; - (*Physik* Wellentheorie); **un|du|la|to|risch** (*Physik* wellenförmig)
ụn|duld|sam; Ụn|duld|sam|keit
un|du|lie|ren ⟨lat.⟩ (*bes. Med., Biol.* wellenförmig verlaufen)
un|durch|drịng|bar [*auch* ˈʊ...]
un|durch|drịng|lich [*auch* ˈʊ...]; **Un|durch|drịng|lich|keit**
un|durch|führ|bar [*auch* ˈʊ...]; **Un|durch|führ|bar|keit,** die; -
ụn|durch|läs|sig; Ụn|durch|läs|sig|keit, die; -
un|durch|schau|bar [*auch* ˈʊ...]; **Un|durch|schau|bar|keit**
ụn|durch|sich|tig; Ụn|durch|sich|tig|keit
und vie|le[s] ạn|de|re [mehr] (*Abk.* u. v. a. [m.]); **und zwar** ↑K105
ụn|eben; Ụn|eben|heit
ụn|echt; unechte Brüche (*Math.*); **Ụn|echt|heit,** die; -
ụn|edel; uned|le Metalle
ụn|egal (*landsch. für* uneben)
ụn|ehe|lich; ein uneheliches Kind; *vgl.* nicht ehelich; **Ụn|ehe|lich|keit,** die; -

unehelich
Das Adjektiv *unehelich* wird häufiger als abwertend empfunden. In diesen Fällen verwendet man (so z. B. in Gesetzestexten) die wertneutrale Formulierung *nicht ehelich.*

Ụn|eh|re (*geh.*); jemanden in Unehren (unehrenhaft) entlassen; **ụn|eh|ren|haft; Ụn|eh|ren|haf|tig|keit; ụn|ehr|er|bie|tig; Ụn|ehr|er|bie|tig|keit,** die; -
ụn|ehr|lich; Ụn|ehr|lich|keit, die; -
ụn|eid|lich; uneidliche Erklärung
ụn|ei|gen|nüt|zig; Ụn|ei|gen|nüt|zig|keit, die; -
ụn|ei|gent|lich
un|ein|brịng|lich [*auch* ˈʊ...] (*Rechtsspr., Wirtsch.*)
ụn|ein|ge|schränkt; Ụn|ein|ge|schränkt|heit
ụn|ein|ge|weiht
ụn|ein|heit|lich; Ụn|ein|heit|lich|keit
un|ein|hol|bar
ụn|ei|nig; Ụn|ei|nig|keit
un|ein|nehm|bar [*auch* ˈʊ...]; **Un|ein|nehm|bar|keit,** die; -
ụn|eins; uneins sein
ụn|ein|sich|tig; Ụn|ein|sich|tig|keit
ụn|ei|tel
ụn|emp|fäng|lich; Ụn|emp|fäng|lich|keit, die; -; **ụn|emp|find|lich; Ụn|emp|find|lich|keit,** die; -
un|ẹnd|lich; von eins bis unendlich (*Math.; Zeichen* ∞); bis ins Unendliche (unaufhörlich, immerfort); der Weg scheint bis ins Unendliche zu führen; im, aus dem Unendlichen; unendliche Mal, unendliche Male; *aber* unendlichmal; **Un|ẹnd|lich|keit,** die; -; **un|ẹnd|lich|mal** *vgl.* unendlich
ụn|ent|behr|lich [*auch* ...ˈbeːɐ̯...]; **Ụn|ent|behr|lich|keit**
ụn|ent|deckt [*auch* ...ˈdɛ...]
ụn|ent|gelt|lich [*auch* ...ˈgɛlt...]
un|ent|rịnn|bar [*auch* ˈʊ...]; **Un|ent|rịnn|bar|keit,** die; -
ụn|ent|schie|den; Ụn|ent|schie|den, das; -s, - (*Sport u. Spiel*); **Ụn|ent|schie|den|heit,** die; -
ụn|ent|schlos|sen; Ụn|ent|schlos|sen|heit
un|ent|schụld|bar [*auch* ˈʊ...]; **ụn|ent|schul|digt**
un|ent|wegt [*auch* ˈʊ...]
un|ent|wịrr|bar [*auch* ˈʊ...]
un|er|ạch|tet [ˈʊ...] (*veraltet für* ungeachtet [*vgl. d.*])
un|er|bịtt|lich [*auch* ˈʊ...]; **Un|er|bịtt|lich|keit; ụn|er|fah|ren; Ụn|er|fah|ren|heit,** die; -
un|er|fịnd|lich [*auch* ˈʊ...]
ụn|er|forsch|lich [*auch* ...ˈfɔ...]; **ụn|er|forscht**
ụn|er|freu|lich
un|er|füll|bar [*auch* ˈʊ...]; **Un|er|füll|bar|keit,** die; -; **ụn|er|füllt; Ụn|er|füllt|heit,** die; -
ụn|er|gie|big; Ụn|er|gie|big|keit, die; -
un|er|gründ|bar [*auch* ˈʊ...]; **Un|er|gründ|bar|keit,** die; -; **un|er|gründ|lich** [*auch* ˈʊ...] (geheimnisvoll, rätselhaft); **Un|er|gründ|lich|keit**
ụn|er|heb|lich; Ụn|er|heb|lich|keit
[1]**ụn|er|hört** (unglaublich); sein Verhalten war unerhört
[2]**ụn|er|hört**; ihre Bitte blieb unerhört
ụn|er|kannt; un|er|kẹnn|bar [*auch* ˈʊ...]; **Un|er|kẹnn|bar|keit,** die; -
un|er|klär|bar [*auch* ˈʊ...]; **Un|er|klär|bar|keit; un|er|klär|lich** [*auch* ˈʊ...]; **Un|er|klär|lich|keit**
un|er|läss|lich [*auch* ˈʊ...]
ụn|er|laubt; unerlaubte Handlung
ụn|er|le|digt
un|er|mẹss|lich [*auch* ˈʊ...] ↑K72 ins Unermessliche steigen; **Un|er|mẹss|lich|keit**
un|er|müd|lich [*auch* ˈʊ...]; **Un|er|müd|lich|keit,** die; -
ụn|ernst; Ụn|ernst
ụn|er|quick|lich (unerfreulich)

un|er|reich|bar [*auch* 'ʊ...]; **Un|er|reich|bar|keit; un|er|reicht**
un|er|sätt|lich [*auch* 'ʊ...]; **Un|er|sätt|lich|keit**
un|er|schlos|sen
un|er|schöpf|lich [*auch* 'ʊ...]; **Un|er|schöpf|lich|keit,** die; -
un|er|schro|cken; Un|er|schro|cken|heit; un|er|schüt|ter|lich [*auch* 'ʊ...]; **Un|er|schüt|ter|lich|keit,** die; -
un|er|schwing|lich [*auch* 'ʊ...]
un|er|setz|bar; un|er|setz|lich; Un|er|setz|lich|keit
un|er|sprieß|lich [*auch* ...'ʃp...] (nicht förderlich, nicht nützlich)
un|er|träg|lich [*auch* 'ʊ...]; **Un|er|träg|lich|keit,** die; -, -en
un|er|wähnt; nicht unerwähnt bleiben; **un|er|war|tet** [*auch* ...'va...]; **un|er|wi|dert; un|er|wünscht; un|er|zo|gen**
UNESCO, die; - = United Nations Educational, Scientific and Cultural Organization ⟨engl.⟩ (Organisation der Vereinten Nationen für Erziehung, Wissenschaft u. Kultur)
UNESCO-Lis|te, die; - (von der UNESCO geführtes Verzeichnis der Natur- u. Kulturdenkmäler); **UNESCO-Welt|er|be,** das; -s (in das Verzeichnis bedeutsamer u. erhaltenswerter Stätten aufgenommenes Natur- od. Kulturdenkmal)
un|fä|hig; Un|fä|hig|keit
un|fair (regelwidrig, unerlaubt; unfein; ohne sportl. Anstand); **Un|fair|ness**
Un|fall, der; **Un|fall|arzt; Un|fall|ärz|tin; Un|fall|be|tei|lig|te,** der *u.* die; **Un|fall|chi|r|ur|gie**
Un|fäl|ler, der; -s, - (*bes. Psychol.* jmd., der häufig in Unfälle verwickelt ist)
Un|fall|fah|rer; Un|fall|fah|re|rin
Un|fall|flucht *vgl.* ²Flucht; **Un|fall|fol|ge** *meist Plur.*; **un|fall|frei; Un|fall|ge|fahr**
un|fall|ge|schä|digt; Un|fall|ge|schä|dig|te, der *u.* die
Un|fall|her|gang; Un|fall|hil|fe *Plur. selten;* **Un|fall|kli|nik; Un|fall|kom|man|do; Un|fall|op|fer; Un|fall|ort; Un|fall|quo|te; Un|fall|ra|te; Un|fall|scha|den; Un|fall|schutz,** der; -es; **Un|fall|sta|ti|on; Un|fall|sta|tis|tik; Un|fall|stel|le**
Un|fall|tod; Un|fall|to|te, der *u.* die *meist Plur.*
un|fall|träch|tig
Un|fall|ur|sa|che; Un|fall|ver|hü|tung; Un|fall|ver|letz|te, der *u.* die; **Un|fall|ver|si|che|rung**
Un|fall|ver|ur|sa|cher; Un|fall|ver|ur|sa|che|rin
Un|fall|wa|gen (Wagen, der einen Unfall hatte; Rettungswagen); **Un|fall|zeit**
Un|fall|zeu|ge; Un|fall|zeu|gin
un|fass|bar [*auch* 'ʊ...]; **un|fass|lich**
un|fehl|bar [*auch* 'ʊ...]; **Un|fehl|bar|keit,** die; -; **Un|fehl|bar|keits|glau|be[n]** (*kath. Kirche*)
un|fein; Un|fein|heit
un|fern; *als Präposition mit Gen.:* unfern des Hauses
un|fer|tig; Un|fer|tig|keit
Un|flat, der; -[e]s (*geh. für* widerlicher Schmutz, Dreck); **un|flä|tig; Un|flä|tig|keit**
un|flek|tiert (*Sprachwiss.* ungebeugt)
un|fle|xi|bel
un|flott *(ugs.);* nicht unflott aussehen
un|folg|sam; Un|folg|sam|keit
Un|form; un|för|mig (ohne schöne Form; sehr groß); **un|förm|lich** (nicht förmlich; *veraltet für* unförmig)
un|fran|kiert
un|frei; Un|frei|heit; un|frei|wil|lig
un|freund|lich; er war unfreundlich zu ihm, *selten* gegen ihn; **Un|freund|lich|keit**
Un|frie|de, der; -ns, **Un|frie|den,** der; -s
un|fri|siert
un|fromm
un|frucht|bar; Un|frucht|bar|keit, die; -; **Un|frucht|bar|ma|chung**
Un|fug, der; -[e]s
...ung (z. B. Prüfung, die; -, -en)
un|ga|lant
un|gang|bar; ein ungangbarer (nicht begehbarer) Weg
Un|gar, der; -n, -n; **Un|ga|rin; un|ga|risch;** *aber* ↑K150: die Ungarische Rhapsodie [von Liszt]; **Un|ga|risch,** das; -[s] (Sprache); *vgl.* Deutsch; **Un|ga|ri|sche,** das; -n; *vgl.* ²Deutsche; **un|gar|län|disch** *(selten)*
Un|garn
un|gast|lich; Un|gast|lich|keit, die; -
un|ge|ach|tet; *Präp. mit Gen.:* ungeachtet wiederholter Bitten *od.* wiederholter Bitten ungeachtet; dessen ungeachtet *od.* des ungeachtet; ungeachtet [dessen], dass ...
un|ge|ahn|det [*auch* ...'a:...] (unbestraft)
un|ge|ahnt [*auch* ...'a:...]
un|ge|bär|dig (*geh. für* ungezügelt); **Un|ge|bär|dig|keit**
un|ge|be|ten; ungebetener Gast
un|ge|beugt
un|ge|bil|det
un|ge|bo|ren; ungeborenes Leben
un|ge|bräuch|lich; Un|ge|bräuch|lich|keit, die; -; **un|ge|braucht**
un|ge|bremst
un|ge|bro|chen
Un|ge|bühr, die; - *(veraltend);* **un|ge|büh|rend; un|ge|bühr|lich;** ungebührliches Verhalten; **Un|ge|bühr|lich|keit**
un|ge|bun|den; Un|ge|bun|den|heit, die; -
un|ge|deckt; ungedeckter Scheck
un|ge|dient (*Militär* ohne Wehrdienst geleistet zu haben); **Un|ge|dien|te,** der; -n, -n
un|ge|druckt
Un|ge|duld; un|ge|dul|dig
un|ge|duscht
un|ge|eig|net
un|ge|fähr [*auch* ...'fɛ:ɐ̯]; von ungefähr (zufällig); **Un|ge|fähr,** das; -s (*veraltend für* Zufall)
un|ge|fähr|det [*auch* ...'fɛ:ɐ̯...]
un|ge|fähr|lich; Un|ge|fähr|lich|keit, die; -
un|ge|fäl|lig; Un|ge|fäl|lig|keit
un|ge|färbt
un|ge|fes|tigt; ungefestigter Charakter
un|ge|fil|tert
un|ge|formt
un|ge|fragt
un|ge|früh|stückt (*ugs. scherzh. für* ohne gefrühstückt zu haben)
un|ge|fü|ge (*geh. für* unförmig)
un|ge|ges|sen (nicht gegessen; *ugs. scherzh. für* ohne gegessen zu haben)
un|ge|glie|dert
un|ge|hal|ten (ärgerlich); **Un|ge|hal|ten|heit**
un|ge|hei|ßen (*geh. für* unaufgefordert)
un|ge|heizt
un|ge|hemmt
un|ge|heu|er [*auch* ...'hɔy...]; ungeheurer, ungeheuerste; ungeheure Verschwendung; ↑K72: die Kosten steigen ins Ungeheure; **Un|ge|heu|er,** das; -s, -; **un|ge|heu|er|lich** [*auch* 'ʊ...]; **Un|ge|heu|er|lich|keit**
un|ge|hin|dert
un|ge|ho|belt [*auch* ...'ho:...] (auch für ungebildet; grob)
un|ge|hö|rig; Un|ge|hö|rig|keit
un|ge|hor|sam; Un|ge|hor|sam
un|ge|hört

U
unge

Un|geist, der; -[e]s *(geh.)*; **un|geis|tig**
un|ge|kämmt
un|ge|kannt; mit ungekannter Liebenswürdigkeit
un|ge|klärt
un|ge|kocht
un|ge|krönt; der ungekrönte König (*übertr. für* der beste, erfolgreichste) der Schwimmer
un|ge|kün|digt
un|ge|küns|telt; **un|ge|kürzt**; **un|ge|küsst**
Un|geld (mittelalterl. Abgabe)
un|ge|le|gen; ihr Besuch kam mir ungelegen; **Un|ge|le|gen|heit**
un|ge|legt; *nur in der Verbindung* ungelegte Eier (*ugs. für* etw., was noch nicht spruchreif ist)
un|ge|leh|rig; **un|ge|lehrt**
un|ge|lenk, **un|ge|len|kig**; **Un|ge|len|kig|keit**, die; -
un|ge|lernt; ein ungelernter Arbeiter; **Un|ge|lern|te**, der *u.* die; -n, -n
un|ge|le|sen; **un|ge|liebt**; **un|ge|lo|gen**
un|ge|löscht; ungelöschter Kalk
un|ge|löst; ungelöste Aufgaben
Un|ge|mach, das; -[e]s *(geh.)*
un|ge|mäß; jmdm., einer Sache ungemäß (nicht angemessen) sein
un|ge|mein [*auch* ...ˈmain]
un|ge|mes|sen [*auch* ...ˈmeː...]
un|ge|min|dert; mit ungeminderter Stärke
un|ge|mischt
un|ge|müt|lich; **Un|ge|müt|lich|keit**, die; -
un|ge|nannt
un|ge|nau; **Un|ge|nau|ig|keit**
un|ge|neh|migt; eine ungenehmigte Demonstration
un|ge|niert [...ʒe...] (zwanglos); **Un|ge|niert|heit**
un|ge|nieß|bar [*auch* ...ˈniː...]; **Un|ge|nieß|bar|keit**, die; -
Un|ge|nü|gen, das; -s *(geh.)*; **un|ge|nü|gend** *vgl.* ausreichend
un|ge|nutzt, **un|ge|nützt**
un|ge|öff|net
un|ge|ord|net
un|ge|pflegt; **Un|ge|pflegt|heit**
un|ge|plant; **un|ge|prüft**; **un|ge|rächt**
un|ge|ra|de, *landsch.* ungrad, *ugs.* un|gra|de; ungerade Zahl *(Math.)*
un|ge|rahmt
un|ge|ra|ten (unerzogen)
un|ge|rech|net; *Präp. mit Gen.:* ungerechnet des Schadens
un|ge|recht; **un|ge|rech|ter|wei|se**; **un|ge|recht|fer|tigt**; **un|ge|recht|fer|tig|ter|wei|se**; **Un|ge|rech|tig|keit**
un|ge|re|gelt
un|ge|reimt; **Un|ge|reimt|heit**
un|gern
un|ge|rührt (unbeteiligt, gleichgültig); **Un|ge|rührt|heit**, die; -
un|ge|rupft; er kam ungerupft (*ugs. für* ohne Schaden) davon
un|ge|sagt; vieles blieb ungesagt
un|ge|sal|zen
un|ge|sät|tigt; ungesättigte Lösung
un|ge|säu|ert; ungesäuertes Brot
[1]**un|ge|säumt** (ohne Saum)
[2]**un|ge|säumt** (*geh. veraltend für* sofort)
un|ge|schält; ungeschälter Reis
un|ge|schaut (*österr. ugs. für* unbesehen)
un|ge|sche|hen; etwas ungeschehen machen
un|ge|scheut (*geh. für* frei, ohne Scheu)
Un|ge|schick; **un|ge|schick|lich** (*veraltend für* ungeschickt); **Un|ge|schick|lich|keit**
un|ge|schickt; **Un|ge|schickt|heit**
un|ge|schlacht (plump, grobschlächtig); ein ungeschlachter Mensch; **Un|ge|schlacht|heit**
un|ge|schla|gen (unbesiegt)
un|ge|schlecht|lich; ungeschlechtliche Fortpflanzung
un|ge|schlif|fen (*auch für* ohne Manieren); **Un|ge|schlif|fen|heit**
un|ge|schmä|lert (ohne Einbuße)
un|ge|schmei|dig
un|ge|schminkt
un|ge|schönt
un|ge|scho|ren
un|ge|schrie|ben; ein ungeschriebenes Gesetz
un|ge|schult
un|ge|schützt
un|ge|se|hen
un|ge|sel|lig; **Un|ge|sel|lig|keit**, die; -
un|ge|setz|lich; **Un|ge|setz|lich|keit**
un|ge|si|chert
un|ge|sit|tet
un|ge|stalt (*veraltet für* formlos, missgestaltet); **un|ge|stal|tet** (nicht gestaltet)
un|ge|stem|pelt
un|ge|stillt; ungestillte Sehnsucht
un|ge|stört; **Un|ge|stört|heit**, die; -
un|ge|straft; ungestraft davonkommen
un|ge|stüm (*geh. für* schnell, heftig); **Un|ge|stüm**, das; -[e]s
un|ge|sühnt
un|ge|sund
un|ge|süßt; ungesüßter Tee
un|ge|tan; etwas ungetan lassen
un|ge|teilt
un|ge|tes|tet
un|ge|treu *(geh.)*
un|ge|trübt; ungetrübte Freude
Un|ge|tüm, das; -[e]s, -e
un|ge|übt
un|ge|wandt
un|ge|wa|schen
un|ge|wiss ↑K72: im Ungewissen bleiben, lassen, sein; eine Fahrt ins Ungewisse; **Un|ge|wiss|heit**
Un|ge|wit|ter (*veraltet für* Unwetter)
un|ge|wöhn|lich; **Un|ge|wöhn|lich|keit**; **un|ge|wohnt**
un|ge|wollt; eine ungewollte Schwangerschaft
un|ge|würzt
un|ge|zählt (*auch für* unzählig)
un|ge|zähmt
un|ge|zeich|net; ungezeichnete Flugblätter
Un|ge|zie|fer, das; -s
un|ge|zie|mend *(geh.)*
un|ge|zo|gen; **Un|ge|zo|gen|heit**
un|ge|zu|ckert
un|ge|zü|gelt; ungezügelter Hass
un|ge|zwun|gen; **Un|ge|zwun|gen|heit**
un|gif|tig; dieser Pilz ist ungiftig
Un|glau|be[n]; **un|glaub|haft**; **un|gläu|big**; ein ungläubiger Thomas (*ugs. für* jmd., der an allem zweifelt); **Un|gläu|bi|ge**, der *u.* die; -n, -n
un|glaub|lich; es geht ins, grenzt ans Unglaubliche ↑K72
un|glaub|wür|dig; **Un|glaub|wür|dig|keit**, die; -
un|gleich; **un|gleich|ar|tig**
Un|gleich|be|hand|lung
un|gleich|er|big (*für* heterozygot); **un|gleich|för|mig**; **un|gleich|ge|schlecht|lich** *(Biol.)*
Un|gleich|ge|wicht; **Un|gleich|heit**
un|gleich|mä|ßig; **Un|gleich|mä|ßig|keit**
Un|glei|chung *(Math.)*
un|gleich|zei|tig; **Un|gleich|zei|tig|keit**
Un|glück, das; -[e]s, -e
un|glück|lich; **Un|glück|li|che**, der *u.* die; -n, -n; **un|glück|li|cher|wei|se**
Un|glücks|bo|te; **Un|glücks|bo|tin**; **Un|glücks|bot|schaft**
un|glück|se|lig; **un|glück|se|li|ger|wei|se**; **Un|glück|se|lig|keit**
Un|glücks|fah|rer; **Un|glücks|fah|re|rin**
Un|glücks|fall, der; **Un|glücks|ma-**

schi|ne; Un|glücks|mensch; Un|glücks|nach|richt; Un|glücks|ort; Un|glücks|ra|be *(ugs.)*
un|glücks|schwan|ger *(geh.)*
Un|glücks|stel|le; Un|glücks|tag; Un|glücks|wa|gen; Un|glücks|wurm *(ugs.)*
Un|gna|de, die; -; [bei jmdm.] in Ungnade fallen; **un|gnä|dig**
un|grad, un|gra|de; *vgl.* ungerade
un|gra|zi|ös
un|greif|bar; Un|greif|bar|keit *Plur. selten*
Un|gu|la|ten *Plur.* ⟨lat.⟩ (*Zool.* Huftiere)
un|gül|tig; Un|gül|tig|keit, die; -; **Un|gül|tig|keits|er|klä|rung; Un|gül|tig|ma|chung** *(Amtsspr.)*
Un|gunst; zu seinen, zu seines Freundes Ungunsten; zuungunsten *od.* zu Ungunsten der Arbeiterinnen
un|güns|tig; Un|güns|tig|keit, die; -
un|gus|ti|ös *vgl.* gustiös
un|gut; nichts für ungut (es war nicht böse gemeint)
un|halt|bar [*auch* ...'ha...]; unhaltbare Zustände; **Un|halt|bar|keit**
un|hal|tig (*Bergmannsspr.* kein Erz usw. enthaltend)
un|hand|lich; Un|hand|lich|keit
un|har|mo|nisch
Un|heil; Unheil bringende *od.* unheilbringende Veränderungen; ein Unheil kündendes *od.* unheilkündendes Zeichen; ein Unheil verkündendes *od.* unheilverkündendes Zeichen; *aber nur:* großes Unheil bringend, kündend, verkündend; äußerst unheilbringend, unheilkündend, unheilverkündend ↑K58
un|heil|bar [*auch* ...'hai̯...]; **Un|heil|bar|keit**
Un|heil brin|gend, un|heil|brin|gend *vgl.* Unheil
un|heil|dro|hend
un|hei|lig
Un|heil kün|dend, un|heil|kün|dend *vgl.* Unheil
un|heil|schwan|ger *(geh.)*
Un|heil|stif|ter; Un|heil|stif|te|rin
Un|heil ver|kün|dend, un|heil|ver|kün|dend *vgl.* Unheil
un|heil|voll
un|heim|lich [*auch* 'ʊ...] (*ugs. auch für* sehr); **Un|heim|lich|keit**
un|his|to|risch
un|höf|lich; Un|höf|lich|keit
Un|hold, der; -[e]s, -e (böser Geist; Wüstling, Sittlichkeitsverbrecher); **Un|hol|din**
un|hör|bar [*auch* 'ʊ...]; **Un|hör|bar|keit,** die; -
un|hy|gi|e|nisch
uni ['ʏni, *auch* y'ni:] ⟨franz.⟩ (einfarbig, nicht gemustert); ein uni Kleid; uni gefärbte *od.* unigefärbte Stoffe ↑K58; **¹Uni,** das; -s, -s (einheitliche Farbe); in verschiedenen Unis
²Uni, die; -, -s (*ugs.; kurz für* Universität)
UNICEF ['u:nitsɛf, *auch* 'ʊ...], die; -, *meist ohne Artikel* = United Nations International Children's Emergency Fund ⟨engl.⟩ (Weltkinderhilfswerk der UNO)
uni|e|ren ⟨franz.⟩ (vereinigen [bes. von Religionsgemeinschaften]); unierte Kirchen (die mit der röm.-kath. Kirche wieder vereinigten Ostkirchen; die ev. Unionskirchen); **Uni|fi|ka|ti|on,** die; -, -en; *vgl.* Unifizierung; **uni|fi|zie|ren** (vereinheitlichen); **Uni|fi|zie|rung** (Vereinheitlichung, Vereinigung)
uni|form (gleich-, einförmig)
Uni|form [*auch* 'ʊ..., *südd., österr.* 'u:ni...], die; -, -en ⟨franz.⟩ (einheitl. Dienstkleidung); **Uni|form|hemd; Uni|form|ho|se**
uni|for|mie|ren (einheitlich kleiden; gleichförmig machen)
Uni|for|mier|te, der *u.* die; -n, -n; **Uni|for|mie|rung; Uni|for|mi|tät,** die; -, -en (Einförmigkeit); **Uni|form|ver|bot**
uni ge|färbt, uni|ge|färbt *vgl.* uni
Uni|kat [uni...], das; -[e]s, -e ⟨lat.⟩ (einzige Ausfertigung); **Uni|kum,** das; -s, *Plur.* (*für* [in seiner Art] Einziges:) ...ka, (*für* Sonderling:) -s, *österr.* ...ka
uni|la|te|ral (einseitig)
un|in|for|miert; Un|in|for|miert|heit, die; -
un|in|s|pi|riert
un|in|te|r|es|sant (langweilig, reizlos); **un|in|te|r|es|siert** (ohne innere Anteilnahme); **Un|in|te|r|es|siert|heit,** die; -
Unio mys|ti|ca, die; - - ⟨lat.⟩ (geheimnisvolle Vereinigung der Seele mit Gott in der Mystik)
Uni|on, die; -, -en (Bund, Vereinigung [bes. von Staaten]); Europäische Union (*Abk.* EU); Christlich Demokratische Union [Deutschlands] (*Abk.* CDU); Christlich-Soziale Union (*Abk.* CSU); Junge Union (*vgl.* jung)
Uni|o|nist, der; -en, -en (Anhänger einer Union, z. B. der amerikanischen im Unabhängigkeitskrieg 1776/83); **Uni|o|nis|tin; uni|o|nis|tisch**
Uni|on Jack ['ju:nj̩ən 'dʒɛk], der; - -s, - -s ⟨engl.⟩ (brit. Nationalflagge)
Uni|ons|frak|ti|on (Fraktion der Unionsparteien)
Uni|ons|kir|che
Uni|ons|par|tei *meist Plur.* (eine der beiden Parteien CDU u. CSU)
Uni|ons|po|li|ti|ker; Uni|ons|po|li|ti|ke|rin; uni|ons|re|giert
uni|pe|tal ⟨lat.; griech.⟩ (*Bot.* einblättrig)
uni|po|lar (*Elektrot.* einpolig); **Uni|po|lar|ma|schi|ne**
un|ir|disch (nicht irdisch)
Uni|sex, der; -[es] ⟨engl.⟩ (Verwischung der Unterschiede zwischen den Geschlechtern [im Erscheinungsbild]); **Uni|sex|ta|rif** (*Versicherungsw.* einheitlicher Tarif für beide Geschlechter)
uni|so|no ⟨ital.⟩ (*Musik* auf demselben Ton od. in der Oktave [zu spielen]); **Uni|so|no,** das; -s, *Plur.* -s *u.* ...ni *(Musik)*
Uni|ta|ri|er, der; -s, - ⟨lat.⟩ (Anhänger einer protestant. Richtung, die die Einheit Gottes betont u. die Dreifaltigkeit ablehnt); **Uni|ta|ri|e|rin**
uni|ta|risch (Einigung bezweckend); **Uni|ta|ris|mus,** der; - (Streben nach Stärkung der Zentralgewalt; Lehre der Unitarier); **Uni|tät,** die; -, -en (Einheit, Einzig[artig]keit)
Uni|ted Na|tions [ju'nai̯tɪt 'ne:ʃn̩s] usw. *vgl.* UN, UNESCO usw.
Uni|ted Press In|ter|na|tio|nal [- - ɪntɐ'nɛʃənl̩], die; - - - ⟨engl.⟩ (eine US-amerik. Nachrichtenagentur; *Abk.* UPI)
Uni|ted States [of Ame|ri|ca] [- 'ste:ts (- ɛ'mɛrikə)] *Plur.* (Vereinigte Staaten [von Amerika]; *Abk.* US[A])
uni|ver|sal, uni|ver|sell ⟨lat.⟩ (allgemein, gesamt; umfassend); **Uni|ver|sal|bil|dung**
Uni|ver|sal|er|be, der; **Uni|ver|sal|er|bin; Uni|ver|sal|ge|nie; Uni|ver|sal|ge|schich|te** (Weltgeschichte)
Uni|ver|sa|li|en *Plur.* (*Philos.* Allgemeinbegriffe, allgemeingültige Aussagen); **Uni|ver|sa|lis|mus,** der; - (Lehre vom Vorrang des Allgemeinen, Ganzen vor dem Besonderen, Einzelnen; *auch für* Universalität); **uni|ver|sa|lis|tisch; Uni|ver|sa|li|tät,** die; - (Allge-

meinheit; Allseitigkeit; alles umfassende Bildung)
Uni|ver|sal|mit|tel, das (Allerweltsmittel, Allheilmittel)
uni|ver|sell *vgl.* universal
Uni|ver|si|a|de, die; -, -n (Studentenwettkämpfe nach dem Vorbild der Olympischen Spiele)
uni|ver|si|tär (die Universität betreffend)
Uni|ver|si|tät, die; -, -en
Uni|ver|si|täts|aus|bil|dung; Uni|ver|si|täts|bi|b|lio|thek; Uni|ver|si|täts|buch|hand|lung
Uni|ver|si|täts|di|rek|tor *(österr.);* **Uni|ver|si|täts|di|rek|to|rin**
Uni|ver|si|täts|in|s|ti|tut; Uni|ver|si|täts|kli|nik; Uni|ver|si|täts|lauf|bahn
Uni|ver|si|täts|lehr|gang (*österr. für* weiterführende Lehrveranstaltung für eine bestimmte berufliche Qualifikation)
Uni|ver|si|täts|me|di|zin, die; - (an der Universität erforschte u. angewandte Medizin)
Uni|ver|si|täts|prä|si|dent; Uni|ver|si|täts|prä|si|den|tin; Uni|ver|si|täts|pro|fes|sor; Uni|ver|si|täts|pro|fes|so|rin
Uni|ver|si|täts|rat (Selbstverwaltungsgremium an einer Universität); **Uni|ver|si|täts|stadt; Uni|ver|si|täts|stu|di|um**
Uni|ver|sum, das; -s, ...sen
UNIX® [ˈjuːnɪks], das; - (*EDV* ein Betriebssystem für vernetzte Computer)
un|kal|ku|lier|bar
un|ka|me|rad|schaft|lich; Un|ka|me|rad|schaft|lich|keit, die; -
un|ka|putt|bar (*Werbespr.* nicht zerstörbar)
Un|ke, die; -, -n (ein Froschlurch); **un|ken** (*ugs. für* Unglück prophezeien); **Un|ken|art**
un|kennt|lich; Un|kennt|lich|keit, die; -; **Un|kennt|nis,** die; -
Un|ken|ruf (*auch für* pessimistische Voraussage)
un|keusch *(veraltend);* **Un|keusch|heit,** die; -
un|kind|lich; Un|kind|lich|keit
un|kirch|lich
un|klar ↑K72 : im Unklaren bleiben, lassen, sein; **Un|klar|heit**
un|kleid|sam
UN-Kli|ma|be|richt ↑K28
un|klug; Un|klug|heit
un|kol|le|gi|al
un|kom|men|tiert
un|kom|p|li|ziert
un|kon|kret
un|kon|t|rol|lier|bar [*auch* ...ˈliːɐ̯...]; **un|kon|t|rol|liert**
un|kon|ven|ti|o|nell
un|kon|zen|t|riert; Un|kon|zen|t|riert|heit
un|ko|or|di|niert
un|kör|per|lich
un|kor|rekt; Un|kor|rekt|heit
Un|kos|ten *Plur.;* sich in Unkosten stürzen *(ugs.)*

Unkosten
Bei diesem Wort wird die Vorsilbe *Un-* nicht im verneinenden Sinn gebraucht, sondern verstärkend wie in *Unmenge* oder *Unzahl.* Im heutigen Sprachgebrauch wird es kaum noch von *Kosten* unterschieden. Allerdings ist *Unkosten* in der Fachsprache der Betriebswirtschaft nicht zulässig, dort spricht man nur von *Kosten.*

Un|kos|ten|bei|trag
Un|kraut
un|krie|ge|risch
un|kri|tisch
Unk|ti|on, die; -, -en ⟨lat.⟩ (*Med.* Einreibung, Einsalbung)
un|kul|ti|viert; Un|kul|tur, die; - (Mangel an Kultur)
un|künd|bar [*auch* ...ˈkʏ...]; **Un|künd|bar|keit**
un|kun|dig; des Lesens unkundig
un|künst|le|risch
un|la|ckiert
Un|land, das; -[e]s, Unländer (*Landwirtsch.* nicht nutzbares Land)
un|längst (vor Kurzem)
un|lau|ter; unlauterer Wettbewerb ↑K89
un|leid|lich; Un|leid|lich|keit
un|les|bar; un|le|ser|lich [*auch* ...ˈleː...]; **Un|le|ser|lich|keit,** die; -
un|leug|bar [*auch* ˈʊ......]
un|lieb; un|lie|bens|wür|dig; un|lieb|sam; Un|lieb|sam|keit
un|li|mi|tiert (unbegrenzt)
un|li|niert *(österr. nur so),* **un|li|ni|iert**
Un|lo|gik, die; -; **un|lo|gisch**
un|lös|bar [*auch* ...ˈløː...]; **Un|lös|bar|keit,** die; -; **un|lös|lich** [*auch* ...ˈløː...]
Un|lust, die; -; **Un|lust|ge|fühl; un|lus|tig**
UN-Man|dat (Mandat der Vereinten Nationen)
un|ma|nier|lich
un|männ|lich
Un|maß, das; -es (Unzahl, übergroße Menge)
Un|mas|se (sehr große Menge)
un|maß|geb|lich [*auch* ...ˈgeː...]
un|mä|ßig; Un|mä|ßig|keit, die; -
un|me|lo|disch
Un|men|ge
Un|mensch, der; -en, -en (grausamer Mensch); **un|mensch|lich** [*auch* ...ˈmɛ...]; **Un|mensch|lich|keit**
un|merk|lich [*auch* ˈʊ...]
un|me|tho|disch
un|mi|li|tä|risch
un|miss|ver|ständ|lich [*auch* ...ˈʃtɛ...]
un|mit|tel|bar; Un|mit|tel|bar|keit
un|mö|b|liert
un|mo|dern; un|mo|disch
un|mög|lich [*auch* ...ˈmøː...]; nichts Unmögliches ↑K72 verlangen; **Un|mög|lich|keit**
Un|mo|ral; un|mo|ra|lisch
un|mo|ti|viert (unbegründet)
un|mün|dig; Un|mün|dig|keit
un|mu|si|ka|lisch; un|mu|sisch
Un|muß, der; -es ⟨*zu* Muße⟩ (*mdal. für* Unruhe, Ärger)
Un|mut, der; -[e]s; **un|mu|tig; un|muts|voll**
un|nach|ahm|lich [*auch* ...ˈaː...]
un|nach|gie|big; Un|nach|gie|big|keit
un|nach|sich|tig; Un|nach|sich|tig|keit, die; -; **un|nach|sicht|lich** (*älter für* unnachsichtig)
un|nah|bar [*auch* ˈʊ...]; **Un|nah|bar|keit,** die; -
Un|na|tur, die; -; **un|na|tür|lich; Un|na|tür|lich|keit**
un|nenn|bar [*auch* ˈʊ...]
un|nor|mal
un|no|tiert *(Börse)*
un|nö|tig; un|nö|ti|ger|wei|se
un|nütz; un|nüt|zer|wei|se
UNO, Uno, die; - = United Nations Organization ⟨engl.⟩ (Organisation der Vereinten Nationen); *vgl.* UN *u.* VN
UNO-Ge|ne|ral|se|kre|tär, Uno-Ge|ne|ral|se|kre|tär ↑K28 ; *vgl.* UNO; **UNO-Ge|ne|ral|se|kre|tä|rin, Uno-Ge|ne|ral|se|kre|tä|rin; UNO-Kli|ma|be|richt, Uno-Kli|ma|be|richt**
un|öko|no|misch
un|or|dent|lich; Un|or|dent|lich|keit, die; -; **Un|ord|nung,** die; -
un|or|ga|nisch
un|or|ga|ni|siert
un|or|tho|dox
un|or|tho|gra|fisch, un|or|tho|gra|phisch

U
Univ

un|recht / Un|recht

Kleinschreibung:	– besser Unrecht leiden als Unrecht tun
– in unrechte Hände gelangen – am unrechten Platz sein – unrecht sein – ihr habt unrecht *od.* Unrecht daran getan – unrecht *od.* Unrecht bekommen, haben, behalten – jemandem unrecht *od.* Unrecht geben, tun	– es geschieht ihm [ein] Unrecht – ein Unrecht begehen – im Unrecht sein – jemanden ins Unrecht setzen – jemandem ein Unrecht [an]tun – zu Unrecht bestehen
Großschreibung:	*Vgl.* recht / Recht
– das Unrecht; des Unrecht[e]s – etwas Unrechtes tun; an den Unrechten kommen	

UNO-Si|cher|heits|rat, Uno-Si|cher|heits|rat, der; -[e]s ↑K28; *vgl.* UNO
UNO-Sol|dat, Uno-Sol|dat ↑K28; *vgl.* UNO; **UNO-Sol|da|tin, Uno-Sol|da|tin**
UNO-Waf|fen|in|s|pek|tor, Uno-Waf|fen|in|s|pek|tor ↑K28; *vgl.* UNO; **UNO-Waf|fen|in|s|pek|to|rin, Uno-Waf|fen|in|s|pek|to|rin**
un|paar; Un|paar|hu|fer *(Zool.)*
un|paa|rig; Un|paar|ze|her *(Zool.)*
un|pä|d|a|go|gisch
un|par|tei|isch (neutral, nicht parteiisch); ein unparteiisches Urteil; **Un|par|tei|i|sche,** der *u.* die; -n, -n; **un|par|tei|lich** (keiner bestimmten Partei angehörend); **Un|par|tei|lich|keit,** die; -
un|pass *(veraltend für* unwohl; *landsch. für* ungelegen); jmdm. unpass kommen; **un|pas|send**
un|pas|sier|bar [*auch* ...'si:ɐ̯...]
un|päss|lich ([leicht] krank; unwohl); **Un|päss|lich|keit**
un|pa|the|tisch
Un|per|son ([von den Medien] bewusst ignorierte Person)
un|per|sön|lich; unpersönliches Fürwort (*für* Indefinitpronomen); **Un|per|sön|lich|keit,** die; -
un|pfänd|bar [*auch* ...'pfɛ...]
un|plat|ziert *(Sport);* unplatziert (ungezielt) schießen
un|plau|si|bel (nicht plausibel)
un|plugged ['anplakt] ⟨engl.⟩ (*Jargon* ohne elektronische Verstärkung gespielt od. gesungen)
un po|co ⟨ital.⟩ (*Musik* ein wenig)
un|po|e|tisch
un|po|liert; unpoliertes Holz
un|po|li|tisch
un|po|pu|lär
un|prak|tisch
un|prä|ten|ti|ös
un|prä|zis; un|prä|zi|se
un|pro|b|le|ma|tisch
un|pro|duk|tiv; unproduktive Arbeit; **Un|pro|duk|ti|vi|tät**
un|pro|fes|si|o|nell
un|pro|por|ti|o|niert; Un|pro|por|ti|o|niert|heit, die; -
un|pünkt|lich; Un|pünkt|lich|keit
un|qua|li|fi|ziert (*auch für* unangemessen, ohne Sachkenntnis); unqualifizierte Bemerkungen
un|ra|siert
[1]**Un|rast,** der; -[e]s, -e (*veraltet für* ruheloser Mensch, bes. Kind)
[2]**Un|rast,** die; - (Ruhelosigkeit)
Un|rat, der; -[e]s (*geh. für* Schmutz); Unrat wittern (Schlimmes ahnen)
un|ra|ti|o|nell; ein unrationeller Betrieb
un|rat|sam
un|re|al; un|re|a|lis|tisch; unrealistische Vorstellungen haben
un|recht / Un|recht *s. Kasten*
un|recht|mä|ßig; unrechtmäßiger Besitz; **un|recht|mä|ßi|ger|wei|se; Un|recht|mä|ßig|keit**
Un|rechts|be|wusst|sein
Un|rechts|staat *(abwertend)*
un|re|di|giert (vom Herausgeber nicht überarbeitet)
un|red|lich; Un|red|lich|keit
un|re|ell; ein unreelles Geschäft
un|re|flek|tiert (ohne Nachdenken [entstanden]; spontan)
un|re|gel|mä|ßig; unregelmäßige Verben *(Sprachwiss.);* **Un|re|gel|mä|ßig|keit**
un|re|gier|bar [*auch* ...'gi:ɐ̯...]
un|reif; Un|rei|fe
un|rein; ins Unreine schreiben ↑K72; **Un|rein|heit; un|rein|lich; Un|rein|lich|keit**
un|ren|ta|bel; ...a|b|ler Betrieb; **Un|ren|ta|bi|li|tät,** die; -
UN-Re|so|lu|ti|on [u:'|ɛn...]
un|rett|bar [*auch* 'ʊ...]; sie waren unrettbar verloren
un|rich|tig; un|rich|ti|ger|wei|se; Un|rich|tig|keit
un|rit|ter|lich
un|ro|man|tisch
Un|ruh, die; -, -en (Teil der Uhr, des Barometers usw.); **Un|ru|he** (fehlende Ruhe; *ugs. auch für* Unruh); **Un|ru|he|herd**
Un|ru|he|stif|ter; Un|ru|he|stif|te|rin
un|ru|hig
un|rühm|lich; Un|rühm|lich|keit
un|rund *(Technik)*
uns
un|sach|ge|mäß
un|sach|lich; Un|sach|lich|keit
un|sag|bar [*auch* 'ʊ...]; **un|säg|lich** [*auch* 'ʊ...]
un|sanft; jmdn. unsanft wecken
un|sau|ber; Un|sau|ber|keit
un|schäd|lich; ein unschädliches Mittel; **Un|schäd|lich|keit,** die; -; **Un|schäd|lich|ma|chung**
un|scharf; unschärfer, unschärfste; **Un|schär|fe; Un|schär|fe|be|reich,** der *(Optik);* **Un|schär|fe|re|la|ti|on** *(Physik)*
un|schätz|bar [*auch* 'ʊ...]
un|schein|bar; Un|schein|bar|keit
un|schick|lich (*geh. für* unanständig); **Un|schick|lich|keit**
un|schlag|bar [*auch* 'ʊ...]
Un|schlitt, das; -[e]s, -e (*veraltend für* Talg); **Un|schlitt|ker|ze**
un|schlüs|sig; Un|schlüs|sig|keit
un|schmelz|bar [*auch* 'ʊ...]
un|schön
un|schöp|fe|risch
Un|schuld, die; -; **un|schul|dig;** ein unschuldiges Mädchen; *aber* ↑K151: Unschuldige Kinder (kath. Fest); **Un|schul|di|ge,** der *u.* die; -n, -n; **un|schul|di|ger|wei|se**
Un|schulds|be|teu|e|rung *meist Plur.;* **Un|schulds|en|gel** *(iron.);* **Un|schulds|lamm** *(iron.);* **Un|schulds|mie|ne; Un|schulds|ver|mu|tung** *(Rechtsspr.);* **un|schulds|voll**

ụn|ten

– nach unten; von unten; bis unten
– weiter unten
– nach unten hin; nach unten zu
– von unten her; von unten hinauf
– man wusste kaum noch, was unten und was oben war

Getrenntschreibung in Verbindung mit Verben:

– unten sein; unten bleiben
– unten liegen; unten stehen
– bei jmdm. unten durch sein (*ugs. für* sich jmds. Wohlwollen verscherzt haben)

In Verbindung mit einem adjektivisch gebrauchten Partizip kann getrennt oder zusammengeschrieben werden ↑K58:

– die unten liegenden *od.* untenliegenden Schichten
– die unten erwähnten *od.* untenerwähnten Fakten
– die unten genannten *od.* untengenannten, die unten stehenden *od.* untenstehenden Bemerkungen
– Untenstehendes *od.* unten Stehendes ist zu beachten

Vgl. auch oben

ụn|schwer (leicht)
Ụn|se|gen, der; -s *(geh.)*
ụn|selb|stän|dig *vgl.* unselbstständig
ụn|selbst|stän|dig, ụn|selb|stän|dig; Ụn|selbst|stän|dig|keit, Ụn|selb|stän|dig|keit
ụn|se|lig; unseliges Geschick; **un|se|li|ger|wei|se** *(geh.)*
ụn|sen|si|bel; ụn|sen|ti|men|tal
[1]**ụn|ser;** unsere, unsre Freundin; unser Freund; unserm, unserem, unsrem Freund; unser von allen unterschriebener Brief; unseres Wissens (*Abk.* u. W.); ↑K88: Unsere Liebe Frau (Maria, Mutter Jesu); ↑K150: Uns[e]rer Lieben Frau[en] Kirche; *vgl.* [1]dein
[2]**ụn|ser** (*Genitiv von* »wir«); unser sind drei; gedenke, erbarme dich unser (*nicht* unserer)
ụn|se|re, ụns|re, ụns|ri|ge ↑K76: die Unser[e]n, Unsren, Unsrigen *od.* unser[e]n, unsren, unsrigen; das Uns[e]re, Unsrige *od.* uns[e]re, unsrige; *vgl.* deine, deinige
ụn|ser|ei|ner, ụn|ser|eins
ụn|se|rer|seits, ụn|ser|seits, uns|rer|seits
ụn|se|res|glei|chen, ụn|sers|glei|chen, ụns|res|glei|chen
ụn|se|res|teils, ụns|res|teils
ụn|se|ret|hal|ben, ụn|sert|hal|ben, ụns|ret|hal|ben *(veraltend)*
ụn|se|ret|we|gen, *selten* ụn|sert|we|gen, ụns|ret|we|gen
ụn|se|ret|wil|len, ụn|sert|wil|len, ụns|ret|wil|len *(veraltend)*
ụn|se|ri|ös; unseriöses Angebot
ụn|ser|seits *vgl.* unsererseits
ụn|sers|glei|chen *vgl.* unseresgleichen; **ụn|sert|hal|ben** *vgl.* unserethalben; **ụn|sert|we|gen** *vgl.* unseretwegen; **ụn|sert|wil|len** *vgl.* unseretwillen
Ụn|ser|va|ter, das; -s, - (*landsch., bes. schweiz. reformiert für* Vaterunser)
ụn|se|xy (*ugs. für* unattraktiv); unsexy aussehen, wirken
ụn|si|cher; im Unsichern (zweifelhaft) sein ↑K72; **Ụn|si|cher|heit; Ụn|si|cher|heits|fak|tor**
UN-Si|cher|heits|rat (Sicherheitsrat der Vereinten Nationen)
ụn|sicht|bar; Ụn|sicht|bar|keit, die; -; **ụn|sich|tig** (undurchsichtig)
ụn|sink|bar [*auch* ...ˈzɪ...]
Ụn|sinn, der; -[e]s; **ụn|sin|nig; ụn|sin|ni|ger|wei|se; Ụn|sin|nig|keit**
ụn|sinn|lich
Ụn|sit|te; ụn|sitt|lich; unsittlicher Antrag; **Ụn|sitt|lich|keit**
UN-Sol|dat [uːˈ|ɛn...]; **UN-Sol|da|tin**
ụn|sol|da|tisch
ụn|so|lid, ụn|so|li|de
ụn|so|li|da|risch; Ụn|so|li|da|ri|tät, die; - *(selten)*
ụn|so|li|de, ụn|so|lid; **Ụn|so|li|di|tät,** die; -
ụn|sor|tiert
ụn|so|zi|al; unsoziales Verhalten
ụn|spek|ta|ku|lär
ụn|spe|zi|fisch
ụn|spiel|bar [*auch* ˈʊ...]
ụn|sport|lich; Ụn|sport|lich|keit
uns|re *vgl.* unsere; **uns|rer|seits** *vgl.* unsererseits; **uns|res|glei|chen** *vgl.* unseresgleichen; **uns|res|teils** *vgl.* unseresteils
uns|ret|hal|ben *vgl.* unserethalben; **uns|ret|we|gen** *vgl.* unseretwegen; **uns|ret|wil|len** *vgl.* unseretwillen; **uns|ri|ge** *vgl.* unsere
ụn|sta|bil; Ụn|sta|bi|li|tät
Ụn|stä|te, die; - (*veraltet für* Unruhe); *vgl. aber* unstet
ụn|statt|haft
ụn|sterb|lich [*auch* ˈʊn...]; **Ụn|sterb|lich|keit,** die; -; **Ụn|sterb|lich|keits|glau|be[n]**
Ụn|stern, der; -[e]s (*geh. für* Unglück); unter einem Unstern stehen
ụn|stet; unstetes Leben; *vgl. aber* Unstäte; **Ụn|stet|heit,** die; - (unstete [Wesens]art); **ụn|ste|tig** (*veraltend für* unstet); **Ụn|ste|tig|keit**
un|still|bar [ˈʊ...]
ụn|stim|mig; Ụn|stim|mig|keit
ụn|sträf|lich [*auch* ...ˈʃtrɛː...] (*veraltend für* untadelig)
ụn|strei|tig [*auch* ...ˈʃtrai̯...] (sicher, bestimmt); **ụn|strit|tig** [*auch* ...ˈʃtrɪ...]
ụn|struk|tu|riert
Ụn|strut, die; - (linker Nebenfluss der Saale)
Ụn|sum|me (sehr große Summe)
ụn|sym|me|t|risch
Ụn|sym|path, der; -en, -en (*ugs., oft scherzh. für* unsympathischer Mensch); **Ụn|sym|pa|thin** *(seltener)*
ụn|sym|pa|thisch
ụn|sys|te|ma|tisch
ụn|ta|de|lig [*auch* ...ˈtaː...], **ụn|tad|lig** [*auch* ...ˈtaːt...]; ein untadeliges, untadliges Leben
ụn|ta|len|tiert
Ụn|tat (Verbrechen); **Ụn|tät|chen** (*landsch. für* kleiner Makel); *nur in* es ist kein Untätchen an ihr
ụn|tä|tig; Ụn|tä|tig|keit
ụn|taug|lich; Ụn|taug|lich|keit, die; -
un|teil|bar [*auch* ˈʊ...]; **Un|teil|bar|keit; un|teil|haf|tig;** einer Sache unteilhaftig sein
ụn|ten *s. Kasten*
un|ten|an; untenan sitzen, stehen
un|ten|drun|ter *(ugs.)*; **un|ten|durch;** untendurch gehen; *vgl. aber* unten
ụn|ten er|wähnt, ụn|ten|er|wähnt *vgl.* unten
ụn|ten ge|nannt, ụn|ten|ge|nannt *vgl.* unten

U
unsc

un|ter

Präposition mit Dativ und Akkusativ:	*Adverb:*
– unter dem Tisch stehen, unter den Tisch stellen – unter der Bedingung, dass … – Kinder unter zwölf Jahren haben keinen Zutritt – unter ander[e]m, unter ander[e]n (*Abk.* u. a.) – unter einem (*österr. Amtsspr. für* zugleich) – unter Tage *(Bergmannsspr.)* – unter üblichem Vorbehalt (bei Gutschrift von Schecks; *Abk.* u. ü. V.) – unter Umständen (*Abk.* u. U.)	– es waren unter (weniger als) 100 Gäste – unter (noch nicht) zwölf Jahre alte Kinder – Gemeinden von unter (weniger als) 10 000 Einwohnern – die unter Zwölfjährigen

un|ten|her; *aber* von unten her; **un|ten|he|r|um** (*ugs. für* im unteren Teil; unten am Körper); **un|ten|hin;** *aber* nach unten hin

un|ten lie|gend, **un|ten|lie|gend** *vgl.* unten

un|ten|rum (*svw.* untenherum)

un|ten ste|hend, **un|ten|ste|hend** *vgl.* unten

un|ter *s. Kasten*

Un|ter, der; -s, - (Spielkarte)

un|ter...; *in Verbindung mit Verben: unfeste Zusammensetzungen,* z. B. unterhalten *(vgl. d.),* er hält unter, hat untergehalten; unterzuhalten; *feste Zusammensetzungen,* z. B. unterhalten *(vgl. d.),* er unterhält, hat unterhalten; zu unterhalten

Un|ter|ab|tei|lung; Un|ter|arm; Un|ter|art *(Biol.);* **Un|ter|aus|schuss; Un|ter|bau** *Plur.* ...bauten; **Un|ter|bauch**

un|ter|bau|en; er hat den Sockel unterbaut; **Un|ter|bau|ung**

Un|ter|be|griff

Un|ter|be|klei|dung

un|ter|be|legt; ein unterbelegtes Hotel; **Un|ter|be|le|gung**

un|ter|be|lich|ten *(Fotogr.);* du unterbelichtest; die Aufnahme ist unterbelichtet; unterzubelichten; **un|ter|be|lich|tet;** ein unterbelichtetes Foto; er ist etwas unterbelichtet (*ugs für* dumm); **Un|ter|be|lich|tung**

un|ter|be|schäf|tigt; Un|ter|be|schäf|ti|gung

un|ter|be|setzt; die Dienststelle ist unterbesetzt

Un|ter|bett

un|ter|be|wer|ten; er unterbewertet diese Leistung; er hat sie unterbewertet; unterzubewerten; **Un|ter|be|wer|tung**

un|ter|be|wusst; Un|ter|be|wusst|sein

un|ter|be|zah|len; sie ist unterbezahlt; unterzubezahlen; *selten* sie unterbezahlt ihre Angestellten; **Un|ter|be|zah|lung**

Un|ter|be|zirk

un|ter|bie|ten; Un|ter|bie|tung

Un|ter|bi|lanz (Verlustabschluss)

un|ter|bin|den *(ugs.);* sie hat ein Tuch untergebunden; **un|ter|bin|den;** der Handelsverkehr ist unterbunden; **Un|ter|bin|dung**

un|ter|blei|ben

Un|ter|bo|den; Un|ter|bo|den|schutz *(Kfz-Wesen);* **Un|ter|bo|den|wä|sche**

un|ter|bre|chen; Un|ter|bre|cher *(Elektrot.);* **Un|ter|bre|cher|kon|takt; Un|ter|bre|cher|wer|bung** *(Fernsehen);* **Un|ter|bre|chung**

un|ter|brei|ten (darlegen; vorschlagen); er hat ihm einen Plan unterbreitet; **Un|ter|brei|tung**

un|ter|brin|gen; Un|ter|brin|gung

Un|ter|bruch, der; -[e]s, ...brüche (*schweiz. neben* Unterbrechung)

un|ter|bü|geln (*ugs. für* rücksichtslos unterdrücken)

un|ter|but|tern (*ugs. für* rücksichtslos unterdrücken; zusätzlich verbrauchen); das Geld wurde noch mit untergebuttert

un|ter|chlo|rig [...k...] *(Chemie);* unterchlorige Säure

Un|ter|deck (ein Schiffsteil)

Un|ter|de|ckung *(Kreditw.)*

un|ter der Hand (im Stillen, heimlich)

un|ter|des|sen, *älter* **un|ter|des**

Un|ter|druck *Plur.* ...drücke *u.* ...drucke

un|ter|drü|cken; sie hat ihren Unwillen unterdrückt; **Un|ter|drü|cker; Un|ter|drü|cke|rin; un|ter|drü|cke|risch**

Un|ter|druck|kam|mer *(Technik)*

Un|ter|drü|ckung

un|ter|du|cken *(landsch.);* sie hat ihn im Bad untergeduckt

un|ter|durch|schnitt|lich

un|te|re; die unter[e]n Klassen, *aber* ↑K140: Unterer Neckar (Region in Baden-Württemberg); *vgl.* unterste

un|ter|ei|n|an|der

Man schreibt »untereinander« mit dem folgenden Verb in der Regel zusammen, wenn es den gemeinsamen Hauptakzent trägt ↑K48:

– untereinanderlegen, untereinanderliegen, untereinanderschreiben usw.

Aber:

– untereinander austauschen, untereinander hinschreiben, sich untereinander kennen usw.

Un|ter|ein|heit

un|ter|ent|wi|ckelt; unterentwickelte Länder; **Un|ter|ent|wick|lung**

un|ter|er|nährt; Un|ter|er|näh|rung

un|ter|fah|ren; einen Viadukt unterfahren; **Un|ter|fahr|schutz** *(Kfz-Wesen)*

Un|ter|fa|mi|lie *(Biol.)*

un|ter|fan|gen; du hast dich unterfangen[,] einen Roman zu schreiben; die Mauer wird unterfangen (*Bauw.* abgestützt); **Un|ter|fan|gen,** das; -s, - (Vorhaben; Wagnis)

un|ter|fas|sen *(ugs.);* sie gehen untergefasst

un|ter|fer|ti|gen (*Amtsspr.* unterschreiben); **Un|ter|fer|tig|te,** der *u.* die; -n, -n

Un|ter|feu|e|rung *(Technik)*

un|ter|flie|gen; er hat den Radar unterflogen

un|ter|flur *(Technik);* etwas unterflur einbauen; **Un|ter|flur|ga|ra|ge; Un|ter|flur|hy|d|rant** (unter der Straßendecke liegende Zapfstelle); **Un|ter|flur|mo|tor** (unter dem Fahrzeugboden eingebauter Motor); **Un|ter|flur|stra|ße** (unterirdische Straße)

un|ter|for|dern
Un|ter|fran|ken
un|ter|füh|ren
Un|ter|füh|rer *(Militär)*
Un|ter|füh|rung; Un|ter|füh|rungs|zei|chen (für gleiche untereinanderstehende Wörter; *Zeichen* „)
Un|ter|funk|ti|on *(Med.)*
Un|ter|fut|ter ⟨*zu* ²Futter⟩; **un|ter|füt|tern**
Un|ter|gang, der; -[e]s, ...gänge; **Un|ter|gangs|stim|mung**
un|ter|gä|rig; untergäriges Bier; **Un|ter|gä|rung,** die; -
un|ter|ge|ben; Un|ter|ge|be|ne, der *u.* die; -n, -n
un|ter|ge|hen; die Sonne ist untergegangen; ↑K72 : sein Stern ist im Untergehen [begriffen]
un|ter|ge|ord|net
Un|ter|ge|schoss, *südd., österr. auch* **Un|ter|ge|schoß**
Un|ter|ge|stell
Un|ter|ge|wicht, das; -[e]s; **un|ter|ge|wich|ten** *(Börsenw.);* Finanzexperten raten, südeuropäische Aktien unterzugewichten (ihren Anteil in Investmentfonds zu senken); **un|ter|ge|wich|tig**
Un|ter|gla|sur|far|be
un|ter|glie|dern; Un|ter|glie|de|rung (das Untergliedern)
Un|ter|glie|de|rung (Unterabteilung)
un|ter|gra|ben; sie hat den Dünger untergegraben; **un|ter|gra|ben;** das hat ihre Gesundheit untergraben; **Un|ter|gra|bung**
Un|ter|gren|ze
Un|ter|griff (Griff beim Ringen u. Turnen; *österr. auch für* beleidigende Äußerung, versteckter Angriff); **un|ter|grif|fig** *(abwertend für* beleidigend, unsachlich)
Un|ter|grund; Un|ter|grund|bahn (U-Bahn); ↑K28 ; **Un|ter|grund|be|we|gung**
un|ter|grün|dig
Un|ter|grund|kämp|fer; Un|ter|grund|kämp|fe|rin; Un|ter|grund|li|te|ra|tur, die; -; **Un|ter|grund|mu|sik; Un|ter|grund|or|ga|ni|sa|ti|on**
Un|ter|grup|pe
un|ter|ha|ben *(ugs. für* etwas unter anderer Kleidung tragen); nichts unterhaben
un|ter|ha|ken *(ugs.);* sie hatten sich untergehakt
un|ter|halb; *als Präposition mit Gen.:* der Neckar unterhalb Heidelbergs (von Heidelberg aus flussabwärts)
Un|ter|halt, der; -[e]s; **un|ter|hal|ten;** ich habe mich gut unterhalten; er wird vom Staat unterhalten; **un|ter|hal|ten** *(ugs.);* er hat die Hand untergehalten, z. B. unter den Wasserhahn; **Un|ter|hal|ter; Un|ter|hal|te|rin**
un|ter|halt|sam (fesselnd); **Un|ter|halt|sam|keit**
Un|ter|halts|an|spruch; Un|ter|halts|ar|bei|ten *Plur. (schweiz. für* Wartungsarbeiten); **Un|ter|halts|bei|trag; un|ter|halts|be|rech|tigt; Un|ter|halts|kla|ge; Un|ter|halts|kos|ten** *Plur.*
Un|ter|halts|pflicht; un|ter|halts|pflich|tig; un|ter|halts|ver|pflich|tet; Un|ter|halts|zah|lung
Un|ter|hal|tung; Un|ter|hal|tungs|bei|la|ge; Un|ter|hal|tungs|elek|t|ro|nik; Un|ter|hal|tungs|film; Un|ter|hal|tungs|in|dus|t|rie; Un|ter|hal|tungs|kos|ten *Plur.;* **Un|ter|hal|tungs|li|te|ra|tur** *Plur. selten*
Un|ter|hal|tungs|mu|sik, die; - (*kurz* U-Musik)
Un|ter|hal|tungs|pro|gramm; Un|ter|hal|tungs|ro|man; Un|ter|hal|tungs|sen|dung; Un|ter|hal|tungs|teil, der; **Un|ter|hal|tungs|wert**
un|ter|han|deln; sie hat über den Abschluss des Vertrages unterhandelt; **Un|ter|händ|ler; Un|ter|händ|le|rin; Un|ter|hand|lung**
Un|ter|haus (im Zweikammerparlament); das britische Unterhaus; **Un|ter|haus|mit|glied; Un|ter|haus|sit|zung**
un|ter|he|ben; dann wird der Eischnee untergehoben
Un|ter|hemd
Un|ter|hit|ze, die; -; bei Unterhitze backen
un|ter|höh|len; unterhöhlt
Un|ter|holz (niedriges Gehölz im Wald)
Un|ter|ho|se
Un|ter|in|s|tanz
un|ter|ir|disch
Un|ter|ita|li|en
Un|ter|ja|cke
un|ter|jäh|rig (irgendwann im Laufe eines Jahres); unterjährige Zinszahlungen
un|ter|jo|chen; das Volk wurde unterjocht; **Un|ter|jo|chung**
un|ter|ju|beln; das hat er ihm untergejubelt *(ugs. für* heimlich zugeschoben)
un|ter|kant *(schweiz.);* unterkant des Fensters, *auch* unterkant Fenster
un|ter|kel|lern; ich unterkellere; das Haus wurde nachträglich unterkellert; **Un|ter|kel|le|rung**
Un|ter|kie|fer, der; **Un|ter|kie|fer|drü|se; Un|ter|kie|fer|kno|chen**
un|ter|klas|sig (*Sport* einer unteren Spielklasse angehörend)
Un|ter|kleid; Un|ter|klei|dung
un|ter|kom|men; sie ist gut untergekommen; das ist mir noch nie untergekommen (*landsch., bes. südd., österr. für* vorgekommen); **Un|ter|kom|men,** das; -s, -
Un|ter|kör|per
un|ter|kö|tig (*landsch. für* eitrig entzündet)
un|ter|krie|chen *(ugs.)*
un|ter|krie|gen (*ugs. für* bezwingen; entmutigen); ich lasse mich nicht unterkriegen
un|ter|küh|len; un|ter|kühlt; Un|ter|küh|lung
Un|ter|kunft, die; -, ...künfte
Un|ter|la|ge
Un|ter|land, das; -[e]s (tiefer gelegenes Land; Ebene); **Un|ter|län|der,** der; -s, - (Bewohner des Unterlandes); **Un|ter|län|de|rin**
Un|ter|län|ge
Un|ter|lass, der; ohne Unterlass
un|ter|las|sen; sie hat es unterlassen; **Un|ter|las|sung; Un|ter|las|sungs|de|likt; Un|ter|las|sungs|er|klä|rung; Un|ter|las|sungs|kla|ge; Un|ter|las|sungs|sün|de**
Un|ter|lauf, der; -[e]s, ...läufe
un|ter|lau|fen; er hat ihn unterlaufen *(Ringen);* es sind einige Fehler unterlaufen, *seltener* untergelaufen; **un|ter|läu|fig** (*Technik* von unten angetrieben); **Un|ter|lau|fung** (*auch für* Blutunterlaufung)
Un|ter|le|der
un|ter|le|gen; untergelegter Stoff; diese Absicht hat man mir untergelegt
¹**un|ter|le|gen;** der Musik wurde ein anderer Text unterlegt
²**un|ter|le|gen** (*Partizip II zu* unterliegen *[vgl. d.]*)
Un|ter|le|ge|ne, der *u.* die; -n, -n
Un|ter|le|gen|heit, die; -; **Un|ter|le|gen|heits|ge|fühl**
Un|ter|leg|schei|be *(Technik);* **Un|ter|le|gung** (einer Absicht); **Un|ter|le|gung** (Verstärkung usw.)
Un|ter|leib; Un|ter|leib|chen (*bes. schweiz. für* Unterhemd)
Un|ter|leibs|krank|heit; Un|ter|leibs|lei|den; Un|ter|leibs|ope|ra|ti|on; Un|ter|leibs|schmerz
Un|ter|lid
un|ter|lie|gen *(ugs.);* das Badetuch

hat, *südd.* ist untergelegen; **un|ter|lie|gen;** sie ist ihrer Gegnerin unterlegen
Un|ter|lip|pe
un|term (*ugs. für* unter dem); unterm Dach
un|ter|ma|len; die Szene wurde durch Musik untermalt; **Un|ter|ma|lung**
Un|ter|mann, der; -[e]s, ...männer (*Sport, Artistik* unterster Mann bei einer akrobatischen Übung)
un|ter|mau|ern; Un|ter|mau|e|rung
un|ter|mee|risch (in der Tiefe des Meeres befindlich)
Un|ter|men|ge (*Math.* Teilmenge)
un|ter|men|gen; die schlechte Ware wurde mit untergemengt; **un|ter|men|gen** (vermischen); untermengt mit ...
Un|ter|mensch *(bes. nationalsoz.)*
Un|ter|mie|te; zur Untermiete wohnen; **Un|ter|mie|ter; Un|ter|mie|te|rin**
un|ter|mi|nie|ren; Un|ter|mi|nie|rung
un|ter|mi|schen; sie hat das Wertlose mit untergemischt; **un|ter|mi|schen;** untermischt mit ...
un|ter|mo|to|ri|siert (mit zu schwachem Motor ausgestattet)
un|tern ↑K14 (*ugs. für* unter den); untern Tisch fallen
Un|ter|näch|te *Plur.* (*landsch. für* die Zwölf Nächte)
un|ter|neh|men (*ugs. für* unter den Arm nehmen); er hat den Sack untergenommen
un|ter|neh|men; sie hat nichts unternommen; **Un|ter|neh|men,** das; -s, -; **un|ter|neh|mend** (aus, mit Unternehmungsgeist)
Un|ter|neh|mens|be|ra|ter; Un|ter|neh|mens|be|ra|te|rin; Un|ter|neh|mens|be|ra|tung
Un|ter|neh|mens|be|reich; Un|ter|neh|mens|füh|rung
Un|ter|neh|mens|grün|der; Un|ter|neh|mens|grün|de|rin; Un|ter|neh|mens|grün|dung
Un|ter|neh|mens|kul|tur
Un|ter|neh|mens|lei|ter, der; **Un|ter|neh|mens|lei|te|rin; Un|ter|neh|mens|lei|tung**
un|ter|neh|mens|nah *(Wirtsch.);* unternehmensnahe Dienstleister; **Un|ter|neh|mens|phi|lo|so|phie**
Un|ter|neh|mens|plei|te *(ugs.)*
Un|ter|neh|mens|po|li|tik
Un|ter|neh|mens|pro|fil
Un|ter|neh|mens|steu|er, Un|ter|neh|men|steu|er, die
Un|ter|neh|mens|stra|te|gie; Un|ter|neh|mens|ziel
Un|ter|neh|mer; Un|ter|neh|mer|frei|heit, die; -; **Un|ter|neh|mer|geist,** der; -[e]s; **Un|ter|neh|mer|ge|winn; Un|ter|neh|me|rin**
un|ter|neh|me|risch
Un|ter|neh|mer|per|sön|lich|keit
Un|ter|neh|mer|schaft; Un|ter|neh|mer|tum, das; -s; **Un|ter|neh|mer|ver|band**
Un|ter|neh|mung; Un|ter|neh|mungs|geist, der; -[e]s; **Un|ter|neh|mungs|lust; un|ter|neh|mungs|lus|tig**
Un|ter|of|fi|zier (*Abk.* Uffz., *in der Schweiz* Uof); **Un|ter|of|fi|zie|rin; Un|ter|of|fi|ziers|an|wär|ter** *(beim Militär meist ohne Fugen-s);* **Un|ter|of|fi|ziers|an|wär|te|rin; Un|ter|of|fi|ziers|mes|se; Un|ter|of|fi|ziers|schu|le**
un|ter|ord|nen; er ist ihr untergeordnet; **un|ter|ord|nend; Un|ter|ord|nung**
Un|ter|pfand (*veraltet für* Pfand; *geh. für* Beweis, Zeichen für etwas)
un|ter|pflü|gen; untergepflügt
Un|ter|pri|ma [*auch* ...ˈpriː...]
un|ter|pri|vi|le|giert; Un|ter|pri|vi|le|gier|te, der *u.* die; -n, -n
Un|ter|punkt
un|ter|que|ren; das Atom-U-Boot hat den Nordpol unterquert
un|ter|re|den, sich; du hast dich mit ihm unterredet; **Un|ter|re|dung**
un|ter|re|prä|sen|tiert; Frauen sind im Parlament unterrepräsentiert
Un|ter|richt, der; -[e]s, -e *Plur. selten;* **un|ter|rich|ten;** er ist gut unterrichtet; **un|ter|richt|lich**
Un|ter|richts|aus|fall; Un|ter|richts|be|ginn, der; -[e]s; **Un|ter|richts|be|such** *(Schule);* **Un|ter|richts|brief; Un|ter|richts|ein|heit; Un|ter|richts|fach; Un|ter|richts|film; Un|ter|richts|for|schung**
un|ter|richts|frei *vgl.* hitzefrei
Un|ter|richts|ge|gen|stand
Un|ter|richts|kun|de, die; -; **un|ter|richts|kund|lich**
Un|ter|richts|leh|re; Un|ter|richts|ma|te|ri|al; Un|ter|richts|me|tho|de
Un|ter|richts|mi|nis|ter; Un|ter|richts|mi|nis|te|rin; Un|ter|richts|mi|nis|te|ri|um
Un|ter|richts|mit|tel
Un|ter|richts|prak|ti|kant (*österr. für* Junglehrer im Praxisjahr, Referendar); **Un|ter|richts|prak|ti|kan|tin; Un|ter|richts|prak|ti|kum** (*österr. auch für* Referendariat)
Un|ter|richts|pro|gramm; Un|ter|richts|raum; Un|ter|richts|schritt; Un|ter|richts|spra|che; Un|ter|richts|stun|de; Un|ter|richts|wei|se; Un|ter|richts|ziel
Un|ter|rich|tung
Un|ter|rock *vgl.* [1]Rock
un|ter|rüh|ren
un|ters (*ugs. für* unter das); unters Bett
Un|ter|saat (*Landwirtsch.* eine Art des Zwischenfruchtanbaus)
un|ter|sa|gen; das Rauchen ist untersagt; **Un|ter|sa|gung**
Un|ter|satz; fahrbarer Untersatz (*ugs. scherzh. für* Auto)
Un|ters|berg, der; -[e]s (Bergstock der Salzburger Kalkalpen); **Un|ters|ber|ger Kalk|stein,** der; - -[e]s
un|ter|schät|zen; unterschätzt
un|ter|scheid|bar
un|ter|schei|den; die Bedeutungen müssen unterschieden werden; **Un|ter|schei|dung; Un|ter|schei|dungs|merk|mal; Un|ter|schei|dungs|ver|mö|gen,** das; -s
Un|ter|schen|kel
Un|ter|schicht; Un|ter|schich|ten|fern|se|hen *(abwertend)*
[1]un|ter|schie|ben (darunterschieben); er hat ihr ein Kissen untergeschoben
[2]un|ter|schie|ben [*auch* ...ˈʃiː...]; er hat ihm eine schlechte Absicht untergeschoben, *auch* unterschoben; ein untergeschobenes Kind
Un|ter|schied, der; -[e]s, -e; zum Unterschied von; im Unterschied zu; **un|ter|schie|den** (verschieden); **un|ter|schied|lich; Un|ter|schied|lich|keit; un|ter|schieds|los**
un|ter|schläch|tig (durch Wasser von unten angetrieben); ein unterschlächtiges Mühlrad
Un|ter|schlag, der; -[e]s, Unterschläge (Schneidersitz; *Druckw.* äußerstes [unteres] Ende der Seite); **un|ter|schla|gen;** mit untergeschlagenen Beinen; **un|ter|schla|gen** (veruntreuen); sie hat [die Beitragsgelder] unterschlagen; **Un|ter|schla|gung**
Un|ter|schleif, der; -[e]s, -e (*veraltet für* Unterschlagung)
un|ter|schlie|ßen *(Druckw.);* der Setzer hat hier und da ein Wort untergeschlossen
Un|ter|schlupf *Plur. selten;* **un|ter|schlüp|fen,** *südd.* **un|ter|schlup|fen**
un|ter|schnei|den
un|ter|schrei|ben

U
unte

un|ter|schrei|ten; die Einnahmen haben den Voranschlag unterschritten; **Un|ter|schrei|tung**

Un|ter|schrift; Un|ter|schrif|ten|ak|ti|on; Un|ter|schrif|ten|kam|pa|g|ne; Un|ter|schrif|ten|lis|te; Un|ter|schrif|ten|map|pe; Un|ter|schrif|ten|samm|lung

un|ter|schrift|lich (*Amtsspr.* mit od. durch Unterschrift)

un|ter|schrifts|be|rech|tigt; Un|ter|schrifts|be|rech|ti|gung; Un|ter|schrifts|be|stä|ti|gung; Un|ter|schrifts|pro|be; un|ter|schrifts|reif

Un|ter|schuss (*veraltet für* Defizit)

Un|ter|schutz|stel|lung

un|ter|schwef|lig; unterschweflige Säure

un|ter|schwel|lig (unterhalb der Bewusstseinsschwelle)

Un|ter|see, der; -s (Teil des Bodensees)

Un|ter|see|boot (*Abk.* U-Boot, U)

un|ter|see|isch

Un|ter|sei|te; un|ter|seits (an der Unterseite)

Un|ter|se|kun|da [*auch* ...ˈkʊ...]

un|ter|set|zen; ich habe den Eimer untergesetzt; **un|ter|set|zen;** untersetzt (gemischt) mit ...; **Un|ter|set|zer** (Schale für Blumentöpfe u. a.); **un|ter|setzt** (von gedrungener Gestalt); **Un|ter|setzt|heit,** die; -; **Un|ter|set|zung** *(Kfz-Technik);* **Un|ter|set|zungs|ge|trie|be**

un|ter|spickt (*österr. für* mit Fett durchzogen)

un|ter|spie|len (als nicht so wichtig hinstellen); die Sache wurde unterspielt

un|ter|sprit|zen (*Med.* [Gesichtspartien] durch Injizieren einer Substanz unterfüttern)

un|ter|spü|len

un|terst...

Un|ter|staats|se|kre|tär [*auch* ˈʊ...]; **Un|ter|staats|se|kre|tä|rin** [*auch* ˈʊ...]

Un|ter|stand (*österr. auch für* Unterkunft); **Un|ter|stän|der** (Stützbalken; *Heraldik* unterer Teil des Schildes); **un|ter|stän|dig** *(Bot.);* unterständiger Fruchtknoten; unterständiger Baumwuchs; **un|ter|stands|los** (*österr. neben* obdachlos)

un|ters|te; der unterste Knopf, *aber* ↑K72: das Unterste zuoberst, das Oberste zuunterst kehren

un|ter|ste|hen (unter einem schützenden Dach stehen); sie hat beim Regen untergestanden; **un|ter|ste|hen;** er unterstand einem strengen Lehrmeister; es hat keinem Zweifel unterstanden (es gab keinen Zweifel); du hast dich unterstanden (gewagt); untersteh dich [nicht][,] uns zu verraten!

un|ter|stel|len; ich habe den Wagen untergestellt; ich habe mich während des Regens untergestellt; **un|ter|stel|len;** er ist meinem Befehl unterstellt; man hat ihr etwas unterstellt ([Falsches] über sie behauptet, [Unbewiesenes] als wahr angenommen); **Un|ter|stel|lung,** die; - (das Unterstellen); **Un|ter|stel|lung** (befehlsmäßige Unterordnung; [falsche] Behauptung)

un|ter|steu|ern (*Kfz-Technik* zu schwache Wirkung des Lenkradeinschlags zeigen); der Wagen hat untersteuert

Un|ter|stock, der; -[e]s; **Un|ter|stock|werk**

un|ter|stop|fen

un|ter|strei|chen ↑K82: etwas durch Unterstreichen hervorheben; **Un|ter|strei|chung**

Un|ter|strich (*EDV* anstelle eines Leerzeichens gesetzter tiefer waagerechter Strich)

Un|ter|strö|mung

Un|ter|stu|fe

un|ter|stüt|zen; er hat den Arm [unter das Kinn] untergestützt; **un|ter|stüt|zen;** ich habe ihn mit Geld unterstützt; die zu Unterstützende; **Un|ter|stüt|zer; Un|ter|stüt|ze|rin**

Un|ter|stüt|zung; un|ter|stüt|zungs|be|dürf|tig; Un|ter|stüt|zungs|bei|hil|fe; Un|ter|stüt|zungs|emp|fän|ger; Un|ter|stüt|zungs|emp|fän|ge|rin

Un|ter|stüt|zungs|geld; Un|ter|stüt|zungs|kas|se; Un|ter|stüt|zungs|satz

Un|ter|such, der; -[e]s, -e (*schweiz. neben* Untersuchung)

un|ter|su|chen; Un|ter|su|chung

Un|ter|su|chungs|aus|schuss; Un|ter|su|chungs|be|fund; Un|ter|su|chungs|be|richt; Un|ter|su|chungs|er|geb|nis

Un|ter|su|chungs|ge|fan|ge|ne; Un|ter|su|chungs|ge|fäng|nis; Un|ter|su|chungs|haft, die (*kurz* U-Haft); **Un|ter|su|chungs|häft|ling**

Un|ter|su|chungs|kom|mis|si|on

Un|ter|su|chungs|rich|ter; Un|ter|su|chungs|rich|te|rin

Un|ter|su|chungs|zim|mer (beim Arzt)

Un|ter|tag|ar|bei|ter, *häufiger* **Un|ter|ta|ge|ar|bei|ter** *(Bergbau);* **Un|ter|ta|ge|bau** *Plur.* ...baue

un|ter|tags (*österr. u. schweiz. neben* tagsüber)

un|ter|tan (*veraltend für* untergeben); **Un|ter|tan,** der; *Gen.* -s, *älter* -en, *Plur.* -en; **Un|ter|ta|nen|geist,** der; -[e]s

un|ter|tä|nig (ergeben); Ihr untertänigster Diener *(veraltet);* **Un|ter|tä|nig|keit,** die; -; **Un|ter|ta|nin**

un|ter|ta|rif|lich

Un|ter|tas|se; fliegende Untertasse

un|ter|tau|chen; der Schwimmer ist untergetaucht; der Verbrecher war schnell untergetaucht (verschwunden); **un|ter|tau|chen;** die Robbe hat das Schleppnetz untertaucht

Un|ter|teil, das, *auch* der

un|ter|tei|len; die Skala ist in 10 Teile unterteilt; **Un|ter|tei|lung**

Un|ter|tem|pe|ra|tur

Un|ter|ter|tia [*auch* ...ˈtɛ...]

Un|ter|ti|tel; un|ter|ti|teln

Un|ter|ton *Plur.* ...töne

un|ter|tou|rig (*Technik* mit zu niedriger Drehzahl)

un|ter|trei|ben; er hat untertrieben; **Un|ter|trei|bung**

un|ter|tun|neln; der Berg wurde untertunnelt; **Un|ter|tun|ne|lung**

un|ter|ver|mie|ten; sie hat ein Zimmer untervermietet; **Un|ter|ver|mie|tung**

un|ter|ver|si|chern (zu niedrig versichern); **Un|ter|ver|si|che|rung**

un|ter|ver|sor|gen; unterversorgte Gebiete; **Un|ter|ver|sor|gung**

un|ter|ver|tre|ten (*schweiz. für* unterrepräsentiert); **Un|ter|ver|tre|tung**

Un|ter|wal|den nid dem Wald (schweiz. Halbkanton; *Kurzform* Nidwalden); **Un|ter|wal|den ob dem Wald** (schweiz. Halbkanton; *Kurzform* Obwalden); **Un|ter|wald|ner; Un|ter|wald|ne|rin; un|ter|wald|ne|risch**

un|ter|wan|dern; die Partei wurde unterwandert; **Un|ter|wan|de|rung**

un|ter|wärts *(ugs.)*

Un|ter|wä|sche, die; -

un|ter|wa|schen; das Ufer ist unterwaschen; **Un|ter|wa|schung**

U
unte

Ụn|ter|was|ser, das; -s (Grundwasser)
Un|ter|wạs|ser|ar|chäo|lo|gie; Un|ter|wạs|ser|auf|nah|me; Un|ter|wạs|ser|film; Un|ter|wạs|ser|ka|me|ra; Un|ter|wạs|ser|mas|sa|ge; Un|ter|wạs|ser|sta|ti|on; Un|ter|wạs|ser|streit|kräf|te *Plur.;* **Un|ter|wạs|ser|welt**
un|ter|wegs (auf dem Wege)
un|ter|wei|sen; er hat sie beide unterwiesen; **Un|ter|wei|sung**
Ụn|ter|welt; ụn|ter|welt|lich
un|ter|wẹr|fen; Un|ter|wẹr|fung; Un|ter|wẹr|fungs|ges|te
Un|ter|wẹrks|bau, der; -[e]s (*Bergmannsspr.* Abbau unterhalb der Fördersohle)
ụn|ter|wer|tig; Ụn|ter|wer|tig|keit
un|ter|wịn|den *(veraltet);* sich einer Sache unterwinden (sie übernehmen); unterwunden
un|ter|wür|fig [*auch* ˈʊ...]; **Un|ter|wür|fig|keit,** die; -
Ụn|ter|zahl, die; - *(bes. Sport)*
un|ter|zei|ch|nen; Un|ter|zei|ch|ner; Un|ter|zei|ch|ne|rin; Un|ter|zei|ch|ne|te, der *u.* die; -n, -n *(Amtsspr.);* der Rechts-, Linksunterzeichnete *od.* der rechts, links Unterzeichnete; **Un|ter|zeich|nung**
Ụn|ter|zeug, das; -[e]s *(ugs.)*
ụn|ter|zie|hen; ich habe eine wollene Jacke untergezogen; **un|ter|zie|hen;** du hast dich diesem Verhör unterzogen
un|ter|zu|ckert (*Med.* an zu niedrigem Blutzuckerspiegel leidend); **Un|ter|zu|cke|rung**
ụn|tief (seicht); **Ụn|tie|fe** (große Tiefe; *auch für* seichte Stelle)
Ụn|tier (Ungeheuer)
un|til|g|bar [*auch* ˈʊ...]
ụn|tot (als Zombie od. Vampir existierend); **Ụn|to|te** (*svw.* Vampir; Zombie)
un|trag|bar [*auch* ˈʊ...]; **Un|trag|bar|keit**
ụn|trai|niert
un|trẹnn|bar [*auch* ˈʊ...]
ụn|treu; Ụn|treue
un|tröst|lich [*auch* ˈʊ...]
un|trüg|lich [*auch* ˈʊ...]; ein untrügliches Zeichen
ụn|tüch|tig; Ụn|tüch|tig|keit, die; -
Ụn|tu|gend
ụn|tun|lich *(veraltend)*
ụn|ty|pisch
un|über|biet|bar [*auch* ˈʊ...]
un|über|brück|bar [*auch* ˈʊ...]
un|über|hör|bar [*auch* ˈʊ...]
ụn|über|legt; Ụn|über|legt|heit
un|über|schau|bar [*auch* ˈʊ...]
un|über|schreit|bar [*auch* ˈʊ...]
un|über|seh|bar [*auch* ˈʊ...]
un|über|setz|bar [*auch* ˈʊ...]
ụn|über|sicht|lich; Ụn|über|sicht|lich|keit
un|über|steig|bar [*auch* ˈʊ...]
un|über|trag|bar [*auch* ˈʊ...]
un|über|treff|lich [*auch* ˈʊ...]; **Un|über|treff|lich|keit,** die; -; **un|über|trof|fen** [*auch* ˈʊ...]
un|über|wind|bar [*auch* ˈʊ...]; **un|über|wind|lich** [*auch* ˈʊ...]
ụn|üb|lich
un|um|gäng|lich [*auch* ˈʊ...]; **Un|um|gäng|lich|keit**
un|um|geh|bar [*auch* ˈʊ...]
un|um|kehr|bar [*auch* ˈʊ...]
un|um|schränkt [*auch* ˈʊ...]
un|um|stöß|lich [*auch* ˈʊ...]; **Un|um|stöß|lich|keit**
un|um|strit|ten [*auch* ˈʊ...]
ụn|um|wun|den [*auch* ...ˈvʊ...] (offen, freiheraus)
ụn|un|ter|bro|chen [*auch* ...ˈbrɔ...]
un|un|ter|scheid|bar [*auch* ˈʊ...]
un|ver|än|der|lich [*auch* ˈʊ...]; **Un|ver|än|der|lich|keit,** die; -; **ụn|ver|än|dert** [*auch* ...ˈlɛ...]
un|ver|ant|wort|lich [*auch* ˈʊ...]; **Un|ver|ant|wort|lich|keit**
ụn|ver|ar|bei|tet [*auch* ...ˈla...]
un|ver|äu|ßer|lich [*auch* ˈʊ...]
un|ver|bau|bar [*auch* ˈʊ...]; unverbaubarer Fernblick; **ụn|ver|baut**
un|ver|bes|ser|lich [*auch* ˈʊ...]; **Un|ver|bes|ser|lich|keit,** die; -
ụn|ver|bil|det (noch natürlich)
ụn|ver|bind|lich [*auch* ...ˈbɪ...]; **Ụn|ver|bind|lich|keit**
ụn|ver|bleit; unverbleites Benzin
un|ver|blümt [*auch* ˈʊ...]
ụn|ver|braucht
un|ver|brüch|lich [*auch* ˈʊ...]; unverbrüchliche Treue
ụn|ver|bürgt [*auch* ...ˈbʏrk...]
ụn|ver|däch|tig [*auch* ...ˈdɛ...]
ụn|ver|dau|lich [*auch* ...ˈdau̯...]; **Ụn|ver|dau|lich|keit; ụn|ver|daut** [*auch* ...ˈdau̯t]
ụn|ver|dient [*auch* ...ˈdiː...]; **ụn|ver|dien|ter|ma|ßen; ụn|ver|dien|ter|wei|se**
ụn|ver|dor|ben; Ụn|ver|dor|ben|heit, die; -
ụn|ver|dros|sen [*auch* ...ˈdrɔ...]
ụn|ver|dünnt
ụn|ver|ehe|licht
un|ver|ein|bar [*auch* ˈʊ...]; **Un|ver|ein|bar|keit**
ụn|ver|fälscht [*auch* ...ˈfɛ...]; **Ụn|ver|fälscht|heit,** die; -
ụn|ver|fäng|lich [*auch* ...ˈfɛ...]
ụn|ver|fro|ren [*auch* ...ˈfroː...] (keck; frech); **Ụn|ver|fro|ren|heit**
ụn|ver|gäng|lich [*auch* ...ˈgɛ...]; **Ụn|ver|gäng|lich|keit**
ụn|ver|ges|sen; un|ver|gẹss|lich [*auch* ˈʊ...]
un|ver|gleich|bar [*auch* ˈʊ...]; **un|ver|gleich|lich** [*auch* ˈʊ...]
ụn|ver|go|ren; unvergorener Süßmost
ụn|ver|hält|nis|mä|ßig [*auch* ...ˈhɛ...]; **Ụn|ver|hält|nis|mä|ßig|keit**
ụn|ver|hei|ra|tet
ụn|ver|hofft [*auch* ...ˈhɔ...]
ụn|ver|hoh|len [*auch* ...ˈhoː...]
ụn|ver|hüllt
ụn|ver|käuf|lich [*auch* ...ˈkɔy̯...]; **Ụn|ver|käuf|lich|keit,** die; -
un|ver|kẹnn|bar [*auch* ˈʊ...]
ụn|ver|klei|det
ụn|ver|krampft
ụn|ver|langt; unverlangt eingesandte Manuskripte
ụn|ver|läss|lich
un|ver|lẹtz|bar [*auch* ˈʊ...]; **un|ver|lẹtz|lich** [*auch* ˈʊ...]; **Un|ver|letz|lich|keit,** die; -; **ụn|ver|letzt**
un|ver|lier|bar [*auch* ˈʊ...]
un|ver|lösch|lich [*auch* ˈʊ...] *(geh.)*
ụn|ver|mählt
un|ver|meid|bar [*auch* ˈʊ...]; **un|ver|meid|lich** [*auch* ˈʊ...]
ụn|ver|merkt (*veraltend für* unbemerkt)
ụn|ver|min|dert
ụn|ver|mischt
ụn|ver|mit|telt
Ụn|ver|mö|gen, das; -s (Mangel an Kraft, Fähigkeit); **ụn|ver|mö|gend; Ụn|ver|mö|gend|heit,** die; - (*selten für* Armut); **Ụn|ver|mö|gen|heit,** die; - (*veraltet für* Unvermögen); **Ụn|ver|mö|gens|fall,** der; -[e]s *(Amtsspr.);* im Unvermögensfall[e]
ụn|ver|mu|tet
Ụn|ver|nunft; ụn|ver|nünf|tig; Ụn|ver|nünf|tig|keit
ụn|ver|öf|fent|licht; ụn|ver|packt; ụn|ver|putzt
ụn|ver|rich|tet; unverrichteter Dinge (ohne etwas erreicht zu haben); unverrichteter Sache
un|ver|rück|bar [*auch* ˈʊ...]
ụn|ver|schämt; Ụn|ver|schämt|heit
ụn|ver|schlei|ert
ụn|ver|schlos|sen [*auch* ...ˈʃlɔ...]
ụn|ver|schlüs|selt
ụn|ver|schul|det [*auch* ...ˈʃʊ...]; **ụn|ver|schul|de|ter|ma|ßen; ụn|ver|schul|de|ter|wei|se**
ụn|ver|se|hens [*auch* ...ˈzeː...]

U
unve

un|ver|sehrt; Un|ver|sehrt|heit, die; -
un|ver|sieg|bar [*auch* 'ʊ...]; **un|ver|sieg|lich** [*auch* 'ʊ...]
un|ver|söhn|bar [*auch* ...'zø:...]; **un|ver|söhn|lich** [*auch* ...'zø:...]; **Un|ver|söhn|lich|keit**
un|ver|sorgt
Un|ver|stand (Mangel an Verstand); **un|ver|stan|den; un|ver|stän|dig** (ohne den nötigen Verstand); **Un|ver|stän|dig|keit; un|ver|ständ|lich** (undeutlich; unbegreiflich); **Un|ver|ständ|lich|keit; Un|ver|ständ|nis**
un|ver|stellt [*auch* ...'ʃtɛ...]
un|ver|steu|ert [*auch* ...'ʃtɔy...]
un|ver|sucht [*auch* ...'zu:...]; *meist in* nichts unversucht lassen
un|ver|träg|lich [*auch* ...'trɛ:...]; **Un|ver|träg|lich|keit,** die; -, -en; **Un|ver|träg|lich|keits|re|ak|ti|on** *(Med.)*
un|ver|wandt; jmdn. unverwandt ansehen
un|ver|wech|sel|bar [*auch* 'ʊ...]; **Un|ver|wech|sel|bar|keit,** die; -
un|ver|wehrt [*auch* ...'ve:...]; das bleibt dir unverwehrt (unbenommen)
un|ver|wes|lich [*auch* ...'ve:...]
un|ver|wisch|bar [*auch* 'ʊ...]
un|ver|wund|bar [*auch* 'ʊ...]; **Un|ver|wund|bar|keit**
un|ver|wüst|lich [*auch* 'ʊ...]; **Un|ver|wüst|lich|keit,** die; -
un|ver|zagt; Un|ver|zagt|heit, die; -
un|ver|zeih|bar [*auch* 'ʊ...]; **un|ver|zeih|lich** [*auch* 'ʊ...]
un|ver|zicht|bar [*auch* 'ʊ...]; **un|ver|zins|lich** [*auch* 'ʊ...]; **un|ver|zollt**
un|ver|züg|lich [*auch* 'ʊ...]
un|voll|en|det [...'ɛ...]
un|voll|kom|men [*auch* ...'kɔ...]; **Un|voll|kom|men|heit**
un|voll|stän|dig [*auch* ...'ʃtɛ...]; **Un|voll|stän|dig|keit**
un|vor|be|rei|tet
un|vor|denk|lich; in unvordenklichen Zeiten (sehr weit zurückliegend)
un|vor|ein|ge|nom|men; Un|vor|ein|ge|nom|men|heit, die; -
un|vor|greif|lich [*auch* 'ʊ...] (*veraltet für* ohne einem anderen vorgreifen zu wollen)
un|vor|her|ge|se|hen; un|vor|her|seh|bar
un|vor|schrifts|mä|ßig
un|vor|sich|tig; un|vor|sich|ti|ger|wei|se; Un|vor|sich|tig|keit
un|vor|stell|bar [*auch* 'ʊ...]
un|vor|teil|haft

UN-Waf|fen|in|s|pek|teur, UN-Waffen|in|s|pek|tor ↑K28; *vgl.* UNO; **UN-Waf|fen|in|s|pek|teu|rin,** UN-Waf|fen|in|s|pek|to|rin
un|wäg|bar [*auch* 'ʊ...]; **Un|wäg|bar|keit,** die; -, -en
un|wahr; un|wahr|haf|tig *(geh.);* **Un|wahr|haf|tig|keit; Un|wahr|heit**
un|wahr|schein|lich; Un|wahr|schein|lich|keit
un|wan|del|bar [*auch* 'ʊ...]; **Un|wan|del|bar|keit,** die; -
un|weg|sam; unwegsames Gebiet
un|weib|lich; sie wirkt unweiblich
un|wei|ger|lich [*auch* 'ʊ...]
un|weit; *als Präposition mit Gen.:* unweit des Flusses
un|wert *(geh.);* **Un|wert,** der; -[e]s
Un|we|sen, das; -s; er trieb sein Unwesen
un|we|sent|lich
Un|wet|ter
un|wich|tig; Un|wich|tig|keit
un|wi|der|leg|bar [*auch* 'ʊ...]; **un|wi|der|leg|lich** [*auch* 'ʊ...]
un|wi|der|ruf|lich [*auch* 'ʊ...]; zum unwiderruflich letzten Mal
un|wi|der|spro|chen [*auch* 'ʊ...]
un|wi|der|steh|lich [*auch* 'ʊ...]; **Un|wi|der|steh|lich|keit**
un|wie|der|bring|lich [*auch* 'ʊ...]; **Un|wie|der|bring|lich|keit,** die; -
Un|wil|le[n], der; Unwillens; **un|wil|lent|lich; un|wil|lig**
un|will|kom|men
un|will|kür|lich [*auch* ...'ky:ɐ̯...]
un|wirk|lich; Un|wirk|lich|keit
un|wirk|sam; ein unwirksames Mittel; **Un|wirk|sam|keit,** die; -
un|wirsch (unfreundlich)
un|wirt|lich (unbewohnt, einsam; unfruchtbar); eine unwirtliche Gegend; **Un|wirt|lich|keit,** die; -
un|wirt|schaft|lich; Un|wirt|schaft|lich|keit, die; -
Un|wis|sen, das; -s; **un|wis|send; Un|wis|sen|heit**
un|wis|sen|schaft|lich
un|wis|sent|lich
un|wohl; mir ist unwohl; unwohl sein; **Un|wohl|sein,** das; -s; wegen Unwohlseins
Un|wort *Plur.* ...wörter *u.* ...worte (unschönes, unerwünschtes Wort)
Un|wucht, die; -, -en (ungleich verteilte Massen [an einem Rad])
un|wür|dig; Un|wür|dig|keit, die; -
Un|zahl, die; - (sehr große Zahl)
un|zähl|bar [*auch* 'ʊ...]

un|zäh|lig

[*auch* 'ʊ...]

- unzählige Flüchtlinge; unzählige Kranke; unzählige Angestellte
- ich habe es unzählige Mal versucht
- unzählige Male hatte sie ihm geholfen

Großschreibung der Substantivierung ↑K72:

- es haben sich Unzählige an der Aktion beteiligt
- die Hoffnungen Unzähliger wurden enttäuscht

un|zähm|bar [*auch* 'ʊ...]
Un|ze, die; -, -n ‹lat.› (Gewicht)
Un|zeit, die; *nur noch in* zur Unzeit (zu unpassender Zeit); **un|zeit|ge|mäß; un|zei|tig** (unreif)
un|zen|siert
un|zen|su|riert *(österr., schweiz.)*
un|zen|wei|se
un|zer|brech|lich [*auch* ...'brɛ...]; **Un|zer|brech|lich|keit,** die; -
un|zer|kaut
un|zer|reiß|bar [*auch* 'ʊ...]
un|zer|stör|bar [*auch* 'ʊ...]; **un|zer|stört**
un|zer|trenn|bar [*auch* 'ʊ...]; **un|zer|trenn|lich** ['ʊ...]
Un|zi|al|buch|sta|be; Un|zi|a|le, die; -, -n ‹lat.› (zollgroßer Buchstabe); **Un|zi|al|schrift,** die; -
un|zie|mend; un|ziem|lich (*veraltend für* ungehörig)
un|zi|vi|li|siert
Un|zucht, die; -; **un|züch|tig; Un|züch|tig|keit**
un|zu|frie|den; Un|zu|frie|den|heit
un|zu|gäng|lich; Un|zu|gäng|lich|keit
un|zu|kömm|lich (*österr. für* nicht ausreichend, unzulänglich); **Un|zu|kömm|lich|keit,** die; -, -en (*österr. u. schweiz. für* Missstand; Unzulänglichkeit)
un|zu|läng|lich; Un|zu|läng|lich|keit
un|zu|läs|sig; Un|zu|läs|sig|keit
un|zu|mut|bar; Un|zu|mut|bar|keit
un|zu|rech|nungs|fä|hig; Un|zu|rech|nungs|fä|hig|keit, die; -; **un|zu|rei|chend; un|zu|sam|men|hän|gend; un|zu|stän|dig; Un|zu|stän|dig|keit**
un|zu|stell|bar
un|zu|träg|lich; Un|zu|träg|lich|keit
un|zu|tref|fend ↑K72: Unzutreffendes bitte streichen!
un|zu|ver|läs|sig; Un|zu|ver|läs|sig-

U
unve

keit; un|zweck|mä|ßig; Un|zweck|mä|ßig|keit, die; -; **un|zwei|deu|tig; Un|zwei|deu|tig|keit,** die; -
un|zwei|fel|haft [*auch* ...ˈtsvai...]
Upa|ni|schad, die; -, ...schaden *meist Plur.* ‹sanskr.› (Gruppe altindischer philosophisch-theologischer Schriften)
Up|date [ˈapdeːt], das; -s, -s ‹engl.› (*EDV* Aktualisierung; aktualisierte [u. verbesserte] Version eines Programms o. Ä.); **up|da|ten** (aktualisieren); er updatet, sie hat upgedatet; upzudaten
Up|grade [ˈapgreːt], das; -s, -s ‹engl.› (*svw.* Update; *Touristik* verbesserte Leistung); **up|gra|den** (ein Upgrade vornehmen); sie upgradet, er hat upgegradet; upzugraden
Up|hill [ˈap...], das; -s, -s ‹engl.› (Radrennen den Berg hinauf)
UPI [juːpiːˈlai], die; - = United Press International (US-amerikanische Nachrichtenagentur)
Up|load [ˈaplɔʊt], der, *seltener* das; -s, -s ‹engl.› *(EDV);* **up|loa|den** (*EDV* [Daten] hochladen); ich uploade, habe upgeloadet

uploaden
Die Eindeutschung englischer Verben wie *to upload* führt zu ungewohnten und oft als sehr unschön empfundenen Beugungsformen, die durch die Verwendung von Synonymen (hier: *hochladen*) vermieden werden können.

Up|per|class [ˈapɐklaːs], die; - ‹engl.› (Oberschicht)
Up|per|cut [ˈapɐkat], der; -s, -s ‹engl.› (*Boxen* Aufwärtshaken)
üp|pig; Üp|pig|keit, die; -
Upp|sa|la (schwed. Stadt); **Upp|sa|la|er; Upp|sa|la|e|rin**
ups! ‹engl.› (hoppla!)
up to date [ap tu ˈdeːt] ‹engl.› (zeitgemäß, auf der Höhe)
Ur, der; -[e]s, -e (Auerochse)
Ur|ab|stim|mung (Abstimmung aller Mitglieder, bes. einer Gewerkschaft über die Ausrufung eines Streiks)
Ur|adel
Ur|ahn; Ur|ah|ne, die (Urgroßmutter); **Ur|ah|ne,** der (Urgroßvater; Vorfahr)
Ural, der; -[s] (Gebirge zwischen Asien u. Europa; Fluss); **ural|al|ta|isch;** uralaltaische Sprachen; **Ural|ge|biet; ura|lisch** (aus der Gegend des Ural)
ur|alt; Ur|al|ter, das; -s; von uralters her ↑K 70
ur|ame|ri|ka|nisch (von Grund auf amerikanisch)
Ur|ä|mie, die; -, ...ien ‹griech.› (*Med.* Harnvergiftung); **ur|ä|misch**
Uran, das; -s ‹nach dem Planeten Uranus› (radioaktives chemisches Element, Metall; *Zeichen* U); **Uran|an|rei|che|rung; Uran|berg|werk; Uran|erz**
Ur|an|fang; ur|an|fäng|lich
Ur|angst
uran|hal|tig; Uran-238-haltig
Ura|nia (Muse der Sternkunde; Beiname der Aphrodite); **Ura|nis|mus,** der; - (*selten für* Homosexualität); **Ura|nist,** der; -en, -en
Uran|mi|ne; Uran|mu|ni|ti|on
Ura|nos *vgl.* [1]Uranus
Uran|pech|blen|de (radiumhaltiges Mineral)
[1]**Ura|nus,** Ura|nos (griech. Gott des Himmels)
[2]**Ura|nus,** der; - (ein Planet)
uras|sen (*österr. ugs. für* verschwenden); du urasst
Urat, das; -[e]s, -e ‹griech.› (*Chemie* Harnsäuresalz); **ura|tisch**
ur|auf|füh|ren; die Oper wurde uraufgeführt; **Ur|auf|füh|rung**
Urä|us|schlan|ge ‹griech.; dt.› (afrik. Hutschlange, als Sonnensymbol am Diadem der altägypt. Könige)
ur|ban ‹lat.› (städtisch; gebildet; weltmännisch)
Ur|ban (m. Vorn.)
Ur|ba|ni|sa|ti|on, die; -, -en; **ur|ba|ni|sie|ren** (verstädtern); **Ur|ba|ni|sie|rung; Ur|ba|nis|tik,** die; - (Wissenschaft des Städtebaus)
Ur|ba|ni|tät, die; - (Bildung, weltmännische Art; städtische Atmosphäre)
ur|bar; urbar machen; urbares Land; **Ur|bar** [*auch* ˈuːɐ̯...], das; -s, -e, Ur|ba|ri|um, das; -s, ...ien (mittelalterliches Güter- u. Abgabenverzeichnis großer Grundherrschaften; Grundbuch); **ur|ba|ri|sie|ren** (*schweiz. für* urbar machen); **Ur|ba|ri|sie|rung** (*schweiz. für* Urbarmachung); **Ur|ba|ri|um** *vgl.* Urbar
Ur|bar|ma|chung
Ur|be|deu|tung; Ur|be|ginn; von Urbeginn der Welt; **Ur|be|stand|teil,** der
Ur|be|völ|ke|rung; Ur|be|woh|ner; Ur|be|woh|ne|rin
ur|bi et or|bi ‹lat., »der Stadt [d. i. Rom] und dem Erdkreis«›; etwas urbi et orbi (allgemein) verkünden
Ur|bild; ur|bild|lich
ur|chig (*schweiz. für* urwüchsig)
Ur|chris|ten|tum; ur|christ|lich
ur|cool *(bes. österr. Jugendspr.)*
Urd (*germ. Mythol.* Norne der Vergangenheit)
Ur|darm (*Biol.* einen Hohlraum umschließende Einstülpung mit einer Mündung nach außen); **Ur|darm|tier** (*für* Gasträa)
ur|deutsch (typisch deutsch)
Ur|druck *Plur.* ...drucke (Erstveröffentlichung eines Schachproblems)
Ur|du, das; - (eine neuind. Sprache, Amtssprache in Pakistan)
ur|ei|gen; ur|ei|gen|tüm|lich
Ur|ein|woh|ner; Ur|ein|woh|ne|rin
Ur|el|tern *Plur.*
Ur|en|kel; Ur|en|ke|lin
Ure|ter, der; -s, *Plur.* ...teren, *auch* - ‹griech.› (*Med.* Harnleiter); **Ure|th|ra,** die; -, ...thren (Harnröhre); **ure|tisch** (harntreibend)
Ur|fas|sung
Ur|feh|de (im MA. eidliches Friedensversprechen mit Verzicht auf Rache); Urfehde schwören
Ur|form; ur|for|men *nur im Infinitiv u. Partizip II gebr. (Technik)*
Urft, die; - (rechter Nebenfluss der Rur); **Urft-Tal|sper|re, Urft|tal|sper|re,** die; - ↑K 143
ur|geil *(bes. österr. Jugendspr.)*
Ur|ge|mein|de (urchristliche Gemeinde)
ur|ge|müt|lich
ur|gent ‹lat.› (*veraltet für* dringend); **Ur|genz,** die; -, -en (*österr. für* Mahnung zur schnelleren Erledigung)
ur|ger|ma|nisch
Ur|ge|schich|te, die; -; **Ur|ge|schicht|ler; Ur|ge|schicht|le|rin; ur|ge|schicht|lich**
Ur|ge|sell|schaft; Ur|ge|stalt
Ur|ge|stein; Ur|ge|walt
ur|gie|ren ‹lat.› (*österr. für* drängen)
Ur|groß|el|tern *Plur.;* **Ur|groß|mut|ter; ur|groß|müt|ter|lich; Ur|groß|va|ter; ur|groß|vä|ter|lich**
Ur|grund
Ur|he|ber; Ur|he|be|rin; Ur|he|ber|recht; ur|he|ber|recht|lich; Ur|he|ber|rechts|ge|setz (*Abk.* UrhG); **Ur|he|ber|schaft; Ur|he|ber|schutz,** der; -es
Ur|hei|mat

UrhG, das; -[s] = Urheberrechtsgesetz

Uri (schweiz. Kanton)

Uria, Uri|as, *ökum.* Uri|ja *vgl.* Uriasbrief

Uri|an, der; -s, -e (unwillkommener Gast; *nur Sing.:* Teufel)

Uri|as *vgl.* Uria; **Uri|as|brief** (Brief, der dem Überbringer Unheil bringt)

Uri|el [...e:l, *auch* ...ɛl] (einer der Erzengel)

urig (urtümlich; originell)

Uri|ja *vgl.* Uria

Urin, der; -s, -e *Plur. selten* ⟨lat.⟩ (Harn); **Uri|nal,** das; -s, -e (Harnflasche; Becken zum Urinieren für Männer); **Urin|ge|ruch; uri|nie|ren; Urin|pro|be**

Ur|in|s|tinkt

Urinstinkt

Das Wort *Urinstinkt* sollte nicht zwischen *n* und *s* getrennt werden, da sonst eine irritierende und das Lesen hemmende Trennung entsteht.

Urin|un|ter|su|chung

Ur|kan|ton (Kanton der Urschweiz)

Ur|kir|che

Ur|knall, der; -[e]s (Explodieren der Materie bei der Entstehung des Weltalls)

ur|ko|misch

Ur|kraft, die

Ur|kun|de, die; -, -n; **ur|kun|den** (*fachspr. für* in Urkunden schreiben, urkundlich erscheinen)

Ur|kun|den|fäl|schung; Ur|kun|den|for|schung; Ur|kun|den|leh|re

ur|kund|lich; Ur|kunds|be|am|te; Ur|kunds|re|gis|ter

URL, die; -, -s, *selten* der; -s, -s = Uniform Resource Locator (Internetadresse)

Ur|land|schaft

Ur|laub, der; -[e]s, -e; in *od.* im Urlaub sein; **ur|lau|ben** *(ugs.);* **Ur|lau|ber; Ur|lau|be|rin**

Ur|laubs|an|spruch; Ur|laubs|be|kannt|schaft; Ur|laubs|bräu|ne; Ur|laubs|fo|to; Ur|laubs|geld; Ur|laubs|kas|se; Ur|laubs|lis|te; Ur|laubs|ort, der; -[e]s, ...orte

ur|laubs|reif

Ur|laubs|rei|se; Ur|laubs|re|sort (Ferienanlage); **Ur|laubs|schein; Ur|laubs|sper|re; Ur|laubs|tag; Ur|laubs|ver|tre|tung; Ur|laubs|zeit**

Ur|meer; Ur|mensch, der; **ur|mensch|lich**

Ur|me|ter, der *od.* das; -s (in Paris aufbewahrtes ursprüngliches Normalmaß des Meters)

Ur|mut|ter *Plur.* ...mütter (Stammmutter)

Ur|ne, die; -, -n ⟨lat.⟩; **Ur|nen|fried|hof**

Ur|nen|gang, der (*svw.* Wahl)

Ur|nen|grab; Ur|nen|hal|le

Ur|ner (von Uri); Urner See (Teil des Vierwaldstätter Sees); **Ur|ne|rin; ur|ne|risch** (aus Uri)

Ur|ning, der; -s, -e; *vgl.* Uranist

uro|ge|ni|tal ⟨griech.; lat.⟩ (zu den Harn- u. Geschlechtsorganen gehörend); **Uro|ge|ni|tal|sys|tem**

Uro|lith, der; *Gen.* -s *u.* -en, *Plur.* -e[n] ⟨griech.⟩ (Harnstein)

Uro|lo|ge, der; -n, -n (Arzt für Krankheiten der Harnorgane); **Uro|lo|gie,** die; -; **Uro|lo|gin; uro|lo|gisch**

Ur|oma *(fam.);* **Ur|opa** *(fam.)*

Uro|s|ko|pie, die; -, ...ien ⟨griech.⟩ (Harnuntersuchung)

Ur|pflan|ze

ur|plötz|lich

Ur|pro|dukt; Ur|pro|duk|ti|on (Gewinnung von Rohstoffen)

Ur|quell, Ur|quel|le

Urs (m. Vorn.)

Ur|sa|che; Ur|sa|chen|for|schung

ur|säch|lich; Ur|säch|lich|keit

Ur|schel, die; -, -n (*landsch. für* törichte [junge] Frau)

ur|schen (*ostmitteld. für* vergeuden); du urschst

Ur|schlamm, der; -[e]s

Ur|schleim, der; -[e]s

Ur|schrei, der (lauter, ungehemmter Schrei); **Ur|schrei|the|ra|pie** *(Psychol.)*

Ur|schrift; ur|schrift|lich

Ur|schweiz (Gebiet der ältesten Eidgenossenschaft [Uri, Schwyz, Unterwalden])

Ur|sel (w. Vorn.)

ur|sen|den *nur im Infinitiv u. Partizip II gebr.;* **Ur|sen|dung** (erstmalige Sendung im Rundfunk od. Fernsehen)

Ur|se|ren|tal, das; -[e]s (Tal der oberen Reuß im Kanton Uri); **Urs|ner; Urs|ne|rin**

urspr. = ursprünglich

Ur|spra|che

Ur|sprung *Plur.* ...sprünge

ur|sprüng|lich (*Abk.* urspr.); **Ur|sprüng|lich|keit**

Ur|sprungs|ge|biet; Ur|sprungs|land; Ur|sprungs|nach|weis; Ur|sprungs|zeug|nis

urst (*regional ugs. für* großartig, sehr [schön])

Ur|stand, der; -[e]s, Urstände (*veraltet für* Urzustand); **Ur|ständ,** die; - (*veraltet für* Auferstehung); *nur scherzh. in* fröhliche Urständ feiern

Ur|stoff; ur|stoff|lich

Ur|strom|tal

Ur|su|la (w. Vorn.)

Ur|su|li|ne, die; -, -n, Ur|su|li|ne|rin, die; -, -nen ⟨nach der Märtyrerin Ursula⟩ (Angehörige eines kath. Ordens); **Ur|su|li|nen|schu|le; Ur|su|li|ne|rin** *vgl.* Ursuline

Ur|sün|de (erster Sündenfall)

Ur|sup|pe, die; - (Urschlamm, Urschleim)

Ur|teil, das; -s, -e

Ur|teil|chen (Elementarteilchen)

ur|tei|len; Ur|teils|be|grün|dung

ur|teils|fä|hig; Ur|teils|fä|hig|keit; Ur|teils|fin|dung; Ur|teils|kraft *Plur. selten;* **ur|teils|los**

Ur|teils|schel|te (öffentliche Kritik an einem gerichtlichen Urteil)

Ur|teils|spruch; Ur|teils|ver|kün|dung; Ur|teils|ver|mö|gen, das; -s; **Ur|teils|voll|stre|ckung; Ur|teils|voll|zug**

Ur|text

Ur|tier|chen *meist Plur.* (einzelliges tierisches Lebewesen)

Ur|ti|ka|ria, die; - ⟨lat.⟩ (*Med.* Nesselsucht)

Ur|trieb

ur|tüm|lich; Ur|tüm|lich|keit, die; -

Ur|typ, Ur|ty|pus

[1]**Uru|gu|ay** [...'gu̯ai̯, *auch* 'u:...], der; -[s] (Fluss in Südamerika)

[2]**Uru|gu|ay** (Staat in Südamerika); **Uru|gu|a|yer; Uru|gu|a|ye|rin; uru|gu|a|yisch**

Ur|ur|ahn; Ur|ur|en|kel; Ur|ur|en|ke|lin; Ur|ur|groß|va|ter, Ur|ur|groß|mut|ter

Ur|va|ter (Stammvater); **ur|vä|ter|lich; Ur|vä|ter|zeit;** seit Urväterzeiten

Ur|ver|trau|en

ur|ver|wandt; Ur|ver|wandt|schaft

Ur|viech, Ur|vieh (*ugs. scherzh. für* urwüchsiger Mensch)

Ur|vo|gel; Ur|volk

Ur|wahl *(Politik);* **Ur|wäh|ler; Ur|wäh|le|rin**

Ur|wald; Ur|wald|ge|biet

Ur|welt; ur|welt|lich

ur|wüch|sig; Ur|wüch|sig|keit

Ur|zeit; seit Urzeiten; **ur|zeit|lich**

Ur|zel|le

U

UrhG

Ur|zeu|gung (elternlose Entstehung von Lebewesen)
Ur|zi|dil (österr. Schriftsteller)
Ur|zu|stand; ur|zu|ständ|lich
u. s. = ut supra
US[A] *Plur.* = United States [of America] (Vereinigte Staaten [von Amerika])
Usa|bi|li|ty [ju:zəˈbɪlɪti], die; - ‹engl.› (*EDV* Benutzbarkeit, Benutzerfreundlichkeit)
Usam|ba|ra (Gebirgszug in Tansania); **Usam|ba|ra|veil|chen**
US-Ame|ri|ka|ner [u:ˈlɛs...] ↑K28; **US-Ame|ri|ka|ne|rin; US-ame|ri|ka|nisch** ↑K28 *u.* 97
Usance [yˈzã:s], die; -, -n ‹franz.› (Brauch, Gepflogenheit); **usance|mä|ßig; Usan|cen|han|del** (Devisenhandel in fremder Währung)
Usanz [u...], die; -, -en (*schweiz. für* Usance)
USB, der; -[s], -s ‹*Abk. für engl.* Universal Serial Bus› (universeller Anschluss beim PC)
Us|be|ke, der; -n, -n (Angehöriger eines Turkvolkes); **Us|be|kin; us|be|kisch; Us|be|kisch**, das; -[s] (Sprache); **Us|be|ki|sche**, das; -n; *vgl.* ²Deutsche; **Us|be|ki|s|tan** (Staat im nördl. Mittelasien)
US-Bot|schaft [u:ˈlɛs...] ↑K28
USB-Stick [u:|ɛsˈbe:stɪk], der; -s, -s ‹engl.› (als Datenspeicher dienendes kleines stäbchenförmiges USB-Gerät)
US-Bun|des|staat
US-Bür|ger; US-Bür|ge|rin
Uschi (w. Vorn.)
USD (Währungscode für US-Dollar)
US-Dol|lar [u:ˈlɛs...] ↑K28; *vgl.* Dollar
Use|dom (Insel in der Ostsee)
User [ˈju:...], der; -s, - ‹engl.› (*EDV* Benutzer, Anwender; *Jargon* Drogenkonsument); **Use|rin**
usf. = und so fort
Uso, der; -s ‹ital.› (Brauch, Gewohnheit); *vgl.* Usus
US-Prä|si|dent [u:ˈlɛs...] ↑K28; **US-Prä|si|den|tin**
usu|ell ‹franz.› (gebräuchlich)
Usur|pa|ti|on, die; -, -en ‹lat.› (widerrechtliche Besitz-, Machtergreifung); **Usur|pa|tor**, der; -s, ...oren; **usur|pa|to|risch; usur|pie|ren; Usur|pie|rung**
Usus, der; - ‹lat.› (Brauch, Gewohnheit, Sitte)
usw. = und so weiter
UT = Utah

Uta, Ute (*dt. Sage* Mutter der Nibelungenkönige; w. Vorn.)
Utah [ˈju:ta] (Staat in den USA; *Abk.* UT)
Uten|sil, das; -s, -ien *meist Plur.* ‹lat.› ([notwendiges] Gerät, Gebrauchsgegenstand)
ute|rin ‹lat.› (*Med.* auf die Gebärmutter bezüglich); **Ute|rus**, der; -, ...ri (Gebärmutter)
Ut|gard (*germ. Mythol.* Reich der Dämonen u. Riesen)
uti|li|tär ‹lat.› (auf den Nutzen bezüglich); **Uti|li|ta|ri|er** (*svw.* Utilitarist); **Uti|li|ta|ris|mus**, der; - (Nützlichkeitslehre, -standpunkt); **Uti|li|ta|rist**, der; -en, -en (nur auf den Nutzen Bedachter; Vertreter des Utilitarismus); **Uti|li|ta|ris|tin; uti|li|ta|ris|tisch**
Ut|lan|de *Plur.* ‹»Außenlande«› (Landschaftsbez. für die Nordfries. Inseln, bes. die Halligen mit Pellworm u. Nordstrand)
Uto|pia, Uto|pi|en, das; -s *meist ohne Artikel* ‹griech.› (erdachtes Land)
Uto|pie, die; -, ...ien (als unausführbar geltender Plan; Zukunftstraum)
Uto|pi|en *vgl.* Utopia
uto|pisch (unerfüllbar); **Uto|pis|mus**, der; -, ...men (Neigung zu Utopien; utopische Vorstellung); **Uto|pist**, der; -en, -en; **Uto|pis|tin**
Ut|ra|quis|mus, der; - ‹lat.› (Lehre der Utraquisten); **Ut|ra|quist**, der; -en, -en (Angehöriger einer hussitischen Richtung, die das Abendmahl in beiderlei Gestalt [Brot u. Wein] forderte); **Ut|ra|quis|tin; ut|ra|quis|tisch**
Ut|recht (niederl. Provinz u. Stadt); **Ut|rech|ter; Ut|rech|te|rin**
Ut|ril|lo [uˈtrɪljo] (franz. Maler)
ut su|p|ra ‹lat.› (*Musik* wie oben; *Abk.* u. s.)
Utz (m. Vorn.)
u. U. = unter Umständen
u. ü. V. = unter üblichem Vorbehalt (bei Gutschrift von Schecks)
UV = ultraviolett (*in* UV-Strahlen, UV-A-Strahlen usw.)
u. v. a. = und viele[s] andere
u. v. a. m. = und viele[s] andere mehr
UV-A-Strah|len *Plur.* ↑K26 (*bes. fachspr. für* langwellige ultraviolette Strahlen); **UV-A-Strah|lung**
UV-be|strahlt [u:ˈfau...] ↑K28 *u.* 97; **UV-B-Strah|len** (*bes. fachspr. für* kurzwellige ultraviolette Strahlen); **UV-B-Strah|lung**

UV-Fil|ter ↑K28 (*Fotogr.* Filter zur Dämpfung der ultravioletten Strahlen)
UV-Lam|pe ↑K28 (Höhensonne)
UV-Schutz, der; -es ↑K28
UV-Strah|len *Plur.* ↑K28 (*Abk. für* ultraviolette Strahlen); **UV-Strahlung**, die; - (Höhenstrahlung)
Uvu|la, die; -, ...lae ‹lat.› (*Med.* Gaumenzäpfchen); **uvu|lar** (*Sprachwiss.* mit dem Zäpfchen gebildet)
u. W. = unseres Wissens
Ü-Wa|gen ↑K28 (*kurz für* Übertragungswagen)
Uwe (m. Vorn.)
u. Z. = unsere[r] Zeitrechnung
Uz, der; -es, -e (*ugs. für* Neckerei)
Uz|bru|der (*ugs. für* jmd., der gern andere neckt); **uzen**; du uzt; **Uzerei** *(ugs.)*; **Uz|na|me** *(ugs.)*
u. zw. = und zwar
U-18-Na|ti|o|nal|mann|schaft, U18-Na|ti|o|nal|mann|schaft
Ü-30-Par|ty, Ü30-Par|ty (*ugs. scherzh. für* Party für über Dreißigjährige)

V v

v = velocitas ‹lat.› (*Zeichen für* Geschwindigkeit)
v. = vom; von; vor *(vgl. d.)*
v. = vide; vidi
V (Buchstabe); das V; des V, die V, *aber* das v in Steven; der Buchstabe V, v
V (*chem. Zeichen für* Vanadium)
V = Volt; Volumen (Rauminhalt)
V, vert. = vertatur
V = 5 (röm. Zahlzeichen)
V. = Vers
v. a. = vor allem
VA = Voltampere; Virginia
va banque, Va|banque [vaˈbã:k] ‹franz., »es gilt die Bank«›; *nur in* va banque *od.* Vabanque spielen (alles aufs Spiel setzen); **Vabanque|spiel**
va|cat ‹lat., »es fehlt«› (nicht vorhanden, leer); *vgl.* Vakat
Vache|le|der [ˈvaʃ...], das; -s ‹franz.; dt.› (glaciertes Sohlenleder)
Va|de|me|kum, *österr.* **Va|de|me-**

cum, das; -s, -s ‹lat.› (Taschenbuch; Ratgeber)
Va|di|um, das; -s, ...ien ‹germ.-mlat.› (*im älteren dt. Recht* symbolisches Pfand)
va|dos ‹lat.› (*Geol. in Bezug auf Grundwasser* von Niederschlägen herrührend)
Va|duz [faˈdʊts, *auch* vaˈduːts] (Hauptstadt Liechtensteins)
vae vic|tis! ‹lat., »wehe den Besiegten!«›
vag, va|ge (unbestimmt)
Va|ga|bon|da|ge [...ʒə], die; - ‹franz.› (Landstreicherei)
Va|ga|bund, der; -en, -en (Landstreicher); **Va|ga|bun|den|le|ben,** das; -s; **Va|ga|bun|den|tum,** das; -s; **va|ga|bun|die|ren** ([arbeitslos] umherziehen); vagabundierende Ströme *(Elektrot.)*; **Va|ga|bun|din**
Va|gant, der; -en, -en (fahrender Student od. Kleriker im MA.); **Va|gan|ten|dich|tung; Va|gan|ten|lied; Va|gan|tin**
va|ge, vag (unbestimmt); **Vag|heit**
va|gie|ren (*geh. für* umherziehen)
Va|gi|na [*auch* ˈvaː...], die; -, ...nen ‹lat.› (*Med.* w. Scheide); **va|gi|nal** (die Scheide betreffend); **Va|gi|nis|mus,** der; -, ...men (*Med.* Scheidenkrampf)
Va|gus, der; - ‹lat.› (*Med.* ein Hirnnerv)
va|kant [v...] ‹lat.› (leer; unbesetzt, frei); **Va|kanz,** die; -, -en (freie Stelle; *landsch. für* Ferien)
Va|kat, das; -[s], -s (*Druckw.* leere Seite); *vgl.* vacat
Va|ku|o|le, die; -, -n (*Biol.* mit Flüssigkeit od. Nahrung gefülltes Bläschen im Zellplasma, insbesondere der Einzeller)
Va|ku|um, das; -s, *Plur.* ...kua *od.* ...kuen (luftleerer Raum)
Va|ku|um|ap|pa|rat; Va|ku|um|brem|se
va|ku|u|mie|ren (etw. luftdicht verpacken)
Va|ku|um|me|ter, das; -s, - (Unterdruckmesser); **Va|ku|um|pum|pe** ([Aus]saugpumpe); **Va|ku|um|röh|re**
va|ku|um|ver|packt; Va|ku|um|ver|pa|ckung
Vak|zin, das; -s, -e ‹lat.› (*svw.* Vakzine); **Vak|zi|na|ti|on,** die; -, -en (*Med.* Schutzimpfung); **Vak|zi|ne,** die; -, -n (Impfstoff aus Krankheitserregern); **vak|zi|nie|ren; Vak|zi|nie|rung** (*svw.* Vakzination)
va|la|bel ‹franz.› (*schweiz. für* geeignet); ...a|b|le Alternativen
Va|land [f...] (*ältere Nebenform von* Voland)
va|le! [...le] ‹lat., »leb wohl!«›
Va|len|cia [...tsi̯a, ...si̯a] (span. Stadt); **Va|len|ci|a|ner; Va|len|ci|a|ne|rin**
Va|len|ci|ennes|spit|ze [...lãˈsi̯ɛn...] ‹nach der franz. Stadt› (sehr feine Klöppelspitze)
Va|lens (röm. Kaiser)
Va|len|tin (m. Vorn.); **Va|len|tins|tag** (14. Febr.)
Va|lenz, die; -, -en ‹lat.› (*Chemie* Wertigkeit; *Sprachwiss.* Eigenschaft des Verbs, im Satz Ergänzungen zu fordern)
Va|le|ri|a|na, die; -, ...nen (*Bot.* Baldrian)
Va|le|rie [*auch* ...ˈriː] (w. Vorn.)
Va|le|ri|us (röm. Kaiser)
Va|lé|ry [...leˈriː] (franz. Dichter)
Va|les|ka (w. Vorn.)
[1]**Va|let** [*auch* ...ˈleːt], das; -s, -s ‹lat.› (Lebewohl; veralteter Abschiedsgruß); Valet sagen
[2]**Va|let** [...ˈleː], der; -s, -s ‹franz.› (Bube im franz. Kartenspiel)
Va|leur [...ˈløːɐ̯], der; -s, -s, *auch* die; -, -s ‹franz.› (*veraltet für* Wert[papier]; *Malerei* Farbwert, Farbtonabstufung)
va|lid, va|li|de ‹lat.› (zuverlässig, gültig); **Va|li|da|ti|on,** die; -, -en (Gültigkeitserklärung; *auch svw.* Validierung); **va|li|de** *vgl.* valid; **va|li|die|ren** ([rechts]gültig machen); **Va|li|die|rung; Va|li|di|tät,** die; - (Zuverlässigkeit [eines Versuchs])
Va|li|um®, das; -s ‹Kunstwort› (ein Beruhigungsmittel)
val|le|ra! [v..., *auch* f...]; **val|le|ri, val|le|ra!**
Val|let|ta (Hauptstadt von Malta)
Va|lo|ren *Plur.* ‹lat.› (*Wirtsch.* Wertsachen, Wertpapiere); **Va|lo|ren|ver|si|che|rung; Va|lo|ri|sa|ti|on,** die; -, -en (staatl. Preisbeeinflussung zugunsten der Produzenten); **va|lo|ri|sie|ren** (Preise durch staatl. Maßnahmen anheben); **Va|lo|ri|sie|rung** (*svw.* Valorisation)
Val|pa|rai|ser; Val|pa|rai|se|rin; Val|pa|ra|i|so [*auch* ...ˈrai̯...] (Stadt in Chile)
Va|lu|ta, die; -, ...ten ‹ital.› (Geld in ausländischer Währung; [Gegen]wert; *nur Plur.:* Zinsscheine ausländ. Wertpapiere)
Va|lu|ta|an|lei|he
Va|lu|ta|mark, die; - (ehem. Rechnungseinheit in der DDR)
va|lu|tie|ren (ein Datum festsetzen, das für den Zeitpunkt der Leistung maßgebend ist; *selten für* bewerten)
Val|va|ti|on, die; -, -en ‹franz.› (*Wirtsch.* [Ab]schätzung [von Münzen]; Wertbestimmung)
Vamp [vɛ...], der; -s, -s ‹engl.› (verführerische, kalt berechnende Frau)
Vam|pir [*auch* ˈvam...], der; -s, -e ‹serbokroat.› (eine Fledermausart; *Volksglauben* Blut saugendes Nachtgespenst); **Vam|pi|rin**
van [van, *auch* fan] ‹niederl.› (von); z. B. van Dyck
Van [vɛn], der; -s, -s ‹engl.› (geräumiges Auto, Transporter)
Va|na|di|um, Va|na|din, das; -s ‹nlat.› (chemisches Element, Metall; *Zeichen* V)
Van-Al|len-Gür|tel [vɛnˈlɛ...], der; -s ↑K137 ‹nach dem amerik. Physiker› (ein Strahlungsgürtel der Erde)
Van|cou|ver [vɛnˈkuː...] (Insel u. Stadt in Kanada)
Van|da|le, Wan|da|le, der; -n, -n *meist Plur.* (Angehöriger eines germ. Volksstammes; *übertr. für* zerstörungswütiger Mensch); **Van|da|lin,** Wan|da|lin
van|da|lisch, wan|da|lisch (*auch für* zerstörungswütig)
Van|da|lis|mus, Wan|da|lis|mus, der; - (Zerstörungswut)
Van-Dyck-Braun [vanˈdai̯k..., *auch* f...], das; -[s] ↑K137; *vgl.* Dyck
Va|nes|sa (w. Vorn.)
Va|nil|le [...ˈnɪl(j)ə, ˈvanil], die; - ‹franz.› (eine trop. Orchidee; Gewürz)
Va|nil|le|eis; Va|nil|le|kip|ferl (*österr. für* ein Gebäck [in Form von Hörnchen] mit Vanille); **Va|nil|le|pud|ding; Va|nil|le|scho|te** ‹*zu* [4]Schote›; **Va|nil|le|so|ße, Va|nil|le|sau|ce; Va|nil|le|stan|ge; Va|nil|le|zu|cker**
Va|nil|lin, das; -s (Riech- u. Aromastoff; Vanilleersatz)
Va|nu|a|tu [vɛ...] (Inselstaat im Pazifik); **Va|nu|a|tu|er; Va|nu|a|tu|e|rin; va|nu|a|tu|isch**
Va|po|ri|sa|ti|on, die; - ‹lat.› (*Med.* Anwendung von Wasserdampf zur Blutstillung); **va|po|ri|sie|ren** (*veraltend für* verdampfen)
Va|que|ro [...ˈkeː...], der; -[s], -s ‹span.› (Cowboy im Südwesten der USA u. in Mexiko)

V
Vadi

var. = Varietät
Va|ra|na|si (Stadt in Indien); *vgl.* Benares
Va|r|an|ger|fjord, der; -[e]s (nordöstlichster Fjord in Norwegen)
Va|rel [f...] (Stadt in Niedersachsen)
Va|ria *Plur.* ‹lat.› (*Buchw.* Vermischtes, Allerlei)
va|ri|a|bel ‹franz.› (veränderlich, [ab]wandelbar); ...a|b|le Kosten; **Va|ri|a|bi|li|tät,** die; -, -en (Veränderlichkeit); **Va|ri|a|b|le,** die; -n, *Plur.* -n, *ohne Artikel fachspr. auch* - (*Math.* veränderliche Größe; *Ggs.* Konstante); zwei Variable[n]
Va|ri|an|te, die; -, -n (Abwandlung; verschiedene Lesart; Spielart); **va|ri|an|ten|reich; Va|ri|anz,** die; -, -en (Abweichung, Unterschied)
Va|ri|a|ti|on, die; -, -en (Abwechslung; Abänderung; Abwandlung); **Va|ri|a|ti|ons|brei|te; va|ri|a|ti|ons|fä|hig; Va|ri|a|ti|ons|mög|lich|keit; va|ri|a|ti|ons|reich**
Va|ri|e|tät, die; -, -en (geringfügig abweichende Art; *Abk.* var.)
Va|ri|e|té, Va|ri|e|tee, *schweiz. auch* **Va|ri|é|té,** das; -s, -s ‹franz.› (Theater mit wechselndem, unterhaltsamem Programm); **va|ri|e|té|reif, va|ri|e|tee|reif; Va|ri|e|té|the|a|ter, Va|ri|e|tee|the|a|ter**
va|ri|ie|ren (verschieden sein; abweichen; [ab]wandeln)
va|ri|kös ‹lat.› (*Med.* die Krampfadern betreffend); **Va|ri|ko|se,** die; -, -n (Krampfaderleiden); **Va|ri|ko|si|tät,** die; -, -en (Krampfaderbildung); **Va|ri|ko|ze|le,** die; -, -n ‹lat.; griech.› (Krampfaderbruch)
Va|ri|nas [*auch* ...'ri:...], der; -, *Plur. (Sorten:)* - ‹nach dem früheren Namen der venezolan. Stadt Barinas› (südamerik. Tabak)
Va|ri|o|la, die; -, *Plur.* ...lä *u.* ...olen, **Va|ri|o|le,** die; -, -n *meist Plur.* ‹lat.› (*Med.* Pocken)
Va|rio|me|ter, das; -s, - ‹lat.; griech.› (Vorrichtung zur Messung von Luftdruck- od. erdmagnetischen Schwankungen)
Va|ris|ki|sche, Va|ris|zi|sche Ge|bir|ge, das; -n -s (mitteleurop. Gebirge der Steinkohlenzeit)
Va|ris|tor, der; -s, ...oren ‹engl.› (*Elektrot.* spannungsabhängiger Widerstand)
Va|rix, die; -, Varizen ‹lat.› (*Med.* Krampfader)
Va|ri|ze, die; -, -n (*svw.* Varix)
Va|ri|zel|le, die; -, -n *meist Plur.* (Windpocke)
Va|rus (altrömischer Feldherr)
Va|sa, der; -[s], - (Angehöriger eines schwedischen Königsgeschlechts)
Va|sall, der; -en, -en ‹franz.› (Lehnsmann im MA.); **Va|sal|len|staat** *Plur.* ...staaten; **Va|sal|len|treue; Va|sal|len|tum,** das; -s; **Va|sal|lin**
Väs|chen ‹*zu* Vase›
Vas|co da Ga|ma (portugiesischer Seefahrer)
Va|se, die; -, -n ‹franz.›
Va|s|ek|to|mie, die; -, ...ien ‹lat.; griech.› (*Med.* Sterilisation durch operative Entfernung eines Stückes des Samenleiters)
Va|se|lin, das; -s, **Va|se|li|ne,** die; - ‹Kunstwort› (Salbengrundlage)
va|sen|för|mig; Va|sen|ma|le|rei
Va|so|mo|to|ren *Plur.* ‹lat.› (*Med.* Gefäßnerven); **va|so|mo|to|risch**
Va|ter, der; -s, Väter; **Va|ter|bild; Va|ter|bin|dung**
Vä|ter|chen
Va|ter|fi|gur; Va|ter|freu|den *Plur.*; **Va|ter|haus**
Vä|ter|ka|renz (*österr. für* Recht der Väter, unter denselben sozialrechtlichen Bedingungen wie Mütter den Karenzurlaub in Anspruch zu nehmen)
Va|ter|land *Plur.* ...länder; **va|ter|län|disch; Va|ter|lands|lie|be; va|ter|lands|lie|bend; va|ter|lands|los; Va|ter|lands|ver|rä|ter; Va|ter|lands|ver|tei|di|ger**
vä|ter|lich; vä|ter|li|cher|seits; Vä|ter|lich|keit, die; -
va|ter|los
Vä|ter|mo|nat *meist Plur.* (Monat, in dem ein Vater Elternzeit in Anspruch nimmt)
Va|ter|mör|der (*ugs. auch für* hoher, steifer Kragen)
Va|ter|na|me, Va|ters|na|me (Familien-, Zuname); **Va|ter|recht** *(Völkerkunde)*
Va|ter|schaft, die; -, -en; **Va|ter|schafts|be|stim|mung; Va|ter|schafts|kla|ge; Va|ter|schafts|test**
Va|ters|na|me *vgl.* Vatername
Va|ter|stadt; Va|ter|stel|le; *nur in* Vaterstelle vertreten
Va|ter|tag (Himmelfahrtstag)
Va|ter|un|ser, das; -s, -; *aber im Gebet:* Vater unser im Himmel
Va|ti, der; -s, -s (*Koseform von* Vater)
Va|ti|kan [v...], der; -s (Residenz des Papstes in Rom; oberste Behörde der kath. Kirche); **va|ti|ka|nisch;** *aber* ↑K 150 : die Vatikanische Bibliothek, das Vatikanische Konzil; **Va|ti|kan|stadt,** die; -
Vaud [vo] (*franz. Form von* Waadt)
Vau|de|ville [vod(ə)'vi:l], das; -s, -s ‹franz.› (franz. volkstüml. Lied; Singspiel)
Vaughan Wil|li|ams [vɔ:n 'wɪljəmz], Ralph (engl. Komponist)
V-Aus|schnitt ['fau...] ↑K 29
v. Chr. = vor Christo, vor Christus
v. Chr. G. = vor Christi Geburt
VCS = Verkehrs-Club der Schweiz
v. d. = vor der (*bei Ortsnamen,* z. B. Bad Homburg v. d. H. [vor der Höhe])
VDE, der; - = VDE Verband der Elektrotechnik Elektronik Informationstechnik *(so die von der allgemeinen Rechtschreibung abweichende eigene Schreibung);* **VDE-ge|prüft** [faude:'|e:...]
VDI, der; - = Verein Deutscher Ingenieure
VdK, der; - = Verband der Kriegs- und Wehrdienstopfer, Behinderten und Sozialrentner
VDM = Verbi Divini Minister *od.* Ministra ‹lat.› (*schweiz. für* ordinierter reformierter Theologe *od.* ordinierte reformierte Theologin)
VDS = Verband Deutscher Studentenschaften, *jetzt* Vereinigte Deutsche Studentenschaften
vdt. = vidit
VEB, der; - = volkseigener Betrieb *(DDR);* volkseigen
Vech|ta [f...] (Stadt in Niedersachsen); **Vech|ta|er; Vech|ta|e|rin**
Vech|te [f...], die; - (ein Fluss)
Ve|da, We|da, der; -[s], *Plur.* ...den *u.* -s ‹sanskr.› (die heiligen Schriften der alten Inder)
Ve|det|te, die; -, -n ‹franz.› (*svw.* ²Star)
ve|disch, we|disch ‹*vgl.* Veda›
Ve|du|te, die; -, -n ‹ital.› (*Malerei* naturgetreue Darstellung einer Landschaft); **Ve|du|ten|ma|ler; Ve|du|ten|ma|le|rei; Ve|du|ten|ma|le|rin**
ve|gan ‹lat.-engl.›; vegan leben; **Ve|ga|ner** (strenger Vegetarier, der auf tier. Produkte in jeder Form verzichtet); **Ve|ga|ne|rin**
ve|ge|ta|bil *vgl.* vegetabilisch; **Ve|ge|ta|bi|li|en** *Plur.* ‹lat.› (*Fachspr., sonst veraltend* pflanzl. Nahrungsmittel); **ve|ge|ta|bi|lisch** (pflanzlich, Pflanzen...)
Ve|ge|ta|ri|a|ner (*svw.* Vegetarier)

Ve|ge|ta|ri|er (jmd., der sich vorwiegend von pflanzl. Kost ernährt); **Ve|ge|ta|ri|e|rin**

ve|ge|ta|risch (pflanzlich, Pflanzen...); **Ve|ge|ta|ris|mus,** der; - (Ernährung durch pflanzl. Kost)

Ve|ge|ta|ti|on, die; -, -en (Pflanzenwelt, -wuchs); **Ve|ge|ta|ti|ons|ge|biet; Ve|ge|ta|ti|ons|kult** *(Rel.);* **ve|ge|ta|ti|ons|los; Ve|ge|ta|ti|ons|or|gan; Ve|ge|ta|ti|ons|pe|ri|o|de; Ve|ge|ta|ti|ons|punkt**

ve|ge|ta|tiv (zur Vegetation gehörend, pflanzlich; *Biol.* ungeschlechtlich; *Med.* unbewusst); vegetatives Nervensystem (dem Einfluss des Bewusstseins entzogenes Nervensystem)

ve|ge|tie|ren (kümmerlich [dahin]leben)

ve|he|ment ‹lat.› (heftig); **Ve|he|menz,** die; -

Ve|hi|kel, das; -s, - ‹lat.› (schlechtes, altmodisches Fahrzeug; Hilfsmittel)

Vei|ge|lein (*veraltet für* Veilchen); **Vei|gerl,** das; -s, -[n]; *vgl.* Pickerl (*bayr., österr. für* Veilchen)

Veil [vɛj] (franz. Politikerin)

Veil|chen; veil|chen|blau

Veil|chen|duft; Veil|chen|strauß; Veil|chen|wur|zel

Veit [fait] (m. Vorn.); *vgl.* Vitus

Veits|boh|ne (*landsch. für* Saubohne)

Veits|tanz, der; -es (*älter für* Chorea)

Vek|tor, der; -s, ...oren ‹lat.› (physikal. od. math. Größe, die durch Pfeil dargestellt wird u. durch Richtung u. Betrag festgelegt ist); **Vek|tor|glei|chung** *(Math.);* **vek|to|ri|ell; Vek|tor|raum** *(Math.);* **Vek|tor|rech|nung**

Ve|la (*Plur. von* Velum)

Ve|lar, der; -s, -e ‹lat.› (*Sprachwiss.* Gaumensegellaut, Hintergaumenlaut, z. B. k)

Ve|laz|quez [...'laskɛs], *span.* **Ve|láz|quez** [be'laθkɛθ] (span. Maler)

Ve|lin [*auch* ...'lɛ̃:], das; -s ‹franz.› (weiches Pergament; ungeripptes Papier)

Ve|lo [*auch* 'vɛ...], das; -s, -s ‹*verkürzt aus* Veloziped› (*schweiz. für* Fahrrad); Velo fahren (Rad fahren); **Ve|lo|drom,** das; -s, -e ‹franz.› ([geschlossene] Radrennbahn); **Ve|lo|fah|ren,** das; -s *(schweiz.);* **Ve|lo|fah|rer; Ve|lo|fah|re|rin; Ve|lo|tour** *(schweiz.)*

¹Ve|lours [və'lu:ɐ̯, ve...], der; -, - (Samt; Gewebe mit gerauter, weicher Oberfläche)

²Ve|lours, das; -, - (samtartiges Leder); **Ve|lours|le|der**

Ve|lo|zi|ped, das; -[e]s, -e ‹franz.› (*veraltet für* Fahrrad)

Vel|pel [f...], der; -s, - ‹ital.› (*Nebenform von* Felbel)

Velt|lin [v..., *auch, schweiz. nur* f...], das; -s (Talschaft oberhalb des Comer Sees)

¹Velt|li|ner; ein Veltliner Ort

²Velt|li|ner (eine Weinsorte)

Ve|lum, das; -s, ...la ‹lat.› (Teil der gottesdienstl. Kleidung kath. Priester; Kelchtuch; *Med.* Gaumensegel); **Ve|lum pa|la|ti|num,** das; - -, ...la ...na (*Med.* Gaumensegel; weicher Gaumen)

Vel|vet, der *od.* das; -s, -s ‹engl.› (Baumwollsamt)

Ven|dee [vã'...], *franz.* **Ven|dée** [...'de:], die; - (franz. Departement); **Ven|de|er; Ven|de|e|rin**

Ven|de|mi|aire [vãde'mi̯ɛ:ɐ̯], der; -[s], -s ‹franz., »Weinmonat«› (1. Monat des Kalenders der Franz. Revolution: 22. Sept. bis 21. Okt.)

Ven|det|ta, die; -, ...tten ‹ital.› ([Blut]rache)

Ve|ne, die; -, -n ‹lat.› (Blutgefäß, das zum Herzen führt)

Ve|ne|dig (ital. Stadt); *vgl.* Venezia; **Ve|ne|di|ger|grup|pe,** die; - (Gebirgsgruppe)

Ve|nen|ent|zün|dung

Ve|ne|ra|bi|le [...le], das; -[s] ‹lat.› (Allerheiligstes in der kath. Kirche)

ve|ne|risch ‹*zu* ¹Venus› (*Med.* auf die Geschlechtskrankheiten bezogen); venerische Krankheiten

Ve|ne|ter (Bewohner von Venetien); **Ve|ne|te|rin; Ve|ne|ti|en** (ital. Region)

Ve|ne|zia (*ital. Form von* Venedig); **Ve|ne|zi|a|ner** (Einwohner von Venedig); **Ve|ne|zi|a|ne|rin; ve|ne|zi|a|nisch**

Ve|ne|zo|la|ner; Ve|ne|zo|la|ne|rin; ve|ne|zo|la|nisch; Ve|ne|zu|e|la (Staat in Südamerika)

Ve|nia Le|gen|di, die; - - ‹lat.› (Erlaubnis, an Hochschulen zu lehren)

ve|ni, vi|di, vi|ci ['ve:ni 'vi:di 'vi:tsi] ‹lat., »ich kam, ich sah, ich siegte«› (Ausspruch Cäsars)

Venn [f...], das; -s (*svw.* Fenn); ↑K 140: Hohes Venn (Teil der Eifel)

Ven|ner [f...], der; -s, - (*schweiz. für* Pfadfinderführer; *früher auch für* Fähnrich); **Ven|ne|rin**

ve|nös ‹lat.› (*Med.* die Vene[n] betreffend)

Ven|til, das; -s, -e ‹lat.›

Ven|ti|la|ti|on, die; -, -en ([Be]lüftung, Luftwechsel); **Ven|ti|la|tor,** der; -s, ...oren

Ven|til|funk|ti|on; Ven|til|gum|mi, der *u.* das

ven|ti|lie|ren (lüften; *übertr.* sorgsam erwägen); **Ven|ti|lie|rung**

Ven|til|spiel; Ven|til|steu|e|rung

Ven|tose [vã'to:s], der; -[s], -s ‹franz., »Windmonat«› (6. Monat des Kalenders der Franz. Revolution: 19. Febr. bis 20. März)

ven|t|ral ‹lat.› (*Med.* den Bauch betreffend; bauchwärts)

Ven|t|ri|kel, der; -s, - (Kammer [in Herz, Hirn usw.]); **ven|t|ri|ku|lär** (den Ventrikel betreffend)

Ven|t|ri|lo|quist, der; -en, -en (Bauchredner); **Ven|t|ri|lo|quis|tin**

¹Ve|nus [v...] (röm. Liebesgöttin)

²Ve|nus, die; - (ein Planet)

Ve|nus|berg (weiblicher Schamberg); **Ve|nus|flie|gen|fal|le** (eine fleischfressende Pflanze); **Ve|nus|hü|gel** (*svw.* Venusberg); **Ve|nus|son|de** (Raumsonde zur Erforschung des Planeten Venus)

ver... (*Vorsilbe von Verben,* z. B. verankern, du verankerst, verankert, zu verankern)

Ve|ra (w. Vorn.)

ver|ab|fol|gen (*Amtsspr. veraltend für* aus-, abgeben)

ver|ab|re|den; ver|ab|re|de|ter|ma|ßen; Ver|ab|re|dung

ver|ab|rei|chen; Ver|ab|rei|chung

ver|ab|säu|men (versäumen)

ver|ab|scheu|en; ver|ab|scheu|ens|wert; Ver|ab|scheu|ung; ver|ab|scheu|ungs|wür|dig

ver|ab|schie|den; sich verabschieden; **Ver|ab|schie|dung** (*österr. auch für* [ev.] Trauerfeier); **ver|ab|schie|dungs|reif**

ver|ab|so|lu|tie|ren; Ver|ab|so|lu|tie|rung

ver|ach|ten; das ist nicht zu verachten (*ugs. für* das ist gut, schön); **ver|ach|tens|wert**

Ver|äch|ter; Ver|äch|te|rin

ver|acht|fa|chen

ver|ächt|lich; Ver|ächt|lich|ma|chung; Ver|ach|tung, die; -; **ver|ach|tungs|voll; ver|ach|tungs|wür|dig**

Ve|ra|cruz, *eindeutschend auch*

Ve|ra|kruz [...ˈkru:s] (Staat u. Stadt in Mexiko)
ver|al|bern; Ver|al|be|rung
ver|all|ge|mei|ner|bar; ver|all|ge|mei|nern; ich verallgemeinere
Ver|all|ge|mei|ne|rung
ver|al|ten; veraltend; veraltet
Ve|ran|da, die; -, ...den ⟨engl.⟩; **ve|ran|da|ar|tig; Ve|ran|da|auf|gang; Ve|ran|da|tür**
ver|än|der|bar; ver|än|der|lich; das Barometer steht auf »veränderlich«; **Ver|än|der|li|che,** die; -n, -n (eine mathematische Größe, deren Wert sich ändern kann; *Ggs.* Konstante); zwei Veränderliche; **Ver|än|der|lich|keit**
ver|än|dern; sich verändern; unter veränderten Bedingungen; **Ver|än|de|rung**
ver|ängs|ti|gen; ver|ängs|tigt; Ver|ängs|ti|gung
ver|an|kern; Ver|an|ke|rung
ver|an|la|gen (die Steuerschuld festsetzen; *österr. Wirtsch.* [Geld] anlegen)
ver|an|lagt; künstlerisch veranlagt sein; **Ver|an|la|gung; Ver|an|la|gungs|steu|er,** die
ver|an|las|sen; du veranlasst, er/sie veranlasst; du veranlasstest; veranlasst; veranlasse!; sich veranlasst sehen; **Ver|an|las|ser; Ver|an|las|se|rin; Ver|an|las|sung;** zur weiteren Veranlassung (*Amtsspr.; Abk.* z. w. V.); **Ver|an|las|sungs|wort** *Plur.* ...wörter (*für* Kausativ)
ver|an|schau|li|chen; Ver|an|schau|li|chung
ver|an|schla|gen (ansetzen); du veranschlagtest; er hat die Kosten viel zu niedrig veranschlagt; **Ver|an|schla|gung**
ver|an|stal|ten; Ver|an|stal|ter; Ver|an|stal|te|rin
Ver|an|stal|tung; Ver|an|stal|tungs|hin|weis; Ver|an|stal|tungs|ka|len|der; Ver|an|stal|tungs|ort; Ver|an|stal|tungs|pro|gramm; Ver|an|stal|tungs|raum; Ver|an|stal|tungs|rei|he
ver|ant|wort|bar; ver|ant|wor|ten
ver|ant|wort|lich; Ver|ant|wort|li|che; Ver|ant|wort|lich|keit
Ver|ant|wor|tung
Ver|ant|wor|tungs|be|reich
ver|ant|wor|tungs|be|wusst; Ver|ant|wor|tungs|be|wusst|sein
ver|ant|wor|tungs|freu|dig
Ver|ant|wor|tungs|ge|fühl, das; -[e]s; **ver|ant|wor|tungs|los; Ver|ant|wor|tungs|lo|sig|keit**
Ver|ant|wor|tungs|trä|ger; Ver|ant|wor|tungs|trä|ge|rin
ver|ant|wor|tungs|voll
ver|äp|peln (*ugs. für* veralbern, anführen); ich veräpp[e]le ihn; **Ver|äp|pe|lung, Ver|äpp|lung** (*ugs.*)
ver|ar|beit|bar; Ver|ar|beit|bar|keit, die; -
ver|ar|bei|ten; Ver|ar|bei|tung
ver|ar|gen (*geh.*); jmdm. etwas verargen
ver|är|gern; Kunden verärgern; verärgert sein; **Ver|är|ge|rung**
ver|ar|men; Ver|ar|mung
Ver|ar|sche, die; - (*derb*); **ver|ar|schen** (*derb für* zum Narren halten); **Ver|ar|schung** (*derb*)
ver|arz|ten (*ugs. für* [ärztl.] behandeln); **Ver|arz|tung** (*ugs.*)
ver|aschen (*Chemie* ohne Flamme verbrennen)
ver|äs|teln, sich; sie sagt, die Straße veräst[e]le sich dort; **Ver|äs|te|lung,** *selten* **Ver|äst|lung**
ver|ät|zen; Ver|ät|zung
ver|auk|ti|o|nie|ren (versteigern)
ver|aus|ga|ben (ausgeben); sich verausgaben (sich bis zur Erschöpfung anstrengen); **Ver|aus|ga|bung**
ver|aus|la|gen; Ver|aus|la|gung
ver|äu|ßer|lich (verkäuflich)
ver|äu|ßer|li|chen (äußerlich, oberflächlich machen, werden); **Ver|äu|ßer|li|chung**
ver|äu|ßern (verkaufen); **Ver|äu|ße|rung**
Verb, das; -s, -en ⟨lat.⟩ (*Sprachwiss.* Zeitwort, Tätigkeitswort, z. B. »laufen, bauen«)
ver|bal (als Verb gebraucht; wörtlich; mündlich); verbale Klammer; **Ver|ba|le,** das; -s, ...lien (*Sprachwiss.* von einem Verb abgeleitetes Wort)
Ver|bal|in|ju|rie, die; -, -n (Beleidigung mit Worten)
ver|ba|li|sie|ren (in Worten ausdrücken; *Sprachwiss.* zu einem Verb umbilden); **Ver|ba|lis|mus,** der; - (Vorherrschaft des Wortes statt der Sache [im Unterricht]); **ver|ba|lis|tisch**
ver|ba|li|ter (*veraltend für* wörtlich)
ver|bal|lern (*ugs. für* verschießen)
ver|ball|hor|nen ⟨nach dem Buchdrucker Bal[l]horn⟩ (verschlimmbessern); **Ver|ball|hor|nung**
Ver|bal|no|te ⟨lat.⟩ (zu mündlicher Mitteilung bestimmte vertrauliche diplomatische Note)
Ver|bal|stil, der; -[e]s (Stil, der das Verb bevorzugt; *Ggs.* Nominalstil); **Ver|bal|sub|s|tan|tiv** (*Sprachwiss.* zu einem Verb gebildetes Substantiv, das [zum Zeitpunkt der Bildung] eine Geschehensbezeichnung ist, z. B. »Gabe, Zerrüttung«)
Ver|band, der; -[e]s, ...bände
ver|ban|deln (*landsch., österr. für* verbinden)
Ver|band|kas|ten *vgl.* Verbandskasten
Ver|bands|ge|mein|de (*Amtsspr.*)
Ver|bands|kas|se
Ver|bands|kas|ten, Ver|band|kas|ten
Ver|bands|lei|ter, der; **Ver|bands|lei|te|rin**
Ver|bands|li|ga (*Sport*)
Ver|band[s]|ma|te|ri|al; Ver|band[s]|päck|chen; Ver|band[s]|platz
Ver|bands|prä|si|dent; Ver|bands|prä|si|den|tin
Ver|band[s]|stoff
Ver|bands|vor|sit|zen|de; Ver|bands|vor|stand
Ver|band[s]|wat|te; Ver|band[s]|zeug; Ver|band[s]|zim|mer
ver|ban|nen; Ver|ban|nung; Ver|ban|nungs|ort
ver|bar|ri|ka|die|ren
ver|ba|seln (*landsch. für* versäumen, vergessen, verlieren)
Ver|bas|kum, das; -s, ...ken ⟨lat.⟩ (*Bot.* Königskerze)
ver|bau|en
ver|bau|ern (*abwertend für* [geistig] abstumpfen); ich verbau[e]re; **Ver|bau|e|rung,** die; -
Ver|bau|ung
ver|be|am|ten; Ver|be|am|tung
ver|bei|ßen; die Hunde hatten sich ineinander verbissen; sich den Schmerz verbeißen (nicht anmerken lassen); sich in eine Sache verbeißen (*ugs. für* hartnäckig daran festhalten)
ver|bel|len (*Jägerspr.* durch Bellen zum verwundeten od. verendeten Wild führen)
Ver|be|ne, die; -, -n ⟨lat.⟩ (*Bot.* Eisenkraut)
ver|ber|gen; *vgl. auch* ²verborgen; **Ver|ber|gung**
Ver|bes|se|rer, Ver|bess|rer; **Ver|bes|se|rin,** Ver|bess|rin
ver|bes|sern; Ver|bes|se|rung, Ver|bess|rung; **ver|bes|se|rungs|be|dürf|tig; ver|bes|se|rungs|fä|hig; Ver|bes|se|rungs|vor|schlag**

ver|bes|se|rungs|wür|dig
Ver|bess|rer usw. *vgl.* Verbesserer usw.
ver|beu|gen, sich; **Ver|beu|gung**
ver|beu|len
ver|bie|gen; Ver|bie|gung
ver|bies|tern, sich (*landsch. für* sich verirren; sich in etwas verrennen); ich verbiestere mich; **ver|bies|tert** (*ugs. für* verbissen, verdrießlich, verstört)
ver|bie|ten; Betreten verboten!
ver|bil|den
ver|bild|li|chen; Ver|bild|li|chung
Ver|bil|dung
ver|bil|li|gen; Ver|bil|li|gung
ver|bim|sen (*ugs. für* verprügeln)
ver|bin|den; Ver|bin|der *(Sport);* **Ver|bin|de|rin**
ver|bind|lich (höflich, zuvorkommend; bindend, verpflichtend); eine verbindliche Zusage; **Ver|bind|lich|keit; Ver|bind|lich|keits|er|klä|rung**
Ver|bin|dung; um sich in Verbindung zu setzen; **Ver|bin|dungs|frau** (*Abk.* V-Frau); **Ver|bin|dungs|gra|ben; Ver|bin|dungs|li|nie; Ver|bin|dungs|mann** *Plur.* ...männer *u.* ...leute (*Abk.* V-Mann)
Ver|bin|dungs|of|fi|zier; Ver|bin|dungs|of|fi|zie|rin
Ver|bin|dungs|stel|le; Ver|bin|dungs|stra|ße; Ver|bin|dungs|stück; Ver|bin|dungs|tür
Ver|biss, der; -es, -e (*Jägerspr.* Abbeißen von Knospen, Trieben u. Ä. durch Wild)
ver|bis|sen; ein verbissener Gegner; ein verbissenes Gesicht; **Ver|bis|sen|heit**
ver|bit|ten; ich habe mir eine solche Antwort verbeten
ver|bit|tern; ich verbittere; **ver|bit|tert; Ver|bit|te|rung**
[1]**ver|bla|sen** (*Jägerspr.* erlegtes Wild mit einem Hornsignal anzeigen); den Hirsch, die Strecke verblasen
[2]**ver|bla|sen** (schwülstig); ein verblasener Stil; **Ver|bla|sen|heit**
ver|blas|sen; die Farbe verblasst; verblasste Kindheitserinnerungen
ver|blät|tern; eine Seite verblättern
ver|bläu|en (*ugs. für* verprügeln)
Ver|bleib, der; -[e]s
ver|blei|ben
Ver|blei|ben, das; -s; dabei muss es sein Verbleiben haben *(Amtsspr.)*
ver|blei|chen (bleich werden); du verblichst; du verblichest; verblichen; *vgl.* [2]bleichen

ver|blei|en (mit Blei versehen, auslegen; *auch für* plombieren); **Ver|blei|ung**
ver|blen|den (*Bauw. auch* [Mauerwerk o. Ä. mit besserem Material] verkleiden); **Ver|blen|dung**
ver|bleu|en *alte Schreibung für* verbläuen
ver|bli|chen; verblichenes Bild
Ver|bli|che|ne, der *u.* die; -n, -n (*geh. für* Tote)
ver|blö|den *(ugs.);* **Ver|blö|dung**
ver|blüf|fen; verblüfft sein; **ver|blüf|fend; Ver|blüfft|heit,** die; -; **Ver|blüf|fung**
ver|blü|hen
ver|blümt (umschreibend)
ver|blu|ten; Ver|blu|tung
ver|bo|cken (*ugs. für* fehlerhaft ausführen; verderben, verpfuschen)
Ver|bod|mung (*svw.* Bodmerei)
ver|bo|gen; verbogenes Blech
ver|boh|ren, sich (*ugs. für* sich verrennen); **ver|bohrt;** er ist verbohrt (*ugs. für* uneinsichtig, starrköpfig); **Ver|bohrt|heit**
[1]**ver|bor|gen** (ausleihen)

> [2]**ver|bor|gen**
>
> – eine verborgene Gefahr
> – verborgene Talente
> – ein verborgenes Tal
>
> *Großschreibung der Substantivierung* ↑K72:
>
> – das Verborgene und das Sichtbare
> – Gott, der ins Verborgene sieht
> – im Verborgenen (unbemerkt) bleiben
> – im Verborgenen blühen

Ver|bor|gen|heit
ver|bos ‹lat.› (*geh. für* [allzu] wortreich, weitschweifig)
ver|bö|sern (*scherzh. für* schlimmer machen); ich verbösere
Ver|bot, das; -[e]s, -e; **ver|bo|ten; ver|bo|te|ner|wei|se**
Ver|bots|schild, das; **Ver|bots|ta|fel**
ver|bots|wid|rig; Ver|bots|zei|chen
ver|brä|men (am Rand verzieren; [eine Aussage] verschleiern, ausschmücken); **Ver|brä|mung**
ver|bra|ten (*ugs. für* verbrauchen)
Ver|brauch, der; -[e]s, *Plur.* *(fachspr.)* ...bräuche; **ver|brau|chen; Ver|brau|cher; Ver|brau|cher|auf|klä|rung; Ver|brau|cher|be|ra|tung; Ver|brau|cher|ge|nos|sen|schaft** (Konsumgenossenschaft)

Ver|brau|che|rin; Ver|brau|cher|in|for|ma|ti|on; Ver|brau|cher|kre|dit; Ver|brau|cher|markt
Ver|brau|cher|mi|nis|ter; Ver|brau|cher|mi|nis|te|rin; Ver|brau|cher|mi|nis|te|ri|um
Ver|brau|cher|or|ga|ni|sa|ti|on; Ver|brau|cher|preis
Ver|brau|cher|schutz, der; -es; **Ver|brau|cher|schüt|zer; Ver|brau|cher|schüt|ze|rin; Ver|brau|cher|schutz|mi|nis|ter; Ver|brau|cher|schutz|mi|nis|te|rin; Ver|brau|cher|schutz|mi|nis|te|ri|um**
Ver|brau|cher|ver|band; Ver|brau|cher|zen|t|ra|le®
Ver|brauchs|gut; Ver|brauchs|len|kung; Ver|brauchs|pla|nung
Ver|brauchs|steu|er, Ver|brauch|steu|er, die; **Ver|brauchs|wert**
ver|bre|chen; Ver|bre|chen, das; -s, -; **Ver|bre|chens|be|kämp|fung**
Ver|bre|cher; Ver|bre|cher|al|bum *(veraltend);* **Ver|bre|che|rin; ver|bre|che|risch; Ver|bre|cher|jagd; Ver|bre|cher|kar|tei; Ver|bre|cher|tum,** das; -s
ver|brei|ten; er hat diese Nachricht verbreitet; sich verbreiten (etwas ausführlich darstellen); die verbreitets|te Meinung *(ugs.);* **Ver|brei|ter; Ver|brei|te|rin**
ver|brei|tern (breiter machen); ich verbreitere; **Ver|brei|te|rung**
Ver|brei|tung, die; -; **Ver|brei|tungs|ge|biet**
ver|brenn|bar; ver|bren|nen; das Holz ist verbrannt; du hast dir den Mund verbrannt (*ugs. für* dir durch Reden geschadet)
Ver|bren|nung; Ver|bren|nungs|ma|schi|ne; Ver|bren|nungs|mo|tor
ver|brie|fen ([urkundlich] sicherstellen); ein verbrieftes Recht
ver|brin|gen (*Amtsspr. auch für* irgendwohin schaffen); jmdn. in Sicherheitsverwahrung verbringen; **Ver|brin|gung**
ver|brü|dern, sich; ich verbrüdere mich; **Ver|brü|de|rung**
ver|brü|hen; Ver|brü|hung
ver|bu|chen; Ver|bu|chung
ver|bud|deln (*ugs. für* vergraben)
Ver|bum, das; -s, *Plur.* ...ba *u.* ...ben ‹lat.› (*svw.* Verb); Verbum finitum (*Plur.* Verba finita; Personalform des Verbs)
ver|bum|fie|deln (*ugs. für* verschwenden; verlieren); ich verbumfied[e]le
ver|bum|meln; er hat seine Zeit verbummelt (*ugs. für* nutzlos ver-

tan); **ver|bum|melt** (*ugs. für* heruntergekommen)
Ver|bund, der; -[e]s, *Plur.* -e *u.* Verbünde (Verbindung); **Ver|bund|bau|wei|se**
ver|bun|den; jmdm. sehr verbunden (*geh. für* dankbar) sein
ver|bün|den, sich; die [mit uns, miteinander] verbündeten Staaten
Ver|bun|den|heit, die; -
Ver|bün|de|te, der *u.* die; -n, -n
ver|bund|fah|ren (innerhalb eines Verkehrsverbundes verschiedene öffentliche Verkehrsmittel benutzen)
Ver|bund|fens|ter; Ver|bund|glas
Ver|bund|lam|pe (*Bergmannsspr.* elektr. Lampe in Verbindung mit einer Wetterlampe)
Ver|bund|ma|schi|ne
Ver|bund|netz (zur gemeinsamen Stromversorgung)
Ver|bund|pflas|ter|stein
Ver|bund|ski|pass, Ver|bund|schi|pass
Ver|bund|sys|tem
Ver|bund|wirt|schaft (Zusammenschluss mehrerer Betriebe zur Steigerung der Wirtschaftlichkeit)
ver|bür|gen; sich verbürgen
ver|bür|ger|li|chen; Ver|bür|ger|li|chung, die; -
Ver|bür|gung
ver|bü|ßen; eine Strafe verbüßen; **Ver|bü|ßung**
ver|bü|xen (*nordd. für* verprügeln); du verbüxt
Verb|zu|satz (*Sprachwiss.* der nicht verbale Bestandteil einer unfesten Zusammensetzung mit einem Verb als Grundwort, z. B. »durch« in »durchführen«)
ver|char|tern (ein Schiff od. Flugzeug vermieten)
ver|chro|men [...k...] (mit Chrom überziehen); **Ver|chro|mung**
Ver|cin|ge|to|rix (ein Gallierfürst)
Ver|dacht, der; -[e]s, *Plur.* -e *u.* Verdächte; **ver|däch|tig; Ver|däch|ti|ge,** der *u.* die; -n, -n; **ver|däch|ti|gen; Ver|däch|ti|gung**
Ver|dachts|grund; Ver|dachts|mo|ment, das
ver|dad|deln (*bes. nordd. ugs. für* verspielen); ich verdadd[e]le
ver|dam|men; ver|dam|mens|wert
Ver|damm|nis, die; -, -se *Plur. selten* (*Rel.*)
ver|dammt (*ugs. auch für* sehr); **Ver|dam|mung**
ver|damp|fen; Ver|damp|fer *(Technik);* **Ver|damp|fung; Ver|damp|fungs|an|la|ge**
ver|dan|ken (*schweiz. auch für* für etwas Dank abstatten)
ver|darb *vgl.* verderben
ver|da|ten (in Daten umsetzen)
ver|dat|tert (*ugs. für* verwirrt)
Ver|dau, der; -[e]s (*Biol.* Verdauung); **ver|dau|en; ver|dau|lich;** leicht verdauliche od. leichtverdauliche Nahrungsmittel; ein schwer verdauliches od. schwerverdauliches Essen; **Ver|dau|lich|keit,** die; -
Ver|dau|ung; Ver|dau|ungs|ap|pa|rat; Ver|dau|ungs|be|schwer|den *Plur.*; **Ver|dau|ungs|ka|nal; Ver|dau|ungs|or|gan; Ver|dau|ungs|stö|rung; Ver|dau|ungs|trakt**
Ver|deck, das; -[e]s, -e
ver|de|cken; verdeckte Ermittler
Ver|den (Al|ler) [f...] (Stadt an der Aller); **Ver|de|ner; Ver|de|ne|rin**
ver|den|ken; jmdm. etwas verdenken
Ver|derb, der; -[e]s; auf Gedeih und Verderb; **ver|der|ben;** du verdirbst; du verdarbst; du verdürbest; verdorben; verdirb!; das Fleisch ist verdorben; er hat mir den ganzen Ausflug verdorben
Ver|der|ben, das; -s; **Ver|der|ben brin|gend, ver|der|ben|brin|gend;** eine Verderben bringende *od.* verderbenbringende Politik, *aber nur* eine großes Verderben bringende Politik, eine höchst verderbenbringende Politik ↑K58
Ver|der|ber; Ver|der|be|rin
ver|derb|lich; verderbliche Esswaren; **Ver|derb|lich|keit,** die; -
Ver|derb|nis, die; -, -se *(veraltend)*
ver|derbt (verdorben [von Stellen in alten Handschriften]); **Ver|derbt|heit,** die; -
ver|deut|li|chen; Ver|deut|li|chung
ver|deut|schen; du verdeutschst; **Ver|deut|schung**
[1]**Ver|di** (ital. Komponist)
[2]**Ver|di** = Vereinte Dienstleistungsgewerkschaft (*eigene Schreibung der Organisation:* ver.di)
ver|dicht|bar; ver|dich|ten; Ver|dich|ter *(Technik);* **Ver|dich|tung**
ver|di|cken; Ver|di|ckung
ver|die|nen; das Verdienen (der Gelderwerb) wird schwerer; **Ver|die|ner; Ver|die|ne|rin**
[1]**Ver|dienst,** der; -[e]s, -e (Lohn, Gewinn)
[2]**Ver|dienst,** das; -[e]s, -e (Anspruch auf Anerkennung)
Ver|dienst|aus|fall; Ver|dienst|be|schei|ni|gung; Ver|dienst|ent|gang, der; -[e]s (*österr. für* Verdienstausfall); **Ver|dienst|gren|ze**
Ver|dienst|kreuz (ein Orden)
ver|dienst|lich
Ver|dienst|me|dail|le
Ver|dienst|mög|lich|keit
Ver|dienst|or|den
Ver|dienst|span|ne
ver|dienst|voll
ver|dient; ver|dien|ter|ma|ßen; ver|dien|ter|wei|se
Ver|dikt, das; -[e]s, -e ‹lat.› ([Verdammungs]urteil)
Ver|ding, der; -[e]s, -e (*svw.* Verdingung); **ver|din|gen;** du verdingst; du verdingtest; verdungen, *auch* verdingt; verding[e]!; sich als Gehilfe verdingen
ver|ding|li|chen; Ver|ding|li|chung
Ver|din|gung *(veraltet)*
ver|dirbt *vgl.* verderben
ver|do|len ‹*zu* Dole› (überdecken)
ver|dol|met|schen; Ver|dol|met|schung
ver|don|nern (*ugs. für* verurteilen)
ver|don|nert (*ugs. veraltend für* erschreckt, bestürzt)
ver|dop|peln; Ver|dop|pe|lung, Ver|dopp|lung
ver|dor|ben *vgl.* verderben; **Ver|dor|ben|heit**
ver|dor|ren; verdorrt
ver|dö|sen *(ugs.);* die Zeit verdösen; *vgl.* dösen
ver|drah|ten (mit Draht verschließen; *Elektrot.* mit Schaltdrähten verbinden)
ver|drän|gen; Ver|drän|gung; Ver|drän|gungs|me|cha|nis|mus; Ver|drän|gungs|wett|be|werb
ver|dre|cken (*ugs. für* verschmutzen)
ver|dre|hen; Ver|dre|her *(ugs.);* **Ver|dre|he|rin; ver|dreht** (*ugs. für* verwirrt; verschroben); **Ver|dreht|heit** *(ugs.);* **Ver|dre|hung**
ver|drei|fa|chen; Ver|drei|fa|chung
ver|dre|schen (*ugs. für* verprügeln)
ver|drie|ßen (missmutig machen, verärgern); du verdrießt, er verdrießt; du verdrossest, er verdross; du verdrössest; verdrossen; verdrieß[e]!; es verdrießt mich; ich lasse es mich nicht verdrießen
ver|drieß|lich; Ver|drieß|lich|keit
ver|dril|len (miteinander verdrehen); **Ver|dril|lung** (*für* Torsion)
ver|dros|sen; Ver|dros|sen|heit
ver|dru|cken
ver|drü|cken (*ugs. auch für* essen);

V
verd

sich verdrücken (*ugs. für* sich heimlich entfernen)
ver|druckst ⟨*zu* drucksen⟩ (*ugs. für* schüchtern, gehemmt)
Ver|druss, der; -es, -e
ver|duf|ten; [sich] verduften (*ugs. für* sich unauffällig entfernen)
ver|dum|men; Ver|dum|mung
ver|dump|fen; Ver|dump|fung
Ver|dun [...ˈdœ̃:] (franz. Stadt)
ver|dun|keln; ich verdunk[e]le; **Ver|dun|ke|lung, Ver|dunk|lung; Ver|dun|ke|lungs|ge|fahr, Ver|dunk|lungs|ge|fahr,** die; -
ver|dün|nen
ver|dün|ni|sie|ren, sich (*ugs. für* sich entfernen)
Ver|dün|nung
ver|duns|ten (langsam verdampfen); **ver|düns|ten** (*selten für* zu Dunst machen); **Ver|duns|tung; Ver|düns|tung; Ver|duns|tungs|käl|te** *(Physik);* **Ver|duns|tungs|mes|ser,** der
Ver|du|re [...ˈdy:...], die; -, -n ⟨franz.⟩ (ein in grünen Farben gehaltener Wandteppich)
ver|durs|ten
ver|düs|tern; ich verdüstere
ver|dut|zen (verwundern); **ver|dutzt** (verwirrt); **Ver|dutzt|heit,** die; -
ver|eb|ben
ver|edeln; ich vered[e]le; **Ver|ede|lung, Ver|ed|lung; Ver|ede|lungs|ver|fah|ren, Ver|ed|lungs|ver|fah|ren**
ver|ehe|li|chen, sich; **Ver|ehe|li|chung**
ver|eh|ren; Ver|eh|rer; Ver|eh|re|rin
Ver|eh|rung; ver|eh|rungs|voll; ver|eh|rungs|wür|dig
ver|ei|di|gen; vereidigte Sachverständige; **Ver|ei|di|gung**
Ver|ein, der; -[e]s, -e; im Verein mit ...; Verein Deutscher Ingenieure (*Abk.* VDI); *vgl.* eingetragen
ver|ein|bar; ver|ein|ba|ren; die vereinbarten Ziele; **Ver|ein|bar|keit**
ver|ein|bar|ter|ma|ßen; Ver|ein|ba|rung; ver|ein|ba|rungs|ge|mäß
ver|ei|nen, ver|ei|ni|gen; vereint *(vgl. d.)*
ver|ein|fa|chen; Ver|ein|fa|chung
ver|ein|heit|li|chen; Ver|ein|heit|li|chung
ver|ei|ni|gen
Ver|ei|nig|te Ara|bi|sche Emi|ra|te (Staat am Pers. Golf)
Ver|ei|nig|tes Kö|nig|reich [Groß|bri|tan|ni|en und Nord|ir|land]
Ver|ei|nig|te Staa|ten [von Ame|ri|ka]; *vgl.* US[A] *u.* Ver. St. v. A.
Ver|ei|ni|gung; Ver|ei|ni|gungs|frei|heit (Koalitionsfreiheit)
ver|ein|nah|men (einnehmen); **Ver|ein|nah|mung**
ver|ein|sa|men; Ver|ein|sa|mung
ver|eins|ei|gen; das vereinseigene Stadion
ver|ein|sei|ti|gen (in einseitiger Weise darstellen)
Ver|eins|elf, die *(Fußball);* **Ver|eins|far|be** *meist Plur.;* **Ver|eins|ge|schich|te; Ver|eins|haus; Ver|eins|heim**
ver|eins|in|tern; vereinsinterne Regelungen; **Ver|eins|le|ben,** das; -s; **Ver|eins|lei|tung; Ver|eins|lo|kal**
ver|eins|los (*Sport* bei keinem Verein unter Vertrag)
Ver|eins|mann|schaft
Ver|eins|mei|er *(ugs. abwertend);* **Ver|eins|mei|e|rei**
Ver|eins|mit|glied; Ver|eins|prä|si|dent; Ver|eins|prä|si|den|tin; Ver|eins|re|gis|ter
Ver|eins|sat|zung; Ver|eins|sport; Ver|eins|sta|tut *(bes. österr.);* **Ver|eins|vor|sit|zen|de,** der *u.* die; -n, -n; **Ver|eins|vor|stand; Ver|eins|wech|sel; Ver|eins|we|sen,** das; -s
ver|eint; mit vereinten Kräften, *aber* ↑K150 : die Vereinten Nationen (*Abk.* UN, VN)
ver|ein|zeln; ich vereinz[e]le; **ver|ein|zelt;** vereinzelte Niederschläge; Vereinzelte saßen im Freien; **Ver|ein|ze|lung**
ver|ei|sen (von Eis bedeckt werden; *Med.* durch Kälte unempfindlich machen); die Tragflächen vereis|ten; **ver|eist; Ver|ei|sung**
ver|ei|teln; ich vereit[e]le; **Ver|ei|te|lung,** Ver|eit|lung
ver|ei|tern; Ver|ei|te|rung
Ver|eit|lung *vgl.* Vereitelung
ver|ekeln; jmdm. etwas verekeln; **Ver|eke|lung, Ver|ek|lung**
ver|elen|den; Ver|elen|dung; Ver|elen|dungs|the|o|rie (Theorie, nach der sich die Lebensverhältnisse der Arbeiterklasse im Kapitalismus ständig verschlechtern)
Ve|re|na (w. Vorn.)
ver|en|den
ver|en|gen; ver|en|gern; Ver|en|ge|rung; Ver|en|gung
ver|erb|bar; ver|er|ben; ver|erb|lich
Ver|er|bung; Ver|er|bungs|leh|re
ver|es|tern (*Chemie* zu Ester umwandeln); ich verestere; **Ver|es|te|rung**
ver|ewi|gen; Ver|ewig|te, der *u.* die; -n, -n; **Ver|ewi|gung**
Verf. = Verfasser, Verfasserin
¹ver|fah|ren (vorgehen, handeln); ich bin so verfahren, dass ...; so darfst du nicht mit ihr verfahren (umgehen); ich habe mich verfahren (bin einen falschen Weg gefahren); ↑K82 : ein Verfahren ist auf dieser Strecke kaum möglich
²ver|fah|ren (ausweglos scheinend); verfahrene Situation
Ver|fah|ren, das; -s, -; ein neues Verfahren; **Ver|fah|rens|fra|ge**
Ver|fah|rens|recht; ver|fah|rens|recht|lich
Ver|fah|rens|re|gel; Ver|fah|rens|tech|nik; Ver|fah|rens|wei|se
Ver|fall, der; -[e]s; in Verfall geraten; **ver|fal|len;** das Haus ist verfallen; er ist dem Alkohol verfallen
Ver|fall|er|klä|rung *(Rechtsspr.)*
Ver|fall[s]|da|tum
Ver|falls|er|schei|nung
Ver|fall[s]|tag; Ver|falls|zeit
Ver|fall|zeit *(Bankw.)*
ver|fäl|schen; Ver|fäl|schung
ver|fan|gen; sich verfangen; du hast dich in Widersprüchen verfangen
ver|fäng|lich; eine verfängliche Situation; **Ver|fäng|lich|keit**
ver|fär|ben; Ver|fär|bung
ver|fas|sen; sie hat den Brief verfasst; **Ver|fas|ser; Ver|fas|se|rin; Ver|fas|ser|schaft,** die; -
Ver|fas|sung; ver|fas|sung|ge|bend, *nicht amtlich auch* **ver|fas|sungs|ge|bend**
Ver|fas|sungs|än|de|rung; Ver|fas|sungs|be|schwer|de; Ver|fas|sungs|bruch
Ver|fas|sungs|dienst, der; -[e]s (eine Abteilung im österr. Bundeskanzleramt)
Ver|fas|sungs|feind; Ver|fas|sungs|fein|din; ver|fas|sungs|feind|lich
ver|fas|sungs|ge|mäß
Ver|fas|sungs|ge|richt; Ver|fas|sungs|ge|richts|hof; Ver|fas|sungs|kla|ge
ver|fas|sungs|kon|form; ver|fas|sungs|mä|ßig; Ver|fas|sungs|mä|ßig|keit, die; -; **Ver|fas|sungs|ord|nung**
Ver|fas|sungs|or|gan *(Politik)*
Ver|fas|sungs|rang, der; -[e]s (durch die Verfassung zu schützender Stellenwert)
Ver|fas|sungs|recht; ver|fas|sungs|recht|lich; Ver|fas|sungs|rich|ter; Ver|fas|sungs|rich|te|rin
Ver|fas|sungs|schutz, der; -es; **Ver|fas|sungs|schüt|zer** *(ugs.);* **Ver|fas|sungs|schüt|ze|rin**

V
verd

ver|fas|sungs|treu
Ver|fas|sungs|ur|kun|de
ver|fas|sungs|wid|rig
ver|fau|len; Ver|fau|lung
ver|fech|ten (verteidigen); er hat sein Recht tatkräftig verfochten; **Ver|fech|ter; Ver|fech|te|rin; Ver|fech|tung,** die; -
ver|feh|len (nicht erreichen, nicht treffen); sich verfehlen (*veraltend für* eine Verfehlung begehen); **Ver|feh|lung**
ver|fein|den, sich; sich mit jmdm. verfeinden; **Ver|fein|dung**
ver|fei|nern; ich verfeinere; **Ver|fei|ne|rung**
ver|fe|men (für vogelfrei erklären; ächten); **Ver|fem|te,** der *u.* die; -n, -n; **Ver|fe|mung**
ver|fer|ti|gen; Ver|fer|ti|gung
ver|fes|ti|gen; Ver|fes|ti|gung
ver|fet|ten; Ver|fet|tung
ver|feu|ern; ich verfeuere
ver|fil|men; Ver|fil|mung
ver|fil|zen; du verfilzt; **Ver|fil|zung**
ver|fins|tern; ich verfinstere; **Ver|fins|te|rung**
ver|fit|zen (*ugs. für* verwirren); sie hat die Wolle verfitzt
ver|fla|chen; Ver|fla|chung
ver|flech|ten; Ver|flech|tung
ver|flie|gen (verschwinden); der Zorn ist verflogen; sich verfliegen (mit dem Flugzeug vom Kurs abkommen)
ver|flie|sen (*fachspr. für* mit Fliesen versehen)
ver|flie|ßen *vgl.* verflossen
ver|flixt (*ugs. für* verflucht; *auch für* unangenehm, ärgerlich)
Ver|floch|ten|heit
ver|flos|sen; verflossene *od.* verflossne Tage; **Ver|flos|se|ne,** der *u.* die; -n, -n (*ugs. für* früherer Freund od. Ehemann, frühere Freundin od. Ehefrau)
ver|flu|chen; ver|flucht (verdammt; sehr); so ein verfluchter Idiot; es ist verflucht heiß; verflucht u. zugenäht!
ver|flüch|ti|gen; sich verflüchtigen (*auch ugs. scherzh. für* sich heimlich entfernen); **Ver|flüch|ti|gung**
Ver|flu|chung
ver|flüs|si|gen; Ver|flüs|si|gung
Ver|folg (*Amtsspr.* Verlauf); *nur in* im *od.* in Verfolg der Sache
ver|fol|gen; die lange verfolgten (angestrebten) Ziele; **Ver|fol|ger; Ver|fol|ge|rin; Ver|folg|te,** der *u.* die; -n, -n
Ver|fol|gung; Ver|fol|gungs|jagd; Ver|fol|gungs|ren|nen *(Radsport);* **Ver|fol|gungs|wahn**
ver|form|bar; Ver|form|bar|keit
ver|for|men; Ver|for|mung
ver|frach|ten; Ver|frach|ter; Ver|frach|tung
ver|fran|zen, sich (*Fliegerspr.* sich verfliegen; *ugs. auch für* sich verirren); du verfranzt dich
ver|frem|den; Ver|frem|dung; Ver|frem|dungs|ef|fekt
[1]**ver|fres|sen** (*derb für* für Essen ausgeben); sein ganzes Geld verfressen
[2]**ver|fres|sen** (*derb für* gefräßig)
Ver|fres|sen|heit, die; - *(derb)*
ver|fro|ren
ver|frü|hen, sich; **ver|früht;** sein Dank kam verfrüht; **Ver|frü|hung**
ver|füg|bar; verfügbares Kapital; **Ver|füg|bar|keit**
ver|fu|gen; Kacheln verfugen
ver|fü|gen (bestimmen, anordnen; besitzen)
Ver|fu|gung
Ver|fü|gung ↑K31 : zur Verfügung u. bereithalten, *aber* bereit- u. zur Verfügung halten; **ver|fü|gungs|be|rech|tigt**
Ver|fü|gungs|ge|walt
ver|füh|ren; Ver|füh|rer; Ver|füh|re|rin; ver|füh|re|risch
Ver|füh|rung; Ver|füh|rungs|kunst
ver|fuhr|wer|ken (*schweiz. für* verpfuschen)
ver|fül|len *(bes. Bergmannsspr.);* **Ver|fül|lung**
ver|füt|tern (als [1]Futter geben)
Ver|ga|be, die; -, -n; Vergabe von Arbeiten; **Ver|ga|be|ge|setz** (zur Regelung der Vergabe öffentlicher Aufträge); **Ver|ga|be|kri|te|ri|um**
ver|ga|ben (*schweiz. für* [testamentarisch] schenken, vermachen); **Ver|ga|bung** (*schweiz. für* Schenkung, Vermächtnis)
ver|gack|ei|ern (*ugs. für* zum Narren halten); ich vergackeiere
ver|gaf|fen, sich (*ugs. für* sich verlieben)
ver|gagt [...ˈgɛ...] ‹dt.; engl.-amerik.› (*ugs. für* voller Gags)
ver|gäl|len (verbittern; *Chemie* ungenießbar machen); er hat ihm die Freude vergällt; vergällter Alkohol; **Ver|gäl|lung**
ver|ga|lop|pie|ren, sich (*ugs. für* irren, einen Missgriff tun)
ver|gam|meln (*ugs. für* verderben; verwahrlosen); die Zeit vergammeln (*ugs. für* vertrödeln)
ver|gan|den ‹*zu* Gand› (*schweiz. für* verwildern [von Alpweiden]); **Ver|gan|dung**
ver|gan|gen *vgl.* vergehen
Ver|gan|gen|heit; Ver|gan|gen|heits|be|wäl|ti|gung; Ver|gan|gen|heits|form *(Sprachwiss.)*
ver|gäng|lich; Ver|gäng|lich|keit
ver|gan|ten ‹*zu* Gant› (*südd., österr. mdal. veraltet u. schweiz. für* zwangsversteigern); **Ver|gan|tung**
ver|ga|sen (*Chemie* in gasförmigen Zustand überführen; mit [Gift]gasen verseuchen, töten); **Ver|ga|ser** (Vorrichtung zur Erzeugung des Luft-Kraftstoff-Gemisches für Verbrennungskraftmaschinen)
vergaß *vgl.* vergessen
Ver|ga|sung
ver|gat|tern (mit einem Gatter versehen; *ugs. für* jmdn. zu etwas verpflichten); ich vergattere; **Ver|gat|te|rung**
ver|ge|ben; eine Chance vergeben; er hat diesen Auftrag vergeben; seine Sünden sind ihm vergeben worden; ich vergebe mir nichts, wenn ...; **ver|ge|bens**
Ver|ge|ber; Ver|ge|be|rin
ver|geb|lich; Ver|geb|lich|keit
Ver|ge|bung *(geh.)*
ver|ge|gen|ständ|li|chen; Ver|ge|gen|ständ|li|chung
ver|ge|gen|wär|ti|gen [*auch* ...ˈvɛ...], sich; **Ver|ge|gen|wär|ti|gung**
ver|ge|hen; die Jahre sind vergangen; vergangene Zeiten; sich vergehen; er hat sich an ihr vergangen; **Ver|ge|hen,** das; -s, -
ver|gei|gen (*ugs. für* zu einem Misserfolg machen)
ver|gei|len (*Bot.* durch Lichtmangel aufschießen [von Pflanzen]); **Ver|gei|lung**
ver|geis|ti|gen; Ver|geis|ti|gung
ver|gel|ten; sie hat immer Böses mit Gutem vergolten; vergilt!; jemandem ein »Vergelts Gott!« zurufen ↑K14
Ver|gel|tung; Ver|gel|tungs|ak|ti|on; Ver|gel|tungs|maß|nah|me; Ver|gel|tungs|schlag; Ver|gel|tungs|waf|fe
ver|ge|sell|schaf|ten; Ver|ge|sell|schaf|tung
ver|ges|sen; du vergisst, er vergisst; du vergaßest; du vergäßest; vergessen; vergiss!; etwas vergessen; die Arbeit über dem Vergnügen vergessen; auf etwas vergessen (*landsch., bes. südd. u. österr. für* an etwas nicht rechtzeitig denken)

Ver|ges|sen|heit, die; -

ver|gess|lich; Ver|gess|lich|keit

ver|geu|den; ver|geu|de|risch; Ver|geu|dung

ver|ge|wal|ti|gen; Ver|ge|wal|ti|ger; Ver|ge|wal|ti|ge|rin; Ver|ge|wal|ti|gung; Ver|ge|wal|ti|gungs|op|fer

ver|ge|wis|sern, sich; ich vergewissere mich ihrer Sympathie; **Ver|ge|wis|se|rung**

ver|gie|ßen

ver|gif|ten; Ver|gif|tung; Ver|gif|tungs|er|schei|nung; Ver|gif|tungs|ge|fahr

Ver|gil (altröm. Dichter)

ver|gil|ben; vergilbte Papiere, Gardinen

Ver|gi|li|us *vgl.* Vergil

ver|gip|sen; du vergipst

Ver|giss|mein|nicht, das; -[e]s, -[e] (eine Blume)

ver|gisst *vgl.* vergessen

ver|git|tern; ich vergittere

ver|gla|sen; du verglast; er verglaste; verglaste (glasige, starre) Augen; **Ver|gla|sung**

Ver|gleich, der; -[e]s, -e; im Vergleich mit, zu ...; ein gütlicher Vergleich

ver|gleich|bar; Ver|gleich|bar|keit

ver|glei|chen; sie hat beide Bilder verglichen; sich vergleichen; die Parteien haben sich verglichen; die vergleichende Anatomie; vergleich[e]! (*Abk.* vgl.)

Ver|gleichs|form (Steigerungsform des Adjektivs)

Ver|gleichs|gläu|bi|ger *(Rechtsspr.);* **Ver|gleichs|gläu|bi|ge|rin**

Ver|gleichs|grö|ße; Ver|gleichs|grup|pe; Ver|gleichs|kampf *(Sport);* **Ver|gleichs|mie|te; Ver|gleichs|mög|lich|keit; Ver|gleichs|ob|jekt; Ver|gleichs|par|ti|kel** *(Sprachwiss.)*

Ver|gleichs|schuld|ner *(Rechtsspr.);* **Ver|gleichs|schuld|ne|rin**

Ver|gleichs|test; Ver|gleichs|ver|fah|ren

ver|gleichs|wei|se

Ver|gleichs|wert *(bes. Statistik);* **Ver|gleichs|zahl; Ver|gleichs|zeit|raum**

Ver|glei|chung

ver|glet|schern; Ver|glet|sche|rung

ver|glim|men

ver|glü|hen

ver|gnat|zen (*landsch. für* verärgern); ich bin vergnatzt

ver|gnü|gen; sich vergnügen; **Ver|gnü|gen,** das; -s, -; viel Vergnügen!; **ver|gnü|gens|hal|ber**

ver|gnüg|lich; ver|gnügt

Ver|gnü|gung *meist Plur.;* **Ver|gnü|gungs|fahrt**

ver|gnü|gungs|hal|ber

ver|gnü|gungs|hung|rig

Ver|gnü|gungs|in|dus|t|rie; Ver|gnü|gungs|park; Ver|gnü|gungs|rei|se; Ver|gnü|gungs|stät|te; Ver|gnü|gungs|steu|er

Ver|gnü|gungs|sucht, die; -; **ver|gnü|gungs|süch|tig**

Ver|gnü|gungs|vier|tel

ver|gol|den; Ver|gol|der; Ver|gol|de|rin; Ver|gol|dung

ver|gön|nen ([aus Gunst] gewähren); es ist mir vergönnt

ver|got|ten (*svw.* vergöttlichen)

ver|göt|tern; ich vergöttere; **Ver|göt|te|rung**

ver|gött|li|chen (zum Gott machen; als Gott verehren); **Ver|gött|li|chung; Ver|got|tung**

ver|gra|ben

ver|grä|men (verärgern; *Jägerspr.* verscheuchen); **ver|grämt**

ver|grät|zen (*landsch. für* verärgern); du vergrätzt

ver|grau|en (grau werden); vergraute Wäsche

ver|grau|len (*ugs. für* verärgern [u. dadurch vertreiben])

ver|grei|fen; sich an jmdm., an einer Sache vergreifen; du hast dich im Ton vergriffen

ver|grei|sen; du vergreist; er vergreis|te; **Ver|grei|sung,** die; - (das Vergreistsein; das Vergreisen)

ver|grel|len (*landsch. für* zornig machen); man hat ihn vergrellt

ver|grif|fen; das Buch ist vergriffen (nicht mehr lieferbar)

ver|grö|bern; Ver|grö|be|rung

Ver|grö|ße|rer *(Optik)*

ver|grö|ßern; ich vergrößere

Ver|grö|ße|rung; Ver|grö|ße|rungs|ap|pa|rat; Ver|grö|ße|rungs|glas; Ver|grö|ße|rungs|spie|gel

ver|gu|cken, sich (*ugs. für* sich verlieben)

ver|gül|den (*geh. für* vergolden)

Ver|gunst; *nur noch in* mit Vergunst (mit Verlaub)

ver|güns|ti|gen; Ver|güns|ti|gung

ver|gur|ken (*ugs. für* verderben)

ver|gü|ten (*auch für* veredeln); **Ver|gü|tung**

verh. = verheiratet; *Zeichen* ⚭

ver|ha|bern, sich (*österr. abwertend für* sich verbünden, paktieren); mit jmdm. verhabert sein; **Ver|ha|be|rung**

Ver|ha|ckert, das; -s (*österr. für* Brotaufstrich aus Schweinefett u. a.)

ver|hack|stü|cken (*ugs. für* bis ins Kleinste besprechen u. kritisieren)

Ver|haft, der; -[e]s (*veraltet für* Verhaftung); **ver|haf|ten; ver|haf|tet** (*auch für* eng verbunden); einer Sache verhaftet sein

Ver|haf|te|te, der *u.* die; -n, -n

Ver|haf|tung; Ver|haf|tungs|wel|le

ver|ha|geln; ich verhag[e]le

ver|ha|ken, sich; die Geweihe verhakten sich ineinander

ver|hal|len; sein Ruf verhallte

Ver|halt, der; -[e]s, -e (*veraltet für* Verhalten; Sachverhalt)

[1]**ver|hal|ten** (stehen bleiben; zurückhalten; *österr. u. schweiz. Amtsspr.* zu etwas verpflichten); sie verhielt auf der Treppe; er verhält den Harn; ich habe mich abwartend verhalten; *(österr., schweiz.:)* die Behörde verhielt ihn zur Zahlung einer Geldbuße

[2]**ver|hal|ten;** verhaltener (gedämpfter, unterdrückter) Zorn; verhaltene (verzögerte) Schritte; verhaltener (gezügelter) Trab

Ver|hal|ten, das; -s

Ver|hal|ten|heit

ver|hal|tens|auf|fäl|lig *(Psychol.);* **Ver|hal|tens|auf|fäl|lig|keit** *(Psychol.)*

Ver|hal|tens|co|dex *vgl.* Verhaltenskodex

Ver|hal|tens|for|scher; Ver|hal|tens|for|sche|rin; Ver|hal|tens|for|schung; Ver|hal|tens|fra|ge

ver|hal|tens|ge|stört (*svw.* verhaltensauffällig)

Ver|hal|tens|ko|dex, Ver|hal|tens|co|dex

Ver|hal|tens|maß|re|gel *meist Plur.;* **Ver|hal|tens|mus|ter** *(Psychol.);* **Ver|hal|tens|re|gel; Ver|hal|tens|steu|e|rung**

Ver|hal|tens|the|ra|peut; Ver|hal|tens|the|ra|peu|tin; Ver|hal|tens|the|ra|pie

Ver|hal|tens|wei|se

Ver|hält|nis, das; -ses, -se; geordnete Verhältnisse; **Ver|hält|nis|glei|chung** *(Math.)*

ver|hält|nis|mä|ßig; Ver|hält|nis|mä|ßig|keit *Plur. selten*

Ver|hält|nis|wahl; Ver|hält|nis|wahl|recht, das; -[e]s; **Ver|hält|nis|wort** *Plur.* ...wörter (*für* Präposition); **Ver|hält|nis|zahl**

Ver|hal|tung; Ver|hal|tungs|maß|re|gel *(selten)*

ver|han|del|bar; ver|han|deln; über, *selten* um etwas verhandeln

Ver|hand|ler; Ver|hand|le|rin; Ver|hand|lung; Ver|hand|lungs|ba|sis
ver|hand|lungs|be|reit; Ver|hand|lungs|be|reit|schaft, die; -
Ver|hand|lungs|er|geb|nis
ver|hand|lungs|fä|hig
Ver|hand|lungs|füh|rer; Ver|hand|lungs|füh|re|rin; Ver|hand|lungs|füh|rung; Ver|hand|lungs|grund|la|ge; Ver|hand|lungs|part|ner; Ver|hand|lungs|part|ne|rin
Ver|hand|lungs|pau|se; Ver|hand|lungs|run|de; Ver|hand|lungs|sa|che; Ver|hand|lungs|spra|che; Ver|hand|lungs|tag *(bes. Rechtsspr.)*
Ver|hand|lungs|tisch; sich an den Verhandlungstisch setzen; an den Verhandlungstisch zurückkehren; **Ver|hand|lungs|weg;** *nur in* auf dem Verhandlungsweg (durch Verhandeln)
ver|han|gen; ein verhangener Himmel
ver|hän|gen; mit verhängten (locker gelassenen) Zügeln; *vgl.* ²hängen
Ver|häng|nis, das; -ses, -se; **ver|häng|nis|voll**
Ver|hän|gung
ver|harm|lo|sen; du verharmlost; er verharmlos|te; **Ver|harm|lo|sung**
ver|härmt
ver|har|ren *(geh.);* **Ver|har|rung**
ver|har|schen; Ver|har|schung
ver|här|ten; Ver|här|tung
ver|has|peln (verwirren); ich verhasp[e]le mich (*ugs. für* verwirre mich beim Sprechen); **Ver|has|pe|lung, Ver|hasp|lung**
ver|hasst
ver|hät|scheln (*ugs. für* verzärteln); **Ver|hät|sche|lung, Ver|hätsch|lung**
ver|hatscht (*österr. ugs. für* ausgetreten; unpassend); verhatschte Schuhe
Ver|hau, der *od.* das; -[e]s, -e
¹**ver|hau|en** (*ugs. für* durchprügeln); er verhaute ihn; sich verhauen (*ugs.* sich schwer irren)
²**ver|hau|en** (*ugs. für* unmöglich); der sieht ja verhauen aus
ver|he|ben, sich
ver|hed|dern (*ugs. für* verwirren); ich verheddere [mich]
ver|hee|ren (verwüsten, zerstören); **ver|hee|rend;** das ist verheerend (sehr unangenehm; furchtbar); verheerende Folgen haben; **Ver|hee|rung**
ver|heh|len *(geh.);* er hat uns die Wahrheit verhehlt
ver|hei|len; Ver|hei|lung
ver|heim|li|chen; Ver|heim|li|chung
ver|hei|ra|ten; sich verheiraten
ver|hei|ra|tet (*Abk.* verh.; *Zeichen* ⚭); **Ver|hei|ra|te|te,** der *u.* die; -n, -n; **Ver|hei|ra|tung**
ver|hei|ßen; sie hat mir das verheißen; *vgl.* ¹heißen
Ver|hei|ßung; ver|hei|ßungs|voll
ver|hei|zen; du verheizt Kohlen; jmdn. verheizen (*ugs. für* jmdn. rücksichtslos einsetzen)
ver|hel|fen; sie hat mir dazu verholfen
ver|herr|li|chen; Ver|herr|li|chung
ver|het|zen; Ver|het|zung
ver|heu|ern (*Seemannsspr. svw.* heuern); ich verheuere
ver|heult (*ugs. für* verweint)
ver|he|xen; das ist wie verhext!; **Ver|he|xung**
Ver|hieb (*Bergmannsspr.* Art u. Richtung, in der der Kohlenstoß abgebaut wird)
ver|him|meln (*ugs. für* vergöttern)
ver|hin|dern; Ver|hin|de|rung; Ver|hin|de|rungs|fall, der; *nur in* im Verhinderungsfall[e] *(Amtsspr.)*
ver|hoch|deut|schen
ver|hof|fen (sichern [vom Wild])
ver|hoh|len (verborgen); mit kaum verhohlener Schadenfreude
ver|höh|nen; ver|hoh|ne|pi|peln (*ugs. für* verspotten); ich verhohnepip[e]le; **Ver|höh|nung**
ver|hö|kern (*ugs. für* [billig] verkaufen)
Ver|hol|bo|je *(Seemannsspr.);* **ver|ho|len** ([ein Schiff] an eine andere Stelle bringen)
ver|hol|zen; Ver|hol|zung
Ver|hör, das; -[e]s, -e; **ver|hö|ren;** **Ver|hör|me|tho|de**
ver|hor|nen; Ver|hor|nung
ver|hu|deln (*landsch. für* durch Hast, Nachlässigkeit verderben)
ver|hül|len; ver|hüllt; eine kaum verhüllte Drohung; **Ver|hül|lung**
ver|hun|dert|fa|chen
ver|hun|gern ↑K82: vor dem Verhungern retten
ver|hun|zen (*ugs. für* verderben; verunstalten); du verhunzt; **Ver|hun|zung** *(ugs.)*
ver|hu|ren (*derb für* [sein Geld] bei Prostituierten ausgeben); **ver|hurt** (*derb für* sexuell ausschweifend)
ver|huscht (*ugs. für* scheu u. zaghaft)
ver|hü|ten (verhindern)
ver|hüt|ten (Erz auf Hüttenwerken verarbeiten); **Ver|hüt|tung**
Ver|hü|tung; Ver|hü|tungs|me|tho|de; Ver|hü|tungs|mit|tel
ver|hut|zelt (zusammengeschrumpft)
Ve|ri|fi|ka|ti|on, die; -, -en ⟨lat.⟩ (das Verifizieren); **ve|ri|fi|zier|bar** (nachprüfbar); **Ve|ri|fi|zier|bar|keit,** die; -; **ve|ri|fi|zie|ren** (durch Überprüfen die Richtigkeit bestätigen)
ver|in|ner|li|chen; Ver|in|ner|li|chung
ver|ir|ren, sich; **Ver|ir|rung**
Ve|ris|mus, der; - ⟨lat.⟩ (krass wirklichkeitsgetreue künstlerische Darstellung); **Ve|rist,** der; -en, -en; **Ve|ris|tin; ve|ris|tisch**
ve|ri|ta|bel ⟨franz.⟩ (wahrhaft; echt); ...a|b|le Größe
ver|ja|gen
ver|jäh|ren; Ver|jäh|rung; Ver|jäh|rungs|frist
ver|jan|kern (*österr. ugs. für* verjubeln, verlieren); ich verjankere
ver|jaz|zen; ein verjazztes Lied
ver|ju|beln (*ugs. für* [sein Geld] für Vergnügungen ausgeben)
ver|jün|gen; er hat das Personal verjüngt; sich verjüngen; die Säule verjüngt sich (wird [nach oben] dünner)
Ver|jün|gung; Ver|jün|gungs|kur
ver|ju|xen (*ugs. für* vergeuden, verulken); du verjuxt
ver|ka|beln (mit Kabeln anschließen); **Ver|ka|be|lung**
ver|kad|men *vgl.* kadmieren
ver|kal|ben; die Kuh hat verkalbt
ver|kal|ken (*ugs. auch für* alt werden, die geistige Frische verlieren)
ver|kal|ku|lie|ren, sich (sich verrechnen, falsch veranschlagen)
Ver|kal|kung
ver|kannt; ein verkanntes Genie
ver|kan|ten
ver|kap|pen (unkenntlich machen); **ver|kappt;** ein verkappter Spion, Betrüger; **Ver|kap|pung**
ver|kap|seln; ich verkaps[e]le; **Ver|kap|se|lung, Ver|kaps|lung**
ver|kars|ten ⟨*zu* ²Karst⟩; **Ver|kars|tung**
ver|kar|ten (für eine Kartei auf Karten schreiben); **Ver|kar|tung**
ver|ka|se|ma|tu|ckeln (*ugs. für* verkonsumieren; genau erklären); ich verkasematuck[e]le
ver|kä|sen (zu Käse werden)
ver|käs|teln (einschachteln)
ver|käs|ten (*Bergbau* auszimmern)
Ver|kä|sung
ver|ka|tert (*ugs. für* an den Folgen übermäßigen Alkoholgenusses leidend)

Ver|kauf, der; -[e]s, ...käufe; der Verkauf von Textilien, *in der Kaufmannsspr. gelegentl. auch* der Verkauf in Textilien; An- und Verkauf ↑K31
ver|kau|fen; du verkaufst; er verkauft, verkaufte, hat verkauft (*nicht korrekt:* du verkäufst; er verkäuft); viele verkaufte Exemplare; **Ver|käu|fer; Ver|käu|fe|rin**
ver|käuf|lich; Ver|käuf|lich|keit
Ver|kaufs|ab|tei|lung; Ver|kaufs|ar|gu|ment; Ver|kaufs|aus|stel|lung; Ver|kaufs|be|din|gung; Ver|kaufs|er|folg; Ver|kaufs|er|lös; Ver|kaufs|fah|rer; Ver|kaufs|fah|re|rin; Ver|kaufs|flä|che
ver|kaufs|för|dernd; Ver|kaufs|för|de|rung; Ver|kaufs|ge|spräch; Ver|kaufs|hit *(ugs.);* **Ver|kaufs|lei|ter,** der; **Ver|kaufs|lei|te|rin**
ver|kaufs|of|fen; verkaufsoffener Sonntag
Ver|kaufs|preis; Ver|kaufs|raum; Ver|kaufs|schla|ger; Ver|kaufs|stand; Ver|kaufs|stel|le; Ver|kaufs|the|ke; Ver|kaufs|tisch; Ver|kaufs|wert; Ver|kaufs|zahl *meist Plur.*
Ver|kehr, der; *Gen.* -s, *seltener* -es, *Plur. (fachspr.)* -e; **ver|keh|ren**
ver|kehr|lich; verkehrliche Erschließung
Ver|kehrs|ader; Ver|kehrs|am|pel; Ver|kehrs|amt; Ver|kehrs|an|bin|dung; Ver|kehrs|auf|kom|men; Ver|kehrs|be|hin|de|rung; Ver|kehrs|be|las|tung
ver|kehrs|be|ru|higt; Ver|kehrs|be|ru|hi|gung
Ver|kehrs|be|trieb *meist Plur.;* **Ver|kehrs|bü|ro; Ver|kehrs|cha|os; Ver|kehrs|de|likt**
Ver|kehrs|dich|te, die; -; **Ver|kehrs|dis|zi|p|lin,** die; -; **Ver|kehrs|er|zie|hung; Ver|kehrs|flä|che; Ver|kehrs|flug|zeug; Ver|kehrs|fluss,** der; ...flusses
ver|kehrs|frei
Ver|kehrs|füh|rung
Ver|kehrs|funk; Ver|kehrs|ge|fähr|dung; Ver|kehrs|ge|sche|hen
ver|kehrs|güns|tig
Ver|kehrs|hin|der|nis; Ver|kehrs|in|sel; Ver|kehrs|kno|ten|punkt; Ver|kehrs|kon|t|rol|le; Ver|kehrs|la|ge; Ver|kehrs|lärm; Ver|kehrs|leit|sys|tem; Ver|kehrs|mel|dung
Ver|kehrs|mi|nis|ter; Ver|kehrs|mi|nis|te|rin; Ver|kehrs|mi|nis|te|ri|um
Ver|kehrs|mit|tel; Ver|kehrs|netz; Ver|kehrs|op|fer; Ver|kehrs|ord|nung
Ver|kehrs|plan; Ver|kehrs|pla|ner; Ver|kehrs|pla|ne|rin; Ver|kehrs|pla|nung
Ver|kehrs|po|li|tik; ver|kehrs|po|li|tisch; Ver|kehrs|po|li|zei; Ver|kehrs|po|li|zist; Ver|kehrs|po|li|zis|tin
Ver|kehrs|recht; Ver|kehrs|re|gel *meist Plur.;* **Ver|kehrs|re|ge|lung, Ver|kehrs|reg|lung**
ver|kehrs|reich
Ver|kehrs|row|dy *(abwertend)*
Ver|kehrs|schild, das
Ver|kehrs|schrift, die; - (erster Grad der Kurzschrift)
Ver|kehrs|schutz|mann
ver|kehrs|si|cher; Ver|kehrs|si|cher|heit, die; -; **Ver|kehrs|si|g|nal; Ver|kehrs|si|tu|a|ti|on**
Ver|kehrs|spin|ne (*österr. für* grafische Darstellung von Verkehrswegen)
Ver|kehrs|spra|che
Ver|kehrs|sta|tis|tik; Ver|kehrs|stau; Ver|kehrs|steu|er, die *(Wirtsch.);* **Ver|kehrs|sto|ckung**
Ver|kehrs|stö|rung; Ver|kehrs|strei|fe; Ver|kehrs|strom
Ver|kehrs|sün|der *(ugs.);* **Ver|kehrs|sün|de|rin**
Ver|kehrs|taug|lich|keit, die; -
Ver|kehrs|teil|neh|mer; Ver|kehrs|teil|neh|me|rin; Ver|kehrs|to|te *meist Plur.;* **Ver|kehrs|tüch|tig|keit,** die; -; **Ver|kehrs|un|fall**
Ver|kehrs|ver|bin|dung; Ver|kehrs|ver|bund
Ver|kehrs|ver|ein; Ver|kehrs|vor|schrift; Ver|kehrs|wacht; Ver|kehrs|weg; Ver|kehrs|wert *(Wirtsch.);* **Ver|kehrs|we|sen**
ver|kehrs|wid|rig; Ver|kehrs|zei|chen
ver|kehrt; verkehrt herum; **Ver|kehrt|heit; Ver|keh|rung**
ver|kei|len; die Autos verkeilten sich [ineinander]; jmdn. verkeilen (*ugs. für* jmdn. verprügeln)
ver|ken|nen; er wurde von allen verkannt; **Ver|ken|nung**
ver|ket|ten; Ver|ket|tung
ver|ket|zern; ich verketzere; **Ver|ket|ze|rung**
ver|kie|seln (*fachspr. für* von Kieselsäure durchtränkt werden); **Ver|kie|se|lung**
ver|kip|pen ([Abfallstoffe] auf Deponien ablagern); **Ver|kip|pung**
ver|kit|schen (kitschig gestalten; *landsch. für* [billig] verkaufen)
ver|kit|ten (mit Kitt befestigen)
ver|kla|gen
ver|klam|mern; ich verklammere; **Ver|klam|me|rung**
ver|klap|pen ([Abfallstoffe] ins Meer versenken); **Ver|klap|pung**
ver|kla|ren (*nordd. für* [mühsam] erklären; *Seemannsspr.* über Schiffsunfälle eidlich aussagen)
ver|klä|ren (ins Überirdische erhöhen)
Ver|kla|rung (gerichtliche Feststellung bei Schiffsunfällen)
Ver|klä|rung
ver|klat|schen (*ugs. für* verraten)
ver|klau|su|lie|ren (schwer verständlich formulieren; mit vielen Vorbehalten versehen); **Ver|klau|su|lie|rung**
ver|kle|ben; Ver|kle|bung
ver|kle|ckern *(ugs.);* ich verkleckere
ver|klei|den; Ver|klei|dung
ver|klei|nern; ich verkleinere; **Ver|klei|ne|rung; Ver|klei|ne|rungs|form**
ver|kleis|tern (*ugs. für* verkleben); ich verkleistere; **Ver|kleis|te|rung** *(ugs.)*
ver|klem|men; ver|klemmt (gehemmt, voller Komplexe); **Ver|klemmt|heit**
ver|kli|ckern (*ugs. für* erklären)
ver|klin|gen
ver|klop|pen (*ugs. für* verprügeln; [unter Wert] verkaufen)
ver|klüf|ten, sich (*Jägerspr.* sich im Bau vergraben)
ver|klum|pen; Ver|klum|pung
ver|kna|cken ⟨jidd.⟩ (*ugs. für* [gerichtlich] verurteilen)
ver|knack|sen, sich *(ugs.);* du hast dir den Fuß verknackst (verstaucht)
ver|knal|len (*ugs. für* [sinnlos] verschießen); sich verknallen (*ugs. für* sich heftig verlieben); du hast dich, bist in sie verknallt
ver|knap|pen; Ver|knap|pung
ver|knas|ten (*ugs. für* zu einer Freiheitsstrafe verurteilen)
ver|knäu|len; sich verknäulen
ver|knaut|schen; du verknautschst
ver|knei|fen; das Lachen verkneifen; sich etwas verkneifen (auf etwas verzichten; etwas unterdrücken)
ver|kne|ten
ver|knif|fen (verbittert); **Ver|knif|fen|heit**
ver|knit|tern; ich verknittere
ver|knö|chern; ich verknöchere; **ver|knö|chert** (*ugs. auch für* alt, geistig unbeweglich); **Ver|knö|che|rung**
ver|knor|peln; sie sagt, das Gewebe verknorp[e]le; **Ver|knor|pe|lung, Ver|knorp|lung**

ver|knorzt (*schweiz. ugs. für* stur, unflexibel; missgestaltet)
ver|kno|ten
ver|knül|len (*landsch. für* zerknüllen)
ver|knüp|fen; Ver|knüp|fung; Ver|knüp|fungs|punkt
ver|knu|sen; jmdn. nicht verknusen (*ugs. für* nicht ausstehen) können
ver|ko|chen ([zu] lange kochen)
[1]**ver|koh|len** ⟨jidd.⟩ (*ugs. für* veralbern; scherzhaft belügen)
[2]**ver|koh|len** (in Kohle umwandeln); **Ver|koh|lung**
ver|ko|ken (zu [1]Koks machen, werden); **Ver|ko|kung**
ver|kom|men; er verkam im Schmutz; ein verkommener Mensch; **Ver|kom|men|heit**
ver|kom|pli|zie|ren
ver|kon|su|mie|ren (*ugs. für* aufessen, verbrauchen)
ver|kopft (vom Intellekt beherrscht)
ver|kop|peln; Ver|kop|pe|lung, Ver|kopp|lung
ver|kor|ken (mit einem Korken verschließen); **ver|kork|sen** (*ugs. für* verderben); du verkorkst
ver|kör|nen (*Technik* granulieren)
ver|kör|pern; ich verkörpere; **Ver|kör|pe|rung**
ver|kos|ten (kostend prüfen); Wein verkosten; **Ver|kos|ter; Ver|kos|te|rin; ver|kös|ti|gen; Ver|kös|ti|gung; Ver|kos|tung**
ver|kra|chen (*ugs. für* zusammenbrechen); sich verkrachen (*ugs. für* sich entzweien); **ver|kracht** (*ugs. für* gescheitert); eine verkrachte Existenz
ver|kraft|bar
ver|kraf|ten (ertragen [können])
ver|kral|len; ich verkrallte mich in der Rinde
ver|kra|men (*ugs. für* verlegen)
ver|kramp|fen, sich; **ver|krampft; Ver|kramp|fung**
ver|krat|zen
ver|krau|chen, sich (*landsch. für* sich verkriechen)
ver|krau|ten; der See verkrautet
ver|krie|chen, sich
ver|krit|zeln (*ugs.*)
ver|kröp|fen (*Bauw. svw.* kröpfen); **Ver|kröp|fung**
ver|krü|meln, sich (*ugs. für* sich unauffällig entfernen)
ver|krüm|men; Ver|krüm|mung
ver|krum|peln (*landsch. für* zerknittern); ich verkrump[e]le
ver|krüp|peln; ich verkrüppele; verkrüppelte Beine; **Ver|krüp|pe|lung, Ver|krüpp|lung**
ver|krus|ten; Ver|krus|tung
ver|ku|cken, sich ⟨sw. V.; hat⟩ (*nordd. für* sich vergucken)
ver|küh|len, sich (*landsch. für* sich erkälten); **Ver|küh|lung**
ver|küm|mern; ver|küm|mert; Ver|küm|me|rung
ver|kün|den *(geh.);* **Ver|kün|der** *(geh.);* **Ver|kün|de|rin** *(geh.)*
ver|kün|di|gen *(geh.);* **Ver|kün|di|ger** *(geh.);* **Ver|kün|di|ge|rin**
Ver|kün|di|gung, Ver|kün|dung; das kath. Fest Mariä Verkündigung, *ugs.* Maria Verkündigung
ver|kup|fern; Ver|kup|fe|rung
ver|kup|peln; Ver|kup|pe|lung, Ver|kupp|lung
ver|kür|zen; verkürzte Arbeitszeit; **Ver|kür|zung**
ver|kut|zen, sich (*österr. für* sich verschlucken); ich verkutze mich, habe mich verkutzt
ver|la|chen (auslachen)
Ver|lad, der; -[e]s (*schweiz. für* Verladung); **Ver|la|de|bahn|hof; Ver|la|de|brü|cke; Ver|la|de|kran**
ver|la|den *vgl.* [1]laden; **Ver|la|der; Ver|la|de|ram|pe; Ver|la|de|rin; Ver|la|dung**
Ver|lag, der; -[e]s, -e
ver|la|gern; Ver|la|ge|rung
Ver|lags|an|stalt; Ver|lags|buch|händ|ler; Ver|lags|buch|händ|le|rin; Ver|lags|[buch|]hand|lung
Ver|lags|haus; Ver|lags|ka|ta|log
Ver|lags|kauf|frau; Ver|lags|kauf|mann; Ver|lags|lei|ter, der; **Ver|lags|lei|te|rin**
Ver|lags|post|amt (*in Österreich* Postamt, das Zeitungen u. Ä. versendet)
Ver|lags|pro|gramm; Ver|lags|pro|s|pekt; Ver|lags|recht; Ver|lags|ver|trag; Ver|lags|we|sen
Ver|laine [...ˈlɛːn] (franz. Dichter)
ver|lam|men; das Schaf hat verlammt
ver|lan|den (von Seen usw.); **Ver|lan|dung**
ver|lan|gen; Ver|lan|gen, das; -s, -; auf Verlangen
ver|län|ger|bar; ver|län|gern; ich verlängere; **ver|län|gert;** verlängerter Rücken (*ugs. scherzh. für* Gesäß); **Ver|län|ger|te,** der; -n, -n (*österr. für* dünner Kaffee [aus der Espressomaschine])
Ver|län|ge|rung; Ver|län|ge|rungs|ka|bel; Ver|län|ge|rungs|schnur
ver|lang|sa|men; Ver|lang|sa|mung
ver|läp|pern (*ugs. für* [Geld] vergeuden); ich verläppere; **Ver|läp|pe|rung**
Ver|lass, der; -es; es ist kein Verlass auf ihn
[1]**ver|las|sen;** sich auf eine Sache, einen Menschen verlassen; sie verließ fluchtartig das Lokal
[2]**ver|las|sen** (vereinsamt); das Dorf lag verlassen da; **Ver|las|sen|heit**
Ver|las|sen|schaft (*bes. österr. für* Hinterlassenschaft); **Ver|las|sen|schafts|ab|hand|lung** (*österr. Amtsspr. für* gerichtl. Verfahren zur Ermittlung von Erben u. Übergabe des Erbes)
ver|läss|lich (zuverlässig); **Ver|läss|lich|keit,** die; -
ver|läs|tern; Ver|läs|te|rung
Ver|laub, der; *nur noch in* mit Verlaub
Ver|lauf, der; -[e]s, Verläufe; im Verlauf; **ver|lau|fen;** die Sache ist gut verlaufen; sich verlaufen; er hat sich verlaufen; **Ver|laufs|form** (*Sprachwiss.* sprachl. Fügung, die angibt, dass ein Geschehen gerade abläuft, z. B. »er ist beim Arbeiten«)
ver|lau|sen; Ver|lau|sung
ver|laut|ba|ren; es verlautbart, dass ...; **Ver|laut|ba|rung; ver|lau|ten;** wie verlautet
ver|le|ben
ver|le|ben|di|gen (anschaulich, lebendig machen); **Ver|le|ben|di|gung**
ver|lebt; ein verlebtes Gesicht
[1]**ver|le|gen** ⟨*zu* legen⟩ (an einen anderen Platz legen; auf einen anderen Zeitpunkt festlegen; im Verlag herausgeben; *Technik* [Rohre u. a.] legen, zusammenfügen); ↑K 82: [das] Verlegen von Rohren
[2]**ver|le|gen** ⟨*zu* liegen⟩ (befangen, unsicher); sie war verlegen; **Ver|le|gen|heit; Ver|le|gen|heits|geschenk; Ver|le|gen|heits|lö|sung**
Ver|le|ger; Ver|le|ge|rin; ver|le|ge|risch; Ver|le|ger|zei|chen
Ver|le|gung
ver|lei|den; es ist mir alles verleidet; **Ver|lei|der,** der; -s (*schweiz. mdal. für* Überdruss); er hat den Verleider bekommen
Ver|leih, der; -[e]s, -e; **ver|lei|hen;** sie hat das Buch verliehen; ↑K 82: [das] Verleihen von Geld; **Ver|lei|her; Ver|lei|he|rin; Ver|lei|hung**
ver|lei|men; Ver|lei|mung
ver|lei|ten (verführen)
ver|leit|ge|ben ⟨*zu* Leitgeb⟩

V
verl

ver|lo|ren

- verlorene Eier (in kochendem Wasser ohne Schale gegarte Eier)
- der verlorene Sohn
- auf verlorenem Posten stehen

Schreibung in Verbindung mit Verben und Partizipien:

- verloren sein; das Spiel ist längst verloren gewesen
- sie hatten das Spiel schon verloren geglaubt
- wir dürfen das Spiel nicht frühzeitig verloren geben *od.* verlorengeben
- das Buch darf nicht verloren gehen *od.* verlorengehen
- mein Pass ist verloren gegangen *od.* verlorengegangen
- der Krieg, der verloren ging *od.* verlorenging
- das bereits verloren geglaubte *od.* verlorengeglaubte Spiel wurde doch noch gewonnen

(*landsch. veraltet für* Bier od. Wein ausschenken)
Ver|lei|tung
ver|ler|nen
ver|le|sen; Ver|le|sung
ver|letz|bar; Ver|letz|bar|keit
ver|let|zen; er ist verletzt; **ver|letzend; ver|letz|lich; Ver|letz|lichkeit**
ver|letzt; Ver|letz|te, der *u.* die; -n, -n; **Ver|let|zung; ver|let|zungs|bedingt; Ver|let|zungs|ge|fahr; Verlet|zungs|pau|se; Ver|let|zungs|risi|ko**
ver|leug|nen; Ver|leug|nung
ver|leum|den; Ver|leum|der; Verleum|de|rin; ver|leum|de|risch
Ver|leum|dung; Ver|leum|dungskam|pa|g|ne
ver|lie|ben, sich; **ver|liebt;** ein verliebtes Paar; **Ver|lieb|te,** der *u.* die; -n, -n; **Ver|liebt|heit**
ver|lie|ren; du verlorst; du verlörest; verloren *(vgl. d.);* verlier[e]!; sich verlieren; **Ver|lie|rer; Ver|liere|rin; Ver|lie|rer|stra|ße;** auf der Verliererstraße sein
Ver|lies, das; -es, -e ([unterird.] Gefängnis, Kerker)
ver|lin|ken (*EDV* durch Links verbinden); **Ver|lin|kung** *(EDV)*
ver|lo|ben; sich verloben; **Ver|löbnis,** das; -ses, -se; **Ver|lob|te,** der *u.* die; -n, -n; **Ver|lo|bung; Ver|lobungs|an|zei|ge; Ver|lo|bungsring; Ver|lo|bungs|zeit**
ver|lo|cken; ein verlockendes Angebot; **Ver|lo|ckung**
ver|lo|dern (*geh. für* lodernd verlöschen)
ver|lo|gen; Ver|lo|gen|heit
ver|lo|hen (*geh. für* erlöschen)
ver|loh|nen (lohnen)
ver|lor *vgl.* verlieren
ver|lo|ren *s. Kasten*
verlo|ren ge|ben, ver|lo|ren|ge|ben *vgl.* verloren
ver|lo|ren ge|hen, ver|lo|ren|ge|hen *vgl.* verloren
Ver|lo|ren|heit
¹ver|lö|schen *vgl.* ¹löschen
²ver|lö|schen; die Kerze verlischt; *vgl.* ²löschen
ver|lo|sen *vgl.* ¹losen; **Ver|lo|sung**
ver|lö|ten; einen verlöten (*ugs. für* Alkohol trinken)
ver|lot|tern *(ugs.);* **Ver|lot|te|rung**
ver|lu|dern (*ugs. für* verkommen); **Ver|lu|de|rung**
ver|lum|pen (verkommen)
Ver|lust, der; -[e]s, -e; **Ver|lustangst; ver|lust|arm; Ver|lust|betrieb; ver|lust|frei; Ver|lust|geschäft**
ver|lus|tie|ren, sich (*scherzh. für* sich vergnügen)
ver|lus|tig; einer Sache verlustig gehen (eine Sache verlieren)
Ver|lust|lis|te; ver|lust|reich; Verlust|zo|ne *(Wirtsch.)*
verm. = vermählt (*Zeichen* ⚭)
ver|ma|chen (vererben; *ugs. für* überlassen)
Ver|mächt|nis, das; -ses, -se; **Vermächt|nis|neh|mer** *(Rechtsspr.);* **Ver|mächt|nis|neh|me|rin**
ver|mah|len (zu Mehl machen); *vgl. aber* vermalen
ver|mäh|len; sich vermählen; **vermählt** (*Abk.* verm. [*Zeichen* ⚭]); **Ver|mähl|te,** der *u.* die; -n, -n; **Ver|mäh|lung; Ver|mäh|lungs|anzei|ge**
ver|mah|nen (*veraltend für* ernst ermahnen); **Ver|mah|nung**
ver|ma|le|dei|en (*veraltend für* verfluchen); **Ver|ma|le|dei|ung**
ver|ma|len ([Farben] malend verbrauchen); *vgl. aber* vermahlen
ver|männ|li|chen
ver|man|schen, vermantschen (*ugs. für* vermischen)
ver|mar|ken (*fachspr. für* vermessen)
ver|mark|ten (*Wirtsch.* [bedarfsgerecht zubereitet] auf den Markt bringen); **Ver|mark|tung**
Ver|mar|kung (*fachspr. für* Vermessung)
ver|mas|seln ⟨*zu* ¹Massel⟩ (*ugs. für* zunichtemachen); ich vermass[e]le
ver|mas|sen (etwas zur Massenware machen; in der Masse aufgehen); du vermasst
ver|ma|ßen (Maße bestimmen)
Ver|ma|ßung ⟨*zu* vermaßen⟩
ver|mau|ern
Ver|meer van Delft [vɛɐ̯... fan, *auch* van -], Jan; Jan (niederl. Maler)
ver|meh|ren; vermehrte Anstrengungen; **Ver|meh|rung**
ver|meid|bar; ver|mei|den; sie hat diesen Fehler vermieden; **vermeid|lich; Ver|mei|dung**
ver|meil [...ˈmɛːj] ⟨franz.⟩ (hochrot); *vgl. auch* beige; **Ver|meil,** das; -s (vergoldetes Silber)
ver|mei|nen ([irrtümlich] glauben); **ver|meint|lich**
ver|mel|den (mitteilen)
ver|men|gen; Ver|men|gung
ver|mensch|li|chen; Ver|mensch|lichung
Ver|merk, der; -[e]s, -e; **ver|mer|ken;** am Rande vermerken
¹ver|mes|sen; Land vermessen; er hat sich vermessen, alles zu verraten *(geh.)*
²ver|mes|sen; ein vermessenes (tollkühnes) Unternehmen; **Ver|messen|heit** (Kühnheit)
Ver|mes|sung; Ver|mes|sungs|in|geni|eur (*Abk.* Verm.-Ing.); **Ver|messungs|in|ge|ni|eu|rin** (*Abk.* Verm.-Ing.)
Ver|mes|sungs|schiff; Ver|messungs|ur|kun|de
Ver|mi|celles [vɛrmiˈsɛl] *Plur.* ⟨franz.⟩ (*schweiz. für* Süßspeise aus Kastanienpüree)
Ver|mi|cel|li [vɛrmiˈtʃɛli] *Plur.* ⟨ital.⟩ (Fadennudeln)
ver|mi|ckert, ver|mie|kert (*ugs. für* klein, schwächlich)

V
Verl

ver|mie|sen (*ugs. für* verleiden); du vermiest; er vermies|te
ver|mie|ten; Ver|mie|ter; Ver|mie|te|rin; Ver|mie|tung
Ver|mil|lon [...miˈjõː], das; -s ‹franz.› (feinster Zinnober)
ver|min|dern; Ver|min|de|rung
ver|mi|nen
Verm.-Ing. = Vermessungsingenieur[in]
Ver|mi|nung
ver|mi|schen; Ver|mi|schung
ver|mis|sen; als vermisst gemeldet; die vermissten (fehlenden) Dokumente; jegliches Taktgefühl vermissen lassen *od.* vermissenlassen; **Ver|miss|te,** der *u.* die; -n, -n; **Ver|miss|ten|an|zei|ge**
ver|mit|tel|bar; ver|mit|teln; ich vermitt[e]le; **ver|mit|tels[t];** *Präp. mit Gen.:* vermittels[t] des Eimers; **Ver|mitt|ler; Ver|mitt|le|rin; Ver|mitt|ler|rol|le**
Ver|mitt|lung; Ver|mitt|lungs|aus|schuss; Ver|mitt|lungs|ge|bühr; Ver|mitt|lungs|stel|le; Ver|mitt|lungs|ver|such
ver|mö|beln (*ugs. für* verprügeln); ich vermöb[e]le
ver|mo|dern; Ver|mo|de|rung, Ver|mod|rung
ver|mö|ge *(geh.); Präp. mit Gen.:* vermöge seines Geldes
ver|mö|gen; Ver|mö|gen, das; -s, -; **ver|mö|gend; Ver|mö|gens|ab|ga|be; Ver|mö|gens|be|ra|ter; Ver|mö|gens|be|ra|te|rin**
Ver|mö|gens|be|steu|e|rung; Ver|mö|gens|bil|dung; Ver|mö|gens|er|klä|rung; Ver|mö|gens|la|ge
ver|mö|gens|los
Ver|mö|gens|recht; Ver|mö|gens|steu|er, Ver|mö|gen|steu|er, die
Ver|mö|gens|ver|si|che|rung; Ver|mö|gens|ver|tei|lung; Ver|mö|gens|ver|wal|ter; Ver|mö|gens|ver|wal|te|rin; Ver|mö|gens|ver|wal|tung
Ver|mö|gens|wert; ver|mö|gens|wirk|sam; vermögenswirksame Leistungen
Ver|mö|gens|zu|wachs; Ver|mö|gens|zu|wachs|steu|er *(Steuerw.)*
ver|mög|lich (*landsch. u. schweiz. für* wohlhabend)
Ver|mont (Staat in den USA; *Abk.* VT)
ver|moo|ren; vermoorte Wiesen
ver|mor|schen; vermorscht
ver|mot|tet
ver|mü|ckert, *auch* **ver|mü|kert** (*landsch. für* klein, schwächlich)
ver|mül|len; Ver|mül|lung
ver|mum|men (fest einhüllen); sich vermummen (durch Verkleidung u. Ä. unkenntlich machen); **Ver|mum|mung; Ver|mum|mungs|ver|bot**
[1]**ver|mu|ren** ‹*zu* Mure› (*Geol.* durch Schutt verwüsten)
[2]**ver|mu|ren** ‹engl.› (*Seew.* vor zwei Anker legen); *vgl.* muren
ver|murk|sen (*ugs. für* verderben)
ver|mu|ten; ver|mut|lich
Ver|mu|tung; ver|mu|tungs|wei|se
ver|nach|läs|sig|bar; ver|nach|läs|si|gen; Ver|nach|läs|si|gung
ver|na|dern (*österr. ugs. für* verraten, verleumden)
ver|na|geln; ver|na|gelt (*ugs. auch für* äußerst begriffsstutzig); **Ver|na|ge|lung, Ver|nag|lung**
ver|nä|hen
ver|nar|ben; Ver|nar|bung
ver|nar|ren; in jmdn., in etwas vernarrt sein; **Ver|narrt|heit**
ver|na|schen; ein Mädchen, einen Mann vernaschen (*ugs. für* mit ihm schlafen); **ver|nascht** (*svw.* naschhaft)
ver|ne|beln; ich verneb[e]le; **Ver|ne|be|lung, Ver|neb|lung**
ver|nehm|bar; ver|neh|men; er hat das Geräusch vernommen; der Angeklagte wurde vernommen; **Ver|neh|men,** das; -s; dem Vernehmen nach
Ver|nehm|las|sung (*schweiz. für* [Verfahren der] Stellungnahme zu einer öffentlichen Frage); **Ver|nehm|las|sungs|ver|fah|ren** (*schweiz. für* Einholung von Stellungnahmen zu einem Gesetzgebungs- od. Verordnungsprojekt)
ver|nehm|lich
Ver|neh|mung ([gerichtl.] Befragung); **ver|neh|mungs|fä|hig; ver|neh|mungs|un|fä|hig**
ver|nei|gen, sich; **Ver|nei|gung**
ver|nei|nen; Ver|nei|ner; Ver|nei|ne|rin; Ver|nei|nung; Ver|nei|nungs|fall; Ver|nei|nungs|wort *Plur.* ...wörter
ver|net|zen; Ver|net|zung
ver|nich|ten; eine vernichtende Kritik; **Ver|nich|ter; Ver|nich|te|rin; Ver|nich|tung; Ver|nich|tungs|feld|zug; Ver|nich|tungs|krieg**
Ver|nich|tungs|la|ger; Ver|nich|tungs|waf|fe; Ver|nich|tungs|werk; Ver|nich|tungs|wut
ver|ni|ckeln; ich vernick[e]le; **Ver|ni|cke|lung, Ver|nick|lung**
ver|nied|li|chen; Ver|nied|li|chung
ver|nie|ten (mit Nieten verschließen); **Ver|nie|tung**
Ver|nis|sa|ge [...ʒə], die; -, -n ‹franz.› (Ausstellungseröffnung [in kleinerem Rahmen])
Ver|nunft, die; -; **ver|nunft|be|gabt; Ver|nunft|ehe**
Ver|nünf|te|lei *(abwertend);* **ver|nünf|teln;** ich vernünft[e]le
ver|nunft|ge|mäß; Ver|nunft|glau|be[n]; Ver|nunft|hei|rat
ver|nünf|tig; ver|nünf|ti|ger|wei|se
Ver|nünft|ler *(veraltend);* **Ver|nunft|mensch,** der; **Ver|nunft|we|sen; ver|nunft|wid|rig; Ver|nunft|wid|rig|keit**
ver|nu|ten (durch Nut verbinden); **Ver|nu|tung**
ver|öden; Ver|ödung
ver|öf|fent|li|chen; Ver|öf|fent|li|chung
ver|ölen (ölig werden)
Ve|ro|na (ital. Stadt)
[1]**Ve|ro|ne|se,** der; -n, -n, Ve|ro|ne|ser (Einwohner von Verona)
[2]**Ve|ro|ne|se** (ital. Maler)
Ve|ro|ne|ser *vgl.* [1]Veronese; **Ve|ro|ne|ser Er|de,** die; - - (Farbe); **Ve|ro|ne|ser Gelb,** das; - -[s]; **Ve|ro|ne|sin; ve|ro|ne|sisch**
[1]**Ve|ro|ni|ka** (w. Vorn.)
[2]**Ve|ro|ni|ka,** die; -, ...ken ‹nach der hl. Veronika› (Ehrenpreis [eine Pflanze])
ver|ord|nen; Ver|ord|nung; Ver|ord|nungs|blatt
ver|or|ten (einen festen Platz in einem Bezugssystem zuweisen); **Ver|or|tung**
ver|paa|ren, sich *(Zool.);* **ver|paart**
ver|pach|ten; Ver|päch|ter; Ver|päch|te|rin; Ver|pach|tung
ver|pa|cken; Ver|pa|ckung; Ver|pa|ckungs|ma|te|ri|al; Ver|pa|ckungs|ord|nung
ver|päp|peln (*ugs. für* verzärteln); du verpäppelst dich
ver|par|ken (*österr. für* zuparken)
ver|part|nern; sich verpartnern; **Ver|part|ne|rung** ([von gleichgeschlechtl. Personen] das Eingehen einer eheähnl. Verbindung)
[1]**ver|pas|sen** (versäumen); sie hat den Zug verpasst
[2]**ver|pas|sen** (*ugs. für* geben; schlagen); die Uniform wurde ihm verpasst; jmdm. eins verpassen
ver|pat|zen (*ugs. für* verderben)
ver|pen|nen (*ugs. für* verschlafen)
ver|pes|ten; Ver|pes|tung
ver|pet|zen (*ugs. für* verraten)
ver|pfän|den; Ver|pfän|dung
ver|pfei|fen (*ugs. für* verraten); er hat ihn verpfiffen
ver|pflan|zen; Ver|pflan|zung

V
Verp

ver|pfle|gen; Ver|pfle|gung; Ver|pfle|gungs|geld; Ver|pfle|gungs|satz

ver|pflich|ten, sich verpflichten; sie ist mir verpflichtet; **Ver|pflich|tung; Ver|pflich|tungs|ge|schäft** *(Rechtswiss.)*

ver|pfrün|den (*südd. u. schweiz. für* durch lebenslänglichen Unterhalt versorgen); **Ver|pfrün|dung** *(südd., schweiz.)*

ver|pfu|schen (*ugs. für* verderben); ein völlig verpfuschtes Leben

ver|pi|chen (mit Pech ausstreichen)

ver|pi|cken (*österr. für* verkleben)

ver|pie|seln, sich (*landsch. für* sich entfernen, davonlaufen)

ver|pis|sen; sich verpissen (*derb für* sich [heimlich] entfernen); ich habe mich verpisst

ver|pla|nen; Ver|pla|nung

ver|plap|pern, sich (*ugs. für* etwas ausplaudern)

ver|plat|ten (mit Platten versehen)

ver|plät|ten (*ugs. für* verprügeln)

Ver|plat|tung

ver|plau|dern ([Zeit] mit Plaudern verbringen); sich verplaudern

ver|plem|pern (*ugs. für* vergeuden)

ver|plom|ben; Ver|plom|bung

ver|pö|nen ‹dt.; lat.› (*veraltend für* missbilligen; [bei Strafe] verbieten); **ver|pönt** (unerwünscht)

ver|pop|pen; ein verpoppter (mit den Mitteln der Popkunst veränderter) Klassiker

ver|pras|sen; er hat das Geld verprasst

ver|prel|len (verwirren, verärgern; *Jägerspr.* [Wild] verscheuchen)

ver|pro|vi|an|tie|ren (mit Proviant versorgen); **Ver|pro|vi|an|tie|rung**

ver|prü|geln

ver|puf|fen ([schwach] explodieren; *auch für* ohne Wirkung bleiben); **Ver|puf|fung**

ver|pul|vern (*ugs. für* unnütz verbrauchen)

ver|pum|pen (*ugs. für* verleihen)

ver|pup|pen, sich; **Ver|pup|pung** (Umwandlung der Insektenlarve in die Puppe)

ver|pus|ten; sich verpusten (*ugs. für* Luft schöpfen)

Ver|putz (Mauerbewurf)

ver|put|zen (*ugs. auch für* [Geld] vergeuden; [schnell] aufessen); **Ver|put|zer** *(Bauw.)*; **Ver|put|ze|rin**

ver|qual|men (*ugs. für* mit Rauch, Qualm erfüllen)

ver|quält; verquälte (von Sorgen gezeichnete) Züge

ver|qua|sen (*nordd. für* vergeuden); du verquast; **ver|quast** (*landsch. für* verworren)

ver|quat|schen; sich verquatschen; die Zeit verquatschen

ver|quel|len; das Fenster verquillt; *vgl.* [1]quellen

ver|quer; eine verquere Welt; **ver|quer|ge|hen** (*ugs. für* misslingen)

ver|qui|cken (vermischen); **Ver|qui|ckung**

ver|quir|len (mit einem Quirl o. Ä. verrühren)

ver|quol|len; verquollene Augen

ver|raf|fen (*Jugendspr.* vergessen, verpassen)

ver|ram|meln, ver|ram|men; Ver|ram|me|lung, Ver|ramm|lung

ver|ram|schen (*ugs. für* zu Schleuderpreisen verkaufen)

ver|rannt *vgl.* verrennen

Ver|rat, der; -[e]s; **ver|ra|ten; Ver|rä|ter; Ver|rä|te|rei; Ver|rä|te|rin; ver|rä|te|risch**

ver|ratzt; *nur in* verratzt sein (*ugs. für* verloren sein)

ver|rau|chen; ein verrauchter Saal; sein Zorn war verraucht (hatte sich gelegt); **ver|räu|chern;** eine verräucherte Kneipe

ver|rau|schen; der Beifall verrauschte

ver|re|chen|bar

ver|rech|nen (*österr. auch für* in Rechnung stellen); sich verrechnen (*auch für* sich täuschen); **Ver|rech|nung; Ver|rech|nungs|ein|heit** *(Wirtsch.)*; **Ver|rech|nungs|kon|to; Ver|rech|nungs|scheck**

ver|re|cken (*derb für* verenden; elend umkommen)

ver|reg|nen; verregnet

ver|rei|ben; Ver|rei|bung

ver|rei|sen; sie ist verreist

ver|rei|ßen (*landsch. auch für* zerreißen); er hat das Theaterstück verrissen (vernichtend kritisiert)

ver|rei|ten, sich (einen falschen Weg reiten)

ver|ren|ken; sich verrenken; ich habe mir den Fuß verrenkt; **Ver|ren|kung**

ver|ren|nen; sich in etwas verrennen, verrannt haben (hartnäckig an etwas festhalten)

ver|ren|ten *(Amtsspr.)*; **Ver|ren|tung**

ver|rich|ten; Ver|rich|tung

ver|rie|geln; ich verrieg[e]le; **Ver|rie|ge|lung, Ver|rieg|lung**

ver|rin|gern; ich verringere; **Ver|rin|ge|rung**

ver|rin|nen

Ver|riss, der; -es, -e (vernichtende Kritik); *vgl.* verreißen

ver|ro|hen

ver|roh|ren (*fachspr. für* Rohre verlegen); **Ver|roh|rung**

Ver|ro|hung

ver|rol|len; der Donner verrollt in der Ferne

ver|ros|ten

ver|rot|ten (verfaulen, modern; zerfallen); **Ver|rot|tung**

ver|rucht; Ver|rucht|heit, die; -

ver|rü|cken

ver|rückt; verrückt werden; sich verrückt stellen; sich nicht verrückt machen lassen *(ugs.)*

Ver|rück|te, der *u.* die; -n, -n; **Ver|rückt|heit**

ver|rückt|spie|len *(ugs.)*; das Thermometer spielt verrückt (zeigt kaum glaubliche Temperaturen an); **Ver|rückt|wer|den,** das; -s; das ist zum Verrücktwerden *(ugs.)*

Ver|ruf, der (schlechter Ruf); in Verruf bringen, geraten, kommen; **ver|ru|fen** (übel beleumdet); die Gegend ist verrufen

ver|rüh|ren; zwei Eier verrühren

ver|run|zelt (runzelig)

ver|ru|ßen; der Schornstein ist verrußt; **Ver|ru|ßung**

ver|rut|schen

Vers [*österr. auch* v...], der; -es, -e ‹lat.› (Zeile, Strophe eines Gedichtes; *Abk.* V.); ich kann mir keinen Vers darauf *od.* daraus machen *(ugs.)*

ver|sach|li|chen; Ver|sach|li|chung

ver|sa|cken (wegsinken; *ugs. für* liederlich leben)

ver|saf|ten (zu Saft verarbeiten)

ver|sa|gen; er hat ihr keinen Wunsch versagt; ich versagte mir diesen Genuss; ↑K82: das Unglück ist auf menschliches Versagen zurückzuführen; **Ver|sa|gens|angst; Ver|sa|ger; Ver|sa|ge|rin; Ver|sa|gung**

Ver|sail|ler [...ˈzai̯...] ↑K141; Versailler Vertrag; **Ver|sailles** [...ˈzai̯] (franz. Stadt)

Ver|sal, der; -s, -ien *meist Plur.* ‹lat.› (großer [Anfangs]buchstabe); **Ver|sal|buch|sta|be**

ver|sal|zen (*fachspr. für* von Salzen durchsetzt werden, sich mit Salzen bedecken; *ugs. auch für* verderben, die Freude an etwas nehmen); versalzt *u. (übertr. nur:)* versalzen; die Suppe versalzen; der Fluss versalzt immer mehr; wir haben ihm die Freude versalzen

ver|sam|meln; Ver|samm|lung; Ver-

sammlungsfreiheit, die; -; **Versammlungsleiter; Versammlungsleiterin; Versammlungslokal; Versammlungsort; Versammlungsrecht**
Versand, der; -[e]s (Versendung); **Versandabteilung; versandbereit; Versandbuchhandel**
versanden (sich mit Sand füllen, vom Sand zugedeckt werden; nachlassen, aufhören)
versandfertig
Versandgeschäft; Versandgut; Versandhandel; Versandhaus; Versandhauskatalog; Versandkosten *Plur.*
versandt, versendet *vgl.* senden
Versandung
Versanfang; Versart
versatil ‹lat.› (beweglich, vielseitig)
Versatz, der; -es (das Versetzen, Verpfänden; *Bergmannsspr.* Auffüllung von Hohlräumen unter Tage, Gestein zur Auffüllung)
Versatzamt (*bayr. u. österr. für* Leihhaus); **Versatzstück** (bewegliche Bühnendekoration; *österr. auch für* Pfandstück)
versaubeuteln (*ugs. für* beschmutzen; verlegen, verlieren); ich versaubeut[e]le
versauen *(derb)*
versauern (sauer werden; *ugs. auch für* geistig verkümmern); ich versau[e]re
versaufen *(derb)*
versäumen; Versäumnis, das; -ses, -se, *veraltet* die; -, -se; **Versäumnisurteil** *(Rechtswiss.)*; **Versäumung**
Versbau, der; -[e]s
verschachern (*abwertend für* verkaufen); ich verschachere
verschachtelt
verschaffen; du hast dir Genugtuung verschafft
verschalen (mit Brettern verkleiden)
verschalten; sich verschalten
Verschalung
verschämt; verschämt tun; **Verschämtheit; Verschämttun,** das; -s
verschandeln (*ugs. für* verunzieren); ich verschand[e]le; **Verschandelung, Verschandlung**
verschanzen; das Lager wurde verschanzt; sich hinter Ausreden verschanzen; **Verschanzung**
verschärfen; Verschärfung
verscharren
verschatten
verschätzen, sich
verschauen, sich (*österr. für* sich beim Hinsehen irren; *österr. ugs. für* sich verlieben)
verschaukeln (*ugs. für* betrügen); ich verschauk[e]le
verscheiden (*geh. für* sterben); er ist verschieden
verscheißen (*derb für* mit Kot beschmutzen)
verscheißern (*derb für* zum Narren halten); ich verscheißere
verschenken
verscherbeln (*ugs. für* [billig] verkaufen)
verscherzen; du hast dir ihre Sympathie verscherzt
verscheuchen
verscheuern (*ugs. für* verkaufen)
verschicken; Verschickung
verschiebbar; Verschiebebahnhof (Rangierbahnhof); **verschieben; Verschiebung**
[1]verschieden (*geh. für* gestorben)

> **[2]verschieden**
>
> – verschieden lang
> – verschiedene Mal *od.* verschiedene Male
>
> *Großschreibung der Substantivierung* ↑K 72:
>
> – etwas Verschiedenes; Ähnliches und Verschiedenes
> – wir kommen zum Tagesordnungspunkt Verschiedenes
> – Verschiedenes war mir unklar
> – wenn Verschiedene behaupten, dass ...
> – die Bedenken Verschiedener ausräumen

verschiedenartig; Verschiedenartigkeit
verschiedene Mal *vgl.* [2]verschieden
verschiedenerlei
verschiedenfarbig; verschiedengeschlechtlich; verschiedengestaltig
Verschiedenheit; verschiedentlich
verschießen (*auch für* ausbleichen); *vgl.* verschossen
verschiffen; Verschiffung; Verschiffungshafen *vgl.* [2]Hafen
verschilfen ([mit Schilf] zuwachsen)
verschimmeln
Verschiss (*derb für* schlechter Ruf); *nur noch in* in Verschiss geraten, kommen
verschissen; es bei jmdm. verschissen haben (*derb für* bei jmdm. in Ungnade gefallen sein)
verschlacken; der Ofen ist verschlackt; **Verschlackung**
[1]verschlafen; ich habe [mich] verschlafen
[2]verschlafen; er sieht verschlafen aus; **Verschlafenheit,** die; -
Verschlag, der; -[e]s, Verschläge
[1]verschlagen; es verschlägt mir die Sprache; es verschlägt (*landsch. für* nützt) nichts
[2]verschlagen ([hinter]listig); **Verschlagenheit**
verschlagworten (einem Schlagwort zuordnen)
verschlammen; der Fluss ist verschlammt; **verschlämmen** (mit Schlamm füllen); die Abfälle haben das Rohr verschlämmt
Verschlammung; Verschlämmung
verschlampen *(ugs.)*
verschlanken (verkleinern, reduzieren); die Produktion verschlanken; **Verschlankung**
verschlechtern; ich verschlechtere; **Verschlechterung**
verschleiern; ich verschleiere; **Verschleierung; Verschleierungstaktik; Verschleierungsversuch**
verschleifen; Verschleifung
verschleimen; Verschleimung
Verschleiß, der; -es, -e (Abnutzung; *österr. Amtsspr. auch für* Kleinverkauf, Vertrieb)
verschleißen; etwas verschleißen (etwas [stark] abnutzen); Waren verschleißen (*österr. Amtsspr. für* verkaufen, vertreiben); du verschlisst, *österr. auch* verschleißtest; verschlissen, *österr. auch* verschleißt; **Verschleißer** (*österr. veraltend für* Kleinhändler); **Verschleißerin**
Verschleißerscheinung; Verschleißfestigkeit; Verschleißprüfung; Verschleißteil, das
verschlemmen (verprassen)
verschleppen; einen Prozess verschleppen; eine verschleppte Grippe; **Verschleppung**
Verschleppungsmanöver; Verschleppungstaktik
verschleudern; Verschleuderung
verschließbar; verschließen *vgl.* verschlossen; **Verschließung**
verschlimmbessern; Verschlimmbesserung
verschlimmern; ich verschlimmere; **Verschlimmerung**
verschlingen; Verschlingung

V
Vers

ver|schlos|sen; Ver|schlos|sen|heit, die; -
ver|schlu|cken; sich verschlucken
ver|schlu|dern (*ugs. für* verlieren, verlegen; verkommen lassen); ich verschludere
Ver|schluss; Ver|schluss|de|ckel
ver|schlüs|seln; Ver|schlüs|se|lung
Ver|schluss|kap|pe; Ver|schluss|laut (*für* Explosiv)
Ver|schluss|sa|che, **Ver|schluss-Sa|che**
Ver|schluss|schrau|be, **Ver|schluss-Schrau|be**
Ver|schluss|strei|fen, **Ver|schluss-Strei|fen**
Ver|schluss|zeit (Belichtungszeit)
ver|schmach|ten *(geh.)*
ver|schmä|hen; Ver|schmä|hung
ver|schmä|lern; sich verschmälern; ich verschmälere
ver|schmau|sen
¹ver|schmel|zen *vgl.* ¹schmelzen
²ver|schmel|zen (zusammenfließen lassen; ineinander übergehen lassen); *vgl.* ²schmelzen
Ver|schmel|zung
ver|schmer|zen
ver|schmie|ren; Ver|schmie|rung
ver|schmitzt (schlau, verschlagen); **Ver|schmitzt|heit**
ver|schmockt (*ugs. für* effektvoll, ohne wirklichen Gehalt); **Ver|schmockt|heit**
ver|schmo|ren; verschmorte Kabel
ver|schmust *(ugs.)*
ver|schmut|zen; ver|schmutzt; Ver|schmut|zung
ver|schnap|pen, sich (*landsch. für* sich verplappern)
ver|schnarcht (*ugs. für* langweilig, verschlafen)
ver|schnau|fen; sich verschnaufen; **Ver|schnauf|pau|se**
ver|schnei|den (*auch für* kastrieren); verschnitten; **Ver|schnei|dung**
ver|schneit; verschneite Wälder
ver|schnip|peln (*landsch. für* verschneiden)
Ver|schnitt, der; -[e]s, -e (*auch für* Mischung alkoholischer Flüssigkeiten); **Ver|schnit|te|ne,** der; -n, -n (*für* Kastrat)
ver|schnör|keln; verschnörkelte Ornamente; **Ver|schnör|ke|lung, Ver|schnörk|lung**
ver|schnup|fen (*ugs. für* verärgern); mit dieser Bemerkung verschnupfte sie ihn; **ver|schnupft** (einen Schnupfen habend; *ugs. auch für* verärgert, gekränkt); **Ver|schnup|fung**
ver|schnü|ren; Ver|schnü|rung
ver|schol|len
ver|scho|nen; jmdn. verschonen
ver|schö|nen; sie hat [mir] das Fest verschönt; **ver|schö|nern;** ich verschönere; **Ver|schö|ne|rung**
Ver|scho|nung
Ver|schö|nung
ver|schor|fen; die Wunde verschorft; **Ver|schor|fung**
ver|schos|sen; ein verschossenes (ausgebleichtes) Kleid; in jmdn. verschossen (*ugs. für* heftig verliebt) sein
ver|schram|men; verschrammt
ver|schrän|ken; mit verschränkten Armen; **Ver|schrän|kung**
ver|schrau|ben; Ver|schrau|bung
ver|schre|cken (ängstigen, verstört machen); *vgl.* schrecken
ver|schrei|ben; Ver|schrei|bung; ver|schrei|bungs|pflich|tig
ver|schrei|en (*veraltend für* verleumden, beschimpfen); *vgl.* verschrien
Ver|schrieb, der; -s, -e (*schweiz. für* Schreibfehler, falsche Schreibung)
ver|schri|en; er ist als Geizhals verschrien
Ver|schrif|tung (das Verschriftlichen)
ver|schro|ben (seltsam; wunderlich); **Ver|schro|ben|heit**
ver|schro|ten (zu Schrot machen)
ver|schrot|ten (zu Schrott machen, als Altmetall verwerten); **Ver|schrot|tung**
ver|schrum|peln *(ugs.)*; **Ver|schrum|pe|lung, Ver|schrump|lung**
Ver|schub (*bes. österr. Eisenbahn* das Verschieben, Rangieren); **Ver|schub|gleis; Ver|schub|lok**
ver|schüch|tern; ich verschüchtere; das Kind war völlig verschüchtert; **Ver|schüch|te|rung**
ver|schul|den; Ver|schul|den, das; -s; ohne [sein] Verschulden
ver|schul|det; ver|schul|de|ter|ma|ßen; Ver|schul|dung
ver|schu|len (dem Schulunterricht annähern; *Landwirtsch.* Sämlinge ins Pflanzbeet umpflanzen); das Studium verschulen; **Ver|schu|lung**
ver|schup|fen (*landsch. für* fort-, verstoßen, stiefmütterlich behandeln)
ver|schus|seln (*ugs. für* verlieren, verlegen, vergessen)
ver|schus|tern (*österr. für* verlegen, verlieren; verschwenden)
ver|schüt|ten; Ver|schüt|te|te, der *u.* die; -n, -n
ver|schütt|ge|hen (Gaunerspr.) (*ugs. für* verloren gehen)
Ver|schüt|tung
ver|schwä|gert; Ver|schwä|ge|rung
ver|schwei|gen; Ver|schwei|gung
ver|schwei|ßen; Ver|schwei|ßung
ver|schwe|len (schwelend verbrennen); **Ver|schwe|lung**
ver|schwen|den; Ver|schwen|der; Ver|schwen|de|rin; ver|schwen|de|risch; Ver|schwen|dung
Ver|schwen|dungs|sucht, die; -; **ver|schwen|dungs|süch|tig**
ver|schwie|gen; Ver|schwie|gen|heit; Ver|schwie|gen|heits|pflicht
ver|schwim|men; es verschwimmt [mir] vor den Augen
ver|schwin|den; du verschwandst; du verschwändest; verschwunden; verschwind[e]!; **Ver|schwin|den,** das; -s; niemand bemerkte sein Verschwinden
ver|schwis|tert; Ver|schwis|te|rung
ver|schwit|zen (*ugs. auch für* vergessen); verschwitzt
ver|schwol|len; verschwollene Augen
ver|schwom|men; verschwommene Vorstellungen; **Ver|schwom|men|heit,** die; -
ver|schwö|ren, sich; eine verschworene Gemeinschaft
Ver|schwo|re|ne, Ver|schwor|ne, der *u.* die; **Ver|schwö|rer; Ver|schwö|re|rin; ver|schwö|re|risch; Ver|schwor|ne,** der *u.* die; *vgl.* Verschworene; **Ver|schwö|rung; Ver|schwö|rungs|the|o|rie**
ver|schwun|den *vgl.* verschwinden
Vers|dra|ma (in Versen abgefasstes Drama)
ver|se|hen; er hat seinen Posten treu versehen; ich habe mich mit Nahrungsmitteln versehen; ich habe mich versehen (geirrt); ehe man sichs versieht (*veraltend für* schneller, als man erwartet); **Ver|se|hen,** das; -s, - (Irrtum); aus Versehen; **ver|se|hent|lich** (aus Versehen)
Ver|seh|gang, der; -[e]s, ...gänge (Gang des kath. Priesters zur Spendung der Sakramente an Kranke, bes. an Sterbende)
ver|seh|ren (*veraltet für* verletzen, beschädigen); versehrt; **Ver|sehr|te,** der *u.* die; -n, -n; **Ver|sehr|ten|sport,** der; -[e]s; **Ver|sehrt|heit**
ver|sei|fen; Ver|sei|fung (*fachspr. für* Spaltung der Fette in Glyze-

rin u. Seifen durch Kochen in Alkalien)
ver|selbst|stän|di|gen, ver|selbst|stän|di|gen, sich; **Ver|selbst|stän|di|gung**, Ver|selb|stän|di|gung
Ver|se|ma|cher *(abwertend)*
ver|sem|meln (*ugs. für* zu einem Misserfolg machen); ich versemm[e]le
ver|sen|den; versandt *u.* versendet; *vgl.* senden; **Ver|sen|der; Ver|sen|de|rin; Ver|sen|dung**
ver|sen|gen; die Hitze hat den Rasen versengt; **Ver|sen|gung**
ver|senk|bar; eine versenkbare Nähmaschine; **Ver|senk|büh|ne**
ver|sen|ken (zum Sinken bringen); sich in ein Buch versenken (vertiefen); **Ver|sen|kung**
Vers|epos (*vgl.* Versdrama)
Ver|se|schmied *(abwertend)*
ver|ses|sen (eifrig bedacht, erpicht); auf etwas versessen sein; **Ver|ses|sen|heit,** die; -
ver|set|zen; der Schüler wurde versetzt; sich in jmds. Lage versetzen; sie hat ihn versetzt (*ugs. für* vergeblich warten lassen); er hat seine Uhr versetzt (verkauft, ins Leihhaus gebracht); **Ver|set|zung**
Ver|set|zungs|zei|chen (*Musik* Zeichen zur Erhöhung od. Erniedrigung einer Note)
ver|seu|chen; Ver|seu|chung
Vers|form; Vers|fuß
Ver|si|che|rer; Ver|si|che|rin
ver|si|chern; die Versicherung versichert dich gegen Unfall; ich versichere dich meines Vertrauens *(geh.), auch* ich versichere dir mein Vertrauen; ich versichere dir, dass ...
Ver|si|cher|te, der *u.* die; -n, -n; **Ver|si|cher|ten|kar|te** (von den Krankenkassen)
Ver|si|che|rung; Ver|si|che|rungs|agent; Ver|si|che|rungs|agen|tin
Ver|si|che|rungs|an|spruch; Ver|si|che|rungs|bei|trag; Ver|si|che|rungs|be|trug; Ver|si|che|rungs|fall, der
Ver|si|che|rungs|ge|ber; Ver|si|che|rungs|ge|be|rin; Ver|si|che|rungs|ge|sell|schaft; Ver|si|che|rungs|kar|te (von den Kfz-Versicherungen)
Ver|si|che|rungs|kauf|frau; Ver|si|che|rungs|kauf|mann
Ver|si|che|rungs|kon|zern
Ver|si|che|rungs|leis|tung
Ver|si|che|rungs|mak|ler; Ver|si|che|rungs|mak|le|rin; Ver|si|che|rungs|neh|mer; Ver|si|che|rungs|neh|me|rin
Ver|si|che|rungs|pflicht, die; -; **ver|si|che|rungs|pflich|tig**
Ver|si|che|rungs|po|li|ce; Ver|si|che|rungs|prä|mie; Ver|si|che|rungs|recht; Ver|si|che|rungs|schein; Ver|si|che|rungs|schutz, der; -es
Ver|si|che|rungs|steu|er, Ver|si|che|rung|steu|er, die
Ver|si|che|rungs|sum|me
Ver|si|che|rung|steu|er *vgl.* Versicherungssteuer
Ver|si|che|rungs|trä|ger; Ver|si|che|rungs|trä|ge|rin; Ver|si|che|rungs|un|ter|neh|men; Ver|si|che|rungs|ver|trag
Ver|si|che|rungs|ver|tre|ter; Ver|si|che|rungs|ver|tre|te|rin
Ver|si|che|rungs|wert; Ver|si|che|rungs|we|sen, das; -s; **Ver|si|che|rungs|wirt|schaft**
ver|si|ckern; Ver|si|cke|rung
ver|sie|ben (*ugs. für* verderben; verlieren; vergessen); er hat [ihm] alles versiebt
ver|sie|geln; ich versieg[e]le; **Ver|sie|ge|lung, Ver|sieg|lung**
ver|sie|gen (austrocknen)
Ver|sieg|lung *vgl.* Versiegelung
Ver|sie|gung, die; -
ver|siert ‹lat.›; in etwas versiert (erfahren, bewandert) sein; **Ver|siert|heit,** die; -
Ver|si|fex, der; -es, -e ‹lat.› (Verseschmied)
ver|sifft (*ugs. für* verschmutzt)
Ver|si|fi|ka|ti|on, die; -, -en ‹lat.›; **ver|si|fi|zie|ren** (in Verse bringen)
Ver|sil|be|rer; ver|sil|bern (*ugs. auch für* verkaufen); ich versilbere; **Ver|sil|be|rung**
ver|sim|peln (*ugs. für* zu sehr vereinfachen; dumm werden); ich versimp[e]le
ver|sin|ken; versunken
ver|sinn|bild|li|chen; Ver|sinn|bild|li|chung
ver|sinn|li|chen; Ver|sinn|li|chung
Ver|si|on, die; -, -en ‹franz.› (Fassung; Lesart; Ausführung)
ver|sippt (verwandt); **Ver|sip|pung**
ver|sit|zen (*ugs. für* [die Zeit] mit Herumsitzen verbringen; beim Sitzen zerknittern [von Kleidern]); *vgl.* versessen
ver|skla|ven; Ver|skla|vung
Vers|kunst; Vers|leh|re
ver|slu|men [...'sla...] ‹dt.; engl.› (zum Slum werden); verslumte Stadtteile; **Ver|slu|mung**
Vers|maß, das
ver|snobt ‹dt.; engl.› (in der Art eines Snobs, um gesellschaftliche Exklusivität bemüht)
Ver|so, das; -s, -s ‹lat.› (*fachspr. für* [Blatt]rückseite)
ver|sof|fen (*derb für* trunksüchtig)
ver|soh|len (*ugs. für* verprügeln)
ver|söh|nen; sich versöhnen; **Ver|söh|ner; Ver|söh|ne|rin**
Ver|söhn|ler (*veraltend für* jmd., der aus opportunist. Gründen Abweichungen von der Parteilinie o. Ä. nicht entschieden genug bekämpft); **Ver|söhn|le|rin**
ver|söhn|lich; Ver|söhn|lich|keit
Ver|söh|nung; Ver|söh|nungs|fest *(jüd. Rel.);* **Ver|söh|nungs|tag**
ver|son|nen (sinnend, träumerisch); **Ver|son|nen|heit**
ver|sor|gen; Ver|sor|ger; Ver|sor|ge|rin; Ver|sor|gung, die; -
Ver|sor|gungs|amt; Ver|sor|gungs|an|spruch; Ver|sor|gungs|aus|gleich; ver|sor|gungs|be|rech|tigt; Ver|sor|gungs|be|rech|tig|te, der *u.* die; -n, -n
Ver|sor|gungs|ein|heit *(Militär)*
Ver|sor|gungs|eng|pass
Ver|sor|gungs|ge|nuss (*österr. Amtsspr. für* Pension für Hinterbliebene); **Ver|sor|gungs|la|ge**
Ver|sor|gungs|lei|tung; Ver|sor|gungs|lü|cke; Ver|sor|gungs|netz; Ver|sor|gungs|schwie|rig|kei|ten *Plur.;* **Ver|sor|gungs|si|cher|heit; Ver|sor|gungs|un|ter|neh|men**
Ver|sor|gungs|werk
ver|sot|ten (durch sich ablagernde Rauchrückstände verunreinigt werden [von Schornsteinen]); **Ver|sot|tung**
ver|spach|teln (*ugs. auch für* aufessen)
ver|spakt (*nordd. für* angefault)
ver|span|nen; Ver|span|nung
Ver|spar|ge|lung (*abwertend für* Veränderung des Landschaftsbildes durch Windkrafträder)
ver|spä|ten, sich; **ver|spä|tet; Ver|spä|tung**
ver|spei|sen *(geh.);* **Ver|spei|sung**
ver|spe|ku|lie|ren
ver|sper|ren; Ver|sper|rung
ver|spie|geln (mit Spiegeln od. einer spiegelnden Beschichtung versehen); **Ver|spie|ge|lung**
ver|spie|len; ver|spielt; ein verspielter Junge; bei jmdm. verspielt haben; **Ver|spielt|heit**
ver|spie|ßern (zum Spießer werden); ich verspießere
ver|spil|lern (*Bot.* vergeilen); die Pflanze verspillert; **Ver|spil|le|rung**

V
Vers

ver|spin|nen; Wolle verspinnen; *vgl.* versponnen
ver|splei|ßen (*Seemannsspr.* spleißend verbinden); zwei Tauenden [miteinander] verspleißen
ver|spon|nen (wunderlich, seltsam)
ver|spot|ten; Ver|spot|tung
ver|spre|chen; die versprochene Belohnung; **Ver|spre|chen,** das; -s, -; **Ver|spre|cher; Ver|spre|chung**
ver|spren|gen; Ver|spreng|te, der; -n, -n *(Militär);* **Ver|spren|gung**
ver|sprin|gen ([von einem Ball] unkontrolliert wegspringen)
ver|sprit|zen
ver|spro|chen *vgl.* versprechen
ver|spro|che|ner|ma|ßen
ver|spru|deln (*österr. für* verquirlen)
ver|sprü|hen (zerstäuben)
ver|spun|den, ver|spün|den; ein Fass verspunden *od.* verspünden
ver|spü|ren
ver|staat|li|chen; Ver|staat|li|chung
ver|städ|tern [*auch* ...'ʃtɛ...] (städtisch machen, werden); ich verstädtere; **Ver|städ|te|rung**
ver|stäh|len (*fachspr. für* mit einer Stahlschicht überziehen); **Ver|stäh|lung**
Ver|stand, der; -[e]s; **Ver|stan|des|kraft; ver|stan|des|mä|ßig; Ver|stan|des|mensch,** der; **Ver|stan|des|schär|fe,** die; -
ver|stän|dig (besonnen)
ver|stän|di|gen, sich mit jmdm. verständigen
Ver|stän|dig|keit, die; - (Klugheit)
Ver|stän|di|gung; Ver|stän|di|gungs|be|reit|schaft, die; -; **Ver|stän|di|gungs|pro|b|lem; Ver|stän|di|gungs|schwie|rig|kei|ten** *Plur.;* **Ver|stän|di|gungs|ver|such**
ver|ständ|lich; ver|ständ|li|cher|wei|se; Ver|ständ|lich|keit
Ver|ständ|nis, das; -ses, -se *Plur. selten;* **ver|ständ|nis|in|nig**
ver|ständ|nis|los; Ver|ständ|nis|lo|sig|keit, die; -; **ver|ständ|nis|voll**
ver|stän|kern *(ugs.);* ich verstänkere
ver|stär|ken; in verstärktem Maße; **Ver|stär|ker; Ver|stär|ker|röh|re**
Ver|stär|kung; Ver|stär|kungs|pfei|ler
ver|stä|ten (*schweiz. für* festmachen [bes. das Fadenende])
ver|stat|ten (*veraltet für* gestatten); **Ver|stat|tung**
ver|stau|ben
ver|stäu|ben; Insektizide verstäuben
ver|staubt (*auch für* altmodisch, überholt)
ver|stau|chen; ich habe mir den Fuß verstaucht; **Ver|stau|chung**
ver|stau|en ([auf relativ engem Raum] unterbringen)
Ver|steck, das; -[e]s, -e; Versteck spielen
ver|ste|cken; sie hatte die Ostereier gut versteckt; sich verstecken; *vgl.* ²stecken; **Ver|ste|cken,** das; -s; er will Verstecken spielen; **Ver|ste|cken|spie|len,** das; -s
Ver|ste|ckerl, das; -s, **Ver|ste|ckerl|spiel,** das; -[e]s (*ostösterr. neben* Versteckspiel); **Ver|steck|spiel**
Ver|steckt|heit, die; -
ver|ste|hen; verstanden; jmdm. etwas zu verstehen geben; **Ver|ste|hen,** das; -s
ver|stei|fen (*auch Bauw.* abstützen, unterstützen); sich auf etwas versteifen (auf etwas beharren); **Ver|stei|fung**
ver|stei|gen, sich; er hatte sich in den Bergen verstiegen; du versteigst dich zu übertriebenen Forderungen *(geh.)*
Ver|stei|ge|rer; Ver|stei|ge|rin
ver|stei|gern; ich versteigere
Ver|stei|ge|rung
Ver|stei|ge|rungs|edikt (*österr. Amtsspr. für* Bekanntmachung einer Versteigerung)
ver|stei|nen (*veraltet für* mit Grenzsteinen versehen)
ver|stei|nern (zu Stein machen, werden); ich versteinere; wie versteinert; **Ver|stei|ne|rung**
ver|stell|bar; Ver|stell|bar|keit, die; -; **ver|stel|len; Ver|stel|lung; Ver|stel|lungs|kunst**
ver|step|pen (zu Steppe werden); das Land ist versteppt; **Ver|step|pung**
ver|ster|ben; *meist im Präteritum u. im Partizip II gebr.:* verstarb, verstorben *(vgl. d.)*
ver|ste|ti|gen (*bes. Wirtsch.* gleichmäßig u. beständig machen); **Ver|ste|ti|gung**
ver|steu|ern; Ver|steu|e|rung
ver|stie|ben (*veraltet für* in Staub zerfallen; wie Staub verfliegen); der Schnee ist verstoben
ver|stie|gen (überspannt); **Ver|stie|gen|heit**
ver|stim|men (*auch für* verärgern); **ver|stimmt; Ver|stimmt|heit; Ver|stim|mung**
ver|stockt (uneinsichtig, störrisch); **Ver|stockt|heit**
ver|stoh|len (heimlich); **ver|stoh|le|ner|wei|se**
ver|stol|pern *(Sport);* ich verstolpere den Ball
ver|stop|fen; Ver|stop|fung
ver|stor|ben (*Zeichen* †); **Ver|stor|be|ne,** der *u.* die; -n, -n
ver|stö|ren (verwirren); es verstört mich, dass ...; **ver|stört; Ver|stört|heit,** die; -; **Ver|stö|rung**
Ver|stoß, der; -es, ...stöße; **ver|sto|ßen; Ver|sto|ßung**
ver|strah|len (ausstrahlen; durch Radioaktivität verseuchen); **Ver|strah|lung**
ver|stre|ben; Ver|stre|bung
ver|strei|chen (*auch für* vorübergehen; vergehen); verstrichen
ver|streu|en; verstreut
ver|stri|cken; sich [in Widersprüche] verstricken; **Ver|stri|ckung**
ver|stro|men (zur Stromerzeugung benutzen); Kohle verstromen
ver|strö|men; einen Duft verströmen
Ver|stro|mung
ver|strub|beln *(ugs.);* ich verstrubb[e]le ihr die Haare
ver|stüm|meln; verstümmelt; **Ver|stüm|me|lung,** *seltener* **Ver|stümm|lung**
ver|stum|men
Ver|stümm|lung *vgl.* Verstümmelung
Ver. St. v. A. = Vereinigte Staaten von Amerika
Ver|such, der; -[e]s, -e; **ver|su|chen**
Ver|su|cher; Ver|su|che|rin
Ver|suchs|ab|tei|lung; Ver|suchs|an|la|ge; Ver|suchs|an|ord|nung
Ver|suchs|an|stalt; Ver|suchs|bal|lon; Ver|suchs|feld; Ver|suchs|ge|län|de
Ver|suchs|ka|nin|chen (*ugs. für* Versuchstier, Versuchsperson)
Ver|suchs|lei|ter; Ver|suchs|lei|te|rin; Ver|suchs|per|son (Vp., VP); **Ver|suchs|pha|se; Ver|suchs|rei|he**
Ver|suchs|sta|ti|on; Ver|suchs|tier
ver|suchs|wei|se
Ver|su|chung
ver|süh|nen (*veraltet für* versöhnen)
ver|sum|pern (*österr. ugs. für* verwahrlosen, versumpfen); ich versumpere; er wäre fast versumpert; **ver|sump|fen** (*ugs. auch für* moralisch verkommen); **Ver|sump|fung**
ver|sün|di|gen, sich *(geh.);* **Ver|sün|di|gung** *(geh.)*
ver|sun|ken; in etwas versunken sein; **Ver|sun|ken|heit**
ver|sus *Präp. mit Akk.* ⟨lat.⟩ (gegen; *Abk.* vs.)

ver|sü|ßen; Ver|sü|ßung
vert. = vertatur
ver|tä|feln; ich vertäf[e]le; **Ver|tä|fe|lung, Ver|täf|lung**
ver|ta|gen; Ver|ta|gung
ver|tän|deln (nutzlos [die Zeit] verbringen); ich vertänd[e]le
ver|ta|tur! ‹lat.› (man wende!, man drehe um!; *Abk.* vert. [*Druckw.* V])
ver|tau|ben (*Bergmannsspr.* in taubes Gestein übergehen); **Ver|tau|bung**
ver|täu|en (*Seemannsspr.* durch Taue festmachen); das Schiff ist vertäut
ver|tausch|bar; Ver|tausch|bar|keit, die; -; **ver|tau|schen; Ver|tau|schung**
ver|tau|send|fa|chen
Ver|täu|ung *(Seemannsspr.)*
ver|te! ‹lat.› (*Musik* wende um!, wenden!)
ver|te|b|ral (*Med.* die Wirbelsäule betreffend, zu ihr gehörend); **Ver|te|b|rat,** der; -en, -en *meist Plur.* (*Zool.* Wirbeltier)
ver|tei|di|gen *(auch Sport);* **Ver|tei|di|ger; Ver|tei|di|ge|rin; Ver|tei|di|gung**
Ver|tei|di|gungs|aus|ga|ben *Plur.;* **Ver|tei|di|gungs|bei|trag; Ver|tei|di|gungs|be|reit|schaft,** die; -; **Ver|tei|di|gungs|bünd|nis**
Ver|tei|di|gungs|drit|tel *(Eishockey)*
Ver|tei|di|gungs|fall; Ver|tei|di|gungs|haus|halt; Ver|tei|di|gungs|krieg; Ver|tei|di|gungs|li|nie
Ver|tei|di|gungs|mi|nis|ter; Ver|tei|di|gungs|mi|nis|te|rin; Ver|tei|di|gungs|mi|nis|te|ri|um; Ver|tei|di|gungs|pakt; Ver|tei|di|gungs|po|li|tik; ver|tei|di|gungs|po|li|tisch; Ver|tei|di|gungs|schrift
Ver|tei|di|gungs|stel|lung; Ver|tei|di|gungs|waf|fe; Ver|tei|di|gungs|zu|stand
ver|tei|len; Ver|tei|ler; Ver|tei|ler|do|se; Ver|tei|le|rin
Ver|tei|ler|kas|ten; Ver|tei|ler|netz; Ver|tei|ler|ring; Ver|tei|ler|schlüs|sel; Ver|tei|ler|ta|fel
Ver|tei|lung; Ver|tei|lungs|kampf; Ver|tei|lungs|schlüs|sel; Ver|tei|lungs|stel|le
Ver|tei|lungs|zahl|wort (*für* Distributivzahl)
ver|te|le|fo|nie|ren *(ugs.);* sie hat zehn Euro vertelefoniert
ver|te, si pla|cet! ‹lat.› (*Musik* bitte wenden!; *Abk.* v. s. pl.)
ver|teu|ern; sich verteuern; ich verteu[e]re; **Ver|teu|e|rung**
ver|teu|feln (als böse, schlecht hinstellen); ich verteuf[e]le; **ver|teu|felt** (*ugs. für* verzwickt; über die Maßen; verwegen); **Ver|teu|fe|lung, Ver|teuf|lung**
ver|ti|cken (*ugs. für* verkaufen)
ver|tie|fen; sich in eine Sache vertiefen; **Ver|tie|fung**
ver|tie|ren (zum Tier werden, machen); **ver|tiert** (tierisch)
ver|ti|kal ‹lat.› (senkrecht, lotrecht); **Ver|ti|ka|le,** die; -, -n; vier -[n]; **Ver|ti|kal|ebe|ne; Ver|ti|kal|kreis**
Ver|ti|ko, das, *selten* der; -s, -s ‹angeblich nach dem Tischler Vertikow› (kleiner Zierschrank)
ver|ti|ku|tie|ren ‹lat.› ([Rasen] lüften, entfilzen); **Ver|ti|ku|tie|rer; Ver|ti|ku|tier|ge|rät**
ver|til|gen; Ver|til|gung, die; -, -en
Ver|til|gungs|mit|tel, das
ver|tip|pen (*ugs. für* falsch [1]tippen); sich vertippen; vertippt
ver|to|nen; das Gedicht wurde vertont; **Ver|to|ner** *(selten);* **Ver|to|ne|rin**
[1]**Ver|to|nung** (das Vertonen)
[2]**Ver|to|nung** (Darstellung von Küstenansichten [von See aus])
ver|tor|fen (zu Torf werden); **Ver|tor|fung**
ver|trackt (*ugs. für* verwickelt; ärgerlich); **Ver|trackt|heit** *(ugs.)*
Ver|trag, der; -[e]s, ...träge
ver|tra|gen; Zeitungen vertragen (*schweiz. neben* austragen); **Ver|trä|ger** (*schweiz. auch für* jmd., der Zeitungen u. Ä. austrägt); **Ver|trä|ge|rin**
ver|trag|lich (dem Vertrag nach; durch Vertrag)
ver|träg|lich; die Speise ist gut verträglich; **Ver|träg|lich|keit**
ver|trag|los; vertragloser Zustand
Ver|trags|ab|schluss; Ver|trags|aus|stieg *Plur. selten*
Ver|trags|be|diens|te|te, der *u.* die (Angestellte[r] bei der EU; *österr. für* nicht beamtete[r] öffentlich Bedienstete[r])
Ver|trags|bruch; ver|trags|brü|chig; Ver|trags|brü|chi|ge, der *u.* die; -n, -n
ver|trag|schlie|ßend; vertragschließende Parteien; **Ver|trag|schlie|ßen|de,** der *u.* die; -n, -n; **Ver|trags|ent|wurf; ver|trags|ge|mäß; Ver|trags|ho|tel**
ver|trags|los *vgl.* vertraglos
Ver|trags|par|tei; Ver|trags|part|ner; Ver|trags|part|ne|rin; Ver|trags|punkt; Ver|trags|schluss
Ver|trags|spie|ler *(Sport);* **Ver|trags|spie|le|rin**
Ver|trags|staat (Staat, der mit anderen vertraglich gebunden ist)
Ver|trags|stra|fe; Ver|trags|text
Ver|trags|ver|hält|nis; Ver|trags|werk; Ver|trags|werk|statt; ver|trags|wid|rig; Ver|trags|wid|rig|keit
ver|trau|en
Ver|trau|en, das; -s; [großes] Vertrauen erwecken
ver|trau|en|er|we|ckend, Ver|trau|en er|we|ckend; ein vertrauenerweckender *od.* Vertrauen erweckender Verkäufer; *aber nur* ein großes Vertrauen erweckender Verkäufer; ein äußerst vertrauenerweckender, noch vertrauenerweckenderer Verkäufer ↑K58
Ver|trau|ens|an|walt; Ver|trau|ens|arzt; ver|trau|ens|ärzt|lich; eine vertrauensärztliche Untersuchung
Ver|trau|ens|ba|sis; Ver|trau|ens|be|weis
ver|trau|ens|bil|dend; vertrauensbildende Maßnahmen
Ver|trau|ens|bruch, der; **Ver|trau|ens|fra|ge**
Ver|trau|ens|frau; Ver|trau|ens|grund|la|ge; Ver|trau|ens|kri|se; Ver|trau|ens|leh|rer; Ver|trau|ens|leh|re|rin
Ver|trau|ens|mann *Plur.* ...männer *u.* ...leute (*Abk.* V-Mann); **Ver|trau|ens|per|son; Ver|trau|ens|sa|che**
ver|trau|ens|se|lig; Ver|trau|ens|se|lig|keit
Ver|trau|ens|stel|lung; Ver|trau|ens|ver|hält|nis; Ver|trau|ens|ver|lust
ver|trau|ens|voll; Ver|trau|ens|vor|schuss; Ver|trau|ens|vo|tum
ver|trau|ens|wür|dig; Ver|trau|ens|wür|dig|keit, die; -
ver|trau|ern
ver|trau|lich; Ver|trau|lich|keit
ver|träu|men; ver|träumt; Ver|träumt|heit
ver|traut; jmdn., sich mit etwas vertraut machen; **Ver|trau|te,** der *u.* die; -n, -n; **Ver|traut|heit**
ver|trei|ben; Ver|trei|ber; Ver|trei|be|rin; Ver|trei|bung
ver|tret|bar; vertretbare Sache *(BGB);* **Ver|tret|bar|keit,** die; -
ver|tre|ten; Ver|tre|ter; Ver|tre|ter|be|such; Ver|tre|te|rin; Ver|tre|tung; in Vertretung (*Abk.* i. V., I. V. *[vgl. d.]*); **Ver|tre|tungs|stun-**

V
Vert

de; Ver|tre|tungs|voll|macht; ver|tre|tungs|wei|se
Ver|trieb, der; -[e]s, -e (Verkauf)
Ver|trie|be|ne, der *u.* die; -n, -n
Ver|triebs|ab|tei|lung; Ver|triebs|ge|sell|schaft; Ver|triebs|ka|nal; Ver|triebs|kos|ten *Plur.*
Ver|triebs|lei|ter, der; **Ver|triebs|lei|te|rin; Ver|triebs|netz; Ver|triebs|recht; Ver|triebs|weg**
ver|trim|men (*ugs. für* verprügeln)
ver|trin|ken; sein Geld vertrinken
ver|trock|nen
ver|trö|deln (*ugs. für* [seine Zeit] unnütz hinbringen); **Ver|trö|de|lung, Ver|tröd|lung** *(ugs.)*
ver|trös|ten; Ver|trös|tung
ver|trot|teln *(ugs.)*; **ver|trot|telt**
ver|trus|ten [...'tra...] (*Wirtsch.* zu einem Trust vereinigen); **Ver|trus|tung**
ver|tschüs|sen, sich (*österr. ugs. für* sich entfernen, verschwinden)
ver|tü|dern (*nordd. für* verwirren); sich vertüdern; ich vertüdere
Ver|tum|na|li|en *Plur.* (ein altröm. Fest)
ver|tun (verschwenden); vertan; sich vertun (*ugs. für* sich irren)
ver|tu|schen *(ugs.)*; du vertuschst; **Ver|tu|schung; Ver|tu|schungs|ver|such**
ver|übeln (übel nehmen); ich verüb[e]le; jmdm. etwas verübeln
ver|üben; ein Verbrechen verüben
ver|ul|ken; Ver|ul|kung
Ve|rum, das; -s, Vera ‹lat.› (*Med.* das echte Medikament im Gegensatz zum Placebo)
ver|un|eh|ren (*veraltet für* im Ansehen schädigen)
ver|un|fal|len (*Amtsspr.* verunglücken); **Ver|un|fall|te**, der *u.* die; -n, -n *(Amtsspr.)*
ver|un|glimp|fen (schmähen, beleidigen); **Ver|un|glimp|fung**
ver|un|glü|cken; Ver|un|glück|te, der *u.* die; -n, -n
ver|un|kla|ren, ver|un|klä|ren (unverständlicher machen)
ver|un|krau|ten; der Acker ist verunkrautet
ver|un|mög|li|chen (*bes. schweiz. für* verhindern, vereiteln)
ver|un|rei|ni|gen; Ver|un|rei|ni|gung
ver|un|si|chern; ich verunsichere; **Ver|un|si|che|rung**
ver|un|stal|ten (entstellen); **Ver|un|stal|tung**
ver|un|treu|en (unterschlagen); **Ver|un|treu|er; Ver|un|treu|e|rin; Ver|un|treu|ung**
ver|un|zie|ren (verschandeln); **Ver|un|zie|rung**
ver|ur|sa|chen; Ver|ur|sa|cher; Ver|ur|sa|che|rin; Ver|ur|sa|cher|prin|zip, das; -s *(Rechtsspr.)*; **Ver|ur|sa|chung**, die; -
ver|ur|tei|len; ein zum Scheitern verurteilter Plan; **Ver|ur|teil|te**, der *u.* die; -n, -n; **Ver|ur|tei|lung**
Ver|ve, die; - ‹franz.› (Schwung)
ver|viel|fa|chen; Ver|viel|fa|chung
ver|viel|fäl|ti|gen; Ver|viel|fäl|ti|ger; Ver|viel|fäl|ti|gung
Ver|viel|fäl|ti|gungs|zahl|wort (z. B. achtmal, dreifach)
ver|vier|fa|chen
ver|voll|komm|nen; sich vervollkommnen; **Ver|voll|komm|nung; ver|voll|komm|nungs|fä|hig**
ver|voll|stän|di|gen; Ver|voll|stän|di|gung
verw. = verwitwet
[1]**ver|wach|sen**; die Narbe ist verwachsen; mit etwas verwachsen (innig verbunden) sein; sich verwachsen ([beim Wachsen] verschwinden)
[2]**ver|wach|sen** (schief gewachsen, verkrüppelt)
[3]**ver|wach|sen** (*Ski* falsch [2]wachsen); er hat [sich] verwachst
Ver|wach|sung
ver|wa|ckeln; die Aufnahme ist verwackelt (unscharf); **Ver|wa|cke|lung, Ver|wack|lung**
ver|wäh|len, sich
Ver|wahr *(veraltet)*; *nur noch in* in Verwahr geben, nehmen
ver|wah|ren (*veraltet auch für* in Haft nehmen, unterbringen); es ist alles gut verwahrt (aufbewahrt); sich gegen etwas verwahren (etwas energisch zurückweisen)
Ver|wah|rer; Ver|wah|re|rin
ver|wahr|lo|sen; du verwahrlost; **Ver|wahr|los|te**, der *u.* die; -n, -n; **Ver|wahr|lo|sung**
Ver|wahr|sam, der; -s; in Verwahrsam geben, nehmen
Ver|wah|rung
ver|wai|sen (elternlos werden; einsam werden); du verwaist; er/sie verwais|te; **ver|waist**; ein verwais|tes Haus
ver|wal|ken (*ugs. für* verprügeln)
ver|wal|ten; Ver|wal|ter; Ver|wal|te|rin; Ver|wal|tung; Ver|wal|tungs|akt; Ver|wal|tungs|an|ge|stell|te, der *u.* die; **Ver|wal|tungs|ap|pa|rat; Ver|wal|tungs|auf|ga|be** *meist Plur.*; **Ver|wal|tungs|auf|wand**
Ver|wal|tungs|be|am|te; Ver|wal|tungs|be|am|tin; Ver|wal|tungs|be|hör|de; Ver|wal|tungs|be|zirk
Ver|wal|tungs|chef *(ugs.)*; **Ver|wal|tungs|che|fin** *(ugs.)*
Ver|wal|tungs|dienst, der; -[e]s
Ver|wal|tungs|di|rek|tor; Ver|wal|tungs|di|rek|to|rin
Ver|wal|tungs|ge|bäu|de; Ver|wal|tungs|ge|bühr
Ver|wal|tungs|ge|richt; Ver|wal|tungs|ge|richts|hof
Ver|wal|tungs|kos|ten *Plur.*
Ver|wal|tungs|rat *Plur.* ...räte; **Ver|wal|tungs|rä|tin; Ver|wal|tungs|rats|vor|sit|zen|de**
Ver|wal|tungs|recht; Ver|wal|tungs|re|form; Ver|wal|tungs|rich|ter; Ver|wal|tungs|rich|te|rin
Ver|wal|tungs|stra|fe (*bes. österr. für* von einer Behörde verhängte Strafe)
ver|wal|tungs|tech|nisch
Ver|wal|tungs|vor|schrift
ver|wam|sen (*ugs. für* verprügeln); du verwamst
ver|wan|del|bar; ver|wan|deln; ich verwand[e]le; **Ver|wand|lung**
Ver|wand|lungs|künst|ler; Ver|wand|lungs|künst|le|rin
ver|wand|lungs|reich
ver|wandt (zur gleichen Familie, Art gehörend); **Ver|wand|te**, der *u.* die; -n, -n; **Ver|wandt|schaft; ver|wandt|schaft|lich; Ver|wandt|schafts|grad**
ver|wan|zen (*auch für* mit Abhörwanzen versehen)
ver|wanzt (voller Wanzen)
ver|war|nen; Ver|war|nung; Ver|war|nungs|geld *(Amtsspr.)*
ver|wa|schen
ver|wäs|sern; ich verwässere
Ver|wäs|se|rung, Ver|wäss|rung
ver|we|ben; *meist schwach gebeugt, wenn es sich um die handwerkliche Tätigkeit handelt:* bei dieser Matte wurden Garne unterschiedlicher Stärke verwebt; *meist stark gebeugt bei übertragener Bedeutung:* zwei Melodien sind miteinander verwoben
ver|wech|sel|bar; ver|wech|seln ↑K82: zum Verwechseln ähnlich
Ver|wech|se|lung, Ver|wechs|lung; Ver|wech|se|lungs|ge|fahr, Ver|wechs|lungs|ge|fahr
ver|we|gen; Ver|we|gen|heit
ver|we|hen; vom Winde verweht
ver|weh|ren; jmdm. etwas verwehren; **Ver|weh|rung**
Ver|we|hung
ver|weich|li|chen; Ver|weich|li|chung
Ver|wei|ge|rer, der; -s, - (*auch kurz*

V
Vert

für Kriegsdienstverweigerer); **Ver|wei|ge|rin**
ver|wei|gern; Ver|wei|ge|rung; Ver|wei|ge|rungs|fall, der; im Verweigerungsfall[e] *(Rechtsspr.);* **Ver|wei|ge|rungs|hal|tung**
Ver|weil|dau|er *(Fachspr.)*
ver|wei|len; sich verweilen
ver|weint; verweinte Augen
Ver|weis, der; -es, -e (ernste Zurechtweisung; Hinweis)
ver|wei|sen (*auch veraltend für* verbieten; tadeln); sie hat dem Jungen seine Frechheit verwiesen; **Ver|wei|sung**
ver|wel|ken
ver|welt|li|chen (weltlich machen); **Ver|welt|li|chung,** die; -
ver|wend|bar; Ver|wend|bar|keit, die; -
ver|wen|den; ich verwandte *od.* verwendete, habe verwandt *od.* verwendet
Ver|wen|dung; zur besonderen Verwendung (*Abk.* z. b. V.); **ver|wen|dungs|fä|hig; Ver|wen|dungs|mög|lich|keit; Ver|wen|dungs|wei|se; Ver|wen|dungs|zweck**
ver|wer|fen; der Plan wurde verworfen; die Arme verwerfen (*schweiz.* heftig gestikulieren)
ver|werf|lich; Ver|werf|lich|keit
Ver|wer|fung (*auch für* geol. Schichtenstörung)
ver|wert|bar; Ver|wert|bar|keit; ver|wer|ten
Ver|wer|ter; Ver|wer|te|rin
Ver|wer|tung; Ver|wer|tungs|ge|sell|schaft (zur Wiederverwertung von Müll; zur Wahrnehmung gewisser Schutzrechte)
[1]**ver|we|sen** (sich zersetzen, in Fäulnis übergehen)
[2]**ver|we|sen** (*veraltet für* stellvertretend verwalten); du verwest
Ver|we|ser; Ver|we|se|rin
ver|wes|lich
Ver|we|sung; Ver|we|sungs|ge|ruch
ver|wet|ten
ver|wi|chen (*veraltend für* vergangen); im verwichenen Jahre
ver|wich|sen (*ugs. für* verprügeln; [Geld] vergeuden)
ver|wi|ckeln; ver|wi|ckelt
Ver|wi|cke|lung, Ver|wick|lung
ver|wie|gen (*fachspr. für* wiegen)
Ver|wie|ger; Ver|wie|ge|rin
Ver|wie|gung
ver|wil|dern; ver|wil|dert; Ver|wil|de|rung
[1]**ver|win|den** (über etwas hinwegkommen); verwunden; den Schmerz verwinden
[2]**ver|win|den** (*Technik* verdrehen)
Ver|win|dung
ver|win|dungs|fest *(Technik)*
ver|win|kelt (winklig)
ver|wir|ken; sein Leben verwirken
ver|wirk|li|chen; sich [selbst] verwirklichen; **Ver|wirk|li|chung**
Ver|wir|kung *(Rechtsspr.)*
ver|wir|ren; ein verwirrendes Durcheinander; *vgl.* verworren
Ver|wirr|spiel; ver|wirrt (*auch für* geistig verwirrt); **Ver|wirrt|heit; Ver|wir|rung**
ver|wirt|schaf|ten (mit etwas schlecht wirtschaften)
ver|wi|schen; Ver|wi|schung
ver|wit|tern; das Gestein ist verwittert; ich verwittere; **Ver|wit|te|rung; Ver|wit|te|rungs|pro|dukt**
ver|wit|wet (Witwe[r] geworden; *Abk.* verw.)
ver|wo|ben (eng verknüpft mit etw.); *vgl.* verweben
ver|woh|nen; verwohnte Räume
ver|wöh|nen; ver|wöhnt
Ver|wöhnt|heit; Ver|wöh|nung
ver|wor|fen (lasterhaft, schlecht); **Ver|wor|fen|heit,** die; -
ver|wor|ren; das hört sich ziemlich verworren an; *vgl.* verwirren; **Ver|wor|ren|heit,** die; -
ver|wund|bar; Ver|wund|bar|keit
[1]**ver|wun|den** (verletzen)
[2]**ver|wun|den** *vgl.* [1]verwinden, [2]verwinden
ver|wun|der|lich
ver|wun|dern; ich verwundere mich; **Ver|wun|de|rung,** die; -
ver|wun|det; Ver|wun|de|te, der *u.* die; -n, -n; **Ver|wun|de|ten|trans|port; Ver|wun|dung**
ver|wun|schen (verzaubert); ein verwunschenes Schloss
ver|wün|schen (verfluchen; verzaubern); sie hat ihr Schicksal oft verwünscht; **ver|wünscht** (verflucht); verwünscht sei diese Reise!; **Ver|wün|schung**
Ver|wurf (*svw.* Verwerfung *[Geol.]*)
ver|wursch|teln, ver|wurs|teln (*ugs. für* verdrehen, verwirren); ich verwurscht[e]le *od.* ich verwurst[e]le
ver|wurs|ten; eigene Erlebnisse zu Geschichten verwursten
ver|wur|zeln; Ver|wur|ze|lung, Ver|wurz|lung
ver|wu|scheln (*ugs. für* zerzausen); ich verwusch[e]le
ver|wüs|ten; Ver|wüs|tung
Verz. = Verzeichnis
ver|za|gen (mutlos werden)
ver|zagt; Ver|zagt|heit
ver|zäh|len, sich
ver|zah|nen (an-, ineinanderfügen); **Ver|zah|nung**
ver|zan|ken, sich (*ugs. für* in Streit geraten)
ver|zap|fen (durch Zapfen verbinden; *landsch. für* [vom Fass] ausschenken; *ugs. für* etwas [Unsinniges] anstellen, reden); **Ver|zap|fung**
ver|zär|teln; Ver|zär|te|lung, die; -
ver|zau|bern; ich verzaubere; **Ver|zau|be|rung**
ver|zäu|nen; Ver|zäu|nung
ver|zehn|fa|chen
Ver|zehr, der; -[e]s; **Ver|zehr|bon**
ver|zeh|ren; Ver|zeh|rer *(selten);* **Ver|zeh|re|rin; Ver|zehr|zwang,** der; -[e]s
ver|zeich|nen; Ver|zeich|nis, das; -ses, -se (*Abk.* Verz.)
Ver|zeich|nung; ver|zeich|nungs|frei (*für* orthoskopisch)
ver|zei|gen (*schweiz. für* Anzeige erstatten, anzeigen)
ver|zei|hen; sie hat ihm verziehen
ver|zeih|lich; Ver|zei|hung, die; -
ver|zer|ren; Ver|zer|rung
[1]**ver|zet|teln** (für eine Kartei auf Zettel schreiben); ich verzett[e]le
[2]**ver|zet|teln** (vergeuden); sich verzetteln (sich mit zu vielen Dingen beschäftigen)
[1]**Ver|zet|te|lung, Ver|zett|lung** (Aufnahme auf Zettel für eine Kartei)
[2]**Ver|zet|te|lung, Ver|zett|lung** (das Sichverzetteln)
Ver|zicht, der; -[e]s, -e; Verzicht leisten; **ver|zicht|bar; ver|zich|ten; Ver|zicht[s]|er|klä|rung; Ver|zicht[s]|leis|tung; Ver|zicht[s]|po|li|tik,** die; -
ver|zieh *vgl.* verzeihen
[1]**ver|zie|hen;** sie verzog das Gesicht; die Eltern verziehen ihr Kind; er ist nach Frankfurt verzogen; sich verziehen (*ugs. für* verschwinden)
[2]**ver|zie|hen** *vgl.* verzeihen
ver|zie|ren; Ver|zie|rung
ver|zim|mern *(Bauw.);* ich verzimmere; **Ver|zim|me|rung**
[1]**ver|zin|ken** (*Gaunerspr.* verraten, anzeigen)
[2]**ver|zin|ken** (mit Zink überziehen); **Ver|zin|kung**
ver|zin|nen; Ver|zin|nung
ver|zins|bar; ver|zin|sen; ver|zins|lich; Ver|zins|lich|keit, die; -; **Ver|zin|sung**
ver|zo|cken (*ugs. für* verspielen)
ver|zo|gen; ein verzogener Junge

V
verz

ver|zö|gern; Ver|zö|ge|rung; Ver|zö|ge|rungs|tak|tik
ver|zol|len; Ver|zol|lung
ver|zopft (rückständig)
ver|zü|cken
ver|zu|ckern; Ver|zu|cke|rung
ver|zückt; Ver|zückt|heit; Ver|zü|ckung; in Verzückung geraten
Ver|zug, der; -[e]s (*Bergmannsspr. auch* gitterartige Verbindung zwischen Ausbaurahmen); Gefahr ist im Verzug (Gefahr droht); im Verzug sein (im Rückstand sein); in Verzug geraten, kommen; in Verzug setzen; ohne Verzug (sofort)
Ver|zugs|zins *meist Plur.*
ver|zup|fen, sich (*bayr., österr. für* verschwinden)
ver|zwat|zeln (*landsch. für* verzweifeln)
ver|zwei|feln; ich verzweif[e]le; ↑K82 : es ist zum Verzweifeln
ver|zwei|felt; Ver|zweif|lung; Ver|zweif|lungs|tat; ver|zweif|lungs|voll
ver|zwei|gen, sich; **Ver|zwei|gung**
ver|zwickt (*ugs. für* verwickelt, schwierig); eine verzwickte Geschichte; **Ver|zwickt|heit**
ver|zwir|nen (Garne zusammendrehen)
Ve|si|ka|to|ri|um, das; -s, ...ien ‹lat.› (*Med.* Blasen ziehendes Mittel, Zugpflaster)
Ves|pa®, die; -, -s ‹ital.› (ein Motorroller)
Ves|pa|si|an, Ves|pa|si|a|nus (röm. Kaiser)
¹Ves|per [f...], die; -, -n ‹lat.› (Zeit gegen Abend; Abendandacht; Stundengebet)
²Ves|per [f...], die; -, -n, *südd. auch* das; -s, - (*bes. südd. für* Zwischenmahlzeit [am Nachmittag])
Ves|per|bild *(Kunstwiss.);* **Ves|per|brot; Ves|per|got|tes|dienst**
ves|pern (*bes. südd. für* einen [Nachmittags]imbiss einnehmen); ich vespere
Ves|puc|ci [...tʃi], Amerigo (ital. Seefahrer)
Ves|ta (röm. Göttin des häusl. Herdes)
Ves|ta|lin, die; -, -nen (Priesterin der Vesta)
Ves|te [f...], die; -, -n (*veraltet für* Feste); Veste Coburg
Ves|ti|bül, das; -s, -e ‹franz.› (Vorhalle)
Ves|ti|bu|lum, das; -s, ...la ‹lat.› (Vorhalle des altröm. Hauses)
Ves|ti|tur, die; -, -en ‹lat.› (*svw.* Investitur)
Ves|ton [...'tõ:], der, *auch* das; -s, -s ‹franz.› (*schweiz. für* Herrenjackett)
Ve|suv, der; -[s] (Vulkan bei Neapel); **Ve|su|vi|an,** der; -s, -e (ein Mineral); **ve|su|visch**
Ve|te|ran, der; -en, -en ‹lat.› (altgedienter Soldat; ehem. langjähriger Mitarbeiter; altes [Auto]modell); **Ve|te|ra|nen|klub, Ve|te|ra|nen|club** (*regional für* Treffpunkt alter Menschen); **Ve|te|ra|nin**
ve|te|ri|när ‹franz.› (tierärztlich); **Ve|te|ri|när,** der; -s, -e (Tierarzt); **ve|te|ri|när|ärzt|lich; Ve|te|ri|nä|rin; Ve|te|ri|när|me|di|zin,** die; - (Tierheilkunde); **ve|te|ri|när|me|di|zi|nisch**
Ve|ti|ver ['vɛtivɐ], das; - ‹tamil.› (ein Gras)
Ve|to, das; -s, -s ‹lat.› (Einspruch[srecht]); **Ve|to|recht**
Vet|tel [f...], die; -, -n (*veraltend für* unordentliche, ungepflegte [alte] Frau)
Vet|ter, der; -s, -n; **Vet|te|rin** *(veraltet);* **Vet|tern|schaft; Vet|tern|wirt|schaft,** die; - *(abwertend)*
Vet|ter|schaft *vgl.* Vetternschaft
Ve|xier|bild ‹lat.; dt.›
ve|xie|ren ‹lat.› (*veraltet für* irreführen; quälen; necken)
Ve|xier|rät|sel; Ve|xier|spie|gel
v-för|mig, V-för|mig ['fau̯...] ↑K29
V-Frau
VGA ‹engl.; *Kurzw. aus* Video Graphic's Array› (Abkürzung für einen Chip zur Steuerung eines Farbbildschirms mit hoher Bildwiederholungsfolge u. hoher Auflösung)
vgl. = vergleich[e]!
v., g., u. = vorgelesen, genehmigt, unterschrieben
v. H. = vom Hundert
¹VHS, die; -, - = Volkshochschule
²VHS = Video-Home-System
via ‹lat.›; *Präp. mit Akk., gewöhnlich nur in Verbindung mit Namen od. allein stehendem Substantiv im Sing.* ([auf dem Wege] über); via Köln
Via Ap|pia, die; - - (Straße bei Rom)
Via|dukt, der, *auch* das; -[e]s, -e (Talbrücke, Überführung)
Vi|a|g|ra®, das; -[s] ‹engl.› (Medikament zur Behandlung von Potenzstörungen)
Via Ma|la, die; - - (Schlucht in Graubünden)
Vi|a|ti|kum, das; -s, *Plur.* ...ka *u.* ...ken (*kath. Kirche* dem Sterbenden gereichte letzte Kommunion)
Vi|b|ra|fon, Vi|b|ra|phon, das; -s, -e ‹lat.; griech.› (ein Musikinstrument); **Vi|b|ra|fo|nist, Vi|b|ra|pho|nist,** der; -en, -en; **Vi|b|ra|fo|nis|tin, Vi|b|ra|pho|nis|tin**
Vi|b|ra|ti|on, die; -, -en ‹lat.› (Schwingung, Beben, Erschütterung); **Vi|b|ra|ti|ons|mas|sa|ge**
vi|b|ra|to ‹ital.› (*Musik* bebend); **Vi|b|ra|to,** das; -s, *Plur.* -s *u.* ...ti
Vi|b|ra|tor, der; -s, ...oren ‹lat.› (Gerät, das Schwingungen erzeugt; Gerät zur sexuellen Stimulation)
vi|b|rie|ren (schwingen; beben, zittern)
Vi|b|ro|mas|sa|ge (*kurz für* Vibrationsmassage)
vi|ce ver|sa ‹lat.› (umgekehrt; *Abk.* v. v.)
Vi|co (m. Vorn.)
Vi|comte [...'kõ:t], der; -[s], -s (franz. Adelstitel)
Vi|com|tesse [...'tɛs], die; -, -n (*w. Form von* Vicomte)
¹Vic|to|ria (Gliedstaat des Australischen Bundes)
²Vic|to|ria (Hauptstadt der Seychellen)
Vic|to|ria|fäl|le, Vic|to|ria-Fäl|le *Plur.* (große Wasserfälle des Sambesi)
Vic|to|ria re|gia, die; - -, - -s (eine südamerik. Seerose)
Vic|to|ry|zei|chen ['vɪktəri...] ‹engl.; dt.› (aus Zeige- u. Mittelfinger gebildetes V)
vi|de! [v...] ‹lat.› (*veraltet für* siehe!; *Abk.* v.)
Vi|deo, das; -s, -s ‹engl.› (*ugs.; kurz für* Videoband, -clip, -film; *nur Sing.:* Videotechnik)
Vi|deo|auf|zeich|nung; Vi|deo|band *vgl.* ¹Band; **Vi|deo|clip,** der; -s, -s ‹engl.› (kurzer Videofilm zu einem Popmusikstück); **Vi|deo|film; Vi|deo|ge|rät**
Vi|deo|jo|ckey, der; -s, -s ‹engl.› (jmd., der Videoclips präsentiert)
Vi|deo|ka|me|ra; Vi|deo|kas|set|te; Vi|deo|kon|fe|renz; Vi|deo|kunst, die; -; **Vi|deo|la|den**
Vi|deo-on-De|mand [...dɪ'ma:nt], das; - ‹engl.› (Form des Fernsehens, bei der der Zuschauer einen gewünschten Film aus einem Archiv abrufen u. ansehen kann)
Vi|deo|por|tal (Portal im Internet,

V
verz

viel

I. *Kleinschreibung:*
a) *Im Allgemeinen wird »viel« kleingeschrieben* ↑K77:

– die vielen; viele sagen ...
– in vielem, mit vielem, um vieles
– wer vieles bringt, ...; ich habe viel[es] erlebt
– es gab noch vieles, was (*nicht* das *od.* welches) besprochen werden sollte
– ... und noch viel[es] mehr

b) *Bei Betonung des substantivischen Gebrauchs ist auch Großschreibung möglich* ↑K77:

– die vielen *od.* Vielen; viele *od.* Viele sagen ...
– in vielem *od.* Vielem, mit vielem *od.* Vielem, um vieles *od.* Vieles usw.

II. *Beugung:*
– viel[e] Menschen; die vielen Menschen
– vieler schöner Schnee; vieles milde Nachsehen
– mit vieler natürlicher Anmut; mit vielem kalten Wasser; trotz vielen Schlafes
– viel[e] gute Nachbildungen; die Preise vieler guter, *seltener* guten Nachbildungen
– viele Begabte; die Ausbildung vieler Begabter, *seltener* Begabten
– viel Gutes *od.* vieles Gute; mit viel Gutem *od.* mit vielem Guten

III. *Getrennt- oder Zusammenschreibung:*
a) *Zusammenschreibung bei »viel« als Konjunktion:*

– soviel ich weiß, steht noch nichts fest (*vgl.* soviel)

b) *Getrenntschreibung:*

– ich muss so viel arbeiten, dass ich zu nichts komme
– iss nicht so viel!
– zu viel, zu viele Menschen; viel zu viel; allzu viel (*vgl.* allzu)
– viel zu wenig; viel zu gering, zu spät, zu teuer usw.
– soundso viel; am soundsovielten Mai
– wir haben gleich viel; *aber* gleichviel[,] ob du kommst oder nicht ↑K127

c) *In Verbindung mit einem adjektivisch gebrauchten Partizip kann getrennt oder zusammengeschrieben werden* ↑K58:

– eine viel befahrene *od.* vielbefahrene Straße
– der viel beschäftigte *od.* vielbeschäftigte Chef
– ein viel besprochener *od.* vielbesprochener Fall
– ein viel diskutiertes *od.* vieldiskutiertes Buch
– ein viel erörtertes *od.* vielerörtertes Thema
– ein viel gefragtes, viel gekauftes *od.* vielgefragtes, vielgekauftes Produkt
– eine viel gereiste *od.* vielgereiste Frau
– ein viel umworbener, viel gepriesener *od.* vielumworbener, vielgepriesener Star
– eine viel zitierte *od.* vielzitierte Äußerung
– ein vielsagender *od.* viel sagender Blick, *aber nur* ein noch vielsagenderer Blick
– ein vielversprechendes *od.* viel versprechendes Projekt, *aber nur* ein noch vielversprechenderes Projekt

Vgl. auch vielmal[s]; vieltausendmal; vielmehr

das Videos zum Ansehen od. Herunterladen anbietet)
Vi|deo|pro|gramm|sys|tem (zur automatischen Videoaufzeichnung von Fernsehsendungen; *Abk.* VPS)
Vi|deo|re|kor|der, **Vi|deo|re|cor|der** (Speichergerät für Fernsehsendungen); **Vi|deo|spiel** (elektronisches Spiel, das auf einem Fernsehbildschirm od. Monitor abläuft); **Vi|deo|tech|nik**, die; -
Vi|deo|text ([geschriebene] Informationen, die über den Fernsehbildschirm abgerufen werden)
Vi|deo|thek, die; -, -en (Sammlung von Videofilmen od. Fernsehaufzeichnungen); **Vi|deo|the|kar**, der; -s, -e; **Vi|deo|the|ka|rin**
vi|deo|über|wacht; Vi|deo|über|wa|chung
vi|di (*veraltet für* ich habe gesehen; *Abk.* v.)
vi|die|ren (*österr. für* beglaubigen, unterschreiben); **Vi|di|ma|ti|on**, die; -, -en (Beglaubigung)
vi|dit (*veraltet für* hat [es] gesehen; *Abk.* vdt.)
Viech, das; -[e]s, -er (*ugs. für* Tier; *abwertend für* roher Mensch)
Vie|che|rei (*ugs. für* Gemeinheit; große Anstrengung)
Vieh, das; -[e]s; **Vieh|be|stand; Vieh|fut|ter** *vgl.* [1]Futter; **Vieh|hal|ter; Vieh|hal|tung**
Vieh|han|del *vgl.* [1]Handel
Vieh|händ|ler; Vieh|händ|le|rin
Vieh|her|de
vie|hisch
Vieh|salz; Vieh|wa|gen; Vieh|wei|de; Vieh|wirt|schaft; Vieh|zeug *(ugs.)*; **Vieh|zucht**, die; -; **Vieh|züch|ter; Vieh|züch|te|rin**
viel *s. Kasten*
Viel, das; -s; viele Wenig machen ein Viel
viel|ar|mig; eine vielarmige Abwehr *(Sport)*
viel|bän|dig; ein vielbändiges Werk
viel be|fah|ren, **viel|be|fah|ren**; *vgl.* viel; ↑K58
viel be|schäf|tigt, **viel|be|schäf|tigt**; *vgl.* viel; ↑K58
viel be|schwo|ren, **viel|be|schwo|ren**; *vgl.* viel; ↑K58
viel be|spro|chen, **viel|be|spro|chen**; *vgl.* viel; ↑K58
viel|deu|tig; Viel|deu|tig|keit
viel dis|ku|tiert, **viel|dis|ku|tiert**; *vgl.* viel; ↑K58
Viel|eck; viel|eckig
Viel|ehe
vie|ler|lei; vie|ler|orts
viel|fach; um ein Vielfaches klüger; **Viel|fa|che**, das; -n; das kleinste gemeinsame Vielfache (*Abk.* k.g.V., kgV)
Viel|falt, die; -; **viel|fäl|tig; Viel|fäl|tig|keit**, die; -
viel|far|big
Viel|flach, das; -[e]s, -e, **Viel|fläch|ner** (*für* Polyeder); **viel|flä|chig**

vier

Nur Kleinschreibung ↑K78:

- die vier Elemente
- die vier Evangelisten
- die vier Jahreszeiten
- etwas in alle vier Winde [zer]streuen
- in seinen vier Wänden (*ugs. für* zu Hause) bleiben
- sich auf seine vier Buchstaben setzen (*ugs. scherzh. für* sich hinsetzen)
- unter vier Augen etwas besprechen
- das Mädchen wird bald vier [Jahre]
- die letzten vier
- alle viere von sich strecken (*ugs. für* sich ausstrecken und entspannen, *auch für* sterben)
- auf allen vieren
- wir sind zu vieren *od.* zu viert
- ein Grand mit vier[en]

Vgl. Vier, acht, drei

Viel|flie|ger (*ugs. für* jmd., der viel fliegt); **Viel|flie|ge|rin**
Viel|fraß, der; -es, -e (Marderart; *ugs. für* jmd., der unmäßig isst)
viel ge|fragt, **viel|ge|fragt**; *vgl.* viel; ↑K58
viel ge|kauft, **viel|ge|kauft**; *vgl.* viel; ↑K58
viel ge|le|sen, **viel|ge|le|sen**; *vgl.* viel; ↑K58
viel ge|prie|sen, **viel|ge|prie|sen**; *vgl.* viel; ↑K58
Viel|ge|reis|te, der *u.* die; -n, -n
viel ge|schmäht, **viel|ge|schmäht**; *vgl.* viel; ↑K58
viel|ge|stal|tig; Viel|ge|stal|tig|keit, die; -
viel|glied|rig; Viel|glied|rig|keit, die; -
Viel|göt|te|rei, die; - (*für* Polytheismus)
Viel|heit
viel|hun|dert|mal; *aber* viele hundert *od.* Hundert Male; *vgl.* ¹Mal
viel|köp|fig
viel|leicht
Viel|lieb|chen ⟨*Umdeutung aus* Valentine *bzw.* Philippine⟩ (*veraltet für* zwei zusammengewachsene Früchte)
viel|mal (*veraltet für* vielmals); **viel|ma|lig; viel|mals**
Viel|män|ne|rei, die; - (*für* Polyandrie)
viel|mehr [*auch* ...ˈmeːɐ̯]; er ist nicht dumm, weiß vielmehr gut Bescheid, *aber* sie weiß viel mehr als du
viel|sa|gend, **viel sa|gend**; *vgl.* viel; ↑K58
viel|schich|tig; Viel|schich|tig|keit
Viel|schrei|ber *(abwertend);* **Viel|schrei|be|rin** *(abwertend)*
viel|sei|tig; Viel|sei|tig|keit, die; -; **Viel|sei|tig|keits|prü|fung** *(Reitsport)*
viel|sil|big; viel|spra|chig; viel|stim|mig; viel|stro|phig
viel|tau|send|mal; *aber* viele tausend *od.* Tausend Male; *vgl.* ¹Mal
viel um|wor|ben, **viel|um|wor|ben**; *vgl.* viel; ↑K58
viel|ver|spre|chend, **viel ver|spre|chend**; *vgl.* viel; ↑K58
Viel|völ|ker|staat *Plur.* ...staaten
Viel|wei|be|rei, die; - (*für* Polygamie)
Viel|zahl, die; -; **viel|zäh|lig**
Viel|zel|ler *(Biol.);* **viel|zel|lig**
viel zi|tiert, **viel|zi|tiert**; *vgl.* viel; ↑K58
Vi|en|ti|ane [...ˈti̯a(ː)n] (Hauptstadt von Laos)
vier *s. Kasten*
Vier, die; -, -en (Zahl); eine Vier würfeln; sie hat in Latein eine Vier geschrieben; *vgl.* ¹Acht *u.* Eins
Vier|ach|ser (Wagen mit vier Achsen; *mit Ziffer* 4-Achser ↑K29)
vier|ar|mig
Vier|au|gen|ge|spräch
Vier|bei|ner; vier|bei|nig
vier|blät|te|rig, vier|blätt|rig
vier|di|men|si|o|nal
Vier-drei-drei-Sys|tem, das; -s ↑K26 *(mit Ziffern* 4-3-3-System; *Fußball)*
Vier|eck; vier|eckig
vier|ein|halb, **vier|und|ein|halb**
Vie|rer *vgl.* Achter
Vie|rer|bob
Vie|rer|ket|te (*Sport* aus vier Personen bestehende Abwehr)
vie|rer|lei
Vie|rer|rei|he; Vie|rer|zug
vier|fach; Vier|fa|che *vgl.* Achtfache
Vier|far|ben|druck *Plur.* ...drucke; **Vier|far|ben|ku|gel|schrei|ber, Vier|farb|ku|gel|schrei|ber**
Vier|flach, das; -[e]s, -e, **Vier|fläch|ner** (*für* Tetraeder)
Vier|frucht|mar|me|la|de
Vier|fürst (*für* Tetrarch)
Vier|fü|ßer; vier|fü|ßig; Vier|füß|ler
Vier-Gän|ge-Me|nü, **Vier|gän|ge|me|nü; vier|gän|gig; Vier|gang|me|nü**
Vier|ge|spann
vier|hän|dig; vierhändig spielen
vier|hun|dert
Vier|jah|res|plan
vier|jäh|rig *vgl.* achtjährig
Vier|kampf *(Sport)*
vier|kant (*Seemannsspr.* waagerecht); **Vier|kant**, das *od.* der; -[e]s, -e; **Vier|kant|ei|sen**
Vier|kan|ter (*kurz für* Vierkanthof); **Vier|kant|hof** (eine Form des Bauernhofs)
vier|kan|tig; Vier|kant|schlüs|sel
vier|köp|fig *vgl.* achtköpfig
Vier|lan|de *Plur.* (hamburgische Landschaft)
Vier|ling
Vier|mäch|te|kon|fe|renz
vier|mal *vgl.* achtmal; **vier|ma|lig**
Vier|mas|ter; Vier|mast|zelt
vier|mo|na|tig (vier Monate dauernd)
vier|mo|to|rig
Vier|pass, der; -es, -e (*Archit.* Verzierungsform mit vier Bogen)
Vier|plät|zer (*schweiz. für* Viersitzer); **vier|plät|zig**
Vier|rad|an|trieb; Vier|rad|brem|se
vier|rä|de|rig, vier|räd|rig
Vier|raum|woh|nung (*regional für* Vierzimmerwohnung)
Vier|ru|de|rer (*für* Quadrireme)
vier|sai|tig; ein viersaitiges Streichinstrument
Vier|schan|zen|tour|nee *(Skispringen)*
vier|schrö|tig (stämmig)
vier|sei|tig
Vier|sit|zer; vier|sit|zig
Vier|spän|ner; vier|spän|nig
vier|spu|rig
vier|stel|lig
Vier|ster|ne|ho|tel
vier|stim|mig *(Musik);* ein vierstimmiger Satz
vier|stö|ckig
vier|stün|dig (vier Stunden dauernd)
viert *vgl.* vier
vier|tä|gig
Vier|tak|ter *vgl.* Zweitakter; **Vier|takt|mo|tor**
vier|tau|send
vier|te; vierte Dimension; der vierte Stand (*früher für* Arbeiterschaft); *vgl.* achte

V
Viel

vie|r|tei|len; gevierteilt; **vier|tei|lig**
vier|tel ['fɪ...]; eine viertel Million; *vgl.* achtel; um viertel acht (Viertel nach sieben); in drei viertel Stunden (*od.* drei Viertelstunden); *vgl.* Viertel

Vier|tel

das, *für* »vierter Teil« *schweiz. meist* der; -s, -
- ein Viertel des Kuchens, des Grundstücks
- drei Viertel der Bevölkerung
- bei drei Vierteln (*auch* Viertel) der Bevölkerung
- in drei viertel Stunden (*od.* drei Viertelstunden)
- es ist ein Viertel vor, nach eins
- es ist Viertel vor, nach eins
- es hat ein Viertel eins geschlagen; *aber* es hat viertel eins geschlagen
- es ist fünf Minuten vor drei Viertel
- wir treffen uns um viertel acht, um drei viertel acht

Vgl. Achtel, drei *u.* viertel

Vier|te|le ['fɪ...], das; -s, - (*schwäb.* für [Glas mit einem] Viertelliter Wein); nach dem Genuss von zwei Viertele
Vier|tel|fi|na|le *(Sport)*
Vier|tel|ge|viert *(Druckw.)*
Vier|tel|jahr; Vier|tel|jahr|hun|dert
vier|tel|jäh|rig ['fɪ...] (ein Vierteljahr alt, dauernd); vierteljährige Kündigung (mit einer ein Vierteljahr dauernden Frist)
vier|tel|jähr|lich (alle Vierteljahre wiederkehrend); vierteljährliche Kündigung (alle Vierteljahre mögliche Kündigung)
Vier|tel|li|ter *vgl.* achtel
vier|teln; ich viert[e]le
Vier|tel|no|te
Vier|tel|pfund *vgl.* achtel
Vier|tel|stun|de; eine Viertelstunde, *auch* eine viertel Stunde; *vgl.* drei *u.* achtel
vier|tel|stün|dig ['fɪ...] (eine Viertelstunde dauernd); **vier|tel|stünd|lich** (alle Viertelstunden wiederkehrend)
Vier|tel|ton *Plur.* ...töne
vier|tens
Viert|kläss|ler *vgl.* Erstklässler
viert|letz|te *vgl.* letzte
Vier|tü|rer (Auto mit vier Türen); **vier|tü|rig**

vier|und|ein|halb *vgl.* viereinhalb
vier|und|zwan|zig *vgl.* acht
Vier|und|zwan|zig|flach, das; -[e]s, -e, **Vier|und|zwan|zig|fläch|ner** (*für* Ikositetraeder)
Vie|rung (*Archit.* Geviert; Viereck)
Vie|rungs|kup|pel; Vie|rungs|pfei|ler
Vier|vier|tel|takt [...'fɪ...]; *vgl.* Achtel
Vier|wald|stät|ter See, der; - -s (See bei Luzern)
vier|wer|tig
vier|wö|chig
vier|zehn ['fɪ...] *vgl.* acht
Vier|zehn|hei|li|gen (Wallfahrtskirche südl. von Lichtenfels)
vier|zehn|hun|dert ['fɪ...]
vier|zehn|jäh|rig usw. *vgl.* achtjährig usw.
vier|zehn|tä|gig *vgl.* ...tägig; **vier|zehn|täg|lich** *vgl.* ...täglich
Vier|zei|ler; vier|zei|lig
vier|zig ['fɪ...] *vgl.* achtzig; **vier|zi|ger** *vgl.* achtziger; **Vier|zi|ger** *vgl.* Achtziger; **Vier|zi|ge|rin** *vgl.* Achtzigerin
vier|zig|jäh|rig *vgl.* achtjährig
Vier|zig|stun|den|wo|che (*mit Ziffern* 40-Stunden-Woche ↑K26)
Vier|zim|mer|woh|nung [fi:ɐ̯...] (*mit Ziffer* 4-Zimmer-Wohnung ↑K26)
Vier-zwei-vier-Sys|tem, das; -s ↑K26 (*mit Ziffern* 4-2-4-System; *Fußball)*
Vier|zy|lin|der *vgl.* Achtzylinder; **Vier|zy|lin|der|mo|tor; vier|zy|lin|d|rig**
Vi|et|cong, der; -s, -[s] ⟨vietnames.⟩ (*nur Sing.:* polit. Bewegung im früheren Südvietnam; Mitglied dieser Bewegung)
Vi|et|nam [...'na(:)m] (Staat in Südostasien); **Vi|et|na|me|se,** der; -n, -n; **Vi|et|na|me|sin; vi|et|na|me|sisch; Vi|et|nam|krieg**
vif [*auch* vi:f] ⟨franz.⟩ (*landsch. für* lebendig, lebhaft)
Vif|zack, der; -s, -s (*österr. für* sehr regsamer, flott handelnder Mensch)
Vi|gil, die; -, -ien ⟨lat.⟩ (Vortag hoher kath. Feste)
Vi|gi|lie, die; -, -n (bei den Römern die Nachtwache des Heeres)
Vi|g|net|te [vɪn'jɛ...], die; -, -n ⟨franz.⟩ (kleine Verzierung [in Büchern]; *Fotogr.* Verdeckung bestimmter Stellen des Negativs beim Kopieren; Gebührenmarke für die Autobahnbenutzung)
Vi|go|g|ne [...'gɔnjə], die; -, -n ⟨indian.-franz.⟩ (Mischgarn aus Wolle u. Baumwolle)

vi|go|ro|so ⟨ital.⟩ (*Musik* kräftig, stark, energisch)
Vi|kar, der; -s, -e ⟨lat.⟩ (*kath. Kirche* Amtsvertreter; *ev. Kirche* Theologe nach dem ersten Examen; *schweiz. auch für* Stellvertreter eines Lehrers)
Vi|ka|ri|at, das; -[e]s, -e (Amt eines Vikars); **vi|ka|ri|ie|ren** (das Amt eines Vikars versehen)
Vi|ka|rin (ev. w. Vikar)
Vik|tor ⟨lat.⟩ (m. Vorn.)
Vik|tor Ema|nu|el (Name mehrerer ital. Könige)
[1]**Vik|to|ria** (Sieg [als Ausruf]); Viktoria rufen
[2]**Vik|to|ria** *vgl.* [2]Victoria
[3]**Vik|to|ria** (w. Vorn.)
vik|to|ri|a|nisch; viktorianische Sitten, *aber* ↑K151 : die Viktorianische Zeit (der engl. Königin Viktoria)
Vik|tu|a|li|en *Plur.* ⟨lat.⟩ (*veraltet für* Lebensmittel [für den täglichen Bedarf]); **Vik|tu|a|li|en|hand|lung; Vik|tu|a|li|en|markt**
Vi|kun|ja, das; -s, -s *u.* die; -, ...jen ⟨indian.⟩ (höckerloses südamerik. Kamel); **Vi|kun|ja|wol|le**
Vi|la (Hauptstadt von Vanuatu)
Vil|la, die; -, ...llen ⟨lat.⟩ (vornehmes Einzelwohnhaus)
Vil|lach [f...] (Stadt in Kärnten); **Vil|la|cher; Vil|la|che|rin**
Vil|la|nell, das; -s, -e, **Vil|la|nel|le,** die; -, -n ⟨ital.⟩ (ital. Bauern-, Hirtenliedchen, bes. des 16. u. 17. Jh.s)
vil|len|ar|tig; ein villenartiges Haus; **Vil|len|vier|tel**
Vil|lin|gen-Schwen|nin|gen [f...] (Stadt in Baden-Württemberg)
Vil|lon [vi'jõ:] (franz. Lyriker)
Vil|ma (w. Vorn.)
Vil|ni|us (*litauische Form von* Wilna)
Vils|ho|fen [f...] (Stadt in Bayern)
Vi|mi|nal, der; -s (Hügel in Rom)
Vi|n|ai|g|ret|te [...nɛ'grɛt(ə)], die; -, -n ⟨franz.⟩ (mit Essig bereitete Soße)
Vin|cen|ter [...sn̩...] (Einwohner des Staates St. Vincent u. die Grenadinen); **Vin|cen|te|rin**
vin|cen|tisch
Vin|ci [...tʃi], Leonardo da (ital. Künstler)
Vin|de|li|ker, Vin|de|li|zi|er, der; -s, - (Angehöriger einer kelt. Volksgruppe); **Vin|de|li|ker|in, Vin|de|li|zi|e|rin; vin|de|li|zisch;** *aber* ↑K140 : die Vindelizische Schwelle (*Geol.* Landschwelle

des Erdmittelalters im Alpenvorland)
Vin|di|ka|ti|on, die; -, -en ‹lat.› (*Rechtswiss.* Herausgabeanspruch des Eigentümers einer Sache gegenüber deren Besitzer)
vin|di|zie|ren; Vin|di|zie|rung *vgl.* Vindikation
Vi|ne|ta ‹*verderbt aus* Jumneta› (sagenhafte untergegangene Stadt an der Ostseeküste)
Vingt-et-un [vɛ̃te'œ̃:], **Vingt-un** [vɛ̃'tœ̃:], das; - ‹franz., »einundzwanzig«› (ein Kartenglücksspiel)
vi|ni|fi|zie|ren ‹lat.› (zu Wein verarbeiten)
Vin|ku|la|ti|on, die; -, -en ‹lat.› (*Bankw.* Bindung des Übertragungsrechts eines Wertpapiers an die Genehmigung des Emittenten); **vin|ku|lie|ren; Vin|ku|lie|rung**
Vi|no|thek, die; -, -en ‹lat.; griech.› (Weinhandlung, -sammlung, -lokal)
Vinsch|gau, Vintsch|gau [f...], der; -[e]s (Talschaft bei Meran)
Vinsch|gerl [f...], das; -s, -[n]; *vgl.* Pickerl (*bayr., österr. für* ein Roggengebäck)
Vi|nyl, das; -s (ein Kunststoff); **Vi|nyl|plat|te** (Schallplatte aus Vinyl)
Vin|zen|tia (w. Vorn.)
Vin|zenz (m. Vorn.)
[1]**Vi|o|la,** Vi|o|le, die; -, Violen ‹lat.› (*Bot.* Veilchen)
[2]**Vi|o|la** (w. Vorn.)
[3]**Vi|o|la,** die; -, ...len ‹ital.› (Bratsche)
Vi|o|la da Brac|cio [- - ...tʃo], die; - - -, ...le - - (Bratsche)
Vi|o|la da Gam|ba, die; - - -, ...le - - (Gambe)
Vi|o|la d'Amo|re, die; - -, ...le - (Viola mit zusätzl. Resonanzsaiten in Altlage)
Vi|o|le *vgl.* [1]Viola
Vi|o|len (*Plur. von* [1]Viola, [3]Viola)
vi|o|lent ‹lat.› (*veraltet für* heftig, gewaltsam); **Vi|o|lenz,** die; -
vi|o|lett [v..., *schweiz. auch* f...] ‹franz.› (veilchenfarbig); einen Stoff violett färben; *vgl.* blau; **Vi|o|lett,** das; -[s], -[s] (violette Farbe); *vgl.* Blau
Vi|o|let|ta (w. Vorn.)
Vi|o|lin|bo|gen; Vi|o|li|ne, die; -, -n ‹ital.› (Geige); **Vi|o|li|nist,** der; -en, -en (Geiger); **Vi|o|li|nis|tin; Vi|o|lin|kon|zert; Vi|o|lin|schlüs|sel**
Vi|o|lo|fon, Vi|o|lo|phon, das; -s, -e (im Jazz gebräuchliche Violine)
Vi|o|lon|cel|list [...tʃ...], der; -en, -en (Cellist); **Vi|o|lon|cel|lis|tin**
Vi|o|lon|cel|lo, das; -s, *Plur.* -s *u.* ...celli (Kniegeige)
Vi|o|lo|ne, der; -[s], *Plur.* -s *u.* ...ni (Vorgänger des Kontrabasses; eine Orgelstimme)
Vi|o|lo|phon *vgl.* Violofon
VIP [vɪp], **V. I. P.** [vi:|ai'pi:], der; -[s], -s *u.* die; -, -s = very important person ‹engl.› (sehr wichtige Person, Persönlichkeit)
Vi|per [v..., *schweiz. auch* f...], die; -, -n ‹lat.› (Giftschlange)
VIP-Lounge ‹*vgl.* VIP›
Vi|ra|go, die; -, *Plur.* -s *u.* ...gines (Frau mit männlichem sexuellem Empfinden)
vi|ral ‹lat.› (*Med.* durch einen Virus verursacht)
Vir|chow ['vɪrço, *auch* 'f...] (dt. Arzt)
Vi|re|ment [...rə'mã:], das; -s, -s ‹franz.› (im Staatshaushalt die Übertragung von Mitteln von einem Titel auf einen anderen od. auf ein anderes Haushaltsjahr)
Vi|ren (*Plur. von* Virus); **Vi|ren|schutz,** der; -es (Schutz vor Computerviren); **Vi|ren|war|nung**
Vir|gel, die; -, -n ‹lat.› (Schrägstrich)
Vir|gil *vgl.* Vergil
[1]**Vir|gi|nia** (w. Vorn.)
[2]**Vir|gi|nia** [*auch, österr. nur,* ...dʒ...] (Staat in den USA; *Abk.* VA)
[3]**Vir|gi|nia** [*auch* ...dʒ...], die; -, -s (Zigarrensorte); **Vir|gi|nia|ta|bak**
Vir|gi|ni|er; Vir|gi|ni|e|rin
vir|gi|nisch
Vir|gi|ni|tät, die; - (Jungfräulichkeit; Unberührtheit)
vi|ril ‹lat.› (*Med.* männlich); **Vi|ri|lis|mus,** der; - (Vermännlichung [einer Frau])
Vi|ri|li|tät, die; - (*Med.* männliche Kraft; Mannbarkeit)
Vi|ro|lo|ge, der; -n, -n ‹lat.; griech.› (Virusforscher); **Vi|ro|lo|gie,** die; -; **Vi|ro|lo|gin; vi|ro|lo|gisch; vi|rös** (durch Viren hervorgerufen)
Vir|tu|a|li|tät, die; -, -en ‹franz.› (innewohnende Kraft od. Möglichkeit); **vir|tu|a|li|ter** ‹lat.› (als Möglichkeit)
Vir|tu|al Re|a|li|ty ['vɜ:tʃʊəl ri'ɛlɪti], die; - - ‹engl.› (virtuelle Realität)
vir|tu|ell ‹franz.› (der Möglichkeit nach vorhanden, scheinbar); virtuelles Bild *(Optik);* virtuelle Realität (vom Computer simulierte Wirklichkeit)
vir|tu|os ‹ital.› (meisterhaft, technisch vollkommen); **Vir|tu|o|se,** der; -n, -n (hervorragender Meister, bes. Musiker); **Vir|tu|o|sen|tum,** das; -s; **Vir|tu|o|sin**
Vir|tu|o|si|tät, die; - (Kunstfertigkeit; Meisterschaft, bes. als Musiker)
Vir|tus, die; - ‹lat.› (*Ethik* Tüchtigkeit, Tapferkeit; Tugend)
vi|ru|lent ‹lat.› (ansteckend [von Krankheitserregern]); **Vi|ru|lenz,** die; - (Ansteckungsfähigkeit [von Bakterien])
Vi|rus, das, *außerhalb der Fachspr. auch* der; -, ...ren (kleinster Krankheitserreger; zerstörendes, unbemerkt eingeschleustes Computerprogramm); **Vi|rus|er|kran|kung; Vi|rus|grip|pe; Vi|rus|in|fek|ti|on; Vi|rus|krank|heit**
Vi|sa (*Plur. von* Visum)
Vi|sa|ge [...ʒə, *österr.* ...ʃ], die; -, -n ‹franz.› (*ugs. abwertend für* Gesicht)
Vi|sa|gist, der; -en, -en (Kosmetiker, Maskenbildner); **Vi|sa|gis|tin**
Vi|sa|vis, das; -, - (Gegenüber)
vis-à-vis, **vis-a-vis** [viza'vi:] (gegenüber)
Vis|count ['vaikaunt], der; -s, -s ‹engl.› (engl. Adelstitel); **Vis|coun|tess** [...'tɛs], die; -, -es (*weibliche Form von* Viscount)
Vi|sen (*Plur. von* Visum)
Vi|sier, das; -s, -e ‹franz.› (beweglicher, das Gesicht deckender Teil des Helmes; Zielvorrichtung)
vi|sie|ren (auf etwas zielen)
Vi|sier|fern|rohr; Vi|sier|li|nie
Vi|si|on, die; -, -en ‹lat.› (Erscheinung; Traumbild; Zukunftsentwurf)
vi|si|o|när (traumhaft; seherisch); **Vi|si|o|när,** der; -s, -e (visionär begabter Mensch); **Vi|si|o|nä|rin**
vi|si|o|nie|ren (*schweiz. für* sich [einen Film o. Ä.] prüfend ansehen)
Vi|si|ons|ra|di|us (*Optik* Sehachse)
Vi|sit, der; -s, -s ‹engl.› (*EDV* einzelne Nutzung eines Angebots im Internet)
Vi|si|ta|ti|on, die; -, -en ‹lat.› ([Kontroll]besuch des vorgesetzten Geistlichen in den ihm unterstellten Gemeinden)
Vi|si|te, die; -, -n ‹franz.› (Krankenbesuch des Arztes im Krankenhaus; *veraltet, noch scherzh. für* Besuch)
Vi|si|ten|kar|te; Vi|si|ten|kar|ten|par|ty *(meist scherzh.)*

vi|si|tie|ren (durch-, untersuchen; besichtigen)
Vi|sit|kar|te (*österr. neben* Visitenkarte)
vis|kos, *selten* **vis|kös** (lat.) (zäh[flüssig], leimartig); viskose, *selten* visköse Körper
Vis|ko|se, die; - (*Chemie* Zelluloseverbindung); **Vis|ko|si|me|ter,** das; -s, - (lat.; griech.) (Messgerät zur Bestimmung der Viskosität); **Vis|ko|si|tät,** die; - (lat.) (Zähflüssigkeit)
Vis ma|jor, die; - - (lat.) (*Rechtsspr.* höhere Gewalt)
Vis|ta, die; - (ital.) (*Bankw.* Sicht, Vorzeigen eines Wechsels); *vgl.* a vista *u.* a prima vista; **Vis|tawech|sel** (Sichtwechsel)
vi|su|a|li|sie|ren (lat.) (optisch darstellen); **Vi|su|a|li|sie|rung**
vi|su|ell (franz.) (das Sehen betreffend); visueller Typ (jmd., der Gesehenes besonders leicht in Erinnerung behält)
Vi|sum, das; -s, *Plur.* ...sa *u.* ...sen (lat.) (Ein- od. Ausreiseerlaubnis; Sichtvermerk im Pass; *schweiz. auch für* Namenszeichen, Abzeichnung); **Vi|sum|an|trag; vi|sum|frei; Vi|sum[s]|zwang,** der; -[e]s
vis|ze|ral (lat.) (*Med.* Eingeweide...)
Vi|ta, die; -, *Plur.* Viten *u.* Vitae (lat.) (Leben, Lebensbeschreibung)
vi|tal (lebenskräftig, -wichtig; frisch, munter); **Vi|tal|fär|bung** (*Mikroskopie* Färbung lebender Zellen u. Gewebe)
Vi|ta|li|a|ner *Plur.* (lat.; *zu* Viktualien) (*selten für* Vitalienbrüder); **Vi|ta|li|en|brü|der** *Plur.* (Seeräuber in der Nord- u. Ostsee im 14. u. 15. Jh.)
vi|ta|li|sie|ren (lat.) (beleben)
Vi|ta|lis|mus, der; - (philos. Lehre von der »Lebenskraft«)
Vi|ta|list, der; -en, -en (Anhänger des Vitalismus); **Vi|ta|lis|tin; vi|ta|lis|tisch**
Vi|ta|li|tät, die; - (Lebendigkeit, Lebensfülle, -kraft)
Vi|t|a|min, das; -s, -e; Vitamin C; des Vitamin[s] C; Vitamin B_{12}; **vi|t|a|min|arm**
Vi|t|a|min-B-hal|tig [...'be:...]
Vi|t|a|min-B-Man|gel, der; -s ↑K26; **Vi|t|a|min-B-Man|gel-Krank|heit**
vi|t|a|mi|nie|ren, vi|t|a|mi|ni|sie|ren (mit Vitaminen anreichern)
Vi|t|a|min|man|gel, der; **Vi|t|a|minprä|pa|rat; vi|t|a|min|reich; Vi|t|amin|stoß**
vite [vi:t, vıt] (franz.) (*Musik* schnell, rasch)
Vi|tel|li|us (röm. Kaiser)
Vi|tel|lo ton|na|to, das; - - (ital.) (*Kochkunst* eine ital. Vorspeise)
vi|te|ment [vitə'mã:] (*Musik* schnell, rasch)
Vi|ti|um, das; -s, ...tia (lat.) (*Med.* Fehler, Defekt)
Vi|t|ri|ne, die; -, -n (franz.) (gläserner Schaukasten, Schauschrank)
Vi|t|ri|ol, das; -s, -e (lat.) (*veraltet für* kristallisiertes, kristallwasserhaltiges Sulfat von Zink, Eisen od. Kupfer); **vi|t|ri|ol|hal|tig; Vi|t|ri|ol|lö|sung**
Vi|t|ruv, Vi|t|ru|vi|us (altröm. Baumeister)
Vi|tus (m. Vorn.)
Vitz|li|putz|li, der; -[s] (aus »Huitzilopochtli«, einem Stammesgott der Azteken) (Schreckgestalt, Kinderschreck; *volkstümlich auch für* Teufel)
vi|va|ce [...tʃə] (ital.) (*Musik* munter, lebhaft); **Vi|va|ce,** das; -, -
vi|va|cis|si|mo (sehr lebhaft); **Vi|vacis|si|mo,** das; -s, *Plur.* -s *u.* ...mi
Vi|val|di (ital. Komponist)
vi|vant! (lat.) (sie sollen leben!)
Vi|va|ris|tik, die; - (das Halten kleiner Tiere im Vivarium)
Vi|va|ri|um, das; -s, ...ien (Aquarium mit Terrarium; *auch für* Gebäude hierfür)
vi|vat! (er, sie, es lebe!); **Vi|vat,** das; -s, -s (Hochruf)
vi|vat, cres|cat, flo|re|at! (er, sie, es lebe, blühe u. gedeihe!)
vi|vi|par (*Biol.* lebend gebärend)
Vi|vi|sek|ti|on, die; -, -en (Eingriff am lebenden Tier zu wissenschaftl. Versuchszwecken); **vi|vise|zie|ren**
Vi|ze [f..., v...], der; -[s], -s (lat.) (*ugs. für* Stellvertreter); **Vi|ze...** (stellvertretend)
Vi|ze|bür|ger|meis|ter; Vi|ze|bür|germeis|te|rin
Vi|ze|eu|ro|pa|meis|ter *(Sport)*; **Vize|eu|ro|pa|meis|te|rin**
Vi|ze|kanz|ler; Vi|ze|kanz|le|rin
Vi|ze|kö|nig; Vi|ze|kö|ni|gin
Vi|ze|kon|sul; Vi|ze|kon|su|lin
Vi|ze|meis|ter *(Sport)*; **Vi|ze|meis|terin; Vi|ze|meis|ter|schaft**
Vi|ze|prä|si|dent; Vi|ze|prä|si|den|tin
Vi|ze|welt|meis|ter; Vi|ze|welt|meiste|rin
Vi|zin (*zu* Vize)
Viz|tum ['fı..., *auch* 'vi:...], der; -s, -e (lat.) (im MA. Verwalter weltl. Güter von Geistlichen u. Klöstern)
v. J. = vorigen Jahres
VJ ['vi:dʒe:], der; -[s], -s (engl.) = Videojockey
Vla|me [f...] usw. *vgl.* ¹Flame usw.
Vlies [f...], das; -es, -e (niederl.) ([Schaf]fell; Rohwolle; *Spinnerei* breite Faserschicht); ↑K88: das Goldene Vlies *(griech. Sage)*
Vlie|se|li|ne® [f...], die; - (Einlage z. B. zum Verstärken von Kragen u. Manschetten)
Vlis|sin|gen [f...] (niederl. Stadt)
vm. *vgl.* ¹vorm.
v. M. = vorigen Monats
V-Mann ['fau̯...], der; -[e]s, V-Leute *u.* V-Männer = Vertrauensmann, Verbindungsmann
VN = Vereinte Nationen *Plur.*; UN *u.* UNO
v. o. = von oben
Vöck|la|bruck [f...] (oberösterr. Stadt)
Vod|cast ['vɔtka:st], der; -s, -s (engl.) (Videopodcast)
Vo|gel, der; -s, Vögel
Vo|gel|art; Vo|gel|bad; Vo|gel|bau|er (*vgl.* ³Bauer; Käfig)
Vo|gel|beer|baum; Vo|gel|bee|re
Vö|gel|chen
Vo|gel|dreck; Vo|gel|dunst, der; -[e]s (*Jägerspr.* feinster Schrot)
Vö|ge|lein
Vo|ge|ler *vgl.* Vogler
Vo|gel|fän|ger; Vo|gel|fän|ge|rin
Vo|gel|flug
Vo|gel|flug|li|nie, die; - (kürzeste Verkehrsverbindung zwischen Hamburg u. Kopenhagen)
vo|gel|frei (rechtlos)
Vo|gel|fut|ter *vgl.* ¹Futter; **Vo|gelge|zwit|scher; Vo|gel|grip|pe,** die; - (eine Infektionskrankheit); **Vo|gel|grip|pe|vi|rus**
Vo|gel|händ|ler *(früher)*; **Vo|gelhänd|le|rin**
Vo|gel|häus|chen; Vo|gel|herd (Vogelfangplatz); **Vo|gel|kä|fig; Vo|gel|kir|sche; Vo|gel|kun|de,** die; - (Ornithologie)
Vo|gel|mie|re (eine Pflanze)
vö|geln (*derb für* Geschlechtsverkehr ausüben); ich vög[e]le
Vo|gel|nest; Vo|gel|per|s|pek|ti|ve (Vogelschau)
Vo|gels|berg, der; -[e]s (Teil des Hessischen Berglandes)
Vo|gel|schau; Vo|gel|scheu|che
Vo|gel|schlag, der; -[e]s, ...schläge (das Zusammenstoßen von fliegenden Vögeln mit z. B. Flugzeugen)

Vo|gel|schutz, der; -es
Vo|gel|schutz|ge|biet; Vo|gel|schutz|war|te
Vo|gel|schwarm; Vo|gel|spin|ne
Vo|gel|stel|ler (Vogelfänger); **Vo|gel|stel|le|rin; Vo|gel|stim|me**
Vo|gel-Strauß-Po|li|tik, die; - ↑K 26
Vo|gel|war|te; Vo|gel|welt
Vo|gel|züch|ter; Vo|gel|züch|te|rin
Vo|gel|zug
Vo|gerl|sa|lat (*österr. für* Feldsalat)
Vo|ge|sen [v...] *Plur.* (Gebirgszug westl. des Oberrheins)
Vög|lein
Vog|ler (*veraltet für* Vogelfänger); **Vog|le|rin**
Vogt, der; -[e]s, Vögte (*früher für* Schirmherr; Richter; Verwalter)
Vog|tei (*früher für* Amtsbezirk, Sitz eines Vogtes); **vog|tei|lich**
Vög|tin, Vog|tin
Vogtl. = Vogtland; **Vogt|land,** das; -[e]s (Bergland zwischen Frankenwald, Fichtelgebirge u. Erzgebirge; *Abk.* Vogtl.)
Vogt|län|der; Vogt|län|de|rin; vogt|län|disch
Voice|mail [ˈvɔysmeːl], die; -, -s ⟨engl.⟩ ([in ein Telefon integriertes] elektron. System zur Speicherung u. Weiterleitung mündl. Nachrichten)
Voice|re|kor|der, Voice|re|cor|der (Gerät, das Gespräche u. Geräusche im Cockpit aufzeichnet)
voi|là! [vo̯aˈla] ⟨franz., »sieh da!«⟩ (da haben wir es!)
Voile [vo̯aːl], der; -, -s ⟨franz.⟩ (ein durchsichtiger Stoff); **Voile|kleid**
voi|pen [ˈvɔypn̩] ⟨*zu* engl. VoIP = Voice over Internet Protocol⟩ (über das Internet telefonieren); ich voipe; gevoipt
Vo|ka|bel, die; -, -n, *österr. auch* das; -s, - ⟨lat.⟩ ([einzelnes] Wort einer Fremdsprache); **Vo|ka|bel|heft; Vo|ka|bu|lar,** das; -s, -e, *älter* **Vo|ka|bu|la|ri|um,** das; -s, ...ien (Wortschatz)
vo|kal ⟨lat.⟩ (*Musik* die Singstimme betreffend)
Vo|kal, der; -s, -e (*Sprachwiss.* Selbstlaut, z. B. a, e)
Vo|kal|en|sem|b|le (kleinerer Chor)
Vo|ka|li|sa|ti|on, die; -, -en (Wandel eines Konsonanten zu einem Vokal; Hilfszeichen in der arab. u. hebr. Schrift)
vo|ka|lisch (den Vokal betreffend)
Vo|ka|li|se, die; -, -n ⟨franz.⟩ (*Musik* Gesangsübung, -stück auf einen od. mehrere Vokale)
vo|ka|li|sie|ren (einen Konsonanten wie einen Vokal sprechen; beim Singen die Vokale bilden); **Vo|ka|li|sie|rung**
Vo|ka|lis|mus, der; - (Vokalbestand einer Sprache)
Vo|ka|list, der; -en, -en (Sänger); **Vo|ka|lis|tin**
Vo|kal|mu|sik (Gesang); **Vo|kal|stück** (Vokalmusik)
Vo|ka|ti|on, die; -, -en (Berufung in ein Amt)
Vo|ka|tiv [*auch* ...ˈtiːf], der; -s, -e (*Sprachwiss.* Anredefall)
vol. = Volumen (Schriftrolle, [2]Band)
Vol.-% = Volumprozent
Vo|land [f...], der; -[e]s (*alte Bez. für* Teufel); Junker Voland
Vo|lant [voˈlãː], der, *schweiz. meist* das; -s, -s ⟨franz.⟩ (Besatz an Kleidungsstücken, Falbel; *veraltend für* Lenkrad, Steuer)
Vo|la|pük, das; -s (eine künstliche Weltsprache)
vo|la|til ⟨lat.⟩ (*Chemie* flüchtig; *Finanzw.* unbeständig); **Vo|la|ti|li|tät,** die; -, -en
Vo|li|e|re, die; -, -n ⟨franz.⟩ (Vogelhaus)
Volk, das; -[e]s, Völker
Vol|kard *vgl.* Volkhard
Völk|chen
Vol|ker (Spielmann im Nibelungenlied; m. Vorn.)
Völ|ker|ball, der; -[e]s (Ballspiel)
Völ|ker|bund, der; -[e]s *(früher)*
Völ|ker|fa|mi|lie, die; -; **Völ|ker|freund|schaft; Völ|ker|ge|misch**
Völ|ker|kun|de, die; -; **Völ|ker|kun|de|mu|se|um; Völ|ker|kund|ler; Völ|ker|kund|le|rin; völ|ker|kund|lich**
Völ|ker|mord
Völ|ker|recht; Völ|ker|recht|ler; Völ|ker|recht|le|rin; völ|ker|recht|lich; völ|ker|rechts|wid|rig
Völ|ker|schaft
Vol|kert *vgl.* Volkhard
Völ|ker ver|bin|dend, völ|ker|ver|bin|dend; eine Völker verbindende od. völkerverbindende Idee; *aber nur* viele Völker verbindend; eine sehr völkerverbindende Veranstaltung
Völ|ker|ver|stän|di|gung; Völ|ker|wan|de|rung
Volk|hard, Vol|kard, Vol|kert (m. Vorn.)
völ|kisch *(bes. nationalsoz.);* **Völk|lein**
Völk|lin|gen (Stadt im Saarland); **Völk|lin|ger;** Völklinger Hütte (eine stillgelegte Hochofengruppe); **Völk|lin|ge|rin**
Volk|mar (m. Vorn.)
volk|reich
Volks|ab|stim|mung; Volks|ak|tie
Volks|ak|ti|o|när; Volks|ak|ti|o|nä|rin
Volks|an|walt (*österr. für* Ansprechpartner bei Bürgerbeschwerden); **Volks|an|wäl|tin; Volks|an|walt|schaft**
Volks|ar|mee, die; - *(DDR);* **Volks|ar|mist,** der; -en, -en *(DDR);* **Volks|ar|mis|tin**
Volks|auf|stand; Volks|aus|ga|be; Volks|bank *Plur.* ...banken
Volks|be|fra|gung; Volks|be|geh|ren; Volks|be|lus|ti|gung; Volks|be|we|gung; Volks|bi|b|lio|thek; volks|bil|dend; Volks|bil|dung, die; -; **Volks|brauch; Volks|buch; Volks|bü|che|rei**
Volks|de|mo|kra|tie (Staatsform kommunist. Länder, bei der die gesamte Staatsmacht in den Händen der Partei liegt)
Volks|deut|sche, der *u.* die; -n, -n
Volks|dich|tung
volks|ei|gen; ein volkseigener Betrieb, *aber* ↑K 150: »Volkseigener Betrieb Buntgarnwerke Leipzig« (*Abk.* VEB ...)
Volks|ei|gen|tum; Volks|ein|kom|men; Volks|emp|fin|den; Volks|ent|scheid; Volks|er|he|bung
Volks|ety|mo|lo|gie (volkstümliche, aber etymologisch falsche Herleitung eines unbekannten Wortes); **volks|ety|mo|lo|gisch**
Volks|feind; Volks|fein|din; volks|feind|lich
Volks|fest
Volks|front (Bündnis der linken bürgerlichen Parteien mit den Kommunisten)
Volks|ge|mur|mel; Volks|glau|be[n]; Volks|grup|pe; Volks|held; Volks|hel|din; Volks|herr|schaft; Volks|hoch|schu|le (*Abk.* VHS)
Volks|ini|ti|a|ti|ve (*schweiz. für* Volksbegehren)
Volks|kam|mer, die; - (*DDR für* höchstes staatl. Machtorgan)
Volks|kir|che
Volks|kon|gress (Parlament in China u. Libyen); **Volks|kor|re|s|pon|dent** *(in der DDR);* **Volks|kor|re|s|pon|den|tin**
Volks|krank|heit
Volks|kun|de, die; **Volks|kund|ler; Volks|kund|le|rin; volks|kund|lich**
Volks|kunst, die; -; **Volks|lauf**
Volks|lied; volks|lied|haft *(Musik)*
Volks|mär|chen

V
Voge

voll

I. *Beugung:*
- voll Wein[es], voll [des] süßen Weines
- voll heiligem Ernst
- ein Beutel voll[er] Geldscheine, voll[er] neuer Geldscheine
- voll[er] Angst
- ein Fass voll[er] Öl
- der Saal war voll[er] Menschen, voll von Menschen

II. *Klein- od. Großschreibung*
a) *Kleinschreibung:*
- mit vollem Einsatz
- voll verantwortlich sein
- zehn Minuten nach voll (*ugs. für* nach der vollen Stunde)

b) *Großschreibung* ↑K72:
- aus dem Vollen schöpfen; im Vollen leben; ins Volle greifen
- ein Wurf in die Vollen (auf 9 Kegel)
- in die Vollen gehen (*ugs. für* etwas mit Nachdruck betreiben)

III. *Getrennt- od. Zusammenschreibung*
a) *In Verbindung mit Verben* ↑K56:
- voll sein, werden
- etwas voll (ganz) begreifen
- sich voll einbringen (*ugs.*)
- jemanden nicht für voll nehmen (*ugs.*)
- die Nase voll [von etwas] haben (*ugs.*)
- den Mund recht voll nehmen (*ugs. für* prahlen)
- vollfüllen, vollgießen, vollladen, volllaufen, vollmachen, vollpacken, vollschmieren, vollspritzen, volltanken usw., *aber* zu voll füllen, gießen usw.
- sich vollessen, vollfressen, vollsaufen; sich den Bauch vollschlagen
- jemandem die Hucke vollhauen (*ugs. für* jemanden verprügeln); jemandem die Hucke volllügen (*ugs. für* jemanden sehr belügen)

Vgl. auch vollbringen, vollenden, vollführen, vollstrecken, vollziehen

b) *In Verbindung mit Partizipien* ↑K58:
- die voll automatisierte *od.* vollautomatisierte Produktion
- ein voll besetzter *od.* vollbesetzter Bus
- voll entwickelte *od.* vollentwickelte Muskulatur
- voll klimatisierte *od.* vollklimatisierte Räume
- vollgefüllt, vollgeladen, vollgelaufen, vollgetankt usw.

Vgl. auch Arm, Hand, Mund

Vọlks|ma|ri|ne *(DDR)*
Vọlks|mas|se; Vọlks|men|ge; Vọlks|mund, der; -[e]s; **Vọlks|mu|sik; vọlks|nah; Vọlks|nah|rungs|mit|tel; Vọlks|par|tei**
Vọlks|po|li|zei, die; - (*in der DDR; Abk.* VP); **Vọlks|po|li|zist; Vọlks|po|li|zis|tin**
Vọlks|recht, das (*bes. schweiz. für* Recht des Volkes auf direkte Beteiligung an politischen Entscheidungen, z. B. über eine Volksabstimmung)
Vọlks|re|de; Volksreden halten (*ugs. auch für* lange Reden führen); **Vọlks|red|ner; Vọlks|red|ne|rin**
Vọlks|re|pu|b|lik (*Abk.* VR)
Vọlks|schau|spiel; Vọlks|schau|spie|ler; Vọlks|schau|spie|le|rin
Vọlks|schu|le; Vọlks|schü|ler; Vọlks|schü|le|rin; Vọlks|schul|leh|rer; Vọlks|schul|leh|re|rin
Vọlks|see|le; Vọlks|seu|che
Vọlks|so|li|da|ri|tät (Organisation für solidar. Hilfe, bes. in der DDR)
Vọlks|sport, der; -[e]s
Vọlks|spra|che; vọlks|sprach|lich
Vọlks|stamm; Vọlks|stück
Vọlks|tanz; Vọlks|tän|zer; Vọlks|tän|ze|rin; Vọlks|tanz|grup|pe
Vọlks|the|a|ter; Vọlks|tracht; Vọlks|trau|er|tag; Vọlks|tri|bun; Vọlks|tri|bu|nin
Vọlks|tum, das; -s; **vọlks|tüm|lich; Vọlks|tüm|lich|keit,** die; -
vọlks|ver|bun|den; Vọlks|ver|bun|den|heit, die; -
Vọlks|ver|dum|mung (*ugs. abwertend*); **Vọlks|ver|het|zung**
Vọlks|ver|mö|gen
Vọlks|ver|tre|ter; Vọlks|ver|tre|te|rin; Vọlks|ver|tre|tung
Vọlks|wa|gen®, der; -s, - (dt. Kraftfahrzeug; *Abk.* VW); **Vọlks|wa|gen|werk**
Vọlks|wei|se, die; **Vọlks|weis|heit**
Vọlks|wirt; Vọlks|wir|tin
Vọlks|wirt|schaft
Vọlks|wirt|schaf|ter (*schweiz. neben* Volkswirtschaftler); **Vọlks|wirt|schaf|te|rin**
Vọlks|wirt|schaft|ler; Vọlks|wirt|schaft|le|rin; vọlks|wirt|schaft|lich; Vọlks|wirt|schafts|leh|re
Vọlks|wohl
Vọlks|zäh|ler (*ugs.*); **Vọlks|zäh|le|rin; Vọlks|zäh|lung**
Vọlks|zorn; Vọlks|zu|ge|hö|rig|keit
vọll *s. Kasten*
Vọll|aka|de|mi|ker; Vọll|aka|de|mi|ke|rin
vọll|auf [*auch* ...ˈ|a̯uf]; vollauf genug
vọll|au|to|ma|tisch
vọll au|to|ma|ti|siert, vọll|au|to|ma|ti|siert; *vgl.* voll; ↑K58
Vọll|bad
Vọll|bart; vọll|bär|tig
vọll|be|kom|men ↑K56; *vgl.* voll
vọll be|la|den, vọll|be|la|den; *vgl.* voll; ↑K58
vọll|be|schäf|tigt; Vọll|be|schäf|ti|gung, die; -
vọll be|setzt, vọll|be|setzt; *vgl.* voll; ↑K58
Vọll|be|sitz, der; -es; im Vollbesitz seiner Kräfte
Vọll|bild (*Med.* alle üblichen Symptome zeigendes Krankheitsbild)
Vọll|blut; Vọll|blü|ter
vọll|blü|tig; Vọll|blü|tig|keit, die; -
Vọll|blut|mu|si|ker (Musiker, der ganz von seiner Tätigkeit erfüllt ist); **Vọll|blut|mu|si|ke|rin**
Vọll|blut|pferd
Vọll|brem|sung
vọll|brin|gen; ich vollbringe; vollbracht; **Vọll|brin|gung**
vọll|bu|sig
Vọll|dampf, der; -[e]s
Vọ̈l|le|ge|fühl
vọll|elas|tisch; vọll|elek|t|ro|nisch
vọll|en|den; ich vollende; vollendet;

V
voll

zu vollenden; **Voll|en|der; Voll|en|de|rin; voll|ends; Voll|en|dung**
voll ent|wi|ckelt, voll|ent|wi|ckelt; *vgl.* voll; ↑K58
vol|ler *vgl.* voll
Völ|le|rei (unmäßiges Essen u. Trinken); **völ|lern;** ich völlere
Voll|ern|ter, der; -s, - (*Landwirtsch.* eine Erntemaschine)
voll|es|sen, sich ↑K56; *vgl.* voll
vol|ley [...li] ‹engl.›; einen Ball volley (aus der Luft) nehmen
Vol|ley, der; -s, -s (*Tennis* Flugball)
Vol|ley|ball, der; -[e]s (ein Ballspiel); **Vol|ley|bal|ler, Vol|ley|ball|spie|ler; Vol|ley|bal|le|rin, Vol|ley|ball|spie|le|rin**
voll|fett; vollfetter Käse
voll|fres|sen, sich ↑K56 *(ugs.); vgl.* voll
voll|füh|ren; ich vollführe; vollführt; **Voll|füh|rung**
voll|fül|len ↑K56; *vgl.* voll
Voll|gas, das; -es; Vollgas geben
Voll|gat|ter (*Technik* eine Säge)
voll|ge|fres|sen *(ugs.)*
Voll|ge|fühl, das; -[e]s; im Vollgefühl ihrer Macht
voll|ge|pumpt; *vgl.* voll; ↑K58
voll|ge|stopft; *vgl.* voll; ↑K58
voll|gie|ßen ↑K56; *vgl.* voll
voll|gül|tig
Voll|gum|mi|rei|fen
Voll|idi|ot *(ugs.);* **Voll|idi|o|tin** *(ugs.)*
vol|lie|ren (*bes. Tennis* den Ball volley schlagen)
völ|lig
voll|in|halt|lich
voll|jäh|rig; Voll|jäh|rig|keit, die; -; **Voll|jäh|rig|keits|er|klä|rung**
Voll|ju|rist; Voll|ju|ris|tin
voll|kas|ko|ver|si|chert; Voll|kas|ko|ver|si|che|rung
Voll|kauf|frau; Voll|kauf|mann
voll kli|ma|ti|siert, voll|kli|ma|ti|siert; *vgl.* voll; ↑K58
voll|kom|men [*auch* 'fɔ...]; **Voll|kom|men|heit,** die; -
Voll|korn|brot; Voll|korn|keks
voll|kot|zen *(ugs.);* ↑K56; *vgl.* voll
Voll|kraft, die; -
voll|krie|gen *(ugs.);* ↑K56; *vgl.* voll
voll|krit|zeln ↑K56; *vgl.* voll
voll|la|den ↑K56; *vgl.* voll *u.* [1]laden
Voll|last, Voll-Last *(Technik)*
voll|lau|fen ↑K56; *vgl.* voll *u.* laufen
voll|lei|big ↑K169
voll|ma|chen ↑K56; *vgl.* voll
Voll|macht, die; -, -en; **Voll|macht|ge|ber; Voll|macht|ge|be|rin; Voll|machts|ur|kun|de**
Voll|mas|sa|ge (Massage des ganzen Körpers)
voll|mast *(Seemannsspr.);* vollmast flaggen; auf vollmast stehen
Voll|ma|t|ro|se; Voll|ma|t|ro|sin
Voll|milch; Voll|milch|scho|ko|la|de
Voll|mit|glied; Voll|mit|glied|schaft
Voll|mond; Voll|mond|ge|sicht *Plur.* ...gesichter *(ugs.)*
voll|mun|dig (voll im Geschmack; *auch für* großsprecherisch)
Voll|nar|ko|se
voll|pa|cken ↑K56; *vgl.* voll
Voll|pap|pe (massive Pappe)
Voll|pen|si|on, die; -
Voll|pfos|ten (*ugs. für* sehr dummer Mensch)
voll|pfrop|fen ↑K56; *vgl.* voll
Voll|pro|fi *(ugs.)*
voll|pum|pen ↑K56; *vgl.* voll
Voll|rausch
voll|reif; Voll|rei|fe
voll|sau|fen, sich *(derb);* ↑K56; *vgl.* voll
voll|schei|ßen *(derb);* ↑K56; *vgl.* voll
voll|schla|gen *(ugs.);* ↑K56; *vgl.* voll
voll|schlank
voll|schmie|ren ↑K56; *vgl.* voll
voll|schrei|ben ↑K56; *vgl.* voll
Voll|sinn; im Vollsinn des Wortes
Voll|sper|rung *(Verkehrsw.)*
voll|sprit|zen ↑K56; *vgl.* voll
Voll|spur *(Eisenbahn);* **voll|spu|rig**
voll|stän|dig; Voll|stän|dig|keit, die; -
voll|stock *(Seemannsspr.);* vollstock flaggen; auf vollstock stehen
voll|stop|fen *(ugs.);* ↑K56; *vgl.* voll
voll|streck|bar *(Rechtswiss.);* **Voll|streck|bar|keit,** die; -
voll|stre|cken; ich vollstrecke; vollstreckt; zu vollstrecken; **Voll|stre|cker; Voll|stre|cke|rin**
Voll|stre|ckung; Voll|stre|ckungs|be|am|te; Voll|stre|ckungs|be|am|tin; Voll|stre|ckungs|be|scheid
voll|tan|ken ↑K56; *vgl.* voll
Voll|text *(EDV);* **Voll|text|su|che**
voll|tö|nend ↑K57; **voll|tö|nig**
Voll|tref|fer
voll|trun|ken; Voll|trun|ken|heit
voll|um|fäng|lich (*bes. schweiz. für* in vollem Umfang)
Voll|verb *(Sprachwiss.)*
Voll|ver|pfle|gung
Voll|ver|samm|lung
Voll|ver|si|on (*EDV* Programmversion ohne Funktionsbeschränkungen)
Voll|wai|se
Voll|wasch|mit|tel
Voll|weib (erotische, vitale Frau)
voll|wer|tig; Voll|wer|tig|keit, die; -; **Voll|wert|kost,** die; -
voll|wich|tig *(Münzkunde)*
voll|zäh|lig; Voll|zäh|lig|keit, die; -
Voll|zeit, die; -; [in] Vollzeit arbeiten; ich arbeite Vollzeit; **voll|zeit|be|schäf|tigt; Voll|zei|ter** (*bes. schweiz. für* jmd., der Vollzeit arbeitet); **Voll|zei|te|rin**
Voll|zeit|schu|le
voll|zieh|bar; Voll|zieh|bar|keit, die; -
voll|zie|hen; ich vollziehe; vollzogen; zu vollziehen
Voll|zie|hung; Voll|zie|hungs|be|am|te; Voll|zie|hungs|be|am|tin
[1]**Voll|zug,** der; -[e]s (Vollziehung)
[2]**Voll|zug** *(bes. Eisenbahn)*
Voll|zugs|an|stalt (Gefängnis)
Voll|zugs|be|am|te; Voll|zugs|be|am|tin
Voll|zugs|ge|walt; Voll|zugs|mel|dung; Voll|zugs|we|sen, das; -s
Vo|lon|tär [*auch* ...lõ...], der; -s, -e ‹franz.› (ohne od. gegen geringe Vergütung zur berufl. Ausbildung Arbeitender)
Vo|lon|ta|ri|at, das; -[e]s, -e (Ausbildungszeit, Stelle eines Volontärs, einer Volontärin)
Vo|lon|tä|rin; vo|lon|tie|ren (als Volontär[in] arbeiten)
Vols|ker, der; -s, - (Angehöriger eines ehem. Volksstammes in Mittelitalien); **Vols|ke|rin; vols|kisch**
Volt, das; *Gen.* - *u.* -[e]s, *Plur.* - ‹nach dem ital. Physiker Volta› (Einheit der elektr. Spannung; *Zeichen* V); 220 Volt
Vol|ta|ele|ment ↑K136
Vol|taire [...'tɛ:ɐ̯] (franz. Schriftsteller)
Vol|tai|ri|a|ner (Anhänger Voltaires); **Vol|tai|ri|a|ne|rin**
vol|ta|isch; voltaische Säule ↑K89 *u.* 135; *vgl.* voltasch
Vol|ta|me|ter, das; -s, - (Stromstärkemesser); *vgl. aber* Voltmeter
Volt|am|pere [*auch* ...'pe:ɐ̯] (Einheit der elektr. Leistung; *Zeichen* VA)
vol|tasch (nach Volta benannt; galvanisch); voltasche *od.* Volta'sche Säule ↑K135 *u.* 89
Vol|te, die; -, -n ‹franz.› (Reitfigur; Kunstgriff beim Kartenmischen; Kniff); die Volte schlagen
vol|tie|ren (*svw.* voltigieren)
Vol|ti|ge [...ʒə], die; -, -n (Sprung eines Kunstreiters auf das Pferd); **Vol|ti|geur** [...'ʒø:ɐ̯], der; -s, -e (*veraltet für* Voltigierer; *früher auch für* leichter Reiter in der Kavallerie); **vol|ti|gie|ren** [...'ʒi:...] (eine Volte ausführen; Kunstsprünge auf dem [galoppieren-

V
Voll

von

(*Abk.* v.)
Präposition mit Dativ:
- von [ganzem] Herzen
- von [großem] Nutzen, Vorteil sein
- von Sinnen sein
- vonseiten *(vgl. d.) od.* von Seiten
- von Neuem *od.* neuem; von Weitem *od.* weitem
- von nah und fern; von links, von rechts
- von oben (*Abk.* v. o.); von unten (*Abk.* v. u.)
- von ungefähr; von vorn[e]; von vornherein
- von jetzt, von da an (*ugs.* von jetzt, von da ab)
- von Jugend an (*ugs.* von Jugend ab)
- von Grund auf
- von mir aus; von Haus[e] aus
- von Amts wegen; von Rechts wegen
- von Hand zu Hand; mit Grüßen von Haus zu Haus
- von weit her; von alters her; von dorther; von jeher
- von dannen, hinnen gehen *(veraltet)*
- von wegen! (*ugs. für* auf keinen Fall!)
- von daher (*ugs. für* deshalb)
- die Hälfte von meinem Vermögen (die Hälfte meines Vermögens)
- ein Mensch von intelligentem Aussehen
- die Zeitung von heute

den] Pferd ausführen); **Vol|ti|gie|rer; Vol|ti|gie|re|rin**
Volt|me|ter, das; -s, - (*Elektrot.* Spannungsmesser); *vgl. aber* Voltameter
Volt|se|kun|de (Einheit des magnetischen Flusses; *Zeichen* Vs)
Vo|lu|men, das; -s, *Plur.* - *u.* ...mina ⟨lat.⟩ (Rauminhalt [*Zeichen* V]; Band [eines Werkes; *nur in der Abk.* vol.]; Umfang, Gesamtmenge von etwas)
Vo|lu|men|ge|wicht (*svw.* Volumgewicht); **Vo|lu|men|pro|zent** (*svw.* Volumprozent); **Vo|lu|me|t|rie,** die; - (Messung von Rauminhalten); **Vo|lum|ge|wicht** (spezifisches Gewicht, Raumgewicht)
vo|lu|mi|nös ⟨franz.⟩ (umfangreich, massig)
Vo|lum|pro|zent (Hundertsatz vom Rauminhalt; *Abk.* Vol.-%)
Vo|lun|ta|ris|mus, der; - ⟨lat.⟩ (philos. Lehre, die allein den Willen als maßgebend betrachtet)
Vo|lun|ta|rist, der; -en, -en; **Vo|lun|ta|ris|tin; vo|lun|ta|ris|tisch**
Vo|lun|ta|tiv, der; -s (*Sprachwiss.* Form des Verbs, die einen Wunsch o. Ä. ausdrückt)
Vö|lu|s|pa, die; - ⟨altnord.⟩ (Eddalied vom Ursprung u. vom Untergang der Welt)
Vo|lu|te, die; -, -n ⟨lat.⟩ (*Kunstwiss.* spiralförmige Einrollung am Kapitell ionischer Säulen)
Vol|vu|lus, der; -, ...li ⟨lat.⟩ (*Med.* Darmverschlingung)
vom (von dem; *Abk.* v.)
Vom|hun|dert|satz *vgl.* Hundertsatz
vo|mie|ren ⟨lat.⟩ (*Med.* sich erbrechen)
von *s. Kasten*
von|ei|n|an|der; etwas voneinander haben, lernen, wissen; sich voneinander wegbewegen; *aber* voneinandergehen; *vgl.* aneinander; aufeinander
von|ei|n|an|der|ge|hen
von|nö|ten ([dringend] nötig); vonnöten sein
von oben (*Abk.* v. o.)
von Rechts we|gen (*Abk.* v. R. w.)
von|sei|ten, von Sei|ten; vonseiten *od.* von Seiten seines Vaters
von|stat|ten|ge|hen; alles ging gut vonstatten; vonstattengegangen; vonstattenzugehen
von un|ten (*Abk.* v. u.)

von was / wovon
Von was kommt in der gesprochenen Sprache recht häufig vor: *Von was sollen wir das bezahlen?* Im geschriebenen Standarddeutsch wird in der Regel *wovon* verwendet: *Wovon sollen wir das bezahlen?*

von we|gen! (*ugs. für* auf keinen Fall!)
Voo|doo, Vou|dou [vuˈduː, ˈvuːdu], der; - ⟨westafrik.-kreol.⟩ (Geheimkult auf Haiti)
[1]**Vo|po,** der; -s, -s (*ugs.; kurz für* Volkspolizist); [2]**Vo|po,** die; - (*ugs.; kurz für* Volkspolizei)
vor (*Abk.* v.); *Präp. mit Dat. u. Akk.:* vor dem Zaun stehen, *aber* sich vor den Zaun stellen; vor allem *(vgl. d.);* vor diesem; vor alters *(vgl. d.);* vor Kurzem *od.* kurzem; vor der Zeit; vor Ort; Gnade vor Recht ergehen lassen; vor sich gehen; vor sich hin brummen usw.; vor Christi Geburt (*Abk.* v. Chr. G.); vor Christo *od.* Christus (*Abk.* v. Chr.); vor allem[,] wenn/weil *(vgl. d.)*
vor... (*in Zus. mit Verben,* z. B. vorsingen, du singst vor, vorgesungen, vorzusingen)
vor|ab (zunächst, zuerst)
Vor|ab|druck *Plur.* ...drucke
Vor|abend
Vor|abend|mes|se *(kath. Kirche)*
Vor|abend|se|rie *(Fernsehen)*
Vor|ab|in|for|ma|ti|on
Vor|ah|nung; Vor|alarm
vor al|lem (*Abk.* v. a.); vor allem[,] wenn/weil ... ↑K127
Vor|al|pe (*westösterr. für* im Frühjahr vorübergehend bewirtschaftete Bergweide)
Vor|al|pen *Plur.*
vor al|ters (*veraltet für* in alter Zeit); ↑K70
vo|r|an; der Sohn voran, der Vater hinterdrein; **vo|r|an...** (z. B. vorangehen; ich gehe voran; vorangegangen; voranzugehen)
vo|r|an|brin|gen
vo|r|an|ge|hen; vo|r|an|ge|hend; die vorangehenden Ausführungen; *aber* ↑K72: Vorangehendes; im Vorangehenden; der, die, das Vorangehende; *vgl.* folgend
vo|r|an|kom|men
Vor|an|kün|di|gung
vo|r|an|ma|chen (*ugs. für* sich beeilen)
vor|an|mel|den; *nur im Infinitiv u. Partizip II gebr.;* vorangemeldet; **Vor|an|mel|dung**
Vor|an|schlag (*Wirtsch.* Kalkulation)
vo|r|an|schrei|ten; vo|r|an|stel|len; vo|r|an|trei|ben
Vor|an|zei|ge
Vor|ar|beit; vor|ar|bei|ten
Vor|ar|bei|ter; Vor|ar|bei|te|rin
Vor|arl|berg [*auch* ˈfoːɐ̯...] (österr. Bundesland); **Vor|arl|ber|ger; Vor|arl|ber|ge|rin; vor|arl|ber|gisch**
vo|r|auf (*selten für* voran *u.* voraus)
Vor|auf|füh|rung (Aufführung eines Films vor dem eigentlichen Kinostart)
vo|r|auf|ge|hen *(geh.)*
vo|r|aus; sie war allen voraus; *aber* im (*landsch.* zum) Voraus [ˈfoː..., *auch* ...ˈraus]

Vo|r|aus, der; - (*Rechtsspr.* besonderer Erbanspruch eines überlebenden Ehegatten)
vo|r|aus... (z. B. vorausgehen; ich gehe voraus; vorausgegangen; vorauszugehen)
Vo|r|aus|ab|tei|lung *(Militär)*
vo|r|aus|ah|nen; vo|r|aus|be|re|chen|bar; vo|r|aus|be|rech|nen; vo|r|aus|be|stim|men
vo|r|aus|be|zah|len; Vo|r|aus|be|zah|lung
vo|r|aus|da|tie|ren (mit einem späteren Datum versehen)
vo|r|aus|den|ken; vo|r|aus|ei|len
Vo|r|aus|ex|em|p|lar
vo|r|aus|fah|ren
vo|r|aus|ge|hen; vo|r|aus|ge|hend; die vorausgehenden Verhandlungen; *aber* ↑K72: Vorausgehendes; im Vorausgehenden; der, die, das Vorausgehende; *vgl.* folgend
vo|r|aus|ge|setzt[,] dass ↑K127
vo|r|aus|ha|ben; jmdm. etwas voraushaben
Vo|r|aus|kas|se
Vo|r|aus|kor|rek|tur
vo|r|aus|lau|fen
vo|r|aus|sag|bar; Vo|r|aus|sa|ge; vo|r|aus|sa|gen
Vo|r|aus|schau; vo|r|aus|schau|en
Vor|aus|schei|dung *(Sport)*
vo|r|aus|schi|cken
vo|r|aus|seh|bar; vo|r|aus|se|hen
vo|r|aus|set|zen; Vo|r|aus|set|zung; vo|r|aus|set|zungs|los
Vo|r|aus|sicht, die; -; aller Voraussicht nach; **vo|r|aus|sicht|lich**
Vor|aus|wahl (vorläufige Auswahl)
vo|r|aus|wis|sen
vo|r|aus|zah|len; Vo|r|aus|zah|lung
Vor|bau *Plur.* ...bauten
vor|bau|en (*auch für* vorbeugen); der kluge Mann baut vor
vor|be|dacht; Vor|be|dacht, der; *nur in* mit, ohne Vorbedacht
Vor|be|deu|tung; Vor|be|din|gung
Vor|be|halt, der; -[e]s, -e; mit, unter, ohne Vorbehalt
vor|be|hal|ten; ich behalte es mir vor; ich habe es mir vorbehalten; vorzubehalten
vor|be|halt|lich, *schweiz.* **vor|be|hält|lich** *(Amtsspr.); Präp. mit Gen.:* vorbehaltlich, *schweiz.* vorbehältlich unserer Rechte; **vor|be|halt|los**
Vor|be|halts|gut; Vor|be|halts|klau|sel; Vor|be|halts|ur|teil
vor|be|han|deln; Vor|be|hand|lung
vor|bei; vorbei (vorüber) sein; als sie kam, war bereits alles vorbei
vor|bei... (z. B. vorbeigehen; ich gehe vorbei; vorbeigegangen; vorbeizugehen)
vor|bei|be|neh|men, sich (*ugs. für* sich ungehörig benehmen)
vor|bei|brin|gen
vor|bei|drü|cken, sich *(ugs.)*
vor|bei|dür|fen *(ugs.)*
vor|bei|fah|ren; vor|bei|flie|gen; vor|bei|flie|ßen
Vor|bei|flug *(bes. Raumfahrt)*
vor|bei|füh|ren; vor|bei|ge|hen
vor|bei|kom|men; bei jmdm. vorbeikommen (*ugs. für* jmdn. kurz besuchen)
vor|bei|kön|nen *(ugs.);* **vor|bei|las|sen** *(ugs.);* **vor|bei|lau|fen**
Vor|bei|marsch, der; **vor|bei|mar|schie|ren**
vor|bei|müs|sen *(ugs.)*
vor|bei|rau|schen *(ugs.);* **vor|bei|re|den;** am Thema vorbeireden; **vor|bei|rei|ten**
vor|bei|schau|en; vor|bei|schie|ßen
vor|bei|schram|men *(ugs.);* **vor|bei|wol|len** *(ugs.)*
vor|bei|zie|hen; vor|bei|zwän|gen, sich
vor|be|las|tet; erblich vorbelastet sein; **Vor|be|las|tung**
Vor|be|mer|kung; Vor|be|ra|tung
vor|be|rei|ten; Vor|be|rei|tung; Vor|be|rei|tungs|dienst
Vor|be|rei|tungs|kurs, Vor|be|rei|tungs|kur|sus
Vor|be|rei|tungs|spiel *(Sport)*
Vor|be|rei|tungs|zeit
Vor|be|richt; Vor|be|scheid
Vor|be|sit|zer; Vor|be|sit|ze|rin
Vor|be|spre|chung
vor|be|stel|len; Vor|be|stel|lung
vor|be|stim|men (*svw.* vorherbestimmen); **Vor|be|stim|mung**
vor|be|straft; Vor|be|straf|te, der *u.* die; -n, -n
vor|be|ten; Vor|be|ter; Vor|be|te|rin
Vor|beu|ge|haft, die *(Rechtswiss.)*
vor|beu|gen ↑K82: Vorbeugen *od.* vorbeugen ist besser als Heilen *od.* heilen
Vor|beu|gung; Vor|beu|gungs|maß|nah|me
vor|be|zeich|net (*veraltend für* eben genannt, eben aufgeführt)
Vor|bild; vor|bil|den
Vor|bild|funk|ti|on
vor|bild|haft; vor|bild|lich; Vor|bild|lich|keit, die; -
Vor|bil|dung
Vor|bild|wir|kung
vor|bin|den
vor|bla|sen (*ugs. für* vorsagen)
vor|blät|tern
Vor|blick
vor|boh|ren
Vor|bör|se (der eigentlichen Börsenzeit vorausgehender Wertpapierhandel); **vor|börs|lich**
Vor|bo|te; Vor|bo|tin
vor|brin|gen
Vor|büh|ne
vor Chris|ti Ge|burt (*Abk.* v. Chr. G.)
vor|christ|lich
vor Chris|to, vor Chris|tus (*Abk.* v. Chr.)
Vor|dach
vor|da|tie|ren (vorausdatieren; *auch für* zurückdatieren); **Vor|da|tie|rung**
Vor|deck (*svw.* Vorderdeck)
vor|dem [*auch* 'fo:ɐ̯...] (*veraltend für* früher)
Vor|den|ker *(bes. Politik);* **Vor|den|ke|rin**
Vor|der|ach|se; Vor|der|an|sicht
vor|der|asi|a|tisch; Vor|der|asi|en
Vor|der|aus|gang; Vor|der|bank *Plur.* ...bänke; **Vor|der|bein; Vor|der|deck**
vor|de|re; der vordere Eingang; *aber* der Vordere Orient; *vgl.* vorderst
Vor|der|ein|gang; Vor|der|frau; Vor|der|front; Vor|der|fuß
Vor|der|gau|men; Vor|der|gau|men|laut (*für* Palatal)
Vor|der|grund; vor|der|grün|dig
vor|der|hand [*auch* ...'hant] ↑K63 ‹*zu* vor› (einstweilen)
Vor|der|hand, die; - ‹*zu* vordere›
Vor|der|haus
Vor|der|hirn *(Anat.)*
Vor|der|in|di|en ↑K143
Vor|der|kip|per *(Kfz-Technik)*
Vor|der|la|der (eine alte Feuerwaffe)
Vor|der|mann *Plur.* ...männer, *auch* ...leute
Vor|der|pfo|te
Vor|der|rad; Vor|der|rad|an|trieb; Vor|der|rad|brem|se
Vor|der|rei|fen; Vor|der|satz *(Sprachwiss.);* **Vor|der|schiff; Vor|der|schin|ken; Vor|der|sei|te; Vor|der|sitz**
vor|derst; zuvorderst; der vorderste Mann, *aber* ↑K72: die Vorders|ten sollen sich setzen
Vor|der|ste|ven *(Seemannsspr.)*
Vor|der|teil, das *od.* der
Vor|der|tür; Vor|der|zahn; Vor|der|zim|mer
vor|drän|geln, sich; ich drängʼ[e]le mich vor; **vor|drän|gen;** sich vordrängen; **vor|drin|gen**

V
Vora

vor|dring|lich (besonders dringlich); **Vor|dring|lich|keit,** die; -
Vor|druck *Plur.* ...drucke
vor|ehe|lich
vor|ei|lig; Vor|ei|lig|keit
vor|ei|n|an|der ↑K48 : sich voreinander fürchten, sich voreinander hinstellen; *vgl.* aneinander
vor|ein|ge|nom|men; Vor|ein|ge|nom|men|heit
Vor|ein|sen|dung; gegen Voreinsendung des Betrages
Vor|ein|stel|lung
vor|eis|zeit|lich
Vor|el|tern *Plur.* (Vorfahren)
vor|ent|hal|ten; ich enthalte vor; ich habe vorenthalten; vorzuenthalten; **Vor|ent|hal|tung**
Vor|ent|scheid; Vor|ent|schei|dung; Vor|ent|schei|dungs|kampf
[1]**Vor|er|be,** der; [2]**Vor|er|be,** das
Vor|er|bin (*zu* [1]Vorerbe)
Vor|er|he|bung (*bes. bayr., österr. für* Vorermittlung)
Vor|er|kran|kung *(Versicherungsw.)*
Vor|er|mitt|lung (erstes Ermittlungsverfahren)
vor|erst
vor|er|wähnt *(Amtsspr.)*
vor|er|zäh|len (*ugs. für* jmdm. etwas weismachen wollen)
Vor|es|sen (*schweiz. für* Ragout)
Vor|ex|a|men
vor|ex|er|zie|ren *(ugs.)*
Vor|fa|b|ri|ka|ti|on; vor|fa|b|ri|zie|ren
Vor|fahr, der; -en, -en, **Vor|fah|re,** der; -n, -n
vor|fah|ren
Vor|fah|rin
Vor|fahrt; [die] Vorfahrt haben, beachten; **vor|fahrt[s]|be|rech|tigt; Vor|fahrt[s]|recht**
Vor|fahrt[s]|re|gel; Vor|fahrt[s]|schild, das; **Vor|fahrt[s]|stra|ße; Vor|fahrt[s]|zei|chen**
Vor|fall, der; **vor|fal|len**
Vor|fei|er
Vor|feld; im Vorfeld der Wahlen
Vor|film
vor|fil|tern
vor|fi|nan|zie|ren; Vor|fi|nan|zie|rung
vor|fin|den
Vor|flu|ter (Abzugsgraben; Entwässerungsgraben)
Vor|form; vor|for|men
vor|for|mu|lie|ren
Vor|fra|ge
Vor|freu|de
vor|fris|tig; etwas vorfristig liefern
Vor|früh|ling
vor|füh|len
Vor|führ|da|me
Vor|führ|ef|fekt (*scherzh. für* Panne bei einer Vorführung)
vor|füh|ren; Vor|füh|rer; Vor|füh|re|rin; Vor|führ|ge|rät; Vor|führ|mo|dell; Vor|führ|raum; Vor|füh|rung; Vor|füh|rungs|raum; Vor|führ|wa|gen
Vor|ga|be (Richtlinie; *Sport* Vergünstigung für Schwächere); **Vor|ga|be|zeit** *(Wirtsch.)*
Vor|gang
Vor|gän|ger; Vor|gän|ge|rin; Vor|gän|ger|mo|dell
vor|gän|gig (*schweiz. svw.* vorherig; *als Adverb:* zuvor; *als Präp. mit Gen. [Amtsspr.]:* vor)
Vor|gangs|wei|se, die (*österr. für* Vorgehensweise)
Vor|gar|ten
vor|gau|keln; ich gauk[e]le vor
vor|ge|ben; vorgegeben
Vor|ge|bir|ge
vor|geb|lich (angeblich)
vor|ge|fasst; vorgefasste Meinung
Vor|ge|fecht
vor|ge|fer|tigt
Vor|ge|fühl; im Vorgefühl ihres Glücks
Vor|ge|gen|wart (*svw.* Perfekt)
vor|ge|hen; Vor|ge|hen, das; -s; **Vor|ge|hens|wei|se,** die
vor|ge|la|gert; vorgelagerte Inseln
Vor|ge|län|de
Vor|ge|le|ge (*Technik* eine Übertragungsvorrichtung)
vor|ge|le|sen, ge|neh|migt, un|ter|schrie|ben (gerichtl. Formel; *Abk.* v., g., u.)
vor|ge|nannt *(Amtsspr.)*
vor|ge|ord|net (*veraltet für* übergeordnet)
Vor|ge|plän|kel
Vor|ge|richt (Vorspeise)
vor|ger|ma|nisch
Vor|ge|schich|te; Vor|ge|schicht|ler; Vor|ge|schicht|le|rin; vor|ge|schicht|lich; Vor|ge|schichts|for|schung
Vor|ge|schmack, der; -[e]s
vor|ge|schrie|ben *vgl.* vorschreiben
vor|ge|schrit|ten; in vorgeschrittenem Alter
vor|ge|se|hen *vgl.* vorsehen
Vor|ge|setz|te, der *u.* die; -n, -n; **Vor|ge|setz|ten|ver|hält|nis**
Vor|ge|spräch
vor|ges|tern; vorgestern Abend ↑K69 ; **vor|gest|rig**
vor|ge|zo|gen *vgl.* vorziehen
vor|glü|hen (beim Dieselmotor; *ugs. auch für* sich schon vor einer Party durch Alkoholgenuss in Stimmung bringen)
vor|grei|fen; vor|greif|lich
Vor|griff
Vor|grup|pe (im Vorprogramm eines Rockkonzerts o. Ä. auftretende Gruppe)
vor|gu|cken *(ugs.)*
vor|ha|ben; Vor|ha|ben, das; -s, -
Vor|hal|le
Vor|halt (beim Schießen auf bewegliche Ziele die Berücksichtigung der Bewegungsgeschwindigkeit; *Musik* ein dissonanter Ton, der anstelle eines benachbarten Akkordtones steht, in den er sich auflöst; *schweiz. neben* Vorhaltung); **vor|hal|ten; Vor|hal|tung** *meist Plur.* (ernste Ermahnung)
Vor|hand, die; - (*bes. Tennis, Tischtennis* bestimmter Schlag; *beim Pferd* auf den Vorderbeinen ruhender Rumpfteil; Position des [Skat]spielers, der zuerst ausspielt); in [der] Vorhand sein, halten
vor|han|den; vorhanden sein; **Vor|han|den|sein,** das; -s ↑K82
Vor|hang, der; -[e]s, ...hänge
[1]**vor|hän|gen;** das Kleid hing unter dem Mantel vor; *vgl.* [1]hängen
[2]**vor|hän|gen;** sie hat das Bild vorgehängt; *vgl.* [2]hängen
Vor|hän|ge|schloss
Vor|hang|stan|ge; Vor|hang|stoff
Vor|haus (*landsch. für* Hauseinfahrt, -flur)
Vor|haut (*für* Präputium); **Vor|haut|ver|en|gung** (*für* Phimose)
vor|hei|zen

vor|her

[*auch* ...ˈheːɐ̯]

– vorher (früher, vor diesem Zeitpunkt) war es besser
– etwas vorher tun
– kurz vorher

Schreibung in Verbindung mit Verben:
Getrenntschreibung, wenn »vorher« im Sinne von »früher, vor einem bestimmten Zeitpunkt« gebraucht wird, z. B.

– vorher (früher) gehen
– er hätte das vorher sagen sollen

Zusammenschreibung, wenn »vorher« im Sinne von »voraus« verwendet wird ↑K47:

– vorherbestimmen, vorhergehen, vorhersagen, vorhersehen

vor|her|be|stim|men ↑K47 (vorausbestimmen); er bestimmt vorher; vorherbestimmt; vorherzubestimmen; *aber* sie hat den Zeitpunkt vorher (früher, im Voraus) bestimmt; **Vor|her|be|stim|mung**
vor|her|ge|hen ↑K47 (voraus-, vorangehen); es geht vorher; vorhergegangen; vorherzugehen; *vgl. aber* vorher
vor|her|ge|hend; die vorhergehenden Ereignisse; *aber* ↑K72: Vorhergehendes; im Vorhergehenden (weiter oben); der, die, das Vorhergehende
vor|he|rig [*auch* ˈfoːɐ̯...]
Vor|herr|schaft; vor|herr|schen
vor|her|sag|bar; Vor|her|sa|ge, die; -, -n; **vor|her|sa|gen** ↑K47 (voraussagen); ich sage vorher; vorhergesagt; vorherzusagen; ↑K72: das Vorhergesagte, *aber* das vorher Gesagte; *vgl.* vorher
vor|her|seh|bar; vor|her|se|hen ↑K47 (im Voraus erkennen); ich sehe vorher; vorhergesehen; vorherzusehen; *vgl. aber* vorher
vor|heu|len *(ugs.)*
vor|hin [*auch* ...ˈhɪn]
Vor|hi|n|ein; *nur in der Fügung* im Vorhinein (im Voraus)
Vor|hof; Vor|höl|le
Vor|hut, die; -, -en
vo|ri|ge; vorigen Jahres (*Abk.* v. J.); vorigen Monats (*Abk.* v. M.); ↑K72: der, die, das Vorige; im Vorigen; die Vorigen (Personen des Theaterstückes); *vgl.* folgend
vor|in|dus|t|ri|ell (vor der Industrialisierung)
Vor|in|for|ma|ti|on; vor|in|for|mie|ren
Vor|in|s|tanz *(Rechtsspr.)*
Vor|jahr; Vor|jah|res|er|geb|nis; Vor|jah|res|mo|nat; Vor|jah|res|ni|veau; Vor|jah|res|sie|ger; Vor|jah|res|sie|ge|rin; Vor|jah|res|zeit|raum
vor|jäh|rig
vor|jam|mern *(ugs.)*
Vor|kal|ku|la|ti|on *(Kaufmannsspr.)*
Vor|kam|mer
Vor|kämp|fer; Vor|kämp|fe|rin
Vor|kas|se (*svw.* Vorauskasse)
vor|kau|en (*ugs. auch für* in allen Einzelheiten erklären)
Vor|kauf; Vor|käu|fer; Vor|kaufs|recht
Vor|kehr, die; -, -en (*schweiz. für* Vorkehrung); **vor|keh|ren** (*schweiz. für* vorsorglich anordnen); **Vor|keh|rung;** Vorkehrungen treffen
Vor|keim *(Bot.)*
Vor|kennt|nis *meist Plur.*
vor|kli|nisch; die vorklinischen Semester
vor|knöp|fen *(ugs.)*
vor|ko|chen
vor|kom|men; Vor|kom|men, das; -s, -
Vor|komm|nis, das; -ses, -se
Vor|kost (Vorspeise); **Vor|kos|ter; Vor|kos|te|rin**
vor|kra|gen (*Bauw.* herausragen; *seltener für* herausragen lassen)
Vor|kriegs|ge|ne|ra|ti|on; Vor|kriegs|wa|re; Vor|kriegs|zeit
vor|ku|cken (*nordd. für* vorgucken)
vor Kur|zem *od.* **kur|zem** *vgl.* kurz
vor|la|den *vgl.* ²laden; **Vor|la|dung**
Vor|la|ge
Vor|land, das; -[e]s, -e
vor|las|sen
Vor|lauf (zeitl. Vorsprung; *Chemie* erstes Destillat; *Sport* Ausscheidungslauf)
Vor|läu|fer; Vor|läu|fe|rin; Vor|läu|fer|mo|dell
vor|läu|fig; Vor|läu|fig|keit
Vor|lauf|zeit, Vor|laufs|zeit
vor|laut
vor|le|ben; der Jugend Toleranz vorleben; **Vor|le|ben**, das; -s (früheres Leben)
Vor|le|ge|be|steck
vor|le|gen
Vor|le|ger (kleiner Teppich); **Vor|le|ge|schloss; Vor|le|gung**
vor|leh|nen, sich
Vor|leis|tung
vor|le|sen; Vor|le|se|pult; Vor|le|ser; Vor|le|se|rin; Vor|le|se|wett|be|werb
Vor|le|sung; vor|le|sungs|frei
Vor|le|sungs|ge|bühr; Vor|le|sungs|rei|he; Vor|le|sungs|ver|zeich|nis
vor|letzt; zu vorletzt; der vorletzte Mann, *aber* ↑K80: er ist der Vorletzte [der Klasse]
Vor|lie|be, die; -, -n
vor|lieb|neh|men; ich nehme vorlieb; vorliebgenommen; vorliebzunehmen; *vgl.* fürliebnehmen
vor|lie|gen; das Dokument hat (*südd., österr., schweiz.* ist) vorgelegen
vor|lie|gend; vorliegender Fall; ↑K72: Vorliegendes; im Vorliegenden *(Amtsspr.)*; das Vorliegende; *vgl.* folgend
vor|lings (*Sport* dem Gerät zugewandt)
vor|lü|gen
vorm (*ugs. für* vor dem); vorm Haus[e]
¹**vorm.** = vormals
²**vorm.**, vm. = vormittags
vor|ma|chen *(ugs.)*; jmdm. etwas vormachen (jmdn. täuschen)
Vor|macht, die; -; **Vor|macht|stel|lung**
Vor|ma|gen (*svw.* Pansen)
vor|ma|lig (ehemalig); der vormalige Besitzer; **vor|mals** (einst, früher; *Abk.* vorm.); vormals war hier ein Park
Vor|mann *Plur.* ...männer, *seltener* ...leute
Vor|marsch, der
Vor|märz, der; -[es] (Periode von 1815 bis zur Märzrevolution von 1848); **vor|märz|lich**
Vor|mast, der (vorderer Schiffsmast)
Vor|mau|er
Vor|mensch, der (Vorläufer des Urmenschen)
Vor|merk|buch
vor|mer|ken; Vor|mer|kung (*auch für* vorläufige Eintragung ins Grundbuch)
Vor|mie|ter; Vor|mie|te|rin
Vor|milch, die; - (*für* Kolostrum)
Vor|mit|tag, der; -[e]s, -e; heute Vormittag ↑K69; des Vormittags, *aber* ↑K70: vormittags; *vgl.* ¹Mittag
vor|mit|tä|gig *vgl.* ...tägig; **vor|mit|täg|lich** *vgl.* ...täglich; **vor|mit|tags** *vgl.* Vormittag
Vor|mit|tags|stun|de; Vor|mit|tags|vor|stel|lung
Vor|mo|nat
Vor|mor|phem (*schweiz. für* Vorsilbe, Präfix)
Vor|mund, der; -[e]s, *Plur.* -e *u.* ...münder; **Vor|mund|schaft; Vor|mund|schafts|ge|richt**
¹**vorn**, *ugs.* vor|ne; noch einmal von vorn, *ugs.* vorne beginnen; vorn, *ugs.* vorne sitzen, stehen, liegen
²**vorn** (*ugs. für* vor den)
Vor|nah|me, die; -, -n (Ausführung)
Vor|na|me
vorn|an [*auch* ˈf...]; vornan marschieren
vor|ne *vgl.* ¹vorn; **vor|ne|an** [*auch* ˈfɔr...] (*ugs. für* vornan); **vor|ne|he|r|ein** [*auch* ...ˈrain] (*ugs. für* vornherein)
vor|nehm; vornehm tun
vor|neh|men
Vor|nehm|heit
vor|nehm|lich (*geh. für* vor allem, besonders)

V
vorh

Vor|nehm|tu|e|rei, die; - *(abwertend)*
vor|nei|gen; sich vorneigen
vor|ne|über usw. *(ugs. für* vornüber usw.); **vor|ne|weg** [*auch* ...ə'vɛk], vorn|weg [*auch* ...'vɛk]
vorn|he|r|ein [*auch* ...'rain]; von vornherein
vorn|über; vorn|über... (z. B. vornüberstürzen; sie ist vornübergestürzt); **vorn|über|beu|gen; vorn|über|fal|len; vorn|über|kip|pen; vorn|über|stür|zen**
vorn|weg [*auch* ...'vɛk] *vgl.* vorneweg
Vor|ort, der; -[e]s, Vororte; *vgl. aber* vor Ort
vor Ort (am Ort des Geschehens); vor Ort sein
Vor-Ort-Be|ge|hung; Vor-Ort-Ser|vice, der
Vor|ort[s]|ver|kehr, der; -s; **Vor|ort[s]|zug**
Vor-Ort-Ter|min
vor|pla|nen; Vor|pla|nung
Vor|platz
Vor|pom|mern (Teil des Bundeslandes Mecklenburg-Vorpommern)
Vor|pos|ten
vor|prel|len *(landsch. für* vorpreschen)
Vor|pre|mi|e|re (Voraufführung)
vor|pre|schen
Vor|pro|gramm; vor|pro|gram|mie|ren; vor|pro|gram|miert
Vor|prü|fung
Vor|quar|tal *(bes. Wirtsch.)*
vor|quel|len
Vor|rang, der; -[e]s *(österr. auch für* Vorfahrt)
vor|ran|gig; Vor|ran|gig|keit, die; -
Vor|rang|stel|lung
Vor|rang|stra|ße *(österr. für* Vorfahrtsstraße); **Vor|rang|ta|fel** *(österr. für* Vorfahrtsschild)
Vor|rat, der; -[e]s, ...räte; **vor|rä|tig;** etwas vorrätig haben
Vor|rats|da|ten|spei|che|rung *(Politik* Speicherung von Telekommunikationsdaten für einen bestimmten Zeitraum)
Vor|rats|hal|tung; Vor|rats|kam|mer; Vor|rats|kel|ler; Vor|rats|raum; Vor|rats|schrank
Vor|raum

voraus
Voraus ist eine Zusammensetzung aus *vor* und *aus.* Korrekt ist deshalb nur die Schreibung mit einem *r.*

vor|rech|nen
Vor|recht
Vor|re|de; Vor|red|ner; Vor|red|ne|rin
Vor|rei|ter; Vor|rei|te|rin; Vor|rei|ter|rol|le
vor|ren|nen; Vor|ren|nen *(Sport)*
vor|re|vo|lu|ti|o|när
vor|rich|ten *(landsch. für* herrichten); **Vor|rich|tung**
vor|rü|cken *(österr. Amtsspr. auch für* in die nächste Gehaltsstufe kommen); **Vor|rü|ckung** *(österr.)*
Vor|ru|he|stand (freiwilliger vorzeitiger Ruhestand); **Vor|ru|he|ständ|ler; Vor|ru|he|ständ|le|rin**
Vor|ru|he|stands|geld; Vor|ru|he|stands|re|ge|lung
Vor|run|de *(Sport);* **Vor|run|den|spiel**
vors ↑K14 *(ugs. für* vor das); vors Haus
Vors. = Vorsitzende[r], Vorsitzer[in]
Vor|saal *(landsch. für* Diele)
vor|sa|gen; Vor|sa|ger; Vor|sa|ge|rin
Vor|sai|son
Vor|sän|ger; Vor|sän|ge|rin
Vor|satz, der, *Druckw.* das; -es, Vorsätze; **Vor|satz|blatt** (Vorsatzpapier)
vor|sätz|lich; Vor|sätz|lich|keit, die; -
Vor|satz|pa|pier *(Druckw.)*
Vor|schalt|ge|setz (vorläufige gesetzliche Regelung); **Vor|schalt|wi|der|stand** *(Elektrot.)*
Vor|schau
Vor|schein; *nur noch in* zum Vorschein kommen, bringen
vor|schi|cken; vor|schie|ben
vor|schie|ßen *(ugs.);* jmdm. hundert Euro vorschießen
Vor|schiff
vor|schla|fen *(ugs.)*
Vor|schlag; auf Vorschlag von ...
vor|schla|gen
Vor|schlag|ham|mer
Vor|schlags|lis|te; Vor|schlags|recht
Vor|schluss|run|de *(Sport)*
vor|schme|cken
vor|schnell; vorschnell urteilen
Vor|schot|mann *Plur.* ...männer *u.* ...leute *(Segeln)*
vor|schrei|ben; sich an das vorgeschriebene Verfahren halten
Vor|schrift; Dienst nach Vorschrift
vor|schrifts|ge|mäß; vor|schrifts|mä|ßig; vor|schrifts|wid|rig
Vor|schub *(Technik* Vorwärtsbewegung eines Werkzeugs; *EDV* Weitertransport des Papiers in einem Drucker; *veraltet für* Begünstigung, Förderung); jmdm. *od.* einer Sache Vorschub leisten; **Vor|schub|leis|tung**
Vor|schul|al|ter; Vor|schu|le; Vor|schul|er|zie|hung; vor|schu|lisch; Vor|schul|jahr; Vor|schul|kind; Vor|schu|lung
Vor|schuss; Vor|schuss|lor|beer *meist Plur.* (im Vorhinein erteiltes Lob); **vor|schuss|wei|se; Vor|schuss|zah|lung**
vor|schüt|zen (als Ausrede gebrauchen); keine Müdigkeit vorschützen
vor|schwär|men
vor|schwe|ben (im Sinn haben); mir schwebt etwas Neues vor
vor|se|hen; sieh dich vor!; die vorgesehene Menge abwiegen; das Notstromaggregat hat sich[,] wie vorgesehen[,] selbst eingeschaltet; **Vor|se|hung,** die; -
vor|set|zen
vor sich ... *vgl.* vor
Vor|sicht, die; -
vor|sich|tig; Vor|sich|tig|keit, die; -
vor|sichts|hal|ber; Vor|sichts|maß|nah|me; Vor|sichts|maß|re|gel
Vor|si|g|nal *(Eisenbahn)*
Vor|sil|be
vor|sin|gen
vor|sint|flut|lich *(ugs. für* längst veraltet, unmodern)
Vor|sitz, der; -es, -e
vor|sit|zen; Vor|sit|zen|de, der *u.* die; -n, -n *(Abk.* Vors.)
Vor|sit|zer (Vorsitzender; *Abk.* Vors.); **Vor|sit|ze|rin** *(Abk.* Vors.)
Vor|som|mer
Vor|sor|ge, die; -; Vorsorge treffen; **Vor|sor|ge|maß|nah|me**
vor|sor|gen
Vor|sor|ge|un|ter|su|chung
vor|sorg|lich
Vor|spann, der; -[e]s, -e *u.* Vorspänne (zusätzliches Zugtier od. -fahrzeug; Titel, Darsteller- u. Herstellerverzeichnis beim Film, Fernsehen; Einleitung eines Presseartikels o. Ä.); *vgl.* Nachspann
vor|span|nen
Vor|spann|mu|sik *(Film, Fernsehen)*
Vor|spei|se
vor|spie|geln; Vor|spie|ge|lung, Vor|spieg|lung; das ist Vorspieg[e]lung falscher Tatsachen
Vor|spiel; vor|spie|len; Vor|spie|ler; Vor|spie|le|rin
Vor|spra|che; vor|spre|chen
vor|sprin|gen; Vor|sprin|ger (beim Skispringen); **Vor|sprin|ge|rin**
Vor|spruch
Vor|sprung

vor|spu|len
vor|spu|ren (*schweiz. für* eine Spur legen); Aufgaben, eine Entwicklung vorspuren (vorzeichnen)
Vor|sta|di|um
Vor|stadt; Vor|städ|ter; Vor|städ|te|rin; vor|städ|tisch
Vor|stadt|ki|no; Vor|stadt|the|a|ter
Vor|stand, der; -[e]s, Vorstände (*österr. auch svw.* Vorsteher); **Vor|stän|din**
Vor|stands|chef; Vor|stands|che|fin
Vor|stands|eta|ge; Vor|stands|mit|glied; Vor|stands|sit|zung
Vor|stands|spre|cher; Vor|stands|spre|che|rin
Vor|stands|vor|sit|zen|de
Vor|ste|cker (Splint, Vorsteckkeil)
Vor|steck|keil; Vor|steck|na|del
vor|ste|hen; vor|ste|hend ↑K 72: Vorstehendes; im Vorstehenden *(Amtsspr.);* das Vorstehende; *vgl.* folgend
Vor|ste|her
Vor|ste|her|drü|se (*für* Prostata)
Vor|ste|he|rin
Vor|steh|hund
vor|stell|bar
vor|stel|len; sich etwas vorstellen
vor|stel|lig; vorstellig werden
Vor|stel|lung; Vor|stel|lungs|ga|be, die; -; **Vor|stel|lungs|ge|spräch**
Vor|stel|lungs|kraft; Vor|stel|lungs|ver|mö|gen, das; -s; **Vor|stel|lungs|welt**
Vor|steu|er, die
Vor|ste|ven *(Seew.)*
Vor|stop|per *(Fußball);* **Vor|stop|pe|rin**
Vor|stoß; vor|sto|ßen
Vor|stra|fe; Vor|stra|fen|re|gis|ter
vor|stre|cken; jmdm. Geld vorstrecken
vor|strei|chen; Vor|streich|far|be
Vor|stu|die; Vor|stu|fe
vor|sünd|flut|lich *vgl.* Sündflut
Vor|tag
vor|tan|zen; Vor|tän|zer; Vor|tän|ze|rin
vor|tas|ten, sich
vor|täu|schen; Vor|täu|schung
Vor|teig (für Hefekuchen, Brot)
Vor|teil, der; -[e]s, -e; von Vorteil; im Vorteil sein; **vor|teil|haft**
Vor|teils|an|nah|me *(Rechtsspr.);* **Vor|teils|ge|wäh|rung** *(Rechtsspr.)*
Vor|trag, der; -[e]s, ...träge
vor|tra|gen; Vor|tra|gen|de, der *u.* die; -n, -n; **Vor|trags|abend**
Vor|trags|be|zeich|nung *(Musik)*
Vor|trags|kunst, die; -; **Vor|trags|künst|ler; Vor|trags|künst|le|rin**
Vor|trags|raum; Vor|trags|rei|he; Vor|trags|saal; Vor|trags|si|tu|a|tion
vor|treff|lich; Vor|treff|lich|keit
vor|trei|ben
vor|tre|ten
Vor|trieb *(Physik, Technik, Bergmannsspr.);* **Vor|triebs|ver|lust**
Vor|tritt, der; -[e]s (*schweiz. auch für* Vorfahrt); jmdm. den Vortritt lassen
Vor|trupp
Vor|tuch *Plur.* ...tücher (*landsch. für* Schürze)
vor|tur|nen; Vor|tur|ner; Vor|tur|ne|rin; Vor|tur|ner|rie|ge
vo|r|ü|ber; es ist alles vorüber
vo|r|ü|ber|ge|hen; ich gehe vorüber; vorübergegangen; vorüberzugehen; im Vorübergehen ↑K 82; **vo|r|ü|ber|ge|hend**
Vor|über|le|gung
vo|r|ü|ber|zie|hen
Vor|übung
Vor|un|ter|su|chung
Vor|ur|teil; vor|ur|teils|frei; vor|ur|teils|los; Vor|ur|teils|lo|sig|keit, die; -
Vor|vä|ter *Plur. (geh.);* zur Zeit unserer Vorväter
vor|ver|gan|gen; Vor|ver|gan|gen|heit, die; - (Plusquamperfekt)
Vor|ver|hand|lung
Vor|ver|kauf; Vor|ver|kaufs|stel|le
vor|ver|le|gen; Vor|ver|le|gung
vor|ver|öf|fent|li|chen; Vor|ver|öf|fent|li|chung
vor|ver|schie|ben (*bes. österr., schweiz. für* vorverlegen)
Vor|ver|stär|ker *(Elektrot.)*
vor|ver|ster|ben (*bes. Rechtsspr.* vor einer bestimmten anderen Person sterben)
Vor|ver|trag
vor|ver|ur|tei|len; Vor|ver|ur|tei|lung
vor|vor|ges|tern
vor|vo|ri|ge (vorletzt); **vor|vor|letzt;** zu vorvorletzt; auf der vorvorletzten Seite
vor|wa|gen, sich
Vor|wahl; vor|wäh|len
Vor|wahl|kampf *(Politik)*
Vor|wahl|num|mer, Vor|wähl|num|mer
vor|wal|ten (*veraltend für* bestehen); unter den vorwaltenden Umständen
Vor|wand, der; -[e]s, ...wände
vor|wär|men; Vor|wär|mer
vor|war|nen; Vor|war|nung

vor|wärts

Man schreibt »vorwärts« als Verbzusatz mit dem folgenden Verb zusammen:

- sie will im Leben vorwärtskommen
- es muss vorwärtsgehen mit unserem Projekt
- eine vorwärtsweisende Idee ↑K 58

Man schreibt getrennt, wenn »vorwärts« als selbstständiges Adverb gebraucht wird:

- vorwärts einparken
- er ist vorwärts hineingefahren

vor|wärts|drän|gen *vgl.* vorwärts
Vor|wärts|gang, der
vor|wärts|ge|hen *vgl.* vorwärts
vor|wärts|ge|rich|tet; eine vorwärtsgerichtetete Strategie
vor|wärts|kom|men *vgl.* vorwärts
vor|wärts|schrei|ten *vgl.* vorwärts
vor|wärts|trei|ben *vgl.* vorwärts
Vor|wärts|ver|tei|di|gung (offensiv geführte Verteidigung)
vor|wärts|wei|send *vgl.* vorwärts
Vor|wä|sche; vor|wa|schen; Vor|wasch|gang
vor|weg
Vor|weg; *nur in der Fügung* im Vorweg[e] (vorsorglich)
vor|weg... (z. B. vorwegnehmen *[vgl. d.]*)
vor|weg|ge|hen
Vor|weg|nah|me, die; -, -n; **vor|weg|neh|men;** ich nehme vorweg; vorweggenommen; vorwegzunehmen
vor|weg|sa|gen; vor|weg|schi|cken
Vor|weg|wei|ser *(Verkehrsw.)*
Vor|we|he ⟨*zu* [1]Wehe⟩
vor|weih|nacht|lich
Vor|weih|nachts|zeit, die; -
Vor|weis, der; -es, -e *(veraltet)*
vor|wei|sen; Vor|wei|sung
Vor|welt, die; -; **vor|welt|lich**
vor|werf|bar *(Amtsspr.)*
vor|wer|fen
Vor|werk
vor|wie|gen; vor|wie|gend
Vor|win|ter
Vor|wis|sen
vor|wis|sen|schaft|lich
Vor|witz, der; -es (Neugierde; vorlaute Art); **vor|wit|zig**
Vor|wo|che; vor|wö|chig
vor|wöl|ben; Vor|wöl|bung
[1]**Vor|wort,** das; -[e]s, -e (Vorrede in einem Buch)

[2]**Vor|wort,** das; *Plur.* ...wörter (*österr. für* Verhältniswort)
Vor|wurf; vor|wurfs|frei; vor|wurfs|voll
vor|zäh|len; vor|zau|bern
Vor|zei|chen
vor|zeich|nen; Vor|zeich|nung
vor|zeig|bar
Vor|zei|ge|frau; Vor|zei|ge|mann
vor|zei|gen; Vor|zei|ge|sport|ler *(ugs.);* **Vor|zei|ge|sport|le|rin**
Vor|zeit
vor|zei|ten; *aber* vor langen Zeiten
vor|zei|tig; Vor|zei|tig|keit, die; - *(Sprachwiss.)*
vor|zeit|lich (der Vorzeit angehörend); **Vor|zeit|mensch**
Vor|zelt (vor einem Wohnwagen o. Ä. angebautes Zelt)
Vor|zen|sur
vor|zie|hen; vorgezogene Neuwahlen
Vor|zim|mer (*österr. auch für* Hausflur, Diele, Vorraum); **Vor|zim|mer|da|me; Vor|zim|mer|wand** (*österr. für* Kleiderablage)
Vor|zin|sen *Plur.* (*für* Diskont)
vor|zu (*schweiz. mdal. für* immer wieder)
Vor|zug; vor|züg|lich [*auch* 'fo:ɐ̯...]; **Vor|züg|lich|keit**
Vor|zugs|ak|tie
Vor|zugs|be|hand|lung; Vor|zugs|milch, die; -; **Vor|zugs|preis**
Vor|zugs|schü|ler (*österr. für* Schüler mit sehr guten Noten); **Vor|zugs|schü|le|rin**
Vor|zugs|stel|lung; vor|zugs|wei|se
Vor|zu|kunft, die; - (*für* Futurum exaktum)
Voß (dt. Schriftsteller); Voß' Nachdichtungen ↑K16
Vo|ta (*Plur. von* Votum)
vo|ten ⟨engl.⟩ (*ugs. für* abstimmen); gevotet
Vo|ten (*Plur. von* Votum)
vo|tie|ren (stimmen für)
Vo|ting, das; -s, -s ⟨lat.-engl.⟩ (Abstimmung)
Vo|tiv|bild ⟨lat.; dt.⟩ (einem od. einer Heiligen als Dank geweihtes Bild); **Vo|tiv|ga|be; Vo|tiv|ka|pel|le; Vo|tiv|ker|ze; Vo|tiv|kir|che; Vo|tiv|mes|se; Vo|tiv|ta|fel**
Vo|tum, das; -s, *Plur.* ...ten *u.* ...ta ⟨lat.⟩ (Gelübde; Urteil; Stimme; Entscheid[ung])
Vou|cher ['vaʊ̯tʃɐ], das *od.* der; -s, -[s] ⟨engl.⟩ (*Touristik* Gutschein für im Voraus bezahlte Leistungen)
Vou|dou [vu'du:, 'vu:du] *vgl.* Voodoo
Vou|te ['vu:...], die; -, -n ⟨franz.⟩ (*Bauw.* Verstärkungsteil; Hohlkehle zwischen Wand u. Decke)
vox po|pu|li vox Dei ⟨lat., »Volkes Stimme [ist] Gottes Stimme«⟩ (die öffentl. Meinung [hat großes Gewicht])
Vo|yeur [vo̯a'jø:ɐ̯], der; -s, -e ⟨franz.⟩ (jmd., der als Zuschauer bei sexuellen Betätigungen anderer Befriedigung erfährt); **Vo|yeu|rin; Vo|yeu|ris|mus,** der; -; **vo|yeu|ris|tisch**
Vp., VP = Versuchsperson
VP, die; - = Volkspolizei *(in der DDR)*
VPS, das; - = Videoprogrammsystem
VR, die; - = Volksrepublik
Vra|nitz|ky [f...ki] (österr. Politiker)
Vre|ni [f..., *auch* v...] (w. Vorn.)
Vro|ni [f..., *auch* v...] (w. Vorn.)
vs. = versus
Vs = Voltsekunde
V. S. O. P. = very special old pale ⟨engl., »ganz besonders alt und blass«⟩ (Gütekennzeichen für Cognac od. Weinbrand)
v. s. pl. = verte, si placet! (bitte wenden)
v. T., p. m., ‰ = vom Tausend; *vgl.* pro mille
VT = Vermont
v. u. = von unten
vul|gär ⟨lat.⟩ (gewöhnlich; gemein; niedrig)
vul|ga|ri|sie|ren; Vul|ga|ri|sie|rung
Vul|ga|ris|mus, der; -, ...men (*bes. Sprachwiss.* vulgärer Ausdruck)
Vul|ga|ri|tät, die; -, -en
Vul|gär|la|tein (Volkslatein)
Vul|gär|spra|che
Vul|ga|ta, die; - (lat. Bibelübersetzung des hl. Hieronymus)
Vul|gi|va|ga, die; - ⟨»Umherschweifende«⟩ (herabsetzender Beiname der Göttin Venus)
vul|go (gemeinhin [so genannt]); **Vul|go|na|me** (*österr. für* Benennung nach dem Namen eines Bauernhofes od. Berufes [im Gegensatz zum Familiennamen])
[1]**Vul|kan** (röm. Gott des Feuers)
[2]**Vul|kan,** der; -s, -e ⟨lat.⟩ (Feuer speiender Berg); **Vul|kan|aus|bruch**
Vul|kan|fi|ber, die; - (lederartiger Kunststoff aus Zellulose)
Vul|kan|in|sel
Vul|ka|ni|sa|ti|on, die; -, -en, Vul|ka|ni|sie|rung (Verarbeitung von Rohkautschuk zu Gummi)
vul|ka|nisch (von Vulkanen herrührend)
Vul|ka|ni|seur [...'zø:ɐ̯], der; -s, -e (Facharbeiter in der Gummiherstellung); **Vul|ka|ni|seu|rin** [...'zø:...]; **Vul|ka|ni|sier|an|stalt; vul|ka|ni|sie|ren** (Rohkautschuk zu Gummi verarbeiten); **Vul|ka|ni|sie|rung** *vgl.* Vulkanisation
Vul|ka|nis|mus, der; - (Gesamtheit der vulkan. Erscheinungen)
Vul|ka|no|lo|ge, der; -n, -n; **Vul|ka|no|lo|gie,** die; - (Erforschung des Vulkanismus); **Vul|ka|no|lo|gin**
Vul|va, die; -, Vulven ⟨lat.⟩ (*Med.* die äußeren weiblichen Geschlechtsorgane)
Vu|vu|ze|la [vuvu'ze:la], die; -, -s (lautes südafrikanisches Blasinstrument)
v. u. Z. = vor unserer Zeitrechnung
v. v. = vice versa
VVN, die; - = Vereinigung der Verfolgten des Naziregimes
VW®, der; -[s], -[s] (*kurz für* Volkswagen)
VWD, die; - = Vereinigte Wirtschaftsdienste
VW-Fah|rer ↑K28; *vgl.* VW; **VW-Fah|re|rin**
VWL = Volkswirtschaftslehre

w W

W (Buchstabe); das W; des W, die W, *aber* das w in Löwe; der Buchstabe W, w
W = Watt; Werst; West[en]; *chem. Zeichen für* Wolfram
WA = Washington
Waadt [va(:)t], die; - (schweiz. Kanton; *franz.* Vaud); **Waadt|land,** das; -[e]s (*svw.* Waadt); **Waadt|län|der; Waadt|län|de|rin; waadt|län|disch**
[1]**Waag,** die; - (*bayr. für* Flut, Wasser)
[2]**Waag,** die; - (linker Nebenfluss der Donau in der Slowakei)
Waa|ge, die; -, -n
Waa|ge|amt; Waa|ge|bal|ken; Waa|ge|geld; Waa|ge|meis|ter; Waa|ge|meis|te|rin; Waa|gen|fa|b|rik
waa|ge|recht, waag|recht; Waa|ge-

W waag

rech|te, Waag|rech|te, die; -n, -n; vier Waagerechte[n]
Waag|scha|le
Waal, die; - (Mündungsarm des Rheins)
wab|be|lig, wabb|lig (*ugs. für* gallertartig wackelnd; unangenehm weich)
wab|beln (*ugs. für* hin u. her wackeln); ich wabb[e]le
wabb|lig *vgl.* wabbelig
Wa|be, die; -, -n; **Wa|ben|ho|nig**
Wa|ber|lo|he (*altnord. Dichtung* lodderndes Feuer)
wa|bern (*landsch. für* sich hin u. her bewegen, flackern)
wach; die ganze Nacht wach sein, wach bleiben; morgens schon früh wach werden; *aber* wenn alte Gefühle wach werden *od.* wachwerden *(wieder auftreten);* sich wach halten; die ganze Nacht wach liegen *od.* wachliegen (nicht einschlafen können); jmdn. wach machen *od.* wachmachen (aufwecken); jmdn. wach rütteln *od.* wachrütteln (wecken); *vgl. aber* wachhalten, wachrufen, wachrütteln
Wach|ab|lö|sung
Wa|ch|au, die; - (Engtal der Donau zwischen Krems u. Melk)
Wach|ba|tail|lon *(Militär);* **Wach|boot; Wach|buch; Wach|dienst**
Wa|che, die; -, -n; Wache halten, stehen; ein Wache stehender *od.* wachestehender Soldat; **Wa|che|be|am|te** (*österr. Amtsspr. für* Polizist); **Wa|che|be|am|tin**
wa|cheln (*bayr., österr. für* winken)
wa|chen; über jmdn. wachen
Wa|che|ste|hen, das; -s; **Wa|che stehend, wa|che|ste|hend** ↑K58
Wach|feu|er; Wach|frau
wach|ha|bend; der wachhabende Offizier; **Wach|ha|ben|de,** der *u.* die; -n, -n
wach|hal|ten; die Erinnerungen an etwas wachhalten; *vgl. aber* wach
Wach|heit, die; -
Wach|hund
Wach|ko|ma (*Med.* Koma bei geöffneten Augen)
Wach|ler (*südd. für* Gamsbart)
wach lie|gen, wach|lie|gen *vgl.* wach
Wach|lo|kal
wach ma|chen, wach|ma|chen *vgl.* wach; **Wach|mann** *Plur.* ...männer *u.* ...leute; **Wach|mann|schaft**
Wa|chol|der, der; -s, - (eine Pflanze; ein Branntwein)
Wa|chol|der|baum; Wa|chol|der|bee|re; Wa|chol|der|dros|sel (ein Singvogel); **Wa|chol|der|schnaps; Wa|chol|der|strauch**
Wach|per|so|nal; Wach|pos|ten, Wacht|pos|ten
wach|ru|fen (hervorrufen; wecken); das hat ihren Ehrgeiz wachgerufen ↑K56
wach|rüt|teln (↑K47; aufrütteln); diese Nachricht hat ihn wachgerüttelt; *vgl. aber* wach
Wachs, das; -es, -e; **Wachs|ab|guss**
wach|sam; Wach|sam|keit, die; -
Wachs|bild; wachs|bleich; Wachs|blu|me; Wachs|boh|ne
Wach|schiff
wach|seln (*österr. für* [Skier] wachsen); ich wachs[e]le
[1]**wach|sen** (größer werden); du wächst, er wächst; du wuchsest, er wuchs; du wüchsest; gewachsen; wachs[e]!; etwas mit wachsender Sorge beobachten
[2]**wach|sen** (mit Wachs glätten); du wachst, er wachst; du wachstest; gewachst; wachs[e]!
wäch|sern (aus Wachs)
Wachs|far|be
Wachs|fi|gur; Wachs|fi|gu|ren|ka|bi|nett
Wachs|ker|ze; Wachs|lein|wand (Wachstuch); **Wachs|licht** *Plur.* ...lichter
Wachs|ma|le|rei; Wachs|mal|krei|de; Wachs|mal|stift
Wachs|mo|dell; Wachs|pa|pier; Wachs|plat|te; Wachs|stock *Plur.* ...stöcke; **Wachs|ta|fel**
Wach|sta|ti|on (im Krankenhaus); **Wach|stu|be**
Wachs|tuch
Wachs|tum, das; -s
Wachs|tums|be|schleu|ni|gungs|ge|setz, das; -[e]s *(Politik)*
Wachs|tums|bran|che *(Wirtsch.)*
wachs|tums|för|dernd; wachs|tums|hem|mend; Wachs|tums|hor|mon
Wachs|tums|po|ten|zi|al, Wachs|tums|po|ten|ti|al *(Wirtsch.);* **Wachs|tums|ra|te** *(Wirtsch.)*
Wachs|tums|schub *(bes. Med.);* **Wachs|tums|stö|rung**
Wachs|tums|wert *(Börsenw.)*
wachs|weich
Wachs|zel|le
Wachs|zie|her; Wachs|zie|he|rin
Wacht, die; -, -en (*geh. für* Wache); Wacht halten
Wäch|te *alte Schreibung für* Wechte
Wach|tel, die; -, -n (ein Vogel); **Wach|tel|ei; Wach|tel|hund; Wach|tel|kö|nig** (ein Vogel); **Wach|tel|ruf; Wach|tel|schlag**
Wäch|ter; Wäch|te|rin
Wäch|ter|lied
Wäch|ter|rat (Kontrollorgan für Gesetzgebung u. Wahlen im Iran)
Wäch|ter|ruf
Wacht|meis|ter; Wacht|meis|te|rin
Wacht|pa|ra|de; Wacht|pos|ten *vgl.* Wachposten
Wach|traum
Wacht|turm, Wach|turm
Wach- und Schlie|ß|ge|sell|schaft ↑K31
wach wer|den, wach|wer|den *vgl.* wach
Wach|zim|mer (*österr. für* Polizeibüro)
Wach|zu|stand
Wa|cke, die; -, -n (*veraltet, noch landsch. für* Gesteinsbrocken)
Wa|ckel|da|ckel (*ugs. für* Plüschhund mit bewegl. Kopf)
Wa|cke|lei
wa|cke|lig, wack|lig
Wa|ckel|kan|di|dat (*ugs. für* Person, die einen gewissen Unsicherheitsfaktor darstellt); **Wa|ckel|kan|di|da|tin**
Wa|ckel|kon|takt
wa|ckeln; ich wack[e]le
Wa|ckel|pe|ter (Wackelpudding); **Wa|ckel|pud|ding** *(ugs.)*
wa|cker (*veraltend für* redlich; tapfer)
Wa|cker|stein (*südd. für* Wacke)
wack|lig *vgl.* wackelig
Wad, das; -s ⟨engl.⟩ (ein Mineral)
Wa|dai (afrik. Landschaft)
Wad|di|ke, die; - (*nordd. für* Molke, Käsewasser)
Wa|de, die; -, -n
Wa|den|bein; Wa|den|bein|bruch
Wa|den|bei|ßer (*ugs. für* kleiner bissiger Hund; hinterhältiger Aufwiegler); **Wa|den|bei|ße|rin**
Wa|den|krampf; wa|den|lang; Wa|den|wi|ckel
Wa|di, das; -s, -s ⟨arab.⟩ (wasserloses Flusstal in Nordafrika u. im Vorderen Orient)
Wa|di-Qum|ran *vgl.* Qumran
Wadl, das; -s, -[n]; *vgl.* Pickerl (*bayr., österr. für* Wade); **Wadl|bei|ßer** *(bayr., österr. ugs.);* **Wadl|bei|ße|rin**
Wäd|li, das; -[s], -[s]; *vgl.* Götti (*schweiz. für* Eisbein)
Wad|schin|ken (*ostösterr. für* Rindfleisch vom unteren Teil der Keule)
Wa|fer ['veː...], der; -s, -[s] ⟨engl.⟩

(dünne Scheibe aus Halbleitermaterial für die Herstellung von Mikrochips)
Waf|fe, die; -, -n; atomare, biologische, chemische Waffen
Waf|fel, die; -, -n ‹niederl.› (ein Gebäck); **Waf|fel|ei|sen**
Waf|fen|ar|se|nal; Waf|fen|be|sitz, der; -es; **Waf|fen|be|sitz|kar|te** *(Amtsspr.)*
Waf|fen|bru|der; Waf|fen|brü|der|schaft
Waf|fen|em|bar|go
waf|fen|fä|hig; waffenfähiges Plutonium
Waf|fen|gang, der *(veraltend)*
Waf|fen|gat|tung; Waf|fen|ge|setz; Waf|fen|ge|walt, die; -
Waf|fen|han|del *vgl.* [1]Handel; **Waf|fen|händ|ler; Waf|fen|händ|le|rin**
Waf|fen|in|s|pek|teur; Waf|fen|in|s|pek|teu|rin; Waf|fen|in|s|pek|ti|on
Waf|fen|kun|de, die; -; **Waf|fen|la|ger; Waf|fen|lie|fe|rung**
waf|fen|los
Waf|fen|narr *(ugs. für* Liebhaber von Waffen); **Waf|fen|när|rin**
Waf|fen|pass *(österr. für* Waffenschein)
Waf|fen|platz *(schweiz. für* Truppenausbildungsplatz)
Waf|fen|ru|he, die; -, -n; **Waf|fen|schein; Waf|fen|schmied; Waf|fen|schmie|de; Waf|fen|schmug|gel; Waf|fen|schrank; Waf|fen|schwes|ter**
waf|fen|star|rend
Waf|fen|still|stand; Waf|fen|still|stands|ab|kom|men; Waf|fen|still|stands|li|nie
Waf|fen|sys|tem; Waf|fen|tanz *(Völkerkunde);* **Waf|fen|tech|nik**
waff|nen *(veraltet);* sich waffnen
Wa|ga|du|gu *vgl.* Ouagadougou
wäg|bar; Wäg|bar|keit
Wa|ge|hals *(veraltend);* **wa|ge|hal|sig** usw. *vgl.* waghalsig usw.
Wä|gel|chen (kleiner Wagen)
Wa|ge|mut; wa|ge|mu|tig
wa|gen; du wagtest; gewagt; sich wagen
Wa|gen, der; -s, *Plur.* -, *südd. auch* Wägen
wä|gen *(fachspr., sonst veraltet für* das Gewicht bestimmen; *geh. für* prüfend bedenken); du wägst; du wogst; du wögest; gewogen; wäg[e]!; *selten schwache Beugung* du wägtest; gewägt; *vgl.* [2]wiegen
Wa|gen|bau|er *vgl.* [1]Bauer; **Wa|gen|bau|e|rin; Wa|gen|burg; Wa|gen|dach; Wa|gen|füh|rer; Wa|gen|füh|re|rin; Wa|gen|he|ber; Wa|gen|in|ne|re; Wa|gen|ko|lon|ne; Wa|gen|la|dung; Wa|gen|pa|pie|re** *Plur.;* **Wa|gen|park; Wa|gen|pla|ne; Wa|gen|rad; Wa|gen|ren|nen; Wa|gen|schlag** *(veraltend);* **Wa|gen|schmie|re; Wa|gen|tür; Wa|gen|typ; Wa|gen|wä|sche**
Wa|ge|stück *(geh.)*
Wag|gerl (österr. Erzähler)
Wag|gon [...ˈgõ:, *auch, bes. südd., österr.* ...ˈgo:n], der; -s, *Plur.* -s, *südd., österr. auch* -e, Wa|gon [...ˈgõ:, *österr.* ...ˈgo:n], der; -s, *Plur.* -s, *österr. auch* -e ‹engl.› ([Eisenbahn]wagen); **wag|gon|wei|se,** wa|gon|wei|se
wag|hal|sig, wa|ge|hal|sig; **Wag|hal|sig|keit,** Wa|ge|hal|sig|keit
[1]Wag|ner, der; -s, - *(südd., österr. u. schweiz. für* Wagenbauer)
[2]Wag|ner (dt. Komponist)
Wag|ne|ri|a|ner (Anhänger Wagners); **Wag|ne|ri|a|ne|rin**
Wag|ne|rin ‹*zu* [1]Wagner›
Wag|ner|oper, Wag|ner-Oper
Wag|nis, das; -ses, -se
Wa|gon *vgl.* Waggon; **wa|gon|wei|se** *vgl.* waggonweise
Wä|gung
Wä|he, die; -, -n *(südwestd., schweiz. regional für* flacher Kuchen mit süßem od. salzigem Belag)
Wah|ha|bit, der; -en, -en ‹arab.› (Angehöriger einer konservativen Richtung des Islams); **Wah|ha|bi|tin**
Wahl, die; -, -en
Wahl|abend; Wahl|al|ter; Wahl|amt
Wähl|amt *(österr. für* Schalt-, Telefonzentrale)
Wahl|an|zei|ge
Wahl|arzt *(österr. für* Arzt ohne Kassenzulassung); **Wahl|ärz|tin**
Wahl|auf|ruf; Wahl|aus|gang; Wahl|aus|schuss
wähl|bar; Wähl|bar|keit
Wahl|be|ein|flus|sung; Wahl|be|nach|rich|ti|gung
wahl|be|rech|tigt; Wahl|be|rech|tig|te; Wahl|be|rech|ti|gung
Wahl|be|tei|li|gung; Wahl|be|zirk; Wahl|bünd|nis; Wahl|bü|ro
Wahl|com|pu|ter (Computer, der bei Stimmabgabe u. -zählung eingesetzt wird); **Wahl|de|ba|kel** (schwere Wahlniederlage)
Wahl|el|tern *Plur. (österr. neben* Adoptiveltern)
wäh|len; wahl|ent|schei|dend
↑K59
Wäh|ler; Wäh|ler|auf|trag
Wäh|ler|evi|denz *(österr. für* Wählerverzeichnis)
Wahl|er|folg; Wahl|er|geb|nis
Wäh|ler|ge|mein|schaft; Wäh|ler|grup|pe; Wäh|ler|gunst; Wäh|le|rin; Wäh|ler|in|i|ti|a|ti|ve
wäh|le|risch
Wäh|ler|lis|te; Wäh|ler|schaft; Wäh|ler|schicht; Wäh|ler|stim|me; Wäh|ler|ver|zeich|nis; Wäh|ler|wil|le
Wahl|fach
Wahl|for|scher; Wahl|for|sche|rin; Wahl|for|schung
Wahl|frau
wahl|frei; Wahl|frei|heit
Wahl|gang, der; **Wahl|ge|heim|nis; Wahl|ge|schenk; Wahl|ge|setz**
Wahl|hei|mat
Wahl|hel|fer; Wahl|hel|fe|rin
wäh|lig *(nordd. für* munter)
Wahl|jahr; Wahl|ka|bi|ne; Wahl|kam|pa|g|ne
Wahl|kampf; Wahl|kämp|fer; Wahl|kämp|fe|rin; Wahl|kampf|the|ma
Wahl|kar|te *(österr. für* Berechtigungskarte für die Wahl außerhalb des Wohnortes); **Wahl|kind** *(österr. neben* Adoptivkind)
Wahl|kreis
Wahl|lei|ter, der; **Wahl|lei|te|rin**
Wahl|lis|te; Wahl|lo|kal
wahl|los
Wahl|lü|ge; Wahl|mann *Plur.* ...männer; **Wahl|mo|dus; Wahl|mög|lich|keit; Wahl|mü|dig|keit; Wahl|nacht; Wahl|nie|der|la|ge**
Wahl-O-Mat, der; -[en] (elektron. Programm, mit dem man seine Übereinstimmung mit polit. Parteien testen kann)
Wahl|pa|ro|le; Wahl|par|ty; Wahl|pe|ri|o|de; Wahl|pflicht
Wahl|pflicht|fach *(Schule)*
Wahl|pla|kat; Wahl|pro|gramm; Wahl|pro|pa|gan|da; Wahl|recht; Wahl|re|de
Wähl|schei|be (am Telefon)
Wahl|schein; Wahl|schlap|pe
Wahl|sieg; Wahl|sie|ger; Wahl|sie|ge|rin
Wahl|sonn|tag; Wahl|spren|gel *(österr. für* Wahlbezirk)
Wahl|spruch
Wahl|statt (Ort in Schlesien); Fürst von Wahlstatt (Blücher)
Wahl|sys|tem; Wahl|tag
Wahl|tak|tik; wahl|tak|tisch
Wähl|ton (beim Telefon); *vgl.* [2]Ton
Wahl|ur|ne; Wahl|ver|an|stal|tung; Wahl|ver|fah|ren; Wahl|ver|samm|lung; Wahl|ver|spre|chen
Wahl|ver|tei|di|ger *(Rechtswiss.);* **Wahl|ver|tei|di|ge|rin**

wäh|rend

Konjunktion:
- sie las, während er Radio hörte
- während die einen sich freuten, waren die anderen enttäuscht

Präposition mit Genitiv:
- während des Krieges
- der Zeitraum, während dessen das geschah (*vgl. aber* währenddessen)
- die Tage, während deren *od.* derer sie verreist waren

Umgangssprachlich auch mit Dativ:
- während dem Konzert

Standardsprachlich mit Dativ, wenn der Genitiv im Plural nicht erkennbar ist:
- während fünf Jahren, während elf Monaten
- *aber* während zweier, dreier Jahre

Standardsprachlich auch mit Dativ, wenn ein Genitivattribut zwischen »während« und das davon abhängende Substantiv tritt:
- während meines Freundes letztem Vortrag

wahl|ver|wandt; Wahl|ver|wandt|schaft
Wahl|volk, das; -[e]s; **Wahl|vor|schlag; Wahl|vor|stand**
wahl|wei|se
Wahl|wer|ber (*österr. für* Wahlkandidat); **Wahl|wer|be|rin**
Wahl|wer|bung
Wahl|wie|der|ho|lung
Wahl|zet|tel
Wahl|zu|ckerl (*österr. ugs. für* polit. Zugeständnis vor einer Wahl)
Wahn, der; -[e]s; **Wahn|bild**
wäh|nen
Wahn|fried (Wagners Haus in Bayreuth)
wahn|haft; Wahn|idee
Wahn|kan|te (schiefe Kante am Bauholz)
wahn|schaf|fen (*nordd. für* hässlich, missgestaltet)
Wahn|sinn, der; -[e]s
wahn|sin|nig; Wahn|sin|ni|ge, der *u.* die; -n, -n; **Wahn|sin|nig|wer|den,** das; -s; *in* das ist zum Wahnsinnigwerden
Wahn|sinns|ar|beit (*ugs.*); **Wahn|sinns|hit|ze** (*ugs.*)
Wahn|sinns|tat
Wahn|vor|stel|lung
Wahn|witz, der; -es; **wahn|wit|zig**
wahr; nicht wahr?; sein wahres Gesicht zeigen; wahr sein, bleiben, werden; etwas für wahr halten; seine Drohungen wahr machen *od.* wahrmachen; *vgl.* wahrhaben, wahrnehmen, wahrsagen
wah|ren; den Anschein wahren
wäh|ren (*geh. für* dauern)
wäh|rend *s. Kasten*
wäh|rend|dem (*ugs. für* während[dessen])
wäh|rend|des (*veraltet für* während[dessen]); **wäh|rend|des|sen** (unterdessen); er kochte sich währenddessen einen Tee
wahr|ha|ben; *nur in:* etwas nicht wahrhaben wollen; sie will es nicht wahrhaben
wahr|haft (wirklich)
wahr|haf|tig; Wahr|haf|tig|keit, die; -
Wahr|heit; Wahr|heits|be|weis; Wahr|heits|fin|dung; Wahr|heits|ge|halt *Plur.* -e; **wahr|heits|ge|mäß; wahr|heits|ge|treu**
Wahr|heits|lie|be, die; -; **wahr|heits|lie|bend**
Wahr|heits|sinn, der; -[e]s
Wahr|heits|su|cher; Wahr|heits|su|che|rin; wahr|heits|wid|rig
wahr|lich (*veraltend für* wirklich)
wahr ma|chen, wahr|ma|chen *vgl.* wahr
wahr|nehm|bar; Wahr|nehm|bar|keit, die -
wahr|neh|men ↑K47; ich nehme wahr; wahrgenommen; wahrzunehmen
Wahr|neh|mung; Wahr|neh|mungs|ver|mö|gen, das; -s
Wahr|sa|ge|kunst, die; -
wahr|sa|gen ↑K47 (prophezeien); du sagtest wahr *od.* du wahrsagtest; sie hat wahrgesagt *od.* gewahrsagt; **Wahr|sa|ger; Wahr|sa|ge|rei; Wahr|sa|ge|rin; wahr|sa|ge|risch; Wahr|sa|gung**
währ|schaft (*schweiz. für* dauerhaft, echt)
Wahr|schau, die; - (*Seemannsspr.* Warnung); Wahrschau! (Vorsicht!); **wahr|schau|en** ↑K47 (warnen); ich wahrschaue; gewahrschaut; **Wahr|schau|er; Wahr|schau|e|rin,** die
wahr|schein|lich [*auch* 'va:ɐ̯...]; **Wahr|schein|lich|keit**
Wahr|schein|lich|keits|grad; Wahr|schein|lich|keits|rech|nung; Wahr|schein|lich|keits|the|o|rie
Wah|rung, die; - (Aufrechterhaltung, Bewahrung)
Wäh|rung (gesetzl. Zahlungsmittel); **Wäh|rungs|aus|gleich; Wäh|rungs|aus|gleichs|fonds; Wäh|rungs|block** *vgl.* Block; **Wäh|rungs|ein|heit; Wäh|rungs|fonds** [...fõ:] (*svw.* Währungsausgleichsfonds)
Wäh|rungs|hü|ter (*ugs.*); **Wäh|rungs|hü|te|rin**
Wäh|rungs|kri|se; Wäh|rungs|kurs; Wäh|rungs|po|li|tik; Wäh|rungs|re|form; Wäh|rungs|re|ser|ve *meist Plur.*; **Wäh|rungs|sys|tem;** Europäisches Währungssystem ↑K88 (*Abk.* EWS); **Wäh|rungs|uni|on;** Währungs-, Wirtschafts- und Sozialunion ↑K31
Wahr|zei|chen
Waib|lin|gen (Stadt nordöstlich von Stuttgart); **Waib|lin|ger,** der; -s, - (Beiname der Hohenstaufen); **Waib|lin|ge|rin**
Waid, der; -[e]s, -e (eine [Färber]pflanze; blauer Farbstoff)
waid..., Waid...; *in der Bedeutung* »Jagd« *vgl.* weid..., Weid...
Wai|se, die; -, -n; **Wai|sen|geld; Wai|sen|haus; Wai|sen|kind**
Wai|sen|kna|be; gegen jmdn. der reinste Waisenknabe sein (*ugs.*)
Wai|sen|ren|te
Wa|ke, die; -, -n (*nordd. für* Öffnung in der Eisdecke)
Wake|board ['ve:kbo:ɐ̯t], das; -s, -s ‹engl.› (Brett zum Wasserskifahren); **Wake|boar|den, Wake|boar|ding,** das; -s (das Fahren u. Springen mit dem Wakeboard)
Wal, der; -[e]s, -e (ein Meeressäugetier)
Wa|la, die; -, Walen (altnord. Weissagerin)
Wa|la|che, der; -n, -n (Bewohner der Walachei)
Wa|la|chei, die; - (rumän. Landschaft); ↑K140: die Große Walachei, die Kleine Walachei

Wa|la|chin; wa|la|chisch
Wal|burg, Wal|bur|ga (w. Vorn.)
[1]**Wal|chen|see** (Ort am gleichnamigen See); [2]**Wal|chen|see,** der; -s (See in den bayr. Voralpen)
Wald, der; -[e]s, Wälder
Wald|amei|se; Wald|ar|bei|ter; Wald|ar|bei|te|rin; Wald|bo|den; Wald|brand; Wäld|chen
Wal|deck (Gebiet des ehem. dt. Fürstentums Waldeck in Hessen; Landkreis in Hessen; Stadt am Edersee); **Wal|de|cker; Wal|de|cke|rin; wal|de|ckisch**
Wald|ein|sam|keit *(geh.)*
Wal|de|mar (m. Vorn.)
Wal|den|ser ⟨nach dem Lyoner Kaufmann Petrus Waldes⟩ (Angehöriger einer rel. Bewegung, die um 1175 in Lyon von Waldes begründet wurde); **Wal|den|se|rin**
Wald|erd|bee|re
Wal|des|dun|kel *(geh.)*; **Wal|des|rand** (*geh. für* Waldrand); **Wal|des|rau|schen,** das; -s *(geh.)*
Wald|farn; Wald|flä|che; Wald|fre|vel; Wald|ge|biet; Wald|geist *Plur.* ...geister; **Wald|horn** *Plur.* ...hörner; **Wald|hu|fen|dorf** *vgl.* Hufe
Wald|hü|ter; Wald|hü|te|rin
wal|dig; eine waldige Gegend
Wald|kauz; Wald|lauf
Wald|läu|fer; Wald|läu|fe|rin
Wald|lehr|pfad; Wald|lich|tung
Wald|meis|ter, der; -s (eine Pflanze); **Wald|meis|ter|bow|le**
Wal|do (m. Vorn.)
Wald|ohr|eu|le
Wal|dorf|sa|lat *(Gastron.)*
Wal|dorf|schu|le (Privatschule, in der nach den Prinzipien anthroposophischer Pädagogik unterrichtet wird)
Wald|rand; Wald|re|be (eine Pflanze); **wald|reich**
Wald|schrat, Wald|schratt (Waldgeist)
Wald|see
Walds|hut-Tien|gen [...ˈtɪŋ...] (Stadt in Baden-Württemberg)
Wald|spa|zier|gang
Wald|städ|te *Plur.* (vier Städte am Rhein: Rheinfelden, Säckingen, Laufenburg u. Waldshut)
Wald|statt, die; -, ...stätte *meist Plur.* (einer der Kantone am Vierwaldstätter See [Uri, Schwyz, Unterwalden, Luzern]; die Waldstatt Uri)
Wald|ster|ben, das; -s; **Wald|stück; Wald|tau|be; Wal|dung**
Wald|vier|tel, das; -s (eine niederösterr. Landschaft); **Wald|viert|ler; Wald|viert|le|rin**
Wald|vö|ge|lein (eine Orchidee)
wald|wärts; Wald|weg
Wa|len|see, der; -s (in der Schweiz)
Wales [weɪlz] (Halbinsel im Westen der Insel Großbritannien)
Wal|fang; die Walfang treibenden *od.* walfangtreibenden Nationen; **Wal|fän|ger**
Wal|fang|flot|te; Wal|fang|schiff
Wal|fang trei|bend, wal|fang|trei|bend ↑K58
Wal|fisch (*volkstüml. für* Wal)
Wäl|ger|holz *(landsch.)*; **wäl|gern** (*landsch. für* [Teig] glatt rollen); ich wälgere
Wal|hall [*auch* ...ˈhal], das; -s ⟨altnord.⟩ (*vgl.* [1]Walhalla)
[1]**Wal|hal|la,** das; -[s] *u.* die; - (*germ. Mythol.* Halle Odins, Aufenthalt der im Kampf Gefallenen)
[2]**Wal|hal|la,** die; - (Ruhmeshalle bei Regensburg)
Wa|li|ser (Bewohner von Wales); **Wa|li|se|rin; wa|li|sisch**
Wal|ke, die; -, -n (Verfilzmaschine; Vorgang des Verfilzens); [1]**wal|ken** (*Textiltechnik* verfilzen; *ugs. für* kneten; prügeln)
[2]**wal|ken** [ˈwɔːkn̩] ⟨engl.⟩ (Walking betreiben); gewalkt
[1]**Wal|ker** ⟨*zu* [1]walken⟩
[2]**Wal|ker** [ˈwɔːkɐ] ⟨*zu* Walking⟩
[1]**Wal|ke|rin** *vgl.* [1]Walker
[2]**Wal|ke|rin** *vgl.* [2]Walker
Wal|kie-Tal|kie [ˈwɔːkiˈtɔːki], das; -[s], -s ⟨engl.⟩ (tragbares Funksprechgerät)
Wal|king [ˈwɔːkɪŋ], das; -[s] ⟨engl.⟩ (intensives Gehen [als sportl. Betätigung])
Walk|man® [ˈwɔːkmən], der; -s, *Plur.* -s *u.* ...men [...mən] (kleiner Kassettenrekorder mit Kopfhörern)
Walk|müh|le *(früher)*
Wal|kü|re [*auch* ˈval...], die; -, -n ⟨altnord.⟩ (*germ. Mythol.* eine der Botinnen Odins, die die Gefallenen nach Walhall geleiten)
[1]**Wall,** der; -[e]s, *Plur.* - *u.* -e (altes Stückmaß [bes. für Fische]: 80 Stück); 2 Wall
[2]**Wall,** der; -[e]s, Wälle ⟨lat.⟩ (Erdaufschüttung, Mauerwerk usw.)
Wal|la|by [ˈvɔləbi], das; -s, -s ⟨engl.⟩ (eine Känguruart)
Wal|lace [ˈvɔləs], Edgar (engl. Schriftsteller)
Wal|lach, der; -[e]s, -e (kastrierter Hengst)
[1]**wal|len** (sprudeln, bewegt fließen; sich [wogend] bewegen)
[2]**wal|len** (*veraltet für* pilgern)
wäl|len (*landsch. für* wallen lassen); gewällte Kartoffeln
Wal|len|stein (Heerführer im Dreißigjährigen Krieg)
[1]**Wal|ler** *vgl.* [1]Wels
[2]**Wal|ler** (*veraltet für* Wallfahrer)
wall|fah|ren; du wallfahrst; du wallfahrtest; gewallfahrt; zu wallfahren; *vgl.* wallfahrten
Wall|fah|rer; Wall|fah|re|rin
Wall|fahrt; wall|fahr|ten (*veraltend für* wallfahren); ich wallfahrtete; gewallfahrtet; zu wallfahrten
Wall|fahrts|kir|che; Wall|fahrts|ort
Wall|gra|ben
Wall|holz (*schweiz. für* Nudelholz)
Wal|li (w. Vorn.)
Wal|lis, das; - (schweiz. Kanton)
Wal|li|ser; Wal|li|ser Al|pen; Wal|li|se|rin; wal|li|se|risch
Wal|lo|ne, der; -n, -n (Nachkomme romanisierter Kelten in Belgien u. Nordfrankreich); **Wal|lo|nie, Wal|lo|ni|en; Wal|lo|nin**
wal|lo|nisch; wallonische Sprache; **Wal|lo|nisch,** das; -[s] (Sprache); *vgl.* Deutsch; **Wal|lo|ni|sche,** das; -n; *vgl.* [2]Deutsche
Wall Street [ˈwɔːlstriːt], die; - -, **Wall|street,** die; - ⟨amerik.⟩ (*Wirtsch.* Geschäftsstraße in New York [Bankzentrum]; *übertr. für* Geld- u. Kapitalmarkt der USA)
Wal|lung
Wal|ly [...li] (w. Vorn.)
Walm, der; -[e]s, -e (dreieckige Dachfläche); **Walm|dach**
Wal|nuss; Wal|nuss|baum
Wa|lo|ne, die; -, -n ⟨ital.⟩ (*Bot.* Gerbstoff enthaltender Fruchtbecher der Eiche)
Wal|per|tin|ger *vgl.* Wolpertinger
Wal|pur|ga, Wal|pur|gis (w. Vorn.)
Wal|pur|gis|nacht
Wal|rat, der *od.* das; -[e]s ([aus dem Kopf von Pottwalen gewonnene] fettartige Masse); **Wal|rat|öl,** das; -[e]s
Wal|ross, das; -es, -e
[1]**Wal|ser,** Martin (dt. Schriftsteller)
[2]**Wal|ser,** Robert (schweiz. Lyriker u. Erzähler)
Wal|ser|tal, das; -[e]s ⟨nach den im 13. Jh. eingewanderten Wallisern⟩ (Tal in Vorarlberg); ↑K140: das Große Walsertal; das Kleine Walsertal
Wal|statt [ˈva(ː)...], die; -, ...stätten (*veraltet für* Kampfplatz; Schlachtfeld)

W
Wals

wal|ten *(geh.);* Gnade walten lassen; ↑K82: das Walten der Naturgesetze
Wal|ter, Wal|ther (m. Vorn.)
Wal|tha|ri|lied [*auch* ...'ta:...], das; -[e]s ↑K136 (ein Heldenepos)
Wal|ther *vgl.* Walter
Wal|ther von der Vo|gel|wei|de (dt. Dichter des MA.s)
Wal|traud, Wal|traut, Wal|trud (w. Vorn.); **Walt|run** (w. Vorn.)
Wal|va|ter ['va(:)...] *(Bez. für* Odin)
Walz|blech
Wal|ze, die; -, -n (*veraltet auch für* Wanderschaft eines Handwerksburschen); **wal|zen;** du walzt
wäl|zen; du wälzt; sich wälzen
Wal|zen|bruch, der; -[e]s, ...brüche
wal|zen|för|mig
Wal|zen|müh|le; Wal|zen|spin|ne; Wal|zen|stra|ße *vgl.* Walzstraße
Wal|zer; Walzer tanzen; sie schwebten Walzer tanzend *od.* walzertanzend durch den Raum
Wäl|zer (*ugs. für* dickes Buch)
Wal|zer|mu|sik; Wal|zer|se|lig|keit; Wal|zer|takt *vgl.* [1]Takt
Wal|zer|tän|zer; Wal|zer|tän|ze|rin
wal|zig (walzenförmig)
Wälz|la|ger; Wälz|sprung (Straddle)
Walz|stahl; Walz|stra|ße, Wal|zen|stra|ße
Walz|werk; Walz|werk|er|zeug|nis
Wam|me, die; -, -n (vom Hals herabhängende Hautfalte [des Rindes]); **Wam|merl,** das; -s, -[n]; *vgl.* Pickerl (*bayr., österr. für* Bauchfleisch vom Kalb)
Wam|pe, die; -, -n (*svw.* Wamme; *ugs. auch für* dicker Bauch); **wam|pert** (*österr. ugs. für* dickbäuchig)
Wam|pum [*auch* ...'pu:m], der, *auch* das; -s, *Plur.* -s *u.* -e ⟨indian.⟩ (bei nordamerik. Indianern Gürtel aus Muscheln u. Schnecken, als Zahlungsmittel u. Ä. dienend)
Wams, das; -es, Wämser (*früher für* Jacke); **Wäms|chen**
wam|sen (*landsch. für* verprügeln); du wamst
wand *vgl.* [1]winden
Wand, die; -, Wände
Wan|da (w. Vorn.)
Wan|da|le usw. *vgl.* Vandale usw.
Wand|be|hang; Wand|be|span|nung; Wand|bord *vgl.* [1]Bord; **Wand|brett**
Wan|del, der; -s; demografischer Wandel
Wan|del|an|lei|he *(Bankw.)*
wan|del|bar; Wan|del|bar|keit, die; -
Wan|del|gang, der; **Wan|del|hal|le**
Wan|del|mo|nat, Wan|del|mond (*veraltet für* April)
wan|deln; ich wand[e]le
Wan|del|ob|li|ga|ti|on; Wan|del|schuld|ver|schrei|bung
Wan|del|stern (*veraltet für* Planet)
Wan|de|lung, Wand|lung
Wan|der|amei|se
Wan|der|ar|bei|ter; Wan|der|ar|bei|te|rin
Wan|der|aus|stel|lung; Wan|der|büh|ne; Wan|der|bur|sche *(früher);* **Wan|der|cir|cus** *vgl.* Wanderzirkus; **Wan|der|dü|ne**
Wan|de|rer, Wand|rer
Wan|der|fahrt; Wan|der|fal|ke
Wan|der|ge|sel|le; Wan|der|ge|sel|lin
Wan|der|ge|wer|be (ambulantes Gewerbe); **Wan|der|heu|schre|cke**
Wan|de|rin, Wand|re|rin
Wan|der|jahr *meist Plur.;* **Wan|der|kar|te; Wan|der|le|ber; Wan|der|lied; Wan|der|lust,** die; -
wan|dern; ich wandere; ↑K82: das Wandern ist des Müllers Lust
Wan|der|nie|re; Wan|der|po|kal
Wan|der|pre|di|ger; Wan|der|pre|di|ge|rin
Wan|der|preis; Wan|der|rat|te
Wan|der|schaft; Wan|der|schuh; Wan|ders|mann *Plur.* ...leute
Wan|der|stab; Wan|der|tag
Wan|de|rung
Wan|der|vo|gel; Wan|der|weg
Wan|der|zir|kus, Wan|der|cir|cus
Wand|fach; Wand|ge|mäl|de
...wan|dig (z. B. dünnwandig)
Wand|ka|len|der; Wand|kar|te
Wand|ler *(Technik)*
Wand|lung *vgl.* Wandelung; **wand|lungs|fä|hig; Wand|lungs|fä|hig|keit; Wand|lungs|pro|zess**
Wand|ma|le|rei
Wand|rer *vgl.* Wanderer; **Wand|re|rin** *vgl.* Wanderin
Wands|be|cker Bo|te, der; - -n (ehem. Zeitung; *mit alter Schreibung des Ortsnamens)*
Wands|bek (Stadtteil von Hamburg)
Wand|schirm; Wand|schrank; Wand|spie|gel; Wand|spruch; Wand|ta|fel
wand|te *vgl.* wenden
Wand|tel|ler; Wand|tep|pich; Wand|uhr; Wan|dung; Wand|ver|klei|dung; Wand|zei|tung
Wa|ne, der; -n, -n *meist Plur.* (*germ. Mythol.* Angehöriger eines Göttergeschlechts)
Wan|ge, die; -, -n; **Wan|gen|kno|chen; Wan|gen|mus|kel**
Wan|ger|oog, *früher neben* **Wan|ger|oo|ge** [*auch* 'vaŋ...] (Ostfriesische Insel)
Wäng|lein
Wa|nin ⟨*zu* Wane⟩
Wank, der; -[e]s; keinen Wank tun, machen (*schweiz. für* sich nicht bewegen, keinen Finger rühren)
Wan|kel (dt. Ingenieur u. Erfinder; *als ® für* einen Motor); **Wan|kel|mo|tor**
Wan|kel|mut; wan|kel|mü|tig; Wan|kel|mü|tig|keit
wan|ken; ins Wanken geraten
wann; dann und wann
Wänn|chen; Wan|ne, die; -, -n
Wan|ne-Ei|ckel (Stadtteil von Herne)
wan|nen; von wannen (*veraltet für* woher)
Wan|nen|bad
Wann|see, der; -s (in Berlin)
Wanst, der; -[e]s, Wänste (Tierbauch; *ugs. für* dicker Bauch)
Wänst|chen, Wänst|lein
Want, das; -s, -en *meist Plur.* (*Seemannsspr.* starkes [Stahl]tau beim Mast)
Wan|ze, die; -, -n (*auch übertr. für* Abhörgerät)
wan|zen (*volkstüml. für* von Wanzen reinigen); du wanzt
WAP [*auch* wɔp], das; - *meist ohne Artikel* ⟨engl.⟩ = Wireless Application Protocol (Verfahren zur Verbindung von Handy u. Internet); **WAP-Han|dy**
Wa|pi|ti, der; -[s], -s ⟨indian.⟩ (eine nordamerik. Hirschart)
wap|pen [*auch* 'wɔpən] ⟨*zu* WAP⟩
Wap|pen, das; -s, -; **Wap|pen|brief; Wap|pen|feld; Wap|pen|kun|de,** die; **Wap|pen|schild,** der *od.* das; **Wap|pen|spruch; Wap|pen|tier**
wapp|nen *(geh.);* ich wappne mich mit Geduld
war *vgl.* [2]sein
Wa|rä|ger, der; -s, - ⟨schwed.⟩ (Wikinger)
Wa|ran, der; -s, -e ⟨arab.⟩ (eine trop. Echse)
warb *vgl.* werben

wart / ward

Die 2. Person Plural von *sein* endet im Indikativ Präteritum auf *t: [ihr] wart.* Mit *d* dagegen endet die ältere Form der 1. und 3. Person Singular Indikativ Präteritum von *werden: [ich, er/sie/es] ward* (*noch geh. für* wurde).

warm

wär|mer, wärms|te
- das Zimmer kostet warm (einschließlich Heizkosten) 200 Euro [Miete]
- auf kalt und warm reagieren

Schreibung in Verbindung mit Verben:
- den Tee warm halten
- sich warm anziehen
- im Zimmer ist es warm geworden, mir zu warm geworden
- sich warm laufen, sich warm machen (beim Sport)
- den Motor warm laufen lassen (auf günstige Betriebstemperatur bringen)
- das Essen warm machen *od.* warmmachen, warm stellen *od.* warmstellen
- mit dem neuen Nachbarn [nicht] warm werden *od.* warmwerden ([nicht] vertraut werden)
- sich einen Geschäftsfreund warmhalten (*ugs. für* die guten Beziehungen zu ihm erhalten)
- die Diskussionsteilnehmer hatten sich allmählich warmgelaufen (die Diskussion war lebhaft geworden)

War|dein, der; -[e]s, -e ‹niederl.› (*früher für* [Münz]prüfer); **war|die|ren** (*früher für* [den Wert der Münzen] prüfen)

Wa|re, die; -, -n

wä|re (*1. u. 3. Pers. Sing. Konjunktiv II von* ²sein); ich, er, sie, es wäre

Wa|ren|an|ge|bot; Wa|ren|an|nah|me; Wa|ren|aus|ga|be; Wa|ren|aus|tausch; Wa|ren|be|gleit|schein; Wa|ren|be|stand; Wa|ren|ex|port; Wa|ren|han|del; Wa|ren|haus; Wa|ren|im|port

Wa|ren|korb (für die Berechnung der Lebenshaltungskosten zusammengestellte Waren; Link im Internetshop für zum Kauf ausgewählte Objekte)

Wa|ren|kre|dit; Wa|ren|kre|dit|brief *(Bankw.)*

Wa|ren|kun|de, die; **Wa|ren|la|ger; Wa|ren|pro|be; Wa|ren|rück|ver|gü|tung; Wa|ren|sen|dung; Wa|ren|sor|ti|ment; Wa|ren|stem|pel; Wa|ren|test**

Wa|ren|tren|ner; Wa|ren|trenn|stab

Wa|ren|um|schlag; Wa|ren|ver|kehr; Wa|ren|wirt|schafts|sys|tem; Wa|ren|zei|chen; Wa|ren|zoll

¹**Warf,** der *od.* das; -[e]s, -e (*Weberei* Gesamtheit der Kettfäden)

²**Warf, Warft,** die; -, -en (Wurt in Nordfriesland)

War|hol [ˈwɔːhɔl], Andy (amerik. Maler u. Grafiker)

War|lord [ˈwɔːlɔːd], der; -s, -s (milit. Machthaber in bürgerkriegsähnlichen Konflikten)

warm *s. Kasten*

Warm|bier

Warm|blut (Pferd einer bestimmten Rasse); **Warm|blü|ter; warm|blü|tig**

Warm|du|scher (*ugs. für* Weichling); **Warm|du|sche|rin**

Wär|me, die; -

Wär|me|aus|tausch; Wär|me|aus|tau|scher *(Technik)*

Wär|me|be|hand|lung; Wär|me|bild|ka|me|ra; wär|me|däm|mend ↑K59 ; **Wär|me|däm|mung; Wär|me|deh|nung; Wär|me|ein|heit; Wär|me|ener|gie; Wär|me|ge|wit|ter; Wär|me|grad**

wär|me|hal|tig

wär|me|iso|lie|rend; Wär|me|iso|lie|rung

Wär|me|ka|pa|zi|tät; Wär|me|leh|re; Wär|me|lei|ter, der; **Wär|me|leit|zahl; Wär|me|mes|ser,** der

wär|men; sich wärmen

Wär|me|pum|pe; Wär|me|quel|le; Wär|me|reg|ler

Wär|me|schutz, der; -es; **Wär|me|schutz|ver|ord|nung**

Wär|me|spei|cher; Wär|me|strah|len *Plur.;* **Wär|me|tau|scher** *(Technik)*

Wär|me|tech|nik; wär|me|tech|nisch

Wär|me|ver|lust; Wär|me|zäh|ler

Wärm|fla|sche

Warm|front *(Meteorol.)*

warm|hal|ten *vgl.* warm; **Warm|hal|te|plat|te**

Warm|haus (beheizbares Gewächshaus)

warm|her|zig; Warm|her|zig|keit, die; -

warm|lau|fen *vgl.* warm

Warm|lau|fen, das; -s; **Warm|lau|fen|las|sen, Warm-lau|fen-Las|sen,** das; -s ↑K27

Warm|luft, die; -; **Warm|luft|hei|zung**

Warm|mie|te (Miete mit Heizung)

Warm-up [ˈwɔːm|ap], das; -s, -s ‹engl.› (das Sichaufwärmen; das Einstimmen von Zuschauern, Zuhörern auf ein Thema)

Warm|was|ser [*auch* ˈv...ˈv...], das; -s; **Warm|was|ser|be|rei|ter; Warm|was|ser|hei|zung; Warm|was|ser|ver|sor|gung**

warm wer|den, warm|wer|den *vgl.* warm

War|na (bulgarische Stadt)

Warn|an|la|ge; Warn|an|zei|ge

Warn|blink|an|la|ge; Warn|blink|leuch|te; Warn|drei|eck

Warndt, der; -[s] (Berg- u. Hügelland westl. der Saar)

war|nen; War|ner; War|ne|rin

Warn|hin|weis; Warn|kreuz; Warn|leuch|te; Warn|licht *Plur.* ...lichter; **Warn|mel|dung; Warn|ruf; Warn|schild,** das; **Warn|schuss**

Warn|schuss|ar|rest (kurze Haftstrafe neben einer Bewährungsstrafe)

Warn|si|g|nal; Warn|streik; Warn|sys|tem

War|nung

Warn|wes|te *(Verkehrsw.);* **Warn|zei|chen**

¹**Warp,** der *od.* das; -s, -e ‹engl.› (*Weberei* Kettgarn)

²**Warp,** der; -[e]s, -e ‹niederl.› (*Seemannsspr.* Schleppanker); **Warp|an|ker; war|pen** (durch Schleppanker fortbewegen)

Warp|we|ber *vgl.* ¹Warp

War|rant [*auch* ˈvɔrənt], der; -s, -s ‹engl.› (*Wirtsch.* Lagerschein)

War|schau (Hauptstadt Polens); **War|schau|er; War|schau|e|rin**

War|schau|er Pakt *(früher);* **War|schau|er-Pakt-Staa|ten** ↑K26

War|sza|wa [...ˈʃa(ː)...] (*poln. Form von* Warschau)

wart (*2. Pers. Plur. Indikativ Prät. von* ²sein); ihr wart

Wart, der; -[e]s, -e (*meist in Zusammensetzungen,* z. B. Platzwart)

Wart|burg, die; -; **Wart|burg|fest,** das; -[e]s (1817)

War|te, die; -, -n (Beobachtungsort); von meiner Warte (meinem Standpunkt) aus

War|te|hal|le; War|te|häus|chen; War|te|lis|te

war|ten; auf sich warten lassen; ↑K82 : das Warten auf ihn hat ein Ende

Wär|ter

War|te|raum; War|te|rei *(ugs.)*

Wär|te|rin

War|te|saal; War|te|schlan|ge; War-

te|schlei|fe *(auch übertr.);* **Wạr|te|stand,** der; -[e]s; **Wạr|te|zeit; Wạr|te|zim|mer**
Wạr|the, die; - (rechter Nebenfluss der unteren Oder)
Wạr|tin ‹*zu* Wart›
Wạrt|saal (*schweiz. neben* Wartesaal); **Wạrt|turm**
Wạr|tung; Wạr|tungs|ar|beit *meist Plur.;* **wạr|tungs|arm; wạr|tungs|frei; wạr|tungs|freund|lich; Wạr|tungs|kos|ten** *Plur.*
wa|r|ụm; warum nicht?; nach dem Warum fragen ↑K81
Wärz|chen; Wạr|ze, die; -, -n; **wạr|zen|för|mig; Wạr|zen|hof; Wạr|zen|schwein; wạr|zig**
wạs; was ist los?; sie will wissen, was los ist; was für ein; was für einer; (*ugs. auch für* etwas:) was Neues ↑K72, irgendwas; das ist das Schönste, was ich je erlebt habe; nichts, vieles, allerlei, manches usw., was ...
Wạ|sa, der; -[s], - (*svw.* Vasa)
Wạ|sa|bi, der *od.* das; -[s] ‹jap.› (jap. Meerrettich)
wạsch|ak|tiv; waschaktive Substanzen
Wạsch|an|la|ge; Wạsch|an|lei|tung; Wạsch|au|to|mat
wạsch|bar
Wạsch|bär
Wạsch|be|cken; Wạsch|ben|zin
Wạsch|ber|ge *Plur.* (*Bergmannsspr.* Steine, die bei der Aufbereitung der Kohle anfallen)
Wạsch|be|ton
Wạsch|brett; Wạsch|brett|bauch (muskulöser, athletisch geformter Bauch [bei Männern])
Wạsch|büt|te
Wạ̈|sche, die; -, -n; **Wạ̈|sche|beu|tel**
wạsch|echt; waschechte Farben
Wạ̈|sche|ge|schäft; Wạ̈|sche|klam|mer; Wạ̈|sche|knopf; Wạ̈|sche|korb, Wạsch|korb; **Wạ̈|sche|lei|ne; Wạ̈|sche|man|gel,** die
wạ|schen; du wäschst, sie wäscht; du wụschest; du wụ̈schest; gewaschen; wasch[e]!; sich waschen
Wä|sche|r<u>ei</u>; Wạ̈|sche|rin
Wạ̈|sche|schleu|der; Wạ̈|sche|schrank; Wạ̈|sche|spin|ne (zum Wäscheaufhängen); **Wạ̈|sche|stän|der; Wạ̈|sche|trock|ner**
Wạsch|gang, der; **Wạsch|ge|le|gen|heit; Wạsch|haus; Wạsch|kes|sel**
Wạsch|korb *vgl.* Wäschekorb; **Wạsch|kraft** *(Werbespr.);* **Wạsch|kü|che**
Wạsch|lap|pen (*ugs. auch für* Feigling, Schwächling)
Wạsch|lau|ge
Wạsch|le|der; wạsch|le|dern (aus Waschleder)
Wạsch|ma|schi|ne; wạsch|ma|schi|nen|fest
Wạsch|mit|tel, das; **Wạsch|pro|gramm; Wạsch|pul|ver; Wạsch|raum; Wạsch|sa|lon; Wạsch|schüs|sel; Wạsch|sei|de; Wạsch|stra|ße; Wạsch|tisch**
Wạ|schung
Wạsch|was|ser, das; -s
Wạsch|weib (*ugs. für* geschwätzige Person)
Wạsch|zet|tel (Klappentext eines Buches)
Wạsch|zeug, das; -[e]s; **Wạsch|zu|ber; Wạsch|zwang**
[1]**Wạ|sen,** der; -s, - (*svw.* Wrasen)
[2]**Wạ|sen,** der; -s, - (*landsch. für* Rasen; *nordd. für* Reisigbündel)
Wạ|serl, das; -s, -[n]; *vgl.* Pickerl (*österr. ugs. für* unbeholfener Mensch)
Wạs|gau, der; -[e]s (südl. Teil des Pfälzer Walds)
Wạs|gen|wald, der; -[e]s (*veraltete Bez. für* Vogesen)
wash and wear [ˈvɔʃ ɛnd ˈveːɐ̯] ‹engl., »waschen und tragen«› (Kennzeichnung für bügelfreie Textilien)
[1]**Wa|shing|ton** [ˈwɔʃɪŋtən] (erster Präsident der USA)
[2]**Wa|shing|ton** (Staat in den USA)
[3]**Wa|shing|ton** (Hauptstadt der USA)
Wa|shing|to|ner; Wa|shing|to|ne|rin
Wạs|ser, das; -s, *Plur.* - *u.* (*für* Mineral-, Spül-, Speise-, Abwasser u. a.:) Wässer; leichtes, schweres Wasser *(Chemie);* zu Wasser und zu Land[e]; ein Wasser abstoßendes, Wasser abweisendes *od.* wasserabstoßendes, wasserabweisendes Material, *aber nur* dieses Gewebe ist besonders wasserabweisend, dieser Stoff ist noch wasserabweisender als jener ↑K58
Wạs|ser|am|sel
wạs|ser|arm
Wạs|ser|auf|be|rei|tung; Wạs|ser|auf|be|rei|tungs|an|la|ge
Wạs|ser|bad
Wạs|ser|ball (*vgl.* [1]Ball)
Wạs|ser|bal|ler, Wạs|ser|ball|spie|ler; Wạs|ser|bal|le|rin, Wạs|ser|ball|spie|le|rin
Wạs|ser|bau *Plur.* ...ten; **Wạs|ser|be|cken; Wạs|ser|be|darf; Wạs|ser|bett; Wạs|ser|bom|be; Wạs|ser|büf|fel; Wạs|ser|burg**
Wạ̈s|ser|chen
Wạs|ser|dampf
wạs|ser|dicht; wasserdichte Uhren
Wạs|ser|ei|mer; Wạs|ser|ein|bruch; Wạs|ser|eis (ein Speiseeis); **Wạs|ser|fahr|zeug; Wạs|ser|fall,** der; **Wạs|ser|far|be**
wạs|ser|fest
Wạs|ser|flä|che; Wạs|ser|fla|sche; Wạs|ser|floh; Wạs|ser|flug|zeug
wạs|ser|ge|kühlt ↑K59
Wạs|ser|glas *Plur.* ...gläser (Trinkglas; *nur Sing.:* Kalium- od. Natriumsilikat)
Wạs|ser|glät|te (Aquaplaning)
Wạs|ser|gra|ben; Wạs|ser|hahn; Wạs|ser|här|te; Wạs|ser|haus|halt
wạs|ser|hell; wasserhelle Augen
Wạs|ser|ho|se (Wasser mitführender Wirbelsturm); **Wạs|ser|huhn; Wạs|ser|hy|a|zin|the**
wạ̈s|se|rig usw. *vgl.* wässrig usw.
Wạs|ser|jung|fer (Libelle)
Wạs|ser|ka|nis|ter; Wạs|ser|kes|sel
Wạs|ser|klo|sett (*Abk.* WC)
Wạs|ser|ko|cher; Wạs|ser|kopf *(ugs.)*
Wạs|ser|kraft, die; **Wạs|ser|kraft|werk**
Wạs|ser|kran (*landsch. für* Wasserhahn)
Wạs|ser|kunst; Wạs|ser|kup|pe, die; - (Berg in der Rhön)
Wạs|ser|la|che; Wạs|ser|lauf
wạs|ser|le|bend (*Zool.* ↑K59)
Wạs|ser|lei|che
Wạ̈s|ser|lein
Wạs|ser|lei|tung; Wạs|ser|lin|se
wạs|ser|lös|lich; wasserlösliche Farbe
Wạs|ser|man|gel, der; -s; **Wạs|ser|mann,** der; -[e]s (ein Sternbild); **Wạs|ser|mas|se** *meist Plur.*
Wạs|ser|me|lo|ne; Wạs|ser|müh|le
wạs|sern (auf dem Wasser niedergehen); ich wassere
wạ̈s|sern (in Wasser legen; mit Wasser versorgen; Wasser absondern); ich wässere
Wạs|ser|ni|xe; Wạs|ser|not, die; - (*veraltet für* Mangel an Wasser; *vgl. aber* Wassersnot)
Wạs|ser|ober|flä|che; Wạs|ser|pest, die; - (eine Wasserpflanze); **Wạs|ser|pfei|fe; Wạs|ser|pflan|ze**
Wạs|ser|pis|to|le; Wạs|ser|po|li|zei; Wạs|ser|pum|pe; Wạs|ser|qua|li|tät; Wạs|ser|rad
Wạs|ser|rat|te (jmd., der sehr gern schwimmt)
Wạs|ser|recht; wạs|ser|recht|lich
wạs|ser|reich
Wạs|ser|re|ser|voir
Wạs|ser|rohr; Wạs|ser|rohr|bruch

W
Wart

Was|ser|rutsch|bahn (Rutschbahn ins Wasser); **Was|ser|rut|sche**
Was|ser|säu|le; Was|ser|scha|den; Was|ser|schei|de *(Geogr.)*
was|ser|scheu; Was|ser|scheu, die; -
Was|ser|schi *vgl.* Wasserski
Was|ser|schlan|ge; Was|ser|schlauch; Was|ser|schloss
Was|ser|schutz|ge|biet; Was|ser|schutz|po|li|zei
Was|ser|ski, Was|ser|schi, der; -[s], *Plur.* -er *od.* -, *als Sportart* das; -[s]
Was|sers|not (*veraltet für* Überschwemmung; *vgl. aber* Wassernot)
Was|ser|spei|er; Was|ser|spie|gel; Was|ser|spiel *meist Plur.*
Was|ser|sport, der; -[e]s; **Was|ser|sport|ler; Was|ser|sport|le|rin; was|ser|sport|lich**
Was|ser|spü|lung
Was|ser|stand; Was|ser|stands|an|zei|ger; Was|ser|stands|mel|dung; Was|ser|stands|reg|ler
Was|ser|stel|le (z. B. in der Wüste)
Was|ser|stoff, der; -[e]s (chemisches Element, Gas; *Zeichen* H)
was|ser|stoff|blond
Was|ser|stoff|bom|be (H-Bombe)
Was|ser|stoff|per|oxid, Was|ser|stoff|per|oxyd, das; -[e]s
Was|ser|strahl; Was|ser|stra|ße
Was|ser|sucht, die; - (krankhafte Ansammlung von Wasser im Körper; Hydropsie); **was|ser|süch|tig**
Was|ser|tank; Was|ser|tem|pe|ra|tur; Was|ser|tie|fe; Was|ser|trä|ger (*ugs. auch für* jmd., der Hilfsdienste leistet); **Was|ser|trä|ge|rin**
Was|ser|tre|ten, das; -s; **Was|ser|trop|fen; Was|ser|turm; Was|ser|uhr**
was|ser|un|durch|läs|sig
Was|se|rung ‹*zu* wassern›
Wäs|se|rung
Was|ser|ver|brauch; Was|ser|ver|drän|gung; Was|ser|ver|schmut|zung; Was|ser|ver|sor|gung
Was|ser|vo|gel
Was|ser|waa|ge; Was|ser|weg; Was|ser|welt; Was|ser|wer|fer; Was|ser|werk; Was|ser|wirt|schaft; Was|ser|zäh|ler; Was|ser|zei|chen
wäss|rig, wäs|se|rig; **Wäss|rig|keit,** Wäs|se|rig|keit
Watch|list, die; -, -s ‹engl.›, **Watch|lis|te** ['vɔtʃ...] (Liste von zu beobachtenden Personen, Firmen o. Ä.)
wa|ten; gewatet
Wa|ter|boar|ding ['wɔ:tɐbɔ:dɪŋ], das; -s ‹engl.› (Scheinertränken als Foltermethode)
Wa|ter|kant, die; - (*scherzh. für* nordd. Küstengebiet)
Wa|ter|loo (Ort in Belgien)
Wa|ter|proof ['wɔ:tɐpru:f], der; -s, -s ‹engl.› (wasserdichter Stoff; Regenmantel)
Wat|sche [*auch* 'vat...], die; -, -n *u.* Wat|schen, die; -, - (*bayr., österr. ugs. für* Ohrfeige)
wat|sche|lig, watsch|lig *(ugs.);* **wat|scheln** [*auch* 'vat...]; ich watsch[e]le
wat|schen [*auch* 'vat...] (*bayr., österr. ugs. für* ohrfeigen)
Wat|schen [*auch* 'vat...] *vgl.* Watsche
Wat|schen|frau [*auch* 'vat...]; **Wat|schen|mann** (Figur im Wiener Prater; *übertr. für* Zielscheibe der Kritik)
watsch|lig *vgl.* watschelig
[1]**Watt** [vɔt] (Erfinder der verbesserten Dampfmaschine)
[2]**Watt,** das; -s, - (Einheit der physikal. Leistung; *Zeichen* W); 40 Watt
[3]**Watt,** das; -[e]s, -en (seichter Streifen der Nordsee zwischen Küste u. vorgelagerten Inseln)
Wat|te, die; -, -n ‹niederl.› (aus weichen, weißen Fasern hergestelltes Material, das zum Verbinden, Auspolstern u. Ä. verwendet wird)
Wat|teau [...'to:] (franz. Maler)
Wat|te|bausch
Wat|ten, das; -s (*bayr., österr. für* ein Kartenspiel)
Wat|ten|meer ‹*zu* [3]Watt›
Wat|ten|scheid (Stadtteil von Bochum); **Wat|ten|schei|der; Wat|ten|schei|de|rin**
Wat|te|pad [...pɛd] (kleiner Wattebausch zum Reinigen des Gesichts o. Ä.); **Wat|te|pfrop|fen**
wat|tie|ren (mit Watte füttern); **Wat|tie|rung**
wat|tig; wattiger Schnee
Watt|me|ter, das; -s, - (elektr. Messgerät); **Watt|se|kun|de** (Einheit der Energie u. Arbeit; *Abk.* Ws)
watt|wan|dern; *nur im Infinitiv gebr.; oft als Substantivierung:* das Wattwandern; **Watt|wan|de|rung**
Wat|vo|gel (am Wasser, im Moor o. Ä. lebender Vogel)
Wau, der; -[e]s, -e (Färberpflanze)
wau, wau!; Wau|wau, der; -s, -s (*Kinderspr.* Hund)
Wa|xing ['vɛksɪŋ], das; -[s], -s ‹engl.› (Beseitigung von Körperhaaren mit Wachs)
WC [ve:'tse:], das; -[s], -[s] = water closet ‹engl.› (Wasserklosett, Toilette); **WC-Bürs|te; WC-Rei|ni|ger; WC-Sitz**
WDR, der; - = Westdeutscher Rundfunk
Web, das; -[s] ‹engl.› (*kurz für* World Wide Web); Web 2.0 (Bezeichnung für die Internetbereiche, in denen Nutzer eigene Beiträge verfassen können)
Web|ad|res|se
Web-App, Web|app [...lɛp], die; -, -s, *auch* das; -s, -s (App, die ihre Inhalte direkt aus dem Internet holt); **web|ba|siert** *(EDV);* eine webbasierte Lösung; **Web|brow|ser**
Web|cam [...kɛm], die; -, -s (*EDV* Kamera, deren Aufnahmen ins Internet eingespeist werden)
Web|de|sign [...dizain], das; -s, -s ‹engl.› (Gestaltung von Webseiten); **Web|de|si|g|ner; Web|de|si|g|ne|rin**
We|be, die; -, -n (*österr. für* Gewebe [für Bettzeug])
We|be|lei|ne (*Seemannsspr.* gewebte Sprosse der Wanten)
we|ben; du webtest, *schweiz., sonst geh. u. übertr.* wobst; du webtest, *geh. u. übertr.* wöbest; gewebt, *schweiz., sonst geh. u. übertr.* gewoben; web[e]!
[1]**We|ber,** Carl Maria von (dt. Komponist)
[2]**We|ber; We|be|rei; We|be|rin**
We|ber|kamm; We|ber|knecht (ein Spinnentier); **We|ber|kno|ten**
We|bern, Anton von (österr. Komponist)
We|ber|schiff|chen, Web|schiffchen; **We|ber|vo|gel** *(Zool.)*
Web|feh|ler; Web|garn
We|bi|nar®, das; -s, -e (im Internet stattfindendes Seminar)
Web|kan|te
Web|log, das, *auch* der; -s, -s ‹engl.› (tagebuchartig geführte, öffentlich zugängliche Webseite)
Web|mas|ter, der; -s, - ‹engl.› (Betreuer von Websites); **Web|mas|te|rin**
Web|pelz; Web|schiff|chen *vgl.* Weberschiffchen
Web|sei|te, die; -, -n (Bestandteil einer Website); **Web|site** ['vɛpsait], die; -, -s ‹engl.› (sämtliche hinter einer Internetadresse stehenden Seiten); **Web|space** ['vɛp-

spe:s], der; -, -s ⟨engl.⟩ (Speicherplatz im Internet)
Web|stuhl; Web|wa|ren *Plur.*
web|weit (das Internet umfassend)
Web 2.0, das; des Web[s] 2.0 (*EDV* durch die Mitwirkung der Benutzer[innen] geprägte Internetangebote); **Web-2.0-An|wen|dung**
Wech|sel, der; -s, -; **Wech|sel|bad**
Wech|sel|balg, der ([nach früherem Volksglauben] untergeschobenes hässliches Kind)
Wech|sel|bank *Plur.* ...banken
Wech|sel|be|zie|hung; wech|sel|be|züg|lich
Wech|sel|bür|ge; Wech|sel|bür|gin; Wech|sel|bürg|schaft
Wech|sel|fäl|le *Plur.*
Wech|sel|fäl|schung; Wech|sel|fie|ber (*für* Malaria)
Wech|sel|geld; Wech|sel|ge|sang
wech|sel|haft; Wech|sel|haf|tig|keit
Wech|sel|jahr|be|schwer|den, We|chsel|jah|res|be|schwer|den *Plur.*; **Wech|sel|jah|re** *Plur.*
Wech|sel|kas|se; Wech|sel|kre|dit
Wech|sel|kurs; Wech|sel|kurs|schwan|kung *meist Plur.*
wech|seln; ich wechs[e]le; wechselnde Mehrheiten *(Politik);* Wäsche zum Wechseln ↑K 82
Wech|sel|rah|men; Wech|sel|re|de
Wech|sel|re|gress *(Bankw.);* **Wech|sel|rei|te|rei** (unlautere Wechselausstellung)
Wech|sel|schal|ter
Wech|sel|schicht; Wech|sel|schritt
wech|sel|sei|tig; Wech|sel|sei|tig|keit
Wech|sel|spiel; Wech|sel|steu|er, die; **Wech|sel|strom; Wech|sel|stu|be; Wech|sel|sum|me**
Wech|se|lung, Wechs|lung
Wech|sel|ver|kehr, der; -s *(Verkehrsw.)*
wech|sel|voll
Wech|sel|wäh|ler; Wech|sel|wäh|le|rin
wech|sel|warm *(Zool.);* **Wech|sel|warm|blü|ter** *(Zool.)*
wech|sel|wei|se; wech|sel|wil|lig
Wech|sel|wir|kung
Wechs|ler; Wechs|le|rin
Wechs|lung *vgl.* Wechselung
Wech|te, die; -, -n (überhängende Schneemasse; *schweiz. auch für* Schneewehe); **Wech|ten|bil|dung**
[1]**Weck** (Familienn.; *als* ® *für* Einkochgeräte)
[2]**Weck,** der; -[e]s, -e, **We|cke,** die; -, -n, [2]**We|cken,** der; -s, - (*südd., österr. für* Weizenbrötchen; Brot in länglicher Form)

We|ck|a|min, das; -s, -e ⟨*Kunstwort aus* wecken *u.* Amin⟩ (anregendes Kreislaufmittel)
Weck|dienst (per Telefon)
We|cke *vgl.* [2]Weck
we|cken; [1]**We|cken,** das; -s; Urlaub bis zum Wecken *(Militär)*
[2]**We|cken** *vgl.* [2]Weck
We|cker
We|ckerl, das; -s, -[n]; *vgl.* Pickerl (*bayr., österr. für* längliches Weizenbrötchen)
Weck|glas® *Plur.* ...gläser ↑K 136
Weck|ruf; Weck|zeit
We|da *vgl.* Veda
We|de|kind (dt. Dramatiker)
We|del, der; -s, -
We|del|kurs *(Skisport)*
we|deln; ich wed[e]le
We|den (*Plur. von* Weda)
we|der; weder er noch sie haben *od.* hat davon gewusst; das Weder-noch
Wedge [vɛdʒ], der; -[s], -s ⟨engl.⟩ (ein Golfschläger; *meist Plur.:* frittierte Kartoffelspalte; Schuh mit keilförmigem, durchgehendem Absatz)
Wedg|wood [ˈwɛdʒwʊt], das; -[s] ⟨nach dem engl. Erfinder⟩ (engl. Steingut); **Wedg|wood|wa|re, Wedg|wood-Wa|re**
we|disch *vgl.* vedisch
Week|end [ˈwi:k|ɛnd], das; -[s], -s ⟨engl.⟩ (Wochenende)
Weft, das; -[e]s, -e ⟨engl.⟩ (*Weberei* hart gedrehtes Kammgarn)
weg; weg da! (fort!); sie ist ganz weg (*ugs. für* begeistert, verliebt); sie ist längst darüber weg (hinweg); sie wird schon weg sein, wenn ...

Weg

der; -[e]s, -e

- im Weg[e] stehen; wohin des Weg[e]s?
- halbwegs; gerade[n]wegs; keineswegs; unterwegs
- alle[r]wege, allerwegen
- etwas zuwege *od.* zu Wege bringen

Schreibung in Straßennamen: ↑K 162 *u.* 163

weg... (*in Zus. mit Verben,* z. B. weglaufen, du läufst weg, weggelaufen, wegzulaufen)
We|ga, die; - ⟨arab.⟩ (ein Stern)
weg|ar|bei|ten *(ugs.);* sie hat alles weggearbeitet

Weg|bau *vgl.* Wegebau
weg|be|kom|men *(ugs.)*
Weg|be|rei|ter; Weg|be|rei|te|rin
Weg|bie|gung
weg|bla|sen; wie weggeblasen (*ugs. für* spurlos verschwunden)
weg|blei|ben *(ugs.);* sie ist auf einmal weggeblieben
weg|bre|chen; weg|brin|gen *(ugs.)*
weg|den|ken; etw. ist nicht wegzudenken
weg|dis|ku|tie|ren *(ugs.);* **weg|drän|gen; weg|drü|cken; weg|du|cken,** sich
We|ge|bau, Weg|bau, der; -[e]s
We|ge|geld, Weg|geld
We|ge|la|ge|rer; We|ge|la|ge|rin; we|ge|la|gern *(selten);* ich wegelagere; **We|ge|la|ge|rung**
we|gen *s. Kasten*
Weg|en|ge
We|ger, der; -s, - (Schiffsplanke)
We|ge|recht
We|ge|rich, der; -s, -e (eine Pflanze)
we|gern (*Schiffbau* die Innenseite der Spanten mit Wegern belegen); ich wegere; **We|ge|rung**
We|ges|rand *(geh.)*
weg|es|sen
weg|fah|ren; Weg|fahr|sper|re (beim Auto)
Weg|fall, der; -[e]s; in Wegfall kommen (*dafür besser:* wegfallen); **weg|fal|len**
weg|fe|gen; weg|fi|schen; sie hat ihm die besten Bissen weggefischt; **weg|flie|gen; weg|fres|sen; weg|füh|ren**
Weg|ga|be|lung, Weg|gab|lung
Weg|gang, der; -[e]s
weg|ge|ben
Weg|ge|fähr|te; Weg|ge|fähr|tin
weg|ge|hen
Weg|geld *vgl.* Wegegeld
Weg|gen, der; -s, - (*schweiz. für vgl.* [2]Wecken)
Weg|ge|nos|se; Weg|ge|nos|sin
Wegg|li, das; -[s], -[s]; *vgl.* Götti (*schweiz. für* Milchbrötchen)
weg|gu|cken *(ugs.);* **weg|ha|ben** *(ugs.);* die Ruhe weghaben (sich nicht aus der Fassung bringen lassen); **weg|hän|gen** *vgl.* [2]hängen; **weg|ho|len; weg|hö|ren** *(ugs.);* **weg|ja|gen; weg|keh|ren**
weg|kli|cken *(EDV);* **weg|kom|men** *(ugs.);* gut dabei wegkommen; **weg|krat|zen**
Weg|kreuz; Weg|kreu|zung
weg|krie|gen *(ugs.)*
weg|ku|cken (*nordd. für* weggucken)
weg|kun|dig

W
Webs

we|gen

(*Abk.* wg.)
Präposition mit Genitiv:
- wegen eines Diebstahls
- wegen der hohen Preise
- wegen des Vaters *od.* des Vaters wegen
- wegen der Leute *od.* der Leute wegen

Umgangssprachlich auch mit Dativ:
- wegen dem Kind
- wegen mir (meinetwegen)

Ein allein stehendes, stark gebeugtes Substantiv im Singular bleibt im Allgemeinen ungebeugt:
- wegen Diebstahl
- wegen Umbau geschlossen

Standardsprachlich mit Dativ in bestimmten Verbindungen u. wenn bei Pluralformen der Genitiv nicht erkennbar ist:
- wegen [etwas] anderem, wegen Vergangenem
- wegen Geschäften

Standardsprachlich auch mit Dativ, wenn ein Genitivattribut zwischen »wegen« und das davon abhängende Substantiv tritt:
- wegen meines Bruders neuem Auto

Zusammensetzungen u. Fügungen:
- deswegen, dessentwegen
- meinetwegen, deinetwegen, seinetwegen, ihretwegen, unsertwegen, euretwegen *od.* euertwegen
- von Amts wegen
- von Rechts wegen
- von Staats wegen
- von Berufs wegen
- von wegen! (*ugs. für* auf keinen Fall!)

weg|las|sen; weg|lau|fen; er ist weggelaufen; **weg|le|gen**
Weg|lei|tung (*schweiz. für* Anweisung, Richtlinie)
weg|lo|ben; einen Mitarbeiter wegloben; **weg|lo|cken**
weg|los
weg|ma|chen *(ugs.)*
Weg|mar|ke
weg|mü|de *(geh.)*
weg|müs|sen *(ugs.);* ich habe weggemusst
Weg|nah|me, die; -, -n *(Amtsspr.)*
weg|neh|men; weggenommen
weg|pa|cken; weg|put|zen (*ugs. auch für* aufessen); **weg|ra|die|ren**
Weg|rain; Weg|rand
weg|ra|ti|o|na|li|sie|ren; weg|räu|men; weg|rei|ßen; weg|ren|nen; weg|rol|len; weg|rut|schen
weg|sa|nie|ren *(iron.);* **weg|schaf|fen;** sie schafften alles weg; **weg|schau|en**
Weg|scheid, der; -[e]s, -e, *österr.* die; -, -en, *häufiger* **Weg|schei|de,** die; -, -n (*veraltend für* Straßengabelung)
weg|sche|ren, sich (*ugs. für* weggehen); scher dich weg!; **weg|scheu|chen; weg|schi|cken; weg|schie|ben; weg|schlei|chen;** er ist weggeschlichen; sich wegschleichen; **weg|schlie|ßen; weg|schmei|ßen** *(ugs.);* **weg|schnap|pen** *(ugs.)*
weg|schnei|den; weg|schüt|ten; weg|se|hen; weg|set|zen; weg|sper|ren; weg|sprin|gen; weg|spü|len; weg|ste|cken (*ugs. auch für* verkraften); **weg|steh|len;** sich wegstehlen; **weg|stel|len; weg|ster|ben** *(ugs.);* **weg|sto|ßen**
Weg|stre|cke
weg|strei|chen
Weg|stück
weg|tra|gen; weg|trei|ben; weg|tre|ten; weggetreten! (milit. Kommando); **weg|trin|ken; weg|tun**
Weg|über|füh|rung; Weg|un|ter|füh|rung
Weg|war|te (eine Pflanze)
weg|wei|send; Weg|wei|ser; Weg|wei|sung *(Verkehrsw.)*
weg|wer|fen; weg|wer|fend; eine wegwerfende Handbewegung
Weg|werf|fla|sche; Weg|werf|ge|sell|schaft; Weg|werf|men|ta|li|tät, die; -; **Weg|werf|win|del**
weg|wi|schen; weg|wol|len *(ugs.)*
weg|zap|pen ⟨dt., engl.⟩ (*ugs. für* beim Fernsehen das Programm wechseln); er hat weggezappt
weg|zau|bern
Weg|zeh|rung; Weg|zei|chen
weg|zie|hen; Weg|zug
[1]**weh;** sie hat einen wehen Finger; es war ihm weh ums Herz; das hat wehgetan *od.* weh getan
[2]**weh** *vgl.* wehe
Weh, das; -[e]s, -e ↑K81 : mit Ach und Weh; Ach und Weh schreien
we|he, weh; weh[e] dir!; o weh!
[1]**We|he,** die; -, -n *meist Plur.* (das Zusammenziehen der Gebärmutter bei der Geburt)
[2]**We|he,** das; -s (*selten für* Weh)
[3]**We|he,** die; -, -n (zusammengewehte Anhäufung von Schnee od. Sand)
we|hen
Weh|ge|schrei
Weh|kla|ge *(geh.);* **weh|kla|gen;** ich wehklage; gewehklagt; zu wehklagen
Wehl, das; -[e]s, -e, **Weh|le,** die; -, -n (*nordd. für* an der Binnenseite eines Deiches gelegener Teich)
weh|lei|dig; Weh|lei|dig|keit
Weh|mut, die; -; **weh|mü|tig; Weh|mü|tig|keit; weh|muts|voll**
Weh|mut|ter *Plur.* ...mütter (*veraltet für* Hebamme)
[1]**Wehr,** die; -, -en (Befestigung, Verteidigung; *kurz für* Feuerwehr); sich zur Wehr setzen
[2]**Wehr,** das; -[e]s, -e (Stauwerk)
wehr|bar
Wehr|be|auf|trag|te
Wehr|be|reich, der; **Wehr|be|reichs|kom|man|do**
Wehr|dienst
wehr|dienst|taug|lich; Wehr|dienst|taug|lich|keit, die; -
wehr|dienst|un|taug|lich; Wehr|dienst|un|taug|lich|keit, die; -
Wehr|dienst|ver|wei|ge|rer; Wehr|dienst|ver|wei|ge|rung
weh|ren; sich wehren
Wehr|er|satz|dienst
wehr|fä|hig; Wehr|fä|hig|keit, die; -
Wehr|gang, der; **Wehr|ge|hän|ge; Wehr|ge|henk; Wehr|ge|rech|tig|keit,** die; -; **Wehr|ge|setz**
wehr|haft; Wehr|haf|tig|keit, die; -
Wehr|kir|che (burgartig gebaute Kirche); **Wehr|kun|de,** die; -
wehr|los; Wehr|lo|sig|keit, die; -
Wehr|macht, die; - (*früher für* Gesamtheit der [deutschen]

W
Wehr

Streitkräfte); **Wehr|macht[s]|an|ge|hö|ri|ge**, der *u.* die
Wehr|mann *Plur.* ...männer (*österr., schweiz. für* Soldat)
Wehr|pass
Wehr|pflicht, die; -; die allgemeine Wehrpflicht; **wehr|pflich|tig; Wehr|pflich|ti|ge**, der; -n, -n
Wehr|turm; Wehr|übung
weh|tun, weh tun; ich habe mir wehgetan *od.* weh getan; das braucht nicht wehzutun *od.* weh zu tun
Weh|weh [*auch* ...'ve:], das; -s, -s (*Kinderspr.* Schmerz; kleine Wunde); **Weh|weh|chen**
Weib, das; -[e]s, -er; **Weib|chen**
Wei|bel, der; -s, - (*früher u. schweiz. für* Amtsbote); **Wei|be|lin; wei|beln** (*schweiz. für* werbend umhergehen); ich weib[e]le
Wei|ber|fas[t]|nacht (*landsch. für* letzter Donnerstag vor Aschermittwoch)
Wei|ber|feind
Wei|ber|ge|schich|te *meist Plur. (oft abwertend);* **Wei|ber|held; Wei|ber|wirt|schaft** *(abwertend)*
wei|bisch
Weib|lein; Männlein und Weiblein
weib|lich; weibliches Geschlecht; **Weib|lich|keit**, die; -
Weibs|bild (*ugs., oft abwertend für* Frau); **Weib|sen**, das; -s, - (*ugs. abwertend für* Frau); **Weibs|leu|te** *Plur.;* **Weibs|per|son** *(ugs. veraltend);* **Weibs|stück** *(ugs. abwertend)*

weich

Schreibung in Verbindung mit Verben ↑K 56:

- weich sein, weich werden
- die Butter ist weich geworden
- die Kinder bettelten, bis die Mutter weich wurde *od.* weichwurde (*ugs. für* nachgab)
- ein Steak weich klopfen *od.* weichklopfen
- die Eier weich kochen *od.* weichkochen
- das Leder weich machen *od.* weichmachen
- die Wäsche weich spülen *od.* weichspülen

Aber:

- jemanden weichklopfen (*ugs. für* zum Nachgeben bewegen)
- jemanden weichmachen (*ugs. für* zum Nachgeben bewegen)

Vgl. auch weichlöten

Weich|bild (Stadtgebiet)
[1]**Wei|che**, die; -, -n (Umstellvorrichtung bei Gleisen)
[2]**Wei|che**, die; -, -n (Flanke)
Weich|ei (*ugs. für* Weichling)
[1]**wei|chen** (einweichen, weich machen, weich werden); du weichtest; geweicht; weich[e]!
[2]**wei|chen** (zurückgehen; nachgeben); du wichst; du wichest; gewichen; weich[e]!
Wei|chen|stel|ler; Wei|chen|stel|le|rin; Wei|chen|stel|lung (Maßnahme, die eine zukünftige Entwicklung vorbereitet)
Wei|chen|wär|ter; Wei|chen|wär|te|rin
weich ge|kocht, weich|ge|kocht *vgl.* weich
Weich|heit
weich|her|zig; Weich|her|zig|keit
Weich|holz; Weich|kä|se
weich|klop|fen (*ugs. für* zum Nachgeben bewegen); *vgl. aber* weich
weich|lich; Weich|lich|keit, die; -
Weich|ling (Schwächling)
weich|lö|ten *(Technik); nur im Infinitiv und Partizip II gebr.;* weichgelötet
weich|ma|chen (*ugs. für* zum Nachgeben bewegen); *vgl. aber* weich
Weich|ma|cher *(Chemie)*
weich|scha|lig
[1]**Weich|sel**, die; - (osteuropäischer Strom)
[2]**Weich|sel**, die; -, -n (*landsch. u. schweiz.; kurz für* Weichselkirsche); **Weich|sel|kir|sche**
weich spü|len, weich|spü|len; ich habe die Wäsche weich gespült *od.* weichgespült; *aber nur* in diesem Bericht wurden die Probleme weichgespült (*ugs. für* verharmlost)
Weich|spü|ler; Weich|spül|mit|tel
Weich|tei|le *Plur.*
Weich|tier *meist Plur.* (Molluske)
weich wer|den, weich|wer|den *vgl.* weich; **Weich|wer|den**, das; -s
Weich|zeich|ner (fotografische Vorsatzlinse)
[1]**Wei|de**, die; -, -n (ein Baum)
[2]**Wei|de**, die; -, -n (Grasland)
Wei|de|land *Plur.* ...länder
Wei|del|gras (Lolch; Raigras)
Wei|de|mo|nat (*alte dt. Bez., meist für* Mai)

wei|den; sich an etwas weiden
Wei|den|baum; Wei|den|busch; Wei|den|ger|te; Wei|den|kätz|chen; Wei|den|rös|chen
Wei|de|platz
Wei|de|rich, der; -s, -e (Name verschiedener Pflanzen)
Wei|de|rind
Wei|de|wirt|schaft, die; -
weid|ge|recht, *bes. fachspr.* waid|ge|recht
weid|lich (gehörig, tüchtig)
Weid|ling, der; -s, -e (*südwestd. u. schweiz. für* [Fischer]kahn; *vgl.* Weitling)
Weid|loch, *bes. fachspr.* Waid|loch (After beim Wild)
Weid|mann, *bes. fachspr.* Waid|mann *Plur.* ...männer; **weid|män|nisch**, *bes. fachspr.* waid|män|nisch
Weid|manns|dank!, *bes. fachspr.* Waid|manns|dank!; **Weid|manns|heil!**, *bes. fachspr.* Waid|manns|heil!
Weid|mes|ser, *bes. fachspr.* Waid|mes|ser, das; **Weid|sack**, *bes. fachspr.* Waid|sack (*Jägerspr.* Pansen [vom Wild]); **Weid|spruch**, *bes. fachspr.* Waid|spruch (alte Redensart der Jäger); **Weid|werk**, *bes. fachspr.* Waid|werk, das; -[e]s; **weid|wund**, *bes. fachspr.* waid|wund (verwundet durch Schuss in die Eingeweide)
Wei|fe, die; -, -n (*Textiltechnik* Garnwinde); **wei|fen** ([Garn] haspeln)
Wei|gand, der; -[e]s, -e (*veraltet für* Kämpfer, Held)
wei|gern, sich; ich weigere mich; **Wei|ge|rung; Wei|ge|rungs|fall**, der *(Amtsspr.);* im Weigerungsfall[e]
Weih *vgl.* [1]Weihe
Weih|bi|schof
[1]**Wei|he**, die; -, -n, **Weih**, der; -[e]s, -e (ein Greifvogel)
[2]**Wei|he**, die; -, -n (*Rel.* Weihung; *nur Sing.: geh. für* feierl. Stimmung); **Wei|he|akt**
wei|hen
Wei|hen|ste|phan (Stadtteil von Freising)
Wei|her, der; -s, - ⟨lat.⟩ (Teich)
Wei|he|stun|de
wei|he|voll
Weih|ga|be; Weih|kes|sel (Weihwasserkessel)
Weih|nacht, die; -; **weih|nach|ten**; geweihnachtet

Weih|nach|ten

das; -, - (Weihnachtsfest)

- zu Weihnachten *(bes. nordd. u. österr.)*
- an Weihnachten *(bes. südd.)*
- Weihnachten war sehr kalt

Gelegentlich im landschaftlichen Sprachgebrauch u. zumeist in Österreich u. in der Schweiz wird »Weihnachten« im Plural verwendet:

- die[se] Weihnachten waren verschneit

In Wunschformeln ist allgemein der Plural üblich:

- fröhliche Weihnachten!; frohe Weihnachten!

weih|nacht|lich, *schweiz. auch* **weih|nächt|lich**
Weih|nachts|abend; Weih|nachts|bä|cke|rei; Weih|nachts|baum; Weih|nachts|ein|kauf; Weih|nachts|en|gel; Weih|nachts|es|sen
Weih|nachts|fei|er; Weih|nachts|fei|er|tag; der erste, zweite Weihnachtsfeiertag; **Weih|nachts|fe|ri|en** *Plur.;* **Weih|nachts|fest; Weih|nachts|gans; Weih|nachts|ge|bäck**
Weih|nachts|geld; Weih|nachts|ge|schäft; Weih|nachts|ge|schenk; Weih|nachts|ge|schich|te
Weih|nachts|gra|ti|fi|ka|ti|on; Weih|nachts|kak|tus; Weih|nachts|kar|te; Weih|nachts|krip|pe; Weih|nachts|lied
Weih|nachts|mann *Plur.* ...männer; **Weih|nachts|markt; Weih|nachts|pa|pier; Weih|nachts|plätz|chen; Weih|nachts|spiel; Weih|nachts|stern**
Weih|nachts|stol|le, Weih|nachts|stol|len *vgl.* Stolle
Weih|nachts|tag; Weih|nachts|tel|ler; Weih|nachts|tisch
Weih|nachts|ver|kehr, der; -s
Weih|nachts|zeit, die; -
Weih|rauch, der; -[e]s, -e (duftendes Harz)
weih|räu|chern; ich weihräuchere
Wei|hung
Weih|was|ser *Plur.* ...wasser; **Weih|was|ser|be|cken; Weih|was|ser|kes|sel**
Weih|we|del
weil; sie tut es, weil sie es will
weil|land *(veraltet für* vormals)
Weil|chen, das; -s; warte ein Weilchen!
Wei|le, die; -; es dauerte eine gute Weile; aus langer Weile; *vgl.* Langeweile
wei|len *(geh. für* sich aufhalten)
Wei|ler, der; -s, - ‹lat.› (mehrere beieinanderliegende Gehöfte; kleine Gemeinde)
Wei|mar (Stadt an der Ilm); **Wei|ma|rer; Wei|ma|re|rin; wei|ma|risch**
Wei|muts|kie|fer, Wey|mouths|kie|fer ['vaimu:ts...] ‹nach Lord Weymouth› (nordamerikanische Kiefer)
Wein, der; -[e]s, -e ‹lat.›; **Wein|an|bau,** der; -[e]s
Wein|bau, der; -[e]s; **Wein|bau|er** *vgl.* ²Bauer; **Wein|bäu|e|rin; Wein|bau|ge|biet**
Wein|bee|re
Wein|bei|ßer (eine Lebkuchenart; Weinkenner)
Wein|berg; Wein|berg[s]|be|sit|zer; Wein|berg[s]|be|sit|ze|rin
Wein|berg|schne|cke
Wein|brand, der; -s, ...brände (ein Branntwein); **Wein|brand|boh|ne**
wei|nen ↑K 82: in Weinen ausbrechen; ihr war das Weinen näher als das Lachen; das ist zum Weinen!
wei|ner|lich; Wei|ner|lich|keit, die; -
Wein|es|sig
Wein|fass; Wein|fest; Wein|fla|sche
Wein|gar|ten *(landsch. für* Weinberg); **Wein|gärt|ner** *(landsch. für* Winzer); **Wein|gärt|ne|rin**
Wein|geist *Plur. (Sorten:)* ...geiste
Wein|glas *Plur.* ...gläser
Wein|gut
Wein|händ|ler; Wein|händ|le|rin; Wein|hand|lung
Wein|hau|er *(österr. für* Winzer); **Wein|hau|e|rin**
Wein|haus; Wein|he|fe
wei|nig (weinhaltig; weinartig)
Wein|kar|te; Wein|kauf
Wein|kel|ler; Wein|kel|le|rei
Wein|kell|ner; Wein|kell|ne|rin
Wein|kel|ter
Wein|ken|ner; Wein|ken|ne|rin
Wein|kö|ni|gin
Wein|kost, die; -, -en *(österr. für* Weinprobe)
Wein|krampf
Wein|la|ge; Wein|le|se; Wein|lo|kal
Wein|mo|nat, Wein|mond *(alte dt. Bez. für* Oktober)
Wein|pan|scher *(abwertend);* **Wein|pan|sche|rin**
Wein|pro|be
Wein|ran|ke; Wein|re|be
wein|rot
Wein|schaum *(Gastron.)*
Wein|schaum|creme, Wein|schaum|crème
wein|se|lig
Wein|stein, der; -[e]s (kaliumsaures Salz der Weinsäure)
Wein|steu|er, die
Wein|stock *Plur.* ...stöcke
Wein|stra|ße; die Deutsche Weinstraße ↑K 150
Wein|stu|be; Wein|trau|be; Wein|wirt|schaft
Wein|zierl, der; -s, -n *(bayr., österr. mdal. für* Winzer, Weinbauer)
Wein|zwang, der; -[e]s (Verpflichtung, in einem Lokal Wein zu bestellen)
wei|se (klug)
¹Wei|se, der *u.* die; -n, -n (kluger Mensch)
²Wei|se, die; -, -n (Art; Melodie [eines Liedes]); auf diese Weise
...wei|se *s. Kasten Seite 1166*
Wei|sel, der; -s, -, *fachspr.* die; -, -n (Bienenkönigin)
wei|sen (zeigen; anordnen; *bes. schweiz. auch für* beim Jassen besondere, Punkte bringende Kartenkombinationen ankündigen); du weist, er weist; du wiesest, er wies; gewiesen; weis[e]!
Wei|ser *(veraltet für* Uhrzeiger)
Weis|heit; weis|heits|voll
Weis|heits|zahn
weis|lich *(veraltet für* wohlweislich)
weis|ma|chen *(ugs. für* vormachen, einreden usw.); ich mache weis; weisgemacht; weiszumachen
weiß *s. Kasten Seite 1167*
Weiss, Peter (dt. Schriftsteller)
¹Weiß, das; -[es], - (weiße Farbe); in Weiß [gekleidet]; mit Weiß [bemalt]; Stoffe in Weiß
²Weiß, Ernst (österr. Schriftsteller)
³Weiß, Konrad (dt. Lyriker, Dramatiker u. Essayist)
weis|sa|gen; ich weissage; geweissagt; zu weissagen; **Weis|sa|ger; Weis|sa|ge|rin; Weis|sa|gung**
Weiß|bier; Weiß|bier|du|sche (das Übergießen od. Nassspritzen mit Weißbier [zur Feier eines sportlichen Erfolges])
Weiß|bin|der *(landsch. für* Böttcher; Anstreicher); **Weiß|bin|de|rin**
Weiß|blech
weiß|blond
weiß|blu|ten *meist nur im Infinitiv gebräuchlich* (sich völlig verausgaben); ↑K 82: bis zum Weißbluten *(ugs. für* sehr, in hohem Maße)
Weiß|brot

...wei|se	
Getrennt- und Zusammenschreibung: – netterweise war sie gekommen; *aber* in netter Weise etwas sagen – sie hat mir freundlicherweise geholfen; *aber* in freundlicher Weise antworten *Zusammensetzungen aus Adjektiv und »...weise« werden nur adverbiell gebraucht:* – klugerweise sagte er nichts dazu – anständigerweise hat sie den Schaden bezahlt *Auch Zusammensetzungen aus Substantiv und »...weise« werden normalerweise adverbiell gebraucht:* – sie wurde probeweise eingestellt – wir sind schrittweise vorgegangen – die Verträge wurden teilweise erneuert	*Bei Bezug auf ein Substantiv, das ein Geschehen ausdrückt, ist jedoch auch adjektivischer Gebrauch möglich:* – eine probeweise Einstellung – bei schrittweisem Vorgehen – nach teilweiser Erneuerung

Weiß|buch (Dokumentensammlung der dt. Regierung zu einer bestimmten Frage)
Weiß|bu|che (Hainbuche); **Weiß-dorn** *Plur.* ...dorne
[1]**Wei|ße,** die; -, -n (Bierart; *auch für* ein Glas Weißbier)
[2]**Wei|ße,** der *u.* die; -n, -n (Mensch mit heller Hautfarbe)
[3]**Wei|ße,** die; - (Weißsein)
Wei|ße-Kra|gen-Kri|mi|na|li|tät, die; - ↑K26 (z. B. Steuerhinterziehung)
wei|ßeln (*südd. u. schweiz. für* weißen); ich weiß[e]le
wei|ßen (weiß färben, machen; tünchen); du weißt, er weißt; du weißtest; geweißt; weiß[e]!
Wei|ßen|fels (Stadt an der Saale)
Wei|ße|ritz, die; - (linker Nebenfluss der mittleren Elbe)
Weiß|fisch
Weiß|fluss, der; -es (*Med.* weißlicher Ausfluss aus der Scheide)
Weiß|gar|dist *(früher)*
weiß ge|klei|det, weiß|ge|klei|det *vgl.* weiß
Weiß|ger|ber; Weiß|ger|be|rei; Weiß|ger|be|rin
weiß|glü|hen *(fachspr.);* Eisen weißglühen, weißglühendes Eisen; *vgl.* weiß
Weiß|glut, die; -; **Weiß|gold**
weiß Gott!; sich für weiß Gott was halten *(ugs.)*
weiß|grau
weiß|haa|rig
Weiß|herbst (hell gekelterter Wein aus blauen Trauben); **Weiß|kä|se** (Quark); **Weiß|kohl,** der; -[e]s; **Weiß|kraut,** das; -[e]s
Weiß|la|cker (eine Käsesorte)
weiß|lich
Weiß|ling (ein Schmetterling)
Weiß|ma|cher (*Werbespr.* optischer Aufheller in Waschmitteln)
weiß|nä|hen (Wäsche nähen); ↑K47: ich nähe weiß; weißgenäht; weißzunähen; **Weiß|nä|her; Weiß|nä|he|rin**
Weiß|pap|pel
Weiß|raum (*fachspr. für* unbedruckter Raum auf einer Seite)
Weiß|rus|se; Weiß|rus|sin; weiß|russisch *vgl.* belarussisch
Weiß|russ|land (Staat in Osteuropa; *vgl.* Belarus)
Weiß|tan|ne
Weiß|wand|rei|fen
Weiß|wa|ren *Plur.*
Weiß|wä|sche (weiße [Koch]wäsche)
weiß|wa|schen ↑K47; sich, jmdn. weißwaschen (*ugs. für* sich *od.* jmdn. von einem Verdacht od. Vorwurf befreien); *meist nur im Infinitiv u. Partizip II* (weißgewaschen) *gebr.; aber* Wäsche weiß waschen *od.* weißwaschen
Weiß|wein; Weiß|wurst
Weiß|zeug, das; -[e]s (*veraltend für* Weißwaren)
Weis|tum, das; -s, ...tümer (Aufzeichnung von Rechtsgewohnheiten u. -belehrungen im MA.)
Wei|sung (Auftrag, Befehl)
Wei|sungs|be|fug|nis
wei|sungs|be|rech|tigt; wei|sungs-frei; wei|sungs|ge|bun|den; wei-sungs|ge|mäß
Wei|sungs|recht
wei|sungs|un|ab|hän|gig
weit *s. Kasten Seite 1168*
Weit, das; -[e]s, -e (*fachspr. für* größte Weite [eines Schiffes])
weit|ab
weit|aus; weitaus größer
Weit|blick, der; -[e]s
weit|bli|ckend, weit bli|ckend *vgl.* weit
Wei|te, die; -, -n
wei|ten (weit machen, erweitern)
wei|ter *s. Kasten Seite 1169*
Wei|ter|ar|beit, die; -; **wei|ter|ar|bei-ten** *vgl.* weiter
wei|ter|bau|en
wei|ter|be|för|dern; ich befördere weiter; der Spediteur hat die Kiste nach Berlin weiterbefördert; *aber* der Kraftverkehr kann Stückgüter weiter befördern als die Eisenbahn; **Wei|ter|be|för|de-rung**
wei|ter be|ste|hen, wei|ter|be|ste-hen *vgl.* weiter
wei|ter|bil|den (fortbilden); **Wei|ter-bil|dung**
wei|ter|brin|gen; der Streit wird uns nicht weiterbringen
wei|ter|den|ken; eine Idee weiterdenken (weiterentwickeln)
wei|ter|emp|feh|len; die Ärztin wurde weiterempfohlen
wei|ter|ent|wi|ckeln; Wei|ter|ent-wick|lung
wei|ter|er|zäh|len
wei|ter|fah|ren; Wei|ter|fahrt
wei|ter|flie|gen; Wei|ter|flug
wei|ter|füh|ren; wei|ter|füh|rend; die weiterführenden Schulen; weiterführende Literatur; **Wei-ter|füh|rung** *Plur. selten*
Wei|ter|ga|be
Wei|ter|gang, der; -[e]s (Fortgang, Entwicklung)
wei|ter|ge|ben
wei|ter|ge|hen (vorangehen); die Arbeiten sind gut weitergegangen; bitte weitergehen!; *aber* ich

weiß

(Farbe); *vgl. auch* blau, Weiß

I. *Kleinschreibung:*

↑K151:
- die weiße Fahne hissen (als Zeichen des Sichergebens)
- ein weißer Fleck auf der Landkarte (unerforschtes Gebiet)
- weiße Kohle (Wasserkraft)
- ein weißer Rabe (eine Seltenheit)
- eine weiße Weste haben (*ugs. für* unschuldig sein)
- eine weiße Maus (*ugs. veraltet auch für* Verkehrspolizist)
- weiße Mäuse sehen (*ugs. für* [im Rausch] Wahnvorstellungen haben)
- weiße *od.* Weiße Nächte (Nächte, in denen die Sonne nur kurzzeitig untergeht)

II. *Großschreibung*

a) *der Substantivierung* ↑K72:
- die Weißen (hellhäutige Menschen)
- eine Weiße (Berliner Bier)
- das Weiße; etwas Weißes
- die Farbe Weiß
- aus Schwarz Weiß, aus Weiß Schwarz machen

b) *in Namen und bestimmten namensähnlichen Fügungen* ↑K150 *u.* 151:
- die Weiße Elster (ein Fluss)
- die Weiße Frau (Spukerscheinung in Schlössern)
- das Weiße Haus (Amtssitz des Präsidenten der USA in Washington)
- die Weiße Rose (Name einer Widerstandsgruppe während der Zeit des Nationalsozialismus)
- der Weiße Sonntag (Sonntag nach Ostern)
- der Weiße *od.* weiße Tod (Erfrieren)
- der Weiße *od.* weiße Sport (Tennis; Skisport)

III. *Schreibung in Verbindung mit Verben und Partizipien* ↑K56 *u.* 58:
- weiß werden
- sich weiß kleiden
- weiß einfärben, weiß übertünchen
- weiß färben *od.* weißfärben
- weiß kalken *od.* weißkalken
- weiß machen *od.* weißmachen; *vgl. aber* weismachen
- weiß tünchen *od.* weißtünchen
- die Wäsche weiß waschen *od.* weißwaschen
- die weiß glühende *od.* weißglühende Sonne
- weiß gekleidete *od.* weißgekleidete Kinder (*aber* in Weiß gekleidete Kinder)

Vgl. aber weißbluten, weißglühen, weißnähen *u.* weißwaschen

kann weiter gehen als du; *vgl.* weiter; *vgl. auch* weit

wei|ter|hel|fen

wei|ter|hin

wei|ter|kämp|fen

wei|ter|kli|cken *(EDV)*

wei|ter|kom|men

wei|ter|kön|nen (*ugs. für* weitergehen, weiterarbeiten können)

wei|ter|krie|chen

wei|ter|lau|fen *vgl.* weitergehen

wei|ter|le|ben; ich kann so nicht weiterleben

wei|ter|lei|ten; weiterzuleiten; **Wei|ter|lei|tung**

wei|ter|ma|chen (*schweiz. milit. auch für* sich zur Beförderung weiter ausbilden lassen); immer so weitermachen; *aber* er lässt seine Schuhe weiter machen

wei|tern (*selten für* erweitern); ich weitere

wei|ter|qua|li|fi|zie|ren; sich in Kursen weiterqualifizieren

wei|ter|rei|chen; den Kelch, die Frage weiterreichen; *aber* Waffen, die weiter reichen als 150 km; *vgl.* weiter; *vgl. auch* weit

Wei|ter|rei|se; wei|ter|rei|sen

wei|ters (*österr. für* weiterhin)

wei|ter|sa|gen; er hat es weitergesagt; *aber* ich werde weiter (weiterhin) sagen, was ich denke

wei|ter|schla|fen; wei|ter|se|hen; wei|ter|spie|len *vgl.* weiter

wei|ter|spre|chen; sie konnte vor Schreck nicht weitersprechen

wei|ter|tra|gen; die Fackel weitertragen

wei|ter|trat|schen (*ugs. für* weitererzählen)

Wei|te|rung *meist Plur.* (Schwierigkeit, Verwicklung)

wei|ter|ver|ar|bei|ten; Wei|ter|ver|ar|bei|tung

wei|ter|ver|brei|ten; er hat das Gerücht weiterverbreitet; *aber* diese Krankheit ist heute weiter verbreitet als früher; **Wei|ter|ver|brei|tung**

wei|ter|ver|er|ben

wei|ter|ver|fol|gen; sein Ziel unbeirrt weiterverfolgen

Wei|ter|ver|kauf; wei|ter|ver|kau|fen

wei|ter|ver|mie|ten (in Untermiete geben)

wei|ter|ver|mit|teln

wei|ter|ver|wen|den; Wei|ter|ver|wen|dung

Wei|ter|weg, der; Schnee versperrte den Weiterweg

wei|ter|wis|sen; wir haben nicht mehr weitergewusst

wei|ter|wol|len (*ugs. für* weitergehen wollen)

wei|ter|zah|len

wei|ter|zie|hen

wei|test|ge|hend

wei|test|mög|lich; den Bereich weitestmöglich frei halten

weit|ge|hend, weit ge|hend; eine weitgehende *od.* weit gehende Forderung; *aber nur* [viel] weiter gehende Forderungen; ein weitgehend geklärter Fall

weit ge|reist, weit|ge|reist *vgl.* weit

weit|grei|fend, weit grei|fend *vgl.* weit

weit|her (aus großer Ferne); *aber* von weit her; damit ist es nicht weit her (das ist unbedeutend)

weit her|ge|holt, weit|her|ge|holt *vgl.* weit

weit|her|zig; Weit|her|zig|keit, die; -

weit|hin; weithin zu hören sein

weit|läu|fig; Weit|läu|fig|keit

Weit|ling, Weid|ling, der; -s, -e (*bayr., österr. für* große Schüssel)

weit|ma|schig; weit|räu|mig

weit

Vgl. auch weiter

I. *Groß- und Kleinschreibung:*

- am weitesten
- weit und breit
- so weit, so gut

↑K 72:
- das Weite suchen (sich [rasch] fortbegeben)
- sich ins Weite verlieren
- bei Weitem *od.* weitem
- von Weitem *od.* weitem

II. *Getrennt- und Zusammenschreibung*

a) *in Verbindung mit Verben* ↑K 56:
- weit fahren; weil wir weit fahren müssen
- weit bringen; sie hat es weit gebracht
- weit gehen: zu weit gehen; ..., was entschieden zu weit geht
- weit springen; er kann sehr weit springen; *vgl. aber* weitspringen

b) *in Verbindung mit Partizipien* ↑K 58 *u.* 62:
- das ist weit hergeholt
- eine weit gereiste *od.* weitgereiste Forscherin
- weit öffnende *od.* weitöffnende Türen
- weitblickend, weitblickender, am weitblickendsten *od.* weit blickend, weiter blickend, am weitesten blickend
- er stellte weitgehende, weitgehendere *od.* weit gehende, weiter gehende Forderungen; *aber nur zusammen:* weitestgehend; der Fall ist weitgehend gelöst
- weitgreifende, weitgreifendere *od.* weit greifende, weiter greifende Pläne
- weitreichende, weitreichendere *od.* weit reichende, weiter reichende Vollmachten
- weittragende, weittragendere *od.* weit tragende, weiter tragende Konsequenzen
- hierbei handelt es sich um weitverbreitete, weitverbreitetste *od.* weit verbreitete, am weitesten verbreitete Pflanzen; die Pflanzen sind [sehr] weit verbreitet
- ein weitverzweigtes, weitverzweigteres *od.* weit verzweigtes, weiter verzweigtes Unternehmen

III. *Zusammensetzungen:*
- insoweit *(vgl. d.)*; inwieweit *(vgl. d.)*
- meilenweit *(vgl. d.)*; soweit *(vgl. d.)*
- weither *(vgl. d.)*; weithin *(vgl. d.)*

weit|rei|chend, weit rei|chend; weitreichende *od.* weit reichende Konsequenzen; *aber nur* [viel] weiter reichende Konsequenzen
weit|schich|tig
Weit|schuss *(Sport)*
weit|schwei|fig; Weit|schwei|fig|keit
Weit|sicht, die; -; **weit|sich|tig; Weit|sich|tig|keit**
weit|sprin|gen *nur im Infinitiv gebr. (Sport); vgl.* weit; **Weit|sprin|gen,** das; -s
Weit|sprin|ger; Weit|sprin|ge|rin; Weit|sprung *(Sport)*
weit|tra|gend, weit tra|gend *vgl.* weit
Wei|tung
weit|ver|brei|tet, weit ver|brei|tet *vgl.* weit
weit|ver|zweigt, weit ver|zweigt *vgl.* weit
Weit|win|kel *(Fotogr.; kurz für* Weitwinkelobjektiv); **Weit|win|kel|auf|nah|me; Weit|win|kel|ob|jek|tiv**
Wei|zen, der; -s, *Plur. (Sorten:)* -
Wei|zen|bier; Wei|zen|brot
Wei|zen|ern|te; Wei|zen|feld
Wei|zen|keim *meist Plur.;* **Wei|zen|keim|öl**
Wei|zen|kleie; Wei|zen|korn; Wei|zen|mehl; Wei|zen|preis
Weiz|mann, Chaim [x...] (israelischer Staatsmann)
[1]**Weiz|sä|cker,** Carl Friedrich Freiherr von (dt. Physiker u. Philosoph)
[2]**Weiz|sä|cker,** Richard Freiherr von (sechster dt. Bundespräsident)

welch

welcher, welche, welches
- welch ein Kind; welch Wunder; welch große Forscher
- welch reizendes Kerlchen; welches reizende Kerlchen
- welche berühmten, *seltener* berühmte Frauen
- welche Stimmberechtigten
- die politischen Verhältnisse welchen, *seltener* welches Staates?
- Welches sind die beliebtesten Ferienziele?

wel|che *(ugs. für* etliche, einige); es sind welche hier; *vgl.* welch
wel|cher|art; wir wissen nicht, welcherart (was für ein) Interesse sie veranlasst ...; *aber* wir wissen nicht, welcher Art (Sorte) diese Bücher sind
wel|cher|ge|stalt; wel|cher|lei
wel|ches *(ugs. auch für* etwas); Hat noch jemand Brot? Ich habe welches; *vgl.* welch
Welf, der; -[e]s, -e *od.* das; -[e]s, -er *(Nebenform von* Welpe)
Wel|fe, der; -n, -n (Angehöriger eines dt. Fürstengeschlechtes); **Wel|fin; wel|fisch**
welk; welke Blätter; **wel|ken; Welk|heit,** die; -
Well|baum (Welle [am Mühlrad u. a.])
Well|blech; Well|blech|dach
Wel|le, die; -, -n; grüne Welle
wel|len; gewelltes Blech, Haar
wel|len|ar|tig
Wel|len|bad; Wel|len|berg; Wel|len|bre|cher
wel|len|för|mig
Wel|len|gang, der; -[e]s; **Wel|len|kamm**
Wel|len|län|ge; Wel|len|li|nie
wel|len|rei|ten, Wel|len rei|ten; sie wollen im Urlaub wellenreiten *od.* Wellen reiten; *aber nur* er reitet [auf den] Wellen; **Wel|len|rei|ten,** das; -s *(Wassersport);* **Wel|len|rei|ter; Wel|len|rei|te|rin**
Wel|len|sa|lat, der; -[e]s *(ugs. für* ein Nebeneinander sich gegenseitig störender Sender)
Wel|len|schlag, der; -[e]s
Wel|len|sit|tich (ein Vogel)
Wel|len|strah|lung; Wel|len|tal
Wel|ler, der; -s, - (mit Stroh vermischter Lehm zur Ausfüllung von Fachwerk); **wel|lern** (Weller herstellen, [Fachwerk] mit Weller ausfüllen); ich wellere; **Wel|ler|wand** (Fachwerkwand)
Well|fleisch (gekochtes Bauchfleisch vom Schwein)
Well|horn|schne|cke
wel|lig; Wel|lig|keit

weiter

– weitere neue Bücher – weiteres Wichtiges **I.** *Groß- und Kleinschreibung* ↑K72: **a)** *Groß- oder Kleinschreibung:* – bis auf Weiteres *od.* weiteres – ohne Weiteres *od.* weiteres (*österr. auch* ohneweiters) **b)** *Großschreibung:* – das Weitere hierüber folgt alsbald – [ein] Weiteres findet sich im nächsten Abschnitt – als Weiteres erhalten Sie ... – des Weiteren wurde berichtet ... – des Weiter[e]n enthoben sein – alles, einiges Weitere demnächst – wie im Weiteren dargestellt ...	**II.** *Schreibung in Verbindung mit Verben:* **a)** *Getrenntschreibung, wenn »weiter« im Sinne von »weiter als« gebraucht wird:* – weiter gehen, er kann weiter gehen als ich **b)** *Zusammenschreibung, wenn »weiter« in der Bedeutung von »vorwärts«, »voran« (auch im übertragenen Sinne) gebraucht wird:* – weiterbefördern; weiterhelfen usw. **c)** *Wird die Fortdauer eines Geschehens ausgedrückt, schreibt man im Allgemeinen zusammen, wenn »weiter« die Hauptbetonung trägt, und getrennt, wenn das Verb gleich stark betont wird:* – weitermachen; weiterspielen usw. – sie hat dir weiter (weiterhin) geholfen – die Probleme werden weiter bestehen *od.* weiterbestehen

Wel|li|né, der; -[s], -s (ein Gewebe)

Wel|ling|ton [...tən] (britischer Feldmarschall; Hauptstadt Neuseelands)

Wel|ling|to|nia, die; -, ...ien (*svw.* Sequoia)

Well|ness, die; - ‹engl.› (Wohlbefinden); **Well|ness|cen|ter; well|nes|sen** *nur im Infinitiv üblich* (sich zur Entspannung leicht körperlich betätigen); *aber nur* zum, beim Wellnessen; **Well|ness|ho|tel**

Well|pap|pe

Well|rad *(Technik)*

Wel|lung

Wel|pe, der; -n, -n (das Junge von Hund, Fuchs, Wolf)

[1]**Wels,** der; -es, -e (ein Fisch)

[2]**Wels** (oberösterreichische Stadt)

welsch ‹kelt.› (*urspr. für* keltisch, *später für* romanisch, französisch, italienisch; *veraltet für* fremdländisch; *schweiz. svw.* welschschweizerisch); **Wel|sche,** der *u.* die; -n, -n *(veraltet)*; **wel|schen** (*veraltet für* viele entbehrliche Fremdwörter gebrauchen); du welschst

Welsch|kraut, das; -[e]s (*landsch. für* Wirsing)

Welsch|land, das; -[e]s (*schweiz. für* französischsprachige Schweiz)

Welsch|schwei|zer (Schweizer mit französischer Muttersprache); **Welsch|schwei|ze|rin; welsch|schwei|ze|risch** (die französischsprachige Schweiz betreffend)

Welt, die; -, -en; die Dritte Welt (die Entwicklungsländer); die Vierte Welt (die ärmsten Entwicklungsländer)

welt|ab|ge|wandt; Welt|ab|ge|wandt|heit, die; -

Welt|all

welt|an|schau|lich

Welt|an|schau|ung

Welt|at|las; Welt|aus|stel|lung

Welt|bank, die; -

welt|be|kannt

welt|be|rühmt; Welt|be|rühmt|heit

welt|bes|te; die weltbesten Sprinterinnen; **Welt|best|leis|tung** *(Sport);* **Welt|best|zeit**

Welt|be|völ|ke|rung, die; -

welt|be|we|gend ↑K59

Welt|be|zug *(Philos.);* **Welt|bild; Welt|bund**

Welt|bür|ger; Welt|bür|ge|rin; welt|bür|ger|lich; Welt|bür|ger|tum (das Weltbürgersein)

Welt|chro|nik

Welt|cup *(Sport);* **Welt|cup|punkt; Welt|cup|ren|nen**

Welt|eli|te *(bes. Sport)*

Wel|ten|bumm|ler; Wel|ten|bumm|le|rin

Wel|ten|raum (*geh. für* Weltraum)

welt|ent|rückt *(geh.)*

Welt|er|be, das; -s, -[n] (Gesamtheit der von der UNESCO anerkannten bes. erhaltenswerten Kultur- u. Naturdenkmäler der Welt; eines dieser Denkmäler)

Welt|er|fah|rung; Welt|er|folg

Wel|ter|ge|wicht ‹engl.; dt.› (eine Gewichtsklasse in der Schwerathletik); **Wel|ter|ge|wicht|ler**

Welt|er|näh|rungs|gip|fel

welt|er|schüt|ternd

Welt|esche, die; -; *vgl.* Yggdrasil

welt|fern; Welt|flucht

welt|fremd; Welt|fremd|heit

Welt|frie|de[n], der; ...ens

Welt|geist, der; -[e]s

Welt|geist|li|che, der

Welt|gel|tung; Welt|ge|richt, das; -[e]s; **Welt|ge|sche|hen**

Welt|ge|schich|te; welt|ge|schicht|lich

Welt|ge|sund|heits|or|ga|ni|sa|ti|on, die; - (*vgl.* WHO)

welt|ge|wandt; Welt|ge|wandt|heit

Welt|ge|werk|schafts|bund, der; -[e]s (*Abk.* WGB)

welt|größ|te; die weltgrößte Messe

Welt|han|del; Welt|han|dels|or|ga|ni|sa|ti|on, die; - (*vgl.* WTO)

Welt|herr|schaft, die; -

Welt|hilfs|spra|che

Welt|jah|res|best|leis|tung *(Sport);* **Welt|jah|res|best|zeit**

Welt|kar|ri|e|re; Welt|kar|te

Welt|kir|chen|kon|fe|renz

Welt|klas|se, die; - *(Sport);* **Welt|klas|se|spie|ler; Welt|klas|se|spie|le|rin; Welt|klas|se|sport|ler; Welt|klas|se|sport|le|rin**

Welt|kli|ma; Welt|kli|ma|rat, der; -[e]s (Gremium der UN zur Beobachtung weltweiter Klimaveränderungen)

welt|klug; Welt|klug|heit, die; -

Welt|kon|zern

Welt|krieg ↑K89 : der Erste Weltkrieg (1914–1918); der Zweite Weltkrieg (1939–1945)

Welt|ku|gel

Welt|kul|tur (weltweit verbreitete Kultur); **Welt|kul|tur|er|be,** das; -s

Welt|la|ge, die; -; **Welt|lauf,** der; -[e]s

welt|läu|fig; Welt|läu|fig|keit, die; -

welt|lich; Welt|lich|keit, die; -

Welt|li|te|ra|tur, die; -; **Welt|macht**

Welt|mann *Plur.* ...männer; **welt|män|nisch**

wen|den

– ich wandte *od.* ich wendete – du wandtest *od.* du wendetest – gewandt *od.* gewendet – wend[e]! – sich wenden – bitte wenden! (*Abk.* b. w.) *In den Bedeutungen »die Richtung während der Fortbewegung ändern« und »umkehren, umdrehen [und die andere Seite zeigen]« werden nur die Formen mit »e« verwendet:* – sie wendete mit dem Auto, sie hat gewendet – ein gewendeter Mantel – das Heu wurde gewendet – das Blatt hat sich gewendet	*Ansonsten sind die Formen mit »a« häufiger:* – er wandte, *seltener* wendete sich zu ihr – er hat sich zu ihr gewandt, *seltener* gewendet – er hat nur wenig Geld an die Ausbildung seiner Kinder gewandt, *seltener* gewendet – sie wandte, *seltener* wendete viel Sorgfalt auf ihre Arbeit

Welt|mar|ke
Welt|markt; Welt|markt|füh|rer; Welt|markt|füh|re|rin; Welt|markt-preis
Welt|meer
Welt|meis|ter; Welt|meis|te|rin; welt|meis|ter|lich; Welt|meis|ter-schaft (*Abk.* WM); **Welt|meis|ter-ti|tel**
Welt|mu|sik; Welt|ni|veau
welt|of|fen; Welt|of|fen|heit, die; -
Welt|öf|fent|lich|keit, die; -
Welt|ord|nung
Welt|po|li|tik; welt|po|li|tisch
Welt|post|ver|ein, der; -[e]s
Welt|pre|mi|e|re; Welt|pres|se, die; -; **Welt|pries|ter**
Welt|rang, der; -[e]s; **Welt|rang|lis-te** *(Sport);* **Welt|rang|lis|ten|ers-te,** der *u.* die; -n, -n
Welt|raum, der; -[e]s
Welt|raum|bahn|hof; Welt|raum|be-hör|de
Welt|raum|fah|rer; Welt|raum|fah|re-rin; Welt|raum|fahrt; Welt|raum-fahr|zeug
Welt|raum|flug; Welt|raum|for-schung; Welt|raum|la|bor; Welt-raum|son|de; Welt|raum|sta|ti|on; Welt|raum|te|le|s|kop
Welt|reich
Welt|rei|se; Welt|rei|sen|de
Welt|re|kord; Welt|re|kord|hal|ter, Welt|re|kord|ler; Welt|re|kord|hal-te|rin, Welt|re|kord|le|rin
Welt|re|li|gi|on
Welt|re|vo|lu|ti|on, die; -
Welt|ruf, der; -[e]s (Berühmtheit)
Welt|ruhm
Welt|schau (Weltsicht [nur Sing.]; Weltausstellung)
Welt|schmerz, der; -es
Welt|si|cher|heits|rat, der; -[e]s
Welt|sicht; Welt|spar|tag
Welt|spit|ze; Welt|spra|che; Welt-stadt; Welt|star *vgl.* [2]Star; **Welt-tour|nee**
Welt|um|se|ge|lung, Welt|um|seg-lung; Welt|um|seg|ler; Welt|um-seg|le|rin
welt|um|span|nend
Welt|un|ter|gang; Welt|un|ter-gangs|stim|mung (sehr pessimistische Gemütslage)
Welt|ur|auf|füh|rung
Welt|ver|band *(bes. Sport)*
Welt|ver|bes|se|rer; Welt|ver|bes|se-rin
Welt|wäh|rungs|kon|fe|renz
welt|weit
Welt|wirt|schaft; welt|wirt|schaft-lich; Welt|wirt|schafts|gip|fel; Welt|wirt|schafts|kri|se
Welt|wun|der; Welt|zeit|uhr
wem; Wem|fall, der (*für* Dativ)
wen
Wen|cke (w. Vorn.)
[1]**Wen|de,** die; -, -n (einschneidende Veränderung; Drehung, Wendung; eine Turnübung)
[2]**Wen|de,** der; -n, -n (Sorbe; *nur Plur.: frühere dt. Bez. für* die Slawen)
Wen|de|hals (ein Vogel; *ugs. abwertend für* jmd., der sich [polit.] Änderungen schnell anpasst)
Wen|de|ham|mer (am Ende einer Sackgasse)
Wen|de|kreis
Wen|del, die; -, -n (schraubenförmige Wicklung [z. B. eines Lampenglühdrahtes]); **Wen|del|boh-rer**
Wen|de|lin (m. Vorn.)
Wen|del|rut|sche (*Bergmannsspr.* Rutschenspirale zum Abwärtsfördern von Kohlen u. Steinen)
Wen|del|trep|pe
Wen|de|ma|nö|ver; Wen|de|mar|ke *(Sport)*
wen|den *s. Kasten*
Wen|de|platz; Wen|de|punkt
Wen|de|schal|tung *(Elektrot.);* **Wen-de|schlei|fe** *(Verkehrsw.)*
wen|dig; Wen|dig|keit, die; -
Wen|din ⟨*zu* [2]Wende⟩; **wen|disch**
Wen|dung
Wen|fall, der (*für* Akkusativ)
we|nig *s. Kasten*
We|nig, das; -s, -; viele Wenig machen ein Viel; **We|nig|keit,** die; -; meine Wenigkeit (*ugs. scherzh. für* ich)
we|nigs|tens
wenn; wenn auch; wenngleich (doch; *auch durch ein Wort getrennt,* z. B. wenn ich gleich Hans heiße); wennschon; wennschon – dennschon; *aber* wenn schon das nicht geht; ↑K14: wenns *od.* wenn's weiter nichts ist; ↑K125: komm doch[,] wenn möglich[,] schon um 17 Uhr
Wenn, das; -s, - ↑K81: das Wenn und das Aber; ohne Wenn und Aber; viele Wenn und Aber
wenn|gleich *vgl.* wenn; **wenn|schon** *vgl.* wenn
[1]**Wen|zel** (m. Vorn.)
[2]**Wen|zel,** der; -s, - (*Kartenspiel* Bube, Unter)
Wen|zels|kro|ne, die; - (böhmische Königskrone)
Wen|zes|laus (m. Vorn.)
wer *fragendes, bezügliches u. (ugs.) unbestimmtes Pronomen;* Halt! Wer da? (*vgl.* Werda); wer (derjenige, welcher) das tut, [der] ...; ist wer (*ugs. für* jemand) gekommen?; wer alles; irgendwer (*vgl.* irgend)
We|ra (w. Vorn.)
Wer|be|ab|tei|lung; Wer|be|agen-tur; Wer|be|ak|ti|on; Wer|be|an-zei|ge; Wer|be|ban|ner; Wer|be-

we|nig

- nichts weniger als; nicht mehr und nicht weniger; weniger wäre mehr gewesen
- fünf weniger drei ist, macht, gibt (*nicht:* sind, machen, geben) zwei
- du weißt nicht, wie wenig ich habe
- wie wenig gehört dazu!
- du hast für dieses Amt zu wenig Erfahrung, *aber* ein Zuwenig an Fleiß
- umso weniger
- nichtsdestoweniger
- am wenigsten; wenigstens
- ein wenig gelesenes *od.* weniggelesenes Buch
- wenig befahrene *od.* wenigbefahrene Straßen

Groß- und Kleinschreibung:

Im Allgemeinen wird »wenig« kleingeschrieben ↑K77:
- ein wenig, ein weniges; ein klein wenig
- die wenigen; einige wenige
- wenige glauben, dass …
- es ist das wenigste; das wenigste, was du tun kannst, ist dies
- zum wenigsten
- sie beschränkt sich auf das wenigste
- die wenigsten glauben das

Bei Substantivierung ist auch Großschreibung möglich:
- das, dies, dieses wenige *od.* Wenige (Geringfügige)
- weniges *od.* Weniges genügt
- mit wenig[em] *od.* Wenigem auskommen
- in dem wenigen *od.* Wenigen, was erhalten ist
- sie freut sich über das wenige *od.* das Wenige, was sie bekommen hat

Beugung:
- wenig Gutes *od.* weniges Gutes, wenig Neues
- mit weniger geballter Energie, mit wenigem guten Getränk
- wenige gute Nachbildungen, die wenigen guten Nachbildungen
- das Leiden weniger guter Menschen, das Leiden weniger Guter
- wenige Gute gleichen viel[e] Schlechte aus

block *Plur.* …blöcke; **Wẹr|be|bran|che; Wẹr|be|ef|fekt**

Wẹr|be|ein|nah|me *meist Plur.*

Wẹr|be|ein|schal|tung (*bes. österr. für* Werbeschaltung)

Wẹr|be|etat

Wẹr|be|fach|frau; Wẹr|be|fach|mann

Wẹr|be|feld|zug; Wẹr|be|fern|se|hen; Wẹr|be|film; Wẹr|be|flä|che; Wẹr|be|funk; Wẹr|be|ge|schenk

Wẹr|be|gra|fi|ker; Wẹr|be|gra|fi|ke|rin

Wẹr|be|kam|pa|g|ne

Wẹr|be|kauf|frau; Wẹr|be|kauf|mann

Wẹr|be|kos|ten *Plur.*

wẹr|be|kräf|tig

Wẹr|be|lei|ter, der; **Wẹr|be|lei|te|rin**

Wẹr|be|mit|tel, das

wẹr|ben; du wirbst; du warbst; du würbest; geworben; wirb!

Wẹr|be|pau|se; Wẹr|be|pla|kat; Wẹr|be|platz

Wẹr|ber (*österr. auch für* Bewerber); **Wẹr|be|rin; wẹr|be|risch**

Wẹr|be|schal|tung; Wẹr|be|slo|gan; Wẹr|be|spot; Wẹr|be|spruch

Wẹr|be|text; Wẹr|be|tex|ter; Wẹr|be|tex|te|rin

Wẹr|be|trä|ger; Wẹr|be|trä|ge|rin

Wẹr|be|trei|ben|de, der *u.* die; -n, -n (*Fachspr.*)

Wẹr|be|trom|mel; die Werbetrommel rühren (*ugs. für* Reklame machen)

Wẹr|be|ver|trag

wẹr|be|wirk|sam; Wẹr|be|wirk|sam|keit

Wẹr|be|wirt|schaft, die; -

Wẹr|be|ziel|grup|pe

Wẹr|be|zweck; *meist in* zu Werbezwecken

wẹrb|lich (die Werbung betreffend)

Wẹr|bung; Wẹr|bungs|kos|ten *Plur.*

Wẹr|bung|trei|ben|de, der *u.* die; -n, -n, **Wẹr|bung Trei|ben|de,** der *u.* die; - -n, - -n ↑K58

Wẹr|da, das; -[s], -s (*Militär* Postenanruf)

Wẹr|dan|di (*germ. Mythol.* Norne der Gegenwart)

Wẹr|de|gang, der

wẹr|den; du wirst, er wird; du wurdest, *geh. noch* wardst; er wurde, *geh. noch* ward; wir wurden; du würdest; ↑K13: ich werd verrückt! *(ugs.); als Vollverb:* geworden; er ist groß geworden; *als Hilfsverb:* worden; er ist gelobt worden; werd[e]!; ↑K82: das ist noch im Werden

wẹr|dend; eine werdende Mutter

Wẹr|der, der, *selten* das; -s, - (Flussinsel; Landstrich zwischen Fluss u. stehenden Gewässern)

Wẹr|der (Ha|vel) (Stadt westlich von Potsdam)

Wẹr|fall, der (*für* Nominativ)

Wẹr|fel (österr. Schriftsteller)

wẹr|fen (*von Tieren auch für* gebären); du wirfst; du warfst; du würfest; geworfen; wirf!; sich werfen

Wẹr|fer; Wẹr|fe|rin

Wẹrft, die; -, -en ⟨niederl.⟩ (Anlage zum Bauen u. Ausbessern von Schiffen); **Wẹrft|ar|bei|ter; Wẹrft|ar|bei|te|rin**

Wẹrg, das; -[e]s (Flachs-, Hanfabfall)

Wer|geld (Sühnegeld für Totschlag im germanischen Recht)

wer|gen (aus Werg)

Wẹrk, das; -[e]s, -e; ans Werk!; ans Werk, zu Werke gehen; ins Werk setzen

Werk- / Werks-

Zusammensetzungen mit dem ersten Bestandteil *Werk-* im Sinne von »Fabrik« sind meist mit oder ohne Fugen-s gebräuchlich, z. B. *Werkanlage/Werksanlage, Werkkindergarten/Werkskindergarten.* In Österreich werden überwiegend die Formen mit *s* verwendet.

Wẹrk|an|ge|hö|ri|ge; Wẹrk|an|la|ge

Wẹrk|ar|beit

Wẹrk|arzt; Wẹrk|ärz|tin

Wẹrk|bank *Plur.* …bänke

Wẹrk|bü|che|rei

Wẹrk|bund, der; Deutscher Werkbund

Werk|bus
werk|ei|gen *vgl.* werkseigen
Wer|kel, das; -s, - (*österr. ugs. für* Leierkasten, Drehorgel); **Wer|kel|frau; Wer|kel|mann** *Plur.* ...männer (*ugs. für* Drehorgelspieler)
wer|keln (*landsch. für* [angestrengt] werken); ich werk[e]le
wer|ken (tätig sein; [be]arbeiten)
Werk|fah|rer; Werk|fah|re|rin
Werk|feu|er|wehr (werkeigene Feuerwehr)
Werk|ga|ran|tie; Werk|ge|län|de
Werk|ge|rech|tig|keit, die; - *(Theol.)*
werk|ge|treu; eine werkgetreue Inszenierung
Werk|hal|le; Werk|kin|der|gar|ten; Werk|kü|che
Werk|leh|rer; Werk|leh|re|rin
Werk|lei|ter, der; **Werk|lei|te|rin; Werk|lei|tung**
werk|lich *(veraltet)*
Werk|mann|schaft
Werk|meis|ter; Werk|meis|te|rin
Werk|platz (*schweiz. neben* Produktionsstandort); der Werkplatz Schweiz
Werk|raum (Raum für Werkunterricht)
Werks|an|ge|hö|ri|ge; Werks|an|la|ge
Werks|arzt; Werks|ärz|tin
Werks|bü|che|rei; Werks|bus
Werk|schau (Kunstwiss.)
Werk|schu|le; Werk|schutz, der; -es
werks|ei|gen; eine werkseigene Reparaturwerkstatt
werk|sei|tig *vgl.* werksseitig
Werks|fah|rer; Werks|fah|re|rin
Werks|feu|er|wehr *vgl.* Werkfeuerwehr
Werks|ga|ran|tie; Werks|ge|län|de; Werks|hal|le; Werks|kin|der|gar|ten; Werks|kü|che
Werks|lei|ter; Werks|lei|te|rin; Werks|lei|tung
Werks|mann|schaft
Werk|spi|o|na|ge
Werks|schutz, der; -es
werks|sei|tig (vonseiten des Werks)
Werk|statt, die; -, ...stätten
Werk|stät|te, die; -, ...stätten (*österr., schweiz., sonst geh. für* Werkstatt)
werk|statt|ge|pflegt; ein werkstattgepflegtes Auto
Werk|statt|wa|gen (für Reparatur- od. Wartungsarbeiten eingesetztes [Schienen]fahrzeug; ein fahrbarer Werkzeugschrank)
Werk|stoff; Werk|stoff|for|schung, Werk|stoff-For|schung
werk|stoff|ge|recht
Werk|stoff|in|ge|ni|eur; Werk|stoff|in|ge|ni|eu|rin
Werk|stoff|kun|de, die; -
Werk|stoff|prü|fung
Werks|tor
Werk|stück
Werk|stu|dent; Werk|stu|den|tin
Werks|woh|nung; Werks|zeit|schrift
Werk|tag (Arbeitstag); des Werktags, *aber* ↑K70: werktags
werk|täg|lich; werk|tags *vgl.* Werktag; **Werk|tags|ar|beit**
werk|tä|tig; Werk|tä|ti|ge, der *u.* die; -n, -n
Werk|ti|tel; Werk|tor; Werk|treue; Werk|un|ter|richt
Werk|ver|zeich|nis *(Musik, bild. Kunst)*
Werk|woh|nung; Werk|zeit|schrift
Werk|zeug; Werk|zeug|kas|ten
Werk|zeug|ma|cher; Werk|zeug|ma|che|rin
Werk|zeug|ma|schi|ne; Werk|zeug|schrank; Werk|zeug|stahl
Wer|mut, der; -[e]s, -s (eine Pflanze; Wermutwein); **Wer|mut|bru|der** (*ugs. für* [betrunkener] Stadtstreicher); **Wer|mut[s]|trop|fen; Wer|mut|wein**
Wer|ner, *älter* **Wern|her** (m. Vorn.)
Wern|hard (m. Vorn.)
Wer|ra, die; - (Quellfluss der Weser)
Wer|re, die; -, -n (*südd., österr. u. schweiz. für* Maulwurfsgrille; Gerstenkorn)
Werst, die; -, -en ⟨russ.⟩ (altes russisches Längenmaß; *Zeichen* W); 5 Werst

wert

In der Bedeutung »einen bestimmten Wert haben« steht »wert sein« mit Akkusativ:
- das ist keinen Schuss Pulver (*ugs. für* nichts) wert
- das ist keinen Heller (*ugs. für* nichts) wert

In der Bedeutung »würdig« mit Genitiv:
- das ist höchster Bewunderung wert
- es ist nicht der Rede wert
- jemanden des Vertrauens [für] wert achten, halten

Vgl. werthalten, wertschätzen

Wert, der; -[e]s, -e; auf etwas Wert legen; von Wert sein
Wert|ach|tung *(veraltet);* **Wert|an|ga|be; Wert|an|la|ge; Wert|ar|beit,** die; -; **Wert|be|rich|ti|gung** *(Wirtsch.)*
wert|be|stän|dig; Wert|be|stän|dig|keit, die; -
Wert|brief
wer|ten
wert|er|hal|tend; Wert|er|hal|tung
Wert|er|mitt|lung (*für* Taxation)
Wer|te|ska|la, Wert|ska|la; **Wer|te|sys|tem; Wer|te|wan|del**
wert|frei; ein wertfreies Urteil
Wert|ge|gen|stand
wert|hal|ten (*veraltet für* in Ehren halten); jmds. Andenken werthalten
Wer|ther (Titelgestalt eines Romans von Goethe)
wer|tig (*bes. Werbespr.* qualitätsvoll); wertiges Material; **Wer|tig|keit**
wert|kon|ser|va|tiv (konservativ in Hinsicht auf Werte, Ideale; *Ggs.* strukturkonservativ)
Wert|leh|re *(Philos.)*
wert|los; Wert|lo|sig|keit
Wert|mar|ke
Wert|maß, das; **wert|mä|ßig**
Wert|mes|ser, der; **Wert|min|de|rung**
wert|neu|t|ral
Wert|pa|ket
Wert|pa|pier; Wert|pa|pier|bör|se; Wert|pa|pier|ge|schäft; Wert|pa|pier|kenn|num|mer *(Börsenw.)*
Wert|sa|che *meist Plur.*
wert|schät|zen *(veraltend);* du schätzt wert *od.* wertschätzt; wertgeschätzt; wertzuschätzen
Wert|schät|zung
Wert|schöp|fung *(Wirtsch.);* **Wert|schöp|fungs|ket|te**
Wert|schrift (*schweiz. für* Wertpapier); **Wert|sen|dung; Wert|ska|la,** Wer|te|ska|la; **Wert|stei|ge|rung; Wert|stel|lung** *(Bankw.)*
Wert|stoff; Wert|stoff|hof; Wert|stoff|samm|lung; Wert|stoff|ton|ne
Wer|tung; wer|tungs|frei
Wer|tungs|lauf *(Motorsport)*
Wert|ur|teil; Wert|ver|lust
wert|voll
Wert|vor|stel|lung *meist Plur.*
Wert|zei|chen
Wert|zu|wachs; Wert|zu|wachs|steu|er, die
wer|wei|ßen (*schweiz. für* hin u. her raten); du werweißt; gewerweißt
Wer|wolf, der (*im Volksglauben* Mensch, der sich zeitweise in einen Wolf verwandelt)
wes (*ältere Form von* wessen); wes

W
Werk

das Herz voll ist, des geht der Mund über; wes Brot ich ess, des Lied ich sing!
We|sel (Stadt am Niederrhein)
we|sen (*veraltet für* als lebende Kraft vorhanden sein)
We|sen, das; -s, -; viel Wesen[s] machen; sein Wesen treiben
we|sen|haft *(geh.);* **We|sen|heit** *(geh.)*
we|sen|los; We|sen|lo|sig|keit, die; -
We|sens|art; we|sens|ei|gen; we|sens|fremd; we|sens|ge|mäß; we|sens|gleich; We|sens|merk|mal; we|sens|ver|wandt; We|sens|zug
we|sent|lich ↑K72: das Wesentliche; etwas, nichts Wesentliches; im Wesentlichen
We|ser, die; - (dt. Strom); **We|ser|berg|land,** das; -[e]s ↑K143; **We|ser|ge|bir|ge,** das; -s (Höhenzug im Weserbergland)
Wes|fall, der (*für* Genitiv)
wes|halb [*auch* ˈvɛs...]
We|sir, der; -s, -e ‹arab.› (*früher für* Minister islamischer Herrscher)
Wes|ley [...li] (englischer Stifter des Methodismus); **Wes|ley|a|ner; Wes|ley|a|ne|rin**
Wes|pe, die; -, -n; **Wes|pen|nest; Wes|pen|stich; Wes|pen|tail|le** (sehr schlanke Taille)
Wes|sel|bu|ren (Stadt in Schleswig-Holstein)
wes|sen; wes|sent|we|gen (*veraltet für* weswegen); **wes|sent|wil|len;** *nur in* um wessentwillen *(veraltend)*
[1]Wes|si, der; -s, -s (*ugs. für* Einwohner der alten Bundesländer; Westdeutscher); **[2]Wes|si,** die; -, -s (*ugs. für* Einwohnerin der alten Bundesländer; Westdeutsche)
Wes|so|brunn (Ort in Oberbayern); **Wes|so|brun|ner;** das Wessobrunner Gebet
[1]West (Himmelsrichtung; *Abk.* W); Ost und West; *fachspr.* der Wind kommt aus West; Autobahnausfahrt Frankfurt-West *od.* Frankfurt West ↑K148; *vgl.* Westen
[2]West, der; -[e]s, -e *Plur. selten* (*geh. für* Westwind); der kühle West blies um das Haus
West|af|ri|ka; west|af|ri|ka|nisch
West|aus|t|ra|li|en; west|aus|t|ra|lisch
West|ber|lin ↑K143; **West|ber|li|ner; West|ber|li|ne|rin**
west|deutsch; West|deut|sche, der *u.* die; **West|deutsch|land**
Wes|te, die; -, -n ‹franz.›
Wes|ten, der; -s (Himmelsrichtung; *Abk.* W); gen Westen; *vgl.* [1]West; Wilder Westen ↑K88
West|end, das; -s, -s ‹engl.› (vornehmer Stadtteil [Londons])
Wes|ten|ta|sche; Wes|ten|ta|schen|for|mat; im Westentaschenformat (klein)
Wes|tern, der; -[s], - ‹amerik.› (Film, der im Wilden Westen spielt)
Wes|ter|wald, der; -[e]s (Teil des Rheinischen Schiefergebirges); **Wes|ter|wäl|der; wes|ter|wäl|disch**
West|eu|ro|pa; West|eu|ro|pä|er; West|eu|ro|pä|e|rin; west|eu|ro|pä|isch; westeuropäische Zeit (*Abk.* WEZ); *aber* ↑K150: die Westeuropäische Union (*Abk.* WEU)
West|fa|le, der; -n, -n; **West|fa|len; West|fä|lin; west|fä|lisch** ↑K142: westfälischer Schinken; *aber* ↑K140: die Westfälische Pforte (*vgl.* [1]Porta Westfalica); ↑K151: der Westfälische Friede[n]
West|flan|dern (belgische Provinz)
West|flü|gel
West|front (bes. in den beiden Weltkriegen)
West|geld (*in der DDR ugs. für* frei konvertierbare Währung als zweites Zahlungsmittel)
west|ger|ma|nisch
West|in|di|en; west|in|disch; *aber* ↑K140: die Westindischen Inseln
Wes|ting|house|brem|se® [...haus...] ↑K136 *(Eisenbahn)*
West|jor|dan|land
West|küs|te
West|ler (*in der DDR ugs. für* Bewohner der Bundesrepublik); **West|le|rin; west|le|risch** ([betont] westlich [westeuropäisch] eingestellt)

west|lich

- westlicher Länge (*Abk.* w[est]. L.)
- die westliche Hemisphäre, *aber* ↑K140: die Westliche Dwina (ein Fluss in Osteuropa)

An »westlich« kann ein Substantiv im Genitiv oder mit »von« angeschlossen werden. Der Anschluss mit »von« wird bei artikellosen [geografischen] Namen bevorzugt:

- westlich des Rheins; westlich der Oder
- westlich von Berlin, *seltener* westlich Berlins

West|li|che Dwi|na, die; -n -; ↑K140 (russisch-lettischer Strom; *vgl.* Dwina)
West|mäch|te *Plur.*
West|mark, die; -, - (*ugs. für* Mark der Bundesrepublik Deutschland bis zur Währungsunion 1990)
West|mins|ter|ab|tei, die; - (in London)
[1]West|nord|west (Himmelsrichtung; *Abk.* WNW)
[2]West|nord|west, der; -[e]s, -e *Plur. selten* (Wind; *Abk.* WNW)
West|nord|wes|ten, der; -s (*Abk.* WNW)
West|ös|ter|reich; West|ös|ter|rei|cher; West|ös|ter|rei|che|rin; west|ös|ter|rei|chisch
west|öst|lich; ein westöstlicher Wind, *aber* ↑K88: der Westöstliche Diwan (Gedichtsammlung Goethes); **West-Ost-Ver|kehr** ↑K26
West|over, der; -s, - ‹Kunstw.› (ärmelloser Pullover)
West|preu|ßen; west|preu|ßisch
West|rom; west|rö|misch; *aber* ↑K140: das Weströmische Reich
West|sa|moa (Inselstaat im Pazifischen Ozean); *vgl.* Samoa; **West|sa|mo|a|ner; West|sa|mo|a|ne|rin; west|sa|mo|a|nisch**
West|schweiz (*schweiz. für* französischsprachige Schweiz); **West|schwei|zer; West|schwei|ze|rin; west|schwei|ze|risch**
West|sei|te
[1]West|süd|west (Himmelsrichtung; *Abk.* WSW)
[2]West|süd|west, der; -[e]s, -e *Plur. selten* (Wind; *Abk.* WSW)
West|süd|wes|ten, der; -s (*Abk.* WSW)
West|teil, der
West Vir|gi|nia [*auch* -...ˈdʒ...] (Staat in den USA; *Abk.* WV)
west|wärts; West|wind
wes|we|gen
wett (*selten für* quitt); wett sein; *vgl. aber* wetteifern, wettlaufen, wettmachen, wettrennen, wettstreiten, wettturnen
Wett|an|nah|me
Wett|be|trug; Wett|be|trü|ger; Wett|be|trü|ge|rin
Wett|be|werb, der; -[e]s, -e
Wett|be|wer|ber; Wett|be|wer|be|rin; wett|be|werb|lich
Wett|be|werbs|be|din|gung *meist Plur.;* **Wett|be|werbs|be|schrän|kung**
wett|be|werbs|fä|hig; Wett|be|werbs|fä|hig|keit, die; -

Wẹtt|be|werbs|nach|teil
Wẹtt|be|werbs|teil|neh|mer; Wẹtt|be|werbs|teil|neh|me|rin
wẹtt|be|werbs|ver|zer|rend; Wẹtt|be|werbs|ver|zer|rung
Wẹtt|be|werbs|vor|teil
wẹtt|be|werbs|wid|rig
Wẹtt|be|werbs|wirt|schaft
Wẹtt|bü|ro
Wẹt|te, die; -, -n; um die Wette laufen
Wẹtt|ei|fer; Wẹtt|ei|fe|rer; Wẹtt|ei|fe|rin
wẹtt|ei|fern; ich wetteifere; gewetteifert; zu wetteifern
wẹt|ten; wetten, dass sie gewinnt?
^{1}**Wẹt|ter,** der (jmd., der wettet)
^{2}**Wẹt|ter,** das; -s, -; kaltes, regnerisches Wetter
wẹt|ter|ab|hän|gig
Wẹt|ter|amt; Wẹt|ter|an|sa|ge
Wẹt|ter|au, die; - (Senke zwischen Vogelsberg u. Taunus)
Wẹt|ter|aus|sicht *meist Plur.*
wẹt|ter|be|dingt
Wẹt|ter|be|richt; Wẹt|ter|be|ru|hi|gung; Wẹt|ter|bes|se|rung
wẹt|ter|be|stän|dig; wẹt|ter|be|stim|mend
Wẹt|ter|dach; Wẹt|ter|da|ten *Plur.;* **Wẹt|ter|dienst; Wẹt|ter|fah|ne**
wẹt|ter|fest
Wẹt|ter|fleck (*österr. für* Lodencape); **Wẹt|ter|frosch**
wẹt|ter|füh|lig; Wẹt|ter|füh|lig|keit
Wẹt|ter|füh|rung *(Bergmannsspr.)*
wẹt|ter|ge|gerbt
Wẹt|ter|gott; Wẹt|ter|hahn; Wẹt|ter|häus|chen; Wẹt|ter|ka|p|ri|o|le *meist Plur.;* **Wẹt|ter|kar|te**
Wẹt|ter|kun|de, die; - (Meteorologie); **wẹt|ter|kun|dig; wẹt|ter|kund|lich** (meteorologisch)
Wẹt|ter|la|ge
wẹt|ter|leuch|ten; es wetterleuchtet; gewetterleuchtet; zu wetterleuchten; **Wẹt|ter|leuch|ten,** das; -s
wẹt|tern (*veraltend für* gewittern; *ugs. für* laut schelten); ich wettere; es wettert
Wẹt|ter|pro|g|no|se
Wẹt|ter|pro|phet (*scherzh. für* Meteorologe); **Wẹt|ter|pro|phe|tin**
Wẹt|ter|re|gel; Wẹt|ter|sa|tel|lit; Wẹt|ter|schei|de; Wẹt|ter|sei|te
wẹt|ter|si|cher
Wẹt|ter|sta|ti|on; Wẹt|ter|sturz; Wẹt|ter|um|schlag; Wẹt|ter|um|schwung; Wẹt|ter|vor|her|sa|ge; Wẹt|ter|war|te; Wẹt|ter|wech|sel
wẹt|ter|wen|disch

Wẹt|tex®, das *u.* der; -, - (*österr. für* ein Spültuch)
Wẹtt|fah|rer; Wẹtt|fah|re|rin; Wẹtt|fahrt
Wet|ti̲n (Stadt an der Saale); Haus Wettin (ein dt. Fürstengeschlecht); **Wet|ti̲|ner,** der; -s, -; **Wet|ti̲|ne|rin; wet|ti̲|nisch;** *aber* ↑K88: die Wettinischen Erblande
Wẹtt|kampf; Wẹtt|kämp|fer; Wẹtt|kämp|fe|rin; wẹtt|kampf|er|probt; wẹtt|kampf|mä|ßig; Wẹtt|kampf|stät|te
Wẹtt|lauf; wẹtt|lau|fen *nur im Infinitiv gebr.;* **Wẹtt|lau|fen,** das; -s
Wẹtt|läu|fer; Wẹtt|läu|fe|rin
wẹtt|ma|chen; ich mache wett; wettgemacht; wettzumachen
wẹtt|ren|nen *vgl.* wettlaufen; **Wẹtt|ren|nen,** das; -s, -
Wẹtt|ru|dern, das; -s
Wẹtt|rüs|ten, das; -s
Wẹtt|schwim|men, das; -s
Wẹtt|spiel
Wẹtt|streit; wẹtt|strei|ten *vgl.* wettlaufen
Wẹtt|tau|chen, Wẹtt-Tau|chen, das; -s
Wẹtt|teu|fel, Wẹtt-Teu|fel
wẹtt|tur|nen ↑K169; *vgl.* wettlaufen; **Wẹtt|tur|nen, Wẹtt-Tur|nen,** das; -s, -
wẹt|zen; du wetzt
Wẹtz|lar (Stadt an der Lahn)
Wẹtz|stahl *Plur.* ...stähle; **Wẹtz|stein**
WEU, die; - = Westeuropäische Union
Wey|mouths|kie|fer ['vaimu:ts...] ⟨nach Lord Weymouth⟩ (nordamerikanische Kiefer)
WEZ = westeuropäische Zeit
wg. = wegen
WG, die; -, *Plur.* -s, *selten* - = Wohngemeinschaft
WGB, der; -s = Weltgewerkschaftsbund
Whig [v...], der; -s, -s ⟨engl.⟩ (Angehöriger der brit. liberalen Partei); *vgl.* Tory
Whirl|pool® ['vø:ɐ̯lpu:l], der; -s, -s ⟨engl.⟩ (Bassin mit sprudelndem Wasser)
Whis|key ['vɪski], der; -s, -s ⟨gälisch-engl.⟩ (amerikanischer od. irischer Whisky); **Whis|ky** ['vɪski], der; -s, -s ([schottischer] Branntwein aus Getreide od. Mais); Whisky pur
Whịst [v...], das; -[e]s ⟨engl.⟩ (ein Kartenspiel)
Whistle|blo|w|er ['wɪsl̩bloʊɐ], der; -s, - ⟨engl.⟩ (jmd., der Missstände [an seinem Arbeitsplatz] öffentlich macht); **Whistle|blo|w|e|rin; Whistle|blo|w|ing,** das; -[s], -s (Aufdeckung von Missständen [in Unternehmen, Behörden o. Ä.])
Whịst|spiel
White|board ['waɪtbɔ:d], das; -s, -s ⟨engl.⟩ (weiße, mit speziellen Stiften beschreibbare Wandtafel; elektron., mit einem Computer verbundene Tafel); interaktive Whiteboards
Whit|man ['vɪtmən], Walt [vo:lt] (amerik. Lyriker)
WHO, die; - = World Health Organization ⟨engl.⟩ (Weltgesundheitsorganisation)
Who's who ['hu:s 'hu:] ⟨engl., »Wer ist wer?«⟩ (Titel biografischer Lexika)
WI = ^{2}Wisconsin
wịb|be|lig (*landsch. für* nervös)
Wịb|ke *vgl.* Wiebke
wịch *vgl.* ^{2}weichen
Wịchs, der; -es, -e, *österr.* die; -, -en (Festkleidung der Korpsstudenten); in vollem Wichs
Wịchs|bürs|te (*ugs. für* Schuhbürste)
Wịch|se, die; -, -n (Schuhwichse; *nur Sing.:* Prügel)
wịch|sen (*auch derb für* onanieren); du wichst; **Wịch|ser** (derbes Schimpfwort)
Wịchs|lein|wand (*österr. ugs. für* Wachstuch)
Wịcht, der; -[e]s, -e ([kleines] Kind; Kobold; *abwertend für* männliche Person)
Wịch|te, die; -, -n (*Physik* spezifisches Gewicht)
Wịch|tel, der; -s, -, **Wịch|tel|männ|chen** (Heinzelmännchen)
wịch|teln (sich in einer Gruppe nach ausgeloster Zuordnung vorweihnachtlich beschenken)
wịch|ten (*seltener für* gewichten)
wịch|tig; am wichtigsten; ↑K72: alles Wichtige, etwas, nichts Wichtiges, Wichtigeres; das Wichtigste sagen; etwas, sich wichtig nehmen; *vgl.* wichtigmachen, wichtigtun
Wịch|tig|keit
wịch|tig|ma|chen, sich; sie sollte sich nicht so wichtigmachen; **Wịch|tig|ma|cher** *(österr.);* **Wịch|tig|ma|che|rin**
wịch|tig|tu|end; Wịch|tig|tu|er; Wịch|tig|tu|e|rei; Wịch|tig|tu|e|rin; wịch|tig|tu|e|risch; wịch|tig|tun, sich (sich wichtigmachen)

Wịch|tung (*seltener für* Gewichtung)
Wị|cke, die; -, -n ‹lat.› (eine Pflanze)
Wị|ckel, der; -s, -; **Wị|ckel|ga|ma|sche**
Wị|ckel|kind; Wị|ckel|kom|mo|de
wị|ckeln; ich wick[e]le; **Wị|ckel|rock**
Wị|ckel|tisch; Wị|ckel|tuch *Plur.* ...tücher; **Wị|cke|lung, Wịck|lung**
Wị|cke|lvo|lon|ta|ri|at (*abwertend für* von Vätern in Anspruch genommene Elternzeit)
Wịck|ler
Wi̱|dah, die; -, -s ‹nach dem Ort Ouidah in Afrika› (ein afrikanischer Vogel); **Wi̱|dah|vo|gel**
Wịd|der, der; -s, - (m. Zuchtschaf; *nur Sing.:* ein Sternbild)
wi̱|der (*meist geh. für* [ent]gegen); *Präp. mit Akk.:* das war wider meinen ausdrücklichen Wunsch; wider [alles] Erwarten; wider alle Vernunft; wider besseres Wissen; wider Willen; *vgl. aber* wieder; das Für und [das] Wider
wi|der...; *in Verbindung mit Verben: in unfesten Zusammensetzungen,* z. B. wịderhallen, widergehallt; *in festen Zusammensetzungen,* z. B. widersprẹchen, widersprochen
wi̱|der|bors|tig (*ugs. für* widersetzlich); **Wi̱|der|bors|tig|keit**
Wi̱|der|christ, der; -[s] (*Rel.* der Teufel) *u.* der; -en, -en (Gegner des Christentums)
Wi̱|der|druck, der; -[e]s, ...drucke (*Druckw.* Bedrucken der Rückseite des Druckbogens [*vgl.* Schöndruck]); *vgl. aber* Wiederdruck
wi|der|ei|n|ạn|der; widereinander kạ̈mpfen, schre̱iben
wi|der|ei|n|ạn|der|sto|ßen
wi|der|fa̱h|ren; mir ist ein großes Unglück widerfahren
Wi̱|der|ha|ken
Wi̱|der|hall, der; -[e]s, -e (Echo); **wi̱|der|hal|len;** das Echo hat wi̱dergehallt
Wi̱|der|halt, der; -[e]s (Stütze)
Wi̱|der|hand|lung (*schweiz. für* Zuwiderhandlung)
Wi̱|der|kla|ge (Gegenklage); **Wi̱|der|klä|ger; Wi̱|der|klä|ge|rin**
Wi̱|der|klang; wi̱|der|klin|gen
Wi̱|der|la|ger (*Technik* Verankerung, Auflagefläche für Bogen, Gewölbe, Träger)
wi|der|le̱g|bar; wi|der|le̱|gen; diese These ist widerle̱gt; **Wi|der|le̱|gung**

wi̱|der|lich; Wi̱|der|lich|keit
Wi̱|der|ling (widerlicher Mensch)
wi̱|der|na|tür|lich; Wi̱|der|na|tür|lich|keit
Wi̱|der|part, der; -[e]s, -e (Gegner[schaft]); Widerpart geben
wi|der|ra̱|ten (*veraltend für* abraten)
wi̱|der|recht|lich; Wi̱|der|recht|lich|keit
Wi̱|der|re|de; keine Widerrede!; **wi̱|der|re̱|den** (*selten für* widersprechen); sie hat widerre̱det
Wi̱|der|rist (erhöhter Teil des Rückens bei Vierfüßern)
Wi̱|der|ruf; bis auf Widerruf; **wi|der|ru̱|fen** (zurücknehmen); er hat sein Geständnis widerru̱fen
wi|der|ruf|lich [*auch* ...ˈru:f...] (*Rechtsspr.*); **Wi|der|ruf|lich|keit,** die; -; **Wi|der|ru̱|fung**
Wi̱|der|sa|cher, der; -s, -; **Wi̱|der|sa|che|rin**
wi̱|der|schal|len (*veraltend für* widerhallen)
Wi̱|der|schein (Gegenschein); **wi̱|der|schei|nen**
Wi̱|der|see, die (*Seemannsspr.* rücklaufende Brandung)
wi|der|sẹt|zen, sich; ich habe mich dem Plan widersẹtzt; **wi|der|sẹtz|lich; Wi|der|sẹtz|lich|keit**
Wi̱|der|sinn, der; -[e]s (Unsinn; logische Verkehrtheit); **wi̱|der|sin|nig; Wi̱|der|sin|nig|keit**
wi|der|spens|tig; Wi|der|spens|tig|keit
wi̱|der|spie|geln; der Mond hat sich im Wasser wi̱dergespiegelt; **Wi̱|der|spie|ge|lung, Wi̱|der|spieg|lung**
Wi̱|der|spiel, das; -[e]s (*geh. für* das Gegeneinanderwirken)
wi|der|spre̱|chen; sich widersprẹchen; du widersprichst dir; **Wi̱|der|spruch; wi̱|der|sprüch|lich; Wi̱|der|sprüch|lich|keit; wi̱|der|spruchs|frei; Wi̱|der|spruchs|geist,** der; -[e]s, ...geister (*nur Sing.:* Neigung, zu widersprechen; *ugs. für* jmd., der widerspricht)
Wi̱|der|spruchs|kla|ge (*Rechtsspr.*)
wi̱|der|spruchs|los; wi̱|der|spruchs|voll
Wi̱|der|stand; wi̱|der|stän|dig; Wi̱|der|ständ|ler; Wi̱|der|ständ|le|rin; Wi̱|der|stands|be|we|gung
wi̱|der|stands|fä|hig; Wi̱|der|stands|fä|hig|keit
Wi̱|der|stands|grup|pe
Wi̱|der|stands|kampf; Wi̱|der|stands|kämp|fer; Wi̱|der|stands|kämp|fe|rin

Wi̱|der|stands|kraft
Wi̱|der|stands|li|nie
wi̱|der|stands|los; Wi̱|der|stands|lo|sig|keit, die; -
Wi̱|der|stands|mes|ser, der (*Elektrot.*); **Wi̱|der|stands|pflicht,** die; -; **Wi̱|der|stands|recht; Wi̱|der|stands|wil|le,** der; -
wi|der|ste̱|hen; sie hat der Versuchung widerstạnden
Wi̱|der|strahl (Widerschein)
wi|der|stre̱|ben (entgegenwirken); es hat ihm widerstre̱bt; **Wi|der|stre̱|ben,** das; -s; **wi|der|stre̱|bend** (ungern)
Wi̱|der|streit; im Widerstreit der Meinungen; **wi|der|strei̱|ten;** widerstreitende Interessen
wi̱|der|wär|tig; Wi̱|der|wär|tig|keit
Wi̱|der|wil|le, *selten* **Wi̱|der|wil|len; wi̱|der|wil|lig; Wi̱|der|wil|lig|keit**
Wi̱|der|wort *Plur.* ...worte; Widerworte geben
Wide|screen [ˈvaitskri:n], der; -s, -s ‹engl.› (breites Fernseh- od. Monitorformat)
Wid|get [ˈwɪdʒɪt], das; -s, -s ‹engl.-amerik.› (*EDV* kleines, in eine andere Anwendung integriertes Computerprogramm)
wịd|men; sie hat ihm ihr letztes Buch gewidmet
Wịd|mung; Wịd|mungs|ex|em|p|lar (*Buchw.*); **Wịd|mungs|ta|fel**
Wi̱|do (m. Vorn.)
wi̱d|rig (ungünstig, hinderlich); widrige Umstände; **wi̱d|ri|gen|falls** (*Amtsspr.*); **Wi̱d|rig|keit**
Wi̱|du|kind, Wịt|te|kind (ein Sachsenherzog)
Wi̱|dum, das; -s, -e (*westösterr. für* Pfarrgut)
wie; wie geht es dir?; sie ist so schön wie ihre Freundin, *aber (bei Ungleichheit):* sie ist schöner als ihre Freundin; ↑K112: er ist so stark wie Ludwig; so schnell wie, *älter* als möglich; im Krieg wie [auch] (und [auch]) im Frieden; die Auslagen[,] wie [z. B.] Post- und Telefongebühren sowie Eintrittsgelder[,] ersetzen wir; ich begreife nicht, wie so etwas möglich ist; komm so schnell, wie du kannst; ↑K125: er legte sich[,] wie üblich[,] ins Bett; wieso; wiewohl (*vgl. d.*); wie sehr; wie lange; wie oft; wie viel (*vgl. d.*); wie [auch] immer; ↑K81: es kommt auf das Wie an

W
wie

wie|der

(nochmals, erneut; zurück)

– um, für nichts und wieder nichts; hin und wieder (zuweilen); wieder einmal

Vgl. aber wider

I. *Zusammenschreibung in Verbindung mit Verben und Adjektiven vor allem dann, wenn »wieder« im Sinne von »zurück« verstanden wird:*

– ich kann dir das Geld erst morgen wiedergeben
– der Restbetrag wurde ihr wiedererstattet
– er hat alle geliehenen Bücher wiedergebracht
– kann ich bitte meinen Stift wiederhaben?
– wenn du jetzt gehst, brauchst du nicht mehr wiederzukommen!

II. *Zusammenschreibung auch in folgenden Fällen:*

– wiederkäuen ([von bestimmten Tieren:] nochmals kauen; *auch übertr. für* ständig wiederholen)
– Festtage, die jährlich wiederkehren (sich wiederholen)
– sie hat den Text wörtlich wiedergegeben (wiederholt)
– er wollte den Vorfall wahrheitsgetreu wiedergeben (schildern, darstellen)
– würden Sie den letzten Satz bitte wiederholen
– der Fernsehfilm wurde schon mehrfach wiederholt
– eine Klasse, den Lehrstoff wiederholen
– das Experiment war nicht wiederholbar
– die Kranke ist noch nicht ganz wiederhergestellt (gesundet)
– das Material ist wiederverwertbar
– wiederverwendbare Verpackungen

III. *Getrenntschreibung vor allem dann, wenn »wieder« im Sinne von »nochmals, erneut« verstanden wird:*

– wieder abdrucken, wieder anfangen, das Spiel wieder anpfeifen
– dieses Modell wird jetzt wieder hergestellt (erneut produziert)
– ich werde das nicht wieder tun
– einen Ort wieder aufsuchen
– es ist mir alles wieder eingefallen

IV. *In vielen Fällen ist Getrennt- oder Zusammenschreibung möglich, vor allem dann, wenn der gemeinsame Hauptakzent entweder nur auf »wieder« [oder nur auf dem Verb] oder sowohl auf »wieder« als auch auf dem Verb [oder Adjektiv] liegen kann:*

– ein Theaterstück wieder aufführen *od.* wiederaufführen
– alte Bräuche, die heute wieder aufleben *od.* wiederaufleben
– die alten Vorschriften wieder einführen *od.* wiedereinführen
– wir haben uns auf dem Kongress wiedergesehen (haben ein Wiedersehen gefeiert) *od.* wieder gesehen (sind uns erneut begegnet); *aber nur* der Blinde konnte nach der Operation wieder sehen

Vgl. auch wieder aufbauen, wiederaufbauen; wieder aufnehmen, wiederaufnehmen usw.

wie|beln (*landsch. für* sich lebhaft bewegen; *ostmitteld. für* flicken, stopfen); ich wieb[e]le

Wieb|ke, Wib|ke (w. Vorn.)

[1]**Wied**, die; - (rechter Nebenfluss des Mittelrheins)

[2]**Wied** (mittelrheinisches Adelsgeschlecht)

Wie|de, die; -, -n (*südd., südwestd. für* Weidenband, Flechtband)

Wie|de|hopf, der; -[e]s, -e (Vogel)

wie|der *s. Kasten*

Wie|der|ab|druck *Plur.* ...drucke

Wie|der|an|pfiff, der; -[e]s *(Sport)*; **Wie|der|an|stoß**, der; -es

wie|der auf|ar|bei|ten, wie|der|auf|ar|bei|ten

Wie|der|auf|bau, der; -[e]s; **Wie|der|auf|bau|ar|beit; wie|der auf|bau|en, wie|der|auf|bau|en**

wie|der|auf|be|rei|ten; Wie|der|auf|be|rei|tung; Wie|der|auf|be|rei|tungs|an|la|ge

wie|der|auf|er|ste|hen; Wie|der|auf|er|ste|hung

wie|der auf|füh|ren, wie|der|auf|füh|ren; Wie|der|auf|füh|rung

wie|der|auf|lad|bar

Wie|der|auf|nah|me; Wie|der|auf|nah|me|ver|fah|ren *(Rechtsspr.)*

wie|der auf|neh|men, wie|der|auf|neh|men

wie|der auf|rich|ten, wie|der|auf|rich|ten

Wie|der|auf|rich|tung

Wie|der|auf|stieg

wie|der|auf|tau|chen (sich wiederfinden); *aber* das U-Boot ist wieder aufgetaucht

wie|der be|geg|nen, wie|der|be|geg|nen

Wie|der|be|ginn, der; -[e]s

wie|der|be|kom|men (zurückbekommen); ich habe das Buch wiederbekommen; *aber* er wird diesen Ausschlag nicht wieder (kein zweites Mal) bekommen

wie|der|be|le|ben; einen Verunglückten wiederbeleben; *aber* die Wirtschaft durch Konsumanreize wieder beleben; **Wie|der|be|le|bung; Wie|der|be|le|bungs|ver|such**

wie|der|be|schaf|fen; ich beschaffe wieder; er hat das Bild wiederbeschafft; *aber* wieder beschaffen (nochmals beschaffen)

Wie|der|be|tä|ti|gung (*österr. Rechtsspr. für* verbotene nationalsozialistische Betätigung nach 1945)

wie|der|brin|gen (zurückbringen); sie hat das Buch wiedergebracht; *aber* wenn er das Argument schon wieder bringt ...

Wie|der|druck, der; -[e]s, -e (Neudruck); *vgl. aber* Widerdruck

wie|der ein|fal|len

wie|der ein|füh|ren, wie|der|ein|füh|ren

Wie|der|ein|füh|rung [*auch* 'vi:...]

wie|der ein|glie|dern, wie|der|ein|glie|dern; Wie|der|ein|glie|de|rung; Wie|der|ein|set|zung; Wiedereinsetzung in den vorigen Stand *(Rechtsspr.)*

Wie|der|ein|stieg; Wie|der|ein|tritt; Wie|der|ein|zug

wie|der|ent|de|cken; Wie|der|ent|de|ckung

wie|der|er|ken|nen; hast du sie gleich wiedererkannt?; *aber* ich

musste wieder erkennen, dass ich mich geirrt hatte
wie|der|er|lan|gen (zurückerlangen); *aber* wieder (erneut) erlangen; **Wie|der|er|lan|gung**
wie|der|er|obern; die Stadt wurde wiedererobert (zurückerobert); *aber* die Stadt wurde wieder (erneut) erobert; **Wie|der|er|obe|rung**
wie|der er|öff|nen, wie|der|er|öff|nen; Wie|der|er|öff|nung
wie|der er|star|ken, wie|der|er|star|ken
wie|der|er|stat|ten; die Bank hat das Geld wiedererstattet (zurückerstattet); *aber* die Bank hat das Geld wieder (erneut) erstattet; **Wie|der|er|stat|tung**
wie|der|er|we|cken; Wie|der|er|we|ckung
wie|der|fin|den
wie|der|for|dern (zurückfordern); ich fordere wieder; er hat das Geld wiedergefordert; *aber* wir wurden vom Gegner wieder (erneut) gefordert
Wie|der|ga|be; die Wiedergabe eines Konzertes auf DVD
Wie|der|gän|ger (ruheloser Geist eines Toten); **Wie|der|gän|ge|rin**
wie|der|ge|ben (zurückgeben; darbieten); ich gebe wieder; die Freiheit wurde ihm wiedergegeben; sie hat das Gedicht vollendet wiedergegeben; *aber* sie hat ihm die Schlüssel schon wieder (nochmals) gegeben
wie|der|ge|bo|ren; Wie|der|ge|burt
wie|der|ge|win|nen (zurückgewinnen); er hat sein verlorenes Geld wiedergewonnen; *aber* wieder gewinnen (nochmals gewinnen)
wie|der|grü|ßen (zurückgrüßen); *aber* seit sie sich wieder (erneut) grüßen ...
wie|der|gut|ma|chen (einen Schaden ausgleichen); wir machen das wieder gut; *aber* das hat er wieder [sehr] gut gemacht; **Wie|der|gut|ma|chung**
wie|der|ha|ben; ich muss das Buch bald wiederhaben (zurückbekommen); *aber* ich muss das Buch bald wieder (erneut) haben
wie|der|her|rich|ten (wieder in Ordnung bringen); *aber* wieder (erneut) herrichten
wie|der|her|stel|len (in den alten Zustand bringen; gesund machen); *aber* solche Produkte werden neuerdings auch bei uns wieder hergestellt; **Wie|der|her|stel|lung; Wie|der|her|stel|lungs|kos|ten** *Plur.*
wie|der|hol|bar
wie|der|ho|len (zurückholen); ich hole wieder; er hat seine Bücher wiedergeholt; *aber* wieder holen (nochmals holen)
wie|der|ho|len; ich wiederhole; sie hat ihre Forderungen wiederholt; **wie|der|holt** (mehrmals)
Wie|der|ho|lung; Wie|der|ho|lungs|fall, der; im Wiederholungsfall[e] *(Amtsspr.)*
Wie|der|ho|lungs|ge|fahr; wie|der|ho|lungs|ge|fähr|det
Wie|der|ho|lungs|kurs *(schweiz. für* jährliche Reserveübung nach der Grundausbildung; *Abk.* WK)
Wie|der|ho|lungs|spiel *(Sport)*
Wie|der|ho|lungs|tä|ter *(Rechtswiss.);* **Wie|der|ho|lungs|tä|te|rin**
Wie|der|ho|lungs|zei|chen *(Musik)*
Wie|der|hö|ren, das; -s; auf Wiederhören! (Abschiedsformel am Telefon u. im Rundfunk)
Wie|der|in|be|sitz|nah|me
Wie|der|in|be|trieb|nah|me
Wie|der|in|stand|set|zung
wie|der|käu|en; die Kuh käut wieder; **Wie|der|käu|er**
Wie|der|kauf (Rückkauf); **wie|der|kau|fen** (zurückkaufen); *aber* wieder (erneut) kaufen; **Wie|der|käu|fer; Wie|der|käu|fe|rin; Wie|der|kaufs|recht** *(Rechtsspr.)*
Wie|der|kehr, die; -; **wie|der|keh|ren** (zurückkehren; sich wiederholen)
wie|der|ken|nen (wiedererkennen); ich kenne dich gar nicht wieder!
wie|der|kom|men (zurückkommen); ich komme wieder; sie ist heute wiedergekommen; *aber* wieder kommen (nochmals kommen); **Wie|der|kunft,** die; - *(veraltend für* Rückkehr)
Wie|der|schau|en, das; -s *(landsch.);* auf Wiederschauen!
wie|der|se|hen; *aber* der Blinde konnte nach der Operation wieder sehen; *vgl.* wieder; **Wie|der|se|hen,** das; -s, -; auf Wiedersehen!; jmdm. Auf *od.* auf Wiedersehen sagen; **Wie|der|se|hens|freu|de**
Wie|der|tau|fe *(Rel.);* **Wie|der|täu|fer; Wie|der|täu|fe|rin**
wie|der|tref|fen (wiedersehen); wir haben uns nach vielen Jahren wiedergetroffen; *aber:* ich habe ihn immer wieder getroffen (bin ihm immer wieder begegnet); *vgl.* wieder
wie|der tun
wie|de|r|um
wie|der|ver|ei|ni|gen; ein geteiltes Land wiedervereinigen; *aber* die versprengten Truppen mussten sich wieder vereinigen (sich wieder zusammenschließen); **Wie|der|ver|ei|ni|gung**
Wie|der|ver|hei|ra|tung
wie|der|ver|kau|fen (weiterverkaufen); *aber* wieder (erneut) verkaufen; **Wie|der|ver|käu|fer** (Händler); **Wie|der|ver|käu|fe|rin**
wie|der|ver|wend|bar; wie|der|ver|wen|den, *aber* **wie|der ver|wen|den; Wie|der|ver|wen|dung;** zur Wiederverwendung (*Abk.* z. Wv.)
wie|der|ver|wert|bar; wie|der|ver|wer|ten, *aber* **wie|der ver|wer|ten; Wie|der|ver|wer|tung**
Wie|der|vor|la|ge; zur Wiedervorlage (*Amtsspr.; Abk.* z. Wv.)
Wie|der|wahl; wie|der|wäh|len (im Amt bestätigen); *aber* wieder (erneut) wählen
wie|feln (*landsch. für* vernähen, stopfen); ich wief[e]le
wie|fern (*veraltet für* inwiefern)
Wie|ge, die; -, -n
wie|geln (*landsch. für* leise wiegen); ich wieg[e]le
Wie|ge|mes|ser, das
[1]**wie|gen** (das Gewicht feststellen; *fachspr. nur für* Gewicht haben); du wiegst; du wogst; du wögest; gewogen; wieg[e]!; ich wiege das Brot; das Brot wiegt (hat ein Gewicht von) zwei Kilo; *vgl.* wägen
[2]**wie|gen** (schaukeln; zerkleinern); du wiegst; du wiegtest; gewiegt; sich wiegen
Wie|gen|druck *Plur.* ...drucke
Wie|gen|fest (*geh. für* Geburtstag)
Wie|gen|lied
wie|hern; ich wiehere
Wiek, die; -, -en (*nordd. für* [kleine] Bucht an der Ostsee)
[1]**Wie|land** (Gestalt der germanischen Sage)
[2]**Wie|land** (dt. Schriftsteller); **wie|lan|disch;** wielandische Übersetzungen; *vgl.* wielandsch
wie|landsch; die wielandschen *od.* Wieland'schen Werke
Wie|lands|lied, das; -[e]s
wie lang, wie lan|ge; wie lang, wie lange ist das her?; wie lang, wie lange ist das her!
Wie|ling, die; -, -e (*Seemannsspr.* Fender für Boote)
Wien (Hauptstadt Österreichs); **Wie|ner;** Wiener Kalk; Wiener

wild

– wild wachsen, wild leben
– wild werden
– jmdn. [ganz] wild machen *od.* wildmachen (in Wut versetzen)

Kleinschreibung:

– wilde Ehe; wilder Wein; wilder Streik; wildes Tier
– er spielt den wilden Mann *(ugs.)*

Großschreibung in Namen:

– ↑K 140: Wilder Westen; Wilder Kaiser (österr. Skigebiet); Wilde Kreuzspitze (Berg in Südtirol)
– ↑K 150: die Wilde Jagd (Geisterheer); der Wilde Jäger (eine Geistergestalt)

Großschreibung der Substantivierung ↑K 72:

– sich wie ein Wilder gebärden *(ugs.)*

In Verbindung mit einem adjektivisch gebrauchten Partizip kann getrennt oder zusammengeschrieben werden ↑K 58:

– wild wachsende *od.* wildwachsende Pflanzen
– die wild lebenden *od.* wildlebenden Tiere

Vgl. aber wilddieben

Schnitzel; Wiener Würstchen; **Wie|ne|rin; wie|ne|risch**

Wie|ner|le, das; -s, - *(südwestd., westösterr. für* Wiener Würstchen); Kartoffelsalat mit zwei Wienerle

Wie|ner|li, das; -[s], -[s]; *vgl.* Götti *(schweiz. für* Wiener Würstchen)

Wie|ner|lied *(bes. österr.)*

wie|nern *(ugs. für* blank putzen); ich wienere

Wie|ner Neu|stadt (österr. Stadt); **Wie|ner|stadt,** die; - (volkstüml. Bezeichnung Wiens); **Wie|ner|wald,** der; -[e]s ↑K 143 (nordöstl. Ausläufer der Alpen)

Wie|pe, die; -, -n *(nordd. für* Strohwisch)

wies *vgl.* weisen

Wies, Wies|kir|che, die; - (eine Wallfahrtskirche in Bayern)

Wies|ba|den (Hauptstadt Hessens)

Wies|ba|de|ner, Wies|bad|ner

Wies|ba|de|ne|rin, Wies|bad|ne|rin

wies|ba|densch, wies|ba|disch

Wies|bad|ner usw. *vgl.* Wiesbadener usw.

Wies|baum, Wie|se|baum (Stange über dem beladenen [Heu]wagen, Heubaum)

Wie|se, die; -, -n

Wie|se|baum *vgl.* Wiesbaum

wie sehr

Wie|sel, das; -s, - (ein Marder); **wie|sel|flink; wie|seln** (sich schnell bewegen); ich wies[e]le

Wie|sen|blu|me; Wie|sen|cham|pi|gnon; Wie|sen|grund *(veraltend)*

Wie|sen|schaum|kraut; Wie|sen|tal

Wies|kir|che *vgl.* Wies

Wies|land, das; -[e]s *(schweiz.)*; **Wies|lein** ⟨*zu* Wiese⟩

wie|so

wie|ten *(landsch. für* jäten)

wie viel [*auch* 'vi: -]; wie viel[e] Personen; wievielmal *(vgl. d.)*, *aber* wie viele Male *(vgl.* [1]Mal); ich weiß nicht, wie viel er hat; wenn du wüsstest, wie viel ich verloren habe; [um] wie viel mehr; **wie|vie|ler|lei** [*auch* 'vi:...]; **wie|viel|mal** [*auch* 'vi:...]; *aber* wie viel[e] Mal[e]; *vgl.* [1]Mal *u.* wie viel; **wie|viel|te** [*auch* 'vi:...]; zum wievielten Male ich das schon gesagt habe; ↑K 80: der Wievielte ist heute?

wie|weit (inwieweit); ich bin im Zweifel, wieweit ich mich darauf verlassen kann, *aber* wie weit ist es von hier bis ...?

wie we|nig *vgl.* wenig

wie|wohl; die einzige, wiewohl wertvolle Belohnung

Wie|wort *Plur.* ...wörter *(veraltend für* Adjektiv)

Wight [vait] (britische Insel)

Wig|wam, der; -s, -s ⟨indian.-engl.⟩ (Zelt, Hütte nordamerikanischer Indianer)

Wi|ki, das; -s, -s ⟨hawaiisch⟩ *(EDV* von Internetnutzern zusammengetragene Informationen zu einem bestimmten Thema)

Wi|king, der; -s, -er, **Wi|kin|ger** ⟨altnord.⟩; **Wi|kin|ge|rin; Wi|kin|ger|sa|ge; Wi|kin|ger|schiff; wi|kin|gisch**

Wi|ki|pe|dia, die; -; *meist ohne Artikel* ⟨engl.⟩ (Internetportal mit Informationen zu allen Wissensgebieten, die allgemein zugänglich sind u. von den Nutzern selbst angelegt u. verändert werden können)

Wi|k|lif *vgl.* Wyclif; **Wi|k|li|fit,** der; -en, -en (Anhänger Wyclifs)

Wi|la|jet, das; -[e]s, -s ⟨arab.-türk.⟩ (Verwaltungsbezirk im Osman. Reich)

wild *s. Kasten*

Wild, das; -[e]s

Wild|bach

Wild|bahn; in freier Wildbahn

Wild|be|stand

Wild|bret, das; -s (Fleisch des erlegten Wildes)

Wild|card, die; -, -s, **Wild Card,** die; - -, - -s ['vaịltka:ɐ̯t] ⟨engl.⟩ *(Tennis* vom Veranstalter vergebenes Startrecht bei einem Turnier)

Wild|dieb; wild|die|ben; ich wilddiebe; gewilddiebt; zu wilddieben; **Wild|die|be|rei; Wild|die|bin**

[1]**Wilde** [vaịlt], Oscar (engl. Dichter)

[2]**Wil|de,** der *u.* die; -n, -n

Wild|eber; Wild|en|te

wil|den|zen *(landsch. für* stark nach Wild riechen)

Wil|de|rei; Wil|de|rer (Wilddieb); **Wil|de|rin; wil|dern;** ich wildere

Wild|fang (ausgelassenes Kind)

Wild|fleisch

wild|fremd *(ugs. für* völlig fremd)

Wild|gans

Wild|gat|ter; Wild|ge|he|ge

Wild|he|ger; Wild|he|ge|rin

Wild|heit

Wild|heu|er, der (jmd., der an gefährlichen Hängen in den Alpen Heu macht)

Wild|hund

Wild|hü|ter; Wild|hü|te|rin

Wild|ka|nin|chen; Wild|kat|ze; Wild|kraut

wild le|bend, wild|le|bend *vgl.* wild

Wild|le|der

Wild|ling (Unterlage für die Veredelung von Obst u. Ziergehölzen; *Forstwirtsch.* wild gewachsenes Bäumchen)

wild ma|chen, wild|ma|chen *vgl.* wild

Wild|nis, die; -, -se

Wild|park; Wild|pferd; Wild|pflan|ze

wild|reich; Wild|reich|tum, der; -s

W
Wien

Wild|reis; Wild|rind
wild|ro|man|tisch
Wild|sau; Wild|scha|den
Wild|schütz, der (*veraltend für* Wilddieb)
Wild|schutz|zaun; Wild|schwein; Wild|spe|zi|a|li|tät; Wild|tau|be; Wild|tier
wild wach|send, wild|wach|send *vgl.* wild
Wild|was|ser *Plur.* ...wasser (Wildbach); **Wild|was|ser|bahn; Wild|was|ser|fahrt**
Wild|wech|sel
Wild|west *ohne Artikel;* **Wild|west|film**
Wild|wuchs; wild|wüch|sig
Wild|zaun
Wil|fried (m. Vorn.)
Wil|helm (m. Vorn.)
Wil|hel|mi|ne (w. Vorn.)
wil|hel|mi|nisch; *aber* ↑K89: das Wilhelminische Zeitalter (Kaiser Wilhelms II.)
Wil|helms|ha|ven [...fn̩] (Hafenstadt an der Nordsee); **Wil|helms|ha|ve|ner; Wil|helms|ha|ve|ne|rin**
Will (m. Vorn.)
Wil|le, der; -ns, -n *Plur. selten;* der Letzte *od.* letzte Wille (Testament) ↑K89; wider Willen; jmdm. zu Willen sein; voll guten Willens; *vgl.* willens
Wil|le|gis (m. Vorn.)
wil|len ↑K70: um ... willen, um Gottes willen, um seiner selbst willen, um meinet-, deinet-, dessent-, derent-, seinet-, ihret-, unsert-, euretwillen
Wil|len, der; -s, - (*selten für* Wille); **wil|len|los; Wil|len|lo|sig|keit,** die; -
wil|lens ↑K70: willens sein (beabsichtigen[,] etwas zu tun)
Wil|lens|akt; Wil|lens|äu|ße|rung; Wil|lens|bil|dung; Wil|lens|er|klä|rung; Wil|lens|frei|heit, die; -; **Wil|lens|kraft**
wil|lens|schwach; Wil|lens|schwä|che *Plur. selten*
wil|lens|stark; Wil|lens|stär|ke
wil|lent|lich (mit voller Absicht)
will|fah|ren, will|fah|ren; du willfahrst; du willfahrtest; willfahrt *od.* gewillfahrt; zu willfahren
will|fäh|rig; Will|fäh|rig|keit, die; -
Wil|li (m. Vorn.)
Wil|liam [...li̯əm] (m. Vorn.)
Wil|liams Christ|bir|ne (eine Tafelbirne)
Wil|li|bald, Wil|li|brord (m. Vorn.)
wil|lig (bereit); **wil|li|gen** *(geh.);* sie willigte in die Heirat
Wil|li|gis *vgl.* Willegis
Wil|li|ram (m. Vorn.)
Will|komm, der; -s, -e, *häufiger* **Will|kom|men,** das; -s, -; ein fröhliches Willkommen!; **will|kom|men**

willkommen
In Fügungen wie *Herzlich willkommen!* oder *Seien Sie willkommen!* schreibt man *willkommen* klein, da es hier als Adjektiv verwendet wird. Großgeschrieben wird *willkommen* nur, wenn es als Substantiv gebraucht wird: *Sie hatten ihm ein herzliches Willkommen bereitet.*

Will|kom|mens|gruß; Will|kom|mens|trunk
Will|kür, die; -; **Will|kür|akt; Will|kür|herr|schaft; will|kür|lich; Will|kür|maß|nah|me**
Wil|ly [...li], **Wilm** (m. Vorn.)
Wil|ma (w. Vorn.)
Wil|mar (m. Vorn.)
Wil|na (Hauptstadt Litauens; *vgl.* Vilnius)
Wil|son [...sn̩] (Präsident der USA)
Wils|ter (Ortsname); **Wils|ter|marsch,** die; - ([2]Marsch nördlich der Niederelbe)
Wil|traud, Wil|trud (w. Vorn.)
Wim (m. Vorn.)
Wi|max, das; - *meist ohne Artikel* ⟨*aus* engl. worldwide interoperability for microwave access⟩ (*EDV* eine Gruppe von Technologien u. Standards für drahtlose Breitbandübertragungen)
Wim|b|le|don [...l̩dən] (Vorort von London; Austragungsort eines berühmten Tennisturniers)
Wim|mel|bild (Bild, auf dem eine Fülle von einzelnen Personen od. Gegenständen zu sehen ist)
wim|meln; sie sagt, es wimm[e]le von Ameisen
wim|men, wüm|men ⟨lat.⟩ (*schweiz. mdal. für* Trauben lesen); gewimmt
[1]**Wim|mer,** der; -s, - (Knorren; Maser[holz]; *auch, bes. südd. für* Schwiele, kleine Warze)
[2]**Wim|mer,** die; -, -n ⟨lat.⟩ (*landsch. für* Weinlese)
[3]**Wim|mer,** der; -s, - (*landsch. für* Winzer)
Wim|mer|holz (*ugs. scherzh. für* Geige, Laute); **wim|me|rig**
Wim|me|rin ⟨*zu* [3]Wimmer⟩
Wim|merl, das; -s, -[n]; *vgl.* Pickerl (*bayr. u. österr. ugs. für* Hitze- od. Eiterbläschen)
wim|mern; ich wimmere; ↑K82: das ist zum Wimmern *(ugs.)*
Wim|met, Wüm|met, der; -s ⟨lat.⟩ (*schweiz. mdal. für* Weinlese)
Wim|pel, der; -s, - ([kleine] dreieckige Flagge)
Wim|per, die; -, -n
Wim|perg, der; -[e]s, -e, **Wim|per|ge,** die; -, -n (*Bauw.* gotischer Spitzgiebel)
Wim|pern|schlag (*auch für* sehr kurze Zeitspanne)
Wim|pern|tu|sche
Wim|per|tier|chen (einzelliges Lebewesen)
Win|ckel|mann (dt. Altertumsforscher)
wind *(veraltet); nur noch in* wind u. weh (*südwestd. u. schweiz. für* höchst unbehaglich, elend)
Wind, der; -[e]s, -e; von etwas Wind bekommen (*ugs. für* etwas heimlich, zufällig erfahren)
Wind|ab|wei|ser (am Auto)
Wind|bä|cke|rei (*österr. für* Schaumgebäck)
Wind|beu|tel (ein Gebäck; *ugs. auch für* leichtfertiger Mensch); **Wind|beu|te|lei** *(ugs.)*
Wind|bö, Wind|böe; Wind|bruch
Wind|chill [...tʃɪl], der; - ⟨engl.⟩ (durch Wind verursachte verstärkte Kälteempfindung)
wind|dicht
Win|de, die; -, -n (eine Hebevorrichtung; eine Pflanze)
Wind|ei (*Zool.* Vogelei mit weicher Schale; *Med.* abgestorbene Leibesfrucht; *vgl.* [2]Mole)
Win|del, die; -, -n; **win|deln;** ich wind[e]le; **win|del|weich**
[1]**win|den** (drehen); du wandest; du wändest; gewunden; wind[e]!; sich winden
[2]**win|den** (windig sein; *Jägerspr.* wittern); es windet; das Wild windet
Wind|ener|gie; Wind|ener|gie|an|la|ge
Win|des|ei|le; in, mit Windeseile
Wind|fang; Wind|farm; Wind|flüch|ter (vom Wind verformter Baum)
wind|ge|schützt
Wind|ge|schwin|dig|keit
Wind|har|fe (Äolsharfe); **Wind|hauch**
Wind|höf|fig|keit, die; - (*Fachspr.* durchschnittliches Windaufkommen)
Wind|ho|se (Wirbelsturm)
Wind|huk (Hauptstadt Namibias)

W
Wind

Wind|hund (*ugs. auch für* leichtfertiger Mensch)
win|dig (*auch für* nicht solide)
Wind|ja|cke; Wind|jam|mer, der; -s, - (großes Segelschiff)
Wind|ka|nal; Wind|kraft; Wind|kraft|an|la|ge; Wind|kraft|werk
Wind|licht *Plur.* ...lichter
Wind|ma|cher (*ugs. für* Wichtigtuer); **Wind|ma|che|rei; Wind|ma|che|rin**
Wind|ma|schi|ne; Wind|mo|tor
Wind|müh|le; Wind|müh|len|flü|gel
Win|dows®, das; -; *meist o. Art.* ‹engl.› (*EDV* Betriebssystem der Softwarefirma Microsoft)
Wind|park
Wind|po|cken *Plur.* (eine Kinderkrankheit)
Wind|rad; Wind|rich|tung
Wind|rös|chen (*für* Anemone)
Wind|ro|se (Windrichtungs-, Kompassscheibe)
Wind|sack (an einer Stange aufgehängter Beutel, der Richtung u. Stärke des Windes anzeigt)
Winds|braut, die; - (*veraltend für* heftiger Wind)
Wind|schat|ten, der; -s (Leeseite eines Berges; geschützter Bereich hinter einem fahrenden Fahrzeug)
wind|schief (*ugs. für* krumm)
wind|schlüp|fig; wind|schnit|tig
Wind|schutz|schei|be
Wind|schutz|strei|fen (*Landwirtsch.*)
Wind|sor (englische Stadt; Name des englischen Königshauses)
Wind|spiel (kleiner Windhund)
Wind|stär|ke
wind|still; Wind|stil|le
Wind|stoß
wind|sur|fen *meist nur im Infinitiv gebr.;* **Wind|sur|fer** ‹dt.; engl.›; **Wind|sur|fe|rin; Wind|sur|fing,** das; -s (Segeln auf einem Surfbrett)
Win|dung
Wind|zug, der; -[e]s
Win|fried (m. Vorn.)
Win|gert, der; -s, -e (*südd., westd. u. schweiz. für* Weingarten, Weinberg)
Win|golf, der; -s, -e (»Freundeshalle« der nord. Mythologie; Name stud. Verbindungen)
Wink, der; -[e]s, -e
win|ke; *nur in* winke, winke machen (*Kinderspr.*)
Win|kel, der; -s, -; im toten Winkel
Win|kel|ad|vo|kat (*abwertend*); **Win|kel|ad|vo|ka|tin**
Win|kel|ei|sen; Win|kel|funk|ti|on (*Math.*); **Win|kel|ha|ken** (*Druckw.*)
Win|kel|hal|bie|ren|de, die; -n, -n
win|ke|lig *vgl.* winklig
Win|kel|klam|mer
Win|kel|maß; Win|kel|mes|ser
win|keln; ich wink[e]le den Arm
Win|kel|ried (schweiz. Held)
Win|kel|schlei|fer (ein Werkzeug)
Win|kel|zug *meist Plur.*
win|ken; gewinkt (*häufig auch* gewunken)
Win|ker; Win|ker|flag|ge (*Seew.*); **Win|ker|krab|be**
win|ke, win|ke *vgl.* winke
wink|lig, win|ke|lig
Win|ne|tou [...tu] (Indianergestalt bei Karl May)
Win|ni|peg (kanadische Stadt); **Win|ni|peg|see, Win|ni|peg-See,** der; -s
Winsch, die; -, -en ‹engl.› (*Seemannsspr.* eine Winde)
Win|se|lei (*abwertend*)
win|seln; ich wins[e]le
Win|ter, der; -s, -; Sommer wie Winter; winters (*vgl. d.*); wintersüber (*vgl. d.*)
Win|ter|abend; Win|ter|an|fang; Win|ter|ap|fel; Win|ter|bau, der; -[e]s (das Bauen im Winter)
Win|ter|cam|ping; Win|ter|de|pres|si|on; Win|ter|dienst; Win|ter|ein|bruch; Win|ter|fahr|plan; Win|ter|fe|ri|en *Plur.*
win|ter|fest; winterfeste Kleidung
Win|ter|frucht (Wintergetreide)
Win|ter|gar|ten; Win|ter|gers|te; Win|ter|ge|trei|de; Win|ter|ha|fen; Win|ter|halb|jahr
win|ter|hart; winterharte Pflanzen
Win|ter|him|mel
Win|ter|kar|tof|fel; Win|ter|kleid; Win|ter|klei|dung; Win|ter|kohl, der; -[e]s; **Win|ter|kol|lek|ti|on** (*Mode*); **Win|ter|land|schaft**
win|ter|lich
Win|ter|ling (eine Pflanze)
Win|ter|man|tel; Win|ter|mo|de
[1]**Win|ter|mo|nat** (in die Winterzeit fallender Monat)
[2]**Win|ter|mo|nat, Win|ter|mond** (*alte dt. Bez. für* Dezember, *früher auch für* Januar *od.* November)
win|tern; er sagt, es wintere schon
Win|ter|nacht; Win|ter|obst
win|ter|of|fen; winteroffene Pässe
Win|ter|olym|pi|a|de; Win|ter|pau|se; Win|ter|quar|tier; Win|ter|rei|fen; Win|ter|rei|se
win|ters; *aber* des Winters ↑K70
Win|ter|saat; Win|ter|sa|chen *Plur.* (Winterkleidung); **Win|ter|sai|son; Win|ters|an|fang** (Winteranfang); **Win|ter|schlaf** (*Zool.*)
Win|ter|schluss|ver|kauf
Win|ter|schuh; Win|ter|se|mes|ter; Win|ter|son|ne; Win|ter|son|nen|wen|de; Win|ter|speck, der; -[e]s (*ugs. scherzh.*); **Win|ter|spie|le** *Plur.*; Olympische Winterspiele
Win|ter|sport; Win|ter|sport|ler; Win|ter|sport|le|rin; Win|ter|sport|ort
Win|ter|star|re (*Zool.*)
Win|ter|stie|fel
win|ters|über; *aber* den Winter über
Win|ters|zeit (Jahreszeit)
Win|ter|tag
win|ter|taug|lich; Win|ter|taug|lich|keit, die; -
Win|ter|thur (schweiz. Stadt)
Win|ter|ur|laub
Win|ter|vor|rat; Win|ter|wet|ter
Win|ter|zeit (Jahreszeit; Normalzeit im Vergleich zur Sommerzeit [*vgl. d.*])
Win-win-Si|tu|a|ti|on ‹engl.› (Situation, von der alle Beteiligten profitieren)
Win|zer, der; -s, -; **Win|zer|ge|nos|sen|schaft; Win|ze|rin; Win|zer|mes|ser,** das; **Win|zer|sekt**
win|zig; winzig klein; **Win|zig|keit; Winz|ling**
Wip|fel, der; -s, -
Wip|pe, die; -, -n (Schaukel); **wip|pen; Wip|per** *vgl.* [1]Kipper
Wipp|sterz (*landsch. für* Bachstelze)
wir (*früher von Herrschern:* Wir); wir alle, wir beide; wir bescheidenen Leute; wir Armen; wir Deutschen *od.* wir Deutsche
Wir|bel, der; -s, -; **wir|be|lig, wirb|lig; Wir|bel|kno|chen**
wir|bel|los; Wir|bel|lo|se *Plur.* (*Zool.* zusammenfassende Bez. für alle Vielzeller außer den Wirbeltieren)
wir|beln; ich wirb[e]le
Wir|bel|säu|le; Wir|bel|säu|len|gym|nas|tik; Wir|bel|säu|len|ver|krüm|mung
Wir|bel|sturm *vgl.* [1]Sturm; **Wir|bel|tier** (*Zool.*); **Wir|bel|wind**
wirb|lig *vgl.* wirbelig
wirbt *vgl.* werben
wird *vgl.* werden
wirft *vgl.* werfen
Wir|ge|fühl, Wir-Ge|fühl *Plur. selten* (Gemeinschaftsgefühl)
wir|ken; schnell wirkende Mittel; sein segensreiches Wirken ↑K82

W
Wind

Wir|ker; Wir|ke|rei; Wir|ke|rin
Wirk|kraft (Wirkungskraft); **Wirk|leis|tung** *(Elektrot.)*
Wirkl. Geh. Rat = Wirklicher Geheimer Rat
wirk|lich
Wirk|li|che Ge|hei|me Rat, der; -n -n -[e]s, -n -n Räte *(früher; Abk.* Wirkl. Geh. Rat)
Wirk|lich|keit; wirk|lich|keits|fern
Wirk|lich|keits|form *(für* Indikativ)
wirk|lich|keits|fremd; wirk|lich|keits|ge|treu; wirk|lich|keits|nah
Wirk|lich|keits|sinn, der; -[e]s
Wirk|lich|keits|treue
wirk|mäch|tig (stark wirkend)
wirk|sam; Wirk|sam|keit, die; -
Wirk|stoff
Wir|kung; Wir|kungs|be|reich, der;
Wir|kungs|feld
Wir|kungs|ge|schich|te; wir|kungs|ge|schicht|lich
Wir|kungs|grad; Wir|kungs|kraft; Wir|kungs|kreis
wir|kungs|los; Wir|kungs|lo|sig|keit, die; -
Wir|kungs|me|cha|nis|mus
wir|kungs|reich
Wir|kungs|stät|te
wir|kungs|voll
Wir|kungs|wei|se, die
Wirk|wa|ren *Plur. (Textilind.* gewirkte Waren)
wirr; Wir|ren *Plur.;* **Wirr|heit; wir|rig** *(landsch. für* wirr; zornig)
Wirr|kopf *(abwertend)*
Wirr|nis, die; -, -se; **Wirr|sal,** das; -[e]s, -e *u.* die; -, -e *(geh.);* **Wir|rung;** Irrungen u. Wirrungen
Wirr|warr, der *od.* das; -s
wirsch *(landsch. für* ärgerlich)
Wir|sing, der; -s ‹ital.›, **Wir|sing|kohl,** der; -[e]s
Wirt, der; -[e]s, -e
Wir|tel, der; -s, - (Schwunggewicht an der Spindel; *Bot.* Aststellung in Form eines Quirls); **wir|tel|för|mig; wir|te|lig,** wirt|lig (quirlförmig)
wir|ten *(schweiz. für* eine Gastwirtschaft führen)
Wir|tin
wirt|lich (gastlich); **Wirt|lich|keit,** die; -
wirt|lig *vgl.* wirtelig
Wirt|schaft; wirt|schaf|ten; gewirtschaftet; **Wirt|schaf|ter** (Verwalter); **Wirt|schaf|te|rin**
Wirt|schaft|ler (Wirtschaftskundler; Unternehmer, leitende Persönlichkeit in Handel u. Industrie); **Wirt|schaft|le|rin**
wirt|schaft|lich; Wirt|schaft|lich|keit, die; -
Wirt|schafts|ab|kom|men
Wirt|schafts|asy|lant *(oft als diskriminierend empfunden* jmd., der [vornehmlich] aus wirtschaftlichen Gründen Asyl sucht); **Wirt|schafts|asy|lan|tin**
Wirt|schafts|auf|schwung
Wirt|schafts|aus|schuss
Wirt|schafts|be|ra|ter; Wirt|schafts|be|ra|te|rin
Wirt|schafts|be|zie|hun|gen *Plur.;*
Wirt|schafts|block *vgl.* Block;
Wirt|schafts|da|ten *Plur.*
Wirt|schafts|de|likt; Wirt|schafts|em|bar|go; Wirt|schafts|ethik; Wirt|schafts|fak|tor; Wirt|schafts|flücht|ling; Wirt|schafts|för|de|rung
Wirt|schafts|for|schung; Wirt|schafts|for|schungs|in|s|ti|tut
Wirt|schafts|füh|rer; Wirt|schafts|füh|re|rin
Wirt|schafts|ge|bäu|de
Wirt|schafts|geld
Wirt|schafts|ge|mein|schaft (Europäische Wirtschaftsgemeinschaft; *Abk.* EWG)
Wirt|schafts|geo|gra|fie, Wirt|schafts|geo|gra|phie
Wirt|schafts|ge|schich|te; wirt|schafts|ge|schicht|lich
Wirt|schafts|gip|fel; Wirt|schafts|gym|na|si|um; Wirt|schafts|hil|fe; Wirt|schafts|hoch|schu|le; Wirt|schafts|in|for|ma|tik, die; -
Wirt|schafts|in|ge|ni|eur; Wirt|schafts|in|ge|ni|eu|rin
Wirt|schafts|jahr
Wirt|schafts|jour|na|list; Wirt|schafts|jour|na|lis|tin
Wirt|schafts|kam|mer; Wirt|schafts|kraft; Wirt|schafts|krieg; Wirt|schafts|kri|mi|na|li|tät; Wirt|schafts|kri|se; Wirt|schafts|la|ge
Wirt|schafts|le|ben, das; -s; **Wirt|schafts|leh|re; Wirt|schafts|len|kung**
wirt|schafts|li|be|ral
Wirt|schafts|mi|nis|ter; Wirt|schafts|mi|nis|te|rin; Wirt|schafts|mi|nis|te|ri|um
wirt|schafts|nah
Wirt|schafts|ord|nung
Wirt|schafts|po|li|tik; wirt|schafts|po|li|tisch
Wirt|schafts|pres|se, die; -
Wirt|schafts|pro|g|no|se
Wirt|schafts|prü|fer; Wirt|schafts|prü|fe|rin; Wirt|schafts|prü|fung
Wirt|schafts|raum; Wirt|schafts|sank|ti|o|nen *Plur.;* **Wirt|schafts|spi|o|na|ge; Wirt|schafts|stand|ort; Wirt|schafts|sys|tem; Wirt|schafts|teil** (der Zeitung); **Wirt|schafts|the|o|rie**
Wirt|schafts|trei|ben|de, der *u.* die; -n, -n *(österr. für* Gewerbetreibende)
Wirt|schafts|un|ter|neh|men; Wirt|schafts|ver|band; Wirt|schafts|wachs|tum
Wirt|schafts|wei|se, der *u.* die (Mitglied des Sachverständigenrats zur Begutachtung der gesamtwirtschaftlichen Entwicklung)
Wirt|schafts|wis|sen|schaft; Wirt|schafts|wis|sen|schaft|ler; Wirt|schafts|wis|sen|schaft|le|rin
wirt|schafts|wis|sen|schaft|lich
Wirt|schafts|wun|der *(ugs.);* **Wirt|schafts|zei|tung; Wirt|schafts|zweig**
Wirts|haus; Wirts|leu|te *Plur.*
Wirts|or|ga|nis|mus *(Biol.);* **Wirts|pflan|ze**
Wirts|stu|be
Wirts|tier; Wirts|zel|le
Wirz, der; -es *(schweiz. für* Wirsing)
Wisch, der; -[e]s, -e
Wisch|arm (am Scheibenwischer)
wi|schen; du wischst; **Wi|scher** *(ugs. auch für* Tadel)
Wi|scher|blatt (am Scheibenwischer)
wisch|fest
wi|schig *(nordd. für* zerstreut, kopflos); **Wi|schi|wa|schi,** das; -s *(ugs. für* unpräzise Darstellung)
Wisch|lap|pen
Wisch|nu (einer der Hauptgötter des Hinduismus)
Wisch|tuch *Plur.* ...tücher
[1]Wis|con|sin, der; -[s] (linker Nebenfluss des Mississippis)
[2]Wis|con|sin (Staat in den USA; *Abk.* WI)
Wi|sent, der; -s, -e (ein Wildrind)
Wis|mar (Stadt an der Ostsee); **Wis|ma|rer; Wis|ma|re|rin**
Wis|mut, Bis|mut, das; -[e]s (chemisches Element, Metall; *Zeichen* Bi)
wis|peln *(landsch. für* wispern); ich wisp[e]le
wis|pern (flüstern); ich wispere
Wiss|be|gier, Wiss|be|gier|de, die; -; **wiss|be|gie|rig**
wis|sen; du weißt, er weiß, ihr wisst; du wusstest; du wüsstest; gewusst; wisse!; kund und zu wissen tun *(altertümelnd);* wer weiß!; weißt du, was? (Einleitung zu einem Vorschlag); *aber* weißt du was? (= weißt du

etwas?); jmdn. etwas wissen lassen *od.* wissenlassen (in Kenntnis setzen)
Wis|sen, das; -s; meines Wissens (*Abk.* m. W.) ist es so; wider besseres Wissen; **Wis|sen|de,** der *u.* die; -n, -n
wis|sens|ba|siert *(EDV)*
Wis|sen|schaft
Wis|sen|schaf|ter (*schweiz., österr. auch für* Wissenschaftler); **Wis|sen|schaf|te|rin**
Wis|sen|schaft|ler; Wis|sen|schaft|le|rin; wis|sen|schaft|lich; Wissenschaftlicher Rat (Titel); wissenschaftliche Hilfskräfte ↑K89;
Wis|sen|schaft|lich|keit, die; -
Wis|sen|schafts|be|griff; Wis|sen|schafts|be|trieb, der; -[e]s; **Wis|sen|schafts|ge|schich|te**
wis|sen|schafts|gläu|big
Wis|sen|schafts|mi|nis|ter; Wis|sen|schafts|mi|nis|te|rin; Wis|sen|schafts|mi|nis|te|ri|um
Wis|sen|schafts|park (Ansiedlung von forschungsorientierten Instituten u. Firmen)
Wis|sen|schafts|the|o|rie; Wis|sen|schafts|zweig
Wis|sens|drang, der; -[e]s
Wis|sens|durst; wis|sens|durs|tig
Wis|sens|ge|biet; Wis|sens|ge|sell|schaft; Wis|sens|lü|cke; Wis|sens|stand; Wis|sens|stoff; Wis|sens|trans|fer *(Fachspr.);* **Wis|sens|ver|mitt|lung; Wis|sens|vor|sprung,** der
wis|sens|wert
wis|sent|lich
wist! (*Fuhrmannsruf* links!)
Wis|ta|rie, die; -, -n (*svw.* Glyzine)
Wit|frau *(schweiz., sonst veraltet);* **Wi|tib,** die; -, -e (*veraltet für* Witwe); **Wit|mann** *Plur.* ...männer (*veraltet für* Witwer)
wit|schen (*ugs. für* schlüpfen, huschen); du witschst
Wit|te|kind *vgl.* Widukind
Wit|tels|bach (oberbayrische Stammburg); Haus Wittelsbach (Herrschergeschlecht); **Wit|tels|ba|cher,** der; -s, - (Angehöriger eines dt. Herrschergeschlechtes); **Wit|tels|ba|che|rin**
Wit|ten|ber|ge (Stadt an der unteren Elbe)
Wit|ten|ber|ger ⟨*zu* Wittenberg, Lutherstadt, *od.* Wittenberge⟩; **Wit|ten|ber|ge|rin; wit|ten|ber|gisch** (von Wittenberg od. Wittenberge); *aber* ↑K88: die Wittenbergische Nachtigall (*Bez. für* Luther)
Wit|ten|berg, Lu|ther|stadt (Stadt an der mittleren Elbe)
wit|tern; ich wittere
Wit|te|rung (*auch Jägerspr.* das Wittern u. der vom Wild wahrzunehmende Geruch)
wit|te|rungs|be|dingt
Wit|te|rungs|ein|fluss; Wit|te|rungs|ver|hält|nis|se *Plur.*
Witt|gen|stein (österr. Philosoph)
Wit|tib, die; -, -e (*österr. für* Witib); **Wit|ti|ber** (*bayr. u. österr. für* Witmann)
Witt|ling (ein Seefisch)
Wit|tum, das; -[e]s, ...tümer (*veraltet für* der Witwe zustehender Besitz)
Wit|we, die; -, -n (*Abk.* Wwe.); **Wit|wen|geld; Wit|wen|ren|te; Wit|wen|schaft,** die; -; **Wit|wen|schlei|er; Wit|wen|tum,** das; -s
Wit|wer (*Abk.* Wwr.); **Wit|wer|ren|te; Wit|wer|schaft,** die; -; **Wit|wer|tum,** das; -s
Witz, der; -es, -e; **Witz|blatt; Witz|blatt|fi|gur; Witz|bold,** der; -[e]s, -e; **Witz|bol|din; Wit|ze|lei; wit|zeln;** ich witz[e]le; **Witz|fi|gur** *(abwertend)*
wit|zig; Wit|zig|keit; Witzigkeit kennt keine Grenzen
witz|los
WK = Wiederholungskurs
w. L. = westlicher Länge
Wla|di|mir [*auch* 'vla:...] (m. Vorn.)
Wla|di|wos|tok [*auch* ...'vɔ...] (russ. Stadt)
WLAN ['ve:la:n], das; -[s], -s ⟨*aus* engl. wireless local area network⟩ (Computernetzwerk mit Funktechnik)
WM, die; -, -[s] = Weltmeisterschaft
WM-End|run|de; WM-Fie|ber (Begeisterung vor u. während einer Weltmeisterschaft)
WM-Qua|li|fi|ka|ti|on; WM-Ti|tel
WNW = Westnordwest[en]
wo; wo ist sie?; wo immer sie auch sein mag; er geht wieder hin, wo er hergekommen ist; der Moment, wo (in dem) er sie das erste Mal sah; ↑K81: das Wo spielt keine Rolle; *vgl.* woanders, woher, wohin, wohinaus, womöglich, wo nicht
w. o. = wie oben
wo|an|ders; ich werde ihn woanders suchen, *aber* wo anders (wo sonst) als hier sollte ich ihn suchen?; **wo|an|ders|her; wo|an|ders|hin**
wob|beln (*Funktechnik* Frequenzen verschieben); die Welle wobbelt; **Wob|bel|span|nung**
wo|bei
Wo|che, die; -, -n
Wo|chen|ar|beits|zeit; Wo|chen|be|ginn; Wo|chen|bett; Wo|chen|blatt; Wo|chen|end|be|zie|hung
Wo|chen|en|de; Wo|chen|end|ehe; Wo|chen|end|flug; Wo|chen|end|haus; Wo|chen|end|ler; Wo|chen|end|se|mi|nar; Wo|chen|end|ti|cket
Wo|chen|geld (*österr., sonst veraltet für* Mutterschaftsgeld)
Wo|chen|kar|te
wo|chen|lang; *aber* drei Wochen lang
Wo|chen|lohn; Wo|chen|markt; Wo|chen|schau; Wo|chen|spiel|plan; Wo|chen|sta|ti|on (im Krankenhaus); **Wo|chen|stun|de**
Wo|chen|tag; wo|chen|tags; *aber* des Wochentags ↑K70
wö|chent|lich (jede Woche)
...wö|chent|lich (z. B. dreiwöchentlich [alle drei Wochen wiederkehrend]; *mit Ziffer* 3-wöchentlich ↑K29)
wo|chen|wei|se
Wo|chen|zei|tung
...wo|chig (*seltener für* ...wöchig)
...wö|chig (z. B. dreiwöchig [drei Wochen alt, dauernd]; *mit Ziffer* 3-wöchig ↑K29)
Wöch|ne|rin
Wo|cken, der; -s, - (*nordd. für* Rocken)
Wo|dan (höchster germanischer Gott); *vgl.* Odin *u.* Wotan
Wod|ka, der; -s, -s ⟨russ.⟩ (ein Branntwein); **Wod|ka|fla|sche**
Wo|du *vgl.* Voodoo
wo|durch
wo|fern (*veraltet für* sofern)
wo|für
wog *vgl.* [1]wiegen
Wo|ge, die; -, -n
wo|ge|gen
wo|gen
wo|her; woher es kommt, weiß ich nicht; er geht wieder hin, woher er gekommen ist, *aber* er geht wieder hin, wo er hergekommen ist
wo|he|r|um
wo|hin; ich weiß nicht, wohin sie geht; sieh, wohin sie geht, *aber* sieh, wo sie hingeht
wo|hi|n|auf; wo|hi|n|aus; ich weiß nicht, wohinaus du willst, *aber* ich weiß nicht, wo du hinauswillst; **wo|hi|n|ein**
wo|hin|ge|gen
wo|hin|ter

W
Wiss

wohl

bes|ser, bes|te *u.* woh|ler, am wohls|ten

- wohl ihm!
- wohl oder übel (ob er wollte oder nicht) musste er zuhören
- das ist wohl das Beste
- leben Sie wohl!
- wohl bekomms! *od.* bekomm's!

Schreibung in Verbindung mit Verben:

- wohl sein; lass es dir wohl sein
- ich bin wohl; mir ist wohl, wohler, am wohlsten
- es ist mir immer wohlergangen *od.* wohl ergangen
- du sollst dich bei uns wohlfühlen *od.* wohl fühlen
- das wird dir wohltun (*aber* er wird es wohl [wahrscheinlich] tun)
- sie hat ihm stets wohlgewollt (*aber* sie wird es wohl [wahrscheinlich] wollen)

Schreibung in Verbindung mit einem adjektivisch gebrauchten Partizip:

- ein wohlbehütetes *od.* wohl behütetes Geheimnis
- eine wohlversorgte *od.* wohl versorgte Frau
- ein wohldurchdachter *od.* wohl durchdachter, wohlüberlegter *od.* wohl überlegter Plan
- wohlerzogene *od.* wohl erzogene Kinder, *aber nur* noch wohlerzogenere Kinder
- wohlgeformte *od.* wohl geformte Sätze, *aber nur* noch wohlgeformtere Sätze
- wohlgenährte *od.* wohl genährte Babys, *aber nur* noch wohlgenährtere Babys
- wohlschmeckende *od.* wohl schmeckende, *aber nur* wohlschmeckendere, die wohlschmeckendsten Gerichte

Vgl. aber:

- wohlbehalten, wohlgemut, wohltuend

wo|hi|n|un|ter
wohl *s. Kasten*
Wohl, das; -[e]s; auf dein Wohl!; zum Wohl!
wohl|an! *(veraltend)*
wohl|an|stän|dig ↑K57; **Wohl|an|stän|dig|keit**
wohl|auf *(geh.);* wohlauf sein
wohl|aus|ge|wo|gen, wohl aus|ge|wo|gen *vgl.* wohl
wohl|be|dacht, wohl be|dacht
Wohl|be|fin|den
wohl|be|grün|det, wohl be|grün|det
Wohl|be|ha|gen
wohl|be|hal|ten; er kam wohlbehalten an
wohl|be|hü|tet, wohl be|hü|tet *vgl.* wohl
wohl|be|kannt, wohl be|kannt *vgl.* wohl
wohl|be|leibt *(geh.)*
wohl|be|ra|ten, wohl be|ra|ten
wohl|be|stallt; ein wohlbestallter Beamter
wohl|do|siert, wohl do|siert
wohl|durch|dacht, wohl durch|dacht *vgl.* wohl
wohl|er|ge|hen, wohl er|ge|hen *vgl.* wohl
Wohl|er|ge|hen, das; -s
wohl|er|hal|ten, wohl er|hal|ten
wohl|er|wo|gen, wohl er|wo|gen *vgl.* wohl
wohl|er|zo|gen, wohl er|zo|gen; *aber nur* noch wohlerzogenere Kinder; **Wohl|er|zo|gen|heit,** die; -
Wohl|fahrt, die; -; **Wohl|fahrts|mar|ke; Wohl|fahrts|pfle|ge; Wohl|fahrts|staat**
Wohl|fahrts|ver|band; die freien Wohlfahrtsverbände ↑K89; [Deutscher] Paritätischer Wohlfahrtsverband ↑K88
wohl|feil *(veraltend);* wohl|fei|ler, wohl|feils|te; wohlfeile Ware
wohl|for|mu|liert, wohl for|mu|liert
wohl|füh|len, wohl füh|len, sich; *vgl.* wohl
Wohl|fühl|fak|tor *(bes. Psychol.)*
wohl|ge|bo|ren *(veraltet);* Euer Wohlgeboren (Anrede)
Wohl|ge|fal|len, das; -s
wohl|ge|fäl|lig
wohl|ge|formt, wohl ge|formt; *aber nur* noch wohlgeformtere Sätze
Wohl|ge|fühl, das; -[e]s
wohl|ge|lit|ten
wohl|ge|merkt
wohl|ge|mut (*geh. für* fröhlich)
wohl|ge|nährt, wohl ge|nährt *vgl.* wohl
wohl|ge|ord|net, wohl ge|ord|net
wohl|ge|ra|ten, wohl ge|ra|ten *(veraltend); aber nur* noch wohlgeratenere Kinder
Wohl|ge|ruch; Wohl|ge|schmack
wohl|ge|setzt, wohl ge|setzt; in wohlgesetzten *od.* wohl gesetzten Worten; *aber nur* in wohlgesetzteren Worten
wohl|ge|sinnt
wohl|ge|stalt *(veraltet)*
wohl|ge|tan, wohl ge|tan *(veraltet);* nach wohlgetaner *od.* wohl getaner Arbeit
wohl|ha|bend; wohlhabendere Bürger; **Wohl|ha|ben|heit,** die; -
woh|lig; Woh|lig|keit, die; -
Wohl|klang
wohl|klin|gend, wohl klin|gend; *aber nur* wohlklingendere Töne
Wohl|laut
wohl|lau|tend, wohl lau|tend; *aber nur* wohllautendere Klänge
Wohl|le|ben, das; -s
wohl|mei|nend; die wohlmeinenden, wohlmeinenderen Freunde
wohl|pro|por|ti|o|niert, wohl pro|por|ti|o|niert
wohl|rie|chend, wohl rie|chend
wohl|schme|ckend, wohl schme|ckend; *aber nur* die wohlschmeckends|ten Speisen
wohl sein; lass es dir wohl sein; *vgl.* wohl
Wohl|sein, das; -s; zum Wohlsein!
wohl|si|tu|iert, wohl si|tu|iert
Wohl|stand, der; -[e]s; im Wohlstand leben; **Wohl|stands|bür|ger; Wohl|stands|ge|sell|schaft; Wohl|stands|kri|mi|na|li|tät; Wohl|stands|müll**
Wohl|tat; Wohl|tä|ter; Wohl|tä|te|rin
wohl|tä|tig; wohltätiger, wohltätigste; **Wohl|tä|tig|keit**
Wohl|tä|tig|keits|ball; Wohl|tä|tig|keits|ba|sar, Wohl|tä|tig|keits|ba|zar; Wohl|tä|tig|keits|kon|zert; Wohl|tä|tig|keits|ver|an|stal|tung; Wohl|tä|tig|keits|ver|ein
wohl|tem|pe|riert, wohl tem|pe|riert; Wohl|tem|pe|rier|te Kla|vier,

das; -n -s (Sammlung von Präludien u. Fugen von J. S. Bach)
wohl|tö|nend, **wohl tö|nend**
wohl|tu|end (angenehm); die Ruhe ist wohltuend, noch wohltuender
wohl|tun *vgl.* wohl
wohl|über|legt, **wohl über|legt** *vgl.* wohl
wohl|un|ter|rich|tet, **wohl un|ter|rich|tet**
wohl|ver|dient; ein wohlverdienter Urlaub
Wohl|ver|hal|ten
Wohl|ver|leih, der; -[e]s, -[e] (Arnika)
wohl|ver|sorgt, **wohl ver|sorgt** *vgl.* wohl
wohl|ver|stan|den, **wohl ver|stan|den**; er war[,] wohlverstanden *od.* wohl verstanden[,] kein schlechter Mensch
wohl|ver|traut; die wohlvertraute Umgebung
wohl|ver|wahrt, **wohl ver|wahrt**
wohl|vor|be|rei|tet, **wohl vor|be|rei|tet**
wohl|weis|lich; sie hat sich wohlweislich gehütet
wohl wis|send; wohl wissend, dass ...
wohl|wol|len *vgl.* wohl; **Wohl|wol|len**, das; -s; **wohl|wol|lend**; ein wohlwollenderes Urteil
Wohn|ac|ces|soire
Wohn|an|hän|ger; **Wohn|an|la|ge**
Wohn|bau *Plur.* ...bauten (*nur Sing. österr. auch für* Wohnungsbau)
Wohn|be|bau|ung
Wohn|bei|hil|fe (*österr. für* Wohngeld); **Wohn|be|reich**; **Wohn|block** *vgl.* Block; **Wohn|ei|gen|tum**; **Wohn|ein|heit**
woh|nen
Wohn|flä|che; **Wohn|ge|bäu|de**; **Wohn|ge|biet**; **Wohn|ge|gend**
Wohn|geld; **Wohn|geld|ge|setz**
Wohn|ge|mein|schaft (*Abk.* WG)
wohn|haft (*Amtsspr.* wohnend)
Wohn|haus; **Wohn|heim**; **Wohn|kom|plex** (Wohnanlage); **Wohn|kü|che**; **Wohn|kul|tur**; **Wohn|la|ge**
wohn|lich; **Wohn|lich|keit**, die; -
Wohn|mo|bil
Wohn|ort *Plur.* ...orte; **Wohn|qua|li|tät** *Plur. selten;* **Wohn|raum**
Wohn|raum|len|kung (*DDR für* behördliche Wohnungsvergabe)
Wohn|recht; **Wohn|sied|lung**
Wohn|sitz; **wohn|sitz|los** (*bes. Amtsspr.*)
Wohn|stift *vgl.* ³Stift
Wohn|stra|ße; **Wohn|stu|be**
Woh|nung; **Woh|nungs|amt**
Woh|nungs|bau *Plur.* -ten
Woh|nungs|bau|ge|nos|sen|schaft; **Woh|nungs|bau|ge|sell|schaft**
Woh|nungs|brand
Woh|nungs|ei|gen|tum; **Woh|nungs|ei|gen|tü|mer**; **Woh|nungs|ei|gen|tü|me|rin**
Woh|nungs|ein|bruch
Woh|nungs|ein|rich|tung
Woh|nungs|in|ha|ber; **Woh|nungs|in|ha|be|rin**
woh|nungs|los
Woh|nungs|mak|ler; **Woh|nungs|mak|le|rin**
Woh|nungs|man|gel; **Woh|nungs|markt**; **Woh|nungs|not**; **Woh|nungs|schlüs|sel**
Woh|nungs|su|che; **woh|nungs|su|chend**; **Woh|nungs|su|chen|de**, der *u.* die; -n, -n
Woh|nungs|tausch; **Woh|nungs|tür**
woh|nung|su|chend (*svw.* wohnungssuchend); **Woh|nung|su|chen|de** (*svw.* Wohnungssuchende)
Woh|nungs|wech|sel
Woh|nungs|zwangs|wirt|schaft
Wohn|vier|tel; **Wohn|wa|gen**; **Wohn|wert**, der; -[e]s
Wohn|zim|mer
Wöhr|de, die; -, -n (*nordd. für* um das Wohnhaus gelegenes Ackerland)
Woi|lach, der; -s, -e ‹russ.› (wollene [Pferde]decke)
Woi|wod, **Woi|wo|de**, der; ...den, ...den ‹poln.› (*früher für* Fürst, *heute* oberster Beamter eines poln. Bezirks); **Woi|wod|schaft** (Amt[sbezirk] eines Woiwoden)
Wok, der; -, -s ‹chin.› (flacherer halbrunder Kochtopf)
wöl|ben; sich wölben; **Wöl|bung**
¹Wolf (m. Vorn.)
²Wolf, Hugo (österr. Komponist)
³Wolf, der; -[e]s, Wölfe (ein Raubtier); **Wölf|chen**
Wolf|die|t|rich (m. Vorn.)
wöl|fen (gebären [von Wolf u. Hund])
Wol|fen|büt|tel [*auch* ...'bʏtl̩] (Stadt in Niedersachsen); **Wol|fen|büt|te|ler**; **Wol|fen|büt|te|le|rin**
Wolf|gang (m. Vorn.)
Wolf|gang|see, **Aber|see** *vgl.* Sankt-Wolfgang-See
Wolf|hard (m. Vorn.)
Wöl|fin; **wöl|fisch**
Wölf|ling (junger Pfadfinder)
¹Wolf|ram (m. Vorn.)
²Wolf|ram, das; -s (chem. Element, Metall; *Zeichen* W); **Wolf|ra|mit**, das; -s (Wolframerz)
Wolf|ram von Eschen|bach (dt. Dichter des MA.s); Wolfram von Eschenbachs Lieder, *aber* die Lieder Wolframs von Eschenbach; eine Wolfram-von-Eschenbach-Ausgabe
Wolfs|an|gel (ein Fanggerät)
Wolfs|burg (Stadt in Niedersachsen); **Wolfs|bur|ger**; **Wolfs|bur|ge|rin**
Wolfs|gru|be (überdeckte Grube zum Fangen von Wölfen)
Wolfs|hund (einem Wolf ähnlicher Schäferhund)
Wolfs|hun|ger *(ugs.)*
Wolfs|milch (eine Pflanze)
Wolfs|ra|chen (*veraltet für* Lippen-Kiefer-Gaumen-Spalte)
Wolfs|ru|del; **Wolfs|schlucht**
Wolfs|spin|ne
Wolfs|spitz (eine Hunderasse)
Wol|ga, die; - (Strom in Osteuropa); **Wol|go|grad** (russische Stadt; *früher* Stalingrad)
Wo|lhy|ni|en [...'ly:...] usw. *vgl.* Wolynien usw.
Wölk|chen
Wol|ke, die; -, -n
wöl|ken; sich wölken
Wol|ken|bruch; **Wol|ken|de|cke**; **Wol|ken|feld**
Wol|ken|krat|zer (Hochhaus)
Wol|ken|ku|ckucks|heim (Luftgebilde, Hirngespinst)
wol|ken|los; **wol|ken|ver|han|gen**
Wol|ken|wand
wol|kig
Woll|de|cke
Wol|le, die; -, *Plur. (Arten:)* -n;
¹wol|len (aus Wolle)
²wol|len; ich will, du willst; du wolltest *(Indikativ);* du wolltest *(Konjunktiv);* gewollt; wolle!; ich habe das nicht gewollt, *aber* ich habe helfen wollen
wöl|len (*Jägerspr.* das Gewölle auswerfen)
Woll|fa|den; **Woll|garn**; **Woll|ge|we|be**; **Woll|gras**
Woll|hand|krab|be
wol|lig
Wol|lin (eine Ostseeinsel)
Woll|kamm; **Woll|käm|mer**; **Woll|käm|me|rin**
Woll|kleid; **Woll|knäu|el**
Woll|lap|pen, **Woll-Lap|pen**
Woll|laus, **Woll-Laus**
Woll|maus (*ugs. für* größere Staubflocke auf dem Fußboden)
Woll|milch|sau; *in der Fügung* Eier legende *od.* eierlegende Woll-

W
wohl

Wort

das; -[e]s, *Plur.* Wörter *u.* Worte – aufs Wort – Wort für Wort; von Wort zu Wort – Wort halten – beim Wort nehmen – zu Wort[e] kommen; sich zu Wort melden *Der Plural »Wörter« wird meist für Einzelwort od. vereinzelte Wörter ohne Rücksicht auf den Zusammenhang gebraucht:* – sag mir drei Wörter, die mit »ex-« anfangen – dieses Verzeichnis enthält 100 000 Wörter	*Der Plural »Worte« wird meist für Äußerung, Ausspruch, Beteuerung, Erklärung, Begriff, Zusammenhängendes oder bedeutsame einzelne Wörter gebraucht:* – sie sprach einige Worte zur Begrüßung – dies waren seine [letzten] Worte – ich will nicht viel[e] Worte machen – geflügelte, goldene Worte – mit ander[e]n Worten (*Abk.* m. a. W.) – mit guten, mit wenigen Worten – drei Worte nenn ich euch, inhaltsschwer

milchsau (*ugs. scherzh. für* Person od. Sache, die alle Bedürfnisse befriedigt, allen Ansprüchen genügt)

Wọll|müt|ze; Wọll|pul|l|o|ver

Wọll|sa|chen *Plur.*

Wọll|schwein; Wọll|sie|gel; Wọll|spin|ne|rei; Wọll|stoff; Wọll|strumpf

Wọl|lust, die; -, Wollüste; **wọl|lüs|tig**

Wọll|wa|ren *Plur.;* **Wọll|wasch|mit|tel**

wọll|weiß

Wọl|per|tin|ger, der; -s, - (ein bayrisches Fabeltier)

Wo|ly|ni|en (ukrainische Landschaft); **wo|ly|nisch**

Wọl|zo|gen (ein Adelsgeschlecht)

Wo|ma|ni|zer ['vʊmənai̯zɐ], der; -s, - ‹engl.› (Frauenheld)

Wọm|bat, der; -s, -s ‹austral.› (ein australisches Beuteltier)

wo|mit

wo|mög|lich; womöglich (vielleicht) kommt sie; *aber* wir sollten uns, wo möglich (*kurz für* wenn es möglich ist), selbst darum kümmern

Wọn, der; -[s], -[s] (korean. Währungseinheit)

wo|nach

Won|der|bra® ['vɔndɐbra:], der; -s, -s (ein Push-up-BH)

wo|ne|ben *(selten)*

wo nịcht; er will ihn erreichen, wo nicht übertreffen

Wọn|ne, die; -, -n; **Wọn|ne|ge|fühl; Wọn|ne|mo|nat, Wọn|ne|mond** (*alte Bez. für* Mai); **Wọn|ne|prop|pen** (*landsch.* wohlgenährtes [Klein]kind)

wọn|ne|trun|ken *(geh.)*

wọn|nig; wọn|nig|lich *(veraltend)*

Wood|stock ['wʊdstɔk] (Ort im amerik. Bundesstaat New York, nach dem das bekannteste Open-Air-Festival der Hippiebewegung benannt wurde)

Woog, der; -[e]s, -e (*landsch. für* Teich; tiefe Stelle im Fluss)

Woo|pie ['vu:...], der; -s, -s *u.* die; -, -s ‹*aus* engl. well-off older person = wohlhabende ältere Person› (*ugs. für* wohlhabender Rentner, wohlhabende Rentnerin)

wo|r|an; wo|r|auf; wo|r|auf|hịn; wo|r|aus

[1]**Worb,** der; -[e]s, Wörbe, [2]**Worb,** die; -, ...ben, **Wọr|be,** die; -, ...ben (*landsch. für* Griff am Sensenstiel)

Worces|ter|so|ße ['vʊstɐ...], **Worces|ter|sau|ce** ‹nach der engl. Stadt Worcester› (pikante Soße zum Würzen)

Words|worth ['vø:ɐ̯tsvø:ɐ̯θ] (englischer Dichter)

wo|r|ein

wọr|feln (*früher für* Getreide reinigen); ich worf[e]le

Wọ̈rgl (österreichische Stadt)

wo|r|in

Wọ̈|ris|ho|fen, Bad (Stadt in Bayern)

Wor|k|a|ho|lic [vø:ɐ̯kə'hɔlɪk], der; -s, -s ‹engl.› (*Psychol.* jmd., der zwanghaft ständig arbeitet)

Work|flow ['vø:ɐ̯kflo:], der; -s, -s ‹engl.› (Ablauf arbeitsteiliger Prozesse in Unternehmen; Arbeitsablauf bei Computerprogrammen)

Work-out, Work|out ‹engl.› ['vø:ɐ̯k|aut], das *od.* der; -s, -s (Fitnesstraining)

Work|shop ['vø:ɐ̯k...] ‹engl.› (Seminar, Arbeitsgruppe)

Work|sta|tion ['vø:ɐ̯kste:ʃn̩], die; -, -s ‹engl.› (Arbeitsplatzrechner)

World|cup ['vø:ɐ̯ltkap], der; -s, -s ‹engl.› (Weltmeisterschaft [in verschiedenen Sportarten]; Siegestrophäe bei einer Weltmeisterschaft)

World Wide Fund for Na|ture ['vø:ɐ̯lt 'vai̯t 'fant fo:ɐ̯ 'ne:tʃɐ], der; - - -s - - (internat. Naturschutzorganisation; *Abk.* WWF)

World Wide Web ['vø:ɐ̯lt 'vai̯t 'vɛp], das; - - -[s] ‹engl.› (*EDV* weltweites Informationssystem im Internet; *Abk.* WWW)

Wọ̈r|litz (Stadt östlich von Dessau); Wörlitzer Park

Wọrms (Stadt am Rhein); **Wọrm|ser;** Wormser Konkordat (1122); **Wọrm|se|rin; wọrm|sisch**

Worps|we|de (Ort im Teufelsmoor, nördl. von Bremen)

Wọrt *s. Kasten*

Wọrt|ak|zent *(Sprachwiss.);* **Wọrt|art** *(Sprachwiss.);* **Wọrt|aus|wahl**

Wọrt|be|deu|tung; Wọrt|be|deu|tungs|leh|re (*für* Semantik)

Wọrt-Bịld-Mar|ke *(Werbespr.)*

Wọrt|bil|dung *(Sprachwiss.)*

Wọrt|bruch; wọrt|brü|chig

Wọ̈rt|chen; Wor|te|ma|che|rei *(abwertend)*

Wọ̈r|ter|buch; Wọ̈r|ter|ver|zeich|nis

Wọrt|fa|mi|lie *(Sprachwiss.);* **Wọrt|feld** *(Sprachwiss.);* **Wọrt|fet|zen; Wọrt|fol|ge; Wọrt|for|schung**

Wọrt|füh|rer; Wọrt|füh|re|rin

Wọrt|ge|fecht; Wọrt|ge|klin|gel *(abwertend)*

Wọrt|geo|gra|fie, Wọrt|geo|gra|phie

Wọrt|ge|plän|kel

Wọrt|ge|schich|te; wọrt|ge|schicht|lich

wọrt|ge|treu; wọrt|ge|wal|tig

wọrt|ge|wandt; Wọrt|ge|wandt|heit

wọrt|gleich (wörtlich übereinstimmend)

Wọrt|got|tes|dienst

Wọrt|grup|pe *(Sprachwiss.)*

Wọ̈r|ther|see, der; -s, **Wọ̈r|ther See,** der; - -s (in Kärnten)

Wọ̈rth|see, der; -s (im oberbayrischen Alpenvorland)

Wọrt|hül|se *(abwertend)*

wọrt|ident (*österr. für* wortgleich)

wort|karg; Wort|karg|heit, die; -
Wort|klas|se (*svw.* Wortart)
Wort|klau|be|rei
Wort|kreu|zung (Kontamination)
Wort|laut, der; -[e]s, -e; **Wort|leh|re**
wört|lich; wörtliche Rede
wort|los; wort|mäch|tig
Wort|mar|ke *(Rechtsspr.)*
Wort|mel|dung; Wort|re|gis|ter
wort|reich; Wort|reich|tum, der; -s
Wort|schatz *Plur.* ...schätze
Wort|schöp|fung; Wort|schwall; Wort|sinn
Wort|spen|de (*österr. für* Wortmeldung, Äußerung)
Wort|spiel; Wort|stamm *(Sprachwiss.);* **Wort|streit; Wort|trennung**
Wort|ver|dre|her; Wort|ver|dre|herin
Wort|wahl, die; -; **Wort|wech|sel; Wort|witz**
wort|wört|lich
Wort|zei|chen (als Warenzeichen schützbares Emblem)
wo|r|ü|ber; wo|r|um; ich weiß nicht, worum es geht; **wo|r|un|ter; woselbst** *(veraltet)*
Wo|tan (*Nebenform von* Wodan)
Wo|t|ru|ba (österr. Bildhauer)
wo|von; wo|vor
wow! [vau] ‹engl.› (Ausruf der Bewunderung, des Erstaunens)
Woy|zeck (Titel[held] eines Dramenfragments von G. Büchner)
wo|zu; wo|zwi|schen *(selten)*
Woz|zeck (Titel[held] einer Oper von A. Berg)
wrack (*Seemannsspr.* völlig defekt; *Kaufmannsspr.* schlecht [von der Ware]); wrack werden
Wrack, das; -[e]s, *Plur.* -s, *selten* -e (stark beschädigtes Fahrzeug; *übertr. für* jmd., dessen Körperkräfte völlig verbraucht sind)
Wrap [rɛp], der od. das; -s, -s ‹engl.› (gefüllte Teigrolle)
Wra|sen, der; -s, - (*nordd. für* Dampf, Dunst); **Wra|sen|ab|zug** (über dem Küchenherd)
Wrest|ler [ˈreslɐ], der; -s, -; **Wrest|lerin; Wrest|ling** [ˈrɛslɪŋ], das; -s ‹engl.› (Catchen [mit Showelementen])
wri|cken, wrig|gen (*nordd. für* ein Boot durch einen am Heck hin u. her bewegten Riemen fortbewegen)
wrin|gen (nasse Wäsche auswinden); du wrangst; du wrängest; gewrungen; wring[e]!
Wroc|ław [ˈvrɔtsu̯af] (polnische Stadt an der Oder; *vgl.* Breslau)

Wru|ke, die; -, -n (*nordostd. für* Kohlrübe)
Ws = Wattsekunde
WSW = Westsüdwest[en]
WTA, die; - ‹*Abk. für* Women's Tennis Association› (Verband der weiblichen Tennisprofis); **WTA-Tur|nier**
WTO = World Trade Organization (Welthandelsorganisation)
Wu|cher, der; -s
Wu|cher|blu|me (Margerite)
Wu|che|rei; Wu|che|rer; Wu|che|rin
wu|che|risch
wu|chern; ich wuchere
Wu|cher|preis; Wu|cher|tum, das; -s
Wu|che|rung
Wu|cher|zin|sen *Plur.*
wuchs *vgl.* [1]wachsen
Wuchs, der; -es, *Plur. (fachspr.)* Wüchse; **Wuchs|stoff** *(Bot.)*
Wucht, die; -
wuch|ten *(ugs.)*
wuch|tig; Wuch|tig|keit, die; -
wuff! (lautmalend für ein kurzes Bellen des Hundes)
Wühl|ar|beit
wüh|len; Wüh|ler; Wüh|le|rei *(ugs.);* **Wüh|le|rin; wüh|le|risch**
Wühl|maus
Wühl|tisch (bes. in Kaufhäusern)
Wuh|ne *vgl.* Wune
Wuhr, das; -[e]s, -e, **Wuh|re,** die; -, -n (*bayr., südwestd. u. schweiz. für* [2]Wehr; Buhne)
Wul|fe|nit, das; -s (ein Mineral)
Wulff (zehnter dt. Bundespräsident)
Wul|fi|la *vgl.* Ulfilas
Wulst, der; -[e]s, *Plur.* Wülste, *fachspr. auch* -e *od.* die; -, Wülste; **Wülst|chen**
wuls|tig
Wulst|ling (ein Pilz)
wumm!
wüm|men *vgl.* wimmen
wum|mern (*ugs. für* dumpf dröhnen); es wummert; ich wummere
Wüm|met *vgl.* Wimmet
wund; wund sein, werden; sich die Füße wund laufen *od.* wundlaufen; sich die Haut wund reiben *od.* wundreiben; sich den Mund wund reden *od.* wundreden; sich die Finger wund schreiben *od.* wundschreiben; sich den Rücken wund liegen *od.* wundliegen, *aber nur* sie hat sich wund gelegen
Wund|arzt *(veraltend);* **Wund|ärz|tin**
Wund|be|hand|lung; Wund|brand, der; -[e]s
Wun|de, die; -, -n

Wun|der

das; -s, -

- Wunder tun, wirken
- kein Wunder; was Wunder, wenn ...
- sein blaues Wunder erleben
- er glaubt[,] Wunder was getan zu haben *(ugs.)*
- sie glaubt, Wunder *od.* wunders wie geschickt sie sei *(ugs.)*

Vgl. wundernehmen

wun|der|bar; wun|der|ba|rer|wei|se
Wun|der|blu|me; Wun|der|ding
Wun|der|dok|tor; Wun|der|dok|to|rin
Wun|der|glau|be; wun|der|gläu|big
Wun|der|hei|ler; Wun|der|hei|le|rin
Wun|der|heil|mit|tel; Wun|der|heilung
wun|der|hübsch
Wun|der|ker|ze
Wun|der|kind; Wun|der|kna|be
Wun|der|lam|pe (in Märchen)
Wun|der|land
wun|der|lich (eigenartig); **Wun|derlich|keit**
wun|der|mild *(veraltet)*
Wun|der|mit|tel, das
wun|dern; es wundert mich, dass ...; mich wundert, dass ...; ich wundere mich
wun|der|neh|men; es nimmt mich wunder (*schweiz. auch für* ich möchte wissen); es braucht dich nicht wunderzunehmen ↑K 71
wun|ders *vgl.* Wunder
wun|der|sam *(geh.);* **wun|der|schön**
Wun|der|tat; Wun|der|tä|ter; Wunder|tä|te|rin; wun|der|tä|tig
Wun|der|tier *(auch ugs. scherzh.)*
Wun|der|tü|te
wun|der|voll
Wun|der|waf|fe; Wun|der|welt; die Wunderwelt der Technik; **Wunder|werk**
Wun|der|wuz|zi, der; -s, -s (*österr. ugs. für* Alleskönner)
Wund|fie|ber; Wund|in|fek|ti|on
wund lau|fen, wund|lau|fen *vgl.* wund
wund lie|gen, wund|lie|gen *vgl.* wund
Wund|mal *Plur.* ...male; **Wund|pflaster; Wund|rand; Wund|sal|be; Wund|starr|krampf,** der; -[e]s (*für* Tetanus); **Wund|ver|band**
Wu|ne, Wuh|ne, die; -, -n (ins Eis gehauenes Loch)
Wunsch, der; -[e]s, Wünsche
wünsch|bar (*schweiz. für* wünschenswert)

W
wort

Wunsch|bild; Wunsch|den|ken, das; -s
Wün|schel|ru|te; Wün|schel|ru|ten|gän|ger; Wün|schel|ru|ten|gän|ge|rin
wün|schen; du wünschst; **wün|schens|wert**
Wunsch|form (Optativ)
Wunsch|geg|ner; Wunsch|geg|ne|rin
wunsch|ge|mäß
Wunsch|kan|di|dat; Wunsch|kan|di|da|tin
Wunsch|kenn|zei|chen (Kfz-Kennzeichen mit Buchstaben u. Ziffern, die der Halter selbst wählt)
Wunsch|kind
Wunsch|kon|zert; Wunsch|lis|te
wunsch|los; wunschlos glücklich
Wunsch|traum; Wunsch|vor|stel|lung; Wunsch|zet|tel
wupp|dich!; Wupp|dich, der; *nur in* mit einem Wuppdich (*ugs. für* schnell, gewandt)
wup|pen (*nordd. für* bewältigen)
Wup|per, die; - (rechter Nebenfluss des Rheins)
[1]**Wup|per|tal,** das; -[e]s (Tal der Wupper)
[2]**Wup|per|tal** (Stadt an der Wupper); **Wup|per|ta|ler; Wup|per|ta|le|rin**
wur|de *vgl.* werden
Wür|de, die; -, -n
wür|de|los; Wür|de|lo|sig|keit
Wür|den|trä|ger; Wür|den|trä|ge|rin
wür|de|voll
wür|dig; wür|di|gen
Wür|dig|keit, die; -; **Wür|di|gung**
Wurf, der; -[e]s, Würfe; **Wurf|bahn**
Würf|chen
Wür|fel, der; -s, -; **Wür|fel|be|cher; Wür|fel|chen; wür|fe|lig,** würf|lig
wür|feln; ich würf[e]le; gewürfeltes Muster
Wür|fel|spiel; Wür|fel|zu|cker
Wurf|ge|schoss, *südd., österr. auch* **Wurf|ge|schoß**
Wurf|kreis *(Handball)*
würf|lig *vgl.* würfelig
Wurf|pfeil; Wurf|sen|dung; Wurf|speer; Wurf|spieß
Wurf|tau|be *(Sport);* **Wurf|tau|ben|schie|ßen**
Wür|ge|griff; Wür|ge|mal *Plur.* ...male
wür|gen; mit Hängen und Würgen (*ugs. für* mit großer Mühe)
Würg|en|gel *(A. T.)*
Wür|ger (Würgender; ein Vogel); **Wür|ge|rin**
Wurm, der (*für* »hilfloses Kind« *ugs. auch* das); -[e]s, Würmer; **Würm|chen; Wurm|ei**
wur|men *(ugs.);* es wurmt (ärgert) mich
Wurm|farn; Wurm|fort|satz (am Blinddarm); **Wurm|fraß**
wur|mig
Wurm|krank|heit; Wurm|loch; Wurm|mit|tel
Würm|see, der; -s (*früher für* Starnberger See)
wurm|sti|chig
wurscht *vgl.* Wurst
Wurst, die; -, Würste; *aber* das ist mir wurst *od.* wurscht (*ugs.* ganz gleichgültig); Wurst wider Wurst! (*ugs.* wie du mir, so ich dir!); es geht um die Wurst (*ugs.* um die Entscheidung); mit der Wurst nach der Speckseite werfen (*ugs.* mit Kleinem Großes erreichen wollen)
Wurst|brot; Wurst|brü|he
Würst|chen; Würst|chen|bu|de; Würst|chen|stand
Wurs|tel, der; -s, - (*bayr. u. österr. für* Hanswurst)
Würs|tel, das; -s, - (*österr. für* Würstchen)
Wurs|te|lei; wurs|teln (*ugs. für* ohne Überlegung u. Ziel arbeiten); ich wurst[e]le
Wurs|tel|pra|ter, der; -s (Vergnügungspark im Wiener Prater)
wurs|ten (Wurst machen)
Wurs|ter, Wurst|ler (*landsch. für* Fleischer, der bes. Wurst herstellt); **Wurs|te|rin,** Wurst|le|rin
Wurst|fin|ger *(ugs.)*
wurs|tig (*ugs. für* gleichgültig); **Wurs|tig|keit** *(ugs.)*
Wurst|kü|che; Wurst|ler *vgl.* Wurster; **Wurst|le|rin** *vgl.* Wursterin
Wurst|sa|lat; Wurst|sup|pe; Wurst|wa|ren *Plur.;* **Wurst|zip|fel**
Wurt, die; -, -en, **Wur|te,** die; -, -n (*nordd. für* aufgeschütteter Erdhügel als Wohnplatz [zum Schutz vor Sturmfluten]); *vgl.* Warf[t]
Würt|tem|berg; Würt|tem|ber|ger; Würt|tem|ber|ge|rin; würt|tem|ber|gisch
Wurt|zit, der; -s, -e ‹nach dem franz. Chemiker Wurtz› (ein Mineral)
Wurz, die; -, -en (*landsch. für* Wurzel)
Würz|burg (Stadt am Main); **Würz|bur|ger; Würz|bur|ge|rin; würz|bur|gisch**
Wür|ze, die; -, -n
Wur|zel, die; -, -n (*Math. auch* Grundzahl einer Potenz)
Wur|zel|bal|len; Wur|zel|be|hand|lung *(Zahnmed.);* **Wur|zel|bürs|te**
Wür|zel|chen
wur|zel|echt *(Bot.)*
Wur|zel|fa|ser; Wur|zel|fü|ßer (ein Urtierchen); **Wur|zel|ge|mü|se**
Wur|zel|haut; Wur|zel|haut|ent|zün|dung
wur|ze|lig, wurz|lig
Wur|zel|knol|le
wur|zel|los; Wur|zel|lo|sig|keit
wur|zeln; ich wurz[e]le
Wur|zel|sil|be *(Sprachwiss.)*
Wur|zel|stock *Plur.* ...stöcke; **Wur|zel|werk,** das; -[e]s
Wur|zel|zei|chen *(Math.);* **Wur|zel|zie|hen,** das; -s *(Math.)*
wur|zen (*bayr. u. österr. ugs. für* ausbeuten); du wurzt
wür|zen; du würzt; **Würz|fleisch**
wür|zig
wurz|lig *vgl.* wurzelig
Würz|mi|schung; Würz|mit|tel; Wür|zung
wusch *vgl.* waschen
Wu|schel|haar (*ugs. für* lockiges od. unordentliches Haar); **wu|sche|lig** *(ugs.);* **Wu|schel|kopf; wu|scheln** (*landsch. für* mit der Hand durch die Haare fahren); ich wusch[e]le
wu|schig (*ugs. für* verwirrt, erregt)
wu|se|lig *(landsch.);* **wu|seln** (*landsch. für* sich schnell bewegen; geschäftig hin u. her eilen; wimmeln); ich wus[e]le
wuss|te *vgl.* wissen
Wust, der; -[e]s (Durcheinander)
wüst
Wüs|te, die; -, -n
wüs|ten (verschwenderisch umgehen)
Wüs|ten|be|woh|ner; Wüs|ten|be|woh|ne|rin
Wüs|te|nei
Wüs|ten|fuchs; Wüs|ten|kli|ma; Wüs|ten|kö|nig (*geh. für* Löwe); **Wüs|ten|sand; Wüs|ten|schiff** (*scherzh. für* Kamel); **Wüs|ten|tier**
Wüst|ling (zügelloser Mensch)
Wüs|tung (verlassene Siedlung; *Bergbau* verlassene Lagerstätte)
Wut, die; -
Wut|an|fall; Wut|aus|bruch
wut|be|bend ↑K59
Wut|bür|ger (*Zeitungsjargon* aus Enttäuschung über politische Entscheidungen heftig protestierender u. demonstrierender Bürger); **Wut|bür|ge|rin**
wü|ten; wü|tend
wut|ent|brannt ↑K59
Wü|ter; Wü|te|rich, der; -s, -e; **Wü|te|rin; Wut|ge|heul**

Wut|re|de (wütend gehaltene Rede); **wut|schäu|mend;** *aber* vor Wut schäumend

wut|schen (*ugs. für* sich schnell bewegen); du wutschst

wut|schnau|bend ↑K59

wut|ver|zerrt ↑K59

Wutz, die; -, -en, *auch* der; -en, -en (*landsch. für* Schwein)

wu|zeln (*bayr. u. österr. ugs. für* drehen, wickeln; sich drängen; *österr. ugs. auch für* Tischfußball spielen); ich wuz[e]le; **Wu|zel|tisch; Wuz|ler; Wuz|le|rin**

WV = West Virginia

Wwe. = Witwe

WWF, der; -[s] = World Wide Fund for Nature ‹engl.› (eine Naturschutzorganisation)

Wwr. = Witwer

WWW, das; -[s] = World Wide Web

WY = Wyoming

Wy|an|dot [ˈvai̯əndɔt], der; -, -s (Angehöriger eines nordamerik. Indianerstammes)

Wy|an|dot|te, das; -, -s *od.* die; -, -n (eine amerik. Haushuhnrasse)

Wy|c|lif [ˈvɪk...] (engl. Reformator)

Wyk auf Föhr [ˈvi:k - -] (Stadt auf der Nordseeinsel Föhr)

Wy|o|ming [vai̯...] (Staat in den USA; *Abk.* WY)

X x

X [ɪks] (Buchstabe); das X; des X, die X, *aber* das x in Fax; der Buchstabe X, x; jmdm. ein X für ein U vormachen

X = 10 (röm. Zahlzeichen)

X, das; -, - (unbekannte Größe; unbekannter Name); ein Herr, eine Frau X; der Tag, die Stunde X; *in mathematischen Formeln usw. kleingeschrieben:* 3x = 15

X, χ = Chi

Ξ, ξ = Xi

x-Ach|se [ˈɪ...] ↑K29 (*Math.* Abszissenachse im [rechtwinkligen] Koordinatensystem)

Xan|ten (Stadt am Niederrhein); **Xan|te|ner; Xan|te|ne|rin**

Xan|then, das; -s ‹griech.› (*Chemie* kristalline Substanz als Grundlage bestimmter Farbstoffe)

Xan|thin, das; -s ‹griech.› (eine Stoffwechselverbindung)

¹Xan|thip|pe (Gattin des Sokrates)

²Xan|thip|pe, die; -, -n (*ugs. für* zanksüchtige Frau)

Xan|tho|phyll, das; -s ‹griech.› (*Bot.* gelber Pflanzenfarbstoff)

Xa|ver (m. Vorn.)

Xa|ve|ria (w. Vorn.)

X-Bei|ne [ˈɪ...] *Plur.* ↑K29; **x-bei|nig, X-bei|nig** ↑K29

x-be|lie|big [ˈɪ...] ↑K29; jeder x-Beliebige ↑K72; *vgl.* beliebig

X-Chro|mo|som [ˈɪ...] ↑K29 (*Biol.* eines der beiden Geschlechtschromosomen)

Xe (*chem. Zeichen für* Xenon)

X-Ein|heit [ˈɪ...] ↑K29 (Längeneinheit für Röntgenstrahlen)

Xe|nia (w. Vorn.)

Xe|nie, die; -, -n (österr. nur so), **Xe|ni|on,** das; -s, ...ien ‹griech.› (kurzes Sinngedicht)

Xe|no|kra|tie, die; -, ...ien (*selten für* Fremdherrschaft)

Xe|non, das; -s (chemisches Element, Edelgas; *Zeichen* Xe)

Xe|no|pha|nes (altgriech. Philosoph)

xe|no|phil ‹griech.› (Fremdem gegenüber aufgeschlossen); **Xe|no|phi|lie,** die; -

xe|no|phob ‹griech.› (Fremdem gegenüber feindlich eingestellt); **Xe|no|pho|bie,** die; -, ...ien

Xe|no|phon (altgriech. Schriftsteller); **xe|no|phon|tisch;** die xenophontischen Schriften ↑K89 *u.* 135

Xe|res [ç...] *vgl.* Jerez

Xe|ro|gra|fie, Xe|ro|gra|phie, die; -, ...ien ‹griech.› (*Druckw.* ein Vervielfältigungsverfahren); **xe|ro|gra|fie|ren, xe|ro|gra|phie|ren; xe|ro|gra|fisch, xe|ro|gra|phisch**

Xe|ro|ko|pie, die; -, ...ien (xerografisch hergestellte Kopie); **xe|ro|ko|pie|ren**

xe|ro|phil (die Trockenheit liebend [von Pflanzen]); **Xe|ro|phyt,** der; -en, -en (an trockene Standorte angepasste Pflanze)

Xer|xes (Perserkönig)

Xe|t|ra®, das; -[s] (*Börsenw.* elektronisches Handelssystem für Wertpapiere)

x-fach [ˈɪ...] (*Math.* x-mal so viel); ↑K30; **X-Fa|che,** das; -n ↑K29; *vgl.* Achtfache

x-för|mig, X-för|mig [ˈɪ...] ↑K29

X-Ha|ken [ˈɪ...] ↑K29 (Aufhängehaken für Bilder)

Xi, das; -[s], -s (griechischer Buchstabe: Ξ, ξ)

XL = extra large (Kleidergröße: sehr groß)

x-mal [ˈɪ...] ↑K29

XML, die *od.* das; - *meist ohne Artikel* = Extensible Markup Language (*EDV* Sprache, mit der die Struktur von Dokumenten beschrieben wird)

XS = extra small (Kleidergröße: sehr klein)

X-Strah|len [ˈɪ...] *Plur.* ↑K29 (Röntgenstrahlen)

x-te [ˈɪ...] ↑K30; x-te Potenz; zum x-ten Mal, zum x-ten Male

XXL = extra extra large (Kleidergröße: extrem groß)

XXS = extra extra small (Kleidergröße: extrem klein)

Xy|len, das; -s (*svw.* Xylol)

Xy|lo|fon, Xy|lo|phon, das; -s, -e (ein Musikinstrument)

Xy|lo|graf, Xy|lo|graph, der; -en, -en ‹griech.› (Holzschneider)

Xy|lo|gra|fie, Xy|lo|gra|phie, die; -, ...ien (*nur Sing.:* Holzschneidekunst; Holzschnitt)

Xy|lo|gra|fin, Xy|lo|gra|phin

xy|lo|gra|fisch, xy|lo|gra|phisch

Xy|lol, das; -s ‹griech.; arab.› (ein Lösungsmittel)

Xy|lo|me|ter, das; -s, - (Gerät zur Bestimmung des Rauminhalts unregelmäßiger Hölzer)

Xy|lo|phon *vgl.* Xylofon

Xy|lo|se, die; - (Holzzucker)

Y y

Y [ˈʏpsilɔn, *österr. oft* ʏˈpsi:...] (Buchstabe); das Y; des Y, die Y, *aber* das y in Doyen; der Buchstabe Y, y

Y (*chem. Zeichen für* Yttrium)

Y, das; -, - (Bez. für eine unbekannte Größe); *in mathematischen Formeln usw. kleingeschrieben:* $y = 2x^2$

Υ, υ = ²Ypsilon

¥ = Yen

y-Ach|se [ˈʏpsilɔn...] ↑K29 (*Math.*

W Wutr

Ordinatenachse im [rechtwinkligen] Koordinatensystem)
Yạcht [j...] *vgl.* Jacht; **Yạcht|club, Yạcht|klub** *vgl.* Jachtklub; **Yạcht|ha|fen,** Jạcht|ha|fen
Yạk [j...], Jạk, der; -s, -s, *nicht fachspr. auch* das; -s, -s ‹tibet.› (asiatisches Hochgebirgsrind)
Ya|ku̱|za [...za], die; -, - ‹jap.› ([in Japan] der organisierten Kriminalität angehörende Gruppe)
Ya|ma|shi|ta [jama'ʃi:...], der; -[s], -s ‹nach dem jap. Kunstturner Yamashita› (ein Pferdsprung)
Ya|mous|sou|k|ro̱ [jamusu...] (Hauptstadt der Elfenbeinküste)
Yạms|wur|zel [j...] *vgl.* Jamswurzel
Yạng [j...], das; -[s] ‹chin.› (männliches Prinzip in der chinesischen Philosophie)
Yan|go̱n *vgl.* Rangun
Yan|kee ['jɛŋki], der; -s, -s ‹amerik.› (Spitzname für den US-Amerikaner); **Yan|kee Doo|dle** [- du:dl̩], der; - -[s] ([früheres] Nationallied der US-Amerikaner); **Yan|kee|tum,** das; -s
Ya̱rd [j...], das; -s, -s ‹engl.› (angelsächsisches Längenmaß; *Abk.* yd, *Plur.* yds); 5 Yard[s]
Ya|rẹn [j...] (Hauptstadt von Nauru)
Yawl [jo:l], die; -, *Plur.* -e *u.* -s ‹engl.› (ein zweimastiges Segelboot)
Yb (*chem. Zeichen für* Ytterbium)
Ybbs [ɪ...], die; - (rechter Nebenfluss der Donau)
Ybbs an der Do̱|nau (österr. Stadt)
Y-Chro|mo|som ['ʏpsilɔn...] ↑K 29 (*Biol.* eines der beiden Geschlechtschromosomen)
yd = Yard
yds = Yards
Yel|low Press ['jɛlo 'prɛs], die; - - ‹engl.› (Sensationspresse)
Yel|low|stone-Na|ti|o|nal|park ['jɛlosto:n...], der; -[e]s (ein Naturschutzgebiet in den USA)
Yẹn [j...], Jẹn, der; -[s], -[s] ‹jap.› (Währungseinheit in Japan; *Währungscode* JPY, *Zeichen* ¥); 5 Yen
Ye̱|ti [j...], der; -[s], -s ‹nepales.› (legendärer Schneemensch im Himalajagebiet)
Ygg|dra|sil ['yk...] (*germ. Mythol.* Weltesche, Weltbaum)
Yịn [j...], das; -[s] ‹chin.› (weibliches Prinzip in der chinesischen Philosophie)
yip|pie, jip|pie ['jɪpi, *auch* jɪ'pi:] ‹engl.› (Ausruf der Freude)
Yip|pie ['jɪpi], der; -s, -s ‹amerik.› (aktionistischer, ideologisch radikalisierter Hippie)
Ylang-Ylang-Baum ['i:laŋ'|i:laŋ...], I̱lang-I̱lang-Baum ‹malai.; dt.› (ein trop. Baum); **Ylang-Ylang-Öl,** I̱lang-I̱lang-Öl (Öl des Ylang-Ylang-Baumes)
YMCA [va̱i̱|ɛmsi:'|e:], die, *auch* der; - = Young Men's Christian Association (Christlicher Verein Junger Männer)
Y̱mir (*germ. Mythol.* Urriese, aus dessen Körper die Welt geschaffen wurde)
Y̱ng|ling, die; -, -s ‹norw.; »Jüngling«› (ein Segelboot)
Yo̱|ga [j...], Jo̱|ga, das, *auch* der; -[s] ‹sanskr.› (indisches philos. System [mit körperlichen u. geistigen Übungen])
Yo̱|ga|leh|rer, Jo̱|ga|leh|rer; **Yo̱|ga|leh|re|rin,** Jo̱|ga|leh|re|rin
Yo̱|ga|übung, Jo̱|ga|übung
Yo̱|gi [j...], Jo̱|gi, **Yo̱|gin,** Jo̱|gin, der; -[s], -s ‹sanskr.› (Anhänger des Yoga)
Yo|him|bi̱n [j...], das; -s ‹Bantuspr.› (*Biochemie* Alkaloid aus der Rinde eines westafrik. Baumes)
Yo|ko|ha̱|ma [j...] (Stadt in Japan)
Yonne [jɔn] (linker Nebenfluss der Seine)
York [jɔ:k] (englische Stadt)
York|shire ['jɔ:kʃə] (englische Grafschaft); **York|shire|ter|ri|er**
Young|plan ['ja...] ↑K 136 ‹nach dem amerik. Finanzmann Young› (Plan zur Regelung der dt. Reparationen 1930 bis 1932)
Youngs|ter ['ja...], der; -s, -[s] ‹engl.› (junger Sportler)
You|Tube®, You|tube ['ju:tju:p] *ohne Artikel* ‹engl.› (ein Internetportal für Videos)
Yo-Yo [jo'jo:, *auch* 'jo:jo] *vgl.* Jo-Jo
Yo-Yo-Ef|fekt *vgl.* Jo-Jo-Effekt
Y̱pern (belgische Stadt)
¹Yp|si|lon *vgl.* Y (Buchstabe)
²Yp|si|lon, das; -[s], -s (griechischer Buchstabe: Υ, υ)
³Yp|si|lon, das; -s, -s, **Y̱p|si|lon|eu|le,** die; -, -n (ein Nachtfalter)
Ysop ['i:...], der; -s, -e ‹semit.› (eine Heil- u. Gewürzpflanze)
Y̱stad [...stɔ:d] (schwed. Stadt)
Y̱tong®, der; -s, -s (dampfgehärteter Leichtkalkbeton)
Yt|tẹr|bi|um, das; -s ‹nach dem schwedischen Ort Ytterby› (chemisches Element, Seltenerdmetall; *Zeichen* Yb); **Yt|ter|er|den** *Plur.* (Seltenerdmetalle [die in den Erdmineralien von Ytterby vorkommen]); **Yt|t|ri|um,** das; -s (chemisches Element, Seltenerdmetall; *Zeichen* Y)
Yu̱|an [j...], der; -[s], -[s] ‹chin.› (Währungseinheit in China; *Währungscode* CNY); 5 Yuan
Yu|ca|tán, Yu|ka|tan [juka'tan] (Staat u. Halbinsel in Mexiko)
Yục|ca [j...], die; -, -s ‹span.› (Palmlilie)
Yu|ka|tan [juka'tan] *vgl.* Yucatán
¹Yu̱|kon [j...], der; - (nordamerikanischer Fluss)
²Yu̱|kon (kanadisches Territorium); **Yu̱|kon|ter|ri|to|ri|um, Yu̱|kon-Ter|ri|to|ri|um**
Yụn [j...], Isang (koreanischer Komponist)
Yup|pie ['jʊpi, *auch* 'ja...], der; -s, -s ‹*aus* engl. young urban professional = junger großstädtischer Berufstätiger› (junger karrierebewusster, großstädtischer Mensch)
Yu|sụf (m. Vorn.)
Yver|don [ivɛr'dõ:] (schweiz. Stadt)
Yvonne [i'vɔn] (w. Vorn.)
YWCA [va̱i̱dabl̩ju:si:'e:], die, *auch* der; - = Young Women's Christian Association (Christlicher Verein Junger Mädchen)

z Z

Z. = Zahl; Zeile
Z (Buchstabe); das Z; des Z, die Z, *aber* das z in Gazelle; der Buchstabe Z, z; von A bis Z
Z, ζ = Zeta
Za|ba|io|ne [...'jo:...], **Za|ba|g|li|o|ne** [...bal'jo:...], die; -, -s ‹ital.› (Weinschaumcreme)
zạch (*landsch. für* geizig; zäh)
Za|cha|ri̱|as (m. Vorn.); *vgl.* Sacharja
Za|chä̱|us (bibl. Eigenn.)
zack!; zạck, zạck!
Zạck, der; *in der Wendung* auf Zack sein *(ugs.)*
Zặck|chen
Zạ|cke, die; -, -n (Spitze); **zạ|cken;** gezackt; **Zạ|cken,** der; -s, - (*bes. südd., österr. Nebenform von* Zacke); **zạ|cken|ar|tig**

Za|cken|kro|ne; Za|cken|li|nie
za|ckern (*landsch. für* pflügen)
za|ckig (*ugs. auch für* schneidig); **Za|ckig|keit,** die; -
zack, zack!
zad|de|rig (*landsch. für* zäh, sehnig)
zag (*geh. für* scheu)
Za|gel, der; -s, - (*landsch. für* Schwanz; Büschel)
za|gen *(geh.)*
zag|haft; Zag|haf|tig|keit, die; -; **Zag|heit,** die; -
Za|g|reb [z...] (Hauptstadt Kroatiens); **Za|g|re|ber; Za|g|re|be|rin**
zäh; zäher, am zäh[e]s|ten
Zä|heit *alte Schreibung für* Zähheit
zäh flie|ßend, zäh|flie|ßend ↑K58
zäh|flüs|sig; Zäh|flüs|sig|keit, die; -
Zäh|heit, die; -
Zä|hig|keit
Zahl, die; -, -en (*Abk.* Z.); natürliche Zahlen *(Math.)*

Zahl / Anzahl

Die alte Unterscheidung, nach der »Zahl« eine Gesamtmenge ausdrückt, »Anzahl« dagegen einen Teil einer Menge, wird im heutigen Sprachgebrauch vor allem dann noch beachtet, wenn es auf eine präzise Aussage ankommt:

– Die Zahl der Zugezogenen lag bei ungefähr 800 Personen, darunter eine größere Anzahl Studenten.

Zahl / Ziffer

Zahl und *Ziffer* werden im allgemeinen Sprachgebrauch häufig unterschiedslos gebraucht. *Ziffern* sind die Zeichen, aus denen sich *Zahlen* zusammensetzen: Die *Zahl* 2013 besteht aus den *Ziffern* 2, 0, 1 und 3.

Zahl|ad|jek|tiv *(Sprachwiss.)*
Zähl|ap|pa|rat
zahl|bar (zu [be]zahlen)
zähl|bar (sich zählen lassend)
Zahl|bar|keit, die; -
Zähl|bar|keit, die; -; **Zähl|brett**
zäh|le|big
zah|len; er hat pünktlich gezahlt
zäh|len
Zah|len|an|ga|be
Zah|len|code, Zah|len|kode
Zah|len|dre|her; Zah|len|fol|ge
Zah|len|ge|dächt|nis
Zah|len|kode *vgl.* Zahlencode
Zah|len|ko|lon|ne
Zah|len|kom|bi|na|ti|on
Zah|len|lot|te|rie; Zah|len|lot|to
zah|len|mä|ßig
Zah|len|ma|te|ri|al, das; -s; **Zah|len|mys|tik; Zah|len|raum; Zah|len|rei|he; Zah|len|schloss; Zah|len|sym|bo|lik**
Zah|ler; Zäh|ler
Zahl|gren|ze *(Verkehrsw.)*
Zähl|kam|mer (*Med., Biol.* Glasplatte mit Netzeinteilung zum Zählen von Zellen)
Zähl|kan|di|dat (*Polit.* Kandidat ohne Aussicht auf einen Wahlsieg); **Zähl|kan|di|da|tin**
Zahl|kar|te
Zahl|kell|ner; Zahl|kell|ne|rin
zahl|los; *aber* ↑K72: sie gehört zu den Zahllosen, die nichts sahen
Zähl|maß
Zahl|meis|ter; Zahl|meis|te|rin
zahl|reich *vgl.* zahllos
Zähl|rohr (Gerät zum Nachweis radioaktiver Strahlen)
Zahl|schein; Zahl|stel|le; Zahl|tag
Zah|lung; Zahlung leisten
Zäh|lung
Zah|lungs|an|wei|sung; Zah|lungs|auf|for|de|rung; Zah|lungs|auf|schub; Zah|lungs|be|din|gun|gen *Plur.;* **Zah|lungs|be|fehl** (*österr., schweiz., sonst veraltet für* Mahnbescheid); **Zah|lungs|bi|lanz; Zah|lungs|er|in|ne|rung** *(Amtsspr.);* **Zah|lungs|er|leich|te|rung**
zah|lungs|fä|hig; Zah|lungs|fä|hig|keit
Zah|lungs|frist
zah|lungs|kräf|tig *(ugs.)*
Zah|lungs|mit|tel; Zah|lungs|mo|ral; Zah|lungs|ter|min
zah|lungs|un|fä|hig; Zah|lungs|un|fä|hig|keit
Zah|lungs|ver|kehr; Zah|lungs|ver|pflich|tung; Zah|lungs|wei|se
zah|lungs|wil|lig
Zähl|werk
Zahl|wort *Plur.* ...wörter
zahm; ein zahmes Tier
zähm|bar; Zähm|bar|keit, die; -
zäh|men
Zahm|heit
Zäh|mung
Zahn, der; -[e]s, Zähne; sich die Zähne putzen, *aber* das Zähneputzen nicht vergessen! ↑K82
Zahn|arzt; Zahn|arzt|hel|fer; Zahn|arzt|hel|fe|rin
Zahn|ärz|tin; zahn|ärzt|lich
Zahn|arzt|pra|xis; Zahn|arzt|stuhl
Zahn|be|hand|lung; Zahn|bein, das; -[e]s (*für* Dentin); **Zahn|be|lag; Zahn|bett; Zahn|bürs|te**
Zähn|chen
Zahn|creme, Zahn|crème
Zahn|durch|bruch (*für* Dentition)
zäh|ne|ble|ckend ↑K59; **zäh|ne|flet|schend**
Zäh|ne|klap|pern, das; -s; **zäh|ne|klap|pernd** ↑K59
zäh|ne|knir|schend ↑K59
zäh|neln (*selten für* zähnen)
zah|nen (Zähne bekommen)
zäh|nen (mit Zähnen versehen)
Zäh|ne|put|zen, das; -s; *vgl.* Zahn
Zahn|er|satz; Zahn|fäu|le (*für* Karies); **Zahn|fis|tel**
Zahn|fleisch; Zahn|fleisch|blu|ten, das; -s; **Zahn|fleisch|ent|zün|dung; Zahn|fül|lung; Zahn|hals; Zahn|heil|kun|de,** die
zah|nig (*veraltet für* Zähne habend; gezähnt)
Zahn|im|plan|tat
Zahn|klemp|ner (*ugs. scherzh. für* Zahnarzt); **Zahn|klemp|ne|rin**
zahn|krank; Zahn|krank|heit
Zahn|laut (*Sprachwiss.* Dental)
zahn|los; Zahn|lo|sig|keit, die; -
Zahn|lü|cke; zahn|lü|ckig
Zahn|me|di|zin, die; -; **zahn|me|di|zi|nisch**
Zahn|pas|ta, Zahn|pas|te; Zahn|pas|ta|tu|be; Zahn|pfle|ge; Zahn|pro|the|se; Zahn|pul|ver; Zahn|putz|be|cher
Zahn|rad; Zahn|rad|bahn
Zahn|schmelz; Zahn|schmerz; Zahn|sei|de; Zahn|span|ge
Zahn|stein, der; -[e]s; **Zahn|sto|cher**
Zahn|tech|nik, die; -; **Zahn|tech|ni|ker; Zahn|tech|ni|ke|rin**
Zäh|nung *(Philat.)*
Zahn|wal
Zahn|weh, das; -s; **Zahn|wur|zel**
Zäh|re, die; -, -n (*veraltet für* Träne)
Zäh|rin|ger, der; -s, - (Angehöriger eines süddeutschen Fürstengeschlechtes); **Zäh|rin|ge|rin**
Zähr|te (*fachspr. für* [1]Zärte)
Zain, der; -[e]s, -e (*landsch. für* Zweig; Metallstab; Rute)
Zai|ne, Zei|ne, die; -, -n (*veraltet, noch landsch. für* Flechtwerk)
zai|nen (*landsch. für* flechten)
Za|i|re [za'i:rə, ...'i:ɐ̯] (früherer Name der Demokratischen Republik Kongo); **Za|i|rer; Za|i|re|rin; za|i|risch**
Za|ko|pa|ne [z...] (polnischer Wintersportplatz, Luftkurort)
Zam|pa|no, der; -[s], -s ‹nach einer Figur des ital. Films »La Strada«› (prahlerischer Mann)

Zam|perl, das; -s, -[n]; *vgl.* Pickerl (*bayr. für* nicht reinrassiger Hund)
Zan|der, der; -s, - ‹slaw.› (ein Fisch)
Za|nel|la, der; -s, *Plur. (Sorten:)* -s ‹ital.› (ein Gewebe)
Zan|ge, die; -, -n; **Zän|gel|chen**
Zan|gen|be|we|gung; zan|gen|för|mig; Zan|gen|ge|burt
Zank, der; -[e]s; **Zank|ap|fel** (Gegenstand eines Streites)
zan|ken; sich zanken; **Zän|ker** (*veraltend für* zänkischer Mensch)
Zan|ke|rei (*ugs. für* wiederholtes Zanken)
Zän|ke|rei *meist Plur.* (kleinlicher Streit); **Zän|ke|rin; zän|kisch**
Zank|sucht, die; -; **zank|süch|tig**
Zä|no|ge|ne|se, die; -, -n ‹griech.› (Auftreten von Besonderheiten während der Evolution der Tiere); **zä|no|ge|ne|tisch**
Zapf, der; -[e]s, Zäpfe (*selten für* Zapfen; Ausschank)
[1]**Zäpf|chen** (Teil des weichen Gaumens)
[2]**Zäpf|chen** (kleiner Zapfen)
Zäpf|chen-R, Zäpf|chen-r, das; -, - ↑K29 *(Sprachwiss.)*
zap|fen
Zap|fen, der; -s, -; **zap|fen|för|mig**
Zap|fen|streich (*Militär* Abendsignal zur Rückkehr in die Unterkunft); der Große Zapfenstreich ↑K150
Zap|fen|zie|her (*südwestd. u. schweiz. für* Korkenzieher)
Zap|fer (jmd., der Getränke zapft); **Zap|fe|rin; Zapf|hahn**
Zäpf|lein *vgl.* [2]Zäpfchen
Zapf|pis|to|le
Zapf|säu|le (bei Tankstellen)
Zapf|stel|le; Zapf|wel|le *(Technik)*
za|po|nie|ren (mit Zaponlack überziehen); **Za|pon|lack** (farbloser Lack [als Metallschutz])
Zap|pe|ler, Zapp|ler; **zap|pe|lig,** zapp|lig; **zap|peln;** ich zapp[e]le
Zap|pel|phi|lipp, der; -s, *Plur.* -e *u.* -s ‹nach einer Figur aus dem »Struwwelpeter«› (zappeliges, unruhiges Kind)
zap|pen [*auch* ˈzɛ...] ‹engl.› (*ugs. für* mit der Fernbedienung in rascher Folge von einem Programm ins andere schalten)
zap|pen|dus|ter (*ugs. für* sehr dunkel; aussichtslos)
Zap|ping, das; -s (das Zappen)
Zapp|ler *vgl.* Zappeler; **Zapp|le|rin; zapp|lig** *vgl.* zappelig
Zar, der; -en, -en ‹lat.› (ehemaliger Herrschertitel bei Russen, Serben, Bulgaren)
ZAR (Währungscode für südafrik. Rand)
Za|ra|go|za [saraˈgɔsa] (*spanische Form von* Saragossa)
Za|ra|thu|s|t|ra (Neugestalter der altiran. Religion); *vgl.* Zoroaster
Za|ren|fa|mi|lie; Za|ren|herr|schaft, die; -; **Za|ren|reich; Za|ren|tum**
Za|re|witsch, der; -[s], -e (Sohn eines russ. Zaren; russ. Kronprinz); **Za|rew|na,** die; -, -s (Tochter eines russ. Zaren)
Zar|ge, die; -, -n (*fachspr. für* Einfassung; Seitenwand)
Za|rin; Za|ris|mus, der; - (Zarenherrschaft); **za|ris|tisch; Za|ri|za,** die; -, *Plur.* -s *u.* ...zen (Frau od. Witwe eines Zaren)

zart

Schreibung in Verbindung mit Verben und Partizipien:

- zart streicheln, zart lächeln
- eine Salbe, die die Hände zart macht *od.* zartmacht
- zart schmelzender *od.* zartschmelzender Käse
- zartbesaitet, zartbesaiteter, zartestbesaitet (*auch* zartbesaitetst) *od.* zart besaitet, zarter besaitet, am zartes|ten besaitet
- zartfühlend, zartfühlender *od.* zart fühlend, zarter fühlend, zartestfühlend *od.* zartfühlendst

Vgl. auch zartbitter, zartrosa usw.

zart|be|sai|tet, zart be|sai|tet *vgl.* zart
zart|bit|ter; zartbittere Schokolade
[1]**Zär|te,** die; -, -n ‹slaw.› (ein Fisch); *vgl.* Zährte
[2]**Zär|te,** die; - (*veraltet für* Zartheit)
Zär|te|lei; zär|teln; ich zärt[e]le
zart|füh|lend, zart füh|lend *vgl.* zart; **Zart|ge|fühl,** das; -[e]s
Zart|heit; zärt|lich; Zärt|lich|keit
zart|ro|sa; eine zartrosa Schleife
zart schmel|zend, zart|schmel|zend *vgl.* zart
Zar|zu|e|la [sarˈsu̯eːla], die; -, -s ‹span.› (*Musik* span. Singspiel; span. Fischsuppe)
Za|sel, Za|ser, die; -, -n (*veraltet, noch landsch. für* Faser); **Zä|ser|chen**
za|se|rig *(veraltet);* **za|sern** (*veraltet für* fasern); ich zasere
Zä|si|um *vgl.* Cäsium
Zas|pel, die; -, -n (altes Garnmaß)
Zas|ter, der; -s ‹aus dem Romani› (*ugs. für* Geld)
Zä|sur, die; -, -en ‹lat.› (Einschnitt; *Musik* Ruhepunkt)
Zat|tel|tracht, die; - (eine mittelalterliche Kleidermode)
Zau|ber, der; -s, -; **Zau|ber|bann; Zau|ber|buch; Zau|be|rei**
Zau|be|rer, Zaub|rer
Zau|ber|flö|te; Zau|ber|for|mel
zau|ber|haft
Zau|ber|hand; *nur in* wie von *od.* durch Zauberhand
Zau|be|rin, Zaub|re|rin; **zau|be|risch; Zau|ber|kas|ten**
Zau|ber|kraft, die; **zau|ber|kräf|tig**
Zau|ber|kunst; Zau|ber|künst|ler; Zau|ber|künst|le|rin; Zau|ber|kunst|stück; Zau|ber|land *Plur.* ...länder; **Zau|ber|lehr|ling**
zau|bern; ich zaubere
Zau|ber|nuss (*svw.* Hamamelis)
Zau|ber|spruch; Zau|ber|stab; Zau|ber|trank; Zau|ber|trick; Zau|ber|welt; Zau|ber|wort *Plur.* ...worte
Zaub|rer *vgl.* Zauberer
Zaub|re|rin *vgl.* Zauberin
Zau|che, die; -, -n (*landsch. für* Hündin; liederliche Frau)
Zau|de|rei; Zau|de|rer, Zaud|rer; **Zau|de|rin,** Zaud|re|rin
zau|dern; ich zaudere; ↑K82: da hilft kein Zaudern
Zaud|rer *vgl.* Zauderer; **Zaud|re|rin** *vgl.* Zauderin
Zaum, der; -[e]s, Zäume (über den Kopf u. ins Maul von Zug- u. Reittieren gelegte Vorrichtung aus Riemen u. Metallteilen [zum Lenken u. Führen]); im Zaum halten
zäu|men; Zäu|mung
Zaum|zeug
Zaun, der; -[e]s, Zäune; **Zäun|chen**
zaun|dürr (*ugs. für* sehr mager)
Zaun|ei|dech|se
zäu|nen (einzäunen)
Zaun|gast *Plur.* ...gäste
Zaun|kö|nig (ein Vogel)
Zaun|pfahl; ein Wink mit dem Zaunpfahl (*ugs. für* deutlicher Hinweis)
Zaun|re|be (Name einiger Pflanzen, bes. des Waldnachtschattens); **Zaun|schlüp|fer** (*landsch. für* Zaunkönig)
Zau|pe, die; -, -n (*svw.* Zauche)
zau|sen; du zaust; er zaus|te; **zau|sig** (*landsch. für* zerzaust)
Za|zi|ki, Tsa|t|si|ki, der *u.* das; -s, -s ‹neugriech.› (Joghurt mit Knoblauch u. Gurkenstückchen)

Zä|zi|lie *vgl.* Cäcilie
z. B. = zum Beispiel
z. b. V. = zur besonderen Verwendung
z. D. = zur Disposition
z. d. A. = zu den Akten (erledigt)
ZDF, das; -[s] = Zweites Deutsches Fernsehen
z. E. = zum Exempel
Zea, die; - ‹griech.› (*Bot.* Mais)
Ze|ba|oth, *ökum.* **Ze|ba|ot** *Plur.* ‹hebr., »himmlische Heerscharen«›; der Herr Zebaot[h] (alttestamentl. Bezeichnung Gottes)
Ze|be|dä|us (bibl. Eigenn.)
Ze|b|ra, das; -s, -s ‹afrik.›; **ze|b|ra|ar|tig; Ze|b|ra|strei|fen** (Kennzeichen von Fußgängerüberwegen)
Ze|b|ro|id, das; -[e]s, -e ‹afrik.; griech.› (Kreuzung aus Zebra u. Pferd)
Ze|bu, der *od.* das; -s, -s ‹tibet.› (ein asiatisches Buckelrind)
Zech|bru|der *(ugs. veraltend)*
Ze|che, die; -, -n (Rechnung für genossene Speisen u. Getränke; Bergwerk); die Zeche prellen
ze|chen (viel Alkohol trinken)
Ze|chen|ster|ben; Ze|chen|still|le|gung
Ze|cher; Ze|che|rei; Ze|che|rin
Zech|ge|la|ge
Ze|chi|ne, die; -, -n ‹ital.› (eine alte venezianische Goldmünze)
Zech|prel|ler; Zech|prel|le|rei; Zech|prel|le|rin
Zech|schwes|ter *(ugs. veraltend)*
Zech|stein, der; -[e]s (*Geol.* Abteilung des Perms)
Zech|tour
[1]**Zeck,** der *od.* das; -[e]s, -s (*landsch. für* ein Kinderspiel [Haschen])
[2]**Zeck,** der; -[e]s, -e (*südd. u. österr. neben* Zecke); **Ze|cke,** die; -, -n (eine parasitisch lebende Milbe)
ze|cken (*landsch. für* [1]Zeck spielen; necken, reizen)
Ze|cken|hals|band; Ze|cken|stich
Zeck|spiel, das; -[e]s
Ze|de|kia, *ökum.* Zid|ki|ja (bibl. Eigenn.)
Ze|dent, der; -en, -en ‹lat.› (Gläubiger, der seine Forderung an einen Dritten abtritt); **Ze|den|tin**
Ze|der, die; -, -n ‹griech.› (immergrüner Nadelbaum); **ze|dern** (aus Zedernholz); **Ze|dern|holz**
ze|die|ren ‹lat.› (eine Forderung an einen Dritten abtreten)
Ze|d|re|la|baum (*svw.* Zedrele); **Ze|d|re|la|holz; Ze|d|re|le,** die; -, -n ‹lat.› (ein tropischer Baum)

Zee|se, die; -, -n (Schleppnetz); **Zee|sen|boot**
Ze|fan|ja *vgl.* Zephanja
Zeh, der; -s, -en, **Ze|he,** die; -, -n; der kleine, große Zeh; die kleine, große Zehe
Ze|hen|gän|ger (*Zool.* Gruppe der Säugetiere); **Ze|hen|na|gel; Ze|hen|spit|ze; Ze|hen|stand**
...ze|hig (z. B. fünfzehig; *mit Ziffer* 5-zehig)

zehn

Kleinschreibung ↑K 78:

– wir sind zu zehnen *od.* zu zehnt
– sich alle zehn Finger nach etwas lecken (*ugs. für* sehr begierig auf etwas sein)

Großschreibung in Namen:

– die Zehn Gebote

Vgl. acht

Zehn, die; -, -en (Zahl); *vgl.* [1]Acht
Zehn|cent|stück (*mit Ziffern* 10-Cent-Stück; ↑K 26)
Zehn|eck; zehn|eckig
zehn|ein|halb, zehn|und|ein|halb
Zeh|nen|der *(Jägerspr.)*
zeh|ner; die Zehnerjahre *od.* zehner Jahre
Zeh|ner, der; -s, - (*ugs. auch für* Münze od. Schein mit dem Wert 10); *vgl.* Achter
Zeh|ner|bruch, der (*für* Dezimalbruch)
Zeh|ner|jah|re *vgl.* Achtzigerjahre; **Zeh|ner|kar|te**
zeh|ner|lei; auf zehnerlei Art
Zeh|ner|pack; Zeh|ner|pa|ckung; Zeh|ner|stel|le *(Math.)*
Zehn|eu|ro|schein (*mit Ziffern* 10-Euro-Schein ↑K 26)
zehn|fach *vgl.* achtfach; **Zehn|fa|che,** das; -n; *vgl.* Achtfache
Zehn|fin|ger-Blind|schreib|me|tho|de, die; -; **Zehn|fin|ger|sys|tem,** das; -s
Zehn|flach, das; -[e]s, -e, **Zehn|fläch|ner** (*für* Dekaeder)
Zehn|fuß|krebs (*für* Dekapode)
Zehn|jah|res|fei|er, Zehn|jahr|fei|er; Zehn|jah|res|plan; *mit Ziffern* 10-Jahres-Plan ↑K 26
zehn|jäh|rig *vgl.* achtjährig
Zehn|kampf *(Sport);* **Zehn|kämp|fer**
Zehn|klas|sen|schu|le *(bes. DDR)*
zehn|köp|fig
zehn|mal *vgl.* achtmal; **zehn|ma|lig**
Zehn|mark|schein (*früher; mit Ziffern* 10-Mark-Schein ↑K 26)

Zehn|me|ter|brett (*mit Ziffern* 10-Meter-Brett *od.* 10-m-Brett ↑K 26)
Zehn|pfen|nig|stück (*früher; mit Ziffern* 10-Pfennig-Stück ↑K 26)
zehn|stö|ckig
zehnt *vgl.* zehn; **Zehnt,** Zehn|te, der; ...ten, ...ten (*früher für* [Steuer]abgabe)
zehn|tä|gig (zehn Tage dauernd)
zehn|tau|send; die oberen Zehntausend *od.* zehntausend
zehn|te *vgl.* achte; **Zehn|te** *vgl.* Zehnt
zehn|tei|lig
zehn|tel *vgl.* achtel; **Zehn|tel,** das, *schweiz. meist* der; -s, -; *vgl.* Achtel
Zehn|tel|gramm; Zehn|tel|se|kun|de
zehn|tens
Zehn|ton|ner (*mit Ziffern* 10-Tonner)
Zehnt|recht
zehn|und|ein|halb *vgl.* zehneinhalb
zeh|ren; Zehr|geld *(veraltet);* **Zehr|pfen|nig** (*veraltet für* Geld für Reiseproviant); **Zeh|rung**
Zei|chen, das; -s, -; Zeichen setzen
Zei|chen|block *vgl.* Block; **Zei|chen|brett; Zei|chen|drei|eck**
Zei|chen|er|klä|rung
Zei|chen|fe|der; Zei|chen|film
zei|chen|haft (*geh. für* als Sinnbild wirkend)
Zei|chen|heft; Zei|chen|ket|te *(Fachspr.)*
Zei|chen|leh|rer; Zei|chen|leh|re|rin
Zei|chen|pa|pier; Zei|chen|saal
Zei|chen|schutz, der; -es (rechtlicher Schutz für Warenzeichen)
Zei|chen|set|zung (*für* Interpunktion); **Zei|chen|spra|che**
Zei|chen|stift, der; **Zei|chen|trick|fi|gur; Zei|chen|trick|film; Zei|chen|trick|se|rie; Zei|chen|un|ter|richt; Zei|chen|vor|la|ge**
zeich|nen; Aktien zeichnen; für etw. verantwortlich zeichnen
Zeich|nen, das; -s; **Zeich|ner; Zeich|ne|rin; zeich|ne|risch**
Zeich|nung
zeich|nungs|be|rech|tigt; Zeich|nungs|be|rech|ti|gung
Zei|del|meis|ter (*svw.* Zeidler)
zei|deln (*veraltet für* Honigwaben ausschneiden); ich zeid[e]le
Zeid|ler (*veraltet für* Bienenzüchter); **Zeid|le|rei; Zeid|le|rin**
Zei|ge|fin|ger, Zeig|fin|ger
zei|gen; etwas zeigen; sich [großzügig] zeigen; **Zei|ger**
Zei|ge|stab *(österr.);* **Zei|ge|stock** *Plur.* ...stöcke

Zeit

die; -, -en	*Zusammensetzungen:*
– zu meiner, seiner, uns[e]rer Zeit – zu aller Zeit, *aber* all[e]zeit – auf Zeit (*Abk.* a. Z.) – eine Zeit lang *od.* Zeitlang warten; *aber nur* einige, eine kurze Zeit lang – es ist an der Zeit; von Zeit zu Zeit; Zeit haben – auf Zeit spielen *(Sport)* – ein zeitsparendes *od.* Zeit sparendes Verfahren (*vgl.* zeitsparend, Zeit sparend)	– beizeiten; vorzeiten – zurzeit (gerade jetzt; *Abk.* zz., zzt.), zuzeiten (bisweilen), *aber* zur Zeit, zu der Zeit, zu Zeiten (*Abk.* z. Z., z. Zt.) Karls des Großen – jederzeit, *aber* zu jeder Zeit – derzeit – seinerzeit (*Abk.* s. Z.), *aber* alles zu seiner Zeit – zeitlebens

Zeig|fin|ger *vgl.* Zeigefinger
zei|hen (*geh. für* bezichtigen); sie zieh ihn der Lüge, hat ihn der Lüge geziehen
Zei|le, die; -, -n (*Abk.* Z.); **Zei|len|ab|stand; Zei|len|dorf**
Zei|len|gieß|ma|schi|ne, Zei|len|guss|ma|schi|ne
Zei|len|ho|no|rar; Zei|len|län|ge
Zei|len|maß, das; **Zei|len|sprung** *(Verslehre);* **zei|len|wei|se**
...zei|ler (z. B. Zweizeiler, *mit Ziffer* 2-Zeiler)
...zei|lig (z. B. sechszeilig, *mit Ziffer* 6-zeilig)
Zei|ne *vgl.* Zaine
Zeis|chen (*veraltend für* kleiner Zeisig)
Zei|sel|bär (*landsch. für* Tanzbär)
[1]**zei|seln** (*landsch. für* eilen, geschäftig sein); ich zeis[e]le
[2]**zei|seln** (*schwäb. für* anlocken); ich zeis[e]le
Zei|sel|wa|gen ⟨*zu* [1]zeiseln⟩ (*landsch. für* Leiterwagen)
zei|sen (*bayr. für* auseinanderzupfen); du zeist; er zeis|te
Zei|sig, der; -s, -e ⟨tschech.⟩ (ein Vogel); **zei|sig|grün**
Zei|sing, der; -s, -e (*Seemannsspr.* Segeltuchstreifen, Tauende)
Zeiss® (optische u. feinmechanische Erzeugnisse); zeisssche *od.* Zeiss'sche Erzeugnisse
Zeiß, Carl (dt. Mechaniker)
Zeiss|glas *Plur.* ...gläser ↑K136
zeit; *Präp. mit Gen.:* zeit meines Lebens
Zeit *s. Kasten*
Zeit|ab|lauf; Zeit|ab|schnitt; Zeit|ab|stand; Zeit|ach|se; Zeit|al|ter; Zeit|an|ga|be; Zeit|an|sa|ge
Zeit|ar|beit; Zeit|ar|bei|ter; Zeit|ar|bei|te|rin; Zeit|ar|beits|fir|ma
Zeit|auf|nah|me *(Fotogr.)*
Zeit|auf|wand; zeit|auf|wen|dig, zeit|auf|wän|dig
Zeit|aus|gleich (*bes. österr. für* Ausgleich der Überstunden durch Freizeit)
Zeit|bom|be; Zeit|bud|get; Zeit|dau|er; Zeit|do|ku|ment; Zeit|druck, der; -[e]s; **Zeit|ein|heit; Zeit|ein|tei|lung**
Zei|ten|fol|ge *Plur. selten* (*für* Consecutio Temporum)
Zei|ten|wen|de, Zeit|wen|de
Zeit|er|fas|sung; Zeit|er|fas|sungs|ge|rät
Zeit|er|schei|nung; Zeit|er|spar|nis; Zeit|fah|ren, das; -s *(Radsport);* **Zeit|fak|tor**, der; -s; **Zeit|feh|ler** *(Reiten);* **Zeit|fens|ter** (eingeschobener Zeitraum); **Zeit|form** (*für* Tempus); **Zeit|fra|ge**
zeit|fremd
zeit|fres|send, Zeit fres|send; zeitfressende *od.* Zeit fressende Arbeiten, *aber nur* viel Zeit fressend; noch zeitfressender, sehr zeitfressend; die zeitfressendsten Arbeiten ↑K58; **zeit|ge|bun|den**
Zeit|ge|fühl; Zeit|geist, der; -[e]s
zeit|ge|mäß; zeitgemäße Technik
Zeit|ge|nos|se; Zeit|ge|nos|sin; zeit|ge|nös|sisch
zeit|ge|recht (*österr. neben* rechtzeitig)
Zeit|ge|schäft *(Kaufmannsspr.)*
Zeit|ge|sche|hen
Zeit|ge|schich|te; zeit|ge|schicht|lich
Zeit|ge|schmack; Zeit|ge|winn
zeit|gleich; zeitgleich ankommen
zeit|her (*landsch. für* seither)
zeit|his|to|risch
Zeit|ho|ri|zont
zei|tig; zei|ti|gen (hervorbringen); Erfolge zeitigen
zeit|in|ten|siv (zeitaufwendig)
Zeit|kar|te; Zeit|kon|to
Zeit|kri|tik; zeit|kri|tisch
Zeit lang, Zeit|lang *vgl.* Zeit
Zeit|lauf, der; -[e]s, *Plur.* ...läufte, *seltener* ...läufe *meist Plur.*
zeit|le|bens; *aber* zeit seines Lebens
zeit|lich; das Zeitliche segnen ↑K72 (*veraltend für* sterben)
Zeit|lich|keit, die; - (Leben auf Erden, irdische Vergänglichkeit)
Zeit|li|mit; Zeit|lohn
zeit|los; Zeit|lo|se, die; -, -n (Pflanze [*meist für* Herbstzeitlose]); **Zeit|lo|sig|keit**
Zeit|lu|pe, die; **Zeit|lu|pen|tem|po**, das; -s
Zeit|man|gel, der; -s; **Zeit|ma|schi|ne; Zeit|maß**, das; **Zeit|mes|ser**, der (*für* Chronometer); **Zeit|mes|sung**
zeit|nah, zeit|na|he
Zeit|nah|me, die; -, -n *(Sport);* **Zeit|neh|mer** *(Sport)*
Zeit|not; Zeit|per|so|nal; Zeit|plan; Zeit|punkt
Zeit|raf|fer *(Film);* **Zeit|raf|fer|tem|po**, das; -s
Zeit|rah|men
zeit|rau|bend, Zeit rau|bend; *aber nur* viel Zeit raubend; noch zeitraubender, sehr zeitraubend; das zeitraubends|te Verfahren ↑K58
Zeit|raum; Zeit|rech|nung
Zeit|rei|se; Zeit|rei|sen|de
zeit|schnells|te *(Sport);* die zeitschnellsten Läuferinnen
Zeit|schrift (*Abk.* Zs., Zschr.); **Zeit|schrif|ten|auf|satz**
Zeit|schrif|ten|ver|lag; Zeit|schrif|ten|ver|le|ger; Zeit|schrif|ten|ver|le|ge|rin
Zeit|sinn, der; -[e]s
Zeit|sol|dat; Zeit|sol|da|tin
Zeit|span|ne
zeit|spa|rend, Zeit spa|rend; zeitsparende *od.* Zeit sparende Verfahren, *aber nur* viel Zeit sparende Verfahren, [noch] zeitsparendere Verfahren, sehr zeitsparende Verfahren, das zeitsparends|te Verfahren ↑K58
Zeit|sprin|gen, das; -s, - *(Reitsport);* **Zeit|stra|fe** *(Sport);* **Zeit|ta|fel; Zeit|takt; zeit|ty|pisch**
Zei|tung

Z
Zeit

Zei|tung|le|sen, das; -s; **Zei|tung le|send**, **zei|tung|le|send** ↑K58

Zei|tungs|ab|la|ge; Zei|tungs|an|non|ce; Zei|tungs|an|zei|ge; Zei|tungs|ar|ti|kel; Zei|tungs|aus|schnitt; Zei|tungs|be|richt; Zei|tungs|en|te *(ugs.)*; **Zei|tungs|in|se|rat; Zei|tungs|ki|osk**

Zei|tungs|kor|re|s|pon|dent; Zei|tungs|kor|re|s|pon|den|tin

Zei|tungs|le|ser; Zei|tungs|le|se|rin

Zei|tungs|mel|dung; Zei|tungs|no|tiz; Zei|tungs|pa|pier; Zei|tungs|re|dak|ti|on; Zei|tungs|ro|man

Zei|tungs|ver|käu|fer; Zei|tungs|ver|käu|fe|rin

Zei|tungs|ver|lag; Zei|tungs|ver|le|ger; Zei|tungs|ver|le|ge|rin

Zei|tungs|we|sen; Zei|tungs|wis|sen|schaft

Zeit|ver|geu|dung; Zeit|ver|lust; Zeit|ver|schie|bung; Zeit|ver|schwen|dung

zeit|ver|setzt; eine zeitversetzte Fernsehübertragung

Zeit|ver|trag; Zeit|ver|treib, der; -[e]s, -e; **Zeit|ver|zö|ge|rung; Zeit|vor|ga|be**

zeit|wei|lig; zeit|wei|se

Zeit|wen|de *vgl.* Zeitenwende

Zeit|wert

Zeit|wort *Plur.* ...wörter; **Zeit|wort|form; zeit|wört|lich**

Zeitz (Stadt an der Weißen Elster)

Zeit|zei|chen *(Rundfunk, Funkw.)*

Zeit|zer; Zeit|ze|rin

Zeit|zeu|ge; Zeit|zeu|gin

Zeit|zo|ne; Zeit|zün|der

Ze|le|b|rant, der; -en, -en ‹lat.› (die Messe lesender Priester)

Ze|le|b|ra|ti|on, die; -, -en (Feier); **ze|le|b|rie|ren** (feierlich begehen; die Messe lesen)

Ze|le|b|ri|tät, die; -, -en *(selten für* Berühmtheit)

Zel|ge, die; -, -n *(südd. für* [bestelltes] Feld, Flurstück)

Zell (Name mehrerer Städte)

Zell|la-Meh|lis ↑K144 (Stadt im Thüringer Wald)

Zell|at|mung, die; -

Zel|le, die; -, -n ‹lat.›

Zel|len|bil|dung; zel|len|för|mig; Zel|len|ge|we|be, Zell|ge|we|be

Zel|len|leh|re *(für* Zytologie); **Zel|len|schmelz** *(für* Cloisonné)

Zel|ler, der; -s *(österr. ugs. für* Sellerie)

Zell|for|schung

Zell|ge|we|be, Zel|len|ge|we|be; **Zell|ge|webs|ent|zün|dung**

Zell|glas, das; -es (eine Folie)

zel|lig

Zell|kern; Zell|kul|tur *(Biol., Med.)*; **Zell|leh|re**, **Zell-Leh|re** *vgl.* Zellenlehre; **Zell|mem|b|ran**

Zel|lo|i|din|pa|pier ‹lat.; griech.› *(Fotogr.* mit Kollodium beschichtetes Fotopapier)

Zel|lo|phan, das; -s ‹lat.-griech.› (glasklare Folie); *vgl.* Cellophan

zel|lo|pha|nie|ren, cel|lo|pha|nie|ren

Zell|stoff (Produkt aus Zellulose)

Zell|stoff|fa|b|rik, **Zell|stoff-Fa|b|rik**

Zell|tei|lung; Zell|typ

zel|lu|lar, zel|lu|lär ‹lat.› (aus Zellen gebildet)

Zel|lu|li|tis *vgl.* Cellulitis

Zel|lu|loid, *fachspr.* Cel|lu|loid, das; -[e]s ‹lat.; griech.› (Kunststoff, Zellhorn)

Zel|lu|lo|se, *fachspr.* Cel|lu|lo|se, die; -, *Plur. (Sorten:)* -n ‹lat.› (Hauptbestandteil der pflanzlichen Zellwände; Zellstoff)

Zel|lu|lo|se|ni|t|rat, das; -[e]s *(Chemie* ein sehr schnell verbrennender Stoff; Schießbaumwolle)

Zell|ver|meh|rung; Zell|wachs|tum; Zell|wand

Zell|wol|le, die; -

Ze|lot, der; -en, -en ‹griech.› ([Glaubens]eiferer); **Ze|lo|tin; ze|lo|tisch; Ze|lo|tis|mus**, der; -

[1]**Zelt**, der; -[e]s (wiegende Gangart von Pferden, Passgang)

[2]**Zelt**, das; -[e]s, -e

Zelt|bahn; Zelt|bla|che *(schweiz. für* Zeltbahn); **Zelt|blatt** *(österr. für* Zeltbahn); **Zelt|dach** *(Archit.)*

Zel|te, der; -n, -n, **Zel|ten**, der; -s, - *(südd., österr. für* kleiner, flacher [Leb]kuchen)

zel|ten; gezeltet

[1]**Zel|ter** (jmd., der zeltet)

[2]**Zel|ter**, der; -s, - (auf Passgang abgerichtetes Damenreitpferd)

Zel|te|rin *(zu* [1]Zelter)

Zelt|he|ring; Zelt|la|ger *Plur.* ...lager; **Zelt|lein|wand**, die; -

Zelt|ler *(seltener für* [1]Zelter); **Zelt|le|rin**

Zelt|li, das; -[s], -[s]; *vgl.* Götti *(schweiz. mdal. für* Bonbon)

Zelt|mast, der

Zelt|mis|si|on, die; - *(ev. Kirche)*

Zelt|pflock; Zelt|pla|ne; Zelt|platz

Zelt|stadt; Zelt|stock *Plur.* ...stöcke; **Zelt|wand**

Ze|ment, der, *(für* Zahnbestandteil:) das; -[e]s, -e ‹lat.› (Baustoff; Bestandteil der Zähne)

Ze|men|ta|ti|on, die; -, -en (Härtung der Stahloberfläche; Abscheidung von Metallen)

Ze|ment|bo|den; Ze|ment|dach

ze|men|tie|ren (mit Zement ausfüllen, verputzen; *übertr. auch für* [einen Zustand, Standpunkt] unverrückbar festlegen); **Ze|men|tie|rung**

Ze|ment|sack; Ze|ment|si|lo

Zen [z..., *auch* ts...], das; -[s] (japanische Richtung des Buddhismus)

Ze|ner|di|o|de ↑K136 ‹nach dem Physiker C. M. Zener› (eine Halbleiterdiode)

Ze|nit, der; -[e]s ‹arab.› (Scheitelpunkt [des Himmels]); **Ze|nit|hö|he**

Ze|no, Ze|non (Name zweier altgriechischer Philosophen; byzantinischer Kaiser)

Ze|no|taph *vgl.* Kenotaph

zen|sie|ren ‹lat.› (benoten; [auf unerlaubte Inhalte] prüfen); **Zen|sie|rung**

Zen|sor, der; -s, ...oren (altröm. Beamter; jmd., der Zensur ausübt); **Zen|so|rin; zen|so|risch** (den Zensor betreffend)

Zen|sur, die; -, -en *(nur Sing.:* behördl. Prüfung [u. Verbot] von Druckschriften u. a.; [Schul]note); **zen|su|rie|ren** *(österr., schweiz. für* prüfen, beurteilen)

Zen|sus, der; -, - (Schätzung; Volkszählung)

Zent, die; -, -en ‹lat.› (germanischer Gerichtsverband)

Zen|taur, Ken|taur, der; -en, -en ‹griech.› (Wesen der griechischen Sage mit menschlichem Oberkörper u. Pferdeleib); **Zen|tau|rin**, Ken|tau|rin

Zen|te|nar, der; -s, -e ‹lat.› *(selten für* Hundertjähriger); **Zen|te|nar|aus|ga|be; Zen|te|nar|fei|er**

Zen|te|na|ri|um, das; -s, ...ien (Hundertjahrfeier)

zen|te|si|mal (hundertteilig); **Zen|te|si|mal|waa|ge**

zent|frei *(früher für* dem Zentgericht nicht unterworfen); **Zent|ge|richt** *(früher)*

Zent|graf *(früher)*; **Zent|grä|fin**

Zen|ti... (ein Hundertstel einer Einheit, z. B. Zentimeter = 10^{-2} Meter; *Zeichen* c)

Zen|ti|fo|lie, die; -, -n (Rosenart)

Zen|ti|gramm [*auch* ˈtsɛn...] ($^{1}/_{100}$ g; *Zeichen* cg)

Zen|ti|li|ter [*auch* ˈtsɛn...] ($^{1}/_{100}$ l; *Zeichen* cl)

Zen|ti|me|ter [*auch* ˈtsɛn...], der; -s, - ($^{1}/_{100}$ m; *Zeichen* cm)

zen|ti|me|ter|dick; zen|ti|me|ter|groß
Zen|ti|me|ter|maß, das
Zent|ner, der; -s, - (100 Pfund od. 50 kg; *Abk.* Ztr.; *Österreich u. Schweiz* 100 kg [Meterzentner], *Zeichen* q)
Zent|ner|ge|wicht; Zent|ner|last
zent|ner|schwer; zent|ner|wei|se
zen|t|ral ‹griech.› (in der Mitte; im Mittelpunkt befindlich, von ihm ausgehend; Mittel..., Haupt...)
Zen|t|ral|ab|i|tur *(Schule)*
Zen|t|ral|af|ri|ka; Zen|t|ral|af|ri|ka|ner; Zen|t|ral|af|ri|ka|ne|rin; zen|t|ral|af|ri|ka|nisch; *aber* ↑K150: die Zentralafrikanische Republik
Zen|t|ral|ame|ri|ka (festländischer Teil Mittelamerikas); **zen|t|ral|ame|ri|ka|nisch**
zen|t|ral|asi|a|tisch; Zen|t|ral|asi|en
Zen|t|ral|aus|schuss (*österr. auch für* oberste Ebene der Personalvertretung)
Zen|t|ral|bank *Plur.* ...banken; **Zen|t|ral|bank|chef; Zen|t|ral|bank|che|fin**
Zen|t|ral|bau *Plur.* ...bauten *(Archit.)*
zen|t|ral|be|heizt (mit Zentralheizung)
Zen|t|ral|be|hör|de (oberste Behörde)
Zen|t|ra|le, die; -, -n (*auch Geom.* Mittelpunktslinie)
Zen|t|ral|eu|ro|pa (Mitteleuropa); **zen|t|ral|eu|ro|pä|isch**
Zen|t|ral|fi|gur; Zen|t|ral|flug|ha|fen (Flughafen, der nach allen Flugrichtungen offen ist u. allen Fluggesellschaften dient)
zen|t|ral|ge|heizt (*svw.* zentralbeheizt)
Zen|t|ral|ge|walt; Zen|t|ral|hei|zung; Zen|t|ral|in|s|ti|tut
Zen|t|ra|li|sa|ti|on, die; -, -en ‹franz.› (Zentralisierung)
zen|t|ra|li|sie|ren (zusammenziehen, in einem [Mittel]punkt vereinigen); **Zen|t|ra|li|sie|rung**
Zen|t|ra|lis|mus, der; - ‹lat.› (Streben nach Zusammenziehung [der Verwaltung u. a.]); **zen|t|ra|lis|tisch**
Zen|t|ra|li|tät, die; - (Mittelpunktslage von Orten)
Zen|t|ral|ko|mi|tee (oberstes Organ kommunistischer [u. sozialistischer] Parteien; *Abk.* ZK)
Zen|t|ral|kraft, die *(Physik)*
Zen|t|ral|la|ger
Zen|t|ral|mas|siv, das; -s (in Frankreich)
Zen|t|ral|ner|ven|sys|tem; Zen|t|ral|or|gan; Zen|t|ral|per|s|pek|ti|ve; Zen|t|ral|rat; Zen|t|ral|re|gie|rung
Zen|t|ral|schweiz (eine schweiz. Großregion); **Zen|t|ral|stel|le**
Zen|t|ral|ver|band; Zen|t|ral|ver|wal|tung
zen|t|rie|ren (auf die Mitte einstellen); **Zen|t|rie|rung**
Zen|t|rier|vor|rich|tung
zen|t|ri|fu|gal ‹griech.; lat.› (vom Mittelpunkt wegstrebend); **Zen|t|ri|fu|gal|kraft; Zen|t|ri|fu|gal|pum|pe** (Schleuderpumpe)
Zen|t|ri|fu|ge, die; -, -n (Schleudergerät zur Trennung von Flüssigkeiten); **zen|t|ri|fu|gie|ren** (mithilfe der Zentrifuge zerlegen)
zen|t|ri|pe|tal (zum Mittelpunkt hinstrebend); **Zen|t|ri|pe|tal|kraft**
zen|t|risch ‹griech.› (im Mittelpunkt befindlich, mittig); **Zen|t|ri|win|kel** (Mittelpunktswinkel)
Zen|t|rum, das; -s, ...tren (Mittelpunkt; Innenstadt; Haupt-, Sammelstelle; *nur Sing.:* Partei des politischen Katholizismus 1870–1933); **Zen|t|rums|par|tei**
Zen|tu|rie, die; -, -n ‹lat.› (altrömische Soldatenabteilung von 100 Mann); **Zen|tu|rio,** der; -s, ...onen (Befehlshaber einer Zenturie)
Zen|zi (w. Vorn.)
Zeo|lith, der; *Gen.* -s *u.* -en, *Plur.* -e[n] ‹griech.› (ein Mineral)
Ze|phan|ja, *ökum.* Ze|fan|ja (bibl. Prophet)
Ze|phir, Ze|phyr, der; -s, -e ‹griech.› (ein Baumwollgewebe; *nur Sing.: geh. für* milder Wind); **ze|phi|risch,** ze|phy|risch (*geh. für* säuselnd, lieblich); **Ze|phir|wol|le,** Ze|phyr|wol|le
Ze|phyr usw. *vgl.* Zephir usw.
[1]Zep|pe|lin (Familienn.)
[2]Zep|pe|lin, der; -s, -e (Luftschiff)
Zep|ter, *österr.* Szep|ter, das, *seltener* der; -s, - ‹griech.› (Herrscherstab)
Zer *vgl.* Cer
zer... (*Vorsilbe von Verben,* z. B. zerbröckeln, du zerbröckelst, zerbröckelt, zu zerbröckeln)
Ze|rat, das; -[e]s, -e ‹lat.› (Wachssalbe)
zer|bei|ßen; zer|bers|ten
Zer|be|rus, Cer|be|rus, der; -, -se (*griech. Sage* der den Eingang der Unterwelt bewachende Hund; *scherzh. für* grimmiger Wächter)
zer|beu|len; zer|bom|ben
zer|bre|chen; zer|brech|lich; Zer|brech|lich|keit
zer|brö|ckeln; Zer|brö|cke|lung, Zer|bröck|lung
zer|brö|seln (zerbröckeln)
Zerbst (Stadt in Sachsen-Anhalt); **Zerbs|ter; Zerbs|te|rin**
zer|deh|nen
zer|dep|pern *(ugs.);* ich zerdeppere
zer|drü|cken
Ze|re|a|lie, die; -, ...ien *meist Plur.* ‹lat.› (Getreide; Feldfrucht)
Ze|re|bel|lum, *fachspr.* Ce|re|bel|lum, das; -s, ...bella ‹lat.› (*Med.* Kleinhirn)
ze|re|b|ral (das Zerebrum betreffend); **Ze|re|b|ral,** der; -s, -e, **Ze|re|b|ral|laut,** der; -[e]s, -e (*Sprachwiss.* mit der Zungenspitze am Gaumen gebildeter Laut)
ze|re|b|ro|spi|nal (*Med.* Hirn u. Rückenmark betreffend)
Ze|re|b|rum, *fachspr.* Ce|re|b|rum, das; -s, ...bra (*Med.* Großhirn, Gehirn)
Ze|re|mo|nie [*auch, österr. nur,* ...ˈmoːni̯ə], die; -, ...i̯en [*auch* ...ˈmoːni̯ən] ‹lat.› (feierliche Handlung; Förmlichkeit); **ze|re|mo|ni|ell** (feierlich; förmlich; steif); **Ze|re|mo|ni|ell,** das; -s, -e ([Regeln für] feierliche Handlungen)
Ze|re|mo|ni|en|meis|ter; Ze|re|mo|ni|en|meis|te|rin
ze|re|mo|ni|ös (steif, förmlich)
Ze|re|sin, *fachspr.* Ce|re|sin, das; -s ‹lat.› (gebleichtes Erdwachs aus hochmolekularen Kohlenwasserstoffen)
Ze|re|vis, das; -, - ‹kelt.› (*Verbindungsw. veraltet* Bier; Käppchen der Verbindungsstudenten)
zer|fah|ren; Zer|fah|ren|heit, die; -
Zer|fall, der; -[e]s, ...fälle (*nur Sing.:* Zusammenbruch, Zerstörung; *Kernphysik* spontane Spaltung des Atomkerns)
zer|fal|len
Zer|falls|er|schei|nung; Zer|falls|pro|dukt; Zer|falls|stoff
zer|fa|sern
zer|fet|zen; Zer|fet|zung
zer|flat|tern
zer|fled|dern *vgl.* zerfledern
zer|fle|dern (*ugs. für* durch häufigen Gebrauch abnutzen, zerfetzen [von Büchern, Zeitungen o. Ä.]); ich zerfledere
zer|flei|schen (zerreißen); du zerfleischst; **Zer|flei|schung**
zer|flie|ßen
zer|fran|sen
zer|fres|sen

zer|fur|chen; zer|furcht; eine zerfurchte Stirn
zer|ge|hen
zer|gen (*landsch. für* necken)
zer|glie|dern; Zer|glie|de|rung
zer|grü|beln; ich zergrüb[e]le mir den Kopf
zer|ha|cken; zer|hau|en
zer|kau|en
zer|klei|nern; ich zerkleinere; **Zer|klei|ne|rung; Zer|klei|ne|rungs|ma|schi|ne**
zer|klüf|tet; Zer|klüf|tung
zer|knal|len
zer|knäu|len *(landsch.)*
zer|knaut|schen *(ugs.)*
zer|knirscht; Zer|knirscht|heit; Zer|knir|schung, die; -
zer|knit|tern; zer|knül|len
zer|ko|chen
zer|kör|nen (*für* granulieren)
zer|krat|zen
zer|krü|meln
zer|ku|geln, sich (*österr. ugs. für* sich kaputtlachen)
zer|las|sen; zerlassene Butter
zer|lau|fen (*svw.* zerfließen)
zer|leg|bar; Zer|leg|bar|keit, die; -
zer|le|gen; Zer|leg|spiel; Zer|le|gung
zer|le|sen (durch Lesen abnutzen); ein zerlesenes Buch
zer|lö|chern
zer|lumpt *(ugs.)*
zer|mah|len
zer|mal|men; Zer|mal|mung
zer|man|schen, zer|mant|schen (*ugs. für* zerquetschen)
zer|mar|tern, sich; ich habe mir den Kopf zermartert
Zer|matt (schweiz. Kurort)
zer|mür|ben; zer|mürbt; Zer|mür|bung
zer|na|gen
zer|nich|ten (*veraltet für* vernichten)
Ze|ro [z...], die; -, -s *od.* das; -s, -s ‹arab.› (Null, Nichts; *im Roulett* Gewinnfeld des Bankhalters)
Ze|ro|graf, Ze|ro|graph, der; -en, -en ‹griech.› (die Zerografie Ausübender); **Ze|ro|gra|fie, Ze|ro|gra|phie,** die; -, ...ien (Wachsgravierung); **Ze|ro|gra|fin, Ze|ro|gra|phin**
Ze|ro|plas|tik, Ke|ro|plas|tik, die; - (Wachsbildnerei)
Ze|ro|tin|säu|re, die; - (Bestandteil des Bienenwachses)
zer|pflü|cken
zer|plat|zen
zer|pul|vern (*für* pulverisieren)
zer|quält; ein zerquältes Gesicht
zer|quet|schen
zer|rau|fen; sich das Haar zerraufen
Zerr|bild
zer|re|den
zer|reib|bar; zer|rei|ben; Zer|rei|bung
zer|rei|ßen; sich zerreißen; **Zer|reiß|fes|tig|keit,** die; -
Zer|reiß|pro|be; Zer|rei|ßung
zer|ren; Zer|re|rei
zer|rin|nen
zer|ris|sen; Zer|ris|sen|heit
Zerr|spie|gel
Zer|rung
zer|rup|fen
zer|rüt|ten (zerstören); **zer|rüt|tet;** zerrüttete Ehen; **Zer|rüt|tung**
zer|sä|gen
zer|schel|len; zerschellt
zer|schie|ßen
zer|schla|gen; Zer|schla|gung
zer|schlei|ßen; ein zerschlissener Mantel
zer|schlit|zen
zer|schmei|ßen *(ugs.)*
zer|schmet|tern; zerschmetterte Glieder; **Zer|schmet|te|rung**
zer|schnei|den; Zer|schnei|dung
zer|schram|men
zer|schrün|det (zerfurcht)
zer|schun|den; seine Haut war ganz zerschunden
zer|set|zen; Zer|set|zung; Zer|set|zungs|er|schei|nung; Zer|set|zungs|pro|dukt; Zer|set|zungs|pro|zess
zer|sie|deln ([die Natur] durch Siedlungen zerstören); ich zersied[e]le; **Zer|sie|de|lung**
zer|sin|gen (ein Lied o. Ä. im Laufe der Zeit in Text u. Melodie verändern, abwandeln)
zer|spal|ten; er hat das Holz zerspalten *u.* zerspaltet; *vgl.* spalten; **Zer|spal|tung**
zer|spa|nen; Zer|spa|nung
zer|splei|ßen (*veraltet für* [völlig] aufspalten)
zer|split|tern; Zer|split|te|rung
zer|sprat|zen (*Geol.* sich aufblähen u. zerbersten [von glühenden Gesteinen])
zer|spren|gen; Zer|spren|gung
zer|sprin|gen
zer|stamp|fen
zer|stäu|ben; Zer|stäu|ber; Zer|stäu|bung
zer|ste|chen
zer|stie|ben
zer|stör|bar; zer|stö|ren; Zer|stö|rer; Zer|stö|re|rin; zer|stö|re|risch; Zer|stö|rung; Zer|stö|rungs|trieb; Zer|stö|rungs|wut; zer|stö|rungs|wü|tig
zer|sto|ßen
zer|strah|len *(Kernphysik);* **Zer|strah|lung**
zer|strei|ten, sich
zer|streu|en; zer|streut; Zer|streut|heit, die; -; **Zer|streu|ung; Zer|streu|ungs|lin|se** *(Optik)*
zer|stü|ckeln; Zer|stü|cke|lung, Zer|stück|lung
zer|talt (*Geogr.* durch Täler stark gegliedert)
zer|tei|len; Zer|tei|lung
zer|tep|pern (*svw.* zerdeppern)
Zer|ti|fi|kat, das; -[e]s, -e ‹lat.› ([amtl.] Bescheinigung, Zeugnis); **Zer|ti|fi|ka|ti|on,** die; -, -en (das Ausstellen eines Zertifikats); **zer|ti|fi|zie|ren;** zertifiziert; **Zer|ti|fi|zie|rung**
zer|tram|peln
zer|tren|nen; Zer|tren|nung
zer|tre|ten; Zer|tre|tung
zer|trüm|mern; ich zertrümmere; **Zer|trüm|me|rung**
Zer|ve|lat|wurst [z..., *auch* ts...], Ser|ve|lat|wurst ‹ital.; dt.› (eine Dauerwurst)
Zer|vix, Cer|vix, die; -, ...ices ‹lat.› (*Anat.* Hals, Nacken; halsförmiger Organteil)
zer|wer|fen, sich (sich entzweien, verfeinden)
zer|wir|ken; das Wild zerwirken (*Jägerspr.* die Haut des Wildes abziehen u. das Wild zerlegen)
zer|wüh|len
Zer|würf|nis, das; -ses, -se
zer|zau|sen; Zer|zau|sung
zer|zup|fen
zes|si|bel ‹lat.› (*Rechtsspr.* abtretbar)
Zes|si|on, die; -, -en (Übertragung eines Anspruchs von dem bisherigen Gläubiger auf einen Dritten); *vgl.* zedieren; **Zes|si|o|nar,** der; -s, -e (jmd., an den eine Forderung abgetreten wird); **Zes|si|o|na|rin**
Zes|te, die; -, -n ‹franz.› (*Kochkunst* sehr feiner Streifen aus der Schale einer Zitrusfrucht); **Zes|ten|rei|ßer** (Gerät zum Herstellen von Zesten)
Ze|ta, das; -[s], -s (griech. Buchstabe: Z, ζ)
Ze|ter, das; *nur noch in* Zeter u. Mord[io] schreien *(ugs.);* **Ze|ter|ge|schrei** *(ugs.);* **ze|ter|mor|dio!;** *nur noch in* zetermordio schreien *(ugs.);* **Ze|ter|mor|dio,**

das; -s *(ugs.)*; **ze|tern** *(ugs.)*; ich zetere
Zett *vgl.* Z (Buchstabe)
Zet|ta... ‹griech., ital.› (das Trilliardenfache einer Einheit, z. B. Zettameter = 10^{21} m)
[1]**Zet|tel**, der; -s, - (*Weberei* Kette; Reihenfolge der Kettfäden)
[2]**Zet|tel**, der; -s, - ‹lat.› (Streifen, kleines Blatt Papier)
Zet|te|lei (Aufnahme in Zettelform, karteimäßige Bearbeitung; *auch für* Zettelkram; unübersichtliches Arbeiten)
Zet|tel|kas|ten; Zet|tel|kram
zet|teln (*landsch. für* verstreuen, weithin ausbreiten); ich zett[e]le; *vgl.* [2]verzetteln
Zet|tel|wirt|schaft *(ugs. abwertend)*
zeuch!, zeuchst, zeucht (*geh. veraltet für* zieh[e]!, ziehst, zieht)
Zeug, das; -[e]s, -e; jmdm. etwas am Zeug flicken (*ugs. für* an jmdm. kleinliche Kritik üben)
Zeug|amt (*Militär früher für* das Zeughaus verwaltende Behörde)
Zeug|druck *Plur.* ...drucke (gefärbter Stoff)
Zeu|ge, der; -n, -n; **Zeu|ge Je|ho|vas**, der; -n -, -n - (Anhänger eine Religionsgemeinschaft)
[1]**zeu|gen** (erzeugen)
[2]**zeu|gen** (bezeugen); es zeugt von Fleiß
Zeu|gen|aus|sa|ge; Zeu|gen|bank *Plur.* ...bänke; **Zeu|gen|be|ein|flus|sung; Zeu|gen|be|fra|gung; Zeu|gen|ein|ver|nah|me** *(österr., schweiz.)*
Zeu|gen|schaft, die; -
Zeu|gen|schutz, der; -[e]s
Zeu|gen|stand, der; -[e]s
Zeu|gen|ver|neh|mung
Zeug|haus (*Militär früher für* Lager für Waffen u. Vorräte)
Zeu|gin; Zeu|gin Je|ho|vas, die; - -, -nen - (Anhängerin einer Religionsgemeinschaft)
Zeug|ma, das; -s, *Plur.* -s *u.* -ta ‹griech.› (*Sprachwiss.* Beziehung eines Prädikats auf verschiedene Satzglieder [z. B. er schlug die Stühl' u. Vögel tot])
Zeug|nis, das; -ses, -se; **Zeug|nis|ab|schrift; Zeug|nis|aus|ga|be**
Zeug|nis|ver|wei|ge|rung; Zeug|nis|ver|wei|ge|rungs|recht
Zeugs, das; - (*ugs. für* Gegenstand, Sache); so ein Zeugs
Zeu|gung; Zeu|gungs|akt
zeu|gungs|fä|hig; Zeu|gungs|fä|hig|keit, die; -
Zeu|gungs|glied (*für* Penis)
zeu|gungs|un|fä|hig; Zeu|gungs|un|fä|hig|keit, die; -
Zeug|wart (*bes. Sport* Person, die sich um Ausrüstung, Geräte u. Ä. kümmert); **Zeug|war|tin**
Zeus (höchster griechischer Gott); **Zeus|tem|pel** ↑K 136
Zeu|te, die; -, -n (*rhein., hess. für* Zotte [Schnauze])
Zeu|xis (altgriechischer Maler)
ZGB, das; - = Zivilgesetzbuch *(in der Schweiz)*
z. H., z. Hd. = zu Händen, zuhanden
Zib|be, die; -, -n (*nordd., mitteld. für* Mutterschaf, -kaninchen; *abwertend für* Frau, Mädchen)
Zi|be|be, die; -, -n ‹arab.-ital.› (*südd., österr. für* große Rosine)
Zi|be|li|ne, die; - ‹slaw.› (ein Wollgarn, -gewebe)
Zi|bet, der; -s ‹arab.› (Drüsenabsonderung der Zibetkatze [Duftstoff]); **Zi|bet|kat|ze**
Zi|bo|ri|um, das; -s, ...ien ‹griech.› (in der röm.-kath. Kirche Aufbewahrungsgefäß für Hostien; Altarbaldachin)
Zi|cho|rie, die; -, -n ‹griech.› (Pflanzengattung der Korbblütler mit zahlreichen Arten [z. B. Wegwarte]; ein Kaffeezusatz); **Zi|cho|ri|en|kaf|fee**, der; -s
Zi|cke, die; -, -n (weibliche Ziege); *vgl.* Zicken; **Zi|ckel**, das; -s, -[n]; **zi|ckeln** (Ziegenjunge werfen)
zi|cken (*ugs. für* überspannt, launisch, eigensinnig sein); **Zi|cken** *Plur.* (*ugs. für* Dummheiten); mach keine Zicken!
Zi|cken|alarm (*ugs. abwertend für* Streit [unter Frauen]); **Zi|cken|krieg** *(ugs. abwertend)*; **zi|ckig** (*ugs. für* überspannt, eigensinnig)
zick|zack; zickzack den Berg hinunterlaufen; **Zick|zack**, der; -[e]s, -e; im Zickzack laufen; **zick|za|cken**; gezickzackt
Zick|zack|kurs; Zick|zack|kur|ve; Zick|zack|li|nie
Zi|der *vgl.* Cidre
Zid|ki|ja *vgl.* Zedekia
Zie|che, die; -, -n (*südd. u. österr. für* Bettbezug u. a.); *vgl.* Züchen
Ziech|ling (Schaber des Tischlers)
Zie|fer, das; -s, - (*südwestd. für* Federvieh)
zie|fern (*mitteld. für* wehleidig sein; vor Schmerz, Kälte zittern); ich ziefere
Zie|ge, die; -, -n
Zie|gel, der; -s, -; **Zie|gel|bren|ner; Zie|gel|bren|ne|rei; Zie|gel|bren|ne|rin; Zie|gel|dach**
Zie|ge|lei; zie|geln (*veraltet für* Ziegel machen); ich zieg[e]le; geziegelte Dächer
Zie|gel|ofen
zie|gel|rot
Zie|gel|stein
Zie|gen|bart (*auch* ein Pilz); **Zie|gen|bock; Zie|gen|her|de; Zie|gen|kä|se; Zie|gen|le|der**
Zie|gen|lip|pe (ein Pilz)
Zie|gen|mel|ker (ein Vogel)
Zie|gen|milch
Zie|gen|pe|ter, der; -s, - (*ugs. für* Mumps)
Zie|ger, der; -s, - (*südd., österr. für* Quark, Kräuterkäse)
Zieg|ler (*veraltet für* Ziegelbrenner); **Zieg|le|rin**
Zieh|brun|nen
Zie|he, die; - (*landsch. für* Pflege u. Erziehung); ein Kind in Ziehe geben; **Zieh|el|tern** *Plur.*
zie|hen; du zogst; du zögest; gezogen; zieh[e]!; *vgl.* zeuch! usw.; nach sich ziehen; Tee ziehen lassen
Zieh|har|mo|ni|ka
Zieh|kind *(landsch.)*; **Zieh|mut|ter** *Plur.* ...mütter *(landsch.)*
Zieh|pflas|ter (*svw.* Zugpflaster)
Zieh|sohn; Zieh|toch|ter
Zie|hung
Zieh|va|ter *(landsch.)*
Ziel, das; -[e]s, -e
Ziel|bahn|hof
Ziel|band, das; *Plur.* ...bänder
ziel|be|wusst; Ziel|be|wusst|heit
zie|len; zie|lend (*für* transitiv); zielendes Verb
Ziel|fahn|dung (gezielte Fahndung)
Ziel|fahrt (*Motorsport* kleinere Sternfahrt)
Ziel|fern|rohr
ziel|füh|rend
Ziel|ge|biet *(Militär)*
ziel|ge|nau
Ziel|ge|ra|de (*Sport* letztes gerades Bahnstück vor dem Ziel)
ziel|ge|rich|tet
Ziel|grup|pe; ziel|grup|pen|ge|recht; ziel|grup|pen|spe|zi|fisch
Ziel|ha|fen
Ziel|ka|me|ra
Ziel|kauf *(Wirtsch.)*
Ziel|kur|ve *(Sport)*
Ziel|land *Plur.* ...länder (Land als

Ziel für Tourismus, Exporte u. a.); **Ziel|li|nie**
ziel|los; Ziel|lo|sig|keit, die; -
ziel|ori|en|tiert
Ziel|pu|b|li|kum (*bes. schweiz. für* Zielgruppe)
Ziel|punkt
Ziel|rich|ter; Ziel|rich|te|rin
Ziel|schei|be; Ziel|set|zung
ziel|si|cher; Ziel|si|cher|heit, die; -
Ziel|spra|che (*Sprachwiss.*)
Ziel|stel|lung (*regional für* Zielsetzung)
ziel|stre|big; Ziel|stre|big|keit
Ziel|vor|ga|be; Ziel|vor|rich|tung; Ziel|vor|stel|lung
Ziel|was|ser (*scherzh. für* Alkohol, der zum vermeintlich besseren Zielen vom Schützen getrunken wird)
Ziem, der; -[e]s, -e (*veraltet für* oberes Keulenstück)
zie|men (*geh. veraltend*); es ziemt sich, es ziemt mir
Zie|mer, der; -s, - (Rückenbraten [vom Wild]; Ochsenziemer)
ziem|lich (fast, annähernd)
Ziep|chen, Zie|pel|chen (*landsch. für* Küken, Hühnchen)
zie|pen (*landsch., bes. nordd. für* zupfend ziehen; einen leichten ziehenden Schmerz bewirken; einen Pfeifton von sich geben)
Zier, die; -; **Zie|rat** *alte Schreibung für* Zierrat; **Zier|de,** die; -, -n
zie|ren; sich zieren; **Zie|re|rei**
Zier|fisch; Zier|gar|ten; Zier|ge|mü|se; Zier|gras; Zier|karp|fen; Zier|kür|bis; Zier|leis|te
zier|lich; Zier|lich|keit, die; -
Zier|pflan|ze; Zier|pup|pe; Zier|rand
Zier|rat, der; -[e]s, -e
Zier|stich
Zier|strauch; Zier|vo|gel
Zie|sel, der, *österr.* das; -s, - ‹slaw.› (ein Nagetier)
Ziest, der; -[e]s, -e ‹slaw.› (eine Heilpflanze)
Zie|ten, Zie|then (preuß. Reitergeneral)
Ziff. = Ziffer
Zif|fer, die; -, -n ‹arab.› (Zahlzeichen; *Abk.* Ziff.); arabische, römische Ziffern; **Zif|fer|blatt,** Zif|fern|blatt
...zif|fe|rig, ...ziff|rig (z. B. zweiziff[e]rig, *mit Ziffer* 2-ziff[e]rig)
Zif|fern|blatt, Zif|fer|blatt
Zif|fer[n]|kas|ten (*Druckw.*); **zif|fern|mä|ßig; Zif|fer|schrift**
...ziff|rig *vgl.* ...zifferig

zig

(*ugs.*)

– zig Euro
– mit zig Sachen in die Kurve

In Zusammensetzungen:

– zigfach, zigmal
– *aber* zum zigsten Mal
– ein Zigfaches ↑K 72
– Zigtausend *od.* zigtausend Menschen
– Zigtausende *od.* zigtausende von Menschen

Zi|ga|ret|te, die; -, -n ‹franz.›
Zi|ga|ret|ten|asche; Zi|ga|ret|ten|au|to|mat; Zi|ga|ret|ten|etui; Zi|ga|ret|ten|fa|b|rik; Zi|ga|ret|ten|kip|pe
Zi|ga|ret|ten|län|ge; *in* auf eine Zigarettenlänge (*ugs.*)
Zi|ga|ret|ten|pa|ckung; Zi|ga|ret|ten|pa|pier; Zi|ga|ret|ten|pau|se; Zi|ga|ret|ten|qualm; Zi|ga|ret|ten|rauch; Zi|ga|ret|ten|rau|cher; Zi|ga|ret|ten|rau|che|rin
Zi|ga|ret|ten|schach|tel; Zi|ga|ret|ten|schmug|gel; Zi|ga|ret|ten|spit|ze; Zi|ga|ret|ten|stum|mel; Zi|ga|ret|ten|ta|bak
Zi|ga|ril|lo [*selten auch* ...ˈrɪljo], der, *auch* das; -s, -s, *ugs. auch* die; -, -s ‹span.› (kleine Zigarre)
Zi|gärr|chen
Zi|gar|re, die; -, -n
Zi|gar|ren|ab|schnei|der; Zi|gar|ren|asche; Zi|gar|ren|etui; Zi|gar|ren|fa|b|rik; Zi|gar|ren|kis|te
Zi|gar|ren|rauch; Zi|gar|ren|rau|cher; Zi|gar|ren|rau|che|rin
Zi|gar|ren|spit|ze; Zi|gar|ren|stum|mel
Zi|ger, der; -s, - (*schweiz. Schreibweise für* Zieger)
Zi|geu|ner, der; -s, -

Zigeuner

Die Bezeichnungen *Zigeuner, Zigeunerin* werden vom Zentralrat Deutscher Sinti und Roma als diskriminierend abgelehnt. Deshalb sollte die Menschengruppe lieber als *Sinti und Roma* bezeichnet werden.

Zi|geu|ne|rin
Zi|geu|ner|ka|pel|le; Zi|geu|ner|le|ben; Zi|geu|ner|mu|sik
zi|geu|nern (*ugs. veraltend für* sich herumtreiben); ich zigeunere
Zi|geu|ner|pri|mas
Zi|geu|ner|schnit|zel (*Gastron.*)
Zi|geu|ner|spra|che
zig|fach, zig|hun|dert, zig|mal, zigs|te, zig|tau|send *vgl.* zig
Zi|ka|de, die; -, -n ‹lat.› (ein Insekt); **Zi|ka|den|männ|chen**
zi|li|ar ‹lat.› (*Med.* die Wimpern betreffend)
Zi|li|ar|kör|per (ein Abschnitt der mittleren Hautschicht des Auges); **Zi|li|ar|mus|kel; Zi|li|ar|neu|r|al|gie** (Schmerzen in Augapfel u. Augenhöhle)
Zi|li|a|te, die; -, -n *meist Plur.* (*Biol.* Wimpertierchen)
Zi|lie, die; -, -n (*Med.* feines Haar; Wimper)
Zi|li|zi|en usw. *vgl.* Kilikien usw.
[1]**Zil|le** (dt. Zeichner)
[2]**Zil|le,** die; -, -n ‹slaw.› (*ostmitteld., österr. für* leichter, flacher [Fracht]kahn); **Zil|len|schlep|per**
Zil|ler|tal, das; -[e]s; **Zil|ler|ta|ler;** Zillertaler Alpen
Zil|li|on, die; -, -en (*ugs. für* eine unvorstellbar große Zahl)
Zill|me|rung ‹nach dem Mathematiker Zillmer› (*Versicherungsw.* Verfahren zur Verrechnung der Abschlusskosten eines Versicherungsvertrages mit den Beitragszahlungen)
Zilp|zalp, der; -s, -s (ein Singvogel)
Zim|bab|we (*engl. Schreibung von* Simbabwe)
Zim|bal, das; -s, *Plur. -e u.* -s ‹griech.› (mit Hämmerchen geschlagenes Hackbrett)
Zim|bel, die; -, -n (gemischte Orgelstimme; kleines Becken)
Zim|ber, Kim|ber, der; -s, -n (Angehöriger eines germ. Volksstammes); **Zim|be|rin,** Kim|be|rin; **zim|b|risch,** kim|b|risch; *aber nur* die zimbrischen Sprachinseln; ↑K 140 : die Zimbrische Halbinsel (Jütland)
Zi|ment, das; -[e]s, -e ‹lat.› (*bayr. u. österr. veraltet für* metallenes zylindrisches Maßgefäß)
Zi|mier, das; -s, -e ‹griech.› (Helmschmuck)
Zim|mer, das; -s, -
Zim|mer|an|ten|ne
Zim|mer|ar|beit, Zim|me|rer|ar|beit
Zim|mer|brand
Zim|mer|de|cke; Zim|mer|ecke
Zim|me|rei
Zim|mer|ein|rich|tung
Zim|me|rer; Zim|me|rer|ar|beit *vgl.* Zimmerarbeit
Zim|me|rer|hand|werk (*seltener für* Zimmerhandwerk)

Z
Ziel

Zịm|mer|flucht (Reihe nebeneinanderliegender Zimmer; *vgl.* [1]Flucht)
Zịm|mer|frau
Zịm|mer|hand|werk
...zim|me|rig, ...zimm|rig (z. B. zweizimm[e]rig, *mit Ziffer* 2-zimm[e]rig)
Zịm|me|rin ‹*zu* Zimmerer› (*westösterr. auch für* Zimmermädchen)
Zịm|mer|kell|ner; Zịm|mer|laut|stär|ke; Zịm|mer|lin|de
Zịm|mer|ling (*Bergmannsspr.* Zimmermann)
Zịm|mer|mäd|chen; Zịm|mer|mann *Plur.* ...leute; **Zịm|mer|mie|te**
zịm|mern; ich zimmere
Zịm|mer|num|mer; Zịm|mer|pflan|ze; Zịm|mer|ser|vice, der
Zịm|mer|stun|de (*österr., schweiz. für* Ruhestunde des Personals)
Zịm|mer|su|che; Zịm|mer|tan|ne; Zịm|mer|tem|pe|ra|tur; Zịm|mer|the|a|ter
Zịm|me|rung
Zịm|mer|ver|mitt|lung
...zimm|rig *vgl.* ...zimmerig
zịm|per|lich; Zịm|per|lich|keit
Zịm|per|lie|se, die; -, -n (*ugs. für* zimperliches Mädchen)
zịm|pern (*landsch. für* zimperlich sein, tun); ich zimpere
Zịmt, der; -[e]s, *Plur. (Sorten:)* -e (ein Gewürz); **Zịmt|baum**
zịmt|far|ben, zịmt|far|big
zịm|tig
Zịmt|stan|ge; Zịmt|stern
Zịmt|zi|cke, Zịmt|zie|ge (Schimpfwort)
Zin|cke|nit, der; -s ‹nach dem dt. Bergdirektor Zincken› (ein Mineral)
Zị|cum, das; -s (*latinisierte Nebenform von* Zink)
Zịn|del|taft ‹griech.; pers.› (ein Gewebe)
Zịn|der, der; -s, - *meist Plur.* ‹engl.› (ausgeglühte Steinkohle)
Zi|ne|ra|ria, die; -, ...ien ‹lat.› (Zierpflanze)
Zi|ne|ra|rie, die; -, ...ien ‹lat.›
[1]Zịn|gel, der; -s, -[n] (ein Fisch)
[2]Zịn|gel, der; -s, - ‹lat.› (*veraltet für* Ringmauer)
Zịn|gu|lum, das; -s, *Plur.* -s *u.* ...la (Gürtel[schnur] der Albe)
[1]Zịnk, das; -[e]s (chemisches Element, Metall; *Zeichen* Zn)
[2]Zịnk, der; -[e]s, -en (ein historisches Blasinstrument)
Zịnk|ät|zung; Zịnk|blech; Zịnk|blen|de
Zịn|ke, die; -, -n (Zacke)
[1]zịn|ken (mit Zinken versehen)
[2]zịn|ken (von, aus [1]Zink)
Zịn|ken, der; -s, - ([Gauner]zeichen; *ugs. für* große Nase)
Zịn|ken|blä|ser; Zịn|ke|nịst, der; -en, -en (*schwäb., sonst veraltet* Zinkenbläser, Stadtmusikant); **Zịn|ke|nịs|tin**
Zịn|ker (*ugs. für* Falschspieler); **Zịn|ke|rin**
...zin|kig (z. B. dreizinkig, *mit Ziffer* 3-zinkig)
Zịnk|leim|ver|band *(Med.)*
Zin|ko|gra|fie, Zin|ko|gra|phie, die; -, ...ien ‹dt.; griech.› (Zinkflachdruck); **Zin|ko|ty|pie,** die; -, ...ien (Zinkhochätzung)
Zịnk|oxid, Zịnk|oxyd *vgl.* Oxid;
Zịnk|sal|be; Zịnk|sarg; Zịnk|sul|fat; Zịnk|wan|ne; Zịnk|weiß
Zịnn, das; -[e]s (chemisches Element, Metall; *Zeichen* Sn); *vgl.* Stannum; **Zịnn|be|cher**
Zịn|ne, die; -, -n (zahnartiger Mauerabschluss)
zịn|nern (von, aus Zinn)
Zịnn|fi|gur; Zịnn|fo|lie (Blattzinn); **Zịnn|gie|ßer; Zịnn|gie|ße|rin**
Zịn|nie, die; -, -n ‹nach dem dt. Botaniker Zinn› (eine Gartenblume)
Zịnn|kraut, das; -[e]s (Ackerschachtelhalm)
Zịnn|krug
[1]Zin|no|ber, der; -s, - ‹pers.› (ein Mineral)
[2]Zin|no|ber, der, *auch, österr. nur,* das; -s (eine rote Farbe)
[3]Zin|no|ber, der; -s (*ugs. für* Blödsinn, wertloses Zeug)
zin|no|ber|rot; Zin|no|ber|rot, das; -[s]
Zịnn|sol|dat; Zịnn|tel|ler
Zinn|wal|dit, der; -s ‹nach dem Ort Zinnwald› (ein Mineral)
[1]Zịns, der; -es, -en ‹lat.› (Ertrag)
[2]Zịns, der; -es, -e (*früher für* Abgabe; *landsch., bes. südd., österr. u. schweiz. für* Miete)
zịns|bar; zịn|sen (*schweiz., sonst veraltet für* Zins[en] zahlen); du zinst; **Zịn|sen|dienst**
zịn|sen|los *(bes. österr.)*
Zịns|er|hö|hung; Zịns|er|trag
Zịn|ses|zins *Plur.* ...zinsen; **Zịn|ses|zins|rech|nung**
Zịns|fuß *Plur.* ...füße; **Zịns|gro|schen** *(früher)*
zịns|güns|tig
Zịns|haus (*bes. südd., österr. für* Mietshaus); **Zịns|herr|schaft**
zịns|los
Zịns|ni|veau *(Wirtsch.)*
Zịns|pflicht, die; - (im MA.); **zịns|pflich|tig**
Zịns|po|li|tik; zịns|po|li|tisch
Zịns|satz; Zịns|sen|kung; Zịns|steu|er; Zịns|ter|min (Zinszahlungstag)
zịns|ver|bil|ligt; Zịns|ver|bil|li|gung
Zịns|wu|cher; Zịns|zahl (*Abk.* Zz.)
Zịn|zen|dorf (Stifter der Herrnhuter Brüdergemeine)
Zi|on, Si|on, der; -[s] ‹hebr.› (Tempelberg in Jerusalem; *ohne Artikel auch für* Jerusalem)
Zi|o|nis|mus, der; - (Bewegung zur Gründung u. Sicherung eines nationalen jüdischen Staates)
Zi|o|nịst, der; -en, -en (Anhänger des Zionismus); **Zi|o|nịs|tin; zi|o|nịs|tisch**
Zi|o|nit, der; -en, -en (Angehöriger einer schwärmerischen christl. Sekte des 18. Jh.s); **Zi|o|ni|tin**
Zịp|da|tei [*auch* 'zɪp...] ‹engl., dt.› (*EDV* komprimierte Datei)
[1]Zịpf, der; -[e]s (*südd. u. ostmitteld. für* Pips)
[2]Zịpf, der; -[e]s, -e (*österr. ugs. für* Zipfel)
Zịp|fel, der; -s, -; **zịp|fe|lig; Zịp|fel|müt|ze; zịp|feln** (*ugs. für* einen zipfeligen Saum haben); **zịpf|lig**
Zi|pọl|le, die; -, -n ‹lat.› (*nordd., auch mitteld. für* Zwiebel)
Zịpp®, der; -s, -s (*österr. für* Reißverschluss)
Zịpp|dros|sel, [1]Zịp|pe, die; -, -n (*landsch. für* Singdrossel)
[2]Zịp|pe, die; -, -n (*ugs. für* Zigarette)
zịp|pen [*auch* 'zɪp...] (*EDV* in einer Zipdatei speichern)
Zịp|per, der; -s, - ‹engl.› (*ugs. für* Reißverschluss)
Zịp|per|lein, das; -s (*veraltet für* [Fuß]gicht)
Zịp|po® [*auch* 'z...], das; -s, -s (ein Feuerzeug)
Zịp|pus, der; -, *Plur.* Zippen *u.* Zippi ‹lat.› (antiker Gedenk-, Grenzstein)
Zịpp|ver|schluss ‹engl.; dt.› (*österr. für* Reißverschluss); *vgl.* Zipp®
Zịps, die; - (Gebiet in der Slowakei); **Zịp|ser; Zịp|se|rin**
Zịr|be, Zịr|bel, die; -, -n (*landsch. für* eine Kiefer)
Zịr|bel|drü|se *(Med.)*
Zịr|bel|kie|fer, die (*vgl.* Arve); **Zịr|bel|nuss**
Zir|co|ni|um *vgl.* Zirkonium
zịr|ka *vgl.* circa
Zịr|ka|an|ga|be *vgl.* Circaangabe
Zịr|ka|preis *vgl.* Circapreis
Zịr|kel, der; -s, - ‹griech.›

Zir|kel|kas|ten
zir|keln (Kreis ziehen; [ab]messen); ich zirk[e]le; **zir|kel|rund**
Zir|kel|schluss
Zir|kon, der; -s, -e ⟨nlat.⟩ (ein Mineral); **Zir|ko|ni|um**, *chem. fachspr.* Zir|co|ni|um, das; -s (chem. Element; *Zeichen* Zr)
zir|ku|lar, zir|ku|lär ⟨griech.⟩ (kreisförmig)
Zir|ku|lar, das; -s, -e (*schweiz., sonst veraltet für* Rundschreiben); **Zir|ku|lar|no|te** (*Völkerrecht* mehreren Staaten gleichzeitig zugestellte Note gleichen Inhalts)
Zir|ku|la|ti|on, die; -, -en (Kreislauf, Umlauf); **zir|ku|lie|ren**
zir|kum... ⟨griech.⟩ (um..., herum...); **Zir|kum...** (Um..., Herum...)
zir|kum|flek|tie|ren (mit Zirkumflex versehen); **Zir|kum|flex**, der; -[es], -e (*Sprachwiss.* ein Dehnungszeichen; *Zeichen* ^, z. B. â)
Zir|kum|po|lar|stern (Stern, der für den Beobachtungsort nie untergeht)
zir|kum|skript (*Med.* umschrieben, [scharf] abgegrenzt); **Zir|kum-skrip|ti|on**, die; -, -en (Abgrenzung kirchlicher Gebiete)
zir|kum|ter|res|t|risch (im Umkreis der Erde)
Zir|kum|zi|si|on, die; -, -en ⟨lat.⟩ (*Med.* Beschneidung)
Zir|kus, Cir|cus, der; -[ses], -se (großes Zelt od. Gebäude, in dem Artistik, Tierdressuren u. a. gezeigt werden; *nur Sing.: ugs.* Durcheinander, Trubel)
Zir|kus|di|rek|tor, Cir|cus|di|rek|tor; **Zir|kus|di|rek|to|rin**, Cir|cus|di|rek|to|rin; **Zir|kus|pferd**, Cir|cus|pferd; **Zir|kus|zelt**, Cir|cus|zelt
Zir|pe, die; -, -n (*landsch. für* Grille, Zikade); **zir|pen**
Zir|ren (*Plur. von* Zirrus)
Zir|rho|se, die; -, -n ⟨griech.⟩ (*Med.* chron. Wucherung von Bindegewebe mit nachfolgender Verhärtung u. Schrumpfung)
Zir|ro|ku|mu|lus ⟨lat.⟩ (*Meteorol.* Schäfchenwolke)
Zir|ro|stra|tus (ungegliederte Streifenwolke in großer Höhe)
Zir|rus, der; -, *Plur. - u.* Zirren (Federwolke); **Zir|rus|wol|ke**
zir|zen|sisch ⟨griech.⟩ (den Zirkus betreffend, in ihm abgehalten)
zis|al|pin, zis|al|pi|nisch ⟨lat.⟩ ([von Rom aus] diesseits der Alpen liegend)
Zi|sche|lei; zi|scheln; ich zisch[e]le
zi|schen; du zischst; **Zisch|laut**
Zi|se|leur [...ˈløːɐ̯], der; -s, -e ⟨franz.⟩ (Metallstecher); **Zi|se|leu|rin; zi-se|lie|ren** ([in Metall] mit Punze, Ziselierhammer [kunstvoll] einarbeiten); **Zi|se|lie|rer** (Ziseleur); **Zi|se|lie|re|rin; Zi|se|lie|rung**
[1]**Zis|ka** (*dt. Form von* Žižka)
[2]**Zis|ka** (w. Vorn.)
Zis|la|weng, der ⟨franz.⟩; *in der Fügung* mit einem Zislaweng (*ugs. für* mit Schwung)
zis|pa|da|nisch ([von Rom aus] diesseits des Pos liegend)
Zis|sa|li|en *Plur.* ⟨lat.⟩ (fehlerhafte Münzen, die wieder eingeschmolzen werden)
Zis|so|i|de, die; -, -n ⟨griech.⟩ (*Math.* Efeublattkurve; ebene Kurve dritter Ordnung)
Zis|ta, Zis|te, die; -, Zisten ⟨griech.⟩ (altgriech. zylinderförmiger Korb; frühgeschichtliche Urne)
Zis|ter|ne, die; -, -n ⟨griech.⟩ (Behälter für Regenwasser); **Zis|ter|nen-was|ser**
Zis|ter|zi|en|ser, der; -s, - (Angehöriger eines kath. Ordens); **Zis|ter-zi|en|se|rin; Zis|ter|zi|en|ser|or-den**, der; -s
Zist|rös|chen, Zist|ro|se ⟨griech.; dt.⟩ (eine Pflanze)
Zi|ta (w. Vorn.)
Zi|ta|del|le, die; -, -n ⟨franz.⟩ (Befestigungsanlage innerhalb einer Stadt od. einer Festung)
Zi|tat, das; -[e]s, -e ⟨lat.⟩
Zi|ta|ten|le|xi|kon; Zi|ta|ten|schatz
Zi|ta|ti|on, die; -, -en (*veraltet für* [Vor]ladung vor Gericht; *auch für* Zitierung)
Zi|ther, die; -, -n ⟨griech.⟩ (ein Saiteninstrument); **Zi|ther|spiel**, das; -[e]s
zi|tie|ren ⟨lat.⟩ ([eine Textstelle] wörtlich anführen; vorladen); **Zi-tie|rung**
Zi|t|rat, *fachspr.* Ci|t|rat, das; -[e]s, -e ⟨lat.⟩ (Salz der Zitronensäure)
[1]**Zi|t|rin**, der; -s, -e (gelber Bergkristall)
[2]**Zi|t|rin**, das; -s (Bestandteil eines gelben Farbstoffs)
Zi|t|ro|nat, das; -[e]s, -e ⟨franz.⟩ (kandierte Fruchtschale einer Zitronenart)
Zi|t|ro|ne, die; -, -n ⟨ital.⟩
Zi|t|ro|nen|baum; Zi|t|ro|nen|fal|ter
zi|t|ro|nen|far|ben, zi|t|ro|nen|far-big; zi|t|ro|nen|gelb
Zi|t|ro|nen|gras (ein südostasiat. Gewürz); **Zi|t|ro|nen|li|mo|na|de; Zi|t|ro|nen|me|lis|se; Zi|t|ro|nen-pres|se; Zi|t|ro|nen|saft**
zi|t|ro|nen|sau|er *(Chemie);* **Zi|t|ro-nen|säu|re**, die; -
Zi|t|ro|nen|scha|le; Zi|t|ro|nen|was-ser
Zi|t|rul|le, die; -, -n ⟨franz.⟩ (*veraltet für* Wassermelone)
Zi|t|rus|frucht (Zitrone, Apfelsine u. a.); **Zi|t|rus|öl; Zi|t|rus|pflan|ze**
Zit|ter|aal; Zit|ter|gras
zit|te|rig, zitt|rig
zit|tern; ich zittere; ↑K82: sie hat das Zittern *(ugs.)*
Zit|ter|pap|pel
Zit|ter|par|tie (Spiel, bei dem eine Mannschaft bis zuletzt um den Sieg fürchten muss)
Zit|ter|ro|chen (ein Fisch)
zitt|rig *vgl.* zitterig
Zit|wer, der; -s, - ⟨pers.⟩ (Korbblütler, dessen Samen als Wurmmittel verwendet werden)
Zit|ze, die; -, -n (Organ zum Säugen bei w. Säugetieren)
Ziu (altgerm. Gott); *vgl.* Tiu, Tyr
Zi|vi, der; -s, -s *u.* die; -, -s (*kurz für* Zivildienstleistende[r])
zi|vil ⟨lat.⟩ (bürgerlich); zivile (niedrige) Preise; ziviler Bevölkerungsschutz, Ersatzdienst
Zi|vil, das; -s (bürgerl. Kleidung)
Zi|vil|an|zug; Zi|vil|be|ruf; Zi|vil|be-schä|dig|te, der *u.* die; -n, -n
Zi|vil|be|völ|ke|rung; Zi|vil|cou|ra|ge
Zi|vil|die|ner (*österr. für* Zivildienstleistender); **Zi|vil|die|ne-rin**
Zi|vil|dienst, der; -[e]s; **Zi|vil|dienst-be|auf|trag|te; Zi|vil|dienst|leis-ten|de**, der *u.* die; -n, -n, **Zi|vil-dienst Leis|ten|de**, der *u.* die; - -n, - -n
Zi|vil|ehe (standesamtlich geschlossene Ehe)
Zi|vil|fahn|der; Zi|vil|fahn|de|rin; Zi-vil|fahn|dung
Zi|vil|ge|richt
Zi|vil|ge|sell|schaft *(Politik, Soziol.)*
Zi|vil|ge|setz|buch (*Abk. [in der Schweiz]* ZGB)
Zi|vi|li|sa|ti|on, die; -, -en (durch Fortschritt von Wissenschaft u. Technik verbesserte Lebensbedingungen); **Zi|vi|li|sa|ti|ons-krank|heit** *meist Plur.*
zi|vi|li|sa|ti|ons|mü|de; Zi|vi|li|sa|ti-ons|mü|dig|keit
Zi|vi|li|sa|ti|ons|müll
zi|vi|li|sa|to|risch

Z
Zirk

zi|vi|li|sie|ren (der Zivilisation zuführen); **zi|vi|li|siert; Zi|vi|li|siert|heit; Zi|vi|li|sie|rung**

Zi|vi|list, der; -en, -en (Nichtsoldat); **Zi|vi|lis|tin; zi|vi|lis|tisch**

Zi|vil|kam|mer (Spruchabteilung für privatrechtl. Streitigkeiten bei Landgerichten); **Zi|vil|kla|ge**

Zi|vil|klei|dung; Zi|vil|le|ben

Zi|vil|lis|te (für den Monarchen bestimmter Betrag im Staatshaushalt)

Zi|vil|op|fer; Zi|vil|per|son

Zi|vil|pro|zess (Gerichtsverfahren, dem die Bestimmungen des Privatrechts zugrunde liegen); **Zi|vil|pro|zess|ord|nung** (*Abk.* ZPO); **Zi|vil|pro|zess|recht**

Zi|vil|recht; zi|vil|recht|lich

Zi|vil|schutz, der; -es

Zi|vil|stand (*schweiz. für* Familien-, Personenstand); **Zi|vil|stands|amt** (*schweiz. auch für* Standesamt); **Zi|vil|stands|be|am|te** *(schweiz.)*; **Zi|vil|stands|be|am|tin**

Zi|vil|strei|fe

Zi|vil|tech|ni|ker *(österr.)*; **Zi|vil|tech|ni|ke|rin**

Zi|vil|trau|ung; Zi|vil|ver|fah|ren; Zi|vil|ver|tei|di|gung

zi|zerl|weis (*bayr., österr. ugs. für* nach u. nach, ratenweise)

Žiž|ka [ˈʒɪʃ...] (Hussitenführer); *vgl.* [1]Ziska

ZK, das; -, *Plur.* -, *selten* -s = Zentralkomitee

Zlo|ty [ˈzlɔti], **Złoty** [ˈzu̯ɔ...], der; -[s], -s ‹poln.› (polnische Währungseinheit; *Währungscode* PLN); 5 Zloty

Zmit|tag, der *od.* das; -s (*schweiz. mdal. für* Mittagessen)

Zmor|ge[n], der *od.* das; -[s], - (*schweiz. mdal. für* Frühstück)

Zn (*chem. Zeichen für* Zink)

Znacht, der *od.* das; -s (*schweiz. mdal. für* Abendessen)

Znü|ni, der *od.* das; -[s], -[s]; *vgl.* Götti (*schweiz. mdal. für* Vormittagsimbiss)

Zo|bel, der; -s, - ‹slaw.› (Marder; Pelz); **Zo|bel|pelz**

Zo|ber, der; -s, - (*landsch. für* Zuber)

Zoc|co|lo, der; -[s], Zoccoli *meist Plur.* ‹ital.› (*schweiz. für* Holzsandale)

zo|ckeln (*svw.* zuckeln); ich zock[e]le

zo|cken ‹jidd.› (*ugs. für* Glücksspiele machen; *Jugendspr. auch für* ein [Computer]spiel spielen); **Zo|cker,** der; -s, - (Glücksspieler); **Zo|cke|rin; Zo|cker|pa|pier** (*ugs. für* Wertpapier mit äußerst hohem Kursrisiko)

zo|di|a|kal ‹griech.› (den Zodiakus betreffend); **Zo|di|a|kal|licht,** das; -[e]s, -er (*Astron.* pyramidenförmiger Lichtschein in der Richtung des Tierkreises); **Zo|di|a|kus,** der; - (Tierkreis)

Zoe (Name byzantinischer Kaiserinnen)

Zo|fe, die; -, -n; **Zo|fen|dienst**

Zoff, der; -s (*ugs. für* Ärger, Streit, Unfrieden); **zof|fen,** sich (*ugs. für* sich streiten)

zog *vgl.* ziehen

zö|ger|lich (zögernd)

zö|gern; ich zögere; ↑K82: nach anfänglichem Zögern; ohne Zögern einspringen

Zög|ling

Zo|he, die; -, -n (*südwestd. für* Hündin)

Zo|la [z...] (franz. Schriftsteller)

[1]**Zö|les|tin,** der; -s, -e ‹lat.› (ein Mineral)

[2]**Zö|les|tin,** Zö|les|ti|nus (m. Vorn.); **Zö|les|ti|ne** (w. Vorn.)

Zö|les|ti|ner, der; -s, - (Angehöriger eines ehemaligen katholischen Ordens); **Zö|les|ti|ne|rin**

Zö|les|ti|nus *vgl.* [2]Zölestin

zö|les|tisch (*veraltet für* himmlisch)

Zö|li|a|kie, die; -, -n ‹griech.-nlat.› (*Med.* chronische Verdauungsstörung)

Zö|li|bat, das, *Theol.* der; -[e]s ‹lat.› (pflichtmäßige Ehelosigkeit aus religiösen Gründen, bes. bei kath. Geistlichen)

zö|li|ba|tär; Zö|li|ba|tär, der; -s, -e (jmd., der im Zölibat lebt); **Zö|li|ba|tä|rin**

Zö|li|bats|zwang, der; -[e]s

[1]**Zoll,** der; -[e]s, Zölle ‹griech.› (Abgabe)

[2]**Zoll,** der; -[e]s, - (altes Längenmaß; *Zeichen* "); 3 Zoll breit; *vgl.* zollbreit *u.* Zollbreit

Zoll|ab|fer|ti|gung

Zoll|amt; zoll|amt|lich

Zoll|an|mel|dung

zoll|bar (zollpflichtig)

Zoll|be|am|te; Zoll|be|am|tin

Zoll|be|hör|de

zoll|breit; ein zollbreites Brett, *aber* das Brett ist einen Zoll breit; **Zoll|breit,** der; -, -, **Zoll breit,** der; - -, - -; keinen Zollbreit *od.* Zoll breit zurückweichen

Zoll|bürg|schaft; Zoll|de|k|la|ra|ti|on; Zoll|ein|neh|mer *(früher)*

zol|len; jmdm. Respekt zollen

...zöl|ler (z. B. Achtzöller)

Zoll|er|klä|rung

Zoll|fahn|der; Zoll|fahn|de|rin; Zoll|fahn|dung

Zoll|for|ma|li|tät *meist Plur.*

zoll|frei; Zoll|frei|heit, die; -

Zoll|ge|biet; Zoll|gren|ze

zoll|hoch; *aber* einen Zoll hoch

...zol|lig, *auch, österr. nur* **...zöl|lig** (z. B. vierzollig, vierzöllig, *mit Ziffer* 4-zollig, 4-zöllig)

Zoll|in|halts|er|klä|rung

Zoll|kon|t|rol|le

zoll|lang ↑K25, *aber* einen Zoll lang

Zoll|li|nie, Zoll-Li|nie, die; -, -n

Zöll|ner (*früher für* Zoll-, Steuereinnehmer; *veraltend* Zollbeamter); **Zöll|ne|rin**

Zoll|ord|nung

zoll|pflich|tig

Zoll|recht; Zoll|schran|ke

Zoll|stab (*österr. für* Zollstock)

Zoll|sta|ti|on; Zoll|stel|le

Zoll|stock *Plur.* ...stöcke

Zoll|ta|rif; Zoll|uni|on; Zoll|ver|trag

Zoll|wa|che (*österr. für* uniformierter, bewaffneter Zolldienst)

Zö|lom, das; -s, -e ‹griech.› (*Biol.* Leibeshöhle [der Säugetiere])

Zom|bie [...bi], der; -[s], -s ‹westafrik.› (wiedererweckter Toter)

Zö|me|te|ri|um, das; -s, ...ien ‹griech.› (Ruhestätte, Friedhof, *auch für* Katakombe)

zo|nal, zo|nar ‹griech.-lat.› (zu einer Zone gehörend, eine Zone betreffend)

Zo|ne, die; -, -n ‹griech.-lat.› (abgegrenztes Gebiet)

Zo|nen|gren|ze (*nach dem 2. Weltkrieg für* Grenze zwischen den Besatzungszonen; *Verkehrsw.* Zahlgrenze)

Zo|nen|ta|rif; Zo|nen|zeit

Zö|no|bit, der; -en, -en ‹griech.› (im Kloster lebender Mönch)

Zö|no|bi|um, das; -s, ...ien (Kloster; *Biol.* kolonieartiger Zusammenschluss von Einzellern)

Zoo, der; -s, -s ‹griech.› (*kurz für* zoologischer Garten)

Zoo|di|rek|tor; Zoo|di|rek|to|rin

zoo|gen [tsoo...] (aus tierischen Resten gebildet [von Gesteinen])

Zoo|gra|fie, Zoo|gra|phie [tsoo...], die; -, ...ien (Benennung u. Einordnung der Tierarten)

Zoo|hand|lung
Zoo|la|t|rie [tsoo...], die; -, ...ien (Tierkult)
Zoo|lith [tsoo...], der; *Gen.* -s *od.* -en, *Plur.* -e[n] (Tierversteinerung)
Zoo|lo|ge [tsoo...], der; -n, -n; **Zoo|lo|gie** [tsoo...], die; - (Tierkunde); **Zoo|lo|gin; zoo|lo|gisch;** ein zoologischer Garten, *aber* ↑K 150: der Zoologische Garten Frankfurt
Zoom [zu:m], das *u.* der; -s, -s ‹engl.› (Objektiv mit veränderlicher Brennweite; Vorgang, durch den der Aufnahmegegenstand näher an den Betrachter herangeholt od. weiter von ihm entfernt wird; *EDV* Bildausschnittvergrößerung od. -verkleinerung); **Zoom|be|reich; zoo|men;** gezoomt; **Zoom|ob|jek|tiv**
Zo|on po|li|ti|kon, das; - - ‹griech.› (der Mensch als Gemeinschaftswesen [bei Aristoteles])
Zoo-Or|ches|ter, Zoo|or|ches|ter
zoo|phag [tsoo...] (fleischfressend [von Pflanzen]); **Zoo|pha|ge** [tsoo...], der; -n, -n (fleischfressende Pflanze)
Zoo|phyt [tsoo...], der *od.* das; -en, -en (*veraltete Bez. für* Hohltier od. Schwamm)
Zoo|tech|ni|ker [*auch* 'tso:...] (*regional für* [Zoo]tierpfleger); **Zoo|tech|ni|ke|rin**
Zoo|to|mie [tsoo...], die; - (Tieranatomie)
Zoo|top [tsoo...], der *u.* das; -s, -e ‹griech.› (*Biol.* Lebensraum von Tieren)
Zopf, der; -[e]s, Zöpfe; ein alter Zopf (*ugs. für* überlebter Brauch); **Zöpf|chen; zop|fig**
Zopf|mus|ter; Zopf|stil, der; -[e]s *(Kunstwiss.)*
Zop|pot (*poln.* Sopot)
Zo|res, der; - ‹hebr.-jidd.› (*landsch. für* Ärger; Gesindel)
Zo|ril|la, der; -s, -s, *auch* die; -, -s ‹span.› (eine afrik. Marderart)
Zorn, der; -[e]s
Zorn|ader (Zornesader); **Zorn|aus|bruch** (Zornesausbruch); **Zorn|bin|kel,** der; -s, -[n] (*österr. ugs. für* jähzorniger Mensch)
zorn|ent|brannt ↑K 59
Zor|nes|ader; Zor|nes|aus|bruch; Zor|nes|rö|te, die; -
zor|nig
Zorn|rö|te, die; - (Zornesröte)
zorn|schnau|bend ↑K 59
Zo|ro|as|ter (*Nebenform von* Zarathustra); **zo|ro|as|t|risch;** die zoroastrische Lehre ↑K 135
Zos|se, der; -n, -n, **Zos|sen,** der; -, - ‹hebr.-jidd.› (*landsch. für* Pferd)
Zos|ter, der; -[s], - ‹griech.› (*Med.* Gürtelrose)
Zo|te, die; -, -n (unanständiger Witz); **zo|ten; Zo|ten|rei|ßer; Zo|ten|rei|ße|rin**
zo|tig; Zo|tig|keit
Zot|te, die; -, -n (*südwestd. u. mitteld. für* Schnauze, Ausgießer)
Zot|tel, die; -, -n (Haarbüschel; Quaste, Troddel u. a.)
Zot|tel|bär; Zot|tel|haar
zot|te|lig, zott|lig
zot|teln (*ugs. für* langsam gehen); ich zott[e]le
zot|tig; zott|lig *vgl.* zottelig
ZPO = Zivilprozessordnung
Zr (*chem. Zeichen für* Zirkonium)
Zs. = Zeitschrift
Zschok|ke (schweiz. Schriftsteller)
[1]**Zscho|pau** (Stadt im Erzgebirge)
[2]**Zscho|pau,** die; - (Fluss in Sachsen)
Zschr. = Zeitschrift
Z-Sol|dat ['tsɛt...] (*kurz für* Zeitsoldat)
z. T. = zum Teil
Ztr. = Zentner
zu *s. Kasten*
zu... (*in Zus. mit Verben,* z. B. zunehmen, du nimmst zu, zugenommen, zuzunehmen)
zu|al|ler|al|ler|letzt; zu|al|ler|erst; zu|al|ler|letzt; zu|al|ler|meist
Zu|ar|beit; zu|ar|bei|ten; sie haben ihm fleißig zugearbeitet
zu|äu|ßerst
Zu|bau, der; -[e]s, -ten (*österr. für* Anbau); **zu|bau|en**
Zu|be|hör, das, *seltener* der; -[e]s, *Plur.* -e, *schweiz. auch* -den; *vgl.* Zugehör
Zu|be|hör|in|dus|t|rie; Zu|be|hör|teil, das
zu|bei|ßen
zu|be|kom|men *(ugs.);* sie hat die Tür zubekommen
Zu|ber, der; -s, - (*landsch. für* [Holz]bottich)
zu|be|rei|ten; Zu|be|rei|ter; Zu|be|rei|tung
zu|be|to|nie|ren; zubetoniert
Zu|bett|ge|hen, das; -s ↑K 27 *u.* 82
zu|be|we|gen; sich aufeinander zubewegen; *aber* sie war nicht dazu zu bewegen
zu|bil|li|gen; Zu|bil|li|gung
zu|bin|den
Zu|biss
zu|blei|ben *(ugs.)*
zu|blin|zeln
zu|brin|gen
Zu|brin|ger; Zu|brin|ger|bus; Zu|brin|ger|dienst; Zu|brin|ger|stra|ße; Zu|brin|ger|ver|kehr
Zu|brot (zusätzlicher Verdienst)
Zu|bu|ße (*veraltet für* Zuschuss)
zu|but|tern (*ugs. für* [Geld] zusetzen)
Zuc|chet|to [tsʊ'kɛ...], der; -s, ...tti *meist Plur.* ‹ital.› (*schweiz. für* Zucchini)
Zuc|chi|ni [...'ki:ni], die; -, -, *seltener* **Zuc|chi|no,** der; -s, ...ni *meist Plur.* (ein gurkenähnliches Gemüse)
Zü|chen, der; -s, - (*landsch. svw.* Zieche)
Zucht, die; -, -en; **Zucht|buch**
Zucht|bul|le; Zucht|eber
züch|ten; Züch|ter
Zucht|er|folg
Züch|te|rin; züch|te|risch
Zucht|haus; Zucht|häus|ler; Zucht|häus|le|rin; Zucht|haus|stra|fe
Zucht|hengst
züch|tig (*oft spött. für* sittsam)
züch|ti|gen *(geh.)*
Züch|tig|keit, die; - *(scherzh., veraltet)*
Züch|ti|gung *(geh.)*
zucht|los; Zucht|lo|sig|keit
Zucht|mit|tel, das *(Rechtsspr.)*
Zucht|per|le; Zucht|stier; Zucht|tier
Züch|tung; Zucht|vieh; Zucht|wahl
zuck!; Zuck, der; -[e]s, -e; in einem Zuck
zu|ckeln (*ugs. für* gemächlich gehen, fahren); ich zuck[e]le
zu|cken; der Blitz zuckt
zü|cken; den Geldbeutel zücken
Zu|cker, der; -s, *Plur. (Sorten:)* -
Zu|cker|bä|cker (*südd., österr. für* Konditor); **Zu|cker|bä|cke|rin; Zu|cker|bä|cker|stil** (*abwertend für* [sowjetischer] Baustil nach dem 2. Weltkrieg)
Zu|cker|brot; Zu|cker|cou|leur (gebrannter Zucker zum Färben von Lebensmitteln); **Zu|cker|do|se; Zu|cker|erb|se; Zu|cker|fa|b|rik**
Zu|cker|fest (Fest der Muslime nach dem Fastenmonat)
zu|cker|frei; zuckerfreie Bonbons
Zu|cker|ge|halt, der
Zu|cker|gla|sur; Zu|cker|guss
zu|cker|hal|tig
Zu|cker|harn|ruhr (*für* Diabetes mellitus)
Zu|cker|hut, der

zu

I. *Wortart:*

a) *Präposition mit Dativ:*

- zu dem Garten; zum Bahnhof
- zu zweien, zu zweit
- vier zu eins (4:1)

b) *Konjunktion:*

- er bat ihn[,] zu helfen
- die zu versichernde Angestellte, *aber* die zu Versichernde, *entsprechend:* der aufzunehmende Fremde, der Aufzunehmende

Zur Kommasetzung ↑K116 *u.* 117

c) *Adverb:*

- zu viel, zu wenig, zu weit, zu spät
- zu sein (*ugs. für* geschlossen sein); alle Läden sind zu gewesen

d) *als »Vorwort« des Verbs:*

- der Hund ist mir zugelaufen
- der Vogel ist mir zugeflogen

II. *Zusammen- oder Getrenntschreibung:*

- zuäußerst; zuoberst; zutiefst; zuunterst
- zuzeiten (bisweilen), *aber* zu Großmutters Zeiten, zu Zeiten Goethes
- zuletzt, *aber* zu guter Letzt
- zugrunde *od.* zu Grunde gehen
- zugunsten *od.* zu Gunsten
- zu Haus[e] *od.* zuhaus[e] sein
- zulasten *od.* zu Lasten
- jemandem etwas zuleide *od.* zu Leide tun
- mir ist fröhlich zumute *od.* zu Mute
- sich etwas zunutze *od.* zu Nutze machen
- mit etwas zurande *od.* zu Rande kommen
- jemanden zurate *od.* zu Rate ziehen
- zuschanden *od.* zu Schanden werden
- sich etwas zuschulden *od.* zu Schulden kommen lassen
- zuseiten *(vgl. d.) od.* zu Seiten
- zustande *od.* zu Stande kommen
- zutage *od.* zu Tage fördern, treten
- zuungunsten *od.* zu Ungunsten
- zuwege *od.* zu Wege bringen
- zu Berge stehen
- jemandem zu Dank verpflichtet sein; zu herzlichstem Dank verpflichtet
- sich etwas zu eigen machen
- zu Ende gehen
- zu Herzen gehen
- jemandem zu Ohren kommen
- zu Recht bestehen
- zu Werke gehen
- zu Willen sein
- zum (zu dem; *vgl.* zum)
- zur (zu der; *vgl.* zur)
- sie sind der Stadt zu (stadtwärts) gegangen

III. *Großschreibung als erster Bestandteil eines Gebäudenamens* ↑K150:

- Zum Löwen (Gasthaus)
- Zur Alten Post (Gasthaus)
- das Gasthaus [mit dem Namen] »Zum Löwen«, »Zur Alten Post«, *aber* das »Gasthaus zum Löwen«

IV. *Groß- oder Kleinschreibung bei Familiennamen:*

- Familie Zur Nieden, *auch* Familie zur Nieden

zu|cke|rig, zuck|rig

Zu|cker|kand, der; -[e]s, **Zu|cker|kan|dis,** der; - (*österr. für* Kandiszucker)

zu|cker|krank; Zu|cker|krank|heit

Zu|ckerl, das; -s, -[n]; *vgl.* Pickerl (*bayr. u. österr. für* Bonbon)

Zu|cker|le|cken, das; *nur in* kein Zuckerlecken sein (unangenehm, anstrengend sein)

zu|ckern; ich zuckere

Zu|cker|raf|fi|na|de; Zu|cker|raf|fi|ne|rie

Zu|cker|rohr; Zu|cker|rü|be

Zu|cker|schle|cken *vgl.* Zuckerlecken; **Zu|cker|stan|ge; Zu|cker|streu|er**

zu|cker|süß

Zu|cker|tü|te; Zu|cker|was|ser; Zu|cker|wat|te; Zu|cker|wür|fel; Zu|cker|zan|ge

Zuck|fuß, der; -es (fehlerhafter Gang des Pferdes)

Zuck|may|er, Carl (dt. Schriftsteller u. Dramatiker)

Zuck|mü|cke

zuck|rig *vgl.* zuckerig

Zu|ckung

Zu|de|cke (*ugs. für* Bettdecke)

zu|de|cken

zu|dem (außerdem)

zu|die|nen (*schweiz. für* Handreichung tun)

zu|dik|tie|ren

zu|dre|hen

zu drei|en, zu dritt

zu|dring|lich; Zu|dring|lich|keit

zu dritt *vgl.* zu dreien

zu|dröh|nen, sich (*ugs. für* sich berauschen)

zu|drü|cken

zu ei|gen; sich etwas zu eigen machen ↑K72

zu|eig|nen (*geh. für* widmen; schenken); zugeeignet; **Zu|eig|nung**

zu|ei|n|an|der; er fragte, wie wir uns zueinander verhalten würden; zueinanderfinden *od.* zueinander finden; zueinanderpassen *od.* zueinander passen; *vgl.* aneinander

zu|ei|n|an|der|fin|den, zu|ei|n|an|der fin|den

zu|ei|n|an|der|hal|ten, zu|ei|n|an|der hal|ten

zu|ei|n|an|der|pas|sen, zu|ei|n|an|der pas|sen

zu|ei|n|an|der|ste|hen (zusammenhalten); *aber* ich weiß nicht, wie die beiden zueinander stehen (welche Beziehung sie haben)

zu En|de *vgl.* Ende

zu|er|ken|nen; Zu|er|ken|nung

zu|erst; der zuerst genannte Verfasser ist nicht mit dem zuletzt genannten zu verwechseln; zuerst einmal; *aber* zu zweit

Zu|er|werb, der; -[e]s (*svw.* Nebenerwerb); **Zu|er|werbs|be|trieb** *(Landwirtsch.)*

zu|fä|cheln

zu|fah|ren

Zu|fahrt; Zu|fahrts|stra|ße; Zu|fahrts|weg

Zu|fall, der

zu|fal|len

zu|frie|den

– zufrieden mit dem Ergebnis

Schreibung in Verbindung mit Verben und Partizipien:

– zufrieden machen, zufrieden sein, zufrieden werden
– jemanden zufriedenlassen
– sich zufriedengeben; sie hat sich damit zufriedengegeben; sie hat sich mit wenig zufriedenzugeben
– alle Kundinnen zufriedenstellen *od.* zufrieden stellen; die Gäste waren zufriedengestellt *od.* zufrieden gestellt; wir waren bemüht darum, alle zufriedenzustellen *od.* zufrieden zu stellen
– ein zufriedenstellendes *od.* zufrieden stellendes (*aber nur* zufriedenstellenderes) Ergebnis

zu|fäl|lig; zu|fäl|li|ger|wei|se; Zu|fäl|lig|keit
Zu|falls|aus|wahl *(Statistik);* **Zu|falls|be|kannt|schaft; Zu|falls|er|geb|nis; Zu|falls|grö|ße** *(Math.)*
Zu|falls|prin|zip; Zu|falls|pro|dukt; Zu|falls|streu|be|reich *(Statistik);* **Zu|falls|streu|ung** *(Statistik);* **Zu|falls|tref|fer**
zu|fas|sen
zu|fli|cken *(ugs.)*
zu|flie|gen; zu|flie|ßen
Zu|flucht, die; -; **Zu|flucht|nah|me,** die; -, -n; **Zu|fluchts|ort,** der; -[e]s, -e; **Zu|fluchts|stät|te**
Zu|fluss
zu|flüs|tern
zu|fol|ge ↑K63 *Präposition, bei Nachstellung mit Dativ:* dem Gerücht zufolge, demzufolge *(vgl. d.), bei Voranstellung mit Genitiv:* zufolge des Gerüchtes
zu|frie|den *s. Kasten*
zu|frie|den|ge|ben, sich; *vgl.* zufrieden
Zu|frie|den|heit
zu|frie|den|las|sen *vgl.* zufrieden
zu|frie|den|stel|len, zu|frie|den stel|len *vgl.* zufrieden
zu|frie|den|stel|lend, zu|frie|den stel|lend *vgl.* zufrieden
Zu|frie|den|stel|lung, die; -
zu|frie|ren
zu|fü|gen; Zu|fü|gung
Zu|fuhr, die; -, -en
zu|füh|ren (*auch für* [vorläufig] verhaften); **Zu|füh|rung**
Zu|füh|rungs|lei|tung; Zu|füh|rungs|rohr
zu Fuß; wir gehen lieber zu Fuß
Zu|fuß|ge|hen, das; -s ↑K27 *u.* 82
[1]**Zug,** der; -[e]s, Züge; Zug um Zug; Dreiuhrzug (*mit Ziffer* 3-Uhr-Zug ↑K26); im Zuge (in Verbindung mit) dieser Entwicklung
[2]**Zug** (Kanton u. Stadt in der Schweiz)
Zu|ga|be
Zug|ab|teil; *vgl. auch* Zugsabteil
Zu|gang
zu|gan|ge; zugange sein *(ugs.)*
zu|gän|gig (zugänglich)
zu|gäng|lich; Zu|gäng|lich|keit
Zu|gangs|be|rech|ti|gung
Zu|gangs|code, Zu|gangs|kode
Zug|aus|kunft (*bes. österr. für* Reiseauskunft der Bahn)
Zug|be|glei|ter; Zug|be|glei|te|rin
Zug|brü|cke
zu|ge|ben; zugegeben *(vgl. d.)*
zu|ge|dacht *(geh.);* diese Auszeichnung war ihr zugedacht
Zu|ge|führ|te, der *u.* die; -n, -n (*Amtsspr.* Verhaftete[r])
zu|ge|ge|ben; zugegeben, dass dein Freund recht hat; **zu|ge|ge|be|ner|ma|ßen**
zu|ge|gen (*geh. für* anwesend, dabei)
zu|ge|hen; auf jmdn. zugehen; auf dem Fest ist es lustig zugegangen; die Tür geht nicht zu *(ugs.)*
Zu|ge|he|rin, Zu|geh|frau (*südd., westösterr. für* Aufwartefrau)
Zu|ge|hör, das; -[e]s, *schweiz. auch* die; - (*österr. u. schweiz. Rechtsspr., sonst veraltet für* Zubehör)
zu|ge|hö|ren *(geh.)*
zu|ge|hö|rig; Zu|ge|hö|rig|keit; Zu|ge|hö|rig|keits|ge|fühl
zu|ge|knöpft; sie war sehr zugeknöpft (*ugs. für* verschlossen); **Zu|ge|knöpft|heit,** die; -
Zü|gel, der; -s, -; **Zü|gel|hand,** die; - (linke Hand des Reiters); **Zü|gel|hil|fe**
zü|gel|los; Zü|gel|lo|sig|keit
zü|geln (*schweiz. auch für* umziehen); ich züg[e]le; **Zü|ge|lung, Züg|lung**
Zü|gen|glöck|lein (*bayr. u. österr. für* Totenglocke)
Zu|ger (von, aus [2]Zug)
Zu|ge|reis|te, der *u.* die; -n, -n
Zu|ge|rin ⟨zu Zuger⟩
zu|ge|risch; Zu|ger See, der; - -s
zu|ge|sel|len; sich zugesellen
zu|ge|stan|den; zugestanden, dass dich keine Schuld trifft; **zu|ge|stan|de|ner|ma|ßen; Zu|ge|ständ|nis; zu|ge|ste|hen**
zu|ge|tan; er ist ihr von Herzen zugetan
zu|ge|wandt, zu|ge|wen|det *vgl.* zuwenden
Zu|ge|winn; Zu|ge|winn|ge|mein|schaft *(Rechtsspr.)*
Zug|fahrt
zug|fest; Zug|fes|tig|keit, die; -
Zug|füh|rer; *vgl. auch* Zugsführer; **Zug|füh|re|rin**
Zug|hub, der; -[e]s, -e (*Bergmannsspr.* ein Hebegerät)
zu|gie|ßen; sie goss Wasser zu
zu|gig (windig)
zü|gig (in einem Zuge; *schweiz. auch für* zugkräftig)
...zü|gig (z. B. zweizügig [von Schulen])
Zü|gig|keit, die; - (das Zügigsein)
Zug|kon|t|rol|le
Zug|kraft, die; **zug|kräf|tig**
Zug|last
zu|gleich
Zug|lei|ne
Züg|le|te, die; -, -n (*schweiz. mdal. für* Umzug, Wohnungswechsel)
Zug|luft, die; -
Züg|lung *vgl.* Zügelung
Zug|ma|schi|ne; Zug|num|mer; Zug|per|so|nal; Zug|pferd; Zug|pflas|ter
zu|grei|fen; greifen Sie zu!
Zug|rei|sen|de
Zu|griff, der; -[e]s, -e
zu|grif|fig (*schweiz. für* zugreifend, tatkräftig)
zu|griffs|be|rech|tigt *(bes. EDV);* **Zu|griffs|be|rech|ti|gung; Zu|griffs|mög|lich|keit; Zu|griffs|ra|te**
Zu|griffs|recht; Zu|griffs|zeit
zu|grun|de, zu Grun|de; zugrunde *od.* zu Grunde gehen, legen, liegen, richten; es scheint etwas anderes zugrunde *od.* zu Grunde zu liegen; zugrunde liegend *od.* zu Grunde liegend *od.* zugrundeliegend ↑K58

Zu|grun|de|ge|hen, das; -s
Zu|grun|de|le|gung; unter Zugrundelegung dieser Tatsachen
Zugs|ab|teil *(österr.)*
Zug|sal|be
Zug|scheit *Plur.* ...scheite (*landsch. für* Ortscheit)
Zug|seil
Zugs|füh|rer *(österr.)*
Zug|spitz|bahn
Zug|spit|ze, die; - (höchster Berg Deutschlands); **Zug|spitz|platt,** das; -s
Zug|stan|ge; Zug|stück
Zugs|ver|kehr *(österr., schweiz.);* **Zugs|ver|spä|tung** *(österr.)*
Zug|te|le|fon; Zug|tier
zu|gu|cken, zu|ku|cken *(ugs.);* zugeguckt, zugekuckt
Zug-um-Zug-Leis|tung *(Rechtswiss.);* ↑K 26
Zug|un|glück
zu|guns|ten, zu Guns|ten; *bei Voranstellung mit Genitiv:* zugunsten *od.* zu Gunsten bedürftiger Kinder, *bei Nachstellung mit Dativ (seltener):* dem Freund zugunsten *od.* zu Gunsten; *vgl.* Gunst
zu|gut; zugut haben (*schweiz. für* guthaben)
zu|gu|te|hal|ten; zu|gu|te|kom|men
zu gu|ter Letzt *vgl.* Letzt
zu|gu|te|tun; sich etwas darauf zugutetun, dass ... (stolz darauf sein, dass ...): sich etwas zugutetun (sich etwas gönnen)
Zug|ver|bin|dung; Zug|ver|kehr; Zug|ver|spä|tung
Zug|vieh; Zug|vo|gel
Zug|vor|rich|tung
zug|wei|se
Zug|wind; Zug|zwang; unter Zugzwang stehen
zu|ha|ben (*ugs. für* geschlossen haben)
zu|ha|ken; das Kleid zuhaken
zu|hal|ten
Zu|häl|ter; Zu|häl|te|rei *Plur. selten;* **Zu|häl|te|rin; zu|häl|te|risch**
[1]**zu|han|den;** zuhanden (verfügbar) sein
[2]**zu|han|den** *(bes. schweiz.),* **zu Hän|den** ↑K 63 (*Abk.* z. H., z. Hd.); zuhanden *od.* zu Händen des Herrn/der Frau X, *meist* zuhanden *od.* zu Händen von Herrn/von Frau X, *auch* zuhanden *od.* zu Händen Herrn/Frau X
zu|han|den|kom|men (in jmds. Hände gelangen)
zu|hän|gen *vgl.* [2]hängen
zu|hau|en; *zur Beugung vgl.* hauen
zu|hauf ↑K 63 (*geh. für* in großer Anzahl); es gab Kartoffeln zuhauf; kommet zuhauf!

zu Hau|se, zu|hau|se

- ich bin in Berlin zu Haus[e] *od.* zuhaus[e]
- sich wie zu Haus[e] *od.* zuhaus[e] fühlen
- etwas für zu Haus[e] *od.* zuhaus[e] mitnehmen
- ich freue mich auf zu Haus[e] *od.* zuhaus[e]

Vgl. auch Haus

Zu|hau|se, das; -[s]; sie hat kein Zuhause mehr
Zu|hau|se|ge|blie|be|ne, der *u.* die; -n, -n, **zu Hau|se Ge|blie|be|ne,** der *u.* die; - - -n, - - -n, **zu|hau|se Ge|blie|be|ne,** der *u.* die; - -n, - -n ↑K 58
zu|hef|ten; zu|hei|len
zu Hil|fe *vgl.* Hilfe
Zu|hil|fe|nah|me, die; -, -n *Plur. selten*
zu|hin|terst; zu|höchst
zu|hor|chen (*landsch. für* zuhören)
zu|hö|ren; Zu|hö|rer
Zu|hö|rer|bank *Plur.* ...bänke
Zu|hö|re|rin; Zu|hö|rer|schaft
Zui|der|see ['zɔy...], die; - *od.* der; -s; *vgl.* Ijsselmeer
zu|in|nerst *(geh.)*
zu|ju|beln
Zu|kauf *(bes. Finanzw.);* **zu|kau|fen**
zu|keh|ren; sie hat mir den Rücken zugekehrt
zu|klap|pen; zu|kle|ben; zu|knal|len *(ugs.);* **zu|knei|fen; zu|knöp|fen;** zugeknöpft *(vgl. d.);* **zu|kno|ten**
zu|kom|men; er ist auf mich zugekommen; sie hat ihm das Geschenk zukommen lassen, *seltener* gelassen; ihr etwas zukommen zu lassen
zu|kor|ken
Zu|kost
zu|ku|cken *vgl.* zugucken
Zu|kunft, die; -, Zukünfte
zu|künf|tig; Zu|künf|ti|ge, der *u.* die; -n, -n (Verlobte[r])
Zu|kunfts|angst; Zu|kunfts|aus|sich|ten *Plur.*
zu|kunfts|fä|hig; Zu|kunfts|fä|hig|keit, die; -
zu|kunfts|fest *(bes. Politikjargon)*
Zu|kunfts|for|scher; Zu|kunfts|for|sche|rin; Zu|kunfts|for|schung
zu|kunfts|ge|rich|tet
Zu|kunfts|glau|be[n]; zu|kunfts|gläu|big
Zu|kunfts|mu|sik *(ugs.)*
zu|kunfts|ori|en|tiert
Zu|kunfts|per|s|pek|ti|ve; Zu|kunfts|plan; Zu|kunfts|pro|g|no|se
zu|kunfts|reich
Zu|kunfts|ro|man
zu|kunfts|si|cher; Zu|kunfts|si|che|rung, die; -
Zu|kunfts|staat *Plur.* ...staaten; **Zu|kunfts|stand|ort**
Zu|kunfts|tech|no|lo|gie
zu|kunfts|träch|tig
Zu|kunfts|vi|si|on
zu|kunfts|voll
zu|kunft[s]|wei|send
zu|lä|cheln; zu|la|chen
Zu|la|dung
Zu|la|ge
zu Lan|de; bei uns zu Lande; hierzulande *od.* hier zu Lande; zu Wasser u. zu Lande
zu|lan|gen
zu|läng|lich (hinreichend); **Zu|läng|lich|keit**
zu|las|sen; sofern die Regel es zulässt
zu|läs|sig (erlaubt); **Zu|läs|sig|keit**
Zu|las|sung
Zu|las|sungs|an|trag; Zu|las|sungs|num|mer; Zu|las|sungs|schein (*österr., sonst ugs. für* Kraftfahrzeugschein); **Zu|las|sungs|stel|le; Zu|las|sungs|ver|fah|ren**
zu|las|ten, zu Las|ten; zulasten *od.* zu Lasten des ... *od.* von ...
Zu|lauf; zu|lau|fen
zu|le|gen; zugelegt
zu|leid, zu|lei|de, zu Leid, zu Lei|de; *nur in* jmdm. etwas zuleid[e] *od.* zu Leid[e] tun ↑K 63
zu|lei|ten
Zu|lei|tung; Zu|lei|tungs|rohr
zu|ler|nen *(ugs.)*
zu|letzt; *aber* zu guter Letzt
zu|lie|be, *südd., österr. auch* **zu|lieb** ↑K 63 *Präp. mit vorangestelltem Dat.:* mir, dir usw. zuliebe
Zu|lie|fe|rant, der; -en, -en; **Zu|lie|fer|be|trieb**
Zu|lie|fe|rer *(Wirtsch.);* **Zu|lie|fe|rer|in|dus|t|rie; Zu|lie|fe|rin; Zu|lie|fer|in|dus|t|rie; zu|lie|fern; Zu|lie|fe|rung**
zul|len (*landsch. für* saugen)
zu|lo|sen *(bes. Sport);* die zugelosten Gruppengegner
Zulp, der; -[e]s, -e (*ostmitteld. für* Schnuller); **zul|pen** (*ostmitteld. für* saugen)
Zu|lu, der; -[s], -[s] (Angehöriger

eines Bantustammes in Südafrika)
Zu|luft, die; - (*Technik* zugeleitete Luft)
zum (zu dem); zum einen ..., zum anderen ...; ↑K72 : zum Ersten, zum Zweiten, zum Dritten; zum Höchsten, Mindesten, Wenigsten; zum ersten Mal[e]; zum letzten Mal[e]; zum Teil (*Abk.* z. T.); etwas zum Besten geben, haben, halten; es steht nicht zum Besten (nicht gut); zum Besten der Armen; sich zum Besten kehren, lenken, wenden; ↑K82 : das ist zum Weinen, zum Totlachen; *zur Schreibung von* »zum« *als Teil von Eigennamen vgl.* zu
zu|ma|chen *(ugs.)*; zugemacht; auf- und zumachen ↑K31
zu|mal ↑K63 (besonders); zumal [da, wenn]
zu|mau|ern
Zum|ba®, das; -s *meist ohne Artikel gebr.* (Fitnesstraining zu lateinamerik. Musik)
zum Bei|spiel (*Abk.* z. B.; ↑K105)
zu|meist
zu|mes|sen; zugemessen
zum Ex|em|pel (*veraltend für* zum Beispiel; *Abk.* z. E.)
zu|min|dest; *aber* zum Mindesten
zum Teil (*Abk.* z. T.)
zu|mül|len *(ugs.)*
zu|mut|bar; im Rahmen des Zumutbaren; **Zu|mut|bar|keit**
zu|mu|te, **zu Mu|te**; mir ist gut, schlecht zumute *od.* zu Mute
zu|mu|ten; Zu|mu|tung
zum Vo|r|aus (*landsch. für* im Voraus)
zu|nächst; zunächst ging er nach Hause; zunächst dem Hause *od.* dem Hause zunächst; **Zu|nächst|lie|gen|de**, das; -n
zu|na|geln; zu|nä|hen
Zu|nah|me, die; -, -n (Vermehrung)
Zu|na|me, der; -ns, -n (Familienname; *veraltend für* Beiname)
zünd|bar; Zünd|blätt|chen
Zun|del, der; -s (*veraltet für* Zunder)
zün|deln (*bes. südd., österr. für* mit Feuer spielen); ich zünd[e]le
zün|den; zün|dend; zündende Ideen
Zun|der, der; -s, - (ein altes Zündmittel; *Technik* Oxidschicht)
Zün|der ([Gas-, Feuer]anzünder; Zündvorrichtung in Sprengkörpern; *österr. auch svw.* Zündhölzer)
Zun|der|schwamm (ein Pilz)
Zünd|flam|me; Zünd|fun|ke[n]
Zünd|holz; Zünd|hölz|chen; Zünd|holz|schach|tel
Zünd|hüt|chen; Zünd|ka|bel; Zünd|ker|ze; Zünd|la|dung
Zünd|ler (*österr. für* Brandstifter); **Zünd|le|rin**
Zünd|na|del; Zünd|na|del|ge|wehr *(früher)*
Zünd|plätt|chen (*svw.* Zündblättchen); **Zünd|schloss; Zünd|schlüs|sel; Zünd|schnur; Zünd|stoff**
Zün|dung
Zünd|ver|tei|ler; Zünd|vor|rich|tung; Zünd|zeit|punkt
zu|neh|men *vgl.* ab
zu|neh|mend (mehr u. mehr)
zu|nei|gen; Zu|nei|gung
Zunft, die; -, Zünfte
Zunft|ge|nos|se; Zunft|haus
zünf|tig (*ugs. auch für* ordentlich)
Zünft|ler (*früher für* Angehöriger einer Zunft)
Zunft|meis|ter; Zunft|ord|nung; Zunft|recht; Zunft|wap|pen; Zunft|zwang
Zun|ge, die; -, -n
Zün|gel|chen; zün|geln; ich züng[e]le
Zun|gen|bre|cher
zun|gen|fer|tig; Zun|gen|fer|tig|keit, die; -
Zun|gen|kuss; Zun|gen|laut (*für* Lingual); **Zun|gen|pier|cing**
Zun|gen-R, **Zun|gen-r**, das; -, - ↑K29 *(Sprachwiss.)*
Zun|gen|schlag; Zun|gen|spit|ze
Zun|gen|wurst
Züng|lein
zu|nich|te; zunichte sein
zu|nich|te|ma|chen (zerstören)
zu|nich|te|wer|den
zu|ni|cken
zu|nie|derst (*landsch. für* zuunterst)
Züns|ler, der; -s, - (ein Kleinschmetterling)
zu|nut|ze, **zu Nut|ze**; sich etwas zunutze *od.* zu Nutze machen
zu|oberst
zu|or|den|bar
zu|ord|nen; Zu|ord|nung
zu|pa|cken
zu|par|ken; ein zugeparkter Hof
zu|pas|sen *(bes. Fußball)*; er hat ihm den Ball zugepasst
zu|pass|kom|men, zu|pas|se|kom|men
zup|fen
Zupf|gei|ge (*ugs. veraltet für* Gitarre); **Zupf|gei|gen|hansl**, der; -s, - (eine Liedersammlung)
Zupf|in|s|t|ru|ment
zu|pflas|tern
zu|pres|sen; zugepresst
zu|pros|ten
zur (zu der); zur Folge haben; sich zur Ruhe setzen; zur Schau stellen; zur Zeit (*Abk.* z. Z., z. Zt.) Karls des Großen, *aber* sie ist zurzeit krank; *zur Schreibung von* »zur« *als Teil eines Eigennamens vgl.* zu
zu|ran|de, **zu Ran|de**; mit etwas zurande *od.* zu Rande kommen; *vgl.* [1]Rand
zu|ra|te, **zu Ra|te**; jmdn. zurate *od.* zu Rate ziehen
zu|ra|ten
zu|rau|nen *(geh.)*
Zür|cher (*schweiz. nur so; vgl.* Züricher)
Zür|cher *vgl.* Züricher
Zür|cher; Zür|che|rin *vgl.* Zürcherin; **zür|che|risch**
zur Dis|po|si|ti|on (zur Verfügung; *Abk.* z. D.); zur Disposition stellen; **Zur|dis|po|si|ti|on|stel|lung**
zu|re|chen|bar; Zu|re|chen|bar|keit
zu|rech|nen
Zu|rech|nung; zu|rech|nungs|fä|hig; Zu|rech|nungs|fä|hig|keit, die; -
zu|recht...; *nur in Zus. mit Verben,* z. B. zurechtkommen usw., *aber* zu Recht bestehen
zu|recht|bas|teln; zu|recht|bie|gen; zu|recht|fei|len; zu|recht|fin|den, sich; **zu|recht|kom|men; zu|recht|le|gen; zu|recht|ma|chen** *(ugs.)*
zu|recht|rü|cken; zu|recht|schnei|den; zu|recht|schus|tern *(ugs.)*; **zu|recht|set|zen; zu|recht|stel|len; zu|recht|stut|zen**
zu|recht|wei|sen; Zu|recht|wei|sung
zu|recht|zim|mern
zu|re|den; Zu|re|den, das; -s; trotz allem Zureden, trotz allen *od.* alles Zuredens
zu|rei|chen; zu|rei|chend; zureichende Gründe
zu|rei|ten
Zü|rich [*schweiz.* ˈtsʏrɪç] (Kanton u. Stadt in der Schweiz)
Zü|ri[ch]|biet, das; -s (*svw.* Kanton Zürich); **Zü|ri[ch]|bie|ter**
Zü|ri|cher, *in der Schweiz nur* Zür|cher; **Zü|ri|che|rin**, *in der Schweiz nur* Zür|che|rin; **zü|ri|che|risch**, *in der Schweiz nur* zür|che|risch
Zü|rich|see, **Zü|rich-See**, der; -s
Zu|rich|te|bo|gen *(Druckw.)*
zu|rich|ten; Zu|rich|ten, das; -s; **Zu|rich|ter; Zu|rich|te|rei; Zu|rich|te|rin; Zu|rich|tung**
zu|rie|geln
zür|nen *(geh.)*

Z
Zulu

zu|rol|len
zur|ren ‹niederl.› (*Seemannsspr.* festbinden); **Zur|ring,** der; -s, *Plur.* -s *u.* -e (*Seemannsspr.* Leine zum Zurren)
Zur|schau|stel|lung; *aber* das Zurschaustellen *od.* das Zur-Schau-Stellen
zu|rück; zurück sein; einen Blick auf den Weg zurück (auf den Rückweg) werfen, *aber* einen Blick auf den [hinter einem liegenden] Weg zurückwerfen; ↑K81 : es gibt kein Zurück mehr
zu|rück... (*in Zus. mit Verben,* z. B. zurücklegen, du legst zurück, wenn du zurücklegst, zurückgelegt, zurückzulegen)
zu|rück|bau|en *(Fachspr.)*
zu|rück|be|glei|ten
zu|rück|be|hal|ten; Zu|rück|be|hal|tung; Zu|rück|be|hal|tungs|recht *(Rechtswiss.)*
zu|rück|be|kom|men
zu|rück|be|or|dern
zu|rück|beu|gen
zu|rück|be|we|gen
zu|rück|be|zah|len
zu|rück|bil|den; sich zurückbilden; **Zu|rück|bil|dung**
zu|rück|blät|tern
zu|rück|blei|ben
zu|rück|blen|den *(Film)*
zu|rück|bli|cken
zu|rück|brin|gen; zurückzubringen
zu|rück|bu|chen; zurückzubuchen
zu|rück|da|tie|ren (mit einem früheren Datum versehen)
zu|rück|den|ken
zu|rück|drän|gen; Zu|rück|drän|gung
zu|rück|dre|hen
zu|rück|dür|fen
zu|rück|ei|len
zu|rück|er|bit|ten
zu|rück|er|hal|ten
zu|rück|er|obern; Zu|rück|er|obe|rung
zu|rück|er|stat|ten; Zu|rück|er|stat|tung
zu|rück|fah|ren
zu|rück|fal|len
zu|rück|fin|den
zu|rück|flie|gen
zu|rück|flie|ßen
zu|rück|for|dern
zu|rück|fra|gen
zu|rück|füh|ren; Zu|rück|füh|rung
zu|rück|ge|ben
zu|rück|ge|blie|ben *(oft abwertend)*
zu|rück|ge|hen; zurückzugehen
zu|rück|ge|win|nen
zu|rück|ge|zo|gen; Zu|rück|ge|zo|gen|heit, die; -
zu|rück|grei|fen
zu|rück|ha|ben; etwas zurückhaben wollen
zu|rück|hal|ten; sich zurückhalten; **zu|rück|hal|tend;** die zurückhaltends|te Äußerung; **Zu|rück|hal|tung**
zu|rück|ho|len
zu|rück|käm|men
zu|rück|kau|fen
zu|rück|keh|ren
zu|rück|klap|pen
zu|rück|kom|men
zu|rück|kön|nen *(ugs.);* wir haben nicht mehr zurückgekonnt
zu|rück|krie|gen *(ugs.)*
zu|rück|las|sen; Zu|rück|las|sung
zu|rück|le|gen (*österr. auch für* [ein Amt] niederlegen)
zu|rück|leh|nen, sich
zu|rück|lie|gen
zu|rück|mel|den
zu|rück|müs|sen *(ugs.);* zurückgemusst
Zu|rück|nah|me, die; -, -n; **zu|rück|neh|men**
zu|rück|pfei|fen (*auch ugs. für* von einem Auftrag zurückziehen)
zu|rück|pral|len
zu|rück|rei|chen; bis in vergangene Jahrhunderte zurückreichend
zu|rück|rol|len
zu|rück|ru|dern (*auch ugs. für* etw. rückgängig machen)
zu|rück|ru|fen; ich rufe zurück
zu|rück|schal|ten
zu|rück|schau|dern; sie ist zurückgeschaudert
zu|rück|schau|en
zu|rück|scheu|en
zu|rück|schi|cken
zu|rück|schie|ben (*österr. auch für* rückwärtsfahren)
zu|rück|schla|gen
zu|rück|schnei|den
zu|rück|schrau|ben; du musst deine Ansprüche zurückschrauben
[1]zu|rück|schre|cken; er schrak zurück; sie ist zurückgeschreckt, *selten* sie ist zurückgeschrocken; *vgl.* schrecken; *aber übertr.:* vor etwas zurückschrecken (etwas nicht wagen); sie schreckten davor zurück, sind davor zurückgeschreckt
[2]zu|rück|schre|cken; das schreckte ihn zurück; *vgl.* schrecken
zu|rück|seh|nen, sich
zu|rück sein *vgl.* zurück
zu|rück|sen|den; zurückgesandt *u.* zurückgesendet
zu|rück|set|zen; sich zurückgesetzt fühlen; **Zu|rück|set|zung**
zu|rück|spie|len
zu|rück|spu|len
zu|rück|ste|cken
zu|rück|ste|hen; zurückzustehen
zu|rück|stel|len (*österr. auch für* zurückgeben, -senden); **Zu|rück|stel|lung**
zu|rück|sto|ßen
zu|rück|stu|fen; Zu|rück|stu|fung
zu|rück|stut|zen
zu|rück|trei|ben
zu|rück|tre|ten
zu|rück|tun *(ugs.);* einen Schritt zurücktun
zu|rück|ver|fol|gen
zu|rück|ver|lan|gen
zu|rück|ver|set|zen; sich zurückversetzen
zu|rück|ver|wei|sen
zu|rück|wan|dern
zu|rück|wei|chen
zu|rück|wei|sen; Zu|rück|wei|sung
zu|rück|wen|den; zurückgewandt
zu|rück|wer|fen
zu|rück|wir|ken
zu|rück|wol|len *(ugs.);* sie hat nicht mehr zurückgewollt
zu|rück|zah|len; Zu|rück|zah|lung
zu|rück|zie|hen; zurückgezogen leben; sich zurückziehen
zu|rück|zu|cken
Zu|ruf; auf Zuruf; **zu|ru|fen**
Zur|ver|fü|gung|stel|lung; *aber* das Zurverfügungstellen *od.* das Zur-Verfügung-Stellen
zur|zeit (*Abk.* zz., zzt.); sie ist zurzeit krank, *aber* sie lebte zur Zeit Karls des Großen
Zu|sa|ge, die; -, -n; **zu|sa|gen**
zu|sä|gen; ein Brett zusägen
zu|sa|gend
zu|sam|men *s. Kasten Seite 1208*
Zu|sam|men|ar|beit, die; -
zu|sam|men|ar|bei|ten (Tätigkeiten auf ein Ziel hin vereinigen); die beiden Firmen haben beschlossen[,] zusammenzuarbeiten
zu|sam|men|bal|len; Zu|sam|men|bal|lung
zu|sam|men|bas|teln; er hat sich ein Auto zusammengebastelt; *aber* sie haben gestern zusammen (gemeinsam) gebastelt
Zu|sam|men|bau *Plur.* -e (*für* Montage); **zu|sam|men|bau|en;** er hat das Modellschiff zusammengebaut; *aber* sie wollen zusammen (gemeinsam) bauen

zu|sạm|men

– zusammen mit ihr – zusammenarbeiten, zusammenballen, zusammenbeißen – zusammenbinden: ich binde zusammen, habe zusammengebunden, um zusammenzubinden *Von einem folgenden Verb oder Partizip wird getrennt geschrieben, wenn »zusammen« svw. »gemeinsam, gleichzeitig« bedeutet (das Verb wird in diesen Fällen meist deutlich stärker betont):* – sie können nicht zusạmmen [in einem Raum] ạrbeiten	– wir sind zusạmmen ạngekommen – jetzt sollen alle zusạmmen sịngen *Nur getrennt:* – zusammen sein; wenn er mit uns zusammen ist; sie waren zusammen gewesen; *aber* das Zusammensein

zu|sạm|men|bei|ßen; sie hat die Zähne zusammengebissen
zu|sạm|men|be|kom|men (zusammenbringen); sie werden die nötigen Unterschriften zusammenbekommen; *aber* wir haben dieses Geschenk zusammen (gemeinsam) bekommen
zu|sạm|men|bin|den
zu|sạm|men|blei|ben (sich nicht wieder trennen)
zu|sạm|men|brau|en *(ugs.);* was für ein Zeug hast du da zusammengebraut!
zu|sạm|men|bre|chen
zu|sạm|men|brin|gen; er hat die Gegner zusammengebracht; *aber* sie werden das Gepäck zusammen (gemeinsam) bringen
Zu|sạm|men|bruch, der; -[e]s, ...brüche
zu|sạm|men|drän|gen; die Menge wurde zusammengedrängt; sich zusammendrängen
zu|sạm|men|drück|bar
zu|sạm|men|drü|cken; sie hat den Karton zusammengedrückt; *aber* sie haben die Schulbank zusammen (gemeinsam) gedrückt
zu|sạm|men|fah|ren; die Radfahrer sind zusammengefahren; sie ist bei dem Knall zusammengefahren; *aber* sie sind zusammen (gemeinsam) gefahren
Zu|sạm|men|fall, der; -[e]s
zu|sạm|men|fal|len (einstürzen; gleichzeitig erfolgen); das Haus ist zusammengefallen; Sonn- und Feiertag sind zusammengefallen
zu|sạm|men|fal|ten; hast du das Papier zusammengefaltet?
zu|sạm|men|fas|sen; er hat den Inhalt der Rede zusammengefasst; **Zu|sạm|men|fas|sung**
zu|sạm|men|fe|gen *vgl.* zusammenkehren
zu|sạm|men|fin|den, sich (sich treffen, sich zusammentun)
zu|sạm|men|fli|cken *(ugs.); auch übertr.:* der Arzt hat ihn wieder zusammengeflickt
zu|sạm|men|flie|ßen (sich vereinen); wo Fulda und Werra zusammenfließen; **Zu|sạm|men|fluss**
zu|sạm|men|fü|gen (vereinigen); er hat alles schön zusammengefügt; sich zusammenfügen; **Zu|sạm|men|fü|gung**
zu|sạm|men|füh|ren (zueinander hinführen); die Flüchtlinge wurden zusammengeführt; *aber* wir werden den Blinden zusammen (gemeinsam) führen; **Zu|sạm|men|füh|rung**
zu|sạm|men|ge|hen *vgl.* zusammen
zu|sạm|men|ge|hö|ren (eng verbunden sein); wir haben immer zusammengehört; *aber* das Auto wird uns zusammen (gemeinsam) gehören; **zu|sạm|men|ge|hö|rig; Zu|sạm|men|ge|hö|rig|keit; Zu|sạm|men|ge|hö|rig|keits|ge|fühl**
zu|sạm|men|ge|setzt; zusammengesetztes Wort (Kompositum)
zu|sạm|men|ge|wür|felt
zu|sạm|men|ha|ben *(ugs.);* ich bin froh, dass wir jetzt das Geld dafür zusammenhaben
Zu|sạm|men|halt, der; -[e]s; **zu|sạm|men|hal|ten** (sich nicht trennen lassen; verbinden); die beiden Freunde haben immer zusammengehalten; sie hat die beiden Stoffe [vergleichend] zusammengehalten
Zu|sạm|men|hang; im *od.* in Zusammenhang stehen
[1]**zu|sạm|men|hän|gen** *vgl.* [1]hängen
[2]**zu|sạm|men|hän|gen;** er wollte die beiden Bilder zusammenhängen; *vgl.* [2]hängen
zu|sạm|men|hän|gend
zu|sạm|men|hang[s]|los; Zu|sạm|men|hang[s]|lo|sig|keit, die; -
zu|sạm|men|hau|en *(ugs.);* sie haben ihn zusammengehauen; er hatte den Tisch in fünf Minuten zusammengehauen
zu|sạm|men|hef|ten; sie hat die Stoffreste zusammengeheftet
zu|sạm|men|kau|fen; er hat sich seine Möbel günstig zusammengekauft; *aber* sie werden das Auto zusammen (gemeinsam) kaufen
zu|sạm|men|keh|ren *(bes. südd., österr.);* hast du die Scherben zusammengekehrt?; *aber* wir können den Hof zusammen (gemeinsam) kehren
zu|sạm|men|klap|pen; sie hat den Fächer zusammengeklappt; er ist vor Erschöpfung zusammengeklappt *(ugs.)*
zu|sạm|men|klau|ben *(bes. südd., österr.)*
zu|sạm|men|kle|ben; er hat das Modellschiff zusammengeklebt
zu|sạm|men|knei|fen; sie hat die Lippen zusammengekniffen
zu|sạm|men|knül|len; sie knüllte die Zeitung zusammen
zu|sạm|men|kom|men (sich begegnen); alle Teams sind zusammengekommen; *aber* wenn möglich, wollen wir zusammen (gemeinsam) kommen
zu|sạm|men|kra|chen *(ugs.);* zwei Autos sind auf der Kreuzung zusammengekracht
zu|sạm|men|krat|zen *(ugs.);* sie hat ihr Geld zusammengekratzt
Zu|sạm|men|kunft, die; -, ...künfte
zu|sạm|men|läp|pern, sich *(ugs. für* sich aus kleinen Mengen ansammeln); das hat sich ganz schön zusammengeläppert

zu|sạm|men|lau|fen (sich treffen; ineinanderfließen); um zusammenzulaufen; die Farben sind zusammengelaufen; *aber* wir wollen ein Stück zusammen (gemeinsam) laufen
zu|sạm|men|le|ben; sie haben lange zusammengelebt (einen gemeinsamen Haushalt geführt); sie haben sich gut zusammengelebt (sich aufeinander eingestellt); **Zu|sạm|men|le|ben,** das; -s
zu|sạm|men|leg|bar
zu|sạm|men|le|gen (vereinigen; falten); die Kurse wurden zusammengelegt; um das Tischtuch zusammenzulegen; **Zu|sạm|men|le|gung**
zu|sạm|men|le|sen (sammeln); er hat die Früchte zusammengelesen; *aber* wir wollen das Buch zusammen (gemeinsam) lesen
zu|sạm|men|nä|hen; sie hat die Stoffbahnen zusammengenäht; *aber* morgen wollen sie zusammen (gemeinsam) nähen
zu|sạm|men|neh|men (sich beherrschen); sich zusammennehmen
zu|sạm|men|pa|cken; du kannst deine Sachen zusammenpacken; *aber* wir wollten doch zusammen (gemeinsam) packen
zu|sạm|men|pas|sen; das hat gut zusammengepasst
zu|sạm|men|pfer|chen
zu|sạm|men|pi|cken (*bayr., österr. ugs. für* zusammenkleben)
Zu|sạm|men|prall; zu|sạm|men|pral|len; zwei Autos sind auf der Kreuzung zusammengeprallt
zu|sạm|men|pres|sen; sie hatte die Hände zusammengepresst
zu|sạm|men|raf|fen (gierig an sich bringen); er hat ein großes Vermögen zusammengerafft
zu|sạm|men|rau|fen, sich (*ugs. für* sich einigen); man hatte sich schließlich zusammengerauft
zu|sạm|men|räu|men; alle Sachen werden jetzt zusammengeräumt!
zu|sạm|men|rech|nen; er hat die Kosten zusammengerechnet
zu|sạm|men|rei|men; ich kann mir das nicht zusammenreimen (habe keine Erklärung dafür)
zu|sạm|men|rei|ßen, sich (*ugs. für* sich zusammennehmen); ich habe mich zusammengerissen
zu|sạm|men|rol|len; sich zusammenrollen; sie haben den Teppich zusammengerollt
zu|sạm|men|rot|ten, sich; die Meuterer hatten sich zusammengerottet; **Zu|sạm|men|rot|tung**
zu|sạm|men|rü|cken *vgl.* zusammen
zu|sạm|men|ru|fen; die Schüler wurden in den Hof zusammengerufen
zu|sạm|men|sa|cken (*ugs. für* zusammenbrechen)
Zu|sạm|men|schau
zu|sạm|men|schei|ßen (*derb für* scharf abkanzeln)
zu|sạm|men|schla|gen (*ugs. für* schwer verprügeln)
zu|sạm|men|schlie|ßen, sich (sich vereinigen); um sich zusammenzuschließen
Zu|sạm|men|schluss
zu|sạm|men|schmel|zen; der Vorrat ist zusammengeschmolzen
zu|sạm|men|schnü|ren; sie hat die Kleidungsstücke zusammengeschnürt; die Angst hat seine Kehle zusammengeschnürt
zu|sạm|men|schrau|ben *vgl.* zusammen
zu|sạm|men|schre|cken *vgl.* schrecken
zu|sạm|men|schrei|ben; die beiden Wörter werden zusammengeschrieben; dieses Buch ist aus anderen Büchern zusammengeschrieben; *aber* wir wollen dieses Buch zusammen (gemeinsam) schreiben; **Zu|sạm|men|schrei|bung**
zu|sạm|men|schrump|fen; der Vorrat ist zusammengeschrumpft
zu|sạm|men|schus|tern (*ugs.*); er hat das Regal zusammengeschustert
zu|sạm|men|schwei|ßen (durch Schweißen verbinden; eng vereinigen); die Schienen wurden zusammengeschweißt; die Gefahr hat die Gruppe noch mehr zusammengeschweißt
zu|sạm|men sein *vgl.* zusammen
Zu|sạm|men|sein, das; -s
zu|sạm|men|set|zen (nebeneinandersetzen, zueinanderfügen); um das Puzzle zusammenzusetzen; sich zusammensetzen; **Zu|sạm|men|set|zung** (*auch für* Kompositum)
zu|sạm|men|sin|ken; sie ist zusammengesunken
zu|sạm|men|sit|zen; sie haben den ganzen Tag zusammengesessen
Zu|sạm|men|spiel, das; -[e]s; **zu|sạm|men|spie|len;** die Elf hat gut zusammengespielt; *aber* die Kinder haben schön zusammen (gemeinsam) gespielt
zu|sạm|men|stau|chen (*ugs. für* zurechtweisen); ich wurde zusammengestaucht
zu|sạm|men|ste|cken *vgl.* zusammen
zu|sạm|men|ste|hen; sie haben im Hof zusammengestanden; sie haben immer zusammengestanden (zusammengehalten)
zu|sạm|men|stel|len (nebeneinanderstellen; zueinanderfügen); die Kinder haben sich zusammengestellt; um das Menü zusammenzustellen; **Zu|sạm|men|stel|lung**
zu|sạm|men|stim|men; seine Angaben, die Instrumente haben nicht zusammengestimmt
Zu|sạm|men|stoß; zu|sạm|men|sto|ßen; zwei Autos sind zusammengestoßen
zu|sạm|men|strei|chen (*ugs.*); der Etat wurde rigoros zusammengestrichen (gekürzt)
zu|sạm|men|strö|men; die Menschen sind zusammengeströmt
zu|sạm|men|stü|ckeln; der Text ist aus verschiedenen Aufsätzen zusammengestückelt
Zu|sạm|men|sturz; zu|sạm|men|stür|zen; das Gerüst ist zusammengestürzt
zu|sạm|men|su|chen; ich musste das Werkzeug erst zusammensuchen; *aber* lasst uns zusammen (gemeinsam) suchen!
zu|sạm|men|tra|gen (sammeln); sie haben das Holz zusammengetragen; *aber* ihr sollt den Sack zusammen (gemeinsam) tragen
zu|sạm|men|tref|fen (begegnen); sie sind im Theater zusammengetroffen; **Zu|sạm|men|tref|fen,** das; -s, -
zu|sạm|men|trei|ben; sie haben die Herde zusammengetrieben; *aber* sie haben die Herde zusammen (gemeinsam) auf die Weide getrieben
zu|sạm|men|tre|ten; man hat ihn brutal zusammengetreten; das Parlament ist zusammengetreten (hat sich versammelt)
zu|sạm|men|trom|meln (*ugs. für* herbeirufen); sie hat alle Freunde zusammengetrommelt
zu|sạm|men|tun (*ugs. für* vereinigen); sie haben sich zusammen-

Z
zusa

getan; *aber* wir wollen das zusammen (gemeinsam) tun
zu|sạm|men|wach|sen (in eins wachsen); der Knochen ist wieder zusammengewachsen
zu|sạm|men|wir|ken (vereint wirken); hier haben alle Kräfte zusammengewirkt; **Zu|sạm|men-wir|ken**, das; -s
zu|sạm|men|woh|nen; sie hatten lange zusammengewohnt (einen gemeinsamen Haushalt)
zu|sạm|men|wür|feln; das Team war bunt zusammengewürfelt
zu|sạm|men|zäh|len (addieren); sie hat die Zahlen zusammengezählt; *aber* lasst uns zusammen (gemeinsam) zählen!; das Zusammenzählen; **Zu|sạm|men-zäh|lung**
zu|sạm|men|zie|hen; sie hat das Loch im Strumpf zusammengezogen; die Truppen wurden zusammengezogen; er hat die Zahlen zusammengezogen; sich zusammenziehen; *aber* sie haben den Wagen zusammen (gemeinsam) gezogen; **Zu|sạm-men|zie|hung**
zu|sạm|men|zu|cken (eine zuckende Bewegung machen); ich bin bei dem Knall zusammengezuckt
Zu|satz; Zu|satz|ab|kom|men; Zu-satz|an|ge|bot; Zu|satz|aus|bil-dung; Zu|satz|be|stim|mung; Zu-satz|brems|leuch|te *(Kfz-Technik);* **Zu|satz|ge|rät**
zu|sätz|lich
Zu|satz|nut|zen
Zu|satz|steu|er, die; **Zu|satz|ta|rif**
Zu|satz|ver|si|che|rung; Zu|satz|zahl (beim Lotto)
zu Scha|den *vgl.* Schaden
zu|schal|ten; wir haben uns zugeschaltet
zu|schạn|den, zu Schạn|den; zuschanden *od.* zu Schanden machen, werden
zu|schan|zen; er hat ihr den Posten zugeschanzt
zu|schar|ren
zu|schau|en
Zu|schau|er; Zu|schau|er|be|tei|li-gung; Zu|schau|e|rin
Zu|schau|er|ku|lis|se; Zu|schau|er-quo|te; Zu|schau|er|rang; Zu-schau|er|raum; Zu|schau|er-schaft; Zu|schau|er|tri|bü|ne; Zu-schau|er|zahl
zu|schau|feln
zu|schi|cken

zu|schie|ben (*ugs. auch für* [heimlich] zukommen lassen)
zu|schie|ßen (beisteuern); sie hat schon viel Geld zugeschossen
Zu|schlag
zu|schla|gen
zu|schlag|frei *(bes. Eisenbahn)*
Zu|schlag|kal|ku|la|ti|on *vgl.* Zuschlagskalkulation
Zu|schlag|kar|te *(Eisenbahn)*
zu|schlag|pflich|tig *(bes. Eisenbahn)*
Zu|schlag|satz, Zu|schlags|satz
Zu|schlags|kal|ku|la|ti|on, Zu-schlag|kal|ku|la|ti|on
Zu|schlags|satz *vgl.* Zuschlagsatz
Zu|schlag|stoff *(Technik)*
zu|schlie|ßen
zu|schnap|pen
Zu|schnei|de|ma|schi|ne; zu|schnei-den; Zu|schnei|der; Zu|schnei|de-rin
zu|schnei|en
Zu|schnitt
zu|schnü|ren
zu|schrau|ben
zu|schrei|ben; die Schuld an diesem Unglück wird ihm zugeschrieben; **Zu|schrei|bung**
Zu|schrift
zu|schụl|den, zu Schụl|den; du hast dir etwas zuschulden *od.* zu Schulden kommen lassen
Zu|schuss; Zu|schuss|be|trieb; Zu-schuss|bo|gen *(Druckw.);* **Zu-schuss|wirt|schaft,** die; -
zu|schus|tern (*ugs. für* heimlich zukommen lassen; zusetzen); er hat ihr das Amt zugeschustert
zu|schüt|ten
zu|se|hen ↑K82 : bei genauerem Zusehen
zu|se|hends (rasch; offenkundig)
Zu|se|her (*österr. neben* Zuschauer); **Zu|se|he|rin**
zu sein
zu|sei|ten, zu Sei|ten ↑K63 *mit Genitiv:* zuseiten *od.* zu Seiten des Festzuges
zu|sen|den *vgl.* senden; **Zu|sen-dung**
zu|set|zen
zu|si|chern; Zu|si|che|rung
Zu|spät|kom|men, das; -s; entschuldigen Sie bitte mein Zuspätkommen! ↑K27 *u.* 82
Zu|spei|se (*österr. für* Beilage)
zu|sper|ren (*südd., österr. für* abschließen)
Zu|spiel, das; -[e]s *(Sport)*
zu|spie|len
zu|spit|zen; Zu|spit|zung

zu|spre|chen; Zu|spre|chung
Zu|spruch, der; -[e]s (Anklang, Zulauf; Trost); großen, viel Zuspruch finden
Zu|stand
zu|stạn|de, zu Stạn|de; zustande *od.* zu Stande bringen, kommen
Zu|stạn|de|brin|gen, das; -s
Zu|stạn|de|kom|men, das; -s ↑K27 *u.* 82
zu|stän|dig; zuständig sein nach (*österr. für* ansässig sein in)
zu|stän|di|gen|ọrts
Zu|stän|dig|keit; Zu|stän|dig|keits-be|reich, der
zu|stän|dig|keits|hal|ber
Zu|stands|än|de|rung; Zu|stands-glei|chung *(Physik)*
Zu|stands|pas|siv *(Sprachwiss.);* **Zu|stands|verb** *(Sprachwiss.)*
zu|stạt|ten|kom|men
zu|ste|chen
zu|ste|cken
zu|ste|hen
zu|stei|gen
Zu|stell|be|zirk *(Postw.);* **zu|stel|len; Zu|stel|ler; Zu|stel|le|rin; Zu|stell-ge|bühr** *(Postw. früher);* **Zu|stel-lung; Zu|stel|lungs|ur|kun|de** *(Amtsspr.);* **Zu|stell|ver|merk** *(Postw.)*
zu|steu|ern
zu|stim|men; Zu|stim|mung; zu-stim|mungs|pflich|tig
zu|stop|fen; zu|stöp|seln
zu|sto|ßen; ihr ist ein Unglück zugestoßen
zu|stre|ben
Zu|strom; zu|strö|men
Zu|stupf, der; -[e]s, *Plur.* -e *u.* ...stüpfe (*schweiz. für* Zuschuss, Zuverdienst)
zu|stut|zen
zu|ta|ge, zu Ta|ge; zutage *od.* zu Tage bringen, fördern, kommen, treten
Zu|tat *meist Plur.*
zu|tei|len; Zu|tei|lung; Zu|tei|lungs-plan
zu|teil|wer|den *(geh.);* ein großes Glück wurde uns zuteil, ist uns zuteilgeworden
zu|tex|ten (*ugs. für* auf jmdn. einreden)
zu|tiefst (völlig; im Innersten)
zu|tra|gen (heimlich berichten); sich zutragen (geschehen)
Zu|trä|ger; Zu|trä|ge|rei; Zu|trä|ge-rin
zu|träg|lich *(geh. veraltend);* **Zu-träg|lich|keit**
zu|trau|en; das ist ihm zuzutrauen; **Zu|trau|en,** das; -s

zu|trau|lich; Zu|trau|lich|keit
zu|tref|fen
zu|tref|fend; die zutreffends|te Beschreibung; **Zu|tref|fen|de,** das; -n; Zutreffendes ankreuzen; **zu|tref|fen|den|falls**
zu|trei|ben
zu|trin|ken
Zu|tritt
zut|schen (*landsch. für* lutschen, saugen); du zutschst
zu|tu|lich, zu|tun|lich (zutraulich)
zu|tun (*ugs. für* hinzufügen; schließen); ich habe kein Auge zugetan; **Zu|tun,** das; -s (Hilfe, Unterstützung); ohne mein Zutun; **zu|tun|lich** *vgl.* zutulich
zu|un|guns|ten, zu Un|guns|ten (zum Nachteil); zuungunsten *od.* zu Ungunsten vieler Antragsteller, *bei (seltener) Nachstellung mit Dativ:* dem Antragsteller zuungunsten *od.* zu Ungunsten; *vgl.* Gunst
zu|un|terst; das Oberste zuunterst kehren
zu|ver|die|nen (*ugs. für* dazuverdienen)
Zu|ver|dienst, der; **Zu|ver|dienst|gren|ze** (Höchstbetrag für steuerfreie Nebeneinkommen)
zu|ver|läs|sig; Zu|ver|läs|sig|keit
Zu|ver|läs|sig|keits|fahrt; Zu|ver|läs|sig|keits|prü|fung; Zu|ver|läs|sig|keits|test
Zu|ver|sicht, die; -; **zu|ver|sicht|lich; Zu|ver|sicht|lich|keit,** die; -
zu viel; zu viel des Guten; es sind zu viele Menschen; er weiß zu viel; du hast viel zu viel gesagt; besser zu viel als zu wenig
Zu|viel, das; -[s] ↑K81; ein Zuviel ist besser als ein Zuwenig
zu vie|ren, zu viert
zu|vor (*geh. für* vorher); meinen herzlichen Glückwunsch zuvor!; *vgl.* zuvorkommen, zuvortun
zu|vor|derst (ganz vorn); **zu|vör|derst** (*veraltend für* zuerst)
zu|vor|kom|men (schneller sein); ich komme ihm zuvor; zuvorgekommen; zuvorzukommen; *aber* alles, was zuvor (vorher) gekommen war
zu|vor|kom|mend (liebenswürdig); der zuvorkommends|te Gastgeber; **Zu|vor|kom|men|heit**
zu|vor|tun (*geh. für* besser tun); ich tue es ihm zuvor; *aber* was zuvor (vorher) zu tun ist
Zu|waa|ge, die; -, -n (*bayr., österr. für* Knochen[zugabe] zum Fleisch)
Zu|wachs, der; -es, *Plur.* (*fachspr.*) Zuwächse (Vermehrung, Erhöhung); **zu|wach|sen; Zu|wachs|ra|te**
Zu|wan|de|rer, Zu|wand|rer; **Zu|wan|de|rin,** Zu|wand|re|rin; **zu|wan|dern; Zu|wan|de|rung; Zu|wan|de|rungs|ge|setz; Zu|wand|rer** *vgl.* Zuwanderer; **Zu|wand|re|rin** *vgl.* Zuwanderin
zu|war|ten (untätig warten)

zu was / wozu
Zu was kommt in der gesprochenen Sprache recht häufig vor: *Zu was brauchst du das Geld?* Im geschriebenen Standarddeutsch wird in der Regel *wozu* verwendet: *Wozu brauchst du das Geld?*

zu|we|ge, zu We|ge; *nur in Wendungen wie* zuwege *od.* zu Wege bringen; [gut] zuwege *od.* zu Wege sein (*ugs. für* wohlauf sein)
zu|we|hen
zu|wei|len
zu|wei|sen; Zu|wei|sung
zu|wen|den; ich wandte *od.* wendete mich ihr zu; er hat sich ihr zugewandt *od.* zugewendet; **Zu|wen|dung**
zu we|nig; du weißt [viel] zu wenig; du weißt auch zu wenig!; es gab zu wenig[e] Parkplätze
Zu|we|nig, das; -[s] ↑K81; ein Zuviel ist besser als ein Zuwenig
zu|wer|fen
zu|wi|der; zuwider sein, werden; dem Gebot zuwider; das, er ist mir zuwider; **zu|wi|der|han|deln** (Verbotenes tun); ich hand[e]le zuwider; zuwidergehandelt; zuwiderzuhandeln; **Zu|wi|der|han|deln|de,** der *u.* die; -n, -n; **Zu|wi|der|hand|lung**
zu|wi|der|lau|fen; sein Verhalten läuft meinen Absichten zuwider; zuwiderzulaufen
zu|win|ken
zu|zah|len
zu|zäh|len
Zu|zah|lung
Zu|zäh|lung
zu|zei|ten ↑K63 (bisweilen); *aber* zu Zeiten Karls d. Gr.
zu|zeln (*bayr. u. österr. ugs. für* lutschen; lispeln); ich zuz[e]le
zu|zie|hen; ich habe mir die Grippe zugezogen; **Zu|zie|hung,** die; -
Zu|zug; der Zuzug weiterer Aussiedler; **Zu|zü|ger** (*schweiz. für* Zuzügler); **Zu|zü|ge|rin; Zu|züg|ler; Zu|züg|le|rin**

zu|züg|lich
(*Kaufmannsspr.* unter Hinzurechnung; *Abk.* zzgl.)
Nach der Präposition »zuzüglich« steht der Genitiv:
- zuzüglich der Versandkosten
- zuzüglich eines vereinbarten Betrags

Ein allein stehendes, stark gebeugtes Substantiv bleibt im Singular gewöhnlich ungebeugt:
- zuzüglich Porto

Im Plural wird »zuzüglich« mit dem Dativ verbunden, wenn der Genitiv nicht erkennbar ist:
- zuzüglich Beträgen für Verpackung und Versand

Zu|zugs|ge|neh|mi|gung
zu zwei|en, zu zweit
zu|zwin|kern
Zvi|e|ri [ˈtsfiə...], der *od.* das; -[s], -[s]; *vgl.* Götti (*bes. schweiz. mdal. für* Nachmittagsimbiss)
ZVS, die; - = Zentralstelle für die Vergabe von Studienplätzen (*früher; vgl.* SfH)
zwa|cken (*ugs. für* kneifen)
zwang *vgl.* zwingen
Zwang, der; -[e]s, Zwänge
zwän|gen (bedrängen; klemmen; einpressen); sich zwängen; **Zwän|ge|rei** (*schweiz. für* Drängen; eigensinniges Beharren)
zwang|haft
Zwang|huf (eine Hufkrankheit)
zwang|läu|fig (*Technik* nicht gewünschte Bewegungen ausschließend); *vgl. aber* zwangsläufig; **Zwang|läu|fig|keit;** *vgl. aber* Zwangsläufigkeit
zwang|los; Zwang|lo|sig|keit
Zwangs|an|lei|he
Zwangs|ar|beit; Zwangs|ar|bei|ter; Zwangs|ar|bei|te|rin
Zwangs|auf|ent|halt
Zwangs|aus|gleich (*österr. für* Zwangsvergleich)
zwangs|be|glü|cken (jmdm. etwas Unerwünschtes aufdrängen); **Zwangs|be|glü|ckung**
Zwangs|be|wirt|schaf|tung

zwei

Genitiv zweier, *Dativ* zweien, zwei – wir sind zu zweien *od.* zu zweit – herzliche Grüße von uns zweien ↑K78 – zweier guter, *selten* guten Menschen – zweier Liebenden, *seltener* Liebender *Vgl. auch* acht, drei	*Die Formen »zween« für das männliche, »zwo« für das weibliche Geschlecht sind veraltet. Wegen der leichteren Unterscheidbarkeit von »drei« ist »zwo« (ohne Unterschied des Geschlechtes) beim Telefonieren üblich geworden und von dort in die Umgangssprache gedrungen. Die Form »zwote« für die Ordnungszahl »zweite« ist gleichfalls sehr verbreitet.*

Zwang|schie|ne (bei Gleiskrümmungen, Weichen u. a.)
Zwangs|ehe; Zwangs|ein|wei|sung
zwangs|er|näh|ren; zwangsernährt; *nur im Infinitiv u. Partizip II gebr.;* **Zwangs|er|näh|rung**
Zwangs|geld; Zwangs|hand|lung *(Psychol.);* **Zwangs|hei|rat; Zwangs|herr|schaft; Zwangs|hy|po|thek; Zwangs|idee**
Zwangs|ja|cke; Zwangs|kurs *(Bankw.);* **Zwangs|la|ge**
zwangs|läu|fig (automatisch, anders nicht möglich); *vgl. aber* zwangläufig; **Zwangs|läu|fig|keit**; *vgl. aber* Zwangläufigkeit
Zwangs|li|zenz; Zwangs|maß|nah|me; Zwangs|mit|tel; Zwangs|neu|ro|se; Zwangs|pau|se; Zwangs|pfand; Zwangs|räu|mung; Zwangs|re|gu|lie|rung *(Börsenw.);* **Zwangs|spa|ren**, das; -s
zwangs|um|sie|deln; zwangsumgesiedelt; *nur im Infinitiv u. Partizip II gebr.;* **Zwangs|um|sied|lung**
Zwangs|ur|laub *(ugs.)*
Zwangs|ver|fah|ren *(Rechtswiss.);* **Zwangs|ver|gleich**
zwangs|ver|schi|cken (*für* deportieren); *vgl.* zwangsumsiedeln; **Zwangs|ver|schi|ckung**
Zwangs|ver|set|zung
Zwangs|ver|si|che|rung
zwangs|ver|stei|gern *vgl.* zwangsumsiedeln; **Zwangs|ver|stei|ge|rung**
Zwangs|ver|wal|tung
Zwangs|voll|stre|ckung
zwangs|vor|füh|ren; zwangsvorgeführt; **Zwangs|vor|füh|rung**
Zwangs|vor|stel|lung *(Psychol.)*
zwangs|wei|se
Zwangs|wirt|schaft
zwan|zig *vgl.* achtzig
Zwan|zig|cent|stück (*mit Ziffern* 20-Cent-Stück; ↑K26)
zwan|zi|ger; die Zwanzigerjahre *od.* zwanziger Jahre; die Goldenen Zwanziger; die Goldenen Zwanzigerjahre
Zwan|zi|ger, der; -s, - (*ugs. auch für* Münze od. Schein mit dem Wert 20); *vgl.* Achter
Zwan|zi|ge|rin *vgl.* Achtzigerin
Zwan|zig|eu|ro|schein (*mit Ziffern* 20-Euro-Schein; ↑K26)
Zwan|zig|flach, das; -[e]s, -e, **Zwan|zig|fläch|ner** (*für* Ikosaeder)
zwan|zig|jäh|rig *vgl.* achtjährig
Zwan|zig|mark|schein (*früher; mit Ziffern* 20-Mark-Schein; ↑K26)
zwan|zigs|te ↑K151: Zwanzigster Juli (20. Juli 1944, der Tag des Attentats auf Hitler); *vgl.* achte
zwan|zig|tau|send
Zwan|zig|uhr|nach|rich|ten *Plur.* (*mit Ziffern* 20-Uhr-Nachrichten); **Zwan|zig|uhr|vor|stel|lung**
zwar; er ist zwar alt, aber rüstig; viele Sorten, und zwar ...
zwat|ze|lig (*landsch. für* zappelig); **zwat|zeln**; ich zwatz[e]le
Zweck, der; -[e]s, -e; zwecks *(vgl. d.);* zum Zweck[e]
Zweck|auf|wand *(Finanzw.);* **Zweck|bau** *Plur.* ...bauten; **Zweck|be|haup|tung** (nur dem Erreichen eines bestimmten Ziels dienende Behauptung); **Zweck|be|stim|mung; Zweck|bin|dung** *(Finanzw.);* **Zweck|bünd|nis; Zweck|den|ken**
zweck|dien|lich; Zweck|dien|lich|keit, die; -
Zwe|cke, die; -, -n (*landsch. für* kurzer Nagel mit breitem Kopf); **zwe|cken** (*landsch. für* anzwecken)
zweck|ent|frem|den; zweckentfremdet; *meist nur im Infinitiv u. Partizip II gebr.;* **Zweck|ent|frem|dung**
zweck|ent|spre|chend; zweck|frei
zweck|ge|bun|den; Zweck|ge|bun|den|heit
zweck|ge|mäß; Zweck|ge|mein|schaft; zweck|ge|wid|met *(bes. österr.)*
zweck|haft
zweck|los; Zweck|lo|sig|keit, die; -
Zweck|lü|ge
zweck|mä|ßig; zweck|mä|ßi|ger|wei|se; Zweck|mä|ßig|keit; Zweck|mä|ßig|keits|er|wä|gung
Zweck|op|ti|mis|mus; Zweck|pes|si|mis|mus
Zweck|pro|pa|gan|da
zwecks ↑K70 (*Amtsspr.* zum Zweck von); *Präp. mit Gen.:* zwecks eines Handels
Zweck|satz (Finalsatz); **Zweck|spa|ren**, das; -s; **Zweck|steu|er**, die; **Zweck|stil; Zweck|ver|band** (Vereinigung von [wirtschaftlichen] Unternehmungen); **Zweck|ver|mö|gen** *(Rechtswiss.)*
zweck|voll; zweck|wid|rig
zween *vgl.* zwei
Zweh|le, die; -, -n (*westmd. für* Tisch-, Handtuch)
zwei *s. Kasten*
Zwei, die; -, -en (Zahl); eine Zwei würfeln; er schreibt in Latein nur Zweien; *vgl.* [1]Acht *u.* Eins
Zwei|ach|ser (Wagen mit zwei Achsen; *mit Ziffer* 2-Achser; ↑K29); **zwei|ach|sig**
Zwei|ak|ter *vgl.* Einakter; **zwei|ak|tig**
zwei|ar|mig
Zwei|bei|ner (*scherzh. für* Mensch); **zwei|bei|nig**
Zwei|bett|zim|mer (*mit Ziffer* 2-Bett-Zimmer)
Zwei|brü|cken (Stadt in Rheinland-Pfalz)
Zwei|brü|cker, *seltener* **Zwei|brü|cke|ner; Zwei|brü|cke|rin**, *seltener* **Zwei|brü|cke|ne|rin**
Zwei|bund, der; -[e]s *(früher)*
Zwei|cent|stück (*mit Ziffer* 2-Cent-Stück; ↑K26)
Zwei|de|cker (Flugzeug)
zwei|deu|tig; Zwei|deu|tig|keit
zwei|di|men|si|o|nal
Zwei|drit|tel|ge|sell|schaft (Gesellschaft, in der etwa ein Drittel der Menschen arm od. von Armut bedroht ist)
Zwei|drit|tel|mehr|heit
zwei|ei|ig; zweieiige Zwillinge
zwei|ein|halb, zwei|und|ein|halb
Zwei|er *vgl.* Achter; **Zwei|er|be|zie|hung; Zwei|er|bob; Zwei|er|ka|jak**
zwei|er|lei
Zwei|er|rei|he

zwei|te

Kleinschreibung:
- die zweite Geige spielen; er ist zweiter Geiger
- etwas aus zweiter Hand kaufen
- er ist sein zweites Ich (bester Freund)
- in zweiter Linie
- das ist ihr zur zweiten Natur geworden
- der zweite Rang
- sie singt die zweite Stimme
- der zweite Stock eines Hauses
- der zweite Bildungsweg

Großschreibung in Namen und namenähnlichen Verbindungen ↑K 150 *u.* 151:
- Zweites Deutsches Fernsehen (*Abk.* ZDF)
- das Zweite Programm (ZDF)
- die Zweite Bundesliga
- die Zweite Republik (Staatsform Österreichs nach 1945)
- der Zweite Weltkrieg
- das Zweite *od.* zweite Gesicht (Gabe, Zukünftiges vorauszusehen)

Großschreibung der Substantivierung ↑K 80:
- sie hat wie keine Zweite gearbeitet
- es ist noch ein Zweites zu erwähnen
- jeder Zweite
- zum Ersten, zum Zweiten …

Vgl. auch achte *u.* erste

Zwei|eu|ro|stück (*mit Ziffer* 2-Euro-Stück; ↑K 26)
zwei|fach *vgl.* zwiefach; **Zwei|fa|che,** das; -n; *vgl.* Achtfache
Zwei|fa|mi|li|en|haus
Zwei|far|ben|druck *Plur.* …drucke
zwei|far|big
Zwei|fel, der; -s, -; **zwei|fel|haft; zwei|fel|los**
zwei|feln; ich zweif[e]le
Zwei|fels|fall; im Zweifelsfall[e]
Zwei|fels|fra|ge
zwei|fels|frei; zwei|fels|oh|ne
Zwei|fel|sucht, die; -; **Zweif|ler; Zweif|le|rin; zweif|le|risch**
zwei|flü|ge|lig *vgl.* zweiflüglig; **Zwei|flüg|ler,** der; -s, - (*Zool.*); **zwei|flüg|lig,** zwei|flü|ge|lig
Zwei|fran|ken|stück (*mit Ziffer* 2-Franken-Stück); **Zwei|fränk|ler** (*schweiz. svw.* Zweifrankenstück)
Zwei|fron|ten|krieg
Zwei|fü|ßer (*svw.* Zweibeiner)
[1]**Zweig,** Arnold (dt. Schriftsteller)
[2]**Zweig,** Stefan (österr. Schriftsteller)
[3]**Zweig,** der; -[e]s, -e
Zweig|bahn
Zwei|gelt, der; -s (eine Rotweinsorte)
zwei|ge|schlech|tig (*Bot.*); **Zwei|ge|schlech|tig|keit,** die; -
zwei|ge|schos|sig *vgl.* …geschossig
zwei|ge|sich|tig
Zwei|ge|spann
zwei|ge|stri|chen (*Musik*); zweigestrichene Note
zwei|ge|teilt
Zweig|ge|schäft
zwei|glei|sig; zwei|glie|de|rig, zwei|glied|rig
Zweig|li|nie; Zweig|nie|der|las|sung; Zweig|stel|le; Zweig|werk
Zwei|hän|der (Schwert, das mit beiden Händen geführt wird); **zwei|hän|dig**
zwei|häu|sig (*Bot.* entweder mit m. od. w. Blüten auf einer Pflanze); **Zwei|häu|sig|keit,** die; -
Zwei|heit (*für* Dualismus)
zwei|hun|dert; Zwei|hun|dert|eu|ro|schein (*mit Ziffern* 200-Euro-Schein; ↑K 26); **Zwei|hun|dert|mark|schein** (*früher; mit Ziffern* 200-Mark-Schein; ↑K 26)
Zwei|jah|res|plan; zwei|jäh|rig
Zwei|kam|mer|sys|tem
Zwei|kampf
Zwei|ka|nal|ton (*Fernsehen*)
zwei|keim|blät|te|rig, zwei|keim|blätt|rig (*Bot.*)
Zwei|klas|sen|ge|sell|schaft
zwei|köp|fig
Zwei|kreis|brem|se (*Kfz-Technik*); **Zwei|kreis|sys|tem** (*Finanzw.*)
Zwei|li|ter|fla|sche (*mit Ziffer* 2-Liter-Flasche)
zwei|mäh|dig (*svw.* zweischürig)
zwei|mal ↑K 31: ein- bis zweimal (1- bis 2-mal); *vgl.* achtmal; **zwei|ma|lig**
Zwei|mann|boot (*mit Ziffer* 2-Mann-Boot); **Zwei|mann|zelt** (*mit Ziffer* 2-Mann-Zelt)
Zwei|mark|stück (*früher; mit Ziffer* 2-Mark-Stück; ↑K 26)
Zwei|mas|ter (Segelschiff)
Zwei|me|ter|mann *Plur.* …männer
zwei|mo|na|tig (zwei Monate dauernd)
zwei|mo|to|rig
Zwei|par|tei|en|sys|tem
Zwei|pfen|nig|stück (*früher; mit Ziffer* 2-Pfennig-Stück; ↑K 26)
Zwei|pfün|der (*mit Ziffer* 2-Pfünder)
Zwei|pha|sen|strom
Zwei|rad; zwei|rä|de|rig, zwei|räd|rig; Zwei|rad|fah|rer; Zwei|rad|fah|re|rin
Zwei|raum|woh|nung (*regional für* Zweizimmerwohnung)
Zwei|rei|her; zwei|rei|hig
Zwei|ru|de|rer (*für* Bireme)
zwei|sam; Zwei|sam|keit
zwei|schlä|fe|rig, zwei|schlä|fig, zwei|schläf|rig *vgl.* einschläfig
zwei|schnei|dig
zwei|schü|rig (zwei Ernten liefernd [von der Wiese])
zwei|sei|tig; zwei|sil|big
Zwei|sit|zer; zwei|sit|zig
zwei|spal|tig
Zwei|spän|ner; zwei|spän|nig
zwei|spra|chig; Zwei|spra|chig|keit, die; -
zwei|spu|rig; zwei|stel|lig; zweistellige Zahlen; **zwei|stim|mig; zwei|stö|ckig; zwei|strah|lig**
Zwei|strom|land
zwei|stück|wei|se
Zwei|stu|fen|ra|ke|te; zwei|stu|fig
zwei|stün|dig (zwei Stunden dauernd); zweistündige Fahrt
zwei|stünd|lich (alle zwei Stunden [wiederkehrend]); zweistündlich einen Esslöffel voll
zweit *vgl.* zwei
zwei|tä|gig *vgl.* …tägig; **zwei|täg|lich** *vgl.* …täglich
Zwei|tak|ter (*ugs. für* Zweitaktmotor od. damit ausgerüstetes Fahrzeug); **Zwei|takt|mo|tor**
zwei|tau|send; Zwei|tau|sen|der ([über] 2 000 m hoher Berg)
Zweit|aus|fer|ti|gung
zweit|bes|te; sie ist die zweitbeste Schülerin, *aber* sie ist die Zweitbeste in der Klasse ↑K 72
Zweit|druck *Plur.* …drucke
zwei|te *s. Kasten*

Z
zwei

Zwei|tei|ler; zwei|tei|lig; Zwei|tei|lung
zwei|tens
Zwei|te[r]-Klas|se-Ab|teil ↑K26
Zweit|fahr|zeug; Zweit|fri|sur (Perücke); **Zweit|ge|rät**
zweit|größ|te; zweit|häu|figs|te; zweit|höchs|te
Zweit|job *(ugs.)*
zweit|klas|sig; Zweit|klas|sig|keit, die; -
Zweit|kläss|ler *vgl.* Erstklässler; **Zweit|kläss|le|rin**
Zweit|klass|wa|gen *(schweiz.)*
zweit|letz|te *vgl.* letzte
Zweit|li|gist, der; -en, -en *(Sport)*
Zweit|mei|nung (Beurteilung durch einen zweiten Arzt, Spezialisten o. Ä.)
zwei|tou|rig
zweit|ran|gig
Zweit|schlag *(Militär)*
zweit|schlech|tes|te
Zweit|schlüs|sel; Zweit|schrift
zweit|stärks|te
Zweit|stim|me
zwei|tü|rig
Zweit|ver|wer|tung; Zweit|wa|gen
zweit|wich|tigs|te
Zweit|woh|nung
zwei|und|ein|halb *vgl.* zweieinhalb; **zwei|und|zwan|zig**
zwei|wer|tig
zwei|wö|chig (zwei Wochen dauernd)
Zwei|zei|ler; zwei|zei|lig
Zwei|zim|mer|woh|nung *(mit Ziffer* 2-Zimmer-Wohnung)
Zwei|zü|ger, der; -s, - (in zwei Zügen lösbare Schachaufgabe)
Zwei|zy|lin|der *(ugs. für* Zweizylindermotor od. damit ausgerüstetes Fahrzeug); **Zwei|zy|lin|der|mo|tor; zwei|zy|lin|d|rig** *(mit Ziffer* 2-zylindrig; ↑K29)
Zwen|ke, die; -, -n (ein Süßgras)
zwerch *(landsch. für* quer)
Zwerch|fell; Zwerch|fell|at|mung, die; -; **zwerch|fell|er|schüt|ternd;** zwerchfellerschütterndes Lachen
Zwerg, der; -[e]s, -e; **zwerg|ar|tig; Zwerg|baum; zwer|gen|haft**
Zwer|gen|kö|nig (im Märchen); **Zwer|gen|kö|ni|gin; Zwer|gen|volk** (im Märchen)
zwerg|haft; Zwerg|haf|tig|keit
Zwerg|huhn; zwer|gig; Zwer|gin
Zwerg|kie|fer, die; **Zwerg|obst; Zwerg|pin|scher**
Zwerg|pla|net (kleinerer Himmelskörper im Sonnensystem mit eigener Umlaufbahn um die Sonne)
Zwerg|pu|del; Zwerg|staat
Zwerg|wuchs *(Biol., Med. veraltet);* **zwerg|wüch|sig**

> **zwergwüchsig**
> Viele Menschen empfinden die Bezeichnung *zwergwüchsig* als abwertend, sie sollte daher vermieden werden. Als alternative Bezeichnung gibt es *kleinwüchsig.*

Zwet|sche, die; -, -n; **Zwet|schen|baum; Zwet|schen|kern; Zwet|schen|ku|chen; Zwet|schen|mus; Zwet|schen|schnaps**
Zwetsch|ge *(südd., schweiz. u. fachspr. für* Zwetsche); **Zwetsch|ke** *(bes. österr. für* Zwetsche); **Zwetsch|ken|knö|del** *(österr.);* **Zwetsch|ken|rös|ter** *(österr. für* gedünstete Pflaumen)
Zwi|ckau (Stadt in Sachsen); **Zwi|ckau|er; Zwi|ckau|e|rin**
Zwi|cke, die; -, -n *(landsch. für* Beißzange; *auch für* als Zwilling mit einem männlichen Kalb geborenes Kuhkalb)
Zwi|ckel, der; -s, - (keilförmiger Stoffeinsatz; *Bauw.* dreieckiges Verbindungsstück); **Zwi|ckel|tag** *(österr. für* Brückentag)
zwi|cken; er zwickt ihn, *auch* ihm ins Bein
Zwi|cker (Klemmer, Kneifer)
Zwick|müh|le (Stellung im Mühlespiel); in der Zwickmühle *(ugs. für* in einer misslichen Lage)
Zwie|back, der; -[e]s, *Plur.* ...bäcke *u.* -e
Zwie|bel, die; -, -n ⟨lat.⟩
Zwie|bel|fisch *(Druckw.* fälschlich aus anderer Schrift gesetzter Buchstabe)
Zwie|bel|ge|wächs; Zwie|bel|hau|be (Turmdachform); **Zwie|bel|ku|chen; Zwie|bel|mus|ter,** das; -s (beliebtes Muster der Meißner Porzellanmanufaktur)
zwie|beln *(ugs. für* quälen; übertriebene Anforderungen stellen); ich zwieb[e]le
Zwie|bel|ring; Zwie|bel|scha|le; Zwie|bel|sup|pe; Zwie|bel|turm
Zwie|bra|che, die; -, -n *(veraltet für* zweites Pflügen des Brachackers im Herbst); **zwie|bra|chen**
zwie|fach *(veraltend für* zweifach)
zwie|fäl|tig *(veraltend)*
Zwie|ge|sang; Zwie|ge|spräch
Zwie|laut *(für* Diphthong)
Zwie|licht, das; -[e]s; **zwie|lich|tig;** eine zwielichtige Gestalt
Zwie|na|tur
[1]**Zwie|sel** (Stadt in Bayern)
[2]**Zwie|sel,** die; -, -n, *auch* der; -s, - *(landsch. für* Gabelzweig; Gabelung)
Zwie|sel|bee|re *(landsch. für* Vogelkirsche); **Zwie|sel|dorn** *Plur.* ...dörner (Stechpalme)
zwie|se|lig, zwies|lig (gespalten); **zwie|seln,** sich (sich gabeln, spalten); **zwies|lig** *vgl.* zwieselig
Zwie|spalt, der; -[e]s, *Plur.* -e *u.* ...spälte
zwie|späl|tig; Zwie|späl|tig|keit
Zwie|spra|che
Zwie|tracht, die; - *(geh.);* **zwie|träch|tig**
Zwilch, der; -[e]s, -e *(svw.* Zwillich); **zwil|chen** (aus Zwillich)
Zwil|le, die; -, -n *(nordd. für* Holzgabel; kleine Schleuder)
Zwil|lich, der; -s, -e (Gewebe); **Zwil|lich|ho|se**
Zwil|ling, der; -s, -e; siamesische Zwillinge; **Zwil|lings|bru|der**
Zwil|lings|for|mel *(Sprachwiss.)*
Zwil|lings|for|schung; Zwil|lings|frucht; Zwil|lings|ge|burt; Zwil|lings|paar; Zwil|lings|rei|fen; Zwil|lings|schwes|ter
Zwing|burg *(früher)*
Zwin|ge, die; -, -n (ein Werkzeug)
zwin|gen; du zwangst; du zwängest; gezwungen; zwing[e]!; **zwin|gend**
Zwin|ger (Gang, Platz zwischen innerer u. äußerer Burgmauer; fester Turm; Käfig für wilde Tiere; umzäunter Auslauf für Hunde); Dresdener Zwinger (Barockbauwerk in Dresden)
Zwing|herr *(früher);* **Zwing|herr|schaft**
Zwing|li, Ulrich (Huldrych) (schweiz. Reformator); **Zwing|li|a|ner** (Anhänger der Lehre Zwinglis); **Zwing|li|a|ne|rin**
zwin|ken *(veraltet für* zwinkern)
zwin|kern; ich zwinkere

zwịr|beln; ich zwirb[e]le
Zwịrn, der; -[e]s, *Plur. (Sorten:)* -e
[1]**zwịr|nen** (von, aus Zwirn)
[2]**zwịr|nen** (Garne zusammendrehen)
Zwir|ne|rei (Zwirnarbeit; Zwirnfabrik); **Zwịrns|fa|den**

zwị|schen

Präposition mit Dativ oder Akkusativ:

- zwischen den Tischen stehen, *aber* etwas zwischen die Tische stellen
- die Gegensätze zwischen den Arbeitgebern und den Arbeitnehmern (zwischen der Arbeitgeberschaft auf der einen und der Arbeitnehmerschaft auf der anderen Seite);
- *aber* die Gegensätze zwischen den Arbeitgebern und zwischen den Arbeitnehmern (innerhalb der Arbeitgeberschaft und innerhalb der Arbeitnehmerschaft)
- dazwischen, inzwischen

Zwị|schen|akt; Zwị|schen|akt|musik; Zwị|schen|ap|plaus
Zwị|schen|be|mer|kung; Zwị|schen|be|richt; Zwị|schen|bescheid; Zwị|schen|bi|lanz
zwị|schen|blen|den *(Film); nur im Infinitiv u. Partizip II gebr.;* zwischengeblendet
Zwị|schen|buch|han|del; Zwị|schen|deck; Zwị|schen|de|cke *(Bauw.);* **Zwị|schen|ding**
zwi|schen|drein *(ugs.; Frage* wohin?); zwischendrein legen; **zwi|schen|drin** *(ugs.; Frage* wo?); zwischendrin liegen
zwi|schen|durch *(ugs.);* zwischendurch fallen
Zwị|schen|er|geb|nis; Zwị|schen|fall, der
zwị|schen|fi|nan|zie|ren; Zwị|schen|fi|nan|zie|rung
Zwị|schen|fra|ge; Zwị|schen|gang (eines Menüs); **Zwị|schen|gas** *(Kfz-Technik);* **Zwị|schen|gericht** *(Gastron.);* **Zwị|schen|geschoss,** *südd., österr. auch* **Zwị|schen|ge|schoß**
Zwị|schen|glied; Zwị|schen|grö|ße
Zwị|schen|han|del; Zwị|schen|händ|ler; Zwị|schen|händ|le|rin
zwi|schen|hi|n|ein *(schweiz.)*
Zwị|schen|hirn; Zwị|schen|hoch
zwi|schen|in|ne *(landsch.)*
Zwị|schen|kie|fer; Zwị|schen|kiefer|kno|chen
Zwị|schen|knor|pel
Zwị|schen|la|ger; zwị|schen|lagern; Zwị|schen|la|ge|rung
zwị|schen|lan|den; *meist im Infinitiv u. Partizip II gebr.;* zwischengelandet; *seltener:* das Flugzeug landet in Rom zwischen; **Zwị|schen|lan|dung**
Zwị|schen|lauf *(Sport);* **Zwị|schen|lö|sung; Zwị|schen|mahlzeit**
zwị|schen|mensch|lich; zwischenmenschliche Beziehungen
zwị|schen|par|ken *(ugs. für* vorübergehend unterbringen)
Zwị|schen|prü|fung
Zwị|schen|raum; Zwị|schen|reich
Zwị|schen|ruf; Zwị|schen|ru|fer; Zwị|schen|ru|fe|rin
Zwị|schen|run|de
Zwị|schen|satz *(Sprachwiss.)*
Zwị|schen|schritt
zwị|schen|spei|chern *(EDV); meist im Infinitiv u. Partizip II gebr.;* zwischenzuspeichern, zwischengespeichert; *seltener:* das Programm speichert die Daten zwischen; **Zwị|schen|spiel; Zwị|schen|spurt**
zwị|schen|staat|lich
Zwị|schen|sta|ti|on
Zwị|schen|stock[|werk] *(svw.* Zwischengeschoss)
Zwị|schen|stopp; Zwị|schen|stufe; Zwị|schen|ton
Zwị|schen|trä|ger; Zwị|schen|träge|rin
Zwị|schen|tür; Zwị|schen|wand
Zwị|schen|welt
Zwị|schen|wirt *(Biol.)*
Zwị|schen|zeit; zwị|schen|zeit|lich
Zwị|schen|zeug|nis
Zwị|schen|zin|sen *Plur.*
Zwịst, der; -[e]s, -e
zwis|tig *(veraltet);* **Zwis|tig|keit**
zwit|schern; ich zwitschere
Zwịt|ter, der; -s, - (Wesen mit männlichen u. weiblichen Geschlechtsmerkmalen)
Zwịt|ter|bil|dung; Zwịt|ter|blü|te; Zwịt|ter|form
zwịt|ter|haft; Zwịt|ter|haf|tigkeit, die; -
zwịt|te|rig, zwịtt|rig
Zwịt|ter|stel|lung; Zwịt|ter|wesen
zwịtt|rig *vgl.* zwitterig; **Zwịtt|rigkeit,** die; -
zwo *vgl.* zwei

zwọ̈lf

- wir sind zu zwölfen *od.* zu zwölft
- es ist fünf [Minuten] vor zwölf (*ugs. auch für* es ist allerhöchste Zeit)
- die zwölf Apostel

Großschreibung als Bestandteil von mehrteiligen Namen:

- die Zwölf Nächte (nach Weihnachten), auch »Zwölfen« genannt

Vgl. auch acht

Zwọ̈lf, die; -, -en (Zahl); er hat eine Zwölf geschossen; *vgl.* [1]Acht
Zwọ̈lf|ach|ser (Wagen mit zwölf Achsen; *mit Ziffern* 12-Achser; ↑K29); **zwọ̈lf|ach|sig** (*mit Ziffern* 12-achsig; ↑K29)
Zwọ̈lf|eck; zwọ̈lf|eckig
zwọ̈lf|ein|halb, zwọ̈lf|und|ein|halb
Zwọ̈lf|en|der *(Jägerspr.)*
Zwọ̈l|fer *vgl.* Achter; **zwọ̈l|fer|lei**
zwọ̈lf|fach; Zwọ̈lf|fa|che, das; -n; *vgl.* Achtfache
Zwọ̈lf|fin|ger|darm
Zwọ̈lf|flach, das; -[e]s, -e, **Zwọ̈lf|fläch|ner** (*für* Dodekaeder)
zwọ̈lf|jäh|rig *vgl.* achtjährig
Zwọ̈lf|kampf *(Turnen);* **Zwọ̈lf|kämpfer**
zwọ̈lf|mal *vgl.* achtmal; **zwọ̈lf|ma|lig**
Zwọ̈lf|mei|len|zo|ne
zwọ̈lft *vgl.* zwölf
Zwọ̈lf|ta|fel|ge|set|ze *Plur.*
zwọ̈lf|tau|send
zwọ̈lf|te *vgl.* achte
zwọ̈lf|tel *vgl.* achtel; **Zwọ̈lf|tel,** das, *schweiz. meist* der; -s, -; *vgl.* Achtel
Zwọ̈lf|ten *Plur.* (*landsch. für* die »Zwölf Nächte«; *vgl.* zwölf)
zwọ̈lf|tens
Zwọ̈lf|tö|ner (Vertreter der Zwölftonmusik); **Zwọ̈lf|ton|mu|sik,** die; - (Kompositionsstil)
Zwọ̈lf|ton|ner (*mit Ziffern* 12-Tonner; ↑K29)
zwọ̈lf|und|ein|halb *vgl.* zwölfeinhalb
Zwọ̈lf|zy|lin|der (*ugs. für* Zwölfzylindermotor od. damit ausgerüstetes Kraftfahrzeug); **Zwọ̈lf|zy|linder|mo|tor; zwọ̈lf|zy|lin|d|rig** (*mit Ziffern* 12-zylindrig; ↑K29)
zwo|te *vgl.* zwei
z. w. V. = zur weiteren Veranlassung
z. Wv. = zur Wiederverwendung; zur Wiedervorlage

Zy|an, *chem. fachspr.* Cy|an, das; -s ‹griech.› (chem. Verbindung aus Kohlenstoff u. Stickstoff)
Zy|a|ne, die; -, -n (Kornblume)
Zy|a|nid, das; -s, -e (Salz der Blausäure)
Zy|an|ka|li, *älter* **Zy|an|ka|li|um,** das; -s (stark giftiges Kaliumsalz der Blausäure)
Zy|a|no|se, die; -, -n (*Med.* bläuliche Verfärbung der Haut)
Zy|a|no|ty|pie, die; -, ...ien (Blaupause)
Zy|a|thus *vgl.* Kyathos
Zy|go|ma [*auch* ...'go:...], das; -s, ...omata ‹griech.› (*Med.* Jochbogen)
zy|go|morph (*Bot.* mit nur einer Symmetrieebene [von Blüten])
Zy|go|te, die; -, -n (*Biol.* befruchtete Eizelle nach der Verschmelzung beider Geschlechtskerne)
Zy|k|la|den *vgl.* Kykladen
Zy|k|la|me, die; -, -n ‹griech.› (*österr. u. schweiz. für* Zyklamen); **Zy|k|la|men,** das; -s, - (Alpenveilchen)
Zy|k|len (*Plur. von* Zyklus)
Zy|k|li|ker (altgriechischer Dichter von Epen, die später zu einem Zyklus mit Ilias u. Odyssee als Mittelpunkt gestaltet wurden)
zy|k|lisch, *chem. fachspr.* cy|c|lisch (kreisläufig, -förmig; sich auf einen Zyklus beziehend; regelmäßig wiederkehrend)
Zy|k|lo|i|de, die; -, -n (mathematische Kurve)
Zy|k|lo|id|schup|pe (dünne Fischschuppe mit hinten abgerundetem Rand)
Zy|k|lon, der; -s, -e ‹engl.› (Wirbelsturm; *als* ®: Fliehkraftabscheider [für Staub]); **Zy|k|lo|ne,** die; -, -n (*Meteorol.* Tiefdruckgebiet)
Zy|k|lop, der; -en, -en (einäugiger Riese der griech. Sage); **Zy|k|lo|pen|mau|er** (frühgeschichtliche Mauer aus unbehauenen Bruchsteinen); **Zy|k|lo|pie,** die; -, ...ien (*Med.* eine Gesichtsfehlbildung); **zy|k|lo|pisch** (riesenhaft)
zy|k|lo|thym (*Psychol.* [seelisch] aufgeschlossen, gesellig mit wechselnder Stimmung); **Zy|k|lo|thy|me,** der *u.* die; -n, -n; **Zy|k|lo|thy|mie,** die; -
Zy|k|lo|t|ron, das; -s, *Plur.* -s, *auch* ...one (Beschleuniger für positiv geladene Elementarteilchen)
Zy|k|lus, der; -, Zyklen (Kreis[lauf]; Folge; Reihe)
Zy|lin|der [tsi..., tsy...], der; -s, - ‹griech.›
...zy|lin|der (z. B. Achtzylinder)
Zy|lin|der|block *Plur.* ...blöcke *(Kfz-Technik);* **Zy|lin|der|bü|ro** (Schreibsekretär mit Rollverschluss)
zy|lin|der|för|mig
Zy|lin|der|glas *Plur.* ...gläser (nur in einer Richtung gekrümmtes Brillenglas)
Zy|lin|der|hut
Zy|lin|der|kopf *(Kfz-Technik);* **Zy|lin|der|kopf|dich|tung**
Zy|lin|der|pro|jek|ti|on (Kartendarstellung besonderer Art)
Zy|lin|der|schloss
...zy|lin|d|rig (z. B. achtzylindrig)
zy|lin|d|risch (walzenförmig)
Zy|ma|se, die; - ‹griech.› (die alkoholische Gärung bewirkendes Gemisch von Enzymen); **Zy|mo|lo|gie,** die; - (Gärungslehre); **Zy|mo|tech|nik,** die; - (Gärungstechnik); **zy|mo|tisch** (Gärung bewirkend)
Zy|ni|ker ‹griech.› (zynischer Mensch); *vgl. aber* Kyniker; **Zy|ni|ke|rin**
zy|nisch (auf grausame, beleidigende Weise spöttisch; gefühllos, mitleidlos)
Zy|nis|mus, der; -, ...men (*nur Sing.:* philosophische Richtung der Kyniker; zynische Einstellung; zynische Äußerung)
Zy|per|gras (einjähriges Riedgras); **Zy|per|kat|ze**
Zy|pern (Inselstaat im Mittelmeer)
Zy|per|wein
Zy|p|rer (Bewohner von Zypern); **Zy|p|re|rin**
Zy|p|res|se, die; -, -n ‹griech.› (bes. im Mittelmeerraum wachsender Nadelbaum); **zy|p|res|sen** (aus Zypressenholz); **Zy|p|res|sen|hain; Zy|p|res|sen|holz; Zy|p|res|sen|kraut**
Zy|p|ri|an, Zy|p|ri|a|nus (ein Heiliger)
Zy|p|ri|ot, der; -en, -en, **Zy|p|ri|o|te,** der; -n, -n (Zyperngrieche; *vgl.* Zyprer); **Zy|p|ri|o|tin; zy|p|ri|o|tisch**
zy|p|risch (von Zypern)
Zy|ri|a|kus (ein Heiliger)
zy|ril|lisch, ky|ril|lisch ‹nach dem Slawenapostel Kyrill›; zyrillische, kyrillische Schrift K135
Zys|t|al|gie, die; -, ...ien ‹griech.› (*Med.* Blasenschmerz)
Zys|te, die; -, -n ‹griech.› (mit Flüssigkeit gefüllte Geschwulst)
Zys|t|ek|to|mie, die; -, ...ien (*Med.* operative Entfernung einer Zyste)
zys|tisch (*Med.* blasenartig; auf die Zyste bezüglich); **Zys|ti|tis,** die; -, ...titiden (Entzündung der Harnblase)
Zys|to|s|kop, das; -s, -e (*Med.* Blasenspiegel)
Zy|to|de, die; -, -n ‹griech.› (*Biol.* kernloses Protoplasmaklümpchen)
zy|to|gen (von der Zelle gebildet)
Zy|to|lo|ge (Zellforscher); **Zy|to|lo|gie,** die; - (Zellenlehre); **Zy|to|lo|gin; zy|to|lo|gisch**
Zy|to|plas|ma (Zellplasma)
Zy|to|s|ta|ti|kum, das; -s, ...ka (*Biol., Med.* das Zellwachstum hemmende Substanz); **zy|to|s|ta|tisch**
Zy|to|s|tom, das; -s, -e, **Zy|to|s|to|ma,** das; -s, -ta (*Biol.* Zellmund der Einzeller)
Zy|to|to|xin (*Biol., Med.* Zellgift); **zy|to|to|xisch** (*Med., Biol.* [die Zelle] schädigend, vergiftend); **Zy|to|to|xi|zi|tät,** die; - (*Biol., Med.* Eigenschaft, als Zellgift zu wirken)
zz., zzt. = zurzeit
z. Z., z. Zt. = zur Zeit
Zz. = Zinszahl
zzgl. = zuzüglich
3-D-Dru|cker, 3D-Dru|cker *vgl.* dreidimensional
80er-Jah|re, 80er Jah|re (*Plur.; vgl.* achtziger)